国家出版基金项目
NATIONAL PUBLICATION FOUNDATION

梅新林 俞樟华 主编

中國學術編年

清代卷【上】

俞樟华 毛策 姚成荣 撰

华东师范大学出版社

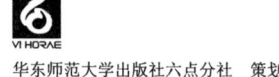
华东师范大学出版社六点分社　策划

全国高等院校古籍整理研究工作委员会重点项目
浙江省人文社科基地浙江师大江南文化研究中心重点项目

顾　问（按姓氏笔画）
甘　阳　朱杰人　朱维铮　刘小枫　刘跃进　安平秋　李学勤　杨　忠
束景南　张涌泉　黄灵庚　常元敬　崔富章　章培恒　詹福瑞

主　编
梅新林　俞樟华

总策划
倪为国

编　委（按姓氏笔画）
王德华　毛　策　叶志衡　包礼祥　宋清秀　邱江宁　陈玉兰　陈年福
陈国灿　林家骊　胡吉省　姚成荣　倪为国　曾礼军

前　言

自1985年率先启动《清代学术编年》研究项目以来,经过诸位同仁持续不懈的努力,由清代依次上溯而贯通历代的《中国学术编年》(以下简称《编年》)终于告竣。这是迄今为止学术界首次以编年的形式对中国通代学术发展史的系统梳理,是一部力图站在21世纪新的学术制高点上全面综合与总结以往学术成果的集成性之作,同时也是一部兼具研究与检索双重功能的大型工具书。衷心希望《中国学术编年》的出版,能对21世纪国学的研究与复兴起到积极的推动作用。

从《清代学术编年》项目启动到《中国学术编年》告竣的20余年间,恰与世纪之交以"重写学术史"为主旨的"学术史热"相始终。因此,当我们有幸以编撰《中国学术编年》的方式,积极参与"重写学术史"这一世纪学术大厦的奠基与建设工程之际,在对《中国学术编年》的编纂进行艰苦探索的同时,始终伴随着对"重写学术史"的密切关注以及对如何"重写学术史"的学理思考,值此《中国学术编年》即将出版之际,我们愿意将期间的探索、思考成果撰为《前言》冠于书前,期与学界同仁共享。

一、世纪之交"学术史热"的勃兴与启示

一代有一代之学术,一代亦有一代之学术史,这是因为每个时代都有对学术理念、路向、范式的不同理解,都需要对特定时代的主要学术论题作出新的回答。从这个意义上说,"重写文学史"既是一种即时性学术思潮的反映,又是一项永无止境的学术创新活动。不同时代"重写文学史"的依次链接与推进,即是最终汇合成为学术通史的必要前提。

世纪之交,以"重写文学史"为主旨的"学术史热"再次兴起于中国学术界,这与上个世纪之交的"学术史热"同中有异:同者,都是集中于世纪之交对源远流长的中国学术史进行反思与总结。异者,一是旨在推进中国学术实现从传统向现代的转型;一是旨在通过推进中国现代学术的世界化而建构新的学术体系,因而彼此并非世纪轮回,而应视为世纪跨越。

本次"学术史热"以北京、上海为两大中心,兴起于20世纪80年代,发端于"重写文学史",然后逐步推向"重写学术史"。诚然,重写历史,本是学术发展与创新的内在要求,然而在20世纪80年代,"重写"成为一种学术时尚,普遍被学者所关注与谈论,几乎成为一个世纪性话题,却缘于特定的时代背景。诚如葛兆光先生所言,80年代以来有一些话题至今仍在不断被提起,其中一个就是"重写",重写文学史,重写文化史,重写哲学史,当然也有重写思想史。重写是"相当诱人的事情,更是必然的事情"(《连续性:思路、章节及其他——思想史的

写法之四》,《读书》1998年第6期)。其中的"必然",是从最初对一大批遭受不公正对待和评价的作家文人的"学术平反",到对整个中国学术文化的意义重释与价值重估,实际上是伴随改革开放进程的思想解放运动的重要组成部分,故有广泛"重写"之必要与可能。

从"重写文学史"到"重写学术史"之间,本有内在的逻辑关联。"重写文学史"作为"重写学术史"的一个重要组成部分与开路先锋,向思想史、哲学史、文化史等各个层面的不断推进,必然会归结于"重写学术史"。在从"重写文学史"走向"重写学术史"的过程中,同样以北京大学为前沿阵地。早在80年代初,北京大学王瑶先生率先发起了有关文学史的讨论。至1985年,陈平原先生在北京万寿寺召开的中国现代文学创新座谈会上宣读了他与钱理群、黄子平先生酝酿已久的"20世纪中国文学"的基本构想(后发表于《读书》1985年第10期),给重写文学史以重要启发。同年,著名学者唐弢与晓诸先生等就是否可以重写文学史问题开展激烈的争论,由此形成"重写文学史"讨论的第一次高潮。然后至90年代初,陈平原先生率先由"重写文学史"转向"重写学术史"的实践探索,从1991年开始启动《中国现代学术之建立》的写作,主编《学人》杂志,筹划"学术史丛书",到1995年"学术史丛书"由北京大学出版社出版,这是世纪之交"重写学术史"取得阶段性成果的重要标志。而在另一个学术中心上海,先于1988年在《上海文坛》专门开辟"重写文学史"专栏,邀请著名学者陈思和、王晓明先生主持,他们在开栏"宣言"中开宗明义地提出"重写文学史"的学术宗旨,并给予这样的历史定位:"我们现在提出'重写文学史',实际上正是在文学史研究的性质发生改变的时期,是现代文学史作为一门独立的学科逐步走向成熟的时期。"王晓明先生还特意将"重写文学史"溯源于1985年万寿寺座谈会上陈平原等关于"20世纪中国文学的构想","重写文学史"不过是将三年前"郑重拉开的序幕"再一次拉开,这是旨在强调从1985年到1988年"重写文学史"讨论两次高潮的延续性以及京沪两大学术中心的连动性。1996年,在章培恒、陈思和先生的主持下,《复旦学报》也继《上海文坛》之后开辟了"重写文学史"专栏,由此促成了贯通中国古代文学与现代文学的"中国文学古今演变研究"的交叉学科的创立。然后至1997年、1998年连续于上海召开"20世纪的中国学术"、"重写学术史"两次专题学术研讨会,尤其是后一次会议,在全国学术界第一次明确打出"重写学术史"旗号,具有时代标志性意义。此后,以京沪为两大中心,广泛影响全国的"学术史热"迅速升温。除了各种学术会议之外,各地重要刊物也都相继开辟学术史研究专栏,或邀请著名学者举行座谈。当然,最重要的学术成果还是主要体现在学术史著作方面,从分科到综合,从断代到通代,从历时到共时,从个体到群体,以及各种专题性的学术史研究领域,都有广泛涉及,这是来自不同专业领域学者在"重写学术史"旗帜下的新的聚集、新的合作、新的交融,共同创造了世纪之交学术史研究的兴盛局面。期间的代表性学术成果,主要体现在理论反思与实践探索两个层面。

在理论反思方面,集中体现于各种学术会议与专栏讨论文章,比如1997年在上海召开的"20世纪的中国学术"讨论会上,与会学者就"20世纪中国学术"的历史起点与逻辑起点、学术史观与研究方法等发表了各自的意见,并就20世纪中国学术在中西文化与学术的碰撞和融合的背景之下的现代品性与总体特点,以及存在的问题与教训、部分具体学科在20世纪的发展脉络等展开了热烈的讨论(晋荣东《"20世纪的中国学术"讨论会综述》,《学术月刊》1997年第6期)。1998年在上海召开的"重写学术史"研讨会,与会学者重点围绕近年来出版的学术史著质量、现今条件下重写学术史的必要与可能、重写中遇到的问题与难点、学术史著各种写法的得失等进行了广泛的交流与深入的研讨。当然,"重写学术史"的关键是能否建构新的学术史观,其中包括两大核心内容:一是对学术与学术史的重新认知;二是新型学术范式的建立。这在世纪之交的"重写学术史"讨论中也得到了热烈的回应。前者主要围绕"学术史是什么"的问题而展开。陈平原先生主张一种相对开放的泛学术史观,认可中国古代"辨章学术,考镜源流"的传统,更多强调学术史与思想史、文化史的关联(《"学术史丛书"总序》)。李学勤先生则提出把文科和理科、科学与人文放在一起,统一考察的大学术史观,认为"现在通常把自然科学称作'科学',人文社会科学叫做'学术',其实不妥,因为人类的知识本来是一个整体,文理尽管不同,仍有很多交叉贯通之处。尤其是在学术史上,不少人物对科学、人文都有贡献,他们的思想受到两方面的影响;还有一些团体,其活动兼及文理,成员也包括双方的学者。如果生加割裂,就难以窥见种种思潮和动向的全体面貌。"(《研究二十世纪学术文化的一些意见》,《中国文化研究》2000 年第 1 期)

与此同时,也有一些学者着眼于学术史之所以为学术史的学术定位提出自己的思考。1997 年在上海召开的"20 世纪的中国学术"研讨会上,有学者认为必须明确将其与文化史、思想史以及哲学史等区分开来,把"学术"定位在知识形态上,即学术史主要是客观地研究知识的分类、构成、积累等问题,对知识的结构演变、体系的发展脉络予以发生学意义上的追寻,作出分析、说明、描述、勾勒,以此与文化史、思想史作出分殊,给学术史留出独立的位置,树立自觉的意识与确定的立场(晋荣东《"20 世纪的中国学术"讨论会综述》,前揭)。2004 年,张立文先生在《中国学术的界说、演替和创新——兼论中国学术史与思想史、哲学史的分殊》一文(《中国人民大学学报》2004 年第 1 期)中,对"学术史是什么"作了如下辨思与界定:

> 学术在传统意义上是指学说和方法,在现代意义上一般是指人文社会科学领域内诸多知识系统和方法系统,以及自然科学领域中的科学学说和方法论。中国学术史面对的不是人对宇宙、社会、人生之道的体贴和名字体系或人对宇宙、社会、人生的事件、生活、行为所思所想的解释体系,而是直面已有的中国哲学家、思想家、学问家、科学家、宗教家、文学家、史学家、经学家等的学说和方法系统,并藉其文本和成果,通过考镜源流、分源别派,历史地呈现其学术延续的血脉和趋势。这便是中国学术史。

这一界定既为学术史确立了相对独立的立场与地位,又贯通了与哲学史、思想史以及人文社会科学与自然科学的关系,富有启示意义。

关于如何建构新的学术范式的问题,李学勤先生陆续发表了系列论文展开探索,然后结集并题为《重写学术史》出版,书中"内容提要"这样写道:"'重写学术史'意味着中国各历史阶段学术思想的演变新加解释和总结。这与我过去说的'重新估价中国古代文明'和'走出疑古时代',其实是相承的。晚清以来的疑古之风,很大程度上是对学术史的怀疑否定,而这种学风本身又是学术史上的现象。只有摆脱疑古的局限,才能对古代文明作出更好的估价。"李学勤先生特别强调 20 世纪考古发现之于"重写学术史"的重要性,提出要由改写中国文明史、学术史到走出疑古时代,由"二重证据法"到多学科组合。作为国家夏商周断代工程首席科学家、著名考古学家,李学勤先生的以上见解,显然与其考古专业立场密切相关。陈平原先生鉴于近代之前的中国学术史研究多以"人"为中心,以"人"统"学",近代之后一变为以"学"为中心,以"学"统"人",于是倡导建构以"问题"为中心的新的学术范式,他在《中国现代学术之建立》一书的《导论》中指出:"集中讨论'中国现代学术之建立',目的是凸显论者的问题意识。表面上只是接过章、梁的话题往下说,实则颇具自家面目。选择清末民初三十年间的社会与文化,讨论学术转型期诸面相,揭示已实现或被压抑的各种可能性,为重新出发寻找动力乃至途径。这就决定了本书不同于通史的面面俱到,而是以问题为中心展开论述。"后来,陈平原先生在《"当代学术"如何成"史"》一文中更加鲜明地表达了他的学术史观:"谈论学术史研究,我倾向于以问题为中心,而不是编写各种通史。"(《云梦学刊》2005年第4期)从以"人"为中心,到以"学"为中心,再到以"问题"为中心,显示了中国学术史研究学术范式的重要进展,体现了新的时代内涵与学术价值。当然,"人"、"学"、"问题"三者本是互为一体,密不可分的,若能将以"问题"为中心与以"人"、"学"为中心的三种范式相互交融,会更为完善。

在实践探索方面,则以李学勤、张立文先生分别主编的《中国学术史》、《中国学术通史》最为引人注目。两书皆为贯通历代、规模宏大的多卷本中国学术通史研究著作。《中国学术史》凡11卷,依次为《先秦卷》(上、下)、《两汉卷》、《三国两晋南北朝卷》(上、下)、《隋唐五代卷》、《宋元卷》(上、下)、《明代卷》、《清代卷》(上、下),自2001年起由江西教育出版社陆续出版。《中国学术通史》凡6卷,依次为《先秦卷》、《秦汉卷》、《魏晋南北朝卷》、《隋唐卷》、《宋元明卷》、《清代卷》,于2005年由人民出版社整体推出。两书的相继出版,一同填补了中国学术史上长期缺少通史研究巨著的空白,代表了世纪之交"重写学术史"的最新进展。至于断代方面,当推陈平原先生《中国现代学术之建立》影响最著,作者在《导论》中这样写道:"晚清那代学者之所以热衷于梳理学术史,从开天辟地一直说到眼皮底下,大概是意识到学术嬗变的契机,希望借'辨章学术,考镜源流'来获得方向感。同样道理,20世纪末的中国学界,重提'学术史研究',很大程度上也是为了解决自身的困惑。因此,首先进入视野的,必然是与其息息相关的'20世纪中国学术'。"要之,从离我们最近的20世纪中国学术入手,更具重点突破、带动全局的重要意义,可以为重新审视、重构中国学术史提供新的逻辑基点。

对于世纪之交"重写文学史"在理论反思与实践探索两个层面的意义与启示,可以引录左鹏军先生在《90年代"学术史热"的人文意义》(《华南师范大学学报》1998年第3期)一文的概括:

第一,它是对长久以来中国传统学术尤其是对近现代以来中国学术道路、学术建树的全面总结,是对鸦片战争以来尤其是新文化运动以来中国文化命运、学术走势的冷静反省,它实际上蕴含着在世纪末对新世纪的新学术状况、新学术高峰的企盼与期待。

第二,它透露出中国人文知识分子在几十年的风风雨雨中走过了曲曲折折的学术道路之后,对自己社会角色、社会地位的重新确认,对自己所从事的学术工作的再次估价,对学术本身的地位、价值,对学术本质的进一步思考和确认,表明一种可贵的学术自觉。

第三,它反映出在整个世界学术走向一体化,中国学术与世界学术的交流日趋频繁的历史背景下,中国人文学者建立起完备系统的学术规范,迅速走上学术规范化、正常化之路的要求,表现出中国学者对中国学术尽快与世界学术潮流全方位接触,确立中国学术在世界学术中的应有地位,与世界学术进展接轨、促进世界学术发展的迫切愿望与文化自信。

第四,它体现出人文科学某些相关学科发展的综合趋势,以避免学科分类过细过专、流于琐碎的局限;在方法论上,要吸收和运用古今中外的一切行之有效的研究方法、现代灵活多样的研究手段,深入开展中国学术的研究,使中国学术史的研究从研究方法、学科划分,到操作规程、科研成果,都达到一个崭新的水平。

第五,近年的学术史研究,对近现代学术史之"另一半",即过去由于种种非学术原因而有意无意被忽略了的、或在一定的政治背景下不准研究的一大批对中国学术作出巨大贡献的学者,给予了必要的关注,这表明在世纪末到来的时候,中国学术界开始对本世纪的学术历史进行整体全面的反思,试图写出尽可能贴近学术史原貌的学术史著作。

应该说,这一概括是比较周全而精辟的。

今天,当我们站在21世纪新的学术制高点上,以比较理性的立场与态度来审视世纪之交的"学术史热"时,那么,就不能仅仅停留于客观的历史追述,而应在进程中发现意义,在成绩中找出局限,然后努力寻求新的突破。无可讳言,"学术史热"既然已从学术崇尚衍为一种社会风潮,那么它必然夹杂着许多非学术化的因素,甚至难免出现学术泡沫。相比之下,"重写学术史"的工作显然艰苦得多,更需要沉思,需要积淀,需要创新。其中最重要的莫过于先进的学术史观与扎实的文献基础的双重支撑。以此衡之,世纪之交的"学术史热"显然还存在着诸多局限。学术既由"学"与"术"所组成,学者,学说也,学理也,因此学术史研究不仅离不开思想,相反,更需要深刻思想的导引与熔铸。学术史观,从某种意义上说即是学术思想的体现和升华,平庸的思想不可能产生深刻的学术史观。李泽厚先生尝论20世纪90年代是一个"思想淡出,学术凸显"的时代,扼要点中了中国学界八、九十年代的整体学术转向。

"重写学术史",实质上是对原有学术史的历史重建,而历史重建的成效,则有赖于历史还原的进展。从历史与逻辑辩证统一的要求衡量,"重写学术史"的历史还原与重建,特别需要在中国学术、中国学术史、中国学术史研究三个具有内在逻辑关联的关键环节上作出新的探索,并取得新的突破。

二、中国"学术":文字考释与意义探源

学术史,顾名思义,是学术发展演变的历史。因此,对中国学术史的历史还原,首先要对"学术"的语言合成与原生意义及其历史流变进行一番考释与探源工作。

何谓"学术"?《辞源》释之为"学问、道术";《辞海》释之为"较为专门、有系统的学问";《汉语大词典》梳理从先秦至清代有关"学术"的不同用法,释为七义:(1)学习治国之术;(2)治国之术;(3)教化;(4)学问、学识;(5)观点、主张、学说;(6)学风;(7)法术、本领。其中(3)(4)(5)(6)(7)皆关乎当今所言"学术"之意义。

从语源学上追溯,"学"与"术"先是分别独立出现,各具不同的语义。然后由分而合,并称为"学术"之名。至近代以来,又逐渐被赋予新的时代意义。略略考察其间的演变历程,有助于更深切、准确地理解"学术"本义及其与现代学术意涵的内在关系。

(一)"学"之释义

许慎《说文解字》曰:"斅,觉悟也。从教、冂。冂,尚矇也。臼声。學,篆文斅省。"许氏以"斅"、"學"为一字,本义为"觉悟"。段玉裁注云:"详古之制字作'斅',从教,主于觉人。秦以来去'攵'作'學',主于自觉。"以此上溯并对照于甲骨文和金文,则"學"字已见于甲骨文而金文中则"學"、"斅"并存:

前三字为甲骨文,后二字为金文。甲骨文"學"字或从乂,或从爻,与上古占卜的爻数有

关。占卜术数是一门高深学问，需要有师教诲，故由"學"字引申，凡一切"教之觉人"皆为"學"，不一定是专指占卜之事。如：

> 丙子卜贞：多子其延學疾（治病），不冓（遘）大雨？（《甲骨文合集》3250）
> 丁酉卜今旦万其學？/于来丁廼學？（《小屯南地甲骨》662）

然后从学习行为引申为学习场所，意指学校。如："于大學拜？"（《小屯》60）大学，应为学官名，即是原始的太学，《礼制·王制》曰："小学在公宫南之右，太学在郊。"

以甲骨文为基础，金文又增加了意为小孩的形符"子"，意指蒙童学习之义更加显豁。儿童学习须人教育，因此本表学习义的"學"兼具并引申为教学之义，故金文再增加"攴"符，成为繁形的"斅"字，由此學、斅分指学、教二义。检金文中"學"字，仍承甲骨文之义，意指学习或学校。如：

> 小子令學。（令鼎）
> 小子眔服眔小臣眔尸仆學射。（静簋）
> 余隹（惟）即朕小學，女（汝）勿剋余乃辟一人。（盂鼎）
> 王命静嗣射學宫。（静簋）

前二例意指学习行为，后二例意指学习场所。

然"斅"之不同于"學"，明显意指"教"之义。如：

> 克又井斅懿父遇□子。（沈子它簋盖）
> 昔者，吴人并越，越人修斅備恁（信），五年覆吴。（中山王鼎）

《静殷》："静斅无。"郭沫若《西周金文辞大系》考释："斅当读为教……，无即无斁。"这个"斅"字还保留"觉人"、"自觉"的双向语义，即是说"觉人"为"教"，"自觉"为"学"，不必破通假字。传世文献则已分化为二字二义。如《尚书·兑命》曰："惟斅學半，今始终典于學，厥德修罔觉。"孔安国《传》云："斅，教也。"《礼记·学记》由此引出"教学相长"之说。曰："學然后知不足，教然后知困。知不足然后能自反也，知困然后能自强也。故曰教学相长也。《兑命》曰：'斅學半'，其此之谓乎？"段玉裁尽管曾从词义加以辨析，说："按《兑命》上斅之谓教，言教人乃益己之半，教人谓之學者。學所以自觉，下之效也；教人所以觉人，上之施也。故古统谓之學也。"其"古统谓之学"，说明"学"是双向的表意，在语源上是没有区别的。

"斅"为教义，征之于先秦文献，也不乏其例：

> 《礼记·文王世子》："凡斅世子及學士，必时。"陆德明释文："斅，户孝反，教也。"
> 《国语·晋语九》："顺德以斅子，择言以教子，择师保以相子。"韦昭注："斅，教也。"
> 《墨子·鲁问》："鲁人有因子墨子而學其子者。"于省吾《双剑誃诸子新证·墨子三》："學，应读作斅。"

要之，由学习至学校，由教学至学习，"学"字在上古包含"觉人"（教）与"自觉"（学）的双向语义。

春秋战国时代，在百家争鸣、学术繁荣的特定背景下，"学"之词日益盛行于世，仅《论语》

一书出现"学"者,凡46处之多。而且,还出现了如《礼记》之《大学》、《学记》,《荀子》之《劝学》,《韩非子》之《显学》等论学专篇。"学"之通行意义仍指学习行为,然后向以下诸方面引申:

1. 由学习行为,引申为学习场所——学校

《礼记·学记》曰:"古之教者,家有塾,党有庠,术(遂)有序,国有学。"《礼记·大学》谓"大学之道,在明明德,在亲民,在止于至善"。此"国之学"、"大学"即指最高学府——太学。

2. 由学习行为引申为学习主体——学士、学人、学者

《荀子·修身》曰:"故学曰:迟,彼止而待我,我行而就之,则亦或迟、或速、或先、或后,胡为乎其不可以同至也。"此"学"意指学习者,或衍为"学士"、"学人"、"学者"。《周礼·春官·乐师》曰:"及徹,帅学士而歌徹。"《左传·昭公九年》曰:"辰在子卯,谓之疾日,君徹宴乐,学人舍业,为疾故也。"《论语·宪问》曰:"子曰:古之学者为己,今之学者为人。"《礼记·学记》曰:"学者有四失,教者必知之。"此"学士"、"学人"、"学者"皆指求学者。

由求学者进一步引申,又可指称有学问之人。《庄子·刻意》曰:"语仁义忠信,恭俭推让,为修己而已矣,此平世之士,教诲之人,游居学者之所好也。"成玄英疏:"斯乃子夏之在西河,宣尼之居洙泗,或游行而议论,或安居而讲说,盖是学人之所好。"而《庄子·盗跖》曰:"摇唇鼓舌,擅生是非,以迷天下之主,使天下学士,不反其本,妄作孝弟,而徼倖于封侯富贵者也。"此"学士"则泛指一般学者、文人。

3. 由学习行为引申为学习成果——学问、学识

《论语·为政》曰:"子曰:吾十有五而志于学。"《论语·述而》曰:"子曰:德之不修,学之不讲,闻义不能徙,不善不能改,是吾忧也。"《论语·子罕》曰:"大哉孔子,博学而无所成名。"《墨子·修身》曰:"士虽有学,而行为本焉。"此中"学"字,皆为学问、学识、知识之义,后又进而衍为"学问"之词。按"学问",本指学习与询问知识、技能等。例如《易·乾》曰:"君子学以聚之,问以辩之。"《礼记·中庸》曰:"博学之,审问之,慎思之,明辨之,笃行之。"而合"学"与"问"于"学问"一词,即逐步由动词向名词转化。《孟子·滕文公上》曰:"吾他日未尝学问,好驰马试剑。"仍用为动词。《荀子·劝学》曰:"不闻先生之遗言,不知学问之大也。"则转化为名词,意指知识、学识。《荀子·大略》曰:"诗曰:'如切如磋,如琢如磨'。谓学问也。"两者兼而有之。

4. 由学习行为引申为学术主张与学术流派——学说、学派

《庄子·天下篇》曾提出"百家之学"、"后世之学"的概念,曰:"古之所谓道术者,果恶乎在?……其明而在数度者,旧法世传之史尚多有之。其在于《诗》、《书》、《礼》、《乐》者,邹鲁之士缙绅先生多能明之。《诗》以道志,《书》以道事,《礼》以道行,《乐》以道和,《易》以道阴阳,《春秋》以道名分。其数散于天下而设于中国者,百家之学时或称而道之。……悲夫,百家往而不反,必不合矣!后世之学者,不幸不见天地之纯,古人之大体,道术将为天下裂。"此"百家之学"、"后世之学",主要是指学说。而《韩非子·显学》也同样具有《庄子·天下篇》的学术批评性质,其谓"世之显学,儒墨也"。此"学"则意指学派。

由先秦"学"之意涵演变历程观之,当"学"从学习的基本语义,逐步引申为学校、学者乃至学问、学识、学说、学派时,即已意指甚至包含了"学术"的整体意义。

(二)"术"之释义

术,古作術。许慎《说文解字》曰:"術,邑中道也。从行,术声。"段玉裁注:"邑,国也。"術字本义是"道路",这个字比较晚起,最早见睡虎地秦墓竹简,写作:

術

《法律答问》曰:"有贼杀伤人(于)冲術。"银雀山汉墓竹简《孙膑兵法·擒庞涓》曰:"齐城、高唐当術而大败。"冲術,即大道、大街;当術,在路上。

然術字虽是晚出,而表示"道路"的意义则存之于先秦文献。如《墨子·号令》曰:"環守官之術衢,置屯道,各垣其两旁,高丈为埤倪。"術衢,指道路,衢也是道路。《庄子·大宗师》曰:"鱼相忘乎江湖,人相忘乎道術。"道術,即道路。词义早就存在了,而表示该词义的字却迟迟未出,滞于其后。这在汉语中是常见的现象。

与"術"关系十分密切的还有一个"述"字,见于西周金文。《说文》曰:"述,循也。从辵,术声。"段玉裁注:"述,或叚术为之。"其实,術为"述"字的分化。述为循行,由动词演变为名词,则为行走的"道路",于是才造出一个"術"字。至少可以说,術、述同属一个语源。

"術"(术)又由道路引申为方法、手段、技能、技艺、谋略、权术、学问、学术等义,则与其道之本义逐渐分离。兹引先秦典籍文献,分述于下:

1. 由道路引申为方法、手段

《礼记·祭统》曰:"惠术也,可以观政矣。"郑玄注:"术犹法也。"《孟子·告子下》曰:"教亦多术矣,予不屑之教诲也者,是亦教诲之而已矣。"此"术"指教育方法。

2. 由方法引申为技能、技艺

《礼记·乡饮酒义》曰:"古之学术道者,将以得身也,是故圣人务焉。"郑玄注:"术,犹艺也。"《孟子·公孙丑上》曰:"矢人惟恐不伤人,函人惟恐伤人,巫匠亦然,故术不可不慎也。"又《孟子·尽心上》曰:"人之有德慧术知者,恒存乎疢疾。"赵岐注:"人所以有德行智慧道术才智者,以其在于有疢疾之人;疢疾之人,又力学,故能成德。"此"术"与德、慧、知(智)并行,赵岐释之为"道术",实乃指一种技能、技艺。

古代与"术"构为复合词者,如法术、方术、数术(或称术数)等,多指具有某种神秘性、专门性的技能或技艺。《韩非子·人主》曰:"且法术之士,与当途之臣,不相容也。"此法术犹同方术。《荀子·尧问》曰:"德若尧禹,世少知之,方术不用,为人所疑。"《吕氏春秋·赞能》曰:"说义以听,方术信行,能令人主上至于王,下至于霸,我不若子也。"后方术泛指天文、医学、神仙术、房中术、占卜、相术、遁甲、堪舆、谶纬等。《后汉书》首设《方术传》。术数,多指以种种方术,观察自然界可注意的现象,来推测人的气数与命运,也称"数术"。《汉书·艺文志》谓:"数术者,皆明堂羲和史卜之职也。"其下列天文、历谱、五行、蓍龟、杂占、形法六种,大体与方术相近。

3. 由方法引申为谋略、权术

《吕氏春秋·先已》曰:"当今之世,巧谋并行,诈术递用。"此"术"意指一种权谋。先秦典籍文献中"术"常与"数"连称"术数",特指谋略、权术,与上文所指技能、技艺之"术数"同中有异。《管子·形势》曰:"人主务学术数,务行正理,则变化日进,至于大功。"《韩非子·奸劫弑臣》曰:"夫奸臣得乘信幸之势以毁誉进退群臣者,人主所有术数以御之也。"《鹖冠子·天则》曰:"临利而后可以见信,临财而后可以见仁,临难而后可以见勇,临事而后可以见术数之士。"皆指治国用人的谋略、权术。

4. 由技能、技艺引申为学问、学术

以《庄子·天下篇》所言"道术"、"方术"最具代表性。《天下篇》曰:

> 天下之治方术者多矣,皆以其有为不可加矣。古之所谓道术者,果恶乎在?曰:"无乎不在。"曰:"神何由降?明何由出?""圣有所生,王有所成,皆原于一。"不离于宗,谓之天人;不离于精,谓之神人;不离于真,谓之至人。以天为宗,以德为本,以道为门,兆于变化,谓之圣人;以仁为恩,以义为理,以礼为行,以乐为和,熏然慈仁,谓之君子;以法为分,以名为表,以参为验,以稽为决,其数一二三四是也,百官以此相齿;以事为常,以衣食为主,蕃息畜藏,老弱孤寡为意,皆有以养,民之理也。古之人其备乎!配神明,醇天地,育万物,和天下,泽及百姓,明于本数,系于末度,六通四辟,小大精粗,其运无乎不在。
>
> 天下大乱,贤圣不明,道德不一。天下多得一察焉以自好。譬如耳目鼻口,皆有所明,不能相通。犹百家众技也,皆有所长,时有所用。虽然,不该不遍,一曲之士也。判天地之美,析万物之理,察古人之全。寡能备于天地之美,称神明之容。是故内圣外王之道,暗而不明,郁而不发,天下之人各为其所欲焉以自为方。悲夫,百家往而不反,必不合矣!后世之学者,不幸不见天地之纯,古人之大体。道术将为天下裂。

"道术"与"方术"一样,在先秦典籍文献中本有多种含义。前引《庄子·大宗师》曰:"鱼相忘于江湖,人相忘于道术。"此"道"与"术"同指道路。《吕氏春秋·任数》曰:"桓公得管子,事犹大易,又况於得道术乎?"此"道术"意指治国之术。《墨子·非命下》曰:"今贤良之人,尊贤而好功道术,故上得其王公大人之赏,下得其万民之誉。"此"道"与"术"分别意指道德、学问。而《庄子·天下篇》所言"道术"与"方术"皆意指学术。陈鼓应《庄子今注今译》释"道术":"指洞悉宇宙人生本原的学问",释"方术":"指特定的学问,为道术的一部分"。"道术"合成为一词,意指一种统而未分、天然合一的学问,一种整体的学问,普遍的学问,接近于道之本体的学问,也是一种合乎于道的最高的学术。而"方术"作为与"道术"相对应的特定概念,也与上引意指某种特定技能、技艺之"方术"、"术数"不同,《庄子今注今译》引"林希逸说:'方术,学术也。'蒋锡昌说:'方术者,乃庄子指曲士一察之道而言,如墨翟、宋钘、惠施、公孙龙等所治之道是也。'"则此"方术"意指百家兴起之后分裂"道术"、"以自为方"的特定学说或技艺,是一种由统一走向分化、普遍走向特殊、整体走向局部的学问,一种离异了形而上之"道"趋于形而下之"术"的学问。

要之,"道术"之与"方术"相通者,皆意指学术,所不同者,只是彼此在学术阶段、层次、境界上的差异。鉴于《天下篇》具有首开学术史批评的性质与意义,则以文中"道术"与"方术"之分、之变及其与百家之学、后世之学的对应合观之,显然已超越于"学术"之"术"而具有包含学术之"术"与"学"的整体意义。这标志着春秋战国时代以"百家争鸣"繁荣为基础的"学术"意识的独立、"学术"意涵的明晰,以及学术史批评的自觉。

(三)"学术"之释义

尽管先秦典籍文献中的"学"与"术"在相互包容对应中已具有"学术"的整体性意义,但"学"与"术"组合为并列结构的"学术"一词,却经历了相当长的演变过程,概而言之,大致经历了以下四个阶段。

1. 先秦两汉时期"术学"先行于"学术"

略检先秦典籍文献,早期以"学术"连称者见于《韩非子》等。《韩非子·奸劫弑臣第十四》曰:"世之学术者说人主,不曰'乘威严之势以困奸邪之臣',而皆曰'仁义惠爱而已矣'。"但此"学术"皆为动宾结构而非并列结构,与当今所称"学术"之义不同。

两汉时期,学术作为并列结构且与当今"学术"之义相当者,仍不多见。《后汉书》卷五八《盖勋传》曰:"(宋)枭患多寇叛,谓(盖)勋曰:'凉州寡于学术,故屡致反暴。今欲多写《孝经》,令家家习之,庶或使人知义。'勋谏曰:'昔太公封齐,崔杼杀君;伯禽侯鲁,庆父篡位。此二国岂乏学者?今不急静难之术,遽为非常之事,既足结怨一州,又当取笑朝廷,勋不知其可也。'枭不从,遂奏行之。果被诏书诘责,坐以虚慢征。"此"学术"大体已与当今"学术"之义相近,但尚偏重于教化之意。

再看"术学"一词,《墨子·非儒下》已将"道术学业"连称,其曰:"夫一道术学业仁义也,皆大以治人,小以任官,远施周偏,近以修身,不义不处,非理不行,务兴天下之利,曲直周旋,利则止,此君子之道也。以所闻孔丘之行,则本与此相反谬也!"道术学业并列,含有"学术"之意,但仅并列而已,而非"术学"连称。

秦汉以降,"术学"一词合成为并列结构者行世渐多。例如:

> 《史记》卷九十六《张丞相列传》:"太史公曰:'张苍文学律历,为汉名相,而绌贾生、公孙臣等言正朔服色事而不遵,明用秦之颛顼历,何哉?周昌,木强人也。任敖以旧德用。申屠嘉可谓刚毅守节矣,然无术学,殆与萧、曹、陈平异矣'。"
>
> 《汉书》卷四十五《蒯伍江息夫传》:"伍被,楚人也。或言其先伍子胥后也。被以材能称,为淮南中郎。是时淮南王刘安好术学,折节下士,招致英隽以百数,被为冠首。"
>
> 《后汉书》卷四十上《班彪列传》:"其论术学,则崇黄老而薄《五经》;序货殖,则轻仁义而羞贫穷;道游侠,则贱守节而贵俗功,此其大敝伤道,所以遇极刑之咎也。然善述序事理,辩而不华,质而不俚,文质相称,盖良史之才也。诚令迁依《五经》之法言,同圣人之是非,意亦庶几矣。"
>
> 《后汉书》卷五十九《张衡列传》:"安帝雅闻衡善术学,公车特征拜郎中,再迁为太史令。遂乃研核阴阳,妙尽璇机之正,作浑天仪,著《灵宪》、《算罔论》,言甚详明。"

以上"术学"皆为并列结构,其义与今之"学术"一词相当。

2. 魏晋至唐宋时期"术学"与"学术"同时并行

"学术"之与"术学"同时并行,可以证之于魏晋至唐宋时期的相关史书,试举数例:

> 《晋书》卷六十四《武十三王传》:"晞无学术而有武干,为桓温所忌。"卷七十二《郭璞传》:"臣术

学庸近,不练内事,卦理所及,敢不尽言。"

《梁书》卷二十二《太祖五王传》:"(秀)精意术学,搜集经记,招学士平原刘孝标,使撰《类苑》,书未及毕,而已行于世。"又卷三十八《贺琛传》:"琛始出郡,高祖闻其学术,召见文德殿,与语悦之,谓仆射徐勉曰:'琛殊有世业'。"

《旧唐书》卷四十三《职官志二》:"集贤学士之职,掌刊缉古今之经籍,以辩明邦国之大典。凡天下图书之遗逸,贤才之隐滞,则承旨而征求焉。其有筹策之可施于时,著述之可行于代者,较其才艺而考其学术,而申表之。凡承旨撰集文章,校理经籍,月终则进课于内,岁终则考最于外。"又卷一百二十六《卢鸴传》:"(鸴)无术学,善事权要,为政苛躁。"

《新唐书》卷一百四十《裴冕传》:"冕少学术,然明锐,果于事,众号称职,(王)鉷雅任之。"又卷一百一《萧嵩传》:"时崔琳、正丘、齐澣皆有名,以嵩少术学,不以辈行许也,独姚崇称其远到。历宋州刺史,迁尚书左丞。"

以上皆为同一史书中"学术"、"术学"同时并行之例。但观其发展趋势,是"学术"盛而"术学"衰。

3. 宋元以降"学术"逐步替代"术学"而独行于世

唐宋之际,"术学"隐而"学术"显,实已预示这一变化趋势。从《宋史》到《金史》、《元史》、《明史》、《清史稿》,"术学"一词几乎销声匿迹,其义乃合于"学术"一词。而就"学术"本身的内涵而言,则更具包容性与明确性,与今天所称"学术"之义更为接近。例如:

《宋史》卷二十三《钦宗本纪》:"壬寅,追封范仲淹魏国公,赠司马光太师,张商英太保,除元祐党籍学术之禁。"

《宋史》卷三百七十六《陈渊传》:"渊面对,因论程颐、王安石学术同异,上曰:'杨时之学能宗孔、孟,其《三经义辨》甚当理。'渊曰:'杨时始宗安石,后得程颢师之,乃悟其非。'上曰:'以《三经义解》观之,具见安石穿凿。'渊曰:'穿凿之过尚小,至于道之大原,安石无一不差。推行其学,遂为大害。'上曰:'差者何谓?'渊曰:'圣学所传止有《论》、《孟》、《中庸》,《论语》主仁,《中庸》主诚,《孟子》主性,安石皆暗其原。仁道至大,《论语》随问随答,惟樊迟问,始对曰:爱人。爱特仁之一端,而安石遂以爱为仁。其言《中庸》,则谓《中庸》所以接人,高明所以处己。《孟子》七篇,专发明性善,而安石取扬雄善恶混之言,至于无善无恶,又溺于佛,其失性远矣。'"

《元史》卷一百四十《铁木儿塔识传》:铁木儿塔识"天性忠亮,学术正大,伊、洛诸儒之书,深所研究"。

《明史》卷二百八十二《儒林传一》:"原夫明初诸儒,皆朱子门人之支流余裔,师承有自,矩矱秩然。曹端、胡居仁笃践履,谨绳墨,守儒先之正传,无敢改错。学术之分,则自陈献章、王守仁始。宗献章者曰江门之学,孤行独诣,其传不远。宗守仁者曰姚江之学,别立宗旨,显与朱子背驰,门徒遍天下,流传逾百年,其教大行,其弊滋甚。嘉、隆而后,笃信程、朱,不迁异说者,无复几人矣。要之,有明诸儒,衍伊、洛之绪言,探性命之奥旨,錙铢或爽,遂启岐趋,袭谬承讹,指归弥远。"

《清史稿》卷一百四十五《艺文志一》:"当是时,四库写书至十六万八千册,诏钞四分,分庋京师文渊、京西圆明园文源、奉天文溯、热河文津四阁,复简选精要,命武英殿刊版颁行。四十七年,诏再写三分,分贮扬州大观堂之文汇阁、镇江金山寺之文宗阁、杭州圣因寺玉兰堂之文澜阁,令好古之士欲读中秘书者,任其入览。用是海内从风,人文炳蔚,学术昌盛,方驾汉、唐。"

《清史稿》卷一百七《选举志二》:"先是百熙招致海内名流,任大学堂各职。吴汝纶为总教习,赴日本参观学校。适留日学生迭起风潮,诼谣繁兴,党争日甚。二十九年正月,命荣庆会同百熙管理大学堂事宜。二人学术思想,既各不同,用人行政,意见尤多歧异。"

《清史稿》卷四百七十三《康有为传》:"有为天资瑰异,古今学术无所不通,坚于自信,每有创论,常开风气之先。"

《清史稿》卷四百八十六《林纾传》:"纾讲学不分门户,尝谓清代学术之盛,超越今古,义理、考据,合而为一,而精博过之。实于汉学、宋学以外别创清学一派。"

《清史稿》卷四百八十六《辜汤生传》:"辜汤生,字鸿铭,同安人。幼学于英国,为博士。遍游德、法、意、奥诸邦,通其政艺。年三十始返而求中国学术,穷四子、五经之奥,兼涉群籍。爽然曰:'道在是矣!'乃译四子书,述《春秋》大义及礼制诸书。西人见之,始叹中国学理之精,争起传译。"

此外,明代学者章懋在其《枫山语录》中有《学术》专文,周琦所著《东溪日谈录》卷六有《学术谈》一文,《清史稿》卷二百六十五《陆陇其传》还有载陆氏所著《学术辨》一书,曰:"其为学专宗朱子,撰《学术辨》。大指谓王守仁以禅而托于儒,高攀龙、顾宪成知辟守仁,而以静坐为主,本原之地不出守仁范围,诋斥之甚力。"从以上所举案例可知,宋元以来取代"术学"而独行于世的"学术"一词,因其更具包容性与明确性而在名实两个方面渐趋定型。

4. 晚清以来"学术"的新旧转型与中西接轨

晚清以来,在西学东渐的背景下,随着中国"学术"从传统向现代的转型,学界对"学术"的内涵也进行了新的审视与界说。1901年,严复在所译《原富》按语中这样界定"学术"中"学"与"术"的区别:"盖学与术异,学者考自然之理,立必然之例。术者据既已知之理,求可成之功。学主知,术主行。"10年后,梁启超又作《学与术》一文,其曰:

> 近世泰西学问大盛,学者始将学与术之分野,厘然画出,各勤厥职以前民用。试语其概要,则学也者,观察事物而发明其真理者也;术也者,取所发明之真理而致诸用者也。例如以石投水则沉,投以木则浮。观察此事实,以证明水之有浮力,此物理学也;应用此真理以驾驶船舶,则航海术也。研究人体之组织,辨别各器官之机能,此生物学也。应用此真理以治疗疾病,则医术也。学与术之区分及其相互关系,凡百皆准此。善夫生计学大家倭儿格之言,曰:科学(英 Science,德 Wissenschaft)也者,以研索事物原因结果之关系为职志者也。事物之是非良否非所问,彼其所务者,则就一结果以探索所由来,就一原因以推理其所究极而已。术(英 Art,德 Kunst)则反是。或有所欲焉者而欲致之,或有所恶焉者而欲避之,乃研究致之避之之策以何为适当,而利用科学上所发明之原理原则以施之于实际者也。由此言之,学者术之体,术者学之用。二者如辅车相依而不可离,学而不足以应用于术者,无益之学也。术而不以科学上之真理为基础者,欺世误人之术也。(初刊1911年6月26日《国风报》第2册第15期。后载梁启超《饮冰室文集》之二十五下,云南教育出版社,2001年8月第1版)

梁启超以西学为参照系的对"学术"的古语新释,集中表现了当时西学东渐、西学中用的时代风气以及梁氏本人欲以西学为参照,推动中国学术从综合走向分科、从古典走向现代并以此重建中国学术的良苦用心。但取自西学的科学、技术与中国传统"学术"仅具某种对应关系而非对等关系,难免有以今释古、以西释中之局限。由此可见,对于中国学术尤其需要西方与本土、传统与现代学术概念的互观与对接,需要从渊源到流变的学术通观。

三、中国学术史:形态辨析与规律探寻

中国学术史源远流长,而对中国学术史的形态辨析与规律探寻始终没有停息。《庄子·

天下篇》之于"道术"与"方术"两种形态与两个阶段的划分，可以视为中国学术史上最先对"古"、"今"学术流变的总结，实乃反映了作者"后世之学者，不幸见天地之纯，古人之大体，道术将为天下裂"的学术史观，以及由今之"方术"还原古之"道术"的学术崇尚，与同时代其他诸子大相径庭。此后，类似的学术史的总结工作代代相续，随时而进，而不断由"今"鉴"古"所揭示的中国学术史发展轨迹与形态，也多呈现为不同的面貌。比如，司马谈《论六家要旨》所论，凡阴阳、儒、墨、法、名、道六家，而《汉书·艺文志·诸子略》则增为儒、道、阴阳、法、名、墨、纵横、杂、农、小说十家，然后归纳为"诸子出于王官"之说，皆与《庄子·天下篇》不同。再如，唐代韩愈《原道》率先提出"尧—舜—禹—汤—文—武—周公—孔—孟"的"道统"说，继由宋代朱熹《中庸章句》推向两宋当代，完成经典性的归纳："尧—舜—禹—汤—文—武—周公—孔子—颜回、曾参—子思—孟子—二程"，在似乎非常有序的学术史链接中，完成了以儒家为正统的序次定位。但这仅是反映韩愈、朱熹等复兴儒学倡导者的学术史观以及文化史观，不能不以排斥乃至牺牲中国学术史的多元性、丰富性为代价，显然是一种以偏概全的概括。由"道统"而"学统"，清代学者熊赐履进而在直接标示为《学统》之书中，以孔子、颜子（回）、曾子（参）、子思、孟子、周子（敦颐）、二程子（程颐、程颢）、朱子（熹）9人为"正统"，以闵子（骞）以下至罗钦顺23人为"翼统"，由冉伯牛以下至高攀龙178人为"附统"，以荀卿、扬雄、王通、苏轼、陆九渊、陈献章、王守仁等7人为"杂统"，以老、庄、杨、墨、告子及释、道二氏之流为"异统"（参见《四库全书·总目·史部·传记类存目五》《学统》五十六卷提要）。虽然对韩愈、朱熹"道统"的纯粹性作了弥补，但以儒家为正统、以纯儒为正统的观念未有根本的改变。

近代以来，梁启超以西方学术为参照系，由清代上溯中国学术，先在《论中国学术思想变迁之大势》（《饮冰室合集》文集之七）一文中将中国学术史划分为八个时代："一胚胎时代，春秋以前也；二全盛时代，春秋及战国是也；三儒学统一时代，两汉是也；四老学时代，魏晋是也；五佛学时代，南北朝隋唐是也；六儒佛混合时代，宋元明是也；七衰落时代，近二百五十年是也；八复兴时代，今日是也。"继之在《清代学术概论》中提出"自秦以后，确能成为时代思潮者，则汉之经学，隋唐之佛学，宋及明之理学，清之考据学，四者而已"。基于时代与个人的双重原因，梁氏抛弃了长期以来以儒家为正统、以纯儒为正统的"道统"说与"学统"说，力图以融通古今、中西的崭新的学术史观，还原于中国学术原生状态与内在逻辑，这的确是一个重大突破，标志着中国学术史研究已实现从传统向现代转型并与世界接轨，具有划时代意义。可以说，此后的中国学术史构架几乎都是以此为蓝本而不断加以调整和完善，当"先秦诸子学——两汉经学——魏晋玄学——隋唐佛学——宋明理学——清代朴学——近代新学"已成为后来概括中国学术史流变的通行公式时，尤其不能遗忘梁氏的创辟之功。

世纪之交，受惠于"重写学术史"的激励和启示，我们应该以更加广阔的视野、更加多元的维度以及更加深入的思考，对中国学术史的形态辨析与规律探寻作出新的建树，实现新的超越。

中国学术孕育于中国文化之母体，受到多元民族与区域文化的滋养而走向独立与兴盛，并在不同时期呈现为不同的主流形态与演变轨迹。而中国学术之所以生生不息，与时俱进，也就在于其同时兼具自我更新与吸纳异质学术文化资源的双重能力，在纵横交汇、融合中吐故纳新，衰而复盛。因此，从"文化—学术"、"传统—现代"、"本土—世界"这样三个维度，重新审视中国学术史的历史进程与演变规律，则大致可以重新划分为华夏之融合、东方之融合与世界之融合三个历史时段，这三个历史时段中的中国学术主导形态及其与世界的关系依次发生了变化,分别从华夏之中国到东方之中国,再到世界之中国。

(一) 华夏文化融合中的中国学术史

从炎黄传说时代到秦汉时期,中国文化发展形态主要表现为华夏各民族文化的融合,然后逐步形成以儒家为主流的文化共同体。与此相契合,中国学术史的发展也完成了从萌芽到独立、繁荣直至确立儒学一统地位的历程。

1. 远古华夏多元文化的融合对学术的孕育

徐旭生在《中国古史的传说时代》(广西师范大学出版社2003年版)中同时证之于古籍文献与考古发现,提出华夏、东夷、苗蛮三大族团说,高度概括地揭示了炎黄时代民族与文化版图跨越黄河、长江两岸流域的三分天下格局。然后通过东征、南伐,炎黄族团文化逐步统一了三大部族,而炎黄部族本身的相争相融,终以炎黄并称共同塑铸为中华民族的祖先,这是从炎黄到五帝时代部族联盟文化共同体初步形成的主要标志。夏商周三代,既是三个进入国家形态的不同政权的依次轮替,又是三大民族在黄河流域中的不同分布。因此,夏商周的三代更替,亦即意味着中华民族文化中心在黄河流域轴线上的由中部向东西不同方向的轮动。

以上不同阶段、区域与形态的文化之发展,都不同程度地给予本时段学术的孕育以滋养。《庄子·天下篇》归之为中国学术的"道术"时代,是以所谓天人、神人、至人、圣人、君子等为主导,接近于道之本体的原始学术阶段,与梁启超在《论中国学术思想变迁之大势》所溯源的"天人相与"的学术胚胎时代相仿。

2. 春秋战国"轴心时代"学术的独立与繁荣

东周以降的春秋战国时代,迎来了具有世界性意义的第一个文化繁荣期,大体相当于西方学者所称的"轴心时代"(公元前800—200年)(见德国卡尔·雅斯贝尔斯著《历史的起源与目标》,魏楚雄、俞新天译,华夏出版社1989年版)。王权衰落、诸侯争霸、士人崛起、诸子立派、百家争鸣,一同促进了中国学术的走向独立与空前繁荣。梁启超《论中国学术思想变迁之大势》称之为"全盛时代",并有四期、两派、三宗、六家的划分。春秋战国诸子百家争鸣的学术之盛,既见普世规律,又有特殊因由。其中一个十分重要的转折点就是发生于春秋后期的"天子失官,学在四夷"的文化学术扩散运动,由于东周王朝逐步失去继续吸纳聚集各诸侯国文化学术精英、引领和主导全国文化学术主流的机制与能力,其结果便是诸子在远离京都中心的诸侯国之间大规模、高频率地自由流动。从诸子的流向、聚集与影响而论,当以齐鲁为中心,以儒、道、墨为主干,然后向全国各诸侯国流动与辐射。

诸子百家争鸣局面的形成,既是本时期中国学术高峰的标志,同时也促进了诸子对于自身学术反思的初步自觉,从《庄子·天下篇》到《荀子·非十二子》、《韩非子·显学》等,都具有学术批判与自我批判的自觉意义,其中也蕴含着诸子整合、百家归一的学术趋势。

3. 秦汉主流文化的选择与儒学正统地位的确立

进入秦汉之后,在国家走向大一统的过程中,通过对法家(秦代)、道家(汉代前期)、儒家(汉代中期)的依次选择,最后确立了儒家的官方主流文化与学术的地位。

汉武帝元光元年(前134)五月,武帝亲策贤良方正直言极谏之士,董仲舒连上三策,请黜刑名、崇儒术、兴太学,史称《天人三策》(或《贤良对策》)。董仲舒以儒家经典《春秋》为参照,在倡导与建构"大一统"的文化传统中,主张独尊儒学而摈绝诸子,后人归纳为"罢黜百家,独尊儒术",梁启超称之为"儒学统一时代",后世所谓"道统"说与"学统"说即发源于此。这不仅标志着汉代儒学作为正统学术文化主流地位的确立,同时意味着中国学术史的第一时段——华夏融合时期的结束。

(二) 东方文化融合中的中国学术史

本时段以东汉明帝"永平求法"为起点,以印度高僧译经传教于洛阳白马寺为中心,以儒学危机与道教兴起为背景,来自西域的佛教的传入及其与中国文化的融合,为中国学术的重建提供了一种新的异质资源与重要契机,然后逐步形成三教合流之局面。这是中国学术基于此前的华夏文化之融合转入东方文化之融合的重要标志。此后,由论争而融合,由表层而内质,由局部而整体,"三教合一"对本时段中国学术的重建与演变产生了巨大而深远的影响。

1. 东汉至南北朝佛教传入与学术格局的变化

儒学衰微、佛教传入与道教兴起,三者终于相遇于东汉后期,一同改变了西汉以来儒学独盛的整体学术格局。其中最引人注目的是兴起于魏、盛行于晋的新道学——玄学。其中大致可以划分为四个阶段:一是王弼、何晏的正始之音;二是嵇康、阮籍的纵达之情;三是向秀、郭象综合诸说而倡自然各教合一论;四是东晋玄学的佛学化(参见冯天瑜、邓捷华、彭池《中国学术流变》,华东师范大学出版社2003年版,第2页)。玄学的主要贡献,是将当时的士林风尚从学究引向思辨,从社会引向自然,从神学引向审美,从群体引向个体,从外在引向内在,从而促使人的发现与人的自觉,具有划时代意义。此后,发生于西晋末年的"永嘉之乱",直接促成了东晋建都建康(今南京),大批北方士人渡江南下,不仅彻底改变了南方尤其是处于长江下游的江南经济、文化的落后面貌,而且也彻底改变了原来江南土著民族的强悍之风,代之为一种由武而文、由刚而柔、由质而华的新江南文化精神,江南文化圈的地位因此而迅速上升,这是中国文化与学术中心第一次从黄河流域转向长江流域。在此过程中,本兴起于北方的玄学也随之南迁于江南,并鲜明地打上了江南山水审美文化与人文精神的烙印。

以玄学为主潮,儒佛道三教开始了漫长的相争相合之进程。在三国两晋南北朝时代,集中表现为由儒玄之争与佛道冲突中走向初步的调和与融合,范文澜先生扼要而精彩地概括为:儒家对佛教,排斥多于调和,佛教对儒家,调和多于排斥;佛教和道教互相排斥,不相调和(道教徒也有主张调和的);儒家对道教不排斥也不调和,道教对儒家有调和无排斥(范文澜《中国通史》第二册,人民出版社1994年版,第554页)。

2. 隋唐佛学的成熟与三教合流趋势

经历三国两晋南北朝的分裂,至隋唐又重新归于统一。唐代国势强盛、政治开明、文化繁荣,当朝同时倡导尊道、礼佛、崇儒,甚至发展为在宫廷公开论辩"三教合一"问题(有关唐代三教论争可参见胡小伟《三教论衡与唐代俗讲》,《周绍良先生欣开九秩庆寿文集》,中华书局1997年版),这就在文化、宗教政策上为三教合流铺平了道路。与此相契合,在学术上呈现为综合化的总体趋势。

一方面是儒道佛各自本身的融合南北的综合化,另一方面则是融合儒、道、佛三者的综合化。当然,儒、道、佛三者的综合化,在取向上尚有内外之别,儒与道的综合化,除了自身传统的综合化之外,还充分吸纳了外来佛教的诸多元素,这是由"内"而"外"的综合化;而就佛教而言,同样除了自身传统的综合外,主要是吸纳本土儒道的诸多元素,是由"外"而"内"的综合化,这种综合化的过程,实质上就是佛教的本土化过程。唐代的佛学之盛,最重要的成果是逐步形成了天台宗、三论宗、华严宗、法相宗、律宗、净土宗、密宗、禅宗等八大宗派体系,由此奠定了中国佛教史上的鼎盛时代,标志着作为外来宗教的佛教本土化进程的完成。

儒道佛的三教合流,既促成了唐代多元化的学术自由发展之时代,同时也对儒学正统地位产生严重的挑战与冲击。早在初唐时期,唐太宗鉴于三国两晋南北朝儒学的衰落与纷争,为适应国家文化大一统的需要,命国子监祭酒孔颖达等撰写《五经正义》,作为钦定的官方儒学经典文本,以此奠定了唐代新的儒学传统。然而到了中唐,韩愈等人深刻地意识到了儒学的内在危机,力图恢复儒学的正宗地位与纯儒传统,所以在《原道》中提出了"尧—舜—禹—汤—文—武—周公—孔—孟"的"道统"说,不仅排斥佛道,而且排斥孔孟之后的非正统儒学,以一种激进的方式进行新的儒学重建,实已开宋代理学之先声,彼此在排斥佛道中"援佛入儒"、"援道入儒",亦颇有相通之处。

3. 宋代理学的兴盛与三教合流的深化

宋代理学是宋代学者致力于儒学重建的最重要成果,也是魏晋以来儒道佛三教合流深化的结果。较之前代学者,宋儒对于佛道二教的修养更深,其所臻于的"三教合一"境界也更趋于内在与深化。宋代理学的产生主要基于两大动因:一是儒学自身的新危机。朱熹在《中庸章句》中上承中唐韩愈的"道统"说而加以调整,代表了宋代理学家基于与韩愈"道统"说的同一立场,即主张在同时排斥释道与非正统儒学中恢复儒学的正统地位与纯儒传统;二是市井文化的新挑战。宋代商业经济相当发达,市井文化高度繁荣,既为中国文化带来了新的生机与活力,同时也对传统文化产生严重的冲击,于是有部分文人学士以强烈的历史使命感发起重建儒学运动,以此重建儒学传统,导正市井文化。宋儒的义利之辩、天理人欲之辩以及以"理"制"欲"的主张,即主要缘于此并应对于此。当然,宋代学术的高度繁荣虽以理学为代表,但并非仅为理学所笼罩。比如在北宋,除理学之外,尚有王安石的新学、三苏的蜀学。饶有趣味的是,无论是王安石还是三苏,也都经历了由儒而道、释的三教融合过程,体现了某种新的时代精神。

尤为重要的是,基于与西晋末年"永嘉之乱"同样的缘由,发生于北宋末年的"靖康之难"促使朝廷从开封迁都临安(今杭州),随后也同样是大批文人纷纷从北方迁居江南。南宋建都临安以及大批北方文人南迁的结果,就是中国文化中心再次发生了南北转移。在南宋学术界,要以朱熹理学、陆九渊心学以及浙东学派陈亮、叶适、吕祖谦的事功之学为代表,三者都产生于南方,汇集于江南,北方的文化地位明显下降。如果说由陆九渊到王阳明,由心学一路发展为伦理变革与解放,那么由陈亮、叶适、吕祖谦的倡导义利兼顾,甚至直接为商业、商人辩护,则开启了经世致用的另一儒学新传统,而且更具近世意义与活力,两者都具解构理学的潜在功能。

4. 元明理学的衰变与三教合流的异动

元蒙入主中原,不仅打乱了宋代以来的文化进程,而且改变了宋代之后的学术方向。一是元代建都大都,全国文化中心再次由南北迁,其直接结果是兴盛于宋代的新儒学——理学北传,成为官方新的主流文化;二是率先开通了北起大都、南至杭州的京杭大运河,为南北学术文化交流创造了更好的交通条件,同时也为元代后期学术文化中心再次南移奠定了基础;三是随着地理版图向四周的空前推进,元代在更为广阔的空间上不断融入了包括回回教(伊斯兰教)、景教(基督教)在内的更为丰富的多元文化,但其主体仍是东方文化的融合;四是元蒙本为草原民族,文化积累不厚,反倒容易实施文化学术开放政策,比如对于道教、佛教以及其他宗教的兼容,对于商业文化的重视,士商互动的频繁、密切,都较之前代有新的进展;五是元代教育的高度发达,远远超出人们的想象。这主要得益于两个方面:一者,汉族文人基于"华夷之辨",多不愿出仕元朝,但为了文化传承与生计需要,往往选择出仕书院山长或教席;二者,元朝长期中止科举制度,汉族文人在无奈中也不得不倾心于教育;六是就元代主流文化与学术而言,还是儒释道的"三教合一",其中理学在北传中经历了先衰后兴的命运。元代延祐年间,仁宗钦准中书省条陈,恢复科举,明经试士以《四书》《五经》程子、朱熹注释为立论依据,程朱理学一跃成为官学。此对元代学术产生重要影响,并为其后的明代所效法。与此同时,道教与佛教也都在与儒学的相争相融中有新的发展,乃至出现新的宗教流派。

明灭元后,先建都南京,后迁都北京,但仍以南京为陪都,元代开通的京杭大运河通过南京、北京"双都"连接,成为明代学术文化的南北两大轴心。为了适应高度集权的专制主义统治需要,从明初开国皇帝朱元璋开始,毫不犹豫地选择程朱理学为官方主流文化,又毫不手软地以文武两手彻底清理儒学传统,从而加速了官方主流文化与学术的衰微。然而,从社会历史进程的纵向坐标上看,明代已进入近世时代,日趋僵化的程朱理学已经无法适应基于商品经济发展的新的文化生态与文化精神的需要,而宋元两代以来日益高涨的市民思想意识,则在不断地通过士商互动而向上层渗透,这是推动中国社会与文化转型的重要基础;而在横向坐标上,与明代同时的西方已进入文艺复兴时代,彼此出现了诸多值得令人玩味的现象。在西方,文艺复兴、思想启蒙、宗教改革等此呼彼应,成为摧毁封建专制主义、开创资本主义文明、实现社会转型的主体力量,并逐步形成一种张扬人性、肯定人欲的初具近代启蒙性质的新文化思潮。而在明代,尤其是从明中叶开始,由王阳明心学对官方禁锢人性的理学的变革,再经王学左派直到李贽"童心说"的提出与传播,实已开启了一条以禁锢人性、人欲始,而以弘扬人性、人欲终的启蒙之路,王学之伦理改革的意义正可与西方马丁·路德的宗教改革相并观。与思想界相呼应,在文艺界,从三袁之诗文到汤显祖、徐渭之戏曲,再到冯梦龙、凌濛初之小说;在科学界,从李时珍《本草纲目》到徐宏祖《徐霞客游记》、宋应星《天工开物》,再到徐光启《农政全书》,都已初步显现了与西方文艺复兴思想启蒙相类似并具有近代转型意义的现象与态势,这说明基于思想启蒙与商业经济的双向刺激的推动,理学的衰落与启蒙思潮的兴起势不可挡,而起于南宋的一主两翼之两翼——陆九渊心学与陈亮、叶适、吕祖谦等事功之学的后续影响,便通过从王学到王学左派再到李贽等,由思想界而文艺界、科学界得到了更为激烈的演绎。另一方面,当援引佛道改造或消解理学已成为知识界,尤其是思想界与文艺界一种普遍取向与趋势时,那么,"三教合一"的发展便更具某种张扬佛道的反传统的意义,这是本时段"三教合一"的最终归结。

(三) 世界文化融合中的中国学术史

晚明之际,西方正处于文艺复兴极盛时期,所以中西方都出现了相近的文化启蒙思潮,一同预示着一种近代化态势。理学的禁锢与衰落，意味着中国文化需要再次借助和吸纳一种新的异质文化资源进行艰难的重建工作，而在中国文化或东方文化内部，已无提供新的文化资源的可能，这在客观上为中西文化的遇合与交融、学术重建与转型创造了条件。此后，以十六世纪中叶西方传教士陆续进入中国进行"知识传教"、"学术传教"为始点，在"西学东渐"的背景下，在与西方文化融合的过程中，中国学术的世界化与现代化先后经历了三次运动，即明清之际的传统学术转型初潮、清末民初时期现代学术的建立以及二十世纪后期的学术复兴之路。

1. 明清之际"西学东渐"与传统学术转型初潮

大约从十六世纪中叶起，西方传教士陆续进入中国南部传教，通过他们的传教活动，开始了中国与西方文化第一次较有广度与深度的交流，率先揭开了中国学术最终走向世界文化之融合的序幕，可以称之为"西学东渐"之第一波。据法国学者荣振华（Joseph Dehergne）统计，在1552—1800的二百五十年间中国境内的传教士达975人（参见[法]荣振华著，耿昇译《在华耶稣会士列传及书目补编》，中华书局1995年版，第4页）。作为"知识传教"、"学术传教"的成功奠基者，意大利传教士利玛窦的成功之举是说服明朝大臣兼科学家徐光启、李之藻、杨廷筠3人先后入基督教，成为晚明天主教三大柱石，3人与利玛窦密切合作，一同翻译了大量科学著作，由此奠定了明清之际西方传教士来华知识传教、学术传教之基础。据统计，明末清初西方传教士共译书籍达378种之多，其中的宗教主导性与学科倾向性至为明显。此外，汉学著作达到49种，表明西方传教士在西学东渐之学术输出的同时，也逐步重视中学西传之学术输入，至清初达于高潮。

在晚明的中西学术文化初会中，徐、李、杨等人以极大的热情研习西学著作，会通中西学术，其主要工作包括：合译、研习、反思、会通、创新等，尤其是徐光启提出"翻译—会通—超胜"的学术思路是相当先进的。以上五个方面是明末清初科技界对于西学输入的总体反应及其所取得的主要成绩，也是当时科技界初显近代科技之曙光、初具近代新型学者之因素的集中表现。

2. 清代"西学东渐"的中止与传统学术的复归

公元1644年，满族入关，建立清朝，建都北京，历史似乎神奇地重现元蒙入主中原的路径与命运。由此导致的结果，不仅打乱了晚明以来中国走向近代的历史进程，而且改变甚至中止了中西文化学术交流与融合的前行方向。由于满清入关之前在汉化方面经过长时期的充分准备，所以在入关建国之后，不仅较之元代统治时间更长，而且还创造了康乾盛世，尤其是对传统学术的发展与总结结出了空前辉煌的成果。也许这是汉、满异质文明通过杂交优育而产生的一个文化奇迹，实质上也是中国古代文化学术回光返照的最后辉煌。

梁启超在其名著《清代学术概论》中，曾将清代学术分为四期，第一期为启蒙期，以顾炎武、胡渭、阎若璩等为代表；第二期为全盛期，以惠栋、戴震、段玉裁、王念孙、王引之等为代表；第三期为蜕分期，以康有为、梁启超为代表；第四期为衰落期，以俞樾、章炳麟、胡适等为代表。其中最能代表清代朴学成果的是第二期即全盛期。四期纵贯于明清之交至清末民初，经此辨析之后，清代学术脉络已比较清晰。但梁氏将"清代思潮"类比于欧洲文艺复兴，却并不妥当。他在《清代学术概论》中说："'清代思潮'果何物耶？简单言之：则对于宋、明理学之一大反动,而以'复古'为其职志者也。其动机及其内容,皆与欧洲之'文艺复兴'绝相类。而欧洲当'文艺复兴期'经过以后所发生之新影响,则我国今日正见端焉。"又说:"综观二百余年之学史,其影响及于全思想界者,一言蔽之,曰:'以复古为解放'。第一步,复宋之古,对于王学而得解放;第二步,复汉、唐之古,对于程、朱而得解放;第三步,复西汉之古,对于许、郑而得解放;第四步,复先秦之古,对于一切传注而得解放。夫既已复先秦之古,则非至对于孔孟而得解放焉不止矣。然其所以能着着奏解放之效者,则科学的研究精神实启之。"将清代学术发展归结为"以复古为解放",的确非常精辟,然以此比之于西方同时期的文艺复兴,却忽略了彼此的异质性,未免类比失当。

3. 晚清"西学东渐"的重启与现代学术的建立

关于自1840年至民国间"西学东渐"的重启与现代学术的建立,是一个相当专业而又复杂的问题,前人已有不少论著加以描述与总结。这里再着重从以下三个层面略加申说:

(1) 新型学者群体的快速成长,是中国学术完成现代转型并与世界接轨的主导力量。

这一新型学者群体主要有以下三类人所组成:一是开明官员知识群体。如林则徐、曾国藩、李鸿章、丁日昌、左宗棠、薛福成、刘坤一、张之洞等朝廷重臣、地方要员,除了大兴工厂之外,还开设书局,组织人力翻译西书;创办学校,培养新型人才;又与西方传教士、外交官员及其他人士广泛交往,成为推动中国走向近代化的主导力量。二是"新职业"知识群体。如李善兰、华蘅芳、徐寿、蒋敦复、蒋剑人等,他们主要在书局、报社、刊物等从事于翻译、写作、编辑等新兴职业,是旧式文人通过"新职业"转型为新型知识群体的杰出代表。三是"新教育"知识群体。包括海外留学、国内传教士创办的教会学校与中国人仿照西方创办的新式学校培养的学生群体,但以留学生为主体,这些留学生后来大都成长为政治家、军事家、思想家、科学家以及著名学者,成为现代学科的开创者与现代学术的奠基者。以上三类新型知识群体的成长以及代际交替,即为现代学术的建立奠定了十分重要的主体条件。

(2) 新型学者群体的心路历程,是中国学术完成现代转型并与世界接轨的精神坐标。

1922年,梁启超曾在《五十年中国进化概论》中以自己的切身感受扼要揭示了半个世纪以来中国知识分子伴随近代化进程的心路历程变化:

> 近五十年来,中国人渐渐知道自己的不足了。这点子觉悟,一面算是学问进步的原因,一面也算是学问进步的结果。第一期,先从器物上感觉不足。这种感觉,从鸦片战争后渐渐发动,到同治年间借了外国兵来平内乱,于是曾国藩、李鸿章一班人,很觉得外国的船坚炮利,确是我们所不及,对于这方面的事项,觉得有舍己从人的必要,于是福建船政学堂、上海制造局等等渐次设立起来。但这一期内,思想界受的影响很少,其中最可纪念的,是制造局里头译出几部科学书。……实在是替那第二期"不懂外国话的西学家"开出一条血路了。第二期,是从制度上感觉不足。自从和日本打了一个败仗下来,国内有心人,真像睡梦中着了一个霹雳,因想到堂堂中国为什么衰败到这田地,都为的是政制不良,所以拿"变法维新"做一面大旗,在社会上开始运动,那急先锋就是康有为、梁启超一班人。这班人中国学问是有底子的,外国文却一字不懂。他们不能告诉人"外国学问是什么,应该怎么学法",只会日日大声疾呼,说:"中国旧东西是不够的,外国人许多好处是要学的。"这些话虽然像是囫囵,在当时却发生很大的效力。他们的政治运动,是完全失败,只剩下前文说的废科举那件事,算是成功了。这件事的确能够替后来打开一个新局面,国内许多学堂,国外许多留学生,在这期内蓬蓬勃勃发生。第三期新运动的种子,也可以说是从这一期播殖下来。这一期学问上最有价值的出品,要推严复翻译的几部书,算是把十九

世纪主要思潮的一部分介绍进来,可惜国里的人能够领略的太少了。第三期,便是从文化根本上感觉不足。第二期所经过时间,比较的很长——从甲午战役起到民国六七年间止。约二十年的中间,政治界虽变迁很大,思想界只能算同一个色彩。简单说,这二十年间,都是觉得我们政治法律等等,远不如人,恨不得把人家的组织形式,一件件搬进来,以为但能够这样,万事都有办法了。革命成功将近十年,所希望的件件都落空,渐渐有点废然思返,觉得社会文化是整套的,要拿旧心理运用新制度,决计不可能,渐渐要求全人格的觉悟。恰值欧洲大战告终,全世界思潮都添许多活气,新近回国的留学生,又很出了几位人物,鼓起勇气做全部解放的运动。所以最近两三年间,算是划出一个新时期来了。(《梁启超史学论著四种》,岳麓书社1985年版)

五十年间的三个历史阶段,是晚清以来从物质到制度再到文化变革渐进过程与知识分子精神觉醒进程内外互动与复合的结果。当然,这种代际快速转换与思想剧变的文化现象只是当时特定历史条件的产物,有利于快速推进中国学术的现代化进程,但由此造成的后遗症还是相当严重的。

(3)新型学者群体的现代学术体系建构,是中国学术完成现代转型并与世界接轨的核心成果。

表面看来,中西比较观主要缘于"本土—西方"关系,标示着中国学术从本土走向世界的共时性维度,但在中西比较的视境中,以西学为参照、为武器而改造中国传统学术,即由"本土—西方"关系转换为"传统—现代"关系,以及从传统走向现代的历时性维度。可见中国学术的现代化与世界化本是相互依存、相互促进,并可以相互转换的。根据晚清以来新型学者群体在急切向西方学习过程中而形成的中西观的历史演进与内在逻辑,曾先后经历了中西比附、中体西用、中西体用、中西会通、激进西化观的剧烈演变,从而为"五四"新文化运动的兴起与现代学术体系的建构铺平了道路。

经过"五四"新文化运动的精神洗礼,通过从文化启蒙向学术研究的转移,从全盘西化走向吸取西学滋养,从全面批判走向对传统学术的意义重释与价值重估,由梁启超、王国维、章炳麟、刘师培、胡适等一批拥有留学经验、学贯中西学者承担了开创现代学科、建立现代学术以及复兴中国学术的历史使命,终于在与世界的接轨中完成了中国学术从传统向现代的转型。陈平原先生在《中国现代学术的建立——以章太炎、胡适为中心》(北京大学出版社1998年版)一书中借用库恩(Thomas S. Kuhn)的"范式"(Paradigm)理论衡量中国现代学术转型与两代人的贡献,认定1927年的中国现代学术建立的"关键时刻",其标志性的核心要素在于:一是新的学术范式的建立。通过戊戌、五四两代学人的学术接力,创建了现代新的学术范式,包括走出经学时代、颠覆儒学中心、标举启蒙主义、提供科学方法、学术分途发展、中西融会贯通,等等。二是现代学科体系的建立。此实与现代教育制度逐步按西学知识体系实施分科专业教育密切相关,其中"西化"最为彻底的,也最为成功的,当推大学教育。三是现代大学者群体的登场。如康有为、梁启超、章炳麟、罗振玉、王国维、严复、刘师培、蔡元培、黄侃、吴梅、鲁迅、胡适、陈寅恪、赵元任、梁漱溟、欧阳竟无、马一浮、柳诒徵、陈垣、熊十力、郑振铎、俞平伯、钱穆、汤用彤、冯友兰、金岳霖、张君劢等。这是一个需要巨人而又创造了巨人的时代,他们既是推动中国现代学术转型的主导力量,也是中国现代学术建立的重要成果。

4. 世纪之交中国学术的复兴之路

在当今世纪之交的"重写学术史"为主旨的"学术史热"中,对20世纪中国学术道路的回顾与总结已成为学界的热点论题。刘克敌先生在《学人·学术与学术史》(《北方论丛》1999年第3期)一文中的扼要概括具有一定的代表性,此文将20世纪中国学术划分为四个阶段：

(1) 现代学术的创建期(从世纪初到"五四"前后)。 这一时期的主要特点是许多后来成为学术大师级人物的学者,出于重建中国文化体系、振奋民族精神的愿望,在借鉴西方学术体系的基础上,在对传统治学方式进行批判的基础上,开始有意识地建立新的学术体系。不过,由于在他们周围始终有一个处于动荡之中的社会现实,迫使他们的研究不能不带有几分仓促与无奈,缺乏从容与潇洒的风度,而那体系的建立,不是半途而废,就是缺砖少瓦。

(2) 现代学术的成长期(从20年代至40年代)。 这一时期的主要特点是一方面真正有价值的学术成果不断出现,并在不少领域填补了空白和引起国际学术界的重视和肯定,如鲁迅和胡适对中国小说史的研究,王国维、郭沫若对甲骨文的研究,陈寅恪、陈垣等人的古代史研究和赵元任的语言研究,以及考古界的一系列重大发现等等。另一方面则是迫于社会动荡和急剧变革的影响,学术研究往往陷于停顿,实用主义和功利主义倾向也越来越明显。

(3) 现代学术的迷失期(从50年代直到80年代末)。 所谓"迷失"有两层含义：一是这一时期的学术研究除极少数例外,基本上都偏离了为学术而学术的轨道,甚至成为纯粹为所谓政治服务的工具；二是这一时期的治学者除极少数人外,基本上都不能坚持自己的学术立场,而那些坚持自己立场者,则毫无例外地受到种种迫害。

(4) 现代学术的回归期(从90年代初至世纪末)。 这一时期的学术研究才真正开始意识到其独立的存在价值,把研究的目的不是定位于某些切近的利益,而是为了全人类的根本利益,是中华民族文化在未来的振兴,是真正的为学术而学术。可惜这一时期过于短暂,且没有结束,为其做出评价为时过早。

若从20世纪首尾现代学术颇多相似之处以及彼此在中国学术的现代化与世界化进程中的呼应与延续来看,本世纪之交可称为回归期。然而假如再往后回溯至明清之际,往前面向21世纪,那么,这应是继明清之际、近现代之后,中国学术走向世界与现代运动的第三波浪潮,初步显示了中国学术的复兴之势。三次浪潮都是在从封闭走向开放的过程中由西学的冲击而起,但彼此的内涵与意义并不相同。明清之交的第一次浪潮仅是一个先锋而已,并未从根本上改变中国学术传统以及中西双方的学术地位。近现代的第二次浪潮兴起之际,中西双方的学术地位发生了根本改变,这是在特定条件下,通过激进的西化推进中国学术的现代化与世界化,而完成中国现代学术体系的建立的,因此,其中诸多学术本身的问题未能得以比较从容而完善的解决,这就为第三次浪潮的兴起预留了学术空间与任务。毫无疑问,改革开放以来第三次浪潮的再度兴起,本有"历史补课"的意义。当经过20世纪中下叶近30年的封闭而重新开启国门之后,我们又一次经历了不该经历的"西学东渐"苦涩体验,而且再次发现我们又付出了不该付出的沉重代价。然而30年来改革开放的成功,终于初步改变了前两次"西学东渐"单向传输的路径与命运,而逐步走向中西的平等交流和相互融合。诚然,学术交流本质上是一种势能的较量,当我们既放眼于丰富多彩的世界学术舞台,又通观已经历三次文化融合的中国学术之路,应更多地思考如何实现复兴中国学术而跻身于世界民族之林的战略目标与神圣使命,勃然兴起于世纪之交、以"重写学术史"为主旨的"学术史热",应该不仅仅是新起点,更应是助推器。

四、中国学术史研究：体式演进与成果总结

以源远流长的中国学术史为对象，有关中国学术史的研究率先肇始于先秦诸子，直至当今世纪之交"重写学术史"讨论与实践，已有两千多年的历史。期间，学人代代相继，屡屡更新，要以"辨章学术，考镜源流"为主导，堪称劳绩卓著，著述宏富。于是，中国学术史研究之成果不仅演为中国学术史本身的一大支脉，而且反过来对学术发展起到重要的推动作用。

关于中国学术史研究的源起，一般都远溯至先秦诸子——《庄子·天下篇》、《荀子·非十二子》、《韩非子·显学》等，其中，《庄子·天下篇》发其端，《荀子·非十二子》、《韩非子·显学》等踵其后，一同揭开了中国学术史研究的序幕。先秦以降，中国学术史研究的论著日趋丰富，体式日趋多样。以《庄子·天下篇》为发端的序跋体，以《史记·儒林列传》为发端的传记体，以刘向《七略》为发端的目录体，以及以程颐《河南程氏遗书》、朱熹《朱子语类》等为发端的笔记体等学术史之作相继产生。至朱熹《伊洛渊源录》，又创为道录体（又称"渊源录体"），率先熔铸为学术史研究专著体制，并以此推动着中国学术史研究走向成熟。再至黄宗羲《宋元学案》，另创学案体，代表了传统学术史研究的最高成就。清末民初，由梁启超、刘师培等引入西学理念与著述体例，章节体成为学术史研究著作之主流，标志着中国学术史及其研究的走向现代并与世界接轨。此外，民国期间刘汝霖所著《汉晋学术编年》、《东晋南北朝学术编年》等学术编年之作，也是学术史研究的重要类型。对于以上这些学术史成果的研究，前人已有不少相关论著问世，现以此为基础，重点结合内涵与体式两个方面，通过"辨章学术，考镜源流"作进一步的系统梳理与评述。

（一）序跋体学术史研究

就名称而观之，序先出于汉，跋后出于宋；就格式而言，序本置于正文之后，后来前移于正文之前，而以跋列于正文之后。前文所述《庄子·天下篇》在格式上相当于今天的跋。但置序于正文之后的通则，虽无序之名，而有序之实。由此可见，序跋中的"序"是与学术史研究同时起步，并最先用于学术史研究的一种重要文体。

《天下篇》在内容上不同于《庄子》其余各篇，乃在其为一篇相对独立的学术史论之作。而在体例上，则相当于一篇自序。《天下篇》可分总论与分论两大部分。总论部分主要提出"道术"与"方术"两个重要的学术概念，综论先秦从统一走向分裂、从一元走向多元的学术之变。由"道术"而"方术"，既意指先秦学术的两种形态，也意指先秦学术的两个阶段。分论部分依次评述了由古之"道术"分裂为今之"方术"的相关学派。从行文格式而言，又可分为以下两类：一种格式是大略概括各派学术宗旨，然后加以褒贬不同的评析。另一种格式，主要是针对惠施、桓团、公孙龙一派，即所谓"辨者之徒"进行直接的批评。

学术史研究的使命、功能与特点就是"辨章学术，考镜源流"，而作为中国学术史研究的开山之作，《庄子·天下篇》已具其雏形。

汉代犹承先秦遗风，仍以序置于正文之后。比如西汉刘安《淮南子》最后一篇《要略》，重点论述了孔子、墨子、管子、申子、商鞅及纵横家等先秦诸子学说赖以产生的原因与条件，然后追溯诸子学说的起源，辨析各家学说的衍变，无论在内容还是体式上都与《庄子·天下

篇》等一脉相承。除此之外,西汉直接以序为名的著名序文还有佚名《毛诗序》、司马迁《史记·太史公自序》、刘向《战国策序》、扬雄《法言序》、班固《汉书·叙传》、王逸《楚辞章句序》、王充《论衡·自纪》篇等等,仍皆置于正文之后。司马迁的《太史公自序》详细记叙了作者发愤著书的前因后果与艰难历程,并论述了《史记》的规模、结构、篇目、要旨等,相当于一篇以序写成,重点叙述《史记》之所以作以及如何作的自传。《太史公自序》的另一重要贡献是序中记载了乃父司马谈所作的《论六家要旨》,使后人了解汉代著名史家的诸子学术史观是一种相对开放的学术史观。由于《太史公自序》载入了《论六家要旨》这样的内容,使它不仅在体式上能融记叙与议论于一体,而且在内容上更具学术史批评之内涵。

跋,又称跋尾、题跋。徐师曾《文体明辨》云:"按'题跋'者,简编之后语也。"可见,序文经历了从置于正文之后到冠于正文之前的变化;而跋文,自欧阳修为《集古录》作跋之后,则始终居于正文之后而不变。但在此前,未名"跋"之跋已经出现。

秦汉以来,历代序跋文体为数繁多,如果再纳入赠序、宴序、寿序等等,更是不计其数。至清代,中国学术史研究进入了一个全面总结的时代,无论是综合的还是分代、分类的学术史研究,序跋都是一种相当普遍使用的重要体式。

在当今学术界,序跋仍是载录学术史研究成果的一种重要载体,那些为学术著作而作的序跋尤其如此。而在名称上则分别有"序"、"总序"、"自序"、"前言"与"跋"、"后记"等不同称谓,但已无"后序"之名。

(二) 传记体学术史研究

传记可分为史传与杂传(或称散传)两大类。以史传为学术史研究之载体,始于司马迁《史记》率先创设的《儒林列传》。在《史记》卷一百二十一《儒林列传》卷首,冠有一篇洋洋洒洒的总序,作者主要记载了自先秦儒学演变为汉代经学以及汉代前期道儒主流地位的变化轨迹,凸显了在"罢黜百家,独尊儒术"文化政策导控下的儒学之盛,同时也反映了司马迁本人崇儒抑道的学术史观,与乃父司马谈《论六家要旨》的崇道抑儒形成鲜明的对比,彼此学术史观的变化正是时代学术主潮变故使然。《儒林列传》的体例是以被朝廷立为官学的经学大师为主体,以经学大师的学行为主线,重点突出各家经说的传承关系,再配之以功过得失的评价,可以视之为各经学大师的个体学术简史。合而观之,便是一部传记体的汉代经学简史。

《史记》开创的这一体例为历代正史所继承,并向其他领域拓展。以后《汉书》、《后汉书》、《晋书》、《梁书》、《陈书》、《魏书》、《北齐书》、《周书》、《隋书》、《南史》、《北史》、《宋史》、《明史》、《新元史》、《清史稿》都有《儒林传》;《旧唐书》、《新唐书》、《元史》都有《儒学传》;《宋史》有《道学传》;《后汉书》、《晋书》、《魏书》、《北齐书》、《北史》、《旧唐书》、《宋史》、《新元史》、《清史稿》都有《文苑传》;《南齐书》、《梁书》、《陈书》、《隋书》、《南史》、《辽史》都有《文学传》;《周书》、《隋书》、《北史》、《清史稿》都有《艺术传》;《新唐书》、《金史》都有《文艺传》;《后汉书》有《方术传》;《旧唐书》、《新唐书》、《宋史》、《辽史》、《元史》、《明史》、《新元史》都有《方技传》;《元史》有《释老传》;《清史稿》有《畴人传》。它们从不同的方面概述了儒学、文学、艺术、科技等的发展变化,从一个侧面反映了学术思想的演进历史。

杂传,泛指正史以外的人物传记,始兴于西汉,盛于魏晋,尔后衍为与史传相对应的两大传记主脉之一。《隋书·经籍志》始专列《杂传》一门。据《隋书·经籍志》所录,各类杂传凡217部,1286卷。内容甚为广泛,又以重史与重文为主要特色而分为两大类型。而在体例上,《隋志》仅录由系列传记合成的著作,即学界通常所称的"类传",却于单篇散传一概未录。就与学术史关系而言,尤以乡贤传、世家传、名士传、僧侣传等最有价值。隋唐以降,杂传由先前的重史与重文两种不同倾向逐步向史学化与文学化方向发展。前者因渐渐与正史列传趋于合流之势,而较之后者更多地承担了学术史研究之职。其中也有系列类传与单篇散传两大支脉,后者包括行状、碑志、自传等,作者更多,体式更丰富,学术史研究特点也更为突出。

在单篇散传日趋丰富与繁荣的同时,系列性的类传著作也在不断向前发展。其中颇有特色与价值的是专题性类传,可以阮元《畴人传》、罗士琳《畴人传续编》、诸可宝《畴人传三编》、黄钟骏《畴人传四编》、支伟成《清代朴学大师列传》等为代表。支伟成所撰《清代朴学大师列传》,以时代先后为序,然后依一定的学科、流派分门别类,每一门类前均有作者撰写的叙目,"略疏学派之原委得失",传中除介绍生平事迹外,更着重于"各人授受源流,擅长何学,以及治学方法",比较完整地体现了学术的历史继承性,可以视为一部传记体清代朴学史。

在分别论述史传与杂传之后,还应该提及引自西方、兴起于近代的评传。评传之体从西方引入本土,是由梁启超率先完成的。1901年,梁启超作《李鸿章传》,分为12章,约14万字,以分章加上标题的形式依次叙述李鸿章的一生事迹,为第一部章节体传记之作。此后,梁启超先后撰写了《管子传》、《王荆公传》、《戴东原先生传》和《南海康先生传》等,皆为以评传体式所著的学术传记。评传于近代的引进和兴起,为中国传记从传统向现代转型并与西方现代传记接轨开辟了道路。在梁氏之后,评传一体广为流行,日益兴盛。

(三) 目录体学术史研究

所谓"目录",是篇目与叙录的合称。目录既是记载图书的工具,即唐代魏征《隋书·经籍志》所谓"古者史官既司典籍,盖有目录以为纲纪",同时又具有学术史研究的功能。清代章学诚在《校雠通义序》中总结为"辨章学术,考镜源流",这既是对目录体本身,也是对所有中国学术史研究的最高要求。从西汉刘向、刘歆父子整理群书、编纂目录开始,即已确立了"辨章学术,考镜源流"的学术宗旨与功能。因而目录之为学,且以目录为学术史研究之载体,当始于西汉刘向、刘歆父子,而目录之体所独具的学术史研究价值,亦非一般文献载体可比。就学术史研究要素而言,一在于学者,一在于著述。史传重在记载前者,而目录则重在记载后者,两者相辅相成,即构成了学术史研究的主干。

关于目录的分类,学术界多有分歧,但多以史志目录、官修目录、私家目录为主体,同时还包括专科目录、特种目录等。从《别录》、《七略》的初创来看,目录之于学术史的研究价值主要体现在三个方面:一是分类。图书分类是学术发展的风向标,包括分类、类目、类序以及数量的确定与变化乃至各类图书的升降变化,都是学术发展变化的反映。同样,刘氏父子的六分法及其类目、类序的确立,各类图书的比例,皆是汉代学术的集中反映。二是著录。刘氏父子校勘群书,"条其篇目,撮其指意,录而奏之",即成"书目提要"。内容包括书名、篇数、作者、版本等,也涉及对作者生卒、学说的考证与辨析。三是序。包括大类之序与小类之序,重在辨章学术,考镜源流,为目录体学术史研究的精华所在。以上三个方面由刘氏父子《别录》、《七略》所开创,为历代目录学所继承和发扬。

东汉班固在著述《汉书》时,又据《七略》略加删改,著为《艺文志》,率先将目录之学引入正史,创立正史《艺文志》之体,亦即史志目录系统。由《汉书·艺文志》图书六分法中所确立的尊经、尊儒传统、每略典籍的具体著述方式以及每略总序与每类类序等等,都为正史《艺文志》的史志目录系统创建了新的学术范式,同时又具有反映先秦至东汉学术总貌的独特价值。尤其是总序与类序,具有更高的学术史研究容量。在二十六史中,沿《汉书》之体设立《艺文志》或《经籍志》的有《隋书·经籍志》、《旧唐书·经籍志》、《新唐书·艺文志》、《宋史·艺文志》、《明史·艺文志》、《清史稿·艺文志》五种,其中以《隋书·经籍志》最具学术价值,堪与《汉书·艺文志》相并观。此二志及其余二十二史中无志或后人认为虽有志而不全者,皆有补编之作问世。

自西汉刘向、刘歆父子分别以《别录》、《七略》奠定官修目录之体后,历代以国家藏书为基础的官修目录之作相继问世。至清代《四库全书总目》达于高潮。《四库全书总目》是编撰《四库全书》的重要成果,就学术史研究角度而言,《四库全书总目》的主要价值有三点:一是图书分类。可见分科学术史之演进。二是书目提要。每书之提要即相当于每书的一份"学术简历",而如此众多之书汇合为一个整体,即构成一部简明扼要的著述史。三是总序与小序。于经、史、子、集四部每部皆有总序,每类下皆有小序,子目之后还有按语,最具学术史研究之功能与价值。

与史志目录、官修目录不同,私家目录更多地反映了民间藏书情况、学者的目录学思想以及蕴含于其中的学术史观,所以它的产生是以民间藏书的兴起与丰富为前提的,可以为学界提供有别于史志目录与官修目录的独特内涵与价值。

(四) 笔记体学术史研究

与其他文体相比,笔记是一个大杂烩。据现存文献可知,正式以《笔记》作为书名始于北宋初宋祁所撰之《笔记》,但其渊源却十分古老。刘叶秋先生认为笔记的主要特点一是杂,二是散。大体可以分为三类:一是小说故事类;二是历史琐闻类;三是考据辨证类。与学术史研究相关或者说被用于学术史研究的笔记主要是第三类。

大致从北宋开始,一些笔记已开始涉足学术史研究,这是受宋代学术高度繁荣直接影响的重要成果。首先进入我们视野的是北宋大理学家程颐的《河南程氏遗书》,书中纵论历代学术内容较多。其次是《朱子语类》,所论学术史内容较之《河南程氏遗书》更为丰富,也更为系统。此外,宋代的重要学术笔记尚有沈括的《梦溪笔谈》、洪迈的《容斋随笔》等。

经过宋元的发展,笔记至明清时期臻于高度繁荣,出现了大量主论学术的笔记之作,其学术性也明显增强。明代一些学者已屡屡在笔记中直接谈及"学术"这一概念,比如周琦《东溪日谈录》卷六有"学术谈",章懋《枫山语录》有"学术"篇,等等。清代为学术笔记高度繁荣的鼎盛时期,学术笔记总量至少有500余种,实乃学术史研究之一大宝库,其价值远未得到有效开掘。

民国以后,学术笔记盛势不再,但仍有如钱锺书先生《管锥篇》之类的佳作问世。

在当代,学人撰写学术随笔、笔谈蔚然为风气,虽质量参差不一,但毕竟延续着学术笔记这一传统文体,且于学术史研究亦有一定的价值。

（五）道录体学术史研究

道录体是指首创于南宋朱熹《伊洛渊源录》而重在追溯理学渊源的学术史研究之作。因其以"道统"说为理论宗旨，是"道"与"统"即逻辑层面与历史层面的两相结合，同时直接移植禅宗"灯录"而成，故而可以命名为"道录"体，也有学者称之为"渊源录"体。

道录体的理论渊源同时也是理论支柱是"道统"说。道统说最初出自唐代古文家韩愈的《原道》，此文的要旨：一是确立了道统的核心内涵；二是确立了道统的传授谱系。然而，从"道统"概念而言，韩愈尚未明确将"道统"二字合为一体，因此虽有"道统"说之实，却无"道统"说之名。至南宋，朱熹始将"道"与"统"合为一体，明确提出了"道统"之说；同时又以"道统"说为主旨，应用于理学渊源研究，著成《伊洛渊源录》一书，首创"道录"之体。在著述体例上，"道录"体融会了多种文体之长，但尤与初创于北宋的禅宗"灯录"体最为接近。所谓"灯录"体，意为佛法传世，如灯相传，延绵不绝。该体深受魏晋以来《高僧传》、《释老志》之类宗教史研究著作的影响，而重在禅宗传授谱系的追溯与辨析。

朱熹所撰《伊洛渊源录》14卷，成于宋孝宗乾道九年，由二程伊洛之说上溯周敦颐，既在宏观上重视理学渊源的辨析，又在微观上重视理学家师承关系的考证，具有总结宋代理学史与确立理学正统地位的双重意义。在体式上，此书于承继禅宗灯录体之际，又兼取传记体之长，并有许多创新。《伊洛渊源录》除了率先开创了"道录"体学术史研究之外，还有标志中国学术史研究专著问世的意义。在此之前，从序跋、传记、目录、笔记体等来看，虽皆包含学术史研究内容，却又非学术史研究专著。此外，一些学术著作如刘勰《文心雕龙》、刘知几《史通》等等，也只是部分篇章含有学术史研究内容，而非如《伊洛渊源录》之类的学术史研究专著。可以说，中国学术史研究专著始自朱熹的《伊洛渊源录》。

在《伊洛渊源录》影响下，南宋以来不断有类似的著作问世。如南宋李心传的《道命录》，王力行的《朱氏传授支派图》，季文的《紫阳正传校》，薛疑之的《伊洛渊源》等。明代则有谢锋的《伊洛渊源续录》，宋端仪的《考亭渊源录》，程曈的《新安学系录》，朱衡的《道南源委》，魏显国的《儒林全传》，金贲亨的《台学源流》，杨应诏的《闽学源流》，刘鳞长的《浙学宗传》，周汝登的《圣学宗传》，冯从吾的《元儒考略》、《吴学编》，辛全的《理学名臣录》，赵仲全的《道学正宗》，刘宗周的《圣学宗要》等。至清初更形成了一个高潮，著作多达20余种，如孙奇逢《理学宗传》，魏裔介《圣学知统录》、《圣学知统翼录》，魏一鳌《北学篇》，汤斌《洛学篇》，范鄗鼎《理学备考》、《广理学备考》，张夏《洛闽渊源录》，熊赐履《学统》，范鄗鼎《国朝理学备考》，窦克勤《理学正宗》，钱肃润《道南正学编》，朱睾《尊道集》，汪佑《明儒通考》，万斯同《儒林宗派》，王维戊《关学续编本传》，王心敬《关学编》，朱显祖《希贤录》，耿介《中州道学编》，王植《道学渊源录》，张恒《明儒林录》，张伯行《伊洛渊源续录》、《道统录》，等等。

"道录"体学术史研究之作既以"道统"说为要旨，本乃为学说史，实则往往以史倡学，因而具有强烈的正统意识与门户之见。

（六）学案体学术史研究

学案体与朱熹《伊洛渊源录》一样，同样受到了禅宗灯录体的影响。所以，在确定这两者的归属时截然分为两大阵营,一些学者认为学案体应包括上文所论道录体之作,一些学者则认为彼此不相归属。其实,大体可以用广义与狭义的学案体来解决这一论争。此处将学案体独立出来加以论述,所取的是狭义的学案体的概念。

何谓"学案"?"学"即学者、学派、学术;"案"即按语,包括考订、评论等等,可能与禅宗公案也有某种渊源关系。有学者认为学案体应具备三大要素:一是设学案以明"学脉"。即每一个学案记述一个学派(若干独立而又有内在逻辑联系的学案群),使之足以展示一代学术思想史的全貌与发展线索;二是写案语以示宗旨。即每一学派均有一个小序,对这一学派作简明的介绍,对学者的生平、师承、宗旨、思想演变也都有一段简要说明,最突出的是对各学派、学者宗旨的揭示;三是选精粹以明原著。即撷取最能体现学派或学者个性的著作中的精粹,摘编而成,以见原著之精华。这三个要素互为犄角,使学案体构成了为实现特定目标而组成的有机整体,既能展示历史上各学派、学者的独特个性,又能显示不同学派、学者之间的因革损益情况,更有展现一代学术思想史发展线索的功能。可见学案体有其独特的学术宗旨及组织形式,与学术史"辨章学术,考镜源流"的内在要求较之其他体式更为契合。以此衡量,尽管在黄宗羲编纂《明儒学案》之前已有耿定向《陆杨二先生学案》、刘元卿《诸儒学案》,但真正的开山之作应是黄宗羲的《明儒学案》。

黄宗羲旨在通过设立学案,全面反映一朝学者、学派与学术的发展演变之势,并以序、传略、语录为三位一体,构建一种崭新的学术史研究著作新体式——学案体。与此新体式相契合,黄宗羲特于《明儒学案·凡例》掂出"宗旨"二字作为学术史研究的核心与灵魂:"宗旨"犹如学问之纲,亦是学术与学术史研究之纲,纲举才能目张,所以"宗旨"对于学术史研究而言的确是关键所在,具有核心与灵魂的意义与作用。

黄宗羲在完成《明儒学案》后,又由明而至宋元继续编纂《宋元学案》。全书凡100卷,分立91个学案。黄宗羲本人完成了67卷,59个学案,未竟而逝。然后由其子黄百家、私淑弟子全祖望续修,又经同郡王梓材、冯云濠校定,至道光十八年(1838)出版。此书在非黄宗羲所作部分学术功力有所逊色,但也有更为完善之处:一是在每一学案之前先立"学案表",备述该学派的师友弟子;二是所立学案超越了理学范围,如《水心学案》、《龙川学案》、《荆公学案》、《苏氏蜀学略》皆为非理学家立案,旨在反映宋元学术全貌;三是注重重大学术争论问题,且注意收录各家之说,不主一家之言;四是增设"附录",载录学者的逸闻轶事和当时及后人的评论。王梓材还撰有《宋元学案补遗》42卷,所补内容一是新增传主,二是增补《学案》已有传主的言行资料,三是补充标目。《补遗》所增大多是名不见经传的士人,这就大大扩展了《宋元学案》的收录范围。就史料而言,如果说《宋元学案》取其"精",则《宋元学案补遗》求其"全",这或许就是该书最大的特色和价值所在。

《明儒学案》、《宋元学案》开创了学案体学术史研究新体式,后来学人代有继作。先是清代唐鉴所撰《国朝学案小识》15卷,于道光二十五年(1845)刊行。至1914年,唐晏撰成《两汉三国学案》11卷,首次以学案体对两汉三国经学学派的传承演变进行历史性总结。再至1928年,曾任民国大总统的徐世昌网罗一批前清翰林,于天津发起和主持《清儒学案》的编纂工作,历时10年,至1939年出版。此书体例严整,内容丰富,取材广泛,少有门户之见,大体能反映有清一代的学术史,值得充分肯定。

晚清民初之交,致力于学术史研究的梁启超对学案体情有独钟,并以此应用于西方学术研究,相继撰写了《霍布士学案》、《斯片挪落学案》、《卢梭学案》等"泰西学案"。至1921

年,所著《墨子学案》又由商务印书馆出版。此外,钱穆曾于四川时受政府委托著成《清儒学案》,但未及出版就因船回南京途中沉于长江,今仅存其目,至为憾焉。

20世纪80年代之后,学案再次受到学界重视。在个体性学案方面,除了钱穆《朱子新学案》、陆复初《王船山学案》相继于1985、1987年由巴蜀书社、湖北人民出版社出版外,值得学术界重点关注的还有杨向奎主编的《新编清儒学案》,以及由张岂之先生等主编的《民国学案》,方克立、李锦全两人一同主编《现代新儒家学案》,舒大纲等人策划的《历代儒学学案》等。

(七) 章节体学术史研究

章节体学术史研究著作是近代之后引入西方新史观与新体式的产物。就传统的学术史研究著作体式而论,由道录体发展至学案体而臻于极化,在晚清西学东渐的背景下,中国学术由传统走向现代以及与西方学术接轨的过程中,学案体学术史研究日益暴露其固有的局限。概而言之,一是学术史观的问题。学案体既以儒学为对象,亦以儒学为中心,因此近代之前的学案体学术史,实质上即是儒学史。但至近代以后,在西方进化论等新史学理论的影响下,许多学者纷纷以此为武器对儒学道统展开了激烈的批判。二是学术史著述体例的问题。学案体记载的儒学史,以学者、学派为主流,大体比较单纯,因此由叙论、传略、文献摘要三段式构成的著述体式大体能满足其内在需要,但对晚清以来中西、新旧交替的纷繁复杂的学术现象,尤其是众多学术门类的多向联系、交互影响以及蕴含于其间的学术规律的探讨与总结,的确已力不从心。所以,如何突破学案体的局限,寻找一种适应新的时代需要的学术史著述体例显然已迫在眉睫,引自西方的章节体即是在这样的背景下适时登场的。

在早期章节体学术史研究的著作过程中,梁启超、刘师培贡献尤著。1902年,梁启超所著《中国学术思想变迁之大势》这一长篇学术论文发表于《新民丛报》第3、4、5、7号上。梁启超以西方学术史为参照,以进化论为武器,对几千年来中国学术思想的发展进程进行了崭新的宏观审察。其创新之处有三:一是提出了新的中国学术史分期法。将数千年中国学术思想分为老学时代、佛学时代、儒佛混合时代、衰落时代,打破了宋明以来以儒学为中心的学术史模式;二是提出关于学术思想发展的新解释。以往的学术史,或以道统为先验性学术构架,或虽突破道统论的束缚,但也多停留于论其然而不求其所以然,梁氏则能透过现象深入到学术发展过程的内部探索其发展变化的因果关系;三是首创章节体的中国学术编纂新体裁。即以章节为纲,以"论"说"史",以"史"证"论",史论结合,既"述"且"作"。综观以上三点,这篇长文无论对梁启超本人还是20世纪章节体新学术史研究而言都是拓荒、奠基之作,是中国学术史研究实现从传统向现代转型并与世界接轨的重要标志,具有划时代意义,对近现代学术史研究的影响巨大而深远。

晚清以来,各种报刊纷纷创办。当时,一些充满新意的学术史研究论文往往首先发表于报刊这一新兴媒体,而其中一些长文更以连载的形式陆续与读者见面,然后经过一定的组合或修改,即可由此衍变为章节体著作。所以这些"报章体"的学术史论文连载,实已见章节体著作之雏形。三年之后刘师培所著《周末学术史序》也是如此。此文先连载于1905年2月至11月《国粹月报》(1—5期),由总序、心理学史序、伦理学史序、论理学史序、社会学史序、宗教学史序、政法学史序、计学史序、兵学史序、教育学史序、理科学史序、哲理学史序、术数学史序、文字学史序、工艺学史序、法律学史序、文章学史序十七篇组成,实为以序的形式撰写的《周末学术史》一书的提要。这是中国学术史上首次以"学术史"命名并首次按照西学现代学科分类法为著述体例的学术史研究论著。

20世纪前期,章节体学术史研究趋于成熟且影响巨大的著作,当推梁启超、钱穆分别出版于1924年、1937年的同名巨著《中国近三百年学术史》。两书虽然同名,但在学术渊源、宗旨、内容、体例等方面迥然有异。大体而言,梁著以西学为参照,以"学"为中心,钱著承续学案体,以"人"为中心;梁著以朴学传统论清学,认为清学是对宋明理学的全面反动,钱著从宋学精神论清学,认为清学是对宋明理学的继承;梁著更偏于知识论层面的学术史,钱著更偏于思想论层面的学术史;梁著更具现代学术之品性,钱著更受传统学术之影响。两书代表了20世纪前期章节体学术史研究的最佳成果。

(八) 编年体学术史研究

编年体史书源远流长,导源于《春秋》,由《资治通鉴》集其大成,这是编年体学术史的主体渊源。另一个渊源是学者年谱。北宋元丰七年(1084)吕大防著成《韩吏部文公集年谱》与《杜工部年谱》,是可据现存文献证实的中国古代年谱之体的发轫之作。这一崭新体例,对于编年体学术史研究具有重要启示与借鉴意义,因为从文学年谱到学术年谱,本有相通之处。如宋代李子愿所纂《象山先生年谱》据《象山先生行状》、《语录》及谱主诗文编纂而成,内容多涉学术。如论陆九渊讲学贵溪之象山,颇为详细;而记淳熙八年与朱熹会于南康,登白鹿洞书院讲席,以及与朱熹往复论学,乃多录原文,因而可以视之为学术年谱。

宋代以降,与文人学者化的普遍趋势相契合,文人年谱中学术方面内容的比重日益加重,显示了年谱由"文"而"学"的重心转移之势。而从个体学术年谱到群体性的学术编年,以及一代乃至通代的学术编年,实为前者的不断放大而已。然而由于种种原因,超越个体的编年体学术史著作晚至民国时期才得以开花结果。早期的重要成果以钱穆的《先秦诸子系年》、刘汝霖的《汉晋学术编年》、《东晋南北朝学术编年》等为代表。尤其是后二书,已是成熟的编年体学术史研究著作,更具开创性意义。

刘汝霖先生所著《汉晋学术编年》、《东晋南北朝学术编年》,在著述体例上,主要以编年体史书代表作《资治通鉴》为参照,同时吸取纪传体与纪事本末体之长,加以融会贯通。作者在自序中重点强调以下五点:一曰标明时代。即有意打破前代史家卷帙之分,恒依君主生卒朝代兴亡史料之多寡为断,充分尊重学术本身的发展。比如两晋之间地域既殊,情势迥异,倘两晋合为一谈,则失实殊途,故有分卷之必要。二曰注明出处。即将直引转引之书注明版本卷页篇章,使读者得之,欲参校原书,可收事半功倍之效;而欲考究史实,少有因袭致误之弊。三曰附录考语。中国旧史多重政治,集其事迹,考其年代,尚属易易。学术记载向少专书,学者身世多属渺茫,既须多方钩稽,又须慎其去取。故标出"考证"一格,将诸种证据罗列于后,以备读者之参考。四曰附录图表。有关学术之渊源,各派之异同,往往为体例所限,分志各处,以致读者寻检不易,故有图表之设,以济其穷。包括学术传播表、学术著述表、学术系统表、学术说明表、学术异同表。五曰附录索引。包括问题索引与人名索引。刘汝霖先生率先启动编纂《中国学术编年》如此宏大工程,的确是一个空前的学术创举,但以一人之力贯通历代,毕竟力不从心,所憾最终仅完成《汉晋学术编年》与《东晋南北朝学术编年》二集,而且此二集中也存在着收录不够广泛、内容不够丰富等缺陷。

1930年,姜亮夫先生曾撰有《近百年学术年表》,时贯晚清与民国,也是问世于民国早期的学术编年之作。若与刘汝霖的《中国学术编年》衔接,则不仅可以弥补其他四卷的阙如,而且还可以形成首尾呼应之势。但这一编年之作终因内容单薄而价值不高,影响不大。

进入21世纪之后,又有两部重要的编年体学术史研究著作问世。一是陈祖武、朱彤窗所著的《乾嘉学术编年》。此书是对作为清代学术的核心内容——乾嘉学派的首次学术编年,既是一项开创性工作,又有独立研究之价值。另一重要著作是张岂之主编的《中国学术思想编年》。此书之价值,一在以"学术思想"为内容与主线,二在贯通历代。著者力图将上自先秦下迄清代有关学术思想上的代表人物、著作、活动、影响等联系起来,力求使学术思想的历史演进、学派关系、学术影响、学术传承等方面展现于读者面前,实乃一部按时间顺序编年的编年体学术思想史。但因其内容的取舍与限定,与刘汝霖《汉晋学术编年》、《东晋南北朝学术编年》等综合性的编年之作有所不同,则其所长亦其所短也。

除了以上八体外,尚有始终未尝中断的经传注疏体系以及频繁往来于学者之间的书信——可以称之为注疏体与书信体,也不时涉及学术史研究内容,值得认真梳理总结。而较之这两体更为重要的,是除著作之外散布于各种文集之中的大量论文,或长或短,或独立成文,或组合于著作之中,从《庄子·天下篇》(兼具序文性质)、《韩非子·显学》、《吕氏春秋·不二》直到清末民初大量报章体论文,可谓源远流长,灿若星河,对学术史研究而言尤具重要价值。

五、《中国学术编年》的学术宗旨与体例创新

在世纪之交的"学术史热"中,学术史观与文献基础作为"重写学术史"的双重支撑,同时存在着明显缺陷。前者的主要缺失在于未能对中国学术、中国学术史、中国学术史研究三个关键环节展开系统梳理与辨析,从而未能从历史与逻辑辩证统一的高度完成新型学术史观的建构以及对学术史的历史还原与重建。另一方面,学术史研究的进展还取决于扎实的文献基础,其中学术编年显得特别重要。然而在世纪之交的"重写学术史"的讨论与实践中,学术编年的重要性普遍受到忽视,甚至尚未进入相关重要话语体系之中,这不能不说是一个严重局限。

(一)《中国学术编年》的重要意义

关于学术编年之于学术史研究的重要意义,常元敬先生在撰于1991年3月6日的《清代学术编年·前言》中曾有这样的论述:

> 要写出一部符合实际的清代学术史专著,就有必要先完成一部清代学术史年表,以便使事实不因某人的主观而随意取舍,真相得由材料的排比而灼然自见,然后发展的脉络,变化的契机,中心的迁徙,风气的转移,均可自然呈露,一望可知。可惜内容完备的清代学术史年表,至今未见。我们所接触到的几部内容不同的清代学术或著作年表,或失之简,或失之偏,或失之杂,均不能全面地反映清代学术之全貌,以满足今人之需要。

这既代表了我们当时对编纂《清代学术编年》学术价值的自我确认，也是对学术编年之于学术史研究重要意义的基本认知。

刘志琴在《近代中国社会文化变迁录》（浙江人民出版社1998年版）序言《青史有待垦天荒》中提出"借助编年，走进历史场景"的学术理念，颇有启示意义。她说：历史是发生在过去的事情，它与哲学追求合理、科学注重实验不同的是，历史的基础是时间。没有时间的界定就不成其为历史，凡是属于历史的必定是已经过去的现象，再也不可能有重现的时刻。所以说时间是历史的灵魂，历史是时间的科学。在史学著作中突出时间意识，无疑是以编年体为首选的体裁。考其源流，详其始末，按其问题的起点、高峰或终点，分别列入相应的年度。按年查索，同一问题在此年和彼年反复出现，可能处于不同的发展阶段，从而有不同的风貌。这在连年动荡、风云迭起的时代，便于真切地把握年年不同的社会景象，清晰地再现事态发展的本来面目。至于同一年度，政治、经济、文化、生活，万象齐发，又形成特定年代的社会氛围，方便读者走进历史的场景。编年体具有明显的时序性、精确性和无所不包的容量。以此类推，借助学术编年，同样可以让人们走进学术史的历史场景，这既有必要也有可能。当然，更准确地说，历史场景，首先是时间维度，同时也是空间维度，是特定时空的两相交融。正如一切物质都是时间与空间的同时存在一样，学术的发展也离不开时间与空间的两种形态，而学术史的研究也同样离不开时间与空间这两个维度。学术史，只有当其还原为时空并置交融的立体图景时，才有可能重现其相对完整的总体风貌。做一个不甚恰当的比喻，学术史就如一条曲折向前不断越过峡谷与平原、最终流向大海的河流，从发源开始，何时汇为主流，何时分为支流，何时越过峡谷，何时流经平原，何时波涛汹涌，何时风平浪静，以及河流周边的环境生态，等等，一部学术史如何让其立体地呈现在读者面前，即取决于能否以及如何走进时空合一的历史场景，这也是能否以及如何从历史与逻辑辩证统一的高度完成对学术史的历史还原与重建的关键所在。

正是由于学术编年对"重写学术史"的重要意义，也由于世纪之交"学术史热"对学术编年的普遍忽视，我们所编纂的贯通历代、包罗各科规模宏大的《中国学术编年》的问世，作为有幸以见证者、参与者、推动者奉献于世纪学术盛会的重要成果，深感别具意义。相信《编年》的出版，可以为中国学术史研究尤其是中国学术通史编写提供详尽而坚实的学术支撑，并对处于世纪之交的中国学术、文化乃至文明研究的深入开展起到重要的推动作用。

（二）《中国学术编年》的编纂历程

自1985年启动《清代学术编年》研究项目，到2012年《中国学术编年》的最终告竣，期间经历了异常艰难曲折的过程。

早在1985年10月，由浙江师范大学常元敬先生主持，姚成荣、梅新林、俞樟华参与的《清代学术编年》作为古籍整理项目，由教育部全国高校古籍整理委员会委托浙江省教育厅予以资助和立项。项目研究团队的具体分工是：常先生负责发凡起例，姚成荣、俞樟华、梅新林分段负责清代前期、中期和近代的学术编年工作，最后由常先生统稿。经过三年多的共同努力，至1988年，共计50余万字的《清代学术编年》基本完成。

《清代学术编年》虽然在学术价值上得到多方肯定，但因当时正值由计划经济向商品经济的转轨过程之中，付诸出版却遇到了种种困难。后几经延搁，终于有幸为上海书店所接纳。在付梓之前，我们又根据责任编辑的修改要求，由姚、梅、俞三人奔赴上海图书馆集中时间查阅资料，对书稿进行充实与修订，最后由常元敬先生统稿、审订，并于 1991 年 3 月撰写了 1500 余字的《前言》冠于书前。然又因种种原因，上海书店最终决定放弃出版。次年，常元敬先生退休后离开学校。在欢送他离职之际，我们总不免说一些感谢师恩之类的话，但书稿未能及时出版的遗憾，却总是郁积于心而久久难以排遣。

1998 年，上海三联书店资深出版人倪为国先生得知《清代学术编年》的遭遇后，以其特有的文化情怀与学术眼光，建议由清代往上追溯，打通各代，编纂一套集大成的《中国学术编年》，这比限于一代的《清代学术编年》更有意义。他说，正如国家的发展，既需要尖端科技，也需要基础建设，《中国学术编年》就是一项重大基础建设工程，具有填补空白的学术价值与盛世修典的标志性意义，可以说是一项"世纪学术工程"。他进而建议由我校重新组织校内外有关专家，分工负责，整体推进，积数年之功，尽快落实《中国学术编年》这一"世纪学术工程"。

根据倪为国先生的建议，我们决定以本校中国古典文献专业的学术骨干为主，适当邀请其他高校一些学有专长的专家参与，共同编纂一部贯通历代的《中国学术编年》。参编人员有（以姓氏笔画为序）：王德华、王逍、毛策、尹浩冰、叶志衡、包礼祥、冯春生、宋清秀、陈玉兰、陈年福、陈国灿、邱江宁、林家骊、张继定、杨建华、胡吉省、俞樟华、梅新林等。经过反复商讨、斟酌，初步拟定"编纂计划"，决定将《编年》分为 6 卷，规模为 600 万字左右。至此，由倪为国先生建议的贯通历代、包罗各科规模宏大的《中国学术编年》的编纂工作终于全面开始启动。

1999 年底，经倪为国先生的努力，上海三联书店将《编年》列为出版计划，当时书名初定为《中国学术年表长编》。受此鼓舞，全体编写人员大为振奋，编写进程明显加快。期间，倪为国先生还就《编年》的价值与体例问题专门咨询著名学者朱维铮、刘小枫等人。刘小枫先生在予以充分肯定的同时，建议在当今中西交融的宏观背景下，应增加外国学术板块，以裨中外相互参照。根据这一建议，我们又先后约请就读于上海师范大学的秦治国、陆怡清、方勇、杜英、王延庆、陈允欣等负责这项工作。至 2001 年底，经过全体同仁的不懈努力，《中国学术编年》初稿终于基本形成，陆续交付专家、编辑初审。次年 5 月 10 日，梅新林、俞樟华决定将《编年》申请全国高校古籍整理研究工作委员会重点研究项目，承蒙安平秋先生、章培恒先生、裘锡圭先生、杨忠先生、张涌泉先生等的热忱支持，经全国高校古籍整理研究工作委员会项目专家评议小组评议，并经古委会主任批准，《编年》被列为 2003 年度高校古委会直接资助项目。对于《编年》而言，这无疑是一个锦上添花的喜讯。

2003 年底，由于《编年》体量大幅扩张等原因，在出版环节上却再次出现了问题。就在我们深感失望而又无奈之际，幸赖倪为国先生再次伸出援手，基于对《编年》学术价值的认同感与出版此书的责任感，他毅然决定改由他创办的上海六点文化传播有限公司负责出版事宜，并得到时任华东师范大学出版社社长朱杰人先生首肯和支持。

为了保证和提高《编年》的质量，我们与倪为国先生商定，决定对《中国学术编年》初稿进行全面的充实和修订。2006 年 7 月 19 日，倪为国先生率编辑一行 10 人，前来浙江师范大学召开编纂工作会议，共商《编年》修改方案。会议的中心主题是：加快进程，提高质量。会上，我们简要总结了《清代学术编年》20 余年以及《编年》整体启动 8 年来的学术历程，介绍了目前各卷的进展以及存在的问题。接着由倪为国先生向各卷作者反馈了相关专家的审稿意见,并提出了具体的修改要求。在经过双方热烈细致讨论的基础上,最后形成整体修改方案。会议决定,每卷定稿后将再次聘请专家集中审阅,以确保《编年》的学术质量。会上对分卷与作者也作了相应的调整,即由原先的6卷本扩展为9卷本。2007年6月30日,《中国学术编年》第二次编纂工作会议在浙江师范大学召开,倪为国先生一行4人再次来到师大与各卷作者继续会商修改与定稿等问题。会议决定以由俞樟华编纂的宋代卷为范本,各卷根据实际情况做适当调整。此后,各卷的责任编辑的审稿与《编年》各卷作者的修改一直在频繁交替进行。目前,《编年》各卷署名作者依次为:(1) 先秦卷:陈年福、叶志衡;(2) 汉代卷:宋清秀、曾礼军、包礼祥;(3) 三国两晋卷:王德华;(4) 南北朝卷:林家骊;(5) 隋唐五代卷:陈国灿;(6) 宋代卷:俞樟华;(7) 元代卷:邱江宁;(8) 明代卷(上、下册):陈玉兰、胡吉省;(9) 清代卷(上、中、下册):俞樟华、毛策、姚成荣。

此外,由秦治国、陆怡清、方勇、杜英、王延庆、陈允欣等编纂的作为参照的外国学术部分,则另请责任编辑万骏统一修改压缩,使内容更为精要。

《编年》经过长时期的磨砺而最终得以问世,可以说是各方人士共同努力的结果,郁积砥砺于我们心中的感悟也同样经历了一个不断变化、超越与升华的过程:从《清代学术编年》到《中国学术编年》,从反映有清一代学术到总结中国通代学术,集中体现了中国学术在走向现代与世界的过程中需要进行全面、系统、深入总结的内在要求与趋势,这是世纪之交中国学界与学者的历史使命,实与世纪之交的"学术史热"殊途而同归。与此同时,正是由于中国学术自身发展赋予《编年》的必要性与可能性,所以尽管历经种种曲折,甚至因先后被退稿和毁约而几乎中途夭折,但最终还是走出了困境,如愿以偿。从50余万字的《清代学术编年》,到1000余万字的《中国学术编年》,不仅仅意味着其规模的急遽扩大,更为重要的在于其学术质量的全面提高。在此,挫折本身已不断转化为一种催人不断前行的动力。

(三)《中国学术编年》的学术追求

尽管编年体史书源远流长,但编年体学术史著作晚至民国时期才得问世,而贯通历代的集成性的《中国学术编年》之作则一直阙如。20世纪20年代,刘汝霖先生曾以一人之力启动《中国学术编年》的编纂工程,先于1929年完成《周秦诸子考》,继之编纂《汉晋学术编年》、《东晋南北朝学术编年》,分别1932年、1935年由商务印书馆出版。

根据刘汝霖先生拟定《总目》,《中国学术编年》分为六集:

第一集,汉至晋:汉高祖元年(前206)至晋愍帝建兴四年(316)。
第二集,东晋南北朝:东晋元帝建武元年(317)至陈后主祯明二年(588)。
第三集,隋唐五代:隋文帝开皇九年(589)至周世宗显德六年(959)。
第四集,宋:宋太祖建隆元年(960)至恭帝德祐二年(1276)。
第五集,元明:元世祖至元十四年(1277)至明思宗崇祯十六年(1643)。
第六集,清民国:清世祖顺治元年(1644)至民国七年(1918)。

然而由于种种原因,刘汝霖先生雄心勃勃编纂《中国学术编年》大型工程只完成第一集《汉晋学术编年》、第二集《东晋南北朝学术编年》即戛然而止,实在令人遗憾。在此后相当长的时期内,尽管在断代、专门性的学术编年方面成果渐丰,但贯通历代之作依然未能取得重大突破。2005年,张岂之先生主编的《中国学术思想编年》由陕西师范大学出版,率先在贯通历代方面取得了重要进展,但因此书以"学术思想"为主旨,实乃一部按时间顺序编年的编年体学术思想史,所以在学术宗旨与内容取舍方面,与刘汝霖先生当年设计的综合型的中国通代学术编年不同。有鉴于此,的确需要编纂一部贯通历代、综合型、集大成的《中国学术编年》,以为"重写学术史"提供更加全面、系统而坚实的文献支持。

我们所编纂的《中国学术编年》,仍承刘汝霖先生当年所取之名,但非续作,而是另行编纂的一部独立著作。《编年》上起先秦,下迄清末,分为9卷、12册,依次为:先秦卷、汉代卷、三国两晋卷、南北朝卷、隋唐五代卷、宋代卷、元代卷、明代卷(上、下册)、清代卷(上、中、下册),共计1000余万字。《编年》具有自己独特而鲜明的学术追求,重在揭示以下四大规律:

(1) **注重中国学术史的宏观发展演变历程,以见各代学术盛衰规律**。每个时代都有自己的学术主潮,但彼此之间的嬗变与衔接及其外部动因与内在分合,却需要加以全面、系统、深入的省察,除了重点关注标志性人物、事件、成果等以外,更需要见微知著,由著溯微。唯此,才能在通观中国学术史的发展演变历程中把握各代学术盛衰规律。

(2) **注重学术流派的源起、形成、鼎盛及至解体历程,以见学术流派的兴替规律**。学术流派既是学术发展的主体力量,又是学术繁荣的根本标志。因此,通观学术流派的源起、形成、鼎盛及至解体历程并把握其兴替规律,显然是学术史研究的核心所在。然后,从学术流派的个案研究走向群体研究,即进而可见各种学术流派与各代学术盛衰规律的内在关联与宏观趋势。

(3) **注重学术群体的区域流向、位移、承变历程,以见学术中心的迁移规律**。不同的学术流派由不同的学术群体所构成,由各不同学术群体的区域流向、移位、承变历程可见学术中心的迁移规律,其中学术领袖所扮演的主导角色、所发挥的核心作用尤为重要,从一定意义上说,学术领袖的区域流向与一代学术的中心迁移常常具有同趋性。诚然,促使学术中心的迁移具有更广泛、更多元、更复杂的内外动力与动因,其与经济、政治、文化中心的迁移也常常存在着时空差。概而言之,以与经济中心迁移的关系最为持久,以与文化中心迁移的关系最为密切,而与政治中心尤其是都城迁移的关系则最为直接。

(4) **注重中外学术的冲突、交流与融合历程,以见跨文化的学术传通规律**。文化者,文而化之、化而文之也,跨文化的学术传通规律正与此相通。因此,由中外学术的冲突、交流与融合历程,探索跨文化的学术传通规律,不仅可以进一步拓展中国学术史的研究范围,而且可以借此重新审视中国学术史的发展轨迹与演变规律。

(四)《中国学术编年》的体例创新

《编年》综合吸取历代史书与各种学术编年之长而加以融通之,首创了一种新的编纂体例,主要由学术背景、学术活动、学术成果、学者生卒四大栏目构成,同时在各栏目适当处加按语,另外再在每年右边重点记载外国重大学术事件,以裨中外相互参照,合之为六大版块:

(1) **学术背景**。着重反映深刻影响中国学术史发展进程的重大文化政策以及政治、经济、军事、外交诸方面的重大事件,以考察学术演变的特定时代背景及其对学术思潮、治学风尚的影响。学术背景著录以时间为序。

(2) **学术活动**。着重记述学者治学经历、师承关系和学术交流活动,包括从师问学、科举仕进、讲学授业、交游访问、会盟结社、创办书院、学校、报刊等学术机构等,以明学术渊源之所自、学术创见之所成、学术流派之脉络以及不同流派之间的争鸣、兴替轨迹。学术活动著录以人物的重要性为序。

（3）**学术成果**。着重记述具有代表性的学术论著,以著作为主,兼收重要的单篇文献,如论文序跋、书信、奏疏等,兼录纂辑、校勘、评点、注释、考证、译著等。内容包括成书过程、内容特色、价值影响、版本流传情况等,以见各代学术研究之盛况。学术成果著录以论著类别为序,大致按经史子集顺序排列。

（4）**学者生卒**。又分卒年、生年两小栏。其中卒年栏著录学者姓名、生年、字号、籍贯以及难以系年的重要著述,并概述其一生主要成就、贡献与地位及后人的简单评价。学者生卒著录以卒年、生年为序。

（5）**编者按语**。在学术背景、学术活动、学术成果、学者生卒四栏重要处再加编者按语,内容包括补充说明、原委概述、异说考辨、新见论证、价值评判等。"按语"犹如揭示各代学术发展的"纲目",若将各卷"按语"组合起来,即相当于一部简明学术史。

（6）**外国学术**。撷取同时期外国重要学术人物、活动、事件、成果等加以简要著录,以资在更广阔的比较视境中对中外学术的冲突交融历程以及跨文化的学术传通规律获得新的感悟与启示。

以上编纂体例的创体,最初是受《史记》的启发。《史记》分本纪、表、书、世家、列传,最后有"太史公曰",为六大板块。"本纪"为帝王列传,《编年》之"学术背景"栏与此相对应;"世家"、"列传"为传记,以"人"为纲,重在纪行,《编年》之"学术活动"栏与此相对应;"书"为典章制度等学术成果介绍,《编年》之"学术成果"栏与之相对应;"表"按时间先后记录历史大事和历史人物,《编年》之"学者生卒"栏与之相对应;"太史公曰"为史家评论,《编年》之"按语"与之相对应。以上综合《史记》之体而熔铸为一种学术编年的新体例,是一种旨在学术创新的尝试与探索。此外,"外国学术"栏,主要参照一些中西历史合编的年表而运用于《编年》之中。

中国史书编纂源远流长、成果丰硕,但要以纪传体、编年体、纪事本末体为三大主干。三体各有利弊,纪传体创始于《史记》,长于纪人,短于纪事,常常同为一事,分在数篇,断续相离,故《史记》以互见法弥补之;编年体创始于《春秋》,长于纪时,短于纪事,常常同为一事,分在数年,亦是断续相离;纪事本末体创始于《通鉴纪事本末》,长于纪事,短于纪人,往往见事不见人,见个体不见整体。《中国学术编年》在体例上显然属于编年体,但同时又努力融合纪传体、纪事本末体之长,以弥补编年体之不足。一部学术发展史,归根到底是由若干巨星以及围绕着这些巨星的光度不同的群星所形成的历史。既然学术活动与成果的主体是学人,这就决定了年表不能不以学人为纲来排比材料。而取舍人物,做到既不漏也不滥,确实能反映出一代学术的本质面貌,则是编好《编年》的关键,这也决定了《编年》与以人为纲的纪传体的密切关系。何况上文所述借鉴《史记》而创立《编年》新的编纂体例,更是直接吸取了纪传体之长。而在"按语"中,常于分隔数年的学术活动、学术成果加以系统勾勒或考证、说明之,以明渊源所自,演化所终,也是充分吸取了纪事本末传的长处。

在《编年》的编写过程中,我们非常注意第一手材料,同时也注意吸收学术界的新成果,包括尽可能地参考港台学者出版的同类或相关的书籍,力求详而不芜,全而有要。其中重点采纳的文献资料主要有:历代正史、私史、实录、会要、起居注、方志、档案、文集、专著、类书、谱牒、笔记等,同时博采当代学者的研究成果。按语所录文献,随文标注所出,以示征信。或遇尚存异说之文献,则择善而从,或略加考释。

《编年》收录学者多达四万余人,论著多达四万五千篇(部),数量与规模超过了以往任何学术编年著作。为便于使用,《编年》于每卷后都编有详细的学者、论著索引,以充分发挥

《编年》学术著作兼工具书的双重功能。

　　自1985年开始启动以来,《编年》这一浩大工程经过20余年的艰难曲折历程至今终于划上了句号,期间所经历的艰难曲折,的确非一般著书之可比;其中所蕴含的学术景遇与世事沧桑,更不时引发我们的种种感慨。于今,这一独特经历已伴随《编年》的告竣而成为融会其间的一个重要组成部分,并已积淀为一种挥之不去、值得回味的文化记忆与学术反思。毋庸置疑,晚清以来中国学术的西化改造与现代转型是以传统学术的边缘化与断层化为沉重代价的,这是基于西学东渐与"中"学"西"化的必然结果。如果说传统学术的边缘化是对中国学术史之"昨天"的遗忘或否定,那么,传统学术的断层化则是中国学术史之"昨天"与"今天"之间的断裂。显然,两者既不利于对中国传统学术内在价值的理性认知,也不利于对中国学术未来发展方向的战略建构。我们编纂《中国学术编年》的根本宗旨:**即是期望通过对中国学术史的历史还原与重构,不仅重新体认其固有的学术价值,而且藉以反思其未来的学术取向,从而为弥补晚清以来传统学术边缘化与断层化的双重缺陷,重建一种基于传统内蕴与本土特色而又富有世界与现代意义的中国学术话语体系提供重要的思想资源与学术参照。**因此,《编年》的编纂与出版,并非缘于思古之幽情,而是出于现实之需要。当然,随着《编年》的规模扩张与内涵深化,我们对此的认知也大体经历了一个由表及里、由浅入深、与时俱进的演化过程。

　　值此《编年》即将出版之际,我们惟以虔敬之心,感铭这一变革时代的风云砺励,感铭来自学界内外各方人士的鼎力相助!

　　一是衷心感谢李学勤、安平秋、章培恒、裘锡圭、朱维铮、葛兆光、刘小枫、赵逵夫、吴熊和、杨忠、束景南、崔富章、张涌泉、常元敬、黄灵庚诸位先生的热情鼓励和精心指导,朱维铮、刘小枫、束景南、崔富章、黄灵庚先生还拨冗审阅了部分书稿,并提出了修改意见,使《编年》质量不断提高,体例更趋完善。常元敬先生在退休之后仍一直关心《编年》的进展,时时勉励我们一定要高质量的完成这一大型学术工程,以早日了却他当年未曾了却的心愿。二是衷心感谢华东师范大学出版社的热忱相助。华东师范大学出版社朱杰人先生始终坚守学术的职业精神,给人留下了深刻的印象。与此同时,我们也不能忘记曾为此书付出劳动的上海书店、上海三联书店的有关人士。三是衷心感谢《编年》所有作者长期持续不懈的努力。鉴于人文社会科学研究个性化的特点与当今科研评价功利化趋势,组织大型集体攻关项目诚为不易,而长时期地坚持不懈更是难上加难,这意味着对其他科研机会与成果的舍弃与牺牲。在此,对于所有关心支持并为《编年》的编纂、出版作出贡献的前辈、同仁,一并致以诚挚的谢忱!

　　学无止境,学术编年更是一项永无止境的学术活动。由于《编年》是首次全面贯通中国各代学术的集成性之作,历时久长,涉面广泛,规模宏大,限于我们自身的精力与水平,其中不足或错误之处在所难免,衷心希望得到学者与读者的批评指正。

梅新林　俞樟华
2008年春初稿
2009年秋改稿
2013年春终稿

凡　　例

一、《中国学术编年》（以下简称《编年》）为中国学术史编年体著作，兼具工具书的检索功能。

二、《编年》上起先秦时代，下迄清末。按时代分为九卷，即先秦卷、汉代卷、三国两晋卷、南北朝卷、隋唐五代卷、宋代卷、元代卷、明代卷、清代卷。

三、《编年》所取材，主要依据历代正史、私史、实录、会要、起居注、方志、档案、文集、专著、类书、谱牒、笔记等，同时博采当代学者的研究成果。所录文献，引文标注所出，以示征信；其他材料，限于体例，未能一一注明所出，可参见统一列于每卷之末的参考文献。或遇尚存异说之文献，则择善而从，或略加考释。

四、《编年》具有自己独特而鲜明的学术追求，重点关注各卷本时段学术主流特色与学术发展趋势两个方面，重在揭示以下四大规律：

1. 注重中国学术史的宏观发展演变历程，以见各代学术盛衰规律；
2. 注重学术流派的源起、形成、鼎盛及至解体历程，以见学术流派的兴替规律；
3. 注重学术群体的区域流向、移位、承变历程，以见学术中心的迁移规律；
4. 注重中外学术的冲突、交流与融合历程，以见跨文化的学术传通规律。

五、《编年》采用一种新的编撰体例，由学术背景、学术活动、学术成果、学者生卒四大栏目构成，同时在各栏目适当处加编者按语。若遇跨类，则以"互见法"于相应栏目分录之。

六、《编年》中的"学术背景"栏目，着重反映深刻影响中国学术史发展进程的重大文化政策以及政治、经济、军事、外交诸方面的重大事件，以考察学术演变的特定时代背景及其对学术思潮、治学风尚的影响。

1. 学术背景著录，先录时间，后录事件。
2. 同月不同日者，只标日，不标月。
3. 知月而不知日者，于此月最后以"是月，……"另起。
4. 只知季节而不知月者，则分别于三月、六月、九月、十二月后标以"是春，……"、"是夏……"、"是秋，……"、"是冬，……"另起。
5. 只知年而不知季、月、日者，列于本年最后，以"是年，……"另起。

七、《编年》中的"学术活动"栏目，着重记述学者治学经历、师承关系和学术交流活动，以明学术渊源之所自、学术创见之所成、学术流派之脉络以及不同流派之间的争鸣、兴替轨迹，包括从师问学、科举仕进、讲学授业、交游访问、会盟结社、创办书院、学校、报刊等学术机构，等等。其中学者仕历与学术思想和学术活动之演变关系密切，故多予著录。

1. 学术活动著录,先录人物,后录时间。
2. 人物大致以学术贡献与地位之重要排次,使读者对当时学界总貌有一目了然之感。相关师友、弟子、家人附列之。
3. 有诸人同时从事某一学术活动者,则系于同一条,以主次列出,不再分条著录。
4. 学者人名一般标其名而不标其字、号。科举择其最高者录之。
5. 少数民族学者一般用汉译名,不用本名。
6. 僧人通常以"僧××"或"释××"标示之,若习惯上以法号称之,则去"僧"或"释"字。方外人名只标僧名、法名,不标本名。
7. 外国来华传教士及其他人员统一标出国别,如"美国传教士×××"。外国来华学者人名一般用汉名,若无汉名则用译名。其来华前、离华后若与中国学术无涉,则不予著录。
8. 中国学者在国外传播、研究中国学术者,予以著录。

八、《编年》中的"学术成果"栏目,着重记述具有代表性的学术论著,以著作为主,兼收重要的单篇文献,如论文序跋、书信、奏疏以及纂辑、校勘、评点、注释、考证、译著等等,以见各代学术研究之盛况。

1. 学术成果著录,先录作者,后录论著。
2. 论著排列依据传统"经史子集"之序而又略作变通,依次为经学(含理学)、史学、诸子学、语言文字学、文艺学、宗教学、自然科学、图书文献学、综合。
3. 论著通常分别以"作"、"著"标之,众人所作或非专论专著一般以"纂"标之。
4. 著录论著撰写与刊行过程,包括始撰、成稿、修订、续撰、增补、重著以及刊行出版等,并著录书名、卷数及一书异名情况。
5. 对重要论著作出简要评价,如特色、价值、版本、影响等。对重要论著的序跋,或录原文,或节录原文。

九、《编年》中的"学者生卒"栏目,分卒年、生年两小栏。卒年栏著录学者姓名、生年(公元××年)、字号(包括谥号)、籍贯以及难以系年的重要著述,凡特别重要人物,略述其一生主要成就、贡献与地位、传记资料及后人的简单评价。

1. 学者生卒著录,先学者卒年,后学者生年。
2. 在卒年栏中对重要学者的学术成就与贡献作出概要评价。
3. 年月难考之论著系于卒年之下,以此对无法系年的重要学术论著略作弥补。

十、《编年》在以上四大栏目下都加有"按语"。主要内容为:
1. 价值评判。即对学术价值以及重要影响进行简要评价。
2. 原委概述。即对事件缘起、过程、流变、结果、影响诸方面作一概要论述。
3. 补充说明。即对相关内容及背景材料再作扼要说明。
4. 史料存真。即采录比较珍贵的史料或略为可取的异说,裨人参考
5. 考辨断论。即对异说或有争论者,略加考辨并尽量作出断论,或择取其中一说。

十一、《编年》在注录中国学术之外,又取同时期外国重要学术人物、活动、事件、成果等加以简要著录,以资中外参照。

十二、《编年》纪年依次为帝王年号、干支年号、公年纪年,三者具备。遇二个以上王朝并立,则标出全部王朝帝王年号。凡因农历与公历差异产生年份出入问题,以农历为准。

无法确切考定年份者,用"约于是年前后"标之。凡在系年上有分歧而难以断定者,取一通行说法著录之,另以按语录以他说。

十三、《编年》纪年所涉及的古地名(包括学者卒年所标之籍贯),一般不注今地名。

十四、《编年》每卷后列有征引及参考文献,包括著作与论文两个方面。征引及参考文献的著录顺序:先古代,后现代;先著作,后论文。

十五、《编年》每卷后编有索引,以强化其检索功能。其中包括"人物索引"与"论著索引"。人物索引按笔画顺序编排,每卷人物索引只列本朝代的人物,跨代人物不出索引;人物的字号,加括号附录在正名之后;论著索引按拼音顺序编排。唐以前称"篇目索引",即重要论文亦出索引;隋唐五代称"论著索引";此后各代称"著作索引",即文章不出索引。同书名而不同作者的,在书名后面加括号,注明作者,以示区别;一书异名的,在通行书名后面加括号,注明异称。

十六、全书根据一以贯之的统一要求与体例格式进行编写,各卷(尤其是先秦卷)基于不同时代学术发展演变的实际情况再作变通处理,力求达到规范与变通的有机结合。

目 录

上 卷

清世祖顺治元年（明思宗崇祯十七年 南明福王弘光元年） 甲申 1644年 …………… (1)
清顺治二年（南明唐王隆武元年） 乙酉 1645年 …………………………………… (8)
清顺治三年（南明隆武二年 鲁王监国元年 唐王绍武元年） 丙戌 1646年 …………… (16)
清顺治四年（南明桂王永历元年 鲁王监国二年） 丁亥 1647年 ……………………… (21)
清顺治五年（南明永历二年 鲁王监国三年） 戊子 1648年 …………………………… (26)
清顺治六年（南明永历三年 鲁王监国四年） 己丑 1649年 …………………………… (28)
清顺治七年（南明永历四年 鲁王监国五年） 庚寅 1650年 …………………………… (31)
清顺治八年（南明永历五年 鲁王监国六年） 辛卯 1651年 …………………………… (34)
清顺治九年（南明永历六年 鲁王监国七年） 壬辰 1652年 …………………………… (38)
清顺治十年（南明永历七年 鲁王监国八年） 癸巳 1653年 …………………………… (46)
清顺治十一年（南明永历八年） 甲午 1654年 ………………………………………… (50)
清顺治十二年（南明永历九年） 乙未 1655年 ………………………………………… (54)
清顺治十三年（南明永历十年） 丙申 1656年 ………………………………………… (61)
清顺治十四年（南明永历十一年） 丁酉 1657年 ……………………………………… (66)
清顺治十五年（南明永历十二年） 戊戌 1658年 ……………………………………… (73)
清顺治十六年（南明永历十三年） 己亥 1659年 ……………………………………… (79)
清顺治十七年（南明永历十四年） 庚子 1660年 ……………………………………… (86)
清顺治十八年（南明永历十五年） 辛丑 1661年 ……………………………………… (92)
清圣祖康熙元年 壬寅 1662年 ………………………………………………………… (98)
康熙二年 癸卯 1663年 ………………………………………………………………… (102)
康熙三年 甲辰 1664年 ………………………………………………………………… (107)
康熙四年 乙巳 1665年 ………………………………………………………………… (113)
康熙五年 丙午 1666年 ………………………………………………………………… (119)
康熙六年 丁未 1667年 ………………………………………………………………… (123)
康熙七年 戊申 1668年 ………………………………………………………………… (129)

康熙八年　己酉　1669年	(134)
康熙九年　庚戌　1670年	(141)
康熙十年　辛亥　1671年	(148)
康熙十一年　壬子　1672年	(155)
康熙十二年　癸丑　1673年	(163)
康熙十三年　甲寅　1674年	(174)
康熙十四年　乙卯　1675年	(180)
康熙十五年　丙辰　1676年	(186)
康熙十六年　丁巳　1677年	(193)
康熙十七年　戊午　1678年	(200)
康熙十八年　己未　1679年	(206)
康熙十九年　庚申　1680年	(215)
康熙二十年　辛酉　1681年	(224)
康熙二十一年　壬戌　1682年	(230)
康熙二十二年　癸亥　1683年	(239)
康熙二十三年　甲子　1684年	(250)
康熙二十四年　乙丑　1685年	(259)
康熙二十五年　丙寅　1686年	(268)
康熙二十六年　丁卯　1687年	(275)
康熙二十七年　戊辰　1688年	(284)
康熙二十八年　己巳　1689年	(293)
康熙二十九年　庚午　1690年	(301)
康熙三十年　辛未　1691年	(307)
康熙三十一年　壬申　1692年	(316)
康熙三十二年　癸酉　1693年	(324)
康熙三十三年　甲戌　1694年	(331)
康熙三十四年　乙亥　1695年	(339)
康熙三十五年　丙子　1696年	(345)
康熙三十六年　丁丑　1697年	(349)
康熙三十七年　戊寅　1698年	(354)
康熙三十八年　己卯　1699年	(359)
康熙三十九年　庚辰　1700年	(365)
康熙四十年　辛巳　1701年	(371)
康熙四十一年　壬午　1702年	(375)
康熙四十二年　癸未　1703年	(383)
康熙四十三年　甲申　1704年	(388)
康熙四十四年　乙酉　1705年	(395)
康熙四十五年　丙戌　1706年	(402)
康熙四十六年　丁亥　1707年	(408)

康熙四十七年　戊子　1708年	(412)
康熙四十八年　己丑　1709年	(419)
康熙四十九年　庚寅　1710年	(425)
康熙五十年　辛卯　1711年	(429)
康熙五十一年　壬辰　1712年	(436)
康熙五十二年　癸巳　1713年	(442)
康熙五十三年　甲午　1714年	(449)
康熙五十四年　乙未　1715年	(456)
康熙五十五年　丙申　1716年	(463)
康熙五十六年　丁酉　1717年	(467)
康熙五十七年　戊戌　1718年	(473)
康熙五十八年　己亥　1719年	(478)
康熙五十九年　庚子　1720年	(482)
康熙六十年　辛丑　1721年	(485)
康熙六十一年　壬寅　1722年	(491)
清世宗雍正元年　癸卯　1723年	(498)
雍正二年　甲辰　1724年	(510)
雍正三年　乙巳　1725年	(515)
雍正四年　丙午　1726年	(522)
雍正五年　丁未　1727年	(529)
雍正六年　戊申　1728年	(537)
雍正七年　己酉　1729年	(543)
雍正八年　庚戌　1730年	(550)
雍正九年　辛亥　1731年	(556)
雍正十年　壬子　1732年	(561)
雍正十一年　癸丑　1733年	(565)
雍正十二年　甲寅　1734年	(574)
雍正十三年　乙卯　1735年	(579)
清高宗乾隆元年　丙辰　1736年	(588)
乾隆二年　丁巳　1737年	(605)
乾隆三年　戊午　1738年	(612)
乾隆四年　己未　1739年	(619)
乾隆五年　庚申　1740年	(627)
乾隆六年　辛酉　1741年	(632)
乾隆七年　壬戌　1742年	(640)
乾隆八年　癸亥　1743年	(646)
乾隆九年　甲子　1744年	(651)
乾隆十年　乙丑　1745年	(658)
乾隆十一年　丙寅　1746年	(664)

乾隆十二年　丁卯　1747年 …… (669)
乾隆十三年　戊辰　1748年 …… (676)
乾隆十四年　己巳　1749年 …… (684)
乾隆十五年　庚午　1750年 …… (690)
乾隆十六年　辛未　1751年 …… (698)
乾隆十七年　壬申　1752年 …… (705)
乾隆十八年　癸酉　1753年 …… (713)
乾隆十九年　甲戌　1754年 …… (719)
乾隆二十年　乙亥　1755年 …… (726)
乾隆二十一年　丙子　1756年 …… (736)
乾隆二十二年　丁丑　1757年 …… (743)
乾隆二十三年　戊寅　1758年 …… (748)
乾隆二十四年　己卯　1759年 …… (755)
乾隆二十五年　庚辰　1760年 …… (761)
乾隆二十六年　辛巳　1761年 …… (767)
乾隆二十七年　壬午　1762年 …… (772)
乾隆二十八年　癸未　1763年 …… (777)

中　卷

乾隆二十九年　甲申　1764年 …… (783)
乾隆三十年　乙酉　1765年 …… (789)
乾隆三十一年　丙戌　1766年 …… (794)
乾隆三十二年　丁亥　1767年 …… (799)
乾隆三十三年　戊子　1768年 …… (805)
乾隆三十四年　己丑　1769年 …… (809)
乾隆三十五年　庚寅　1770年 …… (814)
乾隆三十六年　辛卯　1771年 …… (818)
乾隆三十七年　壬辰　1772年 …… (825)
乾隆三十八年　癸巳　1773年 …… (832)
乾隆三十九年　甲午　1774年 …… (848)
乾隆四十年　乙未　1775年 …… (858)
乾隆四十一年　丙申　1776年 …… (870)
乾隆四十二年　丁酉　1777年 …… (877)
乾隆四十三年　戊戌　1778年 …… (891)
乾隆四十四年　己亥　1779年 …… (905)
乾隆四十五年　庚子　1780年 …… (917)
乾隆四十六年　辛丑　1781年 …… (928)

乾隆四十七年　壬寅　1782年	(941)
乾隆四十八年　癸卯　1783年	(956)
乾隆四十九年　甲辰　1784年	(967)
乾隆五十年　乙巳　1785年	(978)
乾隆五十一年　丙午　1786年	(987)
乾隆五十二年　丁未　1787年	(994)
乾隆五十三年　戊申　1788年	(1005)
乾隆五十四年　己酉　1789年	(1014)
乾隆五十五年　庚戌　1790年	(1022)
乾隆五十六年　辛亥　1791年	(1030)
乾隆五十七年　壬子　1792年	(1038)
乾隆五十八年　癸丑　1793年	(1047)
乾隆五十九年　甲寅　1794年	(1055)
乾隆六十年　乙卯　1795年	(1062)
清仁宗嘉庆元年　丙辰　1796年	(1069)
嘉庆二年　丁巳　1797年	(1078)
嘉庆三年　戊午　1798年	(1086)
嘉庆四年　己未　1799年	(1094)
嘉庆五年　庚申　1800年	(1103)
嘉庆六年　辛酉　1801年	(1108)
嘉庆七年　壬戌　1802年	(1116)
嘉庆八年　癸亥　1803年	(1123)
嘉庆九年　甲子　1804年	(1131)
嘉庆十年　乙丑　1805年	(1138)
嘉庆十一年　丙寅　1806年	(1146)
嘉庆十二年　丁卯　1807年	(1152)
嘉庆十三年　戊辰　1808年	(1158)
嘉庆十四年　己巳　1809年	(1163)
嘉庆十五年　庚午　1810年	(1169)
嘉庆十六年　辛未　1811年	(1174)
嘉庆十七年　壬申　1812年	(1181)
嘉庆十八年　癸酉　1813年	(1187)
嘉庆十九年　甲戌　1814年	(1195)
嘉庆二十年　乙亥　1815年	(1202)
嘉庆二十一年　丙子　1816年	(1211)
嘉庆二十二年　丁丑　1817年	(1218)
嘉庆二十三年　戊寅　1818年	(1224)
嘉庆二十四年　己卯　1819年	(1231)
嘉庆二十五年　庚辰　1820年	(1237)

清宣宗道光元年　辛巳　1821年	(1244)
道光二年　壬午　1822年	(1252)
道光三年　癸未　1823年	(1260)
道光四年　甲申　1824年	(1268)
道光五年　乙酉　1825年	(1274)
道光六年　丙戌　1826年	(1281)
道光七年　丁亥　1827年	(1288)
道光八年　戊子　1828年	(1294)
道光九年　己丑　1829年	(1299)
道光十年　庚寅　1830年	(1306)
道光十一年　辛卯　1831年	(1311)
道光十二年　壬辰　1832年	(1317)
道光十三年　癸巳　1833年	(1324)
道光十四年　甲午　1834年	(1329)
道光十五年　乙未　1835年	(1335)
道光十六年　丙申　1836年	(1341)
道光十七年　丁酉　1837年	(1346)
道光十八年　戊戌　1838年	(1353)
道光十九年　己亥　1839年	(1358)
道光二十年　庚子　1840年	(1365)
道光二十一年　辛丑　1841年	(1373)
道光二十二年　壬寅　1842年	(1379)
道光二十三年　癸卯　1843年	(1384)
道光二十四年　甲辰　1844年	(1391)
道光二十五年　乙巳　1845年	(1397)
道光二十六年　丙午　1846年	(1402)
道光二十七年　丁未　1847年	(1407)
道光二十八年　戊申　1848年	(1411)
道光二十九年　己酉　1849年	(1416)
道光三十年　庚戌　1850年	(1422)
清文宗咸丰元年　辛亥　1851年	(1429)
咸丰二年　壬子　1852年	(1437)
咸丰三年　癸丑　1853年	(1441)
咸丰四年　甲寅　1854年	(1449)
咸丰五年　乙卯　1855年	(1456)
咸丰六年　丙辰　1856年	(1461)
咸丰七年　丁巳　1857年	(1467)
咸丰八年　戊午　1858年	(1472)
咸丰九年　己未　1859年	(1477)

咸丰十年　庚申　1860年	(1483)
咸丰十一年　辛酉　1861年	(1489)
清穆宗同治元年　壬戌　1862年	(1496)
同治二年　癸亥　1863年	(1504)
同治三年　甲子　1864年	(1509)
同治四年　乙丑　1865年	(1516)
同治五年　丙寅　1866年	(1522)
同治六年　丁卯　1867年	(1528)
同治七年　戊辰　1868年	(1537)
同治八年　己巳　1869年	(1542)
同治九年　庚午　1870年	(1546)
同治十年　辛未　1871年	(1550)
同治十一年　壬申　1872年	(1556)
同治十二年　癸酉　1873年	(1561)
同治十三年　甲戌　1874年	(1567)

下　卷

清德宗光绪元年　乙亥　1875年	(1575)
光绪二年　丙子　1876年	(1580)
光绪三年　丁丑　1877年	(1586)
光绪四年　戊寅　1878年	(1593)
光绪五年　己卯　1879年	(1598)
光绪六年　庚辰　1880年	(1604)
光绪七年　辛巳　1881年	(1611)
光绪八年　壬午　1882年	(1621)
光绪九年　癸未　1883年	(1628)
光绪十年　甲申　1884年	(1635)
光绪十一年　乙酉　1885年	(1644)
光绪十二年　丙戌　1886年	(1651)
光绪十三年　丁亥　1887年	(1658)
光绪十四年　戊子　1888年	(1664)
光绪十五年　己丑　1889年	(1671)
光绪十六年　庚寅　1890年	(1676)
光绪十七年　辛卯　1891年	(1685)
光绪十八年　壬辰　1892年	(1692)
光绪十九年　癸巳　1893年	(1700)
光绪二十年　甲午　1894年	(1707)

光绪二十一年　乙未　1895年	(1717)
光绪二十二年　丙申　1896年	(1731)
光绪二十三年　丁酉　1897年	(1744)
光绪二十四年　戊戌　1898年	(1759)
光绪二十五年　己亥　1899年	(1797)
光绪二十六年　庚子　1900年	(1808)
光绪二十七年　辛丑　1901年	(1820)
光绪二十八年　壬寅　1902年	(1834)
光绪二十九年　癸卯　1903年	(1853)
光绪三十年　甲辰　1904年	(1874)
光绪三十一年　乙巳　1905年	(1888)
光绪三十二年　丙午　1906年	(1905)
光绪三十三年　丁未　1907年	(1923)
光绪三十四年　戊申　1908年	(1942)
清逊帝宣统元年　己酉　1909年	(1961)
宣统二年　庚戌　1910年	(1976)
宣统三年　辛亥　1911年	(1989)

征引及主要参考文献 (2007)
人物索引 (2033)
著作索引 (2221)
后记 (2381)

清世祖顺治元年　明思宗崇祯十七年
南明福王弘光元年　甲申　1644 年

正月初一日庚寅（2月8日），顺治帝福临于盛京（今辽宁沈阳）御殿受贺，时年仅7岁，以郑亲王济尔哈朗与睿亲王多尔衮辅政。

初三日壬辰（2月10日），李自成在西安称王，国号大顺，建元永昌，改西安为长安，称西京。造甲申历，铸永昌钱，并开科取士，增设官职。

初十日己亥（2月17日），清廷派使者偕达赖五世之专使，往迎达赖喇嘛。

十八日丁未（2月25日），清都察院承政满达海请选博学明经之士，于皇帝左右朝夕进讲；摄政二王以上方幼冲，尚须迟一二年。

二月十三日壬申（3月21日），明崇祯帝下《罪己诏》，号召官吏士民"忠君爱国"、"雪耻除凶"、"能擒斩闯、献，仍予通侯之赏"（计六奇《明季北略》卷二〇）。

三月十一日己亥（4月17日），崇祯帝再下《罪己诏》，宣布有能擒李自成者授以伯爵，赏以万金。

十九日丁未（4月25日），李自成破京师内城，崇祯帝自缢煤山。李自成入承天门（今天安门），登皇极殿（今太和殿）。至此，明朝历276年而亡。

二十六日甲寅（5月2日），清删译《辽》、《金》、《元》三史为满文，成书。

　　按：是日，大学士希福等奏言："窃稽自古史册所载，政治之得失，民生之休戚，国家之治乱，无不详悉具备，其事虽往而可以诏今，其人虽亡而足以镜世。故语云善者吾师，不善者亦吾师，从来嬗继之圣王，未有不法此而行者也。辽金虽未混一，而辽已得天下之半，金亦得天下之大半，至元则混一寰区，奄有天下，其法令政教皆有可观者焉。我先帝鉴古之心，永怀不释，特命臣等将《辽》、《金》、《元》三史，芟削繁冗，惟取其善足为法、恶足为戒，及征伐、畋猎之事，译以满语，缮写成书。臣等敬奉纶音，将《辽史》自高祖至西辽耶律大石末年，凡十四帝，共三百七年，《金》凡九帝，共一百十九年，《元》凡十四帝，共一百六十二年，详录其有裨益者。始于崇德元年五月，竣于崇德四年六月，今敬缮成书以进。"（《清世祖实录》卷三）

四月初九日丙寅（5月14日），大顺牛金星、宋献策等竭力筹划李自成登基称帝。

十五日壬申（5月20日），明宁远总兵吴三桂致书多尔衮，乞与清军合兵破李自成于山海关。

二十二日己卯（5月27日），李自成兵败，回师北京。吴三桂受封平西王。

五月初四日辛卯（6月8日），清廷为明崇祯帝发丧改葬。

法国取莱茵兰诸地。

英国议会军胜于马斯顿荒原。

是月，明福王朱由崧被史可法、马士英等在南京拥立监国，旋即帝位，即弘光帝，史称南明。

六月十一日丁卯（7月14日），多尔衮与诸王、贝勒、大臣等议决定都北京。

十六日壬申（7月19日），清廷遣官首次祭先师孔子。

二十六日壬午（7月29日），修政历法西洋人汤若望启言："臣于明崇祯二年来京，曾用西洋新法厘正旧历制，有测量日月星晷定时考验诸器，尽进内廷，用以推测，屡屡密合。近闻诸器尽遭贼毁，臣拟别制进呈。今先将本年八月初一日日食，照西洋新法推步，京师所见日食限分秒，并起复方位图象，与各省所见日食，多寡先后不同，诸数开列呈览，乞敕该部届期公同测验。"（《清世宗实录》卷五）

二十七日癸未（7月30日），移明太祖神碑入历代帝王庙，多尔衮遣冯铨祭祀。

是日，清廷下令禁止军民侵扰圣贤祠庙。

二十九日乙酉（8月1日），清廷令内外各衙门印信俱铸满汉字样。

八月初一日丙辰（9月1日），日食。命冯铨、汤若望等赴观象台测验，唯西洋新法推算其时刻分秒及方位均与天象吻合，而《大统》、《回回》两历俱差时刻。清廷因此准用西法。

按：西法在与钦天监的《大统历》、历局的《时宪历》以及《回回历》同时应测中取胜，清廷乃更用西法，并命汤若望为钦天监监正。传教士因此受清廷隆重礼遇，其后，来华传教士也多以天文、历算为晋身之阶。天主教徒徐宗泽于《中国天主教史——自清入关至康熙朝》称："天主欲创一大事业也，往往兴起一二德才出众之人，为其工具，使其成事。明末，圣教传入吾国，天主生入吾国，使之传教我中国，奠定圣教基础。利玛窦殁，在褴褛中之圣教，亟待有人抚育，天主又生中国圣教三柱石——徐光启、李之藻、杨廷筠——使之护卫圣教。明亡，满清入据中原，圣教之前途安危莫测，天主又生汤若望，以保障圣教，而圣教得以度过危险。"

是日，刑科给事中孙襄条陈刑法四事。

按：《清史稿·刑法志一》曰："八月，刑科给事中孙襄陈刑法四事，一曰定刑书：'刑之有律，犹物之有规矩准绳也。今法司所遵及故明律令，科条繁简，情法轻重，当稽往宪，合时宜，斟酌损益，刊定成书，布告中外，俾知画一遵守，庶奸慝不形，风俗移易。'疏上，摄政王谕令法司会同廷臣详绎《明律》，参酌时宜，集议允当，以便裁定成书，颁行天下。"

九月十九日甲辰（10月19日），顺治帝自沈阳迁都至北京，自正午门入宫。

十月初一日乙卯（10月30日），顺治帝福临于北京告祭天地宗社，即皇帝位，仍用大清国号，顺治纪元。是日，颁《顺治二年时宪历》。

初二日丙辰（10月31日），以孔子六十五代孙孔允植仍袭封衍圣公，兼太子太傅；孔允钰、颜绍绪、曾闻达、孟闻玺仍袭五经博士。

是日，户科给事中郝杰奏请开经筵。

按：郝杰奏曰："从古帝王无不懋修君德，首重经筵。今皇上懋资凝命，正宜及时典学,请择端雅儒臣,日译进《大学衍义》及《尚书》典谟数条。更宜遵旧典,遣祀阙里,示天下所宗。"得旨:"请开经筵,祀阙里,俱有裨新政,俟次第举行。"(《清世祖实录》卷九)

初十日甲子(11月8日),顺治帝于皇极门颁即位诏于全国。

是月,从大学士洪承畴请,诏文臣衣冠暂从明制。

诏令仍依前朝旧制,会试定于辰、戌、丑、未年;各直省乡试,定于子、午、卯、酉年。

按:此令恢复了一度中断的科举取士制度,影响甚巨。《清史稿·选举志一》曰:"自唐以后,废选举之制,改用科目,历代相沿。而明则专取《四子书》及《易》、《书》、《诗》、《春秋》、《礼记》五经命题试士,谓之制义。有清一沿明制,二百余年,虽有以他途进者,终不得与科第出身者相比。康、乾两朝,特开制科。博学鸿词,号称得人。然所试者亦仅诗、赋、策论而已。洎乎末造,世变日亟。论者谓科目人才不足应时务,毅然罢科举,兴学校。采东、西各国教育之新制,变唐、宋以来选举之成规。"《选举志三》曰:"有清科目取士,承明制用八股文。取《四子书》及《易》、《书》、《诗》、《春秋》、《礼记》五经命题,谓之制义。三年大比,试诸生于直省,曰乡试,中式者为举人。次年试举人于京师,曰会试,中式者为贡士。天子亲策于廷,曰殿试,名第分一、二、三甲。一甲三人,曰状元、榜眼、探花,赐进士及第。二甲若干人,赐进士出身。三甲若干人,赐同进士出身。乡试第一曰解元,会试第一曰会元,二甲第一曰传胪。悉仍明旧称也。世祖统一区夏,顺治元年,定以子午卯酉年乡试,辰戌丑未年会试。乡试以八月,会试以二月。均初九日首场,十二日二场,十五日三场。殿试以三月。"

十一月初一日乙酉(11月29日),设满洲司业、助教,选满洲子弟入国子监读书;改翰林院正五品为正三品,裁去詹事府、尚宝司衙门。

按:《清史稿·选举志一》曰:"顺治元年,置祭酒、司业及监丞、博士、助教、学正、学录、典籍、典簿等官。设六堂为讲肄之所,曰率性、修道、诚心、正义、崇志、广业,一仍明旧。少詹事李若琳首为祭酒,请仿明初制,广收生徒,官生除恩荫外,七品以上官子弟勤敏好学者,民生除贡生外,廪、增、附生员文义优长者,并许提学考选送监。又言学以国子名,所谓国之贵游子弟学焉。前朝公、侯、伯、驸马初袭授者,皆入国学读书。满洲勋臣子弟有志向学者,并请送监肄业。诏允增设满洲司业、助教等官,是为八旗子弟入监之始。厥后定为限制,条例屡更,益臻详备。肄业生徒,有贡、有监。贡生凡六:曰岁贡、恩贡、拔贡、优贡、副贡、例贡。监生凡四:曰恩监、荫监、优监、例监。荫监有二:曰恩荫、难荫。通谓之国子监生。"

初七日辛卯(12月5日),清廷始试贡生,分别以知州、推官、知县、通判、县丞任用。

是月,张献忠在成都称帝,国号大西,年号大顺。

十二月,南明重颁《三朝要典》。

是年,清廷命建八旗官学。

按:若琳奏:"臣监僻在城东北隅,满员子弟就学不便,议于满洲八固山地方各立书院,以国学二厅、六堂教官分教之,以时赴监考课。"下部议行。于是八旗各建学舍。每佐领下取官学生一名,以十名习汉书,余习满书(《清史稿·选举志一》)。

遣官征访遗贤。吏部详察履历,确核才品,促令来京。并行抚、按,境内隐逸、贤良,遂一启荐,以凭征擢(《清史稿·选举志四》)。

法国帕斯卡发明计算器。

黄宗羲闻京师失守，即从刘宗周之杭，谋招募义军。旋福王监国之诏至，遂至南京，上书阙下。时阮大铖以定策功得势，欲一网杀尽复社诸人，黄宗羲得脱。

史可法时为明兵部尚书，与马士英等四月十五日拥立福王朱由崧即位于南京，建号弘光。史可法奉命督师扬州。

马士英、阮大铖欲捕杀复社名士黄宗羲、方以智和顾杲等，编造名录，大肆迫害"海内人望"。

按：《明史·马士英传》曰："无锡顾杲、吴县杨廷枢、芜湖沈士柱、余姚黄宗羲、鄞县万泰等，皆复社中名士，方聚讲南京，恶大铖甚，作《留都防乱揭》逐之。大铖惧，乃闭门谢客，独与士英深相结。"

马士英六月荐举阮大铖，东林、复社人士群起反对，党争复起。

顾炎武春夏之交，闻崇祯帝薨，作《大行哀诗》一首。其友吴其沆亦作"《大行皇帝》、《大行皇后》二诔，见称于时"。四月奉嗣母率家人徙居常熟之唐市，归庄曾来访；因县令杨永言推荐，十二月被南明福王政权聘为兵部司务，作《千官》诗二首。

王夫之五月闻国变，悲愤不食者数日，作《悲愤诗》一百韵。初冬，在南岳双髻峰中黑沙潭畔筑一茅屋，名"续梦庵"，以期"残梦续新诗"。

张履祥二月至山阴，谒刘宗周，受业为弟子。五月，闻国变，缟素不食去馆，携书归杨园。

按：《清史稿·张履祥传》曰："七岁丧父。家贫，母沈教之曰：'孔、孟亦两家无父儿也，只因有志，便做到圣贤。'长，受业山阴刘宗周之门。时东南文社各立门户，履祥退然如不胜，惟与同里颜统、钱寅，海盐吴蕃昌辈以文行相砥砺。统、寅、蕃昌相继殁，为之经纪其家。自是与海盐何汝霖、乌程凌克贞、归安沈磊切劘讲习，益务躬行。"

傅山经国变，遂不复释冠衲，号石道人，师事郭还阳。

孙奇逢以地方贤才被荐举，敦促就道，以病辞。

陈瑚三月作《逐僧徒檄》，以抨击佛教。五月闻变，约同志会哭于公所，复作条议。

谈迁离南京，流寓苏州、常熟。

钱谦益五月以谄事马士英，起为南都礼部尚书。

按：《清史稿·钱谦益传》曰："流贼陷京师，明臣议立君江宁。谦益阴推戴潞王，与马士英议不合。已而福王立，惧得罪，上书诵士英功，士英引为礼部尚书。复力荐阉党阮大铖等，大铖遂为兵部侍郎。"

陈贞慧因阮大铖迫害复社诸人，被捕下狱。

侯方域因阮大铖欲害之，出走松江，复至扬州。尝作《李姬传》，记李香君事。

按：《清史稿·侯方域传》曰："方域既负才无所试，一放意声伎，流连秦淮间。阉党阮大铖时亦屏居金陵，谋复用。诸名士共檄大铖罪，作留都防乱揭，宜兴陈贞慧、贵池吴应箕二人主之。大铖知方域与二人善，私念因侯生以交于二人，事当已，乃嘱其客来结欢。方域觉之，卒谢客，大铖恨次骨。已而骤柄用，将尽杀党人，捕贞慧下狱。方域夜走依镇帅高杰，得免。"

清世祖顺治元年　明思宗崇祯十七年　南明福王弘光元年　甲申　1644年

阎尔梅闻李自成破京师，绝食七日，死而复苏，投史可法军。

夏完淳与陈子龙等歃血为盟，上书鲁王朱以海；鲁王任完淳为中书舍人。

万寿祺十二月赴阎尔梅处，谋起兵抗清。

史可法镇守扬州，吕留良三兄吕愿良任军前赞画推官。

魏禧三月因国变，谋起兵勤王，不果。

龚鼎孳降清，授吏科给事中。

陈廷铨降清，授天津推官。

李颙始矢志读书，以家贫不能延师，惟取《大学》、《中庸》、《论语》、《孟子》，逢人问字正句。由是识字渐广，书理渐通，乡人诧异之。

曹溶时为顺天督学御史，八月初十日奏请将辽东等处十五学，改附永平府，设教官三员，分司教导，择辽地经明行修之士充其任。

周钟为李自成登极代拟《登极诏》。

按：周钟字介生，江苏金坛人。曾任复社社长。

廖锡蕃时任广东定安知县，建蓁猗书院。

汤斌读书衢州山中。

胡渭年十二，父亡，从母避寇山谷间。虽遭颠沛，犹一编不辍。

函可十二月至南京刻藏经。

德国传教士汤若望五月上疏摄政王，请求保护所居之天主堂，获多尔衮批准。六月二十二日，呈上八月初一日日食推测及图像。八月初一日，应测均合天行。九月十六日，多尔衮命详择吉日告祭太庙社稷，并恭按福临(顺治帝)年庚，择取三个吉日，由内院定十月初一举行登极大典。

按：清军五月入关后，谕令中、东、西三城居民，三日内搬迁至南、北二城，汤若望因天主教堂属此范围，乃上疏请居留原处。多尔衮准其居留原处，并张谕天主堂门前，禁止闲人扰乱。

意大利传教士卫匡国自杭州至南京传教。

传教士利类思、安文思是冬出席张献忠举行的宴会，张献忠令二人造地球仪两个，耗时八个月乃成。

李叙采著《圣学宗略》2卷刊行。

朱鹤龄读书金陵瓦官寺，纂《禹贡长笺》。

按：《四库全书总目提要》曰："《禹贡长笺》十二卷，国朝朱鹤龄撰。是编专释《禹贡》一篇，前列二十五图，自《禹贡》全图以及导山导水，皆依次随文诠解，多引古说而以己意折衷之。《禹贡》自宋元以来，注释者不下数十家，虽得失互见，要以胡渭之《禹贡锥指》为最善。此书作于胡渭之前，如解'治梁及岐'，力主狐岐为冀州之境，则于理未合。盖岐实雍地，当时水之所壅，惟雍为甚，故治冀必先治雍，而后壶口可得而疏。孔《传》所云壶口在冀州，岐在雍州，从东循山治水而西，此语最为明晰。鹤龄所以反其说者，殆以冀州之中不当及雍地，不知冀为天子之都，何所不包。古人字句原未拘泥，如荆州云江汉朝宗于海，荆固无海，亦不过推江汉所归言之耳。即此可以为例，又何必斤斤致疑乎？至其三江一条，既主郑康成左合汉、右合彭蠡、泯江居中之说，而又兼取蔡《传》，以韦昭、顾夷所谓三江口者当之，亦殊无定见。又古黑水

高乃依著成悲剧《罗多谷内》。

笛卡尔出版《哲学原理》。

塞缪尔·拉瑟福德发表有关君主国选举性质的作品《君主法律》。

罗杰·威廉斯著成有关政教分离的作品《最重要的询问》。

联络雍、梁,而鹤龄必区而二之。蜀汉之山本相连,而鹤龄谓蜀之嶓非雍之嶓,俱未为精密。又于敷浅原兼取禹过之及江过之二说,尤属骑墙。此类皆其所短,殊不及胡渭书之荟萃精博,而征引曲证,亦时多创获,尚属瑕瑜参半,且其于贡道漕河经由脉络,剖析条理,亦较他本为详。故仍录存其书,与《禹贡锥指》相辅焉。"

查继佐始著纪传体明史《罪惟录》。

毛奇龄著《殉难录引》。

文秉著《烈皇小识》8卷,约成书于明末清初。

按：文秉字应符,又字荪符,江苏吴县人。明文徵明之玄孙,文震孟之子。所著尚有《先拔志始》、《甲乙事案》、《前星野语》、《定陵注略》、《先朝遗事》、《姑苏名贤续记》等。《烈皇小识》专记明崇祯朝的史事,尤其对明末的朋党之争、农民起义、宫廷争斗、明清关系等有详细记载,史料价值颇高。

咱雅班第达译藏族文献《玛尼全集》。

按：或名《玛尼噶奔》、《十万宝颂》。

魏禧六月著《文集内篇》一集成书。

余怀著《甲申集》。

谈迁著《枣林杂俎》,陆续得6卷。

按：《四库全书总目提要》曰:"是书分类记载,凡十二门:曰《科牍》,曰《艺簣》,曰《名胜》,曰《器用》,曰《荣植》,曰《赜动》,曰《幽冥》,曰《丛赘》,曰《彤管》,曰《空元》,曰《炯鉴》,曰《纬候》。多纪明代轶事,而语多支蔓。其《名胜》一门,杂引志乘及里巷齐东之语,漫无考证。《艺簣》亦多疏舛。其余大抵冗琐少绪,亦不分卷。疑杂录未成之本也。"

傅仁宇著《审视瑶函》6卷成书。

按：傅仁宇字允科,秣陵人。祖传眼科医术。承袭家学,亦精治眼疾。曾采摭群书,结合家传及个人临证经验,撰成《审视瑶函》。是书一名《眼科大全》、《傅氏眼科审视瑶函》。其子傅国栋,字维藩,号复慧子,亦精眼科,曾助其父编撰《审视瑶函》。

王徵卒(1571—)。徵字良甫,号葵心,别号了一道人,陕西泾阳人。明天启二年进士。历任广平推官、扬州推官、山东监军佥事。受明末来华天主教耶稣会影响,介绍西方物理机械,是最早研习拉丁文的中国人。著有《新制诸器图说》、《两理略》、《天问辞》、《历代发蒙辨道说》、《山居咏》等;译有《远西奇器图说》。此外,他还撰有《畏天爱人极论》、《仁会》、《崇正述略》、《事天实学》、《真福直指》、《圣经要略汇集》以及《圣经直解》等众多阐扬天主教义理的书籍。事迹见《明史》卷二九四。今人宋伯胤编有《明泾阳王徵先生年谱》。

按：《四库全书总目提要》曰:"《奇器图说》三卷、《诸器图说》一卷。《奇器图说》,明西洋人邓玉函撰。《诸器图说》,明王徵撰。徵……尝询西洋奇器之法于玉函,玉函因以其国所传文字口授,徵译为是书。其术能以小力运大,故名曰重,又谓之力艺。大旨谓天地生物,有数、有度、有重,数为算法,度为测量,重则即此力艺之学,皆相资而成。故先论重之本体,以明立法所以之然,凡六十一条。次论各色器具之法,凡九十二条。次起重十一图,引重四图,转重二图,取水九图,转磨十五图,解木四图,解石、转碓、书架、水日晷、代耕各一图,水铳四图。图皆有说,而于农器水法尤为详备。其第一卷之首,有《表性言解》《来德言解》二篇,俱极夸其法之神妙,大都荒诞恣肆,不足究诘。然其制器之巧,实为甲于古今。寸有所长,自宜节取。且书中所载,皆裨益民生之具,其法至便,而其用至溥。录而存之,固未尝不可备一家之学也。《诸器图说》,凡图十一,各为之说,而附以铭赞,乃徵所自作,亦具有思致云。"

毕懋康卒(1571—)。懋康字孟侯,号东郊,安徽歙县人。明万历二十六年进士。授中书舍人,迁御史,官至南京户部右侍郎。工古文辞,善画山水。著有《西清集》《管涔集》等。事迹见《明史》卷二四二。

韩上桂卒(1572—)。上桂字孟郁,号月峰,广东番禺人。明万历二十二年举人。曾任国子监博士。通晓天文、兵法、诗词,人称万历间岭南第一才子。闻崇祯帝死讯,愤恨死。著有《朵云山房文稿》及传奇《凌云记》等。

李奇玉卒(1573—)。奇玉字元美,号荆阳,浙江秀水人。明崇祯元年进士,官至汝宁知府。著有《雪园易义》4卷。

凌濛初卒(1580—)。濛初字玄房,号初成,别号即空观主人,浙江乌程人。明副贡生。崇祯初,授上海县丞,官至徐州通判。编有短篇小说集《拍案惊奇》初刻、二刻,世称"二拍",另编有《南音三籁》。著有《剿寇十策》《国门集》及《虬髯翁》杂剧等。事迹见郑龙采《别驾初成公墓志铭》(《学林漫录》第五集,中华书局1982版)。

按:叶德辉《书林清话》卷八曰:"朱墨套印,明启祯间,有闵齐伋、闵昭明、凌汝亨、凌濛初、凌瀛初,皆一家父子兄弟刻书最多者也。闵昭明刻《新镌朱批武经七书》。闵齐伋刻《东坡易传》《左传》《老》《庄》《列》三子、《楚辞》、陶靖节、韦苏州、王右丞、孟浩然、韩昌黎、柳宗元诸家诗集,蜀赵崇祚《花间词》。凌汝亨刻《管子》。凌濛初、瀛初刻《韩非子》《吕氏春秋》《淮南子》。皆墨印朱批,字颇流动。"

范景文卒(1587—)。景文字梦章,号思仁,河北吴桥人。明万历四十一年进士。崇祯时官至南京兵部尚书。李自成攻克北京,投井死。著有《范文忠集》《昭代武功录》《国朝大臣谱》等。事迹见《明史》卷二六五。

吴麟徵卒(1593—)。麟徵字圣生,一字来玉,号磊斋,浙江海盐人。明天启二年进士。授建昌推官。官至太常少卿。明亡,随崇祯自尽。南明福王时追谥忠节,顺治时复谥忠肃。著有《家诫要言》《吴忠节公遗集》。事迹见《明史》卷二六六。

倪元璐卒(1593—)。元璐字玉汝,号鸿宝、园客,浙江上虞人。明天启二年进士,授翰林编修。曾请毁《三朝要典》。官至户部尚书、翰林学士。李自成破北京,自缢死。清谥文贞。能诗文、书画。著有《倪文贞集》17卷、《续编》3卷、《鸿宝应本》等。事迹见《明史》卷二六五。

按:倪元璐书画俱工,其书法学颜真卿。吴德璇《初月楼论书随笔》曰:"明人中学鲁公者,无过倪文公。"秦祖永《桐阴论画》中说:"元璐书法灵秀神妙,行草尤极超逸。"传世作品有《舞鹤赋卷》《行书诗轴》《金山诗轴》等。《四库全书总目提要》评《倪文贞集》时曰:"元璐少师邹元标,长从刘宗周、黄道周游,均以古人相期许,而尤留心于经济。故其擘画设施,钩考兵食,皆可见诸施行,非经生空谈浮议者可比。其诗文虽不脱北地、弇州之旧格，至其奏疏，则详明剀切，多军国大计、兴亡治乱之所关，尤为当世所推重。然当天、崇之时，君子小人杂沓并进，玄黄水火，恩怨相寻，大抵置君国而争门户。元璐独持论侃侃，中立不阿，故龃龉不得大用。及坏乱已极，始见委任，而已无所措其手，仅以身殉国，以忠烈传于世而已。此世所以重其人，弥重其文也。诗集颇多散佚。"

申佳胤卒（1603— ）。佳胤字孔嘉，又字井眉，号鳦盟，直隶永年人。明崇祯四年进士。授仪封知县，调杞县，擢吏部文选主事，历太仆丞，阅马近畿。闻李自成破居庸关，驰入京，谒大臣策划战守。大顺军破京城，投井死。著有《君子亭集》、《春明集》、《南园集》、《申端愍公文集》6卷等。事迹见申涵煜编、申涵盼补编《申鳦盟先生年谱》。

卜舜年卒（1613— ）。舜年字孟硕，江南吴江人。工画，为董其昌、陈继儒所欣赏。著有《云芝集》。事迹见李桓《国朝耆献类征初编》卷四六六。

汤传楹卒（1620— ）。传楹字子翰，更字卿谋，江苏吴县人。明诸生。工词曲，著有《闲余笔话》、《湘中草》。事迹见《西堂杂俎》。

孙在丰（ —1689）、廖燕（ —1705）、赵申乔（ —1720）、张志聪（ —1722）、郭善邻（ —1723）、裘琏（ —1729）生。

清顺治二年　　南明唐王隆武元年　　乙酉　　1645年

奥斯曼帝国与威尼斯人战。争夺克里特岛。

瑞典人败神圣罗马帝国军，入奥地利。

克伦威尔建模范军。败王军。

俄罗斯罗曼诺夫王朝米哈伊尔·费奥多罗维奇·罗曼诺夫卒，子阿列克谢·米哈伊洛维奇嗣位。

北美印第安人与荷兰人在新阿姆斯特丹签订条约。

葡萄牙人始在东南非海岸掠夺

正月十四日癸卯（2月10日），江南道御史杨四重奏言："满汉字法尚未见同文之盛，请将满书颁行天下，使皆得习而译之。皇上亦于万几之暇，通汉音，习汉字，文移章奏之间，照然与天下共见，则满汉合一，而治效不臻上理者无有也。"奏入，报闻（《清世祖实录》卷二二）。

二十日甲辰（2月16日），衍圣公孔允植朝贺万寿节，铸给衍圣公印。

二十三日丁未（2月19日），更国子监孔子牌位为"大成至圣文宣先师孔子"。

按：祭酒李若琳上表请易"至圣先师孔子神位"为"大成至圣文宣先师孔子"，世祖准其请，尊孔子为"大成至圣文宣先师"。尊孔之举，是清初统治者为获得汉族士大夫的支持所做出的文化努力。

三月初一日甲申（3月28日），从礼部奏请，清廷始祀辽太祖、金太祖、金世宗、元太祖及明太祖于历代帝王庙，以其臣耶律曷鲁、完颜旒没罕、斡离不、木华黎、伯颜、徐达、刘基等从祀。

初三日丙戌（3月30日），遣官祭历代帝王，自太昊伏羲氏、炎帝神农氏、少昊金天氏、帝颛顼氏、帝高阳氏、帝高辛氏、帝陶唐氏、帝有虞氏、夏禹王、商汤王、周武王、汉高祖、汉光武、唐太宗、宋太祖、元世祖，及增入辽

清顺治二年　南明唐王隆武元年　乙酉　1645年

太祖、金太祖、金世宗、元太祖、明太祖，共 21 帝。同时配享功臣 41 位。

十二日乙未（4 月 8 日），大学士冯铨、洪承畴等奏请顺治帝学汉文，晓汉语。

> 按：冯铨等奏曰："上古帝王奠安天下，必以修德勤学为首务。故金世宗、元世祖皆博综典籍，勤于文学，至今犹称颂不衰。皇上承太祖、太宗之大统，聪明天纵，前代未有。今满书俱已熟习，但帝王修身治人之道，尽备于《六经》。一日之间，万几待理，必习汉文，晓汉语，始上意得达而下情易通。伏祈择满汉词臣，朝夕进讲，则圣德日进，而治化益光矣。"（《清世祖实录》卷一五）

十五日戊戌（4 月 11 日），山西道监察御史廖攀龙奏请讲圣学、兴文教、定新律，疏下所司（《清世祖实录》卷一五）。

二十五日戊申（4 月 21 日），依盛京例，定内三院为二品衙门，翰林官分隶内三院，增设侍读学士、侍读等官。

四月初九日辛酉（5 月 4 日），令修缮贡院，仍依故明旧例考试。

> 按：《清史稿·选举志三》曰："二年，颁《科场条例》。礼部议覆，给事中龚鼎孳疏言：'故明旧制，首场试时文七篇，二场论、表各一篇，判五条，三场策五道。应如各科臣请，减时文二篇，于论、表、判外增诗，去策改奏疏。'帝不允。命仍旧例。首场《四书》三题，《五经》各四题，士子各占一经。《四书》主朱子《集注》，《易》主程《传》、朱子《本义》，《书》主蔡《传》，《诗》主朱子《集传》，《春秋》主胡安国《传》，《礼记》主陈澔《集说》。其后《春秋》不用胡《传》，以《左传》本事为文，参用《公羊》、《谷梁》。二场论一道，判五道，诏、诰、表内科一道，三场经史时务策五道。乡、会试同。乾隆间，改会试三月，殿试四月，遂为永制。"

十一日癸亥（5 月 6 日），御史赵继鼎奏请纂修《明史》，并博选文行鸿儒充总裁纂修等官。下所司知之。

> 按：《明史》的修纂，自是年始，至乾隆四年（1739）最后完成，历时 90 余年，是历代官修史书费时最长者。其间，顺治二年（1645）至康熙十七年（1678），由于资料短缺，人员不齐，馆臣无从着手，史馆形同虚设。自康熙十八（1679）年重开《明史》馆，修史才走上正轨。

十五日丁卯（5 月 10 日），颁恩诏于陕西等处，该省地方前朝文武进士举人仍听该部核用。

二十五日丁丑（5 月 20 日），清军攻陷扬州，大肆屠杀，全城死难者八十余万；明督师史可法殉难。

> 按：清军以兵屠掠达十日之久，史称"扬州十日"。可参见王秀楚《扬州十日记》等。清兵此番杀戮，激发了江南士子的反抗之心，对江南文人的学术思想、文学创作，有着极为深刻的影响，江南文人长期不愿与清廷合作，亦与此有关。

二十九日辛巳（5 月 24 日），准兵部奏，开各省武乡试。

五月初二日癸未（5 月 26 日），内三院大学士冯铨、洪承畴、李建泰、范文程、刚林、祁充格等奏请设立《明史》馆，并请以学士詹霸、赖衮、伊图、宁完我、蒋赫德、刘清泰、李若琳、胡世按，侍读学士高珩，侍读陈具庆、朱之俊为副总裁官；郎廷佐、图海、罗宪汶、刘肇国、胡统虞、成克巩、张端、高珩、李奭棠为纂修官，石图等 7 员为收掌官，古禄等 10 员为满字誊录官，吴邦豸等 36 员为汉字誊录官。从之。

黑奴。

意大利西西里岛巴勒莫大学创立。

初十日辛卯（6月3日），定山西乡试中额举人70名。

十六日丁酉（6月9日），南明百官递职名赴清营参谒。次日，文武各官争趋朝贺。

十七日戊戌（6月10日），命满洲子弟入学，分四处，每处用伴读10人。十日一次赴国子监考课，春秋五日一次演射。

是月，从科臣龚鼎孳、学臣高去奢之请，命南京乡试于是年十月举行。

六月初五日丙辰（6月28日），严令军民尽皆剃发，违者治以军法。十五日再令限十日内尽皆剃发，违者必置重罪。南明官绅为此于江南各地起兵抗清。

初八日己未（7月1日），摄政王多尔衮谒孔子庙行礼。

按：《清史稿·儒林传一》曰："清兴，崇宋学之性道，而以汉儒经义实之。御纂诸经，兼收历代之说；四库馆开，风气益精博矣。国初讲学，如孙奇逢、李颙等，沿前明王、薛之派，陆陇其、王懋竑等，始专守朱子，辨伪得真。高愈、应撝谦等，坚苦自持，不愧实践。阎若璩、胡渭等，卓然不惑，求是辨诬。惠栋、戴震等，精发古义，诂释圣言。后如孔广森之于《公羊春秋》，张惠言之于《孟》、《虞易说》，凌廷堪、胡培翚之于《仪礼》，孙诒让之于《周礼》，陈奂之于《毛诗》，皆专家孤学也。且诸儒好古敏求，各造其域，不立门户，不相党伐，束身践行，闇然自修。周、鲁师儒之道，可谓兼古昔所不能兼者矣。"

十四日乙丑（7月7日），兵部以天下乡试武举应于十月举行，列条例上请，命照旧例行。

是月，命内三院大学士冯铨、洪承畴、李建泰、范文程、刚林、祁充格等纂修《明史》。

闰六月初一日辛巳（7月23日），江阴诸生倡言"头可断，发不可剃"，设明太祖朱元璋像，率众哭拜，响应者数万人。

十二日壬辰（8月3日），定文武官员品级。

十七日丁酉（8月8日），谕直省武科中式名数俱照旧额。

二十四甲辰（8月15日），增设钦天监翻译笔贴式哈番四员。

二十五日乙巳（8月16日），改南京为江南省。

二十六日丙午（8月17日），命各坛及太庙读祝文时，停读汉文，只读满文，一切典礼，俱照满洲旧制。

是日，允礼部请，颁科场事宜。禁故明宗室出仕，不准参加科举。已录用者，俱令解任。其考取举贡生员，永行停止；定河南乡试取中举人额数为94名。

二十七日丁未（8月18日），南明唐王朱聿键称帝于福州，改福州为天兴府，年号隆武。黄道周、苏观生、路振飞等为大学士，张肯堂等为各部尚书。

七月初四日癸丑（8月24日），清军攻陷嘉定，纵兵屠杀；二十六日，嘉定再遭屠难；至八月十六日，第三次惨遭屠难，史称"嘉定三屠"。

初七日丙辰（8月27日），命南方归顺各省开科取士。

按：浙江总督张存仁奏：遣速提学，开科取士，"读书者有出仕之望，而随逆之念

清顺治二年　南明唐王隆武元年　乙酉　1645年

自息。"(《清世祖实录》卷一九)

初九日戊午(8月29日),命军民衣冠悉遵清制。

八月初二日辛巳(9月21日),命文官在京四品以上,在外三品以上,武官二品以上,俱送一子入国子监读书,无子者送亲孙及亲兄弟之子。

九月十八日丙寅(11月5日),以文闱在本年十月,故改江南武乡试期于三年二月。

十一月十九日丁卯(1646年1月5日),钦天监监正汤若望以修补《西洋新法历书》告成,进呈御览。

十二月初一日己卯(1月17日),礼部议复江南学臣高去奢疏言:"江南乡试旧额生员,中式一百二十五名,监生三十八名。今南雍已裁,本省在监者,即与生员一体考试,应增二十名。"从之(《清世祖实录》卷二〇)。

是年,罗马教廷下谕禁止中国基督教徒祭祖祭孔。耶稣会传教士认为不妥,派卫匡国返欧申辩。

黄宗羲四月过嘉兴,劝吏部尚书徐石麒避地四明山。五月返杭州,晤行人熊开元,感慨时事,呜咽而别。六月,徒步二百里至山阴刘宗周家。时宗周卧床,勺水不进者已二十日。宗羲不敢哭,泪痕承睫。九月,授职方主事。

按:徐鼒《小腆纪年》卷七曰:"命以王正中所进黄宗羲《监国鲁元丙戌大统历》颁行民间。"《清史稿·黄宗羲传》曰:"戊寅,南都作《防乱揭》攻阮大铖。东林子弟推无锡顾杲居首,天启被难诸家推宗羲居首。大铖恨之刺骨,骤起,遂按揭中一百四十人姓氏,欲尽杀之。时宗羲方上书阙下而祸作,遂与杲并逮。母氏姚叹曰:'章妻、滂母乃萃吾一身耶?'驾帖未行,南都已破,宗羲踉跄归。会孙嘉绩、熊汝霖奉鲁王监国,画江而守。宗羲纠里中子弟数百人从之,号世忠营。授职方郎,寻改御史,作《监国鲁元年大统历》,颁之浙东。"

顾炎武六月在昆山故里佐原狼山总兵昆山人王佐挥守城抗清兵,事败。七月,嗣母绝食三十日,遗命"无为异国臣子"。是年,唐王朱聿键遥授顾炎武兵部职方司主事。

按:顾炎武以后以游为隐,不仕清朝,与其母的遗训有关。

王夫之居续梦庵,南明湖广巡抚堵允锡三月游南岳来访,有诗应答;是夏,闻南明弘光朝廷败亡,再作《续悲愤诗》一百韵。

归庄六月在故里与顾炎武等同抗清。七月,清军破昆山,归氏一门多人遇难,庄易僧服,号普明头陀,亡命江湖。

孙奇逢以祭酒薛所蕴荐,有旨征为国子监祭酒,以病辞。

陈确正月至山阴谒刘宗周。六月,同门弟子祝渊以宗周手书及所记录授陈确,确泣受而藏之。是岁,晤黄宗羲。

张履祥正月闻刘宗周归,欲往就教,宗周答书止之。闰六月,宗周绝食而死,履祥哭之。是夏,携家避乱吴兴。

按:《明史·刘宗周传》曰:"明年五月,南都亡。六月,潞王降,杭州亦失守。宗周方食,推案恸哭,自是遂不食。移居郭外,有劝以文、谢故事者。宗周曰:'北都之

塔斯曼围绕澳洲航行,入新西兰。

变,可以死,可以无死,以身在田里,尚有望于中兴也。南都之变,主上自弃其社稷,尚曰可以死,可以无死,以俟继起有人也。今吾越又降矣,老臣不死,尚何待乎？若曰身不在位,不当与城为存亡,独不当与土为存亡乎？此江万里所以死也。'出辞祖墓,舟过西洋港,跃入水中,水浅不得死,舟人扶出之。绝食二十三日,始犹进茗饮,后勺水不下者十三日,与门人问答如平时。闰六月八日卒,年六十有八。"

黄道周等六月奉明唐王朱聿键即帝位于福州,建号隆武。

张国维、张煌言等奉明鲁王朱聿海于闰六月监国于绍兴,与清军划江而守。

顾杲谋起兵于常州,吴应箕聚义于建德,陈子龙等发难于松江,皆失败。

刘汋治父宗周丧毕,隐剡溪之秀峰,始杜门绝人事,一意著述,凡20年。

朱之瑜不受明福王朱由崧诏征,逃至海滨。

恽日初自天台山避入闽。

陆世仪是夏移居任阳,复入城为守御计,事败潜还。

陈瑚六月奉父避乱吴中。

朱用纯七月父卒,遵遗命弃儒冠,授徒养家。

李清以大理寺卿奉朱由崧命祭南岳,途闻南都溃败,走还故居枣园。由是始杜门不出,专力治史。

查继佐五月闻清军陷南京,将所著书装石匣埋地下,偕家人避乱庙湾。闰六月,南明授兵部职方司郎中,佐张煌言治军。

徐枋避居吴江芦墟,依吴祖锡。

应撝谦与弟奉母避兵于独山之东。

马士英、阮大铖、王铎等迎降清兵。

钱谦益、赵元龙等五月二十四日广传檄文,盛称清朝功德,令各地从速降顺。钱旋被授礼部侍郎,署秘书学士。

柳如是劝钱谦益宜取义全大节,以副盛名；谦益有难色。如是奋身欲沉池中,持之不得入。

周亮工降清,授两淮盐运使。

冯铨、洪承畴三月十二日奏请顺治帝习汉文、晓汉语,并请选派满汉词臣进讲《六经》。五月初二日,又与李建泰、范文程、刚林、祁允格等奏请设立《明史》馆。

钱澄之以避阮大铖害,匿居苏州,于黄道周舟过时访晤,论东汉党事。旋流亡入闽,依朱聿键。

张风焚八股文集,自称升州道士,不复应试。

沈自晋弃学籍,自号鞠通生。

李渔匿居故里兰溪。

柳敬亭以左良玉死,闻马士英、阮大铖谋捕,出走。

彭士望客扬州,入史可法幕,旋西还至宁都,与魏禧定交。

阎尔梅至扬州依史可法,同至沛县,议不合,弃可法去。

清顺治二年　南明唐王隆武元年　乙酉　1645年

梁维本时任礼科给事中，八月初一日奏请皇帝隆圣学，御经筵，疏入，不报。

施闰章避兵山居。

冒襄四月纳秦淮名妓董小宛为侧室。

万寿祺在苏州，以与太湖义军通声气，被执入狱。其父母闻讯，举家沉舟以殉国难。寿祺囚两月余释出，还居淮安。

吕留良与其侄宣忠投笔从戎，招募义勇，反抗清兵南下。

侯方域在宜兴为阮大铖捕，拘系南京狱中。后大铖出逃，始得还商丘。

申涵光走松江访夏允彝、陈子龙。

尤侗以明秀才应清试，入清学籍。

李颙始借读《春秋》三传、《性理大全》、《伊洛渊源录》，见程、周、张、朱之言行，欣然推为儒者正学。

廖攀龙时任山西道监察御史，四月十一日条陈四事，其中有讲圣学、兴文教、定新律等内容。

朱彝尊年十七，弃举子业，肆力于古学。

按：徐釚《本事诗》引沈登岸《黑蝶斋小牍》曰："秀水朱十负异才。吴梅村（伟业）游檇李，见其诗，评曰：'若遇贺监，必有谪仙人之目。'"

袁懋功中进士，授礼科给事中。疏请慎简学官，磨勘文体，厘定礼制。

陈名夏投奔清廷，擢之为吏部左侍郎兼翰林院侍读学士。

僧具德礼开法于扬州天宁寺，远近衲子聚众五千人。

传教士汤若望十一月十九日以修补新历告成进呈，被任命为钦天监监正，开西人任此要职之先河。

陈确十月始辑《刘宗周遗书》。

谈迁续订《国榷》崇祯、弘光两朝史事。

函可在南京著《再变记》。

按：作者以后因此书罹难，其书被清廷所禁。

朱懋文等纂修《易水志》3卷刊行。

顾炎武撰《军制论》、《形势论》、《田功论》、《钱法论》。

按：顾炎武此四论，分别论述军制改革、用兵之法、边备问题和整顿财政等重大实际问题，可见其实学思想。顾炎武对清谈误国深恶痛绝，所以非常重视实学。其《日知录》卷七曰："刘石乱华，本于清谈之流祸，人人知之。孰知今日之清谈，有甚于前代者。昔之清谈谈老庄，今之清谈谈孔孟。未得其精，而已遗其粗；未究其本，而先辞其末。不习六艺之文，不考百王之典，不综当代之务，举夫子论学论政之大端一切不问，而曰一贯，曰无言，以明心见性之空言，代修己治人之实学。股肱惰而万事荒，爪牙亡而四国乱。神州荡覆，宗社丘墟。昔王衍妙善玄言，自比子贡，及为石勒所杀，将死，顾而言曰：'呜呼！吾曹虽不如古人，向若不祖尚浮虚，戮力以匡天下，犹可不至今日。'今之君子，得不有愧乎其言？"

魏禧著《制科》、《限田》、《奄臣》三策。

凯内尔姆·迪格比爵士作成《有关人类灵魂及躯体的论文》。

彻伯里的赫尔伯特勋爵著成《错误之原因》。

瑞典创办第一份报纸。

王裔自编《王羌重自订年谱》1卷成于是年后。

王钦豫自编《一笑录》1卷成书。

朱彝尊始著《曝书亭集》。

萧云从纂屈原《楚辞》，作《离骚图》、《九歌图》、《天问图》、《远游图》。

陈洪绶在绍兴作《葛洪移家图》、《钟馗像》。

葡萄牙传教士曾德昭著《中国通史》在巴黎出版。

汤若望修补《西洋新法历书》600卷成书。

雨果·格劳秀斯卒（1583—　）。荷兰法学家。著有《公海自由论》、《战争与和平法》等。建立近代国际法学。

严衍卒（1575—　）。衍字永思、午庭，号拙道人，江南嘉定人。明诸生。专心古学，以30年时间成《资治通鉴补正》294卷。另著有《易说》、《诗书说》、《名溪亭问答》等。事迹见李桓《国朝耆献类征初编》卷四一三。

张慎言卒（1577—　）。慎言字金铭，号藐姑，山西阳城人。明万历三十八年进士，除寿张知县，调曹县。以疏谏赵南星，劾冯铨，遭陷害，戍肃州。崇祯时官南京吏部尚书。福王立，命理部事，上中兴十议。著有《泊水斋文钞》。事迹见《明史》卷二七五。

刘宗周卒（1578—　）。宗周字起东，号念台，晚改号克念子，浙江山阴人。明万历二十九年进士，授行人。崇祯元年为顺天府尹。福王监国时，复故官，劾马士英等，不听，遂告归。闻杭城破，绝食而亡。门人私谥正义。清赐谥忠介。曾讲学于蕺山书院，为蕺山学派创始人，弟子有黄宗羲、陈确等。著有《周易古文钞》、《圣学宗要》、《学言》、《人谱》、《人谱类记》、《论语学案》、《道统录》、《阳明传信录》、《证人社约言》等，后人汇有《刘子全书》40卷、《刘子全书遗编》24卷。事迹见《明史》卷二五五。姚名达编有《刘宗周年谱》。

按：《四库全书总目提要》曰："宗周生于山阴，守其乡先生之传，故讲学大旨，多渊源于王守仁。盖目染耳濡，其来有渐。然明以来讲姚江之学者，如王畿、周汝登、陶望龄、陶奭龄诸人，大抵高明之过，纯涉禅机。奭龄讲学白马山，至全以佛氏因果为说，去守仁本旨益远。宗周独深凿狂禅之弊，筑证人书院，集同志讲肆，务以诚意为主，而归功于慎独。其临没时，犹语门人曰：为学之要，一诚尽之，而主敬其功也云云。盖为良知末流深砭痼疾，故其平生造诣，能尽得王学所长，而去其所短。卒之大节炳然，始终无玷，为一代人伦之表。虽祖紫阳而攻金溪者，亦断不能以门户之殊，并诋宗周也。知儒者立身之本末，惟其人，不惟其言矣。"

又按：邵廷采曰："伏见郡城蕺山刘先生者，性成忠孝，学述孔曾。立朝则犯颜直谏，临难则仗节死义，真清真介，乃狷乃狂。洎乎晚年，诣力精邃，揭慎独之旨，养未发之中，刷理不爽秋毫，论事必根于诚意。固晦庵之嫡嗣，亦新建之功臣。"（《思复堂文集》卷七《请建蕺山书院公启》）

文震亨卒（1585—　）。震亨字启美，江南长洲人。文震孟弟。明天启五年恩贡。崇祯元年官中书舍人，给事武英殿。工诗善画。著有《长物志》。

陈龙正卒（1585—　）。龙正字惕龙，号龙致、发蛟、几亭，浙江嘉善人。高攀龙弟子。明崇祯六年进士。著有《几亭集》64卷、《政书》20卷。

事迹见《明史》卷二五八。

吴应箕卒(1594—　)。应箕字次尾,贵池人。明崇祯贡生,曾参加复社。清兵破南京后,参与抗清活动,被执,不屈死。著有《楼山堂集》28卷、《读书止观录》。事迹见《明史》卷二七七。

按:《明史》本传曰:"善今古文,意气横厉一世。阮大铖以附珰削籍,侨居南京,联络南北附珰失职诸人,劫持当道。应箕与无锡顾杲、桐城左国材、芜湖沈士柱、余姚黄宗羲、长洲杨廷枢等为《留都防乱公揭》讨之,列名者百四十余人,皆复社诸生也。"

金声卒(1598—　)。声字正希,一字子骏,号赤壁,安徽休宁人。明崇祯六年进士,改翰林院庶吉士。南明时,升右佥都御史。卒谥文毅。著有《金太史集》9卷。事迹见《明史》卷二七七。

史可法卒(1602—　)。可法字宪之,号道邻,河南祥符人。明崇祯六年进士。历官兵部尚书。拥立福王,拜礼部尚书兼东阁大学士,称史阁部。因马士英等不愿他当国,以督师为名,使守扬州。清兵南下,扬州城破后自杀未死,为清军所执,不屈被杀。卒谥忠靖,乾隆改为忠正。著有《史忠正公集》。事迹见《明史》卷二七四。

按:《明史》卷二七四:"赞曰:史可法悯国步多艰,忠义奋发,提兵江浒,以当南北之冲,四镇棋布,联络声援,力图兴复。然而天方降割,权臣掣肘于内,悍将跋扈于外,遂致兵顿饷竭,疆圉日蹙,孤城不保,志决身歼,亦可悲矣!"

祁彪佳卒(1602—　)。彪佳字虎子,一字幼文,又字宏吉,浙江山阴人。明天启二年进士。崇祯时为御史。曾从刘宗周学。南明弘光时,任佥都御史,巡抚江南。清军破南京、杭州后,自缢而死。著有《救荒全书》18卷、《按吴提奏全稿》、《祁忠敏公揭帖》、《督抚奏稿》、《忠敏公安抚江南疏抄》、《莆阳禀牍》、《按吴檄稿》、《莆阳谳牍》、《崇祯奏疏汇集》、《按吴审录词语》、《按吴详语》、《按吴政略》、《按吴尺牍》、《曲品》、《剧品》、《祁忠敏公日记》等数十种,还有戏曲作品多种。其事迹见《明史》卷二七五、陈鼎《东林列传》卷一一、祁彪佳撰《祁忠敏公日记》。

按:祁彪佳的《救荒全书》,对于探究明、清荒政制度的演变具有极为重要的参考价值。

黄淳耀卒(1605—　)。淳耀字蕴生,号陶庵,苏州嘉定人。明复社成员,崇祯十六年进士,不受官职。弘光元年,嘉定人起义抗清,他与侯峒曾被推为首领。城陷后与弟渊耀自缢于僧舍。门人私谥贞文。能诗文。著有《山左笔谈》、《陶庵集》15卷。事迹见《明史》卷二八二。

按:《明史》本传曰:"为诸生时,深疾科举文浮靡淫丽,乃原本《六经》,一出以典雅。名士争务声利,独澹漠自甘,不事征逐。……淳耀弱冠即著《自监录》、《知过录》,有志圣贤之学。后为日历,昼之所为,夜必书之。凡语言得失,念虑纯杂,无不备识,用自省改。晚而充养和粹,造诣益深。所作诗古文,悉轨先正,卓然名家。有《陶庵集》十五卷。其门人私谥之曰贞文。"

夏允彝卒,生年不详。允彝字彝仲,江苏松江府华亭人。与陈子龙等结几社,与复社相应和。明崇祯十年进士,授长乐知县。南明弘光时,官吏部考功司主事，未就职。清兵陷松江，投井而亡。著有《幸存录》。事迹见《明史》卷二七七。

> **按**：《明史》本传曰："弱冠举于乡，好古博学，工属文。是时东林讲席盛，苏州高才生张溥、杨廷枢等慕之，结文会名复社。允彝与同邑陈子龙、徐孚远、王光承等亦结几社相应和。"

卫既齐（ —1701）、高士奇（ —1704）、洪昇（ —1704）、王概（ —约1710）、卞永誉（ —1712）、华学泉（ —1719）、彭定求（ —1719）、王鸿绪（ —1723）生。

清顺治三年　南明隆武二年　鲁王监国元年
唐王绍武元年　丙戌　1646年

瑞典人及法国侵巴伐利亚。

荷兰人入据爪哇，再寇菲律宾。

英格兰国王查理一世来苏格兰。被执返。

正月二十六日甲戌（3月13日），定本年二月首次会试全国举人；规定其中试名额增至400人，考官20人；是日廷试全国贡生118人。

是月，定岁祭陵庙礼。

二月初四日辛巳（3月20日），会试天下举人，命大学士范文程、刚林、冯铨、宁完我为全国会试总裁官。

是日，礼部奏言："会试天下举人，已经题准二月初九日等日。但直省举子，虽名册投部，而人尚未至者。兵火之余，道路梗塞，一时难齐，相应展期。"命改于十九日举行（《清世祖实录》卷二四）。

三月初四日辛亥（4月19日），翻译明《洪武宝训》成，顺治帝作序。仍刊刻满汉文，颁行全国。

十五日壬戌（4月30日），首次举行殿试。

十七日甲子（5月2日），定新进士授官制。除一甲外，二甲前50名选部属，后20名选评博中行。三甲前10名选评博中行，10名至20名选知州，21名至70名选推官，余尽选知县。

十八日乙丑（5月3日），取中殿试贡生傅以渐等400名，赐进士及第出身有差。

> **按**：二十三日庚午，宴诸进士于礼部，赐一甲第一名傅以渐袍帽、诸进士钞银。

四月初八日甲申（5月22日），授一甲一名进士傅以渐为内翰林弘文院修撰，二名吕缵祖为内翰林秘书院编修，三名李奭棠为内翰林国史院修撰。又选授进士多象谦、梁清宽等46名为庶吉士，俱送翰林院读书。

初九日乙酉（5月23日），大学士刚林等疏请于本年八月再行科举，来年二月再行会试，以收人才。其未归地方，生员、举人来投诚者，亦许一体应试。从之。

是日，命学士查布海、蒋赫德，侍读陈具庆教习庶吉士。

二十八日甲辰（6月11日），修盛京先师孔子庙。

五月,命法司官员参照《明律》,参议国制,酌以时宜,评集廷议。

六月初九日甲申(7月21日),改授"孔孟圣裔"世职,以孔允钰、颜绍绪、曾闻达、仲于陛、孟贞仁等为内翰林国史院世袭五经博士。

十一日丙戌(7月23日),诏禁白莲、大成、混元、无为等教,命即实行严捕,处以重罪。

按:顺治帝承袭明律,扩充制定《禁止师巫邪术》律例,其曰:"凡师巫假借邪神,书符咒水,扶鸾祷圣,自号端公太保师婆及妄称弥勒佛、白莲社、明尊教、白云宗等会,一应左道异端之术,或隐藏图像,烧香集众,夜聚晓散,佯修善事,煽惑人民,为首者绞监候;为从者,各杖一百,流三千里。若军民装扮神像,鸣锣击鼓,迎神赛会者,杖一百,罪坐为首之人,里长知而不首者,各笞四十;其民间春秋义社,以行祈报者,不在此限。各处官吏军民僧道人等来京,妄称暗晓扶鸾祷圣,书符咒水,一切左道异端邪术,煽惑人民,为从者,及称晓炼丹药,出入内外官家,或擅入皇城夤缘作弊,希求进用,属军卫者,发边卫充军;属有司者,发口外为民,若容留潜住,及荐举引用,邻甲知情不举,并皇城各门守卫官军,不行关防收拏者,参究治罪。"(田涛、郑秦点校《大清律例》卷一六《礼律·祭祀·禁止师巫邪术》)

十四日己丑(7月26日),以新造历书成,加钦天监监正汤若望太常寺少卿,仍理监事。

八月二十八日辛丑(10月6日),清军克汀州,南明隆武帝被俘,执至福州而死。

九月初二日乙巳(10月10日),准兵部奏,举行全国武举会试。初九日,试骑射。十二日,试步射。十五日,试策论。

二十日癸亥(10月28日),武举会试出榜,取中武举郭士衡等200名进士及第出身有差。

按:弘文院大学士祁充格为武会试第一场监试官,秘书院大学士范文程为第二场监试官;内翰林弘文院检讨刘肇国、国史院检讨成克巩为武会试考试官。

十月初一日癸酉(11月7日),颁顺治四年《时宪历》。

十三日乙酉(11月19日),命:"有为剃发、衣冠、圈地、投充、逃人牵连五事具疏者,一概治罪,并不许封进。"(《清世祖实录》卷二八)

十一月十八日庚申(12月24日),南明监国桂王朱由榔即位于肇庆,改元永历。

十二月十八日庚寅(1647年1月23日),定武进士初授职衔:一甲第一名授参将,第二名授游击,第三名授都司;二甲授守备,三甲授署守备。著为令。

二十日壬辰(1月25日),以满文《金》、《辽》、《元》三史及明《洪武宝训》颁赐诸王以下、甲喇章京理事官以上官员。

二十一日癸巳(1月26日),清军破广州,南明绍武政权灭亡。

按:十一月,唐王朱聿𨮁于广州即位,改元绍武。绍武政权自建立至覆灭仅41天。

是年,诏明万历《赋役册》订定刊行。

祭酒薛所蕴奏定汉监生积分法:常课外,月试经义、策论各一,合式者拔置一等；岁考一等十二次为及格，免拨历，送廷试超选（《清史稿·选举志一》）。

德国基歇尔首次发明幻灯。

黄宗羲二月被南明鲁王授为兵部职方司主事，寻以孙嘉绩等交荐，改监察御史，仍兼职方。鲁王六月由海道至闽，黄宗羲等集兵三千，拟入太湖，行至乍浦，闻南明兵败，多散去，乃率500人入四明山中，结寨自固。

王夫之居续梦庵，始有志于读《易》；时南明抗清将领何腾蛟与堵胤锡不和，王夫之至湘阴，上书时任湖北巡抚章旷，提出协调何、堵双方矛盾以防溃变和联合农民军一起抗清的主张，章旷不纳，失望而归；八月闻清兵执唐王，南明隆武政权覆灭，再作《续悲愤诗》一百韵。

顾炎武将往闽中赴职方司主事诏，以母未葬不果行。

陈芳绩从顾炎武游。

钱谦益正月二十七日仍以故明礼部右侍郎原官管内翰林院秘书院士事，后充《明史》馆副总裁，旋引疾南归。

李颙借读《小学》、《近思录》、《程氏遗书》、《朱子大全》等书。邑宰闻其好学，遣吏延请，相与论学，不觉心折，退而匾其门曰"大志希贤"。

孙奇逢三月移居新安，额其斋曰"云宿舍"。

高镐从孙奇逢于北城，精研性命之学。

金镜、仇宪稷是年向孙奇逢问学。

王铎正月二十七日仍以故明礼部尚书原官管内翰林弘文院学士事。

傅以渐、李霨、傅维鳞、魏裔介、魏家枢、王克生、毕振姬等中进士。

谈迁拒充清贡生。

陈洪绶削发为僧，始号悔迟。

万寿祺在淮安削发为僧，名慧寿。

宋琬入报国寺读书。

多象谦、梁清宽、胡兆龙、李若琛、黄志遴、张嘉、石申、董笃行、李霨、胡之骏、夏敷九、傅维鳞、王公选、王炳昆、王士骥、朱之锡、韦成贤、王无咎、魏象枢、王一骥、陆嵩、魏裔介、陈熳、杭齐苏、宋杞、石维昆、沙澄、单若鲁、李培真、乔映伍、张文明、杨思圣、常居仁、王舜年、王紫绶、袁襜如、沈兆行、艾元征、法若真、蓝滋、杨运昌、刘泽芳、张尔素、傅作霖、张汗等46人被选为庶吉士，俱送翰林院读书。

郑成功十二月初一日大会文武群臣于烈屿，定盟复明，起兵抗清。

梁维本时任礼科给事中，正月初七日请举行经筵日讲大典，报闻。

波兰传教士穆尼阁来中国传教。

《爪哇编年史》第一部约于此间完成。

杰里米·泰勒

王夫之始注《周易》，成《周易稗疏》4卷；复受父命编《春秋家说》3卷。又成《莲峰志》5卷。

按：《四库全书总目提要》谓《周易稗疏》"乃其读《易》之时随笔札记。故每条但举经文数字标目，不全载经文。又遇有疑义，乃为考辨。故不逐卦逐爻一一尽

清顺治三年　南明隆武二年　鲁王监国元年　唐王绍武元年　丙戌　1646 年

为之说。大旨不信陈抟之学，亦不信京房之术，于先天诸图、纬书、杂说皆排之甚力；而亦不空谈玄妙，附和老庄之旨。故言必征实，义必切理，于近时说《易》之家最有根据。……卷帙虽少，固不失为征实之学焉"。

发表《关于祈祷的论文》。

　　张履祥馆鑪镇，著《读易笔记》。
　　陆位时著《羲画愦参》25 卷成书，有自序。
　　陈瑚著《求道录》1 卷成书。
　　谈迁与人合辑《近世灾录》。
　　陈谦纂修《真定县志》14 卷刊行。
　　刘庆远修，孙宗岱纂《六合县志》12 卷刊行。
　　袁天秩修，张璞纂《威县续志》1 卷刊行。
　　刘世祚修，田敬宗等纂《饶阳县后志》6 卷刊行。
　　郁永河编《伪郑逸事》1 卷成书。
　　林增志自编《大学士林公年谱》1 卷成书。
　　杨金声著《楚辞笺注定本》13 卷刊行，有自序。
　　朱鹤龄著《杜工部集辑注》20 卷。
　　张岱约于此际著《陶庵梦忆》8 卷成书。
　　胡世安自编《秀严诗》22 卷成书，有自序。
　　钱谦益始编《列朝诗集》，历三年而成书。
　　陶宗仪辑丛书《说郛》由两浙督学周南、李际期宛委山堂刊刻。

　　冯梦龙卒（1574—　）。梦龙字犹龙，又字耳犹，号翔甫，别署龙子犹、顾曲散人、墨憨斋主人等，江苏长洲人。明崇祯中贡生，曾任寿宁知县。清兵渡江时，参加过抗清活动。著有话本小说《喻世明言》、《警世通言》、《醒世恒言》，世称"三言"。编有时调集《挂枝儿》、《山歌》，散曲集《太霞新奏》，笔记《古今谈概》等。又有《春秋衡库》20 卷及《墨憨斋定本传奇》。现有张树天、王槐茂编《冯梦龙全集》。事迹见徐朔方编《冯梦龙年谱》。
　　归昌世卒（1574—　）。昌世字文休，号假庵，苏州府昆山人。归有光孙。诗与李流芳、王志坚合称三才子。能画善书，精于篆刻。著有《假庵诗草》。
　　王思任卒（1574—　）。思任字季重，号谑庵，浙江山阴人。明万历进士。绍兴城破，绝食而死。著有《王季重十种》。事迹见王思任《王季重先生自叙年谱》。
　　艾南英卒（1583—　）。南英字千子，江西东乡人。明天启四年举于乡。崇祯初会试不第，而文名日盛。南明初入闽，唐王召见时，陈《十可忧疏》，授兵部主事。著有《禹贡图注》1 卷、《天佣子集》6 卷、《艾千子全稿》等。事迹见《明史》卷二八八。
　　按：《明史》本传曰："七岁作《竹林七贤论》。长为诸生，好学无所不窥。万历末，场屋文腐烂，南英深疾之，与同郡章世纯、罗万藻、陈际泰以兴起斯文为任，乃刻四人所作行之世。世人翕然归之，称为章、罗、陈、艾。"
　　黄道周卒（1585—　）。道周字幼平，又字细遵，号石斋，福建漳浦人。

天启二年进士，选庶吉士，散馆，授编修。崇祯二年进右中允。福王即位，擢为礼部尚书。后被清兵所杀。谥忠烈。潜心经学，精天文历算，又善书画。著有《易象正》14卷、《三易洞玑》16卷、《洪范明义》、《春秋揆》、《孝经集传》、《表记集传》、《月令明义》、《坊记集传》、《缁衣集传》、《儒行集传》、《续离骚》、《石斋集》12卷、《骈枝别集》、《榕坛问业》18卷等。事迹见《明史》卷二五五。庄起俦编有《漳浦黄先生年谱》。

按：黄道周既反对朱熹、陆九渊之学，亦反对明代王守仁提出的"良知"说。《明史》本传曰："道周学贯古今，所至学者云集。铜山在孤岛中，有石室，道周自幼坐卧其中，故学者称为石斋先生。精天文、历数、皇极诸书，所著《易象正》、《三易洞玑》及《太函经》，学者穷年不能通其说，而道周用以推验治乱。"黄道周传世书法代表作品，楷书有《孝经》、《石斋逸诗》等，行草书有《山中杂咏卷》、《洗心诗卷》等。

阮大铖卒（1587— ）。大铖字集之，号圆海、石巢，安徽怀宁人。万历四十四年中会试。天启初，由行人擢给事中。勾结权阉魏忠贤。及诛魏忠贤，定逆案，方落职为民。南明福王即位，因马士英荐，累迁为兵部尚书兼右副都御史。后降清，被杀。著有《燕子笺》、《春灯谜》传奇和《咏怀堂全集》。事迹见《明史》卷三〇八。

按：陈寅恪说："圆海人品，史有定评，不待多论。往岁读《咏怀堂集》，颇喜之，以为与严惟中之《钤山》、王修微之《越馆》两集，同是有明一代诗圣之佼佼者。至所著剧本中《燕子笺》、《春灯谜》二曲，尤推佳作。其痛陈错认之意，情辞可悯。此固文人文过饰非之伎俩，但东林少年似亦持之太急，杜绝其悔改自新之路，竟以'防乱'为言，遂酿成仇怨报复之举动，国局大事，益不可收拾矣。夫天启乱政，应由朱由校、魏忠贤为魁首，集之（阮大铖）不过趋势群小之一人，揆以分别主附，轻重定罪之律，阮氏之罪，当从末减。黄梨洲乃明清之际博雅通儒之巨擘，然囿于传统之教训，不敢作怨怼司马氏与王伟元，而斤斤计较，集矢于圆海，斯殆时代限人之一例欤！"（《柳如是别传》）

张国维卒（1594— ）。国维字九一，又字其四，号玉笥，浙江东阳人。明天启二年进士，授广东番禺县知县。福王时官至吏部尚书。鲁王监国时封太子太傅、兵部尚书、武英殿大学士。抗清失败，投水而死。著有《吴中水利书》、《张忠敏公遗集》。事迹见《明史》卷二七六。

按：《四库全书总目提要》评《吴中水利书》曰："是书先列东南七府水利总图，凡五十二幅。次标水源、水脉、水名等目。又辑诏敕、章奏，下逮论议、序记、歌谣。所记虽止明代事，然指陈详切，颇为有用之言。《凡例》谓崇明、靖江二邑，浮江海之中，地脉不相联贯，自昔不混东南水不政之内。今案二邑形势，所说不诬，足以见其明确。《明史》本传称，国维为江南巡抚时，建苏州九里石塘及平望内外塘、长洲至和等塘，修松江捍海堤，浚镇江及江阴漕渠，并有成绩。迁工部右侍郎，兼右佥都御史，总督河道。时值岁旱，漕流涸，浚诸水以通漕。又称，崇祯十六年，八总兵师溃，国维时为兵部尚书，坐解职下狱。帝念其治河功，得释。则国维之于水利，实能有所擘画。是书所记，皆其阅历之言，与儒者纸上空谈固迥不侔矣。"

杨文骢卒（1597— ）。文骢字龙友，贵州贵阳人。工画山水，亦工书法诗文，著有《洵美堂集》。

吴易卒（1612— ）。易原名翘，字楚侯，一字素友，又作素侯，松江府上海人。明崇祯时官中书舍人。工画山水，出董其昌之门。

吴炳卒，生年不详。炳字石渠，号粲花主人，江苏宜兴人。为玉茗堂著名剧作家，恪守吴江派曲律。作有《绿牡丹》《画中人》《疗妒羹》《西园记》《情邮记》等传奇，合称《石渠五种曲》。事迹见孙秋克《吴炳行实考辨及其传奇平议》（《云南民族大学学报》2004年第5期）。

王又旦（ —1697）、陶元淳（ —1698）、潘耒（ —1708）、王原（ —1729）生。

清顺治四年　南明桂王永历元年　鲁王监国二年
丁亥　1647年

正月十六日戊午（2月20日），定摄政王、诸王、福晋、公主、格格等仪仗服色，及公以下官民人等妻之车服制度。

二十六日戊辰（3月2日），允礼部请，命会试取中300名，不必分南北中卷。同考官用18员。

二月初四日乙亥（3月9日），命大学士范文程、刚林、祁充格、冯铨、宁完我、宋权为会试主考官。

三月十五日丙辰（4月19日），举行殿试。命内院大学士冯铨、范文程、刚林、祁充格、宋权、宁完我，学士查布海、来衮、蒋赫德、王铎、胡世安、陈具庆充殿试读卷官。

十七日戊午（4月21日），取中殿试贡生吕宫等300名，赐进士及第出身有差。

是日，以浙东、福建平定，诏新定地方各儒学廪增附生员，食廪肄业优免，及每学准恩贡1名、正贡1名，俱照登极恩诏例行。各学贫生，听该地方官核实申文，该提学官于所在学田内动支钱米，酌量赈给。

二十四日乙丑（4月28日），满文《大清律》修成，顺治帝为制序文，定名《大清律集解附例》，命颁行全国。

按：此为清朝第一部完整的成文法典，分名《律例》《吏律》《户律》《礼律》《兵律》《刑律》《工律》，凡30门，458条。

二十九日庚午（5月3日），命停止圈地。

四月初九日庚辰（5月13日），授第一甲第一名进士吕宫为内翰林秘书院修撰，第二名程芳朝授为内翰林国史院编修，第三名蒋超为内翰林弘文院编修。

五月二十七日丁卯（6月29日），谕大学士刚林、祁充格曰："尔等纂修《明史》，其间是非得失，务宜据事直书，不必意为增减，以致文过其实。"（《清世祖实录》卷三二）

是日，宁夏巡抚胡全才奏言："边方书籍沦散，士子无凭诵法，请将我

巴伐利亚与瑞典人及法国媾和。

克伦威尔入伦敦。

荷兰人屯殖南非开普敦海岸。

哥萨克人抵太平洋岸，建鄂霍茨克城堡。

朝律典及《性理》、《通鉴》诸书,颁行宁镇,以便传习。"章下礼部(《清世祖实录》卷三二)。

六月初三日壬申(7月4日),定直省儒童进学额数:大学40名,中学25名,小学12名。

七月二十五日甲子(8月25日),以广东初定特颁恩诏。

十一月十五日辛亥(12月10日),招抚江南大学士洪承畴奏僧函可经笥中有明福王答阮大铖书稿,字失避忌。又有《再变记》一书,干预时事。著将函可等拿解来京。

> 按:是为清初最早的文字狱。招抚江南大学士洪承畴奏:"犯僧函可,系故明礼部尚书韩日缵之子,日缵乃臣会试房师。函可出家多年,于顺治二年正月内,函可自广东来江宁刷印藏经,值大兵平定江南,粤东路阻未回,久住省城。臣在江南从不一见,今以广东路通回里,向臣请牌,臣给印牌,约束甚严。因出城门盘验,经笥中有福王答阮大铖书稿,字失避忌。又有《变记》一书,干预时事。函可不行焚毁,自取愆尤。臣与函可有世谊,理应避嫌,情罪轻重,不敢拟议。其僧徒金猎等四名,原系随从,历审无涉。臣谨将原给牌文及函可书帖封送内院,乞敕部察议。"得旨:"洪承畴以师弟情面,辄与函可印牌,大不合理,著议处具奏。函可等,著巴山、张大猷差的当员役拿解来京。"(《清世祖实录》卷三五)

十二月三十日丙申(1648年1月24日),从大学士范文程奏,命新庶吉士周启儁等20人,同前科庶吉士分别读满、汉书,以学士查布海、蒋赫德等为教习。

黄宗羲居四明山中,注《授时历》。

> 按:黄宗羲在此后数年中,先后著有《春秋日食历》、《授时历故》、《大统历推法》、《授时历假如》、《回回历假如》、《西历假如》、《气运算法》、《勾股图说》等书。

顾炎武十二月移家语濂泾庐墓,送归庄往吴兴。哀挚友陈子龙、顾咸正等先后死难,各以诗吊之。是年作《精卫》诗一首,谓"我愿平东海,身沉心不改,大海无平期,我心无绝时",用以表达其立志图复,驱除外寇之决心。

王夫之四月闻永历帝至武冈,遂与友人夏汝弼由湘乡间道奔赴,因淫雨阻道,未能如愿。

陈子龙等促成清松江提督吴胜兆反正,事败被害,株连甚众。

夏完淳被捕系狱南京,作《狱中上母书》。

陈子壮、张家玉、陈邦彦七月起兵于东莞等地,与花山农民军攻打广州,事败,先后殉难,史称"广东三忠"。

谈迁《国榷》书稿被盗,悲痛之余,发愤重著。

> 按:《清史稿·谈迁传》曰:"当是时,人士身经丧乱,多欲追叙缘因,以贻来世,而见闻窄狭,无所凭藉。闻迁有是书,思欲窃之为己有。迁家贫,不见可欲者,夜有盗入其室,尽发藏橐以去。迁喟然曰:'吾手尚在,宁遂已乎?'从嘉善钱氏借书复成之。"

归庄四月以挚友顾天逵、天遴兄弟因藏匿陈子龙死难,各为之传。

清顺治四年　南明桂王永历元年　鲁王监国二年　丁亥　1647年

方以智从亡梧江，桂王走武冈，以智入天雷苗中。

陈确四月自求削儒籍，隐居山乡，潜心著述。

朱之瑜在舟山依鲁王朱以海，一度至日本。

查继佐自鲁王抗清军中出走还里。

陆世仪是春讲学蔚村。

按：《清史稿·陆世仪传》曰："少从刘宗周讲学。归而凿池十亩，筑亭其中，不通宾客，自号桴亭。与同里陈瑚、盛敬、江士韶相约，为迁善改过之学。或横经论难，或即事穷理，反覆以求一是。甚有商榷未定，彻夜忘寝，质明而后断，或未断而复辨者。"

又按：《清史稿·江士韶传》曰："士韶，字虞九，号药园。诸生。其学以世仪为归。同时理学诸儒多著述，士韶以为圣贤之旨，尽于昔儒之论说，惟在躬行而已。晚年取所作焚之，故不传于后云。"

陈瑚躬耕潭上，请同学诸子入蔚村讲学；又约村人为迁善改过之学。

按：《清史稿·陈瑚传》曰："值娄江湮塞，江南大饥，瑚上《当事救荒书》，皆精切可施行，而时不能用。明亡，绝意仕进，避地昆山之蔚村。"

钱谦益以事系狱。

魏裔介由翰林院庶吉士改工科给事中。

魏象枢授刑科给事中。

李颙借读《九经》郝氏解、《十三经注疏》，驳瑕纠谬，未尝尽拘成说。

陆元辅会夏完淳于嘉定槎溪，完淳以所著《续幸存录》付元辅。

王熙、谷应泰、宋琬中进士。

施闰章赴礼部试，以病未终闱而归。

魏禧弃举子业，始为古文辞。

阎尔梅经山东入汴，谋抗清。

曹溶因事被革顺天督学。

张能麟中进士，除浙江仁和知县。

按：张能麟字玉甲，号西山，直隶宛平人，迁居河南濬县。崇尚理学，魏裔介称其正大真醇，自叹弗及。陆陇其则称其"学贯天人，声彻内外，为《儒宗理要》，补《近思录》之缺，去性理之烦；《孝经衍补删》，笔削精严，有功邱氏"（《国朝耆献类征》卷二○六）。著有《诗经传说取裁》12卷、《理学宗要》29卷、《西山文集》9卷及《孝经衍义》、《孝经衍义补删》、《儒学宗要》、《青齐政略》等。事迹见《清史列传》卷六六。

季振宜中进士，授浙江兰溪知县。

薛所蕴时任国子监祭酒，罗宪汶为司业，是年正月被降二级调用。

胡统虞任国子监祭酒，奏请对监满应咨之品官子弟严行考试，果学业有成，方准咨部。

吕宣忠被捕入狱，以"号众为叛"处死，临刑，吕留良冒险相送，叔侄谈笑如常时，究无一语及家事。

胡全才时任宁夏巡抚，六月二十九日建议将朝廷律典及《性理》、《通鉴》诸书，颁行宁镇，以便传习。

柳敬亭卖艺南京。

弘仁拜武夷回龙寺古航道舟为师，削发为僧。

陈庆铭时任陕西宜川知县，将丹山书院更名为瑞泉书院。

德国约翰·赫维尔发表有关月球表面的著作《月面学》。

托马斯·梅著成《长期议会史》。

郑赓唐著《读易蒐》12卷成书，有自序。

按：郑赓唐，缙云人。明天启七年举人，官至福建按察使佥事。《四库全书总目提要》曰：该书"《经》文全用注疏本，每卦之末附《论》一篇，多经生之常义。至《系辞》旧虽分章，然自汉、晋以来未有标目。赓唐直加以'天尊章'、'设位章'诸名，则是自造篇题，殊乖古式。又《说卦》章次亦加删并而不言所以改定之故，更不免变乱之讥。盖犹明季诸人轻改古经之余习也"。

孙奇逢五月始纂《理学宗传》。

按：是书是一部理学思想史著作。

陈瑚著《典礼会通》成书。

王永命纂修《白水县志》2卷刊行。

吴应文纂修《鸡泽县志》10卷刊行。

宋希肃修，吴孔嘉等纂《歙志》14卷刊行。

杨名远等修，黄可缙等纂《宁国县志》6卷刊行。

魏禧著《文集内篇》二集成书。

沈自晋纂《广辑词隐先生增定南九宫十三调词谱》26卷有成书。

按：是书简称《南词新谱》，是根据明沈璟《南九宫谱》修订增刻而成，体例与沈璟的曲谱基本相同，主要是补充沈璟之后新剧作的曲例。卷首列有《凡例》、《凡例续纪》和《古今入谱词曲传剧总目》三项资料，对了解本书编辑过程及明末清初戏曲作家的生平提供了重要的史料。有石殊草堂原刻本、北京大学影印本，1985年中国书店（北京）据明嘉靖刻本影印。

冯舒著《怀旧集》2卷成书，有自序。

孙承泽著《闲者轩帖考》1卷成书。

周亮工著《自触》6卷成书。

张履祥始著《补农书》。

弗朗西斯科·卡瓦列里卒（1598— ）。意大利数学家。积分学的先驱。

托里切利卒（1608— ）。意大利物理学家、数学家。发现大气压和真空的存在。

曹学佺卒（1574— ）。学佺字能始，号石仓，福建侯官人。明万历进士。天启间，官广西参议，以撰《野史纪略》，得罪魏忠贤，被劾削职，家居二十余年。清兵入闽，在山中自缢死。乾隆十一年追谥忠节。著有《石仓诗文集》、《蜀中广记》，辑有《石仓十二代诗选》。事迹见《明史》卷二八八。

按：明清之际，受佛、道二教汇刻经籍而名之为"藏"的启示，曹学佺率先提出"儒藏"的主张。《明史》本传曰："家居二十年，著书所居石仓园中，为《石仓十二代诗选》，盛行于世。尝谓'二氏有藏，吾儒何独无'，欲修儒藏与鼎立。采撷四库书，因类分辑，十有余年，功未及竣，两京继覆。唐王立于闽中，起授太常卿。寻迁礼部右侍郎兼侍讲学士，进尚书，加太子太保。及事败，走入山中，投缳而死，年七十有四。诗文甚富，总名《石仓集》。万历中，闽中文风颇盛，自学佺倡之，晚年更以殉节著云。"

高承埏卒（1602— ）。承埏字寓公，一字泽外，浙江嘉兴人。明崇祯十三年进士,官宝坻知县。筑有稽古堂,藏书多达七万余卷。刻有《刘宾客佳话录》、《剧谈录》、《云仙散录》、《隋唐佳话》、《南部新书》、《友会丛谈》等数十种。著有《稽古堂集》、《五十家诗义裁中》、《自靖录》等。事迹见钱谦益《嘉兴高氏家传》。

陈子龙卒(1608—)。子龙字卧子,号大樽,松江华亭人。明崇祯进士。曾与夏允彝等组织"几社"。清兵破南京后,在松江起兵抗清,事败被捕,乘隙投水死。被誉为明诗殿军。编有《皇朝经世文编》,著有《诗问路》、《白云草庐居》、《湘真阁诸稿》、《焚余草》、《陈忠裕公全集》等。事迹见《明史》卷二七七。

夏完淳卒(1631—)。完淳原名复,字存古,号小隐、灵胥,松江华亭人。14岁从父夏允彝、师陈子龙起兵抗清。事败被捕,不屈而死。乾隆四十一年追谥节愍。著有《玉樊堂集》、《内史集》、《南冠草》、《续幸存录》、《夏节愍全集》。事迹见张岚岚《夏完淳生平考略》(《华南农业大学学报》2005年第3期)。

按:夏完淳之父夏允彝著有《幸存录》,未完稿而卒,夏完淳遵父命作《续幸存录》。据《续幸存录自序》所列目录,原书共8卷,计有《南都大略》1卷,《南都杂志》2卷,《义师大略》1卷,《义师杂志》2卷,《先忠惠行状》1卷,《死节考》1卷,现仅存《南都大略》六则和《南都杂志》二十八则。《续幸存录》有《明季稗史汇编》本、《明末十家集》本、《中国历史研究资料丛书》本等。

汪佑活动于明末清初,生卒年不详。佑字启我,号星溪,安徽休宁人。明崇祯末年,著《平寇十六策》,欲效法程颐诣阙上书事。后隐居教书,提倡程朱理学。曾与吴慎先、吴休之、汪正叔、朱祁之、陈书始等人振兴紫阳书院。所著《明儒通考》,对明代诸儒的思想多有精到评判。高世泰千里借抄,以为得此书,虽瞑目无憾矣。另著有《四书阐要》、《四书讲录》、《诗传阐要》、《易传阐要》、《礼记问答》、《礼记订讹》、《五子近思录》、《明儒崇正录》、《明儒性理汇编》、《读史笔记》、《星溪文集》等。事迹见《清史列传》卷六六。

按:《清史列传》本传曰:"稍长,慕元刘因所评周、程、张、邵、朱、吕之说,以幸生朱子乡,愿私淑终身。笃好《小学》、《近思录》,遵朱子半日静坐,半日读书法。……遂隐居,事亲,教授生徒,以供甘旨。友人邀讲还古书院,佑见所讲多杂陆、王说,乃与同人发明正学,以陈建《学蔀通辨》互相研究。尝曰:'至善无恶,性之体;有善有恶,情之动。知善知恶,为良知;为善去恶,为良能。扩而充之,尽其才,穷理尽性,至于命,斯为大中至正,斯为至诚无妄。乃阳明反以无善无恶为心之体,何耶?顾端文有言:《释藏》十三部,五千四百八十卷。一言以蔽之,曰无善无恶。其祸可胜言哉?'佑为学以'实心穷实理,实功成实修'二语自警。歙汪知默、汪德元、江恒、胡朋讲学紫阳书院,佑以紫阳者明道之坛坫,乃与知默等订六邑同人振兴其会,岁以朱子生日行释菜礼,讲学三日。遵白鹿《遗规》、天宁《诲言》,严斥歧趋,使循正轨。知默等辑会讲语,名《理学归一》,以寄无锡高世泰。世泰合魏裔介、刁包诸人语并梓之,为《紫阳通志录》。当时徽州学者崇尚朱子,佑功为多。"

姚际恒(—约1715)、禹之鼎(—1716)、尤珍(1721)生。

清顺治五年　南明永历二年　鲁王监国三年
戊子　1648 年

印度德里红堡建成。

奥斯曼帝国禁卫军废苏丹易卜拉欣一世。威尼斯人封锁达达尼尔海峡。

三十年战争结束。神圣罗马帝国败。

法国的投石党运动开始。

英人克伦威尔清洗议会。"残缺议会"始。

英格兰人在巴哈马群岛建立第一个殖民据点,开始输入黑奴。

荷兰独立。

波兰国王和立陶宛大公弗拉迪斯拉夫四世卒。波兰黄金时代终结。

葡萄牙人夺占罗安达、本格拉,迫刚果。

俄罗斯人抵白令海峡。

德国约翰·格劳贝尔研制出盐酸。

法国帕斯卡发现气压随高度变化。

　　四月十九日甲申(5月11日),定优免则例,教官、举贡、监生、生员各免粮二石,人二丁。

　　闰四月二十日甲寅(6月10日),复湖广乡试旧额106名。

　　六月三十日癸亥(8月18日),重修太庙成。

　　七月十四日丁丑(9月1日),始设六部汉尚书、都察院汉左都御史各一员。以陈名夏为吏部尚书,谢启光为户部尚书,李若琳为礼部尚书,刘余祐为兵部尚书,党崇雅为刑部尚书,金之俊为工部尚书,徐起元为都察院左都御史。

　　八月二十日壬子(10月6日),诏允满汉通婚。

　　二十六日戊午(10月15日),定诸王及官民婚姻聘礼之制。

　　九月初九日庚午(10月24日),以纂修《明史》缺天启四年、七年实录及崇祯元年后事迹,命内外衙门特将所缺年份内一应上下文移有关政事者,均汇送内院,以备纂修。

　　十一月初八日戊辰(12月21日),清追尊太祖以上四世为皇帝:高祖为肇祖原皇帝,曾祖为兴祖直皇帝,祖为景祖翼皇帝,父为显祖宣皇帝。

　　是年,诏三品以上荫一子入国子监读书,各直省今年乡试副榜诸生、廪监准贡、增附,准入监肄业。

　　诏顺治六年会试照丙戌科额,取中进士400名。

　　南明永历帝承太后旨意,遣使前往澳门耶稣会圣堂献银香炉、银花瓶、银烛台,请行谢恩弥撒。

　　王夫之是春居南岳莲花峰,益讲求易理。十月,在衡山与友人管嗣裘、夏汝弼、僧性翰等举兵抗清,事败,退走肇庆依瞿式耜。堵胤锡荐其为翰林院庶吉士,以丁忧未满辞不就。

　　李颙借读《资治通鉴》、《通鉴纲目》、《通鉴纪事本末》。

　　钱谦益羁南京,黄虞稷等常来相会。是年,谦益获释,由是隐居不仕,以著述自娱。

　　阎尔梅避入少室山少林寺,复还至淮安,以诗题万寿祺隰西草堂。

　　陆世仪五月访陈瑚于蔚村。是年,与瑚等结莲社。

　　陆元辅始交陆世仪。

　　魏裔介二月疏请清廷举行经筵日讲。

　　应撝谦授读于城东华藏寺,凡四年。

清顺治五年　南明永历二年　鲁王监国三年　戊子　1648年

王士禛年十五,已有诗1卷刻印。
颜元年十四,学运气术。
吕留良结束在山中的流亡,返回家园。
函可四月流放沈阳。
吴正治中进士。
王晫选补为县学生。
朱耷削发为僧。
唐虞世时任知府,在浙江临海建唐公书院。
张联第时任陕西渭南知县,建五凤书院。
传教士利类思、安文思遇清军入川,因唤出汤若望名字而获救。

魏裔介作《圣学以正心为要论》、《崇讲学以弘圣德疏》。
陆世仪著《论学酬答》4卷成书,许焜作跋。
吴炎、潘柽章约于此际始合著《明史》,拟定之目为本纪十八、书十二、表十、世家四十、列传二百,名曰《明史记》。
孙奇逢著《畿辅人物考》8卷成书,有自序。
张万选著《太平三书》12卷成书,有自序。
孙丕承修,梁之鲲纂《鄢陵县志》10卷刊行。
张笃行纂修《郏县志》8卷刊行。
马腾霄修,陈文谟等纂《平阳县志》8卷刊行。
李葆贞修,梅眉季等纂《浦城县志》12卷刊行。
陈贞慧避居亳村,著《秋园杂佩》1卷成书,侯方域作序。
吕阳著《薪斋初集》8卷刊行。
钱谦益撰《黄氏千顷斋藏书记》。
　按:千顷斋为晋江黄明立所创,藏书约六万余卷,其仲子黄俞邰继父志,又收书数千卷,于是年请钱谦益作是记。
萧云从作《太平山水诗图》成。
张风作《秋汀艳景图》。

王嗣奭卒(1566—)。嗣奭字右仲,号于越,浙江鄞县人。万历二十八年举人。历任黄岩、宣平、龙泉教谕。天启五年擢知宿迁,未几左降建州经历,历署建安、顺昌、松溪、崇安诸邑。崇祯元年知永福县,官至涪州知州。入清不仕。著有《杜臆》10卷,对杜诗意旨颇有阐发,仇兆鳌《杜诗详注》中曾大量引用。又有《管天笔记外编》。

文从简卒(1574—)。从简字彦可,号枕烟老人,江南长洲人。文徵明曾孙,文元善长子。明崇祯十三年拔贡。入清不仕。画兼学王蒙、倪瓒,书学李邕。事迹见《文氏族谱续集》、李桓《国朝耆献类征初编》卷四六一。

华允诚卒(1588—)。允诚字汝立,号凤超,晚更自号豫如,江苏无

约翰·利尔伯恩著成《自由的基本原则》。

《马萨诸塞的综合法律与自由之书》出版。

约翰·斯特恩著成《巫术的确定与发现》。

约翰·威尔金斯著成《数学魔术》。

锡人。明天启二年进士。历任营缮司主事、员外郎、兵部职方司员外郎、吏部文选司员外郎等。明亡,闭门读《易》,不肯剃发,被执至金陵,不屈死。著有《春秋说》、《四书大全参补》等。事迹见《明史》卷二五八。

按:《明史》本传曰:"允诚举天启二年进士。从同里高攀龙讲学首善书院,先后旋里,遂受业为弟子,传其主静之学。四年春,从攀龙入都,授都水司主事。攀龙去官,允诚亦告归。"

叶绍袁卒(1589—　)。绍袁字仲韶,别号天寥,吴江人。天启进士。官工部主事。明亡后,隐遁为僧。著有《叶天寥四种》、《秦斋怨》。事迹见叶绍袁《叶天寥自撰年谱》、《天寥年谱别记》。

张采卒(1596—　)。采字受先,号南郭,苏州府太仓人。与同里张溥齐名。明天启四年,同创应社。崇祯元年进士。著有《太仓州志》、《知畏堂集》。事迹见《明史》卷二八八。

钱肃乐卒(1606—　)。肃乐字希声,一字虞孙,号止亭,浙江鄞县人。明崇祯进士,授太仓知州,迁刑部员外郎。后拥鲁王抗清,官东阁大学士兼兵部尚书。卒谥忠介。著有《正气堂集》、《越中集》、《南征集》等。事迹见《明史》卷二七六、黄宗羲《钱忠介公传》(《黄宗羲全集》第十册碑志类)。

刘献廷(　—1695)、蔡廷治(　—1707)、陈奕禧(　—1709)、王源(　—1710)、邵廷采(　—1711)、孔尚任(　—1718)、嘉木样协巴(　—1721)、陈厚耀(　—1722)生。

清顺治六年　南明永历三年　鲁王监国四年
己丑　1649年

日本确定幕藩体制。

法国投石党战争爆发。宫廷出狩。寻归。

英人克伦威尔及议会弑英格兰、苏格兰及爱尔兰国王查理一世。

克伦威尔远征爱尔兰。

查理一世之子查理二世立为苏格兰国王。

英语成为英格兰法定语言。

正月初八日丁卯(2月18日),始修《太宗文皇帝实录》,命大学士范文程、刚林、祁充格、洪承畴、冯铨、宁完我、宋权为总裁官,学士王铎、查布海、苏纳海、王文奎、蒋赫德、刘清泰、胡统虞、刘肇国等8人为副总裁官。

按:清承明制,早在关外的太宗朝,即于崇德元年(1636)十一月撰成《太祖武皇帝实录》。

十七日丙子(2月27日),定内三院官制。每院设学士、侍读学士、侍讲学士、侍读、侍讲各1员。

二月初五日甲午(3月17日),命大学士范文程、刚林、祁充格、洪承畴、宁完我、宋权、学士王文奎为会试主考官。

初八日丁酉(3月20日),从大学士刚林等奏,命六科每月将"臣民章奏,天语批答",录送史馆,付翰林官分任编纂,供日后修史之用。

按:内院大学士刚林等奏言:臣民章奏,天语批答,应分曹编辑,以垂法戒,备章程,为纂修国史之用。令六科每月录送史馆,付翰林官分任编纂。请以梁清宽、陈𤊹、朱之锡、黄志遴、法若真、王无咎、张宠俊、李昌垣、李中白、庄冏生、孙自式、章云

清顺治六年　南明永历三年　鲁王监国四年　己丑　1649年

鹭等为编纂官。报可(《清世祖实录》卷四二)。

四月十二日庚子(5月22日),殿试天下贡士,策问解决满汉未合、地荒民逃之大计。

按:制策曰:"从古帝王以天下为一家。朕自入中原以来,满汉曾无异视,而远迩百姓犹未同风,岂满人尚质,汉人尚文,习俗或不同欤？音语未通,意见偶殊,畛域或未化欤？今欲联满汉为一体,使之同心合力,欢然无间,何道而可？民为邦本,食为民天,自兵兴以来,地荒民逃,赋税不充,今欲休养生息,使之复业力农,民足国裕,何道而可？迩来顽民梗化,不轨时逞,若徒加以兵,恐波累无辜,大伤好生之意。若不加以兵,则荼毒良民。孰是底定之期,今欲使之革心向化,盗息民安,一定永定,又何道而可？尔多士经术济世,直陈无隐,务期要言可行,不用四六旧套,朕将亲览焉。"(《清世祖实录》卷四三)

十六日甲辰(5月26日),取中刘子壮等395名,赐进士及第出身有差。

六月二十五日癸丑(8月3日),封张真人五十二代孙张应京为正一嗣教大真人。

二十六日甲寅(8月4日),令"凡僧道巫瞽之流,止宜礼神推命,不许妄行法术,蛊惑愚众,如有违犯,治以重罪"(《清世祖实录》卷四四)。

九月十三日己巳(10月18日),命内翰林秘书院侍读王崇简、内翰林国史院侍讲乔廷桂充武会试主考官。

十二月二十四日戊申(1650年1月25日),南明永历帝始开科取士。

黄宗羲至舟山依鲁王朱以海,晋左副都御史;旋复还居里。至甬上,居万履安家,得交高斗枢、高斗魁。八月,四十初度,有句云:"先公殉国余三载,孔子悬弧易一辰。"(《黄宗羲年谱》卷中)因命是年所作诗名《穷岛集》。

顾炎武正月作《元日》诗,称明为"中华",清为"东夷"。

王夫之是春离开永历小朝廷,经梧州平乐至桂林,以瞿式耜荐,为永历帝行人司行人;是夏,自桂林回衡阳,家遭洗劫,所编诗集《买薇稿》被毁。是年,与方以智结交。

孙奇逢十一月谒横渠张子祠。是年,南徙至祁州,遇刁包扫室留止。始为日记。

按:《清史列传·刁包传》曰:"包少有志圣贤之学,闻榕城孙奇逢讲良知,心向之。奇逢南游过祁,馆之二年,与相质正。"

洪承畴、冯铨十月十一日为少傅兼太子太傅,大学士宋权、尚书陈名夏、谢光启、李若琳、王铎、刘余祐、党崇雅、金之俊,都察院左都御史徐起元俱为太子太保。

方以智被永历帝封为东阁大学士礼部尚书,称疾不就,隐居粤西平西山。

陈确八月游黄山,与省过社诸子欢相晤。

李颙借读《大学衍义》、《文献通考》、《通典》、《通志》、《二十一史》。

张履祥始一意程朱之学。

英格兰人开始饮茶。

俄罗斯阿列克谢·米哈伊洛维奇颁布《会典》,农奴制度确立。

波兰承认乌克兰独立。

清教徒离开弗吉尼亚,定居马里兰的普罗维斯登。

德国萨克森开创染色工业。

恽日初在闽参与抗清事败，潜还，过绍兴，作《闵哲》诗吊其师刘宗周。

陆世仪正月讲《易》于蔚村。

陈瑚是春讲学于尉迟庙。夏，有书与顾伊人劝学。秋，馆常熟毛晋家。

熊赐履年十五，锐意为学，自经史以及外氏文通五觉十秘九府之书，靡不悉心参究。

王熙四月满文学成，授内翰林国史院检讨。

吴炎教读麻湖。

钱曾自钱谦益处购得宋李诫《营造法式》36卷，作记。

钱澄之与四方之士大会于羊城。

卢兆唐向孙奇逢问学。

高珩以翰林秘书院检讨升为国子监祭酒。

吕缵以翰林秘书院编修为国子监司业。

尤侗、计东、汪琬、吴兆骞等结慎交社。叶方蔼等别结同声社，与之相抗。

施闰章、曹本荣中进士。

范光文、周茂源中进士。

成亮、何采、焦毓瑞、王清、张士甄、高光夔、诸豫、张璇、叶树德、季开生、王绍隆、朱廷璟、范廷元、许缵曾、李仪古、范正脉、刘嗣美、于朋举、唐梦赉、庄朝生等20位庶吉士五月初三日被选习清书。徐致觉、方悬成、周范、林云京、左敬祖、胡亶、张道湜、杨旬瑛、张表、安焕、周体现、姜图南、黄元衡、马叶曾、吴正治、曹本荣、周曾发、郭一鹗、徐必远、朱绂等20人习汉书。查布海、蒋赫德、胡统虞、刘肇国等内院学士奉命教习。

张潜中进士，授弘文院庶吉士。在馆中，与汤斌切磨，为圣贤之学。

按：张潜字上岩，直隶磁州人。曾与孙奇逢往复论学。著有《读书堂集》10卷。

僧具德礼二月自扬州返杭州，住持灵隐寺。

胡以温在江西奉新县建东瓯讲堂。

罗桑丹贝坚赞赴西藏学法。

约翰·利尔伯恩的作品《关于自由英格兰人的协议》发表。

约翰·弥尔顿著成《国王与行政官的所有权》。

荷兰医生伊斯布兰德·德·迪默布罗克发表有关瘟疫的论文《瘟疫》。

姚钦明增修，路世美增纂《澄城县志》2卷刊行。

姚本修，阎奉恩纂《邠州志》4卷刊行。

祖永杰修，智凤翥纂《元氏县续志》刊行。

张慎为修，金镜纂《长兴县志》10卷刊行。

张宏猷修，吴懋纂《长沙府志》刊行。

宋之绳自编《柴雪年谱》1卷成书，有自跋。

陈瑚著《顽潭集》成书。

黄宗羲著《日本乞师记》、《海外恸哭记》1卷。

钱谦益编《列朝诗集》81卷成书，由毛晋付刻。

按：此书收录明代两千人诗作。全书分乾、甲、乙、丙、丁、闰集，每集又分上、下或上、中、下。钱谦益编此书仿《中州集》之例以诗存人，保存有明一代文献，为研究明诗、明史之重要参考书籍。

金之俊著《金文通集》25卷成书，有自序。

陈洪绶作《香山四乐图卷》、《西湖垂柳图》。

姜绍书著《韵石斋笔谈》2卷成书，蒋清作序。

李玉著《北词广正谱》18卷成书。

按：是书全名《一笠庵北词广正谱》，李玉据徐子室所辑《北曲谱》加以扩充，全书共18卷，内四卷有目无词。现通行本均源自康熙间青莲书屋定本、文靖书院藏板之《一笠庵北词广正九宫谱》，常见有北京大学影印本及1984年台湾学生书局出版的《善本戏曲丛刊》影印本。

方以智以历年流离楚粤治病之方补入《物理小识》。

黄毓祺卒(1579—)。毓祺字介之，号大愚，江苏江阴人。明天启贡生。好学，有盛名，精释氏学。崇祯时入复社。抗清失败，死于狱中。著有《大愚老人集》、《古杏堂集》。事迹见《明史》卷二七七。

传教士艾儒略卒(1582—)。儒略字思及，意大利人。明万历四十一年来华，在南直隶、陕西、山西、福建等地传教。晚任耶稣会中国副区长。精通汉语，有"西方孔子"之称。著有《职方外纪》、《几何要法》、《西学凡》、《西方问答》、《大西利先生行迹》、《天主降生言行纪略》、《万物真原》、《三山论学记》、《坤舆图说》等。事迹见方豪《中国天主教史人物传·艾儒略》。

传教士毕方济卒(1582—)。方济字今梁，意大利人。明万历三十八年抵澳门，三年后到北京。天启二年以后，先后在松江、河南、山东、江苏、浙江等地传教。与徐光启合著《灵言蠡勺》、《睡画二答》。

冯舒卒(1593—)。舒字己苍，号默庵，江苏常熟人。明诸生。入清不仕。著有《默庵遗稿》10卷。

堵胤锡卒(1601—)。胤锡字锡君，改字仲缄，号牧游，无锡人。明崇祯进士。南明时历任湖广参政、湖北巡抚、兵部右侍郎、兵部尚书等。卒谥文忠。著有《堵文忠公集》。事迹见《明史》卷二七九。

张鹏翮(—1725)、戴梓(—1726)生。

清顺治七年　南明永历四年　鲁王监国五年
庚寅　1650年

正月，颁行《三国志》满文译本。

按：该书系崇德四年(1639)达海受命翻译，未竟而卒。蒋赫德继之，前后历时11年。

日本大众文化兴起。

勃兰登堡选帝

侯，普鲁士公爵腓特烈·威廉迁入柏林官邸。

法国孔代叛。

宫廷出狩。

查理二世来苏格兰。

荷兰同英国商定其在北美殖民地的边界线。

哈佛学院获得执照。

二月十二日乙未（3月13日），改南京国子监为江宁府学。

按：《清史稿·选举志一》曰："顺治七年，改南京国子监为江宁府学。寻颁卧碑文，刊石立直省学宫。谕礼部曰：'帝王敷治，文教为先。臣子致君，经术为本。自明末扰乱，日寻干戈，学问之道，阙焉未讲。今天下渐定，朕将兴文教，崇经术，以开太平。尔部传谕直省学臣，训督士子，凡理学、道德、经济、典故诸书，务研求淹贯。明体则为真儒，达用则为良吏。果有实学，朕必不次简拔，重加任用。'"

三月二十五日戊寅（4月25日），告诫满洲官民：虽天下一统，勿以太平而忘武备，嗣后不得沉湎嬉戏，耽娱丝竹，违者即拿送法司治罪。

十二月初九日戊子（12月31日），摄政王多尔衮病逝，终年三十九。十三日，讣闻京城，顺治帝诏臣民易服举丧。二十五日，追尊多尔衮为懋德修道广业定功安民立政诚敬义皇帝，庙号成宗。

是年，全国耶稣会所属教友达15万人。

德国格里凯发明空气泵，证实空气存在。于此前后创制摩擦起电机。

黄宗羲三月至常熟，尽读钱谦益绛云楼所藏书。至崇德，访孙度方。是冬，自西园移居柳下，故次庚寅至乙未之诗为《老柳集》。

黄宗炎自世忠溃散后，为冯京第监军。是年，京第被歼，宗炎被捕，待死宁波牢中。黄宗羲潜至甬上，与万履安、高斗魁、冯道济、董次公、李杲堂等人，以计救之。

顾炎武以怨家构祸遭陷，变服出游，变姓名为蒋山佣。

王夫之二月服丧期满，赴梧州起就行人司行人介子之职，先后三次上书弹劾王化澄一伙结奸误国，王化澄蓄意制造"百梅恶诗"案，将构大狱，因大顺军领袖高一功营救，才免遭毒手而逃至桂林依瞿式耜。八月，清兵逼桂林，夫之走永福，困居水岩，卧而绝食者四日，作《桂林哀雨》四诗。

范文成、刚林、祁充格、宁完我、洪承畴、奉铨、宋权等大学士四月十八日以翻译《三国志》告成，与学士查布海、苏纳海、王文奎、伊图、胡理、刘清泰、来衮、马尔笃、蒋赫德等得赏鞍马、银两有差。

孙奇逢移居辉县之苏门，率子弟躬耕，四方负笈而来者日众。有李之藻、王元镰、李体天、李合天、李明天、马胤锡、马载锡等。

陈瑚是夏讲学隐湖。

方以智自广西以手稿一簏寄付其子方中通。是年，削发为僧。

郑成功八月取金门、厦门。

瞿式耜、张同敞十一月被清兵所捕。

张尔岐以荐贡入太学，以病坚辞。

孙廷铨主四译馆，掌翻译事。

钱澄之走桂林，有诗赠瞿式耜。

阎若璩年十五，冬夜读书，扦格不通，愤悱不寐，漏四下，坚坐沉思，心忽开朗。自是颖悟异常。是年，补学官弟子。

按：顾颉刚说："顾栋高《万卷楼杂记》曰：'阎百诗先生年十五，补山阳学官弟子，研究经史，深造自得，尝集陶贞白、皇甫士安语，题其柱曰："一物不知，以为深耻；遭人而问，少无宁日。"其立志如此。'此等为学，顾有实践意味，宜乎其善为考据也。"

清顺治七年　南明永历四年　鲁王监国五年　庚寅　1650 年

(《顾颉刚书话》,浙江人民出版社 1999 年版)

　　钱谦益十月家不戒于火,绛云楼被焚。
　　吴伟业游常熟,观毛晋家藏书。
　　余怀自南京至太仓访吴伟业。
　　吴伟业、尤侗、计东、徐乾学、毛奇龄、朱彝尊等在嘉兴举十郡大社。
　　王士禛再应童子试,县、府、道皆第一。是年,读书水月禅寺。
　　函可十二月在沈阳与流人结冰天社,众人有诗唱和。
　　汤调鼎时任湖南津市知县,建延光书院。
　　咱雅班第达始与弟子以托忒文译藏文佛经。
　　罗桑丹贝坚赞从四世班禅喇嘛罗桑却吉坚赞受戒,并觐见格鲁派领袖五世达赖喇嘛罗桑嘉措。
　　传教士卫匡国在京参加顺治帝大婚。
　　传教士卜弥格奉命至广西,供职永历帝。旋携南明皇太后谕旨、庞天寿书信赴罗马。
　　耶稣会传教士潘国光于上海致函耶稣会总会长报告汤若望在华传教声誉之隆。

　　陈确撰《葬论》、《丧实论》、《女训》。
　　查继佐著《知是编》12 卷。
　　余怀著《三吴游览志》成书。
　　马云举纂修《河曲县志》4 卷刊行。
　　房万达修,王维明纂《武城县志》4 卷刊行。
　　解元才纂修《济阳县续志》1 卷刊行。
　　孔自来纂《江陵志余》10 卷刊行。
　　曹尔坊纂《嘉善县纂修启祯条款》4 卷刊行。
　　陈洪绶为周亮工作《归去来图》。
　　弘仁作《碧山灌木图》。

托马斯·霍布斯著成《法律、道德和政治原理》。

吉尔·梅纳热编成《词源词典》(1670 年再版)。

詹姆斯·乌色尔著成《古代与现代遗作通鉴》(以公元前 4004 年为世界的开始)。

　　张自烈卒(1564—)。自烈字尔公,号芑山,江西宜春人。明亡,隐居庐山,累征不就,以著述自娱。著有《四书大全辨》44 卷、《正字通》12 卷、《与古人书》2 卷、《芑山文集》22 卷、《芑山诗集》1 卷以及《古今文辨》等。事迹见《清史列传》卷六六。
　　按:《四库全书总目提要》曰:"《四书大全辨》三十八卷、《附录》六卷,明张自烈撰。……自烈与艾南英为同乡,而各立门户,以评选时文相轧,诟厉喧呶,没世乃休。盖亦社党之余派也。是编举永乐中胡广等所修《四书大全》,条析而辨之。冠以《古本大学》一卷,明道程子、伊川程子改定《大学》各一卷,顾起元《中庸外传》一卷,王应麟《论语》、《孟子考异》各一卷。福王时尝以擅改祖宗颁行之书,挂诸弹章,至愤而罢哗于朝。案《四书大全》诚为猥杂,然自烈所辨又往往强生分别,不过负气求胜,借以立名。观其首列揭帖、序文之类,盈一巨册,而所列参订姓氏至四百八十六人。非惟马、郑以来无是体例,即宋人盛相标榜,亦未至是也。"

笛卡尔卒(1596—)。法国哲学家、物理学家、数学家。

又按：张自烈有弟张自勋，字不兢。《清史列传》卷六六曰："自勋与自烈齐名，端方孝友，重然诺，慎取予。少即潜心性理，论学以求放心为本。谓阳明良知，是偶有所见，故从此推出，遂主张立说不若言正心，尤为探本穷源之论。著有《卓庵心书》四卷。宣城施闰章官江西，重建昌黎、白鹭两书院，集多士会讲其中。自勋与论学，闰章推服无间言。生平博极群书，性耻蹈袭，绝无剿说。以《纲目》一书，非惟《分注》非朱子手定，即《正纲》亦多出赵师渊手，刘友益误以晚年未定之本为中年已定之本，遂不求端讯末，强辨诬真。因详加考证，辨别是非，著《纲目续麟》二十卷，《校正凡例》一卷、《附录》一卷、《汇览》三卷。……他著有《五经大全正误》、《四书众解合纠》、《朱陆折衷》、《二十一史独断》二十一卷。"

曾鲸卒（1568—　）。鲸字波臣，福建莆田人，流寓南京。工人物画，其烘染着色受西洋画影响，弟子甚众，后人称波臣派。

瞿式耜卒（1590—　）。式耜字起田，号稼轩，苏州常熟人。明万历进士。南明弘光帝时任广西巡抚。隆武二年拥立桂王，累进文渊阁大学士。永历四年桂林陷落，被俘遇害。著有《瞿忠宣公集》。事迹见《明史》卷二八〇。

刘城卒（1598—　）。城字伯宗，明亡后改字存宗，安徽贵池人。明末诸生。曾参加复社活动。入清不仕。著有《春秋左传地名录》、《南宋文鉴》、《古今名贤年谱》、《古今庙学记》、《读书略记》、《峄桐集》等。事迹见李桓《国朝耆献类征初编》卷四六一。刘世珩编有《刘伯宗先生年谱》。

邝露卒（1604—　）。露字湛若，南海人。唐王在福州称帝时，为中书舍人。清兵破广州后自杀。著有杂记《赤雅》和《峤雅集》等。事迹见吴兰修《邝露传》（《广东文征》第5册）。

杨宾（　—1702）、查昇（　—1707）、严虞惇（　—1713）、臧琳（　—1713）、陈訏（　—1722）、查慎行（　—1727）、尤怡（　—1749）生。

清顺治八年　南明永历五年　鲁王监国六年
辛卯　1651年

法国首相马萨林被黜。

英格兰议会重颁《航海条例》，排挤荷兰。

英人克伦威尔败苏格兰人。查理二世来法国。

英格兰成立几内亚公司，从事奴隶贸易。

正月十二日庚申（2月1日），顺治帝福临始亲政，御太祖殿，颁诏大赦。

十九日丁卯（2月8日），追尊多尔衮为成宗义皇帝，妃为义皇后，同祔于太庙。

二月二十一日己亥（3月12日），顺治帝追论多尔衮罪状布告天下，旋削其封典，撤其庙享。

二十五日癸卯（3月16日），赐衍圣公孔兴燮，五经博士颜绍绪、曾闻达、孔毓麟、孟贞仁、仲于陛等宴。

闰二月初六日癸丑（3月26日），从大学士刚林等奏，敕内外各官以重

清顺治八年　南明永历五年　鲁王监国六年　辛卯　1651年

赏购求天启、崇祯实录及邸报、野史、外传、传记等书，广询博访，汇送礼部，以备纂修《明史》之用。

二十八日乙亥（4月17日），大学士刚林、祁充格等以依附多尔衮罪被诛。

按：多尔衮生前曾指使刚林、祁充格等人擅自改窜《太祖实录》及太宗档册，至此事发，两人被正法。查布海、常鼐被革职，鞭一百，家产籍没；宁完我、王文奎无罪，应留原任；渥赫、阿尔三无罪，应免议（《清世祖实录》卷五四）。

三月十二日己丑（5月1日），礼部条议学政六事。

按：六事为：一、学臣报满，照例考核，公明者优升，溺职者参处。二、科岁两考完日，即报部铨补，新旧交代，以杜署事诸弊。三、学臣以到任日为始，岁考限十二个月考完，每三个月解卷一次。科考分四次解卷，以凭磨勘。所取生童文字以纯正典雅为主，诡谬者，本生褫革，学臣参处。四卷以下，每一卷罚俸三个月，五卷以上，每二卷降职一级，十卷以上革职。四、生员不许聚众结社，纠党生事及滥刻选文、窗稿。犯者，学臣以失职论。五、教官、生员不遵教条违法者，学臣严行惩究。六、学官不宜悬缺，致旷职业。抚臣务按缺题请，下吏部铨补。其有不由科贡出身、滥冒教职者，一并题明，送部别用。从之（《清世祖实录》卷五五）。

二十九日丙午（5月18日），吏部奏言："各旗子弟，率多英才，可备循良之选。但学校未兴，制科未行耳。先帝在盛京爱养人才，开科已有成例，今日正当举行。臣等酌议，满洲、蒙古、汉军各旗子弟，有通文义者，提学御史考试，取入顺天府学。乡试作文一篇，会试作文二篇，优者准其中式，照甲第除授官职，则人知向学，进取有阶矣。"报可（《清世祖实录》卷五五）。

四月初二日戊申（5月20日），定元旦、冬至皇太后诞辰、皇后诞辰之礼仪。

初六日壬子（5月24日），定各直省乡试差员例。

按：各省正副主考，分别以翰林、给事中、光禄寺少卿、六部司官、行人、中书评事等官任之；各衙门慎选倍送，吏部拟定正陪，疏请简命。其已充会试房考、乡试主考者，不得重送。顺天房考由吏礼二部选用，各省由巡按御史选用（《清世祖实录》卷五六）。

十五日辛酉（6月2日），廷试全国贡生1072名；顺治帝行"临雍"礼，以孔、颜、曾、孟、仲五代子孙观礼生员15人送监读书，是为"圣裔监生"。自是永著为例。

六月十八日癸亥（8月3日），定皇帝大婚礼。

二十日乙丑（8月5日），定诸陵、坛、庙祀典。

二十七日壬申（8月12日），礼部议定八旗科举例。

是日，礼部奏准照帝王陵重新修缮祖陵，定祭祀礼仪；照旧典于从礼天坛外加春秋二分礼事；于万寿圣节照例遣官祭五岳、城隍、真武之神。

八月初十日乙卯（9月24日），内三院会同礼部议："本年顺天乡试，满洲蒙古生员、笔帖式应同　榜。汉军生员、笔帖式，汉生员、监生应同一榜。明年会试、殿试俱照此例。"从之（《清世祖实录》卷五九）。

波兰入乌克兰，占基辅。

十二月二十五日戊辰(1652年2月4日),从内院大学士希福等奏,命编纂《太宗实录》。

是年,第一世哲布尊丹巴由觉囊派改宗格鲁派,格鲁派已取代了觉囊派在西藏的统治地位。

顾炎武是春至金陵,闰二月二十二日初谒孝陵,有《恭谒孝陵》诗。八月,至淮安,与万寿祺定交,以复国雪耻相勉励。

顾炎武、归庄等在苏州、松江一带成立"惊隐诗社",又称"逃之盟",以诗酒唱和作掩护,组织抗清。

按:惊隐诗社又名逃社,亦称逃之盟,入社者皆为明朝遗民,发起人是叶继武。参加者尚有范凤仁、颜俊彦、沈祖孝、金完城、朱临、陈忱、钟俞、戴笠、钱肃润、陈济生、程棟、施誰、吴珂、吴宗潜、吴宗汉、吴宗泌、吴宗沛、潘柽章、叶世侗、周灿、朱鹤龄、王锡阐、顾茂伦、李恒受、钱重、颜祁等。何宗美说:"惊隐诗社是清初重要的遗民诗社,也是具有浓厚爱国精神的文学社团。该诗社的成员通过集体祭祀屈原、陶渊明、杜甫三位忠于故国、人格崇高的伟大诗人的特殊活动,表达他们不忘'旧国旧君'的情怀,并借'乐志林泉,跌荡文酒'的文学活动寄托爱国情思和民族情感。《天启崇祯两朝遗诗》《明史记》《广宋遗民录》三书的编纂,是惊隐诗社文学活动和思想活动的重要内容,是顾炎武所谓'以存人类于天下'的重要举措。惊隐诗社文学创作的艺术风格有着鲜明的遗民色彩,在清初的明遗民文学中具有代表性和典型性。惊隐诗社中小说家陈忱的《水浒后传》则堪称明遗民小说的杰作。"(《乐志林泉跌荡文酒——惊隐诗社及其文学创作浅析》,《南开学报》2003年第4期)

王夫之正月间道归楚,方知慈母已于上年八月病逝,悲痛有怀,誓不薙发,决计遁隐。

黄宗羲以"通海"罪被通缉,遂隐姓埋名,辗转逃匿于山野、草莽、海隅间。

张煌言等九月奉鲁王再度航海入闽。

方以智易僧服自广西出亡。

归庄是秋始与陈瑚晤言。

陈瑚讲学淮云寺。

魏象枢上疏请慎起居,辞迫辅臣,人谓祸且不测,有旨嘉之。

吴正治八月授翰林国史院编修。

阎尔梅在沛县被捕。

阎若璩以商籍入淮安学。

钱澄之复潜入闽,易僧服还里,有长诗记述旅途困顿景况。

曹本荣授秘书院编修。

王弘撰客金陵,访复社旧人。

毛奇龄避仇出游淮上,变姓名王彦,字士方。

施闰章任职刑部,与宋琬定交。

侯方域自金陵返河南应乡试。

孙爽病逝,吕留良有"生才少壮成孤影,哭向乾坤剩两眸"(《吕晚村诗集·余姚黄晦木见赠诗次韵奉答》)之叹。

顾祖禹年二十九,始潜心治史。

李呈祥三月以翰林国史院侍读为国子监祭酒。

李奭棠六月以翰林国史院编修为国子监司业。

王崇简七月以秘书院侍读为国子监祭酒。

徐必远时任秘书院检讨,十月初三日奏请翻译宋真德秀所著《大学衍义》。

石涛是春访钱谦益于常熟。

徐釚从计东游学嘉兴。

熊兴麟时任福建永定县知县,建凤山书院。

蒋显捷在江西樟树建乐育书院。

洪见清时任知府,在江西樟树建肖江书院。

罗桑丹贝坚赞改宗格鲁派,达赖承认其为第一世哲布尊丹巴。

传教士汤若望受诰封为通议大夫,赐书其父、祖为通奉大夫,母和祖母为二品夫人。

查继佐著《敬修堂说外》成书。

吴绥著《廿二史纪事提要》8卷约成书于是年前后。

　按:《四库全书总目提要》曰:"《廿二史纪事提要》八卷,国朝吴绥撰。绥字韩章,无锡人。是书成于顺治中。于诸史中择其大事为纲,而隐括原文以为之目。起自太古,迄于明末,故以廿二史为名。然实取之坊刻《纲鉴》,非采诸全史也。"

朱长泰修,凌家瑞等纂《含山县志》4卷刊行。

王世胤修,龙之珠纂《新修望江县志》10卷刊行。

朱裴修,李嘘云纂《禹州志》10卷刊行。

佟昌年修,傅廷献纂《襄城县志》8卷刊行。

徐子室辑、钮格订《汇纂元谱南曲九宫正始》成书。

　按:是书又名《南曲九宫正始》、《九宫正始》。明天启五年(1625)始纂,至清顺治八年(1651)定稿,前后历时二十六年,易稿九次。全书据元本《九宫十三调谱》、明《乐府群珠》及《传心要诀》、《遏云奇选》、《凝云奇选》诸古本,考证南曲曲牌的源流,严格区分各曲之正格与变格。并录有一些罕见的南戏曲词,保存了早期曲谱《骷髅格》中的谱式三十二条。卷首有顺治十八年(1661)冯旭序、顺治九年(1652)吴亮中序、顺治十三年(1656)姚思序,卷末有顺治八年(1651)钮格自序。1984年台湾学生书局影印出版,名《九宫止始》,辑入《善本戏曲丛刊》第三辑。

孙廷铨著《南征纪略》2卷成书,有自序。

徐世溥著《江变纪略》1卷成书。

　按:徐世溥字巨源,江西新建人。明诸生,入清不仕。另著《榆敦集》等。

徐孚远著《交行摘稿》1卷成书。

孙爽著《辛卯集》1卷成书。

吴钟峦卒(1577—)。钟峦字峦稚,一字峻伯,又字稚善,学者称霞

约翰·堂恩的作品《神学文章》在其逝世后发表。

托马斯·霍布斯发表《利维坦》。

杰里米·泰罗著成《圣洁生活的规范及实践荷兰人定居好望角》。

舟先生，江苏武进人。顾宪成、高攀龙弟子。明崇祯七年进士，授长兴知县。鲁王监国，以为礼部尚书。清兵南下，自焚死。著有《周易卦说》《霞舟语录》《十愿斋文集》。事迹见《明史》卷二七六。

唐志契卒（1579—　）。志契字敷五，又字元生（一作玄生），江苏扬州人。明诸生。工山水画。弟志尹、侄日昌，均以画名世，时人称"三唐"。著有《绘事微言》。事迹见张东芳《关于唐志契生平与里籍的研究》（《美苑》2008年第1期）。

水佳胤卒（1582—　）。佳胤字启明，号若水，浙江四明人。明万历四十七年进士。历任吏部主事、江开道监察御史、礼部主事、湖广提学、四川清军副议、广东罗定兵备等。著有《容台佐议》《兵象训实》《沙上集》等。事迹见张杞编《向若水公年谱》。

庄恒卒（1589—　）。恒原名应期，改名恒，字五侯，号声鹤，江苏武进人。明崇祯十六年进士，授金华司理。入清，官至浙江督学御史。著有《通鉴纪事总论》《声鹤诗文稿》等。事迹见庄恒自编《庄恒自叙年谱》。

传教士瞿安德卒（1603—　）。安德一名纱微，字体泰，德国人。1640年来华，曾在明宫中传教，并为王太后、马太后、王皇后、皇太子等人施洗入教。后被清兵俘虏处死。

祁充格卒，生年不详，乌苏氏，世居瓦尔喀，满洲镶白旗人。顺治间官至弘文院大学士，充《明史》《太宗实录》总裁官。以党附多尔衮被杀。事迹见《清史列传》卷四。

李光坡（　—1723）、张伯行（　—1725）、陈梦雷（　—1741）生。

清顺治九年　南明永历六年　鲁王监国七年
壬辰　1652年

法国路易十四召还马萨林。

小步舞曲开始风行于法国宫廷。

第一次英荷战争，荷兰开始衰落。

维也纳建成第一座歌剧院。

波兰议会始行自由否决权制度。

尼康始任俄罗斯东正教会牧首。

荷兰开普殖民地建立。

正月十七日己丑（2月25日），敕封张洪任为正一嗣教大真人。

二十九日辛丑（3月8日），命纂修《太宗文皇帝实录》，以大学士希福、范文程、额色黑、洪承畴、宁完我为总裁官。

按：学士伊图、马尔都、苏纳海、蒋赫德、刘清泰、能图、叶成格、图海、白色纯、胡统虞、成克巩、张端为副总裁官，侍读学士麻禄、硕代、亢得时、毕立克图、杜说、索诺穆、侍读郑库讷、马西塔、叟塞、查穆素、王铎、周有德、弼礼克图、穆成格、苏禄穆、塞梭、侍讲学士李呈祥、侍读岳映斗、侍讲傅以渐、编修王炳昆、黄志遴、法若真、夏敷九、王一骥、王紫绶、单若鲁等26人为纂修官（《清世祖实录》卷六二）。

三十日壬寅（3月9日），从大学士范文程等议，会试主考官复按明万历以前例，不拘大学士、学士、吏礼二部尚书、侍郎，凡翰林出身者，皆得简用；又从礼部议，今年壬辰科会试，按恩诏广取400名，照会典开载南北中卷之例，南卷取233名，北卷取152名，中卷取14名。

清顺治九年　南明永历六年　鲁王监国七年　壬辰　1652年

二月，永历帝抵贵州安隆，改安隆所为安龙府。

初六日戊申（3月15日），命大学士希福、额色黑、礼部尚书陈泰、学士刘清泰、胡统虞、成克巩充会试主考官。

十六日戊午（3月25日），裁山西应州、浑源州、蔚州、朔州、大同县、怀仁县、山阴县、马邑县、灵邱县、广灵县、广昌县各学训导。

三月初七日戊寅（4月14日），命满、汉册文诰敕，兼书满汉文，外藩蒙古册文诰敕则兼书满洲蒙古文。

初八日己卯（4月15日），因大学士范文程参奏，命革会试中式第一名举人程可则名，治考试官罪。

按：范文程参奏程可则"文理荒谬，首篇尤悖戾经注，士子不服，通国骇异，请敕部议处"（《清世祖实录》卷六三）。四月二十日，主考学士胡统虞降三级、成克巩降一级，仍留任；同考官左敬祖等各罚俸有差。

初九日庚辰（4月16日），定官员封赠例。

二十八日己亥（5月4日），举行殿试，命大学士希福、范文程、额色黑、洪承畴、宁完我、陈之遴，学士伊图、蒋赫德、能图、叶成格、刘清泰、白色纯、张端，侍读学士索诺穆、魏天赏，侍读叟塞，吏部尚书高尔俨，礼部尚书郎球，吏部侍郎熊文举，礼部侍郎恩格德，户部侍郎王永吉、赵继鼎，兵部侍郎李元鼎，刑部侍郎孟明辅，工部侍郎李迎晙，礼部启心郎董卫国，礼部理事官杨鼐，礼部主事卜颜喀代为殿试读卷官，取中满洲蒙古贡士麻勒吉等50人，汉军及汉贡士邹忠倚等397人，赐进士及第出身有差。

四月十九日庚申（5月26日），定诸王以下文武官民舆马服饰制。

二十四日乙丑（5月31日），设宗人府衙门，掌管皇室宗族属籍，纂修玉牒，处理皇族事务。

是日，从礼部议，改百官每月十一次朝见为每月初五、十五、二十五日三朝，春秋各举经筵一次。

五月二十一日辛卯（6月26日），廷试岁贡生冯太初等850名，副榜贡生何应仕等627名。

二十九日己亥（7月4日），廷试官贡监生吴家祯等141名。

六月初六日丙午（7月11日），命直省各府推官应俱用进士，不足乃以举人间补，其从前贡生考定推官者改选知县。

八月二十六日乙丑（9月28日），更定婚娶之制。

九月初七日丙子（10月9日），命内院大学士范文程、额色黑、侍读学士薛所蕴、侍讲学士梁清标充武会试主考官。

初八日丁丑（10月10日），命内国史院学士魏天赏、詹事府少詹事兼侍读学士高珩、李呈祥充纂修《太宗文皇帝实录》副总裁官。

二十二日辛卯（10月24日），顺治帝临太学，释奠孔子，行两跪六叩头礼。听祭酒、司业讲《易经》《书经》。传制云："圣人之道，如日中天，讲究服膺，用资治理，尔师生其勉之。"（《清世祖实录》卷六八）

按：次日又于礼部宴衍圣公、内院官、翰林七品以上官、祭酒、司业、学官、五经博士、四氏子孙及礼部、太常、光禄、鸿胪寺执事官。二十四日，于午门前赐衍圣公、

北美缅因州加入马萨诸塞湾殖民地。

五经博士、四氏子孙、祭酒、司业、学官等袍帽,监生每人银一两。《清史稿·选举志一》曰:"清代临雍视学典礼綦重。顺治九年,世祖首视学。先期行取衍圣公、五经博士率孔氏暨先贤各氏族裔赴京观礼。帝释奠毕,诣彝伦堂御讲幄。祭酒讲四书,司业讲经。宣制勉太学诸生。越日,赐衍圣公冠服,国子监官赏赉有差。各氏后裔送监读书。嗣是历代举行以为常。"

二十三日壬辰(10月25日),工科给事中朱允显请举行经筵日讲,慎简满汉儒臣,讲求至道,以光圣治。疏下所司。

二十五日甲午(10月27日),赐殿试中式武举进士及第出身有差。

十一月十七日乙酉(12月17日),谕礼部详访崇祯缢死时文武诸臣中殉君难死节者职名。

十二月初九日丁未(1653年1月8日),宗人府衙门因工科副理事官三都有关宗室人才培养之疏,议定:每旗设宗学,每学以学行兼优之满汉官各一员为师,凡未受封宗室之子年十岁以上者俱入学;亲王、世子、郡王则选满汉官员一员讲论经史。诏令每旗设满洲官教习满书,其汉书听其自便(《清朝文献通考》卷六三)。

是年,禁"淫词小说",违者从重究治。

敕封汉将关羽为"忠义神武关圣大帝"。

命各提学官督率教官、儒生,务令诸生平日所习经数义理着实讲求,躬行实践,不许别创书院,群聚结党,及号召地方游食之徒,空谈废业(《古今图书集成·选举典·学校部》)。

按:从此以后,书院的发展遂陷入沉寂状态。钱穆《中国近三百年学术史》说:"夫书院讲学,其事本近于私人之结社,苟非有朝廷之护持,名公巨卿之提奖,又不能与应举科第相妥洽,则其事终不可以久持。清廷虽外尊程、朱,而于北宋以来书院讲学精神,本人心之义理,以推之在上之政治者,则摧压不遗余力。于锡之东林,以及浙之姚江,徽之紫阳,往昔宋、元、明以来书院讲学之遗规尽坠。"

又按:顺治九年题准,刊立卧碑,置于明伦堂之左,晓示生员:朝廷建立学校,选取生员,免其丁粮,厚以廪膳,设学院、学道、学官以教之。各衙门官以礼相待,全要养成贤才,以供朝廷之用。诸生皆当上报国恩,下立人品。所有教条,开列于后:一、生员之家,父母贤智者,子当受教。父母愚鲁,或有非为者,子既读书明理,当再三恳告,使父母不陷于危亡。一、生员立志,当学为忠臣清官。书史所载忠清事迹,务须互相究说。凡利国爱民之事,更宜留心。一、生员居心忠厚正直,读书方有实用,出仕必作良吏。若心术邪刻,读书必无成就,为官必取祸患。行害人之事者,往往自杀其身,常宜思省。一、生员不可干求官长,结交势要,希图进身,若果心善德全,上天知之,必加以福。一、生员当爱身忍性。凡有司官衙门不可轻入。即有切己之事,止许家人代告,不许干与他人词讼。他人亦不许牵连生员作证。一、为学当尊敬先生。若讲说,皆须诚心听受。如有未明,从容再问,毋妄行辩难。为师者,亦当尽心教训,勿致怠惰。一、军民一切利病,不许生员上书陈言。如有一言建白,以违制论,黜革治罪。一、生员不许纠党多人,立盟结社,把持官府,武断乡曲。所作文字,不许妄行刊刻。违者听提调官治罪(《淡水厅志》卷五)。

命直省州县于每乡设社学,择文义通晓、行谊谨厚者充社师。

清顺治九年　南明永历六年　鲁王监国七年　壬辰　1652年

顾炎武自淮上南还至苏州，奠陈仁锡祠；又与族兄存愉至吴县横山拜顾野王墓。是年决意北游，杨彝、万寿祺、归庄等友人乃联名作《为顾宁人征天下书籍启》赠之，为其今后"北学于中国"提供方便。

按：此启相当于一封介绍信，其中简要叙述了顾炎武的家世及其治学功力，希望"当世之大人先生"，在顾炎武北学于中国时，为其著书立说提供方便。在这份启上签名的有王猷定、毛先舒、顾有孝、王潢、张恋、潘柽章、顾梦麟、陆圻、吴炎、杨彝、黄师正、汤濩、万寿祺、杨瑀、王锡阐、方文、归庄、陈济生、丁雄飞、吴任臣、戴笠凡21人。顾炎武《与黄梨洲书》曰："炎武自中年以前，不过从诸文士之后，注虫鱼，吟风月而已。积以岁月，穷探古今，然后知后海先河，为山覆篑。而于圣贤《六经》之指，国家治乱之原，生民根本之计，渐有所窥。"（《梨洲思旧录》）钱穆《中国近三百年学术史》说："余颇疑其时稽古朴学，本已盛于齐鲁之间。亭林渡江而北，历交蒿庵、宛斯诸人，乃一变往昔诗文华藻之习，而转归于考索。则无宁谓亭林之薰染于北方学者深也。"

王夫之仍避居耶姜山中，李定国进驻衡州时，曾派人招其襄赞军务，几经踌躇，终于未去，有《秋感》词以述怀。

孙奇逢十月移居河南辉县夏村，辟兼山堂，始讲学、著书其中，历时二十五年，影响及于江浙一带。

按：《清史稿·孙奇逢传》曰："顺治二年，祭酒薛所蕴以奇逢学行可比元许衡、吴澄，荐长成均，奇逢以病辞。七年，南徙辉县之苏门。九年，工部郎马光裕奉以夏峰田庐，遂率子弟躬耕，四方来学者亦授田使耕，所居成聚。居夏峰二十有五年，屡征不起。"

方以智自庚寅年于昭平仙四山"披缁为僧"，先徙居梧州云盖寺，继又北上，是年八月北归。

万寿祺五月卒于淮，顾炎武素车白马走九百里哭之。

吕留良购得《朱子语类》。

按：吕留良《书旧本朱子语类》曰："壬辰夏买此书，为书舡所欺，自三十一卷至六十六俱阙，而自此本至末凡十本又重出。全书又多为庸妄人所批抹，侮圣人之言，小人而无忌惮至此。每展阅时，恨怒无已，书此示儿辈，读书无论圣言当加敬畏，即古人文字，亦不得轻肆动笔。且以戒与书客买书，当细对卷叶，翻看污损，勿轻信而怠忽焉也。"（《家训》卷五）

张履祥是冬至山阴祭刘宗周，见刘汧，肖像以归。

张名振、张煌言等奉明鲁王抵厦门，郑成功以礼见之。

汤斌、李泰来、张九征中进士。

按：张九征字湘晓，江南丹徒人。张玉书之父。博学励行，精《春秋三传》，尤邃于史。历任吏部文选郎中，出为河南提学佥事。后引疾归。

应㧑谦授读于孙园。

李颙是冬绝粮几殆，友人贻之以豆，食之始有起色。

阎尔梅系狱济南。

归庄应万寿祺邀，在其家坐馆。

能图、刘清泰、刘正宗与詹事府少詹事兼侍读学士薛所蕴奉命教习庶吉士。

德国奥托·冯·盖里克发明气泵。

曹本荣时为编修，十月二十二日应诏奏言："皇上得二帝三王之统，则当以二帝三王之学为学。诚宜开张圣听，修德勤学，举《四书》《五经》及《通鉴》中有裨身心要务治平大道者，内则深宫燕间，朝夕讨论，外则经筵进讲，敷对周详。君德既修，祈天永命，必基于此。"有诏嘉纳（《清史稿·曹本荣传》）。

查继佐讲学于西湖。

侯方域至宜兴访陈贞慧。

徐作肃为侯方域选编《壮悔堂文集》，徐邻唐、徐作肃作序。

按：徐邻唐字迩黄，河南商丘人。明诸生。《清史列传·徐邻唐传》曰："幼力学，经传百家，无不综贯。古文奇崛骀荡。同里侯方域邀与宋荦、徐作肃、贾开宗诸人为文社，久之疑所学未得指归，乃求所以为圣贤之道，谢绝交游，研求宋儒书。或诮之曰：'圣贤岂闭户为之哉？'不答。静坐返观，验诸行事。常叹以为人之所以役役者，不知有我也，著《我庵传》以见意。昆山顾炎武与书，有驳正阳明之说，邻唐复之曰：'我辈吃紧在察自己身心，不必较量他人是非。今之儒者，往往自己百孔千疮，全不料理，终日哓哓在口头上争胜负，究竟有何干涉？'其笃实如此，自是恶为词章。田兰芳初见之，偶以一赋相质，不喜也。兰芳悔之，遂受业焉。年六十九，卒。生平不事著书，卒后，兰芳辑其笔札，为《我庵语略》。"

尤侗为清永平府推官。

王士禛会试下第。

朱允显时任工科给事中，九月二十三请举行经筵日讲，慎简满汉儒臣，讲求至道，以光圣治。

三都时任工科副理事官，十月十五日奏请设立宗学，及时劝学。

李奭棠七月以国子监司业为国子监祭酒，翰林国史院检讨单若鲁为国子监司业。

董说借钞宋范成大《石湖居士集》。

王翚居王时敏家，尽见时敏所藏宋元名画，得以观摩研究。

弘仁云游宣城、芜湖。

函可开法南塔，儒俗听者甚众。

靳辅以官学生考授国史馆编修，改内阁中书，迁兵部员外郎。

白乃贞、方犹、程邑、杨绍先、汤斌、郭棻、俞铎、熊侪鹤、王毗、崔之英、龚必第、卢高、耿介、朝庭苣、金鉉、余恂、吴弘安、史彪古、张应桂、王纪等20名进士七月二十四日被选为满文庶吉士；周季琬、曹尔堪、张瑞征、杨士炌、薛云、赵日冕、杨永宁、王元曦、钱开宗、叶先登、吕祖望、李昌祚、张潽、周奕封、陈彩、饶宇栻、汪炼南、陈子达、李文煌、侯于唐等20名进士为汉文庶吉士。入馆学习满、汉文，以昭朝廷作养人才之意。

汤秀琦顺治中由岁贡生官鄱阳县训导。

按：汤秀琦，生卒不详，号弓庵，临川人。著有《读易近解》2卷、《春秋志》15卷。《四库全书总目提要》曰："《春秋志》十五卷，国朝汤秀琦撰。秀琦有《读易近解》，已著录。是书为表者八：曰《春秋事迹年表》，曰《春秋大纲年表》，曰《天王年表》，曰《十二伯主年表》，曰《鲁十二公年表》，曰《列国年表》，曰《经传小国年表》，曰《列国卿大

清顺治九年　南明永历六年　鲁王监国七年　壬辰　1652年

夫世表》。为书法者四：曰《书法精义》，曰《书法条例》，曰《书法比事》，曰《书法遗旨》。表以考事，书法以考义也。"

龚廷历中进士，尝任湖南推官。

按：龚廷历字玉成，武进人。著有《稽古订讹》。《四库全书总目提要》曰："是编首摘《周礼》郑《注》之可疑及后人引用误解《周礼》之文者，次解释《仪礼》，次论朱子《孝经刊误》之失，及诸家解经之谬。其论《周礼》谓祀昊天于南郊，服裘固宜；祀黄帝于季夏，盛暑之月，岂亦服裘？此论足破宋儒等'加葛于裘'之议。又《五服九服辨》谓禹之五服各五百里，自其一面数之。此说虽本罗泌《五服图》，而辨析较畅。至以《周官》之制，冢宰统膳夫、饔人及宿卫之士，后世不宜分属他职。是则不知时世异宜，未免泥古太甚。又谓唐之门下省乃《周官》宫伯、宫正之遗，宋之阁门使、内侍省亦掌宿卫。不知唐之门下省专掌覆奏书制；宋之阁门使专掌宣赞，内侍省专掌承应奉御之事，并非宿卫也。至其《仪礼》各条，皆钞撮《注》、《疏》，无所辨正阐发。惟《士冠礼》'北面见于母，母拜受'，引孔氏《正义》，谓母拜其酒脯，重尊者处来，非拜子也，差可存备一解耳。至《孝经》专驳朱子《刊误》之非，所争不过字句之末，抑又细矣。勘其标题体例，似乎此本所存，仅辨论此三经之语，全书尚不止此，今无别本相校，故以所存者著于录焉。"

李日芃时任安徽巡抚，在安庆建敬敷书院，又名培原书院、修永书院。

郭四维时任安徽绩溪知县，建岷公书院。

汤若望七月初五日进浑天星球、地平日晷等仪器，清廷赐以朝衣、凉朝帽、靴、袜。

陈瑚著《圣学入门书》3卷成书，有自序。

按：《四库全书总目提要》曰："瑚字言夏，号确庵，太仓人。前明崇祯壬午举人。是书分《大学日程》、《小学日程》二种。《大学日程》曰格致之学、诚意之学、正心之学、修身之学、齐家之学、治平之学。于八条目之中复分条目，各为疏解。《小学日程》曰入孝之学、出弟之学、谨行之学、信言之学、亲爱之学、文艺之学，其条目较之《大学》为简。其用功之要曰'日省敬怠，日省善过'，末附日程格式于后。每日为空格，以四格记晨起、午前、午后、灯下。以二格总记敬怠、善过。又有半月总结之法。盖即仿袁黄'功过格'意。惟不言果报，稍异乎有为而为。然科条密于秋荼，非万缘俱谢，静坐观心，不能时时刻刻操管缮录也。"

曹本荣应诏撰《圣学疏》。

徐世溥著《夏小正解》1卷成书。

黄宗羲著《律吕新义》2卷。

按：是书开清代乐律研究之绪。

范文程等奉敕纂修《太宗实录》65卷初稿成。

黄鼎著《天文大成管窥辑要》60卷成书，有自序。

查继佐著《马史论》2卷，纂《通鉴严》8卷。

胡文烨等纂修《云中郡志》14卷刊行。

陈起凤修，邢琮纂《临邑县志》16卷刊行。

赵兆麟修纂《襄阳府志》34卷刊行。

蔺完瑄修、潘世标纂《监利县志》11卷刊行。

林春斋著成日本史《往代一览》。

约翰·堂恩的作品《反论与问题》在其逝世后发表。

杰勒德·温斯坦莱著成《演讲自由法》。

田本沛修纂《蒙城县志》12卷刊行。

朱凤台修，徐世荫纂《开化县志》10卷刊行。

张朝瑞修，焦复亨纂《登封县志》7卷刊行。

李芝兰修，韩继文纂《密县志》8卷刊行。

苏弘谟等修，陈淑思等纂《新修东流县志》6卷刊行。

丁佩纂《安远县志》10卷刊行。

祝添寿修纂《定南县志略》6卷刊行。

陈廷枢修，陈行忠、曾省纂《永安县志》10卷刊行。

方以智约于此际辑《两粤新书》，又始著《东西均》。

按：《东西均》是方以智晚年重要的哲学著作。

郭宗昌著《金石史》2卷成书，王宏作序。

按：《四库全书总目提要》曰："宗昌字允伯，华州人。平生喜谈金石之文。所居沚园，在白厓湖上。尝构一亭，柱础城碣，皆有款识铭赞，手书自刻之，凡三十年而迄不成。盖迂僻好异之士也。与同时蓥屋赵崡，皆以搜别古刻为事。崡著《石墨镌华》，宗昌亦著此书，而所载止五十种，仅及赵书五分之一。上卷起周迄隋、唐，下卷唐碑二十余，而以宋《绛州夫子庙记》一篇间杂其中，殆仿原本《集古目录》不叙时代之例欤？其论《石鼓文》，主董逌《广川书跋》之说，据《左传》定为成王所作，已为好异。又谓以石为鼓，无所取义，石又不类鼓形，改为《岐阳石碣文》，则乖僻更甚矣。其论《峄山碑》一条，引唐封《演说》，谓其石为曹操所排倒，而云拓跋焘又排倒之，何一石而两遭踣云云。考《封演闻见记》云：'秦始皇刻石，李斯小篆，后魏太武帝登山，使人排倒之。'无曹操排倒之语。殆宗昌所见之本，或偶脱'太'字，因误读为魏武帝，遂谬云两次排倒。其援引疏舛，亦不足据。然宗昌与赵崡均以论书为主，不甚考究史事，无足为怪。观其论《衡岳碑》、《比干墓铜盘铭》、《季札碑》、《天发神谶碑》、《碧落碑》诸条，皆灼指其伪，颇为近理。其论《怀仁集圣教序》胜于定武《兰亭》，盖出于乡曲之私，自矜其关中之所有，不为定论。故后来孙承泽深不满之。然承泽作《庚子销夏记》，其论列诸碑，实多取此书之语，则固不尽废宗昌说也。惟其好为大言，冀以骇俗，则明季山人谲诞取名之惯技，置之不问可矣。"

钱谦益编《列朝诗集》81卷刊行。

钱澄之在芜湖刻所著《行脚诗》。

胡承诺著《青玉轩诗》刊行。

孙廷铨著《孙廷铨集》6卷刊行。

范士楫著《匪棘堂集》12卷刊行。

宋徵璧著《抱真堂诗话》1卷刊行。

朱宗文著《草圣汇辨》4卷刊行。

蔡烈先编《本草万方针线》成书。

传教士卜弥格所著《中国皇帝皈依及中国天主教状况纪略》在波兰陆续发表。

钱士升卒（1575— ）。士升字抑之，号御冷，晚号塞庵，浙江嘉善人。明万历进士，授编修。官至礼部尚书兼东阁大学士。著有《周易揆》、《南宋书》、《皇明表忠记》等。事迹见《明史》卷二五一。

清顺治九年　南明永历六年　鲁王监国七年　壬辰　1652年

王铎卒（1592— ）。铎字觉斯，号嵩樵、痴庵等，河南孟津人。天启二年进士，授编修。南明弘光时官至礼部尚书、东阁大学士。入清，官至礼部尚书。工诗文，善书法，著有书法集《拟山园帖》及《拟山园选集》82卷、《拟山园初集》71卷、《拟山园文选集》32卷、《拟山园诗选集》20卷等。事迹见震钧辑《国朝书人辑略》卷一、蔡冠洛《清代七百名人传》第五编。

按：《清史稿·艺术传二》曰："自明、清之际，工书者，河北以王铎、傅山为冠，继则江左王鸿绪、姜宸英、何焯、汪士鋐、张照等，接踵而起，多见他传。大抵渊源出于明文徵明、董其昌两家，鸿绪、照为董氏嫡派，焯及澍则于文氏为近。（王）澍论书尤详，一时所宗。"王铎的书法，至今仍受日本书坛的热爱，我国当代艺术大师吴昌硕、齐白石也受其影响。

陈洪绶卒（1598— ）。洪绶字章侯，号老莲，幼名莲子，又名胥岸，浙江诸暨人。国子监生。明亡，曾入绍兴云门寺为僧，号悔迟、老迟、弗迟、悔僧、云门僧等。善画人物。作有《屈子行吟图》、《斗草仕女图》、《水浒叶子》、《博古叶子》及《西厢记》人物图。与崔子忠齐名，有"南陈北崔"之称。另著有《宝纶堂集》等。事迹见《清史稿》卷五〇四、《清史列传》卷七〇、李桓《国朝耆献类征初编》卷四六一、蔡冠洛《清代七百名人传》第五编。黄涌泉编有《陈洪绶年谱》。

按：《清史稿》本传曰："洪绶画人物，衣纹清劲，力量气局，在仇、唐之上。尝至杭州，摹府学石刻李公麟《七十二贤像》，又摹周昉《美人图》，数四不已，人谓其胜原本，曰：'此所以不及也。吾画易见好，则能事犹未尽。'尝为诸生，崇祯间，游京师，召为舍人，摹历代帝王像，纵观御府图画，艺益进。"

万寿祺卒（1603— ）。寿祺字年少，又字介若、内景，江苏徐州人。入清衣僧服，改名慧寿，又号明志道人、寿道人等。崇祯三年举人。曾与沈自炳、钱邦芑、黄家瑞、陈子龙、吴易等一起进行抗清活动。兵败为僧。善书画，工篆刻。著有《墨论》、《印说》1卷、《隰西草堂集》12卷等。事迹见《清史稿》卷五〇〇、李桓《国朝耆献类征初编》卷四七一。罗振玉编有《万年少先生年谱》，李辅中编有《万年少先生年谱》。

按：《清史稿》本传曰："寿祺善诗、文、书、画，旁及琴、剑、棋、曲、雕刻、刺绣，亦靡弗工妙。（阎）尔梅论有明一代书，推为第一。"

胡统虞卒（1604— ）。统虞字孝绪，湖广武陵人。明崇祯十六年进士。清顺治初授检讨，官至秘书院学士。著有《明善堂集》、《此菴语录》10卷。事迹见李桓《国朝耆献类征初编》卷二、宋琬《内翰林秘书院学士降补侍读学士胡先生统虞墓志铭》（《碑传集》卷四三）。

朱明镐卒（1607— ）。明镐字丰芑，江南太仓人。精史学。与周子俶齐名，世称朱周。著有《书史异同》、《新旧唐书异同》、《史纠》6卷、《史略》等。事迹见李桓《国朝耆献类征初编》卷四二三。

按：《四库全书总目提要》曰："《史纠》六卷，明朱明镐撰。……是编考订诸史书书法之谬及其事迹之抵牾，上起《三国志》，下迄《元史》，每史各为一编。《元史》不甚置可否，自言仿郑樵《通志》不敢删削《唐书》之例。其《晋书》、《五代史》亦阙而不论,则未审为传写所佚,为点勘未竟。观篇末别附《书史异同》一篇、《新旧唐书异同》一卷,与前体例截然不同,知为后人掇拾残稿,编次成帙也。明代史论至多,大抵徒侈游谈,务翻旧案,不能核其始终。明镐名不甚著,而于诸史,皆钩稽参贯,得其条理。实一一从勘验本书而来,较他家为有根据。其书《三国志》以及八史,多论书法之误,而兼核事实。《唐书》、《宋史》则大抵考证同异,指摘复漏。中颇沿袭裴松之《三国志注》、刘知幾《史通》、吴缜《新唐书纠谬》、司马光《通鉴考异》之文。又如《隋唐》兰陵公主忍耻再醮,乃以身殉后夫而取冠列女,《宋史》包恢以肉刑行公田法媚贾似道,乃以源出朱子而别名道学。显然乖谬者,亦未能抉别无遗。至徐梦莘《三朝北盟会编》本杂采诸书,案而不断,以备史家之采择。故义取全收,无所去取,梦莘实未旁置一词,而明镐误以记述之文为梦莘论断之语,大加排诋,尤考之未详。要其参互考证,多中肯綮,精核可取者十之六七,亦可谓留心史学者矣。"

刘子壮卒(1609—)。子壮字克猷,号稚川,黄州人,祖籍清江。少时聪明好学,刻苦攻读二十年。顺治六年(1649)进士第一名。其《殿试策》主张民族和睦,省刑薄赋,为士林传诵,亦深得顺治帝赏识。授国史院编修。充会试同考官。试毕,告病还乡,旋卒。著有《屺思堂文集》8卷、《屺思堂诗集》、《刘稚川稿》。事迹见《清史列传》卷七〇。

朱昆田(—1699)、冯景(—1715)、陈元龙(—1736)生。

清顺治十年　南明永历七年　鲁王监国八年
癸巳　1653年

法国投石党运动结束。宫廷回銮。

英人克伦威尔解散残缺议会,自称英格兰、苏格兰及爱尔兰护国公。

英国海军败荷兰舰队于特塞尔之役。

欧洲第一所公共图书馆英国曼彻斯特图书馆建立。

信箱首次在巴黎出现。

意大利北部始建世界首座气象观测站。

俄罗斯允诺保护乌克兰,向波兰

正月十一日戊寅(2月8日),顺治帝于太和殿宴达赖五世。

是日,工科给事中朱允显再上请开经筵疏。

十三日庚辰(2月10日),工科都给事中刘显绩请仿前代设起居注官。报闻。

二十八日乙未(2月25日),命满洲、蒙古、汉军及汉人之幼少年者,学习艺业骑射之暇,应旁涉史。著各该旗牛录及包衣牛灵即行严禁踢石球为戏。

二十九日丙申(2月26日),顺治帝至内院阅《通鉴》,盛赞明洪武帝。

二月十七日甲寅(3月16日),命内院诸臣以满文译《五经》。

十九日丙辰(3月18日),顺治帝面试学习满文之庶吉士。

按:将通满文之胡兆龙、李霨、庄洞生3人升用;沙澄等12人责令勉力学习俟再试;全未通晓者5人调六部用。

二十九日丙寅(3月28日),以汉官冠服多不遵制,命务照满式,不许异同,若仍有参差不合定式者,以违制定罪。

三月十五日辛巳(4月12日),命八旗各设宗学,选满洲生员为师。凡未封宗室子弟,十岁以上,俱入学习清书(《清史稿·选举志一》)。

清顺治十年　南明永历七年　鲁王监国八年　癸巳　1653年

四月初二日丁酉(4月28日),顺治帝面试翰林衔吏部侍郎成克巩、礼部侍郎张端、内三院学士刘正宗及编修、检讨以上官员62人,以定升降去留。

按:题为《君子怀德论》一篇,《请立常平仓疏》一通。

十五日庚戌(5月11日),廷试直省贡生王都等561名。

十九日甲寅(5月15日),命清厘学政。

按:谕礼部:"国家崇儒重道,各地方设立学宫,令士子读书,各治一经,选为生员,岁试科试,入学肄业,朝廷复其身,有司接以礼,培养教化,贡明经,举孝廉,成进士,何其重也。朕临御以来,各处提学官每令部院考试而后用之,诚重视此生员也。比闻各府、州、县生员,有不通文义,倡优隶卒本身及子弟厕身学宫,甚者出入衙门,交结官府,霸占地土,武断乡曲,国家养贤之地,竟为此辈藏垢纳污之所。又提学官未出都门,在京各官开单嘱托,既到地方,提学官又访探乡绅子弟亲戚,曲意逢迎,甚至贿赂公行,照等定价,督学之门竟同商贾,正案之外另有续案,续案之外又有寄学,并不报部入册,以致白丁豪富,冒滥衣巾,孤寒饱学,终身淹抑。以及混占优免,亏耗国课,种种积弊,深可痛恨。今后提学御史、提学道,俱宜更新惕励,严察前项冒滥,尽行裭革。大小地方人才不等,酌定名数,并查旧题额例,具奏定夺。至于岁考,除行检问革外,其文理荒谬不通者,须多置劣等,严为降黜。其儒童经由府县送试者,详具身家履历,廪生保结,方许入试。廪生亦不得借端保结掯索儒童。……如督抚巡按徇情不参,听礼部、都察院、礼科纠劾,一并重处。"(《清世祖实录》卷七四)

二十二日丁巳(5月18日),定满洲部院各官按汉官例,一体离任丁忧,持服三年。

是日,赐达赖五世阿旺罗桑嘉措为"西天大善自来佛、所领天下释教普通瓦赤喇怛喇达赖喇嘛"。

是月,工部议复:"工科副理事官三都请建立宗学,应量给工价,听其自行修造。"从之(《清世祖实录》卷七五)。

五月十二日丁丑(6月7日),都察院左都御史金之俊奏言:"直隶、江南、江北提学员缺,宜以词林简用。"从之(《清世祖实录》卷七五)。

六月初四日戊戌(6月28日),廷试归旗辽人柯汝芝等69名。

十七日辛亥(7月11日),清廷旌恤明末"殉难忠臣"大学士范景文、户部尚书倪元璐等15员,给谥赐祭;太监王承恩已经立碑赐地、春秋供祭,仍与谥。

闰六月初三日丙寅(7月26日),廷试官贡监生李维枫等107人。

十三日丙子(8月5日),诏停止将材武举,不准推用。

七月初八日辛丑(8月30日),廷试贡监生赵之璇等84名。

二十一日甲寅(9月12日),内院题请以翰林五品以下官提督直隶、江南、江北学政,其学习满书者不差。报可。

十一月初四日丙申(12月23日),设辽阳府学,令寄借永平者改本学肄业。

顾炎武二月再谒孝陵,有《再谒孝陵》诗;又谒明太祖御容于灵谷寺,

宣战。

俄罗斯尼康大牧首推行希腊化的宗教改革,统一强化教权。

荷兰北美殖民地新阿姆斯特丹设市。

帕斯卡定律被发现。

有《恭谒高皇帝御容于灵谷寺》诗;十月,三谒孝陵,并作图。

方以智誓不仕清,至南京师事觉浪道盛。

方以智将稿本《通雅》惠赠黄虞稷,虞稷遂捧读批注,并录入《千顷堂书目》中。

孙奇逢四月读《朱子晚年定论》,十月,读《念庵集》。

张履祥作《日省录》训门人。

陈名夏正月十九日为纂修太宗实录总裁官。

陈瑚拒见州守;至鹿城讲学。

魏裔介是冬读《易》、《性理大全》及二程诸儒等书。

魏象枢上四疏,皆言计典;又详陈民命、民情、民食、民困四端,以佐勤民大政。

陈确正月与吴蕃昌至山阴,校刘宗周遗书,并与诸同学修春祀。

归庄四月过太仓访陆世仪,愿执弟子礼。世仪固让,叙为兄弟。

吴伟业应征入京,道出苏州虎丘,邀江南诸郡文社名士举行集会,与会者500人(一说近千人)。至京,授秘书院侍讲,国子监祭酒。

> **按**:顾师轼《梅村先生年谱》曰:"(顺治)十年癸巳四十五岁……九月应召入都,授秘书院侍讲,奉敕纂修《孝经演义》,寻升国子监祭酒。时先生杜门不通请谒,当时有疑其独高节全名者。会诏举遗佚,荐剡交上,有司敦逼,先生控辞再四,二亲流涕办严摄使就道,虽伤老人意,乃扶病出山。"(《梅村家藏稿》附录)

戴笠亡命日本,寓居长崎侨民陈入德家。

魏禧始授徒于水庄。

张名振、张煌言等南明军十二月再入长江,大败清军于崇明。

傅以渐时为内翰林国史院学士,七月二十二日奉命教习庶吉士。

朱耷为道徒。

颜元为诸生。

吕留良改名光轮,始出就试,为邑诸生。

> **按**:张符骧《吕晚村先生事状》曰:"当是时,鳌折尘扬,巢倾卵覆,甕绳无蔽,风雨涛漂。先生悲天悯人,日形窘叹。而怨家猜哗不已,昵先生者咸曰:'君不出,祸且及宗。'先生不得已,易名光轮,出就试,为邑诸生。自癸巳迄丙午,辗转十余年,仇复事定,乃得弃去。尝作诗,有'苟全始信谈何易,饿死今知事最微'之句。"(《碑传集补》卷三六)

单若鲁四月升为国子监祭酒。

王熙五月由检讨升为国子监司业。

贺泰来闰六月由儒学训导升国子监学录。

沙澄七月由翰林弘文院侍讲为国子监祭酒。

曹本荣八月由右赞善为国子监司业,以正学为六馆倡,刊《白鹿洞规》以教士。

王尔禄在浙江鄞县创建义田书院,中为正学阁,奉祀朱熹。

朱德芬时任知州,在安徽泗县建泗水书院。

蔡士英时任江西巡抚,在南昌建蔡公讲堂。

清顺治十年　南明永历七年　鲁王监国八年　癸巳　1653年

翟凤翥在江西余江县建云锦书院。
王徽在江西上高县建联璧书院。
传教士卜弥格受南明派遣抵罗马。
德国传教士汤若望三月二日被授"通玄教师"称号，加俸一倍。特谕免行三跪九叩之礼。

陈确著《大学辨》。
按：陈确言《大学》非孔丘、曾参作，斥程、朱"圣经贤传"之说。是书一扫世儒敢诬孔孟，而不敢悖程朱的习气，虽受时人责难，然有功于倡导求实学风。历代关于《大学》的注本很多，主要有宋代朱熹的《大学章句》、《大学或问》，真德秀的《大学衍义》，明代王守仁的《大学问》，明清之际陈确的《大学辨》，清代李塨的《大学传注》等。
陆世仪著《思辨录》有成稿，归庄为作序。
按：参与编辑陆世仪《思辨录》并为之作序的尚有汪士韶。士韶字虞九，号药园，江苏太仓人。明诸生。其学以陆世仪为归，注重倡明儒学正统，尊崇朱熹之学，反对门户之争。晚年将其生平所著全部烧毁，故无所传于后世。
魏裔介著《约言录》内、外篇，又刻所辑《读书录纂要》。
谈迁二月著《国榷》初成，尚有修订。
按：谈迁年六十，携第二稿北上，在北京两年半，走访明遗民、故旧，搜集明朝遗闻以及有关史实，并实地考察历史遗迹，加以补充、修订，最后完成此书。
王国玮纂修《汧阳志》刊行。
叶子循纂修《重修郲阳县志》7卷刊行。
苏本眉修，王体言纂《闻喜县志》7卷刊行。
董尔基修纂《续吴江县志》刊行。
仲沈珠修《盛湖志》2卷刊行。
李世治等修纂《安庆府太湖县志》10卷刊行。
秦宗尧、王同春修纂《宁国府宣城县志》10卷刊行。
程万善修，张鼎廷、锁青缙纂《永宁县志》8卷刊行。
黄宗羲著《留书》1卷成书。
按：是书分文质、封建、卫所、朋党、史、田赋、制科、将等八篇，是一部探讨"治乱之故"的著作，以后所著的《明夷待访录》对此书的理论作了进一步深化。
冯元骧著《约斋文集》4卷刊行。
李玉著《两须眉》传奇。
吴伟业著《秣陵春》传奇成。
薛凤祚从波兰人穆尼阁著《天步真原》。

姚士晋卒（1578—　）。士晋字伯康，更名康，号休那，江南桐城人。明万历诸生。入清不仕。著有《休那遗稿》17卷、《太白剑》2卷。
顾梦麟卒（1585—　）。梦麟字麟士，号织帘，江南太仓人。明万历间，与常熟杨彝倡明程朱之学，号杨、顾。天启五年，与张采、张溥、周钟等结应社。入清，隐居太仓双凤里。曾与万寿祺、丁雄飞、王猷定等联名发

布赖恩·沃尔顿编辑有10种文字的《伦敦多语种圣经合参》（至1657年）。

德国外科医生约翰·舒尔特斯的有关外科器械及程序著作《外科器械》在其逝世后发表。

公启,为顾炎武征天下书籍。著有《诗经说约》28卷、《四书说约》20卷、《四书十一经通考》20卷、《双凤里志》8卷、《织帘居文集》4卷、《织帘居诗集》4卷、《韵珠》4卷、《中庵琐录》1卷、《谈艺录》2卷等。事迹见李桓《国朝耆献类征初编》卷四一三、陈瑚《顾麟士碑文》(《确庵文稿》卷一九)、黄宗羲《顾麟士先生墓志铭》(《黄宗羲全集》第十册碑志类)。

传教士傅汎际卒(1587—　)。汎际字体斋,葡萄牙人。明万历四十八年抵澳门。崇祯九年任在华耶稣会华北教省省会长。清顺治八年任巡阅教区职。译著有《寰有诠》、《名理探》。

按:明李之藻曾翻译《名理探》,又名《辩学》,梁启超在《中国近三百年学术史》中称赞此书"为西洋论理学输入之鼻祖"。

邢昉卒(1590—　)。昉字孟贞,一字石湖,江苏高淳人。明末诸生,参与"复社"活动。入清不仕,以卖酒为生。其诗与钱谦益、吴伟业相亚。著有《石臼集》。事迹见李桓《国朝耆献类征初编》卷四二八。

王翃卒(1603—　)。翃字介人,浙江嘉兴人。著有传奇《红情言》。亦能诗,有诗集《春槐集》、《秋槐集》。

姜垓卒(1614—　)。垓字如须,山东莱阳人。明崇祯十三年进士,授行人。门人私谥贞文先生。著有《筼簹集》、《流览堂残稿》6卷。事迹见李桓《国朝耆献类征初编》卷四七一。

桑结嘉错(　—1705)、窦克勤(　—1708)、毛乾乾(　—1709)、戴名世(　—1713)、汪森(　—1726)生。

清顺治十一年　南明永历八年　甲午　1654年

印度泰姬陵建成。

神圣罗马斐迪南三世帝之子利奥波德一世即任奥地利统治者。

法兰西和纳瓦尔国王路易十四在兰斯加冕。

英格兰第一届护国议会召开。

苏格兰议会被废,合并于英格兰。

英荷战争结束,

二月十五日丙子(4月2日),顺治帝行耕藉礼,亲祭先农坛。

十八日戊申(5月4日),顺治帝第三子玄烨生,后为清圣祖康熙帝。

四月初七日丙寅(5月22日),从户部议,命加速修订《赋役全书》。

六月初九日丁卯(7月22日),谕宗人府:宗学读书之宗室子弟既习满书,即可阅读已译成满文之汉书,著永停习汉字诸书,专习满书(《清世祖实录》卷八四)。

按:顺治帝以习汉书,入汉俗,将渐忘满洲旧制,故有此谕。

二十二日庚辰(8月4日),定满官与汉官一例,亦适用太师、太傅、太保、少师、少傅、少保及东宫三太三少之加衔。

十月十五日辛未(11月23日),大学士宁完我进故明《洪武大诰》三册,谕内院诸臣翻译进览。

十一月十二日戊戌(12月20日),改江南江北提督学院为提学道。

是月，诏编造各省丁地册。

顾炎武是年遍游沿江一带，以观山川形胜。

王夫之是秋避兵零陵北洞、钓竹园、云台山等地；是冬，又徙居于常宁西南乡西庄源，曾变姓名、换衣冠为瑶人，颠扑辗转于荒山野岭之间。

黄宗羲因海氛渐息，无复所望，遂决计毕力于著述。

按：康有为说："黄（宗羲）、顾（炎武）为宋、汉枢纽，黄为宋学之终，顾为汉学之始。"（《康有为全集》第二集《万木草堂口说》）

张名振、张煌言正月率师入长江，破仪真，泊金山，遥祭孝陵，旋返师崇明。

傅山六月因南明总兵宋谦起兵事败受牵连被捕，系狱于太原。

恽日初拜谒刘宗周墓于下蒋。

陆世仪入蔚村讲乡约。

陈瑚四月讲学印溪。是年元夕，集同人于尉迟庙。时瞿式耜之丧至，遂拜而挽之以诗。

查继佐在杭州设敬修堂。

归庄、钱谦益、朱鹤龄等集苏州假我堂，游宴咏诗。

宁完我时任内翰林国史院大学士，三月初一日疏劾大学士陈名夏"结党怀奸，情事叵测"，曾言"留发复衣冠，天下即太平"，命从重议罪。十一日处绞（《清史稿·陈名夏传》）。

李清至吴门，见归庄。

严绳孙、顾贞观等约于此际在里结云门社。

黄虞稷在南京与友人丁雄飞等结古欢社，互出家藏秘本，质疑问难，参订发明。

阎若璩从兄阎若琛中式山西举人。

冯溥七月由翰林国史院侍读为国子监祭酒。

王士禛典四川试，母忧归，服阕，起故官。

按：《清史稿·王士禛传》曰："上留意文学，尝从容问大学士李霨：'今世博学善诗文者孰最？'霨以士禛对。复问冯溥、陈廷敬、张英，皆如霨言。召士禛入对懋勤殿，赋诗称旨。改翰林院侍讲，迁侍读，入直南书房。汉臣自部曹改词臣，自士禛始。上征其诗，录上三百篇，曰《御览集》。"

赵开心时任都察院左都御史，正月二十日条奏六款，其中有奏对宜亲，经筵宜御。

王芝藻中举人。

按：王芝藻字淇瞻，江苏溧水人。著有《大易疏义》、《周礼订释古本》、《春秋类义折衷》16卷、《政典汇编》。

曹续祖中举人。

按：曹续祖字子成，号陶庵，山西大宁人。其学实践为本，尤尊孟子。著有《四书遵注纲领》、《四书窃疑》、《易书启蒙约义》、《太极通书》、《卧云洞草》。

耿熿、耿帝德、李贞吉向孙奇逢问学。

荷兰承认《航海条例》。

葡萄牙人逐荷兰人，遂有巴西全境。

乌克兰归并于俄罗斯，俄波战争爆发。

德国格里凯完成马德堡半球实验。

张志聪于诊病之余致力于医学著述。

吴绮为拔贡生，荐授中书舍人。

刘孔怀为拔贡生。

按：刘孔怀字友生，号果庵，山东长山人。精于训诂考据，曾与顾炎武、张尔岐友善并切磋学问。著有《古易序语》、《四书字证》、《诗经辨韵》、《五经字征》等。

张风绘诸葛亮像。

张缙彦时任山东布政使，在济南以历山书院改建为白雪书院。

黄檗山禅僧隐元应日本长崎兴福寺住持逸然之邀，率弟子10人东渡，开法于兴福寺（一名南京寺）、福济寺（一名漳州寺）、崇福寺（一名福州寺），名重一时。

戴笠在日本谒晤僧隐元，皈依禅学，剃度学佛，法名性易，字独立。由是追随隐元，往来于长崎、江户等地。

约翰·弥尔顿著成《辩护之二》。

贺登选著《易辰》9卷刊行。

王熙奉诏译《尚书》、《大学衍义》、《劝善书》。

恽日初纂《刘子节要》14卷。

按：《四库全书总目提要》曰："日初号逊庵，武进人，刘宗周之门人也。宗周生平著述曰《刘子全书》，曰《仪礼经传》，曰《古学经》，曰《家语考次》，曰《古易钞义》，曰《读易图说》，曰《论语学案》，曰《曾子章句》，曰《十三字》，曰《古小学集记》，曰《古小学通记》，曰《孔孟合璧》，曰《五子联珠》，曰《圣学宗要》，曰《明儒道统录》，曰《人谱》，曰《人谱杂记》，曰《中兴金鉴录》，曰《保民要训》，曰《乡学小相编》。其子汋汇而订之，凡百余卷。以篇帙繁富，未易尽观，因仿《近思录》例，分类辑录。一道体，二论学，三致知，四存养，五克治，六家道，七出处，八治体，九治法，十居官处事，十一教人之法，十二警戒改过，十三辨别异端，十四总论圣贤。每一类为一卷。其排纂颇为不苟，然亦有一时骋辨之词，不及详检而收之者。如曰'天命一日未绝则为君臣，一日既绝则为独夫。故武王以甲子日兴，若先一日癸亥，便是篡。后一日乙丑，便是失时违天'云云。此语非为臣子者所宜言。且癸亥师在商郊矣，实非甲子兴师。即甲子灭纣先一日之说，亦未免过于求快。如斯之类，其去取尚未当也。"

张岱历时二十七年，五易其稿，著《石匮书》成书。

按：是书凡220卷，为纪传体明史巨著，记述明洪武至天启朝史事。

吴炎、潘柽章合著《明史记》成稿逾半。又合著《今乐府》成书。

钱士馨著《甲申传信录》10卷成书。

按：是书系记载明末李自成起义军攻占北京及其失败的个人见闻录，为研究者提供了正史之外罕见的史料。

佚名纂《太原府志》4卷刊行。

余志明修，李向阳纂《徐州志》8卷刊行。

徐化民修纂《单县志》4卷刊行。

陈秉直修，赵贯台纂《平阴县志》8卷刊行。

佟庆年修，胡世定纂《松阳县志》10卷刊行。

郑遹玄修，陈衷赤等纂《潜山县志》10卷刊行。

王天民修纂《颍州志》20卷刊行。

清顺治十一年　南明永历八年　甲午　1654 年

　　王鼐修，赵贯台、朱胤哲纂《滑县志》10 卷刊行。
　　王德明修，程绍明、胡士懿等纂《乐平县志》14 卷刊行。
　　张三省、杨遵修，杜允中纂《阌乡县志》6 卷刊行。
　　传教士卫匡国所著《鞑靼战纪》在意大利刊行。
　　按：是书记述清初战争甚详，为治清史者所重。
　　李玉著《眉山秀》传奇成。
　　谈迁编定所著《枣林外索》一至三集。
　　李之芳著《棘听草》12 卷成书，有自序。
　　吴殳著《西昆发微》3 卷成书，有自序。
　　樊腾凤著《五方元音》2 卷约成书于此年以后。
　　僧智旭始编《阅藏知津》，历二十年成 48 卷。
　　梁维枢著《玉剑尊闻》10 卷成书，有自序。

　　传教士龙华民卒（1559—　）。华民字精华，意大利人。明万历二十五年来华，初在韶州传教，后继利玛窦任在华耶稣会会长，推行在民间传教。精天文历算，曾与徐光启等同撰《新法算书》。著有《圣教日课》、《论中国宗教的若干问题》。
　　按：梁启超《中国近三百年学术史》曰："明末有一场大公案，为中国学术史上应该大笔特书者，曰：欧洲历算学之输入。先是马丁·路得既创新教，罗马旧教在欧洲大受打击，于是有所谓'耶稣会'者起，想从旧教内部改革振作。他的计划是要传教海外，中国及美洲实为其最主要之目的地。于是利玛窦、庞迪我、熊三拔、龙华民、邓玉涵、阳玛诺、罗雅谷、艾儒略、汤若望等，自万历末年至天启、崇祯间先后入中国。中国学者如徐文定（光启）、李凉庵（之藻）等都和他们来往，对于各种学问有精深的研究。先是所行'大统历'，循元郭守敬'授时历'之旧，错谬很多。万历末年，朱世培、邢云路先后上疏指出他的错处，请重为厘正。天启、崇祯两朝十几年间，很拿这件事当一件大事办。经屡次辩争的结果，卒以徐文定、李凉庵领其事，而请利、庞、熊诸客卿共同参预，卒完成历法改革之业。"
　　冒起宗卒（1590—　）。起宗字宗起，一字琼应，号嵩少，江苏如皋人。明崇祯元年进士。官至湖南宝庆副使。入清不仕。著有《拙存堂经质》、《史括》、《拙存堂逸稿》等。
　　陈名夏卒（1601—　）。名夏字百史，江南溧阳人。明崇祯十六年进士。官翰林院修撰，兼户兵二科都给事中。降清，官至秘书院大学士。以徇私植党，滥用非人，为宁完我所劾，被绞死。著有《石云居士集》15 卷、《诗集》7 卷。事迹见《清史稿》卷二五二、《清史列传》卷七九、蔡冠洛《清代七百名人传》第一编。
　　按：据《清史列传·芮长恤传》载，芮长恤与同邑陈名夏、赵理之、吴颖、彭旭、史鉁、马世杰、马世俊等合社讲学，陈名夏等以芮长恤为师，但自陈名夏入清为官后，芮长恤就不再与他见面往来。传又曰："长恤在明时，初以制艺名。既，潜心理学，曰：'学者自有富贵大路，安用科第为？然欲得程、朱真传者，须取《太极图》、《西铭》、《易传叙》、《春秋传叙》四篇，精研讨究，豁然无疑，然后可以上问濂、洛、关、闽之学。'又曰：'昌黎一代儒宗，其学杂驳，故不见满二程。若学者求为韩子，不求为朱子，未可与言道也。'生平端方，一言一动必轨于道，学者多宗之。其为学博而能醇，经史疑义，考证尤精。尝以《纲目分注》为赵师渊作，不出朱子手，乃取分注之删削《通鉴》失其本事者，悉列原文于前，而推求事理考辨于后，著《纲目分注补遗》四卷。论者谓元汪克宽力崇道学，笃信新安而作《考异》一篇，订讹正舛，至今与《纲目》并列。长恤是书证佐分明，具有条理，非凭虚肆辨如姚江末流者比，可称《纲目》功臣。他著又有《易象传解》、《四诗正言》、《礼记通识》、《鲍瓜录》。"

侯方域卒(1618—)。方域字朝宗，号雪苑，河南商丘人。初师倪元璐。少时受复社、几社诸名士所推重，与方以智、冒襄、陈贞慧合称"明季四公子"。入清，应顺治八年乡试，中副榜。文章与魏禧、汪琬称清初三大家。著有《壮悔堂文集》10卷、《四忆堂诗集》。事迹见《清史稿》卷四八四、《清史列传》卷七〇、李桓《国朝耆献类征初编》卷四二三、蔡冠洛《清代七百名人传》第五编、邵长蘅《侯方域传》(《碑传集》卷一三六)。清侯洵编有《侯朝宗年谱》。

按：《清史稿》本传曰："方域师倪元璐。性豪迈不羁，为文有奇气。时太仓张溥主盟复社，青浦陈子龙主盟几社，咸推重方域，海内名士争与之交。……方域健于文，与魏禧、汪琬齐名，号'国初三家'。"

李来章(—1721)、郭彭龄(—1722)、胡方(—1727)生。

清顺治十二年　南明永历九年　乙未　1655年

奥地利利奥波德一世加冕为匈牙利国王。

英人克伦威尔解散议会，推行军区制。

第一次北方战争爆发，瑞典入波兰，取华沙和克拉科夫。

英国人占领牙买加，与西班牙战。

荷兰人占领北美特拉华。

俄乌联军入波兰，取卢布林。

正月二十一日丙午(2月26日)，顺治帝辑纂《资政要览》，自为序。

按：《四库全书总目提要》曰："《御定资政要览》三卷、《后序》一卷，顺治十二年世祖章皇帝御撰。凡三十章，曰《君道》，曰《臣道》，曰《父道》，曰《子道》，曰《夫道》，曰《妇道》，曰《友道》，曰《体仁》，曰《弘义》，曰《敦礼》，曰《察微》，曰《昭信》，曰《知人》，曰《厚生》，曰《教化》，曰《俭德》，曰《迁善》，曰《务学》，曰《重农》，曰《睦亲》，曰《积善》，曰《爱民》，曰《慈幼》，曰《养生》，曰《惩忿》，曰《窒欲》，曰《履谦》，曰《谨言》，曰《慎行》，曰《爱物》。每篇皆有笺注，亦御撰也。体裁虽仿周秦诸子，而镕铸古籍，阐为圣谟，义理一本于经，法戒兼裁于史。大旨阐明修身、齐家之道，又多为群臣百姓而言。伏《尧典》有曰：'平章百姓，百姓昭明，协和万邦，黎民于变时雍。'又《说命》有曰：'惟天聪明，惟圣时宪，惟臣钦若，惟民从乂。'盖治天下者，治臣民而已矣。使百官咸褆躬饬行以奉其职守，万姓咸讲让型仁以厚其风俗，则唐虞三代之治，不过如斯。明之季年，三纲沦而九法斁，逸妄兴于上，奸宄生于下，日偷日薄，人心坏而国运随之，天数乃终。世祖章皇帝监夏监殷，深知胜国之所以败，故丁宁诰诫，亲著是书，俾朝野咸知所激劝，而共跻太平。御题曰《资政要览》，见澄叙官方，敦崇世教，为保邦之切务，圣人之情见乎词矣。传诸万年，所宜聪听而敬守也。"

是日，以建造乾清、景仁、承乾、永寿四宫成，遣公、内大臣、尚书等祭告天地、太庙及诸神。

清顺治十二年　南明永历九年　乙未　1655年

二十五日庚戌(3月2日)，顺治帝纂《劝善要言》成，自为序。

二十六日辛亥(3月3日)，命设馆修《顺治大训》，将忠臣义士、孝子贤孙、贤臣廉吏、贞妇烈女及奸贪鄙诈、愚不肖等分门别类加以纂辑。

按：大学士额色黑、金之俊、吕宫为总裁官，能图、张悬锡、李霨为副总裁官，王无咎、方拱乾、沙澄、黄机、吴伟业、王熙、方悬成、曹本荣、姜元衡、张士甄、范廷元、李仪古、宋之绳、白乃贞，又满官四员等人为纂修官。满官四员为誊录官。典籍二员，为收掌官(《清世祖实录》卷八八)。

二十八日癸酉(3月5日)，兵科都给事中魏裔介奏请有司为民讲说律法。

二月初一日丙辰(3月8日)，命大学士额色黑、金之俊、侍郎恩格德、学士胡兆龙充会试主考官。

初四日己未(3月11日)，命大学士车克、学士麻勒吉传谕主考官胡兆龙曰："会试大典，关系人才。以尔乃亲近儒臣，特遣主试。尔当克殚敬慎，以称委任至意，不得少有忽略，致负朕怀。"(《清世祖实录》卷八九)

十二日(3月19日)，内翰林国史院侍读黄机奏言："自古仁圣之君，必祖述前谟，以昭一代文明之治。年来纂修太祖、太宗实录告成，伏乞皇上特命诸臣详加校订。所载嘉言善政，仿《贞观政要》、《洪武宝训》诸书，辑成治典，恭候皇上钦定鸿名，颁行天下，尤望于万几之暇，朝夕省览，身体力行，绍美前休。"下所司议(《清世祖实录》卷八九)。

按：《清史稿·黄机传》曰："十二年，机疏言：'自古仁圣之君，必祖述前谟，以昭一代文明之治。今纂修太祖、太宗实录告成，乞敕诸臣校定所载嘉言嘉行，仿《贞观政要》、《洪武宝训》诸书，辑成治典，颁行天下。尤原万几之暇，朝夕省览。法开创之维艰，知守成之不易，何以用人而收群策之效？何以纳谏而宏虚受之风？何以理财而裕酌盈剂虚之方？何以详刑而无失出失入之患？力行身体，则动有成模，绍美无极。'上俞之，诏辑太祖、太宗圣训，以机充纂修官。"

三月十三日戊戌(4月19日)，举行殿试。命大学士车克、额色黑，学士叶成格、能图、石图、禅代、张长庚、麻勒吉、铿特、祁彻白，侍郎苏讷海、觉罗额尔德、恩格德、科尔昆、郭科、启心郎对喀纳，通政使喀恺，大理寺卿吴库礼充满洲读卷官。侍读学士索诺穆、侍读穆成格充蒙古读卷官。大学士金之俊、王永吉、成克巩、傅以渐，学士张悬锡、胡兆龙、梁清宽、李霨，詹事陈爌，尚书李际期，侍郎卫周祚、王弘祚、李呈祥、袁懋功，左都御史龚鼎孳，通政使朱鼎延，大理寺少卿霍达充汉读卷官。

十九日甲辰(4月25日)，赐殿试满洲、蒙古贡士图示宸等50人，汉军及汉人贡士史大成等419人赐进士及第出身有差。

二十七日壬子(5月3日)，顺治帝谕直省学臣"兴文教，崇经术"(《清世祖实录》卷九〇)。

二十八日癸丑(5月4日)，始设日讲官。

按：是日，顺治帝谕内三院云："朕惟自古帝王，勤学图治，必举经筵日讲，以资启沃。今经筵已定于文华殿告成之日举行，日讲深有裨益，刻不宜缓。尔等即选满汉词臣，学问淹博者八员，以原衔充日讲官，侍朕左右，以备咨询。仍传谕礼部，速择开讲吉日以闻。"(《清世祖实录》卷九〇)终顺治朝,行日讲之典唯此年四月二十八日及顺治十四年(1657)十二月初四日两次。

四月初三日丁巳(5月8日),停选汉军庶吉士。

二十九日癸未(6月3日),从黄机奏,命于次月开馆纂修《太祖圣训》、《太宗圣训》。

按:命大学士冯铨、车克、成克巩、刘正宗、傅以渐等为总裁官,麻勒吉、铿特、祁彻白、胡兆龙、张悬锡、李霨、梁清宽等7人为副总裁官。王无咎、杨思圣、方拱乾、卓彝、周启隽、黄机、吴伟业、左敬祖、曹本荣、熊伯龙、马叶曾、宋之绳,又满官四员,为纂修官。满汉官各四员,为誊录官。满汉典籍四员,为收掌官(《清世祖实录》卷九一)。

七月二十九日辛亥(8月30日),诏求各省舆图。

按:兵部奏言:"臣等谨按《会典》所载,凡天下险隘要冲地方,职方司皆有图籍,而边事特重,故镇戍总图、九边图以及沿海腹里并彝猺猓獞所宜备御者,著于图说,疆宇之或险或易,兵马之宜增宜减,一览了然。今职方司虽有旧本,而时势既殊,图籍宜易。请敕下直省各督抚,将所辖境内水陆冲区,及险隘形势,绘为二图,仍节录明季设置兵将几何,今改设几何,详注图旁,其正本恭进御览,副本咨送臣部,以便参酌因革损益之宜。"从之(《清世祖实录》卷九二)。

九月二十一日壬寅(10月20日),初行武举殿试。命内翰林弘文院学士张悬锡、内翰林国史院学士白允廉为武会试主考官。

按:谕兵部:今科中式武举220名,应照文进士例一体殿试,将亲行阅视,先试马步箭,次试策文,永著为例。十月初一、初三日,顺治帝于景山亲试骑步射,初五日亲行策试。

二十五日丙午(10月24日),颁赐御制《资政要览》、《范行恒言》、《劝善要言》、《御制人臣儆心录》各一部于异姓公以下、三品以上文官。

按:《四库全书总目提要》曰:"《御制人臣儆心录》一卷,顺治十二年世祖章皇帝御撰。凡八篇:一曰《植党》,二曰《好名》,三曰《营私》,四曰《徇利》,五曰《骄志》,六曰《作伪》,七曰《附势》,八曰《旷官》。前有御制序。盖因勋臣谭泰、石汉,大学士陈名夏等,先后以骄怙伏法,因推古今来奸臣恶迹,训诫群臣,俾共知炯鉴也。夫一气流行,化生万品。鸾枭并育,谷稗同滋,实理数之不得不然。故有君子必有小人,虽唐虞盛时,四凶亦厕名于朝列,无论秦、汉以下也。不幸而遇昏乱之世,则匪人得志,其祸遂中于国家,前明诸权幸是也。幸而遇纲纪修明之时,则翔阳所照,物无匿形,虽百计弥缝,终归败露,则陈名夏诸人是也。在我世祖章皇帝圣裁果断,睿鉴英明,足以驾驭群材,照临万象。雷霆一震,鬼蜮潜踪。虽有佥壬,谅不敢复蹈覆辙。而圣人虑周先事,杜渐防微,恐小人惟利是营,多昏其智。于陈名夏等不以为积怨已稔,自取诛夷;反以为操术未工,别图掩盖。因特颁宸翰,普示班联。曲推其未发之谋,明绘其欲施之策,俾共知所聚党而私议者,已毕在洞照之中。如九金铸鼎,先图魑魅之形。倘逢不若,皆可以指而目之,名而呼之。山鬼之伎俩,自穷而无所逞也。国家重熙累洽百有余年,列圣相承,并乾纲独断。从无如前代奸臣得以盗窃魁柄者,岂非祖宗贻谋,有以垂万年之家法哉!"

十月初二日壬子(10月30日),定殿试武举仪注。

初四日甲寅(11月1日),命大学士巴哈纳、车克、金之俊、陈之遴、刘正宗、成克巩、傅以渐、学士能图、叶成格、石图、禅代、张长庚、麻勒吉、铿特、胡兆龙、张悬锡、李霨、白允谦、尚书王永吉、戴明说、胡世安、卫周祚、侍郎袁懋功、左都御史龚鼎孳、左通政董国祥、大理寺少卿杨义充殿试读卷官。

初八日戊午(11月5日),以殿试中式武举于国柱等220人赐武进士及第出身有差。

初九日己未(11月6日),命武进士第一甲于国柱、单登龙、范明道,第二甲邵一仁、张其毓、颇君德、曾以信、刘燧、马之迅、缴应缘、刘秉仁、樊英、刘世明、张可久、缴正经、白文灿、孔弘宪、王宇泰、姚典、周彝、杨焕斌、张靖,第三甲胡师龙随侍卫学习骑射。

十八日戊辰(11月15日),谕刑部:"帝王以德化民,以刑辅给,故律例之设,最宜详慎。苟法律轻重失宜,则官吏舞文,得以任意出入,虽欲政平讼理,其道无由。朕览谳奏本章,引用律例,多有未惬。尔部所有满汉字律例,作速誊写进呈,朕将详览,更定颁布遵行。"(《清世祖实录》卷九四)

二十五日乙亥(11月22日),定纂修玉牒之制。

按：礼部、宗人府、内院共同议定：敕内院翰林官同宗人府、礼部纂修；照会典所载论世次,各派所出子孙,依次书于各派之下,以帝系为统,其余各照次序胪列；缮四函,一函进呈皇帝,另三函分布宗人府、内院、礼部；每十年纂修一次；宗室、觉罗等生子年月日时于每年正月初十日送宗人府、礼部记档,以便会纂(《清世祖实录》卷九四)。

十二月十五日乙丑(1656年1月11日),以朱熹十五世孙朱煌袭其父翰林院五经博士职。

是日,颁行满文《大清律》。

顾炎武正月四谒孝陵,有诗寄陈芳绩。是春,归昆山,至唐市,访陈璧,以所作《孝陵图》及诸忠义传示之。

王夫之是春游兴宁山中,寓于僧寺。有从游者,为说《春秋》。

按：支伟成曰:"先生论学,以汉儒为门户,以宋五子为堂奥。其攻阳明之学甚力。尝曰:'姚江之学,横拈圣言之近似者,摘一句一字以为要妙,窜入其禅宗,尤为无忌惮之至。'其所作《大学衍》、《中庸衍》,皆力辟'致良知'之说,以羽翼朱子。"(《清代朴学大师列传·王夫之》)

傅山七月自太原出狱。

汤斌二月应诏陈言,请广搜野乘遗书以修《明史》,且谓"前朝诸臣有抗节不屈、临危致命者,不可概以叛书。宜命纂修诸臣勿事瞻顾"。

按：《清史稿·汤斌传》曰:"方议修《明史》,斌应诏言:'《宋史》修于元至正,而不讳文天祥、谢枋得之忠；《元史》修于明洪武,而亦著丁好礼、巴颜布哈之义。顺治元、二年间,前明诸臣有抗节不屈、临危致命者,不可概以叛书。宜命纂修诸臣勿事瞻顾。'下所司。大学士冯铨、金之俊谓斌奖逆,拟旨严饬,世祖特召至南苑慰谕之。时府、道多缺员,上以用人方亟,当得文行兼优者,以学问为经济,选翰林官,得陈𤣱、黄志遴、王无咎、杨思圣、蓝润、王舜年、范周、马烨曾、沈荃及斌凡十人。"

陈确、张履祥等会于翠薄山房。

陈瑚是春馆李清家。八月,讲学玉峰;辞地方大吏白登明(字林九)荐举。是年,有日记1卷。

归庄五月为顾炎武与叶氏构讼向钱谦益求救。

应撝谦是冬卜居临平,依沈谦南园以居者,凡四年。

魏象枢始专心研治理学。

谢文洊会讲新城神童峰,有王圣端者力攻王阳明,文洊与辩累日,圣端为所动。

麻勒吉、胡兆龙、李霨、折库纳、王熙、方悬成、曹本荣等四月充日讲官。

阎尔梅是夏从济南狱中逃脱,始浪迹江湖。

汪琬、宋德宜中进士。

王士禛中进士,出任扬州推官。临行,汪琬作文以送。

胡承诺赴铨县职。

阎若璩年二十,读《尚书》至古文二十五篇,即疑其伪,始作《古文尚书疏证》。

按:赵执信《阎先生若璩墓志铭》曰:"少读《尚书》,多所致疑,谓自孔安国至梅赜,几五百年中间半出傅会,遂著《尚书古文疏证》以申其说。"(《碑传集》卷一三一)以后毛奇龄曾著《古文尚书冤词》与之驳辩,但亦"终不能以强辞夺正理","则有据之言先立于不可败也"(《四库全书总目提要》)。

颜元读《资治通鉴》,至忘寝食,遂弃举业。

吕留良应友人陆文霖之请,至苏州租屋暂居,开始评选时文。

彭定求年十一,父授以《太上感应篇》,即知敬重端拱,持念有常,知所警省。

黄机时为翰林院侍讲,二月奏请太祖、太宗二朝实录一并详加校订,仿《贞观政要》、《洪武宝训》例,辑二帝"嘉言善政"为专书。

霍达时为大理寺少卿,三月初四日奏言:"帝王之治天下,惟在正心。正心之道,端在勉学。然非取典谟经籍,讲求而力行之,无以追踪二帝三王之盛业也。皇上春秋鼎盛,正当及时力学,则日讲之官不可不专设,日讲之事不可不急行。诚取《大学》、《论语》及《帝鉴图说》、《贞观政要》、《大学衍义》诸书,令讲官日讲一二章,皇上精思明辩,躬体力行,则学有实用,于以追踪帝王,坐致太平,有余裕矣。"下有司知之(《清世祖实录》卷八八)。

董色、吴达阐、莫乐洪、达尔布、拖必泰、查汉、曹申吉、刘芳躅、王命岳、宋德宜、徐元榘、张松龄、沈世奕、綦汝楫、刘祚远、田种玉、孙光祀、严沆、周宸藻、冯源济、李立、邓钟麟、范廷魁、胡简敬、伊辟、党以让、吴贞度、王泽弘、王益朋、田逢吉、梁鋐、邱象升、项景襄、秦松龄、韩雄允等进士四月初八日被顺治帝亲选为庶吉士,同满汉一甲进士读书,禅代、麻勒吉、胡兆龙、李霨等学士奉命为教习。

查慎行年六岁,通声韵,工属对。

秦松林中进士,官检讨。

谢允潢时任江西崇仁知县,建文昌书院。

传教士汤若望八月二十日授通政使司通政使衔,赐二品顶戴。

传教士卜弥格得新立教皇亚历山大七世复南明皇太后及宠天寿书,拟启程返中国。

耶稣会传教士利类思、安文思以有天主像之书一本、自鸣钟一架、万象镜一架、按刻沙漏一具、鸟枪一枝、画谱一套呈献顺治帝。

王夫之是春始著《周易外传》。

按:是书为王夫之重要哲学著作之一,作者借传统的传注形式,发挥了自己的哲学思想,可谓其早期的"哲学宣言"。有道光二十二年(1842)衡阳王氏守遗经书屋《王船山遗书》刻本,同治三年(1864)曾国藩、曾国荃江宁节署补刻本,1962年中华书局校点排印本。研究此书的论著有王孝鱼的《船山学谱》、嵇文甫的《船山哲学》、侯外庐的《船山学案》、陆复初的《船山学案》等。此书完成以后,又著《周易发例》1卷。《续修四库全书总目提要》曰:"夫子说《易》,不信陈抟之学,亦不信京房之术,于先天诸图,及纬书杂说,排之甚力,而亦不空谈玄妙,附会老庄之旨。故言必征实,义必切理。此书(《周易发例》)作于《外传》以后,其说间有不同者,盖夫之学《易》几四十年,先后进境有不同,非故意有以求异也。《外传》以推广于象数之变通,极酬酢之大用,而此编则守象爻立诚之辞,以体天人之理,不容有毫厘之逾越。皆极笃实,无支离恍惚之谈。二书固可相为表里也。"

王夫之著《尚书引义》6卷,八月又著《老子衍》初稿成。

按:《老子衍》为作者系统研究和批判《老子》哲学的最早成果,也是其哲学体系的早期奠基作之一,以后他的主要哲学观点几乎都可以从此书中找到端倪。

费密始批《四书大全》。

陆世仪著《论学酬答》刊行。

魏象枢纂《儒宗录》成书。

陈确纂《山阴先生语录》成书。

徐枋纂《二十一史文稿》、《通鉴纪事类聚》320卷,先后成书。

庄廷鑨就明大学士朱国桢所著《明史》数百卷,广聘名士如吴炎、潘柽章、查继佐等,补辑成《明史辑略》。

郝应第纂修《太谷县续志》2卷刊行。

赵国琳修,张彦士纂《定陶县志》8卷刊行。

徐可先修,胡世定等纂《龙泉县志》10卷刊行。

刘回义等修,李士蛟等纂《铜陵县志》8卷刊行。

李大升修,陈邦简纂《寿州志》5卷刊行。

翟乃慎修,马履云、徐必达纂《颍上县志》14卷刊行。

窦士范修纂《黟县志》8卷刊行。

黄向坚著《寻亲纪程》、《滇还纪程》各1卷成书,胡周鼒作序。

汤斌作《敬陈史法疏》。

黄宗羲著《杏殇集》成书。

尤侗所著《西堂杂俎一集》由徐元文刊行。

沈自晋刻所纂《广辑词隐先生增定南九宫十三调词谱》26卷。

《中国新地图手册》在荷兰阿姆斯特丹出版。

约翰·科特格雷夫著成《英国文学和语言宝库》。

皮埃尔·博雷尔著成《古高卢语研究词典》。

威廉·德拉蒙德的著作《五位詹姆斯历史》在其逝世后发表。

托马斯·富勒著成《不列颠教会史》。

托马斯·霍布斯撰成《基础哲学》。

托马斯·斯坦利编成《哲学史》(是为第一卷;1656年完成第二卷;1660年完成第三卷;1662年完成第四卷;全集在1687年出版)。

约翰·沃利斯著成《无穷算术》,首次将代数学扩展到微积分学。

丁耀亢著《椒丘诗》2卷刊行。

吴懋谦著《苎庵二集》12卷刊行。

李玉著《玉搔头》传奇。

龚贤作《万笏攒峰图》。

传教士鲁德昭所著《中华帝国史》以拉丁文刊行。

传教士卫匡国所著《中国新地图集》初版于阿姆斯特丹。

按：是书又名《中华帝国图》，共8幅，为当时最精确之中国地图。

皮埃尔·伽桑狄卒（1592— ）。法国哲学家、数学家、天文学家。

范凤翼卒（1575— ）。凤翼字异羽，号真隐，江苏南通人。明万历二十六年进士。历任滦州知州、顺天儒学教授、户部主事及员外郎。天启六年被参，削职为民。著有《山茨振响集》、《勋卿文集》、《真隐奇言》、《适患草》等。

张文郁卒（1578— ）。文郁字太素，浙江天台人。明天启二年进士。历任工部主事、右都御史、工部左侍郎。南明鲁王时，官至工部尚书。著有《度予亭集》、《文雅社约》等。

李中梓卒（1588— ）。中梓字士材，号念莪，江苏南汇人。诸生。名医。著有《内经知要》、《医宗必读》、《删补颐生微论》4卷、《雷公炮制药性解》6卷等。

按：《四库全部总目提要》："《删补颐生微论》四卷，明李中梓撰。……是编初稿定于万历戊午，已刊版行世。崇祯壬午又因旧本自订之，勒为此编。凡二十四篇：曰三奇、曰医宗、曰先天、曰后天、曰辨妄、曰审象、曰宣药、曰运气、曰脏腑、曰别证、曰四要、曰化源、曰知机、曰明治、曰风土、曰虚痨、曰邪祟、曰伤寒、曰广嗣、曰妇科、曰药性、曰医方、曰医药、曰感应。门类颇为冗杂。《三奇论》中兼及道书修炼，如去三尸行呵吸等法，皆非医家本术也。"

方孔炤卒（1591— ）。孔炤字潜夫，号鹿湖，安徽桐城人。明万历进士。崇祯时官至湖广巡抚。后遭马士英排挤去职，归隐桐城，著述自娱。著有《周易时论》、《春秋窃议》、《全边略纪》、《环中堂诗文集》等。事迹见郑三俊《方潜夫墓志铭》（《桐城方氏七代遗书》卷首）。

僧智旭卒（1599— ）。智旭字素华，俗姓钟，名际明，又名声，字振之，晚称蕅益老人，别号八不道人，江苏吴县人。与莲池、紫柏、憨山并称明代四大高僧。后世尊为净土第九祖。著有《灵峰宗论》10卷、《教观纲宗》、《阿弥陀经要解》1卷、《心经略解》1卷、《准提持法》1卷、《金刚破空论附观心释》2卷、《大佛顶玄文》12卷、《占察玄疏》3卷、《盂兰新疏》1卷、《阅藏知津》、《楞严玄义》、《楞严文句》、《法华会义》、《大乘止观释要》等。事迹见弘一法师编《蕅益大师年谱》。

孟称舜卒于本年后（1600— ）。称舜字子若，一作子塞、子适，号卧云子、花屿仙史，浙江绍兴人。明崇祯诸生，曾参加复社。清初任浙江松阳县训导。著有《孟叔子史发》和杂剧五种《桃花人面》、《残唐再创》、《花前一笑》、《死里逃生》、《眼儿媚》，传奇三种《娇红记》、《贞文记》、《二胥记》，又编选评点《古今名剧合选》。今有中华书局2005年版《孟称舜集》4卷。事迹见欧阳光《孟称舜的生平及其他》（《中山大学研究生学刊》1981年第

4期)和《孟称舜生平史料新见》(《艺谭》1982年第1期)。

庄廷鑨约卒,生年不详。廷鑨字子襄(或作子相),又字子美,浙江乌程人。家巨富,双目失明。顺治间购得朱国桢所撰《明史稿》,广聘名士修辑,并增补天启、崇祯两朝及南明史事,辑成《明史辑略》,称为己作。康熙元年被知县吴之荣告发,遂成大狱。被剖棺碎骨,凡与此书有关之人皆受到牵连。

纳兰性德(　—1685)、劳史(　—1713)、吴乘权(　—1719)、汪份(　—1721)、胡煦(　—1736)、徐元梦(　—1741)生。

清顺治十三年　南明永历十年　丙申　1656年

正月初四日癸未(1月29日),诏编《通鉴全书》。
按:以巴哈纳、额色黑、刘正宗、傅以渐等4人为总裁官,张长庚、禅代、麻勒吉、铿特、折库讷、胡兆龙、张悬锡、李霨、白允谦等9人为副总裁官;岳苏、朱之锡、卜素履、扬熙、范承谟、卢彦、杭奇、王世功、图巴海、方拱乾、何采、王清、张士甄、范廷元、熊伯龙、诸豫、张永祺、曹尔堪、金鋐、方犹、杨永宁为纂修官。白希图、纳海、吴世霸、哈世泰、霜色、塞赫、黑德、津拜、胡密色、王秉坤、陈登科、达杨阿、任冶民、邵凤翔、邱衡、雷经、徐吴锦、韩诗为誊录官,朱臣、崔振声、王钟庞、钱世清为收掌官。

是日,命纂修《孝经衍义》,以冯铨为总裁官,冯溥、黄机、吴伟业、王熙、曹本荣、姜元衡、郭棻、宋之绳等为编纂官,曹首望、盛际斯、方兆及、吴炜为誊录官,王钟庞、包元辰为收掌官。
按:谕曰:"自古平治天下,莫大乎孝。孝为五常百行之原,故曾子备述孔子之言,以为《孝经》,昭示后世。上自天子,下逮庶人,至孝之道,罔不备焉。朕观其立言正大,意旨深远。苟非取古人言行,关于孝道者,推而广之,不足以彰其义。兹欲博采群书,加以论断,勒成一编,名曰《孝经衍义》。特命冯铨为总裁官,冯溥、黄机、吴伟业、王熙、曹本荣、姜元衡、郭棻、宋之绳为编纂官,曹首望、盛际斯、方兆及、吴炜为誊录官,王钟庞、包元辰为收掌官。卿等膺兹委任,须勤敏敬慎,悉心搜辑,务俾读者观感效法,以称朕孝治天下之意。"(《清世祖实录》卷九七)

二月初七日丙辰(3月2日),以八旗各令子弟专习诗书,未有讲及武事者,谕礼部酌量每牛录下当读满汉书子弟几人,定为新例具奏。凡应试及衙门取用均在定数之内,其定数之外读书子弟各衙门无得取用,亦不许应试(《清世祖实录》卷九八)。

十五日甲子(3月10日),顺治帝亲试习满文庶吉士,前十名予以赏赐,后四名各罚俸三月。
按:王熙等6人学问皆优;白乃贞等4人向之所学今反遗忘,命停俸,再学之人,如怠惰不学,从重论处;郭棻、李昌垣习学已久,全不通晓,降三级调外用,补官时罚俸一年。

二十七日丙子(3月22日),吏科给事中王启祚奏请顺治帝先阅《四

印度德里杰密马斯清真寺建成。

罗马的圣彼得教堂建成。

威尼斯舰队败奥斯曼帝国于达达尼尔海峡。

奥斯曼帝国苏丹穆罕默德四世起用穆罕默德·科普吕律为大维齐尔。

奥地利利奥波德一世加冕为波希米亚国王。

英国第二届护国议会召开,取消军区制。

瑞典—勃兰登堡联军败波兰。

英人在西班牙加的斯劫夺来自美洲的黄金。

荷兰人自葡萄牙人处获锡兰科伦坡。

书》、《五经》以及《资治通鉴》、《贞观政要》、《大学衍义》等有关政治的书，其余姑且缓之(《清世祖实录》卷九八)。

四月十五日癸亥(5月8日)，廷试天下贡士赵逵等896人。

闰五月初八日乙卯(6月29日)，顺治帝亲试学习满文之翰林官员，谕翰林官"兼习满汉文字，以俟将来大用，期待甚殷"，命以后"俱当精勤策励，无负朕惓惓作养，谆谆教诲至意"(《清世祖实录》卷一○二)。

八月二十一日丙申(10月8日)，减八旗科举考试取中名额。

按：减满洲生员额四十名，举人额十名，进士额五名；蒙古生员额二十名，举人、进士额各五名；汉军生员额二十名，举人额五名(《清世祖实录》卷一○三)。减后，满洲生员额留八十名，蒙古生员留四十名，汉军生员留一百名。

二十七日壬寅(10月14日)，顺治帝承皇太后训示，制《内则衍义》书成，自为序。

十一月初七日辛亥(12月22日)，诏禁无为、白莲、闻香等"邪教"。

按：谕曰："治天下，必先正人心；正人心，必先黜邪术。儒、释、道三教并垂，皆使人为善去恶，反邪归正，遵王法而免祸患。此外乃有左道惑众，如无为、白莲、闻香等教名色，邀集结党，夜聚晓散。小者贪图财利，恣为奸淫；大者招纳亡命，阴谋不轨。无知小民被其引诱，迷惘颠狂，至死不悟。……向来屡行禁饬，不意余风未殄。……若不立法严禁，必为治道大蠹。虽倡首奸民罪皆自取，而愚蒙陷网罹辟，不无可悯。尔部大揭榜示，今后再有踵行邪教，仍前聚会烧香、敛财号佛等事，在京着五城御史及该地方官，在外着督抚按道有司等官，设法缉拏，穷究奸状，于定律外，加等治罪。如或徇纵养乱，尔部即指参处治。"(《清世宗实录》卷一○四)

十二月初六日己卯(1657年1月19日)，册封董鄂氏为皇贵妃，颁诏天下。

按：据《清会典》，册立皇后礼成，颁诏天下，无册封妃嫔颁诏之例。董鄂氏册为贵妃，颁诏天下，为殊典，非成例。

是年，罗马教皇亚历山大七世决定准许耶稣会士照他们的理解参加祭孔等活动，但不能妨碍教徒的根本信仰。

荷兰惠更斯发明摆钟。

荷兰斯宾诺莎被革出教门。

黄宗羲二月遭捕，脱死。弟宗炎被捕，赖故人朱湛侯、诸雅六救之，亦得免。

顾炎武闰五月五谒孝陵，王潢同行，有《闰五月十日恭谒孝陵》、《王处士自松江来拜陵毕遂往芜湖》诗各一首。在南京遇潘柽章，有《赠潘节士柽章》诗，盛赞潘柽章之史才，并透露自己亦有作史之志。

方以智还居桐城东乡。

吕留良以《近思录》赠吴尔尧，吴之振从吕留良学诗。

陆世仪是春讲学于明伦堂，又延陈瑚讲学于静观楼。

按：《清史稿·陈瑚传》曰："世仪《格致篇》首提'敬天'二字，瑚由此用力，颇得要领。因定为日纪考德法，而揭敬胜、怠胜于每日之首，格致、诚正、修齐、治平于每月之终，益信'人皆可以为尧舜'非虚语也。复取小学分为六：曰入悌，曰出悌，曰谨行，曰信言，曰亲爱，曰学文；大学分为六：曰格致，曰诚意，曰正心，曰修身，曰齐家，曰治平。谓小学先行后知，大学先知后行，小学之终，即大学之始。瑚之为学，博大精深，以经世自任。"

陈瑚二月讲学于诸庸夫草堂，再讲学于静观楼。

傅山门人戴庭是春请刻其诗，不许。

冯铨年老致仕。

魏裔介疏请令学政刊布明儒薛瑄、王守仁等讲学诸书，以培真才。

李颙始究心兵法。

颜元以家贫养老计，始习医。

陆陇其补邑弟子员。是年，始博观宋、元、明诸大儒书，而一以朱子为宗。

曹本荣升秘书院侍讲、左春坊左庶子，兼侍读。

按：《清史列传·曹本荣传》曰："日侍讲幄，辨论经义。世祖章皇帝谕曰：'《易》自魏王弼、唐孔颖达有《注》与《正义》，宋程颐有《传》。朱熹《本义》出，学者宗之。明永乐间，命儒臣合元以前诸儒之说，汇为《大全》，皆于《易》理多所发明。但其中同异互存，不无繁而可删，华而寡要。且迄今几三百年，儒生学士发挥经义者，亦不乏人，当加采择，折衷诸论，简切洞达，辑成一编，昭示来兹。'乃敕本荣与傅以渐撰《易经通注》九卷，熔铸众说，词简理明，为说经之圭臬。"

归庄闰五月至虞山访钱谦益。

阎尔梅至西安，寓卧龙寺，检读所藏宋刻《大藏经》，复游咸阳。

施闰章是秋督学山东。

吴伟业正月初四日充《孝经衍义》纂修官。初六日，升为国子监祭酒。旋因母表丁忧，回江南原籍。

朱彝尊游粤，与屈大均定交。

董说削发为僧。

谷应泰五月以户部郎中出任浙江提督学政。

按：谷应泰莅任之后，即设书舍于杭州西湖畔，署为"谷厘仓著书处"，邀集两浙名士，着手编纂明代史书。

折库讷时为内国史院学士，六月二十一日奉命教习庶吉士。

僧憨璞聪任京师海会寺主持。

比利时传教士柏应理来中国传教。

朱之俊著《周易纂》6卷成书，有自序。

顺治帝著《御注孝经》1卷刊行。

按：《四库全书总目提要》曰："《御注孝经》一卷，顺治十三年世祖章皇帝御撰。《孝经》词近而旨远。等而次之，自天子以至于庶人；推而广之，自闺门可放诸四海；专而致之，即愚夫、愚妇可通于神明。故语其平易，则人人可知可行；语其精微，则圣人亦覃思于阐绎。是编《御注》约一万余言，用石台本，不用孔安国本，息今文、古文门户之争也。亦不用朱子《刊误》本，杜改经之渐也。义必精粹，而词无深隐，期家喻户晓也。考历代帝王注是《经》者，晋元帝有《孝经传》，晋孝武帝有《总明馆孝经讲义》，梁武帝有《孝经义疏》，今皆不存。惟唐玄宗御注列《十三经注疏》中，流传于世。司马光、范祖禹以下悉不能出其范围。今更得圣制表章，使孔、曾遗训，无一义之不彰，无一人之不喻，回视玄宗所注，度而越之，又不啻万倍矣。"

马纳塞·本·伊斯雷尔发表《为犹太教翻案》。

约翰·班扬著成《福音真理问世》。

马钱蕙特·尼达姆著成《自由国国王》。

敕修《御定内则衍义》16卷成书。

按：《四库全书总目提要》曰："《御定内则衍义》十六卷，顺治十三年世祖章皇帝御定，冠以御制序文，及恭进皇太后表。以《礼记·内则篇》为本，援引经史诸书以佐证推阐之。分八纲、三十二子目：一曰孝之道，分事舅姑、事父母二子目；二曰敬之道，分事夫、劝学、佐忠、赞廉、重贤五子目；三曰教之道，分教子、勉学、训忠三子目；四曰礼之道，分敬祭祀、肃家政、定变、守贞、殉节、端好尚、崇俭约、谨言、慎仪九子目；五曰让之道，分崇谦退、和妯娌、睦宗族、待外戚四子目；六曰慈之道，分逮下、慈幼、敦仁、爱民、宥过五子目；七曰勤之道，分女工、饮食二子目；八曰学之道，分好学、著书二子目。考古西周盛运，化起宫闱。《周南》始《关雎》，而《桃夭》、《汉广》丕变乎民风；《召南》始《鹊巢》，而《采苹》、《采蘩》具娴乎礼教。盖正其家而天下正，天下各正其家而风俗淳美，民物泰平。故先王治世，必以内政为本也。此编出自圣裁，并经慈鉴，端人伦之始，以握风化之原，疏通经义，使知所遵循，引证史文，使有所法戒。用以修明闺教，永著典刑。以视丰、镐开基之治，有过之无不及矣。班昭《女诫》以下，区区爝火之明，又何足仰拟日月欤！"

应撝谦重订《性理大中》28卷成书。

毛晋历时30年，刻成《十七史》校本。

谈迁著《国榷》108卷定稿，署名"江左遗民"。又编定所著《北游录》为9卷。

按：《国榷》系编年体明史，自撰成后，长期未能刊行，流传甚少。直至1958年始分六册由古籍出版社排印出版，此本是近人张宗祥据清蒋氏衍芬草堂抄本和四明卢氏抱经楼藏抄本互相校补而成，为目前较完备的版本。

胡朝宾修，高首标纂《永宁州志》刊行。

赵三长修，晋承桂纂《洪洞县续志》成书。

尚九仙修，朱可衬纂《渭南县志》16卷刊行。

冯达道纂修《汉中府志》6卷刊行。

李时茂修，赵永吉纂《曲周县志》4卷刊行。

杨必达修，秦凤仪等纂《南陵县志》4卷刊行。

习全史等修，王云龙等纂《泾县志》12卷、《补遗》1卷刊行。

孙弘喆修，王永年纂《庐江县志》10卷刊行。

侯杲修，胡世定纂《宣平县志》10卷刊行。

刘泽溥修，高搏九纂《亳州志》4卷刊行。

晋淑君修纂《汤阴县志》9卷刊行。

王融修，毛元策等纂《旌德县志》10卷刊行。

秦嘉系修，范骧纂《海宁县志略》成书。

阎珰修，张逢宸等纂《新修丰县志》10卷刊行。

庄泰弘修，李兆星纂《海门县志》8卷刊行。

纪圣训修，林古度纂《高淳县志》18卷刊行。

《御注道德经》2卷成书。

季婴著《西湖手镜》1卷成书，有自序。

王夫之三月著《黄书》成书。

侯方域遗著《壮悔堂文集》10卷、附《遗稿》1卷刊行。

董说编定所著《丰草庵杂著》12卷。

魏裔介编《观始集》成书。

金圣叹评点《第六才子书西厢记》刊行。

尤侗著《读离骚》杂剧。

吴绮著《忠愍记》传奇成。

弘仁在歙县作《春暮林泉轴》、《春雨图轴》、《云根丹室轴》等。

传教士卜弥格所著《中国植物志》在维也纳以拉丁文刊行。

传教士穆尼阁翻译《天文会进》成。

沈国模卒（1575— ）。国模字求如，浙江余姚人。明诸生。曾从刘宗周会讲证人社，归而建姚江书院，讲述良知之学。明亡，闻宗周死节，为之痛哭，已而讲学益勤。弟子有韩孔当、邵元长、俞长民、史标等。事迹见《清史稿》卷四八〇、李桓《国朝耆献类征初编》卷三九五、《清史列传》卷六六、彭绍升《沈先生国模传》(《碑传集》卷一二七)。

按：《清史列传》本传曰："余姚自王守仁讲学，得山阴王畿、泰州王艮，遂风行天下。艮传吉安顾钧，钧传南城罗汝芳，汝芳传嵊县周汝登。国模少见《传习录》，心好之，问于汝登，汝登契之曰：'吾老矣！越城陶奭龄、刘宗周，今之学者也。子其相与发明之，何患吾道不兴乎？'国模至越，遂请奭龄、宗周主教事，为会于古小学，证人社所由起也。既归，以明道为己任。创姚江书院，与同里管宗圣、史孝成辈讲明良知之说。其所学或以为近禅，而言行敦洁，皎然不欺其志，故推醇儒。与山阴祁彪佳友。"

又按：《清史列传》卷六六曰："王朝式字金如，浙江山阴人。国模弟子，尝入证人社。宗周主诚意，朝式守致知曰：'学不从良知入，必有诚非所诚之弊。'嵊县饥，朝式往赈，全活四万余。又与苏元璞、郑锡元营立姚江书院。顺治初，卒，年三十八。"

张镜心卒（1590— ）。镜心字孝仲，一字晦臣，号湛虚，河南磁州人。明天启二年进士，官至兵部左侍郎、蓟辽总督。入清不仕。晚年闭门注《易》。著有《易经增注》10卷及《云隐堂集》45卷、《阴符经增注》1卷等。事迹见李桓《国朝耆献类征初编》卷四六三、汤斌《张孝仲墓志铭》(《汤子遗书》卷七)。

按：《四库全书总目提要》曰："《易经增注》十卷，明张镜心撰。……是编用《注疏》之本，随文阐发，多释义理，无吊诡之词，亦无深微之论，说《易》家之墨守宋儒者也。"

陈贞慧卒（1604— ）。贞慧字定生，号雪岑，江苏宜兴人。明末诸生。东林党人陈于廷之子，为复社重要成员。曾与吴应箕、顾杲等140人草《留都防乱揭》，声讨阮大铖复用魏忠贤之谋，以高节闻名天下。明亡隐居不仕。与冒襄、侯方域、方以智有"四公子"之称。所著有《雪岑集》、《交游录》、《皇明语林》、《八大家文选》、《书事七则》、《山阳录》、《秋园杂佩》等。后人辑其遗著为《陈处士遗书》。事迹见《清史稿》卷五〇一、李桓《国朝耆献类征初编》卷四六三、黄宗羲《陈定生先生墓志铭》(《黄宗羲全集》第十册碑志类)。

吴蕃昌卒（1622— ）。蕃昌字仲木，浙江海盐人。明诸生。刘宗周弟子。著有《只欠庵集》。事迹见《清史稿》卷五〇四。

汤右曾（ —1722）、王心敬（ —1738）生。

清顺治十四年　南明永历十一年
丁酉　1657年

神圣罗马斐迪南三世帝卒。

英法同盟败西班牙。

普鲁士公爵腓特烈·威廉与波兰结盟。瑞典人退兵。

英人立克伦威尔为世袭护国公。

佛罗伦萨实验科学院成立。

长统袜和自来水笔在巴黎制成。

正月初八日辛亥（2月20日），顺治帝初行祈谷坛礼，以太祖武皇帝配享。

初十日癸丑（2月22日），从工部奏，准各坛庙门上匾额，俱如太庙例，去蒙古字，只书满汉字。

十五日戊午（2月27日），诏禁投拜门生，以永绝朋党之根。

按：谕吏部："朕惟制科取士，课吏荐贤，皆属朝廷公典，原非臣子可借以罔上行私，市恩报德之地。至于师生称谓，必道业相成，授受有自，岂可攀援权势，无端亲昵。近乃陋习相沿，会试、乡试考官所取之士，及殿试读卷、廷试阅卷、学道考试优等，督抚按荐举属吏，皆称门生，往往干谒于事先，径窦百出；酬谢于事后，贿赂公行，甚至平日全未谋面，一旦仕宦同方，有上下相关之分，辄妄托师生之称。或属官借名献媚，附势趋炎；或上官特权相迫，恐喝要挟，彼此图利，相煽成风，恬不知耻。以致下吏职业周修，精神悉用之交结；上司弗问吏治，喜怒一任乎私心。因而荐举不公，官评淆乱，负国殃民，不知理义，深可痛恨。朕欲大小臣工，共涤肺肠，痛革积弊。以后内外大小各官，俱宜恪守职掌，不许投拜门生。如有犯者，即以悖旨论罪。荐举各官，俱照衙门体统相称。一切读、阅卷、考试等项，俱不许仍袭师生之号。即乡、会主考同考，务要会集一堂，较阅试卷，公同商订，惟才是求，不许立分房名色。如揭榜后，有仍前认作师生者，一并重处不贷。尔部即通行严饬内外各衙门，务令恪遵，永绝朋党之根，以昭朕激劝群工、共还荡平至意。"（《清世祖实录》卷一○六）

二十一日甲子（3月5日），以八旗人民崇尚文学，怠于武事，以披甲为畏途，遂至政军旅较前迥别，限制八旗参加科举。

二十五日戊辰（3月9日），兵科给事中金汉鼎奏请修《大清会典》，下所司议。

二十六日己巳（3月10日），命大学士觉罗巴哈纳、额色黑、蒋赫德充《圣训》总裁官，学士折库讷、查布海、白色纯充副总裁官。

三十日癸酉（3月14日），顺治帝访钦天监监正、天主教传教士汤若望于其家中。

按：自去年至是年，顺治帝于两年间访汤若望于其馆舍达24次，常以治道、政事相咨询，汤亦多次谒帝于宫中。其前后所上奏疏、禀帖达300余件，顺治帝曾选出一批带于身边，以便出宫行猎时随时阅读。

是月，诏直省学臣求遗书。

二月初一日甲戌（3月15日），顺治帝为庆生日（正月三十日），于汤若望馆舍宴请王公大臣，命于宣武门内汤若望所建之天主教堂前立碑。

按：碑云："朕巡幸南苑，偶经斯地，见神之仪貌如其国人，堂膳器饰如其国制，问其几上之书,则曰天主教之说也。夫朕所膺者,尧、舜、周、孔之道;所讲求者,精一执中之理。至于玄极贝文,所称《道德》《楞严》诸书,虽尝涉猎,而旨趣茫然。况西洋之书,天主之教,朕素未览阅,焉能知其说哉!但若望入中国已数十年,而能守教奉神,肇新祠宇,敬慎蠲洁,始终不渝,孜孜之诚,良有可尚。人臣怀此心以事君,未有不敬其事者也。朕甚嘉之,因赐额名曰'通微佳境',而为之记。"碑记铭文称:"事神尽虔,事君尽职,凡尔畴人,永斯矜式。"(《钦定日下旧闻考》卷四九)

初五日戊寅(3月19日),谕礼部:以后冬至祈谷、祭天,夏至祭地,均以太祖、太宗配享;又命于禁城中营建上帝殿宇,亦以太祖、太宗配享。

是日,命编《易经通注》。

按:谕大学士傅以渐、日讲官曹本荣曰:"朕览《易经》一书,义精而用博,范围天地万物之理。自魏王弼、唐孔颖达有《注释》《正义》,宋程颐有《传》,迨朱熹《本义》出,而后之学者宗之。明永乐间,命儒臣集元代以前诸儒之说,汇为《大全》,皆于易理而多所发明,但其中同异互存,尚有繁而可删、华而寡要之处。迄今几三百年,儒生学士发挥经义者亦不乏人,当并加采择,折衷诸论,简切洞达,辑成一编,昭示来兹。尔等殚心研究,融会贯通,其必析理精深,敷词显易,约而能该,详而不复,使义经奥旨,炳若日星,以称朕阐明四圣人作述之至意。"(《清世祖实录》卷一〇七)

又按:清初,朝廷组织力量先后编写了易学三书,即《易经通注》《日讲易经解义》《周易折中》,形成了官方易学。《易经通注》由傅以渐、曹本荣编著,成于十五年(1658年),共九卷,卷首有清世祖撰《敕大学士傅以渐日讲官曹本荣》一篇,另有傅曹两人所撰《表》《序》,卷末有曹本荣撰《后序》。此书编纂伊始,顺治帝就道出其用心及宗旨,希望对明永乐年间儒臣编纂《周易大全》以来近三百年易学成果给予总结,编出一部简明扼要的解《易》著作,以期"使義经奥旨,炳若日星,以称朕阐明四圣人作述之至意"(《敕大学士傅以渐日讲官曹本荣》)。傅、曹两人秉承旨意,"辄参取汉魏唐宋元明诸家刻本,涉猎商订","要终原始,独探至理之要归"。在版本上紧守王弼以来以传附经矩矱,参采众家,融会贯通,一以己意阐发义理,期以通经致用,初步反映了清初官方的易学观,开清廷编纂《周易》之先河。

十一日甲申(3月25日),命为明崇祯帝立碑于其陵前。

按:顺治帝谕示工部:"朕念明崇祯帝孜孜求治,身殉社稷,若不急为阐扬,恐千载之下,竟与失德亡国者同类并观,朕因是特制碑文一道,以昭悯恻。尔部即遵命勒碑,立崇祯帝陵前,以垂不朽。又于所谥怀宗端皇帝上加谥数字,以扬盛美。"(《清世祖实录》卷一〇七)崇祯帝死后,南明弘光政权(福王),为他定庙号为"思宗",谥"烈皇帝"。后以"思"非美谥,改庙号为"毅宗"。隆武(唐王)时,又定庙号为"威宗"。清军入关,初定崇祯帝庙号为"怀宗",谥"端皇帝"。后以"兴朝谥前代之君,礼不称,数不称宗",于顺治十六年十一月,去其庙号,改谥为"庄烈愍皇帝"。

是日,命八旗各出子弟四人送理藩院学习藏文。

十六日己丑(3月30日),从吏科都给事中张文光奏,以孔子称号"大成至圣文宣先师",未足以尽孔子,仍改为"至圣先师"。

按:奏云:孔子称号,鲁哀公诔文曰"尼父",汉平帝时加谥曰"宣尼父",后魏时改谥"文圣尼父",唐太宗时尊为"宣圣尼父",明皇时进谥"文宣王",元武宗时加谥"大成至圣文宣王",明嘉靖时改为"至圣先师",以孔子生而不王,殁而王之,于理未妥。且以文宣之号未足以尽孔子,曰至圣则无所不该,曰先师则名正而实称。顺治二年,祭酒李若琳不加考订,请改为"大成至圣文宣先师",加"大成文宣"四字,并不足以尽孔子，宜仍改为"至圣先师"。从之(《清世祖实录》卷一〇七)。

三月初十日癸丑(4月23日)，以太祖、太宗配享天地礼成，颁诏全国。

十一日甲寅(4月24日)，诏直省学臣购求遗书。

二十九日壬申(5月12日)，诏廷试贡生不必以通判用，所取上卷以知县用，中卷以州同、州判、县丞用。

六月十八日己丑(7月28日)，建金太祖、世宗陵碑。

七月初二日癸卯(8月11日)，复设广东雷连各瑶峒社学一所，教读一名。

八月初四日甲戌(9月11日)，谕礼部："经筵大典，理当早举。向因文华殿未建，有旨暂缓。今恩稽古典学，有关治道，难以再迟，应于保和殿先行开讲。尔部即详考典例，择吉开列仪注具奏。"(《清世祖实录》卷一一一)

初八日戊寅(9月15日)，礼部遵旨议奏经筵仪注，得旨："经筵讲期每年春秋举行二次。此所奏仪节太繁，于讲学无益，著另议具奏。"(《清世祖实录》卷一一一)

十一日辛巳(9月18日)，从巡抚袁廓宇奏，倡率捐修衡阳石鼓书院，致祭诸葛亮、韩愈、朱熹等。

按：奏云："衡阳石鼓学院，崇祀汉臣诸葛亮及唐臣韩愈、宋臣朱熹等诸贤，聚生徒讲学其中，延及元、明不废。值明末兵火倾圮，祀典湮坠。今请倡率捐修，以表章前贤，兴起后学，岁时照常致祭。"(《清文献通考》卷六九《学校七》)从之。此后，原先"不许别创书院"的规定开始松动，各地书院陆续兴复起来。

二十二日壬辰(9月29日)，礼部再疏开列经筵仪注，得旨：经筵著于九月初七日举行。

九月初七日丙午(10月13日)，举行有清一代首次经筵大典。

按：其仪如下：事前，皇帝亲往弘德殿，行致祭先师孔子之礼，待奉先殿告成，并祭告奉先殿。讲官由内院酌定数员题用，经书讲章由讲官撰送内院改定后呈皇帝阅过。开讲之日，内院满汉大学士，六部满汉尚书，都察院、通政使司、大理寺满汉堂官各一员，于保和殿丹墀侍班，满汉科臣各一员、御史二员侍仪皇帝书案及讲官讲案。礼部、鸿胪寺官预先陈设皇帝所览之书及讲官所讲之书。皇帝升座，待班各官行两跪六叩头礼，两旁侍立。讲官至讲案前一跪三叩头，近案前立，先讲四书毕，由讲经官讲经，退立于原班，同众官出殿至丹墀下两旁排班，行两跪六叩头礼，侍立。皇帝还宫，众官出至协和门领恩宴记，于太和门外行谢恩宴一跪三叩头礼，各回(《清世祖实录》卷一一一)。终顺治朝，行经筵之典唯此一次。

十月初四日癸酉(11月9日)，顺治帝召见京师海会寺僧憨璞聪，询问佛法之事。此后，僧人玉林琇、茚溪森、木陈忞、玄水杲先后从浙江抵京谒帝。

按：据木陈忞《重修城南海会寺记》载，顺治十四年(1657)，顺治帝狩南苑，过海会寺，得见憨璞聪，因复召入禁庭问佛法大意。顺治帝问："从古治天下，皆以祖祖相传，日对万机，不得闲暇。如今好学佛法，从谁而传？"憨璞聪答曰："皇上即是金轮王转世，夙植大善根，大智惠，天然种性，故信佛法，不化而自善，不学而自明。所以天下至尊也。"此为顺治帝所接触之第一位僧人，对其后来疏离天主教而偏向佛教深有影响。据陈垣《汤若望与木陈忞》一文考证：自顺治八年(1651)至十四年(1657)秋，

清顺治十四年 南明永历十一年 丁酉 1657年

汤若望对顺治帝影响较大。此后，憨璞聪、玄水杲、玉林琇、茆溪森、木陈忞诸僧接力继进，对帝更有较大影响，其势超过汤若望。汤若望曾反对清世祖接近佛法及僧人，但未能成功。魏特《汤若望传》称："顺治由杭州召了些有名的僧徒来，劝诫他完全信奉偶像，若望尽他能力所及使这被眩惑的人恢复他的理性，他向皇帝呈递一本严重的奏疏。皇帝并不见怪，他说：玛法这谏正是对的。但是无多时日，竟又成了僧徒手中的傀儡，玛法竟被视为讨厌不便的谏正者而被推至一边。"

初七日丙子（11月12日），命户部右侍郎王弘祚主持编定《赋役全书》。

二十五日甲午（11月30日），顺天科场案发。

按：是岁顺天乡试，与试者生员4000人，贡监生1700人，中额为206名。翰林侍读曹本荣、侍讲宋之绳为主考官，大理左右评事李振邺、张我朴，国子监博士蔡元禧、行人司行人郭浚等14人为房考。考官纳贿，以爵高、财丰者取之，榜发，众考生哗然。是月十六日，刑科右给事中任克溥参奏。顺治帝以"科场为取士大典，关系最重，况辇毂近地，系各省观瞻，岂可恣意贪墨行私，所审受贿、用贿、过付种种情实，可谓目无三尺，若不重加惩治，何以惩戒将来"（《清世祖实录》卷一一二）。命将李振邺、张我朴、蔡元禧、陆贻吉、项绍芳及行贿有据之举人田耘、邬作霖俱立斩，家产籍没，父母、兄弟、妻子（共108人）俱流徙尚阳堡。主考官曹本荣、宋之绳另行议处。至次年四月二十五日，此案审结。司法审议：斩立决者19人，立绞者5人，绞监候者1人。顺治帝又亲行面讯，命从宽免死，各责四十板，流徙尚阳堡。原拟斩者19人家产籍没，其中8人父母、兄弟、妻子流徙尚阳堡。主考官曹本荣等免议。十月二十日，又查出原任推官李燧升向李振邺贿买关节，原任翰林诸豫为之过传，遂将李燧升、诸豫俱籍家，连父母、兄弟、妻子流徙尚阳堡。

十一月十一日己酉（12月15日），因顺天乡试舞弊，命中式举人复试。

二十五日癸亥（12月29日），江南科场案发。

按：是岁江南乡试，以方犹、钱开宗为主考官。因舞弊多端，榜发后士子大哗。工科给事中阴应节参奏：江南主考方犹等弊窦多端，榜发后士子忿其不公，哭文庙，殴考官，物议沸腾，其彰著者如取中之方章钺系少詹事方拱乾第五子，与犹联宗有素，乘机滋弊冒滥。奏上，命将主考方犹、钱开宗及同考官俱革职，并中式举人方章钺由刑部速拿来京严行详审；命总督郎廷佐就闱中一切弊窦速行严察，将人犯解交刑部；命方拱乾明白回奏。至次年十一月二十八日，此案审结。主考官方犹、钱开宗立斩，妻子家产籍没；同考官叶楚槐、周霖、张晋、刘廷桂、田俊民、郝惟训、商显仁、李祥光、银文灿、雷震声、李上林、朱建寅、王熙如、李大升、王国祯、龚勋俱绞立决，卢铸鼎已死，其妻子家产与诸同考官者均籍没入官。举人方章钺、张明荐、伍成礼、姚其章、吴兰友、庄允堡、吴兆骞、钱威，俱责四十板，家产籍没，与父母兄弟妻子流徙宁古塔；程度渊在逃，命总督郎廷佐、亢得时严缉。刑部原拟主考官斩绞，同考官流徙尚阳堡，方章钺等革去举人，而顺治帝却严命重处，并责刑部对此案"徇庇迟至经年，且将此重情问拟甚轻"，将刑部尚书图海、白允谦、侍郎吴喇禅、杜立德、郎中安姝护、胡悉宁，员外郎马海，主事周明新等革去加衔加级，或降级留任。

顾炎武正月六谒孝陵，自金陵返昆山避仇，将北行，同人钱之、归庄为文以赠。至莱州，交赵士元、任唐臣；从唐臣假吴棫《韵补》校读之。至济南，与张尔岐定交。张尔岐受顾炎武"博学行己"思想之影响，始治史学。

荷兰克里斯蒂安·赫伊金斯设计出第一个钟摆。

按：顾炎武《吴才老韵补正序》曰："余为《唐韵》，已成书矣。念考古之功，实始于宋吴才老（吴棫），而其所著《韵补》，仅散见于后人之所引而未得其全。顷过东莱任君唐臣，有此书，因从假读之月余。其中合者半，否者半，一一取而注之，名曰《韵补正》，以附《古音表》之后。如才老，可谓信而好古者矣。后之人如陈季立方子谦之书，不过袭其所引用，别为次第而已。今世盛行子谦之书，而不知其出于才老，可叹也！然才老多学而识矣，未能一以贯之。故一字而数叶，若是之纷纷也。夫以余之简陋而独学无朋，使得如才老者与之讲习，以明《六经》之音，复三腮之旧，亦岂其难而求之天下，卒未见其人，而余亦已老矣。又焉得不于才老之书而重为为之三叹也！"（《韵补正》卷首附）

王夫之四月从流亡近四年的湘南返回衡阳南岳莲花峰下的续梦庵故居；是冬，赴小云山访刘近鲁，并借读其书，潜心钻研。

按：《清史列传》卷六六曰："夫之同时又有郴州喻国人，辰溪米元倜，衡山谭琼英、刘宗源，皆以明亡不仕，讲学衡湘间，著书授徒，成就甚众。"

陆世仪是冬应学使张某之聘，赴澄江。

魏裔介正月上疏请修宪纲以明职。

李颙夏秋之交患病静摄，深有感于默坐澄心之说。自是屏去一切，时时返观默识，涵养本源。

申涵光谒孙奇逢于夏峰，执弟子礼，留数日别去。

按：《清史稿·文苑传一》曰：申涵光"尝谒孙奇逢，执弟子礼。奇逢恨得之晚，以圣贤相敦勉。自是始闻天人性命之旨，究心理学，不复为诗"。

熊赐履以《诗经》举乡魁。

唐甄自吴江归四川应乡试，中举人。

王熙三月任内翰林弘文院侍讲学士。九月，充经筵讲官。

麻勒吉、布颜、王熙、折库讷、查布海、苏纳海、常鼐、白色纯、胡兆龙、李霨、巴海、冯溥、方悬成、曹本荣、胡世安、梁清标等充经筵讲官。

史大成、刘芳躅、田逢吉、冯源济、曹申吉、沈世奕、綦汝楫、邓钟麟、党以让、项景襄充日讲官。

陈启源作诗以老骥自譬。

钱澄之是秋客长干塔寺，心灰学《易》，思以卖卜。

归庄在吴江与潘柽章等会于韭溪草堂。

潘柽章以诗贺毛晋六十寿，欲晋为刻所著《明史记》。

郎廷佐时任两江总督，以书招降张煌言，张煌言以书报，略曰："来书揣摩利钝，指画兴衰，庸夫听之，或为变色，贞士则不然。所争者天经地义，所图者国恤家仇，所期待者豪杰事功。圣贤学问，故每毡雪自甘，胆薪深厉，而卒以成事。仆于将略原非所长，只以读书知大义。左袒一呼，甲盾山立，济则赖君灵，不济则全臣节。凭陵风涛，纵横锋镝，今逾一纪矣，岂复以浮词曲说动其心哉？来书温慎，故报数行。若斩使焚书，适足见吾意之不广，亦所不为也。"（《清史稿·张煌言传》）

阎尔梅在禹县会沈荃。

谷应泰视学两浙。

清顺治十四年　南明永历十一年　丁酉　1657年

吴伟业辞官南归，隐居乡里。

陆陇其以家产书籍为游兵搜掠一空，乃访求书籍，潜心理学。

李渔迁居金陵，结交吴伟业、周亮工、王士禛等，并始以"芥子园"名经营刻书业。

王士禛八月游历下，集诸名士于大明湖，举秋柳社，赋秋柳诗四章，诗传四方，和者数百人。

戴本孝侨寓金陵。

颜元见七家兵书，悦之，遂学兵法，究战守机宜。

按：支伟成曰："先生身际鼎革，时存光复之念。尝从王介祺学兵法，旁及技击驰射，莫不精绝。"（《清代朴学大师列传·颜元》）

吕留良创社邑中。

梁佩兰举乡试第一。

程可则会试第一，以磨勘停殿试归。

计东举顺天乡试，旋以江南奏销案被黜。

弘仁游金陵、宣城，先后与梅清、程邃吟诗论画。

隐元在日本，自长崎至江户，谒德川家纲。

张一魁时任浙江淳安知县，建怀棠书院。

纪振边时任江西临川知县，建兴贤书院。

魏绍芳时任湖南永州知府，建濂溪书院。

吴明炫原任钦天监秋官正，是年四月初八日、七月初七日两次奏劾汤若望推算天象舛谬。十二月初四日，内大臣一等公爱星阿等遵旨登观象台测验，吴明炫所推之水星不见，经法司议，吴明炫拟绞，援赦宽免。

罗桑丹贝坚赞回西藏传法，驻库伦额尔德尼召寺（光显寺），逐渐成为外蒙古各部的政教领袖。

传教士汤若望被授通政使司通政史，晋一品赠三代。

传教士卫匡国再次起程来中国，同行者有比利士传教士南怀仁等17人。

传教士卜弥格返至广东。

傅以渐、曹本荣等奉敕纂成《易经通注》9卷。

按：《四库全书总目提要》曰："仰见聪明天禀，睿鉴高深，万几余闲，游心经术，洋洋谟训，发四圣之精微，衡诸儒之得失，斟酌乎象数、义理，折以大中，非儒生株守专门，斤斤一家之言者所能窥见万一。以渐等恪遵指授，亦能镕铸众说，荟粹微言，词简理明，可为说经之圭臬。缘其书上备乙览，外间莫得而窥，仅有原稿尊藏曹本荣子孙之家。今奉皇上求书明诏，湖北巡抚乃缮录进呈。原本未标书名。恭阅《五朝国史》，傅以渐旧传有顺治十三年十月纂修《易经通注》之文，谨据以补题。伏思此书推阐圣经，发明精义，虽编摩于众手，实禀受于圣裁，允宜宝轴琅函，昭示无极，俾天下万世共仰世祖开天明道之功，且以见国家文治超迈古今，本本元元，一皆钦承祖训，故重熙累洽百有余年，而有今日之极盛焉。"

郁文初著《郁溪易记》21卷成书，有自述。

《大日本史》始纂。

萨维尼安·西拉诺·德·贝尔热克著成有关一次假设的月亮之行的作品《月亮的状况及其帝国》。

埋查德·巴克斯特著成《对未信教者的号召》。

约翰·阿莫斯·

科米尼乌斯著成《说教作品全集》。

西埃尔·索尼埃编纂成《美好神灵百科全书》，是为用"百科全书"为书名的第一本参考书。

陈确著《性解》；又著《禅障》。

严沉著《左传事纬序》。

按：《序》曰："丁酉秋，余衔命典试山左，会宣城施愚山先生视学是邦，共览宛斯所论著，信其可传，于是愚山欲为捐俸梓之，予力赞是举。后之读《左氏》者昭然于其事例，亦可以会通四《传》之源流矣。"《左传事纬》为马骕所著。

周煊纂修《宝鸡县志》3卷刊行。

王毂、王业隆纂《重修岐山县志》4卷刊行。

吴汝为原本，范光曦续修，罗魁续纂《麟游县志》5卷刊行。

吴世英修，刘文德纂《汾阳县志》刊行。

苏铣纂修《淳镇志》、《西镇志》刊行。

佚名纂《甘镇志》6卷刊行。

葛翊宸等修，胡岳等纂《重修句容县志》10卷刊行。

杨梦鲤修纂《青阳县志》6卷刊行。

邵光胤修，宣洪猷纂《息县志》10卷刊行。

刘佑修，杨继经纂《蕲水县志》26卷刊行。

梁儒修，李林茂纂《灵宝县志》5卷刊行。

黎春曦纂《南海九江乡志》5卷刊行。

孙奇逢著《中州人物考》8卷成书。

按：《四库全书总目提要》曰："是编载河南人物，分为七科：一理学，二经济，三忠节，四清直，五方正，六武功，七隐逸，而文士不与焉。盖意在黜华藻，励实行也。所录皆明人，惟忠节之末附元蔡子英一人。人各为传赞，多者连数纸，少或仅一行，云无征者则不详，不以详略为褒贬也。后一卷曰《补遗》、曰《续补》，不复以七科标目。盖不欲入之七科中，故托词于补、续云尔。然犹与七科一例，虽布衣以公称。最后有名无传者三十四人，则直书其名矣。其赞恕于常人而责备于贤者，颇为不苟。惟《张玉传赞》最为纰缪。考玉以元枢密知院叛而归明，而奇逢以为善择主，是六臣奉玺归梁，皆善择主也。玉后辅佐燕王，称兵犯顺，殁于铁铉济南之战，而奇逢以为得死所，是李日月助李希烈陨身锋镝亦得死所也。且蔡子英义不忘元，间关出塞，卒归故主以终，奇逢既列之忠节矣，而又奖张玉之叛乱，不自相矛盾乎？至薛瑄本河津人，李梦阳本庆阳人，牵合而归之中州，又其末节矣。奇逢虽以布衣终，而当时实负重望，汤斌至北面称弟子。其所著作，非他郡邑传记无足轻重者比，故存其书而具论之，俾读是编者知其瑕瑜不相掩焉。"

陈瑚著《娄江集》2卷。

汪琬著《玉遮山人诗稿》成书。

朱一是著《为可堂初集》26卷刊行。

李雯著《蓼斋集》47卷、后集5卷刊行。

吴调元著《同归集》16卷成书，胡世安作序。

顾有孝编《唐诗英华》22卷成书，金俊明作序。

沈菽著《七音韵准》1卷成书，有自序。

陈璜著《旅书》1卷成书，有自序。

传教士卫匡国在德国科隆出版《中国文法》。

按：是为欧洲第一部中国语法书。

陈懿典卒(1573—)。懿典字孟常,号如刚,浙江秀水人。明万历二十年进士。选庶吉士,授编修,官至中允。著有《读左漫笔》、《读史漫笔》、《左陛纪略》、《吏隐斋集》、《论孟贯义》、《陈学士先生初集》等。事迹见康熙《秀水县志》卷五《名宦》。

万泰卒(1598—)。泰字履安,晚号梅庵,浙江鄞县人。明崇祯九年举人。曾参加复社。鲁王监国时,授户部主事。入清不仕。著有《寒松斋稿》。事迹见李桓《国朝耆献类征初编》卷四七〇、黄宗羲《万履安墓志铭》(《南雷文定》卷六)。王焕镳编有《万履安先生年谱》。

按:《清史稿·万斯大传》曰:"父泰,明崇祯丙子举人,与陆符齐名。宁波文学风气,泰实开之。以经、史分授诸子,使从黄宗羲游,各名一家。"

正皓(—1730)、李塨(—1733)生。

清顺治十五年　南明永历十二年　戊戌　1658 年

正月十七日甲寅(2 月 18 日),顺治帝亲复试丁酉科顺天举人。

是日,谕礼部:"朝廷选举人才,科目最重,必主考、同考官皆正直无私,而后真才始得。昨因乡试贿赂公行,情罪重大,已将李振邺、田耜等,特置重辟,家产籍没。今会试大典,尤当慎重。考试官、同考官及天下举人,若不洗涤肺肠,痛绝情弊,不重名器,不惜身命,仍敢交通嘱托,贿买关节等弊,或被发觉,或经科道参指,即将作弊人等俱照李振邺、田耜等重行治罪,决不姑贷。"(《清世祖实录》卷一一四)

二月初三日庚午(3 月 6 日),礼部复核丁酉科乡试朱卷,劾奏违式各官:河南省考试官黄沁、丁澎用墨笔添改字句;山东省同考官同知袁英,知州张锡怿,知县唐瑾、吴遄、何铿、章贞用蓝笔改窜字句;山西省考试官匡兰馨、唐赓尧批语不列衔名,俱属疏忽。命俱革职逮问。

按:七月二十六日,黄沁、丁澎被流徙尚阳堡。十二月初四日,山东同考官唐瑾、何铿、吴遄、章贞及山西考试官匡兰馨、唐赓尧各降二级调用。

十六日癸未(3 月 19 日),命内翰林国史院大学士傅以渐、秘书院学士李霨为会试考官。

十七日甲申(3 月 20 日),从福建道御史赵祥星奏,谕会试"第一场《四书》题目,候朕颁发,余著考试官照例出题"(《清世祖实录》卷一一四)。

十九日丙戌(3 月 22 日),顺治帝以钦定会试《四书》题三道,遣官赍示主考官刊发士子。

三月初八日乙巳(4 月 10 日),从礼部奏,殿试由天安门外改为在太和殿丹墀举行。

十三日庚戌(4 月 15 日),顺治帝亲复试丁酉科江南举人。二十一日,

威廉·哈维卒(1578—)。英国医师,生理学家,胚胎学家。实验生理学创始人之一。

奥地利利奥波德一世继任神圣罗马帝。

英人克伦威尔卒。

英国自西班牙取敦刻尔克。

荷兰人尽逐葡萄牙人,遂有锡兰沿海全境。

费马原理发表。

纸钞在瑞典首次被设计和发行。

取中吴珂鸣1人准同今科会试中式者一体殿试；汪溥勋等74名仍准作举人；史继佚等24名亦准作举人，罚停会试二科；方域等14名文理不通，革去举人。

二十五日壬戌（4月27日），命大学士觉罗巴哈纳、额色黑、成克巩、学士折库讷、李霨、王熙、詹事府詹事沙澄、吏部右侍郎郝惟讷、户部尚书孙廷铨、左侍郎王弘祚、刑部左侍郎杜立德、工部尚书卫国祚、都察院左都御史魏裔介、大理寺少卿高辛允为殿试读卷官。

四月初二日戊辰（5月3日），举行殿试。

初五日辛未（5月6日），取中孙承恩等343人，赐进士及第出身有差。

二十日丙戌（5月21日），改定新科进士授官例。谕吏部：新科进士向例二甲授京官，三甲授外官，未习民事，即任内职，未见得当。今科进士除选取庶吉士外，二甲、三甲俱著除授外官，遇京官有缺，择其称职者升补，永著为例。

二十一日丁亥（5月22日），更定科场条例，凡十款。

　　按：举其要旨有：凡解卷迟延，司府官每十日罚俸两月，解役耽阁，另行治罪。磨勘试卷有字句可疑者，一卷，主考官罚俸九月，同考官降三级；二卷，主考官罚俸一年，同考官降四级；三卷，主考官降一级，同考官革职提问；四卷，主考官降二级；五卷，主考官罚俸三级；六卷，主考官革职；七卷，主考官革职提问。其文体不正者，主、同考官与字句可疑之处分略同稍轻。凡举子试卷字句可疑、文体不正者俱褫革；有蒙词累句者罚停会试二科；不谙禁例者罚停三科。凡用墨笔蓝笔添改字句者，考官降三级等（《清世祖实录》卷一一六）。

五月十二日戊申（6月12日），诏禁吏部书役作弊，改定拣选官员之法，并规定乡会试减少取中额数。

十五日辛亥（6月15日），从刑部条奏，命校订《大清律例》。

二十四日庚申（6月24日），从国子监条奏，以监中缺少书籍，命直省学臣广搜送部；其《十三经》、《二十一史》等监板残缺者修补，补成后各印一部收藏监内，俱译成满文（《清世祖实录》卷一一七）。

是日，谕内三院：翰林各官读书作文，是其职业，不加考试，何以分优劣，别勤惰。除三衙门学士外，其余翰林官员，朕将亲行考试，应用等项，俱照例备办（《清世祖实录》卷一一七）。

七月二十三日戊午（8月21日），诏改官制，命内三院改称内阁，另设翰林院，设掌院学士及学士。满汉官员品级划一。

　　按：先是皇太极于天聪十年（1636）改文馆为内三院，即秘书、弘文、国史三院，至此复命取消内三院名称。

是日，更定乡会试取中额数，减其半。

八月十一日丙子（9月8日），谕礼部：李溥等各员，朕亲加考试，俱不胜学道之任。著再于各部郎中、员外郎、主事各官内，另择取才学优长者，开列具奏（《清世祖实录》卷一二〇）。

九月初七日辛丑（10月3日），参照明代旧例，设中和殿、保和殿、文华殿、武英殿、文渊阁、东阁大学士，照例兼衔办事。

清顺治十五年　南明永历十二年　戊戌　1658年

十一日乙巳(10月7日),命学士王熙、艾元征为武会试主考官。

十月十六日己卯(11月10日),举行武举殿试,赐刘炎、张国彦、贾从哲等武进士及第有差。

十一月三十日辛酉(12月22日),刑部鞫实江南乡试作弊案。

十二月初一日癸亥(12月24日),裁河南陈留、通许、尉氏、洧川、扶沟、中牟、原武、封邱、延津、兰阳、仪封、新郑、西华、商水、项城、沈邱、临颍、襄城、长葛、密县、荥泽、荥阳、河阴、汜水、宁陵、虞城、考城、柘城、汤阴、临漳、林县、武安、淇县、胙城、济源、修武、武陟、孟县、温县、偃师、巩县、孟津、宜阳、登封、永宁、新安、渑池、嵩县、卢氏、陕州、灵宝、阌乡、泌阳、镇平、淅川、叶县、确山、真阳、新蔡、西平、遂平、罗山、鲁山、郏县、宝丰、伊阳儒学训导各1员。

初七日己巳(12月30日),以翰林院庶吉士孙承恩、熊赐履等10人学习满文俱未心熟,各罚俸一年;命大学士巴哈纳、金之俊、卫周祚、李霨,尚书科尔昆、图海、孙廷铨、王弘祚,左都御史能图等校订《大清律》。

二十日壬午(1659年1月12日),裁江西靖安、武宁、萍乡、峡江、龙泉、永宁、泸溪、玉山、兴安、安仁、安义、瑞昌、南康、上犹、崇义、兴国、石城、陕西西安府乾州、华阴、兴平、高陵、零县、醴泉、武功、同州、澄城、潼关卫、耀州、咸阳、邠州、淳化、三水、蓝田、商州、鄜州、平凉府华亭镇原灵台平凉、庆阳府宁州、麟游、汧阳、郿县、沔县、宁羌州文县、洵阳县、岷州卫、靖远卫儒学训导各1员。

是年,祭酒固尔嘉浑议:"令监生考到日,拔其尤者许积分;不与者,期满咨部历事。积分法一年为限。常课外,月试一等与一分,二等半分,二等以下无分。有五经兼通,全史精熟,或善摹钟、王诸帖,虽文不及格,亦与一分。积满八分为及格,岁不逾十余人。恩、拔、岁、副,咨部历满考职,照教习贡生例,上上卷用通判,上卷用知县。例监历满考职,与不积分贡生一体廷试。每百名取正印八名,余用州、县佐贰。积分不满数,原分部者,咨部不得优选。原再肄业满分者听。"从之。是年,科臣王命岳以贡途壅塞,请暂停恩、拔、岁贡。于是坐监人少,难较分数(《清史稿·选举志一》)。

顾炎武是春登泰山,有《登泰》诗;至曲阜谒孔庙,有《谒夫子庙》、《七十二弟子》诗各一首;又往邹县谒周公庙、孟庙,有《谒周公庙》和《谒孟子庙》诗各一首;与马骕访碑于邹平郊外,并称其所著《左传事纬》为必传之作;抵章丘,访张光启;至济南,访徐夜;登孤竹山,谒夷齐庙。

王夫之仍居莲峰下续梦庵,衡阳诸生戴晋元来学《易》。

陆世仪九月讲学江阴广福山房。

费密迁居扬州。

李霨充会试副总裁。十二月初七日,受命校《大清律》。

毛际可、陈廷敬、熊赐履中进士。

钱澄之与钱谦益是冬抵足长干僧舍,相与论诗。

英国医生托马斯·布朗提倡火葬。

荷兰人简·斯万默达姆首次观察红血球。

周亮工被追控贪酷罪,由闽逮京讯问。

宋琬官永平,尤侗以谋复职走永平求琬。

朱彝尊自粤归。

吴兆骞以"丁酉科场案",流徙宁古塔。

陈维崧至如皋依冒襄。

颜元始开家塾,教子弟,名其斋曰思古。

李光地年十七,立志于学,专心性理之学。

阎若璩从兄阎若琛中进士,改兵部主事。

邵廷采年十一,从祖父讲学于皇山翁氏庄,受先正制义。

张履祥与何汝霖定交。

按:《清史列传·张履祥传》曰:"何汝霖字商隐,浙江海盐人。隐居澉浦紫云村,与履祥志同道合,相交十七年。尝语友人曰:'周、程、张、朱一脉,吾辈不可令断绝。'……履祥尝命子维恭受业克贞、汝霖及秀水吕璜、嘉兴屠安世、同邑邱云,曰:'数人皆深造自得君子人也,吾切磋受益为多。'其见重如此。履祥病革,以全稿托汝霖。及卒,汝霖经纪其丧,率友朋弟子数十人为会葬焉。"

折库讷、常鼐、李霨、王熙四月奉命教习庶吉士。

史大成、刘芳躅、田逢吉、冯源济、曹申吉、沈世奕、綦汝楫、邓钟麟、党以让、项景襄十二月充日讲官。

马晋元、杨正中、王遵训、吴珂鸣、富鸿业、郭谏、王吉人、王封溁、王于玉、陈敬、沈振嗣、萧惟豫、彭之凤、王曰高、谭篆、田麟、殷观光、邹度珙、王扬昌、吕显祖、王钟灵、陆懋廷、徐臻、熊赐履、熊赐玘、李天馥、项嘉、张贞生、崔蔚林、吴本植等进士四月十五日被选为庶吉士。

按:《清史列传·崔蔚林传》曰:"顺治十五年进士,改翰林院庶吉士。同年孝感熊赐履倡明理学,蔚林与之游,遂研究诸儒书,曰:'道在是矣!'"

艾元征九月十八日奉命教习庶吉士。

沙澄时任詹事,九月十八日奉命与侍读学士石申、冯溥、黄机,侍讲学士方悬成,庶子曹本荣,原任中允宋之绳,修撰史大成,编修宋德宜、王泽弘充《通鉴全书》纂修官。

额色黑、成克巩时任保和殿大学士,十月十五日奉命与文华殿大学士蒋赫德,武英殿大学士胡世安,东阁大学士李霨,学士胡兆龙、王熙、艾元征,吏部尚书孙廷铨,礼部尚书王崇简,刑部尚书白允谦,刑部左侍郎杜立德,充武殿试读卷官。

蒲松龄初应童子试,受施闰章赏识,补博士弟子员。

戴名世年六岁,始从塾师受学,凡五年而读毕四书五经。

金鋐三月由秘书院侍讲为国子监祭酒。

郝浴曾为湖广道御史,是年因忤吴三桂而谪居辽宁铁岭。

图尔哈图五月由国子监司业为国子监祭酒。

余司仁时任福建道监察御史,十一月初四日奏请纂修《大清会典》,下所司议奏。

赵廷臣从定贵州,擢授巡抚。疏言:"臣以为教化无不可施之地。请自后应袭土官年十三以上者,令入学习礼,由儒学起送承袭。其族子弟愿入学读书者,亦许其仕进,则儒教日兴而悍俗渐变。"(《清史稿·赵廷臣传》)

黄熙中进士,官临川教谕。

按:《清史列传·黄熙传》曰:"(谢)文洊长熙仅六岁,熙服弟子之事,常与及门之最幼者旅进退。朔望四拜,侍食起馈,唯诺步趋维谨。彭士望比之朱子之事延平。文洊于人少许可,独引熙为入室弟子。……著有《仿园遗稿》。魏禧尝曰:'程山(谢文洊)之门,濬(封濬)为最长,其德宇尤大醇,笃行有道,君子也。'又曰:'曰都(曾曰都)毅而介,其仁(汤其仁)和而有守。京(甘京)与龙光(危龙光)坦中而好义,熙虚已而挚。此五君子者,性情行己不同,而孝友于家,廉于财不苟,且于言行学古贤者之学,而缺然以为若将弗及,则无不同。'其推挹甚至云。"

林云铭举进士,官徽州府通判。

按:林云铭字西仲,福建侯官人。著有《古文析义》、《楚辞灯》4卷、《庄子因》等。《四库全书总目提要》曰:"王晫《今世说》称云铭:'少嗜学,每探索精思,竟日不食。暑月家僮具汤请浴,或和衣入盆,里人皆呼为书痴。'然观所著诸书,实未能深造。是编(《楚辞灯》)取《楚辞》之文,逐句诠释。又每篇为总论,词旨浅近,盖乡塾课蒙之本。江宁朱冀尝作《离骚辨》一卷,攻云铭之说甚力。然二人均以时文之法解古书,亦同浴而讥裸裎也。其于《九章》篇次,自《涉江》以下,皆易其旧,曰《惜诵》第一,《思美人》第二,《抽思》第三,《涉江》第四,《橘颂》第五,《悲回风》第六,《惜往日》第七,《哀郢》第八,《怀沙》第九。考王逸《注》称:'屈原放于江南之野,思君念国,忧心罔极,故复作《九章》。'盖以《九章》皆放江南时作。云铭此编,谓《惜诵》为怀王见疏之后,又进言得罪而作,时但见疏而未尝放,本传所谓'不复在位'者,以不复在左徒之位,未尝不在朝也。其《思美人》、《抽思》乃怀王置之于外时作,然此时在汉北,尚与江南之野无涉。惟《涉江》、《橘颂》、《悲回风》、《惜往日》、《哀郢》、《怀沙》六篇,始是顷襄放之江南所作。如此说来,既与本传使齐及谏释张仪、谏入武关数事不相碍,且与《思美人》、《抽思》章称'造都为南行,朝臣为南人'及'来集汉北'等语,《哀郢》章'仲春东迁,逍遥来东,西思故都'等语一一印合云云。然此说本明黄文焕《楚辞听直》,亦非其创解也。"

邵光印时任河南息县知县,建正学书院。

隐元在日本创建黄檗山万福寺于山城宇治。

汤若望正月晋光禄大夫。

金士升著《周易内传》12卷刊行。

傅以渐奉敕著《易经通注》9卷刊行。

陆世仪纂《儒宗理要》成书。

朱彝尊始注宋欧阳修《五代史记》。

谷应泰所著《明史纪事本末》80卷刊行,有自序,傅以渐作序。

按:是书一题《明鉴纪事本末》,又作《明朝纪事本末》,乾隆间著录于《四库全书》,始通行今名。作者沿用宋代袁枢《通鉴纪事本末》体例,上起元至正十二年(1352)朱元璋起兵,下终明崇祯十七年(1644)明亡,将明代史事列为80个专题,每题一卷,是一部纪事本末体的明朝断代史。因成书先于《明史》,故有重要史料价值。又,与谷应泰同时的史家彭孙贻曾就谷书中所缺,撰为《明史纪事本末补编》5卷。是书版本颇多,较常见的有顺治十五年筑益堂本、《四库全书》本、江西书局本、广雅书

詹姆斯·哈林顿著成《人民政府的特权》。

爱德华·菲利普斯著成《词汇新世界》。

J.R.格劳伯尔著成《自然盐矿》。

局本、崇德堂本等。谷应泰著《明史纪事本末》书成,即送时任国史院大学士的傅以渐作序,傅以渐在《序》中称誉该书为"一代良史","阅其纪事,而污隆兴废之故,贤奸理乱之形,洞如观火,较若列眉。更读其论断诸篇,又无不由源悉委,揣情撼实。贾昌之说故事,历历目前,马援之画山川,曲折具见,洵一代良史也。"关于此书的作者,清代学者有不同意见。

黄宗羲著《弘光实录钞》4卷。

孙承泽著《畿辅人物志》20卷成书。

按:《四库全书总目提要》曰:"是编专志有明一代畿辅人物,然如李东阳之类,究涉假借,不出地志之积习。又如成基命无所瑕疵,亦实无所树立,承泽以其子克巩方官大学士,而盛相推重,则亦非尽信史矣。"

范绳祖修,庞太朴纂《高年县志》10卷刊行。

黄居中修,杨淳纂《灵台志》4卷刊行。

吴世英修,王用肃纂《陕州志》8卷刊行。

武攀龙等修纂《洛阳县志》12卷刊行。

张一魁修,谢鼎元等纂《新修淳安县志》6卷刊行。

史鹏修,胡国器纂《虞城县志》8卷刊行。

蒋应泰修,陶汝鼐纂《宁乡县志》10卷刊行。

熊兆师修纂《阳山县志》8卷刊行。

孙灏、林环昌修,王玉汝、萧家芝纂《河内县志》5卷刊行。

吴国用纂《温县志》2卷刊行。

高桂修,马羲则纂《尉氏县志》4卷刊行。

吴兴俦修,贾攀鳞纂《汜志》8卷刊行。

张茝修,陈法禹纂《舞阳县志》14卷刊行。

汪潜等修纂《许州志》8卷刊行。

李芳春修,李鼎玉纂《沈丘县志》14卷刊行。

陈确著《瞽言》4卷成书。

按:是书系清初比较有代表性的反对宋学的论著,因其思想激进而不被时人所容,遂长期湮没。今有中华书局1979年《陈确集》点校本。研究此书的论文有黄宗羲的《与陈乾初论学书》等。

毛奇龄著《天问补注》1卷成书,有自识。

陈瑚纂《离忧集》2卷。

朱用纯始著《毋欺录》。

王夫之九月著《家世节录》成书。

按:是书为研究王夫之的家学渊源提供了重要线索。

李渔著小说《十二楼》12卷成书。

喻昌著《医门法律》6卷成书。

张履祥著《补农书》2卷成书。

按:《补农书》是张履祥对明末《沈氏农书》所作的补充。现在所见到的《补农书》是由《沈氏农书》和《补农书》合编而成,分上下两卷。《补农书》是明清时期众多地方性农书的代表作。

顾炎武著《岱岳记》8卷成书。

传教士卫匡国用拉丁文写的《中国历史初编》10卷在慕尼黑出版。

按：是书记事始自古代神话传说，迄于西汉哀帝，为欧洲人撰写的第一部中国历史著作。

传教士曾德昭卒(1585—)。德昭葡萄牙人。明万历四十一年来南京学习汉文，取名谢务禄。后改名曾德昭，至浙江、江西、江苏、陕西等地传教。曾任在华耶稣会会长。著有《字考——汉葡及葡汉字汇》、葡文本《中国通史》。

谈迁卒(1594—)。迁原名以训，字仲木，号射父，明亡后改名迁，字孺木，号观若，浙江海宁人。明末诸生。著有《国榷》108卷、《史论》2卷、《北游录》9卷、《西游录》2卷、《海昌外志》8卷及《枣林诗集》、《枣林杂俎》、《枣林集》等。事迹见《清史稿》卷五〇一、李桓《国朝耆献类征初稿》卷四六三、黄宗羲《谈孺木墓表》(《黄宗羲全集》第十册碑志类)。

按：《清史稿》本传曰："初为诸生。南都立，以中书荐，召入史馆，皆辞，曰：'余岂以国家之不幸博一官耶？'未几，归里。迁肆力经史百家言，尤注心于明朝典故。尝谓：'史之所凭者，实录耳。实录见其表，其在里者，已不可见。况革除之事，杨文贞未免失实；泰陵之盛，焦泌阳又多丑正；神、熹之载笔者，皆逆奄之舍人。至于思陵十七年之忧勤惕厉，而太史遯荒，皇寝烈焰，国灭而史亦随灭，普天心痛，莫甚于此！'乃汰十五朝实录，正其是非。访崇祯十七年邸报，补其缺文，成书，名曰《国榷》。"

项圣谟卒(1597—)。圣谟字孔彰，号易庵，胥山樵、莲塘居士、松涛散仙等，浙江秀水人。明清之际画家，尤善画松，有"项松"之誉。传世作品有《招隐图卷》、《秋林读书图》、《松涛散仙图》等。著有《朗云堂集》。事迹见《清史稿》卷五〇四、李桓《国朝耆献类征初编》卷四二三。

曹寅(—1712)、陈汝咸(—1714)、汪士鋐(—1723)、龚翔麟(—1733)、秦道然(—1747)生。

清顺治十六年　南明永历十三年
己亥　1659年

正月十三日乙巳(2月4日)，裁直隶深泽、涞水、灵寿、无极、新河、高邑、临城、赞皇、唐山、内邱、鸡泽、清河、大名、唐县各儒学训导。

二月初五日丙寅(2月25日)，裁江南望江、铜陵、东流、繁昌四县儒学训导各1员。

三月十五日丙午(4月6日)，立明崇祯帝碑成，大学士金之俊撰碑文。

二十八日己未(4月19日)，定内阁、翰林院职掌。

按：内阁职掌十项：具题纂修实录等项书籍各官职名；办理记载诏书、上传、敕

法国和西班牙媾和。

英国护国政体结束。

勃兰登堡军尽逐瑞典人于普鲁士。

法国在塞内加尔海岸建立通商点。

谕、册文、宝文、表文、御屏，收藏六科录疏并各项书籍、各处祭文等项；撰拟文武各官世袭封赠诰命、敕命及敕书，并用宝；精微批挂号；经筵日讲，翰林官撰完讲章看详进呈；翻译本章；撰写坛庙各陵祝文及神牌匾额；登记世官档子；收揭帖红本、票签档子；撰拟碑文、祭文、谥号。翰林院职掌二十项：经筵日讲，撰拟讲章；外国奏书令四译馆官翻译；考选庶吉士；开列教习庶吉士职名送内阁具题；纂修翻译各项书史，开列纂修职名送内阁具题；凡会试、乡试及武会试主考开列职名送该部具题；撰拟封赠诰敕，开列翰林官职名送内阁具题；题补翰林官员及差遣、俸满、丁忧、给假等项行文各部；其他有侍直、侍班、扈从、贴黄、修玉牒、捧敕书、教内书堂、上陵分献、册封赍诏等项。其会试、殿试、廷试举贡、册封事宜等四项归礼部职掌；撰拟印信关防字样，文官归吏部，武官归兵部(《清世祖实录》卷一二四)。

闰三月初一日辛酉(4月21日)，更定在京各衙门官衔品级。

按：翰林院侍读学士、侍讲学士，满汉字俱称侍读学士、侍讲学士；侍读、侍讲，满汉字俱称侍读、侍讲；修撰、编修、检讨，满汉字俱称修撰、编修、检讨；五经博士，满汉字俱称五经博士；典籍，满汉字俱称典籍。以上品级仍旧。

十一日辛未(5月1日)，裁直隶、江南、浙江、四川、河南等省儒学训导77员。

二十二日壬午(5月12日)，陕西道御史姜图南疏言："《明史》一书，虽事属前代，而纂修之典，则在本朝，请发金匮藏书，敕内阁翰林诸臣，开馆编摹，广搜会订，以成信史。"疏下所司(《清世祖实录》卷一二五)。

二十八日戊子(5月18日)，顺治帝亲自复试江南丁酉科举人。

四月初九日己亥(5月29日)，定叶方蔼等70名仍准作举人，其中13人免罚科，准会试；第七十一至第九十名亦准作举人，其中18人停会试二科。

按：谕礼部："此次复试之江南丁酉科举人，第一名叶方蔼至第七十名程桔，俱准作举人，内陈溯潢、潘之彪、曹汉、杨兆皋、洪济、杨大鲲、黄枢、万世俊、黄中、何亮工、何炳、沈鹏举、张允昌，前经罚科，今俱免罚，准其会试。第七十一名王克巩至第九十名杜瑜，亦准作举人，内许允芳、秦广之、马振飞、史奭、周篆、许风、谢金章、史继佽，仍照前罚，停会试二科。吴维骏、董粤固、宗书、俞振奇、詹有望、李煜、张仲馨、韩揆策、王淳中、朱扶上，亦准作举人，俱著罚停会试二科。"(《清世祖实录》卷一二五)

十一日辛丑(5月31日)，礼部议复科臣杨箪疏言："学臣为士子师表，自当督率教官，训饬士子。此后劣生犯事，经教官举报，学道不尽法惩处者，被抚按纠参，照教官例，一名以上罚俸六月，三名以上罚俸一年，五名以上，降职一级，七名以上，革职。"从之(《清世祖实录》卷一二五)。

五月初五日乙丑(6月24日)，再申朋党门户之禁。

初八日戊辰(6月27日)，裁湖广辰州府沅州、石门、慈利、常宁、蓝山、泸溪、辰溪、溆浦、麻阳、桂东、新田、沅江等州县儒学训导1员。

十九日己卯(7月8日)，礼部议复："翰林院掌院学士折库讷等疏言：'明朝一代之史，理应修辑，以昭鉴戒。'请敕各直省地方官，凡收藏有明崇祯十七年朝报及召对记载可备采择者，务期广为搜罗，速行汇送翰林院，以便题请纂修。其野史、小说不许滥收。"报可(《清世祖实录》卷一二六)。

六月十五日甲辰(8月2日)，谕旨谓会试举人，场前投递诗文，干谒京

英国东印度公司夺占圣赫勒拿岛。

柏林普鲁士国家图书馆创建。

清顺治十六年　南明永历十三年　己亥　1659年

官,最为可恶。以后有犯者,著革去举人,下刑部究拟,京官不举首,事发一体重治。

七月二十三日壬午(9月9日),裁广东龙门、从化、新安、新宁、清远、阳山、乐昌、仁化、乳源、翁源、和平、永安、长宁、大埔、惠来、普宁、平远、广宁、封川、开建、恩平、开平、信宜、吴川、石城、遂溪、徐闻、灵山、会同、乐会、定安、感恩、昌化、陵水、东安、西宁,江南砀山各县儒学训导。

八月初五日癸巳(9月20日),命大学士刘正宗、卫周祚为会试主考官。

十五日癸酉(10月30日),因云南、贵州已入版图,地方抚绥需人,特举行会试。是日,殿试天下会试中式贡士朱锦等。

是日,裁江西袁州、建昌、宁州、奉新各儒学训导。

十七日乙亥(11月1日),顺治帝御太和殿,传胪,赐会试中式贡士陆元文等进士及第出身有差。

十一月十七日甲戌(12月30日),因礼部右给事杨雍建奏,谕直省学臣校士务遵经传,不得崇尚异说。

按:杨雍建于十月初十日奏称:坊刻中有《四书诸家辨》、《四书大全辨》,皆讥识先贤,崇尚异说,乞敕部毁版,使"先贤传注不为异说所夺,而学术大醇,人心可正矣",从之(《清世祖实录》卷一二九)。此举始开清代焚书先例。

十二月初三日己丑(1660年1月14日),衍圣公孔兴燮因滥刑擅毙庙户,命革去少傅兼太子太傅衔。

十九日乙巳(1月30日),定世职承袭例。

二十日丙午(1月31日),定国子监满祭酒以太常寺少卿管国子监祭酒事,满司业以太常寺寺丞管国子监司业事。

是年,命直省行乡约之法,宣讲上谕。

按:令五城设立公所讲解上谕,以广教化;直省社州县皆举行乡约,各地方官责成乡约人等每月朔望聚集公所宣讲。

颁《孝经衍义》于天下学宫,命考官于乡试、会试二场论题,间出《孝经》,以励士尚。

罗马教廷传信部另行设立宗座代牧制,委派隶属圣部之宗座代表,治理各地区和各国教务。

按:罗马教廷管理教务,实施宗座代牧制与圣统制两种体制。前者将教会分区为宗座代牧区和宗座监牧区,代牧和监牧是以教宗委派的宗座代表的名义管辖区内教务。后者区分为教省和教区,设立总主教和主教。因葡萄牙拥有远东保教权,传教区任命主教与遣派传教士均须征得里斯本的认可。初始任命的宗座代牧有安南东京代牧区巴禄,兼理中国滇、黔、湖、桂、川五省教务,交趾宗座代牧陆方济,兼理中国浙、闽、赣、粤四省教务。

顾炎武是春自永平出山海关,有《山海关》和《望夫石》诗各一首;复还至昌黎。又至昌平,初谒天寿山,有《恭谒天寿山十三陵》和《王太监墓》诗各一首。返山东,抵邹平,订其县志。

英国医生托马斯·威利斯首次记述伤寒。

荷兰人惠更斯发现土星光环。

傅山南游至金陵,复北还绕道海州,游云台山。

方以智以僧服至宁都翠微峰,依魏禧。

按：谢国桢《方以智年谱序》说："他虽然处于明清之际的社会大动乱中,但为了不使学术成果随世湮没,在流离颠沛中仍著述不辍,而且遍交各地的学者,商磋学问,把文化传授给子弟。如他与宁都'易堂九子'魏禧、彭士望交往密切,彭士望的门生梁份(质人)著《秦边略记》,讲求我国西北地理与边塞国防设备,即受方以智的影响。又如他的学生揭暄,对天文、数学等有较深的造诣,在很大程度上也受到方以智的影响。他的次子方中通,著有《数度衍》,其中许多观点,来源于方以智。这都说明了方以智不是个空谈家,而是一位经世致用,能坐而言,起而行的志士。"(任道斌《方以智年谱》卷首)

吕留良与黄宗会定交。

颜元赴易州岁试,与孙奇逢门人王之徵交。

按：王之徵字五修,自号寻乐子,河北保定新安人。

归庄至太仓会陈瑚。

熊赐履、谭篆、富鸿业、萧惟豫、张贞生、熊赐玘、邹度珙、陆懋廷、马晋允、崔蔚林授编修、检讨。

费密笺注司马迁《史记》。

周亮工在京候讯,将所居小屋题为"因树屋",日赋诗著文其中。

阎尔梅至华阴访王弘撰。

汪楫以江警避居艾陵,识吴嘉纪。

马骕、叶方蔼、徐元文、彭孙遹、黄与坚、叶封中进士。

邵廷采从外祖父受《左传》、《国语》、《史记》、《汉书》。

田乃亩、赵炎、刘始菖、王国鼎向孙奇逢问学。

章云鹭八月由翰林院侍读学士升为国子监祭酒

田种玉十二月由翰林院检讨升为国子监司业。

金圣叹始评点杜甫诗。

吴历从陈瑚学。

查慎行十岁,作《武侯论》。

僧玉林琇应召入京说法,顺治帝礼遇优渥。

僧木陈忞奉召赴京说法,顺治帝赐以"弘觉禅师"封号。

朱之瑜亡命日本,居长崎,始以汉学传授日人。

按：自南京失陷到永历被害的十五年间,朱之瑜一直在为恢复明室而奔波,后见实无可为,乃学鲁仲连义不帝秦之精神,东渡日本。时值日本对外实行"锁国政策",不准外国人居住在国内。日本学者安东守约敬慕其学识德行,坚请他留住日本,后征得日本长崎镇镇巡的允许,遂客居长崎。

陈元赟赴日本定居,以武术授徒。

折库讷、胡兆龙、王熙、艾元征八月二十五日奉命教习庶吉士。

觉罗巴哈纳、额色黑、成克巩、胡世安等大学士九月十三日奉命与学士布颜、折库讷、白色纯、胡兆龙、艾元征、王熙、吏部尚书孙廷铨、侍郎石申、户部侍郎林起龙、兵部督捕侍郎霍达为殿试读卷官。

朱训诰、陈景仁、钟朗、周训成、李为霖、周灿、全国用、郑日奎、马大士、曹鼎望、周渔、王勋、刘如汉、蒋绘、李平、陈元、陈志纪、翟世琪、罗继谟、赵济美、张玮、郑端、管恺、苏宣化、王追骐、杨维乔、郑为光、杨大鲲、刘雯旷、朱之佑、朱锦、戈英、唐寅清、刘元勋、詹养沉、翟廷初、卢乾元、蒋弘道、宁尔讲、赵之符、周之麟等新科进士八月二十一日被选为庶吉士。

骆钟麟迁陕西盩厔知县。

按：《清史稿·骆钟麟传》曰："为政先教化，春秋大会明伦堂，进诸生迪以仁义忠信之道。增删吕氏士约，颁学舍。朔望诣里社讲演，访耆年有德、孝弟著闻者，见与钧礼，岁时劳以粟肉。立学社，择民间子弟授以小学、《孝经》。……初，钟麟在盩厔以师礼数造李颙庐，至是创延陵书院，迎颙讲学，率僚属及荐绅学士北面听。问为学之要，颙曰：'天下之治乱在人心，人心之邪正在学术。人心正，风俗移，治道毕矣。'钟麟书其言，终身诵之。已而江阴、靖江、无锡诸有司争礼致颙，颙为发明性善之旨，格物致知之说，士林蒸蒸向风，吏治亦和。"

亢得时时任河南巡抚，在杞县建玉泉书院。

陈良玉时任河南邓州知州，建金山书院。

朱英炽时任湖南攸县知县，建玉兰书院。

比利时传教士南怀仁抵陕西传教。

吴脉鬯著《易象图说》刊行。

崔致远著《洪范传》刊行。

孙奇逢著《四书近指》20卷成书。

按：《四书近指》为教授弟子的讲义，旨在阐明其治《四书》之心得，非章句注疏之作。《四库全书总目提要》曰："是编于四子之书挈其要领，统论大指。间引先儒之说以证异同，然旨意不无偶偏。如云'圣人之训，无非是学'，此论最确。乃两论逐章皆牵合'学'字，至谓'道千乘之国'章，敬信、节爱、时使皆'时习'事。《大学·圣经章》所论'本末先后'，以明德须在民上明，修身须在天下、国家上修。又云'格物无传，是《大学》最精微处。以物不可得而名，无往非物，即无往非格。朱子所谓穷至事物之理，乃通《大学》数章而言'云云，皆不免高明之病。盖奇逢之学兼采朱、陆，而大本主于'穷则励行，出则经世'，故其说如此。不一一皆合于经义，而读其书者知反身以求实行实用，于学者亦不为无益也。"

顾炎武著《营平二州史事》6卷成书，有自序。

顾祖禹始著《读史方舆纪要》。

按：明亡，顾祖禹随父隐居常熟，针对"今之学者，语以封疆形势，惘惘莫知"，以致"一旦出而从政，举关河天险委而去之"的现实，其父将原因归结为《明一统志》的疏漏，曰："我《明一统志》，先达推为善本，然于古今战守攻取之要，类皆不详，于山川条例，又复割裂失伦，源流不备。"乃嘱便顾祖禹挺笔著述，"拟拾遗言，网罗图典，发凡起商，昭示来兹"（《读史方舆纪要·总叙一》）。于是顾祖禹绝意仕进，开始撰写是书。

赵士弘修，陈所性纂《绛县志》5卷刊行。

安锡祚修，刘复鼎纂《赵城县志》8卷刊行。

武全文、佟希尧修，马魁选纂《华亭县志》2卷刊行。

徐开熙纂修《兴平县志》8卷刊行。

威廉·萨姆纳著成《萨克森—拉丁—英语词典》

陈国珍修，白象颢纂《阳城县志》10卷刊行。
李中白、周再勋纂《潞安府志》20卷刊行。
李英纂修《蔚州志》2卷刊行。
刘浚修，李若辂纂《涉县志》8卷刊行。
管声骏修，孟俊纂《光山县志》12卷刊行。
高材修纂《商城县志》10卷刊行。
包韺修纂《固始县志》10卷刊行。
张鼎新修，赵之珩纂《遂平县志》15卷刊行。
王昕修纂《郏县志》8卷刊行。
荆其惇、傅鸿邻修，阎举纂《郾城县志》10卷刊行。
经起鹏修，刘汉黎纂《鄢陵县志》10卷刊行。
李芳春、黄陛修，束存敬纂《项城县志》8卷刊行。
左国桢修，王鼎镇、吴中奇纂《西华县志》8卷刊行。
常秉彝、刘象明纂《伊阳县志》2卷刊行。
王维新等修，刘汉客纂《商阳府志》13卷刊行。
陈良玉修，彭而述纂《邓州志》20卷刊行。
艾元复修，蔺楠然纂《偃师县志》4卷刊行。
杨继芳修，牟适纂《新泰县志》6卷刊行。
陈达纶修，吴溢、丁亮纂《太和县志》8卷刊行。
李若星等修纂《宁陵县志》12卷刊行。
高惺修，郭天锡纂《商水县志》11卷刊行。
宋可发修，吴之谟纂《彰德府志》8卷刊行。
刘纯德修，郭金鑫纂《柞城县志》4卷刊行。
余缙修，李嵩阳纂《封丘县志》9卷刊行。
程启朱等修，苏文枢、李实秀纂《卫辉府志》19卷刊行。
李鹏鸣修，韩继文纂《密县志》4卷刊行。
吴彦芳修，徐廷寿纂《中牟县志》10卷刊行。
崔维雅修纂《仪封县志》8卷刊行。
冯嗣京修，张光祖纂《新郑县志》5卷刊行。
张重润修，黄正色纂《陈留县志》12卷刊行。
李同亨、张俊哲修，马士骘纂《祥符县志》6卷刊行。
钱纶修，盛朝组纂《开封府志》35卷刊行。
段补圣、梅可荐修，沈士秀等纂《荥泽县志》8卷刊行。
毛晋著《虞乡杂志》3卷成书。
金圣叹著《唱经堂杜诗解》4卷刊行。
朱鹤龄刻所著《李义山诗注》3卷、《补注》1卷，有自序。

按：《四库全书总目提要》曰："李商隐诗旧有刘克、张文亮二家注本，后俱不传，故元好问《论诗绝句》有'诗家总爱西昆好，只恨无人作郑笺'之语。明末释道源始为作注，王士禛《论诗绝句》所谓'獭祭曾惊博奥殚，一篇《锦瑟》解人难。千秋毛郑功臣在，

清顺治十六年　南明永历十三年　己亥　1659年

尚有弥天释道安'者,即为道源是注作也。然其书征引虽繁,实冗杂寡要,多不得古人之意。鹤龄删取其什一,补辑其什九,以成此注。后来注商隐集者,如程梦星、姚培谦、冯浩诸家,大抵以鹤龄为蓝本,而补正其阙误。……然大旨在于通所可知,而阙所不知,绝不牵合《新》《旧唐书》,务为穿凿,其摧陷廓清之功,固超出诸家之上矣。"

　　吕阳著《薪斋二集》8卷刊行。
　　陈瑚著《从游集》2卷成书,钱谦益作序。
　　陆贻典笺《唐诗鼓吹注解》10卷。
　　汪琬著《说铃》1卷成书,有自序。
　　梅文鼎著《历学骈枝》6卷。
　　孙承泽著《己亥存稿》1卷。
　　杜芳著《菊有斋文集》4卷刊行。
　　杨光先作《摘谬文》,摘汤若望《西洋新法》十谬。又著《辟邪论》,抨击天主教。
　　按：这两篇文章,以后收入作者的《不得已》一书。

　　传教士阳玛诺卒(1574—　)。玛诺字演西,葡萄牙人。天主教耶稣会传教士。明万历三十八年来华。曾在韶州、南雄、北京、南京、杭州、福州等地进行传教活动,任中国区耶稣会副区长。著有《圣经直解》、《天问略》、《景教碑铨》、《转世金书》、《天主圣教十诫直诠》、《景教流行中国碑颂正诠》等。事迹见方豪《中国天主教史人物传·阳玛诺》。
　　黄公辅卒(1576—　)。公辅字振玺,号春溥,广东新会人。明万历四十四年进士,任福建浦城知县。天启二年晋升南京山西道监察御史。因弹劾魏忠贤去官。崇祯七年起用,历任湖广布政司参议,分巡湖北;湖广参政,分守宝庆,兼兵备,镇长沙。永明王时,进兵部尚书。著有《北燕岩集》4卷。
　　史孝咸卒(1576—　)。孝咸字子虚,余姚人。明诸生。少思以文章名世,而于良知之旨尤为笃好。刘宗周家居时,孝咸往谒,恨相见晚。宗周创证人社,复以书招,孝咸与陶奭龄同主讲。事迹见《清史稿》卷四八〇、《清史列传》卷六六、李桓《国朝耆献类征初稿》卷三九五、《碑传集》卷一二七。
　　陈士京卒(1595—　)。士京字齐莫,一字佛庄,浙江鄞县人。南明王监国时,官至光禄寺卿。著有《束书后诗》、《海年诗内集》、《海年集》、《海年谱》等。事迹见《清史稿》卷五〇七、李桓《国朝耆献类征初编》卷四六三。
　　毛晋卒(1599—　)。晋字子晋,号潜在,原名凤苞,字子久,江苏常熟人。明诸生。著名藏书家,所藏书共84000余册,多为宋元善本。建汲古阁、日耕楼以储书。曾校刻《十三经》、《十七史》、《津逮秘书》、《六十种曲》等,为历来私家刻书最多者。又好抄录秘籍,缮写精良,称为"毛抄"。另著有《毛诗名物考》、《毛诗陆疏广要》、《苏米志林》、《隐湖题跋》、《汲古阁书跋》、《宋诗选》、《明诗纪事》、《词苑英华》等数百卷。事迹见《清史列传》卷七一、李桓《国朝耆献类征初编》卷四二八、蔡冠洛《清代七百名人传》第五编、钱谦益《隐湖毛君墓志铭》(《牧斋有学集》下册)。

按：叶德辉《书林清话》卷七曰："明季藏书家，以常熟之毛晋汲古阁为最著。当时遍刻《十三经》、《十七史》、《津逮秘书》、唐宋元人别集，以至道藏、词曲，无不搜刻传之。观顾湘《汲古阁板本考》，秘笈琳琅，诚前代所未有矣。即其刻《说文解字》一书，使元明两朝未刻之本，一旦再出人间，其为功于小学，尤非浅鲜。然其刻书不据所藏宋元旧本，校勘亦不甚精，数百年来，传本虽多，不免贻佞宋者之口实。……钱谦益《隐湖毛君墓志铭》云：'子晋初名凤苞，晚更名晋，世居虞山东湖。父清，孝弟力田，为乡三老。而子晋奋起为儒，通明好古，强记博览，不屑俪华斗叶，争妍削间。壮从余游，益深知学问之指意。谓经术之学，原本汉唐，儒者远祖新安，近考余姚，不复知古人先河后海之义。代各有史，史各有事有文。虽东莱、武进以钜儒事钩纂，要以歧枝割剥，使人不得见宇宙之大全。故于经史全书，勘雠流布，务使学者穷其源流，审其津涉。其他访佚典，搜秘文，皆用以禅辅其正学。于是缥囊缃帙，毛氏之书走天下，而知其标准者或鲜矣。经史既竣，则有事于佛藏，军持在户，贝多滥几，捐衣削食，终其身芒芒如也。盖世之好学者有矣，其于内外二典世出世间之法，兼营并力，如饥渴之求饮食，殆未有如子晋者也。'"

邵曾可卒(1609—)。曾可字子唯，号鲁公，浙江余姚人。入姚江书院，从史孝咸学，并与韩当友善。笃信王守仁致良知之学，对明儒薛瑄、吴与弼、陈献章、王守仁等多有研究。为其子邵贞显、孙邵廷采讲解儒书，后世传其学。事迹见《清史稿》卷四八〇、《清史列传》卷六六、李桓《国朝耆献类征初编》卷三九五。

僧函可卒(1611—)。函可字祖心，号剩人，俗姓韩，名宗騋，广东博罗人。年二十六弃家为僧。崇祯末年，以请藏至南京，遇国变，清兵来攻，亲见诸大夫死事状，记为私史。城陷事发，充戍沈阳。著有《千山诗集》20卷、《千山剩人和尚语录》6卷传世。

传教士卜弥格卒(1612—)。弥格字致远，原籍匈牙利，后迁波兰。天主教耶稣会传教士。南明永历元年来华。在永历帝宫中传教。著有《中国地图》、《中国植物志》。并译景教碑文为拉丁文。

季开生卒(1627—)。开生字天中，号冠月，江苏泰兴人。顺治六年进士。官给事中，以直言著称。工诗画。著有《懋臣诗稿》。事迹见《清史稿》卷二四四、李桓《国朝耆献类征初编》卷一三三。

徐旭旦(—1720)、陈大章(—1727)、李塨(—1733)、李茹旻(—1734)、万经(—1741)生。

清顺治十七年　南明永历十四年
庚子　1660年

勃兰登堡取东普鲁士。

正月初二日戊午(2月12日)，顺治帝引咎自责，定于二十日祭天，二十一日祭地，二十三日告祭太庙、社稷，二十五日颁诏大赦。

清顺治十七年　南明永历十四年　庚子　1660年

二十四日庚辰(3月5日)，谕兵部，武科考试以后只试马步箭、论策，其开弓、舞刀、掇石俱不必试。

是日，顺治帝以文庙告成，亲祭先师孔子。

二十五日辛巳(3月6日)，严申结社订盟之禁。

按：从礼科右给事中杨雍建奏，士子不得妄立社名，纠众盟会，其以名片往来亦不许用同社同盟字样。

二月二十四日己酉(4月3日)，兵部以再行会试武举，照例请内阁学士监射。命内大臣及大学士监射，并谕永著为例。

二十九日甲寅(4月8日)，以满文译本《三国志》颁赐诸王以下、甲喇章京以上官。

三月初六日辛酉(4月15日)，礼部议定合祭大享殿典礼之例。

十一日丙寅(4月20日)，以翰林院侍读学士黄机、侍讲学士张士甄为武会试主考官。

十九日甲戌(4月28日)，定八旗官名之汉称。

四月初八日壬辰(5月16日)，大学士觉罗巴哈纳、卫周祚、李霨、户部尚书王弘祚、刑部尚书能图等遵旨校订律例，以盛京定例及历奉上谕，并部院衙门条例，分晰应入律、不应入律各条款，缮写满汉文各六册，进呈御览。

初十日甲午(5月18日)，顺治帝亲试会试中式武举人马步射于南苑。

二十一日乙巳(5月29日)，谕兵部，著革去李言、潘龙士、朱鹏、史学镒、许鹏、陆如赘、刘潜、查道生、马逢元、方亦临10人武举，前列主考官著议处具奏。

二十六日庚戌(6月3日)，裁国子监蒙古祭酒、司业，增设满洲监丞1员，笔帖式4员。

五月初一日乙卯(6月8日)，赐中式武举林本直等进士及第出身有差。

二十二日丙子(6月29日)，以取中武举李言等10人不善骑射之故，罚武会试主考官黄机、张士甄俸各一年。

六月初六日己丑(7月12日)，将辽太祖、金太祖、元太祖牌位从历代帝王庙中撤出，增入商中宗、商高宗、周成王、周康王、汉文帝、宋仁宗、明孝宗。又于从祀功臣中撤出宋臣潘美、张浚。

七月十日癸亥(8月15日)，掌翰林院事学士折库讷奏言兴国学。

八月十九日壬寅(9月23日)，皇贵妃董鄂氏卒。顺治帝极为哀痛，丧礼亦多逾制。

九月二十五日丁丑(10月28日)，命今后除万历陵外，故明诸陵每年春秋二次由太常寺差官致祭。

二十六日戊寅(10月29日)，顺治帝至昌平州，观故明诸陵。

十二月初五日丙戌(1661年1月5日)，改定世职承袭例。

法国路易十四迎娶西班牙公主玛丽亚·泰丽莎。

英国议会迎查理二世，寻归伦敦。

英国颁布《列举商品法》。

英国王家非洲贸易公司成立。

荷兰人寇苏拉威西岛戈阿王国。

荷兰移民布尔人定居南非。

波义耳定律被提出。

吕留良因黄宗会与黄宗羲结交，共约卖艺；是年在家园"梅花阁"专意教授子侄。

按：程晋芳《正学论》曰："昔吕留良有私憾于梨洲，注释诸书，力攻陆、王学；而陆清献为一代大儒，亦过信陈清澜之说，附和吕氏。于是海内士大夫，以宗阳明为耻，而四十年来，并程、朱之脉亦无有续者，此则非愚意料所及也。"（《勉行堂文集》卷一）

顾炎武二月至昌平，再谒天寿山，有《再谒天寿山十三陵》诗一首；是秋南归，寓淮上，得读潘柽章所寄《国史考异》3卷，服其精审。是冬过六合，为亡友顾梦游删定诗集并序之。

王夫之是夏由续梦庵徙居湘西金兰乡高节里，卜筑于茱萸塘，造小室名曰"败叶庐"。

方以智隐居江西泰和。黄宗羲访庐山，曾致书方以智。

陆世仪是秋应聘主讲昆陵东林书院，弟子甚众。

陈瑚正月访徐枋于邓尉。五月，讲学水绘园。

翁叔元随陈瑚就馆武昌。

张履祥有与何汝霖书论学。

魏裔介六月以疏劾大学士刘正宗、成克巩被革职，退居私寓，研究理学。

熊赐履充顺天乡试副考官。

王熙十月迁礼部尚书。

颜元读《性理大全》，知周、程、张、朱学旨，屹然以道自任，期于主敬存诚。

阎若璩始从同里吴太易先生学。

刘献廷见明程君房墨谱中利玛窦题字，藉以习拉丁字母。

毛奇龄复出游，自此至康熙三年（1664）皆在淮上。

申涵光作五言律诗百首，遂止，不复作诗。

朱彝尊十一月客山阴观察宋琬幕中。

王士禛过淮安，有诗感慨明末亡国之际事迹。

沈荃参与纂修《河南通志》。

陆贻典于汲古阁与毛扆共校订《金荃集》。

韩鼎业、陈向敏、王永康向孙奇逢问学。

折库纳时任翰林院掌院学士，六月疏请沿往代左史记言，右史记事故事，设置起居注官，随侍左右。

按：是奏与顺治十年（1653）正月工科给事中刘显绩的同类奏请，均以报闻而被搁置，直到康熙十年（1671）八月，康熙帝始从侍读学士熊赐履请，设置起居注官。

董文骥时为御史，十二月以谷应泰《明史纪事本末》记李自成死难时"诬枉不实"，上疏弹劾谷应泰。

按：清世祖曾下令检核谷书，一则书中所记并无蓄意冒犯清廷之处，二则世祖不久即病逝，当局对此事也就没有进一步追究，但谷应泰因此结束了仕宦生涯。

程可则始应阁试，授内阁中书。

按：程可则字周量，南海人。"岭南七子"之一。其官都下时，曾与宋琬、施闰章、王士禄、王士禛、陈廷敬、沈荃、曹尔堪辈为文酒之会，吴之振合刻《八家诗选》。

额色黑、成克巩、胡世安、卫周祚等大学士四月十二日奉命与学士艾元征、折库讷、王熙，尚书王崇简、杜立德、霍达，侍郎冯溥，充武殿试读卷官。

伊图时为吏部尚书，十一月二十六日奉命与礼部尚书渥赫、兵部尚书苏纳海、刑部尚书雅布兰、杜立德、工部尚书郭科会同校订《律令》。

白成格以通政使司知事为国子监司业，华善以户部主事为国子监司业。

魏际瑞为岁贡生。

傅莲苏为岁贡生。

按：傅莲苏，生卒年不详，字长房，号岩裔，阳曲人。傅山孙，傅眉子。曾官灵石县训导。书法作行草、古隶，深得父、祖之法，形神颇相类。

张缙彦原任工部侍郎，十一月初十日因湖广道监察御史肖震劾被革职、籍没、流徙宁古塔。

按：肖震于八月初九日上奏称：张缙彦曾任故明兵部尚书，后投降李自成，入清朝后守藩浙江，刻《无声戏二集》一书，诡称"不死英雄"，煽惑人心，任工部侍郎又包藏祸心，交结党类，已因刘正宗一案提至京师，应即明正典刑。

白汝梅时任山西巡抚，在太原创建三立书院。

按：雍正十一年(1733)，更名为晋阳书院。

米瑮时任云南凤庆知府，建育贤书院。

僧木陈忞五月离京南归，顺治帝御书"敬佛"字以赠行。

僧玉林琇再奉诏入京为顺治帝"证道"，封为"大觉普济能仁国师"。十月劝顺治帝削发为僧。

按：顺治帝夙有出世之念。据木陈忞《北游集》及《玉林年谱》，帝曾谓木陈忞曰："愿老和尚勿以天子视朕，当如门弟子旅庵相待。"又请玉林琇为其起法名，玉林琇书十余字以进，帝自择"行痴"二字，以后对玉林琇则自称弟子，玺章文曰"痴道人"。又顺治十七年春夏之间，时董鄂妃尚在，帝曾对木陈忞曰："朕于财宝固然不在意中，即妻孥觉亦风云聚散，没甚关情，若非皇太后一人挂念，便可随老和尚出家去。"及妃之死，悲痛至极，拟逃世为僧，嘱僧人茆溪森为其削发。茆溪林之师玉林琇至京，知此事，命众聚薪，拟烧森，又谏帝云："若以世法论，皇上宜永居正位，上以安圣母之心，下以乐万民之业；若以出世法论，皇上宜永作国王帝主，外以护持诸佛正法之轮，内住一切大权菩萨智所住处。"顺治帝从其谏，许蓄发，聚薪烧茆溪森事亦止。又《汤若望传》引《汤若望回忆录》：自董鄂妃死，"此后皇帝便把自己完全委托于僧徒之手，他亲手把他的头发削去，如果没有他的理性深厚的母后和若望加以阻止时，他一定会充当了僧徒的"。后人附会《红楼梦》写顺治帝与董鄂妃事即缘此。

杨光先十二月上疏礼部，控告汤若望所定《时宪历》封面上载有"依西洋新法"五字，为窃取正朔之权。

比利时传教士南怀仁抵京，为汤若望作助手。

传教士苏纳养病山东，旋卒。

传教士恩理格抵中国山西传教。

黄宗羲著《易学象数论》成书。

刁包著《易酌》14卷刊行,高辅辰作序。

按:《四库全书总目提要》曰:"是书用《注疏》本,以程《传》、《本义》为主。虽亦偶言象数,然皆陈抟、李之才之学,非汉以来相传之法也。原序称陆陇其官灵寿时,欲为刊板不果。雍正初,其孙显祖又以己意附益之。卷首《凡例》、《杂卦》诸图及卷中细字称'谨案'者,皆显祖笔。原序又称'此书为经学之津梁,亦举业之准的'。考包在国初与诸儒往来讲学,其著书一本于义理,惟以明道为主,绝不为程试之计。是书推阐《易》理,亦大抵明白正大,足以羽翼程、朱,于宋学之中实深有所得。以为科举之书,则失包之本意多矣。"

孙奇逢著《读易大旨》5卷刊行。

魏裔介刻所辑《四书大全纂要》。

按:《四库全书总目提要》曰:"是编以明永乐间所著《四书大全》泛滥广博,举业家鲜能穷其说,乃采其要领,俾简明易诵。然《大全》庞杂万状,沙中金屑,本自无多。裔介所摘,又未能尽除枝蔓,独得精华,则亦虚耗心力而已。"

李光地纂《四书解》。

郭显贤修,杨呈藻纂《蓝田县志》4卷刊行。

侯树屏纂修《朔州志》6卷刊行。

徐政修,马骕纂《邹平县志》8卷刊行。

朱英炽修,邓永芳、刘自烨纂《攸县志》6卷刊行。

郝献年修,胡岳立纂《乐陵县志》8卷刊行。

杨藻凤纂修《庆阳府志》14卷刊行。

于元煜修,刘显世纂《崇信县志》2卷刊行。

宋起凤纂修《灵邱县志》4卷刊行。

李士模修,马备纂《卢龙县志》6卷刊行。

贾汉复修,沈荃纂《河南通志》50卷刊行。

孔自洙、杜汝用等修纂《延平府志》22卷刊行。

郭尧京修,邓斗光等纂《赣石城县志》10卷刊行。

李兴元修,欧阳主生等纂《吉安府志》36卷刊行。

庄泰弘修,孟俊纂《光州志》12卷刊行。

纪国珍修,刘元琬、羊璘纂《汝阳县志》10卷刊行。

贾待旌修,刘荪芳纂《信阳州志》8卷刊行。

李馥先修,吴中奇纂《临颍县志》8卷刊行。

王士麟修,何润纂《陈州志》12卷刊行。

徐昱修,萧蕴枢纂《黄梅县志》9卷刊行。

刘兆龙修,赵昌祚等纂《海州志》10卷刊行。

曹焞修《沙头里志》10卷刊行。

施闰章修,杨奇烈纂《登州府志》22卷刊行。

张作砺修,张凤羽纂《招远县志》12卷刊行。

彭清典修,萧家芝纂《怀庆府志》14卷刊行。

王玉麟修纂《林县志》12卷刊行。

詹姆斯·哈林顿著成《政治论》。

詹姆斯·豪厄尔编纂成《四语词典》,即英、法、意、西词典。

王谦吉、王南国修,白龙跃、葛汉忠纂《淇县志》10卷刊行。

宋国荣修,羊琦纂《归德府志》10卷刊行。

王瑞国编《琅琊凤麟两公年谱合编》刊行。

汪价著《中州杂俎》35卷成书,有自序。

孙承泽著《庚子销夏记》8卷成书。

按:《四库全书总目提要》曰:"承泽晚年思以讲学自见,论者多未之许,然至于鉴赏书画,则别有专长。是编乃顺治十六年承泽退居后所作。始自四月,迄于六月,故以'销夏'为名。……其鉴裁精审,叙次雅洁,犹有米芾、黄长睿之遗风,视董逌之文笔晦涩者,实为胜之。其人可薄,其书未可薄也。"

方以智著《药地炮庄》9卷成书。

按:《四库全书总目提要》曰:"是编乃所作《庄子》解药地者。以智,僧号也。以《庄子》之说为药,而己解为药之炮,故曰'炮庄'。大旨诠以佛理,借汪洋恣肆之谈以自擟其意,盖有托而言,非《庄子》当如是解,亦非以智所见真谓庄子当如是解也。"

施闰章刻所著《观海集》。

陈瑚著《邓尉集》、《淮南集》。

王晫著《遂生集》12卷成书,有自序。

顾梦游著《茂绿轩集》4卷由施闰章编定。

吴伟业著《梅村集》40卷刊行,顾湄编。

按:《四库全书总目提要》曰:"此集凡诗十八卷,诗余二卷,文二十卷,其少作大抵才华艳发,吐纳风流,有藻思绮合、精丽芊眠之致。及乎遭逢丧乱,阅历兴亡,激楚苍凉,风骨弥为遒上。暮年萧瑟,论者以庾信方之,其中歌行一体,尤所擅长。格律本乎'四杰',而情韵为深,叙述类乎香山,而风华为胜。韵协宫商,感均顽艳,一时尤称绝调。其流播词林,仰邀睿赏,非偶然也。至于以其余技度曲倚声,亦复接迹屯田,嗣音淮海。王士禛诗称'白发填词吴祭酒',亦非虚美。惟古文每参以俪偶,既异齐梁,又非唐宋,殊乖正格。黄宗羲尝称'《梅村集》中张南垣、柳敬亭二《传》,张言其艺而合于道,柳言其参宁南军事,比之鲁仲连之排难解纷,此等处皆失轻重,为倒却文章家架子'。其纠弹颇当。盖词人之作散文,犹道学之作韵语,虽强为学步,本质终存也。然少陵诗冠千古,而无韵之文,率不可读。人各有能有不能,固不必一一求全矣。"

吴国缙著《世树堂稿》23卷刊行。

张风作《观瀑图》。

弘仁作《黄海松石图》

张志聪著《伤寒论宗印》成初稿。

宋应星卒(1587—)。应星字长庚,奉新人。明万历四十三年举人。崇祯七年任江西分宜教谕,十一年任福建汀州府推官,十四年任安徽亳州知州。十七年,明亡,弃官归家。后又在南明任过职。著有《天工开物》、《野议》、《论气》、《谈天》、《思怜诗》、《画音归正》、《厄言十种》、《美利笺》、《乐律》、《杂色文》、《原耗》等。事迹见谢先模编《明末伟大科学家宋应星的家世和年谱》。

王节卒(1599—)。节字贞明,号惕斋,江南吴县人。明崇祯十二年举人。入清，官桃源县教谕。著有《惕斋诗稿》。

盛际斯（ —1729）、刘智（ —1730）、郑元庆（ —约1730）、焦袁熹（ —1735）、杨名时（ —1736）生。

清顺治十八年　南明永历十五年
辛丑　1661年

奥斯曼帝国大维齐尔穆罕默德·科普吕律卒，子艾哈迈德继任。

法国马萨林卒。

法兰西和纳瓦尔国王路易十四亲政。

英格兰、苏格兰及爱尔兰国王查理二世加冕。

英国"骑士议会"召开。国教教会地位恢复。

北方战争结束。

法国凡尔赛宫始建。

乌克兰利沃大学创立。

正月初七日丁巳（2月5日），顺治帝因出痘卒于养心殿，年二十四，在位十八年，亲政凡十一年。遗诏中以十四事罪己，遗命第三子玄烨为皇太子，嗣皇帝位，以内大臣索尼、苏克萨哈、遏必隆、鳌拜辅政。

初九日己未（2月7日），皇太子玄烨即皇帝位，时年八岁。颁诏大赦，以明年为康熙元年。十一日颁登极诏于全国。

二月二十四日甲辰（3月24日），准礼部奏，定会试南北中卷之例。

按：浙江、江西、福建、湖广、广东五省，江宁、苏、松、常、镇、徽、宁、池、太、淮、扬十一府、广德一州为南卷；直隶及山东、山西、河南、陕西四省、奉天等处为北卷；四川、广西、云南、贵州四省，卢、凤、安庆三府，徐、滁、和三州为中卷。其南北中卷，中式额数，照赴试举人之数均派（《清圣祖实录》卷一）。

三月初七日丙辰（4月5日），以大学士成克巩为会试正考官，卫周祚为副考官。

十七日丙寅（4月15日），命编纂《大清会典》，勒成一代典章，以便永远遵行。

是日，诏曰："国家法度，代有不同。太祖、太宗创制定法，垂裕后昆。今或满、汉参差，或前后更易。其详考成宪，勒为典章，集议以闻。"（《清史稿·圣祖本纪一》）

是月，顺治帝谥为"体天隆运英睿钦文大德弘功至仁纯孝章皇帝"，庙号世祖。

按：至雍正元年（1723），于"体天隆运"后加谥"定统建极"四字。乾隆元年（1736），于"钦文"后加谥"显武"二字。

是春，庄廷鑨著《明史》案发。凡刊刻、参校、藏书、售书者，及该管知府、推官之不发觉者，均株连治罪。

按：初，明相国朱国桢（浙江归安人）曾著《明史》。明亡，朱家败落，其子孙以未刊之《列朝诸臣传》稿本价千两卖于庄廷鑨。庄乃当地豪富，广聘诸名士补撰崇祯一朝，并窜名为己作刻板，所续诸传，多有指斥清开国事，如称清太祖为建州都督，直呼其名；自天命至崇德皆不书其年号，而于南明隆武、永历则大书特书。时归安罢官知县吴之荣，妄图借此敲勒索竟遭拒绝，于是上告杭州满洲将军柯奎。柯奎权倾一方，庄家不敢怠慢，即以重金厚赂。柯奎将原书掷还吴之荣，不予受理，庄允城即将书中指斥语删节重印。吴之荣计不成，特携初刊本进京，上之法司。事闻，遣刑部侍郎审判定罪,遂成大狱。至康熙二年五月二十六日,狱决,处死70人。

四月初七日丙戌(5月5日),奉天府尹张尚贤进《盛京地图》。

二十五日甲辰(5月23日),策试天下贡士陈常夏等于太和殿前。

二十九日戊申(5月27日),赐殿试贡士马士俊等383人进士及第出身有差。

六月初四日辛巳(6月29日),广本年武会试额100名。

初九日丙戌(7月4日),选取新科进士叶映榴、郑之湛、申涵芬、张玉书、朱世熙、刘芳喆、郑开极、王豫嘉、徐诰武等人为庶吉士,教习满书。

二十日丁酉(7月15日),因顺治帝遗诏中以渐习汉俗、更改旧制自责,取消内阁、翰林院,复内秘书院、内国史院、内弘文院三院旧制,设满汉大学士。

九月十七日癸巳(11月8日),以侍讲学士杨永宁为武会试正考官,侍读熊伯龙为副考官。

十月十五日辛酉(12月6日),命内大臣监试武举等步射于左翼门外。

十七日癸亥(12月8日),著停止武举殿试。

二十三日己巳(12月14日),传胪,赐中式武举霍维鼐等301人武进士及第出身有差。

十二月初三日戊申(1662年1月22日),吴三桂于缅甸擒南明永历帝朱由榔。永历帝致书责吴三桂,语极凄切。

二十二日丁卯(2月10日),纂修玉牒成,进呈御览。

是年,"通海案"犯65人,在南京三山街被处斩。

按:所谓"通海案",就是指暗通"海匪"郑成功的案件。顺治十六年(1659),郑成功率水师十万大军进入长江,先后攻陷丹徒、镇江、瓜州,兵临南京城下。南京守军在江南总督郎廷槐的指挥下,用缓兵之计,击退了郑成功。郑成功败退后,才开始向台湾进军,击败荷兰人,收复了宝岛。郑成功退出江南后,金坛的贪官污吏,把反对横征暴敛的10名生员,无中生有污蔑为"通海"要犯,说他们在郑成功攻打江南时,与郑军里应外合,从而制造了"通海"冤案。

顾炎武是春北游山东,至莱州与当地名士赵士完、任唐臣订交,并从任唐臣处得见吴才老的《韵补》。

顾炎武返苏至吴江访潘柽章,入浙至山阴谒禹陵,为余姚吕章成作《吕氏千字文序》,复还居山东。

按:顾炎武《序》曰:"夫小学,固六经之先也,使人读之而知尊君亲上之义,则必自其为童子始,故余于是书也乐得而序之。"(《吕氏千字文》卷首)

张履祥有与曹射侯书论水利。

万斯祯、万斯同、万言兄弟叔侄访黄宗羲于四明山中。

归庄访陆世仪于桴亭。

陆世仪应江西安义令毛如石之聘,至县为询利弊,提出严防守,设支更,招流亡,惩服毒,革船户,汰马价,清钱谷,造仓廒,稽逃户,查越站,禁闹房,靖赌博,锄奸蠹等建议。

意大利人马尔比基发现毛细血管。

荷兰人惠更斯发明压力计。

吕留良三月至虞山红豆村庄谒钱谦益。是年，谢去社事，读书城西家园之梅花阁。

颜元入祁州始谒刁包，得其所辑《斯文正统》归。

按：《清史列传·颜元传》曰："同时容城孙奇逢讲学百泉山中，元尝上书辨论，谓不宜徒为和通朱、陆之说。又与祁州刁包、上蔡张沐辨学，谓世儒躐讲性天，非孔子不可得闻之教法，且圣门经世之撰皆废失，何以学成致用？因著《存性篇》二卷，大旨谓：'孟子言性善，孔子言性相近，习相远，语异而意同。宋儒误解相近之意，以善为天命之性，相近为气质之性，遂使为恶者诿之气质。不知理即气之理，气即理之气，清浊厚薄，纯驳偏全，万有不齐，总归一善，其恶者引蔽习染耳。譬之于目，光明能视，则目之性，其视之也，则情之善，视之详略远近，则才之强弱，皆不可谓之恶。惟有邪色引动，然后有淫视，是所谓非才之罪，是即所谓习。'"

阎尔梅居庐山，与彭士望、黄宗羲先后相会。

阎若璩从兄阎泂中进士，改旌德县知县。

费密在扬州注《毛诗》。

王士禛渡江至吴下，谒钱谦益；游渔洋山，始以"渔洋山人"自号。

余怀以所作《金陵怀古诗》寄王士禛，士禛以为不减刘禹锡。

周亮工出狱。

探花叶方蔼仅欠一钱，以江南奏销案亦被黜，旋释归里。

按：江南是朝廷财赋的主要来源地，当时朝廷正向福建、两广、西南用兵，急需饷银和粮草。而明朝三百年间，秀才例不纳粮，江南的士大夫阶层是读书出身，历来不纳赋税。所以清廷只好在取消士大夫阶层免赋税的特权后，将历年积欠一起征缴，并下达了对欠缴者严厉处罚的命令。从欠一毫银子到欠千两银子的缙绅，一体对待，所谓的"奏销案"便爆发了。据《研见堂闻见记》记载，凡名列欠册者，在任官员"降二级调用"，"在籍者提解来京，送刑部从重议处"，"已故者提其家人"，"革职废绅，照民例发落"，举人、生员"俱革去衣顶，照户部所定例则处分"。欠册所列共13517人，几乎覆盖了江南所有的缙绅，这些人不是过去读书当官的所谓"仕籍"，就是尚在学习的秀才举人，江南的知识分子几乎被一网打尽，"仕籍、学校为之一空"。梁启超《中国近三百年学术史》曰："那时满廷最痛恨的是江浙人。因为这地方是人文渊薮，舆论的发纵指示所在，'反满洲'的精神到处横溢。所以自'窥江之役'以后，借'江南奏销案'名目，大大示威。被牵累者一万三千余人，缙绅之家无一获免。这是顺治十八年的事。"与江南"奏销案"同时发生的，还有所谓的"哭庙案"和"通海案"，合称江南三大案。

宋琬以族侄诬告入狱，其间多有凄婉悲凉之诗作。

曹本荣迁翰林院侍讲学士。

陈廷敬充会试同考官，寻授秘书院检讨。

张玉书中进士，选翰林院庶吉士，授编修。

朱国治时任江宁巡抚，三月以吴县生员倪用宾、金圣叹等18人"聚众倡乱"事上奏，七月十三日题准俱处斩。是为苏州哭庙案。

按："哭庙案"起因于当时苏州吴县县令任维初监守自盗，侵吞"仓粮"三千多石换为银子，然后向各户摊派弥补亏空，拒缴者一律拉上大堂严刑拷打。当时金圣叹等18位生员聚集两千多民众，来到官学的孔庙集体痛哭，以示抗议。这一天恰好是

清顺治十八年　南明永历十五年　辛丑　1661年

顺治十八年(1661)二月初一,顺治皇帝刚刚去世,全省官员聚集在苏州"哭祭大行皇帝"。江苏巡抚闻讯后,立即以"惊动庙寝"的罪名,逮捕了带头的18名生员。后经过严刑拷打,把生员"哭庙"的行为,改窜成"抗粮"之举。结果反贪未成,18名生员在江宁惨遭处斩,这是当时震惊江南的一起冤案。

申涵光贡入国学。

朱耷在南昌建道院"青云谱"并主持之,直至康熙十四年。

弘仁云游扬州、杭州等地,领略江浙风光。

刘献廷年十四,始读《南华》,便有放眼宇宙之眼界。

彭之凤时任户科给事中,六月疏请编纂太祖、太宗、世祖实录。

郭世昌、顾琮、沈大中、张嵩崿、李鼎新向孙奇逢问学。

许三礼举进士,授浙江海宁知县。

李铠中进士,补奉天盖平县知县。

　　按：李铠字公凯,江南山阳人。著有《读史杂述》、《史断》、《恪素堂集》。事迹见《清史列传》卷六八。

林尧英举进士,授江西饶阳知县。

　　按：林尧英字蜚伯,号澹亭,福建莆田人。官至河南学政。工诗,为燕台十才子之一。著有《澹亭诗略》。

刘佑时任湖北浠水知县,建蕲阳书院。

王尊光时任湖北钟祥县推官,建文昌书院。郡人又公建甘棠书院。

传教士汤若望七十寿辰,魏裔介作序赞扬其扬教之功。

　　按：魏裔介《序》曰："自先生由海壖北上,广著鸿书,阐发至论,如《群征》(《主制群征》)、《缘起》(《主教缘起》)、《真福》(《真福训诠》)诸籍,与此中好学之士共闻共见,而又接引后来,勤勤不倦,乐于启迪。"(汤若望《赠言合刻》卷首)当时为汤若望祝寿的还有胡世安、金之俊、龚鼎孳、王崇简等清初名士。

传教士卫匡国在杭州武林门内修建天主教堂竣工。

黄宗羲著《易学象数论》6卷刊行。

　　按：是书力辨河洛方位图说之非,为胡渭《易图明辨》之先导。梁启超《中国近三百年学术史》曰："清代《易》学第一期工作,专在革周、邵派的命,黄梨洲的《易学象数论》首放一矢。"《四库全书总目提要》曰："是书宗羲《自序》云：'《易》广大无所不备,自九流百家借之以行其说,而《易》之本义反晦。世儒过视象数,以为绝学,故为所欺。今一一疏通之,知其于《易》本了无干涉,而后反求程《传》,亦廓清之一端。'又称'王辅嗣注简当而无浮义',而病朱子添入康节'先天'之学,为'添一障'。盖《易》至京房、焦延寿而流为方术,至陈抟而岐入道家。学者失其初旨,弥推衍而弥辐辏弥增。宗羲病其末派之支离,先纠其本原之依托。前三卷论河图、洛书、先天、方位、纳甲、纳音、月建、卦气、卦变、互卦、筮法、占法,而附以所著之《原象》为内篇,皆象也。后三卷论《太元》、《乾凿度》、《元包》、《潜虚》、《洞极》、《洪范》数、《皇极》数以及六壬、太乙、遁甲为外篇,皆数也。大旨谓圣人以象示人,有八卦之象,六爻之象,象形之象,爻位之象,反对之象,方位之象,互体之象,七者备而象穷矣。后儒之为伪象者,纳甲也,动爻也,卦变也,先天也,四者杂而七者晦矣。故是编崇七象而斥四象,而七者之中又必求其合于古,以辨象学之讹。又《遁甲》、《太乙》、《六壬》三书,世谓之'三

约翰·埃利奥特将《圣经》译成北美阿尔贡金族印第安语。

约瑟夫·格兰维尔著成《教条主义虚荣心》。

英国人波义耳发表其作品《无神论的化学家》,对化学元素下了定义。

式',皆主九宫以参详人事。是编以郑康成之太乙行九宫法证《太乙》,以《吴越春秋》之占法、《国语》冷州鸠之对证《六壬》,而云后世皆失其传,以订数学之失,其持论皆有依据,盖宗羲究心象数,故一一能洞晓其始末,因而尽得其瑕疵,非但据理空谈,不中窾要者比也。惟本宋薛季宣之说,以'河图'为即后世图经、'洛书'为即后世地志,《顾命》之'河图'即今之黄册,则未免主持太过,至于矫枉过直,转使传陈抟之学者得据经典而反唇,是其一失。然其宏纲巨目,辨论精详,与胡渭《易图明辨》,均可谓有功《易》道者矣。"有《四库全书》本,《广雅书局丛书》本。

又按:刘师培在《近儒之易学》中,对清代《易》学研究有精辟概括,他说:"明末之时,言《易》学者咸知辟陈邵之图。黄宗羲作《易学象数论》,其弟宗炎复作《周易象辞》、《图书辨惑》,然不宗汉学,家法未明。惟胡渭《易图明辨》、李塨《周易传注》,舍数言理,无穿凿之失。毛奇龄述仲兄锡龄之言,作《仲氏易》,又作《推易始末》、《春秋占筮书》、《易小帖》三书,谓易占五义,牵合附会,务求词胜。惟东吴惠氏世传易学,自周惕作《易传》,其子士奇作《易说》,杂释卦爻,以象为主,专明汉例,但采缀未纯,士奇子栋作《周易述》,以虞注、郑注为主,兼采两汉易家之说,旁通曲证,然全书未竟。门人江藩继之,作《周易述补》,栋又作《易汉学》、《易例》、《周易本义辨证》,咸宗汉学。江都焦循作《易章句》,其体例略仿虞注,又作《周易通释》,撷刺卦爻之文,以字类相属,通以六书九数之义,复作《易图略》、《易话》、《易广记》,发明大义,成一家言。武进张惠言治《易》亦宗虞、郑,作《周易虞氏义》、《郑氏义》,并作《周易易礼虞氏消息》,姚佩中、刘逢禄、方申宗其义,佩中作《周易姚氏学》,逢禄作《易虞氏五述》,申作《易学五书》,咸以象数为主,或杂援谶纬,然家法不肯汉儒。若钱澄之(《田间易学》)、李光地(《周易通论》、《周易观象》)、苏宿(《周易通义》)、查慎行(《周易玩辞集解》)之书,则崇宋黜汉,率多臆测之谈,远出惠、焦之下。此近儒之《周易》学也。"(《中国近三百年学术史论》)

  李光地纂《周易解》。

  胡世安著《大易则通》16卷刊行。

  按:《四库全书总目提要》曰:"世安字处静,别号菊潭,井研人。前明崇祯戊辰进士,历任少詹事,入国朝官至大学士。是书专主阐明图学,汇萃诸家之图,各为之说。虽亦及于辞变象占,而总以数为主。"

  魏裔介复订正《四书大全纂要》付刻。

  孙奇逢正月辑《圣学录》成书。

  陆世仪所著《思辨录辑要》由江西安义知县毛天骐资助刊行。

  按:是书乃陆世仪一生为学精粹之所在,始撰于明崇祯十年,取《中庸》"慎思"、"明辨"之意,以逐日记录学思所得。顾炎武尝于《亭林余集·与陆桴亭札》中称"于蓟门得读《思辨录》,乃知当吾世而有真儒如先生者,孟子所谓'穷则独善其身,达则兼济天下',具内圣外王之事者也"。《四库全书总目提要》曰:"是书乃其札记师友问答,及平生闻见而成。仪封张伯行为汰其繁冗,分类编次,故题曰'辑要',明非世仪之完本也。凡分《小学》、《大学》、《立志》、《居敬》、《格致》、《诚正》、《修齐》、《治平》、《天道》、《人道》、《诸儒异学》、《经》、《子》、《史籍》十四门。世仪之学主于敦守礼法,不虚谈诚敬之旨,主于施行实政,不空为心性之功。于近代讲学诸家,最为笃实。"

  陆陇其作《告子阳明辨》。

  秦云爽著《紫阳大旨》8卷成书,有自序。

  按:《清史列传·秦云爽传》曰:"秦云爽字开地,亦钱塘人。受业于同里虞汾,粉之学兼取陆、王,而以朱子为正。云爽始从事阳明之学,后颇疑朱子晚年定论之说,乃著《紫阳大旨》八卷,分八门:一曰《朱子初学》,二曰《论已发未发》,三曰《论涵养本源》,四曰《论居敬穷理》,五曰《论致知格物》,六曰《论性》,七曰《论心》,八曰《论太极》。大旨以第一卷为未定之论,二卷以下则真知灼见,粹然一出于正。然其谓阳明之弊,在以无善无恶为心之体,若良知之说,不可谓非孟子性善之旨。又谓:'阳明独崇《大学》古本,能绝支离之宿障,有功吾道。'又谓:'先儒所见各有不同,吾人最急无如为己。若阳窃卫道之虚名,竟立相持之门户。开罪名教,不敢效尤。'其说颇涉调停。云爽与应撝谦交数十年,撝谦初为之序,后屡贻书相诤。"

　　黄宗羲始著《明夷待访录》。
　　李暲修,郭指南纂《安塞县志》10卷刊行。
　　李楷、东荫商纂《洛川志》2卷刊行。
　　廖元发修,白乃贞等纂《清涧县志》4卷刊行。
　　王士元修,郝鸿图纂《绥德州志》8卷刊行。
　　吴颖、贺宽修纂《潮州府志》12卷刊行。
　　刘瀚芳、陈允锡修,冯文可纂《扶风县志》4卷刊行。
　　张荣德纂修《浑源州志》2卷刊行。
　　和羹修,王灏儒纂《清源县志》2卷刊行。
　　马良史修,高翔鸾纂《重修临潼县志》刊行。
　　宁弘舒修,裴之亮、孟文升纂《原武县志》2卷刊行。
　　孟希圣增修,赵来鸣增纂《禹州志》10卷刊行。
　　安可愿修,曾宗孔纂《远安县志》8卷刊行。
　　朱明魁修,何柏如纂《河南府志》27卷刊行。
　　刘桓修,杜灿然纂《泗水县志》12卷刊行。
　　党丕禄修,李肇林纂《昌邑县志》8卷刊行。
　　王奂、孙成名修,项斯勤纂《重修奉化县志》16卷刊行。
　　顾炎武辑《山东考古录》1卷成书,有自序。
　　彭孙贻约于此际著《平寇志》12卷成书。
　　朱之瑜在日本著《中原阳九述略》。
　　钱谦益著《杜工部集笺注》20卷成书。
　　王夫之著《落花集》1卷。
　　白胤谦著《东谷诗文集》28卷、续集6卷成书,成克巩作序。
　　张习孔著《云古卧余》20卷、续8卷成书,有自序。
　　丁弘海著《丁景吕诗集》8卷刊行。
　　阎尔梅编次所著《白耷山人诗集》11卷。
　　王士禛著《入吴集》、《白门集》、《过江集》刊行。
　　李渔著《比目鱼》传奇。
　　尤侗著《书琵琶》杂剧。
　　闵齐伋著《六书通》10卷成书,有自序。
　　按:《四库全书总目提要》曰:"《六书通》十卷,国朝闵齐伋撰。齐伋,字寓五,乌程人。世所传朱墨字版、五色字版谓之闵本者,多其所刻。是书成于顺治辛丑,齐伋年八十二矣。大致仿《金石韵府》之例，以《洪武正韵》部分编次《说文》，而以篆文别体之字类从于下。其但有小篆而无别体者，则谓之附通，亦并列之。不收钟鼎文，而兼采印谱。自称通许慎之执，不知所病正在以许慎为执也。"

传教士汤若望《赠言合刻》刊行。

按：是书所收诗文，主要作于汤若望效职顺治朝期间。从书中可见当时与之交往的汉人士大夫有20名，他们是金之俊、魏裔介、龚鼎孳、王崇简、胡世安、薛所蕴、王铎、徐元文、沈光裕、霍叔瑾、吕缵祖、庄同生、邵夔、吴统持、陈许庭、钱路加、艾吾鼎、潘治、谈迁、董朝仪。

沈颢卒于本年后（1586—　）。颢字朗倩，号石天，江南吴县人。曾出家为僧，后还俗。工诗文书画。著有《画麈》、《画传灯》、《枕瓢集》、《焚砚集》等。事迹见李桓《国朝耆献类征初编》卷四一七。

金圣叹卒（1608—　）。圣叹原名采，字若采，明亡后改名人瑞，字圣叹，江苏吴县人。明诸生。入清，绝意仕进。以"哭庙"案被杀。曾以《离骚》、《庄子》、《史记》、杜诗、《水浒传》、《西厢记》合称"六才子书"，并对后两种加以批点。著有《沉吟楼诗选》等。事迹见蔡冠洛《清代七百名人传》第五编、廖燕《金圣叹先生传》（《碑传集补》卷四四）。

传教士卫匡国卒（1614—　）。匡国字济泰，意大利人。年十七在罗马加入耶稣会，入罗马学院研习数学。明崇祯十六年抵澳门，旋至浙江杭州、兰溪、分水、绍兴、金华、宁波传教。清顺治七年任中国区耶稣会驻罗马代表。十一年底，在罗马参加关于中国的礼仪之争，同多米尼各派辩论多时，最后以他的见解获胜。罗马教廷事后颁布敕令，称中国教徒的敬人祭祖尊孔等礼仪，只要无碍于天主教的传播均可照旧进行。十五年再来华，在杭州建天主教堂。著有《中国历史初编》10卷、《鞑靼战纪》、《中国新地图册》、《真主灵性理证》、《中国文法》、《逑友篇》等。

何焯（　—1722）、吴襄（　—1735）、冯协一（　—1737）生。

清圣祖康熙元年　壬寅　1662年

英王查理二世售敦刻尔克于法国。

法荷缔约反英。

英国王家学会在伦敦成立。

二月十二日丙辰（3月31日），因翰林院已裁并内三院，命裁其侍讲学士及侍讲。内三院各增设侍读学士二员，侍读二员。定侍读学士为正四品，侍读为正五品。

三月十二日乙酉（4月29日），清廷以朱由榔就擒、南明王朝覆灭告祭顺治帝。又遣官告祭天地、太庙、社稷、福陵、昭陵。康熙帝于太和殿受文武官朝贺。

十三日丙戌（4月30日），以玉牒告成，赐总裁和硕安亲王岳乐等及副总裁、纂修各官银币有差。

四月十五日戊午（6月1日），永历帝被吴三桂绞杀于云南府，永历朝廷覆灭。

按：南明自弘光、隆武、永历经十七年而亡。然郑成功仍于海上称永历年号，继续抗清。

五月初八日庚辰（6月23日），郑成功病逝于台湾，终年三十九。

按：郑成功自顺治二年（1646）起兵，抗清十六年。其驱逐荷兰殖民者，使台湾回归祖国。

七月十四日乙酉（8月27日），定三年考察之制。

颁行"康熙通宝"钱。

顾炎武正月与张尔岐再会于章丘，然后由山东入都。三月至昌平，三谒天寿山，谒怀宗横宫。五月至山西，谒北岳恒山，有《北岳庙》诗一首。十月经大同渡汾河至平阳。

顾炎武与刘孔怀订交，共同商讨古音韵问题，刘氏著有《诗经辨韵》。

王夫之居败叶庐，闻明桂王被执，作《三续悲愤诗》一百韵。

傅山六月登北岳恒山，游五台山。

费密在扬州三批《四书大全》。

方以智客施闰章江西署中，旋出居青原。

宋琬以被控与登州义军有连，再次下狱。

魏禧始游江浙。

按：《清史稿·文苑传一》曰：魏禧"年四十，乃出游。于苏州交徐枋、金俊明，杭州交汪枋，乍浦交李天植，常熟交顾祖禹，常州交恽日初、杨瑀，方外交药地、檔木，皆遗民也。当是时，南丰谢文洊讲学程山，星子宋之盛讲学髻山，弟子著录者皆数十百人，与易堂相应和。易堂独以古人实学为归，而风气之振，由禧为之领袖。僧无可尝至山中，叹曰：'易堂真气，天下无两矣！'"

魏象枢应郡绅请主讲愿学堂。

阎若璩始游京师，礼部尚书龚鼎孳为之延誉，由是知名。

吕留良课儿读书于家之梅花阁。

应撝谦始典书室于深柳堂，居二年。

钱曾广搜小说，从叶树廉处假钞所校《述异记》。

梅文鼎始获麻孟旋藏明逸民竹冠道士倪观湖所受台官交食法，归与两弟研读，遂有治历学之志。

王源在宝应从梁以樟学。

邵廷采始通《易》、《诗》、《书》及《春秋左传》。

任宅心、李中节向孙奇逢问学。

胡文学时任盐使，在江苏扬州建安定书院，祀宋儒胡瑗。

按：后康熙南巡时，曾至此书院，并赐"经术造士"额。雍正十二年（1734），高斌、尹会一重建。

张沐时任河南内黄知县，建繁阳书院。

罗士毅时任广东信宜知县，建同春书院。

安九埏时任广西北流县知县，建天一书院。

李时亨时任四川邻水知县，建邻水书院。

孙奇逢著《尚书近指》6卷成书。

  按：《四库全书总目提要》曰："是书前有自序，以主敬存心为《尚书》之纲领。其说多标举此义，不甚诠释经文。然蔡沈《书集传序》所谓'尧舜存此心，桀纣亡此心，太甲、成王困而存此心'者，已先揭大旨，不烦重演矣。"

魏象枢著《愿学堂讲书》。

顾炎武著《天下郡国利病书》120卷、《肇域志》50卷、《音学五书》38卷成书。

  按：《天下郡国利病书》一书据《二十一史》、《明实录》、府州县志及历朝奏疏、文集，分类纂辑有关民生利害，借以考究地方利弊得失。先有抄本流传，嘉庆时始有印本。有成都龙氏万育活字本、敷文阁刻本、图书集成局铅印本等。乾隆五十七年，黄丕烈购得原稿本，对其中遗失的内容作了补充。梁启超《中国近三百年学术史》曰："顾亭林著《天下郡国利病书》及《肇域志》，实为大规模的研究地理之嚆矢。"

孙承泽著《元朝人物略》1卷成书，有自序。

  按：孙承泽另著有《元朝典故编年考》10卷。

小彻辰萨囊台吉著《蒙古源流》成书。

  按：是书原名《宝贝史纲》，历述元、明两代蒙古各汗事迹，与《元朝秘史》、《蒙古黄金史》并称为蒙古三大古代史著作。《四库全书总目提要》评《蒙古源流》曰："其书本蒙古人所撰。末有自序，称库图克彻辰鸿台吉之裔小彻辰萨囊台吉，原知一切，因取各汗等源流，约略叙述，并以《讲解精妙意旨红册》、沙尔巴胡土克图编纂之《莲花汉史》、杂噶拉斡尔第汗所编之《经卷源委》、《古昔蒙古汗源流大黄册》等七史合订。自乙丑九宫值年八宫翼火蛇当值之二月十九日角木蛟鬼金羊当值之辰起，至六月初一日角木蛟鬼金羊当值之辰告成。书中所纪乃额纳特珂克土伯特蒙古汗传世次序，及供养诸大喇嘛阐扬佛教之事，而其国中兴衰治乱之迹，亦多案年胪载。首尾赅备，颇与《永乐大典》所载《元朝秘史》体例相近。前者我皇上几余览古，以元代奇渥温得姓所自，必史乘传讹。询之定边左副将军喀尔喀亲王成衮扎布，因以此书进御。考证本末，始知'奇渥温'为'却特'之误。数百年之承讹袭谬，得藉以厘订阐明。既已揭其旨于《御批通鉴辑览》，复以是编宣付馆臣，译以汉文，润色排比，纂成八卷。"

张学礼奉使琉球，著《使琉球记》1卷成书，有自序。

冯甦著《滇考》2卷成书，有自序。

高必大修，穆贞元纂《重修无极志》2卷刊行。

李子实修，李梦辰纂《岳阳县志》2卷刊行。

李绍韩修，张文熙纂《武功县续志》刊行。

张文熙原修，康吕赐校补《武功县重校续志》3卷刊行。

  按：康吕赐字复斋，号一峰，自号南阿山人，陕西武功人。诸生。绝意仕进，笃学不辍。推崇王阳明之学。著有《读大学中庸日录》2卷、《论易问答》、《慎独斋日录》、《南阿集》2卷等。《清史列传·康吕赐传》曰："思欲倡明正学，刻苦数十年，自谓有得,以致良知为宗,主慎独为功夫,以体用一原、内外两忘为究竟,谓阳明以格物致良知,此知行并进,自是切实周详。又谓《中庸》揭出慎独,即孔子修己以敬血脉,阳明更提掇明快。督学朱轼访士于泾阳王承烈,以吕赐及王心敬对。轼造庐访焉,然吕赐居远,谢交游,世未之识也。"

　　任周鼎修,王训纂《续安邱县志》28卷刊行。
　　萧亮修,张丰玉纂《宁洋县志》8卷刊行。
　　高寅修,檀光熿等纂《建德县志》10卷刊行。
　　邓秉恒修,涂拔尤等纂《吉安府永丰县志》6卷刊行。
　　李祐之修,易学实等纂《雩都县志》14卷刊行。
　　孙锡蕃修纂《楚荆公安县志略》2卷刊行。
　　陈丹苾修,夏云等纂《清远县志》11卷刊行。
　　闵钺等纂《奉新县志》14卷刊行。
　　卢湛编《关圣帝君年表》约成于本年。
　　吴殳改编明戚继光《纪效新书》为《纪效达辞》20卷。
　　汤斯质、顾峻德辑《太古传宗》4卷成书,有汤斯质自序及孙鹏序。
　　王士禛刻此年所作诗为《壬寅集》,又刊《阮亭诗选》17卷。
　　黄生刻所选《唐诗摘钞》4卷。
　　按:黄生字扶孟,安徽歙县人。明末诸生。尚著有《字诂》2卷、《杜诗说》12卷、《三礼会篇》及文稿18卷,均散佚不传。《四库全书总目提要》评《字诂》曰:"是编取魏张揖《字诂》以名其书。于六书多所发明,每字皆有新义,而根据博奥,与穿凿者有殊。……盖生致力汉学,而于六书训诂尤为专长,故不同明人之剿说也。"《清史列传》卷六八曰:"生淹贯群集,于六书训诂,尤有专长。"

　　龚贤辑《中晚唐诗》行本32家、秘本31家,约于此际刊迄20家。
　　周亮工以赖古堂名刻所编《尺牍新钞》。
　　宋琬在狱中著《祭皋陶》杂剧,又作《狱中八咏》诗。
　　王道著《鹿皋诗集》7卷刊行。
　　王猷定著《王于一遗稿》5卷刊行。
　　沈自南编《艺林汇考》24卷刊行。
　　按:《四库全书总目提要》曰:"是书凡五篇,曰栋宇,曰服饰,曰饮食,曰称号,曰植物。前有秀水陈鉴题记,云此书凡二十四篇,卷帙甚多。当时所刻止此,然切于人事者略备矣。栋宇篇子目凡十,曰宫殿、府署、亭台、门屏、庙室、寺观、宅舍、庠序、梁栌、沟涂。服饰篇子目凡八,曰冠帻、簪髻、装饰、袍衫、佩带、裙袴、履舄、缯布。饮食篇子目凡六,曰饔膳、羹豉、粉饍、炰脍、酒醴、茶茗。称号篇子目凡十一,曰宫掖、宗党、戚属、尊长、朋从、卒伍、编户、仆妾、巫优、诨名、道释。植物篇止一卷,无子目,所载仅琼花一类。案栋宇、服饰、饮食、称号四篇,皆有自南题辞,而植物篇独无之。盖尚非完帙也。其所征引,率博赡有根柢,故陈鉴题记又述汪份之言曰,《汇考》所载诸书,皆取有辨正者,阅之足以益智祛疑。又所采必载书名,令习其书者可一望而知,欲观原文者亦可按籍以求,其体例皆非近世类书所能及,所论颇得其实。故特录之杂考类中,不与他类书并列焉。"

　　梅文鼎著《历学骈枝》5卷成书,有自序。
　　咱雅班第达率弟子译藏文佛经170余种成。

意大利耶稣会士殷铎泽和葡萄牙耶稣会士郭纳爵将《大学》译成《中国的智慧》，用木板刻于江西建昌，后带回欧洲。

传教士柏应理主持选译拉丁文本《中国箴言》，内容包括《大学》与《论语》的一部分。

<small>帕斯卡卒（1623— ）。法国数学家，物理学家，哲学家。</small>

罗桑·却吉坚赞卒（1567— ）。西藏日喀则地区岭祝甲人。明末清初西藏喇嘛教格鲁派首领。称"班禅四世"。崇祯十四年，与格鲁派另一首领达赖五世联结青海、蒙古和硕特部首领固始汗发兵入藏，赶走喇嘛教红教派势力，使格鲁派在西藏取得独尊地位，建立政教合一的政权。著有阐述佛教经义著作105种行世。

梁维枢卒（1589— ）。维枢字慎可，别号西韩，直隶真定人。明万历四十三年举人。官户部主事，以党论削籍。著有《姓谱日笺》、《玉剑尊闻》、《内阁小识》等。

鄂穆图卒（1614— ）。穆图字麟阁，一字遇尧，张佳氏，满洲叶赫人。崇德三年举人。入内院，校译《会典》。顺治元年，授秘书院侍读，曾参与编纂两朝实录，翻译《资治通鉴》及《诗》、《礼》二经。官至中和殿大学士。著有《北海集》。

孙云球卒，生年不详。云球字文玉，号泗滨，江苏吴县人。曾制造放大镜、显微镜等仪器七十种，并著有《镜史》一书（已佚），总结其造镜经验。

张风卒，生年不详。风字大风，号升州道士，又号上元老人，江苏上元人。工画，兼工刻印，亦能诗词。著有《双镜庵诗钞》、《上药亭诗余》。

殷元福（ —1725）、冯濂（ —1735）、赵执信（ —1744）生。

康熙二年　癸卯　1663年

<small>土耳其—奥地利战争爆发。

法国实行"重商主义"政策。尽取教皇在法领地。

加拿大成为法王直辖殖民地。

英国颁布《主要商品法》。

荷兰人始于西苏门答腊建立殖民据点。</small>

正月十五日丙戌（2月24日），设广西泗城军民府儒学、教授等官。

二十七日丙申（3月6日），命修《品级考》，至康熙十年告成。

五月二十六日癸巳（7月1日），文字狱《明史》案决。

按：是日，狱决，处重辟者70人，凌迟者18人，诸犯妻子皆流徙；庄廷鑨已死，发墓焚骨，杀其父、兄、弟。松魁削官，其幕友俱戮于市，吴昌祚、胡尚衡幸免，湖州知府谭希闵、推官李焕皆以隐匿罪处绞。书中列名之范骧、陆圻、查继佐以事前出首，得免罪。此案株连甚广，或其亲属子女，或参与该书撰稿者，或为书作序、校对者，或为书抄写刻字者，或偶而购得此书者，皆不免于难。吴之荣从此得到重用，后官至右金都御史（顾炎武《亭林文集》卷五、节庵《庄氏史案本末》）。

八月初八日癸卯（9月9日），从礼部议，乡、会试停止八股文，改用策论表判。乡会两试，头场策五篇，二场用《四书》及《五经》题作论各一篇，

表一篇，判五道，从甲辰科为始。

初十日乙巳（9月11日），复行满洲、蒙古、汉军翻译乡试，以内弘文院学士罗敏、内国史院侍读学士苏鲁木、礼部左侍郎布颜为主考官。

九月初七日辛未（10月7日），恢复八旗乡试，取中满洲齐兰保等21名，蒙古布颜等17名，汉军姚启圣等118名，送吏部录用。

十月二十六日庚申（11月25日），庶吉士考试授职，张玉书等8员授内三院编修、检讨。

顾炎武正月自平阳登霍山，游女娲庙。至太原，访傅山于松庄。至代州，拜李克用墓，遇李因笃，遂订交。在汾州，遇申涵光，有《雨中送申公子涵光》诗一首；又闻吴炎、潘柽章遭庄氏《明史》案之难，遥祭于旅邸，作《书吴潘二子事》文和《汾州祭吴炎潘柽章二节士》诗；游西岳太华，访王弘撰。十月，至盩厔，访李颙，遂订交。再至西安，游碑洞，并作《西安府儒学碑目序》。访明宗室杨谦于青门，并为其父作《朱子斗诗序》，收杨谦之子烈及甥王太和为门生。

黄宗羲四月之浯溪，馆于吕留良家，教其子侄，与吕留良、吴之振、吴自牧、高斗魁等以诗相唱和。

王夫之六月读金堡《遣兴诗》，次韵和之百余首。

陈确染风疾，半身偏瘫。

傅山至辉县访孙奇逢。

阎若璩返太原过松庄，与傅山论学相问答。

查继佐以庄氏《明史》案牵连下狱，后得两广总督吴六奇营救，免罪获释。

宋琬十一月免罪获释。

魏禧客游杭州，交应撝谦。

熊赐履迁国子监司业。

徐枋隐居苏州天平山麓，潘耒来受学。

颜元作《文社规》，勉励会友共力圣道。

工鼎时任福建道御史，四月疏言宜及时举行经筵，请满汉词臣中择其老成渊博者，授为讲官，将经史有关治道之言，采辑翻译，以备进讲。并请早修《三朝实录》，撮要旨，编为《祖训》一书，每次同经史进讲。

冒襄作《宣炉歌》，自作详注，述宣炉冶造史。

陆贻典校毕《唐文粹》、白居易诗。

冉觐祖乡试第一。

按：《清史稿·冉觐祖传》曰：乡试后，冉觐祖"杜门潜居，亮取《四书集注》研精覃思二十年。章求其旨，句求其解，字求其训，身体心验，订正群言，归于一是，名曰《玩注详说》。递及群经，各有专书，兼采汉儒、宋儒之说"。

曹玺二月初一日以内务府郎中首任江宁织造。

安世鼎时任河北霸县兵备道，于蠡县建有斐书院。

谢从云时任浙江永康知县，建来学书院。

英国人约翰·牛顿发现二项式定理。

张曖时任江西樟树知县,建云岩书院;士民公建王侯书院。
陆士楷时任广东南雄知府,建天峰书院。
李清鋐时任广东兴宁知县,建墨池书院。
吕光洵时任云南巡抚,在武定县建武阳书院。
赵大生在云南大姚县建绿萝书院。
倪巽生时任云南姚安知府,建麟凤书院。

德国人莱布尼茨著成《论个人原理》。

帕斯卡的作品《溶液的平衡》在其逝世后发表。

英国人波义耳著成《关于实验哲学的实用之处》。

范尔梅著《大易札记》5 卷刊行。

王夫之著《尚书引义》6 卷初稿。

按:《四库全书总目提要》举其"论'知之非艰,行之维艰',诋朱陆学术之短;论《洪范》'九畴',薄蔡氏数学为无稽"等,赞为"议论驰骋,颇根理要"。王氏所著有关《尚书》的研究著作,尚有《书经稗疏》4 卷和《尚书考异》。其《书经稗疏》撷取《尚书》各篇中一些问题列作标题,然后按题抒发意见,进行研讨,多发前人所未发,纠正不少过去的错误说法。《四库全书总目提要》称"是编诠释经文,亦所出新意。……驳苏轼《传》及蔡《传》之失,则大抵辞有根据,不同游谈。虽醇疵互见,而可取者较多"。

孙奇逢《四书近指》20 卷付梓。

黄宗羲著《明夷待访录》1 卷成书,有自序。

卢崇兴著《治禾纪略》5 卷成书,有自序。

方以智著《药地炮庄》9 卷由潭阳大集堂刊行,称此藏轩本。

郭廷弼修,周建鼎、包尔赓纂《松江府志》54 卷、《图经》1 卷刊行。

路遴修,宋琬纂《永平府志》24 卷刊行。

畅体元纂修《雒南县志》8 卷刊行。

常星景修,张炜纂《隆德县志》2 卷刊行。

王画一修,张翕纂《茌平县志》4 卷刊行。

何一杰修纂《聊城县志》4 卷刊行。

孙胤光修,李逢祥纂《长乐县志》8 卷刊行。

叶舟修,陈宏绪纂《南昌郡乘》55 卷刊行。

杨厥美修,屈翔纂《嵩县志》4 卷刊行。

金先声修纂《汝州全志》12 卷刊行。

王广心、朱锦、宋徵舆等纂《松江府志》40 卷。

吴从谦修,潘应斗、潘应星纂《武冈州志》12 卷刊行。

裘秉钫修,庞玮纂《乳源县志》12 卷刊行。

施化远等编《吕明德先生年谱》4 卷刊行。

魏象枢著《知言录》成书。

张履祥著《遗安堂训语》。

费密著《荒书》1 卷。

李渔辑《资治新书》15 卷刊行。

顾宸著《辟疆园杜诗注解》17 卷刊行。

卢綋著《四照堂文集》35 卷刊行。

尤侗著《桃花源》杂剧成。

申涵光著《聪山集五种》、《聪山诗集》8卷、《聪山文集》3卷刊行。
申涵盼著《忠裕堂文集》3卷刊行。
杨继芳著《颐中堂集》10卷、二集8卷刊行。
郑梁著《寒村诗文选》33卷刊行。
潘柽章著《松陵文献》15卷成书，潘耒作序。
陈祚明著《采菽堂古诗选》38卷、补遗4卷成书。

按：是书一名《采菽堂定本汉魏六朝诗钞》，撰辑在1659至1663年之间。陈氏死后，康熙四十八年(1709)，由他的学生翁嵩年刊行。此书是以明冯惟讷《古诗纪》为底本编选的。大略起自汉代，迄于隋代，杂收汉魏六朝乐府和文人的诗作。乾嘉以来，沈德潜的《古诗源》大行于世，《采菽堂古诗选》通行不广。陈祚明另存诗集《嵇留山人集》21卷，本名《敝帚集》，收录1655至1673年之间所作，按年编次。

明兰茂著《韵略易通》由李棠馥刊行。
萧云从作《寒梅枯柳图》。
弘仁三月在庐山绘《仿北苑山水轴》；返歙县复绘《石淙舟集图》、《三叠泉图》、《山水图册》等。
崔冕著《千家姓文》1卷成书，有自序。
白胤谦著《学言》2卷成书，吕崇烈作序。
王锡阐著《晓庵新法》6卷刊行，有自序。

按：是书推算金星过日颇为精确。《四库全书总目提要》曰："是书前一卷述句股割圜诸法，后五卷皆推步、七政交食、凌犯之术。观其《自序》，盖成于明之末年，故以崇祯元年戊辰为历元，以南京应天府为里差之元。其分周天为三百八十四，更以分弧为逐限，以加减为从消。创立新名，虽颇涉臆撰，然其时徐光启等纂修新法，聚讼盈庭，锡阐独闭户著书，潜心测算，务求精符天象，不屑屑于门户之分。钮琇《觚剩》称其'精究推步，兼通中西之学。遇天色晴霁，辄登屋卧鸱吻间，仰察星象，竟夕不寐。盖亦覃思测验之士'。梅文鼎《勿庵历书记》曰：'从来言交食，只有食甚分数，未及其边。惟王寅旭则以日月圆体分为三百六十度，而论其食甚时所亏之边，凡几何度。今为推演，其法颇为精确。'又称：'近代历学，以吴江为最，识解在青州之上'云云(案青州谓薛凤祚，益都人，为青州属邑故也)。其推挹锡阐甚至。迨康熙中，《御制数理精蕴》亦多采锡阐之说。"

张志聪《伤寒论宗印》8卷付梓。

顾天锡卒(1589—)。天锡字重光，湖北蕲州人。明国子监生。入清，隐居著书。著有《三礼三传集解》、《历代改元考》、《二十一史评论》、《素问灵枢直解》等。事迹见李桓《国朝耆献类征初编》卷四六八、施闰章《顾重光墓志铭》(《学余文集》卷二〇)。

徐波卒(1590—)。波字元叹，江苏吴县人。明末诸生。入清后，号顽庵，结庐天池山麓，以隐居终老。著有《徐元叹先生残稿》。事迹见《清史稿》卷四八四、李桓《国朝耆献类征初编》卷四七〇。

朱茂曙卒(1600—)。茂曙字子葳，浙江秀水人。朱彝尊父。明天启初补秀水县学生。少善属文，工行楷书，能画山水竹石，为董文敏所称。明季即弃去诸生业，经史之外，旁习天文、医、卜诸书。既卒，乡人私谥安

阿布哈齐·巴哈杜尔汗卒(约1603—)。希瓦汗。历史学家。著有《土库曼世系》等。

度先生。著有《春草堂遗稿》。

僧弘仁卒(1610—)。弘仁俗姓江,名韬,又名舫,字六奇,号鸥盟;法名弘仁,字无智、无执,号渐江,目为梅花老衲、梅花古衲,安徽歙县人。工诗善画。作有《黄山真景册》50幅。另著有《画偈》等。事迹见《清史稿》卷五○四。

黄宗会卒(1618—)。宗会字泽望,号缩斋,学者称石田先生,浙江余姚人。黄宗羲、黄宗炎弟。明拔贡生。治经注重考证。著有《缩斋文集》、《缩斋日记》、《学御录》1卷、《瑜珈师地论注》、《成惟识论注》等。事迹见《清史稿》卷四八○、《清史列传》卷六八、黄宗羲《前乡进士泽望黄君圹志》(《黄宗羲全集》第十册碑志类)。

按:黄宗羲《前乡进士泽望黄君圹志》曰:"泽望少无师,以余为师。余初读《十三经》,字比句栉,《三礼》之升降拜跪,宫室器服之微细,《三传》之异同,义例、氏族、时日之杂乱,钩稽考索,亦谓不遗余力,然终不及泽望之精。冥搜博览,天官、地志、金石、算数、卦影、革轨、艺术、杂学,盖无勿与予同者。其诗初喜僻奥,余一变而之冷淡,泽望亦变其文,华藻错落,颇以王微、范晔为则。余谓此一种文,宁以音节不同六朝,便高抬其气骨耶?泽望不以为然,已亦日就刊落,而蹊径顿尽,此诗文之无勿同也。自濂、洛至今日,儒者百十家,余与泽望皆能知其宗旨离合是非之故,而泽望忽折而入于佛。……余于释氏之教,疑而信,信而疑,久之,知其于儒者愈深而愈不相似,乃为泽望反复之,盖十年而不契,终于不可同而止。"

吴炎卒(1623—)。炎字赤溟,号赤民,江苏吴江人。明代生员。明亡隐居不仕。长于史学,得顾炎武、钱谦益等所藏史料,与潘柽章矢志以私人之力合著《明史纪》,相与搜讨、论撰16年,稿成十七,被焚毁。遭庄廷鑨《明史》案文字狱牵连,被杀害。所著尚有《浩然堂集》、《吴赤溟文集》等。

按:梁启超《中国近三百年学术史》曰:"用科学精神治史,要首推两君了。两君《明史稿》之遭劫,我认为是我们史学界不能回复之大损失。"

潘柽章卒(1626—)。柽章字力田,江苏吴江人。明代生员。明亡后隐居不仕。曾仿《史记》体例,与吴炎等人合著《明史记》,自撰本纪、诸志,吴炎分撰世家、列传,王锡阐编撰年表、历法。书未成,遭庄廷鑨《明史》案文字狱牵连,被杀害。所著尚存《国史考异》6卷、《松陵文献》等。

按:《清诗纪事初编》载:"(潘柽章)与吴炎私修《明史》,既购得《实录》,复旁搜人家所藏文集奏疏,怀纸吮笔,早夜矻矻,所书盈床满篑。炎致书钱谦益述其事,谦益深许之,助以藏书。顾炎武许其有史才,尽以所藏关于史事之书千余卷归之。两人撰为纪、表、志、传,历十余年未就,先刻《今乐府》以示作书之意。会吴兴庄氏式狱兴。庄廷鑨者富家,尝得朱国桢所录国事公卿志状疏草数十帙,因招致宾客,编辑为《明史》百余帙,多忌讳语。廷鑨没,其父胤城为刻之,慕吴、潘盛名,列名参阅,为吴之荣告发,成大狱。胤城及子廷钺子弟列名于书者皆论死。凡修书刻书鬻书藏书及官吏之不发觉者亦坐之,死者七十余人,吴、潘与焉。家属依叛案例发遣宁古塔为奴者七百余家。……初二人修史,吕留良实资藉之。事后求遗稿不得,盖两家惧祸,尽火之矣。然从《今乐府》注中及潘未文集所述者,知已成者十之六七。纪传及参预修志者,皆可约略得之。柽章尝著《国史考异》,炎武服其精审。谦益自以所撰《太祖实录辨证》,远不及之。所修史若行,必较《明史》为可观,后来遂无及之者。信乎史才不易。柽章有《观物草庐焚余稿》,本以辞章著名,故其诗格律深稳。难中所作未载,即平时咏叹,词旨悲愤,已足使忌者欲杀矣。炎诗尤工,今不传,传《文稿》一卷,亦吴江人,没时年皆四十余,吴稍长。"

李钟伦(　—1706)、陈鹏年(　—1723)、陆奎勋(　—1738)生。

康熙三年　甲辰　1664 年

正月二十日癸未(2 月 16 日),刊刻满文《通鉴》告成。

二月初六日己亥(3 月 3 日),以弘文院大学士李霨、户部尚书杜立德为会试正考官,吏部左侍郎郝惟讷、内弘文院学士王清为副考官。

三月二十二日甲申(4 月 17 日),策试天下贡士沈珩等于太和殿前。

二十四日丙戌(4 月 19 日),赐殿试贡士严我斯等 199 人进士及第出身有差。

二十五日丁亥(4 月 20 日),从顺天府府尹甘文焜疏请,印刷国子监《四书大全》、《五经》等书,颁发顺天府及各省布政使司,以备科场之用。

四月十八日庚戌(5 月 13 日),停止京卫武生武童部试,归并顺天学政,三年一试。

七月十九日戊申(9 月 8 日),定科场内外帘处分例。

二十六日乙卯(9 月 15 日),杨光先向礼部上《请诛邪教疏》,控告汤若望等邪说惑众,违背中国传统伦理道德。同时进先前所著《摘谬论》、《选择议》二篇,指斥新法十谬及选择荣亲王安葬日期之误。

按:康熙三、四年间,在北京发生了一场轰动全国、震惊西方世界的大案,这就是由杨光先发起、由四大辅臣操纵审理、旨在排挤和驱逐以汤若望为首的传教士的案件。顺治十六年(1659),江南徽州府新安卫官生杨光先发表《辟邪论》,攻击西方传教士汤若望等及其在华之基督教。至本年,传教士利类思、安文思发表《天学传概》予以驳斥。继而杨光先发表《不得已》,利类思又发表《不得已辩》,双方开展笔战。《清史稿·汤若望传》曰:"康熙五年,新安卫官生杨光先叩阍进所著《摘谬论》、选择议,斥汤若望新法十谬,并指选择荣亲王葬期误用《洪范》五行,下议政王等会同确议。议政王等议:'历代旧法,每日十二时,分一百刻,新法改九十六刻。康熙三年立春候气,先期起管,汤若望妄奏春气已应参、觜二宿,改调次序,四余删去紫炁。天祐皇上,历祚无疆,汤若望只进二百年历。选荣亲王葬期不用正五行,反用《洪范》五行,山向年月俱犯忌杀,事犯重大。汤若望及刻漏科杜如预、五官挈壶正杨宏量、历科李祖白、春官正宋可成、秋官正宋发、冬官正朱光显、中官正刘有泰皆凌迟处死;故监官子刘必远、贾文郁、可成子哲、祖白子实、汤若望义子潘尽孝皆斩。'得旨,汤若望效力多年,又复衰老,杜如预、杨宏量勘定陵地有劳,皆免死,并令覆议。议政王等覆议,汤若望流徙,余如前议。得旨,汤若望等并免流徙,祖白、可成、发、光显、有泰皆

奥地利人败奥斯曼帝国于沃什堡。

法国创建东、西印度公司。是年,东印度公司始寇印度。

伦敦大疫。

英国夺取荷属新阿姆斯特丹(后改称纽约)。是年获新泽西、特拉华、宾夕法尼亚等地。

英王授英国西印度公司垄断大西洋贸易权。

法国家具流行于欧洲宫殿和城堡。

斩。自是废新法不用。圣祖既亲政，以南怀仁治理历法，光先坐谴黜，复用新法。时汤若望已前卒，复通微教师封号，视原品赐恤，改'通玄'曰'通微'，避圣祖讳也。"《清史稿·杨光先传》："国初，命汤若望治历用新法，颁时宪历书，面题'依西洋新法'五字。光先上书，谓非所宜用。既又论汤若望误以顺治十八年闰十月为闰七月，上所为《摘谬》《辟邪》诸论，攻汤若望甚力，斥所奉天主教为妄言惑众。圣祖即位，四辅臣执政，颇右光先，下礼、吏二部会鞫。康熙四年，议政王等定谳，尽用光先说，谴汤若望，其属官至坐死。遂罢新法，复用大统术。除光先右监副，疏辞，不许；即授监正，疏辞，复不许。光先编次其所为书，命曰《不得已》，持旧说绳汤若望。顾学术自审不逮远甚，既屡辞不获，乃引吴明烜为监副。明烜，明炫兄弟行，明炫议复回回科不得请，至是明烜副光先任推算。……是时朝廷知光先学术不胜任，复用西洋人南怀仁治理历法。南怀仁疏劾明烜造康熙八年七政民历，于是年十二月置闰，应在康熙九年正月，又一岁两春分、两秋分，种种舛误，下议政王等会议。议政王等议，历法精微，难以遽定，请命大臣督同测验。八年，上遣大学士图海等二十人会监正马祜测验立春、雨水两节气及太阴火、木二星躔度，南怀仁言悉应，明烜言悉不应。议政王等疏请以康熙九年历日交南怀仁推算，上问：'光先前劾汤若望，议政王大臣会议，以光先何者为是，汤若望何者为非，及新法当日议停，今日议复，其故安在？'议政王等疏言：'前命大学士图海等二十人赴观象台测验，南怀仁所言悉应，吴明烜所言悉不应，问监正马祜，监副宜塔喇、胡振钺、李光显，皆言南怀仁历法上合天象。一日百刻，历代成法，今南怀仁推算九十六刻，既合天象，自康熙九年始，应按九十六刻推行。南怀仁言罗睺、计都、月孛、推历所用，故入历；紫炁无象，推历所不用，故不入历。自康熙九年始，紫炁不必造入七政历。'又言：'候气为古法，推历亦无所用，嗣后并应停止。请将光先夺官，交刑部议罪。'上命光先但夺官，免其罪。"

八月初七日庚寅（9月26日），礼部开始审讯传教士汤若望、南怀仁、利类思、安文思及钦天监监副李祖白、翰林许之渐（为《天学传概》写序言）、潘尽孝（汤若望之义子）、太监许坤（基督教徒，散发《天学传概》者）等有关人员，并下令凡外省一切传教士至京受审。审讯一直延续至十一月十九日，判决将汤若望等革职废衔，除潘尽孝系武职交兵部处治外，其余人员交刑部议处。

按：因杨光先于七月再次上疏排教，至十一月教士下狱，十二月，免去职衔并交刑部议处。次年正月，宣汤若望死罪。后因京师地震，此四人才被开释。排教风潮可以上溯至明末南京礼部侍郎沈㴶1616年连上三疏请灭天主教，而清代大规模排教风潮则自此始。

九月初三日辛卯（10月21日），改武会试于九月二十一日。

十九日丁未（11月6日），以大学士卫周祚、吏部尚书魏裔介为武会试正考官，户部左侍郎朱之弼、内秘书院学士章云鹭为副考官。

十月十五日癸酉（12月2日），赐殿试武举吴三畏等100人武进士及第出身有差。

黄宗羲、宗炎兄弟二月偕高斗魁至浯溪，与吕留良、吴之振赴常熟虞山访钱谦益。越数日，又旅苏州灵岩山，与徐枋、周子洁、邹文江、王双白等在天山堂畅谈七昼夜。

按：是时钱谦益病危，欲以丧事托黄宗羲。黄宗羲为钱氏三文代笔（三文分别是《庄子注序》、《顾云华封翁墓志》、《云华诗序》）。

万斯选过访黄宗羲，见黄宗羲诗稿零落，许写净本。汰其三之二，取苏轼行记之意，曰《南雷诗历》。黄宗羲又因万斯大之请，为志士陆宇鐊作墓志铭。

张煌言七月被清兵所俘，不屈而死，其故交黄宗羲九月冒险为其殡殓，前往祭奠者络绎不绝。

顾炎武第四次入都，七月至昌平，四谒天寿山，奠思陵；至山东，与程先贞定交。

王夫之仍居败叶庐，欧大生从游门下，惊闻大顺军将领李来亨壮烈牺牲，遂含悲写有"来亨败没，中原无寸土一民为明者"（《永历实录·李来亨列传》）之语。

魏象枢与孙奇逢、孙承泽、刁包、魏裔介等称道义交，走书往来，商榷学问。

李颙谢绝人事，杜门不出。

王士禛十月与宋荦定交于京师。

孙廷铨以父母年老，解职归里，闭门著述。

张志聪在杭州胥山之麓建侣山堂开讲论经。

宋琬得旨免罪，自是流寓苏州。

阎尔梅以狱事未息复北行，至大同，遇朱彝尊。

龚贤、杜濬、陈维崧等集扬州北郭举行诗会。

萧云从在扬州会汪楫。

归庄闻钱谦益卒，赴虞山哭祭。

惠周惕交潘耒。

颜元四月访孙奇逢，不果。九月，访孙奇逢弟子王余佑，问学。

张玉书授翰林院编修。

魏裔介十一月授内阁秘书院大学士。

邵廷采始受业于韩当之门，讲王守仁之学。

蒲松龄就读于李希梅家。

陈奉敕、孙立勋、李瑞征、李昌宗、李发长、崔若泰、田乃理、刘统、高侃、管有度、杨尔嘉、杨尔淑、管嗣音、周维翰、陈大廷向孙奇逢问学。

严曾榘、吴元龙、汪肇衍、诸定远、杨钟岳、黄彦博、胡士著、熊一潇、吴远、程文彝、劳之辨、陈论、车万育、李棠、卫既齐等新科进士五月十五日被选为庶吉士，教习满书。

麻勒吉、章云鹭等内秘书院学士五月二十四日奉命教习庶吉士。

田雯中进士，授中书。

曹贞吉中进士，官礼部郎中。

邵远平中进士，选翰林院庶吉士，散馆，授户部主事。

曹禾中进士，诗与田雯、宋荦、汪懋麟、颜光敏、王又旦、谢重辉、曹贞吉、林尧英、叶封齐名，称诗中十子。

孙若群中进士，谒选在都，刑部侍郎任克溥延之课子。

陈愹中进士，官马邑知县。

按：陈愹字元熙，新安人。《清史列传·陈愹传》曰："少专意宋儒之学，检身制行，以邑先达孟化鲤、吕维祺为法。病学者悖谬朱《注》，潜心体认，著《四书认注说》。归后，主嵩阳，以所注《性理》诸书讲授，问业者满户外。"

方殿元中进士，历知剡城、江宁等县。

按：方殿元字蒙章，南海人。"岭南七子"之一。著有《九谷集》。

萧来鸾时任山西潞安知府，创建心水书院于长治县圣泉寺。

常大忠时任安徽潜山知县，建三立书院。

何士锦时任江西丰城知县，建剑江书院，又改建三贤祠为龙山书院。

张克壮在贵州毕节县建黎社书院。

程封时任云南曲靖知县，建南城书院。

日本水户藩主德川光国派儒生小宅生顺往长崎，会见朱之瑜，互相探讨学问。

托马斯·威利斯著成有关神经系统的著作《大脑解剖学》。

程良玉著《易冒》10卷刊行。

魏裔介始辑《鉴语经世编》。

钱肃润著《史论》1卷成书，董闓作序。

黄宗羲著《今水经》1卷成书，有自序。

佟有年修，齐推纂《房山县志》10卷刊行。

雷应元修纂《扬州府志》27卷刊行。

胡宗鼎修纂《宿迁县志》9卷刊行。

杨宗昌修，曹宣光纂《信丰县志》12卷刊行。

王宗尧修，卢纮纂《蕲州志》12卷刊行。

王玉铉修，王临纂《广济县志》18卷刊行。

佚名纂《江陵县志》成书。

郑有成修，郭金台纂《湘潭县志》7卷刊行。

堵嶷修，张翕纂《博平县志》5卷刊行。

何士锦修，陆履敬等纂《丰城县志》12卷刊行。

黄宗羲著《南雷诗历》4卷，由万斯选编成。又著《汰存录》1卷。

钱陆灿辑得元好问佚诗，录入所批《元遗山集》。

魏禧著《魏叔子集》22卷刊行。

查继佐手辑前稿名《先甲集》，近稿名《后甲集》，又始著《鲁春秋》。

刁包著《用六集》12卷刊行。

按：《四库全书总目提要》曰："是集包所手编，自谓有得于《易》，故取永贞之义，以'用六'为名。其中如《寄魏环极书》，称砥砺躬行，不欲以议论争胜；《希圣堂学规》，多留意于洒扫应对，语皆平易近人。又谓时文之士，不知考究史事，昧于治乱之原。每举《春秋纲目书法》，风谕学者。在讲学家中，较空谈心性者，特为笃实。然特论每多苛刻，如裴度、韩愈皆悬度其事，力加诋毁，殊失《春秋》善善从长之意。又如

《重修秦王庙疏》，多引委巷无稽之言，不知折衷于古，亦其所短也。"

罗人琮著《最古园集》24卷刊行。

罗万藻著《此观堂集》12卷刊行。

白胤谦著《归庸斋集》8卷成书，方拱乾作序。

朱潮远著《四本堂座右编》24卷成书。

  按：《四库全书总目提要》曰："潮远字卓月，扬州人。其序自称朱子之后，当有所考也。是书成于康熙甲辰，分四门，一曰起家，二曰治家，三曰齐家，四曰保家。每门又各分六子目，每目为一卷。皆杂采前言往行，因旧文而稍删润之。"

李清与人合作，删订明杨慎所著《历代史略十段锦》弹词为《史略词话》2卷。

尤侗著《黑白丑》杂剧成。

李渔著《论古》6种成书。

施闰章著《砚林拾遗》1卷成书，有自序。

方以智著《物理小识》12卷刊行。

  按：是书乃方以智受其师王宣所著《物理所》一书的影响，仿照张华的《博物志》、宋僧赞宁的《物类相感志》及王宣《物理所》的体例编纂而成，在中国学术思想发展史上占有重要地位。

薛凤祚著《历学会通》。

  按：《历学会通》的内容涉及天文、数学、医药、物理、水利、火器等，主要是介绍天文学和数学。

钱谦益卒（1582—　）。谦益字受之，号牧斋、蒙叟、东涧遗老等，江苏常熟人。明万历三十八进士，授编修。博学工词章，名隶东林党。南明弘光时任礼部尚书，谄事马士英。清兵南下，率先迎降，以礼部侍郎管秘书院事，充《明史》馆副总裁，引疾归。藏书之富，几埒内府。其藏书楼名绛云楼，所收必宋元版本，藏书数量和质量时称江南第一。诗与吴伟业、龚鼎孳并称为清初"江左三大家"。著有《牧斋集》、《初学集》、《有学集》、《杜诗注》、《吾灵集》、《投笔集》、《明史断略》、《开国功臣事略》、《绛云楼题跋》等。编有《列朝诗集》。事迹见《清史稿》卷四八四、《清史列传》卷七九、蔡冠洛《清代七百名人传》第一编。清葛万里编有《牧斋先生年谱》，彭城退士编有《钱牧斋先生年谱》，金鹤冲编有《钱牧斋先生年谱》。

  按：《清史稿》本传曰："谦益为学博赡，谙悉朝典，诗尤擅其胜。明季王、李号称复古，文体日下，谦益起而力振之。家富藏书，晚岁绛云楼火，惟一佛象不烬，遂归心释教，著《楞严经蒙钞》。其自为诗文，曰《牧斋集》，曰《初学集》、《有学集》。乾隆三十四年，诏毁板，然传本至今不绝。"归庄《祭钱牧斋先生文》曰："百余年来，文章之道，径路歧而芜秽丛。自先生起而顿开康庄，一扫蒙茸，知与不知，皆先生今日之欧、苏两文忠。"归庄还为之深为惋惜地说："先生通籍五十余年，而立朝无几时，信蛾眉之见嫉，亦时会之不逢，抱济时之略，而纤毫不得展；怀无涯之志，而不能一日快其心胸。"程嘉燧《牧斋先生初学集序》曰："盖先生身虽退处，其文章为海内所推服崇尚，翕然如泰山北斗，虽鸡林蛋户，有能知爱之者。"钱泳《履园丛话》曰："虞山钱受翁，才名满天下，而所欠惟一死，遂至骂名千载。"

兹里尼·米克洛什卒（1620—　）。匈牙利诗人，政治家。著有匈牙利第一部史诗《锡盖特之危》。

喻昌卒(1585—)。昌号嘉言,江西新建人。明崇祯间副榜贡生。曾为僧,旋还俗。清初又移居江苏常熟,医名卓著,冠绝一时,成为明末清初著名医家,与张路玉、吴谦齐名,号称清初三大家。著有《医门法律》6卷、《伤寒尚论篇》8卷、《尚论后篇》4卷、《寓意草》1卷等。事迹见《清史稿》卷五〇二、蔡冠洛《清代七百名人传》第四编。

按:喻昌是研究《伤寒论》的著名医家之一。《清史稿》本传曰:"顺治中,(喻昌)侨居常熟,以医名,治疗多奇中。才辨纵横,不可一世。著《伤寒尚论篇》,谓林亿、成无已过于尊信王叔和,惟方有执作条辨,削去叔和序例,得尊经之旨;而犹有未达者,重为编订,其渊源虽出方氏,要多自抒所见。惟温证论中,以温药治温病,后尤怡、陆锂修并著论非之。又著《医门法律》,取风、寒、暑、湿、燥、火六气及诸杂证,分门著论。次法,次律。法者,治疗之术,运用之机;律者,明著医之所以失,而判定其罪,如折狱然。昌此书,专为庸医误人而作,分别疑似,使临诊者不敢轻尝,有功医术。……昌通禅理,其医往往出于妙悟。《尚论后篇》及《医门法律》,年七十后始成。昌既久居江南,从学者甚多。"

蓝瑛卒(1585—)。瑛字田叔,号东郭老农、石头陀、西湖外史等,浙江钱塘人。浙派画家,工山水,兼善人物、花草。曾参与复社活动。明亡不仕,绘画自娱。有《华岳秋高图》、《秋壑霜林图》、《江皋话古图》。

黄文焕卒(1595—)。文焕字维章,福建永福人。明天启五年进士。官翰林编修。因事牵连入狱。获释后,流寓南都以终。著有《诗经考》、《楚辞听直》、《陶诗析义》等。

吕宫卒(1603—)。宫字长音,一字苍忱,号金门,江南武进人。顺治四年进士第一,授秘书院修撰。以修《资政要览》书成,加太子太保。事迹见《清史列传》卷五、蔡冠洛《清代七百名人传》第一编。

刘汋卒(1613—)。汋字伯绳,浙江山阴人。刘宗周子。宗周殉难后,南明唐、鲁二王皆遣使祭,荫官,辞不就。隐居不出二十余年,考订遗经,以竟父业。平生惟与史孝感、恽日初数人友善。宗周欲著《礼经考次》而未竟其业,由汋完成。是书后又由其子刘茂林编排整理。事迹见《清史稿》卷四八〇、《清史列传》卷六六、李桓《国朝耆献类征初编》卷三九五、黄宗羲《刘伯绳先生墓志铭》(《南雷文案》卷一〇)。

按:《清史稿》本传曰:"宗周家居讲学,诸弟子闻教未达,辄私于汋。汋应机开譬,具有条理。宗周殉国难,明唐、鲁二王皆遣使祭,荫汋官,汋辞。既葬,居蕺山一小楼二十年,杜门绝人事,考订遗经,以竟父业。有司或请见,虽通家故旧,亦峻拒之。所与接者,惟史孝感、恽日初数人。或劝之举讲会,不应。"

又按:《清史列传》本传曰:"初,宗周欲著《礼经考次》一书,属汋撰成。汋日夕编纂,以《夏小正》为首编,而附《月令》,帝王所以治历明时也。次《丹书》而附《王制》,正已以正朝廷、百官、万民也。于是原礼之所由起而次《礼运》焉,推礼之行于事而次《礼器》焉,验乐之所以成而次《乐记》焉。然后述孔子之言,次《哀公问》,次《燕居》、《闲居》、《坊记》、《表记》,设为礼典;次以《祭法》、《祭义》、《祭统》、《大传》,施于丧葬;次以《丧大记》、《丧服小记》、《杂记》,申以《曾子问》、《檀弓》、《奔丧》、《问丧》;终之以《间传》、《三年问》、《丧服四制》,而丧礼无遗矣。君子常服深衣、雅歌投壶不可不讲也,则次以《深衣》、《投壶》;男女冠笄婚姻所有事,则次以《冠义》、《昏义》;

而终之以《乡饮酒义》、《射义》、《燕义》、《聘义》,合三十篇,谓之《礼经》;别为《曲礼》、《少仪》、《内则》、《玉藻》、《文王》、《世子》、《学记》七篇,谓之《曲礼》。垂老未卒业,其子茂林始克成之,凡《正集》十四卷,《分集》四卷。"

柳如是卒(1618—)。如是本姓杨,名爱;改姓柳,名隐;又改名是,字如是,号河东君、蘼芜君,江苏吴江(一说浙江嘉兴)人。明末名妓,后为钱谦益妾。明亡劝钱谦益自杀,不从。著有《柳如是诗》、《戊寅草》等。事迹见顾苓《河东君传》(《殷礼在斯堂丛书》本)、陈寅恪《柳如是别传》。

张煌言卒(1620—)。煌言字玄著,号苍水,浙江鄞县人。南明弘光元年与钱肃乐等起兵抗清,官至权兵部尚书。后被俘杀害。著有《张苍水集》。事迹见《清史稿》卷二三一、黄宗羲《兵部左侍郎苍水张公墓志铭》(《黄宗羲全集》第十册碑志类)、全祖望《明故权兵部尚书兼翰林院侍讲学士鄞张公(煌言)神道碑铭》(黄云眉《鲒埼亭文集选注》上编)和《张忠烈公年谱》)。

杨思圣卒(1621—)。思圣字犹龙,号雪樵,直隶钜鹿人。顺治三年进士。官至四川布政使。著有《且亭诗》。事迹见《清史列》卷七〇、李桓《国朝耆献类征初编》卷一五一、震钧辑《国朝书人辑略》卷二、魏裔介《四川布政使杨公思圣墓志铭》(《碑传集》卷七七)。

费锡璜(—?)生。

康熙四年　乙巳　1665 年

正月二十四日辛亥(3 月 10 日),因钦天监事务必须久任才能习熟,规定该监官员不必照其他衙门一体升转,如年久积功,则加其应升职衔。

二月底三月初,汤若望案经刑部与议政王大臣会议审讯,认定西洋新法有错,因拟决汤若望及钦天监官员杜如预、杨弘量、李祖白、宋可成、宋发、朱光显、刘有泰等皆凌迟处死,上述官员之子及汤若望义子潘尽孝俱立斩决,利类思、安文思、南怀仁及各省传教士皆杖百拘禁或流充。

三月初六日壬辰(4 月 20 日),因星象地震故,谕吏、户、兵、工各部尽职除弊。

按:因大赦诏,利类思、安文思、南怀仁及太监许坤俱被免罪释放出狱。十六日,关于汤若望及其干连人等应得何罪,下旨仍著议政王贝勒大臣九卿科道再加详核,分别确议具奏。

十六日壬寅(4 月 30 日),礼部右侍郎黄机疏请科场取士复行三场旧制。

按:《清史稿·选举志三》曰:"四年,礼部侍郎黄机言:'制科向系三场,先用经书,使阐发圣贤之微旨,以观其心术。次用策论,使通达古今之事变,以察其才猷。今止用策论,减去一场,似太简易。且不用经书为文,人将置圣贤之学于不讲,请复

西班牙国王菲利普四世卒,子查理二世嗣位。

第二次英荷战争爆发。

法国、荷兰缔结同盟。

英葡联军败西班牙。

德国基尔大学建立。

纽约以英制立法设政。

三场旧制。'报可。"

二十日丙午(5月4日),命工部修葺历代帝王庙。

提督四译馆太常寺少卿钱綖疏言:"君德关于治道,圣学尤为急务,请敕谕院部,将满汉诸臣中,老成耆旧,德性温良,博通经史者,各慎选数员,令其出入侍从,以备朝夕顾问。先将经史中古帝王敬天勤民,用贤纳谏等善政,采集成书,分班直讲。每日陈说数条,行之无间,必能仰裨圣德。"下部知之(《清圣祖实录》卷一五)。

四月初三日己未(5月17日),汤若望案自二月至四月,经过十二次议政王大臣会议审讯拟决。是日得旨,因汤若望"效力多年,又复衰老",杜如预、杨弘量"但念永陵、福陵、昭陵、孝陵风水,皆伊等看定,曾经效力",故皆免罪释放。"伊等既免,其汤若望义子潘尽孝及杜如预、杨弘量干连族人责打流徙,亦著俱免"。钦天监其余五位官员"李祖白、宋可成、宋发、朱光显、刘有泰俱著即处斩",其干连人俱责打流徙。未几,授杨光先为钦天监监副,彼以"攻罢异端,为邪党所忌,潜伏杀机,恐遭陷害"为由,多次上疏力辞,不允。八月复授彼为钦天监监正(《清圣祖实录》卷一五)。

按:《清史稿·汤若望传》论曰:"历算之术,愈人则愈深,愈进则愈密。汤若望、南怀仁所述作,与杨光先所攻讦,浅深疏密,今人人能言之。其在当日,嫉忌远人,牵涉宗教,引绳批根,互为起仆,诚一时得失之林也。圣祖尝言当历法争议未已,己所未学,不能定是非,乃发愤研讨,卒能深造密微,穷极其阃奥。为天下主,虚己励学如是。呜呼,圣矣!"

八月初二日乙卯(9月10日),命汤若望、利类思、安文思、南怀仁外,其余各地集中在京之传教士25人(其中耶稣会士21人,多明我会士3人,方济各会士1人),一律驱逐出京,限期南下广东。

按:十月初三日,下令汤若望迁出馆所(天主教西堂),由杨光先进住。

十六日己巳(9月24日),为纂修《明史》,重申顺治五年九月旨意,命各衙门查送天启四、七两年实录及崇祯元年以后事迹,官民家中有记载明季时事之书亦应送,"虽有忌讳之语,亦不治罪"(《清圣祖实录》卷一六)。

按:山东道御史顾如华疏言:"伏读上谕礼部,广搜前明天启以后事迹,以备纂修《明史》,诚盛典也。查《明史》旧有刊本,尚非钦定之书,且天启以后,文籍残毁,苟非广搜稗史,何以考订无遗。如《三朝要典》、《同时尚论录》、《樵史》、《两朝崇信录》、《颂天胪笔》,及世族大家之纪录,高年逸叟之传闻,俱宜采访,以备考订。至于开设史局,尤宜择词臣博雅者,兼广征海内弘通之士,同事纂辑,然后上之满汉总裁,以决去取,纂成全书,进呈御览,以成一代信史。"章下所司(《清圣祖实录》卷一七)。

二十六日己卯(10月4日),设奉天府学,照顺天例为京府学,考取生员7员。所属锦县无大学,考取生员7名。辽阳、宁远、海城为中学,考取生员5名。盖平、铁岭、广宁为小学,考取生员2名。锦州府为府学,考取生员4名。

英国人伊萨克·牛顿进行引力

顾炎武至济南,置田地屋宇于章邱之大桑家庄。是秋至曲阜,再谒孔林;又游阙里,得晤颜光敏,遂定忘年交。至河南辉县,访孙奇逢。

康熙四年　乙巳　1665年

万斯大、万斯同、陈锡嘏、夔赤岇、董允瑶、吴允璘、仇兆鳌等20余人是春向黄宗羲问学。

黄宗羲、宗炎兄弟至语溪，八月吕留良自平湖来会。

黄宗羲、黄宗炎、吕留良、吴之振、吴尔尧、万斯选谒辅广墓，黄宗羲为之作《辅潜庵传》。

傅山游关中，至富平访李因笃。

李颙入道南书院讲学，听者云集。

毛奇龄客庐陵，偕施闰章讲学白鹭洲，已而去游淮西。

归庄寓西寺，始见潘平格，读其《著道录》，拜为师；旋悔之，改为友。后致书质辨。

魏禧与谢文洊等会讲于南丰程山。

颜元七月访张罗哲问学。

熊赐履迁弘文院侍读。

屈大均自南京入陕。

陆世仪讲《易》于昆陵。

陈启源为朱鹤龄正定《诗经通义》。

阎尔梅十二月亡命潜入京师，赖龚鼎孳力得免。

龚贤定居南京，结庐清凉山，专心致力于绘画。

魏济众时任江西安义知县，建董公书院。

于肖龙时任湖南新化知县，建资江书院。

徐宏业时任贵州福泉守道，建溥仁书院。

王作楫时任云南沾益知县，建西平书院。

朱之瑜在日本，应日宰相上公源光国邀至水户讲学授徒。

曹九锡著《易隐》8卷刊行。

朱鹤龄刻所著《诗经通义》12卷。

按：《四库全书总目提要》曰："是书专主《小序》，而力驳废《序》之非。所采诸家，于汉用毛、郑，唐用孔颖达，宋用欧阳修、苏辙、吕祖谦、严粲，国朝用陈启源。其释音明用陈第，国朝用顾炎武。其凡例九条，及考定郑氏《诗谱》，皆具有条理。惟鹤龄学问淹洽，往往嗜博好奇，爱不能割。故引据繁富而伤于芜杂者有之，亦所谓武库之兵，利钝互陈者也。要其大致，则彬彬矣。鹤龄与陈启源同里，据其《自序》，此书盖与启源商榷而成。又称启源《毛诗稽古编》专崇古义，此书则参停于今古之间，稍稍不同。然《稽古编》中，屡称'已见《通义》，兹不具论'，则二书固相足而成也。"

王夫之重订《读四书大全说》10卷。

按：《四书大全》是明永乐年间由胡广等人奉敕编纂，王氏是书按《四书大全》原来的篇章次序，以读书札记的形式，借用其中的某些命题，阐述自己之哲学思想，批判宋明理学。有《船山遗书》本，1975年中华书局出版以金陵曾刻本为底本校点排印本。

魏裔介著《圣学知统录》2卷。

按：《四库全书总目提要》曰："是录凡载伏羲、神农、黄帝、尧、舜、禹、皋陶、汤、

试验；创立微分学。

英国人罗伯特·胡克首次用显微镜发明细胞。

法国人乔瓦尼·卡西尼测定了木星、土星和火星的自转。

约翰·班扬著成《圣城》。

雅克·戈德弗鲁瓦编成《狄奥多西法典》。

弗朗西斯·格里马尔迪著成《光的物理数学》（该作品在其逝世后发表），阐述了光的衍射。

英国出版第一份科学杂志《哲学汇刊》。

伊尹、莱朱、文王、太公望、散宜生、周公、孔子、颜子、曾子、子思、孟子、周子、二程子、张子、朱子、许衡、薛瑄二十六人。博征经史，各为纪传。复引诸儒之说附于各条之下，而衷以己说。其《自序》谓见知闻知之统，具载于此。然惟圣知圣，惟贤知贤，惟接道统之传者能知道统之所传。"又著有《圣学知统翼录》2卷，《四库全书总目提要》曰："《圣学知统翼录》二卷，国朝魏裔介撰。裔介既作《知统录》，复作此录以翼之。自序谓'以之羽翼圣道，鼓吹六经，亦犹淮、泗之归于江海，龟凫之侪于岱宗也'。凡录伯夷、柳下惠、董仲舒、韩愈、胡瑗、邵雍、杨时、胡安国、罗从彦、李侗、吕祖谦、真德秀、赵复、金履祥、刘因、曹端、胡居仁、罗伦、蔡清、罗钦顺、顾宪成、高攀龙二十二人。其去取之故，亦莫得而详焉。"

陆世仪作《七政辨》、《月道疏》、《月道辨》、《山河两戒图》、《云汉升沉图分野说》。

周继芳纂《祁县志》8卷刊行。

王远伊修，李本定纂《续修商志》10卷刊行。

马崇诏修，尹士朝等纂《茶陵州志》24卷刊行。

曹熙衡修纂《归州志书》成书。

蔡容远修纂《罗田县志》8卷刊行。

何廷韬修，王禹锡纂《咸宁县志》12卷刊行。

杨道修，冯之国纂《兴国州志》2卷刊行。

任钟麟修，余廷志纂《通山县志》8卷刊行。

刘玉瓒修，饶昌胤等纂《抚州府志》35卷刊行。

沈士秀修，梁奇等纂《东乡县志》8卷刊行。

黄运启修，熊任等纂《新昌县志》6卷刊行。

刘沛先修，王吉臣纂《东阿县志》12卷刊行。

宋士吉修纂《余杭县新志》8卷刊行。

陈恭修，邵扑元等纂《太平县志》10卷刊行。

沈荀蔚著《蜀难叙略》1卷成书，有自识。

颜元作《妇人常训》三章。

查继佐著《鲁春秋》2卷。

施何牧辑《明诗去浮》4卷刊行。

按：施何牧字赞虞，号一山，上海崇明人。官至吏部员外郎。另著有《一山诗抄》等。

王曰高著《槐轩集》8卷刊行。

吴绮著《林蕙堂文集》12卷刊行。

吴肃公著《街南文集》20卷刊行。

王崇简著《冬夜笺记》1卷成书，有自序。

朱彝尊辑《吉金贞石志》、《粉墨春秋》。

尤侗为邹只谟的《倚声词话》作序。

按：邹只谟字讦士，号程村，武进人。顺治十五年进士。与王士禛交往甚密。著有《远志斋集》、《丽农词》、《远志斋词衷》。所编《倚声初集》选明清之交各家词近2000首，颇具文献价值。

王夫之著《和梅花百咏》诗1卷。

宋荦著《怪石赞》1卷成书。

杨光先著《不得已》成书。

> 按：《不得已》一书主要汇辑了杨氏不同时期的专文、呈状等，凡21篇。其中正文19篇，附文2篇。正文篇目最早撰于顺治十六年(1659)，如《辟邪论》、《摘谬十论》等。最晚为康熙四年(1665)，如《叩阍辞疏》等。综观全书内容，基本上是杨氏批判、攻击西洋传教士、天主教和西洋历法的一个言论集。两篇附文为《始信录序》和《尊圣学疏》。前者撰于顺治十七年(1660)，作者王泰征，是篇吹捧杨氏卫道的专文；后者原名疑为《三百六十四言》，撰于晚明，是杨氏弹劾陈启新《假尊经》的一篇奏疏。

李光地辑《历象要义》。

> 按：李光地嗜好天文历算，与当时的天文学家、数学家梅文鼎交往甚密。在梅文鼎的影响下，他对天文学作了深入研究，其天文历法类著作主要有：《历象要义》、《历象合要》、《历象本要》等，主编《御定星历考原》、《御定月令辑要》等；还有论文《记太初历》、《记四分历》、《记浑仪》、《算法》、《历法》、《西历》等。

祁坤著《外科大成》4卷刊行。

> 按：祁坤字广生，号愧庵。山阴人。以医闻名于当时，曾任太医院院判等职，尤擅长外科。他有感于当时外科之书博而寡要，遂著此书。是书为外科学名著，清代官修的《医宗金鉴·外科心法要诀》即以此书为蓝本。现存十多种清刻本和石印本。1949年后有排印本。

邵潜卒(1581—)。潜字潜夫，自号五岳外臣，江南通州人。明末布衣，入清不仕，以气节自高。著有《邵山人诗集》。事迹见震钧辑《国朝书人辑略》卷一、李桓《国朝耆献类征初编》卷四六三、范方《邵潜夫传》(《默镜居文集》卷四)。

沈自晋卒(1583—)。自晋字伯明，号西来，又号长康，晚号鞠通生，江苏吴江人。沈璟侄。精通音律。著有《一种情》、《翠屏山》、《望湖亭》等传奇、散曲集《赌墅余音》、《黍离续奏》、《越溪新咏》、《不殊堂近草》，合称《鞠通乐府》，又有《广辑词隐先生增定南九宫十三调词谱》等。事迹见《吴江沈氏家谱》。

刘若金卒(1586—)。若金字云密，自号蠡园逸叟，湖广潜江人。明天启五年进士。先后于江苏涟水、浙江淳安诸地为县令。官至刑部尚书。明亡后隐居不仕。精于医学。著有《本草述》32卷。事迹见李桓《国朝耆老献类征初编》卷四六九。

陈宏绪卒(1597—)。宏绪字士业，号石庄，江西新建人。明末，以任子荐授晋州知府，时刘宇亮以阁臣督师，欲移兵入晋州，宏绪拒不纳，坐谪为湖州府经历。早年为复社成员。入清不仕，移居章江，辑《宋遗民录》以见志。家有藏书万卷。著有《周易备考》4卷、《诗经解义》8卷、《尚书广义》、《陈士业全集》16卷、《江城名迹》2卷、《寒夜录》4卷、《酉阳山房藏书记》等。事迹见《清史稿》卷四八四、《清史列传》卷七〇、李桓《国朝耆献类征初编》卷四二四。

皮埃尔·费马卒(1601—)。法国数学家。

按：《四库全书总目提要》曰："《江城名迹》二卷，国朝陈宏绪撰。是书以南昌省会为南昌、新建二县地，因考其名迹。以城之内外为限，凡去城远者则不及。多详于楼观、祠宇、梵刹、园亭之类。卷上为考古，卷下为证今。《自序》谓古与今不以时代为断，而一以兴废存亡为断。盖事皆目历，非徒案籍而登也。宏绪文章渊雅，在明末号能复古。故作是书，叙次颇有条理，考证亦多精核。惟喜载杂事，多近小说。且多曼衍旁涉，如天宁寺条下载寺僧淫亵之类，颇乖大雅，亦非地志之体。是则体例未严，不免为白璧之瑕矣。"

徐孚远卒（1599— ）。孚远字闇公，晚号复斋，江南华亭人。明崇祯十五年举人。曾举兵抗清。唐王继位，任兵科给事中。著有《钓璜堂存稿》、《十七史猎俎》、《钓璜堂集》等。事迹见《明史》卷二七七、李桓《国朝耆献类征初编》卷四七四。

顾柔谦卒（1605— ）。柔谦字刚中，后更名隐，字耕石，江南无锡人。顾祖禹父。明末诸生。善书画、篆刻。著有《补韵略》、《六书考定》、《钓滨集》、《知非集》、《平山稿》等。事迹见《清史稿》卷五○一、《清史列传》卷七○、魏禧《顾先生柔谦墓志铭》（《碑传集》卷一二四）。

梁以樟卒（1608—）。以樟字公狄，别号鹪林，宛平人。明崇祯进士。曾任兵部主事。信奉程朱理学。著有《梁鹪林先生全书》等。事迹见李桓《国朝耆献类征初编》卷四六八、《清史稿》卷五○○、乔莱《梁知县以樟传》（《碑传集》卷一二三）。

贺行素卒（1609— ）。行素字居易，一字希白，河南卫辉人。顺治二年举人。著有《亦在园集》、《客燕草》、《枕上诗》等。事迹见《贺氏族谱》、李桓《国朝耆献类征初编》卷四四五。

傅以渐卒（1609— ）。以渐字于磐，号星岩，山东聊城人。顺治三年进士。历官弘文院修撰、秘书院大学士、武英殿大学士兼兵部尚书。先后充《明史》、《太宗实录》纂修，太祖、太宗《圣训》和《通鉴》总裁。又奉命与曹本荣合著《易经通注》9卷，著有《聊城县志》4卷、《贞固斋诗集》等。事迹见《清史稿》卷二三八、《清史列传》卷五、蔡冠洛《清代七百名人传》第一编。

曹本荣卒（1622— ）。本荣字欣木，号厚庵，湖北黄冈人。顺治六年进士，改翰林院庶吉士，授秘书院编修。为国子监司业时，曾刊《白鹿洞学规》以教士。官至国史馆侍读学士。奉敕与傅以渐撰《易经通注》9卷。著有《五大儒语要》、《居学录》、《周张精义》、《王罗择编》、《居要录》、《格物致知说》、《古文辑略》、《奏议稽询》等。事迹见《清史稿》卷四八○、《清史列传》卷六六、李桓《国朝耆献类征初编》卷四七、计东《中宪大夫内国史院侍读学士曹公本荣行状》（《碑传集》卷四三）。

按：《清史稿》本传曰："本荣之学，从阳明致知之说，故论次五大儒，以程、朱、薛与陆、王并行。"

宁完我卒，生年不详。完我字公甫，辽宁辽阳人。天命间归降后金，后隶汉军正红旗。曾与范文程等献灭明之策。顺治间为大学士，充《明史》馆总裁官、会试总裁。又奉命监修《太宗实录》，译《三国志》、《洪武宝训》诸书。卒，谥文毅。事迹见《清史稿》卷二三二、《清史列传》卷五、李桓《国朝耆献类征初编》卷一、《资政大臣内宏文院大学士宁完我传》(《碑传集》卷四)、蔡冠洛《清代七百名人传》第一编。

按：《清史稿》本传曰："完我他所献替，如论译书，谓：'自《金史》外，当兼译《孝经》、《学》、《庸》、《论》、《孟》、《通鉴》诸籍。'论试士，谓：'我国贪惰之俗，牢不可破，不当只以笔舌取人，试前宜刷陋习，试后宜察素行。且六部中，满、汉官吏及大凌河将备，当悉令入试，既可觇此等人才调，且令此等人皆自科目出，庶同贵此途不相冰炭也。'论六部治事，谓：'六部本循明制，汉承政皆墨守大明会典，宜参酌彼此，殚心竭思，就今日规模，别立会典。务去因循之习，渐就中国之制度，庶异日既得中原，不至于自扰。昔汉继秦而王，萧何任造律，叔孙通任制礼。彼犹是人也，前无所因，尚能造律制礼；今既有成法，乃不能通其变，则又何也？六部汉承政宜人置一通事，上亦宜以译者侍左右，俾时召对，毋使以不通满语自误。'完我疏屡上，上每采其议。"

朱轼（ —1736）、储大文（ —1743）生。

康熙五年　丙午　1666年

二月初六日丁巳(3月11日)，钦天监监正杨光先因候气不应，欲采用"久失其传"之"候气之法"，上疏请准延访博学有心计之人制器测候，并请敕礼部采集宜阳金门山竹管、上党羊头山秬黍、河内葭莩等制器之物备用。从之(《清圣祖实录》卷一八)。

四月初六日丙辰(5月9日)，命云南举行武乡试，照文闱额数，取中27名。

十九日己巳(5月22日)，改广西府学训导为教授。罗平、建水、云龙、南安4州学训导为学正。禄丰、罗次等12县学教谕为训导。通省共设府卫学教授18员，州学正23员，县设教谕9员，训导15员。

五月初二日壬午(6月4日)，命贵州省举行武乡试，照文闱额数，取中20名。

六月二十五日甲戌(7月26日)，以四川省应试武生，数不满百，停止本科武乡试。

八月初一日己酉(8月30日)，命奉天等处各学武生照文生员例，附顺天武乡试，取中8名。

十月初九日丙辰(11月5日)，广东广西总督卢兴祖疏请令各土司子弟，愿习经书者，许在附近府县考试，文义通达，每县额取2名。下部议行。

十二月十七日癸亥(1667年1月11日)，设四川会川卫学教授1员，桐梓、绥阳、仁怀三县学训导各1员。

土耳其与波兰战。

奥地利占领匈牙利。

法国和荷兰向英国宣战。

伦敦大火。

英法争夺西印度群岛。

法国科学院在巴黎建立。

俄罗斯教会分裂，旧礼仪派形成。

伊萨克·牛顿测量月亮轨道，并通过三棱镜发现光的散射现象。

顾炎武春初寄《韵补正》给张尔岐；二月由大桑家庄过兖州，遣使往阙里，送《韵补正》给颜光敏，并嘱其给申涵光、路泽浓、孙奇逢、王弘撰、杨谦、何公祖分送；游太原，与朱彝尊、屈大均订交。

黄宗羲仍馆语溪吕留良家，留良委托黄宗羲代为刊刻刘宗周遗书；是年曾至海宁，与陆冰修访陈确。

王夫之仍居败叶庐，唐端笏来就学门下，直至王夫之殁，追随王夫之凡26年。

按：王夫之从此以讲学著述为务，从学者前后达14人，他们是唐端笏、管永叔、罗瑄、章有谟、唐克恕、戴日焕、萧子石、蒙之鸿、王灏、曾岛、曾万芳、刘永治、刘存孺，以及亲属郑兴祖、李向明、刘法忠、熊时干、王敏、王敞、王敌、王敬。

吕留良弃诸生，以不应试除名。归南阳村，与张履祥等共力发明程朱理学。

李颙约于是年始倾力于讲学。

李因笃自代州返，过太原，与朱彝尊定交。

朱彝尊游晋，八月访碑于蒙山。

孙奇逢至内黄，讲学于明伦堂。

魏裔介十二月与孙奇逢书论学。

汤斌九月至夏峰，师事孙奇逢，深以其调和程朱陆王之说为是。张汝霖、常大忠、王志旦是年亦向孙奇逢问学。

陆世仪仍讲《易》于昆陵书院。

屈大均五月至长安，与李因笃定交。

叶承桃时任西安知府，以重修关中书院，十月礼聘李颙主持讲席，为李颙所拒。

申涵光至京师，晤孙承泽。承泽勉以学道，涵光自此始发愤学道。

李光地是夏始明律吕之学。

阎若璩回太原应乡试，试题是"为政以德论"。

刘献廷亲殁，移家寓吴中，自是居吴者三十载。

刘体仁在京师与阎尔梅会。

归庄游苏州，访徐枋。

潘耒以被仇家告讦为潘柽章之弟，此年变名吴琦，匿居灵岩山中，与归庄会。

姜宸英寓苏州，读书缪彤园中。

陈维崧在苏州与姜宸英会。

吴历旅吴兴，与余怀同游霅溪。

郑梁与万斯同相识。

施闰章在江西吉安建景贤书院。

何林时任湖南会同知县，建三江书院。

张扶翼时任湖南黔阳知县，建龙标书院。

秦世科时任广东德庆知县，建青云书院。

邓林尹时任广西永安州知州,建众春书院。

王夫之《四书训义》38卷约成于本年。
许之獬著《春秋或辩》1卷成书,蒋深作序。
张履祥六月有《答张佩葱问丧礼书》。
孙奇逢自序所著《理学宗传》,汤斌为序。十月,《理学宗传》26卷刻于内黄。

  按:全书选取宋明重要理学大师11人为宗主,上起北宋周敦颐、程颢、程颐、张载、邵雍,中经南宋朱熹、陆九渊,下迄明代薛瑄、王守仁、罗洪先、顾宪成,辅以汉唐宋明诸儒考,自西汉董仲舒,迄明末刘宗周,共著录历代名儒146人。另辟补遗一类,以著录"端绪稍异"的宋儒张九成、杨简,明儒王畿、罗汝芳、杨起元、周汝登等6人。是书开清初学术界编纂学术史风气之先声。此后,汤斌有《洛学编》,魏一鳌有《北学编》,费密有《中传正纪》,黄宗羲有《明儒学案》,张夏有《洛闽渊源录》,熊赐履有《学统》,范鄗鼎有《理学备考》。是书有光绪六年(1880)浙江书局重刻本。

陆世仪著《性善图说》。
费密著《史记补笺》4卷成书。
计六奇始纂《明季北略》、《明季南略》。
顾祖禹初刻所著《二十一史方舆纪要》5卷。

  按:即今刻《历代州域形势》9卷之祖本。

潘永圜著《读史津逮》4卷成书。
顾耿臣修,任于峤纂《郴州志》8卷刊行。
邓永芳修,李馥蒸纂《蒲城志》4卷刊行。
冯其世修,汪克淑等纂《武宁县志》10卷刊行。
徐扦修,苏绍轼等纂《定远县志》4卷刊行。
尤稚章修,欧阳斗照等纂《宜黄县志》8卷刊行。
杜士晋修,谢家宝等纂《连城县志》10卷刊行。
程应熊、姚文燮修纂《建宁府志》50卷刊行。
胡良弼修,焦奎儒、寇哲纂《许州志》15卷刊行。
杨廷蕴修纂《黄陂县志》15卷刊行。
鄢翼明修纂《辰州府志》8卷刊行。
张扶翼修纂《黔阳县志》10卷刊行。
李成栋修,张日星纂《乐昌县志》10卷刊行。
李世昌修纂《平度州志》12卷刊行。
王之佐修,樊尚焕纂《安乡县志》刊行。
高翱、高联捷修,沈会霖纂《德安安陆郡县志》20卷刊行。
毛念恃编《宋儒龟山先生年谱》1卷刊行。
顾炎武著《韵补正》1卷成书,并作序。
方以智所著《通雅》52卷由姚文燮刊行。

  按:是书完成于明万历七年(1579),《四库全书总目提要》曰:"明之中叶,以博洽著者称杨慎,而陈耀文起而与争。然慎好伪说以售欺,耀文好曼引以求胜。次则焦竑,亦喜考证而习与李贽游,动辄牵缀佛书,伤于芜杂。惟以智崛起崇祯中,考据精核,迥出其上。风气既开,国初顾炎武、阎若璩、朱彝尊等,沿波而起,始一扫悬揣之空谈。虽其中千虑一失或所不免,而穷源溯委,词必有征,于明代考据家中可谓卓然独立矣。"有光绪六年(1880)桐城方氏重刻本、又有日本刻本、1990年北京中国书店影印姚刻本等。研究此书的著作有张裕叶的《通雅刊误补遗》等。

徐增辑《而庵说唐诗》22卷刊行。

按:徐增字子能,号而庵,江苏长洲人。另著有《而庵诗话》。

汪楫初定所著《悔斋诗》6卷。

刘宗周遗书《子刘子遗书》由姜希辙刊刻并作序。

丘石常著《楚村文集》6卷、《楚村诗集》6卷刊行。

李光地著《榕村全集》40卷刊行。

钱肃润著《十峰诗选》7卷成书,钱陆灿作序。

陈之遴著《浮云集》11卷成书,有自序。

归庄著《观海日记》1卷成书。

孙廷铨著《颜山杂记》4卷成书。

金之俊著《息斋集》10卷、疏草5卷刊行。

李渔作《凤求凰》传奇在山西平阳上演。

万树编《璇玑碎锦》一百图成。

朱耷作《墨花卷》。

<莱布尼茨发表其作品《级合术》。>

林古度卒(1580—)。古度字茂之,号那子,福建福清人。少受知于屠隆,与钟惺、谭元春等友善。著有《林茂之诗选》2卷等。事迹见《清史列传》卷一〇、李桓《国朝耆献类征初编》卷四七〇、蔡冠洛《清代七百名人传》第五编。

耿华国卒(1580—)。华国字首岳,自号首阳子,河南襄城人。明崇祯九年贡生。入清不仕,专研经史。著有《周易辞》、《论语正意》等。

传教士汤若望卒(1591—)。若望字道未(或作道味),德国人。明崇祯三年抵京,以徐光启荐,官翰林,修正历法,铸造大炮。通晓天文,顺治、康熙年间掌管钦天监达20年之久,与明末来华意大利传教士利玛窦齐名。著译有《历法西传》、《新法表异》、《浑天仪说》、《远镜说》、《西洋测日历》等20余种。事迹见《清史稿》卷二七二。

范文程卒(1596—)。文程字宪斗,号辉岳,辽宁沈阳人。明生员。万历四十六投降后金(清)努尔哈赤。后得皇太极宠信,参与军国机密。顺治元年从清军入关,提出录用明官、废除三饷加派、开科取士等,多为多尔衮采纳。历仕太祖、太宗、世祖、圣祖四朝,官至大学士、太傅兼太子太师。尝监修《太宗实录》。卒谥文肃。事迹见《清史稿》卷二三二、《清史列传》卷五、李桓《国朝耆献类征初编》卷一、李果《大学士范文肃公文程传》(《碑传集》卷四)、蔡冠洛《清代七百名人传》第一编。

按:《清史稿》本传曰:"既克明都,百度草创,用文程议,为明庄烈愍皇帝发丧,安抚孑遗,举用废官,搜求隐逸,甄考文献,更定律令,广开言路,招集诸曹胥吏,征求册籍。明季赋额屡加，册皆毁于寇，惟万历时故籍存，或欲下直省求新册，文程曰：'即此为额，犹虑病民，其可更求乎？'于是议遂定。……顺治二年，江南既定，文程上疏言：'治天下在得民心，士为秀民。士心得，则民心得矣。请再行乡、会试，广其登进。'从之。……十年，复与同官疏：'请敕部院三品以上大臣，各举所知，毋问满、汉新旧，毋泥官秩高下，毋避亲疏恩怨，举惟其才，各具专疏，胪举实迹，置御前以时召对。察其论议，核其行事，并视其举主为何如人，则其人堪任与否，上早所深鉴，待缺简用。称职，量效之大小，举主同其赏；不称职，量罪之大小，举主同其罚。'上特允所请。"

传教士郭纳爵卒（1599— ）。纳爵字德旌，葡萄牙人。明崇祯七年来华，在陕西传教。康熙三年杨光先兴历狱，与各省传教士同被遣送至京，又被遣广州。曾将《大学》译成拉丁文。著有《原染亏益》、《身后编》等。

陈之遴卒（1605— ）。之遴字素庵，浙江海宁人。明崇祯十年进士，授编修。官至礼部尚书、弘文院大学士。著有《浮云集》。事迹见《清史稿》卷二五二、《清史列传》卷七九。

马世俊卒（1609— ）。世俊字章民，号甸丞，一作甸臣，江南溧阳人。顺治十八年一甲第一人及第。官至侍讲。著有《匡庵诗集》6 卷及《李杜诗汇注》等。事迹见《清史列传》卷七〇、李桓《国朝耆献类征初编》卷一一六、震钧辑《国朝书人辑略》卷二。

沈自南卒（1612— ）。自南字留侯，江苏吴江人。顺治九年进士，官山东蓬莱知县。著有《历代纪事考异》、《艺林汇考》24 卷、《乐府笺题》、《恒斋诗稿》等。

顾朱卒（1623— ）。朱字自公，浙江嘉兴人。明崇祯十六年进士。入清不仕，专心经学。著有《春秋本义》、《诗礼解》等。事迹见李桓《国朝耆献类征初编》卷四六九。

王承烈（ —1729）、朱泽沄（ —1732）、沈元沧（ —1733）、谢起龙（ —1734）、柯煜（ —1736）、杜诏（ —1736）、黄叔璥（ —1742）、姜兆锡（ —1745）生。

康熙六年　丁未　1667 年

二月初六日辛亥（2 月 28 日），以户部尚书王弘祚、兵部尚书梁清标为会试正考官，吏部侍郎冯溥、内院学士刘芳躅为副考官。

三月二十日甲午（4 月 12 日），策试天下贡士黄礽绪等于太和殿前。

二十五日己亥（4 月 17 日），赐殿试贡士缪彤等 155 名进士及第出身有差。

奥斯曼帝国入第伯聂河西岸乌克兰。

法国、西班牙爆发"王后权利战争"。法兰西国王路易十四伐取西属尼德兰。

英荷战争结束。

法国军队使用手榴弹。

荷兰人入戈阿王国都城望加锡。

波兰割让东乌克兰和斯摩棱斯克与俄罗斯。

罗马圣彼得广场建成。

新墨西哥大教堂竣工。

四月二十日甲子(5月12日),江南民沈天甫、吕中、夏麟奇等撰《忠节录》诗2卷,假称系黄尊素(黄宗羲之父)等170人所作,陈济生编集,故明大学士吴甡等6人为之序。沈天甫指使夏麟奇至吴甡之子中书吴元莱住所诈索财物。吴元莱察该书非其父手迹,控于巡城御史。沈天甫等皆处斩,被诬者不问。

六月初一日甲戌(7月21日),内弘文院侍读熊赐履建言兴学校。

按:是年,康熙帝诏求直言。时辅臣鳌拜专政,熊赐履上疏几万言,其中曰:"学校极其废弛,而文教因之日衰也。今庠序之教缺焉不讲,师道不立,经训不明。士子惟揣摩举业,为弋科名撷富贵之具,不知读书讲学、求圣贤理道之归。高明者或泛滥于百家,沉沦于二氏,斯道沦晦,未有甚于此时者也。乞责成学院、学道,统率士子,讲明正学,特简儒臣使司成均,则道术以明,教化大行,人才日出矣。"疏入,鳌拜恶之,请治以妄言罪,上勿许(《清史稿·熊赐履传》)。

七月初七日己酉(8月25日),康熙帝行亲政礼,御太和殿,王以下文武官上表庆贺。颁诏全国"恩款"十七条,分遣学士等官告祭岳镇海渎诸神。

是日,康熙帝于乾清门处理政务,以后日以为常。

按:时鳌拜势日张,索尼死后,班行章奏鳌拜皆首列,与其弟穆里玛、侄塞木特、纳莫及班布尔善、阿思哈、噶褚哈、玛尔赛、泰必图、济世、吴格塞等党比营私,凡事先于家中定议。

十七日己未(9月4日),礼部尚书黄机等再请撰修《世祖章皇帝实录》。

二十七日己巳(9月14日),礼部遵旨详议《世祖章皇帝实录》编纂事宜。

九月初五日丙午(10月21日),纂修《世祖章皇帝实录》,命大学士班布尔善为监修总裁官,大学士巴泰、图海、魏裔介、卫周祚、李霨为总裁官,学士塞色黑、禅布、帅颜保、岳思泰、多诺、明珠、范承谟、刘秉权、周天成、刘芳躅、田逢吉、綦汝楫为副总裁官,侍读学士达哈他、马尔堪、纳桑阿、卢震、侍读喇沙里、杜冷额、内图、额色、噶卜喇、田启光、典籍伊尔哈、噶布喇、王国安、董昌国为满纂修官,侍读学士单若鲁、田种玉、侍读宋德宜、熊赐履、编修田麟、王勖、李平、张玉书、朱世熙、检讨李天馥、陈廷敬、吴本植、朱之佐、申涵盼为汉纂修官。

初六日丁未(10月22日),从御史徐诰武请,命满洲、蒙古、汉军与汉人同场一例考试,其生童于乡试前一年八月间考试。

是日,以大学士魏裔介、吏部尚书杜立德为武会试正考官,户部右侍郎严正矩、学士田逢吉为副考官。

十月初三日甲戌(11月18日),命大学士吴格塞、布达礼、穆舒充纂修《世祖章皇帝实录》副总裁官。

十五日丙戌(11月30日),赐武举秦藩信等100人武进士及第出身有差。

是月,故明后裔朱光辅称"周王",在江南意图谋反,事发被擒,与其党数 10 人皆被凌迟处死。

十一月二十三日癸亥(1668 年 1 月 6 日)，命内秘书院大学士班布尔善等校对《太宗文皇帝实录》。

十二月初五日乙亥(1 月 18 日)，吏部议复："内秘书院大学士班布尔善等奏称：'《世祖章皇帝实录》机务繁重，纂修人数不敷，请添设人员，以资料理。'今应增入文学优通者，满洲八员、蒙古十员、汉军八员、汉人十员。"从之(《清圣祖实录》卷二四)。

十五日乙酉(1 月 28 日)，命修《盐法备考》、《漕运议单》二书。

黄宗羲九月重兴证人书院讲会于绍兴，毛奇龄、邵廷采与焉。黄氏表显师门之学，发前人所未发者，大端有四：一曰静存之外无动察；二曰意为心之所存非所发；三曰已发、未发，以表里对待言，不以前后际言；四曰太极为万物之总名。

按：全祖望《甬上证人书院记》曰："自明中叶以后，讲学之风，已为极敝，高谈性命，束书不观，其稍平者则为学究，皆无根之徒耳。先生(指黄宗羲)始谓学必源本于经术，而后不为蹈虚；必证明于史籍，而后足以应务。元元本本，可据可依，前此讲堂痼疾，为之一变。"(《鲒埼亭集外编》卷一六)钱穆《中国近三百年学术史》曰："盖往昔理学家精神，在单纯，在切己，其长为能彻底而敦实践。然重行不重知，其弊则流而为空疏，为虚妄，流弊既著，后起者矫之以务博综，尚实证，此晚明遗老之为学皆然，故能巍然为时代所宗师。虽其对理学传统上向背之见解，各有不同，而其务博尚实之风，则靡不同。梨洲自负得理学正统之传，而其为学之务博综与尚实证，则固毕生以之，不俟乎晚明之改悟。故论新时代学风之开先，梨洲之影响，实在此不在彼也。梨洲为学方面之广，全谢山极称之，谓其'以濂洛之统，综会诸家。横渠(张载)之礼教，康节(邵雍)之数学，东莱(吕祖谦)之文献，艮斋(薛季宣)、止斋(陈傅良)之经制，水心(叶适)之文章，莫不旁推交通，连珠合璧，自来儒林所未有也。'其言良非虚誉。"

黄宗羲辞去吕留良家馆事，不复再至崇德，执教于曾任顺治间兵科都给事中、奉天督学的姜希辙(宁波人)家，吕留良愤然作《问燕》、《燕答》二诗，以趋炎附势、舍穷檐而居雕梁的燕子，隐喻黄宗羲。

按：吕留良为固守"遗民"的矩矱，竭力反对黄宗羲与清廷官员来往；黄宗羲却为谋求生存而并不在乎这些，甚至在自己的文章中称清朝为"国朝"，称清军为"王师"，称康熙帝为"圣天子"，两人立身旨趣的不同，大概是他们最后决裂的重要原因。黄宗羲在宁波讲学，使当地的学术环境为之一变。万言《郑禹梅制义序》曰："吾师梨洲先生之倡道于甬东也，甬之从游者数十人。"(《管村文集》内编卷二)范光阳《张有斯五十寿序》曰："蕺山刘忠正公之学，自吾姚江黄梨洲先生始传于甬上，其时郡中同志之士十余人，皆起而宗之，以为学不讲则不明，于是有证人之会，月必再集，初讲《圣学宗要》，即蕺山所辑先儒粹言也，同志之上得携其门人弟子和与质疑问难。其后为五经讲会，亦如之。"

顾炎武是年作《与友人论学书》，谓"士而不先言耻，则为无本之人；非好古而多闻，则为空虚之学。以无本之人，而讲空虚之学，吾见其日从事于圣人而去之弥远也"(《顾亭林诗文集》)。

按：钱穆《中国近三百年学术史》认为顾炎武书中"单标行己有耻，而深斥讲学，意亦可商"。徐世昌《清儒学案·亭林学案叙》曰:"亭林之学,实事求是,不分汉宋门户,经世致用,规模闳峻,为有清一代学术渊源所自出。后之承学者,因其端以引申之,各成专家,而兢兢以世道人心为本,论学论治,莫能外焉。此其学之所以大也。"

郑梁五月从黄宗羲学。

魏裔介致书陆世仪招见;陆氏命门人沙张白等受学于魏氏。

张履祥应吕留良请至梧溪,始馆其家。

按:张履祥是年有书与吕留良,其中有曰:"平生拙学,不敢自掩者,惟是笃信儒先。以《小学》、《近思录》为《四书》、《六经》之户牖阶梯,而吾人立身为学,苟不从此取途发轫,虽有高才轶节焜耀当世,揆以圣贤所示之极,则终有偏颇驳杂之嫌,未足与于登堂入室之林者也。"(《杨园先生全集》卷七)

汤斌自夏峰归。

汤承诺檄征至京师。

马骕选授淮安府推官。阎若璩与马骕相识当在是年。

朱彝尊八月至京,始与王士禛会。又访孙承泽。

魏禧四月晤方以智于新城天峰寺。

阎尔梅欲得资料纂作边史,是年一度出山海关。

李因笃是秋携家归秦,居雁门,益发奋读《六经》及关、闽诸大儒书,声名日振。

钱曾以部分宋版书折售与季振宜。

查继佐复至淮安坐幕。

汪懋麟中进士,授内阁中书。

张英、范郭鼎、顾栋高、方象瑛中进士。

颜光敏中进士,除国史院中书舍人。

乔莱中进士,授内阁中书,乞养归。

陈玉璂举进士,授内阁中书。

夏沅、张英、史鹤龄、卢琦、谢兆昌、刘泽溥、唐朝彝、丁蕙、潘翘生、杨仙球、储振、王曰温等新科进士闰四月初九日被选为庶吉士,教习满书。

帅颜保时任内国史院学士,闰四月十九日与内秘书院学士范承谟奉命教习庶吉士。

龚士燕因朝廷招募天下知算之士,遂入都,奉旨在观象台每日测验星象,修订历法。

僧具德礼在杭州率众重修灵隐寺工程告竣,前后历时18年。

吴典时任河南确山知县,建铜川书院,又名朗陵书院。

李成栋时任广东乐昌知县,建昌山书院。

耶稣会、多明我会、方济各会会士共23人在广州召开会议,讨论在华传教的方针,长达四十天。最后通过的决议之一,是遵守1656年教皇的裁定。

按:其中多明我会会士闵明我始终持不同意见。1671年返欧后,闵明我于1676年在马德里出版《中国历史、政治、伦理和宗教概观》一书上册,三年后又出版下册,抨击在华耶稣会士的传教方式。罗马的耶稣会总会于是紧急将该书寄至中国,并要求各地的会士传阅并提供驳斥的论据。

张尔岐著《周易说略》4卷刊行。

孙奇逢正月订《家礼酌》成书。

陆世仪著《宗祭礼》成书。

熊赐履著《闲道录》3卷成书。

> 按：《四库全书总目提要》曰："是书大旨以明善为宗，以主敬为要，力辟王守仁良知之学，以申朱子之说，故名曰《闲道》。盖以杨、墨比守仁也。其间辨驳儒禅之同异，颇为精核，惟词气之间，抑扬太过。以朱子为兼孔子、颜子、曾子、孟子之长，而动詈象山、姚江为异类，殊少和平之意，则犹东林之余习也。"

申涵光作《性习图说》。

顾炎武在兖州取旧辑之《古今集论》50卷，删订为《近儒名论甲集》。

赵俊烈著《纪元汇考》4卷成书，有自序。

陈芳绩著《历代地理沿革表》47卷成书，有自序。

> 按：支伟成曰："陈芳绩字亮工，江苏常熟人。生当明季，甲申国变后，即弃举业，隐居教徒，日以著述为事，究心天文地理之学。既著《天下郡县舆图》，复博观二十一史，广搜天下志乘，按其山川城郭形势位置，究其历代渊源，慨焉有志创《舆地沿革表》。以有虞之十二州，秦之四十郡，汉之千四百五十县为纲，而取汉以下诸史地志为目，旁参唐宋以来舆地书及各省郡县志经纬之，成书四十七卷。表分三等，曰部表，曰郡表，曰县表。自古迄今，凡一郡一邑之置废分并迁徙升降，虽在六朝之分裂、十国之割据，莫不博考详稽，条分缕析，千枝万叶，而使统归一本；俾阅者开卷了然，搜古则知今，寻今则见古。凡说有不同者，皆明辨而备注之，庶后人不执两端之惑；其未能确然者两存之，以俟将来。诚绝业也！初，其大父名梅，为顾亭林所倾服，故少与亭林游从有素，学具根底，盖基于此。稿旧藏邑中屈氏。道光中，邑人黄廷鉴精加雠校，张大镛为刊之，始传于世云。"（《清代朴学大师列传·陈芳绩》）

贾汉复修，李楷纂《陕西通志》32卷刊行。

章兆蕙修，周镠纂《南和县志》8卷刊行。

李道光修，贾振裘纂《重修武强县志》4卷刊行。

欧阳焯修，李含章纂《乐安县续志》2卷刊行。

任在陛修，李桂明纂《平谷县志》3卷刊行。

邵时英修，余廷兰纂《泸溪县志》8卷刊行。

谭惟一修，蒋士昌纂《永明县志》13卷刊行。

张大成修，魏希范纂《道州新志》15卷刊行。

杨煃修，向古纂《龙门县志》12卷刊行。

刘霡修，何藩纂《随州志》4卷刊行。

陈璜修纂《寿张县志》8卷刊行。

王丕振修，周启邰纂《安化县志》8卷刊行。

赵震阳修，钟光斗纂《西宁县志》10卷刊行。

梁之栋修，黎民铎纂《石城县志》11卷刊行。

毛念恃编《紫阳朱先生年谱》刊行。

陈鋐编《鹿忠节公（鹿继善）年谱》2卷由寻乐堂刊行。

申涵光等编《申端愍公年谱》1卷刊行。

莱布尼茨著成《司法宣判新程序》。

塞缪尔·普芬多夫著成《德意志共和政体的状况》。

法国法理学家纪尧姆·拉莫贡编集《路易法典》。

法国历史学家F.E.德·梅泽雷著成《年代学节本》。

安塔纳西·西尔契的《中国》一书在阿姆斯特丹出版。

弥尔顿著成《失乐园》。

周亮工著《闽小记》4卷、笔记《因树屋书影》10卷刊行。

按：《闽小记》亦有两卷本、一卷本，为清初地理书。书中记载了闽地的风土、人情、物产和工艺等，成为后来《闽杂记》、《闽游偶记》等书的典范。

王命岳著《耻躬堂文集》20卷成书，李光第作序。

张履祥辑《近古录》。

魏禧在新城授徒，编《左氏兵法》。

顾炎武所著《音学五书》38卷由山阳张弨符山堂始刻，有自序。

按：《音学五书》是顾炎武研治音韵学的五部著作，包括《音论》3卷、《诗本音》10卷、《易音》3卷、《唐韵正》20卷、《古音表》2卷。历时近三十年，凡易稿者五，手书者三而后成。是书在清代音韵学上具有开创性地位，为研究顾氏思想及音韵学的重要著作。其《序》曰："炎武潜心有年，既得《广韵》之书，乃始发悟于中而旁通其说。于是据唐人以正宋人之失，据古经以正沈氏唐人之失，而三代以上之音部分秩如，至赜而不可乱。乃列古今音之变，而究其所以不同，为《音论》三卷，考正三代以上之音；注三百五篇，为《诗本音》十卷；注《易》，为《易音》三卷；辨沈氏部分之误，而一一以古音定之，为《唐韵正》二十卷；综古音为十部，为《古音表》二卷，自是而六经之文乃可读。"（《音学五书》卷首）1982年中华书局出版观稼楼仿刻影印本。章炳麟《清儒》曰："昆山顾炎武，为《唐韵正》、《易》、《诗本旨》，古韵始明，其后言声音训诂者禀焉。"（见周予同主编《中国历史文选》下册，中华书局1962年版）

申涵光著《说杜》刊行于苏州。

李渔著《慎鸾交》传奇有成稿。

刘体仁作《飞瀑图》，又成《七颂堂识小录》1卷，汪琬作序。

朱彝尊等著《静志居琴趣》成书。

钱曾助季振宜校定钱谦益所著《杜工部集笺注》20卷。

按：是书又名《钱注杜诗》，或曰《草堂诗小笺》。

尤乘著《寿世青编》2卷刊行。

按：尤乘字生州，别号无求子，江苏吴县人。从学李中梓，擅长针灸。另著有《喉科秘书》、《经络全书》、《脏腑性鉴》等。

张志聪著《本草崇原》3卷刊行。

按：是书为历史上第一部注释《神农本草经》的药学专著。现有刘小平点校本，中国中医药出版社1992年版。

吴孔嘉卒（1589— ）。孔嘉字元会，别号天石，江南歙县人。明天启五年进士，授编修。著有《玉堂视草》、《后乐堂集》等。事迹见李桓《国朝耆献类征初编》卷四四五。

文柟卒（1596— ）。柟字曲辕，号溉庵，一号慨庵，江南长洲人。文从简子。明诸生。工书画。明亡后奉亲隐居寒山，耕樵以终。江南称其为文章节义之士，私谥端文先生。著有《青毡杂志》、《溉庵诗选》。

谢泰定卒（1598— ）。泰定字时望，晚号天愚山人，浙江定海人。明崇祯十年进士。入清不仕。曾手抄经史百余卷。著有《天愚山人集》。

傅维鳞卒（1608— ）。维鳞原名维桢，字掌雷，号歉斋，直隶灵寿人。明崇祯举人。顺治三年进士。官至工部尚书。著有《明书》171卷、《四思堂文集》8卷等。事迹见李桓《国朝耆献类征初编》卷四五、《工部尚书傅维鳞传》(《碑传集》卷九)。

按：《四库全书总目提要》曰："是书(《明书》)为其子汀州府知府燮词所镌。冠以移取咨送诸案牍,盖康熙十八年诏修《明史》,征其书入史馆。凡《本纪》十九卷、《世家》三十三卷、《宫闱纪》二卷、《表》十二卷、《志》二十二卷、《记》五卷、《世家列传》七十六卷、《叙传》二卷。自谓搜求明代行藏印钞诸书,与家乘文集碑志,聚书三百余种,九千余卷,参互实录,考订异同,可谓博矣。然体例舛杂,不可缕数。……盖一代之史,记载浩繁,非综括始终,不能得其条理。而维鳞节节叶叶,凑合成编。动辄矛盾,固亦势使之然矣。"

僧具德礼卒(1600—)。俗姓张,名弘礼,字具德,浙江会稽人。临济宗僧。著有《语录》30卷行世。

宋徵舆卒(1618—)。徵舆字直方,一字辕文,江苏华亭人。顺治四年进士。官至都察院左副都御史。与陈子龙等组织几社,以古文相砥砺。著有《林屋文稿》16卷、《林屋诗稿》14卷及《广平杂记》、《琐闻录》。事迹见李桓《国朝耆献类征初编》卷四六。

按：《四库全书总目提要》评《林屋文稿》曰："徵舆为诸生时,与陈子龙、李雯等倡几社,以古学相砥砺。所作以博赡见长。其才气睥睨一世,而精炼不及子龙,故声誉亦稍亚之云。"

叶桂(—1746)、徐文靖(—1756)生。

康熙七年　戊申　1668年

正月十六日乙酉(3月28日),命各省选送精通天文之人,经考试后于钦天监任用。

三月初七日乙巳(4月17日),福建道御史李棠奏请亟开经筵,以光典礼。报闻。

五月十八日乙卯(6月26日),贵州道御史田六善疏请皇帝不必等待经筵,可日取汉、唐、宋、元四代史册,亲阅数条,凡一切用人行政,黜陟赏罚,理乱兴衰之故,反复讨论,庶盛德日新,大智益广。报闻(《清圣祖实录》卷二六)。

七月五日壬寅(8月12日),命乡会试恢复以八股文取士。

按：《清史稿·选举志三》曰："七年,复初制,仍用八股文。"

八月二十九日乙未(10月4日),因钦天监官员计算历法差错甚多,命以后由该监监副吴明烜亲自推算。

九月十四日庚戌(10月19日),命大学士对喀纳充《世祖章皇帝实录》总裁官。

"王后权利战争"结束。法国胜。

西班牙承认葡萄牙独立。

英国东印度公司获得对孟买的控制权。

荷兰驻巴达维亚总督颁布《马六甲条例》。

西班牙人抵达并命名西太平洋马里亚纳群岛。

十月十三日戊寅（11月16日），定武殿试一甲第一名进士以参将用，第二名进士以游击用，第三名进士以署游击、管营都司用。

二十三日戊子（11月26日），礼部以江南收集到元代郭守敬天文仪器奏闻。康熙帝以钦天监监正杨光先曾请取用律管、葭莩、秬黍制作仪器，恢复失传一千二百多余年的候气之法，但时过二年未见效验，命询问杨光先再议具奏（《清圣祖实录》卷二七）。

按：王士禛《池北偶谈》卷四曰："杨光先者，新安人，明末居京师，以劾陈启新，妄得敢言名，实市侩之魁也。康熙六年，疏言西洋历法之弊，遂发大难，逐钦天监正加通政使汤若望，而夺其位。然光先实于历法毫无所解，所言皆舛谬。如谓戊申岁当闰十二月，寻觉其非，自行检举，时已颁行来岁历，至下诏停止闰月。光先寻事败，论大辟。光先刻一书曰《不得已》，自附于亚圣之辟异端，可谓无忌惮矣。"

十一月初一日丙申（12月4日），令修理八旗官学房。

二十一丙辰（12月24日），钦天监监正杨光先奏称，律管尺寸虽载在《史记》，而用法失传，能候气之人尚未访得。且自身染风疾，不能管理。是日，礼部议复，查杨光先职司监正，候气之事不当推诿，应仍延访博学有心计之人，以求候气之法。从之（《清圣祖实录》卷二七）。

是月，南怀仁言所颁各法不合天象，乃召南怀仁、利类思、安文思及监官马祐、杨光先、吴明烜等至东华门，大学士李霨传谕："授时乃国家要政，尔等勿挟宿仇，以己为是，以彼为非。是者当遵用，非者当更改，务期归于至善。"（《清史稿·时宪志一》）

十二月十四日壬申（1669年1月15日），命八旗教习缺出，举人内有愿就教习者，准国子监一体考取。

二十六日庚寅（1月27日），南怀仁劾奏钦天监监副吴明烜所修康熙八年历内闰十二月，应是康熙九年正月。又有一年两次春分、两次秋分种种差误。帝命议政王、贝勒、大臣、九卿科道等会同确议。二十九日，康亲王杰书等复奏，历法精微，遽难定议，应差大臣同伊等测验，遂命大学士图海等官员20人同南怀仁、吴明烜等测验（《清圣祖实录》卷二七）。

按：《清史稿·时宪志一》曰："十二月，南怀仁劾吴明烜所造康熙八年七政时宪书纠谬，下王大臣、九卿、科道会议，议政王等言：'乞派大臣同南怀仁等测验。'乃遣图海、李霨等二十人赴观象台测验。"

伊萨克·牛顿制造反射望远镜。

安东尼·范·利文霍克首次对红血球进行了精确的描述。

顾炎武是春为莱州"黄培诗案"所牵及，三月被囚济南狱。经友人竭力营救，十月获释。

按：山东莱州姜元衡是春讦告顾炎武刻其旧主黄培的逆诗，罗知名人士三百余人；又以吴人陈济生所辑《忠义录》，指为顾炎武所作。顾炎武念及"事关公义，不宜避匿；又恐久而滋蔓，贴祸同人"（《蒋山佣残稿·与人书》），遂自请系勘，三月至济南入狱。黄培是山东即墨人，明末官至锦衣卫都指挥使，明亡后，隐居在家。所作诗有反清之意，他还和一帮同道结为大社。告黄培的人是他家世奴家仆黄宽之孙黄元衡。黄元衡本姓姜，在他考中进士、当上翰林后，为了归宗还姓，解除与黄家的主仆名分，就向官府控告黄家私下刻印并收藏有"悖逆"的诗文书籍等。因此，黄培等14人被捕入狱，被处斩。姜元衡又伙同他人上了一道《南北通逆》的禀文，指控顾炎武等"故明废臣"和对清廷怀有二心之人，南北之间的通信，不是密谋造反，就是诽谤朝廷。在这份禀文中，姜元衡点了约三百人的名字，企图制造一件大案。此案果然被弄到奉旨办理的地步，山东总督、巡抚也亲自过问。顾炎武为此被囚禁了近七个月，经朱彝尊等人四处营救才出狱。出狱后，顾炎武更决意不与清廷合作。

顾炎武外甥徐元文自昆山来济南救急。

黄宗羲三月授徒于宁波，谓"学问必以《六经》为根柢，游腹空谈，终无捞摸"。于是甬上始有讲经会。

按：有关黄宗羲在甬上讲学的具体情况，李杲堂《送范国雯北行序》有详细记载，其曰："自十年以来，吾甬上诸君子，尽执义梨洲黄先生门。先生尝叹末世经学不明，以致人心日晦，从此文章事业不能一归于正。于是里中诸贤倡为讲经之会，一月再集。先期于某家，是日晨而往，抠衣登堂，各执经以次造席。先取所讲覆诵毕，司讲者抗首而论，坐上各取诸家同异相辨析，务择所安。日午进食羹二器，不设酒，饭毕续讲所乙处，尽日乃罢。诸家子弟自十岁以上，俱得侍听，揖让雍容，观者太息。即衰病若余，亦得冒侧其间，与诸贤一通彼此之怀。因自伏念，世有黄先生，固当身在弟子之列，且少时知读五经，略解章句，今四顾座上诸君，其好学如此，自作入地，便当重执经黄门，垂老笃学，亦应有成。而乃仍与先生叙三十年之交，把手颜行，一何其倡也！已复自念，先生交满天下，如余者比，亦当在泛爱中，政不妨使先生交游中多此一人。若竟翻然北面，先生必以其一日之长，使为诸贤举首，如是则斯道重远，千载宗传，岂以余之衰废所能负荷！而自余以下，其次长者为陈夔献、范国雯。此两君子俱有老气健识，毅然不回，即为黄门高弟，他日必能守先生之学，不负所授。因逡循引却，更就朋友之位。是余之仍与先行叙交，非敢为倡也，亦其知让也，然从此而余所心望于夔献、国雯两君子，亦甚重且远矣。"（《杲堂文钞》卷三）据金林祥先生《教育家黄宗羲新论》一书考证，黄宗羲在甬上的弟子，总计66人。尤其是万斯同、万言、万斯大、万斯选、郑梁、仇兆鳌、高斗魁、陈赤衷以及私淑弟子全祖望等，以他们卓越的研究成就，形成了颇有浙东特色的学术群落，产生了广泛的影响。章学诚在《文史通义·浙东学术》中指出："世推顾亭林为开国儒宗，然自是浙西之学，不知同时有黄梨洲氏出于浙东，虽与顾氏并峙，而上宗王（王守仁）、刘（刘宗周），下开二万（万氏兄弟），较之顾氏，源远而流长矣。"

黄宗羲为恽日初文集作序，谓其学非禅学。

按：黄宗羲《恽仲昇文集序》曰："武进恽仲昇，同门友也。壬午见之于京师，甲申见之于武林，通朗静默，固知藏山之学者未之或先也。而年来方袍圆顶，丛林急欲得之以张皇其教，人皆目之为禅学，余不见二十年，未尝不以仲昇去吾门墙而为斯人之归也。今年渡江吊刘伯绳，余与之剧谈昼夜，尽出其著撰，格物之解多先儒所未发。盖仲昇之学，务得于己，不求合于人，故其言与先儒或同或异，不以庸妄者之是非为是非也。余谓之曰：'子之学非禅学也，此世之中而有吾两人相合，可无自伤其孤芳矣。'"（《黄宗羲全集》第十册）

李颙讲学于蒲城、同州、华阴、高陵等地，关中士子翕然尊师之。

朱彝尊是春自京师至济南，客山东巡抚刘芳躅幕，颜光敏乃作《送朱彝尊之济南》诗，希望朱彝尊解救顾炎武。

李因笃闻顾炎武在难，特走京师告急诸友人，旋复至济南省视。

王源致书阎若璩问《左传》。

熊赐履升授秘书院侍读学士，奏请提倡程朱理学，谓非《六经》、《语》、

《孟》之书不读，非濂洛吴闽之学不学。

颜元十一月居祖母朱媪丧，一遵《朱子家礼》，尺寸不敢违，病几殆。校以古礼，非是，遂悟宋学之非，自此毅然以明周孔之道为己任。

查慎行读书武林吴山，从慈溪叶伯寅学。

阎尔梅在北京与顾炎武相会。

尤侗寓真定，著《清平调》（一名《李白登科记》）杂剧，在当地上演。

戴本孝走太原访傅山，至华阴访王弘撰。

洪昇入国子监肄业。

嘉木祥协巴离乡赴前、后藏求学深造。

何三复在广东高明县建文昌书院。

赵蕙茅时任四川眉山知州，建眉山书院。

亨利·莫尔发表其作品《神圣的对话》。

约瑟夫·格兰维尔著成《极端，或自亚里斯多德以来的知识发展》。

彭威廉著成《摇动的沙质地基》，对三位一体教义表示怀疑。

乔赛亚·蔡尔德爵士著成《有关贸易和货币利息的简要观察报告》。

罗伯特·胡克著成《论地震》。

王夫之编《春秋家说》3卷成，又继著《春秋世论》2卷。

按：王夫之在著《春秋家说》和《春秋世论》之前，曾先著有《春秋稗疏》2卷，《四库全书总目提要》谓其书"论《春秋》书法及仪象典制之类，仅十之一；而考证地理者居十之九"。而《春秋家说》名为说经，实则借古喻今，与经文原意旨趣相去甚远，故《四库全书总目提要》说它"攻驳胡传之失，往往中理"，但"多词胜于意，全书论体，非说经之正轨，连篇累牍，横生枝节，于《春秋》更无关矣"。

魏禧八月钞《左传经世》成书，凡23卷。

东汉赵晔《吴越春秋》由新安汪士汉刊行，收入《秘书二十一种》。

按：清代以来研究《吴越春秋》的著作，主要有王仁俊辑的《吴越春秋佚文》、蒋光煦的《吴越春秋校文》、俞樾的《读吴越春秋》、顾观光的《吴越春秋勘记》、徐乃昌的《吴越春秋札记》和《吴越春秋逸文》、邵瑞彭的《吴越春秋札记》，以及近人余嘉锡的《吴越春秋辨证》等。

汤斌撰《学言》。

黄宗羲著《孟子师说》2卷、《子刘子行状》2卷、《子刘子学言》2卷。

按：《四库全书总目提要》曰："《孟子师说》二卷，国朝黄宗羲撰。宗羲有《易学象数论》，已著录。是编以其师刘宗周于《论语》有《学案》，于《大学》有《统义》，于《中庸》有《慎独义》，独于《孟子》无成书，乃述其平日所闻，著为是书，以补所未备。其曰'师说'者，仿赵汸述黄泽《春秋》之学，题曰《春秋师说》例也。宗周之学，虽标慎独为宗，而大旨渊源，究以姚江为本。故宗羲所述，仍多阐发良知之旨。然于'滕文公为世子'章，力辟沈作喆语，辨无善无恶之非；于'居下位'章，力辟王畿语，辨'性亦空寂，随物善恶'之说，则亦不尽主姚江矣。其它议论，大都案诸实际，推究事理，不为空疏无用之谈。略其偏驳而取其明切，于学者不为无益，固不必执一格而废众论，因一眚而废全书也。"

梁禹甸纂修《长安县志》8卷刊行。

黄家鼎修，陈大经、杨生芝纂《咸宁县志》8卷刊行。

张焜修，赵运熙纂《永寿县志》7卷刊行。

周体观纂《遵化志略》1卷刊行。

苏霍祚修，曹有光等纂《绩溪县志续编》4卷刊行。

胡崇伦修，陈邦桢等纂《仪真县志》12卷刊行。

施闰章、高咏纂《临江府志》16卷刊行。

陈开虞修纂《江宁府志》34卷刊行。

李馨修，吴泰纂《景陵县志》12卷刊行。

于肖龙修，阳文烛等纂《新化县志》12卷刊行。

陈梦舟修，张奎华纂《云梦县志》12卷刊行。

曹申吉著《南行日记》成书。

彭孙贻著《客舍偶闻》1卷成书，有自序。

李仙根著《南安使事记》1卷成书，有自序。

范印心、张奇勋纂修《沃史》25卷刊行。

黄百家编《续钞书堂藏书目》成书。

按：全祖望《梨州先生神道碑文》曰："太冲先生最喜收书，其搜罗大江以南诸家殆遍。……垂老遭大水，卷轴尽坏。"（《鲒埼亭集》卷一一）

申涵光著《荆园小语》成书，孙奇逢作序。

顾九锡辑《经济类杂考约编》2卷成书，有自序及龚鼎孳、刘梁嵩序。

按：顾九锡字临邢，江苏江都人。另著有《春江草堂集》。

黄宗羲始选编《明文案》。

冯班合所著《冯氏小集》、《钝吟集》为《冯定远集》。

吴伟业自定《梅村集》40卷。

毛鸣岐著《菜根堂集》28卷、《续》1卷刊行，毛奇龄审订。

李昌祚著《真山人前集》4卷、《真山人后集》4卷刊行。

吴历初定所著《墨井诗钞》。

高兆著《观石录》1卷成书，有跋。

李渔著《巧团圆》传奇。

戴本孝作《华岳全图》。

王时敏在昆陵舟次作《晴峦暖翠图》。

汪士汉所辑《秘书二十一种》初刻。

按：清初之辑刻丛书，承明季遗风而来，当以康熙间曹溶辑《学海类编》和汪士汉辑《秘书二十一种》为倡始之作。曹溶所辑之书，因其工未竣，后虽得其门人陶越增订成书，但在他们身前均未能刊行，直到道光十一年（1831），始得以木活字排印问世。汪士汉的书在乾隆年间被重刊，相继出现的丛书有《檀几丛书》、《昭代丛书》、《楝亭藏书》、《问邱辨圃》、《说铃》等。迄于乾隆中，丛书编纂空前发展，蔚为大观，其中如鲍廷博辑《知不足斋丛书》、卢文弨辑《抱经堂丛书》、卢见曾辑《雅雨堂丛书》等，皆可窥一时盛况。诸家丛书的编纂，对于促进《四库全书》的修纂，亦有一定的作用。

张登著《伤寒舌鉴》刊行。

方维仪卒（1585— ）。维仪字仲贤，安徽桐城人。明代大理少卿方大镇之女，姚孙棨妻。少年寡居，与嫂共同教养其侄方以智。工诗，著有《清芬阁集》，又编历代妇女作品为《宫闺诗史》。

李雍熙卒（1602— ）。雍熙字淦秋，山东长山人。少习儒，晚好佛，曾手写《金刚经》、《法华经》、《观世音经》等。著有《孝行庸言》。

约翰·鲁道夫·格劳贝尔卒（1604— ）。德国化学家。制备成盐酸和多种化合物。

顾枢卒(1602—)。枢字庸庵，一字所止，江南无锡人。顾宪成孙。明天启元年举人。从高攀龙讲理学。尤深于《周易》和《尚书》。明亡，闭户读书，足不入城市，与高世泰俱以理学名。著有《西畴日钞》2卷、《西畴易稿》、《古今隐居录》、《端文年谱》、《端文要语》。事迹见《清史列传》卷六六、李桓《国朝耆献类征初编》卷二〇六。

按：《四库全书总目提要》评《西畴日钞》曰："此书主程、朱而辟陆、王。又谓'考亭之学得姚江而明'。又谓'文成之学从程子来，惜矫枉过正，遂启后来之弊'。皆不甚确。各条之下间有其子贞观识语，盖刊版时所附入也。"

范印心卒(1609—)。印心字正其，浙江温州人。顺治四年进士，官至河东道。尝购经史子集数千卷，并刊印先贤文集。事迹见李桓《国朝耆献类征初编》卷二〇六。

李腾蛟卒(1609—)。腾蛟字力负，号咸斋，江西宁都人。明诸生。明亡后，随魏禧等隐居翠微峰。为"易堂九子"之一。著有《周易剩言》、《半庐文集》。事迹见《清史稿》卷四八四、《清史列传》卷七〇、李桓《国朝耆献类征初编》卷二四三、魏礼《李腾蛟传》(《碑传集》卷一三六)。

雷士俊卒(1611—)。士俊字伯吁，江苏江都人。晚居江都艾陵，世称艾陵先生。入清，筑室艾陵湖上，闭户读书。著有《艾陵文钞》16卷、《艾陵诗钞》2卷、《艾陵文集》28卷。事迹见《清史列传》卷六六、李桓《国朝耆献类征初编》卷四二八、陈鼎《雷艾陵传》(《碑传集补》卷三六)。

按：《清史列传》本传曰："少攻古文，专力经史，已究心性理书，著《读大学》、《孟子》二篇，其言合于濂、洛、关、闽之旨。又谓'欲亦原于天，天有理有气，人得其理以成性，得其气以成形。有形而有欲，使无欲，理亦无从附而见，又何殊于释氏绝色声香味而归于虚无寂灭之道哉！'漳浦黄道周以劾宰辅抵罪，客或讥其好名，士俊斥之，著《好名辨》。南都立，著《甲申私议》。"

宋之盛卒，生年不详。之盛字未有，又称白石先生，江西星子人。明崇祯举人。明亡，更名惕。结庐髻山，与同里查辙、吴一圣、余晫、查世球、夏伟及门人周祥发讲学，时称"髻山七隐"。著有《求仁编》、《丙午山闲语录》、《程山问答》、《髻山语录》等。事迹见《清史稿》卷四八〇、《清史列传》卷六六、李桓《国朝耆献类征初编》卷四〇〇。

按：《清史稿》本传曰："结庐髻山，足不入城市，以讲学为己任。其学以明道为宗，识仁为要，于二氏微言奥旨，皆能抉摘异同。与(谢)文洊交最笃。晚读胡敬(居仁)《斋居易录》，持敬之功益密。与甘京论祭立尸丧复之礼不可废，魏禧亟称之。"

蒋廷锡(—1732)、蒋深(—1737)、王澍(—1739)、王懋竑(—1741)、黄之隽(—1748)、方苞(—1749)、屈复(—?)生。

康熙八年　己酉　1669年

莫卧儿帝国禁　　正月二十六日庚申(2月26日)，图海等20名官员会同钦天监官员及南怀仁等,测验推算历法。

按:测验结果,立春、雨水、太阴、火星、木星,与南怀仁所指逐款皆符,与吴明烜所称逐款不合。议政王大臣等会议,建议将康熙九年之历日交与南怀仁推算。康熙帝下旨云:"杨光先前告汤若望时,议政王大臣会议,以杨光先何处为是,依议准行,汤若望何处为非,辄议停止。及当日议停,今日议复之故,不向马祜、杨光先、吴明烜、南怀仁问明详奏,乃草率议复,不合,著再行确议。"(《清圣祖实录》卷二八)

二月初七日庚午(3月8日),议政王大臣等再议钦天监事,言南怀仁所推算九十六刻之法既合天象,自康熙九年始,应将九十六刻历日推行。候气之法对推算历法无用,南怀仁请停止,而"杨光先职司监正,历日差错不能修理,左袒吴明烜,妄以九十六刻推算乃西洋之法必不可用,应革职,交刑部从重议罪"。得旨,杨光先著革职,从宽免交刑部,余依议(《清圣祖实录》卷二八)。

三月初一日甲午(4月1日),《世祖章皇帝实录》草稿告成,留部分纂修等官详加校对,其余纂修官、笔帖式哈番及书办人等,先行议叙有差。

十七日庚戌(4月17日),以南怀仁为钦天监监副,同时更正杨光先历书置闰之错。按照南怀仁之推算,将原康熙八年十二月置闰改移至九年二月,并下旨今后节气占候,悉从南怀仁之言。

按:历法之争,触发了康熙帝对西洋科学的兴趣,促进了清初西学的传播。1687年来中国传教的法国耶稣会士白晋,在1697年回欧洲后进呈法王路易十四的奏折《康熙帝传》中指出:"最初使康熙帝对西洋科学产生信心的,是由于教士南怀仁与中国钦天监杨光先的论战。……康熙帝谕命用中国天文学和西洋天文学,分别推算出日蚀和月蚀来。关于这项实测,不仅礼部官员都参加,就连其他朝臣也都列席了。结果,证明西洋天文学的推测,与实际天象完全吻合。于是康熙帝就沿着顺治帝时代汤若望汉译西洋历法的前例,谕命中国今后正式采用此种西洋历法。这项谕命,一直到现在还在奉行着。"

四月十五日丁丑(5月14日),康熙帝赴太学。满汉祭酒以次讲《易经》,司业讲《书经》,四品以下翰林官、五经博士、五氏子孙、各监生进谢表。

十八日庚辰(5月17日),命内国史院大学士杜立德充纂修《世祖章皇帝实录》总裁官。

十九日辛巳(5月18日),兵科给事中刘如汉疏言:"帝王首务,莫大于视学,莫急于经筵。优乞世祖章皇帝亲政之初,躬幸太学,肇举经筵,煌煌盛典,载在史册。我皇上睿知聪明,善继善述,无事不以世祖皇帝为法。经筵日讲,已屡奉谕旨,仰见我皇上遵经重道之至意。请敕礼部,详考旧章,先行日讲,次举经筵,选择儒臣,分班进讲。"上嘉其言,下部议行(《清圣祖实录》卷二九)。

五月十六日戊申(6月14日),康熙帝设计擒鳌拜。同时,命议政王大臣等拿问鳌拜党羽及有关人等。

二十八日庚申(6月26日),议政王大臣康亲王杰书等遵旨勘问鳌拜之党。定鳌拜罪三十款。

印度教。

奥斯曼帝国自威尼斯取克里特岛。

汉萨同盟遂告瓦解。

法国在印度建贸易站。

荷兰人灭苏拉威西岛戈阿王国。

葡萄牙人灭安哥拉恩东戈王国。

意大利西西里岛埃特纳火山猛烈喷发。

巴黎歌剧院建成。

克罗地亚萨格勒布大学建成。

六月初七日戊辰（7月4日），从钦天监监副南怀仁之请，改造观象台仪器。

> 按：七月二十四日，因监副吴明烜制星仪违限迟延，且在皇上前说谎，刑部议杖一百，流徙宁古塔。得旨，从宽免流徙，责四十板。

十三日甲戌（7月10日），以内秘书院大学士巴泰充监修《世祖章皇帝实录》总裁官。

十七日戊寅（7月14日），康熙帝下旨永远停止圈地。

二十七日戊子（7月24日），康熙帝命查明顺治十八年后，宗室犯罪被革除宗室者之情节。

二十九日庚寅（7月26日），定四川武乡试，中额照文场例，取中42名。

七月二十二日癸丑（8月18日），改大宁都司学为保定府左卫学，万全都司学为宣府前卫学。

二十四日乙卯（8月20日），定满洲、蒙古、汉军乡会试额数。

> 按：顺天乡试，满洲蒙古编"满"字号，共取中十名，汉军编"合"字号，共取中十名。会试"满"字号取中四名，"合"字号取中四名（《清圣祖实录》卷三〇）。

八月十一日辛未（9月5日），命为汤若望、李祖白等昭雪。

> 按：南怀仁、李光宏等控告杨光先依附鳌拜捏词陷害。得旨，汤若望复"通微教师"称号，照原品赐恤，二十六日追赐原任掌钦天监事通政使司通政使；还天主教建堂基地；许缵曾等复职；李祖白等恩恤，二十六日按原品给祭银，取回流徙子弟，有职者复职；李光宏、潘尽孝等原降革之职恢复；天主教除南怀仁等照常活动外，严禁各省开堂传教；杨光先本应论死，念其年老，姑从宽免，妻子也免流徙。谕旨曰："恶人杨光先捏词天主教系邪教，已经议复禁止。今看得供奉天主教并无乱恶之处，相应将天主教仍令伊等照旧供奉。"（《清圣祖实录》卷三一）

九月初十日庚子（10月4日），命大学士索额图为纂修《世祖章皇帝实录》总裁官。

十一月二十三日壬子（12月15日），修建太和殿、乾清宫告成，遣官告祭天地、太庙、社稷。二十四日，康熙帝于太和殿行庆贺礼，并由武英殿移居乾清宫。二十五日，诏告全国。

十二月十七日丙子（1670年1月8日），恢复从举人中挑选知县例。

意大利解剖学者马尔切洛·马尔皮基研究蚕的生活及活动。

汉堡的炼金术士亨尼希·布兰德首次配制成磷。

尼古劳斯·斯坦诺开始了地质学的现代研究。

顾炎武正月偕从子顾熊入都，二月出都至保定，与李因笃相会；冬抵山东平原，潘耒来受学。

黄宗羲作《明州香山寺志序》，又为翁月倩作《后苇碧轩诗序》。

王夫之是冬由败叶庐迁入于茱萸塘上新筑之茅屋"观生居"。

> 按：徐世昌《清儒学案·船山学案叙》曰："船山生当鼎革，隐居求志四十余年，是以成书最富。平生为学，神契横渠，羽翼朱子，力辟陆、王。于《易》根底最深。凡说经，必征诸实，宁凿毋陋，囊括百家，立言胥关于人心世道。在清初诸大儒中，与亭林、梨洲号为鼎足，至晚季始得同祀庙庑，昭定论焉。"

李颙至同州讲学，在"悔过自新"学说的基础上，开始"明体适用"学说的建设。

张履祥馆梧溪,劝吕留良刻《二程遗书》、《朱子遗书》等。

颜元觉思不如学,而学必以习,正月乃更"思古斋"曰习斋。十二月,与邑诸子游,为孔林会。

宋德宜升授国子监祭酒。

陈廷敬迁国子监司业。

汤斌与州中同志订志学会。

张伯行年二十,读书兰阳。

靳辅擢国史院学士,充纂修《世祖章皇帝实录》副总裁。

邵廷采始喜明王畿《语录》及宋张九成《论语颂》诸书。

徐元文主试陕西,录取者多为寒苦力学之士。

马骕移官灵璧。

王士禛司榷清江浦,始识张弨。

惠周惕在淮阴从王士禛学。

按：惠周惕还曾师事明末儒生丁宏度。据《丁氏宗谱》卷二二记载："先生丁姓讳宏度,字临甫,一字子临,别号舆舍,苏之长洲人也。幼颖敏,治《易》、《春秋》世家学,有闻于时。鼎革后,绝意举业,教授其徒专门经学,以汉时说经各有师承,贯穿钩穴,口诵如谰翻,执经问难者,接踵门墙,愿得先生一言论定,时人尊之曰经圣,亲炙弟子惠周惕、顾丁琪、顾嗣立其选也。世多以章句训诂之学推重先生。"此外,在该谱的"祖德传"、"名贤录"、"史志录"等篇,也有惠周惕师从丁宏度学经的记载。

许三礼授福建道御史,疏言："汉儒董仲舒表章《六经》,其言道之大原出于天,与禅宗异学专主明心者不同。故宋儒程颢有儒道本天、释教本心之辨。宜视宋时六大儒,从祀国学,进称先贤。"下廷臣议,不果行(《清史稿·许三礼传》)。

徐釚经淮北行,与戴本孝会清江浦。

周亮工以贪黩罪被逮,下南京狱论死,旋获释。

李希文、郑有四、郭晋向孙奇逢问学。

龚士燕因修《历书》成,授历科博士。

按：龚士燕字武任,江苏武进人。少时讲求性理,旁通算术,发明蔡氏《律吕新书》,推演黄钟圜径、开方密率诸法。著有《象纬考》1卷、《历言大略》1卷、《天体论》1卷等。事迹见《清史稿》卷五〇六。

钱曾得明代赵琦美旧藏各本古今杂剧,为之编目。

孟宗舜时任江西萍乡知县,建焕文书院。

姚文燕时任江西德安知县,建小山书院。

万咸燕时任四川井研知县,重建来凤书院。

比利时传教士南怀仁任钦天监副监,奉诏督造天文新仪。

传教士南怀仁、利类思、安文思应诏节录艾儒略所著《西方答问》编成《御览西方要纪》,以供了解西洋风俗国土。是书流传颇广。

| 埃德蒙·卡斯特尔著成《七种语言词典》。
| 简·斯万默达姆著成《昆虫史》。

孙奇逢再订《读易大旨》。

按：孙奇逢自顺治七年(1650)迁徙至河南苏门山，始着手研治《易经》，历20年之力，几易其稿而成此书。门人耿极为之校订，凡5卷。是书为研究孙奇逢《易》学思想的重要著作。

文映朝著《周易宗印》刊行。

董色起著《尚书家训》8卷刊行。

李颙著《十三经注疏纠缪》、《二十一史纠缪》和《四书反身录》6卷。

魏裔介著《圣学知统翼录》。

应撝谦选《同文录》，又有《答张用维论性理书》。

颜元著《存性编》2卷成书。

按：《四库全书总目提要》曰："其学主于厉实行，济实用，大抵源出姚江，而加以刻苦，亦介然自成一家，故往往与宋儒立同异。是书为其《四存编》之一。大旨谓孟子言性善，即孔子言性相近，习相远，语异而意同。宋儒误解相近之义，以善为天命之性，相近为气质之性，遂使为恶者诿于气质。不知理即气之理，气即理之气。清浊厚薄，纯驳偏全，万有不齐，总归一善。其恶者引蔽习染耳。其以目为譬，则谓'光明能视即目之性。其视之也则情之善。视之详略远近则才之强弱，皆不可谓之恶。惟有邪色引动，然后有淫视。是所谓非才之罪，是即所谓习'。又谓'性之相近如真金。轻重多寡虽不同，其为金俱相若也。惟其有差等，故不日同。惟其同一善，故日近。举天下不一之姿，以性相近一言包括，是即性善。是即人皆可以为尧、舜。举世人引蔽习染无穷之罪恶，以习相远一言包之，是即非才之罪。是即非天之降才尔殊'。其说虽稍异先儒，而于孔、孟之旨会通一理。且以杜委过气质之弊，正未可谓之立异也。至下卷分列七图以明气质非恶之所以然，则推求于孔、孟所未言，使天地生人全成板法，是则可以不必耳。"

王夫之编《续春秋左氏博议》上下卷。

官修《世祖章皇帝实录》成初稿。

吴任臣著《十国春秋》114卷成书，有自序。

按：《四库全书总目提要》曰："任臣以欧阳修作《五代史》于十国仿《晋书》例为载记，每略而不详，以采诸霸史、杂史以及小说家言，并证以正史，汇成是书。……其诸传本文之下，自为之注，载别史之可存者。……其间于旧说虚诬，多所辨证。……五表考订尤精，可称淹贯。"有《四库全书》本、乾隆五十三年(1788)刻本等。

潘永因著《宋稗类钞》8卷成书，李渔作序。

按：是书作者一说是潘永因，一说是清初李宗孔，其卷数或说8卷，或说36卷，均有待考证。《四库全书总目提要》曰："是书以宋人诗话、说部分类纂辑，凡五十九门。末附《搜遗》一卷，以补诸门之所未备，亦江少虞《事实类苑》之流。惟皆不著所出，是其一失。盖明人编辑旧文，往往如是，永因尚沿其旧习也。又如异数门中，卢延让红绫饼馅事，则上及唐末；符命门中，庚甲帝事，武备门中，泰定间邓弼事，则下及元时；诌媚门中，徐学诗劾严嵩，嘉定人有与同姓名者，遂改为学谟事，并阑入明代，皆失断限。至武备门中载狄青不祖狄仁杰，不去黥文之类，分录亦多未允。然宋代杂记之书，最为汗漫。是编撮集英华，网罗繁富，且分门别类，较易检寻，存之亦可资考核也。"潘永因字长吉，江苏常熟人，生卒年不详。潘永元弟。所著尚有《明稗类钞》。近人徐珂仿《宋稗类钞》的体例，编有《清稗类钞》。

杨庆著《大成通志》18卷成书，有自序。

魏球修，诸嗣郢等纂《青浦县志》10卷刊行。

洪璟纂修《交城县志》18卷刊行。

侯绍岐修，高士麟纂《续滦志补》1卷刊行。

王霭增修，王颐修纂《祁阳县志》10卷刊行。

荆柯修纂《溆浦县志》刊行。

林子兰修，陈宗琛纂《乐会县志》11卷刊行。

唐懋淳修，谭绍琬纂《鼎修湘阴县志》4卷刊行。

张尊德修，王吉人等纂《安陆府志》36卷刊行。

陈国儒修，李宁仲纂《汉阳府志》16卷刊行。

佟国才修，边继登、谢锡蕃等纂《峡江县志》9卷刊行。

郑重修，袁元纂《靖江县志》18卷刊行。

江南龄修纂《饶干县志》10卷刊行。

鲁杰修，罗守昌纂《高明县志》18卷刊行。

黄若香修，吴士望纂《吴川县志》4卷成书。

刘光宿修，詹养沉纂《婺源县志》12卷刊行。

张尔岐著《老子说略》2卷成书。

王钺著《粤游日记》1卷成书，有自序。

王夫之辑顺治五年(1648)以来所作古近体诗为《五十自定稿》。

吴殳著《正钱录》，纠钱谦益《列朝诗集》之失误。

王士禛著《渔洋山人诗集》22卷刊行。

王鸿绪著《横云山人集》4卷刊行。

钱肃润著《十峰诗选二集》7卷成书，周龙甲作序。

华庆远著《论世八编》12卷成书，有自序。

胡亶著《中星谱》1卷成书。

按：胡亶字保林，号励斋，浙江仁和人。精通天文之学。另著有《周天现界图》、《步天歌》等。

梅文鼎约是年始著《筹算》。

按：筹算是17世纪初叶，英国数学家耐普尔发明的一种算筹计算法。明末介绍到我国，清代梅文鼎、戴震曾加以研究，戴震称为策算。

钱曾著《述古堂书目》4卷成书，有自序。

按：钱曾的藏书处曰述古堂，其《述古堂书目自序》曰："竭予二十年之心力，食不重味，衣不完采，捐当家资，悉藏典籍中，如虫之负版，鼠之搬姜。甲乙部居，粗有条理。忆年驱雀时，从先生长者游，得闻绪论。逮壮有志藏弆，始次第访求，问津知途，幸免于摘埴。然生平所酷嗜者，宋椠本为最。友人冯定远每戏余曰：'昔人佞佛，子佞宋刻乎？'相与一笑，而终不能已乎佞也。"

柯琴著《伤寒论注》4卷成书。

按：柯琴字韵伯，浙江慈溪人。《清史稿·柯琴传》曰："注《伤寒论》，名曰《来苏集》。以方有执、喻昌等各以己意更定，有背仲景之旨，乃据论中有太阳证、桂枝证、柴胡证诸辞以证名篇，汇集六经诸论，各以类从。《自序》略曰：'《伤寒论》经王叔和编次，已非仲景之旧，读者必细勘何者为仲景言，何者为叔和笔。其间脱落、倒句、讹字、衍文,一一指破,顿见真面。且笔法详略不同,或互文见意,或比类相形,因此悟彼,见微知著,得于语言文字之外,始可羽翼仲景。自来注家,不将全书始终理会,先后合参,随文敷衍,彼此矛盾,黑白不分。三百九十七法,不见于仲景序文,又不见于叔和序例,林氏倡于前,成氏和于后,其不足取信,王安道已辨之矣。继起者,犹琐琐于数目,亦何补于古人?何功于后学哉?大青龙汤,仲景为伤寒中风无汗而兼烦燥者设,即加味麻黄汤耳。而谓其伤寒见风、伤风见寒,因以麻黄汤主寒伤营、桂枝汤主风伤卫、大青龙汤主风寒两伤营卫,曲成三纲鼎立之说,此郑声之乱雅乐也。且以十存二三之文,而谓之全篇,手足厥冷之厥,或混于两阴交尽之厥,其间差谬,何可殚举?此愚所以执卷长吁,不能已也!'"

伦勃朗卒(1606—)。荷兰画家。

约翰·德纳姆卒(1615—)。英国诗人。

阿诺德·海林克斯卒(1624—)。荷兰哲学家。

朱羽南卒(1595—)。羽南名尚云,字槐里,别号羽南,江苏上元人。教授乡里。著有《毛诗义》、《羽南集》。

丁耀亢卒(1599—)。耀亢字西生,号野鹤、紫阳道人、木鸡道人,山东诸城人。明末诸生。顺治五年拔贡。曾任八旗学馆教习、容城教谕。著有小说《续金瓶梅》、传奇剧本《表忠记》及《丁野鹤先生诗词稿》等。

黄家舒卒(1600—)。家舒字汉臣,江苏无锡人。明崇祯十年在无锡结听社,与钱陆灿、华时亨、顾宸、唐德亮等号"听社十七子"。入清,无意仕进。著有《焉文堂集》10卷、《南忠叙录》等。

刁包卒(1603—)。包字蒙吉,号用六居士,直隶祁州人。明天启七年举人。入清不仕。于城隅辟地建斋曰"潜室",亭曰"肥遯"。卒后,学者私谥文孝先生。著有《易酌》14卷、《四书翊注》42卷、《辨道录》8卷、《用六集》12卷、《潜室札记》2卷、《斯文正统》96卷等。事迹见《清史稿》卷四八〇、《清史列传》卷六六、李桓《国朝耆献类征初编》卷三九八、彭绍升《刁先生包传》(《碑传集》卷一二七)。

按:《清史稿》本传曰:"遂弃举子业,有志圣贤之学。初闻孙奇逢讲良知,心向之。既读高攀龙书,大喜,曰:'不读此书,几虚过一生。'为主奉之,或有过差,即跽主前自讼。……所著有《易酌》、《四书翊注》、《潜室札记》、《用六集》,皆本义理,明白正大。又选《斯文正统》九十六卷,专以品行为主,若言是人非,虽绝技无取。"

宋之绳卒(1612—)。之绳字其武,号柴雪,江苏溧阳人。明崇祯十六年进士。入清,擢为中允,官至江西参议。著有《戴石堂尺牍》、《戴石堂集》、《柴雪诗钞》、《国雅集》等。事迹见宋之绳自编《柴雪年谱》。

方文卒(1612—),文字尔止,号嵞山、一耒,别号淮西,安徽桐城人。明诸生。入清不仕。著有《嵞山集》12卷、续集4卷、又续集5卷。

王纲卒(1613—)。纲字燕友,号思龄,江南合肥人。顺治九年进士,授刑部主事。官至通政司左参议。笃信理学。著有诗文集。

熊伯龙卒(1617—)。伯龙字次侯,号塞斋,别号钟陵,湖北汉阳人。原江西进贤籍。顺治六年登一甲二名进士,授国史馆编修。官至内阁学士,兼礼部侍郎。通西方天文算学。著有《无何集》14卷、《谷贻堂全集》。事迹见《清史列传》卷七〇。

董以宁卒(1629—)。以宁字文友,号宛斋,江南武进人。诸生。与陈维崧、邹只谟、董永有"毘陵四子"之目。著有《正谊堂文集》20卷、《正谊堂诗集》20卷、《蓉渡词》3卷等。事迹见《清史列传》卷七〇、李桓《国朝耆献类征初编》卷四〇三、蔡冠洛《清代七百名人传》第五编。

萧企昭卒(1637—)。企昭字文超，湖北汉阳人。顺治十四年副榜贡生。平生喜治宋明理学，大旨尊程、朱而辟陆、王，一准于正学。著有《性理谱》、《闇修斋稿》1卷、《客窗随笔》1卷、《客窗再笔》2卷等。事迹见《清史列传》卷六六、李桓《国朝耆献类征初编》卷三九八。

按：《清史列传》本传曰："少禀异姿，博闻强记，下笔数千言。与孝感熊赐履友善，锐志正学。尝游京师，与赐履辨儒、佛之邪正，朱、陆之异同。赐履见其功夫精进，畏服非常，彼此箴规，拳拳不已。企昭之学，尊法朱子，排斥陆、王，而心平气和，无明人喧哄之习。"

杨光先卒，生年不详。光先字长公，安徽歙县人。明末为新安卫千户，以劾大学士温体仁，戍辽西。康熙初，授钦天监监正。著有《不得已》。事迹见《清史稿》卷二七二、李桓《国朝耆献类征初编》卷五三、孙星衍《杨光先传》(《碑传集》卷一三二)。

顾嗣立(—1722)、王维德(—1749)、魏廷珍(—1756)生。

康熙九年　庚戌　1670年

正月初八日丙申(1月28日)，从河南巡抚郎廷相疏请，以宋儒程颢、程颐后代程宗昌、程延祀袭五经博士。

二月初五日甲子(2月25日)，命内秘书院大学士魏裔介、礼部尚书龚鼎孳为会试正考官，刑部左侍郎王清、内国史院学士田逢吉为副考官。

三月初一日戊午(4月20日)，策试天下贡士于太和殿前。

初三日庚申(4月22日)，以和硕安亲王岳乐为监修玉牒总裁官，左宗正多罗贝勒察尼、内秘书院大学士图海、内国史院大学士杜立德、学士折库纳、礼部左侍郎常鼐、董安国为副总裁官。宗人府理事官觉罗沙赖、经历布尔哈达、侍读学士郭四海、侍读格尔古德、编修周之麟、翟延初、礼部员外郎齐蓝布、主事席特库为纂修官。

初四日辛酉(4月23日)，赐殿试贡士蔡启僔等292人进士及第出身差。

五月二十一日丙子(7月7日)，从御史张所志疏言，纂修《会典》。

二十四日己卯(7月10日)，命内国史院学士折库纳、内秘书院学士董国兴教习庶吉士。

按：《清史稿·选举志三》曰："凡用庶吉士曰馆选。初制，分习清、汉书，隶内院，以学士或侍读教习之。自康熙九年专设翰林院，历科皆以掌院学士领其事，内阁

法国取洛林。

英王与法人订立《多佛尔密约》。

英人在南卡罗来纳的查尔斯定居。

英国取牙买加。

手表上首次出现分针。

学士间亦参用。"

是月,因推官已裁,定二甲三甲进士均以知县用。

八月,恢复为鳌拜等人下令撤销的翰林院。

九月初四日戊午(10月17日),礼部遵旨议定,于八旗官学生中每旗选取10名,交钦天监与汉天文生一同分科学习,有精通者候满汉博士缺出补用。

二十八日壬午(11月10日),命内国史院学士张凤仪教习庶吉士。

十月初五日己丑(11月17日),策试天下武举于太和殿。

初七日辛卯(11月19日),康熙帝御太和殿,传胪,赐殿试武举张英奇等200人武进士及第出身有差。

初九日癸巳(11月21日),康熙帝谕礼部议《圣谕十六条》,强调正风俗重教化。

按:谕曰:"法令禁于一时,而教化维于可久","近见风俗日敝,人心不古","念兹刑辟之日繁,良由化导之未善。朕今欲法古帝王,尚德缓刑,化民成俗。举凡敦孝弟以重人伦,笃宗族以昭雍睦,和乡党以息争讼,重农桑以足衣食,尚节俭以惜财用,隆学校以端士习,黜异端以崇正学,讲法律以儆愚顽,明礼让以厚风俗,务本业以定民志,训子弟以禁非为,息诬告以全良善,诫窝逃以免株连,完钱粮以省催科,联保甲以弭盗贼,解仇忿以重身命。以上诸条作何训迪劝导,及作何责成内外文武该管各官督率举行,尔部详察典制定议以闻。"(《清圣祖实录》卷三四)此即《圣谕十六条》。

初十日甲午(11月22日),改内三院大学士、学士衔。

十三日丁酉(11月25日),谕礼部:"帝王图治,必稽古典学,以资启沃之益。经筵日讲,允属大典,宜即举行。尔部详察典例,择吉具仪奏闻。"(《清圣祖实录》卷三四)

十一月初三日丙辰(12月14日),从礼部议,经筵照顺治十四年例每年春秋举行二次,定于明年二月十七日午时开讲。日讲定于今年十一月二十一日巳时开讲。

按:中断多年的经筵大典重新开始举行,以后每年春秋二次的经筵讲学,成为一代定制。

二十六日(1671年1月6日),颁《圣谕十六条》,通行晓谕八旗及各省府州县乡村人等。

按:《圣谕十六条》的核心是"文教是先",它将顺治帝推行的"崇儒重道"的国策更加具体化了,以后成为有清一代治国的基本准则。

二十八日辛巳(1671年1月8日),改顺治十八年八旗文官子弟不许送官学生入国子监之规定,仍按顺治十八年以前例,由本佐领将八旗文武官子弟选送二人入国子监学习。

英国医生托马斯·威利斯首次对典型的糖尿病症进行描述。

顾炎武四月出都至德州,六月应程先贞、李涛之聘,讲《易》于其家;九月初,讲《易》毕,入都,与朱彝尊、陆元辅、申涵光、谭吉璁在北京孙承泽处考订所藏古碑刻。

顾炎武有《与陆桴亭(世仪)札》,谓"得读《思辨录》,乃知吾当世而有真儒如先生者",并将近刻所著《日知录》8卷寄以请教。

黄宗羲是冬为安葬友人高斗魁,与吕留良在鄞县不期而遇,因黄宗羲为高斗魁所写墓志铭引起异议,双方不欢而散。

按：高斗魁字旦中,又号鼓峰,浙江鄞县人。精医学,著有《医学心法》。其卒,黄宗羲作有《高旦中墓志铭》。黄宗羲与吕留良的矛盾冲突,各家说法不一。吕留良子吕葆中认为是"因争高旦中之墓志起",邓之诚《清诗纪事初编》认同吕葆中的观点,其云："初,留良从宗羲游,后乃羞池,继而非师。然宗羲先朝大臣,党人之魁,长于留良几二十岁,宜不可与之为友。……黄、吕启衅之由,谓由高旦中墓志,宗羲谓旦中之医,善于望闻,留良以为讥己,力主高氏不以此石下窆,此为决裂。"又进一步分析原因道："盖留良任侠好义,结连海上,阴有所图,不能不倚宗羲名位,以事招纳。宗羲亦持之以为及厨,留良有富名,家已中落,拮据不能应其求。"于是"时移事变,宗羲与留良皆知事无可为,欲藉著书讲学,以寓其郁勃不平之气。留良自揣文章声气,已足独树一帜,于是诋象山、阳明,诋《明儒学案》,诋宗羲晚节,'顿首复顿首,尻高肩压诋肘'一诗几于毒口；宗羲以《骂先贤》一文报之曰:骂象山、阳明者,以晦庵为主,类豪奴之窆宾客,猪犬之逐行人,雅道扫地。社盟之局,隙末凶终,类此者多,无如是之甚也。"全祖望在《小山堂藏书记》及《小山堂祁氏遗书记》则谓起于购山阴"澹生堂"藏书而引起纠纷。他在后一文中说："吾闻澹生堂书初出也,其启争端多矣。初,南雷黄公讲学石门,其时用晦父子俱面北执经。已而以三千金求购澹生堂书,南雷亦以束修之入参焉。交易既毕,用晦之使者中途窃南雷所取卫湜《礼记集说》、王偁《东都事略》以去,则用晦所授意也。南雷大怒,绝其通门之籍。用晦亦遂反而操戈,而妄自托于建阳之徒,力攻新建。"(黄云眉《鲒埼亭文集选注》上编)沈冰壶《古调独弹集·黄梨洲小传》则曰："石门吕留良与先生素善,延课其子,既而以事隙。相传晚村以金托先生买祁氏藏书,先生择其奇秘难得者自买,而以其余致晚村,晚村怒。"近人钱穆认为是出于两人的学术分歧,说"晚村丙午弃举,翌年丁未,梨洲与姜定庵、张真夫复兴证人讲会,而晚村此后即招张杨园(履祥)馆其家。自是梨洲以王、刘学说自承,而晚村则一意程、朱,两人讲学宗旨渐不合,而卒致于隙末焉"(《中国近三百年学术史》第二章)。

魏裔介典会试,被誉为得人最盛。

李颙是年末至次年初在常州讲学,江南学界誉为江左百年来未有之盛事。

按：《清史稿·李颙传》中说他"布衣安贫,以理学倡导关中,关中士子多宗之"。"常州知府骆钟麟尝师事颙,……请南下谒道南书院,且讲学以慰学者之望,颙赴之,凡讲于无锡,于江阴,于靖江、宜兴,所至学者云集。……即戒行赴襄城。常州人士思慕之,为肖像于延陵书院"。

吴光在常州与李颙论学。

按：吴光字与严,武进人。明诸生。《清史列传·吴光传》曰："究心经济,博综典坟,及九流百氏,自成一家言。明亡,太息流涕,取所著付诸火,结庐于滆东僻壤,玩《易》自适,作《野翁传》以见志。盩厔李颙至常州,与光论学甚契。颙称光所著《易粕十笺》、《象数易理》兼诣其极,足为来学指南。他著有《大学格致辨》、《中庸臆说》、《论孟合参》各一卷,《弄丸吟》一卷。时同县陆卿鹄、杨瑀皆尝与颙论学,为颙所称。卿鹄字俊公,明副榜贡生。瑀字雪臣,与昆山顾炎武友善。炎武著《日知录》,每就正焉。尝与瑀书曰:'仆所以深服先生者,在不刻文字,不与时名,教子博探文籍,而不求仕进。'又曰：'读书为己，探赜洞微，吾不如雪臣。'其倾倒如此。"

汤斌二月再过夏峰，留兼山堂与孙奇逢讲学。

李光地中进士，入选翰林院，受到掌院学士熊赐履的赏识，并以"有志于理学"推荐给康熙皇帝。

颜元二月致书孙奇逢论学。

徐元文授国子监祭酒。

陈确久抱疾，著《葬书》，并自为注。

万斯同有《寄范笔山书》，表明有编著《明史》志向。

汪琬辞官还乡，结庐洞庭湖畔之尧峰山，因自号尧峰。

施闰章客扬州，与汪楫、刘体仁、程邃等会于红桥。

柳敬亭首次抵京献艺，投托礼部尚书龚鼎孳，声名益盛。

石涛游黄山，至宣城访梅清。

蒲松龄是秋离家南游。

李光地、耿愿鲁、陈琰、李录予、王宽、王掞、黄斐、孟亮揆、陈梦雷、赵文熯、高璜、王维珍、许孙荃、祖文谟、李阜、朱典、李振裕、吴本立、刘恒祥、张鹏翮、孔兴铲、德赫勒、牛纽、李玠、博济、李梦庚、沈独立等27位新科进士四月二十九日被选为庶吉士，教习满书。

莽色、喇沙里八月为侍讲学士。

杨正中、杜臻十一月为翰林院侍讲学士。

胡密色十二月为翰林院侍读学士。

王原祁、叶燮、陆陇其、张烈中进士。

徐乾学成一甲三名进士，授编修。

齐祖望举进士，官至南安府知府。

按：齐祖望字望子，号勉庵，广平人。著有《勉庵说经》10卷。《四库全书总目提要》曰："是书凡《读易辨疑》三卷，《尚书一得录》一卷，《诗序参朱》一卷，《说礼正误》三卷，《春秋四传偶笔》一卷，《续笔》一卷。大概《易》则辨程、朱之误，《书》则正蔡氏之讹，《诗》多遵《小序》而攻朱《注》，《礼》则正陈氏之失，《春秋》则纠驳胡《传》，而《左氏》、《公》、《谷》亦互有是非。然率以臆断，不能根据古义，元元本本，以正宋儒之失也。"

刘楗时任江西布政使，在南昌建刘公书院。

顾大申在江西赣县建见山书院。

南怀仁请求允许传教士传教，并释放在广州被拘押的25名传教士，得康熙帝准许，部分回归本堂，其通晓历法者，赴京协助南怀仁修治历法。

约翰·弥尔顿完成《不列颠史》。

帕斯卡的著作《思想录》在其逝世后发表。

斯宾诺莎著成《神学政治论文》。

孙奇逢再订《尚书近指》。

顾宸刊行乃师邹期桢所著《尚书揆》16卷。

张尔岐历时30年，著成《仪礼郑注句读》17卷。

按：作者以《仪礼》难读，汉郑玄等各家注文古质，疏说漫衍，颇多错讹，遂为之标点、考证，前后历30余年而成。顾炎武、阮元皆推崇其书。宋明数百年，理学风行，三礼学微，《夏小正》研究几成绝学。入清以后，朴学渐起，张尔岐《仪礼郑注句读》辑传注为一篇,开清人治《夏小正》之先河。徐世溥、黄叔琳、姜兆锡、诸锦等人先后而起,相继著有《夏小正解》、《夏小正注》、《大戴礼删翼》、《夏小正诂》诸书。乾隆中叶以后,治《大戴礼记》并《夏小正》已成风气。孔广森的《大戴礼记补注》,汪中的《大戴礼记正误》,孙星衍的《夏小正传校注》,毕沅的《夏小正考注》等,皆是其佼佼者。其中成就最大的,当推庄述祖的《夏小正经传考释》。《四库全书总目提要》曰:"盖《仪礼》一经,自韩愈已苦难读,故习者愈少,传刻之讹愈甚。尔岐兹编,于学者可谓有功矣。顾炎武少所推许,而其《与汪琬书》云:'济阳张君稷若名尔岐者,作《仪礼郑注句读》一书,颇根本先儒,立言简当。以其人不求闻达,故无当时之名,而其书实似可传。使朱子见之,必不仅谢监岳之称许也。'又其《广师》一篇曰:'独精《三礼》,卓然经师,吾不如张稷若',乃推挹之甚至,非徒然也。

保罗·安曼发表其作品《医学评论》。

魏裔介始著《四书精义汇解》。

孙承泽著《春秋程传补》20卷成书。

按:《四库全书总目提要》曰:"是编以程子《春秋传》非完书,集诸儒之说以补之。其词义高简者重为申明,阙略者详为补缀。"

颜元著《存学编》4卷成书。

按:《四库全书总目提要》曰:"是书为其《四存编》之二,以辨明学术为主。大旨谓圣贤立教所以别于异端者,以异端之学空谈心性,而圣贤之学则事事征诸实用,原无相近之处。自儒者失其本原,亦以心性为宗,一切视为末务,其学遂与异端近,而异端亦得而杂之。其说于程、朱、陆、王皆深有不满。盖元生于国初,目击明季诸儒崇尚心学,放诞纵恣之失,故力矫其弊,务以实用为宗。然中多有激之谈,攻驳先儒,未免已甚。"

张履祥作《儆老篇》。

刘炳刊刻明罗钦顺所著《困知录》。

毛奇龄作《新刻圣训演说序》。

马骕著《绎史》160卷刊行,李清作序。

按:是书历时10年,以纪事本末体述远古至秦亡史事,内容包括政治、经济、文化,又有表、图、志等。李清《序》认为其书"独胜古人者有四":一是体制之别创,二是谱牒之咸具,三是纪述之靡舛,四是论次之最核。所以,"自读《绎史》,然后知天地之大,识宇宙之全",故将此书与杜佑《通典》、郑樵《通志》相提并论。《清史稿》本传曰:"骕又撰《绎史》一百六十卷,纂录开辟至秦末之事,博引古籍。疏通辨证,非《路史》、《皇王大纪》所可及也。时人称为马三代。四十四年,圣祖命大学士张玉书物色骕所著书,令人至邹平购板入内府。"《四库全书总目提要》谓《绎史》"搜罗繁富,词必有征,实非罗泌《路史》、胡宏《皇王大纪》所可及。且史例六家,古无此式。与袁枢所撰均可谓卓然特创,自为一家之体者矣"。有光绪间重刻本、《四库全书》本等。

胡公著修,张克家纂《海丰县志》12卷刊行。

叶先登修,冯文显纂《颜神镇志》5卷刊行。

陈天植等修,余一元纂《山海关志》10卷刊行。

王际有纂修《泾阳县志》8卷刊行。

侯康民修,贾荣纂《蒲州志》12卷刊行。

刘显第修,陶用曙纂《绛州志》4卷刊行。

施闰章修,袁继梓等纂《袁州府志》20卷刊行。

姬之篮修,李瑾纂《霍邱县志》10卷刊行。

汪丽日修，王侯聘、吴迪化纂《邵武府续志》10卷刊行。
管声骏修，衷光烈纂《崇安县志》8卷刊行。
贾汉复原本，徐化成增修《河南通志》50卷刊行。
沈荣修纂《西平县志》10卷刊行。
屈振奇修，王汝霖纂《麻城县志》10卷刊行。
林芃修，马之骕纂《张秋志》12卷刊行。
高景之修，汪际炱纂《崇阳县志》10卷刊行。
娄肇龙修，栗引之纂《当阳县志》8卷刊行。
周廷桂修，杨际春纂《枝江县志》10卷刊行。
屈超乘修，李抡元纂《松滋县志》2卷刊行。
刘佐临修，刘尔楫纂《城武县志》5卷刊行。
耿念劬修，林春芳纂《兴宁县志》13卷刊行。
李朝事修，谭楚颋纂《鄬县鼎修县志》4卷刊行。
胡向华修，贺奇纂《鼎修常德府志》10卷刊行。
陈五典修纂《麻阳县志》10卷刊行。
钟运泰修，沈惟彰纂《新田县志》4卷刊行。
刘道著修，钱邦芑纂《永州府志》24卷刊行。
孙锡蕃修纂《公安县志书》16卷刊行。
吕兆璜修，朱廷植纂《化州志》12卷刊行。
刘骏名修纂《平远县志》10卷刊行。
顾炎武初刻所著《日知录》8卷本。

按：顾炎武《初刻日知录自序》曰："炎武所著《日知录》，因友人多欲钞写，患不能给，遂于上章阉茂之岁刻此八卷。"顾炎武作此书的目的，在与友人的书札中曾有反复论述，其《与杨雪臣》书曰："向者《日知录》之刻，谬承许可，比来学业稍进，亦多刊改。意在拨乱涤污，法故用夏，启多闻于来学，待一治于后王。"（《亭林文集》卷六）其《与人书二十五》又曰："君子之为学，以明道也，以救世也。徒以诗文而已，所谓'雕虫篆刻'，亦何益哉！某自五十以后，笃志经史，其于音学深有所得，今为《五书》以续三百篇以来久绝之传。而别著《日知录》，上篇经术，中篇治道，下篇博闻，共三十余卷。有王者起，将以见诸行事，以跻斯世于治古之隆。"（《亭林文集》卷四）

杨庆编《先圣年表》1卷刊行，收入是年理斋刊本《大成通志》。
马骕编《先圣年谱》刊行。
朱鹤龄编《杜工部年谱》1卷刊行。
金之俊自编《金息斋年谱韵编》1卷成于本年前。
僧印峦辑《双桂破山明禅师年谱》1卷刊行。
计东编次此期所作诗为《中州集》。
魏禧十一月自扬州还赣，作《大铁椎传》。
李渔编次所著为《笠翁一家言》，携稿入闽谋刻资。
黄宗羲著《庚戌集》成书，有自序。
邵灯著《天中景行集》成书，有自序。
王夫之著《拟阮步兵咏怀》诗82首。

马世俊著《匡庵诗前集》6卷、诗集6卷刊行。

白胤谦著《桑榆集》4卷成书,有自序。

朱彝尊初编《词综》成18卷,逾数年,广为26卷。

按:是书是一部体现浙西词派宗旨,兼及"博采"的重要词集。王昶《明词综序》称此书"为后世言词者之准则",当时有"自竹垞太史《词综》出而各选皆废"之说。

石涛作《黄山图》。

张尔岐著《蒿庵闲话》2卷成书,有自序。

张仁熙著《雪堂墨品》1卷成书,有自序。

孔兴诱著《琴苑心传全编》20卷刊行。

诸九鼎著《石谱》1卷成书,纪映钟作序。

按:诸九鼎字骏男,一名昙,字铁庵,钱塘人。生卒年及生平均不详。工诗文。著有《乐清集》、《诸铁庵集》传于世。

张志聪著《侣山堂类辩》2卷成书。

柳敬亭约卒(1587—)。敬亭本姓曹,原名永昌,字葵宇,江苏通州人。师事著名艺人莫后光,学讲评书,寓居南京。尤擅长说《隋唐》、《水浒》故事。崇祯末,入幕左良玉,甚受推重,后参加抗清活动。事迹见黄宗羲《柳敬亭传》(《黄宗羲全集》第十册碑志类)、李桓《国朝耆献类征初编》卷四八一。

金之俊卒(1593—)。之俊字岂凡,号息斋,江苏吴江人。明万历四十七年进士。官至兵部右侍郎。降清,历任工、兵、吏部尚书,中和殿大学士,加太傅衔。著有《金文通集》20卷等。事迹见《清史稿》卷二四五、《清史列传》卷七九、蔡冠洛《清代七百名人传》第一编、金之俊自编《金息斋年谱韵编》。

蒋赫德卒(1615—)。赫德本名原悔,直隶遵化人。明诸生。崇祯二年,后金陷遵化,被选入文馆,赐名赫德。隶汉军镶白旗。历任国史馆学士、大学士,改弘文院大学士。屡充殿试读卷官、《太宗实录》副总裁、《太祖太宗圣训》总裁。事迹见《清史稿》卷二四五、《清史列传》卷五、李桓《国朝耆献类征初编》卷一。

柴绍炳卒(1616—)。绍炳字虎臣,号省轩,浙江仁和人。明诸生。与陆圻、丁澎、沈谦、毛先舒、孙治、张丹、吴百朋、虞黄昊、陈廷会等齐名,称"西泠十子"。入清隐居南屏山,以教授著述为事。著有《省轩文钞》10卷、《青凤堂诗》20卷、《古韵通》8卷、《白石轩杂稿》8卷、《考古类编》12卷等。事迹见《清史稿》卷四八四、《清史列传》卷七〇、李桓《国朝耆献类征初编》卷三九五、周清原《崇祀理学名儒柴先生绍炳传》(《碑传集》卷一二四)。

沈谦卒(1620—)。谦字去矜,号东江,别号研雪子,浙江仁和人。明诸生。"西泠十子"之一。著有《东江集钞》9卷、《东江别集》5卷、《词学》12卷、《填词杂说》1卷、《东江词韵》1卷;编有《词谱》、《沈氏古今词选》及《庄生鼓盆》杂剧。事迹见《清史稿》卷四八四、《清史列传》卷七〇、

夸美纽斯卒(1592—)。波希米亚教育改革家。

李桓《国朝耆献类征初编》卷四二四。

沈忱约卒于是年。忱字遐心,号雁宕山樵,浙江乌程人。明亡后卖卜为生。著有《水浒后传》。

嵇曾筠(　—1739)、陈仪(　—1742)、任启运(　—1744)、陈景云(　—1747)生。

康熙十年　辛亥　1671年

奥斯曼帝国向波兰宣战。

法国建炮兵团。

法国塞内加尔公司建立。

加勒比海为布肯利尔斯海盗集团控制。

巴黎天文台建成。

二月初四日丙戌(3月14日),任命经筵讲官16人。

按：其中有吏部尚书黄机、刑部尚书冯溥、工部尚书王熙、都察院左都御史明珠、礼部左侍郎常鼐、户部右侍郎田逢吉、刑部右侍郎多诺、中和殿学士折尔肯、保和殿学士达都、翰林院掌院学士折库纳和熊赐履、翰林院侍读学士傅达礼和史大成、翰林院侍讲学士胡密色和李仙根、国子监祭酒徐元文等。

是月,谕兵部："各部院及各省将军衙门通事,原因满官不晓汉语,欲令传达而设,今各满洲官员,既知汉语,嗣后内而部院,外而各省将军衙门通事,悉罢之。"(《清圣祖实录》卷三五)

三月初二日癸丑(4月10日),以翰林院掌院学士折库纳、熊赐履及侍读学士、侍读、修撰、编修等共10人为日讲官。

按：十位日讲官是：折库纳、熊赐履、傅达礼、宋德宜、史大成、李仙根、张贞生、严我斯、蔡启傅、孙在丰。《清史稿》卷二六二论曰："圣祖崇儒重道,经筵讲论,孜孜圣贤之学,朝臣承其化,一时成为风气。裔介久官台谏,数进谠言,为忧盛危明之计,自登政府,柴立不阿,奉身早退,有古大臣之风。赐履刚方鲠直,疏举经筵,冀裨主德,庶乎以道事君者欤？光地扬历中外,得君最专,而疑谤丛集,委蛇进退,务为韬默。圣祖尝论道学不在空言,先行后言,君子所尚。夫道学岂易言哉？"

十七日己亥(4月25日),康熙帝始行经筵。讲毕,赐大学士、九卿、詹事及讲官等宴。

二十六日丁丑(5月4日),纂修《孝经衍义》,以翰林院掌院学士熊赐履为总裁官。

四月初四日乙酉(5月12日),因太祖、太宗《圣训》于顺治时编纂,未经裁定颁布。是日命图海、李霨为总裁官,折尔肯、折库纳、熊赐履为总裁官,达哈塔、杨正中等10员为纂修官,满汉誊录官各4员,满汉收掌官4员,悉依前式,分别义类,重加考订,编成全书。

初十日辛卯(5月18日),康熙帝首次举行日讲。

二十七日戊申(6月4日),吏部题："八旗满洲监生,识满汉字者考试翻译,止识汉字者考试缮写。优者授为正八品,以部院笔帖式补用。其汉军监生,识满汉字者,照满洲监生例考试取用。止识汉字者,照汉监生考职例考取,以州同等官用。"从之(《清圣祖实录》卷三五)。

八月十六日甲午(9月18日),设立起居注,以日讲官兼起居注官。添设汉日讲官2员,满汉字主事2员,满字主事1员,汉军主事1员。

二十六日甲辰(9月28日),以侍讲学士莽色喇沙里充日讲起居注官。

九月初三日辛亥(10月5日),康熙帝以"寰宇一统",前往奉天告祭太祖宗山陵,是日启行。十九日至盛京,谒福陵、昭陵。

十月二十四日辛未(12月24日),规定礼部司属各员有磨勘全国试卷之责,按顺治时例,磨勘官员应以进士出身者补授。各省乡试正副主考官以进士出身者担任,其分房各官如进士缺少时可以举人出身者补用。

十二月初七日甲申(1672年1月6日),规定武职官员照文职例,一经题参即停止升转。

十八日乙未(1月17日),康熙帝召翰林院掌院学士傅达礼至懋勤殿,曰:"今翰林院起居注责任重大,关系机密,朕以尔品才优卓,实可信任,故行简用。尔其黾勉,以副朕意。"(《清圣祖实录》卷三七)

顾炎武入都主徐乾学甥家,是夏,熊赐履欲荐其往修《明史》,顾炎武答以"果有此命,不为介推之逃,则为屈原之死矣"(《记与熊孝感先生语》,《蒋山佣残稿》卷二)。

按:顾炎武《答次耕书》曰:"鄙人情事与他人不同。先妣以三吴奇节,蒙恩旌表,一闻国难,不食而终,临没丁宁,有无仕异朝之训。辛亥之夏,孝感特束相招,欲吾佐之修史,我答以果有此命,非死则逃。原一在坐与闻,都人士亦颇有传之者,耿耿此心,终始不变。"(《亭林文集》卷四)

顾炎武抵太原,为太原守周令树点定荀悦《汉纪》。

按:顾炎武长于治史。邓实《明末四先生学说·顾亭林先生学说》曰:"先生以老遗民具良史才,自其幼年从祖父受《资治通鉴》。后即日读邸报,手录成巨帙数十。其于有明季年朝章国故,无不洞悉原委。而于国论之是非,能持清议。至其表彰节义,阐扬幽隐,则慨然于人心风俗之所系,每三致意焉。观其所为《圣安纪事》、《明季实录》、《三朝纪事阙文》诸书,隐然有国史之志,以存一代之直笔。然生值忌讳,是时东南史狱方数起,乃不克竟其志。然而先生所作之文皆史也;先生之诗亦史也。学者读先生之遗书,即以为读晚明之信史可耳。"(《国粹学报》1906年第16期)

李光地始见顾炎武,闻音韵之学。

李颙正月讲学于昆陵之明伦堂,会者千人。二月,复讲学于锡山明伦堂、东林书院、淮海宗祠、靖江明伦堂。

熊赐履二月任经筵讲官,进讲《尚书》"人心惟危"章,以儒家学说开导启沃康熙帝。又充《孝经衍义》总裁。

方以智劝王夫之逃禅,夫之不应。方以智寄书梅文鼎,征所著历算书。

孙奇逢弟子马文楹从苏门至蔚问业魏象枢,象枢留之谈学十日,复作《如晤语》1卷寄孙奇逢,千里质疑。

阎尔梅至太原,访傅山于松庄,山为绘《岁寒古松图》。

莱布尼茨发明机械演算机。

潘耒游太原，与傅山、阎尔梅集崇善寺。

邵廷采以业师韩孔当卒，衷心皇皇，无有依归。

朱彝尊三月在扬州与魏禧定交。

> 按：魏禧为朱彝尊《竹垞文类》作序时，称其"故所作文，考据古今人物得失为最工，而经传注疏亦多所发明。"（《曝书亭集》卷三九）

魏禧客昆陵，交恽日初。

折库纳、熊赐履二月为翰林院掌院学士。

施闰章夏至京师，与宋琬、王士禛等朝夕唱和。

陈潢依安徽巡抚靳辅，为幕客。

陈廷敬十月为翰林院侍讲学士。

史鹤龄十一月为翰林院编修。

纳兰性德以文学补诸生，贡入太学。

傅达礼、史大成二月为翰林院侍读学士。

李仙根二月为翰林院侍讲学士。

徐元文二月为国子监祭酒。

明珠二月为都察院左都御史。

宋德宜三月为日讲官、翰林院侍读学士。

莽色、喇沙里八月以侍讲学士充日讲官。

杨正中、杜臻十一月以翰林院侍讲学士充日讲官。

胡密色十二月以翰林院侍读学士充日讲官。

查慎行应童子试。

劳史年十七，反复朱熹《大学中庸序》，遂慨然立志为真儒。

> 按：《清史列传·劳史传》曰："年十七，反复朱子《大学中庸序》，遂慨然立志为真儒，举动必移于礼。继读朱子《近思录》，立起设香案，北面稽首曰：'吾师在是矣！'"

布舒、熊一洒重修山西运城河东书院。

项一经时任浙江建德知县，重建龙山书院。

韩廷苪时任江西督粮道，在南昌建韩公书院。

慕天颜时任布政使，与常州知府骆仲麟在常州建延陵书院。

> 按：关中学者李颙南下时，曾应邀在此讲学。

王又旦时任湖北潜江知县，建传经书院。

明代周木所建的浙江杭州万松书院是年改名为太和书院。

传教士闵明我于中国广东传教，后钦取抵京，佐理历法。传教士因理格自山西钦取入钦天监。

弥尔顿发表《复乐园》、《力士参孙》。

斯蒂芬·斯金纳著成《英语词源学》。

吴脉鬯著《易经卦变解八宫说》1卷刊行。

魏裔介辞疾归里，编《四书精义汇解》成书，并自为序。

顾炎武刻《七经误字》。

> 按：此书以后增辑为《九经误字》1卷。梁启超《清代学术概论》曰："大抵清代经学之祖推炎武，其史学之祖当推宗羲。"但是焦循曾否认顾炎武为清学的首创者，其

曰:"顾亭林致书黄梨洲云:炎武中年以后,不过从诸文士之后,积以岁月,穷探古今,于圣贤六经之旨,国家治乱之原,生民根本之计,渐有所窥,其自任如此。于是尊之者,以为亭林非文章之士,而王佐之才也。余则惑焉。余家塾有其所著《日知录》,少时阅之,其摘录古书,足以备掌故考核,固犹是文章之习焉尔。今偶于浙人所选文集中,见其郡县议九篇,自诩之词曰:后之君,苟欲厚民生强国势,则必用吾言。细揆之,其谬戾不可胜言。幸而亭林以文士老死,万一用于世,而得行其说,其害有甚于王安石之行新法。新法之弊已著,无不随声以晋。而亭林之说,则惜其不仕于世,以大展其学。吾为亭林幸,又为尊亭林者太息焉。"(《雕菰集》卷一二《郡县议议》)

张履祥始选朱熹文集,批吕祖谦《童蒙训》。

陆陇其辑《四书讲义续编》成书。

王夫之重订《诗广传》,又著《潇湘怨词》1卷。

按:《诗广传》为王夫之重要的学术思想论著之一,他从自己的哲学、政治、历史、伦理学及文学的观点出发,对《诗经》各篇加以引申发挥,涉及的问题甚广。

计六奇著《明季北略》24卷、《明季南略》16卷成书,后续有增补。有《明季北略序》和《明季南略序》。

按:计六奇字用宾,号天节子,别号九峰居士,无锡人。曾于顺治六年(1649)、十一年(1654)两次乡试,不举,遂绝意仕进。康熙十年写成《明季北略》和《明季南略》,共42卷,按编年体记述明万历二十三年(1595年)至清康熙四年(1665)70年间明清易代的史事。另著有《粤滇纪闻》、《金坛狱案》、《南京纪略》、《辛丑纪闻》。其《明季南略序》曰:"岁辛亥仲夏,予编《南略》一书,始于甲申五月,止于康熙乙巳,凡二十余年事,分十六卷。虽叙次不伦,见闻各异,而笔之所至,雅俗兼收,有明之微绪余烬,皆毕于是矣。"有嘉庆、道光间北京琉璃厂半松居士木活字排印本、光绪十三年上海图书集成印刷局石印巾箱本、1936年商务印书馆铅印《万有文库》本和《国学基本丛书》本。

赵增纂修《安邑县志》11卷刊行。

钱国寿纂《盐山县志》12卷刊行。

姚文燮纂修《雄乘》3卷刊行。

刘昆修,陈僖纂《保定府祁州束鹿县志》10卷刊行。

邓钦桢修,耿锡胤纂《武清县志》10卷刊行。

王家贤修,萧士熙纂《衡山县志》29卷刊行。

张奇勋修,周士仪纂《衡州府志》23卷刊行。

鲍孜修,徐同功纂《彝陵州志》8卷刊行。

王又旦修,朱士尊、向大观纂《潜江县志》刊行。

李元震修纂《嘉鱼县志》3卷刊行。

彭翼辰修纂《惠安县志续补》成书。

胡枢修,郎星纂《吉安府万安县志》12卷刊行。

夏显煜修,李煜纂《广永丰县志》24卷刊行。

邹文郁增修,朱衣点增纂《泰安州志》4卷刊行。

曹封祖等修纂《安吉州志》10卷刊行。

张逢欢修,袁尚夔纂《嵊县志》12卷刊行。

刘作樑修,吕曾柟纂《新昌县志》10卷刊行。

曹懋极修纂《缙云县志》10卷刊行。

张文旦修，陈九畴纂《高安县志》10卷刊行。

王泽洪修，吴俊等纂《饶州府志》40卷刊行。

方元启修纂《新修南乐县志》2卷刊行。

樊司铎修，吴元馨纂《应城县志》8卷刊行。

高登先修，沈麟趾、单国骥等纂《山阴县志》38卷刊行。

笪蟾光辑《茅山全志》14卷刊行。

按：笪蟾光原名重光，字在辛，号君宣、郁冈真隐扫叶道人等，江苏句容人。顺治九年进士，官至江西巡抚。后辞官归隐于茅山，潜心道学，成为道教龙门派第八启蒙师。是书有《藏外道书》本，巴蜀书社1994年版。

吴伟业著《复社纪事》1卷成书。

李颙著《匡时要务》成书。

按：李颙在文中第一次提出"明学术，正人心"的主张，其曰："天下之治乱由人心之邪正，人心之邪正由学术之明晦。""大丈夫无心于斯世则已，苟有心斯世，须从大根本、大肯綮处下手，则事半而功倍，不劳而易举。夫天下之大根本，莫过于人心，天下之大肯綮，莫过于提醒天下之人心。然欲醒人心，惟在明学术。此在今日，为匡时第一要务。"

吕留良、吴之振、吴尔尧合选《宋诗钞》106卷刊行，有吴之振序。

按：吴之振《宋诗钞凡例》曰："癸卯（康熙二年，1663）之夏，余叔任与晚村读书水生草堂，此选刻之始也。时甬东高旦中过晚村，姚江黄太冲亦因旦中来会，联床分纂，搜讨勘订，诸公之功居多焉。"《四库全书总目提要》曰："是编以宋诗选本丛杂，因搜罗遗集，其得百家。其本无专集及有集而所选不满五首者，皆不录。每集之首，系以小传，略如元好问《中州集》例。而品评考证，其文加详。盖明季诗派，最为芜杂，其初厌太仓、历下之剽袭，一变而趋清新。其继又厌公安、竟陵之纤佻，一变而趋真朴。故国初诸家，颇以出入宋诗，矫钩棘涂饰之弊。之振是选，即成于是时。……近时赵廷栋病其未备，因又有《宋人百家诗存》之刻，以补其阙，皆之振之所未录。然之振于遗集散佚之余，创意搜罗，使学者得见两宋诗人之崖略，不可谓之无功。与庭栋之书互相补苴，相辅而行，固未可偏废其一矣。"

李渔《闲情偶寄》定稿由翼圣堂刊行。又刊所辑《四六初征》20卷。

按：《闲情偶寄》集中国古代戏曲理论之大成，是作者一生艺术经验的总结。有《笠翁一家言全集》本、雍正八年（1730）芥子园刻本等。

陈维崧、吴逢原、吴本嵩、潘眉辑刊《今词苑》3卷。

按：《今词苑》由清初阳羡词人群体编刻。有康熙十年徐喈凤南硎山房刻本。徐氏《今词苑序》曰："征橄初传，曾助一狐之腋；梓工即竣，恍登万宝之山。"可见他是这部词集的出资刊刻者。

余怀编次此七年中所作词为《玉琴斋词》。

朱鹤龄刻所著《愚庵小集》15卷。

按：《四库全书总目提要》曰："此集凡赋一卷，诸体诗五卷，杂著文九卷，末附《传家质言》十三则。鹤龄始专力于词赋，自顾炎武勖以本原之学，始研思经义，于汉、唐注疏皆能爬梳抉摘，独出心裁。故所作文章，亦悉能典雅醇实，不蹈剽窃摹拟之习。"

魏宪刻所辑《百名家诗选》89卷及《补石仓诗选》14卷，《诗持》一集4

卷、二集 10 卷、三集 10 卷。

按：魏宪字惟度，福清人。明诸生，入清不仕。《百名家诗选》号称"百家"，实则91家，叶方露以下十人，未得其诗，先列其名，意在声气标榜。编者认为，明曹学佺《十二代诗选》止于明之天启，因选录明代天启四年(1624)至康熙十年(1671)百家之诗以补之。

归庄校正已刻及未刻《震川文集》40 卷。

徐彬著《金匮要略论注》24 卷成书。

按：徐彬字忠可，浙江嘉兴人。喻昌弟子。所著尚有《伤寒一百十三方发明》。其说皆本于喻昌。《四库全书》著录《金匮要略》，即用徐彬《金匮要略论注》本。有光绪五年(1879)上海校经山房成记书局本。

李玉约卒(约 1591—)。玉字玄玉，一作元玉，号苏门啸侣、一笠庵主人，江苏吴县人。明崇祯举人。入清，绝意科名，肆力于戏曲创作。所著传奇，以《一笠庵四种曲》最为有名。另有《清忠谱》2 卷、《牛头山》2 卷、《太平钱》2 卷、《眉山秀》2 卷、《两须眉》2 卷、《千钟禄》2 卷、《万里圆》2 卷、《麒麟阁》4 卷等。另编有《一笠庵北词广正九宫谱》18 卷。

韩孔当卒(1599—)。孔当字仁父，号遗韩，浙江余姚人。沈国模弟子。曾复兴姚江书院，主讲十年，以倡明理学为己任，有弟子七十余人。事迹见《清史稿》卷四八〇、《清史列传》卷六六、李桓《国朝耆献类征初编》卷三九五。

按：《清史稿》本传曰："其学兼综诸儒，以名教经世，严于儒、佛之辨。家贫，未尝向人称贷。每言立身须自节用始。人有过，于讲学时以危言动之，而不明言其过。闻者内愧沾汗，退而相语曰：'比从韩先生来，不觉自失。'疾亟，谓弟子曰：'吾于文成宗旨，觉有新得。然检点于心，终无受用，小子识之！'味其言，则知其学守仁之外，亦近朱子矣。"徐世昌《清儒学案》卷二〇一《韩先生孔当》曰："自沈、史两先生没，(姚江)书院辍讲竟十年，先生挽其坠绪，旧人新进，翕然咸来问学，弟子至七十余人。持论较师说亦颇阔，恪遵濂、洛，兼综群儒，以名教经世指勖学者。"

费经虞卒(1599—)。经虞字仲若，四川新繁人。明崇祯十二年举人。历官昆明、桂林知县。著有《荷衣集》等。

陈元赟卒于日本(1587—)。元赟字义都，号既白山人、瀛壶逸史，浙江杭州人。侨居日本 33 年。著有《老子通考》等。

冯班卒(1602—)。班字定远，号钝吟老人，江苏常熟人。明诸生。钱谦益弟子。明亡，佯狂避世。著有《钝吟杂录》10 卷、《钝吟书要》、《钝吟集》、《冯氏小集》等。事迹见《清史稿》卷四八四、《清史列传》卷七〇、震钧辑《国朝书人辑略》卷一、李桓《国朝耆献类征初编》卷四二九。

按：《清史稿》本传曰："冯班，字定远，常熟人。淹雅善持论，顾性不谐俗。说诗力觝严羽，尤不取江西宗派，出入义山、牧之、飞卿之间。书四体皆精。著《钝吟集》。赵执信于近代文家少许可者，见班所著独折服，至具衣冠拜之。尝谒其墓，写'私淑门人'刺焚冢前。其为名流所倾仰类此。"《四库全书总目提要》谓《钝吟杂录》曰："班著述颇多，殁后大半散失。其犹子武，搜求遗稿，仅得九种，裒而成编。……大抵明季诸儒，守正者多迂，骛名者多诈，明季诗文，沿王、李、钟、谭之余波，伪体竞出。故班诸书之中,诋斥或伤之激。然班学有本源,论事多达物情,论文皆究古法。虽间有偏驳,要所得者为多也。"

吴脉鬯卒(1603—)。脉鬯字灌先,蓬莱人。明崇祯九年、十五年两次副榜。闻国变,航海抵南京,授参军。寻题杭州推官,以亲老不就,旋屏迹山居。经史靡不研究,尤精于《易》。著有《易象图说》2卷、《易经卦变解》1卷、《昱青堂灌杂集》1卷。民国十二年(1923)同邑吴佩孚辑为《蓬莱吴灌先著述三种》,刊刻行世。

传教士潘国光卒(1607—)。国光号用观,意大利人。明崇祯十年奉派来中国杭州学习汉文,以后以上海为中心在江南一带传教。清康熙四年被押赴北京,不准传教。十年禁令解除,病死广州。著有《圣体规仪》、《天阶》等。

纪映钟卒(1609—)。映钟字伯紫,号憨叟,自称钟山遗老,江南上元人,后移居仪征。明崇祯时为复社名士。著有《真冷堂诗稿》、《憨叟诗钞》。事迹见《清史列传》卷七〇、李桓《国朝耆献类征初编》卷四二三、震钧辑《国朝书人辑略》卷一。

方以智卒(1611—)。以智字密之,号曼公、药地,又称浮山愚者,安徽桐城人。崇祯进士,官翰林院检讨。曾与陈贞慧、吴应箕、侯方域等主盟复社,为"明季四公子"之一。南明亡,出家在青原山为僧,改名大智,字无可,别号浮山智者、弘智、药地、愚者大师等。著有《通雅》、《物理小识》、《东西均》26章、《医学会通》、《药地炮庄》、《浮山文集前编》、《印章考》1卷等。事迹见《清史稿》卷五〇〇。任道斌编有《方以智年谱》。

按:《桐城耆旧传·方以智传》称他自幼博览群书,于"群经史子略能背诵,博涉多奇,……凡天文、礼乐、律数、声音、文字、书画、医药,下逮琴剑、技勇,无不析其旨趣。"梁启超《中国近三百年学术史》曰:方以智"他著有《通雅》五十二卷,考证名物、象数、训诂、音声。……《四库提要》很恭维这部书,说道:'明之中叶以博洽著者称杨慎,而陈耀文起而与争,然慎好伪说以售欺,耀文好蔓引以求胜。次则焦竑亦喜考证,而习与李贽游,动辄牵缀佛书,伤于芜杂。然以智崛起崇祯中,考据精核,迥出其上。风气既开,国初顾炎武、阎若璩、朱彝尊等沿波而起,始一扫愚揣之空谈。'顾、阎辈是否受密之影响,尚难证明。要之密之学风,确与明季空疏武断相反,而为清代考证学开其先河,则无可疑。他的治学方法有特征三端:一曰尊疑……,二曰尊证……,三曰尊今……。依我看,《通雅》这部书,总算近代声音训诂学第一流作品。清代学者除高邮王氏父子以外,像没有哪位赶得上他。但乾嘉诸老,对于这部书很少征引,很少称道,不知是未见其书,抑或有什么门户之见?……桐城方氏,在全清三百年间,代有闻人,最初贻谋之功,自然要推密之。但后来桐城学风并不循着密之的路走,而循着灵皋(方苞)的路走,我说这也是很可惜的事。"

马光裕卒(1611—)。光裕字绳治,号玉笥,别号止斋,山西安邑人。顺治四年进士。官至吏部郎中。归里后,创建育德书院。著有《止斋集》、《庭训录》。事迹见《清史列传》卷六六、李桓《国朝耆献类征初编》卷一三九。

按：《清史列传》本传曰："奉使时，访容城孙奇逢于苏门；官京师，与蔚州魏象枢比邻，皆往复辨论。……建育德书院，集邑之才俊，月三会。崇正学，黜浮词，人咸兴起焉。……象枢言交光裕二十年，其反躬实践，往往自愧弗逮，可谓醇儒。"

邵灯卒，生年不详。灯初名燠，字时若，改今名，字无尽，一字薪传，江南常熟人。顺治九年进士。官至河南管河道按察使司佥事。著有《先儒粹记》、《河防要略》、《中州景行集》、《读书澄怀集》等。

性音（　—1726）、沈近思（　—1727）、惠士奇（　—1741）、沈树本（　—1743）、顾成天（　—1752）生。

康熙十一年　壬子　1672年

正月十四日辛酉（2月12日），命翰林院掌院学士傅达礼、熊赐履教习庶吉士。

二十三日庚午（2月21日），礼部题："顺天乡试及会试，请照旧例，仍用满汉监察御史，料理场务。"从之（《清圣祖实录》卷三八）。

二十四日辛未（2月22日），命顺天乡试及会试仍用满汉监察御史稽察考场。

三月乙卯（4月6日），命选满洲、蒙古、汉军新旧生员内文行兼优者，与汉生员一体入监肄业。

五月二十日乙丑（6月15日），《世祖章皇帝实录》144卷编成，行庆贺礼。

七月十五日戊午（8月7日），翰林院掌院学士傅达礼进呈翻译《大学衍义》，命刊刻颁布。

是月，保和殿大学士卫周祚上疏："各省通志宜修，请敕下直隶各省督抚，纂辑成书，总发翰林院，汇为《大清一统志》。"（《清圣祖实录》卷三九）

闰七月十六日己丑（9月7日），谕讲官等："方今秋爽，正宜讲书，尔等即于二十五日进讲。"（《清圣祖实录》卷三九）

八月初十日壬子（9月30日），治理历法之西洋人南怀仁疏参杨燝南作《真历言》讥讽钦天监历，康熙帝命大学士图海、李霨等测验后，十三日将杨燝南交刑部治罪。

十二日甲寅（10月2日），康熙帝问熊赐履："汉官中有与尔同讲学的否？"熊对曰："学问在实践，不在空讲。近见候补御史魏象枢、臣衙门翰林李光地、王宽兹三人，俱有志于理学。"康熙帝称是（《康熙起居注》第一册）。

奥斯曼帝国入波兰。波兰媾和。

第三次英荷之战爆发。

法兰西国王路易十四伐荷兰。

奥兰治家族的威廉三世立为荷兰执政。

法人探察北美密苏苏里湖南部今芝加哥一带。

法国的卡西尼首次测定太阳和地球的精确距离,并发现了土卫五。

顾炎武八月致书李良年,并寄《日知录》样本质之;十月经德州,由河南至山西,与阎若璩相遇于太原,论朱谋㙔《水经注笺》,又以所著《日知录》相质。若璩为补正四十一则。

按:钱大昕《潜研堂集·阎先生传》曰:"顾先生炎武游太原,以所撰《日知录》相质,即为改订数条,顾虚心从之。"徐松案:"潜丘补正《日知录》凡四十一条,复纠《肇域志》。言晋穆侯晋境不得至界休之非;又言代四迁,不止于三,江西三,仅知其二,说具载所著《札记》中。然《与刘超宗书》,言先生之书精且博。《与戴唐器书》言读顾氏《音学五书》,心花怒生,背汗浃出;又言此地缙绅,有如马宛斯其人者,文学中有如傅青竹、顾宁人其人者,使后生小子感奋兴起,绍明古学,直追金华、嘉定诸先生之遗风。其服膺先生至矣。"

王夫之重订《老子衍》,稿本被弟子唐端笏携去毁于火灾;三月闻友人郭都贤以文字狱遇害于南京,遥哭,有诗;八月闻方以智因粤难去世,作《闻极凡老人凶问不禁狂哭,痛定辄吟》七律 2 首。

按:郭都贤字天门,益阳人。明天启二年进士。崇祯十五年以佥都御史巡抚江西。南都陷,祝发为僧,号顽石,又号些庵。工诗文书画。因诗语得祸,被捕,死于江陵承天寺。著有《补山堂集》、《些庵集著》等书。王夫之诗集中与其寄酬之诗甚多。事迹见《清史稿》卷五〇一。

阎若璩再访傅山于松庄,相与考证《左传》。

颜元三月与陆世仪书论学,自述《存性》、《存学》大旨,并称誉陆世仪所著《世辨录》。

陆陇其与吕留良相识,论学甚洽。

归庄正月哭陆世仪于其家,有祭文。

张履祥是秋批《传习录》,又选《读书录》、《居业录》。

宋琬授四川按察使。

徐乾学时为国子祭酒,充经筵讲官。

陆世仪应江苏巡抚玛古之聘,入其幕,痛陈江南利弊。

魏禧六月至吴门交归庄。九月至常熟访毛扆,观汲古阁藏书。

李光地与南怀仁讨论天体结构问题,是为首次与传教士直接交锋。

恽寿平、王翚同至宜兴访潘眉。

钱澄之至都下馆龚氏,与徐乾学讨交。

魏象枢因大学士冯溥荐,授贵州道御史。

按:《清史稿·魏象枢传》曰:魏象枢"入对,退而喜曰:'圣主在上,太平之业方始。不当以姑且补苴之言进。'乃分疏,言:'王道首教化,满、汉臣僚宜敦家教。''督抚任最重,有不容不尽之职分、不容不去之因循,宜责成互纠。''制禄所以养廉,今罚俸例太严密,宜以记过示罚,增秩示恩。''治河方亟,宜蓄人才备任使。''戒淫侈宜正人心,励风俗宜修礼制。'圣祖多予褒纳。"

张伯行读书北楼。

蔡启僔、徐乾学主顺天乡试,拔韩菼于遗卷中。

尹幡然、陈坦、张欲翕、王攀桂、郭采、赵溶、陶公绪向孙奇逢问学。

洪昇徙寓北京。

戴笠仍侨居日本。

巴泰时为监修总裁官、内大臣、吏部尚书、中和殿大学士，因《世祖章皇帝实录》修成，与总裁官、都统、吏部尚书、中和殿大学士图海，户部尚书、保和殿大学士索额图，太子太保、户部尚书、保和殿大学士李霨，太子太保、礼部尚书、保和殿大学士杜立德，俱著加太子太傅。原任太子太保、礼部尚书、保和殿大学士魏裔介亦著加太子太傅。

梁清标四月为户部尚书，充经筵讲官。

吴正治十一月为兵部左侍郎，充经延讲官。

陈廷敬十月以翰林院侍讲学士充日讲官。

史鹤龄十一月以翰林院编修充日讲官。

笪重光、王翚筹集常州，与恽寿平同寓谈艺四十日。

吴丹时任侍卫，四月三十日与学士郭廷祚阅视河工，绘图进呈。

龚起翚时任安徽泗县知县，建夏邱书院。

党居易时任湖北丹江口知州，建南阳书院。

李益阳时任湖南邵阳知府，扩建东山书院。

阎奇英时任广东潮州通判，建东莆书院。

葡萄牙传教士徐日升来华传教。

潘元懋著《周易广义》6卷成书。

魏裔介夏居柏乡，辑《孝经注义》1卷。

按：《四库全书总目提要》曰："是书以《孝经》分章诠释，其训诂字义者，标题曰'注'；其敷衍语意者，标题曰'义'。词旨浅近，盖课蒙之作也。"

李光地撰《河洛图说》并进呈。

陆陇其始辑《问学录》。

按：《四库全书总目提要》曰："是编大旨，主于力辟姚江之学以尊朱子。然与王守仁辨者少，而于近代之说调停于朱、陆之间，及虽攻良知而未畅者，驳之尤力。其中有抑扬稍过者。如高攀龙遭逢党祸，自尽以全国体，其临终《遗表》，有'君恩未报，愿结来生'二语。此自老臣恋主，惓惓不已之至情，而陇其以其来生之说流于佛氏为疑，未免操之已蹙。《朱子文集》有《与巩仲至书》曰：'仍更洗涤得肠胃间夙生荤血脂膏'。'夙生'二字与'来生'何异，陇其何竟不纠耶？王守仁开金溪之派，其末流至于决裂猖狂，诚为有弊。至其事业炳然，自不可掩。而陇其谓守仁之道不得大行，继守仁而行其道者，徐阶也；使守仁得君，其功业亦不过如阶。似亦未足以服守仁之心。至于朱子之学上接洙泗，诚宋以来儒者之宗。陇其必谓读《论语》固能兴起善意，然圣言简略，又不若《小学》、《近思录》、《朱子行状》尤能使人兴起善意。似亦过于主持。盖明之末年，学者以尊王诋朱为高，其势几不可遏。陇其笃守宋儒，力与之辨，不得不甚其词，然亦稍失和平之气。"

叶方蔼作《急论》。

敕修《世祖章皇帝实录》144卷五月告成。

汪琬著《东都事略跋》3卷。

魏禧为吴任臣《十国春秋》作《十国春秋序》。

按：《序》曰："史才之难也久矣，世之言史者，率右司马迁而左班固。禧尝以谓迁当以文章雄天下，史之体则固为得。盖史主记事，固详密，于体为宜，迁则主于为

约翰·乔斯林发表有关地方植物群和动物群的作品《新英格兰的珍品被发现》。

威廉·凯夫著成《原始基督教》。

威廉·坦普尔发表《荷兰联合省观察报告》。

文而已。文欲略而后工者,则势不得更详,而欧阳修《五代史》亦于事为略,至十国尤不备。任臣生七八百年之后,传闻阔绝,书籍散亡,毅然起而补之,其功甚巨,事亦最难。禧读其书,采择详博而精于辨核,为文明健有法,自《史记》、《汉书》、《五代史》而外,岂亦有能先之者哉!"(《十国春秋》卷首)

于成龙修,郭棻纂《畿辅通志》46卷刊行。

按:是书雍正时又有重修。

宁完福修,朱光纂《保安州志》2卷刊行。

邓性修,李焕章纂《临淄县志》16卷刊行。

王宏翼纂修《肃宁县志》1卷刊行。

刘师峻纂修《曲阳县新志》11卷刊行。

黄开运纂修《定州志》10卷刊行。

毛奇龄撰《会稽县志总论序》。

王政修,张斑纂《唐县新志》18卷刊行。

沈光瑀修,杨永宁纂《闻喜县志续编》刊行。

纪弘谟修,马佐纂《垣曲县志》16卷刊行。

马光远修,刘梁嵩纂《河津县志》8卷刊行。

毕盛讚修,王舜民纂《芮城县志》4卷刊行。

侯荣圭纂修《灵石县志》4卷刊行。

王祚永修,王基昌纂《乐平县志》8卷刊行。

何显祖修,袁锵珩纂《岢岚州志》4卷刊行。

张联箕纂修《乡宁县志》6卷刊行。

赵弼修,赵培基纂《平乡县志》6卷刊行。

高显修,李京纂《邢台县志》12卷刊行。

朱世纬纂修《永年县志》19卷刊行。

周邦彬修,郜焕之纂《大名府志》32卷刊行。

吴友闻修,柴应辰纂《故城县志》6卷刊行。

曹邦修,多弘馨纂《重修阜志》2卷刊行。

张一魁纂修《景州志》4卷刊行。

贺基昌纂修《昌乐县志》6卷刊行。

屠寿徵修,尹所遴纂《临朐县志书》4卷刊行。

陈食花修,钟锷等纂《益都县志》14卷刊行。

马孔彰纂修《新城县续志》1卷刊行。

宋弼纂修《高苑县志》8卷刊行。

程维伊修,吴运光等纂《庆元县志》刊行。

徐同伦修,俞有斐等纂《永康县志》10卷刊行。

刘芳喆修,郭若绎、章允奇纂《兰溪县志》7卷刊行。

蔡灼修,杨浣等纂《诸几县志》12卷刊行。

冯圣泽修,骆维恭纂《武康县志》8卷刊行。

黄胪登修纂《沂水县志》6卷刊行。

尹任修,尹足法纂《肥城县志书》2卷刊行。

岳之岭修，徐继曾纂《长清县志》14卷刊行。
刘兴汉修，程待聘纂《宁阳县志》8卷刊行。
李濂修，仲弘道等纂《滋阳县志》4卷刊行。
朱弘祚修，周洙纂《盱眙县志》32卷刊行。
龚起翚修纂《虹县志》2卷刊行。
魏宗衡修，邢仕诚等纂《临淮县志》8卷刊行。
李云景修，伍三秀等纂《五河县志》4卷刊行。
白琬如修，张士任纂《金溪县志》35卷刊行。
刘佑修，叶献伦、洪孟赞等纂《南安县志》20卷刊行。
叶向高原本，李传甲修，郭文祥纂《福清县志》12卷刊行。
刘昈修纂《武平县志》10卷刊行。
潘翊清修，陈钧纂《永定县志》10卷刊行。
洪济修，江应昌、雷民望纂《泰宁县志》10卷刊行。
周燝修，陈恂纂《建宁县志》14卷刊行。
徐玑修，张洞宸纂《观城县志》5卷刊行。
杜养性修，邹毓祚纂《襄阳府志》8卷刊行。
王景阳增修，李毓昌增纂《归州志书》刊行。
杨九鼎修，周文濂纂《绥宁县志》5卷刊行。
张茂节修纂《堂邑县志》3卷刊行。
张文范修，段章纂《莒州志》2卷刊行。
屈逸乘修，王运升纂《蒙阴县志》4卷刊行。
杨引祚等修纂《宁海州志》10卷刊行。
毕懋第修《威海卫志》10卷成书。
王珍修，陈调元纂《潍县志》9卷刊行。
田国辅修，周一宽纂《桂东县志》6卷刊行。
陈五典修纂《锦江志略》1卷刊行。
佚名纂《纂修即墨县志》2卷刊行。
刘维桢修纂《莘县志》8卷刊行。
霍之瑄修，李简身纂《范县志》3卷刊行。
毕士俊修，江熙龙等纂《贵溪县志》8卷刊行。
卫胤嘉修，王章纂《石首县志》4卷刊行。
林长存修，王启辅纂《灵山县志》4卷刊行。
李超修纂《新兴县志》20卷刊行。
吴盛藻修，洪泮洙纂《雷州府志》10卷刊行。
蒋应泰修纂，黄云史重辑《高州府志》10卷刊行。
丁斗柄修，曾典学纂《澄迈县志》4卷刊行。
宁林修，麦汝梓纂《新宁县志》10卷刊行。
潘之彪修纂《蓬溪县志》2卷刊行。
韩允嘉修纂，张其善增修《东安县志》10卷刊行。

李复修修,吴国玗纂《四会县志》20卷刊行。

孙珮著《苏州织造局志》12卷成于是年前。

按:是书为专门记载清初苏州织造局历史的专著,保存了大量珍贵的文献资料,对于研究当时的政治经济状况及官办手工业发展水平、经营情况都有重要意义。

孙奇逢自编《岁寒居士年谱》成书。

李陈玉著《楚辞笺注》4卷刊行,魏学渠作序。

王士禄著《然脂集》230卷成书,有自序。

按:《四库全书总目提要》曰:"士禄尝欲辑古今闺阁之文为一书,取徐陵《玉台新咏序》'然脂暝写'之语为名。然陵所选,乃艳歌,非女子诗,士禄盖误引也。其弟士祯书其《年谱》后曰:'先生著书,惟《然脂集》二百三十余卷,条目初就。'盖为之而未成,仅存此例十条而已。《隋志》有《妇人集》,其书不传。明以来选本至夥,猥杂殊甚。士禄此例,差有条理。附存其名于诗文评中,俾来有考焉。"

吴见思著《杜诗论文》56卷成书。

按:《四库全书总目提要》曰:"见思字齐贤,武进人。是编成于康熙壬子,据其凡例,盖拟举杜诗典故别为一书,名曰《杜诗论事》,故此编但诠释作意,谓之《杜诗论文》。夫笺注典故,所以明文义也。论事自论事,论文自论文,是已两无据矣。"吴见思另著有《史记论文》130卷。

黄宗羲选编《姚江逸诗》15卷。

按:《四库全书总目提要》曰:"是编皆录余姚一邑之诗。自南齐迄明,以时代为叙。其方外、闺秀、仙鬼则总汇于末卷。每人各为小传,颇足以补史事之阙。然第十五卷《韩应龙传》末云:'梨洲先生选逸诗,广极搜辑,不解何故遗此。'则此卷为后人所续无疑,非宗羲之原书,不知何以混而一之。又刘妙容事出于吴均《续齐谐记》,其人乃吴令刘惠明之女,没后魂见,是鬼非神,题曰神女,已大谬。又王敬伯虽余姚人,而女则不知何方之产,所遇之地又在吴中,引而入之姚江,尤为无理。亦必非宗羲之旧也。"以后倪继宗编《续姚江逸诗》12卷。倪继宗字复野,余姚人。

朱彝尊八月入都,成《江湖载酒集》。

孙宗彝著《爱日堂文集》8卷刊行。

易学实著《犀崖文集》21卷刊行。

李渔初刊所著《笠翁一家言》。

汪琬就归庄所校刻《归有光集》著《归文辨诬录》。归庄约是年著《归文考异驳》驳之。

尤侗所著笔记《西堂杂俎二集》刊行。

杨素蕴著《见山楼诗集》成书。

宋荦著《筠廊偶笔》2卷成书。

梅文鼎是冬著成《方程论》6卷。

张志聪著《黄帝内经灵枢集注》9卷、《黄帝内经素问集注》9卷刊行。

南怀仁译《坤舆图说》成。

亨利·许茨卒(1585—)。德国

李天植卒(1591—)。天植字因仲,号蠡园居士,后更名确,字潜夫,入清后号龙湫山人,浙江平湖人。明崇祯六年举人。明亡,隐居陈山。著有《乍浦九山补志》、《蜃园文集》4卷、《蜃园诗前后集》10卷、《龙湫集》8卷等。事迹见《清史稿》卷五〇一、清张庚《李天植传》(《碑传集》卷一二四)。罗继祖编有《李蜃园先生年谱》。

作曲家。首次将意大利风格引入德国音乐。

吴有性卒(1592—)。有性字又可,江苏吴县人。生于明季,居太湖中洞庭山。当崇祯辛十四年,南北直隶、山东、浙江大疫,有性推究病源,就所历验,著有《瘟疫论》。事迹见《清史稿》卷五〇二。

按:《清史稿·艺术传一》曰:"古无瘟疫专书,自有性书出,始有发明。其后有戴天章、余霖、刘奎,皆以治瘟疫名。"余霖字师愚,安徽桐城人。著有《疫疹一得》2卷。刘奎字文甫,山东诸城人,著有《瘟疫论类编》及《松峰说疫》6卷。

冯铨卒(1595—)。铨字振鹭,涿州人。明万历进士,授检讨。天启时充《三朝要典》总裁官。入清,授弘文院大学士兼礼部尚书,屡典会试。著有《瀛州赋》、《独鹿山房诗集》等。事迹见《清史稿》卷二五二、《清史列传》卷七九。

唐宇昭卒(1602—)。宇昭一名禹昭,字云客,号半园,江苏武进人。明崇祯举人。工诗画。著有《半园诗》、《桃花笑》传奇。

吴伟业卒(1609—)。伟业字骏公,号梅村,江苏太仓人。师事张溥,为复社成员。明崇祯四年进士,官左庶子。入清后官国子祭酒。学问渊博,诗尤工丽,为"江左三大诗人"之一。著有《春秋地理志》16卷、《春秋氏族志》24卷、《梅村集》40卷、《绥寇纪略》12卷、《复社纪事》1卷、《梅村家藏稿》58卷、传奇《秣陵春》等。事迹见《清史稿》卷四八四、《清史列传》卷七九、蔡冠洛《清代七百名人传》第五编、顾湄《吴先生伟业行状》(《碑传集》卷四三)。顾师轼编有《梅村先生年谱》,日本铃木虎雄编有《吴梅村年谱》,马导源编有《吴梅村年谱》。

按:《清史稿》本传曰:"伟业学问博赡,或从质经史疑义及朝章国故,无不洞悉原委。诗文工丽,蔚为一时之冠,不自标榜。"

陆世仪卒(1611—)。世仪字道威,号刚斋,明亡改号桴亭,门人弟子私谥尊道先生,江苏太仓人。与陆陇其并称"二陆"。清军入关,隐居讲学。为学志存经世,不标宗旨,不立门户,博及天文、地理、河渠、兵法。著有《思辨录辑要》、《易窥》、《易说初编》4卷、《四书讲义辑存》、《宗礼典礼折衷》、《礼衡》、《宗祭礼》4卷、《诗鉴》、《春秋讨论》2卷、《性理纂要》4卷、《复社纪略》、《论学酬答》4卷、《续论学酬答》4卷、《性善图说》1卷、《虚斋格致传补注》1卷、《庚子东林讲义》1卷、《制科议》1卷、《治乡三约》1卷、《桑梓五防》1卷、《支更说》1卷、《月道疏》1卷、《甲申臆议》1卷、《八阵发明》6卷、《城守辑略》1卷、《娄江议十二法》1卷、《娄江图说》1卷、《淘河建闸决排诸议》1卷、《漕兑议》1卷、《续漕兑议》1卷、《漕赋说》1卷、《漕议八款》1卷、《丧中杂录》1卷、《讲学全规》1卷、《讲学纪事》1卷、《节韵幼仪》1卷、《刚斋日记》5卷等40余种,100余卷,后人汇为《桴亭先生遗书》。事迹见《清史稿》卷四八〇、《清史列传》卷六六、李桓《国朝耆献类征初编》卷三九八、蔡冠洛《清代七百名人传》第四编、全祖望《陆先生世仪传》、汤修业《陆桴亭先生小传》(均见《碑传集》卷一二七)。清凌锡祺编有《尊道先生年谱》。

按：《清史稿》本传曰："世仪之学，主于敦守礼法，不虚谈诚敬之旨，施行实政，不空为心性之功。于近代讲学诸家，最为笃实。其言曰：'天下无讲学之人，此世道之衰；天下皆讲学之人，亦世道之衰。嘉、隆之间，书院遍天下，呼朋引类，动辄千人，附影逐声，废时失事，甚有借以行其私者，此所谓处士横议也。'又曰：'今所当学者不止六艺，如天文、地理、河渠、兵法之类，皆切于世用，不可不讲。'所言深切著明，足砭虚憍之弊。其于明儒薛、胡、陈、王，皆平心论之。又尝谓学者曰：'世有大儒，决不别立宗旨。'故全祖望谓国初儒者，孙奇逢、黄宗羲、李颙最有名，而世仪少知者。"陆世仪桴亭学派的弟子甚多，主要有许焜、郁植、毛师柱、孔兴纲、邢衡、沙张白、曹禾、汤诰等。其交游者有龚士燕、陈瑚、盛敬、江士韶、王育、郁法、文祖尧、陆元辅、吴素贵、顾炎武、归庄、高世泰、恽日初、蔡所性、马负图、杨世求、徐世沐等。

周亮工卒（1612— ）。亮工字元亮，又字缄斋、陶庵，号栎园，江西金溪（一说河南开封）人。明崇祯十三年进士，官御史。入清，授两淮盐运使，迁户部右侍郎。工古文词。好古图史书画，访求不遗余力，尽得闽中谢在杭之藏书。著有《字触》6卷、《印人传》4卷、《同书》8卷、《读画录》4卷、《画人传》、《赖古堂诗钞》、《赖古堂书画跋》1卷、《赖古堂集》24卷、《因树屋书影》、《闽小记》等。事迹见《清史列传》卷七九、震钧辑《国朝书人辑略》卷一、蔡冠洛《清代七百名人传》第一编、姜宸英《江南粮储参议道前户部右侍郎栎园周公墓碣铭》、钱陆灿《周栎园墓志铭》、鲁曾煜《周栎园先生传》、林佶《名宦户部右侍郎周公亮工传》（均见《碑传集》卷一〇）。周在浚编有《周亮工年谱》。

周茂源卒（1613— ）。茂源字宿来，号釜山，华亭人。明末参加几社，名与几社六子相亚，与夏允彝、陈子龙、李雯为友；又与吴骐、陶冰修在里立雅似堂社。入清后，中顺治六年进士，官至浙江处州知府。著有《鹤静堂集》19卷。

童养性卒（1615— ）。养性字迈公，号毓初，山东乐陵人。康熙间官宁国府通判，署南陵、太平两县。平生多购书籍，以一本藏于家，一本藏于县学舍，俾后进子弟取读。著有《易经订疑》15卷、《易经启蒙订疑》4卷、《四书订疑》22卷等。

王炘卒（1617— ）。炘字济似，号晓岩，别号茨庵，直隶雄县人。入清不仕，躬耕为生。著有《茨庵集诗钞》6卷。

陈维崌卒（1630— ）。维崌字半雪，一字文鹭，江苏宜兴人。陈维崧仲弟。工诗词，为阳羡派作家之一。著有《亦山草堂遗稿》4卷、《亦山草堂诗余》2卷及《亦山草堂南曲》等。

戴笠卒于日本，生年不详。笠字曼公，晚号就庵、天外考人、独立一闲人等，为僧后法名性易，字独立，为隐元弟子，浙江仁和人。精于诗文、翰墨、篆刻、医术。侨居日本18年，为中日文化交流作出重要贡献。著有《痘科键口诀方论》、《病唇十八品》、《病舌三十六品》等，另有《焚余草》、《天外老人集》，惜多已散佚不存。

高其佩（ —1734）、**李文焌**（ —1735）、**蒋衡**（ —1743）、**王步青**

（　—1751）、金门诏（　—1751）、张朝晋（　—1754）、张廷玉（　—1755）、黄叔琳（　—1756）生。

康熙十二年　癸丑　1673年

二月初六日丙午(3月23日)，命大学士杜立德、礼部尚书龚鼎孳为会试正考官，刑部左侍郎姚文然、翰林院掌院学士熊赐履为副考官。

初七日丁未(3月24日)，谕日讲官学士傅达礼等，改隔日进讲为每日讲读。

三十日庚午(4月16日)，颁赐诸王以下文武各官及八旗官学《大学衍义》各一部。

三月二十日庚寅(5月6日)，策试天下贡士韩菼等于太和殿前。

二十三日癸巳(5月9日)，上御太和殿，赐韩菼、王鸿绪、徐秉义等166人进士及第出身有差。考试官为内阁杜立德、礼部尚书龚鼎孳、刑部侍郎姚文然、翰林学士熊赐履。

四月二十七日丙寅(6月11日)，监修总裁、副总裁等请旨，于是日同纂修官，遵奉典礼，自《实录》馆恭送《世祖章皇帝实录》，至皇史宬尊藏。

五月二十三壬辰(7月7日)，命翰林院掌院学士傅达礼、熊赐履教习庶吉士。

七月十四日辛巳(8月25日)，从左都御史多诺疏言，以后祭祀文庙，满文官三品以上同汉官一体斋戒二日陪祀，以示满汉一体，崇儒重道。

十五日壬午(8月26日)，命重修《太宗文皇帝实录》。

八月十九日丙辰(9月29日)，康熙帝于观德殿选八旗之善射者阅射。

九月十四日庚辰(10月23日)，以大学士冯溥为武会试正考官，侍讲学士陈廷敬为副考官。

十月初二日戊戌(11月10日)，康熙帝对熊赐履曰："朕生来不好仙佛，所以向来尔讲辟异端，崇正学，朕一闻便信，更无摇惑。"熊曰："不特仙佛邪说在所必黜，即一切百家众技，支曲偏杂之论，皆当摈斥勿录。"帝曰："凡事必加以学问，方能经久，不然只是虚见，非实得也。"(《清圣祖实录》卷四二)

初五日辛丑(11月13日)，策试天下武举于太和殿前。

初七日癸卯(11月15日)，上御瀛台，阅试中式武举芮复光等骑射技勇。

初八日甲辰(11月16日)，上御太和殿，传胪，赐殿试武举郎天祚等100人武进士及第出身有差。

波兰再战奥斯曼帝国。胜之。

英国议会通过《宣誓法案》。

法人进抵密西西比河源。

十一月初六日壬申(12月14日),谕侍读学士喇沙里,命学士熊赐履、编修叶方蔼、张英、修撰韩菼等各撰《太极图论》一篇。

按：谕侍读学士喇沙里曰："朕在宫中博观典籍,见宋儒周敦颐《太极图》,义理精奥,实前贤所未发。朕尝极意探索,究其指归,可命学士熊赐履、编修叶方蔼、张英、修撰韩菼等各撰《太极图论》一篇,朕亲览焉。"(《清圣祖实录》卷四四)

十二月初一日丙申(1674年1月7日),吴三桂自云南起兵反叛。

十八日癸丑(1月24日),谕吏部、礼部："致治之道,首重人才。储养之源,由于学校。必衡鉴得人,厘剔有法,乃能革除积弊,遴拔真材,以彰文治之盛。近闻直隶各省学差,沿袭陋规,隳废职业,营私作弊,考试不公,以致真材沦弃,文治不光。今应作何整饬,差遣何官,及磨勘考核之法,何以尽善,务期允革弊端,著九卿科道会同详确议奏。"(《清圣祖实录》卷四四)

二十日乙卯(1月26日),吏部议："广东琼州道向兼摄学政。今琼州道范养民,非由科目出身,其琼州学政,应归广东学道管理。"从之(《清圣祖实录》卷四四)。

顾炎武正月由静乐南下,至扬州,寓书李良年,称《日知录》续录又得6卷;入都,主徐元文家,遇钱秉镫于北京;四月,至德州,订州志;八月游济南,寓通志局。《山东肇域志》既成,复至章丘。作《与颜修来手札》,称"近日又成《日知录》八卷"。

黄宗羲至宁波天一阁观书,取其流通未广者钞为书目而归。编有《天一阁书目》。

黄宗羲母八十寿辰,孙奇逢寄去寿诗一章,并所著《理学宗传》一部,以示庆贺。

按：黄宗羲开始对孙书不无讥讽,其实此书对他编纂《明儒学案》有所启示,故以后他在《明儒学案》中说："《理学宗传》特表周元公、程纯公、程正公、张明公、邵康节、朱文公、陆文安、薛文清、王文成、罗文恭、顾端文十一子为宗,以嗣孟子。之后诸儒,别为考以次之。可谓别出手眼者矣。岁癸丑(指康熙十二年),作诗寄义,勉以蕺山薪传,读而愧之。"

阎若璩应山西乡试归,见马骕于灵璧官署,与论《古文尚书》。

按：江藩《国朝汉学师承记》曰：阎若璩"年二十,读《尚书》,至古文,即疑二十五篇之伪,沈潜二十余年,乃尽得其症结所在,作《古文尚书疏证》"。

李颙四月应陕西总督鄂善屡次敦聘,讲学关中书院。八月,鄂善以"山林隐逸"荐,颙以疾固辞,书凡八上。十一月,至华阴访王弘撰,与论为学出处之义,并嘱为刘四冲作诗。

按：李颙在关中书院讲学伊始,即昭示了十条会约、八条学程,对书院讲学的时间、礼仪、次第、方法、内容、目的诸项,以及就学士子每日的学习课程等,都作了明确规定,而贯彻始终的,就是"讲学"二字。

吕留良为编宋人遗书,至南京访黄虞稷等,借钞宋人书近20种。又始与施闰章相遇于南京。

李光地、陈梦雷是冬相继告假返回福建老家。

　　按：《清史稿·李光地传》曰：陈梦雷"方居家，精忠乱作，光地使日（火呈）潜诣梦雷探消息，得虚实，约并具疏密陈破贼状，光地独上之，由是大受宠眷。及精忠败，梦雷以附逆逮京师，下狱论斩。光地乃疏陈两次密约状，梦雷得减死戍奉天"。另一种说法是，李光地始终没有承认陈梦雷参与密谋之事，陈梦雷得以免死戍边，也不是李光地的功劳，而是徐乾学的帮助。

顾祖禹南游，居耿精忠幕中。

施闰章为纂修《宁国府志》总裁，以"分野"一门属友人梅文鼎；文鼎作《宁国府志·分野》稿1卷、《宣城县志·分野》稿1卷。

尤侗在里与修《苏州府志》，分撰"山水"、"人物"二志。

徐枋在苏州，饿至不能出门，见黄周星来访，两人互诉悲愤，相持大哭。

费密二月遵父遗意，以近半百之年，远道跋涉，至河南辉县夏峰，问学于孙奇逢。

　　按：费密父名经虞，博通诸经，著有《毛诗广义》、《四书字义》等。费密之学，源自庭训。

邵廷采授经于嘉兴。

张伯行受学于倪长犀。

阎尔梅返至沛县，结束浪迹江湖生涯。

蒲松龄约于此年开始塾师生涯。

萧云从被官府拘置采石矶太白楼作壁画，以七日力绘四大名山成，得释。

图海时为大学士，七月十五日为《太宗文皇帝实录》监修总裁官，大学士索额图、李霨、杜立德、冯溥为总裁官，学士郭四海、穆成额、岳甘、额库礼、纪振疆、王守才、史大成、李仙根、傅达礼、熊赐履为副总裁官，内阁侍读学士禅塔海、觉罗沙赖、喇巴克、毕力克图、王敷政、翰林院侍读学士胡密色、杨正中、侍读学士何托、勒备、崔蔚林、王扬昌、内阁侍读杜冷额、索拜、丹布、伊喇喀、察库、班迪、孟色立、陈嘉猷、席密图、占楂、翰林院侍读格尔古德、书恕、项景襄、沈荃、侍讲傅腊塔、吴本植、编修苏宣化、董讷、李录予、检讨蒋弘道、典籍齐格、中书纳哈出赖、赛音察克等为纂修官。

叶方蔼五月为翰林院编修，充日讲官。

张英七月授翰林院编修，充日讲官。

沈荃十一月为翰林院侍读，充日讲官。

勒备、格尔古德十一月为翰林院侍讲学士，充日讲官。

崔蔚林十二月为翰林院侍讲学士，充日讲官。

韩菼会试、殿试皆第一，十月奉命专任纂修《孝经衍义》事；十二月为翰林院修撰，充日讲起居注官。

　　按：《清史稿·韩菼传》曰："圣祖知其能文，命撰《太极图说》以进，复谕进所作制举文，召入弘德殿讲《大学》。初世祖命纂《孝经衍义》未成，至是以菼专任纂修。"

王鸿绪、徐倬中进士。

查士标客扬州，王翚自吴门来访，论画累月。

梁份从彭士望学。

按：《清史稿·文苑传一》曰：梁份"少从彭士望、魏禧游，讲经世之学。工古文辞。尝只身游万里，西尽武威、张掖，南极黔、滇，遍历燕、赵、秦、晋、齐、魏之墟，览山川形势，访古今成败得失，遐荒轶事，一发之于文。方苞、王源皆重之"。

彭士望寄书胡其毅，评抑李白、杜甫。

顾汧、黄士垣、陆祚藩、周昌、马鸣銮、徐倬、韩竹、罗秉伦、缪景宣、沈印城、王允琳、李基和、徐潮、汪鹤孙、董闇、徐元梦、韩士修、田成玉、王鼎冕、王尹方、曾寅、李叶、龚章、张志栋、唐四表等32位新科进士五月十一日被选为庶吉士，并编修王鸿绪、徐秉义分别为满汉书教习。

周邦彬时任河北大名知府，于明代元城书院旧址建天雄书院。

赵士麟时任河北容城知县，于县城北大街建正学书院，后更名为正义书院。

李之芳在浙江衢州建青霞书院。

潘如安时任江西都昌县知县，建潘公讲堂。又在任江西奉新知县时，建董侯书院。

叶方恒时任山东莱芜知县，建正率书院。

李永庚时任河南新郑知县，建兴学书院。

米汉雯时任河南长葛知县，建嘉惠书院。

陈绣卿等在广东佛山建田心书院。

罗文藻由教皇克雷芝十世提名为巴希利卫主教、南京教区宗座代牧。

传教士南怀仁奉命督造赤道经、纬仪，地平经、纬仪，纪眼仪及天体仪等六件天文新仪成。

耶稣会士葡萄牙人徐日升因南怀仁推荐至北京。

罗伯特·克拉维尔发表《伦敦公元1666年大火以来英格兰书籍出版目录》。

大司祭彼得罗维奇·阿瓦库姆编写第一部俄国自传《生命》。

应撝谦八月重校《易学大中》，更名《周易应氏集释》，并自为序。

费密著《河洛古文》2卷成书，五月注《河洛图书》，六月著《回礼补录》10卷成书。

朱鹤龄刻所辑《尚书埤传》17卷。

按：其《自序》曰："《尚书》者，帝王之心法，治法所总萃也。……余之辑是书也，主诂义而兼及史家，胪群疑而断以臆说，务为通今适用之学。"《四库全书总目提要》评其书"诠释义理而不废考订训诂，斟酌于汉学、宋学之间，较书肆讲义则固远胜焉"。

王夫之著《礼记章句》初稿成。

孙承泽著《五经翼》20卷成书。

汤斌辑《洛学编》成书。

按：是书专述洛学源流与思想。后人尹会一编《洛学编续编》，列清代孙奇逢、汤斌、耿介、张沐、张伯行、窦克勤、冉觐祖等7人，体例依旧。郭程先又作《补编》，补列宋至清8人。是书为研究汤斌思想及中州学派学术发展的参考资料。有《汤文正公遗书》本、《汤文正公全集》本。

张履祥始选《朱子语类》，次年春卒业。

明冯从吾著《关学编》重刊。

按：王心敬亦著有《关学编》5卷，以补冯书之未备。《四库全书总目提要》曰："初，明冯从吾作《关学编》，心敬病其未备，乃采摭诸书，补其阙略，以成此书。从吾原编，始于孔门弟子秦祖，终于明代王之士。心敬所续辑者，于秦祖之前增伏羲、泰伯、仲雍、文王、武王、周公六人，于汉增董仲舒、杨震二人，明代则增从吾至单允昌凡六人，又附以周传诵、党还醇、白希彩、刘波、王侣诸人，国朝惟李容一人，则心敬之师也。明世关西讲学，其初皆本于薛瑄，王恕又别立一宗，学者称为三原支派。大抵墨守主敬穷理之说，而崇尚气节，不为空谈。黄宗羲所谓风土之厚，而加之以学问者。从吾所纪，梗概已具。心敬所广，推本羲皇以下诸帝王，未免溯源太远。又董仲舒本广川人，心敬以其卒葬皆在关中，因引入之，亦未免郡县志书牵合附会之习也。"

顾炎武著《日知续录》6卷成书。

黄宗羲《明夷待访录》刊行。

按：是书不分卷，内容包括原君、原臣、原法、置相、学校、取士、建都、方镇、田制、兵制、财计、胥吏、奄宦等13篇，对君主专制政权体制作了系统批判。顾炎武致书黄宗羲，称此书"百王之敝可以复起，而三代之盛可以徐还也"（《亭林文集·顾宁人书》）。此书在乾隆年间曾被列为禁书，至清末才复出，对维新思潮的兴起产生过积极的推动作用。梁启超等视之为"刺激青年最有力之兴奋剂"，把它"作为宣传民主主义的工具"（《中国近三百年学术史》）。是书以郑性父子二老阁初刻本为最早，1981年中华书局有铅印标点本。

清重修《太宗文皇帝实录》成书。

黄宗羲订定《四明山古迹记》5卷。

李庆祖修，张璟纂《良乡县志》8卷成书。

王公楷修《成安县志》12卷刊行。

张慎发纂修《邯郸县志》12卷刊行。

傅星修，郑立功纂《文水县志》10卷刊行。

姜愃修，于公胤纂《长治县志》8卷刊行。

姜炤纂修《鸡泽县志》10卷刊行。

张鹏翎纂《唐山县志》4卷刊行。

胡胤铨纂修《南宫县志》12卷刊行。

季芷修，谢元震纂《任县志》12卷刊行。

李之栋纂修《威县志》16卷刊行。

邢云路原本，林弘化续纂修《临汾县志》9卷刊行。

陈应富纂修《翼乘》12卷刊行。

南鹏修，曹执衡纂《吉州志》2卷刊行。

胡必蕃修，贺友范纂《蒲城新志》8卷刊行。

黄复生修，黄翊圣纂《鼎霍州志》10卷刊行。

潘廷侯修，秦绍襄纂《浮山县志》4卷刊行。

谢国杰修，崔瀛纂《襄陵县志》8卷刊行。

陈士性修，马淑援纂《解州志》10卷刊行。

方叔裔续修《朔州志》6卷刊行。

杨天锡修，侯维泰纂《辽州志》8卷刊行。
陈以恂修，梁雏翔纂《重修平遥县志》2卷刊行。
陈一魁修，卫既齐纂《猗氏县志》10卷刊行。
顾涞初纂修《稷山县志》8卷刊行。
李长庚修，张殿珠纂《荣河县志》8卷刊行。
谭吉璁纂修《延绥镇志》24卷刊行。
张其珍修，尚新民纂《定兴县志》10卷刊行。
赵士麟修，李进光纂《容城县志》8卷刊行。
崔启元修，王胤芳、邵秉忠纂《文安县志》4卷刊行。
张象灿修，马恂纂《大城县志》8卷刊行。
成其范修，柴经国纂《保定县志》4卷刊行。
陈伯嘉纂修《三河县志》2卷刊行。
王士美、李大章等修，张墀等纂《东安县志》10卷成。
刘征廉修，郑大纲纂《献县志》8卷刊行。
马士琼修，吴维哲等纂《南皮县志》8卷刊行。
墙鼎修，黄伉纂《交河县志》7卷刊行。
杨霞修，姚景图纂《青县志》4卷刊行。
任先觉修，杨萃纂《吴桥县志》10卷刊行。
白为玑修，冯樾纂《东光县志》8卷刊行。
刘安国修，王斌纂《完县志》10卷刊行。
田显吉修，褚光镆纂《峄县志》5卷刊行。
金祖彭修，程先贞纂《德州志》10卷刊行。
史飏廷纂修《陵县志》6卷刊行。
戴王缙修，刘胤德纂《德平县志》4卷刊行。
蓝奋兴修，王道光纂《齐河县志》8卷刊行。
王表纂修《禹城县志》8卷刊行。
董时升纂修《夏津县志》6卷刊行。
李居一修，崔允贞纂《庆云县志》12卷刊行。
韩文焜纂修《利津县新志》10卷刊行。
王永命纂修《仙安县志》2卷成书。
唐敬一纂修《续补永平志》1卷成书。
汤聘修，秦有容纂《平山县志》5卷刊行。
祝万祉修，阎永龄、王懿纂《赵州志》10卷刊行。
阎甲胤修，马方伸纂《静海县志》4卷刊行。
牛一象修，范育蕃纂《宝坻县志》8卷刊行。
赵昕修，苏渊纂《嘉定县志》24卷刊行。
李益阳修，钱邦芑、刘应祁纂《宝庆府志》28卷刊行。
张问明修，殷铭纂《常宁县志》13卷刊行。
汪永瑞修纂《新修广州府志》54卷刊行。

许代岳修,卢弼纂《增城县志》14卷刊行。
周韩瑞修纂《新修曲江县志》4卷刊行。
马元修纂《韶州府志》16卷刊行。
盛民誉修,周一锦纂《桂阳县志》6卷刊行。
刘履泰修,刘象贤纂《湘乡县志》10卷刊行。
卞颖修,王劝纂《诸城县志》12卷刊行。
孙蕴韬修,高国樾纂《胶州志》8卷刊行。
高岗修,蔡永华纂《蓬莱县志》8卷刊行。
李蕃修,范廷凤纂《黄县志》8卷刊行。
罗博修,陆北甲纂《福山县志》12卷刊行。
万邦维修,卫元爵、张重润纂《莱阳县志》10卷刊行。
张三俊修,冯可参纂《郯城县志》10卷刊行。
金世德修,杨日升纂《东明县志》8卷刊行。
门可荣修,王一较纂《曹县志》18卷刊行。
李蕡修,屈琚、石光祖纂《连州志》10卷刊行。
张斗、丘有璇修纂《重修英德县志》5卷刊行。
曹兴隆修,唐文绚纂《会同县志》8卷刊行。
党居易修纂《均州志》4卷刊行。
田恩远修,石高嵩纂《长阳县志》刊行。
张圻隆修,龚逢烈纂《新修蒲圻县志》15卷刊行。
王斌修纂《荆州卫志》刊行。
吴游龙修,王演、卢前骥纂《京山县志》10卷刊行。
王之佐修,王浩冲纂《沔阳州志》20卷刊行。
祖植桐修,赵昶纂《朝城县志》10卷刊行。
刘佑修纂《高唐州志》12卷刊行。
王天壁修纂《阳谷县志》8卷刊行。
于睿明修,胡悉宁纂《临清州志》4卷刊行。
董元俊修,孙锡潘纂《黄冈县志》6卷刊行。
胡绳祖纂《大冶县志》9卷刊行。
胡国佐修纂《孝感县志》16卷刊行。
周祜修,陈联璧纂《应山县志》7卷刊行。
李世昌修纂《南安府志》15卷刊行。
张问行纂《长宁县志》6卷刊行。
马镇修纂《龙南县志》12卷刊行。
孙榮修纂《开州志》10卷刊行。
谢宸荃修,洪龙见纂《安溪县志》12卷刊行。
董谦吉修,李焕斗纂《新淦县志》15卷刊行。
王雅修,李振裕纂《吉水县志》16卷刊行。
佘履度修,邓化日等纂《泸溪县志》11卷刊行。

聂当世修，陈时懋、章兆瑞纂《进贤县志》20卷刊行。
曹养恒修，萧韵等纂《南城县志》12卷刊行。
高天爵、李丕先修，吴挺之、黄日应纂《建昌府志》26卷刊行。
周天德修，涂景祚纂《新城县志》10卷刊行。
符执桓修纂《新喻县志》14卷刊行。
周曰泗纂《安义县志》10卷刊行。
高拱乾修，戈标等纂《广德州志》26卷刊行。
马汝骁修，葛天策等纂《芜湖县志》14卷刊行。
黄桂修，宋骧、郝煌纂《太平府志》40卷刊行。
蓝子鉴、吴国对修纂《全椒县志》18卷刊行。
江映鲲修，张振先等纂《天长县志》4卷刊行。
潘运皞纂《滁州志》30卷刊行。
颜尧揆修，杨交泰等纂《天为州志》16卷刊行。
段鼎臣等修，方都泰等纂《安庆府怀宁县志》36卷刊行。
胡必选修，倪传等纂《桐城县志》8卷刊行。
刘天维等修，龙燮纂《望江县志》12卷刊行。
张文炳等修纂《舒城县志》成书。
陶燿修纂《弋阳县志》10卷刊行。
范之焕修，陈启禧纂《湖口县志》10卷刊行。
江皋修，周士俊等纂《瑞昌县志》8卷刊行。
姚文燕修，曾可求纂《德安县志》10卷刊行。
刘从龙修，方象璜、方象瑛纂《遂安县志》10卷刊行。
周颂孙修，陈秉谦等纂《昌化县志》10卷刊行。
赵之珩修，章国佐、何尔彬纂《于潜县志》8卷刊行。
牛奂修纂《富阳县志》12卷刊行。
张思齐修纂《余杭县志》8卷刊行。
臧兴祖修，吴之元等纂《续徐州志》8卷刊行。
孙宗彝原本，李培茂增修，余恭增纂《高邮州志》10卷刊行。
孙珮纂《浒墅关志》20卷刊行。
杨士雄修，丁岂纂《日照县志》12卷刊行。
钟国义修纂《新修莱芜县志》10卷刊行。
朱承命修，陈子芝纂《邹县志》3卷刊行。
任玑修纂《滕志》8卷刊行。
廖有恒修，杨通睿纂《济宁州志》10卷刊行。
傅廷俊修纂《金乡县志》7卷刊行。
侯元棐修，王振孙等纂《德清县志》10卷刊行。
罗为赓修，张暹、李焕文纂《孝丰县志》10卷刊行。
姚时亮修，王启允、严经世等纂《归安县志》10卷刊行。
杜森修，祝文彦等纂《石门县志》12卷刊行。

张瓒修，张戬等纂《新城县志》8卷刊行。
邹勷修，蔡时敏、蔡含生纂《萧山县志》21卷刊行。
马象麟修，柴文卿、杨汝挺纂《桐庐县志》4卷刊行。
韩应恒修，金镜、朱升纂《长兴县志》8卷刊行。
张三异修，王嗣皋纂《绍兴府志》58卷刊行。
张素仁修，彭孙贻、童申祉纂《海盐县志补遗》成书。
毛文埜修，张一炜纂《浦江县志》12卷刊行。
洪若皋纂《临海县志》15卷刊行。
王临元修，曹鼎元等纂《浮梁县志》8卷刊行。
朴怀玉等修《池州府志》22卷刊行。
高晫修纂《徽州府通志》26卷刊行。
于觉世修，陆龙腾等纂《巢县志》20卷刊行。
毛九瑞修，严济明等纂《德兴县志》10卷刊行。
王万鉴修，江九逵纂《万年县志》10卷刊行。
刘启泰修，李凌汉纂《上高县志》6卷刊行。
夏玮修，杨九思纂《和州志》30卷刊行。
张实斗修，南洙源纂《濮州志》6卷刊行。
李经邦修，徐孟湖等纂《续修武义县志》10卷刊行。
申良翰修，欧阳羽文纂《香山县志》10卷刊行。
苏峒修，梁绍光纂《三水县志》15卷刊行。
王誉命修纂《西隆州志》刊行。
蔡毓荣等修，钱受祺等纂《四川总志》36卷刊行。
程封修纂《石屏州志》13卷刊行。
王民皞修纂《阿迷州志》刊行。
曹申吉修，潘驯等纂《贵州通志》33卷刊行。
郑逢元修纂《平溪卫志书》刊行。
郭指南修纂《电白县志》8卷刊行。
谭桓修，梁登胤纂《高要县志》29卷刊行。
谭桓修，梁宗典纂《德庆州志》12卷刊行。
张冲斗修，侯文邦纂《开建县志》10卷刊行。
徐化民修纂《廉州府志》14卷刊行。
陈洪畴修，权汝骏、徐元达纂《阳朔县志》4卷刊行。
史树骏修，区简臣纂《肇庆府志》32卷刊行。
钱洪甫等辑《王文成公年谱》7卷约成于是年。
陆陇其选《战国策》五十篇，以年次编其先后，加以评论，名曰《去毒》。
明王守仁《王阳明先生全集》由敦厚堂刊行，收入俞嶙编《王阳明先生年谱》1卷。
傅达礼、马齐、马尔汉等奉敕纂《清文鉴》。
李振宜据钱谦益旧录稿，补辑唐、五代1895家诗为《唐诗》717卷成书。

徐釚始编《词苑丛谈》。

冒襄辑《同人集》陆续得12卷。

魏宪著《枕江堂诗》8卷、《枕江堂文》2卷,邓之诚作跋。

张镜心著《云隐堂文集》30卷、《云隐堂诗集》10卷刊行。

张溍著《读书堂杜诗注解》成书。

彭孙贻著《茗斋诗余》2卷成书。

王士禛辑《感旧集》成书。

吴历南归,作《高邮道中小景》。

王翚作《溢浦送客图》,写《琵琶行》故事。

徐上瀛著《大还阁琴谱》6卷刊行。

叶封著《嵩阳石刻集记》2卷,有自序。

按:《四库全书总目提要》曰:"是编乃康熙癸丑封官登封知县时作也。登封地在嵩山南,故其所录碑刻,以嵩阳为名。考此书初出之时,顾炎武、潘耒皆尝议之。……古今金石之书,其备载全文者,在宋惟洪适之《隶释》、《隶续》,在明惟陶宗仪之《古刻丛抄》、朱圭之《名迹录》、都穆之《金薤琳琅》,在国朝惟顾炎武之《求古录》、陈奕禧之《金石遗文录》、叶万之《续金石录》,其余不过题跋而已。此书录取碑文,便于参考,《汉嵩山太室神阙铭》、《开母庙石阙铭》、《少室神道石阙铭》,以及唐之《则天封祀坛碑》、《夏日游石淙》诗,欧阳、赵、洪皆失载,而此记能收之。洪书但载汉、魏,欧、赵二录仅迄五代,此书载及宋、金、元、明。……王士禛《蚕尾集》有封墓志,称其精《尔雅》、《说文》训诂,工于篆隶。又称其手辑《嵩志》二十一卷,复旁求汉唐以来碑版文字,别为《石刻集记》二卷,辨证精博,人比之刘原父、薛尚功。则当时亦重其书矣。"

周亮工《续画录》4卷刊行。

程林著《金匮要略直解》3卷刊行。

按:程林另删定《圣济总录纂要》26卷。《四库全书总目提要》曰:"《圣济总录纂要》二十六卷,宋政和中奉敕编,国朝程林删定。林字云来,休宁人。"

莫里哀卒(1622—)。法国古典主义剧作家。

僧隐元卒于日本(1592—)。隐元俗姓林,名隆琦,福建福清人。年二十九在黄檗山正式剃度出家,法号隐元。顺治十一年赴日本传道,侨居日本十九年,开宗扶桑,光扬佛道,于中日文化交流有重要贡献。著有《广录》。事迹见性日、性派编《黄檗开山普照国师年谱》。

萧云从卒(1596—)。云从原名龙,字尺木,号默思,又号无闷道人、钟山老人,安徽当涂人。明崇祯十二年副贡。工诗善画。著有《梅花楼遗稿》、《杜律细》等。事迹见《清史稿》卷五〇四、李桓《国朝耆献类征初编》卷四二三。

钱邦芑卒(1602—)。邦芑字开少,江苏丹徒人。明末诸生。永历初授都御史,后在平越余庆寺为僧,名大错,字他山,号知非老人。著有《蕉书》、《他山字学》2卷、《他山易学》、《他山诗文集》、《奏疏全集》、《知非稿》、《甲申燕都纪变实录》、《鸡足山志》、《大错遗集》等。

康熙十二年 癸丑 1673年

周灿卒(1604—)。灿字绀林,号星公,陕西临潼人。顺治十六年进士。官至四川提学道。著有《愿学堂文集》20卷。事迹见李桓《国朝耆献类征初编》卷四六六。

姜垓卒(1607—)。垓字如农,自号敬亭山人、宣州老兵,山东莱阳人。明崇祯四年进士。入清不仕。著有《敬亭集》11卷。事迹见《明史》卷二五八、李桓《国朝耆献类征初编》卷四六六。姜垓自编、姜安节续编有《姜贞毅先生自著年谱》。

王勖卒(1609—)。勖初名世约,字次童,晚号灌亭,顺天大兴人。顺治十六年进士。官编修,曾参与修纂《世祖实录》。

归庄卒(1613—)。庄一名祚明,字尔礼,又字玄恭,号恒轩,入清改名祚明,晚年居庙称圆照,又有归藏、归妹、归乎来、元功、园功、悬弓、尔礼、普明头陀等字号,江苏昆山人。明归有光曾孙。明末复社成员。曾参加昆山抗清斗争,失败后以僧装亡命。著有《恒轩集》、《悬弓集》、《玄恭文钞》等。事迹见《清史列传》卷七〇、李桓《国朝耆献类征初编》卷四六四、震钧辑《国朝书人辑略》卷一。归曾祁编有《归玄恭先生年谱》,赵经达编有《归玄恭先生年谱》。

乔迈卒(1613—)。迈字子卓,江南宝应人。乔莱兄。明诸生。著有《岁寒堂集》。

陆圻约卒(1613—)。圻字丽京,一字景宣,号讲山,浙江钱塘人。明贡生,入清不仕。为"西泠十子"之一。著有《威凤堂文集》、《从同集》等。事迹见《清史列传》卷七〇。

宋琬卒(1614—)。琬字玉叔,号荔裳、漫人、无今,山东莱阳人。顺治进士。官至四川按察使。其诗与施闰章齐名,称"南施北宋"。著有《安雅堂集》19卷。事迹见《清史稿》卷四八四、《清史列传》卷七〇、李桓《国朝耆献类征初编》卷一五六、蔡冠洛《清代七百名人传》第五编、王熙《通议大夫四川按察使司按察使宋公琬墓志铭》(《碑传集》卷七八)。

按:《清史稿》本传曰:"始琬官京师,与严沆、施闰章、丁澎辈酬唱,有'燕台七子'之目。其诗格合声谐,明靓温润。即构难,时作凄清激宕之调,而亦不戾于和。王士禛点定其集为三十卷。尝举闰章相况,目为'南施北宋'。殁后诗散佚,族孙邦宪缀辑之为六卷。"

陈子升约卒(1614—)。子升字乔生,广东南海人。陈子壮弟。明诸生。著有《中洲草堂遗集》。事迹见《清史列传》卷七〇。

龚鼎孳卒(1615—)。鼎孳字孝升,号芝麓,安徽合肥人。明崇祯七年进士,授兵科给事中。入清,官至礼部尚书。诗文与钱谦益、吴伟业并称"江左三大家"。卒谥端毅。著有《定山堂文集》、《定山堂诗集》、《定山堂词集》等。事迹见《清史稿》卷四八四、《清史列传》卷七九、严正矩《大宗伯龚端毅公传》(《碑传集补》卷四四)、蔡冠洛《清代七百名人传》第四编。董迁编有《龚芝麓年谱》。

按:《清史稿》本传曰:"鼎孳天才宏肆,千言立就。世祖在禁中见其文,叹曰:'真才子也!'尝两典会试,汲引荒僻惟恐不及。朱彝尊、陈维崧游京师,贤甚,资给之。

傅山、阎尔梅陷狱,皆赖其力得免。临殁,以徐釚嘱梁清标曰:'负才如虹亭,可使之不成名耶?'釚后以清标荐试鸿博,入史馆。自谦益卒后,在朝有文藻负士林之望者,推鼎孳云。"姚鼐《陈氏藏书记》曰:"士大夫好古能聚书籍者多矣,而能守至久远者盖少,唯鄞范氏天一阁书自明至今最多历年岁。……余家近合肥,闻合肥龚芝麓尚书所藏书亦至今未失,其家专以一楼庋之,命一子弟贤者专司其事,借读入出必有簿籍,故其存也获久。"(《惜抱轩文集》卷一四)

马骕卒(1621—)。骕字宛斯,又字聪御,山东邹平人。顺治十六年进士。任淮安推官,改灵璧知县。生平专治上古史,时称"马三代"。著有《左传事纬》12卷、《附录》8卷、《绎史》160卷、《泡斋集》等。事迹见《清史稿》卷四八一、《清史列传》卷六七、施闰章《灵璧县知县马公骕墓志铭》(《碑传集》卷九一)。

按:《清史稿》本传曰:"骕于左氏融会贯通,著《左传事纬》十二卷、《附录》八卷,所论有条理,图表亦考证精详。"

王士禄卒(1626—)。士禄字伯受,号西樵,又号负苓子,山东新城人。王士禛兄。顺治九年进士。历任莱州府学教授、国子助教,官至吏部员外郎,充河南乡试正考官。著有《读史蒙拾》、《然脂集》230卷、《十笏草堂辛甲集》7卷、《十笏草堂集存》、《考功集选》、《表余堂诗存》2卷、《司勋五种集》、《炊闻词》2卷等。事迹见《清史稿》卷四八四、《清史列传》卷七〇、李桓《国朝耆献类征初编》卷一四〇、郑方坤《王君士禄小传》(《碑传集》卷一三七)。王士禛编有《王考功年谱》。

按:《清史稿》本传曰:"少工文章,清介有守。弟士祜、士禛从之学诗。士禛遂为诗家大宗,官尚书,自有传。……其文去雕饰,诗尤闲澹幽肆。有《西樵》、《十笏山房》诸集。……当是时,山左诗人王氏兄弟外,有田雯、颜光敏、曹贞吉、王苹、张笃庆、徐夜皆知名。"

郑玛诺卒(1633—)。玛诺广东香山人。顺治二年随法籍天主教神父陆德赴罗马,入耶稣会。康熙五年奉派返回中国传教。十年,随闵明我、恩理格进京供职,卒于北京。

满保(—1725)、李绂(—1750)、沈德潜(—1769)生。

康熙十三年　甲寅　1674年

日本严禁罗马天主教。

西瓦吉叛莫卧儿帝国,建马拉塔王国。

法国败荷兰于

正月初十日乙亥(2月15日),康熙帝于太和殿举行出师仪式,征讨吴三桂。

二月初三日丁酉(3月9日),南怀仁制天体仪、黄道经纬仪等天文仪器成,又以《新制灵台仪象志》进呈。升南怀仁为钦天监监正,加太常寺卿,仍治理历法。旋又命南怀仁监造大炮。

二十七日辛酉（4月2日），康熙帝谕全国百姓勿听吴三桂煽惑，称吴三桂反复无常，不忠不孝，不义不仁，为一时之叛首，实万世之罪魁，行即悬首藁街，以泄神人之愤。

三月十六日庚辰（4月21日），靖南王耿精忠在福州起兵反清，自称总统兵马大将军。四月二十七日，诏削其王爵，数其罪状，并宣谕福建军民。

四月十一日乙巳（5月16日），准尚可喜疏请，以其次子、都统尚之孝袭平南王。

九月初一日壬戌（9月30日），谕翰林院掌院学士傅达礼等："日讲关系甚大，今停讲已久，若再迟，恐致荒疏。日月易迈，虽当此多事之时，不妨乘间进讲，于事无误。工夫不间，裨益身心非浅，尔衙门议奏。"（《清圣祖实录》卷四九）

十二月初四日癸巳（12月30日），提督王辅臣在宁羌叛变，杀经略莫洛。

二十八日丁巳（1675年1月23日），应兵科给事中齐什建议，将盛京满洲、蒙古、汉军旗下子弟与民童一体应试。

顾炎武寄所撰《陈梅墓志》与陈芳绩，述两家患难中遇合。

吴三桂檄至衡州，王夫之至湘乡，及冬始归。因避滇氛，以舟为家数载。

李颙八月有旨复征，促舁榻就道，李以死自矢而免。

李光地是夏往福州，与叛乱之耿精忠有接触，陈梦雷被迫受伪职。

按："三藩之乱"时，耿精忠在福建举兵反清，陈梦雷与其父被软禁，胁迫为官。陈梦雷托病回家，与李光地在福州寓所密谋，他出任耿氏政权翰林院职，待清兵南下时愿作内应，李光地则间道入京报告，以稍慰皇上南顾之忧。疏由两人署名，密封于蜡丸之中。但李光地未及时入京，观望半年，见耿精忠大势已去，遂于次年五月遣人上《蜡丸疏》，向朝廷献攻取福建之策，但在《蜡丸疏》中删除了陈梦雷之名。乱平，因《蜡丸疏》中未有陈梦雷名，李光地也拒不澄清真相，于是陈梦雷以从逆罪被判死刑。康熙二十一年（1682），经刑部尚书徐乾学救援，陈梦雷免死，改戍奉天尚阳堡。被流放关外。因此，李光地被认为"卖友"。此案经历很久，牵涉面很大，各家说法也不尽一致。

魏象枢一岁三迁，至户部侍郎。会西南用兵，措兵食，察帑藏，多所规画。

钱澄之在北京，与陆元辅、计东、朱彝尊等会丰台药圃。

汤斌建绘川书院并讲学其中。

梅文鼎以所著《方程论》就质方中通。

许三礼在海宁建正学书院，聘应撝谦主讲席。撝谦坚辞不往，遂延黄宗羲主讲。

按：《清史稿·许三礼传》曰："三礼初师事孙奇逢，及在海宁，从黄宗羲游，官京师，有所疑，必贻书质宗羲。……圣祖重道学，尝以之称三礼云。"黄宗羲在海宁的弟子，主要有查慎行、查嗣琪、陈寿、陈喜、陈勋、陈诜、陈谦、陈訏、陈奕昌、陈奕禧、杨中

瑟纳夫之役。

英荷战争结束。

法国建本地治理殖民地于印度东南海岸。

荷兰列文虎克开始用自制透镜观察细菌。

讷、许三礼等。

邵廷采始谒董旸于绍兴,旸勉以学蕺山之学。廷采此后数年喜谈刘宗周书。

徐元文五月升授内阁学士,兼礼部侍郎;寻充重修《太宗实录》副总裁。

陈敬廷十一月为经筵日讲官起居注官,翰林院掌院学士,兼礼部侍郎,教习庶吉士。

张伯行读书柘城。

石涛客宣城,入敬亭山采茶,作写景山水六帧于云霁阁下。

王翚与杨晋合写王时敏小像。

按:《清史稿·杨晋传》曰:"晋,字子鹤。翚弟子,山水清秀,尤以画牛名。翚作图,凡有人物与轿驼马牛羊,皆命晋写之。从翚绘《南巡图》,因摹内府名迹进御。"

徐乾学赴扬州,禹之鼎为徐乾学、姜宸英、汪懋麟3人画《三子联句图》。

李渔自北京还南京,过淮安访张弨,并共观杂剧。

库勒纳二月为翰林院侍读,充日讲官。

项景襄十二月为翰林院侍读学士,充日讲官。

富鸿业十二月为翰林院侍讲学士,充日讲官。

伊桑阿十二月以内阁学士充经筵讲官。

王晫乞当世能文者,为其父写志传,成帙曰《幽光集》。

许汝霖时任礼部尚书,于浙江海宁建东山书院。

杨辉斗时任河南内黄县知县,建杨公书院。

安东尼·伍德著成《牛津大学的历史和古代文学》。

尼古拉斯·马勒伯朗士著成《真理的探索》。

路易·莫雷里编纂成第一部历史参考百科全书《历史大辞典》。

约翰·梅奥著成有关氧化性质的作品《医学及物理学论文之五》。

托马斯·威利斯著成《合理药物学》。

曹尔成著《禹贡正义》3卷成书,有自序。

张履祥春选成《朱子语类》。

陆陇其选评经义凡88首,为一集,名曰《一隅集》。

顾祖禹积三十余年之功,著《读史方舆纪要》130卷成书。

按:是书研究历史地理,魏禧一见推之为数千百年绝无仅有之书(《清史稿·顾祖禹传》)。后《钦定通鉴辑览》于地理注中多加采录。江藩《国朝汉学师承记》曰:是书"凡职方、广舆诸书承讹袭谬,皆一一驳正,详于山川险要及古今战守之迹,而景物名胜皆在所略,读其书,可以不出户牖而周知天下之形胜,为地理之学者,莫之或先焉。世所称三大奇书,此其一也。其二则梅文鼎《历算全书》、李清《南北史合钞》。然合钞本人所易为,李书尤嫌疏漏,岂能与顾氏、梅氏之书称鼎足哉!"

吴伟业所著《绥寇纪略》12卷刊刻,邹式金作序,全祖望作跋。

姜际龙纂修《新续宣府志》成书。

程裕昌续纂修《宁津县志稿》8卷刊行。

袁元修,杨九有纂《河间县志》12卷刊行。

祖泽潜修,王耀祖纂《沧州新志》15卷刊行。

梁舟修,陈公定纂《安肃县志》4卷刊行。

朱廷梅修,孙振宗纂《霸州志》10卷刊行。

佟国弘修，王凤翔纂《榆社县志》10卷刊行。
孙必振纂修《陵川县志》8卷刊行。
汪宗鲁纂修《山西直隶沁州志》8卷刊行。
蒋鸣龙修，傅南宫纂《临汾县志》9卷刊行。
吕化龙修，董钦德纂《会稽县志》28卷刊行。
崔秉镜修，华大琰纂《宁海县志》12卷成书。
金镇修纂《扬州府志》40卷刊行。
高得贵修，张九征等纂《镇江府志》54卷刊行。
张奇抱修，胡简敬纂《沭阳县志》4卷刊行。
王宜亨修，王效通等纂《通州志》15卷刊行。
庄泰弘等修，刘尧枝等纂《宁国府志》32卷刊行。
林以采纂《海口特志》成书。
孙可训修，郭弘纂《康熙新修翁源县志》刊行。
佟企圣修，苏毓眉等纂《曹州志》20卷刊行。
邵士修，尚天成等纂《沂州志》8卷刊行。
金先声修纂《南宁府全志》刊行。
李棠修，李麟祥纂《信宜县志》12卷刊行。
黄培彝修，严而舒纂《顺德县志》13卷刊行。
僧见月自编《一梦漫言》2卷刊行。
王明德著《读律佩觿》8卷刊行。

按：此书是清代的法律入门书，对于学习和掌握清代的《大清律例》等一些重要法典都有直接帮助。它也是探索我国古代律学发展的重要资料，对研究清代法制有参考价值。王明德字金樵，一字亮士，江苏高邮人。官至刑部郎中。另著有《治河图说》。

黄宗羲考证唐陆龟蒙、皮日休四明山唱和诗，作《四明山九题考》。并约于此年作自传性《避地赋》。
顾炎武跋大名出土《郑崔合袝志》拓本，考论《会真记》故实。
汪琬著《钝翁前后类稿》始刻，次年刻成，凡62卷。
王夫之作骚体赋《惜余鬈赋》。
李渔所编《笠翁诗韵》约是年刊行于南京。
赵绍箕著《拙庵韵悟》成书。

按：赵绍箕字宁拙，号拙庵，河北易水人。精于审音。

朱彝尊留潞河，作大型组诗《鸳鸯湖櫂歌》。
姜宸英辑成《选诗类钞》。
费密批《全唐诗》竣事。
杜越著《紫峰集》14卷刊行。
杨兆鲁著《遂初堂文集》10卷刊行。
王士禛辑《感旧集》16卷成书，有自序。
胡文学、李邺嗣编《甬上耆旧诗》40卷成，胡文学作序。
陆贻典得《新刊元本蔡伯喈琵琶记》2卷，作校跋。

徐釚刻所著《菊庄词》1卷、《菊庄词二集》1卷。

万树至无锡访侯文灿，共订《词律》。

纳兰性德著《通志堂集》20卷刊行。

吴历作《山居图》。

恽南田作《高岩乔木图》。

敕纂《御制历象考成》上编16卷、下编10卷、后编10卷、表16卷刊行。

按：梁启超《清代学术概论》说："自明徐光启以后，士大夫渐好治天文算学。清初则王锡阐、梅文鼎最专精，而大师黄宗羲、江永辈皆提倡之。清圣祖尤笃嗜，召西士南怀仁等供奉内廷。风声所被，向慕尤众。圣祖著有《数理精蕴》、《历象考成》。锡阐有《晓庵新法》，文鼎有《勿庵历算全书》二十九种，江永有《慎修数学》九种，戴震校《周髀》以后迄六朝唐人算书十种，命曰《算经》。自尔而后，经学家十九兼治天算。尤专门者，李锐、董祐诚、焦循、罗士琳、张作楠、刘衡、徐有壬、邹伯奇、丁取忠、李善兰、华蘅芳。锐有《李氏遗书》，祐诚有《董立方遗书》，循有《里堂学算记》，作楠有《翠微山房数学》，衡有《六九轩算书》，有壬有《务民义斋算书》，伯奇有《邹征君遗书》，取忠有《白芙堂算学丛书》，善兰有《则古昔斋算学》。而曾国藩设江南制造局于上海，颇译泰西科学书，其算学名著多出善兰、蘅芳手，自是所谓西学者渐兴矣。阮元著《畴人传》，罗士琳续补之，清代斯学变迁略具焉。"

南怀仁等制天体仪、黄道经纬仪等天文仪器成，复刻成《新制灵台仪象志》16卷。

柯琴著《伤寒论翼》2卷刊行。

按：《清史稿·柯琴传》曰："（柯琴）又著《伤寒论翼》，《自序》略曰：'仲景著《伤寒》、《杂病论》，合十六卷，法大备。其常中之变，变中之常，靡不曲尽。使全书俱在，尽可见论知源。自叔和编次《伤寒》、《杂病》，分为两书，然本论中杂病留而未去者尚多，虽有伤寒论之专名，终不失杂病合论之根蒂也。名不副实，并相淆混，而旁门歧路，莫知所从，岂非叔和之谬以祸之欤？夫仲景之言六经为百病之法，不专为伤寒一科，伤寒、杂病，治无二理，咸归六经之节制。治伤寒者，但拘伤寒，不究其中有杂病之理；治杂病者，复以伤寒论无关于杂病，而置之不问。将参赞化育之书，悉归狐疑之域，愚甚为斯道忧之。'论者谓琴二书，大有功于仲景。"

约翰·弥尔顿卒(1608—)。英国诗人，政论家。

托马斯·特拉赫恩卒(1637—)。英国神秘派诗人。

袁于令约卒(1592—)。于令原名晋，字令昭，又字蕴玉，号幔亭歌者、幔亭仙史、吉衣道人、白宾等，江南吴县人。诸生。官湖北荆州知府。工隶书，精词曲、音律。著有《西楼记》、《金锁记》、《长生乐》、《玉麟符》、《瑞玉记》等传奇。

施端教卒(1603—)。端教字匪莪，江南泗州人。官东城兵马司指挥。著有《唐诗韵汇》、《集唐》、《六书指南》、《啸阁集》。事迹见《国朝耆献类征初编》卷一四二。

王弘祚卒(1603—)。弘祚字懋自，号玉铭、思斋，云南永昌人。明崇祯三年举人，历官户部郎中、户部尚书。督修《赋役全书》。卒谥端简。事迹见《清史稿》卷二六三、张英《予告光禄大夫太子太保兵部尚书王公弘祚墓志铭》、缪彤《兵部尚书王端简公弘祚传》(均见《碑传集》卷一〇)。

邵元长卒(1603—)。元长字长孺,浙江余姚人。沈国模弟子。

却英多吉卒(1604—)。却英多吉西藏古洛人。藏传佛教噶玛噶举黑帽系第十世转世活佛。顺治十七年,清廷颁印承认其佛教地位。

顾宸卒(1607—)。宸字修远,号荃宜,江南无锡人。明崇祯十二年举人。藏书甚富。著有《辟疆园杜诗注解》17卷、《宋文选》、《辟疆园文集》。

张履祥卒(1611—)。履祥字考夫,又字渊甫,别号念芝,学者称杨园先生,浙江桐乡人。明末诸生,受业于刘宗周。明亡,躬耕陇亩,杜门谢客,以授徒为生。著有《补农书》2卷、《读易笔记》1卷、《备忘录》4卷、《训子语》2卷、《近鉴》1卷、《言行见闻录》4卷、《读史偶记》1卷、《愿学记》3卷、《训门人语》3卷等,集为《杨园先生全集》。另有《张杨园先生遗集》15卷。曾为刘宗周辑《刘子粹语》。事迹见《清史稿》卷四八〇、《清史列传》卷六六、李桓《国朝耆献类征初编》卷三九六、蔡冠洛《清代七百名人传》第四编、雷鋐《张先生履祥传》、陈梓《张杨园先生小传》(均见《碑传集》卷一二七)。苏惇元编有《张杨园先生年谱》,蒋元编有《杨园先生年谱》,姚夏编有《杨园张先生年谱》。

按：《清史列传》本传曰："其学大要以仁为本,以修己为务,而以《中庸》为归,穷理居敬,宗法考亭,知行并进,内外夹持,无一念非学问,无一事非学问。"梁启超《中国近三百年学术史》曰："杨园因为是清儒中辟王学的第一个人,后来朱学家极推崇他,认为道学正统。依我看,杨园品格方严,践履笃实,固属可敬,但对于学术上并没有什么新发明、新开拓,不过是一位独善其身的君子罢了。当时像他这样的人也还不少,推尊大过,怕反失其真罢。"杨园学派弟子有张嘉玲、姚瑚、颜鼎受等。其私淑弟子有祝洤、陈栋、陈梓、范鲲、邢志南、蒋元等。与张履祥交游的有颜统、钱寅、祝渊、凌克贞、吴蕃昌、王锡阐、何汝霖、沈磊、邱云、屠安道、吕璜、吕留良等。其中张履祥与凌克贞、何汝霖、沈磊同称嘉湖理学四先生。

又按：凌克贞字渝安,浙江乌程人。《清史列传》本传曰："交履祥三十年,谊最笃。履祥尝曰：'钱寅既殁,复得克贞,不幸中之幸也。'克贞为学笃守程、朱,尝与履祥书,谓'学者入手当思有着力处,便求超脱不得。'又言：'古今人物,史册外何限？修身立行,当怀遁世不见知之心；读书论世,应具不受前人欺之见。'又言：'今日人士不患不聪明,患不笃实。士不笃实,聪明愈多,适以济其伪。'见贫士不事课授,即不乐。或劝其治生,答曰：'授徒即吾之治生也。'履祥卒,克贞序其遗书以行。"

再按：张嘉玲,字佩葱,江南吴江人。《清史列传》本传曰："嘉玲从履祥久,所诣独粹。世比之黄勉斋。其讲学排陆、王而宗程、朱,尝曰：'陆、王学术之可忧,本为贤智之过。今之言陆、王者,皆出于愚不肖之不及,所以为患愈深。'方欲有所论著,病作,遂卒,年仅三十四。惟《与履祥答问》一卷,刻《杨园全书》中。"

孙廷铨卒(1613—)。廷铨初名廷铉,字枚先,又字道相,号沚亭,山东益都人。明崇祯十三年进士。康熙初,官至内秘书院大学士。卒谥文定。著有《颜山杂记》4卷、《汉史臆》2卷、《归厚录》、《南征纪略》2卷等。事迹见《清史稿》卷二五七、《清史列传》卷五、王士禛《内秘书院大学士吏部尚书谥文定孙公廷铨传》(《碑传集》卷七)。

吕阳卒(1613—)。阳字全五,江南无锡人。明崇祯十三年进士。

入清，官至浙江布政司参议。著有《薪斋集》。

季振宜卒（1630— ）。振宜字诜兮，号沧苇，江南泰兴人。顺治四年进士。官至户部郎中。藏书甚富，曾辑唐代1895家诗为《唐诗》717卷，为后时编辑《全唐诗》底本之一。著有《季沧苇书目》1卷、《静思堂稿》2卷、《听雨楼集》2卷。事迹见李桓《国朝耆献类征初编》卷一三三。

僧木陈忞卒，生年不详。木陈忞俗姓林，名苾，讳道忞，号木陈、山翁，广东茶阳人。临济宗禅僧。著有《弘觉语录》、《布水台集》等。

康熙十四年　乙卯　1675年

印度莫卧儿帝国处死锡克教首领得格·巴哈杜尔。

波兰战败奥斯曼帝国。胜之。

勃兰登堡败瑞典人。

哥伦比亚麦德林建城。

英人在南太平洋发现南乔治亚岛。

伦敦圣保罗大教堂重建。

格林威治天文台建成。

三月三十日戊子（4月24日），以翰林院掌院士熊赐履为武英殿大学士。

按：熊赐履是清初的理学名家，他自康熙十年（1671）二月至十四年（1675）三月间，一直充任康熙帝的日讲官，对年幼玄烨的儒学观的形成，有重要影响。

四月二十二日庚戌（5月16日），以大学士巴泰、熊赐履充纂修《太宗文皇帝实录》总裁官。

二十三日辛亥（5月17日），谕学士傅达礼等："日讲原期有益身心，增长学问，今只讲官进讲，但循旧例，日久将成故事，不惟于学问之道无益，也非所以为法于后世也。嗣后进讲时，讲官讲毕，朕仍复讲，如此互相讨论，庶几有裨实学。"（《清圣祖实录》卷五四）

五月初八日丙寅（6月1日），命翰林院掌院学士徐元文教习庶吉士。

十一月十三日丁酉（12月29日），复设詹事府衙门，设满汉詹事各1员，少詹事各2员，皆兼翰林院侍读学士。

十二月十三日丙寅（1676年1月27日），册立皇子允礽为皇太子，时年二岁。十四日诏告全国，"恩款"三十条（《清圣祖实录》卷五八）。

按：清立皇太子自此始。

莱布尼茨发明微分学和积分学。

德国天文学家奥乌斯·罗默尔发现光的有限速度。

黄宗羲闰五月还故居，有《返故居》、《饮洋溪》等诗记其事；又有《车厩谒慈湖先生墓》、《过史嵩之墓》等诗。门人陈锡嘏、仇兆鳌、范光阳中举，万言中副榜。

顾炎武赴济阳，访张尔岐。又往德州，为程先贞送葬。

王夫之三月以所注《礼记》授章有谟。八月，赴江西萍乡。九月，归还观生居，于相去二里许，仍里人旧址筑草堂，曰湘西草堂。

吕留良十月南下杭州，黄宗羲闻讯，遣其子黄百家送去书信一封、诗扇三首，欲与之修好。吕留良回赠和诗，不中黄宗羲之意。

李颙流寓富平，顾炎武于冬寄书侯讯。

熊赐履三月迁武英殿大学士兼刑部尚书。

李光地五月献《蜡丸疏》，建攻取耿精忠之策。

  按：《清史稿·李光地传》曰："十四年，密疏言：'闽疆褊小，自二贼割据，诛求敲扑，民力已尽，贼势亦穷。南来大兵宜急攻，不可假以岁月，恐生他变。方今精忠悉力于仙霞、杉关，郑锦并命于漳、潮之界，惟汀州小路与赣州接壤，贼所置守御不过千百疲卒。窃闻大兵南来，皆于贼兵多处鏖战，而不知出奇以捣其虚，此计之失也。宜因贼防之疏，选精兵万人或五六千人，诈为入广，由赣达汀，为程七八日耳。二贼闻急趋救，非月余不至，则我军入闽久矣。贼方悉兵外拒，内地空虚，大军果从汀州小路横贯其腹，则三路之贼不战自溃。伏乞密敕领兵官侦谍虚实，随机进取。仍恐小路崎岖，须使乡兵在大军之前，步兵又在马兵之前，庶几万全，可以必胜。'置疏蜡丸中，遣使间道赴京师，因内阁学士富鸿基上之。上得疏动容，嘉其忠，下兵部录付领兵大臣。"又曰："陈梦雷者，侯官人。与光地同岁举进士，同官编修。方家居，精忠乱作，光地使日夜潜诣梦雷探消息，得虚实，约并具疏密陈破贼状，光地独上之，由是大受宠眷。及精忠败，梦雷以附逆逮京师，下狱论斩。光地乃疏陈两次密约状，梦雷得减死戍奉天。"

王鸿绪四月为翰林院编修，充日讲官。

陆陇其三月至京师赴部谒选，寻授江南嘉定知县。在京访传教士利类思、南怀仁论历法，利类思赠历法书数种。南怀仁将所著《赤道南北两总星图》《不得已辨》送陆陇其；陆陇其闰五月又请朱年翁从侍御黄敬玑家借得南怀仁《新制灵台仪象志》。

陆陇其与钱民在嘉定论学。

  按：钱民字子仁，嘉定人。《清史列传·钱民传》曰："年三十，慨然有学圣之志。闻青浦有孔子衣冠墓，斋戒往谒。读《四子书》，务求心得，题所居室曰存养庐。陆陇其宰嘉定，从之论学。又五年，自谓所学已成，复往平湖相质。陇其怪其不合，民曰：'公从朱子入，民从孔孟入耳。'尝与友人书曰：'先圣之学，贵乎本末兼尽、始终有序。《大学》所谓知本者，作圣之基也；诚正者，作圣之功。《中庸》所谓尊德性，先也，本也；道问学，后也，末也。即物穷理，其误在于无本；六经注我，其误在于无末。'又曰：'尧舜之知，不能遍物，况初学乎？朱子教初学者，即责以知尽而后意诚，此未合乎孟子也。'又曰：'今之学者，不知追求孔孟之实，而纷纷焉争朱、陆之异同，是谓舍己田而芸人之田，终亦必亡而已矣。'民之学从静坐入，自谓直追孔孟，然说者终以其近陆，不甚宗之也。"

韩菼典顺天乡试。

张伯行入邑庠。

陈廷敬擢内阁学士，兼礼部侍郎，充经筵讲官，改翰林院掌院学士，教习庶吉士。

叶燮六月任宝应知县，始仕途生涯。

施闰章游苏州，尤侗为序《薄游草》。

吴嘉纪、汪楫与施闰章会金陵。

徐釚至金陵与汪楫等会汝南湾。

吴绮自无锡至宜兴访陈维崧，作《定交篇》。

梅文鼎侨居南京，搜钞书籍，并于苏州购得《崇祯历书》钞本。又在南京始识薛凤祚。

洪昇至某戍地，省视因案充发之父亲，经岁还京；约于是年作《天涯泪》传奇，抒写己之遭遇感触。

赵执信成秀才。

叶方蔼六月为翰林院侍讲，充日讲官。

李录予三月为翰林院编修，充日讲官。

徐元文四月为翰林院掌院学士，充日讲官。

察库十二月为翰林院侍读学士，充日讲官。

喇沙里十二月为翰林院掌院学士，充经筵讲官。

杜臻四月以内阁学士充经筵讲官。

郝浴因吴三桂反清而被朝廷召回，留田宅作书院，并亲书"银冈书院"额。

刘祚全时任安徽含山知县，建环峰书院。

李世昌时任江西分巡道，于南昌建宸箴书院。

韩尽光时任河南中牟知县，建广学书院。

侯绶时任湖南江永知县，重建濂溪书院。

程正性时任河南睢县知州，建绘川书院，又名道存书院。

嘉木祥协巴受具足戒于五世达赖座前，并参加桑铺寺、因明寺辩经大会，立宗答难，辩解无碍，誉为"青年大师"。

伊萨克·牛顿著成《光学》。

斯宾诺莎著成《伦理学》。

朱萱祥著《读礼纪略》6卷，附《婚礼广义》1卷。

阎若璩著《孟子自齐至鲁初解》。

魏裔介著《鉴语经世编》27卷成书，有自序。

查继佐著《罪惟录》106卷成书。

按：是书前后历时29年，易稿数十次，为纪传体断代史，颇有史料价值，向与万斯同《明史稿》、谈迁《国榷》、张岱《石匮藏书》并称于世。稿本先藏于仁和吴氏清来堂，后归吴兴刘氏嘉业堂。1931年张宗祥重为校订。1936年商务印书馆据此加注张元济校补，影印入《四部丛刊三编》行世。1986年浙江古籍出版社出版方福仁点校本，为目前较好的读本。

魏象枢十月有《筹饷三疏》。

郑光民修，耿愿鲁纂《馆陶县志》刊行。

李显忠修《冀州志》10卷刊行。

屠直纂修《屯留县志》4卷刊行。

邓宪璋纂修《和顺县志》4卷刊行。

高基重修《新城县志》8卷刊行。

王曰翼修，高培纂《昌黎县志》8卷刊行。

许来音纂修《深泽县志》10卷刊行。

郭建章修，关永清纂《晋州志》10卷刊行。

薛桂斗修，高必大纂《天津卫志》4卷刊行。

金光祖修纂《广东通志》30卷刊行。

连国柱修，龚章纂《归善县志》21卷刊行。

王之宾增补《兴国州志》2卷刊行。

王清彦、张喆修，莫尔灌纂《续修陈州志》4卷刊行。

王凝命修，董喆纂《新修会昌县志》14卷刊行。

周克友修纂《安庆府潜山县志》12卷刊行。

王崇曾等修，阮禧等纂《安庆府太湖县志》22卷刊行。

朱维高、胡永昌修，黄钺、石颂功纂《安庆府宿松县志》36卷刊行。

李道泰修，袁懋芹纂《建昌县志》11卷刊行。

陆文焕修纂《临安县志》10卷刊行。

陈维中修纂《甫里志》12卷刊行。

许三礼修纂《海宁县志》13卷刊行。

姚子庄修，周体元纂《石埭县志》8卷刊行。

王国泰修，金大起纂《温州府志》32卷刊行。

周在浚编《周栎园先生年谱》刊行。

按：周在浚字雪客，一字龙客，号梨庄。河南祥符人，周亮工之子。官经历。幼承家学，淹通文史。历经十年注《南唐书》，为王士禛所称。著有《天发神谶碑释文》1卷、《钟山考》3卷、《栎园府君行述》1卷、《访求中州先贤诗文集目》1卷、《征刻唐宋秘本书目》1卷、附《考证》1卷、《遗谷集》、《梨庄集》、《云烟过眼录》20卷等。事迹见《清史列传》卷七九。

汪筠编《钝翁年谱》刊行。

黄宗羲八月选《明文案》成书，凡270卷，后广为《明文海》。

按：黄宗羲《明文案序》曰："某自戊申以来，即为明文之选，中间作缀不一，然于诸家文集，搜择亦已过半，至乙卯七月《文案》成，得二百七十卷。而叹有明之文莫盛于国初，再盛于嘉靖，三盛于崇祯。国初之盛，当大乱之后，士皆无意于功名，埋身读书，而光芒卒不可掩；嘉靖之盛，二三君子振起于时风众势之中，而巨子之哓哓口舌，适足以为其华阴之赤土；崇祯之盛，王、李之珠盘已坠，邾、莒不朝，士之通经学古者耳目无所障蔽，反得以理既往之绪言。此三盛之由也。"（《黄宗羲全集》第十册序类）后扩充为《明文海》482卷。

孙奇逢正月辑《苏门纪事》。

魏裔介以历代古文无本，四月乃选定本，历时凡六月，题曰《欣赏集》。

阎尔梅著《白耷山人诗集》刊成。

洪昇编成《啸月楼集》。

周亮工著《赖古堂集》24卷刊行。

李因笃著《受祺堂诗集》35卷刊行。

周召著《双桥随笔》12卷成书，有自序。

按：周召字公佑，号拙庵，浙江衢州人。是书为康熙十三年前后耿精忠叛乱，避兵山中时所作。《四库全书总目提要》称其"所言皆崇礼教，斥异端，于明末士大夫阳儒阴释、空谈性命之弊，尤为言之深切"。

恽南田作巨幅《牡丹富贵图》、《落花游鱼图》。

郭志邃著《痧胀玉衡》4卷刊行。

罗美著《古今名医方论》4卷刊行。

按：罗美字澹生，号东逸，江苏新安人。精医学。另著有《古今名医汇粹》、《内经博义》。

刘源长著《茶史》2卷刊行。

按：刘源长字介祉，淮安人。明季诸生。另著有《参同契注》、《楞严经注》、《二十一史略》、《古仿要言笺释》等。《淮安府志》及《山阳县志》有其传。是书由其子刘谦吉刻。雍正六年(1728)其曾孙刘乃大又重刊，卷端题墨韵堂藏版。前有康熙十四年(1675)陆求可序，十六年(1677)李仙根序，雍正六年张廷玉序。后有康熙中刘谦吉跋，雍正中刘乃大跋，并附刻余怀《茶史补》。

詹姆斯·格雷果里卒(1638—)。英国数学家，天文学家。

孙奇逢卒(1584—)。奇逢字启泰，号钟元，晚号岁寒老人，直隶容城人。明万历二十九年举人。入清，朝廷先后11次征皆辞不赴。晚年讲学于辉县苏门山之夏峰，人称夏峰先生。与黄宗羲、李颙并称清初三大儒。其卒，河南北学者祀之百泉书院。道光八年，从祀文庙。著有《理学宗传》26卷、《理学传心纂要》8卷、《读易大旨》5卷、《圣学录》、《四书近指》20卷、《尚书近指》6卷、《四礼酌》、《道一录》、《北学编》、《洛学编》、《甲申大难录》、《岁寒居答问》2卷、《岁寒居文集》、《畿辅人物考》8卷、《中州人物考》8卷、《孝友堂家规》1卷、《孝友堂家训》1卷等书。事迹见《清史稿》卷四八〇、《清史列传》卷六六、蔡冠洛《清代七百名人传》第四编、魏象枢《征君孙钟元先生墓表》、魏裔介《孙征君先生奇逢传》、方苞《孙征君传》(均见《碑传集》卷一二七)。汤斌、魏一鳌等编有《孙先生年谱》，今人谢国桢编有《孙夏峰李二曲学谱》。

按：孙奇逢是清初北学的开创者，在北方学术界影响甚大。梁启超《中国近三百年学术史》曰："夏峰、二曲(李颙)都是极结实的王学家。他们倔强坚苦的人格，正孔子所谓'北方之强'。他们的创造力虽不及梨洲、亭林，却给当时学风以一种严肃的鞭辟。说他们是王学后劲，可以当之无愧。"《清史稿》本传曰："奇逢之学，原本象山、阳明，以慎独为宗，以体认天理为要，以日用伦常为实际。其治身务自刻厉。人无贤愚，苟问学，必开以性之所近，使自力于庸行。其与人无町畦，虽武夫捍卒、野夫牧竖，必以诚意接之。用此名在天下而人无忌嫉。著《读易大旨》五卷。奇逢学《易》于雄县李崶，至年老，乃撮其体要以示门人。发明义理，切近人事。以象、传通一卦之旨，由一卦通六十四卦之义。其生平之学，主于实用，故所言皆关法戒。又著《理学传心纂要》八卷，录周子、二程子、张子、邵子、朱子、陆九渊、薛瑄、王守仁、罗洪先、顾宪成十一人，以为直接道统之传。"

又按：《四库全书总目提要》曰："《理学传心纂要》八卷，国朝孙奇逢撰，漆士昌补。……士昌，江陵人，奇逢之门人也。奇逢原书录周子、二程子、张子、邵子、朱子、陆九渊、薛瑄、王守仁、罗洪先、顾宪成十一人，以为直接道统之传。人为一篇，皆前叙其行事而后节录其遗文，凡三卷。又取汉董仲舒以下至明末周汝登，各略载其言行以为羽翼理学之派，凡四卷。奇逢殁后，士昌复删削其语录一卷，搀列于顾宪成后，共为八卷。奇逢行谊，不愧古人。其讲学参酌朱、陆之间，有体有用，亦有异于迂儒。故汤斌慕其为人，至解官以从之游。然道统所归，谈何容易！奇逢以顾宪成当古今第十一人。士昌又以奇逢当古今第十二人。醇儒若董仲舒等犹不得肩随于后，其犹东林标榜之余风乎！"

郑敷教卒（1596— ）。敷教字士敬，号桐庵，江苏长洲人。明崇祯三年举人，举贤良方正，以母老辞，隐居教授至终。明末参加复社。著有《周易广义》4卷、《桐庵文稿》等。事迹见李桓《国朝耆献类征初编》卷四七〇。清徐云祥、沈明扬等编有《郑桐庵先生年谱》。

朱茂晖卒（1598前后— ）。茂晖字子若，浙江秀水人。明诸生。以祖荫授中书舍人。博览经史，诸子百家，靡不兼综。所辑《禹贡补注》，获徐孚远称赞。著有《悔在先生集》。

金俊明卒（1602— ）。俊明字孝章，初名衮，字九章，号耿庵，又号不寐道人，江苏吴县人。明末诸生。工诗、书、画，世称"三绝"。著有《春草闲房诗文集》、《退量稿》、《阐幽录》、《康济谱》等。事迹见《清史列传》卷七〇、震钧辑《国朝书人辑略》卷一、叶燮《金孝章墓表》（《已畦文集》卷一四）。

刘醇骥卒（1607— ）。醇骥字千里，号廓庵，湖北广济人。康熙间以岁贡入京，与魏裔介、曹本荣、魏象枢交往。或劝之仕，不应而归。著有《五经诸解》、《大易解》、《论语解》、《古本大学解》2卷、《孟解》、《学庸古本解》、《芝在堂集》15卷。事迹见《清史列传》卷七〇、李桓《国朝耆献类征初编》卷三九七。

沈寿民卒（1607— ）。寿民字眉生，又字耕岩，江南宣城人。明末诸生。入清不仕。学者私谥贞文先生。著有《姑山遗集》30卷、《昔者诗》1卷等。事迹见李桓《国朝耆献类征初编》卷四七二、黄宗羲《征君沈耕岩先生墓志铭》（《南雷文定》前集卷七）。

僧髡残卒（1612— ）。髡残俗姓刘，字明明，一字石昭，金陵上元人。初为道士，晚岁始祝发为僧。工绘花卉、人物、山水。事迹见《清史稿》卷五〇四。

卫周祚卒（1612— ）。周祚字文锡，号闻石，山西曲沃人。明崇祯十年进士，官户部郎中。清顺治初起授吏部郎中，官至文渊阁大学士、国史院大学士。曾与大学士巴哈纳等校定律例。康熙时官至保和殿大学士兼户部尚书，曾疏请编纂《大清一统志》。事迹见《清史列传》卷七九。

陈瑚卒（1613— ）。瑚字言夏，号确庵，自号无闷道人，江苏太仓人。明崇祯十六年举人。明亡后，不复仕进，隐居教学，与陆世仪并负时名。学者称安道先生，江苏巡抚汤斌立其故居为安道书院。著有《圣学入门书》、《周易传义合阐》、《四书讲义》、《典礼会通》、《求道录》1卷、《确庵集》、《治病说》、《救荒定议》等。事迹见《清史稿》卷四八〇、《清史列传》卷六六、李桓《国朝耆献类征初编》卷三九七、王玺《陈先生瑚传》（《碑传集》卷一二七）、蔡冠洛《清代七百名人传》第四编。清陈溥编有《陈安道先生年谱》。

按：《清史列传》本传曰："陆世仪作《格致篇》，首提'敬天'二字。瑚由此用力，遂得要领。每日课程，以'敬怠善过'自考。尝与世人论致中和工夫，瑚答之曰：'工夫全在存养省察。……'世仪诸人皆然其言。著《圣学入门书》，分《小学》为六：入孝、出悌、谨行、信言、亲爱、学文；《大学》为六：格致、诚意、正心、修身、齐家、治国。

谓《小学》先行后知，《大学》先知后行。《小学》之终，即《大学》之始。瑚之学博大精深，尤讲求经济大略。"

僧能仁卒（1614—　）。能仁俗姓杨，出家后法名能仁，常州江阴人。潜心佛学，得顺治、康熙等赏识礼拜，敕封大觉普济能仁国师。著有《馨山报恩全集》《别录》等。

僧通琇卒（1614—　）。通琇俗姓杨，字玉林，自号潜子，又号天目老人，江苏江阴人。年十九，依宜兴磬山圆修出家。顺治时召对称旨，赐号大觉禅师。乞还天目山，加封普济能仁国师。著有《大觉玉林通琇国师语录》。

吴淇卒（1615—　）。淇字伯其，号冉渠，河南睢县人。顺治十五年进士。任广西浔州推官，署丹阳县。致力于天文、历法、律吕、音韵、易占、勾股算术及西洋奇器之学。著有《律吕正论》《雨蕉斋杂录》《雨蕉斋诗集》等。事迹见李桓《国朝耆献类征初编》卷二四九。

对哈纳卒（1619—　）。满洲正蓝旗人，钮祜禄氏。康熙间官至刑部尚书，授国史院大学士，充《实录》总裁官。卒谥文端。事迹见李桓《国朝耆献类征初编》卷二。

张贞生卒（1623—　）。贞生字幹臣，号篑山，江西庐陵人。顺治十五年进士，改翰林院庶吉士，散馆，授编修。康熙时官至侍讲学士。治理学，初从王守仁，后宗朱熹。著有《庸书》20卷、《玉山遗响集》6卷、《圣门戒律》《唾居随录》4卷等。事迹见《清史稿》卷四八〇、《清史列传》卷六六、李桓《国朝耆献类征初编》卷一一六、《侍讲学士张公贞生行略》（《碑传集》卷四四）。

按：《清史列传》本传曰："少入塾受经，即有志圣贤之学。……贞生初闻阳明良知之说，后读罗钦顺《困知记》，乃专宗考亭，以慎独主敬为归，粹然一出于正。与孝感熊赐履并以理学名，尝与赐履书曰：'若提明善二字，谓可包知行。姚江复起，将有词于我矣。'蔚州魏象枢问孔、颜乐处从何处寻，贞生曰：'下学上达，克己复礼。'因举山居联语曰：'孔子何以乐，发愤忘食；颜子何以乐，既竭吾才。'尝谓：'学问有渐进工夫，别无顿悟法门。'又谓：'诸家言自然，言顿悟，不问元气虚实，专用表散之剂，不害人不止矣。'"

刘青芝（　—1755）、方世举（　—1759）生。

康熙十五年　丙辰　1676年

奥斯曼帝国大维齐尔艾哈迈德·科普吕律卒，姐夫

正月二十七日庚戌（3月11日），上召经筵讲官塞色黑等至御前亲试，命名讲书。

二月初六日戊午（3月19日），命大学士李霨、礼部尚书吴正治为会试

正考官，吏部右侍郎宋德宜、左副都御史田六善为副考官。

初七日己未（3月20日），经筵讲官喇沙里、徐元文奏经筵讲章，上谕曰："嗣后经筵讲章，称颂之处，不得过为溢辞，但取切要，有裨实学。其谕各讲官知之。"（《清圣祖实录》卷六三）

三月二十日壬寅（5月2日），策试天下贡士彭定求等于太和殿前。

二十三日乙巳（5月5日），康熙帝御太和殿，传胪，赐殿试贡士彭定求等209人进士及第出身有差。

五月十一日壬辰（6月21日），命翰林院掌院学士喇沙里、徐元文教习庶吉士。

六月十九日庚午（7月29日），添置直隶各省儒学教职各1员。

八月初十日庚申（9月17日），谕钦天监："向知新法旧法是非争论，今既深知新法为是，尔衙门习学天文历法，满洲官员，务令加意精勤。此后习熟之人，方准升用。其未经学习者，不准升用。"（《清圣祖实录》卷六二）

九月十四日癸巳（10月20日），以翰林院掌院学士徐元文为武会试正考官，詹事府少詹事项景襄为副考官。

十月初六日乙卯（11月11日），策试中式武举于太和殿前。

十五日甲子（11月20日），赐殿试武举荀国梁等149人武进士及第出身有差。

二十日己巳（11月25日），准礼部疏言，战争期间，八旗子弟如仍与汉人一体考试，必耽误军事训练，除已规定每佐领一人仍准在监读书外，旗人子弟暂令停止参加科举考试。

二十四日癸酉（11月29日），康熙帝以经书业已熟悉，命日讲官进讲《资治通鉴》。

二十七日乙亥（12月1日），学士喇沙里等奏请进讲《资治通鉴纲目》。

按：奏曰："《资治通鉴》一书，统贯诸史，最为详备，而《通鉴纲目》，又从《资治通鉴》中提纲分目，尤得要领。拟从《纲目》中，择切要事实进讲。讲章体裁，首列纲，次列目，每条之后，总括大意，撰为讲说。其先儒论断可采者，亦酌量附入。"从之（《清圣祖实录》卷六三）。《清史稿·徐元文传》曰："先是熊赐履在讲筵，累称说孔、孟、程、朱之道，上欲博览前代得失之由，命词臣以《通鉴》与《四书》参讲。元文因取朱子《纲目》，择其事之系主德、裨治道者，采取先儒之说，参以臆断，演绎发挥，按期进讲。"

三十一日己卯（12月5日），重申禁止外国使臣购买史书。

按：礼部等衙门议复："朝鲜国王李焞奏言：'顷陪臣使还，购买《前明十六朝纪》一书，中载本国癸亥年，废光海君李珲，立庄穆王李倧事，诬以篡逆。今闻新命，纂修《明史》，特遣陪臣福善君李楠等，陈奏始末，伏乞删改，以昭信史。'查本朝纂修《明史》，是非本乎至公。该国癸亥年，废立始末及庄穆王李倧实迹，自有定论，并无旁采野史诸书，以入正史，应无庸议。至外国使臣来京，禁买史书。今违禁购买，应遣官往朝鲜国，会同该王，严加详审议处。伊所进礼物，交来使带回。"得旨："这本内事情，免遣大臣往审，著国王将私买史书人犯，逐一严拿详审，确议具奏。余依议。"（《清圣祖实录》卷六四）

艾哈迈德·穆斯塔法继任。

波兰再破奥斯曼帝国。

法国败西班牙陆海军于西西里。

俄罗斯阿列克谢·米哈伊洛维奇卒，子费多尔·阿列克谢耶维奇继任。

英国的胡克发现固体弹性定律。

丹麦的罗默根据木星测定光速。

顾炎武二月自山东入都，寓甥徐乾学家。遗书告潘耒，以所见"蝇营蚁附之流骇人心目"为恨，戒耒自定出处（《亭林文集·与潘次耕札》之二）。是年，又以所著《日知录》寄请黄宗羲评阅。

黄宗羲始见陈确《性解》诸篇，作《与陈乾初论学书》，对陈确"天理正从人欲中见，人欲恰好处即天理"之论断，提出不同意见（《黄宗羲全集》第十册）。陈确年已七十三，作书答黄宗羲。

黄宗羲应许三礼之请，至海昌讲学两月，从此结束在甬上的讲学活动。

按：黄宗羲《留别海昌同学序》曰："岁丙辰二月，余至海昌。酉山许父母，以余曾主教于越中甬上也，戒邑中之士大夫，胥会于北寺。余留者两月余，已而省觐将归，同学诸子，皆眷眷然有离别可怜之色。余南雷之野人也，气质卤莽，诸子风华掩映千人，多廊庙之器。余何以得此于诸子乎？尝谓学问之事，析之者愈精而逃之者愈巧。三代以上，只有儒之名而已，司马子长因之而传儒林。汉之衰也，始有雕虫壮夫不为之技，于是分文苑于外，不以乱儒。宋之为儒者，有事功经制改头换面之异，《宋史》立道学一门以别之，所以仿其流也。盖未几而道学之中，又有异同，邓潜谷又分理学心学为二。夫一儒也，裂而为文苑，为儒林，为理学，为心学，岂非析之欲其极精乎？奈何今之言心学者，则无事乎读书穷理。言理学者，其所读之书，不过经生之章句，其所穷之理，不过字义之从违；薄文苑为词章，惜儒林于皓首；封己守残，摘索不出一卷之内。其规为措注，与纤儿细士，不见短长。天崩地解，落然无与吾事。犹且说同道异，自附于所谓道学者，岂非逃之者之愈巧乎？吾观诸子之在今日，举实为秋，摛藻为春，将以抵夫文苑也；钻研服、郑，函雅故，通古今，将以造夫儒林也。由是而敛于身心之际，不塞其自然流行之体。则发之为文章，皆载道也；垂之为传注，皆经术也。将见裂之为四者，不自诸子复之而为一乎？"（《南雷文案》卷二）又在《兵部督捕右侍郎酉山许先生墓志铭》中曰："余自丙辰至庚申五年，皆在海宁奉先生（许三礼）之教，而先生又从余受黄石斋先生《三易洞玑》及授时、西、回三历，不可不谓知己。"（《黄宗羲全集》第十册碑志类）

王夫之八月拟往长沙，中秋时节蒙正发、刘近鲁、朱翠涛、唐端笏于听月楼为之饯行。

熊赐履七月因事革职免归。

魏象枢十二月充武殿试读卷官。

张玉书七月为翰林院侍讲，充日讲官。

吴正治主典会试。

陈廷敬九月擢内阁学士兼礼部侍郎，充经筵讲官。

彭定求中进士，授修撰。手录宋五子《近思录》，奉为言行准则。已而见黄道周《复初录》，感其言，遂自号复初。

顾祖禹在耿精忠幕府三载，是年离开。

纳兰性德赐进士出身，又缘其为八旗贵胄，授三等侍卫。

顾贞观复至北京，与纳兰性德定交。

王摅在北京，见顾炎武。

徐崧约于是年采诗至上海。

郑簠至北京行医，朱彝尊作诗以赠。

禹之鼎至淮安访张弨。

叶燮十一遭弹劾罢官,自此绝意仕途。

牛纽正月为翰林院侍读,充日讲官。

库勒纳正月为翰林院侍讲学士,充经筵讲官。

李天馥十月为翰林院侍讲学士,充日讲官。

沈荃十二月为詹事府少詹事,充日讲官。

郭四海正月以兵部督捕左侍郎充经筵讲官。

魏希征、沈三曾、沈涵、顾藻、彭会淇、熊赐瓒、沈旭初、李应鹰、杨骃、高朕、高裔、冯云骕、许承宣、潘沐、李涛、张榕端、陈锡嘏、王化鹤、史珥、费之逵、杨作桢、王瑞、郑际泰、阎世绳、卞永宁、徐必遴、沈一揆、杨尔淑、高卫官、李云龙、方韩、王吉相等 32 位新科进士四月二十一日被选为庶吉士。

按:王吉相字天如,号古廨病夫,陕西邠州人。授庶吉士后,自叹学未见道,不便立朝事主,遂告归,受业于李颙。著有《四书心解》4 卷、《偶思录》1 卷。

王顼龄中进士,授太常寺博士。

翁叔元成一甲三名进士,授编修,馆试第一。

哈达时为宁古塔将军,奏准在黑龙江宁安设立龙城书院。有御赐名"龙城书院"及"龙飞胜地"匾额。生员皆为满族贵族子弟,设满、汉教习各数员。

蔡彬时任福建罗源知县,建罗川书院。

李元桂时任江西督粮道,在南昌建元钧书院。

郑瑞国时任河南荥阳知县,建成皋书院。

夏应元时任河南密县知县,建兴学书院。

石涛在广陵为汪楫作山水小册。

徐枋、王翚等 20 人合作山水巨卷成。

嘉木祥协巴入拉萨上下密院学密宗法典。

南怀仁任中国教区副区长,请耶稣会派教士来华传教。

传教士恩理格奉准往山西传教。

王夫之十月始著《周易大象解》。

徐善著《易论》成书,沈廷励作序。

熊赐履著《五纬阵图》成书。

俞汝言著《春秋平义》12 卷、《春秋四传纠正》1 卷成书,均有自序。

按:《四库全书总目提要》曰:《春秋平义》"多引旧文,自立论者无几。然自宋孙复以来,说《春秋》者务以攻击三《传》相高,求驾乎先儒之上,而穿凿烦碎之弊日生。自元延祐以后,说《春秋》者务以尊崇胡《传》为主,求利于科举之途,而牵就附合之弊亦遂日甚。明张岐然尝作《五传平文》以纠其谬,而去取尚未能皆允。汝言此书,亦与岐然同意,而简汰精审,多得经意,正不以多生新解为长。前有《自序》,谓传经之失不在浅而在于深,《春秋》为甚。可谓片言居要矣。此本为汝言手迹,其中涂乙补缀,朱墨纵横,其用心勤笃,至今犹可想见也。朱彝尊《经义考》载缪泳之言称:'汝言

托马斯·西德纳姆著成《医学观察资料》。

研精经史，尤熟于明代典故。尝撰有《宰相列卿年表》，其诗古文曰《渐川集》，今皆未见。'盖亦好学深思之士，所由与枵腹高者异欤？"清代直接研究《春秋》本义的著作，除俞氏之书外，尚有惠士奇《春秋说》、顾栋高《春秋大事表》、江永《春秋地理考实》、罗士琳《春秋朔闰异同》、赵坦《春秋异文笺》、侯康《春秋古经说》等。

李之素著《孝经正文》1卷、《内传》1卷、《外传》3卷。

李颙著《周至答问》刊行。

按：李颙于是书提出了"儒者之学，明体适用之学也"的观点。又曰："《六经》、《四书》，儒者明体适用之学也。"（《二曲集》卷一四）

黄宗羲著《明儒学案》成书，凡62卷。

按：是书上起吴与弼，下迄刘宗周，网罗有明一代之理学家200余人，为之分别学派，每一派，立一学案，为中国系统学术思想史之始。梁启超在《中国近三百年学术史》中说："著学术史有四个必要的条件：第一，叙一个时代的学术，须把那时代重要的各学派全数网罗，不可以爱憎为去取；第二，叙某家学说，须将其特点提挈出来，令读者有很明晰的观念；第三，要忠实传写各家真相，勿以主观上下其手；第四，要把各人的时代和他一生经历大概叙述，看出那人的全人格。梨洲的《明儒学案》，总算具备这四个条件。"所以说，"中国有完善的学术史，自梨洲之著学案始"。《四库全书总目提要》曰："初，周汝登作《圣学宗传》，孙钟元又作《理学宗传》，宗羲以其书未粹，且多所阙遗，因搜采明一代讲学诸人文集、语录，辨别宗派，辑为此书。凡《河东学案》二卷，列薛瑄以下十五人；《三原学案》一卷，列王恕以下六人；《崇仁学案》四卷，列吴与弼以下十人；《白沙学案》二卷，列陈献章以下十二人；《姚江学案》一卷，列王守仁一人，附录二人，《浙中相传学案》五卷，列徐爱以下十八人；《江右相传学案》九卷，列邹守益以下二十七人，附录六人；《南中相传学案》三卷，列黄省曾以下十一人；《楚中学》案一卷，列蒋信等二人；《北方相传学案》一卷，列穆孔晖以下七人；《闽越相传学案》一卷，列薛侃等二人；《止修学案》一卷，列李材一人；《泰州学案》五卷，列王艮以下十八人；《甘泉学案》六卷，列湛若水以下十一人；《诸儒学案》上四卷，列方孝孺以下十五人；《诸儒学案》中七卷，列罗钦顺以下十人；《诸儒学案》下五卷，列李中以下十八人；《东林学案》四卷，列顾宪成以下十七人；《蕺山学案》一卷；列刘宗周一人，而以师说一首冠之。卷端所列自方孝孺以下十七人，大抵朱、陆分门以后，至明而朱之传流为河东，陆之传流为姚江。其余或出或入，总往来于二派之间。宗羲生于姚江，欲抑王尊薛则不甘，欲抑薛尊王则不敢，故于薛之徒阳为引重而阴致微词，于王之徒外示击排而中存调护。夫二家之学，各有得失。及其末流之弊，议论多而是非起，是非起而朋党立，恩雠轇轕，毁誉纠纷。正、嘉以还，贤者不免。宗羲此书，犹胜国门户之余风，非专为讲学设也。然于诸儒源流分合之故，叙述颇详，犹可考见其得失，知明季党祸所由来，是亦千古之炯鉴矣。卷端仇兆鳌序及贾润所评，皆持论得平，不阿所好，并录存之，以备考镜焉。"

万斯同著《历代史表》53卷成书，李光地、李邺嗣为作序。

按：梁启超《清代学术概论》曰："自万斯同力言表志之重要，自著《历代史表》，此后表志专书，可观者多。顾栋高有《春秋大事表》，钱大昭有《后汉书补表》，周嘉猷有《南北史表》、《三国纪年表》、《五代纪年表》，洪饴孙有《三国职官表》，钱大昕有《元史氏族表》，齐召南有《历代帝王表》。林春溥著《竹柏山房十五种》，皆考证古史，其中《战国纪年》、孔孟年表诸篇最精审，而官书亦有《历代职官表》。"《四库全书总目提要》曰："是编以十七史自《后汉书》以下惟《新唐书》有表，余皆阙如，故各为补撰。宗《史记》、《前汉书》之例，作《诸王世表》、《外戚侯表》、《外戚诸王世表》、《异姓诸王世表》、《将相大臣及九卿年表》。宗《新唐书》之例，作《方镇年表》、《诸镇年表》。其《宦者侯表》、《大事年表》，则斯同自创之例也。其书自正史本纪、志、传以外，参考《唐六典》、《通典》、《通志》、《通鉴》、《册府元龟》诸书，及各家杂史，次第汇载，使列朝掌故，端绪厘然，于史学殊为有助。考自宋以前，唯《后汉书》有熊方所补《年表》。他如郑樵《通志·年谱》仅记一朝大事及正闰始末，其于诸王将相公卿大臣兴废拜罢之由，率略而不书。近人作《十六国年表》，亦多舛漏。其网罗繁富，类聚区分，均不及斯同此书之赅备。惟《晋书》既补《功臣世表》，则历代皆所当补。十六国如成、赵、燕、秦既有《将相大臣年表》，则十国如南唐、南汉、北汉、闽、蜀不当独阙。又魏将相大臣中，不载上大将军。五代《诸王世表》独阙后汉，注谓后汉子弟未尝封王。然考承训追封魏王，承勋追封陈王，与后周郑、杞、越、吴诸王事同一例，何以独削而不登？是皆其偶有脱略者。然核其大体，则精密者居多，亦所谓过一而功十者矣。"

  陈维崧辑《两晋南北朝史集珍》6 卷成书，有自序。

  芮长恤著《纲目分注拾遗》4 卷成书，有自序。

  孙承泽著《思陵典礼记》4 卷、《烈皇勤政记》1 卷成书。

  王源著《十三陵纪》上下二篇。

  施闰章著《施氏家风述略》1 卷成书，有自识。

  王国泰修，刘声纂《博野县志》4 卷刊行。

  万一鬲等纂修《永清县志》15 卷刊行。

  陈伟等纂修《元城县志》6 卷刊行。

  顾咸泰修，王逢五纂《大名县志》20 卷刊行。

  夏显煜修，王俞巽纂《广平县志》5 卷刊行。

  沈奕琛修，申涵盼纂《广平府志》20 卷刊行。

  崔俊修，李焕章纂《青州府志》20 卷刊行。

  胡启甲、俞允撰修，赵衍等纂《新修东阳县志》22 卷刊行。

  濮孟清纂《濮州志略》14 卷刊行。

  牛天宿修，朱子虚纂《琼郡志》10 卷刊行。

  刘登科修，王芝藻等纂《溧水县志》11 卷刊行。

  马璐续修《德安县志》10 卷刊行。

  赵裔昌修，何名隽、吴道伟纂《蒙城县志》18 卷刊行。

  杨燝修纂《清丰县志》10 卷刊行。

  戴名世撰《左忠毅公传》，书左光斗事。

按：是年又得抗清志士金声遗文数十篇，纂为《金正希稿》，并自为序。

  魏裔介著《鉴语经世编》刊行。

  李光地编《等韵便览》。

  汪琬刻所著《钝翁前后类稿》62 卷。

  毛际可著《松皋文集》10 卷刊行。

  陈祚明著《稽留山人集》21 卷刊行。

  王崇简著《青箱堂文集》7 卷成书，叶方蔼作序。

弗朗西斯科卡瓦利卒（1602——　）。意大利歌剧作曲家。

格里美豪森卒（1621/1622——　）。德国小说家。

《中华教会志》是年出版。

孙承泽卒（1592——　）。承泽字耳伯，号北海、退谷，顺天上林苑籍。明崇祯四年进士，官至刑科都给事中。明亡，李自成授为防御使。入清，官至吏部侍郎。藏书甚富，有万卷楼。著有《尚书集解》20卷、《五经翼》20卷、《诗经朱传翼》30卷、《春秋程传补》20卷、《考正晚年定论》2卷、《畿辅人物志》20卷、《四朝人物略》6卷、《九州山水考》3卷、《天府广记》44卷、《春明梦余录》70卷、《学典》30卷、《益智录》20卷、《元朝典故编年考》10卷、《明辨录》2卷、《研山斋墨迹集览》1卷、《法书集览》3卷、《庚子销夏记》8卷、《河纪》2卷、《闲者轩帖考》1卷、《典制记略》、《藤阴札记》等。事迹见《清史列传》卷七九、王崇简《光禄大夫太子太保都察院右都御史吏部左侍郎孙公承泽行状》（《碑传集》卷一〇）、蔡冠洛《清代七百名人传》第一编。

按：《四库全书总目提要》评《尚书集解》曰：孙承泽"平生以尊崇朱子得名，而是书笃信古文，与朱子独异。所解自蔡沈《集传》外，多采吕祖谦《书说》、金履祥《表注》、许谦《丛说》，而力斥马融、郑康成。盖欲尊宋学，故不得不抑汉儒。然宋儒解经，惟《易》、《诗》、《春秋》掊击汉学，其《尚书》、《三礼》实不甚异同。承泽坚持门户，又并排斥之耳。然千古之是非，曷可掩也"。又评《诗经朱传翼》曰："承泽初附东林，继降闯贼，终乃入于国朝，自知为当代所轻，故末年讲学，惟假借朱子以为重。独此编指说《诗》，则以《小序》、《集传》并列，而又杂引诸说之异同。窥其大意，似以《集传》为未惬，而又不肯讼言，故颟顸横棱，不置论断；纷纭糅乱，究莫名其指归。首鼠两端，斯之谓矣。"评《春明梦余录》曰："是书首以京师建置、形胜、城池、畿甸，次以城防、宫殿、坛庙，次以官署，终以名迹、寺庙、石刻、岩麓、川渠、陵园。似乎地志，而叙沿革者甚略；分列官署，似乎职制；每门多录明代章疏，连篇累牍，又似乎故事。体例颇为庞杂。且书中标目，悉以明制为主，则不当泛及前代。既泛及前代，则当元元本本，丝牵绳贯，使端委粲然，不当挂一漏万，每门寥寥数语，或有或无，绝不画一。……然于明代旧闻，采摭颇悉，一朝掌故，实多赖是书以存。且多取自实录、邸报，与稗官野史据传闻而著书者究为不同。故考胜国之轶事者，多取资于是编焉。"

程正揆卒（1604——　）。正揆初名正葵，字端伯，号鞠陵，又号清溪道人，湖北孝感人。少从董其昌学画。明崇祯四年进士。入清更名，官至工部侍郎。著有《清溪遗稿》28卷。事迹见震钧辑《国朝书人辑略》卷一。

郭金台卒（1610——　）。金台字幼隗，本姓陈，名湜，字子原，湖南湘潭人。明崇祯副贡。入清后隐居衡山，授徒自给。著有《五经骈语》、《博物汇编》、《石村诗文集》。事迹见《清史稿》卷五〇〇、李桓《国朝耆献类征初编》卷四七〇、高兆《郭金台传》（《碑传集》卷一二四）。

任源祥卒（1618——　）。初名元祥，字王谷，号善权子，学者称息斋先生，江苏宜兴人。精研经世之学，有志用于世，惜未逢其时而赍志以殁。著有《鹤鸣堂诗集》11卷、《鹤鸣堂文集》10卷。事迹见《清史列传》卷七〇。

封濬卒（1621——　）。濬字禹成，号位斋，江西南丰人。明国子监生。

工制义,居乡教授,门下士成材者颇多。事迹见《清史列传》卷六六、李桓《国朝耆献类征初编》卷四〇〇、梁份《封先生濬墓志铭》(《碑传集》卷一三六)。

传教士鲁日满卒(1624—)。日满字谦受,比利时人。顺治十六年抵澳门。在浙江、江苏等地传教。康熙三年,杨光先兴历狱,被押至北京。后被释放,重返江南传教。著有《圣教要理》、《教要六端》、《问世编》。

计东卒(1625—)。东字甫草,号改亭,江苏吴江人。明诸生。入清,顺治十四年举人。曾从汤斌讲理学,从汪琬受古文法。著有《改亭诗集》6卷、《改亭文集》16卷、《广说铃》。事迹见《清史稿》卷四八四、《清史列传》卷七〇、蔡冠洛《清代七百名人传》第五编。

范承谟卒(1635—)。承谟字觐公,号螺山,又号蒙谷,辽阳人,隶汉军镶黄旗。顺治八年进士。历任弘文院编修、秘书院侍读学士、国史院学士、内阁学士、浙江巡抚、福建总督等职。卒谥忠贞。著有《抚浙奏议》、《督闽奏议》、《吾庐存稿》、《百苦吟》、《画壁集》等。事迹见《清史稿》卷二五九、《清史列传》卷六、李桓《国朝耆献类征初编》卷三四一、震钧辑《国朝书人辑略》卷二、郭棻《范忠贞公承谟传》、彭鹏《闽总督忠贞范先生传》、戴震《范忠贞传》(均《碑传集》卷一一九)。清柯汝霖编有《范忠贞年谱》。

嵇永仁卒(1637—)。永仁字留山,初字匡侯,别号抱犊山农,江南无锡人。康熙间入福建总督范承谟府,承谟因耿精忠叛乱被杀,永仁乃自缢死。著有《集政备考》、《东田医补》、《抱犊山房集》6卷及《续离骚》、《扬州梦》、《双报应》等剧。事迹见《清史稿》卷四八八、《清史列传》卷六五、李桓《国朝耆献类征初编》卷三四二、顾栋高《诰赠光禄大夫太子太保文华殿大学士兼吏部尚书留山嵇公神道碑》、秦松龄《嵇留山先生墓表》、贾兆凤《义士赠国子助教嵇先生传》(均见《碑传集》卷一一九)。

陈世仁(—1722)、吴焯(—1733)、李图南(—1733)、杨椿(—1753)、陈祖范(—1753)生。

康熙十六年　丁巳　1677年

正月二十九日丙午(3月3日),命翰林院掌院学士陈廷敬教习庶吉士。

三月十四日庚寅(4月15日),因四方暂定,命翰林官仍遵前旨,有长于诗赋、善于书法者,各缮写进呈。

五月初四日己卯(6月3日),谕大学士:"向来日讲,惟讲官敷陈讲章,于经史精义未能研究印证,朕心终有未慊。今思讲学,必互相阐发,方能

英荷结盟反法。

法国败荷兰,取荷兰大部。

勃兰登堡取什切青与吕根岛。

法国取荷兰西

非塞内加尔诸据点。

荷兰取爪哇加拉横、三宝垄等。

奥地利因斯布鲁克大学建。

融会义理,有裨身心。今后日讲,应由朕随意,或先将《四书》朱《注》讲解,或先将《通鉴》等书讲解,然后讲官仍照常进讲。"(《清圣祖实录》卷六七)

十八日癸巳(6月17日),讲官喇沙里、陈廷敬等进讲《孟子》"一暴十寒"章,上曰:"君子进则小人退,小人进则君子退。君子小人,势不并立。孟子所谓一暴十寒,于进君子,退小人,亲贤远佞之道,最为明快,人君诚不可不知也。"(《清圣祖实录》卷六七)

六月初八日癸丑(7月7日),定今年九月乡试,除直隶、江南、浙江三省单独举行外,河南、山东、山西、陕西因贡、监生少,合并于河南举行;湖广、江西归并江南;福建归并浙江,按入场应试人数,每15名取中举人1名。

七月二十九日甲辰(8月27日),康熙帝召大学士等论朋党之害。

八月十八日壬戌(9月14日),以大学士觉罗勒德洪、明珠充纂修《太宗文皇帝实录》总裁官。

十月二十日癸亥(11月14日),始设南书房。

按:南书房设在北京故宫乾清宫西南,原是康熙帝读书的地方,俗称南斋。南书房在本年设立时,先命侍讲学士张英、内阁学士衔高士奇入值。此为选翰林文人入值南书房之始,即内廷词臣直庐,称"南书房行走"。翰林入值南书房,初为文学侍从,随时应召侍读、侍讲。又作为顾问常侍皇帝左右,论经史,谈诗文。皇帝外出巡幸亦随扈。皇帝即兴作诗、发表议论等皆记注,进而常代皇帝撰拟诏令、谕旨,参预机要,这是由皇帝直接控制的一个核心机要机构。到雍正帝朝建立军机处后,军机大事均归军机处办理,南书房官员不再参预机务。南书房保留到光绪二十四年(1898年)才被撤销。

十二月初八日庚戌(12月31日),《日讲四书解义》书成。

按:康熙帝作序,曰:"盖有四子,而后二帝三王之道传。""道统在是,治统也在是矣。历代贤哲之君创业守成,莫不尊崇表章,讲明斯道。朕绍祖宗丕基,孳孳求治,留心学问,命儒臣撰为讲义,务使阐发义理,禆益政治。同诸经史进讲,经历寒暑,罔敢间辍。"(《日讲四书解义》卷首)

二十日壬戌(1678年1月12日),翰林院掌院学士喇沙里等,以刊刻《日讲四书解义》进呈。得旨:"经史有关政治,义蕴弘深。朕朝夕讲究,勉求贯通。讲幄诸臣,殚心阐发,允禆典学。所进讲章留览。"(《清圣祖实录》卷七〇)

二十二日甲子(1月14日),添设内阁侍读3员,专管记载旨意及票签、翻译、校对、膳真等事务。

黄宗羲仍主海宁讲席,是年为陈确撰墓志铭;又应谈迁之子之求,作《谈孺木墓表》。

按:黄宗羲《谈孺木墓表》曰:"初为诸生,不屑场屋之僻固狭陋,而好观古今之治乱,其尤所注心者在明朝之典故。以为史之所凭者《实录》耳,《实录》见其表,其在里者已不可见。况革除之事,杨文贞未免失实;泰陵之盛,焦泌阳又多丑正。神、熹之载笔者,皆宦逆奄之舍人。至于思陵十七年之忧勤惕励,而太史避荒,皇宬烈焰,国灭而史亦随灭,普天心痛。于是汰十五朝之实录,正其是非,访崇祯十七年之邸报，补其缺文，成书曰《国榷》。……余观当世，不论何人，皆好言作史，岂真有三长族掩前哲，亦不过此因彼袭，攘袂公行。苟书足以记名姓，辄不难办，权而论之，史之体有三：年经而人与事纬之者编年也，以人经之者列传也，以事经之者纪事也。其间自有次第：编年之法，《春秋》以来未之有改也；有编年而后有列传，故本纪以为列传之纲；有编年而后纪事，故纪事为通鉴之目。奈何今之作者，矢口迁、固而不于悦、宏？夫作者无乘传之求，州郡鲜上计之集，不能通知一代盛衰之始终，徒据残书数本，谀墓单辞，便思抑扬人物，是犹两造不备而定爰书也。以余所见，近日之为□□者，其人皆无与乎文章之事，而公然长篇累牍，行世藏家，辄欲与《五经》方驾，《三志》竞爽，岂以后世都可欺乎？君乃按实编年，不炫文采，未尝以作者自居。异日有正明世之事者，知在此而不彼也。君之子祺求余表墓，余美无溢辞，亦史法也。"（《黄宗羲全集》第十册碑志类）

　　黄宗羲为朱岷左《乐府广序》作序，又为万斯大《学礼质疑》作序。

　　黄宗羲弟子董允瑫由北京南返，侍读学士叶方蔼赋五古一首相赠，催促黄宗羲出山与清廷合作，黄宗羲接诗后，次其韵作答，以明不仕清廷之意。

　　顾炎武二月偕王弘撰至昌平，六谒天寿山及怀宗攒宫；四月至德州，访李浃、李源；九月入陕，住王弘撰家，复访李颙于富平。

　　按：《清史列传·王弘撰传》曰："昆山顾炎武遍观四方，至华阴，谓：'秦人慕经学，重处士，持清议，他邦所少。'欲定居，弘撰为营斋舍。炎武曰：'好学不倦，笃于友朋，吾不如山史。'"

　　徐乾学是春由京城南归，言欲延潘耒于家，顾炎武致书劝止之。

　　叶方蔼正月充《孝经衍义》总裁。

　　汤斌与耿介论学。

　　恽寿平过吴门访余怀，为作设色《花卉卷》。

　　李光地三月特迁为侍讲学士。

　　杨正中正月以礼部左侍郎充经筵讲官。

　　吕留良是春寻《知言集》佚稿于鸳湖。

　　张英二月迁翰林院侍讲学士。

　　陈廷敬正月改翰林院掌院学士，教习庶吉士，充日讲官。

　　靳辅二月由安徽巡抚升授河道总督，七月疏请大修黄河八事。

　　韩菼十月迁翰林院侍讲学士。

　　塞色黑五月以兵部尚书充经筵讲官。

　　察库五月以户部右侍郎充经筵讲官。

　　项景襄七月以内阁学士充经筵讲官。

　　温代九月以内阁学士兼礼部侍郎充经筵讲官。

　　蔡启僔三月为翰林院修撰，充日讲官。

　　董纳九月为右春坊右中允兼翰林院编修，充日讲官。

　　蒋弘道十月为翰林院侍读学士，充日讲官。

　　张伯行补增广生。

　　陈维崧、朱彝尊、王翚等会于南京瞻园。

叶燮罢职还居苏州，构"独立苍茫处"。

倪灿以岁贡京师，乡试中式。

方苞从兄方舟中谈经书古文，始作时文。

马光时任安徽宁国知县，建西津书院。

约翰·雅各布·霍夫曼编纂成有关科学和艺术方面的《百科辞典》。

王夫之著《礼记章句》49卷成书。

万斯大著《学礼质疑》2卷成书，黄宗羲为作序。

按：《四库全书总目提要》曰："是书考辨古礼，颇多新说。"黄宗羲《学礼质疑序》曰："吾友万充宗，为履安先生叔子，锐志经学，《六经》皆有排纂，于《三礼》则条其大节目，前人所聚讼者，甲乙证据，摧牙折角，轩豁呈露，昌黎所谓及其时而进退揖让其间者也。此在当时，固人人所知者，于今则为绝学矣，不谓晚年见此奇特。其友魏方公为之先刻数卷，充宗以为质疑者，欲从余而质也。余老而失学，群疑填膈，方欲求海内君子而质之，又何以待质？充宗亦姑以其所得，参考诸儒，必求其精粗一贯，本末兼该，凿然可举而措之，无徒与众说争长于黄池，则所以救浙学之弊，其在此夫。"（《黄宗羲全集》第十册序类）

魏裔介家居，删定金坛蒋楚珍《四书舌存》，名曰《四书惺心编》。

阎若璩是冬撰《孟子自齐至鲁后解》。

陈廷敬等著《日讲四书解义》26卷成书，有《进呈刊完日讲四书解义疏》。

按：《日讲四书解义》26卷，康熙帝钦定。《四库全书总目提要》曰："自朱子定著《四书》，由元、明以至国朝，悬为程试之令甲。家弦户诵，几以为习见无奇。实则内圣外王之道备于孔子，孔子之心法寓于《六经》，《六经》之精要括于《论语》。而曾子、子思、孟子递衍其绪，故《论语》始于言学，终于尧、舜、汤、武之政，尊美屏恶之训。《大学》始于格物、致知，终于治国、平天下。《中庸》始于中和、位育，终于笃恭而天下平。《孟子》始于义利之辨，终于尧、舜以来之道统。圣贤立言之大旨，灼然可见。盖千古帝王之枢要，不仅经生章句之业也。我圣祖仁皇帝初年访落，即以经筵讲义亲定是编。所推演者，皆作圣之基、为治之本。词近而旨远，语约而道宏。圣德神功所为，契洙泗之传而继唐虞之轨者，盖胥肇于此矣。"

李清著《南北史合注》成初稿，魏禧为撰序。

贾弘文修，董国祥等纂《铁岭县志》2卷刊行。

林逢泰修，文俸天纂《三水县志》4卷刊行。

时来敏修，郭棻等纂《清苑县志》12卷刊行。

陆宸箴纂修《涞水县志》10卷刊行。

刘德弘修，杨如樟纂《涿州志》12卷刊行。

张纯儒修，莫琛纂《长武县志》2卷刊行。

宋嗣炎增修，李襄猷增纂《福安县志》9卷刊行。

邝世培续修《石门县志》12卷刊行。

杨廉、郁之章纂《重修嘉善县志》12卷刊行。

成克巩著《伦史》50卷成书，有自序。

方象瑛著《封长白山记》1卷成书。

申涵光著《荆园进语》1卷成书。

梅膺祚著《字汇数求声》12卷刊行。

王萌著《楚辞评注》10卷成书，有自序。

赵宾著《学易庵诗集》8卷成书，郜焕元作序。

顾贞观与纳兰性德合编《今词初集》2卷刊行。

孙枝蔚著《溉堂前集》9卷、《溉堂文集》5卷、《溉堂后集》6卷、《溉堂续集》6卷、《溉堂诗余》2卷刊行。

汪楫刻所著《山闻诗》2卷。

孙默编《十五家词》37卷成书，邓汉仪作序。

余怀著《茶史补》约成书于本年。

按：余怀嗜茶，原撰有《茶苑》一书，后见刘源长所著《茶史》，因删《茶苑》为《茶史补》。

徐沁著《明画录》8卷成书。

按：是书辑录有明一代画家小传，共收画家八百余人，包括帝王、卿相、士庶、释道、画工、名媛等不同身份的人，每人列有小传，略述画艺，但著录的详略不一。

王鉴卒(1598—)。鉴字玄照，后改字元照、圆照，号湘碧，又号染香居士，江苏太仓人。明尚书王世贞之孙，崇祯举人，曾官廉州知府，入清不仕。其画工山水，沉雄古逸。与王时敏、王原祁（时敏孙）、王翚号"四王"，又加恽寿平、吴历号"清六家"。著有《染香庵集》、《染香庵画跋》。事迹见《清史稿》卷五〇四、李桓《国朝耆献类征初编》卷四二八。

按：《清史稿》本传曰："鉴字圆照，明尚书世贞曾孙。与时敏同族，为子侄行，而年相若。崇祯中，官廉州知府，甫强仕，谢职归。就弇园故址，营构居之，萧然世外。与时敏砥砺画学，以董源、巨然为宗，沈雄古逸，虽青绿重色，书味盎然。后学尊之，与时敏匹。"

李魁春卒(1598—)。魁春字元英，晚号筠叟，江南长洲人。明诸生。入清不仕，隐居郊野。著有《春秋三传订疑》、《痘科合璧》等。

邹式金卒(1598—)。式金字仲愔，号木石、香眉居士，江苏无锡人。明崇祯十三年进士，历官南京户部主事、户部郎中，福建泉州知府等职。曾参与抗清。入清后，隐居众香庵，工画山水。著有《杂剧三集》34卷、《香眉亭诗》。

王瑞国卒(1600—)。瑞国字子彦，号书城，江苏太仓人。明天启元年举人。入清，任广东增城县知县。著有《唐宋考异》、《序要质疑》、《琅琊凤麟两公年谱合编》、《瘗研斋集》。

查继佐卒(1601—)。继佐字伊璜，号与斋，人称东山先生或朴园先生，浙江海宁人。明崇祯六年举人。曾参加抗清活动。明亡后从事编撰《明史》。以庄氏《明史》案牵连入狱，释放后改名左尹，号非人。著有《罪惟录》、《鲁春秋》、《国寿录》、《东山国语》、《钓业》、《班汉史论》、《敬修堂同学出处偶记》及《续西厢》、《鸣凤度》、《非非想》、《三报恩》等戏曲。事迹见李桓《国朝耆献类征初编》卷四六三、震钧辑《国朝书人辑略》卷一。清沈起编有《查东山先生年谱》。

伊萨克·巴罗卒(1630—)。英国古典文学家，神学家，数学家。

斯宾诺莎卒(1632—)。荷兰哲学家。

陈确卒(1604—)。确初名道永,字非玄;明亡后改名,字乾初,浙江海宁人。明诸生。与黄宗羲同受学于刘宗周。明亡后,隐居著述。著有《大学辨》、《性解》、《葬书》、《学谱》、《瞽言》等。今存《陈确集》49 卷。事迹见《清史列传》卷六六、李桓《国朝耆献类征初编》卷三九八、黄宗羲《陈乾初先生墓志铭》(《黄宗羲全集》第十册碑志类)、陈翼《乾初府君行略》(《碑传集》卷一二七)。吴骞编有《陈乾初先生年谱》。

按：钱穆说:"其实乾初辨《大学》,正是阳明良知学一极好之助论也。然梨洲于乾初辨《大学》,初未是认。丙午为《刘伯绳墓志铭》有云:'子刘子没,宗旨复裂,海宁陈确乾初,以《大学》有古本,有改本,有石经,言人人殊,因言《大学》非圣经也。自来学问由正以入诚,未有由诚以入正者。孟子言求放心,夫子言志学、从心,其主敬工夫从心始,不从意始。'其下即详述刘伯绳驳语。朱彝尊《经义考》亦云:'《大学辨》始成,于时闻者皆骇。桐乡张履祥考父、山阴刘汋伯绳、仁和沈兰先甸华、海盐吴蕃昌仲木,交移书争之,而乾初不顾。'梨洲盖犹不越当时一阃之见耳。后梨洲改为《乾初墓志》,于其疑《大学》一节,灭而不载,足证其时犹不以乾初说为然。直至《文约》定本,再改《乾初墓志》,始一并叙及乾初疑《大学》之意,谓:'其论《大学》,以后来改本牵合不归于一,并其本文而疑之,即同门之友龂龂为难,而乾初执说愈坚,无不怪之者。此非创自乾初也,慈湖亦谓《大学》非圣经。亦有言《大学》层累,非圣人一贯之学。虽未必皆为定论,然吾人为学,工夫自有得力,意见无不偏至。惟其悟入,无有不可,奚必抱此龃龉不合者,自窒其灵明乎? 是书也,二程不以汉儒不疑而不敢更定,朱子不以二程已定而不敢复改,亦各求其心之所安而已矣。夫更改之与废置,相去亦不甚远也。'此番议论,乃与《学案》序文开首数语全相一致。可知梨洲晚年,于其往昔牢执坚守之见解,为理学传统所必争者,已渐放弃。其于乾初论学宗旨,倾倒之情,亦与年俱进也。然《大学》乃宋明六百年理学家发论依据之中心,梨洲以正学传统自负,至此乃不免谓'更改与废置相去亦不甚远',此见学术思想走到尽头处,不得不变,仅有豪杰大力,亦无如何。乾初说经卓卓,固为开风气之先,而梨洲之虚心善变,其思想上之逐层转换,正足以说明理学将坠未坠时对于学者心理上所生一种最深刻精微之变化,诚为考究当时学术史者一番极有意思之资料也。"(《中国近三百年学术史》第二章《黄梨洲》)

王光承卒(1606—)。光承,江南华亭人。明岁贡生。隐居不仕。著有《镰山堂集》。

潘平格卒(1610—)。平格字用微,浙江慈溪人。一生讲学教书,曾在宁波甬上证人书院执教。著有《求仁录》10 卷、《著道录》10 卷、《四书发明》2 卷、《孝经发明》2 卷、《辨二氏之学》2 卷、《契圣录》5 卷等。事迹见李桓《国朝耆献类征初编》卷三九五、毛文强《潘先生传》(《求仁录》卷首)。

按：潘平格一介书生,毫无名位,却为当时士林所推崇,认为"儒门之有潘子,犹释氏之有观音"(郑义门《求仁录序》)。

张尔岐卒(1612—)。尔岐字稷若,号蒿庵居士,山东济阳人。少为县诸生。入清不仕,教授乡里以终。曾与修《山东通志》,结识顾炎武,并相互切磋学问。又与刘友生、李象先、李颙、王弘撰 4 人友善。治学笃守程朱理学,力辟王阳明良知说。著有《仪礼郑注句读》17 卷、《周易说略》8 卷、《诗经说略》5 卷、《春秋传议》4 卷、《夏小正传注》1 卷、《老子说略》2

卷、《弟子职注》1卷、《济阳县志》9卷、《吴氏仪礼注订误》1卷、《蒿庵闲话》2卷等。事迹见《清史稿》卷四八一、《清史列传》卷六八、李桓《国朝耆献类征初编》卷三九九、蔡冠洛《清代七百名人传》第四编、钱载《张处士尔岐墓表》、李焕章《张蒿庵处士传》、罗有高《张尔岐传》、盛百二《蒿庵遗事》（均见《碑传集》卷一三〇）。

  按：《清史稿》本传曰："逊志好学，笃守程、朱之说，著《天道论》、《中庸论》，为时所称。又著《学辨》五篇：曰《辨志》，曰《辨术》，曰《辨业》，曰《辨成》，曰《辨征》。又著《立命说辨》，斥袁氏功过格、立命说之非。年三十，覃思仪礼，以郑康成注文古质，贾公彦释义曼衍，学者不能寻其端绪；乃取经与注章分之，定其句读，疏其节，录其要，取其明注而止，有疑义则以意断之，亦附于末：成《仪礼郑注句读》十七卷，附以《监本正误》、《石经正误》二卷。顾炎武游山东，读而善之，曰：'炎武年过五十，乃知不学礼无以立。若《仪礼郑注句读》一书，根本先儒，立言简当，以其人不求闻达，故无当世名，然书实可传，使朱子见之，必不仅谢监狱之称许矣。'"《四库全书总目提要》谓张尔岐"笃守朱子之学"，故作《周易说略》"以发明《本义》之旨"。钱载谓张尔岐"深于汉儒之经而不沿训诂，邃于宋儒之理而不袭语录"。顾炎武称其"独精《三礼》，卓然成师，吾不如张稷若"（《清史稿·顾炎武传》）。

  刘体仁卒（1612— ）。体仁字公㦷，河南颍川人。顺治十二年进士。官至刑部郎中。与王士禛、汪琬同榜齐名。善画山水。著有《七颂堂诗集》9卷、《别集空中语》1卷、《七颂堂文集》4卷。事迹见《清史稿》卷四八四、《清史列传》卷七〇、李桓《国朝耆献类征初编》卷一四〇、蔡冠洛《清代七百名人传》第五编。

  按：《清史稿》本传曰："刘体仁，字公㦷，颍州人。顺治中进士。有家难，弃官从孙奇逢讲学。后官考功郎中。体仁喜作画，鉴识其精，又工鼓琴。与汪琬、王士禛友善，著《七颂堂集》。士禛称其诗似孟东野；又言今日善学《才调集》者无如元鼎，学西昆体者无如吴殳。"

  申涵光卒（1619— ）。涵光字孚孟，号凫盟，直隶永年人。孙奇逢弟子。顺治间恩贡生。康熙七年诏征山林隐逸之士，魏裔介欲荐之，力辞而止。少以诗名，与殷岳、张盖称"畿南三才子"。著有《性习图》、《义利说》、《荆园小语》、《说杜》1卷、《聪山集》14卷等。事迹见《清史稿》卷四八四、《清史列传》卷七〇、李桓《国朝耆献类征初编》卷三九九、魏裔介《申涵光传》（《碑传集》卷一三六）。清申涵煜、申涵盼编有《申凫盟先生年谱》。

  按：《清史稿》本传曰："涵光为诗，吞吐众流，纳之炉冶。一以少陵为宗，而出入于高、岑、王、孟诸家。……尚书王士禛称涵光开河朔诗派。学士熊伯龙谓今世诗人吾甘为之下者，凫盟一人而已。涵光又解琴理。书法颜鲁公，尤工汉隶。间作山水木石，落落有雅致。"

  魏际瑞卒（1620— ）。际瑞本名祥，字善伯，号东房，江西宁都人。明末诸生。入清，为岁贡生。与魏禧、魏礼为同胞兄弟，称"宁都三魏"。为易堂学派创始人之一。康熙十六年，奉清帅哲尔肯命往说吴三桂将韩大任，为大任所杀。著有《魏伯子文集》10卷、《五杂俎》5卷、《伯子论文》等。事迹见《清史稿》卷四八四、《清史列传》卷七〇、李桓《国朝耆献类征初编》卷四二五、魏禧《先伯兄魏祥墓志铭》（《碑传集》卷一三七）。

按：《清史稿》本传曰："际瑞笃治古文，喜漆园、太史公书。著有文集十卷、《五杂俎》五卷。"

李生光约活动于本年前后，生卒年不详。生光字闇章，自号汾曲逸民，山西绛州人。早年曾受业辛全，专攻科举。明亡后绝意仕进，以程朱之学教授弟子。著有《儒教辨正》、《崇正黜邪汇编》、《西山阁笔》、《正气犹存》、《友于集》等。事迹见《清史稿》卷四八〇、《清史列传》卷六六。

按：《清史稿》本传曰："辛全倡学河、汾，遂往受业。笃于内行，事亲至孝，全深重之。明亡，绝意仕进，自号汾曲逸民。构一草堂，日夕读书其中，以《二南》大义，程、朱微言，训门弟子。著有《儒教辨正》、《崇正黜邪汇编》，凡万余言。"

黄商衡（　—1741）、长海（　—1744）、鄂尔泰（　—1745）、任兰枝（　—1746）生。

康熙十七年　戊午　1678年

日本再禁罗马天主教。

奥斯曼帝国与俄罗斯战。

《内伊梅根和约》结束法国与荷兰、西班牙的战争。法国胜。

英国下院始独掌财政拨款权。英国对法国实施禁运。

法人探察北美大湖区。

正月二十三日乙未（2月14日），命内外官举荐博学鸿儒，谕称："自古一代之典，必有博学鸿儒，振起文运，阐发经史，润色词章，以备顾问著作之选。朕万几余暇，游心文翰，思得博学之士，用资典学。我朝定鼎以来，崇儒重道，培养人材。四海之广，岂无奇才硕彦，学问渊通，文藻瑰丽，可以追踪前哲者？凡有学行兼优、文词卓越之人，不论已仕未仕，令在京三品以上，及科道官员，在外督抚布按，各举所知，朕将亲试录用。其余内外各官，果有真知灼见，在内开送吏部，在外开报督抚，代为题荐。务令虚公延访，期得真才，以副朕求贤右文之意。"于是大学士李霨等荐原任副使道曹溶等77人。上命俟各员赴部齐集之日请旨。其在外见任者，不必开缺（《清圣祖实录》卷七一）。

按：清初，一些学有专长的知识分子或心系明朝，不愿与新朝合作；或疑虑难消，犹豫不决，终不能为清廷所用。康熙帝为争取知识界的广泛合作与支持，以巩固新兴统治，遂举行大规模的博学鸿儒科考试，以招揽各界学者名流。命令初下，列名荐牍者或为"旷世盛典"歆动而出，或为地方大员驱迫就道，历时一年，陆续云集北京，参加次年三月的考试。

三月初一日壬申（3月23日），吴三桂于衡州（今衡阳）称帝，国号周，建元昭武，改衡州为定天府。置百官，大封诸将，造新历，举云、贵、川、湖乡试，筑坛于衡山，行郊天即位礼。

七月二十二日庚申（9月7日），吏部题，各省题荐博学鸿儒人员，原令其作速起程，现以有疾辞者，计陕西李颙、王弘撰，江南汪琬、张九征、周庆曾、彭桂、潘耒、嵇宗孟、张新标、吴元龙、蔡方炳，直隶杜越、范必英，浙江应撝谦，山西范鄗鼎，江西魏禧；以母老辞者有陕西李因笃。有旨命该督抚作速将李因笃起送来京。

八月十七日乙酉（10月2日），吴三桂病逝于衡州，夏国相、马宝等拥立其孙吴世璠继帝位，改元洪化。

二十七日乙未（10月12日），从礼部议，将钦天监监正南怀仁继汤若望所推算而制成之《康熙永年历》交翰林院，并令该监官生学习，永远遵行。

十二月初二日己亥（12月15日），因守制在籍侍读学士李光地当闽地变乱之初，不肯从逆，后又迎接大军，派人向导，筹办军需，矢志灭贼，实心为国。是日，康熙帝命从优授为学士。

按：《清史稿·圣祖本纪一》曰："十一月己亥，拉哈达疏言海贼断江东桥，兵援泉州难进。在籍侍读学士李光地为大军乡导，修通险路，接济军需，请议叙。得旨：'李光地前当变乱之初，密疏机宜。兹又迎接大兵，备办粮米，深为可嘉。即升授学士。'"

十五日辛巳（1679年1月26日），颁《日讲四书解义》于满汉文武大臣。

顾炎武八月至华阴，与李云沾整理亡友遗诗；以同邑叶方蔼、长洲韩菼荐举博学鸿儒，遂绝迹不至京师。十二月二十七日，张云翼奉父张勇之命来聘顾炎武往兰州，顾炎武坚辞之；是岁，有函告潘耒，再戒耒自保出处。

按：顾炎武次年所作《与叶讱庵书》曰："去冬韩元少书来，言曾欲与执事荐及鄙人，已而中止。"（《亭林文集》卷三）张穆所编顾氏年谱是年条曰："时朝议以纂修《明史》，特开博学宏儒科，征举海内名儒，官为资送，以是年冬，齐集都门候试。先生同邑叶讱庵阁学与长洲韩慕庐侍讲，欲以先生名应荐，已而知先生不可屈，乃已。于是先生绝迹不至都中。"张穆此语不确，顾炎武次年所作《又与魏某》书中，仍有"今秋当自河东一赴都中，再容专候"之语（《亭林文集》卷四），说明他尚有入都的打算，虽然后来再未入都，但其因恐不在此。

黄宗羲以叶方蔼荐举博学鸿儒，得门人陈锡嘏代为力辞乃止。黄宗羲四月作《与陈介眉庶常书》，以此作谢。

按：黄宗羲《与陈介眉庶常书》曰："吾兄与国雯书见及。言都下诸公，欲以不肖姓名尘之荐牍，叶讱庵先生且于经筵御前面奏，其后讱庵移文吏部，吾兄力止。始闻之而骇，已喟然而叹，且喜兄之知我也。某幼离党祸，废书者五年。二十一岁，始学为科举，思欲以章句扬于当时，委弃方幅典诰之书而不视。年近四十，荐逢丧乱，负母流离，退栖陋室，与百姓杂处，又焉得有奇闻异见，下逮于农琐哉！是空疏不学，未有甚于某者也。今朝廷命举博学宏儒，以备顾问，此为何等！谓之博学，吾意临平石鼓，青州墓刻，有一事之不知，即其罪矣。谓之宏儒，慎、墨得进其谈，惠、邓敢窜其察，即其罪矣。故非万人之英，不能居此至美之名也。即以前代博学宏辞而论，以真德秀处之，尚曰宏而不博。以留元刚处之，尚曰博而不宏。王应麟欲举是科，乃于制度典故，考索殆遍，今之《玉海》，其稿本也。见成《玉海》，某尚未一过，况《玉海》所本，馆阁万卷，纂要钩玄，取诸胸怀乎？乃如此之人而欲当是选，是引里母田妇而坐之于平王之孙、卫侯之妻之列也，胡能不骇？……某于讱庵，未尝有一面之雅，尺素

意大利数学家乔瓦尼·切瓦阐述了有关共点性质的几何定理。

之通。前岁观海于海盐，遇彭骏孙言讱庵使之问学；去岁正月，读所赠董在中诗，其间称许过当。今又云云，其何以得此于讱庵哉！夫讱庵之留心人物如此，向若得道弸艺襮之士而与之，则可以为天下贺矣；无如某仅一悫馁之细民也，孤负讱庵，此某之所以叹也。"（《黄宗羲全集》第十册书类）

黄宗羲为许三礼《霍丘名宦录》作序，又为李杲堂文集作《李杲堂文钞序》，又为陈子文作《陈子文再游燕中诗序》。

王夫之三月以吴三桂僭号衡州，其党以《劝进表》来属，婉拒之，曰："亡国遗臣，所欠一死耳，今安用此不祥之人哉？"遂逃入深山（《清史稿·王夫之传》）。

傅山以给事中李宗孔荐举博学鸿儒，固辞称疾，有司令役夫舁其床以行。将至京师，坚不从命，拔刀自刺，官吏为之大骇，始免。

吕留良以浙省荐举博学鸿儒，固辞得免。

李颙拒应博学鸿儒征，地方官强舁之至西安，坚不屈，放还。

费密辞不应博学鸿儒征。

万斯同以巡道许鸿勋荐博学鸿儒，力辞不就。

魏禧以疾辞应博学鸿儒征，被舁至南昌验后放还。

李清、胡渭、应撝谦、朱用纯坚辞不应博学鸿儒荐。

按：《清史稿·应撝谦传》曰："康熙十七年，诏征博学鸿儒，大臣项景襄、张天馥交章荐之。撝谦舁床以告有司曰：'撝谦非敢卸荐，实病不能行耳！'客有劝者曰：'昔太山孙明复尝因石介等请，以成丞相之贤，何果于却荐哉？'撝谦曰：'我不能以我之不可，学明复之可。'乃免征。"

李因笃以李天馥、项景襄、张云翼荐举博学鸿儒，以母老病辞，不许。

杜濬致书阻孙枝蔚应博学鸿儒征，劝其思痛忍痒。

陆陇其、汤斌、阎若璩、朱彝尊、毛奇龄、施闰章、陈维崧等，以博学鸿儒征入都。

魏象枢迁都察院左都御史，有疏申明宪纲十事，有旨嘉之。

按：《清史稿·魏象枢传》曰："十七年，授左都御史。疏言：'国家根本在百姓，百姓安危在督抚。原诸臣为百姓留膏血，为国家培元气。臣不敢不为朝廷正纪纲，为臣子励名节。'因上申明宪纲十事，上嘉其切中时弊。"

李塨科考一等，为补廪，谋之颜元，元以为不可，乃辞不补。

颜元九月会李因笃于清苑论学。

陈廷敬七月入值南书房。

叶方蔼二月充《鉴古辑览》、《皇舆表》总裁；五月充经筵讲官；七月入值南书房。

张伯行八月应乡试，未售。

韩菼典顺天武乡试。

梅文鼎应乡试，得泰西历家书盈尺。是岁，友人又为借得皖江刘潜柱所藏《比例规解》钞之，因所购崇祯历书中缺此种也。

陈潢从靳辅驻淮安，任治河事。

吴兆骞在宁古塔戍所，以新刻徐釚《菊庄词》、纳兰性德《侧帽词》、顾贞观《弹指词》让人携至朝鲜出售，为朝鲜仇元吉、徐良崎购去，各题以诗，还寄兆骞。

屈大均复避地南京，旋西行入赣，憩翠微山，与易堂诸子会。

曹寅在京师与施闰章、陈维崧等人酬唱，后辑其诗成集。

孔尚任是秋筑孤云草堂于曲阜石门山，隐居读书。

徐鸿弼告发陈梦雷附逆耿精忠，陈梦雷被逮捕入狱论斩。

翁叔元七月奉命同户部主事高龙光典试山东，试士四千余人，拔毕世持、赵执信、冯廷櫆、汪灏、潘应宾、李桢等53人，皆知名士。

王嗣槐、陈维崧、毛奇龄、吴任臣、徐林鸿、吴农祥等"佳山堂六子"被大学士冯溥延致邸第，日与论诗。

赵执信举乡试第二名。

王士禛授翰林院侍讲。

按：《清史稿·选举志四》曰："自康、乾两朝，敦尚实学，一时名儒硕彦，膺荐擢者，尤难悉数。康熙十七年，圣祖问阁臣，在廷中博学能诗文者孰为最？李霨、冯溥、陈廷敬、张英交口荐户部郎中王士禛，召对懋勤殿，赋诗称旨，授翰林院侍讲。部曹改词臣，自士禛始。"

张廷玉受业于同里倪伯醇先生。

邱钟仁荐举博学鸿词科，老不与试，特赐中书舍人。

按：邱钟仁字近夫，江苏昆山人。著有《春秋遵经集说》26卷。

吴兴祚时在福州任巡抚，其侄吴乘权前往作幕宾。

张埙为登封知县，大修学宫，复嵩阳书院。

按：《清史稿·张埙传》曰："大修学宫，复嵩阳书院，宋四大书院之一也，延耿介为之师。导诸生以程、朱之学。自县治达郊鄙，立学舍二十一所。课童子，以时巡阅，正句读，导之以揖让进退之礼。间策蹇驴历诸郊问所苦，有小争讼，辄于阡陌间决之。西境有吕店者，俗好讼。埙察里长张文约贤，举为乡约，俾行化导，浇风一变。"

王新命时任江西布政使，于南昌建槐荫书院。

俞廷瑞时任湖北当阳知县，建玉阳书院，又名回峰书院。

黄楷时任广东增城县知县，建以文书院。

叶矫然著《易史参录》刊行。

范鄗鼎始著《明儒理学备考》。

按：关于是书的编撰缘起，该书《凡例》首条有云："闻喜朱小晋（讳裴）先生，序小刻《纪略》曰：'予向在台中上封事，有请修《明史》一疏，奉有谕旨。同官顾西巘先生，有请增从祀一疏，部复可其议。'鼎观近日，又有命礼臣刊《性理大全》之典，有纂修《孝经》之典，私喜昭代崇儒重道，留心理学，非一日矣。"（《明儒理学备考》卷首）可见范鄗鼎修书之举，原因大致有三：一是朝廷开馆纂修《明史》，二是朝中新增从祀大儒之议，三是朝廷崇儒重道，重视理学的决策逐渐明朗。

孙奇逢著《容城钟元先生文集》4卷刊行。

费密著《中旨辨录》4卷成书，又始著《弘道书》。

按：梁启超《中国近三百年学术史》曰：《弘道书》这部书，"骤看这部书名和目

约翰·班扬的《天路历程》第一部出版。

拉尔夫·卡德沃思著成《真正的人类理智体系》。

托马斯·撒切尔的《天花或麻疹的主要规律》是美洲出版的第一篇医学论文。

录,很象是一部宋明道学先生们理学的著作,其实大大不然。燕峰是对于宋元学术革命的急先锋。这部书惊心动魄之言,不在颜习斋《四存编》之下;其最不同之点,则习斋连汉唐学派一概排斥,燕峰则提倡注疏。就这点论,燕峰不能如习斋之彻底,其学风实与后此乾嘉学派颇接近"。

吕留良所著《质亡集》刻成书。

王夫之著《永历实录》26卷成书。

万斯同著《历代纪元汇考》8卷成书。

吴任臣著《十国春秋》114卷刊行。

董含著《三冈识略》10卷、续1卷成书,有自序。

按:董含字阆石,号榕庵,江苏华亭人。顺治十八年进士,观政吏部,以奏销案被黜。另著有《安蔬堂集》。

黄中著《别本朱子年谱》2卷、附录1卷,有自序。

汪永安纂《紫隄村小志》3卷成书。

徐可先纂修《河间府志》22卷刊行。

秦毓琦等纂《庆都县志》6卷刊行。

刘深纂修《香河县志》11卷刊行。

赵祥星修,钱江等纂《山东通志》64卷刊行。

刘起凡修,周志焕纂《开原县志》2卷刊行。

卢士杰纂修,钱启文等续修《清河县志》18卷刊行。

卢学俊修,郭彦俊纂《仙游县志》40卷刊行。

顾天挺修纂《荥阳县志》8卷刊行。

梁延年修,闵燮纂《繁昌县志》18卷刊行。

徐秉之修,仲弘道纂《桐乡县志》5卷刊行。

茅兆儒著《粤行日记》1卷成书。

戴名世著《老子论》二首。

顾炎武撰《答李子德书》。

按:书谓"谈九经自考文始,考文自知音始"(《亭林文集》卷四),申明名物训诂须以音韵为关键,提出清代小学研究的中心课题。

朱彝尊至京师,十一月著《蕃锦集》成,柯维桢为序并刊行之。

徐釚著《词苑丛谈》12卷成书。

按:《四库全书总目提要》曰:"是书专辑词家故实,分体制、音韵、品藻、纪事、辨正、谐谑、外编七门。采摭繁富,援据详明,足为论词者总汇。《江南通志》称:'釚少刻《菊庄乐府》,朝鲜贡使仇元吉见之,以饼金购去。贻诗曰:中朝携得《菊庄词》,读罢烟霞照海湄。北宋风流何处是?一声铁笛起相思。'则釚于倚声一道,自早岁即已擅长。故于论词,亦具有鉴裁,非苟作也。惟其间征引旧文,未尽注其所出,同时朱彝尊、陈维崧等尝议之。釚亦自欲补缀而未尽也。至纪事一门,半取近事,其间点缀以成佳句,标榜以借虚声者,盖所不免。然考《世说新语》注载裴启作《语林》,记谢安黄公酒垆事,安以为所说不实。则序录同时之事,自古已然。唐宋人诗话、说部,此类尤夥,则亦非釚之创例矣。"

顾贞观等订定纳兰性德所著《纳兰词》5卷刊行。

佟世南辑《东白堂词选初集》15卷刊行。

按：佟世南，一作世男，字梅岑，辽阳人。另著有《东白堂词》。

洪昇助陆次云辑《皇清诗选》。

李渔刻所著《耐歌词》5卷。

邵长蘅编此年以前诗文为《青门籨稿》16卷。

王永命著《有怀堂集》8卷刊行。

汪懋麟刻所著《百尺梧桐阁集》19卷。

潘江辑《龙眠风雅》成书，吴道新作序。

周韩瑞著《撷芙蓉集》6卷刊行。

梁清标著《蕉林诗集》成书，徐釚作序。

张渊懿、田茂遇评选《评点词坛妙品》10卷成书，有计南阳序。

张坦著《南华评注》成书，有自序。

张贞生著《庸书》20卷刊行。

梅文鼎著《筹算》7卷成书，有自序。

陈尧道著《伤寒辨证》4卷成书。

南怀仁著《康熙永年历》成书。

恽日初卒（1601— ）。日初字仲昇，号逊庵，江苏武进人。刘宗周弟子，黄宗羲尝称为宗周门下第一人。崇祯六年副榜。清兵南下时，为僧，法名明昙，奔走各地讲学。曾与高世泰、陆世仪等相互切磋学问。著有《驳陆桴亭论性书》1卷、《野乘》5卷、《见则堂四书讲义语录》、《高刘两先生学说略》、《古文野乘》、《刘子节要》14卷、《不远堂诗文集》等。事迹见《清史稿》卷五〇七、《清史列传》卷六六、李桓《国朝耆献类征初编》卷三九九、汤修业《恽先生日初传》、恽敬《逊庵先生家传》（均见《碑传集》卷一二七）。

王崇简卒（1602— ）。崇简字敬哉，直隶宛平人。明崇祯十六年进士。入清，复于顺治三年举进士，授翰林院庶吉士。历任秘书院检讨、侍读、国子监祭酒、侍讲学士、国史院学士等职。与修《明实录》。著有《青箱堂文集》7卷等。事迹见李桓《国朝耆献类征初编》卷四五、汪琬《光禄大夫太子太保礼部尚书王公崇简行状》、徐乾学《光禄大夫太子太保礼部尚书赠太子太傅保和殿大学士谥文贞王公合葬墓表》、毛际可《王文贞公传》（均见《碑传集》卷九）。王崇简编有《王崇简自订年谱》。

张文嘉卒（1611— ）。文嘉字仲嘉，浙江钱塘人。治学精于《礼》，著有《齐家宝要》2卷，依据《仪礼》、《家礼》诸书，博引经传，间附己意，论证颇为精核。另有《白鹿汇编》等。

孙默卒（1613— ）。默字无言，号桴庵，江南休宁人。客居扬州，以能诗闻。著有《笛松阁集》。又辑同时名流吴伟业、宋琬、王士禄、尤侗、陈维崧等词作为《十五家词》37卷，《四库全书总目提要》以为"一时倚声佳制实略备于此，存之可以见国初诸人文采风流之盛"。

葛芝卒于本年后（1615— ）。芝原名云芝，字瑞五，江南昆山人。明诸生。入清，弃诸生，潜心于王阳明之学。著有《卧龙山人集》14卷、《容膝居杂录》6卷。事迹见《清史列传》卷七〇、《国朝耆献类征初编》卷四七六。

林时益卒(1617—)。时益本姓朱,字确斋,江西南昌人。明宗室,甲申后,变姓易名,寄籍宁都。与魏禧等并称"易堂九子"。工书善诗。著有《冠石诗集》5卷和《确斋文集》等。事迹见《清史稿》卷四八四、《清史列传》卷七〇、李桓《国朝耆献类征初编》卷四七二。

严沆卒(1617—)。沆字子餐,浙江余杭人。顺治十二年进士,累官至左副都御史。曾举荐朱彝尊、魏禧等应博学鸿词科。家有藏书万卷。著有《北行日录》、《皋园诗文集》等。

姚文然卒(1620—)。文然字若侯,号龙怀,江南桐城人。明崇祯十六年进士,选庶吉士。清顺治三年,授国史院庶吉士,改礼科给事中。官至刑部尚书。谥端恪。著有《姚端恪公文集》18卷、《姚端恪公诗集》12卷等。事迹见《清史稿》卷二七〇、《清史列传》卷七。

张潪卒(1621—)。潪字尚若,河北磁州人。顺治六年进士,官翰林院庶吉士。曾与汤斌、耿介、孙奇逢往来探讨理学大义。著有《易经增注》4卷、《读书堂杜诗注解》、《云隐堂集》45卷、《澹宁集》等。

郁禾卒(1622—)。禾字计登,江南昆山人。顺治十一年副贡,以奏销案被革。著有《十三经订误》、《五经考辨》、《就正集》、《云坊集》等。事迹见李桓《国朝耆献类征初编》卷四一三。

王锡韩卒(1638—)。锡韩字季侯,号云岩,山西太平人。康熙三年进士。官顺天固安知县。著有《松石斋集》、《菊园剩草》。

曹一士(—1736)、沈炳震(—1737)、林令旭(—1743)、顾陈垿(—1747)、茅星来(—1748)、陈撰(—1758)、高不骞(—1764)生。

康熙十八年　己未　1679年

法王路易十四同利奥波德一世签订内伊梅根和约。

奥地利太后玛丽在马德里重新确立哈布斯堡权势。

英国议会提出《排斥法案》,废黜太子詹姆斯。同年颁布《人身保护修正法》。

二月初六日辛未(3月17日),以大学士冯溥、兵部尚书宋德宜为会试正考官,翰林院掌院学士叶方蔼、都察院左副都御史杨雍建为副考官。

二十七日癸巳(4月8日),禁学道考试十弊。

按:都察院左都御史魏象枢条奏学道考试十弊:一、童生府考无名,径取入学;二、额外溢取童生,拨发别学;三、私查印簿某卷某号某人,以便贿卖;四、解部册籍迟延,更改等第;五、先开六等草单,吓诈保等银两;六、将文童充武童,入学后,夤缘改武为文;七、将生童远调考试;八、纵容教官,包揽通贿;九、曲徇情面,孤寒弃斥;十、将额外溢取童生,混附生员册内报部。以上十弊,允当严禁(《清圣祖实录》卷七九)。

三月初一日丙申(4月11日),博学鸿儒科于体仁阁考试,与试者143人,试题为《璇玑玉衡赋》及《省耕诗五言排律二十韵》。

是日，命吏部尚书郝惟讷、掌院学士叶方蔼传谕："汝等俱有才学，原可不必考试，但考试正以显其才学，所以皇上敬重，特赐宴，为向来殿试所无，汝等须酬皇上至意。"（《清圣祖实录》卷七九）宣谕毕，赴宴，复就试。

二十日乙卯（4月30日），策试天下贡士马教思等于太和殿。

按：马教思字临公，号严冲，桐城人。曾参与纂修《鉴古辑览》及《会典》。著有《左传纪事本末》40卷、《古学类解》、《严冲诗存》等。

二十三日戊午（5月3日），康熙帝御太和殿，传胪，赐殿试贡士归允肃等151人进士及第出身有差。

二十九日甲子（5月9日），宣布取中博学鸿儒一等彭孙遹、倪灿、张烈、汪霦、乔莱、王顼龄、李因笃、秦松龄、周清原、陈维崧、徐嘉炎、陆葇、冯勖、钱中谐、汪楫、袁佑、朱彝尊、汤斌、汪琬、邱象随等20人，二等李来泰、潘耒、沈珩、施闰章、米汉雯、黄与坚、李铠、徐釚、沈筠、周庆曾、尤侗、范必英、崔如岳、张鸿烈、方象瑛、李澄中、吴元龙、庞垲、毛奇龄、金甫、吴任臣、陈鸿绩、曹宜溥、毛升芳、曹禾、黎骞、高咏、龙燮、邵吴远、严绳孙等30人，均授以职衔，命纂修《明史》。其未中者或仍回任，或仍候补，或回原籍，其中年老者予以职衔。

四月初三日丁卯（5月12日），开始纂修玉牒，以镇国公苏努为总裁官，辅国公品级富尔泰、大学士勒德洪、杜立德、礼部尚书吴正治、内阁学士噶尔图、侍郎额星格为副总裁官。

五月十七日庚戌（6月24日），授取中之博学鸿儒50人为翰林院官。邵吴远为侍读，汤斌、李来泰、施闰章、吴元龙为侍讲，彭孙遹等18人为编修，倪灿等27人为检讨。

按：《清史稿·文苑传》曰："于是天子亲擢孙遹一等一名，授编修。自孙遹外，其籍隶浙江者，又有钱塘汪霦，秀水徐嘉炎、朱彝尊，平湖陆葇，海宁沈珩，仁和沈筠、吴任臣、邵远平，遂安方象瑛、毛升芳，萧山毛奇龄，鄞陈鸿绩凡十三人。江苏二十三人，曰上元倪灿，宝应乔莱，华亭王顼龄、吴元龙，无锡秦松龄、严绳孙，武进周清原，宜兴陈维崧，长洲冯勖、汪琬、尤侗、范必英，吴钱中谐，仪真汪楫，淮安邱象随，吴江潘耒、徐釚，太仓黄与坚，常熟周庆曾，山阳李铠、张鸿烈，上海钱金甫，江阴曹禾。直隶五人，曰大兴张烈，东明袁佑，宛平米汉雯，获鹿崔如岳，任丘庞垲。安徽三人，曰宣城施闰章、高咏，望江龙燮。江西二人，曰临川李来泰，清江黎骞。陕西一人，曰富平李因笃。河南一人，曰睢州汤斌。山东一人，曰诸城李澄中。湖北一人，曰黄冈曹宜溥。凡五十人，皆以翰林入史馆。其列二等者，亦多知名之士，称极盛焉。"

二十四日丁巳（7月1日），命翰林院掌院学士喇沙里、叶方蔼教习庶吉士。

二十六日己未（7月3日），以内阁学士徐元文为《明史》监修总裁官，掌院学士叶方蔼、右庶子张玉书为总裁官。

按：是年重开《明史》馆，《明史》的修纂进入正轨。梁启超《中国近三百年学术史》曰："他（康熙）的怀柔政策，分三着实施。……第三着为康熙十八年之开《明史》馆。这一着却有相当的成功。因为许多学者，对于故国文献，十分爱恋。他们别的事不肯和满洲人合作，这件事到底不是私众之力所能办到，只得勉强将就了。"

九月十四日丙午（10月18日），以内阁学士李天馥为武会试正考官，

英国辉格党与托利党形成。

翰林院侍讲学士崔蔚林为副考官。

二十二日甲寅（10月26日），康熙帝谕大学士等，今后起居注官，除照常记注外，遇有折本启奏，俱令侍班记注。唯会议机密事情，及召见诸臣近前口谕，记注官不必侍班(《清圣祖实录》卷八四)。

十月初六日丁卯（11月8日），策试天下武举于太和殿前。

初十日辛未（11月12日），康熙帝御太和殿，传胪，赐殿试武举罗淇等101人武进士及第出身有差。

十九日庚辰（11月21日），以已故真人张洪任之子张继宗袭真人。

十二月十四日乙亥（1680年1月15日），从内阁学士徐元文疏言，纂修《明史》，以翰林院侍读学士傅腊塔、内阁学士王国安为《明史》馆提调官，右春坊右庶子卢琦、翰林院侍读王士禛、侍讲董讷、王鸿绪、右春坊右谕德孟亮揆、左春坊左中允李录予、左春坊左赞善陈论、翰林院编修翁叔元、沈涵、李应荐、李涛、检讨李振裕、沈上墉、徐潮、王尹方、李楠等17人为纂修官，会同荐举考授翰林院编修彭孙遹等50人分纂。

按：《清史稿·徐元文传》曰："十八年，特召监修《明史》，疏请征求遗书，荐李清、黄宗羲、曹溶、汪懋麟、黄虞稷、姜宸英、万言等，征入史馆，不至者，录所著书以上。"

是年，翰林院掌院学士札萨礼等奉敕纂《皇舆表》成，康熙帝作序。

顾炎武正月始卜居华阴；二月作《与施愚山书》，称"古之所谓理学，经学也"；"今之所谓理学，禅学也"(《亭林文集》卷三)。

按：顾炎武于书中曰："至于理学之传，自是君家弓冶。然愚独以为理学之名，自宋人始有之。古之所谓理学，经学也，非数十年不能通也。故曰：'君子之于《春秋》，没身而已矣。'今之所谓理学禅学也。不取之五经而但资之语录，校诸帖括之文而尤易也。又曰：'《论语》，圣人语录也。'舍圣人之语录而从事于后儒，此之谓不知本矣。"张舜徽说："顾氏平生所反对的理学，仅限于掺杂了禅学成分的理学，从来没有反对过从五经四书中提炼出来的理学，也没有反对过其他理学家。所以他一生对宋代程颐、朱熹，是十分推重的；对其他理学家的言论，是普遍引用的。这和后来乾嘉学者们所采取的态度，迥然不同。"(《清儒学记》第23页)

叶方蔼欲招顾炎武入史局与修《明史》，炎武致书复力却之，曰："七十老翁何所求？正欠一死！若必相逼，则以身殉之矣。"(《亭林文集》卷三《与叶讱庵书》)

潘耒、汪琬、尤侗、倪灿、徐釚、张烈、汪楫、李因笃、严绳孙、吴任臣、毛奇龄、朱彝尊、陈维崧、徐嘉炎、秦松龄、施闰章、赵执信等在北京应博学鸿词试得官，与修《明史》。

黄宗羲拒入《明史》馆，然献自撰《十三朝实录》及有关史料，并许其子黄百家和弟子万斯同赴京参与修《明史》。是年，黄宗羲有书寄陈锡嘏，希望其参与修《明史》。

按：徐定宝说："黄宗羲对于《明史》修纂的贡献主要体现在三个方面：首先，他让自己儿子黄百家及弟子万斯同、万贞一接受朝廷征诏，赴京入史馆，直接参与修史工作；其次，在《明史》修纂过程中，黄宗羲一直与史局要吏保持密切联系，并不断提供自己的想法与意见；另外，黄宗羲对具体的修史事宜，诸如体例、结构、内容等问题也提出过许多建议，不少为黄宗羲所搜集的资料也被《明史》收录、采纳。所以，黄宗羲虽没有亲身参与《明史》的撰修，却为此付出过心血与辛劳。"（《黄宗羲评传》第五章）

徐元文、叶方蔼征万斯同入京修《明史》，黄宗羲以其父黄尊素所纪《大事记》、自著《三史钞》授之，以作备考之用，并作长诗以送其行。

按：万斯同为存故国之史，遵照乃师黄宗羲"国可灭，史不可灭"的教训，应聘北上，并执意"以布衣参史局，不署衔，不受俸"（全祖望《万贞文（斯同）先生传》），得徐元文应允，才客居于徐邸，参与修史。他提出修纂《明史》应以列朝实录为主要依据，同时又反对拘泥实录，强调明列朝实录"未可尽信"。徐氏以后根据万氏的建议，撰成《修史条议》61条，作为《明史》修纂的基本凡例。"诸纂修官以稿至，皆送先生覆审，先生阅毕，谓侍者曰：'取某书某卷某页，有某事当补入；取某书某卷某页，某事当参校。'侍者如言而至，无爽者。《明史稿》五百卷，皆先生手定，虽其后不尽仍先生之旧，而要其底本，足以自为一书者也。"（全祖望《万贞文（斯同）先生传》）

阎若璩、陆元辅、陆次云、叶奕苍、吴雯、陶元淳、冯行贤等在北京应博学鸿词试落选。

按：阎若璩《困学纪闻笺后序》曰："康熙戊午、己未间，家大人应博学鸿词之荐，入都时，宇内名宿鳞集，而家大人以博物洽闻，精于考据经史，独为诸君所推重。过从质疑，殆无虚日。或有问说部书最便观者谁第一，家大人曰：其宋王尚书《困学纪闻》乎？近常熟顾仲恭以《演繁露》并称，非其伦也。由是海内始知尊尚此书。"

陆陇其、惠周惕、汪懋麟、黄虞稷等以亲丧未参与博学鸿词试。

王弘撰举博学鸿儒，征至京师，以老病不能试，罢归。

朱用纯诏举博学鸿儒，以死自誓，遂不出。

李颙以不能藏身敛迹为悔，是年由富平返乡后，营建垩室一处，荆扉反锁，杜门不出。

按：《清史稿·李颙传》曰："康熙十八年，荐举博学鸿儒，称疾笃，舁床至省，水浆不入口，乃得予假。自是闭关，晏息土室，惟昆山顾炎武至则款之。"

王士禛在翰林，充《明史》纂修官。

李塨慕颜元之学，正月始问学十元，深以"学习六艺"之说为善，乃执弟子礼，后形成颜李学派。

汪琬在《明史》馆，两个月中，撰写史稿175篇，以与《明史》馆总裁叶方蔼不合，自成《拟明史列传》24卷。

朱彝尊在《明史》馆，分撰《文苑》诸传，并屡奏总裁言修史体例，如言宜仿司马光修《通鉴》法，各先纂长编等，皆得体要。悉从其议。

按：纂修《明史》，首先须确定体例，但是开馆逾月，仍不见颁示体例。于是朱彝尊便上呈《史馆上总裁第一书》，指出"盖作史者，必先定其例，发其凡，而后一代之事可无纰缪"。在讨论体例时，"《道学传》"的设立与废除，是史馆中争论的焦点。是否设置《道学传》涉及对王学的定位，故《道学传》的废置，实际上是思想史上的争论在《明史》编纂体例中的体现。当时，《明史》总裁徐元文、徐乾学兄弟深刻领会到了最高统治者尊程朱、贬王学的意向，主张设置《道学传》，把他们认为是程朱后学的人收列进去,而王学及其末学则置于《儒林传》。但史馆内外大多不同意设置,且角度和立场各不相同。后来,黄宗羲所作《移史馆论不宜立理学传书》由汤斌出示史馆中人。黄氏对徐氏兄弟的《修史条议·理学四款》一一驳诘,最终促使徐氏兄弟放弃设置《道学传》。"(赖玉芹《论博学鸿儒纂修明史》,《光明日报》2006年4月2日)

潘耒在《明史》馆,有《修史议》上总裁。又分撰《食货志》兼其他纪传,自洪武以下五朝稿,皆所订定。

施闰章在史馆与修《明史》,寄书梅文鼎请为《历志》属稿,文鼎因作《历志赘言》1卷寄之;又为《明史·历志拟稿》1卷,作《璇玑尺解》1卷。

按:《清史稿·梅文鼎传》曰:"康熙己未,《明史》开局,《历志》为钱塘吴任臣分修,经嘉禾徐善、北平刘献廷、毗陵杨文言,各有增定,最后以属黄宗羲,又以属文鼎,摘其讹误五十余处,以算草、通轨补之,作《明史·历志拟稿》一卷。虽为大统而作,实以阐明《授时》之奥,补《元史》之缺略也。"

惠周惕在京郊慈明寺见傅山。

尤侗与修《明史》,分撰列传与《艺文志》。

汤斌在《明史》馆,分撰纪传,并裁定《历法志》、《天文志》及英、景、宪、孝四朝《圣训》。

按:《清史稿·汤斌传》曰:"方议修《明史》,斌应诏言:'《宋史》修于元至正,而不讳文天祥、谢枋得之忠;《元史》修于明洪武,而亦著丁好礼、巴颜布哈之义。顺治元、二年间,前明诸臣有抗节不屈、临危致命者,不可概以叛书。宜命纂修诸臣勿事瞻顾。'下所司。大学士冯铨、金之俊谓斌奖逆,拟旨严饬,世祖特召至南苑慰谕之。时府、道多缺员,上以用人方亟,当得文行兼优者,以学问为经济,选翰林官,得陈㷆、黄志遴、王无咎、杨思圣、蓝润、王舜年、范周、马烨曾、沈荃及斌凡十人。"

魏禧五月居山中,有书与施闰章论文。十月寓秦和,诗集成7卷。

唐甄居苏州,始识魏禧。

赵执信中会试第六,殿试二甲进士。友人李孚青、沈朝初、潘应宾、刘果实、张廷瓒同年中进士。考官为内阁学士冯溥、兵部尚书宋德宜、翰林院掌院学士叶方蔼、副都御史杨雍建。

魏象枢迁刑部尚书。

按:《清史稿·魏象枢传》曰:"象枢疏言:'臣忝司风纪,职多未尽,敢援汉臣汲黯自请为郎故事,留御史台,为朝廷整肃纲纪。'上可其奏,以刑部尚书留左都御史任。"

王顼龄举博学鸿儒,召试一等,授编修,纂修《明史》,充日讲起居注官。

按:《清史列传·王顼龄传》曰:"十八年,诏举博学鸿儒,吏部尚书郝惟讷荐顼龄诗词风雅,品谊端醇,召试一等,授编修,纂修《明史》。"

吴震方、张廷瓒、秦宗游、田需、陆捷、赵执信、曹鉴伦、马教思、刘果实、沈朝初、杨大鹏、陆祖珍、方伸、陆舆、李孚青、佘艳雪、王沛恩、丁暐、庄延裕、汪晋征、王承祜、宋敏求、潘应宾、顾镡、梁弓、陈紫芝、张克嶷、张光豸、卢照、任璇、赵作舟、杨雍等32位新科进士五月初二日被选为庶吉士。修撰归允肃、编修孙卓、茆荐馨受命分别为满汉书教习。

赵执信初见冯班《钝吟集》于京师。

按：《文献征存录》卷一〇曰：赵执信"先生最服常熟冯班，称私淑弟子。"《雪桥诗话》卷一曰："赵秋谷心折于冯氏之学，每购得钝吟片纸，喜动颜色，曰：'此希世之珍也！'"

冯景游京师，授经于侍郎项景襄家。

范明征作《朱陆异同或问》，赞成阳明之学。

按：《清史列传·范明征传》曰："范明征，字仲亮，山东霑化人。少慕古学，九岁通《左氏传》。及长，贯穿经史及宋儒书，由博返约，折衷诸家之论，而一以大公为断，康熙十八年，开史局，秉笔者多龃龉阳明。明征愤之，作《朱陆异同或问》，其略曰：'象山尊德性而略问学，是蹊于禅者也，岂圣贤之旨乎？曰：此非象山意也。使尊德性而舍问学之道，亦非所以尊德性矣。自禅宗有不立文字之说，而曹溪之书遂满天下，有谓不必识字而可明心见性者。今谓象山不识一字也，可乎？试观《象山集》所载，未尝不教人读书穷理，使之理会文字也。考亭固以道问学为事者，而言非存心无以致知，何尝不尊德性乎？阳明之是象山也，皆其求之心而自得者也，既自得于心而成其为阳明，以之事君取友，建功立业，卓然于天地，可传于后世，安在其异于孔孟而谓之为禅耶？曰：象山谓告子亦有高处，此象山自为告子之学已异于孟子矣。曰：此未足为象山病也。孟子曰：告子未尝知义，以其外之也。是言告子之勇辨不察，未尝以告子为杨墨也。湍水杞柳应目而斥其言生之谓性，孟子不遽斥之，以此语未大失也，失在于犹白之谓白也；白之谓白，犹未大失也，失在于等雪与玉羽而一之，则诬矣。使谓犬牛与人各有所生之性，亦复奚失哉？孟子不云形色天性乎？象山所以高告子者，以为非孟子不能折之；阳明谓告子毫厘之差，亦以为非孟子不能辨之也。胡敬斋考亭之孝子也，谓告子亦自认为圣门全体之学，但先著性体之见云云。遂内外两截而本原失矣，其论犹之阳明也。'时昆山徐元文为监修官，明征遗书，论于谦复辟事，及张居正相业。又著《孔子王号辨》，力诋吴沈、张璁之非，皆超越常论。"

梅清至南京，与程邃会虎踞关。

戴名世因拟韩愈《送穷文》，为穷鬼立传。

王嗣槐以老不与试博学鸿儒，授内阁中书。

按：王嗣槐字仲昭，号桂山，浙江仁和人。生卒年均不详。诸生。冯溥延致邸第，与吴农祥、吴任臣、毛奇龄、陈维崧、徐林鸿称为"佳山堂六子"。嗣槐少工骈体，晚乃专为大家文，尤善作赋，诗与陆繁诏齐名。荐鸿博时，撰《赓盛诗》一百韵，又为《长白》、《瀛台》二赋，文词瑰丽。著有《桂山堂偶存》、《啸石斋词》，及《太极图说论》14卷，并行于世。事迹见《清史列传》卷七〇。

严我斯正月为翰林院侍讲学士，充日讲官。

朱马泰六月为翰林院侍讲，充日讲官。

崔蔚林九月为翰林院侍讲学士，充日讲官。

佛伦六月以内阁学士充经筵讲官。

冯源济正月为国子监祭酒。

张廷玉受业于宜兴唐起裁先生。

查慎行是夏至荆州，入杨雍建幕。

乔莱试博学鸿词，授编修，与修《明史》。

邵远平召试博学鸿词，授侍读，官至詹事府少詹事。

按：邵远平初名吴远，字戒三，一字吕璜，号戒庵，浙江仁和人。康熙三年进士，官至詹事府詹事、翰林学士。著有《史学辨误》、《戒三文存》、《戒庵诗集》、《粤行集》等。

王晕自制《听松图》，遍征名士为题诗、词、曲等多至 116 则。

谭熔时任河北涞水知县，于城西关外原社学旧址创建涞阳书院。

萧徽生在福建泰宁县建文昌书院。

传教士李守谦因南怀仁推荐，入京佐理历法，康熙帝亲书"奉旨传教"四字赐给守谦，准其往各省去传教。

吉尔伯特·伯内特发表《英格兰教会改革史》第一卷。

埃德蒙德·哈雷著成《南方恒星目录》。

魏裔介六月纂补《易经大全》成书。

张问达著《易经辨疑》7 卷成书，冀如锡作序。

按：张问达字天民，江苏江都人。明末诸生。所著尚有《左传分国纪事》、《河道末议》。

陆陇其居丧，著《读礼志疑》6 卷成书。

按：《四库全书总目提要》曰："《礼经》自经秦火，虽多残阙不完。而汉代诸儒，去古未远，其所训释，大抵有所根据，不同于以意揣求。宋儒义理虽精，而博考详稽，终不逮注疏家专门之学。陇其覃思心性，墨守程朱，其造诣之醇，诚近代儒林所罕见。至于讨论《三礼》，究与古人之终身穿穴者有殊。然孔《疏》笃信郑《注》，往往不免附会。而陈澔《集说》，尤为肴陋。陇其随文纠正，考核折衷，其用意实非俗儒所能及。"以后汪绂著有《参读礼志疑》2 卷，"取陆陇其所著《读礼志疑》，以己意附参于各条之下。其于《三礼》大端，若谓南郊即为圜丘，大社即为北郊，禘非祭天之名，路寝不得仿明堂之制，又力斥大飨明堂文王配五天帝、武王配五人帝之说，皆主王肃而黜郑玄，故颇与旧注相左。……其说本孔《疏》，可破陈祥道《礼书》之惑。又谓大夫士庙亦当有主，与《通典》所载徐邈及清河王怿之议相合。如斯之类，亦多深得经义。固可与陇其之书并存不废也"（《四库全书总目提要》）。

李塨著《求孝集》成书。

费密九月著《中旨正录》2 卷成书。

唐甄著《衡书》（后改名《潜书》）4 卷初刻。

按：《四库全书总目提要》曰："宋李觏先有《潜书》，今见《盱江集》中。甄此书偶同其名，凡分上、下二篇，而上篇、下篇又各析为二，凡九十七目。大略仿《论衡》之体，自心性、治术以至处世淑身之理，无不具列。甄与魏禧友善，故其文格颇相类。然所载多据当时见闻，及友朋酬对之语。其《尊孟篇》颇诋伊川，《法王》、《虚受》、《知行》三篇，又力崇良知之学，皆未为醇粹。"

顾炎武更定《日知录》为 30 卷。

札萨礼等奉敕著《皇舆表》16 卷成。

邹漪著《启祯野乘初集》16 卷刊行。

朱彝尊七月辑《瀛洲道古录》。

王汝翰等纂修《新河县志》10 卷刊行。

万任修，张坦纂《宁晋县志》10 卷刊行。

柴应辰纂修《平陆县志》8 卷刊行。

马如龙修，高士麟纂《滦志补》1 卷刊行。

刘馨修，王运恒纂《抚宁县志》12 卷刊行。

张一谔修，郭联纂《仙安县志》8 卷刊行。

刘德新修，马秉德纂《浚县志》4卷刊行。

张召南修，刘翼张等纂《安福县志》8卷刊行。

高必腾修，沈从龙等纂《乌程县志》12卷刊行。

朱弦等修纂《合肥县志》13卷。

李琰修纂《万州志》4卷刊行。

龚绂编《龚安节先生年谱》刊行。

林侗著《来斋金石考》3卷成书，有自序。

按：《四库全书总目提要》曰："侗喜录金石之文，尝游长安，求得汉甘泉宫瓦于淳化山中，又携拓工历唐昭陵陪葬地，得英公李绩以下十有六碑，当时其称好事。是编乃总录古今碑刻，凡夏、商、周六，秦、汉十九，魏一、吴一、晋五、梁一，后魏三，北齐一，后周二，隋八，唐一百七十三，皆据自见者书之。中间辨证，大抵取之顾炎武《金石文字记》，而颇以己意为折衷，多所考据。又录唐诸帝御书碑十四种，独斥武后不与，亦深合排抑僭伪之义。惟首列夏禹《岣嵝碑》，载其友刘鳌石说，谓当在祝融峰顶，未免失之好奇。又于各碑后载入赋咏诗篇，亦非欧、赵以来题跋之体。特其搜罗广博，鉴别尚颇详审，故考金石者亦有取焉。"有嘉庆二十一年（1816）陶舫刊本。

王夫之二月避兵枬林山中，著《庄子通》成书。

王夫之著《祓禊赋》成书。

按：《清史稿·王夫之传》曰："康熙十八年，吴三桂僭号于衡州，……（夫之）作《祓禊赋》以示意。三桂平，大吏闻而嘉之，属郡守馈粟帛，请见，夫之以疾辞。"

吴嘉纪著《陋轩诗》6卷刊行。

卢震著《说安堂集》8卷刊行。

陈赤衷著《偶刻诗文》成书，黄宗羲作序。

宋之绳著《溧阳宋柴雪先生遗稿全集》4卷刊行。

林云铭著《楚辞灯》4卷刊行。

明龚诩所著《野古集》刊行。

查培继编《词学全书》17卷成书，有自序。

按：查培继字王望，号如圃，浙江海盐人。是书收毛先舒《填词名解》4卷、王又华《古今词论》1卷、赖以邠《填词图谱》6卷、查继超《填词图谱续集》3卷、仲恒《词韵》2卷、柴绍炳《古韵通略》1卷。

洪昇著《长生殿》传奇成初稿。

蒲松龄将此前陆续所记异事初次结集，名曰《聊斋志异》。

按：是书为清代短篇文言小说代表作。蒲松龄在《聊斋自志》中说："集腋为裘，妄续幽冥之录；浮白载笔，仅成孤愤之书：寄托如此，亦足悲矣！"说明作者有借谈狐说鬼来批评现实，抒发幽愤的用意。此书出版后，仿作甚多，如和邦额的《夜谭随录》，沈起凤的《谐铎》，长白浩歌子的《萤窗异草》，王韬的《遁窟谰言》、《淞隐漫录》和《淞滨琐话》，宣鼎的《夜雨秋灯录》和《夜雨秋灯续录》等。

毛纶（声山）、毛宗岗父子约于是年修订评注明代罗贯中所著《三国志演义》124回成，是为至今最流行之《三国演义》本。

王概所编《芥子园画传》初集6卷成书，李渔作序。旋传入日本。

尤侗所著笔记《西堂杂俎三集》刊行。

黄宗羲著《天一阁藏书记》。

周扬俊著《温热暑疫全书》4卷刊行。

何惺卒(1597—)。惺字君慄,号象山,湖北钟祥人。明诸生。入清后隐居不仕。晚年行医,全活甚众。著有《武备指南》、《本草归一》、《针灸图》、《保婴摘要》、《考槃居集》等。事迹见李桓《国朝耆献类征初编》卷四七三。

吴坤元卒(1600—)。坤元字璞玉,一字至士,江南桐城人。吴道谦女,潘金芝妻。能诗善画。著有《松声阁集》、《添愁集》。

僧见月卒(1602—)。见月俗姓许,名冲宵,后更名真元,号还极,剃度后,起名读礼,字绍如,号见月,云南楚雄人。著有《大乘玄义》、《传戒正范》、《一梦漫言》2卷等。事迹见僧弘一编《见月律师年谱摭要》。

阎尔梅卒(1603—)。尔梅字用卿,号古古,又号白耷山人,江苏沛县人。明崇祯三年举人。为复社巨子。清初剃发号蹈东和尚。著有《白耷山人文集》。事迹见《清史稿》卷五〇〇、李桓《国朝耆献类征初编》卷四七〇。鲁一同编有《白耷山人年谱》,张相文编有《白耷山人年谱》。

俞汝言卒(1614—)。汝言字右吉,号渐川老民,浙江秀水人。明诸生。早著名于复社。著有《春秋平义》12卷、《春秋四传纠正》1卷、《京房易图》、《先儒语要》、《礼服沿革》、《汉官差次考》、《晋将军佐表》、《宋元举要》、《历纪年》、《明世家考》、《寇变略》、《弇州三述补》、《崇祯大臣年表》、《宰相列卿年表》、《品级广考》、《谥法考》、《双湖杂录》、《渐川集》等。事迹见《清史列传》卷六八、李桓《国朝耆献类征初编》卷四一四、魏禧《处士俞君汝言墓表》(《碑传集》卷一三六)。

按:《清史列传》本传曰:"宁都魏禧来浙访汝言,与论古今人物、治乱得失,穷十昼夜,禧为倾倒。……出游燕、赵、韩、魏、宋、卫、闽、粤之乡,越云中、雁门,归而闭户著述,篇帙之富,当代无比。尝以《春秋》四《传》互有异同,皆各据所见,非圣人本指,乃广搜百家书,择其确当者以释经义,名《春秋平义》十二卷。《自序》谓《传》经之失,不在于浅而在于深,《春秋》尤甚。故其书简汰精审,多得经意。又摘列四《传》之失,随事辨正,区为六类:一曰尊圣而忘其僭,二曰执礼而近于迂,三曰尚异而邻于凿,四曰臆测而近于诬,五曰称美而失实情,六曰摘瑕而伤镌刻,著《春秋四传纠正》一卷。论者谓其立义正大,持论简明,足为治《春秋》者之药石。"

邱维屏卒(1614—)。维屏字邦士,江西宁都人。明诸生。自称松下先生。与魏禧、李腾蛟等讲学易堂,为"易堂九子"之一。著有《周易剿说》12卷、《松下集》12卷、《邦士文集》18卷。事迹见《清史稿》卷四八四、《清史列传》卷七三、李桓《国朝耆献类征初编》卷四〇〇、魏禧《邱维屏传》(《碑传集》卷一三六)。

按:《清史稿》本传曰:邱维屏"读书多玄悟,禧尝从之学。晚为历数、易学及泰西算法。僧无可与布算,退语人曰:'此神人也!'"

曹尔堪卒(1617—)。尔堪字子顾,号顾庵,浙江嘉善人。顺治九年进士,授翰林院编修。升侍讲学士。工诗,与宋琬、施闰章、王士禄、王士禛、汪琬、程可则、沈荃称"海内八大家"。著有《南溪文略》20卷、《南溪词

托马斯·霍布斯卒(1588—)。英国哲学家。

乔万尼·A.博雷利卒(1608—)。意大利生理学家,物理学家。物理医学派奠基人。

略》2卷、《秋水轩唱和词》2卷。事迹见《清史列传》卷七〇、李桓《国朝耆献类征初编》卷一一五。

陈廷会卒(1618—)。廷会字际叔,号瞻云,浙江钱塘人。明末诸生。入清不仕。工诗文,为"西泠十子"之一。著有《瞻云诗稿》。事迹见《清史列传》卷七〇、李桓《国朝耆献类征初编》卷四七五、清朱溶若《陈先生廷会传》(《碑传集》卷一二四)。

周容卒(1619—)。容字鄮山,一字茂山,号躄翁,亦称躄堂,浙江鄞县人。明诸生,入清不仕。工诗文,兼精书画。著有《春酒堂诗集》10卷、《春酒堂文集》4卷、《春酒堂诗话》1卷。事迹见《清史列传》卷七〇、震钧辑《国朝书人辑略》卷一、李桓《国朝耆献类征初编》卷四七三。

王昊卒(1627—)。昊字维夏,江南太仓人。善诗,为"娄东十子"之一。著有《硕园诗稿》35卷、《当恕轩随笔》等。事迹见《清史稿》卷四八四、《清史列传》卷七〇、李桓《国朝耆献类征初编》卷四二六。

朱克生卒(1631—)。克生字国桢,一字念义,号秋崖,江南宝应人。诸生。与陶季、陈冰壑为"宝应三诗人"。著有《毛诗考证》、《恒阳消夏录》、《雪夜丛谈》、《秋舫日记》、《忆游偶记》、《秋崖诗集》等。又辑有《唐诗品汇》及《人物志》。事迹见《清史列传》卷七〇、张维屏辑《国朝诗人征略初编》卷五。

方贞观(—1747)、程梦星(—1755)、顾栋高(—1759)、浦起龙(—1762)生。

康熙十九年　庚申　1680年

二月十二日壬申(3月12日),命翰林院掌院学士库勒纳教习庶吉士。

十五日乙亥(3月15日),从内阁学士兼修《明史》徐元文疏请,为修《明史》,将扬州府前明科臣李清、绍兴府名儒黄宗羲"延致"来京,如因老病不能就道,由该有司于其家录所著书送馆。至于监生姜宸英、贡生万言,应速行文该督抚移送。其候补主事汪懋麟,丁忧服满到部,应以原衔食俸,入馆修史。原任副使道曹溶、布衣黄虞稷,现在丁忧,俟服阕后,咨送到馆。书成之日,一并甄叙。从之(《清圣祖实录》卷八八)。

三月十三日壬寅(4月11日),玉牒修成。

四月初十日己巳(5月8日),日讲《书经》毕,康熙帝谕明日起进讲《易经》,每晚由侍读学士张英加讲《资治通鉴》。

二十日己卯(5月18日),翰林院掌院学士叶方蔼请颁发《尚书讲义》,从之。

英国议会通过《排斥法案》。

从魁北克至密西西比河河口的法国殖民帝国建立。

六月二十七日甲申(7月22日),康熙帝以御书大轴赐大学士索额图、勒德洪、明珠、李霨、杜立德、冯溥。又以御书卷轴赐学士库勒纳、叶方蔼、詹事格尔古德、沈荃、侍读学士牛纽、常书、崔蔚林、蒋弘道、侍讲学士张玉书、严我斯、侍讲董讷、王鸿绪各一。

十月二十一日丙午(12月11日),讲官张玉书为康熙帝疏解《周礼》三宥之义。

以武英殿内左右廊房共65间为修书处,掌刊印装潢书籍事。

王夫之居湘西草堂,辑己酉(1645)、庚戌(1670)以来所作古体诗,为《六十自定稿》,有序。又作《蚊斗赋》。

顾炎武作《答徐甥公肃书》,谓"史书之作,鉴往所以训今"(《亭林文集》卷六)。

顾炎武致书杨瑀,告以《日知录》已在改定,自信必传,而未敢示人。

徐元文力荐黄宗羲与修《明史》,宗羲复以母老已病辞之。及诏取所著关乎史事者,宣付史馆。

按:黄炳垕《黄梨洲先生年谱》载:"立斋徐公(徐文元,时为《明史》馆总裁)谓:公(黄宗羲)非可召使就试者,或可聘之修史。乃与前大理评事兴化李映碧先生两人特举遗献。奉旨:著该督抚以礼敦请。公寓书制府李公(李之芳)、抚军李公(李晟),代以老病疏辞。已又奉特旨:凡黄宗羲有所论著及所见闻,有资《明史》者,著该地方官抄录来京,宣付史馆。李方伯(李士桢)因招季子主一公至署,校勘如千册,使胥吏数十人,缮写进呈。公长于史学,尝欲重修《宋史》,而未就。有《丛目补遗》三卷,又辑《明史案》二百四十四卷,故虽不赴征书,而史局大案,总裁必咨于公,如《历志》出于吴检讨任臣之手,乞公审正,而后定其论。《宋史》别立《道学传》,为元儒之陋,公谓《明史》不当仍其例。时朱检讨彝尊,方有此议,汤公斌出公书以示众,遂去之。至于死忠之籍,尤多确核。地志亦多取公《今水经》为考证。"

黄宗羲儿子黄百家再次被《明史》馆征聘入京,得黄宗羲应允。

阎若璩应博学鸿词科不第,在都门客徐乾学家,与编修汪琬交游,汪琬著《古今五服考异》成,阎若璩纠其谬数条,汪琬意不怿。阎若璩被徐乾学延为上客,每诗文成,必属裁定。一年后才离开徐幕,客游福建。

按:《四库全书总目提要》曰:"若璩学问渊通,而负气求胜,与人辩论,往往杂以毒诟恶谑,与汪琬遂成仇衅,颇乖著书之体。然记诵之博,考核之精,国初实罕其伦匹。虽以顾炎武之学有本原,《日知录》一书亦颇经其驳正,则其他可勿论也。"

吕留良是夏以郡守复以隐逸荐,遂削发为僧以避之。筑室于吴兴埭溪之妙山。是年,留良病剧,自知不起,乃叹以夙志欲补辑失朱子《近思录》及《三百年制义》,名《知言集》,"二书倘不成,则辜负此生耳"(吕留良《家训》卷四《与甥朱望子帖》)。

魏象枢任刑部尚书。

李塨五月往谒颜元,元蓑麻出见,教习小学《曲礼》。李塨七月始仿颜元立日记自考。

朱鹤龄以所著《尚书埤传》寄顾炎武。

叶方蔼时为翰林院掌院学士，五月加礼部尚书衔。

李光地为陈梦雷代具一疏，但对陈梦雷在福州密图内应及同谋请兵之事，一语不及。陈梦雷自是憎恨李光地，七月写《告都城隍文》，骂他是"欺君负友"之徒，又有《与李光地绝交书》。

沈荃以詹事府詹事加礼部侍郎衔。

崔蔚林以侍讲学士加詹事府詹事衔。

董讷、王鸿绪以侍讲加侍读学士衔。

张英五月授翰林院学士兼礼部侍郎。

高士奇以内阁中书授翰林院侍讲。

张玉书因进讲称旨，以左春坊左庶子加詹事府詹事衔。

尤侗在《明史》馆撰《周顺昌传》，因记五人义事。

倪灿在《明史》馆，约于是年撰《明史艺文志序》。

姜宸英以叶方蔼荐，入《明史》馆分撰《刑法志》。

王源应史可法弟方臣嘱，作《史阁部遗文序》。

万言应诏纂修《明史》。

按：《清史稿·儒林传二》曰：万言"少随诸父讲社中，号精博。著有《尚书说》、《明史举要》。尝与修《明史》，独成《崇祯长编》，故国辅相子弟多以贿求减先人罪，言悉拒之。尤工古文，同县李鄴嗣尝曰：'事古而信，笃志不分，吾不如充宗（万斯大）；粹然有得，造次儒者，吾不如公择（万斯选）；学通古今，无所不辨，吾不如季野（万斯同）；文章名世，居然大家，吾不如贞一（万言）。吾邑有万氏，诚天下之望。'有《管村文集》"。

彭士望往访应㧑谦。

梁份以彭士望命，从魏禧学。

顾祖禹客昆山徐乾学传是楼。

魏禧旅无锡，邀顾祖禹同赴吴门访徐枋。

唐甄约于是岁往见魏禧于吴门，示以所著《衡书》，禧惊异欲为发梓。

王士禛迁国子监祭酒。

按：《清史稿·王士禛传》曰："寻迁国子监祭酒，整条教，屏馈遗，奖拔皆知名士。与司业刘芳喆疏言：'汉、唐以来，以太牢祀孔子，加王号，尊以八佾、十二笾豆。至明嘉靖间，用张璁议，改为中祀，失尊崇之意。礼：祭从生者。天子祀其师，当用天子之礼乐。'又疏言：'自明去十哲封爵，称冉子者凡三，未有辨别。宋周敦颐等六子改称先贤，位汉、唐诸儒之上，世次殊有未安，宜予厘定。'又疏言：'田何受《易》商瞿，有功圣学，宜增祀。郑康成注经百余万言，史称纯儒，宜复祀。'又疏言：'明儒曹端、章懋、蔡清、吕柟、罗洪先，并宜从祀。绛州贡生辛全，生际明末，以正学为己任，著述甚富，乞敕进遗书。'又请修监藏经史旧版。疏并下部议，以笾豆、乐舞、名号、位次，俱去典顺皮遵佩，增祀明儒及征进遗书，俟《明史》告成核定，修刊南北监经史版，如所请行。"

潘耒以时逆藩悉定，献《平蜀赋》、《平滇赋》，公卿传诵。

刘献廷是年前后晤张穆于苏州，为诗赠之。

戴名世补县学生。与汪昆订交。冬十月，日授经，夜读书于赵錧家，治《易》为文。

查慎行客楚中，是夏自辰州至黔阳，客贵州巡抚杨雍建幕下，杨甚敬礼之，事无大小，皆咨议而行。

韩菼四月更订其往日刻稿，及进呈者80篇，又附录20篇，因追述其缘起，为《进呈稿自序》。

石涛定居金陵一枝寺。

徐釚以长诗送钮琇赴项城、陆次云赴郏县任。

叶桂年十四丧父，从父门人朱君某学医，专攻岐黄术。

于成龙任保定巡抚，令肥乡士绅郝文灿等置学田百亩，建义学一所，文灿自任学师。后改名为漳南书院。

阿哈达二月为翰林院侍讲，充日讲官。

牛纽二月为翰林院侍读学士，充经筵讲官。

噶尔图二月以内阁学士充经筵讲官。

张思齐时任浙江黄岩知县，建育才书院。

陈柿祚时任安徽望江知县，建来仙书院。

杨同宪时任南昌知县，建江渚书院。

曾王孙时任江西都昌县知县，建曾公讲堂。

李文献时任广东罗定兵备道，建文昌书院。

罗伯特·菲尔默著成《牧首制，或国王的自然权力》。

恺撒—皮埃尔·里什莱编成《法语词典》。

威廉·坦普尔爵士发表《论政府》。

孙宗彝著《易宗集注》12卷成书。

张沐著《周易疏略》4卷成书，赵御众作序。

按：《四库全书总目提要》曰："沐于《五经》、《四书》皆有疏略，其解《周易》，自谓悉本孔子《十翼》之义，所注多取旧文，融以己意，不复标古人名氏。书中力排京房、陈抟、邵康节之学，而抟等所造《河图》、《洛书》及《伏羲》、《文王》诸图，仍列于卷首。其《洛书》条下注曰：'圣人因之以明吉凶，著于《易》之首。'是竟以今本《九图》为孔子所定也。又揲蓍求卦必自内而外，由初而上，故古本相传卦画之下所注，皆先下后上，沐独用朱睦㮮之例，改为先上后下，于卦爻之始初终上，《系辞》之小成大成，俱无一可通。前有康熙庚申赵御众《序》，称韦编以来，《易》学久晦，得此书乃明。又有王渭《序》，称孔子之说有不可易，则张先生之说亦不可易。沐自谓朱子所不能解者，绎诸孔训，恍然来告，敢曰独信，亦谈何容易乎！"

席勒纳等奉敕撰《日讲书经解义》13卷，有御序。

按：《四库全书总目提要》曰："《日讲书经解义》十三卷，康熙十九年，圣祖仁皇帝御定。《尚书》一经，汉以来所聚讼者，莫过《洪范》之五行；宋以来所聚讼者，莫过《禹贡》之山川；明以来所聚讼者，莫过《今文》、《古文》之真伪。然伏生、董仲舒、刘向、刘歆之所推，特术家傅会之说，程大昌、傅寅、毛晃之所辨，归有光、梅鷟之所争，特经生考证之资耳。实则尼山删定，本以唐虞三代之规，传为帝王之治法，不徒为寻章摘句设也。是编为大学士库勒纳等奉诏以讲筵旧稿编次而成，大旨在敷陈政典，以昭宰驭之纲维，阐发心源，以端慎修之根本，而名物训诂，不复琐琐求详。盖圣人御宇，将上规尧舜，下把成康，所学本与儒生异，故黼扆之所对扬，玉音之所阐绎，亦惟是大者、远者，与儒生音训迥然有殊。临御六十一年，圣德神功同符于《典谟》所述，信有由矣。"

纳兰性德纂《通志堂经解》1795卷成书，徐乾学、何焯等襄助。

按：纳兰性德，一作纳兰成德。是书搜集唐、宋、元明就《易》、《书》、《诗》、《春秋》、《三礼》、《孝经》、《论语》、《孟子》、《四书》等书之注释，凡146种。全书总汇了中国古代儒家经典研究的成果，为研究经学、儒学思想的重要资料。此书之刊行，对保存经学文献及开导清代续编经解丛书风气，有极大启示与影响。如乾隆时纂修《四库全书荟要》，经部收书152种，其中据《通志堂经解》本誊录者即有99种。嘉庆间张金吾辑《诒经堂续经解》，道光、咸丰间钱仪吉编《经苑》，广摭宋、元两代说经之遗编坠简，裒集成帙，皆为继承《通志堂经解》而来。唯此书卷帙繁多，学者苦于循览难遍。乾隆时翁方纲尝依《经解》别撰《目录》，记其板本颇详；民国初年关文瑛撰《通志堂经解提要》，综论《经解》各书之源流概要、撰述大旨，辩证极为详确。

又按：是书的作者问题，颇有争议。乾隆皇帝先是认为"是书荟萃诸家，典瞻赅博，实足以表彰六经"，因此，他借助编修《四库全书》之际，命令馆臣将《通志堂经解》"版片漫漶断阙者，补刊齐全，订正讹谬，以臻完善"。并作为《四库全书》底本刊布流传，用以"嘉惠儒林"。但是，乾隆皇帝对这部书署名"纳兰成德校订"却存有异议，乾隆五十年二月二十九日上谕曰："朕阅成德所作序文，系康熙十二年，计其时成德年方幼稚，何以即能淹通经术？向时即闻徐乾学有代成德刊刻《通志堂经解》之事，兹令军机大臣详查成德出身本末，乃知成德于康熙十一年壬子科中式举人，十二年癸丑科中式进士，年甫十六岁。徐乾学系壬子科顺天乡试副考官，成德由其取中。夫明珠在康熙年间，柄用有年，势焰熏灼，招致一时名流如徐乾学等，互相交结，植党营私。是以伊子成德年未弱冠，即夤缘得取科名，自由关节，乃刊刻《通志堂经解》，以见其学问渊博。古称皓首穷经，虽在通儒，非义理精熟毕生讲贯者，尚不能覃心阐扬，发明先儒之精蕴。而成德以幼年薄植，即能广收博采，集经学之大成，有是理乎？"(《纂修四库全书档案》，上海古籍出版社1997年版)但军机大臣的详查多有不实。事实上纳兰成德生于顺治十一年，中康熙十一年壬子科举人，时年十八岁；第二年参加康熙十二年癸丑科会试。越三年廷对中进士，已在康熙十五年丙辰，时年二十二，病故于康熙二十四年乙丑五月三十日，终年三十一。当时，调查纳兰成德的行年并不难，有《八旗氏族通谱》及纳兰成德《墓志铭》、《神道碑》可考。而调查出的结果与事实不符，故有人怀疑军机大臣所为，是迎合乾隆皇帝的意图。由于纳兰成德的父亲明珠曾结党营私、弟弟揆叙曾卷入皇子争夺储位斗争中、女婿年羹尧又因犯下重逆之罪被雍正帝处死等原因，乾隆帝一向对纳兰家族怀有成见。他否定纳兰性德《经解》的校订权，有其个人成见作祟。叶德辉在《书林清话》中就说："然则《通志堂经解》一书，或不尽为徐氏所代刻，百年公论，后世自有知者。"(参见张一民《纳兰成德在辑编〈通志堂经解〉中的作用》，《满族研究》2005年第3期)

万斯大著《仪礼商》3卷成书，应㧑谦为撰序。

汪琬著《古今五服考异》成书。

魏裔介五月著《希贤录》10卷成书。

按：《四库全书总目提要》曰："分为学、敦伦、致治、教家、涉世五门。每门又各分子目，以嘉言善行分注。乃康熙辛酉裔介致仕后所作。其嘉言多采诸家语录，善行则兼采杂说，不甚简汰云。"

李光地闰八月进《易论》、《大司乐释义》及《读书笔录》等篇。

范鄗鼎著《明儒理学备考》初稿成。

陆陇其著《读朱随笔》4卷成书。

按：《四库全书总目提要》曰："陇其之学，一以朱子为宗，在近儒中最称醇正。

是编大意,尤在于辟异说以羽翼紫阳。故于儒释出入之辨,金溪、姚江蒙混之弊,凡朱子书中有涉此义者,无不节取而发明之。其剖析疑似,分别异同,颇为亲切。其他一字一句,亦多潜心体察,而深识其用意之所以然。盖于朱子之书,诚能融会贯彻,而非徒以口耳占毕为事者。虽不过一时简端题识之语,本非有意著书,而生平得力所在,亦概可见矣。"陆陇其的读书随笔,尚有《三鱼堂剩言》12卷,《四库全书总目提要》曰:"昔朱子博极群书,于古今之事,一一穷究原委,而别白其是非,故凡所考论,率有根据。陇其传朱子之学,为国朝醇儒第一。是书乃其绪余,而于名物训诂,典章度数,一一精核乃如此。凡汉注、唐疏为讲学诸家所不道者,亦皆研思探索,多所取裁。可知一代通儒,其持论具有本末,必不空言诚敬,屏弃诗书,自谓得圣贤之心法。其于朱、陆异同,非不委曲详明,剖析疑似,而词气和平,使人自领,亦未尝坚分壁垒,以诟厉相争。盖诸儒所得者浅,故争其名而不足;陇其所得者深,故务其实而有余。观于是编,可以见其造诣矣。"

  朱鹤龄著《读左日钞》12卷有成稿。

  按:是年朱鹤龄得顾炎武自北方来书商榷,复著《左传补钞》2卷。《四库全书总目提要》曰:"是书采诸家之说,以补正杜预《春秋经传集解》之阙讹。于赵汸、陆粲、傅逊、邵宝、王樵五家之书所取为多。大抵集旧解者十之七,出己意者十之三,故以'钞'名。所补二卷,多用顾炎武说,炎武《杜解补正》三卷,具有完帙,此所采未及什一。其凡例称:'庚申之秋,炎武自华阴寄《左传注》数十则。'盖是时《杜解补正》尚未成也。鹤龄斥林尧叟《音义》之陋,所取仅三、四条,持论极允。至孔颖达《正义》,家弦户诵,久列学官,断无读注而不见疏者,乃连篇采摭,殊属赘疣。……虽瑕瑜并陈,不及顾炎武、惠栋诸家之密,而荟萃众长,断以新义,于读《左传》者,要亦不为无补焉。"

  黄宗羲自订《南雷文案》10卷,授门人万斯大校,郑梁为撰序。

  按:万斯大《吾悔集序》曰:"己未(康熙十八年,1679)冬,吾师梨洲先生以及门之请,出《南雷文案》授斯大,斯大敬受,手较付梓。逾月先生有太夫人之变,哀号孺慕,几不欲生。"

  周在浚始笺宋人陆游所著《南唐书》。

  王鹤修,薛琇等纂《行唐县新志》12卷刊行。

  刘先衡、钱永祺纂修《宣镇西路志》4卷成书。

  李士模原本,卫立鼎增修《增补卢龙县志》6卷刊行。

  韩文煜纂修《易水续志》1卷刊行。

  裴国桢修,刘之源纂《满城县志》10卷刊行。

  姚原泌修,边之钥纂《重修任丘县志》4卷刊行。

  萧鸣凤修,何可宪纂《衡水县志》6卷刊行。

  王朝佐修,房循蠖纂《安州志》10卷刊行。

  耿文岱纂修《蠡县续志》1卷刊行。

  纪弘谟等修,郭棻纂《保定府志》29卷刊行。

  张尔介纂修《安定县志》8卷刊行。

  陈天植修《延安府志》10卷刊行。

  谢廷瑞修,魏裔介纂《柏乡县志》10卷刊行。

  张鸣珂纂修《续补景州志》4卷刊行。

班衣锦修，戴云章、徐淮纂《宁州志》8卷刊行。

徐京陛修纂《竹溪县志》刊行。

郑绿勋修，张明焜、张徽谟纂《仙居县志》30卷刊行。

吴嵩等修，汪之章纂《灵璧县志》8卷刊行。

王所善修，韩献等纂《重修六安州志》10卷刊行。

王斗枢修，张毕宿纂《当涂县志》28卷刊行。

胡亦堂修纂《临川县志》30卷刊行。

宗琮增修，王元烜增纂《长垣县志》8卷刊行。

王赐魁修，李会生、宋作宾纂《封丘县续志》刊行。

刘五龙修纂《英山县通志》13卷刊行。

曹鼎新等修，龙升纂《浏阳县志》14卷刊行。

许国璠修纂《平江县志》刊行。

崔锜修，刘禹甸纂，刘敕忠续修《新宁县志》10卷刊行。

杨周宪修纂《新建县志》30卷刊行。

戴兆祚著《于公德政录》1卷成书，有自识。

叶奕苞著《金石补录》27卷成书，魏禧作序。

徐开任辑《明名臣言行录》95卷成书，黄宗羲作序。

按：黄宗羲《明名臣言行录序》曰："史之为体，有编年，有列传。言行录固列传之体也。列传善善恶恶，而言行录善善之意长，若是乎恕矣；然非皎洁当年，一言一行足为衣冠之准的者，无自而入焉，则比之列传为尤严也。今徐子之为是录也，博采兼取，一善之长必录，无暇窥见至隐。以朱子之严，尚有议其范平章、窦内翰之不应入者，徐子毋乃长于知君子而短于知小人乎？虽然徐子之意固有在也。……此录出，庶几收廓清之功矣。"（《黄宗羲全集》第十册序类）

顾炎武三月作《音学五书后序》。

魏宪刻所辑《诗持》四集1卷。

吕留良二月序吴之振《寻畅楼诗稿》。

闵钺著《冶庵文集》6卷、《别集》2卷刊行。

唐梦赉著《志壑堂诗集》12卷、《志壑堂文集》12卷成书。

丁澎著《扶荔堂文集选》12卷、《扶荔堂诗选》12卷、《扶荔词》3卷、《词别录》1卷刊行。

叶燮是年前后著《汪文摘谬》1卷。

按：是书专纠汪琬所作文字之失。

蒋胤修著《苴楚学记》1卷成书。

恽寿平过常熟访王翚，作《桃花鱼藻图》。

梅文鼎是春在南京大病，至秋分后始渐愈。汇集病中所著，曰《病余杂著》。又应友人马儒骥之请，撰《四省表景立成》1卷。

笪重光约是年刻所著《书筏》1卷、《画鉴》1卷。

蔡方炳著《历代茶榷志》1卷约成书于本年。

李延显著《药品化义》13卷刊行。

王时敏卒(1592—)。时敏字逊之,号烟客、偶谐道人,又号西田主人、归村老农、西庐老人,江苏太仓人。明崇祯初以荫官至太常寺少卿。清初不仕,隐于归村。著名画家,为"清六家"之一,少时得董其昌真传,工篆隶,能诗文。著有《西因集》、《西庐画跋》、《偶谐草》等。事迹见《清史稿》卷五〇四、震钧辑《国朝书人辑略》卷一、李桓《国朝耆献类征初编》卷四二八、温肇桐《清初六大画家·王烟客先生年表》。王宝仁编有《王烟客年谱》。

按:《清史稿·艺术传三》曰:"明季画学,董其昌有开继之功,时敏少时亲炙,得其真传。"又"爱才若渴,四方工画者踵接于门,得其指授,无不知名于时,为一代画苑领袖。"又曰:"清初画学蔚盛,大江以南,作者尤多,各成派别,以娄东王时敏为大宗。若金陵、云间、嘉禾、新安,皆闻人迭起。"

于琳卒(1596—)。琳字贞瑕,浙江平湖人。康熙八年应岁荐不赴,教授生徒。善画工书。著有《周易义参》等。事迹见李桓《国朝耆献类征初编》卷四七三。

闵声卒(1597—)。声字毅夫,号雪蓑,原名中正,浙江乌程人。明复社名士。入清不仕,以遗民自处。著有《泌庵小言》。事迹见黄宗羲《雪蓑闵君墓志铭》(《黄宗羲全集》第十册碑志类)。

薛凤祚卒(1600—)。凤祚字仪甫,山东淄川人。少习算,从魏文魁游,主持旧法。顺治中始从波兰传教士穆尼阁习西学,又从汤若望游,所学益精。著有《算学会通正集》12卷,内容涉及天文、数学、医药、物理、水利、火器等。与王锡阐齐名,称"南王北薛"。又有《四书说》、《圣学宗传》、《论交食》、《天学会通》、《车书图考》、《气化迁流》8卷、《两河清汇》8卷等。事迹见《清史稿》卷五〇六、《清史列传》卷六八、李桓《国朝耆献类征初编》卷四一四、《薛凤祚传》(《碑传集》卷一三二)。

按:《清史稿》本传曰:薛凤祚"贯通其中、西,要不愧为一代畴人之功首"。《四库全书总目提要》曰:"《两河清汇》八卷,国朝薛凤祚撰。凤祚有《圣学宗传》,已著录。凤祚虽亦从讲学者游,而其学乃出鹿善继、孙奇逢,讲求实用。故其算术受于西洋穆尼阁,以天文名家。国初言历法者,推为独绝。梅文鼎《勿庵历算书记》所谓青州之学也。而亦究心于地理,故能详究两河利病,以著是书。卷首列黄河、运河两图。一卷至四卷为运河修筑形势,北自昌平、通州,南至浙江等处。河、湖、泉、水诸目,皆详载之。五卷六卷,则专记黄河职官,夫役、道里之数,及历代至本朝治河成绩。七卷则辑录前明潘季驯《河防辨惑》、国朝崔维雅《刍议或问》二书。八卷则凤祚所自著也。曰《刍论》,曰《修守事宜》,曰《河防绪言》,曰《河防永赖》。书中援据古今,于河防得失,疏证颇明。惟《海运》一篇,欲访元运故道与漕河并行,盖犹祖邱浚之旧说,则迂谬而远于事情,遂为白璧之微瑕,无是可矣。"

李渔卒(1610—)。渔字笠翁、谪凡,号觉世稗官,浙江兰溪人。屡赴乡试,终不第。流寓金华、杭州、南京等地。在南京的寓所名芥子园。开设书铺,编纂刊刻书籍。终老于杭州。家设戏班。著有《闲情偶寄》、《笠翁十种曲》及小说《连成璧全集》等。事迹见李桓《国朝耆献类征初编》卷四二六、《李渔传记资料》、肖荣《李渔评传》、单锦珩《李渔传》。

康熙十九年　庚申　1680 年

　　黄周星卒(1611—　)。周星字景明,号景虞,别号九烟、笑苍道人,金陵上元人。明崇祯十三年进士。官户部主事。明亡后隐居湖州。著有《夏为堂别集》、《刍狗斋集》、《三字经》、《制曲枝语》、《黄九烟先生杂著》、《人天乐传奇》等。事迹见万言《黄周星传》、李桓《国朝耆献类征初编》卷四七三。

　　金堡卒(1614—　)。堡字道隐,又字卫公,别号冰还道人;受戒后名今释,字澹归,号舵石翁,浙江仁和人。明崇祯十三年进士,任山东临清知县。南明永历时任礼科给事中。清兵破桂林,遂为僧。著有《粤中疏草》、《偏行堂集》、《丹霞初集》、《丹霞二集》、《瞎堂诗集》、《行部奏议》、《梧州诗》等。事迹见王汉章编《澹归大师年谱》。

　　方孝标约卒(1617—　)。孝标原名玄成,避清圣祖讳,以字行,号楼冈,一号楼江,安徽桐城人。顺治六年进士,改庶吉士,授编修。因江南科场案牵连,遣戍宁古塔。后又受戴名世《南山集》案牵连,被戮尸,遗书遭禁毁。著有《纯斋诗选》22 卷及《滇闻纪闻》。

　　沈昀卒(1618—　)。昀字朗思,原名兰生,字甸华,浙江仁和人。刘宗周弟子。与应㧑谦友。明诸生。以授徒自给。治学专宗以朱熹为代表的考亭学派,反对陆九渊、王守仁的心学。著有《士丧礼说》、《四先生辑略》、《宋五子要言》、《四书宗法》、《七经评论》、《家法论》、《升降编》、《名臣言行录》、《居求编》、《茧窝杂稿》等。事迹见《清史稿》卷四八〇、《清史列传》卷六六、李桓《国朝耆献类征初编》卷三九九、蔡冠洛《清代七百名人传》第四编、全祖望《沈先生昀墓碣铭》(《碑传集》卷一二七)。

　　按:《清史列传》本传曰:"昀读书好古,闻刘宗周讲学蕺山,渡江往听,遂为正学。……其学以诚敬为宗,以适用为主,专宗考亭,不杂金溪、姚江之绪,于二氏则辞而辟之。晚节见习之者多,亦不与较辨也。平居,日有课,月有程。每月则综其所得与同人相质难。闻四方有贤士,即书其姓氏置夹袋中,冀一见之。然不肯妄交,于取与尤介。"胡玉缙《四库未收书目提要续编》谓《茧窝杂稿》"是编皆杂文、日记,乃江南图书馆所藏旧钞本。其书大率多理语,颇为切实,无狂禅之弊,盖蕺山嫡派,异乎姚江末流也"。

　　李邺嗣卒(1622—　)。邺嗣原名文允,字杲堂,浙江鄞县人。明诸生。著有《杲室文钞》6 卷、《杲室诗钞》7 卷、《汉语》、《南朝语》、《续世说新语》等。事迹见《清史列传》卷七〇、李桓《国朝耆献类征初编》卷四七三。

　　顾祖禹卒(1631—　)。祖禹字复初,号景范,江苏无锡人,居常熟,人称宛溪先生。父柔谦,精于史学。他遵父嘱,以数十年之功著有《历代州域形势》9 卷、《南北直隶十三省》114 卷、《川渎异同》6 卷、《天文分野》1 卷,共 130 卷,名曰《读史方舆纪要》。另著有《舆图要览》、《古本方舆书目》。事迹见《清史稿》卷五〇八、《清史列传》卷七〇、李桓《国朝耆献类征初编》卷四一五、蔡冠洛《清代七百名人传》第四编。

　　按:《清史稿》本传曰:"柔谦精于史学,尝谓:'明一统志于战守攻取之要,类皆不详山川,条列又复割裂失伦,源流不备。'祖禹承其志,撰《读史方舆纪要》一百三十卷,凡职方、广舆诸书,承讹袭谬,皆为驳正。详于山川险易,及古今战守成败之迹,而景物名胜皆在所略。创稿时年二十九,及成书,年五十矣。宁都魏禧见之,叹曰:'此数千百年绝无仅有之书也!'以其书与梅文鼎《历算全书》、李清《南北史合钞》称三大奇书。祖禹与禧为金石交,禧客死,祖禹经纪其丧。徐乾学奉敕修《一统志》,延致祖禹,将荐起之,力乱罢。后终于家。"

　　谭吉璁卒(1624—　)。吉璁字舟石,号筑岩,浙江嘉兴人。以诸生试国子监第一,授宏文院撰文,中书舍人。康熙九年,出为陕西延安府同知。著有《尔雅纲目》120卷、《嘉树堂集》20卷、《鸳鸯湖棹歌》1卷、《肃松录》2卷、《延绥镇志》24卷。事迹见《清史稿》卷四八四、《清史列传》卷七一、李桓《国朝耆献类征初编》卷二二二、邵长蘅《登州太守谭君吉璁传》(《碑传集》卷九一)。

　　蓝鼎元(　—1733)、程国彭(　—1735)、王兰生(　—1737)、僧明鼎(　—1751)生。

康熙二十年　辛酉　1681年

欧洲会议在法兰克福召开。

法国合并斯特拉斯堡,封锁卢森堡。

英王查理二世解散议会。

北美宾夕法尼亚殖民地建立。

支票首次在英国出现。

莫斯科科学学会成立。

　　六月初一日壬午(7月15日),定王以下谥号,亲、郡王用一字,贝勒以下、护国将军以上皆用二字。

　　二十五日丙午(8月8日),汉军、汉人捐纳岁贡,俱不准作正途考选。京官三品以上子弟,概不与考选,总督巡抚子弟,亦不准考选。

　　七月二十一日壬申(9月3日),康熙帝以各衙门官员办事勤劳,召大学士以下、员外郎以上官于瀛台赐宴,赐鱼、藕及彩缎表里。

　　十二月二十日己亥(1682年1月28日),以三藩平定,于太和门行庆贺礼,颁诏全国。

　　顾炎武作《与人书》,提出"君子之为学,以明道也,以救世也;徒以诗文而已,所谓'雕虫篆刻',亦何益哉"!(《亭林文集》卷四)是冬,朱子祠堂告成,顾炎武作《华阴县朱子祠堂上梁文》,谓朱子不徒羽翼圣功,亦乃发挥王道,启百世之先觉,集诸儒之大成(《亭林文集》卷五)。

　　黄宗羲作《章格庵先生行状》、《熊公雨殷行状》,上之史馆。

　　王夫之五月著《广哀诗》19首,分悼平生好友熊寔、章旷、瞿式耜、文之勇、夏汝弼、管嗣裘、方以智、蒙正发、南岳僧性翰等。

　　按:熊寔字渭公,移居武昌。喜邵雍《皇极经世书》,颇言未来事。撰有《性理格言》、《园书悬象》、《大易参》。蒙正发,崇阳华陂人。清顺治二年(1645年)以诸后起兵抗清。军旅中于湖南中乡试。先后保南明唐王、永明王于湘桂。累官户部给事中兼兵部都给事。永明王败,正发自投桂林江中,被仆人救起,后隐衡阳,闭户屏迹以终。著有《三湘从事录》、《漆园放言》等书,王夫之为之作序。

陆陇其四月在杭州，访应撝谦。

汤斌二月为翰林院侍讲，充日讲官。八月主考浙江乡试，多取家境贫寒之士，浙人称该科为"孤寒吐气"。

朱彝尊二月为翰林院检讨，充日讲官。是秋典江南乡试，为文矢于神，杜请托，在苏州见明吴宽手钞宋人所编词集《尊前集》2卷。

阎若璩七月至常熟，会黄仪，言无锡顾祖禹有《方舆录》最精详，今馆于徐乾学家。

魏裔介予告归里。

施闰章是秋典试河南。

汪琬免史馆职南还。

吴正治任武英殿大学士。

张玉书擢内阁学士，充经筵讲官。寻迁礼部侍郎，兼翰林院掌院学士。

徐乾学二月为左春坊左赞善，充日讲官。

徐元文正月以都察院左都御史充经筵讲官。

希福五月以内阁学士充经筵讲官。

陈廷敬十二月以翰林院掌院学士兼礼部侍郎充经筵讲官。

孙在丰二月为翰林院侍读学士，充日讲官。

汪懋麟以刑部主事入史馆，与修《明史》。

靳辅五月以大修黄河，限期三年复归故道，逾时未竣，自请处分。命革职留任督修。

王弘撰离陕南游，在南京会郑簠，过吴门会叶奕苍，出示所得汉残碑十三字。

查慎行是夏谒王阳明书院。

吴兆骞以得纳兰性德、顾贞观、徐乾学助，从关外戍所放回。在北京与尤侗等会。

禹之鼎二月入直畅春园。

秦松龄二月为翰林院检讨，充日讲官。

曹禾二月为翰林院编修，充日讲官。

严绳孙二月为翰林院检讨，充日讲官。

王项龄二月为翰林院编修，充日讲官。

潘耒二月为翰林院检讨，充日讲官。

徐釚作诗送陆元辅出京南还。

赵执信授编修，与朱彝尊、陈维崧、毛奇龄订忘年交。

阿山三月为翰林院侍读，充日讲官。

胡简敬五月为翰林院侍读学士，充日讲官。

黄虞稷以徐元文荐，自南京至京入史馆，与修《明史》，分撰《艺文志》等。

张廷玉读《尚书》、《毛诗》竟，且粗通大意。其父张英有《五儿十龄能诵尚书毛诗》诗二首。

徐嘉炎因王师收复滇、黔，仿《铙歌鼓吹曲》，撰《圣人出》至《文德舞》二十四章以献。

朱文爵时任山西稷山知县，就县治东南府馆旧址改建义学。

喻成龙时任知府，于安徽贵池建池阳书院。

邓秉恒在福建长汀县建龙江书院。

陈克峻时任知府，于江西樟树建观澜书院。

吴历随传教士柏应理谋赴欧洲，至澳门不果行，遂入耶稣会修道。

传教士南怀仁督造欧式神威炮320门成。

雅克贝尼涅·波舒哀著成《世界史教程》。

让·马比荣编著《关于古方书学》，内容系将对历史文献的研究作为历史评论的基点。

斯太尔的詹姆斯·达尔林普尔著成《苏格兰法律的制定》。

来尔绳辑《易经体注会解合参》4卷刊行。

按：来尔绳字木臣，萧山人。又辑有《易经大全会解》4卷。

戴名世著《周易文稿》成书，有自序。

万斯大著《周官辨非》2卷约成于是年。

按：《四库全书总目提要》曰："是编力攻《周礼》之伪，历引诸经之相抵牾者，以相诘难。大旨病其官冗而赋重。案古经滋后人之疑者，惟古文《尚书》与《周礼》。然古文《尚书》突出于汉魏以后，其传授无征，而抵牾有证。吴棫所疑，虽朱子亦以为然。阎若璩之所辨，毛奇龄百计不能胜，盖有由也。《周官》初出，林孝存虽相排击，然先后二郑，咸证其非伪。通儒授受，必有所证。虽其书辗转流传，不免有所附益，容有可疑，然亦揣摩事理，想像其词，迄不能如《尚书》一经，能指某篇为今文，某篇为古文也。斯大徒见刘歆、王安石用之而败，又见前代官吏之滥，赋敛之苛，在在足以病民，遂意三代必无是事。竟条举《周礼》而诋斥之，其意未始不善。而惩羹吹齑，至于非毁古经，其事则终不可训也。"梁启超《中国近三百年学术史》认为，万斯大所著之书，以《周官辨非》"价值最大。《周官》这部书，历代学者对他怀疑的很少，著专书攻击而言言中肯者，实以此书为首"。

陆陇其著《三鱼堂四书大全》初稿成。又辑《四书讲义》成书。

按：《四库全书总目提要》评《四书大全》曰："初，明永乐间胡广等奉诏撰《四书大全》，阴据倪士毅旧本，潦草成书。而又不善于剽窃，庞杂割裂，痕迹显然。虽有明二百余年愚为功令，然讲章一派从此而开。庸陋相仍，遂似朱子之书专为时文而设，而经义于是遂荒。是编取胡广书，除其烦复，刊其舛谬，又采《蒙引》、《存疑》、《浅说》诸书之要以附益之，自较原本为差胜。然终未能尽廓清也。其初稿成于康熙辛酉，前有《自序》，尚歉然以为未定。及晚年辑《困勉录》，复取是书互相参考，别以朱笔点次，乃成定本。然未及重为之序。故其门人席永恂、侯铨、王前席等校刊之时，仍以原序冠卷端。实则序在前而书在后也。《大学》、《中庸》并载《或问》，亦仍《大全》之旧。卷末附载王应麟《论语孟子考异》，不知何人采摭《困学纪闻》为之，非应麟原有是书也。"

张烈著《王学质疑》1卷、《附录》1卷。

按：《四库全书总目提要》曰："是书攻击姚江之学，凡分五篇：一辨性即理之说，一辨致知格物之说，一辨知行合一之说，一为杂论，一为总论。其《附录》则首为《朱陆异同论》。次为《史法质疑》，通论史体。次为《读史质疑》五篇：一论明孝宗时阉宦之势；一论李东阳之巧宦；一论《宋史》以外不当滥立《道学传》，亦为王学而发；一论王守仁宜入功臣传,而以明之乱亡全归罪于守仁;一论万历时争东宫梃击诸臣之非。当王学极滥之日,其补偏救弊,亦不为无功,然以明之亡国归罪守仁,事隔一百余年,较因李斯而斥荀卿,相距更远,未免锻炼周内。夫明之亡,亡于门户。门户始于朋党,朋党始于讲学,讲学则始于东林,东林始于杨时,其学不出王氏也。独以王氏为祸本,恐宗姚江者亦有词矣。"张烈《自序》曾谓自己早年笃信修习王守仁心学,"沉浸于宗门者十五六年",后渐觉其非,遂以程朱之学为宗。此书主要以程朱理学观点对王守仁的《传习录》提出质疑。有张伯行序、陆陇其序及后序。张伯行在序中认为其对王学的批评"能一一穷其源而拔其根","抉摘精微则又有前人所不及道者"。

范鄗鼎著《明儒理学备考》16卷首次刊行。

按:是书卷一至卷六系辑录辛全《理学名臣录》而成,卷七至卷十为孙奇逢《理学宗传》之传记摘编,卷十一至十六乃范鄗鼎本辛、孙二家意,博采诸家传记所作续补。据著者自述,所征引诸书依次为《圣朝明世考》、《名臣言行录》、《仕国人文》、《道学正统》、《道学羽翼》、《圣学宗传》、《京省人物志》及诸家文集等。

唐甄录与顾祖禹所论辩诸语入《衡书》。

梁延年著《圣谕象解》20卷刊行。

按:康熙九年(1670),康熙帝颁布《圣谕十六条》,安徽繁昌知县梁延年旁征博引,对其进行阐述,著成一部共20卷的注释性教科书,名为《圣谕象解》,于是年刊行。雍正二年(1724),雍正帝又进一步解释,编成《圣谕广训》,官吏以此告诫百姓。山西盐运使王又朴对此用顺口溜形式作了生动解释,以求家喻户晓,名为《圣谕广训直解》,每逢初一、十五在街头公开宣讲,居民必须往听。

鲁超修,林子卿纂《补辑松江府志》成书。

章经纂修《壶开县志》4卷刊行。

杨镳修,施鸿纂《辽阳州志》28卷刊行。

宁养气纂修《米脂县志》8卷刊行。

王光谟修,胡维翰纂《玉田县志》8卷刊行。

朱衣点修,黄国彝纂《崇明县志》14卷刊行。

冯泰运修纂《郧西县志》12卷刊行。

宋良翰修,杨光祚等纂《乐平县志》16卷刊行。

卢灿修,余恂等纂《龙游县志》12卷刊行。

沈圮修,邓嗣禹纂《桂东县志》6卷刊行。

王纶部修,劳清纂《兴宁县志》8卷刊行。

周玉衡修,陈本纂《阳江县志》4卷刊行。

高士奇著《松亭行记》2卷成书,有自序。

凌铭麟著《文武金镜律例指南》16卷成书。

按:凌铭麟字天石,杭州人。《四库全书总目提要》曰:是书"自文武仪注品级,以及莅任居官事宜,无不备载。又发律例大旨,而以相传之案牍为之证据,盖亦为初仕者设也"。

王夫之为僧开先订《相宗络索》;其《庄子解》亦约成书于是年。

按:王夫之晚年研究佛、老之学,《相宗络索》为法相宗研究专著。另著有《三藏法师八识规矩赞》。关于老庄的注释,于《老子》有《老子衍》,于《庄子》有《庄子解》、《庄子通》。

颜元十二月著《明太祖释迦佛赞解》。

吴殳著《围炉诗话》陆续得6卷。

翁介眉辑《皇清诗初集》成书。

陆求可著《陆密庵文集》20卷、《录余》2卷、《诗集》8卷、《诗余》4卷刊行。

按：陆求可字咸一，江苏山阳人。顺治十二年进士，官至布政司参议。《清史列传·陆求可传》曰："笃志好学，贯通经史。……求可为学以主敬为先务，而本乎治心，言必述《六经》，而所宗者朱子。余录其长去其短，上自象山，下至阳明诸弟子，未尝排击，持论甚平，而其大旨在兼善天下。尝谓君子所养，要令暴慢之气不设于身体，居官必操切击断之意少，而平易中和之政多；又谓理为事之本，事为理之用，临事不为私意所动，所藉平日有居敬穷理之学然矣。秀水朱彝尊称儒者讲学之效，见诸行事，求可有焉。著有《语录》四卷、《密庵文集》二十卷、《诗集》八卷。"

王又旦著《黄湄诗选》10卷刊行，王士禛选。

冯武著《遥掷集》20卷刊行。

周茂源著《鹤静堂集》19卷刊行。

梁佩兰著《六莹堂诗集》9卷成书，朱茂晭作序。

姚文然著《虚直轩文集》10卷、外集6卷刊行。

周纶著《云山楼稿》24卷成书，王鸿绪作序。

潘江著《木厓集》，吴道新、戴名世作序。

廖燕著《二十七松堂集》刊行。

按：廖燕的诗文集《二十七松堂集》，在康熙二十年(1681)、三十三年(1694)、乾隆三年(1738)先后刊行过三次；在其卒后157年，即清同治元年(1862)，日本重刊了《二十七松堂集》。民国十七年(1928)有铅印本。

戴名世自编所为古文为《初集》，有自序。

冯班著《钝吟杂录》10卷刊行。

吴历在澳门教院楼上作《白傅溢浦图》。

恽寿平、王翚、笪重光、王概等合作《岁寒图》。

禹之鼎七月为王士禛、陈廷敬、徐乾学、汪懋麟等作《城南雅集图》。是年，又临元赵孟頫《八骏图》。

王锡阐著《推步交朔》成书。

徐士俊卒(1602—　)。士俊字三友，号野君，浙江钱塘人。著有《雁楼词》、杂剧《络水丝》。

胡承诺卒(1607—　)。承诺字君信，号东轲，晚号石庄老人，湖北天门人。明崇祯九年举人。入清不仕。著有《绎志》、《读书说》6卷及《菊佳轩诗集》、《青玉轩诗》等。事迹见《清史稿》卷四八〇、《清史列传》卷六六、李桓《国朝耆献类征初编》卷四〇一。胡玉章编有《胡东柯先生年谱》。

按：《清史稿》本传曰："晚著《绎志》。绎志者，绎己所志也。凡圣贤、帝王、名臣、贤士与凡民之志业，莫不兼综条贯，原本道德，切近人情，酌古而宜今，为有体有用之学。凡二十余万言，皆根柢于诸经，博稽于诸史，旁罗百家，而折衷于周、程、张、朱之说。承诺自拟其书于徐幹《中论》、颜之推《家训》,然其精粹奥衍,非二书所及也。"

毕振姬卒(1612—)。振姬字亮四,号王孙,又号颉云,高平县人。少时家贫好学,父去世后,辗转流离于山西蒲坂、河南怀庆之间,从师山东王汉、河南李政修。明崇祯十五年,中山西乡试第一名举人。顺治三年中进士,历任教授、国子监助教、主事、员外郎、道员、按察使、布政使等职。著有《尚书注》、《西河遗教》、《四州文献摘抄》4卷、《三川别志》等十余种,均不传。其门生牛兆捷收集其遗文,编为12卷,请傅山作序,题名为《西北文集》。事迹见《清史稿》卷二四七、《清史列传》卷七四、李桓《国朝耆献类征初编》卷一五一。

  按:《四库全书总目提要》评《西北文集》曰:"其文颇纵横有奇气,然剑拔弩张之状,亦觉太甚,其云西北文者,太原傅山所题,以东南之人谓之西北之文也。元好问《中州集》题词有曰:'邺下曹、刘气佽豪,江东诸谢韵尤高,若从华实评诗品,未便吴侬得锦袍。'傅山所题,盖犹是意。然文章公器,何限方隅,韩、柳皆非南人,欧、曾亦非北士,门户相夸,总拘墟之见耳。"

马负图卒(1614—)。负图字伯河,一字肇易,晚号一庵,江苏武进人。明诸生。与陆世仪交,深受其学影响。康熙间讲学延陵书院,从学者甚众。著有《皇极经世说》、《传道篇》、《律吕图解》、《开方密率法》、《知非录》、《戊申札记》等。辑有陆世仪之《思辨录辑要》。事迹见汤修业《马先生负图传》(《碑传集》卷一二七)。

谢文洊卒(1615—)。文洊字秋水,号约斋,晚号顾庵,江西南丰人。明诸生。年二十余,入广昌之香山,阅佛书,学禅。既而治王阳明之学。40岁后,转而一意程朱,辟程山学舍于城西,名其堂曰尊雒。著有《易学绪言》2卷、《风雅伦音》2卷、《大学中庸切己录》2卷、《左传济变录》2卷、《大臣法则》8卷、《初学先言》2卷、《程门主敬录》1卷、《养正编》1卷、《兵法类案》12卷、《程山集》18卷等。事迹见《清史稿》卷四八〇、《清史列传》卷六六、彭绍升《谢先生文洊传》(《碑传集》卷一七)。谢鸣谦编有《程山谢明学先生年谱》。

  按:《清史稿》本传曰:"年二十余,入广昌之香山,阅佛书,学禅。既,读龙溪王氏书,遂与友讲阳明之学。年四十,会讲于新城之神童峰。有王圣瑞者,力攻阳明。文洊与争辩累日,为所动。取罗钦顺《困知记》读之,始一意程、朱。辟程山学舍于城西,名其堂曰尊雒。著《大学中庸切己录》,发明张子主敬之旨。以为为学之本,'畏天命'一言尽之,学者当以此为心法。注目倾耳,一念之私,醒悔刻责,无犯帝天之怒。其《程山十则》亦以躬行实践为主。时宁都'易堂九子',节行文章为海内所重,'髻山七子',亦以节概名,而文洊独反己闇修,务求自得。髻山宋之盛过访文洊,遂邀易堂魏禧、彭任会程山,讲学旬余。于是皆推程山,谓其笃躬行,识道本。甘京与文洊为友,后遂师之。"

沈起卒(1617—)。起字仲方,浙江秀水人。明末诸生。明亡,入沙门以终。门人曾安世编其诗文为《学园集》6卷、《学园集续编》1卷、《墨庵经学》5卷、《测杜少陵诗》1卷、《今国语》8卷、《宗门近录》2卷等。事迹见曾王孙《沈起塔铭》(《侵风堂文集》卷四)。

魏禧卒(1624—　)。禧字冰叔，一字叔子，号裕斋、勺庭，江西宁都人。明诸生。与兄魏祥、弟魏礼称宁都三魏。入清隐居翠微峰，筑易堂，与李腾蛟、彭士望、林时益、邱维屏、曾灿、彭任称"易堂九子"。康熙十七年诏举博学鸿儒，以疾辞。著有《左传经世》10卷、《魏叔子集》22卷。事迹见《清史稿》卷四八四、《清史列传》卷七○、李桓《国朝耆献类征初编》卷四二五、蔡冠洛《清代七百名人传》第五编、邵长蘅《魏禧传》、魏礼《先叔兄纪略》(均见《碑传集》卷一三七)。温聚民编有《魏叔子年谱》。

茆荐馨卒(1629—　)。荐馨字楚畹，号一峰，浙江长兴人。康熙十八年进士，授编修。著有《画溪草堂集》。

王士祜卒(1632—　)。士祜字子侧，一字叔子，号东亭，又号古钵山人，山东新城人。康熙九年进士。与兄王士禄、王士禛同在都门，时号"三王"。著有《古钵集》2卷。事迹见《清史稿》四九一、《清史列传》卷七○、李桓《国朝耆献类征初编》卷四二六。

图海卒，生年不详。海字麟洲，满洲正黄旗人，马佳氏。顺治十二年，摄刑部尚书事，与大学士巴哈纳校订律例。曾充《太宗实录》监修总裁官。事迹见《清史稿》卷二五一、《清史列传》卷六。

王兆符(　—1723)、王恕(　—1742)、张庚(　—1756)、王又朴(　—1760)、江永(　—1762)、梅毂成(　—1763)、薛雪(　—1770)生。

康熙二十一年　壬戌　1682年

二月初六日甲申(3月14日)，以吏部尚书黄机、工部尚书朱之弼为会试正考官，翰林院掌院学士陈廷敬、户部左侍郎李天馥为副考官。

十三日辛卯(3月21日)，康熙帝以亲祭盛京陵寝，暂停殿试，俟回銮日举行。

十六日甲午(3月24日)，朱方旦因"诡立邪说"被处斩。
按：九卿詹事科道等议复："翰林院侍讲王鸿绪疏参楚人朱方旦，诡立邪说，妄言休咎，煽惑愚民，诬罔悖逆。经湖广巡抚王新命审实具题，朱方旦应立斩。顾齐弘、陆光旭、翟凤彩甘称弟子，造刻邪书，传播中外，俱应斩监候。"从之(《清圣祖实录》卷一○一)。朱方旦是个名医，他认为"脑"是思想中枢，而不是传统医学认定的"心"。此说一出，立即引起医学界极大的震撼，群起挞伐，最后他以"妖言惑众"之罪处斩，所有著作一律焚毁。

四月十六日癸巳(5月22日)，康熙帝还驻盛京。十九日离盛京，沿途围猎，三十日入山海关。五月初四返回北京。

五月初七日甲寅(6月12日)，康熙帝亲书"清慎勤"三字，颁发各省督抚。

十八日乙丑(6月23日),候补布政使崔维雅上所辑《河防刍议》、《两河治略》二书。

> 按:《清史稿·崔维雅传》曰:"维雅治河主疏导引河,使水有所归,故屡有功而后不为患。当靳辅兴大工时,维雅奏上所著《河防刍议》、《两河治略》,并诋諆辅所行诸法,列二十四事难之。辅疏辨,谓维雅说不可行,寝其议。"

二十五日壬申(6月30日),从广西巡抚郝浴请,暂停粤西武闱乡试。

六月初八日甲申(7月12日),翰林院请补纂修《明史》总裁叶方蔼员缺,著陈廷敬补用。

> 按:谕旨曰:"纂修《明史》,事关紧要,更极繁难,若监修总裁人少,恐或偏执私见,不符公论。可将满汉大学士以下,编修、检讨以上职名,开列具奏。"(《清圣祖实录》卷一○三)

十九日乙未(7月23日),以大学士勒德洪、明珠、李霨、王熙为纂修《明史》监修总裁官。内阁学士阿兰泰、王国安、翰林院掌院学士牛钮、侍读学士常书、侍讲学士孙在丰、侍读汤斌、侍讲加侍读学士王鸿绪为总裁官。

七月二十七壬申(8月29日),以左赞善徐乾学充纂修《明史》总裁官。

八月初八日癸未(9月9日),康熙帝与经筵讲官牛钮、陈廷敬论人才,牛、陈两人曰:"大抵聪明才辨记诵之学不患其无,必求人品端方,安贫乐道之士,乃为最要。"帝深以为然,曰:"品谊操守实为至难。"二十三日又曰:"小人亦有可用之才,唯在随才器使否?"牛钮等对曰:"小人虽有可用之才,国家断无用小人之理。即使贪使诈,古亦有之,要贵朝廷驾驭得宜,终不可委之以事权,假之以威势。宋臣司马光尝言,国家与其用小人,不若用愚人。盖愚人无为恶之才,自不至肆奸邪之祸。若小人乘权藉势,则流毒遗害于国家,不可胜言。"帝曰:"然,知人最难。"(《清圣祖实录》卷一○四)

> 按:在这次对话中,康熙帝还接受了牛、陈二人关于"道学即在经学中"的观点。牛、陈二人认为:"自汉、唐儒者专用力于经学,以为立身致用之本,而道学即在其中。"康熙帝表示赞同。一年后,康熙帝在为《日讲易经解义》作序时就重申:"帝王立政之要,必本经学",提出了"以经学为治法"的主张。

十三日戊子(9月14日),命纂修太祖、太宗、世祖三朝《圣训》及康熙朝平定三藩《方略》。

九月初一日乙巳(10月1日),策试天下贡士金德嘉等于太和殿前。

初三日丁未(10月3日),康熙帝评阅策试贡士卷,亲定一甲三名名次。

初四日戊申(10月4日),康熙帝御太和门,传胪,赐殿试贡士蔡升元等176人进士及第出身有差。

十四日戊午(10月14日),以吏部左侍郎管右侍郎事杜臻为武会试正考官,侍讲学士孙在丰为副考官。

二十二日丙寅(10月22日),《太宗文皇帝实录》告成,行庆贺礼。

十月初四日丁丑(11月2日),策试天下中式武举胡世芳等于太和门。

初七日庚辰(11月5日),康熙帝御太和门,传胪,赐殿试武举王继先等108人武进士及第出身有差。

十八日辛卯(11月16日),重修《太祖高皇帝实录》,以武英殿大学士勒德洪为监修总裁官,大学士明珠、李霨、王熙、黄机、吴正治为总裁官,内阁学士席柱、王守才,翰林院掌院学士陈廷敬为副总裁官。

是日,纂修《平定三逆神武方略》,以大学士勒德洪、明珠、李霨、王熙、黄机、吴正治为总裁官,内阁学士阿兰泰、达岱、张玉书、翰林院掌院学士牛纽为副总裁官。

十九日壬辰(11月17日),康熙帝往谒孝陵。二十四日致祭,十一月初九日返京。

顾炎武在曲沃因马失足坠地疾作,正月初九日辞世,门人潘耒为之表;韩宣、熊僎、仇昌祚、卫蒿、徐嘉霖等为之经纪棺敛。

按:《清史稿·顾炎武传》曰:"又广交贤豪长者,虚怀商榷,不自满假。作《广师篇》云:'学究天人,确乎不拔,吾不如王寅旭(王锡阐);读书为己,探赜洞微,吾不如杨雪臣(杨瑀);独精三礼,卓然经师,吾不如张稷若(张尔岐);萧然物外,自得天机,吾不如傅青主(傅山);坚苦力学,无师而成,吾不如李中孚(李颙);险阻备尝,与时屈伸,吾不如路安卿(路泽浓);博闻强记,群书之府,吾不如吴志伊(吴任臣);文章尔雅,宅心和厚,吾不如朱锡鬯(朱彝尊);好学不倦,笃于朋友,吾不如王山史(王弘撰);精心六书,信而好古,吾不如张力臣(张弨)。至于达而在位,其可称述者,亦多有之,然非布衣之所得议也。'"

李因笃得知顾炎武暴卒,作《哭顾亭林先生诗一百韵》。

张玉书六月为内阁学士,充经筵讲官。十月二十七日,与内阁学士兼礼部侍郎阿兰泰奉命教习庶吉士。

王弘撰客海州,得阎若璩书告顾炎武死讯,南行至淮安,与张弨会。

汤斌、徐乾学充《明史》总裁官。

王鸿绪充《明史》馆总裁,与张玉书等共主纂务。

万斯同年五十四,家藏书已遍读之,皆得其大意。

李塨从颜元至献县拜王公问学,颇慕其为人。

王熙七月任明史馆监修官。

叶奕苞至常熟与钱曾会。

张烈充会试同考官。

查慎行是秋自贵州东还,从黄宗羲学。

吴历在澳门三巴堂入耶稣会。

张伯行举礼闱不第归,读书城南陈阜园。

梅清在金陵,与程邃、王翚会于秦淮。

陈梦雷因徐乾学营救,免死,谪戍奉天尚阳堡。

按:陈梦雷精通满文,在沈阳十余年间,培养不少当地人才;并编撰《奉天通志》、《盛京通志》、《承德县志》、《海城县志》,著成《周易浅述》一书。

孔尚任是秋以衍圣公孔敏圻敦请出山。

康熙二十一年　壬戌　1682年

应㧑谦有《与秦开地书》，往复辨论。

史夔、王九龄、吴一蜚、王哲生、孙岳颁、吴晟、张禹玉、沈恺曾、许汝龙、余泰来、周金然、尤珍、刘国黻、张廷枢、阮尔询、朱䎛、金德嘉、吴苑、周蒲璧、曾炳、路元升、潘麒生、袁拱、李复泌、王思轼、胡作梅、鲁德升、武维宁、许嗣隆、王绅、姚文光、黄轩等32位新科进士十月初十日被选为庶吉士。修撰蔡升元、编修吴涵、彭宁求奉命分别为满汉书教习。

惠周惕馆德州田雯家。

惠士奇年十二，即能诗，有"柳未成阴夕照多"之句，为先辈所激赏。

沈德潜读书汤氏塾，得见吴中老宿顾苓、王武等。

徐釚在《明史》馆，草拟俞大猷、戚继光诸人传。

李绂年十岁，即学为诗。

傅腊塔五月为翰林院侍读学士，充经筵讲官，十一月为翰林院侍读学士。

葛思泰六月为翰林院侍讲学士，充日讲官。

归允肃六月为翰林院修撰，充日讲官。

图纳八月为詹事府詹事，充经筵讲官。

杜臻十一月以吏部左侍郎充经筵讲官。

冯廷櫆中进士，授中书。

吴兴祚擢升两广总督，吴乘权随之同往广东。

许瑄在浙江龙游建龙山讲院。

蔡珠时任河南郾城县知县，建隐阳书院。

余湛有书与戴名世，戴氏有《与余生书》。

余国柱巡抚江南，陆元辅应聘入幕，吴中有大利害，必一一力陈无所隐，颇有助于兴除。

南怀仁以造火炮有助平定三藩，四月升工部右侍郎。八月随驾测得盛京北极高度，准照各省例，制九十度表，以凭推算。

费密著《尚书说》2卷成书。

王梦白、陈曾著《诗经广大全》20卷成书，韩菼作序。

万斯大著《礼记偶笺》3卷成书，陆嘉淑作序。

张英等奉敕纂成《御定孝经衍义》100卷。

按：《四库全书总目提要》曰："《御定孝经衍义》一百卷，谨案是书为顺治十三年奉敕所修，至康熙二十一年告成。圣祖仁皇帝亲为鉴定，制序颁行。体例全仿真德秀《大学衍义》，首冠以《衍经之序》、《述经之旨》二篇，不入卷数。次衍《至德之义》，以五常分五子目。次衍《要道之义》，以五伦分五子目。次衍《教所由生之义》，以礼、乐、政、刑分四子目。次《天子之孝》，以爱亲敬亲为纲。爱亲分子目十二，敬亲分子目十四。次《诸侯之孝》，分子目四。次《卿大夫之孝》，分子目五。次《士之孝》，分子目四。次《庶人之孝》，分子目三，亦皆以爱亲、敬亲为首。末二卷以《大顺之征》终焉。大旨以一心一理推而广之，贯通乎万事万物，自上以及下，笃近而举远，源流本末，无所不赅。而于天子之孝，推演尤详。《凡例》谓经称先王以发端，明是为君天下

皮埃尔·培尔著成《论1680年慧星出现的书》，反对有关慧星的迷信。

约翰·班扬著成《圣战》。

弗朗索瓦·厄德·德·梅泽雷著成《法酒的起源》。

威廉·佩蒂爵士发表其作品《论人类繁殖》。

之天子陈孝道也，诚得孔、曾授受之本旨矣。真德秀《大学衍义》仅及修身、齐家而止，治、平之事待邱浚而后补焉，不及此编体用兼备也。孝治之渊源，圣功之继述，枢要盖具在斯矣。"

张英著《书经衷论》4卷成书，有自序。

按：是书篇幅不大，然平正通达，远胜支离蔓衍，空谈义理之说。有《张文端公全集》本、《四库全书》本。

魏裔介八月又著《笔削希贤录》。

颜元著《唤迷途》，后又名曰《存人编》。

李颙著《亚室录感》刊刻。是年，为王心敬作《母教》，又有《答吴浚长书》。

熊赐履重刻所著《闲道录》，复选与是书相发明之札记，始编《下学堂札记》。是年，又撰《下学堂书目》。

勒德洪等奉敕纂《平定三逆方略》60卷。

按：《四库全书总目提要》曰："《平定三逆方略》六十卷，康熙二十一年大学士勒德洪等奉敕撰。纪平定逆藩吴三桂、尚之信、耿精忠事。

清官修《清太宗文皇帝实录》九月告成。

费密著《历代纪年》4卷成书。

张夏著《洛闽源流录》19卷，有自序。

按：张夏字秋绍，号菇川，江苏无锡人。明诸生。初受业于马世奇，后入东林书院，从高世泰学。清康熙年间，江苏巡抚汤斌曾邀请其至苏州学宫，为诸生讲解《孝经》和《小学》。所著尚有《五经四书述朱解》、《孝经解义》、《锡山宦贤考略》3卷、《宋杨文靖公龟山先生年谱》等书。《四库全书总目提要》评《洛闽源流录》曰："是书取有明一代讲学之儒，分别其门户，成于康熙壬戌。大旨阐洛、闽之绪而力辟新会、余姚之说。自一卷至十三卷列为洛、闽之学者，正宗十六人，羽翼三十九人，儒林一百九十二人，并合传、附传者共二百五十余人。十四卷为新会之学，十五卷为余姚之学，所列羽翼八人，儒林三十九人，而正宗则阙。十八、十九二卷谓之《补编》，所列仅儒林五十八人，并羽翼之名亦不予之矣。自明以来，讲学者酿为朋党，百计相倾。王守仁作《朱子晚年定论》，程敏政作《道一编》，欲援朱子以附陆氏，论者讥其舞文。张烈作《王学质疑》，熊赐履作《闲道录》，又诋斥陆、王，几不使居于人类，论者亦讥其好胜。虽各以卫道为名，而本意所在，天下得而窥之也。夏此书以程、朱子派为主，而于陆氏之派亦节取所长，以示不存门户之见，用意较为深密。然卷首称明太祖以理学开国，谀颂几四五百言，以为直接尧、舜、禹、汤、文、武之统，殊非笃论，亦非事实。其《凡例》称'人品自人品，学术自学术，如赵南星、杨涟、缪昌期、李应升诸人，可谓之忠臣，不可列之于儒林'，立说尤僻，岂程、朱之传惟教人作《语录》乎？"

又按：高世泰字汇旃，江苏无锡人。明高攀龙之侄。崇祯十年进士，授礼部主事，擢湖北提学佥事。整修濂溪书院，讲求程朱理学。又重建东林书院。与陆世仪、李颙、张伯行、刁包等切磋学问。反对陆、王心学，提倡言行一致。著有《中庸问答》、《高子节要》、《忠宪公年谱》、《东林书院续志》、《紫阳通志录》4卷、《三楚文献录》等。当时汪璲、吴曰慎、施璜等曾先后问学于东林书院，与高世泰等交往。

再按：汪璲字文仪，号默庵，安徽休宁人。著有《读易质疑》20卷及《大学章句释义》、《周易补注便读》、《语余漫录文集》、《悠然草诗集》、《仪典堂文录》等。事迹见《清史列传》卷六六。

朱用纯九月于病中著《朱布衣自传》。

张玉书访辽阳千山，著《游千山记》。

王弘撰著《山志》6卷成书。

汪楫奉命出使琉球，归撰《中山沿革志》2卷、《使琉球杂录》5卷。

赵端修《抚宁县志》12卷刊行。

康如琏修，康弘祥纂《鄠县志》12卷刊行。

刘源溥、孙成修，范勋纂《锦州府志》10卷刊行。

王奕曾修，范勋等纂《锦县志》8卷刊行。

冯昌奕等修，范勋纂《宁远州志》8卷刊行。

骆云纂修《盖平县志》2卷刊行。

戴梦熊修，李方蓁等纂《阳曲县志》14卷刊行。

穆尔赛等修，刘梅、温敞纂《山西通志》32卷刊行。

于成龙等修，杜果等纂《江西通志》54卷刊行。

程大夏修，李御、李吉纂《黎城县志》4卷刊行。

陈淯修，周之文等纂《浮梁县志》9卷刊行。

贾待聘修纂《竹山县志》成书。

张奇勋修，周士仪纂，谭弘宽续修《衡州府志》23卷刊行。

张声远修，邹章周纂《临武县志》1卷刊行。

张思齐修，潘文韬纂《黄岩县志》8卷刊行。

袁国梓等修纂《嘉兴府志》18卷刊行。

金镛修，游瀛洲纂《平和县志》9卷刊行。

鲍天钟修，程世英等纂《丹徒县志》10卷刊行。

茅兆儒著《岭南方物记》1卷成书。

王夫之九月著《说文广义》2卷；十月著《噩梦》1卷。

按：《噩梦》是王夫之经济思想的代表作，主要对田制、赋役、抑商、货币等问题作了论述。

徐树谷、徐炯辑《哀江南赋注》1卷刊行，徐树谷作序。

卢元昌著《杜诗阐》33卷成书，有自序。

按：卢元昌字文子，号观堂，上海华亭人。明末诸生，入清不仕。另著有《明纪本末》等。

陈式著《问斋杜意》20卷刊行。

按：陈式字二如，号问斋，安徽桐城人。康熙六十一年恩贡。是书有吴子云、徐秉义、邵以发、张英、方皞、方孝标、潘江、姚文焱、陈焯等序。

万斯大校刊黄宗羲《吾悔集》，并作序。

林云铭辑《古文析义》6卷成书，有自序。

朱彝尊著《竹垞文类》25卷刊行。

按：《四库全书总目》曰："彝尊未入翰林时，尝编其行稿为《竹垞文类》。王士祯为作序，极称其永嘉诗中《南亭》、《西射堂》、《孤屿》、《瞿溪》诸篇。然是时规模王孟，未尽所长。至其中岁以还，则学问愈博，风骨愈坚，长篇险韵，出奇无穷。……唯暮年老笔纵横，天真烂漫，唯意所造，颇乏剪裁。然晚景颓唐，杜陵不免，亦不能苛论彝尊也。"

尤侗在《明史》馆，以修史所得资料，辑《明史乐府》100首、《外国竹枝词》110首。

王誉昌著《含星集》12卷刊行。

元刘鉴所著《经史正音切韵指南》由山东东阳居士重刻。

万树著《玉双飞》、《空青石》、《念八翻》等传奇有成稿。

卞永誉著《式古堂书画汇考》60卷成书，有自序。

按：《四库全书总目提要》曰："永誉字令之，镶红旗汉军，官至刑部左侍郎。王士禛《居易录》云：'卞中丞永誉贻《书画汇考》六十卷，凡诗文题跋悉载，上溯魏、晋，下迄元、明，所收最为详博。'朱彝尊《论画诗》亦有'妙鉴谁能别苗发，一时难得两中丞'之句。盖永誉及宋荦皆精于赏鉴，荦时为江西巡抚，永誉时为福建巡抚，故云'两中丞'也。是书书、画各三十卷，先纲后目，先总后分，先本文而后题跋，先本卷题跋而引据他书，条理秩然，且视从来著录家征引特详。"

龚贤作《溪山无尽图》。

禹之鼎作《双孩戏枣图》。

石涛在扬州平山堂作《山云仙寿图》，自署一枝阁僧。

恽寿平客如皋，作《蒲塘真趣图》。

汪昂编著《医方集解》3卷成书。

按：本书选录古今医籍中常用方剂约六七百首，分21类。由于选方切于实用，流传很广。有上海科技卫生出版社1958年铅印本。

朱茂时卒（1593—　）。茂时字子葵，浙江秀水人。明诸生。以荫入仕。为工部治河于张秋，崇祯时提拔为贵阳太守。著有《咸春堂遗稿》。其妾黄媛贞，字皆德，亦能诗，著有《卧云斋诗集》。

杜越卒（1596—　）。越字君异，号紫峰，直隶定兴人。明诸生。康熙十八年，举博学鸿儒，特旨授内阁中书。著有《紫峰集》14卷。事迹见《清史列传》卷六六、李兴祖《杜先生越墓志铭》（《碑传集》卷一二五）。

按：《清史列传》本传曰："少师鹿善继，穷极理奥，善继异之，因字曰君异。与奇逢友善，互相砥砺。……家贫，布衣蔬食，授徒自给。一时名彦咸师事之。乱后居新安，新安人化之，风俗一变。为学不立门户，每举罗念庵答何善山、蒋道林两书示学者，总归脱凡近游高明之旨；而大本在孝弟，得力在分晰义利。"

朱之瑜卒（1600—　）。之瑜字鲁屿，号舜水，浙江余姚人。明末诸生。清兵下江南，与黄斌卿于舟山抗清。及舟山陷，亡命日本。侨居日本讲学二十余年，其学术思想对当时日本有一定影响。卒后，被日本私谥为"文恭先生"。著有《泊舟稿》、《中原阳九述略》、《安南供役纪事》、《舜水先生文集》28卷。1981年中华书局汇集其全部诗文，编为《朱舜水集》。事迹见《清史稿》卷五〇〇。

按：梁启超在《中国近三百年学术史》中说："舜水以光明俊伟的人格，极平实淹贯的学问，极腔挚和蔼的感情，给日本全国人以莫大感化，德川二百年，日本整个变成儒教的国家，最大的动力实在舜水，后来德川光国著一部《大日本史》，专标'尊王一统'之义。五十年前，德川庆喜归政，废藩设县，成明治维新之大业，光国这部书功劳最多,而光国之学全受自舜水。所以舜水不特是德川朝的恩人,也是日本维新致强最有力的导师。"

王化泰卒(1606—)。化泰字省庵,陕西蒲城人。隐于医,笃志理学,与党湛、白奂彩诸人相切磋,又从李颙游。事迹见《清史稿》卷四八〇、李桓《国朝耆献类征初编》卷三九九。

按:《清史稿》本传曰:"化泰,字省庵。性方严峭直,面斥人过,辞色不少贷。人有一长,即欣然推逊,自以为不及。关学初以马嗣煜嗣冯从吾,而(白)奂彩、(党)湛、化泰皆有名于时。武功冯云程、康赐吕、张承烈,同州李士璸、张珥,朝邑王建常、关独可,咸宁罗魁,韩城程良受,蒲城宁维垣,邠州王吉相,淳化宋振麟,皆笃志励学,得知行合一之旨。至乾隆间,武功孙景烈亦能接关中学者之传。"李士璸字文伯,陕西同州人。著有《文学正谱》2卷、《群书举要》2卷、《孝经要义》2卷、《四书要谛》4卷、《小学约言》1卷、《理学宗言》2卷、《王陈宗言》2卷、《诗余小谱》1卷、《问疑录》1卷、《玉山前后集》10卷。

传教士利类思卒(1606—)。字再可,意大利人。1636年抵澳门。1640年,建成都教堂。1643年,与安文思在张献忠军中供职。1647年,为清军所俘,被押至北京。1651年获释后,设立北京东堂,又建东堂教堂。1665年,撰《不得已辩》反驳杨光先的《不得已》。后被捕,1669年,为康熙帝所赦获释。卒于北京。著有《天主正教约征》、《天学真铨》、《万物原始》等20余种。

顾炎武卒(1613—)。炎武原名绛,字宁人,号亭林,江苏昆山县亭林镇人,学界称亭林先生。明崇祯初生员,入复社。顺治二年参加抗清,南明隆武政权授兵部司务、职方郎中,后往来北方诸省,六谒明太祖陵,四谒明崇祯帝陵。定居陕西华阴,仍周览山川,考古今治乱之道,证以金石铭碣,著作不辍。博学鸿词科被荐,以死辞。荐修《明史》,仍不赴。其学主张经世致用,反对空谈性理,侧重考据,开清代朴学之风。著述甚丰,主要有《日知录》32卷、《音学五书》38卷、《天下郡国利病书》120卷、《肇域志》100卷、《亭林文集》6卷、《左传杜解补正》3卷、《二十一史年表》10卷、《金石文字记》6卷、《历代帝王宅京记》20卷、《九经误字》1卷、《石经考》1卷、《韵补正》1卷、《亭林诗集》5卷、《五经同异》3卷等。事迹见《清史稿》卷四八一、《清史列传》卷六八、蔡冠洛《清代七百名人传》第四编、全祖望《亭林先生神道表》、李光地《顾宁人小传》(均见《碑传集》卷一三〇)。张穆编有《顾亭林先生年谱》,吴映奎编有《顾亭林先生年谱》,徐嘉编有《顾亭林先生诗谱》。

按:《清史稿》本传曰:"炎武之学,大抵主于敛华就实。凡国家典制、郡邑掌故、天文仪象、河漕兵农之属,莫不穷原究委,考正得失,撰《天下郡国利病书》百二十卷;别有《肇域志》一编,则考索之余,合图经而成者。精韵学,撰《音论》三卷。言古韵者,自明陈第,虽创辟榛芜,犹未邃密。炎武乃推寻经传,探讨本原。又《诗本音》十卷,其书主陈第诗无协韵之说,不与吴棫本音争,亦不用棫之例,但即本经之韵互考,且证以他书,明古音原作是读,非由迁就,故日本音。又《易音》三卷,即《周易》以求古音,考证精确。又《唐韵正》二十卷、《古音表》二卷、《韵补正》一卷,皆能追复三代以来之音,分部正帙而知其变。又撰《金石文字记》、《求古录》,与经史相证。而《日知录》三十卷,尤为精诣之书,盖积三十余年而后成。其论治综核名实,于礼教尤兢兢。谓风俗衰,廉耻之防溃,由无礼以权之,常欲以古制率天下。炎武又以杜预《左传集解》时有阙失,作《杜解补正》三卷。其他著作,有《二十一史年表》、《历代帝王宅京记》、《营平二州地名记》、《昌平山水记》、《山东考古录》、《京东考古录》、《谲觚》、《菰中随笔》、《亭林文集》、《诗集》等书,并有补于学术世道。清初称学有根柢者,以炎武为最,学者称为亭林先生。"梁启超《中国近三百年学术史》认为,清代经学要"讲到'筚路蓝缕'之功,不能不推顾亭林为第一。顾亭林说:'古今安得别有所谓理学者!经学即理学也。自有舍经学以言理学者,而邪说以起。'又说:'今日只当著书,不当讲学。'他这两段话,对于晚明学风,表出堂堂正正的革命态度,影响于此后二百年思想界者极大。所以论清学开山之祖,舍亭林没有第二个人。""要之,亭林在清学界之特别位置,一在开学风,排斥理气性命之玄谈,专从客观方面研察事务条理。二曰开治学方法,如勤搜资料,综合研究,如参验耳目闻见以求实证,如力戒雷同剿说,如虚心改订不护前失之类皆是。三曰开学术门类,如参证经训史迹,如讲求音韵,如说述地理,如研精金石之类皆是。独有生平最注意的经世致用之学,后来因政治环境所压迫,竟没有传人。他的精神,一直到晚清才渐渐复活。至于他的感化力所以能历久常新者,不徒在其学术之渊粹,而尤在其人格之崇峻。"

史大成卒(1621—)。大成字及超,号立庵,浙江鄞县人。顺治十二年状元,授编修。官至礼部左侍郎。曾充会试同考官、殿试读卷官。著有《八行堂诗文集》。事迹见李桓《国朝耆献类征初编》卷四九、毛际可《史大成墓志铭》(《安序堂文钞》卷一五)。

汤之锜卒(1621—)。之锜字世调,江苏宜兴人。明亡,绝意仕进。官府延聘其为东林书院、延陵书院讲席,皆不就。著有《偶然云集》10卷。事迹见《清史稿》卷四八〇、《清史列传》卷六六、李桓《国朝耆献类征初编》卷三九九。

按:《清史稿》本传曰:"安贫力学,于书无所不读,尤笃信周子主静之说。或议其近于禅,之锜曰:'程子见学者静坐,即叹其善学。《易》言斋戒,以神明其德。静坐,即古人之斋戒,非禅也。'……常州知府骆钟麟请关西李颙讲学毗陵,特遣使聘之,之锜坚辞不赴;后延主东林、延陵诸讲席,又不就。之锜为学,专务切近,绝无缘饰。或询阳明致良知之说及朱、陆异同者,之锜曰:'顾吾力行何如耳,多辨论何益?'"

王恕卒(1622—)。恕字中安,又字瑟斋,学者称楼山先生,四川安居人。康熙六十年进士,改庶吉士。历任吏部员外郎、湖北督粮道、福建巡抚等。著有《楼山诗集》。事迹见《清史稿》卷三〇八、沈大成《太原王先生恕传略》(《碑传集》卷七〇)。王恕自编有《楼山省身录》。

陈维崧卒(1625—)。维崧字其年,号迦陵,江苏宜兴人。陈贞慧子。年五十,荐应博学鸿儒科,试列一等,授翰林院检讨,与修《明史》。著有《湖海楼诗集》8卷、《迦陵文集》16卷、《湖海楼词》30卷、《两晋南北朝史集珍》6卷等。又与潘眉同辑《今词选》。事迹见《清史稿》卷四八四、《清史列传》卷七一、李桓《国朝耆献类征初编》卷三九九、蔡冠洛《清代七百名人传》第五编、徐乾学《陈检讨维崧志铭》、蒋永修《陈检讨迦陵先生传》、蒋景祁《迦陵先生外传》(均见《碑传集》卷四五)。

按：《清史稿·文苑传一》曰："时汪琬于同辈少许可者，独推维崧骈体，谓自唐开、宝后无与抗矣。诗雄丽沉郁，词至千八百首之多，尤前此未有也。"

王锡阐卒(1628—　)。锡阐字寅旭，号晓庵，江苏吴江人。精通中西历法，首创日约食初亏、复圆方位计算法和金星、水星凌日计算法。与薛凤祚齐名，称"南王北薛"。著有《五星行度解》1卷、《晓庵遗书》15卷、《读史贯索》16卷等。事迹见《清史稿》卷五〇六、《清史列传》卷六八、李桓《国朝耆献类征初编》卷四一九、蔡冠洛《清代七百名人传》第四编、王济《王晓庵先生墓志》、丁子复《王先生锡阐传》(均见《碑传集》卷一三二)。

按：《清史稿·畴人传二》曰："近世历算之学，首推吴江王氏锡阐、宣城梅氏文鼎，嗣则休宁戴氏亦号名家。"蔡冠洛曰："少友张履祥，讲学以濂洛为宗。壮益耽究文艺，博览群书，历象之学，尤所笃好。生于明季，当徐光启等修新法时，聚讼盈庭，锡阐独闭户著述，潜心测算。每夜遇天色澄霁，辄登屋卧鸱吻间，仰观景象，竟夕不寐。复发历书玩索，精思于推步之理，宏亮而不滞。久之，则中西两家异说，皆能条其原委，考其得失焉。"(《清代七百名人传》第四编)

僧行策卒(1628—　)。行策俗姓蒋，字截流，江苏宜兴人。年二十在武林理安寺依箬庵出家。康熙二年，结庵于杭州法华山专修净土。后世尊为净土第十祖。

叶方蔼卒(1629—　)。方蔼字子吉，号讱庵，江苏昆山人。顺治十六年一甲三名进士，授翰林院编修。康熙十二年，充日讲起居注官。十四年，迁国子监司业，再迁侍讲。官至刑部右侍郎。历任《明史》、《孝经衍义》、《鉴古辑览》、《皇舆表》总裁。卒谥文敏。著有《读书斋偶存稿》4卷及《独赏集》等。事迹见《清史稿》卷二六六、《清史列传》卷九、李桓《国朝耆献类征初编》卷五一。

向潫(　—1731)、蔡世远(　—1733)、汪惟宪(　—1742)、郑江(　—1745)、李重华(　—1754)、吴廷华(　—1755)、华喦(　—1756)、唐英(　—1756)、朱稻孙(　—1760)、史贻直(　—1763)生。

康熙二十二年　癸亥　1683年

二月初一日癸丑(2月26日)，翰林院奏二十一年起居注册应照例会同内阁诸臣看封贮库。

按：康熙帝曰："记注册，朕不欲亲阅。朕所行政事，即不记注，其善与否，自有天下人记之。尔等传谕九卿詹事科道等官会议，应作何公看。如以所无之事诬饰记注者，将严惩焉。"初二日大学士等奏曰，满汉起居注官共二十二员，分班值日记载，共同校阅。"凡九卿官员所奏之事，从无私自缮写送进史馆记注之例。如有缮写送进者，起居注衙门必进呈御览，方敢入册，向来定例如此。"(《清圣祖实录》卷一〇七)

奥斯曼帝国围维也纳。哈布斯堡王朝、德国及波兰联军败之。

西班牙向法国宣战。

初四日丙子（3月1日），重修《太祖高皇帝实录》、《圣训》。

是春，礼部奉旨檄催天下各省，设局编修通志，遵照《河南通志》例，限三个月完成。

六月二十日辛卯（7月14日），从户部题请，命该部主事赵吉士、张琦于纂修《会典》完成后，续修《漕运》、《盐法》二书。

八月初三日壬寅（9月23日），靳辅所绘黄河图，黄淮交会处颇相吻合，但河北一带则不符之处甚多。是日，命工部行文河道总督详绘进呈。又命行文地方官将各省地图绘送兵部，塞外地名，或为汉语所有，或为汉语所无者，均应查明，编入《大清一统志》。

十三日壬子（10月3日），工科给事中许承宣题请修葺天下学宫，以崇文教。从之。

二十一日庚申（10月11日），命刊刻御制诗文。

二十八日丁卯（10月18日），康熙帝就修《明史》事谓学士牛钮、张玉书曰："时代既近，则瞻徇易生。作史昭垂永久，关系甚大，务宜从公论断。"（《清圣祖实录》卷一一一）

十月十二日己酉（11月29日），从御史张集疏言，修辑《平定海逆方略》。

十六日癸丑（12月3日），康熙帝与翰林学士崔蔚林就理学基本范畴问题进行辩论。

按：崔蔚林是明代王守仁学说的信奉者，曾著《大学格物诚意辨》讲章一篇，康熙帝闻讯，即将他召至宫内，就格物、诚意诸范畴进行问答辩论。崔蔚林指责朱熹学说，又言不顾行，居乡颇遭物议，故引起康熙帝的反感。在前一年六月，内阁讨论崔蔚林的官职升迁时，康熙帝就说："朕观其为人不甚优。伊以道学自居，然所谓道学未必是实。闻其律乡亦不甚好。"（《清圣祖实录》卷一〇三）以后，"假道学"、"冒名道学"就成为康熙帝指斥言行不一的理学诸臣的习惯用语。

二十四日辛酉（12月11日），康熙帝问："理学之名，始于宋否？"张玉书奏曰："天下道理，具在人心，无事不有。宋儒讲辨，更加详密耳。"帝曰："日用常行，无非此理。自有理学名目，彼此辩论，朕见言行不相符者甚多。终日讲理学，而所行之事，与其言悖谬，岂可谓之理学？若口虽不讲，而行事皆与道理吻合，此即真理学也。"（《清圣祖实录》卷一一二）

二十五日壬戌（12月12日），命翰林院掌院学士牛钮教习庶吉士。

二十九日丙寅（12月16日），从国子监祭酒王士禛疏请，修补国学所藏《十三经注疏》、《二十一史》刻板，并饬督抚查明南监板，令学臣收贮儒学尊经阁。

十一月初十日丁丑（12月27日），康熙帝召大学士等问修《明史》事，曰："史书永垂后世，关系最重，必据实秉公，论断得正，始无偏波之失，可以传信后世。夫作文岂有一字一句不可更改者。当彼此虚心，互相推究。即如朕所制之文，亦常有参酌更定之处。今观翰林官所撰祭文、碑文，亦俱不乐改易。若不稍加更定，恐文章一道，流于偏私矣。尔等将此谕，传示修史各官知之。"（《清圣祖实录》卷一一三）

十四日辛巳（12月31日），南怀仁疏请以《穷理学》一书刊刻颁布。康熙帝曰："此书内文辞甚悖谬不通。"（《清圣祖实录》卷一一三）

黄宗羲至昆山访徐乾学，读传是楼藏书，录所需资料。

陈汝咸正月从万斯大来向黄宗羲问学，黄宗羲誉之为程门之杨迪，朱门之蔡沈。

万斯大卒于寓所，黄宗羲往哭之，作《万充宗哀辞》。

王夫之居湘西草堂，为李国相订定遗稿，赋诗哀悼三年前已逝世的欧阳霖。

阎若璩自福建方归，以徐乾学招，复至京师。是年，学礼于吴任臣，又在徐乾学幕府始晤胡渭并定交。胡渭此前馆于大学士冯溥邸第长达5年，直至冯病卒。

陆陇其七月在京师，见张烈所著《王学质疑》。汤斌来会，论近来学者好排击先儒。陆氏谓学者所言多为王阳明而发，因以其所著《学术辨》示之。九月，补授灵寿知县。十二月赴任。是年，闻吕留良卒，以文吊之。

朱彝尊入直南书房。

毛奇龄是年归田。

按： 毛奇龄自言："自六十归田后，悔经学未摅，杜门阐《书》、《易》、《论语》、《大学》及《三礼》、《春秋》。"（《西河合集·淮安袁监谢州七十寿序》）

王鸿绪十二月擢内阁学士，充《大清会典》副总裁。

张玉书五月为翰林院掌院学士，充日讲官；十二月迁礼部侍郎，兼翰林院学士。

李塨九月辞郡县以学行兼优荐，不赴。

颜元九月批周子太极图之误、主静之失。

邵廷采客病嘉兴，几死，髭须皆白。

汤斌四月应召至乾清宫，向康熙帝阐述朱、陆调和主张。是年，奉命纂修两朝《圣训》。

施闰章充《太宗圣训》纂修官。

王封溁三月为左春坊左庶子，充日讲官。

邵吴远三月为右春坊右庶子，充日讲官。

翁叔元五月为右春坊右赞善，充日讲官。

阿哈达九月为詹事府詹事，充经筵讲官。

常书十一月为翰林院侍读学士，充经筵讲官。

高士奇十二月为内廷供奉翰林院侍读，充日讲官。

孙在丰十二月为翰林院掌院学士，充经筵讲官。

张廷玉受业于表兄刘伯顾先生。

李玠任职天津道，参修《畿辅通志》。

戴本孝在金陵，受聘纂《江宁县志》。

吴绮、龚贤同客广州，与屈大均往观虎门。

> 牛顿根据太阳、月亮和地球的万有引力定律，解释潮汐的数学理论。

梅文鼎再预修府志。

翁英、丹岱、吴喇岱、拜礼、吴兴祖等内阁侍读学士与侍读博际、安褚库、孟额图、翰林院侍读学士朱之佐、孙在丰、侍讲学士阿山、祖文谟、朱典、侍读邬赫为《太祖高皇帝实录》、《圣训》纂修官。

徐廷玺时任内阁侍读学士,与侍读达哈塔、庸爱、常明、尹泰、王三省、典籍倭赫臣、翰林院侍读学士傅腊塔、多奇、严我斯、侍读汤斌、施闰章、侍讲戴通、编修曹禾、检讨潘耒、詹事府右春坊右谕德朱世熙、左春坊左赞善徐乾学等为太宗文皇帝、世祖章皇帝《圣训》纂修官。

阿哈达、洪尼喀等内阁侍读学士受命与侍读尹泰、常保、苍柱、班第、董昌国、典籍穆世哈、翰林院侍读学士常书、侍讲学士朱马泰、葛思泰、侍讲傅继祖、侍读王鸿绪、侍讲郭棻、修撰归允肃、编修王顼龄、检讨严绳孙、秦松龄、詹事府左春坊左庶子王封溁、右春坊右庶子邵吴远为《平定三逆方略》纂修官。

王巩时任河北栾城知县,于县城西南隅建龙冈讲院。

陈天栋时任南路通判,于河北西宁县老察院建宏州书院。

张鹏翮时任兖州知府,建文在书院和东鲁书院。

周师望时任河南尉氏县知县,建洧阳书院。

李元让时任河南长葛知县,建大中丞书院。

江蘩时任河南灵宝知县,建桃林书院。

王国梁时任湖南湘乡知县,建东皋书院。

鹿廷瑛时任湖南宜章知县,建育才书院。

李文浩时任广州知县,重建番山书院。

蒋伊时任广州督粮道,建羊城书院。

王岱时任广东澄海知县,建景韩书院。

彭威廉著成《宾夕法尼亚概况》。

威廉·佩蒂爵士著成《伦敦城市的发展》。

牛钮等奉敕撰《日讲易经解义》18卷成书。

按:此是既是日讲的产物,也是经世的总结。此书根据康熙帝旨意编纂,由康熙帝亲定,牛钮等纂。据卷首所列参修人员,凡75人,其中有徐乾学、高士奇等名儒重臣。牛钮等编纂此书是希望康熙"体天德以行健,观人文而化成","明天道,察民故"(《日讲易经解义进呈疏》)。康熙帝也自称"惟帝王道法载在《六经》,而极天人穷性命,开物前民,通变尽利,则其理莫详于《易》","朕夙兴夜寐,惟日孜孜勤求治理,思古帝王立政之要,必本经学,尝博综简编,玩索清蕴。至于《大易》,尤极研求","以经学为治法之意"(《日讲易经解义序》)。"以经学为治法"一语,明白标出他治《易》重在实用,为经世服务,就是通过研读《周易》提高执政水平。此书反映出康熙前期官方易学研究的成果。《四库全书总目提要》曰:"《易》为四圣所递传,则四圣之道法治法具在于是,故其大旨在即阴阳往来刚柔进推、明治乱之倚伏,君子小人之消长,以示人事之宜,于帝王之学,最为切要。儒者拘泥章句,株守一隅,非但占验禨祥,渐失其本,即推奇偶者言天而不言人,阐义理者言心而不言事,圣人立教,岂为是无用之空言乎?"

王夫之正月序《经义》;重订《诗广传》旧稿。

按：《续修四库全书总目提要》曰："诸经之中，惟《诗》文义易明，亦惟《诗》辨争最甚。盖《诗》无达诂，各随所主之门户，均有一说之可通也。夫之此作，乃其读《诗》之时，随笔札记，故不全载经文。又遇有疑义，乃为考辨，故不一一尽为之说。且其意在推求《诗》意，而其推求之法，又主于涵咏文句，得其美刺之旨而止。与所著《诗经稗疏》，大旨在辨正名物训诂，以补《传》、《笺》诸说之遗者，固自不同也。故其间臆测者多，考证者少。……然夫之邃于经术，见理终深，其所诠释，多能得'兴观群怨'之旨。邵阳魏源称此书，精义卓识。"

惠周惕著《诗说》3卷成书，田雯作序。

按：《四库全书总目提要》曰："惠氏三世以经学著，周惕其创始者也。是书于毛《传》、郑《笺》、朱《传》无所专主，多自以己意考证。"

阎若璩著《尚书古文疏证》第一卷成书。

按：梁启超《清代学术概论》曰："自阎若璩攻《伪古文尚书》得胜，渐开学者疑经之风。于是刘逢禄大疑《春秋左氏传》，魏源大疑《诗毛氏传》。"《清史稿·阎若璩传》曰："年二十，读《尚书》至古文二十五篇，即疑其讹。沉潜三十余年，乃尽得其症结所在，作《古文尚书疏证》八卷。引经据古，一一陈其矛盾之故，古文之伪大明。所列一百二十八条，毛奇龄《尚书古文冤词》百计相轧，终不能以强辞夺正理，则有据之言先立于不可败也。"支伟成曰："《伪古文尚书》自东晋以来，诬世且二千余年。潜邱先生毅然辞而辟之，不亦勇哉！余作《尚书去伪》，所以继先生之绪也。盖学术以墨守而退化，得怀疑而进步。自伪经谳定，而一切经文经义，胥引起讨论。后此今文经与古文经，群经与诸子，中国古典与西洋哲学，皆对待研究，实由先生启其端焉。"（《清代朴学大师列传·阎若璩》）

费密九月著《周礼注论》2卷成书。

万斯大著《学春秋随笔》10卷成书。

按：《四库全书总目提要》曰："斯大曾编纂《春秋》为二百四十二卷，毁于火。其后更自搜辑，以成此书。其学根底于三《礼》，故其释《春秋》也，亦多以《礼》经为根据，较宋、元以后诸家空谈书法者有殊。然斯大之说《经》，以新见长，亦以凿见短。"

郑端著《朱子学归》23卷成书，有自序。

按：《四库全书总目提要》曰："《朱子学归》二十三卷，国朝邹端编。端有《政学录》，已著录。是书成于康熙癸亥。采撷朱子绪论，分类编辑。列为二十三门，门为一卷。自序称：'少读朱子《近思录》，而求明儒高攀龙所编《朱子节要》，数年不得。及此书既成，复得《节要》一册。取以相质，亦不至大相刺谬'云。"

陆陇其三月著《王学质疑序》。

颜元著《四存编》11卷成书。

陆次云著《八纮译史》成书。

高士奇著《扈从西巡日录》1卷成，有自序。又著《塞北小钞》1卷成书，有自序。

黄宗羲著《行朝录》11卷。

毛际可受聘为总裁，主纂《浙江通志》。

按：梁启超《清代学术概论》曰："史之缩本，则地志也。清之盛时，各省府州县皆以修志相尚，其志多出硕学之手。其在省志，《浙江通志》、《广东通志》、《云南通志》之总纂，则阮元也；《广西通志》，则谢启昆也；《湖北通志》，则章学诚原稿也。其在府县志，则《汾州府志》出戴震，《泾县志》、《淳化县志》出洪亮吉，《三水县志》出孙星衍,《朝邑县志》出钱坫,《偃师志》、《安阳志》出武亿,《富顺县志》出段玉裁,《和州志》、《亳州志》、《永清县志》、《天门县志》出章学诚,《凤台县志》出李兆洛,《长沙志》出董祐诚,《遵义府志》出郑珍、莫友芝。凡作者皆一时之选,其书有别裁有断制,其讨论体例见于各家文集者甚周备。欲知清代史学家之特色,当于此求之。"

倪灿、梅清等在金陵共纂《江南通志》。

按：王概助之,绘山川形胜图五十。参与者尚有王广心、邓汉仪、宗元鼎等。

孔尚任在曲阜,修《阙里志》。

史彩修,叶映榴等纂《上海县志》12卷刊行。

王复宗修纂《天柱县志》2卷刊行。

杭允景修纂《昆山县志》20卷成书。

李尚斌修,王锡命纂《魏县志》4卷刊行。

贾弘文修,董国祥纂,李廷荣补辑《铁岭县志》2卷刊行。

史左修,陈鹏程等纂《西乡县志》10卷刊行。

贺应旌纂《栾城县志》4卷刊行。

吉必兆修,罗良鹏等纂《新昌县志》6卷刊行。

蔡文鸾修,林育兰纂《分宜县志》10卷刊行。

常维桢修,汪映极等纂《万载县志》16卷刊行。

万光烈修,周家祯纂《宜春县志》20卷刊行。

邱象豫修,吴士骥等纂《安仁县志》8卷刊行。

王克生修,王用佐等纂《鄱阳县志》16卷刊行。

黄家遴增刻《饶州府志》40卷刊行。

胡裕世修纂《兴安县志》8卷刊行。

余锡修纂《江山县志》10卷刊行。

杨漋修纂《常山县志》15卷刊行。

刘可聘修纂《泰顺县志》4卷成书。

姚启元修,张瑗等纂《祁门县志》8卷刊行。

王景曾修,尤何等纂《黟县志》4卷刊行。

林国桂修纂《徽州府通志续编》8卷成书。

谭国枢等修纂《汤溪县志》刊行。

张荩修,沈麟趾等纂《金华府志》30卷刊行。

曹文斑修,林槐等纂《太平县志》8卷刊行。

鲍复泰修,冯苏、洪若皋纂《台州府志》18卷刊行。

王元臣修,董钦德、金炯纂《会稽县志》28卷刊行。

王之宾修,董钦德纂《绍兴府志》58卷刊行。

黄承琏续修纂《海宁县志》13卷图1卷刊行。

李廷机修,左臣黄、姚宗京纂《宁波府志》33卷刊行。

童炜修,吴文炜、王金吉纂《桐庐县志》4卷刊行。

李檠修,王六吉等纂《分水县志》6卷刊行。

李斯佺修纂《高淳县志》25卷刊行。

郭毓秀修纂《金坛县志》16卷刊行。

康熙二十二年 癸亥 1683年

沈清世修,陈寅亮纂《江阴县志》22卷刊行。
杨振藻等修,钱陆灿等纂《常熟县志》26卷刊行。
胡必蕃修,金敞纂《靖江县志》18卷刊行。
卢綎修,许纳陛等纂《如皋县志》16卷刊行。
胡就臣修,陈棐纂《淳安县志》20卷刊行。
曾华盖修,张可元纂《新修寿昌县志》12卷刊行。
谢廷玑修纂《昌化县志》10卷刊行。
钱晋锡修纂《富阳县志》10卷刊行。
葛之莫修,陈哲等纂《睢宁县旧志》10卷刊行。
齐赞宸续修,史志续纂《广永丰县志》24卷刊行。
谭瑄修纂《弋阳县志》8卷刊行。
周俊升修,孙世昌纂《广信府志》20卷刊行。
王廷藩修,潘瀚纂《彭泽县志》14卷刊行。
宁维邦修纂《德化县志》成书。
尚崇年修,谭佺、李六谦纂《萍乡县志》8卷刊行。
阎允吉修,徐霭等纂《康熙肖县志》12卷刊行。
胡必选原本,王凝命增修《桐城县志》8卷刊行。
姚琅等修,陈焯等纂《安庆府志》18卷刊行。
郑鼐增订《五河县志》5卷刊行。
黄惟桂修,王鼎相纂《兴国县志》12卷刊行。
陈欲达修,袁有龙纂《永宁县志》2卷刊行。
张扬彩修,李十璜纂《吉安府龙泉县重修县志》10卷刊行。
金鸣凤修,陈南贤纂《光泽县志》8卷刊行。
王景升修,魏宗衡纂《广昌县志》6卷刊行。
王璧修纂《崇义县志》刊行。
陈延缙修纂《上犹县志》成书。
林诜孕修,顾用辑纂《定南县志》10卷刊行。
朱维高修,杨长世纂《瑞金县志》10卷刊行。
陈邦寄修,胡绳祖纂《大冶县志》12卷刊行。
杜毓秀修纂《武昌府志》16卷刊行。
马仲俊修纂《江夏县志》4卷刊行。
于成龙修纂《江宁府志》40卷刊行。
佟世燕修,戴本孝纂《江宁县志》14卷成书。
王大基修纂《荆州右卫志》刊行。
侯世忠修纂《郧县志略》成书。
齐祖望修纂《巴东县志》4卷刊行。
张霖修纂《石门县志》3卷刊行。
潘士瑞修,詹兆泰等纂《铅山县志》8卷刊行。
胡允庆修,关宁、尚其志纂《宜城县志》4卷刊行。

沈仁敷修纂《宁远县志》6卷刊行。

董之辅修，吴为相纂《桂阳州志》刊行。

张声远修纂《嘉禾县志》刊行。

顾贞观得东林诸人与顾宪成书札，辑为《东林翰墨》，黄宗羲为作跋。

尤侗乞假南还，辑此期诗为《于京集》。

于成龙所著《于清端公政书》8卷、外集1卷由蔡方炳、诸巨鼎编成刊行。

于成龙著《于山奏牍》7卷刊行。

陈之埙著《杜律陈注》5卷刊行。

按：是书又名《杜工部七言律诗注》。陈之埙字伯吹，一字孟朴，号朴庵，浙江海宁人。著有《朴庵诗集》。

上官铉著《诚正斋集》8卷刊行。

王猷定著《四照堂文集》5卷刊行。

赵廷臣著《赵清献公集》6卷刊行。

施闰章著《蠖斋诗话》2卷成、《蠖斋杂记》2卷成。

王晫著《今世说》8卷刊行，有自序。

按：是书记载顺治元年(1644)至康熙二十二年(1683)间士林人物的言行轶事，涉及名士近400人。书前有冯景、丁澎、毛际可、严允肇等人序，并有林云铭、张丹、毛先舒、黄百家等13人写的"评林"。

钮琇著《亳州牡丹述》。

马注著《清真指南》10卷成书。

按：是书保留了伊斯兰教史的重要资料，有道光八年成都刊本、同治九年广州刊本、光绪十一年成都宝真堂刊本等。

冒襄著《岕茶汇钞》约成书于本年。

按：是书记述岕茶的产地、采制、鉴别、烹饮和故事等，颇为切实。

沈启亮纂《大清全书》14卷刊行。

陶汝鼐卒(1602—)。汝鼐字仲调，一字燮友，别号密庵，更号忍头陀，复改鞠延，字忍草，号署石溪农，湖南宁乡人。明崇祯六年举人。曾任新会教谕、南明御史。著有《荣木堂集》36卷等。事迹见《清史稿》卷五〇一、李桓《国朝耆献类征初编》卷四七〇。梅英杰编有《陶密庵先生年谱》。

李清卒(1602—)。清字心冰，号映碧，江苏兴化人。明崇祯四年进士，授宁波府推官。擢升刑科都给事中。南明福王时，迁工科给事中，寻迁大理寺左寺丞。曾事崇祯、弘光两朝，三居谏职，先后上奏章数十次，均被搁置不行。入清不仕，杜门潜心治学，长于史学。著有《折狱新语》10卷、《南北史合注》、《诸史异汇》、《诸忠记略》、《史论》、《三垣笔记》3卷、《澹宁斋史话》、《澹宁斋笔记》、《明史杂著》2卷、《南渡录》2卷、《女世说》、《史略正误》，另纂有《南唐书合订》、《二十一史新奇》26卷等。事迹见《明史》卷一九三《李春芳传》、《清史稿》卷五〇〇、李桓《国朝耆献类征初编》卷四七四、徐乾学《李映碧先生墓表》(《憺园全集》卷三二)、汪琬《前明大理寺左寺丞李公行状》(《尧峰文钞》卷二三)。

朱鹤龄卒(1606—)。鹤龄字长儒,号愚庵,江苏吴江人。明诸生。入清,弃举业,致力于诸经注疏。著有《易广义略》4卷、《春秋集说》22卷、《松陵文征》28卷、《诗经通义》12卷、《尚书埤传》17卷、《禹贡长笺》12卷、《读左日钞》14卷等。又为杜甫、李商隐两家诗作注,有《杜工部集辑注》20卷。事迹见《清史稿》卷四八〇、《清史列传》卷六八、李桓《国朝耆献类征初编》卷四一三。

按:《清史稿》本传曰:朱鹤龄"初为文章之学,及与顾炎武友,炎武以本原相勖,乃湛思覃力于经注疏及儒先理学。以《易》理至宋儒已明,然《左传》、《国语》所载占法,皆言象也,《本义》精矣,而多未备,撰《易广义略》四卷。以蔡氏释《书》未精,斟酌于汉学、宋学之间,撰《尚书埤传》十七卷。以朱子掊击《诗小序》太过,与同县陈启源参考诸家说,兼用启源说,疏通《序》义,撰《诗经通义》十二卷。以胡氏传《春秋》多偏见凿说,乃合唐、宋以来诸儒之解,撰《春秋集说》二十二卷。又以杜氏注《左传》未尽合,俗儒又以林氏注紊之,详证参考,撰《读左日钞》十四卷。又有《禹贡长笺》十二卷,作于胡渭《禹贡锥指》之前,虽不及渭书,而备论古今利害,旁引曲证,亦多创获"。

彭士望卒(1610—)。士望字达生,号躬庵,江西宁都人。明天启五年补县学生。与魏禧等隐居翠微峰,为"易堂九子"之一。著有《手评通鉴》、《春秋五传》、《躬耻堂文集》等。事迹见《清史列传》卷六六、李桓《国朝耆献类征初编》卷四〇〇、蔡冠洛《清代七百名人传》第四编、陆麟书《彭先生士望传》(《碑传集》卷一三七)。

按:蔡冠洛曰:彭士望"其学以阳明、念庵为宗,谓从二先生书,以仰溯周、程、朱、陆,其源无不同者。其有不同,仅循途之迹,或舟或车,或马或步,然并达于所诣之地。又谓阳明致良知,体用完备,从万死一生得来,非可幸致;念庵表之曰:世间哪有现成良知,此最足救龙溪辈狂禅之弊。晚讲求实用,与(宋)之盛书曰:天下五六十年,患虚病极矣。其下者不足言。文章经义,名誉气节,皆虚病也。相延而至于理学之议论郭廓,经济之影响云雾,衮衮坐谈,行义高举,愿为世之龙肉醴泉,而不能为世之布帛菽粟,于民生之酷烈饥寒,气运之倾危陷溺,则相与从容拱手,恃虚美以救之,谓可以易天下,亦徒见其迂疏愤乱,至困弊而莫之救,而相随以死也。其真欲救之者,亦惟核名实,黜浮伪,专事功,省议论,毕力于有用之实学。胆识以充,器量以宏,精神以敛,博雅以去,强力以优,以生为寄,以死为归,以沟壑为家,以忠信才敏之友为性命,操练精熟,宠辱不惊,庶足以任宇宙之大常大变,无所于扰耳。时之盛、(谢)文洊颇不谓然,士望自信益坚,不自悔也"(《清代七百名人传》第四编)。

徐夜卒(1611—)。夜初名元善,字长公,以倾慕嵇叔夜(康),改今名,字嵇庵,一字东痴,山东新城人。明末诸生。入清,绝意仕进。著有《徐东痴诗》2卷等。事迹见《清史稿》卷四八四、《清史列传》卷七〇、李桓《国朝耆献类征初编》卷四二六。

孙宗彝卒(1612—)。宗彝字孝则,号虞桥,江苏高邮人。顺治六年进士,官至吏部考功司郎中。著有《易宗集注》12卷、《爱日堂文集》12卷、《爱日堂诗集》4卷、《历数》4卷等。事迹见李桓《国朝耆献类征初编》卷一三九、钱陆灿《吏部考功司郎中孙公宗彝墓志铭》(《碑传集》卷五八)。清孙弓安编有《孙宗彝年谱》。

钱邦寅卒(1614—)。邦寅字驭少,号铁弢,江南丹徒人。明诸生。入清不仕,闭门著述。著有《历代舆地征信编》、《若华堂诗稿》、《楚游草》、《稽古稗钞》。

周肇卒(1615—)。肇字子俶,江南太仓人。顺治十四年举人,官新淦知县。与黄与坚、许旭、王撰、王摅、王昊、王揆、王抃、王曜升、顾湄称"娄东十子"。著有《东冈文稿》1卷、《东冈集》1卷。事迹见邓之诚《清诗纪事初编》卷三。

李明性卒(1615—)。明性字洞初,号晦夫,直隶蠡县人。明诸生。入清不仕,潜心理学。辑有《性理通鉴》,深受颜元叹服。事迹见李桓《国朝耆献类征初编》卷四〇一、王源《李孝悫先生明性传》(《碑传集》卷一二六)。

施闰章卒(1618—)。闰章字尚白,号愚山,又号蠖斋,安徽宣城人。顺治六年进士,授刑部主事。康熙十八年举博学鸿儒,授翰林院侍讲,预修《明史》、《太宗圣训》。诗与宋琬齐名,号"南施北宋"。著有《学余堂文集》28卷、《蠖斋诗话》2卷、《端溪砚品》1卷、《拟明史稿》7卷、《青原志略补辑》12卷、《蠖斋杂记》2卷、《试院冰渊》等。事迹见《清史稿》卷四八四、《清史列传》卷七〇、李桓《国朝耆献类征初编》卷一一八、蔡冠洛《清代七百名人传》第五编、毛奇龄《翰林院侍读施君闰章墓表》(《碑传集》卷四三)。施念曾编有《施愚山年谱》。

按:《清史稿》本传曰:"闰章之学,以体仁为本。置义田,赡族好,扶掖后进。为文意朴而气静,诗与宋琬齐名。王士禛爱其五言诗,为作《摘句图》。"

徐晟卒(1622—)。晟字祯起,一字损之,又字曾铭,号秦台樵史,江南长洲人。明诸生。刘永锡弟子。著有《家乘识小录》、《姑苏续名贤小纪》、《陶园诗文集》。事迹见徐元文《徐晟墓志铭》(《含经堂集》卷二八)。

郝浴卒(1623—)。浴字冰涤,又字雪海,号复阳,河北定州人。顺治六年进士,官刑部主事、御史、左副都御史。曾与孙奇逢、魏象枢等相互论学。著有《易注》、《孟子解》、《中山史论》、《中山诗文集》8卷等。事迹见《清史稿》卷二七〇、《清史列传》卷七、李桓《国朝耆献类征初编》卷一五三、赵士麟《巡抚广西雪海郝大中丞公传》、梁清标《粤抚中丞郝公浴本传》(均见《碑传集》卷六四)。

丁珝卒(1623—)。珝字羽玉,号觉民,浙江长兴人。康熙十八年进士。著有《闻知录》及诗文集。事迹见李桓《国朝耆献类征初编》卷四〇一。

吕留良卒(1629—)。留良初名光轮,字用晦,又字长生,号晚村,浙江石门人。曾鼓吹反清复明,事败,出家为僧。雍正七年,因曾静案牵连,被剖棺戮尸,著作几乎全部被毁,清世宗斥其为"名教中之罪魁"。生前以评选时文,倡导朱熹学说著称于世。著有《吕晚村四书语录》46卷、《四书讲义》43卷、《吕用晦文集》、《东庄吟稿》等。又与吴之振合辑《宋诗钞》。事迹见蔡冠洛《清代七百名人传》第四编、张符骧《吕晚村先生事状》(《依归草二刻》下)、陈鼎《吕晚村传》。包赉编有《吕留良年谱》,卞僧慧编有《吕留良年谱长编》。

按:吕留良是清初倡导朱学的先行者之一,同时学者王弘撰曾把他对朱学的崇尚同顾炎武之于经史、毛奇龄之于音韵、梅文鼎之于历数、顾祖禹之于地理并提。阎若璩甚至把吕留良评为清初"十二圣人"之一。陆陇其《祭吕晚村先生文》曰:"先生之学,已见大意。辟除蓁莽,扫去云雾。一时学者,获睹天日。获游坦途,功亦钜矣。天假之年,日新月盛。世道人心,庶几有补。而胡竟至于斯耶!自嘉、隆以来,阳儒阴释之学起,中于人心,形于政事,流于风俗,百病杂兴,莫可救药。先生出而破其藩,拔其根,勇于贲、育。我谓天生先生,必非无因,而胡遽夺其年耶!陇其不敏,四十以前,亦尝反复于程朱之书,粗知其梗概。继而纵观诸家语录,糠秕杂陈,瑊玞并列,反生涽惑。壬子、癸丑,始遇先生,从容指示,我志始坚,不可复变。所不能尽合于先生者,程明道有云:'一命之士,苟存心于利物,于人必有所济。'斯言耿耿,横于胸中,遂与先生出处殊途。十年以来,虽日读先生之书,高山仰止,梦寐以之,不能相聚一堂,面相订正。方思一旦解释世网,从先生于泉石之间,切琢磨磋,以开其茅塞,变化其气质,而先生竟至于斯,岂不痛哉!"(《三鱼堂文集》卷一三)

万斯大卒(1633—)。斯大字充宗,晚号跛翁,学者称褐夫先生,浙江鄞县人。黄宗羲弟子,万斯同兄。精于经学,对《春秋》、《三礼》尤有研究。著有《学春秋随笔》10卷、《学礼质疑》2卷、《仪礼商》2卷、《周官辨非》2卷、《礼记偶笺》3卷、《纪元汇考》4卷、《万氏家谱》10卷等。事迹见《清史稿》卷四八一、《清史列传》卷六八、李桓《国朝耆献类征初编》卷四一三、蔡冠洛《清代七百名人传》第四编、黄宗羲《万充宗墓志铭》(《黄宗羲全集》第十册碑志类)、郑梁《跛翁传》(《碑传集》卷一三〇)。

按:李元度《国朝先正事略》曰:"浙东经术,自深宁、东发两先生后,明初黄南山、杨镜川能承其绪,其后寖衰矣,得梨洲及先生而一振。"《清史稿》本传曰:"斯大治经,以为非通诸经不能通一经;非悟传注之失,则不能通经;非以经释经,则亦无由悟传注之失。其为学尤精《春秋》、《三礼》。于《春秋》,则有专传论世、属辞比事、原情定罪诸义;于《三礼》,则有《论社》、《论禘》、《论祖宗》、《论明堂泰坛》、《论丧服》诸义;其辨正商、周改月改时,周《诗》周正及兄弟同昭穆,皆极确实。《宗法》十余篇,亦颇见推衍。答应搞谦书,辨治朝无堂,尤为精核。根柢《三礼》,以释《三传》,较宋、元以后空谈书法者殊。然其说经以新见长,亦以凿见短,置其非存其是,未始非一家之学。"

储方庆卒(1633—)。方庆字广期,号遯庵,江南宜兴人。康熙六年进士,授山西清源知县。十七年荐举博学鸿儒,试罢,遂绝意仕进,读书课子以终。著有《遯庵文集》12卷、《遯庵诗集》、《东湖记》等。事迹见《清史列传》卷七一、魏象枢《储君方庆墓志铭》(《寒松堂文集》卷八)。

张茂稷卒(1637—)。茂稷字子芸,号芸圃,安徽桐城人。出身贵介,不求仕进。著有《芸圃诗集》8卷。事迹见邓之诚《清诗纪事初编》卷五。

马朴臣(—1738)、高凤翰(—1743)、童能灵(—1745)、孙嘉淦(—1753)、窦容邃(—1754)、赵殿成(—1756)、陈梓(—1759)、屈成霖(—1766)生。

康熙二十三年　甲子　1684 年

百慕大群岛成为英国直辖殖民地。

正月二十七癸巳(3月12日)，命翰林院掌院学士孙在丰教习庶吉士。

二月初三日己亥(3月18日)，崔蔚林疏请告病还乡，康熙帝借此机会对假道学进行惩治。

按：谕曰："崔蔚林乃直隶计恶之人，在地方好生事端，干预词讼，近闻以草场地土，纵其家人肆行控告。又动辄以道学自居，焉有道学之人而妄行兴讼者乎？此皆虚名耳。又诋先贤所释经传为差讹，自撰《讲章》甚属谬戾。彼之引疾乃是托词，此等人不行惩治，则汉官孰知畏惧！"(《清圣祖实录》卷一一四)

三月二十一日丁亥(5月5日)，康熙帝对大学士等曰："文章贵于简当，可施诸日用，如章奏之类亦须详明简要。明朝典故，朕所悉知，其奏疏多用排偶芜词，甚或一二千言，每日积满几案，人主讵能尽览？势必委之中官，中官复委之门客，此辈何知文义，论舛必多。奸弊丛生，事权旁落，此皆文字冗秽以至此极也。"(《清圣祖实录》卷一一五)

二十七日癸巳(5月11日)，定满汉中书、笔贴式按旗平均分配名额，经考试补授。

二十二日丁巳(6月4日)，翰林院掌院学士牛钮等进呈刻成《日讲易经解义》，命颁行全国。

五月初四日己巳(6月16日)，纂修《大清会典》，以大学士勒德洪、明珠、李霨、王熙、吴正治为总裁官，内阁学士麻尔图、阿哈达、金汝祥、王鸿绪、汤斌为副总裁官。

六月十三日丁未(7月24日)，设立琉球官学。

十一月初二日癸亥(12月7日)，康熙帝谒明太祖陵，亲作祝文，遣学士席尔达祭之。过明故宫，慨然久之，作《过金陵论》。

初四日乙丑(12月9日)，康熙帝于舟中读书至三鼓，侍讲高士奇以南巡以来皇帝读书写字每至半夜，请节劳。帝曰："朕自五龄即知读书，八龄践祚，辄以学庸训诂询之左右，求得大意而后愉快。日所读者，必使字字成诵，从来不敢自欺。及四子之书既已通贯，乃读《尚书》，于典谟训诂之中，体会古帝王孜孜求治之意，期见之施行。及读大《易》，观象玩占于数，圣人扶阳抑阴，防微杜渐，垂世立教之精心，朕皆反复探索，必心与理会，不使纤毫扦格。实觉义理悦心，故乐此不疲，但资性不敏，独于易旨虽极研究，终未洞彻耳。"(《清圣祖实录》卷一一七)

十八日己卯(12月23日)，康熙帝十七日至曲阜，是日至孔子庙，于大成殿行三跪九叩礼，还亲书"万世师表"四字，命悬挂大成殿，又将曲柄黄盖留于庙中，四时飨祀时陈列之。

按：康熙帝赞颂"至圣之道与日月并行，与天地同运，万世帝王咸所师法，下逮公卿士庶罔不率由"。并说："朕向来研求经义，体思至道，欲加赞扬，莫能名言。特书'万世师表'四字悬额殿中，非云阐扬圣教，亦以垂示将来。"（《清圣祖实录》卷一一七）

十二月初七日己亥（1685年1月12日），山西道御史张集疏言："学道一官，为国家文教所系，应令九卿会同保举，择其清廉素著，夙有文望者，列名上请，恭候简用，毋得但循资俸掣签，庶衡文者得其人，而海内仰右文之化矣。"得旨："学政关系文教，造就人才，直隶各省督学各官，必品行素优，才学兼长者，方能称职。应不拘定例，将内外各衙门由进士出身官员，作何选择补授，著九卿詹事科道，会同确议具奏。"（《清圣祖实录》卷一一八）

按：十二月十五日丁未，吏部等衙门遵旨会议："学政关系文教，造就人才。嗣后停其论俸补授。顺天学政缺，应将侍读、侍讲、谕德、洗马概行开列，恭请简用。江南浙江学道缺，停其补用郎中道府，应将侍读、侍讲、谕德、洗马、中允、赞善，亦概行开列，恭请简用。其余各省学道缺，将应升进士出身之五部郎中及参议道、知府等官，选择开列，恭请简用。"从之（《清圣祖实录》卷一一八）。

二十五日丙辰（1月29日），康熙帝以岁末往祭孝陵。二十八日回京。

阎若璩在京，初晤黄仪于徐乾学家，又初交何焯，日与之上下议论。万斯同将辑《古今丧礼通考》，质正于若璩。

魏象枢闰七月因病以原官致仕，得御笔"寒松堂"匾额，遂自号"寒松老人"。

熊赐履得御题"经义斋"匾额。

颜元六月出关寻父。

陆陇其在灵寿与诸人论傅维鳞《明史》之得失。是年，为九卿詹事科道等举以清廉之官于康熙帝。

汤斌二月擢内阁学士，兼礼部侍郎。五月为《大清会典》副总裁。六月以受康熙帝嘉奖，补授江宁巡抚。

按：《清史稿·汤斌传》曰："二十三年，擢内阁学士。江宁巡抚缺，方廷推，上曰：'今以道学名者，言行或相悖。朕闻汤斌从孙奇逢学，有操守，可补江宁巡抚。'濒行，谕曰：'居官以正风俗为先。江苏习尚华侈，其加意化导，非旦夕事，必从容渐摩，使之改心易虑。'"

李因笃是春主讲关中书院。

朱彝尊以辑《瀛州道古录》，私钞各地所进书，被劾谪官，留居京师。

潘耒以甄别议起，坐浮躁降职，遂归。

徐元文二月奉命专领史局，监修《明史》。

宋德宜七月擢文华殿大学士，重修《清太祖实录》及《大清一统志》总裁官。

黄虞稷充《一统志》纂修官。

周在浚在北京会朱彝尊等，与阎若璩、洪昇、黄虞稷等月举一会。

冯景离京南还，设教于淮安洗马邱象随家。

赵执信是秋充山西乡试正考官，取友人阎若璩之子阎咏为第七名举人。

陈潢在淮安，设计造高家堰重堤一万八千丈成。

查慎行四月入都游太学。

陶元谆、何焯等集北京，在凝园作会。

朱耷始以"八大山人"置款于书画。

纳兰性德扈驾南巡，至无锡，与严绳孙、顾贞观会，又以所得王绂《竹炉画卷》贻顾贞观。

石涛游金陵，适值康熙帝南巡，见于行庄。

孔尚任在曲阜，值康熙帝南巡北返行祭孔大典于孔庙，应诏进讲《大学》，特简为国子监博士，始其仕宦生涯。

李绂年十三，学为古文辞。又与里中诸先辈为诗社，因其年最小，因号为小山。

戴名世有《送释钟山序》和《送许亦士序》，此两序为戴氏以后致祸六文中的两文。

孙在丰正月以翰林院掌院学士充日讲官。

郭棻三月为翰林院侍读，充日讲官。

多奇、卢琦三月为翰林院侍读学士，充日讲官。

李元振三月为左赞善，充日讲官。

邬赫九月为翰林院侍讲学士，充日讲官。

储振十二月为右春坊右庶子，充日讲官。

韩菼十二月为翰林院侍读，充日讲官。

李振裕十二月为翰林院侍讲，充日讲官。

王掞十二月为右春坊右赞善，充日讲官。

励杜讷十二月为翰林院编修，充日讲官。

徐元梦十二月为右春坊右中允，充日讲起居注官。寻复迁侍讲。

按：《清史稿·徐元梦传》曰："徐元梦以讲学负声誉，大学士明珠欲罗致之，其迁词曹直讲筵，明珠尝荐于上。徐元梦以明珠方擅政，不一至其门，而掌院学士李光地亦好讲学，贤徐元梦及侍讲学士德格勒，亟称于上前，二人者每于上前相推奖；明珠党辈语谓与光地为党。"

胡简敬正月以内阁学士充经筵讲官。

席尔达八月以内阁学士充经筵讲官。

蒋弘道八月为詹事府少詹事，充经筵讲官。

董讷十二月以礼部右侍郎充经筵讲官。

黄家遴时任知府，于江西波阳县建汇源书院。

袁鲲化时任河南密县知县，建桧阳书院。

胡权时任河南宝丰知县，建应滨书院。

徐登瀛时任河南孟县知县，建河阳书院。

蒋伊在广东南海县建穗城书院。

姚萧规时任广东顺德知县，建凤山书院。

黄建中时任四川梁平知县，建桂香书院。

罗文藻在广州由方济各会士伊大注主教祝圣为主教，掌中国北部诸省教务。

按：因罗文藻本人推辞及葡萄牙人和其他外籍会士的反对，罗文藻被提名为主教十一年之久后方正式就任。此为天主教史上第一位升任主教的中国人士。

郑敷教著《周易广义》4卷刊行。

牛钮、孙在台等奉敕编《日讲易经解义》18卷刊行。

吴曰慎著《周易本义爻征》2卷刊行，有自序。

按：《清史稿·吴曰慎传》曰："吴曰慎，字徽仲，歙县人。诸生。尽心于宋五子书。论学主乎敬，故自号曰静庵。初游梁溪，讲学东林书院。已而归歙，会讲紫阳、还古两书院，兴起者众。"

万斯同在北京为徐乾学辑《读礼通考》。

按：是书乃徐乾学居丧期间所辑，归田后又加以订定，积十余年，数易其稿，与弟子合力完成。全书129卷，分为丧期、丧服、丧仪、丧考、丧具、变礼、丧制、庙制八类，为研究中国古代丧礼较为完备之书。刘师培在《近儒之礼学》中，对清代《礼》学研究有精辟概括，他说："近儒治《三礼》学者，始于徐乾学《读礼通考》（仅凶礼一门），而万斯大（作《学礼质疑》、《仪礼商》、《礼记偶笺》）、蔡德晋（作《礼经礼传本义》及《通礼》）、毛奇龄（于昏礼、丧礼、祭礼、庙制、学校、明堂、宗法、郊禘咸有著述）、盛世佐（《仪礼集编》），咸治《礼》经，然糅杂无家法。安溪李氏亦深于《三礼》（李光地作《周官笔记》，其弟光坡复作《三礼述注》，兄子某亦作《周礼训纂》），方苞问业光地，殚心礼学（于《三礼》皆有书），亦武断无伦绪。惟张尔岐《仪礼郑注句读》，分析章句，条理秩然，而吴廷华（《仪礼章句》）、金曰追（《仪礼正讹》）、沈彤（《仪礼小疏》）、褚寅亮（《仪礼管见》），亦宗汉诂治《仪礼》。及江永作《礼经纲目》，于《三礼》咸有撰著（作《周礼疑义举要》、《礼记训义择言》、《释宫补》）。戴震（作《考工记图》）、金榜（作《礼笺》）承其学，同学之士有胡匡衷（作《仪礼释宫》）、程瑶田（作《宗法小记》、《丧服足征录》、《释宫小记》、《考工创物小记》，兼通水地、声律之学），后有凌廷堪、胡培翚，以廷勘《礼经释例》为最精，任大椿（作《释缯》、《弁服释例》）、阮元（作《车制考》）、孔广森（作《大戴礼补注》），咸从戴震问《礼》。张惠言与榜同学，作《仪礼图》，秦蕙田《五礼通考》（集《三礼》之大成）亦采江、戴之绪言。自培翚作《仪礼正义》，而朱彬作《礼记训纂》，孙诒让作《周礼正义》，《三礼》新疏咸出旧疏之上矣。后起之书，有黄以周《礼书通故》为最详备。若夫论《礼》经者，有惠士奇（《礼说》）、庄存与（《周官说》）、凌曙（《礼论》）；考名物制度者，有齐召南、沈彤（《周官禄田考》）、王鸣盛（《周礼军赋说》）、惠栋（《明堂大道录》）、金鹗（《礼说》）；疑《三礼》者，有方苞（《疑周礼》、《仪礼》）、邵位西（疑《仪礼》）。此近儒之《三礼》学也。"（《中国近三百年学术史论》）

吕留良著《四书语录》46卷，由其弟子编行。

周世樟著《五经类编》28卷刊行，唐孙华作序。

按：周世樟字章成，江苏太仓人。《续修四库全书总目提要》曰："首有唐孙华序，称世樟笃学醇行，专《春秋》之学。是书萃经传，以类相附，仿真西山、马端临丘琼山例。惟彼兼述经史，此专于经云云。"周世樟另著有《诸经略说》1卷、《经义辨讹》1卷、《辨疑标目》1卷。

范鄗鼎著《广明儒理学备考》初稿成。

约翰·班扬完成《天路历程》第二部。

亚历山大·奥利维尔·埃斯克梅林著成《美洲海盗史》。

乔瓦尼·卡西尼著成《天文学资料得到证实》。

按：是书《凡例》首条曰："前刻《理学备考》，有传者止录一传，无传者节取序志，其于嘉言善行，尚多挂漏。余下愚终未得门而入也，此广之不容已也。且前刻纲也，兹刻目也，前刻经也，兹刻纬也，合而读之，理学之事备矣。"（《广明儒理学备考》卷首）

王夫之五月著《俟解题词》。

按：是书系作者关于政治道德修养的笔记。

王士禛十一月奉命祭告南海，著《粤行三志》3 卷、《皇华纪闻》4 卷；又著《南来志》1 卷。

张夏等著《锡山宦贤考略》3 卷成。

按：《四库全书总目提要》曰："《锡山宦贤考略》三卷，国朝张夏、胡永禔同撰。永禔字鸿仪，与夏同里。是编取无锡名宦、乡贤二祠及崇正书院所祀诸先儒，起宋迄明，皆详其仕履，撮其事实，汇为一编。上卷名宦，中卷崇祯诸儒，下卷乡贤。书成于康熙甲子，在《洛闽源流录》后二年。"

杜臻著《闽粤巡视纪略》1 卷成书，有自序；又著《海防述略》1 卷，有自序。

伊把汉、董秉忠等修，孙成等纂《钦定盛京通志》32 卷刊行。

按：《盛京通志》是清代前期东北地区内容最丰富、体例最完备的一部地方总志。在《盛京通志》的修订过程中，当时被贬谪在沈阳的原翰林院编修陈梦雷参加了修纂工作。此书乾隆年间有重修。

金鋐修，郑开极、陈轼纂《福建通志》64 卷刊行。

徐国相、丁思孔修，宫梦仁、姚淳焘纂《湖广通志》80 卷刊行。

于成龙等修，张九征、陈焯纂《江南通志》76 卷刊行。

闻在上修，许自俊等纂《嘉定县续志》5 卷刊行。

刘星修，王介石纂《榆次县志》14 卷刊行。

宋起凤原本，岳宏誉增订《灵邱县志》4 卷刊行。

余三奇修，刘自烶纂《攸县志》6 卷刊行。

吴启新修，叶友柏等纂《德兴县志》10 卷刊行。

赵灿修，唐廷伯、唐廷对纂《含山县志》30 卷刊行。

霍维腾修纂《缙云县志》4 卷刊行。

吉祥修，汪尔敬、姚夔纂《开化县志》10 卷刊行。

贾有福修，崔学古纂《太平县志》10 卷刊行。

李德耀、黄执中修纂《天台县志》15 卷刊行。

崔维华修，沈辰垣纂《续修嘉善县志》8 卷刊行。

陈玉璂修纂《武进县志》44 卷刊行。

郭琇修，叶燮等纂《吴江县志》46 卷刊行。

张可立修纂《兴化县志》14 卷刊行。

戚延裔修，马天选等纂《建德县志》9 卷刊行。

马之骥修，祝雷声等纂《新修上饶县志》12 卷刊行。

耿继志等修，汤原振等纂《凤阳府志》40 卷刊行。

方湛修，詹相廷等纂《乐安县志》10 卷刊行。

李文献修，易学实等纂《续修赣州府志》20卷刊行。

陆湄修纂《吉安府永丰县志》8卷刊行。

刘瀚芳修，孙麟贵等纂《赣县志》16卷刊行。

郑功勋修，宋祖犀、王延聘等纂《永春县志》10卷刊行。

祝文郁修，李世熊纂《宁化县志》7卷刊行。

刘五龙修纂《英山县志》2卷刊行。

李振宗修纂《蕲水县续志》4卷刊行。

洪炜修，汪铉纂《六合县志》12卷刊行。

祝圣培修，蔡方炳、归圣脉纂《长洲县志》22卷刊行。

余三奇修，刘自烶纂《攸县志》6卷刊行。

殷道正修纂《通道县志》2卷刊行。

朱士华修，龚遇暹纂《续修澧志》1卷刊行。

张起鹍修，刘应祁纂《邵阳县志》16卷刊行。

梁碧海修，刘应祁纂《宝庆府志》38卷刊行。

王元弼修，黄佳色等纂《零陵县志》14卷刊行。

林杭修，杨钟岳纂《潮州府志》16卷刊行。

马世禄修，谢蓬升纂《钦州志》14卷刊行。

朱黼修纂《清浪卫志略》成书。

毛奇龄所著《古今通韵》12卷刊行，徐乾学为之序。

按：《四库全书总目提要》曰："是书为排斥顾炎武《音学五书》而作。……盖其病在不以古音求古音，而执今韵部分以求古音。又不知古人之音亦随世变，而一概比而合之。故征引愈博，异同愈出，不得不多设条例以该之。迨至条例弥多，矛盾弥甚，遂不得不遁辞自解，而叶之一说生矣。皆逞博好胜之念，牵率以至于是也。然其援据浩博，颇有足资考证者，存备一家之学，亦无不可，故已黜而终存之焉。"

李光地纂《乐书》成书。

钱彩著《说岳全传》约是年成书。

按：是书为清代英雄传奇小说代表作。

钱谦益著《有学集》51卷刊行。

朱彝尊谪官留居京师，著《腾笑集》，姜宸英为之删定。

尤侗著《尤太史西堂全集》刊行。

孙枝蔚著《溉堂集》28卷刊行。

王士禛著《渔洋山人续集》16卷、《南海集》2卷刊行。

徐枋自定文集序例，潘耒编次为《居易堂集》20卷刊行。

王命岳著《耻躬堂文集》20卷刊行。

方都秦著《梅溪文集》6卷刊行。

孙治著《孙宇台集》40卷刊行。

朱之瑜所著《明朱征君集》10卷由日本加贺侯文学源刚伯编成。

闵奕仕著《载云舫集》10卷刊行。

陆次云著《澄江集》1卷、《北墅绪言》5卷刊行。

周斯盛著《证山堂集》8卷刊行。

宋荦著《漫堂墨品》1卷成书。

高士奇著《金鳌退食笔记》2卷成。

曹溶著《倦圃莳植记》3卷成书，有自序。

钦天监奉敕撰《选择历书》(又名《万年历书》)10卷成书。

梅文鼎是夏家居，著《弧三角举要》5卷成书。

萧埙著《女科经论》成书刊行。

屠粹忠著《三才藻异》33卷成书，有自序。

程雄著《琴学八则》1卷成书。

张岱卒(1597—)。岱字宗子，又字石公，号陶庵，又号蝶庵，浙江山阴人。出身仕宦家庭，早岁生活优裕，入清，避居山中，穷愁潦倒，坚持著述。著有《陶庵梦忆》、《西湖梦寻》、《石匮书》、《石匮书后集》、《琅嬛文集》等。事迹见张岱《自为墓志铭》(《琅嬛文集》卷五)。

按：张岱《自为墓志铭》曰："少为纨绔子弟，极爱繁华。好精舍，好美婢，好娈童，好鲜衣，好美食，好骏马，好华灯，好烟火，好梨园，好鼓吹，好古董，好花鸟，兼以茶淫橘虐，书蠹诗魔。"(《琅嬛文集》卷五)

朱嘉征卒(1602—)。嘉征字岷左，号止溪，浙江海宁人。明崇祯十五年举人。曾与朱一是、范骧、袁株辈结十二子社。著有《止溪文钞》1卷、《止溪诗集钞》1卷。事迹见李桓《国朝耆献类征初编》卷二五〇、黄宗羲《朱嘉征墓志铭》(《南雷文定后集》卷二)。

傅山卒(1606—)。山初名鼎臣，字青竹，后改字青主，别字公之它(一作公他)，号朱衣道人，山西阳曲人。明末诸生。明亡，隐居不出。博通经史诸子与佛道之学，精音韵、训诂与医学；倡"经子不分"，实开清代子学研究之风气。与孙奇逢、顾炎武、申涵光、阎若璩、李因笃、潘耒、朱彝尊等清初学者相互切磋学问，砥砺志行。著有《性史》、《十三经区分》、《周易音释》、《周礼音辨》、《霜红龛集》、《荀子评注》、《公孙龙子注》、《金刚经评注》等，又传有医书《傅青主女科》等。事迹见《清史稿》卷五〇一、《清史列传》卷七一、震钧辑《国朝书人辑略》卷一、蔡冠洛《清代七百名人传》第五编、傅莲苏《傅征君事实》、全祖望《阳曲傅先生事略》、刘绍攽《傅先生山传》(均见《碑传集》卷一二五)。清张廷鉴编有《傅青主先生年谱略》，罗振玉、丁宝铨编有《傅青主先生年谱》。

按：《清史稿》本传曰："明季天下将乱，诸号为缙绅先生者，多迂腐不足道，愤之，乃坚苦持气节，不少媕婀。提学袁继咸为巡按张孙振所诬。孙振，阉党也。山约同学曹良直等诣通政使，三上书讼之，巡抚吴甡亦直袁，遂得雪。山以此名闻一下。甲申后，山改黄冠装，衣朱衣，居土穴，以养母。继咸自九江执归燕邸，以难中诗遗山，且曰：'不敢愧友生也！'山省书，恸哭，曰：'呜呼！吾亦安敢负公哉！'顺治十一年，以河南狱牵连被逮，抗词不屈，绝粒九日，几死。门人中有以奇计救之，得免。然山深自咤恨，谓不若速死为安，而其仰视天、俯视地者，未尝一日止。比天下大定，始出与人接。康熙十七年，诏举鸿博，给事中李宗孔荐，固辞。……山工书画，谓：'书宁拙毋巧，宁丑毋媚，宁支离毋轻滑，宁真率毋安排。'人谓此言非止言书也。诗文初学韩昌黎,崛强自喜,后信笔抒写,俳调俗语,皆入笔端,不原以此名家矣。著有《霜红龛集》十二卷。"傅山在内科、妇科、儿科、外科,科科方面均有很高的技术,而尤以妇科为最。其医著《傅青主女科》、《青囊秘诀》,至今流传于世,为人所重。

白奂彩卒(1607—)。奂彩字含贞,号泊如,陕西华州人。明诸生。于《周易》、《诗经》、《礼记》、《春秋》,多所自得。常与王化泰等论学。事迹见《清史稿》卷四八〇、《清史列传》卷六六。

按:《清史稿》本传曰:"私淑于长安冯从吾,玩《易》洗心,《诗》、《礼》、《春秋》,多所自得。蓄书之富,陕以西罕俪。校雠精详,淹贯靡遗。"《清史列传》卷六六曰:"关学初以马嗣煜嗣冯从吾,后李颙出,奂彩及(马)秸士诸人同师事颙,有名于时,而鄠县冯云程、武功张承烈、朝邑关独可、咸宁罗魁、韩城程良受、蒲城宁维垣、邠州王吉相、淳化宋振麟皆笃志励学,得知行合一之旨。至乾隆间,武功孙景烈亦能接关中学者之传。"

木庵性瑫卒于日本(1611—)。俗姓吴,名性瑫,福建泉州人。顺治十二年,隐元函邀木庵赴日弘化。十三年(1656),木庵之法兄弟释即非亦应邀到日本,住长崎崇福寺。木庵性瑫与即非如一,称为黄檗宗的二甘露门。继隐元住持万福寺十七年,曾在日本创立寺院十所,为"黄檗山"二世祖。东渡前著有《象山惠明寺志》1卷、《紫云木庵禅师止草》1卷、《象山惠明寺木庵禅师语录》1卷,东渡以后,著有《语录》、《续录》、《又录》、《禅警语》等13种,共百余卷。

傅宬卒(1614—)。宬字兰生,一字彤臣,号丽农,山东新城人。顺治十二年进士。官至江西巡抚。著有《荷花诗》、《燕南日征草》、《春闺集唐百首》等。事迹见《清史列传》卷七〇、王士禛《傅宬墓志铭》(《带经堂集》卷四六)。

王余佑卒(1615—)。余佑字介祺,又字申之,直隶新城人。隐居易州五公山,自号五公山人。曾从孙奇逢学兵法,又受业于颜元。与傅山、刁包、张罗哲等往来商榷学问。晚年主讲献陵书院。门人私谥文节先生。究心经史,凡天文、地理、礼乐、兵刑、农业、医学,无不穷析端委。尝汇集古人经世事迹,为《居诸编》10卷,另著有《认理说》、《通鉴独观》、《万胜车阵图》、《兵民经略图》、《诸葛八阵图》等,门人李兴祖编其诗文为《王公山人集》16卷。事迹见《清史稿》卷四八〇、李桓《国朝耆献类征初编》卷四〇一、王源《五公山人王余佑传》(《碑传集》卷一二五)。

按:《清史稿》本传曰:"尝受业于孙奇逢,学兵法,后更从奇逢讲性命之学。隐居教授,不求闻达。教人以忠孝,务实学。"

于成龙卒(1617—)。成龙字北溟,别号于山,山西永宁州人。历任广西罗城知县、湖北武昌知府、黄州知府、福建按察使、江西总督等。以廉洁著称。平生注重躬行践履,以圣贤之旨施于实政。卒谥清端。著有《于清端公政书》8卷,主修《江南通志》76卷等。事迹见《清史稿》卷二七七、《清史列传》卷八、蔡冠洛《清代七百名人传》第一编、熊赐履《兵部尚书兼都察院右副都御史总督江南江西于公成龙墓志铭》、陈廷敬《清端于公传》、戴震《于清瑞传》(均见《碑传集》卷六五)。宋荦编有《如山于公年谱》。

按：唐鉴《清儒学案小识》曰："圣贤之学，体用一源。有真体者，必有真用；有真用者，必有真体。如先生者，所谓有真用者也。而真体即于用中见之。……以其出于诚也，真体真用，于是乎见之。"《清史稿》本传曰："又谕大学士等曰：'朕博采舆评，咸称于成龙实天下廉吏第一。'"

吴嘉纪卒（1618—　）。嘉纪字宾贤，号野人，江苏泰州人。布衣，家贫，自名所居曰陋轩。工诗，为王士禛所称许。著有《陋轩集》4卷。事迹见《清史稿》卷四八四、《清史列传》卷七一、李桓《国朝耆献类征初编》卷四二八。蔡观明编有《吴嘉纪年谱》。

按：《清史稿》本传曰："嘉纪工为危苦严冷之词，尝撰《今乐府》，凄急幽奥，能变通陈迹，自为一家。所著《陋轩集》多散佚，友人复搜集之为四卷。其诗风骨颇遒，运思亦复劖刻。由所遭不偶，每多怨咽之音，而笃行潜修，特为一时推重云。"

南鼎甫卒（1619—　）。鼎甫号六如老人，陕西渭南人。明崇祯副贡。顺治三年举人。官至分巡松威道按察司佥事。著有《金台集》、《寿乐园集》、《岷江集》、《玉垒集》等。

李霨卒（1625—　）。霨字景霱，号坦园，谥文勤，直隶高阳人。顺治进士。康熙时官至保和殿大学士兼户部尚书。与修《世祖实录》，任总裁官。参与重修《太宗实录》。著有《李坦园诗》、《伴星草》等。事迹见《清史稿》卷二五七、《清史列传》卷七、李桓《国朝耆献类征初编》卷三、王熙《光禄大夫太子太师户部尚书保和殿大学士谥文勤李公霨墓志铭》（《碑传集》卷四）。

孙博雅卒（1630—　）。博雅字君侨，直隶容城人。孙奇逢第四子。明亡，绝意仕进。康熙八年，郡守程启朱以山林隐逸荐，以父老辞。著有《约斋集》。事迹见《清史列传》卷六六、汤斌《孙博雅传》（《汤子遗书》卷七）。

按：《清史列传》本传曰："奇逢年老重听，诸弟子问难，必藉博雅转达，间有未畅，辄援据经传，发言外之意，闻者往往洒然解悟。奇逢著书不下数百卷，编摩订正，博雅力居多。"

吴兆骞卒（1631—　）。兆骞字汉槎，江苏吴江人。顺治十四年举于乡，以科场案流放宁古塔二十余年。善骈体文，尤工诗。著有《秋笳集》3卷、《曹杂诗》1卷等。事迹见《清史稿》卷四八四、《清史列传》卷七〇、李桓《国朝耆献类征初编》卷四二七、蔡冠洛《清代七百名人传》第五编、徐釚《孝廉吴君兆骞墓志铭》（《碑传集》卷一三七）。

王鈇卒（1659—　）。鈇字声远，浙江萧山人。有藏书数万卷。事迹见李桓《国朝耆献类征初编》卷三八一。

阿什垣卒，生年不详，字海龙，一作金龙，满洲正黄旗人。顺治二年以通满汉文选授官。九年中进士，官刑科给事中。曾参修《世祖实录》，翻译《大学》、《中庸》、《孝经》、《通鉴总论》、《太公家教》等书为满文刊行。康熙帝称其为"我朝之大儒"。著有《大学中庸讲义》等。事迹见《清史稿》卷四八四。

王端约活动于此时，生卒年不详。端字子方，号任庵，山西翼城人。二十五岁左右因病失明，仍笃学不倦，学问日进。著有《学思录》。

按：唐鉴《清儒学案小识》卷八称赞他："先生以一盲者，不敢自废。成已而即以成人。斯何如其志愿，何如其识量哉！"

边寿民（　—1752）、任德成（　—1772）生。

康熙二十四年　乙丑　1685年

正月二十七日丁亥（3月1日），刑科给事中杨尔淑疏言："试士三场，先以八股，首闱七艺，重在《四书》。请自乙丑科以后，会试及顺天乡试《四书》题目，俱乞皇上钦定。"下部议行（《清圣祖实录》卷一一九）。

按：《清史稿·选举志三》曰："二十四年，用给事中杨尔淑请，礼闱及顺天试四书题俱钦命。时诏、诰题士子例不作，文、论、表、判、策率多雷同剿袭，名为三场并试，实则首场为重。首场又四书艺为重。二十六年废诏、诰，既而令五经卷兼作。"

二十八日戊子（3月2日），从刑科给事中杨尔淑之请，乙丑科以后会试及顺天乡试，均由皇帝钦定四书题。

二月初六日丙申（3月10日），命刑部尚书张士甄、户部右侍郎王鸿绪为会试正考官，礼部右侍郎董讷、翰林院掌院学士孙在丰为副考官。

初七日丁酉（3月11日），谕吏部："国家设立翰林院衙门，原以储养人才，娴习文学，以备顾问编纂之用。必淹贯经史，博极群书，方克谙练体裁，洞悉今古，敷词命意，典赡弘通，悉登著作之林，用佐右文之治，始为称职。"于是，考试翰林院各官，分别等次优劣（《清圣祖实录》卷一一九）。

按：考试结果，徐乾学、韩菼、孙岳颁、归允肃、乔莱学问优长，文章古雅，宜加赏赉，以示奖励；谷孙遹等文学亦通，照旧供职；周之麟、崔如岳、庞垲、钱中谐、颜光猷、李元振、费之逵、李复泌、刘果实、刘芳喆，文理荒疏，未娴体式，难胜厥任（《清圣祖实录》卷一一九）。

初九日己亥（3月13日），谕大学士等曰："朕闻向来场中出题，多有避忌字句者，似属无谓。"王熙等奏曰："圣谕诚然，今会场题目，皇上亲出，举子无从揣摩，此科人文，自盛于往日也。"（《清圣祖实录》卷一一九）

三月初三日癸亥（4月6日），准户部题，编辑《简明赋役全书》。

初八日戊辰（4月11日），康熙帝考试满洲官员翻译，召大学士明珠、提督麻勒吉、学士常书至养心殿，命阅卷。

按：康熙帝因问麻勒吉、常书曾读何书，谈及《离骚》云："读《离骚》当识其大意所在，屈原以忠君爱国之心，原本山川，极命草木，微文见志，一篇之中，以致意焉，遂为千古风骚之祖。三百篇而后，以此为最。且读《离骚》者，于作文深有裨益，非独拾其字句而已，此学者所当知也。"《清圣祖实录》卷一二〇）

十七日丁丑（4月20日），左副都御史胡升猷疏请殿试题目皆由皇上钦定，康熙帝以题目俱出亲出，不胜烦琐，且容易被人预为揣摩而拒绝。

法王路易十四废除《南特敕令》。

拉萨尔勘探密西西比，并宣布路易斯安那归法国。

二十日庚辰(4月23日),策试天下贡士陆肯堂等121人于太和门前。

二十二日壬午(4月25日),康熙帝御懋勤殿,殿试读卷官大学士明珠等,将策试天下贡士卷,选择十卷进呈,上览毕,钦定一甲三名,余俱列二等。

> 按：自本科起,会试三场考毕,由主考官遴选试卷十本,缮写进呈,第一名至第十名均由皇帝钦定。

二十三日癸未(4月26日),康熙帝御太和门,传胪,赐殿试贡士陆肯堂等121人进士及第出身有差。

四月初二日辛卯(5月4日),康熙帝与大学士等谈理学,云:"从来道德文章,原非二事,能文之士必须先明理,而学道之人亦贵能文章。朕观周、程、张、朱之书虽主于明道,不尚辞华,而其著作体裁简要,晰理精深,何曾不文质灿然,令人神解意释。至近世,则空疏不学之人,借理学以自文其陋,如崔蔚林本无知识,文义荒谬,岸然自负为儒者,真可鄙也。"(《清圣祖实录》卷一二〇)

十二日辛丑(5月14日),命编历代医书。

> 按：谕太医院官:"朕研究经史之余,披阅诸子百家,至《黄帝素问》、《内经》诸篇,观其义蕴,实有恻隐之心,民生疾苦无不洞瞩,其后历代医家,虽多著述,各执意见,若《难经》及痘疹诸书,未能精思极论,文义亦未贯通,朕甚惜之。当兹海宇升平,正宜怀保吾民,跻春台而登寿域。尔等可取医林载籍,酌古准今,博采群言,折衷定论,勒成一书,以垂永久,副朕轸恤元元至意。"(《清圣祖实录》卷一二〇)

五月二十二日辛巳(6月23日),命汉军内见任及候补旗缺官员,考试翻译。有愿作汉文者,准其作汉文。见任及候补汉缺官员,著考试汉文,有愿翻译者,准其翻译。

二十四日癸未(6月25日),以大学士勒德洪、明珠、王熙、吴正治、宋德宜、户部尚书余国柱、左都御史陈廷敬为《政治典训》总裁官,户部侍郎王鸿绪、董讷、内阁学士李天馥、胡简敬、丹岱、禅布为副总裁。

二十六日乙酉(6月27日),命翰林院掌院学士常书、内阁学士徐乾学教习庶吉士。

二十九日戊子(6月30日),考试汉军官员于太和门前。

七月二十九日丁亥(8月28日),颁发《四书》、《易经》、《书经》讲义于白鹿洞书院。

是夏,诏天下各省编修府、州、县志,以备《大清一统志》采择。

九月十一日戊辰(10月8日),从翰林院掌院学士常书题请,编辑《平定罗刹古方略》。

十五日壬申(10月12日),以户部左侍郎王鸿绪为武会试正考官,詹事府詹事郭棻为副考官。

十月初七日甲午(11月3日),康熙帝御太和门,传胪,赐殿试中式武举徐宪威等96人武进士及第出身有差。

是年,命建景山官学。

> 按：《清史稿·选举志一》曰:"景山官学,康熙二十四年,令于北上门两旁官房

设官学,选内府三旗佐领、管领下幼童三百六十名。清书三房,各设教习三人。汉书三房,各设教习四人。初,满教习用内府官老成者,汉教习礼部考取生员文理优通者。寻改选内阁善书、射之中书充满教习,新进士老成者充汉教习。雍正后,汉教习以举人、贡生考取,三年期满,咨部叙用。学生肄业三年,考列一等用笔帖式,二等用库使、库守。乾隆四十四年,许回子佐领下选补学生四名。嘉庆间,定额镶黄旗、正白旗均百二十四,正黄旗百四十,回童四。"

黄宗羲至吴晤汤斌,至昆山,顾祖禹以所作《邓丹邱传》请正,黄宗羲为作《邓起西墓志铭》。

黄宗羲为顾麟生作《顾玉书墓志铭》。

颜元三月至沈阳,得其父踪,已殁,复觅其墓,哭奠如初丧礼。

李塨六月至京,晤郭金诚;金诚闻其言,遂尽弃所业诗文为正学。

陆陇其是年著有《再答秦定叟书》,辨朱、王学术之异至详。

王源至淮安与阎若璩会。

李因笃七月主讲朝阳书院。

李光地始辟榕村书屋。

王鸿绪充会试正考官。

毛奇龄充会试同考官;寻假归,得疾,遂不复出。

按:《清史稿·毛奇龄传》曰:"奇龄分校会闱时,阅春秋房卷,心非胡《传》之偏,有意撰述,至是乃就经文起义,著《春秋毛氏传》三十六卷,《春秋简书刊误》二卷,《春秋属辞比事记》四卷,条例明晰,考据精核。又欲全著《礼经》,以衰病不能,乃次第著昏、丧、祭礼、宗法、庙制及郊、社、禘、祫、明堂、学校诸问答,多发先儒所未及。至于《论语》、《大学》、《中庸》、《孟子》,各有考证,而《大学证文》及《孝经问》,援据古今,辨后儒改经之非,持论甚正。"《四库全书总目提要》评《春秋属辞比事记》曰:"奇龄作《春秋传》,分义例为二十二门,而其书则仍从经文十二公之序,此乃分门隶事,如沈棐、赵汸之体,条理颇为明晰,考据亦多精核。盖奇龄长于辨礼,《春秋》据礼立制,而是书据礼以断《春秋》,宜其秩然有纪也。至《周礼》一书与《左传》多不相合,盖《周礼》为王制,而《左传》则皆诸侯之事,《周礼》为初制,而《左传》则皆数百年变革之余,强相牵附,徒滋纠结。奇龄独就经说经,不相缴绕,尤为特识矣。是书为奇龄门人所编,云本十卷,朱彝尊《经义考》惟载六卷,且云'未见'。此本于二十二门之中,仅得七门,而'侵伐'一门,尚未及半。盖编次未竟之本。虽非完书,核其体要,转胜所作《春秋传》也。"

高士奇充《大清一统志》副总裁。

常书时任翰林院掌院学士,二月初九日与詹事徐乾学充《会典》副总裁官。

赛弼汉、色勒布、吴拉岱、江有良等内阁侍读学士六月初九日奉命与侍读达哈塔、安褚库、希福纳、翰林院侍读学士多奇、阿山、侍讲学士乌赫、侍读乔莱、侍讲胡士著、修撰蔡升元、编修张烈、米汉雯、王九龄、孙岳颁、检讨徐嘉炎充《政治典训》纂修官。

汤斌在吴,重修泰伯祠,又次范文正公、周忠介公祠。

按:《清史稿·汤斌传》曰:"斌令诸州县立社学,讲《孝经》、《小学》,修泰伯祠及宋范仲淹、明周顺昌祠,禁妇女游观,胥吏、倡优毋得衣裘帛,毁淫词小说,革火葬。苏州城西上方山有五通神祠,几数百年,远近奔走如鹜。……斌收其偶像,木者焚之,土者沉之,并饬诸州县有类此者悉毁之,撤其材修学宫。教化大行,民皆悦服。"

张伯行举进士,归而构园于南郭,藏书数千卷,读书其中,日夕不辍,始专为濂、洛、关、闽之学。

按:《清史稿·张伯行传》曰:"伯行方中进士,归构精舍于南郊,陈书数千卷纵观之,及《小学》《近思录》、程朱《语类》,曰:'入圣门庭在是矣。'尽发濂、洛、关、闽诸大儒之书,口诵手抄者七年。"

张希良、宁世簪、许承家、沈辰垣、仇兆鳌、宋大业、李殿邦、徐元正、汪灏、谢陈常、宋衡、高曜、冯瑞、汪薇、许贺来、郑昆瑛、陈迁鹤、李懋、吴之瑜、魏男、俞长城、安篆、樊泽达、王之枢、吴垣、鲁瑗、宋如辰、李朝鼎、邓咸齐、刘坤、梅之珩、张明先、刘涵、刘伟、孙勷等新科进士五月初一日被选为庶吉士。

孙岳颁、乔莱二月为翰林院编修,充日讲官。

彭定求、蔡升元四月为翰林院修撰,充日讲官。

徐倬、熊赐瓒四月为翰林院编修,充日讲官。

顾汧四月为翰林院侍讲学士,充日讲官。

德格勒十一月为翰林院侍讲学士,充日讲官。

阿山十月为翰林院侍读学士,充经筵讲官。

朱马泰十月为詹事府詹事,充经筵讲官。

赵执信为友人杨雍作《翰林院编修杨君行状》。

陈元龙中进士。

韩菼拟《古文渊鉴凡例》呈康熙帝。

何焯考评唐张从申书《茅山玄静碑》。

蒋景祁在里葺怀园,约储欣共读书。

王晫填《千秋岁》词以自寿五十岁生辰,一时大江南北显宦名士竞相属和多达230余人。

杨椿年十三,求所以养身者,读《周易·颐卦》,因为箴自励。

张奇抱时任山西汾州知府,于城内创建棠荫书院,后被废。

赵士麟时任浙江巡抚,于杭州建敬一书院。

赵作霖时任江西永新知县,建赵侯书院。

高严时任河南孟津知县,建平津书院。

郭金璧时任河南沈丘知县,建求诚书院。

牟国镇时任湖南新宁知县,建青泉书院。

张洗易时任广东乳源知县,建城东书院。

吴永绪时任广东封开知县,建景星书院。

鲍复相时任广西思恩县知县,建环江书院。

耿文明时任云南玉溪知州,建敬一书院。

传教士安多入京佐理历法。

俄国东正教神父马克西姆·列昂节夫随被清军俘虏的45名俄国人

抵北京。俄人随身带有米尔库斯克主教圣·尼古拉斯的圣像。

按：列昂节夫为俄国东正教第一位来华传教士，后在中国居住了25年之久。

王夫之著《周易内传》12卷成书，又著《楚辞通释》14卷成书。

李光地著《礼学四际约言》成书。

高士奇奉敕撰《春秋讲义》，欲考证地理；徐善为之著《春秋地名考略》14卷。

按：《四库全书总目提要》评《春秋地名考略》曰："是编乃康熙乙丑士奇奉敕撰《春秋讲义》，因考订地理，并成是书奏进。据阎若璩《潜邱札记》，称：'秀水徐胜敬可，为人作《左传地名》讫，问余成公二年之战'云云，则实士奇倩胜代作也。其书以《春秋》经、传地名，分国编次，皆先列国都，次及诸邑。每地名之下，皆先列经文、传文及杜预《注》，而复博引诸书，考究其异同，砭正其讹舛，颇为精核。惟时有贪多炫博，转致琐屑者。如'鲁庄公筑台临，党氏遂立党氏台'一条，殊于地理无关。又如'晋以先茅之县赏胥臣，遂立先茅之县'一条，既不能指为何地，但称犹云苏忿生之田，则亦安贵于考耶？是则过求详备之失也。"

李颙是冬刊所著《四书反身录》6卷。

按：《四库全书总目提要》评《四书反身录》曰："康熙四十二年，圣祖仁皇帝西巡，召颙入见。时颙已衰老，遣子慎言诣行在陈情，以所著《二曲集》、《反身录》奏进。上特赐御书'操志高洁'以奖之。是书本题曰'二曲先生口授，鄠县门人王心敬录'。二曲者，颙之别号。水曲曰盩，山曲曰厔。盩厔当山水之曲，故因其地以称之。是此书成于心敬之手，颙特口授。然核其《序》文年月，则是书之成，颙犹及见，非身后追录之比，实仍颙所自定也。颙之学本于姚江。书中所载，如《大学》格物之物，为身心意、知、国、家、天下之物，即物有本末之物。又谓'明德与良知无分别。念虑微起，良知即知善与不善。知善即实行其善，知恶即实去其恶。不昧所知，心方自慊'云云，其说皆仍本王守仁。"

熊赐履著《学统》56卷成书。

按：《四库全书总目提要》曰："是书以孔子、颜子、曾子、子思、孟子、周子、二程子、朱子九人为正统，以闵子以下至明罗钦顺二十三人为翼统，以冉伯牛以下至明高攀龙一百七十八人为附统，以荀卿以下至王守仁七人为杂统，以老、庄、杨、墨、告子及二氏之流为异统。夫尚论古人，辨其行事之醇疵，立言之得失，俾后人知所法戒足矣，必锱锱铢铢，较其品第而甲乙之，未免与班固《古今人表》同一悠谬。况薛瑄、胡居仁、罗钦顺俱尊之称字称先生，而伯牛、子路诸贤乃皆卑之而书名，轩轾之间，不知何所确据。又荀况、扬雄、王通、苏轼均以杂统而称子，陆九渊、陈献章、王守仁又以杂统而书字，褒贬之间，亦自乱其例也。"

陆陇其八月在灵寿，始著《松阳讲义》。

毛奇龄著《北郊配位议》1卷成书，有自序。

汪琬编次所著《拟明史列传》24卷、《钝翁续稿》56卷刊行。

汪懋麟著《吴处士传》，记吴嘉纪事迹。

徐釚、叶燮等共纂《吴江县志》。

张茂节修，李开泰等纂《大兴县志》6卷刊行。

余为霖修，郭国琦等纂《新修齐东县志》8卷刊行。

恺撒·德·罗什福尔著成《普通物及珍品词典》。

戴维·艾伯克龙比著成《脉搏的变化》。

李焕斗修,王五鼎纂《广灵县志》10卷刊行。

唐咨伯修,杨端本纂《潼关卫志》3卷刊行。

刘允恭修,褚广镆等纂《峄县志》5卷刊行。

刘瑜修,赵端纂《高邑县志》3卷刊行。

鹿廷瑛修,钱奇才纂《宜章县志》10卷刊行。

陈邦器修,李嗣泌、刘带蕙纂《郴州总志》11卷刊行。

牟国镇修,朱宏绪纂《新宁县志》18卷刊行。

汪虬修,罗人琮纂《桃源县志》4卷刊行。

蔡荫修,陈一揆纂《龙阳县志》4卷刊行。

潘义修,杨显德纂《永定卫志》3卷刊行。

董儒修纂《九溪卫志》3卷刊行。

黄志璋修纂《麻阳县志》10卷刊行。

杨希震修,孟长醇纂《沅州志》8卷刊行。

傅以新修纂《沅陵县志》刊行。

朱兆梓修纂《辰溪县志》刊行。

迟煓修纂《辰州府志》8卷刊行。

王谦修,杨时宪纂《城步县志》10卷刊行。

陈九畴修,曹之璜纂《新修醴陵县志》6卷刊行。

杨敬儒修,杨柱朝纂《临湘县志》8卷刊行。

赵大玠修,卢传标纂《巴陵县志》22卷刊行。

李遇时修,杨柱朝纂《岳州府志》28卷刊行。

孙谦修,赵又昂纂《善化县志》4卷刊行。

苏佳嗣修,谭绍琬、张应绍纂《长河府志》20卷刊行。

郎廷泰修纂《重修江浦县新志》8卷刊行。

苏良嗣修,奚禄诒纂《黄州府志》9卷刊行。

傅鹤祥修,万年观等纂《鼎修德安府全志》24卷刊行。

查继纯修,蒋振芳、杨新日纂《漳平县志》9卷刊行。

郑鈇修,刘凝等纂《南丰县志》16卷刊行。

刘闳儒修,毛升芳等纂《遂安县志》10卷刊行。

龚嵘修纂《余杭县新志》8卷刊行。

高成美修,胡从中等纂《淮安府志》13卷刊行。

金镇原本,崔华、张万寿续修,王方歧续纂《扬州府志》40卷刊行。

按:《四库全书总目提要》曰:"《扬州府志》四十卷,国朝张万寿撰。万寿字鹤秋,浮山人。康熙中官扬州府知府。《扬州府志》自明成化至万寿,凡经五修,而益繁芜。考书首载万历中杨洵旧志序,历叙门目,其端绪尚为清整。万寿多所增益,其体例转不及原书也。"

高龙光修,朱霖纂《镇江府志》54卷刊行。

郭琇修,屈运隆纂《吴江县志》16卷刊行。

张鹏翩修,叶鸣銮纂《兖州府志》40卷刊行。

刘德芳修纂《蒙阴县志》8卷刊行。

任之鼎修《秀水县志》10卷刊行。

何志修，王庭、徐发纂《嘉兴县志》9卷刊行。

刘作霖修，刘廷耀纂《湖广郧阳府志》42卷刊行。

朱琦修，蓝庚生纂《兖州府曹县志》18卷刊行。

徐化民修，林允楫、鲍易纂《乐清县志》8卷刊行。

汪爌修，魏裔恴等纂《温州府志》32卷刊行。

李大成修，田樟等纂《夹江县志》6卷刊行。

吴一蜚修纂《洪雅县志》4卷刊行。

房星著修，杨维孝纂《峨眉县志》8卷刊行。

郎遂纂《杏花村志》12卷刊行。

叶振甲修纂《大田县志》10卷刊行。

郭茂泰修，胡在恪纂《荆州府志》40卷刊行。

蒋伊、韩作栋著《广东舆图》12卷刊行。

吴大镕主修，常在编《道国元正周濂溪夫子年表》刊行，附于是年所刊《道国元公濂溪周夫子志》中。

徐乾学等奉敕编纂《御选古文渊鉴》64卷成书。

按：《四库全书总目提要》曰："《御选古文渊鉴》六十四卷，康熙二十四年圣祖仁皇帝御选。内阁学士徐乾学等奉敕编注。所录上起《春秋左传》，下迄于宋，用真德秀《文章正宗》例；而睿鉴精深，别裁至当，不同德秀之拘迂。名物训诂，各有笺释，用李善注《文选》例；而考证明确，详略得宜，不同善之烦碎。每篇各有评点，用楼昉《古文标注》例；而批导窾要，阐发精微，不同昉之简略。备载前人评语，用王霆震《古文集为》例；而搜罗赅备，去取谨严，不同霆震之芜杂。诸臣附论，各列其名，用五臣注《文选》例；而凤承圣训，语见根源，不同五臣之疏陋。至于甲乙品题，亲挥奎藻，别百家之工拙，穷三准之精微，则自有总集以来，历代帝王未闻斯著，无可援以为例者。盖圣人之心无不通，圣人之道无不备。非惟功隆德盛，上轶唐虞，即乙鉴之余，品题文艺，亦词苑之金桦、儒林之玉律也。虽帝尧之焕乎文章，何以加哉！"

张远著《无闷堂集》12卷刊行。

顾景星著《白茅堂集》46卷刊行。

周金然著《饮醇堂文集》2卷、《砺岩续文部》20卷、《砺岩续文部二集》12卷刊行。

郑梁著《寒村诗文选十七种》36卷刊行。

沈雄著《古今词话》8卷成书。

按：沈雄字偶僧，江苏吴江人。另著有《柳塘词》。

董说编次断发吴中后所作诗为《宝云诗集》7卷。

毛先舒著《思古堂集》4卷成书，潘耒作序。

施世纶著《南堂诗钞》成书。

曹溶著《静惕堂诗集》44卷成书，又著《刘豫事迹》1卷、《砚录》1卷成书。

万树著长剧《资秦鉴》，所著《锦尘帆》、《十串珠》、《金神凤》等传奇有成稿。

王正祥所编著《十二律昆腔谱》16卷、《十二律京腔谱》16卷先后刊行。

按：《十二律昆腔谱》取宋张炎《词源》中按月配调之说，以阴阳十二律分隶诸曲，各律中复分联套、单词、兼用诸类，依类排次。后四卷依次为闰月、通用、附录、犯调。此谱与吕士雄《南词定律》同为治律谱之准绳。原刻本今已罕见。1958年古典文学出版社（上海）据吴梅校勘《暖红室汇刻传奇》板片刷印，缺页据停云馆原刻本钞补，书末有民国五年（1916）吴梅跋、1958年潘承弼跋。1972年台湾鼎文书局影古典文学出版社本，略去潘跋，辑入《善本戏曲丛刊》第三辑。

石涛作《探梅诗画卷》。

龚贤作《木叶丹黄图》。

熊赐履著《下学堂札记》3卷成书，有自序。

按：《四库全书总目提要》曰："赐履既重订所作《闲道录》，乃举向所札记，摘其与是录相发明者三百三十有三条，定为此编。前有康熙乙丑自序，末条自记成是书时年已五十矣。大旨仍以辨难攻击为本。其说有曰：'是陆而非朱者，不可不辨。是朱而并是陆者，不可不为之深辨。'又曰：'孟子本静重简默之人，今日距杨、墨，明日辟告、许，辩论衎衎，迄无宁日，时为之也。朱子之在淳熙也亦然。辟五宗之狂禅，订百家之讹舛，殚力竭精，舌敝颖秃，岂得已哉？亦时为之也。当今日而有卫道其人者乎？孟、朱之徒也。'其自负亦不浅矣。然引萧企昭之言詈王守仁为贼，未免已甚。且其中如论《易》之类，谓'六十四卦也说不尽，《乾》、《坤》二卦也不消'。是亦不免参杂恍惚之论矣。"

王喆生著《礼闱分校日记》1卷成书。

按：王喆生字醇叔，昆山人。康熙二十一年进士，改翰林院庶吉士，散馆授编修。《清史列传·王喆生传》曰："初师（朱）用纯，后游长洲彭定求之门。读书敦行，经义性理，日有札记以自检。考归后，两任邑中，清田事，为巡抚赵士麟、宋荦所推重。其为学遵程、朱而攻陆、王，谓孙奇逢初守程、朱甚笃，自鹿善继诱以文成讲习，遂复异趣。尝邀讲学诸人结会，每一会静坐七昼夜，以验心学。著《七规》一卷，又著《懿言日录》四卷。仪封张伯行称其精深博大，比之抑戒。卒，年八十一。又有《素严文稿》二十六卷。"

徐乾学著《教习堂条约》1卷成书。

曹溶卒（1613—　）。溶字秋岳，一字洁躬，号倦圃，别号金陀老圃，浙江嘉兴人。明崇祯十年进士，官御史。清顺治元年，授原官。康熙十九年，徐元文荐修《明史》。家富藏书。著有《古林金石表》1卷、《刘豫事迹》、《静惕堂诗集》、《静惕堂词》、《倦圃莳植记》等。辑有《学海类编》丛书。事迹见《清史稿》卷四八四、《清史列传》卷七八、蔡冠洛《清代七百名人传》第一编。

按：曹溶"多藏书，尤富于金石文字，号称赏鉴家"（汪璐《藏书题识·金石录跋》）。曹溶的藏书理念对朱彝尊有深刻影响。曹溶一生颇以藏书为乐，晚年筑"倦圃"聚书其中，暇则与宾客游觞吟咏。历来藏书家大多以藏有若干秘籍为尚，访得珍本，视为拱璧，秘而不宣，决不愿借于他人抄副。而曹溶撰《流通古书约》，认为古书应该流通，互相传抄。朱彝尊接受这种思想并积极响应，他曾借抄于史馆及宛平孙氏、昆山徐氏、无锡秦氏、晋江黄氏等诸多私人藏书家，曝书亭八万卷藏书，手抄而成竟有三万卷之多。同时，亦有很多藏书家借抄于朱彝尊，如与之关系极其密切的曹寅，凡是曝书亭之书，他均抄有副本。徐乾学刊刻的《通志堂经解》，亦是借朱彝尊曝书亭藏书及常熟述古堂藏书家秘本编成。

　　李因卒(1616—　　)。因字今是，又字今生，号是庵，又号龛山逸史，浙江钱塘人。葛征奇妾。工诗善画。著有《竹笑轩集》。事迹见黄宗羲《李因传》(《黄宗羲全集》第十册碑志类)、《全清词·顺康卷》卷二。

　　叶万卒(1619—　　)。万字石君，号潜夫，江苏吴县人。尝为邑诸生，隐居于家。藏书多至数千卷，会遭兵燹，书尽散失。著有《金石文随笔》、《朴学斋集》、《续金石录》、《论史石镜》、《史记私论》等。

　　按：孙从添《藏书纪要》曰："余见叶石君钞本，校对精严，可称尽美。钱遵王钞录，书籍装饰虽华，固不及汲古多而精，石君之校而备也。"又曰："今收藏书籍之人不校者多，校者甚少。惟叶石君所藏书籍皆手笔校正，临宋本、印宋钞，俱借善本改正，博古好学，称为第一。叶氏之书，至今为宝，好古同嗜者赏识焉。"

　　张烈卒(1622—　　)。烈字武承，号孜堂，顺天大兴人。康熙九年进士，授内阁中书。官至左春坊左赞善。参与修《明史》，分纂明孝宗、明武宗两朝。初习阳明学，后笃信朱子。著有《读易日钞》6卷、《史法质疑》、《王学质疑》1卷、《孜堂文集》2卷等。事迹见《清史列传》卷六六、李桓《国朝耆献类征初编》卷一一八。

　　按：《四库全书总目提要》曰：张烈"笃守朱子之说，故集中多讲学之文，然如《朱陆异同论》、《王学质疑》，皆未免有锻炼周内之意，不及其《贾董同异论》之持平。盖汉学但有传经之支派，各守师说而已；宋学既争门户，则不得不百计以求胜，亦势之不得不然者欤"。

　　龚佳育卒(1622—　　)。佳育字祖赐，又字介岑，浙江仁和人。官至光禄寺卿。性喜聚书，藏书万余卷。曾选诸生，修补江宁学宫明德堂北旧有残缺书板，补成完书数百卷。又刊行《四书讲义》和《浙西六家词》。事迹见王士禛《诰授光禄大夫光禄寺卿龚公佳育墓志铭》、姜宸英《光禄寺卿介岑龚公墓碑阴》(均见《碑传集》卷四〇)。

　　纳兰性德卒(1655—　　)。性德原名成德，字容若，号楞伽山人，满洲正黄旗人，大学士明珠之长子。善长诗词，所作《饮水》、《侧帽词》为时人传抄。著有《通志堂集》20卷、《全唐诗选》、《词韵正略》、《渌园文稿》等。事迹见《清史稿》卷四八四、《清史列传》卷七一、蔡冠洛《清代七百名人传》第五编、徐乾学《通议大夫一等侍卫进士纳兰君性德墓志铭》、韩菼《一等侍卫纳兰君神道碑》(均见《碑传集》卷一三八)。张任政编有《纳兰性德年谱》。

　　按：《清史稿》本传曰："性德乡试出徐乾学门。与从絜讨学术，尝裒刻宋、元人说经诸书，书为之序，以自撰《礼记陈氏集说补正》附焉，合为《通志堂经解》。性德善诗，尤长倚声。遍涉南唐、北宋诸家，穷极要眇。所著《饮水》、《侧帽》二集，清新秀隽，自然超逸。……好宾礼士大夫，与严绳孙、顾贞观、陈维崧、姜宸英诸人游。贞观友吴江吴兆骞坐科场狱戍宁古塔，赋《金缕曲》二篇寄焉，性德读之叹曰：'山阳《思旧》，都尉《河梁》，并此而三矣！'贞观因力请为兆骞谋，得释还，士尤称之。"《清史列传》本传曰："生平淡于荣利，书史外无他好。爱才喜客，所与游皆一时名士。晚更笃意经史，嘱友人秦松龄、朱彝尊购求宋元诸家经解，后启于徐乾学，得抄本一百四十种,晓夜穷研,学益进。"

顾琮(—1754)、阿克敦(—1757)、沈起元(—1763)、纪容舒(—1764)生。

康熙二十五年　丙寅　1686 年

反对法王路易十四的奥格斯堡联盟组成。

法国吞并马达加斯加。

英王詹姆斯二世组成新英格兰同盟。

俄国向奥斯曼帝国宣战。

正月二十九日甲申(2 月 21 日),江南道御史严鲁矩奏请将台湾、金门、厦门等处增入《大清一统志》内。

二月十三日丁酉(3 月 6 日),命江南进士金居敬、浙江进士俞兆鲁、江南举人孙致弥、丛克敬、直隶候选知县章纬、山东候选小京职沙汝洛、江南贡生叶湜、浙江生员曹晃等参与修纂《幸鲁盛典》。

二十日甲辰(3 月 13 日),太祖高皇帝《实录》、《圣训》修成,行礼,赏修纂官员。

三月初五日己未(3 月 28 日),命纂修《大清一统志》。

按:此为清代始修《大清一统志》,其体例基本仿照《大明一统志》。因工程巨大,特别是地图的绘制,资料的收集,所需时间甚长,同时还有人事方面的变化,所以到康熙六十一年(1722 年)圣祖去世时,这部总志尚未完成。雍正时重加编辑,也未完成。一直到乾隆八年(1743 年),才最后成书,俗称乾隆旧志。又因为该志的时间至康熙时为止,故世人称之为《康熙大清一统志》,全书共 342 卷。

四月初十日甲午(5 月 2 日),命搜访遗书。

按:谕礼部、翰林院曰:"自古帝王致治隆文,典籍具备,犹必博采遗书,用充秘府,盖以广见闻而资掌故,甚盛事也。朕留心艺文,晨夕披览,虽内府书籍,篇目粗陈,而裒集未备。因思通都大邑,应有藏编,野乘名山,岂无善本,今宜广为访辑。凡经史子集,除寻常刻本外,其有藏书秘录,作何给值采集,及借本抄写事宜,尔部院会同详议具奏,务令搜罗罔轶,以副朕稽古崇文之至意。"(《清圣祖实录》卷一二六)

十六日庚子(5 月 8 日),以翰林院侍讲学士顾汧充《会典》馆副总裁官。

闰四月二十四日丁丑(6 月 14 日),举行皇太子出阁读书典礼。次日开始日讲。

五月初四日丁亥(6 月 24 日),从汤斌疏请,命各省严禁"淫祠滥祀"。

按:汤斌任巡抚时,苏州城西上方山有五通神祠,几数百年烟火不断。少妇病,巫言五通神将娶为妇,往往瘵死。汤斌收其偶像毁之,并饬诸州县有类此者皆毁之,撤其材修学宫。

初五日戊子(6 月 25 日),康熙帝召尚书陈廷敬、汤斌、侍郎徐乾学、少詹事耿介、侍读学士高士奇、德阁勒、侍讲学士孟亮揆、侍讲徐元梦、谕德徐潮、中允徐嘉炎、编修熊赐瓒、励杜讷等至乾清宫内考试。

按：康熙帝阅卷后曰："朕政事之暇，惟好读书。始与熊赐履讲论经史，有疑必问，乐此不疲。继而张英、陈廷敬等以次进讲，大有裨益。朕从来不轻评论古人，即如《明史》一书，朕亦不遽加论断。然评论古人犹易，若评论时人更难。如德格勒每评论时人学问，朕心以为不然。故召尔等面试，妍媸优劣，今已判然。总之人之学问原有一定分量，真伪易明，若徒肆议论，则不自量矣。"（《清圣祖实录》卷一三〇）

十一月初十日庚寅（12月24日），康熙帝对大学士曰：所进《平定三逆方略》四册，其中舛错颇多。论赞中援宋太祖杯酒释兵权事，吴三桂等非宋功臣可比，乃唐藩镇之流耳。

十六日丙申（12月30日），康熙帝亲书"学达性天"四字匾额，颁发宋儒周敦颐、张载、程颢、程颐、邵雍、朱熹祠堂及白鹿洞书院。又书"定海山"三字匾额悬于宁波定海山。

王夫之六月写《传家十四戒》授长孙王若。

徐乾学以礼部侍郎充《大清一统志》、《会典》、《明史》三馆总裁。

按：赵执信《阎先生若璩墓志铭》曰："昆山徐尚书以文章被眷遇，领纂修数局，所邀与商略，皆天下名士，而先生（阎若璩）为首，周旋累年，敬礼不衰。"（《碑传集》卷一三一）《清史稿》本传曰："诏采购遗书，乾学以宋、元经解、李焘《续通鉴长编》及《唐开元礼》，或缮写，或仿古本，综其体要，条列奏进，上称善。时乾学与学士张英日侍左右，凡著作之任，皆以属之。学士例推巡抚，上以二人学问淹通，宜侍从，特谕吏部，遇巡抚缺勿预推。未几，迁礼部侍郎，直讲经筵。"

汤斌还京，充经筵讲官及《明史》馆总裁，五月为礼部尚书管詹事府事。

按：《清史稿·汤斌传》曰："二十五年，上为太子择辅导臣，廷臣有举斌者。诏曰：'自古帝王谕教太子，必简和平谨恪之臣，统率宫僚，专资辅翼。汤斌在讲筵时，素行谨慎，朕所稔知。及简任巡抚，洁己率属，实心任事。允宜拔擢，以风有位。'授礼部尚书，管詹事府事。"

范鄗鼎有《答魏象枢书》，文中阐述其理学观曰："小刻《广理学》，仍以理学为主。窃谓理学二字，必得文章、事功、节义，而学始实，而理始著，始可见之行事，而非托之空言矣。"（《国朝理学备考》之魏象枢卷，《又与范彪西书四》附答书）

李光地九月改掌院学士、充经筵讲官、《方略》馆副总裁；十二月为翰林院掌院学士。

陈廷敬迁工部尚书。与学士徐乾学奏进《鉴古辑览》，康熙帝嘉其有裨治化，命留览。时修辑《三朝圣训》、《政治典训》、《平定三逆方略》、《皇舆表》、《大清一统志》、《明史》，廷敬并充总裁。

许孙荃时任陕西学政，为向朝廷进呈理学著作之事征求李颙意见，李颙建议进呈冯从吾的《冯少墟先生全集》及《泾野语录》。

按：李颙《题冯少墟先生全集》曰："余平生遍阅诸儒先理学书，自洛闽而后，唯冯恭定公《少墟先生集》言言醇正，字字切实，与薛文清《读书录》相表里。而《辨学录》、《善利图》、《讲学说》、《做人说》，开关启钥，尤发昔儒所未发，尤大有关于世教人心。"

由近松门左卫门创作的著名日本木偶剧《出世景清》在东京上演。

哈雷绘制第一幅气象地图。

让·勒克莱尔编著《百科与历史丛书》。

弗朗西斯·威洛比的作品《鱼类养殖史》在其逝世后发表。

张英三月授翰林院掌院学士，兼礼部侍郎衔，四月教习庶吉士。

彭定求任国子监司业，张尚瑗在监读。

潘耒与梅文鼎定交于宣城。

彭孙遹四月为翰林院侍读，充日讲官。

刘献廷客吴门，晤金释弓（金圣叹子），见金圣叹所定《南华》。

戴名世在南京晤方苞，十二月入京师。

戴名世、何焯、刘齐、刘岩、王原、王式丹、徐念祖、刘永祯、朱琨等为拔贡。

按：刘齐字言洁，江苏无锡人。《清史列传·刘齐传》曰："初入太学，徐乾学方收召后进。齐闭门修业，与友三数人诫勿往应顺天试。……方苞初薄视宋儒书，及交齐，劝以讲索，乃深嗜焉。齐卒后，苞题其墓曰'狷者'。"

叶燮至浙江访吴之振，谋共辑宋元诗选。

何焯游山阳，买得宋王应麟《困学纪闻》。

赵执信迁右春坊右赞善，兼翰林院检讨，充《明史》馆纂修官，兼与修《大清会典》。

恽寿平自定所著诗文集，顾祖禹为撰序。

勒德洪、明珠、王熙、吴正治、宋德宜等大学士三月初五日奉命与户部尚书余国柱、左都御史陈廷敬等7人为《大清一统志》总裁官，原任左都御史徐元文、内阁学士徐乾学、翰林院学士张英、詹事府詹事郭棻、翰林院侍读学士高士奇、庶子曹禾为副总裁官；翰林院侍读彭孙适、编修黄士埙、钱金甫、田需、吴涵、史夔、许汝霖、周金然、检讨徐嘉炎、吴任臣、金德嘉、吴苑、王思轼、中允米汉雯、赞善黄与坚、候补中允胡会恩、吏部郎中颜光敏、大理寺评事高层云、见修《明史》食七品俸姜宸英、万言等20人为纂修官，陈廷敬、徐乾学受命专理馆务。

孔尚任随工部侍郎孙在丰赴扬州勘察河工，先后与冒襄、张潮等会。

李绂年十四，始学为时文，不甚好，独好诗古文辞，尤喜诗。

李应廌二月为司经局洗马，充日讲官。

星安四月为翰林院侍讲，充日讲官。

孟亮揆四月为翰林院侍讲学士，充日讲官。

库勒纳闰四月为礼部左侍郎管翰林院掌院学士事，充日讲官，教习庶吉士。

朱都纳闰四月为翰林院侍讲，充日讲官。

噶尔图闰四月以刑部左侍郎充经筵讲官。

葛思泰闰四月以童年感政使充经筵讲官。

李光地十月以内阁学士充经筵讲官。

顾八代十月以内阁学士充经筵讲官。

陈元龙五月为翰林元编修，充日讲官。

伊图九月为庶子，充日讲官。

王尹方十月为翰林院侍读，充日讲官。

徐嘉炎十月为翰林院检讨,充日讲官。

汤斌时任江苏巡抚,在太仓陈瑚故居建安道书院。

王掞为浙江督学,将原孤山书院改建为西湖书院。

朱充时任江西乐平县知县,建凤游书院。

张楷时任山东平阴知县,建少岱书院。

傅弼时任河南西平知县,建新建书院。

顾奕芬时任湖南常宁知县,改建双蹲书院。

蔡淑时任广东增城知县,建增仁书院。

韩师愈时任广东和平知县,建五云书院。

姚德基时任广东海丰知县,建龙门书院。

刘士骥时任广东清远知县,建浈江书院。

陈天植时仁广西梧州知府,将梧阳书院改建为观澜书院。

黎日升时任云南祥云知县,建万青书院。

李煦时任明州知府,重建义田书院大门、讲堂、书舍,延义师一人,更名为月湖书院。

朱彝尊始辑《经义考》。

李光地著《易范理数》成书。

王夫之八月重订《周易内传》及《凡例》毕;又著《四书笺解》11卷和《思问录》。

费密正月著《二南偶说》1卷,九月著《仪礼制度考文说》。

吕留良所著《四书讲义》43卷,由其门人陈鏦编刊并作序。

按:陈鏦《序》曰:"先生当否塞之后,慨然以斯道为己任。于诸儒语录、佛老家言,无不究极其是非。而于朱子之书信之最笃,好之最深。……又以为欲使斯道复明,舍此几个读书识字秀才,更无可与言者;而舍《四子书》外,亦无可讲之学。是以晚年点勘文字,发明《集注章句》,无复剩义。……近睹坊间有《四书语录》之刻,谬戾殊甚。用是不揣固陋,编为《讲义》一书。间与同学蔡大章云就、严鸿逵庚臣、董采载臣,及先生嗣子葆中无党更互商酌。自春徂夏,凡六阅月而后成。"(《四书讲义》卷首)

熊赐履著《朴园迩语》成书。

朱用纯七月有《与王醇叔书》、《诸儒讲义后序》。八月,又作《辍讲文》。

清重修《清太祖高皇帝实录》、《太祖高皇帝圣训》4卷、《鉴古辑览》先后告成。

陆陇其修,傅维枟纂《灵寿县志》10卷刊行。

毕际有纂《淄乘征》刊行。

按:毕际有,生卒不详,字载绩,淄川人。顺治二年(1645)中拔贡,任山西稷山知县,后晋升为江南通州牧。著有《存吾草》、《淄乘征》、《泉史》等。曾参与编修《济南府志》和《淄川县志》。又与蒲松龄诗词倡和,关系甚密。《聊斋志异》中《狐梦》、《鸲鹆》俱涉及毕氏的事迹。

刘斗修,陈如稷纂《兰州志》4卷刊行。

潘瑞奇修,张峻迹纂《石泉县志》刊行。
邓天栋纂修《徽州志》成书。
曾王孙修,徐孟深等纂《都昌县志》10卷刊行。
齐以治修,王恭先纂《临晋县志》10卷刊行。
张皇辅修,钱喜选纂《青田县志》12卷刊行。
张起贵修,孙懋赏、刘鸿声纂《奉化县志》14卷刊行。
汪源泽修,闻性道纂《鄞县志》24卷刊行。
李先荣修,徐喈凤纂《重修宜兴县志》10卷刊行。
马如龙修,杨鼐等纂《杭州府志》40卷刊行。
赵廷机修,王锡卣等纂《寿宁县志》8卷刊行。
潘世嘉修纂《长汀县志》成书。
黄一贞等修纂《溆浦县志》2卷刊行。
李梦鸾修纂《仁化县志》2卷刊行。
刘士骐修纂《翁源县志》7卷刊行。
孔兴琏修纂《番禺县志》20卷刊行。
蔡淑修,陈辉璧纂《增城县志》14卷刊行。
周宗臣、韩镠修纂《石城县志》11卷刊行。
宋嗣京修,蓝应裕等纂《埔阳志》6卷刊行。
王岱、王楚书修纂《澄海县志》22卷刊行。
金一凤修纂《海阳县志》5卷刊行。
杨于宸修纂《化州志》12卷刊行。
吴树臣修纂《四会县补志》1卷刊行。
张辅修,林如峣纂《合浦县志》14卷刊行。
佟世雍修,何如伟等纂《四川成都府志》35卷成书。
平廷鼎修,樊星炜等纂《四川叙州府志宜宾县》6卷刊行。
丁林声修,王之熊纂《四川叙州府志庆符县》2卷刊行。
徐嘉霖修,何思华等纂《内江县志》2卷刊行。
吴昌荫修纂《崇庆州志》刊行。
伦可大修,熊占祥纂《新津县志》1卷刊行。
朴怀德修,周壮雷纂《资县总志》8卷刊行。
丁林声修纂《筠连县志》4卷刊行。
王廷谋修纂《高县志》2卷刊行。
宗让修纂《兴文县志》1卷刊行。
宗让修,宋肆樟纂《长宁县志》2卷刊行。
宋敏学修,袁斯恭纂《叙永厅志》2卷刊行。
王大骐修纂《南溪县志》2卷刊行。
李成林修,罗承顺等纂《顺庆府志》10卷刊行。
吴美秀修,程溥等纂《夔州府志》10卷刊行。
庄廷璋等修纂《珙县志》1卷刊行。

顾智修纂《沅江县志》10卷刊行。
姚德闻修，吕夷钟纂《滑县志》10卷刊行。
蔡方炳著《增订广舆记》24卷成书，有自序。
查慎行著《人海记》4卷。
王夫之有《忆得诗》1卷，又作《孤鸿赋》。
洪昇从北京南还，编次所作诗为《稗畦集》。
叶燮著《原诗》4卷，并付刻。
吴绮所辑《记红集》4卷刊行。
黄生著《杜诗说》12卷成书，有自序。
尤侗初刻《西堂全集》。
朱彝尊著《腾笑集》成书，有自序。
曹贞吉著《朝天集》1卷成书。
毛先舒著《思古堂十二种书》刊行。
毛奇龄著《毛西河全集》493卷由书留草堂刊行。
刘子壮著《屺思堂文集》8卷刊行。
李振裕著《白石山房文稿》12卷刊行。
张琪光著《幽兰山房藏稿》26卷刊行。
金之俊著《金文通集》20卷、诗集6卷、外集8卷刊行。
　　按：《四库全书总目提要》曰："之俊为茅坤之外孙，故其文摹仿唐、宋，一遵坤法。又与陈名夏相善，凡有所作，大抵名夏定之，见于《自序》甚详。"
吴殳著《围炉诗话》6卷成书，有自序。
邓志谟著《古事苑》12卷成书。
陆菜编《历朝赋格》15卷成书，有自序。
元刘鉴所著《经史正音切韵指南》由京都隆安禅寺重刻。
万树著《风流棒》传奇成。
王正祥编《宗北归音京腔谱》。
王翚北行过金陵，作《春游图》。
禹之鼎在京作《卜居图》。
秦云爽著《秦氏闺训新编》12卷成书，有自序。
传教士柏应理著《中华帝国历史年表》出版。

李世熊卒（1602— ）。世熊字元仲，号愧庵，自号寒支道人，福建宁化人。明廪生。入清不仕。著有《经正录》3卷、《宁化志书》7卷、《寒支初集》、《寒支二集》、《国变录》、《钱神志》20卷等。事迹见《清史稿》卷五〇一、《清史列传》卷七〇、李桓《国朝耆献类征初编》卷四七五、魏礼《李君世熊墓志》（《碑传集》卷一二五）。李世熊自编、李权续编有《李寒支先生岁纪》。
　　按：《清史稿》本传曰："生平喜读异书，博闻强记。年八十，读书恒至夜分始休。六经、诸子百家靡不贯究，然独好韩非、屈原、韩愈之书。其为文，沉深峭刻，奥博离奇，悲愤之音，称其所遇。纵论古今兴亡，儒生出处，及江南北利害，备兵屯田水利诸大政，辄慷慨欷歔，涔涔泣下不止。"

周茂兰卒(1605—)。茂兰字子佩,号芸斋,江苏吴县人。周顺昌子。崇祯初为父鸣冤,得赠官、给诰命、建祠赐额。明亡,隐居不出。著有《参同契衍义》。事迹见《清史列传》卷七〇、黄宗羲《周子佩先生墓志铭》(《南雷文定后集》卷三)。

黄宗炎卒(1616—)。宗炎字晦术,一字立溪,人称立溪先生、鹧鸪先生,浙江余姚人。与兄黄宗羲同受业于刘宗周。明末贡生。参与抗清活动。治学专攻《易经》,以义理为主,力辟陈抟之学。著有《图学辨惑》2卷、《忧患学易》(已佚)、《周易象辞》31卷、《六书会通》、《寻门余论》2卷、《二晦集》、《山栖集》等。事迹见《清史稿》卷四八〇、《清史列传》卷六八、李桓《国朝耆献类征初编》卷四一四、全祖望《鹧鸪先生神道表》(黄云眉《鲒埼亭文集选注》上编)。

魏裔介卒(1616—)。裔介字石生,号贞庵,又号崑林,直隶柏乡人。顺治三年进士,改翰林院庶吉士,历升至左都御史、吏部尚书。康熙三年任保和殿大学士,充《实录》总裁。充山西乡试、会试正考官。乾隆二年追谥文毅。入祀贤良祠。著有《约言录》2卷、《圣学知统录》2卷、《圣学知统翼录》2卷、《周程张朱正脉》、《致知格物解》2卷、《四书大全纂要》、《四书精义汇解》、《论性书》2卷、《希贤录》10卷、《屿舫集》等,皆以程朱理学立言。另有《兼济堂文集》20卷、《兼济堂奏议》4卷、《溯洄集》10卷、《雅说集》19卷、《续补高士传》3卷、《樗林三笔》5卷、《教民恒言》1卷、《巡城条约》1卷、《风宪禁约》1卷等。事迹见《清史稿》卷二六二、《清史列传》卷五、李桓《国朝耆献类征初编》卷三、蔡冠洛《清代七百名人传》第一编、徐乾学《光禄大夫太子太傅礼部尚书保和殿大学士加一级柏乡魏公裔介墓志铭》、任启运《太子太傅保和殿大学士兼吏部尚书魏公传》(均见《碑传集》卷一一)。魏荔彤编有《魏贞庵先生年谱》。

按:《清史稿》本传曰:"生平笃诚,信程、朱之学,以见知闻知述圣学之统。著述凡百余卷,大指原本儒先,并及经世之学。"又论曰:"圣祖崇儒重道,经筵讲论,孜孜圣贤之学,朝臣承其化,一时成为风气。裔介久官台谏,数进谠言,为忧盛危明之计,自登政府,柴立不阿,奉身早退,有古大臣之风。赐履刚方鲠直,疏举经筵,冀裨主德,庶乎以道事君者欤?光地扬历中外,得君最专,而疑丛业集,委蛇进退,务为韬默。圣祖尝论道学不在空言,先行后言,君子所尚。夫道学岂易言哉?"

任辰旦卒(1617—)。辰旦字千之,号待庵,浙江萧山人。康熙六年进士。官至大理寺丞。著有《言近录》、《介和堂诗文集》。事迹见《清史稿》卷四七六、《清史列传》卷七四、李桓《国朝耆献类征初编》卷一四一、齐召南《任公辰旦传》、毛奇龄《任君集课记》(均见《碑传集》卷九二)。

传教士闵明我卒(1618—)。西班牙人。多明我会会士。顺治十五年来华,在福建、浙江传教。康熙四年,因杨光先兴起历狱而被圈禁于广州。八年秘密逃离广州,十年抵达葡萄牙首都里斯本。十五年被任命为圣多明我会总主教。

董说卒(1620—)。说字若雨,号俟庵、月函、鹧鸪生等,浙江乌程人。明末诸生,复社成员。明亡后为僧,法名南潜,字宝云。工草书,能诗。著有《七国考》14卷、《易发》8卷、《运气定论》1卷、《西游补》16回、《董若雨诗文集》等。事迹见汪曰桢纂《南浔镇志》卷一二。

丁澎卒（约1622—　）。澎字飞涛，号药园，回族，浙江仁和人。顺治十二年进士，官刑部主事，升礼部郎中。早年与毛先舒、柴绍炳、孙治、张丹、吴百朋、沈谦、虞黄昊、陆圻等称"西泠十子"，后又与宋琬、施闰章等人号"燕台七子"。著有《信美堂诗选》、《扶荔堂集》。事迹见《清史稿》卷四八四、《清史列传》卷七〇、李桓《国朝耆献类征初编》卷一四〇。

甘京约卒（1622—　）。京字健斋，江西南丰人。与同县封濬、黄熙、危龙光、曾曰都、汤其仁为谢文洊高弟，称"程山六君子"。治学力求儒家精义，不拘门户之见。著有《通鉴类事抄》120卷、《轴园初稿》2卷、《轴园稿》10卷、《轴园不焚草》2卷、《家礼致宜》4卷、《无名高士传》1卷，及《夙兴语》1卷、《心病说》1卷，并传于世。事迹见《清史稿》卷四八〇、《清史列传》卷六六。

按：《清史稿》本传曰："慕陈同甫之为人，讲求有用之学。与同邑封濬、曾曰都、危龙光、汤其仁、黄熙师事文洊，粹然有儒者气象，时号'程山六君子'。"《清史列传》本传曰："及师文洊，立身砥行，温润粟理，魏禧兄事之。其论学谓朱、陆归宿不异，所趋之途异，途异自有失，护其失而争之则害矣。"

颜光敏卒（1640—　）。光敏字修来，一字逊甫，号乐圃，山东曲阜人。康熙二年进士。历官礼部仪制司主事、考功司郎中。与修《大清一统志》。著有《乐圃集》7卷、《旧雨堂集》、《慎贻堂训蒙日纂》，辑刻《颜氏家藏尺牍》4卷等。又与宋荦、田雯、曹禾、林尧英、王又旦、曹贞吉、谢重辉、汪懋麟、叶封号为十子，刻有《十子诗略》。事迹见《清史稿》卷四八二、《清史列传》卷七〇、李桓《国朝耆献类征初编》卷一四二、震钧辑《国朝书人辑略》卷二、朱彝尊《奉政大夫颜君墓志铭》(《碑传集》卷四四)。

李卫（　—1738）、庄亨阳（　—1746）、赵大鲸（　—1749）、李锴（　—1755）、汪士慎（　—1759）、李鱓（　—1762）、诸锦（　—1769）、邹一桂（　—1772）、钱陈群（　—1774）生。

康熙二十六年　丁卯　1687年

正月二十三日壬寅（3月6日），命翰林院掌院学士李光地教习庶吉士。

二月十六日甲子（3月28日），从刑部给事中刘楷奏请，禁"淫词小说"。

按：谕曰："淫词小说人所乐观，实能败坏风俗、蛊惑人心。朕见乐观小说者多不成材，是不唯无益而且有害。至于僧道邪教，素悖礼法，其惑世诬民尤甚。愚民遇

英王詹姆斯二世发布《信教自由令》。

波洛尼亚大学成立。

方术之士，闻其虚诞之言，辄以为有道，敬之如神，殊堪嗤笑。俱宜严行禁止。"(《清圣祖实录》卷一三〇)

三月初二日庚辰(4月13日)，礼部题："请停天下岁贡生廷试，其中有情愿入监读书者，该学起文送部到监肄业。至于举人就教者，亦免廷试，具呈吏部，照次补用。"允之(《清圣祖实录》卷一二九)。

十六日甲午(4月27日)，命吏部尚书达哈他、工部尚书王日藻监修《赋役全书》。

四月十二日己未(5月22日)，康熙帝就纂修《明史》事，谕大学士等曰："尔等纂修《明史》，曾参看前《明实录》否？史事所关甚重，若不参看实录，虚实何由悉知。他书或以文章见长，独修史，宜直书实事，岂可空言文饰乎！如明代纂修《元史》，限期过迫，以致要务多漏，且议论偏颇，殊乖公正。俟《明史》修成之日，应将实录并存，令后世有所考据。"(《清圣祖实录》卷一三〇)

十三日庚申(5月23日)，南怀仁题请将冲天炮刻名，大学士等议准行。又请欲行天主教，议不准行。康熙帝曰：天主教应行禁止，但地方官禁止条例内，将天主教等同于白莲教谋叛，此言太过，著删去(《清圣祖实录》卷一三〇)。

五月十一日戊子(6月20日)，康熙帝召尚书陈廷敬、汤斌，侍郎徐乾学，少詹事耿介，侍读学士高士奇、德格勒，侍讲学士孟亮揆，侍讲徐元梦，谕德徐潮，中允徐嘉炎，编修熊赐瓒、励杜纳等至乾清宫内考试，题为《理学真伪论》。

按：康熙帝出题目一："昊天与圣人皆有四府，其道如何？"二："阅农五言排律十二韵"。阅卷毕，帝曰："朕政事之暇，唯好读书。始与熊赐履讲论经史，有疑必问，乐此不疲。继而张英、陈廷敬等以次进讲，大有裨益。朕从来不轻评论古人，即如《明史》一书，朕亦不遽加论断。然评论古人犹易，若评论时人更难，如德格勒每评论时人学问，朕心以为不然，故召尔等面试。妍媸优劣，今已判然。总之，人之学问原有一定分量，真伪易明，若徒肆议论，则不自量矣！"(《清圣祖实录》卷一三〇)

十五日壬辰(6月24日)，建周公庙碑、孔子庙碑、孟子庙碑，皆由康熙帝作碑文。

六月初七日癸丑(7月15日)，康熙帝谓大学士等曰："今自夸诩为道学者，惟口为道学之言，不能实践者甚多。"(《清圣祖实录》卷一三〇)

九月初三日戊寅(10月8日)，江南乡试诸生员因考试不公，于文庙鸣钟击鼓跪哭，围主考官米汉雯住所肆骂，又具呈控告。后经礼部审查，将不合式之考生罚停会试，米汉雯及副主考官龚章以不谨例革职。

是年，赐御书"学达性天"额及经史讲义等予岳麓书院，因建御书楼。

英国博物学家及医生汉斯·斯隆爵士在牙买加之行中开始收集植物标本。

黄宗羲因甬上弟子陈介眉、陈赤衷先后去世，作《闻陈介眉、陈夔献讣音》七律三首，稍后，并为二人作墓志铭。

王夫之病益衰，六月，朱翠涛、何诣得来草堂问疾。

钱澄之应徐乾学招至京师。既至，出其所著《田间易学》、《田间诗学》,乾学等读而好之,谋为刊行,并为撰《田间全集序》。

> 按:《四库全书总目提要》评《田间易学》曰:"家世学《易》,又尝问《易》于黄道周。初撰一书曰《易见》,因避兵闽地,失其本,又追忆其意撰一编曰《易火传》。既而乱定归里,复得《易见》旧稿,乃合并二编,删其重复,益以诸家之说,勒为此书。其学初从京房、邵康节入,故言数颇详,盖黄道周之余绪也。后乃兼求义理,参取王弼《注》、孔颖达《疏》、程子《传》、朱子《本义》,而大旨以朱子为宗。其说不废图,而以陈抟《先天图》及'河'、'洛'二图,皆因《易》而生,非《易》果因此而作,图中奇偶之数,乃揲蓍之法,非画卦之本。持论平允,与元钱义方之论合,而义尤明畅,故卷首图象虽繁,而不涉支离附会之弊。独其'周易杂考'一条,既深慨今本非朱子之旧,而徒以《彖传》、《象传》篇首之注推其说,竟不能更其次第以复古本,盖刘稿旧刻,国初尚未得见,故知其误而不能改,仍用注疏本也。"

徐乾学以礼部侍郎充《大清一统志》、《大清会典》、《明史》三馆总裁。

顾祖禹应徐乾学之邀,参纂《大清一统志》。

刘献廷、黄百家来京,以徐乾学幕宾身份参与修撰《明史》。

> 按:黄百家字主一,浙江余姚人。黄宗羲子,能传黄宗羲之学。国子监生。治学倡导实学,反对空疏学风。著有《勾股矩测解原》、《学箕初稿》等。

万斯同与刘献廷在《明史》馆协作修史,配合默契。

> 按:全祖望在《鲒埼亭文集》中曰:"余又尝闻之,万先生与继庄(刘献廷字)共在徐尚书邸中,万先生终朝危坐观书,或瞑目静坐,而继庄好游,每日必出,或兼旬不返,归而以其所历告之万先生,万先生亦以其所读书证之,语毕复出。故都下求见此二人者,侍万先生为多,而继庄以游,罕所接。"

王源游京师,徐乾学厚礼之,乃与修《明史》。

> 按:《明史·兵志》为王源所作。

张玉书三月以刑部尚书充经筵讲官。

魏象枢是年有信询问范鄗鼎,"本朝之讲理学有著作者"如何处理,范鄗鼎就此答云:"本朝理学,有志未逮,俟明儒(即《明儒理学备考》)草草就绪,然后可渐举也。"(《国朝理学备考》之魏象枢卷,《又与范彪西书四》附答书)可见,在致力表彰明代理学诸儒学行的过程中,范鄗鼎已开始考虑对当朝理学发展的梳理问题。

汪份、何焯在京父方苞。

李塨入京主馆,从学者甚众。

汤斌改工部尚书。

刘献廷是春应徐乾学、徐元文聘,入京与修《明史》,始为增定《历志》稿,旋,应顾祖禹、黄仪聘,参定《河南通志》稿。

> 按:《清史稿·黄仪传》曰:"黄仪,字六鸿,常熟人。精舆地之学。尝以班固《地志》所载诸川,第详水出入,其中间经历之地,备著于《水经》,然读者非绘图不能了,乃反覆寻究,每水各为一图。凡都邑建署沿革、山川险易皆具焉,条缕分析,各得其理。阎若璩见之,叹曰:'郦道元千古后一知己也!'若璩尝问仪:'《后汉志》温县济水出,王莽时大旱,遂枯绝。是河南无济矣,何郦氏言之详也?'仪曰:'新莽时虽枯,后复见,郦氏所谓其后水流迳通,津渠势改,寻梁脉水,不与昔同是也。杜君卿乃不信《水经》,专凭彪《志》,窃以彪特纪一时灾变耳,非谓永不截河南过也。'徐乾学修《一

牛顿提出地球引力定理。

统志》,仪与若璩、胡渭、顾祖禹任分纂,皆地学专家。仪又订正《晋书·地理志》。兼工诗词,著有《纫兰集》。"

高裔三月为翰林院侍讲,充日讲官。

方苞年二十,循览《五经注疏大全》,以诸色笔别之,用功少者亦三、四周。

韩菼由内阁学士假归,筑室西山。点勘诸经注疏,旁逮诸史。

吴绮、龚贤、石涛、孔尚任、查士标等在扬州共会春江社。

洪昇以所作诸种传奇征吴绮题。

陈潢以佐勒辅治河功授佥事道衔;戴名世在京与之相识,得其提挈。

戴名世肄业国学,寓同里张英邸舍。八月参与乡试,被放废。

查慎行秋闱复下第。

魏希征、张希良、仇兆鳌、汪灏等由庶吉士为翰林院编修,胡作梅、俞长城、樊泽达等为翰林院检讨。

田雯官江宁巡抚;至扬州晤孔尚任。

米汉雯三月为左春坊左中允,充日讲官。

胡会恩三月为右春坊右中允,充日讲官。

舜拜三月以内阁学士觉罗充经筵讲官。

顾藻四月为翰林院编修,充日讲官。

博际、翁叔元六月为翰林院侍讲学士,充日讲官。

戴通六月为翰林院侍读,充日讲官。

张英十一月为礼部左侍郎,充经筵讲官。

孔俄岱十一月为翰林院侍讲,充日讲官。

朱耷离江西南昌青云谱,始流浪飘零。

李中素任岳麓书院山长。

张思明时任盐驿道,于河南开封建二程书院。

吕应奎时任广东惠州知府,建西湖书院。

李士桢时任广东南海知府,建濂溪书院。

法国传教士白晋、张诚、洪若翰、李明、刘应一行自海宁抵宁波传教。

按:这些传教士是法王路易十四选派的第一批来华的耶稣会士。在出发前,他们被授法国科学院院士,并负有测量所经各地区的地理位置和收集科学资料之任务。当时的浙江巡抚金宏以这些人无护照入境,咨文礼部,拟遣送回国。因当时任职钦天监的比利时教士南怀仁年事已高,康熙帝正物色新人接替,遂批准他们进京。白晋和张诚两位神父当即被康熙帝留京供职,其它三人则获准前往各省自由传播福音。

比利时传教士卫方济是年来华,先后在淮安、五河、上海、建昌、南丰等地传教。

费奈隆著成《论子女教育》。

塞缪尔·冯·

孙子昶著《太极集注》刊行。

按:是书《清史稿·艺文志》著录书名为《太极图书集注》。《四库全书总目提要》曰:"国朝孙子昶撰。子昶号主一,闻喜人。康熙己未进士。官垣曲县知县。是书取朱子之解分配周子之图,列为十章,分裂原图,各系于下。又解周子原说亦分为十章,而句解字释,所释各注右解之几章,释某义,全摹朱子《大学章句》之体。图之后附以子昶所演易图,说之后附以诸家之说,大抵皆可已而不已。前有康熙丁卯范鎬序,亦颇著微词云。"

陈启源以十四年功著《毛诗稽古编》30卷成书。

按:《四库全书总目提要》曰:是书"其间坚持汉学,不容一语之出入,虽未免或有所偏,然引据赅博,疏证详明,一一皆有本之谈。盖明代说经,喜骋虚辨,国初诸家,始变为征实之学,以挽颓波。古义彬彬,于此为盛。此编尤其最著也"。有《皇清经解》本。

王夫之始著《读通鉴论》。

黄宗羲刻《子刘子文集》。

熊赐履著《些余集》成书。

陆陇其摘《问学录》、日记中有关学术者,汇编为《卫滨日钞》。是年十月,又刻张烈所著《王学质疑》,作《后序》。

汤斌门人王廷灿集汤语录、奏疏等文,为《汤子遗书》若干卷行世。

李因笃撰《贞孝录序》。

李塨著《瘳忘编》,颜元为订正。

敕修《清太宗文皇帝圣训》6卷、《清世祖章皇帝圣训》6卷成书。

按:《四库全书总目提要》曰:"《世祖章皇帝圣训》六卷,康熙二十六年圣祖仁皇帝恭编。凡一百一十三则,分三十二门。乾隆四年皇上御制序文刊布。洪维我世祖章皇帝凤龄践祚,定鼎燕京,视帝尧起自唐封,尚先五载。然生而神灵,幼而徇齐,长而敦敏,则比德于黄、轩。是以提挈天枢,驱策群力,削平三蘖,底定四瀛,大同文轨,建亿载之丕基。加以宵旰之余,始终典学,《御注孝经》,则操至德要道之原;《御纂内则衍义》,则昭笃近举远之本;《御制人臣儆心录》,则振举政典,澄叙官方;《御撰资政要览》,则敦叙纲常,砥砺世教。凡圣贤之理蕴,无不阐明,凡帝王之治法,无不讲贯。固已本心出治,举措咸宜。至于教阐圣谟,言为世则,亦出同纶绂,宝并球图。"

朱彝尊辑《日下旧闻》42卷成书,徐乾学作序。

按:是书辑录有关北京史料,采摭宏博,记述详备。

陈宗石纂修《安平县志》10卷刊行。

项龙章修,田六善纂《阳城县志》8卷刊行。

吴垚纂修《洮州卫志》成书。

周三进纂修《五台县志》8卷刊行。

张瓒纂修《河州志》成书。

祖肇庆纂修《阶州志》成书。

王殿元纂修《西和县志》成书。

杨注纂修《成县志》成书。

汪文煜纂修《伏羌县志》1卷刊行。

晋显卿修,王星麟纂《宁州志》5卷刊行。

刘俊声修,张桂芳纂《清水县志》12卷刊行。

王揄善纂修《礼县新志》成书。

武国栋纂修《两当县志》1卷成书。

普芬多夫著成《宗教自由同平民生活的关系》。

约翰·威利斯的作品《逻辑论的建立》。

伊萨克·牛顿编著《自然哲学的数学原理》。

李观我纂修《狄道县志》刊行。
张弘斌、张淑孔纂修《渭源县志》成书。
耿喻修，郭殿邦纂《金县志》2卷刊行。
高锡爵修，郭巍纂《临洮府志》22卷刊行。
赵世震修，汪泽延纂《汉阴县志》6卷刊行。
张嵋修，唐梦赉纂《淄川县志》8卷刊行。
王基巩修纂《安乡县志》12卷刊行。
王永名修，黄士龙、黄虞纂《花县志》4卷刊行。
成王佐修，乐安成纂《龙门县志》12卷刊行。
秦熙祚修纂《重修曲江县志》4卷刊行。
陶敬修纂《博罗县志》7卷刊行。
张洗易修纂《乳源县志》8卷刊行。
程黻修，张日星纂《乐昌县志》10卷刊行。
裴天锡修，罗人龙纂《湖广武昌府志》12卷刊行。
蒋廷铨修纂《上杭县志》12卷刊行。
王珏修，叶先登、吴一蜚纂《长泰县志》10卷刊行。
范正辂修纂《德化县志》16卷刊行。
冯大奇修，贺振能等纂《获嘉县志》10卷刊行。
袁朝选修，徐肇伊等纂《宣城县志》8卷刊行。
赵世安修，顾豹文、邵远平纂《仁和县志》28卷刊行。
萧文蔚修纂《桃源县志》4卷刊行。
范永盛修，章起鸿等纂《瑞安县志》10卷刊行。
潘廷侯修，吴南杰纂《琼山县志》12卷刊行。
姚肃规修，余象斗纂《顺德县志》12卷刊行。
张秉政修，张经纂《惠来县志》18卷刊行。
臧宪祖修纂《潮阳县志》20卷刊行。
刘抃等修纂《饶平县志》4卷刊行。
程秉恺修纂《乐会县志》4卷刊行。
孙蕙修，孔元体纂等《长乐县志》8卷刊行。
梁之栋修，黎民铎纂《石城县志》11卷刊行。
周振声修，周承权纂《茂名县志》4卷刊行。
陈士铎述《石宝秘录》6卷刊行。

按：是书传为傅山遗作，为陈士铎整理补充而成。

赵宁修纂《岳麓书院志》9卷。

按：是书汇录记叙此前岳麓之地理环境、书院历史、学术渊源、山川风物，是研究古代文化教育、学术思想的重要史料。

费密撰《七十子授受传略》。
吴庄自编《花甲自谱》1卷刊行。
蒋伊著《蒋氏家训》1卷成书。

王士禛著《唐选十集》刊行。

方象瑛著《健松斋集》24卷刊行。

倪璠所著《庾子山集注》16卷刊行。

陈宏绪著《陈士业先生集》14卷刊行。

陈维崧著《陈迦陵文集》16卷刊行。

陆陇其著《松阳钞存》2卷成书。

曹贞吉著《鸿爪集》1卷成书，靳治荆作序。

万树著《词律》20卷成书，有自序。

按：是书编纂得无锡侯文灿协助。康熙时人田同之在《西圃词说》中评价此书曰："宋元人所撰词谱流传者少。自国初至康熙十年前，填词家多沿明人，遵守《啸余谱》一书。词句虽胜于前，而音律不协，即《衍波》（王士禛词集名）亦不免矣，此《词律》之所由作也……故浙西名家，务求考订精严，不敢出《词律》范围之外，诚以《词律》为确且善耳。"有堆絮园原刻本、《四库全书》本、《四部备要》本及1984年上海古籍出版社影印本。

叶焘著《山清全书》20卷成书，有自序。

傅起儒著《字学津梁》刊行。

回鹘文《金光明经》木刻本成书。

李用粹著《证治汇补》8卷成书。

按：李用粹字修之，号惺庵，原籍浙江鄞县，定居上海。通医术。另有《旧德堂医案》。

陈淏子著《花镜》6卷成书。

按：是书又名《百花栽培秘诀》，记载三百多种花木果树之品种及栽培方法，指出植物随气候而变异，并记有嫁接之法。陈淏子，一名扶摇，自号西湖花隐翁，杭州人。其《自序》中称："怀才不遇，久居南京，晚年归乡，隐于西湖畔，乐园艺，遂编此书。"有中华书局1956年版本、农业出版社1962年校注本。

比利时耶稣会士柏应理在巴黎印行《中国哲学家孔子》，中文标题为《西文四书直解》。

按：是书为孔子学说有系统传入欧洲之始。

奥地利传教士白乃心将《中庸》译成意大利文，题名为《中国札记》。

杜濬卒（1611— ）。濬原名绍先，字于皇，号茶村，又号西止，晚号半翁，湖北黄冈人。明崇祯时太学生。明亡后，寓居江宁。著有《变雅堂文集》、《变雅堂诗集》、《紫山集辑》等。事迹见《清史稿》卷五〇一、《清史列传》卷七〇、李桓《国朝耆献类征初编》卷四七五、方苞《杜茶村先生墓碣》（《方苞集》卷一三）。汪士钥编、王葆心补编有《杜茶村先生年谱》。

应撝谦卒（1619— ）。撝谦字嗣寅，号潜斋，浙江仁和人。明诸生。康熙十七年，李天馥等以博学鸿词荐，以老病不能行辞。著有《周易集解》、《易学图说》1卷、《诗传翼》、《书传拾遗》、《周官联事》2卷、《礼学汇编》70卷、《春秋传考》、《春秋集解》12卷、《论孟拾遗》、《学庸本义》、《孝经辨定》、《性理大中》28卷、《礼乐汇编》63卷、《礼器图说》1卷、《洪范图说》

1卷、《三家释要》3卷、《经韵简》1卷、《庄子雅言》2卷、《两汉言行录》16卷、《考亭集要》20卷、《教养全书》41卷、《潜斋文集》50卷、《古乐书》24卷、《乐志章》1卷、《养蒙文》1卷、《训子约语》1卷、《家塾祀规》1卷、《校定文公家礼》4卷等书20余种。事迹见《清史稿》卷四八〇、《清史列传》卷六六、蔡冠洛《清代七百名人传》第四编、全祖望《应先生㧑谦神道碑》(《碑传集》卷一二八)。

按：《清史稿》本传曰："㧑谦于《易》、《书》、《诗》、《礼》、《乐》、《春秋》、《孝经》、《四书》各有著说。又撰《教养全书》四十一卷，分选举、学校、治官、田赋、水利、国计、漕运、治河、师役、盐法十考，略仿《文献通考》，而于明代事实尤详。其不载律算者，以徐光启已有成书；不载舆地者，以顾炎武、顾祖禹方事纂辑也。又有《性理大中》二十八卷。门人钱塘凌嘉邵、沈士则传其学。"《清史列传》本传曰："㧑谦为学，不喜陆、王家言，尝谓阳明之功谲而不正，又谓阳明自少独学无师，坚于自用。其论性、论太极，亦颇与程、朱不同。然其教人用功，必以穷理格物为本，谨守朱子家法，读书务穷底蕴。"

魏象枢卒(1617——)。象枢字环极，一字环溪，号庸斋，又号寒松，山西蔚州人。明崇祯十五年举人。顺治三年进士。官至刑部尚书。著有《大学管窥》、《圣人家门喻》、《儒宗录》1卷、《知言录》1卷、《庸言》1卷、《嘉言录》、《寒松堂文集》10卷、《寒松堂诗集》3卷等。事迹见《清史稿》卷二六三、《清史列传》卷八、李桓《国朝耆献类征初编》卷四四、蔡冠洛《清代七百名人传》第一编、陈廷敬《刑部尚书敏果魏公象枢墓志铭》、徐乾学《资政大夫刑部尚书谥敏果魏公神道碑》(均见《碑传集》卷八)。魏学诚编有《寒松老人年谱》，安俊杰主编《一代名臣魏象枢》(百花文艺出版社2000年版)。

陈赤衷卒(1617——)。赤衷字夔献，号环村，浙江鄞县人。明诸生。康熙六、七年间创立讲经会，万斯大、万斯同兄弟等皆参与。著有《环村集》。事迹见《清史列传》卷六八、李桓《国朝耆献类征初编》卷四一四、黄宗羲《陈夔献墓志铭》(《黄宗羲全集》第十册碑志类)。

按：黄宗羲《陈夔献墓志铭》曰："制科盛而人才绌，于是当世之君子，立讲会以通其变，其兴起人才，学校反有所不逮。如朱子之竹林，陆子之象山，五峰之岳麓，东莱之明招，白云之仙华，继以小坡、江门、西樵、龙瑞，逮阳明之徒，讲会且遍天下，其衰也，犹吴有东林，越有证人，古今人才，大略多出于是。然士子之为经义者，亦依仿之而立社，余自涉事至今，目之所睹，其最著者，云间之几社，有才如何刚、陈子龙、徐孚远，而不能充其所至；武林之读书社，徒为释氏之所网罗；娄东之复社，徒为奸相之所訾謷。此无他，本领脆薄，学术庞杂，终不能有所成就。丁未、戊申间，甬上陈夔献创为讲经会，搜故家经学之书，与同志讨论得失。一义未安，迭互锋起，贾、马、卢、郑，非无纯越，必使倍害自和而后已。思至心破，往往有荒途为先儒之所未廓者。数年之间，仅毕《诗》、《易》、《三礼》，诸子亦散而之四方，然皆有以自见。如万季野之史学，万充宗、陈同亮之穷经，躬行则张旦复、蒋弘宪，名理则万公择、王文三，文章择郑禹梅清工，李杲堂纬泽，董巽子、董在中函雅，而万贞一、仇沧柱、陈匪园、陈介眉、范国雯，准的当时，笔削旧章，余子亦复质有其文。呜呼盛矣！非夔献开其沟浍，曷克有此？"(《黄宗羲全集》第十册碑志类)。

孙枝蔚卒(1620——)。枝蔚字豹人，号溉堂，陕西三原人。康熙十八年举博学鸿儒科,授内阁中书。著有《溉堂前集》9卷、《溉堂文集》5卷、《溉堂续集》6卷、《溉堂后集》6卷及《溉堂诗余》2卷。事迹见《清史稿》卷四八四、《清史列传》卷七一、李桓《国朝耆献类征初编》卷四二六、郑方坤《孙枝蔚小传》(《碑传集》卷五八)。

顾景星卒(1621—)。景星字黄公,一作字赤方,号黄公,湖北蕲州人。明末贡生。康熙十八年举博学鸿儒科,因病不试,从此杜门不出,名其堂曰白茅。著有《白茅堂集》46卷、《读史集论》9卷、《䝉池录》118卷、《顾氏列传》15卷、《南渡来耕集》73卷、《阮籍咏怀诗注》2卷、《李贺诗注》4卷等。事迹见《清史列传》卷七〇。

叶封卒(1623—)。封字井叔,号慕庐,别号退翁,湖北黄陂人。顺治十六年进士。官至工部主事。著有《嵩志》21卷、《嵩阳石刻集记》2卷、《慕庐集》、《嵩游集》等。事迹见《清史列传》卷七〇、李桓《国朝耆献类征初编》卷一四〇、王士禛《诰授奉直大夫工部虞衡清吏司主事叶公封墓志铭》(《碑传集》卷五九)。

周筼卒(1623—)。筼初名筠,字公贞,更字青士,浙江嘉兴人。精于词律,曾搜集唐宋元诸词家,分别体裁,著《词纬》30卷、《今词综》10卷;又著有《采山堂集》24卷、《析津日记》3卷、《投壶谱》1卷等。事迹见《清史列传》卷七一、朱彝尊《布衣周君筼墓表》(《碑传集》卷一三七)。

倪灿卒(1626—)。灿字闇公,江苏上元人。康熙十六年举人。举博学鸿儒科,授翰林院检讨,与修《明史》。著有《宋史艺文志补》1卷、《辽金元史艺文志补》1卷、《雁园集》等。事迹见《清史稿》卷四八四、《清史列传》卷七〇、李桓《国朝耆献类征初编》卷一一七、震钧辑《国朝书人辑略》卷二、乔莱《倪检讨灿墓志铭》(《碑传集》卷四五)。

宋德宜卒(1626—)。德宜字右之,号蓼天,江苏苏州人。顺治十二年进士。康熙间官至文华殿大学士。主持纂修《清太祖实录》等。卒谥文恪。事迹见《清史稿》卷二五七、《清史列传》卷七、李桓《国朝耆献类征初编》卷六、蔡冠洛《清代七百名人传》第一编、徐乾学《光禄大夫太子太傅吏部尚书文华殿大学士加一级宋文恪公德宜行状》(《憺园全集》卷三三)。

汤斌卒(1627—)。斌字孔伯,号潜庵,河南睢州人。顺治进士。累官潼关兵备道,后辞官从孙奇逢学。康熙十七年被荐应博学鸿儒科,授翰林院侍讲,与修《明史》。任江苏巡抚时,禁书坊刻印小说,令诸州县立社学,讲《孝经》等书。乾隆元年追谥文正。著有《洛学编》4卷、《常语笔存》1卷、《睢州志》5卷、《潜庵语录》等。今有《汤子遗书》10卷传世。事迹见《清史稿》卷二六五、《清史列传》卷八、李桓《国朝耆献类征初编》卷四八、蔡冠洛《清代七百名人传》第一编、徐乾学《光禄大夫太子太傅吏部尚书文华殿大学士加一级宋文恪公德宜行状》、耿介《汤潜庵先生斌传》、方苞《汤司空逸事》、冯景《汤中丞杂记》(均见《碑传集》卷一六)。清王廷灿编有《潜庵先生年谱》,杨椿编有《汤文正公年谱定本》。

按:《清史稿》本传曰:"斌既师奇逢,习宋诸儒书。尝言:'滞事物以穷理,沉溺迹象,既支离而无本;离事物而致知,骛聪黜明,亦虚空而鲜实。'其教人,以为必先明义利之界,谨诚伪之关,为真经学、真道学;否则讲论、践履析为二事,世道何赖。斌笃守程、朱,亦不薄王守仁。身体力行,不尚讲论,所诣深粹。著有《洛学编》、《潜庵语录》。雍正中,入贤良祠。乾隆元年,谥文正。道光三年,从祀孔子庙。"汤斌潜庵学派的弟子有伍廷灿、彭定求等。其交游者有耿介、田兰芳、张沐、李来章、施闰章、汪琬等;其从游者有窦克勤、姚尔申、冉觐祖等。

  蒋伊卒(1631—　)。伊字渭公,号莘田,江苏常熟人。熊赐履弟子。康熙十二年进士,选翰林院庶吉士,散馆,授监察御史。著有《臣鉴录》20卷、《蒋氏家训》1卷、《万世玉衡录》20卷、《莘田文集》18卷等。又与韩作栋撰《广东舆图》12卷。事迹见《清史列传》卷七四、李桓《国朝耆献类征初编》卷二〇八、蔡冠洛《清代七百名人传》第一编、彭绍升《故提督河南学政按察使副使蒋公伊事状》、王廷璧《督学蒋公德政碑》(均见《碑传集》卷五三)。

  陈锡嘏卒(1634—　)。锡嘏字介眉,号怡庭,浙江鄞县人。黄宗羲弟子。康熙十五年进士,选庶吉士,散馆,授翰林院编修。曾参纂《皇舆表》、《鉴古缉览》二书。长于制义,以经学著名。著有《兼山堂集》8卷。事迹见李桓《国朝耆献类征初编》卷一四五、黄宗羲《翰林院编修怡庭陈君墓志铭》。

  叶奕苞卒,生年不详。奕苞字九来,江苏昆山人。叶方蔼弟。康熙十八年举博学鸿儒,罢归。著有《经锄堂文稿》6卷、《经锄堂诗集》10卷、《金石录补》27卷、《金石录补续跋》7卷等。事迹见《清史列传》卷七一。

  按：支伟成曰:"少师事葛芝、叶宏儒,务根底之学。工诗,善书法。康熙戊午,举博学鸿词,罢归,葺半茧园,与海内名流姜宸英、施闰章、陈维崧及同里归庄辈流连觞咏于其间,文采辉映一时。尝作《太甲改元》、《周公居东周诗》、《周正辨》诸篇,皆穿穴经义,有禅学者。又偕盛符升等预修县志,未竣而邑令董正位罢官,平居悉心采访,别撰《志稿》二十二卷,隶事必求其实,家世必详其源,为他志所不及。尤酷嗜金石,始得墨拓数十通,即思专为一书以绍述宋赵明诚氏之《金石录》。于是遍访考古家,征集日富,久之,成《金石录补》二十七卷,《续跋》七卷。所论多具独见。时钱竹汀、翁覃溪诸书未出,而搜罗广博,上起《岣嵝禹碑》,讫宋《周处台记》,辨证精核,殊不在两家下。钱遵王《读书敏求记》谓'迥胜赵氏原本',非过言也。末数卷复列考异、碑题、立碑处、存疑、杂记五门,足为后来取法。"(《清代朴学大师列传·叶奕苞》)

  金农(　—1764)、黄慎(　—1770)、杨岫(　—1785)生。

康熙二十七年　戊辰　1688年

法人战神圣罗　　二月初七日庚戌(3月8日),钦天监监正加工部右侍郎、传教士南怀仁病逝。命从优议奏。二十七日予祭葬，谥勤敏。

十六己未（3月17日），以大学士王熙、左都御史徐乾学为会试正考官，兵部右侍郎成其范、右副都御史郑重为副考官。

十七日庚申（3月18日），停止九卿詹事科道会推各省学道员缺。

二十四日丁卯（3月25日），纂修玉牒，命宗人府左宗人镇国公苏努等为总裁官。

三月初一日甲戌（4月1日），礼部题三月十八日皇帝诞辰庆贺事。康熙帝命嗣后庆贺礼仪永行停止。

二十六日己亥（4月26日），策试天下贡士范光阳等于太和门前。

二十八日辛丑（4月28日），康熙帝御乾清宫，读卷官大学士伊桑阿等选择殿试贡士策十卷，依例进呈，上依次披览，改拟第二名沈廷文为第一名，第五名查嗣韩为第二名，第四名张豫章为第三名。又以凌绍雯试策，兼译国书，准附二甲。

二十九日壬寅（4月29日），传胪，赐殿试贡士沈廷文等146人进士及第出身有差。

六月初二日癸卯（6月29日），命礼部左侍郎、管翰林院掌院学士事库勒纳、内阁学士彭孙遹教习庶吉士。

九月初十日己卯（10月3日），命宋儒张载之第十七世孙张守光袭五经博士。

十四日癸未（10月7日），以翰林院掌院学士李光地为武会试正考官，侍讲学士朱阜为副考官。

十月初四日癸卯（10月27日），康熙帝于太和门前策试天下武举。

初七日丙午（10月30日），传胪，赐殿试武举王应统、林云汉、吴开圻等94人武进士及第出身有差。

黄宗羲五月至吴门晤工部尚书汤斌，相互论学。

黄宗羲是冬自营生圹塘于其父墓旁，中置石床，不用棺椁，并作《葬制或问》一篇。

黄宗羲在证人书院复举书院讲经会，谓"明人讲学，袭《语录》之糟粕，不以六经为根柢，束书不读，但从事于游谈。学者必先穷经，经术所以经世，乃不为迂儒"，又谓"读书不多，无以证斯理之变；读书多而不求于心，则为俗学"（《清史稿·黄宗羲传》）。从之讲学者数百人。

王夫之作《武夷先生暨太孺人合葬墓志》，概述父母生平。

熊赐履七月为礼部尚书，充经筵讲官。

徐元文七月为左都御史，充经筵讲官，十二月调户部尚书。

董讷七月为内阁学士，充经筵讲官。

麻尔图十月为礼部尚书，充经筵讲官。

徐乾学充会试总裁，即闱中转刑部尚书，出闱就职。

阎若璩四至京师。

马帝国。

英国"光荣革命"发生。

陆陇其以范鄗鼎寄来所著《理学备考》，答书讨论。

陶元淳中进士，拒不应徐元文之邀佐纂修《明史》聘。

高士奇上疏言："臣等编摩纂辑，惟在直庐。宣谕奏对，悉经中使。非进讲，或数月不觐天颜，从未干涉政事。不独臣为然，前入直诸臣，如熊赐履、叶方蔼、张玉书、孙在丰、王士禛、朱彝尊等，近今同事诸臣，如陈廷敬、徐乾学、王鸿绪、张英、励杜讷等，莫不皆然。独是供奉日久，嫌疑日滋。张汧无端疑怨，含沙污蔑，臣将无以自明，幸赖圣明在上，诬构难施。但禁廷清秘，来兹蘷斐，岂容仍玷清班？伏乞赐归田里。"上命解任，仍领修书事（《清史稿·高士奇传》）。

王熙二月任会试正总裁。

张玉书二月由刑部尚书调为兵部尚书，十二月调任礼部尚书；刑部尚书李天馥为兵部尚书。

张玉书、图纳、马齐等5人五月初一日奉差阅视河工，八月十五日疏报勘阅河工情形。

梅文鼎在西湖，与毛际可密交。

德格勒以私抹起居注，大干法纪被判秋后处决，侍讲徐元梦因与德格勒互相标榜而被枷号三月，鞭一百。德格勒后遇赦，以谪籍终。

按：《清圣祖实录》卷一三三曰："刑部议复：'翰林院疏参：侍读学士德格勒私抹记注，大干法纪，侍讲徐元梦与德格勒互相标榜，情罪可恶。应将德格勒拟斩立决，徐元梦拟绞监候。'得旨：'德格勒著监候秋后处决，徐元梦著免死，枷号三月，鞭一百，入辛者库。'"

靳辅三月罢河道总督，陈潢亦削职衔。

冯云骕三月为翰林院编修，充日讲官。

陆肯堂三月为翰林院修撰，充日讲官。

达苏喀三月为翰林院侍讲学士，充日讲官。

思格色三月为翰林院侍读，充日讲官。

图纳三月以刑部尚书充经筵讲官。

席尔达三月以礼部左侍郎充经筵讲官。

赵山三月以内阁学士充经筵讲官。

翁叔元三月以吏部右侍郎充经筵讲官。

尹泰六月为翰林院侍讲，充日讲官。

吴涵、张希良七月为翰林院编修，充日讲官。

顾仪十月为翰林院侍讲，充日讲官。

梁清标二月为保和殿大学士。

库勒纳、彭孙遹六月奉命教习庶吉士。

孔尚任在苏州与汪琬会。是年又以所刻集寄余怀订交。

范光阳、邱升、吴世焘、沈宗敬、汤右曾、姚士藟、刘灏、张尚缓、王懿、张复、史申、彭殿元、郝士钧、李本涵、孙致弥、陈綷、梁佩兰、凌绍雯、窦克勤、陈大章、彭始抟、施震铨、李斯义、颜光敩、邹士璁、林文英、叶湻、郑梁、潘宗洛、宋朝楠、王翰、徐日暄、范光宗、高人龙等34位新科进士五月十一日被选为庶吉士。修撰沈廷文、编修查嗣韩、张豫章分别任满、汉书教习。

按：据《清史稿·沈荃传》载，沈宗敬乃沈荃之子，以编修入直，康熙帝曾命作书，因谕大学士李光地曰："朕初学书，宗敬父荃指陈得失。至今作字，未尝不思其勤也。"

刘以贵中进士。

按：刘以贵字沧岚，山东潍县人。官广西苍梧知县时，曾设茶山书院，以《诗》、《书》教授生徒。晚年归里，杜门著述。著有《古本周易》16卷、《周易本义析疑》20册、《尚书集解》、《藜黍初集》。事迹见《清史列传》卷六六。

费密访孔尚任论学。

龚贤自跋所作山水卷，阐发画中物境要不背理，须务使后之玩者可登、可涉、可止、可安之意。

郑梁、梁佩兰（年六十）、查昇中进士。

陆寅中进士。

按：陆寅字冠周，浙江钱塘人。沈昀弟子。著有《玉照探集》，已佚。

史申义中进士，授编修；后充云南乡试考官。

张尚瑗中进士，改翰林院庶吉士，散馆，官江西兴国知县。

按：张尚瑗字宏蘧，一字损持，江苏吴县人。初从朱鹤龄受学，讲习《春秋》。著有《三传折诸》44卷。《四库全书总目提要》曰："《三传折诸》四十四卷，国朝张尚瑗撰。尚瑗字宏蘧，一字损持，吴江人。康熙戊辰进士，改庶吉士，散馆，外补兴国县知县。尚瑗初从朱鹤龄游，讲《春秋》之学。鹤龄作《读左日钞》，尚瑗亦作《读三传随笔》。积累既久，卷帙遂夥，乃排纂而成是书。曰'折诸'者，取扬雄'群言淆乱，折诸圣'之语也。凡《左传》三十卷，《公羊》、《谷梁》各七卷，而用力于《左传》尤多。……且《春秋》一经，说者至夥，自孙复、刘敞之徒倡言废《传》，后人沿其流派，遂不究事实，而臆断是非。胡安国《传》自延祐以来愚为功令，而《僖公十七年》之'灭项'，乃误归狱于季孙，由议论多而考证少也。尚瑗是书，虽未能刊削浮文，颇乖体要，而搜罗荟萃，犹为摭实之言。过而存之，视虚谈褒贬者固胜之远矣。"

陈大章中进士，改翰林院庶吉士，以母老乞归，筑室松湖，闭门读书著述以终。

周文煊时任河北井陉知县，于东山巅文昌阁建东壁书院。

莫友仁时任山西临县知县，建凤山书院。

金鋐时任浙江巡抚，将已毁的明代虎林书院重建为两浙书院。

徐岱时任河南林州知县，建三山讲堂。

尤应运时任河南济源知县，邑民为其建尤公书院。

顾芳宗时任河南项城知县，建虹阳书院。

杨庭望时任河南上蔡知县，将显道书院改建为上蔡书院。

许延邵时任广西永康州知州，建丽泽书院。

张稷谟时任云南凤庆通判，建养正书院。

刘国玺时任云南祥云知县，建龙翔书院。

罗桑丹贝坚赞因喀尔喀部受准噶尔部噶尔丹的攻击，遂率外蒙古部众南下臣服于中国清朝。

吴历、刘蕴德、万其渊由罗文藻主教祝圣天主教司铎。

传教士白晋、张诚、洪若翰、李明、刘应入京佐理历法。

雅克—贝尼涅·波舒哀著成《新教教会变化史》。

由马特乌斯·梅里安所绘制的《德国地志》出版。

阎若璩著《尚书古文疏证》第5卷成书。

按：梁启超《清代学术概论》曰："阎若璩之所以伟大，在其《尚书古文疏证》也。……《尚书古文疏证》专辨东晋晚出之《古文尚书》十六篇，及同时出现之孔安国《尚书传》皆为伪书也。此书之伪，自宋朱熹、元吴澄以来，既有疑之者；顾虽积疑，然有所惮而莫敢断；自若璩此书出而谳乃定。夫辨十数篇之伪书，则何关轻重？殊不知此伪书者，千余年来，举国学子人人习之，七八岁便都上口，心目中恒视为神圣不可侵犯；历代帝王，经筵日讲，临轩发策，咸所依据尊尚。毅然悍然辞而辟之，非天下之大勇，固不能矣。自汉武帝表章六艺，罢黜百家以来，国人之对于六经，只许征引，只许解释，不许批评研究。韩愈所谓'曾经圣人手，议论安敢到'？若对于经文之一字一句稍涉疑议，便自觉陷于'非圣无法'，蹙然不自安于其良心，非特畏法网，惮清议而已。凡事物之含有宗教性者，例不许作为学问上研究之问题。一作为问题，其神圣之地位固已动摇矣！今不唯成为问题而已，而研究之结果，乃知畴昔所共奉为神圣者，其中一部分实粪土也，则人心之受刺激起惊愕而生变化，宜何如者？盖自兹以往，而一切经文，皆可以成为研究之问题矣。再进一步，而一切经义，皆可以成为研究之问题矣。以旧学家眼光观之，直可指为人心世道之忧。当时毛奇龄著《古文尚书冤词》以难阎，自比于抑洪水驱猛兽。光绪间有洪良品者，犹著书数十万言，欲翻阎案，意亦同此。以吾侪今日之眼光观之，则诚思想界之一大解放。后此今古文经对待研究，成为问题；六经诸子对待研究，成为问题；中国经典与外国宗教哲学诸书对待研究，成为问题；其最初之动机，实发于此。"

高士奇著《春秋地名考略》14卷刊行。又著《左传姓名考》4卷、《左颖》6卷，有张英等序。

范鄗鼎著《广明儒理学备考》重订再刻。

王建常著《律吕图说》9卷成书，有自序。

按：《四库全书总目提要》曰："是书成于康熙戊辰，自谓'殚四十余年之功'。大抵依蔡氏《律吕新书》次第为之图说，尤力申候气之法。历引《隋志》及明人韩邦奇、王邦直之说，为之发明。案候气之说，虽详具于《续汉志》，然隋开皇九年高祖遣毛爽、蔡子元候气于普明寺，其法已不能应。其事具详《隋志》。即蔡氏所谓多截管以求黄钟者，亦究未之能得。建常所论，亦泥古而不知变通者矣。末有王宏撰《后序》，历称黄宗羲、梅文鼎、毛奇龄诸家，以为'与建常此书皆不合，其惑滋甚。安得聚诸人于一堂，穷其本而究其变'，则亦深有微词矣。"

敕纂《简明赋役全书》告成。

费密著《中旨统剟》2卷成书。

叶梦珠辑《续编绥寇纪略》5卷成书，有自序。

按：叶梦珠字滨江，号梅亭，上海人。因吴伟业《绥寇纪略》书通城盐亭事不详，乃补撰以续之。

梁份约是年始著《西陲吟略》。

沈麟修，刘应秋纂《紫阳县新志》2卷刊行。

杨恩原本，纪元续修《巩昌府志》28卷刊行。

汪匡鼎修，和羹纂《内邱县志》4卷刊行。

谈九乾纂修《沙河县志》8卷刊行。

郭守邦修，霍燠纂《长子县志》6卷刊行。
臧麟炳纂《桃源乡志》8卷成书。
钱见龙、吴朴修纂《泰兴县志》4卷刊行。
王庭等修，毕琪光等纂《安庆府太湖县志》24卷刊行。
张四教修，曾大升纂《抚州府志》35卷刊行。
陈欲达等修纂《四会县志》20卷刊行。
高首标修纂，潘廷侯订补《陵水县志》刊行。
范士瑾修纂《阳江县志》4卷刊行。
靳文谟修，邓文蔚纂《新安县志》13卷刊行。
明宋应升原本，佟世男续修，郑轼等续纂《恩平县志》11卷刊行。
吕应奎等修，黄挺华等纂《惠州府志》20卷刊行。
张声远修，邹章周纂《临武县志》16卷刊行。
张鹏翮著《奉使俄罗斯行程录》1卷成书。
钱良择著《出塞纪略》1卷成书，有自序。

按：钱良择字玉友，号木庵，江苏常熟人。另著有《抚云集》等。

潘鼎珪著《安南纪游》1卷成书，有自序。
林云铭著《庄子因》6卷成书，有自序。
孙鋐编《皇清诗选盛集初编》30卷成书，陆庆臻作序。
张园真纂《乌青文献》10卷刊行。
黄宗羲著《南雷文定前集》11卷成书，靳治荆作序。
王士禛辑《唐贤三昧集》3卷成书，有自序。

按：《四库全书总目提要》曰：是书"名曰《三昧》，取佛经自在义也。诗自太仓、历下以雄浑博丽为主，其失也肤；公安、竟陵以清新幽渺为宗，其失也诡。学者两途并穷，不得不折而入宋，其弊也滞而不灵，直而好尽，语录、史论，皆可成篇。于是士禛等重申严羽之说，独主神韵以矫之。盖亦救弊补偏，各明一义。其后风流相尚，光景流连，赵执信等遂复操二冯旧法，起而相争。所作《谈龙录》，排诋是书，不遗余力。其论虽非无见，然两说相济，其理乃全；殊途同归，未容偏废。今仍并录存之，以除门户之见。"

钱澄之著《庄屈合诂》有成稿。
王夫之编成《七十自定稿》，有序。
田雯辑《历代诗选》12卷、《历代文选》20卷成书。
陈廷敬七月始著《杜律诗话》。
顾嗣立刻宋范成大《范石湖诗集》34卷。
孔尚任著《湖海集》13卷刊行。又著《人瑞录》1卷成书。
张遂辰著《张卿子先生遗集四种》刊行。
林涵春著《塔江楼文抄》6卷刊行。
徐釚著《词苑丛谈》12卷刊行。
沈雄编纂，江尚质增辑《古今词话》8卷成书。
洪昇自江宁还北京，改定《舞霓裳》为《长生殿》。
高兆著《端溪砚石考》1卷成书，有潘耒、陈恭尹跋。

禹元鼎在京师作《王会图》，记录中国与亚洲诸国往来史迹。

方中通著《数度衍》24卷、附录1卷成书。

按：《四库全书总目提要》曰："《数度衍》二十四卷、《附录》一卷，国朝方中通撰。中通字位伯，桐城人。明检讨以智之子也。以智博极群书，兼通算数。中通承其家学，著为是书。有数原律衍、几何约、珠算、笔算、筹算、尺算诸法。复条列古《九章》名目，引《御制数理精蕴》，推阐其义。其《几何约》，本前明徐光启译本。其珠算，仿程大位《算法统宗》。笔算、筹算、尺算采《同文算指》及《新法算书》。惟数原律衍未明所自。大抵裒辑诸家之长，而增减润色，勒为一编者也。其尺算之术，梅文鼎谓其三尺交加取数，故只能用平分一线。其比例规解之本法，惜仅见其弟中履但称中通得旧法于豫章，而不知其法何如，竟未获与中通深论。又称见嘉兴陈荩谟《尺算用法》一卷，亦只平分一线。岂中通所据之法，与荩谟同出一源欤？盖不可考矣。"

梅文鼐应兄梅文鼎嘱，著《中西经星同异考》。

王宏翰著《医学原始》4卷成书。

按：《医学原始》是中国早期中西医学汇通的代表著作之一。该书原有9卷，但国内孤本仅残存4卷，长期以来4卷本一直被误认为全帙，实际上有9卷，在日本内阁文库即藏有江户时期的抄本9卷。上海科学技术出版社1989年出版的《医学原始》4卷影印本（简称上海本），所据底本为中华医学会上海分会图书馆所藏康熙三十一年（1692）原刊本；中国中医科学院医史文献研究所从日本复制回归的内阁文库所藏《医学原始》9卷抄本，2005年由中医古籍出版社影印出版，收入《海外回归中医古籍善本集粹》中，简称回归本。

张穆卒于本年后（1607— ）。穆字穆之，号铁桥，广东东莞人。工诗，善画马。著有《铁桥山人稿》。

曹垂璨卒（1614— ）。垂璨字天琪，号录岩，江苏上海人。顺治四年进士。历任直隶藁城知县、浙江遂安知县。著有《应验方一集》、《万金备急方两集》、《五石山房全集》。事迹见《上海曹氏乡贤录》卷三。

朱用纯卒（1617— ）。用纯字致一，号柏庐，江苏昆山人。明生员。清初居乡教授学生，潜心宋儒理学。康熙时，坚辞不应博学鸿儒科。著有《删补易经蒙引》、《大学中庸讲义》、《四书讲义》、《耻躬堂诗文集》等，其《治家格言》一篇，世称《朱子家训》。事迹见《清史稿》卷四九七、《清史列传》卷六六、李桓《国朝耆献类征初编》卷四〇五、蔡冠洛《清代七百名人传》第四编、彭定求《朱先生用纯墓志铭》（《碑传集》卷一二八）。清金吴澜编有《朱柏庐先生编年毋欺录》。

按：蔡冠洛曰：朱用纯"潜心宋儒书，其学确守程、朱知行并进，而一以主敬为程。长洲徐枋言，先须发悟而后可以言学。用纯曰，圣贤之道，不离乎事事物物，即事事物物而道在，即事事物物而学生。苟欲先得乎道而后言学，则离道与事物而二之，亦析学与道而二之矣。又曰：圣贤之学，不外一敬。敬犹长堤巨防，滴水不漏，敬之至也。一敬而天下之理得，天下能事毕，变通鼓舞，尽利尽神，希圣希天下之学，俱在于是"（《清代七百名人传》第四编）。

耿介卒（1623— ）。介初名冲壁，字介石，号逸庵，河南登封人。顺治九年进士。历任内秘书院检讨、福建按察副使、江西湖东道、直隶大名兵备道副使、少詹事。后主讲嵩阳书院。著有《礼学要旨》、《中州道学编》、《理学要旨》、《太极图义》、《孝经易知》、《理学正宗》、《敬恕堂文集》、《河南通志》、《嵩阳书院志》、《寻乐堂学规》、《寻乐堂家规》、《寻乐堂家乘》等。事迹见《清史稿》卷四八〇、《清史列传》卷六六、李桓《国朝耆献类征初编》卷一一五、窦克勤《耿宫詹介传》、尹会一《耿逸庵先生传》(均见《碑传集》卷四三)。耿介自编有《敬恕堂文集纪年述略》。

按：《清史稿》本传曰："笃志躬行，兴复嵩阳书院。二十五年，尚书汤斌疏荐介践履笃实，冰蘖自矢，召为少詹事。会斌被劾，介引疾乞休。詹事尹泰等劾介诈疾，并劾斌不当荐介。寻予假归，卒。所著有《中州道学编》、《性学要旨》、《孝经易知》、《理学正宗》，大旨以朱子为宗。"

宗谊卒(1619—　)。谊字在公，号正庵，浙江鄞县人。曾与陆宇燝、董剑锷、叶谦、范兆芝等结湖上七子社。著有《愚囊稿》。事迹见邓之诚《清诗纪事初编》卷二、李桓《国朝耆献类征初编》卷四七九。

毛先舒卒(1620—　)。先舒字稚黄，又名骙，字驰黄，浙江钱塘人。从刘宗周学。与毛奇龄、毛际可齐名，时称"浙中三毛，文中三豪"。又为"西泠十子"之一。著有《思古堂集》4卷、《诗辨坻》4卷、《东苑文钞》2卷、《东苑诗钞》1卷、《小匡文钞》4卷、《匡林》2卷、《格物问答》3卷、《蕊云集》1卷、《圣学真语》2卷及《韵学通指》1卷、《韵白》1卷、《声韵丛说》1卷、《韵问》1卷、《南曲正韵》等。事迹见《清史稿》卷四八四、《清史列传》卷七〇、李桓《国朝耆献类征初编》卷四七五。

按：《四库全书总目提要》曰："《匡林》二卷，国朝毛先舒撰。是编皆其议论之文，裒为一集。自序称：'读苏轼《志林》，稽诸事理，时或庋焉。因偶为驳正数段，更取他作之类似者并录之，得若干篇，名曰《匡林》。'则是书立名，当为匡正《志林》之义。而与轼辨者仅二三条，其余皆自录集中杂文与近人辨者，然则以裒聚众作谓之林，以力排俗论谓之匡。观其《小匡文钞序》，以小有所匡为说，可互证也。先舒尝与毛奇龄书，戒其诋诃太甚，故持论不似奇龄之犷。然习尚实似奇龄。但奇龄喜谈经，先舒喜谈史；奇龄好蔓引典籍，先舒好推究事理；奇龄好与古人争，先舒好与今人争耳。其中如谓《春秋》不书隐公即位，所以诛平王。郑伯克段之事，罪在段，不在郑伯。齐桓首止之盟，定王世子为大恶。皆故为高论。牵引梦与九龄之文以驳艾南英，亦颇附会。使尽如其题杜诗注之类，则善矣。"

传教士南怀仁卒(1623—　)。怀仁字敦伯，一字勋卿，卒谥勤敏，比利时人。顺治十六年来中国。康熙初，以治历法，授钦天监正。著有《康熙永年历》、《坤舆全图》、《七器图说》、《验气图说》、《不得已辨》、《善恶报略说》、《仪象志》、《测验纪略》、《简平规总星图》、《预推纪验》、《妄占辨》、《理推各国说》、《进呈穷理学》、《御览简平新仪式用法》、《盛京推算表》等三十余种。事迹见《清史稿》卷二七二。

按：《清史稿》本传曰："南怀仁，初名佛迪南特斯，姓阜泌斯脱氏，比利时国人。康熙初，入中国。时汤若望方黜，杨光先为监正，吴明烜为监副，以大统术治历，节气不应，金、水二星躔度舛错。明烜奏水星当见，其言复不售。乃召南怀仁，命治理历法。南怀仁劾光先、明烜而去之，遂授南怀仁监副。……自是钦天监用西洋人，累进为监正、监副，相继不绝。五十四年，命纪理安制地平经纬仪，合地平、象限二仪为一。乾隆中,戴进贤、徐懋德、刘松龄、傅作霖皆赐进士。道光间,高拱宸等或归国,或病卒。时监官已深习西法,不必复用西洋人,奏奉宣宗谕,停西洋人入监。方圣祖用南怀仁,许奉天主教,仍其国俗,而禁各省立堂入教。是时各省天主堂已三十余所。雍正间,禁令严,尽毁去,但留京师一所,俾西洋人入监者居之。入内地传教,辄绳以法。迨停西洋人入监,未几海禁弛,传教入条约,新旧教堂遍内地矣。"

万树卒(约1630—　)。树字红友,一字花农,江苏宜兴人。监生。著有《词律》20卷、《香胆词》1卷及《左传论文》、《堆絮园集》等。另有《玉双飞》、《锦尘帆》、《十串珠》、《金神凤》、《风流棒》、《空青石》等传奇,《珊瑚毯》、《舞霓裳》、《藐姑仙》、《青钱赚》、《焚书闹》、《驾东风》、《三茅宴》、《玉山庵》等小剧。事迹见《全清词钞》卷六。

董俞卒(1631—　)。俞字苍水,一字樗亭,江南华亭人。顺治十七年举人。康熙十八年举博学鸿词。著有《樗亭集》、《度岭集》、《浮湘集》等。事迹见《清史列传》卷七〇、李桓《国朝耆献类征初编》卷四二三。

崔蔚林卒(1635—　)。蔚林字夏章,号定斋,直隶新安人,后迁河南长垣。顺治十五年进士。官至詹事府詹事。曾奉诏撰《易经讲义》。著有《四书讲义》、《解易》。事迹见《清史列传》卷六六、李桓《国朝耆献类征初编》卷一一六、徐元文《通议大夫詹事府少詹事兼翰林院侍讲学士知詹事府詹事崔先生蔚林墓志铭》、胡具庆《崔定斋先生传》(均见《碑传集》卷四四)。

按:《清史列传》本传曰:"研究诸经,尤潜心于《易》。已,往苏门,从孙奇逢游。……寻丁继母忧,服阕,补原官。充日讲起居注官,诏撰《易经讲义》。蔚林闭门谢客,覃竭思虑,冀有所禆助。上尝问家居时有何著作,蔚林书《致知格物说》进,上命之讲。既毕,上曰:'然则朱、王之说皆非与?'对曰:'臣不敢以为非,但臣十年体认如此。'寻以疾告归。初论学,谓学有三关:义利、毁誉、死生。晚而所得邃深,曰:'其实义利二字尽之矣!'"

陈潢卒(1637—　)。潢字天一,号省斋,浙江钱塘人(一说嘉兴人)。辅助靳辅治水,成绩显著。著有《河防摘要》、《河防述言》(附于靳辅《治河奏绩书》)。事迹见《清史稿》卷二七九、《清史列传》卷七一、李桓《国朝耆献类征初编》卷四二六、周金然《皇清钦授赞理河务佥事道衔省斋陈君墓表》、戴名世《赞理河务佥事陈君墓表》(均见《碑传集》卷七五)。

按:《清史稿》本传曰:"潢佐治河,主顺河性而利导之,有所患必推其致患之由;工主核实,料主豫备,而估计不当过省,省则速败,所费较所省尤大;慎固堤防,主潘季驯束水刷沙之说,尤以减水坝为要务;有溃决,先固两旁,不使日扩,乃修复故道,而疏引河以注之;河流今昔形势不同,无一劳永逸之策,在时时谨小慎微,而尤重在河员之久任。张霭生采潢所论,次为《治河述言》十二篇。高宗以霭生河图能得真源,命采其书入四库,与辅《治河奏绩》并列。"

汪懋麟卒(1640—　)。懋麟字季角,号蛟门、觉堂,江苏江都人。康熙六年进士。官刑部主事,与修《明史》,被劾归。著有《百尺梧桐阁遗稿》10卷。事迹见《清史稿》卷四八四、《清史列传》卷七一、李桓《国朝耆献类征初编》卷一四一、徐乾学《刑部主事汪君懋麟墓志铭》(《碑传集》卷五九)。

阿旺赤烈嘉措(　—1738)、张鹏翀(　—1745)、沈彤(　—1752)、德沛(　—1752)、高翔(　—1753)、马曰琯(　—1755)、符曾(　—?)生。

康熙二十八年　己巳　1689 年

二月十一日己酉（3月2日），康熙帝第二次南巡，于初九日抵杭州。是日曰："江南、浙江为人文萃集之地，入学额数应酌量加增，永昭弘奖。"（《清圣祖实录》卷一三九）

十四日壬子（3月5日），康熙帝舟泊绍兴会稽山麓，亲撰祭文，赴禹陵致祭，行三跪九叩礼。

十六日甲寅（3月7日），康熙帝令地方官修理禹陵，并亲书"地平天成"匾额，作"禹陵颂"及序。

二十六日甲子（3月17日），江南民王来熊献《炼丹养身秘书》一册。康熙帝曰："朕于经史之余，所阅载籍多矣，凡炼丹修养长生及师巫自谓前知者，皆妄诞不足信，但可欺愚民而已，通经明理者断不为其所惑也。宋司马光所论甚当，朕有取焉。此等事朕素不信，其掷还之。"（《清圣祖实录》卷一三九）

二十七日乙丑（3月18日），康熙帝于江宁观星台与诸部院大臣论天文。

三月十九日丙戌（4月8日），康熙帝返京师。

二十日丁亥（4月9日），康熙帝照常于乾清门听政。定例：考试满洲生员、举人、进士，均加试骑射。

闰三月初八日乙巳（4月27日），经筵讲毕，帝问讲官徐元文曰：尔所撰讲章内，"所谓异端者何所指也？"徐元文答："诗书礼皆圣人之实教，若佛老虚元，乃异端也。"帝曰："江南人崇信佛老者多矣！"（《清圣祖实录》卷一四〇）

四月初九日乙亥（5月27日），颁御制孔子赞序及颜回、曾子、子思、孟子四赞，命翰林官缮写，国子监摹勒，分发直隶各省。

十一日丁丑（5月29日），康熙帝命凡部院衙门未经考试者、内外候补者、康熙二十五年时考五等及交白卷者并各项监生，俱集中于乾清门考试。帝亲自命题两道："子曰愚而好自用全章时艺一篇"、"生事不如省事奏疏一道"（《清圣祖实录》卷一四〇）。五月十四日引见考试获一、二等官员。

五月二十七壬戌（7月13日），礼部右侍郎张英等编纂《孝经衍义》成，命刊刻颁发。

按：谕旨曰："《孝经》一书，皇考世祖章皇帝以孝为万事之纲，五常百行，皆本诸此。命儒臣博采群书，加以论断，名曰《孝经衍义》。朕继述先志，特命纂修，今书已告成，著刊刻颁发，以副皇考孝治天下至意。"（《清圣祖实录》卷一四一）

"伟大联盟"反对法国路易十四。

英国的《人权宣言》颁布。

法国路易十四向英国宣战。

彼得一世成为俄国沙皇。

德国向法国宣战。

首届现代贸易展览会在荷兰的莱登举行。

七月二十四日戊午(9月7日),《中俄尼布楚条约》签订。

九月十八日辛亥(10月30日),康熙帝谓"许三礼、汤斌、李光地俱言王守仁道学,熊赐履惟宗朱熹,伊等学问不同"(《清圣祖实录》卷一四二)。

十九日壬子(10月31日),大学士伊桑阿等进纂辑《政治典训》式样。

十二月初七日己巳(1690年1月16日),康熙帝召见传教士张诚等,听讲几何原理。

黄宗羲等会讲于姚江书院;邵廷采请董玚作《姚江书院志略》。
  按:姚江书院为明清之际浙东学术重镇之一,在书院史和学术史上都写下了重要的一页。今人钱茂伟著有《姚江书院派研究》(中国社会科学出版社2005年版)一书,对姚江书院作了全面研究。

李铎时任绍兴知府,以乡饮大宾请黄宗羲赴席,黄宗羲致书婉言相辞。
  按:黄宗羲在《与李郡侯辞乡饮酒大宾书》中,对以前康熙帝诏谕入史馆之举仍颇有感激之意,其曰:"羲蒙圣天子特旨,召入史馆。庶人之义,召之役则往役,笔墨之事亦役也。羲时以老病坚辞不行,圣天子怜而许之。今之乡饮酒,亦奉诏以行者也。假若应命而赴,召之役,则避其劳而不往,召之为宾,则贪其养而饮食衎衎,是为不忠。"(《黄宗羲全集》第十册书类)

王夫之以书寄文侄,诫以居家长久之要道;七月手录其父母行状各记,以遗子孙;九月刘思肯来访,为画小像。

熊赐履以康熙帝南巡至金陵,得御笔"经义斋"题额。

李塨年三十一,二月投受业刺于颜元,以《瘳忘编》、《恕谷集》为贽。

范鄗鼎得熊赐履著《学统》、张夏著《洛闽源流录》,复取二家所录理学诸儒传记,将《明儒理学备考》增补为20卷。

李光地五月因结党营私被撤销翰林院掌院学士,并被康熙帝斥为"冒名道学";扈从南巡,十一月改兵部右侍郎。

梅文鼎至京,与刘献廷游,献廷极称道之。李光地闻,往扣所学,遂与定交。是岁,黄百家来游,从学历法。

徐元文五月由户部尚书为文华殿大学士,十月兼管翰林院掌院学士事。

徐乾学五月授文华殿大学士、兼翰林院事,寻,以副教御史许三礼疏劾,降二级留任。
  按:《清史稿·徐乾学传》曰:"二十八年,元文拜大学士,乾学子树谷考选御史。副都御史许三礼劾乾学:'律身不严,为张汧所引。皇上宽仁,不加谴责,即宜引咎自退,乞命归里。又复优柔系恋,潜住长安。乘修史为名,出入禁廷,与高士奇相为表里。物议沸腾,招摇纳贿。其子树谷不遵成例,朦胧考选御史,明有所恃。独其弟秉义文行兼优,原任礼部尚书熊赐履理学醇儒,乞立即召用,以佐盛治。乾学当逐出史馆,树谷应调部属,以遵成例。'诏乾学复奏,乾学疏辨,乞罢斥归田,并免树谷职。疏皆下部议,坐三礼所劾无实,应镌秩调用。三礼益恚,复列款讦乾学赃罪,帝严斥之,免降调,仍留任。是年冬,乾学复上疏言:'臣年六十,精神衰耗,只以受恩深重,依恋徘徊。三礼私怨逞忿,幸圣主洞烛幽隐。臣方寸靡宁,不能复事铅椠。且恐因循居此，更有无端弹射。乞恩终始矜全，俾得保其衰病之身，归省先臣丘陇，庶身心闲暇。原比古人书局自随之义，屏迹编摩，少报万一。'乃许给假回籍，降旨褒嘉，命携书籍即家编辑。"

徐乾学十月告归，康熙帝特许其携《大清会典》、《大清一统志》、《明史》、《御选古文》等稿于家纂修。乾学疏请黄虞稷等人随往相助，许之。于是分别在洞庭东山、嘉善、昆山等地开设书局，阎若璩、胡渭、顾祖禹、黄仪等，均随徐氏南下修史。

按：《清史稿·徐乾学传》曰："是年冬，乾学复上疏言：'臣年六十，精神衰耗，只以受恩深重，依恋徘徊。三礼私怨逞忿，幸圣主洞烛幽隐。臣方寸靡宁，不能复事铅椠。且恐因循居此，更有无端弹射。乞恩终始矜全，俾得保其衰病之身，归省先臣丘陇，庶身心闲暇。原比古人书局自随之义，屏迹编摩，少报万一。'乃许给假回籍，降旨褒嘉，命携书籍即家编辑。"王记录说："在清代，幕府的幕主多为朝中大员或封疆大吏，由于有这样的政治身份，他们中的不少人既是幕府修书的主持者，同时又可能被任命为史馆的总裁，从而使幕府修史与史馆修史产生联系。这一点在徐乾学以及徐乾学幕府中体现得最为充分。徐乾学幕府是清代最早出现的以学者型官员为幕主、以著名学者为幕宾的主要从事学术活动的重要幕府。徐乾学历任高官，并充《明史》馆总裁、《大清一统志》馆副总裁等。他喜好延揽宾客，倾心接纳后进，身边聚集了众多学有专长的幕宾，所谓'京师邸第，客至恒满不能容，侈就别院以居之，登公之门者甚众'。据研究，先后入徐氏幕府的就有黄虞稷、顾祖禹、胡渭、阎若璩、黄仪、邵长蘅、万斯同、黄百家、裘琏、刘献廷、王源等33人，其中不乏著名学者。"（《论清代史馆修史、幕府修史及私家修史的互动》，《史学史研究》2007年第2期）当时参加修纂《大清一统志》的还有顾士行、唐孙华、陶元淳、沈佳、吕澄、姜宸英、裘琏、李良年、查慎行、邵长蘅等。

高士奇、王鸿绪、陈元龙等九月被劾休致回籍。

按：《清史稿·王鸿绪传》曰："二十八年，服阕，将赴补。左都御史郭琇劾鸿绪与高士奇招权纳贿，并及给事中何楷、编修陈元龙，皆予休致。语具《士奇传》。嘉定知县闻在上为县民讦告私派事，按察使高承爵按治。在上言尝以银馈举人徐树敏，至事发退还，因坐树敏罪。巡抚郑端覆讯，在上言尝以银五百馈鸿绪，亦事发退还。端乃劾干学纵子行诈，鸿绪竟染赃银，有玷大臣名节，乞敕部严议。上特谕曰：'朕崇尚德教，蠲涤烦苛。凡大小臣工，咸思恩礼下逮，曲全始终；即因事放归，仍令各安田里。近见诸臣彼此倾轧，伐异党同，私怨相寻，牵连报复；虽业已解职投闲，仍复吹求不已，株连逮于子弟，颠覆及于身家。朕总揽万机，已三十年，此等情态，知之甚悉。媚嫉倾轧之害，历代皆有，而明季为甚。公家之事，置若罔闻，而分树党援，飞诬排陷，迄无虚日。朕于此等背公误国之人，深切痛恨。自今以往，内外大小诸臣，宜各端心术，尽蠲私忿，共矢公忠。倘仍执迷不悟，复蹈前非，朕将穷极根株，悉坐以朋党之罪。'时鸿绪方就质，诏至，得释。"

又按：《清史稿·高士奇传》曰："左都御史郭琇劾奏曰：'皇上宵旰焦劳，励精图治，用人行政，未尝纤毫假手左右。乃有原任少詹事高士奇、左都御史王鸿绪等，表里为奸，植党营私，试略陈其罪。士奇出身微贱，其始徒步来京，觅馆为生。皇上因其字学颇工，不拘资格，擢补翰林。令入南书房供奉，不过使之考订文章，原未假之与闻政事。而士奇日思结纳，谄附大臣，揽事招权，以图分肥。内外大小臣工，无不知有士奇者。声名赫奕，乃至如此。是其罪之可诛者一也。久之羽翼既多，遂自立门户,结王鸿绪为死党,给事中何楷为义兄弟,翰林陈元龙为叔任,鸿绪兄项龄为子女姻亲,俱寄以心腹,在外招揽。凡督、抚、藩、臬、道、府、厅、县及在内大小卿员,皆鸿绪、楷等为之居停,哄骗馈至,成千累万。即不属党护者,亦有常例,名之曰平安钱。是士奇等之奸贪坏法,全无顾忌,其罪之可诛者二也。光棍俞子易,在京肆横有年,事发潜逃。有虎坊桥瓦房六十余间,价值八千金,馈送士奇。此外顺成门外斜街并各处房屋,令心腹出名置买,寄顿贿银至四十余万。又于本乡平湖县置田产千顷,大兴土木,杭州西溪广置园宅。以觅馆餬口之穷儒,忽为数百万之富翁。试问金从何来?无非取给于各官。官从何来?非侵国帑,即剥民膏。是士奇等真国之蠹而民之贼也,其罪之可诛者三也。皇上洞悉其罪,因各馆编纂未竣,令解任修书,矜全之恩至矣!士奇不思改过自新,仍怙恶不悛,当圣驾南巡,上谕严戒馈送,以军法治罪。惟士奇与鸿绪愍不畏死,鸿绪在淮、扬等处,招揽各官馈送万金,潜遗士奇。淮、扬如此,他处可知。是士奇等欺君灭法,背公行私,其罪之可诛者四也。王鸿绪、陈元龙鼎甲出身,俨然士林翘楚;竟不顾清议,依媚大臣,无所不至。苟图富贵,伤败名教,岂不玷朝班而羞当世之士哉?总之高士奇、王鸿绪、陈元龙、何楷、王项龄等,豺狼其性,蛇蝎其心,鬼蜮其形。畏势者既观望而不敢言,趋势者复拥戴而不肯言。臣若不言,有负圣恩。故不避嫌怨,请立赐罢斥,明正典刑,天下幸甚。'疏入,士奇等俱休致回籍。副都御史许三礼复疏劾解任尚书徐乾学与士奇姻亲,招摇纳贿,相为表里。部议以所劾无据,得寝。"

李因笃患瘫症,犹终日凭几读书。

张伯行九月行赴吏部,考中书。是年,在京始购得《濂溪先生全集》。

李绂年十五,即有志于道。

方苞是冬过无锡,访东林讲学遗址。

叶燮至扬州访孔尚任,赠以所著《已畦诗文集》22卷。

孔尚任七月自扬州渡江游南京,得先后结识龚贤、程邃、郑簠、梁份、王概、王弘撰、戴本孝等。还扬州,过栖霞山。至白云庵访张怡,听说南朝故事。是年冬末,以河局结束还北京。

王士禛至淄川探亲访友,馆毕际有家,与蒲松龄相识订交;蒲松龄尝馆毕家三十余年。

查慎行北行,过吴门与惠周惕会。

戴名世有《与何屺瞻书》,欲寄所著制义文二百余篇与何焯。

洪昇在京寓,邀赵执信、查慎行等数十人,观演所作《长生殿》传奇,被礼科给事中黄六鸿所劾,谓是日系佟皇后忌日,设宴张乐为"大不敬",请按律治罪。昇入狱,旋释出,革国子监生籍;执信革赞善职,慎行革贡生。当时同被吏议者尚有朱彝尊、潘耒等50余人。

许三礼迁右副都御史。

王项龄三月为翰林院侍讲,充日讲官。

曹鉴伦三月为翰林院编修,充日讲官。

彭孙遹、郭琇三月为内阁学士,充经筵讲官。

史夔、周金然四月为翰林院编修,充日讲官。

杜臻五月以刑部尚书充经筵讲官。

吴苑六月为翰林院检讨,充日讲官。

郎多奇七月以礼部右侍郎充经筵讲官。

李振裕七月以内阁学士充经筵讲官。

席密图九月为翰林院侍讲学士,充日讲官。

郑世逢时任江西龙南知县,建龙南书院,又名龙门书院。

崔懋时任山东桓台知县,建崔公书院。

汪楫时任河南洛阳知府,建狄梁书院。

窦大任在河南柘城县建朱阳书院。

吕士鵕在河南鹿邑县建真源学舍。

郭文炳时任广东东莞知县,建靖康书院。

李大章时任贵州黎平知府,建南屏大舍。

范承勋时任云南总督,建璧峣书院。

传教士张诚、徐日升以译员身份随中国使团参与《中俄尼布楚条约》签订。

钱澄之著《田间诗学》12卷成书,有自序。

按:《四库全书总目提要》曰:是书"大旨以《小序》首句为主,所采诸儒论说,自注疏、集传以外,凡二程子、张子、欧阳修、苏辙、王安石、杨时、范祖禹、吕祖谦、陆佃、罗愿、谢枋得、严粲、辅广、真德秀、邵忠允、李本、郝敬、黄道周、何楷二十家。……持论颇为精核,而于名物训诂、山川地理言之尤详。徐元文《序》称其非有意于攻《集传》,于汉唐以来之说亦不主于一人。无所攻,故无所主;无所攻无所主而后可以有所攻有所主云云,深得澄之著书之意"。

李塨四月著《存性编序》。

陆陇其著《答徐健庵先生书》。

王夫之著《识小录》成书。又重订《尚书引义》。

吴非著《楚汉帝月表》1卷成书,赵衍作序。

徐乾学始纂《资治通鉴后编》,后成184卷。

按:《四库全书总目提要》曰:"是编以元明人《续通鉴》者,陈桱、王宗沐诸本,大都年月参差,事迹脱落。薛应旂所辑,虽稍见详备,而如改《宋史》周义成军为周义,以胡瑗为朱子门人,疏谬殊甚。皆不足继司马光之后,乃与鄞县万斯同、太原阎若璩、德清胡渭等,排比正史,参考诸书,作为是编,草创甫毕,欲进于朝,未果而殁。今原稿仅存,惟阙第十一卷,书中多涂乙删改之处,相传犹若璩手迹也。其书起宋太祖建隆元年,迄元顺帝至正二十七年。凡事迹之详略先后有应参订者,皆依司马光例作《考异》以折衷之。其诸家议论足资阐发者,并采系各条之下。间附己意,亦依光书之例,标'臣乾学曰'以别之。其时《永乐大典》尚庋藏秘府,故熊克、李心传诸书皆未得窥。所辑北宋事迹,大都以李焘残帙为稿本,援据不能赅博。其宋自嘉定以后,元自至顺以前,尤为简略。至宋末昺、昰二王皆误沿旧史,系年纪号,尤于断限有乖。又意求博赡,颇少翦裁。如西夏姻戚之盛,备叙世系。庆元伪学之禁,详载谢表。元末事迹,多采《辍耕录》、《铁崖乐府》。叙书艺则称其日写三万字,纪隐居则述其怀抱几时开,无关劝惩,徒伤烦琐。又载元顺帝初生之事,过信《庚申外史》,尤涉凿空。然其裒辑审勘,用力颇深。故订误补遗,时有前人所未及。如《宋史·富弼传》,以枢密使出判扬州,今据《宰辅编年录》改作河阳。《余玠传》,淳祐十三年及元人战于嘉

约翰·萨默斯勋爵著成《英国王位继承简史》。

威廉·舍洛克发表《死亡实际论》。

定,今据《家传》,改作十二元。元末寇陷淮安,《本纪》首尾不具,今从王逢《梧溪集》定作赵国用。至正十六年,张士诚陷湖州,《本纪》作二月,今从《明实录》作四月。皆案文核实,信而有征。又是时乾学方领《一统志》局,多见宋、元以来郡县旧志。而若璩诸人,复长于地理之学,故所载舆地,尤为精核。如宋王坚之守合,州则采《四川总志》,牟子才之谏张灯,则采《西湖游览志》。而明人纪事之书,若刘辰《国初事迹》,吴宽《平吴录》之类,亦并从附载,以资考证。年经月纬,犁然可观。虽不能遽称定本,而以视陈、王、薛三书,则过之远矣。"

邵廷采撰辑《西南纪事》1卷成书。

黄虞稷著《明史艺文志稿》成书。

滕天绶修,和盐鼎纂《汉南郡志》24卷刊行。

王驹修纂《河源县志》8卷刊行。

江藻修,郑愫纂《龙岩县志》10卷刊行。

曲震修,王溥等纂《定远县志》5卷刊行。

朱维熊修,陆莱纂《平湖县志》刊行。

黄学懋修纂《费县志》10卷刊行。

郭文炳修,文超灵纂《东莞县志》14卷刊行。

黄志璋修纂《全州志》8卷刊行。

王清贤修,陈淳纂《武定府志》4卷刊行。

黄图昌修,刘应举等纂《万安县志》12卷刊行。

靳辅著《治河奏绩书》4卷成书。

按:是书原名《治河奏绩书》,崔应阶改编时改为《治河方略》。是书为清代最重要的河工著作之一,书中着重阐述了17世纪苏北地区黄、淮、运河决口泛滥和治理经过。其所总结的治河经验,对清代治理黄河、淮河和运河均有极大影响。

胡吉豫自编《四本堂自撰编年》成书。

高秋月、曹同春著《楚辞约注》刊行。

王崇简著《青箱堂诗集》刊行,附自编《王崇简自订年谱》1卷。

朱彝尊增益倪灿所编宫词为《十家宫词》12卷刊行。

陈维崧所著《迦陵词全集》30卷刊行。

沈雄编纂、江尚质增辑《古今词话》8卷刊行。

何焯批校金元好问《唐诗鼓吹》10卷。

车万育著《集杜诗》8卷成书,有自序。

戴本孝刻所著《余生诗稿》11卷。

毛际可著《安序堂文钞》30卷刊行。

马士俊著《马太史匡庵文集》12卷、《诗前集》6卷、《京稿诗集》6卷刊行。

马宥著《砚畴集》6卷刊行。

张贞著《渠亭山人半部稿》成书,有自序。

姜承烈著《乐志堂文抄》4卷刊行。

李嶟瑞著《焚余稿》6卷成书,有自序。

费密著《二氏论》1卷成书。

李因笃著《古今韵考》4卷成书,有自序。

王翚受命入都,为康熙帝作《南巡图》,凡12卷,至康熙三十年(1691)竣事。

梅清作《乔松古石图》。

彭珑卒(1613—)。珑字云客,号一庵,自称信好老人,江苏常州人。顺治十六年进士,授广东长宁知县。与宋实颖、尤侗、汪琬、吴敬生创立"慎交社"。与汤斌友善。初好佛道之学,晚年读高愈、顾培之书,乃潜心儒学。后子定求传承其学。事迹见《清史列传》卷六六、江藩《彭珑记》(《碑传集》卷九〇)。

  按:《清史列传》本传曰:"少喜读先儒《语录》,方言矩步,同辈事之如严师。与宋实颖弟兄及尤侗、汪琬、吴敬生为慎交社。……珑自少壮迄老,惟以读书为务。初颇参二氏,年六十余,得梁溪高、顾二家书读之,乃惊然叹曰:'始吾涉猎泛滥,好语浑同,此骑墙见耳。今得所依归矣!'自是屏弃玩好,专寻绎宋儒书,昼考夜思,勤笃甚于诸生时。"

陈天清卒(1615—)。天清字如水,河南柘城人。顺治六年进士。官至工部主事。著有《诗经家训》、《四书家训》、《天官纪略》、《北曲六种》等。事迹见李桓《国朝耆献类初编》卷一三九。

曹素功卒(1615—)。素功原名圣臣,一作孺昌,字昌言,一作荩庵,号素功,安徽歙县人。善制墨,能传程氏之法。康熙南巡,以墨进献,得赐"紫玉光"三字,声名大著。

邓汉仪卒(1617—)。汉仪字孝威,号旧山,别号旧山农、钵叟,江苏泰州人。康熙十八年,以布衣荐举博学鸿儒,授内阁中书。著有《淮阴集》、《官梅集》、《过岭集》、《濠梁集》、《燕台集》、《甬东集》《被征集》等。与修《江南通志》、《扬州府志》40卷。事迹见《清史稿》卷四八四。

龚贤卒(1618—)。贤又名岂贤,字半千,号半亩,又号野遗,晚号柴丈人,江苏昆山人。以画著名。为金陵八家之一。作有《寒山图》、《桃花书屋图》、《渔亭秋色图》、《重山烟树图》等传世。诗有《香草堂集》等。著有《画诀》1卷。事迹见《清史稿》卷五〇四。

钱汝霖卒(1618—)。汝霖本姓何,后改姓钱,初名青,字云士,一字云耜,号商隐,晚年隐居紫云村,学者称紫云先生,浙江海盐人。诸生。以教学、著述为生。著有《紫云遗稿》等。事迹见《清史稿》卷四八〇、李桓《国朝耆献类征初编》卷二三八。清钱聚仁编有《紫云先生年谱》。

王撰卒(1619—)。撰字端士,号芝廛,江苏太仓人。王时敏次子。顺治十二年进士。著有《芝廛集》。事迹见《清史列传》卷四八〇、李桓《国朝耆献类征初编》卷四二六、《江苏艺文志·苏州卷》。

顾有孝卒(1619—)。有孝字茂伦,自号雪滩钓叟、雪滩头陀,江苏吴江人。明诸生。少游陈子龙门,陈子龙死难,遂弃诸生,闭户著述。编有《唐诗英华》、《乐府英华》10卷、《风雅嗣响》20卷、《纪事诗钞》10卷、《五朝名家七律英华》36卷、《明文英华》10卷、《江左三大家诗钞》9卷、

《骊珠集》12卷等；自著有《雪滩钓叟集》。事迹见《清史列传》卷七〇、徐釚《雪滩头陀顾有孝传》(《碑传集》卷一二五)。

陆嘉淑卒(1620—   )。嘉淑字孝可，更字冰修，号射山，晚号辛斋，浙江海宁人。明末诸生，入清不仕。与查继佐、黄宗羲、全祖望、王士禛等均有往来唱和。著有《辛斋遗稿》。事迹见李桓《国朝耆献类征初编》卷四二六、震钧辑《国朝书人辑略》卷二。王紫等编有《陆莘斋先生年谱》。

曾灿卒(1625—   )。灿本名传灿，字青藜，号止山，江西宁都人。与同里魏禧等为"易堂九子"之一。著有《六松堂诗集》9卷、《六松堂诗余》1卷、《曾青藜初集》1卷、《曾青藜文集》3卷等。事迹见《清史稿》卷四八二、《清史列传》卷七〇、李桓《国朝耆献类征初编》卷四二五、杨宾《曾青藜姜奉世合传》(《碑传集》卷一三七)。

汪楫卒(1626—   )。楫字次舟(一作舟次)，号悔斋，安徽休宁人，寓居江苏江都。康熙十八年荐应博学鸿儒，试列一等，授翰林院检讨，纂修《明史》。官至福建布政使。著有《悔斋集》、《补天石》传奇、《崇祯长编》60余卷等。事迹见《清史稿》卷四八四、《清史列传》卷七一、震钧辑《国朝书人辑略》卷二。

邱象升卒(1629—   )。象升字曙戒，号南斋，江苏山阳人。顺治十二年进士，改翰林院庶吉士。散馆，授编修。官至大理寺左寺副。著有《岭海集》、《入燕集》、《白云草堂集》等。事迹见《清史列传》卷七〇、李桓《国朝耆献类征初编》卷一一五、李澄中《侍讲邱公象升传》(《碑传集》卷四四)。

孙在丰卒(1644—   )。在丰字屺瞻，德清籍，世居归安菱湖。康熙九年一甲二名进士，授翰林院编修，升侍讲侍读、侍讲侍读学士，分撰日讲《四书》、《易经》、《书经》，以解义多见称。改任《明史》总裁，擢任内阁学士，兼礼部侍郎，调任掌院学士，迁工部左侍郎，兼任翰林院学士。著有《扈从笔记》、《东巡日记》、《下河集思录》、《尊道堂诗文》等。事迹见《清史稿》卷二七九、李桓《国朝耆献类征初编》卷五六。

吴任臣卒，生年不详。任臣字志伊，一字尔器，初字征鸣，号托园，别号征鸿，浙江仁和人。康熙十八年应博学鸿儒科，列二等，授检讨，充《明史》纂修官。著有《周礼大义》、《补礼通》、《春秋正朔考辨》、《十国春秋》114卷、《南北史合注》、《山海经广注》、《字汇补》、《托园诗文集》等。事迹见《清史稿》卷四八四、《清史列传》卷六八、李桓《国朝耆献类征初编》卷一一九。

按：《清史稿》本传曰："吴任臣，字志伊。志行端悫，强记博闻，为顾炎武所推。以精天官、乐律试鸿博，入翰林，承修《明史历志》。著《周礼大义》、《礼通》、《春秋正朔考辨》、《山海经广注》、《托园诗文集》，而《十国春秋》百余卷，尤称淹贯。其后如谢启昆之《西魏书》，周春之《西夏书》，陈鳣之《续唐书》，义例皆精审，非徒矜书法，类史钞也。"

陈启源卒，生年不详。启源字长发，别号见桃居士，江苏吴江人。康熙诸生。晚岁研精经学，尤深于《诗经》。著有《毛诗稽古编》30卷、《尚书辨略》2卷、《读书偶笔》2卷、《存耕堂稿》4卷等。事迹见《清史稿》卷四八

○、《清史列传》卷六八。

> 按：支伟成曰："陈长发著《毛诗稽古编》，纯宗毛郑，辨正朱子《集传》，其功不在阎百诗辨正《伪古文尚书》之下。至朱愚庵（鹤龄）《诗经通义》，则兼采宋儒欧阳、小苏、吕、严之说，尊汉不若长发之笃。只以愚庵名大，后人率以陈附朱，殊失平允。今则以朱附陈，藉示尊汉之意也。"（《清代朴学大师列传•陈启源》）

徐咸清约卒，生年不详。咸清字仲山，浙江上虞人。康熙十八年举博学鸿儒，罢归。精字学。著有《资治文字》100卷，毛奇龄称其"订证之确，引据之博，为古今巨观"。事迹见毛奇龄《徐咸清墓志铭》（《西河合集》墓碑二）。

李钟侨（　—1732）、赵昱（　—1747）、谢济世（　—1755)生。

康熙二十九年　庚午　1690年

二月初三日乙丑（3月13日），谕大学士等曰："尔等所进《明史》，朕已详阅，远过宋元诸史矣。凡纂核史书，务宜考核精详，不可疏漏。朕于明代实录，详悉披览，宣德以前，尚觉可观，至宣德后，颇多讹谬，不可不察。"（《清圣祖实录》卷一四四）

三月二十九日庚申（5月7日），康熙帝以康熙二十四、二十五两年内所阅《通鉴》，御制论断一百有七则，命赞善励杜讷，交起居注馆记注。

四月二十三日甲申（5月31日），准五经博士孔毓埏疏请，立子思庙于曲阜孔庙西北隅。

二十六日丁亥（6月3日），《康熙会典》告成，康熙帝作序文。

> 按：康熙二十三年（1684）五月，以纂修《康熙会典》，命大学士勒德洪、明珠、李霨、王熙、吴正治为总裁官，内阁学士麻尔图、阿哈达、金汝祥、王鸿绪、汤斌为副总裁官。其后，掌院学士徐乾学、侍讲顾汧、内阁学士徐廷玺、詹事严泰等相继入充副总裁官。历时近六载，方告成书。

是月，以山东御史徐树谷奏修太祖、太宗、世祖《三朝国史》，命设国史馆，隶属翰林院。

> 按：史馆初谓"三朝国史馆"，后成为常设之纂修国史之专门机构。国史馆总裁由皇帝特简，下设总纂、纂修、协修、提调、总校、誊录、校对等官，分别由内阁、翰林院等衙门内拣选满汉儒臣充任。纂修之史书体例分纪、志、表、传四大类，所修各稿，定期呈送御览钦定。

五月初三日癸巳（6月9日），礼部等衙门题："各省典试官，命下之后，限五日起程。如故迟不行者，科道官题参，交部严行处分。"从之（《清圣祖实录》卷一四六）。

二十九日己未（7月5日），颁发《四书》、《五经》于礼部。

英国建立加尔各答。

英国通过"大赦令"。

西班牙加入反法大联盟。

土耳其再次征服贝尔格莱德。

九月十八日乙巳(10月19日),康熙帝谕官兵人等,经过文庙,务须下马。禁止于学宫放马。

法国工程师德尼·帕潘发明出由蒸气提升的活塞泵。

赫伊金斯发表其光的波浪形理论。

徐乾学二月以"学问渊博"荐黄宗羲,康熙帝欲招其"备顾问",乾学以"前业已老病辞,恐不能就道"作答(黄炳垕《黄梨洲年谱》)。

徐乾学三月归里,奉诏修《大清一统志》,开局苏州洞庭东山,仍延阎若璩、胡渭、顾祖禹、黄仪、姜宸英等分纂。

按:胡渭《禹贡锥指略例》曰:"昔大司寇昆山徐公,奉敕纂修《大清一统志》,己巳冬,公请假归里。上许之,且令以书局自随。公于是僦舍洞庭,肆志搜讨,时则有无锡顾祖禹景范、常熟黄仪子鸿、太原阎若璩百诗,皆精于地理之学,二三素心,晨夕群处。"《清史稿·阎若璩传》曰:"及乾学奉敕修《一统志》,开局洞庭山,若璩与其事。若璩于地理尤精审,山川形势,州郡沿革,了如指掌,撰《四书释地》五卷,及于人名物类训诂典制,事必求其根柢,言必求其依据,旁参互证,多所贯通。"

阎若璩、胡渭、顾祖禹、黄仪、姜宸英、黄虞稷、查慎行、王原等以徐乾学聘,聚居苏州洞庭东山,助纂《大清一统志》。

按:先后加入徐乾学幕府,参与修撰《明史》和《大清一统志》的学者有陆元辅、姜宸英、黄虞稷、顾祖禹、冯宗仪、胡渭、徐善、唐孙华、李良年、阎若璩、黄仪、韩菼、邵长蘅、万斯同、黄百家、裘琏、陶元淳、王原、刘献廷、王源、严虞惇、查慎行、吴翊、顾士行、秦业、吕澄、沈佳、马涧等。

徐乾学既归,万斯同独以《明史》事留京师,后馆户部尚书王鸿绪家。

按:徐元文、徐乾学兄弟为内外大员弹劾,相继去官南归,万斯同经史馆总裁张玉书、陈廷敬挽留,移居京中江南会馆。

徐元文六月因江西总督傅腊塔弹劾,解大学士职回籍。

黄宗羲弟子仇兆鳌,将黄宗羲所著《明儒学案》总目寄范鄗鼎。

熊赐履起为礼部尚书,疏请终三年之丧,许之。

黄虞稷为阎若璩购得《载酒园诗话》,若璩读后称快,作题语。

陆陇其是秋补四川道监察御史。

梅文鼎在京得晤陆陇其,得陇其所藏明朱仲福《折中历法》,为更名曰《历学新说钞》。

徐树谷时任山东道御史,三月疏请纂修《三朝国史》,得旨,即行编纂。

王熙四月初二日以大学士为《三朝国史》监修总裁官,大学士伊桑阿、阿兰泰、梁清标、徐元文为总裁官,尚书张廷玉、张英、左都御史陈廷敬、侍郎李振裕、库勒纳、内阁学士朱都纳、星安、博际、布彦图、郭世隆、彭孙遹、副都御史王士禛、詹事尹泰为副总裁官。

李塨八月赴京应乡试中式。已而悔悟,遂绝意举业。

许三礼有书自京中来,称赞范鄗鼎董理有明一代理学之功。范鄗鼎复书云:"芜刻两《备考》,原不欲使一代正学湮没。今史馆纂修《明史》,其中自有文章巨公,弟不敢望其项背。然论三十余年搜求之苦,刊刻之费,性情在此,寤寐在此者,弟亦不敢多让也。"书末且告许三礼,拟于日后将许氏《政学合一》诸书录入《本朝理学》(《国朝理学备考》之许三礼卷,《与范彪西书四》附答书)。

钱澄之会姜宸英于昆山。

刘献廷离京南还吴江。

张弨客京,与朱彝尊会,彝尊作诗以赠。

梅文鼎于友人徐善处钞得王锡阐《圆解》十二章,为之订补,并为作序。

陈廷敬二月起为都察院左都御史,充经筵讲官,七月迁工部尚书。

张玉书授文华殿大学士、兼户部尚书。

王弘撰游金陵,见戴本孝于报恩寺;本孝赠以所作《华山图》。

王士禛充经筵讲官、《三朝国史》副总裁。

孔尚任在京与王士禛订交。

尤侗至杭州,与毛奇龄会。

姜兆锡中举人。

查慎行是秋在洞庭东山之橘社书局,冬归家。

钱曾客杭州,得宋板《李逸明棋谱》2卷,作记。

曹寅出任苏州织造,先后结识姜宸英、余怀、叶燮、尤侗等。

戴名世补正蓝旗教习。八月参与乡试,与何焯、汪份皆斥弗录。

蒋家驹中举人,官怀集知县。

按:蒋家驹字千里,江苏丹阳人。著有《尚书义疏》、《春秋义疏》。《四库全书总目提要》曰:《春秋义疏》"是书以胡《传》为蓝本,而稍以己意更正之,然终不出胡《传》苛刻之习。或自出新意,又往往未安。"

李楠四月为翰林院侍读,充日讲官。

张英十二月为翰林院掌院学士,充日讲官。

张廷玉八月应乡试于江宁,被放。

席柱正月以工部尚书充经筵讲官。

柳文重时任河南叶县知县,建问政书院。

吕柳文时任河南舞阳知县,建晒书堂书院。

刘国儒时任知州,于河南禹州建凤台书院。

王清彦时任河南淮阳知州,将崇正书院改建为思鲁书院。

杨汝楫时任河南固始县知县,建古蓼书院。

李瑞征时任广西容县知县,建绣江书院。

张友宓时任云南澄江通判,建凤山书院。

路光岱在云南易门县建桂香书院。

传教士张诚、白晋等系统地向康熙帝讲授几何学和算术。

按:张诚、白晋编写了满文实用几何学纲要;后来,白晋、张诚的满文讲稿整理成册,并译成汉文,由康熙帝亲自审定作序。这就是现在故宫博物院所藏满文本《几何原本》,而汉文本则收入了《数理精蕴》。

胡渭始著《易图明辨》。

按:是书力揭"图书"之说与《易》无关,尤斥后儒治《易》之失。故梁启超《清代

约翰·洛克著成《人类理解力论》。

| 威廉·佩蒂爵士发表其作品《政治算术》。
| 英国第一份答复读者来信的期刊《雅典报》发行。
| 克里斯蒂安·赫伊金斯发表《光学论》，其中记录了光的极化强度。

学术概论》曰："胡氏此书，乃将此等异说之来历，和盘托出，使其不复能依附经训以自重，此实思想之一大革命也。"

赵灿英著《诗经集成》30卷成书。

按：《四库全书总目提要》曰："灿英字殿飏，武进人。是书成于康熙庚午。大旨为揣摩场屋之用，故首列朱子《集传》，次敷衍语气为串讲，串讲之后为总解，全如坊本高头讲章。至总解之后益以近科乡会试墨卷，则益非说经之体矣。"

王夫之重订《张子正蒙注》。

按：清代注释《正蒙》的尚有李光地的《正蒙注》、王植的《正蒙初义》17卷等，其中王夫之的注本较为完备。《清史稿·王夫之传》曰："夫之论学，以汉儒为门户，以宋五子为堂奥。其所作《大学衍》、《中庸衍》，皆力辟致良知之说，以羽翼朱子。于张子《正蒙》一书，尤有神契，谓张子之学，上承孔、孟，而以布衣贞隐，无钜公资其羽翼；其道之行，曾不逮邵康节，是以不百年而异说兴。夫之乃究观天人之故，推本阴阳法象之原，就《正蒙》精绎而畅衍之，与自著《思问录》二篇，皆本隐之显，原始要终，炳然如揭日月。至其扶树道教，辨上蔡、象山、姚江之误，或疑其言稍过，然议论精严，粹然皆轨于正也。"

又按：《四库全书总目提要》曰："《正蒙初义》十七卷，国朝王植撰。……是编诠释《正蒙》，于《性理大全》所收集释、补注、集解外，取明高攀龙、徐德夫、国朝冉觐祖、李光地、张伯行之注，列程、朱诸说之后，并采张子《经学》、《理窟语录》、《性理拾遗》三书相发明者，附录之，而各以己见参订于后。"

王夫之四月著《读通鉴论》30卷成书；《宋论》15卷定稿。

按：《读通鉴论》是王夫之晚年所作的历史评论著作，提出了许多发人所未发的观点，如认为天下乃天下人之天下，而非帝王一姓之私产等。此书被排斥于《四库全书》之外，即《四库未收书目》亦不著录。清末以后，是书受到章太炎、谭嗣同等人的褒扬，被充作驱除满清统治的理论武器。是书最早有光绪二十年（1894）湘潭王氏守遗经书屋船山遗书本，同治四年（1865）曾国藩刻《船山遗书》本。中华书局1975年排印本，以曾刻本为底本，用衡阳刘氏和邵阳曾氏两种钞本的校勘记进行校补，并将清刘毓崧的校勘内容分附于书中，是目前最通行的版本。研究著作有嵇文甫的《王船山史论选评》、李季平的《王夫之与读通鉴论》等。

陆陇其著《松阳讲义》12卷成书，九月有自序。

按：《四库全书总目提要》曰："是书乃其官灵寿知县时与诸生讲论而作。故所说止一百十八章，以《四书》不能遍及，盖随时举示，非节节而为之解也。陇其之学，期于潜修自得，不甚以争辨为事。惟于姚江一派，则异同如分白黑，不肯假借一词。时黄宗羲之学盛于南，孙奇逢之学盛于北，李颙之学盛于西，陇其皆不以为然。故此编于学术醇疵，再三致意。其间融贯旧说，亦多深切著明，剖析精密。盖朱子一生之精力尽于《四书》，陇其一生之精力尽于《章句集注》。故此编虽得诸簿书之余，而抒所心得以启导后生，剀切详明，有古循吏之遗意。较聚生徒、刻语录、以博讲学之名者，其识趣固殊焉。"

姜宸英辑《江防总论拟稿》、《海防总论拟稿》。

高士奇著《左传纪事本末》53卷约成于是年，韩菼作序。

按：韩菼《序》曰："盖先生经学湛深，雅负史才，在讲筵撰《春秋讲义》，因殚精竭慎，条分囊括，而为是书也，征远代而如在目前，阐微言而大放厥旨。事各还其国，而较《外传》则文省而事详；国各还其时，而较《内传》仍岁会而月计。足补故志，岂是外篇？"是书通行本主要有光绪上海书业公所崇德堂排印本、高氏刊本、商务印书馆《国学基本丛书》本、中华书局杨伯峻点校本等。

吴孟坚著《一草亭读史漫笔》2卷成书，有自序。

尤侗著《看鉴偶评》5卷成书，有自序。

靳治荆修，吴苑、程浚纂《歙县志》12卷刊行。

刘廷玑修纂《处州府志》12卷刊行。

张慎修纂《阳武县志》8卷刊行。

詹槐芬修，戚一燮纂《原武县志》6卷刊行。

林谦光纂《台湾府纪略》10卷刊行。

许全学修纂《商城县志》8卷刊行。

陈昌言修，王补之纂《信阳州续志》1卷刊行。

邱天英修，李根茂纂《汝阳县志》10卷刊行。

张鹏翮修纂《遂宁县志》4卷刊行。

于学修，黄之璧等纂《高明县志》18卷刊行。

贾雒英修，薛起蛟等纂《新会县志》18卷刊行。

赵珙修纂《续修浪穹县志》8卷刊行。

李铨修，张维房纂《广通县志》9卷刊行。

张文豹、梁廷佐修纂，董兴祚增修《定安县志》4卷刊行。

俞森著《荒政丛书》10卷成书。

按：《四库全书总目提要》曰："森号存斋，钱塘人。由贡生官至湖广布政司参议。是书成于康熙庚午，辑古人救荒之法，于宋取董煟，于明取林希元、屠隆、周孔教、钟化民、刘世教，于国朝取魏禧，凡七家之言。又自作常平、义仓、社仓三考。溯其源，使知所法，复究其弊，使知所戒，成书五册，其官河南佥事时所撰也。末附《郧襄赈济事宜》及《捕蝗集要》，其官分守荆南道时所撰也。救荒之策，前人言之已详，至积储尤为救荒之本。森既取昔人良规，班班具列，而于三考尤极详晰，登之梨枣，俾司牧者便于简阅，亦可云念切民瘼者矣。"

田雯著《黔书》4卷成书，徐家炎作序。

李澄中著《滇行日记》2卷成书。

高士奇著《北墅抱瓮录》1卷成书，有自序。

孙弓安编《先府君（孙宗彝）年谱》1卷刊行，附于是年所刊孙宗彝所著《爱日堂全集》后。

林本裕著《辽载前集》成书。

张玿考校《汉隶字原》竣事。

王夫之居湘西草堂评选诗文，有《夕堂永日八代文评选》、《夕堂永日八代诗评选》、《古诗评选》、《唐诗评选》、《宋诗评选》、《明诗评选》等，自序《夕堂永日绪论》。

按：《夕堂永日绪论序》曰："阅古今人所作诗不下十万，经义亦数万首，既乘山中孤寂之暇，有所点定，因论其大约如此。"（《夕堂永日绪论》卷首）

钱澄之刻所著《田间诗集》28卷、《田间文集》30卷。

汪琬删定《纯翁前后类稿》、《纯翁续稿》为《尧峰诗钞》10卷、《尧峰文钞》50 卷。

  储欣初定所著《在陆草堂文》。
  查慎行辑此期诗为《橘社集》。
  钮琇著《临野堂集》13 卷刊行，以后有增补。
  潘江著《龙眠风雅续集》成书，戴名世等编次，张英作序。
  戴名世著《孑遗录》成书，有自序。
  熊赐履著《经义斋集》18 卷成。
  何焯八月撰《菰中随笔序》。
  梅文鼎著《方程论》，潘耒作序。
  按：潘耒《方程论序》曰："古之君子不为无用之学，六艺次乎德行，皆实学，足以经世者也。数虽居艺之末，而为用甚钜。测天度地，非数不明；治赋理财，非数不核；屯营布阵，非数不审；程功董役，非数不练。古人少而学焉，壮而服焉，措诸政事、工虞、水火，无不如志。后世训诂帖括之学兴，而六艺俱废，数尤鄙为不足学。一旦有民社之责，会计簿书头岑目眩，与一握算，不知颠倒。自郡县以至部寺之长，往往皆然。于是，黠胥滑吏得起而操官府之权，奸弊百出，而莫能诘，则亦不学数之过也。古算经诸书多不传，九章诸术，今人不能尽通，由于士大夫莫肯究心，而贾人胥吏习其法而莫能言其意。近代惟西译《几何原本》一书，详言立法之故最为精深，其所用筹算亦最简便。然惟历家习之，世莫晓也。"（《遂初堂文集》卷七）
  传教士张诚以满文译《几何原本》成书。
  张璐著《诊宗三昧》1 卷成书。
  刘若金著《本草述》32 卷初刻。
  按：本书是一部本草学专著，全书分为水部、火部、土部、五金部、石部、卤石部、山草部、芳草部、隰草部、毒草部、蔓草部、水草部、谷部、菜部、五果部、山果部、夷果部、果之味部、果之蓏部、水果部、香木部、乔木部、灌木部、寓木部、苞木部、虫部、鳞部、介部、禽部、兽部、人部凡 31 部，收载药物四百八十余种。中医古籍出版社 2005 年出版有《本草述校注》。

  彭大寿卒（1611— ）。大寿字松友，湖北孝感人。明诸生。有志伊洛之学，博探先儒《语录》，参考经传，寒暑不辍。入清不仕，授徒自给。著有《大易诗经春秋合解》、《鲁冈通礼》、《鲁冈或问》4 卷等。事迹见《清史列传》卷六六。
  刘汉卿卒（1616— ）。汉卿字上于，号依思，江苏武进人。明崇祯十五年举人。顺治六年进士。历任铅山、襄城、洋县、南郑、城固等县知县。著有《周易卦象》、《卦象大义》、《毗陵科举考》、《南康府志》、《抚州府志》等。事迹见《武进西营刘氏家谱》。
  谷应泰卒（1620— ）。应泰字赓虞，号霖仓，直隶丰润人。顺治四年进士。曾任户部主事、员外郎、浙江学政佥事。著有《明史纪事本末》80 卷、《筑益堂集》等。又与张缙彦主编《杜诗分类全集》。事迹见《清史列传》卷七〇、李桓《国朝耆献类征初编》卷二〇六。
  郭棻卒（1622— ）。棻字芝仙，号快庵、快圃，直隶清苑人。顺治九年进士，选翰林院庶吉士，授检讨，历赞善。康熙时官至内阁学士。工书法，与沈荃有"南沈北郭"之称。卒谥文清。著有《学源堂诗集》10卷、《学源堂文集》19卷、《学源堂诗钞》6卷等。事迹见李桓《国朝耆献类征初编》卷一一五、潘应宾《上谷宗伯学士郭文清公棻传》(《碑传集》卷一八)。

恽寿平卒(1633—)。寿平初名格，字寿平，以字行，改字正叔，号南田、云溪外史、白云外史、东园客、草衣生等，江苏武进人。以画著名。与王时敏、王鉴、王翚、王原祁、吴历并称"清六家"。著有《画筌评》1卷、《画跋》3卷、《瓯香馆集》12卷等。事迹见《清史稿》卷五〇四、震钧辑《国朝书人辑略》卷一、李桓《国朝耆献类征初编》卷四二六、恽敬《恽先生格家传》(《碑传集》卷一二六)。

按：《清史稿》本传曰："格以父忠于明，不应举，擅诗名，鬻画养父。画出天性，山水学元王蒙。既与王翚交，曰：'君独步矣！吾不为第二手。'遂兼用徐熙、黄筌法作花鸟，天机物趣，毕集毫端，比之天仙化人。画成，辄自题咏书之，世号'南田三绝'。虽自专意写生，间作山水，皆超逸，得元人冷淡幽隽之致。……格人品绝高，写生为一代之冠，私淑者众，然不能得其机趣神韵。惟乾隆中华嵒号为继迹。后改琦亦差得其意云。"

高层云卒(1634—)。层云字二鲍，号稷范，晚号菰村，江苏华亭人。康熙十五年进士。历授大理寺左评事，充广西乡试副考官，又充《大清一统志》纂修官。能诗，尤工书画。著有《改虫集》。事迹见《清史稿》卷二八二、《清史列传》卷七〇、李桓《国朝耆献类征初编》卷五九、震钧辑《国朝书人辑略》卷二、徐乾学《太常寺少卿高君层云神道碑》(《碑传集》卷五四)。

刘榛卒(1635—)。榛字山蔚，号董园，河南商丘人。诸生。著有《虚直堂文集》、《女使韵统》。

陈维岳约卒(1636—)。维岳字纬云，江苏宜兴人。陈维崧弟。工词善文，为阳羡派作家之一。著有《蜡凤集》、《吹箫集》、《红盐词》等。事迹见侯方域《壮悔堂文集》卷二《陈纬云文序》。

李清植(—1744)、鲍鉁(—1748)、蒋恭棐(—1754)、卢见曾(—1768)、张叙(—1775)、胡鸣玉(—?)生。

康熙三十年　辛未　1691年

二月初六日壬戌(3月5日)，以大学士张玉书、工部尚书陈廷敬为会试正考官，兵部左侍郎李光地、兵部督捕右侍郎王士禛为副考官。

三月初二日戊子(3月31日)，《通鉴纲目》译成满文，康熙帝作序。

按：御制序文称"是编所记述皆有关于治天下国家之务，非等于寻常记载之书"。

巴黎出版第一本地址录。

新东印度公司在伦敦成立。

二十日丙午(4月18日),策试天下贡士张瑗等于太和门前。

二十三日己酉(4月21日),康熙帝御太和门,传胪,赐殿试贡士戴有祺等148人进士及第出身有差。四月初六日,授一甲进士戴有祺为翰林院编撰,吴昺、黄叔琳为翰林院编修。

五月二十六日辛亥(6月22日),从御史江蘩条奏,会试分南北中卷,行之既久,不能均平,以后应再分江南浙江为南左,江西、湖广、福建、广东为南右,直隶、山东为北左,河南、山西、陕西为北右,四川、云南为中左,广西、贵州为中右。仍照定例,各计卷数之多寡,凭文取中。

六月十七日辛未(7月12日),命礼部左侍郎管翰林院掌院学士事库勒纳、翰林院掌学士兼管詹事府詹事事张英教习庶吉士。

九月十四日乙丑(11月3日),以礼部尚书熊赐履为武会试正考官,工部右侍郎王承祖为副考官。

十月初四日乙酉(11月23日),策试天下武举于太和门前。

初七日戊子(11月26日),传胪,赐殿试中式武举张文焕等200人武进士及第出身有差。

十一月二十四日甲戌(1692年1月11日),钦天监奏明年正月初一日日食,谕各官修省,元旦行礼筵宴均停。

十二月二十日庚子(2月6日),因康熙八年有除南怀仁等在京照常宣教外,严禁其他各省天主教立堂传教之旨,浙江巡抚张鹏翮于杭州将殷铎泽神父下狱。

是年,康熙帝册封罗桑丹贝坚赞为呼图克图大喇嘛,统管外蒙地区喀尔喀部宗教事务。此后,按惯例该活佛系统的传承,需受到清朝皇帝的册封和西藏达赖喇嘛的认可才能生效。

颜元五月南游至开封,张医卜肆。八月至商水,访大侠李木天,深相结。

徐乾学因山东巡抚拂伦弹劾而被革去刑部尚书之职。

陆陇其过访梅文鼎,相与商讨校刻朱仲福《历学新说钞》事。

朱彝尊八月以上命代祀孔子,充十哲分献官。是月,又往会陆陇其。

熊赐履正月以礼部尚书充经筵讲官。

毛奇龄归旧庐,闻乡人有得王叔卢《拟元词两剧》稿,急遣人购。

刘献廷是春至昆山诊徐元文疾,得识吴殳,共谈声韵之学。是年,西行至汉口,复入湘。

李光地二月充会试副考官,九月二十三日与户部侍郎傅际、工部侍郎徐廷玺及原任河道总督靳辅奉命查阅黄河工程。

杨名时、陈鹏年、黄叔琳等中进士。

梅文鼎在京师勤学不倦,得李光地等推崇。

按:《清史稿·梅文鼎传》曰:"文鼎为学甚勤,刘辉祖同舍馆,告桐城方苞曰:'吾每寐觉,漏鼓四五下,梅君犹构灯夜诵,乃今知吾之玩日而愒时也。'居京师时,裕亲王以礼延致朱邸,称梅先生而不名。李文贞公命子锺伦从学,介弟鼎征及群从皆执弟子之礼。宿迁徐用锡,晋江陈万策,景州魏廷珍,河间王之锐,交河王兰生,皆以得与参校为荣。家多藏书,频年游历,手抄杂帙不下数万卷。"

方苞在京师,晤梅文鼎,交王源。游太学,李光地见其文而赞。是年,又遇杨名时于李光地寓所。

邵廷采读书于陶氏镜佩楼。

惠周惕中进士,官密云县知县。

惠士奇为诸生,不就省试,奋志力学,晨夕不辍。

石涛卧病北京慈源寺,友人为写树下聚石执拂小像。

洪昇自京还至浙江。

孔尚任在京得小忽雷乐器。

张廷枢、徐元正三月为翰林院编修,充日讲官。

傅继祖九月为翰林院掌院学士,充经筵讲官,十月初八日奉命教习庶吉士。

傅伸九月为翰林院侍讲学士,充日讲官。

三宝十月为翰林院侍讲学士觉罗,充日讲官。

张廷玉尊恩例捐纳岁贡生。

宋大业、谢陈常、汤右曾、凌绍雯等人二月为翰林院编修,宋敏求、鲁瑗等人为翰林院检讨。

杨中讷、张昺、姚宏绪、陈汝咸、张瑗、姜遴惠、周惕、王奕清、狄亿、潘从律、张孝时、胡润、戴绂、金潮、江球、杨名时、王傅、冉觐祖、王者臣、李燕生、阎锡爵、阿金、张寿峒、张曾庆、李象元、胡麟征、张翔凤、喀尔喀、文志鲸、何龙文等新科进士六月初一日被选为庶吉士。修撰戴有祺、编修吴昺、黄叔琳分别满汉书教习。

王士禛正月以兵部督捕右侍郎充经筵讲官。

傅腊塔六月以刑部右侍郎充经筵讲官。

顾培、金敞在江苏无锡锡山建共学山居,规制悉仿东林书院,推行高攀龙的静坐法,春秋两会学者。

　　按:顾培字昀滋,江苏无锡人。《清史列传·顾培传》曰:"与族弟鳌同从之锜问学。之锜殁,筑共学山居,以延(金)敞朝夕讲贯。守高攀龙静坐说,默识未发之中,久之遂笃信性善之旨。张伯行抚吴,诣东林讲学,颇以静坐为疑。培往复千言,畅高氏之旨,伯行无以难之。"金敞字廓明,江苏武进人。《清史列传》卷六六本传曰:"少负气节,有经济才。尝从鲁王海上,颠沛流离,不忘忠孝。大兵定浙江,乃易服归乡里,从(汤)之锜游。敞长之锜三岁,执礼恭谨。搜辑顾、高遗书,谓圣贤为必可学。之锜殁后,卜居梁溪,立山居会约,兴起甚众。"著有《暗修集》12卷。

林琦在福建福州建斗南书院。

丁蕙时任山东海防道,于蓬莱县建海山书院。

史鉴时任河南柘城县知县,建紫阳书院。

朴怀宝时任河南太康知县,建兴贤书院。

吕民服时任河南新蔡知县,建大吕书院。

朱璘时任河南南阳知府，建南阳书院。

陈廷策时任广东曲江知府，建韶阳书院。

史起贤时任广东潮州巡道，建韩山书院。

杨芬时任四川屏山知府，建龙湖书院。

传教士徐日升在京得闻浙江巡抚张鹏翮将殷铎泽神父下狱，即上疏求情。

传教士白晋、张诚为康熙帝讲授人体解剖学。

克劳德·弗勒里编著《教会史》，共20集（于1720年完成）。

卡斯帕尔·施蒂施著成《日耳曼词汇》。

吴曰慎辑《周易翼义集粹》3卷成书。

张步瀛著《周易浅解》4卷刊行，仇兆鳌、耿介作序。

按：《四库全书总目提要》曰："国朝张步瀛撰。步瀛字翰仙，河南新安人。康熙辛未进士。是编题其父含命意而步瀛笔受者，昔房融译《楞严经》称为笔受。此注经而袭佛氏之称，盖偶未检。其《凡例》称'家传《易》学已历六世，自其曾祖至其父与伯叔及其弟侄，均以《易》得科名。又称《易》家自明嘉、隆以后，穿凿附会，置《本义》、程《传》不顾，惟喜新奇异说。见之文者，蒙混支离。《大象传》孔子所著，庚辰房书竟认作周公语'云云。盖其家传科举之学也。"

方苞在京著《读孟子》。

李颙六月著有《与董郡伯书》、《答惠少灵书》等。

陈廷敬七月著《合刻吕氏二编序》。

费密著《弘道书》10卷成书。

按：是书乃费密一生治学的结晶，书成后一直未"轻出示人"，只是由其门人蔡廷治录为副本收藏，直到20世纪20年代才由成都唐鸿学据新繁杨氏藏抄本刊行。民国九年，唐氏将此书与费密的《荒书》、《燕峰诗抄》合为《费氏遗书三种》刊行，收入《怡兰堂丛书》之中，但《弘道书》只剩3卷。

邵廷采著《阅史提要》。

钱肃润著《道南正学编》3卷成书，有自序。

范承勋、王继文修，吴自肃、丁炜纂《云南通志》30卷刊行。

杨宽修，乔已百纂《临城县志》8卷刊行。

陶颖发纂修《临漳县志》6卷刊行。

杜登春修，李我郊纂《广昌县志》8卷刊行。

汤斌修，孙珮纂《吴县志》60卷刊行。

申明伦修纂《宜阳县志》4卷刊行。

霍浚远修纂《灵宝县志》4卷刊行。

杨廷望修，张沐纂《上蔡县志》15卷刊行。

吕柳文修，牛天枢纂《叶县志》8卷刊行。

阎兴邦、鲁麟修纂《罗山县志》8卷刊行。

申奇彩修，毛泰征纂《河阳县志》4卷刊行。

甘国垓修，杜之丛、千兆纂《武陟县志》8卷刊行。

钟定等修纂《仪封县志》40卷刊行。

朱廷献、刘曰圭修纂《新郑县志》4卷刊行。

钟定修纂《陈留县志》42卷刊行。

秦炯修纂《诏安县志》12卷刊行。

马得祯修纂《鱼台县志》18卷刊行。

钟运泰修纂《章邱县志》12卷刊行。

何鼎修纂《长葛县志》8卷刊行。

李铎修，王凤采纂《绍兴府志》58卷刊行。

方岱、璩之璨修纂《昌化县志》5卷刊行。

杨于鼎修，张端纂《罗平州志》刊行。

魏荩臣修，阚祯兆纂《通海县志》8卷刊行。

胡云客等修纂《南海县志》17卷刊行。

刘广聪纂《程乡县志》8卷刊行。

戴名世在京为陈潢撰《赞理河务佥事陈君墓表》。

王士禛著《池北偶谈》26卷成书。是年，批点徐夜所撰《徐东痴诗》2卷刊行。

朱彝尊所编《词综》473卷经汪森等增订刊行。

按：《词综》的选编以"雅正"为绳衡，选录唐、宋、金元词六百余家作品，原为26卷，由汪森增订四卷，共30卷付梓。其后，朱彝尊典试江南事毕，与汪森等再议辑补，不久北还京师，未得遂愿，便由汪森等自行辑补六卷，并挖改修订前30卷，合为36卷，于本年问世。

邵长蘅编次此年以前诗文为《青门旅稿》6卷。

万任著《静园仅稿》、《未学斋稿》刊行。

梅清辑《梅氏诗略前集》12卷成书。

张泰来著《江西诗社宗派图录》1卷成书，宋荦作序。

按：张泰来字扶长，江西丰城人。康熙九年进士，官吏部主事。另著有《补希堂文集》。

姜宸英著《湛园札记》4卷成书，有自序。

王典著《慎斋诗存》8卷刊行。

汪琬著《尧峰文钞》50卷刊行。

按：《四库全书总目提要》曰："初，琬自裒其文为《钝翁类稿》六十二卷，《续稿》五十六卷，晚年又手自删汰，定为此编。其门人侯官林佶为手写而刊之。古文一脉，自明代肤滥于七子，纤佻于三袁，至启、祯而极敝。国初风气还淳，一时学者始复讲唐、宋以来之矩矱。而琬与宁都魏禧、商邱侯方域称为最工。宋荦尝合刻其文以行世，然禧才杂纵横，未归于纯粹。方域体兼华藻，稍涉于浮夸。惟琬学术既深，轨辙复正，其言大抵原本《六经》，与二家迥别。其气体浩瀚，疏通畅达，颇近南宋诸家，蹊径亦略不同。庐陵、南丰固未易言，要之接迹唐、归，无愧色也。琬性狷急，动见人过，交游罕善其终者。又好诋诃，见文章必摘其瑕颣，故恒不满人，亦恒不满于人。与王士禛为同年，后举博学鸿词时，乃与士禛相忤。其诗有'区区誓墓心，岂为一怀祖'句，以王述比士禛。士禛载之于《居易录》中。又与阎若璩议礼相诟，若璩载之《潜邱札记》中，皆为世口实。然从来势相轧者，必其力相敌，不相敌，则弱者不敢，强者不屑，不至于互相排击，否则必有先败者，亦不能久相支拄。士禛词章名一世，不与他人角，而所与角者惟赵执信及琬。若璩博洽亦名一世，不与他人角，而所与角者惟顾炎武及琬,则琬之文章学问,可略见矣。"

陈洪绶著《宝纶堂集》10卷刊行。

颜元著《论开书院讲学》。

按：是文对当时书院讲学之风作了抨击,认为"学习、躬行、经济,吾儒本业也,然则今日者,讲之不学,是吾忧矣"。

王毓贤著《绘事备考》8卷成书,有自序。

梅文鼎在京师,著《答刘文学问天象说》1卷。是夏,始著《历学疑问》。

王宏翰著《性原广嗣》6卷、《乾坤格镜》18卷刊行。

毛奇龄著《韵学要指》11卷成书,李天馥作序。

按：《四库全书总目提要》曰："先是,奇龄撰《古今通韵》十二卷,进呈御览,久经刊版单行。因其卷帙繁重,乃隐括其议论之尤要者,以为此书。李天馥序之。然较《通韵》特削去各部所收之字,而存其条例及考证耳。意在简径易明,而韵字不存,等于有断而无案。欲究其说,弥费检阅。编《西河合集》者,废《通韵》而存此书,非其韵学之全矣。"

仲弘道著《增定史韵》4卷成书,有自序。

按：是书又名《增定二十一史韵》。《四库全书总目提要》曰："宏道字开一,嘉兴人。是书成于康熙辛未。以赵南星《史韵》前载年号,浮文妨要,注又寥寥不详,所以不行于世。乃删其繁冗,补其阙略,以成是编。复上续以羲、轩至秦,下续以明代之事。其它晋之十六国,五代之十一国,以及辽、金、西夏亦各为韵语以补之。每纪之末,宏道各为总论。明纪评语则采谷应泰《纪事本末》之文。"

汪简心辑《德音堂琴谱》10卷刊行。

沈李龙辑《食物本草会纂》12卷成书,有自序。

按：沈李龙字云将,浙江杭州人。是书汇辑古人有关食疗的记载和论述,并附有图谱。

罗伯特·波义耳卒(1627—)。英国哲学家及物理学家。

程邃卒(1605—)。邃字穆倩,一字朽民,号垢区,一号青溪,又号垢道人、野全道者、江东布衣,安徽歙县人。明诸生。以画著名。篆刻取法秦汉,为"皖派"代表之一。又长于金石考证之学。著有《会心吟》、《萧然吟》等。事迹见震钧辑《国朝书人辑略》卷一、李桓《国朝耆献类征初编》卷四七七、《宋元明清书画家年表》。

成克巩卒(1608—)。克巩字子固,号青坛,直隶大名人。明崇祯十六年进士。清顺治间授国史院检讨,官至秘书院大学士。曾充《太宗实录》、《太祖圣训》、《太宗圣训》总裁。事迹见《清史稿》卷二三八、《内秘书院大学士成公克巩传》(《碑传集》卷七)。

按：《清史稿》本传曰："克巩选主乡、会试,称得士,汤斌、马世俊、张玉书、严我斯、梁化凤等,皆出其门。历充《太宗实录》、《太祖、太宗圣训》总裁,屡得优赉。"

张仁熙卒(1608—)。仁熙字长人,号藕湾,湖北广济人。明末诸生。与竟陵胡承诺、吴骥及蕲州顾景星,本县刘醇骥等过从甚密,在江汉间颇负才名,知识渊博。王士禛称之为"楚栋之杰"。后受黄州知府之聘,在东斋说诗,曾组织"五经社"、"长风山社"。入清不仕,曾预修《湖广通志》。著有《藕湾诗集》20卷、《藕湾文集》9卷,《雪堂墨品》1卷及《日庵野录》、《雨湖庄论别录》、《草窗秘录》等。事迹见《清史列传》卷七〇、李桓《国朝耆献类征初编》卷四七七。

罗文藻卒(1616—)。文藻字汝鼎,号我存,教名额我略,福建福安人。明崇祯六年由方济各会西班牙神父利安当施洗入教。后至马尼拉求学,入多明我会,并升为神父,回国传教。康熙十二年由教皇克雷芒十世提名为主教,成为第一个中国籍天主教主教。

陆元辅卒(1617—)。元辅字翼王,人称菊隐先生,江苏嘉定人。明诸生。黄淳耀弟子。康熙十八年,召试博学鸿儒,罢归。著有《续经籍考》、《十三经注疏类抄》等。又尝为纳兰性德撰《合订删补大易集义粹言》、《陈氏礼记集说补正》二书凡100余卷。事迹见《清史列传》卷六六、李桓《国朝耆献类征初编》卷四〇二、张云章《陆先生元辅墓志铭》(《碑传集》卷一三〇)。

按:《清史列传》本传曰:"明亡,弃诸生,以经学教授。宋德宜、徐乾学、徐元文、叶方蔼皆以兄礼事之,力趣入都。都中士大夫就质经义典故,无虚日,称陆先生而不名。宛平王崇简、孙承泽,蔚州魏象枢,江宁王弘泽皆遣子弟授经。尝购宋、元、明人经说至数十种,溯其渊源,剖其得失,辄为题跋。秀水朱彝尊《经义考》多取其言为据。又尝为纳兰性德撰《合订删补大易集义粹言》、《陈氏礼记集说补正》二书,共百余卷。先后客京师几二十年,其论学虽本淳耀,晚益充实,不杂佛老。尝与友人书,谓:'六经,千圣之道法;四书,六籍之精华。当循序致精,一一返诸己。'自早年以存诚主敬自励,至老而自强不息,有得于濂溪所云学圣以一为要者,期自寡欲进于无欲,以实践斯言。又论:'明代理学以方正学、薛文清、胡敬斋、罗整庵为正,白沙之后流为甘泉,阳明之后流为龙溪、近溪、泰州、卓吾、山农、心隐。狂澜既倒,回之者惟无锡高忠宪、顾泾阳,东莞陈清澜,闽中陈仲好,武水陈几亭数贤。至若周海门《圣学宗传》一书,并驱伏羲以来诸圣贤俱入二氏,尤无忌惮。后有真儒,火其书可也。'陆陇其宰嘉定,见元辅称以为博闻朴实君子。"

吴正治卒(1618—)。正治字当世,号赓庵,湖北汉阳人。顺治六年进士。康熙时官至武英殿大学士。卒谥文僖。曾主持重修、编纂《大清会典》、《大清一统志》、《平定三朔方略》等。事迹见《清史稿》卷二五〇、《清史列传》卷九、李桓《国朝耆献类征初编》卷六、彭定求《光禄大夫太子太傅礼部尚书武英殿大学士吴文僖公正治墓志铭》(《碑传集》卷一二)。

于觉世卒(1619—)。觉世字子先,号赤山,别号铁樵山人,山东新城人。顺治十六年进士。官至广东学政,擢布政使司参议。著有《使越集》、《居巢集》、《岭南集》等。事迹见王士禛《于觉世墓志铭》(《带经堂集》卷八五)。

梁清标卒(1620—)。清标字玉立,一字苍岩,号蕉林、棠村,直隶正定人。明崇祯十六年进士,官庶吉士。南明福王时官至保和殿大学士。入清授编修。著有《蕉林诗文集》、《棠村词》、《棠村随笔》等。事迹见《清史列传》卷七九。

按:《征刻唐宋秘本书例》曰:"近代藏书,惟北平孙北海少宰、真定梁棠村司农为冠。少宰精于经学,司农富于子集。"吴修《昭代名人尺牍小传》曰:梁清标"精于鉴赏,所藏法书、名画甲天下"。

戴本孝卒(1621—)。本孝字务旃,号鹰阿山樵,安徽休宁人。工诗善画,为黄山画派的代表人物之一。事迹见冒襄辑《同人集》卷一一。

汪琬卒(1624—)。琬字苕文,小字液仙,又字钝庵,自号尧峰,学者尊称为钝翁,江苏长州人。曾参加复社。顺治十一年乡试第一,越年中进士,授主事,迁刑部郎中,官至编修。后告归,门徒较多,著名者有惠周惕等。工诗词古文,与王士禛、魏禧、侯方域齐名。著有《拟明史列传》24卷、《古今五服考异》、《钝翁前后类稿》、《尧峰文钞》50卷等。事迹见《清史稿》卷四八四、《清史列传》卷七〇、李桓《国朝耆献类征初编》卷一二〇、蔡冠洛《清代七百名人传》第五编、陈廷敬《翰林编修汪先生琬墓志铭》、计东《钝翁生圹志》(均见《碑传集》卷四五)。清汪筠编有《钝翁年谱》,赵经达编有《汪尧峰先生年谱》。

按:《清史稿》本传曰:汪琬"少孤,自奋于学,锐意为古文辞。于《易》、《诗》、《书》、《春秋》、《三礼》、《丧服》咸有发明。性狷介。深叹古今文家好名寡实,鲜自重特立,故务为经世有用之学。其于当世人物,褒讥不少宽假。……初,圣祖尝问廷敬今世谁能为古文者,廷敬举琬以对。及琬病归,圣祖南巡驻无锡,谕巡抚汤斌曰:'汪琬久在翰林,有文誉。今闻其居乡甚清正,特赐御书一轴。'当时荣之。琬为文原本六经,疏畅类南宋诸家,叙事有法。公卿志状,皆争得琬文为重。尝自辑诗文为《类稿》、《续稿》各数十卷,又简其尤精者,嘱门人林佶缮刻之"。

许三礼卒(1625—)。三礼字典三,号酉三,河南安阳人。顺治十八年进士。康熙十二年授海宁知县。官至兵部督捕侍郎。曾问学于孙奇逢、黄宗羲。著有《读礼偶见》、《仁孝达天发明》、《圣学问答考》、《圣学发明》、《正史纲说》、《海昌讲学集注》等。事迹见《清史稿》卷二六六、李桓《国朝耆献类征初编》卷五二、黄宗羲《兵部督捕右侍郎酉山许先生墓志铭》(《黄宗羲全集》第十册)、徐文驹《兵部督捕右侍郎安阳许公三礼墓志铭》(《碑传集》卷一八)。

按:《清史稿》本传曰:"三礼初师事孙奇逢,及在海宁,从黄宗羲游,官京师,有所疑,必贻书质宗羲。学宋赵抃故事,旦昼所为,夜焚香告天,家居及在海宁,皆建告天楼。圣祖重道学,尝以之称三礼云。"黄宗羲对许三礼在海宁任职期间的政绩评论甚高,其曰:"百废俱举,兴利除害若嗜欲。而先生喜延揽人才,上自贤豪名世,下至地巫、星客,一艺之长者,无不罗而置之幕下,故四方之客日至。北海之坐,讲道论文,不以碍其簿书,其天性然也。"又论其学术曰:"今夫世之讲学者,非墨守训故之产,则高谈性命之理。大言炎炎,小言詹詹,有其声而无宫角,宁当于琴瑟钟鼓之调乎?先生之学,不名一辙,以适用为是。故于六家皆取其长,而以至诚流出金石瓦铄,镕为妙义。尝从京师寓书于余,谓'近来谈学者少,而皇上之左右,颇有留心于是者,为之指点路径,便能力行不息;古之圣王,缀衣虎贲趣马之微,罔非吉士,庶几见之今日耳!'然则先生之所以格君心者,岂仅仅见之于章疏乎?宜乎为皇上所眷注。"(《兵部督捕右侍郎酉山许先生墓志铭》,《黄宗羲全集》第十册)

沙张白卒(1626—)。张白原名一卿,字介臣,号定峰,江苏江阴人。诸生。著有《读史大略》60卷、《定峰乐府》10卷、《定峰诗钞》13卷等。

林澜卒(1627—)。澜字观子,学者称莱庵先生,浙江杭州人。明季诸生。精六壬奇门太乙遁甲及图纬占候风角。著有《灵素合钞》、《伤寒折衷》、《壬戌新钞》、《武林杂志》、《西湖逸志》等。事迹见《清史列传》卷七一、毛奇龄《林澜墓表》(《西河合集》墓表三)。

沈进卒(1628—　)。进初名叙,字山子,浙江嘉兴人。诸生。康熙时与朱彝尊并称朱沈,与周筼并称周沈。家贫,授徒以自给。著有《文言荟萃》、《行国录》、《蓝村稿》、《哀溪文稿》等。事迹见《清史列传》卷七一、朱彝尊《沈进墓志铭》(《曝书亭集》卷七四)。

黄虞稷卒(1629—　)。虞稷字愈邰(一作俞邰),号楮园,先为福建晋江人,明季移家江苏上元。康熙十八年举博学鸿儒,丁母忧不与试。后左都御史徐元文荐修《明史》,分纂列传及《艺文志》。又充《大清一统志》纂修官。家世藏书,有八万余卷。著有《千顷堂书目》32卷,为《明史·艺文志》所本。又有《楮园杂志》、《我贵轩集》、《朝爽阁集》等。事迹见《清史稿》卷四八四、《清史列传》卷七一、李桓《国朝耆献类征初编》卷四二七、陈寿祺《黄虞稷传》(《碑传集》卷四五)。

按：黄虞稷的《千顷堂书目》是收录明代艺文最齐全的书目,《四库全书总目提要》评论道："然焦竑《国史·经籍志》既诞妄不足为凭,傅维鳞《明书·经籍志》、尤侗《明史·艺文志稿》尤冗杂无绪。考明一代著作者,终以是书为可据,所以钦定《明史·艺文志》颇采录之。"是书初无刻本,仅有抄本流传,著名的有吴骞手校本。1982年上海古籍出版社出版的标点本,是目前的通行本。

徐元文卒(1634—　)。元文字公肃,号立斋,江苏昆山人。徐乾学弟。顺治十六年进士,授修撰。康熙时曾主修《太宗实录》、《孝经衍义》、《政治训典》、《平定三逆方略》、《大清一统志》等,任《明史》馆总裁官、左都御史,官至文华殿大学士兼翰林院掌院学士。著有《含经堂集》30卷、《明史稿》若干卷等。事迹见《清史稿》卷二五〇、《清史列传》卷九、李桓《国朝耆献类征初编》卷八、蔡冠洛《清代七百名人传》第一编、张玉书《文华殿大学士户部尚书掌翰林院事徐公神道碑》、韩菼《资政大夫文华殿大学士户部尚书掌翰林院事徐公元文行状》(均见《碑传集》卷一二)。

周象明卒(1634—　)。象明字悬著,江南太仓人。康熙十一年举人。治经精于博考。著有《七经同异考》34卷、《尚友编》、《事物考辨》、《苏松田赋备考》等,共数百卷。事迹见《清史列传》卷六六、李桓《国朝耆献类征初编》卷四一四。

王洁卒(1637—　)。洁字汲公,别字洰盘,顺天大兴人。受业于梁以樟,潜心理学。尝编辑梁以樟之全书,又为马骕参订《绎史》。著有《三经际考》、《学易经济编》、《洰盘子集》。事迹见王源《先兄王处士洁行略》(《居业堂文集》卷二)。

林模卒,生年不详。模字靖若,号国木,福建德花人。康熙十二年进士,历任兴宁、普宁知县。工书善画。著有《四书讲义》、《书诗易解义》。

张照(　—1745)、尹会一(　—1748)、周宣猷(　—1751)、李菎(　—1755)、程廷祚(　—1767)生。

康熙三十一年　壬申　1692 年

弗吉尼亚的威廉和玛丽学院建立。

斯特兰德银行在伦敦开业。

正月初四日甲寅（2月20日），康熙帝于乾清门召大学士九卿等谈音乐、数学原理。

二十七日丁丑（3月14日），康熙帝阅徐元文等所撰《明史》稿本。

按：谕曰："前者纂修《明史》诸臣，所撰本纪列传曾以数卷进呈，朕详晰披阅，并命熊赐履校雠，熊赐履写签呈奏，于洪武、宣德本纪，訾议甚多。朕思洪武系开基之主，功德隆盛。宣德乃守成贤辟，虽运会不同，事绩攸殊，然皆励精著于一时，谟烈垂诸奕世，为君事业，各克殚尽。朕亦一代之主也，锐意图治。朝夕凤懈，综理万几，孳孳懋勉，期登郅隆。若将前代贤君，搜求其间隙，议论其是非，朕不惟本无此德，本无此才，亦实无此意也。朕自返厥躬，于古之圣君，既不能逮，何敢轻议前代之令主耶！若表扬洪武、宣德，著为论赞，朕尚可指示词臣，撰文称美。倘深求刻论，非朕意所忍为也。至开创时，佐运文武诸臣，各著勋绩，列传之中，若撰文臣事实，优于武臣，则议论失平，难为信史。纂修史书，虽史臣职也，适际朕时，撰成《明史》，苟稍有未协，咎归于朕矣。明代实录及记载事迹诸书，皆当蒐罗藏弆，异日《明史》告成之后，新史与诸书俾得并观，以俟天下后世之公论焉。前曾以此旨，面谕徐元文，尔等当知之。"（《清圣祖实录》卷一五四）

二十九日己卯（3月16日），康熙帝再谕修《明史》官员："朕自冲龄即在宫中披览经史，《明实录》曾阅数遍，见其间立言过当，记载失实者甚多。纂修《明史》，宜加详酌。"又曰："作史之道，务在秉公持平，不应胶执私见，为一偏之论。"（《清圣祖实录》卷一五四）

二月初二日壬午（3月19日），康熙帝下诏准许天主教继续在各地传教。

按：康熙帝谕大学士等："前部议将各处天主堂照旧存留，只令西洋人供奉，已经准行。现在西洋人治理历法，前用兵之际制造军器，效力勤劳。近随征俄罗斯亦有劳绩，并无为恶乱行之处。将伊等之教目为邪教禁止，殊属无辜。"初五日，礼部尚书等议奏：西洋人万里航海而来，诚心效力，劳绩甚多。各省居住西洋人并无为恶乱行之处，又并非左道惑众，异端生事。喇嘛僧道等庙尚容人烧香行走，西洋人并无违法之事，反行禁止，似属不宜。相应将各处天主堂俱照旧存留，凡进香供奉之人，仍许照常行走，不必禁止。奉旨依议（《清圣祖实录》卷一五四）。康熙帝的这道容教令，标志着传教士势力的增强。

八月十八日乙未（9月28日），从钦天监监正格枚言，颁给蒙古之历书，照民历式样译成蒙文，将蒙古各部名称注于历内。

九月二十五日辛未（11月3日），修理曲阜县孔庙成。

徐乾学因潍令朱敦厚事落职，书局亦撤，仍奉旨续进所纂书，乃避居嘉善，已又僦居郡西华山之凤村。

张伯行九月入都，被授内阁撰文中书，始跻身仕途。

刘献廷漫游两湖，闻王夫之学行，始杂记为文，予以表彰，其谓王夫之"其学无所不窥，于六经皆有发明。洞庭之南，天地元气，圣贤学脉，仅此一线耳"（《广阳杂记》卷二）。又遇梁份于长沙，手录其《西陲吟略》。

按：王夫之入清以后，隐居不仕，潜心著述，罕为世人所知。当时名流著作偶尔涉及者，只有钱澄之《田间诗集》、陆陇其《三鱼堂日记》等寥寥数家。刘献廷是较早对王夫之学说加以肯定的学者。尔后，湖广学政潘宗洛虽作有《船山先生传》，可惜对其学术成就并没有完全把握。《四库全书》只收录王夫之几部诂释经籍的著作，还把他的籍贯误作"汉阳"。道光年间，王夫之的遗著才被辑为《船山遗书》初次刊行。以后因得到章炳麟、谭嗣同、梁启超等人的广为宣传，其学术才日益引起学术界的重视，至晚近被推为与顾炎武、黄宗羲并提的清初三大师。故《清史稿·王夫之传》曰："当是时，海内硕儒，推容城、盩厔、余姚、昆山。夫之刻苦似二曲，贞晦过夏峰，多闻博学，志节皎然，不愧黄、顾两君子。然诸人肥遁自甘，声望益炳，虽荐辟皆以死拒，而公卿交口，天子动容，其著述易行于世。惟夫之窜身瑶峒，声影不出林莽，遂得完发以殁身。后四十年，其子敔抱遗书上之督学宜兴潘宗洛，因缘得入四库，上史馆，立传儒林，而其书仍不传。同治二年，曾国荃刻于江南，海内学者始得见其全书焉。"

熊赐履除吏部尚书。

陆陇其馆虞山席氏，注《礼经会元》。

傅际、李光地、靳辅等正月二十六日视察河工结束还京，回奏治河事宜并进河工图。

李光地荐陆陇其。

宋荦抚吴，以礼聘冯景就幕府，情好甚笃。

方苞至京师，始交姜宸英。

赵执信罢官三年来，与王士禛诗札往来，从未间断。

靳辅二月再任河道总督。

按：《清史稿·靳辅传》曰："三十一年，王新命坐事罢，上曰：'朕听政后，以三藩及河务、漕运为三大事，书宫中柱上。河务不得其人，必误漕运。及辅未甚老而用之，亦得纾数年之虑。'令仍为河道总督，辅以衰弱辞，命顺天府丞徐廷玺为协理。"

李天馥拜武英殿大学士。

额席赫六月为右春坊右庶子，充日讲官。

张榕端七月为翰林院侍读，充日讲官。

王思轼七月为翰林院侍讲，充日讲官。

沈涵七月为左谕德，充日讲官。

黄梦麟七月为左中允，充日讲官。

索诺和二月以工部尚书充经筵讲官。

翁叔元十月以刑部尚书充经筵讲官。

王封溁十二月以礼部右侍郎充经筵讲官。

彭宁求、陈元龙、郑昆璜、宋大业、刘灏七月为翰林院编修，充日讲官。

颜光敩七月为翰林院检讨，充日讲官。

按：颜光敩，字学山，曲阜人。曾充浙江学政，以清廉闻，世称"学山先生"。"曲阜三颜"之一。著有《怀山遗稿》1卷,《学山近稿》1卷。事迹见李桓《国朝耆献类征初编》卷一二一。

莫里普十一月为翰林院侍读学士,充日讲官。

马如龙时任江西巡抚,于南昌建新豫章书院。

戴瑞时任山东章丘知县,建阳丘书院。

周统时任山东淄博知县,建般阳书院。

赵尺璧时任湖南安花知县,建中梅书院。

德国布莱尼茨将康熙皇帝颁布的准予西洋人在华传教的上谕译成拉丁文。

约翰·康拉德·阿曼发表聋哑语手册《哑语》。

瞿世寿著《春秋管见》12卷成书,有自序。

颜元七月录《四书正误偶笔》,皆平日偶辨朱熹《集注》之误者。

按:《四书集注》为历代学者所重视,为之而写的注解、论说不可胜计。明清科举考试,以此书为准,由此成为天下士子必读之书,统治中国思想界六百余年。清初王夫之、颜元等思想家对此书曾有批评,如王夫之《读四书大全说》对朱熹"知先于行"、"理能生气"的思想提出了批评;颜元此书也对朱熹注经"好插入己意",致失经书本旨的做法表示不满。

毛奇龄著《圣谕乐本解说》2卷、《皇言定声录》8卷、《竟山乐录》4卷成书。

按:《清史稿·毛奇龄传》曰:"素晓音律,家有明代宗藩所传唐乐笛色谱,直史馆,据以作《竟山乐录》四卷。及在籍,闻圣祖论乐谕群臣以径一围三隔八相生之法,因推阐考证,撰《圣谕乐本解说》二卷,《皇言定声录》八卷。三十八年,圣祖南巡,奇龄迎驾于嘉兴,以《乐本解说》二卷进,温谕奖劳。"

范鄗鼎著《广明儒理学备考》三订三刻。

吴台硕著《心印正说》34卷成书。

按:《四库全书总目提要》曰:"台硕字位三,嘉定人。陆陇其之门人也。是书成于康熙壬申。以学术治功之要,分立篇目,而各为论以发明之。凡三十四类,每类又各有子目。于洛、闽绪言及历代史论多所征引。又间有注释,不知何人所增入也。其曰心印,当取心心相印之义。然二字乃佛语,非儒语也。其说序二篇,则仿《序卦传》体,述其次第,亦涉拟经。陆陇其为之作序,不一纠正,何耶?"

李光地著《初夏录》成书。

按:李光地原先尊崇王守仁学说,是文则批判明儒,表彰朱熹,说明作者开始笃信朱子之学。以后他辑成《朱子语类四纂》、《尊朱要旨》、《二程子遗书纂》等,王学的思想痕迹基本上被消解干净了。

万斯同《历代史表》53卷初刊,黄宗羲、朱彝尊作序。

按:朱彝尊《历代史表序》曰:"鄞人万斯同字季野,取历代正史之未著表者,一一补之,凡六十篇,益以《明史表》一十三篇。揽万里于尺寸之内,罗百世于方册之间,其用心也勤,其考稽也博,俾览者有快于心,庶几成学之助,而无烦费无用之失者欤!"

陆陇其著《战国策去毒》2卷成书,有自记。

按:《四库全书总目提要》曰:"此书前有自记,谓《战国策》一书,其文章之奇,足以悦人耳目，而其机变之巧，足以坏人心术，如厚味之中有大毒焉。故今举文士所共读者，指示其得失，庶几哜其味而不中其毒也，故以'去毒'名。其持论甚正。然百家诸子，各自为书，原不能尽绳以儒理。既以纵横为术，又安怪其但言纵横？况自汉以来，孔、孟之道大明，如《战国策》之类，不过史家或考其事迹，词人或取其文章，是以至今犹存。原无人奉为典型，悬以立教。与释氏之近理乱真，异学之援儒入墨，必须辨别者，截然不同。是固不必惩羹而吹齑也。"

黄宗羲所著《明儒学案》62卷由贾醇庵刊行，有自序。仇兆鳌为黄宗羲作《明儒学案序》。

按：仇《序》曰："吾师梨洲先生纂辑是书，寻源溯委，别统分支，秩乎有条而不紊，于叙传之后备载语录，各记其所得力，绝不执己意为去取，盖以俟后世之公论焉尔。独于阳明先生不敢少有微词，盖生于其乡，多推尊前辈，理固然也。"

查慎行是春客九江，始辑《庐山志》8卷，又为《庐山纪游》1卷。

卫既齐修，薛载德纂《贵州通志》36卷刊行。

高鈜修，宋苍霖等纂《武乡县志》6卷刊行。

罗景泐修，曹鼎望纂《丰润县志》8卷刊行。

项蕙修，范勋纂《广宁县志》8卷刊行。

蒋焜修，唐梦赉等纂《济南府志》54卷刊行。

刘芳永修，曹续祖纂《大宁县志》8卷刊行。

李愈昌原修，梁国标重辑《贵池县志略》8卷刊行。

林汪远修，柳之元等纂《云和县志》5卷刊行。

王廷曾修纂《义乌县志》20卷刊行。

沈荃修，杨新日等纂《宁洋县志》10卷刊行。

吕士鵕修，梁建纂《鹿邑县志》10卷刊行。

张世绶修，杨笃生纂《洧川县志》8卷刊行。

缪发修，龚质生纂《光州志》15卷刊行。

佟赋伟修纂《永宁县志》7卷刊行。

卢志逊修，李滋纂《嵩县志》10卷刊行。

钱永修，戴祁纂《景陵县志》12卷刊行。

熊登修，孟振祖纂《武昌县志》8卷刊行。

李植续修《西平县志》10卷刊行。

邵龙元修纂《开建县志》10卷刊行。

范承勋著《鸡足山志》10卷成书，有自序。

张夏补编《宋杨文靖公龟山先生年谱》成，杨庆征作《始祖年谱之后》。

刘献廷著《新韵谱》定稿。

按：《清史稿》本传曰："（刘献廷）又尝自谓于华严字母悟得声音之道，作《新韵谱》，足穷造化之奥。证以辽人林益长之说，益自信。其法先立鼻音二，各转阴、阳、上、去、入之五音共十声，而不历喉腭舌齿唇之七位。故有横转，无直送，则等韵重叠之失去。次定喉音四，为诸韵之宗，从此得半音、转音、伏音、送音、变喉音。又以二鼻音分配之，一为东北韵宗，一为西南韵宗，八韵立，而四海之音可齐。于是以喉音互相合，得音十七；喉音鼻音互相合，得音十；又以有余不尽者三合之，得音五：共三十二音，为韵父，而韵历二十二位，为韵母。横转各有五子，而万有不齐之声摄于此矣。"

傅山辑《霜红龛集》刊行。

程洪等辑《词洁》成书。

田兰芳著《逸德轩文稿》4卷刊行。

张竹坡约于此际为张潮《幽梦影》作评。

按：张竹坡名道深，字自得，号竹坡，铜山人。

曹寅在苏州上演所著《北红拂记》剧曲。

梅清作《黄山图册》。

顾复著《平生壮观》10卷成书，有自序及徐乾学序。

梅文鼎著《几何补编》1卷、《少广拾遗》1卷成书。又有《与潘耒书》论历学。

尹晔辑《征言秘旨》刊行。

按：尹晔字芝仙，号袖花老人，浙江嵊县人。是书为琴学著作。

党成卒（1615— ）。成字宪公，自号冰壑居士，山西绛州人。入清不仕。魏象枢嘱地方官礼聘其讲学，亦不应。治学以朱熹为宗，究心于明理、去私、小心观察。著有《大学澹言》、《中庸澹言》、《中庸学思录》、《朱陆同异辨》、《冰壑文集》等。事迹见《清史稿》卷四八〇、《清史列传》卷六六、李桓《国朝耆献类征初编》卷四〇二。

按：《清史稿》本传曰："其学以明理去私为本。生平不求人知，（范）镐鼎曾扬之于人，意甚不怿，时目为狷者。其辨朱、陆异同：'论者多以陆为尊德性，朱为道问学。此言殊未然。盖朱子之道问学，实以尊德性也，陆氏则自锢其德性矣，何尊之可云？陆子尝曰："不求本根，驰心外物，理岂在于外物乎？"此告子义外之学也。朱子曰："本心物理，原无内外。以外物为外者，是告子义外之学也。"即此数语，可以见二家之异同矣。若粗论其同，二家皆欲扶世教，崇天理，去私欲，其秉心似无大异者。而实究其学，则博文约礼者，孔、颜之家法，屡见于《论语》，朱子得其正矣。陆氏乃言"六经皆我注脚"，又言"不识一字，管取堂堂作大丈夫"。岂不偏哉！'其辨论如此。"

杨炤卒（1617— ）。炤字明远，号潜夫，江苏常熟人。从金俊明学，与同里徐枋、徐柯昆兄弟为莫逆交。著有《怀古堂诗选》12卷。事迹见李桓《国朝耆献类征初编》卷四二八。

王夫之卒（1619— ）。夫之字而农，号姜斋，湖南衡阳人，人称船山先生。明崇祯十五年举人。清兵南下，在衡山举兵抗清，曾任南明永历王朝行人司行人。后在石船山隐居著书，不剃发。吴三桂于衡州称帝，有以劝进表相嘱者，遂遁走深山，以示拒绝。学问渊博，于六经多有见地，不蹈宋明诸儒旧论。其学别开生面，与黄宗羲、顾炎武并称明末清初三大思想家。著作共77种，主要有《周易外传》、《尚书引义》、《张子正蒙注》、《思问录》、《姜斋诗话》、《黄书》、《读通鉴论》及《永历实录》、《宋论》等。后人辑有《船山遗书》，至道光间始刻，成180卷；同治间重刊，成288卷。事迹见《清史稿》卷四八〇、《清史列传》卷六六、李桓《国朝耆献类征初编》卷四〇三、蔡冠洛《清代七百名人传》第四编、余廷灿《王先生夫之传》（《碑传集》卷一三〇）。王之春编有《船山公年谱》，张西堂编有《船山年表》，刘志盛编有《王夫之著作年表》，刘毓崧编有《王船山先生年谱》。

按：《清史列传》本传曰："杜门著述，其学深博无涯涘。以汉儒为门户，以宋五子为堂奥，所作《大学衍》、《中庸衍》皆力辟致良知之说，以羽翼朱子。而于《正蒙》一书，尤有神契，精绎而畅衍之，为《正蒙注》九卷，《思问录内外篇》各一卷。以为张子之学上承孔、孟之志，下救来兹之失，如皎日丽天，无幽不烛，圣人复起，未之能易。惟其门人未有，殆庶世之信从者寡，道之诚然者不著，是以不百年而异说兴；又不二百年而邪说炽。因推本阴阳法象之状，往来原反之故，反复辨论，所以归咎上蔡、象山、姚江者甚峻。所著诸经有《易》、《书》、《诗》、《春秋稗疏》，共十四卷，其说《易》不信陈抟之学，亦不信京房之术，于先天诸图及纬书杂说排之甚力，而亦不空谈玄妙附合老、庄之旨。其说《尚书》，诠释经文，多出新意，驳苏轼《传》及蔡《传》之失，大都辞有根据，不同游谈。其说《诗》，辨正名物训诂，以补传笺诸说之遗，不为臆断。《辨叶韵》一篇，持论明通，足解诸家之缪轕。其说《春秋》，考证地理，多可以纠杜《注》之失。国朝经学继起者无虑百十家，然诸家所著有辄为夫之所已言者，如子纠为齐襄公子之说，梁锡玙据为新义；翚不书族，定以非谥之说，叶酉亦据为新义，皆未见其书也。他著有《周易内外传》、《大象解》、《尚书引义》、《诗广传》、《礼记章句》、《春秋家说》、《世论》、《续左氏传博议》、《四书》、《稗疏》、《训义》、《俟解》、《读四书大全说》、《诸经考异》、《说文广义》、《读通鉴论》、《宋论》、《永历实录》及注释《老》、《庄》、《吕览》、《淮南》、《楚辞》、《薑斋诗文集》等书，凡三百余卷，后人汇刊之为《船山遗书》。"邓显鹤《船山遗书目录序》曰："当是时，海内硕儒，北有容城（孙奇逢），西有盩厔（李颙），东南则有昆山（顾炎武）、余姚（黄宗羲），先生刻苦似二曲（李颙），贞晦过夏峰（孙奇逢），多闻博学，志节皎然，不愧顾、黄两先生。顾诸君子肥遁自甘，声名益炳；虽隐逸之荐、鸿博之征，皆以死拒，而公卿交口，天子动容，其志易白，其书易行。先生窜身瑶洞，绝迹如间，席棘饴荼，声影不出林莽；门人故旧，又无一有气力者为之推挽。殁后遗书散佚，其子敔始为之收辑，推阐上之督学宜兴潘先生，因缘得上史馆立传儒林。而其书仍淹灭不传，后生小子，至不能举其姓名，可哀亦已！"章太炎《船山遗书序》曰："当清之季卓然而能兴起顽懦以成光复之绩者，独赖而农一家言而已。"谭嗣同《仁学》曰："五百年来学者，真通天人之故者，船山一人而已。"

刘丁卒（1621— ）。丁字先庚，江西南昌人。明末诸生。熟悉天文、地理、典制、音律、医卜。著有《历代典略》、《家居便览》等。事迹见李绂《刘丁墓志铭》（《穆堂初稿》卷二六）。

王大经卒（1621— ）。大经字伦表，号石袍，一号待庵居士，又号庐阜逸史，江苏东台人。明末布衣，入清不仕。诏举博学鸿儒，亦不应。著有《周易释笺》、《毛诗备考》、《三礼折衷》、《四书逢源录》、《史论》、《字书正讹》、《医学集要》、《柳城塾课》等，多不传，今仅存《独善堂文集》8卷。事迹见《清史列传》卷七〇、李桓《国朝耆献类征初编》卷四〇三。

笪重光卒（1623— ）。重光字在莘，号江上外史，又号郁冈扫叶道人，人称"笪江上"；晚年居茅山学道，改名传光、蟾光，亦署逸光，号奉真、始青道人，江苏句容人。顺治九年进士。官刑部郎中。工书画，能诗。著有《江上诗集》、《画筌》、《书筏》、《松子阁集》。事迹见《清史稿》卷二八二、李桓《国朝耆献类征初编》卷一三三、震钧辑《国朝书人辑略》卷二。

传教士柏应理卒（1624—　）。应理号信未，比利时人。明崇祯十四年入耶稣会。清顺治十五年抵澳门。先后在江西、福建、湖广、浙江、上海、嘉定、苏州、镇江、淮安、崇明等地传教。康熙二十年赴罗马汇报教务。二十六年在巴黎刊行《大学》、《中庸》、《论语》拉丁文译本。

王抃卒（1628—　）。抃字清尹，明亡后改字怪民，后改鹤尹，别号巢松，江南太仓州人。明末诸生。入清，屡试不第。王时敏第五子。曾从陆世仪、吴伟业、汪士韶、陈瑚受业。与王揆、王撰、王摅、周肇、许旭、黄与坚、王昊、王曜升、顾湄等号称"娄东十子"。著有《北游草》、《健庵集》、《巢松集》及有杂剧《玉阶怨》、《戴花刘》，传奇《舜华庄》、《浩气吟》、《鹫峰缘》、《筹边楼》，除《筹边楼》外，均佚。事迹见《清史列传》卷七一、李桓《国朝耆献类征初编》卷四二六。王抃自编有《王巢松年谱》。

陆陇其卒（1630—　）。陇其初名龙其，字稼书，学者称当湖先生，浙江平湖人。康熙九年进士，历任嘉定、灵寿知县，官至监察御史。后以不称职罢官，课徒授业，终老乡里。其学为尊朱熹，排斥陆、王。所著有《读礼志疑》6卷、《古文尚书考》1卷、《礼经会元疏解》4卷、《四书讲义困勉录》37卷、《续困勉录》6卷、《松阳讲义》12卷、《松阳钞存》2卷、《三鱼堂四书大全》40卷、《战国策去毒》2卷、《读朱随笔》4卷、《学术辨》1卷、《问学录》4卷、《三鱼堂剩言》12卷、《三鱼堂文集》12卷、《三鱼堂外集》6卷、《附录》2卷等。后人汇编为《陆子全书》。雍正二年增其从祀文庙，成为清代第一个从祀孔庙的理学名臣；乾隆元年特谥清献，追赠内阁学士兼礼部侍郎。事迹见《清史稿》卷二六五、《清史列传》卷八、蔡冠洛《清代七百名人传》第四编、柯崇朴《四川道监察御史陆先生陇其行状》、汪师韩《陆清献公行状书后》、陈廷敬《监察御史陆君墓志铭》（均见《碑传集》卷一六）。张师载编有《陆子年谱》，吴光酉编有《陆清献公年谱》，许仁沐编有《陆当湖年谱》。

按：陆陇其卒后二年，江南学政缺出，康熙帝曰："原任御史陆陇其学问优良，操守清洁，可代其任。"及知陆陇其已故，嗟叹久之，曰："本朝如此等人，不可多得矣！"以后乾隆帝曾亲撰碑文，称其"研精圣学，作洙泗之干城；辞辟异端，守程朱之嫡派……蔚然一代之纯儒"（《陆陇其年谱》引）。《清史稿·陆陇其传》曰："其为学专宗朱子，撰《学术辨》。大指谓王守仁以禅而托于儒，高攀龙、顾宪成知辟守仁，而以静坐为主，本原之地不出守仁范围，诋斥之甚力。为县崇实政，嘉定民颂陇其，迄清季末已。"陆陇其弟子有周缵、赵凤翔、程仪千、张慧、毛原、瞿天潢、倪淑则、李实、金潮、吴台硕、席永恂、侯开国、张昺、徐善建、曹宗柱、陆奎勋等。其交游者有应撝谦、汤斌、张烈、吕留良、徐世沐、范鄗鼎、周梁等。其从游者有张云章、马尔恂、马子鹭、王素行、陈嘉绥等。其私淑弟子有焦袁熹、沈近思、杨开基、吴光酉等。

又按：《清史列传》卷六七曰："（徐）善建，字孝标。究心《周易》及宋五子书，教人以朱子《小学》、北溪《字义》，谓先识体段，方可入精微处。陇其著《读礼志疑》，善建与为参订。"

范必英卒（1631—　）。必英原名云威，字秋涛，号伏庵，自号杜圻山人，江南长洲人。顺治十四年举人。康熙中召博学鸿词，授检讨，分纂《明史》,以故告归。曾筑万卷楼,储书二十四楹,皆手自校订。事迹见李桓《国朝耆献类征初编》卷一一九、韩菼《范必英行状》(《有怀堂文稿》卷一八)。

李因笃卒(1633—)。因笃字天生,又字子德,号中南山人,陕西富平人。明末诸生。康熙间举博学鸿儒,授翰林院检讨,参修《明史》。告归后,曾主关中疏远讲席。工诗,精音韵。著有《诗说》、《春秋说》、《汉诗音注》5卷、《汉诗评》5卷、《古今均考》1卷、《受祺堂诗集》35卷等。事迹见《清史稿》卷四八〇、《清史列传》卷六六、李桓《国朝耆献类征初编》卷一一八、蔡冠洛《清代七百名人传》第四编、江藩《李检讨因笃记》(《碑传集》卷四五)。吴怀清编有《天生先生年谱》。

按:《清史稿》本传曰:"博学强记,贯串注疏。……因笃深于经学,著《诗说》,顾炎武称之曰:'毛、郑有嗣音矣!'又著《春秋说》,汪琬亦折服焉。"《清史列传》本传曰:"与毛奇龄论古韵不合,奇龄强辩,炎武是因笃而非奇龄,所著《音学五书》,因笃与有力焉。归后,岐山令及淳化宋振麟等请讲学于朝阳书院,因笃首发横渠以礼教人之旨,次论有守有为之义,而断之于审几,以著思诚之体。其论学必绾以经,说经必贯以史,使表里参伍,互相发明。当时学者洒然有得,因记之为《会讲录》。尤熟于有明事迹,王鸿绪《史稿》成,就正因笃,时老病卧床褥,令二人读稿,命之窜易,半载而毕,由是《史稿》知名。"

徐善卒(1633—)。善字敬可,号藟谷,又号泠然子,浙江秀水人。师从朱彝尊。入清不应科举。曾代高士奇著《春秋地名考略》14卷,又著有《徐氏四易》12卷、《庄子注》、《藟谷集》等。事迹见《清史列传》卷六八、丁子复《徐处士善传》(《碑传集》卷一二五)。

按:徐善博学精思,无所不通,而尤深于《易》,曾著有《天易》、《羲易》、《商易》、《周易》。朱彝尊名其书曰《徐氏四易》。其撰《春秋地名考略》时,曾求教于阎若璩。

靳辅卒(1633—)。辅字紫垣,谥文襄,辽阳人,隶汉军镶黄旗。顺治间由官学生考授国史院编修。康熙时历任河道总督,专主治河筑堤束水。著有《治河奏绩书》、《靳文襄公奏疏》等,其治河之书,世称千古河防龟鉴。事迹见《清史稿》卷二七九、《清史列传》卷八、李桓《国朝耆献类征初编》卷一五五、蔡冠洛《清代七百名人传》第三编、王士禛《光禄大夫总督河道提督军务兵部尚书兼都察院右副都御史靳文襄公辅墓志铭》、王元启《靳辅传》(均见《碑传集》卷七五)。

冯甦卒,生年不详。甦字再来,号蒿庵,浙江临海人。顺治十五年进士。官至刑部左侍郎。著有《蒿庵集》5卷、《南中集》、《诏石园稿》、《知还堂稿》、《见闻随笔》2卷、《劫灰录》等。事迹见黄与坚《冯再来行状》(《愿学斋文集》卷三九)。

按:《四库全书总目提要》曰:"《见闻随笔》二卷,国朝冯甦撰。……是编首载李自成、张献忠传,次叙永明王窃号始末,及载何腾蛟、堵允锡、瞿式耜、张同敞、陈子壮、张家玉、陈邦彦、李元允、李乾德、杨展、王祥、皮熊、杨畏知、沐天波、李定国十五人传。盖时方开局修《明史》,总裁叶方蔼以甦久官云南,询以西南事实。因撮所记忆,述为此编,以送史馆。毛奇龄分纂《流寇传》,其大略悉取材于此。以视稗野之荒诞者,较为确实,然亦不能一一详备也。"

魏一鳌卒,生年不详。一鳌字莲陆,河北新安人。明崇祯举人,官山西忻州知州。顺治二年从学于孙奇逢,又与汤斌、耿介研讨理学。著有《四书偶录》、《诗经偶录》、《雪亭梦语》、《雪亭诗草》、《北学编》、《夏逢年谱》等。事迹见《清史列传》卷六六、李桓《国朝耆献类征初编》卷二二一、《大清畿辅先哲传》卷一一。

按:《清史列传》本传曰:"斌尝称一鳌才大而养之以静,学博而守之以约,世俗升沉得失无足介其胸中,后日必为师门颜子。"

张远约卒,生年不详。远约字尔可,浙江萧山人。康熙二十一年以贡生赴廷试,曾任缙云训导。著有《易经本义发明》、《诗经晰疑》、《昭明文选会笺》、《李太白诗笺》、《杜诗会粹》24卷、《诗韵存古》、《北曲司南》、《梅庄诗文集》、《蕉园集》、《云峤集》、《张尔可集》等。

方士庶(—1751)、厉鹗(—1752)、汪由敦(—1758)、汪绂(—1759)、明安图(—1763)、何梦瑶(—1764)、王文清(—1783)生。

康熙三十二年　癸酉　1693年

法王路易十四开始执行其和平政治,同梵蒂冈和解。

拉格斯战役,法国击败英国商船队。

巴西发现金矿。

三月初五日己酉(4月10日),康熙帝曰:"养育人材,最为紧要。"近见国子监教习官学生甚属委靡,大不及前,即八旗教习幼童亦皆懈怠。"务宜选择良师,勤加训诲。"(《清圣祖实录》卷一五九)

四月十九日壬辰(5月23日),康熙帝谕大学士等:"翰林官以文章为职业,今人好讲理学者,辄谓文章非关急务。宋之周、程、张、朱,何曾无文章。其言如是,其行亦如是。今人果能如宋儒言行相顾,朕必嘉之,即天下万世也皆心服之矣。"(《清圣祖实录》卷一五九)

五月初九日壬子(6月12日),颁康熙帝亲书之"万世师表"匾额于国子监。

六月初三乙亥(7月5日),从国子监祭酒吴苑疏言,增八旗之人科举中试名额。乡试中额,满洲、蒙古由10名增至16名,汉军由5名增至8名。会试中额,满洲、蒙古由4名增至6名,汉军由2名增至3名。

是日,颁御书"学达性天"匾额于江南徽州紫阳书院。

七月初四日丙午(8月5日),为答谢传教士洪若翰治好康熙帝病,传旨于皇城内赐地设教堂。不久又于西安门蚕地口赐地建大教堂,以示盛谢。

十月初六日丙子(11月3日),曲阜阙里孔庙落成,康熙帝命皇子胤祉、胤禛前往致祭。帝作《重修阙里孔子庙碑文》。

按:碑文云:"盖深惟孔子之道垂范古今,朕愿学之志时切于怀,每考天人性道之原,修齐治平之要,思以远绍前绪,牖迪生民。""凡我臣民,瞻仰宫墙,倍增严翼,尚益思敦崇德义,砥砺伦常,以不负朕尊师重道之意。"(《清圣祖实录》卷一六〇)

阎若璩是冬至杭州，游西泠，晤毛奇龄；奇龄介与姚际恒交，见其所著攻伪古文《尚书》十卷稿，手自缮写，散于各条下。

按：毛奇龄《与潜丘论尚书疏证书》曰："昨承示《尚书疏证》一书，此不过惑前人之说，误以《尚书》为伪书耳。其于朱陆异同，则风马不及，而忽诟金溪并及姚江，则又借端作横枝类。《尚书》本圣经，前人妄有遗议者，亦但以出书早晚，立学先后为疑，未尝于经文有不足也。且人心道心虽《荀子》有之，然亦《荀子》引经文，不是经文引《荀子》，况《荀子》明称道经，则直前古遗文，即《易通卦验》所云，燧人在伏羲以前，置刻道经，以开三皇五帝之书者是也。又且正心、诚意本于《大学》，存心见性见之《孟子》，并非金溪、姚江过信伪经，始倡为心学，断可知矣。今人于圣门忠恕，毫厘不讲，而沾沾于德性问学，硬树门户，此在孩提稚子，亦皆有一诋陆辟王之见存于胸中。以尊兄卓识而拾人牙慧，原不为武，然且趋附之徒，借为捷径，今见有以此而觊进取者。尊兄虽处士，然犹出入于时贤时贵之门，万一此说外闻，而不谅之徒藉为口实，则以此而贻累于尊兄之生平者不少，吾愿左右之阕之也。……鄙意谓《尚书疏证》总属难信，恐于尧舜孔子千圣相传之学，不无有损。"（《西河文集》卷二〇）毛奇龄不是从《尚书》本身之真伪来论证《尚书》，只是从道统立场来论证《尚书》，自然不能被人所接受。对于毛奇龄的治学缺点，全祖望所撰《西河别传》有所批评，其曰："西河所撰过富，经后儒审正，有造为典故以欺者（如谓《大学》、《中庸》在唐时已与《论》、《孟》并列之小经），有造为师承以示人有本者，如所引《释文》旧本，考之宋椠《释文》亦并无有，盖捏造也；有前人之误已经辨正，而尚袭其误而不知者，如邯郸淳写魏石经，洪盘洲、胡梅磵已辨之，而反造为陈秦《魏志》原有邯郸写经之文；有不考古而妄者，如熹平石经《春秋》并无《左传》，而以为有《左传》；有信口臆说者，如谓后唐曾立石经之类；有前人之言本有出，而妄斥为无稽者，如《伯牛有疾章》，《集注》出于晋栾肇《论语驳》，而谓朱子自造，则并《或问》、《语类》亦似未见者，此等甚多；有因一言之误而诬其终身者，如胡文定公曾称秦桧，而遂谓其父子俱附和议，则籍溪、致堂、五峰之大节俱遭含沙之涉矣；有贸然引证而不知其非者，如引'周公朝读书百篇'而以为书百篇之证，周公岂及见《冏命》、《甫刑》、《毕命》等书耶；有改古书以就已者，如《汉书·地理志》回浦县乃今台州以东，而谓在肖山之江口，且本非县名，其谬如此。"（《鲒埼亭集外编》）《清史稿》本传曰："奇龄淹贯群书，所自负者在经学，然好为驳辨，他人所已言者，必力反其词。《古文尚书》自宋吴棫后多疑其伪，及阎若璩作《疏证》，奇龄力辨为真，遂作《古文尚书冤词》。又删旧所作《尚书广听录》为五卷，以求胜于若璩，而《周礼》、《仪礼》，奇龄又以为战国之书。所作《经问》，指名攻驳者，惟顾炎武、阎若璩、胡渭三人。以三人博学重望，足以攻击，而余子以下不足齿录，其傲睨如此。"

唐甄客提督浙江学政颜光敩幕。

李光地十二月以兵部右侍郎，提督顺天学政。

徐倬充顺天乡试正考官，所得多佳士，姜宸英、汪绎皆出其门。

李钟伦、查慎行是秋举顺天乡试。

张玉书正月二十日与尚书图纳视察河工还京，绘河图呈康熙帝。

方苞十月归自京师，授经涿州。

吴之振客苏州，与邵长蘅会。

赵执信是秋东游观海。

吴历还里，访毛扆弟兄于汲古阁，为作《青山读骚图》。

张雍敬以潘耒介至宣城从梅文鼎问学。

方迈中进士，先后官浙江萧山、兰溪知县。

按：方迈字子向，一字日斯，福建闽县人。任官萧山时，曾与毛奇龄切磋学问。著有《九经衍义》100卷、《经义考异》7卷、《四书讲义》6卷、《春秋补传》12卷、《古今通韵辑要》6卷、《吕晚村驳议》1卷、《考证资治通鉴》前编18卷、《五镫摘谬》1卷等。事迹见《清史列传》卷六七。

赖于宣时任河北藁城知县，重修义学，更名为滹阳书院。

黄启祚时任安徽怀远知县，建洪山书院。

李廷宰时任江西新余知县，建㟅山书院。

龙灿时任云南宜良知县，建雉山书院。

传教士阎当在福建发出命令，要求教区内严禁中国礼仪，摘去各地教堂中仿制的康熙赐给汤若望的"敬天"大匾。同时发动欧洲神学界把中国礼仪定为异端邪教。

按：是年3月26日，巴黎外方传教会的阎当主教打破各方妥协，在他所管辖的福建代牧区内，发布了禁止中国教徒实行中国礼仪的禁令，自此将争议迅速扩大，使这一原本纯宗教学术的问题，逐渐演变成为清王朝和梵蒂冈之间的国家政治之争。

法国传教士白晋离京回国，康熙帝亲自为法王路易十四准备礼物，其中有北京精印书籍49册。

按：白晋于康熙三十六年（1697）到达法国，又于康熙三十八年（1699）重来中国，不仅带来路易十四送给康熙帝的礼物，而且携来传教士瞿敬臣、南光国、利圣学、马诺瑟、雷孝思、巴多明、颜理伯、卫嘉禄、孟正气和卜纳爵等10人。

埃德蒙德·哈雷著成《人类残废率论》。

莱布尼茨编著《国家外交司法法典》。

约翰·洛克发表关于学习外语的著作《教育漫话》。

科顿·马瑟著成《无形世界的奇迹》。

彭威廉著成《论当前和未来欧洲和平》。

丁鼎、吴端麟辑《周易正解》22卷刊行。

黄道周著《三易洞玑》由郑开极重订刊行。

费密十月著《古史正》10卷成书。

周在浚著《南唐书注》18卷、《附录》1卷成书。

叶梦珠著《阅世编》10卷成书。

邵远平著《元史类编》42卷成书。

吴在礼修，乔承宠纂《广宗县志》12卷刊行。

李瑄修，刘尔怡纂《中部县志》4卷刊行。

杜之昂修，路跻垣纂《平顺县志》10卷刊行。

崔懋修，严濂曾纂《新城县志》14卷刊行。

严曾业修，李枬纂《重修蒲台县志》10卷刊行。

冼国干修，张星法纂《武强县新志》8卷刊行。

刘允元修，彭镗纂《连山县志》10卷刊行。

宝鼎望修，高佑釲纂《内乡县志》12卷刊行。

张光祖修，宋景愈、徐永芝纂《南阳县志》6卷刊行。

郑振藻、蒋彪修，何朝宗纂《息县续志》8卷刊行。

杨汝楫修纂《固始县志》12卷刊行。

何锡爵修，黄志清纂《郑州志》12卷刊行。

周卜世增修《大田县志》10卷刊行。

张琦修，邹山、蔡登龙纂《建宁府志》48卷刊行。
李柽修，萧家蕙、史琏纂《河内县志》5卷刊行。
周毓麟、李登瀛修，任昌期纂《新乡县续志》10卷刊行。
吴辙修，张正、王荣先纂《通许县志》10卷刊行。
李继烈、何彝光修纂《杞县志》20卷刊行。
缪应晋修，何际美纂《扶沟县志》4卷刊行。
王图宁修，王肇栋纂《宁陵县志》12卷刊行。
马世英修纂《睢州志》7卷刊行。
马国桢修，唐凤翱纂《安阳县志》10卷刊行。
胡鼎修，李基益、林世炳、陈寅亮纂《海澄县志》20卷刊行。
邓其文修纂《瓯宁县志》13卷刊行。
高克藩修，舒其珆纂《靖安县志》8卷刊行。
孙居湜修，孟安世纂《邳州志》9卷刊行。
马章玉修纂《仪真县志》12卷刊行。
康如琏修纂《余姚县志》25卷刊行。
刘俨修，张远纂《萧山县志》21卷刊行。
刘国儒修，刘湛纂《禹州志》10卷刊行。
廖腾煃修，汪晋征纂《休宁县志》8卷刊行。
彻中、彻纲等编《昭觉丈雪年谱》1卷刊行。
郑起泓据嘉靖本重校郑若曾所著《筹海图编》刊行。
汪琬著《钝翁文钞》50卷刊行。
陈梦雷著《闲止书堂集钞》刊行。
黄宗羲编《明文海》482卷成。又编《明文授读》62卷。

按：《四库全书总目提要》曰："明代文章，自何、李盛行，天下相率为沿袭剽窃之学。逮嘉、隆以后，其弊益甚。宗羲之意，在于扫除摹拟，空所倚傍，以情至为宗。又欲使一代典章人物，俱藉以考见大凡。故虽游戏小说家言，亦为兼收并采，不免失之泛滥。然其搜罗极富，所阅明人集几至二千余家，如桑悦《北都》《南都》二赋，朱彝尊著《日下旧闻》时，搜讨未见，而宗羲得之以冠兹选。其他散失零落，赖此以传者，尚复不少，亦可谓一代文章之渊薮。考明人著作者，当必以是编为极备矣。"

吴乘权、吴调侯编成《周秦以来迄前明文》(即《古文观止》)12卷。
仇兆鳌积二十余年，著成《杜诗详注》27卷。又有《杜赋详注》1卷、《杜文集注》1卷。

按：杜诗的注本甚多，有千家注杜之说。仇氏之书，是迄今所有杜诗注本中最完整、最系统、最详备的一种。《四库全书总目提要》曰：是书"援据繁富，而无千家诸注伪撰故实之陋习。核其大局，可资考证者为多，亦未可竟废也"。

陈訏编《宋十五家诗选》16卷成书，有自序。
顾嗣立辑《元诗选》111卷成书，宋荦作序。

按：《四库全书总目提要》曰："是选凡三集，每集之中，又以十干分为十集。而所为癸集，实有录无书，故皆止于九集。盖其例以甲集至壬集分编有集之人，以癸集总收零章断什，不成卷帙之作。其事浩繁，故欲为之而未成也。所录自帝王别为卷首外,初集凡元好问以下一百家,二集所录凡段克己兄弟以下一百家,三集所录凡麻革以下一百家。每人下各存原集之名,前列小传,兼品其诗。虽去取不必尽当,而网罗浩博,一一采自本书,具见崖略。非他家选本饾饤缀合者可比。有元一代之诗,要以此本为巨观矣。嗣立称所见元人之集约四百余家。方今诏采遗书,海内秘藏,大都辐辏,中间如嗣立所未见者,固指不胜屈。而嗣立所见,今不著录者,亦往往而有。盖相距五十六年,隐者或显,而存者亦或偶佚。残膏剩馥,转赖是集以传,正未可以不备为嫌也。"

薛熙辑《明文在》100卷成书,钱大镛作序。

于成龙著《于清端公集》4卷刊行。

计东著《改亭集》16卷刊行。

怀应聘著《冰斋文集》4卷刊行。

王之绩著《铁立文集前编》12卷、《铁立文集后编》10卷刊行。

邵长蘅著《邵子湘文集》24卷刊行。

徐釚辑《中州诗选》成书。

许嗣隆著《奉使滇南集》成书。

黄晟重刻《太平广记》500卷成书,有自序。

高士奇著《江村销夏录》3卷成书,有自序。

按:《四库全书总目提要》曰:"是编乃其(高士奇)告归平湖之日,以所见法书、名画,考其源流,记其绢素长短广狭,后人题跋图记,一一志载,汇为一书。其体例颇与《铁网珊瑚》、《清河书画舫》相似,惟间加评定之语,又以己所作题跋一概附入,稍有不同。然所录皆出于亲见,则视二家更详审矣。录中书画,卞永誉《式古堂汇考》已并载无遗,盖即从士奇此本录入,其鉴赏之精,为收藏家所取重,亦概可见也。所记自晋王羲之及明人文、沈诸家皆具,惟董其昌旧迹悉不登载。其凡例云,董文敏画,另为一卷,此本无之,殆当时未及刊行欤?"

梅文鼎著《笔算》5卷成书,又为季弟梅文鼏《中西经星同异考》作序。

张璐著《本经逢源》成书。

按:此书编著时间长达五十年。

王庭卒(1607—)。庭字言远,一字迈人,浙江嘉兴人。顺治六年进士。官至山西布政使。著有《理学辨》1卷、《秋闲诗草》、《秋闲三仕草》、《秋闲二西草》、《漫余草》。事迹见《清史列传》卷七〇。

按:《四库全书总目提要》评《理学辨》曰:"是书以宋明诸儒互有得失,因以己意订正之。意在扫众说之轇轕,破诸家之门户。然过于自用,往往不醇。谭旭《谋道续录》曰:'偶过坊间,见王言远《理学辨》,悦其名也,购得之。时一披览,百孔千疮,殊不可耐。据其所言,宋代直无完儒。异哉,邪说之害道一至此乎。如以混沌言太极,以心知言性,以用言道,以心言理。天人看作两股,内外判成两截。甚至周子无极等说,程子性即理等说,邵子道为太极等说,张子鬼神二气良能等说,都一例讥弹。而其辟朱子也尤甚。'又谓:'释氏见性成佛,中庸未发之中相似。'又谓:'吾儒体认未发以前气象,与禅家不思善不思恶时看本来面目相近。'又谓:'老子是《易》之坤道,儒者是《易》之乾道。'和合三教,全无义理。其它支离破碎,非圣叛经,并取陆、王之学者尤难缕述。最不通者,罗整庵一生辟禅,深得儒学源流之正,与章枫山同莅南廱,

康熙三十二年　癸酉　1693年

极为相得。胡敬斋殁时,整庵年方弱冠,读书本里双龙观内,尚未知名。渠谓枫山目以禅学,敬斋攻之尤力。竟以二公之议白沙者坐于整庵,真可笑也'云云。其诋诃虽未免稍过,要亦庭之好为异论有以致之也。"

冒襄卒(1611—　)。襄字辟疆,号巢民,江苏如皋人。冒起宗之子。明崇祯十五年副贡生。史可法荐为监军,又特授台州府推官,皆不就。明亡后隐居不仕,多次拒绝清官的举荐。与方以智、陈贞慧、侯方域并称四公子。著有《水绘园诗文集》、《朴巢诗文集》、《影梅庵忆语》1卷、《宣炉歌注》1卷等。事迹见《清史稿》卷五〇一、《清史列传》卷七〇、李桓《国朝耆献类征初编》卷四七八、蔡冠洛《清代七百名人传》第五编、韩菼《潜孝先生冒征君襄墓志铭》(《碑传集》卷一二六)。冒广生编有《冒巢民先生年谱》。

钱澄之卒(1612—　)。澄之字饮光,初名秉镫,字幼光,号田间,安徽桐城人。南明桂王称帝时,授庶吉士,官至编修、知制诰。尝问《易》于黄道周。治经深于《易》和《诗》。著有《田间易学》12卷、《田间诗学》12卷、《所知录》6卷、《庄屈合诂》2卷、《藏山阁诗存》、《藏山阁文存》、《田间诗集》28卷、《田间文集》30卷等。事迹见《清史稿》卷五〇〇、《清史列传》卷六八、李桓《国朝耆献类征初编》卷四一五、蔡冠洛《清代七百名人传》第四编、方苞《田间先生墓表》(《方苞集》卷一二)。清钱撝禄编有《钱饮光先生年谱》。

按:《清史稿》本传曰:"澄之尝问《易》道周,依京房、邵雍说,究极数学,后乃兼求义理。其治《诗》,遵用《小序》首句,于名物、训诂、山川、地理尤详。自谓著《易》、《诗》成,思所以翊二经者,而得庄周、屈原,乃复著《庄屈合诂》。盖澄之生值末季,离忧抑郁无所泄,一寓之于言,故以庄继《易》,以屈继《诗》也。"

王之锐卒(1615—　)。之锐字仲颖,号退庵,河北河间人。曾官广东阳春知县、国子监助教。后入李光地幕府,尽识理学、河洛、算数、音韵等。治学尊重程朱,尤重躬行实践。著有《周易折中》等。事迹见《清史列传》卷六七、李桓《国朝耆献类征初编》卷一四三。

按:《清史列传》本传曰:"桐城方苞称:'之锐孝友本天性,学问法程、朱,其廉静之操,虽光地有不如也。'"

张璐卒(1616—　)。璐字路玉,自号石顽老人,江南长洲人。博贯儒业,专心医药之书。因遭明季之乱,隐于洞庭山中十余年,著述自娱。曾注释《伤寒论》原文,补充诊脉、察色、辨舌等内容,论述各种疾病的辨证施治和方药应用,以内科为主,兼及外科、皮肤科、五官科、妇科、儿科等。著有《本经逢源》4卷、《张氏医通》16卷、《伤寒缵论》2卷、《伤寒诸论》2卷、《诊宗三昧》1卷等。现有《张璐医学全书》。事迹见《清史稿》卷五〇二、蔡冠洛《清代七百名人传》第四编。

按:蔡冠洛曰:张璐所著书,"诚国初医书之一大集也。"(《清代七百名人传》第四编)张璐与喻昌、吴谦齐名,被称为清初三大医家之一。《清史稿》本传曰:"璐著书主博通,持论平实,不立新异。其治病,则取法薛己、张介宾为多。年八十余卒。圣祖南巡,璐子以柔进呈遗书,温旨留览焉。子登、倬,皆世其业。"

史标卒(1616—　)。标字显臣,浙江余姚人。沈国模弟子。姚江书院第三代主讲。

万斯年卒(1617—)。斯年字祖绳,号澹庵,浙江鄞县人。万泰长子。曾主桃源书院,教育人材,多所成就。事迹见黄宗羲《万祖绳墓志铭》(《南雷文定四集》卷三)。

杜岕卒(1617—)。岕字苍略,号些山,湖广黄冈人。明诸生。与方苞、曹寅、孔尚任等相交往。著有《些山集》等。事迹见《清史稿》卷五〇一、《清史列传》卷七〇、李桓《国朝耆献类征初编》卷四七五、方苞《杜苍略先生墓志铭》(《方苞集》卷一〇)。

王士鹄卒(1618—)。士鹄字志千,号太液,山东新城人。王士禛族兄。工书法,于楷书尤精。事迹见王士禛《王士鹄墓志》(《带经堂集》卷七〇)。

雷发达卒(1619—)。发达字明所,江西南康人。康熙初,参加皇宫修建工程,因其才艺超群,任工部"样式房"掌案(总设计师),世称"样式雷",被誉为世界著名的建筑艺术大师。雷发达及其子孙七代,世掌样式房,先后主持圆明园、颐和园等处修建工程。雷发达曾以硬纸板制成可以揭开房顶观察内部结构之建筑模型,为中国以活动模型进行设计之始。雷发达年七十解役,著有《工部工程做法则例》、《工程营造录》等著作。国家图书馆藏有雷家设计图纸数百幅。

按：雷发达及其后裔掌管"样式房"长达二百多年。雷发达及其子孙设计并主持修建的清代著名建筑占我国世界文化遗产的五分之一,计有：二宫(北京故宫、承德离宫及外八庙)、二陵(东陵、西陵)、三山(万寿山、玉泉山、香山)、三海(北海、中海、南海)、四园(圆明园、颐和园、静宜园、畅春园)等。

郑簠卒(1622—)。簠字汝器,号谷口,江苏上元人。名医郑之彦次子,深得家传医学,以行医为业,终学不仕,工书。少时便立志习隶书,学汉碑达三十余年,为访河北、山东汉碑,倾尽家资。倡学汉碑,对后来汉碑之学的复兴起了重要作用。其隶书飘逸虚灵,活脱洒丽。包世臣《艺舟双辑》将其隶书列为"逸品上"。后人称之为清代隶书第一人。清方朔《曹全碑》跋："国初郑谷口山人专精此体,足以名家,当其移步换形,觉古趣可挹。至于联扁大书,则又笔墨俱化为烟云矣。"

姚文燮卒(1628—)。文燮字经三,号羹湖,晚号听翁,又号黄蘗山樵,安徽桐城人。顺治十六年进士。官至云南开化府同知。著有《昌谷集注》、《无异堂集》、《羹湖诗选》等。事迹见《清史稿》卷四七六、李桓《国朝耆献类征初编》卷二五〇。

朱尔迈卒(1632—)。尔迈字人远,别号日观子,浙江海宁人。无意仕进,曾四至京师,与当时名流多有唱和。著有《平山堂集》。事迹见震钧辑《国朝书人辑略》卷二、许汝霖《朱尔迈传》(《德星堂文集》卷三)。

崔华卒(1632—)。华字连生,号西岳,直隶平山人。顺治十六年进士。历任浙江开化知县、扬州知府、两淮盐法道等。有"天下第一清官"之称。著有《公余诗略》、《四书课儿讲艺》、《扬州府志》40卷等。事迹见《清史稿》卷四七六、《清史列传》卷七四、李桓《国朝耆献类征初编》卷二〇八、赵士麟《陕西分守凉庄道参政崔公华墓志铭》(《碑传集》卷八〇)。

葛震卒(1637—)。震字勇之,号星岩,本辽东宁远卫籍,入清后迁陕西巩昌。康熙五年举人。曾供奉武英殿。著有《史赞》、《种松堂诗文集》、《北巡纪行录》。事迹见李桓《国朝耆献类征初编》卷一一六、赵士麟《葛震传》(《读书堂采衣全集》卷三)。

惠周惕约卒于本年前后,生年不详。原名恕,字元龙,号研溪。一作砚溪,江苏吴县人。少从徐枋、汪琬游。康熙十七年举博学鸿儒,适丁忧不与试。三十年中进士,选翰林院庶吉士,散馆,改直隶密云县知县。著有《易传》2卷、《诗说》2卷、《三礼问》6卷、《春秋问》5卷及《砚溪诗文集》。其后子惠士奇、孙惠栋承其家学,世称"吴门三惠",亦称"苏州学派"。事迹见《清史稿》卷四八一、《清史列传》卷六八、郑方坤《惠吉士周惕小传》、钱大昕《惠先生传》(均见《碑传集》卷四六)。

按:《清史稿》本传曰:"周惕邃于经学,为文章有榘度,著有《易传》、《春秋三礼问》及《砚溪诗文集》。其《诗说》二卷,谓大、小雅以音别,不以政别。谓正雅、变雅美刺错陈,不必分《六月》以上为正、《六月》以下为变;《文王》以下为正、《民劳》以下为变。谓《二南》二十六篇,皆房中之乐,不必泥其所指何人。谓天子诸侯均得有颂,《鲁颂》非僭。其言并有依据。清二百余年谈汉儒之学者,必以东吴惠氏为首。惠氏三世传经,周惕其创始者也。"

马维翰(—1740)、钱本诚(—1741)、查为仁(—1749)、崔纪(—1750)、徐铎(—1758)、陈履中(—1760)、郑燮(—1765)、姚培谦(—1766)、卢焯(—1767)、是镜(—1769)、徐大椿(—1771)、任瑗(—1774)、史震林(—1779)生。

康熙三十三年　甲戌　1694年

二月初六日甲戌(3月1日),以吏部尚书熊赐履、兵部尚书杜臻为会试正考官,兵部左侍郎王维珍、工部右侍郎徐潮为副考官。

三月初六日甲寅(4月2日),因考试庶吉士所学甚劣,较从前庶吉士迥然不及,此皆教习怠弛、不专心负责所致。是日,将教习傅继祖降三级调用,张英降三级留任。康熙帝曰:"进士选取庶吉士,教习读书所以造育人才,备他日之用。司教习者理宜严加督课,使之勤勉向学。"(《清圣祖实录》卷一六二)

十八日戊午(4月14日),策试天下贡士裴之仙等于太和门前。

二十日庚申(4月16日),康熙帝御乾清宫,亲定殿试贡士甲第。

二十三日辛酉(4月17日),康熙帝御太和门,传胪,赐殿试贡士胡任舆等168人进士及第出身有差。

哈雷大学建立。

四月二十五日壬辰(5月18日),以仓场侍郎兼翰林院掌院学士常书、礼部尚书兼翰林院掌院学士张英教习庶吉士。

五月初七日甲辰(5月30日),康熙帝谕礼部,翰林系文学亲近之臣,著将翰林院、詹事府、国子监官员每日轮四员入值南书房,以备不时咨询。

十七日甲寅(6月9日),命翰林院将唐以后典故艺文依《唐类函》体例编成一书。

闰五月初四日庚午(6月25日),命翰林院官员集于瀛台,以《理学真伪论》为题考试。

> 按:《清史稿·圣祖本纪二》曰:"顺天学政李光地丁母忧,令在京守制。"理学名臣李光地母死以后,没有坚持疏请离任回乡奔丧,因而以"贪未忘亲"招致言官弹劾。一时之间,朝议哗然。康熙帝决定借此机会对假道学作一次总的清算。他以《理学真伪论》命题考试以后,对假道学的言行不一行径作了严厉痛斥,理学名臣李光地、熊赐瓒,以及已故的魏象枢、汤斌,包括熊赐履等,皆被指名羞辱。在历数假道学言行不一的诸多劣迹之后,康熙帝为理学诸臣明确规定了立身处世的准则,这就是"果系道学之人,惟当以忠诚为本"(《清圣祖实录》卷一六三)。

初五日辛未(6月26日),因教育士子责任甚重,今后监生不再任教职。其已任者改授州县佐贰官,教谕改县丞,训导改主簿。

初七日癸酉(6月28日),康熙帝因召试翰林官,训斥假冒理学之大臣。

> 按:谕大学士等:"初四日召试翰林官于丰泽园,出《理学真伪论》,此亦书籍所有成语,熊赐瓒见此辄大拂其意,应抬之字竟不抬写,不应用之语辄行妄用。原任刑部尚书魏象枢,亦系讲道学之人,先年吴逆叛时,著议政王大臣议奏发兵,魏象枢云:'此乌合之众,何须发兵。'昔舜诞敷文德,舞干羽而有苗格,今不烦用兵,抚之自定。与索额图争论成隙。后十八年地震时,魏象枢密奏:'速杀大学士索额图,则于皇上无干矣。'朕曰:'凡事皆朕听理,与索额图何关轻重。'道学之人,果如是挟仇怀恨乎!又李光地、汤斌、熊赐履,皆讲道学之人,然而各不相合。李光地曾授德格勒《易经》,李光地请假回籍时,朕召德格勒进内讲《易》,德格勒奏言:'李光地熟精兵务。'其意欲为将军提督。'皇上若将李光地授一武职,必能胜任。'反复为李光地奏请,尔时朕即疑之。德格勒又奏熊赐瓒所学甚劣,非可用之人。朕欲辨其真伪,将德格勒、熊赐瓒等考试。汤斌见德格勒所作之文不禁大笑,手持文章堕地,向朕奏云:'德格勒文甚不堪,臣一时不能忍笑,以致失仪。'既而汤斌出,又向众言:'我自有生以来,未曾有似此一番造谎者,顷乃不得已而笑也。'使果系道学之人,惟当以忠诚为本,岂有在人主之前,作一等语,退后又别作一等语者乎。今汤斌虽故,李光地、德格勒现在也。又熊赐履所著《道统》一书,王鸿绪奏请刊刻颁行学宫,高士奇亦为作序,乞将此书刊布。朕览此书,内过当处甚多。凡书果好,虽不刻,自然流布,否则虽刻何益?道学之人,又如此务虚名而事干渎乎!"(《清圣祖实录》卷一六三)

七月二十一日丁亥(9月10日),因《三朝国史》、《政治典训》、《大清一统志》、《明史》等书未成,召在籍翰林官徐乾学、王鸿绪、高士奇来京修书,韩菼请假,亦以原官召还。徐乾学未闻命已于四月先卒,以所著之《憺园集》、《读礼通考》遗疏进呈。

> 按:《清史稿·圣祖本纪二》曰:"丁亥,上求文学之臣。大学士举徐乾学、王鸿

绪、高士奇及韩菼、唐孙华以对。上曰：'韩菼非谪降之人，当以原官召补。徐乾学、王鸿绪、高士奇可起用修书。并召徐秉义来。'他日试唐孙华诗佳，授礼部主事、翰林院行走。"

八月十二日丁未（9月30日），设云南省曲靖、澂江、广西、元江、开化、顺宁、武定、景东八府学。寻甸、建水、新兴、赵州、剑州、昆明、宜良、楚雄、定远、保山、和曲、禄劝、云州、姚州、河阳、南宁、新平17州县学训导各1员，定新平、和曲、禄劝、姚州4州县童生入学额各8名。

九月初四日己巳（10月22日），增八旗童生入学额，满洲、蒙古增20名，共至60名。汉军增10名，共至20名。

十四日己卯（11月1日），以户部右侍郎王揆为武会试正考官，翰林院侍读学士顾祖荣为副考官。

十月初四日戊戌（11月20日），策试天下武举于太和门前。

初六日庚子（11月22日），谕大学士等："天下武举会试者，或其人材可用，骑射亦优，而以不合式之故，遗而不录者有之，朕意殊为悯惜。令兵部宣示，有愿效力与再试者具呈，候该部请旨再行考试。遴选交火器营，令其服习戎事，于会试时，照常考校，既晰知其人，亦便于拔取，有超群者即与录用。如此，则人材不致遗弃，于考试良有裨益矣。"（《清圣祖实录》卷一六五）

初七日辛丑（11月23日），以殿试武举曹曰玮等96人为武进士及第出身有差。

阎若璩是春在钱塘交王复礼，复礼以所著《文庙祀典十四议》见示。

按：王复礼号草堂，浙江钱塘人。曾与李塨切磋学问，受其影响颇深。颜元称其为淑行好学之士。著有《三子定论》、《四书集注补书解正误》、《御览孤山志》等。《四库全书总目提要》论《三子定论》曰："王守仁作《朱子晚年定论》，颠倒年月，以就己说，久为诸儒所驳。复礼欲申陆、王而又揣公论既明，断断不能攻朱子。故嘘守仁已烬之焰，仍为调停之说。凡《朱子定论》一卷，《陆子定论》一卷，《王子定论》一卷，后附《学辨》、《论断》共一卷。皆采诸家之言。《附论》一卷，则复礼自为说也。困绌之余，仍巧为翻案之计，盖所谓不胜不止者也。"

徐乾学、徐秉义七月奉旨进京修书，而徐乾学已先于此月十七日卒。

按：徐秉义《禹贡锥指序》曰："往予伯兄尚书奉诏总修《一统志》，一时博学洽闻之士，尽招集邸舍，其精于地理志、《山海经》、《水经注》之书者，则若无锡顾祖禹、常熟黄子鸿、太原阎若璩及德清胡朏明，未几伯兄归田，不幸即世。诸君子亦云散而不复合。予被恩复起，仍奉命卒《一统志》之役。顾祖禹已前卒，黄子鸿、阎若璩间一来，亦先后沦没。予潦倒京华十余年，书今垂成，亦已皤然老矣。"

王鸿绪以张玉书荐王修《明史》，聘万斯同核定史稿。

李光地三月母丧不去任，言官交章论劾；令解职，不准回籍，在京守制。

按：《清史稿·李光地传》曰："三十三年，督顺天学政。闻母丧，命在任守制。光地乞假九月回里治丧。御史沈恺曾、杨敬儒交章论劾，上令遵初命。给事中彭鹏复疏论光地十不可留，目为贪位忘亲，排诋尤力。乃下九卿议，命光地解任，在京守制。"《清史稿·沈恺曾传》曰:"顺天学政侍郎李光地有母丧,命夺情视事,光地请给假九月,言路大哗。恺曾疏言:'学臣关系名教,表率士子。使衰绖者衣锦论文,其何以训?宜令终丧,以隆孝治。阁臣职司票拟,理应委曲奏请,始不当有在任守制之票,既不当有仍遵前旨之拟。科臣职司封驳,阁臣票拟不当,科臣缴旨覆奏,固其职也。乃亦复默然,不知其所谓封驳者何在也?臣不敢以妄拟阁臣为嫌,劾奏同列为咎。'疏入,下九卿议,寻用彭鹏言,令解任在京守制。"据李钟伦《又寄䜣庵诸叔父书》载,九卿会议时,康熙帝曾颁谕责问弹劾李光地的给事中彭鹏,曰:"我留他在任,自有深意,不然朕岂不晓得三年之丧,古今通礼?我所以留李光地之意,恐一说便难以保全。九卿如要我说,我便说,不要我说,我便包容。"这是所谓的"夺情"案,其中的曲折,各家所记亦不尽同。

王士禛充《渊鉴类函》总裁官。

仇兆鳌二月复遣专人送新刻《明儒学案》至洪洞给范鄗鼎。于是范鄗鼎再取张夏《洛闽源流录》、黄宗羲《明儒学案》二书,续辑《明儒理学备考》为34卷。至此,《明儒理学备考》终成34卷定本。

郝文灿北上博野,延请颜元主持漳南书院讲席,颜元婉言拒绝。

韩菼充《大清一统志》总裁官。

陈廷敬十一月授户部尚书。

邵廷采主讲姚江书院,条次《训约十则》,立教一本刘宗周。自此姚江之旨与证人书院无二。

何焯在京师,应颜光敩之嘱,代作《两浙训士条约》。

曹寅任江宁织造。

戴名世侨居南京,与方舟、方苞兄弟及刘捷相过从,互诵文章,同论往古。是夏,游淮安,访阎若璩,录黄道周所撰《阎世科墓志铭》,有《书阎宁前墓志后》。

　　按:刘捷字月三,江苏上元人。康熙五十年举人。《清史列传·刘捷传》曰:"方苞与四人(指王源、刘齐、张自超和刘捷)交最久,而捷兄辉祖及青阳徐念祖、宿宋朱书,亦与方苞善。苞尝言志趣之近者,则自超、齐、捷、念祖;术业之近者,则源、书、辉祖云。"

戴名世客苏州,为书坊编辑八股文集发卖。

郑梁充会试同考官。

查慎行以礼闱报罢,出都。

姚宏绪在北京,与如皋石为崧、高邮吴世焘等在赵吉士的寄园举行文会。

汪倓、汪溥、李暄亭、裴之仙、龚铎、王桢、熊苇、陈成水、陈璋、张逸少、周道新、陈豫朋、丛澍、张大有、袁钟麟、黄龙眉、杨颙、陈恂、阿锡台、岳度、朱辉珏、陈允恭、傅森、张德桂、拉都立、黄中理、周起渭、吴隆元、五哥、海宝、满保、陈守创、管灏、赵尔孙、吴甫生、高其倬、朱轼、法海、殷元福等新科进士四月十三日被选为庶吉士。

王原祁任事礼科,据人述会稽吼山景色作《吼山胜概图》。

常书四月为仓场侍郎兼翰林院掌院学士,充经筵讲官。

努赫六月为詹事府少詹事，充日讲官。

邵嗣尧为江南学政。

按：《清史稿·邵嗣尧传》曰："三十三年，江南学政缺，圣祖谕曰：'学政关系人材，朕观陆陇其、邵嗣尧操守学问俱优，若以补授，必能秉公校士，革除积弊。'时陇其已卒，遂命嗣尧以参议督学江南。既莅事，虚衷衡校，论文宗尚简质，著《四书讲义》，传示学者。甫试三郡，以积劳遘疾卒。"

刘廷玑时任知府，于浙江丽水建南湖书院，又名圭山书院、莲城书院。

张世绥时任河南尉氏县知县，建涪风书院。

刘凡时任河南孟县知县，建学山书院。

刘维世时任沁阳知府，建刘公书院。

丁发棠时任广东宝安知县，建宝安书院。

史流芳时任广东临高知县，建鹅江书院。

陈梦雷著《周易浅述》8卷成书。

按：《四库全书总目提要》曰："是编成于康熙甲戌，乃其初赴尚阳堡时所作。大旨以朱子《本义》为主，而参以王弼注、孔颖达疏、苏轼传、胡广《大全》、来知德注。诸家所未及，及所见与《本义》互异者，则别抒己意以明之。盖行箧乏书，故所据止此。其《凡例》称：'解《易数》千家，未能广览'，道其实也。然其说'谓《易》之义蕴不出理、数、象、占，顾数不可显，理不可穷，故但寄之于象。知象则理、数在其中，而占亦可即象而玩'。故所解以明象为主。持论多切于人事，无诸家言心言天、幻窅支离之说。其诠理虽多尊朱子，而不取其卦变之说；取象虽兼采来氏，而不取其错综之论，亦颇能扫除轇轕。惟卷末所附三十图，乃其友杨道声所作，穿凿烦碎，实与梦雷书不相比附。以原本所载，姑仍其旧存之，置诸不论不议可矣。"

邵嗣尧著《周易定本》1卷成书，有自序。

陆遇霖著《孝经集注》1卷刊行。

按：陆遇霖，江苏丹徒人。官归德郡丞。

徐乾学著《读礼通考》120卷成书，又著《资治通鉴后编》184卷成书。

按：《四库全书总目提要》曰：《读礼通考》"乃其家居读《礼》时所辑。归田以后，又加订定，积十余年，三易稿而后成。于《仪礼·丧服》、《士丧》、《既夕》、《士虞》等篇及《大小戴记》，则仿朱子《经传通解》，兼采众说，剖析其义。于历代典制，则一本正史，参以《通典》及《开元礼》、《政和五礼新仪》诸书。立纲统目，其大端有八：一曰丧期，二曰丧服，三曰丧仪节，四曰葬考，五曰丧具，六曰变礼，七曰丧制，八曰庙制。丧期历代异同则有表，丧服暨仪节、丧具则有图。缕析条分，颇为详备。盖乾学传是楼藏书甲于当代，而一时通经学古之士如阎若璩等亦多集其门，合众力以为之，故博而有要，独过诸儒。乾学又欲并修吉、军、宾、嘉四礼，方事排纂而殁。然是书搜罗富有，秦蕙田《五礼通考》即因其义例而成之。古今言丧礼者，盖莫备于是焉"。

范鄗鼎增补《广明儒理学备考》，终成48卷完书。

林侗著《唐昭陵石迹考略》5卷成书，林佶作后序。

徐秉义著《明末忠烈纪实》20卷成书。

敕编《大清会典图说事例》100卷告成。

梁份著《西陲吟略》8卷成书。

《法国美术词典》首版出版，共两版。

德国植物学家鲁道夫·卡梅拉里乌斯著成《关于栽培书信之六》。

许维梃修，束图南纂《武邑县志》6卷刊行。

邹溶修，周忠纂《洋县志》8卷刊行。

王嘉孝修，李根茂纂《凤翔县志》10卷刊行。

任垫纂修《磁州志》12卷刊行。

秦凝奎修，梁淳、李曰栋纂《山阳县初志》3卷刊行。

金以埈修，吕弘诰等纂《平阳县志》12卷刊行。

蒋灿修纂《婺源县志》12卷刊行。

任璇增刻《登州府志》22卷刊行。

徐岱、熊远寄修，万兆龙纂《林县志》12卷刊行。

高士铎修，樊翰纂《续修桐柏县志》4卷刊行。

赵德、万愫修，彭始超等纂《邓州志》8卷刊行。

朱璘修纂《南阳府志》6卷刊行。

王雍修，程正儒纂《鲁山县志》8卷刊行。

金世纯修，仝轨纂《郏县志》4卷刊行。

谢正爵修，靳柱明纂《卢氏县志》4卷刊行。

韩佑唐修，李瓒纂《新安县志》17卷刊行。

谢梦弼修，杜李纂《伊阳县志》3卷刊行。

刘焕修，朱载震纂《潜江县志》20卷刊行。

姜承基修，常在等纂《永州府志》24卷刊行。

陈辉璧修，田长盛纂《麻阳县志》10卷刊行。

傅天宠修，汪溶日续纂《养利州志》刊行。

傅天祥、李斯佺修，黄元治等纂《大理府志》30卷刊行。

孔衍珣编《孔子年谱》刊行。

王士禛著《渔洋山人诗合集》18卷刊行。

程师恭著《陈检讨四六笺注》20卷刊行。

按：《陈检讨四六》，陈维崧著。《四库全书总目提要》曰："国朝以四六名者，初有维崧及吴绮，次则章藻功《思绮堂集》亦颇见称于世。然绮才地稍弱于维崧，藻功欲以新巧胜二家，又遁为别调。譬诸明代之诗，维崧导源于庾信，气脉雄厚如李梦阳之学杜。绮追步于李商隐，风格雅秀，如何景明之近中唐。藻功刻意雕镂，纯为宋格，则三袁、钟、谭之流亚。平心而论，要当以维崧为冠，徒以传诵者太广，摹拟者太众，论者遂以肤廓为疑，如明代之诟北地。实则才力富健，风骨浑成，在诸家之中，独不失六朝、四杰之旧格，要不能以挦扯玉溪，归咎于三十六体也。师恭此注成于康熙癸酉。王士禛《古夫于亭杂录》曰：'昔人云：一人知己，可以不恨。故友阳羡陈其年，诸生时老于场屋，小试亦多不利。己未博学鸿词之举，以诗赋入翰林。不数年病卒京师。及殁，而其乡人蒋京少景祁刻其遗集，无只字遗失。皖人程叔才师恭又注释其四六文字，以行于世。此世人不能得之子孙者，而一以桑梓后进，一以平生未面之人，而收拾护惜其文章如此'云云。其推奖师恭颇至。"程师恭字蜀才，一字叔才，安徽怀宁人。康熙间拔贡生，授四川永川县知县。另著有《梧村集》。

李颙著《二曲集》26卷刊行。

宋荦编刻《三家文钞》32卷，其中侯方域8卷、汪琬12卷、魏禧12卷。

孔尚任与顾彩合著《小忽雷》传奇。
徐乾学著《憺园文集》36卷成书，宋荦作序。
王坛著《怡怀集》2卷刊行。
陈瑚著《确庵文稿》5卷刊行。
侯方域著《侯朝宗文选》8卷刊行。
吴之振著《黄叶村庄诗集》8卷成。
车万育编《集李诗》8卷成，吴嵩作序。
汪昂著《本草备要》8卷刊行，又著《汤头歌诀》1卷。
王宏翰著《四诊脉鉴大全》9卷刊行。

王建常卒于本年后(1615—)。建常原名建侯，字仲复，号复斋，陕西邠州人。中年弃科举之业，隐居不仕，以著述自娱。顾炎武寓居华下，数以疑义相质。著有《大学直解》1卷、《论语辑说》10卷、《诗经会编》5卷、《书经要义》6卷、《春秋要义》4卷、《太极图集解》1卷、《四礼慎行》1卷、《律吕图说》9卷、《小学句读记》4卷、《复斋录》6卷。事迹见《清史列传》卷六六、李桓《国朝耆献类征初编》卷四〇六、《乾隆朝邑县志》卷五。

按：《清史列传》本传曰："其学以主敬存诚为功，穷理守道为务。生平注意尤在《小学句读记》四卷，以此为入德之门。……后同邑李元春称建常气节足雄世风，理学足翼圣道，其纯正在李颙上云。"

吴绮卒(1619—)。绮字园次，号听翁，人称红豆词人，江苏江都人。顺治拔贡。以荐授秘书院中书舍人。官湖州知府。著有《秋风啸》等传奇、《林蕙堂文集》12卷、《选声集》4卷等。事迹见《清史稿》卷四八四、蔡冠洛《清代七百名人传》第五编。

徐枋卒(1622—)。枋字昭法，号俟斋、秦余山人，江苏长洲人。明崇祯十五年举人。明亡，隐居邓尉山中，终身不入城市，卖画自给。尚著有《读史稗语》24卷、《读史杂钞》6卷、《居易堂集》20卷及《二十一史文稿》、《通鉴纪事类聚》320卷等。事迹见《清史稿》卷五〇一、震钧辑《国朝书人辑略》卷一、李桓《国朝耆献类征初编》卷四七八、王峻《徐先生枋传》(《碑传集》卷一二六)。罗振玉编有《徐俟斋年谱》。

按：《清史稿》本传曰："枋与宣城沈寿民、嘉兴巢鸣盛，称'海内三遗民'。枋书法孙过庭，画宗巨然，间法倪、黄，自署秦余山人。"

李之芳卒(1622—)。之芳字邺园，山东武定人。顺治四年进士，授金华府推官。官至文华殿大学士。卒谥文襄。著有《文襄公奏疏》15卷、《文襄公别录》6卷、《平定耿逆记》1卷、《棘听草》12卷、《赋役详稿》1卷等。事迹见《清史稿》卷二五一、《清史列传》卷六、蔡冠洛《清代七百名人传》第二编、张玉书《诰授光禄大夫吏部尚书文华殿大学士拖沙喇哈番谥文襄李公墓志铭》、赵士麟《相国李文襄公之芳传》、杜臻《李相国文襄公传》、沈德潜《李文襄公传》(均见《碑传集》卷一四)。清程光祖编有《李文襄公年谱》。

李柏卒(1624—)。柏字雪木，自称白山逸人，晚号太白山人，陕西郿县人。康熙初为诸生时,与李颙、李因笃齐名,并称"关中三李"。著有《槲叶集》10卷、《南游草》1卷等。事迹见《清史稿》卷四八〇、《清史列传》卷六六、蔡冠洛《清代七百名人传》第四编、《李柏传》(《碑传集》卷一三九)。吴怀清编有《雪木先生年谱》。

  按:《清史稿·儒林传一》曰:"是时容城孙奇逢之学盛于北,余姚黄宗羲之学盛于南,与颙鼎足称三大儒。晚年寓富平,关中儒者咸称'三李'。三李者,颙及富平李因笃、郿李柏也。"

  张弨卒(1625—)。弨字力臣,号亟斋,江苏山阳人。顺治八年秀才。善书法,专精六书、金石之学。曾校定顾炎武《音学五书》并刊行,顾氏赞曰:"精心六书,信而好古,吾不如张力臣。"著有《瘗鹤铭辨》、《娄栈汉隶字原校本》、《济州学碑释文》、《昭陵六骏赞辨》等,后人辑为《张亟斋遗集》。事迹见《清史列传》卷六八。段朝端编有《张力臣先生年谱》。

  申涵煜卒(1628—)。涵煜字观仲,号鹤盟,直隶永年人。申涵光弟。顺治九年贡入太学,康熙五年举人。在京师与魏裔介、魏象枢等结诗社。著有《敏庵集》、《江杭草》等。事迹见李桓《国朝耆献类征初编》卷三八二、震钧辑《国朝书人辑略》卷一、王士禛《申涵煜墓志铭》(《带经堂集》卷八九)。

  万斯选卒(1629—)。斯选字公择,浙江鄞县人。万泰第五子。从黄宗羲学。著有《事心录》、《白云集》。事迹见《清史稿》卷四八一、《清史列传》卷六八、黄宗羲《万公择墓志铭》(《黄宗羲全集》第十册碑志类)。

  按:《清史稿》本传曰:"学于黄宗羲。尝谓学者须验之躬行,方为实学。于是切实体认,知意为心之存主,非心之所发。理即在气中,非理先气后。涵养纯粹,年六十,卒。宗羲哭之恸,曰:'甬上从游,能续蕺山之传者,惟斯选一人,而今已矣!'"

  徐乾学卒(1631—)。乾学字原一,号健庵,江南昆山人。顾炎武外甥。康熙九年进士。曾任内阁学士、刑部尚书等职。奉命编纂《大清一统志》、《大清会要》及《明史》。康熙一朝钦定官书十分之九皆以其为监修总裁。著有《通志堂经解》1795卷、《读礼通考》120卷、《憺园文集》36卷、《会典明史纂辑》、《御选古文渊鉴》64卷、《传是楼书目》8卷诸书。事迹见《清史稿》卷二七一、《清史列传》卷一〇、李桓《国朝耆献类征初编》卷五七、蔡冠洛《清代七百名人传》第四编、韩菼《资政大夫经筵讲官刑部尚书徐公乾学行状》(《有怀堂文稿》卷一八)。

  按:支伟成曰:"公守制家居,病近世丧礼流失,浸以成俗,旧典弃而不讲,乃搜讨古今丧纪因革兴废之由,分别部居,先经史,后群籍,而以近代通儒硕学之议论附之,并加按语,折衷诸说,成《读礼通考》一百二十卷。朱彝尊序称其'撷采之博,而择之也精;考据之详,而执之有要,为天壤间必不可少之书'。起复,充日讲起居注官,《明史》总裁。……一切礼制,酌古准今,有不便者,多所厘正。奉命总裁《一统志》、《会典》,及《明史》,纂《鉴古辑览》、《古文渊鉴》。凡著作之任,无不领。……门第之隆,宾客之盛,一时无两。而公尤知人能得士。一时庶几之流,奔走辐凑如不及。虽山林遗逸,亦为强起。率迎致馆餐而厚资之,俾至如归。访问故实,商榷僻书,以广见闻。后生之才隽者,延举荐引无虚日。即片言细行之善,每叹赏不去口。荜门寒畯,或穷困来投,辄竭所有饮助无吝色。宾退,则书卷随身,从事铅椠。纵饮阑寝倦,曾鲜休息之时。传是楼藏书甲海内,晨夕雠校。尤笃志经学,凡唐宋来先儒经解,世所不常见者,靡不搜览参考,雕版以行。即世所传《通志堂经解》,人知为纳兰容若纂辑,不知实出于公也。"(《清代朴学大师列传·徐乾学》)

李良年卒(1635—)。良年原名法远,又名兆潢,字符曾,一字武曾,号秋锦,浙江秀水人。李绳远弟。与朱彝尊并称"朱李",同治古文。康熙十八年荐举博学鸿儒科,不遇。晚佐徐乾学修《大清一统志》。著有《秋锦山房集》22卷、《秋锦山房词》2卷、《词家辨证》1卷、《词坛纪事》3卷等。事迹见《清史稿》卷四八四、《清史列传》卷七一、李桓《国朝耆献类征初编》卷四二六、朱彝尊《征士李君良年行状》(《碑传集》卷一三八)。

乔莱卒(1642—)。莱字子静,一字石林,江苏宝应人。康熙六年进士,授内阁中书。举应博学鸿儒一等,授翰林院编修,与修《明史》。后充日讲起居注官,擢中允,纂修《政治典训》。著有《应制集》、《使粤集》1卷、《归田集》1卷、《易俟》20卷等。事迹见《清史稿》卷四八四、《清史列传》卷七〇、李桓《国朝耆献类征初编》卷一二〇、潘耒《翰林侍读乔君墓志》、朱彝尊《翰林院侍读乔君莱墓表》(均见《碑传集》卷四五)。

王峻(—1751)、王安国(—1757)、严遂成(—?)生。

康熙三十四年　乙亥　1695年

二月初一癸巳(3月15日),从萨布素疏言,于墨尔根地方(今嫩江县)设立学校,设教官一员。新满洲各佐领每年选幼童1名入学。

三月初二日癸亥(4月14日),康熙帝谕大学士等:翰林官专责撰拟文章,其所撰善与不善应有奖惩,以后凡碑文、祭文等,撰拟人及所撰之文,或经采用,或被申饬,一一记录,有三次善或三次不善者,奏闻(《清圣祖实录》卷一六六)。

十二日癸酉(4月24日),从府丞金玺请,增盛京八城取进生员额数,满洲、蒙古10名,汉军5名。

沙俄在中国北京设立东正教尼古拉教堂,东正教始在中国传播。

按:教堂位于北京城东北隅后海西边,北京当地居民称之为"俄罗斯馆",又称"罗刹庙"。俄罗斯西伯利亚都主教曾特地送来教会证书。

阎若璩是秋有文哀黄宗羲。

按:黄宗羲与阎若璩关系密切,对阎氏学术颇为推崇。他在为阎氏《古文尚书疏证》所作的《序》中说:"淮海阎百诗寄《尚书古文疏证》方成四卷,属余序之。余读之终卷。见其取材富,折衷当","中间辨析三代以上之时日、礼仪、地理、刑法、官制、名讳、句读、字义,因《尚书》以证他经史者,皆足以袪后儒之蔽,如此方可谓之穷经"(黄宗羲《古文尚书疏证序》,《南雷文定》三集卷一)。黄宗羲对阎若璩《古文尚书疏

俄土战争,彼得一世占领亚索失败后,返回莫斯科。

英国结束报刊审查制度。

柏林大学建立。

英国功植物学家内赫米亚·格鲁从唐斯泉中解析出硫酸镁。

法国科学家纪尧姆·阿蒙顿斯发明悬垂式气压计。

证》的评价,几乎成为日后评论阎若璩此书的定论,也奠定了阎若璩在清初经学史及考据学中的地位。

李塨应浙江桐乡知县郭金汤之请,乃南游作幕。经淮安、扬州、镇江、太湖等处,每止宿必访学者。七月至杭州,与王复礼论朱(熹)、陆(九渊)、王(守仁)之学。九月,北返。

> **按**:王复礼是以经学考据影响李塨的第一人。在论学中,王氏力斥宋学之非。

毛奇龄遇洪昇于杭州钱湖之滨,为其《长生殿》院本作序。

方苞以黄叔琳荐,馆涿鹿。

> **按**:《清史稿·黄叔琳传》曰:"叔琳富藏书,与方苞友。苞治诸经,叔琳皆与商榷。"

赵执信是秋又东游,经临淄,访冯协一;至诸城,访王沛思;赴莱阳,访同年张禹玉;过福山,下榻同年陈汝弼家。

韩菼由长洲回京,奉命以原官总裁《大清一统志》。

戴名世七月初入京,赴宗伯张英邸第。

顾祖荣、张廷瓒正月为翰林院侍读学士,充日讲官。

王九龄正月为翰林院侍讲学士,充日讲官。

禅拜三月为翰林院侍讲学士,充日讲官。

席尔登十月为翰林院侍读,充日讲官。

华显十一月为翰林院侍讲学士觉罗,充日讲官。

陈治策时任河南通许知县,建进学书院。

刘子章在河南襄城县建希贤书院。

李登瀛时任河南新乡知县,建省身书院。

贾铉时任湖北黄冈知府,建古邾书院。

郑梁时任广东高州知府,建茂山书院。

杨文铎时任贵州开阳知州,建东皋书院。

约翰·伍德沃德著成《地球和陆地物体自然史论》。

李光地著《朱子语类四纂》5卷成书。

黄宗羲著《深衣考》1卷成书。

> **按**:《四库全书总目提要》曰:"是书前列己说,后附《深衣》经文,并列朱子、吴澄、朱右、黄润玉、王廷相五家图说,而各辟其谬。其说大抵排斥前人,务生新义。……宗羲经学淹贯,著述多有可传。而此书则变乱旧诂,多所乖谬。"

王士禛著《国朝谥法考》1卷刊行,又编所著为《蚕尾集》10卷、《渔洋山人文略》14卷。

顾炎武遗著《日知录》32卷本由潘耒整理付刊,潘耒作序。

> **按**:潘耒《日知录序》曰:"昆山顾宁人先生,生长世族,少负绝异之资。潜心古学,九经诸史,略能背诵,尤留心当世之故,实录、奏报手自抄节,经世要务,一一讲求,当明末年,奋于有所自树,而迄不得试。穷约以老,然忧天闵人之志,未尝少衰。事关民生国命者,必穷源溯本,讨论其所以然。足迹半天下,所至交其贤豪长者,考其山川风俗疾苦利病,如指诸掌。精力绝人,无他嗜好,自少至老,未尝一日废书。出必载书数麓自随,旅店少休,披寻搜讨,曾无倦色。有一疑义,反复参考,必归于至

当;有一独见,援古证今,必畅其说而后止。当代文人才士甚多,然语学问,必敛衽推顾先生。凡制度典礼有不能明者,必质诸先生;坠文轶事有不知者,必证诸先生。先生手画口诵,探源竟委,人人各得其意去。天下无贤不肖皆知先生为通儒也。先生著书不一种,此《日知录》,则其稽古有得,随时札记,久而类次成书者。凡经义史学、官方吏治、财赋典礼、舆地艺文之属,一一疏通其源流,考正其谬误。至于叹礼教之衰迟,伤风俗之颓败,则古称先,规切时弊,尤为深切著明,学博而识精,理到而辞达。是书也,意惟宋元名儒能为之,明三百年来,殆未有也。耒少从先生游,尝手授是书。先生没,复从其家求得手稿,校勘再三,缮写成帙,与先生之甥刑部尚书徐公健庵、大学士徐公立斋谋刻之而未果。二公继没,耒念是书不可以无传,携至闽中,年友汪悔斋,赠以买山之资,举畀建阳丞葛受箕,鸠工刻之,以行世。呜呼! 先生非一世之人,此书非一世之书也。魏司马朗复井田之议,至易代而后行,元虞集京东水利之策,至异世而见用。立言不为一时,录中固已言之矣。异日有整顿民物之责者,读是书而憬然觉悟,采用其说,见诸施行,于世道人心实非小北部。如第以考据之精详,文辞之博辩,叹服而称述焉,则非先生所以著此书之意也。"(《遂初堂集》卷六)潘耒充分肯定了顾炎武经世致用的实学思想,而《四库全书总目提要》却对潘耒之论不以为然,谓"潘耒作是书序,乃盛称其经济,而以考据精详为末务,殆非笃论矣"。

  黄图昌纂修《静乐县志》10卷刊行。
  王希舜修,刘应秋纂《兴安州志》4卷刊行。
  程素期修,程之芳等纂《邹平县志》8卷刊行。
  赵国宣修,彭康纂《茶陵州志》23卷刊行。
  梁凤翔修,李湘、程维祉纂《孝感县志》24卷刊行。
  何显祖修,董正纂《汝宁府志》16卷刊行。
  王澄魁修,李在兹纂《汝州全志》12卷刊行。
  张圣业修,董正纂《河南府志》28卷刊行。
  张琮修,崔皋宣纂《镇平县志》3卷刊行。
  管竭忠修,张沐纂《开封府志》40卷刊行。
  王畹修,贺元士纂《荥泽县志》8卷刊行。
  顾汧修,张沐纂《河南通志》50卷刊行。
  刘维世修,萧瑞苞、乔腾凤纂《怀庆府志》18卷刊行。
  边憬修,范琥纂《修武县志》4卷刊行。
  佟国瑞、吴干将修,李中节纂《汲县志》12卷刊行。
  胡蔚先修,李芳辰纂《卫辉府志》19卷刊行。
  于琨修,陈玉璂纂《常州府志》38卷刊行。
  袁良怡修,李士珩纂《密县志》6卷刊行。
  祝元敏修,彭希周纂《当涂县志》32卷刊行。
  傅光遇修,吴陈琰纂《望江县志》15卷刊行。
  赵泰牲修,张翀纂《金华县志》10卷刊行。
  严敬原本,马世俊增修《宁州郡志》2卷成。
  戚延裔修,王前驱等纂《邛州志》13卷刊行。
  顾宪成自述,顾枢辑,顾泾、顾贞观订补《顾端文公年谱》2卷刊行。
  徐怀祖著《台湾随笔》1卷成书,有自序。

按：徐怀祖字燕公，江苏华亭人。曾至台湾，所记皆亲身经历者。

郑武著《离骚论文》10卷、附录1卷刊行。

吴乘权、吴调侯合编《古文观止》初刻。

按：《古文观止》是自清代以来最为流行的古代散文选本之一。所选之文上起先秦，上迄明末，大体反映了先秦至明末散文发展的大致轮廓和主要面貌。其入选之文，皆为语言精炼、短小精悍、便于传诵的佳作，因此流传颇广。

徐釚刻所著《南州草堂集》30卷。

彭定求始辑《南畇诗稿》。

王士禛著《渔洋山人文略》14卷刊行。

邵长蘅辑《王氏渔洋诗抄》12卷刊行。

王余佑著《五公山人集》14卷刊行。

按：《四库全书总目提要》曰："余佑本姓宓，先世为王氏，后因不复改，字申之，一字介祺，直隶新城人，明末避乱易州五公山，因号五公山人，后流寓献县，子孙遂为献县人。余佑在前明为诸生，受知于桐城左光斗，故喜谈气节。其学则出自容城孙奇逢、定兴柱越，以砥砺品行，讲求经济为主。故立身孤介刻苦，有古独行之风。然恒以谈兵说剑为事，又精于技击，喜通任侠，不甚循儒者绳墨。其诗文亦皆不入格，考证尤疏。"

吴世杰著《甓湖草堂文集》6卷刊行。

按：吴世杰字万子，高邮人。康熙乙丑（1685）进士，官内阁中书。另有《甓湖草堂近诗》2卷、《甓湖草堂近集》4卷。

吕履恒著《梦月岩诗集》14卷成书，张希良作序。

孙元衡编刻《张实居萧亭诗选》6卷成书。

张竹坡著《批评金瓶梅第一奇书》刊行。

按：《金瓶梅》成书后最初以抄本流传。现存最早的刊本是万历四十五年（1617）署刊的《新刻金瓶梅词话》，人称"词话本"或"万历本"。崇祯年间有《新刻绣像批评金瓶梅》问世，人称"崇祯本"。一般认为此本是词话本的评改本，即将词话本的回目、正文稍作删改、修饰后再加评点和图像刊行。清康熙年间，张竹坡以崇祯本为底本，将正文的个别文字修改后另作详细评点，以《皋鹤堂批评金瓶梅第一奇书》之名行世，人称"第一奇书本"或"张评本"。民国十五年（1926）又有存宝斋排印的《真本金瓶梅》（后改称《古本金瓶梅》）出版。此书将张评本中的秽笔全部删改，第一次以"洁本"的面貌问世。

余怀以所著《砚林》1卷寄张潮，嘱编入《昭代丛书》。

石涛居扬州，作《白沙翠竹江村图》十三景。

高世栻著《黄帝内经素问直解》9卷成书。

按：高世栻字士宗，浙江钱塘人。与张志聪同里。《清史稿·高世栻传》曰："从志聪讲论轩、岐、仲景之学，历十年，悉窥精奥。遇病必究其本末，处方不同流俗。志聪著《本草崇原》，未竟，世栻继成之。又注《伤寒论》。晚著《医学真传》，示门弟子。"

张璐著《本经逢源》4卷刊行。

王晫、张潮辑《檀几丛书》157种由新安张氏霞举堂刊行。

按：张潮《檀几丛书序》曰："天下非无书可读之为难，而聚书为难；非徒聚书之为难，而聚而传之之为难；聚之者所以供我之读，传之者所以供天下千万世人之读也。""夫至天下与千万世人皆读之而乐,则著书者之心与聚书者之心,不咸大慰乎哉!""苟能使天下后世之人咸莫不有读书之乐,则聚而传之者之心,不更大乐乎哉!""余之蓄此志也,盖已有年。"

张怡卒(1608—)。怡初名鹿征,一名遗,字自怡,号瑶星,江苏江宁人。明末诸生,授锦衣卫千户。明亡,寄居摄山僧舍,自称白云先生。治学精于《礼》,著有《三礼合纂》28卷、《读易诗钞》20卷、《尚书策取》15卷、《四书会通》16卷、《大学古本钞》2卷、《中庸通一解》2卷、《白云言诗》12卷、《咨闻随笔续笔》8卷、《金陵私乘》8卷、《螽酌》48卷、《上律篇》4卷及《古镜庵诗集》、《玉光剑气集》等。事迹见《清史列传》卷六六、李桓《国朝耆献类征初编》卷四七八、方苞《白云先生传》(《方苞集》卷八)。

黄宗羲卒(1610—)。宗羲字太冲,号南雷,人称梨洲先生,浙江余姚人。其父黄尊素为明天启朝御史,因抗直死于魏阉之难。宗羲年十九,袖长锥入京诉冤,毙伤阉党多人。少时师事刘宗周。清兵南下,纠合浙东子弟起兵抗清,兵败投南明监国鲁王,授左佥都御史。南明亡,奉母返里,毕力著述。举博学鸿儒,徐元文荐于朝,以老病辞。诏取所著书宣付史馆。学问渊博,于经史、佛老、天文、历算、乐律等,无不精通。其学先穷经,而求事实于史,为清代浙东学派之鼻祖。重要著作尚有《明史案》244卷、《孟子师说》2卷、《授书随笔》1卷、《大通法辨》4卷、《西洋法假如》1卷、《南雷文约》4卷、《易学象数论》6卷、《宋元学案》100卷、《明儒学案》62卷、《南雷文定前集》11卷、《后集》4卷、《三集》3卷等。事迹见《清史稿》卷四八〇、《清史列传》卷六八、蔡冠洛《清代七百名人传》第四编、钱宝甫《黄宗羲传》(《碑传集》卷一三一)。黄炳垕编有《黄梨洲先生年谱》,今人谢国桢编有《黄梨洲学谱》。

按:阎若璩《南雷黄氏哀辞》曰:"当发未燥时,即爱从海内读书者游。博而能精,上下五百年,纵横一万里,仅仅得三人焉:曰钱牧斋宗伯也,曰顾亭林处士也,及先生而三之。先生之亡,上距牧斋薨已三十有二年,即亭林殁亦且十四五年。盖至是而海内读书种子尽矣。"(《潜邱札记》卷四)《清史稿·儒林传》曰:"宗羲之学,出于蕺山,闻诚意慎独之说,缜密平实。尝谓明人讲学,袭语录之糟粕,不以《六经》为根底,束书而从事于游谈。故问学者必先穷经,经术所以经世。不为迂儒,必兼读史。读史不多,无以证理之变化;多而不求于心,则为俗学。故上下古今,穿穴群言,自天官、地志、九流百家之教,无不精研。"

吴殳卒(1611—)。殳一名乔,字修龄,别号沧尘子,江苏昆山人。工诗,长于史学。著有《西昆发微》3卷、《围炉诗话》6卷、《手臂录》5卷、《舒拂集》等。又与戴笠合纂《怀陵流寇始终录》,为记载明末农民战争的重要著作。事迹见《清史稿》卷四八四、《清史列传》卷七〇、《国朝诗人征略初编》卷五。

揭暄卒(1613—)。暄字子宣,号纬纷,别号半斋,江西广昌人。年轻时,曾在家乡组织义兵抗击清军。事败后,隐居家乡,致力研究著述。著有《璇玑述遗》、《揭子兵经》、《揭子战书》、《周易得天解》以及《道书》、

《射书》、《星书》、《火书》、《舆地》、《水注》、《兵经百言》等共17部。事迹见《清史稿》卷五〇六、李桓《国朝耆献类征初编》卷四一七。

汪昂约卒(1615—)。昂字讱庵,安徽休宁人。明末诸生。入清不仕。精研经史百家,尤好集医方,出资厚聘名医。编辑《本草备要》8卷、《医方集解》、《素问灵枢类纂》等书,刊行于世。

余怀约卒(1616—)。怀字澹心,号无怀,又号曼翁、鬘持老人,福建莆田人,寓居南京。著有《味外轩文稿》、《研山堂集》、《秋雪词》、《板桥杂记》、《东山谈苑》、《妇人鞋袜补救考》、《茶史补》等。事迹见《清史列传》卷七〇、《明清江苏文人年表》。

沈珩卒(1619—)。珩字昭子,号耿岩,又号稼村,浙江海宁人。康熙三年进士,授内阁中书。十八年召试博学鸿儒,授翰林院编修,预修《明史》。著有《耿岩文钞》、《耿岩诗集》、《宏词草》、《栖迟草》、《投闲草》、《消夏谈诗》、《稼村偶见》等。又尝校辑司马迁、班固、韩愈、欧阳修、归有光等各家散文及乐府、唐诗、王安石诗、苏轼诗、明九家诗等。事迹见《清史列传》卷七〇、李桓《国朝耆献类征初编》卷一二〇、赵士麟《翰林院编修沈珩传》(《碑传集》卷四四)。

吴骐卒(1620—)。骐字日千,号铠龙,又号九峰遗黎,江南华亭人。明诸生。入清,绝意仕进。曾与周茂源等在乡里成立雅似堂社。著有《铠龙文集》、《芝田词》、《吴日千先生集》、《金钱记》、《蓝桥月》等。事迹见宋荦《吴骐行状》(《吴日千先生集》附)。

魏礼卒(1630—)。礼字和公,一字季子,号吾庐,江西宁都人。与兄际瑞、禧号称"宁都三魏",是"易堂九子"中的重要学者。少从学于兄禧,后遍游四方,结交学者。著有《魏季子文集》、《魏季子诗集》。事迹见《清史稿》卷四八四、《清史列传》卷七〇、李桓《国朝耆献类征初编》卷四二五。

刘献廷卒(1648—)。献廷字继庄,一字君贤,别号广阳子,顺天大兴人。曾受徐乾学聘,入馆修《明史》,并参与编纂《大清一统志》。治学以经世为宗旨,尤精于天文律历、地理音韵、边塞要害、财赋军器等。死后其弟子辑其遗书,称《广阳杂记》5卷。事迹见《清史稿》卷四八四、《清史列传》卷七〇、李桓《国朝耆献类征初编》卷四一四、蔡冠洛《清代七百名人传》第四编、王源《刘处士献廷墓表》、杨宾《刘继庄传》、全祖望《刘继庄传》(均见《碑传集》卷一三〇)。王勤堉编有《刘继庄先生年谱初稿》。

按:梁启超《清代学术概论》曰:"清初有一大学者而其学无传于后者,曰大兴刘献廷。"认为"献廷书今存者惟一《广阳杂记》,实涉笔漫录之作,殆不足以见献廷"。王源《刘处士献廷墓表》、全祖望《刘继庄传》对其学术贡献有全面评价。《清史稿》本传曰:"其学主经世,自象纬、律历、音韵、险塞、财赋、军政、以迄岐黄、释老之书,无所不究习。与梁溪顾培、衡山王夫之、南昌彭士望为师友,而复往来昆山徐乾学之门。议论不随人后。万斯同引参《明史》馆事,顾祖禹、黄仪亦引参《一统志》事。献廷谓诸公考古有余,实用则未也。"

僧东皋卒,生年不详。俗姓蒋,名兴俦,字心越,以号行,浙江金华人。

以古琴著名。削发为僧,康熙十五年东渡日本,驻长崎兴福寺。后应水户藩王德川光国迎请,为新建寿昌山只园寺主持,成为曹洞宗寿昌派开山祖。他一边传教,一边传授琴艺,关东幕府尊为"东皋禅师"。传世《和文注琴谱》、《东皋琴谱》为其弟子集其所传谱而成。1944年,荷兰驻日公使高罗佩著有《明末义僧东皋禅师集刊》。

吴景旭约卒,生年不详。景旭字又旦,又字旦生,号仁山,浙江归安人。明诸生。著有《历代诗话》80卷和《南山堂自订诗》8卷、《南山堂续订诗》3卷、《南山堂三订诗》4卷等。

程嗣立（ —1744）、李方膺（ —1754）、丁敬（ —1765）、吴震生（ —1769）、桑调元（ —1771）生。

康熙三十五年　丙子　1696年

正月十七日甲戌（2月19日）,康熙帝亲征噶尔丹。

六月初九日癸巳（7月7日）,康熙帝回京。

二十九日癸丑（7月27日）,西藏第巴以达赖喇嘛名义遣使至京。

按：第巴原系达赖喇嘛下管事人,达赖死后,秘不发丧长达十五年之久,故此次遣使来京,康熙帝命先核实达赖是否尚在,然后才决定是否接见。

七月初四日戊午（8月1日）,康熙帝命内阁翰林院修《平定朔漠方略》。

初九日癸亥（8月6日）,广八旗满洲、蒙古、汉军直隶各省乡试解额。满洲蒙古4名,汉军2名,顺天生员17名,南北监生14名,江南20名,浙江、湖广、福建各17名,河南15名,山西、陕西各13名,江西18名,山东、广东、四川各14名,广西10名。

颜元四月应郝文灿之聘,携门人钟錂、从孙颜重光南下主讲肥乡漳南书院,数月后,因水灾冲毁书院而返回乡里。讲学期间,曾抨击程朱理学,强调"实学"、"实习",设文事、武备、经史、艺能诸科。

按：颜元曾对当时书院空谈理学的风气深为不满,而倡导六艺实学,故至漳南书院,即抱定"宁粗而实,勿妄而虚"（《颜元集·漳南书院记》）的教育宗旨,对书院的布局和教学内容重新作了规划,他将书院正厅取名为习讲堂,东西两侧各设二斋,东为文事、武备,西为经史、艺能。四斋所学,依次为礼乐书数、天文地理;诸子兵法、射御技击;十三经、历代史、诰制、章奏、诗文;水学、火学、工学、象数等。与习讲堂及上述四斋南北相向,方是理学、帖括二斋,前者"课静坐、编著、程朱陆王之学",后者"课八股举业"。

钟錂助颜元设教于漳南书院。

俄罗斯彼得一世从土耳其人手中夺得亚索。

俄国征服堪察加半岛。

约翰·洛克和伊萨克·牛顿在英国实行新货币制度。

英国的《人身保护法》中止。

首家英国财产保险公司建成。

柏林美术学院建立。

按：钟䤧字金若，又字文若，直隶博野人。诸生。从师颜元，学行皆得颜元、李塨称赞。所辑《习斋先生言行录》，多补《习斋先生年谱》所未备。又辑录《习斋记余》，记录颜元平日所写杂文，是研究颜元思想的重要参考资料。自著有《哀感录》、《女范淑烈集》、《农书》、《一隅集》等。

阎若璩自六十岁以后，时访友数百里内，往来苏州、杭州，与朱彝尊、毛奇龄过从尤密，商榷学问之事最多。

毛奇龄三月以所著《驳太极图》、《驳河图洛书》二种寄赠李塨。

按：梁启超《清代学术概论》曰："若论清学界最初之革命者，尚有毛奇龄其人。其所著《河图原舛篇》、《太极图说遗议》等，皆在胡渭前；后此清儒所治诸学，彼亦多引其绪。但其言古音则诋顾炎武，言《尚书》则诋阎若璩，故汉学家祧之不宗焉。全祖望为《毛西河别传》，谓'其所著书，有造为典故以欺人者，有造为师承以示人有本者，有前人之误已辨正，尚袭其误而不知者，有信口臆说者，有不考古而妄言者，有前人之言本有出而妄斥为无稽者，有改古书以就己者'。祖望于此诸项，每项举一条为例，更著有《萧山毛氏纠谬》十卷。平心论之，毛氏在启蒙期，不失为一冲锋陷阵之猛将，但于'学者的道德'缺焉，后儒不宗之，宜耳。"

张廷玉八月应乡试于江宁，中式第二十五名，主考官为湖广张明先、河南吕振，同考官为河南杨奕绅。

张玉书随康熙帝征噶尔丹。

李光地时任顺天学政，招魏廷珍入幕中襄阅试卷。

张伯行家居读《礼》。

王懋竑馆梁溪胡氏家，尽发其藏书读之。

姚际恒屏绝人事，潜心治经。

方苞是秋再试顺天乡试极罢，拟不复应举。是冬南归。有《与韩慕庐学士书》。

万斯同在京与方苞相识，曾以继其未竟、续成《明史》相托。

温达随军征噶尔丹。

朱彝尊构曝书亭于荷花池南。

赵执信南游广东，过淮安与阎若璩相见，过杭州晤洪昇，在广州与陈恭尹相见。

方中通读戴名世的《孑遗录》，因作《读戴田有孑遗录》诗。

顾嗣立、徐永宣九月招戴名世、冯念祖、曹三才、宋至、薄有德、方辰、刘辉祖、方苞、刘岩、钱名世、严虞惇、蒋廷锡、徐昂发、汪士鋐、蒋仁锡，宴集大定庵，赋得秋柳。

按：徐昂发字大临，江苏长洲人。康熙三十九年进士，官至江西学政。著有《畏垒笔记》4卷、《畏垒山人诗文集》等。

戴名世九月为李孚青《野香亭集》作序；此书另有王士禛、陈廷敬、王概、毛奇龄、费锡璜、费密、章藻功、田雯、姜宸英、徐嘉炎作的序，查嗣瑮、汤右曾作的跋。

费锡璜随父费密作《江舫唱和》诗。登芝罘，投其诗于海中，痛哭而返，伤其才之不遇。

按：费锡璜字滋衡，四川新繁人，寓居江苏江都。费密子。著有《道贯堂文集》4卷、《掣鲸堂诗集》13卷。与沈用济著有《汉诗总说》1卷，系两人所编《汉诗说》10卷总论汉诗之语，后由杨复吉单独辑出而成，共收录论断45则。

特默德正月为翰林院侍讲，充日讲官。

邵穆布八月为翰林院侍讲，充日讲官。

梅荔时任山西晋城知县，创建宗程书院。

按：宋代理学家程颢在晋城任知县时，热心办学，梅荔有感于此，故建书院，以继遗志。

吴尔时任江西定南县知县，建吴公书院。

郭遇熙在河南新乡县建德化书院。

谢允文时任湖南郴州知州，重建濂溪书院。

刘以贵时任广西苍梧县知县，建茶山书院。

李曜时任贵州毕节知县，建松山书院。

徐乾学遗著《读礼通考》120卷刊行。

按：是书通贯《三礼》，于古代丧礼尤详备。梁启超《清代学术概论》曰："典章制度一科，在清代亦为绝学。其动机起于治《三礼》，后遂泛滥益广。惠栋著《明堂大道录》，对于古制度专考一事，泐成专书者始此。徐乾学编《读礼通考》，秦蕙田编《五礼通考》，多出一时名人之手。其后则胡匡衷有《仪礼释官》，戴震有《考工记图》，沈彤有《周官禄田考》，王鸣盛有《周礼军赋说》，洪颐煊有《礼经宫室答问》，任大椿有《弁服释例》、《深衣释例》，皆专注《礼》，而焦循有《群经宫室图》，程瑶田有《通艺录》，贯通诸经焉。晚清则有黄以周之《礼书通故》，最博赡精审，盖清代礼学之后劲矣。"

阎若璩初刻所著《四书释地》1卷，宋荦作序。又著《四书释地续》1卷、《四书释地又续》2卷、《四书释地三续》2卷。

按：《四库全书总目提要》曰："是编因解《四书》者昧于地理，往往致乖经义，遂撰《释地》一卷，凡五十七条，复撼所未尽，为《释地续》一卷，因牵连而及人名凡八十条，复因地理、人名而及物类、训诂、典制，得一百六十三条，谓之《又续》；其他解释经义者，又得一百二十六条，谓之《三续》，总以《释地》为名，从其朔也。大抵事必求其根底，言必求其依据，旁参互证，多所贯通。虽其中过执己意，如以邹君假馆谓曹国为复封，以南蛮缺舌指许行为永州人者，亦间有之，然四百二十一条之中，可据者十之七八。盖若璩博极群书，又精于考证，百年以来，自顾炎武以外，罕能与之抗衡者。观是书与《古文尚书疏证》，可以见其大概矣。"

李光地编《二程子遗书纂》2卷成书。

郑元庆《廿一史约编》8卷成，有自序。

颜元著《宋史评》。

王埪修，王之田纂《介休县志》8卷刊行。

范鄗鼎修，李璜纂《唐县志》8卷刊行。

高拱乾修纂《台湾府志》10卷刊行。

杨之徐修，张文炳、甘琮纂《光山县志》10卷刊行。

安圻修，晏允恭纂《真阳县志》8卷刊行。

张纯修，顾贞观纂《庐州府志》47卷刊行。

尼古拉斯·安东尼奥编成西班牙文献目录《西班牙历史文献目录》。

威廉·尼科尔森编著《英格兰历史丛书》，共三卷（于1699年著成）。

约翰·贝勒斯发表有关儿童教育的作品《创办工业学院的建议》。

陈麟修，丁楚琮纂《松滋县志》24卷刊行。

莫舜芮修，彭学曾纂《元谋县志》5卷刊行。

张毓碧修，谢俨等纂《云南府志》26卷刊行。

陈嘉基编《定宇先生(陈栎)年表》1卷刊行，附于是年陈氏德馨堂刊《新安陈定宇先生文集》卷首。

张榕端著《海岱日记》1卷成书。

王锡著《啸竹堂集》16卷刊行，毛奇龄选，姜宸英评。

按：王锡字百朋，浙江仁和人。约生于顺治十七年(1660)，卒年不详。诸生。康熙四十六年(1707)应南巡召试。擅诗文，有《啸竹堂集》行世。

李良年著《秋锦山房集》22卷、外集3卷刊行。

赵士麟著《读书彩衣全集》46卷刊行。

王士禛著《雍益集》成书。

岳端著《玉池生稿》10卷刊行。

陈士斌著《西游真诠》100回成书，有尤侗序。

汪镐京著《红术轩紫泥法定本》1卷成书，有自序。

彭鹏著《古愚心言》8卷成书，有自序。

熊士伯著《古音正义》1卷。

按：《四库全书总目提要》曰："士伯字西牧，南昌人。官广昌县教谕。是书成于康熙丙子，又重订于戊寅。版心书首皆题'卷一'，似乎尚有别卷。而核其目录，已首尾完具，且附录三篇亦在焉，则刊版误也。是书所论，大抵以《说文》谐声为古音之原，以后世方言为古音之转，而以等韵经纬于其间。言之似乎成理，而其实不然。"

邵长蘅著《古今韵略》5卷成书，宋荦作序。

卞永誉著《式古堂朱墨书画记》80卷成书。

传教士李明所著《中国现状新志》刊行于法国巴黎。

禹之鼎为张玉书、高士奇等随康熙帝征噶尔丹，作《北征扈从图》。

焦秉贞作成《耕织图》46幅。

按：《清史稿·焦秉贞传》曰："焦秉贞，山东济宁人。康熙中，官钦天监五官正。工人物楼观，通测算，参用西洋画法，剖析分刌，量度阴阳向背，分别明暗，远视之，人畜、花木、屋宇皆植立而形圆。圣祖嘉之，命绘《耕织图》四十六幅，镌版印赐臣工。自秉贞创法，画院多相沿袭。"

张潮辑《昭代丛书》。

按：《昭代丛书》甲集50种50卷、乙集50种50卷、丙集50种50卷，有康熙三十六年(1697)至四十二年(1703)诒清堂刻本。

宗元豫卒(1624—　)。元豫字子发，晚号半石，江南上元人。明诸生。入清后隐居昭阳土室，潜心经史。著有《两汉文删》、《唐宋明十大家文删》、《古诗赋删》、《唐二十家明二十家诗删》、《韩杜合删》、《焚余稿诗文》等。事迹见李桓《国朝耆献类征初编》卷四二八、冷士嵋《宗元豫墓志铭》(《江泠阁文集》卷四)。

传教士殷铎泽卒(1625—　)。铎泽字觉斯，意大利人。顺治十六年来华,在江西传教。曾同郭纳爵将《大学》、《中庸》、《论语》等译成拉丁文。著有《耶稣会例》等。

屈大均卒(1630—)。大均初名绍隆,或称邵龙,字介子,号翁山,广东番禺人。明末诸生。受业于曾起莘和陈邦彦。明亡,削发出家。法名今种,字一灵,又字骚余。名所居曰曰死庵。三十七岁还俗结婚。诗与陈恭尹、梁佩兰并称"岭南三家"。著有《明季南都殉难记》、《永历遗臣录》、《四朝成仁录》10卷、《安龙逸史》、《翁山诗外》、《翁山文外》、《道授堂集》、《广东新语》28卷等。事迹见《清史稿》卷四八四、《清史列传》卷七〇、李桓《国朝耆献类征初编》卷四二九。汪宗衍编有《屈翁山先生年谱》。

陈象枢(—1753)、胡天游(—1758)、方观承(—1768)、尹继善(—1771)、陈宏谋(—1771)、杭世骏(—1773)、邱仰文(—1777)生。

康熙三十六年　丁丑　1697年

正月二十二日甲戌(2月13日),谕大学士等曰:"观明史,洪武、永乐所行之事,远迈前王。我朝见行事例,因之而行者甚多。且明代无女后预政,以臣陵君等事,但其末季坏于宦官耳。且元人讥宋,明复讥元。朕并不似前人辄讥亡国也,惟从公论耳。今编纂《明史》,著将此谕增入修《明史》敕书内。"(《清圣祖实录》卷一七九)

二月初六日丁亥(2月26日),康熙帝第三次亲征噶尔丹。

是日,以吏部尚书熊赐履、礼部尚书张英为会试正考官,都察院左都御史吴琠、刑部左侍郎田雯为副考官。

六月二十九日丁丑(8月15日),纂修《平定朔漠方略》,以大学士伊桑阿、阿兰泰、王熙、张玉书、李天馥,尚书熊赐履、张英为总裁官,内阁学士三宝、罗察、喀拜、韩菼、顾藻、礼部侍郎翰林院掌院学士阿山、刑部右侍郎管詹事尹泰为副总裁官。

七月十四日壬辰(8月30日),策试天下贡士汪士鋐等于太和殿前。

十六日甲午(9月1日),康熙帝对殿试读卷诸臣曰:"作文者无不论理,然徒能言而不能行,亦奚益哉?朕观《性理》一书,大指只一诚字,汝可不以诚自勉乎?"(《清圣祖实录》卷一八四)

十七日乙未(9月2日),康熙帝御太和门,传胪,赐殿试贡士李蟠等150人进士及第出身有差。

十八日丙申(9月3日),重修太和殿成。

尤卡坦的玛雅文明最后遗迹被西班牙人摧毁。

九月十三日庚寅(10月27日)，以刑部尚书吴琠为武会试正考官，侍讲学士王九龄为副考官。

三十日丁未(11月13日)，以礼部侍郎兼翰林院掌院学士阿山教习庶吉士。

十月初二日己酉(11月15日)，准许宗室子弟参加科举，与八旗满洲诸生一体应试，编号取中。

初四日辛亥(11月17日)，策试天下武举于太和殿前。

初七日甲寅(11月20日)，以中式武举缴煜章等101人为武进士及第出身有差。

十二月十九日乙丑(1698年1月30日)，应甘肃巡抚喀拜请，甘凉等十学另编字号取中。

阎若璩春夏之交两至吴门，获观汪份所藏太仆手批《史记》，皆匆匆不及终卷，仅录其例意53条，为向诸集所未收者，以归示同学二三子。

李塨以所著经学之书，与毛奇龄、姚际恒、王复礼相质。年末至杭州，师从毛奇龄，学乐，学《易》，学音韵，辨《周礼》和《古文尚书》之真伪。

按：李塨是年有《上颜先生书》，接受毛奇龄、王复礼的学术主张，历举宋儒变乱儒学旧章的八条依据，走上了考据学的路径。

万斯同客京师。正月初度六十，戴名世、王源、梁份、宋瑾、黄元治、蔡廷治、杨东里、许遇、孙中佩、钱名世、徐用锡等，共寿之于吴濩处，王源为作寿序。

张英充会试正考官。

潘耒三月过访朱彝尊，阅曝书亭藏书。

姜宸英年七十始中进士，授编修。

方苞授经宝应乔氏。

赵执信离广州，陈恭尹、梁佩兰有赠诗。

陈厚耀年五十中进士。

吴历在嘉定为耶稣会办教。

禹之鼎与山水画家王翚合绘《李图南听松图像》。

门度为纂修玉牒总裁，大学士阿兰泰、王熙、兵部右侍郎三宝、内阁学士罗察为副总裁。

汪士鋐、徐树本、车鼎晋、陈壮复、王诰、桑戈、李凤翥、周彝、陈至言、余正健、查贺、许琳、赵宸繻、朱启昆、吴宗丰、张元臣、吴文炎、阿珥赛、孔尚先、李林、甄昭、蔡珽、李周望、昌格、铁范金、郭于蕃、李牲麟、李绍周、阿进泰、傅敏、欧阳齐等新科进士七月二十七日被选为庶吉士。修撰李蟠、编修严虞惇、姜宸英分别满汉书教习。

揆叙正月为翰林院侍读，充日讲官。

努赫七月以礼部左侍郎充经筵讲官。

三宝、罗察七月以内阁学士觉罗充经筵讲官。

阿山七月以礼部侍郎管翰林院掌院学士事充经筵讲官。

陈廷敬九月为户部尚书，充经筵讲官。

王掞九月以户部右侍郎充经筵讲官。

韩菼十月为礼部右侍郎兼管翰林院掌院学士，充日讲官。

王顼龄十月为翰林院侍讲学士，充日讲官。

张廷枢十月为翰林院侍讲，充日讲官。

阿金十二月为翰林院检讨，充日讲官。

徐秉义十二月为詹事府少詹事，充日讲官。

张廷玉抵京会试，因其父张英为总裁官，故回避不与试。

陈撰约在是年为毛奇龄弟子，时毛奇龄已七十五岁。

高启桂在浙江鄞县建育才书院。

孙跃时任江西余江知县，建龙门书院。

毛鹃时任江西靖安知县，建毛公书院。

方正玉时任江西信丰知县，建桐山书院。

王材成时任江西南康知县，建阳明书院。

郑梁在广东高州建三至书院。

蔡醻时任云南通海知县，建螺峰书院。

王三锡在甘肃靖远县建培风书院。

朱江著《读易约编》4卷成书。

胡渭著《易图明辨》积稿得5卷。

费密著《太极图纪》8卷。

臧琳著《经义杂记》30卷成书，阎若璩六月为作序。

按：阎若璩《经义杂记序》谓臧琳"深明两汉之学，既通声音诂训，又雅擅二刘、杨子云之长。撰《经义杂记》，皆有关经学大事。余则推性善，戒惰逸，辨讹谬，补遗脱，一字一句，靡不精确。洵可为首出之士矣"（《经义杂记》卷首）。杨方达《臧先生琳传》曰："自有明三百年来，士人多限于制义而不能自振，其为词章之学者无论矣。为义礼之学者，或貌袭程、朱自以为多，或言不用六经可以明心见性，此圣人之意不明于天下后世，六经几何不为糟粕也。先生始独忧之，教门人后进以小学，必以《尔雅》、《说文》为宗，曰：'不识字何以读书，不通诂训何以明经？'其论治经也，必以汉注唐疏为主，曰：'此其本原也。本原未见而遽授以后儒之传注，非特理奥有不能骤领，亦惧为其隘也。'"（《碑传集》卷一三一）

王芝藻著《周礼订释古本》成书，有自序。

胡渭著《禹贡锥指》20卷成书，有自序。

按：《尚书·禹贡》历来被称为中国"古今地理志之祖"，千百年来，有许多的研究者为之进行注释考证，从而形成了一门专门之学。胡渭因孔安国伪《尚书传》、唐孔颖达、南宋蔡沈注解《禹贡》于地理颇多疏略错误，乃博采载籍，考其同异，撰成《禹贡锥指》。它开启了清代研究地理学之风。梁启超《中国近三百年学术史》曰："几部书（《禹贡锥指》、《易图明辨》、《洪范正论》、《大学翼真》）中，后人最推重的是《禹贡锥指》。这部书虽然有许多错处，但精勤搜讨，开后来研究地理沿革的专门学问。价值当然也不可磨灭。"有康熙中刊本、《四库全书》本、《皇清经解》本。

皮埃尔·培尔著成《历史批判辞典》，共两册。

威廉·沃顿著成《对古代和现代学术的意见》。

丹尼尔·迪福著成《论规划》。

朱睾著《尊道集》4卷成书。

按：《四库全书总目提要》曰："睾字良一，黄陂人。是书成于康熙丁丑。第一卷为圣贤前编，自孔子至孟子事迹，及后人论说。第二卷节取《伊洛渊源录》，第三卷节取《伊洛渊源续录》，第四卷为前明五子录，纪薛瑄、胡居仁、罗钦顺、顾宪成、高攀龙五人行谊，而兼及其言论。大旨主于攻击陆、王。"

林云铭著《楚怀襄二王在位事迹考》1卷刊行。

邵廷采著《东南纪事》12卷，又作《明儒刘子蕺山先生传》、《孝贞先生传》。

吴存礼修，陆茂腾纂《通州志》12卷刊行。

郑元庆始著《湖录》。

徐树庸修纂《西华县补志》2卷刊行。

章振萼修纂《上犹县志》10卷刊行。

章履成修，魏观颐、李涛纂《太康县志》10卷刊行。

佟昌年原本，陈治安增修《襄城县志》10卷刊行。

刘显功修纂《宜都县志》12卷刊行。

贾晖修，王方岐纂《合肥志》20卷刊行。

赵凤诏纂修《沁水县志》10卷刊行。

程正性修，汤斌纂《睢州志》7卷刊行。

尚崇霓修，关鳞如纂《夏邑县志》10卷刊行。

赵良生增纂《永定县志》10卷刊行。

李天培修，段文华纂《深州志》8卷刊行。

唐宗尧修，秦嗣美纂《韶州府志》18卷刊行。

刘以贵修纂《苍梧县志》18卷刊行。

孟镠、耿紘祚修，李承绶纂《封丘县续志》5卷刊行。

高愈编《文公朱夫子年谱》1卷刊行。

按：高愈字紫超，江苏无锡人。明高攀龙之兄孙。与顾栋高友善，互相切磋学问。精于《春秋》与《三礼》。著有《周易偶存》、《春秋经传日抄》、《春秋类》、《春秋疑义》、《周礼疏义》、《仪礼丧服或问》、《朱子小学注》、《老子道德经解》等。事迹见《清史稿》卷四八〇、《清史列传》卷六六。

张缙彦编《杜工部编年诗史谱目》1卷刊行，附于是年溢阳张氏读书堂刊行的《读书堂杜工部诗文集注解》。

卢宸征、陆礼征编，周梁参订《长泖李子(陆陇其)年谱》1卷成。

翁叔元自订《铁庵年谱》1卷成书，有自序。

高宅揆自编《香岩小乘》成书。

传教士白晋所著《康熙帝传》在法国巴黎刊行。

林云铭著《楚辞灯》4卷、首1卷刊行。

顾予咸、顾嗣立补注《温飞卿集笺注》9卷刊行。

查慎行著《得树楼杂钞》，陆续得20卷。

孔毓琼著《孔钟英集》10卷刊行。

按：孔毓琼字钟英，江西新城人。生卒年均不详。尝学于魏禧。著有《孔钟英集》10卷,《四库全书总目提要》言其文颇有健气。

陈奕禧著《春蔼堂集》18卷刊行。

徐乾学著《憺园文集》36卷刊行。

按:《四库全书总目提要》曰:"乾学家富图籍,圣祖仁皇帝购求遗书,乾学奏进十二部,其疏今在集中。近所藏虽已散佚,而《传是楼书目》犹存于世。所著《读礼通考》及《续宋元通鉴长编》,皆闳通淹贯,确有可传,集中考辨、议说之类,亦多与传注相阐发。盖乾学为顾炎武之甥,而阎若璩诸人亦多客其家,师友渊源,具有所自,故学问颇有根据。然文章则功候未深,大抵随题衍说,不甚讲求古格。赋诵用韵,尤多失考,尚未能掉鞅词坛,与诸作者争雄长也。"

顾嗣立补注重订唐温庭筠所著《温飞卿诗集》竣事。

张贞著《潜州集》成书,有自序。

李绂八月选取自癸酉至丁丑所为诗,命曰《火余草》,自为序。

孔尚任、顾彩合著《小忽雷》传奇在京演出。

张英著《听训斋语》2卷成书,张廷缵作识语。

王宏翰著《古今医史》9卷刊行。

高珩卒(1612—)。珩字葱佩,号念东,别署紫霞道人,山东淄川人。明崇祯十六年进士。入清,官至刑部侍郎。著有《栖云阁诗略》16卷、《栖云阁文集》15卷等。事迹见唐梦赉《紫霞先生高珩传》(《碑传集》卷四三)。

黎士弘卒(1619—)。士弘字媿曾,福建长汀人。少师事李世熊。以诗名于时,得钱谦益等称赞。顺治十一年举顺天乡试,授江西广信推官。康熙时官至布政使。著有《仁恕斋笔记》3卷、《托素斋诗文集》10卷。事迹见《清史稿》卷二八五、《清史列传》卷七〇、陈寿祺《黎士弘传》、郑方坤《黎媿曾小传》(均见《碑传集》卷八一)。

梅清卒(1623—)。清字润公,又字远公,号瞿山,安徽宣城人。顺治十一年举人,试礼部不第。以画著名,为"黄山画派"领袖。著有《瞿山诗略》6卷、《天延阁集》26卷。事迹见《清史稿》卷四八四、《清史列传》卷七〇、李桓《国朝耆献类征初编》卷四三〇。

缪彤卒(1627—)。彤字歌起,号念斋,学者称双泉先生,江南吴县人。康熙六年进士,授修撰,历官侍讲。丁忧归。立三畏书院,刊曹端《家规》、蔡清《密箴》、刘宗周《人谱》以教士,造就者甚众。著有《双泉堂文集》41卷等。事迹见李桓《国朝耆献类征初编》卷一一六。

王撰卒(1634—)。撰字虹友,号汲园,江南太仓人。王时敏第七子。师事陈瑚、钱吴。为"娄东十子"之一。著有《芦中集》10卷。事迹见《太仓州志》。

王又旦卒(1646—)。又旦字幼华,号黄湄,陕西颌阳人。顺治十五年进士。康熙七年任湖广潜江知县,建立"传经书院"和"说诗台",培育人才。康熙二十三年升任吏部给事中。博学能文,诗作尤佳,与王士禛时相唱和,交谊尤契,时称"二王"。著有《黄湄集》。事迹见《清史列传·循吏传》、李桓《国朝耆献类征初编》卷一三四。

王宏翰卒,生年不详,字惠源,松江华亭人。精于医术。著有《古今医史》9卷、《医学原始》4卷、《四诊脉鉴大全》9卷、《性原广嗣》6卷等。

惠栋（ —1758）、雷鋐（ —1760）、梁诗正（ —1763）、曹学诗（ —1773）、吴玉搢（ —1773）生；朱桓（ —约1763）约生。

康熙三十七年　戊寅　1698年

联合社在伦敦成立。

北美洲开始纸张生产。

三月十三日戊子(4月23日),以湖广、江西、江南、浙江、广东、广西、福建、陕西、山西九省米价上涨,再申严禁造酒之令。

二十五日庚子(5月5日),定八旗牧马之制。

四月二十七日辛未(6月5日),命增云南府、州、县学廪膳增广生员及文武童生入学额数。

八月十五日丙辰(9月18日),康熙帝抵罗汉毕喇地方,作《口外中秋》诗。

十月初四日乙巳(11月6日),康熙帝为纪念亲征朔漠、平定噶尔丹,除立碑太学外,又于行军所经及主要战场之察罕七罗、拖诺山、昭莫多、狼居胥山等处立碑,均亲作碑文。

十一月十六日丙戌(12月17日),从御史李登瀛疏言,直隶、山东、河南、山西、江南、浙江、江西、陕西、湖北九省举人,原定五科不中方许拣选,现改为会试三科不中准其拣选知县,一科不中愿改就教职者以州学正、县教谕补用。

朱尔·阿多因-芒萨尔修建成巴黎的旺多姆广场。

伦敦的神学家和博爱主义者托马斯·布雷博士创建基督教知识促进会。

安德烈亚斯·施吕特尔开始修建柏林的王宫。

朱彝尊与查慎行是夏同入闽,联句唱和,及秋而还。

李塨二月至杭,再晤毛奇龄,投受业刺。九月至桐乡,得见陆世仪所著《思辨录》。

张伯行请建书院,时冉觐祖掌教嵩阳书院,相与讲明正学,从游者甚众。

王士禛七月迁都察院左都御史。

李光地十二月以工部左侍郎提督顺天学政为直隶巡抚。

王兰生入李光地幕府,前后追随李氏十余年。

按：《清史稿·王兰生传》曰："李光地督顺天学政,(兰生)补县学生,及为直隶巡抚,录入保阳书院肄业,教以治经,并通乐律、历算、音韵之学。光地入为大学士,荐兰生直内廷,编纂《律吕正义》、《音韵阐微》诸书。"

陈万策时入李光地幕,讲究经学及六书、九数,莫不该贯。徐用锡时亦在幕,相从李光地达二十余年。

  按:《清史列传·陈万策传》曰:"从李光地游,讲究经学及六书、九数,莫不该贯。助光地分修《御纂周易折中》,创为启蒙诸图,多前人所未发。又修《性理精义》、《钦定诗经传说汇纂》,善为进奉文。通籍后,撰祭告文,皆称旨。桐城张廷玉尝言:'读陈学士文,辄能发人意。'每举以为后进式。又尝受算法于梅文鼎。所著《近道斋文集》六卷,其论中西算法异同,能究其所以然。"

  魏廷珍被李光地招入幕阅卷,旋以举人荐直内廷,与王兰生、梅瑴成校《乐律渊源》。

  方苞在宝应,与朱经共论韩愈文。是年,有与阎若璩书。

  陈梦雷乘康熙帝东巡沈阳时献赋,颇称旨。康熙帝念其罪情出于胁迫,遂特恩准释放并召回北京,任三皇子胤祉侍读。

  仇兆鳌在韶州与潘耒商讨《杜诗详注》事。

  蓝鼎元以《五经》冠童子试,得县令与督学赏识。

  沈德潜从叶燮习诗法。

  石涛得朱耷寄来《大涤草堂图》,作诗志狂喜。

  裘琏受普济、法雨两寺住持请,寓居普陀山,参纂《南海普陀山志》。

  布泰十二月以内阁学士充经筵讲官。

  道士蒋普捐资修整江苏宜兴东坡书院。

  迟维城时任知府,于福建连江县建紫阳书院。

  金天定时任山东单县知县,建鸣琴书院。

  田从典时任广东英德知县,建近圣书院。

  赵于京时任陕西临潼知县,建横渠书院。

  法国传教士雷孝思来中国。

  毛奇龄著《古文尚书冤词》8卷约于此际成书。

  按:《古文尚书》自朱熹、吴棫以来,皆疏其伪,至阎若璩作《古文尚书疏证》,列举诸多论据而证其伪,自此,《古文尚书》之伪遂成定论。毛氏则认为阎氏之说不足信,作此书以驳之,从而引起清儒今古文之争。时至晚清及民国,余波未尽。乾嘉以后学者,多不信其说,如皮锡瑞著《古文尚书冤词平议》以驳毛说;孙星衍《尚书今古文注疏》和王先谦《尚书孔传参证》则主张今古文《尚书》皆不可废。《四库全书总目提要》曰:"其(奇龄)学淹贯群书,而好为驳辨以求胜。凡他人所已言者,必力反其辞,故《仪礼》十七篇古无异议,惟章如愚《山堂考索》载乐史有'五可疑'之言,后儒亦无信之者,奇龄独拾其绪论,诋为战国之伪书。《古文尚书》自吴棫、朱子以来皆疑其伪,及阎若璩作《古文尚书疏证》,奇龄又力辨以为真。知孔安国传中有安国以后地名必不可掩,于是别遁其辞,撼《隋书·经籍志》之文,以为梅赜所上者乃孔《传》而非《古文尚书》,其《古文尚书》本传习人间,而贾、马诸儒未之见。其目一曰《总论》,二曰《今文尚书》,三曰《古文尚书》,四曰《古文之冤始于朱氏》,五曰《古文之冤成于吴氏》(案吴棫《书裨传》在朱子稍前,故《朱子语录》述棫说,当云始于吴氏,成于朱氏。此二门殊为颠倒,附识于此),六曰《书篇题之冤》,七曰《书序之冤》,八曰《书小序之冤》,九曰《书词之冤》,十曰《书字之冤》。考《隋书·经籍志》云:'晋世秘府存有《古文尚书》经文,今无有传者。及永嘉之乱,欧阳、大小夏侯《尚书》并亡。至东晋,豫章

阿尔杰农·西德尼著成《政府论》。

内史梅赜始得安国之传奏之。'其叙述偶未分明，故为奇龄所假借。然《隋志》作于《尚书正义》之后，其时古文方盛行而云无有传者，知东晋古文非指今本。且先云古文不传，而后云始得安国之传，知今本古文与安国《传》俱出，非即东晋之古文，奇龄安得离析其文以就己说乎！至若璩所引马融《书序》云逸十六篇，绝无师说，又引郑玄所注十六篇之名为《舜典》、《汩作》、《九共》、《大禹谟》、《益稷》、《五子之歌》、《胤征》、《汤诰》、《咸有一德》、《典宝》、《伊训》、《肆命》、《原命》、《武成》、《旅獒》、《冏命》，明与古文二十五篇截然不同，奇龄不以今本不合马、郑为伪作古文之征，反以马、郑不合今本为未见古文之征，亦颇巧于颠倒。然考《伪孔传序》，未及献者，乃其传，若其经，则史云安国献之，故《艺文志》著录。贾逵尝校理秘书，不应不见。又司马迁为安国弟子，刘歆尝校《七略》，班固亦为兰台令史，典校艺文，而迁《史记·儒林传》云孔氏有《古文尚书》，安国以今文读之，逸书得多十余篇，歆《移太常博士书》称鲁恭王坏孔子宅，得古文于坏壁之中，逸书十六篇，班固《汉书·艺文志》亦称以考二十九篇，得多十六篇，则孔壁古文有十六篇，无二十五篇，凿凿显证，安得以晋人所上之古文合之孔壁欤！且奇龄所借口者，不过以《隋志》称马、郑所注二十九篇，乃杜林西州古文，非孔壁古文，不知杜林所传实孔氏之本，故马、郑等去其无师说者十六篇，正得二十九篇。《经典释文》所引，尚可复验，徒以修《隋志》时梅赜之书已行，故《志》据后出伪本，谓其不尽孔氏之书。奇龄舍《史记》、《汉书》不据，而据唐人之误说，岂长孙无忌等所见反确于司马迁、班固、刘歆乎！至杜预、韦昭所引《逸书》，今见于古文者，万万无可置辨，则附会《史记》、《汉书》之文，谓不立学官者，即谓《逸书》，不知预注《左传》，皆云'文见《尚书》某篇'，而《逸书》则皆无篇名，使预果见古文，何不云《逸书》某某篇耶！且赵岐注《孟子》、郭璞注《尔雅》，亦多称《尚书》逸篇，其中见于古文者，不得以不立学官假借矣。至《孟子》'欲常常而见之，故源源而来，不及贡，以政接于有庳'，岐注曰：'此常常以下皆《尚书》逸篇之词'，《尔雅》：'钊，明也'，璞注曰：'《逸书》钊我周王'，核之古文，绝无此语，亦将以为不立学官故谓之逸耶！又岐注'九男二女'，称《逸书》有《舜典》之书，亡失其文。《孟子》诸所言舜事，皆《尧典》及《逸书》所载。使《逸书》果指古文，则古文有《舜典》，何以岐称亡失其文耶？此尤舞文愈工，而罅漏弥甚者矣！梅赜之书行世已久，某文本采撷佚经，排比联贯，故其旨不悖于圣人，断无可废之理。而确非孔氏之原本，则证验多端，非一手所能终掩。近惠栋、王懋竑等续加考证，其说益明，本不必再烦较论。惟奇龄才辨足以移人，又以卫经为辞，托名甚正，使置而不录，恐人反疑其说之有凭，故并存之。而撮论其大旨，俾知其说不过如此，庶将来可以互考焉。"

又按：《续修四库全书总目提要》在评论周春《古文尚书冤词补正》一书时曰："是书有吴骞序，及春自序，末有周广业序。春以为阎若璩著书攻《古文尚书》，后宋鉴、王鸣盛继之，江声又继之，其说愈巧，尤易惑学者而误后人。因就毛氏《冤词》，为之补正。意在卫道崇经云云。但《冤词》狱归朱子，而春则尊崇朱子者，因又就朱子书中取其涉于《古文》者，为之辨白，以见朱子非疑《古文》者。次则举赵汝谈、吴澄、顾应祥、梅鷟、归有光之说，辟其非而存其是。虽附毛氏，尚谓功多过少。其补毛氏所未及者，则据《晋书·职官志》及《荀崧传》，谓魏晋间已为《古文尚书》置博士，不始于东晋。诋阎氏，谓为庸妄。举其论孙炎、沈约二条之失。并于徐乾学、顾炎武、朱彝尊、汤斌、朱鹤龄、方苞、齐召南诸人所论，各加评骘，综其大旨，则信《古文》非伪，而孔传仍属可疑。按孔传之善，焦循历言之，春似未尝细读。而斤斤为朱子洗疑《古文》之名，亦殊无谓。盖朱子不以疑《古文》而失其为朱子，《古文》亦不以为朱子所疑而失其为《古文》。至末引方苞箴李刚主，以为诋朱子者，多绝世不祀。援王阳明、颜习斋、毛西河为证,是则舍理而论因果,不为公而为私,自独立不惧之君子视之,其气已馁,又不徒荒诞不经也。"《续修四库全书总目提要》又评论程廷祚《晚书订疑》曰:"廷祚少时见毛奇龄《古文尚书冤词》,作《冤冤词》以攻之,其后乃著《晚书订疑》以推拓其说。是书在阎若璩、惠栋之后。其订《古文尚书》之疑,犹能别出手眼。"

储欣、蒋景祁著《春秋指掌》30卷、前事1卷、后事1卷刊行。

李塨正月著《大学辨业》4卷成书,又作《乐录跋》。九月著《田赋考》。

王懋竑九月作《题阳明先生立志说后》。

徐焕龙著《屈辞洗髓》5卷刊行,有储欣序、徐瑶跋。

李光地选《榕村讲授》、《古文精藻》成书,并刻之。

钱陆灿编次钱谦益《列朝诗集小传》,并付梓。

按:是书在乾隆时以"语涉诽谤"被毁版禁行,以致后来流传甚少。1957年古典文学出版社据陆灿辑本,参校康熙年间绛云楼刻本《列朝诗集》,标点排印。

阎若璩著《困学纪闻笺》刊刻,阎咏作跋。

刘有成修,安致远纂《寿光县志》32卷刊行。

赖于宣修,张丙宿纂《藁城县志》12卷刊行。

莫之翰修纂《泗州直隶州志》18卷刊行。

王泽长修,姬之篯纂《偃师县志》4卷刊行。

陈德敏修,王贯三纂《考城县志》4卷刊行。

沈藻修,朱谨等纂《永康县志》16卷刊行。

江留篇修纂《新修武义县志》12卷刊行。

胡祚远修,姚廷杰纂《象山县志》16卷刊行。

乔弘德修纂《安东县志》8卷刊行。

陆绍闳修,彭学曾纂《嶍峨县志》4卷刊行。

蒋旭修,陈金珏纂《蒙化府志》6卷刊行。

吴宾彦修,王方岐纂《庐江县志》16卷刊行。

汤传榘修纂《归化县志》10卷刊行。

虞际昌修纂《冠县志》8卷刊行。

陈潢原论,张蔼生编述《河防述言》1卷成书。

按:陈潢追随靳辅治理河道长达13年之久,是书就是他治河思想的集中反映,代表了清代治河技术的最高水平。以后靳辅被弹劾革职,他也受牵连而入狱,最后含冤而死。康熙三十七年(1698),张蔼生根据靳辅、陈潢的治河思想,采用对话的形式,写成此书。

朱璘编《诸葛忠武侯年谱》1卷刊行,附于是年上虞朱氏万卷堂刻《诸葛丞相集》。

仇昌祚自编《忠贞堂年谱》18卷成于是年前。

陈鼎著《留溪外传》18卷成书,张潮作序。

王晫著《听松图题辞》和《千秋雅调》两集刊行。

李绂三月录其诗可观者107首,名曰《春风草》。

王抃著《巢松集》6卷刊行。

田雯著《古欢堂集》36卷刊行。

冯景著《解春集诗钞》3卷成书,有自序。

陈鹏年著《陈沧州集》20卷、《陈恪勤公诗集》33卷刊行。

顾仲著《养小录》3卷成书。

按:该书为清代一部著名食谱,初名《食宪》,主张"饮食之道,关乎性命",非"务洁清,务熟食,务调和"不可。全书分3卷,共收录饮料、调料、荤菜、花卉菜、糕点、粥品、水果制品一百九十多种。书中附有《食宪鸿秘》的作者朱昆由写的序文。该书已收入《中国食经丛书(下)》。顾仲,字中村,浙江嘉兴人,生平不详。清代医家。所著尚有《孔林汉碑考》、《历代画家姓氏韵编》等。

又按:朱昆由《食宪鸿秘》2卷,清初烹饪书。书中以浙江省为重点,介绍了饭菜、饮料、调味品、果实、点心等饮食品的制作方法。其上下两卷中介绍了364种,附录中介绍了79种。

钱陆灿卒(1612—)。陆灿字湘灵,号圆沙,江苏常熟人。钱谦益族子。顺治十四年举人。以奏销案黜革。好藏书,教授常州、扬州、金陵间。著有《调运斋集》、《圆砚居士集》等。又从钱谦益《列朝诗集》辑出人物小传而为《列朝诗集小传》别行,并有所是正。事迹见李桓《国朝耆献类征初编》卷四二九。

查士标卒(1615—)。士标字二瞻,号梅壑散人,安徽休宁人。明诸生,后弃举子业。多藏鼎彝古器及宋元名迹。以画著名。著有《种书堂遗稿》3卷、《题画诗》2卷。事迹见《清史稿》卷五〇四、震钧辑《国朝书人辑略》卷一、李桓《国朝耆献类征初编》卷四七四。

宗元鼎卒(1620—)。元鼎字定九,号梅岑,别号小香居士,江苏江都人。康熙十八年贡太学部考第一,铨注州同知,未及仕而卒。著有《新柳堂诗集》10卷、《芙蓉集》17卷、《小香词》2卷等。事迹见《清史稿》卷四八四、《清史列传》卷七〇、李桓《国朝耆献类征初编》卷四二三。

李经世卒(1626—)。经世字函子,河南禹州人。明诸生。张沐弟子。著有《寻乐集》、《一得录》。事迹见《清史列传》卷六六、李桓《国朝耆献类征初编》卷四〇五、曹鹏翊《李先生经世传》(《碑传集》卷一二八)。

按:《清史列传》本传曰:"乱定归里,乃求性命之学,昼夜默坐,忘寝食者数月。既以为近禅,出从上蔡张沐游,究心宋儒书。其学以仁孝为本,而主于敬。或问敬与静孰要?曰:'敬乃所以为静也,静固静,动亦静,非敬何由矣。方吾流离时,安所得静?吾持吾敬,志定气亦定,即所谓静也。'沐因颜其室曰静庵。晚岁师耿介、冉觐祖。"

唐梦赉卒(1627—)。梦赉字济武,别字豹嵒,山东淄川人。顺治六年进士,改翰林院庶吉士,散馆,授检讨。著有《志壑堂集》24卷、《志壑堂后集》8卷、《志壑堂选集》14卷、《济南府志》24卷、《淄川县志》8卷、《借鸽楼小集》2卷等。事迹见《清史列传》卷七〇、李桓《国朝耆献类征初编》卷一一五、高珩《唐太史梦赉生圹志》(《碑传集》卷四三)。

凌嘉印卒(1632—)。嘉印字文衡,浙江钱塘人。充杭州推官书吏,中年后从应㧑谦读书。著有《校补春秋集解绪余》1卷、《春秋提要补遗》1

卷。事迹见《清史列传》卷六六、李桓《国朝耆献类征初编》卷四〇一、沈近思《凌先生嘉印传》(《碑传集》卷一二八)。

吴为龙卒(1636—)。为龙字思云,又字汝纳,浙江海盐人。布衣。著有《诸史拾遗》、《再续澉水志》、《树萱轩诗文集》等。

陶元淳卒(1646—)。元淳字紫笥,江苏常熟人。康熙二十七年进士。二十九年与同里黄仪、无锡顾祖禹、山阳阎若璩、太仓唐孙华、青浦王原、福建黄虞稷、浙江胡渭、姜宸英、查慎行等聚居东洞庭山,助徐乾学纂《大清一统志》。三十三年选广东昌化县知县。著有《南崖集》9卷、《志学集》2卷及《明史传》、《广东通志》等。事迹见《清史稿》卷四七六、《清史列传》卷七四、储大文《陶先生元淳墓表》(《碑传集》卷九四)。

曹贞吉卒,生年不详。贞吉字升六,又字升阶,号实庵,山东安丘人。康熙三年进士。官至礼部郎中。著有《珂雪诗》、《珂雪词》2卷、《朝天集》1卷等。事迹见《清史稿》卷四八四、《清史列传》卷七〇、李桓《国朝耆献类征初编》卷一四一。

方中通卒,生年不详。中通字位伯,号陪翁,学者称继善先生,安徽桐城人。方以智子。克承家绪,潜心天文、律数、音韵、六书之学,精算术。著有《易经深浅说》、《数度衍》25卷、《音韵切衍》、《篆隶辨从》、《心学宗续编》等。事迹见《清史稿》卷五〇六、《清史列传》卷六八、李桓《国朝耆献类征初编》卷四一七、《方中通传》(《碑传集》卷一三二)。

袁佑卒,生年不详。佑字杜少,号霁轩,直隶东明人。贡生。举博学鸿儒,授编修,历官中允等。著有《诗礼疑义》、《左史后议》、《杜诗注驳》、《霁轩诗钞》、《雪轩集》等。事迹见乾隆《东明县志》卷八。

颜光猷约卒,生年不详。光猷字秩宗,号憺园,山东曲阜人。康熙十二年进士,选入词馆,与修《明史》。官至河东道盐运使。与弟颜光敏、颜光敩齐名,时称"曲阜三颜"。著有《易经说义》、《水明楼诗集》6卷等。事迹见《清史列传》卷七〇、李克敬《曲阜三颜公传》(《碑传集》卷四四)。

沈淑(—1730)、王豫(—1738)、杨述曾(—1767)、刘大櫆(—1779)、夏之蓉(—1785)生。

康熙三十八年　己卯　1699年

二月初三日癸卯(3月4日),康熙帝第三次南巡,是日启行。

十八日戊午(3月19日),设贵州清浪卫学教授1员,开州、广顺、永宁、独山、麻哈五州学学正各1员,普安、余庆、安化、普定、平越、都匀、镇远、铜仁、龙泉、永从十县学训导各1员,取进文武生员额各8名。

奥斯曼帝国与欧洲各国签订《卡尔洛夫奇条约》。

四月初一日庚子（4月30日），康熙帝返苏州府。时有因冒籍被革举人吴廷桢献诗，命彼登御舟赋诗。吴廷桢诗曰："绿波潋艳照船舲，天子归来自越邦。忽听钟声传刻漏，计程今已到吴江。"帝览后甚喜，命复还举人（《清圣祖实录》卷一九三）。

初二日辛丑（5月1日），谕户部、礼部："江南浙江人文称盛，入学名数前已酌定增额，今著于府学、大学、中学、小学各增五名，举行一次，以示奖励人才至意，尔部即遵谕行。"（《清圣祖实录》卷一九三）

初十日己酉（5月9日），康熙帝至江宁府，驻江宁织造曹寅署。曹寅母孙氏谒见，帝曰："此吾家老人也。"书"萱瑞堂"三字赐之（《清圣祖实录》卷一九三）。

十三日壬子（5月12日），康熙帝亲奠明太祖陵。

十五日甲寅（5月14日），命巡抚宋荦、江宁织造曹寅修明太祖陵，帝为明陵题"治隆唐宋"殿额。

五月十七日乙酉（6月14日），康熙帝返回京城，此次南巡历时103天。

十月十七日辛巳（12月7日），李光地、王新命将修筑永定河折子呈览。

十一月初三日丁酉（12月23日），是年顺天乡试，榜发后，有士子写文贴于市，言考官"不念寒士之苦，自铿薰心，炎威眩目，中堂四五家，尽列前茅；部院数十从，悉居高等"；"不问文而阅价，满汉之巨室欢腾"。列举大学士王熙、李天馥，尚书熊一潇，左都御史蒋宏道，湖广巡抚年遐龄等子孙通贿中举情形。时正副主考官为修撰李蟠、编修姜宸英，便有"老姜全无辣气，小李大有甜头"之传言。是日江南道御史鹿某疏参李蟠、姜宸英等"以宾兴论秀之典，为纵恣行私之地"。有旨称"题参可嘉"，命九卿等将李蟠等严加议处，遂后又命复试后再议（《清圣祖实录》卷一九六）。

十三日丁未（1700年1月2日），康熙帝认为河图绘于纸上，平漫难辨高下，欲改清口，刻木制成一图，观看易明。

是日，九卿复查顺天乡试中式举人考卷。康熙帝曰：此科考试不公已极，且闻代倩之人，亦复混入。命将所取举人通行齐集内廷复试（《清圣祖实录》卷一九六）。

威廉·丹皮尔勘探澳大利亚的西北海岸。

阎若璩以所著《毛朱诗说》1卷寄张潮，命编入《昭代丛书》。

胡渭再至京师，礼部尚书李振裕、侍讲学士查昇，皆目为当代儒宗，厚礼之。未几，以老病归。

康熙帝南巡，毛奇龄迎驾于嘉兴，以所著《圣谕乐本解说》、《皇言定声录》、《竟山乐录》三种进，温谕奖劳。是年，有《古文尚书冤词》寄阎若璩。

李塨自浙北归，至淮安访阎若璩论学，出示毛奇龄新著《古文尚书冤词》。闰七月，以所著《大学辨业》，质正于颜元。

邵廷采在杭州，初谒毛奇龄，自称门下；廷采别后有书候毛奇龄。

熊赐履二月奉命入侍皇子，进讲所著《学统》、《闲道录》等书。是冬，拜东阁大学士兼吏部尚书。

张英十一月迁文华殿大学士。

陈廷敬十一月调礼部尚书。

王鸿绪授工部尚书。

王士禛十一月迁刑部尚书。

梅文鼎赴闽，仲冬始归。访毛际可于西湖，并请毛为其作传。

姜宸英十一月以顺天科场案牵连下狱。

戴名世居南京，为方苞《灵皋稿》作序。

方苞举江南乡试第一。

汪绂八岁，母授以《四书》、《五经》，悉成诵。自是读书，一禀母教，未尝从师。

朱耷至扬州访石涛，合作画幅。

冯云骕六月为翰林院编修，充日讲官。

满保九月为翰林院检讨觉罗，充日讲官。

周金然十月为司经局洗马，充日讲官。

席启寓家有园林之胜，是年康熙帝南巡，尝驻跸其家。

甘国墀时任河南济源知县，邑民为其建甘公书院。

毛德琦时任广东始兴知县，建墨江书院。

钱以垲时任广东高州知县，建安乐书院。

罗纶时任云南保山知府，建九隆书院。

毛奇龄著《推易始末》4卷、《河图洛书原舛编》1卷、《太极图说遗议》1卷、《易小帖》5卷、《易韵》4卷、《春秋卜筮书》3卷刊行。

按：《四库全书总目提要》评《易小帖》曰："奇龄所著经解，惟《仲氏易》及《春秋传》二种是其自编，余皆出其门人之手，故中间有附入门人语者。此《小帖》凡一百四十三条，皆讲《易》之杂说，与《仲氏易》相为引伸。朱彝尊载之《经义考》，云：'皆西河氏纪说《易》之可议者。'今观其书，征引前人之训诂以纠近代说《易》之失，于王弼、陈抟二派攻击尤力。其间虽不免有强词漫衍、以博济辨之处，而自明以来，中明汉儒之学，使儒者不敢以空言说经，实奇龄开其先路。其论《子夏易传》及《连山》、《归藏》，尤为详核。第五卷所记，皆商榷《仲氏易》之语，初稿原附载《仲氏易》末，后乃移入此编。旧目本十卷，今本五卷，盖其门人编录有所刊削。考盛唐所为西河传，又称《易小帖》八卷，盖十卷删为八卷，又删为五卷也。儒者尊奉一先生，每一字一句奉为蓍蔡，多以未定之说编入语录，故《二程遗书》朱子有疑，《朱子语类》又每与《四书章句集注》、《或问》相左，皆失于简汰之故。若盛唐者，可谓能爱其师矣。"又评《易韵》曰："古人繇词，多谐音韵。《周易》爻象，亦大抵有韵，而往往不拘。故吴棫作《韵补》，引《易》绝少。至明张献翼始作《读易韵考》七卷。然献翼不知古音，或随口取读，或牵引附会，殊庞杂无绪。奇龄此书，与顾炎武《易本音》，皆置其无韵之文，而论其有韵之文，故所言皆有条理。两家所撰韵书，互有出入，故其论《易》韵，亦时有异同。大抵引证之博，辨析之详，则奇龄过于炎武；至于通其可通，而阙其所不可通，则奇龄之书又不及炎武之详慎。"

吉尔伯特·伯内特著成《三十九条信纲注释》。

姚际恒著《仪礼通论》成书。

按：姚际恒著有《九经通论》163卷，分别对《诗经》、《春秋》、《古文尚书》、《周礼》、《论语》、《孟子》、《易传》、《仪礼》、《礼记》等9部儒家经典进行阐述，发表自己的学术见解。是书为《九经通论》之一。《九经通论》未曾全部刊刻，流传于世者，只有《诗经通论》和《春秋通论》两种。其他七经的《通论》，仅见于姚氏本人或其他学者称引。1932年，顾颉刚先生在杭州崔永安处发现《仪礼通论》抄本12册，遂为之抄录并校阅。1995年，陈祖武先生将顾氏抄本加以标点，1998年由中国社会科学出版社出版。

敕纂《春秋传说汇纂》38卷成书。

按：《四库全书总目提要》曰："初，胡安国作《春秋传》，张栻已颇有异议。朱子编《南轩集》，存而不删，盖亦以栻说为然。至元延祐中复科举法，始以安国之《传》悬为功令，而有明一代因之。故元吴澄作《俞皋春秋集传序》，称兼列胡氏以从时尚。明冯梦龙作《春秋大全凡例》，称诸儒议论仅有胜胡《传》者，然业以胡《传》为宗，自难并收以乱耳目。岂非限于科律，明知其误而从之欤？钦惟圣祖仁皇帝道契天经，心符圣义，于尼山笔削，洞鉴精微。虽俯念士子，久诵胡《传》，难以骤更，仍缀于三《传》之末，而指授儒臣，详为考证。凡其中有乖经义者，一一驳正，多所刊除。至于先儒旧说，世以不合胡《传》摈弃弗习者，亦一一采录表彰，阐明古学。盖以圣人之德，居天子之位，故能荡涤门户，辨别是非，挽数百年积重之势而反之于正也。自时厥后，能不为胡传所锢者，如徐庭垣之《春秋管窥》、焦袁熹之《春秋阙如编》，响然并作，不可殚数。"徐庭垣，浙江秀水人，官江西新昌县丞。治学精于《春秋》，所著《春秋管窥》12卷，其识远在啖助、赵匡诸儒之上，可与焦袁熹之《春秋阙如编》并传。

朱彝尊辑《经义考》300卷成书。

按：清代初年，随着学风逐渐由空返实的转变，学者不约而同倡导经学，注重考据。朱彝尊正是在这样的风气下，开始详考历代经籍的存佚变化，撰成《经义考》300卷。该书原名《经义存亡考》，只列存、亡二例，后分列存、阙、佚、未见四例，因改名《经义考》。是书对我国古代的经学派别、经义及版本目录等资料，搜辑甚丰，考核颇博，对于研究中国古代文献具有重要参考价值，被誉为经学目录的集大成之作。以后翁方纲著《经义考补正》12卷，对朱书的误阙作了补充与订正。

费密著《中传正纪》120卷成书。

按：是书乃费密一生的心血结晶，但是一直没有付印，其抄本亦已失传。其子费锡璜在《费中文先生家传》介绍其内容曰："自宋人谓周、程接孔、孟，二千年儒者尽黜，无一闻道者，考（费密）尝为先儒悲痛。乃上考古经与历代正史，旁采群书，作《中传正纪》百二十卷，序儒者接受源流，为传八百余篇，儒林二千有奇。"（费锡璜《贯道堂文集》附）

何焯五月钞辑自明迄清为世所称道经义之文，成《行远集》2卷。是年，又有《义门书塾论文》。

阎若璩著《孟子生卒年月考》1卷成，顾嗣立作序。

邵远平著《元史类编》42卷刊行。

万斯同撰，王鸿绪删改《明史稿》成书。

邵廷采著《西南纪事》12卷成书。

戴名世著《弘光乙酉扬州城守纪略》。

裘陈佩纂修《醴泉县志》6卷刊行。

茅成凤修，刘震等纂《建平县志》24卷刊行。

赵如桓修，杜之昂纂《扶沟县志》4卷刊行。

赵良生续修纂《武平县志》10卷刊行。

陈鹏年修，徐之凯等纂《西安县志》12卷刊行。

刘宽修，平遇、潘最纂《黄岩县志》8卷刊行。

王廷曾修，陶恪等纂《六安州志》20卷刊行。

张毓瑞修纂《续石屏州志》5卷刊行。

钱以垲修纂《茂名县志》4卷刊行。

顾嗣立编《昌黎先生年谱》1卷刊行，附于长洲顾氏秀野草堂刻本《昌黎先生诗集注》卷首。

王宗稷编，邵长蘅重订《东坡先生年谱》刊行，附于文蔚堂商丘宋氏刻本《施注苏诗》。

张符骧编《天佣子（艾南英）年谱》刊行，附于是年所刊艾南英《天佣子集》。

王士禛著《古欢录》8卷。

朱彝尊著《曝书亭著录》成书，有自序。

沈无咎著《骚屑》9卷成书。

钮琇次所著为《临野堂集》，陆续得29卷。

孙奇逢著《夏峰先生集》14卷、《补遗》2卷由其孙刊行。卷前有张镜心、魏裔介、戴明说、汤斌、常大忠、李衷灿、赵御众、孙淦及孙沐等作的序。

按：《清史列传·赵御众传》曰："赵御众字宽夫，直隶涞州人。诸生。少从孙奇逢游，绝意仕进，于《六经》及秦汉以来诸大儒书，多所发明。与汤斌、魏一鳌并称高弟子，奇逢尝曰：'汤孔伯之端亮，赵宽夫之善补过，求之古人，亦不多得。'手辑夏峰遗书为《传信录》二十五卷，以志渊源。又辑奇峰粹语为《夏峰答问》五卷，又录其所见以合于师教，为《弗措录》。又著《困亨录》，大旨以事心为主，谓人之事心如事天，但敬吾心，使之洁净光明，遇事即以此应之，一切顺逆成败，惟天所命，不宜参以畔援希冀之意。故曰天下本无事。居恒憬憬，如恐失之。尝自诵曰：'垂名千古易，无愧一心难。'他著又有《山晓堂集》。"

余缙著《大观堂文集》22卷刊行。

徐嘉炎著《抱经堂文集》6卷、诗集14卷刊行。

崔学古著《学海津梁》4卷刊行，有张鹏翮、高遐昌序。

孔尚任六月著《桃花扇》传奇成。

姚际恒著《好古堂家藏书画记》2卷成书。

李光地十月校刻梅文鼎所著《历学疑问》3卷。

顾贞立卒（1623—　）。贞立原名文婉，字碧汾，自号避秦人，江苏无锡人。顾贞观姊。著有《栖香阁词》。事迹见《锡山历朝著述书目考》卷六。

吴肃公卒（1626—　）。肃公字雨若，号晴岩，一号逸鸿，江南宣城人。明诸生。入清不仕。著有《大学述》、《正王或问》、《明诚录》、《读书论世》、

《皇明通识》、《五行问》、《街南文集》20卷、《街南续集》7卷等。

姜宸英卒(1628—)。宸英字西溟，号湛园，浙江慈溪人。初与朱彝尊、严绳孙为江南三布衣，年七十始举进士，授编修。曾分修《明史·刑法志》。充顺天乡试副考官，因正考官李蟠受贿，被牵连入狱，病死狱中。著有《湛园未定稿》10卷、《苇间诗集》10卷、《湛园题跋》1卷、《湛园札记》4卷等。事迹见《清史稿》卷四八四、《清史列传》卷七一、李桓《国朝耆献类征初编》卷一二二、震钧辑《国朝书人辑略》卷三、蔡冠洛《清代七百名人传》第五编、全祖望《翰林院编修姜先生宸英墓表》、方苞《记姜西溟遗言》(均见《碑传集》卷四七)。

按：全祖望《翰林院编修姜先生宸英墓表》曰："少工诗古文词。其论文，以为周、秦之际，莫衰于《左传》，而盛于《国策》。闻者骇而莫之信也。及见其所作，洋洋洒洒，随意出之，无不合于律度，始皆心折。宁都魏叔子谓侯朝宗肆而不醇，汪苕文醇而不肆，惟先生文兼乎醇肆之间，盖实录也。诗以少陵为宗，而参之苏氏以尽其变。"(《碑传集》卷四七)

赵士麟卒(1629—)。士麟字麟伯，号玉峰，学者称启南先生，云南河阳人。家有藏书万卷。康熙三年进士，历官广东平远推官、河北容城知县、浙江巡抚、吏部左侍郎。所至修学校，亲至书院讲学，毕生推崇宋儒理学。为学专宗濂、洛、关、闽，尤能阐发理学大义，学者称其实开南方之学。著有《读书彩衣集》46卷及《读书堂法帖》、《敬一录》等。事迹见《清史稿》卷二七五、李桓《国朝耆献类征初编》卷五二、徐文驹《吏部左侍郎赵先生士麟行状》(《碑传集》卷一九)。

按：《清史稿》本传曰："士麟潜心正学，以朱子为归。躬行实践，施于政事，士悦民恬，所至皆有声绩。"

陆葇卒(1630—)。葇原名世枋，字次友，号义山，又号宜山、雅坪，浙江平湖人。康熙六年进士，管内秘书院典籍。召试博学鸿儒一等，授翰林院编修，分纂《明史》。官至内阁学士兼礼部侍郎，总裁诸书局。著有《雅坪文稿》10卷、《雅坪诗稿》40卷、《雅坪词谱》3卷。又编《历朝赋格》15卷。事迹见《清史稿》卷四八四、《清史列传》卷七〇、李桓《国朝耆献类征初编》卷五九、毛奇龄《予告内阁学士兼礼部侍郎陆公葇神道碑铭》(《碑传集》卷四〇)。

陈玉璂卒(1635—)。玉璂字赓明，号椒峰，江苏武进人。康熙六年举进士，授内阁中书。十八年试博学鸿儒，罢归。治经精研《周易》、《尚书》、《诗经》和《三礼》。又精名物考证。著有《学文堂集》、《学文堂诗余》、《农具记》、《河东君传》、《耕烟词》等。事迹见《清史列传》卷七一。

丁蕙卒(1637—)。蕙字澹园，江西丰城人。康熙六年进士，授云南司主事。官至山东布政使。著有《理学源流》、《问心堂札记》、《丰城文献》、《五花阁诗集》等。事迹见李桓《国朝耆献类征初编》卷二〇八、陈梦雷《丁蕙传》(《松鹤山房文集》卷一七)。

朱昆田卒(1652—)。昆田字文盎，浙江秀水人。朱彝尊子。好读书，含英咀华，少有才名，京师呼为"小朱十"。曾与沈名荪合编《南史识小录》《北史识小录》各 8 卷。著有《笛渔小稿》。事迹见《清史列传》卷七一、震钧辑《国朝书人辑略》卷三、郑方坤《朱君昆田小传》(《碑传集》卷一三九)。

按：沈名苏字润芳，浙江钱塘人。少从王士禛游，与查慎行、朱昆田友善。康熙二十九年(1690)举人。著有《蛾术堂文集》10 卷、《史裔》8 卷、《青灯竹屋诗》3 卷、《冰脂集》4 卷、《笔录》10 卷等。

阿兰泰卒，生年不详。满洲镶蓝旗人，富察氏。康熙时官至武英殿大学士。曾任监修《平定三逆方略》副总裁，《平定朔漠方略》、《明史》总裁。事迹见《清史稿》卷二五七、《清史列传》卷九。

闻棠(　—1749)、黄永年(　—1751)、董邦达(　—1769)、刘统勋(　—1773)、赵廷栋(　—1785)、法坤宏(　—1785)生。

康熙三十九年　庚辰　1700 年

二月初六日庚午(3 月 26 日)，以大学士吴琠、熊赐履为会试正考官，户部左侍郎管右侍郎事李楠、都察院左佥都御史王九龄为副考官。

三月二十日癸丑(5 月 8 日)，策试天下贡士王露等于太和殿前。

二十三日丙辰(5 月 11 日)，康熙帝御太和殿，传胪，赐殿试贡士汪绎等 301 人进士及第出身有差。

六月二十六日丁亥(8 月 10 日)，定例：乡会试时将大臣子弟另编字号，以免行贿夤缘，不妨孤寒进身之路。

是日，停宗室参加科举考试。

七月二十四日乙卯(9 月 7 日)，九卿等议科举事，帝曰："今年会试所中，大臣子弟居多，孤寒士子未能入彀，欲令人心服，得乎？"命遣人往张鹏翮、李光地、彭鹏等处征询意见。李光地等各奏杜塞弊端、慎选教官、禁生员恶习诸款(《清圣祖实录》卷二〇〇)。

九月十四日癸卯(10 月 25 日)，以礼部侍郎仍管詹事府事徐秉义为武会试正考官，翰林院侍讲学士彭会淇为副考官。

十月初四日癸亥(11 月 14 日)，策试天下中式武举于太和殿前。

初七日丙寅(11 月 17 日)，以殿试武举马会伯等 100 人为武进士及第出身有差。

十一月十八日丙午(12 月 27 日)，定科场官卷取士例。

按：今后各省乡试，在京三口以上及大小京堂、翰林、科道、吏礼二部司官之子弟，在外督抚、提镇、藩臬等官子弟，俱编入官字号，另入号房考试。照定额每十卷中民卷取中九卷，官卷取中一卷。如官员子弟只数人则不必另编官字号。会试亦编官字号，每二十卷中取一卷(《清圣祖实录》卷二〇二)。

歌舞伎在日本发展。

勃兰登堡选侯腓特烈三世为普鲁士国王。

大北方战争，俄罗斯、瑞典战。

巴洛克艺术约于此间开始流行。

法国化学家J.P.德·图尔尼福特发现氯化铵。	颜元十二月评李塨日谱,并戒以用实功,惜精力,勿为文字耗损。 李塨九月复书邵廷采,谢其赠序。是年,入京会试,始交王源、万斯同、胡渭诸人,声誉鹊起。 李光地八月条奏科场学校事例。 张伯行十月上治河条议。 韩菼充经筵讲官,迁礼部尚书,教习庶吉士,仍兼翰林院学士。 孔尚任三月因《桃花扇》被谪官,仍滞留京师。 方苞正月如京师,试礼部不第。四月南归。 毛宗岗家被焚,藏书罄尽,作《临江仙》词自叹。 赵执信五月在扬州与王易订交。 张廷玉二月应试南宫,中式第45名;三月,殿试三甲第152名;四月选授翰林院庶吉士,旋奉旨派习清书。 沈近思中进士。 张成遇、管昂发、严宗溥、董麒、许谷、高舆、李楷、王开泰、查嗣琛、杨尤奇、蔡彬、励廷仪、梁棠荫、李梦昺、文岱、李棅、史贻直、方辰、介孝琛、韩遇春、王允猷、董新策、董玘、阎愉、王士仪、晁子管、周士佃、魏方泰、瓦尔达、韩孝基、刘师恕、盛度、陈鹗荐、李薛、逢泰、张廷玉、王景曾、郭杞、张象蒲、高其伟、年羹尧、陈若沂、戴宽等新科进士五月癸卯被选为庶吉士。修撰汪绎、编修李愈、王露分别满汉教习。 查慎行复下第,其仲弟查德尹中进士,授翰林院庶吉士。 法海三月为翰林院检讨,充日讲官。 王恩轼五月为翰林院侍读,充日讲官。 陈论六月为翰林院侍读学士,充日讲官。 查昇九月为翰林院编修,充日讲官。 杨名时十二月为翰林院检讨,充日讲官。 法良六月以内阁学士兼翰林院掌院学士充经筵讲官。 满笃七月以内阁学士充经筵讲官。 特默德十二月以吏部左侍郎充经筵讲官。 马尔汉十二月以兵部尚书充经筵讲官。 陈瑸时任福建古田知县,建屏山书院。 钱肇修时任河南洛阳知县,建周南书院。 安圻时任河南正阳县知县,建慎独书院和慎阳书院。 张士骃时任湖北知州,在蕲春县建乾明书院。 董兴祚时任广东定安知县,建居丁书院。
托马斯·海德著成《波斯老式宗教史》。	朱襄著《易韦》2卷成书,有自序。 胡渭著《易图明辨》10卷约成于本年前,万斯同作序。 **按**:胡渭的考据学成就,集中体现于《易图明辨》。它对宋代《易》学作了较全面的清算,开启了清代《易》学复元汉代《易》学的先路,颇得后世治《易》者推重。

《四库全书总目提要》曰："是书专为辨定图、书而作。初，陈抟推阐《易》理，衍为诸图，其图本准《易》而生，故以卦、爻反复研求，无不符合。传者务神其说，遂归其图于伏羲，谓《易》反由图而作，又因《系辞》河图、洛书之文，取大衍算数作五十五点之图，以当河图，取《干凿度》太乙行九宫法，造四十五点之图，以当洛书。其阴阳奇偶，亦一一与《易》相应。传者益神其说，又真以为龙马、神龟之所负，谓伏羲由此而有先天之图。实则唐以前书绝无一字之符验，而突出于北宋之初。夫测中星而造仪器，以验中星无不合，然不可谓中星生于仪器也，候交食而作算经，以验交食无不合，然不可谓交食生于算经也。由邵子以及朱子，亦但取其数之巧合，而未暇究其太古以来从谁授受，故《易学启蒙》及《易本义》前九图，皆沿其说，同时袁枢、薛季宣皆有异论。然考《宋史·儒林传》，《易学启蒙》，朱子本属蔡元定创稿，非所自撰。《晦庵大全集》中载《答刘君房书》曰：'《启蒙》本欲学者且就《大传》所言卦画蓍数推寻，不须过为浮说。而自今观之，如河图、洛书亦不免倘有剩语。'至于《本义》卷首九图，王懋竑《白田杂著》以文集、《语类》钩稽参考，多相矛盾，信其为门人所依附，其说尤明。则朱子当日亦未尝坚主其说也。元陈应润作《爻变义蕴》，始指先天诸图为道家假借《易》理以为修炼之术。吴澄、归有光诸人亦相继排击，各有论述。国朝毛奇龄作《图书原舛编》，黄宗羲作《易学象数论》，黄宗炎作《图书辨惑》，争之尤力。然皆各据所见，抵其罅隙，尚未能穷溯本末，一一抉所自来。谓此书卷一辨河图洛书，卷二辨五行九宫，卷三辨《周易参同》、先天太极，卷四辨《龙图》、《易数钩隐图》，卷五辨《启蒙》图书，卷六，卷七、辨先天古易，卷八辨后天之学，卷九辨卦变，卷十辨象数流弊，皆引据旧文，互相参证，以箝依托者之口，使学者知图书之说，虽言之有故，执之成理，乃修炼、术数二家旁分《易》学之支流，而非作《易》之根柢，视所作《禹贡锥指》，尤为有功于经学矣。"有《奥雅堂丛书》本、《守山阁丛书》本、《皇清经解续编》本。

李光地著《洪范初稿》、《孝经注》、《正蒙注》、《握奇经注》成书。

秦松龄刻所著《毛诗日笺》6卷。

按：《四库全书总目提要》曰："是编以紫阳《集传》宗《孟子》'以意逆志'之旨，多不依《小序》，因取欧、苏、王、吕、程、李、辅、严诸家，以及明郝敬、何楷，近时顾炎武之言，互相参核，而以己意断之。不专主《小序》，亦不专主《集传》。凡有疑义，乃为疏解，亦不尽解全诗，故曰《日笺》。王士祯《居易录》云：'秦宫谕所辑《毛诗日笺》，所论与余夙昔之见颇同。其所采取亦甚简当。'然大旨多以意揣之，不尽有所考证也。"

李塨著《宗庙考辨》、《禘祫考辨》、《郊社考辨》。又著《六律正五音图说》。

阎若璩八月刻所著《四书释地续》1卷。

刘源渌著《近思录续录》4卷成书，陈舜锡作序。

费密著《圣门学脉中旨录》1卷成书。

张沐著《图书秘典一隅解》1卷刊行。

洪璟著《朱子年谱序》。

按：序曰："朱子之学，集诸儒之大成。"

李清遗著《南北史合注》，由李楠聘张云章约于此际整理成书，得191卷。

按：是书与顾炎武的《天下郡国利病书》、顾祖禹的《读史方舆纪要》被称为清初三大奇书。乾隆时修《四库全书》，已将《南北史合注》收入，并撰有提要，后发现李清的其它著作触犯了清廷忌讳，遂将其全部著作撤出禁毁，故《南北史合注》仅存稿本与抄本，很难一见。1993年7月，全国图书馆文献缩微复制中心以浙江图书馆藏整理抄本180卷影印出版，始有印本流行。金毓黻《中国史学史》云："惟《南北史合注》以八书之异于二史者，分注正文之下，观此一书，可抵八书之用，虽云出于抄撮，鲜有精义，而便于学者非浅矣。"

汪洪度著《四言史征》12卷成书，有自序。

黄容著《卓行录》4卷，有自序。

杨嗣奇修，李维翰等纂《良乡县志》8卷刊行。

康如琏续修，刘士麟续纂《晋州志》10卷刊行。

史鉴修纂《柘城县志》4卷刊行。

沈以栻修，褚磐纂《舒城县志》20卷刊行。

陈汝咸修，杜登虎等纂《漳浦县志》19卷刊行。

潘拱辰修纂，黄鉴补遗《松溪县志》10卷刊行。

董永艾修纂《顺宁府志》3卷刊行。

王禹书编，魏勷鉴修《关侯年谱》刊行。

卢轩编《韩昌黎年谱》刊行。

按：卢轩字六以，海宁人。康熙己丑(1709)进士，官翰林院编修。另著有《春秋三传纂凡表》4卷。《四库全书总目提要》曰："其书以三《传》所言书法之例，汇而为表。《经》文直书为经，《传》文横书为纬。凡分三格，以《左氏》居上格，《公羊》居中格，《谷梁》居下格。皆但列旧文，而于其同异是非不加考证。盖轩欲作《三传择善》一书，故先纂此表，以便检阅，尚未及订正其得失也。"

屈大均著《广东新语》28卷由木天阁刊行。

朱彝尊所辑宋尤袤《梁溪遗稿》由尤侗刊行。

仇兆鳌著《杜诗详注》刊刻。

王士禛著《渔洋山人精华录》10卷刊行。

按：《四库全书总目提要》曰："《精华录》十卷，国朝王士禛撰。……其诗初刻有《落笺堂集》，皆少作也。又有《阮亭诗》及《过江》、《入吴》、《白门》前、后诸集，后删并为《渔洋前集》，而诸集皆佚。嗣有《渔洋续集》、《蚕尾集》、《续集》、《后集》、《南海集》、《雍益集》诸刻。是编又删撷诸集，合为一帙。相传士禛所手定，其子启汧跋语称，门人曹禾、盛符升仿任渊《山谷精华录》之例，钞为此录者，盖托词也。士禛谈诗，大抵源出严羽，以神韵为宗。其在扬州作《论诗绝句》三十首，前二十八首皆品藻古人，末二首为士禛自述。其一曰：'曾听巴渝里社词，三闾哀怨此中遗。诗情合在空舲峡，冷雁哀猿和竹枝。'平生大指，具在是矣。当康熙中，其声望奔走天下，凡刊刻诗集，无不称'渔洋山人评点'者，无不冠以'渔洋山人序'者。下至委巷小说，如《聊斋志异》之类，士禛偶批数语于行间，亦大书'王阮亭先生鉴定'一行，弁于卷首，刊诸梨枣以为荣。惟吴桥窃目为清秀李于鳞(见《谈龙录》)。汪琬亦戒人勿效其喜用僻事新字(见士禛自作《居易录》)。而赵执信作《谈龙录》，排诋尤甚。平心而论，当我朝开国之初，人皆厌明代王、李之肤廓，钟、谭之纤仄，于是谈诗者竞尚宋、元。既而宋诗质直，流为有韵之语录；元诗缛艳，流为对句之小词，于是士禛等以清新俊逸之才，范水模山，批风抹月，倡天下以'不著一字，尽得风流'之说，天下遂翕然应之。然所称者盛唐,而古体惟宗王、孟,上及于谢朓而止,较以《十九首》之惊心动魄,一字千金,则有天工人巧之分矣。近体多近钱、郎,上及乎李顾而止。律以杜甫之忠厚缠绵,沉郁顿挫,则有浮声切响之异矣。故国朝之有士祯,亦如宋有苏轼,元有虞集,明有高启,而尊之者必跻诸古人之上。激而反唇,异论遂渐生焉。此传其说者之过,非士祯之过也。是录具存,其造诣浅深,可以覆案。一切党同伐异之见,置之不议可矣。"

　　王仲儒著《西斋集》18卷刊行。

　　朱书著《杜溪文稿》9卷刊行。

　　沈嘉客著《西溪先生文集》10卷刊行。

　　屈大均著《广东新语》28卷刊行。

　　按：是书既是笔记,又是志书,可补《广东通志》之不足,对于研究明清时期广东的经济史有重要意义。

　　金闾敞著《金斋先生集》12卷刊行。

　　金楹著《石泉遗集》5卷刊行。

　　金椠著《泰然斋诗集》4卷刊行。

　　查旦著《始读轩文集》4卷刊行。

　　张潮编《虞初新志》20卷成书,有自序。

　　按：是书为短篇小说集。小说以"虞初"命名,始见于班固《汉书·艺文志》所载《虞初周说》。张衡《西京赋》称"小说九百,本自虞初"。虞初旧释人名,但明人搜集《续齐谐记》和唐人小说八篇,刻为一书,命名《虞初志》,直以"虞初"作书名。后汤显祖有《续虞初志》4卷,邓乔林有《广虞初志》4卷,大抵衰集前人文章,非自撰写。张潮的《虞初新志》,也是收集明末清初人的文章,汇为一编,共20卷。后郑澍若又有《虞初续志》12卷。各种"虞初志"都是短篇小说选集。

　　梅文鼎养病坐吉山,著《环中黍尺》5卷。

　　盛符升卒(1615—　)。符升字珍示,号诚斋,江苏昆山人。康熙三年进士。历任内阁中书、礼部主事、广西司御史。著有《诚斋诗集》8卷、文集1卷。事迹见李桓《国朝耆献类征初编》卷一三四、顾沅《吴郡名贤图传赞》卷一八。

　　乔腾凤卒(1616—　)。腾凤字遥集,河南孟县人。明崇祯十五年举人。入清不仕,时与孙奇逢讲论学问。著有《峚山诗文集》。事迹见李桓《国朝耆献类征初编》卷四七九。

　　刘源渌卒(1619—　)。源渌字昆石,号直斋,山东安丘人。学者称直斋先生。精研经史及宋儒之学,尤喜朱子之学。著有《四书近思续录》4卷和《周易评解》、《读书日记》6卷、《冷语》3卷等。事迹见《清史稿》卷四八〇、《清史列传》卷六六、李桓《国朝耆献类征初编》卷四〇五。

　　按：《清史列传》本传曰："源渌入国朝后,伏处海滨,购经史及宋儒书,日夜读之,尤笃好朱子书,反复推究四十余年。葺朱子祠于东郭,祭必致其诚。与弟子讲论,每至夜分,有所得,辄札记,积数万言,而大要归于主敬、集义。其论主敬,以戒惧慎独为始,而归之于参前倚衡;论集义,以致知格物为先,而极之于不获其身,不见其人。尝曰:'学者居敬、穷理二者,皆法文王而已矣。小心翼翼,昭事上帝,居敬之功也；不识不知，顺帝之则，穷理之功也。'又曰：'二程恐惧忧勤，故周子令尊孔、颜乐处。今人宜先收定此心，不放周子令二程寻乐，吾今欲世人寻苦。'又曰：'学者推测道理，似能觉悟；及发言处世，便多窒碍。故朱子临终，谆谆教门弟子云："惟事上审求其是，决去其非。"积习久之，心与理一，自然所发，皆无私曲。学者离物与形而求道，终无得也。'生平所服膺者，在明惟薛瑄，在国朝惟陆陇其。自叙其学，谓始去外物而见身，继去身而见心，又去心而见理。盖自道其实云。"刘源渌卒后数十年，昌乐有阎循观、周士宏，潍县有姜国霖、刘以贵、韩梦周，德州有梁鸿翥，胶州有法坤宏，益都有李文藻，皆能尊崇源渌之学，于清代山东学术界有一定影响。其中梁鸿翥著有《周易观运》、《尚书义》、《书经续解》、《春秋辨义》、《春秋义类》、《仪礼纲目》等书。

许缵曾卒（1627— ）。缵曾字孝修，一字孝达，号鹤沙，别号悟西，江南华亭人。顺治六年进士。官至云南按察使。著有《宝纶堂集》5卷、《滇行纪程》1卷、《东还纪程》1卷等。事迹见《华亭县志》。

李澄中卒（1629— ）。澄中字渭清，号渔村、雷田，山东诸城人。康熙十八年举博学鸿儒，授检讨。官至侍读。著有《卧象山房集》、《滇程日记》。事迹见李桓《国朝耆献类征初编》卷一一九、安致远《李澄中墓志铭》（《玉砚集》卷四）。

陈恭尹卒（1631— ）。恭尹字元孝，初号半峰，晚号独漉，广东顺德人。南明诸生。工诗，与屈大均、梁佩兰并称"岭南三家"。著有《独漉堂集》。事迹见《清史稿》卷四八四、《清史列传》卷七〇、李桓《国朝耆献类征初编》卷四二三、震钧辑《国朝书人辑略》卷一。清温肃编有《陈独漉先生年谱》。

彭孙遹卒（1631— ）。孙遹字骏孙，号羡门、金粟山人，浙江海盐人。顺治十六年进士。官中书舍人。康熙十八年举博学鸿儒，试擢第一，授翰林院编修。官至吏部侍郎兼翰林院学士。诗与王士禛齐名，时称"彭王"。著有《延露词》3卷、《词统源流》1卷、《词藻》4卷、《松桂堂全集》37卷等。事迹见《清史稿》卷四八四、李桓《国朝耆献类征初编》卷五九、震钧辑《国朝书人辑略》卷二。

毛宗岗约卒（1632— ）。宗岗字序始，号子庵，江南长洲人。曾评点《三国志演义》，颇多精彩之处，对读者甚有启发。

汪晫约卒（1636— ）。晫原名棐，字丹麓，号木庵，自号松溪子，浙江仁和人。曾刻《檀几丛书》50卷。著有《霞举堂集》35卷、《遂生集》12卷、《丹麓杂著》10卷、《今世说》8卷、《峡流词》3卷等。辑有《兰言集》24卷。事迹见《疑年录汇编》卷九。

按：《清史列传》卷七〇曰：汪晫"性好博览，聚所藏经史子集数万卷，于霞举堂纵观之。每读一书，必首尾贯穿，始放去。其所论著，始终条贯，斐然成一家言"。

吴苑卒（1638— ）。苑字楞香，号鳞潭，晚号北黟山人，安徽歙县人。康熙二十一年进士，改翰林院庶吉士，散馆，授检讨。历任顺天武乡试正考官、右春坊右中允、侍讲、国子监祭酒等。曾分纂《大清一统志》、《明史》等书。著有《北黟山人诗集》10卷。事迹见《清史列传》卷七一、李桓《国朝耆献类征初编》卷一二〇、金德嘉《吴祭酒苑传》(《碑传集》卷四六)。

孙诠卒(1640—)。诠字静紫,号担峰,河南辉县人。康熙二十一年进士,官内阁中书。精研理学,为时人所推重。著有《担峰真面目》、《担峰友声》、《醒书选》、《徽言秘旨》、《担峰诗》等。事迹见李桓《国朝耆献类征初编》卷一四二。

陈兆崙(—1771)、沈大成(—1771)生。

康熙四十年　辛巳　1701 年

正月,给事中汤右曾疏请将《政治典训》、《御制文集》刊行全国。

三月初十日丁酉(4月17日),张鹏翮请将康熙帝谕治河事宜,由史馆纂集成书。康熙帝命纂书之事,著张鹏翮编辑后呈览。

七月十九日甲辰(8月22日),朝鲜国派该国观象监官至京,学习历法(七政推步之术),并采购历书。

十二月二十九日辛巳(1702年1月26日),岁暮,康熙帝亲往太庙行礼。

毛奇龄为朱彝尊《经义考》作序。

李塨《大学辨业》将刊,以稿就正于万斯同;斯同称服,乃为作序。

万斯同修《明史纪传》成,尚缺表、志,欲请王鸿绪谋招李塨同修,塨辞不就。

按：万斯同次年即去世,所订《明史》虽然尚缺表、志未完,但今本《明史》中的表13卷,当脱胎于他的《明史表》13篇。万氏生前以精于史表著称,长期致力于历代史表的补撰,著有《历代史表》一书。

王熙衰病,准以原官致仕。

张英以原官致仕。

何焯约在是年前后入李光地幕府。

张伯行二月督修黄河南岸堤。

李绂游学苏州,始交惠士奇。

朱彝尊以"梧桐夜雨词凄绝,薏苡明珠谤偶然"诗酬洪昇。

赵执信北游,访王士禛于新城,复至德州。

高凤翰是年拜胶州著名诗画家李世锡为师,学习诗画。

傅森二月为翰林院检讨,充日讲官。

傅继祖正月以吏部右侍郎充经筵讲官。

徐秉义十一月以吏部右侍郎充经筵讲官。

西班牙王位继承战争开始(至1714年)。

瑞典的查理十二入侵库尔兰和波兰。

威尼斯大学建立。

美国耶鲁大学建立。

罗察十二月以礼部右侍郎充经筵讲官。

舒辂十二月以工部右侍郎充经筵讲官。

张潮旅京师。

吴历参用西法作青绿山水大景。

徐之霖时任通判,在福建泉州建小山丛竹书院。

杰里米·科利尔编著成《历史、地理、家系和政治大词典》。

新井白石发表《藩翰谱》。

本杰明·惠奇克特发表《论文选；道德和宗教格言》。

周世金著《易解拾遗》7卷刊行,附《周易句读读本》2卷。

李塨二月作《人论》、《养生论》、《辟佛论》。

刘源渌遗著《四书近思续录》4卷刊行。

按：《四库全书总目提要》曰："是书因朱子《近思录》篇目,采辑朱子《或问》、《语类》、《文集》分门编辑。前有康熙辛巳其门人陈舜锡,马恒谦二序。舜锡序称其每祭朱子,品物丰洁,极其诚敬。恒谦序称其于《朱子文集》、《或问》、《语类》三书,沈潜反复,撮辑纂叙,席不暇暖,手不停笔二十余年,凡三创草,三脱稿,乃成是书云。"

张伯行六月始著《困学录集粹》；九月著《闺中宝鉴》成书。

王士禛五月著《居易录》成书,凡34卷。

按：《四库全书总目提要》曰："是书乃其康熙己巳官左副都御史以后,至辛巳官刑部尚书以前,十三年中所记。前有自序,称取顾况长安米贵,居大不易之意,末又以居易俟命为说。其义两岐,莫知何取也。中多论诗之语,标举名备,自其所长。其记所见诸古书,考据源流,论断得失,亦最为详悉。其它辨证之处,可取者尤多。惟三卷以后,忽记时事。九卷以后,兼及差遣迁除,全以日历、起居注体编年纪月,参错于杂说之中。其法虽本于庞元英《文昌杂录》,究为有乖义例。又喜自录其平反之狱辞,伉直之廷议,以表所长。夫《邺侯家传》乃自子孙,《魏公遗事》亦由僚属。自为之而自书之,自书之而自誉之,即言言实录,抑亦浅矣。是则所见之狭也。"

官修《明史》成460卷初稿。

按：王鸿绪以后曾据此稿加以修订,于康熙五十三年(1714)进呈《明史列传稿》280卷。

何焯著《跋后汉书》。

张如锦纂修《淳化县志》8卷刊行。

赵于京纂修《临潼县志》8卷刊行。

杨容盛修,杜曥等纂《滨州志》8卷刊行。

林采修,邓文修等纂《沙县志》12卷刊行。

朱彩修,朱长哙纂《江山县志》14卷刊行。

郑元庆著《石柱记笺释》5卷成书。

按：《四库全书总目提要》曰："元庆字芷畦,归安人。吴兴山水清佳,自六朝以来,称东南名郡。自唐时刻有《石柱记》,树之杼山,载其山川、陵墓、古迹、古器甚详。迨传世既久,岁月名字遂漫漶不可考。欧阳修作《集古录》,以为笔画奇伟,非颜真卿不能书。孙觉知湖州,聚境内碑碣,筑墨妙亭贮之,凡三十二通,《石柱记》亦居其一。后人因府治卑湿,墨妙亭诸石尽取以填淤泥,而《石柱记》遂沦没不复见。康熙辛巳,元庆重修府志既成,复访得宋椠《石柱记》,为世所罕觏。惟湖州五县,原本只载其三。秀水朱彝尊乃依仿体例。撼德清、武康二县事迹,辑而补之。元庆采掇诸书,为之注释。其征据考证,颇为赡博。虽于一郡之胜,尚未能包括无余,而轶典遗词,其梗概亦已略具。固亦征文考献者所不废矣。"

张诗著《屈子贯》5卷刊行。

陆陇其遗著《三鱼堂文集》12卷、《三鱼堂外集》6卷刊行。

按:《四库全书总目提要》曰:"是集为其门人侯铨所编,凡杂著四卷,书一卷,尺牍一卷,序二卷,记一卷,墓表、志、铭、圹记、传共一卷。外集六卷,则裒其奏议、条陈、表策、申请、公移,而终之以诗,陇其行状之类亦并附焉。《目录》之末,有其从子礼征《跋》,言陇其平生不屑为诗古文词,尤以滥刻文集为戒,故易篑时箧中无遗稿。至康熙辛巳,礼征乃旁搜广辑,汇成是集,而属铨分类编次。盖陇其没后九年,此集乃出也。其文既非陇其所手定,则其中或有未定之稿,与夫偶然涉笔,不欲自存者,均未可知。然陇其学问深醇,操履醇正,即率尔操觚之作,其不合于道者固已鲜矣。惟是陇其一生,非徒以讲明心性为一室之坐谈。其两为县尹,一为谏官,政绩亦卓卓可纪。盖体用兼优之学,而铨等乃以奏议、公牍确然见诸行事者,别为《外集》。夫诗歌非陇其所长,列之《外集》可也。至于圣贤之道,本末同原,心法、治法,理归一贯。《周礼》皆述职官,《尚书》皆陈政事,周公、孔子初不以是为粗迹。即黄干编朱子诗文,亦未尝薄视论政之文,摈而外之。铨乃徒知以《太极论》冠篇,欲使陇其接迹周子,而以其循绩别为《外集》。尊空言而薄实政,是岂陇其之旨乎!以此本久行于世,故姑仍原刻录之,而附纠其编次之陋如右。"

郭元釪著《一鹤庵诗》5卷刊行。

方象瑛著《健松斋续集》10卷,附《史传拟稿》2卷刊行。

王钺著《世德堂集》4卷、《水西纪略》1卷刊行。

佟世恩著《与梅堂遗集》12卷、《耳书》1卷、《鲊话》1卷刊行。

劳之辨著《静观堂诗集》19卷成书,有自序。

王概、王蓍、王皋合编《芥子园画传》二、三集于南京开雕。

禹之鼎应查慎行请,作《初白庵图》。

陈梦雷始编《古今图书集成》。

传教士李明所著《中国礼仪论》在法国刊行。

陆堦约卒(约1619—)。堦字梯霞,浙江钱塘人。少与兄陆圻、陆培为复社之冠,称"陆氏三龙门"。以教授为事,从学者甚多。著有《四书大全》60卷、《白凤楼集》14卷。事迹见《清史列传》卷七〇。

黄与坚卒(1620—)。与坚字庭表,号忍庵,江苏太仓人。顺治十六年进士,授知县。官至翰林院编修。与修《明史》、《大清一统志》。吴伟业曾辑周肇、黄与坚、许旭、顾湄等10人诗为《太仓十子诗选》。著有《论学三说》1卷、《忍庵集》、《愿学斋文集》40卷、《月令辑要》、《太仓州志稿》20卷等。事迹见《清史稿》卷四八四、《清史列传》卷七〇、李桓《国朝耆献类征初编》卷一二〇。

宋曹卒(1620—)。曹字彬臣,一作邠臣,自号射陵逸史、耕海潜夫、汤村长史等,江苏盐城人。南明弘光时,官至中书舍人。清顺治四年

(1647），盐城书生司石盘、厉豫等先后起兵抗清，兵败，宋曹受株连，身陷囹圄。营释后，即隐居盐城南门外之汤村，筑"蔬坪园"侍奉老母，闭门养息，会友谈艺，造诣日深。康熙元年，下诏举他为"山林隐逸"，以母老固辞。后朝廷开博学鸿词科，侍郎严沆和江苏巡抚慕天颜共举应试，他固辞不赴。康熙二十二年，两江总督于成龙邀请其纂修《江南通志》，并总校其事，遂与长子宋恭贻一起赴任。志书编成，又坚不留名，最终《江南通志》仅署宋恭贻之名。其著作传世的有《书法约文》、《草书千字文》、《杜诗解》、《会秋堂诗文集》等。事迹见李桓《国朝耆献类征初编》卷四七三。

费密卒（1625— ）。密字此度，号燕峰，又号卷隐，四川新繁人。师事孙奇逢。明末曾组织茂州一带团练对抗张献忠部农民起义军。后流寓泰州，以授徒卖文为生。著有《尚书说》2卷、《太极图纪》8卷、《周官注论》2卷、《中庸大学驳议》1卷、《圣门学脉中旨录》1卷《四礼补篇》（一作《四礼补录》）10卷、《礼备录》10卷、《中传正纪》120卷、《弘道书》10卷、《圣门旧章》24卷（包括《古今笃论》4卷、《朝野诤论》4卷、《中旨定录》4卷、《中旨辨录》4卷、《中旨申惑》4卷、《中旨正录》2卷、《中旨统录》2卷）、《古史正》10卷、《史记补笺》10卷、《河洛古文》2卷、《奢乱纪略》1卷、《古文旨要》1卷、《荒书》1卷、《历代纪年》4卷、《燕峰集》40卷、《历代贡举合议》2卷、《费氏家训》4卷、《金匮本草》6卷、《伤寒口义》2卷等。事迹见《清史稿》卷五〇一、《清史列传》卷六六、李桓《国朝耆献类征初编》卷四二八。费冕编有《费燕峰先生年谱》。

按：《清史列传》本传曰："杜门三十年，著书甚多。谓宋人以周、程接孔、孟，尽黜二千余年儒者为未闻道，乃上稽古经正史，旁及群书，著《中传正纪》百二十卷，序儒者授受源流，为传八百余篇，儒林二千有奇，自子夏始。又著《弘道书》十卷：曰《统典论》，曰《辅弼录》，明大统必归帝王，不得以儒生干之也；曰《道传》，述明七十子及汉唐诸儒功，不可没也；曰《古经旨论》，曰《原教》，明圣道具于经，无所谓不传之秘也；曰《圣门育材论》，明圣人取人甚宽，不可举一废百也；曰《祀先圣礼乐旧制议》，曰《先师旧制议》，曰《七十子封爵旧制议》，曰《七十子为后议》，曰《从祀旧制议》，明汉唐以来学制不可废，先儒不可黜，不可予汉唐过薄而予宋儒过厚也；曰《圣门言道述》，曰《先儒言道述》，明圣人授受有旧章，不可杂不可改易也；曰《吾道述》，明圣教不同于二氏也。又有《古今笃论》四卷、《朝野诤论》四卷、《中旨定录》四卷、《中旨辨录》四卷、《中旨申惑》四卷，皆申明《弘道书》之旨。又有《尚书说》一卷、《周官注论》一卷、《二南偶说》一卷、《中庸大学驳议》一卷、《四礼补篇》十卷、《史记笺》十卷、《古史正》十卷、《历代选举合议》二卷、《奢乱纪略》一卷、《蚕北遗录》二卷、《荒书》四卷、《二氏论》一卷、《家训》四卷、《集》四十卷。"

田兰芳卒（1628— ）。兰芳字梁紫，号篑山，河南睢州人。学者称其为中州宿儒。明诸生。曾主讲睢州道存书院，汤斌子汤准曾受业其门。卒后，学者门人私谥诚确先生。著有《逸德轩文集》4卷。弟子张沐能传其学。事迹见《清史列传》卷六六、李桓《国朝耆献类征初编》卷四〇五、郑廉《田君兰芳传》、汤准《诚确先生传》（均见《碑传集》卷一三九）。

按：《清史列传》本传曰："少聪颖而豪放自喜，人多侧目疾之。年四十，乃悔其失，研心性理，一以不自欺为根柢。与商丘徐邻唐、上蔡张沐参稽互考，不惮驰驱。

汤斌谢病归,往来论学,远如朱、陆,近如龙溪、念庵,析疑辨惑,绝无一毫盖藏。斌尝言:'求友四方,所中心向往者,兰芳而外,无多人也。'平湖陆陇其见所作《呻吟语序》,深服其学问渊源,惟以语及阳明为疑。兰芳闻之,与陈子万书曰:'仆初通文字,便觉王学跷蹊,读《学蔀通辨》,愈心朗目开。但生平不敢强所不知,必自信于心然后立说。窃谓伯安当日见人读书支离,使反而求诸自心,大声疾呼,不啻如病痛之在身。其学或未免有弊,原其始念,决非为惑人而设。今时之患,唯利之一字,蚀人心最深,一切当为,举皆视为不急。彝伦日教,廉耻日丧,风俗日偷,率由于此。似不因讲良知,读《传习录》,然后成此世界也。我辈于今只当于日用之间,本分所当为者,无所为而极力以为之。在己既尽,然后见人陷溺,示以解脱,则不必言朱人已入朱之室,不必斥王人自不堕王之弊矣。'"张森字玉标,亦诸生,著有《周易探旨》5卷、《春秋衷义》8卷、《皇极韵谱》3卷、《律吕津梁》1卷。

　　钱曾卒(1629—)。曾字遵王,号也是翁、贯花道人、述古主人,江苏常熟人。少学于族祖钱谦益。以藏书著名,其藏书室曰"述古堂"和"也是园"。著有《读书敏求记》4卷、《述古堂书目》4卷、《也是园书目》、《笔云集》、《怀园集》、《莺花集》、《交芦集》、《判春集》、《奚囊集》等。事迹见李桓《国朝耆献类征初编》卷四二七。

　　邱象随卒(1631—)。象随字季贞,号西轩,江苏山阳人。康熙十八年举鸿博,授检讨。著有《西山纪年集》。事迹见丁步坤编《邱季贞先生年谱》。

　　翁叔元卒(1633—)。叔元字宝林,又字静乡,号铁庵,江苏常熟人。康熙十五年进士,授翰林院编修。参与修《明史》。官至刑部尚书。著有《梵园诗集》、《铁庵文稿》等。事迹见《清史稿》卷二七一、李桓《国朝耆献类征初编》卷五九、韩菼《经筵讲官刑部尚书翁公叔元神道碑》(《碑传集》卷二一)。翁叔元自编有《翁铁庵年谱》。

　　文掞卒(1641—)。掞字宾日,号古香,又号洗心子,江南长洲人。文从简孙。善书画。著有《十二研斋诗集》。事迹见《文氏族谱续集》。

　　卫既齐卒(1645—)。既齐字伯严,山西猗氏人。康熙三年进士,官翰林院检讨。调霸州判官,擢山东布政使,迁顺天府尹,转都察院左副都御史,改巡抚贵州都察院右副都御史。著有《四书心悟》、《小学家训》、《道德经解》、《南华经删注》、《韵通》等。事迹见《清史稿》卷二七六、李振裕《巡抚贵州右副都御史猗氏卫公既齐墓志铭》(《碑传集》卷六六)。

　　黄树穀(—1751)、吴敬梓(—1754)、祝泩(—1759)、金德瑛(—1762)、黄祐(—1764)、商盘(—1767)、僧通理(—1782)生。

康熙四十一年　壬午　1702年

正月二十日壬寅(2月16日),诏修国子监、文庙及公廨,命和硕裕亲

耶稣教会士

| 学院在布雷斯劳建立。

王福全负责。

四月二十二日癸酉（5月18日），山西道御史张瑗疏请本朝会典宜刊刻颁行，从之。

六月初八日戊午（7月2日），因近来"士习末端，儒教罕著"，康熙帝特作《训饬士子文》。

按：文中要求士子"先立品行，次及文学。学术事功，源委有叙。尔诸生幼闻庭训，长列宫墙，朝夕诵读，宁无讲究，必也躬修实践，砥励廉隅，敦孝顺以事亲，秉忠贞以立志。穷经考义，勿考荒诞之谈；取友亲师，悉化骄盈之气。文章归于醇雅，毋事浮华；轨度式于规绳，最防荡轶"（《清圣祖实录》卷二〇八）。

初九日己未（7月3日），命将御制《训饬士子文》，颁发礼部，勒石太学。

按：谕曰："《训饬士子文》，若令各府州县学宫，一体勒石，恐有不产石州县地方，或致借端扰派。应俟国子监勒石后，以拓本汇颁各省，转发所属学宫，一体遵行。"（《清圣祖实录》卷二〇八）

闰六月二十七日丁未（8月20日），增浙江省乡试中额12名，同江南同例，共82名。

七月二十七日丙子（9月18日），增湖广乡试中额13名，照江南例，共82名。

八月初一日庚辰（9月22日），增顺天乡试中额24名，其中计八旗满洲蒙古3名、汉军1名、顺天等八府10名、国子监监生8名、奉天1名、宣化1名。

二十二日辛丑（10月13日），从衍圣公孔毓圻请，命阙里四氏教授，照各府教授一体较俸升转。

九月初四日壬子（10月24日），命科场所作五经文字多少，不必禁止。

二十五日癸酉（11月14日），康熙帝第四次南巡视察河工，是日起程。

十月初五日壬午（11月23日），康熙帝在德州时，详阅梅文鼎所著《历学疑问》未定稿，圈点涂改，作批语。

按：《清史稿·时宪志一》曰："四十一年十月，大学士李光地以宣城贡生梅文鼎《历学疑问》三卷进呈，上曰：'朕留心历算多年，此事朕能决其是非。'乃亲加批点还之，事具《梅文鼎传》。"

初八日乙酉（11月26日），九卿等遵旨议复："嗣后，乡会试作五经文字者，应于额外取中三名。若佳卷果多另行题明。酌夺五经文字草稿不全，免其帖出。二场于论、表判外，添诏诰各一道。头场备多页长卷，有愿作五经者，许本生禀明给发。"从之（《清圣祖实录》卷二一〇）。

是年，定乡试硃墨卷磨勘例，自是科开始。

菲舍尔·冯·埃拉希建成萨茨堡的圣三尊教堂。

阎若璩游杭州，与仁和沈佳、新安倪璠等集于寄堂。
李塨自京师归里。
李光地十月进呈《历学疑问》，赐御制诗及御书联句。
李光地应旨以何焯荐，召值南书房。

王士禛在京寄所著《古欢录》与蒲松龄；松龄有诗致谢。

韩菼上疏乞解职，专意纂辑承修诸书，诏慰留之，并赐"笃志经学、润色鸿业"榜。

孔尚任十二月离京归里。

赵执信再至吴门，与朱彝尊会。

叶燮游浙江诸暨五泄，得病归。

汤右曾转户部掌印给事中。

查慎行因大学士张玉书及李光地等荐，被康熙帝召见，赋诗中旨，命入直南书房。

陈壮履十二月为翰林院编修，充日讲官。

赖都三月以户部右侍郎充经筵讲官。

邱嘉穗中举人。

按：邱嘉穗字实亭，上杭人。官归善县知县。著有《考定石经大学经传解》1卷。

钱晋锡时任顺天府尹，创办首善义学于北京崇文门外金鱼池，乾隆十五年更名为金台书院。

杨汝楫时人河北涿鹿知县，建涿鹿书院。

窦容恂时任山西汾州知府，于棠荫书院旧址重建西河书院。

刘熙贞时任山西寿阳知县，改建寿阳书院于旧察院行署。

按：乾隆三十三年（1768），知县龚导江增建仪门，修筑墙垣，更名受川书院。戴震、段玉裁等曾在此讲学。

翁大中时任福建永定知县，建琴冈书院。

陈廷枢时任江西奉新知县，建陈先生书院。

蒋弘毅时任湖南溆浦县教谕，建蒋公书院。

景日昣时任广东高要知县，建嵩崖书院。

毛文铨时任同知，于四川奉节县建晋阶书院。

陈元时任云南南华知州，建龙川书院。

佟国维著《周易汇统》4卷刊行。

按：《续修四库全书总目提要》曰："是书自序于康熙壬午。有云'予少习武事，未尝读书。偶于《周易传义大全》，采取伊川先生及宋诸儒说精粹而易明者稍加融贯，汇集成帙'。故此书一以程、朱为主，卷首仍列《本义》九图，及八卦取象等歌，经文注释，全取程《传》者十之四，全取《本义》者十之二，传、义参合者十之二。多采建安丘氏之说。按丘氏名富国，字行可，朱子门人。著《周易辑解》、《经世补遗》、《易学说约》等书，皆发明朱子之旨。于丘氏之外，惟《大有卦》取诚斋杨氏说一条，《无妄卦》取云峰胡氏说一条，《睽卦》取缙云冯氏说一条。自序所谓采取宋诸儒说者，如是而已。书名所谓汇统者，实只程、朱、丘三家义合参而已。若缙云冯氏与云峰胡氏，固与三家义毫无异撰，即诚斋杨氏，最喜引史证经，而此书所引，亦意不在彼。故此书可谓纯乎墨守程、朱之说，而略撮抄《周易大全》以成者。夫程《传》朱《义》，在明初即已为功令所必习，家弦户诵，《大全》所辑宋元儒者之说，虽云未备，然此书以言精要，不如程、朱、丘原书，以言详备，则不及《大全》，而已又毫无所发明，复何贵乎？"

克拉伦登的伯爵之作品《英格兰造反和内战史》著成。

丹尼尔·迪福发表《对付异己者的最有效之方法》。

科顿·马瑟著成《美洲马格纳利亚基督史》。

戴虞皋著《周易阐理》4卷成书，戴孙贻作序。

李光地著《春秋稿》成书。

汪份所订《增订四书大全》42卷刊行，韩菼、张廷枢、姜橚作序。

万斯同著《石经考》1卷刊行。

> **按**：《四库全书总目提要》曰："石经之沿革异同，唐宋以来，论者龃龉不一。昆山顾炎武始辑诸家之说为《石经考》，实有创始之功。斯同是编，悉采炎武之说，又益以吴任臣、席益、范成大、吾衍、董逌诸家之论，并及炎武所作《金石文字记》，亦间附以己见。虽不若杭世骏《石经考异》之详辨，而视顾氏之书，已为较备。且炎武详于汉、魏，而略于唐、宋。斯同则于唐、宋石经引据特详。又斯同虽在世骏前，而世骏作《考异》时，未见此书，故此书之所详者，《考异》或转未之及。要之，合三家之书参互考证，其事乃备，固未可偏废其一也。"

胡渭著《禹贡锥指》20卷在苏州刊行。

范鄗鼎始著《国朝理学备考》。

> **按**：是书所录凡26家，依次为许三礼、熊赐履、陆陇其、党成、汤斌、魏象枢、于成龙、李颙、李生光、刘芳喆、王士祯、李铠、曹续祖、王端、赵侣台、费密、施闰章、陶世征、缪彤、赵世麟、彭珑、施璜、吴肃公、汪佑、窦克勤等。书不分卷，一人一编，若人自为卷，则可视作26卷。是书实为范鄗鼎未完之书，以后其子有续补。

邵廷采作《姚江书院后记》。

王复礼历三十余年，数易其稿，著成《季汉五志》13卷。又编《汉昭烈帝年谱》、《赵顺平侯年谱》、《张桓侯年谱》、《关壮缪侯年谱》、《诸葛忠武侯年谱》刊行。

江蘩著《太常纪要》15卷成书，有自序。

万斯同著《历代纪元汇考》8卷初刻。又著《昆仑河源考》1卷成。

> **按**：《四库全书总目提要》曰："《昆仑河源考》一卷，国朝万斯同撰。斯同有《庙制图考》，已著录。是书以元笃什言河源昆仑与《史记》、《汉书》不合，《水经》所载亦有谬误，因历引《禹贡》、《禹本纪》、《尔雅》、《淮南子》及各史之文以考证之。考张骞言河源出盐泽，司马迁又言河源出于阗，天子案古图书，名河所出山曰昆仑。后来诸书都无异说。《唐书·吐谷浑传》始有李靖望积石山览观河源之言，而亦未确有所指。迨至笃什奉命行求，称得之朵甘思西鄙。潘昂霄等妄为附会经传，音译舛讹，遂以鄂敦塔拉之潜行复见者，指为河源。以阿木尼玛勒占木逊山即古积石山者，指为昆仑。《元史》因而采入《地理志》中。耳食相沿，混淆益甚。我国家德威遐播，天山两道，尽入版图。月窟以西，皆我户闼。案图考索，知河有重源。笃什所访，仅及其伏地再出者。而河水之出葱岭、于阗注盐泽潜行至积石者，则笃什皆未之见。伏读《御批通鉴辑览》，考核精详，河源始确有定论。斯同此书，作于康熙之初，核以今所目验，亦尚不尽吻合。然时西域未通，尚未得其实据。而斯同穿穴古书，参稽同异，即能灼知张骞所说之不诬，而极论潘昂霄等之背驰骛乱。凡所指陈，俱不甚相远，亦可谓工于考证，不汩没于旧说者矣。录存其书，益以见睿鉴折衷，超轶万古也。"

王建衡著《读史辨惑》成书，有自序。

> **按**：《四库全书总目提要》曰："《读史辨惑》（无卷数），国朝王建衡撰。建衡号月萝，威县人，岁贡生，候选教谕。是书成于康熙四十一年。虽以读史为名，而考其所引，实皆坊刻《凤洲纲鉴》也。"又曰："《性理辨义》二十卷，国朝王建衡撰。建衡有《读史辨惑》，已著录。是书分二十篇，而列目凡十有五：曰原理、原气、原天、原生物、原

性、原命、原道、原德、原伦、原学、原鬼神、原人鬼、原祭、原妖厉、杂论。其第一篇与十二篇皆题曰《原理》，自注谓前统论天地之理，后以在物之理言。第二篇第三篇皆题曰《原气》，第四篇、第五篇、第六篇皆题曰《原天》，而不自言其所以分。推究其文，则《原气》二篇，一言阴阳，一言五行。《原天》三篇，一言天行及日月，一言星辰及推算，一言风雨露雷诸事也。大旨皆复衍宋儒而加以胶固。其《原天》三篇，则纯述欧罗巴语而讳所自来焉。"王建衡另有《任庵语略》。

  吕履恒纂修《宁乡县志》10卷刊行。
  谢汝霖纂修《永宁州志》8卷刊行。
  汪元絅修，田而穟纂《岷州志》20卷刊行。
  江景瑞纂修《文县志》8卷刊行。
  蔡璜纂修《新修孟县志》8卷刊行。
  郭徽祚修纂《监利县志》50卷刊行。
  秦扩修，霍燨纂《马邑县志》5卷刊行。
  夏显煜原本，傅而保续修《广永丰县志》24卷刊行。
  余心孺修纂《延津县志》10卷刊行。
  王士俊修，王霖纂《清流县志》10卷刊行。
  李温皋修纂《宁阳县志》8卷刊行。
  赵嗣晋修纂《城武县志》10卷刊行。
  罗纶修，李文渊纂《永昌府志》26卷刊行。
  张彦绅修，李仲伟纂《定远县志》8卷刊行。
  嘉木祥协巴著《五大论广疏》十五函刊行。
  席启寓编刻《唐诗百名家全集》。

  按：此书收唐大历至唐末五代诸家诗集共100种。始自刘长卿、钱起，终于五代王周、王贞白，以作家登第年为序。编刻者以李白、杜甫以前诸集善本易得，所以专取中晚唐诗集。除元稹、白居易、皮日休、陆龟蒙四家外，其它中晚唐重要诗人作品搜罗均颇完备。《自序》曰："盖诸家之辑者，各徇所见，务择其精；而余之所刻者，必博采所传，务求其备。"每集大都以宋本为底本，又据《唐文粹》、《文苑英华》、《唐诗纪事》、《唐诗类苑》及其它诗集版本进行校勘、补遗。每集前有作者小传，并附诸家评语，均简明有据。是书初刻于康熙四十一年（1702），有洞庭席氏琴川书屋刊本，又有光绪八年（1882）刊本，1920年扫叶山房石印本等。

  宫梦仁辑《文苑英华选》60卷刊行。
  按：宫梦仁字定山，山东泰州人。康熙五十七年进士，官至福建巡抚。另著有《读书纪数略》54卷。

  戴名世著《南山集》由门人尤云鹗刊行，方苞作序。
  查慎行是春著《补注东坡编年诗》50卷成书。
  按：查慎行性好苏轼之诗，素不满王十朋《东坡诗集注》，谓其疏漏固多，繁芜复不少，有改窜经史、妄托志传以傅会诗词者；有与他集互见、反割截他集半首误为全篇者，甚且唐人诗亦有阑入者，为之驳正瑕颣，积久成卷。复购得施元之的《施注苏诗》，与吴中新刻多所异同，遂审定年表，搜辑逸诗，自康熙癸丑迄壬午，历三十年始成是书（参见作者《苏诗补注例略》）。是书又名《补注苏诗》。《四库全书总目提要》曰："《补注东坡编年诗》五十卷，国朝查慎行撰。慎行有《周易玩辞集解》，已著录。

初,宋荦刻《施注苏诗》,急遽成书,颇伤潦草。又旧本霉黯,字迹多难辨识,邵长蘅等惮于寻绎,往往臆改其文,或竟删除以灭迹,并存者亦失其真。慎行是编,凡长蘅等所窜乱者,并勘验原书,一一厘正。又于施注所未及者,悉搜采诸书以补之。其闲编年错乱,及以他诗阑入者,悉考订重编。凡为《正集》四十五卷,又补录帖子词、致语、口号一卷,《遗诗补编》二卷,他集互见诗二卷。别以《年谱》冠前,而以同时倡和散附各诗之后。虽卷帙浩博,不免抵牾,……其它讹漏之处,为近时冯应榴合注本所校补者,亦复不少。然考核地理,订正年月,引据时事,元元本本,无不具有条理。非惟邵注新本所不及,即施注原本亦出其下。现行苏诗之注,以此本居最。区区小失,固不足为之累矣。"清代注释苏诗的著作,较有名的还有冯应榴的《苏文忠诗合注》,王文诰的《苏文忠公诗编注集成》103卷。

蒋廷锡刻所著《青桐轩诗集》6卷、《坡山集》1卷、《秋风集》1卷、《片云集》1卷、《西山爽气集》3卷。

陆洽原著《话山先生诗文类稿》36卷刊行。

朱彝尊《明诗综》100卷辑成并开雕。

按:是书录存明诗人三千四百余家作品,略述各家生平及评论,为明代诗歌之总集。《四库全书总目提要》曰:"明之诗派,始终三变。洪武开国之初,人心浑朴,一洗元季之绮靡。作者各抒所长,无门户异同之见。永乐以迄弘治,沿三杨台阁之体,务以春容和雅,歌咏太平。其弊也冗沓肤廓,万喙一音,形模徒具,兴象不存。是以正德、嘉靖、隆庆之间,李梦阳、何景明等崛起于前,李攀龙、王世贞等奋发于后,以复古之说,递相唱和,导天下无读唐以后书。天下响应,文体一新。七子之名,遂竟夺长沙之坛坫。渐久而摹拟剽窃,百弊俱生,厌故趋新,别开蹊径。万历以后,公安倡纤诡之音,竟陵标幽冷之趣,幺弦侧调,嘈囋争鸣。佻巧荡乎人心,哀思关乎国运,而明社亦于是乎屋矣。大抵二百七十年中,主盟者递相盛衰,偏袒者互相左右。诸家选本,亦遂皆坚持畛域,各尊所闻。至钱谦益《列朝诗集》出,以记丑言伪之才,济以党同伐异之见,逞其恩怨,颠倒是非,黑白混淆,无复公论。彝尊因众情之弗协,乃编纂此书,以纠其谬。每人皆略叙始末,不横牵他事,巧肆讥弹。里贯之下,各备载诸家评论,而以所作《静志居诗话》分附于后。虽隆、万以后,所收未免稍繁。然世远者篇章易佚,时近者部帙多存。当亦随所见闻,不尽出于标榜。其所评品,亦颇持平。于旧人私憎私爱之谈,往往多所匡正。六七十年以来,谦益之书久已澌灭无遗,而彝尊此编,独为诗家所传诵,亦人心彝秉之公,有不知其然而然者矣。"

钮琇著《觚賸续编》4卷。

陈廷敬著《午亭集》30卷刊行。

范承谟著《范忠贞公集》12卷刊行。

吴震方辑丛书《说铃》刊行。

按:是书为笔记总集,裒集明清笔记小说62种,并收入自著的《岭南杂记》和《读书质疑》。此书嘉庆、道光、同治均有翻刻。吴震方字青坛,浙江石门人。

石涛自扬州至金陵,观桃花于乌龙潭,作《云山图》。

梅文鼎著《勿庵历算书目》1卷成书,有自序。

按:是书为作者手定,记有作者的天文学著作62种,数学著作26种。

冯兆章著《冯氏锦囊秘录》50卷刊行。

钱瑞征卒(1620—)。瑞征字鹤庵,一字野鹤,浙江海盐人。康熙二十五年为西安县学教谕。著有《鹤庵遗集》。事迹见钱仪吉编《鹤庵公年谱》。

张沐卒（1621— ）。沐字仲诚，号起庵，河南上蔡人。顺治十五年进士。曾任河南内黄知县、四川资县知县。辞官后，与汤斌、耿介为友，先后在游梁书院、天中书院讲学。又拜孙奇逢为师。晚年在家乡白龟圃办学，人称上蔡夫子。著有《周易疏略》4卷、《诗经疏略》8卷、《书经疏略》6卷、《礼记疏略》47卷、《春秋疏略》50卷、《论语疏略》、《孟子疏略》、《图书秘典一隅解》1卷、《学道六书》、《前川楼文集》、《朔流史学抄》20卷等。事迹见《清史稿》卷四七六、《清史列传》卷七四、李桓《国朝耆献类征初编》卷二一八、尹会一《张先生沐传》(《碑传集》卷八九)。

按：汤斌称赞张沐"任道甚勇"、"求道甚切"，实为"当代真儒"。其弟子甚多，主要有李经世、黄本讷、杨得秀、王章、阎良弼、马昌、邓九龄、史赞明、刘承来、黄之锡、李殿祯、张右栻、黄勤、周丕显、马德进、马德迪、马德达、师懋学、王志旦等。《清史稿》本传曰："沐自幼励志为圣贤，初官内黄，讲学明伦堂，请业恒数百人。汤斌过境，与语大悦，遗书孙奇逢，称其任道甚勇，求道甚切。沐因以礼币迎奇逢至内黄讲学，俾多士有所宗仰。及在资阳，供亿军兴之暇，犹进诸生诲导不倦。退休后，主讲汴中，两河之士翕然归之，多所成就。年八十三，卒。沐之自内黄罢归也，值登封令张埙兴书院，偕耿介同讲学，为文纪其事，一时称盛。"

王弘撰卒（1622— ）。弘撰，一作宏撰，字无异，一字文修，号山史，陕西华阴人。隐居华山下，筑读易室居之。与李因笃、顾炎武相交。康熙十八年举博学鸿儒，征至京师，以老病不能试，罢归。工书能文。著有《周易筮述》8卷、《周易图说述》4卷、《正学隅见述》1卷、《山志》6卷、《砥斋集》等。事迹见《清史稿》卷五〇一、《清史列传》卷六六、蔡冠洛《清代七百名人传》第四编。今人赵俪生编有《王山史年谱》。

按：《四库全书总目提要》谓《正学隅见述》曰："是编以周子无极之说，陆九渊争之于前；朱子格物之说，王守仁轧之于后，诸儒聚讼，数百年而未休。大抵尊朱者则全斥陆、王为非，尊陆、王者则全斥朱子为谬，迄无持是非之平者。宏撰此书，则以为格物之说当以朱子所注为是，无极之说当以陆九渊所辨为是。持论颇为平允。其中虽历引诸说以相诘难，而词气皆极和平。凡崇朱氏学者，称先朝之乱由于学术不正，其首祸为王阳明；崇陆氏学者，称无极二字出于老子，为周子真赃实犯之类。宏撰皆指为太过。"《清史稿·王弘撰传》曰："博雅能古文，嗜金石，藏古书画金石最富。又通濂、洛、关、闽之学，好《易》，精图象。学者翕然宗之，关中人士领袖也。与李颙、李柏、李因笃齐名，时以得一言为荣。凡碑版铭志非三李则弘撰，而弘撰工书法，故求者多于三李。弘撰交游遍天下，甲申后，奔走结纳，尤著志节。"蔡冠洛曰："少与兄宏学、宏嘉互相师友，博雅能古文，尤深于《易》。隐居华山下，筑读易庐居之。其论《易》，辟焦京之术，阐周文之理，推本经义，一以朱子、邵子为归，尤究心濂洛关闽之学。……又谓阳明之定论，予不敢以为定；篁墩之道一，予不敢以为一，即陈建之通辨，亦间有已甚之词。又谓学者为学，以平心静气为第一义。凡读书论人，当求其实。为吾所最尊之人，或有一失，不必为之掩；为吾所深悱之人，或有一得，不必为之废。本诸天地之理，证诸圣贤经传，反之，为心惟求其是而已。……古文简洁有法，汪琬称其得史迁遗意。"（《清代七百名人传》第四编）

严绳孙卒(1623—　)。绳孙字荪友,晚号藕荡渔人,江苏无锡人。康熙十八年以布衣举博学鸿儒,授翰林院检讨。与修《明史》,充日讲起居注官、山西乡试正考官。著有《秋水集》17卷、《明史拟稿》4卷。事迹见《清史稿》卷四八四、《清史列传》卷七〇、李桓《国朝耆献类征初编》卷一一九、震钧辑《国朝书人辑略》卷二。

周上治卒(1624—　)。上治字绥王,号铁餐,浙江淳安人。岁贡生。潜心研治《易》和《论语》。著有《易解》、《论语解》、《苔园诗》、《苔园文集》等。事迹见李桓《国朝耆献类征初编》卷四三〇。

卢震卒(1626—　)。震字亨一,原籍竟陵,后隶汉军。顺治九年以诸生特试,授弘文院编修。官至湖广巡抚。著有《杜诗说略》2卷、《说安堂集》8卷。事迹见陈奕禧《卢震行状》(《春蔼堂集》卷一五)。

汪镐京卒(1634—　)。镐京字宗周,一字快士,号西谷,一号红术轩主人,安徽歙县人。安贫乐道,不求仕进。工诗,精于篆刻。另著《黄山印篆》、《红术轩印谱》1卷。《红术轩紫泥法定本》简称《紫泥法》,分为"砂要染法"、"艾要红法"、"油要洒法"、"合印色法"、"用印色法"五部分,对如何制作印泥进行了详细叙述。事迹见江藩《汪西谷墓表》(《炳烛室杂文》卷五)。

万斯同卒(1638—　)。斯同字季野,学者称石园先生,浙江鄞县人。万斯大弟。从学黄宗羲,博通诸史。康熙十七年,荐博学鸿儒,辞不就。次年以布衣入明史馆,前后十九年,"弃妻子兄弟不顾",为《明史》的成书耗尽了心力。《明史》的最后刊定,以王鸿绪之稿本为增减,而鸿绪稿大半出自万斯同手。精熟史书,淡于利禄,喜奖掖后进,朝野上下无不呼之万先生。所著有《历代史表》53卷、《历代纪元汇考》8卷、《历代宰辅汇考》8卷、《宋季忠义录》16卷、《南宋六陵遗事》1卷、《庚申君遗事》1卷、《儒林宗派》16卷、《群书疑辨》12卷、《石园诗文集》20卷、《河渠考》12卷、《石经考》1卷、《石鼓文考》、《书学汇编》10卷、《周正汇考》8卷、《昆仑河源考》1卷、《丧礼辨疑》、《声韵源流考》等。事迹见《清史稿》卷四八四、《清史列传》卷六八、李桓《国朝耆献类征初编》卷四一三、蔡冠洛《清代七百名人传》第四编、刘坊《万季野先生行状》、黄百家《万季野先生斯同墓志铭》、全祖望《万贞文先生传》、钱大昕《万先生传》(均见《碑传集》卷一三一)。

按:阮葵生《茶余客话》曰:"史稿之成,虽经史官数十人之手,而万与钱实尸之。噫,万以茕茕一老,系国史绝续之奇,洵非偶然。"梁启超《清代学术概论》曰:"清代史学极盛于浙,鄞县万斯同最称首出。斯同则宗羲弟子也。"梁启超又有"大抵清代经学之祖推炎武,其史学之祖当推宗羲"之语。

又按:《四库全书总目提要》评《儒林宗派》曰:"是编纪孔子以下迄于明末诸儒,授受源流,各以时代为次。其上无师承,后无弟子者,别附着之。自《伊雒渊源录》出,《宋史》遂以道学、儒林分二传。非惟文章之士,记诵之才,不得列之于儒。即自汉以来传先圣之遗经者,亦几几乎不得列于儒。讲学者递相标榜,务自尊大。明以来谈道统者,扬己凌人,互相排轧,卒酿门户之祸,流毒无穷。斯同目击其弊,因著此书。所载断自孔子以下,杜僭王之失,以正纲常。凡汉后唐前传经之儒一一具列。除排挤之私,以消朋党,其持论独为平允。惟其附录一门,旁及老、庄、申、韩之流,未免矫枉过直。又唐啖助之学传之赵匡、陆淳、宋孙复之学传于石介,皆卓然自立一家。宋代说经,实滥觞于二子,乃列之散儒之中,不入宗派,亦有所未安。至于朱、陆二派,在元则金、吴分承,在明则薛、王异尚。四百年中,出此入彼,渊源有自,脉络不诬。亦未可以朝代不同,不为明其宗系。如斯之类,虽皆未免少疏,然较之学统、学案诸书,则可谓涮除锢习,无畛域之见矣。世所传本仅十二卷,此本出自历城周氏,较多四卷,盖其末年完备之定本云。"

杨宾卒(1650—)。宾字可师,号耕夫,晚号大瓢山人,浙江山阴人。布衣终身。著有《金石源流》、《晞发堂诗稿》2卷、《晞发堂文集》4卷、《力耕堂诗稿》3卷、《柳边纪略》5卷、《铁函斋书跋》6卷等。事迹见《清史列传》卷七〇、李桓《国朝耆献类征初编》卷三八一、邓之诚《清诗纪事初编》卷二。

席启寓卒(1650—)。启寓字文夏,号治斋,原籍江苏吴县,后卜居常熟虞山阳。官工部虞衡司主事。康熙三十八年,康熙南巡,尝驻跸其家。以刻书著名,有雕本《十三经》、《十七史》行于世;又辑刻《唐诗百名家全集》326卷。事迹见朱彝尊《工部主事席君墓志铭》。

僧道霈卒,生年不详。俗姓丁,名为霈,号旅泊、非家叟,福建建宁人。著有《华严疏论纂要》、《禅海十珍》等。

秦蕙田(—1764)、卢明楷(—1766)、姚范(—1771)、沈廷芳(—1772)、吴颖芳(—1781)、金甡(—1782)、乔亿(—1788)、程穆衡(—1794)生。

康熙四十二年 癸未 1703年

二月初六日辛巳(3月22日),以大学士熊赐履、吏部尚书陈廷敬为会试正考官,吏部右侍郎吴涵、礼部右侍郎许汝霖为副考官。

二十一日丙申(4月6日),康熙帝谕各省督抚、布政使、按察使等官,各将藏书目录呈览。

三月二十九日甲戌(5月14日),举人汪灏、何焯、蒋廷锡学问优长,今科未得中式,康熙帝谕著授为进士,一体殿试。

四月初四日己卯(5月19日),策试天下贡士王式丹等于太和殿前。

初五日庚辰(5月20日),读卷官等以殿试卷进呈御览。康熙帝谕曰:"较定前后名次,必须凭文论定。若稍存私意,人心即不悦服。况尔诸臣从考试出身,回思当日考试之时,本心更不可失。"(《清圣祖实录》卷二一二)

初六日辛巳(5月21日),康熙帝御太和殿,传胪,赐殿试贡士王式丹等163人进士及第出身有差。

二十日乙未(6月4日),授翰林院庶吉士张廷玉、年羹尧等11人为编

俄罗斯帝国始建圣彼得堡。

伦敦的白金汉宫始建。

瑞典在鲁尔吐斯库战胜俄国人。

修、检讨。

二十三日戊戌（6月7日），康熙帝发出熊赐履呈览明神宗、熹宗以下史书四本，谕大学士等曰："此书所载杨涟、左光斗，死于北镇抚司狱中。闻此二人，在午门前受御杖死，太监等以布裹尸出之。至于随崇祯殉难者，乃太监王承恩。因此，世祖章皇帝作文致祭并立碑碣。此书载太监王之心从死，明系错误。至于本朝兴兵声讨之故，书并未记载。可问熊赐履、王鸿绪等。"（《清圣祖实录》卷二一二）

二十四日己亥（6月8日），命翰林院掌院学士揆叙、吏部右侍郎兼管翰林院掌院学士事吴涵教习庶吉士。

九月十六日己未（10月26日），以翰林院侍读学士徐元正为武会试正考官，户科给事中汤右曾为副考官。

十月初四日丙子（11月12日），策试天下中式武举于太和殿前。

初六日戊寅（11月14日），康熙帝阅武举殿试卷，定其名次。

初七日己卯（11月15日），以殿试武举曹维城等102人为武进士及第出身有差。

十二月初九日（1704年1月15日），御书"贤哲遗休"匾额，命悬先贤子贡墓前。

十四日乙酉（1月20日），康熙帝谓大学士等曰："直隶学院杨名时，取录生员，以能背诵五经者即取之。照例应考其文章而不能考其背诵五经。且杨名时秉性好异，考取时，虽文字好，但系富室子弟，则断断不取。倘贫寒，内有粗知文意，即取之。考试应论文学优劣，岂得论其贫富耶！"（《清圣祖实录》卷二一四）

是年，有9名俄国东正教神父抵达中国，与建于北京的教堂"罗刹庙"建立联系。

伊萨克·牛顿当选为皇家学会会长。

阎若璩四月命子阎咏进呈《万寿诗》8首和《四书释地》于畅春园。九月，康熙帝自口外回京，阎咏至石匣口山边跪迎河干，为其父恳赐御书未得。

胡渭诣行在，献《平成颂》及所著《禹贡锥指》；康熙帝深嘉之，御书"耆年笃学"四字赐之。

李光地二月以康熙帝南巡迎驾，赐御书《太极图说》及《几何原本》、《算法原本》。四月仍为吏部尚书，仍管理直隶巡抚事。

潘耒以康熙帝南巡召复原官。大学士陈廷敬欲荐起之，力辞而止。

李颙因康熙帝十一月西巡至陕西，被召见；颙遣子慎言进呈《二曲集》、《四书反身录》。帝赐御书"志操高洁"匾额及御制诗。

按：《清史稿·李颙传》曰："四十二年，圣祖西巡，召颙见，时颙已衰老，遣子慎言诣行在陈情，以所著《四书反身录》、《二曲集》奏进。上特赐御书'操志高洁'以奖之。颙谓：'孔、曾、思、孟，立言垂训，以成四书，盖欲学者体诸身，见诸行。充之为天德，达之为王道，有体有用，有补于世。否则假途干进，于世无补，夫岂圣贤立言之初心，国家期望之本意耶？'居恒教人，一以反身实践为事，门人录之，为七卷。是时容城孙奇逢之学盛于北，余姚黄宗羲之学盛于南，与颙鼎足称三大儒。晚年寓富平，关中儒者咸称'三李'。三李者，颙及富平李因笃、鄠李柏也。"

范鄗鼎以康熙帝西巡迎驾，进呈所著理学书，御书"山林云鹤"四字赐之。

王鸿绪十月以工部尚书充经筵讲官。

张伯行正月授山东济宁道。

方苞是春至京师，再试礼部不第；始交李塨，并与王源、李塨论"格物"。

王源六月以李塨介，往谒颜元，执弟子礼，时年已五十六。

李塨七月以所作《小学舞仪节》质正于颜元，颜元订正塨所著《小学》。

熊赐履以年老乞休，帝命以原官致仕，仍留京师，以备顾问。

陈廷敬二月主典会试，四月授文渊阁大学士，兼吏部尚书。

张廷玉四月御试清书一等第一，授翰林院检讨。奉旨充《亲征平定朔北方略》纂修官。

高士奇授礼部侍郎。

　　按：《清史稿·高士奇传》曰："四十二年，上南巡，士奇迎驾淮安，扈跸至杭州。及回銮，复从至京师，屡入对，赐予优渥。上顾侍臣曰：'朕初读书，内监授以四子本经，作时文；得士奇，始知学问门径。初见士奇得古人诗文，一览即知其时代，心以为异，未几，朕亦能之。士奇无战阵功，而朕待之厚，以其裨朕学问者大也。'"

梅文鼎应李光地聘，北上至保定。适康熙帝赐李光地《几何原本》、《算法原本》二书，李光地不能尽通，于是与梅文鼎讨论其说。

　　按：李光地曾为梅文鼎刻所著《三角法举要》、《弧三角举要》、《笔算》、《堑堵测量》、《环中黍尺》、《交食蒙求》、《历学骈枝》等历算书7种，又使幕宾陈万策、魏廷珍、王兰生及其子钟伦从而受学。

汪灏、查慎行、何焯、蒋廷锡、吴廷桢、陈邦彦、薄有德、汪文炳、陈世倌、吴瞻淇、汪份、潘体震、廖赓谟、陆秉鉴、涂天相、万经、陈徐基、朱书、林祖望、俞梅、宋至、章藻功、伊泰、杨绪、刘岩、王迈、马汝为、西库、王居建、刘圻、吴涟、赵征介、谢履忠、单乔年、耿古德、刘祖任、赵泰监、王士鏻、董泰、杨万程、李天祥、蒋肇、阿进泰、吴相、李士杞、李堂、郑为龙、才仕、万民钦等49位新科进士四月十五日被选为庶吉士。修撰王式丹、编修赵晋、钱名世分别满汉书教习。

何焯以李光地荐，赐举人；试礼部不第，复赐进士。不久，侍读皇子兼武英殿纂修。

王式丹中状元。

　　按：王式丹是王懋竑的叔父，曾参与修纂《朱子全书》，对于朱子之学，素有讲求，对王懋竑以后从事朱子之学的研究，有一定影响。

查慎行四月殿廷对策，成二甲第二名进士，授翰林院庶吉士，特免教习；五月与南书房翰林查昇、陈壮履、励廷仪、钱名世、汪灏、蒋廷锡等7人随康熙帝赴避暑山庄；六月奉旨编辑《历代咏物诗》。

阿尔赛四月为翰林院侍讲学士事，充日讲官。

揆叙四月以翰林院掌院学士充经筵讲官。

海宝四月为翰林院检讨,充日讲官。

色尔图四月为司经局洗马,充日讲官。

吴涵四月为吏部右侍郎兼管翰林院掌院学士事,充日讲官。

陈元龙十月以詹事府少詹事充经筵讲官。

杨骃十月为翰林院编修,充日讲官。

高熊征时任两浙转运盐使,与盐商汪鸣瑞等建紫阳书院。

李兰英时任福建大田知县,建崇文书院。

张士琦时任江西永新知县,建秋山书院。

黄阁时任四川广元知县,建嘉陵书院。

雷御龙时任云南嵩明知州,建邵川书院。

王希圣时任云南易门知县,扩建聚奎书院。

康行僩时任陕西韩城知县,建萝石书院。

法国传教士冯秉正来中国。

约翰·阿戴尔发表《苏格兰海岸及岛屿描述》。

《宇宙、历史、地理、年代及古典词典》编成。

毛奇龄著《曾子问讲录》4卷成书。

李颙作《云台观重修朱子祠记》。

唐甄著《潜书》4卷由王闻远刊行。

陈景云著《纲目辨误》4卷成书。

梁份著《十三陵图说》成书。

黄容著《明遗民录》10卷成书。

杨朝麟修《文安县志》8卷刊行。

蒋擢修,乐玉声纂《磁州志》18卷刊行。

康行僩修,康乃心纂《韩城县续志》8卷刊行。

柳正芳修,王维文、朱炳诏等纂《建阳县志》8卷刊行。

王克庄修,朱奇政纂《长沙县志》10卷刊行。

宋陈振孙所编《白香山年谱旧本》由汪氏一隅堂刻本《白香山诗集》附刊。是书又附刊汪立名编的《白香山年谱》1卷。

仇兆鳌自编《尚友堂年谱》1卷刊行。

韩菼刻所著《有怀堂文稿》22卷、《有怀堂诗稿》6卷。

熊赐履是冬著《澡修堂集》18卷成书。

顾嗣立编《元诗选》111卷刊行。

万承勋著《冰雪集》3卷刊行。

平一贯著《珠山集》20卷刊行。

汤斌著《汤子遗书》10卷刊行。

按:《四库全书总目提要》曰:"《汤子遗书》十卷、《附录》一卷,国朝汤斌撰。……斌在国初,与陆陇其俱号醇儒。陇其之学,笃守程、朱,其攻击陆、王,不遗余力。斌之学源出容城孙奇逢,其根柢在姚江,而能持新安、金溪之平。大旨主于刻励实行,以讲求实用,无王学杳冥放荡之弊,故二人异趣而同归。今集中所载语录,可以见其所得力。又斌虽平生讲学,而康熙己未召试,实以词科入翰林,故集中诗赋杂文,亦皆彬彬典雅,无村塾鄙俚之气。至其奏议诸篇,规画周密,条析详明,尤昭昭在人耳目者矣。盖其著述之富,虽不及陆陇其,而有体有用,斌尤通达于治体云。"

李雍熙著《翠岩偶集》6卷刊行。

查慎行六月著《陪猎笔记》3卷。

王昊著《硕园诗稿》35卷、词稿1卷刊行。

洪昇著《四婵娟》传奇成。

梅文鼎著《方圆幂积》1卷成书,有自序。

熊士伯著《等切元声》10卷成书,有自序。

按:《四库全书总目提要》曰:"案等韵之法,约三十六母为二十三行,排端精于一、四,知、照于二、三,是以出切行韵,彼此轇轕。元刘鉴以类隔、交互等二十门法取字,后人咸遵其说。是书于等子门法颇有驳正。至内外入转、通广、局狭之类,辨论尤为详悉。然等韵之学,唯凭唇吻,虽精究此事者,不能不杂以方音。故彼亦一是非,此亦一是非;左右佩剑,相笑不休。自以为豪发无憾,而听之又未尝不别有说也。"

王钺卒(1623—)。钺字仲威,号任庵,山东诸城人。顺治十六年进士。康熙八年,选广东西宁县令。著有《朱子语类纂》13卷、《读书蕞残》3卷、《世德堂集》4卷、《星余笔记》1卷、《粤游日记》1卷等。事迹见《清史列传》卷七〇、李桓《国朝耆献类征初编》卷二四三、王士禛《王钺墓志铭》(《带经堂集》卷八七)。

按:《四库全书总目提要》曰:"《朱子语类纂》十三卷,国朝王钺撰。钺有《粤游日记》,已著录。是书其《世德堂遗书》之第五种也。取黎靖德所编《朱子语类》一百四十卷,摘理气、鬼神、性理、论学四门,余皆不取。四门之外,又各删存大略,而间附以己说。如朱子谓理气本无先后,语原无病。钺必谓先有天地之理,然后太极生两仪。如其所说,是理又别是一物,可以生气。然则气未生时,理又安在?此主理太过之弊。又如谓雨是郁蒸之气,有时龙能为之者,龙亦是郁蒸之气。雹是不和之气,有时蜥蜴能为之者,蜥蜴亦是不和之气。执一理以该天下之变,不至于穿凿附会不止矣。"

叶燮卒(1627—)。燮字星期,号巳畦,江苏吴江人。康熙九年进士,官宝应知县,因忤巡抚落职。晚年居吴县之横山,时称横山先生。精研诗歌理论,沈德潜尝从其学。著有《原诗》及《巳畦诗文集》。事迹见《清史稿》卷四八四、《清史列传》卷七〇、沈德潜《叶先生燮传》(《碑传集》卷九五)。

王熙卒(1628—)。熙字子撰(一作子雍),又字胥庭,号慕斋,顺天宛平人。顺治四年进士,改庶吉士,授检讨。历任内国史院检讨、国子监司业、内弘文院修撰、侍讲学士、礼部尚书等,官至保和殿大学士。卒谥文靖。著有《王文靖公集》24卷。事迹见《清史稿》卷二五七、《清史列传》卷八、李桓《国朝耆献类征初编》卷四、韩菼《予告光禄大夫少傅兼太子太傅保和殿大学士兼礼部尚书加六级谥文靖王公熙行状》、张玉书《光禄大夫少傅兼太子太傅礼部尚书保和殿大学士谥文靖王公墓志铭》(均见《碑传集》卷一二)。王熙自编有《王熙自订年谱》。

徐嘉炎卒(1631—)。嘉炎字胜力,号华隐,浙江秀水人。康熙十八年以国子监生应试博学鸿儒,列一等,授翰林院检讨。官至内阁学士兼礼部侍郎衔,充《三朝国史》、《大清会典》、《大清一统志》副总裁。著有《抱经斋集》20卷及《说经》、《谈史》、《五代史补注》、《明史辨证》、《见闻杂录》。事迹见《清史稿》卷四八四、《清史列传》卷七〇、李桓《国朝耆献类征初编》卷五九。

按:《清史稿》本传曰:"尝侍直,命背诵咸有一德,终篇不失一字。至'厥德靡常'数语,则敛容读之,帝为悚异。又尝问宋元祐党人是非,嘉炎举诸人姓名始末,及先儒评骘语其悉。特赐御临苏轼诗一卷,廷臣拜赐御书自此始也。"

伊桑阿卒(1638—)。满洲正黄旗人,伊尔根觉罗氏。顺治九年进士,授礼部主事。康熙时官至文华殿大学士兼吏部尚书。充《三朝国史》总裁、《平定朔漠方略》总裁官。卒谥文端。事迹见《清史稿》卷二五七、《清史列传》卷九、李桓《国朝耆献类征初编》卷六。

齐召南(—1768)、宋弼(—1768)、董达存(—1783)生。

康熙四十三年　甲申　1704年

英国占领直布罗陀。

三月十一日庚戌(4月14日),因教职官员中不谙文义者多,帝命各省巡抚将所属教职官员通行考试。今后均按此例,不时考试(《清圣祖实录》卷二一五)。

十五日甲寅(4月18日),俄国议政大臣致书清政府,请以二名教士更换北京俄国教堂之年迈教士马克希姆。

六月二十九日丁酉(7月30日),康熙帝谕起居注官揆叙等:"古今讲道学者甚多,而尤好议论人,彼亦仅能言之耳,而言行相符者盖寡。是以朕不尚空言,断不肯非议古人。何以言之?凡人各有短长,弃短取长,始能尽人之材。若必求全责备,稍有欠缺,即行指摘,此非忠恕之道也。故孔子当时,惟节取人之善,隐讳人之短,凡事求诸己,不非诸人,是岂可少容私意于其间乎?又人见讲道学之人或不见用,辄为太息,以为彼果见用,必有可观,此亦徒见其空言而云然也。若果见用,言行亦未必相符。""果如周程张朱,勉行道学之实者,自当见诸议论。若但以空言而讲道学,断乎不可。朱子洵称大儒,非泛言道学者可比拟也。"(《清圣祖实录》卷二一六)

十月,罗马教宗克勒门十一世发"自登基之日"上谕,明令禁止祭祖祭孔。传教中的"礼仪之争"暂告结束。旋又派多罗为使节出使,以监督执行教廷之决议。

按:罗马教廷上谕,凡七条:一、西洋地方称呼天地万物之主用"斗斯"(Deus

[God])二字,此二字在中国用不成话,所以在中国之西洋人,并入天主教之人方用"天主"二字,已经日久。从今以后,总不许用"天"字,亦不许用"上帝"字眼,只称呼天地万物之主。如"敬天"二字之匾,若未悬挂,即不必悬挂,若已曾悬挂在天主堂内,即当取下,不许悬挂。二、春秋二季,祭孔子并祭祖宗之大礼,凡入教之人,不许作主祭、助祭之事,连入教之人,并不许在此处站立,因为此与异端相同。三、凡入天主教之官员或进士、举人、生员等,于每月初一日、十五日,不许入孔子庙行礼。或有新上任之官,并新得进士,新得举人生员者,亦俱不许入孔庙行礼。四、凡入天主教之人,不许入祠堂行一切之礼。五、凡入天主教之人,或在家里,或在坟上,或逢吊丧之事,俱不许行礼。或本教与别教之人,若相会时,亦不许行此礼。因为还是异端之事。凡入天主教之人,或说我并不曾行异端之事,我不过要报本的意思,我不求福,亦不求免祸,虽有如此说话者亦不可。六、凡遇别教之人行此礼之时,入天主教之人,若要讲究,恐生是非,只好在旁边站立,还使得。七、凡入天主教之人,不许依中国规矩留牌位在家,因有"灵位神主"等字眼,又指牌位上有灵魂。要立牌位,只许写亡人名字。再者,牌位作法,若无异端之事,如此留在家里可也,但牌位旁边应写天主教孝敬父母之道理。以上我虽如此定夺,中国余外还有别样之理,毫无异端,或与异端亦毫不相似者,如齐家治国之道,俱可遵行。今有可行与不可行之礼,俱有教王之使臣定夺。有与天主教不相反者,许行,相反者,拒决断不许行(载《中国礼仪之争西文文献一百篇》,上海古籍出版社2001年)。此上谕直接导致与清廷的对峙,以及基督教文化与中国文化的冲突。中国天主教史学家方豪以为其引起的灾难后果是:使中国天主教徒自绝于中国人之外,而成为非我族类;因依照禁令,教徒不许进入祠堂行礼,结果乃使雍正以后一百二十余年间,天主教上为朝廷与地方官禁止,下为民间所排斥。

十一月二十二日戊午(12月18日),湖北巡抚刘殿衡以印刷御书并建藏书楼图呈览。

二十六日壬戌(12月22日),康熙帝以"《明史》关系甚大",特为修《明史》事作文一篇,命晓谕诸臣。

按:谕曰:"《明史》关系极大,必使后人心服乃佳。《宋史》成于元,《元史》成于明,其中是非失实者多,是以至今人心不服。有明二百余年,其流风善政,诚不可枚举。今之史官或执己见者有之,或据传闻者有之,或用稗史者亦有之,任意妄作,此书何能尽善。孔子圣人也,犹言'知我者,其惟《春秋》乎?罪我者,其惟《春秋》乎?'孟子又言'尽信书,则不如无书'。当今之世,用人行政,规模法度之是非,朕当自任,无容他诿。若《明史》之中,稍有一不当,后人将归责于朕,不可轻忽也。是以朕为《明史》作文一篇,尔等可晓谕九亲大臣。"御制文曰:"朕四十余年,孜孜求治,凡一事不妥,即归罪于朕,未尝一时不自责也。清夜自问,移风易俗,未能也;躬行实践,未能也;知人安民,未能也;家给人足,未能也;柔远能迩,未能也;治臻上理,未能也;言行相顾,未能也。自觉愧汗,何暇论明史之是非乎!况有明以来,二百余年,流风善政,岂能枚举。其中史官舞文杜撰,颠倒是非者,概难凭信。元人修《宋史》,明人修《元史》,至今人心不服,议论多岐者,非前鉴耶!朕实无学,每读朱子之书,见相古先民,学以为己。今也不然,为人而已之句,罔不心悦诚服。又读孟子尽信书则不如无书,益见史官,上古不免讹传,况今人乎?班马异同,左国浮华,古人以为定论。孔子至圣,作《春秋》,有知我罪我之叹。后世万倍不及者。轻浮浅陋,妄自笔削,自以为是。朕观凡天下读书者,皆能分辨古人之是非。至问以时事人品,不能一字相答,非日从来不与人往来,即日不能深知。夫目前之事,做官之道,尚茫然不知。而于千百年前,无不洞悉,何得昧于当世,而明于论古,岂非远者明而近者暗乎?所以责人重者责己轻,君子不取也。《明史》不可不成,公论不可不采,是非不可不明,人心不可不取。关系甚巨,条目甚繁,朕日理万几,精神有限,不能逐一细览,即敢轻定是非。后有公论者,必归罪于朕躬。不畏当时而畏后人,不重文章而重良心者此也。卿等皆老学素望,名重一时,明史之是非,自有灼见。卿等众意为是即是也,刊而行之,偶有斟酌,共同再议,朕无一字可定,亦无识见,所以坚辞以示不能也。"(《清圣祖实录》卷二一八)

十二月十三日己卯(1705年1月8日),从湖广学政潘宗洛疏言,许湖广各府州县苗民之通文义者与汉民一体应试。

是年,清廷划一全国量器,制统一之铁斛、铁升颁行全国。

伏尔泰进入耶稣学院。

阎若璩正月以雍亲王胤禛(雍正帝)召,力疾赴京,尊为上宾。寻,病不起。

按:《道古集》曰:阎若璩"晚年名动九重,世宗在潜邸,手书延请,复至京师,呼先生而不名,身虽不显,而道则亨也。"

李塨二月入京,知阎若璩病笃,往省视之。十一月,至杨村哭颜元,作文以祭。是年,王源至闽中,塨以所著《习斋先生年谱》,属为订正,既成,复为之序。

李光地三月请立社仓重建董子祠于景州。

李颙在京始晤方苞。

张廷玉四月奉旨侍直南书房,五月奉命充《御选咏物诗》、《佩文韵府》二书纂修官,十二月充日讲起居注官。

查慎行十一月特授编修。

按:故事:庶吉士教习三年,散馆,始授职。查慎行入馆四月,即除编修,是为特例。

汪绂始攻治《尚书》。

仇兆鳌受命总裁纂修《万舆程考》。

王士禛坐事革职。

洪昇三月至金陵。曹寅奉为上宾,招集名士宾客,为演所著《长生殿》。每演一折,昇与寅即校对其本以合节奏,凡三昼夜始毕。

汪士鋐任《佩文韵府》,校勘官。

卢见曾年十五,补博士弟子员。

吴湘皋在江西会昌城南沙河东之文溪扩建祖业"响涛山房",收集藏书16000余卷,供儒林学子登门索阅。

按:吴湘皋字行,改字芷汀,榜名人缙,江西会昌县人。雍正元年(1723),乡试中式,为恩科举人。此后,历任武进、宜兴、江宁、溧水诸县知县。吴湘皋出生书香门第,深知图书对于读书求学者的重要性,也了解对于穷乡僻壤的寒士来说觅书之难。所以他建立的"响涛山房",实际上是江西赣南最早的图书馆。

蔡升元正月为詹事府少詹事,六月充经筵讲官。

沈辰垣三月为翰林院侍讲,充日讲官。

王之枢五月为翰林院侍讲学士，充日讲官。
吴涵九月以吏部右侍郎充经筵讲官。
邵穆布九月以礼部左侍郎兼国子监祭酒充经筵讲官。
汪霦九月以詹事府少詹事充经筵讲官。
徐潮十月以户部尚书充经筵讲官。
凌绍雯十二月为左中允，充日讲官。
张伯行建清源书院于临清，又建夏镇书院于夏镇。
潘树枏时任福建福清知县，建明德书院。
刘德芳时任四川按察使，于成都建锦江书院。
常德时任云南知府，于马龙县建通泉书院。
卫台揆时任台北知府，改建崇文书院。
武廷适在甘肃武威建天梯书院。

李寅著《易说要旨》2 卷成书，有自序。
  按：《四库全书总目提要》曰："寅字东崖，吴江人。是书用王弼本，仅解《上经》、《下经》。前有康熙甲申《自序》，云法紫阳《本义》。然语多庞杂，往往并《本义》原旨而失之。"
胡渭始著《洪范正论》。
  按：《四库全书总目提要》曰："大旨以禹之治水平于九畴，故首言鲧堙洪水，继言禹乃嗣兴，终言天乃锡禹，则《洪范》为体，而《禹贡》为用，互相推阐，其义乃彰。然主于发明奉若天道之理，非郑樵《禹贡》、《洪》范相为表里之说，惟以九州岛次序分配五行者比也。其辨证前人之说，……皆切中旧说之失。盖渭经术湛深，学有根柢，故所论一轨于理，汉儒附会之谈、宋儒变乱之论，能一扫而廓除焉。"是书力揭前人解《洪范》之弊，于清初求实学风的倡导有一定影响。
阎咏撰《尚书古文疏证后序》。
朱元英著《左传拾遗》2 卷刊行，有自序。
  按：《四库全书总目提要》曰："元英字师晦，上元人。康熙己丑进士。是书摘取《左传》一百一十事，为文一百一十有一，盖仿《东莱博议》之体。惟《博议》多阐《经》义，此则颇订《传》文耳。然好出新意，亦往往失之过苛。如《桓公十七年》：'冬十月朔，日有食之。'《传》曰：'不书日，官失之也。'元英则以不日为特笔，讥《左氏》不知圣人之意。《襄公二十九年》吴季札请观周乐，歌《小雅》，有'周德之衰'一语，元英以为训诂之失，而引《九章算法》，谓差分为衰分。其说皆不能确也。"光绪四年（1878）金山钱培名重刊，编入《小万卷楼丛书》
张伯行校定《程氏家塾读书分年日程》原本。是年，撰《白鹿洞学规衍义》。
揆叙等奉敕增纂《皇舆表》16 卷。
郑元庆著《湖录》有成稿。
钱万选修，王源纂《宰莘退食录》8 卷刊行。
张朝琮修，邬棠等纂《蓟州志》8 卷刊行。
陈宪祖纂修《长山县志》8 卷刊行。
韩佑修纂《儋州志》3 卷刊行。

耶稣会士在特沃克斯出版有关艺术和科学术语的词典《特沃克斯词典》。

约翰·哈里斯编著成科学百科全书《术语词汇》。

伊萨克·牛顿关于光放射理论的书《光学》问世。

王珽修，徐旭旦纂《浏阳县志》17卷刊行。

甘国墡修，廖寿元、江孝绪纂《续纂泰宁县志》刊行。

钱良择著《唐音审体》1卷刊行。

李世熊自编《李寒支先生岁记》1卷刊行，附于是年檀河精舍所刊作者《寒支初集、二集》本中。

朱彝尊十一月辑《禾录》。

张玉书、王鸿绪、蒋廷锡、查慎行等奉旨始纂《佩文韵府》。

冯舒、冯班合评之《二冯评点才调集》10卷刊刻。

按：《四库全书总目提要》曰："《二冯评点才调集》十卷，国朝冯舒、冯班所评点，其犹子武合刊之。……此书去取大旨，具见武所作《凡例》中。凡所持论，具有渊源，非明代公安、竟陵诸家所可比拟，故赵执信祖述其说。然韦縠之选是集，其途颇宽，原不专主晚唐。故上自李白、王维，以至元、白长庆之体，无不具录。二冯乃以国初风气矫太仓、历城之习，竟尚宋诗，遂借以排斥江西，尊崇昆体。黄、陈、温、李，龂龂为门户之争。不知学江西者其弊易流于粗犷，学昆体者其弊亦易流于纤秾。除一弊而生一弊，楚固失之，齐亦未为得也。王士禛谓赵执信崇信是书，铸金呼佛，殊不可解。杭世骏《榕城诗话》亦曰：'戚进士发言，德清人，每为二冯左袒。予跋其《才调集》点本后曰：固哉冯叟之言诗也。承转开合，提唱不已，乃村夫子长技。缘情绮靡，宁或在斯，古人容有。细心通才必不当为此迂论，右西昆而黜西江。夫西昆盛于晚唐（案晚唐无西昆之名，此语失考），西江盛于南宋。今将禁晋、宋之不为齐、梁，禁齐、梁之不为开元、大历，此必不得之数。风会流转，人声因之。合三千年之人为一朝之诗，有是理乎？二冯可谓能持诗之正，未可谓遂尽其变也'云云。其论颇当。惟谓承转开合乃村夫子长技，则又主持太过。"

丁裔沆著《香湖草堂集》5卷刊行。

朱元英著《春雨堂集》24卷刊行。

金德嘉著《居业斋文稿》20卷刊行。

按：《四库全书总目提要》曰："德嘉晚年，键户著书。时同郡顾景星、张仁熙、刘醇骥往往追摹秦、汉，宗尚王、李，訾归有光为秀善婉媚，德嘉独不为高论，力摹韩、欧。虽其闳肆博赡逊于国初前辈，而先民矩矱，仿佛犹存。惟《复胡石庄书》谓'史馆方开，吾楚先辈故事，尚待折衷。江陵当国，综核名实，富国强兵数十年，而论者以专病之。熊、杨慷慨任事，而熊以过刚见嫉于当世。杨专阃杖钺，忧愤以死，或曰自缢。当时失机逸贼，别有主名，武陵岂自经沟渎者耶'云云。为狃于乡曲之私，未可为万世之公论也。"

戴名世著《戴田有自定时文全集》刊行，有自序。

吴震方著《晚树楼诗稿》4卷成书。

朱鸿瞻著《竹园类辑》10卷刊行。

顾嗣立著《寒厅诗话》2卷成书，有自序。

裘君弘著《西江诗话》4卷刊行，有刘廷玑序。

按：裘君弘字任远，江西新建人。是书评论江西历代诗人四百余家。

王士禛著《蚕尾续集》成书。

吴历为陆廷灿作《陶圃松菊图》。

刘智著《天方性理》刊行。

尤侗卒(1618—　)。侗字展成,又字同人,号悔庵、艮斋,晚号西堂老人,江南长洲人。明末诸生。康熙十八年试博学鸿儒,授检讨,参与修《明史》,三年告归。善诗文,精音律,其词曲成就较高,然所著不宜演出。其著述收于《西堂全集》50卷、《西堂余集》70卷、《鹤栖堂集》10卷。事迹见《清史稿》卷四八四、《清史列传》卷七一、李桓《国朝耆献类征初编》卷一一九、蔡冠洛《清代七百名人传》第五编、郑方坤《尤侍讲侗小传》(《碑传集》卷四五)。尤侗自编有《悔庵年谱》。

潘江卒(1619—　)。江字蜀藻,号木崖,安徽桐城人。康熙十八年举博学鸿儒,不赴。著有《字学析疑》、《木崖诗集》。事迹见马其昶《桐城耆旧传》卷七。

唐甄卒(1630—　)。甄原名大陶,字铸万,号圃亭,四川达州人。综贯经史,扬榷风雅,非秦汉之书弗读。顺治十四年举人,选山西长子县知县,亲自教民蚕桑,后因逃人案牵连去官。著书立说,写《衡书》,言衡者志在权衡天下也。因不得志,后更名为《潜书》。其著尚有《毛诗传笺合义》、《春秋述传》、《圃亭集》、《潜文》、《潜诗》等。事迹见《清史稿》卷四八四、《清史列传》卷七〇、蔡冠洛《清代七百名人传》第四编。

田雯卒(1635—　)。雯字子纶,又字纶霞,号山姜子、蒙斋,山东德州人。康熙三年进士,授内阁中书。官至户部侍郎。著有《寒绿堂山姜分体诗》15卷、《长河史籍考》10卷、《古欢堂集》36卷、《古欢堂杂著》、《黔俗记》等。事迹见《清史稿》卷四八四、李桓《国朝耆献类征初编》卷五二、周彝《田公雯神道碑铭》(《碑传集》卷一九)。田雯自编有《蒙斋年谱》。

颜元卒(1635—　)。元初因其父养于朱氏,遂姓朱,名邦良,字易直,号思古人,后归宗复姓,改今名,字浑然,号习斋,直隶博野人。初尊程朱陆王之学,日事静坐读书,后一变而注重习行,究兵农水火诸学。晚年应江南书院之聘,为立规制,分设文事、武备、经史、艺能等科。其论学重在实践,力斥宋以后空谈心性之说。与其弟子李塨的学说合称"颜李学派"。著有《存学编》4卷、《存性编》2卷、《存治编》1卷、《存人编》4卷,总称《四存编》11卷。另有《四书正误》6卷、《朱子语类评》1卷、《习斋记余》10卷、《礼文手抄》1卷等。事迹见《清史稿》卷四八〇、《清史列传》卷六六、李桓《国朝耆献类征初编》卷四〇一、蔡冠洛《清代七百名人传》第四编。李塨编有《颜习斋先生年谱》,瞿世英编有《颜习斋年谱节本》。

按:《清史列传》本传曰:"元之学,大抵亦出姚江,而加以刻苦,介然自成一家。以明季诸儒崇尚心学,无补于时,驯至大乱,士腐而靡,兵专而弱。故其学主于励实行,济实用,常谓后人动诋宰我、樊迟、季路、冉求、子贡、子张、游、夏诸子,而欲升周、程与颜、曾接席。然圣门弟子以就业为本,惟在实学实行实用之天下。后儒薄事功,故其视诸贤甚卑也。又常语友人曰:'如天不废予,将以七字富天下:垦荒、均田、兴水利;以六字强天下:人皆兵,官将将;以九字安天下:举人材,正大经,兴礼乐。'其自负如此。然矫枉过正,攻驳先儒,未免已甚;其欲复三代之制,亦近于泥古云。"刘师培《颜李二先生传》曰:"刘光汉曰:自周代以来,以道为本,以艺为末,其说倡于儒家。而一二治实学者,反斥为多能鄙事,致用非所学,学非所用,其所由来,非一日矣。习斋生于明末,崛起幽冀,耻托空言。于道德则尚力行,于学术则崇实用,而分科讲习,立法尤精。虽其依经立说,间失经义之真,然道艺并崇,则固岐周之典则也。刚主继之,颜学益恢,乃后儒以经师拟之。呜呼,殆亦浅视乎刚主矣。"颜元弟子较多,著名者有李塨、王源等。交游者有刁包、王余佑、李明性、张罗哲、张起鸿、王之征、吕申、王养粹、刘崇文、陈之铉、乔己百、张鹏举、张沐、许三礼等。其私淑弟子有恽鹤生、程廷祚、戴望等,皆一时名流。

阎若璩卒(1636—)。若璩字百诗,号潜邱,山西太原人,客居江苏淮安。康熙十八年应博学鸿儒,不第,留京师,佐徐乾学修《大清一统志》。长于经学,所著《古文尚书疏证》8卷,考定东晋梅赜所献《古文尚书》为伪书,开启清初学者疑经、考据之风。又精审地理山川形势,对州郡沿革了若指掌。著有《孟子生卒年月考》1卷、《毛朱诗说》1卷、《潜邱札记》6卷、《四书释地》6卷、《日知录补正》、《困学纪闻笺》等。事迹见《清史稿》卷四八一、《清史列传》卷六八、蔡冠洛《清代七百名人传》第四编、赵执信《阎先生若璩墓志铭》、杭世骏《阎先生传》(均见《碑传集》卷一三一)。张穆编有《阎潜邱先生年谱》,夏定棫编有《阎潜邱先生年谱补正》。

按:梁启超《中国近三百年学术史》曰:康熙朝重要的学术潮流有四支:"一阎百诗、胡东樵一派之经学,承顾、黄之绪,直接开后来乾嘉学派;二梅定九、王寅旭一派之历算书,承晚明利、徐之绪,作科学先锋;三陆桴亭、陆稼书一派之程朱学,在王学与汉学之间,折衷过渡;四颜习斋、李刚主一派之实践学,完成前期对王学革命事业而进一步。"《江南通志》曰:"若璩淹贯经史,学博而思精,最长于考订,多阐先儒所未发。"其弟子有邱回、万经等。其交游者有顾炎武、黄宗羲、李因笃、傅山、毛奇龄、张绍、姜宸英、汪琬、李塨、臧琳、朱彝尊、惠周惕、吴任臣、顾祖禹、胡渭、黄仪、万斯选、何焯、徐嘉炎、李铠、姚际恒等。

韩菼卒(1637—)。菼字元少,号慕庐,江苏长洲人。康熙十二年进士第一,授翰林院修撰。官至礼部尚书兼掌院学士。曾领修《大清一统志》、《平定朔漠方略》等书。与顾炎武、朱彝尊、钱澄之、姜宸英、方苞等相友善并切磋学问。卒谥文懿。著有《有怀堂诗文集》28卷。事迹见《清史稿》卷二六六、《清史列传》卷九、李桓《国朝耆献类征初编》卷五八、朱彝尊《礼部尚书兼掌翰林院学士长洲韩公墓碑》、方苞《礼部尚书韩公墓表》、张大受《礼部尚书韩公慕庐先生墓表》、潘宗洛《祭长洲韩宗伯文》(均见《碑传集》卷二一)。

按:《清史稿》本传曰:"菼负文章名,而立朝树风概,敢言,与人有始终。其再假归也,乾学方罢官家居,领书局洞庭山中。两江总督傅腊塔构乾学,将兴大狱,素交皆引去。菼旦暮造门,且就当事白其诬,乃已。其复起也,上遇之厚,尝曰:'韩菼天下才,美风度,奏对诚实。'又曰:'菼学问优长,文章大雅,前代所仅有。所撰拟能道朕意中事。'……乾隆十七年,高宗谕奖'菼雅学绩文,湛深经术。所撰制义,清真雅正,开风气之先,为艺林楷则',追谥文懿。"

邵长蘅卒(1637—)。长蘅字子湘,号青门山人,江苏武进人。诸生。入京师,与施闰章、王士禛、徐乾学往来,又与陈维崧、朱彝尊、姜宸英为友。所著以康熙十七年前为《青门簏稿》文10卷,诗6卷;十八年至三十年为《青门旅稿》文4卷,诗2卷;三十年以后为《青门胜稿》文5卷,诗3

卷,总题之为《青门集》。辑有《明四家诗钞》18卷等。事迹见《清史稿》卷四八四、《清史列传》卷七一、李桓《国朝耆献类征初编》卷四三〇、蔡冠洛《清代七百名人传》第五编、陈玉璂《邵山人长蘅传》(《碑传集》卷一三八)。

彭鹏卒(1637—)。鹏字奋斯,号古愚,福建莆田人。由三河知县官至广东巡抚。著有《古愚心言》8卷、《中藏集》1卷和《万寿敷福集》、《两粤疏抄》、《渡江草》若干卷。《彭公案》叙写其有关事迹,多出附会臆造。事迹见《清史稿》卷二七七、《碑传集》卷六七《广东巡抚彭鹏传》。

洪昇卒(1645—)。昇字昉思,号稗畦,浙江钱塘人。国子监生。受业于王士禛、施闰章。工乐府,谙音律,善诗词。所著有《稗畦集》等,以戏曲《长生殿》而闻名,与孔尚任齐名,有"南洪北孔"之称。事迹见《清史列传》卷七一、李桓《国朝耆献类征初编》卷四三〇。今人章培恒编有《洪昇年谱》。

高士奇卒(1645—)。士奇字澹人,号江村,浙江钱塘人。初由监生充书写,供奉内廷。康熙二十四年转侍读学士,任《大清一统志》副总裁官。二十六年迁詹事府少詹事。四十二年授礼部侍郎。著有《经进文稿》、《春秋地名考略》14卷、《左传纪事本末》53卷、《左传国语辑注》、《左传姓名同异考》、《天禄识余》、《扈从西巡日录》、《随辇集》、《城北集》、《宛西集》、《清吟堂集》、《江村消夏录》、《北墅抱瓮录》等。事迹见《清史稿》卷二七一、《清史列传》卷一〇、李桓《国朝耆献类征初编》卷六〇、震钧辑《国朝书人辑略》卷二、蔡冠洛《清代七百名人传》第四编。

按:《清史稿》本传曰:"上顾侍臣曰:'朕初读书,内监授以四子本经,作时文;得士奇,始知学问门径。初见士奇得古人诗文,一览即知其时代,心以为异,未几,朕亦能之。士奇无战阵功,而朕待之厚,以其裨朕学问者大也。'寻遣归,是年卒于家。"

钮琇卒,生年不详。初名泌,字书城,号玉樵,江苏吴江人。康熙十一年拔贡。历知河南项城、陕西白水、广东高明知县。著有《白水县志》、《临野堂集》29卷等。事迹见《清史列传》卷七〇、李桓《国朝耆献类征初编》卷二二二。

陈黄中(—1762)、汪沆(—1784)生。

康熙四十四年　乙酉　1705年

二月初九日癸酉(3月3日),康熙帝开始第五次南巡,是日自京启程。

二十二日丙戌(3月16日),康熙帝过德州时,于舟中三次召见梅文鼎,谓李光地:历象算法,世鲜知者,其人雅士,惜老矣。

英国海军占领巴塞罗那。

柏林的皇家观象台建立。

按：《清史稿·梅文鼎传》曰："乙酉二月，南巡狩，光地以抚臣扈从，上问：'宣城处士梅文鼎焉在？'光地以'尚在臣署'对。上曰：'朕归时，汝与偕来，朕将面见。'四月十九日，光地与文鼎伏迎河干，越晨，俱召对御舟中，从容垂问，至于移时，如是者三日。上谓光地曰：'历象算法，朕最留心，此学今鲜知者，如文鼎，真仅见也。其人亦雅士，惜乎老矣！'连日赐御书扇幅，颁赐珍馔。临辞，特赐'绩学参微'四大字。"

三月十八日壬子（4月11日），康熙帝命江苏巡抚宋荦主持刊刻《资治通鉴纲目》。

二十八日壬戌（4月21日），破格予已故礼部侍郎高士奇谥文恪。

九月初二日戊辰（10月19日），以内阁学士王之枢为武会试正考官，翰林院侍读学士沈辰垣为副考官。

二十一日壬午（11月7日），准湖广各土司中之读书能文者注入民籍，一体考试。

十月初一日辛卯（11月16日），重修华阴西岳庙成，御制碑文。

十四日甲辰（11月29日），添设贵州永宁、麻哈、独山三州学正各一员；普定、平越、都匀、镇远、安化、龙泉、铜仁、永从八县教谕各一员。

十一月十四日甲戌（12月29日），新修国子监告成。帝亲书"彝伦堂"匾额。

十二月二十一日辛亥（1706年2月4日），本年顺天乡试发榜后，舆论不佳，有怨，正副主考户部右侍郎汪霦、姚士垛交部议处。

是月，准五寨司等处设立义学，听苗民肄业。

是年，罗马教皇特使多罗至北京。康熙帝召见罗马教皇特使多罗和福建主教，拒绝接受罗马教皇之七条禁约，斥之为"立于大门之外，论人屋内之事"，并通令各地居留中国的传教士必须经领票，且服从中国礼仪，否则，不得在中国传教。又以答谢名义派沙国安赴罗马，要求教皇派数人与沙国安同来。

埃德蒙德·哈雷准确地预测出1682年见到的慧星将于1758年重现。

李光地十一月迁文渊阁大学士。

按：《清史稿·李光地传》曰："四十四年，拜文渊阁大学士。时上潜心理学，旁阐六艺，《御纂朱子全书》及《周易折中》、《性理精义》诸书，皆命光地校理，日召入便殿研求探讨。"

陈梦雷上疏弹劾李光地，为自己申诉。

杨名时以督学出访河南。

梅文鼎因康熙帝二月南巡过德州，被三次召见于御舟中，得御书"绩学参微"额。

张英迎驾淮安，得御书"谦益堂"、"葆静"匾额。

查慎行五月扈驾幸古北口，六月得御书"敬业堂"匾额及对联。

王士禛是夏避暑西城别墅，始叙年谱。

张玉书奉旨搜求马骕著作。

汪士鋐任《全唐诗》校对官。

黄叔琳丁父忧，服阕补原官，授山东提督学政。

王原祁擢侍讲学士，任纂修《佩文斋书画谱》总裁。

程廷祚年十五，有父执过访，知其才，令作《古松赋》。

汤右曾提督河南学政。

温睿临中举人，官内阁中书。

按：温睿临字邻翼，一字令贻，号哂园，浙江乌程人。与万斯同交好，并遵其嘱著成《南疆逸史》40卷。又著有《吾征录》《西园文集》《西园别集》等。

戴名世中举人，十月十二日与顾嗣立、张大受、吴士玉、黄叔琳、吴襄、储在文、汪灏、汪漋、宫鸿历、郭元釪、高不骞等奉诏分入五馆修书。

按：顾嗣立《春树闲钞》卷上曰："冬十月十二日，奉敕：《宋金元明四朝诗》，着翰林吴昺、陈至言、陈璋、魏学诚纂选，派南边考取举、贡、监生顾嗣立、张大受、吴士玉、钱荣世、庄楷、陈王谟、汪泰来、田广运等二十二人录选；《历代诗余》，着翰林黄叔琳、王奕清、阎锡爵、余正健纂选，派举、贡、监生杨祖楫、王时鸿、杜诏、吴襄、吴陈琰、杨谐、储在文、吴景果等十六人录选；《广群芳谱》，着翰林汪灏、张逸少、汪漋、黄龙眉纂辑，派举、贡、监生胡期恒、李同声、潘葆光、方觐、张宏敏等十六人纂录，各书陆续送南书房启奏。先是四十三年□月，武英殿设局纂辑《佩文斋韵府》，首命翰林孙致弥、汪俊、吴廷桢、何焯、宋至、朱书、举人卢轩分纂，至是复增入贡、监生冯守礼、汪俊、王敬铭、陆箕永、宫懋谅等八人抄写。又于南薰殿开局，编定《方舆路程考略》，命翰林彭会淇、仇兆鳌、顾图河纂辑，派考取进士杨开沅，举、贡、监生俞长策、宫鸿历、郭元釪、杨士徽、布衣高不骞等共十二人纂录。由是京师一时有五馆之号，真太平盛事文治之极隆也。"

顾图河七月为翰林院编修，充日讲官。

穆丹五月以户部右侍郎充经筵讲官。

穆和伦七月以工部右侍郎充经筵讲官。

钱陈群迎驾吴江，献诗，康熙帝命俟回跸召试，以母陈病不赴。

汪越中举人。

倪璠中举人，官内阁中书。

按：倪璠字鲁玉，浙江钱塘人。官内阁中书舍人。长于史学。著有《神州古史考》《方舆通志文》及《庾子山集注》。

张伯行四月复建济阳书院。

王安泰时任广东博罗知县，建怀芝书院。

顾鹏时任云南永平知县，建博南书院。

李光地十一月选刻《易义前选》《程墨前选》成书。

臧琳著《尚书集解》120卷成书，有自序。

按：臧琳《尚书集解序》曰："琳不揣固陋，手自撰辑，上探伏、孔、马迁之奥，中采许、马、郑、王之诣，下逮唐、宋、元、明之说，莫不条分缕析，依经附注，撷其精英，弃其瑕疵，间下己意，亦不数见。盖以前人之义已备，故一己之说不赘。惟文字异同之间，有系圣经匪浅，而自唐儒陆、孔以来，多所依违，鲜能折衷。琳少学诂训，颇解于斯，凡有可据，随为条证，欲少求益于前人所得之外，非忘其大者远者，而议其小者近者也。据颖达《正义》之本，仿何晏《论语》之《注》，别以姓名，题为《集解》。三易其

克里斯蒂安·托马西乌斯发表《基本法律的自然性和地方性》。

稿,廿年而成,为卷凡一百有二十,附以《序》、《目》、《释文》四卷。若夫删繁订失,是深有望于后之君子焉。"(徐世昌《清儒学案》卷四四《玉林学案》)

姚际恒著《诗经通论》18卷成书。

按:《续修四库全书总目提要》曰:"其书既斥《毛诗序》之伪,尤攻朱《集传》之短。世儒多以废《序》为《集传》病,兹则谓遵《序》莫若《集传》。庄生有言,此亦一是非,彼亦一是非,其斯之谓与甚且诋郑玄《诗》固非长,礼亦何长之有?而于《毛传》顾犹取之,谓其依《尔雅》作《诗》训诂,不论《诗》旨,此最近古。其中虽不无舛讹,然自为《三百篇》不可少之书。"

毛奇龄著《读诗传鸟名》3卷成书,有自序。

戴名世始采朱子语录纂《四书朱子大全》。

李塨二月选订《习斋记余》,又刊颜元所著《存性编》2卷、《存治编》1卷、《存人编》4卷。

李瀛修,温德嘉、焦之序纂《三原县志》7卷刊行。

潘锦修,仇翊道纂《曲沃县志》30卷刊行。

郎廷楎修,张佳晟纂《沅陵县志》10卷刊行。

刘德昌修,叶沄纂《商丘县志》20卷刊行。

金皋谢修,林麟焻纂《兴化府莆田县志》36卷刊行。

张尚元纂《宿迁县志》12卷刊行。

张邵振修纂《上林县志》2卷刊行。

王谦言修纂《绵竹县志》5卷刊行。

任中宜修纂《平彝县志》10卷刊行。

张鹏翮编《诸葛忠武年表》1卷刊行。

陈景云著《纪要要略》2卷成书,有自序。

曹寅三月奉旨设诗局于扬州天宁寺,由彭定求诸人编校《全唐诗》。

按:《四库全书总目提要》曰:"诗莫备于唐。然自北宋以来,但有选录之总集,而无辑一代之诗共为一集者。明海盐胡震亨《唐音统签》始搜罗成帙,粗见规模,然尚多所舛漏。是编禀承圣训,以震亨书为稿本,而益以内府所藏《全唐诗》集。又旁采残碑、断碣、稗史、杂书之所载,补苴所遗,凡得诗四万八千九百余首,作者二千二百余人……网罗赅备,细大不遗。……义例乃极谨严。至于字句之异同,篇章之互见,根据诸本,一一校注,尤为周密。得此一编,而唐诗之源流正变,始末厘然。自有总集以来,更无如是之既博且精者矣。"康熙四十四年三月,江宁织造曹寅奉旨刊刻,十月呈样本,写刻精细,是我国雕版史上一大杰作。有光绪十三年上海同文书局石印本、中华书局1960年排印本、上海古籍出版社1986年据康熙扬州书局本剪贴影印本。《全唐诗》编成后,因为仍有遗漏,朱彝尊即写有《全唐诗未备书目》(《潜在堂书目四种》之一),列出了可以补充的140种集子。从此,关于《全唐诗》的补遗和考辨工作一直没有间断。近代的刘师培、闻一多、岑仲勉、李嘉言等先生,都曾致力于对《全唐诗》的整理和研究。当代学者陈尚君的《全唐诗补编》,可谓唐诗辑佚的大成之作;佟培基的《全唐诗重出误收考》,对《全唐诗》中的重出误收诗作了认真甄辨。

吴瞻泰著《陶诗汇注》4卷成书。

按:《四库全书总目提要》曰:"瞻泰字东岩,歙县人。是编成于康熙乙酉,首卷载宋吴仁杰、王质二家年谱,末卷附诗话百余条。其诗注则采宋汤汉、元刘履、明何孟春、张尔躬、黄文焕诸家之说。履未尝注陶诗,盖自其《文选补遗》摭出也。"

　　张远著《杜诗会粹》24卷刊行。
　　按:是书又名《杜诗笺注会粹》。
　　邵廷采刻《思复堂文稿》前、后集成书。
　　徐釚复次所作为《南州草堂续集》4卷。
　　沈受弘著《白溇集》10卷刊行。
　　梁佩兰著《六莹堂二集》8卷成书。
　　顾嗣立刻所编《诗林韶濩》20卷,有自序。
　　李塨著《小学稽业》5卷成书。
　　王概作《采芝图》扇。
　　王士禛著《古夫于亭杂录》(又名《夫于亭杂录》)6卷、《香祖笔记》12卷成书。
　　林佶著《朴学斋诗稿》10卷刊行。
　　王克昌著《宝翰堂藏书考》14卷,有自序。
　　程允基辑《诚一堂琴谱大全》8卷刊行。

　　宋实颖卒(1621—　)。实颖字既庭,号湘尹,江苏长洲人。顺治十七年举人。官兴化县教谕。著有《读书堂集》、《老易轩集》、《玉磐山房集》。事迹见《清史列传》卷七〇、《疑年录汇编》卷九。
　　王泽弘卒(1623—　)。泽弘字涓来,号昊庐,湖北黄冈人。顺治十二年进士。历官礼部尚书。著有《鹤龄山人集》等。事迹见邓之诚《清诗纪事初编》卷八。
　　朱耷约卒(约1626—　)。耷字雪个,号人屋、书平、八大山人等,江西南昌人。明宗室。明亡,曾出家为僧,又为道士。长于花鸟山水画,亦工书法。事迹见《清史稿》卷五〇四、邵长蘅《八大山人传》(《碑传集》卷一二六)。
　　李颙卒(1627—　)。颙字中孚,号二曲,陕西周至人。康熙十八年荐举博鸿儒,绝食以死拒之。时与孙奇逢、黄宗羲齐名,世称清初三大儒。又与李因笃、李柏并称关中三李。康熙帝西巡时于西安召见,李颙以衰老辞,遣子进所著《四书反身录》6卷、《续补》1卷、《二曲集》26卷。所著尚有《十三经注疏纠缪》、《二十一史纠缪》、《易说》、《象数蠡测》等。事迹见《清史稿》卷四八〇、蔡冠洛《清代七百名人传》第四编、刘宗泗《周至李征君二曲先生墓表》、全祖望《二曲先生窆石文》、龚百药《周至李氏家传》(均见《碑传集》卷一二八)。吴怀清编有《二曲先生年谱》,谢国桢编有《李二曲学谱》。
　　按:《清史列传》本传曰:"颙学亦出姚江,谓学者当先观陆九渊、杨简、王守仁、陈献章之书,阐明心性,然后取二程、朱子以及吴与弼、薛瑄、吕柟、罗钦顺之书,以尽践履之功。初有志济世,著《帝学宏纲》、《经筵僭拟》、《经世蠡测》、《时务急策》等书,既而尽焚其稿。又著《十三经注疏纠谬》、《二十一史纠谬》、《易说》、《象数蠡测》。亦谓无常身心,不以示人。居恒教人一以反身实践为事。谓孔、曾、思、孟,立言垂训,盖欲学者体诸身,见诸行,充之为天德,达之为王道,有体有用,有补于世。否则假途干进,岂圣贤立言之初心,国家期望之本意耶?"全祖望《二曲先生窆石文》曰:"先生四十以前,尝著《十三经纠谬》、《廿一史纠谬》诸书,以及象数之学,无不有述,其学极博,既而以为近于口耳之学,无当于身心,不复示人。所至讲学,门人皆录其语。而先生曰:'授受精微,不在乎书,要在自得而已。'故其巾箱所藏,惟取《反身录》示学者。晚年迁居富平,四方之士,不远而至。然或才名远播,著书满家,而先生竟扃户不纳,积数日怅然去者;或出自市廛下户,而有志自修,先生察其心之不杂,引而进之。当是时,北方则孙先生夏峰,南方则黄先生梨洲,西方则先生,时论以为三大儒。然夏峰自明时已与杨左诸公称石交,其后高阳相国折节致敬,易代而后,声名益大;梨洲为忠端之子,证人书院之高弟,其后从亡海上,故尝自言平生无责沉之恨,过泗之惭。盖其资格皆素高。先生起自孤根,上接关学六百年之统,寒饿清苦之中,守道愈严,而耿光四出,无所凭借,拔地倚天,尤为莫及。"(《碑传集》卷一二八)李颙弟子甚众,有王心敬、惠霦嗣、张珥、李士璸、马栘、王吉相、宁维垣、徐超、张瀗生、陆士楷、吴发祥、刘钁、王所锡等。李颙交游者有白焕彩、党湛、王化泰、王四服、张承烈、惠思诚、李柏、李因笃、范鄗鼎、杨甲仁、骆钟麟、蔡启胤等。

又按:《清史列传》卷六六《李士璸传》曰:"李士璸,字文伯,亦同州人。以诸生贡太学。……笃好正学,颙至同州示以'学髓',喜跃如狂,自是凝神内照,研究先儒《语录》,二十年如一日。尝四举乡饮大宾,州守表其闾曰'关中文献'。年九十,卒。著有《文学正谱》二卷、《群书举要》二卷、《孝经要义》二卷、《四书要谛》四卷、《小学约言》一卷、《理学宗言》二卷、《王陈宗言》二卷、《诗余小谱》一卷、《问疑录》一卷、《玉山前后集》十卷。"

范鄗鼎卒(1628—)。名或作镐鼎,字彪西,山西洪洞人。学者称娄山先生。康熙六年进士,以母老不仕。治理学,与应撝谦、李颙等齐名。曾立希贤书院,置学田以供给从学之士。河、汾间人士多从之受经。辑有《明儒理学备考》34卷、《广明儒理学备考》48卷、《国朝理学备考》26卷;著有《语录》1卷、《五经堂文集》5卷、《五经堂野歌》1卷、《三晋诗选》40卷、《续垂棘编》19卷等。事迹见《清史稿》卷四八〇、《清史列传》卷六六、李桓《国朝耆献类征初编》卷三九五。

按:《清史列传》本传曰:"鄗鼎少时,父授以(辛)全所著《养心录》,曰:'此辛先生第一书也!'初以《五经》应试,嗜《左》、《国》、秦汉之文,务为奇奥。既而曰:'人不为理学,将为何如人?文不为理学,将为何如文?'自是益究心濂、洛、关、闽诸书,阐明辛全之学。……鄗鼎为学不开讲堂,不事著作,不主一家言,惟汇辑古今嘉言懿行以教学者。初辑《理学备考》,剟取辛全、孙奇逢书十卷,续补己说六卷;后复剟取熊赐履、张夏、黄宗羲书,合三十四卷。尝以寄平湖陆陇其及李颙。陇其谓薛、胡、王、陈不当并列,颙则谓姚江一变至道,孙钟元明目张胆,主张姚江,可谓卓见。然鄗鼎复新城王士禛书云:'冯恭定有言,除却气节、事功、文章,将于何处见道学?近人指文成为异端,狎侮前哲,讪谤学官。先生谓其无羞恶之心,仆更谓其失为下不倍之道也。至于黄梨洲《学案》属意专在文成,亦属偏见。仆取其收罗宏富,自叙处不讳浅深,各得醇疵互见之意耳。'萧山毛奇龄序其书,谓鄗鼎无偏陂之见存于中云。"范氏弟子有范翼、阎擢、陈大美、吕元音、石云根等。其交游者有傅山、李颙、冉觐祖、魏象枢、熊赐履、高世泰、张夏、陆陇其、陈廷敬、窦克勤、韩菼、李生光、党成、曹续祖等。徐世昌《清儒学案》卷二八曰："三晋理学最称敬轩、复元，辛氏实衍其绪，娄山祖、父皆游辛门，渊源既有所自，复能颛精一意，讲学不倦，巍然为清代山右儒宗。《理学备考》一书，亦夏峰《宗传》之亚也。"

梁佩兰卒(1632—)。佩兰字芝五，号药亭，广东南海人。顺治十四年乡第一。康熙二十七年进士，改翰林院庶吉士。诗与程可则、陈恭尹、王邦畿、方殿元、方还、方朝齐名，称"岭南七子"。又与陈恭尹、屈大均称"岭南三家"。著有《六莹堂集》16卷。事迹见《清史稿》卷四八四、《清史列传》卷七一、李桓《国朝耆献类征初编》卷一二一、蔡冠洛《清代七百名人传》第五编。

万言卒(1637—)。言字贞一，号管村，鄞县县城人。万斯年子。少与叔斯大、斯同从黄宗羲学，以古文著称。康熙十四年举人，为教习，期满授知县。明史馆开局，总裁徐元文荐其入局纂修，授文林郎，独成《崇祯长编》，兼修《盛京通志》、《大清一统志》。二十七年外放五河知县，修塘筑堰，办学兴教，吏治清明。著有《管村文集》、《明史举要》、《尚书说》等。事迹见《清史稿》卷四八一、《清史列传》卷六八、《国朝先正事略》卷三二、李桓《国朝耆献类征初编》卷二二五。

廖燕卒(1644—)。燕初名燕生，字人也，又字梦醒，号柴舟，广东曲江人。诸生。生性简傲，鄙视儒家正统观点和程朱理学，有《性论》、《性善辩略》、《性相近辩略》等文，力驳孟子、荀子、朱熹之说。著有《二十七松堂集》22卷及《醉画图》杂剧等。事迹见李桓《国朝耆献类征初编》卷四三〇、王源《廖柴舟墓志铭》、曾璟《廖燕传》(均见《廖燕全集》附)。

按：上海古籍出版社2005年出版了林子雄点校的《廖燕全集》，书后附有《廖燕研究资料汇编》、《廖燕研究篇目》、《廖燕交游录》。举凡生平传记资料、墓志、诗文酬答、评论、交游等资料，搜罗完备，足资研究、阅读。

桑结嘉错卒(1653—)。桑结嘉错亦称桑结、第巴桑结嘉错，西藏拉萨人。出身于贵族仲麦巴家，为第二任第巴仲麦巴陈列嘉错(1660—1668在位)之侄。八岁时被送进布达拉宫读书，由达赖五世罗桑嘉错亲自培养，学习佛典，旁及梵文、诗学、文学、史学、医方、历算诸科，遍览群书，勤于著述，年轻时已成一知名学者。康熙十八年，被达赖五世任命为第巴(政务总管)。达赖五世去世，利用职权秘不发丧达十五年之久。三十三年，清廷封其为土伯特国王。后被拉藏汗擒杀。著有《黄琉璃史》、《蓝琉璃史》、《白琉璃史》、《布达拉宫志》、《六世达赖传》、《五世达赖诗笺》、《医方明仙人喜宴》、《白琉璃释难》等。

全祖望(—1755)、夏敬渠(—1787)生。

康熙四十五年　丙戌　1706 年

阿尔特兰施泰特和约签订。

第二座埃迪斯通灯塔开始建造。

二月初四日癸巳（3 月 18 日），以多罗安郡王马尔浑为纂修《玉牒》总裁官，大学士席哈纳、陈廷敬、礼部左侍郎邵穆布、内阁学士赫寿为副总裁官。

初六日乙未（3 月 20 日），以吏部左侍郎李录予为会试正考官，工部右侍郎彭会淇为副考官。

三月二十日戊寅（5 月 2 日），策试天下贡士尚居易等于太和殿前。

二十二日庚辰（5 月 4 日），康熙帝御乾清宫西暖阁，读卷官等以殿试卷进呈。上亲定一甲三名，又阅不合式 11 卷，文理谬劣陶仁明、马芝秀两卷，陶仁明被黜革，马芝秀仍留举人，其余 11 人令再三年殿试。

二十三日辛巳（5 月 5 日），康熙帝御太和殿，传胪，赐殿试贡士施云锦等 289 人进士及第出身有差。

二十八日丙戌（5 月 10 日），从左都御史周清原奏请，于各省建立育婴堂。

二十九日丁亥（5 月 11 日），因会试考官将文字不堪者四人拟取中进士，从大学士都察院等议处，主考官李录予、彭会淇离任，同考官李绅文、谢藩、闫中宽等革职严审。

四月十七日甲辰（5 月 28 日），礼部遵旨议减八旗进士额数。今应仍照康熙二十六年旧例，满洲、蒙古取中 4 名，汉军 2 名。从之。

五月十三日庚午（6 月 23 日），命内阁学士二鬲、户部尚书徐潮教习庶吉士。

六月初一日丁亥（7 月 10 日），康熙帝谕修国史官员："开国功臣作传，当因其事迹先后，以定次第。若视功绩分次等，或有本人功绩少，而子孙功绩多者，反置子孙于前列，可乎？今应分别太祖、太宗、世祖三朝功臣，以何人居首，请旨再定。至逮事三朝功臣，各于本人传内，通行开载事绩。其子孙有立功者，附载于下。俟作传毕，可录出分给其子孙各一通，令藏于家。"（《清圣祖实录》卷二二五）

十月初四日戊子（11 月 8 日），策试天下中式武举于太和殿前。

初六日庚寅（11 月 10 日），举行武殿试。

初七日辛卯（11 月 11 日），赐中式武举梁杨谦等 94 人武进士及第出身有差。

十二月初六日庚寅（1707 年 1 月 9 日），四川提督学政宋衡题请封孔子四代。

是年，康熙帝命颁行《御选古文渊鉴》、《资治通鉴纲目》等书。又亲制《周易折中》成，颁行全国。

李光地三月任殿试读卷官，四月充《国史》馆、《典训》馆、《方略》馆、《大清一统志》馆总裁。

李塨注《易·系辞》，辨周子太极图之诬，辨陈抟河图洛书之妄，辨本义筮法之非古，辨先后天图之为异端，辨卦气图之非，辨易卦配以五行之非。

熊赐履二月以年老乞归金陵。

梅文鼎孙梅毂成奉命在内廷学习。

马骕的著作之雕版，被康熙帝遣人以白金二百两全部买走，运至京师收藏。

张伯行正月擢江苏按察使。十月谒熊赐履，相与论为学居官之道，深相契合。

毛奇龄正月移书勉李塨习礼乐，李塨复书称，学乐、学礼皆有论著，并以《大学辨业》寄呈。

张廷玉二月为会试同考官，闱中阅《书经》卷，得士16人，如浙江吴廷桉、俞光晟，江南顾开陆，山东高攀嵩、韩允恭，皆一时知名之士。

徐倬缮录所著《全唐诗录》100卷进呈，得旨嘉奖。

李光坡入都。

戴名世会试被黜，自京师返回苏州，成永健、乔崇烈、汤之旭、蔡学洙、徐恕、谭有年等为之送行。

按：汤之旭字孟升，河南睢州人。《清史列传·汤之旭传》曰："之旭讲学以求诚为本，生平无一毫涉于欺罔。"

方苞会试中式，以母病，未预殿试。

汪霦、姚士塛正月三十日因"取士不公"被革职，永不叙用。

励廷仪三月为翰林院编修，充日讲官。

徐潮五月为经筵讲官、户部尚书兼管翰林院掌院学士事，充日讲官。

顾悦履六月为翰林院编修，充日讲官。

蒋廷锡十月为翰林院编修，充日讲官。

查慎行叔弟查润木中进士，授翰林院庶吉士。

方榮如中进士，官直隶丰润知县。

按：方榮如字若文，号朴山，浙江淳安人。生卒不详。著有《周易通义》14卷、《尚书通义》14卷、《毛诗通义》14卷、《郑注拾渖》14卷、《集虚斋学古文》12卷及《十三经集解》、《四书口义》、《四书考典》、《读礼记》等。事迹见《清史列传》卷七一。

李玠任会试同考官。

俞兆晟、吴士玉、彭廷训、乔崇烈、蔡学洙、邹奕凤、王之浚、顾秉直、赵士英、祝翼机、俞长策、吴关杰、戴思讷、嵇曾筠、熊本、扬开沅、宫鸿历、庄令舆、查嗣庭、索泰、郑任钥、王谟、汤之旭、卫昌绩、王兆凤、陈均、刘青藜、彭维新、钱荣世、李钟峨、马豫、邵起新、张懋能、王恩训、李掌圆、史尚节、

英国发明家亨利·米尔制造弹簧马车。

潘楷、李日更、杭宜禄、常生、韩凤声、洪晨孚、王珅、蒋纲、寿致润、谢王宠、尚肜庭、徐能容、王俊、朱标等50名新科进士四月二十八日被选为庶吉士。修撰施云锦、编修吕葆中、贾国维分别满汉书教习。

李录予二月以吏部左侍郎充经筵讲官。

温达三月以工部尚书充经筵讲官。

满辟三月以兵部左侍郎充经筵讲官。

张廷枢五月以吏部右侍郎充经筵讲官。

杨骃五月以内阁学士充经筵讲官。

包尔图九月以翰林院侍读学士充经筵讲官。

巢可托十二月以刑部右侍郎充经筵讲官。

沈近思授河南临颍知县。立紫阳书院，教士以正学。

赵于京时任河南洛阳知府，建天中书院。

梁长吉时任广东从化知县，建兴贤书院。

沈澄时任广东增城知县，建鸣皋书院。

齐捷时任广东英德知县，建文昌书院。

乔瓦尼·莫尔加尼发表《解剖学日记》。

胡渭著《易图明辨》10卷刊行。

按：毛奇龄得胡渭《易图明辨》，有所条论。

胡渭作《尚书古文疏证序》。

按：胡渭对阎若璩《尚书古文疏证》评价甚高，其《序》曰："是书所辨者古文，而实与今文相表里；所论者《尚书》，而实贯穿诸经、史、百家语。剖析群疑，别裁众伪，使学者优柔厌饫，有左右逢原之获。后之君子，其必有乐乎此也。"

杨椿七月录《周易古本》成书，著《周易考》。

吴德信著《周易象义合参》12卷成书，有自序。

按：《四库全书总目提要》曰："德信字成友，九江人。是书以《系辞》、《文言》、《说卦》、《序卦》、《杂卦》各自为篇，而以《彖传》、《象传》仍散附《经》文之内，盖用宋人所传郑氏之本。其例以《本义》大书，而发明《本义》者夹注句下。每节之末又随文衍说，如举业家之讲章。前有康熙丙戌《自序》，称'淮安舟次，中宵假寐，忽因刚柔相摩句，恍悟《河图》本有八卦，特假伏羲画出'云云。是其学本从图书而入，真以为先有此五十五点黑白之图，伏羲乃因之作《易》。又卷首《伏羲八卦次序图》后附注云'按《说卦传》是，故《易》逆数也。在《天地定位章》末，似承上通解圆图之辞'云云，是又真以为方圆二图为在孔子之前，孔子作《传》以解之。故根本先已鼃鼈，枝叶从而曼衍。卷首所列新旧图说至于四十有二。其《河》、《洛》二图，各有本文，各有朱子之本，其奇偶阴阳方位并同。惟朱子本则作黑白圈，本文则《河图》作旋毛，《洛书》作坼裂之状。考'河图'字始见于《书》，古注不言其质。似不应以马革一片从伏羲流传至周，久而不腐，始以此五十五圈画于尺简之上，即传为重宝。似又于事理不然。至于龟文之说，仅见后周卢辩《大戴礼注》，为经典之所不载。果有其物，不应周人弃之，专宝《河图》。果无其物，则古书别无绘象，何由睹其文理？朱谋㙔等摭拾吴澄伪作，造为宣和内府秘本之说，凿空无证，德信乃摹而传之。至所列《太极自然图》，如今工匠刻镂器物所画，盖即来知德所作。德信不能言其授受，但以'相传'二字注于其下，足知其罕所考证矣。"

李光地五月奉命督修《朱子全书》66卷，魏廷珍、王兰生助修。

按：《四库全书总目提要》曰："南宋诸儒，好作语录，卷帙之富，尤无过于朱子。咸淳中，黎靖德删除重复，编为一集，尚得一百四十卷。又南宋文集之富，无过周必大、杨万里、陆游，而《晦庵大全集》卷帙亦与相埒。其记载杂出众手，编次亦不在一时。故或以私意润色，不免失真；或以臆说托名，全然无据。即确乎得自师说者，其中早年晚岁，持论各殊，先后异同，亦多相矛盾。儒者务博，笃信朱子之名，遂不求其端，不讯其末，往往执其一语，奉若《六经》，而朱子之本旨转为尊朱子者所淆。考《朱子语录》，称孔门弟子留下《家语》，至今作病痛，憾其择之不精也。然则读朱子之书者不问其真赝是非，随声附和，又岂朱子之意乎哉！圣祖仁皇帝表章朱子之学，而睿鉴高深，独洞烛语录、文集之得失，乃特诏大学士李光地等，汰其榛芜，存其精粹，以类排比，分为十有九门。金受炼而质纯，玉经琢而瑕去。读朱子之书者，奉此一编为指南，庶几可不惑于多岐矣。"

戴名世辑《四书朱子大全》成书，程逢仪为之删正。

朱埕续修《祁县志》8卷刊行。

王绶修，康乃心纂《重修平遥县志》8卷刊行。

张士浩修，申伯纂《潞城县志》8卷刊行。

陶自悦纂修《泽州志》30卷刊行。

袁良修，杨彬等纂《重修襄垣县志》10卷刊行。

甘国埛、梁梦剑修，陈铣、吴秉芳纂《续纂建宁县志》刊行。

徐枝芳修，冯志章等纂《邻水县志》刊行。

焦映汉修，贾棠纂《琼州府志》10卷刊行。

张贞著《杞纪》22卷成书。

按：《四库全书总目提要》曰："贞字起元，号杞园，安邱人。康熙壬子拔贡，官翰林院孔目。是书以安邱东北界接高昌诸邑，为杞国旧地，爰采史传之有关于杞者，综其条目。曰图考，曰星土，曰舆地，曰山川，曰系年，曰沿革，曰封建，曰年表，曰世次，曰原古，曰分国，曰系家，曰苗裔，曰春秋经传，曰经传别解，曰人物，曰遗书，曰艺林，曰杂缀。王士祯序，称其有良史才。"

姚世琰编《先大司马（姚镆）事实汇集》刊行。

朱冀著《离骚辨》刊行。

徐倬著《全唐诗录》100卷刊刻。

按：《四库全书总目提要》曰："是编以唐诗卷帙浩繁，乃采撷菁华，辑为一集。每人各附小传，又间附诗话、诗评，以备考证。"

张玉书、陈廷敬等奉敕编成《佩文斋咏物诗选》486卷。

按："佩文斋"是康熙书斋名。是书又名《御定佩文斋咏物诗选》，收录范围上起古初，下讫明代，从草木虫鱼至天文、地理、人事，可谓洋洋大观。《四库全书总目提要》曰："康熙四十五年圣祖仁皇帝御定。自《艺文类聚》、《初学记》始以咏物之诗分隶各类。后宋绶、蒲积中有《岁时杂咏》，专收节序之篇。陈景沂有《全芳备祖》，惟采草木之什，未有搜合遗篇，包括历代，分门列目，共为一总集者。明华亭张之象始有《古诗类苑》、《唐诗类苑》两集，然亦多以人事分编，不专于咏物。其全辑咏物之诗者，实始自是编。所录上起古初，下讫明代，凡四百八十六类。又附见者四十九类。诸体咸备，庶汇毕陈，洋洋乎词苑之大观也。夫鸟兽草木，学诗者资其多识，孔门之训也。郭璞作《山海经赞》，戴凯之作《竹谱》，宋祁作《益部方物略记》，以韵语叙物产，岂非以谐诸声律易于记诵欤？学者坐讽一篇，而周知万品，是以擒文而兼博物之功也。至于借题以托比，触目以起兴，美刺法戒，继轨风人，又不止《尔雅》之注虫鱼矣。知圣人随事寓教，嘉惠艺林者深也。原本未标卷第，惟分六十四册，篇页稍繁。今依类分析，编为四百八十六卷。"

陈元龙等奉敕编成《御定历代赋汇》140卷。

按：《四库全书总目提要》曰："《御定历代赋汇》一百四十卷、《外集》二十卷、《逸句》二卷、《补遗》二十二卷，康熙四十五年圣祖仁皇帝御定。赋虽古诗之流，然自屈、宋以来，即与诗别体。自汉迄宋，文质递变，格律日新。元祝尧作《古赋辨体》，于源流正变，言之详矣。至于历代鸿篇，则不能备载。明人作《赋苑》，近人作《赋格》，均千百之中录存十一，未能赅备无遗也。是编所录，上起周末，下讫明季，以有关于经济学问者为正集，分三十类，计三千四十二篇。其劳人思妇、哀怨穷愁、畸士幽人、放言任达者，别为外集，分八类，计四百二十三篇。旁及佚文坠简、片语单词见于诸书所引者，碎璧零玑，亦多资考证。裒为逸句二卷，计一百一十七篇。又书成之后，补遗三百六十九篇，散附逸句五十篇。二千余年体物之作，散在艺林者，耳目所及，亦约略备焉。扬雄有言：'能读千赋则能赋。'是编且四倍之。学者沿波得奇，于以黼黻太平，润色鸿业，亦足和声鸣盛矣。"

李骥著《虬峰文集》20卷刊行。

储欣著《在陆草堂文集》10卷成书。

张伯行著《居济一得》成书。

王士禛著《蚕尾后集》成书。

陈梦雷编成《古今图书集成》初稿3600余卷。

按：是书原名《古今图书汇编》，最初由陈梦雷纂集，于康熙四十年（1701）十月至康熙四十五年（1706）四月完成初稿。全书共有10000卷，目录40卷，分历象、方舆、明论、博物、理学、经济等六汇编，每编再分若干典，共32典，每典又分若干部，共6117部。陈梦雷先誊目录、凡例为一册上呈，康熙帝御览后，认为尚需修订增益，改赐书名《古今图书集成》。

曹寅在扬州刻所辑《楝亭十二种》。

按：此12种书是：《都城纪胜》1卷、《钓矶立谈》1卷、《墨经》1卷、《法书考》8卷、《砚笺》4卷、《琴史》6卷、《梅苑》10卷、《禁扁》5卷、《声画集》8卷、《后村千家诗》22卷、《糖霜谱》1卷、《录鬼簿》2卷。

张泰交著《受祜堂集》12卷刊行。

倪会鼎卒（1620— ）。会鼎字子新，晚号无功，浙江上虞人。倪元璐子。明诸生。黄道周弟子。著有《明儒源流录》、《古今疆域合志》、《治格会通》、《越水詹言》等。事迹见李桓《国朝耆献类征初编》卷四〇六。

赵吉士卒（1628— ）。吉士字天羽，号恒夫，浙江钱塘人。顺治八年举人。官至户部给事中。著有《万青阁全集》8卷。事迹见《清史稿》卷四七六、《清史列传》卷七四、李桓《国朝耆献类征初编》卷一三三、蔡冠洛《清代七百名人传》第一编、朱彝尊《朝议大夫户科给事中降补国子监学正赵君吉士墓志铭》（《碑传集》卷九五）。

储欣卒(1631—)。欣字同人,江苏宜兴人。康熙二十九年,年六十,始领乡荐,试礼部,不遇,遂归,杜门不出,著述教授以终。著有《春秋指掌》30卷、《在陆草堂文集》10卷,辑有《唐宋十大家全集录》51卷、《昌黎全集录》8卷、《河东全集录》6卷、《习之全集录》2卷、《六一居士全集录》5卷、《老泉全集录》5卷、《南丰全集录》2卷、《栾城全集录》6卷、《临川全集录》4卷、《东坡全集录》9卷、《唐宋八大家类选》14卷及《左传选》、《公羊传选》、《谷梁传选》、《国语选》、《国策选》、《史记菁华录》、《西汉文选》等。事迹见《清史列传》卷七一、李桓《国朝耆献类征初编》卷四三〇。

周篆卒(1643—)。篆字籀书,号草亭,江苏松江人。一生未仕,以著述、交游为生。师事顾炎武,与张履祥、王锡阐等有来往。著有《蜀汉书》、《杜诗集说》、《草亭先生集》等。事迹见清周廉编、周勉增订《周篆年谱》。

李钟伦卒(1663—),钟伦字世德,福建安溪人。李光地子。康熙三十二年举人。著有《周礼训纂》21卷、《尚书典谟说》、《四书节记》、《菜园遗书》等。事迹见《清史稿》卷四八〇、《清史列传》卷六七、《碑传集》卷一三二。

按:《清史稿·李光地传》曰:"子钟伦,举人,治经史性理,旁及诸子百家,从其叔父光坡治《三礼》,于《周礼》、《礼记》尤精,称其家学。"《四库全书总目提要》评《周礼训纂》曰:"此书自《天官》至《秋官》,详纂注疏,加以训义。惟阙《考工记》不释,盖以河间献王所补,非周公之古经也。书后有乾隆丁丑其子广平府知府清馥跋,称钟论初受《三礼》于其叔光坡。康熙癸酉乡荐,公车后,日侍其父光地于京邸。及光地出督顺天学政,复迁直隶巡抚,十余年中,钟伦皆随行,得其指授。又多与宣城梅文鼎、长洲何焯、宿迁徐用锡、河间王之锐、同里陈万策等互相讨论,故其学具有本源。凡所诠释,颇得《周官》大义。惟于名物度数,不甚加意。故往往考之弗详。"

施璜卒,生年不详。璜字虹玉,号诚斋,安徽休宁人。弃举业,发愤躬行。与同州吴曰慎等会讲紫阳书院,学者宗之,称诚斋先生。继游无锡,师事高世泰。尝应聘金陵,与熊赐履论学,尤相契合。著有《性理发明》、《易书诗四书释注》、《五经臆说订》、《四礼要规》、《学庸或问》、《辨学汇言》、《思诚录》、《小学发明》、《近思录发明》等。事迹见《清史稿》卷四八〇、《清史列传》卷六六。

按:《清史稿》本传曰:"少应试,见乡先生讲学紫阳,瞿然曰:'学者当如是矣!'遂弃举业,发愤躬行。日以存何念、接何人、行何事、读何书、吐何语五者自勘。教学者九容以养其外,九思以养其内,九德以要其成,学者称诚斋先生。"

牛运震(—1758)、王又曾(—1762)、江昱(—1775)、孙景烈(—1782)生。

康熙四十六年　丁亥　1707 年

奥伦泽布卒，印度莫卧儿帝国衰落。

英格兰同苏格兰联盟，称作大不列颠。

普鲁士和瑞典签订"永恒同盟"条约。

正月二十二日丙子(2月24日)，康熙帝开始第六次南巡。

二月十二日乙未(3月15日)，添设广西义宁等十三县教谕十三员，永宁等七州、平乐等三县及思明土府训导11员。

五月二十二日癸酉(6月21日)，康熙帝返回京城畅春园。

因罗马教廷特使多罗于南京公布教廷禁止在华教士祀孔祭祖的教令，康熙帝盛怒之下诏令逐多罗出境，往澳门交葡萄牙人看管。

按：康熙帝为澄清中国礼仪之争，派遣法国天主教传教士艾若瑟出使罗马教廷，樊守义随行。艾若瑟、樊守义到达罗马后，将康熙皇帝关于多罗来华及中国礼节问题和西洋教务问题的旨意，详细向教皇呈述。教皇不愿艾若瑟返回中国，至1718年，罗马教皇收到康熙皇帝朱笔文书，方才放行。

是年，康熙帝主持《皇舆全览图》之编制。

按：该图于康熙五十七年(1718)绘成，由西洋传教士马国贤制成铜板刊印。法国传教士白晋、雷孝思、杜德美等10人曾参与分组测绘全国地图。该图有总图一幅，后为各省分图。内地十五省及关外满蒙地方皆经准确测定，东至大海，西抵藏、回。

约翰·弗洛耶爵士推广脉搏跳动计数率。

法国技师德尼·帕潘发明高压煮器。

德国风琴制作家戈特佛里德·西尔贝尔曼恩制作出第一台风琴。

熊赐履是冬自筑墓穴于上元青龙山，题曰"思斋自卜藏真处"。

张伯行任福建巡抚，建鳌峰书院于九仙山，延揽名儒，讲求程朱之学。是年，蔡世远年二十六，来学，伯行授以《读书录》、《居业录》二书，奖诲有加。

按：《清史稿·张伯行传》曰："建鳌峰书院，置学舍，出所藏书，搜先儒文集刊布为《正谊堂丛书》，以教诸生。福州民祀瘟神，命毁其偶像，改祠为义塾，祀朱子。"福建学人蓝鼎元、詹明章、萧正模等，皆被张伯行礼致之幕下，预编纂校刊之役。福建的鳌峰书院、凤池书院、正谊书院、致用书院，称为福建"清代四大书院"，而以鳌峰书院声名最为显赫。张伯行在当时创办鳌峰书院是犯大忌的，因为清初律例不允许地方官员擅自创办书院，怕封疆大吏结党聚众，借讲学谋反。张伯行创办鳌峰书院虽说是聚众讲学、昌明学术，但可能经过康熙特许，否则难以开办和维持。书院创办不久，康熙帝就亲题"三山养秀"匾额，御赐藏书和库银，充分表达其恩准"以文治闽"之意。鳌峰书院的历任山长有蔡璧、林枝春、朱仕琇、孟超然、郑光策、陈寿祺等人。先后就读于该书院的有蔡世远、雷鋐、郑亦邹、蓝鼎元、陈若霖、陈寿祺、梁章钜、林则徐、廖鸿荃、张际亮等。

蓝鼎元入张伯行幕，"益肆力于宋明先儒之书，周览世务，慷慨多大略"。伯行尝曰："蓝生经世之良才，吾道之羽翼也。"(《清史稿·蓝鼎元传》)

温达授文华殿大学士。

王源九月为梁份《怀葛堂文集》作序。

金农旅苏州,读书何焯家。

张廷玉随康熙帝南巡。

汪士鋐六月为左春坊左中允,充日讲官。

徐元正十一月为翰林院侍读学士,充日讲官。

赫寿五月充经筵讲官。

嘉木祥协巴主持帕崩喀寺(或译磐石寺)。

徐凤池等在广西永淳县建徐公书院。

朱樟田时任四川江油知县,建登龙书院。

卢询时任云南楚雄知府,建凤山书院。

王复礼著《家礼辨定》10卷成书。

按:《四库全书总目提要》曰:"其书创始于康熙壬午,定本于丁亥,因朱子《家礼》而增损之,仍分冠、昏、丧、祭四类。每类之中首以'事宜',复礼所酌定者也。次以'论辨',阐所以更定之意也。次以'人鉴',引古事以证得失也。次以'律例',申王法之所禁也。次以'择日',代卜筮也。终以'启式',为不娴文词者设也。其删去繁文,则用吕维祺之说。其删去图式,则用邱浚之说。考李方子作《朱子年谱》云'乾道五年,先生居母丧,成《家礼》,晚年多所损益,未暇更定'。朱子门人黄榦亦云'其书始定,为一行童窃以逃,先生殁,其书始出,今行于世。然其间有与先生晚岁之论不合者。'又明邱浚云'《家礼》不闻有图,今卷首图注多不合于本书,文公岂自相矛盾?末识岁月曰嘉定癸酉,是时距文公没,十有三年矣。岂可谓之公作哉!盖杨氏赘入昭然也'。据是数说,则《家礼》实朱子未定之本,且久亡其稿,迨其复出,真赝已不可知。又参以门人所附益,固未可执为不刊之典。近日王懋竑为笃信朱子之学者,所作《白田杂著》,亦深以《家礼》为疑。复礼之《辨定》,未为不可。然所辨定者,意在宜古宜今,而纯以臆断,乃至于非古非今。又泛引律例,且滥及五行家言,尤为芜杂。"

戴名世辑《四书朱子大全》由方苞刊于金陵。

李光地纂《朱子礼纂》5卷成书。是年,又校刻《韩文考异》。

按:《四库全书总目提要》曰:"是书(《朱子礼纂》)于朱子《仪礼经传通解》及《家礼》二书外,凡说礼之条散见于《文集》、《语类》者,以类纂集,分为五目:曰总论,曰冠昏,曰丧,曰祭,曰杂仪。缕析条分,具有统贯。虽采辑不无遗阙……然朱子说礼之言,参差散见,猝不能得其端绪。光地类聚而区分之,使秩然有理,于学礼者亦为有功矣。"

张伯行著《学规类编》27卷刻于榕城之正谊堂,有自序及蔡世远、杨笃生、梁鼐、吴瑞焉、余祖训等序。

按:《四库全书总目提要》曰:"《学规类编》二十七卷,国朝张伯行撰。是编乃康熙丁亥,伯行官福建巡抚,建鳌峰书院,因并刊学规以示诸生。卷首载圣祖仁皇帝《训饬士子文》。而宋、元明诸儒讲学条约,以次类编并以所自作《读书日程》附焉。自二十三卷以下,题曰《补编》,又所以补原本未备之门目也。"

周清源奉敕撰《钦定历代纪事年表》,未竟而卒;王之枢奉命继修。

王金臣纂修《河州志》6卷刊行。

张能麟修,彭钦纂《嘉定州志》5卷刊行。

爱德华·卢伊德著成论凯尔特语的作品《古大不列颠》。

樊庶修纂《临高县志》12卷刊行。

袁定远增补《顺庆府志》刊行。

成文运续修,曹守谦续纂《当涂县志》32卷刊行。

胡璘原本,郑占春增修,牟国珑增纂《楼霞县志》8卷刊行。

刘宗泗纂《襄城文献录》12卷刊行。

按:刘宗泗字恭叔,襄城人。康熙二十九年举人。《清史列传·刘宗泗传》曰:"李颙至襄城,宗泗与谈道,尤相契。……宗泗学宗程、朱,持己谦恕,尤以笃行孝弟为先。时颙讲学关中,盛有名。宗泗独守其学,修之身以施于家。"

王熙自编《王文靖公年谱》1卷刊行,附于是年王克昌所刊《王文靖公集》24卷。

李塨撰,王源订《颜习斋先生年谱》初刻。

沈辰垣、王奕清等奉敕编《历代诗余》120卷成书。

按:《四库全书总目提要》曰:"凡柳、周婉丽之音,苏、辛奇恣之格,兼收两派,不主一隅。旁及元人小令,渐变繁声。明代新腔,不因旧谱者。苟一长可取,亦众美胥收。至于考求爵里,可以为论世之资,辨证妍媸,可以为倚声之律者,网罗宏富,尤极精详。自有词选以来,可云集其大成矣。"有内府刊本。1985年上海书店出版影印本。

陈邦彦等奉敕编《佩文斋题画诗》120卷成书。

按:《四库全书总目提要》曰:"裒合题画之诗共为一集者,始于宋之孙绍远。然书止八卷,所录仅唐、宋之作,未为赅备。所分二十六门,义例亦未能尽协。自是以来,论书画者,如无名氏之《铁网珊瑚》、郁逢庆之《书画题跋记》、张丑之《清河书画舫真迹日录》、汪砢玉之《珊瑚网》、孙承泽之《庚子销夏记》、吴其贞之《书画记》、高士奇之《江村销夏录》、卞永誉之《书画汇考》,所录皆题跋为多,诗句仅附见其一二。即御定《佩文斋书画谱》,与此书同时并纂,亦不立题咏一门。"今所编《佩文斋题画诗》,"凡诗八千九百六十二首,分为三十门。如树石别于山水,名胜亦别于山水,古迹别于名胜,古像别于写真,渔樵、耕织、牧养别于闲适,兰竹、禾麦、蔬果别于花卉,配隶俱有条理。末为人事、杂题二类,包举亦为简括。较诸孙氏旧编,实博而有要。披览之余,觉名物典故,有资考证;鸿篇巨制,有益文章。即山川景物,开卷如逢。鱼鸟留连,烟云供养,亦足以悦性怡情。"

冯武著《书法正传》10卷成书。

按:《四库全书总目提要》曰:冯武乃"冯班之从子。班以书法名一时,武受其学。年八十一时,馆于苏州缪曰芑家,为述此书,专论正书之法。……时有精语,盖武于书学,颇有渊源故也"。冯武字窦伯,号简缘,江苏常熟人。擅书诗,另著有《遥掷集》。《书法正传》卷一至卷四为技法部分,包括元代陈绎曾《翰林要诀》、无名氏的《书法三昧》、李溥光《永字八法》,明代李淳进《大字结构八十四法》;卷五至卷七为纂言及汉至元人论书,包括《梁武帝观锺繇书法十有二意》、《萧子云十二法》、《颜鲁公传张旭十二意笔法》、《徐浩书法论》、《虞永兴笔髓》、《欧阳率更三十六法》、《玉堂禁经》和《四体书势》、《书谱》、《续书谱》、《丰道生笔诀》;卷八、卷九为《书家小传》、《名迹源流》;卷十为冯班《钝吟书要》。今有上海书画出版社1985年点校本。

张潮刻所编《奚囊寸锦》。

王绥著《停云堂诗草》10卷刊行。

汪森著《小方壶存稿》18卷刊行。

徐旭旦著《世经堂初集》30卷刊行。

陈邦彦辑《历代题画诗》120卷。

姚之骃编《类林新咏》36卷刊行。

  按：姚之骃字鲁斯，钱塘人。康熙六十年进士，改翰林院庶吉士，官至陕西道监察御史。是书分天文、岁时、地理、人道、艺习、文学、武功、法象、音乐、珍货、宫室、服御、器用、饮食、草竹、花木、材木、果木、禽鸟、走兽、鳞介、昆虫22部，分题咏物，各成排律一首，随其短长，事尽而止，并加以注释，故称为"新咏"。

端木缙著《医学汇纂指南》8卷成书。

  按：端木缙字仪标，当涂人。《四库全书总目提要》曰："是书成于康熙丁亥。摘取古今医书，荟萃成帙。每病之下，先详脉理，次病因，次现证，次治法，颇为明析。惟于《素问》五运六气，拘执过甚，未免失于泥古。又第七卷所列医案，惟载近人治验，而古法一概不录。虽医贵因时，又不免局于目见矣。"

王复礼著《茶说》。

  按：是书记录武夷始创"制青"工艺，为乌龙茶最早的文字记载。

金德嘉卒（1630— ）。德嘉字会公，号豫斋，湖北广济人。康熙二十一年进士，官翰林院检讨，与修《明史》、《大清一统志》。以与徐乾学善，被李光地劾罢。著有《居业斋文稿》20卷、《续纂元明名臣言行录》、《居业斋诗钞》22卷。事迹见《清史列传》卷七一、李桓《国朝耆献类征初编》卷一二一。

康乃心卒（1643— ）。乃心字孟谋，号太乙，陕西郃阳人。康熙三十八年乡试第五名。终身不仕，励志于讲学、著述，被誉为"关西夫子"。著有《毛诗笺》、《家祭私议》、《莘野先生遗书》等。事迹见《清史列传》卷六六、李桓《国朝耆献类征初编》卷四○五、《碑传集》卷一三九《康乃心传》。清康纬编有《莘野先生年谱》。

  按：《清史列传》本传曰："父姬冕，砥德砺操，李颙称为独行君子。乃心少禀庭训，能诗文，姬冕使从颙游，戒空谈，敦实行，进退辞让，一以圣贤为准则。时昆山顾炎武往来关中，与颙及王弘撰等读书讲道，乃心复与之游。"

蔡廷治卒（1648— ）。廷治字瞻岷，安徽休宁人。专心研究经学，曾注释《周易》、《诗经》、《尚书》、《春秋》、《仪礼》、《大学》、《中庸》、《孟子》、《荀子》数十种。又与同里汪灏分修《休宁县志》。私谥德文。事迹见费锡璜《蔡德文先生墓志铭》（《碑传集补》卷四五）、刘师培《蔡廷治传》（《中国近三百年学术史论》）。

法国传教士张诚卒（1654— ）。诚字实斋。1670年入耶稣会。康熙二十六年来华。曾在中俄《尼布楚条约》签订中任翻译。又曾请清廷解除传教禁令，获准在北京西什库建天主教堂。著有《哲学要略》、《满文字典》等，并编译几何、三角、天文书多种。

蔡新（ —1799）、汪师韩（ —?）生。

康熙四十七年　戊子　1708年

英国东印度公司同新东印度公司合并。

正月二十三日辛未（2月14日），重修南岳神祠工竣，御制碑文。

闰三月初一日戊寅（4月21日），重修北镇神祠工竣，御制碑文。

四月初三日己酉（5月22日），调户部尚书徐潮为吏部尚书，仍兼翰林院掌院学士教习庶吉士。

六月二十日乙丑（8月6日），审结"朱三太子"案。

按：清初，传闻明崇祯帝第三子尚在民间，一些人即以"朱三太子"为号召，举兵抗清，清廷大力搜捕，史称"朱三太子案"。康熙十二年冬（1674年1月），北京有杨起隆者，诈称朱三太子，组织旗下奴仆、佃户，密谋起事。因事机漏泄，为清廷镇压，起隆逃走。十九年，在陕西汉中捕获自称朱三太子慈的反清者，清廷指其假冒，在京磔死。三藩乱时，福建蔡寅亦诈称朱三太子，拥众数万，与台湾郑经勾通反清，被清军击败于天宝山。康熙四十年后，江苏太仓、浙江大岚山等处反清力量均称拥立朱三太子。四十七年正月，捕获在浙江大岚山起兵抗清的张念一（念一和尚）。四月，清廷根据他的口供在山东汶上县捉获张姓父子，指为起义军所拥立之朱三，押解至浙审问。张供认本名朱慈焕，系崇祯帝四子，长期流落河南、浙江等地，先后改姓王、张，以课读糊口，时年已七十五岁，与江南、浙江等处反清力量并无关系。但清廷指其伪冒明裔，以"通贼"罪仍将朱氏父子解京处死。朱三太子一案从此遂寝。

二十二日丁卯（8月8日），由傅达礼、马齐、马尔汉等奉敕纂《清文鉴》告成，康熙帝作序。

按：《序》曰："国书所关甚巨，政事文章皆由此出，非详加厘定，何所折衷，非编辑成书，何以取法。爰诏儒臣，分类排纂。""大而天文地理，小而名物象数。十二字母，五声切音，具载集中，名曰《清文鉴》。用探音声之本原，究字画之详尽，为部三十有六，为类二百八十，为书二十一卷。清文得此而无余蕴。"（《清圣祖实录》卷二三三）

九月十六日己丑（10月29日），康熙帝召诸王贝勒、满汉文武大臣于午门内，宣布废斥皇太子。

十八日辛卯（10月31日），遣官以废皇太子事告祭天地、宗庙、社稷。

二十四日丁酉（11月6日），以废皇太子事诏告全国。

二十八日辛亥（11月10日），马见伯又疏请颁行《武经七书》，命九卿等议。

十月，从九卿等议，嗣后考试武生、武童，论二篇，一篇题出《论语》、《孟子》，一篇题出《吴子》、《孙子》、《司马法》。旧例武乡会试论一策二，改为论二策一。

康熙四十七年 戊子 1708年

朱彝尊是春送查慎行入都。

尹会一始作诗。

潘宗洛正月为翰林院检讨，充日讲官。

王原祁闰三月为翰林远侍读学士，充日讲官。

赵申乔七月为翰林院编修，充日讲官。

吴廷桢八月为翰林院编修，充日讲官。

喇萨理十二月为翰林院侍读，充日讲官。

党阿赖十二月为庶子，充日讲官。

二鬲正月以内阁学士充经筵讲官。

恩丕五月以兵部右侍郎充经筵讲官。

王紘时任安徽凤阳知县，建启蒙书院，后易名凤临书院。

段昕时任福建连城县知县，建文溪书院。

赖泌在江西广昌县建桂园书院。

俞沛时任河南济源知县，邑民为其建俞公书院。

赵宏灿时任广东总督，于高要县建天章书院。

许之豫时任广西荔浦知县，建荔川书院。

李来章时任四川雅安县训导，建雅材书院。

传教士白晋、雷孝思测绘蒙古等地。

按：康熙帝关于测绘全国地图的设想，萌发于平定三藩之乱时。在战争中，现有的地图发挥了重要的作用，也暴露出很多缺陷。有的地图粗略模糊，有的甚至错误百出。据《张诚日记》记载，签订《中俄尼布楚条约》之后，1690年1月26日，康熙要求张诚介绍俄国使团的来华路线，张诚按照西方绘制的地图给他讲述，他发现地图中关于中国的部分，尤其是中国东北部分过于简略粗疏，由此决心依靠传教士用西方的测量技术绘制一张全国地图。是年底，白晋奉命与雷孝思、杜德美等人带队从长城测起，对长城各门、堡以及附近的城寨、河谷、水流等进行了测量。1709年1月，他们返回北京，带回一张约15英尺长的地图。之后，又有费隐等人加入。这一次白晋等人率队测绘长城以西，即晋、陕、甘等省，直至新疆哈密一带。其他的传教士也被派往各省测量绘制《皇舆全览图》，白晋等人还参加了最后的汇总工作。这项任务历时九年才最终完成。经康熙审定后，1718年绘制成《皇舆全览图》及各省分图。

李光坡著《礼记述注》28卷成书，有自序。

按：《四库全书总目提要》曰："三《礼》之学，至宋而微，至明殆绝。《仪礼》尤世所罕习，几以为故纸而弃之。注其述者寥寥数家，即郝敬《完解》之类稍著于世者，亦大抵影响揣摩，横生臆见。盖《周礼》犹可谈王谈霸，《礼记》犹可言敬言诚，《仪礼》则全为度数节文，非空辞所可敷演，故讲学家避而不道也。光坡此编，虽瑕瑜互见，然疏解简明，使学者不患于难读，亦足为说《礼》之初津矣。"

毛奇龄著《四书改错》22卷成书，有自序。

按：胡玉缙《四库未收书目提要续编》曰："李慈铭《受礼庐日记》云，西河之学，千载自有定论。其诸经说，阮仪征（元）极称之，谓学者不可不亟读。凌次仲（廷堪）则谓如药中之有大黄，以之攻去积秽，固不可少，而误用之亦中其毒，顾独称其《四书

杰里米·科利尔编著《大不列颠教会史》。

伯纳德·德·芒特福肯发表《古希腊手抄本》。

赫尔曼·博尔哈维发表关于炎症的论著《医疗学术》。

改错》一书为有功经学。予谓西河经说,以示死守讲章之学究,专力帖括之进士,震聩发瞽,良为快事。若以示聪俊子弟,或性情稍浮薄,则未得其穿穴贯串之勤,而先入其矜躁傲很之气,动辄诟詈侮蔑前贤,其患匪细。此虽泛论奇龄经说,读此书者尤不可不知,特备录之。"

李光地四月选《韩子粹言》成,七月注《乐经·乐记》。

李锡书著《河洛图说》4卷刊行。

按：李锡书字鉴宣,号见庵,山西静乐人。乾隆五十五年进士,官四川汶川知县。著有《汪子遗书》、《四书臆说》12卷及独撰丛书《见庵锦官录》8种。

李塨订王源《平书》成,又重著《学乐》卷三、卷四。

张伯行十月著《道统录》2卷、《濂洛风雅》9卷、《朱子语类辑略》成书。

按：《四库全书总目提要》曰："《道统录》二卷、附录一卷,国朝张伯行撰。是书自序,谓'曩于故书肆中购得《道统传》一帙,乃仇熙所著,因更为增辑'。上卷载伏羲、神农、黄帝、尧、舜、禹、汤、文、武、周公、孔子及颜、曾、思、孟,下卷载周、程、张、朱,其附录中则载皋、陶、稷、契、益、伊尹、莱朱、傅说、太公、召公、散宜生及杨时,罗从彦、李侗、谢良佐、尹焞,人各一传,述其言行,而以总论冠于卷端。"又曰："《濂洛风雅》九卷,国朝张伯行编。是编辑周子、二程子、邵子、张子、游酢、尹焞、杨时、罗仲素、李侗、朱子、张栻、真德秀、许衡、薛瑄、胡居仁、罗洪先十七家之诗。乃其官福建巡抚时所刊。案金履祥先有《濂洛风雅》,伯行是书,仍其旧名,而一字不及履祥,不可解也。"

张伯行编《周濂溪集》成书。又著《居济一得》8卷。

按：《居济一得》是张伯行任职河工期间的杂记,可以看做是山东运河治理与管理的工具书。《四库全书总目提要》认为"伯行平生著述,惟此书切于实用。迄今六七十载,虽屡经疏浚,形势稍殊,而因其所记,以考因革损益之故,亦未为无所裨焉"。

康熙帝《御批通鉴纲目》59卷刊行。

按：《御批通鉴纲目》59卷、《通鉴纲目前编》1卷、《外纪》1卷、《举要》3卷、《通鉴纲目续编》27卷,《四库全书总目提要》曰："康熙四十七年吏部侍郎宋荦校刊,皆圣祖仁皇帝御批也。朱子因司马光《资治通鉴》以作《纲目》,惟《凡例》一卷出于手定。其纲皆门人依《凡例》而修其目则全以付赵师渊。后疏通其义旨者,有遂昌尹起莘之《发明》,永新刘友益之《书法》;笺释其名物者,有望江王幼学之《集览》,上虞徐昭文之《考证》,武进陈济之《集览正误》,建安冯智舒之《质实》;辨正其传写差互者,有祁门汪克宽之《考异》。明弘治中,莆田黄仲昭取诸家之书,散入各条之下,是为今本,皆尊崇朱子者也。故大抵循文敷衍,莫敢异同。明末张自勋作《纲目续麟》,始以《春秋》旧法纠义例之讹。芮长恤作《纲目拾遗》,以《通鉴》原文辨删节之失。各执所见,屹立相争。我圣祖仁皇帝睿鉴高深,独契尼山笔削之旨。因陈仁锡刊本,亲加评定,权衡至当,衮钺斯昭。乃厘正群言,折衷归一。又金履祥因刘恕《通鉴外纪》失之嗜博好奇,乃搜采经传,上起帝尧,下逮周威烈王,作通鉴前编》。又括全书纲领,撰为《举要》殿于末,复掇上古轶闻,撰为《外纪》冠于首。陈仁锡稍变其体例,改题曰《通鉴纲目前编》,与《纲目》合刊,以补朱子所未及。亦因其旧本,御笔品题。至商辂等《通鉴纲目续编》,因朱子《凡例》,纪宋元两代之事,颇多舛漏。六合之战,误称明太祖兵为贼兵,尤贻笑千秋。后有周礼为作《发明》,张时泰为作《广义》,附于条下。其中谬妄,更不一而足。因陈仁锡缀刊《纲目》之末,亦得同邀乙览,并示别裁。乾隆壬寅,我皇上御制题词,纠正其悖妄乖戾之失,以辟诬传信。复诏廷臣取其书,详加刊正,以协于至公。尤足以昭垂千古,为读史之指南矣。"

温达等奉敕纂《亲征朔漠方略》40卷成书。

按：是书通称《平定朔漠方略》。《四库全书总目提要》曰："《亲征朔漠方略》四十卷,康熙四十七年大学士温达等撰进。圣祖仁皇帝御制序文,深著不得已而用兵之意。盖噶尔丹凶顽桀骜,寝为边患。因于康熙三十五年二月,亲统六师往征。锋猬斧螳,慑栗远遁。噶尔丹仅以身免,大军凯旋。是年九月再幸塞北,谕噶尔丹以束身归罪,并纳其所属之归降者。迨明年二月,复统大军亲征。刑天之技既穷,贰负之尸遂桎。于是廓清沙漠,辑定边陲,为万古无前之伟绩。书中所纪,始于康熙十六年六月厄鲁特噶尔丹奉表入贡,及赐敕谕,令与喀尔喀修好,以为缘起,讫于三十七年十月策妄阿拉布坦献噶尔丹之尸而止。其间简炼将卒,经画粮饷,剪除党恶,曲赦胁从,以及设奇制胜之方,师行缓急之度,凡禀之睿算者,咸据事直书,语无增饰。首载《御制纪略》一篇。后载告成太学及勒铭察罕七罗拖诺、昭木多、狼居胥山诸碑文。恭诵之余,仰见大圣人不恃崇高,不怀燕逸,栉风沐雨,与士卒同甘苦。用能于浃岁之中,建非常之业。竹册昭垂,非独比隆训誓矣。"

瞿亮邦纂修《万泉县志》8卷刊行。

蒋起龙纂修《夏县志》4卷刊行。

刘棨修,孔尚任纂《平阳府志》36卷刊行。

卢振先修,管奏锳等纂《雩都县志》14卷刊行。

马玙修,龚骏声纂《光泽县续志》9卷刊行。

孟常裕修纂,徐元灿增补《孟津县志》4卷刊行。

单此藩修,蒋学元、陈廷藩纂《灌阳县志》10卷刊行。

王赞修,关必登纂《琼山县志》10卷刊行。

李来章纂《连阳八排风土记》10卷刊行。

徐元禹增补《华容县志》8卷刊行。

陈梦杜续纂《章浦县志》1卷刊行。

江为龙修,李绍莲纂《宜春县志》20卷刊行。

章弘修,陈克广、张应平纂《巨野县志》15卷刊行。

傅达礼等奉敕纂《清文鉴》成书。

熊赐履三月著《悔园存稿》成书。

陆陇其所著《陆稼书文集》由张伯行刻成。

朱之瑜所著《舜水朱氏谈绮》由日本书林茨城多佐卫门刊行。

按：是书又名《朱氏舜水谈绮》,今有上海华东师范大学出版社1988年版。

王士禛所编《唐人万首绝句选》7卷刊行。

按：《四库全书总目提要》曰："洪迈《唐人万首绝句》,务求盈数,踳驳至多。宋仓部郎中福清林清之真父钞取其佳者,得七言一千二百八十首,五言一百五十六首,六言十五首,勒为四卷,名曰《唐绝句选》,见于陈振孙《书录解题》。盖十分之中,汰其八分有奇。然其书不传,无由知其善否。士禛此编,删存八百九十五首,作者二百六十四人,更十分而取其一矣。其书成于康熙戊子,距士禛之没仅三年,最为晚出。又当田居闲暇之时,得以从容校理,故较他选为精审。然其序谓以当唐乐府,则不尽然。乐府主声不主词,其采诗入乐,亦不专取绝句。士禛此书,实选词而非选声,无庸务为高论也。"

马元锡著《动忍斋诗稿》2卷、《米山堂诗稿》1卷刊行。

孔尚任刻所著《桃花扇》，又作《桃花扇小识》。

王慧著《凝翠楼集》4卷刊行。

施闰章著《施愚山先生学余文集》28卷、《施愚山先生诗集》50卷刊行。

王文治著《后村杂著》3卷刊行。

陈廷敬著《午亭文编》50卷刊行。

按：《四库全书总目提要》曰："（廷敬）尝著《尊闻堂集》八十卷，晚年手定为此编。其门人林佶缮写付雕。廷敬有午亭山村在阳城，因《水经注》载'沁水径午壁亭'而名，因以名集。凡诗二十卷，杂著四卷，经解四卷，奏疏序记及各体文共二十卷，《杜律诗话》二卷。廷敬论诗宗杜甫，不为流连光景之词，颇不与王士祯相合，而士祯甚奇其诗。所为古文，虽汪琬性好排诋，论文少所许可，亦甚重之。生平回翔馆阁，遭际昌期，出入禁闼几四十年。值文运昌隆之日，从容戴笔，典司文章。虽不似王士祯笼罩群才，广于结纳，而文章宿老，人望所归，燕、许大手，海内无异词焉，亦可谓和声以鸣盛者矣。卷首有廷敬《自序》，谓于汪、王不苟雷同，然蹊径虽殊，而分途并骛，实能各自成家。其不肯步趋二人者，乃所以能方驾二人欤？此固非依门傍户、假借声誉者所知也。"

孙岳颁等奉敕纂《佩文斋书画谱》100卷成书。

按：《四库全书总目提要》曰："书画皆兴于上古，而无考辨工拙之文。考辨工拙盖自东汉以后，其初惟论笔法，其后有名姓品第，有收藏著录，有题跋古迹，有辨证真伪，其书或传或不传。其兼登众说，汇为一编，则自张彦远《法书要录》、《历代名画记》始。唐以后沿波继作，记载日繁，然大抵各据见闻，弗能赅备。我圣祖仁皇帝久道化成，游心翰墨，御制《书画题跋》，辉煌奎藻，册府垂光。复唐发中秘之藏，搜罗编辑，一一亲为裁定，勒成是编。凡《论书》十卷，《论画》八卷，《历代帝王书》二卷，《画》一卷，《书家传》二十三卷，《画家传》十四卷，《无名氏书》六卷，《画》二卷，《御制书画跋》一卷，《历代帝王书跋》一卷，《画跋》一卷，《历代名人书跋》十一卷，《画跋》七卷，《书辨证》二卷，《画辨证》一卷，《历代鉴藏》十卷，分门列目，征事考言，所引书凡一千八百四十四种，每条之下各注所出。用张鸣凤、桂故、桂胜、董斯张《吴兴备志》之例，使一字一句必有所征。而前后条贯，无所重复，亦无所抵牾，又似吕祖谦《家塾读诗记》，裒合众说，各别姓名，而熔贯剪裁，如出一手。非惟寻源竟委，殚艺事之精微，即引据详赅，义例精密，抑亦考证之资粮，著作之轨范也。"

石涛著《画谱》刊行。

吴历作《老年墨戏册》。

杨宾著《大瓢偶笔》8卷成书，有自序。

汪灏等奉敕纂《广群芳谱》100卷成书。

按：《四库全书总目提要》曰："《御定广群芳谱》一百卷，康熙四十七年圣祖仁皇帝御定，盖因明王象晋《群芳谱》而广之也。凡改正其门目者三：以《天谱》、《岁谱》并为《天时记》，惟述物候荣枯，而《天谱》之杂述灾祥，《岁谱》之泛陈节序者，俱删不录，其《鹤鱼》一谱无关种植，亦无关民用，则竟全删。改正其体例者四：原本分条标目，前后参差，今每物先释其名状，次征据事实，统标曰《汇考》，诗文题咏统标曰《集藻》，制用移植诸法，统标曰《别录》。其'疗治'一条，恐参校未精，泥方贻误，亦竟刊除。至象晋生于明季，不及见太平王会之盛。今则流沙蟠木尽入版图，航海梯山咸通职贡,凡殊方绝域之产,古所未闻者,俱一一详载,以昭圣朝之隆轨。又象晋以田居闲适,偶尔著书,不能窥天禄、石渠之秘,考证颇疏。其所载者又多稗贩,于《花镜》、《圃史》诸书,或迷其出处,或舛其姓名,疏漏不可殚数。今则紬东观之藏,开西昆之府,并溯委穷源,详为补正,以成博物之鸿编。赐名《广群芳谱》,特圣人褒纤芥之善,不没创始之功耳。实则新辑者十之八九,象晋旧文仅存十之一二也。"

钱潢编《重编张仲景伤寒论证治发明溯源集》10卷刊行。

按:钱潢又名虚白,字天来,江苏虞山人。精医。是书又名《伤寒溯源集》。钱氏认为世传的《伤寒论》刊本、注本的条文,前后舛错,六经混乱。遂重予编订,详加诠释,各经皆列纲领,每方均有方论。由于作者"直溯源流,深穷根柢,推求《灵》、《素》,辨论阴阳,援古证今,分经辨证"(见《自序》),对《伤寒论》的研究做出了一定贡献。故在注本中有一定的影响。现存乾隆间刻本、抄本、日刻本等及上海卫生出版社1957年本。

彭任卒(1624—)。 任字逊士,号中叔,江西宁都人,因居所名为"一草亭",后人又称他为"草亭先生"。"易堂九子"之一。博学多识,通经史,工诗文,擅书画,习武艺,并旁涉医术。著有《草亭文集》、《草亭诗集》1卷、《理学弗措论》10卷、《周易解说》4卷、《礼记类编》10卷。事迹见《清史列传》卷六六、李桓《国朝耆献类征初编》卷四〇〇、彭兆泰等《彭中叔行略》(《草亭文集》卷首)。

按:《四库全书总目提要》曰:彭任"大致与魏禧同派,而质胜于文,词多于意,未能与禧抗行。其辨朱、陆异同,谓学者之病,不在于辨之不晰,而在于行之不笃,持论颇平"。

吴农祥卒(1632—)。 农祥字庆百(一作庆伯),号星叟,浙江钱塘人。康熙十八年举博学鸿儒,报罢。家居以著述自娱。工诗文,精于《易》。与陈维崧、毛奇龄、吴任臣、王嗣槐、徐林鸿号"佳山堂六子"。家富藏书。著有《萧台集》240卷、《梧园杂志》20卷、《流铅集》40卷、《诗余》24卷及《萧台读史》、《绿窗读史》、《唐诗辨疑》等。事迹见《清史列传》卷七〇、李桓《国朝耆献类征初编》卷四三一、方楘如《吴征君农祥传》(《碑传集》卷一三九)。

毛际可卒(1633—)。 际可字会侯,号鹤舫,浙江遂安人。顺治十五年进士,授河南彰德推官,改知城固县。后因事去官。与毛奇龄、毛先舒皆浙江人,时称"三毛"。浙抚修《浙江通志》,聘为总裁。著有《春秋五传考异》12卷、《松皋文集》10卷、《安序堂文钞》20卷、《松皋诗选》2卷、《拾余诗稿》4卷等。事迹见《清史列传》卷七〇、李桓《国朝耆献类征初编》卷二一八、蔡冠洛《清代七百名人传》第五编、吕履恒《毛先生际可志铭》(《碑传集》卷九五)。

李绳远卒(1633—)。 绳远字斯年,号寻壑,浙江秀水人。由诸生入国学,授州同知。著有《寻壑外言》5卷、《獭祭录》50卷、《正字通补正》20卷等。事迹见《清史列传》卷七一、李桓《国朝耆献类征初编》卷一一九。

明珠卒(1635—)。 明珠,满洲正黄旗人。官至武英殿大学士。曾为重修《太祖太宗实录》及《大清会典》、《平定三逆方略》等书总裁官。事迹见《清史稿》卷二七六、《清史列传》卷八、蔡冠洛《清代七百名人传》第一编。

徐釚卒（1636—　）。釚字电发，号拙存，又号虹亭、竹庄，晚号枫江渔父，江苏吴江人。康熙十八年召试博学鸿儒，授翰林院检讨。不久乞归。著有《词苑丛谈》12卷、《菊庄词》1卷、《本事诗》12卷、《南州草堂集》30卷等。事迹见《清史稿》卷四八四、《清史列传》卷七一、李桓《国朝耆献类征初编》卷一一九。

张英卒（1637—　）。英字敦复，又字梦敦，号乐圃，安徽桐城人。康熙六年进士，入翰林。官至文华殿大学士兼礼部尚书。卒谥文端。曾主持修纂《国史》、《大清一统志》、《渊鉴类函》、《政治典训》、《平定朔漠方略》等书。著有《周易衷论》2卷、《书经衷论》4卷、《笃素堂文集》16卷、《存诚堂诗集》25卷、《聪训斋语》4卷、《恒产琐言》1卷、《饭有十二合说》1卷等。事迹见《清史稿》卷二六七、《清史列传》卷九、李桓《国朝耆献类征初编》卷九、张廷玉《先考府君行述》（《澄怀园文存》卷一五）、方苞《张文端公墓表》（《方苞集·集外文补遗》卷一）。

按：《四库全书总目提要》曰："《文端集》四十六卷，国朝张英撰。此乃其诗文全集，凡《存诚堂应制诗》四卷，《存诚堂诗集》二十五卷，《笃素堂诗集》七卷，《笃素堂文集》十卷。英遭际昌辰，仰蒙圣祖仁皇帝擢侍讲幄，入直禁廷。簪笔雍容，极儒臣之荣遇，矢音赓唱，篇什最多，其间鼓吹升平，黼黻廊庙，无不典雅和平。至于言情、赋景之作，又多清微淡远，抒写性灵。台阁、山林二体，古难兼擅，英乃兼而有之。其散体诸文，称心而出，不事粉饰，虽未能直追古人，而原本经术，词旨温厚，亦无忝于作者焉。"

传教士徐日升卒于北京（1645—　）。日升字寅公，葡萄牙人。康熙十一年抵澳门，次年由南怀仁介绍至北京，供职钦天监，兼宫廷音乐教师。曾为中国耶稣会副会长。著有《律吕正义续编》等。

潘耒卒（1646—　）。耒字次耕，又字稼堂，晚号止止居士，江苏吴江人。徐枋、顾炎武弟子。康熙十八年以布衣试中博学鸿儒，授翰林院检讨，与修《明史》。寻充日讲起居注官。纂修《实录》、《圣训》。又充会试同考官。著有《类音》8卷、《明五朝史稿》30卷、《遂初堂诗集》16卷、《遂初堂文集》20卷、《遂初堂别集》16卷等。曾编定校刻顾炎武《日知录》等多种。事迹见《清史稿》卷四八四、《清史列传》卷七一、李桓《国朝耆献类征初编》卷一一八、沈彤《征仕郎翰林院检讨潘先生耒行状》和《检讨潘先生传》（均见《碑传集》卷四五）、蔡冠洛《清代七百名人传》第四编。

按：《清史稿·文苑传一》曰："当时词科以史才称者，朱彝尊、汪琬、吴任臣及耒为最著。"

窦克勤卒（1653—　）。克勤字敏修，一字艮斋，号静庵，河南柘城人。康熙十七年进士，改翰林院庶吉士，散馆，授检讨。旋归家，创朱阳书院，躬亲课业，倡导正学。治学究心于《五经》，推崇理学。辑考理学渊源，著《理学正宗》15卷及《孝经阐义》、《四书阐义》、《圣学集成》、《朱阳书院讲习录》、《事亲庸言》20卷、《泌阳学规》1卷、《寻乐堂学规》1卷、《寻乐堂家规》1卷、《寻乐堂日录》25卷、《寻乐堂文集》等。事迹见《清史稿》卷四八〇、《清史列传》卷六六、李桓《国朝耆献类征初编》卷一二一、汤右曾《征仕郎翰林院检讨静庵窦公墓志铭》、尹会一《窦先生克勤传》(均见《碑传集》卷四六)。

　　按：《清史列传》本传曰："克勤少读《大学章句序》,跃然曰：'道在是矣！'自是益研究先儒书,作《般水歌》以自警。闻登封耿介讲学嵩阳,从游者六年。乡举后至京师,谒睢州汤斌,日夕讲业。斌言：'师道不正,由校官不职。'劝克勤就教职,选泌阳教谕。泌阳地小而荒,人鲜知学。克勤立五社长,月朔,稽善过而劝惩之。每月五日,集童子习礼仪。稍长,教之性理。人皆力学兴行。……先是,克勤于柘城东郊立朱阳学院,倡导正学。及归,远近来学,讲舍不能容。中州自夏峰、嵩阳外,朱阳学者称盛矣……克勤学术渊源考亭,于金溪、姚江辨析必求至当,不为附和之词。"

　　格桑嘉措(　—1757)、蒋溥(　—1761)、曹秀先(　—1784)、王聿修(　—1788)、蒋元益(　—1788)、钱载(　—1793)生。

康熙四十八年　己丑　1709年

　　二月初六日丁未(3月16日),以大学士李光地为会试正考官,吏部左侍郎张廷枢为副考官。

　　三月二十日辛卯(4月29日),策试天下贡士戴名世等于太和殿前。

　　二十三日甲午(5月2日),传胪,赐贡士赵熊诏等292人进士及第出身有差。

　　五月初六日丙子(6月13日),以内阁学士噶敏图、顾悦履教习庶吉士。

　　九月十三日庚辰(10月15日),以礼部左侍郎胡会恩为武会试正考官,都察院左佥都御史江球为副考官。

　　十月初四日辛丑(11月5日),策试天下中式武举于太和殿前。

　　初五日壬寅(11月6日),谕嗣后武科乡会试,令八旗汉军应考。

　　初六日癸卯(11月7日),谕大学士及兵部大臣等曰："考试武举进士,乃国家大典。视近科所取之人,武艺勇力渐不如前。此事所关甚大,当扩考试之典,以备录用。即今在内部院司官笔帖式兼武职而历升堂官者不少,在外提督总兵官,由行伍出身者甚多。何地无才,现今八旗监生,为护军骁骑者,俱有入文场考试之例。直隶各省绿旗营兵,千总把总及年满千总,不但人才壮健,善骑步射,其中有通晓文艺愿入场就试者,可分别令就武乡会试。即于某人充伍为弁之地,就近乡试,不必令回原籍。至云南、贵州、广西等远省赴京会试者,亦酌定中额,不使虚费跋涉,以示鼓励。如

和谈会议在海牙进行。

波尔塔瓦之战,俄罗斯彼得一世败瑞典。

英国制定第一个版权法。

此则绿旗官兵内有才力者,俱得入彀。而武举进士,亦得实有才力之人,其于武乡、会试,大有裨益矣。"(《清圣祖实录》卷二三九)

初七日甲辰(11月8日),传胪,赐殿试武举田畯、官禄、韩光愈等101人武进士及第出身有差。

是年,应南康府学教授兼主白鹿洞书院教事熊士伯之请,南康府知府张象文申覆为朱熹建立专祠。祠建成后定名"紫阳祠"。祠中立朱熹自画像石刻,左有张象文《文公朱子专祠碑记》,右有《白鹿洞书院教条》碑刻。将朱熹门徒林用中、蔡沈、黄干、吕炎、吕焘、胡泳、李燔、黄灏、彭方、周耜、彭蠡、冯椅、张洽、陈宓及陈潞等15人由宗儒祠随迁此从祠。这是白鹿洞书院为朱熹及门徒设专祠的开始。上悬清康熙颁赐"学达性天"金字匾额。

亚伯拉罕·达比发现生产生铁的焦碳冶炼技术(英国)。

李光地二月充会试正考官,三月充殿试读卷官。

朱彝尊至仪征访曹寅,交寅所委编之《两淮盐策书》,留两月东还。

张伯行十一月署浙闽总督事,十二月移抚江苏。是年作《拟请废天主教堂疏》。

萧正模应张伯行之聘,纂修朱子书。

朱轼充会试同考官,命提督陕西学政,士子大悦。

王鸿绪正月罢官,携《明史稿》家居。

孔尚任游开封,复南行至武昌,遇裘琏。

查慎行四月奉旨赴武英书局,分纂《佩文韵府》。

陈厚耀以母老就教苏州,未逾年,召入南书房。

黄叔琳迁鸿胪寺少卿,留学政任。

桑调元年十五,受业于劳史,得闻性理之学。

李绂中进士,改翰林院庶吉士,散馆,授翰林院编修。

张照中进士,改翰林院庶吉士,授检讨,南书房行走。

戴名世、惠士奇、蔡世远中进士。

徐用锡中进士,改翰林院庶吉士,散馆,授翰林院编修。

按:徐用锡初名杏,字坛长,一字鲁南,号画堂,江苏宿迁人。早年受学于李光地,究心乐律、音韵、历数、书法,曾辑李光地讲学心得《榕村语录》。又与雷鋐相互探讨理学大义。精于鉴别古人,言笔法亦多心得。著有《字学札记》2卷、《圭美堂集》26卷等。事迹见《清史稿》卷五〇三。

管凤苞中进士,官高阳知县。

按:管凤苞字翔高,号桐南,晚号长耐老人,浙江海宁人。著有《三礼纂要》、《读经笔记》、《杜诗纂注》、《塞外纪行草》、《慎余堂文集》。

阎咏中进士,官中书舍人。

朱元英、储在文、陈随贞、徐斌、戚麟祥、阿克敦、须洲、张起麟、李绂、朱一凤、惠士奇、路仍起、徐用锡、李中、秦道然、沈时宜、方觐、蔡世远、陈似源、唐绍祖、朱青选、邹汝模、蒋溁、于广、阎圻、吕谦恒、汪倬、宋筠、黎致远、张照、顾五达、马益、李同声、卢轩、陆绍琦、张玢、谢履厚、刘大毂、何世、王时宪、徐士鹭、曹如琯、崔璨、程翅、邱尚志、张应绶、范令誉、曾谨、詹铨吉、张作舟、濮起熊、严思位、陶成、黄越、赵音、王承烈、周凤来、高维新、朱纶、陈会、张大受、曹抡彬、邓蔡友、车松等64位新科进士四月十四日被选为庶吉士。修撰赵熊诏、编修戴名世、缪沅分别满汉书教习。

王景曾二月为翰林院检讨，充日讲官。

曹鉴伦二月以吏部左侍郎管右侍郎事充经筵讲官。

胡会恩二月以礼部左侍郎管右侍郎事充经筵讲官。

徐元正、仇兆鳌二月以内阁学士充经筵讲官。

铁图四月以礼部左侍郎充经筵讲官。

喇萨图十月以礼部左侍郎充经筵讲官。

陈璋四月为翰林院编修，充日讲官。

俞长策十月为翰林院编修，充日讲官。

暴珠十一月为翰林院侍读学士，充日讲官。

缪之弼时任浙江遂昌知县，建弈山书院。

刘宗枢时任福建尤溪知县，建正学书院。

区遇时任福建泰宁知县，建集贤书院，又名三贤书院。

郑馹在福建漳州建丽泽书院。

邵锦江时任江西寻乌县知县，建石溪书院。

高镗复时任河南鲁山知县，建鲁阳书院。

杨绿绶时任湖北钟祥知府，建阳春书院。

吴柯时任广东高州知府，建敷文书院。

陈大辇时任广西永安州知州，建眉江书院。

胡承禧时任云南石屏知府，建登龙书院。

王维德辑《卜筮正宗》14卷刊行。

朱谨著《中庸本旨》2卷，魏一川作序。

胡渭著《洪范正论》5卷成书。

按：《清史稿·胡渭传》曰："又撰《洪范正论》五卷，谓汉人专取灾祥，推衍五行，穿凿附会，事同谶纬，乱彝伦攸叙之经，其害一；洛书本文具在洪范，非龟文，宋儒创为黑白之点，方员之体，九十之位，变书为图，以至九数十数，刘牧、蔡季通纷纭更定，其害二；洪范元无错简，王柏、胡一中等任意改窜，其害三。"

张伯行著《濂洛关闽书》19卷、《道南源委》6卷、《名儒粹语》成书。

按：《四库全书总目提要》曰："《濂洛关闽书》十九卷，国朝张伯行编。取宋五子之书，粗存梗概，各为之注。凡周子一卷，张子一卷，二程子十卷，朱子七卷，每条皆以'某子曰'字冠之。夫《正蒙》间涉汗漫，程、朱《语录》浩繁，多所刊削，尚为有说。至周子《通书》言言精粹，朱子尚为全注。伯行乃铲除其大半，何耶？"又曰："《道南源委》六卷，国朝张伯行编。是编本明朱衡《道南源委录》旧本，重加考订。首卷自杨时至江杞三十六人。次卷自罗从彦至陈绍叔八十一人，三卷自朱子至陈总龟八十人。四卷自李东至刘季裴九十六人，外附朱子弟子张显甫等十九人，又著述可考者李琪等五十九人。五卷自欧阳侃至黄三阳五十九人。六卷自林希元至李逢基四十五人，

约翰·斯特皮编著《宗教改革运动编年史》。

乔治·贝克莱发表《视觉新论》。

复以张书绅等五十一人有著述者类附焉。"

冯同宪修,李樟纂《宁远县志》6卷刊行。

马文麟等修,李一鹏等纂《重纂靖远卫志》6卷刊行。

张连登修,张贞、安致远纂《青州府志》20卷刊行。

周鹤修,王缵纂《永明县志》14卷刊行。

张霖修纂,许湄续修《石门县志》3卷刊行。

蒋国桢修,王之骥纂《龙南县志》12卷刊行。

郭锳修,黄宣纂《顺昌县志》6卷刊行。

张士浩修,董新策等纂《泸州志》4卷刊行。

许之豫修纂《荔浦县志》4卷刊行。

张其文修纂《龙泉县志草》刊行。

张伦至修纂《南安州志》6卷刊行。

耿介自编《敬恕堂纪年述略》10卷刊行,附于是年柘城窦氏刊《敬恕堂文集》。

彭定求自订,彭祖贤编《南畇老人自订年谱》1卷刊行。

彭定求刻所著《南畇续稿》,又著《南畇诗稿》刊行。

王夫之遗著《楚辞通释》14卷刊行。

方世举、陈典合著《韩昌黎诗集编年笺注》12卷成书。

朱彝尊著《曝书亭集》80卷由曹寅刊刻,潘耒为序。

按:《四库全书总目提要》曰:"此集凡赋一卷,诗二十二卷,皆编年为次,始于顺治乙酉,迄于康熙己丑,凡六十五年之作,其纪年皆用《尔雅》岁阳、岁阴之名,从古例也。词七卷,曰《江湖载酒集》,曰《茶烟阁体物集》,曰《蕃锦集》。杂文五十卷,分二十六体,附录《叶儿乐府》一卷,则所作小令也。彝尊未入翰林时,尝编其行稿为《竹垞文类》,王士禛为作序,极称其《永嘉诗》中《南亭西射堂》、《孤屿》、《瞿溪》诸篇。然是时仅规柷王、孟,未尽所长。至其中岁以还,则学问愈博,风骨愈壮,长篇险韵,出奇无穷。赵执信《谈龙录》论国朝之诗,以彝尊及王士禛为大家,谓王之才高而学足以副之,朱之学博而才足以运之。及论其失,则曰朱贪多,王爱好,亦公论也。惟暮年老笔纵横,天真烂漫,惟意所造,颇乏翦裁。然晚景颓唐,杜陵不免,亦不能苛论彝尊矣。至所作古文,率皆渊雅,良由茹涵既富,故根柢盘深。其题跋诸作,订讹辨异,本本元元,实跨黄伯思、楼钥之上。盖以诗而论,与王士禛分途各鹜,未定孰先。以文而论,则渔洋文略,固不免瞠乎后耳。惟原本有《风怀》二百韵诗,及《静志居琴趣》长短句,皆流宕艳冶,不止陶潜之赋《闲情》。夫绮语难除,词人常态,然韩偓《香奁集》别有篇帙,不入《内翰集》中,良以文章各有体裁,编录亦各有义例。溷而一之,则自秽其书。今并刊除,庶不乖风雅之正焉。"此书刊行后,朱彝尊五世孙朱墨林曾于嘉庆二十二年(1817)汇集《曝书亭集》缺载的诗词文,编为《曝书亭外集》8卷。其诗另有江浩然《曝书亭诗笺注》12卷、杨谦《曝书亭集诗注》22卷、孙银槎《曝书亭集笺注》23卷三家注本;其词另有翁之润刻《曝书亭词拾遗》4卷、叶德辉《曝书亭删余词》1卷及李富孙《曝书亭集词注》7卷等。

陈祚明编《采菽堂定本汉魏六朝诗钞》(又名《采菽堂古诗选》)38卷,附《补遗》4卷刊行。

张豫章等奉敕编《四朝诗》312卷成书。

按：《四库全书总目提要》曰："《御定四朝诗》三百一十二卷，康熙四十八年圣祖仁皇帝御定。右庶子张豫章等奉敕编次。凡宋诗七十八卷，作者八百八十二人；金诗二十五卷，作者三百二十一人；元诗八十一卷，作者一千一百九十七人；明诗一百二十八卷，作者三千四百人。每代之前，各详叙作者之爵里。其诗则首帝制，次四言，次乐府歌行，次古体，次律诗，次绝句，次六言，次杂言，以体分编。唐诗至五代而衰，至宋初而未振。王禹偁初学白居易，如古文之有柳穆，明而未融；杨亿等倡西昆体，流布一时。欧阳修、梅尧臣始变旧格，苏轼、黄庭坚益出新意，宋诗于时为极盛。南渡以后，《击壤集》一派参错并行，迁流至于四灵、江湖二派，遂弊极而不复焉。金人奄有中原，故诗格多沿元祐，迨其末造，国运与宋同衰，诗道乃较宋为独盛。元好问自题《中州集后诗》曰：'邺下曹刘气尽豪，江东诸谢韵尤高。若从华实评诗品，未便吴侬得锦袍。'岂虚语乎！有元一代，作者云兴，虞、杨、范、揭以下，指不胜屈。而末叶争趋绮丽，乃类小词。杨维桢负其才气，破崖岸而为之，风气一新，然讫不能返诸古也。明诗总杂，门户多岐，约而论之，高启诸人为极盛。洪熙、宣德以后，体参台阁，风雅渐微。李东阳稍稍振之，而北地、信阳已崛起与争，诗体遂变。后再变而公安，三变而竟陵，淫哇竞作，明祚遂终。大抵四朝各有其盛衰，其作者亦互有长短。而七百余年之中，著作浩繁，虽博识通儒，亦无从遍观遗集。至于澄汰沙砾，披检精英，合四朝而为一巨帙，势更有所不能矣。我国家稽古右文，石渠天禄之藏，既逾前代；我圣祖仁皇帝游心风雅，典学维勤，乙览之余，咸无遗照。用能别裁得失，勒著鸿编，非惟四朝作者得睿鉴而表章，即读者沿波以得奇，于诗家正变源流，亦一一识其门径。圣人之嘉惠儒林者，宁浅鲜欤？"

王士禛著《分甘余话》4卷成书，有自序。

赵执信著《谈龙录》1卷成书，有自序。

按：是书对王士禛"神韵说"有所批评，在当时颇有影响。《四库全书总目提要》曰："执信为王士禛甥婿，初甚相得。后以求作《观海集序》不得，遂至相失。因士禛与门人论诗，谓当作云中之龙，时露一鳞一爪，遂著此书以排之。大旨谓诗中当有人在。其谓士禛《祭告南海都门留别》诗：'卢沟河上望，落日风尘昏。万里自兹始，孤怀谁与论'四句，为类羁臣迁客之词。又述吴修龄语，谓士禛为清秀李于鳞。虽忿悁著书，持论不无过激。然神韵之说，不善学者往往易流于浮响。施闰章华严楼阁之喻，汪琬西川锦匠之戒，士禛亦尝自记之，则执信此书，亦未始非预防流弊之切论也。近时扬州刻此书，欲调停二家之说，遂举录中攻驳士禛之语，概为删汰，于执信著书之意，全相乖忤，殊失其真。今仍以原本著录，而附论其纰缪如右。"

马惟敏著《半处士诗集》2卷刊行。

陈至言著《菀青集》19卷刊行。

毛乾乾卒（约1621— ）。乾乾初名惕，字用九，号心易，别号匡山隐者，江西南康人。明诸生。明亡后绝意仕进，以讲学为事。著有《大学中庸述》《诗经音韵》《测天偶述》《推算偶述》等。事迹见《清史列传》卷七〇、李桓《国朝耆献类征初编》卷四一五、《碑传集》卷一三二。

按：江藩《炳烛室杂文·毛乾乾传》曰："历学之不明，由算学之不密。虽精如祖冲之、耶律楚材、郭守敬、赵友钦，而犹不密者，算法之不备也。自欧罗巴利玛窦、罗雅谷、阳玛诺诸人入中国，而算法始备，历学始明。考中西之异同，论古今之疏密，徐光启其人也。尽方圆之变，极弧矢之微，先生其人也。我朝明历算之学者，莫若宣城梅氏、中州谢氏。谢氏之子名身灌，与余交。以是得读先生之遗书，得闻先生之颠末。始知梅、谢两家之学有由来矣。世传先生通占验，善望气，好事者取奇闻怪语附著之。然而先生非唐都之学也。"

王撰卒(1623—)。撰字异公，号随庵，江苏太仓人。王时命第三子。工诗善书，为"娄东十子"之一。著有《三余集》、《揖山集》。事迹见《清史稿》卷五〇四、震钧辑《国朝书人辑略》卷一、李桓《国朝耆献类征初编》卷四二六。

蔡方炳卒(1626—)。方炳字九霞，号息关，别号息关学者，江苏昆山人。康熙十八年举博学鸿儒，托病不与试。性嗜学，于理学、政治、典故，多所纂辑。尝绘《著书图》。著有《广治平略》正续44卷、《增订广舆记》24卷、《愤助编》2卷、《铨政论》1卷、《马政志》1卷、《历代茶榷志》1卷、《耻存斋集》20卷等。编有《纲鉴汇编》40卷，与修《江南通志》及《长洲县志》22卷。事迹见《清史列传》卷七一。

朱彝尊卒(1629—)。彝尊字锡鬯，号竹垞，晚号小长芦钓师，又号金风亭长，浙江秀水人。康熙十八年应博学鸿儒科试，授翰林院检讨。入值南书房。预修《明史》。后以事罢职，从事著述。诗与王士禛齐名，时称"南朱北王"；词与陈维崧相埒，创浙西词派。又精经学。著有《经义考》300卷、《词综》34卷、《明诗综》100卷、《日下旧闻》42卷、《曝书亭集》80卷、《曝书亭集外稿》8卷等。事迹见《清史稿》卷四八四、《清史列传》卷七一、李桓《国朝耆献类征初编》卷一一八、震钧辑《国朝书人辑略》卷二、蔡冠洛《清代七百名人传》第五编、朱稻孙《竹垞行状》、陈廷敬《皇清敕授征仕郎日讲起居注翰林院检讨竹垞朱公墓志铭》、朱桂孙《皇清敕授征仕郎日讲起居注翰林院检讨显祖考竹垞府君行述》(均见《碑传集》卷四五)。清杨谦编有《朱竹垞先生年谱》。

按：《清史稿》本传曰："当时王士禛工诗，汪琬工文，毛奇龄工考据，独彝尊兼有众长。"《四库全书总目提要》谓朱彝尊"博识多闻，学有根底，复与顾炎武、阎若璩颉颃上下。凡近撰述，具有本原，盖其学派亦略与顾、阎相近，以博通矫陋之习，开考证之先"。朱彝尊竹垞学派弟子有盛枫、姚东明、徐怀仁、王浤、郑迈、周戴錡等。其交游者有顾炎武、阎若璩、毛奇龄、曹溶、徐善、李良年、郑元庆、乔莱等。

熊赐履卒(1635—)。赐履字青岳，又字敬修，号素九，别号愚斋，湖北孝感人。顺治十五年进士。由庶吉士授检讨。康熙时历充经筵讲官、纂修《实录》总裁、吏部尚书、武英殿大学士等职。四任会试正考官。因事罢归。卒谥文端。著有《经义斋集》18卷、《澡修堂集》18卷、《些余集》6卷、《学统》56卷、《朴园迩语》1卷、《闲道录》3卷、《下学堂札记》3卷等。事迹见《清史稿》卷二六二、《清史列传》卷七、李桓《国朝耆献类征初编》卷七、蔡冠洛《清代七百名人传》第一编、彭绍升《故东阁大学士吏部尚书熊文端公事状》(《碑传集》卷一一)。孔继涵编有《经筵讲官太子太保东阁大学士兼吏部尚书熊文端公赐履年谱》。

按：徐世昌《清儒学案》曰："康熙一朝，宰辅中以理学名者，前有柏乡，后有安溪，孝感则由词臣致位枢衡，侍讲筵独久，本朱子正心诚意之说，竭诚启沃，默契宸衷,圣祖之崇宋学,自孝感发之也。"其弟子有刘然、洪名、高菖生、罗丽、蒋伊等。其交游者有曹本荣、萧企昭、王纲、施璜、江燧、魏象枢、陈廷敬、范鄗鼎等。

王安国卒(1642—　)。安国字磐石,号康侯,汉军正白旗人。康熙时官内阁学士,充《明史》总裁官。著有《阁中集》、《浙闽封事》、《留都封事》等。事迹见《清史列传》卷一七、李桓《国朝耆献类征初编》卷五二、汪由敦《光禄大夫经筵讲官吏部尚书谥文肃王公安国墓志铭》(《碑传集》卷二九)。

耶稣会士要多卒(1644—　)。要多,一译作安多,比利时人。因南怀仁之荐,被康熙帝召至北京,为康熙帝讲几何学等,后任钦天监监副。

陈奕禧卒(1648—　)。奕禧字谦六,号子文、香泉,浙江海宁人。岁贡生。官至南安知府。工书善画。所藏秦汉唐宋以来金石甚富,皆为题跋辨证。著有《金石遗文录》10 卷、《春蔼堂集》、《益州于役记》、《皋兰载笔》、《虞洲集》、《绿荫亭集》2 卷、《予宁堂帖》、《梦墨楼帧》10 卷、《南安府志》20 卷、《隐绿轩题识》1 卷等。事迹见《清史列传》卷七一、李桓《国朝耆献类征初编》卷二二六、震钧辑《国朝书人辑略》卷二。

成康保卒,生年不详。江苏宝应人。康熙十八年进士。授内阁中书,迁浙江台州府同知。著有《周易阐微》、《春秋要旨》、《左传解》、《读史辨误》。事迹见《清史列传》卷七四。

涂瑞(　—1774)生。

康熙四十九年　庚寅　1710 年

正月二十四日庚寅(2 月 22 日),命编纂满、蒙文合本之《清文鉴》。

按:谕大学士等:"满字即有《清文鉴》,蒙古字书亦应纂辑。著交与教习唐古特书之,官员阿尔必特祐、乾清门侍卫拉锡等翻译,会同蒙古侍读学士、中书等修成满洲、蒙古合璧《清文鉴》一部。一边写满洲字,一边写蒙古字。其引经处,俱行裁去。若有伊等不知处,著问八旗年老通晓蒙古书之人。"(《清圣祖实录》卷二四一)

三月初十日乙亥(4 月 8 日),命大学士陈廷敬等商酌编纂《字典》式例。

按:谕大学士陈廷敬等:"朕留意典籍,编定群书。比年以来,如《朱子全书》、《佩文韵府》、《渊鉴类函》、《广群芳谱》,并其余各书,悉加修纂,次第告成。至于字学,并关切要,允宜酌订一书。《字汇》失之简略,《正字通》涉于泛滥,兼之四方风土不同,南北声音各异,司马光之《类篇》,分部或有未明。沈约之《声韵》,后人不无訾议。《洪武正韵》,虽多驳辨,迄不能行,仍依沈约之韵。朕尝参阅诸书,究心考证,凡蒙古、西域洋外诸国,多从字母而来。音由地殊,难以牵引。大抵天地之元音,发于人声。人声之象形,寄于点画。今欲详略得中,归于至当,增《字汇》之阙遗,删《正字通》之繁冗,勒为成书,垂示永久。尔等酌议式例具奏。"(《清圣祖实录》卷二四一)

英国人征服阿卡迪亚的罗亚尔港。

俄国的第一个财政预算制定。

柏林夏里特医院建成。

十三日戊寅（4月11日），从拉藏汗、班禅胡士克图、西藏诸寺喇嘛等会同管理西藏事务之侍郎赫寿疏请，封波克塔胡必尔汗为第六世达赖喇嘛。

德国雕刻师雅格布·克里斯托夫·勒布朗发明三色印刷。

张伯行三月至无锡，讲学东林书院。

梅文鼎是冬游苏州，友人杨作枚等过访于陈厚耀学署，作枚出所著《锡山历算书》，并请梅撰序；文鼎亦以《几何补编》相质。

按：杨作枚字学山，无锡人。生卒不详。祖父杨国钧，字定山，通历学，著有《历法大成》10卷。杨作枚在其熏陶下，终生对历算学具有浓厚的兴趣。他曾自述："予于历算平生癖嗜，凡有奥义必欲直穷其所以然而后快。"曾著有《溯源星海》、《壬寅旭历书图注》、《三角法会编》等历算专著，并汇集为《锡山历算书》，以备刊行。

何焯从毛扆处借宋本，校《李贺歌诗编》一过。

詹明章应漳州知府魏荔彤之邀，参订其父魏裔介所辑《四书朱子全义》。

汪士鋐在北京参与《渊鉴类函》修纂工作。

姚宏绪参与《渊鉴类函》修纂工作。

陈元龙四月为翰林院掌院学士，九月充经筵讲官，十月教习庶吉士。

蔡珽九月为翰林院检讨，充日讲官。

李凤翥九月为翰林院编修，充日讲官。

潘宗洛三月以内阁学士兼礼部侍郎充经筵讲官。

满保四月以内阁学士觉罗充经筵讲官。

殷特布九月以兵部左侍郎充经筵讲官。

王思轼十二月以内阁学士充经筵讲官。

长寿四月以司经局洗马充日讲官。

长鼎四月以翰林院侍读充日讲官。

张蔚时任安徽定远县知县，建仁寿书院。

王枟时任江西上高知县，建敖阳书院。

赵宏灿时任总督，于广州建粤秀书院。

郑玫时任广东三水知县，建凤冈书院。

钮荣时任广东巡抚，于英德县建文澜书院。

李世孝时任广西梧州知府，将茶山书院改建为回澜书院。

焦映汉时任广东雷琼道，建琼台书院。

许国棠时任四川綦江知县，建瀛山书院。

任中宜时任云南玉溪知州，建玉溪书院。

张伦至时任云南双柏知州，建天山书院。

宋永清时任台湾高雄知县，建屏山书院。

意大利传教士马国贤抵澳门，寻至北京任宫廷画师。

传教士多罗死于澳门监狱中。

传教士杨于文抵达香港传教。

胡煦著《周易函书约存》15卷刊行，有自序。

李光地闰七月著《中庸余论》成书，八月著《洪范说》再编成。

张伯行刻所编《近思录集解》、《古文载道稿》成书。

邵廷采著《明儒王子阳明先生传》、《王门弟子所知传》。

杨名时重校《徐霞客游记》，复手录一遍。

朱琦纂修《重修凤翔府志》5卷刊行。

王士仪纂修《永和县志》24卷刊行。

郭遇熙修纂《从化县志》5卷刊行。

钱以垲纂修《隰州志》24卷刊行。

沈懋价修，杨璿纂《黑盐井志》8卷刊行。

高鈵修，段拱新纂《安宁州志》6卷刊行。

王廷献修纂，朱象鼎续纂《酆都县志》8卷、《补遗》1卷刊行。

陶文彬纂《彭水县志》4卷刊行。

高魁标修纂《澄迈县志》10卷刊行。

李铨修纂《左州志》2卷刊行。

郑玫修纂《三水县志》15卷刊行。

郭一豪修，朱云映、谢重拔纂《重修瑞金县志》11卷刊行。

陈奕禧修，刘文友纂《南安府志》21卷刊行。

王世臣修，孙克绪纂《茌平县志》5卷刊行。

申毓来修，宋玉朗纂《南康县志》16卷刊行。

钱兆沆纂修《沔县志》4卷刊行。

张浩修，张寅威、李世溹纂《高密县志》10卷刊行。

卢承琰修，刘淇纂《堂邑县志》20卷刊行。

孙苞编，盛增粲参订《关帝年谱》刊行，附于东皋雪堂刻本《关帝文献会要》。

刘青藜著《金石续录》4卷成书，其弟刘青震作序。

李光地著《韵笺》成书。

袁仁林著《虚字说》1卷成书，有自序。

按：袁仁林字振千，陕西三原人。雍正间贡生。著有《古文周易参同契注》、《韩文笺注》、《瓠园丛语》等。

年希尧增补《五方元音》刊行。

按：《五方元音》原由樊腾凤在兰茂《韵略易通》一书基础之上删并而成，书约成于顺治十一年（1654）至康熙十二年（1673）间。年希尧是年刻印的删补本《五方元音》，与樊氏原本较为接近；到雍正五年（1727），年氏第二次增补，"增者十之五，删者十之一"，改名为《重校增补五方元音全书》，与樊氏原本相差很大。嘉庆十五年（1810），赵培梓又将《五方元音》改成《剔弊广增分韵五方元音》。

陈银著《楚辞发蒙》5卷成书，有自序。

王士禛著《带经堂集》92卷刊行，程哲校编。又著《己丑庚寅近诗》。

按：是秋，王士禛卧病不能起，因歙县程氏兄弟征求其诗文，以备汇为全集刻印，乃于枕上口授其子，编次历年所作。是年，士禛所著《渔洋诗话》3卷由黄叔琳

乔治·贝克莱著成《人类知识原理》。

刊行。

潘耒著《遂初堂诗文集》40卷刊行。

王畡著《突星阁诗抄》15卷刊行。

刘青藜著《高阳山人文集》12卷、《诗集》20卷、《补遗》1卷刊行。

宋荦著《漫堂续墨品》1卷成书,有自序。

陈宗泗著《蕉窗必读》10卷刊行,有自序。

梅文鼎著《二仪铭补注》1卷成书,有自序。

张英等奉敕编《渊鉴类函》450卷成书。

按：是书本俞安期《唐类函》而博采诸书,益以诗文事迹而成。《四库全书总目提要》曰："《御定渊鉴类函》四百五十卷,康熙四十九年圣祖仁皇帝御定。类书自《皇览》以下,旧本皆佚,其存于今者,惟《北堂书钞》、《艺文类聚》、《初学记》、《六帖》为最古。明俞安期删其重复,合并为一,又益以韩鄂《岁华纪丽》,而稍采杜佑《通典》以补所阙,命曰《唐类函》,六朝以前之典籍,颇存梗概。至武德、贞观以后,仅见题咏数篇,故实则概不及焉。考《辍耕录》载赵子俯之言,谓作诗才使唐以下事便不古,其言已稍过。当明李梦阳倡复古之说,遂戒学者无读唐以后书。梦阳尝作《黄河水绕汉宫墙》一篇,以末句用郭汾阳字涉于唐事,遂自削其稿,不以入集。安期编次类书,以唐以前为断,盖明之季年犹多持七子之余论也。然诗文隶事,在于比例精切,词藻典雅,不必限以时代。汉去战国不远,而词赋多用战国事,六朝去汉不远,而词赋多用汉事,唐去六朝不远,而词赋多用六朝事。今距唐几千年,距宋元亦数百年,而曰唐以后事不可用,岂通论欤？况唐代类书原下括陈、隋之季,知事关胜国,即属旧闻,既欲搜罗,理宜赅备,又岂可横生限断,使文献无征。是以,我圣祖仁皇帝特命儒臣因安期所编,广其条例,博采元明以前文章事迹,胪纲列目,荟为一编,务使远有所稽,近有所考,源流本末一一灿然。计其卷数,虽仅及《太平御览》之半,然《御览》以数页为一卷,此则篇帙既繁,兼以密行细字,计其所载,实倍于《御览》。自有类书以来,如百川之归巨海、九金之萃鸿钧矣。与《佩文韵府》、《骈字类编》皆亘古所无之巨制,不数宋之四大书也。"

李光地十月著《历象本要》成书。

刘智著《天方典礼》20卷初刊。

按："天方"指伊斯兰教,"典礼"指伊斯兰教礼法。全书以伊斯兰教教义为经,以儒家学说为纬,精心编制,是一部将伊斯兰教义与中国传统的儒家学说巧妙地结合在一起的伦理著作。中国伊斯兰教经堂教育曾将此书作为主要参考教材,也是收入《四库全书》之中的惟一一部中国伊斯兰教著作。有乾隆五年(1740)重刊本、同治十年(1871)补刻本、光绪三十一年(1905)本等。1988年天津古籍出版社出版张嘉宾、都永浩的校点本。

冷士嵋卒(1628—)。士嵋字又湄,号秋江,江苏丹徒人。明诸生。入清不仕。著有《江泠阁文集》4卷、《续集》2卷、《江泠阁诗集》12卷、《诗集续编》12卷等。事迹见《清史列传》卷七〇、民国《丹徒县志摭余》卷八、李桓《国朝耆献类征初编》卷四八〇。

王概约卒(1645—)。概初名丐,字东郭,一字安节,浙江秀水人。精刻印,在南京卖画为生。编有《芥子园画传》初集6卷,又与弟王蓍、王皋合编《芥子园画传二集》和《芥子园画传三集》。

王源卒(1648—)。源字昆绳,又字或庵,顺天大兴人。初从魏禧学为古文。晚年师事颜元。康熙三十二年举人。著有《平书》10卷、《读易通言》5卷、《或庵评春秋三传》3卷、《或庵文集》20卷等,另辑有《兵法要略》24卷。事迹见《清史稿》卷四八〇、《清史列传》卷六六、李桓《国朝耆献类征初编》卷四三一、李塨《王子源传》(《碑传集》卷一三九)。

按：王源为学主张经世致用,反对虚浮之风。他曾于《或庵文集·与程偕柳书》中自言："源生平无他长,唯一实可以自许,不敢以一字之虚欺世,而世之欲售其欺以相诳者,亦窃笑而薄其为人。"故其置"程、朱、陆、王之学不讲,独从事于经济文章,期有用于世"。《清史稿》本传曰："王源,字昆绳,大兴人。兄洁,少从梁以樟游。以樟谈宋儒学,源方髫龀,闻之不首肯,唯喜习知前代典要及关塞险隘攻守方略。年四十,游京师。或病其不为时文,源笑曰：'是尚需学而能乎?'因就试,中康熙三十二年举人。或劝更应礼部试,谢曰：'吾寄焉为谋生计,使无诟厉已耳!'昆山徐乾学开书局于洞庭山,招致天下名士,源与焉。于侪辈中独与刘献廷善,日讨论天地阴阳之变,伯王大略,兵法、文章、典制,古今兴亡之故,方域要害,近代人才邪正,其意见皆相同。献廷殁,言之辄流涕。未几,遇李塨,大悦之,曰：'自献廷殁,岂意复见君乎!'塨微言圣学,源闻之沛然。因持大学辨业去,是之。塨乃为极言颜元明亲之道,源曰：'吾知所归矣。'遂介塨往博野执贽元门,时年五十有六矣。后客死淮上。所著《平书》十卷,《文集》二十卷。"

施定庵(—1770)、吴兆松(—1790)生。

康熙五十年　辛卯　1711年

二月二十二日辛巳(4月9日),康熙帝举行经筵,谓大学士等曰："朕勤览书籍,凡《四书》、《五经》、《通鉴》、《性理》诸书,俱经研究。儒臣进讲前先为讲解一遍,遇有一句可疑,一字未协之处,即与诸臣反复讨论,期于义理贯通而后已。于是帝亲讲《四书》、《易经》各一节。"(《清圣祖实录》卷二四五)

三月二十七日丙辰(5月14日),衍圣公孔毓圻进呈《幸鲁盛典》,报闻。

四月初五日癸亥(5月21日),大学士李光地病。康熙帝谓张玉书曰："朕所纂辑朱子书,见在李光地处校勘。彼既有疾,汝可阅之。此是极切实紧要之书,须随得随刻,亟令告成。"因命张玉书接替李光地校勘所纂辑之《朱子全书》(《清圣祖实录》卷二四六)。

十六日甲戌(6月1日),谕大学士等："《朱子全书》凡天文、地理、乐律、历数,俱非泛论,皆能确见其所以然之故。"(《清圣祖实录》卷二四六)

俄国同土耳其战。

柏林研究院成立,莱布尼茨出任院长。

五月二十八日丙辰(7月13日)，从都察院左都御史赵申乔奏请，修补《部行则例》。

六月初十日戊辰(7月25日)，设广西西隆州儒学。

八月二十八日乙酉(10月10日)，从江南学政张元臣疏言，以子路系圣门十哲之列，其后裔世居常熟县，应照闵子、子贡例世袭五经博士。

九月二十二日戊申(11月2日)，命内阁学士彭始抟教习庶吉士。

十月初九日甲子(11月18日)，江南乡试，正主考官为左必蕃，副主考官为赵晋。是日榜发，因主考官徇私受贿作弊，士论大哗。二十四日，诸生数百集玄妙观，抬拥五路财神直入学宫。有作打油诗讽考官者，其中有"左丘明两目无珠，赵子龙一身是胆"之语。或以纸糊贡院之匾，改"贡院"二字为"卖完"。江宁织造曹寅折奏：今年文场秀才等甚是不平，中者甚是不公，显有情弊，因而扬州秀才扰攘成群，将左必蕃祠堂尽行拆去。江南乡试主考官、副都御史左必蕃疏报：撤闱后闻舆论喧传，有句容知县王曰俞所荐之吴泌、山阳知县方名所荐之程光奎皆不通文理之人，臣不胜骇愕。有旨命该部严察(《清圣祖实录》卷二四八)。

十二日丁卯(11月21日)，戴名世《南山集》案发。

按：戴名世时为翰林院编修。当其为诸生时，曾著《南山集》一书。书中关于南明永历之事，多采自方孝标的《滇黔纪闻》。康熙二十二年(1683)间，戴名世在《与余生书》文中论写史时云："昔者宋之亡也，区区海岛一隅仅如弹丸黑子，不逾时而又已灭亡，而史犹得以备书其事。今以弘光之帝南京，隆武之帝闽越，永历之帝两粤、帝滇黔，地方数千里，首尾十七、八年。揆以春秋之义，岂遽不昭照烈之在蜀，帝昺之在崖州，而其事渐以灭没。近日方宽文字之禁，而天下所以避忌者万端。""终明之世三百年无史，金匮石宝之藏恐终沦散放失，而当世流布诸书缺略不详，毁誉失实。嗟乎！世无子长孟坚，不可聊且命笔，鄙人无状，窃有志焉。"至康熙四十一年(1702)，《南山集偶钞》辑成时，方苞、朱书作序，龙云锷、戴之学生方正玉捐资刊行。是日，左都御史赵申乔疏参戴名世"妄窃文名，恃才放荡，前为诸生时，私刻文集，肆口游谈，倒置是非，语多狂悖。今身膺恩遇，叨列巍科，犹不追悔前非，焚削书板，似此狂诞之徒，岂容滥厕清华。"(《清圣祖实录》卷二四八)有旨命该部严察审明。

二十日乙亥(11月29日)，因各省生员、举人额数屡增，赴考士子较前倍众，为便于考官细心阅卷，将会试揭晓时间延至三月十五日内。乡试揭晓时间亦分别放宽，大省于九月十五日内，中省于九月初十日内，小省于九月初五日内。以直隶、江南、浙江乡试人数倍于他省，加房考官二员。

二十二日丁丑(12月1日)，江苏巡抚张伯行疏言，今岁江南文闱榜发后议论纷纷，九月二十四日有数百人直入学宫，口称科场不公。令严察议奏。

按：《清史稿·张伯行传》曰："五十年，江南乡试副考官赵晋文交通关节，榜发，士论哗然，舆财神入学宫。伯行疏上其事，正考官左必蕃亦以实闻，命尚书张鹏翮、侍郎赫寿按治，伯行与噶礼会鞫，得举人吴泌、程光奎通贿状，词连噶礼。伯行请解噶礼任付严审，噶礼不自安，亦摭伯行七罪讦奏。上命俱解任，鹏翮等寻奏晋与泌、光奎通贿俱实，拟罪如律；噶礼交通事诬，伯行应夺官。上切责鹏翮等掩饰，更命尚书穆和伦、张廷枢复按，仍如前议。上曰：'伯行居官清正，天下所知。噶礼才虽有余，而喜生事，无清正名。此议是非颠倒，命九卿、詹事、科道再议。'"遂夺噶礼官，命伯行复任。

二十五日庚辰（12月4日），以"孝为百行之首"，命八旗官员及部院大臣举荐八旗之"笃行孝义"者。

是月，谕大学士等："天文历法，朕素留心，西法大端不误，但分刻度数之间，积久不能无差。今年夏至，钦天监奏午正三刻，朕细测日景，是午初三刻九分。此时稍有舛错，恐数十年后所差愈甚。犹之钱粮，微尘秒忽，虽属无几，而总计之，便积少成多，此事实有证验，非比书生论说可以虚词塞责也。"又谕礼部考取效力算法人员，临轩亲试，取顾琮等42人（《清史稿·时宪志一》）。

十一月初一日丙戌（12月10日），为查清江南科场案，帝命张鹏翮会同江南、江西总督，江苏、安徽巡抚至扬州地方彻底详察，严加审明具奏。主考官左必蕃、赵晋俱解任，发往质审。

十二月十三日丁卯（1712年1月20日），因左都御史赵申乔请，命令后禁止新建、增修寺庙。

是年，康熙帝应俄国高队领队请求，应允清廷赴俄使团若得到俄国朝廷礼遇，使团可在回国时带东正教传教士返北京。

按：俄国高队领队先行呈请康熙帝允派东正教传教士来接替年迈的马克西姆·列昂节夫神父，康熙帝作此允诺。

张廷玉十月为翰林院检讨，充日讲起居注官。

李光地十二月入觐于畅春苑。

梅文鼎有诗寄李光地，以示谢荐引之意。又为杨作枚《锡山历算书》作序。

陈廷敬五月诏入直办事。

徐倬得康熙帝御书"寿祺雅正"匾额。

方苞因戴名世案牵连被拘，下县狱；十一月初，张伯行令将方苞、尤云鹗遣解至京；刘捷、朱文镳、张自超暨武文衡、翁荃、白斑、冯庚、宣佐，相继入狱慰问方苞；三法司议：汪灏、方苞当绞缢，方止玉、尤云锷当投荒，韩菼、赵士麟、王英谋、汪份等37人当免坐；王源、朱书已死，当免坐。

按：《清史稿·方苞传》曰："五十年，副都御史赵申乔劾编修戴名世所著《南山集》《孑遗录》有悖逆语，辞连苞族祖孝标。名世与苞同县，亦工为古文，苞为序其集，并逮下狱。"

万经充山西乡试副考官。

查慎行是冬得风疾。

高凤翰补博士弟子员。

杨绪因为人不端，被革职回籍。

按：《清圣祖实录》卷二四八日：上命大学士等传问九卿："编修杨绪为人何如？"九卿等奏曰："杨绪为人不端。"上谕曰："杨绪著革职，驿解回籍，交与地方官严禁在家，勿令擅出行走，更生事端。翰林院员内，尚有如此等人，亦著九卿举出。"寻九卿

杰弗里·克内勒组建伦敦艺术学院。

等举出侍讲钱名世、修撰王式丹、编修贾国维、贾兆凤四人,具奏。得旨:"翰林官,理当安静守分。钱名世、王式丹、贾国维、贾兆凤行止不端,声名不好,俱著革职。"

沈涵十月为詹事府少詹事,充日讲官。

阿玶赛十月为翰林院检讨,充日讲官。

傅绅正月以吏部右侍郎充经筵讲官。

觉和托正月以内阁学士充经筵讲官。

噶敏图、李仲极、彭始抟二月以内阁学士充经筵讲官。

胡作梅四月以内阁学士充经筵讲官。

史夔四月以詹事府少詹事充经筵讲官。

王原祁十月以翰林院掌院学士充经筵讲官。

姬肇燕时任浙江永康知县,建鹤庭书院。

吕廷铨时任浙江萧山知县,建西山书院。

汪为龙时任江西宜春知县,建宜阳书院。

胡汝任在江西奉新县建博约斋。

传教士雷孝思等测绘山东。

张伯行著《广近思录》14卷、《伊洛渊源续录》20卷成书。

按:《四库全书总目提要》曰:"《广近思录》十四卷,国朝张伯行撰。伯行是编采集宋张栻、吕祖谦、黄榦,元许衡,明薛瑄、胡居仁、罗钦顺七家之遗书,以续朱子《近思录》。分十四门,仍如朱子原书之目。"又曰:"《伊洛渊源续录》二十卷,国朝张伯行撰。是编因明谢铎《伊洛渊源续录》采辑未备,薛应旗《考亭渊源录》去取未严,因重为考订,以补正二家之阙失。然书甫出而谭旭谋《道统录》又反复千百言,纠其漏胡寅、真德秀矣。讲学如聚讼,亶其然乎。有朱子之学识而后可定程子门人之得失,此中进退,恐非后学所易言也。"

吴乘权著《纲鉴易知录》107卷成书,有自序。

按:是书为编年纲目体通史,记事上起远古,下迄明亡,向以内容简明得体见称,清吴存礼曾誉之为"雅俗共赏"。有1960年中华书局出版施意周校点本。

邵廷采刻《治平略》12篇。

宋琬纂修,张朝琮增修,胡仁济增纂《永平府志》24卷刊行。

梁永祚修,张永曙纂《保安州志》12卷刊行。

陈坦纂修《宣化县志》30卷刊行。

黄之孝修,李喆纂《武安县志》18卷刊行。

刘宗枢修,林澍等纂《尤溪县志》10卷刊行。

贾汉复修,韩奕续修,王功成、吕和钟等续纂《陕西通志》32卷刊行。

王培宗修,丘性善纂《南乐县志》15卷刊行。

杨廷望修纂《衢州府志》40卷刊行。

张尚瑗修纂《潋水志林》26卷刊行。

马世永修纂《池州府志》92卷刊行。

刘淇所著《助字辨略》5卷由海城卢承琰刊行。

按:是书为中国第一部较为完备的古汉语虚词词典,也是中国虚词研究史上的奠基之作。杨树达《助字辨略跋》称其"最为精核"。《续修四库全书总目提要》曰："是编盖著在王引之《经传释词》前。其类凡三十，曰重言，曰省文，曰助语，曰断辞，曰疑辞，曰咏叹辞，曰急辞，曰缓辞，曰发语辞，曰语已辞，曰设辞，曰别异之辞，曰继事之辞，曰或然之辞，曰原起之辞，曰终竟之辞，曰顿挫之辞，曰承上，曰转下，曰语辞，曰通用，曰专辞，曰仅辞，曰叹辞，曰几辞，曰极辞，曰总括之辞，曰方言，曰倒文，曰实字虚用。其训释凡六：曰正训，曰反训，曰通训，曰借训，曰互训，曰转训。"另有乾隆四十四年(1779)福源堂精刊本、咸丰五年(1855)海源阁刊本、1923年湖南长沙杨树达重刻本、1954年中华书局校注本等。

郎文勋辑《唐句分编》54卷刊行。

按：郎文勋字书常，广东广宁人。是书将唐人七言诗分句编排，可为研究唐诗句、词者参考。

郭元釪辑《全金诗》74卷刊行。

按：《四库全书总目提要》曰："宋自南渡以后，议论多而事功少，道学盛而文章衰。中原文献，实并入于金。特北人质朴，性不近名，不似江左胜流，动刊梨枣，迨汝阳版荡，散佚遂多。元好问撰《中州集》，掇拾畸零，得诗一千九百八十余首，作者二百四十余人，并乐府厘为十一卷。每人各以小传述其轶事，颇为详悉。然好问之意，在于借诗以存史，故于诗不甚求全，所录未能赅备。郭元釪因取好问原本，重为葺缀，所增之人，视旧加倍。所增之诗，视旧三倍。仍存好问之小传，而取刘祁《归潜志》以拾其遗，别题曰补。又杂取《金史》及诸家文集说部，以备考核，别题曰附。元釪有所论说，亦附见焉。金源一代之歌咏，彬彬乎备矣。"

王时宪著《性影集》8卷刊行。

方苞约于此际作《狱中杂记》。

应撝谦著《应潜斋文集》刊行。

顾汧著《凤池园文集》8卷成书，徐潮作序。

沈名荪著《梵夹集》5卷成书，赵昱作序。

宋荦著《西陂类稿》39卷刊行。

按：《四库全书总目提要》曰："是书凡诗二十二卷，词一卷，杂文八卷，奏疏六卷。其诗之目，曰《古竹圃稿》，曰《嘉禾堂稿》，曰《柳湖草》，曰《将母楼稿》，曰《古竹圃续稿》，曰《都官草》、曰《双江唱和集》，曰《回中集》，曰《西山倡和诗》，曰《续都官草》，曰《海上杂诗》，曰《漫堂草》，曰《漫堂倡和诗》，曰《啸雪集》，曰《庐山诗》，曰《述鹿轩诗》，曰《沧浪亭诗》，曰《迎銮集》，曰《红桥集》，曰《迎銮二集》，曰《清德堂诗》，曰《迎銮三集》，曰《藤阴倡和集》，曰《乐春阁诗》，曰《联句集》，凡二十有五。其初本各自为集，晚年致仕居西陂，乃手自订定，汇为兹帙。惟初刻《绵津山人诗集》，删除不载。盖以早年所作，格调稍殊，故别为一编，不欲使之相混也。荦虽以任子入官，不由科目，而淹通典籍，练习掌故。诗文亦为当代所推，名亚于新城王士祯，其官苏州巡抚时，长洲邵长蘅选士祯及荦诗为《王宋二家集》，一时颇以献媚大吏为疑。赵执信尤持异论，并士祯而掎轧之。平心而论，荦诗大抵纵横奔放，刻意生新，其源渊出于苏轼。王士祯《池北偶谈》记其尝绘轼像，而已侍立其侧。后谒选果得黄州通判，为轼旧游地。又施元之《苏诗注》久无传本，荦在苏州，重价购得残帙，为校雠补缀，刊版以行，其宗法可以概见。故其诗虽不及士祯之超逸，而清刚隽上，亦拔戟自成一队。其序、记、奏议等作，亦皆流畅条达，有眉山轨度。士祯寄荦诗有曰：'尚书北阙霜侵鬓，开府江南雪满头。当日朱颜两年少，王扬州与宋黄州。'言二人少为卑官，即已齐名,不自长蘅合刻始,所以释赵执信之议也。然则士祯亦未尝不引为同调矣。"

张玉书、陈廷敬等奉敕纂《佩文韵府》444卷成书,并付刊。

按:是书以清圣祖书斋"佩文"命名。《四库全书总目提要》曰:"《御定佩文韵府》四百四十四卷,康熙五十年圣祖仁皇帝御定。考《唐书·艺文志》,载颜真卿《韵海镜源》二百卷,释皎然陪颜使君修《韵海》毕,东溪泛舟,饯诸文士诗有'引史刊新韵,中郎定古文。菁华兼百氏,缉雅备三坟'句,其注又有'鲁公著书,依切韵起东字脚'语。然则分韵隶事,始自真卿。今其书不传。宋、元间作者颇伙,谓之《诗韵》(语详《韵府群玉》条下),其传于今者,惟《韵府群玉》为最古。至明又有《五车韵瑞》、然皆疏漏不完,舛讹相踵。杨慎作《均藻》,朱彝尊作《韵粹》,其子昆田又作《三体摭韵》,皆欲补阴氏、凌氏之阙,而仍未赅备。是以我圣祖仁皇帝特诏儒臣搜罗典籍,辑为是编。每字皆先标音训。所隶之事,凡阴氏、凌氏书所已采者,谓之《韵藻》,列于前;两家所未采者,别标增字,列于后。皆以两字、三字、四字相从,而又各以经史子集为次,其一语而诸书互见者,则先引最初之书,而其余以次注于下。又别以事对摘句附于其末。原本不标卷第,但依韵厘为一百六卷,而中分子卷二十有四。今以篇页繁重,编为四百四十四卷,自有韵府以来,无更浩博于是者。俯视阴氏、凌氏之书,如沧海之于蠡勺矣。考康熙五十九年,大学士王掞等恭制《韵府拾遗序》有曰:'《佩文韵府》书成,卷帙一百有六,闻诸臣分纂之时,每缮初稿,先呈御览。我皇上十行并下,点摘阙遗,举凡六经奥义,诂训之所难通,四部僻书,枣梨之所未镂,莫不亲加批乙,宣付诸臣再三稽考,虽诸臣众手合作之书,实我皇上一心裁定之书也'云云。盖由圣学高深,为千古帝王所未有。故是书博赡,亦千古著述所未有也。"是书版本较多,除康熙原刻外,尚有《四库全书》本、《万有文库》本等。1983年上海古籍书店据《万有文库》影印出版。

康熙帝御定《避暑山庄图咏》2卷编成。

比利时传教士卫方济的《四书》译本《中华帝国经典》和《中国哲学》由布拉格大学刊印。

徐秉义卒(1633—)。秉义字彦和,号果亭,江苏昆山人。徐乾学弟。康熙十二年一甲三名进士,授编修。官至内阁学士兼吏部尚书。著有《诗经志余》42卷、《明末忠烈纪实》20卷、《培林堂书目》1卷、《耘圃培林堂代言集》等。事迹见《清史列传》卷一〇、李桓《国朝耆献类征初编》卷五七、蔡冠洛《清代七百名人传》第四编、许汝霖《座主果亭徐公墓志铭》(《德星堂文集》卷四)。

王士禛卒(1634—)。士禛因避讳改名士正、士祯,字子真,又字贻上,号阮亭,又自号渔洋山人,山东新城人。顺治十五年进士,选扬州府推官。康熙三年入为礼部主事,官至刑部尚书。少时以诗闻名,论诗创"神韵说"。其文以诗序、传志、题跋为多。卒谥文简。著有《带经堂集》92卷、《池北偶谈》26卷、《居易录》34卷、《香祖笔记》12卷、《渔洋诗话》3卷、《五代诗话》等。另辑有《古诗选》32卷、《唐贤三昧集》3卷、《十种唐诗选》、《二家诗选》、《唐人万首绝句选》等。事迹见《清史稿》卷二六六、《清史列传》卷九、蔡冠洛《清代七百名人传》第五编、孙星衍《刑部尚书王公传》、宋荦《资政大夫刑部尚书王公士禛暨配张宜人墓志铭》(均见《碑传集》

卷一八）。王士禛自编有《渔洋山人自撰年谱》，清金荣编有《渔洋山人年谱》。

按：《清史稿》本传曰："明季文敝，诸言诗者，习袁宗道兄弟，则失之俚俗；宗锺惺、谭友夏，则失之纤仄；学陈子龙、李雯，轨辙正矣，则又失之肤廓。士禛姿禀既高，学问极博，与兄士禄、士祜并致力于诗，独以神韵为宗。取司空图所谓'味在酸咸外'、严羽所谓'羚羊挂角，无迹可寻'，标示指趣，自号渔洋山人。主持风雅数十年。同时赵执信始与立异，言诗中当有人在。既没，或诋其才弱，然终不失为正宗也。士禛初名士禛，卒后，以避世宗讳，追改士正。乾隆三十年，高宗与沈德潜论诗，及士正，谕曰：'士正绩学工诗，在本朝诸家中，流派较正，宜示襃，为稽古者劝。'因追谥文简。三十九年，复谕曰：'士正名以避庙讳致改，字与原名不相近，流传日久，后世几不复知为何人。今改为士禛，庶与弟兄行派不致淆乱。各馆书籍记载，一体照改。'"

马注卒（1640—　）。注字文炳，号仲修，云南金齿（今保山）人。伊斯兰教学者。著有《清真指南》10卷，其中有《经权》、《隆中吟》、《进经疏》、《穆圣赞》、《教条八款》等。

张玉书卒（1642—　）。玉书字素存，号润甫，江苏丹徒人。顺治十八年进士，选翰林院庶吉士，授编修。康熙时历内阁学士、礼部侍郎、刑部尚书等职。曾任《平定朔漠方略》总裁、《康熙字典》总阅官。卒谥文贞。著有《张文贞集》12卷、《张文贞公文录》2卷、《张文贞外集》2卷及《扈从赐游记》、《昭代乐章恭纪》、《游千顶山记》、《外国纪》等。事迹见《清史稿》卷二六七、《清史列传》卷一〇、李桓《国朝耆献类征初编》卷九、蔡冠洛《清代七百名人传》第三编、《张玉书传》（《碑传集三编》卷一）。清丁传靖编有《张文贞公年谱》。

按：蔡冠洛曰：张玉书"所作古文辞，春容典雅，称一代大手笔。尝进讲乾清宫，帝问理学之名，始于宋否？玉书奏：道理自在人心，宋儒讲辨加详耳。帝曰：日用常行无非此理。自有理学名目，彼此辩论，而言行不符者甚多。若不居讲学名而行事允合，此即真理学也"（《清代七百名人传》第三编）。

邵廷采卒（1648—　）。廷采字允斯，号念鲁，浙江余姚人。康熙初，从毛奇龄游。主讲姚江书院十七年。康熙八年中举，后十四次应试不第。著有《思复堂集》10卷、《姚江书院志略》4卷、《东南纪事》12卷、《西南纪事》12卷及《王门弟子传》、《刘门弟子传》等。事迹见《清史稿》卷四八〇、《清史列传》卷六七、李桓《国朝耆献类征初编》卷四〇六、邵晋涵《族祖邵先生廷采行状》、朱筠《邵先生墓表》、龚廷麟《文学邵念鲁先生墓志铭》（均见《碑传集》卷一二八）。姚名达编有《邵念鲁年谱》。

按：《清史稿》本传曰："从韩当受业，又问学于黄宗羲。初读《传习录》无所得，既读刘宗周《人谱》，曰：'吾知王氏学所始事矣。'蠡县李塨贻廷采书，论明儒异同，兼问所学。廷采曰：'致良知者主诚意，阳明而后，原学蕺山。'又私念师友渊源，思托著述以自见。以为阳明扶世翼教，作《王子传》；蕺山功主慎独，作《刘子传》；王学盛行，务使合乎准则，作《王门弟子传》；金铉、祁彪佳等能守师说，作《刘门弟子传》。"章学诚《邵与桐别传》曰："南宋以来，浙东儒哲讲性命者多攻史学，历有师承。宋明两朝记载，皆稿荟于浙东，史馆取为衷据。其间文献之征，所见、所闻、所传闻者，容有中原耆宿不克与闻者矣。邵氏先世多讲学，至君（指邵晋涵）从祖廷采善古文辞，著《思复堂文集》,发明姚江之学,与胜国遗闻轶事,经纬成一家言,蔚然大家。惜终老诸生,其书不显于世,事详大兴朱先生筠所撰墓表。"(《章氏遗书》卷一八)

刘纶(　—1773)、孙洙(　—1778)、嵇璜(　—1794)、赵一清(　—?)生。

康熙五十一年　壬辰　1712年

和平大会在乌得勒支召开。

圣彼得堡成为俄国的首都。

波尔多科学、文学和艺术学院建立。

正月二十二日丙午(2月28日),刑部察审戴名世《南山集》案。

按：刑部等衙门题:"察审戴名世所著《南山集·孑遗录》内有大逆等语,应即行凌迟。已故方孝标所著《滇黔纪闻》内,亦有大逆等语,应剉其尸骸。戴名世、方孝标之祖父子孙兄弟及伯叔父兄之子,年十六以上者,俱查出解部,即行立斩。其母女妻妾姊妹,子之妻妾,十五岁以下子孙伯叔父兄之子,亦俱查出,给功臣家为奴。方孝标归顺吴逆,身受伪官,迨其投诚,又蒙恩免罪,仍不改悖逆之心,书大逆之言,今该抚将方孝标同族人,不论服之已尽未尽,逐一严查,有职衔者,尽皆革退,除已嫁女外,子女一并即解到部,发与乌喇、宁古塔、白都纳等处安插。汪灏、方苞为戴名世悖逆书作序,俱应立斩。方正玉、尤云鹗闻拿自首,应将伊等妻子,一并发宁古塔安插。编修刘岩虽不曾作序,然不将书出首,亦应革职,佥妻流三千里。"有旨命九卿议奏(《清圣祖实录》卷二四九)。四月初十日,刑部等衙门再议此案。康熙帝谓大学士等曰:"案内拟绞之汪灏,在内廷纂修年久,已经革职,著从宽免死,但令家口入旗。方登峰之父,曾为吴逆伪学士,吴三桂之叛,系伊从中怂恿,伪朱三太子一案,亦有其名,今又犯法妄行。方氏族人,若仍留在本处,则为乱阶矣。将伊等或入八旗,或即正法,始为允当。此事所关甚大,本交内阁收贮,另行启奏。"(《清圣祖实录》卷二五〇)

二月初四日丁巳(3月10日),康熙帝谓大学士等曰:"宋儒朱子,注释群经,阐发道理,凡所著作及编纂之书,皆明白精确,归于大中至正。经今五百余年,学者无敢疵议。朕以为,孔孟之后,有裨斯文者,朱子之功最为弘钜。应作何崇礼表彰,尔等会同九卿詹事科道详议具奏。"寻大学士会同礼部衙门议复:"宋儒朱子,配享孔庙,本在东庑先贤之列。今应遵旨,升于大成殿十哲之次,以昭表彰至意。"从之(《清圣祖实录》卷二四九)。

按：七月间,《朱子全书》成,有旨:朱熹宜跻位四配之次。乃定朱子牌位从孔庙东庑先贤之列移至大成殿十哲之次。寻命宋儒范仲淹从祀。朱熹地位的确定,表明清廷"崇儒重道"的文化格局已经基本完成。

初六日己未(3月12日),以都察院左都御史赵申乔为会试正考官,内阁侍读学士徐元梦为副考官。

三月十五日戊戌(4月20日),康熙帝谕大学士等:"去年顺天解元以科场事发脱逃,朕心甚疑。今中式进士内,或有不能作文,令人顶替者,亦未可定。著于二十日,齐备试卷,令赴畅春园,朕亲加复试。"(《清圣祖实录》

卷二四九）

二十日癸卯（4月25日），复试会试中式举人卜俊民等，及赵申乔所荐云南、贵州、广西三省备卷举人于畅春园，并谕九卿搜阅遗卷。

按：康熙帝亲复试今年中式进士。复试后，将文字不通者五名革去进士，仍留举人，下科会试。复试不到之二十六名，行文该抚咨送，到日复试。经九卿搜阅遗卷，又准王图炳等十七人参加殿试。二十二日，谕：今年新科进士除拣选庶吉士外，其余不必回籍，交与礼部选翰林官教习文艺，从事典礼，亦可率同修书。以后所取武进士补官前，亦分拨八旗，随同围猎学习（《清圣祖实录》卷二四九）。

二十五日戊申（4月30日），谕大学士等："传谕主考官赵申乔、徐元梦，于落卷中有可中者，著选百卷呈览。又各馆修书举人落卷，亦著查出一并呈览。殿试为期甚迫，复试卷不及再分等第，俱准其殿试，其不通五卷，革去进士，仍留举人，下科会试。"（《清圣祖实录》卷二四九）

是日，大学士九卿等遵旨会议："云南、贵州、广西三省应各增进士一名，即将赵申乔所荐三卷，作新增之数。又复试不到中式举人二十六名，行文各该抚速行咨送，到日请旨复试。又今科取中进士内，文字不堪者已革退，所缺额数，伏乞皇上将各省考试不中落卷内，选择取中。"从之（《清圣祖实录》卷二四九）。

四月初二日甲寅（5月6日），策试天下贡士卜俊民等于太和殿前。

初五日丁巳（5月9日），康熙帝御太和殿，传胪，赐殿试贡生王世琛等177人进士及第出身有差。

十五日丁卯（5月19日），礼部等衙门题："嗣后会试，不必预定额数，亦不必编南北字号，并分官字号名色，请按省编号，印于卷面，以便分别取中。其满洲、蒙古、汉军卷面，亦如各省例，另编字号，俱令知贡举合算进场实数，临期具题，恭请皇上酌量省分大小，人数多寡，定额取中。"从之（《清圣祖实录》卷二五〇）。

二十日壬申（5月24日），以工部侍郎兼翰林院掌院学士揆叙、通政使司通政使汤右曾教习庶吉士。

二十三日乙亥（5月27日），以明年为康熙帝六十寿辰，决定开"万寿乡会科"，于二月内举行乡试，八月间举行会试。

五月，康熙帝驾幸避暑山庄，征梅文鼎之孙梅瑴成诣行在。先是，命苏州府教授陈厚耀，钦天监五官正何君锡之子何国柱、何国宗，官学生明安图，原任钦天监监副成德，皆扈从侍直，上亲临提命，许其问难如师弟子。及征瑴成至，奏对称旨，遂与厚耀等同直内廷（《清史稿·时宪志一》）。

六月十一日壬戌（7月13日），礼部议复："教习进士翰林院侍讲文志鲸等题，请将《御制诗文集》并《御评通鉴》、《御选古文》等书，各颁一部，教习进士。应如所请。"从之（《清圣祖实录》二五〇）。

九月三十日庚戌（10月29日），皇太子胤礽再次被废。

十月初十日庚申（11月8日），策试天下中式武举于太和殿前。

十四日甲子（11月12日），以殿试武举李显光等99人为进士及第出身有差。

约翰·詹姆斯建造伦敦汉诺威广场的圣乔治教堂。

李光地三月充殿试读卷官,四月荐朱轼,六月摺救江苏巡抚张伯行。

张廷玉二月为会试同考官,闱中阅《春秋》卷,得士16人,如浙江徐云瑞、徐杞,江南潘允敏、陶贞一、鲍开,福建何腾三,山西田嘉谷,皆知名之士;四月授司经局洗马掌局事,兼翰林院修撰。

毛奇龄闻朱熹配享孔庙,自毁《四书改错》板。

查慎行是春以病乞假,奉旨在京调理,仍赴翰林院供职。

刘大櫆始受业于吴直,在吴氏家与姚范成总角之交。

蒲松龄是冬赴青州考贡,得岁贡。

文志鲸正月为翰林院检讨,充日讲官。

赵熊诏三月为翰林院修撰,充日讲官。

汤右曾十月为翰林院掌院学士,充日讲官。

周起渭十一月为翰林院侍讲学士,充日讲官。

长寿正月以翰林院侍讲学士充经筵讲官。

王顼龄十月以吏部右侍郎充经筵讲官。

卜俊民、曹鸣、李钟侨、陶贞一、刘于义、潘允敏、王图炳、鄂尔奇、杨士徽、何国宗、秦靖然、田嘉谷、徐云瑞、冯汝轼、许镇、俞鸿图、杜诏、鲍开、孟班、杨祖楫、何应鳌、林昂、顾嗣立、王澍、狄贻孙、徐杞、易简、漆绍文、周天祐、程梦星、薄海、春山、秦林、周金简、王时鸿、乔时适、董宏、周彬、郭孙顺、钱廷献、沈世屏、夏慎枢、陈王谟、舒大成、觉罗名昌、胡煦、李如璐、徐依、张淳、汤大铬、莫与及、白子云、鲁立、王梦旭、林景拔、王遵岷、谢济世、郑之侨、张旭、刘蛟、孙诏、郑其储、潘祥、王晦、戈懋伦等66名新科进士四月十九日被选为庶吉士。修撰王世保、编修沈树本、徐葆光分别满汉书教习。

王箴舆举进士。

林佶举进士,授内阁中书。

按:林佶字吉人,号鹿原,福建侯官人。小楷、篆、隶师汪琬,曾手契《尧峰文钞》、《渔洋山人精华录》、《午亭文编》及《古夫于亭稿》,皆刊板行世,称"林佶写刻四种",或"林氏四写",精雅为世所重,为清代写刻古籍之代表。家多藏书,徐乾学锓《通志堂经解》、朱彝尊选《明诗综》,皆就传钞。所著尚有《金辽备考》2卷。

赵宏煜时任江苏扬州知府,在州里建义学。

按:乾隆二十五年改为竹西书院,四十六年更名为广陵书院。

梁通洛时任河南浚县知县,建希贤书院。

庄清度时任湖南溆浦县通判,建庄公书院。

李士淳、王吉人在广东梅县建立诚书院。

孙士杰时任广东茂名知县,建观澜书院。

郑吉士时任四川安岳知县,建凤山书院。

简廷佐时任陕西华阴知县,建仰华书院。

传教士雷孝思、冯秉正等测绘河南、江南、浙江、福建等地。

李光地著《周易通论》4卷成书。

按：《四库全书总目提要》曰："是书综论《易》理，各自为篇，一卷、二卷发明上、下经大旨，三卷、四卷则发明《系辞》、《说卦》、《序卦》、《杂卦》之义，冠以《易本》、《易教》二篇，次及卦爻、象象、时位、德应、《河图》、《洛书》，以及占筮持扐，正变环互，无不条析其意，而推明其所以然。在宋学中可谓融会贯通，卓然成一家之说。其论《复》、《无妄》、《中孚》、《离》四卦为圣贤之心学，亦皆以消息盈虚观天道而修人事，与《慈湖易传》以心言《易》者迥殊。光地作《大学古本说序》，称于《易》之卜筮灼然无疑。盖宗旨既明，则卮言不得而淆之矣。其学一传为杨名时，有《周易札记》二卷，再传为夏宗澜，有《易义随记》八卷、《易卦札记》二卷，虽递相祖述，而其宏深简括，则皆不及光地也。"

又按：《四库全书总目提要》评杨名时《周易札记》曰："是编乃其读《易》所记，前后无序、跋，未详其成书年月。观书中所引证，盖犹在钦定《周易折中》之后也。名时本李光地所取士，故其《易》学多得之光地。虽《说卦传》及附论《启蒙》之类，颇推衍先天诸图，尚不至于支离附会。至其诠解经、传，则纯以义理为宗，不涉象数，大抵于程、朱之义，不为苟异，亦不为苟同，在宋学之中，可谓明白而笃实矣。名时为云南巡抚时，夏宗澜尝从之问《易》，所作《易》说，皆质正于名时。其问答具载宗澜书中。然宗澜所说，如《渐卦》'御寇'，证以孤雁打更之类，颇为肤廓，不及名时所论犹有光地之遗也。"

刘元龙著《先天易贯》5卷成书，有自序。

按：《四库全书总目提要》曰："元龙字凝焉，饶阳人。是编前有康熙壬辰《自序》，又有雍正癸卯《补序》。盖其书先成三卷，（康熙五十三年）刊于江南，后又续增二卷，故两序也。元龙自称历三十年乃成书。其首卷即数以言理，首《河图》、次《洛书》，附以《妙合而凝》之图。次卷即象以言理，首《画卦图》，次《太极图》，次《仪象卦爻错变图》，附以《易贯图》。三卷即气以言理，首《变卦图》，次《八卦图》、《综卦图》，附以《致知格物图》。四卷、五卷即六十四卦以言理，标举伏羲《大象》、孔子《大象传》，附以错卦、互卦之解。盖惟讲陈、邵之学者也。"

邓霁著《周易会归》刊行。

方苞著《礼记析疑》46卷、《丧礼或问》。

按：《四库全书总目提要》评《礼记析疑》曰："夫《礼记》糅杂，先儒言之者不一。然删定《六经》惟圣人能之。孟子疑《武成》不可信，然未闻奋笔删削也。朱子改《大学》、刊《孝经》，后儒且有异同，王柏、吴澄窜乱古经，则至今为世诟厉矣。苞在近时号为学者，此书亦颇有可采。惟此一节，则不效宋儒之所长，而效其所短，殊病乖方。今录存其书，而附辨其谬于此，为后来之炯戒焉。"

曹基著《左传条贯》（又作《左氏条贯》）18卷刊行，有自序。

徐文靖著《禹贡会笺》12卷成书，赵弁作序。

周清源、王之枢等奉敕撰《钦定历代纪事年表》100卷成书。

按：是书所载事迹上起帝尧元载甲辰，下迄元顺帝至正二十八年戊申，凡3725年。《四库全书总目提要》曰："康熙五十一年圣祖仁皇帝御定。初，康熙四十六年圣驾南巡，布衣龚士炯献《历代年表》，所载至隋而止。乃诏工部侍郎周清源重修，未蒇事而清源殁。复诏内阁学士王之枢踵修，而以清源子嘉祯佐之，乃相续成编。所载事迹，上起帝尧元载甲辰，下迄元顺帝至正二十八年戊申，首末凡三千七百二十五年。其表以年为经，以国为纬，惟以正统居第一格，为全书之通例。其馀时殊世异，不可限以一法，则每代变例，而各以例说系表首。大抵准《史记》《年表》、《月表》，司马光《资治通鉴目录》。惟每条多附史评，又每代各冠以《地理图》、《世系图》而总冠以《三元甲子纪年图》，为小变旧式耳。考《南史·王僧孺传》，称太史公《年表》旁行斜上，体仿《周谱》，则史表实三代之旧法。然《史记》以下，率以一类自为一表，未能贯通。《资治通鉴目录》亦粗举大纲，未能详备。近时万斯同作《历代史表》，颇称赅洽，而其大旨惟考核于封爵世系之间，亦未能上下数千年，使条目分明，脉络连属也。是书网罗历代，总括始终，记录无遗，而义例至密。剪裁得体，而书法至明。诚韩愈所称纪事必提其要，欧阳修所称《春秋》之文简而有法者也。读史者奉此一书，亦可以知所津逮矣。"

  许隆远纂修《怀来县志》18卷刊行。

  章焯纂修《龙门县志》16卷刊行。

  周文元修，陈瑸等纂《重修台湾府志》10卷。

  王兆鳌修，王鹏翼纂《朝邑县后志》8卷刊行。

  王时炯修，牛翰垣纂《定襄县志》8卷刊行。

  龙图跃修，李霖臣纂《高唐州志》12卷刊行。

  陈谦修，孔尚任、刘以贵纂《莱州府志》12卷刊行。

  王嘉谟纂修《徐沟县志》4卷刊行。

  宝鼎望原本，张福永增修《内乡县志》12卷刊行。

  郅介修，任焕纂《濮州续志》2卷刊行。

  武国枢修纂《新野县志》8卷刊行。

  王锡极纂，丁时需增纂《开沙志》2卷刊行。

  沈渊修，孙中翘纂《金乡县志》16卷刊行。

  章曾印、曾倬修纂《常熟县志》8卷刊行。

  沈鼐修纂《琅盐井志》4卷刊行。

  王弘任增修《元谋县志》刊行。

  韩三昇修，张殿桂纂《蒙自县志》4卷刊行。

  刘自唐修纂《禄丰县志》4卷刊行。

  刘芳、王芷修，周天任增修《河西县志》6卷刊行。

  章履成修纂《元江府志》2卷刊行。

  张云翮修，舒鹏翮、倪光祚纂《新平县志》4卷刊行。

  彭兆逵修，杨撝秀纂《富民县志》刊行。

  金廷献修，李汝相纂《路南州志》4卷刊行。

  孙蝇祖修纂《石城县志》5卷刊行。

  唐麟翔修纂《射洪县志》10卷刊行。

  吴自肃自编《我堂自撰年谱》1卷成于本年前。

  冯辰著《李恕谷年谱》4卷成，有自序。

  潘耒著《类音》8卷成书。

  张伯行著《小学集解》6卷成书。

  按：《四库全书总目提要》曰："是编以坊刻小学数十种，纂注标题，止为试论剽窃之具，无当于朱子亲切指点，引人身体力行之意。因集诸家注释，融会其说，以成是编。伯行没后，其门人乐亭李兰梓行之。"

康熙五十一年 壬辰 1712年

徐旭旦著《世经堂诗文集》90卷刊行。

王史直著《锡山文集》20卷成书,有自序。

邵廷采著《思复堂文集》刊行。

按:邵氏之学,对章学诚父子都有很大影响。章学诚在以后写的《家书三》中曾曰:"吾之古文辞,全不似尔祖父;然祖父生平极重邵思复文,吾实景仰邵氏而愧未能及者也。盖马、班之史,韩、欧之文,程、朱之理,陆、王之学,萃合以成一子之书,自有宋欧、曾以还,未有若之立言者也;而其名不出于乡党,祖父犹深爱之。吾由是定所趋向。其讨论修饰,得之于朱先生,则后起之功也,而根柢则出邵氏,亦庭训也。"(《章氏遗书》卷九)

卢锡晋著《尚志馆文述》9卷、《补遗》9卷刊行。

曹寅自编《楝亭诗钞》8卷。

禹之鼎为王式丹作《十三本梅花书屋图》。

张锡驹著《伤寒论直解》6卷刊行。

张贞卒(1636—)。贞字起元,号杞园,安丘人。康熙壬子拔贡,选入太学。康熙十八年举为博学鸿儒,托母病不就。后又诏试太和门,御试第三名,授翰林院孔目,仍不赴任。遂征释侍诏,亦坚辞不从。自此,隐居安丘县杞城村,拜黄宗羲为师。治学严谨,著述很多。有《渠事山人半部稿》,由王士禛、安致远等24人作序、题词,作5集,分5次刻印,再版时更名为《杞田集》。还著有《渠丘耳梦录》、《浮家泛宅图诗》、《杞纪》、《青州府志》、《青州乡贤传》、《安丘乡贤传》、《家乘旗谱》等。事迹见《清史列传》卷七〇。

陈廷敬卒(1639—)。廷敬初名敬,字子端,又字小舫,号说岩,又号午亭,山西泽州人。顺治十五年进士,改翰林院庶吉士。康熙时官至文渊阁大学士兼吏部尚书。卒谥文贞。治经主张以注疏为主,精于古代经传分合沿变。曾充《三朝圣训》、《政治典训》、《平定三逆方略》、《大清一统志》、《明史》总裁官。著有《三礼指要》、《陈说岩诗》1卷、《尊闻堂集》80卷、《午亭文编》50卷、《午亭诗评》2卷、《杜律诗话》2卷等。事迹见《清史稿》卷二六七、《清史列传》卷九、李桓《国朝耆献类征初编》卷七、蔡冠洛《清代七百名人传》第一编。

卞永誉卒(1645—)。永誉字令之,号仙客,汉军镶黄旗人。康熙时官至刑部侍郎。工画,能书,与宋荦并以善鉴赏著称。著有《式古堂书画汇考》60卷和《式古堂朱墨书画记》80卷。事迹见《清史列传》卷七、李桓《国朝耆献类征初编》卷六七。

曹寅卒(1658—)。寅字子清,号荔轩、楝亭,原籍河北丰润,后隶满洲正白旗。曹雪芹祖父。曾任江宁织造。著有《北琵琶》传奇、《楝亭诗钞》8卷、《楝亭词钞》1卷等。又校刻前人文字、音韵、艺文杂著,有《楝亭十二种》,盛行于世,世称曹楝亭本。事迹见《清史稿》卷四八五、《清史列传》卷七一。

按:李文藻《琉璃厂书肆记》曰:"楝亭掌织造、盐政十余年,竭力以事铅椠。又交于朱竹垞。曝书亭之书，楝亭皆钞有副本。以予所见，如《石刻铺叙》、《宋朝通鉴长编纪事本末》、《太平寰宇记》、《春秋经传阙疑》、《三朝北盟会编》、《后汉书·年表》、《崇祯长编》诸书，皆钞本。魏鹤山《毛诗要义》、《楼攻媿文集》诸书，皆宋椠本。"曹寅刻书甚多，除自己的诗钞、词钞外，著名的有《楝亭五种》和《楝亭十二种》。《楝亭五种》包括《类编》15卷、《集韵》10卷、《大广益会玉篇》30卷、《重修广韵》5卷、附《释文互注礼部韵略》5卷；《楝亭十二种》包括《都城纪胜》1卷、《钓矶立谈》1卷、《墨经》1卷、《法书考》8卷、《砚笺》4卷、《琴史》6卷、《梅苑》10卷、《禁扁》5卷、《声画集》8卷、《后村千家诗》22卷、《糖霜谱》1卷、《录鬼簿》2卷。

万光泰（　—1750）、裘曰修（　—1773）、程景伊（　—1780）、杨潮观（　—1788）、徐坚（　—1798）生。

康熙五十二年　癸巳　1713年

土耳其同俄国签署阿德里亚诺波和约。

乌得勒支和平条约签定。西班牙王位继承战争结束。

舞蹈学校在巴黎歌剧院成立。

西班牙皇家艺术学院在马德里建立。

二月初六日乙卯（3月3日），戴名世案结案。

按：康熙帝就此案作最后处理。戴名世立斩，其家人从宽免治罪。方孝标之子方登峰等免死，并其妻子充发黑龙江。受干连之汪灏、方苞等免治罪，入旗。尤云锷、方正玉免死，徙其家。此案因康熙帝最后决断，免死者三百余人。梁启超《中国近三百年学术史》曰："康熙中叶，文网极宽，思想界很有向荣气象。此狱（南山案）起于康熙倦勤之时，虽办理尚属宽大，然监谤防口之风已复开矣。跟着就是雍正间的几次大狱。而乾嘉学风，遂由此确立了。"

二月二十五日癸酉（3月21日），顺天乡试舞弊案初结。

按：顺天乡试中第一名查为仁之父查日昌，请人为其子代笔，贿买书办，传递文章，事发后脱逃被获，处斩监候。查为仁及书役龚大业处绞监候。代作文章之邵坡，革去举人，杖徒。失察之御史常春、李弘文罚俸一年（《清圣祖实录》卷二五三）。

二十六日甲戌（3月22日），继续处理顺天乡试舞弊案。

按：中式之周启，本系原任步兵统领托合齐家人周三之子，请人代笔，串通誊录吏役通同作弊。事发后，周三又贿嘱司狱弄死首告伊子之邵文卿，希图灭口。周三、周启俱立斩。受赃书吏何亮公、钱灿如绞监候。代周启作文之王廷诠杖徒。失察之誊录所、受卷所官、监察御史，提调官等皆革职（《清圣祖实录》卷二五三）。

闰五月十一日丁巳（7月3日），清廷请西洋人绘制九省地图。

六月初二日丁丑（7月23日），命诚亲王胤祉率庶吉士何国宗等于热河行宫立馆修辑律吕、算法诸书。九月二十日，又命胤祉于蒙养斋立馆，将学习算法之举人照海等45人再加考试，择其优者在修书处行走。

按：《清史稿·时宪志一》曰："修律吕、算法诸书，以诚亲王允祉、皇十五子允祹、皇十六子允禄充承旨纂修，何国宗、梅瑴成充汇编，陈厚耀、魏廷珍、王兰生、方苞等充分校。所纂之书，每日进呈，上亲加改正焉。"《清史稿·艺术传一》曰："圣祖天纵神明，多能艺事，贯通中、西历算之学，一时鸿硕，蔚成专家，国史跻之儒林之列。

测绘地图,铸造枪炮,始仿西法。凡有一技之能者,往往召直蒙养斋。其文学侍从之臣,每以书画供奉内廷。又设如意馆,制仿前代画院,兼及百工之事。故其时供御器物,雕、组、陶埴,靡不精美,传播寰瀛,称为极盛。"

八月二十六日辛巳(9月15日),以大学士王掞、工部尚书王顼龄为会试正考官,兵部左侍郎李先复、内阁学士沈涵为副考官。

按:《清史稿·选举志三》曰:"科场拟题最重。康熙五十二年,以主司拟题,多取《四书》、《五经》冠冕吉祥语,致多宿构幸获。诏此后不拘忌讳。向例禁考官拟出本身中式题,至是弛其禁。历科试官,多有以出题错误获谴者。"

初十日乙卯(10月28日),苏州织造李煦折奏,《佩文韵府》一书已刊刻完毕,以20部进呈。康熙帝于硃批中命只刷印1000部。

二十六日庚午(11月13日),命九卿举荐明于性理实学之人。

十月初九日癸未(11月26日),策试天下贡士孙见龙等于太和殿前。

十一日乙酉(11月28日),殿试读卷官大学士等,遵例以试卷十本进呈。

十二日丙戌(11月29日),康熙帝御太和殿,传胪,赐殿试贡士王敬铭等143人进士及第出身有差。

按:是科为"万寿恩科"。

十三日丁亥(11月30日),以刑部尚书张廷枢为武会试正考官,詹事府少詹事王奕清为副考官。

十一月初七日辛亥(12月24日),策试天下中式武举于太和殿。

初九日癸丑(12月26日),因武会试只凭文章取中,致骑射娴熟者多有遗漏,规定以后武会试不必拘定额数,俟应试武举齐集京师,照例考试弓马,将合式者实数奏闻。康熙帝命按省之大小,人之多寡,照考取文进士例,就本省卷内择佳者照所定数取中,则弓马优长者,不致遗漏(《清圣祖实录》卷二五七)。

初十日甲寅(12月27日),谕令嗣后文童生、生员、举人内,有情愿改就武场考试者,武童生、生员、举人内,有情愿改就文场考试者,应各听其考试。

十二日丙辰(12月29日),以殿试武举宋如柏等96人为武进士及第出身有差。

十三日丁巳(12月30日),命都察院左都御史兼翰林院掌院学士揆叙、吏部右侍郎兼翰林院掌院学士汤右曾教习庶吉士。

十二月十八日辛卯(1714年2月2日),嗣后由武考文,不中者若再令考试,则易生弊。应许改考一次,其不中者即著停止。

李塨正月入京,谋刊《周易传注》,并为序。

按:《四库全书总目提要》曰:"其《凡例》论先儒辨难,卷不胜载,惟甚有关者,始不得已而辨之也。大抵以观象为主,而亦兼用互体。于古人多采李鼎祚《集解》,于近人多取毛奇龄《仲氏易》、《图书原舛编》、胡谓《易图明辨》。其自序排击诸儒,虽未免过激,然明自隆、万以后,言理者以心学窜入《易》学,率持禅偈以诂经,言数者奇偶与黑白,递相推衍,图日积而日多,反置象占辞变、吉凶悔吝于不问,其蠹蚀经术,实弊不胜穷。塨引而归之人事,深得圣人垂教之旨。其矫枉过直、惩羹吹齑者,分别观之,不以词害意可矣。"

张伯行八月进《濂洛关闽书》;十一月再进《濂洛关闽书》,又建紫阳书院于苏州。

按:据张师栻、张师载编《张清恪公年谱》卷下载,张伯行任江苏巡抚,鉴于"时来学者众,公命于沧浪亭读书,地窄不能容,乃于府学东建紫阳书院。拆吴江淫僧水北庵材木以供用,又藉其田三百余亩以为诸生膏火资"。

惠士奇充会试同考官。

李光地推荐徐用锡任《朱子全书》校雠之事。

李光地、王顼龄以实学通经荐焦袁熹,袁熹以亲老固辞。

张廷玉受赐御书"澄怀"二大字。

陈厚耀特授翰林院修撰。

按:《清史稿·陈厚耀传》曰:"大学士李光地荐其通天文、算法,引见,改内阁中书。上命试以算法,绘三角形,令求中线及弧背尺寸,厚耀具札以进,皆如式。授翰林院编修,入直内廷。厚耀学问渊博,直内廷后,兼通几何算法,于是其学益进。"

杨名时特召入京,值南书房。

查慎行七月乞休归里。

沈近思迁广西南宁知府。

汤右曾四月以翰林院掌院学士充经筵讲官。

张廷枢九月以刑部尚书充经筵讲官。

方苞二月以恩宽宥免死出狱;三月,由李光地荐,以布衣入直南书房;八月,直蒙养斋承修《乐律》、《算法》诸书。

按:《清史稿·李光地传》曰:"桐城贡士方苞坐戴名世狱论死,上偶言及侍郎汪霦卒后,谁能作古文者,光地曰:'惟戴名世案内方苞能。'苞得释,召入南书房。其扶植善类如此。"《清史稿·时宪志》一曰:"五月,修《律吕》、《算法》诸书,以诚亲王允祉、皇十五子允禑、皇十六子允禄充承旨纂修,何国宗、梅瑴成充汇编,陈厚耀、魏廷珍、王兰生、方苞等充分校。所纂之书,每日进呈,上亲加改正焉。"《清史稿·方苞传》曰:"五十二年,狱成,名世坐斩。孝标已前死,戍其子登峰等。苞及诸与是狱有干连者,皆免罪入旗。圣祖夙知苞文学,大学士李光地亦荐苞,乃召苞直南书房。未几,改直蒙养斋,编校御制《乐律》、《算法》诸书。"

方世举为方苞族人,因《南山集》案,同入旗籍。

何焯再以李光地荐召赴阙,仍直武英殿。

赵执信为蒲松龄新居"磊轩"题匾额。

蔡世远是冬服阕再赴京师,复与方苞会。

梅瑴成赐举人。

汪绂省父金陵,受音韵之学。

纪容舒中举人。

杨绳武、刘自洁、孙见龙、王猷、万承苍、吴襄、徐骏、蔡嵩、陈治滋、景考祥、冯皓、刘崧龄、王奕仁、蒋治秀、李元正、乔学君、刘泌、庄楷、蒋继轼、王希曾、唐建中、屠沟、曹鉴临、厉煌、张缙、世禄、姚三辰、梅廷对、潘述祖、张珍、孙嘉淦、陈春英、何人龙、陈世保、安在甲、吴孝登、朱曙荪、陈法、向日贞、苏彤绍、张汉、朱天保、徐流谦、文大漳、庄论、贾牲、张元怀、巩建丰、臧尔心、王国栋、吴冲、胡安、王运元等53名新科进士十一月初六日被选为庶吉士。修撰王敬铭、编修任兰枝、魏廷珍分别满汉书教习。

王兰生赐举人，以父忧归。服除，仍直内廷。

任兰枝成一甲二名进士，授编修。

王奕清四月为詹事府少詹事，充日讲官。

侯文焯时任河北隆平知县，改三贤堂为义学。

按：乾隆二十四年（1759），知县袁文焕修建讲堂及门屋数处，更名为广阿书院。

张联元时任知府，于浙江临海建近圣书院。

郭维莞时任同知，于江西南城县建崇儒书院。

刘学礼时任知州，于河南潢川县建龙门书院。

钱光时在湖北黄冈县建坪江书院。

李光地著《周易观象大指》成书。

戴天恩著《心易》1卷成书。

陈大章著《诗传名物辑览》12卷成书，邱良骥作序。

按：《四库全书总目》著录此书为12卷，其曰：陈大章"其于《毛诗》用功颇深，所作《集览》本百卷，凡三易稿而后成。此乃其摘录附梓之本，凡《鸟》二卷、《兽》二卷、《虫豸》一卷、《鳞介》一卷、《草》四卷、《木》二卷。盖尤其生平精力所注也。《毛诗》自陆玑以下，诠释名物者毋虑数十家，此书成之最后，故于诸家之说采辑尤夥。……然其征引既众，可资博览，虽精核不足，而繁富有余，固未始非读《诗》者多识之一助也"。

李光地、熊赐履奉敕纂《御纂朱子全书》66卷。

按：《四库全书总目提要》曰："《御纂朱子全书》六十六卷，康熙五十二年圣祖仁皇帝御定。南宋诸儒好作语录，卷帙之富，尤无过于朱子。咸淳中，黎靖德删除重复，编为一集，尚得一百四十卷。又南宋文集之富，无过周必太、杨万里、陆游，而《晦庵大全集》，卷帙亦与相埒。其记载杂出众手，编次亦不在一时，故或以私意润色，不免失真，可以臆说托名，全然无据，即确乎得自师说者，其中早年、晚岁，持论各殊，先后异同，亦多相矛盾。儒者务博，笃信朱子之名，遂不求其端，不讯其末，往往执其一语，奉若《六经》，而朱子之本旨转为尊朱子者所淆。考《朱子语录》称'孔门弟子留下《家语》，至今作病痛'，憾其择之不精也。然则读朱子书者，不问其真赝是非，随声附和，又岂朱子之意乎哉！圣祖仁皇帝表彰朱子之学，而睿鉴高深，独洞烛语录、文集之得失，乃特诏大学士李光地等，汰其榛芜，存其精粹，以类排比，分为十有九门。金受炼而质纯，玉经琢而瑕去。读朱子之书者，奉此一编为指南，庶几可不惑于多歧矣。"

方苞著《周官辨》1卷成书。

按：《四库全书总目提要》曰："是书就《周礼》中可疑者摘出数条，断以己见，分别《伪辨》、《辨惑》二门。大旨以窜乱归之刘歆。凡十篇，已录入所著《望溪文集》中，此其初出别行之本也。"

姚之骃著《后汉书补逸》21卷刊行，有自序。

阿贝·圣皮埃尔发表《永久和平的计划》。

英国数学家罗杰·科茨修订牛顿的《原理》。

按：《四库全书总目提要》曰："是编搜辑《后汉书》之不传于今者八家。凡《东观汉记》八卷，谢承《后汉书》四卷，薛莹《后汉书》、张璠《后汉记》、华峤《后汉书》、谢沈《后汉书》、袁崧《后汉书》各一卷，司马彪《续汉书》四卷。刘知几《史通》称范蔚宗所采，凡编年四族、纪传五家。今袁宏《书》尚有传本，故止于八也。其捃拾细琐，用力颇勤，惟不着所出之书，使读者无从考证，是其所短。至司马彪《书》虽佚，而章怀太子尝取其十《志》以补范《书》之遗，今《后汉书》内刘昭所著即彪之《书》，而之骃不究源流，谓之范《志》，乃别采他书之引司马《志》者录之。字句相同，曾莫之悟，其谬实为最甚。然洪迈博极群书，而所作《容斋随笔》，亦以司马《志》为范《志》，则其误有所承矣。至《东观汉记》，核以《永乐大典》所载，较之骃所录，十尚多其五六。盖秘府珍藏，非草茅之士所能睹，亦不能以疏漏咎之骃也。"姚氏又有《元明事类钞》40卷。《四库全书总目提要》曰："是编盖摘取元、明诸书分门隶载，亦江少虞《事实类苑》之流，似乎类书，实则非类书也。其所纂述，大抵典则可观。"

敕纂《万寿盛典》120卷成书。

按：《四库全书总目提要》曰："康熙五十二年三月，恭逢圣祖仁皇帝六旬万寿时，南书房诸臣所纂辑也。凡六门，曰《宸藻》，分《诏谕》为一卷，《文赋颂诗》为一卷；曰《圣德》，分《孝德》、《谦德》、《保泰》、《教化》四目；曰《典礼》，分《朝贺》、《銮仪》、《祭告》、《颁诏》、《养老》、《大酺》诸目；曰《恩赉》，分《宗室》、《外藩》、《臣僚》、《耆旧》、《蠲赋》、《开科》、《赏兵》、《恤刑》诸目；曰《庆祝》，则有图有记，以及名山祝厘、诸臣朝贡之仪，分列焉；曰《歌颂》，则首列皇子，次逮大臣词臣及于生监耆庶，靡不采录焉。"

张焕修纂《满城县志》12卷刊行。

罗新彝纂修《陇州志》8卷刊行。

唐开陶修，高元贞纂《重修临邑县志》16卷刊行。

韩瑛纂修《沁源县志》10卷刊行。

周錞元修，马道畊纂《广信府志》40卷刊行。

崔铣等修，陆登选等纂《建安县志》10卷刊行。

朱奇珍修，叶心朝、张金友纂《同安县志》12卷刊行。

黄汝铨修，张尚瑗纂《赣州府志》78卷刊行。

黄宽等修，王谦言等纂《安福县志》8卷刊行。

陈养元修，王为壤纂《宁国县志》10卷刊行。

汪浩修，宋俊等纂《江山县志》14卷刊行。

王世贵修，张伦纂《剑川州志》20卷刊行。

杨书修纂《定边县志》成书。

管棆修纂《姚州志》4卷刊行。

康熙帝《御选唐诗》32卷、附录3卷成书。

按：《四库全书总目提要》曰："诗至唐，无体不备，亦无派不有。撰录总集者，或得其性情之所近，或因乎风气之所趋，随所撰录，无不可各成一家。故元结尚古淡，《箧中集》所录皆古淡；令狐楚尚富赡，《御览诗》所录皆富赡；方回尚生拗，《瀛奎律髓》所录即多生拗之篇；元好问尚高华，《唐诗鼓吹》所录即多高华之制。盖求诗于唐，如求材于山海，随取皆给。而所取之当否，则如影随形，各肖其人之学识。自明以来，诗派屡变，论唐诗者亦屡变，大抵各持偏见，未协中声。惟我圣祖仁皇帝……既命编《全唐诗》九百卷，以穷其源流，复亲标甲乙，撰录此编，以正其轨范，博收约取,漉液熔精。譬诸古诗三千,本里间谣唱,一经尼山之删定,遂列诸六籍,与日月齐悬矣。诗中注释,每名氏之下详其爵里,以为论世之资。每句之下各征所用故实,与名物训诂,如李善注《文选》之例。至作者之意,则使人涵泳而自得,尤足砭自宋以来说唐诗者穿凿附会之失焉。"

蒋骥著《山带阁注楚辞》6卷成书,有自序。

按:《山带阁注楚辞》6卷,另附《楚辞余论》2卷、《楚辞说韵》1卷。蒋骥字涑滕。江苏武进人。所附《楚辞余论》,纠驳旧注的谬误,考辨名物的异同,时有精深之论。《楚辞说韵》则研讨《楚辞》的声韵,按"母"分列文字,通以方音,每部列"通韵"、"叶韵"、"同母叶韵"之例,虽还不是通论全部楚辞声韵,而征引赅博,为研究者提供了不少资料。有康熙五十二年(1713)武进蒋氏山带阁刻本与清雍正五年(1727)刻本,通行本有1958年中华书局排印本。

卢轩著《韩笔酌蠡》30卷成书。

康熙帝御纂《御制避暑山庄诗》刻成,张廷玉、揆叙等作跋。

按:是书卷首有康熙五十年(1711)御制《避暑山庄记》,卷末有康熙五十一年(1712)揆叙等跋。是书为康熙从避暑山庄中选出36景,每景作诗一首,并命揆叙等儒臣为其诗逐句注释。注释之引文出处用红线标出,朱色句读,清晰醒目。此外,每诗附一图,为戴天瑞彩色指画。

仇兆鳌增补所著《杜诗详注》刊行。

王原祁等作《万寿盛典图》长二十余尺,以恭颂康熙帝六十寿辰。李绂作记。

李光地等奉敕撰《星历考原》6卷成书。

按:《四库全书总目提要》曰:"康熙五十二年圣祖仁皇帝御定。初,康熙二十二年命廷臣会议修辑《选择通书》,与《万年书》一体颁行。而二书未能画一,余相沿旧说,亦多未能改正。是年,因简命诸臣明于数学音学者,在内廷蒙养斋纂辑《算法》、《乐律》诸书,乃并取曹振圭《历事明原》,诏大学士李光地等重为考定,以成是编。凡分六目。一曰《象数考原》,二曰《年神方位》,三曰《月事吉神》,四曰《月事凶神》,五曰《日时总类》,六曰《用事宜忌》。每一目为一卷。考古者外事用刚日,内事用柔日。……是书简汰诸家,删其鄙倍,而括其纲要。于顺天之道,宜民之用,大圣人之于百姓,事事欲其趋利而远害,无微之不至矣。"

梅毂成等奉敕纂《数理精蕴》53卷成书。

按:《四库全书总目提要》曰:"康熙五十二年圣祖仁皇帝《御定律历渊源》之第二部也。上编五卷,曰立纲明体,其别有五:曰数理本源,曰河图,曰洛书,曰周髀经解,曰几何原本,曰算法原本。下编四十卷,曰分条致用,其别亦有五:曰首部,曰线部,曰面部,曰里部,曰末部。又表八卷,其别有四:曰八线表,曰对数阐微表,曰对数表,曰八线对数表。皆通贯中西之异同,而辨订古今之长短。"《数理精蕴》是中国古代历史上由朝廷主持编写的唯一一部初等数学百科全书,介绍了17世纪初以来传入的西方数学成就,成为人们学习和研究西方数学知识的重要书籍,对中国数学的发展也产生了一定影响。

朱纯嘏著《痘疹定论》。

徐倬卒(1624—)。倬字方虎,号苹村,浙江德清人。康熙十二年进士,改翰林院庶吉士,以选入史馆,授编修。曾充顺天乡试正考官。四十五年，因进呈所辑《全唐诗录》100卷，加授礼部侍郎衔。著有《修吉堂文稿》8卷、《苹村类稿》23卷。事迹见李桓《国朝耆献类征初编》卷五八。

宋荦卒（1634—　）。荦字牧仲，号漫堂，又号西陂、绵津山人，河南商丘人。康熙三年授黄州通判，擢江苏巡抚。官至吏部尚书，加太子少师。著有《沧浪小志》、《漫堂墨品》1卷、《西陂类稿》39卷、《漫堂说诗》1卷、《漫堂书画跋》1卷、《绵津山人诗集》、《怪石赞》、《江左十五子诗选》15卷等。事迹见《清史稿》卷二七四、《清史列传》卷九、李桓《国朝耆献类征初编》卷四六、蔡冠洛《清代七百名人传》第一编、汤右曾《光禄大夫太子少师吏部尚书宋公荦墓志铭》、顾栋高《宋漫堂传》（均见《碑传集》卷六七）。宋荦自订有《漫堂年谱》。

郑梁卒（1637—　）。梁字禹梅，初号香眉，后号寒村，晚年半身残疾，又自号半人、半生，浙江慈溪人。黄宗羲弟子。康熙二十七年进士。官至广东高州知府。家富藏书，与天一阁相埒。著有《寒村诗文集》34卷、《勉斋家传》1卷、《郑氏人物传》1卷、《寒村杂录》1卷等。事迹见《清史列传》卷七一。郑勋编有《寒村公年谱》。

毛扆卒（1640—　）。扆字斧季，江南常熟人。毛晋季子。曾校订毛晋旧所编《诗词杂俎》，又与陆贻典在汲古阁同校《金荃集》。著有《汲古阁珍藏秘本书目》1卷。事迹见《东湖汲古阁毛氏世谱》。

臧琳卒（1650—　）。琳字玉林，江苏武进人。诸生。生平不慕荣利，专心著述。治经以汉注唐疏为主，尤精《尔雅》、《说文》之学。著有《经义杂记》30卷、《尚书集解》120卷及《大学考异》、《水经注纂》、《知人编》、《困学钞》18卷等。其著作均由臧庸汇刻入《拜经堂丛书》。事迹见《清史稿》卷四八一、《清史列传》卷六八、李桓《国朝耆献类征初编》卷四一六、杨方达《臧先生琳传》（《碑传集》卷一三一）。

按：《清史稿》本传曰："治经以汉注唐疏为主，教人先以《尔雅》、《说文》，曰：'不解字，何以读书？不通训诂，何以明经？'键户著述，世无知者。有《尚书集解》百二十卷，《经义杂记》三十卷。阎若璩称其深明两汉之学，钱大昕校定其书，云：'实事求是，别白精审，而未尝轻诋前哲，斯真务实而不近名者。'"

严虞惇卒（1650—　）。虞惇字宝成，号思庵，江苏常熟人。康熙三十六年举一甲二名进士，授翰林院编修。官至太仆寺少卿。与胡渭、姜宸英等友善并切磋学问。治经意存博采，不主一尊。著有《读诗质疑》20卷和《文献通考详节》24卷、《严太仆先生集》12卷。事迹见《清史稿》卷四八四、《清史列传》卷七一、李桓《国朝耆献类征初编》卷六六、蔡冠洛《清代七百名人传》第五编、杨绳武《诰授中宪大夫太仆寺少卿严先生虞惇墓表》（《碑传集》卷四一）。

戴名世卒（1653—　）。名世字田有，又字南山，号褐夫、忧庵，安徽桐城人。康熙进士。任翰林院编修。所著《南山集》因用明永历年号获罪，终致杀身之祸。事迹见《清史稿》卷四八四、戴兴《潜虚先生墓表》、萧穆《戴忧庵先生事略》、戴钟岳《南山公传》、徐宗亮《戴先生传》、马其昶《戴南山先生传》（均见《戴名世集》附）。[法]戴廷杰编有《戴名世年谱》。

按：《清史稿·文苑传一》曰："先是门人尤云鹗刻名世所著《南山集》，集中有《与余生书》，称明季三王年号，又引及方孝标《滇黔纪闻》。当是时，文字禁网严，都御史赵申乔奏劾《南山集》语悖逆，遂逮下狱。孝标已前卒，而苞与之同宗，又序《南山集》，坐是方氏族人及凡挂名集中者皆获罪，系狱两载。九卿覆奏，名世、云鹗俱论死。亲族当连坐，圣祖矜全之。又以大学士李光地言，宥苞及其全宗。申乔有清节，惟兴此狱获世讥云。名世为文善叙事，又著有《孑遗录》，纪明末桐城兵变事，皆毁禁，后乃始传云。"梁启超《中国近三百年学术史》曰："戴南山罹奇冤以死，与潘力田同，而著作之无传于后，视力田尤甚。大抵南山考证史迹之恳挚，或不如力田、季野，而史识、史才，实一时无两，其遗集中《史论》、《左氏辨》等篇，持论往往与章实斋暗合。彼生当《明史》馆久开之后，而不慊于史馆诸公之所为，常欲以独立私撰《明史》，又常与季野及刘继庄、蔡瞻岷约偕隐旧京共沏一史；然而中年饥驱潦倒，晚获一第，卒以史事罹大僇，可哀也。……盖南山之于文章有天才，善于组织，最能驾驭资料而熔冶之，有浓挚之情感而寄之于所记之事，且蕴且泄，恰如其分，使读者移情而不自知。以吾所见，其组织力不让章实斋，而情感力或尚非实斋所逮。有清一代史家作者之林，吾所颡首，此两人而已。"

劳史卒（1655— ）。史字麟书，号余山，学者称余山先生，浙江余姚人。崇尚朱子之学。著有《余山遗书》10卷。事迹见《清史稿》卷四八〇、《清史列传》卷六七、李桓《国朝耆献类征初编》卷四〇七、桑调元《余山先生行状》、彭绍升《劳先生史传》（均见《碑传集》卷一二八）。

按：徐世昌《清儒学案》曰："余山自奋陇亩之中，名立而教成，刚毅笃实，君子人也。生阳明之乡，而不附和良知，在清初浙东诸儒中独立一帜。"《清史列传》本传曰："史之学，精于《易》。尝谓《易》之为道，细无不该，远无不届。故其所著述，多本《易》理以推人物之性，有《余山遗书》十卷。门人桑调元、汪鉴编次付梓。"劳史余山学派的弟子有桑调元、汪鉴、卢存心等。其私淑弟子有沈廷芳等。

杨履基（ —1775）、王锡侯（ —1777）生。

康熙五十三年　甲午　1714年

正月十七日己未（3月2日），命皇三子诚亲王胤祉重修各坛、庙、宫殿乐器。

三月十六日丁巳（4月29日），原任户部尚书王鸿绪进所撰《明史列传稿》208卷，命交《明史》馆。

按：《清史稿·王鸿绪传》载，王鸿绪疏言："臣旧居馆职，奉命为《明史》总裁官，与汤斌、徐乾学、叶方蔼互相参订，仅成数卷。及臣回籍多年，恩召重领史局，而前此纂辑诸臣，罕有存者。惟大学士张玉书为监修，尚书陈廷敬为总裁，各专一类：玉书任《志》，廷敬任《本纪》，臣任《列传》。因臣原衔食俸，比二臣得有余暇，删繁就简，正谬订讹。如是数年，汇分成帙，而大学士熊赐履续奉监修之命，檄取传稿以进，玉书、

特里波利独立于土耳其。

法国同神圣罗马帝国签定拉施塔特和平条约。

施托基罗战役确定了俄国在芬兰的统治。

牛津大学的伍斯特学院成立。

廷敬暨臣皆未参阅。臣恐传稿尚多舛误，自蒙恩归田，欲图报称，因重理旧编，搜残补阙，复经五载，成《列传》二百八卷。其间是非邪正，悉据公论，不敢稍逞私臆。但年代久远，传闻异辞，未敢自信为是。谨缮写全稿，赍呈御鉴，请宣付史馆，以备参考。"

四月初二日癸酉(5月15日)，康熙帝谕诚亲王胤祉等，古历规模甚好，但计算年代过长，数字便不准确，"今修历书，宜依古之规模，用今之数目为善"(《清圣祖实录》卷二五八)。

初四日乙亥(5月17日)，康熙帝谕礼部：朕治天下以人心风俗为本，欲正人心，厚风俗，必崇尚经学而严绝非圣之书，近见坊间多卖小说淫辞，荒唐俚鄙，殊非正理，不但诱惑愚民，即缙绅士子，未免游目而蛊心焉。所关风俗者非细，应即通行严禁。于是规定，凡坊肆出售之"小说淫辞"，由内外文武官弁严查禁绝，刻板与书一并尽行销毁，如仍行刻印者，官员革职，兵民杖一百，流三千里。如仍出售者，杖一百徒三年。该管官失察者罚俸降级(《清圣祖实录》卷二五八)。

五月初三日癸卯(6月14日)，朝鲜刊刻《仪象志》及图成。

按：该书共十三册，图二册，系朝鲜观象监监正许远来中国时购回，至是，依样刊刻。

十月初七日乙亥(11月13日)，严科场制度。

按：从御史倪满条奏四款：一、顺天乡试举子入闱，俱穿拆缝衣服、单层鞋袜，只携篮筐、小凳、食物、笔砚，其余物件不许携入，以防夹带。二、添设稽查官兵，举子押进号舍后，不许私从栅栏出外。三、为防弊窦，天晚不准收卷，即行封门。四、顺天府贡院号舍七千四百余，今科投卷举子七千四百九十余人，由顺天府添造，贡院土围墙改用砖砌。是月三十日，九卿等又增议四款：一、为免传递夹带，将贡院围墙筑高，窝铺席棚不许挨墙搭盖。二、誊录书手、对读生员，务选择正身，严禁顶替入闱，代人作文。三、监生考试照例先考试录送，各省监生于乡试一年前，起本省印文送部。四、发榜后，中式举人俱按限期，到府丞衙门填写亲供，与试卷一同送部细验笔迹(《清圣祖实录》卷二六〇)。

十一月十七日乙卯(12月23日)，诚亲王胤祉以编成之《律吕正义》进呈。得旨：律吕、历法、算法三书共为一部，名曰《律历渊源》，包括《律吕正义》5卷、《历象考成》42卷、《数理精蕴》53卷。

十八日丙辰(12月24日)，命和硕简亲王雅尔江阿为纂修《玉牒》总裁官，内阁学士萧永藻、王掞、学士查弼纳、礼部右侍郎荆山为副总裁官。

十二月十三日辛巳(1715年1月18日)，左都御史揆叙疏言：在京各省提塘及刷写报文者，除科抄外，将大小事件采听写录，名曰小报，送与各处。甚至任意捏造，骇人耳目，应加禁止。从之。

按：清朝设置提塘，提塘分京塘和省塘两种。京塘的任务是收受和转呈地方上报的各类公文；收受和下达中央的公文以及发行邸报。其发行是依靠"传发"进行的，经由提塘传发到各省。省塘专门负责京省之间官文书和官报的传递工作。

是年，命钦天监重修《西洋新法历书》，至康熙六十一年始成书，名《历象考成》。

康熙五十三年　甲午　1714 年

张伯行三月建紫阳书院成，五月与征士王心敬讲学。

按：书院落成后，张伯行又聘崇明县教谕郭正宗、吴江县教谕夏声董其事。张伯行有《紫阳书院落成告朱夫子文》、《紫阳书院碑记》记其事；又有《紫阳书院示诸生》，为立课程八则，大意谓：士子当致力于《四书》、《五经》，以体悟内圣外王之道；明道统以程、朱理学为归，而辟陆、王心学之弊；互相讲论，虚心质证，以免独学无友之隘；深究用世之道，淹贯博通，以禅实用；讲明心得，羽翼经传；勤作札记，以资省览；专心读书，勿耽游乐；励志立品，严加检束。此外还有《紫阳书院读书日程》。康熙六十一年（1722），康熙帝颁"学道还淳"匾额于紫阳书院。据同治朝修《苏州府志》载，先后任紫阳书院掌院者，计有朱启昆、韩孝基、陈祖范、吴大受、王峻、沈德潜、廖鸿章、韩彦曾、彭启丰、蒋元益、钱大昕、冯培、吴省兰、吴俊、石韫玉、朱珔、翁心存、董国华、赵振祚、俞樾、程庭桂、夏同善、潘遵祁等。

徐元梦十月以内阁学士充经筵讲官。

王鸿绪家居，据万斯同主撰《明史》稿本著《明史列传》280卷成，是年三月进呈。

李绂是冬擢庶子。

万经督学贵州。

梅毂成奉上谕，寄《律吕正义》予其祖梅文鼎。

按：谕曰："汝祖留心律历多年，可将《律吕正义》寄一部去，令看，或有错处，指出甚好。夫古帝王有'都俞吁咈'四字，后来遂止有'都俞'，即朋友之间，亦不喜人规劝，此皆是私意。汝等须竭力克去，则学问长进。可并将此意写与汝祖知之。"（《清史稿·梅文鼎传》）

何焯授编修，入翰林院。

杨名时典试陕西。

吴廷华举乡试。

厉鹗始交金农，寄以《读水经注》诗。

陈邦彦四月为翰林院侍讲，充日讲官。

陈世倌十月为翰林院侍读，充日讲官。

恽鹤生受聘为蠡县县令蒲某的家庭教师。

按：恽鹤生字皋闻，江苏武进人，生卒不详。康熙四十七年举人，官金坛教谕。因赴蠡县任教，结识李塨，得读颜元遗书，尽弃原来所学而探究颜氏之学，自称私淑弟子。所著有《思诚堂说诗》、《读易谱》3卷、《先民易用》2卷、《大学正业》1卷、《禹贡解》1卷、《春秋解属辞比事说》6卷等。事迹见《清史稿》卷四八〇、《清史列传》卷六六。

魏文汉在江西资溪县建澄心书院。

张朝午时任广西柳州提督，重建柳江书院。

惠栋著《易例》2卷刊行。

按：《四库全书总目提要》曰："栋所作《周易述》目录，列有《易微言》等七书，惟《易微言》二卷附刊卷末，其余并阙。此《易例》二卷，即七书中之第三种，近始刊本于潮阳。皆考究汉儒之传以发明《易》之本例。凡九十类，其中有录无书者十三类。原《跋》称为未成之本。今考其书，非惟采撷未完，即门目亦尚未分。盖栋欲镕铸旧说，

法国外科医生多米尼克·阿内尔发明用于外科的精制尖锐注射器。

D.G·法伦海特制作带有温标的水银温度表。

莱布尼茨著成《单子论》。

作为《易例》，先创草本，采撷汉儒《易》说，随手题识，笔之于册，以储作论之材。其标目有当为例而立一类者，亦有不当为例而立一类者；有一类为一例者，亦有一类为数例者。……然栋于诸经深窥古义，其所据撷，大抵老师宿儒专门授受之微旨，一字一句，具有渊源。苟汰其芜杂，存其菁英，因所录而排比参稽之，犹可以见圣人作《易》之大纲，汉代传经之崖略，正未可以残阙少绪竟弃其稿矣。"

又按：惠栋另有《新本郑氏周易》3卷，《四库全书总目提要》曰："初，王应麟辑郑玄《易注》一卷，其后人附刻《玉海》之末。虽残章断句，尚颇见汉学之崖略，于经籍颇为有功。然皆不著所出之书，又次序先后，间与经文不应，亦有遗漏未载者。栋因其旧本，重为补正。凡应麟书所已载者，一一考求原本，注其出自某书，明其信而有征，极为详核。其次序先后，亦悉从经文厘定。复搜采群籍，《上经》补二十八条，《下经》补十六条，《系辞传》补十四条，《说卦传》补二十二条，《序卦传》补七条，《杂卦传》补五条，移应麟所附《易赞》一篇于卷端，删去所引诸经《正义》论互卦者八条，而别据玄《周礼·太师注》作《十二月爻辰图》，据玄《月令注》作《爻辰所值二十八宿图》，附于卷末，以驳朱震《汉上易传》之误。虽因人成事，而考核精密，实胜原书。应麟固郑氏之功臣，栋之是编，亦可谓王氏之功臣矣。"

张伯行著《小学衍义》86卷成书。

按：张伯行《小学衍义序》曰："予自丁亥岁奉命抚闽，仰体圣天子养育人才至意，建鳌峰书院以延英俊之士。作藏书楼，贮经传史集数千卷。命书生课业之暇，日纂录古圣贤嘉言善行，予总其成，简择裁汰之，取朱子《小学》纲目例，分门别类，编次联贯，凡得八十六卷，名曰《小学衍义》。"

胤祉等奉敕纂《御定律吕正义》5卷成书。

按：《四库全书总目提要》曰："《御定律吕正义》五卷，康熙五十二年圣祖仁皇帝《御定律历渊源》之第三部也。凡分三编。上编二卷，曰《正律审音》，以发明黄钟起数及纵长体积、面幂周径、律吕损益之理，管弦律度旋宫之法。下编二卷，曰《和声定乐》，以明八音制器之要。各有图说，而于各篇之中，详考古今之同异。续编一卷，曰《协均度曲》，则取波尔都哈儿国人徐日升及壹大里呀国人德里格所讲声律节奏，证以经史所载律吕宫调诸法，分配阴阳二均字谱，亦有图有说。案造律之法，必先累黍。汉魏以后，迄无定论。尺既不定，则黄钟真度亦无由得。恭惟圣祖仁皇帝天纵神圣，以纵横二黍相较，横黍百粒，适当纵黍八寸一分之限，用四率比例，推得古黄钟九寸，为今尺之七寸二分九厘。其体积、面幂、周径，皆用密率乘除，至为精密。此千古难明之绝学，待圣人而明者也。又言乐者率宗司马迁、《淮南子》之说，以三分损益之术，误为管音五声二变之次。复执《管子》弦音五声度分率合于十二律吕之中，故管律弦度俱不可得而明，而阳律阴吕又错互用之，益滋讹谬。不知律吕分用，显有《周官》'六律合阳声、六吕合阴声'及《国语》'六间'之文可据。而弦管之生声取分，各有不同。弦度全、半相应，管音半律较全律则下一音。《吕览》以三寸九分之管为声中黄钟之宫，即半太蔟合黄钟之义。若不问管弦全、半之分，而概以三分损益所得之黄、林、太、南、姑、应、蕤为七音，又以半黄钟为清宫，失之远矣！至旋宫之法，宫自为宫，调自为调。《管子》羽征之数大于中，《国语》宫逐羽音，是其遗法。故以宫主宫，羽主调，则当二变者不起调，而与调首不合之征音，亦不起调。一均凡羽、宫、商、角四调，七均凡二十八调。至弦度自首音至第八音，得六全分，与管律之得全分者不同。若以律吕之分索之弦音，则阴阳相杂，声随度移，即《隋志》所云'七声之内三声乖应'者是也。故但以弦音奏之而不和，以管音亦止有宫、商、征、羽之四调而已。凡此皆自来论乐家所昧昧者，非圣人心通制作之原，乌能律均出度，妙合造化，有如是之精微广大耶！若夫播之声气,则和声定乐,论竹音以律吕相和而设孔,琴以倍征为第一弦,协均度曲,论弦音清浊二均递转合声之法,皆迥出昔人论义之外,而一一莫不与经史所载相发明。斯诚聪明天亶,度越千古者矣。"

焦袁熹著《此木轩纪年略》5卷。

按:《四库全书总目提要》曰:"康熙甲午,故户部尚书王鸿绪纂辑《明史》,袁熹预其事。开局月余,以持论龃龉辞去,乃自以其意著此书。纪事始于帝尧,编年则始于春秋。撮其治乱兴亡之大端,而各系以论,亦颇考证其异同。未及卒业,仅及汉顺帝而止。其门人徐逵照袁辑剩稿,编为此本。首卷及第三卷皆袁熹手自标识,提其纲要。二卷、四卷、五卷则逵仿袁熹之例,补为标识者也。其书叙述简明,非他家史略不冗即漏者比,持论亦多平允。而爱奇嗜博,好取异说。如周文王商末受命称王,九年卫武公攻杀其兄伯而自立,杂书讹异,皆不以为非。甚至何休注《公羊传》谓平王之四十九年为鲁隐公受命之元年,而比周于二王之后,亦以为其理谬而其意善,殊为乖舛。其订正事实,多所纠正。然好以明人所刻《竹书纪年》为据,不知其伪。如周威烈王十四年公孙会以廪丘叛,安王十九年田侯剡立之类,皆执以驳《史记》,亦为失考。至于《孟子》所载之曹交,本不云曹君之弟。称曹君之弟者,乃汉赵岐《注》。朱子偶然因之,失于详核。袁熹不考旧文,误执之以疑《史记》,并疑《春秋》,所见更左矣。"

黄泽修,窦彝常纂《涉县志》12卷刊行。

汪元仕修,何芬纂《蒲城县续志》4卷刊行。

郑善述修,潘昌纂《固安县志》8卷刊行。

刘朝英修纂《江夏县志》52卷刊行。

程仪千修,马之起纂《泌阳县志》4卷刊行。

陆应几修纂《大姚县志书》刊行。

佟镇修,李倬云、邹启孟纂《鹤庆府志》26卷刊行。

佚名纂《易门县志》刊行。

赵弘任修纂《纂修广西府志》13卷刊行。

薛禄天修,刘康成纂《长寿县志》10卷刊行。

董维祺修,冯懋柱纂《重庆府涪州志》4卷刊行。

陈遇夫编《白沙陈子年谱》1卷刊行,附于《白沙陈子语录》后。

按:《清史列传·陈遇夫传》曰:"陈遇夫字廷际,广东新宁人。康熙十五年举人。生平洁身砥行,敦崇礼节,淹贯群书,究心宋学。……遇夫论学,谓:'明自薛、胡与陈、王异派,迨其后也,各标宗旨。夫道一而已,自小学以至大学,经训各具,可考而知,有何宗旨秘传？'又谓:'陈献章世指为陆学,然观明儒学术之裂、门户之争,献章不以讲学自居,不以议论强人听从,诚为深识。'因重订杨起元所辑《白沙语录》,以明献章之学由博返约,非由禅悟。又著《白沙年谱》一卷、《白沙门人录》一卷。又不题宋人道丧千载之语,采自汉迄唐二十七人,据本传而加论断,以明诸儒学统相承,未尝中绝,为《正学续》四卷。他著有《史见》一卷、《迂言百则》一卷。"

毛德琦著《白鹿书院志》19卷成书,有自序。

按:《四库全书总目提要》曰:"康熙甲午,德琦为星子县知县,因取廖文英原志重加订正。分类凡十,曰《形胜》,曰《兴复》,曰《沿革》,曰《先献》,曰《主洞》,曰《学规》,曰《书籍》,曰《艺文》,曰《祀典》,曰《田赋》。《形胜》等七门,皆因旧志,《兴复》、《主洞》、《书籍》三门,则德琦所增也。"

郁苏著《醒世述编》2卷成书,有自序。

张德纯著《离骚节解》1卷、《离骚正音》1卷、《离骚本韵》1卷刊行。

朱彝尊遗著《曝书亭集》80卷刊行。

王琛著《来珍诗集》1卷刊行。

许梦麒著《楚香亭集》6卷刊行。

尤珍著《沧湄类稿》45卷成书,彭定求作序。

帅仍祖著《嗜退山房稿》5卷成书。

张榕端著《兰樵归田稿》1卷成书。

陆世仪著《陆桴亭先生文集》5卷刊行,张伯行编订。

传教士马国贤据清宫廷画家所作原稿,制成铜版画《御制避暑山庄图咏三十六景》。

林佶卒(1627—)。佶字同人,号来斋,福建侯官人。贡生。康熙中署尤溪教谕。工隶书,喜欢搜集金石。文师汪琬,诗师陈廷敬、王士禛。著有《来斋金石考》3卷、《昭陵石迹考略》、《李忠定公年谱》、《荔水庄诗草》、《朴学斋集》等。事迹见《清史稿》卷四八四、《清史列传》卷七〇、沈廷芳《林佶像赞》(《碑传集》卷一二六)。

按:《清史稿》本传曰:林佶"工楷法。文师汪琬,诗师陈廷敬、王士禛。此三人集皆佶手缮付雕,精雅为世所重。家多藏书,徐乾学辑经解,朱彝尊选明诗,皆就传钞"。

胡渭卒(1633—)。渭初名渭生,字朏明,号东樵,浙江德清人。诸生,屡试不第。专攻经义,尤精舆地之学。曾应徐乾学所聘,参修《大清一统志》。著有《大学翼真》7卷、《易图明辨》10卷、《周易揆方》、《禹贡锥指》20卷、《洪范正论》5卷等。事迹见《清史稿》卷四八一、《清史列传》卷六八、李桓《国朝耆献类征初编》卷四一六、蔡冠洛《清代七百名人传》第四编、杭世骏《胡先生渭墓志铭》(《碑传集》卷一三一)。夏定域编有《清初胡朏明先生年谱》。

按:胡渭之学不尚广博,专精于一,于清代学术求实之风贡献颇多。《清史稿》本传曰:"十五为县学生,入太学,笃志经义,尤精舆地之学。尝馆大学士冯溥邸。尚书徐乾学奉诏修《一统志》,开局洞庭山,延常熟黄仪、顾祖禹,太原阎若璩及渭分纂。渭著《禹贡锥指》二十卷,《图》四十七篇。谓汉、唐二孔氏,宋蔡氏,于地理多疏舛。如三江当主郑康成说;《禹贡》'达于河','河'当从《说文》作'菏';'荥波既猪',当从郑康成作'播';梁州黑水与导川之黑水,不可溷为一。乃博稽载籍,考其同异而折衷之。山川形势,郡国分合,道里远近夷险,一一讨论详明。又汉、唐以来,河道迁徙,为民生国计所系,故于《导河》一章,备考决溢改流之迹,留心经济,异于迂儒不通时务。间有千虑一失,则不屑阙疑之过。……渭又撰《大学翼真》七卷,大旨以朱子为主,仅谓格致一章不必补传,力辟王学改本之误。所见切实,视泛为性命理气之谈者,胜之远矣。渭经术湛深,学有根底,故所论一轨于正。汉儒傅会之谈,宋儒变乱之论,扫而除焉。"梁启超《中国近三百年学术史》认为胡渭与顾炎武、阎若璩同为清代"启蒙运动之代表人物"。

顾贞观卒(1637—)。贞观字远平,一字梁汾,号华峰,江苏无锡人。

康熙十一年举人,官内阁中书。诗与吴兆骞齐名,词与陈维崧、朱彝尊齐名,称词家三绝。著有《弹指词》、《积书岩集》、《纑塘诗》等,另编有《宋词删》等。事迹见《清史稿》卷四八四、《清史列传》卷七〇、李桓《国朝耆献类征初编》卷一四二、蔡冠洛《清代七百名人传》第五编。

秦松龄卒(1637—)。松龄字汉石,又字次椒,号留仙、对岩,晚号苍岘山人,江苏无锡人。秦蕙田祖父。顺治十二年进士,改翰林院庶吉士,散馆授检讨。康熙十八年荐举博学鸿儒科,试列一等,复检讨。官至谕德。著有《毛诗日笺》6卷、《苍岘山人文集》11卷、《苍岘山人诗集》5卷、《微云词》1卷等。事迹见《清史稿》卷四八四、《清史列传》卷七〇、李桓《国朝耆献类征初编》卷一一八。

陈迁鹤卒(1639—)。迁鹤字声士,号介石,福建龙岩人。康熙二十四年进士,改授翰林院庶吉士,散馆,授编修。官至左春坊左庶子,入直南书房。著有《易说》15卷、《尚书私记》1卷、《毛诗国风绎》1卷、《春秋纪疑》3卷、《小学疏意大全》2卷、《春树堂文集》4卷、《韩江诗钞》等。事迹见《清史列传》卷六七、李桓《国朝耆献类征初编》卷一二一。

按:《清史列传》本传曰:"迁鹤邃于经学,不墨守前人成说。……迁鹤治《易》,自王、韩《注》、孔《疏》,旁及胡、苏诸说,而折衷于程、朱,以卦意推爻辞,别其时位与才,纷互错综,归于一是。治《诗》,谓《毛诗》朱《传》,大旨不甚相远,然二程、张子、杨时、胡安国、吕祖谦、真德秀、黄榦引《诗》皆用《序》,至于马贵与护《序》尤力,《诗序》实不可废。治《春秋》,疑胡《传》深文臆断,不尽出圣人之意,因读韩愈诗'《春秋》书王法,不诛其人身',及言'《春秋》据事迹实录,而善恶自见',怡然有得。乃上考三《传》,下逮啖、赵、陆、张,穷讨端绪而条辨之。……其论《春秋》书人书爵,不可一律拘论;《春秋》无诛意之法,无治党与之法。皆为有见。光地尝谓人曰:'声士五十穷经,经学甚明。要在志坚而力果耳。何患晚暮哉?'"

范承勋卒(1641—)。承勋字苏公,号眉山,汉军镶黄旗人。范文程第三子。康熙间历官御史、内阁学士,官至太子太保。著有《鸡足山志》10卷、《世美堂诗文奏疏》。事迹见《清史列传》卷一一、李桓《国朝耆献类征初编》卷五三、方苞《兵部尚书范公承勋墓表》、张廷玉《兵部尚书眉山公神道碑铭》、汪士铉《兵部尚书范公神道碑》(均见《碑传集》卷一九)。

陈汝咸卒(1658—)。汝咸字莘学,别字悔庐,号心斋,浙江鄞县人。康熙三十年进士,授庶吉士,官至大理寺少卿。居官时,修复文庙及朱子祠,重开黄道周讲学的归诚书院。著有《兼山堂遗稿》、《漳浦政略》等。事迹见《清史稿》卷四七六、《清史列传》卷七四、李桓《国朝耆献类征初编》卷六四、蔡冠洛《清代七百名人传》第一编、蔡世远《大理寺少卿陈公汝咸墓志铭》、全祖望《大理悔庐陈公神道碑铭》、蓝鼎元《月湖先生传》(均见《碑传集》卷四二)。

按:《清史稿》本传曰:"少随父锡嘏讲学证人社,黄宗羲曰:'此程门之杨迪,朱门之蔡沈也。'……毁学宫伽蓝祠,葺故儒陈真晟、周瑛、高登诸人所著书表章之。归诚书院,乃黄道周讲学地,为僧据,逐而新之。无为教者,男女群聚茹蔬礼佛,籍其居为育婴堂。西洋天主教要大吏将于漳浦开堂,却止之。修文庙,造祭器,时会邑中士绅于明伦堂讲经史性理诸书。设义学，延诸生有学行者为之师。修朱子祠。教养兼施，风俗为之一变。"

贾田祖（ —1777）、于敏中（ —1779）、郑虎文（ —1784）、王元启（ —1786）、郑牧（ —1792）生。

康熙五十四年　乙未　1715 年

法兰西和纳瓦尔国王路易十四卒。

英国乔治一世的首届议会召开。

罗可可式建筑阶段开始。

正月二十七日甲子（3月2日），康熙帝谓大学士等曰：科场出题关系重大，断不可出熟悉常拟之题；房考官亦甚重要，今可将一房卷令不同省房官二人同阅，如一人有弊，二人同坐。以五经中式，殊无实学，甚属无益，著停止（《清圣祖实录》卷二六二）。

是日，谕曰："朕前日考试翰林，竟有不能诗文之人。诗中有用习坎等字者，皆因朕素讲《易经》，故皆滥用，不计切题与否，彼皆以荒疏已久为辞。部院司官有办理之事，犹可云荒疏。翰林理应读书，亦云荒疏可乎？今之翰林，迥不如昔。如熊赐履、张玉书、张英、陈廷敬、徐乾学、徐元文、徐秉义、王士禛等，学问俱佳。又如内廷行走及武英殿修书翰林，亦较在外翰林不同，诗文皆大方，总由每日纂修校对之故也。"（《清圣祖实录》卷二六二）

二月初七日癸酉（3月11日），以工部尚书王顼龄、都察院左都御史刘谦为会试正考官，内阁学士蔡升元、王之枢为副考官。

三月二十七日癸亥（4月30日），谕大学士等："注书一事，所系匪轻。必深识古人之意，得其精要，乃可注解。若学力未到，妄自注辑，则意义反晦矣。朱子所著诸书，其义甚明，迄今五百余年，人无訾议。朕每见近今人所注书，细探其旨，大约皆私意为人。如张伯行所作有一部书，全为汤斌一人。其他书，亦有为明时数人者，皆伊同乡人也。至于《近思录》，乃朱子之书，义甚明晰，何必更注。且朱子亦言，其中尚有数处未妥。可见著书诚非易事。"（《清圣祖实录》卷二六二）

二十九日乙丑（5月2日），赐内廷行走举人梅毂成一体殿试。

是月，《周易折中》书成。与《朱子全书》俱付直省分别刊行，以便士人购诵。

四月初二日丁卯（5月4日），策试天下贡士李锦等于太和殿前。

初五日庚午（5月7日），康熙帝御太和殿，传胪，赐殿试贡士徐陶璋等190人进士及第出身有差。

十七日壬午（5月19日），试新选庶吉士陈仪等45人于畅春园内，魏协、韩从正以文理未优，仍归进士班用。

康熙五十四年　乙未　1715年

十八日癸未(5月20日)，朝鲜观象监官许达至北京。购《日食补遗》、《交食证补》等天文历法书籍九册及推算器械六种。又得西洋自鸣钟，后经国王准许，于观象监仿制。

十九日甲申(5月21日)，命教习进士已满三年，今加考试，其优者，以月选官内黜退之缺即用，余令回籍候补。

五月十一日丙午(6月12日)，命都察院左都御史兼翰林院掌院学士揆叙、吏部右侍郎兼翰林院掌院学士汤右曾教习庶吉士。

六月二十八日壬辰(7月28日)，俄彼得大帝谕旨正式派遣第一个"东正教北京传教团"来中国进入"罗刹庙"，建立俄罗斯东正教宣教会。

按：一说时在1716年。宣教团以修道院院长、修士大司祭伊腊离宛为首，由7名学者、1名辅祭及1名神父组成，共10人。自此至1860年《北京条约》签订止，俄罗斯东正教共派遣十三批传教团来中国，神职人员150名，约每十年更换一次，兼有俄国驻华外交使团之作用。其中一些传教士潜心研究中国问题，以后成了汉学家。

九月十三日乙巳(10月9日)，以内阁学士王之枢为武会试正考官，翰林院侍读学士李绂为副考官。

十一月十二日甲辰(12月7日)，策试天下中式武举于太和殿前。

十六日戊申(12月11日)，以殿试武举塞都等107人为武进士及第出身有差。

十七日己酉(12月12日)，康熙帝曰："理学之书，为立身根本，不可不学，不可不行。朕尝潜心玩味性理诸书，若以理学自任，必至执滞己见，所累者多。反之于心，能实无愧于屋漏乎？宋、明季代之人，好讲理学，有流入于刑名者，有流入于佛老者。昔熊赐履在时，自谓得道统之传，其没未久，即有人从而议其后矣。今又有自谓得道统之传者，彼此纷争，与市井之人何异。凡人读书，宜身体力行，空言无益也。"(《清圣祖实录》卷二六六)

十八日庚子(12月13日)，从贵州巡抚刘荫枢请，设贵州安顺府南笼厅学，取进文武童生各8名。

十二月十九日庚辰(1716年1月12日)，从总督赵弘燮请，增直隶府州县卫入学额数各3名。

是年，康熙帝授意传教士德里格、马国贤致书教皇，请选拔有学问之天文、律吕、算法、画工、内科、外科几人来中国效力。

李光地二月承修《性理精义》，荐李绂。三月乞免充殿试读卷官，复荐杨名时。六月疏乞休致，以老病，请解大学士任，予假两年葬亲。命营葬毕仍来京办事。八月初八日，李光地至热河行宫谢恩，康熙帝作诗赐之，并诸王大臣俱赋诗相送。李光地具折谢恩，九月初乘舟南下。十月谒鹅湖书院。十一月至武夷山，谒仁智堂。

王鸿绪复奉召入都修书。

李绂是夏转侍讲学士。

张廷玉二月为会试同考官，闱中阅《易经》卷，得士15人，如福建蔡衍诰、浙江吴应棻、沈继贤，满洲博山，山东丁续曾，皆知名之士；五月升右春

英国数学家布鲁克·泰勒发明差分演算法。

坊右庶子兼翰林院侍读；六月升翰林院侍讲学士。

何焯先前因李光地荐，值南书房，赐举人、进士，授编修，值武英殿。是年十一月，有以蜚语上闻者，被收系，查检其存书及著作，检五日，并无狂诞之语，间有讥诃当时士大夫文字，而辞吴县令馈金札稿亦在，康熙帝阅后，怒渐解。是月十一日，革去官衔、进士、举人，仍在修书处行走。

杨作枚与梅文鼎有书信往返，研讨有关"日差"、"月均数"、"火星半径"等历算方面的疑难问题。梅氏在复信中还勉励杨作枚学习历算，表达了对杨作枚的器重及殷切希望。

梅瑴成以生员供奉蒙养斋，学习乐律、历算诸书。

按：《清史稿·梅瑴成传》曰："瑴成肄业蒙养斋，以故数学日进。《御制数理精蕴》、《历象考成》诸书，皆与分纂。所著增删《算法统宗》十一卷，《赤水遗珍》一卷，《操缦卮言》一卷。……明史馆开，瑴成与修天文、历志，呈总裁书曰：'一历志半系先祖之稿，但屡经改窜，非复原本，其中讹舛甚多。凡有增删改正之处，皆逐条签出。一，天文志不宜入历志，拟仍另编。盖历以钦若授时，置闰成岁，其术委曲繁重，其理精微，为说深长。且有明二百七十余年沿革非一事，造历者非一家，皆须入志。虽尽力删削，卷帙犹繁。若加入天文志之说，则恐冗杂不合史法。自司马氏分历与天官为二书，历代因之，似不可易。一，天文志例载天体、星座、次舍、仪器、分野等事，辽史谓天象千古不变，历代之志天文者近于衍，其说似是而非。盖天象虽无古今之异，而古今之言天者，则有疏密之殊。况恒星去极，交宫中星，晨昏隐现，岁岁有差，安得谓千古不易？今拟取天文家精妙之说著于篇；其不足信者，拟削之。'"

蔡世远自京师归闽，始从事评选历代古文。

惠士奇充会试同考官。

杨椿会试中式，以丁艰归。

顾陈垿中举人，以荐入湛凝斋，修《律数渊源》、《中和乐府》诸书。

汪绂在江西景德镇为画碗佣。

李文锐、张应造、吴应桢、任中柱、汪受祺、蔡衍诰、陈仪、李锦、李克敬、梅瑴成、胡彦颖、怀渊中、陈邦直、杨超曾、曹友夏、李凤岐、张鸣钧、杨克茂、朱璋、张鳞甲、赵城、成文、凌如焕、侯度、李天宠、裘琏、江济、杨凤风、栗尔璋、德龄、关漱、窦启瑛、宋怀金、沈竹、萨纶锡、吴传觐、蒋林、陈世仁、冀栋、徐学柄、高荀侨、潘淳、德新等44位新科进士四月二十六日被选为庶吉士，分别满汉书教习。

郑亦邹中进士，官内阁中书。

按：郑亦邹字仲居，福建海澄人。淡于仕进，乞归。结庐白云洞之麓，倡南屏文社，从学者众。张伯行聘其为鳌峰书院学正。著有《白云藏书》。

萨哈布正月为翰林院侍读学士，充日讲官。

苏库十一月为翰林院侍读学士，充日讲官。

赖都正月以刑部尚书充经筵讲官。

蔡升元十一月以内阁学士充经筵讲官。

徐用锡分校会试，严绝请托，衔之者反嗾言官劾其把持闱事，终以浮议罢归。

桂芳时任河南中牟知县，建育才书院。

董学礼时任知州，于河南方城建西关书院。

屠孝义时任广东龙川知县，建三台书院。

郑玫时任广东三水知县，建正学书院。

管世宁时任广东阳山知县，建阳溪书院。

邱纪时任贵州遵义知县，建湘江书院，又名湘川书院。

王穆时任陕西西乡知县，建丰宁书院。

传教士雷孝思等测绘云南、贵州、湖南和湖北。

意大利传教士、画师郎世宁至京。

张伯行六月著《四书讲义》，纂辑《四书正宗》、《学易编》，又重选《读书录》、《困知记》。

方苞始著《春秋直解》，删定《容城孙征君年谱》，并序之；寻又作《征君传》。

李光地等三月奉敕纂《周易折中》22卷成书。

按：是书由康熙帝御纂、李光地总裁。卷首有御制《序》以及《凡例》、《义例》等。从所列"职名"看，参与纂修者共50人。康熙帝为此书定下基调，认为《周易》在"秦汉而后无复得其精微"，明代《周易大全》"驳杂，奈非专经之纯熟"，因此要"上律河洛之本末，下及从儒之考定，与通经之不可易者，折中而取之"(《周易折中序》)。所谓"折中"是指"以朱子为主，故列《本义》于先，而经传次第，则亦悉依《本义》"，即采取经传分离的模式，恢复古本《易》。《凡例》明确以朱熹易学为宗旨，这与清廷尊朱的学术路向相一致。此书广采众家注疏，网罗历代易学家218人，"上自汉晋，下迄元明，使二千年易道渊源，皆可览见"，可谓清初官方《易》学集大成之作。《四库全书总目提要》曰："自宋以来，惟说《易》者至夥，亦惟说《易》者多岐，门户交争，务求相胜，遂至各倚于一偏，故数者《易》之本，主数太过，使魏伯阳陈抟之说窜而相杂，而《易》入于道家。理者《易》之蕴，主理太过，使王宗传杨简之说溢而旁出，而《易》入于释氏。明永乐中，官修《易理大全》，庞杂割裂，无所取裁，由群言淆乱，无圣人以折中也。"

李光地奉敕纂《御定月令辑要》24卷、《韵谱》1卷成书。

按：《四库全书总目提要》曰："《御定月令辑要》二十四卷、《图说》一卷，康熙五十四年圣祖仁皇帝御定。初，明冯应京与戴任共辑《月令广义》二十五卷，体例粗备，而所录繁简失中，雅俗弗别，颇不免于芜杂，未可以前民利用。我圣祖仁皇帝钦崇天道，敬授人时，特命儒臣别为编纂，门目虽仍其旧，而刊除无稽之论，增补未备之文，定为《图说》一卷，《岁令》二卷，《每月令》一卷，《春夏秋冬令》及《土王令》五卷，《十二月令》及《闰月令》十三卷，《昼夜令》二卷，《时刻令》一卷。每类分《天道》、《政典》、《民用》、《物候》、《占验》、《杂记》六子目。《每月令》则六子目外增《日次》一子目。《十二月令》、《闰月令》则六子目外增《节序》、《日次》二子目。各援引图籍，注明出典，具有根据。其为旧本所有者，标题原字，今本所加者，标题增字。亦不掩古人所长，本本元元，条分缕析，用以乘时布政，顺五气之宜，趋事功功，稗四民之业。敬天出治，敦本重农之渊衷，具见于是。固不仅点缀岁华，采撷词藻，徒供翰墨之资焉。"

李光地六月著《阴符注》成书。

陈元模纂《淞南志》14卷成书。

钱志彤修，张述辕纂《镇原县志》2卷刊行。

刘涵修，刘世臣纂《蓝山县志》15卷刊行。

王毓德续修，周卿续纂《新淦县志》15卷刊行。

刘沛先原修，郑廷瑾、苏日增增修《东阿县志》12卷刊行。

魏荔彤修，蔡世远、陈元麟等纂《漳州府志》34卷刊行。

曹养恒原本，罗秉义增修，陶成、张江增纂《南城县志》12卷刊行。

马俊修，沈镐纂《望江县志》4卷刊行。

缪燧修，陈琯等纂《定海县志》8卷刊行。

陈还修，陈阿平纂《开平县志》24卷刊行。

李维翰等修，王一贞纂《中江县志》5卷刊行。

佚名修纂《巫山县志》刊行。

任中宜修纂《新兴州志》10卷刊行。

陈肇奎修，叶涞纂《建水州志》18卷刊行。

田雯自编、田肇丽补编《蒙斋年谱》1卷、续1卷、补1卷刊行。

胡以梅辑《唐诗贯珠笺释》60卷刊行，有自序及陶彝序。

按：胡以梅字燮亭，江苏吴县人。是书专选有唐一代七言律诗，按内容分类编排。

顾嗣立著《桂林集》8卷。

孔尚任著《长留集》成书。

郑廉著《柳下堂文集》4卷、诗集4卷刊行。

鲁一贞、张廷相著《玉燕楼书法》1卷刊行。

按：鲁一贞字亮侪，江苏无锡人。张廷相字仪九，浙江归安人。

陈廷敬、王奕清等奉敕纂《词谱》40卷、《曲谱》14卷成书。

按：康熙二十六年(1687)，万树编成《词律》，于析律辨误，所得为多，但仍不免于舛漏。《词谱》即在《词律》基础上，再加搜采、考订而编成，是一部官修的集大成性质的词谱。梁启超《中国近三百年学术史》曰："康熙末叶，王奕清撰《曲谱》十四卷，吕士雄撰《南词定律》十三卷。清儒研究曲本之书，盖莫先于此。"有康熙内府殿本、扫叶山房石印本等。

康熙帝《钦定音韵阐微》始撰，至雍正四年成18卷。

按：《四库全书总目提要》曰："自汉明帝时西域切韵之学与佛经同入中国，所谓以十四音贯一切字是也。然其书不行于世。至汉魏之间，孙炎创为翻切。齐梁之际，王融乃赋双声。等韵渐萌，实闇合其遗法。迨神珙以后，其学大行。传于今者有司马光《指掌图》、郑樵《七音略》、无名氏《四声等子》、刘鉴《切韵指南》。条例日密，而格碍亦日多。"故特诏儒臣编纂是书，"自有韵书以来，无更捷径于此法者，亦更无精密于此书者矣"。

沈琯辑《琴学正声》6卷刊行。

张鹏翼卒(1633—)。鹏翼字蜚子，晚号警庵，福建连城人。岁贡生。少时涉猎诸经，中年得读《近思录》、《朱子全书》，自是潜心理学，宗主程朱。与当湖陆陇其性格相近,皆尊崇程、朱理学为儒学正宗,学术上文字往来,交谊甚密。后来,漳浦蔡文勤闻其名,曾手书"醇学"二字,加以表彰。著有《理学入门》、《读经说略》、《后四书》、《孝子传》、《圣道元亨颂》、《历代将相谏臣三谱》、《二十二史案》、《芝坛日读小记》、《芝坛杂说》、《芝坛集》等。事迹见《清史稿》卷四八〇、《清史列传》卷六六、李桓《国朝耆献类征初编》卷四〇七、雷鋐《张先生鹏翼传》(《碑传集》卷一二八)。

按:《清史稿》本传曰:"塾师教以作文取科第,心疑之。熟读《四书大全》,忽悟曰:'心当在身内,身当在心内。'遂不仕。连城处万山中,无师。鹏翼年已四十,始见《近思录》及《朱子全书》。更十年,始见薛文清《读书录》。尝曰:'考亭易箦之时,乃我下帷之始。'盖俛焉日有孳孳,不知其老且耄也。所居乡曰新泉,男女往来二桥,道不拾遗。市中交易,先让外客,皆服鹏翼教也。"《清史列传》本传曰:"鹏翼为学,宗主程、朱,不濡染明季学术。尝自识心得,为《读经说略》;又辑濂、洛、关、闽要旨,为《理学入门》;又采历代名臣,为《将相谏臣三谱》;又考古今疆域、九边厄塞、黄河原委,为《中华世统说》;又取史籍旧事,仿谳狱之法,每一条为一案,而以己意断之,为《芝坛史案》五卷。"

又按:林赤章字霞起,福建连城人。尝与张鹏翼论心性之学,谓鹏翼曰:"求道之要,尽在《论语》矣。"(《清史列传》卷六六)著有《易辨》、《书经私言》、《四书遵注》、《小训私淑录》、《爱莲堂集》。

蒲松龄卒(1640—)。松龄字留仙、剑臣,别号柳泉居士,世称聊斋先生,山东淄川人。早岁即有文名,深为施闰章、王士禛所重。屡试不第,七十一岁始成贡生。著有《聊斋志异》、《聊斋文集》4卷、《聊斋诗集》6卷、《聊斋俚曲》及关于农业、医药等通俗读物多种。事迹见李桓《国朝耆献类征初编》卷四三一、张元《柳泉蒲先生墓表》。路大荒编有《蒲柳泉先生年谱》。

干特卒(1640—)。特字达士,号存庵,江西星子人。康熙恩贡生。学宗陆九渊。著有《志道编》。事迹见李桓《国朝耆献类征初编》卷四〇七。

王原祁卒(1642—)。原祁字茂京,号麓台、石师道人,江苏太仓人。王时敏孙。康熙九年进士。官至户部侍郎。善画山水,为清初画坛"四王"之一。曾充《佩文斋书画谱》总裁。参与绘《南巡图》、《万寿盛典》等。著有《罨庵集》、《罨画楼集》3卷、《雨窗漫笔》1卷、《扫花庵题跋》等。事迹见《清史稿》卷五〇四、李桓《国朝耆献类征初编》卷五六、王昶《王侍郎原祁传》(《碑传集》卷二〇)。

按:《清史稿》本传曰:"原祁画为时敏亲授,于黄公望浅绛法,独有心得,晚复好用吴镇墨法。时敏尝曰:'元季四家,首推子久,得其神者,惟董宗伯;得其形者,予不敢让;若形神俱得,吾孙其庶几乎?'王翚名倾一时,原祁高旷之致突过之。每画必以宣德纸,重毫笔,顶烟墨,曰:'三者一不备,不足以发古隽浑逸之趣。'或问王翚,曰'太熟';复问查士标,曰'太生'。盖以不生不熟自居。中年后,供奉内廷,乞画者多出代笔,而自署名。每岁晏,与门下宾客画,人一幅,为制裘之需,好事者缄金以待。弟子最著者黄鼎、唐岱。"

姚际恒约卒(1647—)。际恒字立方,一字善夫,号首源,安徽桐城人,寓居浙江仁和。诸生。历十四年而成《九经通论》170卷,目次为《周易》、《尚书》、《诗经》、《仪礼》、《周官》、《春秋》、《论语》、《孟子》，于诸经皆有论说，认为《古文尚书》为伪作，所列之证据，与阎若璩不谋而合，毛奇龄作《古文尚书冤词》攻击阎氏之说，又与际恒争辩，但始终不易其说。著有《尚书通论》、《礼经通论》、《诗经通论》、《庸言录》（末附《古今伪书考》）、《好古堂藏书目》、《好古堂家藏书画记》2卷等。事迹见《清史列传》卷六八、《姚际恒传》(《碑传集补》卷三九)。

按：梁启超说："辨伪的工作由来已久。《汉书·艺文志》明注'依托'者七，'似依托'者三，'增加'者一，隋僧法经著《众经目录》，别立'疑伪'一门。此皆有感于伪书之不可不辨。可惜怎样辨法，未得他们说明。……晚明胡应麟著《四部正讹》，始专以辨伪为业。入清而此学益盛。……清初最勇于疑古的人应推姚立方(际恒)。他著有《尚书通论》辨伪古文，有《礼经通论》辨《周礼》和《礼记》的一部分，有《诗经通论》辨《毛序》。其专为辨伪而作的则有《古今伪书考》。"(《中国近三百年学术史》)清儒辨出伪书达200来种次，远多于以前各代学者之所辨。其中姚际恒最为突出，他的《古今伪书考》是继明代胡应麟《四部正讹》之后的一部重要辨伪专著，辨出书之内容全伪者66种，内容部分伪者8种，书名伪者2种，著者伪者6种，其他类型伪者6种，共88种。是书亦有不足之处，故顾实著《重考古今伪书考》以正其失，黄云眉著《古今伪书考补正》以补证其缺失。

又按：《四库全书总目提要》评《庸言录》曰："是编乃其(姚际恒)随笔札记，或立标题，或不立标题，盖犹草创未竟之本。际恒生于国朝初，多从诸耆宿游，故往往剽其绪论。其说经也，如辟图书之伪则本之黄宗羲，辟《古文尚书》之伪则本之阎若璩，辟《周礼》之伪则本之万斯同，论小学之为书数则本之毛奇龄，而持论弥加恣肆。至祖欧阳修、赵汝楳之说，以《周易十翼》为伪书，则尤横矣。其论学也，谓周、张、程、朱皆出于禅，亦本同时颜元之论；至谓程、朱之学不息，孔、孟之道不著，则益悖矣。他如诋杨涟、左光斗为深文居功，则《三朝要典》之说也。谓曾铣为无故启边衅，则严嵩之说也。谓明世宗当考兴献，则张、桂之说也。亦可谓好为异论者矣。"

冯景卒(1652—)。景字山公，又字少渠，浙江钱塘人。诸生。与阎若璩、毛奇龄等友善并相互切磋经文古义。曾驳正阎若璩《毛朱诗说》及《四书释地》之误多处，又助其著《古文尚书疏证》。康熙间，被荐博学鸿儒科，固辞不就。学者私谥文介先生。著有《解春集》14卷《解春文抄》12卷、《补遗》2卷、《诗抄》2卷、《幸草》12卷、《樊中集》10卷、《苏诗续补遗》等。事迹见《清史稿》卷四八四、《清史列传》卷六八、李桓《国朝耆献类征初编》卷四一六、杭世骏《冯景传》(《碑传集》卷一三一)。

杨大鹤卒，生年不详。字九皋，号芝田，江苏武进人。康熙十八年进士，官至左春坊左谕德。曾与修《渊鉴类函》，又编有《香山诗钞》20卷、《剑南诗抄》。著有《春秋属辞比事》、《左传分国纪事本末》、《赐砚斋诗集》、《野云轩诗稿》、《稻香楼词》等。事迹见杨椿《孟邻堂文钞》卷一五。

温达卒，生年不详。姓费莫氏，满洲镶黄旗人。康熙时官至文华殿大学士。曾主持纂修《国史》、《政治典训》、《平定朔漠方略》、《大清一统志》、《明史》等，卒谥文简。事迹见《清史稿》卷二六七、《清史列传》卷一一、李桓《国朝耆献类征初编》卷一二。

朱仕琇(—1780)、褚寅亮(—1790)生。

康熙五十五年　丙申　1716年

二月二十九日庚寅(3月22日),以故道家张继宗子张振麟承袭正一嗣教大真人。

三月初十四日乙巳(4月6日),准礼部议,于广东各卫所亦如他省例设学。

闰三月二十四日甲申(5月15日),御定《康熙字典》42卷是月成,康熙帝作序,谓此书"开卷了然,无一义之不详,无一音之不备矣","可奉为典常而不易者"(《康熙字典》卷首)。

按:参与修纂的官员有张玉书、陈廷敬、凌绍雯、史夔、周起渭、王景曾、梅之珩、蒋廷锡、陈璋、汪漋、励廷仪、陈邦彦、张逸少、潘从律、朱启昆、赵熊诏、薄有德、吴世焘、陈壮履、刘师恕、万经、涂天相、俞梅、刘岩、王云锦、贾国维、缪沅、蒋溥、刘灏、陈世倌。

四月初三日壬辰(5月23日),命学官俱考试引见。四氏学官,亦令考试引见,以后衍圣公所属应补官员,俱著考试引见。

是年,复令翰林院经筵讲官刑部左侍郎张廷玉等增补拾遗,编《佩文韵府拾遗》。

按:《四库全书总目提要》曰:"《御定韵府拾遗》一百十二卷,康熙五十五年圣祖仁皇帝御定。以拾《佩文韵府》之遗也。《佩文韵府》凡一万八千余页,艺林传布,已浩若望洋。而睿虑周详,犹恐沧海之兼收或有涓流之未会,故特命搜奇抉秘,续辑是书。其分韵悉准前编。其所补则为例有四。凡前编所有之字,则惟增韵书之音切。……凡前编未收之字,从他韵增入者,则兼注音义。……其文句典故为前编所未载者,谓之'补藻',东字下引《禹贡》北东诸条是也。前编已载而所注未备者,谓之'补注',东字下引《周易折中集说》居东诸条是也。搜罗赅备,体例详明。大学上王掞等恭制序文,所谓'举大而及其细,则《拾遗》为《韵府》之支流,附少以成其多,则《拾遗》为《韵府》之全璧也'。圣人制事精益求精,不留丝毫之欠阙,此亦一端矣。旧本不标卷第,与《佩文韵府》同,今以一韵为一卷,其篇页稍多者分六子卷,为一百十有二卷。"

康熙帝书"浙水敷文"(取"君子博学于文"之义)赐杭州万松书院,匾额悬于中堂,题七律一首,并赐《御选古文渊鉴》、《渊鉴类函》、《周易折中》和《朱子全书》,书院因此改名敷文书院。

张伯行时任礼部尚书,请在河南兰考县建书院,再奏立社仓。

张廷玉十二月擢授内阁学士兼礼部侍郎。

王懋竑十一月为立嗣辨。是年,因饥荒作文以劝谕。

土耳其丧失其在匈牙利的最后一个占有地特梅斯瓦尔。

苏格兰经济学家约翰·劳在巴黎建立"总银行"。

彼得一世对欧洲作第二次访问。

汪绂自乐平转客万年、弋阳诸县。

尹会一以岁试补廪膳生。

金农自号"冬心"。

王澍供职翰林院。

王顼龄拜武英殿大学士。

长寿四月为翰林院侍讲学士,充日讲官。

陈恂、龚铎四月为翰林院侍读,充日讲官。

魏廷珍四月为翰林院侍讲,充日讲官。

桦色十月为翰林院侍讲学士,充日讲官。

敦稗四月以内阁学士充经筵讲官。

程鸣、魏周琬分别为陈撰《绣铗集》作序。

吴永芳时任嘉兴知府,建鸳湖书院。

俞卿在杭州建蕺山书院。

王嗣衍时任广平知府,改建荷花馆为莲花书院。

按:乾隆六年(1741),知府任宏业改名清晖书院。

尹德咏时任福建富安知县,建紫阳书院。

陈大辇在福建古田建玉泉书院。

刘萧时任山东莘县知县,建先觉书院。

李朝柱时任知州,在河南禹州将凤台书院改建为丹山书院。

李发甲时任湖南巡抚,在长沙建贡院,先请分闱乡试,未准,改为书院。

张楸时任广东南雄知府,建凌江书院。

萧大成时任广东龙门知县,建星冈书院。

沈元佐时任广西南宁知府,建式南书院和蔚南书院。

陈肇奎时任云南建水知州,建焕文书院。

嘉木祥协巴归拉卜楞寺长住。

德国传教士戴进贤、葡萄牙传教士徐懋德、传教士严嘉乐、倪天乐入京,佐修历法。

新井白石著成日本的自传文学作品《折柴记》。

方苞是冬著《春秋通论》4卷成书。

按:《四库全书总目提要》曰:"是编本《孟子》其文则史,其义则某窃取之意,贯穿全经,按所属之辞,合其所比之事。辨其孰为旧文,孰为笔削,分类排比,为篇四十。……苞乃于二千余载之后,据文臆断,知其孰为原书,孰为圣笔,如亲见尼山之操觚。此其说未足为信。惟其扫《公》、《谷》穿凿之谈,涤孙、胡锲薄之见,息心静气,以《经》求《经》,多有协于情理之平,则实非俗儒所可及。譬诸前修,其吴澄之流亚欤?"又曰:"《春秋比事目录》四卷,国朝方苞撰。苞有《周官集注》,已著录。苞既作《春秋通论》,恐学者三《传》未熟,不能骤寻其端绪,乃取其事同而书法互异者,分类汇录,凡八十有五类。然宋沈棐、元赵汸皆已先有此著。沈书仅有钞本,赵书亦近日始刊行。苞在康熙中,二书未出,故不知而为此屋下之屋,犹之顾栋高未见程公说书,乃作《春秋大事表》也。"

毛奇龄著《昏礼辨正》1卷、《舜典补亡》1卷、《大小宗通释》1卷、《学校问》1卷、《武宗外记》1卷、《胜朝彤史拾遗记》6卷、《辨定嘉定大礼议》2卷。

　　黄廷钰、吴之琬纂修《静宁志》14卷刊行。

　　古今誉修，刘大量纂《高苑县续志》10卷刊行。

　　孙衍纂修《长山县志》10卷刊行。

　　宋广业等纂修《临城县志》10卷刊行。

　　宋广业著《罗浮山志会编》22卷成书。

　　王时来修，杭云龙纂《阳谷县志》8卷刊行。

　　张应星修纂《来阳县志》8卷刊行。

　　董学礼修纂《裕州志》6卷刊行。

　　娄一均修，周翼纂《邹县志》3卷刊行。

　　张钫修，王锡纂《重修颍州志》20卷刊行。

　　宋绍业修，张祖年纂《汤溪县志》刊行。

　　张盛铭修，赵肃纂《郓城县志》8卷刊行。

　　张嘉颖修，刘联声等纂《楚雄府志》10卷刊行。

　　伍青莲修纂《云南县志》刊行。

　　杜绍先修纂《晋宁州志》5卷刊行。

　　夏瓆修纂《呈贡县志》2卷成书。

　　王克刚修，王枚纂《昆阳州志》12卷成书。

　　黄澍修纂《新修宜良县志》10卷刊行。

　　吴麟徵自编《吴忠节公年谱》1卷刊行，附于是年所刊《吴忠节公遗集》。

　　孙亢宗自编《悔迟自叙年谱》1卷成书。

　　张玉书、陈廷敬等闰三月奉敕纂《康熙字典》42卷成。

　　按：是书为中国现存第一部官修字典，正文共收字47035（加上重复的古文，合计49030字），较《字汇》、《正字通》多出一万余字。《四库全书总目提要》曰："《康熙字典》四十二卷，康熙五十五年圣祖仁皇帝御定。古小学存于今者，惟《说文》、《玉篇》为最旧。《说文》体皆篆、籀，不便施行。《玉篇》字无次序，亦难检阅。《类篇》以下诸书，则惟好古者藏弆之，世弗通用。所通用者，率梅膺祚之《字汇》，张自烈之《正字通》。然《字汇》疏舛，《正字通》尤为芜杂，均不足依据。康熙四十九年，乃谕大学士陈廷敬等，删繁补漏，辨疑订讹，勒为此书。仍两家旧目，以十二辰纪十二集，而每集分三子卷，凡一百一十九部。冠以《总目》、《检字》、《辨似》、《等韵》各一卷，殿以《补遗》、《备考》各一卷。部首之字，以画之多寡为序，部中之字亦然。每字之下，则先列《唐韵》、《广韵》、《集韵》、《韵会》、《正韵》之音。《唐韵》久佚，今能一一征引者，徐铉校《说文》所用，即《唐韵》之翻切也。次训释其义，次列音、别义，次列古音。均引证旧典，详其始末，不使一语无稽。有所考辨，即附于注末。又每字必载古体，用《说文》例。改从隶书，用《集韵》例。兼载重文、别体、俗书、讹字，用《干禄字书》例。皆缀于注后，用《复古编》例。仍从其字之偏旁，别出于诸部，用《广韵》互见例。至于增入之字，各依字画多寡，列于其数之末，则《说文》之新附、《礼部韵略》之续降例也。其《补遗》一卷，收稍僻之字。《备考》一卷，收不可施用之字。凡古籍所载，务使包括无遗。盖拘泥古义者,自《说文》九千字外,皆斥为伪体。遂至音韵必作音均,衣裳必作衣常,韩愈书为韩瘉,诸葛亮书为诸葛谅。动生滞碍,于事理难通,固为不可。若夫孙休之所自造,王起之所未识,傅奕之称泥人,段成式之作毻字,皆考之古而无征,用之今而多骇;存而并列,则通儒病其荒唐;削之不登,则浅儒疑其挂漏。别为附录,等诸外篇。尤所谓去取得中,权衡尽善者矣。御制《序》文谓:'古今形体之辨,方言声气之殊,部分班列,开卷了然。无一义之不详,无一音之不备。信乎六书之渊海,七音之准绳也。'"有康熙年间内府刊本、道光七年(1827)内府刊本、光绪元年(1875)湖北崇文书局刊本、光绪十三年(1887)上海同文书局影印本,1958年中华书局据同文本影印。

汪立名编《钟鼎字源》5卷。

沈德潜刻所著《竹啸轩诗钞》。

王心敬著《丰川全集》正编25卷、外编3卷、续编22卷刊行。

金农著《丙申集》,厉鹗为序。

汪耀麟著《抱末堂集》6卷刊行。

张鹏翮著《信阳子卓录》8卷刊行。

藏族说唱体英雄史诗《格萨尔》(即《格萨尔王传》)在京以藏文雕版。

毛奇龄卒(1623—)。奇龄原名甡,又名初晴,字大可,一字齐于,浙江萧山人。清初参加宁波抗清义军,亡命十余年。康熙十八年荐举博学鸿儒科,授翰林检讨,充《明史》纂修官。二十四年托病辞官。著作极丰,尤精于经学。其弟子蒋枢编辑遗集,分经、文集二部。经集自《仲氏易》、《推易始末》、《春秋占筮术》、《春秋毛氏传》等凡50种。文集合诗、赋、序、记及其他杂著凡234卷。《四库全书》收所著书目多达40余部。事迹见《清史稿》卷四八一、《清史列传》卷六八、李桓《国朝耆献类征初编》卷一一九、蔡冠洛《清代七百名人传》第四编、全祖望《萧山毛检讨别传》(《鲒埼亭集》卷二五)。

按:阮元督学两浙,为毛奇龄《西河全集》撰序,表彰毛氏的经学创辟之功曰:"国朝经学盛兴,检讨首出,于东林、戢山空文讲学之余,以经学自任,大声疾呼,而一时之实学顿起。……迄今学者日益昌明,大江南北,著书授徒之家数十,视检讨而精核者固多,谓非检讨开始之功则不可。"(《西河全集》卷首)《清史列传》本传曰:"自后儒者多研究汉学,不敢以空言说经,实自奇龄始;而辨正图书,排击异学,尤有功于经义。"毛奇龄西河学派弟子甚众,较著名的有李塨、邵廷采、陆邦烈、章大来、章世法、方柔如、蒋枢等。其交游者有顾炎武、阎若璩、胡渭、朱彝尊、汤斌、李因笃、汪琬、施闰章、毛先舒、毛际可、张杉、刘汉中、来蕃、徐缄、方迈、屈复等。

禹之鼎卒(1647—)。之鼎字上吉,号慎斋,江苏江都人。长于人物画。康熙时供奉内廷。所作尚有《幽篁坐啸卷》、《芭蕉仕女图》等。事迹见《清史稿》卷五〇四。

按:《清史稿》本传曰:"幼师蓝瑛,后出入宋、元诸家,尤擅人物,绘《王会图》传世。其写真多白描,不袭李公麟之旧,而用吴道子兰叶法,两颧微用脂赭染之,弥复古雅。康熙中,授鸿胪寺序班。爱洞庭山水,欲居之,遂归。朝贵名流,多属绘图像,世每传之。"

刘芳喆卒,生年不详。芳喆字宣人,号拙翁,直隶宛平人。顺治十八年进士,改翰林院庶吉士,散馆授编修,历官国子监司业。著有《庸语》、《拙翁集》。事迹见《大清畿辅先哲传》卷一三、《清儒学案》卷一九五《刘先生芳喆》。

查礼(　—1783)、袁枚(　—1797)、陶元藻(　—1801)生。

康熙五十六年　丁酉　1717年

四月初十日(5月20日),命都察院左都御史兼管翰林院掌院学士事徐元梦教习庶吉士。

十四日戊戌(5月24日),兵部议复广东碣石总兵官陈昂疏言,天主教设自西洋,"今各省设堂,招集匪类,此居心叵测,目下广州城设立教堂内外布满,加以同类洋船丛集,安知不交通生事,乞敕早为禁绝,毋使滋蔓"。查康熙八年会议天主教一事,奉旨天主教除南怀仁等照常自行外,其直隶各省立堂入教,著严行晓谕禁止。但年久法驰,应令八旗、直隶各省并奉天等处再行严禁。从之(《清圣祖实录》卷二七二)。

五月十五日戊辰(6月23日),谕左都谕史兼翰林院掌院学士徐元梦等曰:"近看科场之事,尽为大臣主持。朕思内阁九卿大臣,不立门户,不预科场之事,弊端自除。大臣遇考期将至,不惟为子弟钻营,甚且为他人图谋。如刘谦平素犹讲道学,及为会试主考,声名甚是不堪。又同考官储在文,看阅试卷,皆专执己见,同房阅卷之杨万春,不得参酌,此等陋习,不可不知警戒,谕众知之。"(《清圣祖实录》卷二七二)

八月初四日乙酉(9月8日),康熙帝谓大学士等曰:"朕遍览明代《实录》,未录实事。即如永乐修京城之处,未记一字。史臣但看野史,记录错误甚多。朕又览《史记》、《汉书》,亦仅文词之工,记事亦有不实之处,即如所载项羽坑秦卒二十万,夫二十万卒,岂有束手待毙之理乎?"(《清圣祖实录》卷二七三)

十一月十二日壬戌(12月14日),以礼部尚书公吞珠为纂修《玉牒》副总裁官。

二十一日辛未(12月23日),康熙帝于乾清宫暖阁召诸皇子、满汉大学士、学士、九卿、詹事、科道等,就其一生事业作长篇谕旨,称"若有遗诏,无非此言"(《清圣祖实录》卷二七五)。

按:辛未,诏曰:"帝王之治,必以敬天法祖为本。合天下之心以为心,公四海之利以为利,制治于未乱,保邦于未危,夙夜兢兢,所以图久远也。朕八龄践阼,在位五

彼得一世访问巴黎。

普鲁士实行强迫教育。

十余年,今年近七旬矣。当二十年时,不敢逆计至三十。三十年时,不敢逆计至四十。赖宗社之灵,今已五十七年矣,非凉德所能致也。齿登耆寿,子孙众多。天下和乐,四海乂安。虽未敢谓家给人足,俗易风移,而欲使民安物阜之心,始终如一。殚竭思虑,耗敝精力,殆非劳苦二字所能尽也。古帝王享年不永,书生每致讥评。不知天下事烦,不胜其劳虑也。人臣可仕则仕,可止则止,年老致仕而归,犹得抱子弄孙,优游自适。帝王仔肩无可旁委,舜殁苍梧,禹殂会稽,不遑宁处,终鲜止息。洪范五福,终于考终命,以寿考之难得也。易《遯》六爻,不及君主,人君无退藏之地也。岂当与臣民较安逸哉!朕自幼读书,寻求治理。年力胜时,挽强决拾。削平三藩,绥辑漠北,悉由一心运筹,未尝妄杀一人。府库帑金,非出师赈饥,未敢妄费。巡狩行宫,不施采缋。少时即知声色之当戒,佞幸之宜远,幸得粗致谧安。今春颇苦头晕,形渐羸瘦。行围塞外,水土较佳,体气稍健,每日骑射,亦不疲乏。复以皇太后违和,头晕复作,步履艰难。倘一时不讳,不得悉朕衷曲。死者人之常理,要当于明爽之时,举平生心事一为吐露,方为快耳。昔人每云帝王当举大纲,不必兼综细务。朕不谓然,一事不谨,即贻四海之忧;一念不谨,即贻百年之患。朕从来莅事无论巨细,莫不慎之又慎。惟年既衰暮,只惧五十七年忧勤惕励之心,隳于末路耳。立储大事,岂不在念。但天下大权,当统于一,神器至重,为天下得人至难,是以朕垂老而惓惓不息也。大小臣工能体朕心,则朕考终之事毕矣。兹特召诸子诸卿士详切言之。他日遗诏,备于此矣。"(《清史稿·圣祖本纪三》)

二十六日丙子(12月28日),康熙帝曰:"朕自幼喜读《性理》,《性理》一书,千言万语,不外一敬字。人君治天下,但能居敬,终身行之足矣。"(《清圣祖实录》卷二七五)

是年,康熙帝命裁撤起居注衙门,目的是杜绝诸皇子探听皇帝立储意向。

玛丽·沃特利·蒙塔古夫人在英格兰推广种痘。

李光地二月还京师,途次福州,讲学鳌峰书院。

张伯行八月特召典顺天乡试。

张廷玉十二月以内阁学士充经筵讲官。

李绂充日讲起居注官,典试云南。四月为翰林院侍讲学士。

徐元梦三月为都察院左都御史,兼管翰林院掌院学士事,充经筵讲官。

蔡世远主讲鳌峰书院,以正学教士;又率鳌峰书院诸弟子望湖山而祝李光地七十六寿辰。

蒋廷锡五月擢内阁学士。

朱轼授浙江巡抚。

查慎行十月应佟法海之招赴粤东。

厉鹗三月游法华山。

金农在陈撰玉几山房见宋萧太虚所作墨梅,有记。

汪绂自江西入福建。

吴玉搢始治金石。

方政益中举人。

按:方政益字惠孚,江苏太仓人。少从周象明等游。张伯行抚吴时,聘修《性理大全》。著有《柳村诗文稿》。

王图炳四月为庶子,充日讲官。

何国宗四月为中允,充日讲官。

嵇曾筠、秦道然四月为翰林院编修,充日讲官。

励廷仪十一月为翰林院侍讲学士,充日讲官。

文岱十一月为翰林院检讨,充日讲官。

王之枢二月以内阁学士充经筵讲官。

查弼纳以兵部侍郎在学士里行充经筵讲官。

色尔图十月以吏部左侍郎充经筵讲官。

阿克敦十月以詹事府詹事充经筵讲官。

李文炤任岳麓书院山长

俞卿在杭州建观海书院。

黄炳时任山东按察使,于蓬莱县建北海书院。

范廷谋时任湖南郴州知州,改建景贤书院。

陈元龙时任广西巡抚,于桂林城东建栖霞书院。

高茂选时任广西庆远府知府,在宜山县建龙江书院。

赵光荣时任贵州遵义知府,建育才书院。

朱泽沄著《坤复乾艮四卦说》成书。

方苞是秋著《春秋直解》12卷成书。

陈厚耀所著《春秋世族谱》1卷付刊。

按：《四库全书总目提要》曰："春秋之世,自王朝以迄诸侯大夫,得姓受氏,各有源流。其人之见于《经》、《传》者,不可殚数。汉宋衷有《世本》四卷,唐代尚传。今惟孔氏《正义》中偶载其文,而书则久佚。《隋书·经籍志》有《春秋左氏诸大夫世谱》十三卷,不知何人所撰,今亦无存。杜预作《春秋释例》,中有《世族谱》一篇,具载其世系昭穆之详,而自宋以来,湮没不见。今恭遇圣代,表章遗籍,《释例》一书,得于《永乐大典》中,裒辑丛残,复为完帙,独《世族谱》仅存数条,仍不免于阙略。厚耀当时既未睹《释例》原本,因据孔氏《正义》,旁参他书,作此以补之。……近时顾栋高作《春秋大事表》,有《世系表》二卷。其义例与此相近,而考证互有异同。如周卿大夫之周公忌父、召庄公诸人,此书征引不及顾本之备。又脱漏王叔氏世系不载,亦为逊于顾本。然顾氏于有世系者叙次较详,其无可考者概阙而不录。此书则于《经》、《传》所载之人只称官爵及字者,悉胪采无遗,实为顾本所未及。读《春秋》者,以此二书互相考证,则《春秋》氏族之学,几乎备矣。"

李光地五月著《论孟札记》。

李光地等奉敕纂《性理精义》12卷成书。

按：《四库全书总目提要》曰："初,朱子门人陈淳撰《性理字义》,熊刚大又撰《性理群书》,性理之名由是而起。明永乐中,遂命胡广等杂钞宋儒之语,凑泊成编,名曰《性理大全书》,与《五经四书大全》同颁于天下,列在学官。然广等以斗筲下才,滥膺编录,所纂《五经四书大全》并剽窃坊刻讲章,改窜姓名,苟充卷帙。其《性理大全书》尤庞杂割裂,徒以多为贵,无复体裁。我圣祖仁皇帝接唐虞之治统,契孔孟之心传,原本《六经》,权衡百氏,凡宋儒论著于其见道之浅深,立言之醇驳,并究知微暧,坐照无遗。病胡广等所编徒博讲学之名,不过循声之举,支离冗碎,贻误后来,乃命大学士李光地等刊正其书,复亲加厘订。如蔡沈《洪范数》之类,既斥之以防僭拟,所附诗赋之类,亦削之以戒浮文。其余诸门,皆精汰严收,十分取一。卷帙虽减于前,而义蕴之宏深,别裁之精密,以较原书,司空图所谓如矿出金也。"

潘平格遗著《求仁录》10 卷由毛文强、郑性刊刻。

杨陆荣著《三藩纪事本末》4 卷成书,有自序。

按:杨陆荣字采南,号潭西,江苏青浦人。《四库全书总目提要》曰:"是编成于康熙丁酉。首纪福王、唐王、桂王始末,及四镇、两案、马、阮之奸。次纪顺治初年平浙、平闽、平粤、平江右事迹,及鲁王、益王之乱,饶州死难诸人,金声桓之乱及大兵南征,何腾蛟、瞿式耜之死,孙可望、李延龄之变。次为桂王入缅、蜀乱、闽乱及杂乱。其凡例自云搜罗未广,颇有疏漏,又间有传闻异词者。如《明史·文苑传》载艾南英以病死,而此载其自缢殉节,亦仅据其耳目所及,未一一详核也。"

张琳修,刘青震纂《罗田县志》8 卷刊行。

陈时修,介孝璇纂《解州全志》22 卷刊行。

周钟瑄修,陈梦林、李钦文纂《诸罗县志》12 卷刊行。

滕永祯修,马珩纂《寿张县志》8 卷刊行。

朱旋修纂《东乡县志》5 卷刊行。

吴启元、高绍烈纂《猗氏县志》10 卷刊行。

王佐修纂《重修清平县志》2 卷刊行。

王镛修,秦寅纂《单县志》12 卷刊行。

张汉修《眉州属志》5 卷刊行。

黄大成修纂《平乐县志》8 卷刊行。

管檎修纂《师宗州志》2 卷刊行。

彭学曾原纂,薛祖顺增纂《嶍峨县志》4 卷刊行。

李丕垣修,李应绶纂《澂江府附郭河阳县志》20 卷刊行。

王秉煌等修,梅盐臣等纂《罗次县志》4 卷刊行。

闻元炅修纂《续修汶上县志》6 卷刊行。

王穆纂修《城固县志》10 卷刊行。

李苏修纂《江都县志》16 卷刊行。

宋生修纂《泰兴县志》4 卷刊行。

黄浚修,王特选纂《滕县志》10 卷刊行。

孔鹏补刻《兴安县志》8 卷刊行。

崔赫等增修,魏尚信等增纂《叶县志》8 卷刊行。

江国栋修,陈玉麟、庄亨阳等纂《龙溪县志》12 卷刊行。

于继先编《于忠肃公(于谦)年谱》1 卷刊行,附于是年所刊《于忠肃公集》。

僧成鹫编《初代开山主法云顶和尚年谱》刊行。

陆宸征、李铉辑,吴光西编次《陆稼书先生年谱》1 卷刊行。

潘平格著《求仁录辑要》10 卷刊行。

王棠著《知新录》32 卷成书。

姜日章著《天然穷源字韵》9卷。

按：姜日章字旦童，如皋人。根据《四库全书总目提要》小学类存目著录，清代研究文字的著作尚有毛奇龄的《越语肯綮录》1卷，王言的《连文释义》1卷，林尚葵、李根的《广金石韵府》5卷，冯调鼎的《六书准》4卷，刘凝的《韵原表》1卷、《石鼓文定本》2卷，顾景星的《黄公说字》，吴震方的《读书正音》4卷，陈策的《篆文纂要》4卷，熊文登的《字辨》7卷，傅世尧的《六书分类》12卷，程德洽的《说文广义》12卷，佟世男的《篆字汇》12卷，杨锡观的《六书辨通》5卷、《六书例解》1卷、《六书杂说》1卷、《八分书辨》1卷，成瑞人的《五经字学考》5卷，刘臣敬的《六经字便》，李京的《字学正本》5卷，卫执谷的《字学同文》4卷及不著撰人名氏的《篆韵》50卷、《字韵合璧》20卷、《文字审》1卷。

沈德潜选编《唐诗别裁集》20卷成书。

马士琪著《片石斋烬余草》5卷刊行。

王苹著《二十四泉草堂集》12卷刊行。

拉锡等奉敕纂《御制满蒙文鉴》成书。

按：是书在《清文鉴》的基础上，增加蒙古文，所收词汇与《清文鉴》相同，称《御制满蒙文鉴》。

陈訏选编《宋十五家诗选》刊行。

陈元龙辑《格致镜原》100卷付刊。

按：《四库全书总目提要》曰："是编乃其类事之书。其曰《格致镜原》者，自昔类书，大抵缕陈旧迹，与史传相参，或胪列典章，与《会要》相佐。此所采辑，分三十类：曰乾象，曰坤舆，曰身体，曰冠服，曰宫室，曰饮食，曰布帛，曰舟车，曰朝制，曰珍宝，曰文具，曰武备，曰礼器，曰乐器，曰耕织器物，曰日用器物，曰居处器物，曰香奁器物，曰燕赏器物，曰玩戏器物，曰谷，曰蔬，曰木，曰草，曰花，曰果，曰鸟，曰兽，曰水族，曰昆虫，皆博物之学，故曰格致。又每物必溯其本始，略如《事物纪原》，故曰镜原也。其采撷极博，而编次具有条理。又以明人类书多不载原书之名，攘古自益，因各考订，所出必系以原书之名。虽所据或间出近代之本，不能尽泝其源，而体例秩然，首尾贯串，无诸家丛冗猥杂之病，亦庶几乎称精核矣。其书为康熙戊子、丁亥间元龙归养时所作，后官广西巡抚，乃刊行于粤中云。"

梅文鼎著《度算释例》2卷成书，有自序。

王翚卒(1632—)。翚字石谷，号耕烟散人、乌目山人、清晖主人，江苏常熟人。少为王鉴弟子，后转师王时敏，创虞山画派，为清初画坛"四王"之一。康熙中奉诏以布衣供奉内廷，受命作《南巡图》、《万寿圣典图》等。康熙帝称善，欲授官，固辞，赐归。所著尚有《清晖画跋》1卷、《清晖赠言》10卷等。事迹见《清史稿》卷五〇四。

按：《清史稿》本传曰："太仓王鉴游虞山，见其画，大惊异，索见，时年甫冠。载归，谒王时敏，馆之西田。尽出唐以后名迹，俾坐卧其中，时敏复挈之游江南北，尽得观收藏家秘本。如是垂二十年，学遂成。康熙中诏征，以布衣供奉内廷。绘《南巡图》，集海内能手，逡巡莫敢下笔，翚口讲指授，咫尺千里，令众分绘而总其成。图成，圣祖称善，欲授官，固辞，厚赐归。公卿祖饯，赋诗赠行。翚天性孝友，笃于风义，时敏、鉴既殁，岁时犹犹省其墓。康熙五十六年，卒，年八十六。翚论画曰：'以元人笔墨，运宋人丘壑，而泽以唐人气韵，乃为大成。'称之者曰：'古今笔墨之龃龉不相入者,翚罗而置之笔端,融冶以出。画有南、北宗,至翚而合。'"

徐世沐卒(1632—)。世沐字尔翰,号青牧,又号青麓,江苏江阴人。诸生。曾与陆世仪、高汇旃、马一庵、李颙等往来论学。得仇兆鳌、陆陇其赏识。治学笃信朱熹。著有《四书惜阴录》21卷、《春秋惜阴录》8卷、《周易惜阴录》、《周易存义录》12卷、《周易惜阴诗集》3卷、《仪礼惜阴录》8卷、《性理吟》2卷等。事迹见《清史列传》卷六七、李桓《国朝耆献类征初编》卷四〇七、雷鋐《徐先生世沐传》(《碑传集》卷一二八)。

按:《清史列传》本传曰:"少孤,力学自立,见《太极》、《西铭》诸书,发愤志道。年二十余,往见太仓陆世仪,读所著《酬答理要》,深信之。世仪谓:'众人之学,不泛滥文词,即沿习二氏。惟世沐读书穷理,以求自得。'又谓:'世沐好推伊川,不畏拘检,所向甚正。'因申言理一分殊之旨,以示世沐。世沐又与无锡高世泰诸人往来论学,以资其益。其为学笃信朱子,切己反求,辨别异同,务归于下学实践,俾人无惑歧途而后已。盩厔李颙南游,与世沐论学,颙曰:'子学笃而行未广。'世沐曰:'先生行高而学不醇。'其不苟同如此。后得颙《四书反身录》读之,曰:'颙学从陆、王入,而出入于程、朱四子。余学从程、朱入,而准则于周、宋八贤。虽沐染南风,刚峻良有不逮,而古人所云醇正,则当仁不欲多让。'因著《四书惜阴录》二十一卷,大旨以为圣贤之学,随知随行。若知而不行,虽尽读经史,徒敝精神。其光阴可惜,尤深痛举业之驱人入鄙。欲学者实从事于圣贤之道,而勿务空知,一章之中,三致意焉。晚岁,以子恪选拔,携入都,仇兆鳌见而惊叹,言于众。安溪李光地遂与订交,平湖陆陇其嘉其笃学,摘录中精要语,置行箧中,为之跋。……世沐之后,有长洲黄商衡、无锡华希闵、嘉定张云章、金坛王步青。"

仇兆鳌卒(1638—)。兆鳌字沧柱,自号章溪老叟,浙江杭州人。康熙二十四年进士。历任编修、翰林院检讨、侍讲、侍读学士、内阁学士等职。著有《杜诗详注》26卷及《四书说约》、《两经要义》、《通鉴论断》等。事迹见仇兆鳌自编《尚友堂年谱》。

吴之振卒(1640—)。之振字孟举,号橙斋、黄叶村农,浙江石门人。康熙时贡生,官内阁中书。与吕留良合选《宋诗钞》106卷,又选施闰章、宋琬、王士禛、王士禄等八家诗行世。著有《黄叶村庄诗集》。事迹见《清史列传》卷七一、震钧辑《国朝书人辑略》卷二、李桓《国朝耆献类征初编》卷四三一。

张自超卒,生年不详。自超字彝叹,江苏高淳人。康熙四十二年进士。曾主讲万松书院。治学本朱熹据事直书之旨,不为隐深阻晦之说。著有《春秋宗朱辨义》12卷,方苞著《春秋通论》多取其说。事迹见《清史列传》卷六七、李桓《国朝耆献类征初编》卷四一五。

按:《四库全书总目提要》曰:"是书(指《春秋宗朱辨义》)大意本朱子据事直书之旨,不为隐深阻晦之说。……虽以'宗朱'为名,而参求《经》、《传》,务求心得,实非南宋以来穷凿附会之说。后方苞作《春秋通论》,多取材此书。近时解《春秋》者,焦袁熹《春秋阙如编》外,此亦其亚矣。"《清史列传》本传曰:"归后授经讲学,文行日著。浙抚徐元梦聘主万松书院,一以程、朱遗法教人。董邦达、汪由敦皆出其门。……五十六年,昆山徐乾学以经学荐,召入都,行至荏平,无疾而卒,年六十余。方苞尝以自超与大兴王源、芜锡刘齐、上元刘捷,并称四君子。"

沈金鳌（　—1776）、章嘉若必多吉（　—1786）、卢文弨（　—1795）、蔡上翔（　—1810）生。

康熙五十七年　戊戌　1718 年

二月初六日乙酉（3月7日），以吏部尚书张鹏翮、户部尚书赵申乔为会试正考官，刑部左侍郎李华之、工部右侍郎王懿为副考官。

四月初五日癸未（5月4日），策试天下贡士杨尔德等于太和殿前。

初九日丁亥（5月8日），传胪，赐殿试贡士汪应铨等171人进士及第出身有差。

九月初五日戊子（11月5日），以翰林院侍讲学士李绂为武会试正考官，侍讲学士龚铎为副考官。

十月初十日甲寅（12月1日），康熙帝谕吏部曰："考试月官令作八股时文，大都抄录旧文，苟且塞责。嗣后不必作八股时文，只令写履历，以三百字为限，观其书法妍丑、文理工拙，则人之优劣自可立见。"（《清圣祖实录》卷二八一）

十五日己未（12月6日），策试天下中式武举于太和殿前。

十九日癸亥（12月10日），以殿试武举封荣九等110名为武进士及第出身有差。

十一月二十三日己亥（1719年1月15日），以武英殿大学士马齐、文渊阁大学士王掞为纂修《省方盛典》总裁官，原任户部尚书王鸿绪为承修总裁官，内阁学士阿克敦、德音、张廷玉、励廷仪为副总裁官。

十二月十三日丙辰（2月1日），以礼部尚书贝和诺、内阁学士勒什布为纂修《玉牒》副总裁官。

李光地三月充殿试读卷官。

张廷玉十月充武殿试读卷官。

李塨选通州学正，雅不欲就，人多劝之，乃之任；居官八十余日，以病告归。

方苞是春命子方道章从李塨游。

王鸿绪因大学士王掞荐，充《省方盛典》总裁官。

陈厚耀充会试同考官。

王懋竑中进士。

李绂有诔文祭李光地。

彭定求十二月自为墓志。

奥斯曼帝国与奥地利签订《帕萨罗维茨条约》。奥地利取瓦拉几亚西部、塞尔维亚北部和波斯尼亚北部。

法国、神圣罗马帝国、英格兰和荷兰签署四国同盟协定。

英格兰向西班牙宣战。

密西西比公司建立新奥尔良。

钞票首先在英格兰问世。

科学、文学和艺术学院在巴勒莫建立。

英国发明家托马斯·隆比爵士取得捻丝机的专利。

查慎行四月由粤西返里。

惠士奇奉特命祭告炎帝舜陵。

朱轼条陈修筑浙江海塘六事。

朱泽沄讲学无锡共学山居，一时学者多从之游。

汪绂授徒枫溪。

郑燮授徒仪征。

尹会一讲习音韵。

全祖望年十四，从里中董正国读书三余草堂。是年，补诸生。

按：董正国字次欧，一字南冈，鄞县人。康熙六十年贡生。著有《弃余集》。

金以成、潘瀚、查祥、陈万策、李志沆、崔纪、叶长、杨董俊、张梦征、徐本、习寯、吴家骐、顾仔、曹源郊、许均、伊尔敦、邹登恒、宋照、萧宸捷、曾元迈、沈承烈、徐大枚、顾祖镇、刘丕谟、杨尔德、黄鸿中、张炜、杜藻、夏开衡、吴涛、杨椿、李天龙、沈嘉麟、李兰、郑江、王瓒、康忱、胡瀛、严文在、徐聚伦、刘运驸、张灿、李士元、郑喜、任际虞、觉罗思强、蔡日逢、卿悦、王梦尧、李洵、李根云、严瑞龙、解震泰、雷天铎、刘灿等55位新科进士十月十五日被选为庶吉士，分别满汉书教习。

薄有德三月为翰林院侍讲学士，充日讲官。

张廷璐殿试一甲第二名进士，授编修，直南书房，迁侍讲学士。

魏荔彤时任江宁按察使，在白下设馆，礼聘梅文鼎，欲集资为其刊刻《历算全书》。惜不久因梅氏以"宁淡为志，不乐与俗吏久处"，加上魏荔彤因"忤大吏去官"，此举未能竟事。

沈佳中进士，初知湖广监利县，调安化县知县。

按：沈佳字昭嗣，号复斋，浙江仁和人。著有《明儒言行录》10卷、《明儒言行续录》2卷。《四库全书总目提要》曰：《明儒言行录》"是编仿朱子《五朝名臣言行录》之例，编次有明一代儒者。各征引诸书，述其行事，亦间摘其语录附之。所列始于叶仪，迄于金铉，凡七十五人。附见者七十四人。《续录》所列，始于宋濂，迄于黄淳耀，凡五十九人。附见者九人。佳之学出于汤斌，然斌参酌于朱、陆之间，佳则一宗朱子。故是编大旨，以薛瑄为明儒之宗，于陈献章则颇致不满。虽收王守仁于正集，而守仁弟子则删汰甚严，王畿、王艮咸不预焉。其持论颇为淳谨。初，黄宗羲作《明儒学案》，采摭最详。顾其学出于姚江，虽于河津一派，不敢昌言排击，而于王门末流诸人，流于猖狂恣肆者，亦颇为回护。门户之见，未免尚存。佳撰此录，盖阴以补救其偏。鄞县万斯大，宗羲之弟子也，平生笃信师说，而为佳作是录序，亦但微以过严为说，而不能攻击其失，盖亦心许之也。学者以两家之书互相参证，庶乎有明一代之学派可以得其平允矣"。所著尚有《礼乐全书》40卷、《明代人物考》、《复斋遗集》、《易大象玩易解》、《春秋学大全粹语》、《乐府中声省怨录》。事迹见《清史列传》卷六七。

陈懋龄举副贡生，官安徽青阳县教谕。

按：陈懋龄字勉甫，江苏上元人。精历算之学。著有《经书算学天文考》、《春秋闰朔交食考》、《六朝地理考》。

陈璸时任福建巡抚，于福州建越山书院。

黄炳时任山东按察使，于济南建振英书院。

李梦熊时任河南通判，于孟津县建四知书院。

王璋时任湖北房县知县，建穆清书院，又名房陵书院。

宋玮时任广州知县，建莲峰书院。

郑羽逵时任四川安县知县，建汶江书院。

杨椿仿吴澄《周易纂言》，自梅氏伪古文中录出《尚书》28篇，并考他书所采，与今经文异者附焉，为《尚书》，有序。

姜兆锡著《周礼辑义》12卷成书，有自序。

任启运著《礼记章句》10卷成书，有自序。

按：《四库全书总目提要》曰："是编前有康熙戊戌《自序》，盖其未通籍时所辑也。案《礼记》诸篇之分类，自刘向《别录》首肇其端，如以《内则》属子法，《文王世子》属世子法，《曲礼》、《少仪》、《王制》、《礼器》、《玉藻》《深衣》属制度之类。今孔《疏》篇目犹备载之。其后魏有孙炎，复改易旧本，以类相从。而唐魏徵亦以《戴记》综汇不伦，更作《类礼》二十篇，上之秘府。其书今皆不传。至宋朱子尝与吕祖谦商订《三礼》编次，欲取《戴记》中有关于《仪礼》者附之经，其不系于《仪礼》者仍别为记。其大纲存于文集。而晚年编次《仪礼经传通解》，则其条例与前所订又有不同。元吴澄作《三礼叙录》，别《投壶》、《奔丧》，补《仪礼》之经，《冠婚》、《乡饮》、《燕射》、《聘义》为《仪礼》之传。其余三十六篇为《通礼》者九，为《丧礼》者十有一，为《祭礼》者四，为《通论》者十二。此则启运是书之所本也。然启运之意，则以朱子《经传通解》一书中丧、祭二礼续诸黄氏，其于《礼记》不为完书，而伪本吴澄考注，分合增减，尚多未安。惟国初芮城所定三十八篇，名《礼记通识》，其条分规合，远过伪吴氏本，然于启运之意犹有异同。因复更其后先，补其阙略，定为四十二篇。以《大学》、《中庸》冠于首，《明伦》、《敬身》、《立政》次之，《五礼》又次之，《乐》又次也，《通论》又次之。其移易章次，如《深衣》篇全附入《玉藻》内，而又取《少仪》之句以附之，《服问》篇全附入《小记》内，《檀弓》则分其半合诸《问丧》、《三年问》、《间传》、《丧服四制》而总谓之《丧义》，《郊特牲》则分其半入《礼器篇》内，而其半分入《冠》、《昏》、《祭义》。其余补附参合，或章或句，尚非一处，盖与刘向《别录》之以全篇分类者大不同矣。"

惠士奇著《左传补注》成书，自为序。

按：《四库全书总目提要》曰："是书皆援引旧训，以补杜预《左传集解》之遗。本所作《九经古义》之一，以先出别行，故《九经古义》刊本虚列其目而无书。目作四卷，此本实六卷，则后又有所增益也。……盖其长在博，其短亦在于嗜博，其长在古，其短亦在于泥古也。"

朱泽沄著《读朱子语类》117卷、文集57卷。

王穆修，夏荣纂《西乡县志》10卷刊行。

杨飞熊修，崔鹤龄、李思豫纂《临县志》8卷刊行。

宫懋言纂修《临汾县志》8卷刊行。

王前修，包咸、钱霑纂《吴江县志续编》10卷刊行。

董鸿图修，潘仁越纂《宿州志》12卷刊行。

刘如宴修纂《睢宁县志》12卷刊行。

陆师修纂《仪真县志》22卷刊行。

魏山原修，裘琏等纂《钱塘县志》36卷刊行。

年法尧修，夏文炳纂《定番州志》21卷刊行。

菲利贝尔—约瑟夫·勒鲁编著成《喜剧、讽刺剧、批评文学、诙谐文学、自由文学及格言词典》。

蒋深等修纂《余庆县志》8卷刊行。

李玉鋐修，金光绶纂《西宁县志》12卷刊行。

王维潍修纂《西林县志》1卷刊行。

马日炳修纂《文昌县志》10卷刊行。

黄德巽修，胡承灏、周启先等纂《罗平州志》4卷刊行。

杜诏著《云川阁集》14卷刊行。

李蕃著《雪鸿堂文集》18卷刊行。

顾蔼吉所著《隶辨》8卷初刊，有自序。

按：顾蔼吉字南原，江苏长洲人。工书善画。作者《自序》谓此书乃"为解经作也"，因"汉人传经多用隶写，变隶为楷，益失本真，及唐开元，易以俗字，名儒病其芜累"，于是"收集汉碑"，"锐志精思"，"积三十年之久"而后成书。元明时代，金石学一度衰落，至清代始得到中兴。是书承《汉隶字原》之绪，为清代金石学复兴时期的一部重要著作。

又按：清代研究隶书的著作，尚有周靖的《篆隶考异》2卷。《四库全书总目提要》曰："《篆隶考异》二卷，国朝周靖撰。靖，字敉宁，吴县人。明吏部文选司郎中周顺昌之曾孙也。是书辨别篆隶同异，用意与张有《复古编》相类。其小异者，有书以篆文为纲，而附列隶字之正俗。此则以隶字为纲，于合六书者注曰'隶'，不合六书者注曰'俗'，于隶相通而篆则不相假借者注曰'别'，而各列篆文于其下。又《说文》分五百四十，此则以隶字点画多少为次，分部二百五十有七，俾读者以所共知，通其所未知，较易于寻检，大旨斟酌于古今之间，尽斥鄙俚杜撰之文，而亦不为怪僻难行之论。……其书未有刊版。此本为康熙丙辰长洲文仓所手录。篆文颇为工整，迥非钞胥所能。验其私印，有'小停云'字。盖文徵明之裔，故笔法犹有家传欤？今录存其书，以著颜元孙'去泰去甚'之义。俾从俗而戾古、与从古而不可行于今者，均知所别择焉。"

金农作《督牛犁我田图》。

陆廷灿著《艺菊志》8卷刊行。

年希尧著《测算刀圭》3卷刊行。

顾靖远著《顾氏医镜》16卷成书。

吴历卒（1632— ）。历字渔山，号墨井道人、桃溪居士，江苏常熟人。从陈瑚学经学，从钱谦益学诗，从王时敏、王鉴学画。善山水，曾入天主教，习西洋画法。与王时敏、王鉴、王翚、王原祁、恽寿平称"清六家"。著有《墨井诗钞》、《三余集》、《墨井画跋》等。事迹见《清史稿》卷五〇四、李桓《国朝耆献类征初编》卷四六五。陈垣编有《吴渔山先生年谱》，方豪编有《墨井道人年谱》。

冉觐祖卒（1636— ）。觐祖字永光，号蟬庵，河南中牟人。康熙三十年进士，改翰林院庶吉士，散馆授检讨。充会试同考官。旋归里，曾应耿介之请，主讲嵩阳书院，生徒云集，一时称盛。著有《四书集注详说》160卷、《易经详说》50卷、《书经详说》76卷、《诗经详说》94卷、《礼记详说》178卷、《春秋详说》56卷、《天理主敬图》1卷、《性理纂要》8卷、《孝经详说》2卷、《河图洛书同异考》1卷及《阳明疑案》、《正蒙补训》、《为学大旨》、

《一本论》、《类书考证》、《寄愿堂文集》等。事迹见《清史稿》卷四八〇、《清史列传》卷六六、李桓《国朝耆献类征初编》卷一二一、张伯行《冉检讨觐祖传》(《碑传集》卷四六)。

按：张伯行《冉检讨觐祖传》曰："生平无他嗜好，深思远绍，探源理窟，旁及词章典故，皆有纂辑，寝馈万卷中。"(《碑传集》卷四六)《清史列传》本传曰："觐祖之学，一尊程、朱，于陆、王不少假借。著《天理主敬图》一卷，上标天理明性道之重，中列存养、省察、讲学、力行四项，为体道之功；下书一'敬'字，示心法之要，盖为姚江言超悟者而发。其训释宋儒书，有《性理纂要》八卷、《正蒙补训》四卷。主嵩阳时，著《为学大指》十八则，以示学者；又著《一本论》三篇，以辟异教死生之说。……于《四书集注》覃研二十年，章求其旨，字求其解，句求其训，订正群言，归于一是。"

李光地卒(1642—)。光地字晋卿，号榕村、厚庵，福建安溪人。康熙九年进士，授编修，累官至吏部尚书、文渊阁大学士。曾先后奉命承修《朱子全书》、《周易折中》、《性理精义》等书。学宗程朱，为康熙朝理学名臣，并于经学、乐律、音韵等造诣颇深。卒谥文贞。著有《周易通论》4卷、《周礼纂训》21卷、《春秋毁余》4卷、《四书解义》8卷、《尚书解义》1卷、《论孟子札记》4卷、《古乐经传》5卷、《韵书》、《榕村语录》30卷、《榕村全集》40卷等，后人辑为《榕村全书》。事迹见《清史稿》卷二六二、《清史列传》卷一〇、李桓《国朝耆献类征初编》卷一〇、蔡冠洛《清代七百名人传》第一编、杨名时《光禄大夫文渊阁大学士兼吏部尚书谥文贞李公光地墓碣》、方苞《安溪李相国逸事》、彭绍升《故光禄大夫文渊阁大学士李文贞公事状》(均见《碑传集》卷一三)。李清植编有《李文贞公年谱》。

按：是时，朝廷崇朱子之学，李光地笃信程、朱，其所进阐述朱子之学的文字，康熙帝常称善。然其论述，大抵袭取前儒旧论，独立发明不多。一生论学，唯视人主之意为转移。但因其位高秩隆，门墙颇盛，相与推为理学名儒。李光地家学有其弟李鼎征、李光坡、李光墺、李光型，其子李钟伦承传。其弟子有冉觐祖、陈鹏年、惠士奇、杨名时、庄亨阳、蔡世远、何焯、王兰生、王之锐、徐用锡等。其交游者有顾炎武、梅文鼎、张伯行、方苞、陈梦雷、德格勒、徐元梦、魏廷珍等。

又按：《清史列传》卷六七曰："光墺字广卿。好读书，尝入高会山中，结茅力学。自《六经》、子史，及宋儒书，皆披览融贯。康熙六十年成进士，改翰林院庶吉士，散馆授检讨。旋请终养归。后入都，充《一统志》、《八旗人物志》纂修官。乾隆元年，进《三年丧议》，上深嘉之。是冬，朝臣以宿学耆儒荐，出督山东学政。奏两闱《春秋》合题非经指，《春秋》四传宜并习，不宜独宗胡《传》；又以四氏学宜遍习，《五经》不得专习《毛诗》。均如所请。刊《宋儒学要语》，颁教行教经之条以训士。寻擢国子监司业，充纂修《三礼》成。卒，年六十九。""光墺与弟光型齐名，时称二李。著有《二李经说》，仪封张伯行抚闽时，为序以行。又与临川李绂、桐城方苞论学，老而弥笃。他著有《考工发明》、《黄庭二景互注》、《沈余诗文集》。"

又按：《清史列传》卷六七曰："光型字仪卿，事父母以色养称。少与兄光墺问学于光地，研究性理，尤得力于《西铭》。雍正四年举人。十一年，诏举理学大臣，以光型荐，特赐进士，出为河南彰德府同知。著《农书辑要》以教民，忠信慈惠，有古循吏风。乾隆元年，举博学鸿词，试罢。寻擢刑部主事，充《三礼》馆、《律吕》馆纂修官。卒，年七十九。光型深通经术，得其本原，能继光地一家之学。所作《易通正》、《洪范解》、《诗六义说》、《文王世子解》、《天问解》，皆见称于时。有《趋庭录》、《台湾私议》、

《崇雅堂文集》。"

再按：李光地《榕村全书》包括以下著作：李光地撰《四书解义》6种8卷、《大学古本说》1卷、《中庸章段》1卷、《中庸余论》1卷、《中庸四记》1卷、《读论语札记》2卷、《读孟子札记》2卷、《周易通论》4卷、《周易观象》12卷、《周易观象大指》2卷、《诗所》8卷、《尚书七篇解义》2卷、《洪范说》2卷、《春秋毁余》4卷、《孝经全注》1卷、《古乐经传》5卷、《历象本要》1卷、《握奇经注》1卷、《阴符经注》1卷、《离骚经注》1卷、《九歌注》1卷、《参同契注》1卷、《韩子粹言》1卷、《正蒙注》2卷、《二程子遗书纂》2卷、《二程子外书纂》1卷、《朱子语类四纂》5卷、《朱子礼纂》5卷、《性理》1卷、《古文精藻》2卷、《榕村讲授》3卷、《榕村字画辨讹》1卷、《榕村韵书》5卷、《榕村诗选》8卷卷首1卷、《程墨前选》2卷、《名文前选》6卷、《易义前选》5卷、《榕村语录》30卷、《榕村全集》40卷、《榕村续集》7卷、《榕村别集》5卷、《榕村制义》二集1卷三集1卷四集1卷；附李钟伦撰《周礼纂训》21卷、《经书源流歌诀》1卷、《三礼仪制歌诀》1卷、《历代姓系歌诀》1卷；李清植编《李文贞公年谱》2卷；李清植撰《仪礼纂录》2卷；李清馥编《榕村谱录合考》2卷；李清馥辑《道南讲授》13卷；李宗文撰《律诗四辨》4卷等。

孔尚任卒（1648— ）。尚任字聘之，又字季重，号东塘，别号岸堂，自称云亭山人，山东曲阜人。孔子后世。康熙时任国子监博士。戏剧与洪昇齐名，时称"南洪北孔"。著有《桃花扇》、《湖海集》13卷、《石汀集》、《岸堂稿》、《同风录》等。事迹见李桓《国朝耆献类征初编》卷一四二。袁世硕编有《孔尚任年谱》。

石涛卒，本姓朱，名若极，明宗室，后为僧，法名道济，字石涛，号苦瓜和尚等，广西全州人。工画山水。著有《苦瓜和尚画语录》。事迹见《清史稿》卷五〇四、李桓《国朝耆献类征初编》卷四六五。傅抱石编有《石涛上人年谱》，郑拙庐编有《石涛系年》。

按：《清史稿》本传曰："释道济，字石涛，明楚藩裔，自号清湘老人。题画自署或曰大涤子，或曰苦瓜和尚，或曰瞎尊者，无定称。国变后为僧，画笔纵恣，脱尽窠臼，而实与古人相合。晚游江、淮，人争重之。著《论画》一卷，词议玄妙。与髡残齐名，号'二石'。"

盛世佐（ —1755）、**邵齐焘**（ —1769）、**程晋芳**（ —1784）、**董秉纯**（ —1788）生。

康熙五十八年　己亥　1719年

法国向西班牙宣战。

耶稣会会士被从俄国驱逐。

爱尔兰宣布为

二月十二日乙卯（4月1日），康熙帝主持绘制之《皇舆全览图》成。

按：康熙帝谓内阁学士蒋廷锡曰："《皇舆全览图》，朕费三十余年心力，始得告成。山脉水道，俱与《禹贡》相合。尔将此图并分省之图与九卿细看，倘有不合之处，九卿有知者，即便指出。"诸臣阅过后，称颂该图"天道地道，兼而有之，从来舆图所未有也。"图中关门塞口、海汛江防、村堡戍台、驿亭津镇，皆纤悉毕载，"诚开辟方员之至宝,混一区夏之巨观"(《清圣祖实录》卷二八三)。不久,九卿等俱请颁赐,诏从之。是图有总图一幅,后为各省分图,东至大海,西抵藏、回,为我国最早以新法测绘的中国地图集。

十月二十七日丙寅(12月8日),刑部尚书张廷枢奏请按宋儒后裔恩宠,赐关羽五十六世孙关霨为世袭博士,守墓洛阳,春秋致祭。下部议行。

英格兰不可分割的部分。

李塨在保定晤杨名时,以文送名时赴贵州布政使任。
陈厚耀以老乞致仕,准以原官致仕。
黄叔琳晋太常寻卿。
方苞四月遇疾自危,作书示兄子。
查慎行是秋以修《江西通志》赴江西,入南昌书局。
汪绂是春授经枫溪,始与体铭、止斋二僧游。
王恪中进士,授唐县知县。

按:王恪初名虑,字愚千,江苏太仓人。世居嘉定。尝游京师,王士禛、韩菼极赏其诗文。著作《游寒山记》、《长留山人诗集》10集、《苏啸轩文集》12卷。

陈元龙三月以工部尚书充经筵讲官。
勒什布十一月以吏部左侍郎充经筵讲官。
吴昌祚时任知府,于浙江建德建文渊书院。
梁泽时任浙江海盐知县,建观成书院。
田长文时任浙江定海知县,建崇正书院。
杨文乾时任聊城知府,建阳平书院。
钟芊时任湖北黄冈知府,建睢阳书院。
张琮时任湖北红安知县,建仙湖书院。
邱天英时任湖北江陵知府,建荆南书院。
陈溥时任湖南攸县知县,建湘南书院。
凌森美时任广西永淳知县,建紫澜书院。
钱兆澧时任广西昭平知县,建南池书院。
沈镛时任四川永川知县,建桂山书院。
吴秉正在贵州麻江县建三台书院。
罗马教廷遣嘉乐为特使出使中国。

朱轼著《仪礼节要》20卷成书。
朱泽沄撰《读朱子文目录序》。
黄成章修,张大酉纂《顺义县志》5卷刊行。
范廷谋增修,蔡来仪增纂《郴州总志》12卷刊行。
王相修,昌天锦、蓝三祝、游宗亨等纂《平和县志》12卷刊行。
朱夔、文国绣修,邹廷机、翁兆行纂《南平县志》25卷刊行。
张瀚修,黄彬等纂《信平县志》12卷刊行。
金一凤等修纂《兖州府志续编》20卷刊行。

俞卿修，周徐彩纂《绍兴府志》60卷刊行。

柳正芳修，李应绥纂《澂江府志》16卷刊行。

李廷宰修，高攀云等纂《禄劝州志》2卷刊行。

胡作柄著《荆门耆旧纪略》3卷成书，有自序。

汪为熹纂《鄢暑杂钞》12卷刊行。

王鸿绪所著《横云山人集》32卷刊行。

毛际可著《安序堂文抄》20卷刊行。

按：《四库全书总目提要》曰："《安序堂文抄》二十卷，国朝毛际可撰。……际可与毛先舒、毛奇龄有'三毛'之称。其学不及奇龄之博，而亦不至如奇龄之强悍坚僻，与先舒则雁行矣。"

沈德潜选编《古诗源》14卷成书，有自序。

赵执信著《红叶山楼集》成书。

邱维屏著《邱邦士文集》18卷刊行。

查慎行著《敬业堂诗集》50卷刊行。

金檀校刊《贝清江集》40卷、《程巽隐集》4卷。

按：金檀字星轺，原籍桐乡，迁吴县。喜藏书，藏书楼名"文瑞"。有《文瑞楼藏书目录》12卷，杨蟠为之序。有《丛书集成初编》本。

金德嘉著《居业斋文稿》20卷、《居业斋诗钞》22卷、别集10卷刊行。

汪士鋐著《近光集》28卷成书，有自序。

张廷玉等奉敕纂《御定骈字类编》240卷。

按：《四库全书总目提要》曰："《御定骈字类编》二百四十卷，康熙五十八年圣祖仁皇帝敕撰。雍正四年告成，世宗宪皇帝制序颁行。谨案唐以来隶事之书，以韵为纲者，自颜真疑《韵海镜源》而下，所采诸书，皆齐句尾之一字，而不齐句首之一字。惟林宝《元和姓纂》、邓椿《古今姓氏书辨证》、元人《排韵事类氏族大全》以四声二百六部分隶诸姓，于覆姓齐其首一字，使以类从。然皆书中之变例，非书中之通例也。凌迪知《万姓统谱》随姓列名，体例略如《韵府》，然亦以首一字排比其人，非《记事纂言》之比也。我圣祖仁皇帝天裁独运，始创造是编，俾与《佩文韵府》一齐尾字，一齐首字，互为经纬，相辅而行。凡分十有二门：曰天地，曰时令，曰山水，曰居处，曰珍宝，曰数目，曰方隅，曰采色，曰器物，曰草木，曰鸟兽，曰虫鱼。又补遗一门，曰人事。所隶标首之字，凡一千六百有四，每条所引以经史子集为次，与《佩文韵府》同。而引书必着其篇名，引诗文必着其原题，或一题而数首者，必着其为第几首，体例更为精密。学者据是两编以考索旧文，随举一字，应手可检，较他类书门目纷繁，每考一事往往可彼可此，猝不得其部分者，其披寻之难易，因迥不侔矣。"

敕纂《御定子史精华》160卷成书。

按：《四库全书总目提要》曰："四库之中，惟子史最为浩博，亦最为芜杂。盖纪传编年以外，凡稗官野记，皆得自托于史。儒家以外，凡异学方技，皆得自命为子。学者虽病其冗滥，而资考证广学问者，又错出其中，不能竟废，卷帙所以日繁也。或寒门细族，限于购求；或僻壤穷乡，限于耳目，则涉览有所不能遍。或贪多务得，不别瑕瑜；或嗜异喜新，偏矜荒诞，则持择有所不能精。于是删纂之学兴焉。然摘录之本，如庾仲容之《子钞》，马总之《意林》，简略不详；钱端礼之《诸史提要》，疏陋寡绪；杨侃之《两汉博闻》、林钺之《汉隽》，偏举不全。即洪迈之《经子法语》、《诸史精语》，吕祖谦之《十七史详节》，亦未为善本。明人所辑，丛脞弥胜，益自郐无讥。圣祖仁皇帝嘉惠艺林，特命纂辑此编，俾其知津逮。分三十类，子目二百八十。凡名言隽句，采撷靡遗。大书以标其精要，分注以详其首尾，元元本本，条理秩然，繁简得中，剪裁有法。守兹一帙，可以富拟百城，于子史两家，诚所谓披沙而简金，集腋而为裘矣。"

彭定求卒(1645—)。定求字勤止，又字南畇，号访濂，江苏长洲人。师事汤斌。康熙二十五年一甲一名进士，授翰林院修撰。历官国子监司业、翰林院侍讲，充日讲起居注官。治学以王守仁为宗，于朱、陆两家亦能兼采并取。著有《学易纂录》、《周易集注》、《小学纂注》、《孝经纂注》、《阳明释毁录》、《儒门法语》、《明贤蒙正录》、《南畇文集》等。另编有《道藏辑要》28集。事迹见《清史稿》卷四八〇、《清史列传》卷六六、李桓《国朝耆献类征初编》卷一一七、罗有高《奉政大夫翰林院侍讲赠光禄大夫吏部右侍郎加一级彭公定求行状》(《碑传集》卷四四)。清彭祖贤编有《南畇老人年谱》。

按：《四库全书总目提要》曰："定求之学出于汤斌，斌之学出于孙奇逢；奇逢之学出于鹿善继；善继之学则宗王守仁《传习录》。故自奇逢以下，皆根柢于姚江，而能参酌朱、陆之间，各择其善，不规规于门户之异同。定求是集(指《南畇文集》)，于文章之有关学术者，尤所留意，而持论则兼采二家，无所偏倚云。"《清史稿》本传曰："(彭定求)尝与门人林云銘书云：'有原进于足下者有二：一曰无遽求高远而略庸近。子臣弟友，君子之道。至圣以有余不足为斤斤，孟子以尧、舜之道孝弟而已。然则舍伦常、日用、事亲、从兄之事不为，而钩深索隐，以为圣人之道有出于人心同然之外者，必且流于异端坚僻之行矣。一曰无妄生门户异同之见，腾口说而遗践履。朱子之会于鹅湖也，倾倒于陆子义利之说，此阳明拔本塞源之论，致良知之指，一脉相承。其因时救弊，乃不得已之苦衷，非角人我之见。仆咏遗经，荡涤瑕滓，因有《儒门法语》。足下有志圣贤，当以念台刘子《人谱》、《证人会》二书入门，且无哓哓于紫阳、姚江之辨也。'"

华学泉卒(1645—)。学泉字天沐，号霞峰，江南金匮人。与高愈友善。著有《仪礼丧服答问》、《春秋类考》12卷、《春秋疑义》1卷等。事迹见《清史列传》卷六六、李桓《国朝耆献类征初编》卷四〇六、顾栋高《华先生学泉传》(《碑传集》卷一三一)。

吴乘权卒(1655—)。乘权字子舆，号楚材，浙江山阴人。吴兴祚侄。一生作幕四方，课徒授业。著有《纲鉴易知录》，所编《古文观止》影响甚巨。

佟国维卒，生年不详。满洲镶黄旗人，佟国赖次子，孝康章皇后幼弟，孝懿仁皇后父。顺治间，授一等侍卫。康熙九年，授内大臣。二十一年，授领侍卫内大臣、议政大臣。二十八年，推孝懿仁皇后恩，封一等公。卒赠太傅，谥端纯。著有《周易汇统》4卷。事迹见《满洲名臣传》卷二〇。

曹学闵(—1787)、庄存与(—1788)、谢墉(—1795)、冯浩(—1801)、赵学敏(—1805)、万廷兰(—1807)、罗典(—1808)生。

康熙五十九年　庚子　1720年

首批集体移民在新英格兰的弗蒙特出现。

报纸连载小说首次出现。

五月十八日甲申（6月23日），副都统永泰因为其曾祖费英东立传事赴史馆，见《世祖章皇帝实录》，私取查阅，随折奏其祖图赖之事并未记载。因其奏事不实，且违禁私阅《实录》，革去副都统并佐领职。

八月初六日庚子（9月7日），允琉球国中山王尚敬疏请，许该国官生入国子监读书。

李塨南游金陵，程廷祚屡过问学，读颜元《存学编》，始力屏异说，独主颜元。李塨十二月至宁国，梅文鼎应邀会晤。

　　按：程廷祚从其外舅陶甄夫处得见《四存编》及《大学辨业》，始知有颜李学说，极其信服。《清史稿·程廷祚传》曰："初识武进恽鹤生，始闻颜、李之学。康熙庚子岁，塨南游金陵，廷祚屡过问学。读颜氏《存学编》，题其后云：'古之害道，出于儒之外；今之害道，出于儒之中。颜氏起于燕、赵，当四海倡和翕然同气之日，乃能折衷至当，而有以斥其非，盖五百年间一人而已。'故尝谓：'为颜氏其势难于孟子，其功倍于孟子。'于是力屏异说，以颜氏为主，而参以顾炎武、黄宗羲。故其读书极博，而皆归于实用。"

惠士奇充湖广乡试考官，旋提督广东学政，讲学粤中，以九经为教材。

张伯行十月奉特旨补授户部右侍郎。

沈近思是冬在京见张伯行，相与论辩《大学》一书。

陆奎勋中进士，年已五十九，改翰林院庶吉士，散馆，授编修，充《明史》馆纂修官。

朱泽沄十月与梁溪顾氏会讲于东川书院。

李绂六月典试浙江，九月升内阁学士。

厉鹗是秋中举，考官为李绂。

全祖望从族母张氏问晚明张苍水抗清事。是年，始应试至杭，以古文谒查慎行。

　　按：张氏乃张苍水之女。全祖望后来作有《明故权兵部尚书兼翰林院侍讲学士鄞张公神道碑铭》和《张督师画像记》。

田同之中举人，官国子监助教。

　　按：田同之，生卒年不详，字在田，另字彦威，山东德州人，田雯之孙。工诗，著有《西圃丛辨》32卷、《西圃词说》1卷、《晚香词》等。

张仪朝与通州知州朱英于北京通县创建潞河书院，因经费不支，一年后即停办。

赵国麟时任河南长垣县知县，建寡过书院。
方伯时任湖南湘潭知县，建昭潭书院。
许玠时任湖南岳阳知府，建岳阳书院。
杨世芳时任湖南平江知县，建天岳书院。
杨炳燿时任广东始兴知县，建文明书院。
于梓时任广东东莞知县，建龙溪书院。
陈舜明时任四川金堂知县，建绣川书院。
梁文煊时任台南分巡道，建海东书院。
罗马特使嘉乐11月25日抵达北京。康熙帝于12月2日召见，次日又设宴款待。至次年三月，接见多达13次。

方苞著《周官集注》12卷成书。
  按：《四库全书总目提要》曰："是编集诸家之说，诠释《周礼》。谓其书皆六官程序，非记礼之文。后儒因《汉志》《周官》六篇列于礼家，相沿误称《周礼》。故改题本号，以复其初。其注仿朱子之例；采合众说者，不复标目；全引一家之说者，乃著其名，凡其显然舛误之说，皆置不论。惟似是而非者，乃略为考正。有推极义类、旁见侧出者，亦仿朱子之例，以圈外别之。训诂简明，持论醇正，于初学颇为有裨。其书成于康熙庚子。后苞别著《周官辨》十篇，指《周官》之文为刘歆窜改，以媚王莽。证以《汉书·莽传》事迹，历指某节某句为歆所增，言之凿凿，如目睹其笔削者。自以为学力既深，鉴别真伪，发千古之所未言。然明代金瑶先有是论，特苞更援引史事耳。持论太高，颇难依据，转不及此书之谨严矣。"
朱泽沄著《朱子格物说辨》《朱子未发涵养辨》。
杨陆荣著《五代史志疑》4卷成书。
  按：《四库全书总目提要》曰："欧阳修作《五代史》，多仿《春秋》书法。自谓是非之旨，不谬于圣人。然褒贬谨严，而事迹或在所略。故重复舛漏，间亦不免。吴缜作《五代史纂误》，颇纠其讹。其本久佚，惟《永乐大典》中尚存梗概。今奉诏编纂，始排比成帙。陆荣此编，成于康熙庚子，盖未睹缜书，故以意研求，摘其疏谬。"
胡作柄著《荆门列女纪略》1卷成书，有自序。
查慎行在江西南昌书局，著《江西通志》170卷成书，又辑《庐山志》8卷、《鹅湖书院志》2卷成书。
葛亮臣修，戴晋元纂《衡山县志》14卷刊行。
毛德琦著《庐山志》15卷刊行。
  按：毛德琦字心斋，鄞县人。由贡生官星子县知县。是编取桑乔《庐山纪事》、吴炜《庐山续志》二书，汇而订之。
李丕煜修，陈文达、李钦文纂《凤山县志》10卷刊行。
王礼修，陈文达纂《台湾县志》10卷刊行。
李继唐修，陈鸣岗等纂《东平州续志》8卷刊行。
任洵等纂《嵩明州志》8卷刊行。
李月枝修纂《寻甸州志》8卷刊行。
顾嗣立编《元诗选》三集成书，有自序。

伯纳德·德·芒特福肯编著《古代文化解释》。

维科发表《相同普遍法理论》。

吕留良遗著《吕映村先生古文》2卷刊行。

张荣著《空明子全集》41卷刊行。

毛奇龄所著治学杂记由蒋枢编辑成《西河文集》234卷。

姚培谦刻所著《春帆集》，又校定宋刘克庄《后村居士后集》20卷刊行。

莫宏勋著《类字本意》成书，有自序。

吕世雄编《南词定律》8卷成书。

按：是书由杨绪、刘璜、唐尚信协助编纂。全书专收南曲曲牌，共录南词引子、过曲、犯调共2090曲，按金、石、丝、竹、匏、土、革、木分作8卷，内容超过沈璟《曲谱》一倍以上，并且考订异同，纠核板式，使度曲家有所遵循。卷首有康熙五十九年（1720）怡园主人序，怡园主人就是后来的雍正帝胤禛，可见此书带有官谱性质。

詹明章卒（1627—　）。明章字峨士，福建海澄人。隐居自乐，不求闻达。张伯行曾聘其修书，周、张、朱子之编，多所手定。晚居漳州，知府魏荔彤为筑景云楼，并属以参订其父魏裔介所辑《四书朱子全义》。著有《易经提要》、《易义先后卦说》、《河洛通解》、《洛范启要》、《四书提要》等。事迹见《清史列传》卷六六、李桓《国朝耆献类征初编》卷四〇七、蔡世远《詹先生明章墓表》（《碑传集》卷一二六）。

赵申乔卒（1644—　）。申乔字慎旃，江苏武进人。康熙九年进士。历任河南商丘知县、刑部主事、浙江巡抚等。任左都御史时，曾劾戴名世《南山集》有"大逆语"，是文字狱"南山集案"的始作俑者。事迹见《清史稿》卷二六三、《清史列传》卷一二、李桓《国朝耆献类征初编》卷五四、彭绍升《故资政大夫户部尚书赵恭毅公申乔事状》（《碑传集》卷一九）。

徐旭旦卒（1659—　）。旭旦字浴咸，号西泠，浙江杭州人。康熙二十五至二十八年，曾在泰州河署与孔尚任同事三年。三十三年任兴化县丞，兼理河务，三十八年升兴化知县。工诗词曲赋，能编剧，精通水利。康熙南巡，曾召对五次，应制作赋。著有《世经堂初集》、《世经堂诗词钞》、《灵秋会》杂剧、《芙蓉楼》传奇、《治河议》等。事迹见咸丰《兴化志》。

传教士艾若瑟卒（1662—　）。若瑟一名逊爵，以字行，意大利人。康熙三十四年抵澳门，在山西、陕西、河南传教。四十一年赴京，得康熙帝器重。奉康熙命出使教廷，报告多罗使华情形，使教皇了解中国礼仪之争。后在返华途中病逝。

钱维城（　—1772）、周于礼（　—1778）、戈守智（　—1786）、茹敦和（　—1791）、顾镇（　—1792）、窦光鼐（　—1795）、孙士毅（　—1796）生。

康熙六十年　辛丑　1721 年

二月初六日丁酉（3月3日），以吏部尚书张鹏翮、户部尚书田从典为会试正考官，户部右侍郎管仓场总督张伯行、都察院左都副御史李绂为副考官。

二十六日己未（3月25日），谕称房考无所不为，乃科场弊之最大者。

按：谕曰："见在科场之弊，有最大者，人皆不言，朕知之甚悉。士子作文，合三场计之，只六七日，而今年放榜日期，似欲迟至三月十五日以后，通场卷数不过三四千，试官阅文乃至四十余日方毕，为日太多，诸弊皆从此而生矣。士子偶有夹带倩代者，原其情，不过自为功名或贫士以图利起见，犯者不过几人，其弊犹小。况入场之时，巡察官防闲甚严，苟被搜获必治以罪。迨三场即毕，巡察各官，俱彻去，贡院门名为封锁，而每日送水菜，取食物，遂至内外信息时通，纷传某人已中，某人不中，中者众人皆为称喜，是外间先有一榜矣，又何待于出榜耶！甚有更易卷子，改换名次，主考官俱系大臣，平日以清操自居，或不至若此。而不肖房考，官职甚微，身家亦轻，何事不可为，此乃弊之最大者。"（《清圣祖实录》卷二九一）

三月初八日己巳（4月4日），命皇三子和硕诚亲王允祉、皇四子和硕雍亲王率大学士王顼龄、原任户部尚书王鸿绪、内阁学士阿克敦、蒋廷锡、庶子王图炳、顺天府府丞连肖先等磨勘会试中式原卷。

初九日庚午（4月5日），谕大学士等：会试中试卷内，劳必达等12名文章俱劣，今科著停殿试，过三年仍准其殿试。

四月初五日乙未（4月30日），康熙帝御太和殿，传胪，赐殿试贡士邓钟岳等163人进士及第出身有差。

九月十三日辛丑（11月2日），以翰林院侍讲学士吴士玉为武会试正考官，戚麟祥为副考官。

十月十五日壬申（12月3日），策试天下中式武举于太和殿前。

十九日丙子（12月7日），以殿试武举林德镛等110人为武进士及第出身有差。

是年，罗马教廷特使嘉乐在京宣布教廷禁令遭拒绝，遂离京返欧。

按：康熙帝阅取罗马教廷特使嘉乐所带来的"自登基之日"禁约后说："览此条约，只可说得西洋等小人如何言得中国之大理。况西洋等人无一通汉书者，说言议论，令人可笑者多。今见来臣条约，竟与和尚道士异端小教相同。彼此乱言者，莫过如此。以后不必西洋人在中国行教，禁止可也，免得多事。钦此。"耶稣会士为此颇为担忧。因此在嘉乐宣布教皇谕旨时，附加了八条变通的办法："一、准许教友家中供奉祖宗牌位；牌位上只许写先考、先妣姓名，两旁加注天主教孝敬父母的道理。二、准许中国对于亡人的礼节；但是这些礼节应属非宗教性质的社会礼节。三、准许非宗教性质的敬孔典礼。孔子牌位若不书写'灵位'等字，也可供奉，且准上香致敬。

彼得一世被宣布为全俄罗斯的沙皇。

四、准许在改正的牌位前或亡人棺材前叩头。五、准许在丧礼中焚香点烛,但应当声明不从流俗迷信。六、准许在改正的牌位前或亡人棺材前供果蔬,但应当声明只行社会礼节,不从流俗迷信。七、准许新年和其它节日在改正的牌位前叩头。八、准许在改正的牌位前焚香点烛,在墓前供陈果蔬。"但这并没有使康熙皇帝改变主意,传旨曰:"中国道理无穷,文义深奥,非尔等西洋人所可妄论。"是年3月,嘉乐离华返欧。1735年,教皇克雷芒十二世认为"嘉乐八条"与教义不合,宣布废除。直至乾隆时期,传教士虽在宫中受到很高礼遇,但仍不能在华展开传教。嘉庆、道光两朝继续执行禁教政策,天主教在中国只能采取地下发展的形式。(参见张维华作《明清之际中西关系史》、《自登基之日》,载上海古籍出版社2001年出版的《中国礼仪之争西文文献一百篇》;阎宗临著《康熙与克莱芒十一世》;孙尚扬、钟明旦著《1840年前的中国基督教》)

李绂充会试副考官,用唐人通榜法,被论罢官,发永定河效力。

按:《清史列传·王鸿绪传》曰:"六十年,尚书田从典、侍郎张伯行、左副都御史李绂为会试副考官,既发榜,有下第举人喧哗李绂之门。御史舒库入告,以绂不自奏闻,部议革职,发永定河工效力。鸿绪奉命同大学士王顼龄、学士阿克敦等磨勘取中卷,得文理疵谬者十二人,三年后再令会试。"

张廷玉四月充殿试读卷官;六月升授吏部左侍郎管右侍郎事,兼翰林院学士;十月充武殿试读卷官。

张伯行二月充会试副考官。

蒋廷锡十二月以内阁学士充经筵讲官。

陈元龙调礼部尚书。

王澍以善书法,特命充五经篆文馆总裁。

熊赐履二子由吏部引见康熙帝,命俟年壮录用。

王懋竑是冬选授安庆府学教授。

汤右曾解侍郎,仍专领掌院学士。

卢见曾、顾栋高、何焯中进士。

赵执信访常熟冯班故宅,凭吊冯班墓。

王兰生应会试,未第。

按:《清史稿·王兰生传》曰:"六十年,应会试,未第。上以兰生内直久,精熟性理,学问亦优,赐进士,殿试二甲一名,改庶吉士。"

厉鹗以春闱落第南归。

王兰生、黄之隽、俞鸿馨、姚世荣、邵基、邵湘、朱曾煜、姚之骃、靖道谟、邵泰、林廷选、邹世楠、李鍼、王敛福、钱陈群、沈起元、蒋恭棐、励宗万、留保、谢道承、俞元祺、夏力恕、觉罗恩寿、吴端升、姜任修、梁机、储大文、吴启昆、李光墺、冯咏、杨梦琰、冯栻、冯谦、崔乃镛、唐继祖、宋在诗、杨魁甲、杜灏文、张符骧、夏立中、侯来旌、王克宏、赵笏、陆奎勋、王溥、杨缵绪、程仁圻、王士俊、乔世臣、何朗、黄秀、屠用谦、李梅宾、王恕、关上进、黄焕彰、曹涵、万绳祜、董思恭、李开叶、晏斯盛、李先枝等62位新科进士四月二十七日被选为庶吉士,分别满汉书教习。

王植中进士,授广东和平知县。

按：王植中字槐三，号憨思，直隶深泽人。历任广东和平、海丰、新会，山东滋阳、霑化等知县。乾隆十四年退居林下，著述不辍。著有《道学渊源录》、《正蒙初义》、《濂关三书》、《四书参注》、《皇极经世书解》、《读史纲要》1卷、《韵学》5卷、《韵学臆说》1卷、《崇雅堂集》8卷、《权衡一书》40卷等。事迹见《清史列传》卷六七。《四库全书总目提要》评《韵学》曰："音韵之学，自古迄今，变而不常，亦推而愈密。古音数变而为今韵，历代各殊，此变而不恒者也。今韵既定，又剖析而为等韵，此推而益密者也。古韵与今韵，音读各异，部分亦殊。吴棫不知其故，而以音读之异名为叶，部分之殊注为通转，而古韵遂乱。今韵之定在前，等韵之分在后；实因韵字而分等，非因韵等而分字。韩道昭、熊忠不知其故，于是以字母颠倒韵字，而今韵又乱。自明以来，惟陈第、顾炎武及近日之江永，识其源流。他若马自援之讲今韵，愈细而旧法愈失。毛奇龄之讲古韵，愈辨而端绪愈淆矣。植作是书，不能从源而分流，而乃执末以议本。攻所必不能攻，而道所必不可遵，故用力弥勤，而弥于古法未合也。"又评《四书参注》曰："是书多掊击注疏，以自表尊崇朱子之意。而掊击郑玄、孔颖达尤甚于赵岐、何晏、孙奭、邢昺。然先有汉儒之训诂，乃能有宋儒之义理，相因而入，故愈密愈深。必欲尽扫经师，独标道学，未免门户之私。譬之天文、算数，皆今密而古疏，亦岂容排击羲氏、诋諆隶首哉？且所采多近时王廷诤、崔纪、傅泰诸人之说，在诸人研究《四书》固各有所得，然遽跻诸郑、孔诸儒之上，恐诸人亦未必自安矣。"又评其《皇极经世书解》曰："案《皇极经世》书，邵伯温以为共十二卷，一至六则《元会运世》，七至十则《律吕声音》，十一二为《观物篇》。赵震又分《元会运世》之六卷为三十四篇，《律吕声音》之四卷为十六篇，《性理大全》则合内篇十二、外篇二，共为六十四篇。又谓《律吕声音》十六篇，共图三千八百四十。明嘉兴徐必达所刻《邵子全书》细目，复以《元经会》分十二会为十二篇，以《会经运》分二百四十运为十二篇，以《运经世》分十篇，《律吕声音》则合有字有声及无字无声、平上去入，各九百六十图。植为此书，则并《元会运世》为三卷，《律吕声音》为一卷，内篇外篇共为卷者八，而又标蔡元定原纂图十及所补录图五、新附图三于卷首。其于旧本，多有更定。如午会之六世之已书秦夺宣太后权，黄畿注未录入，此补录之。《声音》篇之配以卦，黄畿以为出于祝氏《钤》，此一切芟汰之。又广引诸家之说以相发明，其考究颇为勤挚。邵子之数虽于《易》为别派，然有此一家之学，亦不可磨灭于天地之间。植之所说，虽未必尽得本旨，而自宋以来，注是书者不过数家，存之亦作资旁证也。"

孙国瑜时任淮徐同知，在徐州建义学。

按：雍正十三年(1735)，知府李根云改建为云龙书院。

孔毓玑时任浙江常山知县，建旧定阳书院。

蒋鹤鸣时任安徽舒城知县，建崇文书院。

李朝柱时任河南知州，于陕县建召南书院。

钟嘉禧时任湖北汉川知县，建紫阳书院。

邱纪时任四川崇庆知州，建崇阳书院。

孙奇逢著《读易大旨》5卷重新修订刊行。

按：《四库全书总目提要》曰："是书乃其入国朝后流寓河南时所作。前有《自序》云：至苏门始学《易》，年老才尽，偶据见之所及，撮其体要以示门人、子弟。原非逐句逐字作解，故曰大旨。其门人耿极为之校订。末附《兼山堂问答》，及与三无道人李封论《易》之语，别为一卷。封，雄县人。奇逢所从学《易》者也。后奇逢曾孙用

孟德斯鸠著成文学小说《波斯人信札》。

纳撒尼尔·贝利著成《英语词源

词典大全》。

约翰·西奥多·雅布隆斯基出版其第一本小百科全书《通用词典》。

正复取其论《易》之语散见他著述者五条,汇冠卷首,题曰义例。《跋》称原本序文、凡例皆阙,故以是补亡。案奇逢说《易》,不显攻图、书,亦无一字及图、书。大意发明义理,切近人事,以《象传》通一卦之旨,由一卦通六十四卦之义。凡所训释皆先列己说,后附旧训。其平生之学主于实用,故所言皆关法戒,有足取焉。"

王顼龄等奉敕纂《书经传说汇纂》24卷成书。

王鸿绪等奉敕纂《钦定诗经传说汇纂》20卷成书。

江永著《礼书纲目》88卷成书,有自序。

按:《四库全书总目提要》曰:"其书虽仿《仪礼经传通解》之例,而参考群经,洞悉条理,实多能补所未及,非徒立异同。"《清史稿·儒林传》曰:江永"为诸生数十年,博通古今,专心《十三经注疏》,而于《三礼》功尤深。以朱子晚年治《礼》,为《仪礼经传通解》,书未就,黄氏、杨氏相继纂续,亦非完书。乃广摭博讨,大纲细目,一从吉、凶、军、嘉、宾五礼旧次,题曰《礼经纲目》,凡八十八卷。引据诸书,厘正发明,实足终朱子未竟之绪。尝一至京师,桐城方苞、荆溪吴绂质以礼经疑义,皆大折服"。

方苞著《周官析疑》36卷成书。

按:《四库全书总目提要》曰:"《周官析疑》三十六卷、《考工记析义》四卷,国朝方苞撰。……是书以《周官》为一编,《考工记》为一编,各分篇第,世亦两本别行。然前有顾琮《序》,称合《考工》为四十卷。则本非两书,特不欲以河间献王所补与经相淆,故各为卷目耳。其书体会经文,颇得大义。然于说有难通者,辄指为后人所窜,因力诋康成之《注》。……苞乃力诋经文,亦为勇于自信。盖苞徒见王莽、王安石之假借经义以行私,故鳃鳃然预杜其源,其立意不为不善。而不知弊在后人之依托,不在圣人之制作。曹操复古九州岛以自广其封域,可因以议《禹贡》冀州失之过广乎?"

茅星来著《近思录集注》14卷成书,有自序。

按:《四库全书总目提要》曰:"星来字岂宿,乌程人,康熙间诸生。按朱子《近思录》,宋以来注者数家,惟叶采《集解》至今盛行。星来病其粗率肤浅,解所不必解,而稍费拟议者则阙,又多彼此错乱,字句舛。因取周、张、二程《全书》及宋、元《近思录》刊本,参校同异。凡近刻舛错者,悉从朱子考正错简之例,各注本条之下。又荟萃众说,参以己见,为之支分节解。于名物训诂,考证尤详。更以《伊洛渊源录》所载四子事迹,具为笺释,冠于简端,谓之附说。书成于康熙辛丑,有星来《自序》。又有《后序》一篇,作于乾隆丙辰,去书成时十五年,盖殚一生之精力为之也。其《后序》有曰:'自《宋史》分《道学》、《儒林》为二,而言程、朱之学者,但求之身心性命之间,不复以通经学古为事。盖尝窃论之,马、郑、贾、孔之说经,譬则百货之所聚也。程、朱诸先生之说经,譬则操权度以平百货之轻重长短者也。微权度,则货之轻重长短不见。而非百货所聚,则虽有权度,亦无所用之。故欲求程、朱之学者,其必自马、郑诸传、疏始。愚于是编,备著汉、唐诸家之说,以见程、朱诸先生学之有本,俾彼空疏寡学者,无得以藉口'云云。其持论光明洞达,无党同伐异、争名求胜之私,可谓能正其心术矣。"

徐葆光著《中山传信录》6卷成书,有自序。

按:徐葆光字亮直,号澄斋,江苏吴县人。康熙五十一年进士,官编修。五十八年受命为琉球副使,随海宝往封中山王,是书为日记行程所见。

周超修,邢秉诚纂《汾阳县志》8卷刊行。

吴振臣修,范勋纂《宁古塔纪略》1卷刊行。

唐开陶修纂《上元府志》24卷刊行。

吴永芳修,钱以垲等纂《嘉兴府志》16卷刊行。

张楷修纂《安庆府志》32卷刊行。

杨之骈修纂《公安县志》6卷刊行。

韩三异修,钮廷彩纂《合浦县志》24卷刊行。

郑吉士等修,周于仁纂《安岳县志》3卷刊行。

陆箕永增补《绵竹县志》5卷刊行。

杨廷琚、刘时远修,竹全仁等纂《芦山县志》2卷刊行。

李棠等修,李昭治纂《西充县志》12卷刊行。

僧超琦编《大觉普济能仁国师年谱》2卷成书。

窦克勤自编《寻乐堂日录》25卷刊行。

张伯行著《斯文正宗》成书。

杨陆荣著《殷顽录》6卷刊行。

蒋骥约于此际著《楚辞余论》2卷。

王邦采所笺元吴莱《渊颖集》12卷刊行。

王炘著《茨庵集诗钞》6卷刊行。

西周生著小说《醒世姻缘传》在是年前成书。

厉鹗著《南宋院画录》8卷成书,有自序及章廷彦、吴炳序。

按:《四库全书总目提要》曰:"南宋自和议既成以后,湖山歌舞,务在粉饰太平,于是仍仿宣和故事,置御前画院,有待诏、只候诸官品,其所作,即名为院画。当时如李唐、刘松年、马远、夏珪等,有四大家之称。说者或谓其工巧太过,视北宋门径有殊,然其尚多宣和旧人,流派相传,各臻工妙,专门之艺,实非后人所及,故虽断素残缣,收藏者尚以为宝。鹗尝撰《宋诗纪事》、《南宋杂事诗》,于宋事最为博洽,因胪考院画本末,作为此书。首总述一卷,次自李唐以下凡九十六人,每人详其事迹,而以诸书所藏真迹、题咏之类附于其下,叙次颇为赅赡。其间如杨妹子题赵清献《琴鹤图》绝句,一以为马和之画,一以为刘松年画,诸书参错不同,此类亦未悉加考证。然其征引渊博,于遗闻佚事,殆已采撷无遗矣。"有光绪十年钱塘丁氏竹书堂刊本、《武林掌故丛编》本等。

梅文鼎著《几何通解》1卷、《勾股举隅》1卷、《平三角举要》5卷、《五星管见》1卷。

梅文鼎卒(1633—)。文鼎字定九,号勿庵,安徽宣城人。喜学天文历法,少从罗王宾学天文,又拜倪观湖为师,研治历算六十余年。曾为《明史》馆校订《历志》舛误多处,撰成《明史历志拟稿》。布衣终生。康熙帝曾三次召见。著有《古今历法通考》70卷、《春秋以来冬至考》1卷、《庚午元算考》1卷、《郭太史历草补注》2卷、《大统立成注》2卷、《平立定三差详说》1卷、《回回历补注》3卷、《西域天文书补注》2卷、《三十杂星考》1卷、《四省表景立成》1卷、《周髀算经补注》1卷、《七政细草补注》3卷、《几何补编》4卷、《历学答问》3卷、《历学骈枝》4卷、《元史历经补注》2卷、《三角法举要》5卷、《弧三角举要》5卷、《勿庵筹算》7卷、《方程论》6卷、《勾股测量》2卷及《积学堂诗钞》等。事迹见《清史稿》卷五〇六、《清史列传》卷六

八、李桓《国朝耆献类征初编》卷四一七、杭世骏《梅文鼎传》、毛际可《宣城梅公传》(均见《碑传集》卷一三二)、方苞《梅征君墓表》(《方苞集》卷一二)。李俨编有《梅文鼎年谱》。

按：章太炎《清代学术之系统》曰："清代算学，以梅文鼎为首。清初算学家有一通弊，多偏于天文方面，故只能认为天文学家，尚不能认为算学家。又多讲迷信，如江永之流，尚不能免此病，虽梅文鼎亦迷信测天步历，盖当时风气如此。自梅氏后，几何学渐渐通行，此本西法，不过将中国旧日算法加以推明，此梅氏所以仍为第一也。康、乾之间，尚有数家，如戴震作《勾股割圜记》，亦未能脱迷信。真有发明者，当推李锐之四元说。李氏仅讲测天，不讲步历，所以高人一等。其余如罗士琳、项名达等，亦各有著述。李善兰始治代数，华蘅芳始治微积，然代数、微积本非中法，不足称发明。故学者虽多，而可数者殊少。"(《中国近三百年学术史论》)梁启超《清代学术概论》曰："我国科学最昌明者，惟天文算法，至清而尤盛。凡治经学者多兼通之。其开山之祖，则宣城梅文鼎也。杭世骏谓：'自明万历中利玛窦入中国，制器作图颇精密。学者张皇过甚，无暇深考中算源流，辄以世传浅术，谓古《九章》尽此，于是薄古法为不足观；而或者株守旧闻，遽斥西人为异学。两家遂成隔阂。鼎集其书而为之说，稍变从我法，若三角比例等，原非中法可该，特为表出；古法方程，亦非西法所有，则专著论以明古人精意。'文鼎著书八十余种，其精神大率类是，知学问无国界，故无主奴之见。"其弟子有李鼎征、李钟伦、刘湘煃、陈万策、陈厚耀等。其交游者有黄百家、潘耒、汤斌、魏荔彤、施闰章、李光地、揭暄、方中通、汤濩、袁士龙、孔兴泰、毛乾乾、张雍敬等。私淑弟子有江永、杨作枚等。

尤珍卒(1647—)。珍字谨庸，一字慧珠，号沧湄，江苏长洲人。康熙二十年进士，改翰林院庶吉士，散馆，授编修。历充《大清会典》、《明史》、《三朝国史》纂修官，日讲起居注官。著有《沧湄类稿》50卷、《晬示录》20卷等。事迹见《清史列传》卷七一、李桓《国朝耆献类征初编》卷一一九。

嘉木样协巴卒(1648—)。嘉木样协巴全名嘉木样协贝多吉，安多藏区夏河甘家滩(今甘肃甘南藏族自治州夏河)人。年十三从益西嘉错比丘出家为僧，受沙弥戒，法名洛桑坚赞。年二十一到前后藏求学深造，后入哲蚌寺郭莽扎仓(即多门学院)学习经论。康熙五十九年，被颁赐金敕金印，封为"扶法禅师班智达额尔德尼诺门汗"。著有《西藏佛教宏传史实述略》、《西藏佛教大事年表》、《大威德密法传承史》等。所著由其弟子汇成《嘉木样协巴大师全集》。

李来章卒(1654—)。来章名灼然，以字行，号礼山，河南襄城人。先学于魏象枢，再学于孙奇逢、李颙。康熙十四年举人，选广东连山县知县，创连山书院。官至兵部主事。曾主讲南阳书院，作《南阳学规》、《达天录》以教学者。与孙奇逢、汤斌、张伯行、耿介、冉觐祖、窦克勤、张沐有"中州理学八先生"之目。著有《洛学编》、《紫云书院志》、《连山书院志》6卷、《南阳书院学规》3卷、《连阳八排风土记》8卷、《礼山园文集》8卷、《礼山园诗集》10卷、《衾影录》、《学要八箴》1卷、《书绅语略》1卷、《锁闱杂咏》1卷、《紫云书院读史偶谈》1卷、《圣谕宣讲乡保条约》1卷等。事迹见《清史稿》卷四八〇、《清史列传》卷六六、李桓《国朝耆献类征初编》卷一四二。

按：《清史稿》本传曰："尝学于魏象枢，魏戒之曰：'欲除妄念，莫如立志。'来章因作《书绅语略》，其持论以不背先儒有益世用为主。再学于孙奇逢、李颙。时奇逢讲学百泉，来章与冉觐祖诸人讲学嵩阳，两河相望，一时称极盛焉。再主南阳书院，作《南阳学规》、《达天录》以教学者，士习日上。寻以母老谢归。重葺紫云书院，读书其中，学者多自远而至。"《清史列传》本传曰："来章幼读二程书，沉潜反复，积三十余年，尝作《嵩阳书院记》曰：'道者非他，即《易》之所谓《太极》，《书》之所谓中，《大学》之所谓至善，其实皆一，天也。故董子言道之大原出于天。然自有生以后，去天渐远，其能全面无失者，必出于聪明睿智之圣；而大贤以下，率必由学问思辨以致其精，笃行固执以致其一，戒慎恐惧以贯其终始，则践履既久，性命流行，行止动静，无非天理，斯所谓下学而上达也。'故其为学以合天为归，克己为要，慎独为先。尝以质之耿介，介然之。因著《衾影录》、《达天录》。其教人以《小学》、《近思录》，曰：'天地间一大缺陷事，无如废却《小学》，使一团天真，尽为功利夸诈之俗所夺，后虽欲收其放心，亦扞格而不入。'又曰：'《近思录》一书，为周、孔真命脉，学者不从此入手，皆断港绝潢，欲求至道难矣。'及官连山，读白沙全集，谓其直捷痛快，然下学之功，略焉不讲。时县人卫立组著《白沙要语补》，来章序之，以为当再取阳明《传习录》，采其要语为之补正。晚岁尤笃实，答李颙书云：'学求自信，若有一毫求人说好之念，便如优伶登场，涂饰粉黛，徒使观者喝彩，心术岂复可问？此实人鬼关头，学者须先辨取。不然，虽读破万卷，于为学无涉也。'"

汪份卒（1655— ）。份字武曹，江苏长洲人。少嗜学。与陶元淳、何焯俱以文学知名，同游徐乾学、翁叔元之门。康熙四十三年进士，改翰林院庶吉士。散馆，授编修。后奉命督学云南，未赴而卒。著有《遄喜斋集》、《河防考》10卷。事迹见《清史列传》卷七一、李桓《国朝耆献类征初编》卷一二三。

汪宪（ —1771）、胡德铨（ —1776）、童钰（ —1782）、江声（ —1799）、张九钺（ —1803）、刘墉（ —1805）生。

康熙六十一年　壬寅　1722年

正月初一日丁亥（2月16日），康熙帝行新年庆贺礼。作"六十一年春斋戒书"诗。

按：诗云："性理参天地，经书辅国朝。勿劳民力尽，莫使俗氛嚣。不误农桑事，须轻内外徭。风高林鸟静，雨足路尘消。视察焉能隐，行藏岂可摇。桑榆虽景暮，松柏后霜凋。长养春容盛，宽严君德调。倦勤应不免，对越愧明昭。"（《清圣祖实录》卷二九六）

二月二十三日戊寅（4月8日），刑部等衙门审结朱一贵起义案。

二十六日乙酉（4月15日），命礼部尚书陈元龙教习庶吉士。

四月初七日辛酉（5月21日），礼部议应入历代帝王庙祭礼之帝王。

奥地利东印度公司成立。

按：康熙帝以明朝之亡非愍帝（即崇祯）之咎，谕："愍帝不应与亡国之君同论，万历、泰昌、天启，实不应入崇祀之内。"十二月二十一日，将历代帝王庙所祀帝王从21位增为143位，从祀功臣从39人增为79人（《清圣祖实录》卷二九七）。

九月二十二日甲辰（10月31日），御书"学道还淳"匾额，命江苏巡抚吴存礼悬于苏州府紫阳书院。

十一月十三日甲午（12月20日），康熙皇帝逝世，终年六十九。二十四日，谥康熙帝为"合天弘运文武睿哲恭俭宽裕孝敬诚信功德大成仁皇帝"，庙号圣祖。

按：雍正元年（1723）九月，葬景陵。乾隆四年加谥，于"诚信"二字之后加"中和"二字，合共22字。《清史稿·圣祖本纪三》论曰："圣祖仁孝性成，智勇天锡。早承大业，勤政爱民。经文纬武，寰宇一统，虽曰守成，实同开创焉。圣学高深，崇儒重道。几暇格物，豁贯天人，尤为古今所未觏。而久道化成，风移俗易，天下和乐，克致太平。其雍熙景象，使后世想望流连，至于今不能已。传曰：'为人君，止于仁。'又曰：'道盛德至善，民之不能忘。'于戏，何其盛欤！"

十六日丁酉（12月23日），以康熙帝遗诏颁行全国。置康熙帝灵柩于景山寿皇殿。

二十日辛丑（12月27日），胤禛即皇帝位，是年四十四，是为雍正帝。是日于太和殿行朝贺礼。以次年为雍正元年。颁诏全国。

十二月十八日己巳（1723年1月24日），赦戴世名、方苞等族属出旗。

十九日庚午（1月25日），纂修《圣祖实录》。

是年，始设孝廉方正科。

按：《清史稿·选举志四》曰："孝廉方正科，始于康熙六十一年，世宗登极，诏直省府、州、县、卫各举孝廉方正，赐六品章服，备召用。"

德国化学家弗里德里希·霍夫曼发现明矾碱是一单一的物质。

方苞六月充武英殿修书总裁。后升任内阁学士、礼部侍郎。

张廷玉十二月擢礼部尚书，充《圣祖实录》副总裁。

马齐时为大学士，十二月十九日奉命为《圣祖实录》监修总裁官，吏部尚书隆科多、大学士嵩祝、白潢、吏部尚书张鹏翮为总裁官，礼部尚书张廷玉、都察院左都御史朱轼、兵部侍郎励廷仪、阿克敦、内阁学士额黑纳、登德为副总裁官。

全祖望从万经访张苍水遗像。是年，出游至武林，交厉鹗、杭世骏等。

黄叔琳迁内阁学士；寻迁刑部右侍郎。

沈德潜在里结北郭社。

陈梦雷父子被发遣边外。

按：十二月十二日癸亥（1723年1月18日），雍正帝谓九卿等曰："陈梦雷原系叛附耿精忠之人，皇考宽仁免戮，发往关东。后东巡时，以其平日稍知学问，带回京师，交诚亲王处行走。累年以来，招摇无忌，不法甚多，京师断不可留。著将陈梦雷父子发遣边外。或有陈梦雷之门生，平日在外生事者，亦即指名陈奏。杨文言乃耿逆伪相，一时漏网，公然潜匿京师，著书立说，今虽已服冥刑，如有子弟在京者，亦即奏明驱遣，尔等毋得徇私隐蔽。陈梦雷处所存《古今图书集成》一书，皆皇考指示训诲，钦定条例，费数十年圣心，故能贯穿今古，汇合经史，天文地理，皆有图记，下至山川草木,百工制造,海西秘法,靡不备具,洵为典籍之大观。此书工犹未竣,著九卿公举一二学问渊通之人,令其编辑竣事,原稿内有讹错未当者,即加润色增删,仰副皇考稽古博览至意。"(《清世宗实录》卷三)

励廷仪二月以内阁学士兼礼部侍郎充经筵讲官。

孙柱十一月以兵部尚书充经筵讲官。

福敏十二月以内阁学士充经筵讲官。

汪绂是春赴枫溪馆,焚近岁所作诗文时艺数百篇,为文祭之。

按:《清史稿·汪绂传》曰:"绂自二十后,务博览,著书十余万言,三十后尽烧之。自是凡有述作,凝神直书。自《六经》下逮乐律、天文、地舆、阵法、术数无不究畅,而一以宋五子之学为归。……其《参读礼志疑》多得经意,可与陆陇其书并存。"

王元启八九岁,即知声音反切之学。

宋宾王校《吴都文粹》,并费时十一个月,抄《周益公集》二部。

按:宋宾王,字蔚如,江苏太仓人。藏书极富,冶银为业。苦心雠勘,精当无比。著有《字体辨伪》、《许氏说文解字六书论正》24卷。

张坦让时任知府,于原浙江金华滋兰书院旧基建丽正书院。

俞卿时任浙江上虞知县,建松林书院。

孙能宽时任广东惠阳知县,建西江书院。

法国耶稣会传教士宋君荣来到中国,数月后致函巴罗斯城主教,对在华教务活动的日益衰落深表失望。

陈绰著《四书录疑》39卷成书。

按:陈绰字文裕,福建福安人。治学精于《周易》和《尚书》。所著尚有《周易录疑》。

朱泽沄著《主静说》,又有《与鄂县王尔辑论朱子之学书》。

汪越著《读史记十表》成书。

按:汪越字季超,一字师退,安徽南陵人。精史学,所著《读史记十表》脱稿后,曾送徐克范求正,克范作了补订。《四库全书总目提要》曰:"盖古来增减前人旧本,多在其人之身后。惟此书则同时商榷而补之,故考校颇为精密。于读史者尚属有裨。考史家之难,在于表志。而表文经纬相率,或连或断,可以考证,而不可以诵读,学者往往不观。刘知几考正史例,至为详悉。而《史通》已有废表之论,则其它可知。越等独排比旧文,钩稽微义,虽其间一笔一削,务以《春秋》书法求之,未免或失之凿。而订讹砭漏,所得为多,其存疑诸条,亦颇足正《史记》之抵牾。异乎瞵捧一书,纤毫必为回护者,于史学之中可谓人略我详矣。"

潘采鼎修,刘宗贤纂《江夏县志》22卷刊行。

王楠修,林乔蕃、王世臣纂《罗源县志》10卷刊行。

姜焯修纂《徐州志》36卷刊行。

蒋深修纂《思州府志》8卷刊行。

徐成栋修纂《廉州府志》14卷刊行。

张联元修,方景濂等纂《台州府志》18卷刊行。

毛奇龄编《易斋冯公(冯溥)年谱》1卷约刊行于是年。

黄叔璥著《南征纪程》1卷、《南台旧闻》16卷成,均有自序。又著《台

R. A. 雷奥米尔写出关于炼钢的论著《把锻铁变成钢的技术》。

海使槎录》8卷成。

何焯、陈鹏年等奉敕纂《御定分类字锦》64卷成书。

按：《四库全书总目提要》曰："《御定分类字锦》六十四卷，康熙六十一年圣祖仁皇帝御定。皆采撷成语，裁为骈偶，分类编辑。每类以二字、三字、四字为次，各详引原书，注于条下。考类书全用对句，始于隋杜公瞻之《编珠》。然其书《隋志》、《唐志》皆不载，至《宋志》始著录，而宋人无引用者，亦无旧刻旧钞流传于世。至康熙中，乃有高士奇家刊本，颇疑依托。其灼然可征者，当自《初学记》之事对始。然亦仅每门之内，载有数条，非全部如是。其全部对句者，以杨慎《谢华启秀》为稍博，然捃摭未富，篇帙无多，标新异则有余，备采用则不足也。是编所录，皆《石渠天禄》之珍藏，既多未睹之秘，又仰遵训示，体例详明，翦裁皆得其菁华，配隶务权其铢两。遇丽句可供文藻，而单词不可骈连者，宁各依字数附缀于末，谓之备用，而不强为之凑泊。是以抽黄对白，巧若天成，合璧分璋，词如己出。昔宋人四六，喜缀成句，一篇之内不过数联而已。宋人诗话又喜称巧对。如带眼、琴心、杀青、生白之类，一集之内亦不过数联而已。至于累牍连篇，集为巨帙，无一字一句之不工，则自古以来，未有逾于此编者矣。"

王邦采著《离骚汇订》6卷、《楚三闾大夫赋》刊行。

杨陆荣著《潭西诗集》21卷刊行。

明毛伯温著《毛襄懋先生全集》由世思堂刊行，附毛栋所编《先公年谱》1卷。

田从典著《峣山集》刊行。

厉鹗著《秋林琴雅》4卷付刻。

林璐著《林鹿庵先生文集》2卷刊行。

文昭辑《广唐贤三昧集》10卷成书，有沈宗敬、林佶序。

按：文昭字子晋，号紫幢居士，爱新觉罗氏，清宗室。另著有《紫幢轩诗》。

蓝鼎元著《东征集》6卷成书，蓝廷珍作序。

敕纂《历象考成》42卷成书。

按：该书为《律历渊源》三部之一，另二部为《律吕正义》、《数理精蕴》。该书上编为《揆天察纪》，下编为《明时正度》，均编成于康熙朝。

蒋廷锡作《菊篱竹雀图》。

徐琪著《五知斋琴谱》8卷刊行，有周鲁封、黄镇、石清、徐俊序。

朱象贤著《印典》8卷，白长庚作跋。

按：《四库全书总目提要》曰："象贤号清溪，吴县人，是编采录印玺故实及诸家论说，分原始、制度、赉予、流传、故实、综纪、集说、杂录、评论、镌制、器用、诗文十二类。后有康熙壬寅白长庚《跋》，称所引宋王基《梅庵杂记》、《蜗庐笔记》、《叶氏游艺杂述》、元宋无《考古纪略》四书，皆得之檇李曹氏钞本，为诸家所未见。然他所援据，率乏秘籍。所分诸类，亦颇淆杂……象贤自称朱长文裔，故是书初刻附《墨池编》后。今以时代既殊，所载各异，分著于录，使各从其类焉。"

陈訏著《勾股引蒙》5卷成书，有自序。

戴天章著《广瘟疫论》4卷、附方1卷成书。

按：戴天章字麟郊，江苏上元人。好学强记，尤精于医，著有《伤寒》、《杂病》诸书，及《咳论注》、《疟论注》、《广瘟疫论》凡十余种。《清史稿·戴天章传》曰："其论瘟疫,一宗有性之说。谓瘟疫之异于伤寒,尤慎辨于见证之始。辨气、辨色、辨舌、辨神、辨脉,益加详焉。为人疗病,不受谢。"

张志聪卒(1644—)。志聪字隐庵,浙江钱塘人。明末,杭州卢之颐著书,讲明医学,志聪继之。构侣山堂,招同志讲论其中,参考经论,辨其是非。自顺治中至康熙之初,四十年间,谈轩、岐之学者咸归之。注《素问》、《灵枢》二经,集诸家之说,随文衍义,胜明马元台本。又注《伤寒论》、《金匮要略》,于伤寒论致力尤深,历二十年,再易稿始成。其中《伤寒论集注》未完稿,《伤寒论纲目》已佚。著有《侣山堂类辨》、《针灸秘传》。事迹见《清史稿》卷五〇二。

按:《清史稿》本传曰:"志聪之学,以《素》、《灵》、《金匮》为归,生平著书,必守经法,遗书并行于世,惟《针灸秘传》佚。"中国中医药出版社1999年出版了《张志聪医学全书》,收录了张志聪现在存世的8部医学著作,即《黄帝内经素问集注》9卷、《黄帝内经灵枢集注》9卷、《伤寒论宗印》8卷、《侣山堂类辨》2卷、《伤寒论集注》6卷、《金匮要略注》4卷、《本草崇原》3卷、《医学要诀》4卷,共45卷,计173万言。这是清代以来较完备的张志聪医学著作全集,为今人研究张志聪的学术思想,学习其治疗经验,提供了一份较完整的文献资料。

陈厚耀卒(1648—)。厚耀字泗源,号曙峰,江苏泰州人。梅文鼎弟子。康熙四十五年进士。官苏州州学教授。大学士李光地荐其通天文、历算,引见,改内阁中书。官至国子监司业,转左春坊左谕德。著有《春秋长历》10卷、《春秋世族谱》1卷、《春秋战国异辞》54卷及《礼记分类》、《孔子家语注》、《十七史正讹》、《续增新法比例》等。事迹见《清史稿》卷四八一、《清史列传》卷六八、李桓《国朝耆献类征初编》卷一二三、蔡冠洛《清代七百名人传》第四编。

按:《四库全书总目提要》曰:"是编(指《春秋战国异辞》)采群书所载与《春秋三传》、《国语》、《战国策》有异同者,分国编次,以备考证,亦间为辨定。又取《史记》《十二诸侯表》、《六国年表》合而联之,为《通表》二卷。其谐谈琐记、神仙艺术,无关体要,难以年次者,别为《摭遗》一卷,以附于后。其《通表》排比详明,颇有条理。《异辞》以切实可据者为正文,而百家小说悠谬荒唐之论皆降一格,附于下。亦颇有体例。虽其间真赝杂糅,如《庄》、《列》之寓言,《亢仓子》之伪书,皆见采录,未免稍失裁断。而采摭浩繁,用力可称勤至。又所引诸书,多著明某篇某卷,盖仿李涪《刊误》、程大昌《演繁露》之例。令观者易于检核,亦无明人杜撰炫博之弊。盖马骕《绎史》用袁枢纪事本末体,厚耀是书则用齐履谦《诸国统记》体。而骕书兼采《三传》、《国语》、《战国策》,厚耀则皆摭于'五书'之外,尤独为其难。虽涉芜杂,未可斥也。厚耀所著《春秋长历》及《春秋世族谱》,皆与是编相表里,而自言平生精力,用于是书者多云。"又评《春秋长历》曰:"厚耀明于历法,故所推较(杜)预为密。盖非惟补其阙佚,并能正其讹舛。于考证之学极为有裨,治《春秋》者固不可少此编矣。"《清史稿》本传曰:"厚耀以天算之法治《春秋》,尝补杜预《长历》为《春秋长历》十卷,其凡有四:一曰历证,备引《汉书》、《续汉书》、《晋书》、《隋书》、《唐书》、《宋史》、《元史》、《左传注疏》、《春秋属辞》、《天元历理》诸说,以证推步之异。其引《春秋属辞》载杜预论日月差谬一条,为注疏所无。又引《大衍历义》'春秋历考'一条,亦《唐志》所未录。二曰古历,以古法十九年为一章,一章之首,推合周历正月朔日冬至,前列算法,后以《春秋》十二公纪年,横列为四章,纵列十二公,积而成表,以求历元。三曰历编,举《春秋》二百四十二年,推其朔闰及月之大小,而以经、传干支为证佐,述杜预之说而考辨之。四曰历存,古历推隐公元年正月庚戌朔,杜氏《长历》则为辛巳朔,乃古历所推上年十二月朔,谓元年以前失一闰,盖以经、传干支排次知之。厚耀则谓如预之说,元年至七年中书日者虽多不失,而与二年八月之庚辰、四年二月之戊申又不能合。且隐公三年二月己巳朔日食,桓公三年七月壬辰朔日食,亦皆失之。盖隐公元年以前非失一闰,乃多一闰,因定隐公元年正月为庚辰朔,较《长历》退两月,推至僖公五年止。以下朔、闰,一一与杜历相符,故不复续推焉。又撰《春秋战国异辞》五十四卷、《通表》二卷、《摭遗》一卷,《春秋世族谱》一卷。邹平马骕为《绎史》,兼采三传、《国语》、《国策》,厚耀则皆摭于五书之外,独为其难。《氏族》一书,与顾栋高《大事表》互证,《春秋》氏族之学,几乎备矣。"

陈訏卒(1650—)。訏字言扬,号宋斋,浙江海宁人。黄宗羲弟子。由贡生官淳安教谕。精于算学。著有《勾股述》、《勾股引蒙》、《时用集》、《宋十五家诗选》等。事迹见李桓《国朝耆献类征初编》卷二五二。

按:黄宗羲《叙陈言扬勾股述》曰:"勾股之学,其精为容圆、测圆、割圆,皆周公、商高之遗术,六艺之一也。自后学者不讲,方技家遂私之。……数百年以来,精于其学者,元李冶之《测圆海镜》,明顾箬溪之《弧矢算术》,周云渊之《神道大编》,唐荆川之《数论》,不过数人而已。海昌陈言扬因余一言发药,退而述为勾股书,空中之数,空中之理,一一显出,真心细于发,析秋毫而数虚尘浙也,不意制举人中有此奇特。"(《黄宗羲全集》第十册序类)《四库全书总目提要》评《勾股述》曰:"訏有《勾股引蒙》,已著录。因其中和较之法未备,复述此以举其概。前有黄宗羲《序》,颇称道之。然和较一法,自李冶、顾应祥、唐顺之、李之藻等相继阐译成书,至今殆无遗蕴。学者苟能遵守成法,触类而引伸之,自可得其会通。若不溯本原,而徒以耳食师心,自矜创获,则去之益远。如是书'较求股弦'一条,附论谓句积中除较积所余,必合股积之半。不知股积可容句积,句积必不能容股积,不当强合其半。又'和求股弦'一条,附论谓句弦和积必四倍于股积,不知句弦和积中有股积一、句积二、句乘弦积二,亦不能强之为四。其意不过用勾股弦之数,参合而得。设遇勾股修广不齐,则不特于理难通,即于数亦断不能合矣。"

郭彭龄卒(1654—)。彭龄字商山,江苏扬州人。康熙五十三年举人。治经学,精于《易》。著有《易义》、《印山堂行稿》、《芝堂诗集》、《环山楼选》等。事迹见李桓《国朝耆献类征初编》卷四三一。

汤右曾卒(1656—)。右曾字西崖,浙江仁和人。康熙二十七年进士,授编修。官至吏部侍郎兼掌院学士。著有《怀清堂集》20卷。事迹见《清史稿》卷二六六、《清史列传》卷九、李桓《国朝耆献类征初编》卷六二、震钧辑《国朝书人辑略》卷二、蔡冠洛《清代七百名人传》第一编。

按:《清史稿》本传曰:"右曾少工诗,清远鲜润。其后师事王士禛,称入室。使贵州后,风格益进,锻炼澄汰,神韵泠然。右曾朝热河行在,上命进所为诗,右曾方咏文光果,即以进上。上为和诗,有句曰'丛香密叶待诗公'。右曾自定集,遂取是诗冠首。"

何焯卒(1661—)。焯字屺瞻,号茶仙,学者称义门先生,江苏长洲人。康熙四十二年赐进士,改翰林院庶吉士。曾兼武英殿纂修官。卒赠侍讲学士。长于考订,有藏书数万卷。著有《义门读书记》58卷、《困学纪闻笺》20卷等。尝校定《两汉书》、《三国志》,为清代校勘学草创人之一。事迹见《清史稿》卷四八四、《清史列传》卷七一、李桓《国朝耆献类征初编》卷一二三、震钧辑《国朝书人辑略》卷三、全祖望《翰林院编修赠学士长洲何公墓碑铭》、沈彤《翰林院编修何先生焯行状》(均见《碑传集》卷四七)。

按:江藩《国朝汉学师承记》曰:"康熙、雍正间,何学士焯以制义倡导学者,四方从游弟子著录者四百余人。弟子中惟陈季方、陈少章及(沈)彤最知名。季方工文词,少章精史学,彤独以穷经为事,核先儒之异同而求其是,为文章不贵辞藻,抒心自得而已。"《清史稿·文苑传》曰:何焯"通经史百家之学。藏书数万卷,得宋、元旧椠,必手加雠校,粲然盈帙。学者称义门先生,传录其说为《义门读书记》。……焯工楷法,手所校书,人争传宝。门人著录者四百人,吴江沈彤、吴县陈景云为尤著"。支伟成曰:"先生精于校书,所蓄数万卷,又多见宋元旧本,点勘讹脱,分别丹黄,藏数得何氏校本,以为至宝。所校定两《汉书》、《三国志》,考证尤精核。世宗在潜邸,亦以《困学纪闻》属先生笺疏。乾隆五十年,方苞奏取其书付国子监,为新刊本所取正。先生凡有评识,必洞彻其表里,通核其时势,无一语无根据。每读书论世,辄思为用天下之具,故精审绝伦若此。书得晋唐人法,圣祖尝命书《四书章句集注》作锓板。所著《道古斋识小录》,多删取题识,为之最详慎。"(《清代朴学大师列传·何焯》)

顾嗣立卒(1669—)。嗣立字侠君,江苏长洲人。康熙三十八年举于乡。因圣祖南巡时进所著《元诗选》,获嘉许。后以宋荦荐,召试行在,被选至京师,分纂宋金元明四代诗选与《皇舆全览》。五十一年,特赐进士,改翰林院庶吉士,散馆,改授知县。著有《诗林韶濩》、《秀野集》等。辑有《元诗选》111卷和丛书《闾邱辨囿》。事迹见《清史列传》卷七一、李桓《国朝耆献类征初编》卷一二四。顾嗣立自订有《闾邱先生自订年谱》。

陈世仁卒(1676—)。世仁字元之,号焕吾,浙江海宁人。康熙五十四年进士,入翰林,辞官归养。精算学。著有《广少补遗》1卷。

郭元釪卒,生年不详。元釪字于宫,号双村,江苏江都人。以诸生与修《佩文韵府》等书,授中书。著有《一鹤诗钞》10卷、《拙适轩集》4卷、《牛鸣双村集》等。事迹见李桓《国朝耆献类征初编》卷一四三、乾隆《江都县志》卷二三。

施世纶卒,生年不详。世纶字文贤,汉军镶黄旗人。施琅子。康熙二十四年,授江苏泰州知州。官至漕运总督。为官不袒护权贵,摧抑豪猾,民称"青天"。小说《施公案》即假托其名,宣扬"清官"事迹。事迹见《清史稿》卷二七七、《清史列传》卷一一。

魏之琇(—1772)、王太岳(—1785)、王鸣盛(—1797)、张云璈(—1804)生。

清世宗雍正元年　癸卯　1723年

普鲁士设立战争、财政和领土部。

正月初一日辛巳（2月5日），颁发上谕十一道，训谕各省文武官。

十四日甲午（2月18日），设会考府。

十六日丙申（2月20日），谕八旗满洲人等，除照常考试汉文秀才、举人、进士外，至于翻译、技勇，亦属紧要。应将满洲人等，考取翻译秀才、举人、进士，并武秀才、举人、进士。

按：雍正元年，于八旗蒙古护军、领催、骁骑内，选熟练国语、蒙古语者16人，充蒙古教习。

二十二日壬寅（2月26日），因审拟陈梦雷一案徇纵，刑部尚书陶赖降四级调用，张廷枢降五级调用，侍郎王景曾降二级留用。

按：《清史稿·张廷枢传》曰："雍正元年，以原任编修陈梦雷侍诚郡王得罪，命发黑龙江，廷枢循故事，方冬停遣，又出其子使治装。尚书隆科多劾廷枢徇纵，命镌五级，逐回籍。"

二月初二日壬子（3月8日），以吏部尚书张鹏翮为文华殿大学士兼吏部尚书。

初五日乙卯（3月11日），雍正帝以翰林院、詹事府官员有结党营私者，命大学士张鹏翮、尚书田从典、徐元梦、左都御史朱轼，侍郎张伯行、李绂等会同掌院学士予以甄别，凡不安本分，有玷官箴者，查明勒令解退回籍。

初十日戊午（3月14日），谕吏部："直省教官，专司训迪士子。今捐纳教职人员，有不谙文艺之人，不可为年长学优者之师，应照伊所捐品级，别任补用，该部议奏。"（《清世宗实录》卷三）

十三日癸亥（3月19日），雍正帝以"致治之要首在风化"，命各督抚学政令各属加意搜罗孝义贞节者，题奏旌奖。

十六日丙寅（3月22日），将科场房考官由二人减为一人，其责既专，其功罪亦难推诿。

按：谕礼部："国家抡才大典，首重试官。主考凭房考阅荐之文，定其去取，则一榜衡鉴之当否，系于分校诸臣之贤不肖，亦匪轻矣。近科以来，皇考慎重辟门吁俊之典，于顺天乡试及会试房考官，虑其人邪正不一，特命每房各用二人，同阅试卷。使之互相觉察，彼此钤制，用意良为周密，但法久弊生，一房两考官，岂皆遇秉公持正之人，设有一狡黠者参杂其间，即为贤者之累。况两人或皆不肖，则朋比作奸，为弊更甚。嗣后仍著照原定科场条例，各房止用一人校阅，其责即专，其功罪亦难推诿。"（《清世宗实录》卷四）

三月初十日己丑（4月14日），以内阁学士查嗣庭教习庶吉士。

四月十二日辛酉(5月16日),设八旗满洲、蒙古翻译、技勇之科。能翻译者,三年之内考取秀才二次、举人一次、进士一次,取中额数视人数多寡临期请旨。有技勇者,按汉军例,考取武秀才40名,举人20名,进士2名。

十六日乙丑(5月20日),复设起居注官。

按:谕翰林院:今御门听政之初,当酌复旧章。"于朕视朝临御、祭祀坛庙之时,令满汉讲官各二人侍班,不独记载谕旨政务,或朕有一言之过,一事之失,皆必据实书诸简策,朕用以自警,""其仍复日讲起居注官,如康熙五十六年以前故事。"(《清世宗实录》卷六)时起居注官有12人,起居注馆设于太和门外西廊,设主事2员,笔帖式16员。康熙五十六年(1717)裁,至是复设。

二十二日辛未(5月26日),复准《乡会试录》照例刊刻进呈。

五月初二日庚辰(6月4日),谕大学士等:"《孝经》一书,与《五经》并重,盖孝为百行之首。我圣祖仁皇帝《御定孝经衍义》,以阐发至德要道。……乡会试二场,向以《孝经》为论题,后改用《太极图说》、《通书》、《西铭》、《正蒙》。夫宋儒之书,虽足羽翼经传,岂若圣言之广大悉备。今自雍正元年会试为始,二场论题,宜仍用《孝经》,庶士子咸知诵习,而民间亦敦本励行。"(《清世宗实录》卷七)

十一日己丑(6月13日),以今年为特恩加科,命有因回避考官未曾应试者,准于内阁补行考试。于午门内试以《四书》文二题、《孝经》文一题,表、策各一题,限一昼夜完卷。二十一日,取中4名,俱为举人。

按:谕大学士等:"此番乡试落卷,著大学士王顼龄、刑部尚书励廷仪、署吏部侍郎内阁学士史贻直、户部侍郎张伯行、李周望、兵部侍郎阿克敦、副都御史李绂,同南书房翰林检阅。如人不足,于翰林院编检内,拣选十员同阅。再此番系雍正元年特恩加科,士子有因回避不曾应试者,殊属可悯。即令派出大臣,拟题奏请,候朕点出,于内阁考试。"(《清世祖实录》卷七)

二十一日己亥(6月23日),命乡会试仍以《孝经》命题,"庶士子咸知诵习,而民间亦敦本励行,即移孝作忠之道,胥由乎此"(《清世祖实录》卷七)。

六月十二日己未(7月13日),加封孔子先世五代俱为王爵。

按:《清史稿·礼志三》曰:"雍正元年,诏追封孔子五代王爵,于是锡木金父公曰肇圣,祈父公曰裕圣,防叔公曰诒圣,伯夏公曰昌圣,叔梁公曰启圣,更启圣祠曰崇圣。肇圣位中,裕圣左,诒圣右,昌圣次左,启圣次右,俱南乡。配飨从祀如故。"

七月十七日甲午(8月17日),命继续编纂《明史》。

按:谕大学士等曰:"史书务纪其真,而史才古称难得。盖彰善瘅恶,传信去疑,苟非存心忠厚,学识淹通,未能定得失于一时,垂鉴戒于久远也。有明一代之史,屡经修纂,尚未成书。我圣祖仁皇帝大公至慎之心,旌别淑慝,务期允当,惟恐几微未协,遂失其真,郑重周详,多历年所,冀得良史之才,畀以编摩之任。朕思岁月愈久,考据愈难。目今相去明季,将及百年,幸简编之纪载犹存,故老之传闻不远。应令文学大臣,董率其事,慎选儒臣,以任分修。再访山林绩学之士,忠厚淹通者,一同编辑。俾得各展所长,取舍折衷,归于尽善,庶成一代信史,足以昭示无穷。著将满汉大臣等职名,开列具奏。"(《清世宗实录》卷九)是月二十五日,以吏部尚书隆科多、大学士王顼龄为监修官,署大学士、工部尚书徐元梦,礼部尚书张廷玉、左都御史朱轼、侍讲学士逢泰为总裁官。

二十日丁酉(8月20日),从御史张懋诚奏,命礼部会同翰林院拣选乡试文章之佳者,经裁定后颁发刊刻,有私行选编、擅行刊刻者严禁。

二十四日辛丑(8月24日),将康熙帝《御定孝经衍义》颁布全国,使天下之人观览诵习,以为修身务学之本。

八月十四日辛酉(9月13日),翰林院侍讲学士戚麟祥请命太医院汇辑医书,刊刻颁行,列于学官,岁科考时,即以该书命题,每县录取数名,谓之"医学生员"。乡会试亦可另编字号,酌取几名,赐以出身,遴其最者,备太医院之选,次者可充医学教授。

十七日甲子(9月16日),雍正帝召见满汉大臣,宣布秘密建储。

按:《清史稿·世宗本纪》曰:"甲子,召王大臣九卿面谕之曰:'建储一事,理宜夙定。去年十一月之事,仓卒之间,一言而定。圣祖神圣,非朕所及。今朕亲写密封,缄置锦匣,藏于正大光明匾额之后,诸卿其识之。'"

九月十六日壬午(10月14日),以都察院左都御史加吏部尚书衔朱轼、礼部尚书张廷玉为会试正考官。

十七日癸巳(10月15日),修订《大清律》。命左都御史朱轼、兵部尚书卢询、刑部左侍郎阿锡鼐、兵部左侍郎伊都立为总裁官。

按:《清史稿·刑法志一》曰:"雍正元年,巡视东城御史汤之旭奏:'律例最关紧要,今六部见行则例,或有从重改轻,从轻拟重,有先行而今停,事同而法异者,未经画一。乞简谙练律例大臣,专掌律例馆总裁,将康熙六十一年以前之例并《大清会典》,逐条互订,庶免参差。'世宗允之,命大学士朱轼等为总裁,谕令于应增应减之处,再行详加分晰,作速修完。"

二十六日壬寅(10月24日),从史贻直奏,禁今人造生祠书院,现存者改为义学。

按:谕称,此种生祠书院,所在多有,究其实不过官员在任之时,或系下属献媚逢迎;或地方绅衿有出入公门、包揽词讼之辈倡议纠合,假公派费,占地兴工,劳民伤财。其后或为宴会游玩之所,或本官竟据为产业。嗣后,如有仍造生祠书院者,将本官及为首之人,从严治罪。现存之生祠书院,除确系民间追思盖造者外,一律改为义学(《清世宗实录》卷一二)。

是日,命八旗蒙古各建立官学。吏部理藩院考取能蒙古文、蒙古语者,每旗设助教1员。于每佐领下选择1人肄业,准其考试笔帖式补用。

定今科取中进士名数为180人。

三十日丙午(10月28日),谕编纂《八旗功臣列传》,"可以垂之万世,庶为国家宣力有功之大臣,不致泯没"(《清世宗实录》卷一二)。

是日,从署广东巡抚年希尧请,增广东省乡试举人中额6名,武举中额4名。

十月初八日甲寅(11月5日),命各省建忠义、节孝二祠。省、府、州、县、卫,每处建"忠义孝弟之祠"、"节孝妇女之祠"各1所。均立石碑刊刻姓名,已故者设牌位。每年春秋致祭。

十九日乙丑(11月16日),谕大学士等:"今朕特开恩科,人才辈出,将来拣选庶常,朕当亲加考试,引见拣选。至日后散馆,仍照旧例以三等分用。目今正届殿试之期,朕深知向有拟送策联钻营甲第等弊,殊可痛恨。朕所点阅卷大臣,俱系平日实心委任之人,各宜虚公谨慎,杜绝诸弊,倘有仍蹈前辙者,必严加处分,务使文治日隆,英材蔚起,以副朕吁俊兴贤之至意。"(《清世宗实录》卷一二)

二十五日辛未(11月22日),举行恩科殿试。

三十日丙子(11月27日),雍正帝御懋勤殿,召读卷官入,详定甲第,阅进呈十卷,一一酌定。

十一月初一日丁丑(11月28日),雍正帝御太和殿,传胪,赐殿试贡士于振等246人进士及第出身有差。

按:先是,谕本科进士,可不拘省分,不限额数,因于正额180名之外,多取中66名。以两总裁朱轼、张廷玉采择公允,舆论翕然,各加太子太傅衔。

十二日戊子(12月9日),大学士等遵旨议奏:"国史纪载,传信万世,应将太祖、太宗、世祖、圣祖四朝有功任事之臣,博采见闻,查核一切档册,陆续作传。其满汉监修、副总裁等官恭候钦定。"得旨:"著修《圣祖仁皇帝实录》之大臣等兼修,翰林纂修官著另派。"(《清世祖实录》卷一三)

十七日癸巳(12月14日),以吏部尚书田从典为武会试正考官,吏部右侍郎史贻直为副考官。

按:《清史稿·选举志》三曰:"满洲应武科始雍正元年,乡试中二十名,会试中四名。"

二十一日丁酉(12月18日),命修葺文庙殿宇廊庑及讲堂学舍。

二十二日戊戌(12月19日),今科庶吉士散馆,满汉试卷,著吏部尚书隆科多、户部尚书张廷玉、礼部尚书张伯行、礼部侍郎登德阅看具奏。

二十七日癸卯(12月24日),命八旗蒙古建立官学。每旗设助教1员,每佐领选1人入学,准其考笔帖式补用。

十二月十二日丁巳(1724年1月7日),策试天下中式武举于太和殿前。

十七日壬戌(1月12日),严禁大主教。

二十日乙丑(1月15日),赐殿试武举李琰等136人武进士及第出身有差。

是年,命河南巡抚石文焯留意暗查密访白莲等教,并随后亲书朱笔特谕。

按:"谕河南巡抚,国家整齐风俗,必先诘奸止邪,绥靖人心,尤在防微杜渐。朕闻豫省向有奸民,以白莲教等名色,诳惑愚民,潜结党类,今或变名易实,阴相煽诱,乡愚无知受其诳误者,尚所在有之。此等之人,心术奸回,踪迹诡秘,为其诡秘,故其奸回愈不可测,地方大僚有澄清风俗之责,岂可苟且姑容,养奸不发,以致滋蔓难图。尔当严饬司道府州县各官不时密访,其有妄立教名,夜聚晓散,巧作幻端,诬民惑众者,即将为首之人,严拿治罪,愚民有先受笼络,能去邪归正者,概与宽免,有能出首为首之人者,即量加奖赏,庶于风俗人心均有裨益。如或姑息苟容,后经发觉,该管各官一并从重议处,特谕石文焯、田文镜。"(《宫中档雍正朝奏摺》第二辑,雍正二年五月十八日,河南巡抚石文焯奏摺附件,硃笔特谕)

重申举孝廉方正。

按:诏曰:"国家敦励风俗,首重贤良。前诏举孝廉方正,距今数月,未有疏闻。恐有司怠于采访,虽有端方之品,无由上达。各督、抚速遵前诏,确访举奏。"寻浙江、直隶、福建、广西各荐举二员,用知县;年五十五以上者,用知州。其后历朝御极,皆恩诏荐举以为常(《清史稿·选举志四》)。

佩多罗·德·里贝里建成托莱多大桥。

李塨十二月入京晤方苞,朝臣欲征其修《明史》,方苞以塨老病阻之,乃止。

朱轼、张廷玉、徐元梦、嵇曾筠正月为诸皇子师傅。

朱轼三月拜吏部尚书,四月充顺天乡试正考官,九月主典会试,受命直南书房。

张廷玉四月充顺天乡试副考官,七月充《明史》总裁官,八月为礼部尚书兼管翰林院掌院学士事,九月与尚书朱轼充会试正考官,十一月充《四朝国史》总裁官。

张伯行九月迁礼部尚书。十月,伯行进《濂洛关闽书》,得赐"礼乐名臣"四大字。

李绂正月特旨还旧职,署吏部右侍郎;旋充经筵讲官。七月迁兵部右侍郎。

王懋竑十月应召北上,授翰林院编修。

黄叔琳三月充江南乡试正考官,识拔陈祖范、任启运、徐文靖。

按:《清史稿·文苑传二》曰:"侍郎黄叔琳典试还朝,以得三不朽士自矜,盖指文靖及任启运、陈祖范也。"

杨椿入《明史》馆。

蔡世远特召入京,携所著《古文雅正》与李清植、张季长参论考订。是年,授编修,入内廷侍皇子讲读。

按:《清史稿·蔡世远传》曰:"世远侍诸皇子读,讲《四子》、《五经》及宋五子书,必引而近之,发言处事,所宜设诚而致行者,于诸史及他载籍,则即兴亡治乱,君子小人消长,心迹异同,反复陈列。十余年来,寒暑无或间。"

金农游莱东,经临淄,见赵执信。

吴玉搢游吴门,得未经改窜之顾炎武全集。

全祖望登范氏天一阁、谢氏天赐阁、陈氏云在楼,遇稀有本辄钞之。

沈彤馆南阳,四月访问当地古迹,有记。

陈宏谋举乡试第一,中进士,改翰林院庶吉士,授检讨。

蒋廷锡等奉命重新编校《古今图书集成》。

按:蒋廷锡在编纂时,将陈梦雷的名字涂掉,署上自己的名字。他重编的《古今图书集成·医部》,共收医书520卷,采集历代名医著作,分门别类,为中医学类书之冠。

蒋廷锡擢礼部侍郎,世宗赐诗贤之。

按：《清史稿·蒋廷锡传》曰："雍正元年，擢礼部侍郎，世宗赐诗贤之。廷锡疏言：'国家广黉序，设廪膳，以兴文教，乃生员经年未尝一至学宫。请敕学臣通饬府、州、县、卫教官，凡所管生员，务立程课，面加考校，讲究经史。学臣于岁、科考时，以文艺优劣定教职贤否。《会典》载顺治九年定乡设社学，以冒滥停止。请敕督抚令所属州、县、乡、堡立社学，择生员学优行端者充社师，量给廪饩。乡民子弟年十二以上、二十以下有志者得入学。'下部议，从之。"

尹继善、王又朴、陈宏谋、王步青、沈淑、刘吴龙、戴永椿、徐以升、严民法、焦祈年、张江、周学健、张廷璓、昌龄、李征临、沈荣仁、李端、李徽、黄元铎、胡光涛、缪日芑、王坦、何玉梁、胡蛟龄、马金门、许焞、沈文豪、冯懋华、薄履青、沈师孟、颜希圣、胡香山、黄祐、陶正中、松寿、陶士僕、范咸、王乔林、刘敬舆、保良、陈齐实、卢生薰、吴钊、李淮、喀尔钦、朱仕遇、张考、高山、吴大受、张来求、李桐、杨胪赐、万承芩、顾海、张若涵、牧可登等 56 位新科进士十二月十四日被选为庶吉士。

于振获第一甲第一名进士，授翰林院修撰，第二名戴瀚、第三名杨炳授编修；二甲第一名张廷珩授检讨。

许焞中进士，官翰林院编修。

按：许焞字纯也，海宁人。编有《载道集》60 卷。《四库全书总目提要》曰："此编录历代之文，大旨以道学诸儒为主，而其余类及焉。冠以《大学》圣经一章，《中庸》哀公问政一章，次以《家语》三章。次为孔子弟子门人子思、孟子、孟母、乐克、东周贤士之言。又次为东周论著。自汉至唐，大体分王言、臣言、论著三类，而隋则增王门弟子之言一类，尊王通也。宋、元、明则论著之外增言行一类，以有讲学诸儒也。终以张履祥之书。其凡例谓千古之圣人，莫尊于洙泗。有明之儒者，莫醇于杨园。以孔子始，以张子终、垂希圣希贤之则也。然于百世之下，尊一人与孔子相终始，谈何容易乎？"

蓝鼎元选拔贡太学。

李周望三月以户部左侍郎充经筵讲官。

鄂尔泰充云南乡试考官，特擢为江苏布政使。

张廷璐督学河南，坐事夺职。寻起侍讲，迁詹事。

王兰生散馆，授翰林院编修。

晏斯盛授检讨。

留保散馆，授检讨。

按：留保字松裔，完颜氏，满洲正白旗人。祖阿什坦，字金龙，顺治初，授内院六品他敕哈哈番，翻译《大学》、《中庸》、《孝经》、《通鉴》诸书为满文。

查嗣庭、吴士玉三月以内阁学士充经筵讲官。

雷鋐举于乡，蔡世远时为编修，荐授国子监学正。

阿克敦四月为兵部右侍郎兼管翰林院掌院学士事，充日讲官。

励廷仪四月为刑部尚书兼管翰林院掌院学士事，充日讲官。

伊都立四月为詹事府詹事，充日讲官。

岳色、涂天相四月为翰林院侍讲学士，充日讲官。

常保、何国宗四月为左庶子，充日讲官。

王国栋四月为翰林院侍读，充日讲官。

王传、吴襄四月为翰林院侍讲，充日讲官。

刘于义、任兰枝、吴家骐四月为翰林院编修，充日讲官。

逢泰、德龄、李钟莪、巩建丰四月为翰林院检讨觉罗，充日讲官。

登德五月以工部左侍郎内阁在学士里行充经筵讲官。

塞楞额八月为詹事府少詹事，十一月为内阁学士，十二月充经筵讲官。

文岱八月为翰林院侍讲，充日讲官。

朱曙荪八月为翰林院检讨，充日讲官。

黄之隽八月为翰林院编修，充日讲官。

帅念祖中进士，官翰林院编修，与修《大清一统志》。

姚宏绪充任《明史》编修官。

郑方坤中进士，授直隶邯郸知县。

按：郑方坤字则厚，号荔乡，福建建安人。官至武定知府。著有《五代诗话》12卷、《全闽诗话》10卷、《国朝诗钞小传》2卷、《经稗》6卷、《岭海丛编》100卷、《蔗尾诗集》15卷等。《四库全书总目提要》评《经稗》曰："是编杂采前人说经之文，凡《易》、《书》、《诗》、《春秋》一各卷，《三礼》共一卷，《四书》共一卷。以多撷诸说部之中，故名曰'稗言'，犹正史之外，别有稗官耳。汉代传经，专门授受，自师承以外，罕肯旁征，故治此经者，不通诸别经，即一经之中，此师之训故，亦不通诸别师之训故。专而不杂，故得精通。自郑玄淹贯六艺，参互钩稽，旁及纬书，亦多采撷，言考证之学者自是始。宋代诸儒，惟朱子穷究典籍，其余研求经义者，大抵断之以理，不甚观书，故其时博学之徒，多从而探索旧文，网罗遗佚，举古义以补其阙。于是汉儒考证之学，遂散见杂家笔记之内。宋洪迈、王应麟诸人，明杨慎、焦竑诸人，国朝顾炎武、阎若璩诸人，其尤著者也。夫穷经之要，在于讲明大义，得立教之精意，原不以搜求奇秘为长。然有时名物训诂之不明，事迹时地之不考，遂有凭臆空谈，乖圣人之本旨者。诸人于汉学放失之余，捃撷而存一线，亦未始非'饩羊'之遗也。顾诸家无谈经之专书，篇帙纷繁，颇难寻检。方坤能荟萃众说，部居州分，于考核之功深为有裨。特录存之，亦朱子注《中庸》不废沈括《梦溪笔谈》之意也。"

汤准举贤良方正，辞不就。

按：汤准字稺平，河南睢州人。汤斌子。著有《赘言》10卷、《临漪园稿》28卷。事迹见《清史列传》卷六六。

蒋汾功中进士，湖北即用知县，乞养归。改官松江府教授。

按：蒋汾功字东委，江苏武进人。著有《孟子四编》9卷、《读孟居文集》6卷。

范咸中进士，授编修，官至御史。

按：范咸字贞吉，号九池，浙江钱塘人。著有《周易原始》6卷、《读经小识》、《碧山楼古今文稿》、《柱下奏议》、《重修台湾府志》等。

赵向奎时任嘉定知县，创建兴文书院。

按：乾隆二十年（1755）知县廖运芳改建，更名为应奎书院；三十年（1765）知县杜念曾等增建讲堂，易名为当湖书院。

李玫时任安徽泾县知县，建三乐书院。

查弼纳时任两江总督，在江宁倡建钟山书院，选通省士子肄业其中，延师教训，月给廪饩。世宗御赐"敦崇实学"额。

按：雍正十一年(1733)定为省城书院，复加修葺。

苏习礼时任福建连江县知县，建理学书院。

陈学海时任山东平原知县，建近圣书院。

吴元锦时任河南新乡知县，建郦城书院。

郑性建二老阁，收藏郑氏先代遗书两万余卷和黄宗羲续钞堂三万卷书。

按：全祖望《鲒埼亭集·二老阁藏书记》曰："太冲先生最喜藏书，其搜罗大江以南诸家殆遍。所得最多者，前则淡生堂祁氏，后则传是楼徐氏，然未及编次为目也，垂老遭大水，卷轴尽坏。身后一火，失去大半。吾友郑丈南溪（郑性号南溪）理而出之，其散乱者复整，其破损者复完，尚可得三万卷。而如薛居正《五代史》，乃天壤间罕遇者，已失去，可惜也。郑氏自平子先生（指郑溱）以来，家藏亦及其半。南溪乃于所居之旁，筑二老阁以贮之。"

意大利传教士、宫廷画师马国贤回国。

程廷祚著《禘祫辨误》2卷。

汪绂十月著《诗韵析》6卷成书。

张文炳刊刻宋蔡沈所著《洪范皇极内篇》5卷。

万斯同撰，王鸿绪删改《明史稿》310卷由敬慎堂刊行。

按：《明史稿》是《明史》稿本之一，章太炎《清代学术之系统》曰："清代作史者，首为万斯同的《明史稿》。万氏此书，乃私人著作。万曾客于明史馆总裁徐元文家，与《明史》极有关系。此书只有列传，无纪、志、表，列传亦多为王鸿绪所作。王氏操守较差，人多讥之，然此书之成，王氏与有功焉，后人不应以其个人操守之差而诋排之，须知前代史家如范晔之流，其个人品行又何尝高出王鸿绪，然世皆称道其书，不以人废言，那么，又何必苛责王鸿绪呢？清代史学著作，完书甚少，《明史稿》自可首屈一指。"（《中国近三百年学术史论》）以后有专门研究它的论著，如陈守实的《明史稿考证》、柳诒徵的《明史稿校录》等，可资参考。

汪有典著《前明忠义列传》32卷成书。

按：汪有典字起谟，安徽无为人。另著有《明人事类纂》等。

蓝鼎元著《平台纪略》1卷成，附《东征集》6卷刊行。

按：《四库全书总目提要》曰："是编纪康熙辛丑平定台湾逆寇朱一贵始末。始于是年四月，迄于雍正元年四月，凡二年之事。前有《自序》，称有市《靖台实录》者，惜其未经身历目睹，得之传闻。其地其人，其时其事，多谬误舛错，乃详述其实为此编。盖鼎元之兄廷珍，时为南澳总兵官，与福建水师提督施世骠合兵进讨。七日而恢复台湾，旋擒一贵。俄世骠卒于军。其后余孽数起，廷珍悉剿抚平之。事后经画，亦多出廷珍之议。鼎元在廷珍军中，一一亲见，故记载最悉。其叙述功罪，亦无所避忌，颇称直笔。所论半线一路，地险兵寡，难于镇压。后分立彰化一县，竟从其说。至今资控制之力，亦可谓有用之书，非纸上谈兵者矣。《东征集》六卷，皆进讨时公牍书檄，虽廷珍署名，而其文则皆鼎元作。旧本别行。今附载是书之后，俾事之原委相证益明。其第六卷中纪地形七篇，于山川险要，尤言之井井，可资考证。雍正壬子，鼎元旅寓广州，始锓版。天长王辅序之。又有廷珍《旧序》一篇，作于康熙壬寅，称择可存者百篇，而此刻之文止六十篇。盖鼎元又加删削，存其精要也。"

徐文靖著《天下山河两戒考》14卷成书，有自序。

R. A. 卡佩勒尔著成《结晶学导论》。

陈学海修，韩天笃纂《恩县续志》5卷刊行。

许显祖纂《休宁孚潭志》4卷刊行。

孔毓玑修纂《常山县志》12卷刊行。

董绍美修，吴邦瑷纂《钦州志》14卷刊行。

许日藻修，杜诠纂《马龙州志》10卷刊行。

宋晁公武所著《郡斋读书志》旧抄本由海宁陈师曾刊行。

厉鹗等辑《南宋杂事诗》7卷。

按：《四库全书总目提要》曰："《南宋杂事诗》七卷，国朝沈嘉辙、吴焯、陈芝光、符曾、赵昱、厉鹗、赵信等同撰。……嘉辙字栾城，焯字尺凫，曾字幼鲁，皆钱塘人。芝光字蔚九，昱字功千，信字意林，皆仁和人。七人之中，惟曾以荐举官至户部郎中，鹗以康熙庚子举于乡，余皆终于诸生。是书以其乡为南宋故都，故捃摭轶闻，每人各为诗百首，而以所引典故注于每首之下。意主纪事，不在修词，故警句颇多，而牵缀填砌之处亦复不少。然采据浩博，所引书几及千种，一字一句，悉有根柢。萃说部之菁华，采词家之腴润。一代故实，巨细兼该，颇为有资于考证，盖不徒以文章论矣。"

万廷洛著《爱吾庐遗诗》2卷刊行。

卫赞著《嵋麓居士稿》5卷刊行。

施璜编《紫阳书院志》18卷刊行，张伯行作序。

梅文鼎所著《勿庵历算全书》60卷由杨作枚、魏荔彤校勘刊行。

按：梅文鼎去世后，杨作枚为他校理遗著，使梅文鼎毕生研究成果，得以传之后世。梅氏一生撰述之专著达八十余种之多，生前除李光地等同好先后为其刊刻过若干种外，其余大部未获刊行。在梅氏去世的前后数年，时任崇明兵备道的魏荔彤，为了不辜负梅文鼎的相托之心，决定再次刊刻《历算全书》。他积聚的梅氏未刻书稿中，既有梅氏生前交付的存稿，亦有梅氏殁后得自梅氏后人的晚年撰述约三十余种，在这些稿子中，已经成书而待刻者十之四、稿略具而未成书者十之六。于是邀请杨作枚到官署，为之订补整理。《勿庵历算全书》辑收梅氏遗著凡29种，计60卷，由魏荔彤于雍正元年(1723)以兼济堂名义印行。《勿庵历算全书》集中反映梅氏生平学术思想及学术成就，是有清一代学术巨著，刊行不久，即与顾祖禹之《读史方舆记要》一起，同被时人视为"奇书"，而且很快还传到日本，备受日本学者的推崇。杨作枚襄助魏荔彤，使《历算全书》得以出版传布，这是杨作枚在学术上作出的重大贡献。

又按：《四库全书总目提要》曰："《历算全书》六十卷，国朝梅文鼎撰。……所著历算诸书，李光地尝刻其七种。余多晚年纂述，或已订成帙，或略具草稿。魏荔彤求得其本，以属无锡杨作枚校正。作枚遂附以己说，并为补所未备而刊行之。凡二十九种，名之曰《历算全书》。然序次错杂，未得要领。谨重加编次，以言历者居前，而以言算者列于后。首曰《历学疑问》，论历学古今疏密，及中西二法与回回历之异同。即尝蒙圣祖仁皇帝亲加点定者，谨以冠之简编。次曰《历学疑问补》，亦杂论历法纲领。次曰《历学问答》，乃与一时公卿大夫以历法往来问答之词。次曰《弧三角举要》，乃用浑象表弧三角之形式。次曰《环中黍尺》，乃与弧三角以量代算之法。次曰《岁周地度合考》，乃考高卑岁实，及西国年月地度弧角里差。次曰《平立定三差说》，推七政赢缩之故。次曰《冬至考》，用统天、大明、授时三法，考春秋以来冬至。次曰《诸方日轨》，乃以北极高二十度至四十二度各地日轨，各按时节为立成表。次曰《五星纪要》，总论五星行度。次曰《火星本法》，专论火星迟疾。次曰《七政细草》，载推步日月五星法，及恒星交宫过度之术。次曰《揆日候星纪要》，列直隶、江南、河南、陕西四省表景,并三垣列宿经纬,定为立成表。次曰《二铭补注》,乃所解《仰仪铭》、及《简仪铭》。次曰《历学骈枝》,乃所注《大统历法》。次曰《交会管见》,乃以交食方位向称南北东西者,改为上下左右。次曰《交食蒙求》,乃推算法数。次曰《古算衍略》,次曰《筹算》,次曰《笔算》,次曰《度算释例》,俱为步算之根源。次曰《方程论》,次曰《勾股阐微》,次曰《三角法举要》,次曰《解割圜之根》,次曰《方圆幂积》,次曰《几何补编》,次曰《少广拾遗》,次曰《堑堵测量》,皆以推阐算法,或衍《九章》之未备,或著今法之面形,或论中西形体之变化,或释弧矢勾股八线之比例。盖历算之术,至是而大备矣。我国家修明律数,探赜索隐,集千古之大成。文鼎以草野书生,乃能覃思切究,洞悉源流。其所论著,皆足以通中西之旨,而折今古之中。自郭守敬以来罕见其比。其受圣天子特达之知,固非偶然矣。"

再按:江永著有《算学》8卷、《续历学》1卷,对梅文鼎《勿庵历算全书》的失误有所纠正。《四库全书总目提要》曰:"《算学》八卷、《续》一卷,国朝江永撰。……是编因梅文鼎《历算全书》为之发明订正,而一准《钦定历象考成》,折衷其异同。一卷曰《历学补论》,皆因文鼎之说而推阐所未言。二卷曰《岁实消长》。文鼎论岁实消长,以为高冲近冬至而岁余渐消,过冬至而复渐长。永则以为岁实本无消长,消长之故在高冲之行与小轮之改,两岁节气相距,近高冲者岁实稍赢,近最高者稍朒,又小轮半径,古大今小,则加减差亦异。三卷曰《恒气注历》。文鼎论冬至加减,谓当如西法用定气,不用恒气。而所作《疑问补》等书,又谓当如旧法用恒气注历。永则以为冬至既不用恒气,则诸节亦皆当用定气,不用恒气。故此二卷皆条列文鼎之说,而以所见辨于下。四卷曰《冬至权度》。《元史》六历冬至载晋献公以来四十九事,文鼎因作《春秋冬至考》,删去晋献公一事,各以其本法推求其故。永则以为算术虽明,而未有折衷,更因文鼎之法,考证历法史志之误。五卷曰《七政衍》。文鼎论七政小轮之动,由本天之动,七政之动,由小轮之动。永则以恭按《钦定历象考成》,五星有三小轮,而月更有次均轮,且更有负圈,文鼎说虽精当,而各轮之左旋右旋,与带动自动不动之异,尚未能详剖,因各为图说以明之。六曰《金水发微》。文鼎初仍旧法,以金、水二星伏见轮同于岁轮,后因门人刘允恭悟得金、水二星自有岁轮,而伏见轮乃其绕日圆象,因详为之说,后杨学山乃颇以为疑。永谓文鼎说是,学山疑非,因为图说以明之。七曰《中西合法拟草》。明徐光启酌定新法,凡正朔闰月之类,从中不从西,定气整度之类,从西不从中,然因用定气,遂以每月中气时刻为太阳过宫时刻,系以中法十二宫之名,而西法十二宫之名,又用之于表。永病其错互,又整度一事,永亦病其言之未尽。故著此论以辨之,亦多推文鼎之说。八曰《算剩》,则推衍三角诸法,求其捷要。《续历学》一卷,曰《正弧三角疏义》,以补《算剩》所未尽。故八卷各有小序,此卷独无也。文鼎历算,推为绝技,此更因所已具,得所未详。踵事而增,愈推愈密,其于测验,亦可谓深有发明矣。"

林之翰著《四诊抉微》8卷成书。

传教士郎世宁为雍正帝作《聚瑞图》。

唐孙华卒(1634—)。孙华字实君,号东江,晚号息庐老人,江苏太仓人。康熙二十七年进士。授礼部主事。二十九年聚洞庭东山,助修《大清一统志》。著有《东江诗钞》12卷。事迹见《清史列传》卷七一、李桓《国朝耆献类征初编》卷一二一、顾陈垿《唐先生孙华传》(《碑传集》卷五九)。

僧扎那巴扎尔卒(1635—)。僧扎那巴扎尔,蒙古喀尔喀部土谢图汗人，藏传佛教僧。自幼出家，被尊为喀尔喀蒙古活佛，亦称第一世哲布尊丹巴。康熙三十二年册封为大喇嘛。寂于北京。

刘荫枢卒（1637—　）。荫枢字相斗，号乔南，晚号秉烛子，陕西韩城人。康熙十五年进士，授河南兰阳知县。官至贵州巡抚。著有《春秋蓄疑》11卷、《大易蓄疑》、《易解》、《梧垣奏议》、《宜夏轩杂著》。事迹见《清史稿》卷二七六。

郭善邻卒（1644—　）。善邻字畏斋，号春山，河南商丘人。雍正元年举孝廉方正，不就。少受知于虞城孙伟男。精研经史，长于《春秋》之学。著有《春秋解疏》、《先贤模范》、《兴观录》、《春山先生文集》4卷。事迹见《清史列传》卷六七、李桓《国朝耆献类征初编》卷四〇九。

按：《清史列传》本传曰："善邻研精经史，笃志圣贤，而为学务归乎实。尝曰：'学术经济，皆本分内事。后世士人薄于自待，规摹制义外，不复知所学，更有何事？求其有益身心家国，难矣！'平时教人，必以孝悌忠信讽谕于道，而不轻课以文词，亦雅不欲以文词自见也。著《畏说》，谓：'大凡人心不可不知所畏，畏心之存亡，善恶所由判也。'故字曰畏斋。尝与同人为回澜社，仿文潞公真率会、渑池张氏脱粟会意，惟以讲学劝善为务。其所著述，大抵有关于人心世道，非仅经生家言。"

王鸿绪卒（1645—　）。鸿绪初名度心，字季友，号俨斋、横云山人，松江华亭人。为徐乾学门生。康熙十二年进士，授翰林院编修，迁侍讲。曾任《明史》总裁、《大清会典》副总裁、《省方盛典》总裁官。官至户部尚书。精鉴赏，收藏书、画甚富。著有《史例义》2卷及《横云山人集》26卷、《赐金园集》、《鸿绪外科》。事迹见《清史稿》卷二七一、《清史列传》卷一〇、李桓《国朝耆献类征初编》卷五八、震钧辑《国朝书人辑略》卷二、蔡冠洛《清代七百名人传》第四编、张伯行《皇清诰授光禄大夫经筵讲官户部尚书加七级王公鸿绪墓志铭》（《碑传集》卷二一）。

李光坡卒（1651—　）。光坡字耜卿，又字茂夫，号皋轩，福建安溪人。李光地弟。廪膳生。家居不仕，潜心经术。著有《周礼述注》24卷、《仪礼述注》17卷、《礼记述注》28卷、《皋轩文编》10卷等。事迹见《清史稿》卷四八〇、《清史列传》卷六七、李桓《国朝耆献类征初编》卷四〇七。

按：《四库全书总目提要》谓《周礼述注》曰："杭世骏《榕城诗话》称其'家居不仕，潜心经学，著有《三礼述注》'，此即其一也。其书取注疏之文，删繁举要，以溯训诂之源，又旁采诸家，参以己意，以阐制作之义，虽于郑、贾名物度数之文，多所刊削。而析理明通，措词简要，颇足为初学之津梁。考其兄光地《榕村集》中有《周官笔记》一卷，皆标举要义，不以考证辨难为长。其侄钟伦亦有《周礼训纂》，与光坡此书体例相近。盖其家学如是也。宋儒喜谈三代，故讲《周礼》者恒多，又鉴于熙宁之新法，故恒牵引末代弊政，支离诘驳。于注疏多所攻击，议论盛而经义反淆。光坡此书，不及汉学之博奥，亦不至如宋学之蔓衍。平心静气，务求理明而词达，于说经之家，亦可谓适中之道矣。"《清史稿》本传曰："生五岁，与伯叔兄弟俱陷贼垒。既脱难后，受学家庭，宗尚宋儒及乡先正《蒙引存疑》诸书。次第讲治《十三经》，濂、洛、关、闽书，旁及子、史。质不甚敏，以勤苦致熟。论学主程、朱，论易主邵子，兼取扬雄《太玄》，发明性理，以阐大义。壮岁专意《三礼》。以《三礼》之学至宋而微，至明几绝，《仪礼》尤世所罕习，积四十年，成《三礼述注》六十九卷。以郑康成为主,疏解简明,不蹈支离,亦不侈奥博,自成一家言。其兄光地尝著《周官笔记》一篇,光地子钟伦亦著《周礼训纂》二十一卷,皆标举要旨,弗以考证辨论为长,与光坡相近,其家学如是也。"

汪士鋐卒(1658—)。士鋐原名僎,字文升,别字若谷,号退谷,又号秋泉,江苏长洲人。汪琬从子。少时受学于兄汪份,与兄汪份、汪钧,弟汪侊俱有文名,时人号为"吴中四汪"。康熙三十六年举一甲一名进士,授翰林院修撰。官至右中允,入直南书房。善诗、古文、词,工于书法,包世臣在《艺舟双楫》中把他的正楷列为"佳品"。曾参与修纂《佩文韵府》、《渊鉴类函》和《全唐诗》。著有《全秦艺文志》、《三秦纪闻》、《玉堂掌故》、《元和郡县志补阙》、《长安宫殿考》、《瘗鹤铭考》、《华岳志》6卷、《近光集》、《秋泉居士集》17卷、《四六金桴》12卷等。事迹见《清史列传》卷七一、震钧辑《国朝书人辑略》卷三、蔡冠洛《清代七百名人传》第五编、沈彤《右春坊中允汪先生士鋐行状》(《碑传集》卷四七)。

按:汪士鋐善古文辞,尤工书法,与姜宸英齐名,称"姜、汪"。吴修《昭代尺牍小传》誉其书法为"国朝第一"。梁巘《论书帖》云:"退谷得执笔法,书绝瘦硬,颉颃得天(张照),诸子莫及。"梁章钜《退庵所藏金石书画跋尾》称:"惟汪退谷书,宽博有余,而复不稍逸于规矩之外","即泾南司寇亦当视若天际真人也。"晏棣《国朝书画名家考略》云:"退谷书流丽娴娜,最动人目,而骨力亦复古劲,故足压倒一切。"杨岘《迟鸿轩所见书画录》称:"(汪士鋐)工书,为清初第一家。余藏有大楷书《圣德怀远红苗归化颂》碑文,分装四册。笔力扛鼎,得《瘗鹤铭》神髓。"

陈鹏年卒(1663—)。鹏年字北溟,号沧州,湖南湘潭人。康熙三十年进士,授浙江安西知县,调江苏山阳。官至河道总督,兼摄漕运总督。卒谥恪勤。著有《恪勤集》39卷、《道荣堂文集》6卷及《河工条例》、《历仕政略》等。事迹见《清史稿》卷二七七、《清史列传》卷一三、震钧辑《国朝书人辑略》卷二、蔡冠洛《清代七百名人传》第三编、余廷灿《陈恪勤公鹏年行状》、张伯行《故通议大夫总督河道兵部右侍郎谥恪勤陈公墓志铭》、曹一士《光禄大夫总督河道兵部右侍郎兼都察院右副都御史谥恪勤陈公神道碑》(均见《碑传集》卷七五)。清唐祖价编有《陈恪勤公年谱》。

王兆符卒(1681—)。兆符字龙篆,别字隆川,直隶顺天府大兴人。王源子。康熙六十年进士。方苞弟子。著有《古今变异论》,批解《史记》、《汉书》、《后汉书》、《战国策》,均未及成书。事迹见李桓《国朝耆献类征初编》卷四三一、蒋衡《王兆符行状》(《碑传集》卷一四〇)、方苞《王生墓志铭》(《方苞集》卷一〇)。

林明伦(—1757)、戴震(—1777)、余元遴(—1778)、陆燿(—1785)、梁国治(—1786)、蒋良骐(—1789)、梁同书(—1815)生。

雍正二年　甲辰　1724 年

奥地利属荷兰同意接受国事诏书。

巴黎证券交易所开业。

英国最古老的、现在仍然存在的朗曼出版社成立。

牛津大学和剑桥大学设现代史及语言学教授职位。

正月二十五日庚子(2 月 19 日),建孔子庙于归化城,左右两翼各设满汉教官 1 员。

二月初二日丙午(2 月 25 日),雍正帝将圣祖所制《上谕十六条》"寻绎其义,推衍其文",作《圣谕广训》,共万言。是日,颁行全国。自为序。随后,从侍讲学士逢泰之请,在京八旗每月宣讲。又从侍讲学士张照之请,行之于试士训蒙,由县、府及学政复试童生,令默写《广训》一条,不错一字者,准取进(《清世宗实录》卷一七)。

三月初一日乙亥(3 月 25 日),雍正帝诣太学谒先师孔子,行礼毕,满汉祭酒、司业讲《大学》、《书经》。宣制曰:"圣人之道,如日中天,讲究服膺,用资治理。尔师生其勉之。"(《清世宗实录》卷一七)

按:先是,二月十七日,曾谕:为尊师重道,一应章奏、记注,将皇帝"幸学"改称"诣学",以伸崇敬。是日,以皇帝亲诣太学,释奠先师孔子,于彝伦堂讲经论学。典礼完成,命九卿等议应入崇圣祠祔享之先贤,先贤、先儒之后,孰当增置五经博士。增各省之府州县学取中额数。乡试中额,酌议增加。国子监贡生、监生,本科乡试中额增加 18 名。本年八月,准礼部议,从祀孔庙宜复祀者,有颜回等 6 人,宜增祀者,有万章等 20 人。入崇圣祠者 1 人:张迪。宜增置博士者:冉雍、冉伯牛、子张、有若等 4 人。

初四日戊寅(3 月 28 日),因皇帝诣学礼成,行庆贺礼。雍正帝召见孔、颜、孟诸氏子孙入见。谕以恪守先圣先贤之训,"慎修厥德,以继家声"(《清世宗实录》卷一七)。各赐墨及貂皮有差。

初五日己卯(3 月 29 日),颁给国子监敕谕。国子监官员应严督诸生,善为诱导。

二十五日己亥(4 月 18 日),禁八旗官员兵丁于戏园、酒馆纵饮,违者治罪。

四月十七日庚申(5 月 9 日),以多罗贝勒满都护为纂修玉牒总裁官。

闰四月初四日丁丑(5 月 26 日),续修《大清会典》。

按:从礼部侍郎蒋廷锡奏,以《大清会典》自崇德元年(1636)起,至康熙二十五年(1686),已刊刻成本,但其后所定章程,未经编辑。应将康熙二十六年(1687)至雍正二年(1724)各部院所定礼仪条例,送馆编辑。五月二十四日,以吏部尚书隆科多、户部尚书张廷玉、左都御史尹泰、朱轼为纂修《大清会典》总裁官,吏部侍郎史贻直、礼部侍郎蒋廷锡、兵部侍郎伊都立、内阁学士福敏、翰林院掌院学士阿克敦为副总裁官。

初五日戊寅(5 月 27 日),命左右两翼各立八旗宗学一所。

初十日癸未(6月1日),命各省设立"广济堂"、"育婴堂"。

是月,命严禁白莲、罗门等"邪教"。

六月二十三日甲午(8月11日),衍圣公孔传铎奏报阙里圣庙灾,命工部择日兴修,务期规制复旧,庙貌重新。

七月十一日壬子(8月29日),雍正批准礼部发布禁教令通谕各省:著国人信教旨应弃教,否则处极刑;各省传教士限半年内离境,前往澳门。

十六日丁巳(9月3日),雍正作《朋党论》诫群臣。

八月初三日癸酉(9月19日),诸王大臣因御制《朋党论》训诫,共奏:"共矢忠诚,敬谨奉行"(《清世宗实录》卷二三)。

初四日甲戌(9月20日),命乡会试回避士子一体应试。

按:谕礼部:今科会试,凡官员入闱者,其子弟著一体应试,将试卷另封进呈,另派大臣校阅遴选,庶人才不致屈抑(《清世宗实录》卷二三)。

初六日丙子(9月22日),以吏部尚书朱轼、户部尚书张廷玉为会试正考官,内阁学士福敏、吏部左侍郎史贻直为副考官。

九月二十一日辛酉(11月6日),增河南省各学取进文童额数。

二十七日丁卯(11月12日),增福建省各学取进文童额数。

十月初二日壬申(11月17日),策试天下贡士王安国等于太和殿前。

初五日乙亥(11月20日),雍正帝御太和殿,传胪,赐殿试贡士陈德华等299人进士及第出身有差。随又钦赐举人张泰基为进士。

按:是科为补行正科会试。是年定例:殿试三日后读卷,读卷后一日,皇帝御殿,传胪,鸿胪寺宣制:一甲三名赐进士及第,二甲赐进士出身,三甲赐同进士出身。张挂黄榜于长安左门外。

十三日癸未(11月28日),于京城建昭忠祠,祀开国以来致命尽忠功臣。又令翰林官纂其籍贯事迹,各为立传,汇成一编,垂诸永久。

二十四日甲午(12月9日),以吏部右侍郎沈近思为武会试正考官,内阁学士吴士玉为副考官。

二十六日丙申(12月11日),增陕西省各学取进文武童生额数。

十一月初三日癸卯(12月18日),谕礼部,考试翻译举人,不必分作三场,只须一次考试,一日一夜,量其所能,章奏一道,或《四书》或《五经》酌量出一题,其优劣便已可见。

二十六日丙寅(1725年1月10日),策试天下中式武举马愈隆等130人于太和殿前。

十二月初二日辛未(1月15日),赐殿试武举苗国琮等136人武进士及第出身有差。

初四日癸酉(1月17日),命工部于太学建进士题名碑。

十三日壬午(1月26日),增顺天府大兴、宛平二县文童入学额数,照府学例,各取进25名。

十六日乙酉(1月29日),以内阁学士福敏、吴士玉教习庶吉士。

是日,增福建省乡试举人中额4名。

十八日丁亥(1月31日),禁外官蓄养优伶。

是年，雍正帝视学释奠，以祔飨庙庭诸贤，有先罢宜复，或旧阙宜增，与孰应祔祀崇圣祠者，命廷臣考议。

按：《清史稿·礼志三》曰："议上，帝曰：'戴圣、何休非纯儒，郑众、卢植、服虔、范宁守一家言，视郑康成淳质深通者有间，其他诸儒是否允协，应再确议。'复议上。于是复祀者六人：曰林放、蘧瑗、秦冉、颜何、郑康成、范宁。增祀者二十人：曰孔子弟子县亶、牧皮，孟子弟子乐正子、公都子、万章、公孙丑，汉诸葛亮，宋尹焞、魏了翁、黄榦、陈淳、何基、王柏、赵复，元金履祥、许谦、陈澔，明罗钦顺、蔡清，国朝陆陇其。入崇圣祠者一人，宋横渠张子迪。"

陆陇其从祀孔子庙。

按：《清史稿》卷二六五曰："清世以名臣从祀孔子庙，斌、陇其、伯行三人而已，皆以外吏起家，蒙圣祖恩遇。陇其官止御史，而廉能清正，民爱之如父母，与斌、伯行如一，其不为时所容而为圣祖所爱护也亦如一。君明而臣良，汉、唐以后，盖亦罕矣。斌不薄王守仁，陇其笃守程、朱，斥守仁甚峻，而伯行继之。要其躬行实践，施于政事，皆能无负其所学，虽趋向稍有广隘，亦无所轩轾焉。"

李塨二月过访尹会一。

张伯行二月进《续近思录》、《广近思录》等书。

按：《四库全书总目提要》曰："是编(《续近思录》)因《近思录》门目，采朱子之语分隶之，而各为之注。然自宋以来，如《近思续录》、《文公要语》、《朱子学的》、《朱子节要》、《朱子近思录》之类，指不胜屈，几于人著一编。核其所载，实无大同异也。"

蒋廷锡奏请续纂《大清会典》，即命为副总裁。

张廷玉五月充《大清会典》总裁官；九月与朱轼为会试正考官，福敏、史贻直为副考官；十月充文武殿试读卷官。

李绂四月授广西巡抚。十月疏陈练兵事宜。

王懋竑充恩科顺天乡试同考官。旋以母忧去官。

沈近思正月典山东乡试。二月擢吏部右侍郎。十月充武会试正考官。

蔡世远六月为翰林院侍讲，实授分校乡、会两试，得人甚盛。

王文清、尹会一中进士。

程廷祚游京师，始与储晋观订交。

金农游淮阴，以行箧所携《天发神谶碑考》贻吴玉搢。

王安国以一甲第二名进士及第，授编修，再迁侍讲。

吴隆元正月以翰林院侍读学士教习庶吉士。

按：吴隆元字炳仪，号易斋，浙江归安人。笃志经学，尤邃于《易》。著有《易宫》38卷、《读易管窥》5卷、《孝经三本管窥》1卷。

汪由敦、诸锦、李清植、羊焕然、赵大鲸、于枋、姚璨、吴应枚、张泰基、程恂、蒋振鹭、王峻、潘思榘、金相、吴应龙、陈浩、周长发、陈璟、谢朋庚、王泰牲、周廷燮、开泰、李重华、朱陵、徐延熙、赵晃、周吉士、程光巨、顾赘、严源焘、杨士鉴、吴兆雯、朱良裘、刘统勋、恒德、王廷琬、徐天麒、舒明、张圣训、熊晕吉等40位新科进士十一月初十日被选为庶吉士。修撰陈德华、编修王安国、汪德容分别满汉书教习。

潘思榘中进士，官至福建巡抚。

按：潘思榘字补堂，阳湖人。著有《周易浅释》4卷。《四库全书总目提要》曰："是书皆即卦变之法以求象，而即象以明理。每卦皆注自某卦来，谓之时来。盖《易》道广大，无所不该，其中阴阳变化宛转关生，亦具有相通之理。故汉学如虞翻诸家皆有是说，宋学即程子、朱子亦阐明是理。虽非《易》之本义，要亦《易》之一义也。前有白瀛《序》，称：'思榘点勘通志堂所刊《易》解四十二家，竭华生之力以成此书。比其没也，力疾属草，尚阙《乾》、《坤》二卦未注，遂以绝笔。'故此本所说惟六十二卦，其《象传》、《彖传》则以用《注疏》本，附经并释，而《文言》、《系辞》、《说卦》、《序卦》、《杂卦》则未之及。盖主理者多发挥《十翼》，主象、主数者多研索卦，爻，其宗派然也。后有松江沈大成与其门人福唐林迪光二《跋》。迪光述思榘之言曰：'象多言象，而变在其中；爻多言变，而象在其中。不明时来，不知卦之来处；不求爻变，不知卦之去处。爻无所不包，旧说一概讲入身心政治上去，遗却许多道理，不如就其浅处说，而深处亦可通也。'固足括是书之大旨矣。"

史贻直闰四月以吏部左侍郎充经筵讲官。
彭维新六月为左春坊左谕德，充日讲官。
钱以垲八月为詹事府少詹事，充日讲官。
黄鸿中八月为翰林院侍讲，充日讲官。
于振八月为翰林院编修，充日讲官。
王图炳十月为詹事府詹事，充日讲官。
德新十一月为翰林院侍讲学士，充日讲官。
俞兆晟十一月为左春坊左赞善，充日讲官。
戴瀚十二月为翰林院编修，充日讲官。
阿尔赛十二月为翰林院侍读学士，充日讲官。
刘吴龙因朱轼荐，改吏部主事。
高凤翰解德州田氏馆，游诸城，作《琅琊台看日出》画册。
曹传在天津武清创建庆成书院。
彭滨时任江西彭泽县教谕，建敬业书院。
刘湘时任河南渑池知县，建颍滨书院。
杜薰时任河南灵宝知县，建菁峨书院。
段献生时任广东宝安知县，建文冈书院。
刘庶时任广东英德知县，建甘棠书院。
张应诏在贵州黎平县重修龙标书院。
段諴生时任宝安知县，创建文冈书院。
葡萄牙传教士徐懋德授钦天监副职。

查慎行著《周易玩辞集解》10卷成书。
按：《四库全书总目提要》曰："慎行受业黄宗羲，故能不惑于'图书'之学。卷首《河图说》二篇。一谓'河图'之数，圣人非因之以作《易》，乃因之以用蓍，自汉唐以下，未有列于经之前者。一谓'河图'出于谶纬，而附以朱子亦用'河图'生蓍之证。次为《横图圆图方图说》，论其顺逆、加减、奇偶相错之理。次为《变卦说》，谓变卦为朱子之《易》，非孔子之《易》。次为《天根月窟考》，列诸家之说凡六，而以为老氏双修性命之学，无关于《易》。次为《八卦相错说》，谓相错是对待，非流行，又谓相错只八

赫尔曼·博尔哈维著成《炼金术要素》。

卦，非六十四卦相错。次为《辟卦说》二：一论十二月自然之序，一论阴阳升降不外乾、坤。次为《中爻说》，以孔颖达用二、五者为是。次为《中爻互体说》，谓正体则二、五居中，互体则三、四居中，三、四之'中'由变而成。次为《广八卦说》，谓《说卦》取象不尽可解，当阙所疑。其言皆明白笃实，足破外学附会之疑。经文次序用《注疏》本。《乾卦》之末有注曰：'案胡云峰《本义通释》，《乾》、《坤》二卦自《文言》起至末别为一卷，编在《说卦》之前，窃意《本义》原本当如是，而通释遵之，今原本不复见矣'云云，盖未见刘窓刻本者。窓之旧刻，圣祖仁皇帝特命开雕，慎行侍直内廷，何以不见？其理殆不可解。然其说经则大抵醇正而简明，在近时讲《易》之家特为可取焉。"

  魏荔彤著《大易通解》15卷刊行。

  胡煦著《周易函书别集》16卷刊行，有自序。

  张伯行著《性理正宗》40卷成书。

  按：《四库全书总目提要》曰："伯行自序，谓《性理大全》一书，杂采天文、地志、律历、兵机、谶纬、术数之学，及释家、《参同契》、纵横家言，概有取焉，未免失之驳而不纯。因删其繁芜，补其阙略，尊道统以清其源，述师传以别其派。爰取周、程、张、朱五子以下，及元、明诸儒之言，分类次之。"

  周模著《律吕新书注》3卷成，有自序。

  按：《四库全书总目提要》曰："《律吕新书注》三卷，国朝周模撰。模，仪封人。是书成于雍正甲辰。所注皆依文训义，惟于鲁斋彭氏所算黄钟围径字画讹舛者，能订正其失耳。《自序》云：'不得黄钟则十一律无由而正。'然不究黄钟之真度，而徒以在声为中声，在气为中气，在人为喜怒哀乐未发与发而中节等理语解之。此所谓言之可听，而用之无当者也。"

  张德盛修，王曾禄纂《高邮州志》12卷刊行。

  陈尚隆纂《陈墓镇志》16卷成书。

  唐暄修纂《怀远县志》8卷刊行。

  孙能宽等修，叶适等纂《归善县志》21卷刊行。

  姚培谦刻所著《自知集》。

  沈炳震著《唐诗金粉》10卷成书，有自序。

  浦起龙著《读杜心解》6卷刊行，附所编《少陵编年诗目谱》。

  按：《四库全书总目提要》曰："此书虽总题六卷，而卷首分上下二册，不入卷数。卷一分子卷六，卷二分子卷三，卷三分子卷六，卷四分子卷二，卷五分子卷五，卷六分子卷二，实二十六卷也。自昔注杜诗者，或分体，或编年。起龙是编则于分体之中又各自编年，殊为繁碎。如《江头五咏》以二首编入五言古诗，三首编入五言律诗，尤割裂失伦。……自有别集以来，无此编次法也。其间考订年月，印证时事，颇能正诸家之疏舛，而句下之注，漏略特甚。篇末之解，缴绕亦多。又诠释之中，每参以评语，近于点论时文，弥为杂糅，与所撰《史通通释》，评与注释夹杂成文者，同一有乖体例，殆好学深思之士，而不善用所长者欤！"

  蓝鼎元《鹿洲初集》20卷刊行。

  按：《四库全书总目提要》曰："是集为其友旷敏本所编，初定于雍正丙午，越六年壬子，又合其续稿重汰定之，仍为二十卷。故前有敏本序，序后又有敏本纪，各述其始末。鼎元喜讲学，尤喜讲经济，于时事最为留心。集中如论闽、粤、黔诸省形势及征剿台湾事宜，皆言之凿凿，得诸阅历，非纸上空谈。至于所叙忠孝节烈诸事，亦点染生动，足裨风教。其中如《论直隶水利》之类，生长南方，不能达北方水性，未免掇拾陈言,《与顾太史书》之类,自雪冤谤,杂以轻薄谑詈,尤所养不纯。然文笔条畅,多切事理,在近人文集中,犹可谓有实际者也。"

王鹏著《半村居诗抄》2卷、词抄1卷刊行。

张伯行著《困学录集粹》8卷成书,有自序。

按:《四库全书总目提要》曰:"其书摹《读书》、《居业》二录之体。一、二卷题曰《河干公余》。三、四、五卷曰《闽署公余》。六、七、八卷题庚寅至甲辰年。六卷以上皆述其自得之语。七卷以下颇辨陆九渊、王守仁、高攀龙、刘宗周诸人之误。"

叶桂著《本草经解》4卷刊行。

按:是书一名《本草经解要》,原题清叶桂撰。据曹禾《医学读书志》卷下陈念祖条,谓本书为"姚球撰",后为书商易以叶桂之名。本书选录《神农本草经》的药物117种,其它本草书中的药物57种,共174种常用药物。对《本经》等书的原文作了必要的注解。各药之后有制方,介绍了一些常用的临床处方。现存多种清刻本、石印本,1949年后有排印本。

刘智著《天方至圣实录》20卷成书。

按:是书系中国最早的一部用古汉语写成的伊斯兰先知穆罕默德传记,又名《天方至圣实录年谱》。

传教士郎世宁参用西洋画法作《嵩献英芝图》,以献雍正帝。

杨无咎卒(1636—　)。无咎字震百,号易亭,别号小宛、正孝先生,江南吴县人。杨廷枢子。明亡,隐居不出。与徐枋、朱用纯合称"吴中三高士"。著有《谈经录》、《三易卦位图说》、《管窥录》、《小宛集》、《唐风》等。事迹见《清史列传》卷七〇。

魏荔彤约活动于本年前后,生卒年不详。荔彤字赓虞,号念庭,一号淡庵,直隶柏乡人。魏裔介子。康熙四十九年至五十五年,任漳州知府。设义学,行社仓,与蔡世远等主修《漳州府志》。官中书舍人、江苏常镇道。治学精于经传及诸子百家,曾自称"手注九经,道窥一贯"。著有《大易通解》15卷、《怀舫集》36卷、《伤寒论本义》18卷、《金匮要略方论本义》22卷等。事迹见《清史列传》卷六八。

阎循观(　—1768)、陆时化(　—1779)、余庆长(　—1800)、纪昀(　—1805)、王杰(　—1805)、王昶(　—1806)生。

雍正三年　乙巳　1725年

正月二十五日甲子(3月9日),定考差例。

二月二十二日庚寅(4月4日),建圣祖仁皇帝圣德神功碑。雍正帝作碑文。

威尼斯条约保证国事诏书的执行。俄罗斯彼得一世卒。

布拉格歌剧院建立。

圣彼得堡科学院建立。

首场公开音乐会由 A. D. 菲利杜尔在巴黎举行。

二十五日癸巳(4月7日),增湖北省各学取进文童额数。

二十六日甲午(4月8日),增四川省各学取进文童额数。

三月初二日己亥(4月13日),增山东省各学取进文童额数。

初五日壬寅(4月16日),增直隶省各学取进文童额数。

初七日甲辰(4月18日),增广东省各学取进文童额数。

初八日乙巳(4月19日),裁保定左所教授、训导各1员;改天津卫为州,改教授为学正。

初九日丙午(4月20日),增山西省各学取进文童额数。

十一日戊申(4月22日),添福建台湾府新设彰化县儒学教谕1员,额取童生8名。

十七日甲寅(4月28日),礼部议复:"左通政陈良弼条奏:'八旗汉军笔帖式、贡、监、生员、官学生,亦有学习翻译者,请照满洲蒙古例,一体考试。'应如所请。嗣后三年之内,考取秀才二次,举人一次,进士一次,其取中额数视人数多寡,临期请旨钦定。"从之(《清世宗实录》卷三〇)。

二十四日辛酉(5月5日),川陕总督年羹尧以日月合璧、五星联珠,具本奏贺。

按:奏中将"朝乾夕惕"写作"夕阳朝乾",遭谕旨训斥,曰:"年羹尧所奏本内字画潦草,且将'朝乾夕惕'写作'夕阳朝乾'。年羹尧平日非粗心办事之人,直不欲以'朝乾夕惕'四字归之于朕耳。朕自临御以来,日理万机,兢兢业业,虽不敢谓乾惕之心,足以仰承天贶,然敬天勤民之心,时切于中。未尝有一时懈怠,此四海所知者。今年羹尧既不以'朝乾夕惕'许朕,则年羹尧青海之功,亦在朕许与不许之间,而未定也。朕今降旨诘责,年羹尧必推托患病,系他人代书。夫臣子事君,必诚必敬,陈奏本章,纵系他人代书,岂有不经目之理。观此,则年羹尧自恃己功,显露不敬之意,其谬误之处,断非无心。此本发与年羹尧,令其明白回奏。"(《清世宗实录》卷三〇)。

是月,颁发《钦定历象考成》,命钦天监学习遵守。

四月十八日乙酉(5月29日),增广西省各学取进文童额数。

二十九日丙申(6月9日),以西洋传教士戴进贤为钦天监监正,加礼部侍郎衔。

六月十六日壬午(7月25日),增云南省各学取进文童额数。

十九日乙酉(7月28日),增取湖南衡州、永州、宝庆、辰州四府,郴州、靖州二州所属苗童入学额数,每学3名。

八月初四日己巳(9月10日),增江南省各学取进文童额数。

初五日庚午(9月11日),雍正帝亲书孔子庙匾额"生民未有",颁发各省。

按:雍正帝另书颜子庙匾额曰"德冠四科",曾子庙曰"道传一贯",子思子庙曰"性天述祖",孟子庙曰"守先待后",闵子庙曰"躬行至孝",仲子庙曰"圣道干城"。又赐衍圣公孔传铎及六贤后裔御书匾额。圣裔曰"钦承圣绪",颜子裔曰"四箴常凛",曾子裔曰"省身念祖",子思子裔曰"六艺世家",孟子裔曰"七篇贻矩",闵子裔曰"门宗孝行",仲子裔曰"勇行贻范"(《清世宗实录》卷三五)。

十三日戊寅(9月19日),增江西省各学取进文童额数。

二十三日戊子(9月29日),从贵州学政王奕仁疏言,该省苗民有愿读书者,准入义学,每遇岁科两试,于该学定额外,取进1名。

九月十三日丁未(10月18日),以内阁学士德新教习庶吉士。

十月初八日壬申(11月12日),时罗马教皇遣使来华,携表贺雍正帝登极,并赠礼品。是日,来使噶达郝、易德丰朝见雍正帝。雍正帝告以:来华之西洋人,只要"慎守法度,行止无愆",一定"推恩抚恤"(《清世宗实录》卷三九)。

初九日癸酉(11月13日),以敕书致罗马教皇,交来使带回。

十七日辛巳(11月21日),汪景祺文字狱发。

按:汪景祺,原名日祺,浙江钱塘人。户部侍郎汪霖次子。雍正二年(1724),赴陕西谒年羹尧。其《上抚远大将军、一等公、川陕总督年公书》中,称年羹尧为"词林之真君子,当代之大丈夫","宇宙之第一伟人","圣贤豪杰备于一身"。二年五月,著《读书堂西征笔记》,对当时政治多有抨击。其《自序》中亦称该书"意见偏颇","议论悖戾"。书中讥议圣祖谥法,雍正年号,言"正"字有"一止"之象,前代如正隆、正大、至正、正德、正统,凡有正字者皆非吉兆。作《功臣不可为论》,以檀道济、肖懿比年羹尧。言"鸟尽弓藏,古今同慨",系因功成之后,人主"横加猜疑,致成嫌隙"。于《高文恪遗事》中,言高士奇因奴事索额图得显官,旋合明珠倾索,又合徐乾学以倾明珠,又合明珠、王鸿绪以倾徐,"市井小人,出自粪土,致身轩冕,乌知所谓礼义廉耻哉!"于《遂宁小品》中,言张鹏翮曾为索额图倾溺器,又因与仆妇私通而受夫人鞭责,然"所历皆美官,先帝颇信任之。"于《西安吏治》中,言吏治之坏莫甚于陕西,数十年来,督抚、藩臬皆以满洲人为之,目不知书,吏治民生皆不过问,"唯以刻剥聚敛,恒舞酣歌之计而已。""上官既无善类,俗吏朘民以奉之,加征杂派,苛政日增。"书中对某些时政,如进士馆选一见定贤否;道府官或由特旨补授;"白首为郎,十年不调";翰林转外官;诸臣言事多虚应故事等,均有非议。先是,本年九月间,福敏等于杭州搜查年羹尧家,有家人供:年羹尧已于九月十二日将一应书札尽行烧毁。福敏等细搜,于乱纸中发现手抄书二本,即《读书堂西征笔记》,以书中言论"甚属悖逆",是日,奏闻(见《清世宗实录》卷三九)。

十九日癸未(11月23日),增浙江省各学取进文童额数。

十二月初七日(1726年1月9日),增贵州省各学取进文童额数。

十一日甲戌(1月13日),令年羹尧自裁。

按:是年四月,年羹尧被免去川陕总督和抚远大将军职务,调任杭州将军。七月,被革去将军职衔。九月,被捕下狱。十二月,以大逆、欺罔、僭越、狂悖、专擅、贪婪、侵蚀、忌刻八大罪行共九十二款,勒令自尽。年遐龄、年希尧因属忠厚安分之人,著革职,宽免其罪。"年羹尧之子甚多,惟年富居心行事,与年羹尧相类,著立斩。其余十五岁以上之子,著发遣广西云贵极边烟瘴之一地充军。年羹尧之妻,系宗室之女,著遣还母家去。"(《清世宗实录》卷三九)

十六日己卯(1月18日),将隆科多《圣祖仁皇帝实录》总裁革退。

十八日辛巳(1月20日),结汪景祺案。

按:刑部等衙门议奏,汪景祺妄作《读书堂西征随笔》,照大不敬律,拟斩立决。得旨:"汪景祺作诗讥讪圣祖仁皇帝,大逆不道,应当处以极刑。今大臣等拟立斩具奏,姑从其请,著将汪景祺立斩枭示。其妻子发遣黑龙江,给与穷披甲之人为奴。其期服之亲兄弟、亲侄,俱著革职,发遣宁古塔。其五服以内之族人,现任及候选、候补

者,俱著查出,一一革职,令伊本籍地方官约束,不许出境。"(《清世宗实录》卷三九)

张伯行正月自检平生文集及所论著、纂辑诸书未刻者,授其子张师载,嘱切记次第刻成。

张廷玉二月充《治河方略》总裁官,七月奉旨署理大学士。

李绂九月授直隶总督。

朱轼九月授文华殿大学士。

杨名时擢兵部尚书,总督云贵。

鄂尔泰时任江苏布政使,重修苏州紫阳书院,建春风亭,增廊其制。

按:柳诒徵《江苏书院志初稿》说:"紫阳创于张伯行,而盛于鄂尔泰。雍正初年,鄂尔泰为苏藩,访求才彦,召集省会,为春风亭会课,躬宴之于署斋,已复留若干人肄业于书院。鄂尔泰与苏之绅耆,及一时召集之士所作之文若诗,汇刻为《南邦黎献集》。书院之由讲求心性,变为稽古考文,殆以是为津渡。此康熙以降,书院之美谈也。"(《江苏国学图书馆年刊》1931年第4期)乾隆十六年(1751),乾隆御书"白鹿遗规"匾赐书院。

卢见曾出为四川洪雅知县。

蓝鼎元校书内廷,分修《大清一统志》。

陈宏谋任《大清一统志》馆纂修官。

王世琛二月为翰林院编修,充日讲官。

卫昌绩二月为翰林院检讨,充日讲官。

张照四月为翰林院侍讲学士,充日讲官。

程元章五月为翰林院编修,充日讲官。

尹继善六月为翰林院编修,充日讲官。

赖都六月以礼部尚书充经筵讲官。

魏方泰九月为詹事府詹事,充日讲官。

蒋涟九月为右春坊右中允,充日讲官。

蔡珽十月以吏部尚书充经筵讲官。

王兰生署国子监司业。

杨屾在陕西兴平始作饲养柞蚕实验,获得成功,柞蚕首次开始在关中地区大量放养。

张延绪在河北沧州建沧曲书院,山长李之峥遵朱子遗规,大书《励学八则》于讲堂。

吴湘皋始掌教濂溪书院,历八年,曾任书院山长,制订馆诲二十七则,并编辑《书院志略》10卷。

孙昌鉴时任知州,于河北滦县建海阳书院。

杨木植在江苏常熟创建游文书院。

钟文奎在江西安远县建聚五书院。

屠用谦时任知州,于河南禹州建颍川书院。

刘延泰时任广东河源知县,改建槎江书院。

徐嘉宾时任广西梧州知府,改建回澜书院为传经书院。

贾扩基时任云南大理巡道,建迤西道书院。

法国传教士戴进贤补授钦天监监正。

张文炳辑《周易卦铃》2卷刊行。

按:张文炳字明德,绛州人。康熙中以实录馆供事议叙,授高唐州州判,终于泗州知州。所著尚有《易象数钩深图》3卷、《公余笔记》2卷。《四库全书总目提要》评《易象数钩深图》曰:"是编称本之成氏《五经讲义》,而不著其名。考通志堂所刻经解,皆冠以纳兰成德之《序》。其中如刘牧《易数钩隐图》、张理《易象图说》、雷思齐《易图通变》,皆发明数学。文炳盖荟萃诸书以成一编,以其不明纂述体例,故误以宋元经解统名曰《五经讲义》,又不著成氏之名。不知满洲氏族源流,故误以纳兰为其自号,成德为其姓名,而称为成氏也。其书由割裂而成,颇为庞杂。间有文炳所附论,亦皆捃拾之学。"

李塨十月始注《春秋》。

程川编《朱子五经语类》80卷成书,有自序。

按:是书取《朱子语类》中论说《五经》之语,分类编之。《四库全书总目提要》曰:"川字廊渠,号春昙,钱塘人。乾隆元年荐举博学鸿词。是书成于雍正乙巳,乃川肆业敷文书院时所刊。取《朱子语录》之说《五经》者,州分部居,各以类从,以便参考。凡《易》四十卷,《书》九卷,《诗》七卷,《春秋》三卷,《礼》二十一卷。昔朱子之孙鉴,尝缉文公《易说》二十三卷,又缉《诗传遗说》六卷。国朝李光地又有《朱子礼纂》五卷,而《书》与《春秋》卒无专书。特诸家援引遗文,据以折衷众说而已。且其间各以意为去取,不能尽睹其全。又不著为某氏某年所录,亦无以考其异同先后之由。黎靖德所编《语录》,虽荟萃无遗,然不及一一诠次,亦猝不得其端绪。川此编,于每经皆以总论居前,论旧说得失者次之,其余则以经文为序,并各著某人所录于下,且注其年月及朱子是时年若干岁于首条。条分缕析,至为明白。虽其间记录或失其真,前后偶异其说者,未为一一辨明,然比类而观,互相勘校,其得失亦粲然具见矣。《三礼》之末,缀以《大戴礼记》,似乎不伦。考是书历代史志皆著录于礼类,史绳祖《学斋占毕》称宋时尝并《大戴记》于《十三经》末,称《十四经》。虽绳祖不详事在何朝,然谅非诬说。且其文与《三礼》多相出入,可以为参考之资,附录于末,亦不得以泛滥为疑矣。"

沈淑著《陆氏春秋左氏传异文辑》1卷成书,有自序。又著《春秋左传土地名》2卷成书。

朱泽沄著《性情说》成书。

全祖望著《沧田录》成书。

朱轼等奉敕纂《大清律集解附例》30卷成书,御制序文。

按:原律457条,增2条,移易1条,更名4条,改律文及小注字句130条,共460条。合前例详校,增入486条,共842条。

傅泽洪、郑元庆著《行水金鉴》175卷成书。

按:《四库全书总目提要》曰:水利之书,"有明以后,著作渐繁,亦大抵偏举一隅,专言一水。其综括古今,胪陈利病,统前代以至国朝,四渎分合,运道沿革之故,汇辑以成一编者,则莫若是书之最详"。以后在道光十一年(1831),黎世序、俞正燮、潘锡恩等编有《续行水金鉴》156卷,综合了自顺治八年(1651)至嘉庆二十五年(1820)的水利资料。1952年,赵世暹、朱更翎等编成《行水金鉴、续行水金鉴分类索

亚历山大·波普翻译出荷马的史诗《奥德赛》。

弗朗西斯·哈奇森著成《对传统审美观及道德观的探索》。

吉劳米·德莱尔绘制成《欧洲地图》。

引》,并附《校勘随笔》,纠正两书之误近两千条。

刘崇元修,张枚等纂《太平县志》8卷刊行。

张应星修纂,徐德泰增修《来阳县志》8卷刊行。

王一夔修,赛珠等纂《文登县志》10卷刊行。

朱若功修,戴天赐等纂《呈贡县志》4卷刊行。

范溥修,田世容纂《顺宁府志》10卷刊行。

汤椿年纂辑《钟山书院志》16卷成书。

吴光酉重辑《陆稼书先生年谱》由清风堂刊行。

姜廷枚自编《龙南老人自述》1卷成书。

柴绍炳编《省轩考古类编》12卷刊行,有高越、姚培谦序。

吕留良遗著《吕晚村先生文集》8卷、续集4卷刊行。

沈德潜刻所选编《古诗源》14卷。

按:是书选编之诗,上溯先秦,下迄隋代,录诗七百余首,因其内容丰富,篇幅适当,笺释简明,遂为较流行的古诗读本。

李光坡著《皋轩文编》1卷刊行。

按:《四库全书总目提要》曰:"是集凡文二十篇,皆发挥性理,阐明经义之作。其论学主程、朱;论《礼》主郑氏;论《易》则宗邵子,而兼取扬雄《太玄》,以为僭《经》虽有罪,而存《易》则有功。然必以《太极》、《先天》二图,为不出自陈抟,则未免回护之见。晁以道作《李才子传》,序述源流,至为明白,同时之人,当非无据,非朱震一人之私言也。"

张大受著《匠门书屋文集》30卷刊行。

张伯行著《正谊堂文集》40卷成书。

蔡世远编《古文雅正》14卷成书,有自序。

按:《四库全书总目提要》曰:"是集选录自汉至元之文凡二百三十六篇。前有《自序》曰:'名之曰雅正者,其辞雅,其理正也。'……世远是集以理为根柢,而体杂语录者不登;以词为羽翼,而语伤浮艳者不录。"

徐文靖著《语助七字诗》1卷成书,有自序。

王顼龄卒(1642—)。顼龄字颛士,一字容士,号瑁湖,晚号松乔老人,江南华亭人。康熙十五年进士。官至武英殿大学士、太子太傅。尝任会试正考官、《诗经传说汇纂》总裁。卒谥文恭。著有《世恩堂集》35卷等。事迹见《清史稿》卷二六七、《清史列传》卷一〇、李桓《国朝耆献类征初编》卷一二。

张鹏翮卒(1649—)。鹏翮字运青,号宽宇,湖北麻城人,籍四川遂宁。康熙九年进士,选翰林院庶吉士,改刑部主事。历任浙江巡抚、江南学政、兵部侍郎、左都御史及刑、户、吏等部尚书、河道总督、武英殿大学士等官,加太子太傅衔。著有《奉使俄罗斯行程录》1卷、《江防述略》1卷、《治下河水论》1卷及《忠武志》、《敦行录》、《信阳子卓录》、《圣谟全书》等。康熙帝曾称"天下廉吏无出其右"。雍正帝曾谕全国贡士:"作官当如张鹏翮、朱轼,方不愧朝廷"。既卒,赠少保,谥文端。事迹见《清史稿》卷二八

六、《清史列传》卷一一、李桓《国朝耆献类征初编》卷一一、蔡冠洛《清代七百名人传》第三编、彭端淑《张文端公鹏翮传》(《碑传集》卷二二)。清张知铨编有《张文端公年谱》。

按：《清史稿》本传曰："上谕大学士曰：'鹏翮往陕西，朕留心访察，一介不取，天下廉吏无出其右。'"

张伯行卒(1651—)。伯行字孝先，号恕斋，晚号敬庵，河南仪封人。康熙二十四年进士，历任江苏按察使，福建、江苏巡抚，仓场总督，户部右侍郎，礼部尚书。卒赠太子太保，谥清恪。曾创建福州鳌峰、苏州紫阳书院等。又汇刻理学名儒著作为《正谊堂丛书》12卷。所著尚有《道南源委》6卷、《困学录集粹》8卷、《伊洛渊源续录》20卷、《濂洛风雅》9卷、《二程语录》18卷、《朱子语类辑略》8卷、《近思录集粹》8卷、《续近思录》14卷、《广近思录》14卷、《学规类编》27卷、《性理正宗》40卷、《小学集解》6卷、《小学衍义》86卷、《读书录》、《居济一得》8卷、《正谊堂文集》40卷等。事迹见《清史稿》卷二六五、《清史列传》卷一二、李桓《国朝耆献类征初编》卷六一、蔡冠洛《清代七百名人传》第一编、费元衡《敬庵张先生行状》、杭世骏《礼部尚书张公伯行传》、朱轼《太子太保礼部尚书张清恪公伯行神道碑》、张廷玉《太子太保礼部尚书张清恪公墓志铭》、沈近思《诰授光禄大夫礼部尚书加二级赠太子太保谥清恪仪封张先生墓表》(均见《碑传集》卷一七)。清张师栻、张师载编有《张清恪公年谱》。

按：《清史稿》本传曰："始赴官，尝曰：'千圣之学，括于一敬，故学莫先于主敬。'因自号曰敬庵。又曰：'君子喻于义，小人喻于利。老氏贪生，佛者畏死，烈士徇名，皆利也。'在官所引，皆学问醇正，志操洁清，初不令知。平日龃龉之者，复与共事，推诚协恭，无丝毫芥蒂。曰：'已荷保全，敢以私废公乎？'"张伯行在当时曾被誉为"理学名臣之冠"，被康熙帝誉为"天下第一清官"。加入张伯行幕府的有詹明章、蔡璧、张云章、陈梦林、蓝鼎元、蔡世远、林元之、蔡登渊、李松龄、吴日彩、姜任修、萧正模、方政益、徐养浩等。张伯行敬庵学派的弟子有蔡世远、沈彤、郑文炳、费元衡等。其交游者有方苞、朱轼、沈近思、汪份、冉觐祖、陈鹏年等。

又按：张伯行主持刊刻的著述典籍共55种，分为立德、立功、立言、气节、名儒粹言、名儒文集六部。自宋以后迄清前期程朱一派主要理学家如周敦颐、程颢、程颐、张载、朱熹、司马光、张栻、谢枋得、石介、许衡、薛瑄、胡居仁、方孝孺、杨继盛、罗钦顺、陆世仪、张烈、陆陇其、汤斌等数十人的重要著作，大体网罗具备。张伯行刊刻的文献典籍，经战乱以后，到同治时尚存44种。同治五年(1866)，左宗棠莅闽，重振文教，设正谊书局，访集完本，重加校勘，以杨浚为总纂，增至68种，是为《正谊堂全书》。

再按：郑文炳字慕斯，福建莆田人。《清史列传》卷六六本传曰："少有志操，长探性命之学，要以洛闽为归。……张伯行抚闽，重其学行，选入鳌峰书院，使从蔡世远游。伯行抚江苏，复遣使请之至，讲学年余而归。雍正、乾隆间，两举孝廉方正，皆不就。晚主洞桥书院，训迪不倦。年八十六，卒。文炳为学，讲明践履。尝取文之有关五伦者，敬录而服习之，为《明伦初集》五卷、《续集》五卷。所自著有《周易要义》、《性理广义》、《省心堂家训》、《文集》。"

殷元福卒(1662—)。元福字梦五，河南新乡人。康熙三十三年进士,改翰林院庶吉士,散馆,授广西柳城县知县。历官武进知县等。晚主杭州敷文书院讲席,人称书院为小白鹿洞。著有《读易草》4卷、《寓理集》、《知非集》1卷、《候鸣集》6卷。事迹见《清史列传》卷六七、李桓《国朝耆献类征初编》卷二二四。

  按:《清史列传》本传曰:"寻以告归,高安朱轼抚浙,倡明正学,拔士之好学能文者,送敷文书院,请元福主讲席。元福以明体达用教,人材奋兴,时呼小白鹿洞。生平设施,皆本实践。精研《周易》,诠发图书太极之旨,所著一遵程、朱,于陆、王过当之处,多所纠正。其论文,谓:'学能自得,必不蹈袭成言,而所言皆得人心之所同然。《孟子》性善养气之论,为前圣所未发,自得故也。'论诗,谓:'必敦乎理以为志,而理必资于学。'"

  满保卒(1673—)。满保姓爱新觉罗,榜名满保,字九如,一字凫山,又作凫川,满洲正黄旗人。康熙三十三年进士,改翰林院庶吉士,散馆,授检讨。曾充浙江、山东乡试副考官,日讲起居注官、国子监祭酒、经筵讲官,福建浙江总督等。著有《检心堂稿》,辑有《小学实义》6卷。事迹见《清史列传》卷一二。

  汪梧凤(—1771)、戴祖启(—1783)、蒋士铨(—1785)、汪缙(—1792)、檀萃(—1801)、程瑶田(—1814)生。

雍正四年 丙午 1726年

  二月初六日己巳(3月9日),以吏部尚书孙柱、兵部尚书法海为翻译乡试正考官,礼部左侍郎阿克敦、刑部郎中宪德为副考官。

  五月初九日庚子(6月8日),赐钱名世"名教罪人",命钱名世自制匾,悬挂于住宅。

  按:大学士九卿等奏:"食侍讲衔之钱名世,作诗投赠年羹尧,称功颂德,备极谄媚。且以平藏之功,归美年羹尧,谓当立碑于圣祖仁皇帝平藏碑之后,甚属悖逆。应革职,交与刑部从重治罪。"得旨:"向来如钱名世、何焯、陈梦雷等,皆颇有文名,可惜行止不端,立身卑污,所以圣祖仁皇帝摈斥不用,置之闲散之地。而钱名世谄媚性成,作为诗词,颂扬奸恶,措词悖谬,自取罪戾,今既败露,益足以彰圣祖知人之明。但其所犯,尚不至于死,伊既以文词谄媚奸恶,为名教所不容,朕即以文词为国法,示人臣之炯戒。著将钱名世革去职衔,发回原籍,朕书'名教罪人'四字,令该地方官制造匾额,张挂钱名世所居之宅。且钱名世系读书之人,不知大义,廉耻荡然,凡文学正士,必深恶痛绝,共为切齿,可令在京现任官员,由举人、进士出身者,仿诗人刺恶之意,各为诗文,纪其劣迹,以儆顽邪,并使天下读书人知所激劝。其所为诗文,一并汇齐,缮写进呈,俟朕览过,给付钱名世。"(《清世宗实录》卷四三)又谕:"赐钱名世'名教罪人'四字,著伊制匾悬于居宅。"又谕旨一道:"及诸臣所赋刺恶之诗,一并交与钱名世刊刻进呈,凡直省学校所在各颁一部,以示鉴戒。"(《清世宗实录》卷四四)

六月初八日己巳(7月7日),增定湖南省各学取进文童额数。

二十二日癸未(7月21日),添设顺天府学满洲教授、训导各1员。

九月十五日甲辰(10月10日),著将会试日期由二月改至三月。嗣后会试之年,遇有闰月,该部先期奏闻。

二十六日乙卯(10月21日),查嗣庭文字狱案发。

按:查嗣庭字横浦,浙江海宁人。康熙四十五年进士。时任礼部左侍郎,是年为江西乡试正主考。谕内阁、九卿、翰詹科道等:"查嗣庭向来趋附隆科多,隆科多曾经荐举,朕令在内廷行走,授为内阁学士,后见其语言虚诈,兼有狼顾之相,料其心术不端,从未信任。及礼部侍郎员缺需人,蔡珽又复将伊荐举,今岁各省乡试届期,朕以江西大省,需得大员以典试事,故用伊为正考官。今阅江西试录,所出试题,显露心怀怨望,讥刺时事之意,料其居心浇薄乖张,必有平日记载,遣人查其寓所,及行李中,则有《日记》二本,悖乱荒唐、怨诽捏造之语甚多。又于圣祖仁皇帝之用人行政,大肆讪谤,以翰林改授科道为可耻,以裁汰冗员为当厄,以钦赐进士为滥举,以戴名世获罪为文字之祸,以赵晋正法为因江南之流传对句所致,以科场作弊之知县方名正法为冤抑,以清书庶常复考汉书为苛刻,以庶常散馆为畏途,以多选庶常为蔓草、为厄运,以殿试不完卷黜革之进士为非罪,热河偶然发水,则书淹死官员八百人,其余不计其数,又书雨中飞蝗蔽天,似此一派荒唐之言,皆未有之事,而伊公然造作书写。至其受人嘱托,代人营求之事,不可枚举。又有科场关节,及科场作弊书信,皆甚属诡秘。今若但就科场题目,加以处分,则天下之人必有以查嗣庭为出于无心,偶因文字获罪,为伊称屈者,今种种实迹现在,尚有何辞以为之解免乎?尔等汉官读书稽古,历观前代以来,得天下未有如我朝之正者,况世祖、圣祖重熙累洽,八十余年,深仁厚泽,沦肌浃髓,天下亿万臣民,无不坐享升平之福。我皇考加恩臣下,一视同仁,及朕即位以来,推心置腹,满汉从无异视……查嗣庭,读书之人,受朕格外擢用之恩,而伊逆天负恩,讥刺咒诅,大干法纪。著将查嗣庭革职拿问,交三法司严审定拟。"(《清世宗实录》卷四八)

二十八日丁巳(10月23日),以"士习不端",命学官努力化导。

按:谕内阁:"士习不端,民风何由而正,其间关系,极为重大。朕自即位以来,加恩学校,培养人材,所以教育士子者,无所不至,宜乎天下之士,皆鼓舞奋兴,争自濯磨,尽去其佻达之习矣。而内外诸臣条奏中,胪列诸生之劣迹,请行严惩者甚多。朕思转移化导之法,当先端其本原。教官者,多士之仪型也;学臣者,教官之表率也。……凡为学臣者,务须持正秉公,宣扬风化,于教官之称职者,即加荐拔,溺职者,即行参革。为教官者,训诲士子,悉秉诚心,如父兄之督课子弟。至于分别优劣,必至公至当,不涉偏私。如此各尽其道,则士子人人崇尚品诣,砥砺廉隅,不但自淑其身,而群黎百姓,日闻善言,日观善行,必共生感发之念,风俗之丕变,庶几其可望也。"(《清世宗实录》卷四八)

十月初六日甲子(10月30日),雍正帝以浙江人汪景祺、查嗣庭等"肆行讪谤毫无忌惮",而认为该省风俗浇漓,故特设浙江观风整俗使。此后,设观风整俗使之省尚有广东、福建、湖南等省。

是日,诏各省学政于三年任满时,各举才守俱优之生员,亲试录用。大省举四五人,小省二人。

十二日庚午(11月5日),时雍正帝亲书唐朝魏徵《上太宗十思疏》赠李绂、田文镜等。李绂、田文镜是日奏谢。

十六日甲戌（11月9日），雍正帝因汪景祺、查嗣庭等案，告诫汉族士子，宜拥护朝廷，知君臣大义。

是日，谕礼部："士子读书制行之道，首在明经，其以《五经》取中副榜者，必有志经学之士。著将今年各省《五经》取中副榜之人，俱准作举人，一体会试。再，今科各省所中副榜内，有两次中副榜者，亦准作举人，一体会试。此系特典，后不为例。"（《清世宗实录》卷四九）

十一月二十七日乙卯（12月20日），以浙江风俗浇漓败坏，停该省士子乡会试，俟风俗渐趋淳厚，再降谕旨。

按：谕九卿等："读书所以明理，讲求天经地义，知有君父之尊，然后见诸行事，足以厚俗维风，以备国家之用，非仅欲其工于文字也。浙江文词甲于天下，而风俗浇漓敝坏已极。如查嗣庭、汪景祺，自矜其私智小慧，傲睨一世，轻薄天下之人，遂至丧心悖义，谤讪君上。以圣祖仁皇帝六十余年圣德神功，深仁厚泽，普天率土，浃髓沦肌，圣敬日跻，纯亦不已，用人行政，至公至正，事事周详尽善，实自古帝王中所罕见者。而查嗣庭、汪景祺乃敢肆行谤议，悖逆猖狂，公然纪载，谁无君父，能不痛心，能不切齿。昔孔子作《春秋》，历代因之，各有史册以垂法戒，今若容悖逆之人，颠倒是非，私行纪载，则史册皆不足凭矣，岂非千古罪人乎？浙江风气如此，倘听其颓敝，何以成一道同风之治。朕思开科取士，原欲得人任用，岂徒以其文章词藻之工，有益于民生吏治乎！且巡抚李卫等，从查嗣庭家中搜出科场怀挟细字，密写文章数百篇，似此无耻不法之事，不但藐视国法，亦且玷辱科名。浙江士子，未必不因此效尤，应将浙江人乡、会试停止，俟风俗渐趋淳朴，再降谕旨。至于生员岁考，仍旧举行。朕因人心风俗，关系重大，不得不严加整理，以为久安长治计也。"（《清世宗实录》卷五〇）

十二月初七日甲子（12月29日），谢济世"科目朋党"案发。

初八日乙丑（12月30日），追赠庐山归宗寺僧人性音为国师，号为"圆通妙智大觉禅师"，修塔建碑，其语录著入藏经。

二十日丁丑（1727年1月11日），定例：补用教职，由巡抚考校，其考试四、五等者，俱令解任，学习三年再行考试；六等者革职。各学教官所属文武生员有抗欠钱粮、捏词唆讼者，该教官不行申详，纵容徇庇者，革职。如六年内所属士子无上述过犯，教官以应升之缺补用（《清世宗实录》卷五〇）。

是日，定例：贡、监、生员包揽别户钱粮者，黜革；包揽催收入己，拖欠国课者，黜革，仍照数清完。

是年，从罗马教皇之请，将因禁于广州之西洋传教士毕天祥、计有纲释放。

斯蒂芬·黑尔斯始测量血压。

英国钟表匠约翰·哈里森发明钟摆架。

张廷玉二月实授内阁大学士，仍兼理户部尚书、翰林院掌院学士事务。吏部奏请兼衔，奉旨授为文渊阁大学士，兼户部尚书。三月，充《圣祖仁皇帝实录》总裁官。

按：昭梿《啸亭杂录》卷六《张文和之才》曰："张文和公辅相两朝，几二十余年，一时大臣皆出后进。年八十余，精神矍铄，裁拟谕旨，文采赡备。当时颇讥其袒庇同乡，诛锄异己，屡为言官所劾。然其才干实出于众，凡其所平章政事及召对诸语，归家时，灯下蝇头书于秘册，不遗一字。至八十余，书尝颠倒一语，自掷笔叹曰：'精力竭矣！'世宗召对，问其各部院大臣及司员胥吏之名姓，公缕陈名姓籍贯及其科目先后,无所错误。又以谦冲自居,与鄂文端公同事十余年,往往竟日不交一语。鄂公有所过失,公必以微语讥讽,使鄂公无以自容。暑日鄂公尝脱帽乘凉,其堂宇湫隘,鄂公环视曰:'此帽置于何所?'公徐笑曰:'此顶还是在自家头上为妙。'鄂神色不怡者数日。然其善于窥测圣意,每事先意承志,后为纯皇帝所觉,因下诏罪之,逐公还家。致使汪文端、于文襄辈,互相承其衣钵,缄默成风。朝局为之一变,亦公有以致之也。"

朱轼之母病故,二月十九日受赐银四千两。朱轼具折谢恩,请解任升缺,以终服制。雍正帝以三年之丧为时过久,日前畿辅水利正资料理,命给假三月,于八月回京,备顾问。

惠士奇任广东学使期满,粤人送者如堵墙。

查慎行十一月以弟查嗣庭案牵连,被逮入都诣刑部狱。

杨名时晋升为吏部尚书。

全祖望至定海之普陀山,访明张公肯堂埋骨处,因作神道碑铭。

李绂自广西巡抚召授直隶总督,道开封,田文镜出迓。

按:《清史稿·田文镜传》曰:"绂责文镜不当有意踩躏读书人,文镜密以闻,并谓绂与振国为同岁生,将为振国报复。绂入对,言振国、諴、言纶被论皆冤抑,知县张球居官最劣,文镜反纵不纠。上先入文镜言,置不问。"

沈近思七月充江南乡试正考官,雍正帝嘉其命题正大,策问发挥性理。

按:《清史稿·沈近思传》曰:"四年,充江南乡试考官。例以乡试录进呈,上嘉近思命题正大,策问发挥性理,谕奖之。时侍郎查嗣庭、举人汪景祺以诽谤获罪,停浙江人乡会试。近思疏言:'浙省乃有如嗣庭、景祺者,越水增羞,吴山蒙耻!'因条列整饬风俗,约束士子,凡十事。上曰:'浙省有近思,不为习俗所移,足为越水、吴山洗其羞耻!'所陈委曲详尽,下巡抚李卫、观风整俗使王国栋,如议施行。"

尹会一典试广西。

王澍在无锡与蒋衡会,共论书法,衡撮取大意作《书法论》1卷。

张照典试云南。

王兰生督浙江学政。

姚培谦辞不应人才荐。

蒋廷锡二月迁户部尚书,八月充顺天乡试正考官,十月命兼官兵部尚书。

唐英奉命在江西景德镇督选陶器,顾栋高为定所著《陶人心语》。

刘大櫆馆京师,始以文贽方苞;苞见而叹为"国士",为延誉。

陈万策二月为詹事府詹事,充日讲官。

留保五月为翰林院侍讲学士,充日讲官。

徐本六月为翰林院编修,充日讲官。

姚三辰六月为翰林院检讨,充日讲官。

缪曰藻、李钟侨十月为翰林院编修,充日讲官。

牧可登十一月为翰林院编修,充日讲官。

蒋涟十一月为翰林院侍讲,充日讲官。

德新、何国宗、吴襄十二月以内阁学士充经筵讲官。

蔡德晋中举人。

按：蔡德晋字仁锡，又字宸锡，号敬斋，江苏无锡人。《清史稿·儒林传二》曰："德晋尝谓横渠以礼教人，最得孔门博约之旨，故其律身甚严。其论三礼，多前人所未发。著《礼经本义》十七卷，《礼传本义》二十卷，《通礼》五十卷。"《四库全书总目提要》曰："《礼经本义》十七卷，国朝蔡德晋撰。德晋字仁锡，无锡人。雍正丙午举人。乾隆初以杨名时荐，官司务。是书前十六卷皆本经。第十七卷附吴澄所辑《逸礼》八篇，皆引宋、元、明以来诸家之说，与注疏互相参证，大旨皆不戾于古。名物制度，考辨颇悉。亦间出新义，……为前儒所未及也。"

吴允嘉在清溪县官署校书。

按：吴允嘉字志上，又字州来，号石仓，浙江钱塘人。著有《武林文献志》、《武林耆旧集》、《石仓存稿》、《石仓笺奏》、《四古堂文钞》、《浮梁陶政志》1卷、附录《景德旧事》1卷、《吴越顺存集》3卷、《外集》1卷等。丁申《吴石仓先生》曰："生平爱藏书，丹铅点勘，晨书暝写，凡山经地志，墓碣家乘，下逮百家小说丛残之书，搜讨不遗余力，晚年嗜好尤笃。"（《武林藏书录》卷下）

王箴舆时任河南渑池知县，建文中书院。

汪邦彦时任云南大理知州，建览凤书院。

赵坦时任云南洱源知县，建凤翔书院和新建书院。

吴昌祚在台南创建奎楼书院。

约翰·洛伦茨·冯·莫斯海姆著成《教会创设史》。

刘召村著《洪范汇成》2卷刊行。

饶一辛著《经义管见》1卷成书，有自序。

按：《四库全书总目提要》曰："一辛，字治人，南城人。是书成于雍正丙午。凡《图说》七、《周易统天旋卦赋》一、《说卦传论》一、《纳音五行论》一、《古今本得失论》一。于周子《太极图》、邵子《先天图》，皆多所攻驳。而其所自造之图，亦初无所受。至拟《归藏》、《连山》等图，以干北、坤南、坎东、离西、艮东北、兑西南、震东南、巽西北为位，尤于古无征。"

杨椿著《毛诗考》，有序。

李塨著《春秋传注》成书，有序。

敕纂《日讲春秋解义》64卷约成书于本年。

按：《四库全书总目提要》曰："《日讲春秋解义》六十四卷，谨案是书为圣祖仁皇帝经筵旧稿，世宗宪皇帝复加考论，乃编次成帙。说《春秋》者莫夥于两宋，其为进讲而作者，《宋史·艺文志》有王葆《春秋讲义》二卷，今已散佚；张九成《横浦集》有《春秋讲义》一卷；《永乐大典》有戴溪《春秋讲义》三卷，大抵皆演绎经文，指陈正理，与章句之学迥殊。是非惟崇政迩英，奏御之体裁如是，亦以统驭之柄在慎其赏罚，赏罚之要在当其功罪，而别嫌疑、明是非、定犹豫者，则莫精于《春秋》，圣人笔削之旨，实在于是也。故孟子曰：'《春秋》，天子之事也。'公扈子曰：'有国者不可以不学《春秋》，《春秋》，国之鉴也。'董仲舒推演《公羊》之旨，得二百三十二条，作《春秋决事》十六篇，其义盖有所受矣。是编因宋儒进御旧体，以阐发微言，每条先列《左氏》之事迹，而不取其浮夸；次明《公》、《谷》之义例，而不取其穿凿。反复演绎，大旨归本于王道，允足明圣经之书法，而探帝学之本原。圣祖仁皇帝、世宗宪皇帝，圣圣相承，郑重分明，以成此一编，岂非以经世之枢要具在斯乎？"

全祖望《古今通史年表》约作于是年。
方士谟纂修《孝义县志》18卷刊行。
萧纲修，高师孔纂《应州志》10卷刊行。
武维绪修，任毓茂纂《镇安县志》3卷刊行。
拜斯呼朗纂修《重修陕西乾州志》6卷刊行。
项维正修纂《江浦县志》8卷刊行。
郝之芳修，万定思等纂《瑞昌县志》8卷刊行。
宋廷佐修，汪越纂《南陵县志》16卷刊行。
李可采修《应城县志》12卷刊行。
胡醇元修纂《平乐府志》20卷刊行。
甘汝来修纂《太平府志》50卷刊行。
钱曾所著《读书敏求记》4卷由吴兴赵孟升松雪斋首刻。

按：是书初稿原名《述古堂藏书目录题词》，共收录述古堂藏书题跋六百余篇，皆钱曾"手所题识"，积久成编，是一部读书题跋记体裁的目录专著，为读书题跋记目录体裁的兴起奠定了基础。《四库全书总目提要》曰："《读书敏求记》四卷，国朝钱曾撰。曾字遵王，自号也是翁，常熟人。家富图籍，多蓄旧笈。此书皆载其最佳之本，手所题识，仿佛欧阳修《集古录》之意。凡分经、史、子、集四目。经之支有六，曰《礼乐》，曰《字学》，曰《韵书》，曰《书》，曰《数书》，曰《小学》。史之支有十，曰《时令》，曰《器用》，曰《食经》，曰《种艺》，曰《养养》，曰《传记》，曰《谱牒》，曰《科第》，曰《地理舆图》，曰《别志》。子之支有二十，曰《杂家》，曰《农家》，曰《兵家》，曰《天文》，曰《五行》，曰《六壬》，曰《奇门》，曰《历法》，曰《卜筮》，曰《星命》，曰《相法》，曰《宅经》，曰《葬书》，曰《医家》，曰《针灸》，曰《本草方书》，曰《伤寒》，曰《摄生》，曰《艺术》，曰《类家》。集之支有四，曰《诗集》，曰《总集》，曰《诗文评》，曰《词》。其分别门目，多不甚可解。如《五经》并为一，而字学、韵书、小学乃岐而三；纪传、编年、杂史之类并为一，而器用、食经之类乃多立子目；儒家、道家、纵横家并为一，而墨家、杂家、农家、兵家以下乃又缕析诸名，皆离合未当。又如书法、数书本艺术而入经，种艺、养养本农家而入史，皆配隶无绪。至于朱子《家礼》入礼乐，而司马氏《书仪》、韩氏《家祭礼》则入史。吾衍《续古篆韵》入字书，而夏竦《古文四声韵》则入韵书。以至《北梦琐言》本小说，而入史，《元经》本编年，《碧鸡漫志》本词品，而皆入子，编列失次者，尤不一而足。其中解题，大略多论缮写刊刻之工拙，于考证不甚留意。如《韵略》、《易通》至谬之本，而以为心目了然。《东坡石鼓文全本》，实杨慎伪托，而以为篆籀特全。《膧仙史略》载元顺帝为瀛国公子，诬妄无据，而以为修《元史》者见不及此。《了证歌》称杜光庭，《太素脉法》称空峒仙翁，本皆伪托，而以为实然。《元珠密语》最为妄诞，而以为申《素问》六气之隐奥。李商隐《留赠畏之》诗后二首，本为误失原题，而强生曲解。《声画集》本孙绍远撰，而以为无名氏。《岁寒堂诗话》本张戒撰，而以为赵戒。魏校《六书精蕴》最穿凿，而谓徐官《音释》六书之学极佳。《四声等子》与刘鉴《切韵指南》异同不一，而以为即一书。《古三坟书》及《东家杂记》之琴歌，伪托显然，而依违不断。萧常《续后汉书》正《三国志》之误，而大以为非。王弼注《老子》，世有刻本，而以为不传。庞安常圣散子方，宋人已力辨苏轼之误信，而复称道其说。屈原赋、宋玉赋，汉《艺文志》有明文而斥钱杲之谓《离骚》为赋之非。欧阳詹赠妓诗真迹至邵伯温时犹在，而以为寄怀隐士之作。皆不为确论。然其述授受之源流，究缮刻之同异，见闻既博，辨别尤精。但以版本而论，亦可谓之赏鉴家矣。"

丘志广著《柴村文集》12卷、《柴村诗抄》5卷刊行。

邱性善著《德滋堂歌诗》1卷刊行。

李塨著《恕谷后集》13卷成书。

按：是书由李塨门人编辑，先成10卷，后又续刻3卷，光绪五年，《畿辅丛书》合为13卷。

姚廷谦辑《元诗自携》16卷刊行。

陈梦雷、蒋廷锡等编《古今图书集成》10000卷成书，以新制铜活字排印。

按：该书系康熙四十年(1701)时，由康熙帝指示，在皇三子诚郡王允祉主持下，由陈梦雷主编。原名《古今图书汇编》，康熙帝改名《古今图书集成》。雍正帝即位后，陈梦雷得罪遣戍，命大学士蒋廷锡主持，重加编校，正其伪讹，补其阙略，至是编成。雍正帝亲制序文。命以铜活字排印。至雍正六年(1728)印成，共六十五部。该书为我国现存最大类书，共一万卷，一亿六千万字。御制《序》云："朕览大凡，列为六编，折为三十二典，其部六千有余，其卷一万。始之以历象，观天文也；次之以方舆，察地理也；次之以朋论，立人极也；又次之以博物、理学、经济，则格物致知、诚意正心、治国平天下之道，咸具于是矣。故是书之成，贯三才之道而靡所不该，通万方之略而靡所不究也。"(《古今图书集成》卷首)

李光地、王兰生奉敕编纂《钦定音韵阐微》18卷成书，有《御制音韵序》和《凡例》。

按：是书所定之反切，乃改良后的反切，方法简明易晓，故为后世辞书如《辞源》、《辞海》所采用。常见版本有光绪七年(1881)淮南书局的刻本及商务印书馆的《万有文库》本。有关研究此书的著作有罗常培的《汉语音韵学导论》、王力的《汉语音韵学》等。

孟河著《幼科直言》6卷刊行。

按：孟河字介石，江苏江宁人。长于儿科诸症。

张云章卒(1638—)。云章字汉瞻，嘉定人。太学生。尝从陆陇其游，讲学论道。游京师，客徐乾学家，为校勘宋元经解。张伯行抚吴，延其纂《礼》经，成《服制》4卷。张伯行总督仓场，留其主潞河书院。雍正初，举孝廉方正，以老辞。著有《朴村集》20卷。事迹见《清史列传》卷六七、李桓《国朝耆献类征初编》卷四三二。

戴梓卒(1649—)。梓字文开，浙江钱塘人。通天文算法，能自制火器。以布衣参与平定三藩之乱，授翰林院侍讲。充《律吕正义》纂修官，与南怀仁及诸西洋人论不合，咸忌之。后谪关东。著有《耕烟草堂诗钞》。事迹见《清史稿》卷五〇五、李桓《国朝耆献类征初编》卷一二〇。

汪森卒(1653—)。森字晋贤，号碧巢，浙江桐乡人。贡生。官桂林通判，迁太平府，终户部郎中。家有藏书万卷。曾与朱彝尊同定《词综》。又于桂林辑著有《粤西文载》75卷、《粤西诗载》25卷、《粤西丛载》30卷，合称《粤西三载》(又称《粤西统载》)；又有《小方壶存稿》8卷及《裘杼楼藏书目》等。事迹见《清史列传》卷七一、李桓《国朝耆献类征初编》卷一四二、储大文《户部郎中貤封监察御史汪君森墓志铭》(《碑传集》卷五九)。

按：《四库全书总目提要》曰："森在粤西，以舆志阙略殊甚，考据难资，因取历代诗文有关斯地者，详搜博采，记录成帙。归田后，复借朱彝尊家藏书，荟萃订补，共成《诗载》二十四卷，附词一卷，《文载》七十五卷。又以轶闻琐语可载于诗文者，更辑为《丛载》三十卷。其中如录谢朓诗误为晋人，又唐郑愚、蔡京授岭南节度使二制，本《文苑英华》所引《玉堂遗范》之文，初无撰人姓名，乃讹玉堂为王堂，颇有舛误。其志、传二门，多采黄佐、苏浚之通志，亦殊挂漏。然其体例明整，所录碑版题咏，多采诸金石遗刻。如宋何麟、曾元、曹师孔、鲁师道、石天岳诸作，皆志乘所未备。其《文载》中所分山川、城郭、官署、学校、书院、宫室、桥梁、祠庙、军功、平蛮诸子目，皆取其有关政体者。故于形势扼塞、控置得失、兴废利弊诸大端，纪录尤详。以视《全蜀艺文志》，虽博赡不及，而体要殆为胜之。至《丛载》所分二十目，虽颇近冗碎，而遗文轶事，多裨见闻，亦足以资考证，固未可以近于说部废之焉。"

僧性音卒（1671— ）。性音字迦陵，别号吹余，俗姓李，辽宁沈阳人。年二十四出家。曾历主杭州理安、庐山归宗、京都大觉。寂后清世宗谥圆通妙智大觉禅师。著有《十会语录》、《语要指要》、《宗鉴法林》、《宗统一练》、《杂毒海》。

按：性音为雍正帝在藩邸时相善之僧人，京城西山修大觉寺曾为其清修之所。雍正帝即位后，命其隐居庐山，至是圆寂。雍正五年（1727）十一月，命将其灵龛搬取进京。

雍正五年　丁未　1727 年

正月初五日壬辰（1 月 26 日），雍正帝召见宋君荣等西洋传教士 20 人。

二十九日丙辰（2 月 19 日），太常寺卿邹汝鲁进《河清颂》，因内有"旧染维新，风移俗易"等语而获罪。

按：谕内阁："太常寺卿邹汝鲁进《河清颂》内，有'旧染维新，风移俗易'等语。朕御极以来，用人行政，事事效法皇考，凡朕所行政务，皆皇考已行之旧章，所颁谕旨，皆皇考已颁之宝训，初未尝少有所增损更张也。朕已屡行晓谕，中外大小臣工，无不知之。今邹汝鲁所云'旧染维新，风移俗易'，不知其出自何心，亦不知其有何所指，且所移者何风，所易者何俗，旧染者何事，维新者何政，且《书经》成语'旧染污俗，咸与维新'，此处岂可引用耶？邹汝鲁前在奉天府尹任内，并不实心供职，诸事怠忽，声名亦甚平常。来京陛见，条奏数事，皆属荒唐不可行之事，因转用为太常寺卿。朕见伊言动举止，知非端方之人，又因伊弟纵容家人生事，被参革职，伊心怀怨望，形于颜色。今兹河清之瑞，朕并未令臣工进献诗文，邹汝鲁若不善文词，原可不必陈献，乃于所进册页内，出此悖谬之语，显系讥讪，甚属可恶。著交与九卿，公同严审定拟具奏。"（《清世宗实录》卷五二）。结果，邹汝鲁被革职，发往湖广荆州府沿江堤岸工程处效力。

西班牙围攻直布罗陀，英格兰同西班牙交战。

二月，处理科场作弊案，副主考俞鸿图、布政使丁士一俱革职，巡抚汪漋降级调用。

三月初四日癸巳（3月28日），以刑部尚书励廷仪为会试正考官，都察院左都御史沈近思、吏部左侍郎史贻直为副考官。

闰三月初九日乙丑（4月29日），先是，命九卿等将会试举人中"有猷、有为、有守"者举出；众举人亦可公举素日推服之人，或数人、或十数人举1人。是日，吏部会同九卿等将拣选举人引见。命分发各省以州县官委署试用。

十二日戊辰（5月2日），兵部奏浙江武举会试应照文举人例停止，命照旧会试。

四月初二日戊子（5月22日），策试天下贡士彭启丰等于太和殿前。

初三日己丑（5月23日），先是，命将会试下第举人落卷取出再阅，择文理明顺者交吏部带领引见，候简用。是日，任以各省教职，谕以勉力供职，六年内如著有成效，督抚题荐，将格外加恩。如有负职守，经督抚题参，决不姑容（《清世宗实录》卷五六）。

初五日辛卯（5月25日），雍正帝御太和殿，传胪，赐殿试贡士彭启丰等226人进士及第出身有差。

五月初五日壬戌（6月25日），结查嗣庭案。

按：内阁等衙门议奏："查嗣庭蒙恩擢用，历官至礼部侍郎，阴怀二心，忍行横议。臣等谨将查嗣庭所著《日记》，悖逆不道大罪，并夤缘请托关节私书，逐款究审，嗣庭亦俯首甘诛，无能置喙。除各轻罪不议外，应照大逆律凌迟处死，今已在监病故，应戮尸枭示。查嗣庭之兄查慎行、查嗣瑮，子查沄、侄查克念、查基，应斩立决。查嗣庭之子查克上，在监病故。次子查长椿、查大梁、查克缵，侄查开、查学，俱年十五以下，应给功臣之家为奴。所有财产，查明入官。"得旨："查嗣庭著戮尸枭示，伊子查沄改为斩监候。查慎行年已老迈，且家居日久，南北相隔路远，查嗣庭所为恶乱之事，伊实无由得知，著将查慎行父子，俱从宽免，释放回籍。查嗣庭之胞兄查嗣瑮，胞侄查基，俱免死，流三千里。案内拟给功臣之家为奴各犯，亦著流三千里。其应行拿解之犯，该抚查明，一并发遣。查嗣庭名下应追家产，著变价，留于浙江，以充海塘工程之用。"（《清世宗实录》卷五二）据王应奎《柳南随笔》，查嗣庭尚有"天子挥毫不值钱"诗句，被认为讥刺康熙帝。先是，康熙帝曾书程明道《春日偶成诗》赠杜紫纶。查戏成一绝云："天子挥毫不值钱，紫纶新诏赐绫笺。《千家诗》句从头写，云淡风轻近午天。"诗成未寄杜，录之日记簿。查得罪抄家，雍正帝览其《日记》以此诗为大不敬。杜闻讯，惊怖成疾，以其不知情，免究。

六月初二日丁亥（7月20日），谕内阁："学政一官，所以化导士习，养育人材，职任甚重。近年以来，各省督学诸臣，颇能仰体朕心，只遵朕训，矢公矢慎，杜绝苞苴，深可嘉奖。但向来学政，恣行贪劣，以国家兴贤造士之途，视为射利营私之地，此固本人之不肖，而亦大半由于提调官员赞成之也。其学政之秉心贪劣者，与提调官通合作弊，固不待言，而学政之可与为善，可与为恶者，提调官则引诱之，或挟持之，使不得全其操守，而于其中网取厚利，此提调官之恶习，而天下之所通知者也。学政原有关防，若提调官持正秉公,则学政必不能肆行无忌;学政果能公明廉洁,提调官更当敬礼而玉成之,岂可反导之为非乎?提调与学政,相为表里,嗣后学政声名不好,应将提调官一并议处。"(《清世宗实录》卷五八)

初三日戊子(7月21日),从户部议,湖广、福建、江西、广东等省百姓入四川开垦落业者,由湖广等省给照,四川巡抚亦转饬确查,其应入籍者,即编入保甲。

是日,雍正帝于圆明园召见西洋传教士宋君荣、巴多明、戴进贤、郎世宁等10人,重申朝廷对天主教政策。

初九日甲午(7月27日),以都察院左都御史沈近思、工部左侍郎鄂尔奇教习庶吉士。

十七日壬寅(8月4日),雍正帝谕"礼、义、廉、耻"。

七月十一日乙丑(8月27日),命直省各建龙神庙。

八月十二日乙未(9月26日),准东川府设立义学,俟教化有成,照湖广考取苗瑶童生例,另编字号,酌量进取,以示鼓舞。

十月初三日乙酉(11月15日),雍正帝以旧例科道、吏部官专用科目出身者,致有党援之弊,命改定。

初四日丙戌(11月16日),以礼部左侍郎唐执玉为武会试正考官,都察院左副都御史钱以垲为副考官。

初七日己丑(11月19日),以各省乡试房考官旧例皆用现任知县,而知县地方政务殷繁,入闱数月,诸事必致耽误;本省应试举子即县令所辖之子民,形迹亦涉嫌疑,命应于邻省举人、进士在家候选人员中调取数10人,由监临之督抚掣签令其入闱分任房考官。

十三日乙未(11月25日),从顺天学政孙嘉淦奏,整顿八旗官学。嗣后选官学生,务择聪明隽秀子弟,考课分习满汉文,每旗给官房一所为学舍,以贡生5人为教习,派定所教人数,优其禀给,专其训导,不时稽查勤惰,期满分别议叙。

十一月初八日庚申(12月20日),编纂《八旗志》书,以实录诸总裁官领其事。

十五日丁卯(12月27日),策试天下中式武举夏焜等116名于太和殿前。

二十二日甲戌(1728年1月3日),赐殿试武举王元浩等116人武进士及第出身有差。

按:是年内,定武进士授官制:一甲仍照元年例授侍卫,二甲选十名授三等侍卫,三甲选十名授蓝翎侍卫。

十二月初三日甲申(1月13日),刊刻满汉文《孝经》、《小学》成。

初四日乙酉(1月14日),旧例,生员入太学十二年拔取一次,是日,改定为每六年举行一次。

初六日丁亥(1月16日),命各官举荐人材。

是年,定例:僧人犯罪,凡拟斩绞免死,军流充徒、枷号者,俱令永远还俗。

张廷玉四月充殿试读卷官,十月晋文华殿大学士。

方苞邀李塨入京论学。

惠士奇奉旨修葺镇江城,以家产尽停工罢官。

查嗣庭三月自杀,查慎行作诗哭之,五月奉敕释狱南还,八月三十日卒。

杨名时以事削尚书职。

李绂八月初六日被廷议大罪21款,革职就审,后获赦。

按:时署直督宜兆熊疏参大城县知县李先枝贪婪私派,雍正帝以李先枝系科目出身,曾经李绂特荐,必有请托之处,命将李先枝革职严审。李绂时任工部侍郎,亦革职,命其从广西回京,质问有关案件。是年十二月,议政大臣等会议李绂有罪二十一款,按律应斩,妻子、财产入官。雍正帝以其学问尚好,从宽免死,令在纂修《八旗志》书馆效力,妻子、财产亦免入官。

沈近思充会试正考官。

蔡世远晋内阁学士、兼礼部侍郎,充经筵讲官。

蓝鼎元以朱轼荐,授广东普宁知县。

尹会一四月授襄阳府知府。

邹一桂成二甲一名进士,改翰林院庶吉士,授编修。

江声始就傅受业。

袁枚为县学生。

王昶四岁,父授以宋周弼所选《三体唐诗》,两月而毕。

高凤翰应贤良方正试列一等,得授修职郎,赴任安徽歙县丞。

邹一桂、钱本诚、庄柱、于振、刘复、王丕烈、周祖荣、余栋、张鹏冲、张灏、李实萁、林璁、王云铭、金相、原衷戴、王承尧、缪焕、李学裕、刘东宁、李直、刘青芝、陈师俭、富魁、世臣、王植、周绍龙、周龙官、杨嗣璟、王兴吾、包祚永、郭石渠、陈其嵩、隋人鹏、常保住、吕炽、张乾元等37位新科进士六月初六日被选为翰林院庶吉士。修撰彭启丰、编修邓启元、马宏琦分别清汉书教习。

王兰生迁侍讲。

沈翼机闰三月为翰林院侍读学士,充日讲官。

康五端闰三月为翰林院侍读,充日讲官。

王谟闰三月为司经局洗马,五月为翰林院侍读学士,充日讲官。

励宗万、张廷璩六月为翰林院编修,充日讲官。

崔纪、马金门九月为翰林院编修,充日讲官。

汪由敦十二月为翰林院编修,充日讲官。

僧格七月以内阁学士充经筵讲官。

三泰九月以礼部左侍郎兼内阁学士充经筵讲官。

高岳时任湖南新田知县,建榜山书院。

陈世莲时任广东阳春县教谕,建瑞云书院。

管遐龄时任广东新兴知县，建古筠书院。

朱振基时任知府，于广东连县建南轩书院。

黄士杰时任云南会泽知府，建西林书院。

曹頫时为江宁织造，十二月二十四日以织造款项亏空甚多，被两江总督范时绎查封家产。

白云观道士罗清山卒，正月初八被追封为"真人"。雍正帝命内务府官员料理丧事，按道家礼节，从优办理。

上官章著《周易解翼》10卷成书。

按：《四库全书总目提要》曰："章字暗然，乾州人。是书成于雍正丁未。自称凡二十六易稿。大旨本京房纳甲之法，而以八宫经纬错综为脉络，一切旧图皆屏不用，颇为洁净不支。然不用古图，而又重乾、巽、艮、坤四卦十二画，别立为图，以为河洛、方圆、先后天诸说，皆足以包括。是扫一图学之障，又生一图学之障也。"

王鸿绪等奉敕纂《钦定诗经传说汇纂》20卷刊行。

按：《四库全书总目提要》曰："世宗宪皇帝制序颁行。《诗序》自古无异说，王肃、王基、孙毓、陈统争毛、郑之得失而已。其舍《序》言《诗》者，萌于欧阳修，成于郑樵，而定于朱子之《集传》。辅广《童子问》以下，递相羽翼，犹未列学官也。元延祐中行科举法，始定《诗》义用朱子，犹参用古注疏也。明永乐中修《诗经大全》，以刘瑾《诗集传通释》为蓝本，始独以《集传》试士。然数百年来，诸儒多引据古义，窃相辨诘，亦如当日之攻毛、郑。盖《集传》废《序》，成于吕祖谦之相激，非朱子之初心。故其间负气求胜之处，在所不免。原不能如《四书集注》句铢字两，竭终身之力，研辨至精。特明代纂修诸臣，于革除之际，老师宿儒，诛锄略尽，不能如刘三吾等辑《书传会选》，于蔡氏多所补正。又成祖虽战伐之余，欲兴文治，而实未能究心经义，定众说之是非。循声附和，亦其势然欤。是编之作，恭逢圣祖仁皇帝天亶聪明，道光经籍，研思六义，综贯四家，于众说之异同，既别白瑕瑜，独操衡鉴。而编校诸臣，亦克承训示，考证详明。一字一句，务深溯诗人之本旨。故虽以《集传》为纲，而古义之不可磨灭者，必一一附录以补阙遗。于学术持其至平，于经义乃协其至当。《风》、《雅》运昌，千载一遇。岂前代官书任儒臣拘守门户者所可比拟万一乎！"

汪绂十月著《六礼或问》12卷成书，有自作《条例》12则。

沈淑著《周官翼疏》30卷。

按：《四库全书总目提要》曰："是书汇辑汉、唐、宋、明以来及国朝李光地、顾炎武、方苞之说，分为五部，凡疏解《经》义者，曰《正义》。于本义引伸旁通者，曰《通论》。考订注疏之失者，曰《辨正》。综列后世事迹，援史证《经》者，曰《余论》。别著新义，以备参考者，曰《存异》。"

雍正帝撰《御纂孝经集注》1卷成书。

按：《四库全书总目提要》曰："雍正五年世宗宪皇帝御定。《孝经》书止一卷，而虞淳熙称作传注者自魏文侯而下，至唐、宋，有名可纪者，凡九十九部，二百二卷，元、明两代不预焉。其书虽岁久多佚，近时赵廷栋《孝经通释》所引，尚于唐得五家，宋得十七家，元得四家，明得二十六家，国朝得十家。然宋以前遗文绪论，传者寥寥。宋以后之所说，大抵执古文以攻今文，又执朱子《刊误》以攻古文，于孔、曾大义微言，反视为余事，注愈多而去经愈远。世宗宪皇帝以诸注或病庸肤，或伤芜杂，不足阐天经地义之理。爰指授儒臣，精为简汰，刊其糟粕，存其菁华，仿朱子《论语》、《孟子集注》

约翰·古尔古伊著成《德行之基础》。

弗朗西斯科·希皮奥内·马费伊发表《外交史》。

斯蒂芬·黑尔斯发表《"植物静力"还是"静力尝试"》。

之体,纂辑此编。凡斧藻群言,皆亲为鉴定,与世祖章皇帝《御注》,并发明圣教,齐曜仪璘。盖我世祖章皇帝四海会同,道光缵绪。我世宗宪皇帝九重问视,礼备承颜。孝治覃敷,胪驩万国。以圣契圣,实深造至德要道之原。故能衡鉴众论,得所折衷,于以建皇极而立人纪,固非儒生义疏所能比拟万一矣。"

  康伟然著《黉祀纪迹》10卷成书,有自序。

  按:《四库全书总目提要》曰:"伟然字中江,漳州人,由拔贡生官罗源县教谕,迁兴化府教授。是编取文庙崇祀先圣先贤各为谱传。后附以春秋祀典、礼乐器图。自明以来,辑圣门事迹者最多。此书成于雍正五年,正值厘正祀典之后。故所载位次,一遵本朝定制。校他本为有体例。然所辑事略,实不出诸书之外,未能有所考订也。"

  李光地著《古乐经传》5卷刊行。

  田文镜著《抚豫宣化录》4卷成书。

  王时炯原本,王会隆续纂修《定襄县志》8卷刊行。

  张文英修,沈龙翔纂《崇明县志》20卷刊行。

  蔡维义修,秦永清等纂《故城县志》6卷刊行。

  赵知希纂修《馆陶县志》12卷刊行。

  马襄修,刘翔仪纂《魏县志》4卷刊行。

  韩慧基修,沈裕等纂《义乌县志》20卷刊行。

  余光祖修,孙超宗纂《安乐县志》17卷刊行。

  彭阯修纂《江油县志》2卷刊行。

  李梅宾修,杨端纂《剑州志》24卷刊行。

  周钺修纂《宾川州志》12卷刊行。

  李塨四月著《拟太平策》。

  陈景云著《纲目辨误》4卷刊行;又著《韩集点勘》4卷成,有自序。

  按:《四库全书总目提要》曰:"《韩集点勘》四卷,国朝陈景云撰。……是编取廖莹中世彩堂所注韩集,纠正其误,因汇成编。卷首注曰校东雅堂本,以廖注为徐时泰东雅堂所翻雕也。末有景云自跋,称'莹中粗涉文义,全无学识。其博采诸条,不特遴择失当,即文义亦多疏舛'。今观所校,考据史传,订正训诂,删繁补阙,较原本实为精密。"

  蒋骥著《楚辞说韵》1卷、《楚辞地图》4卷刊行。

  按:蒋骥另著有《读画纪闻》1卷。

  吴世尚著《楚辞注疏》8卷刊行。

  赵执信著《礶庵集》成第一卷。

  蒋骥著《楚世家节略》1卷刊行。

  张廷玉著《澄怀园诗选》12卷刊行。

  杭世骏著《道古堂诗集》26卷刊行。

  徐大椿著《难经经释》2卷成书,有自序。

  按:《四库全书总目提要》曰:"是书以秦越人《八十一难经》有不合《内经》之旨者,援引经文以驳正之。考《难经》,《汉艺文志》不载,《隋志》始著于录。虽未必越人之书,然三国已有吕博望注本,而张机《伤寒论·平脉篇》中所称《经说》,今在第五难中,则亦后汉良医之所为。历代以来,与《灵枢》、《素问》并尊,绝无异论。大椿虽研究《内经》，未必学出古人上。遽相排斥，未见其然。况大椿所据者《内经》，而《素问》全元起本已佚其第七篇，唐王冰始称得旧本补之。宋林亿等校正，已称其《天元纪大论》以下与《素问》余篇绝不相通，疑冰取《阴阳大论》以补所亡。至《刺法》、《本病》二论，则冰本亦阙，其间字句异同，亿等又复有校改，注中题曰'新校正'皆是。则《素问》已为后人所乱，而《难经》反为古本。又滑寿《难经本义》列是书所引《内经》，而今本无之者不止一条。则当时所见之本，与今亦不甚同。即有舛互，亦宜两存。遽执以驳《难经》之误，是何异谈《六经》者，执开元改隶之本以驳汉博士耶？"

俞茂鲲著《痘科金镜赋集解》。

查慎行卒（1650— ）。慎行初名嗣琏，字夏重，又字悔余，号初白、号查田，又号他山，浙江海宁人。少受学于黄宗羲。康熙三十二年举人。四十一年，以陈廷敬、李光地先后荐，召直南书房。四十二年中进士，授编修，充武英殿校勘官。奉命编《佩文韵府》。雍正四年，因其弟查嗣庭文字狱牵连被逮，次年赦归后卒。著有《敬业堂集》50卷、《易说》1卷、《周易玩辞集解》10卷、《经史正伪》、《补注东坡编年诗》50卷、《人海记》2卷、《初白庵诗评》3卷、《他山诗抄》、《余波词》2卷、《黔中风士记》等。事迹见《清史稿》卷四八四、《清史列传》卷七一、李桓《国朝耆献类征初编》卷一二二、蔡冠洛《清代七百名人传》第五编、沈廷芳《查先生慎行行状》、方苞《翰林院编修查君墓志铭》（均见《碑传集》卷四七）、全祖望《翰林院编修初白查先生墓表》（黄云眉《鲒埼亭文集选注》上编）。陈敬璋编有《查他山先生年谱》。

按：《四库全书总目提要》评《敬业堂集》曰："是编裒其生平之诗，随所游历，各为一集。凡《慎旃集》三卷，《遥归集》、《西江集》共一卷，《踰淮集》一卷，《假馆集》二卷，《人海集》、《春帆集》、《独吟集》各一卷，《竿木集》、《题壁集》共一卷，《橘社集》、《劝酬集》、《溢城集》，《云雾窟集》各一卷，《客船集》、《并辔集》共一卷，《冗寄集》一卷，《白苹集》、《秋鸣集》共一卷，《敝裘集》、《酒人集》共一卷，《游梁集》、《皖上集》、《中江集》各一卷，《得树楼集》、《近游集》共一卷，《宾云集》一卷，《炎天冰雪集》、《垂橐集》共一卷，《杖家集》、《过夏集》各一卷，《偷存集》、《翻经集》共一卷，《赴召集》、《随辇集》、《直庐集》、《考牧集》、《甘雨集》、《西阡集》、《迎銮集》、《还朝集》、《道院集》各一卷，《槐簃集》二卷、《枣东集》、《长告集》、《待放集》、《计日集》、《齿会集》、《步陈集》、《吾过集》各一卷，《夏课集》、《望岁集》共一卷，《粤游集》二卷，附载《余波词》二卷。自古喜立集名，以杨万里为最多，慎行此集随笔立名，殆数倍之。其中有以二十四首为一集者，殊伤烦碎，然亦征其无时无地不以诗为事矣。集首载王士祯原序，称黄宗羲比其诗于陆游，士祯则谓奇创之才慎行逊游，绵至之思游逊慎行，又称其五、七言古体有陈师道、元好问之风。今观慎行近体实出剑南，但游善写景，慎行善抒情，游善隶事，慎行善运意，故长短互形。士祯所评良允。至于后山古体悉出苦思，而不以变化为长，遗山古体，具有健气，而不以灵敏见巧，与慎行殊不相似。核其渊源，大抵得诸苏轼为多。观其积一生之力补注苏诗，其得力之处可见矣。明人喜称唐诗，自国朝康熙初年，窠臼渐深，往往厌而学宋，然粗直之病亦生焉。得宋人之长而不染其弊，数十年来，固当为慎行屈一指也。"

胡方卒（1654— ）。方字大灵，学者称金竹先生，广东新会人。康熙岁贡生。讲求理学，教人以力行为主。四十岁后杜门著述。被誉为陈白

伊萨克·牛顿卒（1642— ）。英国物理学家，数学家。

沙之后的一代理学大师。曾撰《白沙子论》,捍卫白沙理学。著有《周易本义注》6卷、《四子书注》10卷、《庄子注》4卷、《鸿桷堂诗文集》6卷等。事迹见《清史稿》卷四八〇、《清史列传》卷六七、李桓《国朝耆献类征初编》卷四〇八。

按：惠士奇在粤督学期间,曾特别赏识胡方,谓胡君貌似顾炎武,丰厚端伟,必享大名。《清史稿》本传曰:"元和惠士奇督学粤东,闻方名,舣舟村外,遣吴生至其家求一见,急挥手曰:'学政未蒇事,不可见!不可见!'出吴而扃其门。士奇乃索所著书而去。试事毕,仍介吴生以请,则假一冠投刺,至,长揖曰:'今日斋沐谢知己。方年迈,无受教地,不能执弟子礼。'数语遂起。惠握其手曰:'纵不欲多语,敢问先生,乡人谁能为文者？'答曰:'并世中无人。必求之,惟明季梁朝钟耳!'士奇遂求梁文并各家文刻之,名曰《岭南文选》。"

陈大章卒(1659—)。大章字仲夔,号雨山,湖北黄冈人。康熙二十七年进士,授翰林院庶吉士,以母老,乞归。以教读终其身。深于《毛诗》,著有《诗传名物集览》12卷,以及《读史随笔》、《抱节轩类记》、《玉照亭诗》、《北山文钞》等。事迹见《清史列传》卷六六、李桓《国朝耆献类征初编》卷一二一。

按：《清史列传》本传曰:"少侍父官粤,交梁佩兰、陈恭尹。工诗古文。归后,筑室松湖,键户读书,究心天人之理,学益邃。深于《毛诗》,著《诗传名物集览》一百卷,凡三易稿乃成。后摘录鸟、兽、虫、豸、鳞、介、草、木十二卷付梓,征引繁富,可为多识之助。"

张符骧卒(1664—)。符骧字良御,号海房,江苏泰州人。康熙六十年进士,改翰林院庶吉士,旋乞归。著有《自长吟》、《日下丽泽》、《顺时录》、《海房文稿》、《依归草》等。事迹见夏荃《退庵笔记》卷一二。

按：支伟成曰:"先生生居海滨,承明季遗民之流风,颇留心前代掌故。所作多传状碑志,皆以表忠义、彰节烈、述学行、存文献为旨。其纪吕晚村诸事状,辄怆然有桑海之感。江都焦里堂序《依归草》,称'其文日加高,而湮塞不平之气亦日盛'。先生殆与全榭山、杭大宗、邵二云诸公有同志乎？书凡三刻,而传本多残缺,次第又各不同。盖当时文字之狱已渐起,所遗脱之篇,多涉忌讳语,因而删之也。民国十年,泰县韩止石裒其全集刊入《海陵丛刻》第八种,跋云:'是集世不甚传,岂非以吕氏之祸,陈大始之序,而因有以尼之耶？'先生与徐述夔同乡,乾隆时,徐氏逆书之狱方炽,则集中所刻《吴张传》及其子沆补刻朱书序,皆在违禁之列,宜有隐晦,今幸赖韩刻得窥全豹耳!"(《清代朴学大师列传·张符骧》)

沈近思卒(1671—)。近思字位山,号闇斋、俟斋,浙江钱塘人。康熙三十九年进士。官至左都御史。卒谥端恪。著有《学易偶见录》、《学诗偶见录》、《读论语注偶见录》、《夙兴录》、《励志杂录》、《天鉴堂集》8卷等。事迹见《清史稿》卷二九〇、《清史列传》卷一二、李桓《国朝耆献类征初编》卷六七、彭启丰《资政大夫都察院左都御史赠太子少傅礼部尚书沈端恪公近思墓志铭》、杭世骏《都察院左都御史端恪沈公神道碑》(均见《碑传集》卷二三)。清沈曰富编有《沈端恪公年谱》。

按：《清史稿》卷二九〇论曰:"圣祖以朱子之学倡天下,命大学士李光地参订《性理》诸书,承学之士,闻而兴起。(方)苞与光地谊在师友间,(杨)名时、(王)兰生、

(魏)廷珍、(蔡)世远皆出光地门。(胡)煦亦佐光地修书,得受裁成于圣祖。叔琳,苞友,鋐又出世远门,渊源有自。独近思未与光地等游,而学术亦无异,雍正初,与世远、苞先后蒙特擢。寿考作人,成一时之盛,圣祖之泽远矣。"

阮葵生(　—1789)、范永祺(　—1795)、赵佑(　—1800)、张远览(　—1803)、赵翼(　—1814)生。

雍正六年　戊申　1728年

二月十三日甲午(3月23日),以兵部右侍郎胡煦教习庶吉士。

三月二十三日癸酉(5月1日),魏廷珍奏歙县乡民违例演戏应严禁。

按：得旨:"州县村堡之间借演戏为名,招呼匪类,开设赌场,男女混淆,斗殴生事,种种不法,扰害乡愚,此则地方有司所当严禁者。至于有力之家祀神酬愿,欢庆之余,歌咏太平,在民间有必不容已之情,在国法无一概禁止之理。今但称违例演戏,而未分析其缘由,则是凡属演戏者皆为犯法,国家无此科条也。"(《清世宗实录》卷六七)

是月,雍正帝将康熙时绘制之《地舆全图》分赐各督抚。

按：四月十五日乙未(5月23日),获赐的岳钟琪奏谢。随后,田文镜、高其倬等先后奏谢。

六月初五日甲申(7月11日),以大学士蒋廷锡为纂修《圣祖仁皇帝实录》总裁官。

七月二十九日戊寅(9月3日),准刑部尚书励廷仪奏,严禁监生考职请代顶替之弊。

八月初六日甲申(9月9日),命推广北京官话(普通话)。

按：谕内阁:"官员有莅民之责,其语言必使人人共晓,然后可以通达民情,而办理无误。是以古者六书之制,必使谐声会意,娴习语音,所以成遵道之风,著同文之治也。朕每引见大小臣工,凡陈奏履历之时,惟有福建、广东两省之人,仍系乡音,不可通晓。夫伊等以见登仕籍之人,经赴部演礼之后,其敷奏对扬,尚有不可通晓之语,则赴任他省,又安能于宣读训谕,审断词讼,皆历历清楚,使小民共知而共解乎?官民上下,语言不通,必致吏胥从中代为传述,于是添饰假借,百弊丛生,而事理之贻误者多矣。且此两省之人,其语言既皆不可通晓,不但伊等历任他省,不能深悉下民之情,即伊等身为编氓,亦必不能明白官长之意,是上下之情,捍格不通,其为不便实甚。但语言自幼习成,骤难改易,必徐加训导,庶几历久可通。应令福建、广东两省督抚,转饬所属各府州县有司,及教官,遍为传示,多方教导,务期语言明白,使人通晓,不得仍前习为乡音。则伊等将来引见殿陛,奏对可得详明,而出仕他方,民情亦易于通达矣。"(《清世宗实录》卷七二)俞正燮《癸巳存稿》之"官话"条载:"雍正六年,奉旨以福建、广东人多不谙官话,著地方官训导,廷臣议以八年为限。举人生员贡监童生不谙官话者不准送试。"

苏瓦松代表大会召开。

俄国开始勘探阿拉斯加。

十一日己丑(9月14日),谕内阁:"世祖皇帝《御制人臣儆心录》刻板收贮礼部,著交武英殿,将满汉文,各印千本进呈。其板内字画圈点,有应加修整者,著武英殿人员,校刊办理。"(《清世宗实录》卷七二)

二十二日庚子(9月25日),张廷枢、张缙父子因陕西巡抚西琳参奏而革职拿问。

按:陕西巡抚西琳参奏:"原任刑部尚书张廷枢子中允张缙,告假在籍,多藏厚积……"得旨:"陈梦雷系降附耿逆之人,蒙圣祖仁皇帝宥其重罪,从宽发遣,后又开恩赦回京师,令其在诚郡王处行走。乃伊生事招摇,交结邪党,意欲扰乱国政,其种种不法之处,朕知之甚悉,不可一日姑容。是以于雍正元年仍令将伊发遣,不使留住内地,煽惑人心。似此重罪之犯,而刑部尚书陶赖、张廷枢于朕初登极之际,徇情枉法,故意宽纵二人之罪,经隆科多参奏。朕知隆科多与陶赖、张廷枢原有嫌隙,或欲假公济私,是以特宽二人之罪,止令降职闲居……将来陶赖自有应得之罪,另降谕旨……张廷枢、张缙俱著革职拿问,交与该督抚严审治罪。"(《清世宗实录》卷七二)

二十六日甲辰(9月29日),又命该督抚于各州县设"正音学院",为士民学习官音之所。

按:是年又命闽粤等地有力之家,应延请官音读书之师,教其子弟,转相授受。以八年为期,如不能官话者,生童举监暂停送试,俟官话学会时再准其应试。

二十九日丁未(10月2日),复浙江省乡会试。

按:时李卫、王国栋奏:浙江士气整理二年以来,士子省愆悔过,将旧日嚣凌奔竞之习痛自改除。是日,以浙江士风丕变,命该省明年准其照旧乡会试。

九月二十八日乙亥(10月30日),曾静、张熙案起。

按:曾静,湖南郴州永兴县人,号蒲潭,康熙十八年生,县学生员,因考试五等,乃闭门读书授徒,著有《知新录》。曾于州城应试时,见浙江吕留良著作中有"夷夏之防"、"井田封建"等议论,深为赞同,乃遣其徒张熙(字敬卿,衡州人)往浙江访书。时吕留良已死,张熙得结识其子吕毅中、其徒严鸿逵、严鸿逵之徒沈在宽。是月二十六日,张熙化名张倬,投书岳钟琪,劝其造反。岳钟琪奏闻朝廷。雍正帝命各省按张熙供出之人名单,密行缉捕。

十月初九日丙戌(11月10日),曾静、张熙案发展为吕留良文字狱。

按:是日,雍正帝将岳钟琪奏张熙所开名单抄寄浙江总督李卫等,命缉捕有关人员并查抄书籍。是年十一月间,李卫遵旨将吕留良第九子吕毅中、第四子吕黄中、孙吕懿历及严赓臣、沈在宽等密捕,《吕子文集》等书亦均查获。

十一月初十日丙辰(12月10日),令设立咸安宫官学。

按:《清史稿·选举志一》曰:"咸安宫官学,雍正六年,诏选内府三旗佐领、管领下幼童及八旗俊秀者九十名,以翰林官居住咸安宫教之。汉书十二房,清书三房,各设教习一人,教射、教国语,各三人,如景山官学考取例。五年钦派大臣考试,一、二等用七、八品笔帖式。汉教习三年、清语骑射教习五年,分别议叙。乾隆初,定汉教习选取新进士,不足,于明通榜举人考充。期满,进士用主事、知县,举人用知县、教职。二十三年以后,不论年分,许学生考翻译中书、笔帖式、库使。定教习汉九人,满六人。"

二十六日壬申(12月26日),增设八旗官学。

按:原每两旗一所,改为每旗一所。10岁以上、20岁以下俱令入学。

二十八日甲戌(12月28日),命各省重修《通志》,限二、三年纂成。

按：《大清一统志》总裁大学士蒋廷锡等奏言："本朝名宦人物，各省志书既多缺略，即有采录，又不无冒滥，必得详查确核，采其行义事迹，卓然可传者，方足以励俗维风，信今传后。请谕各该督抚，将本省名宦、乡贤、孝子、节妇，一应事实，详细查核，无缺无滥，于一年内保送到馆，以便细加核实，详慎增载。"得旨："朕惟志书与史传相表里，其登载一代名宦人物，较之山川风土，尤为紧要，必详细确查，慎重采录，至公至当，使伟绩懿行，愈久弥光，乃称不朽盛事。今若以一年为期，恐时日太促，或不免草率从事。著各省督抚，将本省通志，重加修辑，务期考据详明，摭采精当，既无阙略，亦无冒滥，以成完善之书。如一年未能竣事，或宽至二三年内，纂成具奏。如所纂之书，果能精详公当，而又速成，著将督抚等官，俱交部议叙。倘时日既延，而所纂之书又草率滥略，亦即从重处分。至于书中各项分类条目，仍照例排纂。其本朝人物一项，著照所请，将各省所有名宦、乡贤、孝子、节妇，一应事实，即详查确核，先行汇送《一统志》馆，以便增辑成书。"（《清世宗实录》卷七五）据《四库全书总目提要》卷六八《史部·地理志一》著录，这个时期所修的方志有《畿辅通志》120卷、《江南通志》200卷、《江西通志》162卷、《浙江通志》280卷、《福建通志》78卷、《湖广通志》120卷、《河南通志》80卷、《山东通志》36卷、《山西通志》230卷、《陕西通志》100卷、《甘肃通志》50卷、《四川通志》47卷、《广东通志》64卷、《广西通志》128卷、《云南通志》30卷、《贵州通志》46卷等。

三十日丙子（12月30日），命内阁学士班第、副都统罗密，往库伦地方，会同王丹津多尔济，修建庙宇。侍郎张保、原任巡抚布兰泰往多伦脑儿，会同王色登敦多卜，修理庙宇。

十二月十一日丁亥（1729年1月10日），命将《四书》、《五经》译成蒙古文。

是年，改曲阜"宣圣庙"旧名为"至圣庙"。许曲阜孔庙殿及正门皆可用黄瓦。

设俄罗斯学馆，隶国子监，以满、汉语文及经史典籍教习俄国留学生。

张廷玉三月为保和殿大学士、兼吏部尚书。
蒋廷锡三月授文华殿大学士，六月充纂修《圣祖仁皇帝实录》总裁。
蓝鼎元以朱轼荐，授广东普宁县知县。
鄂尔泰正月获赐《古今图书集成》一部。
按：该书仅印六十四部。书成时，曾赏诸王及在廷大臣实心办事、学问优通者各一部。鄂尔泰得书，谓："与其遗我一家子孙读，何如存在书院，留于一省子孙读也。"因将此书及所携藏书共二万余卷赠与云南五华书院。后雍正帝闻知，嘉叹良久，复赐以二部。是年，又赐鄂尔泰《律历渊源》、《子史精华》等书（《襄勤伯鄂文端公年谱》）。
高凤翰入京就征，授修职郎。
朱泽沄辞不应人才荐。
万经七十寿庆，全祖望正月至杭，有祝寿文。
王澍在无锡，访惠山寺唐李阳冰篆书石床。
沈廷芳在北京，以刘大櫆介，从方苞学。
郑燮读书邑中天宁寺，默写《四子书》成帙。
王兰生由侍讲转侍读。

詹姆斯·布雷德利发现恒星的光行差。

王昶读杨慎《廿一史弹词》，始粗知历朝事迹及古今名贤事略。

宋宾王校《鬼巢稿》。

索柱四月为翰林院侍读，充日讲官。

马金门四月为翰林院编修，充日讲官。

谢王宠五月为翰林院侍读学士，充日讲官。

春山六月为翰林院侍讲，充日讲官。

凌如焕七月为翰林院侍讲，充日讲官。

留保七月充经筵讲官。

逢泰七月以政使司通政使充经筵讲官。

康五端九月为翰林院侍读学士，充日讲官。

吴拜十月为翰林院侍讲学士觉罗，充日讲官。

伊尔敦十月为詹事府少詹事，充日讲官。

国琏十月为翰林院侍读，充日讲官。

开泰十月为翰林院编修，充日讲官。

许王猷十月为左春坊左赞善，充日讲官。

彭维新十二月以刑部右侍郎充经筵讲官。

唐英奉命监江西景德镇窑务。

胡绍泉在浙江平湖建柏林书院。

李璋时任知府，于安徽当涂建翠螺书院。

刘恩沛在安徽亳州建柳湖书院。

唐孝本时任福建晋江县知县，建宝海庵书院。

鹿耿时任广东澄迈知县，改建景行书院。

唐传铨时任乐清县令，将萧台山下的长春道院改为纪念王十朋的梅溪书院，延请徐炯文主持讲席。

按：嘉庆年间，陈舜咨、林启亨曾主讲梅溪书院；后陈黼宸亦曾在此主持讲学。

伊弗雷姆·钱伯斯编著成《百科全书，或艺术与科学通用词典》。

威廉·伯德发表关于英国和美洲殖民地的《分界线历史》。

P·福查德著成《牙科医生，或牙科论》。

秦伯龙、秦跃龙著《五经类纂》16卷刊行。

沈彤撰《书校本京房易传后》。

茹敦和著《重订周易二闾记》3卷刊行。

汪绂著《乐经或问》3卷成书，有自序。

胡煦著《卜法详考》4卷刊行，有自序。

敕纂《御定执中成宪》8卷。

按：《四库全书总目提要》："《御定执中成宪》八卷，雍正六年春，世宗宪皇帝敕撰。雍正十三年夏，书成奏进，仰蒙裁定，宣付武英殿校刊。乾隆三年告藏，御制序文颁行。前四卷录帝尧以来至明孝宗嘉言善政，后四卷皆唐虞至明诸臣论说有所裨于治道者。其或奥旨未显，疑义未明，则折衷以御论，以阐发其理蕴，评断其是非。昔孔子删《书》，断自唐虞，始著帝王经世之法。后来递相推衍，互有发明。御制之书，惟唐之《帝范》，敷陈得失为最悉。官撰之本，惟明之《君鉴》，缕举事迹为最详。然《帝范》颇参杂说，词意或不深醇；《君鉴》旁摭诸书，义例亦为冗杂。至于宋之《洪范政鉴》，以焦赣、京房之说附会于武王、箕子之文，益离其宗。盖圣人之道统，惟圣人能传之；圣人之治法，亦惟圣人能述之，非可以强而及也。我世宗宪皇帝圣德神功，上超三古，阐明帝学，论定是编。汰驳存精，删繁举要。凡遗文旧籍，一经抟择，即作典谟，犹虞帝传心，亲阐执中之理；殷宗典学，自述成宪之监也。虽百篇之裁于洙、泗，何以加兹！家法贻留，以巩万世之丕基者，岂偶然欤！"

朱轼裁定《史传三编》56卷，朱轼、蔡世远各作总序1篇，又三编各有专序1篇。

按：是书主编为朱轼，其中李清植著《名儒传》8卷，张江、蓝鼎元、李钟侨等著《名臣传》35卷，又《续编》5卷，张福昶著《循吏传》8卷。《四库全书总目提要》曰："是编凡《名儒传》八卷，《名臣传》三十五卷，又《续编》五卷，《循吏传》八卷，成于雍正戊申。时《明史》尚未成书，故所录至元而止。明以来传名儒者大抵宗宋而祧汉、唐，而宋又断自濂、洛以下。轼所为传，上起田何、伏生、申公诸人，不没其传经之功；中及董仲舒、韩愈诸人，不没其明道之力；于宋则胡瑗、孙复、石介、刘敞、陈襄，虽轨辙稍殊，亦并见甄录，绝不存门户之见，可谓得圣贤之大公。其以迁就利禄，削扬雄、马融；以祖尚玄虚，削王弼、何晏；以假借经术，削匡衡、王安石，亦特为平允。惟胡寅修怨于生母。王柏披猖恣肆，至删改孔子之圣经，咸预斯列，似为少滥。据王福畤之虚词，为薛收作《赞》，亦未免失之不考耳。《名臣传》所列凡一百八十人，去取颇为矜慎。《续编》所列又三十九人，其《凡例》曰：'续编者何？择其次焉者也，或卷帙编次已定，附之于后焉耳。然见为稍亚而乙之，与失于偶漏而补之，其品第则有间矣。'混而无别，亦稍疏也。《循吏传》所列凡一百二十一人，虽体例谨严，而颇未赅备。如何易于之类，表表在人耳目者，多见刊削。其去取之例，亦未明言，殊不可解。要其标举典型，以示效法。所附论断，亦皆醇正，固不失为有裨世教之书矣。前有轼及蔡世远《总序》二篇，又三编各有专《序》一篇，盖《名儒传》为李清植所纂，《名臣传》为张江、蓝鼎元、李钟侨所纂，《循吏传》为张福昶所纂，世远商榷之，而轼则裁定之云。"

刘湘煃馆程廷祚家，著《读史方舆纪要订》。

费宏灏著《读史评论》6卷成书，有自序。

按：《四库全书总目提要》曰："宏灏号愚轩，湖州人。是书前有雍正戊申自序，前四卷曰《史评》，后二卷曰《史论》，评则分条札记，论则因人因事，各自成篇。评多琐屑，论多臆断，如《王戎石崇论》，谓戎之得预竹林，以多财之故。嵇、阮等利其所有，引而入之，冀分余润。崇既富人，必不识丁。其《金谷园集序》，殆有寒士为之捉刀。虽有激之谈，亦诬之甚矣。"

蓝鼎元著《修史试笔》2卷成书。

按：《四库全书总目提要》曰："是编凡为《传》三十六篇，起唐房、杜，终五代王朴，各缀以《论》。前有雍正戊申衡山旷敏本《序》，谓鼎元欲修《宋史》而以此试笔。先叙有唐名臣，择其忠节经济之炳著者，列为《传》云。"

王辂修，韩思圣纂《邱县志》8卷刊行。

董兴国纂修《礼县志》成书。

褚世暄修，陈九昌等纂《泰州志》10卷刊行。

张皇辅原本，万里续修，沈渊懿续纂《青田县志》12卷刊行。

张汉修纂《河南府续志》4卷刊行。

陈希芳修，胡禹谟纂《云龙州志》12卷刊行。

杨佐龙修，舒华等纂《乐至县志》刊行。

徐炯文编《梅溪王忠文公(王十朋)年谱》刊行，附于是年唐性传刻本

《王忠文公文集》。

宋陆九渊著《象山全集》重刊，附李子愿编《象山先生年谱》1卷。

金檀编《高季迪先生（高启）年谱》1卷、《青邱高季迪先生诗集辑注》19卷由文瑞楼刊行。

厉鹗七月著《东城杂记》3卷成书，自为序。

张庚著《古诗十九首解》1卷成书。

范廷谋著《杜诗直解》5卷刊行。

赵殿成著《王右丞集笺注》成初稿。

按：《四库全书总目提要》曰："《王维集》旧有顾起经分类注本，但注诗而不及文，诗注亦间有舛漏。殿成是本，初定稿于雍正戊申，成书于乾隆丙辰。钩稽考订，定为古体诗六卷，近体诗八卷，皆以元刘辰翁评本所载为断。其别本所增及他书互见者，则为外编一卷。其杂文则厘为十三卷，并为笺注。又以王缙进表、代宗批答、《唐书》本传、世系、遗事及同时唱和、后人题咏为一卷，弁之于首。以诗评、画录、年谱为一卷，缀之于末。其年谱亦本传世系之类，后人题咏亦诗评、画录之类，而一置于后，一置于前，编次殊为未协，又集外之诗既为外编，其论画诸篇，亦集外之文，疑以传疑者，而混于文集，不复分别，体例亦未画一。然排比有绪，终较他本为精审。……然于顾注多所订正，又维本精于佛典，顾注多未及详，殿成以王琦熟于三藏，属其助成，亦颇补所未备。核其品第，固犹在顾注上也。"

姚培谦刻所编《唐宋八家诗钞》。

蒋鸿翮著《寒塘诗话》1卷由寒三草堂刊行。

高其佩作指墨画《钟馗图》。

传教士郎世宁以中国材料、西洋画法作《百骏图》。

陈梦雷、蒋廷锡等所纂《古今图书集成》全书印成，共印64部。

按：是书由内府用铜活字排印成，故称"铜字版"，亦是《古今图书集成》的初版。光绪十年（1884年），朝廷设立"图书集成馆"，以三号扁体字铅印1500部，称"铅字本"或"扁字本"，四年后印齐。光绪二十年（1894年），令上海同文书局石印100部，称"同文版"或"光绪版"。民国二十三年（1934），上海中华书局据康有为所藏雍正铜活字本影印之缩印线装装订808册（后8册为考证），称"中华版"，于1940年出齐，是迄今最通行之版本。1986年起，中华书局与巴蜀书社合作，据中华书局缩印本重新影印并改装为121册，并新增《简明索引》一册。2006年，齐鲁书社与国家图书馆合作，把馆藏雍正铜字版原大小影印，手工线装出版50套。1999年起，该全书在台湾以雍正铜字版（书藏故宫博物馆）为蓝本制作电子化版本，由东吴大学中文系负责出售。

蒋廷锡辑类书《文武渊源》16卷成书。

僧续法卒（1641—　）。续法俗姓沈，一名成法，字柏亭，别号灌顶，浙江仁和人。九岁礼杭城慈云祖源为师，年十九圆戒。著述宏富，有《华严别行经圆谈疏钞记》、《楞严经序释圆谈疏》、《贤首五教仪科注》等40余种。是清初华严宗中兴人物，佛教界论其功绩皆与华严五祖宗密相提并论。

汤大奎（　—1786）、钱大昕（　—1804）、鲍廷博（　—1814）生。

雍正七年　己酉　1729年

二月初六日辛巳(3月5日)，著照雍正三年之例，将在京科目出身应充正副考官之员，通行考试。有不愿就试者，亦听其意。

是日，以内阁大学士尹泰为翻译乡试正考官，礼部左侍郎鄂尔奇、通政使司左参议吴山为副考官。

二十日乙未(3月19日)，照浙江、福建例，设湖南观风整俗使。

按：《清史稿·蔡世远传》曰："七年，上将设福建观风整俗使，谘世远，命与同籍京朝官议之。佥谓：'福建自海疆平定后，泉、漳将吏因功骤擢通显，子弟骄悍，无所惮畏。皇上饬官方，兴民俗，上年学政程元章奏以泉、漳风俗未醇，责成巡道整饬，自此益加儆戒。但人有贤愚，士或鄙劣薄行，民又多因怒互争，未必洗心涤虑。应请设观风整俗使，防范化导，於风俗人心有益。'得旨允行。"

三月二十四日戊辰(4月21日)，雍正帝因曾静、张熙案作长篇谕旨。并命内阁酌量每省颁发谕旨若干本，由该督抚提镇转饬所属广行宣布，使家喻户晓。

四月二十八日壬寅(5月25日)，雍正帝以征讨准噶尔事告祭太庙。

五月二十一日乙丑(6月17日)，雍正帝就吕留良案件作长篇谕旨，宣布吕留良"罪行"，驳斥其"邪说"(详见《清世宗实录》卷八一)。

六月十三日丙戌(7月8日)，命九卿等议吕留良弟子严鸿逵罪。

按：谕内阁："浙江逆贼吕留良，凶顽梗化，肆为诬谤，极尽悖逆。乃其逆徒严鸿逵者，实为吕留良之羽翼，推尊诵法，备述遗言，又从而恢张扬历，以附益之，其词有较吕留良为尤甚者。夫吕留良以本朝诸生，追附前明仪宾之末裔，无端反噬，愤懑猖狂，已属从古乱臣贼子中素罕见。至若严鸿逵自其祖父，已为本朝之编氓，践土食毛，戴高履厚，严鸿逵之于明代，岂有故君旧国之思，而于我朝，实被遂生乐育之泽，何所庸其感念，何所庸其追忆，而亦敢效颦乎？兹择其悖逆之语，一并宣示。……似此悖逆叛乱之人煽惑民心，且获罪于圣祖皇帝，与吕留良党恶共济，其罪不容于死。严鸿逵应作何治罪之处，著九卿翰詹科道会同速议具奏。"(《清世宗实录》卷八二)

十五日戊子(7月10日)，将严鸿逵弟子沈在宽交刑部治罪。

按：谕内阁："严鸿逵之徒沈在宽，生于本朝定鼎数十年之后，自其祖父已在覆帱化育之中，非只身被德教者可比，纲常伦理之大义，尤当直凛。乃堕惑逆党之邪说，习染凶徒之余风，亦怀不逞，附会诋讥，慕效梗化之民，称本朝为清时，竟不知其身为何代之人，狂悖已极，此沈在宽与吕留良、严鸿逵党同叛逆之彰明较著者也。……沈在宽，年未满四十，而亦效其师之狂悖，肆诋本朝，乃于逆贼曾静之徒张熙千里论交，一见如故，赋诗赠答，意同水乳，此其处心积虑，以叛逆为事，其罪实无可逭。著交与刑部，将沈在宽讯取口供具奏。"(《清世宗实录》卷八二)

二十八日辛丑(7月23日)，命九卿等议谢济世罪。

法国、西班牙及英格兰签订《塞维利亚条约》。

科西嘉独立于热那亚。

巴塞罗那的人文科学院建立。

巴尔的摩建。

按：谕内阁："据顺承郡王锡保，以在军前效力之谢济世注释《大学》，毁谤程、朱，参奏前来。朕观谢济世所注之书，意不止毁谤程、朱，乃用《大学》内见贤而不能举两节，言人君用人之道，借以抒写其怨望诽谤之私也。其注有'拒谏饰非，必至拂人之性，骄？甚矣'等语，观此，则谢济世之存心，昭然可见。……谢济世以应得重罪之人，从宽令其效力，乃仍怀怨望，恣意谤讪，甚为可恶，应作何治罪之处，著九卿、翰、詹、科、道秉公定议具奏。"（《清世宗实录》卷八二）

七月初三日丙午（7月28日），陆生楠论史之狱发。

按：陆生楠，广西人，以举人选授江南吴县知县，因引见时不能对答，改授工部主事。复引见，雍正帝以其傲慢，知其广西人，疑与谢济世同党，命夺官，发往军前效力。陆生楠撰《通鉴论》十七篇。顺承郡王锡保以其"抗愤不平之语甚多，其论封建之利，言词更属狂悖，显系非议时政"，因此加以参奏。命九卿等秉公议奏（《清世宗实录》卷八三）。

初五日戊申（7月30日），九卿等议奏：谢济世、陆生楠俱应斩立决。

按：九卿等议奏："谢济世批注《大学》，肆行讥讪，怨望毁谤，怙恶不悛；陆生楠编写《通鉴》，妄抒愤懑，猖狂恣肆，悖逆已极，俱应拟斩立决，即于军前正法。"得旨："陆生楠、谢济世二人议罪之本，仍交与顺承郡王锡保，发与陆生楠、谢济世看，本内所载谕旨各条，伊等有何辨对，著询明确供具奏。"（《清世宗实录》卷八三）

二十六日己巳（8月20日），命追查诬谤流言。

闰七月初一日癸酉（8月24日），雍正帝与诸臣言仁义之道。

十一日癸未（9月3日），命建觉罗学。

按：《清史稿·选举志一》曰："觉罗学，雍正七年，诏八旗于衙署旁设满、汉学各一，觉罗子弟八岁至十八岁，入学读书习射，规制略同宗学。总管王、公，春秋考验。三年钦派大臣会同宗人府考试，分别奖惩。学成，与旗人同应岁、科试及乡、会试，并考用中书、笔帖式。学额镶黄旗六十一，正黄旗三十六，正白旗、正红旗各四十，镶白旗十五，镶红旗六十四，正蓝旗三十九，镶蓝旗四十五。满、汉教习，旗各二人。惟镶白旗各一。"

八月初五日丁未（9月27日），命刊刻上谕。

按：谕称："使天下之人备闻朕训，深知朕心，庶几感发奋兴，以为进德修业之助，有裨于人心吏治。"（《清世宗实录》卷八四）

九月十二日癸未（11月2日），雍正帝命将有关曾静案之谕旨及曾静等口供汇编，刊刻《大义觉迷录》，颁行全国各府州县，俾读书士子及乡曲小民共知之。令各贮一册于学宫，使后学新进之人观览知悉。倘有未见此书、未闻此谕旨者，一经查出，将该学政及该县教官从重治罪。

按：雍正帝有长篇谕旨驳斥吕留良、严鸿逵、曾静等反清言论。梁启超曰：雍正帝"以一位帝王而亲著几十万字书和一位僧侣、一位儒生打笔墨官司，在中外历史上真算得绝无仅有。从表面看，为研求真理而相辩论，虽帝王也该有这种自由。若仅读他这两部书，我们并不能说他态度不对，而且可以相当的敬服。但仔细搜求他的行径，……他著成《大义觉迷录》以后，跟着把吕留良剖棺戮尸，全家杀尽，著作也都毁板。像这样子，哪里算得讨论学问，简直是欧洲中世纪教皇的牌子。在这种主权者之下，学者的思想自由，是剥夺净尽了。"（《中国近三百年学术史》）

十九日庚寅（11月9日），广州府理傜同知朱振基因崇奉吕留良被革职拿究。

按：时广东连州生员陈锡等合词呈首：前任知州朱振基私设吕留良牌位，建祠奉祀；连州学正王奇勋命众生员奔走趋奉。署广东巡抚傅泰奏闻。是日，得旨："朱振基、王奇勋，俱革职拿问，其私置吕留良牌位奉祀情由，该督严审究拟具奏。连州生员陈锡等，深明大义，不为邪说所惑，据实出首，以彰名教，著将今年该州应试完场之举子，交与该学政，秉公遴选学问优通者四人，赏作举人，送部一体会试，以示恩奖。如今科所取副榜内，有连州生监，亦准作举人。"（《清世宗实录》卷八六）

是日，于八旗汉军各旗设义学。收汉军子弟学习满文、弓箭。

十月初六日丁未（11月26日），诸王大臣等请诛曾静、张熙。雍正帝以曾静、张熙僻处乡村，为流言所惑，而捏造流言之人，实系允䄉、允䄼门下之凶徒、太监，特宽二人之罪。

按：谕曰："今日诸臣，合词请诛曾静、张熙，伊等大逆不道，实从古史册所未有，以情罪论之，万无可赦，但朕之不行诛戮者，实有隐衷。上年曾静之徒张熙，诡名投书与岳钟琪，岳钟琪仓猝之间，忿怒惊惶，不及筹算，即邀巡抚西琳、臬司硕色，坐于密室，将张熙严加根究，问其指使之人。张熙不肯供出真实姓名，旋即加以刑讯，而张熙甘死不吐，岳钟琪无可如何。越二三日，百计曲诱，许以同谋，迎聘伊师，与之盟神设誓，张熙始将姓名一一供出。彼时岳钟琪具奏前来，朕披览之下，为之动容。岳钟琪诚心为国家，发奸摘伏，假若朕身曾与人盟神设誓，则今日亦不得不委曲，以期无负前言。朕洞鉴岳钟琪之心，若不视为一体，实所不忍。况曾静等僻处乡村，为流言所惑，其捏造谤言之人，实系阿其那、塞思黑门下之凶徒、太监等，因犯罪发遣广西，心怀怨忿，造作恶语，一路流传，今已得其确据，若非因曾静之事，则谣言流布，朕何由闻知，为之明白剖析，俾家喻户晓耶！且从来国家之法，原以惩一儆百，如曾静等之悖逆，谅宇宙内断无第二人，即后世亦可断其必无有与之比者，何必存惩一儆百之见。可以宽宥其罪，并非博宽大之名而废法也。一切朕另有谕旨。"（《清世宗实录》卷八七）

初九日庚戌（11月29日），谕大学士、尚书、侍郎、都御史、副都御史各大员，有子孙在京闱及本省乡试未经中式，年二十以上者，著各举文理通顺、可以取中者一人，开送内阁请旨。寻开列大学士蒋廷锡之子蒋溥等12人，有旨命俱赐举人，准一体会试。

十二日癸丑（12月2日），于八旗满洲、蒙古亦设义学。各佐领年十二以上余丁入学。

二十一日壬戌（12月11日），申禁科场弊端。

十一月初三日癸酉（12月22日），冬至，雍正帝祀天于圜丘。

二十六日丙申（1730年1月14日），因《大清律集解附例》告成，总裁、纂修各官交部议叙。

十二月初八日戊申（1月26日），设广东观风整俗使。

是日，又以广东士习未能端谨，于该省设学政二员，按地方分管考试督察。

十三日癸丑（1月31日），命明年会试取中额数扩至400名，壬子科各省乡试每正额10名加中1名，10名之外有零数者亦加中1名。

二十日庚申（2月7日），修泰山神庙及山道。

是日，陆生楠于军前正法，谢济世从宽免死，交与顺承郡王锡保，令当苦差效力。其妻子家产,免其入官。

在京设西洋学宫,由巴多明等外籍人教授拉丁文,是为清代第一所官办外语学校。

英国科学家斯蒂芬·格雷发现部分物体是电导体而有一些则是非电导体。

张廷玉二月奉命致祭文庙,十月为军机大臣,加少保;十二月充《圣祖仁皇帝实录》监修总裁官。张廷玉受赐"调梅良弼"匾额,蒋廷锡受赐"钧衡硕辅"匾额。

李绂以参劾田文镜旧案,廷召诘责,旋宽免。

全祖望四月借万斯大《学春秋随笔》、《礼记偶笺》于万经,然后手自抄录。是年,以贡生充选,贡至京师。

按:《清史稿·全祖望传》曰:"入京师,旋举顺天乡试。户部侍郎李绂见其文,曰:'此深宁、东发后一人也!'"

齐召南充博士弟子,贡太学,复中本省乡试副榜。

陈宏谋七月充山西乡试副考官,十月授江南扬州府知府。

梅毂成改江南道御史。

刘湘煃以藏顾祖禹《读史方舆纪要》,为怨家告讦私藏禁书,下南京狱,旋得释。

按:支伟成曰:"刘湘煃字允恭,湖北江夏人。性颖悟,负奇气。少工书,未几舍去,慨然求古今孤绝之诣,经世之业。尤倾服顾亭林、梅定九。作《六书世臣说》。六书者,《日知录》、《通雅》、《历法》、《天学会通》、《方舆纪要》、《历算丛书》也。初闻宣城梅氏以历算名当世,乃走千里受业其门。湛思积悟,多所创获。梅氏得之甚喜,其与人书曰:'金水二星历指所说未彻,得刘生说而知二星之有岁轮,其理确不可易。'因以所著《历学疑问》属之讨论。君为著《订补》二卷。复著《五星法象编》五卷。梅氏亦摘其精言入自撰《五星纪要》。又欲为浑盖通宪天盘安星之用,以戊辰历元加岁差用弧三角法,作《恒星经纬表根》一卷,及《月离交均表根》、《黄白距度表根》各一卷,皆以补新法所未及。由是君之历学,人争推之。大将军年羹尧闻其名,礼聘至幕下,颇亲重;卒测其骄悖必败,引去。游诸节镇大府间,虽时见咨询,而所谓舆地、河漕、食货、兵防之略,足以待世用者,举未由见诸施行,知终无以达其志,遂归而著书以老。惜无子,书多散佚不传。"(《清代朴学大师列传·刘湘煃》)

朱泽沄有书示侄朱轼,论为学之道。

陈元龙授文渊阁大学士,兼礼部尚书。

史震林客扬州,与安徽曹学诗、陕西屈复等先后定交。

刘大櫆举副贡生。

王兰生擢侍读学士,督安徽学政。

杨屾从浙江引进桑苗蚕种,躬自栽培饲养。

王元启16岁,受知于学使交河王氏,王氏授以《周易解义》、《洪范论》、《握奇经注》及宋儒周、程、张子之书,并以古圣贤有用之学相勖。

宋宾王借王掞家藏宋本校汲古阁刻《吴郡志》。

李芳华中举人。

按:李芳华字实庵,湖南善化人。《清史列传·李芳华传》曰:"学宗程、朱,与(李)文炤互相师友,同著《四书详说》,又有《通鉴纲目集义》五十九卷、《澹园文集》。"

陈德华三月为翰林院修撰，充日讲官。

崔纪三月为翰林院编修，充日讲官。

塞尔赫六月以都察院左副都御史兼内阁学士，充经筵讲官。

彭启丰闰七月为翰林院修撰，充日讲官。

吴应枚闰七月为翰林院编修，充日讲官。

国琏三月为翰林院侍读，充日讲官。

许王猷三月为左春坊左赞善，充日讲官。

汪士璜时任浙江景宁知县，建雅峰书院。

宋廷旐时任湖南新田知县，建芹溪书院。

宁时文时任广东澄海知县，建凤山书院。

蓝鼎元时任广东潮阳知县，建棉阳书院。

张士琏时任广东潮州知县，建龙韩社书院。

鹿耿时任广东澄迈知县，建景苏书院。

张正瑷在陕西潼关县建关西书院。

任启运著《周易洗心》9卷刊行。

按：《四库全书总目提要》曰："是编大旨谓读《易》者当先观图象，故首卷备列诸图，自朱子、邵子而外，如国朝李光地、胡煦所作诸图，皆为采入，而又以己见推广之，端绪颇为繁赜。《自序》谓其要不外《论语》'五十以学易'之言。文、周卦画自羲图出，羲图自河、洛出。五、十者，图、书之中也。学《易》不以五、十，失其本矣。其说颇务新奇。然其诠释经义，则多发前人所未发，大抵观《象》玩辞，时阐精理，实不尽从图、书生解。其文句异同，亦多从马、郑、王弼、王肃诸家之本。即或有不从旧本者，必注某本作某字，以存古义，亦非图、书以外废训诂而不言。然则其研寻奇偶，特好语精微而已，非如张行成等竟舍经而谈数也。"

胡煦著《周易函书约注》18卷刊行。

按：《四库全书总目提要》曰："《周易函书约存》十八卷、《约注》十八卷、《别集》十六卷，国朝胡煦撰。……是书原本一百十八卷。其诠释《经》文者四十九卷。冠以《原图》八卷，用解伏羲之《易》。《原卦》三卷，用解文王之《易》。《原爻》三卷，用解周公之《易》。又取先儒论说，集为《原古》三十六卷，谓之《首传》。其九十九卷，为《周易函书》正集。外有《函书约》三卷，《易学须知》三卷，《易解辨异》三卷，《篝灯约旨》十卷，共十九卷为《别集》。《别集》先已刊板。正集因卷帙浩繁，艰于剞劂，乃取诠释经文之四十九卷，约为十八卷，名曰《函书约注》。又取《首传》五十卷，约为十六卷，附以《续约旨》二卷，共十八卷，刊之，名曰《续集》。皆煦所手订也。其正集原本，煦门人李学裕欲为校刊，携其稿去。会学裕病卒，遂散佚。后《别集》、《续集》板并漫漶，其子季堂重为校订。因正集未刊，《续集》之名无所缘起，且《续集》之《原图》、《原卦》、《原爻》、《原古》即删取正集之要语，非别有所增，未可目之以续。而《别集》内之《函书约》三卷，亦即正集之《原图》、《原卦》、《原爻》撮其大义，更不可附入《别集》。遂以《续集》编为十五卷，取《函书约》三卷弁首，共十八卷，名为《约存》。盖以正集既佚，其大义仅存于是也。又以《续约旨》二卷，依《篝灯约旨》原目，散附各篇之内，合《易学须知》三卷，《易解辨异》三卷，仍为《别集》。其释经文之十八卷，仍名《约注》，共为五十二卷，即此本也。煦研思《易》理，平生精力尽在此书。其持论酌

牛顿的《原理》由安德鲁·莫特译成英文。

于汉学、宋学之间，与朱子颇有异同。然考《朱子语录》有曰'某作《易本义》，欲将文王卦辞大概略说，至其所以然之故，于孔《象词》中发之。如此乃不失文王大意，但未暇整顿尔'云云，是朱子于《本义》盖欲有所改定而未能，则后人辨订，亦未始非朱子之志也。陆游《渭南集》有《朱氏易传跋》，曰：'易道广大，非一人所能尽，坚守一家之说，未为得也。元晦尊程氏至矣，然其为说亦已大异，读者当自知之。'斯可谓天下之通论矣。"

沈淑著《陆氏经典异文辑》6卷、《陆氏经典异文补》20卷、《十三经注疏琐语》4卷，有自序。

按：此三书合称《经玩》。《四库全书总目提要》曰："《经玩》二十卷，国朝沈淑编。淑有《周官翼疏》，已著录。此书录唐陆德明《经典释文》中文字之异者为六卷，次以经传中文字互异及录《春秋左传》分国土、地名、职官、器物、宫室之类为四卷，次辑注疏十三经琐语为四卷。其检核之功，颇为勤笃，然无所考证发明。若《毛诗异文补》之全引伪申培《诗说》，尤失考也。"

蓝鼎元著《鹿洲公案》2卷成书；又著《棉阳学准》5卷成，陈华国作序。

按：《四库全书总目提要》曰："《鹿洲公案》二卷，国朝蓝鼎元撰。……此其知普宁县时所谳诸案，自叙其推鞫始末，为二十四篇。"又曰："《棉阳学准》五卷，国朝蓝鼎元撰。……雍正戊申，鼎元以普宁县知县署理潮阳。因经理其学校，作是编以训士。卷一曰同人规约，卷二曰讲学礼仪、丁祭礼仪、书田志，卷三、卷四曰闲存录，卷五曰道学源流、太极要义、西铭要义。棉阳者，潮阳古地名也。"

房裔兰修，苏之芬纂《阳高县志》6卷刊行。

袁大选修，李翼圣纂《左云县志》4卷刊行。

王廷赞修，武一韩纂《太谷县志》8卷刊行。

岳浚、法敏修，杜诏、顾瀛纂《山东通志》36卷刊行。

按：《四库全书总目提要》曰："《山东通志》三十六卷，国朝巡抚山东都察院右副都御史岳浚等监修。初，明嘉靖中，山东巡按御史方远宜始属副使陆钺等创修《通志》四十卷，为目五十有二，附目十。本朝康熙十二年，巡抚张凤仪、布政使施天裔重为修辑。大抵仍旧文者十之八九，新增者十一二而已。此本乃雍正七年岳浚奉诏重修。延检讨杜诏等开局排纂，至乾隆元年始告成。后任巡抚法敏表进于朝。中间体例，于旧志多有改革。如宦绩人物，旧志列国卿大夫缕载无遗，此本则以经传所有者概从刊削，而断自汉始。又田赋、兵防，旧志疏略不具，运道、海疆则并阙如，此本悉为补辑。又《人物》之外，旧志别分《隐逸》、《孝义》、《儒林》、《文苑》诸目，往往配隶失宜，此则悉从删削。又如以北兰陵为南兰陵，以今济阳为唐宋之济阳，以复旧之新泰为两设之新泰，皆沿讹之尤甚者，此本均为辨明，亦多所考证焉。"

张明叙修，李琮州纂《桂阳州志》14卷刊行。

郑鼎勋修，蒋琛纂《江华县志》11卷刊行。

孙锦修，方严翼、徐心启纂《开化县志》10卷刊行。

马受曾修，林文懋纂《象山县志》42卷刊行。

陆朝玑修，程梦星、蒋继轼纂《江都县志》20卷刊行。

按：蒋继轼字蜀瞻，号西圃，别号拜集老人，江苏江都人。官至翰林院编修。著有《韵绿堂集》。江藩曰："吾乡西圃太史藏书万卷，秘籍琳琅，甲于天下。"（《江苏诗征》卷一一四）

李懋仁修纂《六安州志》刊行。

夏治源增修《师宗州志》2卷、续编1卷刊行。

朱国源修,朱廷琦等纂《泰顺县志》10卷刊行。

董用栋自编《先大人树公自志年谱》1卷成书。

顾易编《柳村陶谱》刊行,有序。

按：是年谱开陶渊明年谱考异之先声。

马氏小玲珑山馆据宋本重刊《韩柳二先生年谱》。

厉鹗著《湖船录》1卷,全祖望为序。

郑燮写成《板桥道情》初稿。

李光暎著《观妙斋金石文考略》16卷,金介复作序。

按：李光暎字子中,浙江嘉兴人。《四库全书总目提要》曰："嘉兴之收藏金石者,前有曹溶《古林金石表》,后有朱彝尊《吉金贞石志》。彝尊所藏金石刻,又归于光暎,遂裒辑所得,集诸家之论而为此书。前有雍正七年金介复序,称其不减曹氏《古林》之富。"

尤怡著《金匮要略心典》3卷。

按：是书为尤怡集十年寒暑的心得之作,后来学者阐发《金匮》多宗此书。现存主要版本有：清雍正十年(1732)初刻本、日本文政六年川出义翻刻本、1935年上海广益书局石印本、1944年上海千顷堂书局石印本、1956年上海卫生出版社铅印本等。

尤怡著《伤寒贯珠集》8卷成书。

梁份卒(1641—　)。份字质人,江西南丰人。少从彭士望、魏禧游,讲经世之学。著有《怀葛堂文集》15卷及《西陲吟略》8卷、《帝陵图说》4卷。事迹见《清史稿》卷四八四、《清史列传》卷七〇。汤中编有《梁质人年谱》,[日]内藤虎次郎编有《梁质人年谱》。

裘琏卒(1644—　)。琏字殷玉,号蔗村、废莪子,称横山先生,浙江慈溪人。早岁从黄宗羲学。康熙二十六年,参纂《大清一统志》,主纂《三楚志》,阅十五日成。康熙南巡,献《迎銮赋》；帝六十大寿,复献《升平乐府》,帝阅后命近侍记名。康熙五十四年进士,改翰林院庶吉士。著有《复古堂集》、《横山诗文集》、《玉湖诗综》、《明史崇祯长编》、《天尺楼古文》、《述先录》；杂剧《昆明池》、《集翠裘》、《鉴湖隐》、《旗亭馆》,合称《四韵事》及传奇《女昆仑》等。又参纂(康熙)《定海县志》和《南海普陀山志》。事迹见《清史列传》卷七一。清裘姚崇编有《裘蔗村太史年谱》。

王原卒(1646—　)。原本名原深,字令贻,号学庵,晚号西亭,江南青浦人。康熙二十七年进士。先后任广东茂名知县、贵州铜仁知县。曾从陆陇其、汤斌游,好言理学。康熙二十六年,馆于徐乾学家,纂修《明史食货志》12卷。二十九年,又与顾祖禹、黄仪、陶元淳、阎若璩、唐孙华、黄虞稷、胡渭、姜宸英、查慎行等聚居洞庭东山,助徐乾学纂《大清一统志》。著有《学庵文类》44卷、《学庵诗类》57卷、《西里文钞》12卷。事迹见李桓《国朝耆献类征初编》卷一三五、王昶《王原传》(《碑传集》卷五五)。

盛际斯卒(1660—　)。际斯字成十,江西武宁人。以选贡入太学,授乐平教谕,迁吉安府教授。长于《春秋》,著有《春秋心传》及《清崖集》、《诗薮》等。事迹见《清史列传》卷七一、盛大谟《盛际斯行述》(《字云巢文稿》卷一四)。

王承烈卒(1666—)。承烈字逊功,号复庵,陕西泾阳人。康熙四十八年进士。官翰林院检讨、刑部侍郎等。年四十始事兄王心敬,讲明心性修己治人之学。精究理学,尤以宋儒为宗。著有《日省录》、《复庵诗说》6卷等。事迹见李桓《国朝耆献类征初编》卷七〇、朱轼《少司寇王公承烈墓志铭》、蔡世远《刑部右侍郎王公神道碑》(均见《碑传集》卷二三)、方苞《刑部右侍郎王公墓表》(《方苞集》卷一二)。

余萧客(—1778)、朱筠(—1781)、方矩(—1789)、吴省钦(—1803)、伊朝栋(—1807)、周春(—1815)生。

雍正八年　庚戌　1730 年

罗可可艺术进入极盛期。

正月,浙江绍兴人唐孙镐作《揭帖》,为吕留良辩护。

二月初四日癸卯(3月22日),时曾静既免罪释放,乃著《归仁说》一文,宣扬"本朝得统之正",赞颂当今皇帝"圣德同天之大";表示愿往各地"现身说法,化导愚顽"。雍正帝遂命刑部侍郎杭奕禄带曾静由京城往江宁、苏州、杭州现身说法(《清世宗实录》卷九一)。

初六日乙巳(3月24日),以大学士蒋廷锡为会试正考官,礼部左侍郎鄂尔奇、署工部左侍郎顺天府府尹孙嘉淦、内阁学士任兰枝为副考官。

十三日壬子(3月31日),康熙帝所纂《书经传说汇纂》刊刻告竣,雍正帝作序文,颁行全国。

三月初四日壬申(4月20日),将朱轼、沈近思、田文镜、李卫先后编定之《州县官规则指南》一书刊刻付印,颁发州县官各1部。

初十日戊寅(4月26日),日商求购《勾股全书》,雍正帝命将康熙帝所制《律历渊源》中之《算法》、《律吕》二书发往。

十二日庚辰(4月28日),赐江南下第举人顾成天进士,一体殿试。

二十四日壬辰(5月10日),雍正帝访求"仙人"。

四月初一日己亥(5月17日),赐广东举人卢伯蕃为进士,一体殿试。
是日,策试天下贡士沈昌宇等于太和殿前。

初五日癸卯(5月21日),传胪,赐殿试贡士周澍等399人进士及第出身有差。

按：是科,复浙江举人会试,浙江举人中式者达70人。鼎甲三人皆浙江人,状元周澍、探花梁诗正,俱钱塘人;榜眼沈昌宇为秀水人。

十一日己酉(5月27日),时各省及西路军营均折奏收到《大义觉迷录》。

六月初二日己亥(7月16日),谕今科进士,除选拔庶吉士外,其马丙等58名著在六部额外主事上学习行走,三年后如能称职,该堂官题补。今科外用进士,著就伊等本籍邻近地方掣签派往,交与各该督抚分派藩臬衙门,令其学习三年,委署试用一年,四年后题补实授。

二十六日癸亥(8月9日),以工部右侍郎鄂尔奇、内阁学士任兰枝、署户部侍郎阿山教习庶吉士。

二十九日丙寅(8月12日),雍正帝密谕李卫,严查吕留良子孙有无漏网者。

十月初四日己亥(11月13日),徐骏文字狱发。

按:徐骏,故尚书徐乾学之子,翰林院庶吉士。先是,因上书言事,雍正帝怒其粗率,立斥放归,命检查其诗文。至是,大学士张廷玉、蒋廷锡奏:徐骏著有《坚蕉诗稿》二本、《戊戌文稿》一本、《杂录》一本,其诗文"轻浮狂纵"、"语含讥讽",并无感恩怀德一语。《杂录》中有讥刺升朱子于十哲为非,作诗有"孔堂何幅侧,加膝与坠渊"之句,"悖逆狂妄,罪不容诛"。是日,以其"狂诞居心,背戾成性",照大不敬律,处斩立决,其文稿尽行烧毁(《清世宗实录》卷九九)。

是日,以户部右侍郎俞兆晟为武会试正考官,刑部右侍郎王国栋为副考官。

十一月初三日戊辰(12月12日),策试天下中式武举齐大勇等180人于太和殿前。

二十四日己丑(1731年1月2日),赐殿试武举齐大勇等118人武进士及第出身有差。

十二月十九日癸丑(1月26日),刑部等衙门议吕留良罪。命行文各省学政,遍询各学生、监等,应否照所议将吕留良、吕葆中剉尸枭示,吕毅中斩决,其所著文集、诗集、日记等已经刊刻印刷及抄录者尽行燔毁,著秉公据实,取具该生、监等结状具奏。其有独抒己见者,令其自行具呈,该学政一并具奏,不可阻挠隐匿(《清世宗实录》卷一〇一)。

是年,将康熙帝御纂《性理精义》、《书诗传说汇纂》每省各发二部,一部令其重刊流布,一部以备校对。

命建贤良祠。

按:雍正八年诏曰:"古者大烝之祭,凡法施于民,以劳定国者,皆列祀典,受明禋。我朝开国以后,名臣硕辅,先后相望。或勋垂节钺,或节厉冰霜,既树羽仪,宜隆俎豆。俾世世为臣者,观感奋发,知所慕效。庶明良喜起,副予厚期。京师宜择地建祠,命曰'贤良',春、秋展祀,永光盛典。"于是佥议怡贤亲王允祥,宗功元祀,宜居首。大学士公图海、公赖塔,大学士张英,尚书顾八代、马尔汉、赵申乔,河道总督靳辅、齐苏勒,总督杨宗仁,巡抚陈瑸,咸列其选。自是先后赓续入祠者,大学士范文程、巴克什达海、阿兰泰、李之芳、吴琠、张玉书、李光地、富宁安、张鹏翮、宁完我、魏裔介、额色黑、王熙,领侍卫内大臣福善、费扬古、尹德,尚书励杜讷、徐潮、姚文然、魏象枢、汤斌,提督张勇、王进宝、孙思克、施琅,总督赵良栋、于成龙、傅腊塔、孟乔芳、李国英,都统冯国相、李国翰、根特,统领莽依图,将军阿尔纳、爱星阿、佛尼埒,副都统诸库巴图鲁。乾隆元年,命入祀诸臣未予谥者悉追予。是岁祀尚书衔兼祭酒杨名时,大学士朱轼，内大臣哈世屯，尚书米思翰。……十年，釐定祠位……嗣是入祀，则超勇亲王策凌，列怡贤亲王左次龛。名臣则大学士马齐、伊桑阿、福敏、黄廷桂、蒋溥、史贻直、梁诗正、来保、傅恒、尹继善、陈宏谋、刘纶、刘统勋、舒赫德、高晋、英廉、徐本、高斌，协办大学士兆惠，左都御史拉布敦，尚书汪由敦、李元亮、阿里衮，尚书衔钱陈群，都统傅清，将军和起、伊勒图、奎林，总督那苏图、陈大受、喀尔吉善、鹤年、吴达善、何煟、袁守侗、方观承、萨载、提督许世亨，巡抚潘思榘、鄂弼、李湖、傅弘烈。……嘉庆朝，则祀大学士福康安、阿桂、刘墉、王杰、朱珪、戴衢亨、董诰，尚书董邦达、彭元瑞、奉宽，总督鄂辉。道光朝，则祀大学士富俊、曹振镛、托津、长龄、卢荫溥、文孚、王鼎，协办大学士汪廷珍、陈官俊，尚书黄钺、隆文，将军玉麟，总督杨遇春、陶澍，河道总督黎世序（《清史稿·礼志六》）。

雷奥米尔制作带有分度表的酒精温度计。

韦斯利兄弟创立卫理公会。

张廷玉四月为殿试读卷官。

杨椿在《明史》馆，有书诤张廷玉。

蒋廷锡充会试正考官。

全祖望四月至京，始识方苞，致书论殷周殡制。既又上书论《丧礼或问》，苞大异之，由是声誉腾起。

梁诗正中进士，授编修。

胡彦升中进士，授刑部主事，改山东定陶知县。

朱泽沄三月作《与王予中书》，论动静寂感之问题。八月又复书答王懋竑（字予中）论动静工夫。

吴敬梓客南京。

蒋溥、嵇璜、钟衡、倪国琏、孙人龙、周范莲、陶正靖、沈慰祖、杨廷栋、裴肇煦、吴士珣、曹一士、吴履泰、严树基、王廷鸿、鹿迈祖、徐景曾、吴璋、孙灏、朱凤英、柏谦、徐以烜、陈莫凝、任应烈、程盛修、阮学浩、严璲、孙倪城、吴华孙、王文璲、林薄封、毛之玉、商盘、鄂敏、陈亮世、佟保、王宗灿、林令旭、李敏第、刘元燮、陈中、张先跻、高璇、富敏、卢秉纯、韩彦曾、许希孔、薛韫、杨秀、额尔登额、李贤经、裘思录、色通额等52位新科进士五月三十日被选为庶吉士。修撰周树，编修沈昌宇、梁诗正分别满汉书教习。

王昶始就傅受业。

李清植二月为翰林院编修，充日讲官。

张若涵二月为翰林院检讨，充日讲官。

查弼纳七月以兵部尚书充经筵讲官。

徐敦蕃在安徽广德建正谊书院。

纪昀父纪容舒参加会试，授户部四川主事。

高凤翰为时任六安州牧的卢见曾所激赏。

按：卢见曾称赞他："工书画，尤豪于诗，酒酣耳热，挥洒烟云，往往千言立就，文名籍甚，具经济才，则世罕知者。"（卢见曾《南阜山人诗集序》，《高凤翰诗集笺注》）

何梦瑶中进士，出宰粤西，治狱明慎，终奉天辽阳知州。

顾成天中进士，官至少詹事。

胡宗绪中进士，授编修，迁国子监司业。

按：《清史稿·文苑传》曰：胡宗绪"自经史以逮律历、兵刑、六书、九章、礼仪、音律之类，莫不研穷。著《易管》、《洪范皇极疑义》、《古今乐通》、《律衍数度衍参注》、《昼夜仪象说》、《岁差新论》、《测量大意》、《梅胡问答》、《九九浅说》、《正字通芟误》、《正蒙解》、《大学讲义》、《方舆考》、《南河北河论》、《胶莱河考》、《台湾考》、《两戒辨》、《苗疆纪年》等书。自为诗文曰《环隅集》，古藻过（刘）大櫆"。

郝贤荫时任湖南道县游击，建春陵书院。
王钦命时任湖南保靖知县，建崇文书院。
庞屿时任广州知县，建禺山书院。
应公时任广东花县知县，建步云书院。
唐椿时任贵州绥阳知县，建洋川书院。
徐成贞时任云南昭通总兵，建凤池书院。
徐本仙时任云南文山知县，建文山书院。
陈希芳时任云南云龙知州，建云龙书院。
吴士信时任云南洱源知县，建万奎书院。

王顼龄等奉敕所纂《钦定书经传说汇纂》24卷刊行。

按：是书认为《古文尚书》与《今文尚书》的义理没有太大分歧，故以宋代蔡沈《书集传》为主，列众说于后，相互参稽，辨别得失。《四库全书总目提要》曰："《钦定书经传说汇纂》二十四卷，康熙末，圣祖仁皇帝敕撰。雍正八年告成，世宗宪皇帝御制序文刊行。宋以来说《五经》者，《易》、《诗》、《春秋》各有门户，惟《三礼》则名物度数，不可辨论以空言，故无大异同。《书》则帝王之大经大法，共闻共见，故自古文、今文互有疑信外，义理亦无大异同。蔡沈《集传》始睥睨先儒，多所排击，然书出未久，而张葆舒、黄景昌、程直方、余芑舒等纷纷然交攻其误，是必有未惬者在矣。自元延祐中始以蔡《传》试士，明洪武中虽作《书传会选》以正其讹，而永乐中修《书经大全》仍悬为功令，莫敢岐趋。我国家经术昌明，竞研古义，圣祖仁皇帝聪明天纵，今典维勤，于唐虞三代之鸿规，尤为加意。既敕编《日讲书经解义》，复指授儒臣纂辑是编。虽仍以蔡《传》居前，众说列后，而参稽得失，辨别瑕瑜，于其可从者发明证佐，不似袁仁等之有意抨弹，于其不可从者辨订讹舛，亦不似陈栎等之违心回护，其义可两通者，皆别为附录，以明不专主一家。盖即一训诂之学而圣人执两用中之道，大公至正之心，悉可以仰窥焉，又不仅为说《书》之准绳已也。"有《御纂七经》本、《四库全书》本、《摛藻堂四库全书荟要》本。

王建常著《书经要义》6卷刊行。
李锴始著《尚史》。
杨椿著永乐至正德《九朝列传》，陆续得50卷。
李塨七月撰《畿辅通志凡例》，十月撰《畿辅形势论》。
杜诏著《读史论略》1卷成书，有自序。
陈伦炯著《海国闻见录》2卷成书，有自序。

按：《四库全书总目提要》曰："伦炯字资斋，同安人。父昂，康熙二十一年从靖海侯施烺平定台湾。烺又使搜捕余党，出入东西洋五年。叙功授职，官至广东副都统。伦炯少从其父，熟闻海道形势。及袭父荫，复由侍卫历任澎湖副将、台湾镇总兵官，移广东高雷廉、江南崇明、狼山诸镇，又为浙江宁波水师提督，皆滨海地也。故以

马丁·赖特就英国土地法律发表《土地所有权法律概论》。

平生闻见，著为此书。上卷记八篇：曰《天下沿海形势录》，曰《东洋记》，曰《东南洋记》，曰《南洋记》，曰《小西洋记》，曰《大西洋记》，曰《昆仑记》，曰《南澳气记》。下卷图六幅：曰《四海总图》，曰《沿海全图》，曰《台湾图》，曰《台湾后山图》，曰《澎湖图》，曰《琼州图》。凡山川之扼塞，道里之远近，沙礁岛屿之夷险，风云气候之测验，以及外蕃民风、物产，一一备书。虽卷帙无多，然积父子两世之阅历，参稽考验，言必有征。"

郑方坤纂修《邯郸县志》12卷刊行。

严宗嘉修，李其旋纂《高阳县志》6卷刊行。

钟文英纂修《井陉县志》8卷刊行。

余世堂修，刘源涞纂《洪洞县志》9卷刊行。

杜瑾修，刘源涞纂《大宁县志》8卷刊行。

刘邦瑞修纂《白盐井志》8卷刊行。

张士琏修，叶适、陈珏等纂《海阳县志》12卷刊行。

徐三俊修，陈献可纂《临汾县志》8卷刊行。

王廷抡续纂修《沁源县志》10卷刊行。

甄尔节修，罗焕章等纂《屯留县志》4卷刊行。

沈继贤修，常大升纂《重修岚县志》16卷刊行。

程云修，孙鸿淦纂《兴县志》18卷刊行。

梅廷谟修，俎夏鼎纂《续静乐县志》10卷刊行。

吴瑛修，王鸿荐纂《安定县志》成书。

郭显贤原本，李元升增修，李大捷等增纂《蓝田县志》4卷刊行。

王应珮修，韩鼎、景份纂《通许县志》10卷刊行。

邹珵修纂《巢县志》22卷刊行。

赵良墅修，田实发纂《合肥县志》24卷刊行。

卢廷俊修，颜希圣、何深纂《连平州志》10卷刊行。

周天成修，邓廷喆纂《东莞县志》14卷刊行。

杨正笴修，冯鸿模等纂《慈溪县志》16卷刊行。

朱玉编《朱子文集大全类编》111卷由考亭书院刊行。

按：《四库全书总目提要》曰："玉，建阳人，朱子十六代孙也。是编以朱子正、续、别三集合而为一，俾诸体各以类从。每体之中，又以编年为先后，分为八册。一册为道学渊源、世系、题赞、事实、年谱、祭文、行状、褒典、祠庙及门人姓氏附录，凡三卷。二册为赋、诗、诗余，凡十卷。三册为封事、奏札，凡二卷。四册为政迹、宫观、经筵、表文、疏文，凡十一卷。五册为书札，凡十四卷。六册为问答，凡三十五卷。七册为杂著，凡十五卷。八册为序记、祝文、碑文、行状、墓志、事实、年谱、遗事及庭训、墨迹，附编著书目，凡二十一卷。每卷各为之引，述其用力颇勤。然割裂烦琐，究不及大全集之原本，为能存其旧也。"

舞格寿平著《清文启蒙》4卷成书，程明远作序。

按：是书又称《满汉字清文启蒙》，是在沈启亮编纂的满汉辞典《大清全书》(1682)的语法附录基础上充实而成。全书4卷，有目录和序言。此书是最早的满语教科书之一，在相当长时间内，是国内外教授满文的基本教材和研究满文的基础材料。18、19世纪先后数次被译成俄文和英文。

李渔著《笠翁一家言全集》由芥子园刊行。

按：是书凡《文集》4卷，《诗集》8卷，《二集》12卷，《别集》4卷，《笠翁词韵》4卷，《耐歌词》4卷、首1卷，《闲情偶记》16卷。

许培荣著《丁卯集笺注》8卷成书，许钟德作后跋。

丁应鼎著《海门家言》4卷刊行。

王澍著《淳化秘阁法帖考证》12卷成书，有自序。

按：是书10卷，附录2卷。沈宗骞书版临帖，陈焯、温一贞校订。雍正八年(1730)成书，乾隆三十三年(1768)刊成。首录米芾法帖题跋、原题、《宋史·米芾本传》、黄伯思《法帖刊误·原叙》、《宋史·黄伯思本传》、许翰《法帖刊误·原跋》、《宋史·王著本传》、王蚧《法帖刊误·原跋》。其次则对《阁帖》法书，逐一详加考核。附录2卷，一为《古今法帖考》，二为《论书胜语》。

汪绂著《琴谱》1卷成书，有自序。

按：清代研究琴谱、琴律的重要著作，尚有王坦的《琴旨》2卷。王坦字吉途，南通州人。《四库全书总目提要》曰："自来言琴律者，其误有五：一在不明《管子》五音四开之法，而以管音律吕定弦音；一在不知以五声二变明弦音之度分，而以律吕分徽位；一在不知《管子》百有八为倍征，及《白虎通》离音尚征之意，泥于'大不踰宫'之说，而以大弦为宫；一在不知三弦为宫，而以一弦十徽为仲吕；一在据正宫一调论律吕，谓隋废旋宫，止存黄钟一均，而不知五声旋宫转调之全。惟《御制律吕正义》一书，考定详明，发古人之所未发。坦作是书，一一本《正义》之旨，而反复推阐。……于《正义》诸图说，尤能精思阐发，在近时言琴诸家，可谓不失其宗者矣。"

传教士阎当卒(1652—　)。当亦称严裆或颜珰，巴黎外方传教会会士。康熙二十三年为浙赣闽湘署理代牧，兼全国教务副总理。四十五年，被谕令出境。

传教士白晋卒(1656—　)。晋字明远，法国人。康熙二十六年抵宁波，翌年由南怀仁介绍抵北京，在宫廷讲授西学。曾奉命与杜德美、雷孝思等赴各地测量绘制《皇舆全览图》，历九年而成。著有《天学本义》(又名《古今敬天鉴》)、《易经总旨》、《康熙帝传》等。

按：白晋是一位对于近代中西文化交流做出卓越贡献的人物，在《易经》西传史上，白晋的作用尤为重要。

僧正嵒卒(1657—　)。正嵒俗姓郭，字豁堂，号蒌庵，又号南屏隐叟，晚号随山，浙江仁和人。十岁于灵隐寺出家。康熙五十五年罹诬被捕，下狱江宁。次年事白还山。著有《语录》、《同凡集》、《屏山集》。

刘智卒(1660—　)。智字介廉，号一斋，回族，江苏上元人。刘汉英子。伊斯兰教学者。师从伊斯兰教学者李永寿、袁汝琦。曾游学江苏、山东、北京、湖北、甘肃、浙江、广东等地，广求伊斯兰教经籍，晚年隐居金陵清凉山扫叶楼，潜心著述。著有《天方性理》、《天方典礼》20卷、《天方至圣实录》20卷、《天方字母释义》、《天方三字经注解》、《天方三字经解义》、《五功释义》、《天方礼经》、《礼书五功义》、《五更月偈》等。事迹见梁向明《刘智及其伊斯兰思想研究》(兰州大学出版社2004年版)。

按：刘智被中国穆斯林尊为"先哲"、"先贤",其著作被视为中国伊斯兰教的"汉文经典"。

郑元庆约卒(1660—)。元庆字子余,一字芷畦,浙江归安人。家多藏书。通史传及金石文字,得毛奇龄、朱彝尊、胡渭、张伯行等推重。著有《廿一史约编》10卷、《礼记集说参同》80卷、《湖录》120卷、《石柱记笺释》5卷、《行水金鉴》175卷及《周易集说》、《诗序传异同》、《家礼经典参同》、《官礼经典参同》、《丧服古今异同考》、《春王正月考》等。事迹见《清史稿》卷四八四、《清史列传》卷七一、李桓《国朝耆献类征初编》卷四一八。

按：《清史稿》本传曰：郑元庆"通史传,旁及金石文字。李绂、张伯行雅重其学,欲荐于朝未得也。颜鲁公书《湖州石柱记》,元庆为之笺释,甚博赡。又著《湖录》百二十卷,七易稿而后成,自谓平生精力殚于是书。平生慕郑子真之为人,自号郑谷口。晚更治经,其著书处名鱼计亭。著有《周易集说》、《诗序传异同》、《礼记说参同》、《官礼经典参同》、《家礼经典参同》、《丧服古今异同考》、《春王正月考》、《海运议》"。

沈淑卒(1698—)。淑字季和,号立夫,又号颐斋,江苏常熟人。雍正元年进士。长于《毛诗》、《周礼》、《仪礼》。著有《周官翼疏》、《经玩》、《春秋左传分国土地名》2卷、《春秋列国职官》1卷、《春秋器物宫室》1卷。事迹见李桓《国朝耆献类征初编》卷一二五、方苞《沈淑墓志铭》(《方苞集》卷一〇)。

王敔卒,生年不详。敔字虎止,湖南衡阳人。王夫之次子,学者称蕉畦先生。与潘宗洛、储大文友善。得潘、储二人之力,王夫之遗书得入史馆,立传《儒林》。晚年筑湘西草堂,学者多从之游。著有《蕉畦字朔》、《蕉畦存稿》、《笈云草》等。事迹见王之春编《船山公年谱》。

李文藻(—1778)、叶佩荪(—1784)、周永年(—1791)、周震荣(—1792)、毕沅(—1797)、周广业(—1798)、韩梦周(—1798)、吴兰庭(—1801)、王文治(—1802)、汪辉祖(—1807)、王初桐(—1821)生。

雍正九年　辛亥　1731年

英格兰、荷兰、西班牙及神圣罗马帝国签订维也纳条约。

二月二十二日乙卯(3月29日),设八旗"学习营"。

按：以八旗军容尚未整齐,命于骁骑营内选年少无疾、骑射不堪、不会满洲、蒙古语言者,八旗满洲、蒙古每旗共选一百名,汉军各旗共选二百名,合计一千名,另设一营,学习一切技艺。另于前锋、护军内选骑射稍优、人材可观但未服习勤苦者,亦选一千人另立一营。此二营兵丁所用之马,由彼等亲自饲养。营内不许用汉语,唯习满、蒙语(《清世宗实录》卷一〇三)。

四月初八日庚子(5月13日),遣左都御史史贻直、礼部侍郎杭奕禄、署内务府总管郑禅宝率庶吉士、六部学习人员、国子监贡生等数十人往陕甘二省开导训谕百姓。

十一日癸卯(5月16日),广东布政使王士俊奏报《广东通志》修纂告竣,系浙江籍庶吉士鲁曾煜主持。

三十日壬戌(6月4日),定八旗蒙古考取翻译秀才、举人、进士例。

按：八旗蒙古旗分内能作蒙古文翻译者,照考试满文翻译例,三年内考取生员二次,举人、进士各一次。取中额数由考试官选择取中试卷,临时请旨。

十二月十六日乙巳(1732年1月13日),先是,翰林顾成天奏言：吕留良所刊《四书讲义》、《语录》等书粗浮浅鄙,毫无发明,宜敕学臣晓谕士子,勿惑于邪说。因命大学士朱轼等详加检阅,逐条批驳,纂辑成书。是日,将所纂辑《驳吕留良四书讲义》刊刻,颁布学宫。

按：谕内阁："逆贼吕留良,以批评时艺托名讲学,今罪迹昭彰,普天共愤,内外臣工咸以罪犯私著之书,急宜焚毁为请。朕以为从来无悖逆之大儒,若因其人可诛而谓其书宜毁,无论毁之未必能尽,即毁之而绝无留遗,天下后世更何所据以辨其道之真伪乎？以故毁书之议,概未允行。顷者翰林顾成天奏称：'吕留良所刊《四书讲义》、《语录》等书,粗浮浅鄙,毫无发明,宜敕学臣晓谕多士,勿惑于邪说。'爰命在廷儒臣详加检阅。兹据大学士朱轼等于其《讲义》、《语录》逐条摘驳,纂辑成帙,呈请刊刻,遍颁学宫。朕以逆贼所犯者,朝廷之大法也,诸臣所驳者,章句之末学也。朕惟秉至公以执法,而于著书者之为醇为疵,与驳书者之或是或非,悉听之天下之公论,后世之公评,朕皆置之不问也。大学士朱轼等既请刊刻,颁布学宫,俾远近寡识之士子,不至溺于邪说,朕思此请亦属可行,姑从之,以俟天下后世之读书者。"(《清世宗实录》卷一一三)

二十一日庚戌(1月18日),《圣祖仁皇帝实录》及《清圣祖圣训》编成,监修、纂修及与事人员分别议叙。

陈祖范、顾栋高、陈景云、陈黄中、秦蕙田、任启运、程廷祚等在南京与纂《江南通志》。

张廷玉正月受赐"赞猷硕辅",蒋廷锡受赐"万几贤辅"匾额。

方苞授詹事府左春坊左中允。

杭世骏与修《浙江通志》,独创"经籍"一志,凡九阅月成编,有《西浙经籍志序》。

尹会一建推训堂,置经史,又建魁楼。

沈德潜应聘至杭州,纂《西湖志》。

孙嘉淦三月以工部左侍郎充经筵讲官。

张若涵二月为翰林院检讨,充日讲官。

杨炳四月为翰林院侍读,充日讲官。

顾成天四月为翰林院编修,充日讲官。

开泰九月为翰林院编修,充日讲官。

英国数学家约翰·哈德利发明出用于海洋的象限仪。

汪由敦十一月为翰林院编修,充日讲官。

卢见曾补官江南亳州蒙城知县。寻迁六安州知州。

王兰生迁内阁学士,仍留安徽学政。

晏斯盛督贵州学政。

吴焯应聘修《浙江通志》、《西湖志》。

李卫时任浙江总督,重修余姚县姚江书院。

吕瑞麟在福建平潭县建兴文书院。

刘蓟植时任河南舞阳知县,建鸿文书院。

吴简民时任广东惠州知府,建惠阳书院。

王博厚时任广东阳春知县,建王公书院。

黄其炳时任广西南宁知府,将孙公讲院改建为正谊书院。

屠嘉正时任广西太平府知府,建丽江书院。

梁继世时任广东文昌知县,建王公书院。

王伟任时任贵州桐梓知县,建敷文书院。

沈铨东渡至日本。

拉尔夫·卡德沃思著成《论永恒不变的伦理学》。

伏尔泰著成《查理十二史》。

汪绂著《四书诠义》15卷成书。

张廷玉纂修《圣祖仁皇帝实录》、《圣祖仁皇帝圣训》60卷成书。

敕纂《上谕内阁》159卷告成。

按:《四库全书总目提要》曰:"《世宗宪皇帝上谕内阁》一百五十九卷,雍正七年世宗宪皇帝俯允廷臣之请,命和硕庄亲王允禄缮录刊布。所载起御极之初,止于是年,以雍正九年告成。皇帝即祚以后,复命和硕和亲王弘昼编次雍正八年至十三年上谕,校正续刻,补为全书,以乾隆六年告成。原本皆以每月别为起讫,不标卷数。今恭依旧次,厘为一百五十九卷。原本亦未题书名,恭绎谕旨,由内阁宣示者居多,谨题曰《上谕内阁》,以别于《上谕八旗》诸编焉。伏考国家旧制,始置内三院,后乃改置内阁,以出纳纶音,恭逢列圣膺图,乾纲独握。自增用奏折以后,皆高居紫极,亲御丹毫。在廷之臣,一词莫赞即朱批谕旨是也。其题本由内阁票拟者,遇事涉两歧,辄恭缮双签以请,无敢擅专。至于训诰特颁,则指授内直诸臣于禁廷具草。有纤微未达圣意者,必御笔涂乙添注,亦罔敢以私意参其间。鉴定之后,降付内阁,宣布中外而已。更无由如前代宰辅假批答以窃威福者。此一百五十九卷,名为臣工所缮录,实与御札手敕无以异。励精宵旰之怀,谨持魁柄之意,万世可伏读而见之也。我皇上御跋程颐经筵札子,力斥其天下安危系于宰相之说。诚所谓聪听彝训,垂裕后昆者矣。"

允禄等奉命编纂《上谕八旗》13卷、《上谕旗务议覆》12卷、《谕行旗务奏议》13卷。

按:《四库全书总目提要》曰:"《世宗宪皇帝上谕八旗》十三卷、《上谕旗务议覆》十二卷、《谕行旗务奏议》十三卷,雍正九年,和硕庄亲王允禄等奉敕编。凡三集,共为一书。自康熙六十一年十一月十七日以后所奉谕旨,涉于八旗政务者,曰《上谕八旗》。其前录谕旨而附载八旗大臣所议于后者,曰《上谕旗务议覆》。其前录八旗大臣所奏而恭录谕旨于后者,曰《谕行旗务奏议》。并兼用国书、汉书,刊刻颁行。"

周城著《宋东京考》20卷成书。

按：《四库全书总目提要》曰："城号石魡，嘉兴人。是书前有雍正辛亥王琦序，称城'客大梁三载，随境讨搜，以成此书'。其《凡例》有云：'建隆以前，东京非宋；靖康而后，宋不东京。'盖专纪汴都一百七十年之遗迹而作也。每条皆援引旧书，列其原文。盖仿朱彝尊《日下旧闻》之体。然多引类书，其博赡殊不及彝尊。又多载杂事，务盈卷帙。如所引《宋稗类抄》'二近侍争辨贵贱由天'一事，因首有仁宗御便殿一语，遂列之《宫殿类》中。然则一代帝王，何事不在宫殿内，岂胜载乎？他如造字台、吹台、繁台，卷中所引各书，皆谓一台而数名。乃于繁台则并入吹台，又别立造字台名之类。多彼此牴牾，无所考证。其精核亦不及彝尊也。"

朱泽沄撰《答乔星渚书》。

按：是文主要论知生知死之说。

龚新、沈继贤修，高若岐等纂《重修太原县志》16卷刊行。

叶士宽、雷畅修，吴正纂《沁州志》10卷成书。

范昉纂修《略阳县志》2卷刊行。

劳必达修，陈祖范等纂《昭文县志》10卷刊行。

杨方泰修纂《覃怀志》18卷刊行。

李如瑶修，谭先等纂《泸溪县志》11卷刊行。

卫廷璞修纂《建平县志》22卷刊行。

陈庆门修，孔传诗、包彬纂《庐江县志》12卷刊行。

王植修纂《罗定直隶州志》6卷刊行。

盛熙祚、章国禄修纂《吴川县志》10卷刊行。

陈树芝修纂《揭阳县志》8卷刊行。

张玿美修纂《惠来县志》18卷刊行。

宁时文等修纂《澄海县志》24卷刊行。

祝宏修，赵节等纂《建水州志》16卷刊行。

杨若椿修，段昕纂《安宁州志》20卷刊行。

杨体乾修，陈谟纂《重修富民县志》2卷刊行。

张元昝修，夏冕纂《临安府志》24卷刊行。

李绍膺修，吴觐光纂《长宁县志》10卷刊行。

郝玉麟修，鲁曾煜等纂《广东通志》64卷刊行。

按：《四库全书总目提要》曰："《广东通志》六十四卷，国朝巡抚广东、兵部右侍郎兼都察院右副都御史郝玉麟等监修。岭南为炎海奥区，汉、魏以还，舆图可考。然如《南方草木状》但志物宜，《岭表录异》仅征杂事，而山川厄塞，或未之详。明代有戴璟、郭棐、谢肇淛、张云翼诸家之书，大辂椎轮，又不过粗具崖略。国朝康熙二十二年，始辑有《通志》，视旧本渐具条理。此为雍正七年玉麟等承命所辑。采掇补苴，较为赅备。开局于雍正八年六月，竣事于九年五月，告成视他省为独先。故中间或沿袭旧文，失之冗蔓；或体例不一，彼此抵牾。皆未能悉加订正。然全书三十五门内新增者四，茸旧者三十有一，大都首尾详明，可资检阅。至《外番》一门，为他志所罕见。然粤中市舶骈集，韩愈所谓'东南际天地以万数'者，莫不瞻星戴斗，会极朝宗。裒而录之，足见圣朝声教之远。亦《通典》述边防而兼及海外诸国之例也。"

王钦命修,萧肇极纂《保靖县志》4卷刊行。

陈永虞修,刘亮纂《辰溪县志》8卷刊行。

刘青芝著《学诗阙疑》2卷成书,有自序。

沈德潜著《说诗晬语》2卷。

按:胡玉缙《许庼经籍题跋》曰:《说诗晬语》"是书据其自记,盖辛亥春读书小白阳山之僧舍,应僧之请而作,讨论源流,评骘得失,明晰平允,足为学诗者之津梁"。

黄叔琳著《文心雕龙辑注》10卷。

按:是书为现存最早的《文心雕龙》注本。《四库全书总目提要》曰:"考《宋史·艺文志》有辛处信《文心雕龙注》十卷,其书不传。明梅庆生注,粗具梗概,多所未备。叔琳因其旧本,重为删补,以成此编。其讹脱字句,皆据诸家校本改正。"

万经著《分隶偶存》2卷成书。

按:《四库全书总目提要》曰:"是编上卷首作书法,次作分隶书法,次论分隶,次论汉唐分隶同异,次汉魏碑考。下卷为古今分隶人名氏,始于程邈,终于明末马如玉。自邝露以前,皆引据诸书,惟如玉不著载何书,则经所自增矣。集录金石之书,梁元帝所辑不可见,欧、赵以下罕有论及分隶笔法者。经所录颇详晰,有门径。所列汉魏诸碑,虽止有二十一种,而考证别抉,比诸家务多者亦较精核。至云唐以后隶与八分各分为二,隶即今楷书,八分即古隶书,以八分为隶,赵明诚已讥之,国朝顾炎武《金石文字记》,并汉碑无不名八分,以楷为正书,正恐仍蹈欧阳之失。其说亦明白可据也。"

法国耶稣会士马若瑟在广州将元代纪君祥《赵氏孤儿》杂剧译成《赵氏孤儿:中国悲剧》,1755年在巴黎由阿·帕京出版社出版单行本。

向璿卒(1682—)。璿字荆山,号惕斋,浙江山阴人。学宗程朱理学。著有《四书记疑》、《志学录》、《志学后录》等。事迹见《清史列传》卷六七、彭绍升《向先生璿传》(《碑传集》卷一二九)。

按:《清史列传》本传曰:向璿"闻郡城阳明后裔王行九讲良知之学,即纠同人为辅仁会,沉酣其说者六七年。人目为痴,因著《痴人传》以自况。后得薛瑄、高攀龙书,反复玩味,知王学之非,自是确守程、朱。尝言:'为学大纲,不外居敬、穷理、力行三者,而以居敬为本。穷理而不以敬,知必不精;力行而不以敬,行必不笃。'又言:'人一刻不畏天,便是罪过;一事不反躬,便涉怨尤。'故其平居,虽小过自责甚严,日之所为,夜必告天"。

严长明(—1787)、曹仁虎(—1787)、陆费墀(—1790)、孟超然(—1797)、朱彭(—1803)、彭元瑞(—1803)、许宝善(—1803)、朱珪(—1806)、姚鼐(—1815)生;王谟(—1817)约生。

雍正十年　壬子　1732 年

二月初三日辛卯(2月28日)，命各省于省会建"贤良祠"，祀外任大臣之"宣猷布化，忠勇效命，威爱宜民，其政绩卓然可纪者"。与祀之人从近年为始，凡有应请入祀者，该督抚于一人各具一本请旨(《清世宗实录》卷一一九)。

初六日甲午(3月2日)，以兵部尚书鄂尔奇、内阁学士班第为翻译乡试正考官，内阁学士索柱、德龄为副考官。

五月初二日戊午(5月25日)，选各部学习人员、国子监贡生二十余员，引见后派往山东，备委办赈济之事。随又命选兖州、东昌二府之人在京为官或候、补候选者一、二十人赴山东办赈务。

七月二十八日壬子(9月16日)，就科举文风谕礼部：制科以四书文取士。言为心声，文章之道与政治通，所关甚巨。近科以来，文风亦觉丕变，士子逞其才气辞华，不免有冗长浮靡之习。是以特颁谕旨晓谕考官："所拔之文，务令雅正清真，理法兼备。虽尺幅不拘一律，而支蔓浮夸之言所当屏去。秋闱期近，可行文传谕知之。"(《清世宗实录》卷一二一)

二十九日癸丑(9月17日)，礼部奏：满洲教习，三年期满，其行走勤谨，教导有成者，列为一等，系举人，以小京官即用。贡生、生员，以笔帖即用。不能称职者，礼部不时查参。从之(《清世宗实录》卷一二一)。

八月二十一日乙亥(10月9日)，衍圣公孔广棨以孔林工程告竣，率其族74人来京，赴圆明园谢恩。

十一月十二日乙未(12月28日)，湖南沅江县生员谯衿七世同居，以其孝友可嘉，御书"世笃仁风"匾额赐之。

按：十二月十五日，又以陕西武功县生员李倬、同州生员刘运惇七世皆合族同居，敦睦可风，亦俱颁赐御书匾额，命地方官建坊题碑。

十四日丁酉(12月30日)，以满洲武举、武进士于绿营不甚相宜，定例：满洲、蒙古武举会试后，派大臣验看，才优者为一等，于护军校、骁骑校委署试用，三年勤慎明白，引见后补授护军校、骁骑校；骑射平常者列为二等，回旗学习，以图会试上进，有愿当护军、前锋者，令其当差行走，学习娴熟时拣选补用。满洲、蒙古进士，除特恩挑选侍卫外，其余交该旗于护军校、骁骑校等缺俟次补用，行走三年，谙练称职者，引见补授。

十二月十二日乙丑(1733年1月27日)，结吕留良案。

按：谕内阁："吕留良治罪之案，前经法司、廷臣、翰、詹、科、道及督、抚、学政、藩、臬、提、镇等合词陈奏，请照大逆之例，以昭国宪。朕思天下读书之人甚多，或者千万人中尚有其人，谓吕留良之罪不至于极典者，又降旨令各省学臣遍行询问各学

神圣罗马查理六世帝得到对国事诏书的承认。

热那亚收复科西嘉。

生监等,将应否照大逆治罪之处,取具该生结状具奏,其有独抒己见者,令自行具呈,学臣为之转奏,不得阻挠隐匿。今据各省学臣奏称,所属读书生监各具结状,咸谓吕留良父子之罪,罄竹难书,律以大逆不道,实为至当,并无一人有异词者。普天率土之公论如此,则国法岂容宽贷!吕留良、吕葆中,俱著戮尸枭示,吕毅中著斩立决。其孙辈俱应即正典刑。朕以人数众多,心有不忍,著从宽免死,发遣宁古塔,给与披甲人为奴。倘有顶替隐匿等弊,一经发觉,将浙省办理此案之官员,与该犯一体治罪。吕留良之诗文书籍,不必销毁。其财产由浙江地方官变价,充本省工程之用。"(《清世宗实录》卷一二六)

十七日庚午(2月1日),处理吕留良案内有关人犯。

按:严鸿逵已病死狱中,仍戮死枭示,其孙发宁古塔,与披甲人为奴。沈在宽处斩立决。黄补庵自称私淑门人,作诗狂悖,本人已病死,其妻、妾、子、女给功臣家为奴,父母、祖、孙、兄、弟流三千里。车鼎丰、车鼎贲"刊刻逆书,往来契厚";孙用克"阴相援结";周敬舆"甘心附逆,私藏禁书",俱处斩监候秋后处决。被惑门徒:房明畴、金子尚革去生员,同妻流三千里;陈祖陶、沈允怀、沈成之、董吕音、李天维、费定原、王立夫、施子由、沈斗山、沈惠候、沈林友等11人革去举人、监生、生员,杖一百。朱霞山、朱芷年从学严鸿逵时年尚幼小;张圣范、朱羽采令伊等幼子从沈在宽附学训蒙,与沈在宽并无交好之处,俱著释放(《清世宗实录》卷一二六)。

是年,翻译考试,取中满洲翻译举人16名、蒙古翻译举人2名。

居于北京之俄罗斯东正教传教团复于东江米巷(后称东交民巷)建立一座新的教堂,命名为"奉献节教堂"。

按:又名圣玛利亚教堂,即著名的"南馆"。

李塨以病不能理事,惧斯道之不振,作《永言赋》,复自为墓志。
方苞七月迁翰林院侍讲学士。
梁诗正典试山东。
鄂尔泰正月为大学士兼兵部尚书。
厉鹗移居南湖,遂自号南湖花隐。
刘湘煃再被告讦私藏禁书,再下南京狱。
全祖望举顺天乡试。
卢文弨年十六,始有志于校勘之学。

按:丁丙《善本志》曰:"校勘之学,至乾嘉而极精。出仁和卢抱经、吴县黄荛圃、阳湖孙星衍之手者,尤校雠精审,朱墨灿然,为艺林至宝。"

戴震十岁始能言,及就傅,读书过目成诵,日数千言不肯休。
王鸣盛是冬始应童子试。
赵翼六岁,始就塾,读《名物蒙求》《性理字训》,及《孝经》《易经》。
钱大昕五岁,始从塾师曾佳问学。
孙嘉淦时为侍郎、国子监祭酒,十二月初二日因"怀私欺罔"被革职,在户部银库效力行走。
王兰生充江南乡试考官,调陕西学政。
汪由敦三月为翰林院编修,充日讲官。
俞鸿图三月为翰林院侍讲,充日讲官。

吴应枚三月为翰林院编修,充日讲官。
德龄闰五月以内阁学士充经筵讲官。
隋人鹏七月为翰林院检讨,充日讲官。
李作宝时任湖北麻城知县,建养蒙书院。
李瑾时任湖南永顺知县,建桂香书院。
何斋圣时任广东琼海知县,建温泉书院。

蔡世远著《周易浅说序》。
袁仁林著《古文周易参同契注》8卷刊行,有自序。
汪绂著《诗经诠义》15卷成,有自序。
蒋廷锡著《尚书地理今释》1卷成书。
　　按:《四库全书总目提要》曰:"是编乃其官内阁学士时所作。首题恭录圣训,盖 爆直内廷之日,仰承指授,敬缮成帙者也。其中订定诸儒之说者,……均考订精核, 足证往古之讹,释后儒之惑。至于昆仑河源之说,非惟订汉儒之谬,并证《元史》之 非。是则恭逢圣代混一舆图,得以考见其实据,尤非前代经师辗转耳食者比矣。《钦 定书经传说汇纂》已备采其文,此盖其先出别行之本。"
李绂著《陆子学谱》20卷刊于京师。
　　按:《四库全书总目提要》曰:"是编发明陆九渊之学。首列八目,曰辨志,曰求 放心,曰讲明,曰践履,曰定宗仰,曰辟异学,曰读书,曰为政。次为友教。次为家学。 次为弟子。次为门人。次为私淑。而终之以附录。考陆氏学派之端委,盖莫备于是 书。惟其必欲牵朱入陆,以就其晚年全论之说,所列弟子如吕祖俭之类,亦不免有所 假借,是则终为乡曲之私耳。"
赵懋本修,卢秉纯纂《襄陵县志》24卷刊行。
袁学谟修,秦燮等纂《石楼县志》8卷刊行。
吴宸梧等补修,管筛增纂《增补汧阳志》成书。
岳冠华纂修《渭南县志》15卷刊行。
屠楷纂修《泾阳县志》8卷刊行。
查遴纂修,沈华订正《宜君县志》刊行。
戍树闳修,张问政等纂《景东府志》5卷刊行。
丁应松修,樊景颜纂《高陵县志》10卷刊行。
王建中修,宋锦纂《肥乡县志》6卷刊行。
徐绶纂修《直隶深州志》8卷刊行。
朱懋德修,田瑷纂《完县志》10卷刊行。
张坦熊修纂《玉环志》4卷刊行。
谢旻等修,陶成、恽鹤生纂《江西通志》162卷刊行。
　　按:《四库全书总目提要》曰:"《江西通志》一百六十二卷,国朝江西巡抚、都察 院右副都御史谢旻等监修。江西省志创于明嘉靖间参政林廷㭑。其后久未纂辑,旧 闻放失。至本朝康熙二十二年,巡抚安世鼎始续修之。康熙五十九年,巡抚白潢又 增修之,名曰《西江志》。其体例条目,虽多本诸旧志,而广搜博访,订舛正讹,在地记 之中号为善本。雍正七年,巡抚谢旻奉诏纂修省志,乃与原任检讨陶成等开局编辑。 其规模一本之白《志》,而间加折衷。文简事核,厘然有序。其志人物,如宋之京镗、

J. J. 莫泽著成《国际法之基础》。
赫尔曼·博尔哈维发表《化学原素》。
J. G. 沃尔特编写成首本音乐词典。

章鉴,一则以其身为宰辅而依附权奸,一则以其位列钧衡而弃主私遁,俱削去不载,亦颇有合于大义。惟元刘秉忠,其先世虽瑞州人,而自辽及金,北迁已久,乃援其祖贯,引入乡贤。将孔子自称殷人,亦可入中州志乘乎?是则图经之积习,湔除未尽者矣。"

明顾恂著《桂轩先生集》刊行,附顾易编《先桂轩府君年谱》。

陈訏著《读杜随笔》2卷刊行。

郭琇著《郭华野疏稿》刊行,附郭廷翼编《华野郭公年谱》1卷。

王棠、王概编《先考念庵府君(王沛憻)年谱》2卷刊行。

王尧衢著《古唐诗合解》16卷刊行,有自序。

按：王尧衢字翼云,江苏长洲人。是书包括《古诗解》4卷、《唐诗解》12卷。

蓝鼎元著《鹿洲诗集》20卷成书。

赵执信著《礐庵集》成第二卷。

杭世骏著《榕城诗话》3卷成书,有自序及朱文藻跋。

马壬玉著《山香集》1卷刊行。

李绂著《穆堂初稿》50卷刊行。

汪士慎久寓扬州,是年作《竹石图》。

高凤翰在金陵客舍作《甘菊谷图》。

程国彭著《医学心悟》5卷成书。

王子接著《绛雪园古方选注》3卷成书。

按：王子接字晋三,江苏长洲人。时有医名,叶桂曾从其受业。另著有《得宜本草》。

朱泽沄卒(1666—)。泽沄字湘陶,号止泉,江苏宝应人。精研朱子之学,讲学锡山,从游者众。著有《朱子圣学考略》10卷、《宗朱子要法》1卷、《朱子诲人编》、《王学辨》、《先儒辟佛考》、《阳明晚年定论辨》、《吏治集览》、《师表集览》、《保厘集览》及《止泉先生文集》8卷、《止泉先生后集》5卷等。事迹见《清史稿》卷四八〇、《清史列传》卷六七、李桓《国朝耆献类征初编》卷四〇八、王箴传《朱先生泽沄行状》(《碑传集》卷一二九)、刘师培《朱止泉传》(《国粹学报》1906年第16期)。

按：《清史稿》本传曰:"少勤学,得程氏《读书分年日程》,寻序诵习。更学天文于泰州陈厚耀,能得其意,久之,有志于圣人之道。念朱子之学,实继周、程,绍颜、孟,以上溯孔子。有谓朱子为道问学,陆、王为尊德性者,复取《朱子文集》、《语类》读之,一字一句,无不精心研穷,反身体认,质之懋竑,懋竑屡答之。深信朱子居敬、穷理之学,为孔子以来相传的绪,穷即穷其所存之心,存即存其所穷之理,止是一事,喟然叹曰:'尊德性者,莫如朱子,道问学者,亦莫如朱子矣。'"

蒋廷锡卒(1669—)。廷锡字扬孙,号西谷、西君、南沙,江苏常熟人。康熙四十二年进士,改庶吉士,散馆,授编修。雍正时官礼部侍郎,充《圣祖实录》总裁。官至文华殿大学士。卒谥文肃。著有《尚书地理今释》1卷、《青桐轩集》和《牡丹百咏》1卷。事迹见《清史稿》卷二八九、《清史列传》卷一一、李桓《国朝耆献类征初编》卷一六、蔡冠洛《清代七百名人传》

第一编。

李图南卒(1676—)。图南字开士,福建连城人。李梦箕子。康熙六十一年举人。久居连峰、点石诸山中。与蔡世远讲明修身穷理之要,世远敬之。雍正九年,吏部檄天下举人需次县令者,先赴京学习政事,图南至,观政户部。以母病亟归。著有《简庵集》。事迹见《清史稿》卷四八〇、《清史列传》卷六六、李桓《国朝耆献类征初编》卷四〇八。

按:《清史稿》本传曰:"初工诗古文,既而叹曰:'吾学自有身心性命所宜急者,可以虚名鹜乎?'于是究心濂、洛、关、闽书,以反躬切己为务。居连峰、点石诸山中者久之。尝曰:'学者唯利名之念为害最大,越此庶可与共学。'与蔡世远讲明修身穷理之要,世远重之。……雷鋐谓:'学圣人必自狷者始,图南庶足当之。'"李梦箕字季豹,著有《四书训蒙》、《稳卧轩集》。

李钟侨卒(1689—)。钟侨字世邠,号抑亭,福建安溪人。康熙五十一年进士,官翰林院编修。曾任云南乡试主考官。著有《论语孟子讲蒙》10卷、《诗经测义》10卷、《易解》8卷。事迹见李桓《国朝耆献类征初编》卷一二四、方苞《李钟侨墓志铭》(《方苞集》卷一〇)。

孙永清(—1790)、张佩芬(—1793)、鲁九皋(—1794)、钱九韶(—1796)、夏锡畴(—1798)、朱休度(—1812)生。

雍正十一年　癸丑　1733年

正月初十日壬辰(2月23日),准各省建立书院。设于省会,各赐帑银一千两,为读书士子膏火之用。

按:谕曰:"各省学校之外,地方大吏每有设立书院,聚集生徒,讲诵肄业者。朕临御以来,时时以教育人才为念。但稔闻书院之设,实有裨益者少,浮慕虚名者多。是以未尝敕令各省通行,盖欲徐徐有待,而后颁降谕旨也。近见各省大吏,渐知崇尚实政,不事沽名邀誉之为。而读书应举者,亦颇能屏去浮嚣奔竞之习。则建立书院,择一省文行兼优之士,读书其中,使之朝夕讲诵,整躬励行,有所成就,俾远近士子,观感奋发,亦兴贤育材之一道也。督抚驻扎之所,为省会之地,著该督抚商酌举行,各赐帑金一千两。将来士子群聚读书,须豫为筹画,资其膏火,以垂永久。其不足者,在于存公银两内支用。封疆大臣等,并有化导士子之职,各宜殚心奉行,黜浮崇实,以广国家菁莪棫朴之选,则书院之设,于士习文风,有裨益而无流弊,乃朕之所厚望也。"(《清世宗实录》卷一二七)本年五月,广东督抚奏:于总督驻地之肇庆府修整端溪书院,于巡抚驻地之广州府修整粤秀书院。六月间,福建督抚奏:福建原有鳌峰书院,拟选士子百人课读,帑银千两交盐驿道发盐场生息,添补膏火。从此,清廷改变了以往对书院的限制政策,诏令全国普设书院,要求每省须在省会确立一所面向全省招纳生员的重点书院,所需银两均由国库补贴,这对书院的发展起了积极作用。

二十四日丙午(3月9日),以科举不重视策论,而策论足觇经济实学,

法国向查理六世帝宣战。

普鲁士推行征兵制。

现会试期近,谕:"会试士子于二、三场文艺,均应努力殚心,毋得潦草完卷。试官如以限于时日,不能细心校阅后场,不妨奏请展限,务得真才以收实用。若所取试卷中有经义可观,而策论疵缪荒疏者,朕惟于主考官是问。"(《清世宗实录》卷一二七)

二月初六日戊午(3月21日),以户部尚书鄂尔奇为会试正考官,吏部左侍郎任兰枝、兵部左侍郎杨汝谷为副考官。

二十七日己卯(4月11日),以平郡王福彭为《玉牒》馆总裁官,大学士尹泰、礼部左侍郎王图炳、礼部右侍郎舒喜为副总裁官。

三月十四日乙未(4月27日),雍正帝谕全国士子,勉以"潜心正学,诵法圣贤,实践躬行,澄源端本"(《清世宗实录》卷一二八)。

二十七日戊申(5月10日),命直隶、山东、河南、山西、陕西、江苏、安徽、江西、浙江、湖广十省督抚斋僧道十万人。

二十九日庚戌(5月12日),策试天下贡士陈倓等于太和殿前。

四月初一日壬子(5月14日),雍正帝阅殿试卷,至第五本,以为"语极恳挚,颇得古大臣之风",因拔置一甲第三。及拆号,乃张廷玉之子张若霭,年方二十一。因遣人告知张廷玉,"实出至公,非以大臣之子而有意甄拔"。张廷玉进见,再三恳辞。雍正帝以其"情词恳至",勉从其请。(《清世宗实录》卷一二八)

是日,任启运授为翰林,在阿哥书房行走。于开泰、焦以敬、吴超、桑调元、李光型、刘学祖,著赐进士,补入殿试榜。

初二日癸丑(5月15日),雍正帝御太和殿,传胪,赐殿试贡士陈倓等328人进士及第出身有差。除张若霭外,鄂尔泰之子鄂容安、侄鄂伦亦中本科进士。

是日,雍正帝编成佛学著作《御选语录》,作《御制总序》。

按:先是,雍正帝于即位前曾与僧、道、喇嘛多有来往。雍亲王府与大觉寺相近,曾同僧性音朝夕谈禅,颇通释理。即位后,尝告近臣曰:"朕欲治世法十载,然后开明释法。"至是,乃集王、大臣、僧道共14人研究佛教禅宗,同时编辑《御选语录》19卷。其第12卷为《和硕雍亲王圆明居士语录》,附有《上谕》二道及《圆明百问》。《御制总序》中,雍正帝自言其学佛经过及编纂本书用意,称编此语录,是为向众人指明"正法眼藏"、"教外别传"、"透三关之理",使民物得安,不被邪魔蒙蔽(《清世宗实录》卷一三〇)。

四月初八日己未(5月21日),重开博学鸿词科。

按:《清史稿·选举志四》曰:"雍正十一年,诏曰:'博学鸿词之科,所以待卓越淹通之士。康熙十七年,特诏荐举,召试授职,得人极盛。数十年来,未尝广为搜罗。朕延揽维殷,宜有枕经葄史、殚见洽闻、足称鸿博之选者,当特修旷典,嘉予旁求。在京满、汉三品以上,在外督、抚、学政,悉心体访,保题送部。朕临轩亲试,优加录用。'诏书初下,中外大吏,以事关旷典,相顾迟回。逾年,仅河东督臣举一人,直隶督臣举二人,他省未有应者。诏责诸臣观望。高宗即位,再诏督促。期以一年内齐集阙下,先至者月给廪饩。"

二十八日己卯(6月10日),命著述不必忌讳"夷、虏"等字。

按:谕曰:中外者,地所划之境也。上下者,天所定之分也。"夫满汉名色,犹各省之各有籍贯,并非中外之分别也。若昧于君臣之义,不体列圣抚育中外、廓然大公之盛心,犹泥满汉之形迹于文艺纪载间,删改夷虏诸字以避忌讳,将以此为臣子之尊敬君父乎?不知即此一念,已犯大不敬之罪矣!嗣后临文作字及刊刻书籍,如仍蹈前辙,将此等字样空白及更换者,照大不敬律治罪。"命各督抚、学政、有司张贴告示,使穷乡僻壤咸使闻知。从前书籍有情愿填补更换者,听其自为之(《清世宗实录》卷一三〇)。

五月初二日壬午(6月13日),授张若霭为翰林院编修。

十七日丁酉(6月28日),《雍正会典》告成。总裁、修纂各官及效力人员分别议叙有差。

六月初十日己未(7月20日),以兵部尚书鄂尔奇、吏部右侍郎阿山、吏部左侍郎任兰枝、内阁学士方苞教习庶吉士。

二十八日丁丑(8月7日),大学士等遵旨议定:凡在京郎中以下、在外同知以下官,及进士、举、贡、生、监、布衣等,品行端醇,文才优瞻者,不拘人数,秉公荐举。

是日,雍正帝为刊行《拣魔辨异录》特颁《上谕》,载于卷首,并作《序言》。

按:该书8卷,为干预佛教内部之争而编辑。先是,明朝末年,有僧人圆悟之弟子法藏,著《五宗原》,于崇祯元年刊行。圆悟去信,言书中有离经叛道处。法藏弟子弘忍为捍卫法藏观点,著《五宗救》。雍正帝曾著《辟妄救略说》10卷,斥弘忍言论为异端邪说,下令焚毁《五宗原》、《五宗救》。至是,又编著《拣魔辨异录》,摘录两书内容,指出其谬误。《上谕》中称圆悟"其言语机用,单提向上,直指人心,乃契西来之意,得曹溪正脉者"。而法藏之言则"全迷本性,无知妄说"。雍正帝又以帝王之威对法藏一系实行排斥,谕各省督抚详查,"天下祖庭系法藏子孙开堂者,即撤钟版,不许说法;地方官即择天童下别支承接方丈"。本月初十日,又谕:"法藏、弘忍辈唯以结交士大夫,倚托势力,为保护法席。""况乃不结制,不坐香,唯务吟诗作文以媚悦士大夫,舍本逐末,如是居心,与倡优何异!"(《清世宗实录》卷一三三)

七月初四日癸未(8月13日),裁湖南观风整俗使。

十三日壬辰(8月22日),时程元章又奏:淳安县有告假回家县丞吴茂育刊刻《求志编》二册,"语多狂悖",其中讲学各条类多拾人唾余,"评论古人则语言感慨、词气不平,肆口妄谈,毫无忌惮"。书首李沛霖序文只书癸卯九月,不书雍正元年,更干法纪。有旨命严加究审(《清世宗实录》卷一三三)。

十五日甲午(8月24日),湖北学政凌如焕请审查今人著作,不许。

八月初八日丙辰(9月15日),从大学士管翰林院掌院事张廷玉遵旨议奏,新科庶吉士每月各给廪饩银四两五钱,其器用什物向工部支取,新刊《上谕》每人各赐一部。拨官房一所为教习馆,令庶吉士等肄业其中,内府所刊书籍每种发三部存馆内,以资学习。

按:《清史稿·选举志三》曰:"雍正十一年,特设教习馆,颁内府经、史、诗、文,户部月给廪饩,工部供张什物,俾庶吉士肄业其中,尤为优异。三年考试散馆,优者留翰林为编修、检讨,次者改给事中、御史、主事、中书、推官、知县、教职。其例先后不一,间有未散馆而授职编、检者。或供奉内廷,或宣谕外省,或校书议叙,或召试词科,皆得免其考试。凡留馆者,迁调异他官。有清一代宰辅多由此选,其余列卿尹膺疆寄者,不可胜数。士子咸以预选为荣,而鼎甲尤所企望。"

九月十五日癸巳(10月22日),雍正帝为《当今法会》撰写序文。

> 按:是年,雍正帝在宫中举行法会,召集全国有学行僧人参加。雍正帝亲自说法,收门徒14人:庄亲王允禄号"爱月居士",果亲王允礼号"自得居士",宝亲王弘历号"长春居士",和亲王弘昼号"旭日居士",平郡王福彭号"如心居士",大学士鄂尔泰号"坦然居士",大学士张廷玉号"澄怀居士",左都御史张照号"得意居士",文觉禅师元信雪鸿,悟修禅师明慧楚云,妙正真人娄近垣,僧超善若水,僧超鼎玉铉,僧超盛如川。计亲郡王五人、大臣三人、僧五人、道一人。《当今法会·御制序》云:"朕自去腊,阅中乘之书,因选辑从上古德语录,听政余闲,尝与在内廷之王大臣等言之,自春入夏,未及半载,而王大臣之能彻底洞明者,遂得八人。""选刻《语录》既竣,因取王大臣所著述曾进呈朕览者,择其合作,编为一集,赐名为《当今法会》。"

二十六日甲辰(11月2日),福建漳州查获天主教传教士活动。

> 按:总督郝玉麟奏:本年七月间,有曾住吕宋、信仰天主教之中国人蔡祝带路,从吕宋引天主教传教士、吕宋人圣哥,经广东乘船至漳州,潜入内港,携有"番钱"五千余元,往投生员严登家,拟住于严登家传教。严登亦系天主教徒,家中已有天主教传教士、吕宋人万济公潜住,万济公亦拟在漳州传教。经地方官查获。十二月二十六日,郝玉麟又奏:已将两名吕宋人驱逐,按左道惑众律,蔡祝处绞监候,严登仝妻发边外为民,偷渡船户刘前杖一百、徒三年,搜出之天主教图像、书籍销毁。

十月初三日辛亥(11月9日),以内阁学士德新为武会试正考官,詹事府詹事顾祖镇为副考官。

初六日甲寅(11月12日),命大学士鄂尔泰为《四朝国史》、《八旗志书》馆总裁官。

十一月初一日戊寅(12月6日),策试天下中式武举于太和殿前。

初十日丁亥(12月15日),赐殿试武举孙宗夏等101人武进士及第出身有差。

十二月初五日壬子(1734年1月9日),四川总督黄廷桂、巡抚宪德折奏:于大竹县文家山拿获"书符书咒,假称有放瘟放虎法力,煽惑愚民,演习拳棒"之文兴贵等,其逃走者正追捕中。随又奏:大竹县"妖言惑众"之要犯朱洪等已全被拿获(《朱批谕旨》)。

十五日壬戌(1月19日),裁福建观风整俗使。

是年,诏华山主僧于明年春入掌皇戒,集天下有学行僧考验。与其选者,时以为荣。

约翰·凯取得飞梭织布机的专利。

方苞四月擢内阁学士、兼礼部侍郎,以足疾辞。八月充《大清一统志》馆总裁,奉命校订《春秋日讲》。

张照五月由刑部左侍郎升为都察院左都御史,仍兼管顺天府府尹事。十二月授刑部尚书。

陈宏谋授云南布政使。

> 按:《清史稿·陈宏谋传》曰:在云南,"立义学七百余所,令苗民得就学,教之书。刻《孝经》、《小学》及所辑《纲鉴》、《大学衍义》,分布各属。其后边人及苗民多能

读书取科第,宏谋之教也"。

赵执信双目失明。

全祖望是春试北闱不第。是夏与李绂论《陆子学谱》,前后凡四书。冬移寓李绂紫藤轩,开始研究《水经注》。

高翔为金农写像。

任启运、汪师韩、牛运震中进士。

齐召南以副榜贡生被荐举博学鸿词。

吴敬梓自全椒侨寓南京。

史震林读书绡山。

卢文弨为诸生,入钱塘学。

王鸣盛年十二,为《四书》文,才气浩瀚,已有名家风度。

余萧客年五岁,母颜氏授以《四书》、《五经》,夜则课以《文选》及唐宋人诗、古文。

沈铨自日本回国。

彭端淑中进士,官吏部主事。

按:彭端淑字仪一,一字乐斋,四川丹棱人。曾主锦江书院讲席。著有《白鹤堂文集》、《雪夜诗谈》3卷等。

雷鋐、张映辰、吴祖修、张湄、赵瓒、鄂容安、朱桓、朱泮功、鄂伦、周正峰、储晋观、陈大受、董邦达、姚孔振、张为仪、阮学浚、范从律、张瑗、陆嘉颖、汪师韩、徐梁栋、夏廷芝、吴学瀚、许集、肇敏、沈景澜、朱续晫、张映斗、时钧辙、王锡璋、曾丰、杨二酉、陈仁、王检、梁文山、焦以敬、程钟彦、双庆、赖翰颙、罗源汉、王文充、李修卿、查锡韩、冯元钦、李天秀、刘孔昭、刘学祖、邱玖华、唐进贤、张宗说、介福、沈齐礼、赫成峨、吴士功、王芥园、杜谧、刘元炳、胡定、张兰清、于开泰、扬琨、傅为詝、饶鸣镐、辛昌五、聂位中、陈中荣、王以昌、宋楠等68名新科进士五月初二日被选为庶吉士,分别清汉书教习。

陆宗楷二月为翰林院检讨,充日讲官。

王安国、于辰、钱本诚二月为翰林院编修,充日讲官。

阿沙二月以吏部右侍郎充经筵讲官。

索柱二月以内阁学士充经筵讲官。

任兰枝二月以吏部左侍郎充经筵讲官。

俞兆晟二月以户部左侍郎充经筵讲官。

邵基二月以国子监祭酒充经筵讲官。

刘统勋九月为翰林院侍读,充日讲官。

邹升恒九月为右春坊右赞善,充日讲官。

李文柱任岳麓书院山长。

岳濬时任山东巡抚,于济南建泺源书院。

鲍成龙时任四川广汉知州,建讲道书院。

张元钰时任贵州正安知县,建古凤书院。

朱粲英时任云南凤庆知府,建凤山书院。

汪绂著《书经诠义》13卷成书,有自序。

谢起龙著《毛诗订韵》5卷成书,有自序。

按:《四库全书总目提要》曰:"是书成于雍正癸丑。其《自序》诋吴棫《韵补》之谬,而发明陆德明'古人韵缓不烦改字'之说,持论最确。乃核其所注,则仍谓古音之外,有所谓叶韵,但以音属读,取其顺吻而止,绝不究音韵之本原与古人之旧法,则与吴棫之书均为臆定,未可同浴而讥裸裎也。观其于《汉广》末章云:'蒌有同、楼二音,驹亦有居、钩二音,只从《传》读同、读居可也。如《桃夭》首章,华、家古读敷、姑,今入麻韵,不妨依今韵读之。韵者,使之叶于音而适于口也,叶且适于吟咏矣,何必斤斤古之是泥'云云。是于此事茫茫然未解,殆无从与之诘难矣。"

劳孝舆著《春秋诗话》5卷成书,盛逢润作序。

按:《四库全书总目提要》曰:"孝舆字巨峰,一字阮斋,南海人。以贡生官镇远县知县。其书专取《春秋左氏传》之言诗者集为五卷。一曰赋诗,如重耳《赋河水》、秦穆《赋六月》之类。二曰解诗,如郤至《解兔罝》,穆叔《解三夏》及《文王鹿鸣》之类。三曰引诗,如郑太子《忽辞昏》引自《求多福》,陈敬仲《辞卿》引《翘翘车乘》之类。四曰拾诗,乃古诗轶句,左氏拾而出之者,分赋诵、讴歌、谣箴、铭、投壶词、繇词、谚隐各名。五曰评诗,则为《吴公子观乐》一篇。每条后各以所见附著之。既不同铨释传文,又非尽沿讨诗义。编葺虽勤,殊无所取也。"

顾栋高著《司马温公年谱》8卷成书,自为序。

柯煜撰《唐书合钞序》。

沈炳震著《唐书宰相世系表订讹》12卷成书。

唐执玉撰《畿辅通志序》。

迈柱修,夏力恕纂《湖广通志》120卷刊行。

按:《四库全书总目提要》曰:"《湖广通志》一百二十卷,国朝总督湖广等处地方、兵部尚书兼都察院右副都御史迈柱等监修。楚中舆记,见于前史者,如盛宏之《荆州记》,庾仲雍《湘州记》、《汉水记》,梁元帝《荆南地志》,郭仲彦《湘州记》、《湘州副图记》,陶岳《零陵总记》,韦宙《零陵录》,范致明《巴陵古今记》,吴从政《襄沔记》,类多湮没不传。即传者亦残阙失次。魏裳《湖广通志》、廖道南《楚大纪》、陈士元《楚故略》,出自近代,又往往阙漏冗杂,不足依据。是志成于雍正十一年,乃迈柱及湖北巡抚德龄、湖南巡抚赵宏恩奉诏纂辑。以湖南、湖北合为一书,与《江南通志》合上江、下江为一者体例相同。大致据康熙甲子旧志为本,而以类附益之。其目或增或并,总为三十一门,又附见者十三门,人物门内又别为四子目。条分缕析,按籍可稽。惟长沙远隔洞庭,当时开局武昌,采访未周,故所载稍略,不及湖北之详备云。"

王士俊等监修《河南通志》80卷成书。

按:《四库全书总目提要》曰:"《河南通志》八十卷,国朝总督河南山东军务兵部右侍郎王士俊等监修。河南之名,宋代惟属洛阳一郡。故宋敏求作《河南志》,仅记西都典故,而不及他州。自明初设河南布政司,所属八府,实跨河以北。封疆于古稍殊,故郡邑虽各有偏记,而未有统为一书者。嘉靖中始创为之,亦仅具崖略而已。征引未能赅洽,考证亦未能精确。国朝顺治十八年复加续修,条理粗备。黄之隽谓康熙中尝颁诸天下以为式。后阅六、七十年未经修葺。郡邑分并,与新制多不相合。雍正九年,河东总督田文镜承命排纂,乃延编修孙灏、进士顾栋高等开局搜讨。文镜殁后，王士俊代为总督，乃成书表上。考古证今，体例颇为整密。惟书成之后，陈、许二州升为府，郑州改隶开封，卢氏改隶陕州，南召复立县治，因刊版已竣，皆未及增改云。"

黄廷桂等修，张晋生等纂《四川通志》47卷刊行。

按：《四库全书总目提要》曰："《四川通志》四十七卷，国朝总督四川兵部右侍郎兼都察院右副都御史黄廷桂等监修。《四川通志》在明代凡四修。惟艺文出杨慎手，最为雅赡。而其它则未能悉中体要。国朝康熙十二年，总督蔡毓荣、巡抚张德地又续事纂辑。以兵燹之后，文献无征，亦多所脱漏。是编乃雍正七年廷桂等奉敕重修。凡分四十九类，旧志之阙者补之，略者增之，较为详备。其中沿旧志之误，未及尽汰者。"

金鉷修，钱元昌、陆纶纂《广西通志》128卷刊行。

按：《四库全书总目提要》曰："《广西通志》一百二十八卷，国朝巡抚广西都察院右副都御史金鉷等监修。自桂林、象郡之名著于《史记》，厥后南荒舆志，渐有成编。其存于今者，如唐莫休符之《桂林风土记》、段公路之《北户录》宋范成大之《桂海虞衡志》、明魏浚之《峤南琐记》、张凤鸣之《桂故桂胜》，皆叙述典雅，掌故可稽。惟其间郡县沿革，前代既损益不一，而本朝版图式廓，建置周详，若泗城、镇安、东兰、归顺、宁明诸府州，皆已改土归流。凡昔所称羁縻州者，无不隶王官而登户籍。与前代半隶蛮獠者，形势迥殊，未可执旧文以谈新制。此书成于雍正十一年，亦当时奉诏所纂集。其遗闻故事，虽颇以诸家遗籍为凭，而于昭代良规，分析具载，指掌厘然，尤足为考稽之助，固不比《骖鸾录》等仅主模山范水已也。"

刘士铭纂修《朔平府志》12卷刊行。

王大年修，魏权纂《直隶定州志》10卷刊行。

张素修，张执中纂《郿县志》10卷刊行。

李方膺纂修《乐安县志》20卷刊行。

徐三俊修，刘沄纂《辽州志》8卷刊行。

盛熙祚修纂《灵山县志》12卷刊行。

曹蕴锦修，李源长等纂《广安州志书》8卷刊行。

刘埥修，张彬纂《崇安县志》8卷刊行。

汪元采修，杨言等纂《万载县志》16卷刊行。

曹抡彬修，朱肇济等纂《处州府志》20卷刊行。

陈梦文修，方暨谟纂《浏阳县志》4卷刊行。

万经等纂《宁波府志》36卷刊行。

尹会一修，程梦星等纂《扬州府志》40卷刊行。

彭甲声等修《莒州志》15卷成书。

金农著《冬心先生集》4卷、《冬心斋砚铭》1卷刊行。

缪曰藻著《寓意录》4卷成书，有自序。

按：此书著录作者所见历朝书画，钞其诗文，详其款识。有道光二十年上海徐氏寒木春华馆刊本。

传教士杜赫德著《中华帝国志》在巴黎刊行。

按：书中介绍中国历史、地理、社会、民俗等情况。

法国耶稣会士孙璋始译《诗经》。

按：是书直到1830年才由巴黎著名汉学家朱利斯·莫尔编辑，交德国斯图加特和蒂宾根出版社出版，书名为《孔夫子的诗经》。这是刊行于欧洲的第一种《诗经》全译本。此后，出现了两本德译《诗经》，一是弗·律刻特的《诗经·出自孔夫子的中国诗集》，一是维克多·斯特劳斯的《诗经：中国经典式的诗集》。

龚翔麟卒（1658— ）。翔麟字天石，号蘅圃，浙江仁和人。康熙二十年副贡生，由工部主事历迁至御史。工诗词，与朱彝尊、李良年、李符、沈皞日、沈岸登称"浙西六家"。著有《田居诗稿》10卷、续3卷、《红藕庄词》3卷。事迹见《清史稿》卷二八二、《清史列传》卷七一、顾栋高《御史龚公翔麟传》（《碑传集》卷五五）。

李塨卒（1659— ）。塨字刚主，号恕谷，直隶蠡县人。康熙二十九年举人。早从毛奇龄问乐，年二十从颜元学，讲求实习、实行、实用之学，与颜元并为"颜李学派"创始人。晚年修葺习斋学舍，讲学其中，从游弟子甚多。著有《周易传注》7卷、《周易筮考》1卷、《诗经传注》8卷、《春秋传注》4卷、《论语传注》2卷、《论语传注问》2卷、《大学传注》1卷、《中庸传注》1卷、《中庸传注问》1卷、《中庸讲语》1卷、《圣经学规纂》2卷、《小学稽业》5卷、《大学辨业》4卷、《经说》6卷、《学礼录》1卷、《传注问》1卷、《郊社考辨》1卷、《李氏学乐录》5卷、《论学》2卷、《阅史郄视》4卷、《阅史郄视续》1卷、《恕谷后集》13卷、《瘳志篇》2卷、《平书订》14卷、《拟太平策》6卷、《学射录》2卷、《颜习斋先生年谱》2卷等，另编辑《西河经史文集》400余卷。事迹见《清史稿》卷四八〇、《清史列传》卷六六、蔡冠洛《清代七百名人传》第四编、方苞《李君塨墓志铭》（《碑传集》卷一四〇）。清冯辰、刘调赞编有《李恕谷先生年谱》。

按：《清史稿》本传曰："塨学务以实用为主，解释经义多与宋儒不合。又其自命太高，于程、朱之讲学，陆、王之证悟，皆谓之空谈。盖明季心学盛行，儒禅淆杂，其曲谨者又阔于事情，沿及顺、康朝，犹存余说，盖颜元及塨力以务实相争。存其说可补诸儒枵腹之弊，然不可独以立训，尽废诸家。其论《易》，以观象为主，兼用互体，谓'圣教罕言性天，《乾坤》四德，必归人事，《屯蒙》以下，亦皆以人事立言。陈抟《龙图》，刘牧《钩隐》，以及探无极、推先天，皆使《易》道入于无用'。排击未免过激。然明人以心学窜入《易》学，牵持禅偈以诂经，言数者反置象占于不问。诬饰圣训，弊不可穷。塨引而归之人事，深得垂教之旨。又以《大学》格物为《周礼》三物，谓孔子时古大学教法所谓六德、六行、六艺者，规矩尚存。故格物之学，人人所习，不必再言。惟以明德、亲民标其目，以诚意指其入手而已。格物一传，可不必补。其说本之颜元。毛奇龄恶其异己，作《逸讲笺》以攻之。而当时学者多黜塨说焉。"《清史列传》本传曰："塨弱冠学礼于（颜）元，又学琴于张而素，学射于赵思光，学数于刘见田，学书于彭通，学兵法于王余祐。于田赋、禘祫、郊社、宗庙诸大典，靡不研究。掇摭史志所载经史大略，为《瘳志编》，以备用。既而深服元六艺之教，遂执贽称弟子。友人郭金汤知桐乡县，邀塨往议政。遂之萧山，学乐于毛奇龄，尽得其旧所传五声、二变、四清、七始、九歌、十二律诸遗法，并受其经学。时与往复论《易》，辨《太极图》、河洛之伪。论《尚书》辨攻古文为伪之误；论《诗》，言《小序》不可废。奇龄常称为盖世一人。寻游京都，交鄞万斯同，斯同见所著《大学辨业》，为之序。时四方名士，竞聚都门，斯同夙有讲会,每讲皆显宦主供张,翰林、部郎、处士数十人环听。一日,塨往,斯同揖众,言曰:'此李先生也,负圣学正传,请先讲以为求道者路。'塨逊谢去。已而诸人复固请讲,塨乃畅发以《周官》大司徒三物解《大学》格物之旨,……友人杨勤知富平县,复邀塨往,既至,陈光陛、黎宋淳、鲁登阙、蔡麟、张中等皆从之游。时会诸名士于寓,相与论学。塨喜曰:'光陛学《易》,宋淳学《礼》,登阙学《乐》,麟学兵,中学《平书》,吾道其遂兴乎!'《平书》者,大兴王源所著,塨订之,为分民、分土、建官、取士、制田、武备六政者也。安溪李光地闻塨学行,使徐用锡招之,不往。已而诸王交聘,皆避去。晚交桐城方苞,苞与塨所学不同而志相得,其游如家人。时有谤塨者,苞释之,为作《释言》。苞尝以程、朱之学规塨,塨虽引以自责,然不能革也。"

沈元沧卒(1666—)。元沧字麟洲,号东隅,浙江仁和人。康熙四十四年和五十六年,两举副贡生。因协助查昇修《佩文韵府》,诏入武英殿书局任事。后授广东文昌县知县。著有《礼记类编》30卷、《滋兰堂诗集》20卷、《滋兰堂文集》6卷及《杜诗补注》、《奇姓编》、《今雨轩诗话》等。事迹见《清史列传》卷七一、李桓《国朝耆献类征初编》卷二二六、郑方坤《沈元沧小传》(《碑传集》卷九九)。

吴焯卒(1676—)。焯字尺凫,号绣谷,钱塘人。九岁能诗,毛奇龄执手称畏友。康熙四十四年南巡献赋,召试。五十六年,奏进所著书。所居瓶花斋聚书万卷,凡宋雕元椠与旧家善本,若饥渴之于饮食,求必犹而后已。与同郡小山堂赵昱友好,每得一书,彼此抄存。所传抄秘籍,版心恒有"瓶花斋"字样,为得者所宝。又有精校勘,手自丹黄,每购一书,必兼数本,相互参比,如有考证心得,辄书诸卷首。著有《熏习录》20卷等。事迹见震钧辑《国朝书人辑略》卷四、《杭州府志·文苑传》、清张燾《吴绣谷先生行状》(《碑传集补》卷四五)。

按:张燾《吴绣谷先生行状》曰:"藏书不下数万卷,元钞宋椠,购常不赀。一书必兼数本相参比,有所举正,辄疏其颠末而甄识之,海内证索家推为第一。"(《碑传集补》卷四五)

蓝鼎元卒(1680—)。鼎元字玉霖,一字云锦,号鹿洲,福建漳浦人。康熙四十六年,受知于巡抚张伯行,誉之为"经世之良才,吾道之羽翼"。雍正初,以拔贡入太学。三年,校书内廷,分修《大清一统志》。授广东普宁知县。官至广州知府。著有《修史试笔》2卷、《棉阳学准》5卷、《鹿洲公案》2卷、《鹿洲初集》20卷、《平台纪略》1卷、《东征集》6卷、《女学》6卷等。事迹见《清史稿》卷四七七、《清史列传》卷七五、李桓《国朝耆献类征初编》卷二二七、蔡冠洛《清代七百名人传》第一编、陈寿祺《蓝鼎元传》(《碑传集》卷一〇〇)。

按:《清史稿》本传曰:"少孤力学,通达治体,尝泛海考求闽、浙形势。巡抚张伯行器之,曰:'蓝生经世之良材,吾道之羽翼也。'"

蔡世远卒(1682—)。世远字闻之,号七材,别号梁村、鳌峰、梁山先生,福建漳浦人。张伯行弟子。康熙四十八年进士,改翰林院庶吉士。以李光地荐,分修《性理精义》。后主讲鳌峰书院。雍正初召授编修,官至礼部侍郎。卒谥文勤。著有《朱子家礼辑要》、《历代名臣言行录》、《鳌峰学约》及《二希堂文集》12卷。编有《古文雅正》14卷等。事迹见《清史稿》卷二九〇、《清史列传》卷一四、李桓《国朝耆献类征初编》卷六九、方苞《礼部侍郎蔡公世远墓志铭》、张廷玉《通奉大夫经筵讲官礼部侍郎梁村蔡公神道碑铭》、沈廷芳《蔡文勤公祠碑》、徐用锡《蔡梁村先生小传》、贺代伯《蔡文勤公传》(均见《碑传集》卷二三)。

按：《四库全书总目提要》曰：《二希堂文集》"是编乃其所作杂文。冠以《耕籍赋》、《圣主亲诣太学颂》、《青海平定诗序》、《日月合璧五星连珠颂》、《河清颂》、《乐善堂文钞序》，共六篇为卷首，志荣遇也。其余序四卷，记一卷，传一卷，论、说、书共二卷，墓表、志铭、行状共一卷，祝文、祭文共一卷，杂著一卷。《目录》之后有其门人宁化雷鋐附《跋》，称其堂所以名'二希'者，世远尝自作记，言'学问未敢望朱文公，庶几其真希元乎；事业未敢望诸葛武侯，庶几其范希文乎'。其务以古贤自期，见于是矣。前有雍正庚戌皇上在藩邸时亲制《序》一篇，称其'讲学鳌峰，教人以忠信孝弟仁义，发明濂、洛、关、闽，渊源有自也。及立朝，而风采议论，嘉言谠议，足以为千百世治世之良规，则又国家栋梁之任也。今观其文，溯源于《六经》，阐发周、程、张、朱之理，而运以韩、柳、欧、苏之法度，所谓蕴之为德行，行之为事业，发之为文章者，吾于先生见之'。煌煌天语，载在简端，睿鉴品题，昭示中外。非惟一时之恩遇，实亦千古之定论矣。迨我皇上龙飞御极，于甘盘旧学，笃念弥深。乾隆己卯，谕正文体，举世远之文为标准。癸巳，诏编纂《四库全书》，世远著作又蒙裒录，且丝纶宣示，均字而不名，宠礼儒臣，于斯为极。今读其集，大抵理醇词正，具有本原。仰见遭际圣时，契合非偶。其上邀知遇，固不仅在文字间矣"。

却朱嘉措(　—1791)、温常绶(　—1797)、罗聘(　—1799)、徐文范(　—1803)、吴骞(　—1813)、翁方纲(　—1818)生。

雍正十二年　甲寅　1734年

俄罗斯占领但泽(格但斯克)。

英俄贸易协定签订。

正月二十三日丙午(2月26日)，御制《资政要览》成，亲为序。

按：序曰："朕惟帝王为政，贤哲修身，莫不本于德而成于学。如大匠以规矩而定方圆，乐师以六律而正五音。凡古人嘉言善行，载于典籍者，皆修己治人之方，可施于今者也。朕孜孜图治，学于古训，览《四书》、《五经》、《通鉴》等编，得其梗概，推之《十三经》、《二十一史》及诸子之不悖于圣经者，莫不蕴涵事理，成一家言。但卷帙浩繁，若以之教人，恐未能一时尽解其义，亦未能一时尽得其书。因思夫记事宜提其要，纂言当钩其玄，乃采集诸书中之关于政事者，为三十篇。又虑其涣而无统，于是每篇贯以大义，联其文词，于忠臣孝子、贤人廉吏略举事迹。其奸贪不肖、悖乱者亦载其内，使法戒炯然。加之训诂，详其证据。譬之萃众自以为裘，范六金而成鼎，旨约而易明，文简而易阅，名曰《资政要览》。观是书者，熟思而体之，可以为笃行之善人，推类而广之，可以为明理之君乎，毋徒求之语言文字之间，则朕谆谆教谕之心，庶乎其不虚矣。"(《资政要览》卷首)

三月二十七日癸卯(4月30日),湖广镇箄总兵官杨凯请宣讲《大清律集解附例》,有旨不准。

按: 时颁行《大清律集解附例》全书,律文共446条,附例824条。杨凯奏言:小民易犯而事关紧要者有156条,应由大小官员及乡约、保长等于朔望日宣讲《圣谕》之后,将律例讲解数条,一年之内周而复始,则百姓互相告诫,日久月深,自能移风易俗。朱批:"造律之始,用意精微。有司于审拟之时,酌其情罪,亦非尽律条之所拘。若令概知,倘知而不详,徒起小民不奋挟制之刁风。况各知律条,则犯法刁顽各觅避重就轻之路,则掌刑名之人更费一番详察矣。无益而害之举,不必者。"(《清世宗实录》卷一四一)

四月十六日辛酉(5月18日),署湖南巡抚钟保奏报遵旨设立育婴堂情形。

五月十五日庚寅(6月16日),雍正帝将最近刻成之自选文集《悦心集》赠李卫,于李卫是日奏折上朱批:赐卿《悦心集》一部。此书"乃近日刻成者。余闲观看,实可悦目清心。我辈观此书,大似山僧野客谈论朝政,披阅小抄,可谓分外之妄想。每阅斯书,不禁笑亦随之"(《清世宗实录》卷一四三)。

九月十六日戊子(10月12日),以各省生童常因与地方官争竞龃龉而相率罢考者,谕责士子不知感戴国恩,以私忿罢考,为胁制官长之计。嗣后如果该地方官有不公不法、凌辱士子等情,许令生童等赴该上司衙门控告,秉公剖断。倘不行控告而邀约罢考,即将罢考之人停其考试,若合邑合学俱罢考,即全停考试(《清世宗实录》卷一四七)。

二十一日癸巳(10月17日),时雍正帝将新编成之《朱批谕旨》颁发各官。是日,浙江布政使张若震以收到《朱批谕旨》一函36本奏谢。

十月二十四日丙寅(11月19日),续修《皇清文颖》。

按: 给事中黄祐条奏:请将国朝臣工诗文赋颂,派员遴选,刊布各省。经礼部、翰林院议:康熙四十八年,大学士陈廷敬等曾编《皇清文颖》一部,因选择尚未精当,是以未曾颁发。今应将圣祖文集选录于卷首,再编入皇上诗文,诸臣所作一并汇选,陆续编次进呈,俟书成之日刊刻颁行。从之(《清世宗实录》卷一四八)。

十一月十八日己丑(12月12日),尊藏《圣祖仁皇帝实录》、《圣训》于皇史宬,副本敬贮内阁。

二十二日癸巳(12月16日),封僧超盛为"无阂永觉禅师"。谕称其"能直踏三关,洞明妙义,近代禅师中之所罕遇,今宗徒内无有出其右者"(《清世宗实录》卷一四九)。

二十三日甲午(12月17日),御史杨嗣璟奏请禁出怪题。

按: 其言:考官命题校士,"多喜割截穿搭,越章历节,只图巧凑,一无义理,几于玩侮圣言。士子思欲迎合,亦全不顾经文正义、圣贤语脉,往往逞奇弄巧,习为轻佻儇薄"。请通行禁饬,凡割截无义理之题,皆不得轻出考试,庶文风正而士习端(《清世宗实录》卷一四九)。

二十九日庚子(12月23日),因《三朝实录》内人名、地名与《圣祖实录》未曾划一,命鄂尔泰、张廷玉、徐本等为总裁官,简选翰林等官重加校对、缮录。

十二月十七日戊午(1735年1月10日),王士俊又奏:遵谕照京师例令各属建造"普济"、"育婴"二堂,山东、河南两省士民欣然慕义捐输。请敕部议叙,以示风励。

二十二日癸亥(1月15日),谕:乡、会两闱乃国家抡才大典,必须防范周密,令肃风清。闻各省乡试之年,官字号举子入闱者,监临、提调等官有差人馈送饮食果品之事,难保日久无雇倩传递之弊,不可不防其渐。嗣后著通行禁止,倘有仍蹈前辙者,即照科场作弊例,将与受之人一同治罪(《清世宗实录》卷一五〇)。

是年,定官学生五年一次考试。其满汉文及步射皆优,列一、二等者,请旨录用。三等者,仍留学肄业。资质愚钝不堪造就者,即行革退。又于各旗官学设算学教习,令精于数学者教授。

重刻梵筴本《藏经》,以庄亲王允禄主其事。诏简积学僧人四十余,开馆校勘,以沛天上人总其事。

按:沛天上人,俗姓崔,名海宽,易州人。住持北京西安门内静默寺。重刻于乾隆三年(1738)十二月完成。凡724函,1672部,7247卷,称为《龙藏》,为清代最后一部官刻《大藏经》。

张廷玉十二月充校对《三朝实录》总裁官。

尹会一正月受小学于高斌。

沈廷芳游河南总督高氏幕。

卢见曾由六安州调治亳州,开导瘀塞的龙凤沟。同年,升为庐州府知府,并摄凤阳府事。

涂天相正月以兵部尚书充经筵讲官。

徐本正月以左都御史充经筵讲官。

赵殿最正月以户部右侍郎充经筵讲官。

吴拜正月以国子监祭酒觉罗充经筵讲官。

王安国三月为国子监司业,充日讲官。

色通额三月为翰林院检讨,充日讲官。

习寯三月为翰林院侍读学士,充日讲官。

钱陈群四月为翰林院侍讲学士,充日讲官。

顾祖镇七月为詹事府詹事,充日讲官。

刘统勋九月为翰林院侍读,充日讲官。

梁诗正九月为翰林院编修,充日讲官。

杨椿十一月为翰林院侍讲学士,充日讲官。

朱良裘十一月为翰林院编修,充日讲官。

昌龄十一月为翰林院侍讲,充日讲官。

嵩寿十一月为翰林院编修,充日讲官。

世臣、常保住十一月为翰林院检讨,充日讲官。

李卫时任直隶总督,于河北保定创建莲池书院。

按:乾隆十二年(1747)、十五年(1750)和四十六年(1781),高宗曾三次临院视察,赐"绪式濂溪"匾悬于万卷楼,并题诗以表彰直隶总督建院之功。乾隆年间,先后在书院主讲者有汪师韩、章学诚、祁韵士等人。

朱谌时任安徽巢湖知县,建巢湖书院。

曹加缙在河南巩义县建白鹿书院。

陈锡辂时任河南内黄知县,建求慊书院。

王夔龙时任河南罗山县知县,建罗山书院。

德泰时任湖南耒阳知县,建青麓书院。

刘瓒时任广西北流县知县,重修义学,改名为抱朴书院。

沈震世时任四川开县知县,建盛山书院。

孟金章时任贵州大方县通判,建凤池书院。

佟世荫时任云南曲靖知府,建曲阳书院,后易名为胜峰书院。

张福昶时任云南保山知县,建永保书院。

屈学洙、程近仁在云南弥渡县建龙翔书院。

汪绂著《易经诠义》15卷成书,有自序。

王世业辑述《周易象意》30卷刊行,有自序。

刘文龙订《古易汇诠》刊行。

郜煜著《易经理解》1卷成书,有自序。

按:《四库全书总目提要》曰:"煜字光庭,汝州人。雍正癸丑进士,官至中书科中书。其书不释《十翼》,惟六十四卦每卦撰说一篇,诠释大意。其大旨欲以义理矫象数之失,以平易救穿凿之失,以切实救支离泛滥之失,而矫枉不免过直云。"

姜兆锡著《书经蔡传参义》6卷成书,有自序。

按:《四库全书总目提要》曰:"是编以朱子命蔡沈作《书传》,甫越岁而朱子亡,其间未是正者颇多,……显与朱子有异,因作是书正之。计经文错互篇简者二条,错分段落者五条,错混句读者二条,错解文义者十二条,定错复错者一条。考《蔡传》自南宋以来,即多异义,原非一字不刊之典。然兆锡所改,大抵推求字句,以意审定,未能确有考证。"攻《蔡传》之作,尚有左眉的《蔡传正讹》6卷,在《静庵遗集》中。

华玉淳者《孝经通义》1卷成书,有自序。

按:《四库全书总目提要》曰:"是书成于雍正甲寅。大旨谓《孝经》一篇,首尾通贯,不必分《经》与《传》。其间字句删削,则从朱子《刊误》。简文错误,则从吴澄所考定。盖《孝经》至玉淳而又变一本矣。"华玉淳字师道,号澹园,金匮人。另著有《禹贡约义》,《四库全书总目提要》评曰:"是编考证《禹贡》山水,详略颇不画一。盖随事纪载,未及成书之稿本也。其论三江,主郑玄、苏轼之说,极为有见。论九江则以九江为洞庭,大抵与胡渭所见同。不知九江自在浔阳,古者江则名江,河则名河,未有以洞庭为九江者,应劭诸家不可废。且澧江已见于《经》,而云梦亦跨岳阳之界,洞庭之说终属未安。玉淳盖未深考耳。"

沈华修,崔昭等纂《武功县后志》4卷刊行。

石麟等修,储大文纂《山西通志》230卷刊行。

按:《四库全书总目提要》曰:"《山西通志》二百三十卷,国朝巡抚山西都察院右

德·朗贝尔夫人在她的《一位未婚母亲的见解》一书提议为妇女提供大学教育。

乔治·塞尔将《古兰经》翻译成英文。

伊曼纽尔·斯威登堡发表著作《哲学学说的前驱》。

副都御史觉罗石麟等监修。山西之有《通志》，始于明成化中督学金事胡谧。后嘉靖中副使周斯盛、万历中按察使李维祯皆踵事排纂。至本朝康熙壬戌，督学道刘梅又因旧本重编，凡五易稿而始成。分类共三十有二，所增辑甚夥，而讹复者亦颇不少。雍正七年，石麟等奉诏纂辑，乃开局会城，因旧本续加增订。旁咨博访，广其类为四十。凡遗闻故事，比旧加详。其发凡起例者为原任庶吉士储大文。大文于地理之学颇能研究，所著《存砚楼集》，订正舆记者为多。故此志山川形势，率得其要领。其特立《经籍》一门，乃用施宿《会稽志》、袁桷《四明志》之例，亦有资考据云。"

  王辂纂修《续唐县志略》成书。

  上官有仪修，许琰纂《齐河县志》10卷刊行。

  吕耀曾、王河修，魏枢等纂《盛京通志》33卷刊行。

  裘树荣等修纂《永安县志》10卷刊行。

  杨纯修，徐玑纂《衡阳县志》24卷刊行。

  徐逢吉著《清波小志》2卷成书，有自序。

  佘华瑞纂《岩镇志草》4卷刊行。

  按：佘华瑞字胐生，号西麓，徽州岩寺人。所著尚有《绿萝山人集》。

  允祥著《交辉园遗稿》30卷刊行。

  按：弘祥又辑有《交辉园遗稿续刊》。

  吴中衡著《乌澜轩文集》2卷刊行。

  赵弘恩著《玉华集》13卷刊行。

  王之鈇著《言行汇纂》10卷刊行，有自序。

  按：王之鈇字左仗，号郎川，罗湘人。《四库全书总目提要》谓是书"盖通俗劝善之书，为下里愚民而设者，故语多鄙俚，且多参以祸福之说"。

  周二学著《赏延素心录》1卷成书，丁敬作序。

  按：周二学字幼闻，号药坡，钱塘人。是书从揭洗、补缀破画、立轴装裱、横卷及册页装裱、糊法、裱画季节及悬挂、跋尾印记等方面介绍装裱和修补破画的经验。它与明末周嘉胄的《装潢志》可谓书画装裱学方面最具代表性的著作，一向被装裱家手自传抄，奉为圭臬。有《昭代丛书戊集续编》本、《松邻丛书乙编》本等。

  高凤翰著《砚史》成初稿。

  汪士慎作《楚泽之遗图》。

  陆廷灿著《续茶经》3卷成书，黄叔琳作序。

  按：《四库全书总目提要》曰："廷灿字秩昭，嘉定人。官崇安县知县候补主事。自唐以来，茶品推武夷。武夷山即在崇安境，故廷灿官是县时，习知其说，创为草稿，归田后订辑成编，冠以陆羽《茶经》原本，而从其原目采摭诸书以续之。上卷续其'一之源'、'二之具'、'三之造'；中卷续其'四之器'；下卷自分三子卷：下之上，续其'五之煮'、'六之饮'；下之中，续其'七之事'、'八之出'；下之下，续其'九之略'、'十之图'，而以历代茶法附为末卷，则原目所无，廷灿补之也。自唐以来，阅数百载，凡产茶之地，制茶之法，业已历代不同，即烹煮器具亦古今多异，故陆羽所述，其书虽古，而其法多不可行于今。廷灿一一订定补辑，颇切实用。而征引繁富，观所作《南村随笔》引李日华《紫桃轩又缀》'五台山冻泉'一条，自称此书失载，补录于彼。其搜采可谓勤矣。录而存之，亦足以资考订。至于陆羽旧本，廷灿虽用以弁首，而其书久已别行，未可以续补之书掩其原目，故今刊去不戴，惟录廷灿之书焉。"

李茹旻卒(1659—)。茹旻一名茹闵，字覆如，号鹭洲，江西临川人。康熙四十一年举人，至五十二年始中进士。授武英殿纂修。雍正二年预修《广西通志》、《太平府志》。又修《抚州府志》。与族弟李绂称"临川二李"。著有《周易补注》、《二水楼文集》20卷、《二水楼诗集》10卷。事迹见朱际昌《李鹭洲先生传》(《碑传集补》卷一一)。

谢起龙卒(1666—)。起龙字天愚，浙江余姚人。康熙四十四年岁贡，考教授职，不就。著有《毛诗订韵》5卷、《东山志》、《俗礼解》等。事迹见李桓《国朝耆献类征初编》卷四一八、陈梓《谢起龙墓志铭》(《删后文集》卷一三)。

陈万策卒(1667—)。策字对初，号谦季，福建晋江人。康熙五十七年进士，改翰林院庶吉士，散馆，授编修。累迁侍讲学士。尝从李光地游，助修《御纂周易折中》，创为启蒙诸图，多前人所未发。又尝受算法于梅文鼎，颇有研究。著有《近道斋文集》6卷、《近道斋诗集》4卷、《馆阁丝纶》2卷。事迹见《清史列传》卷六七、李桓《国朝耆献类征初编》卷一二四。

按：《清史列传》本传曰："从李光地游，讲究经学及六书、九数，莫不该贯。助光地分修《御纂周易折中》，创为启蒙诸图，多前人所未发。又修《性理精义》、《钦定诗经传说汇纂》，善为进奉文。通籍后，撰祭告文，皆称旨。桐城张廷玉尝言：'读陈学士文，辄能发人意。'每举以为后进式。又尝受算法于梅文鼎。所著《近道斋文集》六卷，其论中西算法异同，能究其所以然。"

高其佩卒(1672—)。其佩字韦之，号且园、南村，辽宁铁岭人。康熙时由宿州知州迁四川按察使。雍正间擢都统。工诗善画，以指头画著称。著有《高且园书画扇集》。事迹见《清史稿》卷五〇四、李桓《国朝耆献类征初编》卷二八三、震钧辑《国朝书人辑略》卷三。

按：《清史稿》本传曰："画有奇致，人物山水，并苍浑沉厚，衣纹如草篆，一袖数折。尤善指画，尝画黄初平叱石成羊，或已成羊而起立，或将成而未起，或半成而未离为石，风趣横生。画龙、虎，皆极其态。世既重其指墨，晚年以便于挥洒，遂不复用笔。其笔画之佳，几无人知之。"

李惇(—1784)、陆锡熊(—1792)、李调元(—1802)、江濬源(—1808)、曾廷枚(—1816)生。

雍正十三年　乙卯　1735年

二月初二日癸卯(2月24日)，定例文武生员不准入伍当兵，但陕甘有生员充营伍者，延绥一镇即达六十余名。是日，命各提镇查明革退，令其归学。如有情愿革去生员、当兵食粮者，行知学政除名，准其留营。嗣后文武生员一概不许滥收入伍。

初六日丁未(2月28日)，以户部右侍郎托时、内务府郎中白衣保、内阁中书徐元梦为满洲翻译乡试主考官，镶蓝旗蒙古副都统多尔济为蒙古翻译乡试主考官。

二十日辛酉（3月14日），禁武官于营中设立义学。

按：时有武官请于营伍中设立义学教育兵丁子弟者，又有请准驻防兵丁就近应该省乡试者。雍正帝斥为"舍本逐末、胡涂颠倒之见"。谕称：本业在武而注意于文，必致弁兵等相习成风，人材渐至于软弱，武备亦至废弛，岂整饬戎行之道乎？向后如仍有妄行奏请者，必加以重处（《清世宗实录》卷一五三）。

四月初五日乙巳（4月27日），将《圣祖仁皇帝御制文全集》颁赐诸王大臣及翰詹官员等。随又将御录《宗镜大纲》赐各督抚。

是日，从四川学政隋人鹏条奏，川省苗民久经向化，嗣后各属土司苗童有读书向上者，准与汉民文武童生一体考试，于各该学定额内凭文去取。卷面不必分别汉苗。

闰四月初六日乙亥（5月27日），以数日内各省题奏殉夫尽节之烈妇、烈女多至数十人，命地方有司将雍正六年禁止轻生从死之谕旨广为宣布，使家喻户晓。"倘晓谕之后仍有不顾躯命、轻生从死者，不必概予旌表，以长闾阎愤激之风。"（《清世宗实录》卷一五四）

五月十二日辛亥（7月2日），台湾乡试士子向系另编字号，额中举人1名，是日，从福建巡抚卢焯疏言，以该地人文日盛，于闽省解额外，将台字号再加中1名，以示鼓励。

十八日丁巳（7月8日），时王士俊奉旨修整河南少林寺，将改建方案绘图奏闻，有旨命其照颁发之图样修建。

二十五日甲子（7月15日），以刑部尚书张照、左副都御史德希寿为抚绥苗疆大臣。

八月十六日壬午（10月1日），命八旗官兵每月逢三、八日齐集教场操练时宣讲《圣谕广训》，每次一、二条。

二十二日戊子（10月7日）戌刻，雍正帝病危，召庄亲王允禄、果亲王允礼，大学士鄂尔泰、张廷玉，领侍卫内大臣公爵丰盛额、纳亲，内大臣户部侍郎海望至寝宫前，大学士鄂尔泰、张廷玉捧雍正帝御笔亲书密旨，命皇四子宝亲王弘历为皇太子，继皇帝位。皇太子随传旨：著庄亲王允禄、果亲王允礼、大学士鄂尔泰、张廷玉辅政。

二十三日己丑（10月8日）子刻，雍正帝逝世。是年九月九日，谥曰："敬天昌运建中表正文武英明宽仁信毅大孝至诚宪皇帝"，庙号"世宗"。

按：乾隆二年（1737）三月，葬直隶易县之"泰陵"。《清史稿·世宗本纪》曰："论曰：圣祖政尚宽仁，世宗以严明继之。论者比于汉之文、景。独孔怀之谊，疑于未笃。然淮南暴抗，有自取之咎，不尽出于文帝之寡恩也。帝研求治道，尤患下吏之疲困。有近臣言州县所入多，宜釐别。斥之曰：'尔未为州县，恶知州县之难？'至哉言乎，可谓知政要矣！"

是月，弘历命驱逐曾在内廷行走之道士张太虚、王定乾等，令各回其籍。旋又禁擅造寺观神祠。

九月初三日己亥（10月18日），皇太子弘历于太和殿即皇帝位。以明年为乾隆元年。颁诏全国,诏内"合行事宜"26款。其中有增会试中额。乡试中额大省加30名,中省加20名,小省加10名。各府州县入学额数,大学加7名,中学加5名,小学加3名。府州县卫各举孝廉方正,赐以六品顶带荣身,以备召用。

十四日庚戌(10月29日),召"待罪"云南之原任尚书、总督杨名时来京。

按:乾隆元年(1736),杨名时至京,赐礼部尚书衔,领国子监祭酒,兼值上书房、南书房。

二十二日戊午(11月6日),赐李绂侍郎衔,管理户部三库事。寻授户部侍郎。

二十四日庚申(11月8日),开乡会恩科。照雍正元年例,于乾隆元年八月举行乡试,二年二月举行会试。

二十六日壬戌(11月10日),以今年顺天乡试弊窦甚多,将考试官顾祖镇、戴瀚革职,交刑部审究。

按:十二月初二日,戴瀚因擅改文字,进呈欺诈,杖一百、徒三年;同考官徐焕然、考试官顾祖镇,或听从私改,改扶同进呈,均杖九十、徒二年。

二十七日癸亥(11月11日),召署河东盐政孙嘉淦来京,以侍郎用。调原任按察使魏定国、乔学尹、原任御史谢济世来京引见。

按:十一月十五日,以吏部右侍郎孙嘉淦为左都御史。

二十八日甲子(11月12日),命方苞在南书房行走。

十月初三日戊辰(11月16日),命纂修《世宗宪皇帝实录》。十五日,设馆,以大学士鄂尔泰为监修总裁官、大学士尹泰、张廷玉、朱轼、尚书三泰为总裁官,尚书任兰枝等7人为副总裁官。

初八日癸酉(11月21日),命八旗都统察举孝廉方正。谕称:朕即位之初,即令直省府州县卫察举孝廉方正,暂赐六品顶带以备召用。因念八旗根本之地,尤宜敦尚实行,以为天下倡(《清高宗实录》卷一)。

是日,命将曾静、张熙解京候审。

按:谕曰:"曾静大逆不道,虽置之极典不足蔽其辜,乃我皇考圣度如天,曲加宽宥。夫曾静之罪不减于吕留良,而我皇考于吕留良则明正典刑,于曾静则屏弃法外者,以留良谤议及于皇祖,而曾静止及于圣躬也。今朕绍承大统,当遵皇考办理吕留良案之例,明正曾静之罪,诛叛逆之渠魁,泄臣民之公愤。著湖广督抚将曾静、张熙即行锁拿,遴选干员,解京候审,毋得疏纵泄露,其嫡属交与地方官严行看守、候旨。"(《清高宗实录》卷一)

十六日辛巳(11月29日),命厘正文体,毋得避忌。

按:谕称:务学绩文者,宜勿尚浮靡,勿取姿媚,期于人心风俗有所裨益。一切章疏以及考试诗文,务期各展心思,独抒杼轴,从前避忌之习一概扫除。先是,僧人木陈忞等在顺治帝时被召宣讲佛法,随后,木陈忞著《北游集》,其弟子著《帝王明道录》,玉琳琇弟子骨岩著《侍香纪略》。是日,乾隆帝以此等书籍"干涉时事,捏造言词,夸耀恩遇",命各省督抚差员密访,无论刊本、抄本,悉行查出,密封送部,请旨销毁,不得私藏片纸(《清高宗实录》卷一)。

十八日癸未(12月1日),遣官致祭长白山、医巫闾山、泰山、华山、嵩山、衡山、恒山、会稽山、南海,及黄帝、炎帝、伏羲氏、夏禹王等陵,辽太祖陵、孔子阙里。

十九日甲申(12月2日),从尚书徐本所请,停止每月朔望宣讲《大义觉迷录》,所发原书,命各督抚汇送礼部,候旨。

是日,停止应选知县之进士、举人分部学习之例。

十一月初六日辛丑(12月19日),命甄别僧道。

按：谕曰：今之僧道,"不事作业,甘食美衣,十百为群,农工商贾终岁竭蹶以奉之。而荡检逾闲,于其师之说亦毫不能守,是不独在国家为游民,即绳以佛老之教亦为败类,而可听其耗民财,涸民俗乎?"命各省督抚饬州县按籍稽查,除名山古刹、收接十方丛林,及虽在城市而愿受度牒、遵守戒律、闭户清修者不问外,其余房头、应付僧、火居道士,皆集众面问,愿还俗者听之,愿守寺院者亦听之,但身领度牒,不得招受生徒。所有资产,除量给还俗及留寺院者为衣食计,其余归公,留为地方养济穷民之用。命该部详议道士亦给度牒之法(《清高宗实录》卷二)。

十二月初一日丙寅(1736年1月13日),编纂《八旗氏族通谱》。

按：谕曰："八旗满洲姓氏众多,向无汇载之书,难于稽考,著将八旗姓氏详细查明,并从前何时归顺情由,详细备载,纂成卷帙,候朕览定刊刻,以垂永久。著满洲大学士会同福敏、徐元梦遵照办理。"(《清高宗实录》卷二)

初二日丁卯(1月14日),以西边军务渐竣,复设川陕总督。裁四川总督。以黄廷桂为四川提督。

是日,改教授从九品为正七品,学正、教谕未入流为正八品。

初六日辛未(1月18日),谕勿歧视满汉。

按：先是,从尚书来保奏,因满洲骑射比汉人纯熟,于控制北边为宜,令缘边古北口一带提、镇、副、参、游、守等官参用满洲。至是,副都统布延图奏:福建、两广、云贵等省地处极远,界连外国,山民险阻,苗民杂处,而统兵大员均为汉人,请将此五省提督、总兵官参用满洲。有旨责其"妄生揣摩"、"紊乱成规"。谕称:满汉均为臣工,均为朕之股肱,本属一体,休戚相关。用人之际,量能授职,唯酌其人地之相宜,不宜存满汉之成见。布延图著严饬行。"嗣后有似此分别满汉、歧视旗民者,朕必从重议处之。布告天下,使明知朕意。"(《清高宗实录》卷二)

十二月十九日甲申(1月31日),处死曾静、张熙。

按：谕:"曾静、张熙悖乱凶顽,大逆不道,我皇考世宗宪皇帝圣度如天,以其谤议只及于圣躬,贷其殊死,并有将来子孙不得追究诛戮之谕旨。然在皇考当日或可姑容,而在朕今日断难曲宥。前后办理虽有不同,而衷诸天理人情之至当,则未尝不一。况亿万臣民所切骨愤恨,欲速正曲刑于今日者,朕又何能拂人心之公恶乎?曾静、张熙著照法司所拟,凌迟处死。"(《清高宗实录》卷二)

二十七日壬辰(2月8日),纂修《明史》总裁大学士张廷玉奏纂修《明史》告成。以其卷帙繁多,恐尚有错舛之处,命张廷玉等再加校阅后,交武英殿刊刻,陆续进呈。

是年,禁八旗下累世家奴之子孙应试。又定例,诸生遇本生父母之丧,不准应试,违背照匿丧例治罪。

鄂尔泰、张廷玉与协理大学士、工部尚书徐本为《皇清文颖》馆总裁官,兵部尚书魏廷珍、刑部尚书张照为副总裁官。

　　按:《清史稿·张廷玉传》曰:"十三年,世宗疾大渐,与大学士鄂尔泰等同被顾命。遗诏以廷玉器量纯全,抒诚供职,命他日配享太庙。"

　　张廷玉十月充《世宗实录》总裁官。

　　方苞正月充《皇清文颖》馆副总裁。

　　梅毂成八月迁通政司参议。

　　卢见曾擢江南江宁府知州,调安徽颍州。

　　邹一桂赴黔学使任。

　　厉鹗闰四月集竹墩积照堂,同联句者有杭世骏、沈炳震等人。八月为杭世骏作《石经考异序》。

　　沈廷芳再至京师,从沈德潜学。是年,补《大清一统志》馆校录。

　　程廷祚赴博学鸿词试。

　　吴敬梓托病不赴博学鸿词试。

　　卢见曾迁为江宁知府。未逾月,调任颍州府,筑塞白龙沟。

　　雷鋐被招致京师,命直上书房。

　　褚寅亮年二十一,肄业紫阳书院。

　　杨椿闰四月为翰林院侍讲学士,充日讲官。

　　蒋溥闰四月为翰林院侍讲,充日讲官。

　　戴瀚闰四月为右春坊右庶子,充日讲官。

　　张若霭六月为翰林院编修,充日讲官。

　　王兰生左授少詹事。高宗即位,召入京,复授内阁学士。

　　纪昀蒙师李若龙中乡试举人。

　　佘华瑞诏举博学鸿词,辞不赴。

　　鲍梓任献县教谕。

　　按:鲍梓字敬亭,南宫人。雍正元年(1723)进士。纪昀、戈涛、纪昭、鲍自清、陈之珍、张传旺、韩戈济、孔广谱、常绳怼诸人,皆出其门下。

　　李观瀛举于乡。

　　尹会一建安定书院于扬州。

　　王锡藩时任安徽绩溪知县,建敬业书院。

　　黄虞夏在福建泰宁县建峨嵋书院。

　　季璟文时任河南巩义知县,建莲山书院、仙舟书院和见山书院。

　　常琬时任河南尉氏县知县,建奎文书院。

　　宋维孜时任河南原阳知县,建正谊书院。

　　李五惇时任湖北崇阳知县,建桃溪书院。

　　马世焕时任广西贺县知县,建临江书院。

　　李学裕时任四川雅安巡道,建月心书院。

　　张坦时任云南大关同知,建景文书院。

　　钱恒时任云南永胜知府,建晴川书院。

　　徐洹瀛时任陕西延安知府,建云峰书院。

　　许容时任甘肃巡抚,在兰州建兰山书院。

按：兰山书院是甘肃最大的省立书院，以其藏书丰富而闻名。乾隆时期有藏书204种，有《钦定四书》、《十三经》书板2067块。咸丰四年（1854），书库着火，藏书尽数被焚。光绪元年以后，在陕甘总督左宗棠、杨昌濬的大力扶持下，逐渐得以恢复。兰山书院历任著名山长有：盛元珍（江苏常熟人）、牛运震（进士，山东滋阳人）、张位（翰林，甘肃秦安人）、秦维岳（翰林，皋兰人）、吴可读（进士，皋兰人）、张澍（进士，武威人）、张美如（翰林，武威人）、张国常（进士，皋兰人）等。

林尼厄斯著成《自然系分类》。

法国科学家伯努瓦·德·马利特就进化论的假设发表《泰利亚梅》。

方苞著《丧礼议》。

杨名时著《经书言学指要》1卷刊行。

杭世骏著《石经考异》2卷成书，有自序。

按：《四库全书总目提要》曰："是编因顾炎武《石经考》犹有采撷未备，辨正未明者，乃纠讹补阙，勒为二卷。上卷标十五目：曰《延熹石经》，曰《书碑姓氏》，曰《书丹不止蔡邕》，曰《三字一字》，曰《正始石经非邯郸淳书》，曰《魏文帝典论》，曰《汉魏碑目》，曰《〈隋书·经籍志〉正误》，曰《鸿都学非太学》，曰《魏太武无刻石经事》，曰《顾考脱落北齐二条》，曰《唐艺文志载石经与隋志不同》，曰《唐石台孝经》，曰《唐石经》，曰《张参五经文字》。下卷标三目：曰《蜀石经》，曰《宋开封石经》，曰《宋高宗御书石经》。考证皆极精核。前有厉鹗、全祖望、符元嘉三序。鹗序称其五经、六经、七经之核其实，一字、三字之定其归，二十五碑、四十八碑之析其数，堂东、堂西之殊其列，自洛入邺、自汴入燕之分其地，驳鸿都门学非太学，魏石经非邯郸淳书，直发千古之蒙滞。而又引何休《公羊传注》，证汉石经为一字，引孔颖达《左传疏》，称魏石经为三字，以补世骏所未及。祖望序亦引《魏略》、《晋书》、《隋志》证邯郸淳非无功于石经，引《魏书·崔浩、高允传》证魏太武时未尝无立经事，与世骏之说互存参考。而汪祚、赵信、符曾诸人，复各抒所见，互相订正，今并列于书中。盖合数人之力，参订成编，非但据一人之闻见。其较顾炎武之所考，较为完密，亦有由也。然尤袤《遂初堂书目》所列成都石刻，称《论语》、九经、《孟子》、《尔雅》，较晁公武、曾宏父所记少一经，亦当为辨正。世骏乃偶遗不载，是则失之眉睫之前者，亦足见考证之难矣。"

牛运震始著《读史纠谬》。

顾栋高著《王荆国文公年谱》3卷成书，有自序。

焦袁熹著《小国春秋》1卷、《儒林谱》1卷、《太玄解》1卷成。

沈炳震著《廿一史四谱》54卷、《历代世系纪年编》1卷成书。

陆福宜修，多时珍纂《阜城县志》22卷刊行。

汪嗣圣修《朔州志》12卷刊行。

赵宪修，王植纂《深泽县志》12卷刊行。

唐执玉、李卫修，陈仪、田易纂《畿辅通志》120卷刊行，李卫作序。

按：《四库全书总目提要》曰："《畿辅通志》一百二十卷，国朝兵部尚书、直隶总督李卫等监修。自元以来，如《析津志》诸书所纪祗及于京师。至明代以畿内之地直隶六部与诸省州县各统于布政司者，体例不侔，故诸省皆有通志，而直隶独阙。本朝定鼎京师，特置直隶巡抚，以专统辖。康熙十一年大学士卫周祚奏令天下郡县分辑志书，诏允其请。于是直隶巡抚于成龙、格尔古德等始创为之，属翰林院侍讲郭棻董其事。仅数月而书成，讨论未为详确。雍正七年世宗宪皇帝命天下重修通志，上诸史馆，以备《一统志》之采择。督臣唐执玉只奉明诏，乃延原任辰州府同知田易等，设局于莲花池，搜罗纂集。其后刘于义及李卫相继代领其事，至雍正十三年而书成。

凡分三十一目。人物、艺文二门又各为子目。订讹补阙,较旧志颇为完善云。案:通志皆以总督、巡抚董其事,然非所纂录,与总裁官之领修者有别。故今不题某撰而题某监修,从其实也。监修每阅数官,惟题经进一人,唐、宋以来之旧例也。谨于此书发其凡,后皆仿此。"

田文镜、王士俊等修,孙灝、顾栋高等纂《河南通志》80卷刊行。

按:《四库全书总目提要》曰:"《河南通志》八十卷,国朝总督河南山东军务、兵部右侍郎王士俊等监修。河南之名,宋代惟属洛阳一郡。故宋敏求作《河南志》,仅记西都典故,而不及他州。自明初设河南布政司,所属八府,实跨河以北。封疆于古稍殊,故郡邑虽各有偏记,而未有统为一书者。嘉靖中始创为之,亦仅具崖略而已。征引未能赅洽,考证亦未能精确。国朝顺治十八年,复加续修,条理粗备。黄之隽谓康熙中尝颁诸天下以为式。后阅六七十年,未经修葺。郡邑分并,与新制多不相合。雍正九年,河东总督田文镜承命排纂,乃延编修孙灝、进士顾栋高等开局搜讨。文镜殁后,王士俊代为总督,乃成书表上。考古证今,体例颇为整密。惟书成之后,陈、许二州升为府,郑州改隶开封,卢氏改隶陕州,南召复立县治,因刊版已竣,皆未及增改云。"

刘于义修,沈青崖纂《陕西通志》100卷刊行。

按:《四库全书总目提要》曰:"《陕西通志》一百卷,国朝署理陕西总督、吏部尚书刘于义等监修。陕西旧《通志》为康熙中巡抚贾汉复所修,当时皆称其简当。而阅时既久,因革损益,颇不相同。雍正七年。敕各省大吏纂辑通志,陕西督抚以其事属之粮储道沈青崖。青崖因据汉复旧本,参以明代马、冯二家之书,斟酌增删,厘成百卷,分为三十二类。雍正十二年,于义等始表上之。陕西省治本汉、唐旧都,故纪载较多。如《三辅黄图》、《长安志》皆前人所称善本,而卷帙既繁,异同亦夥。至其隶辖支郡,若绥、葭、凤、兴之类,则又地近边隅,志乘荒略,不免沿习传讹。是编订古证今,详略悉当,视他志之撺掇附会者较为胜之。书中间有案语,以参考同异,亦均典核可取云。"

李卫、嵇曾筠等修,沈翼机、傅玉露等纂《浙江通志》280卷刊行。

按:《四库全书总目提要》曰:"《浙江通志》二百八十卷,国朝文华殿大学士兼吏部尚书兼管浙江、江南总督嵇曾筠等监修。浙江自明嘉靖中提学副使薛应旂始辑为《通志》七十二卷。至国朝康熙二十一年总督赵士麟、巡抚王国安复因薛《志》增修,斟酌损益,义例粗备。此本于雍正九年辛亥,总督李卫开局编纂,迄乙卯而告竣,曾筠等具表上进,司其事者原任侍读学士沈翼机、编修傅玉露、检讨陆奎勋也。总为五十四门,视旧志增目一十有七。所引诸书,皆具列原文,标列出典。其近事未有记载者,亦具列其案牍,视他志体例特善。其有见闻异辞者,则附加考证于下方。虽过求赅备,或不无繁复丛冗,然信而有征之目,差为不愧矣。"

章廷圭修,范安治等纂《平阳府志》36卷刊行。

朱樟修,田嘉谷纂《泽州府志》52卷刊行。

魏钶修,颜星纂《兴国州志》10卷刊行。

金茂和修纂《新乡县志》34卷刊行。

五斯瑛修,项世荣纂《来安县志》12卷刊行。

李应机修,潘可藻纂《景宁县志》10卷刊行。

陈权修,顾琳纂《阿迷州志》24卷刊行。

崔乃镛修纂《东川府志》2卷刊行。

黄光璨修,黄旋等纂《井研县志》2卷刊行。

张庚著《国朝画征录》3卷成书,有自序。

按:《四库全书总目提要》曰:"是编记国朝画家,每人各为小传,然时代太近,其人多未经论定,不尽足征。"

高凤翰集《竹西亭印辑》成书,有自序。

帅我著《墨澜亭集》刊行。

按:《四库全书总目提要》曰:"我字备皆,号简斋,奉新人。康熙辛卯举人。江西古文,自艾南英倡于前,魏禧等和于后,踵而起者虽所造深浅不同,而大都循循有旧法。是集亦其一也。旧刊版于南昌,所载未备。雍正乙卯,其子念祖属徐廷槐汇取已刻未刻诸稿,哀为此本,凡一百四十篇。"

毕振姬著《毕坚毅先生文集》6卷刊行。

金荣著《渔洋精华录笺注》12卷成书。

吕谦恒著《青要集》12卷刊行。

按:《四库全书总目提要》曰:"谦恒字天益,河南新安人。康熙己丑进士,官至光禄寺卿。谦恒尝读书青要山,因以名集,其诗纯作宋格,疏爽有余,而亦颇伤朴直;如《洗象行》之类,皆病于太质。"

陆廷灿著《续茶经》4卷、《南村随笔》6卷刊行。

按:陆廷灿官福建崇安知县,喜好菊、茶。崇安境内的武夷山自古以产茶著名,因此他辑录前人的著作,加上自己的见闻,作为唐代陆羽《茶经》的补充,撰写了《续茶经》。《四库全书总目提要》曰:"原目所无,廷灿补之也,自唐以来阅数百载,凡产茶之地,制茶之法,然已历代不同,即烹煮器具亦古今多异,故陆羽所述,其书虽古,而其法多不可行于今。廷灿一一订定补辑,颇切实用,而征引繁富。"

敕修《宗镜大纲》20卷、《经海一滴》6卷刊行。

焦袁熹卒(1660—)。袁熹字广期,自号南浦,江苏金山人。康熙三十五年举人,不赴会试。后李光地、王顼龄俱以实学通经荐,以亲老固辞。著有《此木轩经说汇编》6卷、《读四疏注疏》8卷、《经世辑论》5卷、《春秋阙如编》8卷、《太极图说就正编》1卷、《太玄解》1卷、《此木轩四书说》9卷、《此木轩纪年略》5卷、《此木轩杂著》8卷、《谈佛乘赘语》5卷、《九歌解》2卷、《尚志录》1卷和诗文集20卷等。辑有《此木轩四六文选》8卷。事迹见《清史列传》卷六七、李桓《国朝耆献类征初编》卷四一四。清焦以敬、焦以恕编有《焦南浦先生年谱》。

按:《四库全书总目提要》高度评价焦氏的《春秋阙如编》,谓"近代说《春秋》者,当以此书为最,虽编辑未终,而义例已备,于经学深有稗,非其经说诸书出于门人杂录者比也"。《清史列传》本传曰:"袁熹穿穴经传,于诸经注疏,皆有笔记。其说《易》,专主义理;说《礼》,推言礼意;而于《春秋》,尤邃,著《春秋阙如编》八卷,自《谷梁》发常事不书之例,孙复衍有贬无褒之文,后代承流,转相摹仿,务以刻酷为经义,遂使游、夏赞之而不能者,申、韩为之而有余。袁熹独酌情理之平,立褒贬之准,谨持大义,刊削烦苛,如谓隐公盟蔑继好息民,犹愈于相虞相诈。……如此之类,皆一洗曲说。至于武氏子求赙,乃鲁不共命,天王诘责,岂敢反讥?天王家父求车,乃天子责贡赋有阙,经婉其文,曰求车不应,舍其下责上,尤大义凛然,非陋儒所及。又著

《此木轩四书说》九卷,疏理简明,引据典确,间与章句集注小有出入,要能厘然有当于人心。"

吴襄卒(1661—)。襄字七云,号悬水,安徽青阳人。康熙五十二年进士。官编修。雍正间先后充殿试读卷官,《明史》、《八旗通志》总裁。官至礼部尚书。卒谥文简。著有《锡老堂集》。事迹见李桓《国朝耆献类征初编》卷七二、韩锡胙《吴襄神道碑》(《滑凝集》卷七)。

冯濂卒(1662—)。濂字周溪,河北宁晋人。明尚书冯英玄孙。弱冠,补诸生。治学专主朱子家法,以居敬穷理为务。尤精于《周易》。

传教士马若瑟卒(1666—)。若瑟法国人。康熙三十七年来华,在江西传教。雍正元年禁止天主教时,被遣回广州。著有拉丁文汉语语法专著《中国语文札记》,译有法文本元曲《赵氏孤儿》。又与赫苍璧合编《拉丁文汉文字典》。

李文炤卒(1672—)。文炤字元朗,号恒斋,湖南善化人。康熙五十二年举人,两试进士不第,遂绝意仕进。选谷城教谕,不赴。治学专以朱熹为宗。主讲岳麓书院多年,从游者甚众。著有《周易拾遗》1卷、《周易本义拾遗》6卷、《周礼集传》6卷、《春秋集传》10卷、《家礼拾遗》3卷、《太极通书拾遗后录》3卷、《大学讲义》1卷、《正蒙集解》9卷、《学庸讲义》1卷、《近思录集解》14卷、《岳麓书院学规》1卷、《恒斋文集》12卷等。事迹见《清史列传》卷六七、李桓《国朝耆献类征初编》卷四〇八。

按:徐世昌《清儒学案》曰:"湘湖之间,自船山王氏后,士多潜修其著述。可称学术纯正者,推恒斋李氏。同游诸人,皆恪守程、朱之说。当时未大显,镜海唐氏乃表彰之。"《清史列传》本传曰:"及长,潜心理学,与同邑熊超,宁乡张鸣珂、邵阳车无咎、王元复等相切劘。其学邃于经,而于天文地理、子史百家,及释氏书,亦必批其根底。尝言:'不察二氏之所以非,安知吾儒之所以是;不观诸子之有醇有驳,安知吾儒之醇乎?其醇不审秦汉以下之成败得失,安知三代以上帝德王猷之尽善尽美也。'生平力肩斯道,惟恐濂、洛、关、闽之说不传于后世。尝曰:'陆九渊议太极之非,是大原可得而湮也;林栗攻《西铭》之失,是宏纲可得而绝也;程迥诋主敬之误,是圣功可得而废也;陈亮疑道治天下之迂,是王猷可得而杂也。'又曰:'晦翁缵正叔之绪而底于大备,子静袭伯淳之诣而入于歧途,遂至朋分角立,历数百年而未已。已故德温、叔心方续晦翁之传,公甫、伯安复张子静之帜,而有明末代学术,卒沦于淫辞诐行之归。呜呼,其亦不思而已矣!'"又曰:"王元复字能愚,湖南邵阳人。岁贡生。邃于经术,与车无咎齐名。于《皇极经世》、《洪范内篇》、《律吕新书》,皆有心得。文炤初留意庄、列书,自见元复后,不敢涉目。尝以所未彻者问元复,元复作《广道》、《鬼神》、《死生》、《蠡测》四论示之。著有《榴园管测》五卷。"

程国彭卒(1680—)。国彭字钟龄,号恒阳子,安徽歙县人。少时因病而学医自治,潜心钻研各家医著,博采诸长,医名噪于康熙、雍正年间。晚年至天都普陀寺修行,法号普明子,精研医理,历三十年,于雍正十年著成《医学心悟》5卷,卷中结合各科疾病系统论述了八纲辨证、八法施治的纲要。另著有《外科十法》。

孙之騄是年前后在世,生卒不详。之騄字子骏,浙江仁和人。雍正年间,官庆元县学教谕。与毛奇龄友善。著有《考定竹书纪年》13卷、《松源经说》4卷、《二申野录》8卷、《别本尚书大传》4卷、《夏小正集解》及《樊绍述集注》2卷、《玉川子诗集注》3卷等。事迹见《清史列传》卷六八。

按：《清史列传》本传曰："性耿介，博学好古，尤专于经。时《尚书大传》宋本未出，元和惠栋修《明堂大道录》，仅从他书转引。之骅搜采补缀，成《尚书大传》三卷、《补遗》一卷，其勤甚至。又以沈约所注《竹书纪年》未为详备，因撷诸书为之注，成《考定竹书纪年》十三卷，……考订谬误，皆属精确。"

罗有高（　—1779）、钱塘（　—1790）、余廷灿（　—1798）、张若筠（　—1798）、蒋元龙（　—1799）、沈初（　—1799）、金榜（　—1801）、朱孝纯（　—1801）、朱文藻（　—1806）、段玉裁（　—1815）、庄炘（　—1818）生。

清高宗乾隆元年　丙辰　1736年

俄罗斯同土耳其交战。

正月十二日丁未（2月23日），命大学士鄂尔泰、张廷玉为总裁官，会同平郡王福彭纂修《玉牒》。

按：旧例玉牒总裁以亲王、郡王充任，现以大学士充任，则为特例。玉牒是皇室的家谱，取其"金玉之贵"的意思。清朝的《玉牒》，分满汉两种文本，从顺治十七年至民国十年，每十年修纂一次，先后修纂了28次。主要记载婚嫁、生育、继嗣、封爵、授职、升迁、降革及死亡，大体以帝系为统，长幼为序，男女各按宗支、房次等进行排列。

二十日乙卯（3月2日），御史谢济世进呈自著《学庸注疏》，得旨严饬。

按：雍正七年（1729），谢济世撰《古本大学注》，雍正帝以其借注经"怨望谤讪"，下九卿等议斩，及绑赴刑场，忽宣特旨免死。《清史稿·谢济世传》曰："济世在戍九年，高宗即位，诏开言路，为建勋将军钦拜草奏，请责成科道严不言之罚，恕妄言之罪，上嘉纳焉。旋召济世还京师，复补江南道御史。济世以所撰《大学注》、《中庸疏》进上，略言：'《大学注》中，九卿、科道所议讽刺三语，臣已改删，惟分章释义，遵古本不遵程、朱，习举业者有成规，讲道学者无厉禁。千虑一得，乞舍其瑕而取其瑜。'得旨严饬，还其书。"

二十一日丙辰（3月3日），定考官子弟回避考试之法：凡应回避的考生，于闱中另编座号，别请钦命试题，另由礼部奏请派大臣校阅试卷，呈候钦定。又命从乾隆二年春季开始，给教职（教授、学正、教谕、训导）全俸。

二十四日己未（3月6日），皇子书房开学。

按：前此已命大学士鄂尔泰、张廷玉、朱轼及左都御史福敏，侍郎徐元梦、邵基为皇子师傅，至是开学，乾隆帝面谕诸师傅，要殚心教导之。

二月十六日庚辰（3月27日），乾隆帝训饬御史谢济世等上言诸臣。

按：谕称谢济世请用其自注《学》、《庸》，易朱子《章句》，颁行天下，"独不自揣己与朱子分量相隔如云泥，而肆口诋毁，狂悖已极"，并指斥李徽欲以《孝经》与《四书》并列为五，陈世倌请修用兵准噶尔方略，俱属妄行渎奏。"但朕志切求言"，从宽免究

(《清高宗实录》卷一二)。

又按：谕曰："四子之书，乃朱子所自订，刊于临漳。宋理宗颁行学宫，至元、明以及我朝，遵行已久。《大学》、《中庸》，程子从《礼记》摘出，朱子订入《四书》。《孝经》单行，篇章无多，何可与《四书》并列？朱子为《孝经刊误》，疑其非尽圣人之言，说得都不亲切。吴澄亦曰，今文亦不无可疑。疑其所可疑，信其所可信，去其所可去，存其所可存，朱子意也。制科取士，第一场首试《四书》文三篇，二场用《孝经》论一篇，与《性理》互出，所以尊崇圣经，总期发明经义，文与论何择！李徽欲请订入《四书》，将使天下后世，谓《四书》订于朱子，五书订于李徽，殊不自量之甚。朱子熹羽翼经传，阐发义蕴，会萃群言，衷于至当。《四书集注章句》，亲切详明，使学者涵泳紬绎，具见圣贤立言精意。我圣祖仁皇帝，特进朱子熹入配大成殿，所以为天下万世学者树之标准，俾知所趋向，非以朱子熹为贤于周、程诸儒也。如李徽所言，程子颢亦宜入大成殿，周子敦颐以下，均可以次详酌。则周子敦颐、二程子颐、张子载、邵子雍，皆宜附于十哲之列。孔子及门，如南容、有若、子贱诸贤，不亚于程、周诸子，并不亚于十哲，亦未尽入大成殿中。踵事日增，将贻后议。揆诸尊崇至圣，以师表万世之至意，亦岂有当？至于性善之说，详于《孟子》，皆渊源之论。李徽以人性之善为支派，谓程子颢解'继之者善'，亦人性之支派。指此为有功性旨，是不独有悖孟子，亦大非程子之意。敷陈舛谬，学术攸关，诚恐无知效尤，或诋毁先贤，或穿凿经义，或托名理学，自便其私，大为世道人心之害。请严申饬。"得旨：这所奏是。著交该部颁发天下学政，咸使遵行（《清高宗实录》卷一二）。

十七日辛巳（3月28日），严禁以文字罪人。

按：雍正十三（1735）年十一月，御史曹一士于"奏陈请查比附妖言之狱并禁挟仇诬告之事折"中，痛陈雍正中期以后文字狱泛滥之弊："比年以来，小人不识两朝所以诛殛大憝（按：指戴名世、汪景祺）之故，往往挟睚眦之怨，借影响之词，攻讦诗书，指摘字句。有司见事生风，多方穷鞫，或致波累师生，株连亲故，破家亡命，甚可悯也。"曹一士认为，如果述怀咏史、议论"井田封建"以及序跋偶遗纪年等文字微疵"皆比附妖言，罪当不赦，将使天下告讦不休，士子以文为戒，殊非国家义以正法、仁以包蒙之至意也"。他建议："嗣后凡有举首诗文书札悖逆讥刺者，审无的确形迹，即以所告本人之罪依律反坐"（《清史稿·曹一士传》）。至是，刑部遵旨就曹一士上述奏请议覆："应如所奏。至承审各官有率行比附成狱者，以故入人罪律论。"得旨："从之。"《大清律例》中亦因此增加一条新例："有举首诗文书札悖逆者，除显有逆迹，仍照律拟罪外，若只是字句失检，涉于疑似，并无确实悖逆形迹者，将举首之人即以所诬之罪，依律反坐，至死罪者，分别已决未决，照例办理。承审官不行详察辄波累株连者，该督抚科道察出题参，将承审官照故入人罪律交部议处。"

二十四日戊子（4月4日），定雍正帝陵墓名"泰陵"，泰陵工程于本年九月告竣。

三月初六日庚子（4月16日），宽赦汪景祺《西征随笔》案、查嗣庭私撰《日记》"狂悖"案缘坐之亲属，命将汪景祺兄弟及兄弟之子、查嗣庭子侄从配所赦回。

十四日戊申（4月24日），命大学士鄂尔泰等于会试遗卷中，选取文理明通者，拣选进呈，续出一榜，准其一体参加殿试。时称"明通榜"。

十九日癸丑（4月29日），从礼部侍郎徐元梦所请，命续修雍正朝十三年国史。

二十七日辛酉(5月7日),命各省督抚查明前经欠粮而褫革衣顶的举贡生监等,凡于革后陆续完纳,而只有未清之尾欠者,准其开复。

是月,颁《十三经》、《廿一史》等经史书至各省州县学;又命将康熙御制《周易折中》、《性理精义》、《朱子全书》,以及《诗》、《书》、《春秋》各传、说,汇辑诸书等颁存太学,刊示诸生。

四月初二日丙寅(5月12日),策试天下贡士赵青藜等344人于太和殿前,即所谓"殿试"。

按:兵部尚书傅鼐奏称,今科会试各省年老举人,80岁以上刘起振等3人,75岁以上冯应龙等5人,70岁以上李琬等35人。

初三日丁卯(5月13日),谕:汉军究系旗人,自应熟习清语。嗣后引见人员若不能以清语奏对,不准列入保举。

初四日戊辰(5月14日),乾隆帝亲定本科会试三鼎甲:状元金德瑛(浙江仁和人),榜眼黄孙懋(山东曲阜人),探花秦蕙田(江南金匮人)。本科会试主考官为大学士鄂尔泰、朱轼。翌日传胪,赐一甲金德瑛等三人进士及第,二甲蔡新等90人进士出身,三甲兴泰等251人同进士出身,共计344人。

初六日庚午(5月16日),礼部议覆:清厘僧道,莫善于给度牒。现有僧道,清查造册,取具印结,汇齐到部,发给度牒;嗣后情愿出家者,必请给度牒,方准簪剃受戒;火居道士俱令还俗;尼僧不能还俗者暂给度牒,嗣后妇女必年逾四十,方准出家。得旨依议。

按:不久又规定,从乾隆二年(1737)开始,各省每年将发给度牒实数及事故开除者,详细造册报部。

四月二十七辛卯(6月6日),命广布官修经书,定生员加试经解。

按:谕曰:"谕总理事务王大臣:从来经学盛则人才多,人才多则俗化茂。稽诸史册,成效昭然。我皇祖圣祖仁皇帝,道隆羲顼,学贯天人,凡艺圃书仓,靡不博览。而尤以经学为首重,御纂《周易折中》、《尚书汇纂》、《诗经汇纂》、《春秋汇纂》等编,又有《朱子全书》、《性理精义》,正学昌明,著作大备。我皇考世宗宪皇帝,至德同符,孝思不匮,时敕直省布政司,将诸书敬谨刊刻,准士子赴司,呈请刷印。盖欲以广圣教,振儒风,甚盛典也。……著直省抚藩诸臣,加意招募坊贾人等,听其刷印,通行鬻卖,严禁胥吏阻挠需索之弊。但使坊贾皆乐于刷印,斯士子皆易于购买,庶几家传户诵,足以大广厥传。朕又思圣祖仁皇帝四经之纂,实综自汉迄明,二千余年群儒之说,而折其中,视前明《大全》之编,仅辑宋、元讲解,未免肤杂者,相去悬殊。各省学臣,职在劝课实学,则莫要于宣扬圣教,以立士子之根柢。每科岁案临时,豫饬各该学,确访生童中有诵读御纂诸经者,或专一经,或兼他经,著开名册报。俟考试文艺之后,该学政就四经中,斟酌旧说有所别异处,摘取数条,另期发问。只令依义条答,不必责以文采。有能答不失指者,所试文稍平顺,童生即予入泮,生员即予补廪,以示鼓励。务宜实力奉行,以副朕尊经育才之意。"(《高宗实录》卷一七)

五月初七日庚子(6月15日),谕责户部侍郎李绂保举新进士过多,又在朝班时将新进士派令九卿保举。命将李绂交部严议。

初八日辛丑(6月16日),因举人选班壅积,需候至二十年方可得缺,命进士单月选班改用举人。

二十七日庚申(7月4日),颁发《律历渊源》于各省。

六月初一日甲子(7月9日),训饬直省书院师生。

按:乾隆初年,朝廷为整顿和发展书院下达了一份重要的政策性诏书,对书院的性质、办学方针、书院院长、入学士子的资格、奖励及课程等,都作出了明确规定,从而奠定了书院的格局。乾隆元年谕曰:"书院之制,所以导进人才,广学校所不及。我世宗宪皇帝命设之省会,发帑金以资膏火,恩意至渥也。古者乡学之秀,始升于国。然其时诸侯之国皆有学,今府州县学并建,而无递升之法。国子监虽设于京师,而道里辽远,四方之士不能胥会。则书院即古侯国之学也。居讲席者,固宜老成宿望,而从游之士,亦必立品勤学,争自濯磨,俾相观而善,庶人材成就,足备朝廷任使,不负教育之意。若仅攻举业,已为儒者末务。况藉为声气之资,游扬之具,内无益于身心,外无裨于民物。即降而求文章成名,足希古之立言者,亦不多得,宁养士之初旨耶。该部即行文各省督抚、学政,凡书院之长,必选经明行修,足为多士模范者,以礼聘请。负笈生徒,必择乡里秀异、沈潜学问者,肄业其中。其恃才放诞、佻达不羁之士,不得滥入。书院中酌仿朱子《白鹿洞规条》,立之仪节,以检束其身心;仿分年读书之法,予之程课,使贯通乎经史。有不率教者,则摈斥毋留。学臣三年任满,咨访考核,如果教术可观,人材兴起,各加奖励。六年之后,著有成效,奏请酌量议叙。诸生中材器尤异者,著令荐举一二,以示鼓舞。又议复:嗣后书院讲席,令督抚、学臣悉心采访,不拘本省邻省,亦不论已仕未仕,但择品行方正,学问博通,素为士林所推重者,以礼相延,厚给廪饩,俾得安心训导。仍令于生徒学业,时加考核,并宽其程期,以俟优游之化。如果六年著有成效,该督抚、学臣酌量题请议叙,毋得视为具文,亦不准滥行题请。"(《钦定大清会典事例》卷三九五)

初八日辛未(7月16日),命大学士、九卿等议谥明建文帝,寻追谥为"恭闵惠皇帝"。

十六日己卯(7月24日),命纂《三礼义疏》,俾与《易》、《书》、《诗》、《春秋》四经并垂永久。寻命鄂尔泰、张廷玉、朱轼、甘汝来为《三礼》馆总裁。

是日,谕弛坊间刻文之禁,准许民间将乡、会试佳卷照前选刻。又命将前明及本朝诸大家时艺精选数百篇,汇为一集,颁行天下,以为举业指南,由内阁学士方苞将入选文逐一加以评点,使学者便于领会摩拟。

按:《清高宗实录》卷二一曰:"自坊选之禁垂诸功令,而大家名作,不得通行。士子无由睹斯文之炳蔚,率多因陋就简,剽窃陈言,袭取腐语。间或以此幸获科名,又展转流布,私相仿效,驯至先正名家之风味,邈乎难寻,所系非浅鲜也。今朕欲裒集有明及本朝诸大家时艺,精选数百篇,汇为一集,颁布天下,以为举业指南。学士方苞,工于时文,著司选文之事。务将入选文,逐一批抉其精微奥窔之处,俾学者了然心目间,用以拳服摹拟。再会试、乡试墨卷,若必俟礼部刊发,势必旷日持久,士子一时不得观览。嗣后应弛坊间刻文之禁,倘果有学问渊博,手眼明快者,不拘乡、会墨卷,房行试牍,准其照前选刻。但不得徇情滥觞,及狂言横议,致酿恶俗。"《清史稿·选举志》三曰:"乾隆元年,高宗诏曰:'国家以经义取士,将以觇士子学力之浅深,器识之淳薄。风会所趋,有关气运。人心士习之端倪,呈露者甚微,而徵应者甚钜。当明示以准的,使士子晓然知所别择。'于是学士方苞奉敕选录明、清诸大家时文四十一卷,曰《钦定四书文》,颁为程式。行之既久,攻制义者,或剽窃浮词,罔知根柢,杨述曾至请废制义以救其弊。"

二十三日丙戌(7月31日),命纂修《大清通礼》。

按："谕总理事务王大臣：朕闻三代圣王，缘人情而制礼，依人性而作仪，所以总一海内，整齐万民，而防其淫侈，救其雕敝也。……前代儒者，虽有《书仪》《家礼》等书，而仪节繁委，时异制殊，士大夫或可遵循，而难施於黎庶。本朝《会典》所载，卷帙繁重，民间亦未易购藏。应萃集历代礼书，并本朝《会典》，将冠、婚、丧、祭一切仪制，斟酌损益，汇成一书，务期明白简易，俾士民易守。"（《清高宗实录》卷二一）

七月初九日辛丑（8月15日），命大学士鄂尔泰、张廷玉、朱轼，兵部尚书甘汝来为《三礼》馆总裁，礼部尚书杨名时，礼部左侍郎徐元梦，内阁学士方苞、王兰生为副总裁。

按：杨名时任礼部尚书时，曾荐蔡德晋经明行修，授国子监学正，迁工部司务。

九月十三日甲辰（10月17日），命黑龙江、宁古塔等处查明，现在当地为奴人犯中，有曾为职官及举、贡、生、监出身者，一概免其为奴，即于戍所另编入该旗、该营，令其出户当差。

二十一日壬子（10月25日），命选刊本朝臣工章疏。

是日，《明史》纂修完成。

按：是书自康熙至雍正，历时57年，前后参预修撰者二三百人。史料丰富，组织严密，体例整齐，颇为史家所称。

二十八日己未（11月1日），乾隆帝亲临保和殿，考试博学鸿词176员。命鄂尔泰、张廷玉、邵基阅卷。是科共荐举261人，未与试者约五十余人。取中15人：一等5人，二等10人，照康熙丁未博学鸿词科例分别授以翰林院编修、检讨、庶吉士。

按：《清史稿·选举志四》曰："乾隆元年，御史吴元安言：'荐举博学鸿词，原期得湛深经术、敦崇实学之儒，诗赋虽取兼长，经史尤为根柢。若徒骈缀俪偶，推敲声律，纵有文藻可观，终觉名实未称。'下吏部议，定为两场，赋、诗外增试论、策。九月，召试百七十六人于保和殿，赐燕如例。试题首场赋、诗、论各一，二场制策二。取一等五人，刘纶、潘安礼、诸锦、于振、杭世骏等，授编修。二等十人，陈兆仑、刘藻、夏之蓉、周长发、程恂等，授检讨；杨度汪、沈廷芳、汪士锽、陈士璠、齐召南等，授庶吉士。二年，补试体仁阁，首场制策二，二场赋、诗、论各一。取一等万松龄，授检讨。二等张汉，授检讨；朱荃、洪世泽，授庶吉士。"对丙辰科博学鸿词，当时人已颇有訾议，如杭世骏《词科掌录》卷二感慨说："是科征士中，吾石友三人，皆据天下之最，太鸿（厉鹗）之诗，稚威（胡天游）之古文，绍衣（全祖望）之考证，近代罕有伦比，皆不得在词馆，岂非命哉！"郑崇敬为陈康祺《郎潜纪闻二笔》作序，曾曰："康熙大科得人最盛，学问经济，照耀千古，继之者乾隆丙辰也。是科征士中，全庶常祖望，远绍深宁，近衍南雷，融贯朱、陆，靡所偏倚，其学近于汤文正。桑主事调元，传余山劳氏之学，恪守师承，宗主洛闽，其学近于陆清献。二公其眉目也，庶常之不与试，或谓张文和以其负气故黜之，然主事亦未取。余若顾栋高、徐文靖、程廷祚、沈彤、牛运震、任瑗、陈黄中、沈炳震、王文清诸公，皆淹通经史绩学之士；若厉鹗、胡天游、刘大樾、沈德潜、万光泰、李锴、张庚、黄之隽诸公，文章诗赋，亦堪方驾古人；若裘文达、方恪敏、曹文恪、金德瑛、钱载诸公，尤卓然不愧名臣。当时二百余人，大半经桐城、临川两侍郎月旦，然后登诸荐牍，故其中博学笃行之士，几居什九。设令碧海遗珠，尽收珊网，岂非一朝盛事？乃张文和以旧臣当国，与方、李二公所学异趣，适奉命主试，事遂假慎重之名，苛绳隘取，以呈御览。两侍郎所举，一士不登，名流获隽者，仅齐召南、杭世骏辈数人；士林咸失所望，文和之咎大矣。"（《郎潜纪闻二笔》卷首）翌年七月，补试续到者

26人于体仁阁，取一等1人，二等3人，分别授检讨、庶吉士。

又按：乾隆元年，御史程盛修言："翰林地居清要，欲得通材，务端始进。自保举例行，而呈身识面，广开请托之门；颔手弹冠，最便空疏之辈。宜亟停止。"报可（《清史稿·选举志三》）。

十月初一日辛酉（11月3日），颁乾隆二年《时宪书》。

按：《时宪书》原称《时宪历》，为避"弘历"之讳，改名《时宪书》。

是年，令免举、贡、生员杂色差徭。令给学官加品级，如顺天府学、四氏学教授为正七品官；各州学正、各县教谕为正八品官；各府、州、县训导为从八品官。令弛坊间刻文之禁，应听操选之士，将乡、会墨卷，自行刊发；其向由礼部、翰林院选订之例，即行停止。

乾隆帝再次诏令族人禁止信奉基督教。

命修周公、颜子、曾子、子思、孟子庙。

福建归化建杨时、罗从彦、李侗、朱熹四贤祠成。

刑部侍郎励宗万言孝廉方正科之弊。

按：《清史稿·选举志四》曰："乾隆元年，刑部侍郎励宗万言：'孝廉方正之举，稍有冒滥，即有屈抑。从前选举各官，鲜克公当。非乡井有力之富豪，即宫墙有名之学霸。迨服官后，庸者或以劣黜，黠者或以赃败。请慎选举，以重名器。'吏部议准府、州、县、卫保举孝廉方正，应由地方绅士里党合辞公举，州、县官采访公评，详稽事实。所举或系生员，会学官考覈，申送大吏，核实具题，给六品章服荣身。果有德行才识兼优者，督、抚逾格保荐赴部，九卿、翰、詹、科、道公同验看，候旨擢用。滥举者罪之。"

方苞充《三礼义疏》馆副总裁，奏请出秘府《永乐大典》，取宋元人经说，始开从《永乐大典》辑佚书之先河。

按：梁启超《清代学术概论》曰："乾隆中修《四库全书》，其书之采自《永乐大典》者以百计，实开辑佚之先声。此后兹业日昌，自周秦诸子，汉人经注，魏晋六朝逸史逸集，苟有片语留存，无不搜罗最录。其取材则唐宋间数种大类书，如《艺文类聚》、《初学记》、《太平御览》等最多，而诸经注疏及他书，凡可搜者无不遍。但是学者从事此业者甚多，不备举。而马国翰之《玉函山房辑佚书》，分经史子三部，集所辑至数百种，他可推矣。遂使《汉志》诸书、《隋》《唐志》久称已佚者，今乃累累现于吾辈之藏书目录中，虽复片鳞碎羽，而受赐则既多矣。"

李绂十二月充《三礼》馆副总裁，又与全祖望相约，共钞《永乐大典》。又有《与同馆论纂修三礼事宜书》、《与同馆论修三礼凡例书》、《与同馆论征取三礼注解书》，又推荐朱稻孙入馆修书。

按：李绂《答方阁学问三礼书目》曰："今国家欲崇重经学，务必用朱子贡举私议之法，而后人知穷经。而宋、元以前解经之书，自科举俗学既行，其书置之无用，渐就销亡。如荆公《周礼义》，徐健庵先生悬千金购之而不可得。现在尚存什之二三者，惟《永乐大典》一书。此书现存翰林院，尽可采用。礼局初开，誊录生监与供事书吏，一无所事。若令纂修等官，于《永乐大典》中检出关系《三礼》之书，逐一抄写，各以类从，重加编次，两月即可抄完，一月即可编定。不过三阅月，而宋、元以前《三礼》逸书，复见于天下。其功之大，当与编纂《三礼》等。在总裁诸公，不过一开口派令办

克劳迪亚斯·艾蒙德首次成功地做了阑尾炎手术。

伦哈德·尤勒开始力学分析的研究。

理,无奏请之烦,无心力之费,固无所可惮而不为者也。《永乐大典》二万八千八百余卷,余所阅者,尚未及千。然宋、元《三礼》义疏,如唐成伯瑜《礼记外传》,宋王荆公《周礼义》,易袚《周礼总义》,王昭禹《周礼详解》,毛应龙《周礼集传》,项安世《周礼家说》,郑宗颜《周礼西讲义》,今世所逸之书咸在,而郑锷、欧阳谦之等诸名家之说,附见者尤多。择其精义,集为成书,岂不胜于购求世俗讲章之一无可采者哉！其事简,其功大,敢以此为礼局献焉。"(《穆堂初稿》卷四三)

惠士奇受命在京纂修《三礼义疏》。

朱轼充会试正考官,又充《世宗实录》及《三礼义疏》馆总裁。

张廷玉充纂修玉牒总裁,又充《三礼义疏》馆总裁。

张廷玉九月与大学士鄂尔泰、吏部侍郎邵基阅看博学鸿词卷,取一等刘纶等5人,二等杨度汪等10人。

  按：福格《听雨丛谈》卷四曰："丙辰一科,刘纶荐自张廷璐,而拟试题出于其兄大学士张廷玉之手,刘又年甫逾冠,一时未录未荐之士,乃谓出于宿构,造作歌诗,要之公道具在。"

鄂尔泰充会试正考官,又充《三礼义疏》馆总裁；十一月奏《拟定纂修三礼条例》。

  按：《清高宗实录》卷三一曰："《三礼》馆总裁大学士鄂尔泰奏《拟定纂修三礼条例》：一曰正义,乃直诂经文,确然无疑者。二曰辨正,乃后儒驳正旧说,至当不易者。三曰通论,或以本节本句,参证他篇,比类以测义；或引他经,与此经互相发明。四曰余论,虽非正解,而依附经义,于事物之理有所发明,如程子《易传》、胡氏《春秋书》之类。五曰存疑,各持一说,义皆可通,不宜偏废。六曰存异,如《易》之取象,《诗》之比兴,后儒务为新奇,而可欺惑愚众者,存而驳之,使学者不迷于所从。然后别加案语,遵《折中》、《汇纂》之例,庶几经之大义,开卷了然,而又可旁推交通,以曲尽其义类。得旨：此所定六类,斟酌允当,着照所奏行。"

鄂尔泰、张廷玉、朱轼、福敏、徐元梦、邵基正月为皇子师傅。

杭世骏取中博学鸿词,授编修,校勘武英殿《十三经》、《廿四史》,纂修《三礼义疏》。

  按：杭世骏在参与修撰《三礼义疏》期间,曾辑录《续礼记集说》,陆续成100卷。胡玉缙《四库未收书目提要续编》曰："是书乃乾隆间世骏与修《三礼》时所辑。凡《永乐大典》中有关于《三礼》者,悉为录出,汰其已见于卫湜《集说》者,依次成编,体例与卫书同,故名《续礼记集说》。前有《自序》,称'在卫氏后者,宋儒莫如黄东发,元儒莫如吴草庐,乃经学之骈枝,非郑、孔之正嫡。得一岸然自露头角者,如空谷足音,蹶然喜矣'云云,盖言卓然可与郑、孔抗衡者之难也。然所采凡一百八十家,其中虽纯驳不一,异同互见,而使后人参观众说,得以研究其是非,不可谓非礼家之渊海,足与卫书并传矣。"

汪绂致书江永,询问所著《礼书纲目》大旨。

  按：汪绂《与江慎修书》曰："闻慎修名,绂虽未挹芝眉,而私心不胜渴慕,欲猝然而晋谒,又恐无因至前,虑无按剑之视,故敢以书达。夫俗士之敝于辞章久矣,穷经皓首,初何当于身心；苦志青氊,实营心于利达。是以圣贤之书,若明若晦；先王之礼,名存实亡,几谁克起而振之者？顾振之亦难言矣,必名在天下,而后足以振兴乎天下；名在一国,而后足以振兴乎一国；名在一邑一乡,而后足以振兴乎一邑一乡。尤必其赀财显达,足以副之,而后乃得名当世,不则谁为和之,孰令听之？今之列当道者既多,靡靡以从俗矣,而必曰附骥尾以彰厥名,或亦志士之所不屑欤? 绂诚谫劣无似,而猥闻乡间聚语,所讥评为道学骨董者,则以绂与慎修并指,时用自愧。独是愤俗学之支离,鄙词章之靡蔓,在慎修亦会有同志,庶几世无圣人不应在弟子之列者。然而,名不列于青衿,家无余于担石,则虽有愤时疾俗之志,亦徒为梦寐予怀。抑思夫善与人同,何必在我? 慎修著作之富,夫亦既足使当世信而从之,苟慎修能振兴末俗,一挽支离靡蔓之狂澜,则振之在慎修,犹在绂也。侧闻《三礼合参》之著,绂未得睹其书,然礼家言人人殊,窃愿一闻大指。《周礼》一书,真伪之聚讼纷纭矣,其果真邪伪邪?《周礼》阙冬官,而俞廷椿、丘吉甫诸人,每欲割五官以补之,其果阙邪否邪?《仪礼》在昔人谓有五疑,昌黎病其难读,而朱子独看得有绪,由今观之,其孰是孰非欤?《戴记》醇驳相杂,互有龃龉,自《学》、《庸》而外,何者为纯而无弊邪?《记》之注疏,多附纬书,而今则遵用陈注;又吴草庐亦有注,其皆有可取邪? 抑他家亦各有所长欤? 凡此数端,急当为俗士辨之,毋使操戈入室;明先王之精意,俾当世可训行。振兴末俗,宜无大于此者,慎修其必有定见矣。又闻此书未经付梓,而别有《四书名物考》之刻。夫名物之考,务博洽耳,于礼经孰缓孰急? 而顾先以此问世,不几扬末学之波欤? 抑或者以斯世所不尚,而强聒之,不如以斯世所共尚者,而婉导之,在慎修自有挽末流而返之身心者寓乎其中,而先以此为之兆欤? 绂与慎修未有生平之交,而为是哓哓之问,毋亦唐突过甚? 然苟同方同术,何不可引为知己,况迩在乡井间乎? 慎修不鄙斯言,其必当有以示我。"(汪绂《双池文集》卷之三)

齐召南廷试二等,改翰林院庶吉士,散馆授检讨,充《大清一统志》纂修官。

诸锦、沈廷芳、夏之蓉举博学鸿词,得官。

按:根据杭世骏《词科掌录》记载,自雍正十一年四月初八日颁谕,诏举博学鸿词,迄于乾隆元年秋,内外臣工所荐举凡273人,如宗人府左宗正多罗慎郡王荐举易宗瀛、李锴、长住3人;吏部尚书朱轼荐举潘安礼、张振义、梁机、李纮4人;吏部尚书嵇曾筠荐举杜诏、胡期颐2人;刑部尚书徐本荐举查祥、黄之隽2人;户部尚书史贻直荐举于振、周钦2人;礼部尚书任兰枝荐举徐廷槐、胡天游、杨度汪3人;兵部尚书甘汝来荐举徐文靖、邓士锦、魏允迪、黄世成、余腾蛟、张景星6人;工部尚书涂天相荐举奚源、金虡、夏策谦、夏之蓉、李春耀5人;吏部侍郎孙嘉淦荐举徐文靖、刘始兴、刘斯组、刘五教、车文、方贞观6人;户部左侍郎陈树萱荐举韩曾、杨述曾、陈长镇3人;户部左侍郎李绂荐举郑长庆、曹秀先、傅涵、赵昱4人;户部右侍郎赵殿最荐举万经、李光型、诸锦、全祖望4人;户部右侍郎吕耀曾荐举刘世澍、方辛元2人;礼部左侍郎徐元梦荐举吴麟、黑噶、金鉴3人;兵部左侍郎德沛荐举李锴、西成、杨煜曾、陈景忠、赵宁静5人;兵部左侍郎杨汝谷荐举史凤辉、汪芳藻、万松龄、沈廷芳4人;兵部右侍郎吴应棻荐举于梓、华希闵、姚世钰3人;兵部侍郎王士俊荐举张汉、靖道谟、徐本仙、方楘如、张宏敏、黄涛桦6人;刑部左侍郎王绂荐举胡浚、李清藻、戴永植、陈洪淡、盛乐5人;刑部左侍郎励宗万荐举符曾、叶承点、王世枢3人;刑部右侍郎杨超曾荐举曹宾、苏珥、陈长镇、屈复4人;工部左侍郎王钧荐举秦懋绅、金焜、吴溶3人;工部右侍郎张廷璩荐举马朴臣1人;礼部侍郎伊尔敦荐举叶长扬、诸菊书、于栻、俞鸿德4人;礼部侍郎春山荐举冯元溥1人;礼部侍郎方苞荐举柯煜、吴锐、龚缨、刘大櫆、佘华瑞5人;礼部侍郎吴家骐荐举宋照、王霖、闻元晟、曹廷枢、周汝舟、沈彤6人;礼部侍郎姚三辰荐举王照、周京、汪台3人;都察院左副都御史孙国玺荐举尚廷枫、峻德、汪援甲、王藻4人;都察院左副都御史陈世倌荐举桑调元、汪祚、陆荣柜、卢存心、胡仁乐5人;通政使司通政使赵之垣荐举万承苍、马曰璐、凌之调、陈撰、赵信、杨煜曾 6 人；詹事府詹事吴拜荐举丁凝、李光国 2 人；詹事府詹事刘统勋荐举瞿骏 1 人；詹事府詹事王奕清荐举方观承、顾陈垿、赵永孝、朱稻孙、沈炳震、陆枚 6 人；太常寺卿王汧荐举叶酉 1 人；光禄寺卿那尔泰荐举宋士宗 1 人；光禄寺卿刘吴龙荐举杨廷英、夏之翰、刘斯组、龚正、龚元玠 5 人；太仆寺卿蒋涟荐举傅玉露、王作人、金德瑛、王延年、沈冰壶、邵岷 6 人；顺天府尹陈守创荐举金门诏、甘禾、饶一辛、刘世基、裘曰修 5 人；奉天府尹宋筠荐举魏枢 1 人；奉天府府丞管学政事王河荐举祝维诰 1 人；衍圣公荐举张范 1 人；直隶总督李卫荐举刘自洁、程恂、阎介年、汪士锽、陆祖锡、边连宝 6 人；江苏巡抚高其倬荐举孙见龙、孙天寅、沈德潜、朱厚章、倪承茂、吴龙见、胡鸣玉、马荣祖、叶荣梓、王腾蛟、张凤孙、姚焜、沈虹、王会汾、陈黄中、张廷槐 16 人；署理江苏巡抚事顾琮荐举邱迥、周振采、许锵、顾栋高、潘遇莘、郭束、刘师翱 7 人；提督江苏学政张廷璐荐举刘纶、刘鸣鹤、陆桂馨 3 人；两江总督赵宏恩荐举吴张元、任瑗 2 人；安徽巡抚王紘荐举陈以刚、程光祚、吴荣 3 人；安徽巡抚赵国麟荐举李希稷、梅兆颐、江其龙 3 人；浙江总督程元章荐举严遂成、厉鹗、周玉章、杭世骏、沈炳谦、齐召南、张懋建、周长发、汪沆、周琰、周大枢、万光泰、陈士璠、邵昂霄、程川、孙诒年、李宗潮、钱载 18 人；管浙江总督嵇曾筠荐举金文淳、沈树德、朱荃、申甫 4 人；南河总督任内荐举翁照 1 人；江西巡抚常安荐举邓牧、黄永年、廖理、张锦传、李灏、黄天策 6 人；福建巡抚赵国麟荐举陈兆崙 1 人；福建巡抚卢焯荐举王士让、方鹤鸣、潘思光、张甄陶、洪世泽、王元芳、陈绳、陈一策、陈大琰、陈继善 10 人；提督福建学政周学健荐举蔡寅斗、饶允坡 2 人；湖南巡抚钟保荐举易宗涒、邓献璋、陈世贤、王文清、张叙、段梧生、钱斌、陈世龙、许伯政、王元 10 人；提督湖北学政蒋蔚荐举张庚 1 人；山东巡抚岳濬荐举刘玉麟、牛运震、耿贤举、颜懋伦 4 人；河东总督王士俊荐举梅枚、许佩璜、阎式镶、朱超、万邦荣、张雄图 6 人；山西巡抚觉罗石麟荐举王祖庚、王系、张廷奏、叶蕡凤 4 人；陕西巡抚硕色荐举王起鹏、解含章、秦泾 3 人；提督陕西学政王兰生荐举陆祖锡 1 人；四川巡抚杨馝荐举刘晖泽、许儒龙 2 人；广东巡抚杨永斌荐举何梦篆、施念曾、许遂、钟狮、劳孝舆、车腾芳 6 人；广西巡抚金鉷荐举吴王坦、袁枚 2 人；总理陕西巡抚事史贻直荐举田荃 1 人；署理湖北巡抚事吴应棻荐举沈澜、毛一骢、南昌龄、迮云龙 4 人。

金农、张庚、丁敬同举博学鸿词。

王文清举博学鸿词科，被召为《三礼》《律吕》馆纂修官。

顾栋高、程廷祚、薛雪、沈彤、沈德潜、厉鹗、袁枚、陈黄中、黄之隽等应博学鸿词落选。

按：杭世骏《词科掌录》卷二曰："是科征士中，吾石友三人皆据天下之最。太鸿之诗，稚威之古文，绍衣之考证穿穴，求之近代，罕有伦比。"厉鹗在考试中误将论写在诗前，因此落第。

王藻荐举博学鸿词，后官至国子监学正，参与修纂《大清一统志》。

胡天游举博学鸿词，补试因病作罢。

刘大櫆以方苞荐举应博学鸿词科，为大学士张廷玉所黜；既而知为大櫆，深为惋惜。

王兰生迁刑部侍郎，兼署礼部侍郎。

沈炳震、李锴荐试博学鸿词，报罢。

尹继善在江苏江宁钟山书院勒石《白鹿洞规条》和《分年读书法》于讲堂。

姜兆锡以大学士鄂尔泰荐，充《三礼》馆纂修官。

按：《清史列传·姜兆锡传》曰："兆锡采辑群书，折衷众说，寅入申出，以勤博称。时方苞长于三《礼》，与兆锡集议，多不合。苞据书望于山川，释四望为山川之祭。兆锡谓大司乐四望与山川异乐，典瑞四望与山川异玉，当从郑说。苞谓春入序官奄二人恐不给用，意周室后夫人节俭，躬率嫔御任春揄之事。兆锡谓司厉女子入于春稿系罪人，不可限以数，宁寡毋多，本职奄与安奚止九人者，约举之词耳。王后以阴礼妇职统嫔御，安得自任春揄？诸如此例，日有数端。然兆锡论出，苞亦不能难也。"

吴敬梓、屈复不应博学鸿词。

方世举辞博学鸿词荐。

汪由敦充山东乡试正考官。

孙嘉淦充江南乡试正考官。

嵇璜充陕西乡试正考官。

万邦苍充广西乡试正考官。

张廷璩二月为会试副考官。

张若霭六月实授日讲起居注官。

全祖望中三甲三十六名进士，改翰林院庶吉士，但未能参加九月保和殿的博学鸿词科考试，怒而出都，返回故里。

按：全祖望在京曾与李绂共抄《永乐大典》。其《鲒埼亭集外编》卷一七《钞永乐大典记》曰："明成祖敕胡广、解缙、王洪等纂修《永乐大典》，……我世祖章皇帝万几之余，尝以是书充览，乃知其正本尚在乾清宫中，顾莫能得见者。及《圣祖仁皇帝实录》成，词臣屏当皇史宬书架，则副本在焉，因移贮翰林院，然终无过而问之者。前侍郎李公在书局，始借观之，于是予亦得寓目焉。……因与公定为课，取所流传于世者，概置之，即近世所无，而不关大义者亦不录，但钞其所欲见而不可得者。……会逢今上纂修《三礼》，予始语总裁桐城方公，钞其《三礼》之不传者，惜乎其阙几二千册。予尝欲奏之今上，发宫中正本以补足之，而未遂也。"

全祖望因官修《明史》刊刻将竣，六度致书史馆，提出商榷。

按：董秉纯《全谢山年谱》载："时方开《明史》馆，先生为书六通移之。其第一、第二专论艺文一门，见先生不轻读古人书。又谓本代之书，必略及其大意，始有系于一代事故、典则、风会，而不仅书目。其论尤伟。第三、第四专论表，而于外蕃、属国变乱，了如指掌，真经国之才也。第五、第六专言隐逸、忠义两列传，所以培世教、养人心，而扶宇宙之元气，不但史法之精也。"

郑燮中进士。

赵青藜举会试第一，选翰林院庶吉士，授编修，充浙江乡试考官。

秦蕙田中进士，授编修，命在南书房行走。

崔纪提督顺天学政。

张照自京狱释出。

叶酉由国子监荐举博学鸿词。

雷鋐散馆，以病未入试，特授编修；福建归化建四贤祠，以纪念杨时、罗从彦、李侗、朱熹，雷鋐应约撰《归化县四贤祠记》。

按：雷鋐《归化县四贤祠记》曰："雍正癸丑冬，邑绅士谓，道南一脉，肇自龟山，而豫章、延平继之,至朱子集厥大成。吾邑既为杨、罗二先生之乡,延平与朱子又尝往来斯地,尚有遗迹,盍祠以合祀焉。爰醵金鸠工,即建于峨眉学址。八阅月而落成,规制整备,正寝之外,讲堂、书舍悉具,縻白金千两有奇。乾隆元年,孝廉杨君岳、李君镐、黄君虞夏、罗君苍在京师,属鋐为之记。鋐窃谓……四先生之出处、进退虽不一,而道靡不同。今士人囿于科举之业,语及明体达用,渺不相入。以此而思入四先生之门,不几适越而北辕,航断港绝潢而望至于海也哉!"(雷鋐《经笥堂文钞》卷上)

金农以应博学鸿词试至京,劝张照写石经。

华嵒是春在杭州题金农《梅花图轴》。

杨椿在《明史纲目》馆任事。

杨名时受命入宫教皇子读书,并侍直南书房。

杨名宣劝杨名时建议以政府之力刻书。

卢见曾擢两淮盐运使。

按:卢见曾在扬州期间,常与文人交往唱和。李斗《扬州画舫录》卷一〇曰:"公两经转运,座中皆天下士,而贫而工诗者,无不折节下交。"陈其元亦曰:"我朝爱客礼士者,惟德州卢雅雨都转、苏州毕秋帆制府,一时士之奔趋其幕府者,如水赴壑,大都各得其意以去。"(陈其元《庸闲笔记》卷八《卢毕二公之爱才》)卢见曾的幕宾中有很多学者比较穷困,如惠栋、戴震等,卢见曾为他们提供了很好的环境,让他们能安心钻研学问。吴敬梓一生贫穷,写作《儒林外史》全凭卢见曾的支持,他最后一次来到扬州,就是来投靠卢见曾的。吴敬梓死后,卢见曾慨然出资,料理了他的后事,并安排好吴敬梓家人的生活。

高凤翰给卢见曾寄乌程酒,并有《代柬寄酒卢运使公》诗。又因卢见曾案被劾。

马曰璐举博学鸿词,不赴。

钱陈群以母丧去顺天学政官。服除,乾隆帝命仍督顺天学政,除原官。

杭奕禄补工部侍郎,充《世宗实录》副总裁。

周长发召试博学鸿词,授检讨,官至侍读学士。

按:周长发曾与修《通鉴纲目》、《皇朝文颖》,校刊《辽史》、《续文献通考》、《词林典故》等书。

李方膺出狱,复职。

夏敬渠客北京,始识同里杨名时。

万年茂中进士,改翰林院庶吉士,散馆,授编修。

按:万年茂字少怀,黄冈人。《清史列传·万年茂传》曰:"淡于荣利,与赵青藜、蔡新辈以道义相切劘。时史馆例进经义,年茂指陈时事,不避忌讳。掌院鄂尔泰让之,不为动。"著有《周易图说》6卷。

陈九龄中进士,授四川珙县知县。

按:陈九龄字希江,福建福清人。康熙中,随父就学张伯行,伯行授以濂、洛、关、闽之学。后从蔡世远游。著有《易卦发明》2卷、《诗经发明》8卷、《左氏发明》4卷、《四书发明》18卷、《小学发明》6卷、《纲目发明》2卷。事迹见《清史列传》卷六六。

祝洤中举人。

清高宗乾隆元年　丙辰　1736年

万邦荣应博学鸿词，未入选。

> 按：万邦荣尝被推荐入《明史》馆修史，在馆三年，成列传十余卷。以修史之劳，官山东莘县知县，甫三月遽卒。

乔仅举孝廉方正，辞不就。

> 按：《清史稿·乔仅传》曰："（乔）仅，字星渚。少有气节。水决子婴堤，众走避，仅倡议捍塞，十日堤成。从（朱）泽沄受学，恪遵朱子教人读书次第。取朱子书切己体察，有疑辄质泽沄，时年五十矣。泽沄称之曰：'从吾游者众矣，惟乔君刚甚。'因举《或问》过时后学、《语类》训石洪庆语告之，仅益奋。……著《日省录》、《训子要言》、《困学堂遗稿》，汤金钊序而行之。谓其'学术刚健笃实，发为辉光，粹然有德之言'。"事迹又见《清史列传》卷六七。

宋士宗举博学鸿词，以部驳不与试。

> 按：宋士宗字司秩，江西星子人。宋之盛孙。雍正四年（1726）举人，官南丰教谕。《清史列传·宋士宗传》曰："士宗学守程、朱，谓'陆、王与老佛之言日与吾党争理，即濂、洛、关、闽复生，不能骤起而胜也。'著《学统存》二十四卷，又有《史学正藏》五卷。"《四库全书总目提要》曰："《学统存》二十四卷，国朝宋士宗撰。士宗有《史学正藏》，已著录。是书分二十四门，各为一卷。多摘录前人之说。其自序谓'周有老、庄，宋有象山，明有文成，兼之宗杲、大鉴辈日与吾党争理，即濂、洛、关、闽复生，不能骤起而胜也'。大抵攻陆、王之学，以尊程、朱。然书名《学统》，而中多杂引史事，及说部诸书，庞杂不可枚举。至志异一门，尤多怪诞不经之语，如《清异录》所载缱绻司氤氲大使之类。岂亦有关于道学之统乎？"

刘良璧时任福建漳州知府，建南胜书院。

方可发在湖北黄冈建白石书院。

傅学灏时任湖南衡阳知县，重建西湖书院。

丁玭等在湖南衡阳建白沙书院。

祖德宏时任广东德庆知县，建东城书院。

黄在中时任四川璧山知县，建重璧书院。

明安图开始研究由西人介绍到中国，未曾得到证明的求圆周率等三个公式，历三十余年的钻研，获得证明，并发明另外六个公式，著《割圜密率捷法》，书未成而死；后由其子明新和学生陈际新续成，共4卷。

> 按：《清史稿·陈际新传》曰："陈际新，字舜五，宛平诸生。官灵台郎，为监正。续明安图《割圜密率捷法》，寻绪推究，质以生前面授之言。至乾隆甲午，始克成书。"

陆奎勋著《陆堂易学》10卷刊行。

> 按：《四库全书总目提要》曰："奎勋字坡星，平湖人。康熙辛丑进士，官翰林院检讨。是编讲《易》宗朱子者十之六，宗诸儒者十之四，间以己意训释，于前人亦无大异同。惟谓伏羲但画八卦而无卦名，黄帝始立蓍数，乃名以《乾》、《坤》、《震》、《巽》、《坎》、《离》、《艮》、《兑》，尧、舜始增加《屯》、《蒙》诸卦名，更定方图卦位，文王始定序卦之错综与夫揲、蓍用九、用六，于是首列《伏羲方图》、《黄帝方图》、《唐虞方图》、《连山圆图》、《归藏圆图》、《周易卦序图》。其说新异，所引据亦皆未确。"

朱轼著《周易传义》12卷刊行。

汪绂著《礼记章句》10卷并《或问》成书，有自序。

约瑟夫·巴特勒著成《宗教的类同》。

威廉·沃伯顿发表《政教联盟》。

姜兆锡著《仪礼经传注疏参义》内外编28卷刊行。

敕编《日讲礼记解义》64卷成书。

按：《四库全书总目提要》曰："《日讲礼记解义》六十四卷，谨案是书为圣祖仁皇帝经筵所讲，皆经御定，而未及编次成帙。皇上御极之初，乃命取翻书房旧稿、校刊颁行。礼为治世之大经，《周礼》具其政典，《仪礼》陈其节文。《礼记》一书，朱子以为《仪礼》之传，然特《冠义》等六篇及《丧服》诸篇与《仪礼》相发明耳。至于他篇，则多整躬范俗之道，别嫌明微之防。不尽与《仪礼》相比附。盖《仪礼》皆古经，《礼记》则多志其变；《仪礼》皆大纲，《礼记》则多谨于细；《仪礼》皆度数，《礼记》则多明其义。故圣贤之微言精意，杂见其中，敛之可以正心修身，推之可以齐家治国平天下，自天下以至庶人，莫不于是取裁焉。是编推绎经文，发挥畅达，而大旨归于谨小慎微、皇自敬德以纳民于轨物。卫湜所集一百四十四家之说，镕铸翦裁，一一荟其精要，信乎圣人制作之意，惟圣人能知之矣。"

方苞奉命编纂《四书文》。

按：《清史稿·方苞传》曰："高宗命苞选录有明及本朝诸大家时艺，加以批评，示学子准绳，书成，命为《钦定四书文》。"

陈宏谋纂《大学衍义辑要》成书。

杨名时著《中庸讲义》1卷成书。

谢济世著《学庸注疏》成书。

按：作者在将此书进呈朝廷时，在奏疏中竭力非议程朱理学。

敕纂《御制日知荟说》4卷成书。

按：《四库全书总目提要》曰："《御制日知荟说》四卷，乾隆元年，皇上取旧制各体文删择精要，得二百六十则，厘为四卷：第一卷论帝王治化之要，第二卷论天人性命之旨，第三卷论礼乐法度之用，第四卷论古今得失之迹。考三代以前，帝王训诫，多散见诸子百家中，真赝相参，不尽可据。《汉书》所载黄帝以下诸目，班固已注为依托，亦不足凭。惟所载高帝八篇、文帝十二篇，为帝王御制著录儒家之始。今其书不传。然高帝当战伐之余，政兼霸术。文崇清净之学，源出道家。其词未必尽醇，久而散佚，或以是欤？梁元帝《金楼子》，体侪说部，抑又次焉。夫词人所著作，盛陈华藻而已，帝王之学，则必归于传心之要义。儒生所论说，高谈性命而已，帝王之学，则必征诸经世之实功。故必以圣人之德，居天子之位，而后吐辞为经，足以垂万世之训也。我皇上亶聪首出，念典弥勤，绅绎旧闻，发挥新得，所谓为天地立心，为生民立命，为往圣继绝学，为万世开太平者，具备于斯。迄今太和翔洽，久道化成。《无逸》作所之心，与天行同其不息，而百度修明，八纮砥砺，天声赫濯，尤简册之所罕闻。岂非内圣外王之道，文经武纬之原，一一早握其枢要欤！臣等校录鸿编，循环跪诵，钦圣学之高深，益知圣功之有自也。"

武英殿受命刊印《明史》。

敕编《大清通典》40卷成书。

沈炳震纂《新旧唐书合钞》260卷成书。

按：沈炳震以新、旧《唐书》各有长短，用十余年之精力，编成此书。本纪、列传多以《旧唐书》为主，取《新唐书》分注于下；诸志多以《新唐书》为主，而用《旧唐书》分注。对《新唐书》的《方镇表》和《宰相世系表》正讹补缺，用力极勤。金毓黻《中国史学史》评论说："盖于新旧两书之长，均能取精用弘，此沈书所以为精美也……又别撰《宰相世系表订讹》十二卷，附于书后，用力既勤，足为《唐书》功臣。"

沈翼机等纂《浙江通志》280卷刊行。

吕耀曾、王河、宋筠修，魏枢等纂《盛京通志》48卷刊行。

尹继善、赵国麟修，黄之隽、章士凤纂《江南通志》200卷刊行。

按：《四库全书总目提要》曰："《江南通志》二百卷，国朝兵部尚书、两江总督赵宏恩等监修。先是，康熙二十二年，总督于成龙与江苏巡抚余国柱、安徽巡抚徐国相等奉部檄创修《通志》，凡七十六卷。雍正七年，署两江总督尹继善等奉诏重修。乃于九年之冬，开局江宁，属原任中允黄之隽等司其事。因旧志讨论润色，刊除踳驳，补苴罅漏。凡阅五载，至乾隆元年书成，总督宏恩及江苏巡抚顾琮、安徽巡抚赵国麟等具表上之。卷首恭录圣谕及御制诗文，以尊《谟典》。次《舆地》，次《河渠》，次《食货》，次《学校》，次《武备》，次《职官》，次《选举》，次《人物》，次《艺文》，次《杂类》。发凡起例，较旧志颇有体裁。惟纂辑不出一手，微有抵牾。黄之隽《堂集》中尝称，是书刻本与原纂多有舛互。如灊山在六安州之霍山，而仍谓即元时所置之潜山县。黄积、程元谭俱东晋时新安守，而误入西晋。其它遗漏重复者甚多，皆之隽离局以后为他人所窜改者也。司马光修《资治通鉴》，以《史记》以下属刘攽，三国以下属刘恕，唐以下属范祖禹，始终不易，其知此意欤？"

许容修，李迪等纂《甘肃通志》50卷刊行。

按：《四库全书总目提要》曰："《甘肃通志》五十卷，国朝巡抚甘肃、都察院右副都御史许容等监修。甘肃所领八府三州，明代皆隶于陕西布政司。至本朝康熙二年，始以陕西右布政司分驻巩昌，辖临洮等府，后又改为甘肃布政司，增置甘、凉诸郡，设巡抚以莅之。于是甘肃遂别为一省。雍正七年，各直省奉敕纂修《通志》，抚臣许容以甘肃与陕西昔合今分，宜创立新稿。而旧闻阙略，案牍无存。其卫所新改之州县，向无志乘，尤难稽考。因详悉搜采，择其可据者，依条缀集，分为三十六类。乾隆元年，刊刻竣工，文华殿大学士仍管川陕总督查郎阿等具表上之。其书虽据旧时《全陕志》为蓝本，而考核订正，增加者十几六七，与旧志颇有不同。其制度之系于两省者，如总督、学政题名及前代之藩、臬、粮、驿各道俱驻西安，兼治全陕，不能强分，则亦多与《陕志》互见焉。"

鄂尔泰、尹继善修，靖道谟纂《云南通志》30卷刊行。

按：《四库全书总目提要》曰："《云南通志》三十卷，国朝大学士鄂尔泰等监修。云南在汉本属益州，后为南诏所据，至元代始入版籍。其有地志，则始见于唐。然传于今者，仅有樊绰之《蛮书》，所记皆六诏山川。历年既久，旧迹多湮，证之于今，相合者十无一二。《明史·艺文志》载太祖初平云南，诏儒臣考定为《志书》六十一卷，今已散佚。他如杨慎之《滇程记》、《滇载记》诸书，掇拾成编，不免挂一漏万。谢肇淛所辑《滇略》，号为善本，然所述止于明代。本朝康熙三十年始草创《通志》，稍具规模，犹多舛略。雍正七年，鄂尔泰总督云贵，奉诏纂辑，乃属姚州知州靖道谟因旧志增修。凡为门三十，门为一卷。乾隆元年书成，后任总督尹继善等具表进之。其间视旧志增并不一。如图之有说及府州县题名，皆补旧志之所无。《大事考》、《使命》、《师命》诸目，旧志所有而冗复失当者，则删去之。又课程原附盐法，闸坝、堰塘原附城池，今皆别自为门。纲领粲然，视原本颇有条理焉。"

韩国瓒修，石光玺纂《获鹿县志》12卷刊行。

胡蛟龄纂修《兴平县志》8卷刊行。

鲁廷琰修，田昌叶纂《陇西县志》12卷刊行。

甘士瑛纂修《吉州志》8卷刊行。

屠用谦修，何雄齐等纂《直隶绵州志》19卷刊行。

程近仁修，赵淳等纂《赵州志》4卷刊行。

张坦修，成师吕纂《石首县志》7卷刊行。

黄在中修，夏璲纂《璧山县志》2卷刊行。

李遇时修，杨柱朝纂，李寿瀚续修，黄秀续纂《岳州府志》24卷刊行。

佚名编《孔子年谱》刊行，附于是年所刊《山东通志·阙里志》。

赵殿成著《王右丞集笺注》28卷刊行，又编《王右丞年谱》1卷。

陈宏谋著《吕子节录》成书，有自序。

李光地著《李文贞公全集》刊行。

陈元龙著《爱日堂文集》28卷刊行。

历史小说《说唐演义全传》成书。

姚宏绪编《松风余韵》51卷成书，有自序。

　　按：《四库全书总目提要》曰："宏绪号听岩，娄县人。康熙辛未进士，官翰林院检讨。是选上自六朝，下迄有明，凡云间诸人之以全集传，或篇什之仅存一二者，悉收辑之。人各缀以小传，义取博收，不能一一澄汰。其凡例有云：'集内诗有鄙僿可笑者，以采得不忍复逸，存诗所以存其人也。一之已甚'云云，则宏绪已自言之矣。"姚宏绪，生卒年不详，一作弘绪，字起陶，号听岩，廊下人。所著尚有《宝善堂集》、《胥浦类稿》、《迟就草》、《十如塾杂钞》等，辑有《谷水文勺》36卷、《姚氏家集》140卷。

褚峻摹图、牛运震补说《金石经眼录》1卷成书。

　　按：《四库全书总目提要》曰："《金石经眼录》一卷，国朝褚峻摹图，牛运震补说。……峻字千峰，郃阳人。工于镌字，以贩鬻碑刻为业。每裹粮走深山穷谷败墟废址之间，搜求金石之文。凡前人所未及录，与虽录而非所目击，未能详悉言之者，皆据所亲见绘其形状，摹其字画，并其剥蚀刓阙之处，一一手自钩勒，作为缩本，镌于枣版，纤悉逼真。自太学石鼓以下，迄于曲阜颜氏所藏汉无名碑阴，为数四十有七。运震各系以说，详其高卑广狭，及所在之处。其假借通用之字，亦略训释。虽所收颇狭，而较向来石之书或仅见拓本，或仅据传闻者，特为精核。书成于乾隆元年，峻自为序。后运震又即峻此书，增以巴里坤新出《裴岑纪功碑》，改名《金石图》。运震未至西域，仅得模糊拓本，所摹颇失其真。又仿岳珂之例，于说后各赘以赞，亦为蛇足。峻复自益以唐碑，别为下卷，体例迥然各别，尤病糅杂。今以此本著录，而续刻之本则别存目焉。"

徐大椿著《神农本草经百种录》1卷成书，有自序。

　　按：《四库全书总目提要》曰："世传《神农本草经》三卷，载药三百六十五味，分上、中、下三品。今单行之本不传，惟见于唐慎微《本草》所载，其刊本以阴文书者，皆其原文也。大椿以旧注但言其当然，不言其所以然，因于三品之中采摭一百种，备列经文，而推阐主治之义，有常用之药而反不收入者。其凡例谓辨明药性，使人不致误用，非备品以便查阅也。凡所笺释，多有精意，较李时珍《本草纲目》所载发明诸条，颇为简要。然《本草》虽称神农，而所云出产之地，乃时有后汉之郡县，则后人附益者多。如所称久服轻身延年之类，率方士之说，不足尽信。大椿尊崇太过，亦一一究其所以然，殊为附会。又大椿所作《药性专长论》曰：'药之治病，有可解者，有不可解者。'其说最为圆通。则是书所论犹属筌蹄之末，要于诸家本草中为有启发之功者矣。"

是年，元杂剧《赵氏孤儿》被译成英文，流播海外。

陈元龙卒（1652— ）。元龙字广陵，号乾斋，浙江海宁人。康熙二十四年进士，授编修。累官广西巡抚、文渊阁大学士，兼礼部尚书。卒谥文简。著有《爱日堂文集》28卷，又辑有类书《格致镜原》。事迹见《清史稿》卷二八九、《清史列传》卷一四、李桓《国朝耆献类征初编》卷一二、震钧辑《国朝书人辑略》卷二、蔡冠洛《清代七百名人传》第一编。

　　胡煦卒（1655— ）。煦字沧晓，号紫弦，河南光山人。康熙五十一年进士，选庶吉士，官检讨。雍正间官至礼部侍郎。卒谥文良。曾与修《周易折中》、《卜筮精蕴》等书。著有《周易函书别集》16卷、《周易函书约注》18卷、《周易函书约存》15卷及《卜法详考》4卷、《葆璞堂集》4卷等。事迹见《清史稿》卷二九〇、李桓《国朝耆献类征初编》卷七一。

　　按：《清史稿》本传曰："圣祖闻煦通《易》理，召对乾清宫，问《河》、《洛》理数及卦爻中疑义。煦绘图进讲，圣祖赏之，曰：'真苦心读书人也。'五十三年，命直南书房。上方纂《周易折中》，大学士李光地为总裁，命煦分纂。寻命直蒙养斋，与修《卜筮精蕴》。"

　　杨名时卒（1660— ）。名时字宾实，一字凝斋，号凝斋，江苏江阴人。康熙三十年进士，出李光地门下。曾为顺天学政、云南巡抚、云贵总督。后因题本误载密谕获罪，遂以借欠亏空等事革职。高宗即位，召为礼部尚书兼国子监祭酒。卒谥文定。著有《周易札记》3卷、《诗经札记》1卷、《四书札记》4卷、《经书言学指要》1卷、《辟雍讲义》1卷、《大学讲义》1卷、《中庸讲义》1卷、《程功录》4卷、《杨氏文集》12卷等。后其门人将其所著之书辑为《杨氏全书》。事迹见《清史稿》卷二九〇、《清史列传》卷一四、李桓《国朝耆献类征初编》卷六三、蔡冠洛《清代七百名人传》第一编、方苞《礼部尚书赠太子太傅杨公墓志铭》、袁枚《礼部尚书太子太傅杨公神道碑》、全祖望《江阴杨文定公行述》、徐用锡《杨凝斋先生名时传》、卢文弨《杨文定公家传》（均见《碑传集》卷二四）。

　　按：唐鉴《清儒学案小识》评论凝斋学派创始人杨名时曰："先生从李文贞（光地）问学，而闇然为己，则其自得者也，不尽出于师授。平时省察缜密，推勘精严，札记、讲义诸篇，往往能补师之所未及。读其书，想见践履之笃实，操持之坚苦，以视夫讲学家之笼统陵驾居之不疑者，相去远矣。"其弟子有夏宗澜、王文震、靖道谟等。其交游者有方苞、黄叔琳、冉觐祖、朱轼、徐用锡、秦蕙田、蔡德晋、庄亨阳、官献瑶、徐恪等。

　　又按：《四库全书总目提要》评《四书札记》曰："是编乃其读《四书》所记也。《大学》不标古本之名，亦不显言古本、改本之是非，而皆用李光地古本之说。故其首条曰：'文贞公以知止属志学，以静安属主敬，能虑、能得属致知，力行，知所先后为知本、知至，此解确不可易。'其以格物为明善，不取王守仁格庭前一竹之说，亦不主朱子《补传》之说。《论语》如'谓之吴孟子'句及'非礼勿视'四句，虽以时文为说，而大致主于阐明义理，多所心得。《中庸》立论切实。如云'鬼神之为德'章，以前说子臣弟友、妻子、父母，忽然说到鬼神，似乎隐怪，不知如何接逗。曰：'宗庙社稷即人伦之极致处，不说到此，如何得完人伦分量？'又云：'无声臭即以无极言之亦无弊，然却落空，不如以天无心而成化言之。'又云：'无声无臭谓天命本然，莫说入于玄妙。'其宗旨可见。《孟子》一卷最简略，疑其未成之书，然总非近时讲章所有也。"

朱轼卒（1665—　）。轼字若瞻，号可亭，江西高安人。康熙三十三年进士，由庶吉士改授湖北潜江知县。累官文华殿大学士，兼吏部尚书。乾隆帝为皇子时，朱轼"侍东宫最久"，对年轻时代的弘历有较大影响。卒谥文端。著有《周易注解》、《周礼注解》、《礼记纂言》、《仪礼节略》、《易春秋详解》、《春秋钞》10卷、《订正大戴记》、《吕氏四礼翼》、《温公家范》、《朱文端公集》等。又辑《历代名臣传》、《历代名儒传》、《历代循吏传》百余卷。事迹见《清史稿》卷二八九、《清史列传》卷一四、李桓《国朝耆献类征初编》卷一三、蔡冠洛《清代七百名人传》第一编、袁枚《文华殿大学士太傅朱文端公轼神道碑》、张廷玉《光禄大夫太子太傅文华殿大学士兼吏部尚书加五级赠太傅朱文端公墓志铭》（均见《碑传集》卷二二）。清朱瀚编有《朱文端公年谱》。

　　按：《清史稿》本传曰："轼朴诚事主，纯修清德，负一时重望。高宗初典学，世宗命为师傅，设席懋勤殿，行拜师礼。轼以经训进讲，亟称贾、董、宋五子之学。高宗深重之，《怀旧诗》称可亭朱先生，可亭，轼号也。"

柯煜卒（1666—　）。煜字南陔，号实庵，或作石庵，浙江嘉善人。朱彝尊弟子。康熙六十年进士，以磨勘名黜。雍正元年复中进士。官宜都知县，改衢州府教授。因大学士王项龄荐，充《明史》纂修官。乾隆元年方苞荐应博学鸿词，旋卒。著有《石庵樵唱》7卷、《涛江集》4卷、《慈恩集》3卷、《月中箫谱词》2卷等。事迹见《清史列传》卷七一、钱陈群《同年柯石庵墓志铭》（《香树斋文集》卷二五）。

杜诏卒（1666—　）。诏字紫纶，江苏无锡人。康熙五十一年钦赐进士，改翰林院庶吉士。雍正十三年荐举博学鸿儒科，辞不获，会病卒。曾奉命编纂《历代诗余》及《词谱》等书。著有《云川阁集》9卷等，辑有《唐诗叩弹集》12卷、续集3卷。事迹见《清史列传》卷七一、李桓《国朝耆献类征初编》卷一二四、华希闵《杜吉士诏传》（《碑传集》卷四七）。

曹一士卒（1678—　）。一士字谔廷，一作谔庭，号济寰，别号沔浦生，江南青浦人。雍正八年进士，改翰林院庶吉士，散馆，授编修。充文颖馆纂修、山东道监察御史。所奏《请宽文字之狱禁诬告株连》一疏，最为时称，沈德潜谓"艺林吐气，赖有斯人"（《清诗别裁集》卷二七）。官至工科给事中。著有《四焉斋文集》8卷、《四焉斋诗集》6卷等。事迹见《清史稿》卷三〇六、李桓《国朝耆献类征初编》卷一三六、全祖望《工科给事中前翰林院编修曹公一士行状》（《鲒埼亭集》卷二五）。

　　按：《四库全书总目提要》评《四焉斋文集》曰："其论文之旨，谓'古文之所以称古者，乃意义之古，非词句之古。有明潜溪、遵岩、荆川、震川，其文词之近时者甚多，不以此损其古意。于麟、元美，字句之古几于无一不肖，而终与古远'。观其持论，可以见其宗旨矣。"

顾我錡卒，生年不详。我錡字湘南，号帆川，江苏吴江人。诸生。鄂尔泰任江苏布政使时，以古学延访人才，得53人，我錡为之冠。参修《江南通志》，主纂水利、艺文二部。著有《古诗编略》15卷、《唐音汇钞》200卷、《宋诗选》10卷、《元诗选》4卷、《青邱集选》4卷、《浣松轩文集》6卷、

《浣松轩诗集》6卷、《浣松轩诗外集》10卷、《三余笔记》6卷、《纲目志疑》2卷、《邑乘备考》4卷等。事迹见《清史稿》卷四八四、《清史列传》卷七一。

王仲愚（ —1782）、孙希旦（ —1784）、翟灏（ —1788）、方薰（ —1799）、孙志祖（ —1801）、沈叔埏（ —1803）、桂馥（ —1805）、王曙（ —1820）、黄文旸（ —?）生。

乾隆二年　丁巳　1737年

三月初六日甲午（4月5日），以雍正帝及孝敬皇后升祔太庙礼成，颁布恩诏。

五月初四日辛卯（6月1日），乾隆帝亲定丁巳恩科会试三鼎甲：状元于敏中（江南金坛人），榜眼林枝春（福建福清人），探花任端书（江南溧阳人）。本科会试主考官为大学士张廷玉、左都御史福敏。取中一甲进士及第于敏中等3人，二甲进士出身孙宗溥等80人，三甲同进士出身谢庭瑜等241人，共324人。

十三日庚子（6月10日），命以前五朝《圣训》交武英殿刊刻颁赏。

按：太祖、太宗《圣训》顺治初奉命纂辑，此后顺、康、雍三帝《圣训》陆续告成，但《圣训》与《实录》皆藏之金匮石室，廷臣罕得见者。

七月十六日壬寅（8月11日），补试博学鸿词，录取万松龄、朱荃、洪世泽、张汉等4人。

九月十一日丙申（10月4日），命国子监大成门、大成殿用黄瓦，以昭展敬至意。

是日，颁发康熙帝御制文集、雍正帝朱批上谕及乾隆帝所著《乐善堂集》各10部于官学。

按：后经孙嘉淦奏请，又赏以乾隆帝著《日知荟说》及《乐善堂集》各40部，分发国子监诸生传诵。

十月初二日丙戌（11月25日），恢复元儒吴澄从祀文庙。

十二月初六日己丑（1738年1月25日），正黄旗汉军都统允禧奏请饬令八旗王大臣查核佐领人员折子、家谱。

十五日戊戌（2月4日），令儒臣奏呈经史，勿需避忌。

按：谕内阁："朕命翰林、詹事、科道诸臣，录呈经史，本欲以明义理之指归，审设施之体要，所望切实敷陈，昌言不讳。如《大易》否泰剥复之几，《尚书》危微治忽之旨，《风雅》正变美刺之殊，《春秋》褒贬是非之实；与夫历朝史鉴，兴衰理乱所由，人材之进退，民生之疾苦，鉴往古以儆无虞，善为法而恶为戒。庶披览之下，近之有助于正心诚意，推之有益于国是民生。涑水《通鉴》之编，西山《衍义》之辑，政治所资，前规具在。若有避讳之心，言得不言失，言治不言乱，则非所谓竭忱纳诲之道矣。朕于

威廉·伯德建立弗吉尼亚的里士满。

《六经》诸史,诵览研穷,再三熟复,义理之精妙,固乐于探求,怠荒之覆辙,亦时凛于炯鉴。诸臣各就意见所及,毋专取吉祥颂美之语。论理必极其周详,论事必极其切当,勿尚肤词。"(《清高宗实录》卷五八)

是年,令各地书院仿朱熹所订白鹿洞书院洞规,设立书院规条,以检束身心。

据本年理藩院统计,前藏寺院3150处,喇嘛302500人;后藏寺院327处,喇嘛13700人,其中拉萨哲蚌等三大寺各有喇嘛5000人左右。

再命在京传教士,只准在教堂内有信教自由,清廷不欲汉人,尤不欲满人信奉西教。

方苞升礼部侍郎,诏许数日一赴部。因上《请矫除积习兴起人才疏》。是秋,教习庶吉士。

方苞荐沈彤、全祖望入《三礼》馆修书,沈、全二人致书婉拒,祖望推荐致仕儒臣吴廷华。

全祖望十二月到家,从此家居十载,专心著书立说。

沈廷芳总理宗人府各学。

卢见曾被控植党营私,解两淮盐运使职;高凤翰受牵连入狱,旋得释,愤作"不妨李固终成党,到底曾参未杀人"诗。

孙嘉淦充律例馆总裁,又充顺天乡试正考官。又以刑部尚书管理国子监事。

按:《清史稿·选举志一》曰:"乾隆二年,孙嘉淦以刑部尚书管监事。初嘉淦在世宗朝官司业,奏言:'学校之教,宜先经术,请敕天下学臣,选拔诸生贡太学,九卿举经明行修之士为助教,一以经术造士。三年考成,举以待用。'议未及行,迁祭酒,申前请,世宗题之。先是太学生名为坐监肄业,率假馆散处。遇释奠、堂期、季考、月课,暂一齐集。监内旧有号房五百余间,修圮不时,且资斧不给,无以宿诸生。嘉淦言:'各省拔贡云集京师,需住监者三百余人。六堂只可诵读,不能栖止。乞给监南官房,令助教等官及肄业生居住。岁给银六千两为讲课、桌饭、衣服、赈助之费。'允之。是为南学。至是,请仿宋儒胡瑗经义、治事分斋遗法。明经者,或治一经,或兼他经,务取御纂折中、传说诸书,探其原本,讲明人伦日用之理。治事者,如历代典礼、赋役、律令、边防、水利、天官、河渠、算法之类。或专治一事,或兼治数事,务穷究其源流利弊。考试时,必以经术湛深、通达事理、验稽古爱民之识。三年期满,分别等第,以示劝惩。从之。令诸生有心得或疑义,逐条札记,呈助教批判,按期呈堂。季考月课,改《四书》题一,《五经》讲义题各一,治事策问一。时高宗加意太学,嘉淦严立课程,奖诱备至,六堂讲师,极一时之选。举人吴鼎、梁锡玙,皆以荐举经学授司业。进士庄亨阳,举人潘永季、蔡德峻、秦蕙田、吴鼐,贡生官献瑶、王文震,监生夏宗澜,皆以潜心经学,先后被荐为本监属官。分长六堂,各占一经,时有'四贤五君子'之称。师徒济济,皆奋自镞砺,研求实学。"

陈兆崙充《世宗实录》馆纂修,兼《三朝实录》馆校对。

张廷玉充会试正考官。

鄂尔泰充《农书》总裁。

惠士奇补侍读。

尹会一授河南巡抚。

于敏中成一甲一名进士，授翰林院修撰。以文翰受乾隆帝知，直懋勤殿，敕书《华严》、《楞严》两经。

张照原在武英殿修书处行走，四月十二日为内阁学士、礼部侍郎。

梅毂成充《增修时宪算书》馆总裁官。

按：《清史稿·时宪志一》曰："乾隆二年四月，协办吏部尚书事顾琮言：'世宗皇帝允监臣言，请纂修日躔、月离二表，以推日月交合，并交宫过度，晦朔弦望，昼夜永短，以及凌犯，共三十九页，续于《历象考成》诸表之末。查造此表者，监正西洋人戴进贤；能用此表者，监副西洋人徐懋德与五官正明安图。拟令戴进贤为总裁，徐懋德、明安图为副总裁，尽心考验，增补图说。《历象考成》内倘有酌改之处，亦令其悉心改正。'敕：'即著顾琮专管。'五月，琮复言：'乞命梅毂成为总裁，何国宗协同总裁。'从之。十一月，命庄亲王允禄为总理。"

那苏图时为刑部尚书，七月初七日与孙嘉淦同为《律例》馆总裁。

蔡新散馆，授编修。入直上书房。

史震林中进士，官淮安教授。

沈德潜受聘在蒋重光家坐馆，并纂《唐宋八家文选》。

宋宾王跋所抄《苏平仲集》。

谢济世疏言，一曰去邪勿疑，一曰出令勿贰。

沈凤授江宁南通通判。

万松龄授翰林院检讨。

张汉授翰林院编修。

周煌中进士，改翰林院庶吉士，散馆授编修。

朱荃、洪世泽授翰林院庶吉士。

雷鋐大考二等一名，赐笔、墨、砚、葛纱。

王安国疏请禁官吏居丧诣省会谒大吏，下部议行。

王文震以精于《礼记》，应召入《三礼》馆供职。

按：《高宗实录》卷三五曰："大学士鄂尔泰、张廷玉，议覆尚书衔徐元梦奏称，江南贡生王文震，潜心经书，于《礼记》讲习尤深。请将王文震赏给国子监助教职衔，遇缺题补，令在《三礼》馆纂修上行走，专心编校《日讲礼记》。则日讲五经俱全，可以并垂永久。应如所请。从之。"

马曰琯、马曰璐兄弟开雕宋搨《五经文字》、《九经字样》，全祖望由京返浙，途经扬州，应邀为二书撰序。

按：全祖望《新雕五经文字九经字样题词》曰："唐《石经》在关中者，一厄于韩建，再厄于向拱，三厄于韩缜，而当时之完本不可见。金源以后，累经修治，迨明嘉靖乙卯地震，而元以前之补本亦不可见。吾友甘泉马君嶰谷昆弟，得宋搨《五经文字》、《九经字样》，以为是希世之珍也，亟为雕本以传之。……二书石本之旧，盖八百年以来无镂板者。嶰谷昆弟之为是举，不可谓非补《经苑》之憾矣。"（《鲒埼亭集外编》卷二三）

华嵒正月作《婴戏图册》十二帧，各有题句；是秋，作《高犀堂五十诗以赠之》，贺高翔五十岁生日。

郎世宁、唐岱、孙祜、沈源等奉敕绘圆明园图，悬于清晖阁北壁。

按：《清史稿·艺术传三》曰："唐岱，字毓东，满洲人。康熙中，以荫官参领。从王原祁学画，丘壑似原祁。供奉内廷，圣祖品题当时以为第一手，称'画状元'。历事世宗、高宗。高宗在潜邸，即喜其画，数有题咏，后益被宠遇。唐岱专工山水，以宋人为宗。少时名动公卿。直内廷久，笔法益进，人间传播者转稀。"

杨绳武时任钟山书院院长，拟定《钟山书院规约》十条，强调立志立品，勤学读书，穷经通史，戒抄袭请代和矜夸异毁，倡导"穷经学"、"通史学"，治学"不囿乎一隅"（《中国书院学规》引，湖南大学出版社2000年版，第25—26页）。

按：钟山书院强调折衷汉宋，实开朴学之先机，以后成为苏、皖、赣地区影响最大的汉学中心。杨绳武，生卒不详，字文叔，号讷庵，江苏吴县人。康熙五十二年（1713）进士。官编修。历掌浙江杭州敷文书院、江苏钟山书院，袁枚曾从受学，其诗为沈德潜所称。著有《古柏轩集》、《文章鼻祖》、《钟山书院规约》1卷等。事迹见《吴县志》和《江苏诗征》卷六二。

韩亦诗时任通州知州，于城东南文昌阁重建潞河书院。

宋云会时任浙江江山知县，建涵香书院。

张圣训时任浙江嘉善知县，建魏塘书院。

刘良璧时任福建漳州知府，建丹霞书院。

纪咸时任安徽旌德知县，建旌阳书院。

唐孝本时任福建同安知县，建双溪书院。

刘蓟植时任河南睢县知州，建洛学书院。

李光祚时任福建光泽知县，建紫阳书院。

张章时任福建宁德县丞，建周墩书院。

阎廷倍时任江西金溪知县，建仰山书院。

徐祖昌时任湖南桂东知县，建徐公讲堂。

方戴杨在广东遂溪县建东海书院。

张绰时任四川彭县知县，建桂香书院。

王纬在云南丘北县建明新书院，又名清江书院。

传教士王致诚来华，任宫廷画师。

亚历山大·克鲁顿编著成《圣经词汇索引》。

J.J.莫泽发表《德国法律》。

朱轼所著《周易传义合订》12卷由两广总督鄂弥达校勘初刻。

按：《四库全书总目提要》曰："是编因程子《易传》、朱子《易本义》互有异同，为参校以归一是，不复两可其说，以滋岐贰。惟两义各有发明，可以并行不悖者，仍俱录焉，而附以诸儒之论。其诸儒之论有实胜《传》、《义》者，则竟舍《传》、《义》以从之，轼所见亦各附于后。其《凡例》有曰：'遗象言理，自王辅嗣始。然易者象也，有象斯有理，理从象生也。孔子《彖》、《象》二传何尝非言象？雷、风、山、泽以及乾马、坤牛、震龙、巽鸡之类，皆象也。即卦之刚柔、上下、应比、承乘，亦何莫非象乎？舍是而言理，不知所谓理者安在矣？《易》道之取类大，精粗巨细无所不有，即纳甲、飞伏等术数之学，不可谓非《易》之一端也。况中爻、互卦、倒巽、倒兑、厚离、厚坎之象，皆卦体之显而易明者乎？'又称：'卦有对易、反易。反易之义，先儒言之已备，来知德谓之卦综，谬矣！'又称：'程子不取卦变，谓凡卦皆自《乾》、《坤》来，然合之《象传》，究未尽协。今一遵朱子一阴一阳自《姤》、《复》之说。'又称：'宋元以来，易图不下数千，于四圣人之精义全无干涉。今一概不录,止缕析朱子各图之义,而图仍不载'云云,其全书宗旨具见于斯。较之分门别户,尊一先生之言,而先儒古义无不曲肆掊击者,其识量相去远矣。其书,轼存之日未及刊行。乾隆丁巳,两广总督鄂弥达始为校付剞劂,恭呈御览。蒙皇上笃念旧学,亲洒宸翰,弁于编首,称其'简而当,博而不支,钩深探赜而不凿。盖玩之熟,故择言也精,体之深,故析理也密'。天藻表扬,昭垂日月,非惟是书仰托以不朽,即天下万世伏绎圣谟,亦均能得读《易》之津梁,窥画卦之阃奥,晓然知所向方也,又岂独轼一人之幸哉!"

德沛著《易图解》刊行。

杨方达著《易学图说会通》8卷、《易学图说续闻》1卷刊行。

按：杨方达字符苍,一字扶苍,江苏武进人。雍正二年举人。所著尚有《周易辑说存正》12卷、《尚书约旨》6卷、《尚书通典略》2卷、《春秋义补注》12卷、《正蒙集说》等。《四库全书总目提要》评《易学图说会通》曰："此书《自序》云：'寻绎宋、元经解及近代名家纂述,见其精研象数,或著为图,或著为说,有裨《易》学者,类而录之。'左图右说,集成八卷：一曰《太极探原》,二曰《图书测微》,三曰《卦画明德》,四曰《变互广演》,五曰《筮法考占》,六曰《律吕指要》,七曰《外传附证》,八曰《杂识备参》。大旨以朱子《本义》九图为主,而博采诸家,间附己论。盖专讲先天之学,故前列《周子太极图说》,后论律吕八阵图,而不及乎辞占云。"

汪绂著《孝经章句》、《孝经或问》各1卷成书,有自序。

按：汪绂《孝经章句序》曰："汉初所传《孝经》,河间颜芝所献,是谓今文一十八章;古文《孝经》,则安国本。而安国遭巫蛊,书未及行,至梁末而遂失。及王逸得古本于市人,而刘炫校定之,当世乃大谨其伪。唐玄宗雅意经学,自注《孝经》,卒以一十八章为定,是为石台《孝经》。顾自石台颁,而古文《孝经》遂终废阁。爰逮有宋,理学昌明之会,河内司马温公实始表章古文,撰为《指解》。朱子起而绍之,参合古今文,定为《孝经刊误》,《孝经》之传,不于是而有所折衷欤？……维圣朝殚心经义,特命儒臣撰《孝经衍义》一书,用朱子所定经文,列于卷首,衍经不衍传,盖仿真西山《大学衍义》之例。是朱子之学,至今日而大光,而《孝经》之传,亦于今为烈也。而第是《孝经衍义》既以《刊误》为宗,而乡会命题仍用石台之旧,则草野所传诵,亦仍不知所适主。绂鄙野布衣,谫陋奚似,然窃维圣王方以孝治天下,则《孝经》为人人所当幼而服习,以长而力行者,而何可听其踳驳衡决为也？用是忘其固陋,捃摭旧闻,凛先慈膝上之传言,绎朱子刊删之微旨,谬成章句,聊什巾笥,非敢谓前配乎朱子之《大学章句》,而上拟《孝经衍义》也。然详其训诂,究其旨归,使经传互相发明,而孝道彰於日用,则愚者一得,或广而播之,其亦有当于朱子之心,则亦有当于孔子、曾子之心焉。而圣朝之以孝治天下也,将使人人实践而力行之,其亦不无一德同风之一助也欤？"(《双池文集》卷之五)

徐本等奉敕纂《督捕则例》2卷。

鄂尔泰奉敕纂《钦定授时通考》78卷。

按：是书乾隆二年(1737)奉敕撰,乾隆七年(1742)进呈钦定,御制序文颁行。《四库全书总目提要》曰："刘向《七略》,综别九流,以农家自为一类,其书亦无一存。今所传者,以贾思勰《齐民要术》为最古,而名物训诂,通儒或不尽解,无论耕夫织妇也。沿而作者,不可殚数,惟王桢、徐光启书为最著,而疏漏冗杂,亦不免焉。"今所编《授时通考》,"准今酌古,务其于实用有裨。又详考旧章,胪陈政典,不仅以自生自息听之间阎,尤见轸念民依之至意,非徒农家言矣"。是书系中国传统大型农书的最后一部,篇幅仅次于《农政全书》。有武英殿本。

敕纂《御定历象考成后编》10 卷。

按:《四库全书总目提要》曰:"《御定历象考成后编》十卷,乾隆二年奉敕撰。《新法算书》推步法数,皆仍西史第谷之旧。其图表之参差,解说之隐晦者,圣祖仁皇帝《历象考成》上、下二编,研精阐微,穷究理数,固已极一时推步之精,示万世修明之法矣。第测验渐久而渐精,算术亦愈变而愈巧。自康熙中西洋噶西尼、法兰德等出,又新制坠子表以定时,千里镜以测远,以发第谷未尽之义。……据此三者,则第谷旧法,经纬俱有微差。雍正六年六月朔日食,以新法较之,纤微密合。是以世宗宪皇帝特允监臣戴进贤之请,命修《日躔》《月离》二表,续于《历象考成》之后。然有表无说,亦无推算之法。吏部尚书顾琮,恐久而失传,奏请增修表解图说,仰请睿裁,垂诸永久。凡新法与旧不同之处,始抉别底蕴阐发无余,而其理仍与圣祖仁皇帝御制上下二编若合符节。益足见圣圣相承,先后同揆矣。"

黄文炜、沈青崖纂修《重修肃州新志》30 卷刊行。

李居颐纂修《翼城县志》28 卷刊行。

吴谷纂修《广平府志》24 卷成书。

程国栋等纂《嘉定县志》12 卷成书。

张其维修,李懋泗纂《重修嘉鱼县志》8 卷刊行。

郝玉麟、卢焯等修,谢道承、刘敬与纂《福建通志》78 卷刊行。

按:《四库全书总目提要》曰:"《福建通志》七十八卷,国朝浙闽总督兵部尚书郝玉麟等监修。福建自宋梁克家《三山志》以后,记舆地者不下数十家,惟明黄仲昭《八闽通志》颇称善本,而亦不免阙略。又自明立福建布政司,分建属郡,以福、兴、泉、漳为下四府,延、建、邵、汀为上四府。国朝德威远届,鲸海波恬。台湾既入版图,而福州所属之福宁亦升州为府,泉州所属之永春、漳州所属之龙岩又各析置为直隶州。建置沿革,多与昔异。以旧志相较,每与今制不同。且福建三面环海,港汊内通,岛屿外峙,一切设险列戍之要,旧志亦多未详。雍正七年承诏纂辑通志,因取旧志之烦芜未当者,删汰冗文,别增新事。其疆域制度悉以现行者为断。至乾隆二年书成,玉麟等具表上之。自星野至艺文,为类三十,为卷七十有八。视旧志增多十四卷。如沿海岛澳诸图,旧志所不载者,皆为详绘补入,足资考镜,于体例亦颇有当焉。"

张耀曾修,陈昌言纂《宁州志》10 卷刊行。

窦容邃修,吴师瑗纂《新宁县志》4 卷刊行。

倪灿著《滇云历年考》12 卷成书。

杨方晃编《圣师年谱》刊行。

卢豪然重订《陆清献公年谱》1 卷成书。

赵同敩自编、赵怀于续编《赓西自叙年谱》1 卷、续 1 卷刊行。

汤斌所著《汤子遗书》由树德堂刊行,其中收有汤斌门人王廷灿所编《潜庵先生年谱》1 卷。

史震林著《西清散记》8 卷成书,有自序。

汪师韩著《金丝录》1 卷成书,有自序。

王孝咏著《岭南杂录》2 卷成书,有自序。

乾隆帝著《乐善堂全集》44 卷刊行。

黄子云著《野鸿诗的》1 卷成书,有自序。

按：黄子云字士龙，号野鸿，江苏昆山人。另著有《野鸿诗稿》。

朱轼著《朱文端公文集》4卷刊行。

上官周著《晚笑堂竹庄诗集》1卷刊行。

朱如日等著《大易理数观察》1卷成，有自序。

法国传教士冯秉正积六年之力，将朱熹《通鉴纲目》翻译成法文。

按：是书至1783年才在巴黎正式出版，书名为《中国通史》。

冯协一卒(1661—)。协一字躬暨，号退庵，益都人。冯溥之第三子。应顺天乡试不中，随例荫父爵谒选吏部，授浙江绍兴府同知兼摄山阴知县。官至台湾府知府。协一工诗，没后，其子冯厚检收遗稿，求正于姻家赵执信。执信托目疾不省览，命门人仲是保代删之，而执信为之序，成《友柏堂遗诗选》2卷。事迹见《碑传集》卷九九。

蒋深卒(1668—)。深字树存，号绣谷，又号苏斋，江苏长洲人。以太学生纂修《佩文斋书画谱》，官山西朔州知州。工书善画。著有《绣谷诗钞》、《雁门余草》。事迹见《疑年录汇编》卷一〇。

沈炳震卒(1678—)。炳震字寅驭，号东甫，浙江归安人。乾隆元年荐试博学鸿词，报罢。长于史学，著述宏富。有《新旧唐书合钞》260卷、《廿一史四谱》54卷、《历代帝王纪元歌》1卷、《九经辨字读蒙》12卷、《沈氏族谱》32卷、《井鱼听编》16卷、《唐诗金粉》10卷、《增默斋诗》8卷、《杂著》10卷等。事迹见《清史稿》卷四八五、《清史列传》卷六八、李桓《国朝耆献类征初编》卷四一八、沈德潜《沈征君炳震传》、吴斯洺《征君沈东甫传》(均见《碑传集》卷一三三)。

按：支伟成曰："少即淬厉于学。补诸生后，日有名。省试八不遇，遂谢举子业，专肆志于考古。好涉览纪传年月世系。他人所不经意者，必默识之。及长，才益闳雅。即新旧《唐书》同异加以详审，成《合钞》二百六十卷。其书分为纲目，如本纪列传以旧书为纲，分注新书为目；诸志旧书多缺略舛误，则以新书为纲，仍分注旧书为目。而莫善于订正宰相世系表之讹谬。补列拜罢承袭诸条，积数十寒暑始竣，蔚为巨观。钱侍郎陈群见而惊叹，因语詹事王奕清，举应博学宏词科，复不遇。归二岁卒，年五十九。后陈群终录其书进御，高宗览之嘉赏，付词馆采取。馆员适校《唐书》，即引据议论之精粹者入考证中，旨以为允，刊刻内府，颁布天下。郁于生前，而褒于身后，士论荣之。此外，《九经辨字读蒙》十二卷：一校正九经文字，二经典重文，三经无重文，四经典传讹，五经典传异，六经典通借，七先儒异读，八通音异义，九异音异义，十注解传述人。则小学之膏粱也。《廿一史四谱》五十四卷，其体盖出于表历之流，而变其旁行斜上者为标目，举帝纪之凡，撮世家列传载纪之要，类聚区分，合乎书志荟萃群言之法，亦《三通》之羽翼也。"(《清代朴学大师列传·沈炳震》)

王兰生卒(1680—)。兰生字振声，一字坦斋，河北交河人。诸生。康熙六十年赐进士。累官浙江学政、刑部右侍郎。卒谥文诚。通乐律、历算、音韵之学。参与编纂《音韵阐微》、《律吕正义》等书。著有《数理精蕴》及诗古文20卷等。事迹见《清史稿》卷二九〇、李桓《国朝耆献类征初编》卷七四、杭世骏《刑部右侍郎王公兰生行状》、刘绍攽《王文诚公传》(均见

《碑传集》卷二五)。

> 按:《清史稿》本传曰:"兰生为学原本程、朱,(李)光地授以乐律,与共校朱子《琴律图说》,刻本多谬误,以意详正,遂可推据。既入直,圣祖授以律管、风琴诸解,本明道程子说,以人之中声定黄钟之管,积黍以验之,展转生十二律,皆与古法相应。又至郊坛亲验乐器,推匏土丝竹诸音与黄钟相应之理,其说与《管子》、《淮南子》相合。音韵亦授自光地,谓邵子《经世》详等而略韵,顾炎武《音学五书》详韵而略等,兼取其长,以国书五字类为声韵之元以定韵,又用连音为纽均之法以定等,皆发前人所未及。圣祖深赏之,禁中夜读书,惟兰生侍左右,巡幸必以从,亟称其贤。"

谢启昆(　—1802)生。

乾隆三年　戊午　1738年

正月十日癸亥(2月28日),命举行经筵。

> 按:谕曰:"朕惟《四子》、《六经》,乃群圣传心之要典,帝王驭世之鸿模。君天下者,将欲以优入圣域,茂登上理,舍是无由。我皇祖圣祖仁皇帝,皇考世宗宪皇帝,时御讲筵,精研至道,圣德光被,比隆唐虞。朕凤承庭训,典学维殷,御极以来,勤思治要,已命翰林科道诸臣,缮进经史,格言正论,无日不陈于前。特以亮阴之中,经筵未御。兹既吉日,亟宜举行。所有典礼,尔部其诹日具仪以闻。"(《清高宗实录》卷六〇)

十六日己巳(3月6日),赐大学士、尚书、侍郎、京卿及开坊以上并内廷翰林等宴于圆明园,各赐圣祖仁皇帝御批《通鉴》一部。

二月初五日丁亥(3月24日),乾隆帝诣文庙,亲祭先师孔子。

二十四日丙午(4月12日),首次举行经筵。以下仲春、仲秋例行经筵大典从略。

> 按:自是每季仲月举行一次,岁以为常(《清史稿·高宗本纪一》)。

三月初二日甲寅(4月20日),乾隆帝亲诣太学,步进先师孔子位前行释奠礼。为表示重道尊师,乾隆帝曾准备在首次亲诣太学时,行"三老"、"五更"古礼,经军机大臣张廷玉谏止。

> 按:谕曰:"尔等皆圣贤后裔,因朕临雍来京,特行召见。尔等既为圣贤之后,即当心圣贤之心。凡学圣贤者,非徒读其书而已,必当躬行实践,事事求其无愧,方为不负所学。况身为圣贤子孙,尤与凡人不同,若不能实加体验,徒务读书之名,实于祖德家风,不能无忝。尔等务须勤思勉励,克绍先传,以副朕谆切期望之意。"(《清高宗实录》卷六四)

是月,议文庙从祀,升有子若至大成殿内。

> 按:礼部议覆:尚书衔徐元梦奏言,《鲁论》所记四科,止就陈蔡诸贤记载,后人据此,定为十哲,从祀文庙正殿。嗣以颜子升配先师,因升颛孙子师于殿,以补其数。圣祖仁皇帝又以朱子熹昌明圣教,升位其次。是十哲可不必拘矣。考《鲁论》次章,

即载有子之说,其言行气象,皆与圣人相似。则有子若宜得升堂配享,确然无疑。再如宰子予、冉子求,一因短丧有不仁之斥,一因聚敛有非徒之责,论者谓宜移祀两庑。其两庑中,如南宫子适、宓子不齐,俱以君子见称孔子,自宜并与升配等语。谨按十哲之祀,昉于唐开成,至宋咸淳,升子张以补缺数,以孟子称得圣人一体故也。有子若最为游、夏所服,孟子亦称智足知圣。从前未跻十哲,实为缺典。应如所请,升有子若于殿内东旁卜子夏之下,移朱子熹于西旁颛孙子师之下。通行国子监、直省府州县学,一体遵奉。至宰子、冉子,皆圣门高弟,未容轻议。其余诸贤,经称许者甚多,亦岂能概跻十哲?所请两庑升配,均无庸议。得旨:允行(《清高宗实录》卷六五)。

五月初二日癸丑(6月18日),高宗为婺源朱子家庙题匾:"百世经师"。

七月十二日壬戌(8月26日),重申不准八旗驻防官弁子弟参加岁科两试。

十月初四日癸未(11月15日),谕"后世子孙"不得修改已成《实录》。

按:雍正帝曾以前三朝《实录》中人名、地名与《圣祖仁皇帝(康熙)实录》"未曾画一",特命酌改缮写;乾隆帝即位,又以《圣祖实录》未将新加尊谥增入,命换写每卷前后两页。为此告诫"后世子孙不得援以为例"(《清高宗实录》卷七九)。

二十日己亥(12月1日),先贤有子升配十一哲。

二十二日辛丑(12月3日),高宗颁布谕旨,敦促士子"究心经学"。

按:谕曰:"士人以品行为先,学问以经义为重。故士之自立也,先道德而后文章;国家之取士也,黜浮华而崇实学。我朝养士,已将百年,渐摩化导,培护甄陶,所以期望而优异之者,无所不至。为士者当思国家待士之重,务为端人正士,以树齐民之坊表。至于学问,必有根底,方为实学。治一经必深一经之蕴,以此发为文辞,自然醇正典雅。若因陋就简,只记诵陈腐时文百余篇,以为弋取科名之具,则士之学已荒,而士之品已卑矣。是在各省学臣,谆切提撕,往复训勉,其有不率教者,即严加惩戒,不少宽贷。至于书艺之外,当令究心经学,以为明道经世之本。"(《清高宗实录》卷七九)

十一月三十日戊寅(1739年1月9日),于钦天监附近设立八旗算学馆,算学生额数满汉共36名。新设算学由成德、梅毂成、何国宗管理。

是年,兵部侍郎舒赫德疏请改革科举考试条款。

按:乾隆三年(1738),兵部侍郎舒赫德言:"科举之制,凭文而取,按格而官,已非良法。况积弊日深,侥幸日众。古人询事考言,其所言者,即其居官所当为之职事也。时文徒空言,不适于用,墨卷房行,辗转抄袭,肤词诡说,蔓衍支离,苟可以取科第而止,士子各占一经,每经拟题,多者百余,少者数十。古人毕生治之而不足,今则数月为之而有余。表、判可预拟而得,答策随题敷衍,无所发明。实不足以得人。应将考试条款改移更张,别思所以遴拔真才实学之道。"章下礼部,覆奏:"取士之法,三代以上出于学,汉以后出于郡县吏,魏、晋以后出于九品中正,隋、唐至今,出于科举。科举之法不同,自明至今,皆出于时艺。科举之弊,诗、赋只尚浮华,而全无实用。明经徒事记诵,而文义不通。唐赵匡所谓'习非所用,用非所习'是也。时艺之弊,今该侍郎所陈奏是也。圣人不能使立法之无弊,在因时而补救之。苏轼有言:'得人之道,在于知人。知人之道,在于责实。'能责实,虽由今之道,而振作鼓舞,人才自可奋兴。若惟务徇名,虽高言复古,法立弊生,于造士终无所益。今谓时文、经义及表、判、策论皆空言剿袭而无用者,此正不责实之过。凡宣之于口,笔之于书,皆空言也,何独今之时艺为然？时艺所论，皆孔、孟之绪言，精微之奥旨。参之经史子集，以发其光华；范之规矩准绳，以密其法律。虽曰小技，而文武干济、英伟特达之才，未尝不出乎其中。不思力挽末流之失，而转咎作法之凉，不已过乎？即经义、表、判、论、策，苟求其实，亦岂易副？经文虽与四书并重，积习相沿，士子不专心学习。若著为令甲，非工不录。表、判、论、策，皆加覆核。必淹洽词章、通晓律令，而后可为表、判。有论古之识，断制之才，通达古今，明习时务，而后可为论、策。何一不可见之施为，切于实用？必变今之法，行古之制，将治宫室、养游士，百里之内，置官立师，讼狱听于是，军旅谋于是。又将简不率教者，屏之远方，终身不齿。毋乃纷扰而不可行？况人心不古，上以实求，下以名应。兴孝则有割股、庐墓以邀名者矣，兴廉则有恶衣菲食、敝车羸马以饰节者矣。相率为伪，借虚名以干进取。及莅官后，尽反所为，至庸人之不若。此尤近日所举孝廉方正中所可指数，又何益乎？司文衡职课士者，诚能仰体谕旨，循名责实，力除积习，杜绝侥幸，文风日盛，真才自出，无事更张定制为也。"遂寝其议。时大学士鄂尔泰当国，力持议驳，科举制义得以不废（《清史稿·选举志三》）。

惠士奇以病辞京职告归。

全祖望重登宁波天一阁，搜括金石旧拓，编为《天一阁碑目》，并为之记；又抄明黄润玉《仪礼戴记附注》4卷，及明壬恕《石渠意见》，皆阁中秘本，世所仅见者。

> 按：全祖望曰："《天一阁书目》所载者，祇雕本、写本耳。予之登是阁者最数，其架之尘封，衫袖所拂拭者多矣。独有一架，范氏子弟未尝发视，询之乃碑也。是阁之书，明时无人过而问者，康熙初，黄先生太冲始破例登之。于是昆山徐尚书健庵闻而来钞。其后登斯阁者，万征君季野，又其后则冯处士南畊，而海宁陈詹事广陵纂《赋汇》，亦尝求之阁中。然皆不及碑，至予乃清而出之。其拓本皆散乱，未及装为轴，如棼丝之难理，予订之为目一通，附于其书目。"（《鲒埼亭集外编》卷一七《天一阁碑目记》）

全祖望是年客扬州，为藏书家马曰琯、马曰璐作《丛书楼记》。

> 按：《丛书楼记》曰："扬州，自古以来所称声色歌吹之区，其人不肯亲书卷，而近日尤甚。吾友马氏嶰谷、半查兄弟，横厉其间。其居之南有小玲珑山馆，园亭明瑟，而岿然高出者，丛书楼也。迤逦十万余卷，予南北往还，道出此间，苟有宿留，未尝不借其书。而嶰谷相见，寒暄之外，必问近来得未见之书几何，其有闻而未得者几何。随予所答，辄记其目，或借钞，或转购，穷年兀兀，不以为疲。其得异书，则必出以示予，席上满斟碧山朱氏银槎，侑以佳果，得予论定一语，即浮白相向。方予官于京师，从馆中得见《永乐大典》万册，惊喜贻书告之。半查即来，问写人当得多少，其值若干，从史予甚锐。予甫为钞宋人《周礼》诸种，而遽罢官。归途过之，则属予钞天一阁所藏遗籍，盖其嗜书之笃如此。"（《鲒埼亭集外编》卷一七）

汪绂先后三次作书与江永，江永始作书答之，绍介《礼书纲目》大要。

> 按：江永曰："弟于诸经，《易》为专经，而《礼经》用功尤多。自少即求《仪礼经传通解》，反复切究之。读之既久，觉其中犹有搜罗不备，疏密不伦之遗憾。又观朱子晚岁与门人书，多拳拳于礼。庆元庚申三月九日，为易箦前一日，犹作书与黄勉斋先生，以修《礼书》为属。其注意于《礼经》如此。窃不自揆，更欲为之增损櫽括，以卒朱子之志。是以别定规模，区为八门，一曰嘉礼，二曰宾礼，三曰凶礼，四曰吉礼，五曰

军礼,六曰通礼,七曰曲礼,八曰乐。凡百单六篇,八十有五卷。又采汉、唐、宋诸家论礼,及朱子欲修《礼书》论礼纲领者,别为首三卷。近又附入《深衣考误》一卷、《律吕管见》二卷,总九十一卷。凡三代以前,礼乐制度散见经传杂书者,悉有条理可考。书凡三易稿,初曰《存羊编》,次曰《增订仪礼经传》,三稿始易今名为《礼书纲目》。盖八门为总纲,而各篇则纲中之纲也。篇分章,段为目,而事之繁碎者,又有细目,则目中之目也。卷帙既多,但能录古注与释文,更欲增入唐宋义疏与古今诸儒议论。苦无力,乏人钞写,有志未逮。书成将廿载,不欲示人,藏之敝簏,几为虫蚀鼠穿。近年,始有相识者转相传录,渐播闻于远方。今上特开礼馆,命儒臣纂修《三礼》,为礼学昌明之会。上台颇有知此书者,尝檄县钞送。近日,礼部、礼馆复特行文于安抚部院,取此书入馆,便采择。当事方发工价钞录申送,弟亦但以草茅著述,得达馆阁为幸。此外更无他冀。倘谓藉此为梯荣之具,则浅衷之见,流俗市井之谭耳。弟于《礼书》,本末如此。吾意亦但欲存古以资考核,非谓先王之礼尽可用于今也。"(余龙光辑《双池先生年谱》乾隆三年四十七岁条,引江永复汪绂书)

钱大昕年十一,始应童子试。

赵翼年十二,随父在塘门桥谈氏授读,初读经书。

刘大櫆、叶酉在姚范家相会,姚鼐初识大櫆。

沈廷芳充《大清一统志》纂修官,兼校勘《明史》。

张廷玉奉命祭告先师孔子。

周学健九月自福建学政奉召进京,预修《三礼》。途经苏州,应方苞之意,邀沈彤偕行。彤作《上礼部方侍郎书》,再次拒绝方苞邀其入《三礼》馆修书之事。

按:沈彤曰:"闽学周力堂,以通晓《三礼》,奉召入都。道经敝邑,属其友过舍,聘彤偕行,助之纂修,谓由阁下之命,且出手书见示。以彤肤末小儒,乃为大人先生所礼重至此,自当感激承命。顾有未能安于心者,故已婉辞力堂,而复私布于左右。彤自去春辞阁下而归,未及行,闻先考疾病,仓皇出都,驰至家,而先考已前卒。妄求禄养,顾不得汤药饭含之躬亲,抱恨至今,莫可追挽。惟是居丧以来,非大事不离几筵。故两年中,朝夕之奠,常事之荐,与饮食居处哭踊之节,犹庶几少得自尽。今若从礼官远行,将又弗亲于祥禫而持服不终,是彤罪滋大而恨益无穷也。……往者上书阁下,谓欲于《仪礼》自成其书。比因讲求丧礼,于《丧服》等篇注说,参考折衷,遂有所补正。其余将亦循次以为,大约五年而稿乃可定。……终三年之丧,成此书以图亲名之显。虽书之传不传,要未可知,然苟徇所知而弃其业,岂复有万分一之冀望。故虽阁下之大教,最所宜从,而亦勿之敢也。"(《果堂集》卷四)

纪昀受经于董邦达,同师事者有陈枫崖、窦元调、刘补山、蔡季实、刘西野、李应弦、陆燿等。

彭树葵时为翰林院编修,九月二十三日仿魏徵《十思疏》作《十箴》,进呈乾隆帝。得旨嘉奖,并赏彭内用缎匹、笔墨。

李鳝任山东临淄知县。

谢济世授湖南粮储道。

高凤翰与匡松岑、陆音合作《物外合踪图》,上有高凤翰题跋并诗。

姚立德时任河北定州知州,于城北街建定武书院。

王天庆时任河北束鹿知县,于文昌宫建南池书院,聘孝廉李君珍为学师。

金世昌时任河北盐山知县，于兴文街建香鱼书院，贡生李士智捐地六顷以为课士之资。

薛天培时任河北怀安知县，与运使曹秉铎创建敬一书院于明伦堂后，有进德、修业二斋。

戴惟枟时任辽宁海城知县，创建海州书院。

按：咸丰元年(1851)更名为他山书院。

翁藻在上海创建启蒙书院。

蔡澍在江苏江阴建澄江书院。

按：乾隆二十三年(1758)，学政李因培更名为暨阳书院。

王良毂在浙江德清建吕成公书院。

黄南春时任福建德化知县，建云龙书院。

李松泰时任江西彭泽知县，建柳洲书院，又名春衣书院。

徐大坤时任江西兴国知县，建潋江书院。

姚兴滇时任山东惠民县知县，建敬业书院。

禹殿鳌时任湖北仙桃知州，建玉带书院。

龙廷标时任广东平远知县，建凤山书院。

储起纶时任广西融县知县，建玉融书院。

乔履信时任陕西富平知县，建南湖书院。

王邦光时任陕西城固知县，建乐城书院。

洛多维科·安东尼奥·穆拉托里编著《古意大利人》。

丹尼尔·贝诺利著成关于压力和流速的论著《流体动力学》。

毛奇龄著《仲氏易》30卷刊行。

按：《四库全书总目提要》曰："初，奇龄之兄锡龄邃于《易》，而未著书，惟时时口授其子文辉。后奇龄乞假归里，锡龄已卒，乃摭文辉所闻者，以己意润饰成是书。或传奇龄假归之后，僦居杭州，一日著一卦，凡六十四日而卦成，虽以其兄为辞，实即奇龄所自解。以理断之，或当然也。"

茹敦和著《读易日札》1卷、《周易象考》1卷、《周易辞考》1卷刊行。

鄂尔泰等奉敕纂《仪礼义疏》、《周官义疏》。

雍正帝的《世宗宪皇帝硃批谕旨》360卷成书。

按：《四库全书总目提要》曰："《世宗宪皇帝硃批谕旨》三百六十卷，雍正十年奉敕校刊，乾隆三年告成。冠以《世宗宪皇帝谕旨》，殿以皇上御制《后序》。所载臣工奏折凡二百二十三人。多者以一人分数册，少者以数人合一册。所奉硃批，一一恭录，或在简端，或在句旁，或在余幅。少者数十言，多者每至数百言。其肯綮之处，经御笔圈出抹出者，尤为详悉。无不循名责实，斥伪求真。或即委而知源，或见微而识著。玉衡之平不可欺以重轻，金鉴之明，不可炫以妍丑。推求一事而旁烛万端，端拱九天而坐照四海。凡尧徵舜咨，具寓于羲画禹书之中。天下居民，循环跪诵，盖皆得而仰喻焉。伏考《典谟》所载，都俞吁咈，大抵面陈。秦汉以后，章奏既兴，载于史者不过有省有不省，有行有不行耳。所谓凤尾诺，不过一字。未有连篇累牍，一一手敕报之者。唐、宋以后，多出代言。故诸臣文集，或以批答为内制之一体。如宋太祖于截木之章，宋真宗于邻壤之字，皆偶然涉笔，不过数言，亦未有句栉字比，标注甲乙，无几微之不到者。至于集彼书囊，积为巨帙，多至三四百卷，而敷奏报闻，无烦训示眭文焕修纂《重修桃源县志》10卷刊行。
张廷球修，徐铣纂《龙岩州志》16卷刊行。
杨世达修纂《汤阴县志》10卷刊行。
陈锡辂修，朱煌纂《安阳县志》12卷刊行。
张元鉴、蒋光祖修，沈俨纂《虞城县志》10卷刊行。
王云翔修，李曰瑚纂《重修蒲圻县志》15卷刊行。
陈哲修纂《清远县志》14卷刊行。
王嵩修，陈份纂《新宁县志》4卷刊行。
郑士范编《朱子年谱》刊行，附于是年所刊《阙里志》。
屈复著《楚辞新注》8卷刊行，有自序。
张照等奉敕编《御选唐宋文醇》58卷成书。

按：《四库全书总目提要》曰："明茅坤尝取韩、柳、欧、苏、曾、王之文，以编《唐宋八家文钞》，国朝储欣增李翱、孙樵为十家。皇上以欣所去取，尚未尽协，所评论亦或未允。乃指授儒臣，定为此集。其文有经圣祖仁皇帝御评者，以黄色恭书篇首。皇上御评则朱书篇后。至前人评跋有所发明，及姓名事迹有资考证者，亦各以紫色绿色分系于末。考唐之文体，变于韩愈，而柳宗元以下和之。宋之文体，变于欧阳修，而苏洵以下和之。愈与崔立之书，深病场屋之作。修知贡举，亦黜刘几等，以挽回风气。则八家之所论著，其不为程试计可知也。茅坤所录，大抵以八比法说之。储欣虽以便于举业讥坤，而核其所论，亦相去不能分寸。夫能为八比者，其源必出于古文，自明以来，历历可数。坤与欣即古文以讲八比，未始非探本之论。然论八比而沿溯古文，为八比之正脉。论古文而专为八比设，则非古文之正脉。此如场屋策论以能根柢经史为上，操文柄者亦必以能根柢经史与否定其甲乙。至讲经评史，而专备策论之用，则其经不足为经学，其史不足为史学。茅坤、储欣之评八家，适类于是。"

沈德潜编《明诗别裁集》12卷成书，有自序。
秋芳堂主人辑《清文典要》4卷刊行。
尹会一编《吕语集粹》4卷成，有自序。
李文炤著《恒斋文集》12卷刊行。
张伯行著《正谊堂文集》40卷刊行。
王心敬著《丰川续集》6卷成书。
赵执信著《声调谱》3卷由其门人仲是保录定。
吴玉搢始辑《金石存》，陆续得15卷。
《丹珠尔经》刊刻。

按：此书于乾隆七年刻成，与前此完成的《甘珠尔经》同放于那塘寺，合称那塘版《大藏经》。

王心敬卒(1656—)。心敬字尔缉，号丰川，陕西鄠县人。李颙弟子。乾隆元年举孝廉方正，以老病不赴。曾主讲江汉书院。湖广总督额伦将以真儒荐，固辞不起。著有《关学编》5卷、《尚书质疑》8卷、《礼记汇编》8卷、《春秋原经》2卷、《丰川易说》10卷、《诗说》20卷、《江汉书院讲义》、《丰川全集》28卷、续集34卷等。事迹见《清史稿》卷四八〇、《清史列传》卷六六、李桓《国朝耆献类征初编》卷四〇六、刘青芝《王征君先生心敬传》(《碑传集》卷一二九)。

按：唐鉴《清儒学案小识》曰："关中之学，二曲倡之，丰川继起而振之，与东南学者，相应相求，俱不失切近笃实之旨焉。"《清史稿》本传曰："心敬论学，以明、新、止至善为归。谨严不逮其师，注经好为异论，而《易》说为笃实。其言曰：'学《易》可以无大过矣，是孔子论《易》，切于人身，即可知四圣之本旨。'著有《丰川集》、《关学编》、《丰川易说》。"《清史列传》本传曰："从李颙游，讲明正学。其论学以明新止至善为归，谓：'诸儒主静，识仁穷理，居敬立大本，致良知诸旨，总不出明新止至善之范围。'至推阐《易》理，尤为笃实，谓：'学《易》可以无大过，是孔子明《易》之切于人身，即是可知四圣人系《易》之本旨。'又谓：'汉唐之《易》只成《训诂》，宋明之《易》多簸弄聪明。《训诂》非《易》而《易》在，聪明乱《易》而《易》亡。'著《丰川易说》十卷，明白正大，切近人事，有裨学者。……心敬为学明体达用，西陲边衅初开，即致书戎行将吏，筹画精详，所言多验。集中《选举》、《饷兵》、《马政》、《区田法》、《圃田法》、《井利说》、《井利补说》诸篇，皆可起行。桂林陈宏谋官陕时，你其绪论，小试辄效。"

陆奎勋卒(1663—)。奎勋字聚侯，号星坡，又号陆堂，浙江平湖人。康熙六十年进士，改翰林院庶吉士，散馆，授编修，充《明史》纂修官。后病归，主广西秀峰书院，创立学规，仿朱熹白鹿洞遗意，成就甚众。著有《春秋义存录》12卷、《戴记绪言》4卷、《陆堂文集》20卷、《陆堂诗集》16卷、续诗集8卷及《陆堂易学》10卷、《陆堂诗学》12卷、《今文尚书说》3卷等。事迹见《清史稿》卷四八四、《清史列传》卷六七、李桓《国朝耆献类征初编》卷一二五、郑方坤《陆太史奎勋小传》(《碑传集》卷四八)。

按：《四库全书总目提要》谓其《春秋义存录》"力破《春秋》一字褒贬之说，颇能扫《公》、《谷》拘例之失与宋儒深刻严酷之论"，但亦有矫枉过正之弊。又谓其《戴记绪言》"大旨以《礼记》多出汉儒，不免有附会古义之处，而郑康成以下诸家，又往往牵合穿凿以就其说，乃参考诸经，旁采众说以正之。每篇各以小序为纲，而逐字逐句条辨于后。然自信太勇，过于疑经疑传，牵合穿凿，亦自不能免也"。又评《今文尚书说》曰："是编皆订补蔡沈《书传》之阙失，大抵推求于字句之间，离合参半，所解惟伏生二十八篇，而古文则置之不言，盖用吴澄《书纂言》之例，未为无见。而所附《古文尚书辨》二篇，不引梅鷟，阎若璩的然有证之言，而又变为《古文尚书》半真半伪之说。自称年将及艾，于《诗》、《礼》、《春秋》撰成经说三十八卷，梦见孔子，心似别开一窍者，凡于《书》之真赝，一览自明云云，其亦近于语怪矣。"《清史列传》本传曰："生平诵法朱子，不遗余力，剖朱、陆异同之处，不激不随。仪封张伯行命作《正学论》，奎勋以为：'有孟子，斯可以辟杨、墨，若以仪、秦而距杨、墨，未信为圣人之徒也。有朱子斯可与象山、同甫往复辨论，即入室弟子如北溪、果斋诸儒，亦未闻有舍己夸修，而日事排击者。且诵法朱子，不徒诵其遗书，必当效法其持身之严、教家之肃，正心诚意，以格君非，建书院，刊《六经》，以教育士子；举行社仓，兴复水利，蠲减木炭税银，以利济民生，然后足称朱门嫡嗣也。'伯行深以为然。初于医卜、术数、韬钤、步算，以及二氏书，靡弗泛览；后乃一意说经。……自谓：'《六经》注我，而后可以我注《六经》，兼合《六经》以注一经。'著有《陆堂易学》十卷，宗朱子者十之六，宗诸儒者十之四，间亦有释以己意。得力在《说卦》一篇，足该全《易》。而以《坤以藏之》章为归藏象，《帝出乎震》章为连山象。"

马朴臣卒(1683—)。朴臣字相和,一字春迟,号渔山,安徽桐城人。雍正十年举人,官中书舍人。乾隆元年举博学鸿儒,与试未用。著有《春迟诗稿》。事迹见李桓《国朝耆献类征初编》卷一四四、郑方坤《马朴臣小传》(《碑传集》卷六〇)。

李卫卒(1686—)。卫字又玠,江苏铜山人。康熙末入赀为员外郎,历官刑部尚书、直隶总督等。雍正十二年,任《重修畿辅通志》总裁。事迹见《清史稿》卷三九四、《清史列传》卷一三、蔡冠洛《清代七百名人传》第一编、袁枚《直隶总督兵部尚书李敏达公卫传》(《碑传集》卷六九)。

阿旺赤烈嘉措卒(1688—)。阿旺赤烈嘉措,甘肃卓尼人。幼年依禅定寺阿旺索南薤度出家。康熙四十九年被委任为禅定法台。后进京被封为国师,赐禅定寺匾额及金印。在卓尼第十一代土司支持下,于康熙六十年开刻卓尼版藏文大藏经《甘珠尔经》,雍正九年告竣。

王豫卒(1698—)。豫字敬所,号立甫,浙江长兴人。诸生。与全祖望、杭世骏交善切磋学问。深于《诗》、《礼》,不为穿凿蹈袭之语,注重有实见。著有《孔堂私学》、《孔堂初集》、《孔堂文集》、《种竹轩诗钞》、《蕉窗日记》等。事迹见《清史列传》卷七三、李桓《国朝耆献类征初编》卷四三二、《王豫传》(《碑传集补》卷五一)。

年希尧卒,生年不详。希尧字允恭,汉军镶黄旗人。年遐龄子。雍正间官至工部右侍郎,以弟年羹尧获罪,革职。著有《集验良方》、《测算刀圭》3卷、《视学》、《面体比例便览》、《对数表》等。事迹见《清史列传》卷一二。

巴丹益喜(—1780)、顾九苞(—1781)、任大椿(—1789)、管世铭(—1798)、章学诚(—1801)、丁杰(—1807)、吴省兰(—1810)、钱伯坰(—1812)、张燕昌(—1814)、费振勋(—1816)、刘权之(—1818)、余集(—1823)生。

乾隆四年 己未 1739年

三月初一日丁未(4月8日),乾隆帝准陕西学政嵩寿奏,提倡童生习经学。

初三日己酉(4月10日),准山东学政徐铎奏,以"通经致用"奖掖士子。

四月初一日丁丑(5月8日),举行己未科殿试。

按:此次殿试改变以往对策体裁,并由乾隆帝亲自命题。策问题目包括蠲免、铜禁、关税、河工、吏治、八旗生计、银贱钱贵等社会政治经济重大问题,也涉及到为政宜宽宜严等方针政策。乾隆帝谓"凡此数事,皆朕时廑于怀而未得其要领者",命太和殿前的贡士328人"不拘体制,详切陈之"(《清高宗实录》卷九二)。旋大学士等又遵旨议定殿试策文新格式,凡四六颂联等华而不实的骈语概不准用。

初四日庚辰(5月11日),乾隆帝亲定己未科会试三鼎甲:状元庄有恭(广东番禺人),榜眼涂逢震(江西南昌人),探花秦勇均(江南金匮人)。是科会试主考官为大学士赵国麟、吏部尚书甘汝来。取中一甲进士及第庄有恭等3人,二甲进士出身陆秩等90人,三甲同进士出身杨任仁等235人,共328人。

初八日甲申(5月15日),《钦定四书文》告成,方苞有《进四书文选表》。

按:该书编注者方苞遵旨选录了明朝制义486篇,入清后制义297篇,以"清正雅正"为入选标准。《进四书文选表》曰:"食礼部俸、教习庶吉士臣方苞谨奏:乾隆元年六月,钦奉圣谕,命臣苞精选前明及国朝制义,以为主司之绳尺,群士之矩矱。臣本无学识,又迫衰残,恭承嘉命,为愧为恐。窃惟制义之兴,七百余年,所以久而不废者,盖以诸经之精蕴,汇涵于四子之书,俾学者童而习之,日以义理浸灌其心,庶几学识可以渐开,而心术群归于正也。伏读圣谕:'国家以经义取士,人心士习之端倪,呈露者甚微,而征应者甚巨。故风会所趋,即有关于气运。'……臣敬遵明旨,别裁伪体,校录有明制义四百八十六篇,国朝制义二百九十七篇,缮写成帙,并论次条例,恭呈御览。伏望万几之暇,俯赐删定,俾主司、群士,永为法程。臣无任战汗陨越之至,谨奉表恭进以闻。"(《方苞集》集外文卷二)《四库全书总目提要》曰:"盖经义始于宋,《宋文鉴》中所载张才叔《自靖人自献于先王》一篇,即当时程试之作也。元延祐中,兼以经义、经疑试士。明洪武初,定科举法,亦兼用经疑。后乃专用经义,其大旨以阐发理道为宗。厥后其法日密,其体日变,其弊亦遂日生。有明二百余年,自洪、永以迄化、治,风气初开,文多简朴。逮于正、嘉,号为极盛。隆、万以机法为贵,渐趋佻巧,至启、祯,警辟奇杰之气日胜,而驳杂不醇。猖狂自恣者,亦遂错出于其间。于是启横议之风,长倾诐之习,文体庞而士习弥坏,士习坏而国运亦随之矣。……是编所录,一一仰禀圣裁,大抵皆词达理醇,可以传世行远。承学之士,于前明诸集,可以考风格之得失;于国朝之文,可以定趋向之指归。圣人之教思无穷,于是乎在,非徒示以弋取科名之具也。"

五月二十一日丙寅(6月27日),乾隆帝准大学士张廷玉等奏,殿试策文,推重经史。

按:大学士张廷玉等奏,遵旨会议殿试策文,向来拘定时格,增饰骈语,仰蒙皇上降谕禁止。臣等细加酌定,应取历朝流传诵习之文,以为成式。并饬各省学政,广行晓谕,务须贯穿古今,陶铸经史。从之(《清高宗实录》卷九三)。

六月初三日戊寅(7月8日),密谕各督抚渐次裁减僧道。

按:谕称,今礼部颁发各省度牒已三十余万张,合师徒计算,则超过六十万人。天下多一僧道,即少一力作农民,各省督抚应徐徐留心,使僧道日渐减少。

七月二十五日己巳(8月29日),《明史》刊刻告成,总裁张廷玉等奉表上奏。

按:张廷玉等《上明史表》曰:"仰惟圣祖仁皇帝搜图书于金石,罗耆俊于山林。创事编摹,宽其岁月。我世祖宪皇帝重申公慎之旨,载详讨论之功。臣等于时奉敕充总裁官,率同纂修诸臣开馆排缵。聚官私之纪载,核新旧之见闻。签帙虽多,抵牾互见。惟旧臣王鸿绪之《史稿》,经名人三十载之用心,进在彤闱,颁来秘阁。首尾略具,事实颇详。在昔《汉书》取裁于马迁,《唐书》起本于刘昫。苟是非之不谬,讵因袭之为嫌。爰即成编，用为初稿。发凡起例，首尚谨严；据事直书，要归忠厚。曰纪，曰志，曰表，曰传，悉仍前史之体裁；或详，或略，或合，或分，务核当时之心迹。文期共喻，扫艰深鄙秽之言；事必可稽，黜荒诞奇袤之说。十有五年之内，几经同事迁流；三百余卷之书，以次随时告竣。……谨将纂成本纪二十四卷，志七十五卷，表十三卷，列传二百二十卷，目录四卷，共三百三十六卷，刊刻告成，装成一十二函，谨奉表随进以闻。"（《明史》附录）梁启超《中国近三百年学术史》曰："现行《明史》，在二十四史中——除马、班、范、陈四书外，最为精善，殆成学界公论了。""官修《明史》自康熙十八年开馆，至乾隆四年成书，凡经六十四年。其中大部分率皆康熙五十年以前所成，以后稍为补缀而已。关于此书之编纂，最主要人物为万季野，尽人皆知。而大儒黄梨洲、顾亭林，于义例皆有所商榷。而最初董其事者为叶讱庵及徐健庵、立斋兄弟，颇能网罗人才，故一时积学能文之士，如朱竹垞、毛西河、潘次耕、吴志伊、施愚山、汪尧峰、黄子鸿、王昆绳、汤荆岘、万贞一等咸在纂修之例，或间接参定。"

八月初七日辛巳（9月9日），仿朱熹《通鉴纲目》体例，编纂《明季纲目》。

按：谕曰："编年纪事之体，昉自《春秋》。宋司马光汇前代诸史，为《资治通鉴》，年经月纬，事实详明。朱子因之，成《通鉴纲目》，书法谨严，得圣人褒贬是非之义。后人续修《宋元纲目》，上继紫阳，与正史纪传相为表里，便于检阅，洵不可少之书也。今武英殿刊刻《明史》，将次告竣。应仿朱子义例，编纂《明纪纲目》，传示来兹。"（《清高宗实录》卷九八）

是年，国子监算学，额设学生满、汉各十二，蒙古、汉军各六。

按：《清史稿·选举志一》曰："算学隶国子监，称国子监算学。乾隆四年，额设学生满、汉各十二，蒙古、汉军各六。续设汉肄业生二十四。遵御制《数理精蕴》，分线、面、体三部。部限一年通晓。七政限二年。有季考、岁考。五年期满考取者，满、蒙、汉军学生咨部，以本旗天文生序补。汉学生举人用博士，贡监生童用天文生。"

张廷玉、鄂尔泰八月充《明季纲目》馆总裁官，赵国麟、陈德华、尹继善、杨起曾为副总裁官。

鄂尔泰、张廷玉、福敏五月加太保；大学士徐本、查郎阿，吏部尚书讷亲加太子太保；吏部尚书甘汝来、户部尚书海望、兵部尚书鄂善、刑部尚书尹继善、尚书衔徐元梦、直隶总督孙嘉淦、云南总督公庆复皆加太子少保。

方苞奉旨重刊《十三经》、《廿二史》，充经史馆总裁。五月，以庶吉士散馆，补请后到者考试，被人弹劾落职；命仍在《三礼》馆修书。

按：谕曰："方苞在皇祖时，因《南山集》一案，身罹重罪，蒙恩曲加宽宥，令其入旗，在修书处行走效力。及皇考即位，特沛殊恩，准其出旗，仍还本籍。又渐次录用，授职翰林，晋阶内阁学士。朕嗣位之初，念其稍有文名，谕令侍之南书房，且升授礼部侍郎之职。伊若具有人心，定当痛改前愆，矢慎矢公，力图报效。乃伊在九卿班内，假公济私，党同伐异，其不安静之痼习，到老不改，众所共知。适值伊以衰病，请解侍郎职任，朕俞允之，仍带原衔食俸。上年冬月，因伊条奏事件，朕偶尔召见一次，伊出外即私告于人，曾在朕前荐魏廷珍而参任兰枝，以致外间人言藉藉。经朕访闻，令大学士等传旨训饬，伊奏对支吾，朕复加宽容，未曾深究。近访闻得伊向住魏廷珍之屋，魏廷珍未奉旨起用之先，伊即移居城外，将屋让还，以示魏廷珍即日被召之意。又庶吉士散馆届期，伊已将人数奏闻。内阁定期考试矣，伊复于前一日，将新到吴乔龄一名,补请一体考试。朕心即疑之。今访闻得伊所居之屋,即吴乔龄之产,甚觉华焕,显系受托,为之代请。似此数事,则其平日之营私,可以概见。方苞深负国恩,著将侍郎职衔及一切行走之处,悉行革去,专在《三礼》馆修书,效力赎罪。"(《清高宗实录》卷九二)

齐召南充武英殿校勘经史官,又充《明鉴纲目》馆纂修官。

沈德潜年六十七,中进士,改翰林院庶吉士。

按:《清史稿·沈德潜传》曰:"七年,散馆,日晡,高宗莅视,问孰为德潜者,称以'江南老名士',授编修。出御制诗令赓和,称旨。"

袁枚中进士,改翰林院庶吉士。

戴震年十七,始有志于向道。

按:戴震曾于乾隆丁酉(1777)致书段玉裁曰:"仆自十七岁时有志向道,谓非求之六经孔孟不得,非从事于字义、制度、名物无由通其语言。宋儒讥训诂之学,轻语言文字,是犹渡江河而弃舟楫,欲登高而无阶梯也。"(《戴东原先生年谱》)

梅瑴成补光禄寺少卿,总管算学。

陈祖范掌教徐州云龙书院。

按:陈祖范又曾主讲紫阳书院,钱大昕《陈先生祖范传》曰:"居数年,有诏天下设书院以教士,诸大吏闻先生通儒,争先延请为师,先生勉应之。在苏州紫阳书院三年,训课有法,士子至今思之。"(《潜研堂文集》卷三八)

卢见曾复为淮南盐运使。

郑燮与卢见曾结交,赠之以《送都转运卢公(讳见曾)》诗。

蒋振生向朝廷进呈手书《十三经》,赐国子监学正。

按:大学士鄂尔泰等议覆:总河高斌奏称,江南镇江府金坛县贡生蒋振生,依石经式,手书十三经正文,计三百册,共五十函。谨先进《易经》二函,可否将全册五十函进呈。臣等查《十三经》,现奉旨命武英殿儒臣详加校阅。今蒋振生进呈之《易经》二函,字画尚属端楷,应令高斌将全册五十函,送交武英殿,再加校定。如经文果无讹误,字画一律端好,臣等再行具奏请旨。从之。寻据总河高斌将蒋振生手书《十三经》四十八函送到,大学士等以该生年近七旬,志在尊经,请赏给国子监学正职衔。其手书《十三经》,请用枣木板镌刻刷印,以备颁发。疏入报闻(《高宗实录》卷九九)。蒋振生楷书经文后刻石189块,连同谕旨,共刻成石经碑文190块,立于国子监。

李鱓调署山东滕县。

官献瑶中进士,改翰林院庶吉士。

按:官献瑶字瑜卿,福建安溪人。受业于蔡世远、方苞,称高足弟子。以杨名时荐,补助教。历任《三礼》馆纂修、编修,广西、陕甘等地学政等。年八十,卒。著有《读易偶记》3卷、《尚书偶记》1卷、《读诗偶记》2卷、《周官偶记》3卷、《仪礼读》3卷、《春秋传习录》5卷、《石溪文集》16卷等。事迹见《清史稿》卷四八〇、《清史列传》卷六七。

张若霭二月升侍读学士。

高凤翰诬讼事息。

三宝成翻译进士,授内阁中书。

裘曰修中进士,改翰林院庶吉士,散馆,授编修。

王之锐擢国子监助教。

叶酉中进士,改翰林院庶吉士。

按：叶酉字书山,安徽桐城人。师事方苞,精研经学。著有《春秋究遗》16卷、《易经补义》12卷、《诗经拾遗》13卷。《四库全书总目提要》曰：《春秋究遗》"是编多宗其师方苞《春秋通论》,而亦稍有从违。其曰《究遗》者,盖用韩愈《赠卢仝》诗'《春秋》三《传》束高阁,独抱遗经究终始'语也。于胡《传》苛刻之说及《公》、《谷》附会之例,芟除殆尽。于《左氏》亦多所纠正,乃往往并其事迹疑之。"

汪士慎春日游浙江,是秋归扬州,左目失明。

李方膺因父卒,丁艰回通州。

冯成修中进士,改翰林院庶吉士,散馆,授吏部主事。

按：冯成修字逊求,广东南海人。曾充福建乡试副考官、四川乡试正考官,乾隆二十四年(1759)督学贵州,揭条约十四则以训士。著有《养正要规》、《学庸集要》等。事迹见《清史列传》卷六七。

任陈晋中进士,官安徽徽州府教授。

按：任陈晋字似武,号后山,又号以斋,江苏兴化人。治学精于《周易》,著有《易象大意存解》1卷。

林绪光时任嘉兴府海防同知,于平湖乍浦南门内建九峰书院。

丘兆熊时任浙江上虞知县,建承泽书院。

张在浚时任同知,于浙江玉环建环山书院。

姜顺龙时任福建霞浦知县,建蓝溪书院。

李廷友时任江西临川知县,建青云书院。

李林时任河南淅川县知县,建文兴书院。

李肇梅时任湖北武穴县知县,建梅川书院。

陈钧时任湖北通山知县,建罗峰书院。

施念曾时任广东兴宁知县,建韩苏书院。

印光任时任广东东莞知县,建龙溪书院。

崔邑俊时任奉节知府,建文峰书院。

朱源淳时任云南武定知府,建狮山书院。

岳礼、朱闲圣、侯天章等在陕西汉中建汉南书院。

德国传教士魏继晋抵京,任宫廷乐师。

崔致远著《易注》刊行。

刘青芝著《尚书辨疑》1卷刊行。

尹会一刻《孝经》、《大学衍义》、《近思录辑要》、《文献通考纪要》等书。

胡渭著《洪范正论》5卷刊行。

惠栋著《重卦考》成书。

张廷玉等纂《明史》332卷全部刊行,有《上明史表》。

按：是书流行版本达十余种,其中比较好的有乾隆武英殿初刊本、开明书店二十五史本、商务印书馆影印百衲本、中华书局校勘标点本等。对《明史》的全面考订研究,以清末王颂蔚的《明史考证捃逸》最早。

沈廷芳纂《鉴古录》成书。

戴维德·休谟发表《人性论》。

J.F.格罗诺维斯发表《弗吉尼加植物群》。

美国天文学家约翰·温思罗普四世发表其著作《太阳黑子录》。

倪国琏著《钦定康济录》6卷进呈。

按：《四库全书总目提要》曰："《钦定康济录》六卷，乾隆四年御定。初，仁和监生陆曾禹作《救饥谱》，吏科给事中倪国琏为检择精要，厘为四卷。会诏翰林科道轮奏经史讲义，国琏因恭录进呈。皇上嘉其有裨于实用，命内直诸臣删润其词，剞劂颁布，因赐今名。其书凡分四门：一曰《前代救援之典》，所录故实，上起唐虞，下及元、明，案朝代先后编次。二曰《先事之政》，分子目六。三曰《临事之政》，分子目二十。四曰《事后之政》，分子目五。又附录者四事。皆先引古事，后系论断。案金穰木饥，天道恒然。尧水汤旱，圣朝不免。其挽回气数，则在于人事之修举。《周礼·荒政》十有二，多主于省事以节财。盖预备之道，已散见于各职故也。我皇上宵衣旰食，轸念民依。或岁星偶沴，禾麦不登。赐蠲贷者动辄数十百万，赐赈恤者亦动辄数十百万。即遇贪墨败度，借拯灾以蚀帑者，尚恐封疆大吏因噎废餐，杜侵冒之风，或靳抚绥之费。纶音宣谕，至再至三；含识之伦，罔弗共喻；仁宏博济，实迈唐虞。是以国琏是编，特邀睿赏。臣等校录之下，仰见勤求民瘼之心，与俯察迩言之意，均迥轶千古也。"

黄宗羲著《明儒学案》62卷由慈溪郑义门第一次刊行。

按：是书成于康熙十五年（1676）以后，据作者《自序》，此书在作者生前即广为传抄，并有许氏刻本、万氏刻本、贾氏刻本三种行世。前二种未刻全，后一种因调整原书的编排顺序，被认为有失作者原旨。是年慈溪郑氏将万氏刻本续完，为后世流传较广的二老阁刻本。后中华书局《四部备要》本，即据郑氏二老阁本排印。

朱奎扬、张志奇修，吴廷华等纂《天津县志》24卷刊行。

李梅宾、程凤文修，吴廷华、汪沆纂《天津府志》40卷刊行。

李舜臣纂《蔚县志》31卷刊行。

蒋光祖修，夏兆丰纂《武安县志》20卷刊行。

胡元朗纂修《天镇县志》8卷刊行。

施念曾修纂《兴宁县志》10卷刊行。

佚名纂《纂集仁寿全志》2卷刊行。

曹抡彬等修，曹抡翰等纂《雅州府志》16卷刊行。

秦仁、王伟修，伍士瑎纂，傅腾蛟等增订《弥勒州志》27卷刊行。

盛熙祚修纂《龙川县志》10卷刊行。

王玮修纂《乾州志》4卷刊行。

李湨修，黄之征纂《内黄县志》18卷刊行。

张淑载修，鲁曾煜纂《祥符县志》22卷刊行。

吴起九修，杨廷栋等纂《宣城县志》32卷刊行。

胡承谋修纂《湖州府志》50卷刊行。

林正清纂《小海场新志》10卷刊行。

李国相修纂《广德直隶州志》30卷刊行。

鄂尔泰、张廷玉等奉敕撰《钦定八旗通志初集》250卷成书。

按：《四库全书总目提要》曰："《八旗通志初集》二百五十卷，雍正五年世宗宪皇帝敕撰。乾隆四年告成，御制序文颁行。凡《八旗分志》十七卷，《土田志》五卷，《营建志》三卷，《兵职志》八卷，《职官志》十二卷，《学校志》四卷，《典礼志》十五卷，《艺文志》十卷，《封爵世表》八卷，《世职表》二十四卷，《八旗大臣年表》八卷，《宗人府年表》

一卷,《内阁大臣年表》二卷,《部院大臣年表》二卷,《直省大臣年表》五卷,《选举表》四卷,《宗室王公列传》十二卷,《名臣列传》六十卷,《勋臣传》十九卷,《忠烈传》十二卷,《循吏传》四卷,《儒林传》二卷,《孝义传》一卷,《列女传》十二卷。……太祖高皇帝初建四旗,后分为八,亦与古制符。至于臂指之相维,奇正之相应,千变万化,倏忽若神,则与阴阳往来,乾坤阖辟,同一至妙而不测。非古制所能尽矣,迨世祖章皇帝定鼎燕京,取五行相克之用,以蓝旗属水而居南,黄旗属土而居北,白旗属金而居东,红旗属火而居西,以环卫紫垣。百有余年,规模无改。故此篇以兵制为经,而一切法令、典章、职官、人物条分而为纬。鸿纲细目,体例详明。案籍披图,足以见列圣开基,贻谋远大。又以见生聚教养,日炽日繁,万万年盘石之业,卜巩固于无疆焉。"

张师栻、张师载编《张清恪公年谱》2卷刊行,雷鋐应约撰《张清恪公年谱序》。

按：是为张伯行的年谱。《张清恪公年谱序》曰:"天下有正学,斯有正人。盖天理所恃以常存,世道所赖以不坠者也。仪封张清恪公,扬历中外,位跻正卿,一以忠清恭谨,自结主知。其勋德在太常,而生平行事尤详见于《年谱》。其居乡居官,在在以倡明正学为切务。鋐窃谓世有口谈道学,当利害祸福之介,手颤色变,气馁而不克自持者,以视公之笃志力行,历患难颠沛而不渝,其相去为何如? 方公之抚吴也,秉道嫉邪,权奸反噬,议者深文坐公。我圣祖委任益笃。噫! 公之操守不移,固守道君子所难。而圣祖之任贤勿贰,可谓君臣相遇,千载一时者矣。公前抚吾闽,首辟鳌峰书院,访九郡之俊而礼致之,以程、朱之道倡引后进。维时漳浦蔡文勤公实得其心传。迨文勤公嗣主讲席,鋐始受学鳌峰,因得读公所刊儒先诸书,而幸有闻焉。癸卯试礼部,谒公邸第。公时掌秩宗,年已七十余,接遇后生小子,如恐或失。于是益叹公之所自任者重,而其睢望后人,无有穷已也。公殁且十五年,嗣君属序公《年谱》。自顾愚懦,惴惴焉惧负当年教泽,无以称公属望。然渊源所自,安敢自外于门墙? 天下后世,读此而闻风兴起,抑又何殊于亲炙之也哉!"(雷鋐《经笥堂文钞》卷上)

明左光斗著《左忠毅公集》刊行,附左宰编《左忠毅公年谱》2卷。

厉鹗编定《樊榭山房集》诗8卷、词2卷,序而刊之。

按：《四库全书总目提要》曰:"(厉鹗)生平博洽群书,尤熟于宋事,尝撰《宋诗纪事》一百卷、《南宋院画录》八卷、《东城杂记》二卷,又与同社作《南宋杂事诗》七卷,皆考证详明,足以传后。其诗则吐属娴雅,有修洁自喜之致,绝不染南宋江湖末派。虽才力富健尚未能与朱彝尊等抗行,而恬吟密咏,绰有余思,视国初西泠十子则翛然远矣。前集诗,分甲、乙、丙、丁、戊、己、庚、辛八卷,附以词,分甲、乙二卷,为康熙甲午至乾隆己未之作。《续集》亦诗八卷,而以《北乐府》一卷、《小令》一卷附焉,则己未至辛未作也。"

夏敬渠著《唐诗臆解》2卷成书。

沈德潜编《明诗别裁集》12卷刊行。

按：是书自明初刘基、宋濂等人到明末陈子龙、张溥等人为止,共收录作者340人,诗1000余首。明末清初的明诗选本有《明诗选》、《列朝诗集》、《明诗综》等。沈德潜以为它们各有偏颇,于是参考各选本和诗稿,重新选录编定此书。其编纂意图和选诗标准便是他所提倡的"温柔敦厚"的诗教,强调诗的"厚人伦,匡政治"的功用,以及尊盛唐、主格调的论诗主张。有乾隆四年(1739)刻本,中华书局1975年缩印本,上海古籍出版社1979年排印本。

屈复著《玉溪生诗意》8卷刊行。

朱泽沄著《朱止泉先生文集》8卷刊行。

姜宸英著《姜西溟先生文抄》4卷刊行。

马位著《秋窗随笔》1卷成书，有自序及杭世骏序。

陈宏谋编辑《养正遗规》2卷成书。

按：是书与《教女遗规》、《训俗遗规》、《从政遗规》、《在官法戒录》合称《五种遗规》，汇辑自汉至清约80位名人学儒的遗训，涉及启蒙、养性、修身、治家、处世、居官、读书及社会教育等方面的内容。

张庚著《国朝画征录》3卷刊行。

许昂霄著《词韵考略》1卷成书。

胡鸣玉著《订讹杂录》10卷刊行。

按：是书专门考订声音文字之讹，《四库全书总目提要》称是书"但引古书，互相参证，不欲多生新意，自见所长，所以言皆有据，所得反较诸家为多"。

尤怡著《医学读书记》3卷，徐大椿作序。

鄂尔泰等奉敕始纂《医宗金鉴》。

王善辑《治心斋琴学练要》5卷刊行。

王澍卒（1668——　）。澍字若霖，号虚舟、竹云，江苏金坛人。康熙五十一年进士，改翰林院庶吉士，散馆，授编修，充《三朝国史》、《治河方略》、《御纂春秋》三馆纂修官。又以善书，充《五经》篆文馆总裁官。精于鉴古，尤善书法。著有《大学本文》1卷、《大学古本》1卷、《大学困学录》1卷、《中庸本文》1卷、《中庸困学录》1卷、《集程朱格物法》1卷、《集朱子读书法》1卷、《禹贡谱》2卷、《白鹿洞规条目》20卷、《淳化秘阁法帖考证》10卷、《虚舟题跋》10卷、《竹云题跋》4卷等。事迹见《清史稿》卷五〇三、《清史列传》卷七一、李桓《国朝耆献类征初编》卷一三五、震钧辑《国朝书人辑略》卷三、蔡冠洛《清代七百名人传》第五编。

按：《清史稿·艺术传一》曰："自明、清之际，工书者，河北以王铎、傅山为冠，继则江左王鸿绪、姜宸英、何焯、汪士鋐、张照等，接踵而起，多见他传。大抵渊源出于明文徵明、董其昌两家，鸿绪、照为董氏嫡派，焯及澍则于文氏为近。澍论书尤详，一时所宗。"《四库全书总目提要》评《竹云题跋》曰："皆其临摹古帖题跋，裒合成编。澍本工书，故精于鉴别，而于源流同异考证尤详。"

嵇曾筠卒（1670——　）。曾筠字松友，号礼斋，江苏无锡人。康熙四十五年进士，改翰林院庶吉士，散馆，授编修。历任江南河道总督、浙江海塘工程总理，是清代著名治河专家。官至文华殿大学士兼吏部尚书。卒谥文敏。与修《浙江通志》，著有《防河奏议》、《师善堂集》。事迹见《清史稿》卷三一〇、《清史列传》卷一六、李桓《国朝耆献类征初编》卷一六、蔡冠洛《清代七百名人传》第三编、《嵇曾筠传》（《碑传集》卷七六）。

孔继涵（　—1783）、程际盛（　—1796）、钱维乔（　—1806）、戴璐（　—1806）、陈本礼（　—1818）生。

乾隆五年　庚申　1740年

四月,河南巡抚雅尔图奏言:豫省民俗,崇尚邪教。近查获天主教书《睿鉴录》一本,镌刻龙文,朱字黄面,系西洋人戴进贤奏折,及他所奉谕旨。雅尔图奏请缴销此书。乾隆帝命海望查奏。

普鲁士兼并西里西亚。

宾夕法尼亚大学建立。

五月十二日辛亥(6月5日),命理藩院每五年将蒙古王、贝勒、贝子、公、台吉等源流档册家谱重新缮写一次进呈,同时将旧档家谱换出。

八月十六日甲寅(10月6日),举行仲秋经筵,命讲官"勿尚铺张溢美之虚文"。

按:谕曰:"经筵之设,原欲敷宣经旨,以献箴规。朕观近日所进讲章,其间颂扬之词多,而箴规之义少,殊非责难陈善,君臣咨儆一堂之意。盖人君临御天下,敷政宁人,岂能毫无阙失?正赖以古证今,献可替否,庶收经筵进讲之益。若颂美过甚,不能实践躬行,反滋朕心之愧。此后务剀切敷陈,期有裨于政治学问。勿尚铺张溢美之虚文,而无当于稽古典学之实义。"(《清高宗实录》卷一二五)

九月初七日乙亥(10月27日),大学士等议覆理藩院应行各事宜:一、重修蒙古律书;二、酌改《蒙古定例》中有关偷盗首从的规定;三、酌改蒙古聘妻之礼等六项。从之(《清高宗实录》卷一二六)。

十月十二日己酉(11月30日),训诸臣精研理学。

按:谕曰:"朕命翰詹科道诸臣,每日进呈经史讲义,原欲探圣贤之精蕴,为致治宁人之本。道统学术,无所不该,亦无往不贯。而两年来,诸臣条举经史,各就所见为说,而未有将宋儒性理诸书,切实敷陈,与儒先相表里者。盖近来留意词章之学者,尚不乏人,而究心理学者盖鲜。即诸臣亦有于讲章中系以箴铭者。古人鉴盘几杖,有箴有铭,其文也,即其道也。今则以词藻相尚,不过为应制之具,是歧道与文而二之矣。总因居恒肄业,未曾于宋儒之书沉潜往复,体之身心,以求圣贤之道。故其见于议论,止于如此。夫治统原于道统,学不正则道不明。有宋周、程、张、朱子,于天人性命大本大原之所在,与夫用功节目之详,得孔孟之心传,而于理欲、公私、义利之界,辨之至明。循之则为君子,悖之则为小人。为国家者,由之则治,失之则乱。实有裨于化民成俗,修己治人之要。所谓入圣之阶梯,求道之途辙也。学者精察而力行之,则蕴之无德行,学皆实学;行之为事业,治皆实功。此宋儒之书,所以有功后学,不可不讲明而切究之也。今之说经者,间或援引汉唐笺疏之说。夫典章制度,汉唐诸儒有所传述,考据固不可废。而经术之精微,必得宋儒参考而阐发之,然后圣人之微言大义,如揭日月而行也。惟是讲学之人,有诚有伪,诚者不可多得,而伪者托于道德性命之说,欺世盗名,渐启标榜门户之害。此朕所深知,亦朕所深恶。然不可以伪托者获罪于名教,遂置理学于不事,此何异于因噎而废食乎!"(《清高宗实录》卷一二八)

十月二十九日丙寅(12月17日),乾隆帝颁谕,以朱子"学以为己"之说训饬士习流弊。

> 按：谕曰："士为四民之首，而太学者，教化所先，四方于是观型焉。比者，聚生徒而教育之，董以师儒，举古人之成法规条，亦既详备矣。独是科名声利之习，深入人心，积重难返。士子所为汲汲皇皇者，惟是之求，而未尝有志于圣贤之道。不知国家以经义取士，使多士由圣贤之言，体圣贤之心，正欲使之为圣贤之徒，而岂沾沾焉文艺之末哉。朱子同安县谕学者云：'学以为己，今之世，父所以诏其子，兄所以勉其弟，师所以教其弟子，弟子之所以学，舍科举之业，则无为也。使古人之学止于如此，则凡可以得志于科举，斯已尔。所以孜孜焉爱日不倦，以至于死而后已者，果何为而然哉？今之士惟不知此，以为苟足以应有司之求矣，则无事于汲汲为也。是以至于惰游而不知反，终身不能有志于学，而君子以为非士之罪也。使教素明于上，而学素讲于下，则士子固将有以用其力，而岂有不勉之患哉？诸君苟能致思于科举之外，而知古人之所以为学，则将有欲罢不能者矣。'观朱子此言，洵古今通患。夫'为己'二字，乃入圣之门。知为己，则所读之书，一一有益于身心，而日用事物之间，存养省察，闇然自修，世俗之纷华靡丽，无足动念，何患词章声誉之能夺志哉。况即为科举，亦无碍于圣贤之学。朱子云：'非是科举累人，人累科举。若高见远识之士，读圣贤之书，据吾所见，为文以应之，得失置之度外，虽日日应举，亦不累也。居今之世，虽孔子复生，也不免应举。然岂能累孔子也。'朱子此言，即是科举中为己之学。诚能为己，则《四书》、《五经》皆圣贤之精蕴，体而行之，为圣贤而有余。不能为己，则难举经义、治事而督课之，亦糟粕陈言，无裨实用，浮伪与时文等耳。故学者莫先于辨志，志于为己者，圣贤之徒也；志于科名者，世俗之陋也。国家养育人才，将用以致君泽民，治国平天下。而囿于积习，不能奋然求至于圣贤，岂不谬哉！朕膺君师之任，有厚望于诸生。适读朱子书，见其言切中士习流弊，故亲切为诸生言之，俾司教者知所以教，而为学者知所以学。"（《清高宗实录》卷一二九）

　　王鸣盛与钱载、韦谦恒订交。
　　戴震随父文林客南丰，课学童于邵武。
　　段玉裁是年从祖父发蒙。
　　赵翼年十四，始课举业。
　　纪昀自京归应童子试。
　　卢文弨始治《仪礼》，以家藏无此书遂辍业。
　　卢见曾以前控案受惩，自扬州遣戍伊犁。

> 按：卢见曾被遣出塞至军台效力，高凤翰与张珩、叶芳林共绘《雅雨山人出塞图》，并在图上加跋。卢见曾也在图上自题一诗，其众多好友都在这幅图上留下诗篇，使这幅图成为稀世之珍。高凤翰还有《为雅雨山人题〈出塞图〉》、《即日再别雅雨公》、《闻鸡再送雅雨山人出塞》等诗，又作《龥桐图》并诗，以怀念卢见曾。

　　夏之璜自愿随卢见曾出塞。

> 按：夏之璜《庚申秋从卢雅雨先生留别同学诸子》曰："乾隆丁巳先生转运两淮被劾，听部议于扬州，己未十月为先生五十诞辰，璜走祝于董相祠，十二月乃有军台效力之命。一时慰藉者皆失色。窃念先生孑然万里，心为之动。客间乃请从行，先生辞谢，意示未以为即真。正月璜归，密为治装，潜告孔君体仁为绘《负笈图》，间以示一二知己。四月先生以书来讯，遂以《负笈图叙》缄寄之。五月乃就道。予之志决

然于绝域而不移者,盖所以报知己之恩,亦不欲自欺其心云尔。"(丘良任《清代边塞诗人夏之璜及其〈塞外橐中集〉》,《内蒙古大学学报》1985年第二期)

杨椿受命入京修《明鉴纲目》,前后居馆局二十余年。

王昶从陈麟诗受业。

尹会一自河南入为副都御史,始与方苞相见,寻以终养告归。

沈心客扬州,与郑板桥订交于金农寓楼。

李鱓于滕县罢官。

张照时任刑部右侍郎,闰六月十九日奏请保护元臣郭守敬所制,现存观象台上之简仪、浑仪、仰仪等天文仪器。得旨允行。

按:《清史稿·张照传》曰:"五年,复授刑部侍郎。照言:'律例新有更定,校刻颁行诸行省,期以一年。旧轻新重者,待新书至日遵行,不必驳改;旧重新轻者,刑部即引新书更正。庶一年内薄海内外早被恩光。'特旨允行。"

江永随程恂入都,与方苞、吴绂、杭世骏等论学问难。

按:戴震《江慎修先生事略状》曰:"先生尝一游京师,以同郡程编修恂延之至也。《三礼》馆总裁、桐城方侍郎苞,素负其学,及闻先生,愿得见,见则以所疑《士冠礼》、《士昏礼》中数事为问,先生从容置答,乃大折服。而荆溪吴编修绂,自其少于礼仪功深,及交于先生,质以《周礼》中疑义,先生是以有《周礼疑义举要》一书。此乾隆庚申、辛酉间也。"(《戴东原集》卷一二)

章烁在安徽铜陵建五松书院。

王恕时任福建巡抚,于福州建考志书院。

黄靖世时任福建龙岩知县,建双洋书院。

詹广誉时任江西广丰县知县,建丰溪书院,又名致道书院。

徐元勋在江西奉新县建冯川书院。

张尔谦时任河南宜阳县训导,建甘棠书院。

赵开元时任河南新乡知县,建鄘南书院。

章琦时任知州,于河南禹州建育贤书院。

徐荀龙时任河南内乡县知县,建味经书院。

安洪德时任绵阳知州,建左绵书院。

刘炽时任四川资阳知县,建雁江书院。

刘乃大时任知州,于四川开县建仰白书院。

唐秉刚时任陕西泾阳知县,建瀛洲书院。

茹玺时任甘肃正宁知县,建罗川书院。

程廷祚著《易通》成书,历时五载,有自序。

按:程廷祚《自序》曰:"危者使平,易者使倾,天之命也,《易》之道也。吉凶悔吝,其端不可穷,待其至而图之,则无及也。是兴神物,以前民用,圣人教天下以忧患而已矣。以忧患生其心,则天德为我用,天德为我用,则能知天下之险阻,而自致于无咎之地。是故极天下之颐者存乎卦,鼓天下之动者存乎辞,其大指可一言而尽也。智者居而安焉,乐而玩焉,而天下无余事矣。愚者不能然,则使以尊天敬神之意,致谨于著策而不敢肆,亦何在而非《易》之本教与!春秋以前,晦于卜筮,孔子作传,深明观象玩辞之法。乃由秦汉以来,异端曲学窜伏其中,不可致诘。笺注之作,日增月

威廉·斯图克莱著成《史前巨石群》。

路易斯·卡斯蒂尔著成《光学色彩》。

盛,各自执其所是,而《易》几为天下裂。廷祚生乎二千余年之后,睹群言之淆乱,始尝泛滥求之,而窃有疑焉。以为三圣人之设卦系辞,当必有其故,清夜思之,不知涕之无从。既有所见,不能自已,爰自乾隆丙辰,迄于庚申,五易寒暑,著《易通》如干卷。乃尽去旧说之未安者,以求合于孔子之说,以上溯乎伏羲、文王之意,而冀其万有一得。"(《易通》卷首)

朱璎著《周易辑要》5卷成书,有自序。

按:《四库全书总目提要》曰:"是书成于乾隆庚申,不言河洛,亦不取朱子变卦之说,颇能芟除枝蔓。惟逐句诠释,辞义虽洁净而未精微。"

惠士奇著《易说》6卷刊行。

按:《四库全书总目提要》曰:"是书杂释卦爻,专宗汉学,以象为主。然有意矫王弼以来空言说经之弊,故征引极博,而不免稍失之杂。……然士奇博极群书,学有根柢,其精研之处实不可磨,非暖暖姝姝守一先生之言者所可仿佛。一二微瑕,固不足累其大体也。"

胡积善著《岑构堂易解》12卷刊行。

姜兆锡著《春秋公谷汇义》12卷刊行,有自序。

周大璋著《左传翼》38卷,张廷璐作序。

敕编《世宗宪皇帝圣训》36卷成书。

倪国琏著《钦定康济录》6卷刊行。

重修《大清律例》47卷成书,刊布全国。

按:清入关后,于顺治五年(1648年)制订出第一部完整的法典——《大清律集解附例》,颁布天下。后经康熙、雍正两朝屡次增删,至乾隆初又命群臣对原有律例逐条考证,重加编辑。至本年律成,定名《大清律例》,共律436条、附例1049条。《大清律例》的颁布,标志着清朝法制已经走向成熟和完备。《四库全书总目提要》曰:"《大清律例》四十七卷,乾隆五年奉敕撰,御制序文颁行。凡律目一卷,诸图一卷,服制一卷,名例律二卷,吏律二卷,户律七卷,礼律二卷,兵律五卷,刑律十六卷,工律二卷,总类七卷,比引律条一卷。前列凡例十则及顺治初年以来奏议,而恭录世祖章皇帝御制序一篇、圣祖仁皇帝谕旨一道、世宗宪皇帝御制序一篇、谕旨一道,冠于卷首。盖我朝律文,自定鼎之初,即诏刑部尚书吴达海等详考《明律》,参以国制,勒为成书,颁布中外。康熙九年,大学士管刑部尚书事对喀纳等,复奉诏校正,旋又谕部臣于定律之外,所有条例,或删或存,详为考定,随时增改,刊附律后。逮雍正元年,大学士朱轼、尚书查郎阿等,奉诏续成。我皇上御极之初,即允尚书傅鼐之请,简命廷臣,逐条考正,以成是编。纂入定例凡一千余条。而皇心钦恤,道取协中。凡谳牍奏陈,皆辨析纤微,衡量情法,随事训示,务准其平。以昭世轻、世重之义。又每数载而一修,各以新定之例分附于后。在廷之臣,恭聆玉音,或略迹而原心,或推见以至隐。折以片言,悉斟酌于天理人情之至信。圣人留心庶狱,为千古帝王之所无,而是编亦为千古之玉律金科矣。"

李方膺著《山东水利略》4卷刊行。

乔履言纂修《富平县志》8卷刊行。

雷正修,景象元纂《陵川县志》30卷刊行。

李云骕、李秉修纂《渠县志》4卷刊行。

文曙修,张弘映纂《峨眉县志》12卷刊行。

黄海修,蒋若渊纂《兴安县志》10卷刊行。

庄大中修纂《东安县志》4卷刊行。

李棠修，田实发纂《沛县志》10卷刊行。

严有禧修纂《莱州府志》16卷刊行。

华度修，蔡必达纂《亳州志》16卷刊行。

李廷友修，李绂纂《临川县志》49卷刊行。

沈钟修纂《屏南县志》8卷刊行。

戚孩言修，孙发曾纂《连江县志》13卷刊行。

周于仁、胡格纂《澎湖志略》刊行。

刘谦、陈锡辂修，夏兆丰纂《新德府志》24卷刊行。

鲁之裕修，靖道谟纂《湖北下荆南道志》28卷刊行。

禹殿鳌修，方弘履纂《沔阳州志》30卷刊行。

刘青芝、刘青莲纂《古汜城志》10卷刊行。

沈德潜修纂《元和县志》32卷刊行。

段一骙等修，黄祖文等纂《增修醴陵县志》15卷刊行。

徐炯文校订《姜公桥徐氏宗谱》。

按：徐炯文自号翔云山人，浙江乐清人。另著有《翔云野啸》、《翔云经义》、《春秋韵语》、《随园笔记》。

姚培谦著《松桂读书堂集》8卷刊行，有自序。

沈尧咨辑《濮川诗钞》34种刊行。

沈彤辑《吴江沈氏诗集录》12卷成书。

丁鹤著《丁芝田诗草》1卷、《兰皋诗抄》1卷。

高凤翰自编诗集《鸿雪集》成书。

陆奎勋著《陆堂文集》20卷、诗集16卷、续集8卷刊行。

按：《四库全书总目提要》曰："是集前有《自序》，谓'在长洲汪琬、秀水朱彝尊之间'。其文内《序问》、《考辨》诸篇，亦颇博辨。然说经好为异论，颇近毛奇龄，尚不及琬与彝尊也。"

陈仪著《陈学士文集》18卷刊行。

李绂著《穆堂初稿》50卷在广东刊行，王恕作跋。

常安著《潘水三春集》12卷成书，有自序。

王应奎著《柳南随笔》6卷成书，顾士荣作序。

江永著《翼梅》8卷成书，有自序。

布颜图著《画学心法问答》。

倪涛著《六艺之一录》406卷、《续编》12卷成书，有自序。

按：《四库全书总目提要》曰："（倪涛）平生笃志嗜学，年几百岁，犹著书不辍，贫不能得人缮写，皆手自钞录，及其家妇女助成之。是编犹出其亲稿，凡分六集：一曰金器款识，二曰刻石文字，三曰法帖论述，四曰古今书体，五曰历朝书论，六曰历朝书谱。凡六书之异同，八法之变化，以及刊刻墨迹之源流得失，载籍所具者，无不裒辑。其间只录前人成说，不以己意论断，或有彼此异论，舛互难合者，亦两存其说，以待后人之决择。盖自古论书者，唐以前遗文绪论，惟张彦远《法书要录》为详，若唐以后论书之语，则未有赅备于是者矣。虽采摭既多，所录不必尽雅，条例太广，为例亦未能悉纯，然排比贯串，上下二千余年，洪纤悉具，实为书家总汇，梗柟杞梓，萃于邓林，不以榛楛勿翦为病也。所著别有文德翼《佣吹录注》及刊削郦道元《水经注》,今皆未见其本,不知存佚,然传此一编,其余亦不必计矣。"

杨屾著《豳风广义》10卷成书。

王维德著《外科证治全生集》4卷成书,有自序。

按:作者晚年将祖传效方及亲治验方,撰成《外科症治全生集》(又名《外科全生集》)4卷,为吴门外科全生派的代表作。该书与明南通陈实功的《外科正宗集》、清代嘉庆年间无锡高秉钧的《疡科心得集》,合为明清江苏中医外科三大派,分别被称为"全生派"、"正宗派"、"心得派"。

马维翰卒(1693—)。维翰字默临,又字默麟,号侣仙,浙江海盐人。康熙六十年进士。雍正二年,选吏部主事,迁员外郎,补陕西道监察御史。乾隆二年官江南常镇道。著有《默麟诗》12卷、《默麟古文》10卷、《旧雨集》2卷。事迹见《清史稿》卷三〇〇、《清史列传》卷七一、李桓《国朝耆献类征初编》卷二〇〇、桑调元《常镇道马君维翰传》(《碑传集》卷八二)。

钱沣(—1795)、彭绍升(—1796)、冯应榴(—1800)、谷际岐(—1816)、崔述(—1816)、董浩(—1818)、曹锡龄(—1820)、潘奕隽(—1830)生。

乾隆六年　辛酉　1741年

法人占领布拉格。

维也纳城市剧院建立。

正月初四日庚午(2月19日),命各省督抚学政留心采访近世以来"研究六经,阐明性理"之著述,随时进呈。

按:谕曰:"从古右文之治,务访遗编。目今内府藏书,已称大备,但近世以来,著述日繁,如元、明诸贤,以及国朝儒学,研究六经,阐明性理,潜心正学,醇粹无疵者,当不乏人。虽业在名山,而未登天府。著直省督抚学政,留心采访,不拘刻本、钞本,随时进呈,以广石渠、天禄之储。"(《清高宗实录》卷一三四)

二月初十日乙巳(3月26日),规定嗣后满洲进士同汉人进士一例,亦照依甲第名次,选用知县。

十二日丁未(3月29日),举行仲春经筵,儒臣进讲《中庸》、《尚书》。

三月二十九日甲午(5月14日),乾隆帝命将太祖、太宗、世祖、圣祖、世宗五朝《实录》及《圣训》依次进呈,以"循环览诵"。

七月初一日癸亥(8月11日),乾隆帝颁谕,称自幼及今,一直研读《朱子全书》。

按:谕曰:"朕自幼读书,研究义理,至今《朱子全书》未尝释手。所谓'廓然而大公,物来而顺应'者,朕时时体验,实践躬行。"(《清高宗实录》卷一四六)

初七日己巳(8月17日),定顺天乡试同考官阅卷回避例:南省人回避南皿卷,北省人回避北皿卷,边省人回避中皿卷,满洲、汉军回避满字、合字卷。

八月三十日壬戌(10月9日),湖广总督那苏图奏:通山县民全崇相刊刻其父、已故举人全渊《四书宗注录》一部,其书有推崇"逆犯"吕留良之处。乾隆帝命追出书板销毁,至于全崇相愚昧无知,照例处置即可。

九月二十五日丁亥(11月3日),命销毁湖南粮储道谢济世所著《大学注》、《中庸疏》。

> 按:谢济世曾因撰写《大学注》,雍正帝责其怨望谤讪,几乎死于刀下。乾隆帝即位后,召谢济世还京师,仍为御史。谢济世又将《大学注》并《中庸疏》进呈,说明所注《大学》遵古文,不遵程朱,希望乾隆帝容许对道学的不同解释。当时乾隆帝仅退还其书,予以申饬。至是,乾隆帝得知谢济世已将《大学注》等刊行,遂命传谕湖广总督孙嘉淦将谢著即行销毁(详见《清高宗实录》卷一五一)

十月十四日乙巳(11月21日),谕曰:《大清律例》刊刻颁行后,不得轻议纷更,擅改成书。

十一月初五日丙寅(12月12日),命续纂《律吕正义》后编。

> 按:《律吕正义》系康熙五十二年(1713)奉旨纂修,雍正三年(1725)刊刻完成。乾隆帝因书中殿陛中和韶乐音律节奏与乐章字句未协,所载乐章,尚有阙遗,疑系未定之本,故命续编。庄亲王允禄,侍郎张照等遵旨查明《律吕正义》原委后,建议续纂《律吕正义》后编,奉旨准行。

初七日戊辰(12月14日),改动进士、举人铨选班次。

十二月十一日壬寅(1742年1月17日),《清世宗实录》及《圣训》告成。

十五日丙午(1月21日),《蒙古律例》告竣。

是年,准俄罗斯所遣陪臣子弟入监学习满、汉书。

命直省学宫设先贤、先儒神位。

方苞以所著《周官义疏》进呈,乾隆帝阅后命发刻。本年,与江永论《仪礼》。

杭世骏始参采黄虞稷之书录,复为之补缺,作《黄氏书录序》。

赵翼丁父忧。

王昶年十八,应学使试,以第一入学。本年始肆力于古文词。

汪绂始授徒于家塾。

秦蕙田充顺天武乡试副考官。

诸锦充福建乡试正考官。

蒋溥充浙江乡试正考官。

刘统勋时任左都御史,十二月奏请裁抑大学士张廷玉势力。

汪由敦充文颖馆副总裁,又充顺天武乡试正考官。

陈兆崙充湖北乡试正考官。

李绂充江南乡试正考官,惊叹严长明之才,嘱方苞、杨绳武善视之;严长明遂执经二人门下。是年,李绂充《明史纲目》馆副总裁,寻补光禄寺卿。

程廷祚作《上李穆堂先生论书院书》致江南乡试主考李绂，论书院教育之事。

按：程廷祚《上李穆堂先生论书院书》曰："窃谓今之教法，虽不能骤进于古，宜于天下之书院，慎选其掌教事者，而仿苏湖、鹿洞之遗意以为教。入其中者，必先行谊，而治经治史，务使各尽其材，以核其实，而勿责以科举之文，则不患其学之不成矣。其考试之法，参稽于督抚藩司。其取之之法，不必入于乡举，略仿唐人进士宏词之制。九载而后，有司岁拔其尤者数人，贡于太学视举人，太学又拔其尤者视贡士，以待天子之廷试而与以出身。如此则人皆勉于实行，劝于实学，而朝廷收得人之效矣。以此与科举之法相辅而行，似为有益。"（《青溪集》卷九）

张廷璐六月充江西乡试正考官。

尹会一与李塨门人张珂论学。

全祖望游杭州，得见赵昱藏宋重和板《五经字样》，作《重和五经字样板本题词》。

按：全祖望《重和五经字样板本题词》曰："唐开成《石经》之末，有张司业《五经文字》、唐待诏《九经字样》附勒于石。暨晋开运中，田祭酒合二书为一，造成板本，是为《五经字样》。及宋重和中，又重修之，顾其书不甚传。乾隆辛酉，得见于杭之赵氏，系宋刻，为明文渊阁本。吾友谷林征士之子诚夫摹钞之，而疏开成石本之异同于其下。前年，扬之征士马四半查得宋搨开成石本，已雕之矣。予乃亟令并刻此编，而诚夫喜为难得之书，令予题之。……近日藏书之富，大江以北推马氏，大江以南推赵氏，故开成之旧刻，重和之编，骈聚于二家，其亦学者稽古之幸也夫。"（《鲒埼亭集外编》卷二三）

张照充《律吕正义》馆总裁，荐董洪、缪模入馆纂修；张坚、黄之隽辞不入馆。张照采访在京精通乐律的西方传教士，得德理格、魏继晋、鲁仲贤3人，他们以西洋乐器作中国曲子，次年作成乐曲和歌词16首，备宫廷演奏。张照又为乾隆帝作宫廷御用剧曲，得闵潮协助。

郑燮九月入京候补官缺。

万年茂充山东乡试正考官。

杨屾上条陈给陕西布政使帅念祖，请求由省府出面倡导种桑养蚕。

按：杨屾在条陈中提出了切实可行的推广蚕桑"八策"，得到帅念祖的支持，下令各府、州、县大力推广蚕桑。不到十年，陕西关中、陕南，甚至陕北很多地方蚕业很快发展起来，在省城和凤翔、三原等地区还设立了蚕局和蚕馆，负责推广和作具体的技术指导。

李为栋时任知府，在山西长治文昌书院旧址重建讲堂书舍，更名启文书院。

秦士望时任福建连城县知县，建五贤书院。

许勉燉时任河南荥阳知县，改建振雅书院。

鲍志周时任河南浚县知县，建黎阳书院。

梁观我时任河南潢川知县，建南城书院。

张廷琛在湖南茶陵县改建洣江书院。

蒋一瓩等在湖南衡阳建东洲书院。

涂振楚时任广西横州司马，建松冈书院。
黄锷时任四川双流知县，建景贤书院。
杨纯伯时任四川江津知县，建几水书院，又名几江书院。
沈潜时任四川大足知县，建棠香书院。
史进爵时任四川什邡知县，建方亭书院。
刘墧时任四川简阳知县，建凤山书院。
陈庆门时任四川达州知州，建汉章书院。
孙镛时任四川宣汉知县，建集贤书院。
林谷时任四川万源知县，建铜城书院。
马湘时任四川汉源知县，建崇文书院。
伊斯兰教阿訇马明心自1728年赴阿拉伯朝觐求学，至是学成回国。携归《古兰经》、《穆罕买斯》、《曼达耶亥尔》三部经书。

朱采治著《易经大全会解》4卷刊行。
江永始著《周礼疑义举要》。
蒋衡著《易卦私笺》2卷刊行，高斌作序。
按：《续修四库全书总目提要》曰："是书之作，盖因其阅《周易》，疑先儒谓四圣人各为己说，恶有舍六画而自发论之理，遂作此书。"
赵继序著《周易图书质疑》24卷刊行。
按：赵继序字芝川，安徽休宁人。乾隆六年举人。《清史列传·赵继序传》曰："继序治经，于汉、宋无所偏主。尝谓训诂、制度、义理，皆儒者所当研究。或因精力不及，分门别户，互相刺谤。学者不知其方，流弊滋甚。所著《周易图书质疑》二十四卷，以象数言《易》，而不主陈、邵河洛之说，首为古经，次释经义，次为图三十有二，各系以说，而终以《大衍象数考》、《春秋传论易考》、《易通历数周易考》、《异卦爻类象》。其书多从卦变起象，而兼取汉宋诸儒之说，持论颇平允。"
崔纪著《成均课讲周易》成书。
方苞著《周官义疏》48卷成书。
陈鈜著《四书晰疑》成书。
按：陈鈜字宏猷，嘉定人。另著有《四书就正录》19卷。
汤斌著《洛学编》5卷刊行。
王懋竑著《朱子年谱》成书，王箴传作《跋》，乔汲作《后叙》。
按：王懋竑编是书，历时二十余年，四易其稿，力疾成编，至易篑前数日，犹不忍释手。书后又附《朱子年谱考异》4卷、《朱子论学切要语》2卷。梁启超《中国近三百年学术史》曰："这部书经二十多年，四易稿然后做成，是他一生精力所聚，也是研究朱学唯一的好书。……我们要知道朱子是怎样一个人，我以为非读这部书不可，而且读这部书也足够了。"王氏的《朱子年谱》在取材和论断方面，有主观片面之失，后来道光末年，夏炘撰有《述朱质疑》一书，对王书多有纠弹。
敕编《清世宗宪皇帝实录》成书。
敕纂《蒙古律例》成书。
敕纂《上谕内阁》159卷。

第一本德文译本的莎士比亚作品出版。
托马斯·贝特通著成《英国戏剧史》。
戴维·休谟著成《道德与政治论》。

鄂尔泰等奉敕纂《中枢政考》32卷，又辑成《满文无圈点字典》。

鄂尔泰、张广泗修，靖道谟、杜佺纂《贵州通志》46卷刊行。

按：《四库全书总目提要》曰："《贵州通志》四十六卷，国朝大学士鄂尔泰等监修。其书与《云南通志》同时纂次，司其事者亦姚州知州靖道谟，继之者则仁怀知县杜佺也。其视各省通志，成书最后，至乾隆六年，刊刻始竣，总督管巡抚事张广泗奉表上之。贵州僻在西南，苗蛮杂处。明代始建都指挥司，后改布政司，分立郡县，与各行省并称。而自唐、宋以前，不过羁縻弗绝，尚未能尽辟狉榛。故古来纪载寥寥，最为荒略。明赵瓒始创修《新志》。其后谢东山、郭子章及本朝卫既齐等，递事增修，渐有轮廓。终以文献难征，不免阙漏。惟田雯之《黔书》，笔力颇称奇伟，而意在修饰文采，于事实亦未胪具。此书综诸家著述，汇成一编，虽未能淹贯古今，然在黔省舆记之中，则详于旧本远矣。"

曹秉仁纂《宁波府志》36卷刊行。

张奎祥修，李之兰、张德泰纂《同州府志》20卷刊行。

方学成修，梁大鲲纂《夏津县志》10卷刊行。

黄泳修，汪于雍等纂《成县新志》4卷刊行。

刘蒸雯修《邢台县志》18卷刊行。

杨大昆修，钱戢曾纂《怀安县志》24卷刊行。

毛峻德修纂《鹤峰州志》2卷刊行。

高世荣修，李莲纂《钟祥县志》10卷刊行。

黄衮修，郭彦博纂《崇阳县志》10卷刊行。

郑昌龄修，梅廷驯纂《宁都县志》8卷刊行。

王植修纂《新会县志》13卷刊行。

魏绾修，陈张翼纂《南海县志》20卷刊行。

耿昭需修纂《武缘县志》16卷刊行。

孙镶修纂《东乡县志》2卷刊行。

全祖望著《困学纪闻三笺》成书。

按：清初阎若璩、何焯都曾对王应麟的《困学纪闻》作过笺注，全祖望是年在扬州，取阎、何二本合起来加以校订，"冗者删简，未尽者则申其说，其未及考索者补之，而驳正其纰谬者，又得三百余条"（《困学纪闻三笺序》），因此，其书胜过阎、何二书。

陈宏谋重刊《司马文正公传家集》成书，并作《司马光年谱》附于书后。

黄叔璥著《中州金石考》8卷成书，有自序。

按：《四库全书总目提要》曰："是书……成于乾隆辛酉。所录中州金石，自商、周以至元、明，搜采颇富。然既以十府三州分目，则疆域井然，不容牵混，而郏县苏轼《蜀冈诗》石刻，第八卷内乃两收，此类未免失检。又所载金石，皆不著其存亡。即如自序中明言汉碑祇存其七，而所载汉时金石乃至百二十种，则是据前人所述，概为录入。其中重刻者、传疑者又不尽著其由来，殊非记实之意。又每种之下，宜一一具载立石年月，撰书人姓名，其不可考者，则著其阙文，方足征信。而是书或著或否，则体例亦未画一。至于郡县地名，古今沿革之殊，或前人著录称某碑在某州县，而今改其名者，亦宜疏明，以资考核。如石梁今已为县，而称《徐庶母碑》在州城东之类，尤端委未明。是皆由辑时未尝亲见原碑，或据金石旧书，或据郡县诸志故也。"

顾天成著《离骚解》1卷成书。

按：《四库全书总目提要》曰："是编成于乾隆辛酉。大旨深辟王逸以来求女譬求君之说，持论甚正。"

吴敬梓著《文木山房集》4卷由方𪭢刊行。

赵廷栋编《宋百家诗存》28卷刊行，有自序。

万邦荣著《红崖草堂诗集》12卷刊行。

吴培源著《会心草堂集》6卷刊行。

汪筠著《谦谷集》6卷刊行。

刘一峰著《秘书三种》刊行。

尹会一著《健余札记》4卷成书，有自序。

钱佳、丁廷烺编《魏塘文陈》13卷成，丁廷烺作序。

刘坚著《修洁斋闲笔》8卷刊行。

按：刘坚字青城，号曲江，江苏无锡人。另著有《说部精华》。

徐大椿著《医贯砭》2卷成书，有自序。

按：《四库全书总目提要》曰："初，明赵献可作《医贯》，发明薛氏《医案》之说，以命门真水真火为主，以八味丸、六味丸二方通治各病。大椿以其偏驳，作此书辟之。考八味丸即《金匮要略》之肾气丸，本后汉张机之方。后北宋钱乙以小儿纯阳，乃去其肉桂、附子，以为幼科补剂，名六味丸。至明太医院使薛己，始专用二方，为补阳补阴要药，每加减以治诸病。其于调补虚损，未尝无效。献可传其绪论，而过于主持，遂尽废古人之经方。殆如执诚意正心以折冲御侮，理虽相贯，事有不行。大椿攻击其书，不为无理。惟词气过激，肆言辱詈，一字一句，索垢求瘢，亦未免有伤雅道。且献可说不能多验，今其书已不甚行，亦不必如是之诟争也。"

郑之任著《农桑易知录》3卷刊行。

张琰著《种痘新书》成书。

陈梦雷卒（1651— ）。梦雷字则震，一字省斋，福建侯官人。康熙九年进士，选翰林院庶吉士，授编修。因受耿精忠伪职，被发配尚阳堡。康熙四十年与修《古今图书集成》，任总裁。著有《周易浅述》8卷、《松鹤山房集》29卷、《闲止书堂集》等。事迹见李桓《国朝耆献类征初编》卷一一六、陈寿祺《陈编修梦雷传》（《碑传集》卷四四）。

徐元梦卒（1655— ）。元梦字善长，号蝶园，舒穆禄氏，满洲正白旗人。康熙十二年进士，历康熙、雍正、乾隆三朝，曾任尚书、大学士及外省大吏，长于满、汉文翻译，康熙帝以为"现今学翻译者，无能过之"。曾充《明史》监修总裁、《世宗实录》副总裁，又与鄂尔泰等主持纂辑《八旗满洲氏族通谱》。卒谥文定。事迹见《清史稿》卷二八九、《清史列传》卷一四、李桓《国朝耆献类征初编》卷一二、蔡冠洛《清代七百名人传》第一编、陈兆崙《太子少保礼部侍郎徐公元梦行状》（《碑传集》卷二二）。

按：《清史稿》本传曰："徐元梦以讲学负声誉，大学士明珠欲罗致之，其迁词曹直讲筵，明珠尝荐于上。徐元梦以明珠方擅政，不一至其门，而掌院学士李光地亦好讲学,贤徐元梦及侍讲学士德格勒,亟称于上前,二人者每于上前相推奖;明珠党蜚语谓与光地为党。二十六年夏,上御乾清宫,召陈廷敬、汤斌、徐乾学、耿介、高士奇、孟亮揆、徐潮、徐嘉炎、熊赐瓒、励杜讷及二人入试,题为理学真伪论。方属草,有旨诘二人,德格勒于文后申辩,徐元梦卷未竟。上阅毕,于德格勒及赐瓒有所谯让,命同试者互校,斌仍称徐元梦文为是。"

万经卒(1659—)。经字授一,号九沙,浙江鄞县人。万斯大子。从黄宗羲学。康熙四十二年进士,授翰林院编修。官至贵州学政。乾隆元年,举博学鸿词,不赴。所著今仅存《分隶偶存》2卷。曾增补万斯大《礼记集解》、万斯同《列代编年》和万言《明史举要》等。事迹见《清史稿》四八一、《清史列传》卷六八、李桓《国朝耆献类征初编》卷一二三、震钧辑《国朝书人辑略》卷三、全祖望《提督贵州学政翰林院编修九沙万公神道碑铭》(《鲒埼亭集》卷一六)。

按:《清史稿》本传曰:"黄宗羲移证人书院于鄞,申明刘宗周之学。经侍席末,与闻其教。及长,传父、叔及兄言之学,又学于应撝谦、阎若璩。"全祖望《提督贵州学政翰林院编修九沙万公神道碑铭》曰:"公为充宗先生子……受《三礼》说数十万言、《春秋》说数十万言于充宗先生,又受《三礼》说数十万言于季野先生,受《易》说数十万言于世父正符先生斯祯,受《尚书》说数千言于从兄言,又受辟佛之说数万言于公择先生。此其经学也。受《明史》纪传三百卷及列代史表数十种于季野先生,受《明史纲目》及《崇祯长编》于从兄言。此其史学也。而公又叩性理之学于应征士嗣寅,求汉隶原委于郑君谷口,参考《通鉴地理笺释》于阎征士百诗,其博且精也。……公之归也……于是增补充宗先生《礼记集解》又数万言;《春秋》定、哀二公未毕,又续纂数万言;少尝取从兄《尚书》说辑成一编,至是又整顿之,以成万氏经学。从兄《明史举要》未毕,续纂二十余卷;又重修季野先生《列代纪年》,以成万氏史学。又辑《九沙分隶偶存》。此其晚年著述之目也。"(《鲒埼亭集》卷一六)

传教士巴多明卒(1665—)。巴多明字克安,法国人。天主教耶稣会传教士。康熙三十七年随白晋来华,在内廷供职,为圣祖讲授人体解剖学。雍正七年设立译学馆,受命主其事。著有《德行谱》、《济美篇》、《巴函选译》。

王懋竑卒(1668—)。懋竑字予中(一作与中),号白田,江苏宝应人。康熙五十七年进士,授安庆府教授。雍正元年与蔡世远同被召见,授翰林院编修。著有《朱子年谱》4卷及《朱子文集注》、《朱子语录注》、《读经记疑》、《读书记疑》16卷、《白田杂著》8卷、《白田草堂集》24卷等。事迹见《清史稿》卷四八〇、《清史列传》卷六七、李桓《国朝耆献类征初编》卷一二二、钱大昕《王先生懋竑传》、王箴传《文林郎翰林院编修予中王公行状》(《碑传集》卷四八)。

按:王懋竑一生治学,主要精力用在整理、研究朱子之学方面,焦循《国史儒林文苑传议》曰:"他人讲程朱理学,皆浮游剿袭而已。惟懋竑一生用力于朱子之书,考订精核,乃真考亭功臣。"(《雕菰集》卷一二)在《李孝臣先生传》中,焦循对王懋竑对扬州学派敦崇实学的创始之功,作了高度评价,其云:"吾郡自汉以来,鲜以治经显者。国朝康熙、雍正间,泰州陈厚耀泗源天文历算,夺席宣城;宝应王懋竑予中,以经学醇儒为天下重。于是词章浮缛之风,渐化于实。"(《雕菰集》卷二一)钱大昕在为王懋竑所撰传中,将他和阎若璩、胡渭、万斯同、惠栋、江永、戴震等人相提并列。梁启超《中国近三百年学术史》曰:清人所作的年谱中,"其最佳者,如王白田之《朱子年谱》。彼终身仅著此一书,而此一书已足令彼不朽。朱子之人格及其学术真相皆具焉。"

惠士奇卒(1671—)。士奇字天牧,一字仲孺,晚号半农居士,学者称红豆先生,江苏吴县人。康熙四十八年进士,授编修。提督广东学政。乾隆初为侍读。学问渊博,尤精于经学,为吴派经学倡导人。所著尚有《易说》6卷、《礼说》14卷、《半农春秋说》15卷、《大学说》1卷及《半农人诗》、《交食举隅》3卷等。事迹见《清史稿》四八一、《清史列传》卷六八、李桓《国朝耆献类征初编》卷一二四、蔡冠洛《清代七百名人传》第四编、钱大昕《惠先生士奇传》(《潜研堂文集》卷三八)。

按:《清史稿》本传曰:"士奇盛年兼治经史,晚尤邃于经学,撰《易说》六卷,《礼说》十四卷,《春秋说》十五卷。于《易》,杂释卦爻,以象为主,力矫王弼以来空疏说经之弊。于《礼》,疏通古音、古字,俱使无疑似,复援引诸子百家之文,或以证明周制,或以参考郑氏所引之汉制,以递观周制,而各阐其制作之深意。于《春秋》,事实据《左氏》,论断多采《公》、《谷》,大致出于宋张大亨《春秋五礼例宗》、沈棐《春秋比事》,而典核过之。《大学说》一卷晚出,'亲民'不读'新民'。论格物不外本末终始先后,即絜矩之不外上下前后左右,亦能根极理要。又著《交食举隅》三卷,《琴笛理数考》四卷。"《四库全书总目提要》评论《半农春秋说》曰:"士奇父周惕,长于说经,力追汉儒之学。士奇承其家传,考证益密,于三《礼》核辨尤精。是书以礼为纲,而纬以《春秋》之事,比类相从,约取三《传》附于下,亦间以《史记》诸书佐之。大抵事实多据《左氏》,而论断多采《公》、《谷》。每条之下,多附辨诸儒之说。每类之后,又各以己意为总论。"虽"未免过信汉儒,物而不化,然全书言必据典,论必持平,所谓元元本本之学,非孙复等之枵腹而谈,亦非叶梦得等之恃博而辨也。"江藩《国朝汉学师承记》曰:惠士奇"受业弟子最知名者,余古农、同宗艮庭两先生,如王光禄鸣盛、钱少詹大昕、戴编修震、王侍郎阑泉先生,皆执经问难,以师礼事之。钱少詹为先生作传,论曰:'宋元以来,说经之书盈屋充栋。高者蔑弃古训,自夸心得,下者剿袭人言,以为己有。儒林之名,徒为空疏藏拙之地,独惠氏世守古学,而先生所得尤深,拟诸汉儒,当在何邵公、服子慎之间,马融、赵岐辈不能及也。'"

黄商衡卒(1677—)。商衡字景淑,改名商衡,江苏常州人。治学专究先儒性理之书,尤好刘宗周《人极图说》,推衍其义,贯以《论语》、《大学》、《中庸》及张载、朱熹绪言,辑为一书,题曰《困学录》。事迹见《清史列传》卷六七、李桓《国朝耆献类征初编》卷四〇九。

钱本诚卒(1693—)。本诚字胄伊,江苏太仓人。雍正五年进士,改翰林院庶吉士,散馆,授编修。十年典试广东。乾隆三年,复典试试广西,晋赞善。以亲老乞归,旋卒。著有《待致草》、《北窗闲览》、《培园诗抄》。事迹见震钧辑《国朝书人辑略》卷五。

钱坫(—1806)、陈克恕(—1809)、邹炳泰(—1825)生。

乾隆七年　壬戌　1742年

<small>普鲁士败奥地利。第一次西里西亚战争结束。</small>

正月二十六日庚寅(3月2日),湖广总督孙嘉淦奏,谢济世所注经书已经销毁。

二月十四日甲辰(3月20日),定拔贡十二年举行一次。

按:前此选拔贡生或数十年一举,或十二年一举,嗣后改为六年一举,结果人多缺少,有妨举人铨选之路。且拔贡本是生员中之优者,应科举时自可脱颖而出,不专借选拔为进身之阶。出于以上考虑,乾隆帝命拔贡十二年举行一次,并永为定制。

四月初四日癸巳(5月8日),乾隆帝亲定壬戌科会试三鼎甲:状元金甡(浙江仁和人),榜眼杨述曾(江南阳湖人),探花汤大绅(江南阳湖人)。是科会试主考官为大学士鄂尔泰、刑部尚书刘吴龙,取中一甲进士及第金甡等3人,二甲进士出身张进等90人,三甲同进士出身卓道异230人,共323人。

初七日丙申(5月11日),停文武互试。

按:康熙五十三年(1714),准文武生员、举人互相乡、会试,惟只准一次。至是御史陈大玠奏准,将文武乡、会互试即行停止。

七月初三日庚申(8月3日),《明史纲目》馆总裁官鄂尔泰建议:将元至正十五年明太祖起兵以后,迄至正二十八年闰七月元顺帝北奔沙漠以前,另编《明史前纪》,列于今所修《纲目》明太祖洪武元年八月之前,《明史前纪》中明祖据实称名、称吴国公、称吴王,"则一代开基之事实既详,千古君臣之名义亦正"(《清高宗实录》卷一七〇)。得旨准行。

是月,《御定历象考成后编》告成。

按:《历象考成(前编)》成书于康熙六十一年(1722),其书大多沿袭《崇祯历书》所采第谷天体运行说。至是《后编》书成,对《前编》颇有修正之处。

八月初八日甲午(9月6日),举仲秋经筵,因雨,礼部奏请改期,谕不允(《清高宗实录》卷一七二)。

十月二十七日壬子(11月23日),定满员外用先行考试例。

按:给事中杨二酉曾奏称满洲未谙子民之道,用为外任,恐有失闲检。乾隆帝对此论痛加批驳,但又指示吏部于满员外用前,每年考试一次,分别优劣,进呈御览,记名候缺,其文理不通者,不准外用。

十二月初三日戊子(12月29日),告诫翰林科道进呈经史讲义时不得借经史"牵引时事"。

按:谕曰:"朕令翰林科道,轮进经史讲解,原以阐发经义,考订史学也。而年来诸臣所进,往往借经史以牵引时事,或进献诗赋,与经史本题无涉,甚失朕降旨之本意。即如今日翰林周长发,进呈《礼记》讲章,内称皇上先诣齐宫齐宿,审定郊祀乐章,礼明乐备,千载以时。宜其诚敬感格,未郊之先,瑞雪屡降,齐祀之际,风日晴和。大礼既成,宜宣付史馆等语。夫郊庙礼乐,乃皇祖、皇考久定之成规,朕不过略加参定,并非创为制作也。至于郊祀之时,风日晴和,亦适逢其会耳。况江南淮、徐,现被水灾,朕方忧劳儆惕,宵旰不遑,岂肯听受谀词,而遽以为瑞应乎?周长发著严饬行,并将此旨传谕翰林科道等知之。"(《清高宗实录》卷一八〇)

段玉裁读胡安国《春秋传》。

张尔岐遗著《仪礼郑注句读》,由山东巡抚送《三礼》馆。

方苞三月以年老多病乞解书局,回籍调理,赐翰林院侍讲衔。归里后,杜门著书,不接宾客。

刘大櫆以《送望溪先生南归》诗送方苞出都。

江永被举荐为岁贡生,有身穿官服、头戴官帽以耀祖光宗的画像,戴震在画像上题词。

按:戴震所题写的像赞:"慎修夫子玉容赞曰:神范端庄,和若春阳。中秉刚直,严若秋霜。仕止有道,进退可法。允矣令德,匹休前哲。学冠群儒,才优德纯。岁在皇清乾隆壬戌仲秋月既望日受业东原戴震题(章)。"(安徽黄山市博物馆藏)戴震第一次认识江永的时间,段玉裁《戴东原先生年谱》"(乾隆)七年壬戌,二十岁"条记:"婺源江慎修先生治经数十年,精于《三礼》及步算、钟律、声韵、地名沿革,博览综贯,岿然大师。先生一见倾心,取平日所学就正焉。"(《戴震文集》,中华书局1980年版)魏建功的《戴东原年谱》则认为戴震当在乾隆十五年庚午"始见江慎修而师之",并认为段《谱》有误(《戴震全书》七,黄山书社1997年版);而杨应芹在《东原年谱订补》中则提出三条理由,推测"戴震始见江永当在乾隆十八年癸酉三十岁时"(《戴震全书》,黄山书社1997年版)。但从戴震为江永题画看,戴震第一次见江永当在乾隆七年。参见蔡锦芳《戴震生平与作品考论·戴震与江永交游考》,广西师范大学出版社2006年版。

张廷玉四月充殿试读卷官。

沈德潜散馆授编修,乾隆帝称以"江南老名士"(《清史稿·沈德潜传》),在翰林院受命校勘新、旧《唐书》。

杭世骏在京录屈复所作杜甫诗评。

钱人昕年十五,从曹桂芳问学。

姚范中进士,改翰林院庶吉士。

邵齐焘中进士,改翰林院庶吉士,散馆,授编修。

王太岳中进士,改翰林院庶吉士。

许伯政中进士,授四川彭县知县。

按:许伯政字惠堂,一字石云,湖南巴陵人。官至山东道监察御史。著有《易深》8卷、《春秋深》19卷、《诗深》16卷、《全史日至源流》32卷、《事三堂文集》和《益青阁诗集》。

翁方纲中进士,改翰林院庶吉士,散馆,授编修。

邵齐然中进士。

汪由敦充会试副考官。

鄂尔泰充玉牒馆总裁。

钱陈群充会典馆副总裁。

纪昀回京，从董邦达读书。

尹会一与高斌讨论阳明学术。

沈彤馆徐大椿家治医籍，著《释骨》1卷。又作《赠徐灵胎序》，劝徐大椿学经济，以济时务。

沈彤四五月间读宋儒蔡元定《律吕新书》，分撰《律吕新书后记》四篇，予以商榷。

张照疏请矜恤军流罪人妻孥，罪人发各边镇给旗丁为奴，其在籍子孙到配所省视，旗丁不得并没为奴。寻擢刑部尚书，兼领乐部。

袁枚试署溧水县知县。

章学诚父亲章镳中进士，未任职，在家乡教书。

按：章镳对章学诚的为学颇有影响，章学诚在乾隆五十五年(1790)所作的《家书三》中说：在父亲的指导下，"自后观书，遂能别出意见，不为训诂牢笼，虽然时有鲁莽之弊端，而古人大体，乃时有所窥"（《章氏遗书》卷九）。

郑燮是春为范县县令，并兼署朝城县。

万年茂充会试同考官。梁国治、刘墉皆出其门。

邹儒时任浙江庆元知县，建对峰书院。

余应祥时任江西定南知县，建莲塘书院。

何宪古在河南荥阳建三山书院。

徐若阶时任河南鲁山知县，建琴台书院。

龚松林时任河南洛阳知县，建奎光书院、涧西书院、玉虚书院、丽泽书院、敬业书院、椷朴书院。

宋名立在河南汝州将圣学书院改建为养蒙书院。

梁景程时任河南商丘知县，建宁城书院。

翁运标时任河南桐柏知县，建蓼野书院。

李紘时任湖北应城县知县，建文明书院。

于执中时任湖北来凤知县，建岐阳书院和朝阳书院。

张方佳时任湖南城步知县，建白云书院。

陈元才在广东揭阳县建鸿溪书院。

陈冠世时任广东陆丰知县，建龙山书院。

阮懋时任广东鹤山知县，建鹤山书院。

刘暲潭时任广西浔州知府，将浔江书院改建为浔阳书院。

杜枢时任同知，于四川叙永县建蓬莱书院。

王邦光时任陕西渭南知县，建香山书院。

传教士魏继晋、鲁仲贤合作乐曲和歌词16首，备宫廷演奏。

查理·瓦伊纳编纂《合法百科全书》。

杭世骏著《续礼记集说》约是年成书，有自序。

按：杭世骏《续礼记集说序》曰："余成童后，始从先师沈似裘先生受《礼经》，知有陈澔，不知有卫湜也。又十年，始得交郑太史筼谷，筼谷赠以卫氏《集说》。穷日夜观之，采茸虽广，大约章句训诂之学为多，卓然敢与古人抗论者，惟陆农师一人而已。

通籍后，与修《三礼》，馆吏以《礼记》中《学记》、《乐记》、《丧大记》、《玉藻》诸篇相属。条例既定，所取资者则卫氏之书也。京师经学之书绝少，从《永乐大典》中有关《三礼》者，悉皆录出。二礼吾不得寓目，《礼记》则肆业及之。《礼记外传》一书，唐人成伯玛所撰，海宇藏书家未之有也，然止于标列名目，如郊社、封禅之类，开叶文康《礼经会元》之先。……国朝文教覃敷，安溪、高安两元老潜心《三礼》，高安尤为杰出，《纂言》中所附解者，非草庐所能颉颃。馆中同事编耆者，丹阳姜孝廉上均、宜兴任宗丞启运、仁和吴通守廷华，皆有撰述，悉取而备录之，贤于胜国诸儒远矣。书成，比于卫氏减三分之二，不施论断，仍卫例也。"（《道古堂集》卷四）

胗图著《理象解原》4卷刊行。

江永著《近思录集注》14卷成书，有自序。

按：江永《近思录集注序》曰："昔朱子与吕东莱先生晤于寒泉精舍，读周子、程子、张子之书，叹其闳博无涯，恐始学不得其门，因共撷其关于大体、切于日用者，为《近思录》十四卷。凡义理根源，圣学体用，皆在此编。……永自早岁，先人授以朱子遗书原本，沉潜反复有年。今已垂暮，所学无成，日置是书案头，默自省察，以当严师。窃病近本既行，原书破碎，朱子精言，复多刊落。因仍原本次第，裒辑朱子之言有关此录者，悉采入注。朱子说未备，乃采平岩氏及他氏说补之。间亦窃附鄙说，尽其余蕴。盖欲昭晰，不厌详备。由是寻绎本文，弥觉义旨深远，研之愈出，味之无穷。窃谓此录既为四子之阶梯，则此注又当为此录之牡钥。开扃发镭，祛疑释蔽，于读者不无小补。晚学幸生朱子之乡，取其遗编，辑而释之，或亦儒先之志。既以自勖，且公诸同好，共相与砥砺焉。"（《近思录集注》卷首）

又按：《四库全书总目提要》曰："《近思录》虽成于淳熙二年，其后又数经删补，故传本颇有异同。至各卷之中，惟以所引之书为先后，而未及标立篇名，则诸本不殊。至淳祐间，叶采纂为《集解》，尚无所窜乱于其间。明代有周公恕者，始妄加分析，各立细目，移置篇章，或漏落正文，或淆混注语，谬误几不可读。永以其贻误后学，因仍原本次第，为之集注。凡朱子《文集》、《或问》、《语类》中，其言有相发明者，悉行采入分注。或朱子说有未备，始取叶采及他家之说以补之。间亦附以己意，引据颇为详洽。盖永邃于经学，究心古义，穿穴于典籍者深，虽以余力为此书，亦具有体例，与空谈尊朱子者异也。"

沈彤始著《周官禄田考》。

厉鹗著《辽史拾遗》10卷成书。

按：《四库全书总目提要》曰："是书拾《辽史》之遗，有注有补，均摘录旧文为纲，而参考他书条列于下。凡有异同，悉分析考证，缀以按语。……鹗采撷群书，至三百余种，均以旁见侧出之文，参考而求其端绪，年月事迹，一一钩稽。其补唐中和诸人之传，及《礼志》之补幡胜、《乐志》之补聒帐、《舆服志》之补金冠窄袍、《食货志》之补赋税名目，皆采辑散佚，足备考证。鹗《樊榭诗集》中自称所注《辽史》，比于裴松之之《三国史注》，亦不诬也。至于卷末《国语解》，对音舛误，名义多乖。由作史者昧于翻译，故因仍故牍，致失其真。鹗虽正其次第，而索伦旧语，既非所知，故旧史驳文，未能考定。今《三史国语》悉蒙钦定，一洗前代之讹，足以昭示万古。鹗所附赘，存而不论可矣。"

敕纂《国朝宫史》36卷。

张廷玉等纂《吏部则例》成书。

程国栋等纂《嘉定县志》12卷刊行。

左承业纂修《万全县志》10卷刊行。

伍翀修，曹涵、赵星纂《武清县志》18卷刊行。

石杰修，王峻纂《徐州府志》30卷刊行。

包桂修纂《海阳县志》8卷刊行。

永泰修纂《续登州府志》12卷刊行。

刘良璧修纂《重修福建台湾府志》20卷刊行。

张楣修，聂宪纂《郏县续志》1卷刊行。

周来郜修纂《昌邑县志》8卷刊行。

王允谦修，华希闵纂《金匮县志》20卷刊行。

按：华希闵字豫原，江苏无锡人。所著尚有《大学约言》《中庸剩语》1卷、《论孟讲义》《易书诗礼春秋集语》《性理注释》《通鉴地理今释》《延绿阁集》。《清史列传·华希闵传》曰："希闵嗜学，能古文，以力扶正学为己任。生平慷慨尚气节，巡抚张伯行与总督噶礼互揭，主其狱者为张鹏翮，欲庇噶礼罪伯行，希闵上书斥之，几罹祸。后伯行劾布政使牟钦元，鹏翮复劾伯行狂妄，革职，逮镇江。希闵冒死入狱，与伯行相劳苦，鹏翮旧视学江左有声，吴人祠之江阴。至是，鹏翮坐伯行挟诈欺公，议斩，吴人闻之涕泣。希闵因言伯行摧折状，遂共毁鹏翮祠。以此名闻江阴间。"

毕一谦修，耿举贤纂《高唐州续志》2卷刊行。

李以琰修，田实秬等纂《嵊县志》18卷刊行。

李洊德修，汪壎等纂《浮梁县志》20卷刊行。

陈庆门修纂《直隶达州志》4卷刊行。

苏士俊修纂《南宁府志》56卷刊行。

方苞与杨椿考订辑补《汤文正公（汤斌）年谱定本》成书，有序。

陈宏谋辑刊《养正遗规续编》及《训俗遗规》4卷、《教女遗规》3卷、《从政遗规》2卷。

屈复著《弱水集》22卷刊行。

陈鹏年著《陈恪勤公文集》6卷刊行。

晏斯盛著《楚蒙山房文集》20卷刊行。

高宅揆著《香岩小乘》成，有作者自编《高门马太安人年谱》1卷。

吴玉搢著《别雅》5卷成书，程嗣立作序。

按：《四库全书总目提要》曰："是书取字体之假借通用者，依韵编之。各注所出，而为之辨证，于考古深为有功。惟是古人用字，有同声假借，有转音变异，有别体重文，同声转音，均宜入之此书。……然就所征引，足以通古籍之异同，疏后学之疑滞，犹可以考见汉魏以前声音文字之概，是固小学之资粮，艺林之津筏，非俗儒剽窃之书所能仿佛也。"

田同之著《西圃丛辨》32卷成书，有自序。

安歧著《墨缘汇观》成书。

鄂尔泰、张廷玉等奉敕纂《授时通考》78卷成书。

敕纂《钦定协纪辨方书》36卷。

汪士汉辑《秘书廿一种》刊行。

蒋骥著《传神秘要》1卷成书。

按：《四库全书总目提要》曰："骥字赤霄，号勉斋，金坛人。其父衡，字湘帆，后改名振生，以书法名一时，尝写《十三经》，于乾隆五年呈进，特赐国子监学正衔。骥书不逮父，而特以写真名。是编凡二十七目，于一切布局、取势、运笔、设色，皆抒所心得，言之最详。考古人画法，多重写貌人物，故顾恺之妙绝当代，特以是名，然相传画论，则人物花鸟山水为多，其以写真之法勒为一书者，自陶宗仪《辍耕录》所载王绎《写像秘诀》外，不少概见。丹青之家，多以口诀相传，几以为非士大夫之艺。骥是编研析精微，标举格例，实可补古人所未备，正未可贵远贱近，视为工匠之技也。"

杨屾著《豳风广义》10卷刊行。

按：是书由巨兆文、史德溥为之校订文字，然后捐资付刻，有陕西巡抚帅念祖的序，还有杨屾同乡刘芳的序和其门人巨兆文的跋。以后陕西、河南、山东都重刻过。后来又有《关中丛书本》。1962年，农业出版社出版了郑宗元和郑辟疆的校勘本。全书分上、中、下三部分。卷之上，着重论述桑树的地宜、栽桑、种桑和盘桑条法、压条、分桑法、栽地桑法、修抖树法、接桑法等；卷之中，记述了养蚕器具等的准备和各种蚕具；卷之下，第一部分谈蚕丝的织维和机械，第二部分为畜牧，主要是家畜、家禽的饲养和疾病治疗的方法。书前杨屾写给当地政府的陈条，列举北方可以种桑养蚕的道理四条。

黄叔璥卒（1666—　）。叔璥字玉圃，自号笃斋，顺天大兴人。黄叔琳弟。康熙四十八年进士。由户部主事历吏部员外郎、御史、江南常镇扬道。著有《台海使槎录》8卷、《中州金石考》8卷、《广字义》3卷、《近思录集注》、《既倦录》、《南台旧闻》16卷、《南征纪程》1卷等。事迹见《清史列传》卷六七、李桓《国朝耆献类征初编》卷二〇九。

按：《清史列传》本传曰："叔璥记闻博洽，晚岁尤究心先儒书。其学以立诚为本，要其功于笃敬，故自号笃斋。尝语人曰：'道学即正学也，亲正人，闻正言，行正事，斯为实学。不然，空谈性命，何补乎？'博野尹会一巡抚河南，叔璥为其属，每见会一，释辞自下若后进之接师儒，二司为之动色相诧。会一曰：'叔璥立不易行，和而不流，君子人也！'尝取孙承泽增订宋陈善《字义》及陈北溪《字义》、程达原《字训》，为《广字义》三卷。"

陈仪卒（1670—　）。仪字子翙，号一吾，顺天文安人。康熙五十四年进士，改翰林院庶吉士，散馆，授编修，与纂《三朝实录》。官至侍读学士。著有《毛诗臆评》、《学庸私记》、《乡党私记》、《南华经解》、《兰雪斋读离骚》、《广前定录》、《天游录》、《陈学士文集》等。事迹见《清史稿》卷二九八、《清史列传》卷七一、李桓《国朝耆献类征初编》卷七三、符曾《陈学士仪传》(《碑传集》卷四七)。

汪惟宪卒（1682—　）。惟宪字子宜，一字积山，号水莲，浙江仁和人。雍正七年拔贡。工诗善画，鉴赏书画，别真伪甚精。著有《尊闻录》、《积善诗文集》。事迹见《清史列传》卷七一、李桓《国朝耆献类征初编》卷四三二、震钧辑《国朝书人辑略》卷四。

李保泰（　—1813）、汪龙（　—1823）、戚学标（　—1825）生。

乾隆八年　癸亥　1743年

英国败法国于德廷根。

奥地利同萨克森结盟。

德国埃尔兰根大学建立。

二月二十一日乙巳（3月16日），命各省学政务以朱子所辑《小学》命题，考试士子。

按：乾隆帝以"朱子所辑《小学》一书，始自蒙养为立教之术，继以明伦为行道之实，终以敬身为自修之要，于世教民心，甚有裨补"，遂令各省学臣，以《小学》命题，考试士子（《清高宗实录》卷一八五）。

三月初二日丙辰（3月27日），准宗学考试优等之宗室玉鼎柱、达麟图、福喜为进士，一体殿试。

按：清代宗室应试，始于康熙三十六年（1697），诏宗室子第有能力学属文者，准一体编号取中。康熙三十九年（1700）又停止。至是左右两翼宗学考试优等者准作进士，嗣后并照此例行。

四月二十八日辛亥（5月21日），乾隆帝以翰、詹诸臣率多诗酒博弈，定于本月三十日亲试翰林、詹事等官。后经考试，分为四等，升降有差，编修阮学濬等20员俱著休致。

五月二十四日丙午（7月15日），命将历朝《实录》缮写满汉文各1部，送往奉天尊藏。

十月十二日甲戌（11月27日），议复福建漳州朱子祠题词及游酢不应从祀文庙事。

二十六日乙亥（12月11日），命郎世宁画《十骏图》。

按："十骏"系由喀尔喀、科尔沁、和托辉特、翁牛特等蒙古王公贝勒所贡。《十骏图》每轴尺幅略有出入，一般约长238厘米、宽270厘米。郎世宁以工笔重彩画了大小与真马几乎相等的十匹骏马，深得乾隆帝之喜爱，命交懋勤殿，让翰林们评定等次，并特制黑红漆画金龙箱收贮（徐茵《东西方艺术精神交融下的郎世宁绘画——析郎世宁的〈十骏图〉和〈百骏图〉卷》，《文博》2007年第4期）。

是年，赐御书"道南正脉"额予岳麓书院，以褒扬岳麓书院传播朱（熹）张（栻）理学之功。

方苞寻医至浙东，因作天姥、雁荡之游，为文纪之。

全祖望、厉鹗、马曰琯、马曰璐等在扬州举行陶潜诗会。

全祖望为陆钟辉石刻之文天祥画像作长歌。

全祖望闰四月将四十岁之前所撰文结集，得80卷；七月因慈溪郑性卒，撰文纪念，表彰郑氏承继黄宗羲学说之功。

按：全祖望《五岳游人穿中柱文》曰："先生（指郑性）于黄氏之学，表彰不遗余力。南雷一水一火之后，卷籍散乱佚失，乃理而出之，故城贾氏颠倒《明儒学案》之次第，正其误而重刊之。先是，尊府君高州欲立祠于家，以祀南雷而不果。先生成其志，筑二老阁于所居东，以祀南雷及王父秦川观察。春秋仲丁，祭以少牢，黄氏诸孙及同社子弟，皆邀之与祭，使知香火之未坠也。"（《鲒埼亭集》卷二十一》）

杭世骏时为翰林，二月初九日，在考选御史所对《时务策》中，对乾隆帝用人提出批评，遭革职处分。

按：谕曰："昨因考选御史，试以时务策。杭世骏策称，意见不可先设，畛域不可太分。满洲才贤虽多，较之汉人，仅什之三四。天下巡抚，尚满汉参半，总督则汉人无一焉。何内满而外汉也。三江两浙，天下人才渊薮，边隅之士，间出者无几。今则果于用边省之人，不计其才，不计其操履，不计其资俸。而十年不调者，皆江浙之人，岂非有意见畛域等语。国家选举人才，量能器使，随时制宜。自古立贤无方，乃帝王用人之要道。满汉远迩，皆朕臣工，朕为一体，朕从无歧视。若如杭世骏之论，必分别满洲、汉人，又于汉人之中，分别江浙、边省。此乃设意见、分畛域之甚者，何所见之悖谬至此。况以现在而论，汉大学士三缺，江南居其一，浙江居其二；汉尚书六缺，江南居其三；侍郎内之江浙人，则无部无之。此又岂朕存畛域之见，偏用江浙之人乎？至于用人之际，南人多而间用北人，北人多而又间用南人。督抚之中，有时满多于汉，或有时汉又多于满。惟其才，不惟其地，亦因其地，复量其才。此中裁成进退，权衡皆出朕心。即左右大臣，亦不得悉预，况微末无知之小臣乎？且国家教养百年，满洲人才辈出，何事不及汉人。杭世骏独非本朝臣子乎？而怀挟私心，敢于轻视若此。若稍知忠爱之义者，必不肯出此也。杭世骏著交部严察议奏。寻议，杭世骏怀私妄奏，依溺职例革职。从之。"（《清高宗实录》卷一八四）。

齐召南擢中允，迁侍讲，充日讲起居注官。

任启运充《三礼》馆副总裁官，寻升宗人府府丞。

汪师韩充湖南学政，降调入都，大学士傅恒荐入上书房，复授编修。

按：汪师韩字抒怀，号韩门，浙江钱塘人。著有《观象居易传笺》12卷、《孝经约义》1卷、《韩门缀学》5卷、《谈诗录》1卷、《上湖纪岁诗编》5卷、《上湖分类文编》10卷及《诗四家故训》、《春秋三传注解补正》、《文选理学权舆》8卷等。

王昶寻西佘山花影庵遗址，作诗悼明散曲家施绍莘。

沈德潜擢中允，五迁内阁学士。

按：《清史稿·沈德潜传》曰："乞假还葬，命不必开缺。德潜入辞，乞封父母，上命予三代封典，赋诗饯之。"

鄂尔泰掌管翰林院事。

张若霭三月补授翰林院侍读学士，七月授光禄寺卿。

金农在杭州与杭世俊、丁敬等结诗社。

雷鋐七月讲学铅山鹅湖书院，撰《鹅湖诗说》，就朱熹与陆九渊异同阐发己见。

晏斯盛时任湖北巡抚，四月三十日湖广总督阿尔赛疏奏湖北吏治废弛，斯盛被乾隆帝指斥为"假道学"。

按：谕曰："楚省吏治，不意竟废弛至此。汝其实力整饬，不可复似前人之空言无补也。至湖北巡抚晏斯盛，其人乃一假道学者流，而其中不能无他。卿其不可为彼所欺，不过藉其材具，令办事可耳。"（《清高宗实录》卷一八九）

卢见曾自伊犁戍所放还。是年在安徽六安县建赓飏书院。

雅尔哈善时任苏州知府，邀昆山知县吴韬、新阳知县姚士林在昆山城外创建玉峰书屋，后更名为玉山书院。

雅尔哈善在苏州鼓楼坊创建平江学舍和六门义学，以为童蒙读书之地；乾隆二十七年知府李永书并为平江书院。

杨玉先在宁波建蛟川书院，旋由巡抚常安改名为鲲池书院。

刘蓟在浙江安吉建古桃书院，又名盘山书院。

翟云鹏在安徽霍山县建桃溪书院。

陆广森时任福建宁化知县，建云龙书院。

王瀚时任江西永新知县，建禾山书院。

游绍安时任江西南康知府，建旭升书院。

李梦雷时任山东宁阳知县，建东山书院。

朱续志时任河南偃师知县，建西亳书院和首阳书院。

龚松林时任河南洛阳知县，建中山书院、黄鹤书院、洛浦书院、伊川书院、龙门书院。

蒋尚德时任湖北蕲春知府，建麟山书院。

靳树春时任湖北阳新知州，建富川书院。

萧麟趾时任广东普宁知县，建昆冈书院。

张薰时任广东揭阳知县，建榕江书院。

陈哲时任广东惠阳知县，建回澜书院。

黄兴礼时任广东佛山知县，建佛山书院。

毛邑时任广东电白知县，建莲峰书院。

陈谟时任广西镇安府知府，建秀阳书院。

传教士王致诚致信欧洲达沙，称北京圆明园为"万园之园"。

按：圆明园最初是康熙帝赐予皇四子胤禛（即雍正）的花园。雍正即位后，加以扩建，并在园南增建正大光明殿、勤正殿以及内阁、六部、军机处诸值房。乾隆期间，又新建长春园等景致。至乾隆三十五年，圆明三园（即圆明园、长春园、绮春园）的格局基本形成。园中尚有欧式园林建筑，俗称"西洋楼"，由西方传教士郎世宁、蒋友仁、王致诚等设计指导建筑。

法国地理学家让·德·昂维尔绘制成《意大利地图》。

阎若璩著《尚书古文疏证》得程崟资助，在扬州开刻。

按：惠栋因此得见阎氏书稿，故采其说于所著《古文尚书考》。沈彤《古文尚书考序》曰："太原阎百诗，近儒之博且精者，著《尚书古文疏证》五卷，先得定宇之指。定宇书不谋而与之合，文词未及其半，而辨证益明，条贯亦益清云。"（《果堂集》卷五）

郑之侨著《六经图》刊行。

张尔岐著《仪礼郑注句读》17卷刊行。

程廷祚著《春秋识小录》9卷刊行。

按：《四库全书总目提要》曰："是书凡《春秋职官考略》三卷、《春秋地名辨异》三卷、《左传人名辨异》三卷。"其考证职官，"颇为精核"；考证人名，"较为简明"。"则廷祚是书，固读《春秋》家所当知也"。

姚培谦著《春秋左传杜注补辑》30卷成书。

汪绂著《乐经律吕通解》初稿5卷成书。

汪绂著《理学逢源》12卷成书，有自序。

按：汪绂《理学逢源序》曰："绂乡者尝辑《理学逢源》一书，盖欲自求于身心，而得其天性之本然。因是于经书所得，辄以类记之，欲使勿忘，而亦欲同志之人，或因是书以窥圣学之旨，非敢以著书自衒博洽鸣高也。"（《双池文集》卷五）

尹会一著《续北学编》3卷成书。

全祖望为厉鹗作《辽史拾遗序》。

按：《序》曰："同里厉征君博学好古，学者称为樊榭先生。先生长于诗、古文词，手不停披六籍之言，以《辽史》缺略太甚，毕终身之业，详注而辨证之，曰《辽史拾遗》。"

厉鹗等纂《甘泉县志》20卷刊行。

王治纂修《涞水县志》12卷刊行。

王者辅、王畹修，吴廷华纂《宣化府志》42卷刊行。

徐时作修，胡淦等纂《沧州志》16卷刊行。

高景原本，孙孝芬增修，张鳞甲增纂《新安县志》8卷刊行。

费映奎修，孟涛纂《榆社县志》12卷刊行。

王康修，臧岳纂《淄川县志》8卷刊行。

谢仲坛修纂《平江县志》25卷刊行。

宋名立修，韩定仁、屈启贤纂《汝州续志》8卷刊行。

马格修，李弘志纂《重修宝丰县志》5卷刊行。

徐若阶、马慧姿修，傅尔英、宋足发纂《鲁山县全志》9卷刊行。

姚循义修，李正曜等纂《南靖县志》10卷刊行。

李藩修，林鸿、祖德源等纂《浦城县志》13卷刊行。

郑之侨修，蒋垣等纂《铅山县志》15卷刊行。

吴学濂修纂《溧阳县志》12卷刊行。

黄锷修纂《双流县志》7卷刊行。

郑方城修，朱敦修等纂《新繁县志》14卷刊行。

李榕修纂《营山县志》4卷刊行。

管学宣修，万咸燕纂《丽江府志略》2卷刊行。

李梦雷修，刘应荐纂《宁阳县志》8卷刊行。

吴鹗峙修，厉鹗等纂《甘泉县志》20卷刊行。

五格、黄湘修纂《江都县志》32卷刊行。

屈复辑《唐诗成法》12卷刊行。

程梦星著《重订李义山诗集笺注》由东柯草堂重校刊行，附程梦星编《重订李义山年谱》1卷。

杨椿重编《汤文正公年谱定本》1卷由树德堂刊行。

吴元音著《葬经笺注》1卷成书，有自序。

陈道著《癸亥记事》1卷成书，陈用光作跋。

按：《清史列传·陈道传》曰："陈道字绍洙，江西新城人。乾隆十三年进士。幼从父受《小学》《近思录》，庄诵不倦。比长，肄业国子监。合河孙嘉淦一见，许为大器。及师事黄永年,闻为学之要,遂沉潜先儒书,致力于日用动静之际,旁及水利、农田、军政、边防诸务。其论学,专宗濂、洛,兼资陆、王,尤服膺寂感相资之说,与雷鋐、祝洤善,二人斷斷不少假借,道守师说,不为夺也。"

王辅铭编《国朝练音初集》12卷成书。

胡浚著《绿罗山庄文集》24卷,李绂作序。

彭孙遹著《松桂堂全集》37卷、《延露词》3卷刊行。

赵执信著《石黄庵集》成第三卷。

陆钟辉校刊《姜白石诗集》成书。

冯元仲著《天益善堂遗集》10卷刊行。

上官周著《晚笑堂画传》2卷成书,有自序。

姚宏绪辑《松风余韵》51卷刊行。

陈宏谋辑刊《在官法戒录》4卷成书,有自序。

郑燮改定所作《板桥道情》,委司徒文膏开雕。

蒋衡著《书法论》成书。

按：《续修四库全书总目提要》曰：蒋衡"善书法,尝以楷书写十三经,凡八十余万言,阅十二年而成。乾隆时奉旨刻石列太学"。

唐英著《陶冶图说》1卷成书,进呈朝廷。

按：唐英曾管理官府制瓷业二十余年,在仿古和创新方面都有巨大贡献,是清代杰出的制瓷专家。该书记载了当时景德镇制瓷的工艺过程,对于研究清代制瓷史有重要价值。

敕撰《石渠宝笈》和《秘殿珠林》。

法国化学家安托尼·洛朗·拉瓦锡生。

储大文卒(1665—)。大文字六雅,号画山,别号樊桐逸士,江苏宜兴人。储方庆子,储欣从孙。康熙六十年进士,改翰林院庶吉士,散馆,授编修。告归后,主扬州安定书院,学者宗之。著有《存研楼文集》16卷、《存研楼二集》25卷、《存研楼诗集》、《河套志略》1卷、《论形势居》7卷等,与修《词谱》、《曲谱》及《山西通志》230卷。事迹见《清史列传》卷七一、李桓《国朝耆献类征初编》卷一二五。

按：《四库全书总目提要》曰："《存砚楼文集》十六卷,国朝储大文撰。……大文初以制艺名,归田后乃潜心古学,尤究心于地理。故全集十六卷,而论形势者居七卷,凡山川阻隘、边关陁塞,靡不详究,如《荆州论》至十一篇,《襄阳论》至七篇,《广陵西城》一篇,推求古今城郭异地,山川异名,援据史籍,如绘图聚米,当年进退攻守之要,成败得失之由,皆口讲而指画之。他家作史论者,多约略大概,以谈兵作地志者,多凭借今名而论古。国朝百有余年,惟阎若璩明于沿革,大文详于险易,顾祖禹《方舆纪要》考证史文虽极博洽,往往以两军趋战、中途相遇之地,即指为兵家所必争,不及二人之精核也。惟边塞以外如西域诸部,蜀徼各番,验之往往不合。盖当道路未通,异域传闻,图经不备,不能及今日天威耆定,得诸目睹之真。势使之然,固不足怪耳。其它杂文间有隶事太繁之失,而征引典博,终胜空疏,但取其所长可矣。"

沈树本卒(1671—)。树本字厚余,号操堂,浙江归安人。康熙五十一年进士,官翰林院编修。与海宁杨守知、平湖陆奎勋、嘉善柯煜称"浙西四才子"。著有《德本录》、《玉玲珑山阁集》等。事迹见李桓《国朝耆献类征初编》卷一二四、尹继善《沈树本墓志铭》(《竹溪诗略》卷首)。

蒋衡卒(1672—)。衡又名振生,字湘帆,一字拙存,号江南拙叟,又号函潭老布衣,江苏金坛人。曾以书写《十三经》为己任,凡八十余万言,阅十二年而成,马曰琯出巨资,装潢成300册。高斌将书进呈朝廷,授其国子监学正衔。著有《易卦私笺》2卷、《说诗别裁》1卷、《书法论》1卷、《古诗十九首笺》1卷、《杜诗纪闻》1卷、《拙存堂临帖》28卷和《拙存堂诗文集》8卷等。事迹见《清史稿》卷五○三、《清史列传》卷七一、震钧辑《国朝书人辑略》卷三、李桓《国朝耆献类征初编》卷四五三。

按:《清史稿》本传曰:"衡早岁好游,足迹半海内,观碑关中,获晋、唐以来名迹,临摹三百余种,曰《拙存堂临古帖》。晚与(王)澍相期斫胜,每临一书,相从质证。子骥,孙和,并以书世其家。"

林令旭卒(1678—)。令旭字豫仲,一字晴江,江苏娄县人。雍正八年进士。官至太常寺卿。工诗善画。著有《墨花楼集》、《锦城记》等。事迹见黄之隽《林令旭墓志铭》(《痦堂续集》卷五)。

高凤翰卒(1683—)。凤翰字西园,号南村,晚号南阜山人、归云老人,山东胶州人。以诸生官歙县县丞,署绩溪知县。罢归。工画,尤嗜砚。著有《砚史》、《南阜集》。事迹见《清史稿》卷五○四、李桓《国朝耆献类征初编》卷二五五、震钧辑《国朝书人辑略》卷四。清钱侍辰编有《高南阜先生研史年谱》。

按:《清史稿·艺术传三》曰:"乾、嘉之间,浙西画学称盛,而扬州游士所聚,一时名流竞逐。其尤著者,为高凤翰、郑燮、金农、罗聘、奚冈、黄易、钱杜、方薰等。"

传教士徐懋德卒(1690—)。懋德字卓贤,葡萄牙人。康熙五十五年来华。雍正二年应召赴京,协助戴进贤修订历法,合著《历象考成》,授钦天监监副。曾任耶稣会中国省区会长。

胡亦常(—1773)、蒋仁(—1795)、邵晋涵(—1796)、张燮(—1798)、蒋师爚(—1798)、吴蔚光(—1803)、邓石如(—1805)、钱樾(—1815)、汪志伊(—1818)、陈昌齐(—1820)、秦瀛(—1821)生。

乾隆九年　甲子　1744年

五月初四日辛巳(6月14日),令士子研习《仪礼》、《周礼》。

按:《清高宗实录》卷二一六曰:"礼部议复肇高学政金洪铨条奏,内奏《仪礼》、《周礼》,辞意博奥,习者益少。请嗣后童生于背诵讲解五经之外,能兼《周礼》、《仪礼》者,酌量书艺,从宽录取。应如所请,但文艺如属草率,仍不得藉背诵滥收。从之。"

八月十一日乙卯(9月16日),裁减各省录科名额。舒赫德以本年顺

法国向英格兰和奥地利宣战。第二次西里西亚战争开始。

天乡试丑闻频出，奏请裁减各省录科名额，经乾隆帝首肯，定直隶、江南、浙江、江西、湖广、福建六大省每举人1名，录科80名；山东、河南、山西、广东、陕西、四川六中省每举人1名，录科60名；小省广西、云南、贵州每举人1名，录科50名。

按：前此凡录科未取及未与录科者，再考录遗与大收一场，不限额数，取录有名者，准其乡试。

十六日庚申（9月21日），裁减乡试中试之额。

按：顺天乡试头场除查出怀挟作弊者21名之外，因乾隆帝亲出《四书》三题略冷，交白卷、未完卷及文不对题者有六、七百名。二场又搜出夹带文字者21名，临场点名时，见稽查严密，竟散走2800余人。对此乾隆帝再降谕旨切责，并命大学士、九卿将如何酌量裁减乡试中额议奏。寻议：各直省解额酌减十分之一，以丁卯科（乾隆二十年）为始。从之。

二十一日乙丑（9月26日），仍令主考、同考官的子弟回避。

按：顺治年间，主考、同考的子弟俱令回避，不准入场。雍正元年（1723）乡试，内外廉官子弟应回避者，另派大臣拟题请旨，考试于内阁。二年，命回避者仍一体应试，将试卷封呈，别派大臣校阅。以后每科以应否准试临时请旨。至是，仍命回避，不准主考、同考的子弟一体应试。

是日，顺天府尹蒋炳奏请本年外省乡试应于放榜后，令巡抚会同学政当面覆试，其卷解部，一并磨勘。得旨准行。乾隆帝随即又亲定覆试之法：令各省乡试中式者填写亲供时，在巡抚衙门内严行防范，由该省巡抚会同学政，出《四书》闲冷二题，当面考试。试毕即将原卷与中式卷一并解部，听候磨勘。

九月二十一日乙未（10月26日），增定科场严查怀挟科条：一、贡院先期修葺，以杜士子将文字预埋号舍；二、闱中器用食物凡先期运进者派员逐件查阅；三、考场所用官腊至撒卷时分给；四、搜捡之法头门、二门内令搜役两行站立，以两人搜捡一人，如二门搜出，即将头门未经搜出之官役惩治；五、士子怀挟者，其父师一并究治；六、命题须避熟就冷，无使士子预先拟议。

十月初四日丁未（11月7日），改明年会试于三月举行。

按：会试例于二月举行，但其时天寒，不便搜检，再本年乡试又加覆试，士子到京未免匆迫，故延期一月。

初六日己酉（11月9日），钦天监监正西洋人戴进贤等奏请增修《灵台仪象志》。

按：初，康熙十三年（1674）南怀仁奉旨制造观象台测量日月星辰仪器六座，又纂成《灵台仪象志》一书，有解有图有表，俱系阐明六座仪器的使用方法。但志中所载星辰循黄道行，每年约差五十一秒，合七十年则差一度。此外，黄道赤道相距今昔也略有差别。至是，西洋传教士戴进贤等请旨增修《灵台仪象志》，乾隆帝命庄亲王允禄、鄂尔泰及张照议奏。

十一月十一日甲申（12月14日），命严惩江南乡试怀挟作弊的生员，安徽巡抚准泰及提调官张九钧以"有意疏纵"，交部察议。

二十九日壬寅（1745年1月1日），以月选官考试律文实行年余，不过虚文塞责,无裨吏治,下令停止。

十二月初一日甲辰(1月3日),礼部奏请定各省府州县童试之额。

按:各省府州县试儒童名额,旧例限以二倍、一倍,康熙三十九年(1700)改为不必限数。至是,礼部因定各省乡试录科名额,遂并请定录送童试名数:每入学1名,准州县取60名,府取30名,大小中学各照名数定额。这一建议刚被乾隆帝批准,直隶总督高斌即提出异议。他说,福建、江西、江南、浙江等省,一州县儒童常至盈万,少亦数千,如按大县入学25名,则州县应取1500名,不能应试者且十之八九,他主张儒童不必限以名数。乾隆帝同意高斌的意见,命童试仍恢复不限额数旧例。

是年,方苞选辑之《钦定四书文》,始定为乡、会试及岁、科试的标准书。

钱大昕在纪王庙顾家教读,读所藏书,作札记。是年,赴乡试,始与王昶定交。

按:钱大昕《述庵先生七十寿序》曰:"大昕从公游最久,始同学,继进士,又同官于朝,嗜好亦略相同。"(《潜研堂文集》卷二三)又在《封资政大夫大理寺卿加十四级王公神道碑》曰:"大昕弱冠后,即从当代贤士大夫游,窃取其绪论,得粗知古人立言之旨。其交最久,而莫逆于心者,则今大理寺卿王公昶也。"(《潜研堂文集》卷四一)

王昶丁父忧,居丧读《礼》,不作诗文。

赵翼在里中杭氏家教读,习词曲。

王鸣盛应乡试,中副榜。

沈德潜充湖北乡试正考官。

毕沅年十五,方卒业《文选》。

按:史善长编《弇山毕公年谱》乾隆九年甲子十五岁条曰:"时方卒业《文选》,泛览秦汉唐宋诸大家,穷其正变。诗取径眉山,上溯韩、杜,出入玉溪、樊川之间。盖甫入文坛,已独树一帜矣。"

姚范、邵齐焘充顺天乡试同考官。

蔡新充江西乡试副考官。

纪昀读书于外舅马周箓家。

卢见曾由塞外召回,任职滦州。

于敏中等人奉敕将内府所藏宋元善本择出,藏于乾清宫昭仁殿,乾隆帝题其藏书处为"天禄琳琅",并命于敏中等为之编目。

齐召南以父丧去官。时方校刻经史,召南分撰《礼记》、《汉书考证》,命即家撰进。服除,起原官。

郑燮十二月初八日与汪士慎、丁敬会于扬州。

华嵒在扬州为马曰璐画像。

朱仕琇举福建乡试第一。

崔纪为江苏学政。

张若霭三月升通政使司通政使。

万承苍充福建乡试副考官。

黄明懿时为翰林院编修,九月初一日借进讲经义之际,对本年北闱(顺天乡试)科场搜检过严一事有所讽喻。乾隆帝就此再次激烈抨击士风的堕落,并警告若不急为整顿,不但士习日颓无所底止,即黄明懿之类将来也难免清流之祸。结果黄明懿以"借进讲经书,隐讽时事"下部严议褫职。

张镠中举人,官临清州学正。

按:张镠字紫峰,山东乐陵人。《清史列传·张镠传》曰:"镠殚心著述,有志圣贤之学。……以张伯行刻《张子全书》不无讹谬,因仿《近思》、《渊源》二录遗意,择张子粹言,程、朱论定者,汇为一集,间有删节,皆从程、朱所辨,而张子晚年所未及改者,为《张子渊源录》十卷。尤究心朱子书,辑《朱子四书汇编》二十五卷。他著有《周易晚学编》十六卷、《春秋大意》十七卷、《四书择中录》十五卷、《中庸九经衍义》二卷、《古训集汇》一卷、《一铭斋择中录》四卷。镠与阎循观、韩梦周同时而地近,其讲学大概相同。"

吴鼎中举人,授国子监司业。

按:吴鼎字尊彝,号易堂,江苏金匮人。官至翰林院侍讲学士。《清史稿·吴鼎传》曰:"所撰有《易例举要》二卷,《十家易象集说》九十卷。裒宋俞琰、元龙仁夫、明来知德等十家易说,以继李鼎祚、董楷之后。其《东莞学案》,则专攻陈建《学蔀通辨》作也。兄鼐,亦通经,深于《易》、《三礼》。"

黄宏时任浙江永康知县,建从公书院。

蒋允焄时任浙江余姚知县,建信成书院。

王芹等在安徽颍上县建蔡津书院,乾隆十七年易名为梧冈书院。

鲁鼎梅时任福建德化知县,建图南书院。

严在昌时任江西万载县知县,建龙河书院。

钱升时任江西吉安知县,建石阳书院。

钟莪在江西上犹县建永清书院。

孙天民在山东平邑县建天台书院。

蒋果时任河南洛阳知县,建雪香书院。

张崇朴时任河南商水县知县,建风台书院。

宋士庄时任河南太康知县,建二贤书院。

禹殿鳌时任湖北黄冈知府,建振英书院。

陈嘉谷时任湖南江华知县,建秀峰书院和锦田书院。

张士灿时任广东紫金知县,建铁潭书院。

蔡朝选在广东中山建景行书院。

刘廷栋在广西岑溪县建岑溪书院。

刘金江在四川南充建果郡书院。

劳世沅时任四川荥经知县,延师就火神祠讲学,后建为戴匡书院。

郎世宁与唐岱奉敕合作歌颂乾隆帝的《春郊阅马图》绘成。

法国传教士蒋友仁来华。

尹会一订补《周易象意》。

杨椿著《周易考》、《春秋考》成书，分作后序。

张兰皋著《周易析义》15卷初刻。

惠栋著《易汉学》8卷成书，有自序。

按：惠栋《易汉学序》曰："六经定于孔子，毁于秦，传于汉。汉学之亡久矣，独《诗》、《礼》、《公羊》，犹存毛、郑、何三家。《春秋》为杜氏所乱，《尚书》为伪孔氏所乱，《易经》为王氏所乱。杜氏虽有更定，大校同于贾、服，伪孔氏则杂采马、王之说，汉学虽亡而未尽亡也。惟王辅嗣以假象说《易》，根本黄老，而汉经师之义荡然无复有存者矣。故宋人赵紫芝有诗云：'辅嗣《易》行无汉学，玄晖诗变有唐风。'盖实录也。栋曾王父朴庵先生，尝闵汉学之不存也，取李氏《易解》所载者，参众说而为之传。天、崇之际，遭乱散佚，以其说口授王父，王父授之先君子，先君子于是成《易说》六卷。又尝欲别撰汉经师说《易》之源流，而未暇也。栋趋庭之际，习闻余论，左右采获，成书七卷。自孟长卿以下五家之《易》，异流同源，其说略备。呜呼！先君子即世三年矣。以栋之不才，何敢辄议著述？然以四世之学，上承先汉，存什一于千百，庶后之思汉学者，犹知取证，且使吾子孙无忘旧业云。"（《松崖文钞》卷一）

王如玖纂修《直隶商州志》14卷刊行。

许勉燉修，禹殿鳌纂《汜水县志》22卷刊行。

施奕簪修，焦如蘅纂《登封县志》10卷刊行。

涂光范修，王壬纂《兰阳县续志》8卷刊行。

汪文麟修，郑绍淳等纂《上饶县志》16卷刊行。

厉鹗纂《云林寺志》8卷成书，有自序。

蔺涛修纂《大埔县志》12卷刊行。

蔡澍修纂《江阴县志》24卷刊行。

浦起龙编著《古文眉诠》79卷刊行。

冯光宿修纂《黔西州志》8卷成书。

阚昌言修，张又李纂《直隶绵州德阳县志》20卷刊行。

何梦瑶修纂，刘廷栋续纂《岑溪县志》4卷刊行。

敕纂《钦定八旗满洲氏族通谱》80卷成书。

按：《四库全书总目提要》曰："《钦定八旗满洲氏族通谱》八十卷，乾隆九年奉敕撰。凡甲族谓之大姓，其次则谓之乙姓，各详其受氏之源与始居之地，犹刘之标望于彭城，韩之溯派于昌黎也。或同姓而异居者，则以其地识之（如苏完瓜尔佳氏、叶赫瓜尔佳氏之类），犹王之别太原、琅琊，李之判陇西、赵郡也。或虽同姓而异旗者，则连类附见之，犹裴之有东西，阮之有南北也。其赐姓者，仍列于本族。惟详其蒙赐之由，以昭光宠，而不淆其昭穆。蒙古、高丽、尼堪、台尼堪、抚顺尼堪，久隶八旗者，亦追溯从来，附著于末。每一姓中，取其勋劳茂著者冠冕于首，各系小传，以示旌异。其子孙世系官爵，以次缀书，如《元和姓纂》之例。考古者族姓掌于官，至春秋之末，智果别族为辅氏，犹闻于太史。秦、汉以来，古制不存，家牒乃作。刘歆《七略》称案《扬子云家牒》，以甘露三年生是也（案语见李善《文选注》）。私记之书亦作《世本》是也。六代及唐，虽以门第相高，而附会攀援，动辄疏舛。白居易一朝名士，自叙世系乃以楚白公胜、秦白乙丙一脉相承，他可概见矣。洎乎两宋，谱学遂绝，非世家旧姓，罕能确述其宗派者，岂非不掌于官，各以臆说之故欤？惟我国家，法度修明，自开创

乔治·贝克莱著成《哲学反映与查询系统》。

本杰明·富兰克林在费德尔费亚编辑西塞罗的《加图大名字》。

洛多维科·安东尼奥·穆拉托里著《意大利年鉴》。

让·德·阿朗贝尔发表《流体运动均衡论》。

之初,从龙部属,皆什伍相保,聚族而居,有古比闾族党之遗意,故其民数可考。而生卒必闻于官,子孙必登于籍,故其族系亦最明。披读是编,古太史之成规犹可概见;八旗之枝干相维,臂指相属,亦可概见。圣人制作,同符三代类如此,猗欤盛矣!"

　　吴大受编《沈厚余年谱》1卷刊行。

　　吴雯著《莲洋集》刊行,附翁方纲所编《莲洋吴征君年谱》。

　　夏大霖著《屈骚心印》5卷成书,有自序。

　　按:《四库全书总目提要》曰:"大霖字用雨,号梅皋,衢州西安人。是编成于乾隆甲子,因林云铭《楚辞灯》而改订之。据其《自述》,自林本以外,所见惟朱子、来钦之、黄维章三家本。其论韵称沈约为晋人,所引据者亦不过李渔《笠翁诗韵》、蔡方柄《广舆记》诸书。前有毛以阳评,谓朱子未暇注《楚辞》,今本出后人之附会,尤不知何据也。"

　　全祖望为钱肃乐编定《忠介正气堂集》8卷、《越中集》2卷、《南征集》10卷,并作《忠介年谱》。是年,全祖望始续《甬上耆旧诗》。

　　李绂著《穆堂别稿》50卷开始刊刻。

　　王昶著《兰泉书屋集》成书。

　　王随悦著《掬芷园集》刊行。

　　汪士慎著《巢林集》7卷刊行。

　　张文瑞著《六湖先生遗集》12卷刊行。

　　徐文靖著《管城硕记》30卷成书,有自序及毛大鹏跋。

　　按:《四库全书总目提要》曰:"此其(徐文靖)笔记也,自经史以至诗文,辨析考证。每条以所引原书为纲,而各系以论辨,略似《学林就正》之体,而考订加详。大致与笺疏相近。若其读《易》,据梁武以解《文言》,而王应麟所辑郑注尚未之见。读史引证乃及于潘荣之《总论》、刘定之之《十科策略》、蔡方炳之《广治平略》、廖文英之《正字通》、阴时夫之《韵府群玉》,斯皆未免汩于俗学。要其推原《诗》、《礼》诸经之论,旁及子史说部,语必求当,亦可谓博而勤矣。"

　　鄂尔泰、张廷玉等奉敕始纂《词林典故》。

　　张照、梁诗正等奉敕编《秘殿珠林》。

　　按:《四库全书总目提要》曰:"《秘殿珠林》二十四卷,乾隆九年奉敕撰。凡内府所藏书画,关于释典、道家者,别为编录,汇为此书。首戴三朝宸翰,皇上御笔,次为历代名人书画,而附以印本、绣锦、刻丝之属,次为臣工书画,次为石刻、木刻、经典、语录、科仪及供奉经像。其次序先释后道,用阮孝绪《七录》例(案《七录》今不传,其分类总目,载道宣《广宏明集》中)。其记载先书后画,先册,次卷,次轴,用赏鉴家著录之通例,而于绢本、纸本、金书、墨书、水墨画、着色画,一一分别,以及标题款识,印记题跋,高广尺寸,亦一一详列,较之《铁网珊瑚》之类,体例更详焉。考《宣和画学》分六科,以佛道为第一科(案事见赵彦卫《云麓漫钞》)。《宣和画谱》分十类,以道释为第一类(案《画学》称:佛道,盖唐以来相沿旧语。《画谱》作于林灵素用事以后,方改僧为德士,故易其次为道释)。邓椿《画继》分八目,亦以仙佛鬼神为第一目,然均不别为一书。至书家著录,则晋唐人所书经典,均杂列古法帖、真迹之内,无所区分,其以书画涉二氏者别为一书,实是编创始。盖记载日衍而日多,体例亦益分而益密。《七略》列《史记》于'春秋家',列《离骚》于'赋家',后《史记》别为正史,《离骚》别为楚词,文章流别,以渐而增。初附见而后特书,往往如此。故诸家所录,似诸史《艺文志》,以释、道为子部之一类。是编所录,则似释家之列'三藏',道家之纪'七签',于四部之外,各自别行。古略今详,义各有当。圣人制作,或创或因,无非随事而协其宜尔。"

唐岱、沈源绘,汪由敦书的《圆明园四十景》共80幅;孙祜、沈源合绘的《圆明园图咏》均由武英殿刊行。

曹尚絅、戴源辑《春草堂琴谱》刊印。

吴自高著《善卷堂四六注》10卷刊行。

徐大椿著《乐府传声》成书,有自序。

戴进贤等奉敕始纂《灵台仪象志》。

戴震著《筹算》1卷成书,后增改其书,更名《策算》。

按:刘师培《戴震传》曰:"先生治经之暇,兼留意天文、算法,先成《筹算》一卷,首列乘除,次列命分,次开平分,次列筹式,略举经籍之资,于算者推衍成帙,以备治经之用。后更名《策算》。孔氏继涵取以附《九章算术》,谓凡学《九章》者必发轫于此。"(《中国近三百年学术史论》)

赵执信卒(1662—)。执信字伸符,号秋谷,晚号饴山老人,山东益都人。康熙十八年进士,官右赞善。因国丧期间观演《长生殿》被革职。其诗自写性真,力去浮靡,论诗主张与王士禛不合。著有《饴山堂诗文集》、《声调谱》1卷等。事迹见《清史稿》卷四八四、《清史列传》卷七一、李桓《国朝耆献类征初编》卷一一七、震钧辑《国朝书人辑略》卷二、蔡冠洛《清代七百名人传》第五编、汪由敦《文林郎前右春坊右赞善兼翰林院检讨赵先生执信墓志铭》(《碑传集》卷四五)。李森文编有《赵执信年谱》。

传教士德玛诺卒(1669—)。玛诺法国人。康熙四十六年抵澳门,旋奉召入京。曾与冯秉正、雷孝思测绘河南、江南、浙江、福建及台湾西部地图,在江苏、浙江、福建、广东、云南、陕西等地传教,在杭州建立中国第一所圣心教堂。著有《显相十五端玫瑰经》、《与弥撒功程》等。

任启运卒(1670—)。启运字翼圣,学者称钓台先生,江苏宜兴人。雍正十一年进士,授翰林院检讨,在阿哥书房行走。乾隆八年充《三礼》馆副总裁官,寻升宗人府府丞。学宗朱子,以朱熹未注《礼经》,乃穷究《仪礼》和《礼记》,著有《礼记章句》10卷、《周易洗心》9卷、《孝经章句》10卷、《宫室考》13卷、《四书约指》19卷及《夏小正注》、《竹书纪年考》、《逸书补》、《孟子时事考》、《白虎通正伪》、《同姓名考》、《女史通纂》、《女教经传》、《任氏家礼酌》、《任氏史册备考》、《清芬堂文集》等。事迹见《清史稿》卷四八一、《清史列传》卷六八、李桓《国朝耆献类征初编》卷八〇、任兆麟《钓台公家传》(《有竹居集》卷一一)。

按:《清史稿》本传曰:"启运学宗朱子,尝谓诸经已有子朱子传,独未及礼经,乃著《肆献祼馈食礼》三卷。……《仪礼》一经,久成绝学,启运研究钩贯,使条理秩然,不愧穷经之目。……启运研穷刻苦,既受特达之知,益思报称。年七十二,犹书自责语曰:'孔、曾、思、孟,实惟汝师。日面命汝,汝顽不知,痛自惩责,涕泗涟洏。呜呼老矣,瞑目为期。'及总裁《三礼》馆,喜甚,因尽发中秘所储,平心参订,目营手写,漏常二十刻不辍。论必本天道,酌人情,务求合朱子遗意,而心神煎耗,竟以是终。十四年,诏举经学,上谕有'任启运研究经术,敦朴可嘉'之语。"

长海卒(1677—)。长海字汇川,纳喇氏,满洲镶白旗人,镇安将军玛奇子。例予荫,长海不就。檄补户部库使,又逃,遂布衣终其身。著有《雷溪草堂诗》。事迹见《清史稿》卷四八五。

按:《清史稿》本传曰:"博古多识,嗜金石书画,当意则倾囊购之。尝袭裘行吊,解裘以济戚丧。归涂见未见书,买之,复解其衣。由是中寒疾,乃夷然曰:'获多矣!'中岁爱易水雷溪之胜,筑大盦菴,因以为号。晚入京居委巷,又颜其阁曰'玉衡',悬画四壁,对之吟讽。其诗矩矱古人,而不胶于固,断句尤冠绝一时。论诗以性情为主,举靡丽之习而空之。"

李清植卒(1690—)。清植字立侯,号穆亭,福建安溪人。李光地孙。雍正二年进士,由编修累官礼部侍郎。曾任浙江学政、《三礼》馆副总裁、武英殿总裁。著有《仪礼纂录》、《李文贞公年谱》。辑有李光地《榕村语录》30卷。事迹见李桓《国朝耆献类征初编》卷七六、庄亨阳《李清植墓志铭》(《秋水堂遗集》卷五)。

汪中(—1794)、屠绅(—1801)、黄易(—1802)、王坦修(—1809)、吴定(—1809)、杨于果(—1811)、钱大昭(—1813)、梁玉绳(—1819)、吴士坚(—1820)、庄有可(—1822)、王念孙(—1832)生。

乾隆十年　乙丑　1745年

法国败英国。
英国占领加拿大的路易斯堡。

正月初四日丙子(2月4日),定例三月会试。

按:清初二月会试,乾隆九年(1744)谕明岁会试延期三月举行,以待春温。至是,以三月会试为定例。

二十三日乙未(2月23日),停会试榜后拣选例。

按:上年八月定例于每科会试发榜后,拣选举人,列为一、二等,分别以知县、教职用,至是命停止,仍复月选之后,九卿验看,带领引见旧例。

三月初三日乙亥(4月4日),规定自乙丑科开始,殿试于四月二十六日举行,五月初一日传胪。

二十八日庚子(4月29日),命选会试落卷,以教职录用。

四月二十九日辛未(5月30日),乾隆帝亲定本科会试三鼎甲:状元钱维城(江南武进人),榜眼庄存与(江南武进人),探花王际华(浙江钱塘人)。是科会试主考官是大学士史贻直、吏部侍郎阿克敦,共取中一甲进士及第钱维城等3人,二甲进士出身章恺等90人,三甲同进士出身220人,共中式313人。

五月十六日丁亥(6月15日),令各地教官逢朔望向士子宣讲《训饬士子文》(乾隆)、《卧碑文》(顺治)、《圣谕广训》(康熙)和《朋党论》(雍正)。

六月初八日己酉(7月7日),命军机大臣寄信各督抚从宽裁汰僧道。

十二月二十六日癸亥(1746年1月17日),严格生员三岁考制度。

是年,宗室子弟考试汉文、翻译,均无佳作。

  按:谕曰:"我朝崇尚本务,宗室子弟俱讲究清文,精通骑射。诚恐学习汉文,流於汉人浮靡之习。世祖谕停习汉书,所以敦本实、黜浮华也。嗣后宗室子弟不能习汉文者,其各娴习武艺,储为国家有用之器。"(《清史稿·选举志一》)

  全祖望祭黄宗羲,并接受续补《宋元学案》重任。

  按:黄宗羲在完成《明儒学案》一书以后,又思续编《宋元学案》,但仅写成《叙录》和正文17卷就与世长辞。其子黄百家继志述事,仅成8卷,亦未成而卒。全祖望从乾隆十年至十九年,花十年时间完成了此书的增补工作,成九十一个学案,也未竟而卒。后来底稿归鄞县卢氏抱经堂、残本归宿愿蒋氏。宗羲六世孙黄征、七世孙黄直垕又补充为86卷,道光年间流入浙江学政陈少宗手。道光十八年(1838),王梓材、冯云濠受督学何凌汉委托,始成100卷,并于是年刊于浙江。后毁于鸦片战争。光绪五年(1879),张汝霖主导,翻刻于长沙,成通行的100卷《宋元学案》。从草创到成书、刊印、通行,前后历经200余年。此书将宋元时期的二千多名学者,按学派和传授统系分为九十一个学案加以叙述,对其时各家各派的哲学思想体系和学术活动,主要是理学的发展演变作了比较全面系统的反映。

埃瓦尔德·朱尔金·冯·克莱斯特发明出电容器(莱顿瓶)。

  赵翼应童子试,学政崔纪取入常州府学,补弟子员。

  沈德潜校勘新、旧《唐书》毕,本年充武会试副考官。

  钱陈群充会试副考官。

  姚范散馆,授翰林院编修,充《三礼》馆纂修官。

  崔述读毕《论语》,继读《孟子》。

  王元启寓京师天坛之神乐观,始与沈光邦论纳音之法。

  王际华中进士,授翰林院编修。

  庄存与中进士,授翰林院编修。

  卢见曾迁为永平府知府。

  张若霭十月升内阁学士兼礼部侍郎。

  钱维城中一甲一名进士,授翰林院编修。

  张甄陶中进士,改庶吉士,散馆,授编修。

  按:张甄陶字希周,号惕庵,福建闽县人。著有《正学堂经解》、《读书翼注》、《澳门图说》1卷、《澳门形势论》1卷等。

  杨锡绂时任湖南巡抚,作《岳麓书院学规》。

  宋宾王与修《镇洋县志》。

  杨逢泰在江苏靖江建正谊书院。

  董权文在江苏南通倡建紫琅书院,因诸生膏火之资无出,未果;乾隆三十一年知州沈雯请得巡抚拨田,建讲堂、号舍、楼亭等,始具规模。

  周天福时任福建宁德知县,建鹤峰书院和莲峰书院。

  叶重熙时任江西南丰知县,建嘉禾书院,又名琴台书院、琴咏书院。

李煦时任河南荥阳知县,建汴源书院。

德贵时任湖南衡东知县,建中洲书院和文昌书院。

张天如时任湖南娄底知县,建连璧书院。

文师大时任广东龙川知县,建回澜书院。

陈必元时任广东蕉岭知县,建桂岭书院。

葛曙时任广东丰顺知县,建安敦书院。

康基田时任广东博罗知县,建登峰书院。

于霈时任广东琼州知府,改建苏泉书院。

冯中存时任四川温江知县,建万春书院。

吴一璜时任四川绵竹知县,移建紫岩书院于灵宝观,易名为晋熙书院。

刘慥时任四川南充知府,建懋修书院。

戴济川时任云南云州知州,建瞻云书院。

沈逢舜时任陕西清涧知县,建笔峰书院。

沈堡时任陕西延长知县,建育材书院。

曾曰瑛时任台湾淡水同知,建白沙书院。

李仁山在日本长崎为人种痘,由是种痘法传入日本。

法国传教士蒋友仁参加本年开始兴建的圆明园"西洋楼"欧式喷水池工程设计。

意大利传教士艾启蒙到京,任宫廷画师。

乔纳森·斯威夫特著成《勤杂女工管理》。

查理·邦尼特发表《论经济昆虫学》。

林钟龄著《易经审鹄要解》4卷刊行,有自序。

阎若璩著《古文尚书疏证》8卷,附阎咏辑《朱子古文书疑》1卷,由其孙阎学林刊行并作跋。

按:《古文尚书疏证》前有黄宗羲序,康熙四十三年阎咏序,乾隆十年阎学林(阎咏之子)识语,乾隆十年钟录敬跋。《尚书古文疏证》刊刻后,受到不少非议,阎若璩心中不安,特命其子阎咏从朱熹《语类》和《大全集》中选取有关疑古、辨伪的条句,编成《朱子古文书疑》1卷,以说明他写《疏证》"不过从朱子引而伸之,触类而书之耳"(阎咏《朱子古文书疑序》)。

王鸣盛始著《尚书后案》。

江昱著《尚书私学》4卷成书,吴敬梓作序。

邰坦著《春秋集古传注》26卷、《或问》6卷成书,有自序。

陶正靖著《春秋说》1卷、《诗说》1卷成书。

王步青著《四书本义汇参》45卷成书。

李锴著《尚史》107卷成书,有自序。

按:《四库全书总目提要》曰:"康熙中,邹平马骕作《绎史》,采摭百家杂说,上起鸿荒,下迄秦代,仿袁枢纪事本末之体,各立标题,以类编次,凡所征引,悉录原文。虽若不相属,而实有端绪。锴是编以骕书为稿本,而离析其文,为之翦裁连络,改为纪传之体。作《世系图》一卷、《本纪》六卷、《世家》十五卷、《列传》五十八卷、《系》六卷、《表》六卷、《志》十四卷、《序传》一卷。仍于每段之下,各注所出书名。其遗文琐事不入正文者,则以类附注于句下。盖体例准诸《史记》,而排纂之法则仿《路史》而小变之。《自序》谓始事于雍正庚戌,卒业于乾隆乙丑,阅十六载而后就。其用力颇勤。"

赵怀玉著《南北史识小录序》。

按:《序》曰:"秀水朱昆田能文章,尤邃南北史学,撰《识小录》十六卷。撷精英,潄芳润,有名语可采者识焉,有纪事涉异者识焉。书原文不割裂其文,虽意务新奇,仅以资词人渔猎,于史义无取,然不失著书良法,为艺苑枕方。"

屈成霖纂修《景州志》6 卷刊行。

洪肇楙修,蒋寅斗纂《宝坻县志》18 卷刊行。

杨世昌修,吴廷华、杨大猷纂《蔚州志补》12 卷刊行。

贾酉、张乾元修,张华、皇甫奎纂《浮山县志》37 卷刊行。

张宏远修纂《铜山县志》12 卷刊行。

姜顺蛟、叶长扬修,施谦纂《吴县志》112 卷刊行。

金鸿修,李鏻纂《镇洋县志》14 卷刊行。

高国楹修,倪藻垣等纂《平湖县志》10 卷刊行。

谢锡伯修,汪廷霖纂《贵池县志续编》8 卷刊行。

王仕倧修,刘飞熊等纂《石城县志》8 卷刊行。

邱轩昂修,曹鹏翊、赵发轫纂《巩县志》4 卷刊行。

劳经武修,高鉴儆纂《淇县志》10 卷刊行。

谈諟曾修,杨仲震纂《阳武县志》12 卷刊行。

赵作霖修纂《郾城县志》10 卷刊行。

劳世沅修纂《荥经县志》9 卷刊行。

王之正等修,沈展才等纂《陆丰县志》12 卷刊行。

萧麟趾修,梅奕绍等纂《普宁县志》10 卷刊行。

沈潜、阚昌言修纂《直隶绵州罗江县志》14 卷刊行。

郑王选修,王良弼、杨崇纂《奉节县志》4 卷刊行。

甄汝舟修,谈起行纂《许州志》16 卷刊行。

包桂修纂《固始县续志》12 卷刊行。

丁永琪修,李辙纂《舞阳县志》12 卷。

龚松林修,汪坚纂《重修洛阳志》24 卷刊行。

德贵修纂,钟光序续修《衡山县志》14 卷刊行。

李瑾修纂,王伯麟增修《永顺县志》4 卷刊行。

毛念恃编《延平李先生(侗)年谱》刊行。

张师载编《陆子年谱》2 卷刊行,雷鋐作序;又著《课子随笔》10 卷成书,有自序。

尹会一编《尹太夫人年谱》成书。

褚峻著《金石图》下卷成书,有自序。

全祖望取黄宗羲手稿,重删定为《黄子大全集》44 卷,有自序。

沈德潜始选编《国朝诗别裁》。

汤右曾著《怀清堂集》20 卷刊行。

按：《四库全书总目提要》曰："是集刻于乾隆乙丑，论者称浙中诗派，前推竹垞，后推西崖，两家之间，莫有能越之者。今观二家之集，朱彝尊学问有余，而才力又足以运掉，故能镕铸变化，惟意所如。右曾才足肩随，而根柢深厚，则未免稍逊，齐驱并驾，似未易言。然亦近人之卓然挺出者也。"

王涛著《浩气集》12卷刊行。

姚宏绪著《宝善堂集》7卷刊行。

李果著《在亭丛稿》12卷刊行。

叶映榴著《叶忠节公遗稿》12卷刊行。

黄图珌著《看山阁集闲笔》16卷刊行。

按：黄图珌字容之，号蕉窗居士，松江人。另著有《看山阁集》。

张照等奉敕编《石渠宝笈》初编44卷成书。

按：《四库全书总目提要》曰："书评画品，肇自六朝，张彦远始汇其总，依据旧文，粗陈名目而已，不能尽见真迹也。唐、宋以来，记载日夥，或精于赏鉴，而限于见闻，或长于搜罗，而短于识别，迄未能兼收众美，定著一编，为艺林之鸿宝。我国家承平景运一百余年，内府所收，既多人间所未睹。我皇上几余游艺，妙契天工。又睿鉴所临，物无匿状。是以品评甲乙，既博且精，特命儒臣录为斯帙，以贮藏殿阁，依次提纲，以书册、画册、书画合册、书卷、画卷、书画合卷、书轴、画轴、书画合轴分条列目，其笺素尺寸，印记姓名，赋咏跋识，与奉有御题御玺者，皆一一胪载，纤悉必详。"参与编纂的有张照、梁诗正、励宗万、张若霭、庄有恭、裘曰修、陈邦彦、观保、董邦达等。

戴震著《六书论》3卷成书。

按：此书专辨六书之"转注"。

姜兆锡卒（1666— ）。兆锡字上均，江苏丹阳人。康熙二十九年举人。乾隆元年，以大学士鄂尔泰荐，充《三礼》馆纂修官。曾与方苞论《周官书》，语多不合。著有《周易蕴义图考》2卷、《周易本义述蕴》4卷、《诗蕴》4卷、《大戴礼删翼》4卷、《礼记章义》10卷、《春秋事义慎考》14卷、《春秋公谷汇义》12卷、《春秋参义》12卷、《胡传参义》12卷、《书经蔡传参义》6卷、《周礼辑义》12卷、《仪礼经传内编》23卷、《仪礼经传外编》5卷、《孝经本义》1卷、《孔丛子正义》5卷、《家语正义》10卷、《尔雅参义》6卷、《尔雅补注》6卷、《寅清楼文集》等。事迹见《清史列传》卷六七、李桓《国朝耆献类征初编》卷四一八。

按：《四库全书总目提要》曰："（《诗蕴》）一以朱子《集传》为宗，力攻《小序》。至以伪《子贡诗传》、伪《申培诗说》同类而讥，未免失于鉴别。于近代诸家之说，颇取李光地《诗所》。然惟合《集传》者始采之，稍有异同，即为所汰。至于《木瓜》诸篇，知不能全泯旧说，则依违两可于其间，尤不免门户之见矣。"

传教士赫苍璧卒（1671— ）。苍璧字儒良，法国人。康熙四十年抵广州。五十八年任耶稣会中国省会长，入北京主持全会教务。著有《诗经选编译本》、《古文渊鉴译本》、《刘向列女传译本》、《图注脉诀辨真译本》等。

鄂尔泰卒（1677— ）。鄂尔泰字毅庵，西林觉罗氏，满洲镶蓝旗人。举人出身。雍正元年为云南乡试副主考，旋为江苏布政使。雍正三年，晋广西巡抚,改为云南巡抚,六年改任云贵广西总督。十年,任保和殿大学士。又任总理事务大臣。乾隆间,兼任军机大臣、领侍卫内大臣、议政大臣、经筵讲官,管翰林院掌院事,加衔太傅,国史馆、《三礼》馆、玉牒馆总裁,赐号襄勤伯。卒谥文端,配享太庙,入祀京师贤良祠。后因其侄鄂昌与门生胡中藻之狱,被撤出贤良祠。著有《鄂尔泰奏折》、《西林遗稿》。事迹见《清史稿》卷二八八、《清史列传》卷一四、李桓《国朝耆献类征初编》卷一六、蔡冠洛《清代七百名人传》第二编、袁枚《武英殿大学士太傅文端公鄂尔泰行略》、雷鋐《西林鄂文端公逸事》(均见《碑传集》卷二二)。鄂容安等编有《襄勤伯鄂文端公年谱》。

郑江卒(1682—)。江字玑尺,号筠谷,浙江钱塘人。康熙五十七年进士,改翰林院庶吉士,充《明史》馆纂修官。雍正时充顺天乡试同考官,充《大清一统志》纂修官。历任考官、督学安徽,迁侍讲,充《明史纲目》纂修官。曾主讲杭州敷文书院。著有《春秋集义》20卷、《诗经集诂》4卷、《礼记集注》4卷、《明志稿》6卷、《明太祖本纪》8卷、《明纲目》3卷、《筠谷诗钞》7卷、《书带草堂诗文集》40卷等。事迹见《清史列传》卷六八、李桓《国朝耆献类征初编》卷一二五、杭世骏《侍读郑公江行状》(《碑传集》卷四八)。

按:袁枚曰:"近代深经学而能诗者,其郑玑尺、惠红豆、陈见复三先生乎?"(《随园诗话》卷四)

传教士马国贤卒(1682—)。国贤意大利人。康熙四十九年来华。任宫廷画师,曾刻《皇舆全览图》于铜版上,运往欧洲。著有《马国贤神父在华回忆录》。

童能灵卒(1683—)。能灵字龙俦,号寒泉,福建连城人。乾隆元年举博学鸿词,以母老辞。学宗程朱理学。曾主漳州芝山书院。又与雷鋐论《易》,主河图以明象数之学。著有《朱子为学考》3卷、《理学疑问》4卷、《周易剩义》2卷、《乐律古义》2卷及《洪范剩义》、《诗大小序辨》、《三礼分释中天》、《河洛太极辨微》、《朱陆渊源考》、《五伦说》、《冠豸山堂文集》3卷等。事迹见《清史稿》卷四八〇、《清史列传》卷六六、李桓《国朝耆献类征初编》卷四〇九、雷鋐《童先生能灵墓志铭》(《碑传集》卷一二九)。

按:《清史稿·儒林传一》曰:"连城理学,始自宋之邱起潜、明之童东皋,而(童)能灵、(张)鹏翼继之。力敦伦纪,严辨朱、陆异同。张伯行抚闽时,建文溪书院,祀起潜、东皋。后增建五贤书院,中祀宋五子,而以能灵、鹏翼配焉。"《清史列传》本传曰:"能灵为学,守程朱家法,不失尺寸。自以僻处寡闻,尝游金陵,考先朝遗迹,访武林精舍,广求朱子遗书。归而筑室冠豸山下,潜心探讨十余年,默契诚意致知之学,以朱子早晚异同之辨,大要数端:曰一贯忠恕,曰未发已发,曰太极动静,曰仁,曰心性,曰体用,曰理一分殊,曰空妙,曰实理,曰默识而存,曰循序而进。因考其为学次第,分年记载,加以案语,为《朱子为学考》三卷。又于日用体验间,札记其言心、言性、言仁、言情者,为《理学疑问》四卷。尝与雷鋐论《易》,能灵主河图以明象数之学,著《周易剩义》二卷。其论乐律,谓洛书为五音之本,河图为洛书之源。河图圆而为气,洛书方而为体。五音者气也,气凝为体,体以聚气然后声音出焉。蔡氏《律吕新书》沿

《淮南子》《汉书》之说,误以亥为黄钟之实,惟所约寸分厘毫丝忽之法,其数合于《史记·律书》,因取其说,为之推究原委,著《乐律古义》二卷。"

张鹏翀卒(1688—)。鹏翀字天扇,号南华,江苏嘉定人。雍正五年进士,改翰林院庶吉士,散馆,授编修。官至詹事府詹事。曾充《皇清文颖》《八旗志书》馆纂修。诗才敏捷,尤擅画山水。有《南华山房集》30卷及《松竹溪亭图》等。事迹见《清史稿》卷五〇四、《清史列传》卷七一、李桓《国朝耆献类征初编》卷一二五。

按:《清史稿·艺术传三》曰:"自康熙至乾隆朝,当国家全盛,文学侍从诸臣,每以艺事上邀宸眷。大学士蒋廷锡及子溥,董邦达及子诰,尚书钱维城,侍郎邹一桂,与鹏翀为尤著。廷锡以逸笔写生,奇正、工率、浓淡,一幅间恒间出,无不超脱。源出于恽格,而不为所囿。邦达山水源出董源、巨然、黄公望,墨法得力于董其昌,自王原祁后推为大家。"

张照卒(1691—)。照初名默,字得天、长卿、天瓶居士,江南娄县人。康熙四十八年进士,改翰林院庶吉士。雍正十一年官刑部尚书,以预修《大清会典》,书成,加一级。又任文颖馆副总裁。学殖淹赡,才思敏冾。书法称雄当代,乾隆帝《怀旧诗》云:"羲之后一人,舍照谁能若?"对他的书法给予绝高的评价。卒谥文敏。著有《月令承应》《法官雅奏》《瓶斋书画题跋》《得天居士集》,刻有《天瓶斋帖》等。事迹见《清史稿》卷三〇四、《清史列传》卷一九、李桓《国朝耆献类征初编》卷七一、震钧辑《国朝书人辑略》卷三、蔡冠洛《清代七百名人传》第五编。

按:《清史稿》本传曰:"照敏于学,富文藻,尤工书。……后数年,《一统志》奏进,录国朝松江府人物不及照,上复命补入,谓:'照虽不醇,而资学明敏,书法精工,为海内所共推,瑕瑜不掩,其文采风流不当泯没也。'"

武亿(—1799)、沈赤然(—1816)生。

乾隆十一年　丙寅　1746年

俄罗斯和奥地利结成反普鲁士同盟。

奥地利丧失荷兰。

新泽西大学建立。

闰三月初一日丁酉(4月21日),《律吕正义后编》书成,乾隆帝作序。

十六日壬子(5月6日),钦天监监正戴进贤病故,监副刘松龄升补监正。

按:刘松龄,斯洛文尼亚(今南斯拉夫)人,耶稣会士,乾隆四年(1739)进京,八年(1743)补授钦天监监副,本年三月初十日戴进贤卒,遗缺由刘松龄升补。在刘松龄之前有八任西洋人监正:即汤若望、南怀仁、安多、徐日升、闵明我、庞嘉宾、纪理安、戴进贤。

二十一日丁巳(5月11日),重修《明通鉴纲目》书成,乾隆帝作序。

按:是书由张廷玉等奉敕纂。乾隆帝在《序》中说,《明通鉴纲目》取法朱熹《通鉴纲目》义例,每卷写成呈览时,"朕于几暇,亦时御丹铅,为之参定。"(《清高宗实录》

卷二六三)

五月,福建巡抚周学健奏称:福宁府福安县崇奉天主教者甚多,竟有西洋夷人传教,现已获到西洋人费若用、堂主陈廷柱等,并搜出画像、经卷,严审办理。

按:是案经三法司核拟题覆,白多禄立斩,华若亚敬、费若望、施方济格、德方济格斩候。翌年五月,白多禄斩决,其他4名传教士仍监禁狱中。

十月二十四日丙戌(12月6日),重申令儒臣进讲经史,意在"研究经术,阐明义理"。

按:谕曰:"朕向留心诗赋,不过几余遣兴,偶命属和。其中才学充裕如沈德潜等,间或一加超擢,而躁进之徒,竟思进献,若借此可为梯云之捷径,不知沈德潜优升阁学,朕原因其为人诚实谨厚,且怜其晚遇,是以稠迭加恩,以励老成积学之士,初不因进诗优擢。雕章琢句,专事浮华,此风一炽,必有藉手捉刀,希图侥幸者。传谕知之。"(《清高宗实录》卷二七七)

十一月初二日癸巳(12月13日),命销毁大乘教书籍、图记一应牵涉邪说者,以免留有后患。

程崟始为方苞编刻文集。
王鸣盛始肄业紫阳书院。
顾栋高、吴玉搢、叶长扬等在淮安共修《淮安府志》。
汪辉祖年十七,补县学生员。
尹会一充江苏学政。
刘统勋闰三月署漕运总督。
刘纶、庄存与等官北京,集同里蒋炳处,以《昆田双玉歌》试朱筠。
张符升作《古诗》,中追述及王士禛与赵执信以论诗交恶事。
郑燮自范县调署潍县,连署7年。
张逢尧在浙江兰溪建瀫水书院。
张荃时任福建同安知县,建凤山书院和舫山书院。
鲁鼎梅时任福建德化知县,建瑶台书院。
刘梦骐时任知州,于福建龙岩建恢文书院。
秦士望时任福建连城县知县,建豸山书院。
向总一时任江西进贤县知县,建曲水书院。
赵颐时任江西上高知县,建近圣书院。
李经邦时任山东烟台知县,建宾阳书院。
陆烈时任河南新郑知县,建茨山书院。
阮景咸时任河南长葛知县,建陉山书院。
陈思震时任河南卢氏知县,建龙山书院。
德贵时任湖南衡山知县,建白山书院。
伊灵阿时任湖南汉寿知县,建沧浪书院。
潘曙时任湖南凤凰县通判,建敬修书院。
冯翕时任广东乐昌知县,建昌山书院。

王者辅时任知州,于广东梅县建东山书院和培南书院。
葛曙时任广东丰顺知县,建鹏湖书院。
谢钟龄时任广西横州知州,建秀林书院。
杨仲兴时任广西兴安知县,建漓江书院。
宋载时任四川邛崃知县,建鹤鸣书院。
许元基时任四川荣昌知县,建玉屏书院。
柴华时任陕西咸阳知县,建渭阳书院。

格勒特发表《编造与创作》。

德尼兹·迪德罗著成《哲学思想》。

乔纳森·爱德华兹发表《宗教影响论》。

向德星著《易义便览》3卷成书,有自序。
华希闵著《中庸剩语》1卷刊行。
方苞著《仪礼析疑》17卷成书,程崟作序。

按:《四库全书总目提要》曰:"是书大旨在举《仪礼》之可疑者而详辨之,其无可疑者经文不录。苞于《三礼》之学,《周礼》差深。晚年自谓治《仪礼》十一次,用力良勤,然亦颇勇于自信。"

刘斯组著《皇极经世绪言》20卷刊行。

按:刘斯组字斗田,江西新建人。雍正二年举人,授分宜教谕。生平潜心经术,尤精于《易》。著有《周易拨易堂解》20卷、《太玄别训》5卷。事迹见《清史列传》卷六八。

戴震著《考工记图》2卷成书。
张廷玉等奉敕纂《明通鉴纲目》40卷成书。
姚培谦、张景星纂《通鉴揽要》27卷。
钱大昕纂《南北史隽》。
赵酉修,章钥纂《宝山县志》10卷刊行。
佚名纂《盛京通志》32卷刊行。
石其灏修,程沐纂《叶县志》8卷刊行。
范启源纂修,薛韫订正《雒南县志》12卷刊行。
王炬纂修《静宁州志》8卷刊行。
陈张翼修纂《博罗县志》14卷刊行。
葛曙修纂《丰顺县志》8卷刊行。
黄凝道修,谢仲坛纂《岳州府志》30卷刊行。
朱续志修,吕鼎祚等纂《偃师县志》14卷刊行。
梁易简修,刘元善纂《渑池县志》3卷刊行。
张睿、曹鹏翊纂《南召县志》4卷刊行。
葛荃修,李之杜、谢宝树纂《罗山县志》8卷刊行。
周之瑚修,严克嶟纂《确山县志》4卷刊行。
何源洙修,鲁之璠纂《沈丘县志》12卷刊行。
崔应阶修,姚之琅纂《陈州府志》30卷刊行。
韩仪修,张延福纂《项城县志》10卷刊行。
汪运正修纂《襄城县志》10卷刊行。
王之卫修,潘均纂《杞县志》20卷刊行。

张承谟修,周大律纂《温县志》16卷刊行。
鲁鼎梅修,王必昌等纂《德化县志》18卷刊行。
王翰修,陈善言纂《永新县志》10卷刊行。
刘梦魁修,李一培纂《兴安县志》8卷刊行。
罗愫修,杭世骏纂《乌程县志》16卷刊行。
陈克绳修纂《保县志》8卷刊行。
刘士缙、曹源邦修,陈嘉郎纂《云阳县志》4卷刊行。
许远基修纂《荣昌县志》4卷刊行。
丁涟修,杨锡麟等纂《垫江县志》8卷刊行。
刘高培修,赵志本纂《万县志》4卷刊行。
崔邑俊修,杨崇、焦懋熙纂《夔州府志》10卷刊行。
胡邦盛修纂《开县志》刊行。
阎源清修,焦懋熙纂《大宁县志》4卷刊行。
宋绵修,李拔纂《犍为县志》9卷刊行。
张斑修,侯国栋等纂《汉州志》14卷刊行。
庄大中修纂《阳江县志》8卷刊行。
谢钟龄等修,朱秀等纂《横州志》12卷刊行。
厉鹗、马曰琯纂《宋诗纪事》100卷刊行。
吴玉搢辑《山阳耆旧诗》成,顾栋高作序。
卢见曾辑其戍伊犁时所作诗为《塞外集》刊行。
王植著《崇雅堂稿》8卷、《崇德堂稿》4卷刊行。
王有嘉著《銮山遗集》10卷刊行。
王时翔著《小山诗文全稿》20卷刊行。
方苞著《望溪集》8卷刊行,王兆符、程崟辑,王兆符有《方望溪先生文集序》。

按:《四库全书总目提要》曰:"(方苞)古文杂著生平不自收拾,稿多散失。告归后,门弟子始为裒集成编,大抵随得随刊,故前后颇不以年月为诠次。苞于经学研究较深,集中说经之文最多,大抵指事类情,有所阐发。其古文则以法度为主。尝谓周秦以前,文之义法无一不备,唐宋以后步趋绳尺,而犹不能无过差。是以所作,上规《史》、《汉》,下仿韩、欧,不肯少轶于规矩之法。虽大体雅洁,而变化太少,终不能绝去町畦,自辟门户。然其所论古人榘度与为文之道,颇能沉潜反复,而得其用意之所以然。虽蹊径未除,而源流极正。近时为八家之文者,以苞为不失旧轨焉。"

桑调元著《洞庭集》2卷成书,有自序。
任源祥著《鸣鹤堂文集》10卷刊行。
杭世骏著《订讹类编》6卷、续补2卷成书。
袁仁林所著《虚字说》由其弟子王德修付梓刊刻。
敕纂《御制律吕正义后编》120卷成书。

按:《四库全书总目提要》曰:"《御制律吕正义后编》一百二十卷,乾隆十一年奉敕撰。律吕之书,人各异说。圣祖仁皇帝累黍而得黄钟真度,阴阳分用,各加以一半律而成七音,其为清浊一十四音。又以管律弦度生声取分,各有不同,明弦音不可以律吕之度取分。凡所以定尺考度,制器审音,与夫五声五变应和之原,剖析微芒,发千古未有之精义。而乐器乐章,则尚未及厘定。盖欲俟审比乐音之法具有成书,而后考证古今,勒为定制,以征大乐之明备也。我皇上德蕴中和,业隆继述,凡太常之袭谬承讹者,音节篇章,亲加厘定。合则仍其故,不合则易其辞,更其调。字栉句比,尽美尽善。爰命廷臣,诠次以成是编,凡分十类:曰《祭祀乐》,曰《朝会乐》,曰《宴飨乐》,曰《导引乐》,曰《行幸乐》,并详其用乐节次,随月旋宫之法,而备及曲词调谱,佾数舞势,鼓拍疾徐之节。次曰《乐器考》,器各有图,图各有说,而御制诸铭具载焉。次曰《乐制考》,溯自上古,若《云门》、《大卷》以降,迄于前明,博采精义,并征史志,凡其制作命名之由,因革损益之故,靡不殚述。次曰《乐章考》,亦自上古迄明,依类胪举。次曰《度量权衡考》,制器定律之本也。次曰《乐问》,则设为问答以穷竟其义,而前人旧说可采者,间亦附录。盖《御制律吕正义》,殚穷理数之蕴,妙契声气之元者,至是而被诸金石,形诸歌颂,一一征实用焉。……是编本《御制律吕正义》正律审音、和声定乐之法,而审订源流,验诸器数,扬雄《法言》所谓'群言淆乱折诸圣',郑氏《礼记注》所谓'作礼乐者必圣人在天子之位'也。依永和声之盛,蔑以加于此矣。"

允禄奉敕纂《钦定九宫大成南北词宫谱》82卷成书。

按:是书简称《九宫大成谱》。清庄亲王允禄奉敕编纂,乐工周祥珏、邹金生、徐兴华、王文禄、徐应龙等分任其事。全书收录北套曲188套,南北曲台套36套,是一部研究南北曲音乐的丰富参考资料书。常见版本有乾隆内府朱墨套印本、民国十二年(1923)古书流通处影印本,以及1987年台湾学生书局影印本,辑入《善本戏曲丛刊》第六辑。

叶桂卒(1667—)。桂字天士,又字香岩,晚号上津老人、南阳先生,江苏吴县人。出身世医家庭,祖叶时、父叶朝采皆以儿科出名。桂于十二岁开始从父学医,辗转多师,王子接、周相俊均为其师授。除专长于家传儿科外,兼通内科杂病及其它各科,尤专长于温病,代表作《温热论》是温病学派的开山之作。其著作主要皆由其弟子整理而成,其中有《临证指南医案》10卷、《叶案存真》等,其后代、门生,亦皆有医名。事迹见《清史稿》卷五〇二、蔡冠洛《清代七百名人传》第四编、沈德潜《叶君桂传》(《碑传集》卷一四六)。

按:《清史稿·艺术传》曰:叶桂"同里薛雪,名亚于桂,而大江南北,言医辄以桂为宗,百余年来,私淑者众。最著者,吴瑭、章楠、王士雄"。吴瑭字鞠通,江苏淮阴人,著有《温病条辨》;章楠字虚谷,浙江会稽人,著有《医门棒喝》4卷;王士雄字孟英,浙江海宁人,著有《霍乱论》2卷、《温热经纬》。

任兰枝卒(1677—)。兰枝字香谷,一字随斋,江南溧阳人。康熙五十二年进士,授翰林院编修,入直武英殿,缮校《周易折衷》、《性理精义》诸书。乾隆时官至礼部尚书。曾充《世宗实录》总裁。以老致仕。著有《南楼诗文集》等。事迹见《清史稿》卷二九〇、《清史列传》卷一九、李桓《国朝耆献类征初编》卷七一、任兆麟《予告经筵讲官礼部尚书任公兰枝神道碑》(《碑传集》卷二五)。

传教士戴进贤卒(1680—)。进贤字嘉宾,德国人。康熙五十五年来华。雍正三年补授钦天监监正。著有《策算》、《黄道总星图》、《仪象考成》、《睿鉴录》等。

庄亨阳卒(1686—)。亨阳字元仲,号复斋,福建南靖人。康熙五十七年进士,官山东潍县知县。乾隆初因杨名时荐,授国子监助教,与官献瑶等有"四贤、五君子"之称。通经史和算学,著有《元仲集》、《秋水堂集》、《河防算法书》、《庄氏算学》等。事迹见《清史稿》卷四八〇、《清史列传》卷七五、李桓《国朝耆献类征初编》卷二一〇、李元度《国朝先正事略》卷五一。

按:《清史稿》本传曰:"当是时,上方乡用儒术,尚书杨名时、孙嘉淦,大学士赵国麟咸以耆寿名德领太学事,相与倡明正学。六堂之长,则亨阳与安溪官献瑶、无锡蔡德晋等,皆一时之俊。每朔望谒夫子,释菜礼毕,六堂师登讲座,率国子生以次执经质疑。旬日则六堂师分占一经,各于其书斋会讲南北学,弦诵之声,夜分不绝。都下号为'四贤、五君子'。"

奚冈(—1803)、洪亮吉(—1809)、吴锡麒(—1818)、纪大奎(—1825)、赵魏(—1825)、戴均元(—1840)生。

乾隆十二年 丁卯 1747 年

正月初六日丙申(2月14日),命续修《大清会典》(即《乾隆会典》部分),寻以讷亲、张廷玉、王安国、班第充《会典》总裁官(嗣后又增加傅恒),蒋溥、钱陈群为副总裁。

按:崇德元年(1636),清太宗皇太极即位时曾议定《会典》。定鼎中原后,康熙二十三年(1684)始修《大清会典》。雍正帝御极之初,重修《会典》,九年(1731)告竣。至是命续修。

五月初七日丙申(6月14日),增加科举定额。

按:此前曾取消"录遗"、"大收",定每举人1名,大省录取80名,中省录取60名,小省录取50名。至是每副榜1名,大省加取40名,中省加取30名,小省加取20名。

六月初八日丁卯(7月15日),停新科举人覆试。

按:乡试发榜后加覆试,是为剔除怀挟诸弊,但仅实行于甲子科(乾隆九年)。

十五日甲戌(7月22日),命张廷玉、梁诗正、汪由敦等纂辑《续文献通考》,以承续马端临《文献通考》一书。

按:谕曰:"马端临《文献通考》一书,综贯历代典章制度,由上古以迄唐、宋,源委了然,学者资以考镜。明王圻取辽、金、元、明事迹续之,烦芜寡要,未足与'三通'并,且至今又百五十年矣。我朝监古定制,宪章明备,是宜搜择讨论,以征信从。其自乾隆十年以前,《会典》所载,令甲所布,金匮石室所储,与夫近代因革损益之异,上溯宋嘉定以后,马氏所未备者,悉著于编,为《续文献通考》。大学士张廷玉、尚书梁诗正、汪由敦经理其事,惟简惟要,所有纂辑事宜酌议以闻,钦此。"(《清高宗实录》卷

塞谬尔·约翰逊发表《英语语言词典计划》。

二九三)

七月初三日辛卯(8月8日),停止各省督抚自行请差正副考官,嗣后每届乡试,一律由礼部就各省分驿程之远近,按期请点。

初九日丁酉(8月14日),命纂辑《满洲祭神祭天典礼》。

十五日癸卯(8月20日),以八月乡试届期,命照甲子科之例,酌派大臣、侍卫,严加搜检稽查。

十八日丙午(8月23日),因《金史》所附《国语解》讹舛甚多,命重新校定。

<small>德国化学家A. S. 马格拉夫在甜菜根中发现糖。</small>

全祖望至金陵访方苞,方苞戒以用心治《仪礼》。是年,全祖望在杭州续补《宋元学案》。

尹会一受母遗命向方苞问学,本年始行弟子礼。

王昶应江宁乡试,报罢,往游宜兴诸胜,因摹《国山碑》以归,遂有金石之好。又在长洲谒蒋恭棐、杨绳武两编修,受劝学古人,以宋濂为法。

王鸣盛、钱大昕同应乡试于金陵。

齐召南迁侍读学士,充《大清会典》纂修官,旋充《续文献通考》纂修官。

诸锦充山西乡试副考官。

钱陈群充江西乡试正考官。

沈廷芳充顺天乡试同考官;又命视山东漕粮,在山东任城南池建少陵书院。

刘统勋充顺天乡试正考官,取纪昀为第一。纪昀会试不第,从兄纪昭亦举于乡。

孙嘉淦乞休归里,闭户讲学。

于敏中为山东学政,与郑燮有诗酬答。

沈德潜受命在上书房行走,迁礼部侍郎。乾隆帝曾谕诸臣曰:"沈德潜诚实谨厚,且怜其晚遇,是以稠叠加恩,以励老成积学之士,初不因进诗而优擢也。"(《清史稿·沈德潜传》)

段玉裁年十三,补诸生,学使尹会一授以小学。

牛运震主讲关山书院,吴镇从其学。

蒋士铨中举人。

董邦达参修《皇清文颖》。

李方膺往安徽潜山署知县任。

汪士慎应吴蔚邀请,与金农、厉鹗至扬州城东角里草堂看梅。

陈撰以布衣举博学鸿词,不赴,寄寓江都,所居有玉几山房,搜藏书画颇富。

汪沆举博学鸿词,报罢。

纪容舒为王懋竑《白田杂著》作跋。

　　按:《白田杂著》是王懋竑的重要著作。《四库全书总目提要》曰:"是编皆其考证辨论之文,而于朱子之书用力尤深。如《易本义九图论家礼考》,皆反覆研索,参互比校,定为后人所依托,为宋、元以来儒者之所未发。《孟子序说考》谓《集注》从《史记》,《纲目》从《通鉴》,年月互异。《书楚词后》谓《集注》误从旧说,而以《九章》所述证史文之舛。其读史诸篇,于《通鉴纲目》多所拾遗补阙。而《朱子答江元适书薛士龙书考》一篇,语盈一卷,皆根柢《全集》、《语录》,钩稽年月,辨别异同,于为学次第,尤豁若发蒙。盖笃信朱子之书,一字一句,皆沈潜以求其始末,几微得失,无不周知,故其言平允如是,非浮慕高名,偕以劫伏众论,而实不得其涯涘者也。至《吕祖谦大事记》,本非僻书,而《儒林传考》第七条下自注曰,《大事记》今未见其书,俟再考。绝不以偶阙是编而讳言未见,与惠栋《九经古义》自称未见《易举正》者相同,均犹有先儒笃实之遗。知其他所援引,皆实见本书,与杨慎、焦竑诸人动辄影撰者异矣。此本后有乾隆丁卯河间纪容舒跋,称抄自景州申诇家,未知为懋竑所自订,或诇所选录。近别有《白田草堂全集》,凡此本所载,皆在其中,而此本所无者几十之六,大抵多酬应之文,不及此本之精核。盖其后人珍藏手泽,片语不遗,故不免失于简汰。今以新刻全集,别存目于集部中。此本篇篇标目,虽似杂文,而实皆考证之体,故特入于杂类,亦《东观余论》编入子家之例也。"

卢见曾在河北永平创建敬胜书院。

刘守成时任浙江德清知县,建前溪书院,又名周公书院。

郭维时任安徽东至知县,建菊江书院。

王敛福时任知州,于安徽阜阳建清颍书院。

周芬斗时任福建平和知县,建九和书院。

吴溶在河南西华县重建衍畴书院。

吴德润在湖南东安县建紫阳书院。

永贵时任湖南凤凰县巡道,建本道书院。

王敷赍时任湖南泸溪县通判,建崇文书院。

王图时任湖南保靖知县,建莲塘书院。

陆镛时任广东海防同知,于饶平县建瑞光书院。

王玮时任广东惠来知县,建文明书院。

黄德星时任广西雒容知县,建洛江书院。

安洪德时任四川双流知县,建潜溪书院。

李炳文时任甘肃永昌知县,建丽泽书院。

郎世宁奉命参与圆明园长春园设计。

蒋友仁设计监造圆明园第一座水法(喷泉)在长春园"西洋楼"前建成。

胡具庆著《读易自考录》刊行,孙叔谦作跋。

按:胡具庆字余也,号俟斋,河南杞县人。康熙五十九年(1720)举人,乾隆七年(1742)授陕西石泉知县。从商州李栋学,又私淑孙奇逢。所著尚有《尚书日思录》、《孝经章句》、《孝经外传》、《仪礼经传通解》、《礼记类诠》、《四书惕中录》、《荀子大醇》、《洪范论》、《求是山房诗文稿》等。事迹见《清史列传》卷六七。

杨椿著《仪礼考》、《周礼考》、《礼记考》、《大戴礼考》成书,均有序。

严虞惇遗著《读诗质疑》是年被进呈御览。

按：《四库全书总目提要》曰："是编乃其孙湖南驿盐道有禧所刊，乾隆十二年经进御览。首为《列国世谱》，次《国风世表》，次《诗指举要》，次《读诗纲领》，次《删次》，次《六艺》，次《大小序》，次《诗乐》，次《章句音韵》，次《训诂传授》，次《经传逸诗》，次《三家遗说》，次《经传杂说》，次《诗韵正音》，次《经文考异》。每一类为一诗，首附录篇首，不入卷数。其正经则《国风》为十五卷；《小雅》为八卷；《大雅》为三卷，而每卷析一子卷；《颂》为五卷。大旨以《小序》为宗，而参以《集传》。其从序者十之七八，从《集传》者十之二三。亦有二家皆不从，而虞惇自为说者。每篇之首，冠以序文及诸家论序之说。每章之下，各疏字义。篇末乃总论其大旨与去取诸说之故，皆以推求诗意为主。颇略于名物训诂，亦不甚引据考证。……然大致皆平心静气，玩味研求于毛、朱两家，择长弃短，非惟不存门户之心，亦并不涉调停之见。核其所得，乃较诸家为多焉。"

盛世佐著《仪礼集编》40卷成书，有自序。

按：《四库全书总目提要》谓是书裒辑古今说《仪礼》者197家而断以己意，"其持论颇为谨严，无浅学空腹高谈、轻排郑、贾之锢习。又杨复《仪礼图》久行于世，然其说皆本《注》、《疏》，而时有并《注》、《疏》之意失之者，亦一一是正。至于诸家谬误，辨证尤详。虽持论时有出入，而可备参考者多。在近时说《礼》之家，固不失为根据之学矣"。

敕纂《满洲祭神祭天典礼》6卷。

元马端临著《文献通考》由武英殿刊行。

齐召南著《历代帝王表》13卷成书。

按：胡玉缙《许庼经籍题跋》曰："是编取三皇以迄明末四千五百余年之治乱得失，举其大概，三代以谁但列世次，秦六国而后，皆以年序。大致以《御批通鉴辑览》为蓝本，而参以他说，文简事赅，凡历代之兴亡分合，开卷了如，足为读史者之助。"

张廷玉、梁诗正、汪由敦等奉敕纂《钦定续文献通考》252卷。

按：《四库全书总目提要》曰："《钦定续文献通考》二百五十二卷，乾隆十二年奉敕撰。马端临《文献通考》断自宋宁宗嘉定以前。采摭宏富，体例详赅，元以来无能继作。明王圻始捃拾补缀，为《续文献通考》二百五十四卷。体例糅杂，颠舛丛生，遂使数典之书，变为兔园之策，论者病焉。然终明之世，亦无能改修。岂非以包括历朝，委曲繁重，难于搜罗而条贯之哉？我皇上化洽观文，道隆稽古。特命博征旧籍，综述斯编。黜上海之野文，补鄱阳之巨帙，采宋、辽、金、元、明五朝事迹议论，汇为是书。初议于马氏原目之外，增朔闰、河渠、氏族、六书四门。嗣奉敕修《续通志》，以天文略可该朔闰、地理略原首河渠，氏族、六书更郑樵之旧部。既一时并撰，即无容两笺复陈。故二十四门仍从马氏之原目。其中如《钱弊考》之载钞银，《象纬考》之详推步，于所必增者乃增。《物异考》之不言征应，《经籍考》之不录佚亡，于所当减者乃减。亦不似王氏之横生枝节，多出赘疣。大抵事迹先征正史，而参以说部杂编。议论博取文集，而佐以史评语录。其王圻旧本，间有一长可取者，沙中金屑，亦不废搜求。然所存者十分不及其一矣。至于考证异同，辨订疑似，王本固为疏陋，即马本亦略而未详。兹皆本本元元，各附案语，一折衷于圣裁。典核精密，纤悉不遗。尤二书所不逮焉，盖王圻著述，务以炫博，故所续《通考》及《稗史汇编》、《三才图会》之类，动盈二三百卷，而无所取材。此书则每成类，即先呈御览，随事指示，务使即博且精。故非惟可废王氏之书，即马氏之书，历来推为绝作，亦陶铸之而有余也。"有光绪二十二年浙江官书局本、光绪二十七年图书集成局本、1936年《万有文库》本，商务印书馆

1937年编《十通索引》可备查检。

常安编《二十二史文钞》129卷成书，有自序。

陈景云著《通鉴胡注举正》2卷成书。

按：《四库全书总目提要》谓是书"皆参订胡三省《资治通鉴音注》之误，凡六十三条，而所正地理居多，颇为精核"。

黄叔琳著《史通训故补》20卷刊行，有自序。

刘湘煃纂《汉阳府志》50卷刊行。

杨应琚纂修《西宁府新志》40卷刊行。

苏其照纂修《怀远县志》3卷刊行。

唐秉刚修，谭一豫纂《泾阳县后志》4卷刊行。

周人龙原本，窦谷邃增订《忻州志》6卷刊行。

劳宗发修，王今远纂《曲周县志》19卷刊行。

范清旷纂修《冀州志》20卷刊行。

赵弘仪原本，周谨增修，施敬增纂《续麻阳县志》2卷刊行。

杨芊纂修，张登高续纂修《直隶易州志》18卷刊行。

黄可润纂修《无极县志》11卷刊行。

郭起元修，秦懋绅、徐方高纂《盱眙县志》24卷刊行。

程国栋原本，黄垣续修，沈俨续纂《盐城县志》16卷刊行。

丁元正等修，倪师孟、沈彤纂《吴江县志》58卷刊行。

刘守成修，高植等纂《武康县志》8卷刊行。

单履中修纂《铜陵县志》16卷刊行。

尹焕纂《庐州卫志》6卷刊行。

赵开元修，畅俊纂《新乡县志》34卷刊行。

李煦修，李清纂《荥阳县志》12卷刊行。

阮景咸修，李秀生等纂《长葛县志》10卷刊行。

刘沆修，魏运嘉纂《临颍县续志》8卷刊行。

张崇朴修，郭熙纂《商水县志》10卷刊行。

邵大业修，孙广生纂《禹州志》14卷刊行。

周庆增修，敖启潜、许宰纂《重修灵宝县志》6卷刊行。

梁溥修纂《阌乡县志》12卷刊行。

王道成、周沟修，汪坚纂《宜阳县志》4卷刊行。

单履咸修纂《永宁县志》8卷刊行。

龚松林修，杨建章纂《重修直隶陕州志》20卷刊行。

李炘修，侯肩复纂《重修卢氏县志》17卷刊行。

张海修，姚之琅纂《英山县志》26卷刊行。

范咸修纂《重修台湾府志》25卷刊行。

冯运栋修，李天旭纂《攸县志》6卷刊行。

张天如修，谢天锦纂《湘乡县志》6卷刊行。

魏成汉修，张汝润、刘大正纂《善化县志》12卷刊行。

吕肃高修，张雄图、王文清纂《长沙府志》50卷刊行。

万光谦修纂《阳山县志》22卷刊行。

杨宗秉修纂《琼山县志》10卷刊行。

田朝鼎修，周彭年纂《遂宁县志》8卷刊行。

李大本修，周宣武纂《长沙县志续集》12卷刊行。

施念曾著《愚山先生年谱》4卷成，杭世骏作序。

鄂尔泰、张廷玉等奉敕纂《词林典故》8卷成书。

按：《四库全书总目提要》曰："《词林典故》八卷，乾隆九年重修翰林院落成，圣驾临幸，赐宴赋诗，因命掌院学士鄂尔泰、张廷玉等纂辑是书。乾隆十二年告成奏进，御制序文刊行。八门：一曰临幸盛典，二曰官制，三曰职掌，四曰恩遇，五曰艺文，六曰仪式，七曰廨署，八曰题名。临幸盛典，即述乾隆甲子燕饮赓歌诸礼，以为是书所缘起，故弁冕于前。官制、职掌皆由西汉以至国朝，以待诏之选，写书之官，皆自汉肇其端也。恩遇断自唐代，以专官自唐代始也。于列圣及我皇上宠渥之典，别分优眷、迁擢、侍宴、赉予、词科、考试、议叙、赠恤八子目，著圣代右文远逾前古也。艺文惟收唐以来御制及应制诸作，而词馆唱和不与焉，美不胜收也。仪式、廨署亦皆断自唐代，与恩遇门同例，题名则惟载国朝，近有征而远难详也。考翰林有志，自唐李肇始。洪遵辑而录之，凡十一家，然皆杂记之类也。其分条列目，汇为一编者，自程俱《麟台故事》始，陈骙以下作者相仍，然皆仅记一代之事。朱彝尊作《瀛洲道古录》，又于今制弗详。故张廷玉等《进书表》称：'槐厅芸署，不少前闻。刘井柯亭，独饶故事。但记载非无散见，而荟萃罕有全书。今仰禀圣裁，始成巨帙，元元本本，上下二千载，始末厘然。稽古崇儒之盛，洵前代之所未有矣。'"

曹廷栋著《逸语》10卷成书。

敕编《皇清文颖》124卷成书，乾隆帝为之作序。

按：《四库全书总目提要》曰："伏考总集之兴，远从西晋，其以当代帝王诏辑当代之文者不少概见。今世所传，惟唐令狐楚《御览诗》奉宪宗之命，宋吕祖谦《文鉴》奉孝宗之命尔。然楚所录者佳篇多所漏略，祖谦所录者众论颇有异同。固由时代太近，别择为难，亦由其时为之君者不足以折衷群言，故或独任一人之偏见，或莫决众口之交哗也。"今所编之《皇清文颖》，"俯视令狐楚、吕祖谦书，不犹日月之于爝火哉"。

黄之隽编定所著《痦堂集》60卷。

按：《四库全书总目提要》曰："之隽之学，排陆、王而尊程、朱，多散见所作诗文中，持论甚正。而综览浩博，才华富赡，兴之所至，下笔不能自休，往往溢为狡狯游戏之文，不免词人之结习。"

弘昼著《稽古斋全集》8卷刊行。

王岱著《了庵诗集》20卷、《了庵文集》15卷刊行。

王道著《江湖闲吟》8卷刊行。

李绂著《穆堂别稿》全部刊行，鲁曾煜、常安作序。

王夌曾著《旭华堂文集》14卷、补遗1卷刊行。

朱卉著《草衣山人集》4卷刊行。

赵昱著《爱日堂吟稿》13卷、附稿5卷刊行。

戴震著《转语》20章，有自序。

按：戴震《转语二十章序》谓此书可补《尔雅》、《方言》、《释名》之阙（《戴震文集》卷四）。后段玉裁以为此训诂之书，但未最后成书；孔广森序《戴氏遗书》，亦云未见。

梁诗正等奉敕编成《三希堂石渠宝笈法帖》。

按：此帖又称《三希堂法帖》。乾隆帝得王羲之《快雪时晴帖》、王献之《中秋帖》、王珣《伯帖》墨迹3种，故名其所藏之室为"三希堂"。乾隆十二年（1747），以内府所藏魏、晋至明历朝法书，敕梁正书、蒋溥、汪由敦、嵇璜等编次，乾隆十五年（1750）勒成。拓本极精，用墨为特制贡墨。

杨屾著《知本提纲》10卷刊行。

按：是书约写成于乾隆三年（1738）之前，比官修的《授时通考》略早。据杨屾说，此书是给初学者读的，所以文字写得较通俗易懂。又为了便于背诵起见，正文很少。详细说明全在注解，所以注文的字数远多于正文。注文是杨屾的学生郑士铎在其指导之下写的。书前有杨屾的序，作于乾隆十二年（1747），书也是在这一年付刻的。光绪三十年（1804），张元际又用原刻版补印过一次。书中有关农业部分，近人王毓瑚将之编入《秦晋农言》中印行过。

传教士王致诚寄回法国的教士通讯《北京附近的皇家园林》在欧洲公开发表，引起广泛注意。

元代赵君祥杂剧《赵氏孤儿》译成德文。

秦道然卒（1658—　）。道然字雒生，号南沙，或作南河，又号泉南，江苏无锡人。康熙四十八年进士，官礼科给事中。从江苏宜兴汤铉学。著有《明儒学要》4卷、《困知私记》1卷、《泉南山人诗集》6卷、《泉南山人存稿》3卷等。事迹见李桓《国朝耆献类征初编》卷一三五。

陈景云卒（1670—　）。景云字少章，一字少彰，江苏吴县人。康熙二十五年诸生。何焯弟子。年十七，睢州汤斌抚吴试士，拔置第一。康熙中，试京兆不遇。馆藩邸三年，以母老辞归。卒后，弟子私谥文道先生。著有《读书纪闻》12卷、《纲目辨误》4卷、《两汉订误》5卷、《三国志校误》3卷、《韩集点勘》4卷、《柳集点勘》3卷、《通鉴胡注举正》2卷、《文选校正》3卷、《纪元要略》2卷等。事迹见《清史稿》卷四八四、《清史列传》卷七一、李桓《国朝耆献类征初编》卷四一八、王峻《陈先生景云墓志铭》、沈廷芳《文道先生传》（均见《碑传集》卷一三三）。

按：徐世昌《清儒学案》卷六一《陈先生景云》曰："凡经史子集，地理制度，下及稗官家，无不综览。尤深于史学，温公《通鉴》略能背诵，明三百年事能剖决得失。校勘古籍，一守义门之法。"

顾陈垿卒（1678—　）。陈垿字玉亭，一作玉婷，别号宾阳子，江苏镇洋人。学者称抱桐先生。康熙四十四年举人。以荐入湛凝斋修书，任乐馆纂修。曾出使山东、浙江，督通州仓。精字学、算学、乐律，时称三绝。著有《读四书偶见》3卷、《读内则》1卷、《内则音释》1卷、《合注龙虎上经参同契》2卷、《注首楞严》5卷、《癸巳治疫记》3卷、《洗桐轩文集》9卷、《洗桐轩诗集》、《抱桐轩文集》3卷、《钟律陈数》1卷、《旋宫知义》1卷、《无益之言》1卷、《识字略》、《土风录》等。事迹见《清史稿》卷四八四、《清史列传》卷六八、李桓《国朝耆献类征初编》卷一四三、王昶《顾陈垿传》(《碑传集》卷六〇)。

按：《清史稿》本传曰："陈垿精字学、算学、乐律，时称三绝。尝造《八矢注守图说》，谓字学居六艺之末，声音，乐也，形体，书也，而口出耳入，手运目存，则皆有数焉。学士惠士奇、通政孙勷得其书，置酒延陈垿请其说。陈垿为言经声纬音开发收闭之旨，及每矢实义，一矢未发，则声不能出，字有所避，八矢尽而音定字死矣。二人叹为天授。少与同里王时翔为性命交，并工诗。娄东诗人大率宗吴伟业，陈垿晚出，乃自辟町畦。"

赵昱卒（1689——　）。昱原名殿昂，字功千，号谷林，浙江仁和人。乾隆初举博学鸿词，未中。家有藏书万卷，点勘甚精。著有《爱日堂集》16卷。事迹见《清史稿》卷四八五、《清史列传》卷七一、李桓《国朝耆献类征初编》卷四三四。

常安卒，生年不详。姓纳喇氏，字履坦，满洲镶红旗人。康熙三十二年举人。历任太原理事通判、广西按察使、江西巡抚、刑部侍郎等。著有《受宜堂集》43卷，又编《廿二史文钞》。事迹见《清史稿》卷三三八。

吴东发（　——1803）、杨伦（　——1803）、冯敏昌（　——1806）、卿彬（　——1813）、杨复吉（　——1820）、赵怀玉（　——1823）、刘大绅（　——1828）生。

乾隆十三年　戊辰　1748年

俄国军队穿越波希米亚进军莱茵。

二月十五日己巳（3月13日），分遣大臣前往颜渊、曾参、子思、孟轲四贤故里专庙祭献。

二十四日戊寅（3月22日），乾隆帝驾临山东曲阜，诣文庙，御书大成殿、诗礼堂等处匾联。

二十五日己卯（3月23日），乾隆帝诣先师庙释奠，至大成门降舆，步入，行三跪九叩礼。嗣后，又谒孔林，至墓门，降舆，步入，于墓前北面跪，三酹酒毕，行三拜礼。又诣少昊陵、周公庙致祭、行礼。

三月初，山西拿获定襄县人韩德荣为首的一批教徒，并缴获《五女传道》、《八卦图》、《训蒙说》、《小儿喃》、《杂钞》等传教经书。

二十日甲辰（4月17日），严禁邪教。

四月三十日癸未（5月26日），乾隆帝亲定戊辰科会试三鼎甲：状元梁国治（浙江会稽人），榜眼陈楠（浙江仁和人），探花汪廷玙（浙江镇阳人）。是科会试正考官为吏部尚书陈大受，侍郎鄂容安、蒋溥、沈德潜为副考官，取中一甲进士及第梁国治等3人，二甲进士出身刘星炜等72人，三甲同进士出身蔡强等189人，共264人。

五月二十五日戊申（6月20日），改明之四夷馆及会同馆为会同四译馆,专习翻译及传授外国语,所译各国文字俱分天文、地理、时令、采邑、身体、人物、器用、宫殿、饮食、衣服、方隅、经部、珍宝、文史、鸟兽、数目、通用、番药、花木、人事各门,书成名《华夷译语》,凡98卷。

二十八日辛亥(6月23日),乾隆帝批准大学士等所拟纂修《大清会典》"义例"。

按:"义例"第一条载:"每修成《会典》一卷,即副以《则例》一卷。"这是对前此《(康熙)大清会典》、《(雍正)大清会典》的重要改进,此后续修《会典》俱以此为准则。

二十九日壬子(6月24日),乾隆帝亲试翰林。

按:数年以来翰詹等官未曾考试,故于是日传集乾清宫,亲自出题考试。这次考试,齐召南、李因培、王际华被列为第一等,分别升授内阁学士、侍讲学士、侍读学士,乙丑科状元、清书翰林钱维城则清语曳白,列为四等。

六月十二日乙丑(7月7日),命将"国恤百日内不得剃头,违者立即处斩之处",载入《大清会典》、《大清律例》。

九月十二日癸亥(11月2日),协办大学士傅恒奏请以清汉文篆体缮写《御制盛京赋》,得旨俞允。

十二月初四日甲申(1749年1月22日),始定内阁大学士满汉各二员,协办大学士满汉或一员或二员。

全祖望至扬州,始校《水经注》,取马氏小玲珑山馆所藏柳大中本、赵琦美本、孙潜夫本,参校之。

按:梁启超《清代学术概论》曰:"自戴震著《水地记》、《校水经注》,而《水经》为一时研究之中心。孔广森有《水经释地》,全祖望有《新校水经注》,赵一清有《水经注释》,张匡学有《水经注释地》,而近人杨守敬为《水经注疏》,尤集斯学大成。"

全祖望九月应绍兴太守杜补堂之邀,任蕺山书院院长,作有《子刘子祠堂配享碑》。

按:全祖望在《子刘子祠堂配享碑》中,认为学行不愧师门者共有35人,依次为吴麟徵、金铉、祁彪佳、彭期生、章正宸、叶庭秀、何宏仁、董标、陈尧年、王业洵、章明德、朱昌祚、祝渊、王毓蓍、潘集、傅炯、恽日初、叶敦艮、刘应期、张应鳌、董場、戴易、华夏、张应煜、赵甸、张成义、徐芳声、沈昀、陈确、周之璵、陈洪绶、黄宗羲、黄宗炎、黄宗会、万斯选(《鲒埼亭集》卷二四)。

张廷玉四月充殿试读卷官。

张廷玉、梁诗正、汪由敦并《皇清文颖》编校人等,九月因该书讹谬甚多,受到乾隆帝训斥。

王昶谒惠栋,因识沈彤、李果。

毕沅始从惠栋问学。

按:史善长编《弇山毕公年谱》曰:"于时惠征君栋博通诸经,著书数十种,至老弥笃。公叩门请谒,问奇析疑,征君辄娓娓不倦。由是经学日邃。"

卢文弨在京师修《玉牒》,并致力经史研究。

袁枚辞官,定居江宁,筑室于小仓山隋氏废园,改名随园。此后不复出仕,专事诗文著述,广交四方文士,为诗坛领袖。程廷祚、周榘、程晋芳

英国医生约翰·福瑟吉尔描写白喉病。

等均先后从之游。

王士禛后人出卖士禛所著各书书板,地方官为赎还,施闰章作诗记其事。

沈德潜、蒋溥充会试副考官,齐召南充同考官。

沈德潜以齿衰病喑乞休,命以原衔食俸,仍在上书房行走。

齐召南擢内阁学士,上书房行走。

朱珪中进士,改翰林院庶吉士,散馆,授编修。

王文清主讲岳麓书院,为制订《岳麓书院学规》。

按:学规规定:"日讲经书三起,日看《纲目》数页,通晓时务物理,参读古文诗赋。"王文清还将自己研究经史的经验写成《读经六法》和《读史六法》,用以指导学生学习。其读经六法是:一正义,二通义,三余义,四疑义,五异义,六辨义;其读史六法是:一记事实,二玩书法,三原治乱,四考时势,五论心术,六取议论。

朱仕琇中进士,改翰林院庶吉士,散馆,选山东夏津县,改福宁府教授;归主鳌峰书院十年。

梁国治成一甲一名进士,授修撰。迁国子监司业。

冯浩中进士。

宋鉴中进士,铨授浙江常山县知县。

按:宋鉴字元衡,号半塘,山西安邑人。官至南雄通判。长于训诂考据,能传阎若璩之学。以阎若璩《古文尚书疏证》文词曼衍而不尔雅,重辑《尚书考辨》4卷。又著《尚书汇钞》、《说文解字疏》、《易见》、《汉书地理考》等。事迹见《清史列传》卷六八。《续修四库全书总目提要》评《尚书考辨》曰:"是书一辨今文、古文、伪古文传述源流,二辨古字异同,三辨伪古文《尚书》抄袭之本,四辨《论语》、《孟子》、《春秋》、《左》、《国语》、《礼记》、《书序》逸篇之与伪《古文》殊异。泾渭分明,有条不紊。鉴与阎若璩同里同时,而书之简核过之。阎以《泰誓》'白鱼入舟'之文为伪,宋则谓《泰誓》之为真为伪皆无由详知,姑阙疑以俟考,则犹不失先儒笃慎之意。其谓真古文增多十六篇,亡于建武之际,不亡于永嘉。以郑玄明言建武之际亡,非第谓《武成》一篇也。若第以《武成》一篇亡于建武,则《咸有一德》亦在十六篇之内。郑亦曰今亡,何以解之。此与阎谓逸十六篇亡于永嘉者,先后悬殊。但阎则据《隋书·经籍志》,宋特以意推测耳。其辨王肃、郑冲、皇甫谧皆未见五十八篇之孔《传》,亦能自圆其说,故丹徒谢庭兰《古文尚书辨》,首辨阎若璩、惠栋之说,次即是书,殆亦重视之也夫。"

高斌三月与刘统勋赴山东办理赈灾,郑燮协助高斌主持山东放赈事宜。

金农移居扬州城南书屋种竹画竹。

高翔在留云馆为焦五斗画梅。

高凤翰为郑燮作《冰雪心肝寄故人》卷,并题诗寄之。

魏元枢在山西宁武建鹤鸣书院。

黄钰时任浙江萧山知县,建笔花书院。

邱元遂时任江西永修县知县,建修江书院。

邓国蕃时任河南汝阳知县,将汝汶书院重建为紫逻书院。

黄咏时任湖北仙桃知州,建聚奎书院。

暴煜时任广东中山知县,建榄山书院。

李仲良时任广西平南知县，建武城书院。

邹儒时任陕西盩厔知县，建对峰书院。

张仁浃著《周易集解增释》80卷成书，有自序。

唐一麟著《周易晓义》9卷成书，有自序。

沈青崖著《毛诗明辨录》10卷刊行。

按：《续修四库全书总目提要》曰："青崖于《易》、《诗》、《春秋三传》各有《明辨录》。沈德潜序，称是书大旨折衷《集传》，而博采众说，以广异闻，未尝墨守一家。其研究古韵，并补才老之叶音，辨析名物，大显鄢州之《翼雅》，殆真能参互寻绎，深有得于《诗》无达诂之意，而卓然为善说者已。今观篇中以《钦定诗经传说汇纂》为宗，沈序不无溢美。……说经者株守陈言，牵就附会，固属不可，若违背传注，好作新解，尤学者之大病也。"

沈彤著《周官禄田考》3卷成书，有自序。

允禄等撰《钦定周官义疏》48卷成书。

按：《四库全书总目提要》曰："《钦定周官义疏》四十八卷，乾隆十三年《御定三礼义疏》之第一部也。考《汉志》载《周官》经六篇，传四篇，故杜子春、郑兴、郑众、贾逵、卫宏、张衡所注，皆称《周官》。马融、郑玄所注，犹称《周官礼》。迨唐贾公彦作疏，始沿用省文，称为《周礼》，实非本名。今仍题曰《周官》，从其朔也。首冠以《御制日知荟说》，论《周官》者十则，以昭千古之权衡。其采撷群言，则分为七例：一曰正义，直诂经义，确然无疑者也；二曰辨正，后儒驳正，至当不易者也；三曰通论，或以本节本句参证他篇，比类以测义，或引他经与此互相发明者也；四曰余论，虽非正解，而依附经义，于事物之理有所推阐者也；五曰存疑，各持一说，义亦可通，又或已经驳论，而持此者多，未敢偏废者也；六曰存异，名物象数，久远无传，难得其真。或创立一说，虽未即惬人心，而不得不存之以资考辨者也；七曰总论，本节之义已经训解，又合数节而论之，合一职而论之者也。大抵《周官》六典，其源确出周公，而流传既久，不免有所窜乱，不必以为疑，亦不必以为讳。说《周官》者以郑氏为专门，而训诂既繁，不免有所出入。不可护其短，亦不可没其长。是书博征约取，持论至平。于《考工记注》奥涩不可解者，不强为之词，尤合圣人阙疑之义也。"

允禄等撰《钦定仪礼义疏》48卷成书。

按：《四库全书总目提要》曰："《钦定仪礼义疏》四十八卷，乾隆十三年《御定三礼义疏》之第二部也。其诠释七例，与《周官义疏》同，分经文为四十卷，冠以《纲领》一卷，《释宫》一卷不入卷数，殿以《礼器图》四卷，《礼节图》四卷。《仪礼》至为难读，郑《注》文句古奥，亦不易解。又全为名物度数之学，不可以空言骋辩。故宋儒多避之不讲，即偶有论述，亦多不传。惟元敖继公《仪礼集说》，疏通郑《注》而纠正其失，号为善本。故是编大旨以继公所说为宗，而参核诸家以补正其舛漏。至于今文、古文之同异，则全采郑《注》，而移附音切之下。《经》文、《记》文之次第，则一从古本而不用割附之说。所分章段，则多从朱子《仪礼经传通解》，而以杨复、敖继公之说互相参校。《释宫》则用朱子点定李如圭本，《礼器》则用聂崇义《三礼图》本，《礼节》用杨复《仪礼图》本，而一一刊其讹缪，拾其疏脱。举数百年庋阁之尘编，搜剔疏爬，使疑义奥词，涣然冰释，先王旧典，可沿溯以得其津涯。考证之功，实较他经为倍蓰。"有《四库全书》本。

允禄等撰《钦定礼记义疏》82卷成书。

阿奇博尔德·鲍尔编著《教皇史》。

戴维·休谟编著《人类理解力研究》。

伦哈德·尤勒发表论分析数学的著作《无穷大解析》。

按：《四库全书总目提要》曰："《钦定礼记义疏》八十二卷，乾隆十三年《御定三礼义疏》之第三部也。经文四十九篇，厘为七十七卷，附载图五卷。其诠释七例，亦与《周官义疏》同。'三礼'以郑氏为专门，王肃亦一代通儒，博观典籍，百计难之，弗胜也。后儒所见，曾不逮肃之弃余，乃以一知半解，哗然诋郑氏不闻道，韩愈所谓'不自量'者，其是类欤！然《周官》、《仪礼》皆言礼制，《礼记》则兼言礼意。礼制非考证不明，礼意则可推求以义理，故宋儒之所阐发，亦往往得别嫌明微之旨。此编广摭群言，于郊社、乐舞、裘冕、车旗、尊彝、圭瓒、燕饮、飨食，以及《月令》、《内则》诸名物，皆一一辨订，即诸子轶闻，百家杂说，可以参考古制者，亦详征博引，曲证旁通。而辨说则颇采宋儒，以补郑《注》所未备。其《中庸》、《大学》二篇，陈澔《集说》以朱子编入《四书》，遂删除不载，殊为妄削古经。今仍录全文，以存旧本。惟章句改从朱子，不立异同，以消门户之争。盖言各有当，义各有取，不拘守于一端，而后见衡鉴之至精也。至于御纂诸经，《易》不全用程《传》、《本义》，而仍以程《传》、《本义》居先；《书》不全用蔡《传》，而仍以蔡《传》居先；《诗》不全用朱《传》，而仍以朱《传》居先；《春秋》于胡《传》尤多所驳正刊除，而尚以胡《传》标题，列三传之次；惟《礼记》一经，于陈澔《集说》仅弃瑕录瑜，杂列诸儒之中，不以冠篇。仰见睿裁精审，务协是非之公，尤足正胡广等《礼记大全》依附门墙随声标榜之谬矣。"

顾栋高著《春秋大事表》50卷成书，作自序。

按：是书将春秋二百四十年间史事，网罗以表，详悉无遗。其《自序》曰："忆栋高十一岁时，先君子静学府君手钞《左传》全本授读，曰：'此《二十一史》权舆也，圣人经世之大典于是乎在，小子他日当志之。'年十八，受业紫超高先生。时先母舅霞峰华氏方以经学名世，数举《春秋》疑义与先生手书相辨难，窃从旁饫闻其论，而未心识其所以然。二十一，先君见背。读《仪礼·丧服》，旁及《周官》、《戴记》，而于《春秋》未暇措手。年二十七八，执笔学为古文，始深识《左氏》文章用意变化处，而嗤近日所评提掇照应者为未脱兔园习气。然于先君提命之旨，及两先生所往复辨论者，未之及也。雍正癸卯岁，蒙恩归田，谢绝势利，乃悉发架上《春秋》诸书读之。知胡氏之《春秋》多有未合圣心处，盖即开章'春王正月'一条，而其背违者有二。……盖余之于此，泛滥者三十年，覃思者十年，执笔为之者又十五年，始知两先生于此用心良苦。先母舅霞峰先生博稽众说，无美不收；高先生独出心裁，批郄导窾，要皆能操戈入室，洞彻闾奥，视宋儒之寻枝沿叶，拘牵细碎者，盖不啻什伯远矣。余小子钝拙无似，得藉手以告其成，以无负先君子提命之旨，与两先生衣被沾溉、耳濡目染之益。谨述缘起，以识于首简，命之曰《春秋大事表》云。"梁启超《中国近三百年学术史》曰："这部书的体例，是将全部《左传》拆散，拈出若干个主要题目，把书中许多零碎事实按题搜集起来，列为表的形式，比较研究。……《礼记》说：'属辞比事，《春秋》之教。'治史的最好办法，是把许多事实连属起来比较研究，这便是'属辞比事'。这些事实，一件件零碎摆着，像没有什么意义，一属一比，便会有许多新发明。用这种方法治历史的人，向来很少，震沧这部书，总算第一次成功了。"

陈黄中始著《宋史稿》，历八年成书。

周春著《辽金元姓谱》1卷成书，有自序。

万光泰著《元秘史略》2卷成书，有自序。

李天根著成南明编年史《爝火录》32卷。

按：李天根原名大本，自号云墟散人。生卒年不详。祖籍江苏江阴，明亡后迁居无锡。所著尚有《云墟小稿》1卷、《紫金环》、《白头花烛》、《颠倒鸳鸯》三传奇等。

《爝火录》记载南明弘光、隆武、绍武、永历、鲁监国五王史事，为研究明季史事的重要史籍。

尹会一著《纲目四鉴》4卷刊行；又重订《近思录集解》和《小学纂注》。

来保等奉敕纂《钦定平定金川方略》32卷。

按：《四库全书总目提要》曰："《钦定平定金川方略》三十二卷，乾隆十三年大学士来保等恭撰奏进。凡二十六卷。后恭录御制诗文一卷，又附载诸臣纪功诗文五卷。金川土司，在四川徼外，本吐蕃之遗种，即《明史》所谓金川寺者是也。国朝康熙中，其土舍色勒奔初慕化归诚，奉职惟谨。雍正中，颁给印信号纸，俾世守故疆。其子郎卡袭职，渐肆鸱张，稍搏噬其族类。守臣请加征讨，以宁九姓之宗。我皇上以荒憬蛮陬，自相蚕食，不足以劳我六师。惟敕慎固边围，以防其变。而沙罗奔狼性原贪，鸮音弗改。不思缓行九伐，为宽以悔过之途。仍肆凶残，自干天讨。乃于乾隆十三年冬，特简大学士傅恒为经略，董率熊罴，剪除蛇豕。灵夔声震，山鬼伎穷。扫穴焚巢，在于指顾。始知螳螂之臂不足抗拒雷霆，穷蹙乞降，吁呼请命。于是桓桓七萃，犹思直斩楼兰。而我皇上圣度符天，宏开汤网，闵其知罪，许以自新。特诏班师，贷存余息。计自禡牙以迄饮至，往返一二万里，为期不及两年。盖终沙罗奔之身，蜷伏荒岩，莫敢吹觚毒，厉豺牙焉。虽文王因垒而崇降，舜帝舞干而苗格，丰功盛德，何以加于兹乎。其间决机制胜，悉禀睿谟。是编所载诏谕之指授，章奏之批答，随在可见神武不杀之至意。并以见厥后索诺木夜郎自大，终戮藁街，实辜德逞凶，祸由自取。于理于势，皆不可姑容，非圣人之有意于用兵也。"

于敏中序刊郑樵《通志略》。

李杰超修，王文清纂《宁乡县志》10卷刊行。

高自位、蔡如杞修，曾璋等纂《益阳县志》24卷刊行。

刘嗣孔修，刘湘煃纂《汉阳县志》32卷刊行。

崔淇修，王博、李维峤纂《荥泽县志》14卷刊行。

罗文思纂修《商南县志》12卷刊行。

吴文炘修，何远纂《原武县志》10卷刊行。

钱之青修，张天泽纂《榆次县志》14卷刊行。

张钺修，毛如诜纂《郑州志》12卷刊行。

余光璧修纂《南安府大庾县志》20卷刊行。

梁栋修，唐㷉纂《含山县志》16卷刊行。

甘文蔚、王元音修，王守矩、章起龙纂《吕氏县志》20卷刊行。

雅尔哈善、傅椿修，王峻等纂《苏州府志》80卷刊行。

袁枚修纂《江宁新志》26卷刊行。

陆玉琮修纂《南川县志书》刊行

史进爵修，朱音恬纂《什邡县志》18卷刊行。

张允观修纂《北流县志》10卷刊行。

杨棻修纂《化州志》10卷刊行。

卫哲治等修，叶长扬、顾栋高等纂《淮安府志》32卷刊行。

王如珪修，陈世倕、钱元昌纂《海盐县续图经》7卷刊行。

朱辂编《朱止泉先生年谱》1卷刊行。

鱼翼著《海虞画苑略》1卷、补遗1卷成书，有自序及许行健、王应奎、孙翼飞序。

丁元正著《楚辞辑解》正编6卷、外编2卷、后语6卷、卷首2卷、附录6卷成书，有自序。

郑方坤著《五代诗话》12卷成书，有自序。

沈廷芳在泰安序刻黄宗羲著《南雷文定》第五集。

顾奎光辑《金诗选》4卷刊行。

厉鹗、查为仁著《绝妙好词笺》7卷；又与马曰琯等辑刊《焦山纪游集》1卷。

按：《绝妙好词》为南宋周密辑，收录南宋一代132位词人的近四百首词，以选录精粹著称。元明两代传本稀少，康熙间柯煜、高士奇刊本出，始流行于世。乾隆初，厉鹗、查为仁各自为此书作笺。乾隆十三年，厉鹗赴京，路经天津，与查为仁会面，见查之笺，极为佩服，遂以已作付查，删复补漏，并为一书，题为《绝妙好词笺》刻印问世。

夏秉衡辑《清绮轩词选》13卷刊行。

按：夏秉衡字平山，号谷香子，上海华亭人。另著有《清绮轩初集》等。

徐大椿著《乐府传声》刊行。

张廷玉著《澄怀园全集》25卷刊行。

王士禛著《渔洋书籍跋尾》2卷刊行。

按：是书由清人刘坚辑，收入《啸园丛书》中。陈乃乾又有《重辑渔洋书跋》（中华书局1958年版），今人王绍曾、杜泽逊在此基础上，辑有《渔洋读书记》。清人题跋汇为专集的除王士禛的《渔洋书籍跋尾》外，尚有彭元瑞的《知圣道斋读书跋尾》、陈鳣的《经籍跋文》、黄丕烈的《士礼居藏书题跋记》、顾广圻的《思适斋题跋》、瞿中溶的《古泉山馆题跋》、吴骞的《拜经楼藏书题跋记》、钱泰吉的《曝书杂记》、陆心源的《仪顾堂题跋》等。

曹斯栋著《稗贩》8卷刊行。

夏力恕著《菜根堂札记》12卷成书，有自序。

按：《四库全书总目提要》曰："《菜根堂札记》十二卷，国朝夏力恕撰。力恕字观川，孝感人。康熙辛丑进士，官翰林院编修。是编乃乾隆己未至辛酉力恕在武昌书院时与诸生讲授《四书》所作。初名曰'题解'，盖专为制艺言之，已授梓矣。丙寅以后，又取程、朱之说参校同异，勒为此编，至戊辰而脱稿。其父以此事不止关系时文，'题解'之名不佳，乃改题今名。见于力恕之《自序》。而'题解'旧《序》亦并存之于卷端，不没其始也。原书本十八卷，其后六卷，别题曰《证疑备览》，则皆考辨《四书》中名物典故者。此本有录无书，而前有朱印曰'《证疑备览》嗣出'。盖刊尚未竟云。"

黄之隽卒（1668—　）。之隽字石牧，号唐堂，江苏华亭人，原籍安徽休宁。康熙六十年进士，改翰林院庶吉士。雍正元年授编修，后因事革职。乾隆元年尚书徐本荐举博学鸿儒，因年老不能终卷，罢归。家富藏书。著有《詹言》2卷、《唐堂集》50卷、补遗2卷、续集8卷，集唐人句为诗成《香屑集》18卷等。事迹见《清史列传》卷七一、李桓《国朝耆献类征初编》卷一二五。

按：《清史列传》本传曰："偶傥自喜，初罢官归，囊无余赀，惟嗜蓄书，著目者二万余卷。"

茅星来卒(1678—)。星来字岂宿,号钝叟,又号具茨山人,浙江归安人。诸生。屡试不中,潜心经史研究,以三十余年之力,著成《近思录集注》14卷。又著有《钝叟文钞》。事迹见《清史列传》卷六七、沈彤《茅叟星来传》(《碑传集》卷一四〇)。

按:《清史列传》本传曰:"少锐志为学,研究经史,欲以著述自见。初读书圆义精舍,览《近思录》,有得于'科举夺志'一语,遂弃帖括,潜心是书三十余年。以叶采《集解》粗浅舛错,乃参校同异,荟萃众说,于治道治法,逐一疏证,名物训诂,亦必析其本末,著《近思录集注》十四卷。其后序云:'自《宋史》分《道学》、《儒林》为二,而言程、朱之学者,但求之身心性命间,不复以通经学古为事。窃尝论之,马、郑、贾、孔之说经,譬则百货之所聚也;程、朱诸先生之说经,譬则操权度以平百货之轻重长短也。微权度,则货之轻重长短不见,而非百货所聚,则虽有权度,无所用之。故欲求程、朱之学者,必自马、郑诸传疏始。愚于是编,备著汉、唐诸家之说,以见程、朱诸先生之有本,俾空疏者毋得而藉口焉。'其持论光明洞达,足观心术之正。"

鲍钤卒(1690—)。钤字西冈,一字冠亭,号辛浦,别号待翁、若吃虚翁、羼提庵主、一旅亭长、心隐山人等,汉军正红旗人。康熙五十四年授浙江长兴知县。官至杭州海防草堂通判。著有《道腴堂诗编》30卷、《道腴堂诗续》12卷、《道腴堂杂编》8卷、《道腴堂杂著》1卷、《道腴堂续杂著》1卷、《雪泥鸿爪录》4卷、《亚谷丛书》4卷、《俊逸亭新编》1卷等。事迹见《清史稿》卷四八五、《清史列传》卷七一、全祖望《辛浦鲍君墓志铭》(《鲒埼亭集》卷一九)。

尹会一卒(1691—)。会一字元孚,号健余,直隶博野人。雍正二年进士,授吏部主事。历官河南巡抚、左副都御史、工部侍郎、江苏学政、吏部侍郎。笃信程、朱,提倡理学,增订《洛学编》,命州县立社学。著有《续洛学编》5卷、《续北学编》3卷、《吕语集粹》4卷、《重订小学纂注》6卷、《近思录集解》10卷、《尹氏家谱》8卷、《贤母年谱》1卷、《君臣士女四鉴录》16卷、《讲习录》2卷、《从宜录》1卷、《读书笔记》6卷、《健余札记》4卷、《健余先生文集》10卷、《健余奏议》10卷、《健余尺牍》4卷、《健余诗草》3卷、《抚豫条教》4卷等。事迹见《清史稿》卷三〇八、《清史列传》卷一八、李桓《国朝耆献类征初编》卷七七、蔡冠洛《清代七百名人传》第一编、方苞《尹元孚墓志铭》、顾栋高《尹先生会一传》(均见《碑传集》卷二九)。清吕炽编有《尹健余先生年谱》。

按:徐世昌《清儒学案》卷六二《健余学案》曰:"健余崛起孤寒,习闻夏峰、习斋教泽,中年志益笃,养益粹,一以朱子为宗。事亲为孝子,服官为名臣,卓然足以自立焉。"

传教士冯秉正卒(1669—)。秉正字端友,法国人。康熙四十二年抵澳门,后去江西传教,旋赴北京。曾参与《皇舆全图》绘制工作,又译《通鉴纲目》为法文,定名《中国通史》,在巴黎出版。

梁履绳(—1793)、王复(—1798)、黎简(—1799)、汪学金(—1804)、汪德钺(—1808)、梁上国(—1815)、宋湘(—1826)、陈诗(—1826)生。

乾隆十四年　己巳　1749 年

英国海军强化条令（对部队进行调整）。

宾夕法尼亚科学院成立。

正月二十六日乙亥（3月14日），停科道等进呈经史。

二月十六日甲午（4月2日），命修《平定金川方略》，并仿康熙帝平定沙漠、雍正帝平定青海后御制碑文例，乾隆帝撰《平定金川文》，勒石太学，垂示久远。

六月十五日辛卯（7月28日），《御制诗初集》成。

按：该诗集44卷，辑录了乾隆元年（1736）至十二年（1746）乾隆帝所作之诗。

十一月初四日己酉（12月13日），诏举潜心学术、纯朴渊通之士。得陈祖范、吴鼎、梁锡玙、顾栋高四人，授鼎、锡玙国子监司业，召对勤政殿。陈祖范、顾栋高以年老不能供职，俱给国子监司业衔，以为绩学之劝。

按：《清史稿·选举志四》曰："乾隆十四年，诏曰：'崇尚经术，有关世道人心。今海宇升平，学士大夫精研本业，穷年矻矻，宗仰儒先者，当不乏人。大学士、九卿、督、抚，其公举所知，不限进士、举人、诸生及退休、闲废人员，能潜心经学者，慎选毋滥。'寻中外疏荐者四十于人。帝为防幸进，下廷臣覆核，得陈祖范、吴鼎、梁锡玙、顾栋高四人。命呈览著述，派翰林、中书官在武英殿各缮一部。寻授鼎、锡玙国子监司业，召对勤政殿。祖范、栋高以年老不能供职，俱授司业衔。后不复举行。"

十二月十八日壬辰（1750年1月25日），《五朝国史》告成。

钱大昕始与李果、惠栋、沈彤、顾诒禄相识定交。

钱大昕、王昶、褚寅亮等先后在苏州紫阳书院从王峻学。

按：钱大昕为王峻《汉书正误》所作的序曰："予年二十有二，来学紫阳书院，受业于虞山王艮斋先生。先生诲以读书当自经史始，谓予尚可与道古，所以期望策厉之者甚厚。予之从事史学，由先生进之也。"（《潜研堂文集》卷二四）王昶《詹事府少詹事钱君墓志铭》曰："乾隆十三年夏，昶肄业于苏州紫阳书院。时嘉定宗兄凤喈先中乙科，在院同学，因知其妹婿钱君晓征幼慧，善读书，岁十五补博士弟子，有神童之目。及院长常熟王次山侍御询嘉定人才，凤喈则以君对。侍御转告巡抚雅公蔚文，檄召至院，试以《周礼》、《文献通考》两论，君下笔千余言，悉中典要。于是院长惊异，而院中诸名宿莫不敛手敬之。"（《春融堂集》卷五五）

刘统勋充《国朝宫史》馆总裁。

赵翼在京为刘统勋纂修《国朝宫史》。

全祖望是春将校定的戢山先生遗书归之刘氏子孙，十一月辞去戢山书院讲席。

程瑶田始识戴震，并从戴震学算学。

按：程瑶田《五友记·戴震》曰："庚午、辛未之间，余与稚川及余姊婿汪松岑三人同研席，每论当世士可交而资讲习益者，余曰戴东原也。东原名震，休宁隆阜人。

先是己巳岁,余识东原,当是时东原方颎于小试而学已粗成,出其所校太傅《礼》示余。太傅《礼》者,人多不治,故经传错互,字句讹脱,学者恒苦其难读,东原一一更正之,余读而惊焉,遂与东原定交。至是稚川、松岑亦咸交于东原矣。壬申夏,松岑言于其从祖之弟在湘,在湘因延东原至其家教其子,于是余数人时时与东原处,故知东原最深也。"(《通艺录·修辞余钞》)

沈廷芳作《方望溪先生传》,悼方苞之死。

张廷玉十一月以原官致仕。十二月十七日被削去伯爵,以大学士原衔休致,身后仍准配享太庙。

按:张廷玉致仕时,以世宗遗诏许配享太庙,乞上一言为券,乾隆帝虽然表示同意,但心里并不满意。次日,张廷玉仅派其子张若澄入朝谢恩,乾隆帝遂当着军机大臣傅恒、汪由敦的面大发脾气,"传旨诘责"。乾隆帝曰:"试思太庙配享皆佐命元勋,张廷玉有何功绩勋猷,而与之比肩乎?鄂尔泰尚有经度苗疆成就,而张廷玉所长,不过谨慎自将,传写谕旨,朕诗所谓两朝纶阁谨无过耳。"因令削去张廷玉伯爵,以大学士原衔休致,虽仍准配享太庙,但又一再说"实不当配享,其配享实为过分"(《清高宗实录》卷三五五)。

汪由敦十二月十三日以向张廷玉漏泄谕旨,著革去协办内阁并尚书,仍在尚书任赎罪。

按:《清史稿·汪由敦传》曰:"廷玉致仕将归,以世宗遗诏许配享太庙,乞上一言为券,谢恩未亲至。传旨诘责,傅恒与由敦承旨,由敦免冠叩首,言廷玉蒙恩体恤,乞终始矜全,若明旨诘责,则廷玉罪无可逭。次日,廷玉早入朝,上责由敦漏言,徇师生私恩,不顾公议。解协办大学士,并罢尚书,仍在尚书任赎罪。"

纪昀在京师,为应礼部试,与钱大昕、卢文弨及从兄纪昭等,结为文社,商榷制义。

沈德潜复乞归,命原品休致,仍令校《御制诗集》毕乃行。谕曰:"朕于德潜,以诗始,以诗终。"(《清史稿·沈德潜传》)且令有所著作,许寄京呈览。德潜归,进所著《归愚集》,乾隆帝亲为制序,称其诗伯仲高启、王士禛。

王安国六月入对,言诸行省方科试,诸学臣尚有未除积弊。乾隆帝令其疏陈,安国疏言:"上科乡试后,颇闻诸学臣因录科例严,转开侥幸。或于省会书院博督抚之欢,或于所属义学徇州县之请,或市恩于朝臣故旧,或纵容子弟家人乘机作弊,致取录不甚公明。"(《清史稿·王安国传》)乾隆帝召安国询所论诸学臣姓名,安国举尹会一、陈其凝、孙人龙、邓钊等。

金农在扬州与邻曲诸老结菊社。

梅毂成、何国宗以经学荐王之锐,之锐以病不能行。

汪正泽在浙江武义建壶峰书院。

陈兴祚时任福建仙游县知县,建金石书院。

张元芝时任福建顺昌知县,建华阳书院。

曾曰瑛时任知府,于福建长汀建紫阳书院。

冯渠时任江西靖安知县,建双溪书院。

左修晶时任江西于都知县,建雩阳书院。

周之时任河南河阴知县,改建文明书院。

侯锡乐时任河南灵宝知县，建湖城书院。

徐芳桂时任湖北枣阳知县，建春陵书院。

商裔时任湖北黄冈守备，建观善书院。

欧阳龙在湖南汝城县建朝阳书院。

陈志仪时任广东顺德知县，建梯云书院和葛堡书院。

陈世科在广东顺德县建北池书院。

戴汝槐时任广西宣化知县，建右文书院和广学书院。

罗文思时任陕西蒲城知县，建尧山书院。

威廉·切特伍德著成《戏剧通史》。

张兰皋著《周易析义》15 卷修订重刻，有自序。

按：《四库全书总目提要》曰："兰皋原名一是，字天随，武进人。是书初刻于乾隆甲子，至己巳又改订八十页而重刻之，是为今本。大旨以程子《易传》、朱子《本义》为宗，而左证以宋元诸说。其谓卦必先分而后序，不用古文十二篇之说。盖从萧汉中《读易考原》。其《系辞》以下，略不置解，则用王弼例也。"

王淑辑《易经一说》刊行。

杨椿著《毛诗考》成书，并自作后序。

方苞著《仪礼析疑》17 卷刊行。

蒋溥等奉敕纂《御览经史讲义》31 卷。

按：《四库全书总目提要》曰："考讲义之作，莫盛于南宋。其解经者如袁燮《毛诗讲义》之类，其论史者如曹彦约《经幄管见》之类，皆经筵所陈也。其更番奏御者谓之故事，李曾伯《可斋杂稿》、孙梦观《雪窗集》中皆有之。其体征引古书于前，附列论断于后，主于发挥义理，评议是非。与讲义之循文衍说者，为例小殊；而即古义以抒所见，则其意一也。乾隆二年，特诏翰林詹事六科十三道诸臣，轮奏讲义，或标举经文，下列先儒义疏，而阐明其理蕴；或节取史事，下列先儒评品，而辨析其得失。略如宋人故事之例。其敷陈中理者，温纶嘉勉；或持论未当者，即召对开示，命复缮以进。则宋世未闻是事。岂非前代帝王徒循旧制，我皇上先登道岸，足以折衷群言欤？积累既多，因敕大学士蒋溥等编为此帙。"

戴震著《尔雅文字考》10 卷成书，有自序。

按：戴震《尔雅文字考序》曰："古故训之书，其传者莫先于《尔雅》，六艺之赖是以明也。所以通古今之异言，然后能讽诵乎章句，以求适于至道。刘歆、班固论《尚书》古文经曰：'古文读应《尔雅》，解古今语而可知。'盖士生三古后，时之相去千百年之久，视夫地之相隔千百里之远无以异。昔之妇孺闻而辄晓者，更经学大师转相讲授，而仍留疑义，则时为之也。余窃谓儒者治经，宜自《尔雅》始。取而读之，殚心于兹十年。是书旧注之散见者六家，犍为文学、刘歆、樊光、李巡、郑康成、孙炎，皆阙逸，难以辑锥。而世所传郭《注》，复删节不全，邢氏《疏》尤多疏漏。夫援《尔雅》以释《诗》、《书》，据《诗》、《书》以证《尔雅》，由是旁及先秦已上，凡古籍之存者，综核条贯，而又本之六书、音声，确然于故训之原，庶几可以于是学，余未之能也。"（《戴震文集》卷三）

卢文弨作《书学蔀通辨后》，批评一时表彰陆九渊学术者的门户之见。

按：卢文弨《书学蔀通辨后》曰："此书别朱、陆之学之异，较然明白，学者熟观之，庶不为曲说所误。夫人而欲为陆氏之学，亦第守陆氏之说可耳，而必曰朱子亦若是,何居! 盖篁墩、阳明诸人,虽陆氏是宗,然亦知朱子之不可攻也。不可攻,则莫若借以自助,于以摇荡天下之学朱子者,使亦颡首以就吾之范围而莫吾抗,若曰子之师且不吾异,子独焉异之? 陆氏之学之所以盛,实由于此,而朱子之学几绝。自此书出,知二家之学必不可强同。陆氏之学实出于禅,盖终其身弗变也。而朱子则屡变而始定,故有始同终异,绝无始异终同。观其援据详确,爬抉底蕴,而陆氏之为禅也信然。吾怪夫人之惑,固有不可解者。近时人又有为《陆子学谱》及《朱子晚年全论》、《朱子不惑录》等书,不过复袭程、王之唾余而少变其说,以为朱子晚年其学与陆氏合,其论与陆氏异。此语更龌龊不足辨。顾反痛诋此书,无知之人道听途说,是诚何心哉!"(《抱经堂文集》卷一〇)

史贻直奉敕纂《工部则例》50卷。

胡德琳著《南北史捃华序》。

李光昭修,周琰纂《东安县志》22卷刊行。

单作哲纂修《饶阳县志》2卷刊行。

周章焕纂修《南和县志》12卷刊行。

陈云煌纂《淞南续志》1卷刊行。

黄怀祖修,黄兆熊纂《平原县志》10卷刊行。

张玿美修,曾钧、魏奎光纂《武威县志》1卷刊行。

张玿美修,曾钧、魏奎光纂《镇番县志》1卷刊行。

张玿美修,赵璘、郭建文纂《古浪县志》1卷刊行。

张玿美修,沈绍祖、谢谨纂《永昌县志》1卷刊行。

张玿美修,曾钧纂《平番县志》1卷刊行。

张海纂《西藏纪述》1卷刊行。

王祖庚纂修《平定州志》8卷刊行。

宋载修纂《大邑县志》4卷刊行。

邹儒修,王璋纂《盩厔县志》15卷刊行。

金秉祚修,丁一焘等纂《山阳县志》22卷刊行。

王植修纂《郯城县志》12卷成。

王俊修,李森纂《临清州志》12卷刊行。

黄钰修纂《萧山县志》40卷刊行。

陈永清修,章昱、吴庆云纂《瑞安县志》10卷刊行。

石瑶灿修纂《续石埭县志》4卷刊行。

吴学山修,胡元发等纂《霍山县志》4卷刊行。

黄登谷等修纂《鄱阳县志》24卷刊行。

沈涛等修,沈大中等纂《长宁县志》6卷刊行。

陈焱、王纲修,俞荔、陈云客纂《永福县志》10卷刊行。

陈兴祚修,庄大椿等纂《仙游县志》36卷刊行。

张钺修,万侯纂《信阳州志》12卷刊行。

王敕修,靖道谟纂《黄州府志》20卷刊行。

吕宣曾修,黄立干纂《永兴县志》12卷刊行。

谭肇基修,吴菜等纂《长兴县志》12卷刊行。

李本洁修《广宁县志》10卷刊行。

爱必达修纂《黔南识略》32卷刊行。

吕炽等编《尹健余先生年谱》3卷刊行。

夏力恕著《杜文贞诗增注》28卷刊行。

尹会一著《健余先生文集》10卷刊行。

全祖望校定《刘蕺山遗书》。

沈彤著《果堂集》12卷刊行。

按：《四库全书总目提要》曰："彤博究古籍，精于考据，所著有《周官禄田考》、《三经小疏》，皆已著录。是集多订正经学文字，如《周官颁田异同说》、《五沟异同说》、《井田军赋说》、《释周官地征》等篇，皆援据典核，考证精密。其于《礼经》服制多所考订，尤足补汉、宋以来注释家所未备。其《释骨》一篇，虽为医家而作，然非究贯苍雅、兼通灵素者不能也。其论《尧典》星辰不兼五纬，盖主孔安国《传》，又于'在璇玑玉衡以齐七政'，力辟《史记》斗杓之解。虽未必尽为定论然，各尊所闻，亦足见其用意之不苟矣。《集》虽不尚词华，而颇足羽翼经传，其实学有足取者，与文章家又别论矣。"

汪士鋐著《秋泉居士集》17卷刊行。

郑燮作《板桥自叙》，述已生平志趣。

汤大坊著《种松园集》12卷、补编1卷刊行。

彭廷梅编《国朝诗选》成书，有自序。

周京著《无悔斋诗集》15卷成书，有自序。

吴敬梓著长篇小说《儒林外史》约在本年脱稿。

张书绅著《新说西游记》100回刊行。

梁诗正奉敕编《西清古鉴》40卷。

按：《四库全书总目提要》曰：是书"体例虽仿《考古》、《博古》二图，而摹绘精审，毫厘不失，则非二图所及。其考证虽兼取欧阳修、董逌、黄伯思、薛尚功诸家之说，而援据经史，正误析疑，亦非修等所及。……盖著述之中，考证为难；考证之中，图谱为难；图谱之中，惟钟鼎款识义通乎六书，制兼乎《三礼》，尤难之难。读是一编，而三代法物恍然如睹"。

鄂尔泰、吴谦等奉敕纂《医宗金鉴》90卷成书。

按：是为一部临床重要参考书籍。论述各种疾病的诊断、辨证、治法、方剂等内容，简明扼要，切合实用。《四库全书总目提要》曰："乾隆十四年奉敕撰。首为订正《伤寒论注》十七卷，次为订正《金匮要略注》八卷。盖医书之最古者无过《素问》，次则八十一《难经》，然皆有论无方。其有论有方者自张机始，讲伤寒及杂证者亦以机此二书为宗。然《伤寒论》为诸医所乱，几如争《大学》之错简，改本愈多而义愈晦，病其说之太杂。《金匮要略》虽不甚聚讼，然注者罕所发明，又病其说之不详。是以首订二书，纠讹补漏，以标证治之正轨。次为删补《名医方论》八卷，辑医方者往往仅题某丸某散治某病，不知病状相似者病本多殊，古人论消息，君臣佐使有其宜，攻补缓急有其序，或以相辅为用，或以相制为功，甚或以相反相激，巧投而取效。必明制方之意，而后能详审病源，以进退加减，故方论并载也。"

又按：吴谦字六吉，安徽歙县人。官太医院判，是雍正、乾隆年间的名医。《清史稿·艺术传》曰："谦以古医书有法无方，惟《伤寒论》、《金匮要略》、《杂病论》始有法有方。《灵》、《素》而后,二书实一脉相承。义理渊深,方法微奥,领会不易,遂多讹错。旧注随文附会,难以传信。谦自为删定,书成八九,及是,请就谦未成之书,更加增减。于二书讹错者,逐条注释,复集诸家旧注实足阐发微义者,以资参考,为全书之首,标示正轨。次删补名医方论,次四诊要诀,次诸病心法要诀,次正骨心法要旨。书成,赐名《医宗金鉴》。虽出众手编辑,而订正《伤寒》、《金匮》,本于谦所自撰。"

藏文大藏经《丹珠尔》自乾隆六年始译为蒙文,至是全部译毕。

按:是书为西藏大藏经二藏之一。西藏大藏经分为《教说翻译》、《论著翻译》等两部,音译《甘珠尔》、《丹珠尔》。"甘"意谓教,"丹"意谓论,"珠尔"则谓翻译。《甘珠尔》又称正藏,《丹珠尔》则称副藏、杂藏、续部等,此系布顿对西藏大藏经所作独特之分类法,其后成为定式。

日本野雅亮将刘义庆《世说新语》译成《世说儿谈》8卷出版。

日本冈井孝先、大冢孝绰译《世说逸》出版。

尤怡卒(1650—)。怡字在泾,又字饮鹤,号拙吾,又号饲鹤山人,江苏吴县人。少时家贫而好学,曾在寺院卖字为生。好为诗,与同里顾嗣立、沈德潜游。从学于内科名医马俶。晚年,学益深造,治病多奇中,名始著。著有《伤寒贯珠集》8卷、《金匮要略心典》8卷、《医学读书记》3卷、《续记》1卷、《金匮翼》8卷、《静香楼医案》等,及诗集《北田诗稿》。事迹见《清史稿》卷五〇二。

方苞卒(1668—)。苞字灵皋,号望溪,先世安徽桐城人。康熙四十五年进士,五十五年因《南山集》案株连逮赴诏狱,康熙帝宥其罪,命隶汉军,旋召入南书房。雍正即位,赦方苞并合族还故乡,寻又召入京师,充武英殿修书处总裁。乾隆元年晋礼部侍郎,七年以衰病休致。其经术文章兼优,诸经之中,尤精者为《三礼》,次之为《春秋》。曾任《大清一统志》总裁、《皇清文颖》副总裁、《三礼义疏》馆副总裁。其文峻洁,严于义法,为桐城派创始人。著有《周官辨》1卷、《周官集注》12卷、《周官析疑》36卷、《春秋通论》4卷、《春秋直解》12卷、《春秋比事目录》4卷、《仪礼析疑》17卷、《礼记析疑》46卷、《史记注》、《望溪文集》8卷等。奉旨所编《古文约选》,是当时颇有影响的古文选本。事迹见《清史稿》卷二九〇、《清史列传》卷一九、蔡冠洛《清代七百名人传》第五编、雷鋐《方望溪先生行状》、全祖望《前侍郎桐城方公神道碑》、沈廷芳《方望溪先生传》(均见《碑传集》卷二五)。苏惇元编有《方望溪年谱》。

按:《清史稿》本传曰:"苞为学宗程、朱,尤究心《春秋》、《三礼》,笃于伦纪。既家居,建宗祠,定祭礼,设义田。其为文,自唐、宋诸大家上通《太史公书》,务以扶道教、裨风化为任。尤严于义法,为古文正宗,号桐城派。"徐世昌《清儒学案》谓其"文章源于经术,姚氏惜抱承其绪,传衍甚远,桐城文派遂为一代大宗"。其弟子有沈廷芳、官献瑶、雷鋐、王兆符、程鉴等。其交游者甚多,有李光地、蔡世远、朱轼、杨名时、陈鹏年、李绂、万斯同、李塨、王源、顾栋高、查慎行、朱书、张自超、汪份、王澍、姜宸英、戴名世等。

王维德卒(1669—)。维德字洪绪,一字林洪,号林屋山人,一号定定子，人称林屋先生，吴县人。家世代业医，以外科闻名。维德通内外妇儿诸科，尤精外科疮疡。行医 40 余年，治效卓著，所创阳和汤、醒消丸等至今为临床治阴疽疮疡的代表方剂。兼治《易经》，著有《永宁通书》、《卜筮正宗》、《外科症治全生集》；又编撰《林屋民风》12 卷，详细记载了洞庭西山的地理、历史、名胜、古迹、人物、物产、风俗。事迹见《清史稿》卷五〇二。

赵大鲸卒（1686—　）。大鲸字横山，号学斋，浙江仁和人。雍正三年进士，官编修。乾隆年间曾提督江西、直隶学政，主云南、湖南、河南三省乡试。归后主讲万松书院。工书法，能诗。事迹见震钧辑《国朝书人辑略》卷四、彭启丰《赵大鲸墓志铭》（《芝堂先生集》卷一三）。

查为仁卒（1693—　）。为仁字心谷，号莲坡，直隶宛平人。康熙五十年举人。家有藏书万卷。与万光泰、厉鹗善，共同研讨诗词书画。曾与厉鹗同撰《绝妙好词笺》。著有《莲坡诗话》、《蔗塘未定稿》。事迹见郑方坤《蔗塘诗钞小传》（《碑传集补》卷四五）。

闻棠卒（1699—　）。棠字静儒，江苏太仓人。以五经中乡试。乾隆元年进士，改翰林院庶吉士，散馆，授编修。历典广东、湖北乡试。经学渊博，诗词华赡。充《明史》馆纂修。著有《黄山纪游》2 卷、《淮南杂志》、《静儒遗诗》。

黄景仁（　—1783）、林宾日（　—1827）生。

乾隆十五年　庚午　1750 年

首座伦敦威斯敏斯特大桥竣工。

二月二十八日辛丑（4 月 4 日），从御史王应采之请，令访求经师遗著。

五月二十日辛酉（6 月 23 日），重定满文十二字头音训。

按：十二字头是努尔哈赤时代达海编创的，为教授满文之用。汉人初学满语，每借汉字为十二字头注音，乾隆帝恐"久而益差"，故命傅恒率同儒臣重定十二字头音训。

十一月初二日辛丑（11 月 30 日），改定官卷二十五取一。

按：官卷之例始于康熙三十九年（1700）。初制达官子弟一体应试，而中试独多，防寒士进身之路，于是定官民分卷之法，"满"、"合"字号二十卷中一，各省视举额十分中一，副榜如之，边省免分。至是，湖广总督永兴以官生过优，奏请将各省官生按照人数多寡，酌定取中。遂定为直省额中举人二十五名内，许中官卷一名，如无佳文，宁缺无滥，仍以民卷取足。

初四日癸卯（12 月 2 日），恭送"列圣御容"及《五朝实录》前往盛京供奉和收藏。

十二月二十日己丑（1751 年 1 月 17 日），令核定内外大臣保举之经学人员,将名不副实者除名,并处罚保举不实诸官员。

  按:《清史列传·顾栋高传》曰:"乾隆十五年,特召内外大臣荐举经明行修之士,时所举四十余人,惟大学士张廷玉、尚书王安国、侍郎归宜光举江南举人陈祖范,尚书汪由敦举江南举人吴鼎,侍郎钱陈群举山西举人梁锡玙,大理寺卿邹一桂举栋高。此四人,论者谓名实允孚焉。寻奉旨,皆授国子监司业。栋高以年老不任职,赐司业衔。"

  全祖望在杭州校《水经注》,归安沈炳巽应祖望之请,携其校本至与全氏相商。

  按:沈炳巽字绎旃,浙江归安人。从兄炳震尝注释《水经注》,因事未就,以授炳巽,炳巽乃著成《水经注集释订讹》40卷,又著《续唐诗话》100卷、《全宋诗话》100卷。全祖望《沈氏水经校本跋》曰:"国初诸老皆有《水经》校本,如顾亭林、宛溪、胡东樵、黄子鸿、阎百诗、刘继庄,而俱无传者。惟亭林之本见何氏所录,黄氏之本相传入于新城池北库中,独《渭水》、《沔水》二篇行于世,继庄竟脱落。若东樵、宛溪、百诗之本虽未见,而其所证据之旁出者,颇多纰缪,东樵其尤也。苕中老友沈君绎旃,少与其兄东甫从事于此,东甫遂以属之。岁在庚午,予贻书求其稿,绎旃欣然携之至杭,并亡友董讷夫之本以来。讷夫亦义门高第也。绎旃与予讨论浃旬,遂留置予插架中。其发摘讹误,如缙姑水、檀台冈、璅侯亭,并《汉功臣表》郫侯之误音为多,不特有功于善长而已。予于是书所借助,老友莫如绎旃,通家子则赵生一清。不意丛残雠对中,逢此二特,是则厚幸也夫。"(《鲒埼亭集外编》卷三二)

  沈德潜以年老告归后,王鸣盛、钱大昕、曹仁虎、王昶等皆游其门。

  毕沅从沈德潜游。

  按:史善长编《弇山毕公年谱》曰:"长洲沈文悫公德潜以风雅总持东南,海内翕然宗之。公从之游,每称公诗有独往独来之概,南朱北王不能不让后贤独步。"

  张廷玉因与朱荃结为姻亲,七月二十日被追缴恩赐物件。

  按:《清史稿·张廷玉传》曰:"十五年二月,皇长子定安亲王薨,方初祭,廷玉即请南还,上愈怒,命以太庙配享诸臣名示廷玉,命自审应否配享。廷玉惶惧,疏请罢配享治罪。上用大学士九卿议,罢廷玉配享,仍免治罪。又以四川学政编修朱荃坐罪,荃为廷玉姻家,尝荐举,上以责廷玉,命尽缴历年颁赐诸物。"朱荃与张廷玉是姻亲,在京察时,张廷玉将他列为一等,待保举主考官时,经汪由敦全力推荐,朱荃出任四川学政,得以主持童试。朱荃任职期间,其母去世,匿丧不报,又在主持童试时授受贿赂,被御史储麟祉揭发,张廷玉因此受到牵连。

  赵翼中顺天乡试。

  按:座师为汪由敦,得其赏识,延于家中,教其二子,并为代笔。汪氏家富藏书,赵翼得读其书,对于学问的提高,帮助甚大。直到乾隆二十三年(1758年),汪氏卒,始离开汪家。

  卢文弨在京,馆黄叔琳家,一意校经史。

  按:钱大昕《卢氏群书拾补序》曰:"卢抱经先生精研经训,博极群书。自通籍以至归田,铅椠未尝一日去手,俸廪修脯之余,悉以购书。遇有秘抄、精校之本,辄宛转借录,家藏图籍数万卷,手自校勘,精审无误。"(《潜研堂文集》卷二五)严元照《悔庵学文·书卢抱经先生〈礼记〉后》曰:"先生喜校书,自经传子史,下逮说部诗文集,凡经披览,无不丹黄,即无本可勘异同,必为之厘正字画然后快。嗜之至老愈笃。自笑

英国技师威廉·沃森分析铂白金。

如猩猩之家酒也。"

惠栋以博通经史，学有渊源，为两江总督黄廷桂、陕甘总督尹继善列名荐牍，报罢。

按：《清史稿·惠栋传》曰："自幼笃志向学，家多藏书，日夜讲诵。于经、史、诸子、稗官野乘及七经毖纬之学，靡不津逮。小学本《尔雅》，六书本《说文》，余及《急就章》，《经典释文》，汉、魏碑碣，自《玉篇》、《广韵》而下匆论也。乾隆十五年，诏举经明行修之士，陕甘总督尹继善、两江总督黄廷桂交章论荐。会大学士、九卿索所著书，未及呈进，罢归。"

江声从惠栋问学。

余萧客以注《尔雅别钞》，就正于惠栋，遂执贽受业，为弟子。

按：皮锡瑞曰："国朝经师，能绍承汉学者，有二事。一曰传家法，如惠氏祖孙父子，江、戴、段师弟，无论矣。惠栋弟子有余萧客、江声。声有孙沅，弟子有顾广圻、江藩。藩又受学余萧客。王鸣盛、钱大昕、王昶皆尝执经于惠栋。钱大昕有弟大昭，从子塘、坫、东垣、绎、侗。段玉裁有婿龚丽正，外孙自珍。金榜师江永。王念孙师戴震，传子引之。孔广森亦师戴震。具见《汉学师承记》。他如阳湖庄氏《公羊》之学，传于刘逢禄、龚自珍、宋翔凤；陈寿祺今文《尚书》、三家《诗》之学，传子乔枞；皆渊源有自者。一曰守颛门。阮元云：'张惠言之《虞氏易》，孔广森之《公羊春秋》，皆孤家专学也。'阮氏所举二家之外，如王鸣盛《尚书后案》，专主郑义；孙星衍《尚书今古文注疏》，兼明今古；陈乔枞《今文尚书经说考》，专考今文；胡承珙《毛诗后笺》、陈奂《毛诗传疏》，专宗《毛诗》；迮鹤寿《齐诗翼奉学》，发明齐《诗》；陈乔枞《三家诗遗说考》，兼考鲁、齐、韩《诗》；凌曙、孔广森、刘逢禄皆宗《公羊》，陈立《义疏》尤备；柳兴宗《谷梁大义述》，许桂林《谷梁释例》，皆主《谷梁》，钟文烝《补注》尤备；《周官》有沈彤《禄田考》，王鸣盛《军赋说》，戴震《考工记图》；《仪礼》有胡匡衷《释官》，胡培翚《正义》；《论语》有宋翔凤《说义》，刘宝楠《正义》；《孟子》有焦循《正义》；《尔雅》有邵晋涵《正义》，郝懿行《义疏》；皆卓然成家者。家法颛门，后汉已绝，至国朝乃能寻坠绪而继宗风。传家法则有本原，守颛门则无淆杂。名家指不胜屈，今姑举其荦荦大者。"（《经学历史·经学复盛时代》）

方榮如至徽州府主紫阳书院讲席，戴震曾从之问作文之法。

按：戴震学生段玉裁在《答程易田丈书》曰："师尝闻作文之诀于方氏文輈曰：'善做不如善改，善改不如善删。'故师作文不厌改删。"（《经韵楼集》卷七）

江永年七十，戴震为作《江慎修先生七十寿序》。

按：戴震在序中曰："吾师江慎修先生，生朱子之乡，上溯汉、唐、宋以来之绝学，以六经明晦为己任。震少知向慕，既数年，始获一见，又数年，始拜先生于吾邑之斗山。所读诸经，往来问难，承口讲指画，然后确然见经学之本末。既而先生就馆本邑，未能从学，深怅恨焉。……今年七月十七日，先生七十大庆，盖非寻常称颂之辞，可拟诸形容者，是以一切肤语，概从芟略，直举及门以后所知，与先生所自言者书之。自兹以往，年益寿，学益进，自有不朽大业，藏名山，留宇宙，作朋三寿，何足为先生侈陈哉！乾隆十五年岁在上章敦牂月，律中夷则，门人戴震顿首再拜撰。"（江永《善余堂文集》附录，吴县潘氏宝山楼据稿本抄，上海图书馆藏，参见漆永祥《新发现戴震〈江慎修先生七十寿序〉佚文一篇》，《中国典籍与文化》2005年第1期）

王念孙从父学诸经。

汪中随母学小学、四子书。

洪亮吉从季父学《礼记》、《大学》、《中庸》。
张廷玉特举刘大櫆经学，报罢。
陈宏谋举孙景烈经学，辞不受。
江永辞谢经学举荐。
金兆燕以长诗寄吴敬梓，述敬梓避不应经学举荐事。
尹会一遗著由其子嘉铨编集。
钱陈群充江西乡试正考官。
孙嘉淦充翰林院掌院学士。
崔纪以副都御史衔再督江苏学政，力疾按试。旋卒。
顾奎光中进士，先后官湖南泸溪、桑植知县。
洪腾蛟中举人。

按：洪腾蛟字鳞雨，安徽婺源人。《清史列传·洪腾蛟传》曰："研穷经训，尤嗜宋儒书。尝以置闰法及经学、理学诸疑质于汪绂，绂报书言为学之概甚悉。腾蛟欲往执贽，未行而绂殁。又尝著《禹贡黑水说》，为时所称。钱塘袁枚方之杨子行、井大春。著有《寿山存稿》、《稽年录》各十二卷，《寿山丛录》、《鄣麓常谈》各二卷，《婺源坤乘》三卷、《思问录》五卷。"

金农六月于扬州石塔寺壁上画竹。
李方膺被劾罢官，往金陵寓借园，与沈凤、袁枚交。
韩桐时任山西运城知州，重建解梁书院。
阎铣时任浙江平湖知县，建当湖书院。
陈朝栋时任浙江松阳知县，建明善书院。
刘瓒时任安徽来安县知县，建建阳书院。
刘岱闻时任山东平阴知县，建榆山书院。
许勉燉时任开封知县，建志伊书院。
马荣祖时任河南灵宝知县，以湖城书院改建荆山书院。
马德旺时任湖北应城知县，建蒲东书院。
张世芳时任湖北安陆知府，建兰台书院。又在钟祥县建兰台书院。
骆时玖在湖南宁远县建疑麓书院。
王之正时任知州，于广东梅县建培风书院。
陈志仪在广东顺德县建西淋书院。
杨缵绪时任广西泗城府知府，与西隆州知州唐桂生建云峰书院。
许伯政时任四川彭县知县，建九峰书院。
费元龙时任四川三台知府，建草堂书院。
陈履长时任四川威远知县，建凤翔书院，又名翔凤书院。
钱基时任四川巫山知县，建圣泉书院。
王允浩时任贵州大方知府，建文龙书院。
刘士夫时任陕西安康同知，建关难书院。
英国皇家建筑师契巴斯为肯特公爵设计的中国式园林——邱园在伦敦泰晤士河畔建成。

| 圣莫尔的本尼迪克特教团的僧侣们编纂成《历史事件日期核对字典》。

弗里德里希大王发表《无忧宫哲学全集》。

约翰·托拜厄斯·迈耶绘制出《月亮图》。

王又朴著《易翼述信》12卷刊行。

宋邦绥著《易读》4卷刊行。

单铎著《周易显指》2卷刊行。

吴敬梓著《诗说》7卷及《诗集传》成书。

沈彤著《周官禄田考》3卷,得顾榇、徐大椿资助,付梓刊行,沈德潜作序。

徐文靖著《竹书纪年统笺》12卷成书,崔万烜作序。

按：崔氏《序》曰："《竹书纪年》者,晋太康二年,汲郡人发魏襄王冢所得也。其中竹书数十车,多致朽坏脱误,唯《纪年》一编,最为分晓。其所纪,始黄帝,终魏今王二十年,盖六国时晋、魏史官所录也。其天监中,沈约始为之附注,然往往好言符瑞,于历代事实,罕有发明。数千年以来,无有深知笃好能言是书者。位山徐先生得而读之,谓是书瘗于秦火未燔之前八十六年,纵未即宣圣笔削之余,当亦不致如《古文尚书》为汉儒所伪作也。于是于《竹书》逐年记载之下,暨休文(沈约)所附注者,一一皆为之统笺,误者订之,疑者释之,阙者补之。诸散见于他说者,裒而集之。经经纬史,证据详确,俾从前聚讼盈庭而莫决者,并皆折服而无辞。此非独《纪年》之幸,实后来读《纪年》者之深幸也。"(《竹书纪年统笺》卷首)

赵翼著《宫史》成书。

张庚著《通鉴纲目释地纠谬》6卷、《通鉴纲目释地补注》6卷成书,有自序。

按：《四库全书总目提要》曰："是书以《通鉴纲目集览》、《质实》谬误不少,惟胡三省《通鉴注》颇属精当,可以正二书之谬。又校以顾祖禹《读史方舆纪要》及《舆图》等书,为纠谬以正其失。又为《补注》以拾其遗,用力颇为勤挚。然《集览》、《质实》之荒陋,本不足与辨,今既与之辨矣,则宜元元本本,详引诸书,使沿革分合,言言有据。庶几以有证之文,破无根之论。而所纠所补,乃皆不著出典,则终不能关其口也。"

李文耀修,谈起行、叶承纂《上海县志》12卷刊行。

骆大俊纂修《武城县志》14卷刊行。

魏元枢、周景桂纂修《宁武府志》12卷刊行。

徐景曾纂修《顺德府志》16卷刊行。

邬承业修,吴从信纂《邳县志》10卷刊行。

朱元丰修纂《清河县志》14卷刊行。

郑见龙修,周植纂《如皋县志》32卷刊行。

曹袭先修纂《句容县志》10卷刊行。

米嘉绩修,黄世成纂《吉水县志》42卷刊行。

赖能发修纂《永宁县志》8卷刊行。

方求义等修纂《上犹县志》13卷刊行。

于卜熊修,史本纂《海丰县志》10卷刊行。

王之正等修纂《嘉应州志》12卷刊行。

张懋建等修,赖翰颙等纂《长泰县志》12卷刊行。

秦襄修纂《密县志》12卷刊行。

何璘修,黄宜中纂《直隶澧州志林》26卷刊行。

杨国瓒修,郭经等纂《西昌志》40卷刊行。

余潮修,甘志道等纂《奉新县志》28卷刊行。

暨用其修纂《新喻县志》30卷刊行。

永禄修,廖运芳等纂《龙南县志》26卷刊行。

戴体仁修,吴湘皋等纂《会昌县志稿》34卷刊行。

孔兴浙修,孔衍倬纂《兴国县志》26卷刊行。

杨景曾修,于枋纂《金坛县志》12卷刊行。

邹廷模、贺祥珠修,荆泽永、贺沈采纂《丹阳县志》22卷刊行。

刘蓟植修,严彭年纂《安吉州志》16卷刊行。

邸兰标修,曹秀先纂《新建县志》74卷刊行。

张海等纂,万橚等纂《当涂县志》33卷刊行。

陈元麟修,刘照纂《弋阳县志》18卷刊行。

任中宜原本,徐正恩续纂《新兴州志》10卷刊行。

李德修纂《大足县志》11卷刊行。

暴煜修,李卓揆纂《香山县志》8卷刊行。

陈志仪修,胡定纂《顺德县志》16卷刊行。

全祖望《水经注》五校本在杭州完成定稿。

《乾隆京城全图》绘制完毕。

戴进贤、刘松龄等修订《灵台仪象志》,后编成《仪象考成》32卷。

程廷祚著《忧西夷篇》。

按:是文预言外国侵略者利用传教、经商二事内侵,终必酿成大害。

允禄等奉敕纂《钦定同文韵统》6卷。

按:《四库全书总目提要》曰:"《钦定同文韵统》六卷,乾隆十五年奉敕撰。以西番字母参考天竺字母,贯合其异同,而各以汉字译其音。首为天竺字母谱,凡音韵十六字,翻切三十四字。次为天竺音韵翻切配合十二谱,以字母音韵十六字、翻切三十四字错综相配,成一千二百一十二字。次为西番字母配合十四谱,其字母凡三十;天竺所有者二十四,天竺所无西番所有者六。除与天竺同者所生之字亦同外,其六母所生之字,凡四百三十有四。盖佛经诸咒皆天竺之音,惟佛号地名多用西番之语,故别出以备用也。次为天竺、西番阴阳字二谱,各分阴字、阳字、可阴可阳字、可阳可阴字四例。次大藏字母同异谱,以钦定天竺字母为经,而以僧伽波罗等十二家所译字母为纬,以互证其分合增减。次为华梵字母合璧谱,则中西诸音、新旧诸法,一一条贯,集厥大成焉。其西域有是音、中国无是字者,悉以合声之法取之。二合者,即以二字并书。三合者,即以三字并书。前有发声,后有余声者,即以其字迻书其中。音有轻重者,则重者大书,轻者细书。并详注翻切及喉、牙、齿、唇、舌诸音于下,皆辨别分寸,窈极毫芒。"

梁诗正等奉敕纂《钦定叶韵汇辑》58卷。

按:《四库全书总目提要》曰:"《钦定叶韵汇辑》五十八卷,乾隆十五年奉敕撰。字数部分皆仍《佩文诗韵》。惟以今韵之离合别古韵之异同;如江韵独用则一韵为一部,东、冬两韵同用则两韵为一部,支、微、齐三韵同用则三韵为一部是也。每部皆附叶韵,略如吴棫《韵补》。惟《韵补》于今韵每部各载叶韵,此则一部独用者,附本部末;诸部同用者,即总附诸部末。……此书所录,惟据古书注有是音者,使以类相从,明前有所承，即后有所本。不复旁牵博辨，致枝蔓横生。解结释纷，尤为得要。于数百年讲古韵者，诚为独酌其中矣。"

  梁诗正等奉敕编《御选唐宋诗醇》47卷成书。

  按：《四库全书总目提要》曰："凡唐诗四家：曰李白，曰杜甫，曰白居易，曰韩愈。宋诗二家：曰苏轼，曰陆游。诗至唐而极其盛，至宋而极其变。盛极或伏其衰，变极或失其正。亦惟两代之诗最为总杂，于其中通评甲乙，要当以此六家为大宗。盖李白源出《离骚》，而才华超妙，为唐人第一；杜甫源出于《国风》、二雅，而性情真挚，亦为唐人第一。自是而外，平易而最近乎情者，无过白居易；奇创而不诡乎理者，无过韩愈。录此四集，已足包括众长。至于北宋之诗，苏、黄并鹜；南宋之诗，范、陆齐名。然江西宗派，实变化于韩、杜之间。既录杜、韩，可无庸复见。《石湖集》篇什无多，才力识解亦均不能出《剑南集》上，既举白以概元，自当存陆而删范。权衡至当，洵千古之定评矣。考国朝诸家选本，惟王士禛书最为学者所传。其古诗选，五言不录杜甫、白居易、韩愈、苏轼、陆游，七言不录白居易，已自为一家之言。至《唐贤三昧集》，非惟白居易、韩愈皆所不载，即李白、杜甫亦一字不登。盖明诗摹拟之弊，极于太仓、历城；纤佻之弊，极于公安、竟陵。物穷则变，故国初多以宋诗为宗。宋诗又弊，士禛乃持严羽余论，倡神韵之说以救之。故其推为极轨者，惟王、孟、韦、柳诸家。然诗三百篇，尼山所定，其论诗一则谓归于温柔敦厚，一则谓可以兴观群怨。原非以品题泉石，摹绘烟霞，洎乎畸士逸人，各标幽赏，乃别为山水清音，实诗之一体，不足以尽诗之全也。宋人惟不解温柔敦厚之义，故意言并尽，流而为钝根。士禛又不究兴观群怨之原，故光景流连，变而为虚响。各明一义，遂各倚一偏。"

  纪昀著《玉溪生诗说》2卷成书，有自序。

  朱珪编《知足斋诗》，以是年为始。

  朱卉著《草衣诗集》4卷成书。

  黄道周著《榕坛问业》18卷刊行。

  丁有煜著《双薇园集》5卷刊行。

  王心敬著《丰川续集》34卷刊行。

  何以烈著《敬斋文稿》12卷刊行。

  戈守智著《汉溪书法通解》8卷成书，金志章作序。

  金农著《冬心先生画竹题记》58篇刊行。

  张庚著《浦山论画》成书。

  邹一桂作《秋山萧寺图》。

  陶南望辑《草韵汇编》26卷成书，有自序。

  按：《续修四库全书总目提要》曰："南望字逊亭，上海人。搜求自汉以来工草书者，迄乎明寄，依《佩文》韵目采辑，积数十年之力，仅刊平上去声而身殁。其子锟复辑入声二卷，重校而刊成之。……虽所辑采，有时限于见闻，不无遗漏。是书体大，舛乱处固所未免，有待于后人所补苴者良多，然而攻治草法，专门之业者，必自是书始矣。"

  赵廷栋著《琴学内外篇》2卷刊行。

  黄宫绣著《医学求真录总编》5卷成书。

  陈复正著《幼幼集成》6卷刊行。

  按：陈复正字飞霞，广东罗浮人。道士，擅长医治儿科惊风痘疹。是书有《中国医学大成》本。

梁诗正等奉敕编《钦定钱录》16卷成书。

按：是书专门记载清宫所藏从先秦到明末的钱币567种，摹绘图文，并有诸家考证和按语，是中国第一部官修钱币谱录著作。丁福宝的《钦定钱录跋》一文较早对该书的错误作了批评。《四库全书总目提要》曰："《钦定钱录》十六卷，乾隆十五年奉敕撰。卷一至卷十三，详列历代之泉布，自伏羲氏迄明崇祯，以编年为次。第十四卷列外域诸品。第十五、十六卷以吉语、异钱、厌胜诸品殿焉。考《钱谱》始见于《隋志》，不云谁作，其书今不传。唐封演以下诸家所录，今亦不传。其传者以宋洪遵《泉志》为最古，毛氏汲古阁所刊是也。然所分正品、伪品、不知年代品、奇品、神品诸目，既病淆杂，又大抵未睹其物，多据诸书所载想象图之，如聂崇义之图《三礼》。或诸书但有其名而不言其形模文字者，则概作外圆内方之轮郭，是又何贵于图耶！至所笺释，率多臆测，尤不足据为定论。是编所录，皆以内府储藏，得于目睹者为据，故不特字迹花纹，一一酷肖，即围径之分寸毫厘，色泽之丹黄青绿，亦穷形尽相，摹绘逼真，而考证异同，辨订真伪，又皆根据典籍，无一语凿空。盖一物之微，亦见责实之道与稽古之义焉。至于观其轻重厚薄，而究其法之行不行；观其良窳精粗，而知其政之举不举。千古钱币之利弊，一览具睹，又不徒为传物之资矣。"

英威廉·哈泼纳著《中国风的农家建筑》一书在伦敦出版。

法国胡桂尔刊行《中国花卉翎毛图汇》、《中国吉祥花瓶汇品》、《中国图案入门》等书。

李绂卒(1673—)。绂字巨来，号穆堂，江西临川人。康熙四十八年进士，五十九年擢内阁学士，寻以校士之役，被论罢官。雍正元年，特命复官，不三载，召为直隶总督，以参劾豫抚田文镜得罪，奉诏恩赦，令纂修《八旗通志》。授户部侍郎，寻左迁詹事，后稍起，官至内阁学士。其学道宗旨，主于陆王之学，然不偏废程朱。著有《穆堂类稿》50卷、《穆堂续稿》50卷、《穆堂别稿》50卷、《春秋一是》20卷、《陆子学谱》20卷、《朱子晚年全论》8卷、《阳明学录》、《八旗志书》等。乾隆三十三年因齐周华文字狱株连，其诗文集被烧毁。事迹见《清史稿》卷二九三、《清史列传》卷一五、蔡冠洛《清代七百名人传》第一编、全祖望《阁学临川李公神道碑铭》(《鲒埼亭集》卷一七)。

按：《清史稿》本传曰："绂伟岸自喜。其论学大指，谓朱子道问学，陆九渊尊德性，不可偏废，上闻而韪之。"《四库全书总目提要》曰："《朱子晚年全论》八卷，国朝李绂编。……朱、陆之徒，自宋代即如水火。厥后各尊所闻，转相诟厉。于是执学问之异同，以争门户之胜负。其最著者，王守仁作《朱子晚年定论》，引朱以合陆。至万历中，东莞陈建作《学蔀通辨》，又尊朱以攻陆。程瞳，朱子之乡人也，因作《闲辟录》以申朱子之说。绂，陆氏之乡人也，乃又作此书以尊陆氏之学。大旨谓陈建之书与朱子之论，援据未全。且《语录》出门人所纪，不足为据。乃取朱子正、续、别三集所载，自五十岁至七十一岁与人答问及讲义、题词之类，排比编次，逐条各附考证论辨于下，以成是书。其说甚辨。案韩愈《送王秀才序》，称孔子之道大而能博，学焉而各得其性之所近，故子贡之敏悟，曾子之笃实，皆得闻一贯之旨，而当时未尝相非。后之儒者，各明一义，理亦如斯，惟其私见不除，人人欲希孔庭之俎豆，于是始于争名，终于分党，遂寻仇报复而不已，实非圣贤立教之本旨。即以近代而论，陆陇其力尊程、朱之学，汤斌远绍陆、王之绪，而盖棺论定，均号名臣。盖各有所得，即各足自立。亦何必强而同之，使之各失故步乎？绽此书皆以朱子悔悟为言，又举凡朱子所称切实近理用功者，一概归之心学。夫回也屡空，焦竑以心无罣碍、空诸所有解之矣，颜子其果受之乎？仍各尊所闻而已矣。"

崔纪卒（1693— ）。纪原名珺，字君玉，后改今名，字南有，号虞村，又号定轩，山西永济人。康熙五十七年进士。历官陕西巡抚、湖北巡抚、左副都御史、江苏学政。著有《成均课讲周易》、《成均课讲学庸》、《论语温知录》2卷、《读孟子札记》、《读周子札记》、《诗书讲义》等。事迹见《清史稿》卷三〇九、李桓《国朝耆献类征初编》卷七三、王善楠《资政大夫提督江苏学政都察院左副都御史前兵部右侍郎巡抚陕西湖北崔公纪墓志铭》、沈廷芳《资政大夫提督江苏学政都察院左副都御史崔公墓志铭》、彭启丰《资政大夫总督仓场户部右侍郎崔公祠碑》（均见《碑传集》卷七〇）。

按：《清史稿》本传曰："纪潜心理学，上亦闻之，再任祭酒，召见，命作《太极图说》。历官所至，以教养为先。"

万光泰卒（1712— ）。光泰字循初，一字柘坡，浙江秀水人。乾隆元年荐举博学鸿词。梁诗正续修《通考》，延其董其事。又善画山水。著有《柘坡居士集》、《遂初堂类音辨》1卷、《汉音存正》2卷、《转注绪言》2卷。事迹见《清史稿》卷四八五、《清史列传》卷七二、李桓《国朝耆献类征初编》卷四一八、全祖望《万君光泰墓志铭》（《碑传集》卷一三三）。

金德舆（ —1800）、庄述祖（ —1816）、施国祁（ —1824）、倪模（ —1825）、张宗泰（ —1832）、黄钺（ —1841）生。

乾隆十六年　辛未　1751年

英格兰加入1746年6月的奥地利—俄国反普鲁士联盟。

巴黎高等军事学校建立。

小步舞成为欧洲的流行舞。

二月初一日己巳（2月26日），以巡幸江浙，江苏、安徽、浙江三省本年岁试文童，府学及州县大学增取5名、中学增取4名、小学增取3名。

二十七日乙未（3月24日），命傅恒等详议南巡江浙时进献诗赋士子的考试方法。

按：寻议：江苏、安徽进献诗赋之士子，经该学政取定者，俱赴江宁一体考试，浙江进献者在杭州诗赋取定者，候试。此次南巡，浙江考中谢墉等三人，特赐举人，授为内阁中书；江苏、安徽考中钱大昕等五人亦照浙江之例擢用。嗣后乾隆二十二年、二十七年、三十年、四十五年、四十九年南巡省方，凡进献诗赋人员皆分别考试，派大臣阅卷进呈，取中人员，准作举人，授为内阁中书，学习行走，其原系进士者，授内阁中书，遇缺补用（《清高宗实录》卷三八四）。

三月初一日戊戌（3月27日），颁赐江浙书院武英殿新刊《十三经》、《二十二史》。

按：谕曰："经史，学之根柢也。会城书院，聚黉庠之秀而砥砺之，尤宜示之正学。朕时巡所至，有若江宁之钟山书院、苏州之紫阳书院、杭州之敷文书院，各赐武英殿新刊《十三经》、《二十二史》一部，资髦士稽古之学。"（《清高宗实录》卷三八四）朝廷对书院眷顾，极大地推动了全社会发展书院及书院藏书事业的热情。

初四日辛丑（3月30日），遣官祭王守仁祠，赐匾曰"名世真才"。

初八日乙巳（4月3日），乾隆帝祭禹陵，行三跪九叩礼。

二十四日辛酉（4月19日），驻跸江宁府行宫，翌日祭明太祖（孝陵），行三跪九叩礼，并令加意保护孝陵，陵区不准樵采放牧。

五月初十日丙午（6月3日），策试天下贡士周沣等243人于太和殿，称经术昌明，无过今日（《清高宗实录》卷三八八）。

十四日庚戌（6月7日），乾隆帝亲定辛未科会试三鼎甲：状元吴鸿（浙江仁和人），榜眼饶学曙（江西广昌人），探花周沣（浙江嘉善人）。是科会试正考官为内阁大学士刘统勋、工部尚书孙嘉淦，副考官为礼部侍郎介福、内阁学士董邦达。取中一甲进士及第吴鸿等3人，二甲进士出身沈棫等70人，三甲同进士出身印宪曾等170人，共243人。

闰五月十六日辛巳（7月8日），重申荐举经学之事，旨在"尚经学，求真才"。

按：谕曰："朕前降旨，令九卿、督抚，荐举潜心经学之士。虽据大学士等核复，调取来京候试，现在到部者，尚属寥寥。但观此番内外诸臣保举，尚未能深悉朕意。盖经术为根柢之学，原非徒以涉猎记诵为能。朕所望于此选者，务得经明行修，淹洽醇正之士，非徒占其工射策，广记问，文藻词章，充翰林才华之选而已，亦非欲授以政事，责其当官之效，如从前各保一人故事。此朕下诏本意也。在湛深经术之儒，原不必拘拘考试。若内外所举，既有四十余人，即云经术昌明，安得如许绩学未遇之宿儒？其间流品，自不无混淆，岂可使国家求贤之盛典，转开幸进之捷径。势不得不慎重考校，以甄别之。闻有素负通经之誉，控一经就试，偶遇僻题，必致重损夙望，因而托词不赴，以藏拙为完名者。苟如此用心，已不可为醇儒矣，其安所取之！然此中亦实有年齿衰迈，不能跋涉赴考者。伏胜年九十余，使女孙口授遗经于晁错。其年岂非笃老，何害其为通儒！此所举内，果有笃学硕彦，为众所真知灼见，如伏生之流者，即无庸调试。朕亦何妨降旨，问难经义，或加恩授以官阶，示之奖励乎？著大学士、九卿，将现举人员，再行虚公核实，无拘人数，务取名实相孚者，确举以闻。如果众所共信，即可不必考试。若仍回护前举，及彼此瞻徇，则尤重负尚经学、求真才之意。独不畏天下读书人訾议，与后世公评耶！"（《清高宗实录》卷三九一）

二十七日壬辰（7月19日），令将保举经学之陈祖范、吴鼎、梁锡玙、顾栋高的著述送闻。

六月初十日乙巳（8月1日），令儒臣抄录吴鼎、梁锡玙经学著述。

按：《清史稿·梁锡玙传》曰："大考降左庶子，擢祭酒，坐遗失书籍镌级。膺荐时，以所撰《易经揆一》呈御览。（吴）鼎、（梁）锡玙并蒙召对，面谕曰：'汝等以是大学士、九卿公保经学，朕所以用汝等去教人。是汝等积学所致，不是他途幸进。'又曰：'穷经为读书根本。但穷经不徒在口耳，须要躬行实践。汝等自己躬行实践，方能教人躬行实践。'鼎、锡玙顿首祗谢。又奉谕：'吴鼎、梁锡玙所著经学，著派翰林二十员、中书二十员，在武英殿各誊写一部进呈。原书给还本人。所有纸札、饭食皆给于官。著梁诗正、刘统勋董理其事。'稽古之荣,海内所未有也。"

十一日丙午(8月2日),任命吴鼎、梁锡玛为国子监司业。

七月初二日丙寅(8月22日),令儒臣将孙嘉淦所进《诗经补注》荟萃成编。

按:谕曰:"尚书孙嘉淦以所著《诗经补注》间日进览,于兴观群怨之旨,颇有发明。朕亦时折其中。从此荟萃成编,足备葩经一解。孙嘉淦请开馆纂修,朕以为无事更张。现在军机大臣等,逐日有进呈翻译《五经》、《四书》,其《平定金川方略》,亦将次告竣。著就此馆局,以傅恒、来保、孙嘉淦充正总裁官,舒赫德、纳延泰、汪由敦、刘纶充副总裁官,或需用纂修人员,令孙嘉淦举素所知一二人,奏闻充补。则几务之余,可资佩文,而以次成书,亦可以诏来学。"(《清高宗实录》卷三九四)

八月初三日丙申(9月21日),授保举经学之陈祖范、顾栋高国子监司业职衔。

初五日戊戌(9月23日),伪撰孙嘉淦奏稿案发,令"密加辑访"(《清高宗实录》卷三九六)。

十九日壬子(10月7日),王肇基献诗案发,令山西巡抚严密审鞫。三十日,令将王肇基"立毙杖下"(《清高宗实录》卷三九七)。

十二月十四日丙午(1752年1月29日),定拔贡朝考选用例:届选拔之期,由礼部奏请,钦点大臣,于午门内考试,拟定等第进呈。卷分三等,不入等者,本生斥革,该学政等议处。其一、二等,由礼部会同九卿拣选引见,候旨简用。

钱大昕、褚寅亮、吴烺在乾隆南巡时受召试,钱大昕、吴烺、褚寅亮、吴志鸿特赐举人,授内阁中书,其进士孙梦逵,著授为中书,遇缺补用。

按:钱大昕自编《竹汀居士年谱》载:"是岁,大驾始南巡,江、浙、吴中士子,各进献赋诗。大昕进赋一篇,学使番禺庄公滋圃选入一等。有诏召试江宁行在,钦命题《蚕月条桑赋》、《指佞草诗》、《理学真伪论》。阅卷官大学士满洲高文定公、兵部侍郎休宁汪文端公、刑部侍郎嘉兴钱文端公,拟定一等二名,特赐举人,授内阁中书学习行走。四月二日,于扬州香阜寺行宫谢恩,特赐御制《生秋诗》石刻。"

全祖望抵杭州,杭世骏以《汉书疏证》请全氏审定。是时,全祖望左目已盲,仍抱病迎接乾隆帝南巡,但未被录用及赏赐。

沈德潜主讲紫阳书院,向首次南巡的乾隆帝乞额紫阳书院,乾隆帝因颜之曰"白鹿遗规",且制五言古诗以勉励沈德潜振兴乡教。五月,沈氏制定《紫阳书院规条十则》,又有《紫阳书院课艺序》、《紫阳书院课艺二集序》。

按:沈德潜《紫阳书院课艺二集序》曰:"抑又思国家设立书院之意,与诸当路期望多士之心,有不止于工文辞、取科名而已者。盖文辞科名末也,德行功业本也。圣贤之言无一不切于实用,学者果一一体之于心,验之于身,操存涵养之有要,扩充措施之有方,将为真文章者,必能立真人品,立真人品者,必能建真事功。纯儒出其中,名臣亦出其中矣。诸生其体会斯言也夫。"(《归愚文钞余集》卷七)

卢文弨与徐文靖会晤于京师黄叔琳寓所,卢氏为徐氏所著《竹书纪年统笺》作跋。

乾隆十六年　辛未　1751年

程廷祚应荐经学报罢，离京前有《南归留上海宁陈相国书》给大学士陈世倌，深表愤慨。

翁方纲在北京笤帚胡同开塾课徒。

褚寅亮从梅毂成学算术，并充方略馆纂修。

章学诚从同县王浩学，其父章镳任湖北应城知县。

洪亮吉在家塾受读《论语》。

纪昀为应礼部试，在京师习制义，与田中义、宋弼、董曲江等交往最密。

朱珪散馆，考试第一，授编修。

朱仕琇散馆，授山东夏津知县。

戴震补休宁县学生，受汪梧凤之聘至安徽歙县不疏园，教其子汪灼。

按：西溪不疏园乃汪家供人休憩、读书之地，曾聘请江永来园设学馆授学课徒。

孙嘉淦充会试正考官，又充会典馆正总裁。

刘墉中进士，改翰林院庶吉士，散馆，授编修。

王元启中进士，署福建将乐知县，三月而罢。

谢墉、王又曾、陈鸿宝被南巡的乾隆帝召试，赐举人，授内阁中书。

卢见曾迁为长芦盐运使。

罗典中进士。

董丰垣中进士，官安徽东流知县。

按：董丰垣字菊町，浙江乌程人。著有《识小编》、《竹书纪年辨证》等。

张宗苍于乾隆帝南巡之际，献画册，受特知，召入直。

按：《清史稿·艺术传三》曰："画院盛于康、乾两朝，以唐岱、郎世宁、张宗苍、金廷标、丁观鹏为最，宗苍所作，尤有士气，道光以后无闻焉。"

查为义、卢见曾在天津创建问津书院，有讲堂三间，尚书钱陈群题曰"学海"。

袁炳修时任河北南宫知县，创建东阳书院。

高琦时任福建福鼎知县，建桐山书院。

庄有信时任河南南阳知府，建宛南书院。

虞学灏时任湖北武穴知县，建沧浪书院。

雷畅时任湖南常德知府，建朗江书院。

顾彝时任广东揭阳知县，建近圣书院。

叶承立时任广西富川知县，建富川书院，又名富江书院。

南宫秀时任广西郁林州知州，建紫泉书院。

陈士隽时任四川郫县知县，建唐昌书院。

刘琪时任陕西旬阳知县，建敷文书院。

程廷祚重订所著《易通》。

孙嘉淦著《诗经补注》成书。

何焯著《义门读书记》56卷刊行。

按：何焯卒后，其子何云龙、高足沈彤等对是书加以补充整理，于本年刊行，以

法国《百科全书》出版（至1772年）。

戴维·休谟著

成《道德准则调查》。

林尼厄斯发表《植物哲学》。

普鲁士司法大臣海因里希·冯·科塞吉发表《弗里德里希法典》。

后又经蒋维钧搜集补充,厘为58卷,刊于乾隆三十四年(1769)。

陈黄中著《新唐书刊误》3卷成书。

傅恒等奉敕纂《钦定皇清职贡图》9卷。

按:《四库全书总目提要》曰:"《皇清职贡图》九卷,乾隆十六年奉敕撰。以朝鲜以下诸外藩为首,其余诸藩诸蛮各以所隶之省为次。……告成于乾隆二十二年。迨乾隆二十八年以后,爱乌罕、霍罕、启齐玉苏、乌尔根齐诸部,咸奉表入觐,土尔扈特全部自俄罗斯来归,云南整欠、景海诸土目又相继内附,乃广为续图一卷。每图各绘其男女之状及其部长属众衣冠之别,凡性情习俗、服食好尚,罔不具载。……谨案此书及《西域图志》皆以纪盛德昭宣,无远弗届,为亘古之所未有。《西域图志》恭录于都会郡县类中,此则恭录于外纪者,西域虽本外国,而列戍开屯,筑城建邑,已同内地之一省,入于都会郡县,所以著辟地之广,彰圣武也;职贡诸方,多古来声教所不及,重译所未通,入于外纪,所以著格被之远,表圣化也。"

方观承著《海塘通志》20卷刊行。

王峻纂《昆山新阳合志》成书。

辛敬可修,林咸吉、蓝孙璇等纂《古田县志》8卷刊行。

徐景熹修,鲁曾煜、施廷枢等纂《福建府志》76卷成书。

董正修,刘定京等纂《安远县志》8卷刊行。

游法珠修,杨廷为等纂《信平县志》16卷刊行。

朱崧、周立爱等纂《泸溪县志》12卷刊行。

方懋禄修,夏之翰等纂《新城县志》14卷刊行。

杨文灏修,杭世馨、丁健纂《金溪县志》8卷刊行。

朱堂修,舒友亮纂《靖安县志》10卷刊行。

李继圣修,汪文彪、刘文表纂《万年县志》24卷刊行。

魏钛修,郑长瑞等纂《安仁县志》10卷刊行。

华西植修,黄炎等纂《贵溪县志》24卷刊行。

王熊飞修纂《繁昌县志》30卷刊行。

成兆豫修,吴中最、洪朝元纂《太和县志》8卷刊行。

金弘勋修纂《六安州志》24卷刊行。

顾锡鬯修,蔡正笏等纂《南昌府志》70卷刊行。

蓝应袭修,何梦篆、程廷祚纂《上元县志》27卷刊行。

朱绍文修纂《高淳县志》25卷刊行。

王镐修,华希闵纂《无锡县志》42卷刊行。

张予介等修,顾登等纂《昆山新阳合志》38卷刊行。

杨乔纂修《平乡县志》12卷刊行。

秦雄褒纂修《五寨县志》2卷刊行。

段汝霖修纂《永绥厅志》4卷刊行。

徐向忠修,李龙官纂《连城县志》10卷刊行。

臧应桐纂修《咸阳县志》22卷刊行。

陈我义纂《醴泉县续志》3卷刊行。

梁诗正奉敕纂《西湖志纂》15卷。

黄岗竹纂修《赞皇县志》10卷刊行。

李圣年修纂《太平府志稿》6卷刊行。

张南煐修纂《金堂县志》刊行。

李馨修纂《郫县志》10卷刊行。

丁士可增修《姚州志》6卷刊行。

印光任,张汝霖纂《澳门纪略》2卷刊行。

李灼、黄晟编《至圣编年世纪》24卷刊行。

按：李灼字松亭,江苏吴县人。曾参与修《古今图书集成》。黄晟字晓峰,安徽歙县人。

汤之孙编《邢孟贞先生年谱》刊行,附于高淳邢氏所刊邢昉《石臼前后集》。

翟灏纂《通俗编》38卷刊行。

按：是书辑录、解释历史文献中的俗字和方言词汇共5000多条,并考证其源流,其取材之广,内容之丰富,居同类著作之首。以后梁同书著《直语补证》一书,辑录《通俗编》所遗漏的词语,对翟书颇有补充之功。1958年商务印书馆出版的《通俗编》后附有梁书。

陆陇其著《松阳钞存》2卷由金山杨开基重刊。

按：《四库全书总目提要》曰："是编乃其(陆陇其)为灵寿知县时,于簿书之暇,取所辑《问学录》、《日记》二书,摘其中切要之语录为一编,以示学者。灵寿,古松阳地,故以《松阳钞存》为名。本七十八条,仪封张伯行尝为刊版,删其与《问学录》重复者,仅存二十八条,殊失陇其之意。此本刊于乾隆辛未,乃金山杨开基所重编,分道体、为学、处事、教学、辨学术、观圣贤六门,仍以原第几条注于本条之下,以存其旧,而别以己见附识于后。前有开基序,称《问学录》为中年之书,此本为晚年手定之书,极论伯行之删本为非。又有陇其孙申宪跋,亦谓伯行刻陇其遗书四种,惟《读礼志疑》、《读朱随笔》为足本,此书及《问学录》均删节失真云。"

厉鹗编定《樊榭山房续集》。

沈德潜著《沈归愚诗文全集》由长洲沈氏教忠堂刊行,附作者自编《沈归愚自订年谱》。

钱陈群著《香树斋诗集》18卷刊行。

顾奎光辑《元诗选》7卷刊行。

按：是书以顾嗣立《元诗选》为基础加以汰选,并参考诸家定本为《元诗选》7卷,但所择不精。

蒲松龄著《聊斋志异》铸雪斋抄本行世。

王佑著《拟古草堂诗抄》2卷刊行。

宋振麟著《中岩文介先生文集》6卷刊行。

史调著《史复斋文集》4卷刊行。

贺贻孙著《水田居文集》5卷刊行。

桑调元著《嵩山集》2卷成书,有自序。

乔亿著《剑溪说诗》1卷成书,沈德潜作序。

黄叔琳著《砚北杂录》成书,卢文弨作序。

王步青卒(1672—　)。步青字罕皆，号益山，江苏金坛人。雍正元年进士，改翰林院庶吉士，散馆，授检讨。归后曾主讲维扬书院。著有《四书本义汇参》45卷、《王己山文集》10卷、别集4卷。事迹见《清史列传》卷六七、李桓《国朝耆献类征初编》卷一二五、陈祖范《金坛王检讨步青墓志铭》（《碑传集》卷四八）。

按：《清史列传》本传曰："步青长身玉立，少以文名，然覃心正学。张伯行抚吴，集十五郡知名士，讲学紫阳书院，课以《语录》。步青三试，皆第一，伯行称其能窥道之本原，契圣贤之旨趣。尝与桂林陈宏谋书十余通，皆以道义相勖，兴正学，整吏治，励风俗，齐以一代名臣。宏谋谓步青以濂、洛、关、闽为宗传，以日用伦常为实际，躬行心得，不徒饰以空言。其教学者，一遵白鹿洞遗规。晚尤勤学，颜其斋曰无逸所。谓我朝用经义取士，士子当因文见道。"

又按：《四库全书总目提要》曰："《四书本义汇参》四十五卷，国朝王步青撰。……是书凡《大学》三卷，附一卷；《中庸》七卷，附一卷；《论语》二十卷，《孟子》十四卷。大旨据《章句集注》断诸家之是非，而引朱子《或问》、《语类》、《文集》及元、明以来之讲章，条分缕析，为之证佐。于语脉字义，推阐颇详，在近时讲章之中，尚较为切实。考古无《四书》之名，其名实始于朱子。朱子注《诗》、注《易》，未必遽凌跨汉唐。至诠解《四书》，则实亦无逾朱子。故自明以来，科举之学以朱子为断。然圣贤立训以垂教，非以资后人之辩说为作语录计也，即朱子《章句》、《集注》亦以明圣贤之道，非以资后人之揣摩为取科第计也。是书乃以场屋八比之法，计较得失，斯已逐影而失形矣。其发凡病汪份删纂《四书大全》，参取阎若璩、顾炎武之说，或与朱子相左。是未考汉学、宋学各有源流。至于赝本《或问小注》，明知其依托朱子，而有意模棱，殆虑一斥其伪，即不能假朱子之名钳伏众论，故存为疑案，不欲显言。不知其说可取，不必以赝本而废之，其书非真，亦不必以其说可取并讳其赝本。是是非非，当以其书为断，不必定使其书出朱子而后谓之是也。是又门户之见未能尽化矣。"

金门诏卒(1672—　)。门诏字轶东，一字易东，号东山，江苏江都人。乾隆元年进士。由翰林院庶吉士改山西寿阳知县。曾先后与修《古今图书集成》、《明史》。尝建二酉山房，叙录其所藏书。著有《补辽金元三史艺文志》1卷、《明史经籍志》1卷、《金东山文集》12卷等，收入《金太史全集》。事迹见李富孙《鹤征后录》卷二。

僧明鼎卒(1680—　)。明鼎字调梅，号粟庵，晚年自号恬退翁，俗姓冯，湖北黄梅人。自幼出家。清世宗时宣召入京，住柏林寺，赐紫衣等。雍正十三年秋受命校雠《大藏经》，事竣，掌僧录司。著有《四会语录》、《诗偈别录》。

周宣猷卒(1691—　)。宣猷字辰远，号雪舫，湖南长沙人。雍正十一年进士。选授浙江桐庐知县，调海盐。著有《史断》、《史记难字》、《南北诗撷》、《河中杂韵》、《雪舫诗钞》、《眠云集》、《卷葹小草》等。事迹见《清史列传》卷七一、李桓《国朝耆献类征初编》卷二五三。

方士庶卒(1692—　)。士庶字洵远，号环山，江苏江都人。黄鼎弟子。工诗善画。著有《天慵庵随笔》2卷、《环山诗钞》。事迹见《清史稿》卷五〇四。

王峻卒(1694—　)。峻字次山，号艮斋，江苏常熟人。雍正二年进士，改翰林院庶吉士，散馆，授编修。官至监察御史。以母忧去官，主讲安定、云龙、紫阳书院。长于史学，尤精地理。著有《艮斋诗文集》16卷、《汉书正误》4卷。事迹见《清史稿》卷四八五、《清史列传》卷七一、李桓《国朝耆献类征初编》卷一三六、震钧辑《国朝书人辑略》卷四、钱大昕《江西道监察御史王先生墓志铭》(《潜研堂文集》卷四三)。

按：《清史稿》本传曰：王峻"其学长于史，尤精地理。尝以《水经》正文及《注》混淆，欲——厘定之，而补唐以后水道之迁变，及地名之同异，为《水经广注》，手自属稿，未暇成也。惟成《汉书正误》四卷。钱大昕谓驾三刘氏、吴氏《刊误》上也。书法橅李北海，所书碑碣盛行于时"。

黄永年卒(1699——)。永年字静山，号崧甫，江西广昌人。少师梁份。乾隆元年进士，授刑部主事。官至常州知府，以事去官。著有《静山集》12卷、《南庄类稿》8卷、《白云诗钞》2卷等。事迹见《清史列传》卷六七、陈道《黄先生永年行状》(《碑传集》卷一〇三)、彭绍升《黄先生永年墓表》(《国朝耆献类征初编》卷二三二)。

按：《清史列传》本传曰："永年为学不专主一说，以适用为贵，尤好明罗洪先书。生平介节凛然，一时贤士若方苞、陈大受、尹继善俱重之。"

黄树穀卒(1701——)。树穀字松石，一字培之，号黄山，浙江钱塘人。曾立广仁义学，聚书供人读书。著有《格物考》、《百衲琴》、《清华录》、《河防私议》等。事迹见震钧辑《国朝书人辑略》卷四、钱大昕《黄树穀墓志铭》(《潜研堂文集》卷四五)。

周镐(——1779)、陈端生(——1796)、周嘉猷(——1796)、刘台拱(——1805)、李长庚(——1808)、师范(——1811)、祁韵士(——1815)生。

乾隆十七年　壬申　1752年

正月二十日壬午(3月5日)，湖北杨烟昭卦图案发，杨氏被杖毙。

按：谕军机大臣等："恒文所进奏逆犯杨烟昭一案，其字迹卦图，悖诞荒唐，语极不道，却与传抄伪稿一案无涉。从前山西有王肇基一案，谤毁圣贤，肆行狂悖，经该抚审明杖毙。此案大略相似，既经该抚严加审究，如果无主使之人及逆徒党羽，则系疯癫丧心，亦毋庸再行根究。即照例杖毙，亦足使猖狂好怪之流，知所警惕。但传抄伪稿之犯，各省查办至今，未得主名，此则所当留心办理者耳。将此传谕知之。"(《清高宗实录》卷四〇七)

二月十二日甲辰(3月27日)，命乡试由总督入闱监临。

按：清初各省乡试，以巡按御史入闱监临。康熙初，以巡抚为监临。至是，以封疆任重，命专驻巡抚省分，及虽与总督同城，而该督外出，只巡抚一人在省，则酌委藩臬一员监临。十八年仍复巡抚监临旧例，三场完竣即出闱。

西班牙同神圣罗马帝国签署阿兰胡埃斯条约。

五月十三日癸酉(6月24日),应江苏学政雷鋐奏请,确定生童考试经解之期。

六月十八日丁未(7月28日),考试儒臣,按成绩予以奖惩。

按:考试结果,按文字优劣,分为四点。汪廷玙、窦光鼐、杨述曾3人为一等,陈兆崙、朱珪、梁国治、刘星炜、于敏中、庄存与、陈大晼、积善、钱汝诚、金甡、奉宽、秦鐄12人为二等。朱珪、庄存与升为侍讲。

八月初八日丙申(9月15日),是月初六日恩科会试主考房官入廉时,搜检官从内廉监试御史蔡时田行李内搜出关节二纸,经外廉监试御史曹秀先辨认,系其侄曹咏祖笔迹。乾隆帝得悉,命蔡时田革职,曹咏祖革去举人,交在京总理事务王大臣会同刑部严加刑讯。曹秀先有先发卸罪之嫌,亦解任。寻审实,帝命将蔡时田、曹咏祖即行正法。御史曹秀先以失察其侄夤缘作弊,降二留任。

二十七日乙卯(10月4日),命拣选引见会试落第举人:大省40人,中省30人,小省20人,分别以知县试用,教职铨选。

九月三十日丁亥(11月5日),乾隆帝亲定本年恩科会试三鼎甲:状元秦大士(江南江宁人),榜眼范棫士(江南华亭人),探花卢文弨(浙江余姚人)。是科会试正考官是大学士陈世倌、礼部侍郎嵩寿,副考官是内阁学士邹一桂。

十月初一日戊子(11月6日),乾隆帝御太和殿,传胪,赐一甲秦大士等3人进士及第,二甲钱载等70人进士出身,三甲杜錡等158人同进士出身。是科共取中进士231人。

十一月二十二日己卯(12月27日),钦天监遵旨增修《灵台仪象志》、《恒星经纬度表》告成,乾隆帝亲定书名为《仪象考成》。

按:《仪象考成》一书,系钦天监监正戴进贤于乾隆九年(1744)倡议修纂,乾隆帝批准后,戴进贤与西洋人鲍友管、刘松龄详加细测,何国宗、明安图均参预修纂。戴进贤于乾隆十一年(1746)卒后,最后数册得西洋人傅作霖之力。

本杰明·富兰克林发明避雷针。

钱大昕离紫阳书院,进京为官。是年,会试不第。

全祖望应广东巡抚苏昌之请,受聘主广东天章书院,杭世骏受聘主广东粤秀书院,两人结伴入粤。

戴震因程瑶田言,汪梧凤延戴震教其子。

孙嘉淦充顺天乡试正考官,邵齐焘为同考官。

卢文弨中进士,授翰林院编修。

翁方纲中进士,改翰林院庶吉士,散馆,授编修。

程晋芳中进士,补吏部主事。

赵佑中进士,改翰林院庶吉士,散馆,授编修。

梁同书特赐进士,改翰林院庶吉士。

姚鼐会试不第,在京识朱孝纯。

朱珪充功臣馆纂修。

杨椿与顾栋高在京相会,为顾氏《毛诗订诂》、《春秋舆图解》作序。

按：杨椿《春秋舆图解序》曰："地理杂志，而志《春秋》之地理尤难也。无锡顾复初先生，研核经传，穿穴群书，又尝周历四方，访求古迹。见闻既广，考据益真，为《春秋大事表》五十卷，其间《舆地表》五。又以今府州县，释《春秋》地名，为《舆图解》十有三。凡川流之改徙，都邑之变迁，筑城屯戍之缓急轻重，关隘厄塞之夷险疏密，军师出入，朝聘往来，道里之迂直远近，靡不犁然洞见。余服其博洽，尤喜其多所谡正也。"（《孟邻堂文钞》卷五）

梅毂成充经筵讲官。

蒋溥充《文献通考》馆总裁。

沈德潜正月被乾隆帝召见，赋《雪狮》联句，受赐额曰"鹤性松身"。德潜归，复进《西湖志纂》，乾隆帝题三绝句代序（《清史稿·沈德潜传》）。

谢墉中进士，改翰林院庶吉士，授编修。坐撰闽浙总督喀尔吉善碑文语失当，下部议，降调。

万廷兰中进士。

毕沅至保定依张凤孙，张氏命其入莲池书院从张叙学，学益大进。

按：史善长编《弇山毕公年谱》曰："秋九月，访舅氏宝田先生于保阳。时娄东张助教凤冈先生叙以经术名于海内，主讲莲池书院，与宝田先生为族昆弟，因是留公肄业，切劘最深。吴下经生，首推张、惠，公兼闻绪论，引伸触类，于汉唐诸儒之说，疏证精核，其学大成。"

褚寅亮、钱大昕、吴烺同在内阁票签房办事，始同研习算术。

吴敬梓、程晋芳、严长明在江宁相会，长明纪以诗，云晋芳谋重修《宋史》。

蒋宗海中进士，授内阁中书。

按：蒋宗海字星岩，号春农，别署归求老人，学者称春农先生，江苏丹徒人。家有藏书三万余卷，多善本。著有《春农吟稿》。李宝泰《蒋春农传》曰："先世多藏书，先生增购益富。丹黄历录，卷帙峻整，晚年犹矻矻不止，闻人家有秘本，必借录之而后已。四库馆开，江浙藏书诸大家各为目录上之，馆阁诸公推扬州所进为第一，皆先生所别择手定者也。"

梁锡玙受命直上书房。

王延年参加会试，以耆年晋司业，赐翰林院侍讲衔。

按：《清史稿·文苑传二》曰："延年史学洽熟，尝补袁枢《通鉴纪事本末》，以原书不言田制，则度地居民之法亡；不言漕运，则凿渠引河之利塞；不言府兵，则耕牧战守之功堕。至于耶律鸥张辽海，而陈邦瞻书不究其终；党项虎视河、湟，薛应旂书不详其始。绍建安者又如此，不可不亟正之也。杭世骏序之，比延年于唐杜君卿、宋刘原父云。晚年，大学士蒋溥、刘统勋皆以经学荐，又自进呈所著书，上嘉许焉。"

李文龙在江西吉安建瀛奎书院。

张珩时任河南巩义知县，建东周书院。

潘思光时任河南杞县知县，建志学书院。

傅豫时任河南郾城县知县，建景文书院。

周儒倡时任广州知州，建禺山书院。

张甄陶时任广东新会知县，建冈州书院。

周儒时任广东连州知州，建星江书院。

陈为光时任四川乐山知县,重建九龙书院。

丁士可时任云南姚安知州,建大成书院。

| 戴维·休谟著成《政治论》。 |
| 威廉·劳发表《通往神学知识之路》。 |

程廷祚著《大易择言》36卷刊行,有自序。

按:《四库全书总目提要》曰:"廷祚字绵庄,号青溪,上元人。是编因桐城方苞绪论,以六条编纂诸家之说:一曰《正义》,诸说当于经义者也。二曰《辨正》,订异同也。三曰《通论》,谓所论在此而义通于彼,与别解之理犹可通者也。四曰《余论》,单辞片语可资发明者也。五曰《存疑》,六曰《存异》,皆旧人诡舛之文,似是者谓之'疑',背驰者谓之'异'也。六条之外,有断以己意者,则以'愚案'别之。其阐明爻象,但以《说卦》健、顺、动、入、陷、丽、止、说八义为八卦真象。八者之得失,则以所值之重卦为断。其'明爻义'则求之本爻,而力破承、乘、比、应诸旧解。其'稽六位'则专据《系辞》'辨贵贱者存乎位'之旨。凡阳爻阴位、阴爻阳位之说,亦尽芟除。盖力排象数之学,惟以义理为宗者也。"

金诚著《易经贯一》22卷刊行。

顾栋高著《毛诗类释》21卷、续编3卷及《春秋舆图解》成书。

按:《四库全书总目提要》谓《毛诗类释》"采录旧说颇为谨严,又往往因以发明经义,与但征故实、体同类书者有殊。于说《诗》亦不为无裨也"。

秦蕙田辑《五礼通考》垂成,顾栋高应约作序。

牛运震著《尚书评注》、《孟子论文》成书。

浦起龙著《史通通释》20卷刊行,有自序。

按:清代研究刘知幾《史通》的著作,尚有黄叔琳《史通训故补注》、纪昀《史通削繁》等。其中浦氏之书较多地吸收了前人的研究成果,又流传最广。近世学者在浦书基础上订补的著作,主要有陈汉章《史通补释》、杨明照《史通通释补》等。

萧奭著《永宪录》4卷成书。

按:是书主要记载雍正执政前七年发生的重大政治事件,保存了当时的许多第一手资料,对于研究清史有一定的参考价值。

杭世骏著《汉书疏证》初稿成。

陆锡熊辑《陵阳献征录》12卷。

杨潮观纂《林县志》10卷刊行。

李绂等纂《汀州府志》45卷刊行。

刘湘煃纂《汉阳县志》32卷刊行。

周于智修,刘恬纂《胶州志》8卷刊行。

王梦弼、邵向荣修纂《镇海县志》8卷刊行。

王敛福修纂《颍州府志》10卷刊行。

陈讷、王猷修,杨人杰、欧阳联等纂《乐平县志》32卷刊行。

杨人杰纂《乐平续志》4卷刊行。

范安治修,梅廷对、严洁纂《南城县志》10卷刊行。

满岱修,唐光云等纂《丰城县志》20卷刊行。

鲁鼎梅修,王必昌纂《重修台湾县志》15卷刊行。

虞学灏修纂《广济县志》22卷刊行。

曹学诗修纂《崇阳县志》10卷刊行。

吴德润修,毛世卿、邓锡爵纂《乐安县志》8卷刊行。

黄卬纂《锡金识小录》12卷刊行。

常琬修,焦以敬等纂《金山县志》20卷刊行。

方嘉发纂修《礼县志》19卷刊行。

朱亨衍修,刘统纂《盐茶厅志备遗》成书。

吴其琰纂修《清涧县续志》8卷刊行。

单作哲纂修《枣强县志》8卷刊行。

郝大成修,王师泰纂《开泰县志》4卷刊行。

沈生遴修纂《陆凉州志》6卷刊行。

胡华训修纂《盐亭县志》刊行。

杨绵祚修纂《成都府新都县志》成书。

曾曰瑛等修,李绂等纂《汀州府志》45卷刊行。

王懋竑编《朱子年谱》由宝应王氏白田草堂刊行。王安国应王箴传请,为撰序。

按:是谱又称"白田谱",为朱子年谱中精严详核者,后人作朱子年谱多以之为蓝本。另有道光三年(1823)四砭斋刊本、日本文政七年(1824)刻本、咸丰三年(1853)南海伍氏刻本《粤雅堂丛书二编》附、同治九年(1870)永康应氏重刻白田草堂本、光绪九年(1882)武昌书局刊本等。

朱泽沄编《朱子圣学考略》刊行。

按:《四库全书总目提要》曰:"朱、陆二派,在宋已分。泊乎明代弘治以前,则朱胜陆。久而患朱学之拘。正德以后则朱、陆争诟,隆庆以后则陆竟胜朱。又久而厌陆学之放,则仍申朱而绌陆。讲学之士亦各随风气,以投时好。是编详叙朱子为学始末,以攻金溪、姚江之说。盖泽沄生于国初,正象山道弊,鹿洞教兴之日也。"

姚培谦自编《周甲录》1卷刊行,附于作者所作《松桂读书堂集赋颂》。

全祖望七校《水经注》成。

按:清初顾炎武、阎若璩、顾祖禹、刘献廷、胡渭、何焯等名家都曾校勘过《水经注》,全祖望的先人三代皆校过《水经注》。全祖望20岁以后,便有志重校此书,至是年完成七校《水经注》的艰巨工作。张穆在《全氏水经注辨诬》一文中,对戴震的批评很激烈,其曰:"今世之读《水经注》者,必主戴震本,次则赵一清本。穆案:两家于此书皆不为无功,至凿山通道则谢山全氏之力为多,两家皆拾沈于全氏者也。一清治《水经》,谢山屡称之,而其书至乾隆丙午始刊行,在戴本既行之后十三年,然戴氏则必尝窥见全书及赵书,而窃据润饰以为己有也。戴以校正此书博世名、膺懋赏,其最得意者,两端:一曰据《永乐大典》原本也,一曰分别经、注不相牵涠也。《大典》弃翰林院,获见者少,穆于辛丑之秋幸得亲觅秘书,则明以来通行《水经》本校出一部,勘验戴书,始觉其诈……使戴氏标明原本而删之改之,岂不甚美?何乃为此穿窬之行乎?尚论者所为深恶其人,愚为世戒也。"(《全氏七校水经注》附录,光绪十四年无锡薛氏校刊本)魏源《书赵校水经注后》曰:"戴为婺源江永门人,凡六书、《三礼》、九数之学,无一不受诸江氏,有同门方晞原所作《群经补义序》称曰'同门戴震'可证。及戴名既盛,凡己书中称引师说,但称为'同里老儒江慎修'而不称引师说,亦不称先生。其背师盗名,合逢蒙、齐豹为一人。则攘他氏之书犹其罪之小者也。平日谈心性、诋程朱,无非一念争名所炽,其学术心术均与毛大可相符,江氏亦不愿有此弟子也。"(《魏默深疑文》,载周寿昌《思益堂日札》卷五,光绪十四年刊本)王国维《聚珍本戴校水经注跋》曰:"东原撰官本《提要》所举厘定经注条例三则,至简至赅,较之全、赵二家说,尤为亲切(原注:全说见五校本题辞,赵说谨附见于朱笔刊误卷末),则东原于此事似非全出因袭。且金宇虚中、蔡正甫,明冯开之已发此论,固不必见全、赵书而始为之也。余颇疑东原既发见此事,遂以郦书为己一家之学,后见全、赵书与己同,不以为助而反以为雠,故于其校定郦书也,为得此书善本,计不能不尽采全、赵之说,而对于其人其书必泯其迹而后快,于是尽以诸本之美归诸《大典》本,尽掠诸家厘定之功,以为己功,其弟子辈过尊其师,复以意气为之辩护,忿戾之气相召,遂来张石舟辈窃书之讥,亦有以自取之也。东原学问才力固自横绝一世,然自视过高,鹜名亦甚,其一生心力专注于声音、训诂、名物、象数,而于六经大义所得颇浅,晚年欲夺朱子之席,乃撰《孟子字义疏证》等书,虽自谓欲以孔、孟之说还之孔、孟,宋儒之说还之宋儒,顾其书虽力与程、朱异,而亦未尝与孔、孟合。其著他书,亦往往述其所自得,而不肯言其所自出。其生平学术出于江慎修,故其古韵之学根于等韵,象数之学根于西法,与江氏同;而不肯公言等韵、西法,与江氏异。其于江氏,亦未尝笃在三之谊,但呼之曰'婺源老儒江慎修'而已。"(《观堂集林》卷一二)

胡文英评《庄子独见》33卷刊行。

戴震著《屈原赋注》12卷成书,有自序。

范畏斋著《潜索录》4卷刊行。

王士禛所辑《渔洋山人感旧集》16卷由卢见曾整理刊行。

马荣祖著《力本文集》13卷刊行。

王懋竑遗著《白田草堂存稿》24卷刊行,江苏学政雷鋐作序,赞扬其笃信朱子之学。

王步青著《王己山文集》10卷、《别集》4卷刊行。

按:《四库全书总目提要》曰:"金坛王氏以'八比'称于世者凡六人,所谓王氏六子是也。六子之中,汝骧及步青名尤著。汝骧文神思澹远,取径单微。步青则法律严谨,不失尺寸,在近时号为正宗。于古文则余力及之,非所专门也。其集原名《竹里草堂遗稿》,乃步青没后其子士鳌所编。后宁化雷鋐督学江苏时,从士鳌取其稿本,重为删定,凡存九十余篇,勒为十卷。用步青别号,改题今名。又《别集》四卷,皆其时文选本之序论,则士鳌裒辑编次,附刊以行。盖步青困诸生者二十余年,至康熙甲午乃举于乡,往来公车又十年,至雍正癸卯始成进士。旋以病乞归,里居教授,惟以评选时文为事。平生精力尽在于是,故讲论时文之语,至于积成卷帙。考论文之书,自挚虞《文章流别》后,凡数百家。其专论场屋程序者,则自元倪士毅《作义要诀》,始自为一编。于例当入诗文评类,以其原附本集之末,故仍其旧焉。"

桑调元著《华山集》3卷成书,有自序。

严有禧著《漱华随笔》4卷成书,陈法作序。

按:严有禧初名绳德,榜姓戴,字厚载,号韦川,江苏常熟人。雍正元年进士,曾官莱州。另著有《延绿存稿》等。

蔡昇评点《东周列国志》23卷刊行。

汪启淑印行《汉铜印丛》8卷。

按:汪启淑字慎义,号秀峰,安徽歙县人。乾隆时为工部郎中,擢兵部郎中。著有《经史蠡测》等。

徐坚著《西京职官印录》2卷刊行。

戴进贤主编《御定仪象考成》32卷成书。

按：《四库全书总目提要》曰："《御定仪象考成》三十二卷，乾隆九年奉敕撰。乾隆十七年告成，御制序文颁行。卷首上下为《御制玑衡抚辰仪》。卷第一之十三，为总纪恒星及恒星黄道经纬度表。卷第十四之二十五，为恒星赤道经纬度表。卷第二十六，为月五星相距恒星黄赤道经纬度表。卷第二十七之三十，为天汉经纬度表。案玑衡之制，马融、郑玄注《尚书》皆以为浑仪是其遗法。唐宋而后，日以加详，然规环既多遮蔽，隐映之患，势不能免。郭守敬析之为简、仰二仪，人称其便。康熙十三年，圣祖仁皇帝命监臣南怀仁新制六仪，赤道、黄道分为二器，皆不用地平圈，而地平、象限、纪限、天体诸仪，则地平之经纬，与黄、赤之错综，皆已毕具。又命监臣纪利安制地平经纬仪，合地平、象限二仪而为一，其用尤便。皇上亲莅灵台，遍观仪象，以浑天制最近古，而时度信宜从今，改制新仪，锡名曰玑衡抚辰。诚酌古准今，损益尽善。仪制凡三重。其在外者，即古之六合仪，而不用地平圈。其正立双环，为子午圈，斜倚单环为天常赤道圈。其南北二极，皆设圆轴。轴本贯于子午双环。中空而轴内向，以贯内二重之环。又依京师北极高度，而上五十度五分为天顶，于天顶拖垂线，以代地平圈。故不用地平圈也。其内即古之三辰仪，而不用黄道圈。其贯于二极之双环为赤极经圈。结于赤极经圈之中要与天常赤道平运者，为游旋赤道圈。自经圈之南极，作两象限弧以承之，测得三辰之赤道经纬度，则黄道经纬可推。且黄、赤距纬，古远今近。纵或日久有差，而仪器无庸改制。故不用黄道圈也。又其在内即古之四游仪，贯于二极之双环为四游圈。定于游圈之两极者为直距。绾于直距之中心者为窥衡。游圈中要设直表以指经度，及时窥衡右旁设直表以指纬度，此则古今所同也。又星辰循黄道行，每七十年差一度。黄、赤大距，亦数十年而差一分。《灵台仪象志》中所列诸表，皆据曩时分度。今则逐时加修，得岁差真数。其三垣二十八宿以及诸星，今昔多少不同者，并以乾隆九年甲子为元。验诸实测，比旧增一千六百一十四星，亦前古之所未闻。密考天行随时消息，所以示万年修改之道者，举不越乎是编之范围矣。"

鄂尔泰、吴谦等纂《医宗金鉴》传入日本。

顾成天卒（1671—　）。成天字良哉，号小崖，江苏娄县人。康熙五十六年举人。雍正八年特赐进士，授翰林院编修。著有《离骚解》1卷、《楚辞九歌解》1卷、《读骚列论》1卷、《金管集》1卷、《花语山房诗文小钞》1卷。事迹见李桓《国朝耆献类征初编》卷一二六。

沈涛卒（1678—　）。涛字洪吕，号次山，江苏江阴人。幼聪颖，比长，以文学鸣于乡里，里中之士无不从游，而文学彬彬为一邑冠。然屡困于乡举，举四十九才举于乡，六十方成进士。为朱轼、杨名时所知，杨名时欲荐以馆职，涛以亲老辞归养。聘为澄江书院山长。后选江西长宁知县。采辑旧闻、物土、宜征、方俗，创为《长宁县志》。著有《江上遗闻》。事迹见李兆洛《沈次山先生传》（《养一斋文集》卷一五）。

边寿民卒（1684—　）。寿民原名维祺，字寿民，以字行，更字颐公，号渐僧，又号苇间居士，晚又号绰翁，江苏山阳人。工诗、书、画，人称"三绝"，擅长花卉翎毛，尤其以画芦雁驰名于世，以至人称"边芦雁"。为"扬州八怪"之一。代表作有《碧梧双峙图》、《老圃秋容图》、《寒江秋思图》、

《寒芦落雁图》、《芦丛栖息图》、《沙洲雁影图》、《潇汀南雁图》等。著有《苇间书屋词稿》、《苇间老人题画集》。现有天津人民美术出版社 2000 年出版的《扬州画派书画全集·边寿民》。事迹见李桓《国朝耆献类征初编》卷四三七。

德沛卒（1688— ）。德沛字济斋，清显祖五世孙，雍正帝的从昆弟行。雍正十三年封三等镇国将军，乾隆年间历任巡抚、总督，乾隆十三年九月袭封和硕简亲王。卒谥仪。所著有《易图讲》、《实践录》、《鳌峰书院讲学录》各 1 卷、《周易补注》8 卷。德沛以理学自居，乾隆帝曾指责他"刻书太多，夸张传播，亦非真理学之所为也"。事迹见《清史稿》卷二一五、《爱新觉罗宗谱》丁卷。

沈彤卒（1688— ）。彤字冠云，号果堂，江苏吴江人。诸生。乾隆初元年荐举博学鸿词，不遇。因与修《三礼》及《一统志》，书成，授九品官。及卒，门人私谥文孝先生。著有《周官禄田考》3 卷、《尚书小疏》1 卷、《仪礼小疏》1 卷、《春秋左氏传小疏》1 卷、《果堂集》12 卷、《保甲论》、《气穴考略》等。并参与《吴江县志》和《震泽县志》的修纂。事迹见《清史稿》卷四八一、《清史列传》卷六八、李桓《国朝耆献类征初编》卷四〇九、蔡冠洛《清代七百名人传》第四编、惠栋《沈君果堂墓志铭》、沈廷芳《征士文孝沈先生墓志铭》、全祖望《沈果堂墓版文》(均见《碑传集》卷一三三)。

按：《四库全书总目提要》曰："盖彤《三礼》之学亚于惠士奇，而醇于万斯大。此书(指《仪礼小疏》)所论，亦亚于所作《周官禄田考》，而密于所作《尚书小疏》焉。"又曰："是编(《春秋左氏传小疏》)以赵汸、顾炎武所补《左传杜注》为未尽，更为订正，其中得失互见。……亦可以补正顾氏之失。虽未完之书，录而存之，于读《左传》者亦有所禅也。"《清史稿》本传曰："彤淹通《三礼》，以欧阳修有《周礼》官多田少，禄且不给之疑，后人多沿其说，即有辨者，不过以摄官为词。乃详究周制，撰《周官禄田考》，以辨正欧说。分《官爵数》、《公田数》、《禄田数》三篇，积算至为精密。其说自郑注、贾疏以后，可云特出。又撰《仪礼小疏》一卷，取《士冠礼》、《士昏礼》、《公食大夫礼》、《丧服》、《士丧礼》为之疏笺，足订旧义之讹。其《果堂集》十二卷，多订正经学之文，若《周官颁田异同说》、《五沟异同说》、《井田军赋说》、《释周官地征》等篇，皆援据典核。又撰《春秋左氏传小疏》、《尚书小疏》、《气穴考略》、《内经本论》。"

厉鹗卒（1692— ）。鹗字太鸿，号樊榭，浙江钱塘人。康熙五十九年举人，乾隆元年举博学鸿词，报罢，时人惜之。从此绝意功名，不复仕进。其诗取法陶潜、谢灵运及王维、孟浩然、韦应物、柳宗元，又深于言情，故其擅长尤在词。所著有《樊榭山房集》20 卷、《樊榭山房词》2 卷、《宋诗纪事》100 卷、《南宋院画录》8 卷、《辽史拾遗》10 卷、《秋林琴雅》6 卷、《东城杂记》4 卷、《增修云林寺志》8 卷、《湖船录》1 卷、《玉台书史》1 卷、《绝妙好词笺》7 卷等。事迹见《清史稿》卷四八五、《清史列传》卷七一、蔡冠洛《清代七百名人传》第五编、全祖望《厉樊榭墓碣铭》、郑方坤《厉君鹗小传》(均见《碑传集》卷一四一)。朱文藻编、缪荃孙重订有《厉樊榭先生年谱》，陆谦祉编有《厉樊榭年谱》。

按：《清代七百名人传》曰："论者谓(厉)鹗之诗，(胡)天游之文，(全)祖望之考证,求之近代,罕有其比。"

晏斯盛卒,生年不详。斯盛字一斋,江西新喻人。康熙六十年进士,官至湖北巡抚。治学精于《周易》,著有《楚蒙山房易经解》16卷。又因胡渭《禹贡锥指》多杂芜,乃变其体例,删繁就简,成《禹贡解》8卷。事迹见《清史稿》卷三〇九。

按:《清史稿》本传曰:"斯盛著《楚蒙山房易经解》,唐鉴称其'不废象数而无技术曲说,不废义理而无心性空谈,在近日《易》家尤为笃实近理'云。"

文应熊约活动在本年前后,生卒年不详。应熊字梦叶,号平人,别号抱愧子,陕西三水人。关中称为大儒。曾专攻《周易》三十余年。著有《周易蠡测》、《易经大传》、《四书解难》、《孔门言行录》、《知人鉴》、《全孝篇》、《乐经记》、《知行记》等。

孔广森（ —1786）、江德量（ —1793）、章宗源（ —1800）、何世仁（ —1806）、铁保（ —1824）、赵绍祖（ —1833）生。

乾隆十八年　癸酉　1753年

三月初四日庚申（4月7日）,伪撰孙嘉淦奏稿一案,是年结案。

按:《清高宗实录》卷四三四曰:"军机大臣会同刑部奏,捏造伪稿一案,卢鲁生业经先行正法。其通同捏造之刘时达,应不分首从,一律凌迟处死。……得旨:卢鲁生、刘时达二犯,商撰伪奏,肆行传播,其诬谤朕躬,凡天下臣民,自所共晓,不足置论。而当此承平之世,乃敢作伪逞奸,摇惑众听,其贻害于人心风俗者甚巨,自应并置重典,以昭炯戒。"

四月三十日乙卯（6月1日）,授西洋人傅作霖为钦天监监副。

五月初一日丙辰（6月2日）,命钦天监满、汉监副各裁去一员,添设西洋监副一员。

按:从此以后,钦天监监正、左右监副,多令西洋人担任。

七月二十九日壬午（8月27日）,以满文《水浒》、《西厢记》等小说诱人为恶,"于满洲旧习所关甚重",命查禁烧毁所有"私行翻写"的由汉译满的书籍,以及"清字古词"等。

按:谕曰:"满洲等习俗纯朴,忠义禀乎天性,原不识所谓书籍。自我朝一统以来,始学汉文。皇祖圣祖仁皇帝,俾不识汉文之人,令其通晓古事,于品行有益,曾将《五经》及《四子》、《通鉴》等书,翻译刊行。近有不肖之徒,并不翻译正传,反将《水浒》、《西厢记》等小说翻译,使人阅看,诱以为恶。甚至以满洲单字还音,抄写古词者俱有。似此秽恶之书,非惟无益,而满洲等习俗之偷,皆由于此。如愚民之惑于邪教,亲近匪人者,概由看此恶书所致。于满洲旧习,所关甚重,不可不严行禁止。将此交八旗大臣、东三省将军、各驻防将军大臣等,除官行刊刻旧有翻译正书外,其私行翻写并清字古词,俱著查核严禁。将现有查出烧毁,再交提督从严查禁,将原板尽

来自加拿大的法国军队包围俄亥俄峡谷。

纯洁伊斯兰教的瓦哈比特运动在阿拉伯开始。

行烧毁。如有私自存留者,一经察出,朕惟该管大臣是问。"(《清高宗实录》卷四四三)

十一月十二日癸亥(12月6日),湖南巡抚范时绶奏称:江西金溪县生员刘震宇呈送所著《治平新策》一书,求为进呈,查书内"更易衣服制度等条,尤为不经",应黜革杖责,解回原籍。及乾隆帝检阅《治平新策》后,谓刘震宇于书中"訾议本朝服制,甚为悖逆",命两江总督鄂容安将刘震宇即行处斩,其书板查明烧毁,范时绶轻拟褫仗,交部严议(《清高宗实录》卷四五〇)。

钱大昕、褚寅亮、吴烺在京始读梅文鼎的数学著作,初得古今推步之理。

王鸣盛在京与王又曾、张汝霖订交。

江永教读汪梧凤家,戴震与郑牧、汪肇龙、方矩、汪梧凤、程瑶田、金榜、吴绍泽等师从江永。

按:江锦波《江慎修先生年谱》是年条曰:"馆歙邑西溪,歙门人方矩、金榜、汪梧凤、吴绍泽从学。休宁郑牧、戴震,歙汪肇龙、程瑶田,前已拜门下问业。是年殷勤问难,必候口讲指画,数日而后去。"汪梧凤《松溪文集》中《送刘海峰先生归桐城序》曰:"吾友志相合、业相同,择师而事无不同者,休邑郑用牧、戴东原,吾歙汪稚川、程易田、方晞原、金蕊中、吴蕙川数人而已。"《清史稿·戴震传》曰:"读书好深湛之思,少时塾师授以《说文》,三年尽得其节目。年十六七,研精注疏,实事求是,不主一家。与郡人郑牧、汪肇龙、方矩、程瑶田、金榜从婺源江永游,震出所学质之永,永为之骇叹。永精《礼》经及推步、钟律、音声、文字之学,惟震能得其全。"汪中《大清故贡生汪君墓志铭》曰:"国初以来,学士陋有明之习,潜心大业,通于六艺者数家,故于儒学为盛。迨乾隆初纪,老师略尽,而处士江慎修崛起于婺源,休宁戴东原继之,经籍之道复明。始此两人,自奋于末流,常为乡俗所怪。又孤介少所合,而地僻陋,无从得书。是时,歙西溪汪君(指汪梧凤),独礼而致诸其家,饮食供具惟所欲。又斥千金置书,益招好学之士,日夜诵习讲贯其中。久者十数年,近者七八年、四五年,业成散去。其后江君殁,大兴朱学士来视学,遂尽取其书上于朝,又使配食于朱子。戴君游京师,当世推为儒宗。后数岁,天子修四库之书,征领局事。是时天下之士,益彬彬然向于学矣,盖自二人始也。抑左右而成之者,君信有力焉,而君不幸死矣。然君亦以是自力于学,所著文二百余篇,咸清畅有法,著《楚辞音义》三卷,又治《毛诗义编》未成。"(《汪中集》卷六)

戴震有《与是仲明论学书》,与是镜商讨学问,并将其《诗补传序》送是镜求正。

按:戴震《与是仲明论学书》曰:"仆所为《经考》,未尝敢以闻于人,恐闻之而惊顾狂惑者众。昨遇名贤枉驾,望德盛之容,令人整肃,不待加以诲语也。又欲观末学所事得失,仆敢以《诗补传序》并《辨郑卫之音》一条,检出呈览。今程某奉其师命,来取《诗补传》,仆此书尚俟改正,未可遽进。请进一二言,惟名贤教之。仆自少时家贫,不获亲师,闻圣人之中有孔子者,定《六经》示后之人。求其一经,启而读之,茫茫然无觉。寻思之久,计于心曰:经之至者道也,所以明道者其词也,所以成词者字也。由字以通其词,由词以通其道,必有渐。求所谓字,考诸篆书,得许氏《说文解字》,三年知其节目,渐睹古圣人制作本始。又疑许氏于故训未能尽,从友人假《十三经注疏》读之,则知一字之义,当贯群经,本六书,然后为定。至若经之难明,尚有若干事。……凡经之难明右若干事,儒者不宜忽置不讲。仆欲究其本始,为之又十年,渐于经有所会通,然后知圣人之道,如县绳树枝,毫厘不可有差。仆闻事于经学,盖有三难:淹博难,识断难,精审难。三者,仆诚不足与于其间,其私自持暨为书之大概,端在乎是。前人之博闻强识,如郑渔仲、杨用修诸君子,著书满家,淹博有之,精审未也。别有略是而谓大道可以径至者,如宋之陆,明之陈、王,废讲习讨论之学,假所谓'尊德性'以美其名。然舍夫'道问学',则恶可命之'尊德性'乎?未得为中正可知。"(《戴震文集》卷九)

王昶与姚鼐始相识于北京;又因应乡试于金陵,与严长明、程晋芳定交。

惠栋校吴铨新购北宋本《礼记正义》,作《北宋本礼记正义跋》。

全祖望是春因病辞天章书院山长职,自粤归里,王昶专往省视;又闻故旧沈彤不幸于年前去世,遂作《沈果堂墓版文》以追悼。

陈兆崙充《续文献通考》总裁。

孙嘉淦充顺天乡试正考官。

董邦达充江西乡试正考官。

庄存与充湖北乡试正考官,又提督湖南学政。

郑燮以请赈事忤上司,被解潍县知县职,南还后定居扬州。

吴玉搢入京,馆秦蕙田家,为订《五礼通考》。

按:《四库全书总目提要》曰:"是书因徐乾学《读礼通考》惟详丧葬一门,而《周官·大宗伯》所列五礼之目,古经散亡,鲜能寻端竟委。乃因徐氏体例,网罗众说,以成一书。……其他考证经史,元元本本,具有经纬,非剿窃饾饤,挂一漏万者可比。较陈祥道等所作,有过之无不及矣。"

梅縠成以原品休致。

卢见曾复调两淮盐运使。

按:李葂因作《雅雨夫子重莅淮南喜赋》诗记之。

汪士慎目盲犹能作大幅狂草,本年以书一通贻金农。

邱锦时任房山知县,改义学而建云峰书院。

尹侃时任河北深县知县,于城西建博陵书院。

张枋时任山西天镇县知县,创建培风书院。

按:乾隆三十三年(1768),知县朱宗洛重建,更名为紫阳书院。取朱熹别号,以明继承朱学之志。

朱霖时任松江知府,创建云间书院。

李方榕时任浙江德清知县,建清溪书院。

辛敬可时任福建古田知县,建奎光书院。

邹应元时任江西武宁知县,建正谊书院,原名豫宁书院。

王椿时任山东寿光知县,建同文书院。

葛天申时任河南原阳知县,建原陵书院。

管乐时任湖南醴陵知县,建渌江书院。

陈际泰时任湖南绥宁知县,建汉章书院。

康锡侯时任湖南永兴知县,建安陵书院。
王垂绮时任四川新都知县,建龙门书院。
任履素时任四川郫县知县,建岷阳书院。
安洪德时任四川邛崃知府,建泸峰书院。
王采珍时任四川南溪知县,建琴山书院。
王灏在四川南充建南池书院。
许士彩等在陕西平利县建锦屏书院。
徐浩时任甘肃甘谷知县,建朱圉书院。
赵本植时任宁夏银川知府,建银川书院。
郑海生等在台湾云林县建龙门书院。

林尼厄斯著成《植物分类》。

贺加斯发表论文《美的解析》。

汪绂重订《乐经律吕通解》5卷。
戴震著《诗补传》成,有自序。
程廷祚著《青溪诗说》20卷成书。
盛百二著《尚书释天》6卷刊行。
诸锦著《补飨礼》1卷成,朱兰泰作序。
范凝鼎著《四书句读释义》19卷成书。
徐文靖著《禹贡会笺》12卷刊行,有自序。

按:《禹贡》为《尚书》篇名,历来注解的著作甚多。自宋以来,更是歧义纷纭,如程大昌《禹贡论》、《禹贡山川地理图》,傅寅《禹贡说断》等。至清人胡渭著《禹贡锥指》,集《禹贡》研究之大成。此书成于胡书之后,就胡书为基础,更推寻胡书所未至者,辨胡书之讹,较胡书更为精密。有《四库全书》本、同治十三年(1874)慈溪何氏刊本等。

牛运震始著《论语随笔》。
钱大昕始著《元史氏族志》。
梁诗正等重编《西湖志纂》12卷成。
梁弘勋等修,胡定纂《南雄府志》19卷刊行。
陈志仪修纂《保昌县志》14卷刊行。
巩敬绪修,李南晖纂《桐城县志》8卷刊行。
邓兰修,陈之兰纂《南康县志》19卷刊行。
郭灿修,黄天策、杨于位纂《瑞金县志》8卷刊行。
冉棠修,沈澜纂《泰和县志》40卷刊行。
郑相如纂《泾县志》45卷刊行。
许晋修,胡其焕、蔡书升纂《颍上县志》12卷刊行。
钱人麟等纂《宁国府志》34卷刊行。
陈加儒修,祝复礼、潘士仁等纂《宣平县志》16卷刊行。
严正身、王德让修,金嘉琰等纂《桐庐县志》16卷刊行。
周世恩、李成渠修,郑燽、姜士崟等纂《遂安县志》10卷刊行。
许荍修纂《鹿邑县志》12卷刊行。
史流馨续修《密县志》12卷刊行。

李光祚修,顾诒禄等纂《长洲县志》34卷刊行。

雷宏宇修,刘珠等纂《定陶县志》10卷刊行。

赵成修,赵宁静纂《上杭县志》6卷刊行。

张枋纂修《天镇县志》8卷刊行。

李榕纂修《乐平县志》8卷刊行。

巫慧修,王居正纂《蒲县志》10卷刊行。

富申修,田士麟纂《博山县志》10卷刊行。

宋锦、李麟洲修纂《德庆州志》18卷刊行。

毛维锜、陈炎宗纂《佛山忠义乡志》11卷刊行。

姚夏编《杨园张先生年谱》刊行。

沈德潜著《沈归愚全集》63卷刊行;又著《杜诗偶评》4卷刊行;选《七子诗选》14卷刊行。

按:所谓"七子",指王鸣盛、王昶、钱大昕、曹仁虎、吴泰来、黄文莲、赵文哲。

金农著《冬心先生续集》编定。

苏州如莲居士著《反唐演义传》140回成书。

唐英著《虞兮梦》传奇成。

王纬著《澹园诗删》10卷刊行。

王峻著《王艮斋诗集》10卷、《王艮斋文集》4卷刊行。

乔光烈著《最乐堂文集》6卷刊行。

保培基著《西垣集》20卷、次集8卷刊行。

黄永年著《黄静山所著书》5种刊行。

沈维材著《樗庄文稿》10卷、《樗庄诗稿》2卷刊行。

黄元御著《长沙药解》4卷成书,有自序。

按:黄元御字坤载,号研农,昌邑人。早为诸生,因庸医误药损其目,遂发愤学医。于《素问》、《灵枢》、《难经》、《伤寒论》、《金匮玉函经》皆有注释,凡数十万言。又著有《伤寒悬解》15卷、《四圣心源》10卷、《四圣悬枢》4卷、《素灵微蕴》4卷、《玉楸药解》4卷、《伤寒说意》、《金匮悬解》,后合为《黄氏医书八种》刊行。

陈祖范卒(1676—)。祖范字亦韩,号见复,江苏常熟人。雍正元年举人。乾隆间荐举经学,赐国子监司业衔。长于经学。尝主讲紫阳、云龙、敬敷、安定诸书院。钱大昕、顾镇曾称其学。著有《经咡》1卷、《掌录》2卷及《陈司业诗文集》8卷等。事迹见《清史稿》卷四八○、《清史列传》卷六八、李桓《国朝耆献类征初编》卷一二七、钱大昕《陈先生祖范传》(《潜研斋文集》卷三八)。

按:《清史稿》本传曰:"祖范于学务求心得,论《易》不取先天之学,论《书》不取梅赜,论《诗》不废《小序》,论《春秋》不取义例,论《礼》不以古制违人情,皆通达之论。同县顾主事镇传其学。"

杨椿卒(1676—)。椿字农先,江苏武进人。康熙五十七年进士,改翰林院庶吉士,散馆,授检讨,分修《政治典要》。雍正初,充《明史》、《大清一统志》、《国史》三馆纂修官。官至侍讲学士。著有《古周易尚书定本》、

《诗经释辨》、《春秋类考》、《周礼订疑》、《稽古录》、《水经注广释》、《古今类纂》、《汤文正公年谱定本》、《孟邻堂集》26卷等。事迹见《清史列传》卷七一、李桓《国朝耆献类征初编》卷一二四、齐召南《日讲官起居注翰林院侍讲学士杨公椿墓志铭》(《碑传集》卷四八)。

　　按：徐世昌《清儒学案》卷五六《杨先生椿》曰："农先德行岿然,经术史才为时所重。久居馆局,勤于所事,持论特高,总裁亦不尽用。于有明一代事贯弗,可匹鄞县万季野。"

孙嘉淦卒(1683—　　)。嘉淦字锡公,号懿斋,山西太原兴县人。康熙五十二年进士。历康、雍、乾三朝,曾任直隶、湖广总督等,位至协办大学士,尤以敢言名天下。曾与谢济世、李元直、陈法交,以古义相勖,时称"四君子"。及嘉淦总督湖广,治谢济世狱,为时论所不直。卒谥文定。曾著《春秋义》15卷,已刊行,经雍正帝训饬,与所著《诗删》、《南华通》一并自毁之。后又将所著《诗经补注》进呈乾隆帝,奉旨嘉奖。著有《成均讲义》、《孙文定奏议》等。事迹见《清史稿》卷三〇三、《清史列传》卷一五、李桓《国朝耆献类征初编》卷一八、蔡冠洛《清代七百名人传》第一编、陈世倌《光禄大夫经筵讲官太子少保吏部尚书协办大学士孙文定公嘉淦墓表》、卢文弨《孙文定公家传》(均见《碑传集》卷二六)。

　　按：《四库全书总目提要》曰："《成均讲义》,国朝孙嘉淦撰。……是编乃嘉淦摄国子监祭酒时以《大学》'圣经'一章为学者入德之门,乃逐节疏解,以发明朱子《章句》之义。其讲'致知格物',谓:'释氏欲正心而不先诚意,陆子静欲诚其意而不先致知,王阳明欲致其知而不先格物,惟程、朱之书,详言格物,独得孔子之传。今日学者之流弊,讥释氏之不能诚意,并其正心而失之;讥子静之不能致知,并其诚意而失之;讥阳明之不能格物,并其致知而失之;名为守程、朱之学,并其格物而失之。古之所谓物者,盈天地之法象道器,书其一也。古之所谓格物者,极事理之广大精微,读书其一也。古之所谓读书博洽、无所不通,作文其一也。古之所谓作文者,体制不可枚举,制艺其一也。然则今日士子之所学,视古者纲领条目之大全,相去何如哉?'亦颇中学者之流弊也。"

高翔卒(1688—　　)。翔字凤岗,号樨堂,又号西唐,一作西堂,江苏甘泉人。擅长画山水花卉,亦精于写真和刻印。其山水画取法弘仁和石涛,所画的园林小景,大多是从写生中来。晚年时由于右手残废,常以左手作画。与石涛、金农、汪士慎为友。为"扬州八怪"之一。著有《西唐诗钞》。事迹见震钧辑《国朝书人辑略》卷四、《江苏艺文志·扬州卷》。

陈象枢卒(1696—　　)。象枢字驭南,江西崇仁人。雍正八年进士,授吏部主事。迁员外郎,以荐加翰林院检讨。乾隆二年,督学四川。五年,督学湖南。著有《仪礼补笺》20卷、《易经发蒙》6卷、《五经渊源》1卷、《经解补》4卷、《学庸定解》5卷、《读史一得》5卷、《复斋文集》10卷、《复斋诗集》8卷。事迹见《清史列传》卷六八、李桓《国朝耆献类征初编》卷一四四。

　　按：《清史列传》本传曰："象枢十二岁能古文,与新建周学健、奉新帅念祖齐名。初成进士,大学士朱轼言于朝曰:'吾乡知名士也!'生平覃精经术,尤善《仪礼》,著《仪礼补笺》二十卷。"

程昌期(　　—1795)、**顾之逵**(　　—1797)、**谢振定**(　　—1809)、**法式善**

（　—1813）、陈鳣（　—1817）、孙星衍（　—1818）、陈念祖（　—1823）、唐仲冕（　—1827）、朱彬（　—1834）生。

乾隆十九年　甲戌　1754年

三月初四日甲寅（3月27日），御使胡定奏请毁禁《水浒传》。

四月十一日庚寅（5月2日），命整饬科举考试文风，严禁"辨析朱、陆异同"。

按：谕曰："场屋制义，屡以清真雅正为训。前命方苞选录《四书文》颁行，皆取典重正大，为时文程式，士子咸当知所宗尚矣。而浮浅之士，竞尚新奇。即如今科放榜前，传首题文，有'用九回肠'之语者。其出自《汉书》'肠一日而九回'，大率已莫能知。不过剿袭纤巧，谓合时尚，岂可谓'非法不道，选言而出'者乎！不惟文体卑靡，将使心术佻薄，所关于士习者甚大。朕曩云'言孔、孟言大是难'，职是故也。着将《钦定四书文》一部，交礼部、顺天府，存贮内帘，令试官知衡文正鹄。再策问时务，用觇士子学识，主试官不当以己见立说。上年顺天乡试，问黄河北行故道，今春会试，问黄河下流，皆孙嘉淦、陈世倌一己私见，究亦空言无补。若以此为去取，将启士子窥探迎合附和之弊，其渐尤不可长。即如宋、元以来，辨析朱、陆异同，初因讲学，而其后遂成门户，标榜攻击，甚为世道人心之害。嗣后有似此者，必治其罪。"（《清高宗实录》卷四六〇）

二十六乙巳（5月17日），策试各省贡士，提倡"明经术而端士习"。

按：策试天下贡士胡绍鼎等243人于太和殿前，制曰："天人合一之理，前圣盖昭著言之。顾天日在人之中而人不知，故先儒曰，天即理也。董仲舒以外，善言天者，必有验于人。又谓道之大原出于天，天不变，道亦不变。夫元亨利贞、仁义礼智，皆配四时言之。在天之天，虚而难索；在人之天，近而可求。然在人之天，即在天之天，无二理也，无二道也。人无一日不在理道中，本无理道之可名，宋诸儒出，于是有道学之称。然其时尊德性、道问学已讥其分途，而标榜名目，随声附和者，遂藉以为立名之地，而大道愈晦。……国家设科取士，首重制义，即古者经疑、经义之意也。文章本乎《六经》，解经即所以载道。《易》曰'修辞立其诚'，《书》曰'辞尚体要'，文之有体，不慕重欤？朕于场屋之文，屡谕以清真雅正，俾知所宗尚久矣。乃者或逞为汗漫之词，徒工绮丽，甚至以汉、唐词赋阑入其中。律以大雅之言，甚无当也。文之浮薄，关于心术，王通论之详矣。今欲一本先民，别裁伪体，岂惟文治廓清，抑亦所以明经术而端士习也。"（《清高宗实录》卷四六一）

三十日己酉（5月21日），乾隆帝亲定本年甲戌科会试三鼎甲：状元庄培因（江南阳湖人），榜眼王鸣盛（江南嘉定人），探花倪承宽（浙江仁和人）。是科会试正考官为大学士陈世倌，副考官为侍郎介福、内阁学士钱维城。

闰四月初一日庚戌（5月22日），乾隆帝御太和殿，传胪，赐一甲庄培因等3人进士及第，二甲汪永锡等70人进士出身，三甲彭良骞等168人

英国同法国在北美交战。

纽约国王学院成立。

同进士出身。

按：是科最号得人，如王鸣盛、王昶、朱筠、钱大昕、翟灏辈，皆称汲古之彦。其后老师宿儒，以著述成家者不一；高才博学，以词章名世者不一；经济宏通，才猷隽异，以政事著能者不一；品茶斗酒，留连唱和，以风流相尚者亦不一。

初五日甲寅（5月26日），乾隆帝就江南、福建分别拿获传播"西洋邪教"之案一事谕军机大臣："西洋所奉天主教乃伊土旧习相沿，亦如僧尼、道士、回回，何处无此异端？然非内地邪教，开堂聚众、散札为匪者可比。若西洋人仅在广东澳门自行其教，本在所不禁，原不必如内地民人，一一绳之以法；如潜匿各省州县村落，煽惑愚民，或致男女杂遝，自当严为禁绝。"并谕广东督抚："嗣后不时留心稽察，毋任潜往他省，教诱滋事。"（《清高宗实录》卷四六三）

苏格兰化学家约瑟夫·布莱克发现碳酸气体。

钱大昕中进士，改翰林院庶吉士，散馆，授编修。

王鸣盛中进士，授编修；助秦蕙田纂《五礼通考》中之"吉礼"。

戴震遭同族豪绅陷害，从安徽逃至北京，与钱大昕、秦蕙田、纪昀、王鸣盛、王昶、朱筠诸人定交。是年始馆秦蕙田味经轩。

按：段玉裁《戴东原先生年谱》曰："盖先生是讼其族子豪者侵占祖坟，族豪倚财，结交县令，令欲文致先生罪，乃脱身挟策入都，行李衣服无有也。寄旅于歙县会馆，饭粥或不继，而歌声出金石。"《清史稿·戴震传》曰："与吴县惠栋、吴江沈彤为忘年友。以避仇入都，北方学者如献县纪昀、大兴朱筠，南方学者如嘉定钱大昕、王鸣盛，余姚卢文弨，青浦王昶，皆折节与交。尚书秦蕙田纂《五礼通考》，震任其事焉。"

惠栋客两淮盐运使卢见曾幕府，前后约四年，期间应卢氏之邀，为校《乾凿度》、《高氏战国策》、《郑氏易》、《郑司农集》、《尚书大传》、《李氏易传》、《匡谬正俗》、《封氏闻见记》、《唐摭言》、《文昌杂录》、《北梦琐言》、《感旧集》等文献，备刻《雅雨堂丛书》。

按：《扬州画舫录》曰："惠栋，字定宇，号松，苏州元和人。砚溪先生之孙，半农先生之子，以孝闻于乡。博通今古，与陈祖范、顾栋高同举经学。公（卢见曾）重其品，延之为校《乾凿度》、《高氏战国策》、《郑氏易》、《郑司农集》、《尚书大传》、《李氏易传》、《匡谬正俗》、《封氏见闻记》、《唐摭言》、《文昌杂录》、《北梦琐言》、《感旧集》，辑《山左诗抄》诸书。著有《周易述》、《易汉学》、《易例》、《易微言》、《九经古义》、《古文尚书考》、《明堂大道录　说》、《山海经训纂》、《后汉书训纂》、《精华录训纂》、《红豆山房古文集》。"可见，惠栋协助卢见曾校对了几乎所有的《雅雨堂藏书》。正因为此，惠栋亡故后，卢见曾不遗余力地为他刊刻遗著《周易述》。他在《周易述》卷首的《周易述序》中道："吾友惠松崖先生说《易》，独好述汉氏。其言曰：《易》有五家，有汉《易》、有魏《易》、有晋《易》、有唐《易》、有宋《易》。惟汉《易》用师法，独得其传。……盖先生经学得之半农先生士奇，半农得之砚溪先生周惕，砚溪得之朴庵先生有声，历世讲求，始得加法，亦云艰矣。先生六十后，力疾撰著，自云三年后便可卒业。孰意垂成疾革，未成书而殁。今第如其卷数刊刻之，不敢有加焉，惧续貂也。先生年仅六十有二，余与先生周旋四年，为本其意而叙之如此。乾隆戊寅八月下浣，德州卢见曾书。"

沈大成入卢见曾幕府，与惠栋等为卢氏纂辑《国朝山左诗钞》。

按：惠栋曰："甲戌之岁，余馆德水卢使君斋，讲授之暇，篝灯撰著。每涉疑义，思索未通，恨无素心晨夕。一日，使君以诗文数册示余，余读之惊，然未及询作者何人也。久之，典谒引客入，相见则余故人，云间沈君学子，向所视数册，皆出君手。余喜甚，叩所疑者，学子一一晰之。余闻之愈惊。既而促膝话旧，知君归自武林，道吴而至广陵。广陵诗社诸君，闻声争交欢。使君既得君如左右手，社中诗老颇以失君为怅。而余则说经论文，甚乐。"（《松崖文钞》卷二《秋灯夜读图序》）

朱彝尊之孙朱稻孙入卢见曾幕府，出示其祖所著《经义考》，卢氏为补刊尚未刊刻的130卷，与先已刊刻的167卷合在一起，使《经义考》得以完书流传海内。

按：卢见曾还刊刻黄宗羲的《金石要例》，万斯大的《经学五书》，赵执信的《声调谱》和《谈龙录》诸书。又将同时人如汪应铨、马朴臣、李葂、郭肇璜各家集，序而梓之。卢氏又购得方世举《韩昌黎诗集编年笺注》，作序并付刻。惠栋所著《周易述》、《渔洋山人精华录训纂》也由卢氏刊刻。

全祖望是春赴扬州养病，途经杭州，与赵一清共商《水经注》；秋至扬州，仍治《水经注》，并补《宋元学案》。十一月回家，病势加剧。

按：全祖望《赠赵东潜校水经序》曰："安定之注《水经》，虽其于《禹贡》之故道，不能一一追溯，而汉、晋以后，原委毕悉，尤详于陂塘堤堰之属，固有用之书也。……百年以来，乃有专门之学，顾亭林、顾宛溪、黄子鸿、胡东樵、阎百诗五君子，慨然于蔡正甫补亡之不可得见，合群籍而通之，购旧椠以校之，竭精思以审之，是书始渐见天日。同时刘继庄自燕中来，亦地学之雄也，欲因丽泽之益，荟萃为是书之流，而惜其不果。……杭有赵君东者，吾友谷林征士之子也，藏书数十万卷，甲于东南。禀其家庭之密授，读书从事于根柢之学，一时词章之士莫能抗手。爰有笺释之作，拾遗纠谬，旁推交通，裒然成编。吾君子及继庄之薪火，喜有代兴，而诸家之毛举屑屑者，俯首下风。安定至是始有功臣，而正甫之书，虽谓其不亡可也。予家自先司空公、先宗伯公、先赠公三世，皆于是书有校本，故予年二十以后，雅有志于是书。始也衣食奔走，近者衰病侵寻，双韭山房手校之本，更是迭非，卒未得毕业，瞻怀世学，不胜惭赧。而东潜夺蠹而登，囊括一切，犹以予为卑耳之马，不弃其鞍绊，岂知羽毛齿革，君之余也。其聊举先世之遗闻以益君，则庶几焉。"（《鲒埼亭集》卷三二）

纪昀中进士，改翰林院庶吉士。

朱筠中进士，改翰林院庶吉士，散馆，授编修。

王昶、翟灏、周春、范家相同中进士。

董邦达充武会试正考官。

秦蕙田充经筵讲官。

洪亮吉从黄朝俊受《孟子》、《毛诗·国风》。

段玉裁年二十，初从蔡泳习诗赋及音韵之学，始知古韵大略。

严长明以黄梦麟荐，馆扬州，得读马曰琯家所藏书。

梁国治任国子监司业。

王元启复主漳州书院。

沈善富中进士，改翰林院庶吉士，授编修。

按：沈善富字既堂，江苏高邮人。尝典江西、山西乡试。后曾参与修《国史》、

《续文献通考》，勤于其职。出为安徽太平知府，擢河东盐运使。所至兴学爱士，人文蔚起。著有《味镫斋文集》。事迹见《清史稿》卷三三六。

沈起元主济南泺源书院，为从学周永年题所编《小西书屋书目》。

牛运震赴晋阳，主讲三立书院。

金农为卢见曾作《金冬心花卉册》，卷首有"拙画十二幅，奉呈清赏"题字，并在每幅画上题跋。

周准应沈德潜邀请，参与编纂《国朝诗别裁》。

龚元玠中进士，官贵州铜仁县知县。

按：龚元玠字畏斋，江西南昌人。《清史列传·龚元玠传》曰："元玠少贫，好读书，未尝从师学。尝取欧阳修限字读九经法，毕诵注疏。自是博通群籍，历硙贯串，不仅为一家言。所著《十三经客难》，凡《易》二卷、《书》四卷、《诗》四卷、《三礼》十三卷、《春秋》二十四卷、《四书》七卷、《尔雅》一卷，其《孝经》一卷，稿佚不传。又留心河务，穷竟源委。乡试时，考官孙嘉淦见其《治河策》，深为激赏。"又著有《黄淮安澜先资编》2卷、《畏斋文集》4卷。

姜炳璋中进士，官陕西石泉知县。

按：姜炳璋字石贞，号白岩，浙江象山人。著有《读左补义》50卷、《诗序补义》24卷、《选玉溪生诗补说》1卷、《尊乡集》。《清史列传·姜炳璋传》曰："其说经笃实近里，恪守先儒，语必有据。著《诗序补义》二十四卷，以《诗序》首句为国史所传，如苏辙之例，又参用朱子诗序辨说之义，以贯通两家，其纲领有云：'有诗人之意，有编诗之意，如《雄雉》为妇人思君，《凯风》为七子自责，是诗人之意；《雄雉》为刺宣公，《凯风》为美孝子，是编诗之意。朱子顺文立义，大抵以诗人之意为是诗之旨。国史明乎得失之迹，则以编诗之意为一篇之要。'尤可谓解结之论。又著《读左补义》五十卷，破说《春秋》者，屈经从例之弊，援据典博，参考亦颇融贯。"

鹿师祖时任山西昔阳知县，重修义学，更名为文昌书院。

宋楚望时任江苏常州知府，在城内先贤祠建龙城书院。

李堂时任湖州知府，就通判署废址建爱山书院，设笃行、博学、审问、慎思、明辨五堂。

李倓时任福建崇安知县，建景贤书院。

安尔恭时任知州，于河南郑州建东里书院。

王祖晋时任知府，于河南卫辉建崇本书院。

黄勋时任湖北石首知县，建绣林书院。

周仕魁时任湖南酃县知县，建烈山书院。

李允性时任湖南资兴知县改建汉宁书院。

钟人文时任湖南宁远知县，建春陵书院。

李承焕在湖南宁远县建崇德书院。

管一清时任广东增城知县，建及泉书院和双凤书院。

彭科时任中山知县，建旗山书院。

刘继时任广东高明知县，建陶黄二公书院。

汪世琳时任四川合江知县，建凤仪书院。

朱凝道时任四川长宁知县，建绍闻书院。

沈起元著《周易孔义集说》11卷刊行，秦蕙田、卢见曾等作序。

汪绂重著《书经诠义》13卷，又著《读近思录》1卷、《读问学录》1卷。

按：汪绂《书经诠义后序》曰："雍正癸丑，《尚书经诠义》既有成，门侄丽南携以入京，丽南卒于京师，本遂亡失。后此十余年，余秀书、灵昭兄弟皆游吾门，屡请以《书义》见示。予从丽南家索之不得，乃默复记忆，虽卷帙繁多，辞句渺难再述，而精意大义，规模纲领，则胸中故物。且在昔尝费探索，而使其书不存，亦予所不忍也。因敝笔砚，重理旧绪。十余年见闻日广，触绪相发，时有新得。又自喜义理犹昔，而辨析益加详矣。凡二期而《书义》再就，大约较旧本损者三之一，益者亦三之一。盖事理别于征渺，而尚论期见古人之心，故经文本义，或置不释，而字句训诂，别有加详，曲引旁通，时复汗漫，而会通典礼，要于同归，总不为兔园挟策家言，亦不欲漫无抉择，致虽多而寡当也。嗟乎！今之经生欲以讲经自见，则讲章日烦，唾余不尽拾矣。不然，则选拟题一小册，且不得通其义，固已可决巍科而都富贵，安用是劳心殚力，以不急之务为？虽然号以经生，而不求心得，且欲以自欺欺人，此衷能无内愧？况斯理人心所同，圣贤岂异人事？惟是以不思置之，则亦终身自外于道焉尔。乃今日言及理学二字，便自摇手咋舌，以谓其狂僭，过于自命。嗟乎！何自处不肖，而且以不肖待天下也？是以予虽好自著书，而书为一世所不好，非不自知，然而有好之者矣。朱、蔡之后无朱、蔡，则言理亦岂能有加于朱、蔡？顾能言朱、蔡之所言，以自附于朱、蔡，而相为发明，是亦朱、蔡之徒。夫是以不惮烦也，因有感而复为之序。"（《双池文集》卷五）

顾栋高著《毛诗订诂》10卷。

陈祖范著《经咫》1卷刊行。

按：《四库全书总目提要》曰："是书皆其说经之文，名《经咫》者，用《国语》晋文公'咫闻'语也。祖范膺荐时，曾录呈御览，此其门人归宣光等所刊。凡《易》七条，《书》十二条，《诗》七条，《春秋》十三条，《礼》六条，《论语》十三条，《中庸》二条，《孟子》十条，而以杂文之有关《礼》义者八篇列于《礼》后。其论《书》不取梅赜，论《诗》不废《小序》，论《春秋》不取义例，论《礼》不以古制违人情，皆通达之论。《原序》称'文不离乎《六经》、《四书》，说不参乎支离怪僻'。视萧山毛奇龄之专攻前人，同一说经，而纯驳显然。今观其书，……取奇龄说者不一而足。惟《古文尚书》显然立异耳。祖范学问笃实，必非剿取人书者。或奇龄之书，盛气叫嚣，肆行诽诋，为祖范所不欲观。故不知先有是说，偶然闇合耶？然如奇龄经说，以诸贤配享为多事，而谓学宫祀文昌、魁星为有理，则祖范终无是也。"

钱大昕始著《廿二史考异》。

牛运震著《史记评注》130卷。

惠栋著《后汉书补注》24卷成书，顾栋高作序。

按：顾栋高《序》曰："先生之援据博而考核精，一字不肯放过，亦一字不肯轻下，洵史志中绝无仅有之书也。"（《后汉书补注》卷首）

郭伦以《晋书》诸多不当，乃积十五年之力，删改旧文，重纂《晋纪》68卷成书。

陈黄中著《纪元要略补辑》1卷成书，有自序。

夏之蓉、丁有煜等同纂《通州直隶州志》22卷。

蒋溥、汪由敦、董邦达受命纂成《盘山新志》21卷。

鲁曾煜等纂《福州府志》76卷刊行。

安东·比施钦著写地理学著作《地理描述》。

卢梭发表《论人类不平等的起因和基础》。

戴维·休谟著成《大不列颠史》第一册。

乔纳森·爱德华兹著成《对意志自由的调查》。

何天祥纂《庆远府志》10卷刊行。
高观鲤纂修《环县志》10卷刊行。
张延福修,李瑾纂《泾州志》2卷刊行。
梁善长纂修《白水县志》4卷刊行。
周景柽等纂修《蒲州府志》24卷刊行。
郭磊等纂修《广灵县志》10卷刊行。
卫苌修纂《栖霞县志》10卷刊行。
张乃史修,钱廷熊纂《高密县志》10卷刊行。
王宾修,应德广等纂《建德县志》10卷刊行。
钟沛修,陆铭一纂《寿昌县志》12卷刊行。
张海、戴廷抡修,薛观光纂《霍邱县志》12卷刊行。
李瑾、张洞修,叶长扬纂《旌德县志》10卷刊行。
刘瓒修,陆纶纂《太平府志》24卷刊行。
聂元善修纂《高安县志》12卷刊行。
吴溶、冯奕宿修,于大猷纂《淮宁县志》13卷刊行。
陈锡辂、永泰修,查岐昌纂《归德府志》36卷刊行。
宋恂修,于大猷纂《西华县志》14卷刊行。
徐金位修纂《新野县志》9卷刊行。
钟人文修纂《宁远县志》14卷刊行。
于文骏修,梁嘉瑜纂《会同县志》10卷刊行。
程际泰修,幸超士纂《绥宁县志》20卷刊行。
管一清修纂《增城县志》20卷刊行。
舒成龙修,李法孟、陈荣杰纂《荆门州志》36卷刊行。
李拔修纂《长阳县志》6卷刊行。
刘继修纂《鹤山县志》12卷刊行。
李天琰修,何天祥纂《庆远府志》10卷刊行。
孙和相修,王廷宣纂《中牟县志》11卷刊行。
王应彩辑、黄叔璥补《国朝御史题名》2卷成书。
佚名编《真觉大师年谱》1卷刊行。
赵一清著《水经注释》40卷、《刊误》12卷成书。

按：支伟成曰："赵一清字诚夫,号东潜,诗人谷林之子。少学于全祖望。初,祖望尝以郦道元《水经注》传写讹谬,绝少善本,雅有志审正之,校七遍矣,未有卒业。及得先世旧闻,始知道元注中有注本双行夹写,今混作大字,几不可辨。东潜因本其师说,辨验文义,离析其注中之注,以大字细字分别书之,使语不相杂,而文仍相属,如范成大作《吴郡志》、姚宏注《战国策》例,条理分明,朗若眉列。……成《水经注释》四十卷,考据订补,颇极精核。更附《刊误》十二卷,盖据以校正者凡四十家。其中如二顾、二黄、阎诸本均未写定,当只就原稿迻录,用力之勤如此。故博引旁征,既极淹贯,订疑辨讹,是正良多,全后戴前,诚无愧独树一帜者。惟与戴氏注本颇有类似之处,致启后人疑窦,聚讼纷纭,迄鲜定论。案东潜隐居草野,虽未得窥《大典》于中秘,而闭门造车,容竟合辙。东原入四库馆,见赵书每同《大

典》,则但引《大典》作据,以并世之人,遂不别著赵名,正不足为两贤病也。"(《清代朴学大师列传·赵一清》)

全祖望纂补《宋元学案》基本完稿。

按:梁启超《中国近三百年学术史》曰:"《宋元学案》这部书,虽属梨洲创始,而成之者实谢山。谢山之业,视梨洲盖难数倍。梨洲以晚明人述明学,取材甚易。谢山既生梨洲后数十年,而所叙述又为梨洲数百年前之学,所以极难。据董小钝所撰年谱,则谢山之修此书,自乾隆十年起至十九年止,十年间未尝辍,临没尚未完稿,其用力之勤可想。拿这书和《明儒学案》比较,其特色最容易看出来:第一,不定一尊。各派各家乃至理学以外之学者,平等看待。第二,不轻下主观的批评。各家学术为并时人及后人所批评者,广搜之以入'附录',长短得失,令学者自读自断,著者绝少作评语以乱人耳目。第三,注意师友渊源及地方的流别。每案皆先列一表,详举其师友及弟子,以明思想渊源所自,又对于地方的关系多所说明,以明学术与环境相互的影响。以上三端,可以说是《宋元学案》比《明儒学案》更进化了。"

陈景云遗著《文道十书》由陈黄中刊行。

溧阳马氏重刊明沈鍊《沈公遗集》,附王元敬所编《青霞沈公年谱》1卷。

夏力恕著《读杜笔记》1卷刊行。

沈起元刻所编《敬亭文稿》4卷、《敬亭诗草》8卷。

王文治著《放下斋初存稿》成书。

姜恭寿辑时人诗为《瓠尊集》。

丁廷彦著《江上怡云集》8卷刊行。

马朴臣著《抱循堂诗抄》2卷刊行。

沈廷芳著《隐拙斋文抄》6卷刊行。

徐时作著《崇本山堂文集》12卷、《崇本山堂诗抄》12卷刊行。

沈起元著《敬亭文稿》8卷、《敬亭诗草》8卷刊行。

桑调元著《泰山集》3卷成书,有自序。

脂砚斋重评曹雪芹《石头记》(甲戌本)开始在民间流传。

按:题名"脂砚斋评"的《红楼梦》有多种版本:脂铨本(旧称甲戌本)、脂怡本(旧称己卯本)、脂京本(旧称庚辰本)、脂晋本(旧称甲辰本)、脂戚本(原称有正本)、脂蒙本(亦称脂府本)、脂亚本(即前苏联亚洲人民研究列宁格勒分所藏抄本)、脂靖本(亦称靖藏本)、脂宁本(亦称戚宁本)、脂舒本(原称己酉本)等。俞平伯编有《脂砚斋红楼梦辑评》。

蒋士铨著《空谷香》传奇成。

袁栋的杂剧集《玉田乐府》刊行。

钱大昕著《三统历术》4卷成书。

按:《清史稿·钱大昕传》曰:"大昕于中、西两法,剖析无遗。用以观史,自《太初》、《三统》、《四分》,中至《大衍》,下迄《授时》,朔望薄蚀,凌犯进退,抉摘无遗。汉《三统术》为七十子家之权舆,讹文奥义,无能正之者。大昕衍之,据班《志》以阐刘歆之说,裁《志》文之讹,二千年已绝之学,昭然若发蒙。"

赵学敏著《医林集腋》16卷、《养素图传信方》6卷成书,有自序。

薛雪著《医经原旨》6卷刊行。

张朝晋卒(1672—)。朝晋字莘皋，晚号北湖，浙江海宁人。康熙二十二年诸生。张履祥私淑弟子。曾刊行张履祥著作，并照顾其后人。著有《省克录》、《六有斋札记》、《闻丧杂录》等。事迹见钱泰吉《张先生朝晋事状》(《碑传集》卷一二九)。张京颜编有《先府君北湖公年谱》。

李重华卒(1682—)。重华字实君，号玉洲，江苏吴江人。雍正二年进士，官翰林院编修。著有《贞一斋诗说》1卷、《贞一斋集》等。

窦容邃卒(1683—)。容邃字闻子，号樗邨，河南柘城人。窦克勤子。康熙四十四年举人，官兵部主事。后归主朱阳书院讲席近40年。著有《孝经管窥》、《二思编》、《敬义堂集》等。事迹见《清史列传》卷六六。

顾琮卒(1685—)。琮字用方，伊尔根觉罗氏，满洲镶黄旗人。以监生录入算学馆。累官东河总督。著有《静廉堂诗文集》。事迹见《清史稿》卷三一〇、《清史列传》卷一六、雷鋐《记混同顾公琮事》(《碑传集》卷七〇)。

蒋恭棐卒(1690—)。恭棐字维御，一字迪吉，江苏长洲人。康熙六十年进士，改翰林院庶吉士，散馆，授编修。充《玉牒》、《大清会典》、《五朝国史》馆纂修官。告归后主讲扬州安定书院。藏书数千卷，皆手加评语。著有《西原草堂集》。事迹见《清史列传》卷七一、李桓《国朝耆献类征初编》卷一二五。

吴敬梓卒(1701—)。敬梓字敏轩，一字文木，号粒民，又号秦淮寓客，晚号文木老人，安徽全椒人。诸生。安徽巡抚曾欲荐其应博学鸿词试，以病不赴。著有《儒林外史》55回、《诗说》7卷、《文木山房集》5卷、诗7卷等。事迹见李桓《国朝耆献类征初编》卷四三五、程晋芳《文木先生传》(《勉行堂文集》卷六)。胡适编有《吴敬梓年谱》。

陈廷庆(—1813)、伊秉绶(—1815)、杨芳灿(—1816)、杨凤苞(—1816)、李赓芸(—1817)、王学浩(—1832)、叶廷甲(—1832)、张敦仁(—1834)、松筠(—1835)生。

乾隆二十年　乙亥　1755年

英国—奥地利联盟结束。
莫斯科大学成立。

正月二十二日丙申(3月4日)，停止今年经筵，嗣后每年先期具奏请旨。

三月十三日丙戌(4月23日)，乾隆帝于南苑旧衙门行宫召见大学士、九卿、翰詹科道，宣谕原内阁学士、学政胡中藻诗集《坚磨生诗钞》中"悖逆之词"累牍连篇，命大学士等逐节严审定拟具奏(《清高宗实录》卷四八四)。

四月十一日甲寅（5月21日），大学士等题请胡中藻应照大逆律凌迟处死，家属缘坐；张泰开应拟斩立决。乾隆帝命将胡中藻斩决，家属免缘坐，张泰开免罪，鄂昌俟另审。又以鄂尔泰"酿成恶逆"，命撤出贤良祠。

按：《清史稿·鄂尔泰传》曰："二十年，内阁学士胡中藻以诗辞悖逆获罪，中藻出鄂尔泰门下，鄂尔泰从子甘肃巡抚鄂昌与唱和，并坐谴。上追咎鄂尔泰植党，命撤出贤良祠。"《清史稿·张泰开传》曰："二十年，内阁学士胡中藻为诗谤朝政，坐诛，泰开为诗序，授刻，部议夺官治罪，上特宥之，仍在上书房行走。寻复授编修。"《清史稿·裘曰修传》曰："裘曰修，字叔度，江西新建人。乾隆四年进士，改庶吉士。自编修五迁至侍郎，历兵、吏、户诸部。胡中藻以赋诗讪上罪殊死，事未发，曰修漏言于乡人。上诘曰修，不敢承，逮所与言者质实，上谓'曰修面欺。'二十年五月，下部议夺职，左授右中允。"《清史稿·鄂昌传》曰："内阁学士胡中藻著《坚磨生集》，文辞险怪，上指诗中语讪上，坐悖逆诛。中藻故鄂尔泰门人，鄂昌与唱和。上命夺职，逮至京师下狱。大学士九卿会鞫，籍其家，得所著《塞上吟》，语怨望；又闻鄂容安从军，辄云'奈何奈何'，上责以失满洲踊跃行师旧俗。又得与大学士史贻直书稿，知贻直为其子奕簪请托，上为罢贻直。谕：'鄂昌负恩党逆，罪当肆市。但尚能知罪，又于贻直请托状直承无讳，朕得以明正官常，从宽赐自尽。'中藻，江西新建人。乾隆元年进士。上举其诗有曰'又降一世'，曰'亦天之子'，曰'与一世争在丑夷'，无虑数十事，语悖慢；又有'西林第一门'语，斥其攀援门户，恬不知耻。因及鄂尔泰及张廷玉秉政，各有引援，朋分角立。谓：'如鄂尔泰犹在，当治其植党之罪。'命罢贤良祠祀。"

六月初一日癸卯（7月9日），以平定准噶尔部告祭太庙，遣官告祭天地社稷，先师孔子。

九月，程鍫《秋水诗抄》案发。

十二月，杨淮震投献《霹雳神策》案发。

是年，河北承德普宁寺大乘阁内的千手观音建成，是为中国现存最大的木雕佛。

戴震仍在京师避难，始治《方言》。

钱大昕推荐戴震助秦蕙田编纂《五礼通考》；同时戴震又受聘为纪昀家塾师，纪昀为戴震刊刻《考工记图》。

按：钱大昕《戴东原传》曰："性介特，多与物忤，落落不自得。年三十余策蹇至京师，困于逆旅，饘粥几不继，人皆目为狂生。一日携其所著书过予斋，谈论竟日，既去，予目送之，叹曰：'天下奇才也！'时金匮秦文恭公蕙田兼理算学，求精于推步者，予辄举先生名，秦公大喜，即日命驾访之，延主其邸，与讲观象授时之旨，以为闻所未闻，秦公撰《五礼通考》，往往采其说焉。高邮王文肃公安国，亦延至先生家塾，令其子念孙师之。一时馆阁通人，河间纪太史昀、嘉定王编修鸣盛、青浦王舍人昶、大兴朱太史筠，先后与先生定交，于是海外皆知有戴先生矣。"（《戴震全书》卷七附）

又按：刘师培《近儒学术统系论》曰："及戴氏施教燕京，而其学益远被。声音、训诂之学传于金坛段玉裁，而高邮王念孙所得尤精，典章制度之学传于兴化任大椿。而李惇、刘台拱、汪中均与念孙同里，台拱治宋学，上探朱、王之传，中兼治词章，杂治史籍，及从念孙游，始专意说经。顾凤苞与大椿同里，备闻其学，以授其子凤毛。焦循少从凤毛游，时凌廷堪亦居扬州，与循友善，继治数学，与汪莱切磋尤深。阮元之学亦得之焦循、凌廷堪，继从戴门弟子游，故所学均宗戴氏，以知新为主，不惑于陈

意大利化学家塞巴斯蒂安·门吉尼研究樟脑在动物身上的作用。

言,然兼治校勘、金石。"(《中国近三百年学术史论》)

戴震有《与方晞原书》。

按：段玉裁《戴东原先生年谱》乾隆二十年(1755)乙亥条记载："又有《与方晞原书》,大旨谓：文章必求其本。求其本更有所谓大本。大本既得矣,然后曰：'是道也,非艺也。'则凡马、班、韩、柳诸君子毕力以求其本者,固又待大本以为荣悴者也。圣人之道在六经,以圣人之道被诸文,如造化之终始万物也。"

戴震有《与姚孝廉姬传书》,与姚鼐论治学方法。

按：戴震在信中曰："凡仆所以寻求于遗经,惧圣人之绪言暗汶于后世也。然寻求而获,有十分之见,有未至十分之见。所谓十分之见,必征之古而靡不条贯,合诸道而不留余议,巨细必究,本末兼察。若夫依于传闻以拟其是,择于众说以裁其优,出于空言以定其论,据于孤证以信其通,虽溯流可以知源,不目睹源泉所导,循根可以达,不手披枝肄所歧,皆未至十分之见也。以此治经,失不知为不知之意,而徒增一惑,以滋识者之辨之也。"(《戴震文集》卷九)

钱大昕致书王昶,讨论经学和历法。

按：钱大昕《与王德甫书一》曰："入春来,屡辱手书,知执事比来研覃六艺,斐然有作。于《易》、《书》,则欲采摭儒先之训,撰《集传》一书;于《春秋》,则欲成《十志》。《十志》之体例,仿历代史志为之,抑另有新意否？近顾震沧司业《大事表》,于地理、官制、氏族诸门,考证精博,卓乎可传。至天文、朔闰、五礼,则似无所得。朔闰固仿杜氏《长历》,推校经传日月,不求合天。然汉唐以来,历术数十家,其推步气朔之术具存,一为考其异同,不更善欤？《五礼》只钞撮经文,而《三传》之文有关典礼者,概未及录,亦为疏略。执事《十志》之作,定当力矫其失,不知何时告成,得赐一读耶？《周易》李氏《集解》,搜罗荀、虞之说最多,古法尚未尽亡。松崖征君《周易述》,摧陷廓侵,独明绝学,谈汉学者无出其右矣。《尚书》逸古文虽亡,然马、郑诸家之传注,至唐犹存,今则惟存梅氏一家。大约经学要在以经证经,以先秦、两汉之书证经。其训诂则参之《说文》、《方言》、《释名》,而宋元以后无稽之言,置之不道。反复推校,求其会通,故曰必通全经而后可通一经。若徒搜采旧说,荟为一编,尚非第一义也。拙著《三统历术》于前月脱稿,执事前有手教,谕以此书体例事宜,已敬书之座右。……至历法古疏今密,不特《太初》、《三统》不能无差,即邢台《授时》之法,今亦不无小差。此非究心点线面体之算,及崇正西洋历书,及本朝《钦定历象考成》,未易窥其藩篱,亦非专书不能明,弟尚有志而未逮也。"(陈文和《潜研堂文集补编》)

全祖望手定文稿,得50卷,命董秉纯、张昞、卢镐、全藻、蒋学镛抄录。全祖望于三月丧子,成《哭子诗》十首,《瘗子铭》一首,自此遂绝笔。

按：《清史稿·全祖望传》曰："弟子同县蒋学镛,字声始。乾隆三十六年举人。从祖望得闻黄、万学派,学镛尤得史学之传。董秉纯,字小钝。乾隆十八年拔贡,补广西那地州州判,升秦安县知县。全祖望《文内》、《外集》,均秉纯一手编定。"

翁方纲以翰林官会审胡中藻文字狱。

纪昀居虎坊桥给孤寺旁,与王鸣盛寓所仅隔一垣。

江声从惠栋学,始得读所著《古文尚书考》及阎若璩《古文尚书疏证》,为以后著《尚书集注音疏》奠定了基础。

按：徐世昌《清儒学案》曰："清代自阎百诗《古文尚书疏证》、惠定宇《古文尚书考》出,乃于其作伪之迹、剽窃之原,发明无遗。艮庭受学于惠氏,又为之刊正经文,疏明古注,论者谓其足补阎、惠所未及。"江藩《国朝汉学师承记》曰：江声"读《尚书》,

怪古文与今文不类,又怪《孔传》庸劣,且甚支离,安国所为不应若此。年三十五,师事同郡通儒惠松崖征君,得读所著《古文尚书考》及阎若璩《古文疏证》,乃知古文及《孔传》皆晋时人伪作。于是集汉儒之说以注二十九篇,汉注不备,则旁考他书,精研故训,成《尚书集注音疏》十二卷。……先生出而集大成,岂非伏、孔、马、郑之功臣乎!"

程晋芳入都后,始取《左传》注疏,反复研读。凡杜元凯之注,孔颖达之疏及贾、服遗文,散见他书,未及收录者,皆采为补葺其著。

按：程晋芳《正学论四》曰："古之学者日以智,今之学者日以愚。古之学者由音释训诂之微,渐臻于诗书礼乐广大高明之域;今之学者琐琐章句,至老死不休。……海内儒家,昌言汉学者几四十年矣。其大旨谓,唐以前书皆尺珠寸璧,无一不可贵。由唐以推之汉,由汉以溯之周秦,而《九经》、《史》、《汉》,注疏为之根本,宋以后可置勿论也。呜呼！为宋学者未尝弃汉唐也,为汉学者独可弃宋元以降乎？"(《勉行堂文集》卷一)袁枚《答惠定宇书》亦曰："足下与吴门诸士厌宋儒空虚,故倡汉学以矫之,意良是也。第不知宋学有弊,汉学更有弊。宋偏于形而上者,故心性之说近玄虚;汉偏于形而下者,故笺注之说多附会。"(《小仓山房文集》卷一八)

汪由敦充《平定准噶尔方略》总裁。

毕沅于关中扶持书院,以作育人才。

按：史善长编《弇山毕公年谱》曰："公器量闳深,惟以维持风教、激扬士类为己任,天下翕然归之。关中旧有书院,为冯恭定先生讲学地。公莅任后,谘访明师,必取博通今古、品行方正者主之。妙选俊髦,潜心教学,共相观摩。后与司道按月轮课,亲赴书院,详加甲乙。并饬各府州县书院,皆实心延访通人,其姓名、籍贯及更换、开馆日期,具报抚藩衙门察核,兼责成本道访查,有不称职者更之,以收实效、励人才。奏入,谕各省建立书院处皆仿之。"

王元启任道南书院山长。

牛运震主讲河东书院。

王又朴等捐修天津三取书院。

沈廷芳在吴门与陈黄中商讨史学。

程廷祚先后两次致书江苏学政雷鋐,论汉、宋儒经学得失。

按：程廷祚《再上雷公论宋儒书》曰："宋儒说经,以义理胜汉儒,而时有过当,至于指事征实,尤多疏落。天生诸子,以绍邹鲁之传,若以经学方之汉人,谓之互有短长可也。或以绍真传为当尊,而过信其说经,或以说经为未当,而訾议之无所不至。二者非陋则妄,皆君子所未敢出也,前书论之详矣。……窃谓当日者,诸先生不以先天谈《易》,不以太极论学,而惟恪守先圣相传之遗矩,则大中至正,允有攸归矣。乃自元、明以下,知尊宋儒而不得其道,未能息心静气,求诸经义,以会通其说,失与汉代之守专门无异。经学所以尚多晦塞,圣学亦多影响皮肤之见,不能直揭底蕴,以与天下共游于康庄,皆职是故。甚可惜也！"(《青溪集》卷一〇)

史震林在淮安任教授九年后,本年解职。

彭绍升在昆山应童试,得钞本顾炎武集,文多通行刻本中所无。

卢见曾应约为秦蕙田辑《五礼通考》作序。

按：卢见曾《五礼通考序》曰："往余读徐东海先生《读礼通考》,叹其兼综百代,折衷尽善,有助于礼教甚大,而病其未全。通籍后,同年顾君震沧,问学渊博,尤邃于经。乾隆丙辰,余为两淮运使,延之教子。曾为余言,少时尝欲钩贯《六经》,作《周官联》一书未就。余亟赞之曰：子速成之，吾为任剞劂之费。会余罢去，而顾君有《春秋》之纂述，遂不果为。迨余赐环，而顾君年已老矣，疑五礼不复得睹全书，深以为憾。乙亥冬，今大司寇味经秦先生，辱示《五礼通考》全书，增徐氏吉、军、宾、嘉四礼，而丧礼补其未备。苞括百氏，裁剪众说，举二十二史之记载，悉以《周礼》、《仪礼》提其纲。上自朝廷之制作，下逮诸经之议论，靡不搜抉爬隐，州次部居，令读者一览易晓。至是而世之有志礼教者，始畅然满志而无遗憾矣。"（《五礼通考》卷首）

卢见曾三月三日在扬州第一次举行修禊虹桥活动，有金农、郑燮等参与。后一月，又与名流二十余人，集红桥观芍药，金农有诗先成。

周煌受命偕侍讲全魁册封琉球国王尚穆。寻迁右中允，再迁侍讲。

劳潼中举人。

吴易峰时任安徽太湖知县，建熙湖书院。

梅云程时任安徽砀山县知县，建安阳书院。

靳荣藩时任河北蔚州知州，就县城书院街李氏义学创建文蔚书院，有率性、修道、诚心、正义、崇志、广业六斋，设山长一名，靳荣藩、顾我鲁、江振基、董友筠曾先后主院。

张花甲时任安徽霍山知县，就义学建衡山书院。

韩琮时任福建建宁县知县，建瀍川书院。

曹钥时任福建漳平知县，建东山书院。

王其华时任河南温县知县，建卜里书院。

杨潮观时任河南固始知县，建临淮书院。

屈宜伸时任湖南沅陵知县，建崇文书院。

张勋在广东潮阳县建贵山书院。

曹鹏翙时任广东和平知县，将五云书院改建为龙溪书院。

戴琪时任广东五华知县，建金山书院。

金绅时任广东阳山知县，建培风书院。

岑宜栋时任广西土田州知州，建化成书院。

李云龙时任贵州织金知州，建平阳书院。

俄国东正教大司祭何·尤马托夫来华传教，1771年离华。

塞缪尔·约翰逊编纂成《英语词典》。

本杰明·富兰克林发表《对人类增殖、人口稠密国家的观察》。

弗朗西斯·哈奇森著成《道德哲学体系》。

伊曼努埃尔·康德写成博士论文

汪烜著《易经如话》13卷刊行，有自序。

傅恒等奉敕撰《周易述义》10卷。

按：《四库全书总目提要》曰："《御纂周易述义》十卷，乾隆二十年奉敕撰。凡《卦爻》四卷，《彖传》一卷，《象传》二卷，《系辞传》二卷，《文言传》、《说卦传》、《序卦传》、《杂卦传》共一卷。以多推阐御纂《周易折中》之蕴，故赐名曰《述义》。所解皆融会群言，撷取精要，不条列姓名，亦不驳辨得失，而随文诠释，简括宏深。大旨以切于实用为本，……诚为根据先儒，阐明经义。盖汉《易》之不可训者在于杂以谶纬，推衍礼祥，至其象数之学，则去古未远，授受具有端绪。故王弼不取汉《易》，而解'七日来复'，不能不仍用'六日七分'之说。朱子亦不取汉《易》，而解'羝羊触藩'，亦不能不仍用互《兑》之义，岂非理有不可易欤！诸臣仰承指授，于宋《易》、汉《易》酌取其平，探羲、文之奥蕴，以决王、郑之是非。千古《易》学，可自此更无异议矣。"

傅恒等奉敕撰《钦定诗义折中》20卷。

按：是书能融会众说，阐明经义，为研究《诗经》经义的参考著作。《四库全书总目提要》曰："《钦定诗义折中》二十卷，乾隆二十年皇上御纂。镕铸众说，演阐经义，体例与《周易述义》同。训释多参稽古义，大旨亦同。盖我圣祖仁皇帝《钦定诗经汇纂》，于《集传》之外，多附录旧说，实昭千古之至公。我皇上几暇研经，洞周奥窔，于汉以来诸儒之论，无不衡量得失，镜别异同。伏读《御制七十二侯诗》中《虹始见》一篇，有'晦翁旧解我疑生'句，句下御注，于《诗集传》所释'蝃蝀'之义，详为辨证。并于所释《郑风》诸篇概作淫诗者，亦根据毛、郑订正其讹。反复一二百言，益足见圣圣相承，心源如一。是以诸臣恭承彝训，编校是书。分章多准康成，征事率从《小序》，使孔门大义，上溯渊源，卜氏旧传，远承端绪。因《钦定诗经》以树义，即因《御纂周易》以立名。作述之隆，后先辉耀。经术昌明，洵无过于昭代者矣。"

敕纂《钦定翻译五经》、《钦定翻译四书集注》始编。

郭兆奎著《心图书经知新》8卷成书，有自序。

戴震著《周礼太史正岁年解》、《周髀北极璿玑四游解》。

马驷著《仪礼易读》17卷刊行。

牛运震著《论语随笔》17卷成书。

程廷祚始著《论语说》。

朱彝尊著《经义考》300卷补刻刊行毕，朱稻孙作跋，卢见曾有识语。

按：朱稻孙《跋》曰："昔先大父尝以近日谈经者局守一家之言，致先儒遗编失传者十九，因效鄱阳马氏《经籍考》之例而推广之，著《经义考》三百卷。分存、佚、阙、未见四门，自御注、敕撰以迄自序，为类凡三十种。又欲为《补遗》二卷。草稿粗定，即以次付梓。其宣讲、立学、家学、自序四种以及《补遗》，属草未具，不幸遘疾，校刻迨半，鸿业未终。呜呼！惜哉！先是岁乙酉，圣祖仁皇帝南巡，先大父以《易》、《书》二种进呈乙览。天子嘉之，奉旨留在南书房，谕令速速刻完。特赐'研经博物'四大字匾额。儒臣隆遇，于时罕俪。自先大父赍志以殁，稻孙餬口四方，矢怀莫遂，惟谨笥遗稿，未之敢离。雍正甲寅，得交巘谷马君于维扬，君好古博雅，笃于友谊，欣然约同志，欲为我先人成此未竟之业。中有所格，不果。越二十年，岁甲戌，德州卢公重掌江南鹾政。稻孙谒公于邘上，公一见，即询及《经义考》。因具陈颠末，公为叹息者久之，遂首捐清俸为同志倡，还以其事属诸马君。君由是与令弟半查尽发二酉之藏，偕钱塘陈君授衣、仪征江君宾谷、元和惠君定宇、华亭沈君学子，相为参校。而稻孙仍率次子昌凉、长孙休承暨从孙婿同里金蓉，共襄厥事。既逾年而剞劂乃竣，计一百三十卷，合前所刻一百六十七卷成完书。信乎！书之显晦，与夫行世之迟速，固有天焉。"（《经义考》卷首）

徐文靖著《经言拾遗》14卷刊行。

徐文靖辑《皇极经世考》3卷刊行。

陈黄中著《宋史稿》170卷成书。

王光燮纂《鸡泽县志》20卷刊行。

陈金俊纂修《乐亭县志》14卷刊行。

杨善庆修，田懋纂《阳城县志》16卷刊行。

聂焘纂修《镇安县志》10卷刊行。

汪绎辰纂《银川小志》成书。

《衡量力量的真正标准》。

J.J.温克尔曼著成《论希腊作品》。

约瑟夫·布莱克著成《对氧化镁、生石灰及其他碱性物质的试验》。

吴慎纂修《丰润县志》8卷刊行。

钱鋆修，田茂建纂《蕲州志》20卷。

蒋光祖修，姚之琅纂《邓州志》24卷刊行。

邵世昌修，柴揆纂《濮州志》6卷刊行。

徐汝瓒修，杜昆纂《汲县志》14卷刊行。

郑炳修，凌元驹纂《始兴县志》16卷刊行。

顾奎光修，李湧纂《泸溪县志》24卷刊行。

王廷栋修，钱人麟纂《泾县志》10卷刊行。

潘世仁修，王麟征纂《阜阳县志》20卷刊行。

高植修纂《德化县志》16卷刊行。

蒋有道修，聂师焕纂《瑞昌县志》22卷刊行。

彭居仁修，魏小嵩纂《太平县志》12卷刊行。

王继祖修，夏之蓉等纂《直隶重州志》22卷刊行。

石文成增修《平江县志》25卷刊行。

李如柏修，黄德厚纂《崖州志》10卷刊行。

顾旭明修，唐廷梁纂《怀集县志》10卷刊行。

凌鱼、黄文理修，朱有斐、李宗纂《桂阳县志》13卷刊行。

顾槛据旧本重刻唐陆龟蒙著《笠泽丛书》，称碧云堂本。

许清奇著《楚辞订注》4卷刊行。

方观承辑方氏家集《述本堂诗集》18种刊行。

吴敬梓著《文木山房诗集》由王又曾刊行。

朱筠著《笥河文集》16卷刊行。

刘伯川著《独学斋文集》4卷刊行。

刘伯梁著《鸿斋文集》3卷、《补遗》1卷刊行。

刘青莲著《七一轩稿》6卷、《七一轩诗抄》2卷刊行。

按：刘青莲字华岳，一字藕船，河南襄城人。刘宗泗之子。康熙时岁贡生。精于经学，与弟青芝筑"七一轩"，切磋经义大旨。所著《学礼阙疑》8卷，对元代陈澔的《礼记集说》多有补正。另有《古今孝友传》、《藕船题跋》、《续一乡雅言》等。

刘青霞著《慎独轩文集》8卷刊行。

刘宗泗著《抱膝庐文集》6卷刊行。

刘宗洙著《天佣馆遗稿》2卷刊行。

张梦喈著《塔射园遗稿》6卷刊行。

桑调元著《闵峤集》2卷、《衡山集》5卷成书，有自序。

商盘定所著为《西清琐语》。

卢见曾辑《金石三例》3种15卷刊行，有自序。

按：卢见曾《刻金石三例序》曰："文章无义例，惟碑碣之制，则备载姓氏、爵里、世系，以及功烈、德望、子女、卒葬之类，近于史家，如《春秋》之有五十凡，故例尚焉。碑碣兴于汉魏，迄唐宋以下，而例则断自韩子。元潘苍崖创为《金石例》十卷，制器之楷式，为文之矩蠖，靡不毕具。明初，王止仲又撰《墓铭举例》四卷，兼韩子以下十五家，条分缕析，例之正变，推而愈广。本朝黄梨洲，以潘书未著为例之义与坏例之始，作《金石要例》一卷，用补苍崖之阙。合三书而金石之例始赅。囊病时贤碑碣，叙次失宜，烦简靡当，盖未尝于前人体制一为省录尔。兹故汇刻以行世，俾后之君子，晓然于金石之文，不异史家发凡言例，亦《春秋》之支与流裔。触类而长之，庶乎知所从事矣。苍崖，吾乡济南人；止仲，吴中北郭十子之一；梨洲为忠端公子，渔洋重推之。三君者，学问、文章皆有根柢，其所论著，足为程式。刻既成，为序其大略如此。"（《雅雨堂文集》卷一）

胡文英著《吴下方言考》12卷成书。

按：胡文英字质余，号绳崖，江苏武进人。是书为中国第一部吴方言词汇著作，记录常州、无锡、苏州等地的方言词语993条，是清代方言学"分类考字派"的代表作品。

丁序贤著《问奇集》刊行。

李鱓、郑燮、李方膺共作《岁寒三友图》。

金农、郑燮、袁枚等为李方膺作《墨梅卷》题辞。

黄慎作《古楂秋鹰图》。

颜希源作、王翙绘《百美新咏》4卷刊行。

丁宜曾著《农圃便览》刊行。

钱大昕将《三统历术》改名为《三统术衍》3卷、《三统术钤》1卷，并作序。

戴震著《勾股割圆记》成书。

法国作家伏尔泰改写元杂剧《赵氏孤儿》为《中国孤儿》，在欧洲颇有影响。

英国别尔门脱编《新编中国装饰纹样集》在伦敦出版。

张廷玉卒（1672— ）。廷玉字衡臣，号研斋，安徽桐城人。张英次子。康熙三十九年进士，五十九年擢刑部侍郎。雍正年间为大学士兼军机大臣，时军机处初创，其规制乃廷玉所定。曾任《明史》总裁，并监修《圣祖仁皇帝实录》、《会典》、《治河方略》、《皇清文颖》、《世宗宪皇帝实录》、《玉牒》、《三礼》、《明史纲目》等。乾隆十四年削伯爵，以大学士原衔致仕。卒于家，乾隆帝命仍遵雍正遗诏，配享太庙，赐谥文和。著有《澄怀园全集》25卷等。事迹见《清史稿》卷二八八、《清史列传》卷一四、李桓《国朝耆献类征初编》卷一四、蔡冠洛《清代七百名人传》第一编、汪由敦《光禄大夫太保兼太子太保保和殿大学士致仕谥文和桐城张公廷玉墓志铭》（《碑传集》卷二二）。张廷玉自编有《澄怀主人自订年谱》。

按：终清之世，汉大臣配享太庙，惟张廷玉一人而已。汪由敦《桐城张公廷玉墓志铭》曰：张廷玉"典领机要，朝廷大制作，多出公手。修三朝实录、玉牒、会典、《明史》诸书，皆为总裁。先后典试事，自康熙丙戌迄乾隆丁巳，与分校者三，主顺天乡试者一，主会试者三。廷试朝考，皆公首为阅择，一以公慎将之"（《碑传集》卷二二）。

刘青芝卒（1675— ）。青芝字芳草，号实夫，晚号江村山人，河南襄城人。雍正五年进士，改翰林院庶吉士，旋引疾归，遂不复出。著有《周礼质疑》5卷、《尚书辨疑》1卷、《史记纪疑》2卷、《史汉异同是非》4卷、《拟明代人物志》10卷、《古今孝友传补遗》3卷、《学诗阙疑》2卷、《江村山人未定稿》6卷、《闰余稿》6卷、《江村随笔》10卷等。又与刘青莲共著《古氾城志》10卷。事迹见李桓《国朝耆献类征初编》卷一二三、张庚《刘青芝传》（《强恕斋文钞》卷二）。

程梦星卒（1679— ）。梦星字午桥，一字伍乔，号香溪，又号茗柯、杏溪，江苏江都人。康熙五十一年进士，官翰林院编修。著有《今有堂诗集》6卷、《茗柯词》1卷及《重订李义山诗集笺注》2卷、《江都县志》20卷、《两淮盐法志》17卷、《平山堂小志》12卷等。事迹见李桓《国朝耆献类征》卷一二四。

吴廷华卒（1682— ）。廷华字中林，号东壁，浙江仁和人。康熙五十三年举人，由内阁中书出为福州府海防同知。乾隆初，参与修撰《三礼义疏》，在馆十年，详审同异，多所订正。著有《仪礼章句》17卷、《周礼疑义》44卷、《仪礼疑义》50卷、《礼记疑义》72卷、《东壁书庄集》等。事迹见《清史列传》卷六八、李桓《国朝耆献类征初编》卷二五二、沈廷芳《朝议大夫吴先生廷华行状》（《碑传集》卷一〇二）。

李锴卒（1686— ）。锴字铁君，号眉山，又号豸青山人、幽求子、焦明子，辽东铁岭人。李辉祖子。乾隆元年举博学鸿词，未中选。著有《春秋通义》18卷、《尚史》107卷、《原易》3卷、《睫巢诗文集》20卷等。事迹见《清史稿》卷四八五、《清史列传》卷七一、震钧辑《国朝书人辑略》卷四、陈梓《李眉山生圹志》（《碑传集补》卷四五）。

马曰琯卒（1688— ）。曰琯字秋玉，号嶰谷，安徽祁门人，原籍江苏江都。与弟马曰璐同以诗名，时称"扬州二马"。藏书极富，四库开馆，曾进书七百余种，优诏奖赏《古今图书集成》一部。曾刻印《经义考》、《渔阳感旧集》、《许氏说文》、《玉篇》、《广韵》、《字鉴》等书，校勘精核，装帧精美，世称"马版"。又与诗人陈章、程梦星等结"邗江诗社"。好结交名士，杭世骏、全祖望、符曾、陈撰、厉鹗、金农、陈章、姚世钰，皆馆其家。著有《沙河逸老集》10卷。其弟曰璐，字佩兮，号半槎，一作半查。著有《丛书楼书目》、《南斋集》6卷、《韩柳年谱》等。事迹见《清史列传》卷七一、李桓《国朝耆献类征初编》卷四三五、杭世骏《候补主事马君墓志铭》（《道古堂文集》卷四三）。

按：丛书楼是马氏兄弟的藏书楼，全祖望为之撰《丛书楼记》曰："其居之南有小玲珑山馆，园亭明瑟，而岿然高出者，聚书楼也。迤叠十万余卷。予南北往还，道出此间，苟有宿留，未尝不借其书，而嶰谷相见寒暄之外，必问近来得未见之书几何，其有闻而未得者几何，随予所答，辄记其目，或借钞，或转购，穷年兀兀，不以为疲。其得异书，则必出以示予。席上满斟碧山朱氏银槎，侑以佳果，得予论定一语，即浮白相向。方予官于京师，从馆中得见《永乐大典》万册，惊喜，贻书告之。半查即来问写人当得多少，其值若干，从臾予甚锐。予甫为钞宋人《周礼》诸种而遽罢官。归途过之，则属予钞天一阁所藏遗籍，盖其嗜书之笃如此。百年以来，海内聚书之有名者，昆山徐氏、新城王氏、秀水朱氏其尤也。今以马氏昆弟所有，几几过之。"（《鲒埼亭集外编》卷一七）

谢济世卒(1689—)。济世字石霖,号梅庄,广西全州人。康熙五十一年进士,授检讨。雍正四年,经大学士张廷玉保举,以检讨授御史,因介入李绂、田文镜互参案,遣戍阿尔泰军前,旋又以私注经书,几罹不测。乾隆御极,召还谢济世,复御史,不久出为湖南道员,未几以老病休致。著有《大学注》、《中庸疏》等,乾隆六年奉旨销毁;《梅庄杂著》一书后因牵入齐周华案,亦查出销毁。事迹见《清史稿》卷二九三、《清史列传》卷七五、谢庭瑜《诰授奉政大夫掌山东道监察御史湖南盐驿长宝道按察司副使谢公济世小传》(《碑传集》卷八三)。

李葂卒(1691—)。葂字啸村,安徽怀宁人。乾隆初荐举博学鸿词,未遇。工诗,善山水,兼精翎毛花卉。尝至扬州寓贺园,为卢见曾画《虹桥揽胜图》,著名于时。为"扬州八怪"之一。卒后,卢见曾为整理遗稿,选近体诗为《啸村近体诗选》3卷。事迹见上海人民出版社2001年出版的《扬州八怪传记丛书》之《风尘未归客:边寿民、陈撰、杨法、李葂、闵贞合传》。

按:李葂于返乡途中逝世,卢见曾深为悲痛,于是将亡友的诗编辑刊刻,成《啸村近体诗》3卷,并为之作序。赵慎畛《榆巢杂识》上卷《卢雅雨培植后进》曰:"卢雅雨培植后进。李葂以诸生善诗,为先生所赏,延至署中。及葂卒,先生归其丧于家,为置千金产,以育其妻子焉。后沈归愚宗伯选葂诗入《别裁集》,皆先生之力也。然则先生之孙无不中进士者,不亦宜乎?"

全祖望卒(1705—)。祖望字绍衣,号谢山,亦自署鲒埼亭长、双韭氏、双韭山民、孤山社小泉翁、勾曲山人、子全子,学者称谢山先生,浙江鄞县人。乾隆元年进士。初为翰林,旋受权贵排斥,辞官归家,专心著述。学问兼经学、史才、词科三者,尤精考据。尝七校《水经注》,三笺《困学纪闻》20卷,又续修黄宗羲《宋元学案》100卷。著有《鲒埼亭文集》38卷、《鲒埼亭集外编》50卷、《经史问答》10卷、《读易别录》3卷、《鲒埼亭诗集》10卷、《汉书地理志稽疑》6卷、《句余土音》2卷等。辑有《续甬上耆旧诗》70卷、《国朝甬上耆旧诗》40卷。今有上海古籍出版社2000年出版的朱铸禹校注本《全祖望集汇校集注》。事迹见《清史稿》卷四八一、《清史列传》卷六八、蔡冠洛《清代七百名人传》第四编。董秉纯编有《全谢山年谱》,蒋天枢编有《全谢山先生年谱》,王永健有《全祖望评传》。

按:徐世昌《清儒学案》曰:"谢山为学,私淑南雷,精治经史,博极群书,尤熟于明事,凡永乐靖难忠贤,珰祸东林始末,唐、桂遗闻,皆能抉其隐微。平生留意乡邦文献,于明季里人之死难者,必为之辨证征实,作碑志铭传以存其人。数百年来,浙东学派以重根底,尚志节为主,南雷开其先,万氏继之,全氏又继之,风气绵延,迄今弗替,其效远矣。"《清史稿》本传曰:"祖望为学,渊博无涯涘,于书无不贯串。在翰林,与绂共借《永乐大典》读之,每日各尽二十卷。时开《明史》馆,复为书六通移之,先论艺文,次论表,次论忠义、隐逸两列传,皆以其言为是。生平服膺黄宗羲,宗羲表章明季忠节诸人,祖望益广修扮社掌故、桑海遗闻以益之,详尽而核实,可当续史。宗羲《宋元学案》甫创草藁,祖望博采诸书为之补辑,编成百卷。又七校《水经注》,三笺《困学纪闻》,皆见其汲古之深。又答弟子董秉纯、张炳、蒋学镛、卢镐等所问经史疑义,录为《经史问答》十卷。仪征阮元尝谓经学、史才、词科三者得一足传,而祖望兼之。其《经史问答》,实足以继古贤,启后学,与顾炎武《日知录》相垺。"

盛世佐卒(1718—)。世佐字庸三，浙江秀水人。乾隆十三年进士，官贵州龙里知县。深于经学，精于《仪礼》。曾辑先秦至清注解《仪礼》者197家，成《仪礼集编》40卷。又以杨复《仪礼图》虽久行于世，然时有失却注疏之意，故一一是正。事迹见《清史稿》卷四八一、《清史列传》卷六八、李桓《国朝耆献类征初编》卷二四三。

按：《清史列传》本传曰："撰《仪礼集编》四十卷，集古今使《礼》者一百九十七家，而断以己意，持论谨严，无空腹高谈、轻排郑、贾之锢习。又杨复《仪礼图》久行于世，然其说本注疏，而时有并注疏之意失之者，世佐亦一一是正，至于诸家谬误，辨之尤详焉。余姚卢文弨著《仪礼详校》，颇采其说。"

余鹏翀（ —1782）、戴衢亨（ —1811）、张海鹏（ —1816）、王芑孙（ —1817）、吴鼒（ —1821）、温汝适（ —1821）、吴卓信（ —1823）、张士元（ —1824）、王宗炎（ —1826）、曹振镛（ —1835）生。

乾隆二十一年　丙子　1756 年

英国和普鲁士签署《威斯敏斯特条约》。

英法七年战争开始。

正月十九日丁亥（2月18日），朱思藻吊时案发。

按：两江总督尹继善、江苏巡抚庄有恭折奏称：常熟县朱思藻因上年九月地方被灾，米粮昂贵，意谓地方官未必禀详，不能邀赈恤，是以将《四书》成语凑集成文，以泄伤时之意。请旨将朱思藻即行正法。朱思藻著从宽免死，发往黑龙江，交该将军严行管束（《清高宗实录》卷五〇五）。

二月初六日甲辰（3月6日），再举仲春经筵，乾隆帝首次对朱熹《四书章句集注》提出质疑。

按：满汉直讲官分别进讲《中庸章句》第二十一章，重申朱子解说。乾隆帝一改早年推崇朱子学说的做法，对《中庸章句》及《朱子语类》提出异议，认为"朱子谓与天命谓性、修道谓教二字不同，予以为政无不同耳"（《清高宗实录》卷五〇六）。自此至乾隆六十年（1795），在32次经筵讲学中，乾隆帝明显向朱子提出的质疑竟有17次之多。

三月初一日己巳（3月31日），乾隆帝至曲阜，展谒先师孔子庙。翌日诣先师庙释奠，诣孔林。初三日回銮。

四月初九日丙午（5月7日），山东刘德照字帖案发。

六月十三日己酉（7月9日），《大清会典》前于乾隆十二年奉旨纂修，至是告成。

闰九月十三日戊申（11月5日），御史范棫士奏称：本年顺天乡试南人冒捐北监入试者尤甚，御史陈庆升又奏：本科乡试南人冒顺天籍学分由北贝中式者颇多，请严行查办。乾隆帝命大学士会同九卿将范、陈二折一并议奏。寻议：嗣后如再有南人冒捐北监及冒入北贝者，查出即斥革。

十一月初八日辛丑(12月28日),更定乡、会试三场篇目。

钱大昕、纪昀奉命随乾隆帝至热河,修《热河志》。途中,和御制诗进呈,获上嘉奖。由是有"南钱北纪"之目。参与者尚有汪由敦、裘曰修、董邦达等。

王鸣盛、梁同书充顺天乡试同考官。

戴震在京,主礼部尚书王安国家塾,教其子王念孙。冬,翰林院编修卢文弨示其外祖冯景著《淮南子洪保》于戴震,戴震作《读淮南洪保》一篇。

按:《清史稿·王念孙传》曰:"初从休宁戴震受声音文字训诂,其于经,熟于汉学之门户,手编《诗三百篇》、《九经》、《楚辞》之韵,分古音为二十一部。于支、脂、之三部之分,段玉裁《六书音均表》亦见及此;其分至、祭、盍、辑为四部,则段书所未及也。念孙以段书先出,遂辍作。"

邵齐焘罢归后主讲常州龙城书院,黄景仁、洪亮吉曾从之受学。

程晋芳携阎若璩《尚书古文疏证》至金陵访程廷祚,廷祚读阎书,深为叹赏,并撰《尚书古文疏证辨》。

程廷祚、黄慎、郑燮、王文治等9人在扬州聚会,郑燮因画九畹兰花以贻程廷祚。

王昶入卢见曾幕府,时惠栋、沈大成均在卢氏幕府。王昶与沈大成手抄惠栋所著书,并加以校正;又为卢氏撰《红桥小志》。

刘墉充广西乡试正考官,寻提督安徽学政。

庄存与充浙江乡试正考官,寻提督直隶学政。

梁国治充广东乡试正考官。

牛运震主讲少陵书院。

盛百二中举人,官山东淄川知县。

按: 盛百二字秦川,浙江秀水人。晚居山东,主讲山枣、藁城书院十余年,多有成就。著有《尚书释天》、《周礼句解》、《问水漫录》4卷、《增订教稼书》2卷、《柚堂笔谈》4卷、《柚堂续笔谈》3卷、《柚堂文存》4卷、《皆山阁吟稿》4卷等。事迹见《清史列传》卷六八。

李鱓寓扬州天宁寺,作花鸟画。

叶英弃学籍,改业学习评话。

庄行恭时任山西孝义知县,改义学房舍为中阳书院,因故未竣事。

马璨、杜枢、王锡典、郭桓等在山西壶关筹资兴建尚友书院,因故未建成,后任知县陈诚续成,更名壶林书院。

孔广棣时任河北永年知县,重修漳川书院,更名为紫山书院,有修道堂、聚奎楼、精舍及成德、达材二斋。

徐必显时任福建宁德县丞,建初晴书院。

沈廷标时任江西萍乡知县,建鳌洲书院。

胡翼时任湖北天门知县,建平江书院。

宋焕时任湖北竹溪知县,建五峰书院。

钟人文时任湖南桑植知县,建澧源书院。

陶金谐时任湖南溆浦县知县，建卢峰书院。

彭科时任广东中山知县，建东山书院。

胡立铸时任广西新宁州知州，建吉阳书院。

石崇先时任广西陆川知县，建三峰书院。

李文琰时任广西庆远府知府，于宜山县建庆阳书院。

胡整时任四川江油知县，重建青莲书院。

王承爔时任四川乐至知县，建天池书院。

丁涟时任四川垫江知县，建凌云书院。

托马斯·伯切编著《伦敦皇家社会史》。

埃德蒙·伯克著成《人类崇高及优美观念的起源》。

米拉波著成《人类之友或人口条约》。

伏尔泰完成其著作《路易十四时代》。

汪绂著《易经铨义定本》15卷成书。

张叙著《诗贯》17卷刊行。

江永著《乡党图考》10卷刊行，有自序。

诸锦著《绛跗阁经说三种》刊行。

敕纂《钦定大清通礼》50卷成书。

按：《四库全书总目提要》曰："《钦定大清通礼》五十卷，乾隆元年奉敕撰，越二十一年告成，首纪朝庙大典，及钦颁仪式。其余五礼之序，悉准《周官》，而体例则依仿《仪礼》。惟载贵贱之等差，节目之先后，而不及其沿革；惟载器物之名数，陈设之方隅，而不及其形制。盖沿革具于《会典则例》，形制具于《礼器图式》，各有明文，足质考证，故不复述也。考《仪礼》古经残阙，诸儒所说，多自士礼上推于天子。且古今异制，后世断不能行。其一朝令典，今有传本者，惟《开元礼》、《政和五礼新仪》、《大金集礼》、《明集礼》。大抵意求详悉，转涉繁芜。以备掌故则有余，不能尽见诸施行也。我皇上声律身度，典制修明。特命酌定此编，愚为令甲。自朝廷以迄于士庶，鸿纲细目，具有规程。事求其合宜，不拘泥于成规。法求其可守，不夸饰以浮文。与前代礼书铺陈掌故，不切实用者迥殊。《记》曰'礼从宜'，又曰'大礼必简'。三代圣王，纳民轨物，其本义不过如斯。赐名曰《通礼》，信乎酌于古今而达于上下，为亿万年治世之范矣。"是书在道光初年又曾重修。

徐毅辑，王又曾参订，吴宁校正《律例汇考》10卷成书。

刘统勋等奉敕纂《钦定皇舆西域图志》52卷。

按：《四库全书总目提要》曰："《钦定皇舆西域图志》五十二卷，乾隆二十一年奉敕撰。乾隆二十七年创成初稿。嗣以贶章日辟，规制益详，进呈御览之时，随事训示，复增定为今本。首四卷为天章。我皇上平定西域，题咏至多，地势兵机，皆包罗融贯。惟恭录统论西师全局者，弁冕简端。其因地纪事即物抒怀者，则仍分载于各门。次图考三卷，自幅员所届以及符节所通，共新图二十有一。又附历代旧图十有二。古今互校，益昭圣朝拓宇之功。次列表二卷，上起秦、汉，下迄元、明，以明国土之分合、建置之沿革。次晷度二卷，川陆之迂回，道里之远近，多不足据，惟以日景定北极之高度，以中星验右界之偏度，为得其真，古法所谓飞鸟图也。次疆域十二卷，分为四路：一曰安西南路，嘉峪关外州县隶焉；一曰安西北路，哈密至镇西府迪化州隶焉；一曰天山北路，库尔喀喇乌苏至塔尔巴哈台、伊犁隶焉；一曰天山南路，辟展至和阗诸回部隶焉。次山四卷。次水五卷。玉门以外，连峰垒嶂，巨浸洪流，往往延袤千百里，不可以割属一地，故各以山水为类也。次官制二卷。次兵防一卷，台站附焉。次屯政二卷，户口附焉。次贡赋、钱法、学校各一卷。次封爵二卷，皆长驾远驭之睿略,揆文奋武之鸿模也。次风俗、音乐各一卷,服物二卷,土产一卷,皆如地志之例。惟音乐一门为创体,以其隶在协律,备禁侏兜离之数故也。次藩属三卷,皆奉朝朝贡之国梯航新达者。次杂录二卷。以琐闻轶事终焉。记流沙以外者,自《史记·大宛列传》、《汉书·西域列传》始详。而异域传闻,讹谬亦复不少。至法显、玄奘之所记,附会佛典,更多属子虚。盖龙沙、葱雪,道里迢遥,非前代兵力所能至。即或偶涉其地,而终弗能有。故记载者依稀影响,无由核其实也。……故诏辑是编,足以补前朝舆记之遗,而正历代史书之误。"

　　李登明等纂《曹州府志》22卷刊行。
　　黄宽纂修《平利县志》4卷刊行。
　　伊侃修,邹云城纂《直隶深州总志》20卷刊行。
　　伊侃、范森修,谈有典纂《肃宁县志》10卷刊行。
　　罗以桂、王楷修等纂《祁州志》8卷刊行。
　　谢客家修《玉田县志》10卷刊行。
　　钟和梅纂修《临榆县志》14卷刊行。
　　张万青修纂《章邱县志》13卷刊行。
　　袁中立修,毛贽纂《黄县志》12卷刊行。
　　储日升修纂《东明县志》8卷刊行。
　　刘世宁修,方桼如纂《淳安县志》16卷刊行。
　　吴士进修,胡书源等纂《严州府志》35卷刊行。
　　李琬修,齐召南、汪沆纂《温州府志》30卷刊行。
　　曹师圣修纂《德安县志》15卷刊行。
　　吴会川修,何炳奎纂《彭泽县志》16卷刊行。
　　郭永缙修,曹河昆、曹天瑾纂《湖口县志》18卷刊行。
　　焦陈锡修,赵继序、章瑞钟纂《绩溪县志》10卷刊行。
　　姚文光修,周宣猷等纂《建昌府志》100卷刊行。
　　申发祥修,廖恒纂《吉水县志》36卷刊行。
　　沈均安修,黄世成、冯渠纂《赣县志》34卷刊行。
　　顾人骥、潘廷仪等修,沈成国纂《上杭县志》12卷刊行。
　　吴乔龄修,李栋纂《获嘉县志》16卷刊行。
　　薛秉时修,沈元寅纂《黄梅县志》12卷刊行。
　　林翼向修,蒲又洪纂《来凤县志》12卷刊行。
　　杨文植、姜顺修,杨河、储早纂《宜章县志》13卷刊行。
　　吕正音修,欧阳正焕纂《湘潭县志》25卷刊行。
　　席芬修,周思仁纂《武冈州志》10卷刊行。
　　楚士元修纂《长宁县志》10卷刊行。
　　王炯纂修《邯郸县志》12卷刊行。
　　李云龙修,刘再向纂《平远州志》16卷刊行。
　　孙元相修,赵淳纂《琅盐井志》4卷刊行。
　　黄克显修纂《岳池县志》8卷刊行。
　　黄大本修纂《荣县志》4卷刊行。

李仲良修，李苾平纂《平南县志》8卷刊行。

傅圣修纂《镇安府志》8卷刊行。

刘启江修，李东绍纂《信宜县志》13卷刊行。

胡南藩修，欧阳达纂《浔州府志》50卷刊行。

周尚质修，李登明、谢冠纂《曹州府志》22卷刊行。

周春著《代北姓谱》2卷成书，有自序及周莲序。

许重炎编《先大人愧庵先生（许昌国）年谱》1卷刊行。

九江濂溪书院刊《周子全书》，附董榕多编《周子年谱》1卷。

赵学敏著《囊露集》4卷成书，有自序。

桑调元著《恒山集》7卷成书，有自序。

马曰琯著《摄山游草》刊行。

乔于洞著《思居堂集》13卷刊行。

杨端本著《潼水阁文集》8卷、《潼水阁诗集》4卷、补遗2卷刊行。

华纲著《字类标韵》6卷成书，有自序。

李清馥辑《榕村谱录合考》2卷刊行。

按：李光地的年谱，此前已有其嫡孙李清植所辑的《李文贞公年谱》，李清馥加以重修，目的是对旧谱作增损。此谱对于了解和评价李光地所谓"卖友"、"夺情"两案，有所帮助。李清馥字根侯，安溪人。李光地孙。官至广平知府。著有《闽中理学渊源考》92卷。《四库全书总目提要》曰："是编本曰《闽中师友渊源考》，故序文、凡例尚称旧名。此本题《理学渊源考》，盖后来所改。序作于草创之时，成编以后，复有增入也。宋儒讲学，盛于二程，其门人游、杨、吕、谢号为高足。而杨时一派，由罗从彦、李侗而及朱子，辗转授受，多在闽中。故清馥所述，断自杨时。而分别支流，下迄明末。凡某派传几人，某人又分为某派，四五百年之中，寻端竟委，若昭穆谱牒，秩然有序。其中家学相承，以及友而不师者，亦皆并列，以明其学所自来。其例每人各为小传，传末各注所据之书，并以语录文集有关论学之语摘录于后，考据颇为详核。"他著尚有《闽学志略》17卷、《清溪李氏世学考》、《道南讲授》、《温陵学略》等。

邹一桂奉敕画洋菊36种，辑为《小山画谱》2卷。

按：《四库全书总目提要》曰："是编皆论画花卉法，上卷首列八法、四知。八法者：一曰章法，二曰笔法，三曰墨法，四曰设色法，五曰点染法，六曰烘晕法，七曰树石法，八曰苔衬法，皆酌取前人微论。四知者：一曰知天，二曰知地，三曰知人，四曰知物，则前人所未及也。次为各花分别，凡一百十五种，各详花叶形色，次取用颜色，凡十一条，各详其制炼之法。下卷首摘录古人画说，参以己意，凡四十三条，附以胶矾纸绢画？画笔用水诸法，而终之以《洋菊谱》，盖一桂于乾隆丙子闰九月，承诏画内廷洋菊三十六种，蒙皇上赐题，因恭纪花之名品形状，撰为兹谱，以志荣遇。时《画谱》已刊成，因附于末。一桂为恽氏之甥，所画花卉，得恽寿平之传。是编篇帙虽简，然多其心得之语也。"有《借月山房汇抄》本、《粤雅堂丛书》本。

卢见曾辑《雅雨堂丛书》11种128卷刊行。

按：该丛书刊行得惠栋、沈大成等相助，计有《李氏易传》、《郑氏周易》、《尚书大传》、《郑司农集》、《周易乾鉴度》等，有刻序。

徐文靖卒（1667— ）。文靖字容尊，号位山，安徽当涂人。雍正元年举人。乾隆初举博学鸿词不遇。十五年，荐举经学，次年会试，特授检讨。著有《经言拾遗》14卷、《竹书纪年统笺》12卷、《周易拾遗》14卷、《禹贡锥指会笺》14卷、《皇极经世考》、《管城硕记》30卷、《山河两戒考》14卷、《天文考略》1卷等。事迹见《清史稿》卷四八五、《清史列传》卷六八、李桓《国朝耆献类征初编》卷一二七。

　　按：《清史稿》本传曰："文靖务古学，无所不窥。著述甚富，皆援据经史。"支伟成曰："平居好寻究舆图方志，以胡渭《禹贡锥指》虽著闻于一时，容有疏略之处，为作《会笺》十四卷，期补正其缺失，颇多可取。又为《山河两戒考》十四卷，使与《会笺》相辅。且旁探《山海经》、《竹书纪年》，以考见古史地之源流沿革。于《竹书》，别成《统笺》十二卷，援引繁富，卢文弨序而行之。治经，初取汉魏诸家《易》说证朱子《本义》，作《周易拾遗》。嗣复推诸群经，成《经言拾遗》十四卷。其抄诗礼经论及考辨子史说部，成《管城硕记》三十卷。全谢山先生称其精博。"（《清代朴学大师列传·徐文靖》）

　　魏廷珍卒（1669—　）。廷珍字君璧，直隶景州人。少为李光地所知。康熙四十四年举于乡，李光地荐入内廷，与王兰生、梅毂成校对《乐律渊源》诸书。五十二年进士及第，授编修。历官日讲起居注官、侍读、典试江南、詹事、内阁学士等，官至工部尚书。谥文简。著有《课忠堂诗抄》等。事迹见《清史稿》卷二九〇、《清史列传》卷一五、李桓《国朝耆献类征初编》卷七一、蔡冠洛《清代七百名人传》第一编。

　　黄叔琳卒（1672—　）。叔琳字昆圃，顺天大兴人。学者称壮平先生。康熙三十年进士，授编修。历山东学政、太常寺卿、内阁学士、吏部侍郎、浙江巡抚等。家富藏书。著有《夏小正传注》1卷、《周礼节训》6卷、《砚北易钞》12卷、《诗统说》32卷、《宋元春秋解提要》、《史通训诂补注》20卷、《文心雕龙辑注》10卷、《砚北杂录》、《颜氏家训节抄》、《养素堂诗文集》等。事迹见《清史稿》卷二九〇、《清史列传》卷一四、李桓《国朝耆献类征初编》卷六四、陈兆崙《詹事府詹事加侍郎衔刑部右侍郎黄公叔琳墓志铭》、戈涛《黄昆圃先生传》（均见《碑传集》卷六九）。顾镇编有《黄昆圃先生年谱》。

　　按：戈涛《黄昆圃先生传》曰："先生善识天下才俊。方望溪为诸生时来谒，一见称莫逆交。凡望溪所著《周礼》、《春秋》之学，皆与先生往复指画，无少间。他如周大璋、顾进又数十人，或不惮千里，或不问岁时，亲炙就正。则其学之及人远矣。生平著述有《砚北易钞》，阐发河、洛精蕴；《诗经统说》，折衷群说之异同；《夏小正传注》、《史通训诂补注》、《文心雕龙辑注》、《颜氏家训节抄》、《砚北杂录》……有功儒林，岂小补哉！"（《碑传集》卷六九）《清史稿》本传曰："叔琳富藏书，与方苞友。苞治诸经，叔琳皆与商榷。"

　　张庚卒（1681—　）。庚原名焘，字浦山，又字公之于，号瓜田逸史，晚号弥伽居士，浙江嘉兴人。乾隆元年以布衣举博学鸿词。善画，又精研《文选》和《史记》、《汉书》等典籍。所作山水画，气韵深厚。著有《五经臆》2卷、《通鉴纲目释地纠谬》6卷、《太极一气流行图说》1卷、《国朝画征录》3卷、《张恕斋诗文集》10卷、《瓜田词》1卷、《题跋》2卷、《画图指意识》2

卷、《十九首解》1卷、《罔极草》6卷《蜀南纪行略》3卷等。事迹见《清史稿》卷五〇四、《清史列传》卷七一、李桓《国朝耆献类征初编》卷四三三、盛百二《张征君庚墓志铭》(《碑传集》卷一四〇)。

华嵒卒(1682—　)。嵒原字德嵩,改字秋岳,号新罗山人、布衣生、戎衣生、小东门客、东园生、南阳山中樵者、野夫、太素道人、竹间老人,福建上杭人。善绘花鸟,为"扬州八怪"之一。著有《离垢集》5卷、《解弢馆诗集》等。事迹见《清史稿》卷五〇四。

按:《清史稿》本传曰:"画山水、人物、花鸟、草虫无不工,脱去时蹊,力追古法。有时过求超脱,然其率略处,愈不可及。工诗,有《离垢集》,古质清峭。书法脱俗,世称'三绝',可继恽格。"

唐英卒(1682—　)。英字俊公,一字叔子,晚号蜗寄老人,奉天人。雍正时授内务府员外郎。乾隆时,监督窑务十余年,奉敕编《陶冶图》。著有《古柏堂传奇》17种及《陶人新语》。事迹见《清史稿》卷五〇五、李桓《国朝耆献类征初编》卷一四五。

按:唐英在乾隆初调任九江关,复监督窑务,先后在事十余年。《清史稿·艺术传》曰:"明以中官督造,后改巡道,督府佐司其事,清初因之。顺治中,巡抚郎廷佐所督造,精美有名,世称'郎窑'。其后御窑兴工,每命工部或内务府司官往,专任其事。年希尧曾奉使造器甚夥,世称'年窑'。英继其后,任事最久,讲求陶法,于泥土、釉料、坯胎、火候,具有心得,躬自指挥。……英所造者,世称'唐窑'。"唐英还撰有《陶成纪事碑》,奉敕编有《陶冶图》20幅。各附详说,备著工作次第,为后之治陶政者所取法。

赵殿成卒(1683—　)。殿成字武韩,号松谷,浙江仁和人。雍正元年举贤良方正,不就。著有《王右丞集笺注》28卷及《古今年谱》、《群书索隐》、《临民金镜录》。事迹见《清史列传》卷七一、李桓《国朝耆献类征初编》卷三八八、杭世骏《赵殿成墓志铭》(《道古堂文集》卷四四)。

李方膺约卒(1695—　)。方膺字虬仲,号晴江、秋池,江苏通州人。雍正时以诸生保举为合肥令。寓居金陵借园,自号借园主人。常往来扬州卖画以资衣食,肆力于画,为"扬州八怪"之一。有《风竹图》、《游鱼图》、《墨梅图》等传世。著《梅花楼诗钞》。事迹见李桓《国朝耆献类征初编》卷二二九、袁枚《李方膺墓志铭》(《小仓山房文集》卷五)。

按:李方膺卒年说法不一,据《宋元明清书画家年表》载,李方膺在1755年尚在作画,仅说时年六十一,并非卒年。今从此说,待考。

马骕良卒,生年不详。骕良字震卿,安徽桐城人。雍正间诸生,乾隆元年开博学鸿词科,有司欲见而后荐,谢不往。著有《读易录》、《禹贡初辑》、《笔记》等。

石韫玉(　—1837)生。

乾隆二十二年　丁丑　1757年

四月二十日辛巳（6月6日），河南夏邑生员段昌绪收藏吴三桂伪檄案发。

二十六日丁亥（6月12日），乾隆帝回銮圆明园，结束了历时105天的第二次南巡，至五月初七日又迎皇太后銮舆居畅春园。

五月十四日甲辰（6月29日），乾隆帝亲定本科（丁丑科）殿试三鼎甲：状元蔡以台（浙江嘉善人），榜眼梅立本（江南宣城人），探花邹亦孝（江南无锡人）。是科会试正考官尚书刘统勋，副考官侍郎公福、金德瑛。

十五日乙卯（6月30日），御太和殿，传胪，赐一甲蔡以台等3人进士及第，二甲李汪度等70人进士出身，三甲周嘉猷等169人同进士出身。是科奉旨，乡、会试易表判为诗，永著为例。

按：《清史稿·选举志三》曰："二十二年，诏剔旧习、求实效，移经文于二场，罢论、表、判，增五言八韵律诗。"

六月初六日丙寅（7月21日），河南夏邑县生员段昌绪因抄存吴三桂反清檄文，并圈点评赞，降旨处斩，同案司存存、司淑信俱斩监候，秋后处决。原任布政使彭家屏因家藏明末野史《南迁录》、《酌中志》、《潞河纪闻》、《日本乞师记》、《豫变纪略》等，命斩监候，秋后处决。乾隆帝并就此宣谕：传写收藏明末野史，"此实天地鬼神所不容"，此后臣民若有收藏而败露者，随时治以应得之罪。七月十三日癸卯，又查出彭家屏所刻族谱取名《大彭统记》，且遇帝之名字（弘历）皆不阙笔，即赐令自尽（《清高宗实录》卷五三七、卷五三八、卷五四〇、卷五四二）。

按：《东华录》乾隆朝卷八〇曰："明季造野史者甚多，其间……必有抵触本朝之语，正当及此一番查办，尽行销毁。……各省已经进到之书，见交《四库全书》处检查，如有关碍者，即行撤出销毁。"

九月十四日癸卯（10月26日），浙江金华县生员陈邦彦手批清初朱璘所编《纲鉴辑略》一书，浙抚杨廷璋以该书"内有本朝初年尚书明季伪号"，奏请将陈邦彦严惩示儆。帝命将该生从重办理，《纲鉴纪略》遍行查出销毁（《清高宗实录》卷五四六）。

十二月二十六日甲申（1758年2月4日），湖南茶陵州生员陈安兆著有《大学疑思辨断》、《中庸理事断》等书，评驳朱注，多尊崇谢济世之语。湖南巡抚富勒浑以其语多狂谬，批饬藩司速行审拟，并具折奏闻。乾隆帝命此案毋庸再行办理，富勒浑及学政毛辉祖俱著申饬。

钱大昕授翰林院编修。公事之暇，入琉璃厂书肆搜集金石拓本，并用

英国尽逐法国于印度。

石刻文字与史书对勘，考证史事，撰写"跋尾"，后编为《潜研堂金石文字跋尾》。

按：《清史稿·钱大昕传》曰："大昕始以辞章名，沈德潜《吴中七子诗选》，大昕居一。既乃研精经、史，于经义之聚讼难决者，皆能剖析源流。文字、音韵、训诂、天算、地理、氏族、金石以及古人爵里、事实、年齿，了如指掌。古人贤奸是非疑似难明者，典章制度昔人不能明断者，皆有确见。惟不喜二氏书，尝曰：'立德立功立言，吾儒之不朽也。先儒言释氏近于墨，予以为释氏亦终于杨氏为己而已。彼弃父母而学道，是视己重于父母也。'"

戴震自京师南还，在扬州入卢见曾幕，始识惠栋，又与沈大成定交。

按：戴震曰："震自京师南还，始觌先生（惠栋）于扬之都转盐运使司署内。先生执震之手言曰：'昔亡友吴江沈冠云尝语余，休宁有戴某者，相与识之也久。冠云盖实见子所著书。'震方心讶少时未定之见，不知何缘以入沈君目，而憾沈君之已不及觌，益欣幸获觌先生。"（《戴震文集》卷一一《题惠定宇先生授经图》）戴震在卢见曾幕府前后大约四年，曾为卢氏校正《大戴礼记》等。钱穆《中国近三百年学术史》说："今考惠学渊源与戴学不同者，戴学从尊朱述宋起脚，而惠学则自反宋复古而来。顾亭林已言理学之名，自宋始有，古之所谓理学者，经学也。而通经则先识字，识字则先考音，亭林为《音学五书》，大意在据唐以正宋，据古经以正唐，即以复古者为反宋，以经学之训诂破宋明之语录。其风流被三吴，是即吴学之远源也……江浙人物荟萃，典册流播，声气易传，考核易广。清初诸老尚途辙各殊，不数十年间，至苏州惠氏出，而怀疑之精神，变为笃信辨伪之工夫，转尚求真，其还归汉儒者，乃自蔑弃唐宋而然。故以徽学与吴学较，则吴学实为急进，为趋先，走先一步，带有革命之气度。而徽学以地僻风淳，大体仍袭东林遗绪，初志尚在述朱，并不如吴学高瞻远瞩，划分汉宋若冀越之不同道也。"

纪昀庶吉士散馆，授编修，擢詹事府左春坊左庶子，充日讲起居注官。

王鸣盛、卢文弨、梁同书充会试同考官。

毕沅以举人为内阁中书、军机处行走。

朱筠授编修，充方略馆纂修官。

朱珪充日讲起居注官。

段玉裁是年受知于沈德潜。

王昶至江宁，与程廷祚论《易》。

汪由敦为赵翼《瓯北初集》作序。

顾栋高在乾隆南巡时受召试，赐祭酒衔，并得御书"传经耆硕"四字。

刘统勋充会试正考官。

蒋士铨中进士，改翰林院庶吉士，散馆，授编修。

彭元瑞中进士，改翰林院庶吉士，散馆，授编修，直懋勤殿。

罗有高至宁化，受《易》于雷鋐。

卢见曾、张庚、朱稻孙、金农、陈撰、张四科、王藻、沈大成、陈章、董元度、惠栋、江昱等泛舟红桥，集江氏林亭观荷花，分韵作诗。

按：这是有史以来规模最大的一次修禊活动，有七千余名士参加，成诗三百余卷。

纪昭、陈兰森中进士。

程大中中进士,官教谕。

按：程大中字拳时,号是庵,山东历城人。治学精于《四书》,著有《四书逸笺》6卷及《在山堂集》等。《四库全书总目提要》评《四书逸笺》曰："是编采辑诸书之文与《四书》相发明者,或《集注》所已引而语有舛误,或《集注》所未发而义可参订,皆为之笺其出处。其与《集注》小异者,则为《附录》。其它书中所载四子书文与今本异者,则为《附记》。第六卷则专考《四书》人物遗事。又杂事数十条,别为《杂记》,援据颇极详明。"

周煌出使琉球国还,奏上《琉球国志略》16卷,命以武英殿聚珍板印行。

欧阳正焕时任岳麓书院山长,书"整齐严肃"为院训。

李衡时任河北定县知县,创建燕平书院于东街,并购书千余卷,以备阅览。

徐景熹在福州建嵩山书院。

张耀璧时任山东高青县知县,建长乐书院。

杨大昆时任河南宜阳知县,建锦屏书院。

蒋廷镛时任河南渑池知县,以文中书院改建韶山书院。

金忠济时任河南遂平知县,建吴房书院。

陈于宣时任湖南洪江知县,建雄溪书院。

张天如时任湖南花垣同知,建绥吉书院。

范时纪等在广州建越华书院。

程余庆时任四川广元知县,建临江书院,又名葱岭书院。

江世春时任四川高县知县,建文江书院。

应士龙时任四川南川知县,建隆化书院。

李自洁时任贵州凤冈知县,建龙泉书院。

方桂时任云南建水知府,将崇正书院增建为崇文书院。

梁作则时任陕西洋县知县,建定淳书院。

牛运震著《周易解》、《春秋传》约成于本年。

戴震作《大戴礼记目录后语》。

吴廷华著《仪礼章句》17卷刊行。

按：《四库全书总目提要》曰："其书以张尔岐《仪礼句读》过于墨守郑《注》,王文清《仪礼分节句读》以句读为主,笺注失之太略,因折衷先儒,以补二书所未及。每篇之中,分其节次。每节之内,析其句读。其训释多本郑、贾笺疏,亦间采他说,附案以发明之,于《丧礼》尤为详审。……然其章分句释,笺疏明简,于经学固不为无补也。"

程廷祚复改订所著《论语说》。

汪绂著《儒先晤语》成2卷,又著《读困知记》2卷,有自序。

戴震为卢见曾纂《金山志》成书。

孔广棣纂修《永年县志》44卷刊行。

杜灏纂修《沙河县志》10卷刊行。

燕臣仁修,张杰纂《仙安县志》30卷刊行。

理查德·普赖斯发表《谈道德观念中的原则问题》。

王者辅原本,张志奇续修,黄可润续纂《宣化府志》42卷刊行。

顾弼等修,贾瀛纂《崞县志》8卷刊行。

麻廷璥纂修《新乐县志》20卷刊行。

史进爵修,郭廷选纂《续编路南州志》4卷刊行。

王唐珠修,朱景英纂《沅州府志》50卷刊行。

陈钟理修,杨茂论纂《湘阴县志》32卷刊行。

陈宏谋修,范咸、欧阳正焕纂《湖南通志》174卷刊行。

叶仰高修,施廷枢纂《荆州府志》58卷刊行。

吴映白修,李谟纂《修武县志》20卷刊行。

文兆奭修,杨喜荣、王楷纂《辉县志》12卷刊行。

庄成修,沈钟、李畴纂《安溪县志》12卷刊行。

杜昌丁修,黄任、黄惠纂《永春州志》35卷刊行。

高泽叙等续修,段彩续纂《雩都县志》14卷刊行。

俞云耕修,潘继善纂《婺源县志》39卷刊行。

朱肇基修,陆纶纂《太平府志》44卷刊行。

朱成阿等修,史应贵等纂《铜陵县志》14卷刊行。

宋景关纂《乍浦志》6卷刊行。

叶承立修纂《富川县志》12卷刊行。

张赓谟等修纂《四川保宁府广元县志》13卷刊行。

张凤翥修纂《彭山县志》7卷刊行。

陈觐光修,杨尔式、甘文林纂《邻水县志》4卷刊行。

赵沁修,田榕纂《玉屏县志》10卷刊行。

李希贤修,潘遇莘等纂《沂州府志》36卷刊行。

杨锡绂著《节妇传》15卷成书,有自序。

王应奎著《柳南续笔》4卷成书,有自序。

张庚著《强恕斋文钞》5卷成书,有自序。

惠栋据徐夔旧注本增注王士禛诗为《渔洋山人精华录训纂》10卷刊行,卢见曾作序。

王鸣盛辑《宋文鉴》80卷。

周春辑《辽诗话》1卷成;数年后增订为2卷,沈德潜为之作序。

李茹旻著《二水楼文集》20卷、《二水楼诗集》18卷刊行。

沈廷芳著《隐拙斋诗集》32卷刊行。

宋景关辑《乍川文献》7种刊行。

江永著《律吕阐微》10卷成书。

按:《四库全书总目提要》曰:"是书引圣祖仁皇帝《论乐》五条为《皇言定声》一卷,冠全书之首。而御制《律吕正义》五卷,永实未之见,故于西人五线、六名、八形号、三迟速,多不能解。其作书大旨,则以明郑世子载堉为宗。惟方圆、周径用密率起算,则与之微异。载堉之书,后人多未得其意,或妄加评骘。今考载堉命黄钟为一尺者,假一尺以起勾股开方之率,非于九寸之管有所益也。其言黄钟之律长九寸,纵黍为分之九寸也,寸皆九分,凡八十一分,是为律本。黄钟之度长十寸,横黍为分之十寸也,寸皆十分,凡百分,是为度母。纵黍之律,横黍之度,名数虽异,分剂实同。语最明晰,而昧者犹执九寸以辨之,不亦惑乎!……永于载堉之书,疏通证明,具有条理,而以蕤宾倍律之率生夹钟一法,又能补原书所未备。惟其于开平方得南吕之法,知以四率比例解之,而开立方得应钟法,则未能得其立法之根而畅言之。盖连比例四率之理,一率自乘,用四率再乘之,与二率自乘、再乘之数等。今以黄正为首率,应倍为二率,无倍为三率,南倍为四率,则黄正自乘,又以南倍乘之,开立方即得二率,为应钟倍律之率也。其实载堉之意,欲使仲吕返生黄钟,故以黄正为首率,黄倍为末率。依十二律长短之次,列十三率,则应钟为二率,南吕为四率,蕤宾为七率也。其乘、除、开平方、立方等术,皆连比例相求之理,而特以方圆、勾股之说隐其立法之根,故永有所不觉耳。"

纪昀著《沈氏四声考》2卷成书,有自序。

汪启淑编《飞鸿堂印谱》40卷成书,吴省钦题诗。

按:全书辑录编者所藏清代篆刻作品四千余印,多属闲章。收集较广,可概见当时篆刻风格及其演变情况。

吴逸绘编《古歙山川图》1卷刊行。

徐大椿著《医学源流论》2卷成书,有自序。

按:《四库全书总目提要》曰:"其大纲凡七:曰经络曰脏腑、曰脉、曰病、曰药、曰治法、曰书论、曰古今。分子目九十有三。持论多精凿有据。如谓病之名有万,而脉之象不过数十种,是必以望、闻、问三者参之。又如病同人异之辨,兼证兼病之别,亡阴亡阳之分,病有不愈不死,有虽愈必死,又有药误不即死,药性有今古变迁,《内经》司天运气之说不可泥,针灸之法失传。其说皆可取。而《人参论》一篇,《涉猎医书论》一篇,尤深切著明。至于有欲救俗医之弊而矫枉过直者,有求胜古人之心而大言失实者,故其论病则自岐、黄以外,秦越人亦不免诋排。其论方则自张机《金匮要略》、《伤寒论》之外,孙思邈、刘守真、李杲、朱震亨皆遭驳诘,于医学中殆同毛奇龄之说经。然其切中庸医之弊者,不可废也。"

英国皇家建筑师契巴斯所著《中国的建筑、家具、服装、器物的设计》一书在伦敦出版。

按:约在1757年至1763年间,契巴斯为英国皇家设计了中国式的邱园,其中建造了中国式的小建筑和八角十层的中国式塔。

阿克敦卒(1685—)。阿克敦字冲和,一字立恒,号恒岩,本籍满洲正蓝旗人,赐入正白旗。康熙四十八年进士,授编修。官至刑部尚书,加太子少保。卒谥文勤。多次充乡试、会试考官及文武殿试读卷官。又充《四朝国史》馆、《大清会典》馆、《八旗通志》馆、《大清一统志》馆等副总裁,总领书局,为一代儒宗。著有《德荫堂集》16卷。事迹见《清史稿》卷三〇三、《清史列传》卷一六、李桓《国朝耆献类征初编》卷一七、王昶《太子太保协办大学士刑部尚书文勤公阿克敦行状》(《碑传集》卷二六)。

王安国卒(1694—)。安国字书成,号春圃,江苏高邮人。王念孙父。雍正二年进士,授编修,历任礼部尚书、吏部尚书等职。曾充《大清一统志》纂修官,《大清会典》总裁官,又兼修《八旗志书》。以经学授子念孙、孙引之,二人以小学名天下,时称"高邮王氏"。事迹见《清史稿》卷三〇

四、《清史列传》卷一七、李桓《国朝耆献类征初编》卷七六、汪由敦《光禄大夫经筵讲官吏部尚书谥文肃王公安国墓志铭》(《碑传集》卷二九)。

按：《清史稿》本传曰："安国初登第，谒大学士朱轼，轼戒之曰：'学人通籍后，惟留得本来面目为难。'安国诵其语终身。至显仕，衣食器用不改于旧。深研经籍，子念孙，孙引之，承其绪，成一家之学，语在《儒林传》。"

格桑嘉措卒（1708—　）。格桑嘉措，四川理塘人。八岁入理塘寺出家。康熙五十八年清廷承认其为第七世达赖喇嘛。次年在布达拉宫举行坐床典礼。乾隆十六年，受命掌管地方政权，黄教的政教合一即从此开始。

按：乾隆帝曾敕谕达赖喇嘛："尔僧乃承佛教之大喇嘛，藏地对振兴黄教，至关重要，朕极挂念安定地方，以利尔僧，故朕特降谕旨，命四川总督策楞，侍郎兆惠、那木扎尔，副都统班第，凡事与尔商办，噶伦班智达年轻，独自一人办理藏务，难以周全，故令彼等与尔僧商酌，议定由藏地大于内，择其晓事安分，为番众所信服者数名，会同班智达办理噶伦事务，以期永无事端。"(《清高宗实录》卷三八二)

林明伦卒（1723—　）。明伦字穆安，一字穆庵，广东始兴人。乾隆十三年进士，改庶吉士，散馆，授编修。著有《学庸通解》2卷、《读书迩言》1卷、《穆庵遗文》1卷等。事迹见《清史列传》卷七五、李桓《国朝耆献类征初编》卷二三六、《碑传集》卷一〇三。

凌廷堪（　—1809）、**陈鹤**（　—1811）、**恽敬**（　—1817）、**谢金銮**（　—1820）、**陈庚焕**（　—1820）、**吴阶**（　—1821）、**郝懿行**（　—1825）、**汪廷珍**（　—1827）生。

乾隆二十三年　戊寅　1758年

普鲁士同俄国在祖恩多夫战。

俄国占领东普鲁士。

普鲁士封锁奥尔缪兹。

英国占领路易斯堡。

二月初三日己未（3月11日），举行仲春经筵。

按：直讲官伍龄安、蒋溥进讲《论语》"博学而笃志，切问而近思，仁在其中矣"三句。讲毕，上宣御论曰："此非四事，盖两事耳。博学而不笃志，则或涉为荒唐，切问而不近思，则或入于无稽。然志也、思也，一心之事耳。仁，人心也。安见笃志近思，而心常驰骛于外者哉！故曰仁在其中。朱注以为未及乎力行而为仁，此或为下学者言。夫笃志近思而不力行，则又安得谓之笃志近思乎？子夏虽文学之科，此言实见道之论。故博学切问，仍文学之事欤！而笃志近思，则心存矣。心存而仁存，是知学问思辨智之事，而智亦仁之事。不然，元何以贯四端而长万善哉？"(《清高宗实录》卷五五六)

二十六日壬午（4月3日），大学士蒋溥、学士庄存与奏请酌裁各省乡试官卷，乾隆帝命大学士、九卿议奏。寻议准官卷大省二十卷取中1名，中省十五卷取中1名，小省十卷取中1名，顺天乡试满蒙汉军照小省例，南北贡监照中省例。

二十八日甲申（4月5日），不准乡试、会试增加《周礼》、《仪礼》二经命题取士。

> **按**：谕曰："御史杨方立奏，请乡会试加增《周礼》、《仪礼》二经命题取士等语。《周礼》、《仪礼》二书，古礼之条系节目，藉以考见。承学之士，原可兼治。若考试专用五经，则行之已久。况二礼所载，其义蕴大半已具于《小戴记》。如《周官》郊庙祭飨诸大典，散见于《礼器》、《郊特牲》等篇。而《仪礼》中《士冠》、《士昏》之类，即有《冠义》、《昏义》等篇为之诠发。是《戴记》原与二礼相通，不虞挂漏。现在立之学官，以一经命题，而末学肤浅，已有与《春秋》并目为孤经者。若再添设二礼，将来考官出题，或仍系《戴记》所有，是又徒成文具耳。盖论穷经，则《三礼》自当兼习，而论作文，则仍不如《戴记》之有文义可以发挥。昔人以为《礼经》义疏，正谓此也。所奏不必行，折发还。"（《清高宗实录》卷五五七）

四月十八日癸酉（5月24日），礼部议准：嗣后生员岁科两试俱增律诗一首。

六月十五日己巳（7月19日），乾隆帝谕示重新删订御制《乐善堂集》。

钱大昕充武英殿纂修官，又充功臣馆纂修官。并奉命参加对法国传教士蒋友仁《地球图说》的翻译文字作润饰，因此结识当时负责钦天监之天算学家何宗国，两人互相研讨。

顾栋高至扬州，以所著《尚书质疑》属王昶考定。

> **按**：《四库全书总目提要》曰：顾栋高"所著《春秋大事表》，最为精密。其注《诗》，亦有可观。惟此一编，较他书为次乘。其例不载经文，亦不训释经义。惟标举疑义，每条撰论一篇，为数凡四十有一。大抵多据理臆断，不甚考证本末。……大抵栋高穷经之功，《春秋》为最，而《书》则用力差少。人各有所短长，不必曲为之讳也"。

王昶旅扬州，连观《桃花扇》、《长生殿》、《西厢记》、《红梨记》诸剧，作《观剧六绝》。

姚鼐始与程晋芳在扬州相识。

蒋士铨以套曲题宜兴陈氏所藏陈其年《填词图》。

卢文弨升翰林院侍读。是年有《与程致堂（以道）进士书》，为戴震申辩。

> **按**：卢文弨在信中曰："贵乡戴东原兄，仆重其学问，与之定交，今闻其因祖坟事，与贤从兄将生嫌隙，此固戴氏不肖子孙为之，然其群子姓中，尚少有人心者，自不容见其先世百余年藏魄之所，一旦受侵削，震惊之患，亦漠然袖手缄口不一计较，此在常情尚不出此，况于贤者？在贵族初买之时，必不知为戴氏祖坟之地，今则已知之矣。卜地以葬，求其安吾亲也，今如所卜之地，恐吾先人亦将不安。夫利他人有不肖之子孙而吾得乘其间而取之，使吾亦有如是之子孙而人亦得乘其间而夺之，一彼一此，其情有异乎？否乎？贤者爱其亲以及人之亲，其必不肯陵人之亲以为孝也明矣。今之堪舆家，动以福利啗人，仆素不明此，然第以理观之，人方衔哀茹痛，积怨含怒，不量其力之不敌，而必欲起而为难，以求伸其为人子孙之志，事倘不济，而怨毒之气愈不能平，是在我方欲求福，乃反以之招怨而犯怒，讦讼由之而起，衅雠由之而深，恐亦非贵族之利也。年兄天属相关，诚宜及早调处，如其昭然远见，举地相让，以安两家之先灵，此其于仁、智、孝、慈之道，兼备无憾。戴氏子孙，宜何如感激也。若其势万不能已，亦慎无相逼太甚，期于两安而已。年兄亦度其所能行者，而尽诚以相告

乔治·华盛顿和约翰·福布斯占领杜肯堡，后更名为匹兹堡。

杰德迪亚·斯特拉特发明出织作长筒袜的棱纹机器。

焉。譬之启窆而遇水石虫蚁之害,亦将不改卜乎？吾之为此言,诚私于戴君,然自年兄言之,则亦可谓忠于贵族矣。贮望复示。"(《抱经堂文集》卷一八)

　　李文藻以济南教授,奉檄监理泺源书院。

　　刘星炜在扬州安定书院掌教,严长明、鲍之钟等从之学。

　　洪亮吉、彭绍升、赵怀玉始学为诗。

　　芮泰元时任昌平知州,将元代兴建、明代已毁的谏议书院重建为燕平书院。

　　董元度为潞河书院院长,办学有方,一时称盛。

　　陆汉赤在浙江鄞县建双井书院。

　　王作霖时任福建永泰知县,建景行书院。

　　何子祥时任督学,于福建云霄县建芦峰书院。

　　田彬时任湖南攸县知县,建黄甲书院。

　　李腾渊时任湖南新宁知县,将青泉书院改建为莲潭书院。

　　杨玉生时任湖南道县知县,建营道书院。

　　吴珣时任湖南泸溪知县,建文峰书院。

　　张安世时任广东恩平知县,建南平书院。

　　文俊时任四川宜宾知县,建东山书院。

　　严遂成时任云南嵩明知州,建嵩阳书院。

　　张克明时署陕西府谷知县,建荣河书院。

埃默里奇·德·瓦特尔著成《国际公法》。

克劳德·阿德里安·爱尔维修发表《论精神》。

　　张圻著《周易理象浅言》10卷刊行。

　　卢见曾刻惠栋遗著《周易述》,有自序。

　　万斯大遗著《经学五书》由卢见曾资助刊行,卢氏有《重刻万充宗先生经学五书序》。

　　按：《经学五书》包括《学礼质疑》4卷、《礼记偶笺》3卷、《仪礼商》2卷、《周官辨非》1卷、《学春秋随笔》10卷。卢氏《重刻万充宗先生经学五书序》曰:"窃惟先生为梨洲黄公入室弟子,故其学皆务实践,覃研经典,务去剿说雷同、傅会穿凿之病。其立说以为,非通诸经则不能通一经,非悟传注之失则不能通经,非以经释经则亦无由悟传注之失。因是由博致精,而深求乎造化之微妙,凡所解驳,悉发前人所未发,出马、郑后千余年,数百家辩论之外。故虽老师宿儒,读其书者无不心折首肯,而信其必传于后无疑也。"(《雅雨堂文集》卷一)

　　程廷祚改订所著《论语说》4卷成书,有自序,凡四易其稿；又始著《尚书通议》,阅三载而成。

　　傅恒等奉敕纂《春秋直解》15卷,乾隆帝作序。

　　按：《四库全书总目提要》曰:"《御纂春秋直解》十五卷,乾隆二十三年奉敕撰。以十二公为十二卷,庄公、僖公、襄公篇页稍繁,各析一子卷,实十五卷。大旨在发明尼山本义,而铲除种种迂曲之说。故赐名曰直解,冠以御制序文,揭胡安国《传》之傅会臆断,以明诰天下,与《钦定春秋传说汇纂》宗旨同符。考班彪之论《春秋》曰:'平易正直,《春秋》之义也。'王充之论《春秋》曰:'《公羊》、《谷梁》之传,日月不具,辄为意使。平常之事有怪异之说,径直之文有曲折之义,非孔子之心。'苏轼之论《春秋》曰:'《春秋》儒者本务,然此书有妙用,儒者罕能领会,多求之绳约中,乃近法家者流,苛细缴绕，竟亦何用！'朱子之论《春秋》亦曰：'圣人作《春秋》，不过直书其事，而善恶自见。'又曰：'《春秋》传例多不可信，圣人纪事安有许多义例。'然则圣经之法戒，本共闻其见，圣人之劝惩，亦易知易从。自啖助、赵匡倡为废传解经之说，使人人各以臆见私相揣度，务为新奇以相胜，而《春秋》以荒。自孙复倡为有贬无褒之说，说《春秋》者必事事求其所以贬，求其所以贬而不得，则锻炼周内以成其罪，而《春秋》益荒。俞汝言《春秋平义序》谓：'传经之失不在于浅，而在于深，《春秋》尤甚。'可谓片言居要矣。是编恭承训示，务斟酌情理之平，以求圣经之微意。凡诸家所说穿凿破碎者，悉斥不采，而笔削大义，愈以炳然。学者恭读御纂《春秋传说汇纂》，以辨订其是非，复恭读是编以融会其精要，《春秋》之学已更无余蕴矣。"有《四库全书》本。

江永著《春秋地理考实》4卷成书，有自序。

按：《四库全书总目提要》曰："是编所列《春秋》山川国邑地名，悉从《经》、《传》之次。凡杜预以下旧说已得者仍之，其未得者始加辨证，皆确指今为何地。俾学者按现在之舆图，即可以验当时列国之疆域及会盟侵伐之迹，悉得其方向道里。意主简明，不事旁摭远引，故名曰《考实》。于名同地异，注家牵合混淆者，辨证尤详。……其订讹补阙，多有可取。虽卷帙不及高士奇《春秋左传地名考》之富，而精核则较胜之矣。"

李治灏修，王应奎等纂《奉贤县志》10卷刊行。

罗文思纂修《续商州志》10卷刊行。

毕宿焘修，张史笔纂《万泉县志》8卷刊行。

张枋修，胡元琢、徐储纂《新修曲沃县志》40卷刊行。

刘文确修，刘永祚、李俨纂《利津县志续编》10卷刊行。

张耀璧纂修《高苑县志》10卷刊行。

王人雄纂修《元氏县志》8卷刊行。

金志章纂、黄可润补订《口北三厅志》16卷刊行。

张思勉修，于始瞻纂《掖县志》8卷刊行。

金鳌修《海宁县志》12卷刊行。

按：金鳌原名登瀛，字晓六，一字伟军，江苏江宁人。道光十四年岁贡生。另著有《湖熟小志》、《重修祈泽寺志》、《金陵志地录》、《鹭藤花馆诗钞》等。

李棠修纂《湖州府志》48卷刊行。

蒋绶修，汪思迥等纂《东流县志》26卷刊行。

汪大经、王恒等修，廖必琦等纂《兴化府莆田县志》36卷刊行。

邵应龙修纂《蕲水县志》24卷刊行。

洪钟、张焕修，黄体德纂《桂东县志》6卷刊行。

罗绅修，张九镡等纂《兴宁县志》12卷刊行。

董朱英修，路元升纂《毕节县志》8卷刊行。

王粤麟修，曹维祺、曹达纂《普安州志》26卷刊行。

郭存庄修纂《白盐井志》4卷刊行。

刘芳修纂《新兴县志》30卷刊行。

姜山修，吕伊纂《阳春县志》14卷刊行。

潘荣陛编纂《帝京岁时纪胜》1卷刊行。

按：是书逐月记述帝京（今北京市）的节日行事，以及与节日有关的饮食。但由于仅记载了名称,其制作方法大多不清楚。

  余萧客辑《文选音义》8卷刊行,有自序。

  按:是书以何焯汲古阁本《文选》为底本进行校勘,诸本异同,参注其下。《自序》称"别旧训之朱紫,备一家之瞽说,未敢谓善注功臣,然校正数十处,补遗数百事,未尝稍乱李氏旧章"。《四库全书总目提要》曰:"此书则罅漏丛生,如出二手。约举其失,凡有数端。一曰引证亡书,不具出典。……一曰本书尚存,转引他籍。……一曰嗜博贪多,不辨真伪。……一曰摭拾旧文,漫无考订。……一曰迭引琐说,繁复矛盾。……一曰见事即引,不究本始。……一曰旁引浮文,苟盈卷帙。……一曰钞撮习见,徒涸简牍。……盖萧客究心经义,词章非所擅长,强赋六合,达才易务,其见短也宜矣。"

  王琦著《李太白诗集注》30卷、《附录》6卷成书,有自序。

  按:《四库全书总目提要》曰:"注李诗者自杨齐贤、萧士赟后,明林兆珂有《李诗钞述注》十六卷,简陋殊甚。胡震亨驳正旧注,作《李诗通》二十一卷。琦以其尚多漏略,乃重为编次、笺释,定为此本。其诗参合诸本,益以逸篇,厘为三十卷,以合曾巩《序》所言之数。别以序志、碑传、赠答题咏、诗文评语、年谱、外纪为《附录》六卷。而缪氏本所谓《考异》一卷,散入文句之下,不另列焉。其注欲补三家之遗阙,故采摭颇富,不免微伤于芜杂。然捃拾残剩,时亦寸有所长。自宋以来,注杜诗者林立,而注李诗者寥寥仅二三本。录而存之,亦足以资考证,是固物少见珍之义也。"

  《御制乐善堂文集定本》30卷成书。

  王昶著《述庵集》成书。

  卢见曾辑《国朝山左诗钞》60卷刊行,有自序。

  王士禛著《渔洋评杜诗话》2卷由翁方纲校刊。

  马曰琯著《沙河逸老小稿》6卷、《嶰谷词》1卷刊行。

  弘瞻著《鸣盛集》4卷、《乐府》1卷刊行。

  王应奎辑《海虞诗苑》18卷刊行。

  朱琰著《词林合璧》12卷成书,有自序。

  张谦宜著《茧斋诗谈》8卷刊行,有自序。

  按:张谦宜字稚松,山东胶州人。康熙五十一年进士。另著有《茧斋诗选》等。

  汪师韩著《上湖纪岁诗编》4卷、《上湖纪岁诗续编》1卷、《分类文编》10卷、《文编补抄》2卷刊行。

  金兆燕著《旗亭记》传奇成。

  按:卢见曾《旗亭记序》曰:"全椒兰皋生(即金兆燕)矜尚风雅,假馆真州,问诗于余。分韵之余,论及唐集异记《旗亭画壁》一事,谓古今来贞奇侠烈逸于正史而收之说部者,不一而足,类皆谱入传奇。双鬟信可儿能令吾党生色,被之管弦当不失雅奏,而惜乎元明以来词人均无之及也!兰皋唯唯而去。经年复游于扬,出所为《旗亭记》全本于箧中。余爱其词之清隽,而病其头绪之繁,按以宫商亦有未尽协者。乃款之于西园,与共商略。"(《雅雨堂文集》卷二)

  刘一明著《西游原旨》100回成书,有自序。

  郑燮作《旧枝新篁图》。

  汪绂著《医林纂要探源》9卷、《读读书录》2卷、《读阴符经》1卷、《读参同契》3卷。

戴震著《勾股割圆记》刊行。

陈撰卒(1678—　)。撰字楞山,号玉几山人,浙江鄞县人。毛奇龄弟子。工诗善画,长期客居扬州和仪征,为"扬州八怪"之一。家有玉几山房,蓄书画最富,精鉴赏。著有《玉几山房吟卷》、《玉几诗集》等。事迹见《清史稿》卷五〇四、《清史列传》卷七一、震钧辑《国朝书人辑略》卷四、李桓《国朝耆献类征初编》卷四三三。

汪由敦卒(1692—　)。由敦字师茗,号谨堂,安徽休宁人。雍正二年进士,改庶吉士。乾隆时官至吏部尚书、军机大臣。卒谥文端。曾参修《明史》,在馆10年,又为《平定金川方略》副总裁、《平定准噶尔方略》总裁。工书法。著有《松泉文集》20卷、《松泉诗集》26卷及《时晴斋法帖》。事迹见《清史稿》卷三〇二、《清史列传》卷一九、李桓《国朝耆献类征初编》卷二二、震钧辑《国朝书人辑略》卷四、蔡冠洛《清代七百名人传》第一编、钱维城《加赠太子太师吏部尚书谥文端汪由敦传》、钱陈群《光禄大夫太子太傅吏部尚书赠太子太师谥文端汪公墓志铭》(均见《碑传集》卷二七)。

按:《清史稿》本传曰:"由敦笃内行,记诵尤淹博,文章典重有体。……其卒也,谕称其'老诚端恪,敏慎安详,学问渊深,文辞雅正',并赋诗悼之。又以由敦善书,命馆臣排次上石,曰《时晴斋法帖》。上赋《怀旧诗》,列五词臣中,称其书比张照云。"

徐铎卒(1693—　)。铎字令民,江苏盐城人。乾隆元年进士,授编修。官至山东布政使。著有《易经提要录》6卷、《书经提要》10卷、《诗经提要录》31卷。事迹见李桓《国朝耆献类征初编》卷一七八。

按:《四库全书总目提要》评《诗经提要录》曰:"是书以朱子《集传》为宗,而亦参取《小序》。大旨多本李光地《诗所》、杨名时《诗经札记》二书。盖铎为名时之门人,名时则光地之门人也。"

胡天游卒(1696—　)。天游一名骙,字稚威,号云持,初姓方,名游,浙江山阴人。乾隆时以副贡应博学鸿词试,因病不终场而出。以骈文著名。著有《石笥山房文集》6卷等。事迹见《清史稿》卷四八五、《清史列传》卷七一、李桓《国朝耆献类征初编》卷四三五、蔡冠洛《清代七百名人传》第五编、朱仕琇《方天游传》(《梅崖居士文集》卷三)。清胡元琢编有《先考稚威府君年谱纪略》。

按:《清史稿》本传曰:"自言古文学韩愈,然往往涩险似刘蜕,非其至也。俪体文自三唐而下,日趋颓靡。清初陈维崧、毛奇龄稍振起之,至天游奥衍入古,遂臻极盛。而邵齐焘、孔广森、洪亮吉辈继起,才力所至,皆足名家。后数十年而有镇洋彭兆荪,以选声炼色胜,名重一时。"

惠栋卒(1697—　)。栋字定宇,号松崖,江苏吴县人。惠士奇次子。乾隆九年乡试被黜,从此绝意进取。十六年诏举经明行修之士,黄廷桂、尹继善并举惠栋名,会大学士、九卿索所著书,未及进,罢归。其治学尊信汉儒故训,由文字训诂而推求义理。为汉学吴派代表人物,著名弟子有江声、余萧客等。著有《周易述》23卷、《易汉学》8卷、《周易本义辨证》5卷、《周易古义》1卷、《周礼古义》1卷、《仪礼古义》1卷、《礼记古义》1卷、《九经古义》16卷、《古文尚书考》2卷、《毛诗古义》2卷、《唐写本毛诗传笺》5卷、《左传补注》6卷、《公羊古义》1卷、《论语古义》1卷、《后汉书补注》24卷、《惠氏读说文记》15卷、《王士禛精华录训纂》24卷及《松崖笔记》3卷、《松崖文抄》2卷等。事迹见《清史稿》卷四八一、《清史列传》卷六八、李桓《国朝耆献类征初编》卷四一九、蔡冠洛《清代七百名人传》第四编、陈黄中《惠征君栋墓志铭》、王昶《惠定宇先生墓志铭》、钱大昕《惠先生栋传》（均见《碑传集》卷一三三）。

按：《清史稿》本传曰："栋于诸经熟洽贯串，谓诂训古字古音，非经师不能辨，作《九经古义》二十二卷。尤邃于《易》，其撰《易汉学》八卷，掇拾孟喜、虞翻、荀爽绪论，以见大凡。其末篇附以己意，发明汉《易》之理，以辨正河图、洛书、先天、太极之学。《易例》二卷，乃镕铸旧说以发明《易》之本例，实为栋论《易》诸家发凡。其撰《周易述》二十三卷，以荀爽、虞翻为主，而参以郑康成、宋咸、干宝之说，约其旨为注，演其说为疏。书垂成而疾革，遂阙《革》至《未济》十五卦及《序卦》、《杂卦》两传，虽为未善之书，然汉学之绝者千有五百余年，至是而粲然复明。撰《明堂大道录》八卷、《禘说》二卷，谓禘行于明堂，明堂法本于《易》。《古文尚书考》二卷，辨郑康成所传之二十四篇为孔壁真古文，东晋晚出之二十五篇为伪。又撰《后汉书补注》二十四卷，王士禛《精华录训纂》二十四卷，《九曜斋笔记》、《松崖文钞》诸书。嘉定钱大昕尝论：'宋、元以来说经之书盈屋充栋，高者蔑古训以夸心得，下者袭人言以为己有。独惠氏世守古学，而栋所得尤精。拟诸前儒，当在何休、服虔之间，马融、赵岐辈不及也。'"

又按：章炳麟《清儒》认为，顾炎武、阎若璩、张尔岐、胡渭等"皆为硕儒，然草创未精博，时糅杂元、明谰言。其成学著系统者，自乾隆朝始。一自吴，一自皖南。吴始惠栋，其学好博而尊闻；皖南始江永、戴震，综形名，任裁断，此其所异也。先栋时有何焯、陈景云、沈德潜，皆尚洽通，杂治经史文辞。至栋，承其父士奇学，揖志经术，撰《九经古义》、《周易述》、《明堂大道录》、《古文尚书考》、《左传补注》，始精妙，不惑于（左言字旁，右叟）闻，然泛滥百家，尝注《后汉书》及王士禛诗；其余笔语尤众。栋弟子有江声、余萧客。声为《尚书集注音疏》，萧客为《古经解钩沉》，大共笃于尊信，缀次古义，鲜下己见。而王鸣盛、钱大昕亦被其风，稍益发舒。"（周予同主编《中国历史文选》下册）

牛运震卒（1706—　）。运震字阶平，号空山，又号真谷，人称空山先生，山东滋阳人。雍正十一年进士。乾隆间任甘肃秦安、平番知县。遭劾免官，尝主晋阳三立、河东两书院。长于史学。著有《空山堂易解》4卷、《春秋传》12卷、《论语随笔》19卷、《孟子论文》7卷、《史论》20卷、《金石图》2卷、《史记评注》12卷、《读史纠谬》15卷、《空山堂文集》9种101卷等。事迹见《清史稿》卷四七七、《清史列传》卷七五、李桓《国朝耆献类征初编》卷二三一、孙星衍《平番县知县牛君运震墓表》（《碑传集》卷一〇三）。蒋致中编有《牛空山年谱》。

按：《四库全书总目提要》评《空山易解》曰："其学博涉群书，于金石考据为最深，经义亦颇研究。是编务在通汉、晋、唐、宋为一，然大旨主理不主数，故于卦气、值日及虞翻半象、两象等说皆排抑之。是仍一家之学，不能疏通众说也。"

王箴舆卒，生年不详。箴舆字敬倚，号孟亭，江苏宝应人。康熙五十一年进士，官卫辉知府。著有《孟亭编年诗》。事迹见《江苏艺文志·扬州卷》。

沈清瑞（ —1791）、高鹗（ —约1815）、徐养原（ —1825）、姚文田（ —1827）、戴亨（ —1828）、吴瑭（ —1837）、雷家玮（ —1845）生。

乾隆二十四年　己卯　1759年

三月初一日辛巳（3月28日），宣谕已故尚书张照狱中所题《白云亭诗卷》词意怨望，其所遗笔札亦有狂诞愤嫉之词，但其人已死，姑免深究（《清高宗实录》卷五八二）。

五月初一日庚辰（5月26日），命钦天监监正明安图、监副三品衔西洋人傅作霖带同高慎思（西洋人）驰驿前往测绘回部地图。

按：这次绘制地图主要依据兆惠、富德等绘画的叶尔羌、喀什噶尔等处地图，进行核对和修订。翌年四月还京。

十月二十四日辛丑（12月13日），西师成功，乾隆帝作《开惑论》。

是年，命纂《御批通鉴辑览》，以大学士傅恒、来保、尹继善、刘统勋4人为总裁，另设副总裁7人、提调官15人、收掌官5人、纂修官12人、校对官10人、总校官12人。

英国人取魁北克。

巴伐利亚科学院建立。

纪昀充山西乡试正考官。旋充功臣馆总辑。

纪昀得戴震协助，审定史荣所著《风雅遗音》，有《审定史雪汀风雅遗音序》。

钱大昕充山东乡试主考官，取中69人，第二名举人李文藻最受钱氏赏识，师生结为终身友谊。

王鸣盛充福建乡试正考官。

朱珪充河南乡试正考官。

翁方纲充江西乡试副考官。

王昶充《御批通鉴辑览》纂修官，又充顺天乡试同考官。

杨述曾充《御批通鉴辑览》馆纂修官。

按：《清史列传·杨述曾传》曰："（乾隆）二十四年，充《通鉴辑览》馆纂修官……三十二年，《通鉴辑览》书成，将脱稿而卒，年七十。始编《辑览》时，折衷体例、书法、本末条件，总裁一委之。又详订舆地谬讹，汇为《笺释》。与朱筠、蒋和宁、张霁、王昶诸人，同事发凡起例，斷斷不少假。及卒，大学士傅恒以述曾在事八载，实殚心力入告，奉旨赏给四品职衔。"《国朝耆献类征初编》卷一二四载刘纶《杨述曾墓志铭》，记述与《清史列传》略同，且言"君之于《辑览》，则直以官与身视成书为始终，其可志也"。可见《御批通鉴辑览》始修于本年，而杨述曾是主要纂修人。参与修纂者尚有朱筠、赵翼、陆锡熊、程晋芳及总校官毕沅、纪昀等。是书又作《御批历代通鉴辑览》、

《历代通鉴辑览》，简称《通鉴辑览》。

戴震乡试落第，至京见王昶，为其校书室作《郑学斋记》。

卢文弨在江阴暨阳书院讲学。

朱仕琇为福宁教授。

洪亮吉始学作制举文。

汪中始学为诗。

朱孝纯旅扬州，与罗聘研讨画法。

郑燮定书画润格。

金农用水墨白描法自写七十三岁小像，付罗聘。

吴颢中举人，官遂昌训导。

按：吴颢字仰颢，号洛波，一号退庵，浙江钱塘人。著有《周易纂要》、《书经辑注》、《诗经辑注》、《读史要录》、《文选补注》、《家语录要》、《格物编》、《睫巢诗钞》、《蛰夫碎录》等。

李永书在江苏海州建朐山书院。

乔光烈时任河东兵备道，命山西蒲州知府周景柱、永济县令张淑木在蒲州城内重建书院，名河东书院。

施廷灿在浙江东阳建东白书院。

万来英在江西修水县建成孝书院。

卢崧时任江西资溪知县，建黎川书院。

李其昌时任同知，于江西莲花县建琴水书院。

李希贤时任知府，于山东临沂建琅琊书院。

曾长源时任湖北应城县知县，建蒲阳书院。

胡廷槐时任湖北郧西知县，建西津书院。

王日丹在湖南保靖县建炳文书院。

金绅时任广东潮州知县，建大和书院。

查礼时任广西太平府知府，于崇善县府城北门外建桂香书院。

宧儒章时任广西灌阳知县，建龙川书院。

石崇先时任广西贵县知县，建怀城书院。

蔡宋在四川温江县建菁莪书院。

戴之适时任四川新津知县，建通经书院。

宋惠绥时任四川丹棱知县，建大雅书院。

李振文时任贵州仁怀知府，建怀阳书院。

赵友烺时任陕西高陵知县，建景槐书院。

冯祖悦时任甘肃张掖知府，建甘泉书院。

李倓时任台湾嘉义知县，改建玉峰书院。

奥利弗·哥尔斯密著成《关于当前欧洲纯学识地位的调查》。

惠栋遗著《周易述》23卷由卢氏刊行，其子惠承绪、惠承萼作题识。

按：惠氏为清初《易》汉学的代表人物，治经墨守汉儒成说，崇古文经学，以为"凡古必真，凡汉必好"。此书主旨，亦在发挥汉儒之学，以荀爽、虞翻为主，而参以郑玄、宋咸、干宝诸家之说，融会其义。是书系惠氏《易》学的代表作，有《皇清经解》本。

漆永祥说:"《四库总目》论《周易述》曰:'其《目录》凡四十卷,自一卷至二十卷,皆训释经文;二十二卷、二十三卷,为《易微言》,皆杂钞经典论《易》之语;二十四卷至四十卷,凡载《易大义》、《易例》、《易法》、《易正讹》、《明堂大道录》、《禘说》六名,皆有录无书。……其《易微言》二卷,亦皆杂录旧说,以备参考,他时藏事,则此为当弃之糟粕,非欲别勒一篇,附诸注疏之末。故其文皆随得随书,未经诠次。栋没之后,其门人过尊师说,并未定残稿而刻之,寔非栋本意也。'又论《易例》曰:'栋所作《周易述》,《目录》列有《易微言》等七书,惟《易微言》二卷附刊卷末,其余并阙。此《易例》二卷,即七书中之第三种,……意栋欲镕铸旧说,作为《易例》,先创草本,采摭汉儒《易》说,随手题识,笔之于册,以储作论之材。'漆案:《提要》此两条之说,似是而非。其未见惠氏《易大义》诸书,遂曰'有录无书'。至其论惠氏著书之大旨与诸书间之关系,更为臆测之辞。实则《周易述》全书四十卷,凡《周易述》二十一卷、《易微言》二卷、《易大义》三卷、《易例》二卷、《易法》一卷、《易正讹》一卷、《明堂大道录》八卷与《禘说》二卷。由以上所述可知,惠栋诸书绝非率尔之作,更非随手可弃之糟粕。全书以《周易述》为核心,推翻魏晋以来义疏之学,另标一帜。《周易述》以汉儒之说为主另立新疏,《易微言》、《易大义》明《易》之'微言大意',《易例》、《易法》明圣人作《易》之源及汉儒解《易》之本例法则,《易正讹》校历代相沿之讹文误字以复古本之旧,《明堂大道录》与《禘说》钩稽明堂之法与禘祀之制以证《易》为军国大政之用。诸书相互发明,交相为用,融贯一体,不可或缺,为惠栋深思熟虑、精心结撰之系列著述。然因其后半生迫于衣食,未遑治学,又年岁不永,故诸书或缺或杂,又少序跋之文以明其著书之旨,刊行于世亦先后不一,故当时人便对惠氏之意不甚了了,妄加论断。自《提要》及江藩诸说出,惠栋著述之旨即晦而不闻矣!"(《惠栋易学著述考》,《周易研究》2004年第3期)以后丁晏有《周易述传》、李松林有《周易述补》,补其所缺。

赵廷栋著《易准》4卷成书。

余萧客始辑《古经解钩沉》。

按:《四库全书总目提要》曰:"是编采录唐以前诸儒训诂。首为《叙录》一卷,次《周易》一卷,《尚书》三卷,《毛诗》二卷,《周礼》一卷,《仪礼》二卷,《礼记》四卷,《左传》七卷,《公羊传》一卷,《谷梁传》一卷,《孝经》一卷,《论语》一卷,《孟子》二卷,《尔雅》三卷,共三十卷。而《叙录》、《周易》、《左传》均各分一子卷,实三十三卷也。自宋学大行,唐以前训诂之传,率遭捃击。其书亦日就散亡。沿及明人,说经者遂凭臆空谈,或荡轶于规矩之外。国朝儒术昌明,士敦实学,复仰逢我皇上稽古右文,诏校刊《十三经注疏》,颁行天下。风教观摩,凡著述之家,争奋发而求及于古。萧客是书其一也。其《叙录》备述先儒名氏、爵里及所著义训。其书尚存者不载,或名存而其说不传者亦不载,余则自诸家经解所引,旁及史传、类书,凡唐以前之旧说,有片语单词可考者,悉著其目。虽有人名而无书名,有书名而无人名者,亦皆登载。又以传从经,钩稽排比,一一各著其所出之书。并仿《资暇集》、《龙龛手镜》之例,兼著其书之卷第,以示有征。又经文同异,皆以北宋精本参校,正前明监版之讹阙。《自序》谓创始于己卯,成稿于壬午,昼夜手录,几于左目青盲而后成帙。其用力亦可谓勤矣。至梁皇侃《论语义疏》,日本尚有全帙,又唐史征《周易口诀义》,今《永乐大典》尚存遗说。是书列皇氏书于佚亡,而史氏书亦未采。盖海外之本,是时尚未至中国,而天禄之珍,度藏清秘,非下里寒儒力所能睹也。然经生耳目之所及者,则捃摭亦可谓备矣。"《清史稿·余萧客传》曰:"撰《古经解钩沉》三十卷,凡唐以前旧说,自诸家经解所引,旁及史传、类书,片语单词,悉著于录。清代经学昌明,著述之家,争及于古,萧客是书其一也。"

亚当·斯密《道德情操论》出版。

托马斯·威尔克斯发表《戏剧概论》。

威廉·钱伯斯著成《民用建筑术论文》。

孙从添著《春秋经传类求》12卷刊行。

汪绂著《春秋集传》16卷成书，有自序。

江永著《河洛精蕴》9卷刊行。

敕纂《钦定皇朝礼器图式》28卷成书。

姚培谦、张景星合著《明史揽要》8卷。

方凤修，戴文炽等纂《青城县志》12卷刊行。

倭什布修，刘长灵纂《惠民县志》10卷刊行。

卢世昌修纂《丰县志》16卷刊行。

觉罗普尔泰修，傅尔德纂《单县志》13卷刊行。

赫达色修，庄肇奎、沈中行纂《武定府志》38卷刊行。

金烈修，张嗣衍、沈廷芳纂《新修广州府志》60卷刊行。

梁栋修，杨振铎纂《新化县志》27卷刊行。

蔡韶清修，胡绍鼎纂《黄冈县志》20卷刊行。

金忠济修，祝旸、魏弘谟纂《遂平县志》16卷刊行。

王允深修纂《信阳县志》8卷刊行。

王其华修，苗于京纂《温县志》12卷刊行。

陈世盛修，傅维澍纂《绥阳县志》8卷刊行。

李慧修，叶铭、林虎榜纂《大田县志》12卷刊行。

韩琮修，朱霞、徐时作等纂《建宁县志》28卷刊行。

段梦日修，魏洪纂《光泽县志》32卷刊行。

李拔等修纂《福宁府志》44卷刊行。

史鸣皋修，姜炳璋、冒春荣纂《象山县志》12卷刊行。

赵民洽修，许琳纂《临安县志》4卷刊行。

王概修纂《高州府志》16卷刊行。

夏诏新修纂《泸州志》8卷刊行。

汤大宾修，赵震等纂《开化府志》10卷刊行。

管学宣修纂《石屏州志》8卷刊行。

萧腾麟纂《西藏见闻录》1卷刊行。

史贻直等奉敕纂《工部续增则例》95卷。

朱枫著《雍州金石记》10卷成书，有自序。

按：朱枫字近漪，号青岑，钱塘人。作者曾于乾隆十六年入秦，搜集金石遗文，积之既久，得汉、唐碑200种。

王琦编《李太白年谱》1卷刊行，附宝笏楼刻本《李太白文集》。

何化南、朱煜著《杜诗选读》6卷刊行。

沈德潜著《归愚文钞》20卷刊行。

沈德潜、钱陈群选辑《嘉禾八子诗选》刊行。

杨际昌著《澹宁斋集》9卷刊行。

朱仕琇著《梅崖居士文集》38卷、外集2卷刊行。

顾龙振辑《诗学指南》8卷刊行。

郭江辑《诗法指南》20卷刊行，有自序。

李因培著《唐诗观澜集》24卷成书，有自序。

纪昀著《唐人试律说》成书，有自序。

伊应鼎著《渔洋山人精华录会心偶笔》6卷成书，有自序及张永瑗、沈廷芳序。

《脂砚斋重评石头记》（己卯本）成。

马曰璐著《南斋集》6卷、词2卷刊行。

张四科著《宝闲堂集》6卷刊行。

江永著《古韵标准》4卷成书于是年前。

按：是书为考证古韵分部的专著，在顾炎武等古音研究基础上又有所发展。他将顾氏的古韵十部，分为十三部。江氏批评顾氏"考古之功多，审音之功浅"，于是他借助审音之功，对顾氏《音学五书》加以修正。主要版本有《借月山房汇钞》本、泽古斋重抄本及渭南严氏《音韵学丛书》本、《丛书集成初编》本等。

江永著《音学辨微》成书，有自序。

按：梁启超《清代学术概论》曰："音韵学又小学之附庸也，而清代特盛。自顾炎武始著《音论》、《古音表》、《唐韵正》，而江永有《音学辨微》、《古韵标准》，戴震有《声韵考》、《声类表》，段玉裁有《六书音均表》，姚文田有《说文声系》，苗夔有《说文声读表》，严可均有《说文声类》，陈澧有《切韵考》，而章炳麟《国故论衡》中论音韵诸篇，皆精绝。此学也，其动机本起于考证古音，而愈推愈密，遂能穷极人类发音官能之构造，推出声音变化之公例。刘献廷著《新韵谱》，刱字母，其书不传。近世治此学者，积多数人之讨论折衷，遂有注音字母之颁定。"

吴震方著《读书正音》4卷刊行。

按：《续修四库全书总目提要》曰："以读书多难字，为学者之大困，乃辑是书。"

徐扬绘成《盛世滋生图》。

沈铨作《松鹤图》。

徐大椿著《伤寒类方》1卷成书，有自序。

按：《四库全书总目提要》曰："世传后汉张机《伤寒论》，乃晋王叔和搜采成书，本非机所编次。金聊城成无己始为作注，又以己意移易篇章。自后医家屡有刊定，如治《尚书》者之争《洪范》、《武成》，注《大学》者之争古本、今本，迄于有明，终无定论。大椿以为非机依经立方之书，乃救误之书，当时随症立方，本无定序。于是削除阴阳六经门目，但使方以类从，症随方证。使人可案证以求方，而不必循经以求症。虽于古人著书本意未必果符，而于聚讼纷呶之中亦芟除葛藤之一术也。……其辨证发明，亦多精到。凡分一十二类，计方一百一十有三，末附《六经脉法》。又论正证之外有别证、变证，附以刺法，皆有原委可寻。自谓七年之中，五易草稿乃成云。"

赵学敏辑医书《串雅内外篇》8卷成书，有自序。

方世举卒（1675— ）。世举字扶南，晚年自号息翁，安徽桐城人。不求仕进。著有《春及堂诗钞》4卷、《兰丛诗话》1卷。编有《韩昌黎诗集编年笺注》12卷。事迹见萧穆《方息翁先生传》（《碑传集补》卷四五）。

顾栋高卒（1679— ）。栋高字震沧，又字复初，号左畬，江苏无锡人。康熙六十年进士，授内阁中书。乾隆十五年，特召大臣荐举经明行修之士,他在荐举之列,授国子监司业。与秦蕙田、惠栋交最密,两家所著之书多有其序。著有《春秋大事表》50卷、《尚书质疑》2卷、《大儒粹语》28卷、《毛诗类释》21卷、《毛诗订诂》30卷、《仪礼指掌宫室图》、《司马温公年谱》10卷、《王荆公年谱》5卷、《万卷楼文稿》12卷等。事迹见《清史稿》卷四八〇、《清史列传》卷六八、蔡冠洛《清代七百名人传》第四编。

按:《清史稿》本传曰:"所学合宋、元、明诸儒门径而一之,援新安以合金谿,为调停之说。著《大儒粹语》二十八卷,又著《春秋大事表》百三十一篇,条理详明,议论精核,多发前人所未发。《毛诗类释》二十一卷,《续编》三卷,采录旧说,发明经义,颇为谨严。其《尚书质疑》二卷,多据臆断,不足以言心得。大抵栋高穷经之功,《春秋》为最,而《书》则用力少也。"顾栋高为康、乾时期研究宋学的重要代表人物。徐世昌《清儒学案》卷五六《震沧学案》曰:"有清一代,经学以汉学为盛,而康、乾两朝御纂诸经,汉宋兼采,乾隆中荐举经学,为一时旷典,被擢者皆宋学也,其中震沧规模较大,最孚时论。"

陈梓卒(1683—)。梓字俯恭,又字古铭,或古民,号一斋,浙江余姚人。从张履祥弟子姚瑚游。雍正元年举博学鸿词、二年举孝廉方正,皆不就。晚居临山,聚徒讲学。书法与李锴齐名,时称"南陈北李"。著有《四书质疑》5卷、《经义质疑》8卷、《一斋杂著》6卷及《杨园张先生年谱》、《删后诗文存》、《定泉诗话》5卷等。事迹见《清史列传》卷六六、震钧辑《国朝书人辑略》卷四、李桓《国朝耆献类征初编》卷四〇九、《碑传集》卷一二七。

汪士慎卒(1686—)。士慎字近人,号巢林,安徽休宁人。善分书,工画梅,为"扬州八怪"之一。著有《巢林诗集》。事迹见震钧辑《国朝书人辑略》卷四、《江苏艺文志·扬州卷》。

传教士宋君荣卒(1689—)。君荣字奇英,法国人。1704年入耶稣会。康熙六十一年来华。雍正元年赴京,供职内廷。著有《中国天文学简史》、《成吉斯汗与蒙古史》、《大唐史纲》、《中国纪年论》等,并将《书经》译成法文。

汪绂卒(1692—)。绂初名汪烜,字灿人,号双池,安徽婺源人。家贫自学,先在景德镇为烧窑者画碗,后至福建浦城,以教读为生,声名渐著。著有《易经诠义》15卷、《易经如话》13卷、《书经诠义》13卷、《诗经诠义》15卷、《诗韵析》6卷、《四书诠义》15卷、《礼记章句》10卷、《春秋集传》16卷、《礼记或问》8卷、《六礼或问》12卷、《参读礼志疑》2卷、《孝经章句》1卷、《孝经或问》1卷、《乐经律吕通解》5卷、《乐经或问》3卷、《读阴符经》1卷、《读参同契》1卷、《读近思录》1卷、《儒先晤语》2卷、《理学逢源》12卷、《山海经存》9卷、《物诠》8卷、《琴谱》1卷、《医林辑略探源》9卷、《大风集》4卷、《读问学录》1卷、《读困知记》2卷等。事迹见《清史稿》卷四八〇、《清史列传》卷六七、李桓《国朝耆献类征初编》卷四〇九、朱筠《婺源县学生汪先生墓表》(《碑传集》卷一二九)、刘师培《汪绂传》(《国粹学报》1906年第22期)。

按:夏炘《述朱质疑》曰:"昭代真能为朱子之学者,大儒三人焉,一为桐乡杨园张先生,一为平湖陆清献公,其一则婺源双池汪先生也。清献以清操正学受主知,乌台奏议,海内莫不宗仰,故名最善,而其从祀胶庠亦最早。杨园为晚明诸生,隐居不仕,清献虽屡称之,而名不得与清献埒。若双池,则僻处山邑,人或不能道其姓氏,其隐晦视张先生殆尤过之,然著述之继往开来,品谊之升堂入室,与张、陆先生盖鼎立焉,或无逊也。"《清史稿》本传曰:"绂之论学,谓学不可不知要。然所以得要,正须从学得多后,乃能拣择出紧要处。谓《易》理全在象、数上乘载而来。谓《书》历象、《禹贡》、《洪范》须著力去考,都是经济。谓《诗》只依字句吟咏,意味自出。谓看《周礼》,须得周公之心,乃于宏大处见治体之大,于琐屑处见法度之详。谓《春秋》非理明义精,殆未可学。谓'格物'之'格'训'至',如《书》言'格于上下'、'格于皇天',皆'至到'之义。上文'致知'字为'推致',则'格物'为'穷至物理'甚明。谓'性与天道不可得闻',直是不可得闻,陆、王家因早闻性天,而未尝了悟,又果于自信,遗害后人也。谓周子言'一',言'无欲',程子言'主一',言'无适',微有不同。周子所谓'一'者天也,所谓'欲'者人也。纯乎天,不参以人,一者即无欲也。程子所谓'一'者事也,所谓'适;者心也。一其心于所事,而不强事以成心,无适之谓一也。当时大兴朱筠读其书,称其信乎以人任己,而颉颃古人。其后善化唐鉴亦称其功夫体勘精密,由不欺以至诚明。"

祝洤卒(1701—)。洤字贻孙,海宁人。张履祥私淑弟子。及长,嗜理学书,读张履祥集,谓其昌言贞教,与朱子一揆。因取《备忘录》增删之为《淑艾录》14卷。又由履祥而上溯朱子,掇取文集、语类分十四门,编次之为《下学编》14卷。又尝为友人删节《礼记注疏》,兼博考诸家,择其长说,为书70卷,未及订正而卒。事迹见《清史列传》卷六六、李桓《国朝耆献类征初编》卷四一○。

严如煜(—1826)、胡光北(—1836)、钱泳(—1844)生。

乾隆二十五年　庚辰　1760年

正月初二日戊申(2月18日),以今、明两年分别为皇太后七旬寿辰、帝五十诞辰,及西陲大功告成之故,命本年八月举行恩科乡试,来年三月举行恩科会试。

二十九日乙亥(3月16日),谕曰:"讲官系朕简用大员,经筵讲章本应自行撰拟,期副献纳论思之义。乃故事相沿,竟有由翰林院循例属稿者。朕于讲官呈本时,尚为研讨折衷,著为经书二论,务在自抒心得。而侍案敷陈者,顾以成言诵习,聊为塞责,可乎?"(《清高宗实录》卷六〇五)

二月七日壬午(3月23日),举行仲春经筵。

按:直讲官伍龄安、秦蕙田进讲《四书》'四时行焉,百物生焉'二句。讲毕,上宣御论曰:"斯言也,盖孔子知命、耳顺以后,所以示学者真实至当之理,非因子贡以言语观圣人,徒为是不待言而可见之语,而别有所谓妙道精义也。且四时行、百物生之中,何一非天乎? 而四时行、百物生之外,又何别有可以见天者乎? 圣人视听言动、

英国征服新西兰。

俄国人占领并烧毁柏林。

昼作夜息之中，何一非妙道精义乎？而圣人视听言动、昼作夜息之外，又何别有所谓妙道精义者乎？"(《清高宗实录》卷六〇六)

三月初三日戊申(4月18日)，向例殿试读卷官拟选十卷进呈，至是更定：进呈十卷同时，即将10人带领引见，始定名次。

五月初五日戊申(6月17日)，策试天下贡士于太和殿，论经学之重要。

按：制曰："帝王心法、治法之要，莫备于经，其源流分合，厥论详矣。若夫《易》著六象，《书》标七观，《诗》兼三训，《礼经》垂三种，《春秋》明五例，能约举其条目欤？儒生夙昔诵习，果何以究乎性情政治之本，得失同异之归，以黼黻盛明，羽翼传注欤？"(《清高宗实录》卷六一二)

初八日辛亥(6月20日)，殿试士子，向重书法。至是明降谕旨，对策自重于书法。

是日，又以殿试读卷诸臣各觅公所分住，难免潜通消息，且试策不过一二百卷，乃十四人公阅，竟迟之三五日始行进呈，命大学士、九卿等详议具奏，如何变更。寻议定会集文华殿衡校，刻期竣事之例，并减读卷官14人为8人，用大学士2人、部院大臣6人。自是沿以为例。

初九日壬子(6月21日)，乾隆帝亲定本科殿试三鼎甲：状元毕沅(江南镇洋人)，榜眼诸重光(浙江余姚人)，探花王文治(江南丹徒人)。是科会试正考官为大学士蒋溥、刑部尚书秦蕙田，副考官为侍郎介福、左副都御史张泰开。

初十日癸丑(6月22日)，乾隆帝御太和殿，传胪，赐一甲毕沅等3人进士及第，二甲曹文埴等50人进士出身，三甲陈开基等111人同进士出身。

九月初五日丙午(10月13日)，御史吴绥诏奏准：嗣后童试，俱以一书、一经、一诗命题。

十月初六日丁丑(11月13日)，皇十五子诞生，母令贵妃魏氏(三十年晋皇贵妃)。皇十五子后取名颙琰，即清仁宗，或称嘉庆皇帝。

爱丁堡的托马斯·布雷德伍德开办英国第一家聋哑人学校。

钱大昕充《续文献通考》纂修官，分修田赋、户口、王礼三考。

王鸣盛充《平定西域方略》馆纂修。以去年典闽试时滥用驿马被劾，自礼部侍郎降为光禄寺卿。

戴震、沈大成在扬州共校何焯校本《水经注》。

戴震为沈大成作《沈处士戴笠图题咏序》，又有《与王内翰凤喈书》，与王鸣盛讨论《尚书·尧典》。

纪昀九月复阅《唐人试律说》刊本，字多讹误，因重为点勘，又随笔更定十余处，将再付剞劂，跋其尾。

秦蕙田充会试正考官，钱大昕、纪昀、朱珪充会试同考官。

董邦达充武会试正考官。

王昶、赵佑充顺天乡试同考官。

毕沅中进士，授修撰。

王文治成一甲三名进士,授翰林院编修。

谢启昆中进士,改翰林院庶吉士,散馆,授编修。

金士松中进士,选翰林院庶吉士,授编修。

孟超然中进士,改翰林院庶吉士,散馆授兵部主事,调吏部。

李文藻中进士,选广东恩平知县。

段玉裁中举人,是年入京师,始见顾炎武《音学五书》,遂有意为音韵之学。

卢文弨为卢见曾雅雨堂新刻《大戴礼》作跋,戴震作《与卢侍讲召弓书》,论校《大戴礼》事。

按:戴震《与卢侍讲召弓书》曰:"《大戴礼记》刻后印校,俗字太多,恐伤坏板,姑正其甚者,不能尽还雅也。"(《戴震文集》卷三)卢文弨作《新刻大戴礼记跋》曰:"吾宗雅雨先生,思以经术迪后进。于汉、唐诸儒说经之书,既遴得若干种,付剞劂氏以行世。犹以《大戴》者,孔门之遗言,周元公之旧典,多散见于是书,自宋元以来诸本,日益讹舛,驯至不可读,不可不是正以传诸学者。知文弨与休宁戴君凤尝留意是书,因索其本,并集众家本,参伍以求其是。义有疑者,常手疏下问,往复再四而后定,凡二年始竣事。盖其慎也如此。"(《抱经堂文集》卷八)卢见曾将卢文弨与戴震所校订《大戴礼记》收入《雅雨堂藏书》,并为之撰序曰:"余家召弓太史,于北平黄夫子家,借得元时刻本,以校今本之失,十得二三,注之为后人刊削者,亦得据以补焉。又与其友休宁戴东原震,泛滥群书,参互考订。既定,而以贻余。夫以戴书卢注,经千百年后,复有与之同氏族者,为之审正而发明之。其事盖有非偶然者,因亟授诸梓。"(《雅雨堂文集》卷一)

翁方纲、刘星炜与修《续文献通考》。

章学诚应顺天乡试,未果。

达椿中进士,选庶吉士,散馆授户部主事,迁员外郎。

杨潮观得金德瑛所寄分咏京中流行剧目的观剧诗30首。

金农作《奉和德州先生(卢雅雨)江氏水南花墅赏芍药原韵四首》诗。

按:据《扬州画舫录》卷一二记载:"江家(江鹤亭)箭道,增构亭榭池沼,药栏花径,名曰水南花墅。乾隆己卯,芍药开并蒂一枝,庚辰开并蒂十二枝,枝皆五色。卢转使为之绘图征诗。"

刘长城时任浙江余姚知县,建龙山书院,首任山长为李惠适。

王作霖时任福建龙海知县,建儒山书院。

梁作文时任河南项城知县,建莲溪书院。

吴一嵩时任知州,在河南潢川建弋阳书院。

狄兰标时任湖南华容知县,续修明代龙峰书院,易名为沱江书院。

张董达时任湖南双峰知县,建双峰书院。

周志让时任广东江门知县,建景贤书院。

李宏湑时任广西象州知州,建象江书院。

郑交泰时任广西苍梧知县,建鼓岩书院。

黄叔显时任广西归顺直隶州知州,建道南书院。

蔡玉华时任四川铜梁知县,建巴川书院。

	曾一受时任四川珙县知县,建南广书院。
	李成桂时任四川汶川知县,建汶川书院。
	舒其绅时任陕西户县知县,建二曲书院。
奥利弗·哥尔斯密著成《世界公民》。	张六图著《易心存古》2卷刊行。 范家相著《三家诗拾遗》10卷成书。 汪大任著《诗序辩正》8卷成书,有自序。 江永著《礼记训义择言》8卷、《周礼疑义举要》6卷、《深衣考误》1卷成,有自序。 　　按:《四库全书总目提要》评《礼记训义择言》曰:"是书自《檀弓》至《杂记》,于注家异同之说,择其一是,为之折衷,与陈澔注颇有出入。然持论多为精核。"又评《周礼疑义举要》曰:"是书融会郑注,参以新说,于经义多所阐发。其解《考工记》二卷,尤为精核。" 敕纂《大清律续纂条例总类》2卷成书。 史珥著《四史剿说》16卷刊行。 重绘《皇舆全图》(后更名《乾隆内府皇舆图》)十二月二十四日成书,共104幅。 　　按:康熙四十七年(1708)曾制成《皇舆全览图》,且镌以铜版,以垂久远,惟缺少天山南北路详图。乾隆二十年,清军初定准噶尔,帝命左都御史何国宗偕五官正明安图等,带同西洋传教士前往该处测绘地图。嗣后随着军事的进展,又对回部地方进行测绘。本年五月庄亲王允禄奏准在《(康熙)皇舆全览图》的基础上,与何国宗、明安图及西洋传教士刘松龄等依据历次测绘的分图,斟酌添画天山南北路舆图。在核对修订过程中,供职内廷的法国传教士蒋友仁将手绘《坤舆全图》(即《世界全图》)恭呈御览,帝即命允禄、何国宗等参酌比较。至是,庄亲王允禄奏称:"(舆图)绘画添改完竣",是为《乾隆内府皇舆图》,又称《清内府一统舆地秘图》。《皇舆全览图》开辟了中国地图的先河,是当时最详细的地图,也是研究清代康熙以来历史地理变化的重要资料。该图铜版因于巴黎制造,故该图流传到了国外。在国内,该图定为内府秘籍,外间很少流传。直至1921年,清理清朝遗物时,才在沈阳故宫发现该图图版,后在该地石印,题名《清内府一统舆地秘图》,始公诸于世。 李升阶纂修《赵城县志》24卷刊行。 赵廷健修,韩彦曾等纂《崇明县志》20卷刊行。 杜甲、周嘉谟修,胡天游等纂《河间府新志》20卷刊行。 吴山凤修,黄文莲、梁志恪纂《河间县志》6卷刊行。 赵由仁纂修《广昌县志》8卷刊行。 王大信等纂《三河县志》16卷刊行。 程志隆修,李成鹏纂《泰安县志》14卷刊行。 颜希深修,成城等纂《泰安府志》30卷刊行。 张耀璧修,王诵芬纂《潍县志》6卷刊行。 徐恕修,张南英、孙谦纂《平阳县志》20卷刊行。 董世宁纂《乌青镇志》12卷刊行。 贡震修纂《灵璧县志略》4卷刊行。

陈廷枚修，熊日华、鲁鸿纂《袁州府志》38卷刊行。

李其昌修纂《莲花厅志》8卷刊行。

陈振藻修《铜山志》10卷刊行。

吴乔龄修纂，吕文光增纂《滑县志》14卷刊行。

狄兰标修，罗时暄纂《华容县志》12卷刊行。

陈锷修纂《襄阳府志》40卷刊行。

闵从隆修纂《芷江县志》12卷刊行。

熊葵向修，周士诚纂《富顺县志》20卷刊行。

吴绳年修，何梦瑶纂《肇庆府志》28卷刊行。

陆焞修纂《昭平县志》8卷刊行。

徐大椿著《道德经注》2卷成书。

吴文英著《吴下方言考》12卷刊行。

倪璐著《诗韵歌诀初步》5卷刊行。

戴震著《屈原赋注》7卷、《通释》2卷、《音义》3卷刊行，卢见曾为序，汪梧凤跋其后。

按：戴震《屈原赋注》由汪梧凤出资刊行，戴震将《音义》3卷置于汪梧凤名下以示感激。

王琦注《李长吉歌诗汇解》5卷由宝笏楼刊行。

沈德潜选辑《国朝诗别裁》36卷修订后刊行。

张宗柟辑录王士禛论诗语为《带经堂诗话》31卷。

毕沅著《阆风集》成书。

严长明著《金阙攀松集》1卷成书。

史周沆著《留与集》10卷刊行，许重炎编。

吕德芝著《晋起堂遗集》12卷刊行。

蒋士铨、张埙作《京师乐府》，写京俗及杂技14种。

《脂砚斋重评石头记》（庚辰本）成书。

张宗法著《三农纪》24卷由四川文发堂刊行。

按：张宗法字师右，号未了翁，四川什邡人。毕生务农。是书对四川农民特有的耕作方法做了详细介绍。

顾世澄辑《疡医大全》40卷成书。

按：顾世澄又名澄，字练江，号静斋，安徽芜湖人。出身世医，业医40多年，尤精外科。

赵学敏著《药性元解》4卷、《升降秘要》2卷成，有自序。

在华传教士汤执中著《中国漆考》在巴黎发表。

王又朴卒（1681— ）。又朴字介山，直隶天津人。雍正元年进士，改翰林院庶吉士，未散馆，授吏部主事。官至徽州知府。工古文，受知于方苞。著有《易翼述信》12卷、《诗礼堂文集》5卷、《诗礼堂诗集》7卷及《劝学三十五辑》等。事迹见《清史列传》卷六八、李桓《国朝耆献类征初编》卷二五二。王又朴自订有《介山自订年谱》。

按：《清史列传》本传曰："又朴治经，精《易》学。幼读《本义》，以朱子所云不可，便以孔子之说为文王之说者为非。年近六十，寻味经文，觉卦爻各词非《彖象》传，实有不能明者。著《易翼述信》十二卷，大旨专以《彖象》、《文言》诸传，解释经义。自谓笃信《十翼述》之为书，其注释各卦，每爻必取变气，盖即之卦之遗法。其于河图洛书及先天后天，皆不列图，而叙其法于杂论之末，特为有识。古文受知方苞，许以力追秦汉，有《诗礼堂文集》五卷、《诗集》七卷。"

朱稻孙卒(1682—)。稻孙字稼翁，号芋陂，晚号娱村，浙江秀水人。朱彝尊孙。雍正贡生。乾隆元年举博学鸿词，报罢。书法自成一家，先学于汪士鋐，后取法柳公权、米芾，经长期刻苦临摹，终于自成一家。工八分篆，尤以小篆为精。曾协助编纂《春秋传说汇纂》，拿出家藏的二百七十多家著作，以作参考。晚年虽贫困，八万卷曝书亭藏书却珍藏无缺，还刊刻了朱彝尊的大半部《经义考》，《四库全书》开馆后，诏令各省征访遗书，他把这部遗稿全部奉上。能嗣家学，工诗，生平足迹半天下。著有《纪行绝句》2卷、《拟乐府》3卷、《罗浮蝴蝶诗》2卷及《六峰阁诗稿》。事迹见《清史列传》卷七一、震钧辑《国朝书人辑略》卷四、李桓《国朝耆献类征初编》卷四三三。

陈履中卒(1693—)。履中字质夫，号雁桥，江苏宜兴人。康熙五十年举人。官至甘肃布政司参议，分守宁夏道。著有《四书直解》、《孟子论文》、《宋州人物志》、《河套志》、《雁桥诗钞》、《寓园纂集》等。事迹见李桓《国朝耆献类征初编》卷二○九、《江苏艺文志·无锡卷》。

雷鋐卒(1697—)。鋐字贯一，福建宁化人。为诸生时，究心性理。蔡世远主鳌峰书院，从问学。雍正十一年进士。曾为浙江学政、左副都御史等。后乞归。著有《励志杂录》1卷、《自耻录》1卷、《读书偶记》3卷。事迹见《清史稿》卷二九○、李桓《国朝耆献类征初编》卷八○、阴承方《都察院左副都御史雷公行状》、朱仕琇《都察院左副都御史雷公墓志铭》、彭启丰《通奉大夫都察院左副都御史加二级雷公鋐墓志铭》(均见《碑传集》卷三○)。

按：《清史稿》本传曰："鋐和易诚笃，论学宗程、朱。督学政，以《小学》及陆陇其《年谱》教士。与方苞友，为文简约冲夷得体要。"《四库全书总目提要》曰："《读书偶记》三卷，国朝雷鋐撰。……是编乃其读书札记。大旨惟以朱子为宗，然能不争竞门户。如卷一中一条云：'古人心最平，如孟子谓夷、惠隘与不恭，君子不由，而又谓其为百世之师，是也。后世如陆子静、王阳明、陈白沙，论学术者必辨之，谓其非孔、孟、程、朱之正派也。然其砥节砺行，以之针砭卑鄙俗夫，不亦百世之师耶！'其持论特平，较诸讲学之家，颇为笃实无客气。书中论《易》者几及其半，大致多本李光地，其论《礼》则多本方苞，一则其乡前辈，一则其受业师也。所记方苞驳苏轼一条，引《曾子问》及《檀弓》曾申之事，谓亲在不妨学丧礼。国初汪琬与阎若璩以论《礼》诟争，琬以是攻若璩，若璩援以驳琬者，其始末具见若璩《潜邱札记》中，苞殆偶述旧文，而鋐误以为师说。盖当鋐在时，《潜邱札记》尚未出，故未见也。惟太极一图经先儒阐发，已无剩义，而绘图作说，累牍不休，殊为支蔓。夫人事迩，天道远，日月五星有形可见，儒者所论自谓精微，推步家实测验之，其不合者固多矣。况臆度诸天地之先乎！是则不免于习气耳。"

又按：《清史列传》卷六七曰："阴承方，字静夫，福建宁化人。少研究心性之学，刻意励行，终身无惰容。有问学者，先教以《小学》、《近思录》。尝著《学颜子所学论》，谓：'颜子博文，即《大学》格物致知，约礼克复，即诚意正心修身，陆、王以扞外物为格物，致良知为致知，而谓读书穷理为支离。此为君子儒而误者也。'同里伊秉绶问学，承方举朱子答林伯和、陈师德书示之，以为要在慎独。雷鋐视学浙江，重其学行，招之入幕，以未专使聘，辞不往。及鋐告养归，即造门，相得甚欢。以所著文集，与商订焉。建宁朱仕琇亦折节交，承方以为操心纯，践履笃，不如也。尤精《丧礼》，著《丧礼述》三卷，以《仪礼经传通解》、《家礼》为主，兼摭唐《开元礼》、宋《政和礼》、明《会典》诸书，取不背于古、无强于今者，而附以己意。年七十三，卒。又有《遗文》二卷。"

沈铨约卒，生年不详。铨字南苹，浙江德清人。善画花鸟，雍正中，日本聘往授画三年。有《沈南苹翎毛走兽画集》。事迹见《清史稿》卷五○四。

庄逵吉（ —1813）、王昙（ —1817）、钮树玉（ —1827）、孙原湘（ —1829）、夏銮（ —1829）、卢浙（ —1830）、曾燠（ —1831）、韩鼎晋（ —1831）、谢兰生（ —1831）、王绍兰（ —1835）、翁元圻（ —1837）、翁大年（ —1842）、翁广平（ —1842）、秦恩复（ —1843）、凌扬藻（ —1845）生。

乾隆二十六年　辛巳　1761 年

正月十二日壬子（2 月 16 日），传谕各督抚加紧收缴旧版《乐善堂全集》。

二十七日丁卯（3 月 3 日），山东按察使沈廷芳疏请汤斌从祀孔庙，不准。

四月十五日甲申（5 月 19 日），向例殿试策目问条，由内阁预拟。至是，为防范漏泄揣摩，改为届期读卷官密拟策问八条进呈，候钦定四条，发交刊刻。

二十四日癸巳（5 月 28 日），乾隆帝御乾清宫，亲定殿试进呈十卷甲第。是日帝阅卷，见第一卷系江南人赵翼，第二卷系浙江人胡高望，二人皆系内阁中书，第三卷则陕西人王杰，遂以本朝无陕西籍状元，令将王、赵两人名次互易。是科殿试三鼎甲最后定为状元王杰（陕西韩城人），榜眼胡高望（浙江仁和人），探花赵翼（江南阳湖人）。是科会试正考官为协办大学士刘统勋，副考官为侍郎于敏中、观保。

二十五日甲午（5 月 29 日），传胪，赐一甲王杰等 3 人进士及第，二甲蒋维植等 66 人进士出身，三甲沈琳等 148 人同进士出身。

第一家法国兽医学校在里昂建立。

按：《清史稿·王杰传》曰："乾隆二十六年，中进士，殿试进呈卷列第三。高宗熟视字体如素识，以昔为尹继善缮疏，曾邀宸赏，询知人品，即拔置第一。及引见，风度凝然，上益喜。又以陕人入本朝百余年无大魁者，时值西陲戡定，魁选适得西人，御制诗以纪其事。"

五月二十九日丁卯（7月1日），江苏学政刘墉奏陈沛县监生阎大镛诗文悖逆案，乾隆帝命高晋、陈宏谋严审。

按：谕军机大臣等："据高晋等查奏阎大镛折内称，该犯刺讥愤激，甚至不避庙讳，并有狂悖不经语句。如此情节可恶，自当照吕留良之例办理，已于折内批示矣。复又将原书阅看，其悖尚不至如吕留良之甚。虽其不避庙讳，犹可云村野无知，但该犯书内，笔舌诋毁，毫无忌惮。若姑容宽纵，则此等匪徒，不知悛改，反因此查办，益肆其怨诽，充其所至，必将入于吕留良一派。该犯断不可留，著传谕高晋等，勘得确情，即将阎大镛按律定拟，速行完案。"（《清高宗实录》卷六三九）

九月二十三日戊午（10月20日），江西巡抚胡宝瑔奏陈原任刑部主事余腾蛟诗词狂悖，请旨即行正法。乾隆帝初以为事属大逆，及检阅余腾蛟诗文，以为不过是"蹈袭旧人恶调，不得谓之诽谛悖逆"，并谕："若摭拾诗句，吹毛求疵，置之重辟，不独无以服其心，即凡为诗者，势必不敢措一语矣"。是年十一月，新任江西巡抚常钧以余腾蛟"欺凌族党，武断乡曲"，拟遣发边远地方；举首余腾蛟的余豹明依诬告反坐律，拟满流（《清代文字狱档》下册）。

十一月初六日庚子（12月1日），致仕侍郎沈德潜将其选编的《国朝诗别裁集》一书进呈请序。

按：谕军机大臣等："沈德潜来京，进所选《国朝诗别裁集》，求为题辞。披阅卷首，即冠以钱谦益。伊在前明，曾任大僚，复仕国朝，人品尚何足论？即以诗言，任其还之明末可耳，何得引为开代诗人之首？又如慎郡王，以亲藩贵介，乃直书其名，至为非礼。更有钱名世，在雍正年间获罪名教，亦行入选。甚至所选诗人中，其名两字，俱与朕名同音者，虽另易他字，岂臣子之谊所安。且其间小传评注，俱多纰缪。沈德潜身既老愦，而其子弟及依草附木之人，怂恿为此，断不可为学诗者训。朕顾可轻弁一辞乎？已命内廷翰林逐一检删，为之别白正定矣。"（《清高宗实录》卷六四八）。

紫光阁落成，乾隆帝命画大学士傅恒等诸功臣像于阁，前后凡三举，共135人。

俄国科学家及诗人米哈伊尔·罗蒙诺索夫发现金星的气圈。

约翰·彼得·聚斯米尔奇开始了数字统计研究。

纪昀充庶吉士子教习，方略馆总裁。

王昶充会试同考官，刘统勋为正考官。

戴震是夏有《再与卢侍讲书》，与卢文弨论校《大戴礼》事，并推荐程瑶田。

按：戴震在信中曰："兹弊友程君亦田，名瑶田，上年秋闱后，同震到扬。今复往，特取道江阴，愿抠谒大君子，其人少攻词章之学，诗古文词皆有法度，书法尤绝伦，直造古人境地。年来有志治经，所得甚多。与震往还十余载，行日励，学日进，而境日困。今遭重丧，不得已外出，情可悲也！其读书沉思核订，比类推致，震逊其密，想阁下所乐取其长，而进其未逮者也。"（《戴震文集》卷三）

乾隆二十六年　辛巳　1761年

戴震第二次馆于汪梧凤家，与汪肇龙共同教授汪灼。戴震为汪梧凤祖父汪景晃作《某翁颂辞》。

赵翼中进士，授翰林院编修，寻充方略馆纂修官，修《平定准噶尔方略》。

段玉裁会试下第，与张焘同馆钱汝诚家。

王念孙应童子试，州试第二，府院试第一。

陆锡熊中进士。

沈德潜诣京师祝皇太后七十寿诞，进《历代圣母图册》。入朝赐杖，乾隆帝命集文武大臣七十以上者为九老，以德潜为致仕九老之首。命游香山，图形内府。德潜又进所编《国朝诗别裁集》请序，因以首列钱谦益诗，受到乾隆帝斥责。

余廷灿中进士，改翰林院庶吉士，散馆，授检讨，充《三礼》馆纂修官，乞养归。

冯应榴中进士。

檀萃中进士，官知县。

谢启昆中进士，朝考第一，选翰林院庶吉士，授编修。

孙士毅中进士，以知县归班待铨。

齐世南中进士，官宁波府学教授。

马俊良中进士，官内阁中书。

按：马氏字嵚山，浙江石门人。著有《易家要旨》、《春秋传说荟要》、《禹贡图说》、《嵚山诗草》，辑有《龙威秘书》。

贺世骏时任福建长乐县知县，建吴航书院。

朱一深时任江西新干知县，建凝芳书院。

张济世时任河南新安知县，建东垣书院。

李本枏时任河南渑池知县，建义昌书院。

郭六宰时任湖南大庸知县，建崧梁书院。

卢九云时任湖南辰溪知县，建大酉书院。

赵廷宾时任广东同知，于南澳县建学海书院。

蔡玉华在四川铜梁县建琼江书院。

成汝舟时任陕西渭南知县，建象峰书院。

赵本植时任甘肃庆阳知府，建凤城书院。

何泽时任青海乐都知县，建凤山书院。

韦之瑗时任山西稷山知县，将县中义学改建为思文书院。

江声始著《尚书集注》。

程廷祚著《尚书通议》成书，有自序。

宋在诗著《说左》1卷刊行，谢定作序。

秦蕙田著《五礼通考》262卷成书，有自序。

按：秦蕙田《五礼通考自序》曰："蕙田性拙钝，少读书，不敢为词章淹博之学，塾师授之经，循行数墨，恐恐然若失也。岁甲辰，年甫逾冠，偕同邑蔡学正宸锡、吴主事大年、学士尊彝兄弟为读经之会，相与谓《三礼》自秦、汉诸儒抱残守阙，注疏杂入谶

卢梭编著《新爱洛绮丝》。

利奥波德·艾文布拉格发表《发明新异》，内容系通过扣诊法鉴别肺病。

B.G.莫尔加尼

发表《病因论》，标志着病理解剖学的开始。

纬，轇轕纷纭。《宋史》载朱子当日常欲取《仪礼》、《周官》、《二戴记》为本，编次朝廷公卿大夫士民之礼，尽取汉、晋以下诸儒之说，考订辨正，以为当代之典。今观所著经传经解，继以黄勉斋、杨信斋两先生修述，究未足为完书。是以《三礼》疑义，至今犹蕃。乃于《礼经》之文，如郊祀、明堂、宗庙、禘尝、飨宴、朝会、冠昏、宾祭、宫室、衣服、器用等，先之以经文之互见错出足相印证者，继之以注疏诸儒之抵牾訾议者，又益以唐、宋以来专门名家之考论发明者，每一字一义，辄集百氏而谛审之。审之久，思之深，往往如入山得径，蓁芜豁然；又如掘井逢源，溢然自出，然犹未敢自信也。半月一会，问者、难者、辨者、答者，回旋反复，务期惬诸己，信诸人，而后乃笔之笺释，存之考辨。如是者十有余年，而裒然渐有成帙矣。丙辰通籍，供奉内廷，见闻所及，时加厘正。乙丑简佐秩宗，奉命校阅《礼书》。时方纂修《会典》，天子以圣人之德，制作礼乐，百度聿新，蕙田职业攸司，源流沿革，不敢不益深考究。丁卯、戊辰，治丧在籍，杜门读《礼》，见昆山徐健庵先生《通考》，规模义例俱得朱子本意，惟吉、嘉、宾、军四礼尚属缺如。惜宸锡、大年相继殂谢，乃与学士吴君尊彝陈旧箧，置钞胥，发凡例，一依徐氏之本，并取向所考定者，分类排辑，补所未及。服阕后，再历容台，遍览典章，日以增广。适同学桐山、宜田、领军见而好之，且许同订。宜田受其世父望溪先生家学，凤精《三礼》，邮箴往来，多所启发，并促早为卒业，施之剞劂，以谂同志。德水卢君抱孙、元和宋君懋庭从而和之。戊寅，移长司寇，兼摄司空，事繁少暇，嘉定钱宫允晓征实襄参校之役。辛巳冬，爰始竣事。凡为门类七十有五，卷二百六十有二。自甲辰至是，阅寒暑三十有八，而年已六十矣。顾以蕙田之谫陋，遭遇圣明，复理旧业，以期无瘝厥职而已。至于朱子之规模遗意，未知果有合焉？否也？是为序。"（《清儒学案》卷六七《味经学案》引）

敕纂《钦定皇朝文献通考》266卷成书。

按：《四库全书总目提要》曰："《钦定皇朝文献通考》二百六十六卷，乾隆十二年奉敕撰。初与《五朝续文献通考》共为一编。乾隆二十六年，以前朝旧事，例用平书，而述昭代之典章，录列朝之诏谕、尊称、鸿号、于礼当出格跳行，体例迥殊，难于画一，遂命自开国以后，别自为书。后《续通典》、《续通志》皆古今分帙，即用此书之例也。其二十四门，初亦仍马氏之目。嗣以《宗庙考》中用马氏旧例附录群庙，因而载入敕建诸祠。仰蒙睿鉴周详，纶音训示，申明礼制，厘定典章，载笔诸臣始共知尊卑有分，名实难淆，恍然于踵谬沿讹之失。乃恪遵圣谕，别立《群庙》一门，增原目为二十五。……考马氏所叙事，虽以世家遗荫，多识旧闻。然计其编摩，实在入元以后。故典章放失，疏略不详。理宗以下三朝，以国史北移，更阙无一字。今则圣圣相承，功成文焕。实录记注，具录于史官；公牍奏章，全掌于籍氏。每事皆寻源竟委，赅括无遗。故卷帙繁富，与马氏原本相埒。夫《尚书》兼陈四代，而《周书》为多；《礼记》亦兼述三王，而《周礼》尤备。盖监殷监夏，百度修明，文献足征，搜罗自广，有不必求博而自博者矣。"

敕纂《国朝宫史》36卷成书。

按：《四库全书总目提要》曰："《国朝宫史》三十六卷，乾隆七年奉敕撰。乾隆二十四年以原书简略，复命增修，越两载而告成。凡六门：首曰训谕，恭载列朝圣训、皇上谕旨，以昭垂家法。次曰典礼，备著内廷仪节、规制、冠服、舆卫之度，其外朝诸大礼详于《会典》者则略之。次曰宫殿，按次方位，详列规模，凡御笔榜书楹帖及诸题咏，并一一恭录。次曰经费，凡献赍、礼宴、服食、器用之数，纤悉必载。次曰官制，具载内臣员品，及其职掌与其功罪赏罚之等。次曰书籍，部分录略，编目提要，皆穷理致治之作，而梵文贝筴，庋藏净域者，不与焉。伏读谕旨，申明编辑是书之意，拳拳于立纲陈纪，聪听明训，为万万世遵循之本。盖修齐治平之道，并具于斯矣。"

齐召南著《水道提纲》28卷成书，有自序。

按：《四库全书总目提要》曰："历代史书各志地理，而水道则自《水经》以外无专书。郭璞所注，久佚不传。郦道元所注，详于北而略于南。且距今千载，陵谷改移，即所述北方诸水，亦多非其旧。国初余姚黄宗羲作《今水经》一卷，篇幅寥寥，粗具梗概。且塞外诸水颇有舛讹，不足以资考证。召南官翰林时，预修《大清一统志》，外藩蒙古诸部，是所分校。故于西北地形，多能考验。且天下舆图备于书局，又得以博考旁稽。乃参以耳目见闻，互相钩校，以成是编。首以海，次为盛京至京东诸水，次为直沽所汇诸水，次为北运河，次为河及入河诸水，次为淮及入淮诸水，次为江及入江诸水，次为江南运河及太湖入海港浦，次为浙江、闽江、粤江，次云南诸水，次为西藏诸水，次漠北阿尔泰以南水及黑龙江、松花诸江，次东北海朝鲜诸水，次塞北漠南诸水，而终以西域诸水。大抵通津所注，往往衰延数千里，不可限以疆域。召南所叙，不以郡邑为分，惟以巨川为纲，而以所会众流为目，故曰提纲。其源流分合，方隅曲折，则统以今日水道为主，不屑屑附会于古义。而沿革同异，亦即互见于其间。其自序讥古来记地理者志在艺文，情侈观览。或于神仙荒怪，遥续《山海》；或于洞天梵宇，揄扬仙佛；或于游踪偶及，逞异炫奇。形容文饰，祇以供词赋之用。故所叙录，颇为详核。与《水经注》之模山范水，其命意固殊矣。然非召南生逢圣代，当敷天砥属之时，亦不能于数万里外闻古人之所未闻，言之如指诸掌也。"

沈德潜、顾诒禄纂《元和县志》36卷刊行。

万廷兰修，戈焘纂《献县志》20卷刊行。

崔锡修，齐召南、汪沆纂《永嘉县志》26卷刊行。

王克淳纂修《容城县志》8卷刊行。

郑大进纂修《正定府志》50卷刊行。

忠琏纂修《峄县志》10卷刊行。

康海纂，孙景烈评注《武功县志》3卷刊行。

刘组曾纂修《凤翔府志略》3卷刊行。

黄恩锡纂修《中卫县志》10卷刊行。

陶奕曾纂修《合水县志》2卷刊行。

赵本植纂修《新修庆阳府志》42卷刊行。

何大璋修，张志达纂《通渭县志》10卷刊行。

吕宣曾修，张开东纂《靖州志》14卷刊行。

陶易修，李德等纂《衡阳县志》14卷刊行。

武昌国修，胡彦升、宋铨纂《太康县志》8卷刊行。

谭垣修纂《政和县志》10卷刊行。

王尔鉴修，王世沿等纂《巴县志》17卷刊行。

李光泗修，彭遵泗等纂《丹棱县志》12卷刊行。

方桂修，胡蔚纂《东川府志》20卷刊行。

谢圣纶纂《贵州志略》14卷刊行。

刘埥修纂《景东直隶厅志》4卷刊行。

吴易峰修，徐曰明纂《太湖县志》20卷刊行。

《乾隆十三排地图》（又称《乾隆内府铜版地图》）由传教士蒋友仁负责制成铜版，共104方。

王又朴自编《介山自订年谱》1卷刊行。

张景星、姚培谦、王永祺等合选辑《宋诗百一钞》(又称《宋诗别裁集》)8卷刊行。

海宁杏开香雨斋刻《东坡先生编年诗补注》,卷首附查慎行编《东坡先生年表》。

纪昀著《庚辰集》成书,次年刊行。

朱齐著《倚声杂说》成书,沈大成作序。

朱齐著《玉尺楼》传奇由卢见曾刊行。

严洁、施雯、洪炜著《得配本草》10卷成书。

金农作《梅影图》成。

郑燮作《兰竹图》成。

黄慎作《骑驴图》成。

吴仪洛著《成方切用》12卷刊行。

梅文鼎著作《梅氏丛书辑要》60卷由其孙梅毂成刊行。

小说《好逑传》英译本首次在英国刊行。

马荣祖卒(1686—)。荣祖字力本,江苏江都人。雍正十年举人,乾隆元年举博学鸿词。著有《力本文集》13卷、《文颂》1卷。事迹见《清史列传》卷七一、李桓《国朝耆献类征初编》卷二三一、震钧辑《国朝书人辑略》卷四。

蒋溥卒(1708—)。溥字质甫,又字恒轩,江苏常熟人。蒋廷锡子。雍正八年进士,授编修。历任巡抚、尚书、协办大学士、大学士。其在湖南巡抚任上曾密进谢济世《大学注》、《中庸疏》,斥为离经叛道。又受乾隆密旨,从《坚磨生诗钞》中罗织胡中藻罪状。卒谥文恪。著有《恒轩诗钞》。事迹见《清史稿》卷二八九、《清史列传》卷二〇、李桓《国朝耆献类征初编》卷二三、蔡冠洛《清代七百名人传》第五编。

张惠言(—1802)、钱枚(—1803)、赵慎畛(—1825)、江藩(—1830)、刘凤诰(—1830)、马平泉(—1837)生。

乾隆二十七年　壬午　1762年

瑞典和普鲁士签署汉堡条约。

俄国—普鲁士、萨克森及神圣罗马帝国达成停战协定。

正月十二日丙午(2月5日),乾隆帝第三次南巡。

二月初三日丁卯(2月26日),祭先师孔子,遣平郡王庆恒行礼。

四月十七日庚辰(5月10日),帝至曲阜,谒孔庙。翌日,谒孔林。

闰五月十九日辛巳(7月10日),定王公之女予封例。

六月初三日甲午(7月23日),改定旗人犯军、流、徒罪例。

钱大昕充湖南乡试正考官,王杰为副考官。

纪昀充顺天乡试同考官,十月提督福建学政。

赵翼、王昶、王文治、蒋士铨充顺天乡试同考官。

翁方纲充湖北乡试副考官。

戴震、崔述中举人。

戴震作《江慎修先生事略状》悼江永。

章学诚再应顺天乡试,未果,本年冬始肄业于国子监内舍,因不合时流,屡受讥讽。

洪亮吉从金坛荆汝翼受《公羊》、《谷梁》及制义,始识作文之法。

蒋士铨参与纂修《续文献通考》。

梁国治充江西乡试正考官,又提督安徽学政。

梁诗正、观保为顺天乡试主考官。

程晋芳为巡幸江南的乾隆帝召试,特赐举人,授内阁中书。曹仁虎、严长明、沈初召试,赐举人,授内阁中书。孙士毅召试,授内阁中书,充军机章京。

陆锡熊召试,赐内阁中书舍人,旋充方略馆纂修官;以沈廷芳年老,命以原品致仕。

沈德潜、钱陈群迎驾常州,乾隆帝赐诗,并称为"大老"。

徐坚临唐寅所作《前后赤壁图》,又临祝允明所书《前后赤壁赋》成卷,洪亮吉、严长明为之题辞。

江筠中举人。

按:江筠字震沧,江苏元和人。江声之兄。治学精于《三礼》,所著《读仪礼私记》,得到戴震、金榜的称赞。

崔迈中举人。

按:崔迈字德皋,号薛岩,大名人。崔述弟。著有《魏墟杂志》4卷、《魏郡琐谈》2卷、《讷庵笔谈》1卷、《寸心知集》2卷、《梦窗呓语》1卷、《尚友堂说诗》1卷及《大名文存》、《大名诗存》等。

镇江人复就北固山麓海岳庵旧址建宝晋书院,壁嵌苏轼、米芾小像及《研山图》石刻。

苏遇龙时任浙江龙泉知县,建留槎书院。

黄涛在福建同安县建华圃书院。

麻永年时任广西永康州知州,建康山书院。

彭时捷时任四川永川知县,将桂山书院改建为锦云书院。

程立本时任四川梓潼知县,建潼江书院。

官德时任四川内江知县,建崇文书院。

李汝琬时任四川巴中知州,建岩梁书院。

陈大吕在陕西乾县重建紫阳书院。

费廷珍时任甘肃天水知州,建天水书院。

意大利传教士安德义任清宫廷画师。

陈法著《易笺》10卷刊行。

按：陈法字定斋，河北安平人。康熙五十二年（1713）进士，改翰林院庶吉士，散馆授检讨。历任刑部郎中、登州知府、大名道郡守监司。曾与孙嘉淦、谢济世、李元直探讨古义，时称四君子。所著尚有《明辨录》、《河间问答》、《醒心集》、《内心斋诗稿》等。《清史列传·陈法传》曰："生平潜心性理，尤服膺朱子之学。其伯父尝弃诸生，入深山中求道，静坐月余，云忽见此心光明洞澈，与天地万物为一体。法疑之，后以忧归里，于山寺中遍观《楞严》、《圆觉》、《法华》诸经，乃知象山、阳明之说，实类禅宗，因著《明辨录》，以辟其非。谓：'象山心学，即释氏直指人心，以顿悟为道妙本。集中于杨慈湖有双明阁之悟，于詹子南有下楼之悟，于徐仲诚有槐堂镜中观花之悟，此即廖子晦静坐中见所谓充周而洞达者，万物在其中各各呈露，朱子斥之以为此思虑泯绝恍惚瞥见心性影象，与圣贤真实知见不同者也。阳明在龙场端居默坐，一夕大悟，汗出，踊跃若狂，即钱绪山、蒋道林、罗念祖凡学堕于禅者，无不有此顿悟之机，与子晦所见无二。子晦得朱子就正，乃悟所见之非。象山独学无师，而于孟子所谓本心，所谓求放心者，有契合焉。然其言求放心则遗学问，言先立乎其大，则废思俱未暇深求其义，而于其本心之明，或静中体究，或因事感触，此知觉之知恍惚呈露，盖不难矣。遂于此而谓此心本灵。此理本明，云收拾精神，自作主宰，当恻隐即恻隐，当羞恶即羞恶，谁能欺得？是此心已全乎仁义礼智，发之无不当，如大舜之由仁义行，更何俟四端之扩充，岂孟子教人之旨乎？夫圣贤所谓复其本心者，复其皆备之心。象山所谓复其本心者，复其虚灵知觉之心，则一心之外无余事，故诋格致为支离，视集义为外义。本源既差，功效自不能不异，而儒释遂以此分矣。'又谓：'良知之说，本之孟子，惟孟子本爱敬而言，阳明离爱敬而言，是假良知之名以文其灵觉之知也。阳明既曰良知即理，又曰良知所知之天理，是以歧而二之矣。既曰良知即性，又曰佛氏本来面目，即儒门所谓良知，佛氏本来面目果性耶，天理耶？其所谓致者，一若不假推致之力，纯任自然，无往非道。孔子生安犹至七十而始不逾矩。今欲人人不学不虑，坐致于此，其不致猖狂妄行者几希？此任心废学之弊也。'其论格致，谓：'程子以格训至，如祖考来格之格，即《书》所谓格于上下之格。罗整庵引吕成公通澈无间之义，极为得之。夫子孙之精神即祖考之精神，当其未格，不能无幽明之异；格则精神訢合而无间矣。物之理即吾心之理，当其未格，不能无彼此之间；格则理皆浑合而无间矣。而阳明以为至物不可通，此泥于训诂之失也。'书凡十篇，辨论至明晰。"

夏封泰著《尚书宗要》成书。

姜炳璋著《诗序补义》24卷刊行。

余萧客著《古经解钩沉》30卷成书。

孔继涵著《阙里文献考》100卷刊行。

按：此前记载阙里旧志史事者，有宋孔传《东家杂记》、金孔元措《孔氏祖庭广记》、明陈镐《阙里志》，清宋际、宋庆长《阙里广记》等，然多考据未精。是书删繁去芜，订正讹舛，后来居上，是研究曲阜文化史的重要参考著作。

王元启著《史记正讹》3卷成书。

李绂纂《福宁府志》44卷刊行。

齐召南、汪沆纂《温州府志》30卷刊行。

王崇礼纂修《延长县志》10卷刊行。

胡奠域修《宁远县志续略》8卷刊行。

罗伯特·劳斯著成《英语语法入门》。

乔治·坎贝尔著成《论奇迹》。

约翰·帕克赫斯特著成《希伯来语—英语词典》。

卢梭《社会契约论》发表。

斯图尔特和里维特发表《雅典的古典文物》第一册鼓动新古典主义运动。

汪灏修，钟麟书纂《续耀州志》11卷刊行。
王谦益修，郑成中纂《乐陵县志》8卷刊行。
李文耀修，张钟秀纂《束鹿县志》12卷刊行。
刘统修，刘炳等纂《任丘县志》12卷刊行。
方立经纂修《涞水县志》8卷刊行。
梁诗正增辑《西湖志纂》15卷成书。
苏遇龙修，沈光厚纂《龙泉县志》12卷刊行。
陈锳、王作霖修，叶廷推、邓来祚纂《海澄县志》24卷刊行。
吴宜燮修，黄惠、李畴纂《龙溪县志》24卷刊行。
董丰垣等修，郝廷松、薄玫纂《扶沟县志》12卷刊行。
李䜣修纂《光州志》12卷刊行。
沈维基修，楚大德纂《永兴县志》12卷刊行。
甘定遇修，熊天章纂《枣阳县志》24卷刊行。
陶金谐修，杨鸿观纂《溆浦县志》20卷刊行。
书图修，杨廷钊纂《龙川县志》12卷刊行。
周硕勋修纂《潮州府志》42卷刊行。
毛翱、朱阳修纂《晋宁州志》28卷刊行。
李鸿楷修纂《高县志》10卷刊行。
叶体仁修，朱维辟纂《合江县志》8卷刊行。
周际虞修纂《续德阳县志》刊行。
何梦瑶著《赓和录》2卷成书，有自序。
程晋芳初定所著《蕺园诗集》。
江浩然著《北田集》刊行。
邹方锷著《大雅堂初稿》15卷、续稿19卷刊行。
纪昀著《南行杂咏》1卷成书。
纪昀著《镜烟堂十种》约刊于本年以后。
江昱著《山中白云词疏证》成书。
汪有典著《望古集》6卷刊行。
陈道著《凝斋先生遗集》10卷刊行。
陈鹏年著《道荣堂诗文集》16卷刊行，附唐祖价编《陈恪勤公年谱》3卷。
金农著《冬心画佛题记》1卷成书，有自序。
罗聘作《醉钟馗图》。
郎世宁作《白鹰图》，以颂乾隆。
姚培谦等辑丛书《砚北偶钞》12种17卷由姚氏草草巢刊行。
黄汝琳补订《世说新语补》20卷成书，有自序。
日本平野屋源以贯译著《世说新语补国字解》出版。

浦起龙卒(1679—   )。起龙字二田，晚号三山伧父，江苏无锡人。雍正八年进士，官苏州府学教授。先后主讲五华、紫阳书院。王昶、钱大昕、王鸣盛皆游其门。著有《史通通释》、《读杜心解》26卷、《浦二田尺牍》、《古文眉诠》79卷、《酿蜜集》4卷等。事迹见《史通通释·自叙》、《清儒学案》卷一九七《浦先生起龙》、李桓《国朝耆献类征初编》卷二五三。

江永卒(1681—)。永字慎修，安徽婺源人。诸生。博通古今，长于考证。一生不求功名，不入仕途，闭门授徒著述。著有《周礼疑义举要》6卷、《礼记训义择言》8卷、《仪礼释宫增注》1卷、《深衣考误》1卷、《礼经纲目》85卷、《春秋地理考实》4卷、《群经补义》5卷、《考订朱子世家》1卷、《近思录集注》14卷、《律吕阐微》11卷、《四声切韵表》1卷、《古韵标准》4卷、《音学辨微》1卷、《四书典林》30卷、《乡党图考》11卷、《推步法解》5卷、《历学补论》1卷、《岁实消长辨》1卷、《恒气注历辨》1卷、《七政衍》1卷、《金水二星发微》1卷、《冬至权度》1卷、《中西合法拟草》1卷、《读书随笔》12卷等。弟子甚众，而戴震、程瑶田、金榜尤得其传。事迹见《清史稿》卷四八一、《清史列传》卷六八、李桓《国朝耆献类征初编》卷四一〇、蔡冠洛《清代七百名人传》第四编、戴震《江慎修先生事略状》、王昶《江慎修先生墓志铭》、钱大昕《江先生传》、刘大櫆《江先生传》(均见《碑传集》卷一三三)。江锦波、汪世重辑有《江慎修先生年谱》。

按：江永治经敢于突破汉人学说，提出自己的见解，开皖派经学风气，为该派的奠基人。皖派代表人物戴震自述"其学术实本之江慎修先生"。其他弟子有程瑶田、金榜、郑牧、方矩、汪梧凤、汪肇龙等。江藩《国朝汉学师承记》曰："考永学行，乃一代通儒，戴君为作行状，称其学自汉经师康成后罕其俦匹，非溢美之辞。"《清史稿》本传曰：江永"读书好深思，长于比勘，明推步、钟律、声韵。岁实消长，前人多论之者，梅文鼎略举授时，而亦疑之。永为之说，当以恒气为率，随其时之高冲以算定气，而岁实消长勿论，其说至为精当。其论黄钟之宫，据《管子》、《吕氏春秋》以正《淮南子》，其论古韵平、上、去三声，皆当为十三部，入声当为八部，而三代以上之音，始有条不紊。晚年读书有得，随笔撰记。谓《周易》以反对为次序，卦变当于反对取之。否反为泰，泰反为否，故'小往大来'，'大往小来'，是其例也。凡曰来、曰下、曰反，自反卦之外卦来居内卦也。曰往、曰上、曰进、曰升，自反卦之内卦往居外卦也。又谓兵、农之分，春秋时已然，不起于秦、汉。证以《管子》、《左传》，兵常近国都，野处之农固不隶于师旅也。其于经、传稽考精审多类此。"

李鱓卒(1686—)。鱓字复堂，号宗扬，又号懊道人、墨磨人、木头老人，江苏兴化人。康熙五十年举人，官山东滕县知县。工书画，为"扬州八怪"之一。事迹见震钧辑《国朝书人辑略》卷三。温肇桐编有《李鱓年表》。

金德瑛卒(1701—)。德瑛字汝白，一字慕斋，号桧门，浙江仁和人。乾隆元年状元，授翰林院编修。充江南、江西考官，督江西、山东、顺天学政。官至左都御史。精于鉴别金石法帖。著有《桧门诗疑》。事迹见《清史稿》卷三〇五、《清史列传》卷二〇、李桓《国朝耆献类征初编》卷八一、陈兆崙《光禄大夫都察院左都御史仁和金公德瑛墓志铭》、鲁仕骥《故都察院左都御史前提督江西学政金公教思碑》(均见《碑传集》卷三一)。

按：《清史稿》本传曰："德瑛论诗宗黄庭坚，谓当辞必己出，不主故常。(钱)载初与订交,晚登第,乃为门下门生;诗亦宗庭坚,险入横出,蔚然成一家。同县王又曾、万光泰辈相与唱酬,号秀水派。"

陈黄中卒(1704—)。黄中字和叔,自号东庄谷叟,江苏吴江人。陈景云子。乾隆元年召试博学鸿词,未中。长于史学。著有《新唐书刊误》3卷、《宋史稿》170卷、《纪元要略补辑》1卷、《国朝谥法考》3卷、《督抚年表》6卷、《殿阁部院年表》6卷、《东庄遗集》4卷、《导河书》1卷等。事迹见《清史稿》卷四八四、《清史列传》卷七一、沈廷芳《陈征士黄中墓志铭》(《碑传集》卷一四〇)。

王又曾卒(1706—)。又曾字受铭,号穀原,浙江秀水人。乾隆十六年,乾隆帝南巡,召试,授内阁中书。十九年中进士,改礼部主事。诗与钱载齐名,时号"钱王"。著有《丁辛老屋集》。事迹见《清史稿》卷四八五、《清史列传》卷七二、李桓《国朝耆献类征初编》卷一四五。

顾凤毛(—1788)、陈豫钟(—1806)、钱林(—1828)、戴清(—1827)、程含章(—1832)、李文耕(—1838)、严可均(—1843)生。

乾隆二十八年　癸未　1763 年

正月初二日庚申(2 月 14 日),乾隆帝谕:伊犁现既筑城,令满洲、索伦、回子居住,自应照蒙古例设立喇嘛,举行送巴凌、放乌布藏等事,固勒扎海努克现有庙宇酌修一所,选喇嘛百余人,除伊犁现有喇嘛外,蒙古内有情愿充当者听,若仍不敷,至时另行拨往(《清高宗实录》卷六八〇)。

二月二十二日庚戌(4 月 5 日),南安县林时元掷投词帖,被严刑询问后斩决。

四月十五日壬寅(5 月 27 日),宣化"邪教"案主犯曹生泰被擒。

二十四日辛亥(6 月 5 日),乾隆亲定本科殿试三鼎甲:状元秦大成(江南嘉定人),榜眼沈初(浙江平湖人),探花韦谦恒(江南芜湖人)。并谕嗣后殿试进呈十卷,不必豫拆弥封。是科会试正考官为尚书秦蕙田,副考官为侍郎德保、王际华。

二十五日壬子(6 月 6 日),乾隆帝御太和殿,传胪,赐一甲秦大成等 3 人进士及第,二甲董诰等 55 人进士出身,三甲鲁河等 130 人同进士出身。

五月初六日壬戌(6 月 16 日),翰、詹诸臣大考卷自此弥封,以免阅卷大臣稍露形迹。

初八日甲子(6 月 18 日),刑部议定,州县仵作每年由其上司考试《洗冤录》一次,以免命案出入。

七月初四日己未(8 月 12 日),谕令查办天圆教。

巴黎和平条约结束七年战争。

按：天圆教由顺治间浙江兰溪人舒思砚创立，以《天圆万善经》为主要经典。是年五月，尹继善、庄有恭先后拿获传教之生员徐筠、杨惟中等人，乾隆帝命将传播邪教之犯按律严惩，不可使实在传教者幸逃法网。杨惟中、舒敬分别被处死，其余信徒遵旨发往乌鲁木齐。

十六日辛未（8月24日），礼部议准：各省考试选拔生员，删去判语，改用五言排律一首，并载入《学政全书》。

九月初五日己未（10月11日），刑部尚书秦蕙田等奏校正韵书，乾隆帝赐名《音韵述微》。

二十八日壬午（11月3日），乾隆帝据军机处进呈准噶尔家谱，御制《准噶尔全部纪略》，历述准噶尔蒙古源流。

十月初九日壬辰（11月13日），沈德潜毁《国朝诗别裁集》旧板，另辑新本进呈。

按：谕军机大臣等："前岁沈德潜来京，所进《国朝诗选》，因有不合体制之处，当令内廷诸臣裁订后，寄交尹继善，会同沈德潜刊刻成书。至今已阅二载，未知所刻曾否完竣，并旧有板片曾否更改。著刘统勋寄信尹继善、庄有恭等，令其于奏事之便，附折奏闻。寻庄有恭奏，沈德潜亲斋印就样书二套并折交臣代进，其错谬原板，业于上年销毁报闻。"（《清高宗实录》卷六九六）

十四日丁酉（11月18日），从福建学政纪昀奏，将帝王名讳载入《科场条例》，武英殿及各省坊刻经书，一体遵行。

十一月初五日戊午（12月9日），赐中式武举一甲德灏、郭元凯、叶时茂3人武进士及第，二甲曾光亨等5人武进士出身，三甲李栋绵等43人同武进士出身。

弗里德里希大王在普鲁士建立乡村学校。

德国植物学家J.G.科尔罗伊特通过牲口花粉填料对植物进行肥沃化试验。

钱大昕充日讲起居注官，读书于国子监。

王鸣盛解京职南归，定居苏州，专力著述，不复出仕。

秦蕙田奏请刊正韵书，荐钱大昕、戴震任其事，乾隆不允。戴震有《论韵书中字义答秦尚书蕙田书》。是年，秦蕙田充会试正考官。

戴震入都会试不第，寓新安会馆，汪元亮、胡士震、段玉裁始来从学。

按：汪元亮字明之，一字竹香，江苏元和人。曾与余萧客、薛香闻结诗社。屡试进士不第，以教授生徒自给。所有著述，于疾病发作时投之于火，仅存诗古文传世。

章学诚是夏至湖北天门省亲；始识曾慎，并因以识甄松年，皆相知契。

杭世骏官北京，以应例试，于文中言朝廷用人当泯满汉成见，交刑部讯治，初议死，旋逐还。

赵翼、王昶、王文治充会试同考官。

纪昀时任福建学政，升侍读，聘李文藻、俞君祺等佐学幕。十月十四日奏请：坊本经书等遇"庙讳"、"御名"俱应避讳。并将帝王名讳载入《科场条例》，武英殿及各省坊刻经书，一体遵行。从之（《清高宗实录》卷六九六）。

姚鼐中进士，改翰林院庶吉士。

董诰殿试进呈卷列第三，乾隆帝因大臣子，改二甲第一，选翰林院庶吉士，即预修国史、《三通》、《皇朝礼器图》。散馆，授编修。

乾隆二十八年　癸未　1763年

李调元中进士，改翰林院庶吉士。

彭元瑞充武英殿提调。

沈廷芳主鳌峰书院。

卢文弨二月为秦蕙田所著《五礼通考》作跋。

翁方纲、秦大士等奉敕缮写《昭明文选》，方纲据所见内廷宋本，与卢文弨商榷《文选》诸本异同。

程晋芳、阮葵生、陆锡熊、赵文哲、吴省钦、曹仁虎等在京师集会，以京中一种民俗为题，作《斗鹌鹑联句》。

王元文与同里袁景格、顾我鲁、顾汝敬、陈毓升等结竹溪诗社，同郡沈德潜亟赏其诗。

刘大櫆官黟县教谕。

按：刘大櫆《程易田诗序》曰："年已晚暮，始为博士于黟，博士之官，卑贫无势，最为人所贱简。而黟、歙邻近，歙尤多英贤，敦行谊，重交游，一时之名俊多依余为剸切，或抗论今时之务，注念生人之欣戚，慨然太息，相对而歌，盖余生人之乐无以加于此矣。"（《刘大櫆集》卷二）

李荣陛中进士，官湖南永兴知县。

按：李荣陛字奠基，号厚冈，江西万载人。著有《周易篇第》4卷、《易考》2卷、《易续考》2卷、《尚书篇第》2卷、《尚书考》6卷、《书经补篇》1卷、《四书解细论》4卷、《厚冈诗集》4卷、《厚冈文集》20卷、《禹贡山川考》2卷、《黑水考证》4卷、《江源考证》1卷、《年历考》2卷等。事迹见《清史列传》卷六八。

卫学诗时任河北望都知县，借尧母庙房舍延师课士，取名尧台书院。

按：乾隆四十八年（1783），知县沈寅因邑有龙泉之胜，乃改名龙泉书院；嘉庆四年（1799），知县赵锡蒲改名为康衢书院；道光二十一年（1841），知县吴步韩、邑人黄桂林重建，改名为小莲池书院。

贵中孚时任丹徒知县，在宝晋斋旧址建宝晋书院。

李琬在浙江温州建中山书院，教学重永嘉事功之学。

雷士佺将浙江江山涵香书院扩建为文溪书院。

郑基时任安徽定远知县，建曲阳书院。

吴镛时任福建浦城知县，建南浦书院。

陈锳时任福建顺昌知县，扩建双峰书院。

李尚忠在江西余江县建龙溪书院。

赵克勤时为河南汝州监生，建龙冈书院。

陶易时任湖南衡阳知县，建临蒸书院。

陈耀振在广东潮阳县建河东书院。

王殿时任广东揭阳知县，建蓝田书院。

韩莱曾时任四川内江知县，建汉安书院。

席缵时任贵州仁怀通判，设立义学，后改为双城书院。

何梦瑶著《皇极经世易知》8卷刊行。

敕纂《钦定皇清职贡图》成书。

《哥达年鉴》首次发行。

| 伏尔泰著成《宽容论》。 | 敕纂《钦定西域同文志》24卷成书。

按：《四库全书总目提要》曰："《钦定西域同文志》二十四卷，乾隆二十八年奉敕撰。先是，乾隆二十年，威弧遥指，戡定伊犁；续又削平诸回部，昆仑月窟，咸隶黄图。琛赆旅来，狄鞮重译。乃命考校诸番文字，定著是编。其部族之别，曰天山北路，曰天山南路，曰青海，曰西番。其门目之别，曰地，曰山，曰水，曰人。其文字之别，首列国书，以为枢纽；次以汉书详注其名义；次以三合切音曲取其音声；次列蒙古字、西番字、托忒字、回字，排比连缀，各注其译语、对音，使纲举目张，丝连珠贯。考译语之法，其来已久。然《国语》谓之舌人，特通其音声而已，不能究其文字。《左传》称楚人谓乳为穀，谓虎为於菟。《谷梁传》称吴人谓善为伊，谓稻为缓。亦于附近中国者通其声音之异，非于遐荒绝域识其书体、辨其音读也。惟《隋志》载有《蕃尔雅》，其书不传。度其所载，亦不过天曰撑犁、子曰孤涂之类，未必能知旁行右引之文。且书止一卷，疏略尤可想见。又《辍耕录》载：元杜本编《五声韵》，自大小篆、分隶、真草，以至外蕃书、蒙古新字，靡不收录。题曰《华夷同音》。然统以五声，则但能载其单字，不能联贯以成文。且外国之音多中国所不具，而本以中国之字领韵，乖舛必多。盖前代帝王，声教未能远播。山川绵邈，辗转传闻，自不免于讹漏。有元虽混一舆图，而未遑考正其文字。杜本以山林之士，区区掇拾，亦未能通其语言。我国家重熙累洽，含识知归。我皇上又神武奋扬，蒙汜以东，皆为属国。雁臣星使，来往骈阗。既一一谙其字形，悉其文义；追编摩奏进，又一一亲御丹毫，指示改正。故能同条其贯，和会诸方。一展卷，而异俗殊音皆如面语。非惟功烈之盛，为千古帝王所未有；即此一编，亦千古帝王所不能作矣。"

桂敬顺纂修《浑源州志》10卷刊行。
程云原本，蓝山增修《兴县志》18卷刊行。
吴高增纂修《行唐县新志》16卷刊行。
严文典修，任相纂《蒲台县志》4卷刊行。
吴九龄修，蔡履豫纂《长治县志》28卷刊行。
呼延华国修，吴镇纂《狄道州志》16卷刊行。
折遇兰纂修《正宁县志》18卷刊行。
陈裔虞修纂《博罗县志》14卷刊行。
张天如等修纂《永顺府志》12卷刊行。
郑之侨修纂《宝庆府志》84卷刊行。
江恂修，江昱纂《清泉县志》36卷刊行。
饶佺修，旷敏本纂《衡州府志》33卷刊行。
林有席修，严思浚、林有彬纂《东湖县志》30卷刊行。
邵遐龄修，谈有典纂《武昌县志》10卷刊行。
贺世骏修，沈成国、陈九鼎等纂《长乐县志》10卷刊行。
怀荫布修，黄任、郭赓武纂《泉州府志》76卷刊行。
廖文英、伦品单修，熊维典、钱正振纂《南康府志》12卷刊行。
王恒续纂《郯城县志》12卷刊行。
陈谋修纂《新明志略》10卷刊行。
董梦曾修纂《盐亭县志》4卷刊行。
雷伊修纂《江安县志》4卷刊行。 |

谢圣纶纂《滇黔志略》30卷刊行。

曹鹏翊、徐廷芳修,朱超玫、徐润纂《和平县志》8卷刊行。

何乐善修,王积熙等纂《福山县志》12卷刊行。

沈起元自编《敬亭公自订年谱》2卷成书。

秦蕙田奉命纂《音韵述微》,并诏取江永所著《四声切韵表》、《音学辨微》以备参考。

戴震作《书玉篇卷末声论反纽图后》、《书刘鉴切韵指南后》、《顾氏音论跋》、《书卢侍讲所藏宋本广韵》。

按:《清史稿·戴震传》曰:"其小学书有《六书论》三卷、《声韵考》四卷、《声类表》九卷、《方言疏证》十卷。汉以后转注之学失传,好古如顾炎武,亦不深省。震谓:'指事、象形、谐声、会意四者为书之体,假借、转注二者为书之用。一字具数用者为假借,数字共一用者为转注。初、哉、首、基之皆为始,卬、吾、台、予之皆为我,其义转相注也。'又自汉以来,古音浸微,学者于六书之故,靡所从入。顾氏《古音表》,入声与广韵相反。震谓:'有入无入之韵,当两两相配,以入声为之枢纽。真至仙十四韵,与脂、微、齐、皆、灰五韵同入声;东至江四韵及阳至登八韵与支、之、佳、咍、萧、宵、肴、豪、尤、侯、幽十一韵同入声;浸至凡九韵之入声,则从《广韵》,无与之配。鱼、虞、模、歌、戈、麻六韵,《广韵》无入声,今同以铎为入声,不与唐相配。而古音递转及六书谐声之故,胥可由此得之。'皆古人所未发。"

于光华始纂《文选集评》。

王曾祥著《静便斋集》10卷刊行。

沈德潜增订《唐诗别裁》为20卷刊行。

冯浩注《玉谿生诗笺注》3卷刊行。

按:李商隐诗注本甚多,至乾隆初,主要有朱鹤龄的《李义山诗集笺注》、程梦星的《重订李义山诗集笺注》、姚培谦的《李义山诗集笺注》三家。冯浩有感于诸家笺注之不足,遂就朱、程、姚三家本,存是补阙,纠正其误,同时采纳吴江徐逢源的未刊笺注本,以及冯舒、冯班、何焯、田兰芳、钱良择、杨守智、袁彪诸人的评说而成此书。冯浩的《玉谿生诗笺注》,今有上海古籍出版社1979年点校本。当代有刘学锴、余恕诚的《李商隐诗歌集解》(中华书局1988年版)。

严长明编定《千首宋人绝句》10卷成书,有毕沅序。

沈廷芳重订归有光《文章指南》为8卷刊行。

叶应震著《叶梧叟先生集》18卷刊行。

林源著《宛舫居文集》10卷刊行。

章学诚辑《壬癸尺牍》成书,今佚。

梅毂成卒(1681—)。毂成字玉汝,号循斋,安徽宣城人。梅文鼎孙。康熙五十三年进士,授翰林院编修,与修国史。《明史》开馆,与修《天文志》和《历志》。官至左都御史。卒谥文穆。曾参与修《数理精蕴》、《历象考成》等书。著有《增删算法统宗》11卷、《赤水遗珍》1卷、《操缦卮言》1卷等。事迹见《清史稿》卷五〇六、《清史列传》卷一七、李桓《国朝耆献类征初编》卷七三。

按:梅氏一家对历算皆有所成。梅毂成父以燕,字正谋,于算学颇有悟入,能助其父梅文鼎之思;梅瑴成第四子钫,字导和,瑴成纂《丛书辑要》60余卷,图皆钫所绘;梅文鼎从弟文鼏,字和仲,著有《步五星式》6卷;季弟文鼏,字尔素,著有《中西经星同异考》1卷、《授时步交食式》1卷。

史贻直卒(1682—)。贻直字儆弦,号铁崖,江苏溧阳人。康熙三十九年进士,授检讨。官至文渊阁大学士。卒谥文靖。奉敕修《工部则例》50卷。事迹见《清史稿》卷三〇三、《清史列传》卷一五、李桓《国朝耆献类征初编》卷一五、蔡冠洛《清代七百名人传》第一编、汤右曾《太保文渊阁大学士溧阳史文靖公贻直墓表》、彭启丰《光禄大夫经筵讲官太子太保文渊阁大学士兼吏部尚书史文靖公神道碑》(均见《碑传集》卷二六)。

沈起元卒(1685—)。起元字子太,号敬亭,江苏太仓人。康熙六十年进士,授翰林院编修。官至光禄寺卿。晚年主讲山东泺源书院。治学精于《易》。著有《周易孔义集说》20卷、《诗传叶音考》3卷及《敬亭集》等。事迹见《清史稿》卷三〇〇、《清史列传》卷七五、李桓《国朝耆献类征初编》卷七五、蔡冠洛《清代七百名人传》第一编、金之俊《光禄大夫太子太保左都御史徐公起元墓志铭》、彭绍升《故中大夫光禄寺卿前直隶布政使沈公起元事状》(均见《碑传集》卷八四)。沈起元自编有《敬亭自订年谱》。

明安图卒(1692—)。安图字静庵,蒙古正白旗人。诸生。官钦天监监正。受数学于圣祖,曾预修《御定历象考成后编》、《御定仪象考成》。积思30年,著成《割圜密率捷法》4卷。事迹见《清史稿》卷五〇六、《清史列传》卷七一。

按:徐世昌《清儒学案》卷五七《静庵学案》曰:"静庵求周径密率,自定捷法,出杜德美三术之上。是能以因为创,畴人之杰也。"

梁诗正卒(1697—)。诗正字养仲,号芗林,浙江钱塘人。雍正八年一甲三名进士,授编修。官至东阁大学士,兼吏部尚书。曾为《皇清文颖》馆副总裁、《文献通考》总裁。著有《矢音集》、《西清古鉴》等。事迹见《清史稿》卷三〇三、《清史列传》卷二〇、李桓《国朝耆献类征初编》卷二三、震钧辑《国朝书人辑略》卷四、王昶《太子太保东阁大学士梁文庄公诗正行状》(《碑传集》卷二七)。

朱桓约卒(约1697—)。桓字勋为,江苏宜兴人。雍正十一年进士,改翰林院庶吉士,散馆,授编修。充《八旗通志》馆纂修,日讲起居注官。乾隆三年充顺天乡试同考官。著有《毛诗名物略》10卷、《历代名臣言行录》24卷、《多识类编》12卷。事迹见《江苏艺文志·无锡卷》。

曹雪芹卒,生年不详。雪芹名霑,字梦阮,号芹溪居士(一说字芹圃,号雪芹),籍隶满洲正白旗所辖内务府包衣(一说籍隶正白旗汉军)。自曾祖起,三代任江宁织造,其祖曹寅尤为康熙帝所信任。雍正初,其父免职,产业被抄。家道从此衰落。积十年之力,著《红楼梦》,书未成而卒。事迹见朱一玄编《红楼梦资料汇编》。

焦循(—1820)、黄丕烈(—1825)、周孝埙(—1833)、莫与俦(—1841)、严杰(—1843)、王照圆(—1851)生;李汝珍(—约1830)约生。

梅新林 俞樟华 主编

中國學術編年

清代卷（中）

俞樟华 毛策 姚成荣 撰

华东师范大学出版社

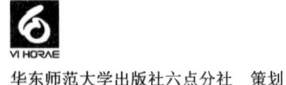
华东师范大学出版社六点分社　策划

全国高等院校古籍整理研究工作委员会重点项目
浙江省人文社科基地浙江师大江南文化研究中心重点项目

顾　问（按姓氏笔画）
甘　阳　朱杰人　朱维铮　刘小枫　刘跃进　安平秋　李学勤　杨　忠
束景南　张涌泉　黄灵庚　常元敬　崔富章　章培恒　詹福瑞

主　编
梅新林　俞樟华

总策划
倪为国

编　委（按姓氏笔画）
王德华　毛　策　叶志衡　包礼祥　宋清秀　邱江宁　陈玉兰　陈年福
陈国灿　林家骊　胡吉省　姚成荣　倪为国　曾礼军

乾隆二十九年　甲申　1764年

二月初八日庚戌(3月10日),大学士刘统勋奏准纂修起居注规则:除内阁副本各档及六科正本仍照例咨领摘录外,各部院上年事件于次年开印后造册送馆摘录。

三月初二日癸丑(4月2日),历代帝王庙自雍正十一年缮葺,至是告竣,乾隆帝亲诣行礼,并御制碑文。

四月二十八日己酉(5月28日),福建永安县童生邓文亮作《诚淫说》、《诚暴文》赴学院投递。《诚暴文》妄托梦见世宗皇帝(雍正)谕以机密事而作。巡抚定长请旨将邓文亮即行正法,乾隆帝命改斩候。

七月十一日辛酉(8月8日),命将官修《周易述义》、《诗义折中》、《春秋直解》颁发各省,依式刊行。

按:丁申《武林藏书录》卷一《杭州府学官书》条曰:"学有尊经阁,本南宋稽古阁遗址,旧藏书籍,岁久散佚。秦公世祯更命张公安茂纂辑《礼乐全书》,增购书籍,备多士弦诵。康熙四十五年颁御制《古文渊鉴》、《资治通鉴》等书,五十二年御纂《朱子全书》成,五十四年御纂《周易折中》成,皆颁发各直省学宫,以广诵习。雍正元年颁《钦定孝经衍义》一书,三年,议准将《圣谕广训》、御制《朋党论》颁发各省学政刊刻刷印,赍送各学。乾隆九年奏准《御纂性理精义》、《书》、《诗》、《春秋》三经《传说汇纂》,诸书虽经颁发,然士子众多,不足以资钞诵,令各省督抚藩司多行刷印,每学每种发给二部,以备士子钞诵,其《御纂三礼》告成后,再行颁给。又议准《三通》诸书,令各督抚酌量置办。乾隆元年,议准《律书渊源》应颁发直省所属各学,又议准各督抚于省会书院并有尊经阁之府州县学,应将《十三经》、《二十四史》诸书购买颁发,交与各该学教官接管。二年,奏准《日讲四书解义》每省各颁一部。十五年,议准《御纂三礼》甫经告成,奉旨颁发各省。二十九年,奉上谕,颁《周易述义》、《诗义折中》、《春秋直解》于学宫。三十年,颁发御制诗初集、二集、御制文初集,恭藏学中。二百年来,士子涵濡教泽,乐有渐摩,宜乎文教日隆,圣功益懋也。"

九月二十六日乙亥(10月21日),命大学士会同宗人府依据《实录》、《国史》分别考订国家开创时,显亲王、康亲王、简亲王、信郡王、顺承郡王、平郡王以及军功所封公等立功之端委、传派之亲疏,以备御览。

十一月初一日戊申(11月23日),《大清一统志》自乾隆八年竣已二十余年。至是,乾隆帝据御史曹学闵奏,命将西域新疆增入《大清一统志》。

按:乾隆《大清一统志》,是为了反映雍正元年(1723年)至乾隆时期国内情况大变化而续编的。历时20年,至乾隆四十九年(1784年)方才完成。全书共500卷,其体例与康熙《大清一统志》相同,只是增加了新疆地区和雍正至乾隆时期的变化内容。是为清代第二次修纂《大清一统志》。

英国修改其食糖法令以便向美洲殖民地征税。

詹姆斯·瓦特发明凝汽器,向蒸汽机的问世迈开了第一步。

纪昀丁父忧服阕,充日讲起居注官。

王昶充方略馆收掌官。

卢文弨升翰林院侍读学士。

秦蕙田委托卢文弨校勘《五礼通考》,卢氏校毕后,有《复秦味经先生校勘五礼通考各条书》。

按:梁启超《清代学术概论》曰:"清儒之有功于史学者,更一端焉,则校勘也。古书传习愈希者,其传抄踵刻,讹谬愈甚,驯至不可读,而其书以废。清儒则博征善本以校雠之,校勘遂成一专门学。其成绩可纪者,若汪中、毕沅之校《大戴礼记》,周廷采、赵怀玉之校《韩诗外传》,卢文弨之校《逸周书》,汪中、毕沅、孙诒让之校《墨子》,谢墉之校《荀子》,孙星衍之校《孙子》、《吴子》,汪继培、任大椿、秦恩复之校《列子》,顾广圻之校《国语》、《战国策》、《韩非子》,毕沅、梁玉绳之校《吕氏春秋》,严可均之校《慎子》、《商君书》,毕沅之校《山海经》,洪颐煊之校《竹书纪年》、《穆天子传》,丁谦之校《穆天子传》,戴震、卢文弨之校《春秋繁露》,汪中之校贾谊《新书》,戴震之校《算经十书》,戴震、全祖望之校《水经注》,顾广圻之校《华阳国志》。诸所校者,或遵善本,或据他书所征引,或以本文上下互证,或是正其文字,或厘定其句读,或疏证其义训,往往有前此不可索解之语句,一旦昭若发蒙。"

王念孙与任大椿、程瑶田、刘台拱书札往还,讲求古学。

章镳应天门知县之聘,主持修纂《天门县志》,章学诚参与其事,并作《修志十议呈天门胡明府》。

按:此志今不传,现存章学诚所作的《天门县志艺文考序》、《天门县志五行考序》、《天门县志学校考序》三篇序文,从中可见章学诚早期的方志学理论和观点。

翁方纲督学广东,凡三任。

王杰提督福建学政。

陈宏谋任汉协办大学士。

洪亮吉始学为骈体文。

刘大櫆与程瑶田、方矩等同游黄山,作有《游黄山记》。

严长明、陆锡熊、程晋芳、曹仁虎等共作《京师食品联句》。

王文清再主岳麓书院,作《岳麓书院箴九首》,以训勉生徒。

童钰在苏州卖画,作咏梅花诗,至是年共作咏梅花诗3313首。

李遵唐时任山西闻喜知县,创建香山书院。

蔡述谟时任福建尤溪知县,建开山书院。

元克冲时任江西乐平知县,建翥山书院。

程化鹏时任江西信丰知县,建桃江书院。

李莪时任四川新都知县,建繁江书院。

俞尔昌时任四川仁寿知县,建鳌峰书院,又名卓英书院。

周颂时任四川江安知县,建龙门书院。

蒋肇堃在云南彝良建奎垣书院。

王显绪时任云南广南知府,建青莲书院。

袁文观时任陕西铜川知县,建颖阳书院。

蒋允焄时任台南知府,建南湖书院。

王恪著《周易衷孔》12卷刊行。

敕纂《钦定大清会典》100卷、《钦定大清会典则例》180卷成。

按：《四库全书总目提要》曰："《钦定大清会典》一百卷，乾隆二十九年奉敕撰。伏考《国朝会典》，初修于康熙三十三年，续修于雍正五年，至是凡三经厘定。典章弥备，条目弥详。考昔成周之制，百度分治以六官，六官统汇于《周礼》。圣人经世之枢要，于是乎在。虽越数千载，时势异宜，政令不能不增，法制不能不改，职守亦不能不分，难复拘限以六官，而其以官统事，以事隶官，则实万古之大经，莫能易也。故历代所传，如《唐六典》、《元典章》、《明会典》递有损益，而宏纲巨目不甚相远。然其书之善否，则不尽系编纂之工拙，而系乎政令之得失。盖一朝之会典，即记一朝之故事。故事之所有，不能删而不书，故事之所无，亦不能饰而虚载。故事有善有不善，亦不能有所点窜变易。如《唐六典》先颁祥瑞之名目，分为三等，以待天下之奏报，殆于上下相罔。然当时有此制，秉笔者不能不载也。又如至正条格中偏驳不公之令，经御题指摘者，人人咸喻其非，然亦当时有此制，秉笔者不能载也。国多秕政，安怪书多驳文乎？至于《周礼》一经，朱子称其盛水不漏。亦其时体国经野，事事为万世开太平。故其书亦传之万世，尊为法守，非周公有所涂饰于其间也。我国家列圣相承，文谟武烈，垂裕无疆，规画既皆尽善。我皇上执两用中，随时损益，又张弛皆衷于道，增删悉合其宜。则是书之体裁精密，条理分明。足以方驾《周礼》者，实圣主鸿猷上轶丰镐也。夫岂历代规条所能望见涯涘乎。"又曰："《钦定大清会典则例》一百八十卷，乾隆二十九年奉敕撰。与《大清会典》同时告成。《会典》原本，以则例散附各条下，盖沿历代之旧体。至是乃各为编录，使一具政令之大纲，一备沿革之细目，互为经纬，条理益明。"

章学诚纂《和州志》3卷成，又与修《天门县志》，作《修志十议》。

按：章学诚对地方志非常重视，提出了"志属信史"的口号，认为方志与正史价值相等。他在《州县请立志科议》中说："有天下之史，有一国之史，有一家之史，有一人之史。传状志述，一人之史也；家乘谱牒，一家之史也；郡府县志，一国之史也；综纪一朝，天下之史也"，"谱牒散而难稽，传志私而多谀。朝廷修史，必将于方志取其裁"（《文史通义》卷六）。在《文史通义》中，保存了章学诚为撰写《和州志》而作的多篇文章，如《和州志皇言纪序例》、《和州志官师表序例》、《和州志选举表序例》、《和州志氏族表序例上》、《和州志氏族表序例中》、《和州志氏族表序例下》、《和州志舆地图序例》、《和州志田赋书序例》、《和州志艺文书序例》、《和州志政略序例》、《和州志列传总论》、《和州志阙访列传序例》、《和州志前志列传序例上》、《和州志前志列传序例中》、《和州志前志列传序例下》、《和州文征序例》等，这些文章，比较全面地反映了章学诚的方志编撰思想。

费廷珍修，胡釴等纂《直隶秦州新志》12卷刊行。

许起凤修，高登科纂《宝鸡县志》10卷刊行。

言如泗修，吕临等纂《解州全志》18卷刊行。

言如泗修，吕临、郑必阳纂《解州安邑县志》16卷刊行。

言如泗修，熊名相等纂《解州安邑运城县志》16卷刊行。

言如泗修，莫溥等纂《解州芮城县志》16卷刊行。

言如泗修，李遵唐纂《解州夏县志》16卷刊行。

言如泗、韩夔典修，杜若拙、荆如棠纂《解州平陆县志》16卷刊行。

袁文焕纂修《隆平县志》10卷刊行。

亚当·安德森发表《商业起源》。

塞扎里·贝卡里亚—博内萨纳著成《论犯罪和惩罚》。

查理·邦尼特发表《静观自然》。

伏尔泰编纂成《哲学词典》。

J.J.温克尔曼发表《古代艺术史》。

尤淑孝修，李元正纂《即墨县志》12卷刊行。

宫懋让修，李文藻等纂《诸城县志》46卷刊行。

冯振鸿修纂《鱼台县志》13卷刊行。

王瑛曾修纂《重修凤山县志》12卷刊行。

纪黄中等修，宋宣纂《仪封县志》12卷刊行。

曹聚昆修，邝永锴纂《邵阳县志》42卷刊行。

金廷烈修纂《澄海县志》29卷刊行。

顾奎光修纂《桑植县志》4卷刊行。

邹应元修，盛大谟纂《武宁县志》30卷刊行。

李其昌修纂《南笼厅志》8卷刊行。

黄文理修纂《隆昌县志》12卷刊行。

王承燨修纂《青神县志》11卷刊行。

黄元基修纂《灵山县志》12卷刊行。

舒启修，吴光升纂《柳州府马平县志》10卷刊行。

王锦修，吴光升纂《柳州府志》40卷刊行。

李宏湑修，蒋日莱纂《象州志》4卷刊行。

宋真德秀《真西山全集》由拱极堂刊行，附真采编《西山真文公年谱》1卷。

李斗始著《扬州画舫录》。

华希闵校订华希闵旧纂《广事类赋》刊行。

刘肇虞选评《元明八大家古文选》13卷刊行。

孙洙编《唐诗三百首》8卷成书。

按：乾隆二十八年春，孙洙与其继室夫人徐兰英有感于《千家诗》选诗标准不严，体裁不备，体例不一，遂相互商榷，开始编选《唐诗三百首》。他们选择唐诗中脍炙人口之作，以体裁为经，以时间为纬进行编辑，历时两年，编成此书。全书选入唐代诗人77位，计310首诗，其中五言古诗33首，乐府46首，七言古诗28首，七言律诗50首，五言绝句29首，七言绝句51首，诸诗配有注释和评点。此书以后成为唐诗中最好的选本之一，几乎家喻户晓，以至有"熟读唐诗三百首，不会做诗也会吟"的民谚。

陈祖范著《陈司业集》11卷刊行。

吴翌凤始纂《梅村诗集笺注》。

按：吴翌凤字伊仲，号枚庵，江苏长洲人。另著有《与稽斋丛稿》等。

王昶著《蒲褐山房集》成书。

毕沅著《听雨楼存稿》4卷。

翁方纲辑《药洲诗话》6卷成书。

钱陈群著《香树斋文集》28卷刊行。

尹继善著《斯文精粹》成书，有自序。

薛雪陆续刊所著《一瓢斋诗存》6卷、《抱珠轩诗存》6卷、《吾以吾鸣集》1卷。

李百川著长篇小说《绿野仙踪》80回在本年前后成书。

杨潮观著《吟风阁杂剧》刊行。

韩锡胙著《砭真记》传奇，翻《西厢记》案。

钱德苍增补玩花主人所辑《缀白裘》本年开始刊行。

按：钱德苍字沛思，号镜心居士，江苏苏州人。

徐大椿著《兰台轨范》8卷刊行。

按：《四库全书总目提要》曰："《兰台轨范》八卷，国朝徐大椿撰。大椿持论，以张机所传为主，谓为古之经方，唐人所传，已有合有不合，宋、元以后，则弥失古法。故是编所录病论，惟取《灵枢》、《素问》、《难经》、《金匮要略》、《伤寒论》、隋《巢元方病源》、唐孙思邈《千金方》、王焘《外台秘要》而止，所录诸方，亦多取于诸书。而宋以后方则采其义有可推，试多获效者。其去取最为谨严。每方之下，多有附注，论配合之旨与施用之宜，于疑似出入之间，辨别尤悉。较诸家方书但云主治某证而不言其所以然者，特为精密。独其天性好奇，颇信服食之说，故所注《本草》，于久服延年之论，皆无所驳正。而此书所列通治方中，于《千金方》钟乳粉、《和剂局方》玉霜圆之类，金石燥烈之药，往往取之。是其过中之一弊，观是书者亦不可不知其所短焉。"

徐大椿著《徐灵胎医略六书》刊行。

按：是书包括《内经要略》1卷、《脉诀启悟》2卷、《药性切用》6卷、《伤寒约编》8卷、《杂病证治》9卷、《女科指要》6卷。

叶桂著《临证指南医案》10卷由华岫云编辑成书。

高不骞卒（1678— ）。不骞字査客，晚号小湖，江苏华亭人。康熙帝南巡至松江，诏求名士，不骞以布衣召试，授翰林院待诏。著有《方舆考略》、《月令辑要》、《商榷集》、《罗裙草》、《傅天集》、《松玕书屋集》。事迹见《清史列传》卷七〇、李桓《国朝耆献类征初编》卷一四三、震钧辑《国朝书人辑略》卷三、沈大成《翰林院待诏高先生不骞墓表》（《碑传集》卷四四）。

按：沈大成《翰林院待诏高先生不骞墓表》曰："自俗学盛行，士皆溺于故习而不知反诸古，盖举世之通病矣。有好古读书之君子出焉，或且以为骇，久之而其说大明，其人已逝，往往有不可及之叹，恨不朝夕其侧而上下论议也。先生幼承太常公之训，长亲炙秀水朱检讨，而交吴中惠红豆、何义门、张匠门诸名士，故嗜古最深而痛绝乎流俗。"

纪容舒卒（1685— ）。容舒字迟叟，献县人。纪昀之父。康熙五十二年恩科举人，历任户部、刑部属官，官至姚安府知府，故又称姚安公。著有《唐韵考》5卷、《杜律疏》8卷、《玉台新咏考异》10卷。

按：《四库全书总目提要》评《唐韵考》曰："初，隋陆法言作《切韵》，唐礼部用以试士。天宝中，孙愐增定其书，名曰《唐韵》。后宋陈彭年等重修《广韵》，丁度又作《礼部韵略》，为一代场屋程序。而孙氏之书渐佚，唐代旧韵，遂无复完帙。惟雍熙三年，徐铉校定许慎《说文》，在大中祥符重修《广韵》以前，所用翻切，一从《唐韵》，见于铉等《进书表》。容舒以为：翻切之法，其上字必同母，其下字必同部，谓之音和；间有用类隔法者，亦仅假借其上字，而不假借其下字；因其翻切下一字，参互钩稽，辗转相证，犹可以得其部分。乃取《说文》所载《唐韵》翻切，排比分析，各归其类，以成此书。"又评《杜律疏》曰："此书因顾宸所撰《辟疆园杜诗注解》繁碎太甚，又多穿凿，乃汰其芜杂，参以己意，以成是编。初名《杜诗详解》。后以所解皆律诗，又字字句句备为诠释,体近于疏,因改今名焉。"又评《玉台新咏考异》曰:"是编因徐陵《玉台新咏》自明代以来,刊本不一,非惟字句异同,即所载诸诗,亦复参差不一。……故容舒是编,参考诸书,裒合各本,仿《韩文考异》之例,两可者并存之,不可通者阙之,明人刊本,虽于义可通,而于古无征者,则附见之。各笺其弃取之由,附之句下,引证颇为赅备。"

金农卒(1687—)。农字寿门、司农、吉金,号冬心、稽留山民、曲江外史、昔耶居士、百二砚田富翁、荆蛮民等,浙江钱塘人。乾隆元年举博学鸿词,不就。工画梅,间写佛像,为"扬州八怪"之一。著有《冬心先生集》4卷等。事迹见《清史稿》卷五〇四、《清史列传》卷七一、李桓《国朝耆献类征初编》卷四三六。

何梦瑶卒(1692—)。梦瑶字报之,号西池,晚年自称研农,广东南海人。岭南著名医学家。何氏颖悟绝伦,十岁能文,十三工诗,雍正八年进士。博学多才,旁通百家,特别与朋友"极论西历、平弧、三角、八线等法"。康熙六十年(1721),惠士奇督学广东,检考郡邑诸生,对何梦瑶甚为器重,认何氏为"入室弟子,亲受其业",与劳考兴、吴世忠、罗天尺、苏珥、陈世和、陈海六、吴秋等一时并起,故有"惠门八子"之称。雍正二年,惠士奇再督粤学,考举优行,特免何梦瑶检试,且曰:"何生文行并优,吾所素悉",并赞誉其为"南海明珠"。何氏一生著述甚丰。诗文方面有《菊芳园诗抄》、《庄子敬》、《皇极经世易知录》8卷、《庚和录》、《胡金竹梅花四体诗笺》、《大沙古迹诗》、《紫棉楼乐府》等;数学方面有《算迪》8卷、《三角辑要》等;医学方面有《医碥》7卷、《伤寒论近言》、《幼科良方》、《妇科良方》、《医方全书》等。事迹见《清史稿》卷四八五、《清史列传》卷七一、李桓《国朝耆献类征初编》卷二三〇。

按:《清史稿》本传曰:"何梦瑶,字报之,南海人。惠士奇视学广东,一以通经学古为教。梦瑶与同里劳孝舆、吴世忠,顺德罗天尺、苏珥、陈世和、陈海六,番禺吴秋一时并起,有'惠门八子'之目。……性长于诗,兼通音律算术。谓蔡元定《律吕新书》,本原九章,为之训释。更取《御制律吕正义》研究八音协律和声之用,述其大要。参以曹廷栋琴学,为书一编。时称其决择精当。又著《算迪》,述梅氏之学,兼阐《数理精蕴》、《历象考成》之旨。江藩谓近世为此学者,知有法,不知法之所以然;知之者,惟梦瑶也。"

黄祐卒(1701—)。祐字启彬,号宁拙,又号素堂,江西新城人。雍正元年进士,授编修。充《八旗志》分修官。著有《江南救荒录》、《芦汀晚笔》、《河上余闻》等。事迹见李桓《国朝耆献类征初编》卷二一〇。

秦蕙田卒(1702—)。蕙田字树峰,号味经,江苏金匮人,乾隆元年一甲三名进士。历官礼部侍郎、刑部侍郎、工部尚书、刑部尚书、翰林院掌院学士等职,加太子太保。卒谥文恭。通经能文章,尤精于《三礼》。著有《五礼通考》262卷及《周易象日笺》、《味经窝类稿》等。事迹见《清史稿》卷三〇四、《清史列传》卷二〇、李桓《国朝耆献类征初编》卷八一、蔡冠洛《清代七百名人传》第四编、钱大昕《光禄大夫经筵讲官太子太保刑部尚书秦文恭公墓志铭》(《潜研堂文集》卷四二)。

按：《清史稿》本传曰："蕙田通经能文章，尤精于《三礼》，撰《五礼通考》，首采经史，次及诸家传说儒先所未能决者，疏通证明，使后儒有所折衷。以乐律附吉礼，以天文历法、方舆疆理附嘉礼。博大闳远，条贯赅备。又好治《易》及音韵、律吕、算数之学，皆有著述。"

顾奎光卒(1719—　)。奎光字星五，江苏无锡人。乾隆十五年进士，先后官湖南泸溪、桑植县知县。喜搜考文献，著有《泸溪县志》、《桑植县志》。博学多识，于经尤精于《春秋》，著《春秋随笔》2卷，记录其研究《春秋》之心得。又著《然疑录》6卷，对宋代胡安国《春秋传》多有批驳。另有诗文集20卷。事迹见《清史列传》卷七二。

袁廷梼(　—1810)、张问陶(　—1814)、鲍桂星(　—1826)、吴修(　—1827)、张琦(　—1833)、李富孙(　—1843)、阮元(　—1849)生。

乾隆三十年　乙酉　1765年

正月十一日丁巳(1月31日)，准许八旗大臣子弟一体参加科举考试，毋庸奏明请旨。

十六日壬戌(2月5日)，乾隆帝第四次南巡。

闰二月二十日乙丑(4月9日)，通谕中外：凡庙讳、御名避讳仍照旧例，前此学政纪昀所请改刊经书及武英殿校改书版俱不必行。

四月二十一日丙寅(6月9日)，南巡结束，乾隆帝返回京师。

五月二十二日丙申(7月9日)，总督尹继善、巡抚庄有恭以盐城县民周煌批注《纲鉴易知录》，"毁谤我朝，大逆不道"，请旨将其即行凌迟处死。

二十六日庚子(7月13日)，乾隆帝命将供奉内廷之西洋画家郎世宁等所绘平定准回得胜图（"乾隆战功图"）十六幅发往西洋，制作铜版，各印一百张，随铜版一同送回。

按：十六幅图名为：《平定伊犁受降》、《格登鄂拉斫营》、《鄂垒扎拉图之战》、《和落霍斯之捷》、《库陇癸之战》、《乌什酋长献城降》、《黑水围解》、《呼尔璊大捷》、《通古思鲁克之战》、《霍斯库鲁克之战》、《阿尔楚尔之战》、《伊西洱库尔淖尔之战》、《拔达克山汗纳款》、《平定回部献俘》、《郊劳回部成功诸将士》、《凯宴成功诸将士》。参与绘画者有郎世宁、艾启蒙（奥国人）、王致诚（法国人）和定得义（籍罗马）四位西洋传教士。

六月二十三日丁卯(8月9日)，开馆重修国史列传。

按：乾隆帝阅实录，并参之以国史，以为国史原撰列传止有褒善，恶者贬而不录，是以降旨：大臣列传不宜有褒无贬，徒事夸美，贤臣自当据实立传，获罪废弃之人，亦应直笔特书。据此命将国初以来已有大臣列传重加考正核实，其未经立传文武大臣,并综其生平实迹,各为列传。凡立传均以实录、内阁红本为据,按事排纂。本年七月任命大学士傅恒、尹继善、刘统勋为国史馆正总裁,协办大学士陈宏谋等为副总裁(《清高宗实录》卷七三九)。

九月十五日戊子(10月29日),乾隆帝再论国史纂修事宜。

按:谕曰:"列传体例,以人不以官。大臣中如有事功、学术足纪,及过迹罪状之确可指据者,自当直书其事,以协公是公非。……且如儒林,亦史传之所必及,果其经明雪粹,虽韦布之士不遗,又岂可拘于品位,使近日如顾栋高辈,终于淹没无闻耶?"(《清高宗实录》卷七四四)

十一月初八日己卯(12月19日),各省书院主讲习者习称"山长",至是令改为"院长"。

是年,命"《赋役全书》开载额征正杂钱粮,及应支俸工料价等项,其不经名目,不一而足。最明白简便者,莫如《奏销》一册,前列山地田荡、版荒新垦,次列三门九则额征本折地丁、起解留支。一经开册,了如指掌。此书大指,即其张本,嗣后刊刻《全书》,均以《奏销》所开条款为式,每逢应修之年,止将十年内新垦新坍各总数,添注于下,其余不经名目,一概删除"(光绪《大清会典事例》卷一七七《户部·田赋·赋役全书》)。

斯帕兰扎尼建议使用熔接密闭进行防腐。

钱大昕充浙江乡试副考官,识拔邵晋涵,师生结谊。

按:钱大昕《送邵冶南序》曰:"始予典试浙江,得余姚邵子与桐,知其经学湛深,能以古文为后时文。今春天下贡士集礼部,主司思拔其汲古不为俗学者,以救墨卷浮滥剽袭之失,而与桐裒然为举首。榜出,海内有识者咸曰:'数十科来,无此才矣!'"(《潜研堂文集》卷五)

戴震六月读胡渭《禹贡锥指》引《水经注》,有疑。经考证,始知胡氏所以致误,实由唐以来经、注互讹。因就郦道元所注,考定经文,别为《水经》1卷。

戴震入都,途经苏州,作《题惠定宇先生授经图》,表彰惠栋学术。

按:文中有云:"前九年,震自京师南还,始睹先生于扬……明年,则又闻先生殁于家。今徒拜观遗像……自愧学无所就……莫能窥先生涯涘。然病夫《六经》微言,后人以歧趋而失之也。言者辄曰:'有汉儒经学,有宋儒经学,一主于故训,一主于义理。'此诚震之大不解也者。夫所谓理义,苟可以舍经而空凭胸臆,将人人凿空得之,奚有于经学?惟空凭胸臆之卒无当于贤人圣人之理义,然后求之古经。求之古经而遗文垂绝,今古悬隔也,然后求之故训。故训明则古经明,古经明则贤人圣人之理义明。而我心之所同者,乃因之而明。贤人圣人之理义非他,存乎典章制度者是也。松崖先生之为经也,欲学者事于汉经师之故训,以博稽三古典章制度,由是推求理义,确有据依。彼歧故训、理义二之,是故训非以明理义,而故训胡为?理义不存乎典章制度,势必流入异学曲说而不自知。其亦远乎先生之教矣。"(《戴震全集》第六册)钱穆《中国近三百年学术史》认为,自戴震在扬州见过惠栋以后,学术思想发生了重要转变,接受了吴学惠派思想,此文就是明证。

纪昀续修族谱。

章学诚三至京师应顺天乡试,又不中。同考官沈业富延至家中,使其著述校雠;又经沈氏介绍,始学文于朱筠。是年,始见刘知幾《史通》。

按：朱筠时为翰林院编修，好奖掖后进，与沈业富、翁方纲、张曾敞四人，号称当时学术界的"四大金刚"。章学诚以后作《湖北按察使冯君家传》时曾曰："余自乾隆三十年乙酉，三落顺天解第，遂留京师，游大兴朱先生筠门。朱先生负海内重望，同朝称知契者，皆一代名贤。"（《章氏遗书》卷二八）

王昶充方略馆提调官。

卢文弨充广东乡试正考官。

陆锡熊充山西乡试副考官。

赵怀玉与程晋芳同寓京师，赵每有所作，辄向程求正。赵落第南还，程以诗送之。

彭绍升中进士。

段玉裁访钦天监监正何国宗。

刘大櫆以"荒山野水终残年"诗寄姚鼐，自诉遭际。

沈德潜迎驾常州，加太子太傅，乾隆赐其孙维熙举人。

刘台拱从同里王雒师学，始见王懋竑、朱泽沄二人书，遂笃志程朱之学。

董秉纯跋全祖望《经史问答》。

刘统勋、尹继善充国史馆总裁，陈宏谋为副总裁，蒋良骐等为纂修官。

金榜、陆费墀在乾隆帝南巡时受召试，赐举人，授内阁中书；王念孙献颂册，赐举人。

彭启丰以兵部尚书充顺天乡试正考官，副考官为兵部侍郎钟音。

许如兰中举人，大挑知县，分发福建，因亲老改江西。

孟超然充广西乡试副考官，升员外郎。

洪朴中拔贡，授中书。

按：洪朴字素人，号伯初，安徽歙县人。与弟洪榜、洪梧皆有学识，世称"三洪"。遗文由其弟洪梧辑为《伯初文存》1卷，刊入《二洪遗稿》。

顾镇掌教庐山白鹿书院。

令狐亦岱时任浙江缙云知县，建金莲书院。

李世杰在安徽芜湖建中江书院。

罗洪钰时任江西崇义知县，建阳明书院。

贺朝冕时任广东揭阳知县，建梅冈书院。

江壎时任广东电白县巡检，建双峰书院。

李翰时任广东临高知县，建临江书院。

陶敦和时任同知，于四川叙永县建丹山书院。

王定九时任四川中江知县，建斗山书院。

郑国祠时任同知，于四川南川建丹山书院。

叶书绅时任四川大竹知县，建振文书院。

孟衍泗时任贵州长顺知州，建广阳书院。

周家琰时任陕西眉县知县，建横渠书院。

王琬著《周易集注》11卷、《图说》1卷成书，有自序。

C. F. 尼古拉

| 在柏林编辑大众哲学报刊《德国普通图书》。

A. R. J. 杜尔哥发表《对财富形成及分配的感想录》。

按：《四库全书总目提要》曰："琬，渭南人。是书成于乾隆乙酉，自序称年八十有一，盖积一生之力为之也。……其大旨虽亦纠绕图学，然所说均自出新意，亦可备一解。惟以《十翼》兼象辞、爻辞数之，未免于古无稽。其解经亦皆敷衍成文，殊乏精义，盖所注意惟在《图说》而已。"

翟均廉著《周易章句证异》11卷刊行。

按：《清史列传》卷六八本传曰："翟均廉，字春沚，仁和人。乾隆三十年举人，官内阁中书。著《周易章句证异》十一卷，取《周易》古今诸本篇章句读之同异，逐卦逐爻，悉为胪列，考证精确。所言皆有依据，胜郭京《举正》以意刊改，托言于王、韩旧本者也。又著《海塘录》二十六卷，浙江海塘在海宁州南，唐宋以来，递有修筑，均廉征引各书，考订赅洽。卷首载圣祖、高宗亲临相度及诏谕，尤足以昭示后来。"

陆陇其著《四书讲义困勉录》37卷刊行。

按：《四库全书总目提要》曰："是书因彦陵张氏《讲义》原本，删剟精要，益以明季诸家之说，而参配以己意。凡《大学》一卷、《中庸》二卷、《论语》二十卷、《孟子》十四卷。创始于顺治戊戌，草稿尚未全定而陇其殁。后其族人公穆始为缮写编次，其门人席永恂等为之刊板。其曰《困勉录》者，则陇其所自署也。明自万历以后，异学争鸣。攻《集注》者固人自为说，即名为阐发《集注》者，亦多阳儒阴释，似是而非。陇其笃信朱子，所得于《四书》者尤深。是编荟粹群言，一一别择。凡一切支离影响之谈，刊除略尽。其羽翼朱子之功，较胡炳文诸人有过之无不及矣。"

陈鹤龄著《十三经字辨》8卷刊行。

按：陈鹤龄字瑶宾，江苏南通人。初著有《五经四书字辨》，后又自为补订，以成此书。

吴浩著《十三经义疑》12卷刊行。

按：吴浩字养斋，华亭人。是书解经不为空谈，是研究《十三经》的参考资料。《四库全书总目提要》曰："是书取诸经笺注，标其疑义，考订之力颇勤。……盖于注疏之学虽未能贯通融会，而研究考证，具有根柢，视剽剟语录，枵腹谈经，徒以大言臆断者，则胜之远矣。"

沈廷芳著《十三经注疏正字》81卷刊行。

按：《四库全书总目提要》曰："是编校正《十三经注疏》，以监本、重修监本、陆氏闽本、毛氏汲古阁本参互考证，而《音义》、《释文》则以徐氏通志堂本为准。……故是书所举，或漏或拘，尚未能毫发无憾。至于参稽众本，考验六书，订刊版之舛讹，祛经生之疑似。《注疏》有功于圣经，此书更有功于《注疏》。较诸训诂未明而自谓能穷理义者，固有虚谈、实际之分矣。"

蒋良骥辑成《东华录》32卷。

按：东华门是清廷国史馆的所在地，作者曾任国史馆纂修官，故以此名书。是书记载清五帝六朝的史事，保存了许多为今本《清实录》所未载的历史文献资料，是研究清初历史的必备书。初以抄本行世，至咸丰、同治年间始有刻本多种。1980年中华书局出版有标点本。

齐召南、汪沆纂《永嘉县志》26卷刊行。

吴山凤纂修《涿州志》22卷刊行。

邹尚易纂修《阜平县志》4卷刊行。

高继允修，姚孔硕、涂逢豫纂《太谷县志》6卷刊行。

韦之瑗纂修《稷山县志》10卷刊行。

陈锳修，吕天芹、叶铭等纂《顺昌县志》10卷刊行。
张成德修，李友洙、张我观纂《直隶绛州志》20卷刊行。
汤登泗纂修《垣曲县志》14卷刊行。
拉昌阿修，王本智纂《绛县志》14卷刊行。
袁文观纂修《同官县志》10卷刊行。
汪永聪纂修《甘泉县志》8卷刊行。
傅尔泰修，陶元藻纂《延平府志》46卷刊行。
方鼎修，朱升元纂《晋江县志》16卷刊行。
卢崧、朱若烜修，陆嘉颖、闵鉴纂《南丰县志》40卷刊行。
张宗商纂《葭州志》成书。
王瞪修纂《遂昌县志》12卷刊行。
金学超纂《丽水志稿》4卷刊行。
黄簪世续修，王又曾纂《海宁县志》12卷刊行。
王祖肃等修，虞鸣球纂《武进县志》14卷刊行。
陈廷柱、汪邦宪修，虞鸣球、董朝纂《阳湖县志》12卷刊行。
彭方周修，顾时鸿、王立礼纂《甫里志》24卷刊行。
杨楚枝修，郭正嘉纂《翁源县志》8卷刊行。
席绍葆等修，谢鸣谦、谢鸣盛纂《辰州府志》50卷刊行。
李莳修，旷敏本纂《祁阳县志》8卷刊行。
黄德星修纂，李宏湑续修《全州志》12卷刊行。
张德源修纂《资阳县志》16卷刊行。
王凯亭、张文伦修纂《筠连县志》8篇成。
罗文思修纂《石阡府志》8卷刊行。
陈奇典修，刘慥纂《永北府志》28卷刊行。
胡翼修，章镳、章学诚纂《天门县志》24卷刊行。
李永锡、程廷栻修，徐观海等纂《将乐县志》16卷刊行。
胡德琳修，何明礼、章承茂纂《济阳县志》14卷刊行。
僧今释编《平南王元功垂范》2卷刊行。
姚培谦纂《类腋》55卷成书。
赵廷栋著《永宇溪庄识略》刊行，附作者自编《永宇溪庄识阅历》1卷。
翁方纲著《韵字辨同》5卷刊行。
黄叔灿著《唐诗笺注》10卷，沈德潜作序。
冯浩著《樊南文集详注》8卷成书，钱维城作序。
王鸣盛辑刻《宝山十家诗》10卷。又自定《西庄始存稿》30卷，门人张涛作序。
宋在诗著《怀古堂偶存文稿》4卷刊行。
陈瑸著《陈清端公文集》8卷刊行。
高珩著《栖云阁文集》15卷刊行。
蔡显著《红蕉诗话》成书。

姜辰熙著《陵阳山人诗钞》刊行。

王正功著《中书典故汇纪》8卷成书。

按：王正功字拙余，一字茞山，浙江仁和人。雍正举人，官至湖北襄阳府同知。以后赵辑宁对此书做过校补，杭世骏作序。

程廷祚著《莲花岛》传奇成。

方成培著《雷峰塔》传奇成。

吴烺、程名世等合辑《学宋斋词韵》1卷刊行。

赵学敏著《本草纲目拾遗》10卷成，有自序。

按：作者除涉猎大量文献外，还根据药草的采集和栽培的见闻，以及临床经验，为李时珍的《本草纲目》补充了其未收的716种药物，同时还对其已收的161种药物的记述作了补正。该书总计收入了921种药物，此外还记述了有关当时传入中国的西方医学的见闻，被誉为《本草纲目》以后的药学书的集大成。

方观承编制《棉花图》成书。

郑燮卒(1693—)。燮字克柔，号板桥，江苏兴化人。乾隆元年进士。为人疏放不羁，官潍县令时，因岁饥为民请赈忤大吏，乞疾归。居扬州，声誉大著。善诗工书、画，世称"三绝"。著有《板桥全集》，手书刻之。为"扬州八怪"之一。事迹见《清史稿》卷五○四、《清史列传》卷七二、李桓《国朝耆献类征初编》卷二三三、震钧辑《国朝书人辑略》卷四、蔡冠洛《清代七百名人传》第五编、法坤宏《书潍县知县郑燮事》(《碑传集》卷一○三)。

丁敬卒(1695—)。敬字敬身，号龙泓山人，又号钝丁、砚林、梅农、孤云、石叟、身翁、丁居士、玉几翁、玩茶叟、研林外史、胜怠老人等，浙江钱塘人。乾隆初举博学鸿词不就，卖酒街市。工诗善画，精篆刻，好金石文字，为"西泠八家"之首。著有《武林金石录》10卷、《砚林印存》1卷及《龙泓山馆诗钞》3卷、《砚林诗集》4卷、《砚林集续拾遗》1卷等。事迹见《清史列传》卷七一、李桓《国朝耆献类征初编》卷四三六、震钧辑《国朝书人辑略》卷四。

按：丁敬的篆刻，独树一帜，据当时汪启淑在《续印人传》中说："古拙峭折，直追秦汉，于主臣(何震)、啸民(苏宣)外，另树一帜。两浙久沿林鹤田派，钝丁力挽颓风，印灯续焰，实有功也。"

谢震(—1804)、汪光燨(—1807)、翁树培(—1809)、舒位(—1815)、陈经(—1817)、宋世荦(—1821)、赵坦(—1828)、顾莼(—1832)、洪颐煊(—1833)生。

乾隆三十一年　丙戌　1766年

法国合并洛林

三月二十日己丑(4月28日)，谕令增加拣选会试下第举人名额，以加速疏通举人铨选的壅滞。

四月二十四日癸亥(6月1日),乾隆帝亲定本科殿试三鼎甲:状元张书勋,榜眼姚颐,探花刘跃云。

二十五日甲子(6月2日),御太和殿,传胪,赐一甲张书勋等3人进士及第,二甲陆费墀等68人进士出身,三甲黄本田等142同进士出身。是科会试正考官为尚书尹继善,副考官为侍郎裘曰修、陆宗楷。

五月初十日戊寅(6月16日),道教正一真人来朝,乾隆帝命加恩视三品秩,永为例。

二十六日甲午(7月2日),国史馆进新纂《洪承畴传》,于故明唐王朱聿键加以"伪"字。乾隆帝谕:"若明之唐王、桂王设竟以为伪,所谓矫枉过正。即明末诸臣如黄道周、史可法等,在当时抗拒王师,固诛戮之所必及。今平情而论,诸臣各为其主,节义究不容掩。朕方嘉予之,又岂可概以伪臣目之乎?"(《清高宗实录》卷七六一)

十月十五日辛亥(11月16日),赐中式武举一甲成龙、黄宗杰、彭先龙3人武进士及第;二甲李芳园等5人武进士出身;三甲赵攀龙等43人同武进士出身。

十一月十二日戊寅(12月13日),贵州按察使高积奏请禁止苗民"跳月"等习俗,乾隆帝不准。

十二月初四日庚子(1767年1月4日),以诚亲王允祉、大学士傅恒为《玉牒》馆正总裁。

戴震入都会试不第,居新安会馆,面辞段玉裁拜师之请。

按:段玉裁曾曰:"是年玉裁入都会试,见先生(指戴震),云:近日做得讲理学一书,谓《孟子字义疏证》也。"(《戴震文集》附录)其实戴震是年所作的,并不是此书,而是《原善》三篇的扩大本,段氏当时没有查问清楚,故晚年撰《年谱》时推断有误。据段玉裁《戴东原先生年谱》乾隆三十一年条载:"始玉裁癸未请业于先生,既先生南归,玉裁以札问安,遂自称弟子。先生是年至京,面辞之,复于札内辞之。又有一札云:'上年承赐札,弟收藏俟缴,致离舍时,匆匆检寻不出。在吾兄实出于好学之盛心,弟亦非谦退不敢也。古人所谓友,原有相师之义,我辈但还古之友道可耳。今将来札奉缴。'观于姬传及玉裁之事,可以见先生之用心矣。直至己丑相遇,先生乃勉从之。朱文正公尝曰:'汝二人竟如古之师弟子,得孔门汉代之家法也。'"

章学诚在京交程晋芳、吴烺等,并与吴烺从朱筠学,又因郑虎文识戴震,询其所学。是年,章学诚作《与族孙汝楠论学书》,提出准备撰《文史通义》的愿望。

按:章学诚是年春夏之交主动到休宁会馆初次拜会戴震,对其以后的思想发展影响很大。戴震去世后,章学诚曾有《答邵二云书》,专门讨论到戴震的学术与心术问题,其中对他们首次相会的情况有具体介绍:"来书于戴东原自称《原善》之书欲希两庑牲牢等语,往复力辩,决其必无是言。足下不忘死友,意甚可感!然谓仆为浮言所惑,则不然也。戴君虽与足下相得甚深,而知戴之深,足下似不如仆之早。丙戌春夏之交,仆因郑诚斋(虎文)太史之言,往见戴氏休宁馆舍,询其所学,戴为粗言崖略,仆即疑郑太史言不足以尽戴君。时在朱先生门,得见一时通人,虽大扩生平闻见,而

公国。

《印花税法》被废除,但废除法令中写明英国对美洲殖民地拥有征税权。

北美殖民地梅逊—狄克逊分界线确定。

亨利·卡文迪什发现氢的浓度要低于空气。

求能深识古人大体,进窥天地之纯,惟戴可与几此。而当时中朝荐绅负重望者大兴朱氏,嘉定钱氏实为一时巨擘,其推重戴氏,亦但云训诂名物,六书九数,用功深细而已。及见《原善》诸篇,则群惜其有用精神耗于无用之地。仆当时力争朱先生前,以谓此说似买椟而还珠,而人微言轻,不足以动诸公之听。足下彼时,周旋嘉定、大兴之间,亦未闻有所抉择,折二公言,许为乾隆学者第一人也。惟仆知戴最深,故勘戴隐情亦最微中。其学问心术,本无足为轻重,实有瑕瑜不容掩者,已别具专篇讨论,箧藏其稿,不敢示人,恐惊曹好曹恶之耳目也。"(《章氏遗书》佚篇)

赵翼充会试同考官,尹继善为正考官。

卢文弨充湖南学政,以条陈学政事宜不当,部议降三级用。

杭世骏掌教扬州安定书院。

蒋士铨主讲绍兴蕺山书院。

陈宏谋充《玉牒》馆副总裁。

汪辉祖中进士,官湖南宁远知县。

陆费墀中进士,改翰林院庶吉士。

李文藻致书纪昀,求为其先人撰墓志铭。

王念孙入都会试,得江永《古韵标准》读之,始知顾炎武所分十部,犹有罅漏,江氏之书亦未尽善,遂以己意重加编次,分古音为21部。

罗有高在苏州交汪缙。

程晋芳有《与家绵庄书》,推许程廷祚新著《彖爻求是说》。

武亿年二十二,始入学。

孙志祖中进士。

王懿修中进士,选翰林院庶吉士,授编修。

王世勋中进士,十年后始为惠州永安知县。

按:王世勋字凌衢,浙江镇海人。著有《尚书发微》、《毛诗正韵》、《左氏传补注》等。

劳敦樟时任河北广宗知县,于城东创建凤台书院。

郑廷珠等在浙江桐乡创建崇文书院。

李天植时任安徽庐江知县,建潜川书院。

康基渊时任河南嵩县知县,修建伊川书院。

许耀祖时任湖南石门知县,建秀峰书院。

曾受一时任四川长寿知县,建凤山书院。

按:曾受一字正万,广东东安人。乾隆三年(1738)举人。《清史列传·曾受一传》曰:"受一好读朱子书,玩性命之旨者数十年。尝谓朱子《集注》主释经,贵严约而不尽其辞,故作《或问》以畅达其意。盖注采程门诸家之精粹,而《或问》辨程门诸家之得失,因著《四书解义》、《朱子或问》、《语类文集义纂》。清江杨锡绂敦崇正学,以人才为性命,见受一书,即以礼学相期许。又博稽史传,考洙泗以来,下逮元明诸儒获闻斯道之传者,著《尊闻录》八卷。漳浦蔡新称其定见知闻知之统,屏俗学杂学之陋,严阳儒阴释,近理乱真之防,粹然一出于正。又于听政之暇,举历代礼乐刑政、治乱得失之大,推本经义,旁及诸史,著《学古录》六卷。大兴朱称其思精体大,读之见本知末,如见古圣人之迹之心,以是为有本之学、有用之文。归后九载,授徒讲学,复著《易说》四卷、《春秋解义》四卷。"

乾隆三十一年　丙戌　1766年

杨周冕时任四川德阳知县，建双江书院。
额乐春时任陕西澄城知县，建玉泉书院。
胡建伟时任台湾澎湖通判，建文石书院。
西洋修士巴新进京充宫内御医。

戴震著《杲溪诗经补注》成书，又增订旧作《原善》为3卷。
　　按：《续修四库全书总目提要》曰："此为震未完之书，故止《周南》、《召南》二卷。乾隆中叶以来，考据诸儒，其说经皆尊信汉学，不取宋儒之论，或偶引及，亦必辟之。盖当时风气使然，非尽门户之见也。震之补注《诗经》，乃屡采朱熹《集传》，于'肃肃兔罝'，则取《集传》曰：'肃肃，整饬貌'。于《草虫》三章，则引《集传》曰：'大夫行役在外，其妻感时物之变而思之如此。'皆舍毛、郑而从朱。其用心之公，一时无两。今人论戴氏学术有曰：戴氏其补正毛、郑《诗》颇采朱氏《集传》，其文中或尊称为子朱子，明其推重朱氏也。"

戴震始著《孟子字义疏证》。
李文渊著《左传评》3卷成书。
　　按：《四库全书总目提要》曰："文渊字静叔，益都人。《春秋左传》本以释经，自真德秀选入《文章正宗》，亦遂相沿而论文。近时宁都魏禧、桐城方苞于文法推阐尤详。文渊以二家所论尚有未尽，乃自以己意评点之。仅及僖公二十四年，而文渊夭逝，书遂未毕。其兄文藻裒次遗稿，编为三卷，刊版于潮阳。末有文藻跋，称其潜心《易》、《礼》两经，取古人图象传注罗而绎之者数年，以至于病且死，故所评阅，多未终卷云。"

敕纂《钦定乾隆漕运则例纂》20卷成书。
梁玉绳著《汉书人表考》9卷成书。
纪昀续修《纪氏家谱》成，撰《景城纪氏家谱序例》。
吴炳纂修《陇州续志》8卷刊行。
达灵阿修，周方炯、高登科纂《凤翔府志》12卷刊行。
李遵唐纂修《闻喜县志》12卷刊行。
张象魏纂修《三原县志》22卷刊行。
吴鳌修，朱基等纂《博野县志》8卷刊行。
钟赓华纂修《柏乡县志》10卷刊行。
茅应奎纂《东西林汇考》8卷刊行。
孔维龙修纂《黟县志》12卷刊行。
曾萼修纂《恩平县志》10卷刊行。
郑采宣原本，杨德麟续修，陈虞昭续纂《灵川县志》4卷刊行。
邱峨修，吕宣曾纂《新安县志》14卷刊行。
高大成修，李光甲纂《嘉禾县志》26卷刊行。
李章埕修，张施仁、赵先第纂《伊阳县志》4卷刊行。
鲁笔著《楚辞达》1卷刊行。
闻人倓著《古诗笺》32卷由芷兰室刊行。
沈德潜著《归愚诗钞余集》10卷刊行。

莱辛发表《拉奥孔》。

王鸣盛辑《江浙十二家诗选》24卷成书，所著《西庄始存稿》30卷刊行。

朱筠辑其与程晋芳、章学诚、吴烺诸人诗为《椒花吟舫小集》。

陈毅辑同时代之布衣寒士诗为《所知集》，初编12卷成。

按：陈毅字直方，号古渔，江苏江宁人。是书为诗歌总集，初编有乾隆三十一年(1766)刊本，二编8卷有乾隆三十九年(1774)刊本，三编12卷有乾隆五十六年(1791)眠云阁精刊本。

邵玘、屠德修辑《国朝四大家诗钞》24卷刊行。

汪之珩辑《东皋诗存》48卷、诗余2卷刊行。

朱嵩龄著《朱予斋集》6卷刊行。

宋琬著《安雅堂未刻稿诗文》10卷、《荔裳诗抄》2卷刊行。

雷琳、张杏滨著《赋抄笺略》15卷刊行。

蒲松龄文言短篇小说集《聊斋志异》刊行。

王府版画《南巡盛典图》成。

戴震著《声韵考》初成。

按：段玉裁《戴东原先生年谱》曰："是年，先生所注《声韵考》四卷以成，同志传写。凡韵书之源流得失，古音之由渐明备，皆隐括于此。玉裁刻诸蜀中。癸巳后，先生又取玉裁《音均表》之说：'支、佳一部，脂、微、齐、皆、灰一部，之、咍一部，汉人犹未尝通用，画然为三'，补入'论古音'卷内，李大令(文藻)刻诸广东，孔户部又刻诸曲阜。二刻与前刻详略不同。"

吴仪洛著《伤寒分经》10卷成书。

叶桂著《临证指南医案》刊行。

屈成霖卒(1683—)。成霖字起商，江苏常熟人。乾隆元年进士，官卢龙知县，擢景州知州。著有《景州志》、《习是编》、《经史参同》。事迹见邵齐焘《屈成霖墓志铭》(《玉芝堂文集》卷六)。

郎世宁卒(1688—)。世宁字若瑟，意大利耶稣会士。康熙五十四年(1715)来华传教，后钦召进京，历奉康、雍、乾三朝皇帝，任清宫廷画家，参与修建圆明园工事，是中西文化交流史上一位具有代表性的著名画家。曾在御前面请缓和教禁。《燕京开教略》一书直誉"郎世宁片言之功，有胜千百之奏疏"。事迹见《清史稿》卷五○四。

姚培谦卒(1693—)。培谦字平山，号鲈香居士、鲈香老人，江苏松江人。诸生。雍正间被荐，不赴。好刻书，尤喜刻巾箱小本。著有《春秋左传杜注补辑》30卷、《楚辞节注》6卷、《唐宋八家诗钞》52卷、《松桂读书堂集》8卷、《文心雕龙笺注》、《李义山诗集笺注》、《宋诗百一钞》、《元诗百一钞》、《乐善堂赋注》、《经史臆见》、《朱子年谱》、《类腋》、《自知集》、《如兰集》等。事迹见王嘉曾《姚培谦传》(《闻音室遗文》)。

卢明楷卒(1702—)。明楷字端臣，号钝斋，江西宁都人。乾隆十六年进士。历任编修、侍讲学士、协办内阁学士、武英殿总裁官、詹事。曾典河南、顺天乡试，提督河南学政。事迹见李桓《国朝耆献类征初编》卷一二

七、钱大昕《卢明楷神道碑》(《潜研堂文集》卷四一)。

何国宗卒,生年不详。国宗字翰如,顺天大兴人。康熙五十一年进士,改翰林院庶吉士,命直内廷学算法,编辑《律历渊源》。乾隆间充算学馆、律吕馆总裁,参与勘测、编绘《皇舆全览图》和《乾隆内府皇舆图》等。官至礼部尚书。著有《地球图说》等。事迹见《清史稿》卷二八三、李桓《国朝耆献类征初编》卷七一。

按:《清史稿》本传曰:"国宗以明算事圣祖,又幸老寿,迨高宗朝,诣新疆测绘。康熙、乾隆两《内府图》皆躬与编摹。揆之于古,其裴秀、贾耽之伦欤?"

姚堃(　—1822)、姚学塽(　—1826)、时铭(　—1827)、王引之(　—1834)、吴嵩梁(　—1834)、顾广圻(　—1835)、文鼎(　—1852)生。

乾隆三十二年　丁亥　1767年

二月初二日丙申(3月1日),开三通馆,命续辑《文献通考》,新编《通典》、《通志》。

按:谕曰:"前开馆续纂《文献通考》一书,并添辑本朝一切典制,分门进呈,朕亲加披览,随时裁定。全书现在告竣,经总裁等奏,请将馆务停止。因思马端临《通考》,原踵杜佑《通典》、郑樵《通志》而作,三书实相辅而行,不可偏废。曩因旧本多讹,曾命儒臣详为校勘,镌刻流传,嘉惠海内。今《续通考》复因王圻旧本,改订增修。惟《通典》、《通志》,向未议及补辑,士林未免抱阙如之憾。著仍行开馆,一体编辑。"(《清高宗实录》卷七八三)

六月初五日丁酉(6月30日),蔡显以所著《闲渔闲闲录》"语含诽谤,意多悖逆"而被凌迟处死,书及板片被销毁,作序之闻人侊等发遣伊犁。

按:谕军机大臣等:"高晋等奏,刊刻逆书之举人蔡显等,究拟分别凌迟斩决一折,已批三法司核拟速奏。蔡显身系举人,辄敢造作书词,恣行怨诽,情罪重大,实为天理国法所难容。但阅原书内签出各条,多属侘傺无聊,失志怨愤之语,朕方以该犯尚无诋毁朝政字句,其情与叛逆犹去一间,或可原情酌减。及细检未签各处,如称戴名世以《南山集》弃市,钱名世以年案得罪;又'风雨从所好,南北否难分',及《题友袈裟照》有'莫教行化乌场国,风雨龙王欲怒嗔'等句,则系有心隐跃其词,甘与恶逆之人为伍,实为该犯罪案所系。……至为逆犯作序之闻人侊,目击书词狂悖,甘为附和,并不举首,其情深属可恶,非仅援杖流之例可蔽厥辜。"(《清高宗实录》卷七八六)自《闲渔闲闲录》案始,文字狱又开始泛滥。

十一月十八日戊申(1768年1月7日),闽浙总督苏昌、浙江巡抚熊学鹏奏报齐周华逆词案。

按:齐周华原为浙江天台县生员,雍正九年吕留良案结案前,曾遵旨陈情,请释放吕留良,遂被永远禁锢。乾隆二十一年回原籍,刻有《名山藏》、《需郊录》、《赠言集》等书稿。是年十月,熊学鹏至天台盘察仓库,齐周华遮道告发其妻及堂兄、原任

第一次迈索尔战争爆发。

纽约议会因拒绝支持军队食宿而被解散。

侍郎齐召南等,结果在其所著书中查出"牢骚狂悖之言",十二月狱具,齐周华被凌迟处死,刻字匠杖责,枷号。齐召南著来京候旨(《清高宗实录》卷八〇〇)。

十二月初四日甲子(1月23日),以原任侍郎齐召南为逆犯齐周华跋《台岳游记》,且未能稽查劝阻其刊刻逆书,命来京候旨。经审理,原拟流放,乾隆帝加恩宽宥,被递解回籍,闭门思过(《清高宗实录》卷八〇一)。

钱大昕因病辞去翰林院侍讲学士职,返回故乡,从事著述。

按:段玉裁为钱大昕所作的《潜研堂文集序》曰:"先生始以辞章鸣一时,既乃研精经史,因文见道;于经文之舛误,经义之聚讼而难决者,皆能剖析源流。凡文字、音韵、训诂之精微,地理之沿革,历代官制之体例,氏族之流派,古人姓字、里居、官爵、事实、年齿之纷繁,古今石刻篆隶可订六书故实,可裨史传者,以及《古九章算术》,自汉迄今中西历法,无不了如指掌。至于累朝人物之贤奸,行事之是非疑似难明者,大典章制度昔人不能明断其当否者,皆确有定见。盖先生致知格物之功可谓深矣!夫自古儒林,能以一艺成名者罕;合众艺而精之,殆未之有也。"(《潜研堂文集》卷首)

戴震访求《九章算术》二十余年,不可得,疑《永乐大典》或尝录之,书在翰林院中,遂在友人帮助下,入翰林院文库阅览《永乐大典》。

赵翼、王昶、朱筠、毕沅、于敏中、陆锡熊、严长明、刘纶、刘星炜、杨述曾、阮葵生等先后在京师参修《历代通鉴辑览》。

段玉裁景山万善殿教习期满,住于户部,戴震在京时曾过访之。

王念孙由京师南还,沿途登山临水,皆赋诗写志,共得诗20首,合为《丁亥诗钞》1卷。

纪昀服阕,补侍读,充日讲起居注官,晋左庶子。充三通馆提调兼辑修。

吴烺、褚寅亮充《历代通鉴辑览》校对官。

傅恒、尹继善、刘统勋充三通馆正总裁,陈宏谋、陆宗楷、舒赫德充三通馆副总裁。

汪辉祖始交邵晋涵。

任大椿以所著《礼仪经传考订》部分稿寄其师朱筠教正。

朱筠奉诏撰修《顺天府志》,章学诚等人参与其事。

刘献在浙江龙泉建金鳌书院。

陈之铨时任泉州知府,建清源书院。

吴大勋时任江西信丰知县,建莲山书院。

周梦龙时任河南永城知县,建芒山书院。

柴桢时任湖南新田知县,建清溪书院。

顾芝在广东连县建西溪书院。

马权时任四川江油知府,建龙门书院。

段琪时任四川天全知州,建和川书院。

罗鳌时任陕西凤翔知县,建凤起书院。

曾凤翔时任甘肃榆中知县,建增秀书院。

法国重农学派创始人魁奈因发表《中国的专制制度》,被誉为"欧洲的孔子"。

罗典著《读易管见》10 卷刊行。
江声著《尚书集注》成书。
程晋芳始著《尚书今文释义》第一稿。
李光坡著《礼记述注》28 卷刊行。
刘墉、嵇璜等奉敕纂《钦定续通典》144 卷。

按：《四库全书总目提要》曰："《钦定续通典》一百四十四卷，乾隆三十二年奉敕撰。杜佑《通典》终于天宝之末，是书所续，自唐肃宗至德元年，讫明崇祯末年。凡《选举》六卷，《职官》二十二卷，《礼》四十一卷，《乐》七卷，《兵》十二卷，《刑》十六卷，《州郡》十八卷，《边防》四卷，《食货》十八卷，篇目一仍杜氏之旧。惟杜氏以兵制附《刑》后，今则兵、刑各为一篇，稍有不同。……至于编纂之例，唐代年纪稍远，旧典多亡，五代及辽，文献靡征，史书太略，则旁搜图籍以求详；明代见闻最近，杂记实繁，宋、金及元，著作本多，遗闻亦夥，则严核异同以传信。总期于既精既博，不滥不遗。案《宋史·艺文志》有宋白《续通典》二百卷。今其书已亡。陈振孙《书录解题》载其'咸平三年奉诏，四年九月书成，起唐至德初，迄周显德末'。又载'王钦若言杜佑《通典》，上下数千载为二百卷，而其中四十卷为《开元礼》。今之所载二百余年，亦如前书卷数，时论非其复重'。兹编仰禀圣裁，酌乎繁简之中。而九百七十八年内，典制之源流，政治之得失，条分件系，纲举目张。诚所谓记事提要，纂言钩元。较诸杜氏原书，实有过之无不及，宋白所续，更区区不足道矣。"《四库全书》本外，另有光绪二十二年浙江书局刊本、1935 年《万有文库》本，商务印书馆 1937 年编《十通索引》可备查检。

刘墉、嵇璜等奉敕纂《钦定续通志》527 卷。

按：《四库全书总目提要》曰："《钦定续通志》五百二十七卷，乾隆三十二年奉敕撰。纪传谱略，一仍郑氏之旧。惟郑氏列传因诸史旧文，标题错互，而又稍有所改窜。如《史记》无隐逸传，则析伯夷、四皓诸人以当之。《史记》无方术传，则析司马季主、扁鹊诸人以当之。《后汉书》无孝友传，则析毛义、江革诸人以当之。《三国志》无忠义传，则析典韦诸人以当之。体例自相矛盾，不因不创，乃至于非马非羸。今参考异同，折衷沿革，定为二例：一曰异名者归一。如《五代史·家人传》析入《后妃》、《宗室》，《一行传》析入《隐逸》、《孝友》，《元史·儒学传》析入《儒林》、《文苑》，《宋史·道学传》并入《儒林》，《元史·释老传》并入《方伎》，《唐书》、《明史》、《公主传》附缀《宗室》。庶各核其实，无致多歧。一曰未备者增修。如《唐书》之《奸臣》、《叛臣》、《逆臣传》，《明史》之《阉党》、《流贼》、《土司传》，皆诸史所无，而其目实不可易。今考核事体，亦分立此门。又孔氏世系封爵，《明史》附入《儒林传》。今则从郑氏原书《孔子列传》例，补立《孔氏后传》。至于五朝国史，以贰臣别为列传，新出圣裁。于旌别淑慝之中，寓扶植纲常之意，允昭褒贬之至公，实为古今之通义。今亦恪遵彝训，于前代别立此门，以昭彰瘅。较诸原书体例，实详且核焉。《二十略》中，变其例者亦有三：一为《艺文略》。郑氏但列卷数书名。今各补撰人名氏爵里。一为《图谱略》。郑氏原以《索象》、《原学》、《明用》三篇辨其源流，又以《记有》、《记无》二篇考其存佚。今删除诸名，别以经学、天文、地理、世系、兵刑、食货、算术、儒学、医药为子目。一为《昆虫草木略》。所纪动植之类，不比文章典制，有时代可分。考郑氏原书，惟以所撰《诗名物志》、《尔雅补注》、《本草外类》约而成编。……今惟于未载者补其阙遗，已载者正其讹误。至其炼石煮丹之类，事涉迂怪，则概不续增。盖虽同一传而条理倍为

摩西·门德尔松发表《不朽的灵魂》。

J. J. 温克尔曼编著《未曾出版的反基督教文物》。

天文学家罗亚尔·内维尔·马斯基林发行《航海天文历》。

约瑟夫·普里斯特列著成《电的今昔》。

分明，虽同一略而考证尤为精核。斯由于仰承睿鉴，得所折衷，与郑氏之徒为大言，固迥然异矣。"有光绪二十二年浙江书局刊本、光绪二十七年上海图书集成局铅印本、1935年《万有文库》本，商务印书馆1937年编《十通索引》可备查检。

敕纂《钦定皇朝通典》100卷成书。

按：《四库全书总目提要》曰："《钦定皇朝通典》一百卷，乾隆三十二年奉敕撰。以八门隶事，一如杜佑之旧。其中条例则或革或因。如钱币附于《食货》，马政附于《军礼》，兵制附于《刑法》。于理相近，于义有取者，今亦无所更易。至于古今异制，不可强同。如《食货典》之榷酤、算缗，《礼典》之封禅，前朝弊法，久已为圣代所除，即一例从删，不复更存虚目。又《地理典》以统包历代，分并靡常。疆界参差，名称舛互。故推原本始，以九州岛提其大纲。今既专述本朝，自宜敬遵今制。况乎威弧震叠，式廓畎章。东届出日之邦，西括无雷之国。山河两戒，并隶职方。近复戡定冉駹，开屯列戍。皇舆广阔，更非九州岛旧界所能包。故均以《大清一统志》为断，不更以《禹贡》州域紊昭代之黄图。至杜氏述唐朝掌故与历代共为一书，故皆分缀篇终。其文简略，亦体裁所限，不得不然。今则专勒一编，式昭国典，当法制修明之世，鸿猷善政，史不胜书。故卷目加繁，溢于旧笈。且杜氏所采者，惟《开元礼》为详。今则谟烈昭垂，各成完帙。礼有《大清通礼》、《皇朝礼器图式》，乐有圣祖御制《律吕正义》、皇上御制《律吕正义后编》，刑有《大清律例》，兵有《中枢政考》，地理有《皇舆表》、《大清一统志》、《钦定日下旧闻考》、《盛京通志》、《热河志》、《满洲源流考》、《皇舆西域图志》。又有《大清会典》及《则例》总其纲领，《八旗》及《六部则例》具其条目。故缕分条系，端委详明，用以昭示万年，诚足媲美乎《官》、《礼》，又岂杜氏之掇拾残文，裒合成帙所可同日语哉！"

敕纂《钦定皇朝通志》200卷成书。

按：《四库全书总目提要》曰："《钦定皇朝通志》二百卷，乾隆三十二年奉敕撰。二十略之目，亦与郑樵原本同，而纪传年谱则省而不作。盖实录国史，尊藏金匮，与考求前代，删述旧文，义例固不侔也。至于二十略中，有原本繁而今汰者三：《都邑略》中，樵兼载四裔所居，非但约略传闻，地多无据，且外邦与帝京并列，义亦未安，今惟恭录兴京、盛京、京师城阙之制，以统于尊；《谥略》中，樵分三等二百十品，多所臆定，今惟恭录赐谥，以昭其慎；《金石略》中，樵所采颇杂，今惟恭录列圣宝墨、皇上奎章，兼及御定《西清古鉴》、《三希堂帖》、《淳化轩帖》、《兰亭八柱帖》诸刻，余悉不登，以涤其滥。有原本疏而今补者二：《天文略》中，樵惟载《步天歌》，今则敬遵圣祖仁皇帝御制《仪象考成》、《灵台仪象志》、皇上御制《仪象考成后编》，会通中西之法，以究象纬之运行；《地理略》中，樵以四渎统诸水，而州县郡道，以水为别，今则于其不入四渎者，大河以北如盛京、京畿诸水，大江以南如浙、闽、瓯、粤诸水，以及滇南、漠北诸水自入南北海者，并一一补载。而河有重源，今底定西域而始知者，亦恭录圣制，以昭示来兹。有原本冗琐而今删并者三：《艺文略》中，樵所列既多舛讹；《校雠略》中，樵所举亦未精确；《图谱略》中，樵分记有、记无二类而记无多至二十六门，既多虚设，如击桐、试马、斗羊、对雉诸图，尤猥杂无取。今并以《钦定四库全书总目》为断，以折其中。有原本之所未闻者三：《六书略》中，以国书十二字头括形声之变化，并以《钦定西域同文志》胪列蒙古、西番、托忒、回部诸字。丝牵珠贯，音义毕该，非樵之穿凿偏旁所知也；《七音略》中，以国书合声之法为翻切之总钥，而两合、三合之中有上下连书，有左右并书，有重声大书，轻声细书。以《钦定同文韵统》为华梵之通津，以天竺五十字母，配合成一千二百十二音，又以西番三十字母别配合成四百三十四音，而各释以汉音，汉音不具，则取以合声，非樵株守等韵所知也；《昆虫草木略》中，樵分八类，《五朝续通志》已为补漏订讹。至于中国所无而产于遐方，前代所无而出于今日，如金莲花、夜亮木之类，见于《钦定广群芳谱》；普盘樱、额堪达罕、秦达罕之类，见于圣祖仁皇帝《几暇格物编》；北天竺鸟沙尔器、火鸡、箬漠鲜、知时草之类，见于《御制诗集》；如奇石、密食、鹭鹭尔之类，见于《钦定西域图志》，尤非樵之抱残守匮所知矣。盖创始之作，考校易疏，论定之余，体裁益密。生于衰微之世，则耳目难周，生于明备之朝，则编辑易富。樵当宋之南渡，局于见闻。又草创成书，无所质证，故踌驳至于如斯。以视遭遇昌期，仰蒙圣训，得以搜罗宏富，辨证精详，以成一代巨观者，其瞠乎莫逮，亦良有由矣。谨案：郑樵《通志》入别史，《钦定续通志》亦入别史，均以兼有纪传故也。至《皇朝通志》惟有十二略，则名为通志，实与通典、通考为类，故恭录于政书之中。"

陈宏谋等奉敕纂《钦定物料价值则例》220卷。

纪昀删浦起龙注《史通》本为《史通削繁》4卷，有自序。

顾诒禄纂《虎丘志》24卷。

令狐亦岱修，沈鹿鸣纂《缙云县志》8卷刊行。

刘玉瑗修纂《砀山县志》14卷刊行。

何琪纂《唐栖志略稿》2卷刊行。

张九钺、乔大椿修，王金英纂《峡江县志》14卷刊行。

吴镛修，陶元藻纂《同安县志》30卷刊行。

席芑修纂《寿州志》12卷刊行。

邹锡畴修，方引彦等纂《遂安县志》10卷刊行。

罗鳌修，周方炯、刘震纂《凤翔县志》8卷刊行。

阿思哈、嵩贵修纂《续河南通志》80卷刊行。

萧应植修，沈椁庄纂《济源县志》16卷刊行。

康基渊修纂《嵩县志》30卷刊行。

李世保修，张圣功、王在璋纂《云南县志》4卷刊行。

王诵芬修纂《宜良县志》4卷刊行。

薛宁廷、薛介廷编《小轮老人年谱》2卷成书。

梁同书著《古铜瓷器考》2卷成书，有自序。

杭世骏次旅居扬州诗为《韩江集》。

沈德潜著《归愚诗余》1卷、《归愚文钞余集》8卷刊行。

袁景辂、陈毓升等辑《国朝松陵诗征》20卷成书。

刘执玉编《国朝六家诗钞》8卷刊行，沈德潜作序。

王鸣盛辑生平交游之能诗者十二家为《苔岑集》20卷刊行。

顾宗泰著《月满楼文集》6卷刊行。

蒋重光辑《昭代词选》38卷刊行。

王文治著《归人集》成书。

郑王臣辑《莆风清籁集》60卷刊行，钱琦作序。

按：郑王臣字慎人，一字兰陔，福建莆田人。乾隆间拔贡生，官至兰州知府。另著有《兰陔诗集》。

宋宗元辑《网师园唐巾诗笺》18卷成书，有自序。

按：宋宗元字悫庭，江苏元和人。曾协助秦蕙田纂《五礼通考》。另著有《巾经纂》等。

史震林著《华阳散稿》2卷刊行。

天花藏主人辑小说集《天花藏合刻七才子书》刊行。

王琦辑医学丛书《医林指月》12种刊行。

按：是书共辑集宋、元、明、清时医著12种，计有《医学真传》、《质疑录》、《医家心法》、《易氏医案》、《芷园臆草存案》、《伤寒金镜录》、《痎疟论疏》（附《痎疟疏方》）、《达生篇》、《扁鹊心书》、《本草崇原》、《侣山堂类辨》、《学古诊则》。每书后均附王琦跋文，简述作者生平及医著内容。现存多种清刻本。

程廷祚卒（1691——　）。廷祚初名默，字启生，号绵庄，晚号青溪居士，江苏上元人。乾隆元年召试博学鸿词，当路者欲招致门下，被拒，竟不用。自此闭门治经。曾著《古文尚书冤冤词》批驳毛奇龄的《古文尚书冤词》，后补充修订成《尚书通议》20卷。又著有《春秋识小录》3卷、《礼说》2卷、《青溪诗说》20卷、《鲁论说》4卷、《大易择言》30卷、《易通》6卷及《青溪诗文集》等。事迹见《清史稿》卷四八〇、《清史列传》卷六六、李桓《国朝耆献类征初编》卷四二〇、程晋芳《绵庄先生墓志铭》（《碑传集》卷一三三）。

按：姚鼐《程绵庄文集序》曰："今观绵庄之立言，可谓好学深思，博闻强识者矣。而顾惜其好非议程、朱，盖其始厌恶科举之学，而疑世之尊程、朱者，皆束于功令，未必果当于道。及其久，意见益偏，不复能深思熟玩于程、朱之言，而其辞遂流于蔽陷之过而不自知。近世如休宁戴东原，其才本超越乎流俗，而及其为论之僻，则更有甚于流俗者，绵庄所见，大抵有似东原。"（《惜抱轩诗文集》后集卷一）《清史稿》本传曰："初识武进恽鹤生，始闻颜、李之学。康熙庚子岁，塨南游金陵，廷祚屡过问学。读颜氏《存学编》，题其后云：'古之害道，出于儒之外；今之害道，出于儒之中。颜氏起于燕、赵，当四海倡和翕然同气之日，乃能折衷至当，而有以斥其非，盖五百年间一人而已。'故尝谓：'为颜氏其势难于孟子，其功倍于孟子。'于是力屏异说，以颜氏为主，而参以顾炎武、黄宗羲。故其读书极博，而皆归于实用。"《清史列传》本传曰："廷祚深于经学，能确然言其所言，无所依附。尝曰：'墨守宋学，已非；墨守汉学，尤非。'其论《易》，力排象数，惟以义理为宗，于汉人爻变互体、飞伏纳甲诸法，宋人河洛、先天诸图，及乘承比应诸例，悉扫而空之。……于《书》攻毛奇龄《古文冤词》之说，于《春秋》考官名、地名、人名，颇为精核。惟学宗颜、李，好非议程、朱。后桐城姚鼐见所著书，称廷祚好学深思，博闻强识，而持论稍偏，与休宁戴震颇相似云。"

卢焯卒（1693——　）。焯字光植，号汉亭，山东益都人，隶属汉军镶黄旗。历官直隶武邑知县、福建巡抚、鸿胪寺少卿、湖北巡抚等。著有《观津录》、《牧亳政略》、《秉臬中州录》、《抚闽略》、《抚浙略》。事迹见《清史稿》卷三三七、吕星垣《卢焯神道碑》（《碑传集》卷七一）。

杨述曾卒（1698——　）。述曾字二思，号企山，江苏武进人。杨椿子。乾隆七年举一甲二名进士，授翰林院编修。曾充《御批通鉴辑览》馆纂修官。著有《南圃文稿》20卷。事迹见《清史列传》卷七一、刘纶《杨述曾墓志铭》（《国朝耆献类征初编》卷一二四）。

商盘卒（1701——　）。盘字宝意，号苍雨，浙江会稽人。雍正八年进士，改翰林院庶吉士，散馆，授编修。后出为云南元江知府。著有《质园诗集》32卷。辑有《越风》初编15卷、二编15卷。事迹见《清史列传》卷七一、李桓

《国朝耆献类征初编》卷二三〇、蔡冠洛《清代七百名人传》第五编。

臧庸（ —1811）、郭麐（ —1831）、江沅（ —1838）、吴德旋（ —1840）、欧阳辂（ —1841）生。

乾隆三十三年　戊子　1768年

正月十八日丁未（3月6日），广西巡抚宋邦绥奏称，原御史、道员谢济世所赠齐周华《添髯记》叙内有"悖逆"诗句，于其家抄得《梅庄杂著》一书又"多有怨诽狂悖之处"，请按律办理。命将《梅庄杂著》书板销毁，谢济世已死，不必追究，其子亦不株连（《清高宗实录》卷八〇二）。

三月初一日己丑（4月17日），加封关帝为"忠义神武灵佑关圣大帝"。

初四日壬辰（4月20日），销毁李绂诗文书板。

按：李绂生前曾为齐周华作《天台山诸人集序》，至此被株连，查封家产，书板被毁（《清高宗实录》卷八〇六）。

六月初七日癸亥（7月20日），两淮预提盐引案发。

二十五日辛巳（8月7日），彰宝、尤拔世奏报查办两淮预提盐引案情形，乾隆帝命将前任盐运使卢见曾革职，解往扬州，并案质审，赀财查封；现任盐运使赵之璧解任；盐商黄源德、江广达等6人革去职衔。

八月初三日戊午（9月13日），山西安邑县生员张廷瑞赴都察院控告其叔张如岢写有"逆诗"二首，经查系诬告，张廷瑞被凌迟处死。

纪昀授翰林院侍读学士，六月典试江南，为副考官，王际华为正考官；纪昀至金陵，将乾隆帝欲籍没卢见曾家产事密告卢家，被革职充发乌鲁木齐。

按：是年七月初八日，山东巡抚富尼汉奏称，查抄卢见曾原籍家产，仅有钱数十千，其他财产已藏匿他处。经审讯查出，原系翰林院侍读学士纪昀、内阁中书徐步云、军机章京王昶及刑部司员黄骏昌预先泄密，卢见曾遂先行藏匿赀财（《清高宗实录》卷八一五）。后徐步云被发往伊犁效力赎罪，纪昀发往乌鲁木齐效力赎罪，王昶、赵文哲拟徒，黄骏昌革职。卢见曾孙子卢荫文是纪昀长女婿，所以纪昀为了救亲家而冒险通风报信。

钱大昕将新置房名其堂曰"潜研"，后遂以"潜研堂"名其诗文集。

戴震应直隶总督方观承之聘，至保定纂修直隶河渠水利书。书未成，会方观承卒，接任杨廷璋，不能礼敬戴氏，戴震遂辞职入都。

按：段玉裁《戴东原先生年谱》乾隆三十三年条曰："是年，应直隶总督方恪敏公之聘，修《直隶河渠书》一百十一卷，未成，会恪敏薨。接任者，前大学士杨公廷璋，不能礼敬先生，辞之入都。己丑（三十四年）春，谓玉裁曰：'吾固乐此不疲，惜未能竟。

奥地利放弃对西里西亚的全部要求。

法国从热那亚购买科西嘉。

马萨诸塞议会因拒绝协助征税而被解散。

库克开始对太平洋的探险。

闻后茌事者请余君仲林萧客为之,恐其才不足。予书经水、支水先后延接,皆按地望地脉次弟,不可稍移,恐仲林不能耳。'先生殁后,此书清稿,一藏曲阜孔户部府中,一在直隶总督吴江周公名元理家。"

赵翼在广西镇安知府任,以忤上司,被命从军入滇。

卢见曾致仕归德州后,王昶作《寄卢运使雅雨德州四首》诗以赠。

王昶、赵文哲在京,将乾隆帝欲究治两淮盐运事通风与卢见曾,事露被撤职,请从军入滇自赎。

按:《清史稿·王昶传》曰:"三十二年,察治两淮运盐提引,前盐运使卢见曾坐得罪,昶尝客授见曾所,至是坐漏言夺职。云贵总督阿桂帅师讨缅甸,疏请发军前自效。上命大学士傅恒出视师,嗣以理藩院尚书温福代阿桂,皆以昶佐幕府。温福移师讨金川,昶实从,疏请叙昶劳,授吏部主事。既,复从阿桂定两金川,再迁郎中。刑部侍郎袁守侗按事四川,上命察军中事,还奏言昶治军书有劳。四十一年,师凯还,擢昶鸿胪寺卿,仍充军机章京。三迁左副都御史,外授江西按察使。"王昶曾是阿桂的师傅。

沈德潜以所得宋张择端《清明易简图》真本进献乾隆帝。

朱筠、朱棻元为顺天乡试同考官。

章学诚四应顺天乡试,中副榜。

按:章学诚在国子监读书,朱棻元推荐他参与修撰《国子监志》。他在编修义例上与主事者发生争执,而主事者刚好是乡试时策试的主持者,问的问题正是关于《国子监志》编修的义例,章学诚不肯作违心之论,以投其所好,故被降为副榜。章学诚在《与史氏诸表侄论策对书》中,对这次考试情况有详细记载,文中说:"仆之生平,不能作违心之论!"(《文史通义》外篇三)

姚鼐充山东乡试副考官。

陆锡熊充浙江乡试副考官。

庄存与入直上书房,教授皇十一子永瑆,任是职十余年,期间撰《春秋正辞》。

沈起凤中举人。

孟超然充顺天乡试同考官,寻奉命提督四川学政。

按:《清史列传·孟超然传》曰:"超然视学四川,廉正不苟,遇士有礼。表宋儒魏了翁以为矜式。以蜀民父子兄弟异居者众,作《厚俗论》以箴其失,蜀人为立去思碑。"

王元启主华阳书院。

洪榜中举人,授内阁中书。

按:洪氏字汝登,一字初堂,安徽歙县人。少与戴震、金榜交,粹于经学。著有《周易古义录》、《书经释典》、《诗经古义录》、《诗经释典》、《仪礼十七篇书后》、《春秋公羊传例》、《论语古义录》、《初堂读书记》、《初堂随笔》、《四声韵和表》等。《清史稿·儒林传二》曰:洪榜"粹于经学,著《明象》未成,终于《益卦》。因郑康成《易赞》作《述赞》二卷。又明声均,撰《四声韵和表》五卷,《示儿切语》一卷。江氏永切字六百十有六,是书增补百三十九字,又以字母见、溪等字注于广韵之目每字之上,以定喉、吻、舌、齿、唇五音,盖其书宗江、戴二家之说而加详焉。为人律身以正,待人以诚。生平服膺戴震。戴震所著《孟子字义疏证》,当时读者不能通其义,惟榜以为功不在禹下。撰震《行状》,载与彭绍升书,朱筠见之曰:'可不必载,戴氏可传者不在此。'榜乃上书辨论。江藩在吴下见其书,叹曰:'洪君可谓卫道之儒矣。'"

王晞骏时任江苏仪征知县，创建乐仪书院，聘沈廷芳主持。

按：嘉庆六年（1801），盐运使曾燠增广书院生童正附课额，新定章程；道光十七年（1837），同知姚莹立规条二十则，强调山长须延请品望素孚、长年住院者担任，严格管理生童学业。历年山长有沈廷芳、金学诗、赵翼、蒋宗海、吴锡麒、王芑孙、左辅、朱昌颐、吴清鹏等。

欧阳璐时任知州，于山东莒县建城阳书院。

林斌时任河南商城县知县，建文峰书院。

宋梅时任河南唐河县知县，建崇实书院。

刘希周时任四川夹江知县，将平川书院改建为漹江书院。

顾镇著《虞东学诗》12卷、《诗说》1卷，由诵芬堂刊行。

按：《四库全书总目提要》谓《虞东学诗》曰："是书大旨，以讲学诸家尊《集传》而抑《小序》，博古诸家又申《小序》而疑《集传》，构衅者四五百年，迄无定论。故作是编，调停两家之说，以解其纷。所征引凡数十家，而欧阳修、苏辙、吕祖谦、严粲四家所取为多。虽熔铸群言，自为疏解，而某义本之某人，必于句下注其所出。又《集传》多阐明义理，于名物训诂声音之学皆在所略。镇于是数端，亦一一考证，具有根柢。盖于汉学、宋学之间，能斟酌以得其平。书虽晚出，于读《诗》者不为无裨也。"

傅恒等奉敕纂《御批通鉴辑览》116卷成书。

按：《四库全书总目提要》曰："是书排辑历朝事迹，起自黄帝，迄于明代。编年纪载，纲目相从。目所不该者，则别为分注于其下。而音切训诂，典故事实，有关考证者，亦详列焉。盖内府旧藏明正德中李东阳等所撰《通鉴纂要》一书，皇上几暇披寻，以其褒贬失宜，纪载芜漏，不足以备乙览，因命重加编订。发凡起例，咸禀睿裁。每一卷成，即缮稿进御。指示书法，悉准麟经。又亲洒丹毫，详加评断。微言大义，灿若日星。凡特笔昭垂，皆天理人情之极则。不独词臣载笔，不能窥见高深，即涑水、紫阳亦莫能仰钻于万一。所谓原始要终，推见至隐者，文成数万，其指数千，不可一一缕陈。而尤于系统表年，著笔削之大旨。予夺进退，悉准至公。"

姜炳璋著《读左补义》50卷成书，有自序。

王天秀修，孙巽纂《金乡县志》20卷刊行。

黄玉衡修，贾诩纂《重修和顺县志》8卷刊行。

余萧客等纂《畿辅水利志》。

戴震纂《直隶河渠书》。

按：此后手稿落入王履泰手，王易名为《畿辅安澜志》56卷，窃为己有刊行。

杨廷璋等修，沈廷芳、吴嗣富纂《福建续志》92卷刊行。

蒋有道、朱文佩修，史珥等纂《南安府志》22卷刊行。

郑交泰等修，曹京等纂《望江县志》8卷刊行。

姜炳璋修纂《石泉县志》4卷刊行。

曾受一修，王家驹纂《江津县志》22卷刊行。

吴志绾修，黄国显纂《桂平县志》4卷刊行。

钱大昕编次《洪文惠公年谱》和《陆放翁年谱》成书。

冯行编《宋儒李盱江先生年谱》1卷刊行，附赤溪书屋刊《宋儒李盱江先生全集》卷首。

汪师韩著《文选理学权舆》8卷成书,有自序。

翁方纲始著《石洲诗话》。

按:胡玉缙《许庼经籍题跋》曰:"其书大致举各家诸体之得失,又于源流分合、风会盛衰,再三致意,间论一句、一字,亦有独到处,非薑斋、蟫斋诸《诗话》可比。"

顾诒禄著《吹万阁集》21卷刊行。

杨锡绂著《四知堂文集》36卷成书。

王澍著《论书剩语》1卷刊行。

吴烺刊刻所编《周髀算经图注》1卷,沈大成作序。

陈世元著《金薯传习录》2卷刊行。

卢见曾卒(1690—)。见曾字抱经,自号雅雨山人,山东德州人。康熙六十年进士。官两淮盐运使。以乾隆帝追查历任盐政提引征银事伏法死。勤于吏治,尤有志于教育,服官所至,多建书院,如洪雅之建雅书院、六安之赓扬书院、永平之敬胜书院、天津之问津书院等。平生精校刻,曾校刻东汉高诱《战国策注》、郑玄《尚书大传》、唐李鼎祚《周易集解》及子书等,补刻朱彝尊《经义考》,校刊《雅雨堂丛书》、《金石三例》、《山左诗钞》及当代诗文集多种。著有《周易选》、《出塞集》、《雅雨堂集》、《渔洋山人感旧集小传》等。事迹见《清史列传》卷七一、李桓《国朝耆献类征初编》卷二一〇、卢文弨《故两淮都转盐运使雅雨卢公墓志铭》(《抱经堂文集》卷三三)。

按:卢见曾幕府是乾隆年间最早出现的一个重要学人幕府。他以善诗而闻名于当时,故幕宾以诗人为多,其中比较有名的诗人有金农、郑燮、高凤瀚、沈廷芳、严长明、陈皋、陈章、钱载、鲍皋、厉鹗、汪棣、李葂等。此外还有剧作家金兆燕,学者程廷祚、戴震、全祖望、惠栋、王昶以及张元、陈撰、王又朴、朱稻孙、张宗苍、吴玉搢、沈大成、宋弼、董元度、周榘、薛廷吉、戴亨、祝应瑞、张铬、焦五斗、吴钧、陈大可、胡裘镈、梁巘、宋若水、张永贵、倪炳、汪履之、易谐、夏之潢、储国钧、王陆褆等。

方观承卒(1696—)。观承字宜田,号问亭,安徽桐城人。雍正时为平郡王记室,师旋,授内阁中书。乾隆七年,授直隶清河道,官至直隶总督、太子太保。长于治水,前后奏上治河方略数十疏,并邀请赵一清、戴震编辑《直隶河渠书》130余卷。并与秦蕙田同纂《五礼通考》。著有《述本堂集》18卷及《宜田汇稿》、《问亭集》等书。事迹见《清史列传》卷一七、李桓《国朝耆献类征初编》卷一七五、袁枚《太子太保直隶总督方恪敏公观承神道碑》、姚鼐《方恪敏公家传》(均见《碑传集》卷七二)。

齐召南卒(1703—)。召南字次凤,号琼台,晚号息园,浙江天台人。乾隆元年举博学鸿词,改翰林院庶吉士,散馆,授检讨。官至礼部侍郎。以疾乞归,主讲蕺山、敷文等书院。曾预修《通鉴纲目三编》、《续文献通考》、《大清一统志》、《大清会典》诸书。精舆地之学,著有《水道提纲》20卷、《史记功臣侯表》5卷、《考证汉书》100卷、《史汉功臣侯第考》1卷、《后汉公卿表》1卷、《后汉书郡国志》5卷、《隋书律历天文》5卷、《旧唐书律历天文》2卷、《历代帝王表》13卷、《宋史目录》和《宝纶堂文钞》、《宝纶堂诗钞》等。事迹见《清史稿》卷三〇五、《清史列传》卷七一、李桓《国朝耆献类征初编》卷八二、蔡冠洛《清代七百名人传》第四编、秦瀛《礼部侍郎天台齐公墓表》、袁枚《原任礼部侍郎齐公召南墓志铭》(均见《碑传集》卷三二)。

按：徐世昌《清儒学案》卷六八《息园学案》曰："息园词科崛起，博洽冠时，尤深乙部舆地之学，《水道提纲》一书，允称杰作。时值右文校勘经史，敕编诸书，多被倚任，石渠金匮，著作等身，堇浦(杭世骏)所推，为不虚焉。"

宋弼卒(1703—　)。弼字仲良，号蒙泉，山东德州人。乾隆十年进士，改翰林院庶吉士，授编修，历任《续文献通考》纂修官、赞善、甘肃按察使等。著有《思永堂文稿》4卷、《蒙泉诗集》8卷、《州乘余闻》。编有《广川诗抄》和《山左明诗抄》35卷等。事迹见李桓《国朝耆献类征初编》卷一八〇、钱大昕《宋弼神道碑》(《潜研堂文集》卷四一)。

阎循观卒(1724—　)。循观字伊高，一字怀廷，山东昌乐人。乾隆三十一年进士，官吏部考功司主事。与韩梦周友善，共同讲学于程符山。其学深受刘源渌影响。著有《尚书读记》1卷、《春秋一得》1卷、《毛诗读记》、《尚书春秋说》、《困勉斋私记》、《名人小传》、《西涧草堂古文诗集》等。事迹见《清史稿》卷四八〇、《清史列传》卷六七、李桓《国朝耆献类征初编》卷一四六、韩梦周《吏部考功司主事阎君循观墓志铭》(《碑传集》卷六〇)。

按：《清史列传》本传曰："循观性颖敏，初好佛氏说，既读宋儒书，乃一奉程、朱为宗。其学以忠恕为根本，以伦常为实际，主敬克己，时时提醒此心，刻苦自立，而谆谆致戒于近名，于河津之派为近。尝作《去惰堂记》，谓：'年二十后，有意于克己之学。久之知心实多欲，于是强制吾欲，然时复横决。复自念曰欲之所起，由于为善不诚，因从事于谨微而求诚。自是私伪之萌颇少，萌亦易除，然终不能禁也。年来德不加进，学不加修，每一念及，嗟咨流涕，忽若有诱于中者，乃知吾之恶曰惰，要在去惰而已矣。惰于实践，故终不能释然于异说；惰于矫其所便安，故力不能继；惰于去伪，故恒心不坚。'因胪为三目以自诏，曰'存省勿忘，躬行勿怠，常业勿废'。……时潍县韩梦周亦剧山中，相友善，好学者多从之游。两人论学，皆斥阳明，而循观谓'王氏发明知行合一之旨，最为有味，然由其说，终任心而废讲习，言虽高非贞则。'其论为持平。"

王贞仪(　—1797)、汪莱(　—1813)、李庆来(　—1817)、李锐(　—1817)、许宗彦(　—1818)、彭兆荪(　—1821)、陈鸿寿(　—1822)、侯芝(　—1830)、周中孚(　—1831)、王清任(　—1831)、戴敦元(　—1834)、甘福(　—1834)、陈用光(　—1835)、张廷济(　—1848)、张鉴(　—1850)、刘沅(　—1855)生。

乾隆三十四年　己丑　1769年

二月初一日甲寅(3月8日)，重修太学、文庙成，乾隆帝为撰碑文。　　奥地利人占领利沃夫和波兰的齐普斯地区。

普鲁士人和奥地利人在西里西亚的尼斯河会晤,始欲瓜分波兰。

俄罗斯人占领摩尔达维亚并进入布加勒斯特。

高层建筑物上首次出现避雷针。

按:国学始于元太祖,置文庙于燕京。由元及明,代有损益修葺,入清而崇奉规模大备。乾隆三年有旨命易盖黄瓦,三十二年复发帑二十余万重修太学、文庙。至是落成,《御制碑文》曰:"吾以为孔子立道德仁义之教者何?盖三代以前之教,非孔子不明;三代以后之教,非孔子不立,亦犹江淮河济,非海不纳,嵩岱恒华,非地不载,道德仁义,非孔子不垂也。"(《清高宗实录》卷八二八)

四月二十四日丙子(5月29日),乾隆帝亲定本科三鼎甲:状元陈初哲,榜眼徐天柱,探花陈嗣龙。

是日,安徽学政德风奏称宣城县武生李超海所著《武生立品集》有"悖谬妄诞"之语。乾隆帝命严加治罪(《清高宗实录》卷八三三)。

二十五日丁丑(5月30日),御太和殿,传胪,赐一甲陈初哲等3人进士及第,二甲任大椿等50人进士出身,三甲戴求仁等98人同进士出身。是科会试正考官为协办大学士、尚书刘纶,副考官为侍郎德保。

六月初六日丙辰(7月8日),命查禁钱谦益所著《初学集》、《有学集》。

按:乾隆帝先前审阅沈德潜所选《国朝诗别裁集》时,即指斥钱谦益人品不足论,并黜其诗不录。至是又阅其所著《初学集》和《有学集》,以为其中"诋毁本朝之处不一而足",因明降谕旨,令各该督抚将书板及刻本彻底查缴,送京销毁(《清高宗实录》卷八三六)。查禁钱谦益诗集,实开启是后延续十八九年之久查办禁书之序幕。

八月二十九日戊寅(9月28日),命高晋密谕致仕在籍的沈德潜、钱陈群遵旨缴出家藏《初学集》和《有学集》(《清高宗实录》卷八四一)。

十月二十一日己巳(11月18日),重申雍正帝不准外官畜养优伶之禁令。

十二月初四日(12月31日),命撤毁钱谦益经史诸书"悖谬"序文。

按:"军机大臣等奏:查汲古阁刻《十三经》、《十七史》、《唐诗鼓吹》、吴伟业《梅村集》、王士祯《渔洋集》等书,均有钱谦益序文,应请撤去。得旨:知道了。其经史及诸集内,所有钱谦益序文,语无悖谬者,俱不必撤毁。"(《清高宗实录》卷八四八)

钱大昕受父命,重返北京为官。

王鸣盛充福建乡试正考官。

戴震会试落第,受山西布政使朱珪聘,与段玉裁主讲山西寿阳书院。又应汾州太守孙和相聘修府志。是年,为余萧客《古经解钩沉》作序。

按:戴震序曰:"朱君文游以其友余仲林之《古经解钩沉》若干卷千里驰寄。前有天台齐宗伯(召南)、太仓王光禄(鸣盛)二序,既为之导其意,嘉其存古之功。文游复语余曰:'二公于子廿数年之知,二公之所称许,是以余子又欲得子之一言也。'吾以仲林之为是书,好古而有师法。……今仲林得稽古之学于其乡惠君定宇,惠君与余相善,盖尝深嫉乎凿空以为经也。二三好古之儒,知此学之不仅在故训,则以志乎闻道也,或庶几焉。"(《戴震文集》卷一〇)

段玉裁是冬在京寓法源寺侧之莲花庵,得邵晋涵支持,始撰《诗经韵谱》、《群经韵谱》。每一书毕,邵晋涵即写其副。次年二月书成,钱大昕为序。

章学诚居父丧,六月举家迁居北京,期间既为座师秦蕙田校编《钦定续通典》中的《乐典》部分,也继续参加《国子监志》的编修。是年始识任大椿；始交汪辉祖，友谊三十年不衰。

李文藻以谒选客京师，钞校纪昀所藏惠栋《古文尚书考》，邵晋涵亦参校并作跋。

按：张崇兰曾根据惠栋《古文尚书考》而作《古文尚书私议》3卷。《清史列传·张崇兰传》曰："张崇兰，字猗谷，江苏丹徒人。岁贡生。著《古文尚书私议》三卷，谓古文义理精密，《隋书》、唐《正义》原委具有明征，乃据惠栋《古文尚书考》分条析之，其阎氏书、惠所不采者，以为未安，不再辨。惠氏而下，袭其说而小立异同者，随所见为之剖析，大旨与（梁）上国书（指《古文尚书条辨》）同。崇兰学务根底，善谈名理，有《悔庐文钞》五卷。"

王念孙会试下第，在京师遇李文藻，嘱其为购毛晋刻北宋本《说文解字》。

尹继善兼翰林院掌院学士。

卢文弨主讲暨阳书院。

朱仕琇掌教鳌峰书院。

王杰充武会试总裁。

任大椿中进士，改翰林院庶吉士。

黄景仁是年至次年客湖南按察使王太岳幕。

伊秉绶中进士。

梁国治七月为湖北巡抚。

陆费墀散馆，授编修。

洪亮吉五月应童子试，录取为阳湖县学附生。

韩梦周时任安徽来安县知县，建江青书院。

张凤孙时任知府，于福建邵武县建和平书院。

陈三恪时任湖南永州知县，建群玉书院。

郑高萃时任广西武宣知县，建仙城书院。

杨衍嗣时任陕西大荔知县，建华原书院。

邵大业著《读易偶存》刊行。

陈宏谋著《四书考辑要》刊行。

翟灏著《四书考异》72卷刊行，杭世骏作序。

何焯著《义门读书记》58卷刊行。

按：本书是何焯阐发经义、评阅史书、阐释诗文的一部内容丰富的读书札记，系后人根据他生前所评阅的古籍整理汇集而成。《四库全书总目提要》曰："焯文章负盛名，而无所著作传于世。没后，其从子堂裒其点校诸书之语为六卷。维钧益为搜辑，编为此书。凡《四书》六卷、《诗》二卷、《左传》二卷、《公羊》、《谷梁》各一卷，《史记》二卷、《汉书》六卷，《后汉书》五卷、《三国志》二卷、《五代史》一卷、《韩愈集》五卷、《柳宗元集》三卷、《欧阳修集》二卷、《曾巩集》五卷、萧统《文选》五卷、《陶潜诗》一卷、《杜甫集》六卷、《李商隐集》二卷，考证皆极精密。其两《汉书》及《三国志》，乾隆五年礼部侍郎方苞校刊经史，颇采其说云。"

戴震纂《汾州府志》34卷。

查理·邦尼特著成《轮回哲学》。

埃吉迪奥·福尔切利尼的作品《拉丁语词汇大全》在他逝世后发表。

吴炳纂修《应州续志》10卷刊行。

杨令琢纂修《荣河县志》14卷刊行。

曹立身修，潘茂才纂《松阳县志》12卷刊行。

施文燨、张凤孙修，许灿纂《泰宁县志》10卷刊行。

席奉乾修，孙景烈纂《邠阳县全志》4卷刊行。

陆良瑜修，邓时敏纂《广安州志》13卷刊行。

刘岱修，艾茂、谢庭薰纂《独山州志》10卷刊行。

陈明善选唐李白、杜甫、王维、孟浩然、韦应物、柳宗元、韩愈、储光羲八家诗为《唐八大家诗钞》刊行。

沈德潜选编《宋金三家诗选》刊行。

毕沅著《崆峒山房集》2卷成书。

万经著《六堂诗存》4卷刊行。

王恕著《楼山诗集》6卷刊行。

袁枚著《小仓山房文集》37卷、《小仓山房诗集》20卷、外集6卷刊行。

按：上海古籍出版社1988年出版《小仓山房诗文集》。

于光华著《心简斋集录》6卷刊行。

按：于光华字惺介，江苏金坛人。另著有《四书集益》等。

潘士权著《大乐元音》7卷成书，有自序。

按：潘士权号龙庵，黔阳人，官太常寺博士。《四库全书总目提要》曰：是书"实本《钦定律吕正义》琴以首弦为下征之说，旁为推演。其由琴声而推诸乐，与近时江永《律吕新论》所见略同，但不及永书之精密耳。六卷附以琴谱、曲谱，七卷附历学音调，类例甚详"。事迹见《清史列传》卷六八。

戴震著《声韵考》4卷成书。

按：是书所提出的入声兼配阴、阳的理论，被王国维称为明以来古韵学三大发明之一。但在当时，有人提出怀疑，如钱维城《与戴东原书》曰："古音四，今四等渐亡，二等亦寡，存者一二耳。必力求古音，启口惊俗，一人依锦，众客楚休，安可家喻户晓哉？……伏读大著，寻源溯流，释疑定误，精微浩博，莫可名言，非好学深思，何以喻此？承命撰叙，愧不敢当，谨就管蠡之见及素所闻于庭训者，略举以质足下，幸终教之。"（王昶《湖海文传》卷四一）

于敏中、金简等奉敕参定重刻宋《钦定校正淳化阁帖释文》10卷，于敏中撰书释文。

按：《四库全书总目提要》谓是书"诚为墨林之极轨，书苑之大观"也。

陆烜辑《奇晋斋丛书》16种刊行，有自序。

黄宫绣著《本草求真》10卷刊行。

沈德潜卒（1673— ）。德潜字确士，号归愚，江苏长洲人。乾隆四年进士，改翰林院庶吉士，授编修。官至内阁学士兼礼部侍郎。卒后，因"徐述夔《一柱楼集》有反清语，而德潜称其品行文章皆可为法"，被剖棺削谥。编有《古诗源》14卷、《唐诗别裁集》20卷、《明诗别裁集》12卷、《国朝诗别裁集》36卷；著有《西湖志纂》、《归愚诗文钞》58卷、《竹啸轩诗钞》18卷、

《说诗晬语》2卷等。事迹见《清史稿》卷三〇五、《清史列传》卷一九、李桓《国朝耆献类征初编》卷八四、蔡冠洛《清代七百名人传》第五编、钱陈群《赠太子太师大宗伯沈文悫公德潜神道碑》(《碑传集》卷三二)。沈德潜自编有《沈归愚自订年谱》。

按：《清史稿》本传曰："三十四年，卒，年九十七。赠太子太师，祀贤良祠，谥文悫。御制诗为輓。是时上命毁钱谦益诗集，下两江总督高晋令察德潜家如有谦益诗文集，遵旨缴出。会德潜卒，高晋奏德潜家并未藏谦益诗文集，事乃已。四十三年，东台县民讦举人徐述夔《一柱楼集》有悖逆语，上览集前有德潜所为传，称其品行文章皆可为法，上不怿。下大学士九卿议，夺德潜赠官，罢祠削谥，仆其墓碑。四十四年，御制怀旧诗，仍列德潜五词臣末。德潜少受诗法于吴江叶燮，自盛唐上追汉、魏，论次唐以后列朝诗为《别裁集》，以规矩示人。承学者效之，自成宗派。"

诸锦卒(1686—)。锦字襄七，号草庐，浙江秀水人。雍正二年进士，改翰林院庶吉士，散馆，选金华府教授。乾隆元年举博学鸿词，召试一等三名，授编修。官至左春坊左赞善。著有《毛诗说》2卷、《补飨礼》1卷、《夏小正诂》1卷、《绛跗阁诗》11卷等。事迹见《清史稿》卷四八五、《清史列传》卷六八、李桓《国朝耆献类征初编》卷一二六。

按：《清史列传》本传曰："长洲顾嗣立、嘉定张大受为之延誉，名遂起。生平浸淫典籍，寝食俱废。于笺疏考核尤精。著《毛诗》二卷、《通论》一卷，一以《小序》为主，毛、郑诸子外，有佳说则采之，有奥义则通之，疏证旁通，时有新意。又著《补飨礼》一卷，以吴澄所补《仪礼》经传诸篇，独缺飨礼，因据《周官》宾客之联事面比次之，并采《左传》、《礼记》中相发明者，条注其下。其以经补经，证佐天然，咸有条理。又著《夏小正诂》一卷，专释名物，亦多以经诂经。"

是镜卒(1693—)。原名铸，字仲明，号诚斋，江苏武进人。人称舜山先生。治儒学，从学者颇多。事迹见张敬立编、金吴澜补注《舜山是仲明先生年谱》、《茶余客话》卷八。

吴震生卒(1695—)。震生字长公，号可堂，安徽歙县人(一作浙江仁和人)。入赀为刑部贵州司主事，旋乞归。著有《性学私谈》、《丰南人事考》、《摘庄》、《玉屋书屋十三种传奇》等。事迹见李桓《国朝耆献类征初编》卷一四六、杭世骏《吴震生墓表》(《道古堂文集》卷四五)。

董邦达卒(1699—)。邦达字孚存，号东山，浙江富阳人。雍正十一年进士，授编修。预修《石渠宝笈》、《西清古鉴》。官至工部尚书。工画山水。与董源、董其昌并称"三董"。事迹见《清史稿》卷五〇四、《清史列传》卷二〇、李桓《国朝耆献类征初编》卷八〇、蔡冠洛《清代七百名人传》第五编。

按：《清史稿》本传曰："邦达山水源于董源、巨然、黄公望，墨法得力于董其昌，自王原祁后推为大家。久直内廷，进御之作，大幅寻丈，小册寸许，不下数百。"

邵齐焘卒(1718—)。齐焘字荀慈，江苏昭文人。乾隆七年进士，改翰林院庶吉士，散馆，授编修。罢归，主讲常州龙山书院，黄景仁、洪亮吉皆从受学。工骈文，与刘星炜、袁枚等并称八家。著有《玉芝堂诗文集》9卷。事迹见《清史稿》卷四八五、《清史列传》卷七二、李桓《国朝耆献类征初编》卷一二六、蔡冠洛《清代七百名人传》第五编、郑虎文《翰林院编修邵君齐焘墓志铭》(《碑传集》卷四八)。

范家相卒,生年不详。家相字左南,号蘅洲,室名古趣亭、环渌轩,浙江会稽人。乾隆十九年进士,授刑部主事。官至柳州知府。其学源出毛奇龄,而推崇黄宗羲。著有《诗沈》20卷、《三家诗拾遗》10卷、《古趣亭易说》2卷、《书说拾余》2卷、《书义拾遗》7卷、《夏小正辑注》4卷、《四书贯约》10卷、《家语证伪》11卷、《史汉义法》10卷、《史记蒙拾》3卷、《韵学考原》2卷、《今韵津》5卷、《庙制问答》2卷、《刑法表》4卷、《南中日札》4卷、《环渌轩诗草》、《环渌轩文集》20卷等。事迹见《清史列传》卷六八、李桓《国朝耆献类征初编》卷二三八、蔡冠洛《清代七百名人传》第四编。

按：蔡冠洛曰:"其学源出萧山毛奇龄。奇龄说经,引证浩博,善于诘驳,而盛气所激,其受攻击亦最甚。家相持论,一出和平,不敢放言高论。生平最服膺者,尤在余姚黄宗羲。性孝友,直谅敦古谊,晚岁手一编,矻矻不置。于《诗》尤深,著《三家诗拾遗》十卷。谓三家之说,与《礼记》、《周官》、《左》、《国》多不合,而毛独条条可复。此毛所以得掩前人,然朱子《集传》,每取匡刘韩子之说,以纠毛失,使三家并存。其驳三家者,或当甚于毛,惟仅一二,弥觉可重。然则三家之是者,固当信从,其非者亦不妨两存也。其书摭拾经传子史,比惠栋《九经古义》、余萧客《古经解钩沉》,尤为赅备。又著《诗沈》二十卷,以注疏集传为两大枢纽,惟其合者从之,间出新义,补所未备,而折衷孟子逆志论世之法。其谓三百篇之韵叶之而不协者有三:列国之方音不同,一也;古人一字每兼数音,而字音传讹已久,非可执一以谐声,二也;诗必歌而后出,每以余音相谐。自歌诗之法不传,而余音莫辨,三也。其说足解顾炎武、毛奇龄两家之斗也。"(《清代七百名人传》第四编)

张镠(—1821)、高垲(—1839)、李兆洛(—1841)、瞿中溶(—1842)、胡敬(—1845)、朱珔(—1850)、李元春(—1854)生。

乾隆三十五年　庚寅　1770 年

"波士顿惨案"发生。

奥地利改革学校的初等教育。

正月初二日庚辰(1月28日),命于本年八月举行恩科乡试,来年三月举行恩科会试。

初十日戊子(2月5日),命审查钦天监藏书。

按："军机大臣等奏,臣等面奉谕旨,查询钦天监有无占验各书。据天文科各员称,所贮占验书,于乾隆十年,大学士傅恒取去四本,余存写本、刻本、观象玩占书共二十本。又刻本《开元占书》三十六本,博士薛鼎所修《农占书》草稿一本,天文生潘士权所修《农占书》草稿三本。俱缴进,并无存留。至乾隆二十三年奉旨纂《天文正义》成,颁贮三部。所有八节风占及星宿禨祥之类,遵照此书摘取,更无杂项占书。报闻。"(《清高宗实录》卷八五〇)

二十八日丙午(2月23日),《平定准噶尔方略》告成,有御制序。

二十九日丁未(2月24日),命将司天监上缴占验书18种,予以销毁。

十一月,重定宗室受封例。

按:向例应封宗室,考试骑射、清语,按等次授封。此次考试不合格之永修、永封、景焕、和伦泰,即予停封,不得参加下次考试。将来应封宗室考试与应封之例不符者,俱不准再入考试,永著为例。

是年,禁止宗室王公容留僧道星相人。

北京圆明园工程全部竣工。

钱大昕始治声韵、文字、训诂之学。

戴震应寿阳县令龚道江之请,点校《寿阳县志》。

纪昀在乌鲁木齐助佐军务。

杭世骏离扬州书院南还。

洪亮吉偕黄景仁至江宁应乡试,始与袁枚相识。

姚鼐充湖南乡试副考官。

朱筠充福建乡试正考官。

谢启昆充河南乡试正考官。

陆锡熊充广东乡试正考官。

陆费墀充顺天乡试同考官。

张云璈中举人。

程瑶田中举人,官嘉定教谕。

冯经中举人,官教谕。

按:冯经字雁山,广东南海人。精研《周易》及算学。受知于督学翁方纲。著有《四书学解》、《周易略解》、《群经互解》、《诗经书经略解》、《考工记注》、《算略》等。事迹见《清史列传》卷六七。

张佩芳时任安徽歙县知县,建问政书院。

按:张佩芳乃张穆的祖父,曾于乾隆三十三年至三十七年任徽州歙县知县,与戴震在徽州的同学汪肇龙、程瑶田、汪梧凤、方矩等交往密切。方矩有子牧夫,牧夫有子印生,印生与张穆为好友,故张穆作有《方牧夫先生寿序》,在此序中,第一次指责戴震背叛师门。以后魏源、王国维受其影响,在论述《水经注》问题时,均指责戴震背师盗名、心术有问题。张穆序曰:"徽州山盘水交,实产魁儒。本朝婺源江氏始以朴学为后进倡,一时从游卓然深造有称于世者三人:曰东原戴氏,曰榘斋金氏,其一则晞原方先生也。榘斋(金榜)撰述未竟而殁;东原抗心自大,晚颇讳言其师;而晞原先生终己命为江氏之徒无异词,且即本江氏之学以衍为家学。长子苍崖先生、仲子牧夫先生皆能郁其菁英,以绩学能文章闻一时。……窃惟师法之不讲也久,江氏多雍正、乾隆之际振刷而绍明之,六书、九数,分其一二端,辄成佳士,百余年来亦复衰矣。赖先生钦闻绪言,承绝学灵光,岿然推其家学、师法,以教乡人而绵世德,其泽固未有既乎!若夫更推先生之教于乘韶乘节之区,本家学为师法,是又先生所重有望于印生者也,试即以穆之言券之。"(《㐆斋文集》卷二)

刘德尊时任河南武陟知县,建覃怀书院。

朱锡川在湖南祁阳县建文明书院。

康基田时任广东新丰知县,改建宁阳书院。

约翰·希尔推广用于显微镜研究之标本的制作方法。

李庄时任广西修仁县教谕,建敬修书院。

张遐龄时任云南龙陵同知,建龙山书院。

边镛时任云南开远知州,建灵泉书院。

张汉芳时任甘肃华亭知县,建仪山书院。

法国传教士贺清泰到中国,任清宫廷画师。

<small>埃德蒙·伯克发表《对当前不满情绪之根源的思考》。

康德发表《论微妙的感觉和可想象的外形及根源》。

伦哈德·欧拉著成《代数学入门》。</small>

段玉裁所著《诗经韵谱》脱稿,钱大昕作序。

按:段玉裁以所著《诗经韵谱》托邵晋涵转送钱大昕求教,钱氏作《与段若膺书》,称赞之余,对段的十七部互通说提出异议,并为段书作序。钱大昕《诗经韵谱序》曰:"此书出,将使海内说经之家奉为圭臬,而因文字声音以求训诂,古义之兴有日矣,讵独以存古音而已哉!"(《潜研堂文集》卷二四)

曲阜孔氏重刊《五经文字》、《九经字样》,戴震作《重刊五经文字九经字样序》。

吴隆誉编《筮学指要》10卷刊行。

陈树华著《春秋内外传考证》51卷。

按:陈树华字芳林,江苏元和人。乾隆元年,荫贡生。《清史列传》卷六八曰:"树华勤学,有《左》癖。官湖南时,得庆元间吴兴沈作宾分系诸经注本,乃弃官归里,遍考他经传记、子史别集,与《左氏》经传及注有异同者,成《春秋内外传考证》五十一卷。同时戴震、卢文弨、金榜、王念孙,皆服其该洽。段玉裁自蜀归,移居苏州,读其书,叹为善本。因录其副,以订阮元《十三经校勘记》。后钱塘严杰以庆元所刻淳化诸善本,令树华基干详捃摭,其是书难定者,玉裁为折衷焉。树华又有《国语补音订误》及诗集。"

高晋等为乾隆南巡所作之《南巡盛典》120卷成书。

高其名、郑师成著《四书左国汇纂》4卷成书,魏之柱作序。

杨宸等修,冯文止等纂《壶开县志》18卷刊行。

张淑渠、姚学瑛等修,姚学甲等纂《潞安府志》40卷刊行。

邓必安修,邓常纂《孝义县志》20卷刊行。

程士范纂修《利津县志补》6卷刊行。

王谋文纂修《介休县志》14卷刊行。

高兆煌修纂《光州志》68卷刊行。

觉罗普尔泰修《兖州府志》32卷刊行。

张凤孙等纂,郑念荣等纂《邵武府志》24卷刊行。

胡启植、王椿修,叶和侃等纂《仙游县志》53卷刊行。

杨桑阿等修,何金吉纂《郴州总志》30卷刊行。

宋溶修纂《浯溪新志》14卷刊行。

王秉韬修纂《霑益州志》4卷刊行。

吴九龄修,史鸣皋等纂《梧州府志》24卷刊行。

王瞪修,李汪度、阮培元纂《黄岩县志》12卷刊行。

顾师轼编《宾阳子年谱》3卷成书。

黄邦宁编《岳忠武王年谱》刊行,附于黄氏刻本《岳忠武王文集》。

何文焕辑《历代诗话》27 种成书。

按：本书是一部诗话丛书,共辑录诗话 27 种,即《诗品》、《诗式》、《二十四诗品》、《全唐诗话》、《六一诗话》、《温公续诗话》、《中山诗话》、《后山诗话》、《临汉隐居诗话》、《竹坡诗话》、《紫微诗话》、《彦周诗话》、《石林诗话》、《唐子西文录》、《珊瑚钩诗话》、《韵语阳秋》、《二老堂诗话》、《白石诗说》、《沧浪诗话》、《山房随笔》、《诗法家数》、《木天禁语》、《诗学禁脔》、《谈艺录》、《艺圃撷余》、《存余堂诗话》、《夷白齐诗话》、《历代诗话考索》,为研究中国诗歌史和诗歌理论提供了宝贵资料。以后丁福保辑有《历代诗话续编》29 种,其中包括天一阁藏的《观林诗话》、《永乐大典》的《藏海诗话》、明抄本《艇斋诗话》等一些罕见的本子乃至孤本。1916 年上海医学书局印行。

钱大昕著《潜研堂诗集》10 卷成书,有自序,卷末有《题惠松崖征君授经图》诗。

沈大成著《学福斋文集》12 卷、《学福斋诗集》37 卷刊行,有惠栋、戴震、任大椿、程晋芳序。

蔡奡改订《水浒后传》卷次为 10 卷 40 回刊行。

钱德苍编选《缀白裘》始刊。

毛张健著《杜诗谱释》2 卷刊行。

毛奇龄著《西河合集》117 种 493 卷由陆体元据康熙中李塨等刊本修补重印。

周天度著《十诵斋集》6 卷刊行。

洪亮吉著《两晋南北朝史乐府》2 卷成书,有自序。

桑调元、沈廷芳著《切近编》1 卷,沈廷芳作序。

魏之琇纂《续名医类案》60 卷成书。

按：《续名医类案》是清代名医魏之琇继明代江瓘《名医类案》之后的一部中医医案巨著。本书集录了清初以前历代名医临证的验案。原书 60 卷,是魏氏草创初稿,后经王士雄删定为 36 卷,计 345 类病证。有人民卫生出版社 1957 年版。

赵学敏著《奇药备考》6 卷、《本草话》32 卷、《花药小名录》4 卷、《摄生闲览》4 卷成书。

传教士钱德明著《中国乾隆帝和鞑靼权贵的农业观》在巴黎发表。

法国传教士宋君荣所译《书经》在巴黎出版。

薛雪卒(1681—   )。雪字生白,号一瓢,别号扫叶山人、槐云道人、磨剑山人,江苏苏州人。少学诗于叶燮。乾隆初举博学鸿词未中。精于医学,与叶桂齐名。著有《周易粹义》5 卷、《三家医案合刻》、《医经原旨》6 卷、《一瓢诗存》、《扫叶庄诗稿》、《吾以吾鸣集》、《抱珠轩诗存》、《一瓢诗话》等。事迹见《清史稿》卷五〇二、蔡冠洛《清代七百名人传》第四编。

按：《清史稿》本传曰:"少学诗于同郡叶燮。乾隆初,举鸿博,未遇。工画兰,善拳勇,博学多通,于医时有独见。断人生死不爽,疗治多异迹。生平与(叶)桂不相能,自名所居曰扫叶庄,然每见桂处方而善,未尝不击节也。著《医经原旨》,于灵、素奥旨,具有发挥。世传《湿温篇》,为学者所宗,或曰非雪作。其医案与桂及缪遵义合刻。"

黄慎卒(1687—   )。慎字躬懋,又字恭懋,一字恭寿,号瘿瓢,福建宁化人，侨居扬州。工书画，为"扬州八怪"之一。著有《蛟湖诗草》。事迹见震钧辑《国朝书人辑略》卷四、李桓《国朝耆献类征初编》卷四三二、《福建历代名人传略·黄慎传》。

施慎卒（1710—　）。慎又名绍闇，字襄夏，浙江海宁人。工诗善琴，尤精围棋，与同乡范西屏并称"棋圣"。著有《弈理指归》3卷及《二子谱》等。

按：范西屏，名世勋，海宁人。从绍兴俞长侯学弈。著有《桃花泉棋谱》等。他们俩下棋变化无穷，二人之间的对弈，尚有十局流传至今，被称为"范施十局"。

洪震煊（　—1815）、丁履恒（　—1832）、李黼平（　—1832）、那扎尔（　—1848）、潘世恩（　—1854）、钱绎（　—1855）生。

乾隆三十六年　辛卯　1771年

俄罗斯始欲瓜分波兰。

俄罗斯征服克里米亚。

三月初四日乙巳（4月18日），乾隆帝至曲阜，展谒先师孔子庙。初六日，谒孔林。

四月初七日丁丑（5月20日），乾隆帝结束巡幸，返回京师。

二十四日甲午（6月6日），御乾清宫，召读卷官入，亲阅定进呈十卷甲第，斥责贡士对策华而不实。

按：谕曰："前因殿试对策，贡士等多用颂联，甚非先资拜献之道，屡经降旨饬禁。今日读卷诸臣，将拟定十卷进呈，阅其文词，仍未免颂多规少，其间且有语涉瑞应者，朕意深为不取。夫文章华实不同，即关系士习淳漓之辨。贡士等进身伊始，若徒捭扯浮辞，习为谀颂，岂敦尚实学本意！现就各卷中，择其立言稍知体段，不至过事铺张者，拔列前茅。其措词近浮，及引用字句失当之卷，酌量抑置，以昭激劝。并将此旨通行晓谕知之。"（《清高宗实录》卷八八三）

二十五日乙未（6月7日），御太和殿，传胪，赐一甲黄轩等3人进士及第，二甲王尔烈等55人进士出身，三甲陈承曾等103人同进士出身。是科会试正考官为大学士刘统勋，副考官为左都御史观保、内阁学士庄存与。

八月十八日丙戌（9月26日），朝鲜国王李昑奏称朱璘《明纪辑略》、陈建《皇明通纪》记载其先世事迹，有"谬悖无伦、污蔑罔极"之处，请亟降明旨，并行削去。礼部以为《明纪辑略》已于乾隆二十二年查缴销毁，而《皇明通纪》之书京城书肆并无其书，无从改削。且钦定《明史·朝鲜列传》于其始祖世系及国人废李珲，立李倧之处，考据已极详明，该国自当钦遵刊布。若陈建、朱璘二书，应令该国王于其国中自行查禁焚销。从之（《清高宗实录》卷八九一）。

十二月十二日戊寅（1772年1月16日），命改订辽、金、元诸史人名、地名、官名、氏族名等。

路易吉·加尔

钱大昕充《一统志》纂修官。是年，钱大昕与邵晋涵订交，共商学问。以后邵氏著《尔雅正义》及《南都事略》，都是在钱大昕的影响或指导下进行的。

戴震会试仍落第，复游山西，应李侯之邀，修《汾阳县志》。季冬，为温方如《西河文汇》作序。

纪昀自成所乌鲁木齐还京，授翰林院编修。

洪亮吉与汪中、顾九苞订交于南京；又与邵晋涵、高文照、王念孙、章学诚、吴兰庭交往，识解大进。

朱筠十月为安徽学政；邵晋涵、章学诚、洪亮吉、黄景仁等随朱筠离京，同至安徽太平使院。

按：洪亮吉《伤知己赋》自注曰："岁辛卯，朱先生视学安徽，一时人士会集最盛，如张布衣凤翔、王水部念孙、邵编修晋涵、章进士学诚、吴孝廉兰庭、高孝廉文照、庄大令炘、瞿上舍华与余及黄君景仁皆在幕府，而戴吉士震兄弟、汪明经中亦时至。"《清史稿·洪亮吉传》曰：洪亮吉"初佐安徽学政朱筠校文，继入陕西巡抚毕沅幕，为校刊古书。词章考据，著于一时，尤精研舆地。"孙星衍《笥河先生行状》曰：邵晋涵"未遇时，皆在先生（指朱筠）幕府，卒以撰述名于时，盖自先生发之"（《笥河文集》卷首）。邵晋涵受朱筠影响，著有《尔雅正义》；又在幕府与章学诚结下终身友谊。

王杰充江西乡试正考官，旋督学政。

彭元瑞充江南乡试正考官，旋任江苏学政。

庄存与充浙江乡试正考官，会试副考官。

于敏中二月由户部尚书为协办大学士。

刘纶二月以协办大学士为文渊阁大学士，兼工部尚书。

刘统勋充会试正考官，姚鼐、谢启昆、陆锡熊为会试同考官。

段玉裁在贵州玉屏县任。

王念孙入都，准备明年会试。

罗有高六月为江永遗著《古韵标准》作序。

刘大櫆离歙县回枞阳老家，汪梧凤作《送刘海峰先生归桐城序》。

按：汪梧凤在序中曰："吾友志相合、业相同、择师而事无不相同者，休邑郑用牧、戴东原，吾歙汪稚川、程易田、方晞原、金蘂中、吴蕙川数人而已。而东原、蘂中自乡举射艺京师，于今未归者七年。……乾隆癸未秋，桐城刘海峰先生官博士于黟。先生抱圣贤之道，精经史百家之言，作为文章崛奇幻渺，与唐退之、宋欧阳氏相上下。黟地近吾歙，吾数人乃得师事先生，数闻议论。岁丁亥，先生去官居歙，于是吾徒与先生共晨夕，乐杯酒，雄论古今得失是非，悲歌欢笑，辄时时异益念东原、蘂中远隔数千里，不能与先生肆志于山巅水涯之间，为可惜耳。"（《松溪文集》）

鲁九皋、孔继涵中进士。

邵晋涵中进士，改翰林院庶吉士，散馆，授编修。

周永年中进士，改翰林院庶吉士，授编修。

程晋芳中进士，授吏部主事。

孔广森中进士，改翰林院庶吉士，散馆，授检讨。

钱沣中进士，改翰林院庶吉士。

李潢中进士，由翰林官至工部侍郎。

和瑛中进士，授户部主事。

瓦尼发现生物电。

夏之蓉在淮安丽正书院掌教。

王文治掌教杭州崇文书院。

沈廷芳辞离乐仪书院还里。

曹秀生时任吏部侍郎，奉命至南皮奠周尹吉甫墓，取吉甫"穆如清风"诗句，改瀛州书院为清风书院。

潘含章在湖北五峰县建湾潭书院。

刘世喜时任湖南郴州知州，以唐代刘瞻读书之地建东山书院。

陈之鹓时任广西宾州知州，建宾阳书院。

李南晖时任四川威远知县，建青峰书院。

徐鼎亨时任四川仪陇知县，重建金粟书院。

舒元烺时任陕西绥德知州，建文屏书院。

意大利传教士潘廷璋来华，任清宫廷画师。

大不列颠百科全书第一版成书。

约翰·威廉·弗莱彻发表《对唯信仰主义的五次检验》。

威廉·罗伯逊著成《美洲史》。

徐鼎著《毛诗名物图说》9卷刊行，有自序。

按：徐鼎字峙东，一字实夫，号雪桥，江苏吴县人。乾隆中优贡生。徐世昌《清儒学案》卷一九七《徐先生鼎》曰："生平于《毛诗》致力最久，尝取《诗》中鸟、兽、虫、鱼、草、木诸品，图其形状，博采诸家注释，详列于下，复加按语，以证明之，成《毛诗名物图说》九卷，颇有裨于《诗》学。善画山水，著有《蔼云馆诗文集》。"

王鸣盛著《周礼军赋说》4卷刊行。

刘统勋等奉敕编《御制评鉴阐要》12卷。

按：《四库全书总目提要》曰："《御制评鉴阐要》十二卷，乾隆三十六年大学士刘统勋等编次恭进，皆《通鉴辑览》中所奉御批也。始，馆臣恭纂《辑览》时，分卷属稿，排日进呈，皇上乙夜亲披，丹毫评骘，随条发论，灿若日星。其有敕馆臣撰拟黏签同进者，亦皆蒙睿裁改定，涂乙增损，十存二三。全书既成，其间体例事实奉有宸翰者，几及数千余条。既已刊刻简端，宣示奕祀。馆臣等饫聆指授，以微文奥义，皆出自圣人独断之精心，而章句较繁，观海者或难窥涯涘，因复祥加甄辑，勒为此书。凡分卷十二，计恭录御批七百九十八则，大抵御撰者十之三，改签者十之七。闳纲巨指，炳著琅函。仰惟圣鉴精详，无幽不烛，譬诸鼎铸九金，神奸献状，不能少遁锱毫。故论世知人，无不抉微而发隐。所谓斥前代矫诬之行，辟史家诞妄之词，辨核舛讹，折衷同异，其义皆古人所未发。而敷言是训，适协乎人心天理所同然。至乃特笔所昭，严于衮钺。如贾充、褚渊等之书死，狄仁杰之书周，正南、北称侵、称寇之文，订辽、金、元人名、官名、地名之误。而纪年系统，再三申诫，尤兢兢于保邦凝命之原。洵足觉聩震聋，垂教万世。盖千古之是非系于史氏之褒贬，史氏之是非则待于圣人之折衷。臣等编辑史评，敬录是编，不特唐、宋以来偏私曲袒之徒，无所容其喙，即千古帝王致治之大法，实已包括无余。尊读史之玉衡，并以阐传心之宝典矣。"

陈洪书修，王锡侯等纂《望都县新志》8卷刊行。

龚导江纂修《寿阳县志》10卷刊行。

孙和相修，戴震纂《汾州府志》34卷刊行。

杜鸿修，周埙纂《龙泉县志》20卷刊行。

许崇楷纂修《翼城县志》28卷刊行。

叶士宽原本，姚学瑛续修，姚学甲续纂《沁州志》10卷刊行。

邱大英纂修《西和县志》4卷刊行。

张佩芳修，刘大櫆等纂《歙县志》20卷刊行。

沈维基修，胡彦升纂《东平州志》20卷刊行。

邵陆纂修《庄浪县志略》20卷刊行。

胡建伟纂《澎湖纪略》12卷刊行。

戴殿江、戴殿泗编《戴九灵先生年谱》刊行，附于戴良所著《九灵山房集》卷首。

陆观潜自编《陆端门自订年谱》1卷成书。

梁潆自编《秋谷居士自撰年谱》刊行，附作者自著《剑虹斋集》。

张燕昌著《金石契》4册成书，有王杰、朱琰、杭世骏序。

江永著《古韵标准》4卷初刻，由戴震参定。

按：《四库全书总目提要》曰："自昔论古音者不一家，惟宋吴棫，明杨慎、陈第，国朝顾炎武、柴绍炳、毛奇龄之书，最行于世，其学各有所得。而或失于以今韵部分求古韵，或失于以汉魏以下、隋陈以前随时递变之音均谓之古韵。故拘者至格阂而不通，泛者至丛脞而无绪。永是书惟以《诗》三百篇为主，谓之《诗》韵；而以周、秦以下音之近古者附之，谓之补韵；视诸家界限较明。其韵分平、上、去声各十三部，入声八部。每部之首，先列韵目。其一韵岐分两部者，曰分某韵。韵本不通、而有字当入此部者，曰别收某韵。四声异者，曰别收某声、某韵。较诸家体例亦最善。每字下各为之注，而每部末又为之总论。书首复冠以《例言》及《诗韵举例》一卷。大旨于明取陈第，于国朝取顾炎武，而复补正其讹阙；吴棫、杨慎、毛奇龄之书，间有驳诘；柴绍炳以下，则自郐无讥焉。古韵之有条理者，当以是编为最，未可以晚出而轻之也。"

傅恒等奉敕编纂满文字书《御定清文鉴》32卷、《补编》4卷、《总纲》8卷、《补总纲》2卷。

按：《四库全书总目提要》曰："《御定清文鉴》三十二卷、《补编》四卷、《总纲》八卷、《补总纲》二卷，乾隆三十六年奉敕撰。我国家发祥长白，实金源之旧疆。《金史·章宗本纪》载：'明昌五年，以叶鲁谷神始制国字。诏依仓颉立庙例，祀于上京。'又《选举志》称：'进士科以策论试国人，用国字为程文。'陶宗仪《书史会要》则称：'金太祖命完颜希尹撰国字，其后熙宗亦制字并行。希尹所制，谓之大字。熙宗所制，谓之小字。其字体波磔繁密，颇类籀叉。当时必有字书，今已无考。惟赵崡《石墨镌华》所载天会十二年《都统经略郎君行记》一篇，仅存其形制而已。盖有元一统之后，其法渐不传也。'我太祖高皇帝肇建丕基，命巴克什额尔德尼以蒙古字联缀国语成句，尚未别为书体。太宗文皇帝始命巴克什库尔缠并造国书，以十二字头贯一切音。因音而立字，合字而成语。今内阁所贮旧籍（今谓之老档），即其初体。厥后增加圈点，音义益详。亦如籀变小篆，隶变八分，踵事而增，以日趋于精密。我圣祖仁皇帝虑口传笔授，或有异同，乃命别类分门，一一排纂，勒为《清文鉴》一书，以昭法守。惟未及音译其文。皇上复指授馆臣，详加增定。为部三十有五，子目二百九十有二。每条皆左为国书，右为汉语。国书之左，译以汉音，用三合切韵。汉书之右，译以国书，惟取对音。以国书之声，多汉字所无，故三合以取之。汉字之声，则国书所具，故惟用直音也。至于钦定《新语》，一一载入，尤为详备。盖字者，孳也。许慎《说文》九千余字，李登《声类》，已增至一万一千五百二十字（案《声类》今无其书，此据《封演闻见记》）。陆法言《切韵》一万二千五十六字，陈彭年等重修《广韵》，已增至二万六千一百九十四字。吕忱《字林》、丁度《集韵》以下，更莫能殚记。是由名物日繁，记载遂不能不备。圣人制作,亦因乎势之自然,为事之当然而已。伏而读之,因汉文可以通国书,因国书可以通汉文。形声训诂,无所不具。亦可云包罗巨细,辩别精微者矣。书中体例,兼列字体、字音,宜入训诂类中。然译语得音,骈音为字,与训诂之但解音义者不同,故仍列诸字书类焉。"

夏之蓉著《半舫斋古文》8卷、《半舫斋编年诗钞》20卷刊行。

姚范著《援鹑堂笔记》50卷成书。

朱云骏著《画庄类稿》14卷刊行。

廖景文著《罨画楼诗话》8卷成书,有自序。

按:廖景文字古檀,松江人。是书又名《清绮集》。另著有《吟香集》。

许宝善著《自怡轩词谱》6卷刊行。

蒋士铨著《桂林霜》传奇成。

钱大昕著《金石文跋尾》6卷成书。

翁方纲刻所辑《粤东金石略》10卷,有自序。

王澍著《王箬林先生题跋》14卷刊行。

高秉著《指头画说》1卷刊行。

按:高秉字青畴,号泽公,辽宁辽阳人。高其佩从孙。其佩善指头画,高秉亲见其术,因作此书。

《竹林寺女科三种》刊行。

按:竹林寺在浙江萧山,相传寺中僧人有善医女科病症者。是书包括静光禅师的《女科秘要》8卷、雪岩禅师增广的《女科旨要》4卷和轮印禅师辑的《女科秘旨》8卷。

徐大椿卒(1693—)。大椿原名大业,字灵胎,号洄溪老人,江苏吴江人。诸生。工医学。著有《医学源流论》2卷、《神农本草经百种录》1卷、《难经经释》2卷、《伤寒类方》1卷、《兰台轨范》8卷、《医贯砭》2卷、《慎疾刍言》1卷、《洄溪医案》1卷、《道德经注》2卷、《阴符经注》1卷、《洄溪道情》1卷、《乐府传声》2卷等。事迹见《清史稿》卷五〇二、蔡冠洛《清代七百名人传》第四编、彭启丰《儒林郎徐君大业墓志铭》(《芝庭先生集》卷一五)。

按:《清史稿》本传曰:"凡星经、地志、九宫、音律、技击、句卒、嬴越之法,靡不通究,尤邃于医,世多传其异迹。然大椿自编医案,惟剖析虚实寒温,发明治疗之法,归于平实,于神异者仅载一二。……大椿学博而通,注《神农本草经》百种,以旧注但言其当然,不言其所以然,采摭常用之品,备列经文,推阐主治之义,于诸家中最有启发之功。"

桑调元卒(1695—)。调元字伊佐,号弢甫,别号独往生、五岳诗人,浙江钱塘人。雍正十一年特赐进士,授工部主事。曾从劳史受理学,主九江濂溪书院讲席。著有《论语说》2卷、《躬行实践录》15卷、《弢甫集》84卷等。事迹见《清史稿》卷四八〇、《清史列传》卷六七、李桓《国朝耆献类征初编》卷一四四、蔡冠洛《清代七百名人传》第五编。

按:《清史稿》本传曰:"调元受业于(劳)史,得闻性理之学。雍正十一年,召试通知性理,钦赐进士,授工部主事,引疾归。调元主九江濂溪书院,构须友堂,祠余山先生,以著渊源有自,余山,史自号也。调元东皋别业又辟余山书屋,以友教四方之士。为人清鲠绝俗，足迹遍五岳。晚主滦源书院，益畅师说。"

尹继善卒（1696— ）。继善字元长，号望山，满洲镶黄旗人。尹泰子。雍正元年进士。累官文华殿大学士兼军机大臣。嗜与诸生论文课诗。卒谥文端。著有《尹文端公诗集》。事迹见《清史稿》卷三〇七、《清史列传》卷一八、李桓《国朝耆献类征初编》卷二一、蔡冠洛《清代七百名人传》第一编、袁枚《文华殿大学士尹文端公继善神道碑》（《碑传集》卷二七）。

按：《清史稿》本传曰："高宗尝谓：'我朝百余年来，满洲科目中惟鄂尔泰与尹继善为真知学者。'御制《怀旧诗》复及之。"

陈宏谋卒（1696— ）。宏谋字汝咨，号榕门，广西临桂人。雍正元年进士，授检讨。官至东阁大学士兼工部尚书。卒谥文恭。著有《五种遗规》、《培远堂偶存稿》10卷、《培远堂文集》10卷、《手札节要》3卷等。事迹见《清史稿》卷三〇七、《清史列传》卷一八、李桓《国朝耆献类征初编》卷二〇、蔡冠洛《清代七百名人传》第一编、彭启丰《光禄大夫经筵讲官太子太傅东阁大学士兼工部尚书陈文恭公宏谋墓志铭》、张洲《陈文恭公抚秦逸事状》、袁枚《东阁大学士陈文恭公传》（均见《碑传集》卷二七）。清陈钟珂编有《先文恭公（陈宏谋）年谱》。

按：《清史稿》本传曰："宏谋早岁刻苦自励，治宋五子之学，宗薛瑄、高攀龙，内行修饬。及入仕，本所学以为设施。……辑古今嘉言懿行，为《五种遗规》，尚名教，厚风俗，亲切而详备。奏疏文檄，亦多为世所诵。"

沈大成卒（1700— ）。大成字学子，号沃田，江苏华亭人。诸生。家贫，屡就幕府征，由粤而闽而浙而皖，前后四十余年。其学原本六经，旁通天文、地理、乐律、数学、小学、音韵、金石，于古今典章之沿革，政事之得失，名物之流传，皆能考索研究，原委井然。又精校勘，曾校正《十三经注疏》、《史记》、《前后汉书》、《南北史》、《五代史》、杜佑《通典》、《文献通考》、《昭明文选》、《说文》、《玉篇》、《广韵》、《历算丛书》、顾炎武《音学五书》等。著有《学福斋集》58卷。事迹见《清史列传》卷七二、李桓《国朝耆献类征初编》卷四二〇、汪大经《沈先生大成行状》（《碑传集》卷一四一）。

按：胡玉缙《许庼经籍题跋》曰："大成邃于经史，又旁通九宫、纳甲、天文、乐律、九章诸术，学问淹贯，故其诗文不规规于古人蹊径，而根底既厚，兴味弥长，几于篇篇可传，首首可诵。李慈铭《孟学斋日记》云：'其文清雅简秀，意味油然，而论经谨守汉儒，论学必本《说文》，论算术痛辟西法，释、道、岐黄，皆所综究，虽所传止是，而宏儒梗概悉具。'其推挹甚至。"

陈兆崙卒（1700— ）。兆崙字星斋，号句山，浙江钱塘人。雍正八年进士。授内阁中书，充军机章京。乾隆元年召试博学鸿儒，授翰林院检讨。官至太仆寺卿。精六书之学，尤长于经义。著有《紫竹山房文集》20卷、《紫竹山房诗集》12卷。事迹见《清史稿》卷三〇五、《清史列传》卷七一、李桓《国朝耆献类征初编》卷八二、震钧辑《国朝书人辑略》卷四、蔡冠洛《清代七百名人传》第五编。清陈玉绳编有《陈星斋年谱》。

按：《清史稿》本传曰："兆崙精六书之学，尤长经义，于《易》、《书》、《礼》均有论述。为诗文澹泊清远。"

姚范卒(1702—)。范字南青，号姜坞，安徽桐城人。乾隆七年进士，授翰林院编修。充武英殿经史馆校勘官，兼《三礼》馆、《文献通考》馆纂修官。病归，主书院讲席。著有《援鹑堂文集》6卷、《援鹑堂诗集》7卷、《援鹑堂笔记》34卷等。事迹见《清史列传》卷七二、李桓《国朝耆献类征初编》卷一二六。

传教士魏继晋卒(1706—)。继晋字善修，德国人。乾隆三年抵澳门，次年至北京，任宫廷乐师。曾任在华耶稣会教务巡阅使等教职。著有《德华字典》、《圣咏续解》。

汪宪卒(1721—)。宪字千陂，号鱼亭，浙江钱塘人。乾隆十年进士，官刑部主事，迁员外郎。性好藏书，多善本。著有《易说存悔》2卷、《说文系传考异》4卷、《振绮堂稿》等。事迹见《清史列传》卷七二。

汪梧凤卒(1725—)。梧凤字在湘，号松溪，安徽歙县人。西溪不疏园主人，汪灼之父。中举后不应会试，以读书自娱，藏书极富。曾先后师从方朴山、江永研读经史，向刘大櫆学习古文辞。常与戴震、郑牧、金榜等探讨学问，时称戴震深于经，郑牧精于史，梧凤熟于子。著有《松溪文集》、《诗学女为》。事迹见李桓《国朝耆献类征初编》卷四二〇、郑虎文《明经松溪先生汪君行状》(《吞松阁集》卷三五)、汪中《大清故贡生汪君墓志铭》(《汪中集》卷六)。

按：郑虎文《明经松溪先生汪君行状》曰："读书不疏园中。不疏园者，其祖读泉明'渐与田园疏'之句，感而颜其别业为君勰也。君于是足迹不出园者十二年，遂终焉。君制义师淳安方氏橪如，古文师桐城刘氏大櫆，经学则与休宁戴氏震、同里汪氏肇龙同出婺源江门。江氏精《三礼》，而戴氏于诸经所得独多，为江门大弟子，其学与江相出入。君亚焉。江氏作君祖传即称君与戴震俱研经学，有著述闻于远近也。君既师江而又客戴氏、汪氏于家，汪为尤久，久处，昕夕无他语，语必经义，义疑则辨，辨必力持不相下，则辨益疾。而君故口吃，尝咽塞不能出声气，须眉动张，童仆往往背立睨视匿笑。已乃复辨，必彼我意通乃已。……生平于书无所不观，而《尔雅》、《说文》、《三礼》、《三传》、《史记》、西汉八家之文，皆有是正论说，惜尚未有成书，其成者惟《诗学女为》一书。"(《吞松阁集》卷三五)汪中《大清故贡生汪君墓志铭》曰："国初以来，学士陋有明之习，潜心大业，通于六艺者数家，故于儒学为盛。迨乾隆初纪，而处士江慎修崛起于婺源，休宁戴东原继之，经籍之道复明，始此两人，自奋于末流，常为乡俗所怪。又孤介少所合，而地僻陋，无从得书。是时，歙西溪汪君，独礼而致诸其家，饮食供具惟所欲。又斥千金置书，益招好学之士，日夜诵习讲贯其中。久者十数年，近者七八年、四五年，业成散去。其后江君殁，大兴朱学士来视学，遂尽取其书上于朝，又使配食于朱子。戴君游京师，当世推为儒宗。后数岁，天子修《四库》之书，征领局事。是时天下之士，益彬彬然向于学矣，盖自二人始也。抑左右而成之者，君信有力焉，而君不幸死矣。然君亦以是自力于学，所著文二百余篇，咸清畅有法，著《楚辞音义》三卷，又治《毛诗义编》闻成。"汪中在是文中，说汪梧凤卒于乾隆三十八年十二月，其实汪梧凤的卒年是乾隆三十六十二月，"这不应该是汪中写错了，而是其子汪喜孙在整理汪中作品时，误将'六'字校成了'八'字。因为汪中曾于乾隆三十八年十一月去西溪汪梧凤家拜访过。……然而此时汪梧凤已经病故，接待他的是汪梧凤的儿子汪灼"(参见蔡锦芳《戴震生平与作品考论》)。

金鹗（　—1819）、陈寿祺（　—1834）、陆耀遹（　—1836）、盛大士（　—1839）、英和（　—1840）、朱为弼（　—1840）、潘眉（　—1841）、黄承吉（　—1842）、骆腾凤（　—1842）、陈文述（　—1843）、梁德绳（　—1847）生。

乾隆三十七年　壬辰　1772年

正月初四日庚子(2月7日)，乾隆帝谕令各地征集遗书。

按：谕曰：朕"以御极之初，即诏中外搜访遗书，并命儒臣校刊《十三经》、《二十一史》，遍布黉宫，嘉惠后学。复开馆纂修《纲目三编》、《通鉴辑览》及《三通》诸书。凡艺林承学之士，所当户诵家絃者，既已荟萃略备。第念读书固在得其要领，而多识前言往行以蓄其德，惟搜罗益广，则研讨愈精。如康熙年间所修《图书集成》全部，兼收并录，极方策之大观，引用诸编，率属因类起裁，势不能悉载全文，使阅者沿流溯源，一一征其来处。今内府藏书，插架不为不富，然古今来著作之手，无虑数千百家，或逸在名山，未登柱史，正宜及时采集，汇送京师，以彰千古右文之盛。其令直省督抚会同学政等，通饬所属，加意购访。除坊肆所售举业时文，及民间无用之族谱、尺牍、屏幛、寿言等类，又其人本无实学，不过嫁名驰骛，编刻酬唱诗文，琐碎无当者，均毋庸采取外，其历代流传旧书，有阐明性学治法，关系世道人心者，自当首先购觅。至若发挥传注，考核典章，旁暨九流百家之言，有裨实用者，亦应备为甄择。又如历代名人，洎本朝士林宿望，向有诗文专集，及近时沉潜经史，原本风雅，如顾栋高、陈祖范、任启运、沈德潜辈，亦各有成编，并非剿说、卮言可比，均应概行查明。在坊肆者，或量为给价；家藏者，或官为装印。其有未经镌刊，只系钞本存留，不妨缮录副本，原书给还。并严饬所属，一切善为经理，毋任吏胥藉端滋扰。但各省搜辑之书，卷帙必多，若不加之鉴别，悉行呈送，烦复皆所不免。著该督抚等，先将各书叙列目录，注系某朝某人所著，书中要指何在，简明开载，具折奏闻。候汇齐后，令廷臣检核，有堪备览者，再开单行知取进。庶几副在石渠，用储乙览。从此四库七略，益昭美备，称朕意焉。"(《清高宗实录》卷九〇〇)

三月初二日丁酉(4月4日)，山东濮州小长治村李孟炳等人携带"邪书"至河南临颍县一带传教，被查获，并究出濮州沙土集人王中及李孟醇、龙居泾等人。乾隆帝谕令军机大臣等"飞咨直隶、山东两省查拿"。河南巡抚何煟将李孟炳等人传授经书进呈朝廷，乾隆帝查出书中有"悖逆情事"，令彻底严究，以申国法(《清高宗实录》卷九〇四)。

十二日丁未(4月14日)，河南罗山县在籍革职知县查世柱私纂《全史辑略》4卷，巡抚何煟以逆案奏闻。两天后，查世柱被处决，其书板片、书册，一并销毁(《清高宗实录》卷九〇四)。

按：鲁迅在《且介亭杂文·病后杂谈之余》中说："现在不说别的，单看雍正、乾隆两朝的对于中国人著作的手段，就足够令人惊心动魄。全毁，抽毁，剜去之类也且

波兰被首次瓜分。

塞缪尔·亚当斯在马萨诸塞组织反对大不列颠通讯委员会。

不说,最阴险的是删改了古书的内容。乾隆朝的纂修《四库全书》,是许多人颂为一代盛业的,但他们却不但捣乱了古书的格式,还修改了古人的文章;不但藏之内廷,还颁之文风颇盛之处,使天下士子阅读,永不会觉得我们中国的作者里面,也曾经有过很有些骨气的人。"

四月十五日庚辰(5月17日),王中被绞杀。

按:谕曰:何煟所奏审拟邪教一案,已批三法司核拟。"及阅谌梅家搜出王中所传逆书,内有'平明不出周刘户,进在戊辰己巳年'之句。朕阅'平明'之'明',左旁'日'字有补改痕迹,细察笔法,系'胡'字迁就改易而成,其为大逆显然。即后页'也学太公渭水事,一钓周朝八百秋'二语,亦俨然有自居太公与周之意,不可不彻底严究,以申国法。"(《清高宗实录》卷九〇六)

二十四日己丑(5月26日),乾隆帝亲定本科三鼎甲:状元金榜,榜眼孙辰东,探花俞大猷。

二十五日庚寅(5月27日),御太和殿,传胪,赐一甲金榜等3人进士及第,二甲平恕等55人进士出身,三甲熊言孔等104人同进士出身。是科会试正考官为大学士刘纶,副考官为侍郎奉宽、内阁学士汪廷玙。

五月初六日庚子(6月6日),山东巡抚徐绩委派按察使国泰亲往单县主办八卦教案。

初七日辛丑(6月7日),河南巡抚何煟究出清水教尚有"大教主刘姓",乾隆帝命山东巡抚徐绩缉拿"刘姓"教首;经审讯,又陆续破获离卦、震卦、坎卦等八卦教主要头目,第一次揭开八卦教隐秘内幕。

初十日甲辰(6月10日),山东宁阳县枣庄地方、邹县杨树林地方分别拿获八卦教重要头目孔万林及其弟子秦舒,单县拿获老教首刘宗礼。

八月初九日辛未(9月5日),"邪教逆案"结案。教首刘省过斩立决。

十月初三日甲子(10月28日),贵州巡抚图思德奏查明黔省鲜有书籍可供采择折。

十七日戊寅(11月11日),寄谕各省督抚、学政速行购访遗书,并先将购访情形奏覆。

按:正月初,乾隆帝下令各省搜集遗书,但至十月仍未有一人将书名录奏,各省办理此事不甚积极,故又下此谕,命恪遵前旨,饬催所属,速行设法访求,无论刊本、钞本,一一汇收备采,俟卷帙所积稍充,即开具目录,附折奏明,听候甄择移取(《清高宗实录》卷九一九)。然此次催促征书之谕仍未引起封疆大吏重视。

二十二日癸未(11月16日),乾隆帝阅三通馆进呈所纂《嘉礼》,特谕不得轻言易改衣冠。

二十八日己丑(11月22日),谕命国史馆将御史郭琇参本全列于新纂《明珠列传》。

按:谕旨略曰:明珠在康熙年间身为大学士,柄用有年,乃竟不克自终,渐至植党营私,市恩通赂,势焰熏灼,物议沸腾,致为郭琇参奏。皇祖念其于平定三藩曾有赞理军务微劳,不即暴示罪状,然亦立予罢斥,并未尝废法姑容,此实皇祖恩威并用,权衡纤毫不爽。嗣后郭琇因事论黜,削籍归里,其罪实由自致,亦非明珠之党借事以为报复。今馆臣纂辑明珠事迹,仅据馆中所存郭疏稿刊本,撮载大凡,但其间删削过多,恐传之既久,或疑修史者有意曲为隐讳,于据事直书之旨相违。因命全列郭琇参本于明珠传中,俾天下后世得喻此事本末(张书才主编《纂修四库全书档案》上)。

十一月初三日甲午(11月27日),山东巡抚徐绩等奏覆购访遗书情形,并进呈书目21种。

初七日戊戌(12月1日),直隶总督周元理奏购访遗书情形折。

初九日庚子(12月3日),山西巡抚三宝奏购访遗书情形折。

十四日乙巳(12月8日),湖北巡抚陈辉祖奏购访遗书情形折。

十六日丁未(12月10日),河南巡抚何煟奏购访遗书情形,并进呈书目18种。

二十日辛亥(12月14日),江西巡抚海成奏购访遗书情形折。

二十一日壬子(12月15日),署理浙江巡抚熊学鹏奏购访遗书情形,并进呈书目56种。

二十三日甲寅(12月17日),寄谕豫抚何煟访求胡煦等遗书。

二十五日丙辰(12月19日),安徽学政朱筠陈购访遗书及校核《永乐大典》意见折。

按:朱筠曰:一、旧刻钞本,尤当急搜;二、金石之刻,图谱之学,在所必录;三、中秘书籍,当标举现有者,以补其余;四、著录校雠,当并重(详见《笥河文集》卷一《谨陈管见开馆校书折子》)。其中第三条,提出了从《永乐大典》辑录遗书的建议。乾隆帝原先颁布的征集天下群书的谕旨,并无编纂《四库全书》之意图,朱筠此折,从总结积累文化学术的意义上提出了诸多有益的建议,使原来目的不明的征书走上了纂修《四库全书》的轨道。

是日,朱筠又奏购访遗书情形折。

二十六日丁巳(12月20日),安徽巡抚裴宗锡奏现得书名部数及酌定章程饬办情形折。

十二月初二日壬戌(12月27日),两江总督高晋等奏购访遗书情形,并进呈书目22种。

初八日戊辰(1773年1月6日),奉天府尹博卿额等奏购访遗书情形,并开呈书目折。

十三日癸酉(1月5日),直隶总督周员理奏已采办刊书梨板解京折。

十八日戊寅(1月10日),陕甘总督勒尔谨等奏购访遗书情形,并进呈书目折。

十九日己卯(1月11日),寄谕博卿额等,奉天本少著述,不必再行访购,以免纷扰。

是日,河南巡抚何煟奏遵旨采办梨板解京折。

河南巡抚何煟奏遵旨访求胡煦遗书情形,并开列书目呈览折。

二十日庚辰(1月12日),闽浙总督钟音等奏购访遗书情形,并开列书单呈览折。

二十一日辛巳(1月13日),湖南学政褚廷璋奏购访遗书情形折。

是日,两广总督李侍尧奏查访遗书情形及现无购得缘由折。

二十四日甲申(1月16日),江苏按察使胡季堂奏谢特旨征取先父胡煦遗书暨现在办理情形折。

钱大昕补翰林院侍读学士，会试充磨勘官，殿试充执事官；寻充三通馆纂修官，分工拟订《续通志》列传部分之凡例，作有《续通志列传凡例》和《续通志列传总叙》。

戴震自汾阳入都会试，仍落第；南归后入浙江主讲金华书院。段玉裁在京以所著《诗经韵谱》求正于戴震，戴氏以为体例未尽善。

段玉裁入四川为县令，在成都访蜀石经。

王念孙会试不第，在京师与刘台拱定交，旋以避祸居天长。是年冬至当涂依学政朱筠，时汪中亦在朱氏幕，因相定交，以经义小学共相研讨。汪中七月在泰山交刘台拱和朱彬。

按：是年，扬州学派三钜子皆相识定交。此年王念孙、汪中皆28岁，刘台拱21岁。三人之外，扬州其他学者李惇42岁，任大椿34岁，顾九苞34岁，江德量21岁，朱彬19岁，而所学各有成就。显示出"扬学"已作为一支独立的学术力量登上学术舞台。王昶已注意到"扬学"，作《四士说》以称扬之："予于淮海之交有四士焉：训导宝应刘台拱有曾闵之孝，给事中王念孙及其子国子监生引之，有《苍》、《雅》之学，暨君有扬马之文，时谓之'四士三美'，宜矣。"（王昶《春融堂集》卷三五《四士说》）焦循论扬州学术曰："吾郡自汉以来，鲜以治经显者。国朝康熙、雍正间，泰州陈厚曜泗源，天文历算，夺席宣城。宝应王懋竑予中，以经学醇儒为天下重。于是词章浮缛之风，渐化于实。乾隆六十年间，古学日起，高邮王黄门念孙，贾文学稻孙、李进士惇，实倡导其始。宝应刘教谕台拱、江都汪明经中、兴化任御史大椿，顾进士九苞，起而应之。相继而起者，未有已也。"（焦循《雕菰集》卷二一《李孝臣先生传》）焦氏以康、雍间陈厚曜、王懋竑为扬州朴学先驱，王念孙、贾田祖、李惇为始倡导者，刘台拱、汪中、任大椿、顾九苞为相应，而后继者亦繁有徒，大致勾勒了乾隆时期"扬学"之规模。阮元亦详论此时学人的学术造诣曰："盖今时天下学术以江南为最，江南凡分三处：一安徽；二扬、镇；三苏、常。徽州有金榜、程瑶田二三子，不致坠东原先生之绪。苏、常一带则惟钱辛楣先生极精，其余若王鸣盛、江艮庭皆拘墟不通。江郑堂后起，亦染株守之习。而将来若一变，则迥出诸君之上。其余若孙星衍，洪亮吉，钱坫、塘，气魄皆可，不能大成。镇江、扬州号为极盛。若江都汪容甫之博闻强记，高邮王怀祖之公正通达，宝应刘端临之洁净精核，兴化任子田之细密详赡，金坛段若膺之精锐明畅，皆非外间所可及也。大约王为首，段次之，刘次之，汪次之，任次之。此后，则吾辈尚可追步尘躅也。"（阮元《答友人书》，《国粹学报》第29期）阮氏此札大约作于乾隆末年，出之仪征刘氏箧藏，刘师培刊之于《国粹学报》。

王念孙为朱筠校正《说文解字》，刻之。又代朱筠撰《重刻说文解字系传序》。又校正《唐开元礼》。

按：朱筠请王念孙校勘许慎《说文解字》，"许氏之学由此大行"，对汉学的发展有促进作用。孙星衍撰朱筠《笥河先生行状》中有言："邵学士晋涵、王观察念孙诸人，深于经术训诂之学，未遇时皆在先生幕府，卒以撰述名于时，盖自先生发之。"（《碑传集》卷四九）

纪昀再充庶吉士子教习。

洪亮吉与邵晋涵在怀宁分别，各为诗八百字以赠。冬，访蒋士铨、汪端光于扬州，并得士铨资助，于岁终归里。

卢文弨始主讲钟山书院，赵曦明为助教。

乾隆三十七年　壬辰　1772 年

按：赵曦明初名大润，易名肃，晚复更名曦明，字敬夫，江苏江阴人。诸生。卢文弨主江阴暨阳书院，与之成为莫逆交。及移讲席钟山书院，招以相佐，并遍校卢文弨藏书。著有《读书一得》60 卷、《桑梓见闻录》8 卷。晚年又注《颜氏家训》6 卷。

赵翼时任贵西兵备道，因任广州知府时从轻处理海盗有违清律，吏部议降一级调用，即以母老年高，愿回家侍养为词请退。

朱筠时任安徽学政，奏请开馆校核《永乐大典》。

汪中至安徽歙县西溪不疏园谒郑虎文，是冬，因郑虎文引荐，入朱筠幕府。

王文清辞岳麓书院院长归，前后共任职九年。

蒋士铨受聘为扬州安定书院掌教。

毕沅改官陕西，陆续有学者前往依附。

按：毕沅自是年至乾隆五十年（1785），任陕西巡抚约十三年，他开府关中，延聘人才，学者文人云集，幕府极一时之盛。最著名者有严长明、程晋芳、钱坫、孙星衍、洪亮吉、黄景任、王复等。刘锦藻曰："沅开府西安，一时经术湛深之士，如孙星衍、洪亮吉、汪中、黄景仁辈，皆从之游。所辑丛书，有校正《吕氏春秋》一种，咸阳宾客，至今有遗风焉。于关中舆地、金石，大有筚路蓝缕，以启山林之毅力。乾隆癸卯校刊于经训堂，其功亦云巨矣。"（刘锦藻《清朝续文献通考》卷二七〇）

程晋芳始与翁方纲订交。

谢启昆赴镇江任知府，翁方纲以诗嘱访金坛王步青遗书。

任启运遗著被进呈朝廷。

按：《清史稿·任启运传》曰："三十七年，命中外搜集古今群书，……于是上启运所著书四种，入《四库》中。"

庄存与在翰林院教习庶吉士。

罗聘以所得竹叶碑拓本与钱大昕、翁方纲在京共审订。

江藩从薛起凤受句读。

钱沣充国史馆纂修官。

金榜中进士，授翰林院修撰。

铁保中进士，授吏部主事，袭恩骑尉世职。

邹炳泰中进士，选翰林院庶吉士，授编修，纂修《四库全书》，迁国子监司业。

孙士毅时任贵州督学，改建育才书院为启秀书院。

阎锌著，万经订《周易说宗》刊行。

张世宝著《易林补遗》4 卷刊行。

杨潮观著《左鉴》10 卷、附录 1 卷刊行。

傅恒等奉敕纂《平定准噶尔方略》前编 54 卷、正编 85 卷、续编 33 卷，以及《吏部则例》66 卷刊行。

按：《四库全书总目提要》曰："《御定平定准噶尔方略前编》五十四卷、《正编》八十五卷、《续编》三十三卷，乾隆三十七年大学士傅恒等恭撰奏进。凡分三编。考准噶尔部落，系出元阿鲁台。译语转音，故称厄鲁特。……是书《前编》五十四卷，所纪

赫尔德著成关于比较语言学的作品《论语言的起源》。

米拉波著成《论专制政治》。

爱尔兰法理学家 F. S. 沙利文发表《封建法律、宪法

及英格兰法律讲义》。

伦哈德·尤勒就机工、光学、声学及天文学发表《给一位德国公主的信》。

自康熙三十九年七月乙未,至乾隆十七年九月壬申,即详述其缘起也。嗣杜尔伯特台吉策凌、策凌乌巴什、辉特台吉阿睦尔撒纳等,先后来归,吁请天讨。以人心之大顺,如帝命之式临。特诏六师,分行两道。降蕃负弩,忻舞前驱。余党倒戈,骈罗膜拜。兵不血刃,五月而定伊犁,停达瓦齐于图尔满。既而阿睦尔撒纳豺狼反噬,旋见函颅。波罗尼都、霍集占枭獍齐鸣,亦随献馘。天山南北,桴鼓不鸣,展拓黄图凡二万余里。是书《正编》八十五卷,所纪自乾隆十八年十一月甲戌,至二十五年三月戊申,即备录其始末也。至《续编》三十三卷,则乾隆二十五年三月庚戌以后,至三十年八月乙亥,凡一切列戍开屯,设官定赋,规画久远之制,与讨定乌什及绝域诸蕃,占风纳照者咸载焉。自有书契以来,未有威弧之所震如是其远,皇舆之所拓如是其廓者。亦未有龙沙葱雪之间,控制抚绥,一如中冀如是之制度周详者。而运筹策于几先,计久长于事后,一一出睿谟之独断。岂非天锡勇知,以光列圣之绪,而贻奕世之谟哉。"

福隆等奉敕纂《八旗通志续集》354卷、《八旗则例》12卷。

章学诚始著《文史通义》。邵晋涵有《与章实斋书》。

按:章学诚曾自言:"拙撰《文史通义》,中间议论开辟,实有不得已而发挥,为千古史学辟其蓁芜。"(《文史通义》外篇三《与汪龙庄书》)又在《与族孙汝楠论学书》中曰:"吾于史学,盖有天授,自信发凡起例,多为后世开山。"(《文史通义》外篇三)邵晋涵《与章实斋书》曰:"实斋六兄足下:别离如昨,倏及三旬,想兴居安吉,校文余暇,未知《文史通义》新有撰述否?自《周官》之法失传,六艺乘散,校雠诸家蓁而不知其统,缀学之徒,无所承受。昧者受罣牢,黠者操其谲,憪然奋笔以炫耀时人之耳目。其术愈岐,其迹亦屡迁,其去康庄也愈远。诚得为之安定其辞,厘正其体,如衡之悬,如规矩之正,无巧工不巧工,率依仿以从事,世相守以成法,罔或离畔以去也,不诚六籍以昌明哉!足下以伉爽之识,沉赘之思,采《七略》之遗意,娓娓于辨章旧闻,考撰异同,校雠之得其理,是诚足下之责也。"(《南江文钞》卷八)

赵文起修,戴震纂《汾阳县志》14卷刊行。

苏尔德纂《回疆志》4卷刊行。

陆立纂《真如里志》4卷刊行。

陈曦纂《娄塘镇志》9卷成书。

倪大临修《茜泾记》成书。

胡文铨修,周广业纂《广德直隶州志》50卷刊行。

施诚纂《鄢陵县志》21卷刊行。

佚名纂《龙安府志》1卷刊行。

夏之蓉著《读史提要录》12卷刊行。

敕纂《满汉对音字式》1卷成书。

朱燮著《三韵易知》10卷刊行。

李茂林著《韵谱约观》刊行。

丘仰文著《楚辞韵解》8卷刊行。

叶树藩著《文选补注》成书,有自序。

王士禛所著《带经堂全集》72卷刊行。

卫既齐著《廉立堂文集》12卷刊行。

江昱著《潇湘听雨录》8卷成书。

蒋士铨著《四弦秋》杂剧成。

王筠著《西园瓣香集》中卷刊行。

胡煦著《葆璞堂文集》4卷、《葆璞堂诗集》4卷刊行。

查礼著《铜鼓书堂遗稿》32卷刊行。

苏州书坊刻《新编宋调全本白蛇传》50集。

商盘辑《越风》初编15卷、二编15卷刊行，有自序和蒋士铨序。

程晋芳自定《桂宧藏书目》2卷，有自序。

屈曾发著《九数通考》13卷成书，有自序。

按：阮元曰："屈曾发，字省园，苏州府常熟人也。著《九数通考》十三卷。自序言：'己丑之春，得圣祖仁皇帝御制《数理精蕴》，伏而读之。订古今之异同，集中西之大成，平日之格而不化者，一旦涣然冰释。惜薄海内外穷儒寒畯未获悉睹全书，乃不揣固陋，举囊时所辑重加增改，一执衷于《数理精蕴》。学者取而习之，不特古者六艺教人之法可得其旨趣，即我朝文轨大同，制作明备之休，亦藉以仰窥万一矣。'其书初名《数学精详》，休宁戴震为改今名《九数通考》。"（《畴人传》卷四二）

传教士钱明德译的法文本《孙子兵法》在巴黎出版。

按：是书为欧洲最早的中国古代兵书译本，1782年出版第二版。

任德成卒（1684— ）。德成字象元，江苏吴江人。县学生。平生信奉朱熹《白鹿洞规》，故集自汉代至明代先哲格言与《白鹿洞规》相发明者，合为《白鹿洞规大义》（一作《读白鹿洞规大义》）5卷。雍正元年举孝廉方正，固辞不就。事迹见李桓《国朝耆献类征初编》卷四一一。

邹一桂卒（1686— ）。一桂字原褒，号小山，又号二知、让卿，江苏无锡人。雍正五年进士。官至内阁学士。工画，尤擅长花卉。著有《小山画谱》、《小山诗钞》、《小山文集》、《四书文稿》等。事迹见《清史稿》卷三〇五、《清史列传》卷二〇、李桓《国朝耆献类征初编》卷七八、蔡冠洛《清代七百名人传》第五编、彭启丰《资政大夫内阁学士加礼部尚书邹公一桂行状》（《碑传集》卷三三）。

按：《清史稿》本传曰："一桂画工花卉，承恽格后为专家。尝作《百花卷》，花题一诗，进上，上深赏之，为题百绝句。晚被薄谴，归犹赋诗饯之云。"

沈廷芳卒（1702— ）。廷芳本姓徐，字椒园，一字畹叔，浙江仁和人。少从方苞学古文，从查慎行学诗。乾隆元年以监生举博学鸿词，改翰林院庶吉士，散馆授编修。官至山东按察使。著有《十三经注疏正字》81卷、《续经义考》40卷、《理学渊源》10卷、《隐拙斋集》50卷、《古文指授》4卷、《鉴古录》16卷、《盥蒙杂著》4卷等。事迹见《清史稿》卷四八五、《清史列传》卷七一、李桓《国朝耆献类征初编》卷一七七、震钧辑《国朝书人辑略》卷四、汪中《诰授通议大夫山东提刑按察使司按察使原品致仕恩加一级沈公廷芳行状》（《碑传集》卷八四）。

按：《四库全书总目提要》曰："《隐拙斋集》五十卷，国朝沈廷芳撰。……是集为廷芳所自编，凡诗、赋三十二卷，散体文十八卷。其诗学出于查慎行，古文之学出于方苞。故所作虽无巨丽之观，而皆有法度。"

钱维城卒（1720— ）。维城字宗磐，一字稼轩，号茶山，江苏武进人。

乾隆十年进士，历官右春坊中允、日讲起居注官、翰林院侍讲、侍读学士、内阁学士、刑部侍郎等。工诗文书画。著有《茶山诗文集》。事迹见《清史稿》卷三○五、《清史列传》卷二三、李桓《国朝耆献类征初编》卷八八、震钧辑《国朝书人辑略》卷五、蔡冠洛《清代七百名人传》第一编、王昶《资政大夫刑部左侍郎赠尚书钱文敏公维城神道碑铭》(《碑传集》卷三三)。

按：《清史稿》本传曰："维城工文翰，画山水幽深沈厚。钱陈群谓维城通籍后画益工，盖得益于(董)邦达云。"

魏之琇卒(1722—)。之琇字玉璜，号柳州，浙江杭州人。布衣。专心研究医学20年，无师自通，以行医为生。曾结合自己的临床心得，创制治肝疗法"一贯煎"，为肝病学说做出了贡献。著有《续名医类案》60卷、《柳州医话》1卷、《柳州遗集》。

陆继辂(—1834)、瞿绍基(—1836)、何凌汉(—1840)、毛国翰(—1846)、方东树(—1851)、沈道宽(—1853)、汤金钊(—1856)、陶梁(—1857)生。

乾隆三十八年　癸巳　1773年

丹麦将奥尔登堡公国割让给俄国。

波士顿茶党会议抗议征收茶税。

弗吉尼亚议员议会任命州通讯委员会。

正月初六日丙申(1月28日)，江西巡抚海成奏进搜访书目23部。

初八日戊戌(1月30日)，云南巡抚李湖奏购访遗书情形折。

初十日庚子(2月1日)，贵州巡抚图思德奏复查黔省仍无著述遗书折。

二十四日甲寅(2月15日)，护理广西巡抚淑宝奏购访遗书情形，并缮呈已得书目折。

二月初六日乙丑(2月26日)，议复安徽学政朱筠开馆校书事宜，准安徽学政朱筠奏，派员校核《永乐大典》，并作各书提要。

按："军机大臣等议复安徽学政朱筠条奏搜辑遗书事宜。一、汉、唐遗书已少，辽、宋、金、元之经注、文集，及九流百家、子余史别，若无刊本，请购取官钞等语。应遵奉前旨，如系家藏未刊之书，缮录副本，将原本给还，仍令各省妥协搜采。一、宋臣郑樵作《图谱》、《金石》二略，欧阳修、赵明诚则录《金石》，聂崇义则录《图谱》，并为考古依据。请兼收图谱一门，将各省所有钟铭碑刻，拓取汇选。查古今金石源流，可供考证者具在。至山林荒寂之所，必令官为拓取，恐致纷扰，毋庸渎办。一、前明《永乐大典》一书，陈编罗载，请择其中若干部，分别缮写，以备著录。查此书原共二万二千九百余卷，一万一千九十五册。就原书目录检查，其中不恒经见之书颇有，若概不分别选择，殊非采访遗书本义。应拣派修书翰林，逐一查校，如有实无传本，而各门凑合，尚可成书者，摘开书名，伏候训示。一、前代校书著录，如《七略》、《集贤书目》、《崇文总目》等编，俱可师法。应令儒臣于每书校其得失，撮举大旨，叙于卷首，以便观览。查宋王尧臣等《崇文书目》、晁公武《读书志》，就所藏书籍，编次目录，别为一书，最为简当。应仿其体例，分经、史、子、集，详载部分卷数，撰人姓名，垂示久远。"(《清高宗实录》卷九二六)朱筠关于开馆校书的奏议，在军机大臣中有不同意见，刘统勋以为"非政之要"，于敏中则独善其奏。是月军机大臣遵旨议覆朱筠开馆校书之条陈，以朱筠辑校《永乐大典》之议为是，并请旨拣派修书翰林将《永乐大典》逐一详查，其中如有现在实无传本，而各门凑合尚可集成全书者，通行摘出书名，开列清单，恭呈御览，伏请训示遵行；至于著录校雠，当俟书籍汇齐，依经史子集四部各目，分类汇列，另编目录一书。乾隆帝俞允，命即派军机大臣为总裁官，仍于翰林等官内选定员数，责令及时专司查校。又谕朱筠所奏每书必校其得失，撮举大旨，叙于本书卷首之处，未免"过于繁冗"，应俟移取各省购书全到时，即令承办各员将书中要指概括总叙涯略，粘贴开卷副页右方，用便观览(张书才主编《纂修四库全书档案》上)。

初十日己巳(2月30日)，军机大臣奏检出《永乐大典》目录及全书各十本呈进片。

十一日庚午(2月31日)，乾隆帝就校核《永乐大典》再次下诏，派大学士刘统勋、刘纶、于敏中，尚书福安隆、王际华、裘曰修为总裁，纪昀、陆锡熊为总纂。

按：谕曰："昨据军机大臣议复朱筠条奏，校核《永乐大典》一折，已降旨派军机大臣为总裁，拣选翰林等官，详定规条，酌量办理。兹检阅原书卷首序文，其言采撷搜罗，颇称浩博，谓足津逮四库。及核之书中，别部区区，编韵分字，意在贪多务得，不出类书窠臼，是以踳驳乖离，于体制未为允协。……朕意从来四库书目，以经史子集为纲领，裒辑分储，实古今不易之法。是书既遗编渊海，若准此以采撷所登，用广石渠金匮之藏，较为有益。著再添派王际华、裘曰修为总裁官，即会同遴简分校各员，悉心酌定条例，将《永乐大典》分晰校核。除本系现在通行，及虽属古书而词义无关典要者，不必再行采录外，其有实在流传已少，其书足资启牖后学，广益多闻者，即将书名摘出，撮取著书大指，叙列目录进呈，候朕裁定，汇付剞劂。其中有书无可采，而其名未可尽没者，只须注出简明略节，以佐流传考订之用，不必将全部付梓，副朕裨补阙遗，嘉惠士林至意。再是书卷帙如此繁重，而明代藏役，仅阅六年。今诸臣从事厘辑，更系弃多取少，自可克期告竣，不得任意稽延，徒诮汗青无日。仍将应定条例，即行详议，缮折具奏。""寻议，查《永乐大典》一书，但夸繁博，殊无体例，搜罗古籍，采录固在无遗，别择尤宜加审。今欲征完册，以副秘书，则部分去取，不可不确加校核。谨遵旨将应行条例公同悉心酌议。……得旨：依议。将来办理成编时，著名《四库全书》。"(《清高宗实录》卷九二六)

十五日甲戌(3月7日)，命将汉文、蒙古文《大藏经》悉心校核，译成满文。

二十一日庚辰(3月13日)，大学士刘统勋等奏议定校核《永乐大典》条例，并请拨房添员等事。

按：《四库全书》馆之组织：设正总裁总揽馆事，以副总裁襄助之。总裁之下，有总阅官，总理阅定各书之事；有总纂官，总理编书之事；有总校官，总理校定之事；有翰林院提调官、武英殿提调官，管理提取两处藏书之事；有总目协勘官，管理协定全书总目之事。总纂官之下有纂修官，分任编书之事，纂修官又分为四种：一曰校勘《永乐大典》纂修官，二曰校办各省送到遗书纂修官，三曰黄签考证纂修官，四曰天文算学纂修官。总校官之下有分校官，分任校订之事，分校官除纂隶分校官、绘图分校官外，多由纂修官兼任。缮书处专掌抄书之事。有总校官总理校对脱误之事，有分校官分任校对之事。督催官专掌督促编书抄书之事。翰林院收掌、武英殿收掌、缮书处收掌，分任三处书籍出入之事。监造官专任刊刻印刷装订整理之事。

二十二日辛巳（3月14日），命江浙地方官收求流散民间的《永乐大典》。

> **按**：谕军机大臣等："近因访求载籍，以翰林院所储之《永乐大典》内，多有人未经见之书，派员查核，约缺一千余本，较原书少什之一，不知何时散佚。闻此书当时在内阁收存时，即有遗失。……著高晋、三宝札知各本籍地方官，令向各家一为访问，倘果有其书，无论本数多寡，即为缴出送京。……又或此书别经流播，因而散落人间，以及书贾坊林，视为前朝旧书，转相售易，亦属事理所有，并著高晋等留心体访。"（《清高宗实录》卷九二七）

二十三日壬午（3月15日），寄谕两江总督高晋等查访《永乐大典》佚本。

是日，军机大臣奏蒋赐棨允称寄信回家问明有无收存《永乐大典》片。

二十五日甲申（3月17日），护理浙江巡抚王亶望奏呈续收书目清单及宋荦之孙呈缴家长抄本旧书折。

二十八日丁亥（3月20日），诏命编修《四库全书》的翰林院等官，照武英殿修书之例供给饭食。

三月十七日丙午（4月8日），闽浙总督钟音等奏呈续购书集目录清单折。

二十二日辛亥（4月13日），两江总督高晋奏遵旨查访《永乐大典》佚本情形折。

二十三日壬子（4月14日），谕内阁：陆蓉等有愿效力者，准其在《四库全书》处誊录上行走。

二十八日丁巳（4月19日），谕内阁：传令各省督抚，予限半年迅速购访遗书。

> **按**：谕曰：近允廷臣所议，以翰林院旧藏《永乐大典》，详加别择校勘，其世不经见之书，多至三四百种，与各省所采，及武英殿所有官刻诸书，统按经史子集编定目录，命为《四库全书》，俾古今图籍荟萃无遗。乃各省奏到书单寥寥无几，不过近人解经论删诗文私集数种。此必督抚等视为具文，地方官亦奉行故事。而必系督抚等因遗编著述非出一人，疑其中或有违背忌讳字面，恐涉手干碍，预存宁略毋滥之见。藏书家因而窥其意旨，一切秘而不宣，甚无谓也。文人著书立说，各抒所长，或传闻异辞，或记载失实，固所不免，果其略有可观，原不妨兼收并蓄，即或字义触碍，如南北史之互相诋毁，此乃前人偏见，与近时无涉，又何必过于畏首畏尾耶？朕办事光明正大，可以共信于天下，岂有下诏访求遗籍，顾于书中寻摘瑕疵，罪及收藏之人乎？若此番明切宣谕后，仍不肯将所藏书名开报，听地方官购借，则是其人有意隐匿收存，其取戾转不小矣（《清高宗实录》卷九二九）。

是日，谕内阁：著英廉充《四库全书》处副总裁官。

二十九日戊午（4月20日），寄谕两江总督高晋等，于江浙迅速购访遗书。

> **按**：谕曰：江浙人文渊薮，其所隶州郡，藏书什倍于别省，征访之事，更当向其责

成。且闻东南藏书最富之家,如昆山徐氏之传世楼、常熟钱氏之述古堂、嘉兴项氏之天籁阁、朱氏之曝书亭、杭州赵氏之小山堂、宁波范氏之天一阁,皆其著名者,余亦指不胜屈。又闻苏州有一种贾客,惟事售卖旧书,如山塘开铺之金姓者,乃专门世业,又湖州向多贾客书船,平时在各处州县,兑卖书籍,与藏书家往来最熟,可向此等人善为咨询,详加物色(《清高宗实录》卷九二九)。

又谕:"昨以各省采访遗书,奏到者甚属寥寥,已明降谕旨,详切晓示。予以半年之限,令各省督抚等,作速妥办矣。……至书中即有忌讳字面,并无妨碍,现降谕旨甚明。即使将来进到时,其中或有诞妄字句,不应留以疑惑后学者,亦不过将书毁弃,转谕其家,不必收存,与藏书之人并无干涉,必不肯因此加罪。至于督抚等经手汇送,更无关碍,又何所用其疑畏乎?朕平日办事光明正大,可以共信于天下,高晋等尤所深知。而其所隶州郡,藏书什倍于别省,征访之事,更当向其责成。著将此专交高晋、萨载、三宝,务即恪遵朕旨,实力购觅,并当举一反三,迅速设法妥办,以副朕殷殷仁望之意。如有觅得之书,即行陆续录送,毋庸先行检阅。"(《清高宗实录》卷九二九)

三十日癸丑(4月21日),内务府总管英廉奏谢充《四库全书》处副总裁片。

闰三月初三日壬戌(4月24日),谕军机大臣,著李质颖查访淮阳马姓等家藏书借抄呈进。

按:谕军机大臣等:"淮扬系东南都会,商人中颇有购觅古书善本弆藏者,而马姓家蓄书更富。……李质颖系翰林出身,于典籍气味尚近,且现为盐政,查办尤易为力。……著传谕李质颖,即遵旨妥办。查访藏书内流传已少,及现在并未通行各书,向其家借出,缮录副本呈送。"(《清高宗实录》卷九三〇)

十一日庚午(5月2日),办理《四库全书》处奏遵旨酌议排纂《四库全书》应行事宜。命所有武英殿承办纸绢、装潢、饭食及监刻各事宜,添派金简一同经管。

按:是日,大学士刘统勋等奏曰:"纂辑《四库全书》,卷帙浩博,必须斟酌综核,方免挂漏参差。请将现充纂修纪昀、提调陆锡熊,作为总办。原派纂修三十员外,应添纂修翰林十员。又查有郎中姚鼐,主事程晋芳、任大椿,学正汪如藻,降调学士翁方纲,留心典籍,应请派为纂修。又进士余集、邵晋涵、周永年,举人戴震、杨昌霖,于古书原委,俱能考订,应请旨调取来京,令其在分校上行走,更资集思广益之用。"从之(《清高宗实录》卷九三〇)。

又谕:"现在办理《四库全书》,卷册浩繁,必须多派大臣,董司其事。刘统勋、刘纶、于敏中、福隆安、王际华、裘曰修,俱著为正总裁,英廉、庆桂外,并添派张若溎、曹秀先、李友棠为副总裁。"(《清高宗实录》卷九三〇)

十五日甲戌(5月6日),两江总督高晋等奏查无《永乐大典》佚本,及访得马裕、袁枚家书籍折。

二十日己卯(5月11日),两江总督高晋等奏续得各家书籍,并进呈书目折。

是日,两淮盐政李质颖奏解送马裕家书籍折。

二十六日乙酉(5月17日),浙江巡抚三宝奏查访范氏天一阁等藏书情形折。

二十八日丁亥(5月19日),寄谕两江总督高晋等,善为询觅马裕家古书善本。

是月,命将钱谦益所著《楞严蒙钞》撤毁。

四月初三日辛卯(5月23日),大学士刘统勋等奏请令京师藏书之家及京官将藏书目录钞送《四库全书》馆。

初六日甲午(5月26日),两淮盐政李质颖奏续呈马裕家藏及总商等访得书籍折。

按:马裕乃马曰璐之子,马曰璐与马曰琯是著名藏书家,两淮盐政李质颖奉命从马裕家藏1385种图书中,陆续择取776种,专差呈送《四库全书》馆。马家的藏书,从此绝无影响。《清高宗实录》卷九三一曰:"谕军机大臣等:前以办理《四库全书》,闻扬州商人马姓,家内藏书颇富,曾传谕李质颖,令其就近妥办访问借抄。昨据高晋等奏到续采书单折内,已将商人马裕家内书籍,开列目录。……所开各书,亦多系近代人诗文等集,其于古书善本,尚不概见。……并著李质颖善为寻觅,如单外另有佳本,仍开目录续奏。"

初八日丙申(5月28日),两江总督高晋奏呈续得遗书书目,并饬属购觅《永乐大典》佚书折。

十一日己亥(5月31日),安徽巡抚裴宗锡奏续购遗书情形,并缮呈书名部数清单折。

十三日辛丑(6月2日),浙江巡抚三宝奏鲍士恭、吴玉墀、汪启淑、孙仰曾、汪汝瑮等五家呈献遗书等事折。

十五日癸卯(6月4日),闽浙总督钟音等奏续购书集清单,暨前购各书正缮写装印折。

是日,河南巡抚何煟奏续获遗书情形,并进呈书目折。

十九日丁未(6月8日),两淮盐政李质颖奏进呈高晋等送到原书暨密访马裕家再无密藏折。

是日,江苏巡抚萨载奏呈苏州书局续购遗书目录,并仍令委员随处咨访佚书折。

二十八日丙辰(6月17日),浙江巡抚三宝奏呈续获天一阁等家遗书目录,并《永乐大典·考工记》六本折。

是日,寄谕浙江巡抚三宝,所有鲍士恭等进到书籍办竣后,仍给还各本家。

按:鲍士恭乃藏书家鲍廷博之子,其书斋名之曰"知不足斋",以收藏宋元珍本著称。四库馆共采进其书626种,经此一番献书,鲍氏此后不再以藏书家著称。《清高宗实录》卷九三三曰:"谕军机大臣等:今日三宝奏,据鲍士恭等呈称,愿以家藏书,上充秘府,计共一千九百余种。……所有进到各书籍,将来办竣后,仍须给还各本家自行收藏,无藉伊等恭进。将此传谕三宝,转谕鲍士恭等知之。"

五月初一日己未(6月20日),谕内阁编《四库全书荟要》,著于敏中、王际华专司其事。

按:谕曰:"朕几余懋学,典册时披,念当文治修明之会,而古今载籍,未能搜罗大备,其何以禅艺林而光策府。爰命四方大吏,加意采访,汇上于朝。又于翰林院署,旧藏明代《永乐大典》,其中坠简逸篇,往往而在,并敕开局编校,芟芜取腴,每多世不经见之本,而外省奏进书目,名山秘籍,亦颇裒括无遗,合之大内所储,朝绅所献,计不下万余种,自昔图书之富,于斯为盛,特诏词臣,详为斠核,厘其应刊、应抄、应存者,系以提要,辑成总目,依经史子集,部分类聚,命为《四库全书》。……第全书卷帙,浩如烟海,将来度弆宫庭,不啻连楹充栋,检玩为难。惟摛藻堂,向为宫中陈设书籍之所,牙签插架,原按四库编排。朕每憇此观书,取携最便。著于全书中撷其菁华,缮为《荟要》。其篇式一如全书之例,盖彼极其博,此取其精,不相妨而适相助,庶缥缃罗列,得以随时流览,更足资好古敏求之益。"(《清高宗实录》卷九三四)

初二日庚申(6月21日),河南巡抚何煟奏续购获遗书情形,并进成书目折。

初四日壬戌(6月23日),两江总督高晋奏再陈续购书籍情形,并开列书目呈览折。

初九日丁卯(6月28日),山东巡抚徐绩等奏采得古今书籍缮单呈览折。

十三日辛未(7月2日),浙江巡抚三宝奏续得遗书情形,并进呈书目折。

十六日甲戌(7月5日),安徽学政朱筠奏购访遗书情形,并进献家中故籍折。

按:谕曰:"前经降旨,博访遗编,汇为《四库全书》,用昭石渠美备,并以嘉惠艺林。旋据江浙督抚及两淮盐政等奏到,购求呈送之书,已不下四五千种,并有称藏书家愿将所有旧书呈献者。固属踊跃奉公,尚未能深喻朕意。……所有进到各书,并交总裁等,同《永乐大典》内现有各种,详加核勘,分别刊抄。择其中罕见之书,有益于世道人心者,寿之梨枣,以广流传。余则选派誊录,汇缮成编,陈之册府。其中有俚浅讹谬者,止存书名,汇入总目,以彰右文之盛。此采择《四库全书》本旨也。……所有各家进到之书,俟校办完竣日,仍行给还原献之家。"(《清高宗实录》卷九三五)

十七日乙亥(7月6日),寄谕浙江巡抚三宝,所有范懋柱等书籍解京抄毕,仍发还,令其领取收藏。

按:范懋柱是著名藏书楼"天一阁"的主人,其藏书不下数千种,所进献四库馆的书籍有602种,其中473种被录入《四库全书》。浙江藏书家进献的书籍,尚有汪启淑524种、吴玉墀305种、孙仰曾231种、汪汝瑮219种,总计浙江藏书家所献书籍达2600余种,占全省征书的一半以上。

十八日丙子(7月7日),大学士刘统勋等奏遵议给还遗书办法。

二十日戊寅(7月9日),江苏巡抚萨载奏再陈苏州书局续购书目及蒋曾莹献书折。

二十一日己卯(7月10日),两江总督高晋奏呈续购遗书目录折。

二十四日癸未(7月13日),直隶总督周元理奏续得遗书66种,并进呈书目折。

二十六日乙酉(7月15日),河南巡抚何煟奏续购获遗书22部,并进呈书目折。

六月初二日庚寅(7月21日),巡视南城监察御史胡翘元奏请停纂修提调等官自行保举誊录等事折。

初七日乙未(7月26日),浙江巡抚三宝奏续获遗书202种,并进呈书目;又奏遵旨传谕鲍士恭等及书局向办章程折。

初八日丙申(7月27日),两淮盐政李质颖奏专差赍送第四批书籍折。

按:李质颖第一次进呈书籍291种,第二次进呈394种,第三次进呈133种,第四次进呈240种。

十六日甲辰(8月4日),命将朱彝尊所编《日下旧闻》42卷,详加考订,悉心补正,编为《日下旧闻考》,由大学士于敏中总其成,每辑一门,进呈旨定。

按:谕曰:"本朝朱彝尊《日下旧闻》一书,博采史乘,旁及稗官杂说,荟萃而成,视《帝京景物略》、《燕都游览志》诸编,较为该备,数典者多资之。第其书详于考古而略于核实,每有所稽,率难征据,非所以示传信也。朕久欲详加考证,别为定本。方今汇辑《四库全书》,典籍大备,订讹衷是之作,正当其时。京畿为顺天府所隶,而九门内外,并辖于步军统领衙门,按籍访咨,无难得实。著福隆安、英廉、蒋赐棨、刘纯炜选派所属人员,将朱彝尊原书所载各条,逐一确核……编为《日下旧闻考》。并著于敏中总其成,每辑一门,以次进呈。"(《清高宗实录》卷九三七)

又按:《清史稿·于敏中传》曰:"三十八年,晋文华殿大学士,兼户部尚书如故。时下诏征遗书,安徽学政朱筠请开局搜辑《永乐大典》中古书。大学士刘统勋谓非政要,欲寝其议。敏中善筠奏,与统勋力争,于是特开《四库全书》馆,命敏中为正总裁,主其事。又充国史馆、三通馆正总裁。屡典会试,命为上书房总师傅,兼翰林院掌院学士。"

二十日戊申(8月8日),陕西学政杨嗣曾奏请拓取陕甘碑刻,以备《四库全书》考订折。

是日,江西巡抚海成奏续访得遗书65部,并开单进呈折。

二十四日壬子(8月12日),湖北巡抚陈辉祖奏征访遗书情形,并初次赍送书籍19种折。

是日,两淮盐政李质颖奏专差赍送第五批书籍470种折。

江苏巡抚萨载再奏陈续购遗书,并进呈书目120种折。

二十八日丙辰(8月16日),两江总督高晋奏觅得徐乾学所刻经学各书138种,开单呈览折。

七月十一日戊辰(8月28日),谕内阁:进士邵晋涵、周永年、余集,举人戴震、杨昌霖等如勤勉,准其一体散馆、殿试,酌量录用(《清高宗实录》卷九三八)。

是日,两淮盐政李质颖奏续进获旧板等书15种,仿旧板抄本书7种,抄本书16种,开单呈览折。

十八日乙亥(9月4日),两江总督高晋奏续得经史各书50种,开单呈览折。

十九日丙子(9月5日),闽浙总督钟音等奏呈续购书籍清单,并报前获各书分别办理呈送折。

二十日丁丑(9月6日),浙江巡抚三宝奏续获遗书134种,并进呈书目折。

二十四日辛巳(9月10日),江苏巡抚萨载奏再陈续购书目150种折。

二十九日丙戌(9月15日),河南巡抚何煟奏呈续得遗书16部清单折。

八月初十日丙申（9月25日），江苏巡抚萨载奏再陈购书目140种折。

十二日戊戌（9月27日），两江总督高晋奏续得古今书籍100种，开单呈览折。

十八日甲辰（10月3日），谕内阁：纪昀、陆锡熊校书勤勉，著授为翰林院侍读，以示奖励。

二十一日丁未（10月6日），安徽巡抚裴宗锡奏呈续获遗书110种清单折。

九月初一日丁巳（10月16日），两江总督高晋奏续购遗书100种，开列书目呈览折。

初四日庚申（10月19日），江苏巡抚萨载奏周厚堉呈献家藏书籍366种折。

初五日辛酉（10月20日），直隶总督周元理奏续得遗书171种，并进呈书目折。

初六日壬戌（10月21日），浙江巡抚三宝奏派员解送在局书籍3655种，并呈续获遗书清单折。

按：奏曰："窃照浙省奉购遗书，自去冬以来，先经前抚臣熊学鹏、护抚臣王亶望二次共奏获各书一百一十六种。臣今春抵任，谨遵谕旨，广加搜辑，访购各书，计六次，共有三千六百五十五种，节经恭折奏明在案。"（张书才主编《纂修四库全书档案》上）

十一日丁卯（10月26日），闽浙总督钟音等奏续购书籍，开单呈览折。

十五日辛未（10月30日），两江总督高晋奏续购遗书140种，开单呈览折。

是日，两广总督李侍尧等奏呈购得遗书清单，并解送《四库全书》处查收折。

十六日壬申（10月31日），江苏巡抚萨载奏再陈续购书籍132种，缮单呈览折。

十七日癸酉（11月1日），谕内阁：著舒赫德充《国史》馆、《四库全书》处正总裁。

二十一日丁丑（11月5日），谕内阁：著朱筠为编修，在《四库全书》处行走。

二十四日庚辰（11月8日），谕内阁：著添派皇六子及礼部尚书蔡新充《四库全书》处正总裁。

是日，江西巡抚海成奏续陈书目177种折。

二十五日辛巳（11月9日），谕内阁：《四库全书》处分纂翁方纲等著分别授为翰林院编修等职。

二十八日甲申（11月12日），两淮盐政李质颖奏专差送交续得书籍180种，并缮书目呈览折。

是日，山东巡抚徐绩等奏续得遗书192种，并进呈书目折。

二十九日乙酉（11月13日），谕内阁：著窦光鼐随同校办《日下旧闻考》。

十月初一日丙戌(11月14日),云南巡抚李湖奏滇省向鲜著作,仅得书4种呈进折。

初三日戊子(11月16日),湖北巡抚陈辉祖奏二次赍送书籍,并开单请敕查核折。

初六日辛卯(11月19日),江苏巡抚萨载奏再陈续够书目150种,并委员领解历次所进书籍送馆折。

初九日甲午(11月22日),谕内阁:著总裁大臣详议校录《四库全书》章程。

按:谕曰:"现在纂办《四库全书》,以广石渠金匮之藏,自应悉心校缮,俾免鲁鱼亥豕之讹。今呈进已经缮成之《荟要》各卷内,信手翻阅,即有错字二处,则其余书写舛误者,谅复不少。若不定以考成,难期善本。其如何妥立章程,俾各尽心校录无讹之处,著总裁大臣详议具奏。"(张书才主编《纂修四库全书档案》上)

十五日庚子(11月28日),安徽巡抚裴宗锡奏续获遗书218种折。

是日,闽浙总督钟音等奏呈续购书籍清单折。

十八日癸卯(12月1日),浙江巡抚三宝奏续获遗书缮单呈览折。

是日,多罗质郡王永瑢等奏议添派覆校官及功过处分条例。

按:功过处分条例:一、严核功过,以示劝惩;二、添设功过簿,以专责成;三、校出原本错讹之处,应附载卷末。

二十五日庚戌(12月8日),两江总督高晋奏陈续购书目200种,并委员汇解各书,送馆校办折。

是日,广西巡抚熊学鹏奏查明粤西实无遗书;又奏查明实无图谱金石等书折。

二十八日癸丑(12月11日),管《四库全书》刊刻等事务金简奏酌办活字书版,并成套板样式。乾隆帝认为"甚好,照此办理"。

是日,河南巡抚何煟奏委员解送书籍112部折。

十一月十五日庚午(12月28日),多罗质郡王永瑢等代纪昀等恭谢恩赐题诗。

十七日壬申(12月30日),贵州巡抚图思德奏遵旨再行查访黔省实无遗书折。

十二月初一日乙酉(1774年1月12日),浙江巡抚三宝奏续获遗书数目及统俟明春汇解折。

初六日庚寅(1月17日),军机大臣奏戎英在《四库全书》处具呈献书,请严查其家。

是日,谕著山西按察使黄检严查戎英家内书籍。

按:山西平定州人戎英赴京在《四库全书》处呈献自著《万年配天策》、《天人平西策》,经军机大臣将其逮捕审讯,俱系无稽之谈。乾隆帝遂命搜查其家图书,如有"悖逆语句",当从重办理。经查,其各书"并无不法字迹及悖逆词句"(张书才主编《纂修四库全书档案》上)。

初七日辛卯(1月18日),江西巡抚海成奏呈续得书籍清单,并即委员专解折。

初十日甲午（1月21日），谕著金简充《四库全书》处副总裁。

十六日庚子（1月27日），山西按察使黄检奏搜出戎英家内书籍，并无悖逆语句折。

十七日辛丑（1月28日），大学士舒赫德等奏将各省解到《初学集》等书及板片销毁折。

按：奏曰："查从前奉旨，谕令各省将钱谦益《初学集》、《有学集》等书，解京销毁。前经臣等将解到各书，奏交内务府烧毁。续据各省解到《初学集》等书，共二万三十一本，又未钉者四十部。理合奏明，仍交内务府销毁。再查有解到《初学集》等书板片，共二千九十八块，应交武英殿收查。其中或有尚可铲用者，作为刊刻别项书籍之用，其残损浇薄者，即行烧毁。"（张书才主编《纂修四库全书档案》上）是月开始查缴禁书，延至1781年9月，共缴出68000余片书板，加上后来所缴，总乾隆一朝，共毁书板约十万片以上，禁书近四千种。

二十五日己酉（2月5日），谕《金史》内有讹错数处，编修宋铣著交部察议。

二十七日辛亥（2月7日），安徽巡抚裴宗锡奏呈续获遗书清单，并委员汇解各书折。

是年，教皇克莱孟十四正式下令取缔耶稣会。

按：该命令到1775年始传到中国，耶稣会便在同年解散。耶稣会的解散，对中西文化交流带来了不利影响。接着，清政府执行的"闭关"政策愈来愈严格，对传教士的活动也多加限制，即便从事科学文化活动的传教士也不得自由。

刘统勋、刘纶、于敏中、福隆安、王际华、裘曰修闰三月十一日为《四库全书》处正总裁，除英廉、庆桂外，并添张若溎、曹秀先、李友棠为副总裁。

戴震奉召由金华至京，以举人资格破例入《四库全书》馆修书。当时非翰林出身而蒙召入馆者尚有进士周永年、邵晋涵、余集和举人杨昌霖，时称"五征君"。在馆期间，戴震整理了郦道元著《水经注》，撰写水利、天算、楚辞等部分提要；邵晋涵从《永乐大典》中辑出了久佚之薛居正《五代史》（今称《旧五代史》），并将原书面貌恢复到十之七八；周永年翻阅了一万八千多卷之《永乐大典》残本，从中辑出宋人刘敞、刘攽兄弟的《公是集》和《公非集》等十多种早已不传的罕见古书。

按：《清史稿·选举志四》曰："三十八年，诏开四库馆。延置儒臣，以翰林官纂辑不敷，大学士刘统勋荐进士邵晋涵、周永年，尚书裘曰修荐进士余集、举人戴震，尚书王际华荐举人杨昌霖，同典秘籍。后皆改入翰林，时称'五征君'。"《清史稿·周永年传》曰："永年在书馆好深沉之思，四部兵、农、天算、术数诸家，钩稽精义，襃讥悉当，为同馆所推重。见宋、元遗书湮没者多见采于《永乐大典》中，于是抉摘编摩，自永新刘氏兄弟《公是》、《公非集》以下，凡得十余家，皆前人所未见者，咸著于录。"

戴震入京前，在宁绍台兵备道署与章学诚不期而遇，论史不合，论修志又不合；稍后又在杭州吴颖芳处相会论学。

按：章学诚《记与戴东原论修志》曰："乾隆三十八年癸巳夏，与戴东原相遇于宁波道署,冯君弼方官宁绍台兵备道也。戴君经术淹贯,名久著于公卿间,而不解史学;闻余言史事,辄盛气凌之。见余《和州志例》,乃曰:'此于体例,则甚古雅,然修志不贵古雅。余撰汾州诸志,皆从世俗,绝不异人,亦无一定义例,惟所便尔。夫志以考地理,但悉心于地理沿革,则志事已竟。侈言文献,岂所谓急务哉?'余曰:'余于体例,求其是尔,非有心于求古雅也。然得其是者,未有不合于古雅者也。如云但须从俗,则世俗人皆可为之,又何须择人而后与哉?方志如古国史,本非地理专门。如云但重沿革,而文献非其所急,则但作沿革考一篇足矣,何为集众启馆,敛费以数千金,卑辞厚币,邀君远赴,旷日持久,成书且累函哉?且古今沿革,非我臆测所能为也。考沿革者,取资载籍。载籍具在,人人得而考之,虽我今日有失,后人犹得而更正也。若夫一方文献,及时不与搜罗,编次不得其法,去取或失其宜,则他日将有放失难稽,湮没无闻者矣。夫图事之要,莫若取后人所不得而救正者,加之意也。然则如余所见,考古固宜详慎;不得已而势不两全,无宁重文献而轻沿革耳。'戴他顾而语人曰:'沿革苟误,是通部之书皆误矣。名为此府若州之志,实非此府若州也而可乎?'余曰:'所谓沿革误,而通部之书皆误者,亦止能误入载籍可稽之古事尔。古事误入,亦可凭古书而正之,事与沿革等耳。至若三数百年之内,遗文逸献之散见旁出,与夫口耳流传,未能必后人之不湮没者。以及兴举利弊,切于一方之实用者,则皆核实可稽,断无误于沿革之失考,而不切合于此府若州者也。'冯君曰:'方志统合古今,乃为完书,岂仅为三数百年以内设邪?'余曰:'史部之书,详近略远,诸家类然,不独在方志也。《太史公书》详于汉制,其述虞、夏、商、周,显与六艺背者,亦颇有之。然六艺具在,人可凭而正史迁之失,则迁书虽误,犹无伤也。秦楚之际,下逮天汉,百于年间,人将一惟迁书是凭;迁于此而不详,后世何由考其事邪?且今之修方志者,必欲统合今古,盖为前人之修是志,率多猥陋,无所取裁,不得已而发凡起例,如创造尔。如前志无憾,则但当续其所有,前志有阙,但当补其所无。夫方志之修,远者不过百年,近者不过三数十年。今远期于三数百年,以其事虽递修,而义同创造,特宽为之计尔。若果前志可取,正不必尽方志而皆计及于三数百年也。夫修志者,非示观美,将求其实用也。时殊势异,旧志不能兼该,是以远或百年,近或三数十年,须更修也。若云但考沿革,而他非所重,则沿革明显,毋庸考订之,州县可无庸修志矣。'冯君恍悟曰:'然。'戴拂衣径去。明日示余《汾州府志》曰:'余于沿革之外,非无别裁卓见者也。旧志人物门类,乃首名僧,余欲删之,而所载实事,卓卓如彼,又不可去。然僧岂可以为人?他志编次人物之中,无识甚矣。余思名僧必居古寺,古寺当归古迹,故取名僧事实,归之古迹,庸史不解此创例也。'余曰:'古迹非志所重,当附见于舆地之图,不当自为专门,古迹而立专门,乃统志类纂名目,陋儒袭之,入于方志,非通裁也。如云僧不可以为人,则彼血肉之躯,非木非石,毕竟是何物邪?笔削之例至严,极于《春秋》。其所诛贬,极于乱臣贼子。亦止正其名而诛贬之,不闻不以为人,而书法异于圆首方足之伦也。且人物仿史例也,史于奸臣叛贼,犹与忠良并列于传,不闻不以为人,而附于地理志也。削僧事而不载,不过俚儒之见耳。以古迹为名僧之留辙,而不以人物为名,则《会稽志》禹穴,而人物无禹;《偃师志》汤冢,而人物无汤;《曲阜志》孔林,而人物无孔子,彼名僧者,何幸而得与禹、汤、孔子同其尊欤?无其识而强作解事,固不如庸俗之犹免于怪妄也。'"(《章氏遗书》卷一四)

章学诚因朱筠之介,应和州知州刘长城之聘,纂修《和州志》,从此离开朱筠幕府。

邵晋涵进《四库全书》馆后,成为史部提要的重要撰稿者,"史学诸书多由先生订其略,其提要亦多出先生之手"(《南江札记》卷首《南江邵氏遗书序》)。

按：邵晋涵在京任职十余年，先后为《万寿盛典》馆、《八旗通志》馆、国史馆和三通馆纂修官，又为国史馆提调。

姚鼐、翁方纲、程晋芳、赵怀玉、任大椿、曾燠、程际盛、周炳中等先后入四库馆，分任纂校工作。

陆费墀充《四库全书》馆总校官。

洪亮吉受沈业富之聘主持皖南书局，为《四库全书》馆收书。又陪朱筠至徽、宁二府考试诸生。

王初桐、朱文藻等在京，以私人资格受聘于四库馆纂修官，助纂《四库全书》。

王昶致书《四库全书》馆总纂官陆锡熊，推荐惠栋的《易汉学》、《周易述》。

按：王昶《与陆耳山侍讲书》曰："比者征书遍天下，遗文坠简出于荒塚破壁者必多，未审亡友惠君定宇之《周易述》及《易汉学》，当路者曾录其副以上太史否？《周易述》德州（卢见曾）所刊，闻其家籍没后，版已摧为薪。此书本发明李资州《集解》，而《易汉学》为之纲，微《易学》，则《易述》所言不可得而明。此二书，某寓中皆有之。《易学》盖征君手写本，凤喈光禄、搢升员外皆覆加考正，尤可宝贵。如四库馆未有其书，嘱令甥瑞应检出，进于总裁，呈于乙览，梓之于馆阁，庶以慰亡友白首穷经之至意。"（《春融堂集》卷三一）

程晋芳时在《四库全书》馆，作《易汉学跋》、《周易述跋》，对惠栋《易》学颇有微词。

朱筠正月刊布宋版《说文解字》，有《说文解字叙》；八月在徽州紫阳书院公祭江永、汪绂，九月由安徽学政调任翰林院编修。

按：郑虎文《为徽州守汪梦龄作婺源江先生从祀紫阳书院朱子祠碑记》曰："时督学使者翰林院侍读学士朱公筠岁试按部至郡，首取先生所著书二十余编缮写进呈，并饬有司诹吉具礼，迎先生主入郡城紫阳书院从祀朱子祠。而梦龄以权知府事，既承命，未及将事于祠而去，思留文勒石以式久远，顾恨不能通知先生事，因索得先生高第休宁戴孝廉震所撰先生行状读之，然后叹先生真粹然古之醇儒也。"又曰："当（江永）殁时，士之从先生受学以经术名者徽为甚，戴震其最著者也。洎先生殁，贫不能庇其子，乡之士益信经术为迂阔不足用。虽戴震辈断断然持师说不少变，卒亦无有能信从之者。于是干禄之学盛而士风始稍衰矣。"（《吞松阁集》卷二九）

王念孙在朱筠幕，是冬，随朱筠入都，下榻朱氏椒花吟舫约一年。

汪中与李惇、王念孙、刘台拱为友，共治经义。

汪中十一月客安徽歙县汪灼家，得戴震《大戴礼》校本。

鲍廷博向四库馆进善本书六百余种，为全国献书之冠。

按：翁广平《鲍渌饮传》曰："乾隆间献书，先生聚家藏善本六千（注：应是六百）余种，命长子士恭隶仁和县籍，进呈乙览。先生之书大半宋元旧板、旧写本，又手自校雠，一无讹谬，故为天下献书之冠。"（《听莺居文钞》卷二〇）《四库全书总目》著录其书378种，3581卷，入存目125种，多为子、集两部书。

卢文弨得友人之助，钞惠栋《九经古义》完，并作序。

段玉裁在四川富顺县任，十月得戴震自京来书，论《六书音均表》。

陶正祥为四库馆访书，又于京师琉璃厂路北设五柳居书肆。

员家驹时任河北平山知县，建天柱书院于学宫东。

刘作垣时任安徽舒城县知县，建龙山书院。

崔绎时任福建龙海知县，建霞北书院。

黄泌时任江西景德镇知县，建绍文书院。

福明时任山东泗水知县，建泗源书院。

胡元吉时任河南宝丰知县，建春风书院。

彭悦桂时任湖北竹山知县，建上庸书院。

于煌时任广东琼海知县，请于郡守萧应植改建瑞山书院。

孙铎时任云南禄丰知县，建树人书院。

意大利耶稣会修士潘廷帝由法国传教士蒋友仁推荐，进入宫廷作画，为乾隆帝绘油画肖像。

歌德著成《浮士德》的第一稿《乌尔浮士德》。

赫尔德著成狂飙突进运动的宣言《德国的风格和艺术》。

约翰·厄斯金著成《苏格兰法律浅说》。

江声著《尚书集注音疏》12卷成书，有后述。

按：《清史稿·儒林传二》曰：江声"读《尚书》，怪古文与今文不类。又怪孔《传》非安国所为。年三十五，师事同郡通儒惠栋，得读所著《古文尚书考》及阎若璩《古文疏证》，乃知古文及孔《传》皆晋时人伪作，于是集汉儒之说，以注二十九篇，汉注不备，则旁考他书。精研古训，成《尚书集注音疏》十二卷，附《补谊》九条、《识伪字》一条，《尚书集注音疏前后述外编》一卷，《尚书经师系表》也。经文注疏，皆以古篆书之。疑伪古文者，始于宋之吴才老，朱子以后，吴草庐、郝京山、梅鷟皆不能得其要领。至本朝阎、惠两征君所著之书，乃能发其作伪之迹、剿窃之原。若刊正经文，疏明古注，则皆未之及也，及声出而集大成焉"。有《皇清经解》诸本。

程晋芳著《尚书今文释义》第二稿。

彭元瑞、陶易分别撰《尚史序》。

惠栋著《九经古义》16卷刊行，有自序。

按：惠栋《九经古义序》曰："汉人通经有家法，故有五经师，训诂之学，皆师所口授，其后乃著竹帛。所以汉经师之说，立于学官，与经并行。五经出于屋壁，多古字古言，非经师不能辨。经之义存乎训，识字审音，乃知其义。是故古训不可改也，经师不可废也。余家四世传经，咸通古义。"（《九经古义》卷首）《四库全书总目提要》曰："是编解释，凡周易》、《尚书》、《毛诗》、《周礼》、《仪礼》、《礼记》、《左传》、《公羊》、《谷梁》、《论语》十经。其《左传》六卷，复更名曰《补注》，刊版别行，故惟存其九。曰'古义'者，汉儒专门训诂之学，得以考见于今者也。古者漆书竹简，传写为艰，师弟相传，多由口授，往往同音异字，辗转多岐。又六体孳生，形声渐备，毫厘辨别，后世乃详。古人字数无多，多相假借，沿流承袭，遂开通用一门。谈经者不考其源，每以近代之形声，究古书之义旨，穿凿附会，多起于斯。故士生唐、宋以后，而操管摛文，动作奇字，则生今反古，是曰乱常。至于读古人之书，则当先通古人之字，庶明其文句，而义理可以渐求。栋作是书，皆搜采旧文，互相参证，其中爱博嗜奇，不能割爱者。……然自此数条以外，大抵元元本本、精核者多。较王应麟《诗考》、郑氏《易注》诸书，有其过之无不及也。"（《九经古义》卷首）

敕纂《皇清开国方略》32卷。

按：《四库全书总目提要》曰："《皇清开国方略》三十二卷，乾隆三十八年奉敕撰。洪惟我国家世德绵延，笃承眷顾。白山天作，朱果灵彰。十有五王，聿开周祚。肇基所自，邈哉源远而流长矣。迨我太祖高皇帝以轩辕之敦敏，当榆罔之衰微，丕建鸿图，受天明命，帝出乎震，万物知春。所以提挈天枢，经纶草昧，亨屯而济险，保大而定功者，谟烈昭垂，实书契以来所未有。洎我太宗文皇帝缵承前绪，益扩贩章，日月高衢，焕乎继照。成汤秉钺，十一征罔弗奏功。周武临河，八百国莫不来会。声灵遐播，制作更新。文德武功，绳先启后。麟麟炳炳，亦史册之所未闻。然事阅五朝，时逾十纪，旧臣之所诵说，故老之所歌吟，口耳相传，或不能尽著于竹帛。而《实录》、《宝训》，尊藏金匮，自史官载笔以外，非外廷所得而窥，是以特诏馆臣，恭录缔造规模，勒成《帝典》。冠以《发祥世纪》一篇，犹《商颂》之陈《玄鸟》，《周雅》之咏《公刘》。虽时代绵邈，年月不可尽详，而事既有征，理宜传信，所以明启佑之自来也。其余并编年纪月，列目提纲。自太祖高皇帝癸未年夏五月起兵讨尼堪外兰克图伦城始，至天命十一年秋七月训戒群臣，编为八卷，自太宗文皇帝御极始，至顺治元年世祖章皇帝入阙定鼎以前，编为二十四卷。盖神功圣德，史不胜书，惟恭述勋业之最显著，政事之最重大，谟猷之最宏远者，已累牍连篇，积为三十二卷矣。唐、虞之治，具于《典》、《谟》，文、武之政，布在方策。臣等缮校之余，循环跪读。创业之艰难，贻谋之远大，尚可一一仰窥也。岂非万世所宜聪听者哉。"

　　章学诚著《明史列传人名韵编》1卷成书。
　　钱大琴纂修《德平县志》4卷刊行。
　　胡德琳修，李文藻等纂《历城县志》50卷刊行。
　　哈达清格纂《塔子沟纪略》12卷刊行。
　　王正茂纂修《临晋县志》8卷刊行。
　　魏金榜修纂《汉川县志》5卷刊行。
　　李志鲁修纂《柘城县志》18卷刊行。
　　曹膏、唐宇霖修，陈琦等纂《奉化县志》14卷刊行。
　　亢愫修纂《凤台县志》4卷刊行。
　　于煌修纂《会同县志》10卷刊行。
　　王聿修修纂《珙县志》15卷刊行。
　　翁方纲著《焦山鼎铭考》1卷刊行。
　　敕纂《钦定音韵述微》106卷成书。
　　按：《四库全书总目提要》曰："《钦定音韵述微》三十卷，乾隆三十八年奉敕撰。其合声切字，一本《钦定音韵阐微》，其稍变者，《阐微》以三十六母为字纽之次序，故《东韵》首'公'字之类，与部首标目，或相应，或不相应。在所不拘。今则部首一字属何母，即以其母为首，其下诸母所领字，以次相从，使归于画一。其部分仍从《御定佩文诗韵》。其稍变者，从《音韵阐微》分《文》、《殷》为两部，而以《殷部》附《真部》，不附《文部》。其字数，自《佩文诗韵》所收一万二百五十二字外，凡所续收每纽之下，以据《音韵阐微》增者在前，据《广韵》增者次之，据《集韵》增者又次之。或有点画小异、音训微殊、旧韵两收而实不可复押者，则删不录。……盖《音韵阐微》所重在字音，故训诂不欲求详；此书所重在字义，故考据务期核实。两书相辅而并行，小学之蕴奥，真毫发无遗憾矣。"

　　朱筠口述、徐昆笔述《古诗十九首说》1卷刊行。
　　翁方纲著《苏诗补注》8卷成书。

按：胡玉缙《许庼经籍题跋》曰："是编以邵长蘅为宋荦校刊宋本施注《苏诗》多所窜乱，查慎行《补注》虽据影钞宋本重加厘正，犹有未尽，因以旧藏宋嘉泰本对勘。凡邵、查本脱字、误字及遗漏者，为之撷拾丛残，一一补入，计二百七十五条；又自下己意，或旁引他说，补其未备，计九十四条。……宋本真面目亦藉是考见，尤为有功，故《苏诗》自冯应榴、王文诰两家注出，是书虽为所包括，而读《苏诗》者仍不能废也。"

彭绍升辑《亭林先生余集》1卷成书。

阎循观著《西涧草堂全集》14卷刊行。

陆昶刻所编《历朝名媛诗词》12卷由红树楼刊行。

汪启淑辑历代妇女作品为《撷芳集》80卷。

蒋士铨著《雪中人》传奇成。

王苹著《蓼村集》4卷刊行。

汪惟宪著《积山先生遗集》10卷刊行。

张尔岐著《蒿庵文集》3卷刊行。

按：是书由作者自定，盛百二订，胡德琳编，周永年校。

林愈蕃著《林青山先生文集》8卷、诗5卷刊行。

赵廷栋著《老老恒言》成书。

按：赵廷栋根据自己的体会，在卷一至卷四中论述了老人以养生为宗旨的起居饮食；卷五中按上、中、下的分类介绍了100种粥；卷末列举了307种参考书目，是清代中期的老年人养生书。

王念孙著《说文考异》2卷。

杭世骏著《续方言》2卷成书。

按：《四库全书总目提要》曰："是书采《十三经注疏》、《说文》、《释名》诸书，以补扬雄《方言》之遗。前后类次，一依《尔雅》，但不明标其目耳。搜罗古义，颇有裨于训诂，惟是所引之书，往往耳目之前，显然遗漏。……然大致引据典核，在近时小学家犹最有根柢者也。"

张照著《天瓶斋书画题跋》2卷刊行。

屈曾发著《九数通考》（又名《数学精详》）13卷刊行。

赵廷栋著《粥谱说》1卷成书。

吴本立著《女科切要》8卷刊行。

沈金鳌著医书《沈氏尊生书》7种72卷成书。

按：是为一部综合性医书，包括《脉象统类》1卷、《诸脉主病诗》1卷、《杂病源流犀烛》30卷、《伤寒纲目》18卷、《幼科释谜》6卷、《妇科玉尺》6卷、《要药分剂》10卷，共7种。现有上海科技出版社1962年版。

敕编《满汉蒙古西番合璧大藏全咒》88卷成书，颁发中外各大寺院。

杭世骏卒（1696— ）。世骏字大宗，号堇浦，自号秦亭老民，浙江仁和人。雍正二年举人。乾隆元年举博学鸿词，授翰林院编修。校勘《十三经》、《二十四史》，纂修《三礼义疏》。晚年主讲广东粤秀书院、扬州安定书院。著有《续礼记集说》100卷、《经史质疑》1卷、《石经考异》2卷、《经进讲义》1卷、《史记考证》7卷、《汉书疏证补》、《诸史然疑》1卷、《两汉蒙拾》2卷、《晋书补传赞》1卷、《三国志补注》6卷、《词科掌录》17卷、《道古堂文集》48卷、《道古堂诗集》26卷、《桂堂诗话》1卷、《榕城诗话》3卷、《续方言》2卷、《订讹类编》6卷、《鸿词所业》3卷、《文选课虚》4卷等。事迹见《清史列传》卷七一、李桓《国朝耆献类征初编》卷一二六、《碑传集三编》卷三六《杭世骏传》、蔡冠洛《清代七百名人传》第四编。

  按：支伟成曰："先生博闻强记，口如悬河。时方苞负重名，先生独侃侃与辨，方逊避之。……先生性简傲通脱，不事修饰，虽同辈时或遭其睥睨。然自谓：'吾经学不如吴东壁，史学不如全榭山，诗学不如厉樊榭。'则又谦退如此。然先生之学，实于史为精。既为《诸史然疑》、《史记考异》、《两汉书疏证》、《三国志补注》、《晋书补传赞》、《北史寨稂》诸书，晚年更思补纂《金史》。至特构'补史亭'，成书几百余卷。先生兼通礼学，……在馆阁尝自《永乐大典》抄辑宋元来诸儒礼记说数百卷，以续宋卫正叔书。"（《清代朴学大师列传·杭世骏》）

  吴玉搢卒（1697— ）。玉搢字藉五，号山夫，晚号顿研、钝根，江苏山阳人。曾以贡生补镶蓝旗教习，后官凤阳训导。协助秦蕙田修纂《五礼通考》。著有《别雅》5卷、《金石存》15卷、《说文引经考》2卷、《六书述部叙考》、《山阳志遗》等。事迹见《清史稿》卷四八一、《清史列传》卷六八、李桓《国朝耆献类征初编》卷二五七、韩梦周《吴山夫先生传》（《碑传集补》卷四五）。清丁晏编有《吴山夫先生年谱》，段朝端编有《吴山夫先生年谱》。

  按：韩梦周《吴山夫先生传》曰："淮安为江南名区，地大而多材。国朝以来，风尚屡变。初竞为诗歌古文词，既又究切于制义。南北方学者，各以声气相应，或客其地相与讲劘以成业，以故淮多知名士。先生稍后出，独究心于六书，合异同之迹，析传流之变，形声既明，训诂斯定。因以考辨经义，纠谬正讹，遂大得其指归。当是时，淮安诸老辈相继凋谢，先生岿然独重于时。平生著述不下十余种，而《说文引经考》、《金石存》、《别雅》、《六书述部叙考》，为功尤伟。"（《碑传集补》卷四五）

  曹学诗卒（1697— ）。学诗字以南，号震亭，安徽歙县人。沈德潜弟子。乾隆十三年进士，官内阁中书，麻城、崇阳知县。以艰归乡，遂不出仕。著有《香雪诗抄》40卷、《香雪文抄》40卷、《崇阳县志》10卷等。事迹见李桓《国朝耆献类征初编》卷二三六、郑虎文《曹学诗传》（《碑传集》卷一〇五）、袁枚《随园诗话》等。

  刘统勋卒（1699— ）。统勋字延清，号尔钝，山东诸城人。雍正二年进士，选翰林院庶吉士，授编修。先后直南书房、上书房，四迁至詹事。乾隆时官至东阁大学士兼军机大臣。充《四库全书》馆正总裁，四任会试正考官。卒赠太傅，祀贤良祠，谥文正。著有《刘文定公集》。事迹见《清史稿》卷三〇二、《清史列传》卷一八、李桓《国朝耆献类征初编》卷二一、蔡冠洛《清代七百名人传》第三编、洪亮吉《刘文正统勋遗事》（《碑传集》卷二七）。

  刘纶卒（1711— ）。纶字眘涵，号绳庵，江苏武进人。乾隆元年举博学鸿词，授翰林院编修。官至文渊阁大学士，兼工部尚书。卒谥文定。著有《绳庵内外集》。事迹见《清史稿》卷三〇二、《清史列传》卷二〇、李桓《国朝耆献类征初编》卷二六。

  按：《清史稿》本传曰："为文法六朝，根底汉、魏；于诗喜明高启，谓能入唐人门阈。"

裘曰修卒(1712—　)。曰修字叔度,号漫士,一号诺泉,江西新建人。乾隆四年进士,授翰林院编修。官至工部尚书。曾奉敕编纂《热河志》、《太学志》、《西清古鉴》、《秘殿珠林》、《石渠宝笈》、《钱录》等书。卒谥文达。著有《裘文达公诗集》12卷、《裘文达公文集》6卷、《裘文达公奏议》1卷等。事迹见《清史稿》卷三二一、《清史列传》卷二三、李桓《国朝耆献类征初编》卷八五、震钧辑《国朝书人辑略》卷五、蔡冠洛《清代七百名人传》第三编、戴震《光禄大夫工部尚书太子少傅裘文达公墓志铭》、于敏中《诰授光禄大夫太子少傅经筵讲官南书房供奉工部尚书兼管顺天府尹事谥文达裘公曰修墓志铭》(均见《碑传集》卷三三)。

胡亦常卒(1743—　)。亦常字同谦,一字芗甫,广东顺德人。乾隆三十六年举人。李文藻弟子。工诗,与冯敏昌、张锦芳称"岭南三子"。著有《赐书楼集》。事迹见《清史稿》卷四八五、钱大昕《孝廉胡君墓志铭》(《潜研堂文集》卷四六)。

洪饴孙(　—1816)、严元照(　—1817)、黎世序(　—1824)、叶维庚(　—1828)、改琦(　—1828)、连鹤寿(　—约1836)、端木国瑚(　—1837)、邓显鹤(　—1841)、张岳崧(　—1842)、吴荣光(　—1843)、吴廷琛(　—1844)、周际华(　—1846)、姚元之(　—1852)生。

乾隆三十九年　甲午　1774年

奥斯曼帝国与俄罗斯签订《屈奇克凯纳贾条约》。

北美大陆会议举行。

正月二十八日壬午(3月10日),江苏巡抚萨载奏陈续购书目,并委员解送折。

二月初六日己丑(3月17日),护湖南巡抚觉罗敦福奏赍送遗书,并缮单呈明折。

是日,两江总督高晋奏呈续购书籍目录,并委员解送折。

是日,举行仲春经筵。

二十日癸卯(3月31日),陕甘总督勒尔谨等奏委员解送书籍,并汇叙目录呈明折。

二十一日甲辰(4月1日),谕内阁:圣祖集诗内错字未校出,总裁王际华、蔡新、张若溎、曹秀先、李友棠等著交部议处;永瑢、舒赫德、于敏中、福隆安、英廉、金简俱著从宽,免其交部(张书才主编《纂修四库全书档案》上)。

二十三日丙午(4月3日),多罗质郡王永瑢等奏拟派肄业贡生校录《永乐大典》应刊书籍。

是日,多罗质郡王永瑢等奏令郭长发在《四库全书》分校上行走。

三月初八日辛酉(4月18日),京察届期,大学士舒赫德、高晋、于敏中、李侍尧,协办大学士官保、程景伊,尚书阿桂、王际华、伊勒图、丰升额、英廉、福隆安,侍郎迈拉逊,督抚周元理、钟音、彰宝、吴嗣爵、姚立德、陈辉祖、何煟、徐绩、毕沅俱交部议叙。

四月初四日丙戌(5月13日),浙江巡抚三宝奏汇解续获遗书205种折。

二十五日丁未(6月3日),乾隆帝为武英殿办《四库全书》活字版命名为"武英殿聚珍板"。

按:《四库全书》开馆后,金简以总管内务府大臣受命兼掌武英殿修书处,他倡议用活字板代替当时通行的雕版印刷《四库全书》,得乾隆帝允行。至此一套总数二十五万三千五百个枣木活字、字盘及其他设备办竣,乾隆帝赐名"武英殿聚珍板"。以后金简还编成《武英殿聚珍板程式》一书。

二十六日戊申(6月4日),《四库全书》总裁王际华等奏请再领刻字刊书银两。

命选宗室王公子弟入宗学。

五月初三日乙卯(6月11日),挑选近派宗室王公之子,入宗学熟习清语,肄业后或用笔帖式,或挑侍卫,并永著为令。

十一日癸亥(6月19日),履郡王永珹等奏酌拟存留武英殿修书处库贮各种书籍。

十二日甲子(6月20日),《四库全书》副总裁金简奏核销制刻活版木字器具实用工料银两,并请为定例。

十四日丙寅(6月22日),大学士于敏中奏拟赏鲍士恭等《古今图书集成》、周厚堉等《佩文韵府》。

按:为鼓励私人献书,乾隆帝宣布:凡进书五百种以上者,赐《古今图书集成》一部;一百种以上者,赐《佩文韵府》一部;进献宋元珍本者,乾隆帝亲自在书上题诗,用后发还。当时得赐《古今图书集成》的有鲍士恭、范懋柱、汪启淑、马裕四家;得赐《佩文韵府》的有周厚堉、蒋曾莹、吴玉墀、孙仰曾、汪汝瑮、黄登贤、纪昀、厉守谦、汪如藻等人(《清高宗实录》卷九五八)。

六月二十五日丁未(8月2日),谕著杭州织造寅著亲往宁波询察天一阁房间书架具样呈览。

按:为筹划《四库全书》修成后之贮藏,特命考察宁波天一阁之建筑结构和书架款式,并绘图呈览,以便效仿。数月后,承德文津阁和北京圆明园内之文源阁动工兴建,一年后告竣。

是日,纂修官黄寿龄遗失《永乐大典》六册,交部议处。

二十六日戊申(8月3日),工部尚书福隆安奏《佩文韵府》定价发行情形折。

是日,谕著舒赫德查明遗失《永乐大典》实情,并各省书籍毋许携往私家。

谕内阁:著各督抚盐政将拣存不解之书先行发还。

七月初二日癸丑(8月8日),多罗质郡王永瑢及舒赫德、王际华、蔡新、英廉、李友棠、金简等奏黄寿龄携书私回,不能觉察,自请交部议处。

是日，大学士舒赫德奏遵旨查明提调等失察黄寿龄携书外出，请交部察议。

初三日甲寅（8月9日），内务府总管金简奏黄寿龄携书外出，提调等率意从事，请交部议处。

十四日乙丑（8月20日），户部尚书王际华奏誊录姚岐谟旷课数月，分校郑燨等不查报，请交部议处。

十八日己巳（8月24日），寄谕署步军统领英廉密缉偷窃《永乐大典》正贼，并复奏访缉情形。

是日，寄谕《四库全书》处总裁，各省进到遗书及翰林院贮书，不许携出外。

二十一日壬申（8月27日），御史陈朝础奏请修内阁、都察院《则例》。

二十五日丙子（8月31日），谕内阁：著《四库全书》处总裁等将藏书人姓名附载于各书提要末，并另编《四库全书简明书目》。

按：《清高宗实录》卷九六三曰："办理《四库全书》处进呈《总目》，于经、史、子、集内，分晰应刻、应钞及应存书名三项。各条俱经撰有提要，将一书原委，撮举大凡，并详著书人世次爵里，可以一览了然。较之《崇文总目》，搜罗既广，体例加详，自应如此办理。……今进到之书，于纂辑后，仍须发还本家。而所撰《总目》，若不载明系何人所藏，则阅者不能知其书所自来，亦无以彰各家珍弆资益之善。著通查各家进到之书，其一人而收存百种以上者，可称为藏书之家，即应将其姓名，附载于各书提要末。其在百种以上者，亦应将由某省督抚某人采访所得，附载于后。其官板刊刻及各处陈设库贮者，俱载内府所藏，使其眉目分明，更为详备。至现办《四库全书总目》，提要多至万余种，卷帙甚繁，将来钞刻成书，审阅已颇为不易。自应于提要之外，别列《简明书目》一编。只载某书若干卷，注某朝某人撰，则篇目不烦，而检查较易。俾学者由书目而寻提要，由提要而得全书。"

二十六日丁丑（9月1日），大学士舒赫德等提议将与遗失《永乐大典》有关之提调、收掌官罚俸。

三十日辛巳（9月5日），直隶总督周元理奏，已遵旨将拣存书籍发还各家折。

八月初一日壬午（9月6日），两淮盐政李质颖奏办理发还遗书缘由折。

初二日癸未（9月7日），吏部尚书官保等题为议得因《永乐大典》案黄寿龄等应分别降级罚俸本。

是日，江苏巡抚萨载奏遵旨办理给还遗书情形折。

初五日丙戌（9月10日），命各省查缴"诋毁本朝"之书，尽行销毁。

按：谕曰："前曾谕令各督抚采访遗书，汇登册府，下诏数月，应者寥寥。彼时恐有司等因遗编中或有违背忌讳字面，惧涉干碍，而藏书家因而窥其意指，一切秘而不宣。因复明切宣谕，即或字义触碍，乃前人偏见，与近时无涉，不必过于畏首畏尾，朕断不肯因访求遗籍，于书中寻摘瑕疵，罪及收藏之人。若仍前疑畏，不肯尽出所藏，将来或别露违碍之书，则是有意收存，其取戾转大。所降谕旨甚明。并寄谕江浙督抚，以书中或有忌讳诞妄字句，不应留以贻惑后学者，进到时亦不过将书毁弃，转谕其家不必收存，与收藏之人并无干涉。至督抚等经手汇送，更无关碍。朕办事光明正大，各督抚皆所深知，岂尚不能见信于天下？该督抚等接奉前旨，自应将可备采择之书，开单送馆。其或字义触碍者，亦当分别查出奏明，或封固进呈，请旨销毁，或在外焚弃，将书名奏明，方为实力办理。乃各省进到书籍，不下万余种，并不见奏及稍有忌讳之书。岂有裒集如许遗书，竟无一违碍字迹之理？况明季末造野史者甚多，其间毁誉任意，传闻异词，必有抵触本朝之语，正当及此一番查办，尽行销毁，杜遏邪书，以正人心而厚风俗，断不宜置之不办。此等笔墨妄议之事，大率江浙两省居多，其江西、闽粤、湖广，亦或不免，岂可不细加查核？……至各省已经进到之书，现交《四库全书》处检查，如有关碍者，即行撤出销毁。其各省缴到之书，督抚等或见其书有忌讳，撤留不解，亦未可知，或有竟未交一关碍之书，则恐其仍系匿而不献。著传谕该督抚等，于已缴藏书之家，再令诚妥之员，前去明白传谕，如有不应存留之书，即速交出，与收藏之人，并无干碍。朕凡事开诚布公，既经明白宣谕，岂肯复事吹求！若此传谕之后，复有荫讳存留，则是有心藏匿伪妄之书，日后别经发觉，其罪转不能逭，承办之督抚等亦难辞咎。"(《清高宗实录》卷九六四)于是，大规模的禁毁书籍活动从此开始。

初六日丁亥(9月11日)，浙江巡抚三宝奏遵旨给还应退书籍折。

是日，署理山西巡抚觉罗巴延三奏遵旨将存局未解书籍给还折。

初十日辛卯(9月15日)，两江总督高晋奏江宁书局拣存不解书籍已经发还折。

十九日庚子(9月24日)，谕内阁：著考官曹秀先、嵩贵、窦光鼐、吴玉纶、周于礼、赵佑、戈源、善聪等于乡试落卷内挑取誊录，以备《四库全书》抄写之用。

九月初三日癸丑(10月7日)，掌广东道监察御史柯瑾奏请刷印藏书，并准扣俸承买折。

初八日戊午(10月12日)，云南巡抚李湖奏滇省未设书局，无拣存未还书籍折。

是日，浙江巡抚三宝奏查办遗书及干碍书情形折。

初九日己未(10月13日)，江苏巡抚萨载奏遵旨查办遗书及违碍书情形折。

初十日庚申(10月14日)，河南巡抚何煟奏豫省全数给还遗书折。

十二日壬戌(10月16日)，江西巡抚海成奏从前校核书籍无诋毁字句及现在查办情形折。

十三日癸亥(10月17日)，两江总督高晋奏先后办理违碍书籍情形折。

十五日乙丑(10月19日)，安徽巡抚裴宗锡奏从前裒集遗书并无忌讳及现在办理缘由；又奏从前给还不解各书及现在确查缘由折。

二十二日壬申(10月26日)，闽浙总督钟音等奏不解遗书查无关碍字迹暨再派妥员查办折。

三十日庚辰(11月3日)，多罗质郡王永瑢等奏柯瑾所请刷印藏书、扣俸承买之事毋庸议。

十月初四日甲申(11月7日)，两广总督李侍尧等奏办理遗书情形及查出屈大均等悖逆书籍；又奏查出屈稔浈等存留屈大均书籍及审拟情形折。

十一日辛卯（11月14日），暂护贵州巡抚韦谦恒奏黔省无拣存之书给还折。

十八日戊戌（11月21日），谕内阁：《四库全书》处进呈各书，疵谬叠出，总裁蔡新、张若淮、李友棠等著交部察议。

十九日己亥（11月22日），谕内阁：著协办大学士、吏部尚书程景伊、兵部尚书嵇璜充《四库全书》处总裁。

是日，多罗质郡王永瑢等奏请令张羲年在《四库全书》处纂修上行走；又奏请准候补誊录额外效力，并添篆字绘图誊录。

十一月初七日丙辰（12月9日），广西巡抚熊学鹏奏遵旨察访干碍藏书情形折。

初八日丁巳（12月10日），命从宽处理收藏屈大均悖逆诗文案。

初九日戊午（12月11日），寄谕各督抚再行晓谕，如有违碍书不缴，后经发觉，以荫匿治罪。

按：谕曰："前以各省购访遗书，进到者不下万余种，并未见有稍涉违碍字迹，恐收藏之家惧干罪戾，隐匿不呈。因传谕各督抚，令其明白宣示，如有不应留存之书，即速交出，与收藏之人并无干碍。今据李侍尧等查出逆犯屈大均各种书籍，粘签进呈。并请将私自收藏之屈大均族人屈稔浈、屈昭泗，问拟斩决等语。屈大均悖逆诗文，久经毁禁，本不应私自收存。但朕屡经传谕，凡有字义触碍，乃前人偏见，与近时无涉。其中如有诋毁本朝字句，必应削板焚篇，杜遏邪说，勿使贻惑后世。然亦不过毁其书而止，并无苛求。朕办事光明正大，断不肯因访求遗籍，罪及收藏之人。所有粤东查出屈大均悖逆诗文，止须销毁，毋庸查办。其收藏之屈稔浈、屈昭泗，亦俱不必治罪。并著各督抚再行明切晓谕，现在各省，如有收藏明末国初悖谬之书，急宜及早交出，概置不究，并不追问其前此存留隐匿之罪。……若经此番诫谕，仍然不呈缴，则是有心藏匿伪妄之书，日后别经发觉，即不能复为轻宥矣。"（《清高宗实录》卷九七〇）

初十日己未（12月12日），谕各督抚再行晓谕，如有悖谬书不缴，日后发觉，不复轻宥。

是日，陕甘总督勒尔谨等奏遵旨给还各家遗书折。

十二日辛酉（12月14日），护理湖南巡抚觉罗敦福奏遵旨给还原书及查办违碍书缘由折。

十三日壬戌（12月15日），谕内阁：陆费墀勤勉，著以翰林院侍读升用，以示鼓励。

十五日甲子（12月17日），大学士舒赫德等题为议得总裁蔡新等应罚俸六个月。

十七日丙寅（12月19日），两江总督高晋奏奉旨查办屈大均葬衣冠冢等情形折。

按：乾隆帝以明诸生屈大均诗文中"多诋毁满清之语"，命将屈大均著作削板焚篇，并刨毁雨花台衣冠冢，铲削各省郡邑志书所载其生平事迹。

乾隆三十九年　甲午　1774年

十八日丁卯(12月20日),江苏巡抚萨载奏查办伪妄书籍情形折。

三十日己卯(1775年1月1日),暂署湖广总督陈辉祖奏清理遗书并查缴《博物典汇》、《前明将略》折;又奏赍送续采到书籍折。

是日,安徽巡抚裴宗锡奏缴到伪妄书籍9种,请旨销毁折。

十二月初三日壬午(1月4日),谕内阁:王士正之名,原因恭避庙讳而改,但所改"正"字与原名音太不相近,恐流传日久,后世几不能复知为何人。今改为"士祯",庶与其弟兄行派不致混淆。凡各馆书籍记载俱一体照改。

初四日癸未(1月5日),江苏巡抚萨载奏查办违碍书,并请旨销毁《吾学编》等书折。

初六日乙酉(1月7日),浙江巡抚三宝奏采辑浙省碑刻情形;又奏遵旨再行查缴书籍,并呈书目折。

按:截至本年,浙江已进书十二次,共进书四千六百余种。

十二日辛卯(1月13日),浙江巡抚三宝奏遵旨查办违碍书籍情形折。

十八日丁酉(1月19日),江西巡抚海成奏遵旨再行搜罗遗书,分别进呈折。

二十三日壬寅(1月24日),寄谕陈辉祖并各省督抚,查明如有应禁书版片,即解京销毁。

二十六日癸卯(1月27日),《四库全书》处正总裁王际华等奏用聚珍版排印《鹖冠子》情形折。

钱大昕充河南乡试正考官,旋复提督广东学政。

戴震在四库馆校《水经注》、《九章算术》、《五经算术》成。

按:段玉裁《戴东原先生年谱》曰:"是年十月,先生校《水经注》成,恭上。《水经注》自北宋以来无善本,不可读。先生读此书既久,得《经》、《注》分别之例有三:一则《水经》立文,首云某水所出,已下无庸再举水名;而《注》内详及所纳群川,加以采摭故实,彼此相杂,则一水之名,不得不更端重举。一则《经》文叙次所过州县,如云又东过某县之类,一语实赅一县;而《注》则沿溯县西以终于东,详记所逕委曲。《经》据当时县治,至善长作《注》时,县邑流移,是以多称城,《经》无有言故城者也。一则《经》例云'过',《注》例云'迳',不得相淆。得此三例,迎刃分解,如庖丁之解牛,故能正千年《经》、《注》之互讹,俾言地理者,有最适于用之书。《大典》本较胜于各本,又有道元自序,钩稽校勘,凡补其缺漏者二千一百二十八字,删其妄增者一千四百四十八字,正其臆改者三千七百一十五字。高庙襃嘉颁行,御制诗六韵,有云:'悉心编纂诚堪奖,触目研摩亦可亲,设以春秋素臣例,足称中尉继功人。'盖先生之受主知深矣。顾此书自先生校定后,宋以来旧刻,必尽废更。数十百年后,且莫知先生发潜之功,故聚珍版足贵,好事者当广其传也。"

又按:李慈铭《越缦堂读书记》曰:"(戴震)在馆四年,校定书十五种,皆钩纂精密,至于目昏足痿,积劳致疾而殁。高宗深契其学,特畀馆选。而同时钱箨石、翁覃溪辈尚力诋之,覃溪至欲逐之出馆,盖以其进士翰林,非由八股。而世之以庸滥恶札取巍科高甲者,目入馆,涂改金银,不二十年坐致台辅,贤愚安之,以为固然。……直至今日,桐城谬种,尚以邵二云、周书仓及戴氏三君之入馆为坏风气、变学术,人无人

K. W. 谢勒发现氯和重土。

奥地利医生 F. A. 梅斯梅尔将催眠术用于健康目的。

J. G. 加恩分离出锰。

心,亦可畏也!"

朱筠以编修充《四库全书》纂修官,校办各省送到遗书,兼《日下旧闻考》总纂官,纪昀贻之以诗,即次韵酬答;又因言事质直,为于敏中所排挤。

纪昀时任《四库全书》总纂官,三月初三日与《四库全书》总纂官陆锡熊、纂修翁方纲、朱筠、林澍蕃、姚鼐、程晋芳、任大椿、周永年、钱载等39人,出右安门十里,至草桥,举修禊故事,且集于曹学闵斋中。

姚鼐以论事与四库馆总纂不合,辞职南还;行前,翁方纲有《送姚姬传郎中归桐城序》,姚鼐有《赠钱献之(坫)序》。

按:四库馆开设之初,姚鼐受朱筠推荐入馆撰写提要,却因其尊崇宋学,所撰常遭其他馆臣抵制,姚氏最后只得离开。后来其孙姚莹说:"自四库馆启之后,当朝大老皆以考博为事,无复有潜心理学者,至有称宋、元、明以来儒者,则相与诽笑。"(姚莹《复黄又园书》,《东溟文外集》卷一)姚莹《姚先生鼐家状》曰:"四库馆启,选一时翰林宿学为纂修官。诸城刘文正公、大兴朱竹君学士,咸荐先生以部郎入局。时非翰林为纂修官者八人,先生及程鱼门、任幼植尤相善。金坛于文襄雅重先生,欲一出其门,竟不往。书竣,当议迁官。文正公以御史荐,已记名矣,未授而公薨,先生乃决意去,遂乞养归里。乾隆三十九年也。先是馆局之启,由大兴朱竹君学士,见翰林院贮《永乐大典》中多古书,外间所未见,告之于文襄,奏请开局重修,欲嘉惠学者。既而奉旨搜求,天下藏书毕出。于是纂修者竞尚新奇,厌薄宋元以来儒者,以为空疏,掊击讪笑之不遗余力。先生往复辩论,诸公虽无以难,而莫能助也。将归,大兴翁覃溪学士为叙送之,亦知先生不再出矣。"(《碑传集》卷一四一)

邵晋涵授翰林院编修,仍纂校《四库全书》。

嵇璜充四库馆正总裁。

洪亮吉、汪中肄业扬州安定书院。

汪中因朱筠荐,是冬至次年春,客宁绍台道冯廷丞幕。

洪亮吉、杨伦、孙星衍、赵怀玉、黄景仁、吕星垣、徐书受时作文会,称七子。

按:《清史稿·孙星衍传》曰:"少与同里杨芳灿、洪亮吉、黄景仁文学相齐。袁枚品其诗,曰'天下奇才',与订忘年交。星衍雅不欲以诗名,深究经、史、文字、音训之学,旁及诸子百家,皆必通其义。"

章学诚是秋至杭州应浙江乡试,又未果。六月作《志隅自叙》,阐发《文史通义》的撰述缘由。

按:《志隅自叙》曰:"志者史之一隅,州志又志之一隅也。获麟而后,迁、固极著作之能,向、歆尽条别之理,史家所谓规矩方圆之至也。魏晋六朝,时得时失,至唐而史学绝矣。其后如刘知幾、曾巩、郑樵,皆良史才,生史学废绝之后,能推古人大体,非六朝、唐、宋诸儒所能测识,余子则有似于史而非史,有似于学而非尔。然郑樵有史识而未有史学,曾巩具史学而不具史法,刘知幾得史法而不得史意。此予《文史通义》所为作也。《通义》示人,而人犹疑信参之,盖空言不及征诸实事也。《志隅》二十篇,略示推行之一端,能反其隅。《通义》非迂言可也。呜呼!迁、固、向、歆不可作矣。诚得如刘知幾、曾巩、郑樵其人而与之,由识以进之学,由学而通乎法,庶几神明于古人之意焉,则《春秋》经世之学,可以昌明。第求之天下,解者不过一二人,而亦不暇究其业焉,笑且排者又无论已,则予之所为抚卷而唏嘘者也。"(《章氏遗书》外编

卷一六）

孙星衍入南京钟山书院，从卢文弨学。

刘台拱与汪中、朱彬同校《大戴礼》。

按：朱彬字武曹，号郁甫，江苏宝应人。少与外兄刘台拱研究程朱理学，颇受王懋竑之说影响。

李文藻二月在广东刊行惠栋遗著《春秋左传补注》，六月以明刻《说文解字》送广东友人冯敏昌，并作《送冯鱼山说文记》。

段玉裁九月署理四川南溪县事。

庄存与提督山东学政，寻调河南学政。

赵佑充顺天乡调同考官。

李调元充广东乡试副考官。

刘墉代父刘统勋受朝廷颁赐的《古今图书集成》一部。

蒋士铨以所藏史可法画像献扬州新建的史可法祠，谢启昆作《史可法祠记》。

周榘以诗寄翁方纲，补订翁氏所著《焦山鼎铭考》。

吴兰庭年六十余，始中举人。

李荫椿时任河北遵化知州，改义学而建燕山书院。

秦承恩时任江西巡道，于波阳县建芝阳书院。

胡德琳时任聊城知府，建启文书院。

何文耀时任河南汝州知县，建泉西书院。

陈三恪时任湖南衡阳知县，将东洲、白沙二书院改建为岳屏书院。

蔡大武在广东海丰县建丽江书院。

周翔千在云南宣威建龙山书院。

夏应铨著《周易铨疑》8卷刊行。

连斗山著《周易辨画》40卷刊行。

赵世迥著《易经告蒙大全》4卷刊行。

惠栋遗著《左传补注》6卷由李文藻在广东刊行。

孔广林著《北海经学七录》7卷刊行。

窦光鼐等奉敕纂《钦定日下旧闻考》，成书120卷。

按：朱彝尊所著《日下旧闻》成书于康熙二十六年，辑录唐、辽、金、元、明的京师旧迹，详于皇家宫殿园林建筑，但于清代则记录不多。乾隆帝以昔日记载不足，遂令增补朱书。于敏中、英廉任总裁，窦光鼐、朱筠等奉旨编撰，历十余年而成书。《四库全书总目提要》曰："《钦定日下旧闻考》一百二十卷，乾隆三十九年奉敕撰。因朱彝尊《日下旧闻》原本，删繁补阙，援古证今，一一详为考核，定为此本。原书分星土、世纪、形胜、宫室、城市、郊坰、京畿、侨治、边障、户版、风俗、物产、杂缀十三门。其时城西玉泉、香山诸处台沼尚未经始，故列郊坰门中，与今制未协。诸廨署入城市门中，太学石鼓独别为三卷，于体例亦属不伦。今增列范围、官署二门，并前为十五门，而石鼓考三卷则并于官署门国子监条下。又原本城市、京畿二门五城及各州县分属之地今昔不同，一一以新定界址为之移正。原本所列古迹，皆引据旧文，夸多务博，不

埃德蒙·伯克著成《论美国税制》。

约翰·坎贝尔发表《大不列颠政治概观》。

约翰·卡特赖特发表《美国独立——大不列颠的光荣和利益之所在》。

《天文学年刊》开始发行。

能实验其有无,不免传闻讹舛,彼此互歧,亦皆一一履勘遗踪,订妄以存真,阙疑以传信。所引艺文,或益其所未备,或删其所可省,务使有关考证,不漏不支。至于列圣宸章,皇上御制,凡涉于神京风土者,悉案门恭载,尤足以昭垂典实,藻绘山川。古来志都京者,前莫善于《三辅黄图》,后莫善于《长安志》。彝尊原本搜罗详洽,已驾二书之上。今仰承睿鉴,为之正讹补漏,又驾彝尊原本而上之。千古舆图,当以此本为准绳矣。"

  章学诚著《和州志》成12篇。
  戴震校《水经注》40卷以武英殿聚珍板刊行。
  舒赫德、于敏中等奉敕纂《临清纪略》16卷。
  苏尔纳等奉敕纂《学政全书》80卷。
  傅德宜修,戴纯纂《高平县志》22卷刊行。
  靳荣藩纂《潞郡旧闻》4卷刊行。
  按:靳荣藩字价人,山西黎城人。著有《绿溪初稿》等。
  潘相等修纂《曲阜县志》100卷刊行。
  李奉翰、顾学潮修,王金英纂《永平府志》24卷刊行。
  毛圻纂修《续猗氏志》刊行。
  诸世器纂《崇溪志》4卷成书。
  任果、常德修,檀萃、凌鱼纂《番禺县志》20卷刊行。
  余文仪修,黄佾纂《续修台湾府志》26卷刊行。
  郑交泰修,王云万纂《亳州志》12卷刊行。
  万锦前、马人龙修,吴征士纂《齐河县志》40卷刊行。
  邵陆修纂《酉阳州志》4卷刊行。
  萧应植修,陈景埙纂《琼州府志》10卷刊行。
  张泰开自编《张文恪公年谱》1卷刊行。
  程际盛删补吴兆宜旧著《玉台新咏笺注》刊行。
  按:吴兆宜字显令,江苏吴江人。康熙间诸生,有《庾开府集笺注》。
  赵执信著《饴山堂集》32卷刊行。
  朱颖著《双鱼偶存尺牍》2卷刊行。
  吴雯著《莲洋集》20卷刊行。
  范家相著《诗渖》20卷刊行。
  法坤宏著《迂斋学古编》4卷刊行。
  杨潮观重编定所著《吟凤阁杂剧》4卷,收杂剧32种。
  蒋士铨著《香祖楼》、《临川梦》传奇成。
  朱孝纯编绘《泰山图志》9卷刊行。
  沈初等编《浙江采集遗书总录》12卷刊行。
  《武英殿聚珍板丛书》刊行,共138种2411卷。
  按:武英殿聚珍版书的出版,是清代官方参与的历史上规模最大的一次木活字印书工程,当时曾引起朝野震动。无论其所印书的资料价值,还是活字印刷本身的意义,影响都很深远。
  金简等奉敕纂《钦定武英殿聚珍板程式》1卷。

按：是书为记述《武英殿聚珍板丛书》木活字印刷的专著，也是继王祯《农书·造活字印书法》后的又一部木活字印刷术文献。

朱琰著《陶说》6卷成书，有裴曰修、朱文藻、鲍廷博序。

按：朱琰字桐川，号笠亭，浙江海盐人。乾隆三十一年进士，官阜平知县。此书是一部较为完整的制瓷手工业史志，其中记载景德镇陶瓷业发展史最为详细。有《知不足斋丛书》本、《龙威秘书》本、《美术丛书》本、《义疏丛书》本等。

沈金鳌著《幼科释迷》6卷成书。

明安图著《割圆密率捷法》4卷成书。

钱陈群卒（1686—   ）。陈群字主敬，号香树，一号柘南居士，浙江嘉兴人。康熙六十年进士，改翰林院庶吉士，散馆，授编修。官至刑部右侍郎。卒谥文端。著有《香树斋诗集》18卷、《香树斋诗续集》36卷、《香树斋文集》28卷、《香树斋文续集》5卷。事迹见《清史稿》卷三〇五、《清史列传》卷一九、李桓《国朝耆献类征初编》卷七五、震钧辑《国朝书人辑略》卷三、蔡冠洛《清代七百名人传》第五编、于敏中《诰授光禄大夫内廷供奉经筵讲官太子太傅刑部尚书晋赠太傅入祀贤良祠谥文端钱公陈群墓志铭》、袁枚《刑部尚书加赠太傅钱文端公神道碑》（均见《碑传集》卷三四）。清钱仪吉编有《文端公年谱》。

按：《清史稿》本传曰："上谕谓：'儒臣老辈中能以诗文结恩遇、备商榷者，沈德潜卒后惟陈群。'加太傅，祀贤良祠，谥文端。四十四年，上制《怀旧诗》，列五词臣中。"

任瑗卒（1693—   ）。瑗字恕庵，号东涧，江苏山阳人。乾隆元年，应博学鸿词试罢归，遂不再复出。著有《易学象数传心录》1卷、《太极图说析疑》1卷、《通书测》2卷、《论语困知录》2卷、《论语困知录续编》1卷、《论语困知录补遗》1卷、《中庸困知录》4卷、《反经说》1卷、《纂注朱子文类》100卷、《朱子年谱》1卷、《读经管见》1卷、《读史衡说》2卷、《史记论文》1卷、《史记笔记》1卷、《知言札记》2卷、《困学恐闻》2卷、《阳明传习录辨》2卷、《小泉笔记》1卷、《小泉集》1卷、《六溪山房文稿》5卷、《六有轩存稿》2卷、《寒山吟漫录》4卷、《和陶》1卷、《六有轩诗漫钞》2卷等。事迹见《清史稿》卷四八〇、《清史列传》卷六七、李桓《国朝耆献类征初编》卷四一一、韩梦周《任先生瑗墓表》（《碑传集》卷一二九）。

按：《清史列传》本传曰："年十八，弃举子业，讲学静坐三年。既而叹曰：'圣人之道，归于中庸，极于尽性，精义入神，以致用也。利用安身，以崇德也。岂是之谓哉？'于是取先儒书，潜玩力索，遵程、朱遗规，以上求孔、孟，谓'不得圣贤心精，不足以尽道之极致。近世所谓心学者，以为探本握要，不知道精微而难穷，心易蔽而多私，心其所心，非圣人之心也。'著《反经说》一卷、《阳明传习录辨》二卷、《小泉笔记》一卷。大旨与平湖陆陇其同，皆以遵朱子辟陆、王为急。瑗笃实暗修，不炫于时，为高安朱轼所引重。潍县韩梦周游淮安，与之交，尝与人曰：'任君体用具备，有明以来无此大儒。'"

涂瑞卒（1709—   ）。瑞字荣诏，号切庵，浙江新城人。乾隆十二年举人，不仕，居家授徒。曾辑宋明讲敬静之学者，编为《道学编》；考证《六经》

之文,编为《经义编》;搜集古今论人之文,编为《史论编》;撷拾有关治道之文,编为《经济编》,并于各编末附以己议。著有《东里类稿》、《从姑山记》、《游福山记》等。事迹见李桓《国朝耆献类征初编》卷四三七、鲁仕骥《乡贡进士候选知县涂先生瑞墓志铭》(《碑传集》卷一二九)。

传教士蒋友仁卒(1715—)。友仁字德翊,法国人。乾隆九年抵中国澳门,赴京协助修订历法,后为宫中工程师。曾绘《世界全图》和《乾隆十三排地图》,并将后者制成铜版104幅。

庄绶甲(—1828)、林联桂(—1835)、齐彦槐(—1841)、胡懋清(—1845)、罗士琳(—1853)、高朗亭(—?)生。

乾隆四十年　乙未　1775年

美国独立战争爆发。

正月初八日丙辰(2月7日),两江总督高晋奏呈新缴书目,并严查缴触碍书籍,立限考成折。

是日,广西巡抚熊学鹏奏给还遗书折。

初九日丁巳(2月8日),寄谕各省督抚,海成搜罗遗书,所办周到,著各省照式妥办。

按:谕军机大臣等:"今日海成奏到搜罗遗书一折,据称绅士明理之人,现在宣扬恩旨,伊等天良难泯,自当呈献无遗。但恐村僻愚民,本不知书,而家藏断简遗编,或涉不经。更有读书旧家,子孙零替,其败笥残箧中,不无违碍书籍,而目不识丁,虽出示收缴,亦难必其尽献。现在复饬各属,传集地保,逐户宣谕,无论全书、废卷,俱令呈缴,按书偿以倍价,俾尽行缴出,以便分别办理等语。所办颇好。各省查办遗书,其中狂悖字句,节经降旨各督抚,实力查缴,并准其自行首出,仍不加之罪愆。虽现在各省已有缴到者,而所缴尚觉寥寥,其势似未能遍及。今海成所办,较为周到,且又不致烦扰,各省自可仿而行之。著传谕各督抚,照式一体妥办。"(《清高宗实录》卷九七四)。

十七日乙丑(2月16日),山东巡抚杨景素奏遵旨查办违碍书及版片情形;又奏续解书籍折。

十九日丁卯(2月18日),浙江巡抚三宝奏续行查缴应毁书籍15种折。

二十日戊辰(2月19日),令两浙总督高晋将应毁书籍并版片解京销毁。

二十八日丙子(2月27日),护理湖南巡抚觉罗敦福奏查缴违背遗书,请旨销毁;又奏续进遗书折。

三十日戊寅(2月29日),山东巡抚杨景素奏遵旨查办违碍书籍情形折。

二月初二日庚辰(3月3日),军机大臣奏将三宝解到应毁书籍开单进呈折。

初四日壬午(3月5日),浙江巡抚三宝奏遵旨办理应毁书版折。

是日,两江总督高晋奏续查出违碍书籍,遵旨解送折。

初六日甲申(3月7日),河南巡抚徐绩奏遵旨照江西之法办理遗书折。

初七日乙酉(3月8日),谕内阁:黄寿龄将书携归,情尚可原,著从宽罚俸三年。

十二日庚寅(3月13日),军机大臣奏准,将内阁大库所藏《无圈点老档》照现在清字录出一分,同原本一起收藏。

按:《无圈点老档》,即所谓《满文老档》的原稿本,是清入关前用满文书写的一部官方编年体史书。其中明万历三十五年(1607)至天聪六年(1632)是用无圈点满文写成的,崇德元年(1636)是用无圈点满文与加圈点满文书写的。至乾隆年间,由于辨识无圈点满文已很困难,遂于乾隆六年(1741)奉旨编成《无圈点字书》,以备稽考。但借助《无圈点字书》逐字翻阅《无圈点老档》很不方便,亦容易损坏《老档》,故军机大臣舒赫德建议用老满文重抄一部,用新满文转抄一部,在内阁大库庋藏。以后在乾隆四十三年(1778),又各重抄一部,送盛京崇谟阁珍藏。1990年中华书局出版了《满文老档》的译注本。

十四日壬辰(3月15日),军机大臣奏进呈吕留良《万感集》暨《四书讲义》。

十八日丙申(3月19日),军机大臣奏进呈高晋解到违碍书籍折。

二十日戊戌(3月21日),闽浙总督钟音等奏查出不应存留各书,请旨销毁折。

二十二日庚子(3月23日),江苏巡抚萨载奏遵旨查办伪妄遗籍折。

按:其清单上开列的所谓"伪妄"书籍有:明沈承的《即山集》、姚希孟的《清閟全集》、左光斗的《左忠毅集》、徐与参的《生气录》、申用懋的《中枢疏草》、沈国元的《两朝从信录》、朱长祚的《玉镜新谭》、来斯行的《槎庵小乘》、屈大均的《屈翁山诗集》、万表的《皇明经济文录》、钟惺的《明史通纂》、王鸣鹤的《登坛必究》、刘万春的《守官漫录》、杨陆荣的《潭西诗集》和《三藩纪事本末》,以及《职方地图》、《博物典汇》、《酌中志》、《吾学编》、《苍霞草》等(张书才主编《纂修四库全书档案》上)。

二十五日癸卯(3月26日),护湖南巡抚觉罗敦福奏遵旨查办违碍书籍折。

二十六日甲辰(3月27日),暂署两广总督德保奏查收应禁书籍折。

是日,德保又奏查讯屈大均之孙情形并请刨坟剉尸折;查缴应禁书籍及版片折。又有为查缴违碍书籍致军机处咨呈。

广西巡抚熊学鹏奏遵旨查办违碍书籍折;又奏查出高熊征、陆显仁所著书籍缴毁折。

三月初九日丙辰(4月8日),两广总督李侍尧等奏遵旨查办应禁书籍情形折。

十九日丙寅(4月18日),暂护贵州巡抚韦谦恒奏遵旨搜买旧书折;又奏遵旨查办应禁书籍折。

是日，浙江巡抚三宝奏陈续获应毁各书及遵旨再行逐户购觅折。

按：奏曰：现获应毁遗书八种，计重复三种，共十一门，其中包括：明钟惺辑《明通纪纂》8卷、秦骏生辑《皇明奏议》8卷、顾秉谦等纂《三朝要典》24卷、许重熙辑《注略》14卷、方孔炤纂《全边略记》12卷、《皇明通纪辑录》27卷、《皇明从信录》40卷、屈大均著《翁山诗外》18卷（张书才主编《纂修四库全书档案》上）。

二十二日己巳（4月21日），闽浙总督钟音等奏续行查出不应存留各书请毁折。

三十日丁丑（4月29日），寄谕广西巡抚熊学鹏所查高熊征、陆显仁书非悖逆，释放其子孙。

按：广西巡抚熊学鹏遵旨查办禁书，以陆显仁《格务广义》及高熊征抄本文集中有悖逆之处入奏。乾隆帝谕高熊征文集虽有激烈过甚之词，并非谬妄，不在应毁之列。至于《格务广义》多系剽窃前人讲学陈言，所签之处均非讪诋之语，不能谓之悖逆，然留之恐贻误后学，自应销毁（《清高宗实录》卷九七九）。

是月，国史馆进呈所纂《王鸿绪列传》。

按：谕曰："国史馆进呈所纂《王鸿绪列传》，于左都御史郭琇劾鸿绪与高士奇招纳贿赂一案，仅叙大略，而郭琇原疏未经载入，恐传于后世，其不知鸿绪辈之罪状者，妄疑一劾即去，或有屈抑；其知者又疑秉史之人，意存袒护，不肯显暴其短，岂朕特命另修史传之意乎？夫王鸿绪、高士奇与明珠、徐乾学诸人，当时互为党援，交通营纳，众所共知。如郭琇所劾诸事，并不为枉，而我皇祖不加穷究，仅予罢退，盖于明珠念其曾有襄办讨平吴逆之劳，而王鸿绪、高士奇诸人则因文学尚优，宣力史馆。是以屡下蜜柑内诏，剀切晓谕，曲予矜全，实由我皇祖圣德。然即以诸人事迹而论，虽有交结纳贿之私，亦止于暗为关照，不至势焰薰灼，生杀擅专，如前明严嵩辈之肆奸蠹国、陷害正人，此亦人所共知也。即如郭琇参劾明珠、王鸿绪诸人，后旋经皇祖特加任用，未闻有能稍事排挤者。即其后郭琇于总督任内因他事罢官，亦由其自取，并非诸人之所能媒蘖，又实由我皇祖圣明。是郭琇原疏，于诸人被劾款迹，皆当据事直书，不必稍为删节，即使天下后世晓然于王鸿绪辈之罪状如此，郭琇之鲠直如此，其后之自取罪戾如此，并敬悉我皇祖之仁智并用，何必曲存隐讳乎？其《明珠本传》前已降旨改修外，著交该馆总裁将王鸿绪、徐乾学、高士奇等列传复加核订，所有郭琇等原劾诸疏，悉载入传内，另缮呈览。其余有类此者，并著一体详载，以示大公，而昭传信焉。"（《清史列传》卷一〇《王鸿绪传》）

四月初二日己卯（5月1日），山西道监察御史戈源奏请将誊录计字议叙不拘年限折。

十四日辛卯（5月13日），江西巡抚海成奏恭缴应毁书籍折。

按：奏中认为应毁的书籍有：朱璘《明纪辑略》、王汝南《续纂明纪编年》、《邱邦士文集》、文德翼《求是堂集》、梁良夫《群言沥液》、谢德溥《云庵集》、杨大譽《杯湖集》、《大清登位捷略》、黄道周《博物典汇》、《岭南三家诗抄》、屈大均《广东新语》及《诗集》等（张书才主编《纂修四库全书档案》上）。

十五日壬辰（5月14日），多罗质郡王永瑢等奏戈源请将誊录计字议叙，应毋庸议折。

二十日丁酉（5月19日），军机大臣奏将《小学义疏》一部交馆，其余九部缴进片。

二十一日戊戌(5月20日),署理山西巡抚觉罗巴延三奏遵旨查办应禁书籍情形折。

是日,策试天下贡士于太和殿。

按:《清高宗实录》卷九八一曰:"朕表彰经籍,用光文治,搜罗遗典,咸集石渠,特简儒臣,俾司编纂,亦既具有条理矣。顾四库之藏,浩如渊海,必权衡有定,去取乃精。昔董仲舒请罢百家,专崇孔氏,陶弘景则一事不知,引为深耻。今将广收博采,而传注时多曲说,稗官不免诬词。异削混儒、墨之谈,伪体滥齐、梁之艳,于人心世教未见有裨。如但墨守经师,胥钞语录,刊除新异,屏斥雕华,则九流之派未疏,七略之名不备,抱残守匮,亦难语该通。至于忠臣孝子,或拙文辞,霄小佥壬,间工著述,文行相左,彰瘅安从。他如略、艺编摩以后,晁、陈著录以前,门目各殊,规条歧出,此增彼损,甲合乙分,不有折衷,孰为善例。多士下帷有日,宜以知人论世为先务,其各区陈醇驳,以征稽古之功。"

二十四日辛丑(5月23日),乾隆帝亲定本科三鼎甲:状元吴锡龄,榜眼汪镛,探花沈清藻。

二十五日壬寅(5月24日),御太和殿,传胪,赐一甲吴锡龄等3人进士及第,二甲王春煦等52人进士出身,三甲张士凯等103人同进士出身。是科会试正考官为兵部尚书嵇璜,副考官为刑部侍郎王杰、左副都御史阿肃。

五月初四日庚戌(6月1日),广西巡抚熊学鹏奏遵旨查缴违碍书籍并未拘系家属折。

十一日丁巳(6月8日),江西巡抚海成奏缴应选应毁书籍折。

按:奏中所言应毁书目有:《苟全集》、《壑云集》、朱璘《明纪辑略》、王汝南《续纂明纪编年》、邱维屏《邦士集》、谢德溥《云庵集》、《明纪全载辑略》、《通纪会纂》、《岭南三家诗选》、屈大均《广东新语》、《屈大均诗集》、陈建《皇明从信录》、《明纪辑要》、黄道周《博物典汇》(张书才主编《纂修四库全书档案》上)。

十三日己未(6月10日),陕甘总督勒尔谨等遵旨查办应禁书籍情形折。

十五日辛酉(6月12日),谕内阁:将《明纪纲目》改纂,其原书著查缴。

按:张廷玉奉旨仿照朱熹《通鉴纲目》体例编纂的《明纪纲目》,刊行已久。至此,乾隆帝以其"未暇考核精当,尚不足以昭传信",命交方略馆改纂。随又令将已刊《明史》一并查改,待《明纪纲目》、《明史》改纂完竣时,原书一并查缴(《清高宗实录》卷九八二)。

十六日壬戌(6月13日),户部尚书王际华等奏请增武英殿誊录名数及减议叙年限折。

是日,大学士于敏中等奏请添派《四库全书荟要》校对折。

十八日甲子(6月15日),命改编《明纪纲目》,著仿照《通鉴辑览》办理,并查改《明史》。

二十日丙寅(6月17日),军机大臣奏缴进重复书籍并将应毁书板交武英殿铲字留板片。

二十二日戊辰(6月19日),浙江巡抚三宝奏解缴续收应毁书籍版片并堪采遗书折。

按：奏中所言应毁书目有：明陈龙正的《几亭全书》、陈祖法的《古处斋诗文集》、陈继儒的《通纪会纂》、高汝栻的《皇明法传录》、江旭奇的《皇明通纪集要》、马晋允的《皇明通纪辑要》、钟惺的《捷录大成》和《明纪编年》、《隐秀轩集》及《明通纪纂》、陈组绶的《职方地图》、黄道周的《群书典汇》、周文郁的《边事小纪》、许重熙的《神宗大事纪要》、何栋如的《何太仆集》、戴东旻的《行间纪略》、无名氏的《同时尚论录》、沈国元的《甲申大事记》和《皇明从信录》及《两朝从信录》、钱谦益的《钱牧斋尺牍》、吕留良的《吕晚村家训》、屈大均的《寅卯军中集》和《翁山文外》、朱健的《古今治平略》、叶绍泰的《名文宝符》、陈仁锡的《皇明通纪辑录》、项德祯的《名臣宁攘要编》、苕上愚公的《东夷考略》、熊廷弼的《熊廷弼疏稿书牍》、刘若愚的《酌中志》和《酌中志余》、李世熊的《寒支集》、赵维寰的《雪庐焚余稿》等（张书才主编《纂修四库全书档案》上）。

二十四日庚午（6月21日），谕内阁：杨昌霖在《四库全书》馆编校实心，著授为翰林院庶吉士。

三十日丙子（6月26日），安徽巡抚裴宗锡奏续查违碍各疏遵旨解送折。

六月初二日戊寅（6月29日），两江总督高晋奏续解违碍书籍版片折。

是日，署云贵总督图思德奏遵旨查办书籍版片情形折。

十一日丁亥（7月8日），江苏巡抚萨载奏再行查解违碍书籍版片折；又奏购得《太宗文皇帝本纪稿》一本固封恭缴折。

七月初三日戊申（7月29日），多罗质郡王永瑢等奏请准郭祚炽在额外校对上效力行走折。

十九日甲子（8月14日），陕西学政嵇承谦奏随棚查出应禁书籍折。

八月初一日丙子（8月26日），大学士舒赫德奏将三宝解到书籍版片分别处理折。

十二日丁亥（9月6日），军机大臣奏进呈满蒙字合璧《清文鉴》款式片。

二十六日辛丑（9月20日），广西巡抚熊学鹏奏查缴违碍书籍情形折。

九月初三日戊申（9月27日），兼管顺天府尹袁守侗等奏查缴伪妄书籍折。

初十日乙卯（10月4日），谕准励守谦自备资斧在《四库全书》处纂修上效力行走。

十二日丁巳（10月6日），江西巡抚海成奏进续得应选应毁书籍折。

按：奏中所言应毁书目有：《明纪辑略》、《明纲鉴补》、《续明纪编年》、《明纪会纂》、《邦士集》、《求是堂集》、《孔鼎正叔集》、《杯湖集》、《罄云篇》、《岭南三家诗选》、《几亭集》、《澹园续集》、《历朝捷录》、《捷录法原》、《捷录大成》、《捷录大全》、《皇明通纪》、《皇明实纪》、《皇明从信录》、《广东新语》、《屈大均诗集》、《屈大均诗外》、《武备志》、《遍行堂前集》、《遍行堂续集》、《状元策》、《左忠毅集》、《博物典汇》等（张书才主编《纂修四库全书档案》上）。

十五日庚申（10月9日），暂护贵州巡抚韦谦恒奏查缴禁书并发还书局候旨在外焚销折。

二十二日丁卯（10月16日），闽浙总督钟音等奏复行查缴不应存留书籍折。

按：奏中所言不应存留书籍有：阮旻锡著《夕阳寮集》、江日彩著《兰台遗集》、何乔远著《万历集》和《天启集》、裴应章著《懒云居士集》、黄景昉著《瓯安馆诗集》、王家彦著《王忠端集》、黄克缵著《数马集》和《百氏绳愆》、何九云著《荷蓧存稿》、郑亦邹著《明季遗志录》、叶向高著《蘧编》、张瑞图著《白毫庵集》、陈际泰著《巳吾集》、陈孝威著《壶山集》、过庭训著《明人物考》、刘元卿著《还山续草》、毛堪著《台中疏略》、孙奇逢著《夏峰集》、吴道行著《皇明疏抄》、徐开任著《明名臣言行录》、黄瑜著《双槐岁抄》、钟惺著《明纪会纂》、孙传庭著《省罪录》、金日升著《颂天胪笔》、陈继儒订《续秘籍》等（张书才主编《纂修四库全书档案》上）。

是日，钟音等又奏续进遗书折。

二十五日庚午（10月19日），浙江巡抚三宝奏续收应毁书籍暨起获书版折。

是日，军机大臣奏行文山西巡抚查缴张泰交《受祐堂集》书板片。

二十九日甲戌（10月23日），山东巡抚杨景素奏查获应禁书籍委员解送折。

十月十四日戊子（11月6日），寄谕护理贵州巡抚韦谦恒将违禁书发还书局，实属乖谬，著明白回奏。

二十六日庚子（11月18日），署理山西巡抚觉罗巴延三奏查获应销书籍折。

闰十月初二日丙午（11月24日），署理山西巡抚觉罗巴延三奏查获《受祐堂集》板片书籍等情折。

初七日辛亥（11月29日），陕甘总督勒尔谨等奏查缴应禁违碍书籍折。

十二日丙辰（12月4日），谕内阁：纪昀于《四库全书》总纂事务尽心出力，嗣后遇缺，一体开列。

十七日辛酉（12月9日），高纲为金堡《遍行堂集》制序及高秉家藏禁书案发。

按：《遍行堂集》为明代进士金堡所著。明亡，金堡曾坚持抗清，事不成，遂托迹缁流，法名澹归。高纲乃已故韶州知府，曾出资刊行《遍行堂集》，并作序。乾隆帝检阅禁书，发现此事，于是命搜查高纲家藏书籍。又从其子高秉家中抄出明人陈建所著《皇明实记》（又名《皇明通纪》）和江宁清笑生所著《喜逢春传奇》皆为违禁之书。命将高秉交刑部审办，陈建及清笑生两家子孙则不予追究（《清高宗实录》卷九九五）。

十八日壬戌（12月10日），寄谕高晋等查缴《遍行堂集》、《皇明实纪》、《喜逢春传奇》书版。

十九日癸亥（12月11日），寄谕李侍尧等查缴《皇明实纪》、《遍行堂集》，并椎碎澹归碑石。

二十二日丙寅（12月14日），命查办僧函可《千山诗集》及其原在沈阳时的遗物、遗迹。

按：僧函可，俗名韩家骐，广东惠州罗县人。顺治四年因所著《变纪》触犯时忌，流放沈阳。至是，乾隆帝检阅各省呈缴禁书，发现函可所著《千山诗集》"语多狂悖"，命查收销毁（《清高宗实录》卷九九五）。

二十三日丁卯(12月15日),寄谕弘晌等确查函可在沈阳有无占寺支派及碑刻字迹留存。

> 按:谕军机大臣等:"朕检阅各省呈缴应毁书籍内,有千山和尚诗本,语多狂悖,自应查缴销毁。查千山名函可,广东博罗人,故又称为博罗剩人,后因获罪,发遣沈阳。函可既刻有诗集,恐无识之徒,目为缁流高品,并恐沈阳地方为开山祖席,于世道人心甚有关系。著弘晌、富察善即速确查,从前函可在沈阳时,曾否占住寺庙,有无支派流传,承袭香火,及有无碑刻字迹留存,逐一查明,据实复奏。"(《清高宗实录》卷九九五)

二十四日戊辰(12月16日),安徽巡抚李质颖奏查缴伪妄书籍折。又有为赍送谬妄书板片事致军机处咨呈。

二十五日己巳(12月17日),谕内阁:《明纪辑略》不必禁毁,并著撮叙福、唐、桂三王及死事诸臣本末事迹刊附《通鉴辑览》之末。

二十九日癸酉(12月21日),暂署贵州巡抚袁守侗奏据呈代陈韦谦恒办理禁书错谬缘由折。

十一月初三日丙子(12月24日),江苏巡抚萨载奏查办《喜逢春传奇》并委员解送现缴违碍书籍板片折。

初九日壬午(12月30日),两江总督高晋奏遵旨查办《喜逢春传奇》等书情形折。又奏拿解为《遍行堂集》制序刊行之高纲长子等情折。

初十日癸未(12月31日),命大学士、九卿等集议,予明末"殉节诸臣"谥典。

> 按:翌年编有《胜朝殉节诸臣录》12卷,凡3600余人,分专谥、通谥、祠祀三等,各录其事迹为传,交武英殿刊行。

十一日甲申(1776年1月1日),盛京将军弘晌等奏查出函可语录碑记字迹及支派承袭人折。

十六日己丑(1月6日),谕内阁:《学易集》等有青词一体迹涉异端,抄本姑存,刊刻从删。

是日,两广总督李侍尧等奏遵旨查办《皇明实纪》、《遍行堂集》并椎碎澹归碑石折。

十七日庚寅(1月7日),江西巡抚海成奏查办应毁书籍并呈名异书同各书清单折。

是日,海成又奏进续得应选应毁书籍折。

二十一日甲午(1月11日),谕内阁:准刘纯炜在《四库全书》馆总校上行走。

是月,中国的耶稣会奉罗马教廷之令解散,从此教务一蹶不振。

十二月初八日辛亥(1月28日),大学士舒赫德等奏请仍将刘锡嘏留翰林院办事校书折。

初九日壬子(1月29日),江苏巡抚萨载奏遵旨查办《喜逢春传奇》情形折。

是日,大学士于敏中等奏请将《四库全书荟要》覆校改为分校,并添设总校二员折。

十二日乙卯（2月1日），浙江巡抚三宝奏续获应毁书籍暨书板折。

二十五日戊辰（2月14日），两广总督李侍尧等奏遵旨查办陈建、金堡遗书板片折。

钱大昕以父丧解广东学政职还家，定居苏州，从事讲学、著述。是年，应两江总督高晋之聘，出任南京钟山书院院长，前任院长卢文弨离任。

戴震第五次会试落第，奉命与乙未贡士一体殿试，赐同进士出身，授翰林院庶吉士。二月校《仪礼识误》；四月校《海岛算经》。

段玉裁十月有《寄戴东原先生书》，请戴震为其《六书音均表》作序。

王念孙在京与程瑶田订忘年交。是年殿试赐二甲七名进士出身，改翰林院庶吉士，寻乞假归里，谢绝人事，力学四载。

王引之从父王念孙受《童蒙须知》、《朱子小学》、《吕氏小儿语》诸书。

毕沅时任陕西巡抚，二月十五日奏请聘任端谨积学之人主持关中书院，朝廷命各地遵行。

按：谕曰："毕沅奏，陕西关中书院延请掌教一折，据称，访察各属院长，向来多系上官同僚互相推荐，遂至徇情延请，有名无实。现饬各属，务选端谨积学之人，加意振作，将所请院长姓名籍贯、更换到馆日期，造册详报抚藩衙门察核等语。所办好，已于折内批示。书院为作育人材之地，如果院长得人，实心课导，自可冀造就英才，以收实效。如江苏紫阳书院之沈德潜、彭启丰，尚堪称师儒之席，各省类此者，自不乏人。而如毕沅所称，上官同僚互相推荐，遂尔瞻徇情面，委曲延请，不问其人之是否文行兼优，而各院长等亦惟以修脯为事，不以训迪为心，甚有视为具文，讲席久虚，并不上紧延师，以致师徒星散，有名无实者，所在谅皆不免。其事自当责成督抚，以期实济。著传谕各督抚，嗣后无论省城及各府州大小书院，务访学行兼优者，俾主讲席。其一切考核稽查之法，并照毕沅所奏办理。"（《清高宗实录》卷九七六）

邵晋涵七月在四库馆辑校《旧五代史》成。

卢文弨应鲍廷博之请，为其辑刻《知不足斋丛书》作序。

章学诚入都，因邵晋涵而访翰林院编修周永年于周氏藉书园，为周氏《藉书园书目》作序。

按：章学诚《藉书园书目叙》曰："《藉书园书目》者，历城周林汲编修籍录所藏经史百家之书，用隋、唐四库例，粗具孔目，以备稽检者也。周君尝患学之不明，由于书之不备，书之不备，由于聚之无方。故竭数十年博采旁搜之力，弃产营书，久而始萃。今编目所录，自经部以下，凡若干万卷，而旧藏古椠，缮抄希觏之本，亦略具焉。然周君之志，盖欲构室而藏，托之名山。又欲强有力者为之赡其经费，立为纪纲，而使学者于以习其业，传抄者于以流通其书，故以藉书名园。又感于古人藏书之意，著《儒藏说》一十八篇，冠于书首，以为永久法式。呜呼！周君于斯可谓勤矣。"（《章氏遗书》卷八）

翁方纲有《与程鱼门平钱、戴二君议论旧草》，与程晋芳评论钱载、戴震二人论学的争议。

按：翁方纲在文中曰："昨箨石与东原议论相诋，皆未免于过激。戴东原新入词馆，斥詈前辈，亦箨石有以激成之，皆空言无实据耳。箨石谓东原破碎大道，箨石盖不知考订之学，此不能折服东原也。训诂名物，岂可目为破碎？学者正宜细究，考订

皮埃尔·西蒙·吉拉尔发明水轮机。

约瑟夫发现盐酸和硫酸。

诂训,然后能讲义理也。宋儒恃其义理明白,遂轻忽《尔雅》《说文》,不几渐流于空谈耶?况宋儒每有执后世文字习用之义,辄定为诂训者,是尤蔑古之弊,大不可也!今日钱、戴二君之争辨,虽词皆过激,究必以东原说为正也。然二君皆为时所称,我辈当出一言持其平,使学者无歧惑也。东原固精且勤矣,然其曰圣人之道必由典制、名物得之,此亦偶就一二事言之可矣,若综诸经之义,试问《周易》卦爻象彖乘承比应之义,谓必由典制、名物以见之可乎?《春秋》比事属辞之旨,谓必由典制、名物以见之可乎?即《尚书》具四代政典,有谟、训、诰、誓之法戒存焉,而必处处由典制、名物求之可乎?即《诗》具鸟兽草木而有忠孝之大义,劝惩之大防,必尽由典制、名物求之可乎?圣门垂教,《论语》其正经也,《论语》、《孟子》必以典制、名物求之可乎?《孝经》以典制、名物求之可乎?戴君所说者,特专指《三礼》与《尔雅》耳。《三礼》云者,经部统签之称也,究当分别言之,《小戴记》,《礼》之传也,当合《仪礼》说之。韩子已言《仪礼》非后世所用,顾宜知其义而已。其义虽知,则合其经传以求之,学者正宜先知《礼运》首段之非歧入异说也,又宜知《学记》之非泛事空说也,又宜知《玉藻》郑氏所谓脱烂处之不宜径皆接合也,又宜知《乐记》十一篇之宜各审其篇次也,此又岂概以典制、名物得之者乎?《周官》六典何以不略见于诸经,《礼记》六太何以不同于《周官》,古籍邈远,不能详征,必欲一一具若目见而详陈之乎?况《礼》所具者周典耳,夫子子夏、殷礼皆能言之,以其无征,故民弗从,而不言也。今虽周之典制尚有存其略者,而其于善之无征,民之弗从,则一也。是以方纲愚昧之见,今日学者但当纂言,而不当纂礼。纂言者,前人解诂之同异,音训之同异,师承源委之实际,则详审择之而已矣。若近日之元和惠氏、婺源江氏以及戴君之辈,皆毕生殚力于名物、象数之学,至勤且博,则实人所难能也。吾惟爱之重之,而不欲劝子弟朋友效之。必若钱君及蒋心畲斥考订之学之弊,则妒才忌能者之所为矣,故吾劝同志者深以考订为务,而考订必以义理为主。"(《复初斋文集》卷七)

又按:翁方纲《理说驳戴震作》曰:"近日休宁戴震一生毕力于名物象数之学,博且勤矣,实亦考订之一端耳。乃其人不甘以考订为事,而欲谈性道以立异于程、朱。就其大要,则言理力诋宋儒,以谓理者是密察条析之谓,非性道统挈之谓,反目朱子'性即理也'之训,谓入于释、老真宰真空之说。竟敢刊入《文集》,说'理'字至一卷之多,其大要则如此。其反复驳诘,牵绕诸语,不必与剖说也。惟其中最显者,引经二处,请略申之。一引《易》曰:'《易》简而天下之理得矣,天下之理得而成位乎其中矣。'试问,《系辞传》此二语,非即性道统挈之'理'字乎?成位乎其中者,谓《易》道也,则人之性即理,无疑者也。对上'贤人之德'、'贤人之业',则此句'理'字以人所具性道统挈言之,更无疑也。此处正承'天地定位'而言《易》之'成位乎其中',岂暇遽以凡事之腠理条理言耶?此不待辨而明者也。再则又引《乐记》:'天理灭矣。'《乐记》曰:'人生而静,天之性也,感于物而动,性之欲也。物至知知,然后好恶形焉。好恶无节于内,知诱于外,不能反躬,天理灭矣。'此句'天理'对下'人欲',则'天理'即上所云'天之性也',正是'性即道也'之义。而戴震转援此二文,以谓皆'密察条析'之理,非'性即理'之理,盖特有意与朱子立异,惟恐人援此二文以诘难之,而必先援二经语以实其'密理条析'之说,可谓妄矣。夫理者,彻上彻下之谓'性道统挈'之理,即'密察条析'之理,无二义也。义理之理,即文理、肌理、腠理之理,无二义也。其见于事,治玉治骨角之理,即理官理狱之理,无二义也。事理之理,即析理整理之理,无二义也。假如专以事在物之条析名曰理,而性道统挈处无此理之名,则《易·系辞传》'《易》简而天下之理得矣',《乐记》'天理灭矣',即此二文先不可通矣。吾故曰:戴震文理未通也。《乐记》此段下,愚既略附记矣;《易传》首章下,则不敢也,是以别

录此篇题,以驳戴震,岂得已哉!"(《清儒学案》卷九〇《苏斋学案》引)

嵇璜充会试正考官,王杰为副考官。

洪亮吉经彭元瑞推荐,入江宁知府陶易署,修校李锴所著《尚史》。四月陶易入都,遂归里;九月应句容县知县林光照之聘,教课其婿。

凌廷堪受知吴恒宣,助纂《云台山志》,并从受戏剧音律之学。

吴锡麒中进士,改翰林院庶吉士,散馆,授编修。

张敦仁、汪辉祖、李廷敬中进士。

顾岑在南京,为袁枚校刊全集。

彭元瑞充三通馆副总裁。

朱珪充《明纪纲目》馆纂修。

黄景仁入都,在武英殿为书签官,纪昀、翁方纲、温汝适、潘有为、李威、冯敏昌等交相接纳,折节与交。

黄寿龄、平恕、李尧栋、茅元铭、许兆椿、周厚辕等散馆之庶吉士四月二十八日俱著授编修;王坦修著授为检讨;《汉书》庶吉士余集、沈孙琏、朱绂、潘曾起、苏青鳌、裴谦、百龄、李镕、庄通敏、邹炳泰、邵晋涵、方炜、莫瞻菉、朱攸、闵惇大、周永年,俱著授为编修;彭元统、萧九成、图敏、王汝嘉、黎溢海、张家驹、王福清,俱著为检讨;王兆泰、陈国玺、陈科銷,俱著以部属用。

谷际岐中进士,选翰林院庶吉士,授编修,与校《四库全书》。后乞归,主讲五华书院,教士有法。

褚寅亮主讲常州龙城书院。

许如兰谒戴震于京师,受《勾股割圆记》。

冯金伯主蒲阳书院。

吴肇元在天津宁河创建渠梁书院。

程旭在江苏泰州捐建义学。

按:乾隆四十五年(1780),州人程禧改为明道书院。

方泽时任永康知县,建松涛书院。

丘景云时任河南密县知县,建瑞春书院。

秦武域时任湖北枝江知县,建丹阳书院。

黄九叙时任湖南新化知县,建正谊书院。

董秉纯时任广西天河县知县,建凤冈书院。

周天柱时任四川蓬安知州,建蓬山书院。

吴光廷时任贵州黎平知府,建龙溪书院。

孙朝盛时任陕西麟游知县,建凤仪书院。

吴棐龙在陕西富县建经正书院。

戴震校宋张淳著《仪礼识误》。后辑入《武英殿聚珍板丛书》。

潘相著《礼记釐编》10卷、《附录》1卷,由汲古阁刊行。

惠栋遗著《易例》由李文藻刊行并作跋。

尤斯图斯·莫泽尔发表《爱国主义的想象》。

J. C. 法布里乌斯发表有关昆虫分类的作品《昆虫体系》。	钱坫著《论语后录》5卷成书。 **按**：钱坫此书，原拟附何晏《论语集解》之后，故名《后录》。 邵晋涵著《尔雅正义》初稿成。 **按**：邵晋涵以宋邢昺《尔雅疏》芜浅，乃据唐石经宋刊本及诸书所征引者，以郭璞注为本，仿唐人正义，著成此书，又殚思十年，凡三四易稿，至乾隆五十年(1785)始定稿。章学诚《邵与桐别传》曰："君之于学，无所不通，然亦以是累，志广犷不易裁。见大兴朱先生，则曰：'经训之荒久矣，《雅疏》尤芜陋不治，以君之奥博，宜与郭景纯氏先后发明，庶几嘉惠后学。'君由是殚思十年，乃得卒业，今所传《尔雅正义》是也。"（《章氏遗书》卷一八） 邵晋涵辑校《旧五代史》成书，有《旧五代史撮要》为记；又著成《五代史考异》2卷。 **按**：《清史稿·邵晋涵传》曰："（邵晋涵）尤长于史，以生在浙东，习闻刘宗周、黄宗羲诸绪论，说明季事，往往出于正史之外。在史馆时，见《永乐大典》采薛居正《五代史》，乃荟萃编次，得十之八九，复采《册府元龟》、《太平御览》诸书，以补其缺。并参考《通鉴长编》诸史及宋人说部、碑碣，辨证条系，悉符原书一百五十卷之数。书成，呈御览，馆臣请仿刘昫《旧唐书》之例列于《廿三史》，刊布学宫，诏从之。由是薛《史》与欧阳《史》并传矣。" 敕纂《御定通鉴纲目三编》40卷成书。 **按**：《四库全书总目提要》曰："《御定通鉴纲目三编》四十卷，乾隆四十年奉敕撰。初，大学士张廷玉等奉敕采明一代事迹，撰《通鉴纲目三编》，以续朱子及商辂之书。然廷玉等惟以笔削褒贬求书法之谨严，于事迹多所挂漏。又边外诸部，于人名、地名，多沿袭旧文，无所考正，尤不免于舛讹。夫朱子创例之初，原以纲仿《春秋》，目仿《左传》。《春秋》大义数千，炳若日星。然不详核《左传》之事迹，于圣人予夺之旨尚终不可明。况史籍编年，仅标梗概于大书，而不个始末于细注。其是非得失，又何自而知？即圣谕所指'福藩田土'一条，其它条之疏略，皆可以例推。至于译语，原取对音。唐以前书，凡外邦人名、地名见于史册者，班班可考。惟两宋屈于强邻，日就削弱，一时秉笔之人，既不能决胜于边围，又不能运筹于帷幄，遂译以秽语，泄其怨心，实有乖纪载之体。沿及明代，此习未除。如圣谕所指朵颜、青海诸人名。书图为兔之类，亦往往而有。鄙倍荒唐，尤不可不亟为厘正。是编仰秉睿裁，于大书体例，皆遵《钦定通鉴辑览》，而细注则详核史传，补遗纠缪，使端委秩然。复各附发明，以阐衮钺之义，各增质实，以资考证之功。而译语之诞妄者，亦皆遵《钦定辽金元国语解》，一一改正，以传信订讹。较张廷玉等初编之本，实倍为精密。圣人制事，以至善为期，义有未安，不以已成之局而惮于改作。此亦可仰窥万一矣。" 陆费墀著《帝王庙谥年讳谱》1卷成书，有自序。 **按**：胡玉缙《许庼经籍题跋》曰："读史者于庙、谥、年讳，恒患纷拏，是书朗若列眉，与齐召南《历代帝王表》同为有裨于后学。" 严观著《元和郡县补志》9卷。 洪銮纂修《博山志稿》成书。 张钟秀纂修《太平县志》10卷刊行。 周谟修，叶芝纂《伏羌县志》14卷刊行。 江登云修，江绍远续纂《橙阳散志》15卷刊行。 于万培修纂《凤阳县志》16卷刊行。

李南晖修,张翼儒纂《威远县志》8卷刊行。

朱云骏修纂《隆昌县志》2卷刊行。

王萦绪修纂《石砫厅志》刊行。

谭尚书纂《禾川书》20卷刊行。

那礼善修,李林等纂《续增靖远县志》刊行。

夏味堂编《夏检讨公(夏之蓉)年谱》1卷成书。

陆梦龙自编《会稽陆忠烈公自著年谱》2卷成书。

周广业著《目治偶钞》4卷成书。

程继凤自编《程继凤自述》成书。

秦黉自编《石研斋主人年谱》2卷成书。

贾存仁著《等韵精要》1卷刊行。

段玉裁著《六书音均表》成书。

按:段玉裁根据《诗经》和群经有韵之文反复研究,证明唐以前支、脂、之分为三部,解决了千一百多年来的疑案。同时提出了"音韵随时代迁移说"、"音转义不变说"、"古假借必同部说"、"古转注同部说"、"异平同入说"。是书全面展示了作者在上古音研究方面的观点和成果。初稿于乾隆三十五年(1770)二月撰成,以后又根据戴震的意见,并在朱云骏的帮助下,对初稿进行了全面修订,终于在是年九月完稿。有经韵楼刻本。

陆燿刻所辑《切问斋文钞》30卷,有自序。

胡彦升著《乐律表微》8卷。

按:胡彦升字国贤,一字竹轩,浙江德清人。胡渭子。雍正八年(1730)进士,官定陶县知县。著有《春秋说》、《四书近是》、《丛书要录》、《乐律表微》(是书凡《度律》2卷、《审音》2卷、《制调》2卷、《考器》2卷)。事迹见《清史稿》卷四八一、《清史列传》卷六八。

袁枚自编诗文集,成诗集24卷、文集24卷、外集7卷,并作《全集编成自题四绝句》。

吴伟业著、靳荣藩注《吴诗集览》20卷刊行。

彭绍升著《居士传》56卷刊行。

严长明著《玉井搴莲集》1卷。

王玮著《洗桐居士集》8卷刊行。

王又曾著《丁辛老屋集》20卷刊行。

顾光旭著《响泉集》30卷刊行。

汪中辑朱筠安徽学政任内业绩为《朱先生学政记》4卷,并作序。

于敏中奉敕编《天禄琳琅书目》10卷成书。

按:是为清政府组织编写的内府善本书目。乾隆九年(1744),命于敏中等将内府中的宋代善本择出,藏于乾清宫昭仁殿,题其藏书处为"天禄琳琅",并命于敏中等为之编目。是年重为补辑,定著此目。有光绪十年(1884)长沙王氏刊本。

金忠淳辑丛书《砚云》甲编8种刊行。

在华法国耶稣会植物学家韩国英著《园艺之研究》成书。

张叙卒(1690—　)。叙字滨璜,一字宾王,又字凤冈,江苏镇洋人。雍正十年举人。乾隆初举博学鸿词,与试未用。二十六年,以耆年宿学,赐国子监学正。生平沉潜理学,穿穴经奥,名重公卿间。前后主讲莲池、白鹿诸书院,成就人才甚多。著有《易贯》《诗贯》《诗经精义》《通鉴纪要》《评选唐宋八大家文载》《凤冈诗草》等。

江昱卒(1706—　)。昱字宾谷,一字松泉,江苏仪征人。诸生。嗜金石文字,通声音训诂之学。著有《尚书私学》4卷、《韵歧》4卷、《松泉诗集》6卷、《潇湘听雨录》8卷等。事迹见《清史列传》卷七一、李桓《国朝耆献类征初编》四二〇。

杨履基卒(1713—　)。履基初名开基,字履德,号铁斋,江苏金山人。乾隆优贡生。陆奎勋弟子,私淑陆陇其之学。曾重编陆陇其《松阳钞存》,附以己意。著有《三礼臆说》《观礼编》《春秋四传存疑》《杨铁斋中庸讲语》《杨铁斋小学札记》《律吕指掌图》《铁斋诗文集》《铁斋偶笔》等。事迹见《清史列传》卷六七、李桓《国朝耆献类征初编》卷四一一、钱大昕《杨履基墓志铭》(《潜研堂文集》卷四六)。

按:《清史列传》本传曰:"生平博涉群书,从平湖陆奎勋游,私淑陆陇其,以陇其《松阳讲义》为晚年手定之书,张伯行删本,殊失初意,因重编其书,附以己意,为二卷。"

汪家禧(　—1816)、胡世琦(　—1829)、凌曙(　—1829)、沈钦韩(　—1832)、施彦士(　—1835)、朱士彦(　—1838)、俞正燮(　—1840)、梁章钜(　—1849)、黄钧(　—1850)、徐同柏(　—1854)、包世臣(　—1855)、郭仪霄(　—1855)、林春溥(　—1861)生。

乾隆四十一年　丙申　1776年

<small>大陆会议通过《独立宣言》。</small>

正月二十四日丙申(3月13日),暂护广西巡抚苏尔德为查缴不应存留书籍板片致军机处咨呈。

二月初二日甲辰(3月21日),河南巡抚徐绩奏查缴应禁书籍板片折。

十四日丙辰(4月2日),命照平定准噶尔、回部之例,在紫光阁画功臣像。

十六日戊午(4月4日),贵州巡抚裴宗锡奏缴违禁书籍折。

二十九日辛未(4月17日),大学士舒赫德奏进呈李贽《焚书》一部折。

三月初九日庚辰(4月26日),颁布清、汉、西番字三种文字诏谕一道,向四川各土司宣布平定两金川之役原委,以及各项善后措施。诏谕明令禁止奔布尔教,令番众皈依黄教。

二十日辛卯（5月7日），谕内阁：著董浩充《四库全书》馆副总裁，接办《四库全书荟要》事务；王际华遽尔溘逝，著晋赠太子太保。

二十四日乙未（5月11日），乾隆帝巡幸山东，至曲阜，谒孔庙。

二十五日丙申（5月12日），诣孔庙释奠告功。

四月十六日丁巳（6月2日），护湖南巡抚觉罗敦福奏查缴违碍遗书请毁折。

是日，两江总督高晋奏续解违碍书籍板片折。

按：奏中所言违碍书籍有：明张燧的《经世挈要》、张廷鹭的《广古今议论参》、何乔远的《名山藏》、张嘉和的《明通纪直解》、陈建等的《明通纪统宗》，以及《石白集》、《明季遗闻》、《喜逢春传奇》、《群书备考》、《岭南三家诗选》、《道援堂集》、《吾学编》、《酌中志略》、《酌中志》、《即山集》、《潜确类书》、《三藩纪事本末》、《两朝从信录》、《博物典汇》、《登坛必究》、《孤树裒谈》、《职方地图》、《左忠毅集》、《明经济文录》、《苍霞草》、《叶向高奏草》、《苍霞诗草》、《苍霞余草》、《苍霞续草》、《续奏草》、《东夷考略》、《古今议论参》、《明从信录》、《钱牧斋尺牍》、《古今治平略》、《名山集》、《屈翁山诗》、《翁山诗外》、《寒支集》、《明纪编年》、《明奏议》、《明纪会纂》、《明通纪》、《柴庵忆记》、《通纪纂》、《隐秀轩集》、《熊廷弼疏稿书牍》、《注略》、《武备志》、《遍行堂集》、《历朝捷录》、《莲须阁集》、《洁身堂文集》、《田间诗集》、《地图综要》、《启祯野乘》、《历科状元策》等（张书才主编《纂修四库全书档案》上）。

二十日辛酉（6月6日），暂管江苏巡抚萨载奏续缴违碍书籍板片折。

按：奏中所列违碍书籍有：《天启实录》、《皇明通纪辑要》、《皇明通纪直解》、董其昌的《容台集》、陈继儒的《陈眉公集》、《白石樵真稿》和《晚香堂集》、董应举的《崇相集》、周宗建的《周忠毅奏议》、周钟的《后场纪年》、姓氏不详的《匡时集》、《备变集》等（张书才主编《纂修四库全书档案》上）。

五月二十六日丙申（7月11日），谕内阁：此次召试二等各生愿效力者，准其《四库全书》誊录上行走。

六月初三日壬寅（7月17日），谕内阁：著大学士会同吏部、翰林院议定文渊阁官制及赴阁观览章程。

是日，大学士舒赫德等奏收到高晋续解违碍书籍及板片并呈原单片。

初九日戊申（7月23日），大学士舒赫德等奏送呈朱笔点出各书暨解到板片仍交武英殿查办折。

十五日甲寅（7月29日），大学士舒赫德等奏广东、甘肃解到应毁板片书籍分别办理情形折。

二十六日乙丑（8月9日），大学士舒赫德等奏遵旨详议文渊阁官制及赴阁阅抄章程折。

是日，命改关羽谥"壮缪"为"忠义"。

七月初六日乙亥（8月19日），谕著大学士舒赫德、于敏中等以原衔分充文渊阁领阁、直阁事等。

十八日丁亥（8月31日），大学士舒赫德等奏福建解到书板情形并交武英殿照例办理折。

二十六日乙未（9月8日），谕内阁：《三国志》内关帝之谥，著改为忠义。

九月初八日丙子(10月19日)，山西巡抚觉罗巴延三奏汇缴应销书籍板片折。

十六日甲申(10月27日)，山东巡抚杨景素奏借抄原本及拣存未解书籍俱已给还原主折。

二十一日己丑(11月1日)，军机大臣奏拟写传询海成、闵鹗元谕旨进呈候定片。

是日，寄谕海成、闵鹗元，查明拣存之书是否全行给还，遇便复奏。

谕内阁：著朱世德在《四库全书》誊录上行走。

谕内阁：赏给韦谦恒编修，在《四库全书》处行走。

二十二日庚寅(11月2日)，江西巡抚海成奏进呈续获应选应毁书籍折。

二十四日壬辰(11月4日)，谕内阁：著沈初、钱汝诚、刘墉充《四库全书》处总裁。

三十日戊戌(11月10日)，谕内阁：著总裁等编刊《四库全书考证》。

十月初四日壬寅(11月14日)，江苏巡抚杨魁奏查缴伪妄书籍折；又有为解送违碍书籍事致军机处咨呈。

初五日癸卯(11月15日)，军机大臣奏请将承办《文溪集》疏误之提校各员交部察议片。

十四日壬子(11月24日)，军机大臣奏进呈江西、陕西解来应毁书籍片。

二十八日丙寅(12月8日)，军机大臣奏将江苏续访出违碍各书原封进呈片。

十一月初四日壬申(12月14日)，江西巡抚海成奏续获应毁书籍板片折；又奏办理发还拣存书籍情形折。

十六日甲申(12月26日)，军机大臣奏拟写刘宗周等文集，只须删改，不必焚毁谕旨进呈片。

是日，谕内阁：钱谦益、金堡、屈大均等书籍概行毁弃；明人刘宗周、黄道周、熊廷弼、王允成、叶向高等书集，只须删改违碍字句，无庸销毁；杨涟、左光斗、李应升、周宗建、缪昌期、赵南星、倪光璐等著名直臣书集，并当以此类推，"即有一二语伤触本朝，本属各为其主，亦止须酌改一二语"；汇选各家诗文内，"有钱谦益、屈大均辈所作，自当削去，其余原可留存"，"明人所刻类书，其边塞兵防等门，所有触碍字样，固不可存，然只须删去数卷，或删去数篇，或改定字句，亦不必因一二卷帙，遂废全部"；南宋人书之斥金，明初人书之斥元，其悖于义理者，自当从删，涉于诋詈者自当从改，其书均不必毁(《清高宗实录》卷一〇二一)。

二十二日庚寅(1777年1月1日)，安徽巡抚闵鹗元奏复查给还原书情形，并呈续获违碍书籍折。

十二月初一日戊戌(1月9日)，谕杨魁将沈德潜所辑《国朝诗别裁集》

原板及未删定之原本查明解缴。

按：乾隆二十六年（1761），沈德潜来京，进呈所编选之《国朝诗别裁集》，经乾隆帝审阅，指出该诗集以品行有亏之钱谦益列为卷首等多处纰缪，命交内廷翰林厘正，并重新镂板以行。至是查办禁书，乾隆帝谓《国朝诗别裁集》原板"曾否销毁，任听存留，而沈德潜身故后，其门下士无识者流，又复潜行刷印，则大不可"，命江苏巡抚杨魁查明该书原板现在何处，如未销毁，即将板本解京，并将未经删定的刷印原本一并查缴（《清高宗实录》卷一〇二二）。

是日，户部尚书丰升额等奏缮写《博物典汇》等书，并装订进呈折。

初三日庚子（1月11日），谕内阁：著国史馆总裁于国史内另立《贰臣传》一门。

按：谕曰："昨阅江苏所进应毁书籍内，有朱东观选辑《明末诸臣奏疏》一卷，及蔡士顺所辑《同时尚论录》数卷，其中如刘宗周、黄道周等，指言明季秕政，语多可采，因命军机大臣将疏中有犯本朝字句，酌改数字，存其原书。而当时具疏诸臣内，如王永吉、龚鼎孳、吴伟业、张缙彦、房可壮、叶初春等，在明已登仕版，又复身仕本朝，其人既不足齿，则其言不当复存，自应概从删削。盖崇奖忠贞，即所以风励臣节也。因思我朝开创之初，明末诸臣望风归附，如洪承畴以经略丧师，俘擒投顺，祖大寿以镇将惧祸，带城来投。及定鼎时，若冯铨、王铎、宋权、谢陛、金之俊、党崇雅等，在明俱曾跻显秩，入本朝仍悉为阁臣。至若天戈所指，解甲乞降，如左梦庚、田雄等，不可胜数。盖开创大一统之规模，自不得不加之录用，以靖人心而明顺逆。今事后平情而论，若而人者，皆以胜国臣僚，乃遭际时艰，不能为其主临危授命，辄复畏死幸生，腼颜降附，岂得复谓之完人？即或稍有片长足录，其瑕疵自不能掩。若既降复叛之李建泰、金声桓，及降附后潜肆诋毁之钱谦益辈，尤反侧贪邪，更不足比于人类矣。此辈在《明史》既不容阑入，若于我朝国史，因其略有事迹，列名叙传，竟与开国时范文程、承平时李光地等之纯一无疵者毫无辨别，亦非所以昭褒贬之公。若以其身事两朝，概为削而不书，则其过迹转得藉以掩盖，又岂所以示传信乎？朕思此等大节有亏之人，不能念其建有勋绩，谅于生前，亦不能因其尚有后人，原于既死。今为准情酌理，自应于国史内另立《贰臣传》一门，将诸臣仕明及仕本朝各事迹，据实直书，使不能纤微隐饰，即所谓虽孝子慈孙百世不能改者，而其子若孙之生长本朝者，原在世臣之列，受恩无替也。此实朕大中至正，为万世臣子植纲常，即以是示彰瘅。昨岁已加谥胜国死事诸臣，其幽光既为阐发，而斧钺之诛不宜偏废。此《贰臣传》之不可不核定于此时，以补前世史传所未及也。著国史馆总裁查考姓名事实，逐一类推，编列成传，陆续进呈，候朕裁定。并通谕中外知之。"（《清高宗实录》卷一〇二二）

初八日乙巳（1月16日），江西巡抚海成奏进续获应毁书籍并请宽限查缴折。

十三日庚戌（1月21日），寄谕两江总督高晋等，严饬所属加意搜查违禁书籍。

按：谕军机大臣等："海成奏，将各属续获应毁书籍，分晰开单进呈，并称自展限倍价购买以来，据各属搜买，以及民间缴呈，应毁禁书，前后共有八千余部之多。虽屡经家喻户晓，乃尚不能一时净尽，再请展限购求等语。所办甚好。看来查办遗书一事，惟海成最为认真，故前后购获应行毁禁书籍，较江浙两省尤多。江浙为文物所聚，……高晋、三宝办经数年，杨魁亦已到任半载，何以轻率若此！俱著传旨严行申饬。"（《清高宗实录》卷一〇二二）

二十二日己未(1月30日),《四库全书》处副总裁金简奏请旨排印聚珍版刻法折。

二十四日辛酉(2月1日),军机大臣奏进呈各省送到必应销毁书籍片。

二十八日乙丑(2月5日),军机大臣奏请令门应兆在《四库全书》校对上行走俾校勘图样片。

是日,军机大臣奏请将《武英殿聚珍板程式》印行并录入《四库全书》及《四库全书荟要》片。

库克进行第三次太平洋航海。

钱大昕在家居丧读《礼》,髭鬓尽白。

戴震有《答段若膺论韵》书,与段玉裁讨论古音学;三月为王千仞的《诗比义述》作序。

纪昀擢侍读学士,充文渊阁直阁事,又复充日讲起居注官。

王昶受命充金川方略馆总修官。

洪亮吉七月往谒浙江学政王杰于绍兴,一见如故。

王杰奏请将《御制诗三集》颁发各省布政使刊刻,广布艺林,得到允许。

段玉裁在四川富顺刻戴震《声韵考》,并为序;改修《富顺县志》。

毕沅将所著《关中胜迹图志》32卷进呈朝廷,后收入《四库全书》,一时传为佳话。

按:《四库全书总目提要》曰:"《关中胜迹图志》三十二卷,乾隆四十一年巡抚陕西、兵部侍郎兼都察院右副都御史毕沅所进也。关中为雍州旧壤,班固所称'神皋奥区',周、秦、汉唐并建都作邑,遗闻旧事见于典籍者至多。可以循览前编,考求故址。而河山表里,形势尤雄。奇迹灵踪,亦往往而在。诸家撰述之存于今者,《三辅黄图》以下,如宋敏求《长安志》、程大昌《雍录》、李好文《长安志图》、何景明《雍大记》、李应祥《雍略》之类,未易一二殚数。而山水游记、郡邑志乘尚不与焉。然体例各殊,纯驳互见,披图案籍,抵牾实繁。未有荟萃群言,归于画一者。我国家酿化覃敷,群生茂豫,周原邠土,庆告屡丰。华岳之祠、太白之湫,俱仰荷宸翰褒题,光烛霄宇。其秦、汉泾渠故道,亦皆次第兴修。守土之臣,得乘边圉宁谧、民气和乐之余,行部川原,询求旧迹,订讹厘舛,勒成是编,以上呈乙览。视儒生著述,披寻于断碑碎碣之间,研索于脱简残编之内者,其广狭固有殊矣。其书以郡县为经,以地理、名山、大川、古迹四子目为纬,而以诸图附于后。援据考证,各附本条,具有始末。臣等谨为录副,登诸秘阁,亦古者郡国地志藏在太史之义也。"

章学诚困居北京,援例授国子监典籍。

翁方纲与丁杰晨夕过从,商讨诸经。

钱塘正月为其族父钱大昕二十余年前所著《三统术衍》作《后记》。

姚鼐主讲扬州梅花书院,与朱孝纯、谢启昆过从甚密,越三年始归。

汪中本年受知于侍郎谢墉。

程瑶田在京闻戴震、金榜论水地,以为有未合,遂开始研究水地之学。

陆费墀充文渊阁直阁事。

凌廷堪年二十，能曲及古文。

董浩充《四库全书》馆副总裁，又受命办《四库全书荟要》，兼充武英殿总裁。

戴衢亨召试，授内阁中书，充军机章京。

刘墉充《四库全书》馆副总裁。

黄景仁充《四库全书》馆校录。

周榘以所作《焦山游记》寄翁方纲，与考论《瘗鹤铭》。

钱林年十五，始肆力于诗古文词。

江藩从余萧客学。

朱珪充福建乡试正考官。

秦瀛以举人召试山东行在，授内阁中书，充军机章京。

徐文锦在浙江海盐捐建蔚文书院。

陆燿时任山东按察使，于济南将振英书院重建为嵩庵书院。

王慎旃时任河南临颍知县，以紫阳书院改建颍川书院。

吕世庆时任湖北恩施知府，建凤山书院。

原集凤时任广西西林知县，建毓秀书院。

张超凡在四川巴县建三益书院。

温清时任四川铜梁知县，建文昌书院。

阮署时任陕西蓝田知县，建玉山书院。

郑仔时任陕西佳县知县，建正乡书院。

潘相著《周易尊翼》5卷刊行。

程晋芳始著《春秋左传翼疏》，历四载，成书32卷。

钱坫著《十经文字通正书》20卷成书，有自序。

任兆麟著《孟子时事略》1卷成书，有自序，江藩作跋。

按：任兆麟原名廷麟，字文田，震泽人。《清史列传·任兆麟传》曰："祖德成，字象先，父思谦，字德纯，俱诸生，有学行。德成著《白鹿洞规大义》、《澹宁文稿》；思谦著《易要诗谱中星考》、《经笥堂文集》、《薛胡语要》、《皇极经世钤解》。兆麟承家学，博闻敦行，又从长洲褚寅亮、彭绍升游。自经传子史、音韵古籀，及诗古文，皆颖悟解脱，心契其妙，为王鸣盛、钱大昕所重。金坛段玉裁先与兆麟兄大椿、基振游，后居苏州交兆麟，有'三任'之目。兆麟虽好古经说，然谓：'论典章名物在考证，论性道泽无庸。东原博于考证，而《原善》之作，究未闻圣学宗旨。'尝辟莲泾精舍，祀尹和靖，立教规，讲经义经世之务，以宋以后说《诗》者异同杂糅，集周迄隋诸家之说，不背于《序》者，为《毛诗通说》二十卷。"

齐召南遗著《水道提纲》由戴殿海、戴殿泗兄弟刊行，戴氏有跋。

敕纂《钦定胜朝殉节诸臣录》12卷。

按：《四库全书总目提要》曰：是书"大抵以钦定《明史》为主，而参以官修《大清一统志》、各省通志诸书。皆胪列姓名，考证事迹，勒为一编。凡立身始末，卓然可传，而又取义成仁，搘拄名教者，各予专谥，共三十三人。若生平无大表见，而慷慨致命，矢死靡他者，汇为通谥。其较著者曰'忠烈'，共一百二十四人；曰'忠节'，共一百

F. M. 冯·克林格尔编成戏剧《狂飙》。

爱德华·吉本编著《罗马帝国衰亡史》。

理查德·普赖斯著成《论公民自由及对美战争的正义和政策》。

亚当·斯密发表《国富论》。

查理·伯尼编写《音乐史》。

二十二人。其次曰'忠愍',共三百七十七人;曰'节愍',共八百八十二人。至于微官末秩,诸生韦布,及山樵市隐,名姓无征,不能一一议谥者,并祀于所在忠义祠,共二千二百四十九人。如杨维垣等失身阉党,一死仅足自赎者,则不滥登焉"。

敕纂《满汉名臣传》80卷、《贰臣传》12卷、《叛臣传》4卷。

陆费墀著《历代帝王庙谥年讳谱》1册成书。

于敏中等奉敕纂《户部则例》120卷。

徐镇、吴峻等刻《徐霞客游记》第一版。

史传远纂修《临潼县志》9卷刊行。

万友正修纂《马巷厅志》18卷刊行。

李维钰修,官献瑶纂《漳州府志》46卷刊行。

甘山修,程在嵘纂《霍山县志》8卷刊行。

吴辅宏修,王飞藻纂《大同府志》32卷刊行。

张鸣铎修,张廷采等纂《淄川县志》8卷刊行。

黄本诚修纂《新郑县志》31卷刊行。

宋成绥修,陆飞纂《江山县志》16卷刊行。

卢崧修,朱承煦、林有席纂《吉安府志》74卷刊行。

焦长发修,王家奋纂《尤溪县志》8卷刊行。

战效曾修,高瀛洲纂《海宁州志》16卷刊行。

吴绍诗自编《蚁园自记年谱》1卷成书。

刘汈编《先君子蕺山先生(刘宗周)年谱》2卷刊行。

段玉裁始注《说文解字》,又刻戴震《声韵考》4卷。

按:段玉裁因前人治《说文解字》者,多不能通其条贯,考其文理,未得许慎要旨,故于乾隆四十一年(1776)开始注解许书,编纂《说文解字读》,历时十九年,至五十九年(1794)告成;继而以此为基础,加工精炼,历时十三年,于嘉庆十二年(1807)著成《说文解字注》。

全祖望著《鲒埼亭集外编》50卷刊行。

杭世骏著《道古堂文集》48卷、《道古堂诗集》26卷刊行。

朱仕琇著《梅崖居士续集》成书,作自序。

吴琦著《存诚斋文集》14卷刊行。

李调元著《粤东皇华集》4卷成书,程晋芳作序。

蒋澜著《艺苑名言》8卷成书,怀谷作序。

按:蒋澜字云会,浙江苕水人。

陆时化著《吴越所见书画录》6卷刊行。

杨屾著《修齐直指》刊行。

按:杨屾觉得所著《知本提纲》分量过大,童蒙不易记诵,于是把修身、齐家部分提纲挈领地缩写成《修齐直指》一书,于是年刻印。清末,经刘光蕡作评,用《修齐直指评》的题名付刻,得以流传下来。有《柏经正堂刻本》、《烟霞草堂遗书续刻本》和《关中丛书》本。近人王毓瑚编的《区种十种》中有节录。是书由杨屾的门人临潼齐倬作注解。

陆燿著《甘薯录》1卷刊行。

按：明清之际，为了推广甘薯而编写的著作有徐光启的《甘薯疏》、陈世元的《金薯传习录》和陆燿的《甘薯录》等。

叶天培著《菊谱》1卷成书。

厉荃原辑、关槐增编《事物异名录》40卷刊行。

按：本书博收历代类书与经史子集中对各类事物的记载，将事物性质相同者以类排列，先标通称，次列异名，并加以注解、考据。

沈金鳌卒(1717—)。金鳌字芊绿，号汲门、再平，晚年自号尊生老人，江苏无锡人。早年习儒，博闻强记，涉猎广博，经史诗文、医卜星算，皆有涉猎。著有《尚书随笔》、《芊绿堂文稿》等。至中年，犹屡试不中，遂矢志攻医，于临证各科，均甚精通。又研习《灵枢》、《素问》、张仲景之学及仲景以下历代名家，互相参订，先后撰成《脉象统类》、《诸脉主病诗》、《杂病源流犀烛》、《伤寒论纲目》、《妇科玉尺》、《幼科释迷》、《要药分剂》，总其名曰《沈氏尊生书》。

胡德铨卒(1721—)。德铨字履东，又字汝忠，号敬亭，安徽歙县人。精研《周易》，著有《周易迩言》等。

王际华卒，生年不详。际华字秋水，号白斋，浙江钱塘人。乾隆十年进士，授翰林院编修。官至户部尚书。曾任《四库全书》和《四库全书荟要》馆总裁。卒赠太子太保，谥文庄。事迹见《清史稿》卷三二一、李桓《国朝耆献类征初编》卷八八、陆锡熊《王际华墓志铭》(《宝奎堂集》卷一二)。

臧礼堂(—1805)、刘逢禄(—1829)、昭梿(—1830)、胡承珙(—1832)、王凤生(—1834)、邓廷桢(—1846)、宋翔凤(—1860)生。

乾隆四十二年　丁酉　1777年

正月初三日庚午(2月10日)，浙江巡抚三宝奏遵旨查办应毁书籍情形折。

二月初三日己亥(3月11日)，江苏巡抚杨魁奏遵旨查办并呈交应毁书籍折。

是日，广东巡抚李质颖奏遵旨查办沈德潜《国朝诗别裁集》原本折。

初八日甲辰(3月16日)，谕内阁：梁国治著充《四库全书》处副总裁。

三月十二日戊寅(4月19日)，谕内阁：王太岳著在《四库全书》处总纂上行走。

二十四日庚寅(5月1日)，谕内阁：所有进过书籍讹错之处，著军机大臣每三月查核一次，奏请交部议处。

星条图案被确定为大陆会议的旗帜。

英军于萨拉托加向美军投降。

二十六日壬辰(5月3日),大学士舒赫德等奏《十老序》文系格式错误,应将总裁等议处折。

二十九日乙未(5月6日),大学士舒赫德等奏请将未竣十种书籍特派总裁专办折。

> 按:军机大臣等奏:"遵旨承办未竣书籍,共十六种。内《通典》、《通志》二书,派有专管总裁,《日下旧闻考》亦派有总裁。惟《一统志》、《西域图志》,及《辽》、《元》、《明史》、《热河志》、《明纪纲目》、《通鉴辑览》、《音韵述微》、《太学志》等书,未经特派。应派专管之员,责成定限速纂,并统交稽查上谕处稽查。至《蒙古源流》一书,内有翻切对音之处,又《临清纪略》、《金川方略》,详悉原委,亦须一手编纂,请仍交军机处赶办。得旨:依议。"(《清高宗实录》卷一〇二九)

四月初六日辛丑(5月12日),军机大臣奏遵旨将总裁等错误次数查核并交部察议片。

是日,谕嗣后每次总校均照例不必积算如此欲各令心知愧勉。

军机大臣袁守侗等奏奉派承办《大清一统志》捡派纂修人员折。

> 按:参与《大清一统志》编纂的人员有:总纂:副都御史申甫;纂修:宗人府主事姚梁,内阁侍读许祖京,内阁中书陆瑷、叶葱、施光辂、关槐,翰林院修撰陈初哲、宋铣、黄良栋、吴寿昌、秦泉,御史兼户部郎中蔡侣元,刑部郎中王嵩柱,兵部员外郎史梦琦,户部主事唐乐宇、陈本忠、程世淳。

初七日壬寅(5月13日),寄谕浙江巡抚三宝查询朱彝尊《经义考》藏板之家。

十二日丁未(5月18日),寄谕各省督抚、盐政,各省进到书籍校办完竣后,给还藏书之家。

是日,刑部尚书英廉等奏拟再添派编修平恕等赶办三史折。

十五日庚戌(5月21日),江西巡抚海成奏呈续得应选应毁书籍清单折。

> 按:奏中所列应毁书籍有:明何宗彦的《何文毅集》、吴之申的《静悱集》、陈儒的《陈鉴书集》、傅朝佑的《英巨集》,以及《甬东集》和《春草楼集》(张书才主编《纂修四库全书档案》上)。

十八日癸丑(5月24日),江苏巡抚杨魁奏缴《国朝诗别裁集》原本及应毁书籍折。

五月初四日戊辰(6月8日),浙江巡抚三宝奏查明《经义考》书板现存杭州并据情转谢天恩折。

初八日辛未(6月11日),谕《元史》《辽史》等各书仍著于敏中同原派大臣等阅办。

初十日癸酉(6月13日),户部为知照《四库全书》总裁程景伊等罚俸事致典籍厅移会。

十三日丁丑(6月17日),谕内阁:所有《明史·本纪》著英廉等将原本逐一考核添修。

二十日甲申(6月24日),谕内阁:英廉著充《四库全书》馆总裁。

是日,两江总督高晋奏续解堪备采择及违碍应毁书籍板片折。

按：奏中所列违碍书籍共 200 种,计 1628 部；书板 12 种,计 2072 块（张书才主编《纂修四库全书档案》上）。

浙江巡抚三宝奏呈续获应毁书籍折。

按：奏中曰：前曾六次查缴过书三百一十五部,先已解缴外,嗣又七、八两次查收存局书二百五十九部,并吕留良《惭书》板一副,亦经委员解交军机处进呈销毁,节次奏明在案。随又严督各地方官并派委分发之教职人员,令其各就本籍地方,因亲及友,不惜价值,加意购觅。惟缘此项书籍,藏书之家鲜有收存,半皆得诸穷乡僻壤及零星检获,今据各属暨委员缴收购买,陆续交局。应毁之书三十三种,内重三十九部,共计七十二部。又前已缴过各书内,今复又续六十五种,内重三百八十九部,共计四百五十四部。二共五百二十六部,敬录书目清单,恭呈御览（张书才主编《纂修四库全书档案》上）。

二十一日乙酉（6月25日）,《四库全书》馆总裁英廉等奏请派王太岳、韦谦恒、吴省兰、李中简4人编校《明史·本纪》折。

二十七日辛卯（7月1日）,谕内阁：著派皇八子等分与应校之书同总裁一体校勘。

六月初八日壬寅（7月12日）,户部为知照《四库全书》馆总裁程景伊等罚俸事致典籍厅移会。

初十日甲辰（7月14日）,江苏巡抚杨魁奏续缴应毁书籍书板折。

按：奏中曰："窃臣遵旨查收伪妄遗书,督饬所属实力妥办,前经节次收获违碍书八十一种及各项重复应毁书籍共二千三百七十一部、板片二百二十一块,又恭奉谕旨查缴沈德潜选辑《国朝诗别裁集》原本,当即查出三百一部,俱经分晰开单,先后奏明缴解,仰蒙圣鉴在案。"现又有"新获违碍书十九种,计八十五本,又重复应毁书二百二种,共二千六百三十三部,《别裁集》原本四十五部。又查出《四六新书》等板片三副,计八百十四块。"（张书才主编《纂修四库全书档案》上）

十五日己酉（7月19日）,两淮盐政寅著奏发回书籍请留馆阁之储折。

二十日甲寅（7月24日）,浙江巡抚三宝奏缴续获应毁书籍暨《大义觉迷录》折。

按：奏中曰：现据各属暨委员缴收购买,陆续交局,应毁之书三十五种,内重复者七十九部,共计一百一十四部；又前已缴过各书内今复又续获六十种,内重复者五百八十九部,共计六百四十九部。二共七百六十三部,敬录书目清单,恭呈御览（张书才主编《纂修四库全书档案》上）。

二十四日戊午（7月28日）,山西巡抚觉罗巴延三奏遵旨筹备领回书籍办法折。

二十八日壬戌（8月1日）,《四库全书》馆总裁英廉奏请旨仍令于敏中纂办《日下旧闻考》折。

是日,谕派于敏中同英廉、钱汝诚阅办《西域图志》、《日下旧闻考》。

二十九日癸亥（8月2日）,寄谕山西巡抚巴延三并各省督抚、盐政,所缴之书分别开单奏明。

七月初二日乙丑（8月4日）,湖北巡抚陈辉祖奏遵旨查交《华严经》武则天序文折。

初四日丁卯（8月6日）,军机大臣奏查明总裁程景伊等错误次数,请交部察议片。

初七日庚午（8月9日），直隶总督周元理奏复查办应行发还书籍情形折。

十一日甲戌（8月13日），大学士于敏中等奏请旨添设供事额缺折；又奏请再添设总校办理《四库全书荟要》折。

十二日乙亥（8月14日），湖北巡抚陈辉祖奏遵旨筹办领回书籍及解交违碍书籍折。

是日，谕两淮盐政寅，著总商江广达等访购书籍著留储馆阁，马裕藏书仍发还。

十七日庚辰（8月19日），谕大学士阿桂著充国史馆及《四库全书》馆正总裁。

十九日壬午（8月21日），谕大学士阿桂著充文渊阁领阁事。

二十三日丙戌（8月25日），谕嗣后总裁应议者，仍令罚俸半年，总校等止须罚俸三月。

二十五日戊子（8月27日），军机大臣奏拟写拣选誊录谕旨进呈片。

是日，谕内阁：办理《四库全书》并《四库全书荟要》所用誊录，于京闱乡试落卷中择取。

八月初二日乙未（9月3日），江西巡抚海成奏遵旨陈明前进书籍应存应领情形折。

初四日丁酉（9月5日），浙江巡抚三宝奏续交应毁书籍折。

按：奏中曰：窃臣钦遵谕旨，查收应毁之书，业经十次，陆续共查获过书一千八百六十三部，先后奏明，委员分起解交军机处进呈销毁在案。……今据各属暨委员或得自价买，或收自呈缴，解交到局应毁各书六十五种，内重复二百四十九部，共计三百一十四部。又前已缴过各书内，今复又续获一百一十七种，内重复一千八百四十部，共计一千九百五十七部。二共二千二百七十一部，敬录书目清单，恭呈御览。……浙江自钦奉谕旨查缴应毁各书以来，现已通共收获过书连重复共计四千一百三十四部（张书才主编《纂修四库全书档案》上）。

是日，三宝又奏遵旨办理遗书情形并恭呈遗书清单折。

初十日癸卯（9月11日），江苏巡抚杨魁奏遵旨查办解京书籍应毁应还情形折。

十七日庚戌（9月18日），两江总督高晋奏遵旨查办应领应留书籍情形折。

十八日辛亥（9月19日），谕曹锡宝著在《四库全书》馆行走。

十九日壬子（9月20日），寄谕各省督抚派教官赴原籍清检违碍各书。

是日，谕在京大臣等呈进书籍亦著发还本家，及《四库全书》告竣后，另缮一分贮之翰林院。

命辑《满洲源流考》。

二十日癸丑（9月21日），浙江巡抚三宝奏陈分发教官清查禁书，乾隆帝认为"所办甚好"，命"各省均应照此办理"。

二十一日甲寅（9月22日），谕于本科京闱乡试落卷内挑取誊录交梁国治等阅看。

二十二日乙卯（9月23日），云南巡抚裴宗锡奏滇省书籍毋庸领回发还折。

是日，闽浙总督钟音奏遵旨查办应留应还书籍折。

两江总督高晋奏续缴违碍书籍板片折。

按：奏中所列违碍书籍223种，计3077部；书板8种，计922块（张书才主编《纂修四库全书档案》上）。

二十四日丁巳（9月25日），湖南巡抚颜希深奏遵旨查明应留应领书籍折。

是日，两广总督杨景素等奏复前进书籍毋庸发还折。

是月，浙江巡抚三宝为开造应还书籍清册事致《四库全书》处咨文。

九月初三日乙丑（10月3日），浙江巡抚三宝奏续收应毁书籍缘由开单呈览折。

按：奏曰：今据各属暨委员等或得自价买，或收自呈缴，现在续行交收到局应毁书五种，内重复一部，共计六部；又前已缴过各书内，今又续获五十五种，内重复二百四十三部，共计二百九十八部。二共三百零四部，逐一封固，收存在局，俟有续缴成数，即派员汇解军机处查收，进呈销毁（张书才主编《纂修四库全书档案》上）。

初七日己巳（10月7日），直隶总督周元理奏遵旨分发捐纳教官回籍访查违碍书籍折。

初八日庚午（10月8日），军机大臣阿桂等奏遵旨纂办《满洲源流考》情形折。

是日，浙江巡抚李质颖奏续缴违碍书籍折。

按：奏曰：兹据各员陆续查缴应毁之禁书七种，计八部，又前缴禁书内续查出一百一十四种，计七百四部，一并收存在局（张书才主编《纂修四库全书档案》上）。

广西巡抚吴虎炳奏遵旨查明实无应留应还书籍折。

初十日壬申（10月10日），户部左侍郎董诰奏请将已排印各书每省发给一分折。

二十二日甲申（10月22日），安徽巡抚闵鹗元奏遵旨查明应领应留书籍折。

二十四日丙戌（10月24日），山西巡抚觉罗巴延三奏遵旨饬派分发教职回籍访查遗书折。

十月初七日己亥（11月6日），谕内阁：汉武帝不得直书其名，著将《北史》等书内"汉彻"改为"汉武"。

是日，军机大臣奏查明七至九月所进书籍错误次数，请将总裁等交部察议片。

十二日甲辰（11月11日），广东巡抚李质颖奏遵旨饬派闲空教职各赴原籍访询违碍书籍折。

是日，军机大臣奏阅看发下拟交武英殿书目清单并无应抄录之本片。

十八日庚戌（11月17日），江西巡抚海成奏续进备选及应毁各书并祈校删志乘折。

是日，海成又奏遵派分发教职回籍访查违碍书籍折。

十九日辛亥(11月18日)，江苏巡抚杨魁奏续缴应毁书籍折。

是日，杨魁又奏遵旨令试用教职回籍访查应毁书籍折。

二十一日癸丑(11月20日)，寄谕江西巡抚海成等，速将王锡侯解京严审，并搜查其家及流传各省书板。

按：王锡侯所编《字贯》内直书"庙讳"、"御名"，被认为与"叛逆无异"(《清高宗实录》卷一〇四三)。

二十二日甲寅(11月21日)，广东巡抚李质颖奏查明广东实无《国朝诗别裁集》板片印本折。

二十三日乙卯(11月22日)，寄谕江西巡抚并各省督抚，实力速办《字贯》一案。

按：谕旨曰："朕令各督抚查办应行销毁书籍，原因书内或有悖理狂诞者，不可存留于世，以除邪说而正人心。是以旧人著作尚且应查，岂有现在刊行者转置不问之理？况逆犯所刊《字贯》，悖逆不法之处，显而易见，何以海成查办各书时，并不早为查出，及至为人首告，始行具奏。可见海成从前查办应毁书籍，原不过以空言塞责，并未切实检查。且折内尚称其书并无悖逆之词。是海成视大逆为泛常，全不知有尊君亲上之义，天良澌灭殆尽。"(《清高宗实录》卷一〇四三)

是日，谕王杰著充《四库全书》馆及三通馆副总裁。

二十五日丁巳(11月24日)，陕西巡抚毕沅奏遵旨饬派在籍候选教职、贡生访查书籍折。

二十六日戊午(11月25日)，谕内阁：海成不知有尊君亲上之义，著交部严加议处。

二十七日己未(11月26日)，军机大臣拟赏《四库全书》馆哈密瓜人员名数单。

十一月初六日戊辰(12月5日)，寄谕山东巡抚郝硕即由川驰赴江西新任，并差人将革抚海成送京。

十二日甲戌(12月11日)，寄谕两江总督高晋，迅赴江西传旨，将海成摘印，派员解京。

是日，谕内阁：以海成办理《字贯》一案不力，著将海成交部严加议处，其江西巡抚员缺，著山东巡抚郝硕调补。国泰补授山东巡抚。

按：谕曰：海成著照部议革职，交刑部治罪。"王锡侯《字贯》另本，前有李友棠古诗一首。李友棠身为卿贰，乃见此等悖逆之书，尚敢作诗赞美，实属天良已昧，伊自问复何颜忝列缙绅？李友棠即著革职，亦不必复治其罪。又查其《王氏家谱》内，有原任大学士史贻直序文。其《经史镜》及《唐人试帖诗详解》内，有加尚书衔钱陈群序文。使伊二人尚在，自当向其究问，今二人俱已物故，亦毋庸深究。"(《清高宗实录》卷一〇四四)

十四日丙子(12月13日)，军机大臣奏查《宗泽集》等改写情形，并拟写谕旨进呈片。

是日，谕内阁：《宗泽集》等书内"夷""狄"二字毋庸改易，并将其总裁等交部分别议处。

十六日戊寅(12月15日),江苏、安徽、河南、浙江、江西、湖北、广东、广西、陕西等省先后刻成禁书书目,以便各属查缴禁书。

十八日庚辰(12月17日),寄谕两江总督高晋等,饬属访查《字贯》及相类悖逆书籍。

是日,山西巡抚巴延三奏遵旨派员访查王锡侯所作《字贯》一书折。

二十四日丙戌(12月23日),江南学政刘墉奏查办王锡侯所作《字贯》情形折。

是日,军机大臣奏逆犯王锡侯押解到部,请旨遵办片。

二十五日丁亥(12月24日),寄谕江苏巡抚杨魁遣员至史奕昂家传旨,呈缴王锡侯著书。

是日,谕内阁嗣后《四库全书》馆校阅各书,著照程景伊所奏章程办理。

二十八日庚寅(12月27日),谕王锡侯著从宽,改为斩决。其家产入官,所著各项书籍及板片命各省搜罗净尽,解送军机处销毁。

十二月初六日戊戌(1778年1月4日),署两江总督萨载奏遵旨查办王锡侯《字贯》及相类书籍折。

十七日己酉(1月15日),大学士阿桂等题请将武英殿修书处额外供事从优议叙本。

是日,严惩《字贯》案失查官员。

按:"吏部奏:署江西布政使、赣南道周克开,按察使冯廷丞,阅看王锡侯《字贯》一书,不能检出悖逆重情,竟同声附和,有乖大义,应请革职,交刑部治罪。其失察妄著书籍之大学士、管两江总督高晋,照例降级留任。得旨:周克开、冯廷丞俱著革职,交刑部治罪。高晋著降一级留任。"(《清高宗实录》卷一○四七)

十九日辛亥(1月17日),山西巡抚觉罗巴延三奏遵旨严查《字贯》及相类悖逆书籍折。

二十一日癸丑(1月19日),广西巡抚吴虎炳奏遵旨详查《字贯》并相类书籍情形折。

是日,云贵总督李侍尧奏遵旨查缴《字贯》一书情形折。

纪昀正月初四日与曹学闵、曹文埴、王昶小集,王昶有诗记此事。

纪昀、陆锡熊、陆费墀、翁方纲、朱筠、周永年、余集、程晋芳、汪如藻、励守谦等154人在十月二十九日作联句,记乾隆以哈密瓜赐《四库全书》馆诸臣。

戴震在四库馆校定之书有《周髀算经》、《孙子算经》、《张丘建算经》、《夏侯阳算经》、《仪礼释宫》、《五曹算经》、《仪礼集释》、《项氏家说》、《蒙斋中庸讲义》、《大戴礼》、《方言》等。正月,为段玉裁作《六书音均表序》;四月二十四日,有书与段玉裁,言足疾已逾一年,不能出户,定于秋初乞假南归,不复再出;又谓生平著作最大者为《孟子字义疏证》一书。

按:戴震在正月十四日给段玉裁的信中说:"仆自十七岁时有志闻道,谓非求之六经、孔、孟不得;非从事于字义制度名物,无由以通其语言。宋儒讥训诂之学,轻语

美国技师戴维·布什内尔发明水雷。

C. A. 库伦发明扭秤。

拉瓦锡证实空气中所含主要成分为氧气和氮气。

言文字,是欲渡江而弃舟楫,欲登高而无阶梯也。"(《戴震全书》之三五《与段茂堂等十一札》之第九札)《清史稿·戴震传》曰:"震以文学受知,出入著作之庭。馆中有奇文疑义,辄就咨访。震亦思勤修其职,晨夕披检,无间寒暑。经进图籍,论次精审。所校《大戴礼记》、《水经注》尤精核。又于《永乐大典》内得《九章》、《五曹算经》七种,皆王锡阐、梅文鼎所未见。震正讹补脱以进,得旨刊行。"段玉裁《戴东原先生年谱》载:"案先生所校官书,皆天文、算法、地理、水经、小学、方言诸书,皆必精心推核,失之毫厘则谬以千里者。"

彭绍升入京,晤戴震,得读戴氏所著《原善》和《孟子字义疏证》,遂作《与戴东原书》,对戴氏著作提出商榷;戴震抱病复书,作《答彭进士允初书》,逐一驳诘。不幸于五月二十七日病卒。

按:对于戴震的义理之学,当时有不少否定或部分否定的意见,这些意见主要来自崇尚程朱理学的朱筠、纪昀、姚鼐、翁方纲、方东树等人和崇尚陆王心学的彭绍升。据章太炎《释戴》篇记载,纪昀看到《孟子字义疏证》后,"攘臂而扔之",并说该书"以诽清净洁身之士,而长流污之行"。翁方纲看到《孟子字义疏证》后,也批评曰:"近日休宁戴震,一生毕力于名物象数之学,博且勤矣,实亦考订之一端耳。乃其人不甘以考订为事,而欲谈性道,以立异于程朱,……可谓妄矣。"(翁方纲《理说驳戴震作》,转引自《戴震全书》卷七)方东树在《汉学商兑》卷中曰:"《孟子字义疏证》,戴氏自称'正人心'之书,余尝观之,轇轕乖违,毫无当处。"据段玉裁《戴东原先生年谱》曰:"彭君(绍升)好释氏之学,长斋佛前,仅未削发耳,而好谈孔孟、程朱,以孔孟、程朱疏证释氏之言。其见于著述也,谓孔孟与佛无二道,谓程朱与陆王、释氏无异致。"当他看到戴震的《原善》与《孟子字义疏证》后,认为二书"所痛攻力辟者,尤在'以理为如有物焉,得于天而具于心'",因而深感不满,作《与戴东原书》,就天道、人道、性命、理欲等方面向戴震提出了质疑。于是戴震遂作《答彭进士允初书》予以反驳。《答彭进士允初书》是戴震晚年继《孟子字义疏证》之后又一篇阐发其义理思想的重要书信,也是对理学家的一次全面反击。

又按:彭绍升《与戴东原书》曰:"承示《原善》及《孟子字义疏证》二书,其于烝民、物则、形色、天性之旨,一眼注定,旁推曲鬯,宣泄无余。其文之切深奥衍,确然《戴记》之遗,汉、唐诸儒言义理者,未之或先也。……顾亦有一二大端不安于心者,敢质其说于左右。……合观二书之旨,所通攻力辟者,尤在'以理为如有物焉,得于天而具于心',谓涉于二氏。先儒语病则不无,然外心以求理,阳明王子已明斥其非矣。将欲避真宰、真空之说,谓离物无则,离形色无天性,以之破执可也,据为定论,则实有未尽。以鄙意言之,离则无物,离天性无形色。何也?物譬之方圆,则譬之规矩,未有舍规矩而为方圆者也。舍规矩而为方圆,则无方圆矣。形色譬之波,性譬之水,未有舍水而求波者也。舍水而求波,则无波矣。于此欠分明,则于《易》所谓'神',《诗》所谓'上天之载',皆将迁就以传吾之说,而先圣之微言滋益晦。其究也,使人逐物而遗则,徇形色,薄天性,其害不细。"(《二林居集》卷三)

再按:戴震《答彭进士允初书》曰:"孔子曰:'道不同,不相为谋。'言徒纷然词费,不能夺其道之成者也。足下之道成矣,欲见仆所为《原善》。仆闻足下之为人,心敬之,愿得交者十余年于今。虽《原善》所指,加以《孟子字义疏证》,反复辨论,咸与足下之道截然殊致,叩之则不敢不出。今赐书有引为同,有别为异,在仆乃谓尽异,无毫发之同。……在程、朱先入于彼,徒就彼之说转之此,是以又可转而之彼,合天与心为一,合理与神识为一。而我之言,彼皆得援而借之,为彼树之助。以此解经,而六经、孔、孟之书,彼皆得因程、朱之解,援而借之,为彼所依附。譬犹子孙未睹其祖父之貌者,误图他人之貌为其貌而事之,所事固己之祖父也,貌则非矣。实得而貌不得,亦何伤? 然他人则持其祖父之貌以冒吾宗,而实诱吾族以化为彼族,此仆所由不得已而有《疏证》之作也。足下所主者,老、庄、佛、陆、王之道,而所称引,尽六经、孔、孟、程、朱之言。诚爱其实乎? 则其实远于此。……然则所取者,程、朱初惑于释氏时之言也。所借以助己者,或其前之言,或其后之似者也。所爱者,释氏之实也。爱其实而弃其名,借其名而阴易其实,皆于诚有亏。足下所云'学问之道,莫切于审善恶之几,严诚伪之辨',请从此始。倘若如程、朱之用心,期于求是,不杂以私,则今日同乎程、朱之初,异日所见,或知程、朱之指归,与老、释、陆、王异。然仆之私心期望于足下,犹不在此。程、朱以理为如有物焉,得于天而具于心,启天下后世人人凭在己之意见,而执之曰理,以祸斯民。更淆以无欲之说,于得理益远,于执其意见益坚,而祸斯民益烈。岂理祸斯民哉? 不自知为意见也。离人情而求诸心之所具,安得不以之意见当之,则依然本心者之所为。拘牵之儒,不自知名异而实不异,犹贸贸争彼此于名,而辄蹈其实。敏悟之士,觉彼此之实无异,虽指之曰'冲漠无朕',究不得其仿佛,不若转而从彼之确有其物,因即取此以赎之于彼。呜呼! 误图他人之貌者,未有不化为他人之实者也。诚虚心体察六经、孔、孟之言,至确然有进,不惟其实与老、释绝远,即貌亦绝远,不能假托。其能假托者,后儒失之者也。是私心所期于足下之求之耳。"(《东原文集》卷八)

  洪榜六月为戴震撰《戴先生行状》成,携戴震遗孤中立往谒朱筠,求撰墓志铭,朱筠对《行状》载戴震《答彭进士允初书》表示反对。洪榜因作《上笥河朱先生书》。

  按:洪榜《上笥河朱先生书》曰:"前者具状戴先生行实,俾其遗孤中立稽首阁下之门,求志其墓石。顷承面谕,以状中所载《答彭进士书》可不必载,性与天道不可得闻,何图更于程、朱之外,复有论说乎? 戴氏可传者不在此。榜闻命唯唯,惕于尊重,不敢有辞。退念阁下今为学者宗,非漫云尔者,其指大略有三。其一谓程、朱大贤,立身制行卓绝,其所立说不得复有异同,疑于缘隙奋笔,加以酿嘲,夺彼与此。其一谓经生贵有家法,汉学自汉,宋学自宋,今既详度数,精训诂,乃不可复涉及性命之旨,反述所短以掩所长。其一或谓儒生可勉而为,圣贤不可学而至,以彼矻矻稽古守残,谓是渊渊闻道知德,曾无溢美,必有过辞。盖阁下之指出是三者,仰见阁下论学之严,制辞之慎。然恐阁下尚未尽察戴氏所以论述之心,与榜所以表彰戴氏之意,使榜且得罪,不可以终无辞。夫戴氏与彭进士书,非难程、朱也,正陆、王之失耳;非正陆、王也,辟老、释之邪说耳;非辟老、释也,辟夫后之学者实为老、释,而阳为儒书,援周、孔之言,入老、释之教,以老、释之似,乱周、孔之真,而皆附于程、朱之学。阁下谓程、朱大贤,立身制行卓绝,即老、释亦大贤,立身制行卓绝也。唯其如是,使后儒小生闭口不敢道,宁疑周、孔,不敢疑程、朱,而其才智少过人者,则又附援程、朱,以入老、释。彼老、释者,幸汉、唐之儒抵而排之矣。今论者乃谓,先儒所抵排者,特老、释之粗,而其精者,虽周、孔之微旨,不是过也。诚使老、释之精者,虽周、孔不是过,则何以生于其心,发于其事,缪戾如彼哉? 况周、孔之书具在,苟得其解,皆不可以强通。使程、朱而闻后学者之言如此,知必急急然正之也。然则戴氏之书,非故为异同,非缘隙酿嘲,非欲夺彼与此,昭昭甚明矣。至谓治经之士,宜有家法,非为宋学,即为汉学,心性之说,贾、马、服、郑所不详,今为贾、马、郑之学者,亦不得详。夫言性言心,亦不自宋以后兴也,周末诸子及秦、汉间著书立说者,多及之,其辞虽殊,其意究无大异,凡以劝学立教而已。惟老聃、庄周之书,乃有冲虚之说,真宰之名,不寄于事,不由于学,谓之返其性情而复其初。魏、晋之间,此学盛兴,而诸佛书流入中土,亦适于此时为盛。其书本浅妄无足道,译者杂以老、庄之旨,缘饰其说,大畅玄风。唐傅奕曾言其事矣,然而未敢以入儒书也。至乎昌黎韩氏,力辟佛、老,作为《原道》等书,使学者昭然知二氏之非。而其时佛氏之说入人既深,则又有柳子厚之徒,谓韩氏所罪者其迹也,忿其外而遗其中,譬之知石而不知韫玉,彼其不可斥者,往往与《易》、《论语》合,不与孔子异道也。此说一出,后之学者,往往执是说,以求之《易》、《论语》,而所谓《易》、《论语》者,则又专用魏王氏之《注》与何氏之《集解》。其人本深于老、释,其说亦杂于二家,此则宜其有合也。历唐之末,逮宋之初,此论纷纭固结而不可解。于是读《易》、《论语》书者,或往往先从事于二氏,因即以其有得于二氏之精者,以说《易》、《论语》之书。是以眉山苏氏作《六一居士集序》曰:'新学以佛、老之似,乱周、孔之真,识者忧之也。'宋熙宁以后,此弊日深。至于姚江王氏之学行,则直以佛书释《论》、《孟》矣。彼贾、马、服、郑当时,盖无是弊。而今学者,束发受书,言理言道,言心言性,所谓理、道、心、性之云,则皆六经、孔、孟之辞,而其所以为理、道、心、性之说者,往往杂乎老、释之旨。使其说之果是,则将从而发明之矣。如其说之果非,则治经者固不可以默而已也。如使贾、马、服、郑生于是时,则亦不可以默而已也。前之二说,阁下苟详察之,亦知戴氏之非私于其学,而榜之非私于戴氏矣。至于闻道之名,不可轻以许人,犹圣贤之不可学而至。如阁下以此为虑,此其犹存乎后儒之见也。孟子谓,'圣人,人伦之至';首阳之义,孔子称曰'古之贤人'。夫圣贤不可至,盖在是矣。虽然,安可以自弃乎哉? 若夫高谈深远者谓之知道,不言而躬行者谓之未闻道,及夫治经训者谓之儒林,明性道者谓之道学,此固戴氏所不道,而榜所望于阁下表扬之者,亦不在是也。夫戴氏伦性道,莫备于其论《孟子》之书,而所以名其书者,曰《孟子字义疏证》焉耳。然则非言性命之旨也,训故而已矣,度数而已矣。要之,戴氏之学,其有功于六经、孔、孟之言甚大。使后之学者,无驰心于高妙,而明察于人伦庶物之间,必自戴氏始也。惟阁下裁察焉。"(《初堂遗稿》)

钱大昕以所著《金石文跋尾》6卷赠卢文弨,卢氏有《答钱辛楣詹事书》。

钱大昕为郭宗昌《金石史》作《郭允伯金石史序》。

卢文弨有《答彭允初书》,批评彭绍升所寄《二林居制义》攻击朱子语为"离经而畔道"。

> 按:卢文弨《答彭允初书》曰:"年兄精于古人行文义法,弹射不稍假借,诚余亮直之益友也,则所自为文必矜慎可知已。乃去年寄来《二林居制义》一册,开卷见《自序》,即有大不惬意者。夫年兄之深于禅学,夫人而知之,即已亦不自讳也。仆自相识以来,至今已有二十余年,交情益熟而未尝与年兄论禅,亦未尝贬年兄之为禅,诚以造化之奥、鬼神之秘,未能研究洞彻,而于彼家之言,又素未尝参讨。夫人之质性,固有各适其所适而不能自返者,古来禅学中之为忠臣孝子者,亦复何限,不必概行抹杀也。吾但取年兄之恬洁直谅而已。"(《抱经堂文集》卷一八)

章学诚是春因周震荣荐,主讲定州武定书院,又受聘主修《永清县志》;是秋入京应顺天乡试,中举人。主考官为梁国治。

邵晋涵应扬州地方官之聘修《甘泉县志》,以议体例不合,不果行。

毕沅为表彰黄廷桂、尹继善、陈宏谋、吴达善等人,奏请将其入祀名宦祠。

> 按:史善长编《弇山毕公年谱》曰:"公虽当燕闲,而国计民生无一不熟筹胸次,尤好表章前哲。大学士黄公廷桂、尹公继善、陈公宏谋、总督吴公达善在秦时,皆有

善政，奏请入祀名宦祠。"

洪亮吉在家丁母忧，课徒授课。十一月，应安徽学政刘权之邀入幕，与孙星衍共助其校文，并共治《三礼》训诂之学。

刘大櫆八十诞辰，姚鼐作《刘海峰先生八十寿序》，自述受学经过。

罗有高与王昶在京师定交。

翁方纲继续任事《四库全书》馆，专办金石、篆隶、音韵诸书。

程晋芳授翰林院编修。

王太岳受命为《四库全书》馆总纂官。

王杰充《四库全书》馆暨三通馆副总裁。

彭元瑞充浙江乡试正考官。

梁国治充《四库全书》馆副总裁，又充顺天乡试正考官。

刘墉充江南乡试正考官，寻提督江苏学政。

严长明自陕西觅得王应麟辑郑玄注《尚书》、《论语》，贾逵、服虔注《左传》，欲在江南刊行，卢文弨为作《王厚斋辑郑氏注尚书序》、《王伯厚辑古文春秋左传序》和《郑氏注论语序》。

舒赫德因京察届期，三月初五日与大学士高晋、于敏中、李侍尧，协办大学士阿桂、程景伊，尚书英廉、丰升额、袁守侗、福隆安、绰克托、奎林，侍郎福康安、梁国治、和珅、庆桂，总督周元理、钟音、文绶、杨景素、萨载，巡抚三宝、陈辉祖、毕沅、裴宗锡命交部议叙；左都御史素尔纳、大理寺卿尹嘉铨原品休致。

顾九苞进京，入《四库全书》馆任校录。

陆时化发现所著《吴越所见书画录》中有诋斥满洲语句，惧祸急自焚板，已发各书悉收回焚毁。

卢址建抱经楼，以收藏图书；钱大昕撰《抱经楼记》，倪象占撰《抱经楼藏书记》，阮元为书"抱经楼"匾。

按： 卢址字丹陛，又字青厓，浙江鄞县人。钱大昕《抱经楼记》曰："博学嗜古，尤善聚书，遇有善本，不惜重价购之，闻朋旧得异书，宛转借抄，晨夕雠校，搜罗三十年，得书数万卷。"（《潜研堂文集》卷二一）

宋绵初举拔贡，选教职，历任五河、清河诸县教谕。

按： 宋绵初字守端，号瓟园，江苏高邮人。著有《韩诗内传征》4卷及《困知录》、《是亦山房文集》等。其子宋保著有《谐声补逸》14卷、《尔雅集注》、《京笔杂记》、《治河纪略》等。《清史稿·儒林传二》曰：宋绵初"邃深经术，长于说《诗》，著《韩诗内传征》四卷。又有《释服》二卷"。

周尚亲时任河北井陉知县，于书孝祠故址建皆山书院。

方立经时任河北正定知府，创建尊闻书院于府治之东。

黄元炜时任浙江义乌知县，建绣湖书院。

王鸿兴时任湖北广水知县，建永阳书院。

陈笃时任湖南衡阳知县，改建莲湖书院。

谢生晋时任四川芦山知县，建文明书院。

王周士等说书艺人在苏州成立光裕社。

詹姆斯·安德森著成《谷物法的性质》。

约瑟夫·普利斯特列著成《物质及精神的研究》。

金曰追著《仪礼注疏正讹》17卷成书。

按：金曰追字对扬，号璞园，江苏嘉定人。王鸣盛弟子。《清史稿·金曰追传》曰："深于九经正义，每有疑难，随条辄录，先成《仪礼注疏正讹》十七卷。阮元奉诏校勘《仪礼》石经，多采其说。"他旁及《孝经》、《论语》、《孟子》、《尔雅》，皆精心校雠，并有成书，统名曰《十三经注疏正讹》。阮元校勘《仪礼》石经，多采其说。事迹见《清史列传》卷六八。

戴震著《孟子字义疏证》3卷定稿。

按：《续修四库全书总目提要》曰："是书大旨借理学以攻宋学，而读书必先识字，孟子原学孔子者也。乃修举其字义，一一为之疏通证明焉。……意在发明孔孟真谛，以匡正宋儒之谬。"主要版本有《微波榭丛书》中的《戴氏丛书》本，1936年影印的《戴东原先生全集》本，1980年上海古籍出版社收入《戴震集》。

朱彝尊所著《经义考》300卷重刊。

钱大昭著《后汉书补表》8卷成书，有自序。

于敏中、董浩等奉命纂《满洲源流考》。

敕译《蒙古源流》8卷成汉文。

齐召南著《历代帝王表》刊行。

邵晋涵纂《杭州府志》刊行。

章学诚纂《永清县志》刊行。

胡德琳等修，周永年等纂《东昌府志》50卷刊行。

王宝序修纂《南靖县志》20卷刊行。

段玉裁等纂《富顺县志》5卷刊行。

吴楚椿修纂《续青田县志》6卷刊行。

林邦珖、苏维纲修，欧阳星等纂《分宜县志》20卷刊行。

张道南修纂《郧西县志》20卷刊行。

董良材纂《易门县志》12卷刊行。

李早荣纂修《乐平县志》8卷刊行。

七十一（椿园）纂《西域闻见录》8卷、《新疆外藩纪略》2卷刊行。

按：七十一字椿园，尼玛查氏，满洲正蓝旗人。乾隆间进士。官居西域多年，以亲历见闻著《西域闻见录》8卷。是书又名《西域总志》、《新疆志略》、《西域记》，卷首有乾隆四十二年(1777)自序，目次及舆图，卷一、二为《新疆纪略》，卷三、四为《外藩纪略》，卷五、六为《西陲纪事本末》，卷七为《回疆风土记》，卷八为《军台道里表》。

汪以诚修，孙景烈纂《鄠县新志》6卷刊行。

许秉简纂《邠阳记略》6卷刊行。

萧兴会修，欧阳文学纂《襄城县志》4卷刊行。

孔继涵校刊《吕忠穆公（颐浩）年谱》1卷、《丞相吕穆公遗事》1卷。

段玉裁著《六书音均表》成书，戴震作序。

按：段玉裁五月又假名吴省钦作《六书音均表序》。钱大昕在为此书所作的《六书音均表序》中说："古人以音载义，后人区音与义而二之，音声之不通而空言义理，吾未见其精于义也。此书出，将使海内说经之家奉为圭臬，而因文字音声以求训诂、古义之兴有日矣。"（《六书音均表》卷首）《清史稿·段玉裁传》曰："著《六书音均表》五卷。古韵自顾炎武析为十部，后江永复析为十三部，玉裁谓支、佳一部也，脂、微、齐皆、灰一部也,之、哈一部也,汉人犹未尝淆借通用。晋、宋而后,乃少有出入。迄乎唐之功令,支注'脂、之同用',佳注'皆同用',灰注'哈同用',于是古之截然为三者,罕有知之。又谓真、臻、先,与谆、文、殷、魂、痕为二,尤、幽与侯为二,得十七部。其书始名《诗经韵谱》,《群经韵谱》。嘉定钱大昕见之,以为凿破混沌,后易其体例,增以新加,十七部盖如旧也。震伟其所学之精,云自唐以来讲韵学者所未发。"段玉裁的《六书音均表》,在顾炎武《音学五书》和江永《古韵标准》的基础上剖析加密,分古韵为17部,在古韵学上是一部划时代的著作。有《皇清经解》本、《音韵学丛书》本等。

戴震著《声类表》9卷成书。

按:段玉裁《戴东原先生年谱》曰:"先是癸巳春,先生在浙东以古音分为七类。至丙申与余书,则其类又改为九类。至临终十数日之前,因成此书,孔户部刻诸微波榭,而冠以《与段若膺论韵》六千字者是也。九卷,每类于今音古音无不兼综。户部书云:'凡五日而成。'固由精熟诣极,然先生神思亦恐太瘁矣!形太用则极,神太劳则敝。呜呼!孰知此为先生著书之绝笔也哉!"戴震来不及编写例言,书成20天后以劳累病逝。王国维将戴震列为清朝最重要的古音学家之一。是书有《微波榭丛书》本、渭南严氏《音韵学丛书》本、《安徽丛书》本等。

边连宝著《杜律启蒙》12卷刊行,附《杜工部年谱》1卷,有戈涛序。

按:边连宝字赵珍,一字肇珍,号随园,直隶任丘人。乾隆元年举博学鸿词。著有《古文病余草》。

严长明著《归求堂诗集》成书,程晋芳作序。

吴璵著《黄琢山房集》10卷刊行。

郎廷槐著《诗问》4卷刊行。

许昂霄著《词综偶评》1卷成书。

徐浩著《南州文抄》2卷刊行。

查慎行著,张载华辑《查初白诗评十二种》3卷刊行。

按:张载华字佩兼,号芷斋,浙江海盐人。是书汇辑查慎行读陶渊明、李白、杜甫、韩愈、白居易、苏轼、王安石、朱熹、谢翱、元好问、虞集等11人之诗及诗总集1种的评语。

郭衷恒编《江南名胜图咏》刊行。

方程培著《香研居词麈》5卷成书,有自序。

按:方程培字仰松,安徽歙县人。是书为乐论著作,有《读画斋丛书》本、《丛书集成初编》本。

严观著《江宁金石记》8卷成书。

按:《清史稿·严长明传》曰:"(严长明)子观,字子进。嗜学,好金石文字。父乞归后,筑归求草堂,藏书二万卷,观丹黄几满。著《江宁金石记》,钱大昕甚高其品节。"

靳荣藩著《绿溪语》2卷成书。

邱仰文卒(1696—　)。仰文字襄周,号省斋,山东济宁人。雍正十一年进士,官陕西保安知县。精于《易》学。著有《易举义别记》4卷、《硕松堂读易记》16卷、《春秋集义》、《楚辞韵解》8卷、《省斋自存草》等。事迹见李桓《国朝耆献类征初编》卷二三一、陆燿《邱仰文墓志铭》(《切问斋集》卷一一)。

按：《续修四库全书总目提要》曰：邱仰文"其说《易》以宋人义理为主，故极力推崇程传"。但"邱氏于《易》理甚疏浅，而自信颇坚，故其论说多浮泛不切也"。

王锡侯卒(1713—)。锡侯原名王侯，字韩伯，江西新昌人。乾隆十五年举人。屡赴会试不举，遂发愤著述。著有《经史镜》、《唐诗试帖详解》、《国朝试帖详解》、《王氏源流》、《字贯》等书十余种。其中《字贯》一书，于《康熙字典》颇多纠正。因被仇家王泷南告发而处死，所著书籍均被禁毁。

贾田祖卒(1714—)。田祖字稻孙，号礼耕，江苏高邮人。廪膳生。曾与洪亮吉、李惇、王念孙共同切磋经义。为学精于《春秋》，尤喜《左传》。著有《春秋左传通解》和《稻孙诗集》4卷等。事迹见《清史稿》卷四八一、《清史列传》卷六八、李桓《国朝耆献类征初编》卷四二〇、汪中《大清故高邮州学生贾君之铭》(《汪中集》卷六)。

戴震卒(1724—)。震字东原，一字慎修，又字杲溪，安徽休宁人。乾隆二十七年举人。三十八年被召为《四库全书》纂修官。四十年赐同进士出身，授庶吉士。段玉裁、王念孙、王引之皆从其学。著有《诗经二南补注》2卷、《毛郑诗考正》5卷、《尚书义考》1卷、《仪经考正》1卷、《考工记图》2卷、《春秋即位改元考》1卷、《大学补注》1卷、《中庸补注》1卷、《孟子字义疏证》3卷、《尔雅文字考》10卷、《声韵考》4卷、《经说》4卷、《水地记》1卷、《水经注》40卷、《九章补图》1卷、《屈原赋注》7卷、《通释》3卷、《原善》3卷、《声类表》9卷、《方言疏证》13卷、《勾股割圆记》3篇、《续天文略》3卷、《策算》1卷、《直隶河渠书》102卷、《东原文集》10卷等。事迹见《清史稿》卷四八一、《清史列传》卷六八、李桓《国朝耆献类征初编》卷一三一、蔡冠洛《清代七百名人传》第四编、钱大昕《戴先生震传》、王昶《戴东原先生墓志铭》、凌廷堪《东原先生事略状》、洪榜《戴先生行状》(均见《碑传集》卷五〇)。段玉裁编有《戴东原先生年谱》，杨应芹编有《东原年谱订补》。

按：《清史稿》本传曰："震之学，由声音、文字以求训诂，由训诂以寻义理。谓：'义理不可空凭胸臆，必求之于古经。求之古经而遗文垂绝，今古悬隔，必求之古训。古训明则古经明，古经明则贤人圣人之义理明，而我心之同然者，乃因之而明。义理非他，存乎典章制度者也。彼歧古训、义理而二之，是古训非以明义理，而义理不寓乎典章制度，势必流入于异学曲说而不自知也。'震为学精诚解辨，每立一义，初若创获，及参考之，果不可易。大约有三：曰小学，曰测算，曰典章制度。"据凌廷堪所作《汪容甫墓志铭》，汪中尝拟著《国朝六儒颂》，推崇昆山顾炎武、德清胡渭、宣城梅文鼎、太原阎若璩、元和惠栋、休宁戴震六人为清儒之魁，其曰："古学之兴也，顾氏始开其端。河洛矫诬，至胡氏而绌。中西推步，至梅氏而精。力攻古文者，阎氏也。专言汉儒《易》者，惠氏也。凡此皆千余年不传之绝学，及戴氏出而集其成焉。"(《碑传集》卷一三四)梁启超《清代学术概论》曰："戴门后学，名家甚众，而最能光大为业者，莫如金坛段玉裁，高邮王念孙及念孙子引之，故世称戴、段、二王焉。"章炳麟《清儒》曰："震生休宁，受学婺源江永，治小学、《礼经》、算术、舆地，皆深通。其乡里同学，有金榜、程瑶田。后有凌廷堪、三胡。三胡者：匡衷、承珙、培翚也，皆善治《礼》。而瑶田兼通水地、声律、工艺、谷食之学。震又教于京师，任大椿、卢文弨、孔广森皆从问业。弟子最知名者，金坛段玉裁、高邮王念孙。玉裁为《六书音韵表》以解《说文》，《说文》明。念孙疏《广雅》，以经传诸子转相证明，诸古书文义诘诎者皆理解。授子引之，为《经传释词》，明三古辞气，汉儒所不能理绎。其小学训诂，自魏以来，未尝有也。"（周予同主编《中国历史文选》下册）

刘宝树（ —1839）、吕璜（ —1839）、周仪暐（ —1846）、黄安涛（ —1847）、吕飞鹏（ —1849）、邓显鹤（ —1851）、姚椿（ —1853）生。

乾隆四十三年　戊戌　1778年

正月初九日庚午（2月5日），浙江巡抚王亶望奏孙仰曾等人请翻刻聚珍版书籍折。

初十日辛未（2月6日），寄谕江西巡抚郝硕即速确查王锡侯《字贯》一案失查人员。

是日，命追复睿亲王多尔衮封爵，复开国有功诸王原号，并予配享。

十一日壬申（2月7日），大学士阿桂等奏查明十至十二月所进书籍错误次数，请将总裁等交部察议折。

十三日甲戌（2月9日），命复允禵、允禟原名，并收入《玉牒》。

十四日乙亥（2月10日），谕内阁：纂订《热河全志》，仍于山庄内肇建文津阁庋贮《四库全书》。

三十日辛卯（2月26日），谕内阁：郝硕折参失察《字贯》之府县各员不必革职治罪。

二月初三日甲午（3月1日），云贵总督李侍尧等奏查出已禁未禁各书一并解京折。

按：奏曰：兹据昆明县知县及云南府学教授，于省城书铺并各绅士家，谕令将所有应禁各书，陆续缴出。臣等率同司道详加检阅，其中曾经奉旨查禁者，计二十五种，共三十部，谨遵例解京销毁（张书才主编《纂修四库全书档案》上）。

是日，湖广总督三宝奏三次查获应毁违碍书籍情形折。

初八日己亥（3月6日），浙江巡抚王亶望奏查缴《字贯》等应毁书籍情形折。

初十日辛丑（3月8日），江西巡抚郝硕奏续获王锡侯各种书籍情形折。

二十三日甲寅（3月21日），谕内阁：国泰审办王仲智收藏不法书籍案殊属过当，著交部察议。

二十四日乙卯（3月22日），谕内阁：著国史馆总裁于应入《贰臣传》诸人详加考核。

法国舰队抵达特拉华，英军占领佐治亚的萨凡纳。

按：谕曰：洪承畴、李永芳"虽不克终于胜国，实能效忠于本朝"，又何必"深讥"；"至如钱谦益，行素不端，及明祚既移，率先归命，乃敢于诗文阴行诋毁，是为进退无据，非复人类。又如龚鼎孳，曾降闯贼，受其伪职，旋更投顺本朝，并为清流所不齿，而其再仕以后，惟务腼颜持禄，毫无事迹足称，若与洪承畴等同列《贰臣传》，不示差等，又何以昭彰瘅？著交国史馆总裁于应入《贰臣传》诸人详加考核，分为甲乙二编，俾优者瑕瑜不掩，劣者斧钺凛然，于以传信简编，而待天下后世之公论，庶有合于《春秋》之义焉。"（张书才主编《纂修四库全书档案》上）

二十九日庚申（3月27日），谕办理《四库全书》出力人员梦吉、陆费墀等著分别升用授职与赏赐。

按：梦吉、王仲愚、章宝传、黄轩、平恕、邹炳泰、陈昌齐、庄通敏、王嘉曾、吴寿昌、陈初哲、郭长发，俱著以应升之缺列名在前升用；庶吉士汪如藻著即授为编修，无庸散馆；励守谦著加恩授编修。至陆费墀、陆锡熊、纪昀，虽均已加恩擢用，但纂办各书，均为出力，著赏给缎疋、荷包、笔、墨、纸、砚，以示奖励（张书才主编《纂修四库全书档案》上）。

是日，军机大臣进呈拟赏《四库全书》总裁等员物品单。

谕内阁：在《四库全书》处行走之王太岳著授为翰林院检讨。

三月初一日辛酉（3月28日），军机大臣奏现办轮进各书无庸展限及酌定展限开单呈览等情片。

初二日壬戌（3月29日），谕各处应进之书止须按卯分进，届期迟误，即奏明参处。

初三日癸亥（3月30日），云贵总督李侍尧等奏续经查出已禁未禁各书分别解京折。

是日，贵州巡抚图思德奏查获应禁各书情形折。

初七日丁卯（4月3日），浙江巡抚王亶望奏缴应毁各项书籍情形折。

初八日戊辰（4月4日），陕甘总督勒尔谨等奏查缴应禁违碍书籍情形折。

二十三日癸未（4月19日），军机大臣奏遵旨将《四书语录》、《焚书》先行进呈片。

二十五日乙酉（4月21日），湖广总督三宝奏请严刊刻书籍之禁折。

二十六日丙戌（4月22日），闽浙总督钟音奏查缴应销各书解京折。

按：奏曰：兹臣复饬各属，晓谕缙绅士庶，并派委丞倅教职，分路查收。据陆续缴到有违碍全部书九十九种，共三百七十四部，计五千本；又残缺书九十二种，计二千一百七十八本；《名山藏》板片一千二百五十九块；又逆犯王锡侯所辑《字贯》一部计四十本，《唐诗试帖详解》十七部计一百零八本，《诗观》一本，《唐人试帖详解》五本并诗板一百九十六块。给咨委员一并解京缴销（张书才主编《纂修四库全书档案》上）。

二十八日戊子（4月24），两江总督高晋奏查缴《字贯》等书并续解违碍书籍折。

二十九日己丑（4月25日），云贵总督李侍尧等奏第三次查缴应禁书籍分别解京折。

按：奏曰："窃臣等钦奉谕旨，严查逆犯王锡侯《字贯》等书并一切违碍书籍，当即凛遵实力查办。所有本年二月以前各属呈缴书籍一百零五种，共二百一十九部，业经分类开单，两次委员解送，会折奏明在案。臣等复行严饬各属，加紧密查，随时呈缴。……截至三月底止，复又获书八十五种，计共四百六十二部。内前次所缴逆犯王锡侯选刻《唐诗试帖》一种，今又查获十一部，恐生童考试揣摩，尚有流播，现复通饬，务令搜完，不许片帙遗漏。此外，各书有曾经奉文查禁者六十三种，计三百七十八部，遵例一并解京，送馆销毁。至从前未经查禁者二十一种，计七十三部。除王世贞、张鼐《纲鉴》、王锡爵《文集》、吕留良《选本》、《题说》六种，已于前二次粘签奏请查禁外，其余十五种内，如周懋相《南中疏草》、熊廷弼《性气先生传》，皆显然干犯我朝；洪承畴《平定略》及卢元昌、诸燮、郑元庆等《明纪》各书，字句亦多违碍；龙体刚《史略》，语意无疵而援据论述，皆从现奉查禁之《捷录》、《通纪》等书，抄撮成编，自宜一例缴毁；又如李贽《藏书》议论乖僻，是非错谬，世纪目录尤属妄诞不经，亦应一体查销，以正学术；余如逆贼吴三桂《疏草》，则枭獍字迹，断不可存；而钱谦益、吕留良著述有查禁未尽及散见别本者，均宜摘毁。"（张书才主编《纂修四库全书档案》上）

四月初五日乙未（5月1日），谕内阁：嗣后所办各书遇本朝人名，著各馆总裁等详考《实录》为准。

初八日戊戌（5月4日），命山西巡抚巴延三毋庸查办王尔扬撰《李范墓志》案。

按：王尔扬是山西辽州举人，原任灵石县训导，所撰《李范墓志》用"皇考"为李范尊称，该墓志由本省举人赵扩代为书写。巴延三命查抄王尔扬、赵扩之家，同时奏闻请旨。乾隆帝以"皇考"之字见于《礼经》、《离骚》，王尔扬泥于用古，并非叛逆，命巴延三毋庸查办（张书才主编《纂修四库全书档案》上）。

初九日己亥（5月5日），军机大臣奏遵旨查明一至三月所进书籍错误次数，请将阿哥、总裁等交部察议片。

初十日庚子（5月6日），谕内阁：吴省兰等在《四库全书》馆校书得力，著准与本科中式举人一体殿试。

是日，湖广总督三宝等奏四次查获应毁各书折。又奏请嗣后有欲刊刻书籍者，先送本籍教官，然后呈送学政核定，凡私行刊刻，即无违碍字句，亦令地方官严行禁毁。乾隆帝谕，三宝此奏"竟似欲杜天下人刊书传世之路，无此政体"，断不可行（《清高宗实录》卷一〇五四）。

按：奏曰：今又查获应毁各书计115种，共613部（张书才主编《纂修四库全书档案》上）。

十一日辛丑（5月7日），本科会试正考官于敏中发榜后奏称："近年风气喜为长篇，又多沿用墨卷肤词烂调，遂尔冗蔓浮华。"乾隆帝遂命嗣后乡、会两试及学臣取士，俱以七百字为限，违者不录。

二十四日甲寅（5月20日），乾隆帝亲定本科三鼎甲：状元戴衢亨，榜眼蔡廷衡，探花孙希旦。

二十五日乙卯（5月21日），御太和殿，传胪，赐一甲戴衢亨等3人进士及第，二甲邵自昌等51人进士出身，三甲李鼎元等103人同进士出身。本科会试正考官为大学士于敏中，副考官为侍郎王杰、内阁学士嵩贵。

五月初六日乙丑（5月30日），谕以部属用散馆清书庶吉士梁上国，汉书庶吉士仓圣脉、何思钧等著再留馆三年，同新科庶吉士一体散馆。

十一日庚午(6月5日),署云贵总督裴宗锡奏第四次查缴应禁书籍分别委员解京折。

按:奏曰:"截至四月底止,复又获书一百一十二种,计共六百三十九部,内向经奉文查禁者七十七种,计五百二十九部。又前次奏缴逆犯王锡侯选刻《唐诗试帖》一种,今又查获十五部;该犯又有选刻《国朝诗帖》一种,今亦查获五部。均系奉文查禁,应解京送馆销毁。其未奉查禁者,有《考卷探珠集》一种,内载王锡侯时文。此与吕留良时文散见选本者正同一例,枭獍之迹,只字难留,应请旨一体查毁。此外从前未奉查禁书籍三十二种,计八十九部,除王世贞、诸燮《通鉴》、卢元昌《国书》、李贽《藏书》、吕留良《易解题说选本》、王鸣昌《难题问答》、周在浚《藏弆集》十种,已于上届节次粘签,奏请禁毁。其余二十二种,内如正续通鉴、节要、辑略、要略、合录、类编、史纲、史要、全史、小史,或抄撮历朝,或纪述明代,率皆丛杂残陋,不成体例,与现禁之《捷录》、《通纪》等书大略相同。且所载邱浚等议论辽宋元明,语多谬妄,更易诬惑人心。高拱《纪录边事》及明代《馆课》、《策略》、《戴重诗集》等书,每多干犯本朝,狂吠之词,尤不容存留片纸。又如明陆应阳《广舆记》,虽经后来改刻,而细勘卷末,仍有乖违。又如钱谦益《杜诗笺注》、吕留良《诗经详解》,从前查禁时遗漏未入,皆不应使之复行于世。余如坊选刻本载有钱谦益、屈大均诗文,总未便久任留传,自宜分别禁毁。"(张书才主编《纂修四库全书档案》上)

十七日丙子(6月11日),军机大臣奏各省送到违碍书籍拟检出应毁,重本派员销毁片。

是日,谕内阁:检讨王太岳在《四库全书》馆行走勤勉,著加恩改为革职留任。

二十二日辛巳(6月16日),贵州巡抚图思德奏续经查获奉禁各种书籍解京销毁折。

按:奏中所列应毁书籍45种,计246部。

二十六日乙酉(6月20日),谕内阁:礼部尚书钟音著充《四库全书》馆副总裁。

是日,谕《日下旧闻考》内京畿各门查核事,著胡季堂协同办理。

谕《四库全书》馆奏清厘冒籍事,著军机大臣会同顺天府查办。

寄谕各省督抚,访查周乃祺所撰《历志》一书,送京销毁。

谕内阁严饬总裁等嗣后务宜悉心校勘,毋再因循干咎。

六月十六日甲辰(7月9日),江苏巡抚杨魁奏续缴应毁书籍情形折。

按:奏曰:"经臣节次收获违碍书一百十五种及各项重复书一万一百五十四部、板片二千七百二十三块,《别裁集》原本三百七十八部,又王锡侯《字贯》等书十部,并不全书十本,先后分晰开单奏蒙圣鉴,并即解缴在案。"今又"新获违碍书十二种,计七十二本;又重复应毁书二百二十九种,共三千十二部;《别裁集》三十部;王锡侯《字贯》等二十二部;又查出《萤芝集》等书板片三副,计七百五十三块"(张书才主编《纂修四库全书档案》上)。

二十日戊申(7月13日),寄谕湖南巡抚李湖,《资孝集》一案有关人员俱不必提究。

按:湖南临湘县监生黎大本私刻《资孝集》,被人呈控"语多僭越",巡抚李湖奏闻请旨。经乾隆帝亲加审阅,认为此案与王尔扬代撰墓志一案相仿佛,皆系迂谬不通之人妄行用古，"并非狂悖不法，如王锡侯之显肆悖逆者可比"，可无庸深究（张书才主编《纂修四库全书档案》上）。

二十三日辛亥(7月16日)，训谕八旗及各省驻防旗人，不可沾染汉习，忘记满洲姓氏。

二十六日甲寅(7月19日)，军机大臣奏云南解到应毁书籍及《大义觉迷录》先行进呈片。

二十八日丙辰(7月21日)，军机大臣奏贵州解到应毁书籍并再将原单呈览片。

闰六月初六日甲子(7月29日)，湖广总督三宝等奏五次查获应毁各书情形折。

按：奏曰："兹陆续又据委员暨各州县等查获《古今议论参》等违碍各书共一百一十种，计一千三百四十一部。内《桃笑迹》一种，缴到不全板片七十八块。臣等现在逐一检齐，同前次查获未经解缴书一百一十五种，计六百一十三部，连此次查获通共二百二十五种，统计一千九百五十四部，点明封固，派委妥员解送军机处查办销毁。"（张书才主编《纂修四库全书档案》上）

是日，贵州巡抚图思德奏续获应禁各书解京销毁折。

按：奏曰："又查获逆犯王锡侯《唐诗详解》并各项应禁违碍诸书共二十四种，计一百四十四部，又不全者十八本。"（张书才主编《纂修四库全书档案》上）

初九日丁卯(8月1日)，浙江巡抚王亶望奏查缴应毁各书，并查无《历志》一书折。

按：奏曰："窃照违碍不经书籍，前抚臣三宝暨臣任内先后查缴过一十四次，节经恭折奏闻。兹复据印委各员陆续缴到各书共二十七种，计二百一部，又王锡侯书五种，计一十一部，汇收在局。除另行委员解送外，谨具书目清单，恭呈御览。"（张书才主编《纂修四库全书档案》上）

十二日庚午(8月4日)，山西巡抚巴延三奏查获《六柳堂集》并汇缴违碍书籍折。

按：奏中所列违碍书籍62种，计216部。

十五日癸酉(8月7日)，谕内阁：著派机简办理《四库全书荟要》。

十七日乙亥(8月9日)，寄谕江西巡抚郝硕并各省督抚，确查《六柳堂集》，解京销毁。

按：谕军机大臣等："据巴延三奏，查获《六柳堂集》二本，系明人袁继咸所著，张自烈编辑，语多悖逆。查袁继咸原籍宜春，系江西省所辖，现在飞咨该省及各省查缴等语。袁继咸既籍隶江西，则其所刊书集，本省必有留存。著传谕郝硕，留心访觅，务将其本及版片，悉行查出，解京销毁。至《六柳堂集》一书，既经刊刻，流播山西，其余各省，自必有流传之本。而江南、浙江，尤书籍所汇聚，更宜访查。著传谕江、浙两省督抚，实力查缴，毋稍疏漏，并令各省督抚一体确查。"（《清高宗实录》卷一〇六一）。

十九日丁丑(8月11日)，寄谕各省巡抚务须实力查办违碍书籍。

按：谕曰："此时续行缴出，仍可遵旨不加究治，若匿不呈出，后经发觉，即难以轻逭。不可不将此意明白谕示，令其悉行查缴，剔厘净尽。"（《清高宗实录》卷一〇六一）

是日，署理福建巡抚德保奏遵旨查办《历志》等书情形折。

二十五日癸未（8月17日），贵州巡抚图思德奏遵旨查办《历志》等应毁各书情形折。

按：奏曰："臣查前奉谕旨饬查违碍书籍，业经先后搜罗应禁诸书共六十五种，计四百一十九部又九十九本，三次送京销毁，恭折奏闻在案。"（张书才主编《纂修四库全书档案》上）

七月初四日辛卯（8月25日），两江总督高晋奏续解违碍书籍情形折。

是日，军机大臣奏遵旨查明四至六月所进书籍错误次数，请将总裁等交部察议片。

按：奏曰："本年三月以前，所进书籍错误次数，业经按季查核。自四月起至闰六月止，四库馆进过全书二次，散片三次，武英殿进过《荟要》三次，臣等详加查核，除《春秋直解》卷前恭录御制文脱写一行，非寻常错误可比；另行奏明将总裁董诰、总校陆费墀各记过三次，即照三次议处外，至总裁抽阅书内，程景伊记过二次，钱汝诚记过三次，董诰记过二次，王杰记过一次，朱珪记过二次，吉梦熊、倪承宽各记过一次，应请旨交部分别察议；总校张能照记过九次，缪琪记过七次，王燕绪记过六次，朱钤、仓圣脉各记过三次，分校杨寿楠记过四次，王钟泰、李燊、王璸各记过三次，方维甸、戴心亨、郭祚炽各记过二次，应将张能照、缪琪、王燕绪、朱钤、仓圣脉、杨寿楠、王钟泰、李燊、王璸、方维甸、戴心亨、郭祚炽一并交部察议。其余总校吴绍灿、何思钧各记过二次，胡荣、杨懋珩各记过一次，分校萧九成、龚大万、励守谦、吴典、潘奕隽、王家宾、叶兰、袁文邵、李斯咏、鲍之钟、邱桂山、蔡镇、常循、卜维吉各记过一次，均未应交部，应毋庸议。"（张书才主编《纂修四库全书档案》上）

初五日壬辰（8月26日），谕钟音承办缮写《四库全书》所用纸张，著加恩赴部支领。

初九日丙申（8月30日），寄谕马兰镇总兵保宁将石门神祠碑字磨去，另拟碑文改刻。

是日，寄谕直隶总督周元理等，派员查勘沿边地方违碍门匾碑碣。

十八日乙巳（9月8日），谕内阁：本年选拔贡生已经考试各生，准其呈明充当誊录。

二十一日戊申（9月11日），湖广总督三宝等奏楚省查办违碍书籍缘由折。

二十三日庚戌（9月13日），陕西巡抚毕沅奏遵旨查办违碍书籍缘由折。

二十六日癸丑（9月16日），湖广总督三宝奏遵旨查办违碍书籍缘由折。

八月二十七日甲申（10月17日），军机大臣奏粘签呈览徐述夔等诗本并拟写谕旨进呈片。

按：徐述夔原名赓雅，字孝文，江苏扬州府东台人。乾隆三年举人。著有《一柱楼诗》、《和陶诗》、《小题诗》、《五色石传奇》、《蘧堂杂著》等十余种。本年四月，东台监生蔡嘉树因与徐家构讼，遂告徐述夔诗文违碍。《清高宗实录》卷一〇六五曰："据刘墉奏，如皋县民人童志璘，投递呈词，缴出泰州徐述夔诗一本，沈德潜所撰《徐述夔传》一本。其徐述夔诗内，语多愤激，现移督抚搜查办理等语。徐述夔身系举人，而所作诗词,语多愤激,使其人尚在,必应重治其罪。今徐述夔虽已身故,现据童志璘呈其所作《一柱楼诗》,已有怨愤之语。其未经查出之诗文,悖逆词句,自必尚多,不可不严切查究,搜毁净尽,以正人心而厚风俗。且正当查缴违碍书籍之时,而其子不将伊父诗文呈出,亦当治以应得之罪。至沈德潜为此等人作传赞扬,亦属非是,念其已经身故,姑免深究。……又另折奏称,有丹徒生员殷宝山,当堂投递狂悖呈词,并于其家中搜出诗文二本,语多荒谬等语。"著将书本发交萨载,即提该犯到案。

是日,寄谕两江总督高晋等,确查徐述夔、殷宝山案,并著明白回奏及查参该管各官。

二十八日乙酉(10月18日),寄谕署两江总督萨载等,殷宝山情罪重大,著即严行解京审讯。

九月初七日癸巳(10月26日),寄谕署两江总督萨载等,将徐食田解京审讯并严搜其家。

按:徐食田乃徐述夔之孙。

初九日乙未(10月28日),锦县生员金从善于乾隆帝自盛京返回京师途中,在御道旁跪递呈词,条陈"立储"、"复立后"、"纳谏"、"请施德"四事,乾隆帝以为"此系逆犯,实属罪大恶极",命从宽斩决(《清高宗实录》卷一〇六七)。

十二日戊戌(10月31日),军机大臣于敏中、梁国治等为遵旨派令缮录金元诸史事致机简函。

十三日己亥(11月1日),谕江宁布政使陶易于徐述夔悖逆诗词案延误塞责,著即行回奏。

是日,寄谕两江总督萨载等派员严行搜查徐述夔诗文并将徐食田等即速解京。

寄谕两江总督高晋不能早为查出徐述夔逆书,著即明白回奏。

十四日庚子(11月2日),寄谕署两江总督萨载等详查徐食田、陶易有无捏改呈首月日情节。

十六日壬寅(11月4日),谕内阁陶易、谢启昆、涂跃龙著革职解京定拟。

是日,寄谕署两江总督萨载等派员将陶易等隔别解京严讯。

二十一日丁未(11月9日),寄谕署两江总督萨载等再行严搜徐首发、沈成濯家并访查其更名情节。

按:《清高宗实录》卷一〇六七曰:徐述夔罪大恶极,"虽其人已伏冥诛,亦当按律严办,以伸国法而快人心。至阅伊同校书之徐首发、沈成濯二名,更堪骇异。二犯一以首发为名,一以成濯为名,四字合看,明是取义《孟子》'牛山之木,若彼濯濯',诋毁本朝薙发之制,其为逆党显然。实为可恶,已交刑部存记,俟该二犯解到时,严加刑讯"。

二十四日庚戌(11月12日),云贵总督李侍尧等奏第五次收缴应禁书籍并再定限查办折。

二十八日甲寅(11月16日),闽浙总督杨景素奏遵旨查办《六柳堂集》情形折。

是日，杨景素又奏遵旨查办违碍书籍缘由折。

三十日丙辰（11月18日），寄谕署两江总督萨载等，将保定纬、沈澜隔别解京交部讯究。

十月初四日庚申（11月22日），谕内阁：《开国方略》著大学士阿桂同办。

是日，湖广总督三宝等奏六次查获应毁各书折。

按：奏中所列续经查获书籍225种，计1689部；应毁各书计180种，计1847部（张书才主编《纂修四库全书档案》上）。

初五日辛酉（11月23日），军机大臣阿桂等奏刑部知会逆犯殷宝山、徐食田等官解到部片。

初六日壬戌（11月24日），户部为知照四库馆总裁等罚俸事致典籍厅移会。

初七日癸亥（11月25日），军机大臣奏查明七至九月所进书籍错误次数，请将总裁等交部察议片。

按：奏曰："自七月起至九月止，四库馆进过全书十六次、《荟要》五次。臣等详加查核，所有总裁抽阅书内，程景伊记过八次，嵇璜记过一次，董诰记过三次、王杰记过三次、周煌记过四次，钱汝诚记过一次，吉梦熊记过四次，朱珪记过三次，应请旨交都察院、吏部分别察议。总校缪琪记过十四次，何思钧、朱钤各记过四次，王燕绪记过三次，分校胡予襄记过十一次，雷纯记过四次，叶荬、罗万选各记过三次，应将缪琪、何思钧、朱钤、王燕绪、胡予襄、雷纯、叶荬、罗万选一并交部察议。其余总校吴绍灿、仓圣脉各记过二次，杨懋珩记过一次，分校励守谦、潘庭筠、吴俊、赵秉渊、朱炘、卜惟吉、汤垣、胡士震各记过一次，均未应交部，应毋庸议。"（张书才主编《纂修四库全书档案》上）

十三日己巳（12月1日），军机大臣奏遵查徐述夔《一柱楼诗》情形片。

十四日庚午（12月2日），江苏巡抚杨魁奏查办韦玉振擅用"赦"字及范起凤呈控堂弟串窃书籍缘由折。

按：江苏巡抚杨魁以赣榆县廪生韦玉振为其亡父刊刻《行述》"竟用'赦'字"，宝山县职员范起凤家藏《顾亭林集》等违碍之书，即将有关人犯提省审办，并具折奏报上述两案。乾隆帝斥其"所办殊属过当"（《清高宗实录》卷一〇七〇）。

十五日辛未（12月3日），寄谕各省督抚实力访查《一柱楼诗》等应毁各书。

是日，寄谕江苏巡抚杨魁查明沈德潜子嗣及家藏逆书情形。

十八日甲戌（12月6日），寄谕署两江总督萨载等将陆琰查拿锁押解京。

十九日乙亥（12月7日），大学士、九卿以已革江苏藩司陶易于徐述夔逆诗一案意存徇纵，照"故纵大逆律"拟斩立决具奏请旨。命加恩改为斩监候，秋后处决。

二十日丙子（12月8日），贵州巡抚图思德奏续经查获应禁书籍解京销毁折。

二十五日辛巳（12月13日），谕内阁：杨魁办理韦玉振擅用"赦"字等事殊属过当,著交部议处。

三十日丙戌(12月18日),谕内阁:将江宁书局委员保定纬等省释并著萨载等详查殷宝山所供情节是否属实。

十一月初一日丁亥(12月19日),谕内阁著通谕各督抚予限二年实力查缴违碍书籍。

初九日乙未(12月27日),陕甘总督勒尔谨等奏查缴应禁违碍书籍折。

十六日壬寅(1779年1月3日),河南巡抚郑大进奏查获刘峨刷卖《圣讳实录》并查办缘由折。

十七日癸卯(1月4日),寄谕江西巡抚郝硕等查明刘峨刷卖《圣讳实录》一案。

二十五日辛亥(1月12日),奉天府府丞李绥奏查办铁岭等处违碍碑碣情形折。

二十七日癸丑(1月14日),谕将逆犯徐述夔、徐怀祖戮尸,并仆毁沈德潜墓碑等事。

按:大学士、九卿等遵旨拟议徐述夔逆诗案有关各犯分别戮尸、斩决:徐述夔《一柱楼诗》中"明朝期振翮,一举去清都"一句"借朝夕之朝,作为朝代之朝,且不用上、到等字,而用去清都,显寓复兴明朝之意",应照大逆律锉碎其尸,枭首示众;徐述夔之子徐怀祖刊刻其父逆书,亦应照大逆律戮尸枭示;徐食田藏匿其祖逆书,应照大逆知情隐藏律拟斩立决;徐食书系正犯之孙,缘坐拟斩;徐首发、沈成濯系徐述夔生徒,"听其命取逆名,复列为校对,且刊刻逆书时并不举发",均应照大逆知情隐藏律拟斩立决;江宁藩司幕友陆琰"有心消弭重案",应照故纵大逆律拟斩立决。此外,沈德潜称誉逆犯徐述夔,应请旨将其官爵、加衔、谥典尽行革去,御制祭葬碑文一并仆毁,并撤出乡贤祠内牌位(《清高宗实录》卷一○七一)。

是日,寄谕江苏巡抚杨魁据实查复将徐述夔父子戮尸及仆毁沈德潜墓碑等事。

谕内阁:将沈德潜所有官爵及官衔谥典尽行革去。

二十八日甲寅(1月15日),河南巡抚郑大进奏现在查办违碍书籍章程并遵旨予限二年办理折。

十二月初一日丁巳(1月18日),江西巡抚郝硕奏缴续获应毁书籍并开单呈览折。

初九日乙丑(1月26日),寄谕各省督抚严查《九十九筹》一书及板片解京销毁。

按:《清高宗实录》卷一○七二曰:"前据高晋奏缴违碍书籍内,有《九十九筹》一书,计四本,系明代颜季亨所撰。其中诋斥之处甚多,较寻常违禁各书,更为狂悖不法。"著传谕各督抚,一体严查,尽数解京销毁。

十一日丁卯(1月28日),湖南巡抚李湖奏查出《国朝诗的》等违碍书籍分别办理缘由折。

按:《国朝诗的》系陶煊、张灿同辑,书中载有钱谦益、吕留良、屈大均等人的诗,本年湖南查缴违碍书籍时,认为此书字句有违碍之处(张书才主编《纂修四库全书档案》上)。

十二日戊辰(1月29日),山东巡抚国泰奏遵旨查缴颜季亨《九十九筹》情形片。

十六日壬申(2月2日),山西巡抚觉罗巴延三奏遵旨查缴颜季亨《九十九筹》折。

二十二日戊寅(2月8日),贵州巡抚图思德奏遵旨查办颜季亨著《九十九筹》情形折。

二十三日己卯(2月9日),陕西巡抚毕沅奏遵旨查办《圣讳实录》及《九十九筹》等书折。

二十八日甲申(2月14日),广西巡抚吴虎炳奏查无《九十九筹》一书并再行严查折。

是年,湖广总督三宝等奏呈查缴应毁各书清单。

库克发现夏威夷群岛。

威尼斯大夫弗朗茨·梅斯莫尔在巴黎实施催眠术。

钱大昕应两江总督高晋聘,为南京钟山书院院长。五月,与其弟大昭校勘《后汉书年表》毕,有后序。

王昶在京总纂《重修大清一统志》,时与邵晋涵、孔广森往来谈艺。

谢启昆在扬州府任,以查复《一柱楼诗》案迟延忤旨,被褫职遣赴军台效力,旋召还。

段玉裁遣李志德致祭戴震于京师,并作祭文。是年,补巫山知县。

孔继涵寄《戴氏遗书》数种给卢文弨,卢氏为之作序。

王鸣盛将《仪礼注疏正讹》草草题正,还金曰追。

王杰充会试副总裁,朱珪为同考官。

章学诚参加会试,终于中进士,官国子监典籍。是年,丁母忧。

按:章学诚《柯先生传》曰:"晚岁甲第,痛先君子不及见也。自以迂疏,不敢入仕。"(《章氏遗书》卷一七)

章学诚七月有《与钱献之书》,与钱坫讨论为学风尚。

按:章学诚《与钱献之书》曰:"自康熙中年,学者专攻制义,间有讲求经史,撰述词章之类,老师宿儒,皆名之曰杂学。出所业编,但非破承小讲,前提后束,中后八股之体,虽有制作如经,皆不得谓之正学。三十年来,学者锐意复古,于是由汉唐注疏,周秦子纬而通乎经传微言,所谓绝代离辞,同实殊号,阐发要妙,补苴缺遗,可谓愈出而愈奇矣。至四库馆开,校雠即为衣食之业,一时所谓《尔雅》、《三苍》、《说文》、《玉篇》、《广韵》之书,衰然盈几案间,而中才子弟,亦往往能摘诘商商之悮,则愈盛矣。"(《章氏遗书》佚篇)

沈德潜因生前为徐述夔作传,乾隆帝益加追论其罪,褫所得封典,并撤出乡贤祠,仆碑。

洪亮吉在安徽学政刘权之幕中,二月随刘权之至太平、徽州、宁国、池州四地考核生员。十一月由滁州返家葬母。

毕沅奏请添设周公后裔为五经博士,部议允行。

按:史善长编《弇山毕公年谱》曰:"尝因事经咸阳县北毕原,展谒元圣周公墓,谘访后裔有姬姓奉祀生一人守墓。公以关、闽、濂、洛诸儒后裔皆有世袭之职,至伯禽少子之食采于东野者为东野氏,已于康熙年间圣祖仁皇帝加恩世袭翰林院五经博士,今咸阳为元圣祠墓所在,宗支单弱,虽有奉祀生之名,实与齐民无异,请加恩添设五经博士一员,准将咸阳姬姓嫡派子孙照曲阜东野氏之例,予以世袭,俾永奉元圣周公及文武成康四王陵祀。奏入,部议允行。"

戴衢亨、缪晋、章宗瀛、戴联奎、陈崇本、邱廷滫等散馆庶吉士四月二十九日俱著授为编修;孙玉庭著授为检讨;汉书庶吉士吴锡麒、许烺、严福、范来宗、罗修源、徐立纲、戴均元、钱樾、于鼎、卢遂、徐如澍、翟槐、曹锡龄、周宗岐、张能照、周琼俱著授为编修;德昌、饶庆捷、谷际岐、王允中、瑞保、五泰俱授为检讨。其庶吉士梁上国、陈墉、杨昌霖、张慎和、陈文枢、仓圣脉、李廷敬、曾廷枟、胡敏、胡必达、何思钧俱著以部属用。

阮元年十五,始应童子试。

江藩年十八,著《尔雅正字》一书,王鸣盛见而深为叹赏;又识王昶,以师礼待之。

按:王鸣盛谓江藩曰:"予门下士以金子璞园为第一。予近日得见好学深思之士,惟子及李子赓芸、费子玑三人而已。"(《国朝汉学师承记》卷四《王兰泉先生》)

江藩又从江声游。

按:江藩自余萧客殁后,泛滥诸子百家,如涉大海,茫无涯涘。江声"教之读七经、三史及许氏《说文》,乃从先生受惠氏《易》。读书有疑义,质之先生,指画口授,每至漏四下犹讲论不已,可谓诲人不倦者矣"(《国朝汉学师承记》卷二《江艮庭先生》)。江藩又曰:"藩弱冠时,受《易汉学》于元和通儒艮庭(江声)征君,始知六日七分、消息升降之变,互卦、爻辰、纳甲之说。"(《隶经文》卷四《节甫字说》)

罗有高会试报罢,与王昶相偕南归。

祁韵士中进士,改翰林院庶吉士,散馆,授编修。

陆燿以母老乞休回籍终养,许之。

王谟中进士,授建昌府教授。

舒位随父宦寓广西永福,以其邸有铁云山,因自号铁云。

冯敏昌中进士,授编修。

管世铭中进士,授户部主事。

李威中进士,累官刑部主事、广州知府。

按:李威字畏吾,又字述堂,号凤冈,福建龙溪人。辞官后曾主讲丹霞书院。师事朱筠11年,又与孔广森友善。著有《诗古文辞》、《岭云轩笔记》、《岭云轩琐记》4卷、《琐记续选》4卷等。事迹见《清史列传》卷六八。

曹尽时任江西崇仁知县,建相山书院。

李卿云时任山东广饶知县,建乐育书院。

康基田时任沁阳知府,建覃怀书院。

王巡泰时任广东兴业县知县,建石南书院。

按:王巡泰字岱宗,陕西临潼人。乾隆三十三年(1768)进士,历官山西五寨、广东兴业、陆川知县。少从孙景烈游,深达理奥。先后主讲临潼、渭南、华阴、望都、解州、运城书院,多所成就。著有《四书日记》、《解梁讲义》、《格致内编》、《齐家四则》、《服制解》、《仕学要言》、《丁祭考略》、《河东盐政志》、《知命说》、《零川日记》等。事迹见《清史列传》卷六七。

王嘉猷时任四川西充知县,建鹿岩书院。

周植时任甘肃临夏知州,建凤林书院。

让·拉马克撰成《法国植物志》。

G. L. L. 布丰发表《时代的性质》。

江藩著《尔雅正字》。

张尚瑗著《读战国策随笔》1卷成书。

钱大昕重订《廿二史考异》。

按：章太炎《清代学术之系统》曰："考史者清代特多,最早为万斯同的《历代史表》。后来补表、补地理志者如钱大昕、洪亮吉等,于史学均能得大体。其余零考琐录者尚多,以钱大昕的《廿二史考异》、王鸣盛的《十七史商榷》、赵翼的《廿二史札记》为最佳。三书之中,钱书当为第一,钱、王是一路,赵则将正史归类,其材料不出正史；钱、王功力较深,其实亦不免琐碎。故论清代考史之作,实以补表为最好。"(《中国近三百年学术史论》)

吴兰庭著《五代史纂误补》4卷成书,有自序。

梁国治等奉敕纂《钦定国子监志》62卷。

按：是书保存了国子监的规章制度、师生教学、办学经费、监藏图书等重要文献。《四库全书总目提要》曰："《钦定国子监志》六十二卷,乾隆四十三年奉敕撰。先是国子祭酒陆宗楷等辑《太学志》进呈,而所述沿革故实,滥载及唐、宋以前,殊失限断。乃诏重为改定,断自元、明。盖本朝国子监及文庙,皆因前代遗址,其缔构实始于元初也。首为《圣谕》二卷,以记褒崇先圣,训示儒林之大法。次《御制诗文》七卷,备录列朝圣文,皇上宸翰。次《诣学》二卷,纪亲祀临雍之礼。次《庙制》二卷,前列图说,后志建葺年月规制。次《祀位》二卷,详载殿庑及崇圣祠诸位号。次《礼》七卷,分记释奠、释菜、释褐、献功、告祭诸仪,及祭器图说。次《乐》六卷,分记乐制、乐章、律吕、舞节二表,及礼乐诸器图说。次《监制》一卷,详述条规。次《官师》五卷,载设官、典守、仪制、铨除、题名表。次《生徒》七卷,载员额考校甄用及外藩之入学者。次《经费》四卷,恩赉岁支俸给备载焉。次《金石》五卷,冠以《钦颁彝器图说》、御制诸碑,并元以来进士题名碑,而殿以《石鼓图说》。次《经籍》二卷,具载赐书及版刻之目。次《艺文》二卷,则列诸臣章奏诗文及诸论著。《识余》二卷,曰《纪事》、曰《缀闻》,并捃摭杂记,以备考核,识大识小,罔弗详赅,于以志国家重道崇儒,作人训俗之盛。较诸监臣之初编,如苇钥土鼓改而为韶钧之奏矣。"

李调元著《制义科琐记》4卷、《赋话》6卷成书,有自序。

吴坛著《大清律例通考》40卷成书。

章学诚续修《永清县志》。

朱宸等修,林有席纂《赣州府志》44卷刊行。

汪沆等纂《杭州府志》110卷成书。

张九华修,吴嗣范纂《重修景宁县志》12卷刊行。

倭什布修纂《嘉祥县志》4卷刊行。

胡德琳、蓝应桂修,周永年、盛百二纂《济宁直隶州志》34卷刊行。

吴鼎新修,黄建中纂《皋兰县志》20卷刊行。

李带双修,张若纂《郿县志》18卷刊行。

吴六鳌修,胡文铨纂《富平县志》8卷刊行。

葛晨纂修《泾阳县志》10卷刊行。

纪在谱修,黄立世纂《长子县志》20卷刊行。
江启澄修,林鸿瑛纂《高邑县志》8卷刊行。
许起凤修纂《建德县志》8卷刊行。
高若瀛修,邵晋涵纂《余姚县志》40卷刊行。
张邦伸修纂《固始县志》26卷刊行。
张钝修,史元善等纂《安肃县志》16卷刊行。
于光华著《文选集评》15卷刊行。
厉鹗著《樊榭山房文集》8卷刊行。
王昶辑《琴画楼词钞》25种刊行。
汪由敦著《松泉文集》20卷、《松泉诗集》26卷刊行。

按:《四库全书总目提要》曰:"由敦记诵渊博,文章典重有体。自为诸生,即以才学著声。及登第以后,策名词馆,橐笔讲帷,荷蒙皇上特达之知,洊加拔擢,入直禁廷。每应制赓吟,奉敕撰述,无不仰承圣训,指示涂辙。艺林溯本,学海知源,所业日以益进。晚年遗稿颇夥,未及编次,其子工部右侍郎臣汪承霈谨加排次,都为二集,《文集》分二十三门,《诗集》自戊子迄丁丑凡五十年之作,共成四十六卷,缮本进呈。复蒙特贲宸章,曲加评骘,嘉诗篇之雅正,许文律之清醇。御藻亲摛,光垂不朽。此固由敦之绩学能文,荣膺稽古,而人臣私集得以上邀天奖,题词弁首,实千古未有之殊施,尤海内承学之士所为敬诵奎文,交相感颂者尔。"

孟超然著《瓶庵居士文钞》4卷刊行。
于敏中等奉敕纂《钦定西清砚谱》25卷。

按:《四库全书总目提要》曰:"《钦定西清砚谱》二十五卷,乾隆四十三年奉敕撰。每砚各图其正面、背面,间及侧面,凡奉有御题、御铭、御玺及前人款识、印记,悉皆案体临摹,而详述其尺度、材质、形制及收藏赏鉴姓名,系说于后。其旧人铭跋并录宸草之后,下逮臣工奉敕所题,亦得备书。其序先以陶之属,上自汉瓦,下逮明制,凡六卷。次为石之属,则自晋王廙璧水砚以至国朝朱彝尊井田砚,凡十五卷,共为砚二百,为图四百六十有四。其后三卷曰附录,为砚四十有一,为图百有八,则今松花、紫金、驼基、红丝诸品及仿制澄泥各种皆备列焉。……内廷所贮本总二十四册,今案册为卷,而以原目为首卷,凡二十五卷。"

桂馥著《续三十五举》1卷成书,有自序及翁方纲、陆费墀序。

按:是为篆刻学著作。元代吾丘衍著《学古编》,首列"三十五举",论述书体正变及篆写摹刻之法,后世续补者颇多,桂书乃其中之一。有《昭代丛书》本、《篆学琐著》本。

俞震辑《古今医案按》10卷刊行。

按:俞震字东扶,号惺斋,浙江嘉善人。以医名世。以后王士雄有选评本《古今医案选》4卷。

于敏中、王际华奉敕编《四库全书荟要》464种成书。

按:《四库全书荟要》按照乾隆皇帝谕旨修纂,全书内分经、史、子、集四部,从《四库全书》中精选而成。乾隆四十三年(1778),第一部《钦定四库全书荟要》完成,藏于紫禁城坤宫宁御花园的"摛藻堂"。次年,又誊缮一部,藏于圆明园内的"味腴书屋",以备乾隆随时阅鉴。

金忠淳辑丛书《砚云》甲乙编16种50卷成书。

刘智著《天方至圣实录》20卷由金陵袁氏启承堂首次刊行。

> **按**：是书于乾隆四十七年(1782)因回族伊斯兰文字狱"海富润案"而遭到地方官员查究,后因乾隆批示"勿用办理"始免,并以"御批"而驰名海内。故后世又称此书为《御览天方至圣实录》。有乾隆五十年(1785)袁国祚本、道光四年(1824)及七年(1827)汉南还淳堂本、同治十一年(1872)锦城宝真堂本、十三京口清真寺及民国十四年(1915)马福祥本。又有英、俄、法、日译本。1984年,中国伊斯兰教协会出版了陕西教育学院回族学者冯增烈的标点本。

卢梭卒。
伏尔泰卒。

孙洙卒(1711—)。洙字苓西,号蘅塘,晚号退士,江苏无锡人。乾隆十六年进士。曾任上元县教谕。编有《唐诗三百首》,自著有《蘅塘漫稿》等。

周于礼卒(1720—)。于礼字亦园,号立崖,云南峨山人。乾隆十六年进士,选为庶吉士,散馆,授翰林院编修。后转任江南道御史,升鸿胪寺少卿,迁太常寺少卿,再迁大理寺少卿。精于书画鉴赏,富于收藏。著有《听雨楼法帖》10卷。事迹见震钧辑《国朝书人辑略》卷五。

余元遴卒(1723—)。元遴字秀书,一字药斋,安徽婺源人。诸生。师事汪绂。汪绂卒后,元遴将其遗书献督学朱筠,遂得以传世。著有《庸言》4卷、《诗经蒙说》、《画脂集》。事迹见《清史稿》卷四八○、《清史列传》卷六七、李桓《国朝耆献类征初编》卷四○九、朱筠《婺源余先生元遴墓志铭》。

> **按**：《清史列传》本传曰:"少有志为己之学,究心经义及宋五子书。后师事(汪)绂,得闻为学要领,著《庸言》四卷,皆克治身心、考验自得之语。绂阅之,称其践履笃挚。平居坐不倚,立不跛。授徒所入,分恤亲族。"

余萧客卒(1729—)。萧客字仲林,号古农,江苏长洲人。惠栋弟子。以经术教授乡里。长于辑佚。曾应聘至保定修《畿辅水利志》,因与纪昀、朱筠相识,颇受推重。著有《古经解钩沉》30卷、《文选纪闻》30卷、《文选音义》8卷、《文选杂题》30卷、《选音楼诗拾》等。事迹见《清史稿》卷四八一、《清史列传》卷六八、李桓《国朝耆献类征初编》卷四一九、任兆麟《余君萧客墓志铭》(《有竹居集》卷一○)、江藩《余古农先生记》(《国朝汉学师承记》卷二)。

李文藻卒(1730—)。文藻字素伯,号南涧,山东益都人。乾隆二十五年进士。纪昀督学福建,曾入其幕府。又于德州、菏泽等书院主讲多年,后官广东恩平知县、桂林府同知。聚书至数万卷,皆手自雠校。著有《南涧文集》2卷、《南涧先生遗文》2卷等。事迹见《清史列传》卷七二、李桓《国朝耆献类征初编》卷四二○、翁方纲《李南涧墓表》(《复初斋文集》卷一四)、钱大昕《李南涧墓志铭》(《潜研堂文集》卷四三)。

钱侗(—1815)、许绍宗(—1820)、许桂林(—1821)、吴慈鹤(—1826)、李诚(—1844)、林伯桐(—1847)、沈维镴(—1849)、卞斌(—1850)、汤贻汾(—1853)、陈逢衡(—1855)、唐鉴(—1861)生。

乾隆四十四年　己亥　1779年

正月初九日甲午（2月24日），河南巡抚郑大进奏查获《九十九筹》等书情形折。

初十日乙未（2月25日），闽浙总督杨景素奏复查办《九十九筹》一书情形折。

是日，福建巡抚黄检奏复查办《九十九筹》一书情形折。

十二日丁酉（2月27日），浙江巡抚王亶望奏复查办《九十九筹》一书情形折。

十六日辛丑（3月3日），军机大臣奏查明十至十二月所进书籍错误次数，请将总裁等交部察议片。

按：奏曰：上年"自十月起至十二月止，四库馆进过全书二次、《荟要》二次。臣等详加查核，所有总裁抽阅书内，程景伊记过一次、董诰记过一次、朱珪记过三次、倪承宽记过二次，应请旨交吏部、都察院分别察议。总校仓圣脉、何思钧、吴绍灿、胡荣各记过三次，分校张曾炳、金光悌、莫瞻菉、徐立纲各记过二次，应请一并交部察议。其余总校王燕绪记过一次，缪琪记过二次，分校叶葰、张慎和、常循、卜维吉、雷纯、袁文邵、胡士震各记过一次，均未应交部，应毋庸议"（张书才主编《纂修四库全书档案》上）。

十七日壬寅（3月4日），军机大臣奏交各馆严察颜季亨所撰书籍并行查原籍书板片。

二十日乙巳（3月7日），云贵总督李侍尧等奏滇省已获书中查无颜季亨撰书并饬属再行访查折。

二十八日癸丑（3月15日），萨载、杨魁奏报审拟李骥《虬峰集》案。

按：李骥是江苏扬州人，岁贡生，卒于康熙四十九年，身后绝嗣。当时各省收缴禁书，总督萨载认为其所著《虬峰集》不仅序、论俱有触碍，而且有"日有明兮，自东方兮，照八荒兮，民悦康兮，我思孔长兮，夜未央兮"等句，皆"系怀胜国，望明复兴，显属狂悖"。李骥被锉尸枭首，书籍、板片解送军机处销毁（张书才主编《纂修四库全书档案》上）。

二十九日甲寅（3月16日），江苏巡抚杨魁奏查出颜季亨所撰书四本并通饬各属查追板片折。

是日，军机大臣奏复核陶汝鼐及黎元宽所撰违碍书情形并行文各省饬禁折。

按：明末翰林陶汝鼐著有《荣木堂集》，明末进士黎元宽著有《进贤堂集》，巡抚郝硕以为两书均有违碍之语（张书才主编《纂修四库全书档案》上）。

谕所有陶汝鼐、黎元宽各项书集均著行查销毁，其子孙加恩免罪。

特施申和约结束了巴伐利亚王位继承战。

西班牙向英国宣战并包围了直布罗陀。

英军于文森斯向美国人投降。

谕军机大臣，《国朝诗的》等案不必照徐述夔案办理。

三十日乙卯（3月17日），大学士于敏中等奏《开国实录》图内字迹已分别派员缮写片。

二月初一日丙辰（3月18日），军机大臣奏将科甲出身现任三品京堂开单进呈片。

是日，军机大臣奏遵旨选得阿哥书房行走人员谢墉、达椿、钱载、胡高望、李汪度等五员阅看全书片。

谕著永璇等充《四库全书》馆正总裁，谢墉等充总阅。

初四日己未（3月21日），大学士于敏中奏呈《开国实录》样片，恭候阅定以缮正本片。

初六日辛酉（3月23日），谕嗣后四库馆效力年满议叙人员著严加考试分别核办。

十二日丁卯（3月29日），军机大臣奏呈江苏巡抚杨魁解到《九十九筹》等书，请旨销毁片。

是日，军机大臣缮呈满汉三品以上大臣兼与未兼全书馆人员名单。

十三日戊辰（3月30日），两广总督桂林等奏复查办《九十九筹》一书情形折。

十五日庚午（4月1日），谕程景伊、徐立纲等著分别罚俸六个月或三个月。

二十五日庚辰（4月11日），谕内阁：著将明人违碍书籍内匡救时艰诸疏，选择编为《明季诸臣奏疏》。

按：《明季诸臣奏疏》以后并未单独成书，乾隆四十六年命皇子等编辑《明臣奏议》时，将纪昀等遵旨选出的明神宗以后的各奏疏归入在《明臣奏议》之中。《清史稿·高宗本纪》五日："庚辰，命辑《明季诸臣奏疏》。谕曰：'各省送到违碍应毁书籍，如徐必达《南州草》，萧近高《疏草》，宋一韩《披垣封事》，切中彼时弊病者，俱无惭骨鲠。虽其君置若罔闻，而一时废弛瞀乱之迹，痛切敷陈，足资考镜。朕以为不若择其较有关系者，别加编录，名为《明季奏疏》，勒成一书，永为殷鉴。诸臣在胜国言事，于我国家间有干犯之语，不宜深责，应量为改易选录，余仍分别撤毁。'"

二十六日辛巳（4月12日），军机大臣奏发下明人奏疏遵旨制出拟选各篇，谨将原书呈请销毁片。

是日，军机大臣等奏遵旨指驳明颜季亨撰《九十九筹》等情片。

三月初六日庚寅（4月21日），谕著《四库全书》馆总裁福隆安等专司考核督催以期迅速蒇事。

是日，特准举行翻译会试。

十六日庚子（5月1日），寄谕署湖广总督郑大进速办冯王孙著《五经简咏》一案。

按：湖北兴国州捐贡冯王孙在呈缴禁书限期之内交呈自著《五经简咏》二本，经总督三宝查核，以为"语多狂悖，并有不避庙讳之处"，遂据情入奏。乾隆帝谕："今阅签出诗内各句，悖妄狂诞，不可枚举，且有复明削清之语，并于庙讳全然不避，悖逆显然，应即严讯该犯，录取确供，照大逆凌迟缘坐例，迅速向拟具奏。"四月狱具，冯王孙凌迟处死,传首本籍,其子冯生桐等三名缘坐拟斩,从宽改斩候;冯王孙之妻、媳及年未及岁之孙俱给付功臣之家为奴(张书才主编《纂修四库全书档案》上)。

二十一日乙巳(5月6日),寄谕盛京将军福康安将府丞李绥办理磨毁改刻碑碣等事复奏。

二十三日丁未(5月8日),军机大臣等奏阅看尹会一奏议刻本情形,并粘签进呈片。

是日,军机大臣奏山西巡抚巴延三解到黄廷桂奏疏缴进销毁片。

谕内阁:所有尹嘉铨缴出伊父奏疏及板片仍著发还。

四月初五日己未(5月20日),军机大臣奏查明正月至三月所进书籍错误次数,请将总校等交部察议片。

按:奏曰:"兹自本年正月起至三月止,四库馆进过《全书》二次、《荟要》二次。臣等详加查核,总校仓圣脉、胡荣各记过五次,王燕绪记过三次;分校常循记过三次,石鸿翥、李斯咏各记过二次,应请旨交吏部照例察议。其余总校杨懋珩、朱钤,分校王璸、范鏊、张曾炳、朱攸、王钟健、徐立纲、戴联奎、金学诗,各记过一次,均未应交部,应毋庸议。"(张书才主编《纂修四库全书档案》上)

初八日壬戌(5月23日),江苏巡抚杨魁奏续缴应毁书籍并再实力妥办折。

按:奏中所列应毁书籍249种,3052部(张书才主编《纂修四库全书档案》上)。

十六日庚午(5月31日),署湖广总督郑大进奏查办违碍书籍板片情形折。

二十日甲戌(6月4日),山东巡抚国泰奏汇解违碍书籍并分缮清单呈览折。

按:奏中所列违碍书籍151种,计8093本;应毁书籍35种,计424本(张书才主编《纂修四库全书档案》上)。

二十二日丙子(6月6日),谕四库修纂曹锡龄著加二级,许烺著加一级。

二十六日庚辰(6月10日),浙江巡抚王亶望奏查获《九十九筹》残本解京销毁折。

二十九日癸未(6月13日),智天豹编造《本朝万年历》被斩。

五月初二日乙酉(6月15日),寄谕湖南巡抚李湖等严讯沈荣英等呈缴沈大绶《硕果录》等书案。

按:沈荣英乃湖南临湘沈大绶之子,大绶于乾隆三十八年将其自作诗赋杂记刊刻,取名《硕果录》和《介寿辞》,四十一年病故。本年二月,江西巡抚将《硕果录》列入违碍书单。乾隆帝以为沈大绶"心怀怨谤,肆其狂吠,情罪甚为可恶,其人已伏冥诛,亦当照徐述夔之例戮尸,以伸国法而快人心"(《清高宗实录》卷一〇八二)。

初三日丙戌(6月16日),军机大臣奏验明萨载缴到颜季亨等著违碍书呈进销毁片。

是日,盛京将军福康安等奏委员查办磨毁碑碣已竣并复行查出违碍字样折。

初七日庚寅(6月20日),军机大臣奏将李侍尧等缴到《九十九筹》原封呈进销毁片。

十四日丁酉（6月27日），军机大臣奏将浙江巡抚缴到《九十九筹》封固缴进销毁片。

十六日己亥（6月29日），广东巡抚李质颖奏请删撤《大学衍义补》违碍字句，并粘签呈览折。

二十四日丁未（7月7日），热河文庙落成，乾隆帝诣文庙行释典礼。

二十五日戊申（7月8日），谕王燕绪著加恩授为翰林院编修，仓圣脉、何思钧著照该员甲第授职，朱钤著赏给庶吉士，杨懋珩、缪琪俱著以知县即用。

是日，谕著现充《四库全书》馆誊录之各省生员归入皿字号应顺天乡试。

二十九日壬子（7月12日），寄谕两江总督萨载等速将程树榴一案审讯明确定拟具奏。

按：程树榴是安徽天长县贡生，曾为友人王沅《爱竹轩诗稿》作序，复出资刊刷。是年四月，生员王廷赞挟嫌告发程树榴所作序文悖逆，七月程树榴被判凌迟处死（《清高宗实录》卷一〇八三）。

六月初五日丁巳（7月17日），寄谕浙江巡抚王亶望即将钟倬及蒋翰拿获速解刑部讯究。

十三日乙丑（7月25日），谕著添派曹文埴阅办《大清一统志》。

三十日壬午（8月11日），户部为知照《四库全书》馆分校石鸿翥、李斯咏罚俸事致典籍厅移会。

七月初二日甲申（8月13日），江苏巡抚杨魁奏拿获说合顶买誊录之储曾英解交刑部审办折。

初五日丁亥（8月16日），军机大臣奏奉旨查明四至六月所进书籍错误次数，请将总裁等交部察议片。

按：奏曰："自四月起至六月止，四库馆进过全书七次、《荟要》五次。臣等详加查核，所有总裁等抽阅书内，除记过一次之钱汝诚业已病故，毋庸交部外，总阅倪承宽、吉梦熊各记过一次，应请旨交部察议；总校王燕绪记过四次，吴绍灿记过十次，分校李斯咏记过二次，王彝宪记过十次，应一并交部察议。其余总校缪琪、朱钤、胡荣，分校吴寿昌、吴甸华、王钟泰、嵇承志、李荃，各记过一次，均未应交部，应毋庸议。"（张书才主编《纂修四库全书档案》上）

是月，《四库全书》处汇核四至六月缮写讹错奉旨记过之总裁、总校等清单。

《四库全书荟要》处汇核四至六月缮写讹错奉旨记过之总裁、总校等清单。

初六日戊子（8月17日），浙江巡抚王亶望奏遵旨分咨查拿钟倬、蒋翰情形折。

初九日辛卯（8月20日），军机大臣奏将萨载解到程树榴家谱诗本缴进销毁片。

是日，两江总督萨载奏续解《九龠集》等违碍书籍板片折。

十二日甲午(8月23日),江西巡抚郝硕奏缴续获应毁书籍板片折。

十八日庚子(8月29日),寄谕湖南巡抚李湖不必查办《青铜自考》一书。

二十六日戊申(9月6日),谕记过一、二次分校各员著存记于下次汇奏时一并积算。

二十九日辛亥(9月9日),谕内阁:著国史馆会同理藩院编辑各蒙古扎萨克功绩表传。

八月初一日壬子(9月10日),命辑《蒙古王公表传》。

初三日甲寅(9月12日),乾隆帝颁谕,批评不良学风。

按:谕曰:"文以明道,宜以清真雅正为宗,朕曾屡降谕旨,谆谆训诫。无如听之藐藐,恬不为怪。读书人于此理尚不能喻,安望他日之备国家任使乎?大抵近来习制义者,只图速化,而不循正轨,每以经籍束之高阁,即先正名作,亦不暇究心,惟取庸陋墨卷,剿袭寻扯,效其浮词,而全无精义。师以是教,弟以是学,学子以是为揣摩,试官即以是为去取。且今日之举子,即异日之试官,不知翻然悔悟,岂独文风日敝,即士习亦不可问矣。嗣后作文者,务宜沉潜经义,体认儒先传说,阐发圣贤精蕴,务去陈言,辞达理举,以薪合于古人立言之道,慎毋掉以轻心。试官阅卷,亦当严为甄别。一切肤词烂调,概摈不录。庶几共和谨凛,文治蒸蒸日上,以副朕崇雅黜华之至意。其翻译清文、蒙古文,亦当实力讲求,勿仍陋习。此旨著颁示贡院,暨各省学政,及翻书房理藩院,各书一通,揭之堂楣,俾皆触目警心,钦承勿忽;并谕中外知之。"(《清高宗实录》卷一○八八)

初八日己未(9月17日),谕校阅《四库全书》错误之倪承宽等,著分别罚俸或销去记录。

十一日壬戌(9月20日),军机大臣于敏中奏阅看发下高朴名下书籍情形折。

三十日辛巳(10月9日),谕温常绶罚俸三个月之处著注于记录抵销。

九月初六日丁亥(10月15日),闽浙总督三宝奏缴应毁各书情形折。

按:奏中所列续查出应毁书籍62种,计176部;又查出应毁书籍113种,计311部(张书才主编《纂修四库全书档案》上)。

十五日丙申(10月24日),云贵总督李侍尧等奏第六次收缴应禁书籍解京缘由折。

二十五日丙午(11月3日),军机大臣奏交馆阅查毛奇龄所著书籍情形并将原书夹签呈览片。

十月初十日庚申(11月17日),军机大臣奏查明七至九月所进书籍错误次数,请将总裁等交部察议片。

按:奏曰:"自七月起至九月止,四库馆进过《全书》六次、《荟要》二次,臣等详加查核。八阿哥抽阅书内有错误一次,总裁嵇璜、总阅朱珪各记过一次,应请旨交部分别察议。总校杨懋珩记过九次,张能照记过五次,胡荣记过四次,朱钤、吴绍灿各记过三次,分校朱忻记过六次,程琰记过三次,戴衢亨、莫瞻菉、马启泰、汪镛、孙球各记过二次,应一并交部察议。其余总校缪琪记过二次,何思钧、王燕绪各记过一次;分校陈昌齐、王汝嘉、季学锦、曹锡龄、罗修源、汪学金、康仪钧、张曾效、吴甸华各记过一次,均未应交部,应毋庸议。"(张书才主编《纂修四库全书档案》上)

是月，《四库全书》处汇核七至九月缮写讹错奉旨记过之总裁等清单。

《四库全书荟要》处汇核七至九月缮写讹错奉旨记过之总裁等清单。

二十六日丙子（12月3日），广西巡抚李世杰奏查出应禁各书缮单呈览折。

二十九日己卯（12月6日），安徽巡抚闵鹗元奏查出悖谬各书分别办理缘由折。

是日，闵鹗元又奏请通饬铲削志乘所载应销各书名目及诗文折。

十一月初一日辛巳（12月8日），湖广总督图思德等奏第八次查获应毁各书解缴缘由折。

按：奏中所列应毁书籍89种，计725部（张书才主编《纂修四库全书档案》上）。

十二日壬辰（12月19日），广西巡抚李世杰奏复查明各大臣家并无镌刻奏疏朱批折。

十七日丁酉（12月24日），谕校阅全书错误之皇八子永璇著罚尚书俸六个月等事。

十八日戊戌（12月25日），军机大臣拟赏《四库全书》处人员果单。

二十二日壬寅（12月29日），广西巡抚李世杰奏查出应禁各书缮单呈览折。

二十四日甲辰（12月31日），寄谕各省督抚将志乘所载应禁诗文及著者事实书目概行删节。

按：安徽巡抚闵鹗元奏，各省郡邑志书内如有登载应销毁各书名目及悖妄著书人诗文者，请一概俱行铲削。乾隆帝以为闵鹗元所奏甚是，命各地照办（《清高宗实录》卷一○九五）。

十二月初一日辛亥（1780年1月7日），福建巡抚富纲奏初发聚珍板各书翻刻完竣情形折。

初二日壬子（1月8日），直隶总督杨景素奏复遵旨设局查阅各府州县志书应禁诗文折。

初三日癸丑（1月9日），江苏巡抚杨魁奏苏州书局续缴应毁书籍情形折。

按：奏中言新获违碍书籍20种，计78本（张书才主编《纂修四库全书档案》上）。

初九日己未（1月15日），谕王杰著充武英殿总裁。

初十日庚申（1月16日），两江总督萨载奏江宁书局续缴应毁书籍情形折。

是日，谕著梁国治同办《日下旧闻考》。

谕著德保同办《音韵述微》。

十一日辛酉（1月17日），谕《辽史》、《元史》著添派和珅等同办，《明史》著添派王杰等同办。

是日，谕著程景伊、曹文埴分别充三通馆正、副总裁。

十六日丙寅（1月22日），军机大臣奏遵旨查于敏中原办各书情形并进呈现办各书及总裁名单片。

二十日庚午（1月26日），谕著程景伊、王杰分充国史馆正、副总裁。

是日，广西巡抚李世杰奏缴应禁各书缮单呈览折。

二十四日甲戌(1月30日)，军机大臣拟赏《四库全书》处人员果单。

是日，翻书房为知照纂办《钦定满洲蒙古汉字三合切音清文鉴》事致蒙古堂移会。

二十六日丙子(2月1日)，护陕西巡抚尚安奏复查办省志及各府州县志书情形折。

钱大昕在江宁访求金石，所得南唐、宋、元刻甚多。五月为严观《江宁金石记》作序。是年，谈泰来从游，授以算术；卢文弨有《与辛楣论熊方后汉书年表书》。

洪亮吉五月抵京，居黄景仁寓所；《四库全书》总裁董浩嘱总校孙溶延聘洪亮吉校雠，岁银二百。应顺天乡试不中，与翁方纲、蒋士铨、程晋芳、吴锡麒等交游，入其所结诗社，杯酒唱和，极朋友之乐。

卢文弨始主讲西湖书院。因读《公羊注疏》毕，作《书公羊注疏后》。又据宋、明诸本校勘贾谊《新书》毕，有《书校本贾谊新书后》。又有《答朱秀才理斋缙书》，与朱缙讨论讲学事。

段玉裁以父老引疾归，定居苏州。

纪昀三月擢詹事府詹事，四月擢内阁学士，兼礼部侍郎，至是始出翰林。

章学诚在京交王念孙、顾九苞、任大椿、刘台拱等。

汪中正月有《与端临书》，与刘台拱商讨经籍文字校勘事；六月校勘贾谊《新书》毕，作《贾谊新书序》。

王昶有《与汪容夫书》，与汪中论读经应循序渐进。

朱筠充福建学政。

王鸣盛应鲍廷博之请，为《知不足斋丛书》作序。

按：王鸣盛序曰："吾友鲍君以文，与予订交一星终矣。其为人淹雅多通，而精于鉴别，所藏书皆珍抄旧刻，手自校对，实事求是，正定可传。会朝廷下求书之令，君择其尤者进奉，以助延阁广内之储。圣情嘉悦，御制诗章褒奖，奎文睿藻，光贲里闾，人咸艳美，以为仅事。君不敢自秘，出其所藏，次第寿诸枣木，乐与学者共之。乃汇为五编，曰《知不足斋丛书》。识古如卢学士，既序之矣，君属予继以言。予翻阅一周，知君之有功于艺林为甚钜也。"(《知不足斋丛书》卷首)

王鸣盛为钱大昭《两汉书辨疑》作序。

按：王鸣盛《两汉书辨疑序》曰："《两汉书刊误》，刘原父与其弟贡父、其子仲冯同撰，今已不传，惟载于前明监板中。""钱君可庐，出示所撰《两汉书辨疑》四十二卷，卷帙之富，已十倍于刘氏，五倍于吴氏(斗南)。而校讹补阙，精深确当，披郄导窾，阐幽决滞，生于几千百年以下，追及几千百年以上之事，恍如掌上罗文，一一皆可指按，视刘氏、吴氏不可同年而语矣。"(《两汉书辨疑》卷首)

王念孙校正《方言》，后携书至京师与戴本《方言疏证》对勘，则所见多同，其小异者一二事。

按：扬雄《方言》问世后，注释家们争相为之作注，到了清代，《方言》颇为小学家

斯帕兰扎尼证明胚种对于肥沃化是必要的。

所重视。戴震专攻《方言》二十余年,他以《永乐大典》中的《方言》为依据对明本《方言》正伪补漏,著成《方言疏证》13卷,其《自序》曰:"宋元以来,六书故训不讲,故鲜能知其精核。加以讹舛相承,几不可通。今从《永乐大典》内得善本,因广搜群籍之引用《方言》及注音,交互参订,改正讹字二百八十一,补脱字二十七,删衍字十七,逐条详证之,庶几汉人故训之学犹存,于是俾治经读史,博涉古文词者,得以考焉。"所以戴震的本子一致被公认为是很有价值的善本。另外,卢文弨根据不同的刻本和校本又加增订,写成了《重校方言》,其中还附有《校正补遗》。其实这两个本子各有千秋,周祖谟先生说:"论学识卢不如戴,论详审戴不如卢。"(《方言校笺及通检·自序》)王念孙著有《方言疏证补》1卷,对戴氏之书的失误,颇有补正。刘台拱又著有《方言补校》1卷,对戴氏、卢氏疏校中的疏漏,加以补校。另有钱绎的《方言笺疏》。1956年10月,科学出版社出版了周祖谟校、吴晓铃编的《方言校笺及通检》。

又按:清人除了对扬雄《方言》的研究十分重视外,还有效法《方言》,辑录古代方言词语续补《方言》的著作亦不断问世,如杭世骏的《续方言》2卷、程际盛的《续方言补》1卷、徐乃昌的《续方言又补》2卷、程先甲的《广续方言》4卷、张慎仪的《续方言新校补》2卷等,其中影响较大的是杭世骏的《续方言》和程先甲的《广续方言》。

周永年充贵州乡试正考官。

翁方纲充江南乡试副考官。

王杰充浙江乡试正考官,又充武英殿总裁。

朱珪二月充《四库全书》馆总阅官,又充福建乡试正考官。

戴衢亨充湖北乡试正考官。

毕沅是年有感于古都西安山水、掌故之放失,因主持纂辑《西安府志》,成书80卷,蒐荟群籍,决疑纠谬,有功于学林。是年丁忧,陕西巡抚由刘秉恬署理。

按:史善长编《弇山毕公年谱》乾隆四十四年己亥五十岁条曰:"西安古称天府四塞,自丰镐宅京,而后秦、汉、隋、唐咸建都于此,因是掌故甲于他省。公来抚兹土七年,名山大川,以暨故墟废井,车马经由过半。……古之纂述,如《关中记》、《三辅决录》、《咸镐古事》、《两京新记》、《两京道里记》,皆散佚不传;幸宋敏求《长安志》,藏书家尚有副本。因属通人搜荟群籍,凡与秦中文献关涉者,计得千五百种。发凡举例,类聚区分,文成数万,为门一十有五,分类五十有一,合成一百卷,亲加裁削,为《西安府志》八十卷。"

嵇璜兼任翰林院掌院学士。

程景伊补授文渊阁大学士。

朱仕琇以疾归,执教于潍川书院。

张惠言年十九,试高等,补廪膳生。

严长明在陕西与修《西安府志》。

许如兰谒董化星于常州,习历算之学。

按:《清史稿·许如兰传》曰:"如兰性敏,所读书皆究心精妙,于历算始习西法,通薛凤祚所译《天步真原》、《天学会通》。时同县山西宁武同知吴烺受梅文鼎学于刘湘煃,如兰因并习梅氏历算。又于乾隆四十年夏,谒戴震于京都,受《勾股割圜记》。四十四年,谒董化星于常州。戴传《缉古算经十书》,而董则专业薛氏者也。由是兼通中、西之学。"

江藩假朱邦衡所藏惠士奇、惠栋父子手批本《说文解字》,移录并有题记。

王煦中举人,官甘肃通渭知县。

按:王煦字汾原,号空桐,浙江上虞人。著有《说文五翼》7卷、《小尔雅疏》、《爱日堂集》、《空桐子诗草》等。

秦腔艺人魏长生到北京演唱,以表演细腻著称,对当时戏曲演员颇有影响。

郑一松在福建连城县建培元书院。

李玉章时任广东信宜知县,建养正书院。

李元奋时任四川苍溪知县,建鳌峰书院。

饶梦铭在云南宣威建榕城书院。

王鸣盛著《尚书后案》30卷成书,历时三十余年始成。

赵佑著《毛诗草木鸟兽虫鱼疏校正》3卷成书,有自序。

程晋芳著《春秋左传翼疏》32卷成书,有自序。

汪中著《述学》。

按:汪喜孙所撰乃父汪中《容甫先生年谱》于此年条曰:"是时先君撰《述学》一书,博考先秦古籍、三代以上学制废兴,使知古人之所以为学者。凡虞夏第一,周礼之制第二,列国第三,孔门第四,七十子后学者第五,又列通论、释经、旧闻、典籍、数典、世官、目录凡六,未成书。更取平日考古之学及所论撰之文,为《述学》内外篇。"

章学诚著《校雠通义》4卷成书。

按:《校雠通义》集中反映了作者目录学思想理论体系,它在继承刘向、刘歆和郑樵等目录学家优良传统的基础上,明确提出"辨章学术,考镜源流"的目录学指导思想,对于近百年来目录学方法、理论一直发生着极大的影响。

阿桂、董诰修,刘谨之、程维岳纂《钦定盛京通志》120卷刊行。

按:《四库全书总目提要》曰:"《钦定盛京通志》一百二十卷,乾隆四十四年奉敕撰。我国家发祥长白,实肇基于俄朵里城。后肇祖原皇帝始迁赫图阿拉,是为兴京。太宗文皇帝戡定辽东,实作周邑。暨世祖章皇帝定鼎顺天,遂以奉天为盛京。两都并建,垂万万世之丕基。非惟山海形胜,控制八纮,凡缔造之规模,征伐之功烈,麟麟炳炳,亦具在于斯。旧有志书三十二卷,经营草创,叙述未详。因命补正其书,定为此本。发凡起例,一一皆禀睿裁。圣制御制,旧本仅载十之三,今悉补录。又以御制分《纶音》、《天章》二门,各从体制。《京城门》中,旧本不载盛京、兴京、东京创建修葺之由,及太祖、太宗制胜定都始末。《坛庙门》中,旧本不载营造制度及重修年月,又不载尊藏册宝及堂子岁祭诸仪。《宫殿门》中,旧本亦不载重修年月、御题联额及尊藏圣容、圣训、实录、玉牒、战图及乾隆四十三年设立谏木事。《山陵门》中,旧本不载谒陵及岁事仪注,所述三陵官制,亦多舛误。《山川》、《城池》两门中,旧本均不载太祖、太宗战绩。《人物门》中,不载开国宗室王公,又诸勋臣事迹亦不悉具。今并详考增修。其余《星土》、《建置沿革》、《疆域形胜》、《祠祀》、《古迹陵墓》、《杂志》、《风俗》、《土产》八门,并援据经史,纠讹补漏。《关邮》、《户口》、《田赋》、《职官》、《学校》、《官署》、《选举》、《兵防》八门,旧本所载止于乾隆八年,今并按年续载。《名宦》、《历代忠节》、《孝义》、《文学》、《隐逸》、《流寓》、《方技》、《仙释》、《列女》、《艺文》十门,亦参订删补,俾不冗不漏。其官名、人名、地名,旧本音译,往往失真,今并一一厘正。体裁

莱辛著成诗剧《智者纳旦》。

戴维·休谟著成《自然宗教对话》。

精密，考证详明。溯丰邑之初基，述阪泉之鸿绩。经纶开创，垂裕无疆。启佑规模，万年如觐，固与偏隅舆记徒侈山川人物者区以别矣。"

敕纂《钦定蒙古王公功绩表传》12卷。

敕纂《满洲实录》8卷。

福隆安等奉敕纂《五军道里表》4卷。

舒其绅修，严长明等纂《西安府志》80卷刊行。

王锡瓒纂修《定兴县志》12卷刊行。

施诚修，童钰、裴希纯纂《河南府志》116卷刊行。

周震荣修，章学诚纂《永清县志》刊行。

薛鼎铭修，胡廷槐等纂《浦江县志》20卷刊行。

关廷牧修，徐以观纂《宁河县志》16卷刊行。

程德炯纂修《陵川县志》30卷刊行。

高塘、吴士淳修，吕淙、吴克元纂《临汾县志》10卷刊行。

顾声雷修，张埙纂《兴平县志》25卷刊行。

王希伊纂修《白水县志续稿》2卷刊行。

熊家振修，张埙纂《扶风县志》18卷刊行。

饶梦铭修，陈云龙纂《宣威州志》8卷刊行。

平世增、郭履恒修，蒋兆甲纂《岐山县志》8卷刊行。

钟赓起纂修《甘州府志》16卷刊行。

张士范修纂《池州府志》58卷刊行

朱昕修，刘霖、黄吉芬纂《定南厅志》7卷刊行。

郑沄修，邵齐然等纂《杭州府志》110卷刊行。

刘业勤修，凌鱼纂《揭阳县志》8卷刊行。

阿桂等奉敕纂《钦定满洲蒙古汉字三合切音清文鉴》33卷。

按：《四库全书总目提要》曰："《御定满洲蒙古汉字三合切音清文鉴》三十三卷，乾隆四十四年奉敕撰，初，圣祖仁皇帝敕撰《清文鉴》，皇上既命补注汉字，各具翻切、释文。嗣以蒙古字尚未备列，因再命详加考校，续定是编。以国书为主，而贯通于蒙古书、汉书。每国语一切，必兼列蒙古语一句，汉语一句，以明其义。又以蒙古字、汉字各对国语之音以定其声。汉字之音不具，则三合以取之。蒙古字之音不具，则分各种读法、写法、收法以取之。经纬贯穿，至精密而至明显。循文伏读，无不一览了然。"

祝德麟著《离骚草木疏辨证》4卷刊行。

按：祝德麟字止堂，一字芷堂，浙江海宁人。乾隆二十八年进士，官御史。另著有《悦亲楼诗抄》。

姚鼐纂《古文辞类纂》74卷成书，有自序。

按：姚鼐《古文辞类纂序》曰："鼐少闻古文法于伯父薑坞先生及同乡刘耕南先生，少究其义，未之深学也。其后游宦数十年，益不得暇，独以幼所闻者，置之胸臆而已。乾隆四十年，以疾请归，伯父前卒，不得见矣。刘先生年八十，犹善谈说，见则必论古文。后又二年，余来扬州，少年或从问古文法。夫文无所谓古今也，惟其当而已。得其当，则六经至于今日，其为道也一。知其所以当，则于古虽远，而于今取法，如衣食之不可释；不知其所以当，而敝弃于时，则存一家之言，以资来者，容有俟焉。

于是以所闻习者，编次论说为《古文辞类纂》。其类十三，曰：论辨类、序跋类、奏议类、书说类、赠序类、诏令类、传状类、碑志类、杂记类、箴铭类、颂赞类、辞赋类、哀祭类。一类内而为用不同者，别之为上下编云。……凡文之体类十三，而所以为文者八，曰：神、理、气、味、格、律、声、色。神、理、气、味者，文之精也；格、律、声、色者，文之粗也。然苟舍其粗，则精者亦胡以寓焉。学者之于古人，必始而遇其粗，中而遇其精，终则御其精者而遗其粗者。文士之效法古人莫善于退之，尽变古人之形貌，虽有摹拟，不可得而寻其迹也。其他虽工于学古而迹不能忘，扬子云、柳子厚于斯盖尤甚焉，以其形貌之过于似古人也。而遽摈之，谓不足与于文章之事，则过矣。然遂谓非学者之一病，则不可也。乾隆四十四年秋七月桐城姚鼐纂集序目。"

彭绍升著《测海集》6卷成书，有自序。

张宗橚所著《词林纪事》22卷由其孙张嘉谷刊刊行世。

按：张宗橚字咏川，号思岩，浙江海盐人。另著有《藕村词存》。

夏敬渠著小说《野叟曝言》152回成书。

邓作梅著《雪庄文集》6卷、续集4卷刊行。

长篇小说《呼家将》40回刊行。

袁枚始作志怪小说《子不语》。

程际盛著《说文引经考》4卷成书，程瑶田作序。

翁方纲著《金陵访碑记》6卷。

龙大渊等纂《古玉图谱》100卷刊行。

盛百二著《淄砚录》1卷，有自序。

孔继涵辑《微波榭丛书》15种约在本年刊毕。

耶稣会士刘应著《鞑靼史》在法国巴黎出版。

史震林卒（1693— ）。震林字公度，号梧冈、瓠冈居士，江苏金坛人。乾隆二年进士。官淮安府教授。工书法，善画树石兰竹。著有《西清散记》8卷、《华阳散稿》2卷、《止园笔谈》2卷、《华阳诗稿》、《仙游散草》等。事迹见震钧辑《国朝书人辑略》卷五、陈敏杰《史震林生卒年小考》（《文教资料》1987年第5期）

刘大櫆卒（1698— ）。大櫆字才甫，一字耕南，号海峰，安徽桐城人。副贡，官黟县教谕。提倡古文，师事方苞，为桐城派三祖之一。著有《海峰诗文集》、《论文偶记》1卷等。事迹见《清史稿》卷四八五、《清史列传》卷七一、李桓《国朝耆献类征初编》卷二五三、蔡冠洛《清代七百名人传》第五编、吴定《刘先生大櫆墓志铭》、姚鼐《刘海峰先生传》（均见《碑传集》卷一一二）。

按：《清史稿》本传曰："始年二十余入京师，时方苞负海内重望，后生以文谒者不轻许与，独奇赏大櫆。雍正中，两登副榜，竟不获举。乾隆元年，苞荐应词科，大学士张廷玉黜落之，已而悔。十五年，特以经学荐，复不录。久之，选黟县教谕，数年告归。……桐城自方苞为古文之学，同时有戴名世、胡宗绪。名世被祸，宗绪博学，名不甚显。大櫆虽游苞门，传其义法，而才调独出，著《海峰诗文集》。姚鼐继起，其学说盛行于时，尤推服大櫆。世遂称曰'方刘姚'。"

于敏中卒（1714— ）。敏中字叔子，一字重棠，号耐圃，江苏金坛人。

乾隆二年进士。官至文华殿大学士兼户部尚书。曾充《四库全书》正总裁，与大学士刘统勋力争搜辑《永乐大典》中古书。又充国史馆、三通馆总裁。卒后，祀贤良祠，谥文襄。著有《临清纪略》16卷、《素余堂集》34卷等。事迹见《清史稿》卷三一九、《清史列传》卷二一、李桓《国朝耆献类征初编》卷二七、震钧辑《国朝书人辑略》卷五。

按：《清史稿》本传曰："既而浙江巡抚王亶望以贪败，上追咎敏中。五十一年，诏曰：'朕几余咏物，有嘉靖年间器皿，念及严嵩专权炀蔽，以致国是日非，朝多秕政。取阅《严嵩传》，见其贿赂公行，生死予夺，潜窃威柄，实为前明奸佞之尤。本朝家法相承，纪纲整肃，太阿从不下移，本无大臣专权之事。原任大学士于敏中因任用日久，恩眷稍优。无识之徒，心存依附，敏中亦遂时相招引，潜受苞苴。其时军机大臣中无老成更事之人，福康安年轻，未能历练，以致敏中声势略张。究之亦止侍直承旨，不特非前朝严嵩可比，并不能如康熙年间明珠、徐乾学、高士奇等；即宠眷亦尚不及鄂尔泰、张廷玉，安能于朕前窃弄威福、淆乱是非耶？朕因其宣力年久，身故仍加恩饰终，准入贤良祠。迨四十六年甘肃捐监折收之事败露，王亶望等侵欺贪黩，罪不容诛。因忆此事前经舒赫德奏请停止，于敏中于朕前力言甘肃捐监应开，部中免拨解之烦，闾阎有粜贩之利，一举两得，是以准行。讵知勒尔谨为王亶望所愚，通同一气，肥橐殃民。非于敏中为之主持，勒尔谨岂敢遽行奏请？王亶望岂敢肆无忌惮？于敏中拥有厚赀，必出王亶望等贿求酬谢。使于敏中尚在，朕必严加惩治。今不将其子孙治罪，已为从宽；贤良祠为国家风励有位盛典，岂可以不慎廉隅之人滥行列入？朕久有此心，因览《严嵩传》，触动鉴戒。恐无知之人，将以明世宗比朕，朕不受也。于敏中著撤出贤良祠，以昭儆戒。'六十年，国史馆进呈敏中列传，诏曰：'于敏中简任纶扉，不自检束，既向宦寺交接，复与外省官吏夤缘舞弊。即此二节，实属辜恩，非大臣所应有。若仍令滥邀世职，何以示惩？其孙于德裕现官直隶知府，已属格外恩施，所袭轻车都尉世职即撤革，以为大臣营私玷职者戒。'"

陆时化卒（1724—　）。时化字润之，号听松，江苏太仓人。监生。好藏书画，鉴赏精确。著有《吴越所见书画录》6卷、《书画说铃》。事迹见王昶《陆君润之墓志铭》（《春融堂集》卷五八）。

按：王昶《陆君润之墓志铭》曰："（陆时化）聚书万卷，购善本而手校雠之，以贻其后裔。""又喜藏图籍书画。子愚卿克承家学，广收博贮，不减（毛）子晋。"

罗有高卒（1735—　）。有高字台山，江西瑞金人。乾隆三十年举人。师事雷鋐。对理学、经义、文字学等均有研究。与汪缙、彭绍升、王昶、章学诚等相互切磋学问。著有《尊闻居士集》8卷及《罗台山文钞》、《贞妇屠印姑传》等。事迹见《清史列传》卷七二、李桓《国朝耆献类征初编》卷四三八、蔡冠洛《清代七百名人传》第四编、王昶《罗台山墓志铭》（《春融堂集》卷五八）、恽敬《罗台山外传》、彭绍升《罗台山述》、冯登府《书罗台山事》（均见《碑传集》卷一四一）。

按：王昶《罗台山墓志铭》曰："台山少颖悟，英隽绝人。年十六补博士弟子，慕古豪侠奇伟之行，习技勇，治兵家言。顷之，雩都宋道原授以《持敬》、《主一》二铭；赣县邓原昌劝读儒先书，乃由程、朱、陆、王诸子之训，上溯《六经》、《论》、《孟》之旨。年二十余，又受业于通政使雷公鋐。公故儒者，诫曰：'子聪慧，吾惧其流也。'于是归真守约，务为实践。壬午，以优行贡入太学。至京师，与彭进士绍升友善，始以性命之学相劘切。其秋，中顺天乡试。明年癸未，还过苏州，交汪君缙。汪君深于禅悟，解脱无碍。台山素习《楞严》，至是，遂长斋遍读《大乘经》，以求所谓密因了义者。既还瑞金，率弟子入山讲肄，导之为善，兴起者颇众。寻游广东，为恩平县知县李君文藻客。李君耽经谊，台善与之上下议论，又于注疏、小学之书益以博而精。甲午至扬州，寓高旻寺。时照圆贞公主席，机锋简捷，能以片语折服人。台山昼夜参究，积疑尽豁，居半载辞去。……往余官京师，以事繁轺与台山作夜语，置酒瀹蔬果，陈说生平所得于师友及贞公者。时已病，犹必至夜分乃去，因以得悉台山之学。于儒也，宗宋五子书，而群经主注疏，小学主《说文》，《史记》主裴氏、张氏、小司马氏，皆参稽古训，句栉而字比之，归于是一。于释也，皈心宗乘，心折磐山语录，而禅不掩教，尤以净土为归。"

周镐卒(1751—)。镐字怀西，一字犊山，江苏金匮人。乾隆四十四年举人，七应礼部会试，皆不中。历任嵊、景宁、平阳、瑞安、鄞、余姚诸县知县。官至福建漳州知府。著有《课易存商》1卷、《读书杂记》1卷、《犊山文稿》6卷、《犊山诗稿》4卷、《随笔杂记》1卷等。事迹见李桓《国朝耆献类征初编》卷二四二、姚莹《周镐墓志铭》（《东溟文集》卷六）。

谢阶树（ —1826）、陶澍（ —1839）、徐璈（ —1841）、李宗昉（ —1846）、刘鸿翱（ —1849）、刘遵海（ —1853）、黄濬（ —1860）生。

乾隆四十五年　庚子　1780年

正月初三日壬午（2月7日），军机大臣奏查明十至十二月所进书籍错误次数，请将总裁等交部察议片。

按：奏曰："自十月起至十二月止，四库馆进过全书二次、《荟要》三次。臣等详加查核，阿哥抽阅书及总裁、总阅抽阅书，均无错误，毋庸议外；总校胡荣记过九次，杨懋珩记过七次，朱钤记过六次，仓圣脉、缪琪、何思钧各记过四次，吴绍灿记过三次；分校周琼、王钟泰、嵇承志各记过六次，李岩、陈崇本、李尧栋、李荃、卜维吉、方炜各记过四次，王璸、王钟健、励守谦、常循、孙溶、程琰、叶兰、李斯咏、金学诗、方维甸、裴谦各记过二次，应一并交部分别察议。至总校王燕绪、张能照记过一次，均未应交部，应毋庸议。"（张书才主编《纂修四库全书档案》上）

十二日辛卯（2月15日），乾隆帝开始第五次南巡。

十八日丁酉（2月21日），福建巡抚富纲奏遵旨查办郡邑志书情形折。

二十四日癸卯（2月27日），署陕西巡抚刘秉恬奏遵旨查办通省志书情形折。

三月初六日乙卯（3月11日），陕甘总督勒尔谨奏续缴违碍书籍板片折。

是日，勒尔谨又奏遵旨查核省志及府州县志书情形折。

初九日戊午（3月18日），武英殿总裁王杰奏参提调陆费墀等遗失底

第二次迈索尔战争开始。

波希米亚和匈牙利废除农奴制。

本,并请另选翰林充补折。

是日,王杰又奏请增提调收掌以专责成折。

王杰再奏请令原总纂纪昀等复核底本及已写正本折。

十六日乙丑(3月21日),谕内阁:陆费墀著解任交英廉等审讯并著英廉另简派提调。

是日,军机大臣奏请将《赋汇题注》抄入《四库全书》并拟赏陈淦缎疋片。

二十三日壬寅(4月27日),谕陈昌齐罚俸三个月之处著注于记录抵销。

四月初四日壬子(5月7日),军机大臣奏阅看发下《韩昌黎全集考异》等宋板书分别办理片。

十三日辛酉(5月16日),寄谕大学士英廉于仅存名目之书查清后将底本发还。

是日,命将妄批《徙戎论》之魏塾立斩。

二十三日辛未(5月26日),军机大臣奏查明正月至三月所进书籍错误次数,请将总裁等交部察议片。

按:奏曰:"自本年正月起至三月止,四库馆进过全书二十二次,臣等详加查核。阿哥抽阅书内均无错误,应毋庸议外,总裁程景伊记过三次,王杰记过一次;总阅曹秀先、周煌、谢墉、李汪度各记过二次,胡高望、钱载、窦光鼐、倪承宽、吉梦熊各记过一次;总校杨懋珩记过二十次,缪琪记过十七次,王燕绪记过十六次,朱钤记过十四次,仓圣脉记过五次,何思钧记过四次;分校王嘉宾记过十六次,朱炘记过十次,李荃、吴旬华、吴裕德、程琰各记过八次,邹奕孝、郭祚炽、卜维吉各记过六次,方大川、郭晋、范来宗、罗万选、刘景岳、张敦培、沈孙琏、潘庭筠、李燊各记过四次,邱廷滏、孙溶、温汝适、叶兰、张曾炳、秦泉、田尹衡、张焘、张虎拜、李荃、季学锦、王嘉曾、范鏊、陈木各记过二次,应交该部照例分别察议。"(张书才主编《纂修四库全书档案》上)

五月初九日丁亥(6月11日),乾隆帝回京,结束第五次南巡。

十四日壬辰(6月16日),乾隆帝亲定本科三鼎甲:状元汪如洋,榜眼江德量,探花程昌期。

十五日癸巳(6月17日),御太和殿,传胪,赐一甲汪如洋等三人进士及第,二甲关槐等五十一人进士出身,三甲张丙震等一百零一人同进士出身。本科会试正考官为礼部尚书德保、曹秀先,副考官为工部尚书周煌、侍郎胡高望。

十六日甲午(6月18日),寄谕各省督抚严查《碧落后人诗》、《约亭遗诗》解京销毁。

按:此两本书为和州戴移孝及子戴昆所著,被认为内有"悖逆"之处(《清高宗实录》卷一一〇七)。

十九日丁酉(6月21日),谕孙士毅免发伊犁,著在《四库全书》处自备资斧效力赎罪。

按:谕曰:"孙士毅前在云南巡抚任内,不能参劾李侍尧,革职发往伊犁,固属咎所应得。但与本身获谴者究属有间,且其学问亦优,著加恩免发往伊犁,令在《四库

全书》处自备资斧效力赎罪，与纪昀、陆锡熊同办总纂事务，以赎前愆。"(《清高宗实录》卷一一〇七)

是日，大学士阿桂等奏孙士毅得邀宽免恳请代谢天恩折。

二十五日癸卯(6月27日)，石卓槐以所著《芥圃诗钞》被凌迟处死。

二十七日乙巳(6月29日)，大学士英廉等奏遵旨查审提调陆费墀遗失底本情形折。

二十八日丙午(6月30日)，谕陆费墀著从宽开复，仍交部议处，购觅赔补所失各书。

六月初八日乙卯(7月9日)，谕曹文埴著充《四库全书》处总裁。

十一日戊午(7月12日)，谕校书错误之总裁程景伊、王杰、曹秀先、周煌、谢墉、窦光鼐俱著罚俸六个月，王燕绪、仓圣脉、邱廷漋俱著罚俸三个月，沈孙琏、范来宗俱著于补官日罚俸三个月；李汪度、胡高望俱著销去记录一次，其从前罚俸三个月之处，仍注于记录抵销；钱载、倪承宽、张焘、何思钧俱著销去记录一次，免其罚俸；古梦熊销去记录一次，仍罚俸三个月；秦泉、季学锦、王嘉曾、吴德裕、邹奕孝俱著罚俸三个月，注于记录抵销(张书才主编《纂修四库全书档案》上)。

十二日己未(7月13日)，江西巡抚郝硕奏缴新获应毁各书折。

十五日壬戌(7月16日)，护陕西巡抚尚安奏缴应禁违碍书籍折。

按：奏中所列违碍书籍108部，又零星388本(张书才主编《纂修四库全书档案》上)。

十九日丙寅(7月20日)，军机大臣奏遵旨将发下鲁之裕书三种阅看并缴进烧毁片。

二十二日己巳(7月23日)，谕陆费墀因遗失《四库全书》底本，著销去加一级，免其降调。

二十七日甲戌(7月28日)，湖广总督富勒浑等奏续行查获应禁各书折。

二十八日乙亥(7月29日)，安徽巡抚闵鹗元奏查出悖谬书籍分别办理折。

七月初一日丁丑(7月31日)，谕孙士毅著赏给翰林院编修并进呈书籍，与纪昀等一同列名。

十五日辛卯(8月14日)，广西巡抚姚成烈奏查缴《碧落后人诗》及《前生录》等书情形折。

二十四日庚子(8月23日)，军机大臣奏查明四至六月所进书籍错误次数，请将总裁等交部察议片。

按：奏曰："自四月至六月止，四库馆进过全书十六次，臣等详加查校，十一阿哥记过二次，总裁嵇璜记过二次，董诰记过五次，王杰、曹文埴各记过一次；总阅倪承宽记过八次，朱珪记过六次，吉梦熊记过四次，李汪度记过三次，胡高望、钱载、周煌、谢墉、窦光鼐各记过二次，达椿记过一次；总校杨懋珩记过六十次，仓圣脉、王燕绪各记过三十九次，朱铃记过三十八次，缪琪记过三十次，何思钧记过十二次；分校李斯咏记过三十次，叶兰记过二十八次，季学锦记过二十二次，郭祚炽记过十六次，嵇承志、秦泉各记过十四次,朱炘、胡予襄、王钟泰各记过十二次,沈培、吴垣、王瑸、李燊各记过十次,石鸿翥、张曾效、潘庭筠、罗万选、张曾炳、袁文邵各记过八次,杨寿楠、汪学金、钱樾、张焘、雷纯、金学诗、黄晃各记过六次,卜维吉、范鏊、蔡镇、陈昌齐、翟槐、周铉、吴俊、庄通敏各记过四次,鲍之钟、邱桂山、王家宾、宋镕、罗修源、沈孙琏、裴谦、常循、汪日赞、李荃、汪镛、吴寿昌各记过二次,均应交内务府、都察院、吏部照例分别察议。"(张书才主编《纂修四库全书档案》上)

是月,《四库全书》处汇核四至六月缮写全书讹错及总裁等记过清单。

九月初四日己卯(10月1日),谕校书错误之皇十一子永瑆等分别罚俸。

初八日癸未(10月5日),浙江巡抚李质颖奏查缴违碍书籍并缮清单呈览折。

按:是为浙江第十九次查缴书籍,奏中所列应毁禁书121种,计712部(张书才主编《纂修四库全书档案》上)。

十一日丙戌(10月8日),谕内阁:嵇璜著兼文渊阁领阁事并充国史馆总裁。

是日,寄谕湖广总督舒常等严加诘讯鲁恕杰并据实复奏。

十四日己丑(10月11日),寄谕山东巡抚国泰办理刘遴等修葺宗谱事。

按:刘遴修宗谱中有"不经"字样,宗谱被毁。

十七日壬辰(10月14日),谕内阁:著纪昀、陆锡熊、陆费墀、孙士毅等详细考订内外官职,纂成《历代职官表》。

十月初六日辛亥(11月2日),江西巡抚郝硕奏解应毁书籍板片折。

按:奏曰:江西"自上年七月以前,业已先后解过书一万一千五百一部、板四千五百五十三块。兹查自上年八月至今,据各属陆续呈缴到局属二千六十三部,计一万一千五百八十七本,又板片二十一种,计四千六百七块,存积已多,应行解毁"(张书才主编《纂修四库全书档案》上)。

初八日癸丑(11月4日),广西巡抚姚成烈奏续缴应禁书籍折。

十一日丙辰(11月7日),军机大臣奏查明七至九月所进书籍错误次数,请将总裁等交部察议片。

按:奏曰:"自本年七月起至九月止,四库馆进过全书十四次,臣等详加查核,总裁八阿哥记过二次,嵇璜记过一次,王杰、董诰、曹文埴各记过二次;总阅朱珪记过七次,窦光鼐、达椿各记过三次,倪承宽、李汪度各记过二次,吉梦熊记过一次;总校何思钧记过三十一次,杨懋珩记过二十七次,王燕绪记过二十五次,仓圣脉记过十九次,朱钤记过十七次,缪琪记过十一次;分校王家宾记过二十二次,范鏊记过十次,孙球、李镕各记过八次,方炜、范衷、田尹衡、张曾效、李荃、钱樾各记过六次,于鼎、张焘、陈文枢、张慎和、莫瞻菉、吴甸华、吴裕德、吴舒帷、金学诗、陈昌齐各记过四次,王钟泰、章宗瀛、张虎拜、李燊、袁文邵、胡敏、周铉、吴寿昌、季学锦、温汝适、牛稔文各记过二次。应交吏部、都察院照例分别察议。"(张书才主编《纂修四库全书档案》上)

十五日庚申(11月11日),谕内阁:和珅著充《四库全书》馆正总裁。

十六日辛酉(11月12日),军机大臣阿桂等奏请将总裁曹文埴等交部议处片。

二十二日丁卯(11月18日),谕未详查《日下旧闻考》错误之蔡廷衡、英廉、梁国治等著分别罚俸,张焘著销去记录一次,免其罚俸。

二十五日庚午(11月21日),军机大臣奏各省送到违碍各书开具清单缴进销毁片。

是日,福建巡抚富纲奏复行查出不应存留书籍并请撤毁林兆恩祠祀碑额折。

十一月初一日乙亥(11月26日),湖广总督舒常奏缴湖北省第十次查获应毁各书折。

按:奏中言,湖北前九次查获违碍书籍总计8603部,现又新查获违碍书籍152种,计1388部(张书才主编《纂修四库全书档案》上)。

初二日丙子(11月27日),军机大臣拟赏《四库全书》馆哈密瓜人员名数单。

初九日癸未(12月4日),谕《开国方略》著添派尚书梁国治、大学士阿桂同办。

十一日乙酉(12月6日),谕著一体饬查演戏剧本并传谕两淮盐政伊龄阿、苏州织造全德留心查察。

按:谕曰:"前令各省将违碍字句之书籍实力查缴,解京销毁。现据各省督抚等陆续解到者甚多。因思演戏曲本内,亦未必无违碍之处,如明季国初之事,有关涉本朝字句,自当一体饬查。至南宋与金朝关涉词曲,外间剧本,往往有扮演过当,以致失实者。流传久远,无识之徒或致转以剧本为真,殊有关系,亦当一体饬查。此等剧本,大约聚于苏、扬等处,著传谕伊龄阿、全德留心查察,有应删改及抽掣者,务为斟酌妥办,并将查出原本暨删改抽掣之篇,一并粘签解京呈览。但须不动声色,不可稍涉张皇。"(《清高宗实录》卷一一一八)

十四日戊子(12月9日),军机大臣奏呈《明季奏疏》拟选各篇目录并将原书缴进销毁片。

十五日己丑(12月10日),谕著韦谦恒等以原衔充文渊阁校理等事。

按:谕曰:"韦谦恒著以原衔充文渊阁校理,德昌著以原衔署文渊阁校理;瑞保、汪汝藻、五泰、陈崇本、刘谨之、彭元珫、邹炳泰、周永年、王增、王尔烈、邵晋涵、程晋芳、吴省兰、戴衢亨俱著记名,俟遇有缺出,挨次充补。"(《清高宗实录》卷一一一八)

二十日甲午(12月15日),寄谕各省督抚详查各种书籍不应销毁而印本留有空格者解京填补。

二十一日乙未(12月16日),军机大臣奏查办《说郛》情形片。

二十二日丙申(12月17日),军机大臣奏俟湖北省解到《续说郛》时粘签进呈片。

是日,军机大臣奏将《两朝纲目备要》年月参错各条粘签呈览片。

二十七日辛丑(12月22日),军机大臣奏各省解到违碍各书分别办理情形片。

是日,谕校书错误之总裁、总阅等著分别罚俸。

谕未看出沈鍊《青霞集》空格未填之仓圣脉、曹文埴、王汝嘉等著降级调用。

二十八日壬寅(12月23日),寄谕各省督抚留心查办外间流传剧本。

十二月初二日丙午(12月27日),军机大臣奏阅看《西斋集》情形并请敕交苏抚查办书板片。

  按：奏曰："王仲儒所著《西斋集》四本,臣等详加阅看,其中狂悖指斥之处甚多,殊堪发指。查此书系两江总督萨载解到,所有板片尚未查解。至王仲儒及作序之汪之珩等,臣等已交吏、礼二部详查,尚未送到。但王仲儒是否系明末国初人,现在有无子孙,其作序之汪之珩等是否尚存,应请敕交江苏巡抚,就近一并详查核办,并令将此书板片立即查明,解京销毁。"(《清高宗实录》卷一一二一)

初三日丁未(12月28日),山东巡抚国泰奏遵旨查办《青霞集》等空格书情形折。

初五日己酉(12月30日),山西巡抚喀宁阿奏遵旨查办《青霞集》等空格书情形折。

初八日壬子(1781年1月2日),河南巡抚雅德奏缴违碍书籍折。

  按：奏中所列违碍书籍302种,计5278部,58459本,板片402块(张书才主编《纂修四库全书档案》上)。

初十日甲寅(1月4日),满本堂为知照堂属各官员数职掌事致典籍厅移付。

是日,暂署两江总督陈辉祖奏续缴应禁书籍并请展限一年折。

  按：奏中所列续缴重复违碍书籍2678部,新获违碍书籍37种,又《虞初新志》等书板3012块,认为"均应销毁"(张书才主编《纂修四库全书档案》上)。

十一日乙卯(1月5日),直隶总督袁守侗奏遵旨查办空格书籍缘由折。

十八日壬戌(1月12日),河南巡抚雅德奏遵旨查缴《青霞集》等书折。

是日,山西巡抚喀宁阿奏汇缴违碍书籍折。

二十三日丁卯(1月17日),军机大臣奏请交总纂纪昀等再加详阅选剩明末奏疏片。

扬州文汇阁建成,备储藏《四库全书》。

是年,俄罗斯东正教第七届传教团抵达中国北京。

塞巴斯蒂安·埃拉尔制成第一架现代钢琴。

舍勒制造出第一支自来水笔。

钱大昕作《南巡颂》,颂乾隆帝,并主修《南巡盛典》。

毕沅九月九日新校《山海经》成,自序作此书之原委。

  按：毕沅《山海经新校正序》曰："《山海经》作于禹益,述于周秦,其学行于汉、明。晋而知之者,魏郦道元也。《五藏山经》三十四篇,实是禹书。禹与伯益主名山川,定其秩祀,量其道里,类别草木鸟兽,今其事见于《夏书》、《禹贡》、《尔雅》、《释地》及此经《南山经》以下三十四篇。《尔雅》云……《夏书》云……二书皆先秦人著,夏革伊尹又皆商人,是故知此三十四篇为禹书无疑也。《海外经》四篇、《海内经》四篇,周秦所述也。禹铸鼎象物,使民知神奸。按其文,有国名,有山川,有神灵奇怪之所际,是鼎所图也。鼎亡于秦,故其先时人犹能说其图以著于册。刘秀又释而增其文,是《大荒经》以下五篇也。《大荒经》四篇,释《海外经》、《海内经》一篇,释《海内经》当是汉时所传。亦有《山海经》图颇与古异,秀又依之为说,即郭璞、张骏见而作赞者也。刘秀之表《山海经》云：'可以考祯祥变怪之物,见远国异人之谣俗。'郭璞之注《山海经》云:'不怪所可怪,则几于无怪矣;怪所不可怪,则未始有可怪也。'秀、璞此言,足以破疑《山海经》者之惑,而皆不可谓知《山海经》。何则?《山海经》《五藏山经》三十四篇,古者土地之图,《周礼·大司徒》用以周知九州岛之地域广轮之数,辨其山林、川泽、邱陵、坟衍、原隰之名物;《管子》凡兵主者,必先审知地图,……皆此经之类。故其书世传不废,其言怪与不怪皆末也。……《海外》、《海内经》八篇,多杂刘秀校注之辞,详求郭意,亦不能照郦道元注《水经》,多连引其文,今率细书以别之。沅不敏,役于官事,校注此书凡阅五年,自经传子史、百家传注、类书所引,无不征也,其有阙略,则古者不著,非力所及矣。既依郭注十八卷,不乱其例;又以考定《目录》一篇附于书。其云'新校正'者,仿宋林亿之例,不敢专言笺注,将以俟后之博物也。乾隆四十六年九月九日。"(《山海经新校正》卷首,《经训堂丛书》本)

赵翼赴任途中得病,于是归家,息意荣进,专以著述自娱。

卢文弨迁讲紫阳书院。又曾入京晤程晋芳,始校《仪礼注疏》,又在京抄录庄述祖等所辑何休遗著。离京时,翁方纲有《送卢抱经南归序》。又为丁杰辑校《郑注周易》作序。又校勘王应麟《诗考》毕,有《增校王伯厚诗考序》。

邵晋涵充恩科广西乡试正考官,钱沣为副考官。

段玉裁以父年已七十余,请终养,因未合例奉驳,遂称疾致仕归。

王念孙改工部主事,主都水司事,遂精心治河之道。

按:《清史稿·王念孙传》曰:"念孙故精熟水利书,官工部,著《导河议》上下篇。及奉旨纂《河源纪略》,议者或误指河源所出,念孙力辨其讹,议乃定。《纪略》中《辨讹》一门,念孙所撰也。"

赵佑充山东乡试正考官。

蔡新充顺天乡试正考官,取中洪亮吉。

洪亮吉在孙溶延寓所校书,八月参加顺天乡试,中第五十七名举人。

武亿中进士,以知县用。在京与洪亮吉、黄景仁相识。

庄述祖中进士,任山东潍县知县。

章学诚馆于梁国治家。

钱塘中进士,选江宁府学教授。

法式善中进士,改翰林院庶吉士,散馆,授检讨。

程际盛中进士,授内阁中书。官至监察御史。

王宗炎、戚学标、李保泰中进士。

李惇中进士,注选知县,南归,被江苏督学谢墉延主暨阳书院。

江量德中进士,授编修,改御史,历掌浙江、江西道。

赵怀玉特赐举人,授内阁中书。

阮元受业于李道南,即其家就读。

朱筠时任福建学政,二月作《戴氏校订水经注书后》,表彰戴震生前所校《水经注》。

按:朱筠《戴氏校订水经注书后》曰:"此吾友休宁戴震东原初征四库馆,以其生平所校《水经注》本,更据《永乐大典》所引互校,损益至二三千言之多,而郦氏原序亦出焉,乃并录以成书,官刻编之聚珍板中者也。东原尝言,是书今本,经传混淆者不少。顾赖其书例,可考而最易明者,若《经》称一水,必过一郡,而《注》则屡言是水迳某县某故城,自西向南向东。此《经》与《注》一定之例也。传写者不知,往往取过与迳字,妄改其旧,而郡县及故城之例具在,不可易也。其刻本混淆者,大抵自宋以后。于是博考唐以前撰著,若《通典》、《初学记》,诸书所引,辄与东原所意断是非符合。用是益以自信,而条理秩然。余谓其所校,有功于郦氏良多,然或过信其说,不疑而径改者间有之。虽十得其八九,然于孔圣多闻阙疑之指,未敢以为尽然也。要为近来校雠绝无之本矣。岁乙未,余购得此本于武英殿。越四年己亥冬,携以来闽。庚子二月,在延平使院,偶绅此书,纸裹捋败。爰令及门青阳徐生钰章之,以琉球纸易去败叶,装为八册。重阅之,因叹东原校雠之精,而墓草之宿,于兹三岁,于是乎书。"(《笥河文集》卷六)

王杰奏劾武英殿提调官陆费墀遗失《四库全书》各原本,奉旨办理此事,复奉命督学浙江。

杨潮观在里复自建吟风阁,为习曲地。

黄文旸、李经在扬州主持甄查古今戏曲,程枚等任分校。

孙星衍在南京瓦官寺读书,从佛经总集中辑录出《一切经音义》、《华严经音义》等书。

孙星衍造访王鸣盛、江声,与谈郑学。

钱坫、孙星衍在太仓为毕沅撰《关中胜迹图志》,旋同至西安。两人又与严长明、洪亮吉等校订古书,搜罗金石,讨论训诂舆地之学。

按:毛庆善、季锡畴《黄仲则先生年谱》曰:"毕公抚陕时,爱才下士,校刊古书。时幕府之士甚众,其尤著者为长洲吴舍人泰来、江宁严侍读长明、嘉定钱州判坫及稚存、渊如。先生至,极诗文宴会之乐。"

刘臻书《重修梅花庵记》碑1方,曹廷栋书《重修梅花庵募引》碑2方。

汪中校勘《墨子》,有《墨子序》。

焦循肄业安定书院。

嵇璜授文渊阁领阁事,兼国史馆正总裁。

姚鼐主讲安庆敬敷书院,前后凡8年。

孔广森建书屋,名仪郑堂,姚鼐因请作《仪郑堂记》。

尹壮图五月由太仆寺少卿迁内阁学士。

彭元瑞调江苏学政。

鲍廷博至杭州迎接乾隆帝第五次南巡,得《伊犁得胜图》、《金川得胜图》之赐。

江藩从朱奂借读其滋兰堂所藏汲古阁影宋抄《九僧诗》。是年,与汪中订交。

钱载因考证尧陵不符合乾隆帝之意,被传旨申饬。

卢衍仁在浙江东阳建白云书院。

吴居嚣时任河南修武县知县,建宁城书院和南阳讲塾。

何光晟时任湖北蒲圻知县,建朝阳书院。

范孝曾时任广东遂溪知县,重建遂良书院。

左修绪时任四川合川知县,建瑞山书院。

李世杰时任兵部尚书,在故乡贵州黔西重建文峰书院。

张志超时任陕西紫阳知县，建仙峰书院。
彭永和时任甘肃靖远知县，建敷文书院。
黄道暞时任甘肃崇信知县，建凤鸣书院。

王鸣盛著《尚书后案》30卷刊行，有自序。

按：其《自序》曰："《尚书后案》何为作也？所以发挥郑氏康成一家之学也。"徐世昌《清儒学案》评王鸣盛曰："平生奉郑康成为宗旨，治《尚书》尤专家。汉儒家法，于兹复见。"《清史稿·王鸣盛传》曰："尝言：'汉人说经必守家法，自唐贞观撰诸经义疏而家法亡，宋元丰以新经学取士而汉学殆绝。今好古之儒皆知崇注疏矣。然注疏惟《诗》、《三礼》及《公羊传》犹是汉人家法，他经注则出魏、晋人，未为醇备。'著《尚书后案》三十卷，专述郑康成之学，若《郑注》亡逸，采马、王《注》补之。孔《传》虽出东晋，其训诂犹有传授，间一取焉。又谓东晋所献之《太誓》伪，而唐人所斥之《太誓》非伪，故附书今文《太誓》一篇。存古之功，自谓不减惠氏《周易述》也。"是书对阎若璩《古文尚书疏证》之不足，多有补正，其说可与阎若璩、惠栋两家之书相参照，比江声的《尚书集注音疏》搜罗更加宏富。有《四库全书》本、《皇清经解》本。

加埃塔诺·菲兰吉里发表《论立法科学》。

吴昌宗著《四书经注集证》19卷成书。
钱大昕著《元史氏族表》3卷成书。
钱大昕著《廿二史考异》100卷成书，有自序，李调元有总序。

按：钱大昕《自序》曰："予弱冠时，好读乙部书，通籍以后，尤专斯业。自《史》、《汉》迄《金》、《元》，作者廿有二家，反复校勘，虽寒暑疾疢，未尝少辍。偶有所得，写于别纸。丁亥岁，乞假归里，稍编次之。岁有增益，卷帙滋多。戊戌，设教钟山，讲肆之暇，复加讨论，间与前人暗合者，削而去之，或得于同学启示，亦必标其姓名，郭象、何法盛之事，盖深耻之也。夫史之难读久矣，司马温公撰《资治通鉴》成，惟王胜之借一读，它人读未尽十纸，已欠伸思睡矣。况廿二家之书，文字烦多，义例纷纠，舆地则今昔异名，侨置殊所；职官则沿革迭代，冗要逐时，欲其条理贯串，了如指掌，良非易事。以予惷劣，敢云有得！但涉猎既久，启悟遂多，著之铅椠，贤于博弈云尔。且夫史非一家之书，实千载之书，祛其疑，乃能坚其信，指其瑕，益以见其美，拾遗规过，匪为齮齕前人，实以开导后学。而世之考古者，拾班、范之一言，摘沈、萧之数简，兼有竹素烂脱，豕虎传讹，易'斗分'作'升分'，更'子琳'为'惠琳'，乃出校书之陋，本非作者之愆，而皆文致小疵，目为大创，驰骋笔墨，夸耀凡庸，予所不能效也。更有空疏措大，辄以褒贬自任，强作聪明，妄生疻痏，不卟年代，不揆时势，强人以所难行，责人以所难受，陈义甚高，居心过刻，予尤不敢效也。桑榆景迫，学殖无成，惟有实事求是，护惜古人之苦心，可与海内共白。自知爝烛之光，必多罅漏，所冀有道君子，理而董之。庚子五月廿有二日，嘉定钱大昕序。"（《廿二史考异》卷首）阮元《三统术衍序》曰："嘉定少詹事钱先生，网罗百氏，学为儒宗，所著《廿二史考异》，皆实事求是，于天文、舆地、官制、氏族数大端，说之尤极精核。"（《三统术衍》卷首）

纪昀、陆费墀、陆锡熊、孙士毅等奉敕纂《钦定历代职官表》63卷。

按：《四库全书总目提要》曰："《钦定历代职官表》六十三卷，乾隆四十五年奉敕撰。粤自龙鸟水火，肇建官名。然夏、商以前，书阙有间，遗制不尽可考。其可考者惟《周礼》为最详。迨秦、汉内设九卿，外置列郡，而官制一变。东京以后，事归台阁,虽分置尚书六部,而政在中书,其权独重。汉、魏之制,至唐、宋而又一变。明太祖废中书省,罢丞相,尽归其职于六部,永乐间复设内阁,而参以七卿。唐、宋之制,至是而又一变矣。其间名号品数,改革纷繁。大抵势足以相维则乾纲不失,权有所偏属则魁柄必移,故官制之得失,可以知朝政之盛衰也。我国家稽古建官,循名核实,因革损益,时措咸宜。我皇上朗照无私,权衡独秉,举直错枉,宫府肃清,尤从来史册所未有。复念历朝官制,典籍具存。宜备溯源流。明其利弊。庶前规可鉴,法戒益昭。乃特命《四库全书》馆总纂官内阁学士今升兵部右侍郎臣纪昀、光禄寺卿今升大理寺卿臣陆锡熊、翰林院编修今升山东布政使臣孙士毅、总校官詹事府少詹事今升内阁学士臣陆费墀等,考证排次,辑缀是编,分目悉准今制。凡长贰僚属具列焉,明纲纪也。其兼官无正员,而所掌綦重,如军机处之类,亦别有专表,崇职守也。八旗及新疆爵秩,前所未有者,并详加胪考,著圣代之创建,远迈邃古也。或古有而今无,或先置而后废,并为采摭,别附于篇,备参订也。每门各冠以表,表后详叙建置。首列国朝,略如《唐六典》之例。次以历代,则节引诸书,各附案语,以疏证其异同。上下数千年分职率属之制,元元本本,罔弗具焉。考将相及百官公卿之有表,始自马、班二史,后如《唐书》之《宰相表》,《宋史》之《宰辅表》,《明史》之《内阁七卿表》,俱沿其例。然所纪仅拜罢年月,与官制无关,且断代为书,不相通贯,寻检颇难。至钞撮故实,如孙逢吉《职官分纪》之类,又但供词藻,于实政无裨。是书发凡起例,悉禀睿裁。包括古今,贯串始末,旁行斜上,援古证今,经纬分明,参稽详密。不独昭垂奕祀,为董正之鸿模,即百尔臣工,各明厥职,用以顾名而思义,亦益当知所儆勖矣。"

富俊著《三合便览》成书。

陈莱孝著《历代钟官图经》8卷成书,有自序。

洪亮吉著《三国疆域志》2卷成书,有自序。

按:清代研究史书之志的重要著作,尚有洪亮吉的《东晋疆域志》、《十六国疆域志》,洪龆孙的《补梁疆域志》,钱仪吉的《补晋兵志》,侯康的《补三国志艺文志》,倪灿的《宋史艺文志补》、《补辽金元三史艺文志》,顾櫰三的《补五代史艺文志》,钱大昕的《补元史艺文志》,郝懿行的《补宋书刑法志》、《补宋书食货志》等。梁启超称这些著作皆为"善本"。

项怀述著《历法汇纂》10卷成书,有自序。

张金城修,杨浣雨纂《宁夏府志》22卷刊行。

金嘉琰、朱廷模修,钱坫纂《朝邑县志》11卷刊行。

王秉韬纂修《五台县志》8卷刊行。

陈时纂修《祁县志》16卷刊行。

张力行修,徐志鼎纂《平湖县志》20卷刊行。

邓廷辑修,熊为霖纂《清江县志》32卷刊行。

沈锡三续修,罗为孝续纂《德化县志》16卷刊行。

雅德修,汪本直纂《山西志辑要》10卷刊行。

朱帘修《梓潼县志》2卷刊行。

王炳文修,杨炎等纂《开州志》4卷刊行。

吕缵先修,罗元琦纂《石屏州续志》2卷刊行。

冯浩编《玉谿生年谱》1卷刊行,附于冯氏德聚堂刻本《玉谿生诗笺注》。

李调元编《全五代诗》100卷成书,有自序。

按:是书汇辑五代梁、唐、晋、汉、周及十国吴、南唐、前蜀、后蜀、南汉、楚、吴越、闽、荆南、北汉各朝诗人之诗。每位诗人有小传。有《丛书集成初编》本。

朱仕琇自订《梅崖居士文集》30卷成书。

罗有高著《尊闻居士集》8卷由彭绍升编订刊行。

赵士春著《保闲堂集》26卷刊行。

项怀述著《隶法汇纂》10卷刊行。

汤大奎著《炙砚琐谭》3卷成书,有自序。

罗聘作《两峰道人蓑笠图》。

方薰著《山静居画论》成书。

程景伊卒(1712—)。景伊字聘三,号莘田,一号云塘,江苏武进人。乾隆四年进士,改翰林院庶吉士,散馆,授编修。官至文渊阁大学士。曾充《续文献通考》、三通、国史、《明史》、《四库全书》、玉牒等馆总裁、副总裁。卒谥文恭。著有《云塘诗文集》27卷。事迹见《清史稿》卷三二〇、《清史列传》卷二一、李桓《国朝耆献类征初编》卷二九。

朱仕琇卒(1715—)。仕琇字斐瞻,号梅崖,福建建宁人。乾隆十四年进士。历任山东夏津知县、福建福宁府学教授。辞官后主讲鳌峰书院及本县书院。以文章著称。著有《梅崖居士文集》30卷、外集8卷。事迹见《清史稿》卷四八五、《清史列传》卷七二、李桓《国朝耆献类征初编》卷二三六、蔡冠洛《清代七百名人传》第五编、鲁仕骥《朱先生仕琇行状》、朱筠《朱梅崖先生墓志铭》(均见《碑传集》卷一一二)。

按:《清史稿》本传曰:"资性朗悟,而记诵拙,日可数十言,援笔为文辄立就。从南丰汪世麟学古文,临别请益,世麟曰:'子但通习诸经,则世无与抗矣。'仕琇惊诧其言,遂以己意求之经传,旁及百家诸子书,一以昌黎为宗。副都御史雷铉见其文,叹为醇古冲澹,近古大家,自是名大著。……仕琇以古文辞自力,其意欲追古之立言者。以为清穆者惟天,澹泊者惟水,含之咀之,得其妙以为文者惟人。……仕琇与大兴朱筠及弟珪友善,筠推服其文甚至。著《梅崖文集》。福建古文之学自仕琇。"

巴丹益喜卒(1738—)。巴丹益喜亦作贝丹益喜,清后藏南木林宗扎西则人。藏传佛教格鲁派领袖班禅六世。三岁被认定为班禅五世转世灵童,法名罗桑巴丹益喜。乾隆六年到扎什伦布寺坐床。九年由安钦·罗桑苏巴授沙弥戒,二十二年由罗桑群培经师授比丘戒。二十六年在扎什布寺给达赖八世剪发、取法名。三十一年受乾隆帝册封并受印册。四十五年至承德避暑山庄觐见乾隆帝,后住北京黄寺。

葛朝(—1828)、管同(—1831)、刘灿(—1849)、杜煦(—1850)、庄仲方(—1857)、张维屏(—1859)生。

乾隆四十六年　辛丑　1781 年

英军在约克敦投降。

正月初六日己卯（1月29日），湖广总督舒常等奏查办《西斋集》情形折。

十五日戊子（2月7日），护理贵州巡抚孙永清奏复黔省查缴《青霞集》等空格书籍情形折。

十七日庚寅（2月9日），军机大臣奏查明十至十二月所进书籍错误次数，请将总裁等交部察议片。

按：奏曰："自十月起至十二月止，进过全书四次，《永乐大典》一次。臣等详加查核，总裁八阿哥记过一次，十一阿哥记过三次，王杰记过三次，臣董诰记过二次，曹文埴记过四次；总阅周煌、李汪度、倪承宽各记过一次，谢墉、胡高望各记过三次，朱珪记过十六次；总纂纪昀、陆锡熊、孙士毅各记过三次；复校邹炳泰记过三十八次，黄轩、邵晋涵各记过十八次，平恕记过十二次，彭元珫记过十次，吴典记过八次，王增记过五次；总校朱钤记过八十七次，杨懋珩记过八十五次，缪琪记过五十三次，仓圣脉记过三十四次，王燕绪、何思钧各记过三十一次；分校陈木记过三十四次，范鏊记过二十八次，牛稔文记过二十四次，彭元珫、王瑸各记过二十次，王增、叶兰各记过十八次，金光悌、黄昌禔、卜维吉各记过十四次，胡予襄、陈初哲、刘景岳各记过十二次，孙球、邱廷瀁、嵇承志、励守谦、吴舒帷、张慎和、潘庭筠各记过十次，秦泉、罗万选各记过八次，汪日赞、徐步云、李岩、杨世纶、袁文邵各记过六次，吴典、王彝宪、潘曾起、汪锡魁、陆湘、李㮆、李斯咏、朱依鲁、陈文枢、王钟泰、朱炘、范来宗、宋镕各记过四次，周铉、孙梅、吴省兰、蔡必昌、王家宾、王庆长、毛凤仪、赵秉渊、鲍之钟、张曾炳、戴联奎、李荃、金榜、石鸿蔿、周兴岱、宋枋远、于鼎各记过二次。应交吏部、都察院照例分别察议。"（张书才主编《纂修四库全书档案》下）

是月，《四库全书》处汇核十至十二月缮写全书讹错及总裁等记过清单。

二十一日甲午（2月13日），署理陕西巡抚毕沅奏缴应禁违碍书籍折；又奏遵旨详查不应销毁书籍情形折。

二十六日己亥（2月18日），陕甘总督勒尔谨奏续缴违碍书籍折。

二月初四日丁未（2月26日），寄谕各省督抚查缴天文占验、妄言毁福书籍板片解京销毁。

是日，军机大臣和珅等奏遵旨查封《戒庵漫笔》并改正粘签进呈片。

十一日甲寅（3月5日），江西巡抚郝硕奏解毁书籍板片并请展限检缴折。

按：奏中所列应毁书籍 1480 部，8705 本；查禁书板 11 种，955 片（张书才主编《纂修四库全书档案》下）。

十二日乙卯（3月6日），直隶总督袁守侗奏遵旨查办《天元玉历祥异赋》等天文占验书籍板片折。

十三日丙辰(3月7日)，谕内阁：著将列朝御纂各书分列各家著撰之前，并将御题四库诸书诗文从总目卷首撤出。

十五日戊午(3月9日)，谕内阁：所有《四库全书》经史子集各部，俱各按撰述人先后，依次编纂。"至我朝钦定各书，仍各按门目，分冠本朝著录诸家上"(《清高宗实录》卷一一二五)。

十六日己未(3月10日)，军机大臣奏遵将《四库全书总目》体例上谕交大学士等阅看片。

是日，谕内阁：《总目提要》办竣，总纂官纪昀、陆锡熊等交部从优议叙。

军机大臣奏《四库全书》总纂官纪昀、陆锡熊等谢恩片。

山西巡抚喀宁阿奏遵旨查办《天元玉历祥异赋》等书籍板片折。

十八日辛酉(3月12日)，谕著嵇璜、沈初分充三通馆总裁、副总裁。

十九日壬戌(3月13日)，谕《四库全书总目提要》并黄签考证书成时俱著列于《四库全书》之首。

是日，军机大臣奏《浮溪集》、《简斋集》于三月完竣进呈片。

二十一日甲子(3月15日)，广东巡抚李湖奏复查办空格书籍情形折。

三十日癸酉(3月24日)，山东巡抚国泰奏缴应毁违碍书籍板片折。

按：奏曰，山东省初次查获违碍书籍70种，第二次查获186种，现又查获应毁书籍3种，共3部，计20本；查缴各省咨会应毁书目154种，571部，6458本；板片571页(张书才主编《纂修四库全书档案》下)。

三月初四日丁丑(3月28日)，江苏巡抚闵鹗元奏遵旨查办王仲儒《西斋集》情形折。

初十日癸未(4月3日)，闽浙总督陈辉祖奏复查办《西斋集》等书情形折。

按：《西斋集》为江苏兴化县贡生王仲儒所著，其子王国栋所著《秋吟阁诗》，两书一并被毁。

十一日甲申(4月4日)，护河南巡抚李承邺奏遵旨查办《天元玉历祥异赋》等书情形折。

十五日戊子(4月8日)，湖北巡抚郑大进奏遵旨查办《天元玉历祥异赋》情形折。

十八日辛卯(4月11日)，寄谕英廉等亲赴汪为霖家中严查有无《西斋集》等书。

是日，原大理寺少卿尹嘉铨为父尹会一请谥，不准。查出所著书籍"妄自尊崇，毁谤时事"，尹嘉铨斩决，其书全部销毁(《清高宗实录》卷一一二七)。

按：《清史稿·尹会一传》曰："乾隆四十六年，上巡幸保定，嘉铨遣其子赍奏，为会一乞谥；又请以汤斌、范文程、李光地、顾八代、张伯行及会一从祀孔子庙。上责其谬妄，逮至京师亲鞫之，坐极刑，改绞死。上以嘉铨自著年谱，载与刑部签商缓决，并称大学士为'相国'，又编《本朝名臣言行录》，屡降旨深斥之。"

二十七日庚子(4月20日),福建巡抚富纲奏复查办《天元玉历祥异赋》情形折。

二十九日壬寅(4月22日),江西巡抚闵鹗元奏查缴应禁各书并开单呈览折。

是日,广东巡抚李湖奏复查缴《天元玉历祥异赋》等书折。

四月初六日己酉(4月29日),江西巡抚郝硕奏遵旨查办流传剧本情形并粘签呈览折。

初九日壬子(5月2日),两淮盐政图明阿奏恭录勘办《金雀记》等剧本进呈折。

十五日戊午(5月8日),军机大臣奏查核正月至三月所进书籍错误次数,请将总裁等交部察议片。

按：奏曰："本年正月起至三月止,进过全书九次。臣等详加查核,除总裁记过一次之程景伊,分校记过五十次之高中、记过二十五次之陈文枢、记过十八次之沈清藻、记过十六次之卢遂,已经病故,毋庸议外,查总裁曹文埴记过一次,臣董诰记过十六次;总阅周煌记过三次;复校裘行简记过八次;总校何思钧记过五十三次,王燕绪记过三十九次,杨懋珩、朱钤各记过三十五次,仓圣脉记过十四次,缪琪记过七次;分校陆湘记过二十次,徐步云、胡予襄各记过十八次,卜维吉记过十六次,叶兰、励守谦记过十二次,潘奕隽记过十次,张焘、戴衢亨、施培应各记过八次,吴裕德、赵秉渊、李荃、贾铉、范鏊、徐秉敬各记过六次,温汝适、石鸿翥、李斯咏、钱世锡各记过四次,孙梅、潘庭筠、刘景岳、孙玉庭、王家宾、胡士震、汤垣、李岩、潘曾起、吴俊各记过二次。应交吏部,照例分别察议。"(张书才主编《纂修四库全书档案》下)

是日,《四库全书》处汇核正月至三月缮写《四库全书》讹错及总裁等记过清单。

两广总督巴延三奏遵旨查办《天元玉历祥异赋》等书情形折。

二十日癸亥(5月13日),命查禁尹嘉铨所著各书。

二十一日甲子(5月14日),策试天下贡士于太和殿。

按：制曰："学术首严真伪,士子读书敦行,处为良士,出为良臣,原不藉文字为标榜。自欺世盗名之徒,托言讲学,谬窃虚声,而明季东林诸人,流而为门户,为朋党,甚至莠言乱政,变易是非,实于朝常国体,世教民风,所关甚大。其何以息邪说,距诐行,使行坚言辩者不得逞其私臆,学术纯粹,毋误歧趋,以正人心而端风教欤?"(《清高宗实录》卷一一二九)

二十二日乙丑(5月15日),户部为知照《四库全书》馆总裁等官分别议罚事致典籍厅移会。

是日,军机大臣奏查勘总目之汪如藻等请以应升之缺列名在前片。

二十四日丁卯(5月17日),乾隆亲定本科三鼎甲:状元钱棨,榜眼陈万青,探花汪学金。

二十五日戊辰(5月18日),御太和殿,传胪,赐一甲钱棨等3人进士及第,二甲秦承业等56人进士出身,三甲万承风等110人同进士出身。本科会试正考官为礼部尚书德保、吏部侍郎谢墉,副考官为兵部侍郎沈初、副都御史吴玉纶。

是月,因《四库全书总目提要》告竣呈览,总纂纪昀、陆锡熊,部议加一级,记录三次。

五月初七日己卯(5月29日),谕著派德保同办《日下旧闻考》。

是日,军机大臣奏吴树萱、柴模等呈请自备资斧充当《四库全书》处分校片。

十三日乙酉(6月4日),军机大臣等奏将原办《热河志》全部缴进片。

二十日壬辰(6月11日),闽浙总督陈辉祖奏缴违碍书籍并请展限一年及查禁剧本情形折。

  按:奏曰:"现在缴送应禁之书六十二种,计一百三十一部,又从前已缴过各书续查出二百七十种,计二千一百八十七部,均应销毁。"(张书才主编《纂修四库全书档案》下)

二十四日丙申(6月15日),江西巡抚郝硕奏缴违碍书籍板片折。

  按:奏中谓自乾隆四十三年八月起至四十六正月,共计查出应禁书15044部,板10115块,现又查出应全毁书22种,应摘毁书4种(张书才主编《纂修四库全书档案》下)。

二十五日丁酉(6月16日),谕皇八子永璇等著分别罚俸或销去记录抵销。

二十六日戊戌(6月17日),谕著添派和珅同办《日下旧闻考》。

二十八日庚子(6月19日),军机大臣奏各省送到应毁重本书及罗教经卷开单缴进销毁片。

二十九日辛丑(6月20日),谕令图明阿等妥办流传剧本不得过当致滋烦扰。

闰五月初四日丙午(6月25日),谕内阁:承办《热河志》之纂修褚廷璋、戴衢亨、汪学金等著照例议叙。

初九日辛亥(6月30日),江西巡抚郝硕奏报僧明学等经卷悖逆案。

  按:僧明学之师心光编造《镇坛大悲法水》、《南泉秘旨便览》经卷二本,内有"天皇"、"地皇"、"人皇"三符,以星宿属天皇,以土地属地皇,以人丁属人皇。乾隆四年(1739),心光将经符传给弟子明学。至此被查获,明学被凌迟处死(《清高宗实录》卷一一三二)。

二十七日己巳(7月18日),署陕西巡抚毕沅奏查缴违碍书籍情形折。

是日,军机大臣奏应进《全书》内四十五本俱经沾渍交兵部行查片。

谕《乐善堂全集》宋本毋庸补入此序,《蔡世远文集》照旧缮录。

是月,武英殿修书处为知照奏请拣员充补纂修事致典籍厅移会。

六月初十日辛巳(7月30日),直隶总督袁守侗奏汇缴应禁书籍情形折。

  按:奏中所列应禁书籍全者共417部,不全者共665部(张书才主编《纂修四库全书档案》下)。

七月十六日丙辰(9月3日),军机大臣奏查明四月至六月所进书籍错误次数,请将总裁等交部察议片。

  按:奏曰:"今自四月起至六月止,进过全书十四次。臣等详加查核,除总裁记过五次之程景伊,分校记过二十五次之孙辰东,记过七十六次之高中,记过五十六次之陈文枢,记过二十八次之宋枋远,记过二十二次之陈墉、吴锡龄,记过二十次之翁树棠,记过十八次之卢遂,记过十次之沈清藻,已经病故,毋庸议外,查总裁八阿哥记过一次,十一阿哥记过五次,嵇璜记过八次,王杰记过二次,臣董诰记过一次,曹文埴记过八次,沈初记过十四次;总阅周煌记过十次,谢墉记过三次,达椿记过二次,钱载记过九次,胡高望记过一次,倪承宽记过七次,朱珪记过一次,吉梦熊记过四次;总校何思钧记过一百五十三次,朱钤记过一百四十二次,王燕绪记过九十一次,缪琪记过九十次,杨懋珩记过八十五次,仓圣脉记过五十九次;复校平恕记过五次,邹炳泰记过十七次,王增记过六十六次,庄通敏记过三次,邵晋涵记过十五次,吴典记过三十九次,王尔烈记过二十四次;分校陈昌齐、孙玉庭、于鼎、李岩、鲍之钟、金光悌、徐立纲、戴联奎、汤垣、张敦培、吴锡麒、周琼、朱炘、汪学金、刘源溥、戴衢亨各记过二次,余集、彭元琥、程晋芳、王家宾、蔡必昌、曹锡龄、戴均元、萧九成、张慎和、吴绍昱、罗万选、钱世锡、吴甸华、朱攸、汪锡魁各记过四次,李尧栋、庄承篯、范衷、甄松年、王坦修、范鏊、常循、袁文邵、嵇承志各记过六次,王学海、田尹衡、邱桂山、盛惇崇各记过八次,王庆长、胡士震、杨寿楠、杨世纶、秦泉、励守谦各记过十次,王春煦、李燊、庄通敏、缪晋、潘奕隽、雷纯各记过十二次,胡予襄、严福、牛稔文、王瑸、李斯咏各记过十四次,吴舒帷、陈木、潘曾起各记过十六次,郭祚炽记过十八次,叶兰、张曾炳各记过二十次,潘庭筠记过二十二次,吴裕德记过二十三次,李荃记过二十四次,吴鼎雯记过二十七次,陆湘记过三十次,王尔烈记过三十一次,周铉记过三十二次,许烺记过四十二次,卜维吉记过四十四次,苏青鳌记过五十次。应交吏部、都察院,照例分别察议。"(张书才主编《纂修四库全书档案》下)

八月初三日癸酉(9月20日),谕内阁:《开国方略》书成后,著交武英殿刊刻并写入《四库全书》。

是日,谕内阁:提调吴裕德珠销去记录二次。

初六日丙子(9月23日),因《清文鉴》书成,谕明泰著加一级记录二次。

二十四日甲午(10月11日),广西巡抚姚成烈奏遵旨查缴违碍书籍情形折。

二十八日戊戌(10月15日),两广总督巴延三等奏遵旨查缴违碍书籍情形折。

九月初六日乙巳(10月22日),谕校书错误之皇八子永璇等俱著分别罚俸或注于记录抵销。

二十一日庚申(11月6日),谕《盛京通志》字画错误总裁福隆安、梁国治、董诰等,著分别罚俸或注于记录抵销。

二十五日甲子(11月10日),湖南巡抚刘墉奏查缴应毁书籍折。

按:奏曰:"内有各省暨本省曾经奏缴今续获重复各书共一百四十九种,计完全者一千五百九十二部,残缺者一千八百四十七部。此外,查有本省人著作陆续呈请销毁之书五十种,计完全者四十九部,残缺者十一部;又外省人著作应行销毁之书二十四种,计完全者十三部,残缺者十四部;应行摘毁之书十一种,完全者二部,残缺者九部;并各板片二十四副。"(张书才主编《纂修四库全书档案》下)

二十八日丁卯(11月13日),安徽巡抚农起奏遵旨查办违碍剧本情形折。

是日，署云南巡抚刘秉恬奏遵旨查缴应禁书籍并请展限一年折。

> **按**：奏中所列向例查禁书35种，共145部，1130本；现准各省咨禁书44种，共190部，2935本（张书才主编《纂修四库全书档案》下）。

十月初五日甲戌（11月20日），军机大臣奏遵旨查《盛京舆图》刊刻情形片。

初六日乙亥（11月21日），广西巡抚姚成烈为查无《青霞集》等空格书事致军机处咨文。

是日，署两江总督萨载奏续缴应禁书籍折。

> **按**：奏中所列新获违碍书33种，重复违碍书1359部，书板1394块（张书才主编《纂修四库全书档案》下）。

初十日己卯（11月25日），湖广总督舒常等奏查出近刊明末违悖书籍及讯办情形折。

是日，军机大臣奏遵旨将应毁书《新增鉴略补》恭呈御览片。

十五日甲申（11月30日），命《四库全书》馆臣录存元朝人杨维桢《三史正统辨》。

十六日乙酉（12月1日），军机大臣奏节年各省解到销毁书板难以铲用俱作烧柴片。

是日，谕内阁：《契丹国志》体例书法讹谬，著纪昀等依例改纂。

> **按**：四库馆臣以宋叶隆礼《契丹国志》体例、书法"讹谬"，拟撤出《四库全书》；乾隆帝因命纪昀等将书改正后，仍予著录，以存旧籍（张书才主编《纂修四库全书档案》下）。

十八日丁亥（12月3日），军机大臣福隆安等查明七月至九月总裁等校书记过次数，应交部察议折。

> **按**：奏曰："今自七月起至九月止，进过全书六此。臣等详加查核，除分校记过十六次之沈清藻，记过十次之翁树棠、卢遂，记过六次之吴锡龄，记过二次之高中，已经病故，毋庸议外，查总裁嵇璜记过九次，蔡新记过一次，臣董诰记过十次，曹文埴记过八次；总阅李绶记过二次；总校朱钤记过四十一次，何思钧记过十八次，杨懋珩记过十七次，王燕绪记过十次，缪琪记过一次；分校周永年记过五十次，励守谦记过二十次，潘曾起记过十八次，于鼎、冯培各记过十四次，黄晁记过八次，李燊、陈木、陆湘、李荃、孙玉庭各记过六次，叶兰、张曾炳、庄通敏各记过四次，杨世纶、陈昌齐、秦泉各记过二次，应交吏部、都察院，照例分别察议。"（张书才主编《纂修四库全书档案》下）

《四库全书》处汇核七月至九月缮写《四库全书》讹错及总裁等记过清单。

二十六日乙未（12月11日），军机大臣奏辽、金、元三史办理全竣折。

二十七日丙申（12月12日），军机大臣奏将前命馆臣编录《明季奏疏》事写入纂辑《明代奏议》谕旨片。

是日，谕内阁：著派诸皇子同总师傅蔡新等为总裁纂辑《明名臣奏议》。书成后，即交武英殿刊刻，仍抄入《四库全书》。

十一月初二日庚子（12月16日），军机大臣奏陈辉祖前进书内并无

《孝经对问》、《体孝录》等书谨拟询问谕旨进呈片。

按：《孝经对问》和《体孝录》乃明末瞿罕所著，乾隆二十三年湖北黄梅县生员吴碧峰照旧本刊刻，自撰序文，并送瞿学富等人。至此，湖广总督舒常和新任湖北巡抚郑大进查出这两部书有悖逆，结果两书被毁。吴碧峰在监病死，免议。瞿罕本族瞿学富及作序之王模，发遣乌鲁木齐（张书才主编《纂修四库全书档案》下）。

是日，寄谕闽浙总督陈辉祖据实复奏查勘《孝经对问》等书事。

军机大臣奏遵查《高丽史鉴》等书情形并将《朝鲜史略》粘签进呈御览片。

初三日辛丑（12月17日），谕内阁：纂修辽、金、元史之呈麟等准以在京应升之缺分别叙用。

初六日甲辰（12月20日），谕内阁：所有《美人八咏》诗并似此者一并从《四库全书》撤出。

按：乾隆帝见朱存孝所辑之《回文类聚补遗》中有《美人八咏》诗，认为"有乖雅正"，命从《四库全书》中撤出；并命四馆馆臣以后各种诗集内有似此者，亦著该总裁督同总校、分校等，详细检查，一并撤出，以"厘正诗体，崇尚雅醇"（张书才主编《纂修四库全书档案》下）。

初十日戊申（12月24日），江苏巡抚闵鹗元奏续缴应禁各书并请再行展限一年折。

按：奏中所列新查出违碍书籍61种（张书才主编《纂修四库全书档案》下）。

二十二日庚申（1782年1月5日），署陕西巡抚毕沅奏查缴违碍书籍情形折。

是日，户部为知照《四库全书》馆总裁等员分别议罚事致典籍厅移会。

谕校书错误之总裁嵇璜等著分别罚俸或于记录抵销。

十二月初三日辛未（1月16日），军机大臣奏查《白室杂著》作者等情形并将原书先行缴毁片。

初六日甲戌（1月19日），谕内阁：《四库全书》第一分完竣，所有总校等著总裁查明咨部照例议叙。

初七日乙亥（1月20日），署陕西巡抚毕沅奏将查出空格书籍封呈军机处折。

十四日壬午（1月27日），军机大臣奏查出各省送到应毁重本书开单呈进销毁片。

十五日癸未（1月28日），谕内阁：《离骚图》中各图缺略不全，著重加订正补画。

十七日乙酉（1月29日），谕内阁：《永乐大典》内散篇全数完竣，该总纂等应予议叙。

军机大臣进呈《永乐大典》总裁等人员记过次数清单。

是年，江西信丰肖维富等创立邪教，广为宣传，肖维富已死戮尸，其余斩绞有差。梁三川著《奇冤录》，诗中有"狂悖"语，被凌迟处死，父及子、侄均处斩。

地方戏盛行各地。据是年江西巡抚郝硕奏称：昆腔之外，有石牌腔、秦腔、弋阳腔、楚腔等，江、广、闽、浙、云、贵等省皆所盛行。

章学诚三月游河南，途中遇盗，《校雠通义》原稿4卷及其他文稿全部失落。从此每有撰述，必留副草，以备亡失。是年，应张维祺聘，主讲肥乡清漳书院。

按：章学诚在《跋酉冬戌春志余草》中追记此事曰："余自辛丑游古大梁，所遇匪人，尽失箧携文墨，四十四岁以前撰著，荡然无存。后从故旧家存录别本借钞，十得其四五耳。……但己亥著《校雠通义》四卷，自未赴大梁时，知好家前钞存三卷者，已有数本，及余失去原稿，其第四卷竟不可得。索还诸家所存之前卷，则互有异同，难以悬断，余亦自忘真稿果何如矣。遂仍讹袭舛，一并钞之。戊申，在归德书院，别自校正一番，又以意为更定，则与诸家所存又大异矣。然则今存文字，诸家所钞，宁保与此稿本必尽一耶？"(《章氏遗书》卷二九）

王念孙入四库馆，充篆隶分校官。

段玉裁四月离京南归，途经南京，谒钱大昕于钟山书院；与卢文弨、刘台拱、金榜相交。

卢文弨主讲山西三立书院。正月为浦镗所订《十三经注疏正字》作跋；又据日本传入《七经孟子考文补遗》及《十三经注疏正字》校勘诸经，并作《七经孟子考文补遗题辞》。

按：浦镗字金堂，号声之，一号秋稼，浙江嘉善人。所著《十三经注疏正字》81卷，历时12年，抉微纠谬，功不在陆德明下。阮元纂《十三经校勘记》，曾屡引其书。另著有《双声叠韵录》、《小学绀珠补》、《文选音义》、《清建阁集》。

毕沅在西安，参与镇压甘肃回民起义。

洪亮吉三月应会试，未中；五月，抵西安依附陕西巡抚毕沅，时幕中友人有吴泰来、严长明、钱坫、孙星衍等。九月，校《山海经》成，毕沅有《山海经新校正序》；十月十五日，补正《晋书地理志》成，毕沅自序所补正《晋书地理志》，以志其缘起。

按：洪亮吉自离开朱筠幕府后，先后客常镇通道袁鉴、江宁太守陶易、浙江学政王杰、安徽学政刘权之、常州太守黄泽定、四库馆总校孙溶等官员幕府，或教读，或阅卷，或校书。是夏，因孙星衍自关中来信，言毕沅钦慕之意，遂离京抵达西安。毕沅闻洪亮吉来，倒屣以迎。此后4年，洪亮吉与孙星衍等为毕沅校勘古籍，参与编纂方志数种，又自著《汉魏音》、《公羊古义》等。

翁方纲作《抱经堂歌》，送卢文弨离京南还。

黄景仁因《都门秋思》诗得毕沅赏识，寄银500两，受邀入西安。

凌廷堪寓扬州，应两淮盐运使伊龄阿之聘，入扬州词曲局，与黄文旸修改古今词曲；又与阮元订交。

祁韵士充四库馆分校官。

蒋士铨充国史馆纂修官。

嵇璜充三通馆正总裁。

朱珪代其兄朱筠为福建学政，朱筠是春过扬州，与江藩同游；朱筠六月卒于京师，江藩有诗悼之。

赫谢尔发现天王星。

K.W.谢勒发现矿钨的成分。

曹振镛中进士，改翰林院庶吉士，散馆，授编修。

刘台拱九月离京南还，翁方纲有《送刘端临归宝应序》。

丁杰中进士，官宁波府学教授。

曾燠中进士，改翰林院庶吉士。

萨载时任总督，为江宁钟山书院定规条，院长钱大昕定条约。

冯集梧中进士。

按：冯集梧字轩圃，号鹭庭，浙江桐乡人。官编修，曾典试云南。又为毕沅补刻《续资治通鉴》后117卷，使毕书220卷完整无缺。著有《樊川文集注》等。

杨伦中进士。

钱棨在乡试、会试、殿试中连中三元，成为清代第一个连中三元者。

许鸿磐中进士。

按：许鸿磐字渐逵，号云峤，别号雪帆、六观楼主人，山东济宁人。历官指挥、安徽同知、泗州知州。著有《尚书札记》4卷、《方舆考证》100卷、《金川考略》1卷、《河源述》1卷、《考古异夷庚》12卷、《参伍类存》16卷、《泗州考古录》1卷、《六观楼文存》1卷、《六观楼诗存》1卷、《六观楼北曲六种》6卷、《六观楼遗文》2卷、《雪帆杂著》1卷、《六观楼古文选》等。

李有基中进士，官福建连城知县。

按：李有基字东圃，山东德州人。博涉经史，精于治《易》。著有《周易义象合纂》、《州志考异》、《披褐吟》、《掘得集》、《南游偶吟》等。

叶廷推以纂《海澄县志》被控，断为无罪；诬告者周铿声被斩决。

李如璧等在湖南永兴县建金陵书院。

萧榕年时任广东新会知县，建观澜书院。

成履泰在台湾信竹县建明志书院。

卢梭著成《忏悔录》。

康德著成《纯粹理性批判》。

摩西·门德尔松发表《论犹太公民环境改善》。

程晋芳著《尚书今文释义》40卷、《尚书古文解略》6卷成书，均有自序。

按：程晋芳《尚书古文解略序》曰："梅氏晚出《书》，元、明诸贤虽间一辨之，而未极其致。我朝阎百诗、程绵庄、惠定宇辈出，始抉摘无遗蕴。虽以西河之博识多闻，为之奋臂大呼，莫能翻已成之案也。然近儒沈果堂谓是书必不能废，余独有取乎其言，以为匪特不能废，亦不可废也。盖其书虽成于襞绩之功，针线之迹显然，而一一皆有自来。如《说命》诸篇，气象矜贵，言皆有物。士生宋、明以降，凡六代、三唐诗文小集，片纸只字，犹或珍袭之，况其汇辑三代以前嘉言懿训，联珠贯璧而出之，而遽视同土苴，可乎？特其不足信而能贻弊者亦有数端，前人固已详辨之，学者要当分别观之，且不宜与伏《书》相混耳。辛丑初夏，排纂《今文释义》第四稿竣，爰取梅《书》读之，因孔、蔡二《传》略为去取，参以别家之说，凡六阅月而成《解略》六卷。盖其文义本自平顺，诠释无难。惟《泰誓》三篇，虽非张霸伪书，而以臣许君，类后世檄文露布体，汤、武并称，《汤誓》、《牧誓》其辞略近，此《泰誓》果武王作耶？则武王之志荒矣。故仅载白文，弗加诠释，而于诸家辨驳伪撰之词，亦弗一载，学者第从本书观之。此则当存释经之体也。噫！予嗜经成癖，矻矻汗青垂四十年，自谓持择之功视诸家差为平允。后之览者，或有訾其兼爱，又或□其曲意调停，则弗敢避责矣。"（《清儒学案》卷八五《程先生晋芳》）

周广业著《孟子四考》4卷成书。

钱坫著《尔雅释地注》2卷成书,有自序。

洪亮吉著《传经表》2卷、《通经表》2卷成书,《补三国疆域志》2卷刊行,又纂《延安府志》。

毕沅著《晋书地理志新补正》5卷成书,有自序。

按:毕沅《晋书地理志新补正序》曰:"《晋书地理志》二卷。案:新、旧《唐书》为房玄龄等二十人所撰,今核其书,大要以晋武帝太始、太康中为定,自惠帝时已略焉,至东晋则尤略。盖唐初诸儒于地理之学,非所研究,故颜师古注《前汉书》,以京兆南陵为今宁国府南陵县;章怀太子注《后汉书》,以九江当涂为今太平府当涂县。案之乐史《太平寰宇记》,汉南陵县故城在万年县东南二十四里白鹿原上,当涂县故城在钟离县西一百十七里,皆无缘至江右,二人盖误以东晋侨县为汉旧县也。此类尚多,非可详矣。夫晋世册籍可据者,如《太康地志》、《元康定户》、《晋世起居注》等,见于沈约《宋书》。撰《晋书》者,王隐、虞预、臧容绪、谢灵运、干宝诸家。其王隐《晋书地道记》,及不著姓氏《晋书地理志》与《晋地记》,见于郦道元《水经注》,类皆搜采广博,十倍今书。他如《郡国县道记》、《圣贤冢地记》、黄义仲、阚骃皆有《十三州记》,以迄杜预、京相璠之注经,徐广之注史,皆引近世州郡以证古名,多可采择。姑即一二言之,……是唐初修《晋书》,不特不旁考诸书,即王隐《地道》之编,沈约《州郡》之志,亦近而不采,殊可怪矣。然使能一以武帝时郡县为定,而尽录《太康地志》所有,勒成一书,虽非典午之全编,亦可悉金行之首运,未为失也。今又不然,……是县省设不同,一也;……是郡废置不同,二也;……是州罢立不同,三也。以卤莽之群材,承史志之重寄,而又不资校众籍,证引他书,固亦其纪传所列既与志殊,志之前所列又与后殊也。夫晋世版典,上承三国之瓜分,下值南朝之侨置,建罢沿革,所系非轻。盖马彪撰郡国,既不详安顺以后;沈约志州郡,又难究徐兖以西。使诸贤能据贞观见存之图籍,述太康混一之山川,可采既多,用功亦易。而今之撰录若此,则唐初诸贤不究地理学之过也。沅官事之暇,嗜博观史籍,间以所见校正此志讹漏,凡数百条;又采他地理书可以补正阙失者,皆录入焉,分为五卷。升元注作大字,则从刘昭补注《郡国志》旧例也。时乾隆四十六年岁在辛丑孟冬月十五日。"(《晋书地理志新补正》卷一,《经训堂丛书》本)

周嘉猷著《南北史系表》6卷、《齐乘考证》6卷成书。

敕纂《钦定辽金元三史国语解》46卷。

按:《四库全书总目提要》曰:"《钦定辽金元三史国语解》四十六卷,乾隆四十六年奉敕撰。考译语对音,自古已然。《公羊传》所称地物从中国,邑人名从主人是也。译语兼释其名义,亦自古已然。《左传》所称楚人谓乳谷,谓虎于菟。《谷梁传》所称吴谓善伊,谓稻缓。号从中国,名从主人是也。间有音同字异者,如天竺之为捐笃、身毒、印度,乌桓之为乌丸,正如中国文字,偶然假借,如欧阳,《汉碑》作欧羊;包胥,《战国策》作勃苏耳。初非以字之美恶分别爱憎也。自《魏书》改'柔然'为'蠕蠕',比诸蠕动,已属不经。《唐书》谓'回纥'改称'回鹘',取轻健如鹘之意,更为附会。至宋人武备不修,邻敌交侮,力不能报,乃区区修隙于文字之间。又不通译语,竟以中国之言,求外邦之义。如赵元昊自称'兀卒',转为'吾祖',遂谓'吾祖'为'我翁'。'萧鹧巴'本属蕃名,乃以与曾淳甫作对,以鹧巴鹁脯为恶谑。积习相沿,不一而足。元托克托(即脱脱)等修宋、辽、金三史,多袭旧文,不加刊正。考其编辑成书,已当元末,是时如台哈布哈号为文士,今所传纳新(案'纳新'原本误作'乃贤',今改正)《金台集》首,有所题篆字,亦自署曰'泰不华',居然讹异。盖旧俗已漓,并色目诸人亦不甚通其国语,宜诸史之讹谬百出矣。迨及明初,宋濂等纂修《元史》,以八月告成,事迹挂漏,尚难殚数。前代译语,更非所谙。三史所附《国语解》,颠舛支离,如出一辙,固其宜也。我皇上圣明天纵,迈古涵今,洞悉诸国之文,灼见旧编之误。特命馆臣,详加厘定,并一一亲加指示,务得其真。以索伦语正《辽史》凡十卷。首君名,附以后妃、皇子、公主;次宫卫,附以军名;次部族,附以属国;次地理;次职官;次人名;次名物,共七门。以满洲语正《金史》凡十二卷。首君名,附以后妃、皇子;次部族;次地理;次职官,附以军名。次姓氏,次人名,附以名物,共六门。以蒙古语正《元史》凡二十四卷。首帝名,附以后妃、皇子、公主;次宫卫,附以军名;次部族,附以国名;次地理;次职官;次人名;次名物,共七门。各一一著其名义,详其字音。字音为汉文所无者,则两合三合以取之。分析微茫,窍极要窅。即不谙翻译之人,绎训释之明,悟语声之转,亦觉厘然有当于心,而恍然于旧史之误也。盖自《钦定三合切音清文鉴》出,而国语之精奥明;至此书出,而前史之异同得失亦明。不但宋、明二史可据此以刊其讹,即四库之书,凡人名、地名、官名、物名涉于三朝者,均得援以改正,使音训皆得其真。"

敕修《钦定明臣奏议》20卷成书。

按:《四库全书总目提要》曰:"《钦定明臣奏议》二十卷,乾隆四十六年奉敕编。以皇子司选录,而尚书房入直诸臣预缮写。每成一卷,即恭呈御览,断以睿裁。盖敷陈之得失,足昭法戒,而时代既近,殷鉴尤明。将推溯胜国之所以亡,与昭代之所以兴者,以垂训于无穷,故重其事也。考有明一代,惟太祖以大略雄才,混一海内。一再传后,风气渐移。朝论所趋,大致乃南宋等。故二百余年之中,士大夫所敷陈者,君子置国政而论君心,一札动至千万言,有如策论之体。小人舍公事而争私党,一事或至数十疏,全为讦讼之词。迨其末流,弥增诡薄。非惟小人牟利,即君子亦不过争名。台谏鬨于朝,道学哗于野。人知其兵防吏治之日坏,不知其所以坏者由阁臣奄竖为之奥援。人知阁臣奄竖之日讧,不知其所以讧者由门户朋党为之煽构。盖宋人之弊,犹不过议论多而成功少。明人之弊,则直以议论亡国而已。然一代之臣,多贤奸并进,无人人皆忠之理,亦无人人皆佞之理。即一人之身,多得失互陈,无言言皆是之事,亦无言言皆非之事。是以众芳芜秽之时,必有名臣硕辅,挺出于其间;群言淆乱之日,必有谠论嘉谟,撰挂于其际。所谓披沙简金,在乎谨为持择也。是编禀承训示,辨别瑕瑜,芟薙浮文,简存伟议。研求史传,以后效验其前言;考证情形,以众论归于一是。譬诸童谣妇唱,一经尼山之删定,而列在六经。一代得失之林,即千古政治之鉴也。至于人非而言是,不废搜罗;论正而词乖,但为删润。圣德之广,一善不遗。圣度之宏,大公无我。尤非寻常所可测量矣。"

戴衢亨、梁国治等奉敕纂《热河志》80卷成书。

敕纂《钦定宗室王公功绩表传》12卷。

阿桂等奉敕纂《钦定平定两金川方略》152卷成书。

按:《四库全书总目提要》曰:"《钦定平定两金川方略》一百五十二卷,乾隆四十六年,大学士阿桂等恭撰奏进。凡《御制序文纪略》一卷,《天章》八卷,冠于前。臣工诗文八卷,附于末。所纪平定两金川事,自乾隆二十年六月癸亥起,至乾隆四十四年十一月壬午止。金川自郎卡归命之后,威棱所慑,已不敢复逞凶锋。而狼更生貙,野心不改。其子索诺木与其头人丹巴沃杂尔煽惑小金川酋僧格桑,鲸吞九姓,无故称戈。谕之不从,弥滋狂悖。盖十稔之将盈,故两阶之弗格也。且夫食残无厌,溪壑难盈，密迩维州，将生窥伺。与其后来贻患，待之于边陲，不如先发制人，戡之于巢穴。是以力排浮议，天断独行，再举六师，重申九伐。虽逆酋恃其地险，暂肆披猖。而震我雷硠，终归鱼烂。僧格桑专车之骨，先献旌门。既而转斗千盘，铲平三窟。索诺木力穷势蹙，亦泥首而就俘焉。盖自三古以来，中国之兵力未有能至其地者。惟我皇上睿算精详，天声震叠，始开辟化外之草昧。是以语其道里，视河源万里为近；考其疆界，视天山两道为狭；计其生齿，不能敌三十六国之一。而颂圣武者乃觉与乙亥西征，扩地二万余里，后先同轨。岂非以涉历之远，至伊犁而极，山川之险，至两金川而极，均为克千古之所不能克哉。恭读是编，具详决机制胜之始末，益知戊辰之役，为天心仁爱，不欲穷兵，非力有所不能至也。"

敕纂《兰州纪略》20卷成书。

卢建其修，张君宾、胡家祺纂《宁德县志》10卷刊行。

杨柏年修，黄鹤雯纂《石城县志》8卷刊行。

李载阳修，游端友、张必刚纂《潜山县志》24卷刊行。

白璟修，狄如焕纂《湘潭县志》26卷刊行。

邵晋涵纂《余姚县志》40卷刊行。

周棨纂修《获鹿县志》9卷成书。

平观澜修，钱时雍、黄有恒纂《庐陵县志》43卷刊行。

闵鉴修，吴泰来纂《同州府志》60卷刊行。

单光国修纂《广南府志略》4卷刊行。

杨长森修纂《崇庆州志》4卷刊行。

王巡泰修纂《兴业县志》4卷刊行。

俞思谦著《海潮辑说》2卷成书。

毕沅著《老子道德经考异》2卷成书，有自序。

朱筠著《笥河文集》16卷成书。

王昶始纂《青浦诗传》。

蒋士铨自选《藏园诗钞定本》10卷。

袁枚作《仿元遗山论诗》38首，评论同时诗人。

李调元辑《蜀雅》20卷成书，有自序。

黄文旸始辑《曲海》。

按：乾隆年间，巡盐御史伊龄阿、图恩阿等在扬州设局审查戏曲剧本，黄文旸为主校官，他将所见杂剧传奇，勒成一书，定名《曲海》。

方元音著《珍珠塔》弹词18回。

沈宗骞著《芥舟学画编》4卷成书，有自序。

按：沈宗骞字熙远，号芥舟、研溪老圃，浙江吴兴人。事迹见震钧辑《国朝书人辑略》卷六。是书初刻于乾隆间，后流传至日本，并有译本。今有《画论丛刊》本。

潘奕隽著《说文解字通正》14卷，有自序。

钱大昕续刊《金石跋尾》7卷。

翁方纲著《石鼓考》8卷。

毕沅辑《关中金石记》8卷七月始刊，九月刻毕；钱大昕七月为作序，钱坫作《书后》。

按：钱大昕《序》曰："金石之学，与经史相表里。侧蕾异本，任城辨于《公羊》；夏昊殊文，新安述于《鲁论》；欧、赵、洪诸家涉猎正史，是正尤多。盖以竹帛之文，久而易坏，手钞板刻，展转失真。独金石铭勒，出于千百载以前，犹见古人真面目，其文其事，信而有征，故可宝也。关中为三代、秦汉、隋唐都会之地，碑碣之富，甲于海内。巡抚毕公以文学侍从之臣，膺分陕之任，三辅、汉中、上郡皆按部所及。又尝再领总督印，逾河陇，度伊凉，跋涉万里，周爰咨询，所得金石文字，起秦汉，讫于金元，凡七百九十七通。雍凉之奇秀，萃于是矣。公又以政事之眼，钩稽经史，决擿异同，条举而件系之。正六书偏旁，以纠冰英之谬；按《禹贡》古义，而求汉漾之源。表河伯之故祠，绅道经之善本，以及三藏五灯之秘、七音九弄之根。偶举一隅，都超凡谛，自非多学而识，何以臻此？在宋元丰中，北平田概尝撰《京兆金石录》六卷，其书虽不传，然陈氏《宝刻丛编》屡引之。揆其体例，仅纪撰书姓名、年月，初无考证之益，且所录不过京兆一路。岂若斯记，自关内、山南、河西、陇右，悉著于录，而且征引之博，辨析之精，沿波而讨源，推十以合一，虽曰尝鼎一脔，而经史之实学寓焉。大昕于兹事笃嗜有年，尝恨见闻浅尠，读公新制，如获异珍。它日按籍而求，以补藏弆之阙，则是编为西道主人矣。辛丑岁七月钱大昕序。"（《关中金石记》卷首，《经训堂丛书》本）

纪昀等纂《四库全书总目提要》200卷成书。

按：《清史稿·纪昀传》曰："昀学问渊通，撰《四库全书提要》，进退百家，钩深摘隐，各得其要指，始终条理，蔚为巨观。惩明季讲学，宋五子书功令所重，不敢显立异同；而于南宋以后诸儒，深文诋諆，不无门户出入之见云。"是书对清代前期以前的学术源流及主要典籍作了比较全面的评述，是一部辨章学术、考镜源流的重要目录学专著，为研究中国文化的重要工具书。后因卷帙浩繁，不便检阅，又删去存目，简洁文字，另编《四库全书简明目录》20卷。有1965年中华书局上海编辑所排印本。

吴颖芳卒（1702— ）。颖芳字西林，自号树虚，浙江仁和人。终身不求仕进。与厉鹗为友，致力于诗；又精律吕之学。著有《临江乡人诗集》4卷、《说文理董》40卷、《音韵讨论》4卷、《文字源流》6卷、《金石文释》6卷、《吹豳录》50卷等。事迹见《清史列传》卷七一、李桓《国朝耆献类征初编》卷四三八、王昶《吴先生颖芳小传》（《碑传集》卷一四一）。

朱筠卒（1729— ）。筠字竹君，一字美叔，号笥河，顺天大兴人。乾隆十九年进士，选翰林院庶吉士，散馆授编修。擢侍读学士。曾奏请采录《永乐大典》，又请立校书之官，于是有纂辑《四库全书》之举。充《四库全书》纂修官。著《十三经文字同异》，未成书；又有《朱笥河集》36卷。事迹见《清史稿》卷四八五、《清史列传》卷六八、李桓《国朝耆献类征初编》卷一二八、震钧辑《国朝书人辑略》卷五、蔡冠洛《清代七百名人传》第四编、孙星衍《笥河先生行状》、姚鼐《朱竹君先生别传》、章学诚《朱先生墓志铭》、王昶《翰林院编修朱君墓表》（均见《碑传集》卷四九）。姚名达编有《朱筠年谱》，王兰荫编有《朱笥河先生年谱》。

按：《清史稿》本传曰："筠博闻宏览，以经学、六书训士。谓经学本于文字训诂，周公作《尔雅》，《释诂》居首；保氏教六书，《说文》仅存。于是叙《说文解字》刊布之。视学所至，尤以人才经术名义为急务，汲引后进，常若不及。因材施教，士多因以得名，时有朱门弟子之目。好金石文字，谓可佐经史。诸史百家，皆考订其是非同异。

为文以郑、孔经义,迁、固史书为质,而参以韩、苏。诗出入唐、宋,不名一家,并为世重。筠锐然以兴起斯文为己任,搜罗文献,表彰风化,一切破崖岸而为之。"江藩《国朝汉学师承记》曰:"先生博闻宏览,于学无所不通,说经宗汉儒,不取宋元诸家之说,《十七史》、涑水《通鉴》诸书,皆考其是非,证其同异,泛滥诸子百家而不为异说所惑。"孙星衍《笥河先生行状》曰:"先生以为,经学本于文字训诂,又必由博反约,周公作《尔雅》,《释诂》居首,保氏教六书,《说文》仅存。于是刊布许氏《说文》于安徽以教士,复奏请采录《永乐大典》逸书。上览奏异之,乃命开《四库全书》馆,御制诗以纪其事。又以《十三经》文字,传写讹舛,奏请仿汉熹平、唐开成故事,则儒臣校正,立石太学。奉御缓办,因著《十三经文字同异》若干卷,藏于家。于时皖、闽之士,闻绪言余论,始知讲求根柢之学。四海好学能文者,俱慕从先生游。而戴征君震、邵学士晋涵、王观察念孙诸人,深于经术训诂之学,未遇时,皆在先生幕府。……其督学安徽,旌表婺源故士江永、汪绂等,祠其主于乡贤,以劝朴学之士。在福建,与弟珏相代,一时传为盛事。……其后文正主持文教,海内名流,皆以暗中索拔,多先生所赏契者。故世称据经好古之士为朱派云。"

顾九苞卒(1738—)。九苞字文子,江苏兴化人。乾隆四十六年进士。长于《毛诗》、《三礼》。曾充四库馆校录。事迹见李桓《国朝耆献类征初编》卷四二〇、章学诚《顾九苞传》(《章氏遗书》卷一九)。

屠倬(—1828)、周济(—1839)、蒋宝龄(—1840)、张澍(—1847)、徐松(—1848)、赵之琛(—1860)生。

乾隆四十七年　壬寅　1782年

正月初四日辛丑(2月15日),贵州巡抚李本奏查缴禁书解京销毁折。
按:奏中所列禁书75种,计2520本(张书才主编《纂修四库全书档案》下)。

十一日戊申(2月22日),《四库全书》总裁等奏分别请叙纂办二三四分书籍各员折奉旨依议。

是日,《四库全书》总裁等奏请准议叙缮校第一分书籍各员折奉旨依议。

二十九日丙寅(3月12日),谕孙士毅著补授太常寺少卿等议叙事。
按:另有韦谦恒补授赞善,吴省兰、王坦修、李尧栋、李镕、吴典、吴裕德、汪学金、陈崇本、许兆椿、于鼎、俞大猷、彭元珫、百龄、周兴岱、德昌、瑞保、胡予襄、王庆长、李荃、李斯咏、富炎泰、董椿、门应兆、田起莘、吴应霞、楚维宁、王太岳、曹锡宝等皆被升用。

是日,军机大臣奏孙士毅等呈请据情谢恩片。

三十日丁卯(3月13日),谕内阁此次进呈《大清一统志》,即将张照官秩出处事迹一并载入。

是月,第一部《四库全书》告成。存书3457部,79070卷;存目67766

英美和谈。
西班牙征服佛罗里达。

部,93556卷。命藏文华殿后之文渊阁;并建圆明园之文源阁、热河之文津阁、盛京之文溯阁,各缮一部以存藏之,限六年完成。又命续缮三部,分藏于扬州文汇阁、镇江文宗阁、杭州文澜阁。

二月初二日己巳(3月15日),乾隆帝御制文渊阁赐《四库全书》总裁等官宴并赏赉有差。

是日,军机大臣等奏遵旨拟赏《四库全书》议叙人员及未经引见名单片。

按:拟赏议叙人员:一等28人,即孙士毅、富炎泰、德昌、瑞保、韦谦恒、百龄、陈崇本、吴裕德、吴省兰、李尧栋、李镕、吴典、汪学金、许兆椿、于鼎、俞大猷、周兴岱、彭元珫、王坦修、董椿、门应兆、王庆长、李荃、李斯咏、田起莘、吴应霞、胡予襄、楚维宁;二等42人,即张焘、刘权之、庄承篯、季学锦、萧际韶、邵晋涵、王增、吴鼎雯、范衷、王春煦、陈万青、裴谦、严福、周原辕、孙希旦、章宗瀛、励守谦、罗修源、曹锡龄、朱攸、邱廷漋、钱樾、祥庆、周永年、五泰、运昌、苏青鳌、刘校之、左周、冯培、蒋谢庭、陈际新、王瑸、牛稔文、宋镕、张埙、杜兆基、秦瀛、陈木、汪锡魁、周铉、常循。拟赏议叙未经引见人员是纪昀、陆锡熊、陆费墀、曹锡宝、王燕绪、何思钧、仓圣脉(张书才主编《纂修四库全书档案》下)。

初七日甲戌(3月20日),军机大臣为查明《古今说海》内人物等事交四库馆总裁片。

十三日庚辰(3月26日),命闽浙总督陈辉祖严拟卓长龄等诗词悖逆案。

按:谕军机大臣等:"据陈辉祖等奏,查出仁和县监生卓天柱等,收藏伊先人卓长龄等诗集,内有'薙头轻卸一层毡',又'发短何堪簪,厌此头上帻',及'彼都人士,痛绝黍禾'之语。又卓士忠抄录本朝诗内,并不将御制诗出格缮写,辄敢妄用红笔圈点,实属大逆狂吠,现在彻底究审等语。……虽该犯已幸逃显戮,伊孙卓天柱等,于此等悖逆诗集,并不即行首缴,且挖去违碍字迹,有心隐藏,自有应得之罪。著陈辉祖审明,照例定拟。"(《清高宗实录》卷一一五〇)

十四日辛巳(3月27日),直隶总督郑大进奏报宝坻县民李天一传布天主教案。

十七日甲申(3月30日),军机大臣和珅等奏遵旨将张照事迹补入《松江府志》并《一统志》纂办情形折。

十九日丙戌(4月1日),军机大臣奏请旨将承办《通鉴长编》未行敬避庙讳各员交部议处片。

是日,永瑢等奉旨开列办理《四库全书》在事诸臣职名进呈,其中正总裁永瑢、永璇、永瑆、刘统勋、刘纶、舒赫德、阿桂、于敏中、英廉、程景伊、嵇璜、福隆安、和珅、蔡新、裴曰修、王际华;副总裁梁国治、曹秀先、刘墉、王杰、彭元瑞、钱汝诚、金简、董诰、曹文埴、沈初;总阅官德保、周煌、庄存与、汪廷玙、谢墉、达椿、胡高望、汪永锡、金士松、尹壮图、李绶、窦光鼐、倪承宽、李汪度、李珪;总纂官纪昀、陆锡熊、孙士毅;总校官陆费墀;翰林院提调官梦吉等22人;武英殿提调官陆费墀等9人;总目协勘官刘权之、程晋芳、任大椿等7人;校勘《永乐大典》纂修兼分校官刘校之、邵晋涵、周永年、戴震、吴省兰等39人；校办各省送到遗书纂修官邹奕孝、姚鼐、翁方纲、朱筠等6人；黄签考证纂修官王太岳、曹锡宝；天文算学纂修兼分校官郭长发等3人；缮写处总校官王燕绪等4人；缮写处分校官张书勋、金榜等179人；篆隶分校官王念孙、谢登隽；绘图分校官门应兆；督催官祥庆等3人；翰林院收掌官安盛额等20人；武英殿收掌官阿克敦等14人；监造官刘淳等3人。

二十日丁亥（4月2日），军机大臣奏查明上年十至十二月所进书籍错误次数，请将总裁等交部察议片。

按：奏曰："所有上年十月起至十二月止，进过全书六次，《永乐大典》一次，臣等详加查核，除分校记过七十八次之陈墉，记过六十六次之沈清藻，记过四十八次之陈文枢，记过四十六次之宋枋远、胡士震，记过二十八次之翁树棠，记过二十八次之卢遂，记过十次之高中，记过十次之吴锡麟，记过二次之王嘉曾，已经病故，毋庸议外，查总裁嵇璜记过九次，蔡新、沈初各记过一次，董诰记过四次，曹文埴记过七次；总阅德保记过三次，达椿、庄存与、尹壮图、李绶各记过二次，周煌、钱载各记过五次，钱士云记过一次，汪永锡记过六次，窦光鼐记过四次，倪承宽记过三次；提调吴裕德记过三十一次；总校王燕绪记过二百八十六次，朱钤记过一百三十一次，何思钧记过一百二十四次，仓圣脉记过八十九次，杨懋珩记过四十四次，缪琪记过三十四次；分校陆湘记过九十八次，励守谦记过九十二次，陈昌齐记过八十八次，刘源溥记过四十次，俞大猷记过二十九次，于鼎记过二十八次，庄承篯、范衷各记过二十六次，苏青鳌记过二十三次，缪晋、吴省兰各记过二十二次，李斯咏、蔡必昌、石鸿翥各记过二十次，吴鼎雯记过十八次，王增、卜维吉各记过十六次，平恕、曹锡龄、罗万选、钱世锡、温常绶、许兆椿各记过十四次，戴衢亨、汪镛、雷纯、金光悌、张慎和、庄通敏各记过十二次，郭祚炽、汪锡魁、范鏊、牛稔文、严福、潘曾起、邵晋涵各记过十次，王钟泰、朱攸、张虎拜、常循、闵惇大各记过八次，王春煦、汪如洋、潘庭筠、袁文邵、甄松年、邱桂山、汪日赞、王璸、胡予襄、戴联奎各记过六次，吴锡麒、李荃、汪昶、潘奕隽、孙球、张焘、秦瀛、孙溶、叶葵、王汝嘉、陈木、冯敏昌、康仪钧、刘图南、季学锦、周铉各记过四次，邹奕孝、周兴岱、罗修源、徐立纲、邹炳泰、王学海、王允中、裴谦、田尹衡、李镕、章宗瀛、吴绍昱、朱炘、盛惇崇、施培应、秦泉、徐步云、范来宗、张曾炳、胡敏、孙希旦、叶兰、沈凤辉各记过二次。应交吏部、都察院照例分别察议。"（张书才主编《纂修四库全书档案》下）

是日，《四库全书》处汇核上年十至十二月全书内缮写讹错并总裁等记过次数清单。

《四库全书》馆进呈《永乐大典》内指出错误并总裁等记过次数清单。

二十一日戊子（4月3日），大学士英廉奏遵旨派员检阅各省解送明以后各书情形折。

二十三日庚寅（4月5日），军机大臣奏《四库全书》分校王庆长呈请留馆片。

二十七日甲午（4月9日），军机大臣奏遵旨查核各馆纂办书籍情形片。

按：奏中附有三份清单：一、《纂办全竣现在缮写刊刻各书单》，所列书有：《皇舆西域志》、《西域同文志》、《热河志》、《音韵述微》、《满洲蒙古汉字三合切音清文鉴》、

《平定两金川方略》、《通鉴辑览》、《辽金元三史》、《明史本纪》、《明纪纲目》、《续文献通考》、《辽金元国语解》、《蒙古源流》、《胜朝殉节诸臣录》；二、《现在纂办各书单》，所列书有：《开国方略》、《大清一统志》、《盛京通志》、《宗室王公表传》、《满洲源流考》、《蒙古王公表传》、《日下旧闻考》、《续通典》、《续通志》、《职官表》、《兰州纪略》、《契丹国志》、《明唐桂二王本末》；三、《业经办完写入四库全书各书单》，所列书有：《满洲祭祀书》、《国子监志》、《临清纪略》》（张书才主编《纂修四库全书档案》下）。

二十八日乙未（4月10日），军机大臣奏《关中胜迹图志》已入《四库全书》史部地类片。

三十日丁酉（4月12日），闽浙总督陈辉祖奏缴应禁书籍折。

按：奏曰："臣查现在缴送应禁书四十九种，计一百五十一部，又从前已缴各书今又陆续查出一百九十二种，计一千二十一部，方应祥《青来阁二集》板片一副，计二百二十一块。又尹嘉铨所著各书，前奉有严查进缴谕旨，当饬行各属并派委专员广为晓谕查办，今据缴到书四十五种，计二百五十五部，又坊刻《挈矩篇》板片一副，计三十四块，均应销毁。"（张书才主编《纂修四库全书档案》下）

是月，户部为知照四库馆总裁等官分别议罚事致典籍厅移会。

三月初三日庚子（4月15日），两广总督巴延三为解送空格书籍事致军机处咨呈。

初四日辛丑（4月16日），满票签为发报进呈全书之期另添马匹负送事致典籍厅移付。

初十日丁亥（4月22日），军机大臣奏遵旨考证王羲之兼衔情形片。

十四日辛亥（4月26日），寄谕湖南巡抚李世杰所有《沧浪乡志》一案无庸查办。

按：湖南龙阳县监生高治清刊刻《沧浪乡志》，署湖南巡抚李世杰摘出该书字句，指为"狂悖"。乾隆帝降旨申斥李世杰"文理不通，以致办理拘泥失当"，命毋庸查办，其刻书、作序并案内干连人犯俱加恩宽免，概予省释（张书才主编《纂修四库全书档案》下）。

十六日癸丑（4月28日），寄谕湖南巡抚李世杰应留心检阅查办书籍。

二十四日辛酉（5月7日），谕不行敬谨全避庙讳之吴省兰著销去记录四次免其降级。

二十五日壬戌（5月8日），大学士英廉奏复核各省应行抽毁各书情形并开单行知各省遵办折。

按：负责复核任务的有戴衢亨、蔡廷衡、王春煦、吴省兰、吴裕德、吴舒帷、吴锡麒、孙希旦、陆伯焜、陈万青等。

二十九日丙寅（5月12日），署湖南巡抚李世杰奏复遵旨省释《沧浪乡志》案内人员折。

四月初四日庚午（5月15日），安徽巡抚谭尚忠奏复奉到毋庸查办《沧浪乡志》谕旨折。

初六日壬申（5月17日），护理江西巡抚冯应榴奏复钦遵毋庸查办《沧浪乡志》谕旨缘由折。

初九日乙亥（5月20日），谕八阿哥著同金简、曹文埴催办《四库全书》事务。

乾隆四十七年　壬寅　1782年

十五日辛巳（5月26日），谕辽、金、元三史承办官平恕等俱加一级记录三次。

十七日癸未（5月28日），谕所有此次热河呈进《四库全书》著于七月陆续发回。

是日，谕内阁：著将《明朝宫史》照依原本抄入《四库全书》以为殷鉴。

二十日丙戌（5月31日），两广总督巴延三奏钦遵谕旨嗣后一切书籍自应区别办理折。

二十四日庚寅（6月4日），军机大臣奏查明正月至三月所进书籍错误次数，请将总裁等交部察议片。

按：奏曰："所有本年正月起至三月止，进过全书八次、《永乐大典》一次。臣等详加查核，除分校记过八十八次之宋枋远，记过三十四次之胡士震，记过六次之吴锡龄，记过四次之翁树棠，高中已经病故，毋庸议外，查总裁嵇璜记过九次，曹文埴记过四次；总阅德保、周煌、汪永锡各记过二次，阿肃记过三次，谢墉、庄存与、钱载、吉梦熊、窦光鼐各记过一次，李绶记过四次，尹壮图记过五次，总校朱钤记过八十六次，缪琪记过八十一次，何思钧记过五十五次，徐以坤记过四十四次，仓圣脉记过三十九次，杨炤记过三十七次，王燕绪、孙溶各记过三十一次，杨懋珩记过二十次，潘有为记过五次；分校汪日赞记过七十四次，胡予襄记过五十二次，李楘记过五十次，陈昌齐记过四十一次，雷纯记过四十次，汤垣记过二十八次，于鼎、李荃、孙球、蔡镇各记过二十四次，刘权之、范衷、王庆长各记过二十二次，郭祚炽记过二十次，王春煦、金光悌记过十八次，俞大猷记过十三次，许兆椿、李镕、李斯咏各记过十二次，吴典记过十一次，叶兰、牛稔文各记过十次，王坦修记过九次，励守谦、盛惇崇、罗万选、汪学金、钱樾、邵晋涵各记过八次，刘校之、康仪钧、曹锡龄、王家宾、季学锦各记过六次，庄通敏记过五次，潘庭筠、吴寿昌、陈初哲、方炜、胡敏、饶庆捷、周铉、苏青鳌、王增各记过四次，周兴岱、吴鼎雯、庄承篯各记过三次，叶蓁、秦泉、蔡必昌、莫瞻菉、冯培、杨世纶、卜维吉、沈培、张曾炳各记过二次，应交吏部、都察院照例分别察议。"（张书才主编《纂修四库全书档案》下）

是日，办理《四库全书》处进呈《永乐大典》各书错字并总裁等记过清单。

吏部为知照《四库全书》馆记过人员罚俸事致典籍厅移会。

二十五日辛卯（6月5日），谕《明臣奏议》著交武英殿写入《四库全书》交聚珍版处排印。

五月初二日戊戌（6月12日），山西巡抚农起奏汇缴应禁书籍及板片情形折。

初三日己亥（6月13日），谕内阁：谭尚忠所办《涛浣亭诗》一案殊属过当，交刑部另行具奏。

按：《涛浣亭诗》为安徽歙县贡生方芬所著，巡抚谭尚忠以为"语多狂悖"，应当禁毁。乾隆帝以为"此等失意之人，在草泽中私自啸咏者甚多，若必一一吹求，绳以律法，则诗以言志，反使人人自危，其将何所措手足耶？"（张书才主编《纂修四库全书档案》下）

初七日癸卯（6月17日），谕内阁：程明諲毋庸照大逆凌迟定拟，著改为应斩立决。

按：河南生员程明諲为郑友清作寿文，内有"绍芳声于湖北，创大业于河南"之语，被认为"语言悖逆"而处死（《清高宗实录》卷一一五六）。

初九日乙巳（6月19日），掌云南道监察御史朱依鲁奏参修书处督催供事乖谬刁玩折。

十二日戊申（6月22日），河南巡抚富勒浑奏恭缴违碍书籍折。

按：奏中所列违碍书籍38种，计694本，散页206部，板片694块（张书才主编《纂修四库全书档案》下）。

十九日乙卯（6月29日），谕参奏督催供事之朱依鲁尚无挟私情弊著从宽免其深究。

二十二日戊午（7月2日），山东巡抚明兴奏报拿获传习白莲教之崔廷珍、范志嘉等人犯。

六月初三日戊辰（7月12日），军机大臣等奏检阅回民海富润所带书籍情形并拟旨进呈片。

按：回民海富润是海南岛崖州三亚村人，虔信伊斯兰教。曾在广西、湖南、湖北、安徽、陕西等省回民地区游学8年，并在陕西大荔、渭南等地长期居留。乾隆四十六年（1781）自陕西返乡，途经汉口，居住礼拜寺内，结识南京回民袁国祚。袁国祚送他《天方至圣实录年谱》一部10本及《天方字母解义》、《清真释疑》、《天方三字经》各1本。回归海南途中，在桂林被知府贵中孚搜出后当即逮捕，并上报广西巡抚朱椿。朱椿一面行文通报江南各省查办，一面上奏朝廷。谕曰："据朱椿奏盘查回民搜获书籍现在严办一折，内据称桂林府知府贵中孚禀报，盘获广东崖州回民海富润有抄录回字经二十一本，又《汉字天方至圣实录年谱》等书，系江宁回民刘智所著，书内大意约略揄扬西域回教国王穆罕默德之意居多。据该犯供称，得自陕西回民袁二所赠。已咨各督抚查缴书籍，恐系甘省漏网逆党，以此煽惑人心，现在逐一严究，从重究拟等语，所办殊属过当。甘省苏四十三系回教中之新教，即邪教也，今已办尽根株，至于旧教回民，各省多有，而在陕西及北省居住者尤多，其平日所诵经典，亦系相沿旧本，并非实有谤毁，显为悖逆之语。且就朱椿现在签出书内字句，大约鄙俚者多，不得竟指为狂悖。此等回民愚蠢无知，各奉其教，若必鳃鳃绳以国法，将不胜其扰。况上年甘省逆番滋事，系新教与旧教相争起衅，并不借经典为煽惑，朱椿独未闻知乎？朕办理庶政，不肯稍存成见，如果确有悖逆狂吠字迹，自当按律严惩，不少宽贷。若如此等回教书籍，附会其词，苛求字句，甚非朕不为已甚之意。此事著即传谕朱椿并毕沅等，竟可毋庸办理。嗣后各省督抚遇有似此鄙俚书籍，俱不必查办。将此一并传谕知之。"（张书才主编《纂修四库全书档案》下）。袁国祚字景初，也称袁二，江苏江宁人。经学世家出身，其祖父袁汝琦曾为刘智之师。

是日，寄谕广西巡抚朱椿等不必查办回教书籍。

初四日己巳（7月13日），署理两江总督萨载奏续缴应禁书籍折。

按：奏中所列新查出禁书7种，重复违碍书籍175种，797部（张书才主编《纂修四库全书档案》下）。

十七日壬午（7月26日），军机大臣奏遵旨将四月以后进过书籍卷数开单进呈片。

二十六日辛卯（8月4日），军机大臣奏遵旨将各馆纂修拟定各书完竣日期等清单进呈片。

按：奏中附有《各馆现办各书酌定完竣日期清单》："《大清一统志》，已进过二百九十七卷，未进约六十卷，计期于四十八年十二月完竣；《盛京通志》，已进过三十卷，未进约七十卷，计期于四十八年七月完竣；《职官表》，已进过十六卷，未进约五十卷，计期于四十八年十二月完竣；《兰州纪略》，已进过四卷，未进约十六卷，计期于四十八年八月完竣；《日下旧闻考》，已进过一百六十六卷，未进约二十卷，计期于本年十二月完竣；《明唐桂二王本末》，已办竣，现在加案复进，即送武英殿写入《四库全书》；《契丹国志》，现在赶办，拟于九月内全部进呈；《满汉源流考》，已进过十四卷，未进约七卷，计期于本年十二月完竣；《续通志》，已进过二百七十八卷，未进约四百三十卷，计期于四十八年十二月全竣；《皇朝通典》、《通志》，此二书甫经接办，尚未进起，卷帙浩繁，约于五十二年夏季完竣；《开国方略》，共三十二卷，现拟于十二月内进起，计期于四十八年四月完竣；《宗室王公表传》，共十卷，现拟于本年十月内进起，计期于四十八年五月完竣；《蒙古王公表传》，已进过四卷，未进约二十八卷，计期于四十八年十二月完竣。"（张书才主编《纂修四库全书档案》下）

七月初五日庚子（8月13日），谕内阁：卓天柱因两目青盲，著从宽改为应斩监候，秋后处决。

按：陈辉祖奏，仁和已革监生卓天柱收藏其先人卓长龄等违碍诗集，父子戮尸，孙斩决（清高宗实录）卷一一六〇）。

初八日癸卯（8月16日），谕内阁：著交《四库全书》馆再缮写《四库全书》三份，安置扬州文汇阁等处。

按：谕曰："朕稽古右文，究心典籍，近年命儒臣编辑《四库全书》，特建文渊、文溯、文源、文津四阁，以资藏庋。现在缮写头分告竣，其二、三、四分，限于六年内，按期藏事，所以嘉惠艺林，垂示万世，典至巨也。因思江浙为人文渊薮，朕翠华临莅，士子涵濡教泽，乐育渐摩，已非一日，其间力学好古之士，愿读中秘书者，自不乏人。兹《四库全书》，允宜广布流传，以光文治。如扬州大观堂之文汇阁、镇江金山寺之文宗阁、杭州圣因寺行宫之文澜阁，皆有藏书之所，著交四库馆，再缮写全书三分，安置各该处，俾江浙士子得以就近观摩誊录，用昭我国家藏书美富、教思无穷之盛轨。"（《清高宗实录》卷一一六〇）

是日，寄谕闽浙总督陈辉祖等著江浙商人捐建文澜阁并添置三阁书格。

江西巡抚郝硕奏查缴违碍书籍及板片请旨销毁折。

按：奏中云，自乾隆四十三年八月起至四十六年闰五月，江西共计查出应禁书15451部，板10628块；自上年六月至本年六月，又查出应禁书668部，计2827本，书板867块（张书才主编《纂修四库全书档案》下）。

初十日乙巳（8月18日），吏部为知照《四库全书》馆正月至三月记过人员罚俸事致典籍厅移会。

十四日己酉（8月22日），谕内阁：著《四库全书》馆总裁等编纂《河源纪略》并录入《四库全书》。

十八日癸丑（8月26日），两淮盐政伊龄阿奏查勘文汇、文宗二阁书格情形并众商请捐雇觅书手银两折。

十九日甲寅（8月27日），质郡王永瑢等奏《四库全书简明目录》等书告竣呈览请旨陈设刊行折。

按：嘉庆帝曾赞扬纪昀编纂此书的功绩："美富罗四库之储，编摩出一人之手。红梨照院，校雠夜逮于丙丁；青镂濡毫，品第日呈其甲乙。遍搜浩博，只字刊讹；别采菁华，片言扼要。"谓纪昀尽了"儒臣之能事"（张书才主编《纂修四库全书档案》下）。

是日，质郡王永瑢等奏刘权之协同校办《四库全书简明目录》可否遇缺补用片。

按：《清史稿·刘权之传》曰："预修《四库全书》，在事最久，及《总目提要》告成，以劳擢侍讲。"

谕刘权之著借补侍讲、祝堃免其散馆照例授职。

军机大臣奏遵旨查明《四库全书表》系大理寺卿陆锡熊等编纂片。

二十日乙卯（8月28日），谕编撰《四库全书表》之陆锡熊等著各赏缎疋等物。

八月初四日戊辰（9月10日），军机大臣奏遵旨将发下《满洲源流考》错误处改正并请议处承办人员片。

是日，军机大臣奏谨拟写王杰仍充《四库全书》馆总裁谕旨进呈片。

谕内阁：王杰著仍充《四库全书》馆副总裁。

军机大臣奏遵旨将《河源纪略》凡例内地名改正粘签呈览片。

初十日甲戌（9月16日），军机大臣奏查核四至六月所进书籍错误次数，请将总校等交部察议片。

按：奏曰："总校官杨炤记过一百四十五次，徐以坤记过一百三十五次，潘有为记过八十八次，朱钤记过八十二次，王燕绪记过八十次，孙溶记过六十九次，仓圣脉记过五十七次，何思钧记过五十二次，杨懋珩记过二十二次，缪琪记过十次；分校官张慎和记过四十次，牛稔文记过二十四次，卜维吉、张虎拜各记过二十二次，郭祚炽、王天禄记过二十次，张焘、钱樾各记过十六次，李斯咏、雷纯、曹锡龄各记过十四次，陈木、汪镛、王庆长各记过十二次，于鼎、陆湘各记过十次，吴寿昌、胡予襄、叶兰各记过八次，赵秉渊、朱绂、李荃、吴典、王汝嘉、罗修源、李镕、田尹衡、周铉、沈培各记过六次，励守谦、潘曾起、袁文邵、孙球、陈昌齐、邱廷漋、蔡廷衡、孙玉庭、胡敏各记过四次，柴模、王璸、潘庭筠、郭晋、李岩、缪晋、金光悌、季学锦、萧九成、庄通敏、汪学金、吴绍浣各记过二次，应交吏部、都察院照例分别察议。"（张书才主编《纂修四库全书档案》下）

是日，闽浙总督陈辉祖奏复改建文澜阁并商总呈请缴缮书银两折。

十八日壬午（9月24日），吏部为知照清字经馆等承办《清文鉴》人员清册事致典籍厅移会。

二十日甲申（9月26日），多罗质郡王永瑢等奏遵旨酌定雇觅书手缮写《四库全书》章程折。

二十四日戊子（9月30日），山东巡抚明兴奏汇缴尹嘉铨著应毁书籍情形折。

二十八日壬辰（10月4日），闽浙总督陈辉祖奏第二十二次缴送应毁书籍折。

按：奏中所列应禁书181种，计1584部（张书才主编《纂修四库全书档案》下）。

九月初一日乙未（10月7日），户部为知照《四库全书》馆正月至三月记过人员罚俸事致典籍厅移会。

乾隆四十七年　壬寅　1782年

初二日丙申(10月8日)，寄谕闽浙总督陈辉祖允准商总等捐建文澜阁雇觅书手仍用官帑。

初九日癸卯(10月15日)，翰林院典簿厅为知照纪昀仍兼充文渊阁直阁事致典籍厅移会。

十一日乙巳(10月17日)，多罗仪郡王永璇等奏运送盛京文溯阁陈设全书事宜请旨遵行折。

二十日甲寅(10月26日)，满本堂为并无恩拔副贡科甲出身人员派充分校事致典籍厅移付。

是日，满票签为并无科甲出身人员派充分校事致典籍厅移付。

二十六日庚申(11月1日)，吏部为知照富炎泰办理辽、金、元史书务译汉抄单事致稽察房移会。

十月初三日丙寅(11月7日)，军机大臣奏文溯阁收贮全书分拨起运日期并行知直奉督尹预为妥办片。

初五日戊辰(11月9日)，户部为知照《四库全书》馆四月至六月记过人员罚俸事致典籍厅移会。

初六日己巳(11月10日)，军机大臣奏将各馆纂办未竣各书分晰开单进呈片。

初七日庚午(11月11日)，湖北巡抚姚成烈奏解第十一次查缴应禁各书并缮单呈览折。

按：奏曰：准四库馆咨查禁书，湖北省查获16种，计24部；准翰林院咨查应行全毁抽毁各书，湖北省查获7种，计8部；准各省咨查禁书，湖北省现获97种，计126部；湖北省续查宋、元、明人著作违碍各书，共23种，计24部；解各违碍书板1882块（张书才主编《纂修四库全书档案》下）。

十一日甲戌(11月15日)，寄谕各省督抚务须留心体察《四库全书》馆议叙分发人员毋稍姑容。

二十日癸未(11月24日)，军机大臣奏复据各省续行送到应毁重本等书缴进销毁片。

二十九日壬辰(12月3日)，谕内阁：毛奇龄《词话》内谬妄字句交馆改正，并将书内列名总纂等议处。

按：《四库全书》馆进呈毛奇龄所著《词话》，乾隆帝查出该书内尚有"清师下浙"字样。以毛奇龄已故，命不必照从前戴名世等之案办理，除将原书交馆改正外，总纂官纪昀、陆锡熊，总校官陆费墀、王燕绪，分校官刘源溥因漫不经心，未看出书中错谬，俱交部议处(《清高宗实录》卷一一六七)。

三十日癸巳(12月4日)，谕内阁：《明臣奏议》体例乖舛著将六阿哥等交部议处并另行编次。

十一月初一日甲午(12月5日)，军机大臣奏查核五月至九月所进书籍错误次数，请将总校等交部察议片。

按：奏曰："提调官吴裕德记过四次；总校官王燕绪记过九百二次，朱钤记过八百二十八次，孙溶记过三百三十三次，潘有为记过三百四次，徐以坤记过二百五十七次，仓圣脉记过一百九十次，何思钧记过一百七十四次，杨熽记过一百四十六次，缪琪记过十九次;分校官方炜记过八十四次,李斯咏记过八十二次,郭祚炽记过六十次,季学锦记过五十六次,周铉记过五十二次,雷纯记过五十次,胡予襄、李镕各记过四十八次,牛稔文记过四十六次,邹奕孝记过四十四次,励守谦记过四十三次,汪镛记过四十次,庄通敏、胡敏、章宗瀛各记过三十六次,罗修源、王庆长各记过三十四次,许兆椿、邱庭各记过三十二次,宋镕记过三十一次,李荃、王天禄、叶兰各记过三十次,常循记过二十六次,袁文邵、陈木各记过二十四次,吴锡麒记过二十三次,朱绂、吴寿昌、于鼎各记过二十二次,胡荣、卜维吉、刘源溥各记过二十次,何循、曹锡龄各记过十八次,钱樾、陈昌齐、蔡必昌、张焘、赵怀玉各记过十六次,李奕畴、杨世纶、吴典各记过十四次,严福、潘曾起、孙希旦各记过十二次,程琰、孙球、王嘉宾各记过十次,罗万选、刘景岳、吴省兰、张埙、沈培、陆湘各记过八次,方大川、吴绍昱、康仪钧、郭晋、刘图南、吴垣、王钟健、罗国俊、祖之望、汪学金、柴模各记过六次,沈孙琏、徐秉敬、吴舒帷、朱攸、黄寿龄、施培应、戴联奎、王璸、裴谦、刘英、陈际新各记过四次,汪日赞、王坦修、吴翼成、王钟泰、秦泉、莫瞻菉、徐立纲、张虎拜、何西泰、缪晋、江琏、马犹龙、甄松年、许烺、李岩、赵秉渊、戴均元、田尹衡、李尧栋、蔡廷衡各记过二次。俱请交部照例察议。"(张书才主编《纂修四库全书档案》下)

初三日丙申(12月7日),江苏巡抚闵鹗元奏续缴《陈睿谟奏疏》等禁书情形折。

初六日己亥(12月10日),满本堂为察无拔贡副榜举人以上出身人员事致典籍厅移付。

初七日庚子(12月11日),谕内阁:《御批通鉴纲目续编》议论诋毁处交皇子等删润粘签进呈。

按:谕曰:"朕批阅《御批通鉴纲目续编》,内《周礼发明》、张时泰《广义》,于辽、金、元事,多有议论偏谬及肆行诋毁者。……著交诸皇子及军机大臣,量为删润,以符孔子《春秋》体例。仍令粘签进呈,候朕阅定。并将此谕冠之编首,交武英殿,照改本更正后,发交直省各一部,令各照本抽改。"(《清高宗实录》卷一一六八)

初八日辛丑(12月12日),军机大臣等奏将发下《通鉴纲目续编》拟改各字粘签呈览等事片。

是日,寄谕河南巡抚李世杰向宋荦子孙查明《御批通鉴纲目续编》板片。

初九日壬寅(12月13日),满票签为开送分校人员名单事致典籍厅移付。

初十日癸卯(12月14日),署直隶总督英廉奏运往盛京文溯阁头拨全书已送至山海关。

十五日戊申(12月19日),军机大臣奏历次进呈文溯阁《四库全书》指出讹错处即行挖补或换篇片。

是日,盛京兵部侍郎伯兴奏参领运头拨全书懈弛之广宁县知县杨鹏翮折。

二十日癸丑(12月24日),谕内阁:《明臣奏议》一书除六阿哥等罚俸外,其余人员著免其议处。

二十五日戊午(12月29日),寄谕奉天府尹伯兴另行缮折参奏广宁县知县杨鹏翮。

是日，满票签为不能开送举人龄福充任分校事致典籍厅移付。

盛京兵部侍郎伯兴奏第一拨全书运到盛京折。

二十八日辛酉（1783年1月1日），吏部为知照办理《词话》错谬之总纂官纪昀等处分事致典籍厅移会。

是日，军机大臣奏文溯阁全书完竣遵旨将总校王燕绪等提奏片。

谕第二份《四库全书》校缮完竣，总校王燕绪等著加恩授职。

按：朱钤著即授职编修，吴树萱、柴模著加恩授为内阁中书。

十二月初一日癸亥（1月3日），盛京兵部侍郎伯兴奏自陈原参杨鹏翮事姑息错谬请旨交部严加议处折。

初九日辛未（1月11日），闽浙总督富勒浑奏奉旨改建文澜阁估需价银片。

初十日壬申（1月12日），军机大臣福隆安等奏请将阅过全毁各书摘开书目刊行片。

按：福隆安奏称"拟于查办违碍各书已得十之八九"（张书才主编《纂修四库全书档案》下）。

十一日癸酉（1月13日），江南道监察御史费孝昌奏陈不设领办多设分校仰祈圣训折。

十八日庚辰（1月20日），军机大臣奏遵旨询问纪昀等《三藩纪事本末》有无违碍等情片。

二十六日戊子（1月28日），署直隶总督英廉奏改委署通永道兰第锡护送文溯阁第三拨全书缘由折。

二十七日己丑（1月29日），寄谕署直隶总督英廉即将李调元案质讯明确迅速定拟具奏。

按：李调元在运送《四库全书》到盛京的路上，任由家人胥役索取门包使费，并住宿宴饮必须大戏小班伺候，被革职拿问。

二十八日庚寅（1月30日），署直隶总督英廉奏复遵旨提审通永道李调元案内人证情形折。

是日，军机大臣奏遵旨询问《四库全书》馆议叙县丞张起隆情形片。

二十九日辛卯（1月31日），满票签为开送拔贡副榜等出身各员名单事致典籍厅移付。

是日，户部为再行酌定续办《四库全书》事致稽察房移会。

文渊阁建成，第一部《四库全书》贮藏于此。

阮元在家持服，因屏去旧作诗词时艺，始究心于经学。

王昶以亲丧南还，受聘至杭州重修《西湖志》，邀朱文藻同纂。

洪亮吉、孙星衍、严长明、钱坫、吴泰来等集西安毕沅幕中，时相唱和。

章学诚赴永平敬胜书院讲学，举家离京师赴之。讲学期间，编有《文学》一书，以劝诱蒙俗。

卢文弨正月校勘熊方《后汉书年表》成，有《校定熊方后汉书年表序》。

孟高尔费兄弟制造轻气球。

詹姆斯·瓦特发明出双动轮转蒸汽机。

卢文弨十二月为毕沅所辑《关中金石记》作序，赞誉其在金石之学方面的成就。

按：卢文弨《叙》曰："余生平未尝至关中，闻有所谓碑林者，未由见也。数十年前，有人从长安来，叩之，则大率在榛莽中，雨淋日炙，不加葺治，甚且众秽所窬，几难厕足。盖未尝不慨然兴叹也！镇洋毕公，前抚陕之二载，政通人和，爰以暇日，访古至其地，顾而悚息。于是，堂庑之倾圮者，亟令缮完；旧刻之陷于土中者，洗而出之。开成石经多失其故，第复一一加以排比，于外周以阑楯，又为门以限之，使有司掌其启闭。废坠之久，倏然更新，儒林传为盛举。及公之复莅秦中也，乃并裒各郡邑前后所得金石刻，始于秦，讫于元，著为《关中金石记》八卷。考正史传，辨析点画，以视洪、赵诸人，殆又过之。夫人苟趣目前，往往于先代所留遗不甚爱惜，而亦无以为后来之地。儒生网罗放失，亦能使古人之精神相焕发，而或限于其力之所不能，必赖上之人宝护而表章之，以相推相衍于无穷，其视治效之仅及于一时者，相什伯也。公之于政也，绵有余力，故能百废具兴，即此亦其一也。自国朝以来，为金石之学者多于前代。以余所知，若昆山顾氏炎武、秀水朱氏彝尊、嘉兴曹氏溶、仁和倪氏涛、大兴黄氏叔璥、襄城刘氏青芝、黄冈叶氏封、嘉兴李氏光映、合阳褚氏峻、钱塘丁氏敬、山阳吴氏玉搢、嘉定钱氏大昕、海盐张氏燕昌，皆其选也，继此者方未有艾。得公书而考之，庶几古今人之精神命脉，不至中绝也乎！乾隆四十有七年季冬，杭东里人卢文弨叙。"（《关中金石记》卷首，《经训堂丛书》本）

凌廷堪以金兆燕劝，至京师为四库馆员助手，并纳贽翁方纲门下。

王引之补博士弟子员。

陆锡熊在七月撰《四库全书表》文进呈，得旨奖赏；十月，因四库馆进呈原任翰林院检讨毛奇龄所撰《诗说》一书内有违碍字句，未经签改，被交部议处，后从宽留任。

吴德旋以袁枚论明谏臣吴中行事失实，作《诘袁子》一文，驳斥袁枚。

瞿中溶初学作时文，钱大昕以长女妻之。

刘墉充三通馆总裁，四月兼署吏部侍郎，管国子监事务。

罗典归主岳麓书院，任山长 27 年。曾辟"岳麓八景"，修建筑多处。

按：罗典在京为官期间，曾著有《读易管见》，主讲岳麓书院以后，继续完成《读诗管见》、《今文尚书管见》、《读春秋管见》等著作。

黄文旸在扬州主持修改古今戏曲竣事。

姜兆冲任溧阳县学训导。

石应璋时任知州，于安徽广德建爱莲书院。

宋仁溥时任河南淇县知县，建篆筠书院。

常德时在云南任知府，于马关县建开阳书院。

石养源时任陕西洛川知县，建朝阳书院。

杜格尔德·斯图尔特著成《人类精神哲学因素》。

吉罗拉莫·蒂拉博斯基著成《意大利文学史》。

敕纂《钦定翻译五经》58 卷成书。

按：《四库全书总目提要》曰："《钦定翻译五经》五十八卷、《四书》二十九卷，乾隆二十年初，钦定翻译《四书》，续翻译《易》、《书》、《诗》三经，续又翻译《春秋》、《礼记》二经，至乾隆四十七年，而圣贤典籍释以国书者，粲然备焉。案郑樵《通志·七音略》曰：'宣尼之书，自中国而东则朝鲜，西则凉夏，南则交阯，北则朔易，皆吾故封也。

故封之外,其书不通。何瞿昙之书能入诸夏,而宣尼之书不能至跋提河,声音之道有障碍耳!'其说良是。然文字之声音,越数郡而或不同;文字之义理,则纵而引之,千古上下无所异;横而推之,四海内外无所异;苟能宣其意旨,通以语言,自有契若符节者,又何声音之能障碍乎哉!考《隋书》在载魏氏迁洛,未达华语。孝文帝命侯伏侯可悉陵以其言译《孝经》之旨,教于国人,谓之《国语孝经》。《经籍志》载其书作一卷,是古人已有行之者。特其学其识,均未窥六艺之阃奥,故能译者仅文句浅显之《孝经》,而诸经则未之及耳。我国家肇兴东土,所作十二字头,贯一切音;复御定《清文鉴》,联字成语,括一切义。精微巧妙,实小学家所未有。故六书之形、声、训诂、皆可比类以通之。而列圣以来,表章经学,天下从风,莫不研究微言,讲求古义,尤非前代之所及。故先译《四书》,示初学之津梁。至于《五经》,《易》则略象数之迹,示其吉凶;《书》则疏佶屈之词,归于显易;《诗》则曲摹其咏叹,而句外之寄托可想;《春秋》则细核其异同,而一字之劝惩毕见;《礼记》则名物度数,考订必详,精理名言,推求必当,尤足破讲家之聚讼。盖先儒之诂经,多株守其文,故拘泥而鲜通。此编之诂经,则疏通其意,故明白而无误。不立笺传之名,不用注疏之体,而唇吻轻重之间,自然契删述之微旨,厥有由矣。学者守是一编,或因经以通国书,而同文之圣化被于四方;或因国书以通经义,而明道之遗编彰于万世。其有裨于文教,均为至大。虽尧帝之文章,尼山之删定,又何以加于兹哉!"

徐立纲著《五经旁训》19卷刊行。

陈鳣著《诗人考》3卷成书,又辑《孝经郑注》1卷成书。

按:陈鸿森《清儒陈鳣年谱》曰:"清代辑佚之学最盛,其辑《孝经郑注》者,除先生此书外,另有王谟、臧庸、洪颐煊、袁均、严可均、孔广森、黄奭、孙季咸、潘仕、曾元弼、王仁俊等诸家辑本。皮锡瑞《孝经郑注疏序》云:'自明皇注出,郑注遂散佚不完。近儒臧拜经、陈仲鱼始裒辑之,严铁桥四录堂本最为完善。'实则先生是书辑成时,臧庸年方十六,而诸家辑本皆刊于嘉庆以后,故辑《孝经郑注》实以先生书为嚆矢。特其时日本冈田挺之辑本及《群书治要》尚未传入中国,故其书不能如严君所辑之富备耳。若先河后海之义,则不可诬也。"

纪昀等奉敕纂《钦定河源纪略》36卷成书。

按:《四库全书总目提要》曰:"《钦定河源纪略》三十六卷,乾隆四十七年奉敕撰。是年春,以中州有事于河工,特命侍卫阿弥达祭告西宁河神。因西溯河源,绘图具奏。言星宿海西南三百余里有阿勒坦郭勒水,色独黄。又西有阿勒坦噶达素齐老,流泉百道,入阿勒坦郭勒,是为黄河真源。为自古探索所未及。皇上因考征实验,参订旧文,御制《河源诗》一章,详为训释,系以案语。又御制《读宋史·河渠志》一篇,以正从来之讹误。复命兵部侍郎臣纪昀、大理寺卿臣陆锡熊等,寻绎史传,旁稽众说,综其向背,定其是非,辑为一书。"

周嘉猷著《南北史表》7卷成书。

孙星衍纂《邠州志》。

洪亮吉纂《淳化县志》30卷、《长武县志》12卷成书。

张心镜修,吴泰来纂《蒲城县志》15卷成书。

李廷芳修,徐珏、陈于廷纂《重修襄垣县志》8卷刊行。

倭什布修,刘长灵纂《惠民县志》10卷刊行。

梁鸣冈修纂《武宁县志》30卷刊行。

高崇基等修,王基、刘映璧纂《安福县志》22卷刊行。

张承先纂《南翔镇志》12卷刊行。

段中律修纂《青阳县志》8卷刊行。

陈朝羲修纂《长汀县志》26卷刊行。

黄景曾修,靳渊然等纂《邱县志》8卷刊行。

黄钤修,萧儒林、宋圻纂《泰安县志》12卷刊行。

王蒙绪自编、王凤文等补编《成祉府君自著年谱》成书。

卢文弨校刻《重校方言》,有《重校方言序》。

按:《续修四库全书总目提要》曰:"四库馆校正《方言》,戴东原氏为之正讹字,补脱字,删衍字,逐条详证。归安丁杰以其犹有未尽,钞集众家校本,举畀文弨。因以考戴氏之书,其中有错简两条。亦有字当在上条之末,而误置下条之首,及不当连而连者;有过信他书,辄改本文者,注及音义。又有遗者、误改者,复改正百廿有余条。仿刘昭注补《续汉志》之例,进郭注为大字,而音则仍为小字,各家说及文弨之说,又加圆围以隔之。"

任大椿著《字林考逸》8卷成书,有自序。

洪亮吉著《汉魏音》4卷。

敕纂《钦定补绘离骚全图》2卷成书。

按:《四库全书总目提要》曰:"《钦定补绘离骚全图》二卷,国朝萧云从原图,乾隆四十七年奉敕补绘。云从字尺木,当涂贡生。考《天问序》称:'屈原放逐,彷徨山泽,见楚有先王之庙及公卿祠堂,图画天地、山川、神灵琦玮谲诡,及古圣贤怪物异事,因书其壁,呵而问之。'是《天问》一篇,本由图画而作。后世读其书者,见所征引,自天文、地理、虫鱼、草木与凡可喜可愕之物,无不毕备,咸足以扩耳目而穷幽渺,往往就其兴趣所至,绘之为图。如宋之李公麟等,皆以此擅长。特所画不过一篇一章,未能赅极情状。云从始因其章句,广为此图,当时咸推其工妙,为之镌刻流传。原本所有,只以三闾大夫、郑詹尹、渔父合绘一图,冠于卷端,及《九歌》为九图,《天问》为五十四图,而目录、凡例所称《离骚经》、《远游》诸图,并已阙佚。《香草》一图,则自称有志未逮。核之《楚辞》篇什,挂漏良多。皇上几余披览,以其用意虽勤,而脱略不免,特命内廷诸臣,参考厘订,各为补绘。于《离骚经》则分文析句,次为三十二图。又《九章》为九图,《远游》为五图,《九辩》为九图,《招魂》为十三图,《大招》为七图,《香草》为十六图。于是体物摹神,粲然大备,不独原始要终,篇无剩义,而灵均旨趣,亦藉以考见其比兴之原。仰见大圣人游艺观文,意存深远。而云从以绘事之微,荷蒙宸鉴,得为大辂之椎轮,实永被荣施于不朽矣。"

翁方纲选注《七言律诗钞》18卷、《苏诗补注》8卷刊行。

王纪昭著《敬遗堂文集》4卷、《敬遗堂诗集》3卷刊行。

毛燧传著《毛洋溟文稿》刊行。

张履祥著《张杨园先生全集》16卷刊行。

赵青藜著《漱芳居文抄》8卷、《漱芳居二集》8卷刊行。

毕沅著《乐游联唱集》成书,杨芳灿作序。

按:毕沅幕府中的吴泰来、严长明、洪亮吉、孙星衍、钱坫等和之,称一时之盛。

彭兆荪始著《潘澜笔记》。

钱大昕著《金石后录》8卷。

陈焯著《湘管斋寓赏编》6卷刊行,有自序。

按：陈焯字英之，号无轩，浙江乌程人。是书为著录书画书。

钱大昭著《迩言》2卷成书，有自序。

桂馥著《缪篆分韵》5卷，袁枚作序。

纪昀等纂《四库全书简明目录》20卷成书。

李调元辑《函海》163种852卷刊行。

李化楠、李调元著《醒园录》2卷刊行。

按：李化楠字石亭，四川罗江人。"醒园"是李调元庄园的名称。其父李化楠在游历浙江、江苏的几十年中，写有饮食笔记，经李调元整理、编纂而成此书，并收入《函海》之中。书中记载了121种饮食品的制作方法和5种食物贮藏方法，其中除一两种外，都不是从前人的著作转抄的。该书已收入《中国食经丛书》（下）。

僧通理卒（1701—　）。通理俗姓赵，字达天，直隶新河人。年十九出家。曾为拈花寺等寺庙住持。清廷开馆翻译《大藏经》等，其率领众僧日于馆讲解佛教经义，封阐教禅师。著有《法华指掌疏》、《楞严指掌疏》、《圆觉新义疏》、《金刚新眼》等。事迹见蔡冠洛《清代七百名人传》第四编。

金甡卒（1702—　）。甡字雨叔，号海住，浙江仁和人。乾隆七年状元，授翰林院修撰。官至礼部侍郎。凡典试广东、江西、山西者三，督学安徽、江西，分校礼闱者二。后主讲敷文书院。著有《静廉斋诗集》24卷。事迹见《清史稿》卷三〇五、朱珪《礼部左侍郎金公甡墓志铭》（《知足斋文集》卷四）。

孙景烈卒（1706—　）。景烈字孟扬，一字兢若，号西峰，学者称西峰先生，陕西武功人。乾隆四年进士，改翰林院庶吉士，授检讨。后以言忤旨归里，主讲关中、兰山、明道三书院。教授诸生以经义大旨，尤重性命之学。著有《易经管窥》、《诗经讲义》、《四书讲义》、《性理讲义》、《菜根园慎言录》、《西麓山房存稿》、《西峰先生文集》等。事迹见《清史稿》卷四八〇、《清史列传》卷六七、李桓《国朝耆献类征初编》卷一二六、《征仕郎翰林院检讨孙先生景烈行状》（《碑传集》卷四八）。

按：江藩《宋学渊源记》称孙景烈之学，被时人誉"为关中学者宗"。《清史列传》本传曰："尝官商州学正，革陋规，倡社学，为诸生阐发经义，究义利之辨。当道为举孝廉方正，及放归，陈宏谋、尹继善先后延主关中、兰山书院，后复主鄠县明道书院。日与生徒讲性命之学，虽盛暑必肃衣冠。学使者慕其名，夏日见之，不敢摇扇。其为学恪守朱子，而以《四书集注》为主，诸经子史，悉荟萃印证。以此讲学，亦体之以持身涉世。其讲《大学》格致，谓陆、王之说，混穷理于去私；讲《中庸》天命之谓性，谓天命善，不命恶；讲四勿复礼，谓礼即为国以礼之礼。尝举真西山语曰：'古之学者为己，为青紫而明经，为科举而业文，去圣人之旨远矣。'十五年，宏谋欲以经明行修荐，景烈固辞。韩城王杰、临潼王巡泰皆其入室弟子。"

查礼卒（1716—　）。礼又名学礼，字恂叔，号俭堂，一号榕巢，又号铁桥，顺天宛平人。查为仁弟。乾隆元年荐举博学鸿儒，不遇。入赀授户部主事，官至四川布政使，升湖南巡抚，未之任卒。爱好古印章及金石书画，收藏甚富。著有《铜鼓书堂遗稿》32卷、《铜鼓书堂词》3卷、《铜鼓书堂词话》1卷等。事迹见《清史稿》卷三三二、李桓《国朝耆献类征初编》卷一八一、震钧辑《国朝书人辑略》卷四、《四川布政使查公礼传》(《碑传集》卷八五)。

童珏卒(1721—)。珏字璞岩，又字二如，号二树，浙江山阴人。与同郡刘文蔚、沈翼天、姚大源、刘鸣玉、茅逸、陈芝图结社联吟，称"越中七子"。善于画梅，好金石书画。著有《二树诗略》5卷、《二树山人写梅歌》1卷、《抱影楼诗》1卷等。事迹见《清史列传》卷七一、李桓《国朝耆献类征初编》卷四三六。

王仲愚卒(1736—)。仲愚字拙安，号荫台，山东济宁人。乾隆三十四年进士，改翰林院庶吉士，散馆，授检讨。充方略馆纂修官、《四库全书》提调官、文渊阁校理。官至右春坊中允。事迹见李桓《国朝耆献类征初编》卷一二九、纪昀《王仲愚墓志铭》(《纪文达公遗集》卷一六)。

余鹏翀卒(1755—)。鹏翀字少云，号月村，安徽怀宁人。诸生。从学于朱筠。工诗文，善画水墨善水。著有《息六斋稿》、《韩文公文集编年考》、《丧大礼考》等。事迹见李桓《国朝耆献类征初编》卷四三六。

董士锡(—1831)、许鼎(—1842)、王赠芳(—1849)、胡培翚(—1849)、杨文荪(—1853)、马瑞辰(—1853)、穆彰阿(—1856)、周之琦(—1862)生。

乾隆四十八年　癸卯　1783年

英国承认美国独立。

俄国兼并克里米亚。

正月初四日丙申(2月5日)，军机大臣奏呈挖补《通鉴纲目续编》并分送有关人员遵办片。

二十三日乙卯(2月24日)，谕和珅著与阿桂、梁国治同办《开国方略》。

二月初二日癸亥(3月4日)，军机大臣奏各馆纂办未竣各书分晰开单呈览片。

按：奏中附有《各馆纂办书籍清单》："《大清一统志》，原限四十八年十二月内完竣，自上年十月后进过七卷，连前共进过三百十卷，未进四十四卷；《盛京通志》，原限四十八年秋季完竣，自上年十月后进过九卷，连前共进过四十七卷，未进五十三卷；《职官表》，原限四十八年十二月内完竣，自上年十月后进过三卷，连前共进过二十四卷，未进约二十余卷；《续通志》，原限四十八年十二月内完竣，自上年十月后进过二十五卷，连前共进过三百二十九卷，未进约三百余卷；《皇朝通典》、《通志》，原限五十年冬季完竣，自上年十二月内，奏请用军机处印封咨取各直省文册碑刻等件，以凭纂辑，现在未据解馆，一面再行咨催，一面上紧赶办；《开国方略》，原限四十八年夏季完竣，本年正月内进过八卷，未进二十四卷；《宗室王公表传》，原限四十八年夏季完竣，自上年十月后进过一卷,未进过九卷;《蒙古王公表传》,原限四十八年十二月内完竣,自上年十月后进过八卷,连前共进过十二卷,未进十七卷;《满洲源流考》,纂办已竣,现在缮写正本进呈;《契丹国志》,改纂已竣,现在缮写正本进呈;《河源纪略》,约二十余卷,现在赶纂,缮写正本,拟于二月内进起,期限难年冬季全竣。"(张书才主编《纂修四库全书档案》下)

初三日甲子(3月5日),寄谕江苏巡抚闵鹗元饬属查明《通鉴纲目续编》板片解京。

初五日丙寅(3月7日),谕《日下旧闻考》告竣所有誊录供事等准其议叙。

初八日己巳(3月10日),谕《满洲源流考》告竣所有纂修各官等准其议叙。

二十七日戊子(3月29日),军机大臣奏查《古玉图谱》载在子部谱录类并《简明目录》缮写情形片。

按:奏曰:"查《四库全书总目》二百卷,于乾隆四十六年三月进呈,发下改正,另缮清本,并遵旨纂出《简明目录》二十卷,于四十七年六月进呈。蒙皇上钦定发下,缮写四分于四阁陈设。现已缮出第一分,于本年正月送武英殿装潢,其余三分缮写将竣,现在校对。"(张书才主编《纂修四库全书档案》下)

二十八日己丑(3月30日),军机大臣奏查核上年冬季所进第二分全书错误次数,请将提调等官交部察议片。

按:奏曰:"提调官吴裕德记过七次;总校官朱钤记过八百八十五次,王燕绪记过七百八十四次;分校官陈木记过四十二次,李斯咏记过三十六次,刘源溥记过三十二次,许兆椿记过三十次,常循记过二十八次,陈昌齐、吴锡麒各记过二十六次,赵秉渊、胡予襄各记过二十二次,李镕、庄通敏、雷纯各记过二十次,汪镛、朱绂、吴树萱各记过十八次,曹锡龄、何循各记过十六次,季学锦、周铉各记过十四次,王春煦、罗万选、郭祚炽、张焘、甄松年各记过十二次,叶兰、朱攸各记过十次,励守谦、牛稔文、潘曾起、章宗瀛、方大川、胡敏、马犹龙、柴模、吴翼成各记过八次,王庆长、钱世锡、邱廷漋、田尹衡、李荃、罗修源、王中地、严福、周琼各记过六次,施培应、宋镕、王坦修、裴谦、沈培、江涟、汪学金、于鼎、吴省兰、王天禄、张九镡、莫瞻菉、刘汝誉各记过四次,高械生、吴典、饶庆捷、李元春、甘立猷、刘图南、张塽、翟槐、邱桂山、孙希旦、黄秉元、康仪钧、倪廷梅、王允中、范来宗各记过二次。俱请交部照例察议。"(张书才主编《纂修四库全书档案》下)

三月初九日庚子(4月10日),浙江巡抚福崧奏在籍原任侍郎沈初等添恩赐江浙分贮《四库全书》三份折。

十八日己酉(4月19日),军机大臣奏查明《四库全书总目》于上年七月进呈尚未缮竣陈设片。

二十二日癸丑(4月23日),谕苏州织造全德查明《通鉴纲目续编》板片刷印存贮情形。

二十三日甲寅(4月24日),军机大臣奏询明苏州织造衙门存贮《通鉴纲目续编》并无刷印翻刻等情片。

是日,军机大臣奏遵旨查明挖补填写《通鉴纲目续编》情形片。

二十四日乙卯(4月25日),寄谕各省督抚务须实力妥办更正《通鉴纲目续编》仍于年终汇奏。

四月初二日壬戌(5月2日),续办缮写《四库全书》处为咨取分校事致典籍厅移会。

初五日乙丑(5月5日),军机大臣和珅等奏遵旨添辑《热河志》进呈御览片。

初六日丙寅(5月6日),军机处为《通鉴纲目续编》等板片解京事致苏州织造札文。

初七日丁卯(5月7日),满票签为本处并无拔贡副榜举人出身人员事致典籍厅移付。

是日,满本堂为本堂并无拔贡副榜举人出身人员事致典籍厅移付。

初十日庚午(5月10日),军机处为遵旨换回《通鉴纲目续编》事致苏州织造札文。

十一日辛未(5月11日),军机处为《御批通鉴纲目续编》奉旨更正发还事致各督抚咨文。

十五日乙亥(5月15日),吏部为知照四库馆人员遵旨分别罚俸事致典籍厅移会。

十七日丁丑(5月17日),军机大臣奏列入全书存目之《问山集》有谬妄,请即撤毁片。

是月,生员冯起炎欲投呈自注《易》、《诗》二经,被遣发黑龙江。

五月初二日壬辰(6月1日),谕内阁:福隆安气体微弱,著派八阿哥永璇管理清字经馆及《四库全书》馆。

十一日辛丑(6月10日),军机大臣奏查核春季所进全书错误记过次数,请将提调等官交部察议片。

按:奏曰:"提调官关槐记过四次;总校官何思钧记过七百二十三次,潘有为记过三百四十三次,孙溶记过三百三十三次,仓圣脉记过二百三十次,徐以坤记过二百二十二次;分校官吴省兰记过一百八次,雷震记过四十次,罗万选记过三十六次,吴锡麒记过三十二次,励守谦记过三十次,胡予襄记过二十四次,季学锦记过二十三次,刘源溥、罗修源各记过二十二次,汪镛记过二十次,胡敏、周铉、嵇承志、郭晋、叶兰各记过十八次,甄松年、邱廷漋、李荃各记过十六次,杨世纶、陈木、徐立纲、何循、朱绂各记过十四次,牛稔文、于鼎、朱攸、许兆椿、汪学金、罗国俊、陈昌齐各记过十二次,邹奕孝、庄通敏、章宗瀛、王天禄、张志枫、康仪钧各记过十次,孙玉庭、王庆长各记过八次,曹锡龄、严福、张燾、郭祚炽、李岩、王坦修、沈培、徐秉敬各记过六次,柴模、闵惇大、黄寿龄、范来宗、何西泰、徐文干各记过四次,李鼎元、张能照、李斯咏、施培应、常循、程琰、王春煦、戴均元、王照、戴联奎、秦泉、萧广运、方大川、章煦、王璸、袁文邵、金兆燕、孙球、吴鼎雯、蔡廷衡各记过二次,俱请交部照例察议。"(张书才主编《纂修四库全书档案》下)

十七日丁未(6月16日),命毋庸查办楼绳等呈首《河山氏喻家言》、《巢穴图略》案。

二十一日辛亥(6月20日),军机大臣奏遵旨改正孔安国序内舛误处并请将仿刊各书改正片。

是日，军机大臣奏苏州织造将《通鉴纲目》板片解送至京片。

二十六日丙辰（6月25日），谕内阁：遗漏销毁《问山集》之总纂等官著分别罚俸。

六月初四日甲子（7月3日），军机大臣等奏遵旨将《河源图》粘签进呈片。

初六日丙寅（7月5日），军机大臣奏《铁网珊瑚》内前后重复请将总校等交部议处片。

十三日癸酉（7月12日），军机处为《十三经解》、《佩文韵府》板片全数解京事致苏州织造札文。

十八日戊寅（7月17日），军机大臣为奉旨《骈字类编》内桃字一行补入事致八阿哥等函。

二十三日癸未（7月22日），军机处为御制《宋孝宗论》刻于文溯阁碑阴事致盛京将军咨文。

七月十二日辛丑（8月9日），军机大臣奏遵旨查明纳喇性德系纳兰成德改名片。

二十一日辛亥（8月18日），寄谕江苏等各督抚留心访查《通鉴纲目续编》刻板一体铲改。

二十二日壬子（8月19日），军机大臣奏王应麟《玉海》遵旨拟加按语呈览片。

三十日庚申（8月27日），军机大臣等奏遵旨查明《续通鉴纲目》、《发明》等夹签呈览片。

是月，乾隆帝第四次东巡盛京，谒三陵。

八月初二日辛酉（8月29日），军机大臣奏查核夏季所进第三分全书错误记过次数，请将提调等官交部察议片。

按：奏曰："提调官吴裕德记过二次；总校官何思钧记过一千一百十四次，仓圣脉记过四百二十四次，孙溶记过三百十八次，徐以坤记过二百八十八次，潘有为记过二百三十六次；分校官罗修源记过一百十二次，庄通敏记过九十次，陈昌齐记过六十九次，王中地记过六十四次，王庆长记过五十四次，郭祚炽记过五十二次，叶兰、胡敏各记过四十八次，许兆椿记过四十次，励守谦记过三十八次，程琰记过三十四次，朱攸记过三十次，李镕记过二十八次，何西泰、李荃各记过二十四次，章宗瀛记过二十二次，甄松年记过二十次，周镕、常循各记过十八次，宋镕、汪镛、王天禄、胡予襄各记过十六次，季学锦、王坦修、罗万选各记过十四次，方大川、张虎拜、吴寿昌各记过十二次，吴锡麒、雷纯、洪其绅、张九镡各记过十次，王璸、牛稔文、李斯咏、闵惇大、莫瞻菉、徐立纲、金光悌各记过八次，缪晋、戴联奎、朱绂、袁文邵各记过六次，陈木、曹锡龄、马猶龙、蔡廷衡、吴树萱、王照、章煦各记过四次，李鼎元、卜维吉、郭晋、康仪钧、吴典、张燾、李元春各记过二次。俱请交部照例察议。"（张书才主编《纂修四库全书档案》下）

初三日壬戌（8月30日），谕《开国方略》书成后著交武英殿刊刻并写入《四库全书》。

初八日丁卯（9月4日），续办缮写《四库全书》处为移取分校事致典籍厅移会。

二十五日甲申(9月21日),军机大臣奏遵旨询问阿弥达往祭河源情形并巴忠译出名义片。

是月,应销毁书籍总档。

按:初办第一次应销毁书4种,续办第二次应毁书11种,第三次应毁书4种,第四次应毁书10种,第五次应毁书24种,第六次应毁书18种,第七次应毁书5种(张书才主编《纂修四库全书档案》下)。

九月十八日丙午(10月13日),命查办广西乡试作弊案。

十月初五日癸亥(10月30日),军机大臣奏查明太子河沿伪情形并将《旧一统志》等书粘签呈览片。

初九日丁卯(11月3日),传谕各督抚区别邪教与愚民吃斋诵经,不得混同一律办理。

十九日丁丑(11月13日),谕内阁:著皇子同军机大臣等编辑《古今储贰金鉴》。

二十五日癸未(11月19日),谕内阁:所有现办满汉臣工表传等著总裁等董饬纂办。

十一月初八日乙未(12月1日),军机大臣奏拟写彭元瑞办理《四库全书》谕旨进呈片。

是日,谕著彭元瑞充《四库全书》馆副总裁。

十六日癸卯(12月9日),军机大臣奏夹签进呈全书内圣祖申谕阿哥挞辱大臣侍卫一条片。

二十二日己酉(12月15日),军机处为知会文澜阁御笔碑刻匾额墨宝事致浙江巡抚咨文。

二十四日辛亥(12月17日),户部为知照《四库全书》馆记过人员罚俸事致典籍厅移会。

二十九日丙辰(12月22日),军机大臣奏稽核秋季所进第三分《四库全书》错误记过次数,请将总校等官交部察议片。

按:奏曰:"总校何思钧记过八百七十六次,孙溶记过五百二十六次,徐以坤记过五百一十一次,潘有为记过三百四十三次,仓圣脉记过三百二十次;分校郭祚炽记过一百九十八次,励守谦记过一百二次,罗万选记过八十六次,章宗瀛、李斯咏各记过五十八次,叶兰记过五十四次,钱樾记过四十八次,朱绂、王庆长各记过四十六次,胡予襄记过四十次,庄通敏、朱攸各记过三十六次,李荃记过三十四次,雷纯记过三十二次,许兆椿记过二十八次,陈昌齐、汪塘各记过二十六次,牛稔文记过十八次,王照、缪晋、邱廷滩各记过十六次,严福、何循、翟槐、马犹龙、金兆燕各记过十四次,甄松年、季学锦、孙希旦各记过十二次,常循、周镕、汪学金、罗修源、秦泉、王天禄、戴联奎、程昌期各记过十次,祖之望、李镕、刘源溥、陈木、潘庭筠、祝堃、祁韵士各记过八次,闵惇大、王坦修、吴绍昱、田尹衡、吴冀成各记过六次,金光悌、胡敏、张九镡、徐秉敬、卜维吉、方大川、吴典、赵怀玉、郭晋各记过四次,刘图南、于鼎、郭在逵、李鼎元、汪昶、蔡廷衡、沈培、张能照各记过二次,俱请交部照例察议。"(张书才主编《纂修四库全书档案》下)

十二月初二日己未(12月25日),军机大臣奏《通鉴纲目续编》令各省挖改江苏等声复奏片。

初三日庚申（12月26日），湖广总督舒常奏本年抽改过《通鉴纲目续编》书目折。

初十日丁卯（1784年1月2日），寄谕两江总督萨载等留心访查《通鉴纲目续编》翻刻板片。

十三日庚午（1月5日），两广总督巴延三等奏抽改《通鉴纲目续编》书目折。

二十日丁丑（1月12日），寄谕各省督抚务将《通鉴纲目续编》翻刻书籍板片全行查出抽改铲削。

是日，吏部为知照《四库全书》馆记过人员罚俸事致典籍厅移会。

是月，罗马宣教部因法王提议，派味增爵会士到北京接替耶稣会传教。

是年，命在东华门外云神庙、风神庙分别设经、史、子、集四局，添抄三份《四库全书》。

命于彝伦堂南营建辟雍。

按：乾隆四十八年（1783）谕曰："稽古国学之制，天子曰辟雍，所以行礼乐、宣德化、昭文明而流教泽，典至钜也。国学为人文荟萃之地，规制宜隆。辟雍之立，元、明以来，典尚阙如，应增建以臻美备。"命尚书德保，尚书兼管国子监事刘墉，侍郎德成，仿礼经旧制，于彝伦堂南营建（《清史稿·选举志一》）。

命郎世宁生徒二三人，绘制圆明园中西洋建筑平面图，并试用铜版印制。

为乾隆南巡，江南昆曲名班选优秀艺人组成"集秀班"，阵容整齐，演艺高超，对后来昆曲发展很有影响。

钱大昕首访宁波天一阁，观所藏碑拓。

邵晋涵欲重修《宋史》，钱大昕建议从南渡开始改修。邵氏接受此建议，将书定名为《南都事略》，以上续宋人王偁的《东都事略》。是年，晋涵自北京丁忧回籍。

章学诚卧病京师，邵晋涵载其至家治疗。在此期间，二人常论《宋史》之芜烂，邵以重修为己任，得章氏赞同。章氏病愈后，仍主讲永平敬胜书院。

按：章学诚在以后为邵晋涵写的《邵与桐别传》中回忆此事说："乾隆癸卯之春，余卧病京旅，君（邵晋涵）载予其家，延医治之，余沉困中，辄喜与君论学，每至夜分，君恐余惫，余气益壮也。因与君论修《宋史》，谓俟君书成后，余更以意为之，略如后汉、晋史之各自为家，听决择于后人。君因询予方略，余谓当取名数事实，先作比类长编，卷帙盈千可也。至撰集为数，不过五十万言，视始之百倍其书者，大义当更显也。"（《章氏遗书》卷一八）

纪昀六十初度，翁方纲有《纪晓岚少司马六十寿诗》2首。

王念孙因四库事记过二次。

王引之入北京国子监读书。

亨利·贝尔发明棉布印花的铜制滚筒。

凌廷堪正式受业于翁方纲。

孙星衍七月校勘《神农本草经》成,有《校定神农本草经序》。

卢文弨八月作《题三立书院所藏通志堂经解卷首》,记在山西为三立书院抄录《通志堂经解》之经过。

戴衢亨充江南乡试副考官。

翁方纲充顺天乡试副考官,刘墉为正考官。

赵怀玉时为《四库全书》馆臣,因事南归,随身携带由自己录出之《四库全书简明目录》副本至杭州,应士子要求付刻,是为《简目》初刻本,亦称赵刻本。

恽敬中举人,与庄述祖、张惠言、王灼等为友。遂专力于古文,与张惠言共创阳湖派。

按:《清史稿·张惠言传》曰:"惠言少为词赋,拟司马相如、扬雄之文。及壮,又学韩愈、欧阳修。篆书初学李阳冰,后学汉碑额及石鼓文。尝奉命诣盛京篆列圣加尊号玉宝,惠言言于当事,谓旧藏宝不得磨治;又谓翰林奉命篆列圣宝,宜奏请驰驿,以格于例不果行。"

王昶三月出任陕西按察使,纪昀以秦汉瓦寄赠。

王复至关中谒毕沅,遂留节署。

舒位初入都,作《石鼓歌》。

沈梦兰中举人,官湖北宜都县知县。

按:沈梦兰字古春,浙江乌程人。《清史稿·沈梦兰传》曰:"梦兰博通诸经,实事求是,尤邃于《周官》,成《周礼学》一书。……先儒所病其抵牾者,无不得其会通,为图若干,并取经、传文之与《周官》相发明者释于篇。他著有《易》、《书》、《诗》、《孟子学》,《五省沟洫图说》。"事迹又见《清史列传》卷六八。

冯起炎注解《易》、《诗》二经案发,被遣送黑龙江为奴。

胡元杰诬告戴如煌《秋鹤近草》诗词"悖逆",被斩首。

毛德聪诬告吴文世造"逆书"《云氏草》讪谤朝廷,毛德聪反坐。

乔廷英、李一互讦诗句案发,乔廷英凌迟;李一子孙3人等坐斩。

牟应震中举人,官至禹城训导。

按:牟应震字寅同,号卢坡,山东栖霞人。治学精于《周易》,著有《周易直解》。又有《毛诗奇句韵考》1卷、《诗问》6卷、《毛诗古韵》5卷。

陈钟炅时任金华知县,建九峰书院。

周学元时任安徽南陵知县,建春谷书院。

黄作宾在福建闽清县建文泉书院。

钟凤腾时任山东栖霞知县,建霞山书院。

谭崇易时任湖南安仁知县,改建南湫书院,易名为宜溪书院。

张元功时任四川荥经知县,建启秀书院。

永福时任贵州大方知府,建万松书院。

周鉴时任云南曲靖知州,建凝阳书院,又在华宁县建凝阳书院。

陈朝书时任云南通海知县,建秀麓书院。

王赐均时任甘肃民勤知县,建苏山书院。

孔广森著《春秋公羊通义》11卷成书，有自序。

按：《清史稿·孔广森传》曰："广森聪颖特达，尝受经于戴震、姚鼐之门，经史、小学，沉览妙解。所学在《公羊春秋》，尝以《左氏》旧学湮于征南，《谷梁》本义汨于武子。王祖游谓何休志通《公羊》，往往为《公羊》疢病。其余啖助、赵匡之徒，又横生义例，无当于经，唯赵汸最为近正。何氏体大思精，然不无承讹率臆。于是旁通诸家，兼采《左》、《谷》，择善而从，著《春秋公羊通义》十一卷，《序》一卷。凡诸经籍义有可通于《公羊》者，多著录之。……又谓《左氏》之事详，《公羊》之义长，《春秋》重义不重事，皆好学深思，心知其意。其为说能融会贯通，使是非之旨不谬于圣人大旨，见自序中。仪征阮元谓读其书始知圣志之所在。"

吴炳文著《春秋左传汇辑》40卷刊行。

任大椿著《深衣释例》3卷成书，有自序。

崔述始著《考信录》。

按：《清史稿·崔述传》曰："著书三十余种，而《考信录》一书，尤生平心力所专注。"

敕纂《钦定古今储贰金鉴》6卷。

按：《四库全书总目提要》曰："《钦定古今储贰金鉴》六卷，乾隆四十八年特命诸皇子同军机大臣上书房总师傅等，取历代册立太子事迹有关鉴戒者，按代纂辑。自周讫于前明，得三十有三事，又附见五事。而自春秋以后，诸侯王建立世子事非储贰可比者，间叙其概于案语中，而不入正条。其它偏据窃位、无关统绪之正，并略而不论。若宋之太弟，明之太孙，尤足为万世炯鉴，则备论之。纪事取之正史，论断衷诸《资治通鉴纲目》御批及《通鉴辑览》御批。卷首恭载节奉谕旨，如群书之有纲要焉。伏见我国家万年垂统，睿虑深长，家法相承，不事建储册立。皇上准今酌古，备览前代覆辙，灼知建储一事，断不可行，屡颁宸谕，深切著明。伏读御制职官表联句诗注，于詹事府条下云：'自古书生拘迂之见，动以建储为国本。其实皆自为日后身家之计，无裨国是。诚以立储之后，宵小乘间伺衅，酿为乱阶，其弊有不可胜言者。朕于此往复熟筹，知之甚审。我子孙当敬凛此训，奉为万年法守。'圣训煌煌，日星昭揭。证以是编所载往迹，既晓然于前事之当惩，益以知圣朝诒谋宏远，实为绵福祚而基万年之要道也。"

汪辉祖著《史姓韵编》64卷成书，有自序。

梁玉绳著《史记志疑》36卷成书，有自序。

按：序曰："余自少好《太史公书》，缀学之暇，常所钻仰。然百三十篇中，愆违疏略，触处滋疑，加以非才删续，使金鍮周别，镜璞不完，良可闵叹。解家匡谬甄疵，岂无裨益，第文繁事博，舛漏尚多。因思策励驽骞，澄廓波源，采裴、张、司马之旧言，搜今昔名儒之高论，兼下愚管，聊比取刍，作《史记志疑》三十六卷，凡五易稿乃成。"（《史记志疑》卷首）

洪亮吉纂《澄城县志》20卷。又著《补东晋疆域志》4卷成书，有自序。

夏之蓉纂《高邮州志》12卷成书。

陈钟炅修，冯宗城等纂《汤溪县志》10卷刊行。

连桂等修纂《广信府志》26卷刊行。

费淳、沈树声纂修《太原府志》60卷刊行。

刘绍攽纂《三原县志》18卷刊行。

按：刘绍攽字继贡，号九畹，陕西三原人。雍正十一年（1733）拔贡生。曾任山

威廉·赫谢尔著成《宇宙间太阳系的运行》。

康德发表《未来形而上学导论》。

摩西·门德尔松著成《耶路撒冷》，呼吁信仰自由。

西太原县知县。曾主讲兰山书院。著有《周易详说》18卷、《书考辨》2卷、《春秋笔削微旨》26卷、《春秋通论》5卷、《卫道编》2卷、《四书凝道录》19卷、《学韵纪要》2卷、《九畹续集》2卷等。事迹见《清史列传》卷六七。

樊士锋修,洪亮吉、李泰交纂《长武县志》12卷刊行。

黄鹤龄修,张其昺纂《河津县志》12卷刊行。

郑居中、麟书纂修《府谷县志》4卷刊行。

邓梦琴纂修《洵阳县志》14卷刊行。

齐翀修纂《南澳志》12卷刊行。

潘承焯、吴作哲修,王应亨纂《重修镇平县志》6卷刊行。

乐寿彭修,陆飞纂《归善县志》18卷刊行。

丁映奎修纂《苍溪县志》4卷刊行。

侯谨度修,陈从潮等纂《福安县志》26卷刊行。

程廷济修,凌汝绵纂《浮梁县志》12卷刊行。

杨宜崙修,夏之蓉、沈之本纂《高邮州志》12卷刊行。

旺日暐著《各省水道考》6卷刊行。

姚鼐著《老子章义》成书。

毕沅著《墨子注》15卷刊行,有自序,孙星衍有后叙。

按:孙星衍《墨子后叙》曰:"弇山先生于此书,悉能引据传注、类书,匡正其失。又其古字古言,通以声音训故之原,豁然解释,是当与高诱注《吕氏春秋》、司马彪注《庄子》、许君注《淮南子》、张湛注《列子》,并传于世。其视杨倞、卢辩空疏浅略,则倜然过之。时则有仁和卢学士抱经、大兴翁洗马覃溪及星衍三人者,不谋同时共为其学,皆折衷于先生。"(《墨子》卷首,《经训堂丛书》本)孙星衍当时在毕沅幕府,参与了对该书的校刊。

毕沅刻《山海经新校正》18卷、《篇目考》1卷、《夏小正考注》1卷、《老子道德经考异》2卷。孙星衍有《山海经新校正后序》。

按:孙星衍《山海经新校正后序》曰:"秋颿先生作《山海经新校正》,其考证地理,则本《水经注》,而自九经笺注、史家地志、《元和郡县志》、《天平寰宇记》、《通典》、《通考》、《通志》,及近世方志,无不征也。自汉以来,未有知《山海经》为地理书。……先生开府陕西,假节甘肃,粤自靖函以西、玉门以外,无不亲历。又尝勤民洒通水利,是以《西山经》四篇、《中次五经》诸篇疏证水道为独详焉。常言《北山经》泑泽涂吾之属,闻见不诬,惜在塞外,书传少征,无容附会也。其《五藏山经》,郭璞、道元不能远引,今辅其识者,奚啻十五,恐博物君子无以加诸。星衍尝欲为《五藏经图》,绘所知山水,标今府县,疑者则阙,顾未暇也。先秦简册,皆以篆书,后乃行隶,偏旁相合,起于六代,六书之义,假借便亡。……后世字书,乃迻取经俗写以广字例,其有知者反云依傍字部改变经文,此以不狂为狂。先生若……其类,引据书传,改正甚多,实是汉唐旧本如此,古今读者不加察核。又如凌门之为龙门,……此则声音文字之学,直过古人。星衍凤著《经子音义》,以补陆氏德明《释文》;有《山海经音义》二卷,及见先生,又焚笔砚。若《海外经》已下诸篇,杂有刘秀校注之词,分别其文,降为细字,其在近世,可与戴校《水经》并行不倍。……乾隆四十八年癸卯二月廿六日,阳湖后学孙星衍于陕西节院长欢书屋。"(《山海经新校正》卷首,《经训堂丛书》本)

毕沅辑《说文解字旧音》1卷刊行。又著《经典文字辨证》5卷、《音同义异辨》1卷成。

按：毕沅《说文解字旧音叙》曰："唐以前传注家多称《说文解字音》，《隋书经籍志》有《说文音隐》，疑即是也。因摭录之，以资考证。并为之叙曰：汉许君慎作《说文解字》十四卷成，其子召陵万岁里公乘冲，以安帝建光元年上书献之。且云：'臣父故太尉南阁祭酒慎。'考《后汉书》许君本传，但云为郡功曹举孝廉，再迁洨长，卒于家，不及太尉祭酒者缺也。《汉旧仪》曰：'丞相设四科之辟，弟一科曰德行高妙、志节清白，补西曹南阁祭酒，又曰太尉。东西曹掾秩比四百石，余掾比三百石。'然则，南阁祭酒为太尉西曹掾史也。《百官志》曰：'太尉掾史，属二十四人。'《汉书》称周泽为太尉议曹祭酒，所谓比三百石者欤？《玉海》曰：'后汉太尉六十四人。'许君自言其书成于永元困顿之年，为和帝永元十有二年，是时，则张酺为太尉也。冲又云：'先帝诏侍中骑都尉贾逵修理旧文。'慎本从逵受古学，《逵本传》逵以章帝建初元年承诏入讲北宫白虎、南宫云台，《本纪》载其事于四年，合《儒林传叙》云建初中，则四年为是。许君之书，大略皆以文定字，以字定声。其立一为端者，皆文也；形声相益者，皆字也。故云：'文物，象之本字，言孳乳而生。'其例有云从某某声，从某某省声，从某从某某亦声；又云读若某。其时，如郑众、郑兴、杜子春及康成之徒，注诸经礼，高诱注吕不韦、淮南王等书皆然。自反音而读若之例，遂变反音，仿自孙炎，李登作《声类》亦用之。晋吕忱依托许书，又作《字林》，其弟静因《声类》则作《韵集》，韵书实始焉。是编《隋志》次在忱书之下，但云有四卷，而不详撰著姓名及时代。……则是编为沈以前人所作无疑。唐世言文字声音者，每兼采许及忱，惟颜籀则文字用许，声音用《声类》，故所著《汉书》急就章注及《匡谬正俗》，皆无许书音。由可见是编之流传更勘，更足贵矣！今考其音荼为徒，……此皆舌音之正。……其音剽为敷妙反，……又皆唇音之正。……其音汜为巨合反，挺为达鼎反，又皆送声之正。……然据此而论，则是编亦南人所定者矣。反音之法，如正之与乏，因射为应，但古今语有所殊，或致音有所别。然推厥由来，皆可究知其义，故学贵考其原也。许君之书今所存者，有徐铉等校定音，并唐韵也；有徐锴系传音，朱翱所加也；有五音韵补音，则锴所加也，然皆唐以后所改更。唐所用解字书既不行，其音仅一见于戴侗《六书故》，疏字训注，及宋亳说之《芥绝之荃》，荃字论下，亦于古音无涉。是编所辑虽寡，要为探本之谊，后之人不知珍重者，陋也。"（毕沅《说文解字旧音》，《经训堂丛书》本卷首）

又按：梁启超《清代学术概论》曰："清儒以小学为治经之途径，嗜之甚笃，附庸遂蔚为大国。其在《说文》，则有段玉裁之《说文注》，桂馥之《说文义证》，王筠之《说文释例》、《说文句读》，朱骏声之《说文通训定声》。其在《说文》以外之古字书，则有戴震之《方言疏证》，江声之《释名疏证》，宋翔凤之《小尔雅训纂》，胡承珙之《小尔雅义证》，王念孙之《广雅疏证》，此与《尔雅》之邵、郝二疏略同体例。得此而六朝以前之字书，差无疑滞矣。而以极严正之训诂家法贯穴群书而会其通者，则王念孙之《经传释词》，俞樾之《古书疑义举例》最精凿。"

吴省钦著《白华前稿》60卷刊行。

翁方纲编黄景仁遗集《悔存诗钞》成书。

叶矫然著《龙性堂诗话》由慕陶轩刊行。

按：叶矫然字思庵，福建晋安人。另著有《龙性堂诗集》等。

任兆麟辑《弦歌古乐谱》1卷成书，有自序。

李调元著《雨村曲话》上下卷成书。

按：李调元尝著有《雨村词话》4卷。

毕沅辑《经训堂丛书》33种刊行。

> **按**：《经训堂丛书》计有《山海经新校正》、《夏小正考注》、《道德经考异》、《墨子》、《三辅黄图》、《晋书地道记》、《晋太康三年地记》、《晋书地理志新补正》、《长安图志》、《关中金石记》、《明堂大道录》(《禘说》附)、《易汉学》、《说文解字旧音》、《经典文字辨正书》、《音同义异辨》、《乐游联唱集》等，或为经训堂藏板，或为灵岩山馆藏板，皆属灵岩山馆刻本。毕沅主持辑刻《经训堂丛书》，得力于幕府中人，如吴泰来、严长明、钱坫、庄炘、洪亮吉、孙星衍、黄景仁、徐坚等人的襄助。

法国传教士冯秉正翻译的法文《通鉴纲目》，在巴黎出版，名《中国通史》，共12卷。

《耶稣会士书信集》在巴黎出版，汇编了亚洲、美洲等地耶稣会士从1702年至1776年间之书信，共26卷，其中第16至24卷为在华耶稣会士的书信。

王文清卒(1692—)。文清字廷鉴，一字九溪，湖南宁乡人。雍正二年进士，授九溪卫学正，转岳州府教授。乾隆初，以荐为《三礼》、律吕各馆纂修官。官至御史。后告归主讲岳麓书院，任山长十余年。著有《仪礼分节句读》4卷、《周礼会要》6卷、《考古略》8卷、《读古纪略》6卷、《锄经文略》8卷、《锄经余草》16卷、《锄经续草》4卷、《宋儒理学考》1卷等。另有不曾付梓的著作，如《考古源流》628卷、《典制大文考》160卷、《周易中肯》8卷、《史事》4卷、《三礼图并图说》8卷、《乐制考》10卷、《祭礼解》10卷等。事迹见《清史稿》卷四八〇、《清史列传》卷六八、李桓《国朝耆献类征初编》卷一四四。

> **按**：《清史列传》本传曰："文清淹贯经籍，尤深于《礼》。在《三礼》馆时，为桐城方苞所推挹。著《周礼会要》六卷，约括注疏诸说，疏通字义。又著《仪礼分节句读》，以句读为主，略有笺注，不欲其繁，皆便读者。"

戴祖启卒(1725—)。祖启字敬咸，别字东田，号未堂，安徽休宁人，一作江苏上元人。乾隆四十三年进士。曾任国子监学正。著有《春秋测义》12卷、《尚书协异》8卷、《尚书涉传》16卷、《道德经解》1卷、《史记协异》16卷、《师华山房文集》4卷、《华师山房诗集》2卷及《资治通鉴要历补亡》、《秦川札记》等。事迹见《清史列传》卷六七、李桓《国朝耆献类征初编》卷四一一、严长明《戴先生墓志铭》(《师华山房文集》附)。

> **按**：《清史列传》本传曰：戴祖启"弱冠，潜心经义，有志儒者体用之学。与族人震同举于乡，时有二戴之目。《四库》馆开，大学士于敏中嘱震召祖启，祖启辞不往。毕沅抚陕，聘主关中书院，随材善诱，安西、迪化诸州来学者踵接。沅奏于朝，称祖启学术纯正，训迪有方，六年后有成效，乞格外奖用。……祖启制行廉静，教人以孝弟为先，尤专力于经。其治《春秋》统以五事：一曰常文以定体，二曰变文以别嫌，三曰互文以通义，四曰便文义修辞，五曰阙文以慎疑。著《春秋测义》十二卷。其治《尚书》，谓吴草庐后学者，咸力攻古文，其实考之古注及经传子史，《正义》中三十三篇，与伏生所授，不过古今文字小异，而究不失大同。先著《尚书协异》八卷，经文既定，复兼综众说，断以己意，著《尚书涉传》十六卷。曰'涉传'者，取马迁语也。同里戴长明称二书谨严义法，其道根于彝伦秩叙，其义资乎天下国家云"。

孔继涵卒(1739—)。继涵字体生,号荭谷,山东曲阜人。孔子六十九世孙,孔广森从叔。乾隆三十六年进士,官户部主事。充《日下旧闻》纂修官。精于天算,与戴震友善。曾汇刻《微波榭丛书》7种和《算经十书》50卷。著有《春秋世族谱》、《春秋地名人名同名录》、《春秋闰例日食例》、《左国蒙求》、《国语解订讹》、《周官联事考工车度记补》、《补林氏考工记》、《夏小正考异》1卷、《句股粟米法》、《释数同度记》、《水经释地》、《红榈书屋集》2卷、词4卷等。校订的典籍有张参《五经文字疑》3卷、唐元度《九经字样疑》1卷、杜预《春秋长历》10卷、《春秋土地名》14卷、赵汸《春秋金钥匙》1卷、宋庠《国语补音》3卷、赵岐《孟子注》10卷、《算经十书》、《休宁戴氏遗书》等。事迹见《清史列传》卷六八、李桓《国朝耆献类征初编》卷一四七、翁方纲《皇清诰授朝议大夫户部河南司主事孔君墓志铭》(《复初斋文集》卷一四)。

按:《清史列传》本传曰:其"笃于内行,雅志稽古,于天文、地志、经学、字义、算数之书,无不博综。与休宁戴震友善,考证异同,良多资益。凡所钞校者数千百帙,集唐以来金石刻千余种,与经义史志相比附。又汇梓罕存之本为《微波榭丛书》,及搜梓《算经十书》,皆为世所称"。

黄景仁卒(1749—)。景仁字汉镛,一字仲则,号鹿菲子,江苏武进人。家贫,早岁奔走四方,以谋生计。后授县丞,未补官而卒。工诗,著有《两当轩全集》。事迹见《清史稿》卷四八五、《清史列传》卷七二、李桓《国朝耆献类征初编》卷四三八、蔡冠洛《清代七百名人传》第五编、洪亮吉《候选县丞附监生黄君行状》、王昶《黄子景仁墓志铭》(均见《碑传集》卷一四一)。清毛庆善、季锡畴编有《黄仲则先生年谱》,黄逸之编有《黄仲则年谱》。

三宝卒,生年不详。满洲正红旗人,伊尔根觉罗氏。乾隆四年翻译进士,授内阁中书。历任布政使、巡抚、湖广总督等。喜读宋诸儒书,大节不苟。曾为上书房总师傅,辑古今储贰事为《春华日览》,以授皇子,论者谓其得师保之体。事迹见《清史稿》卷三二〇、《清史列传》卷二一、李桓《国朝耆献类征初编》卷二八。

张聪咸(—1814)、李贻德(—1832)、冯登府(—1840)、钱仪吉(—1850)、苗夔(—1857)、顾翰(—1860)生。

乾隆四十九年 甲辰 1784年

正月十四日庚子(2月4日),谕内阁:皇长孙绵德生子著晋封固山贝子并将此旨入于《储贰金鉴》。

二月初一日丁巳(2月21日),质郡王永瑢等奏办理江浙三分《四库全

托马斯·杰斐逊的土地法令被通过。

哥伦比亚大学成立。

书》亟需校对,请于生监中招募分校折。

十九日乙亥(3月10日),谕内阁:陆费墀著充《四库全书》馆副总裁。

二十一日丁丑(3月12日),谕内阁:将来江浙文汇等三阁分贮《四库全书》,许读书者领出传写。

> 按:谕曰:"前因江、浙人文渊薮,特降谕旨,发给内帑,缮写《四库全书》三份,于扬州文汇阁、镇江文宗阁、杭州文澜阁,各藏庋一份。原以嘉惠士林,俾得就近抄录传观,用光文治。第恐地方大吏,过于珍护,读书嗜古之士,无由得窥美富,广布流传。是千缃万帙,徒为插架之供,无裨观摩之实,殊非朕崇文典学,传示无穷之意。将来全书缮竣,分贮三阁后,如有愿读中秘书者,许其陆续领出,广为传写。"(《清高宗实录》卷一一九九)

二十四日庚辰(3月15日),命闽浙总督富勒浑严审吴文世《云氏草》悖逆案。

闰三月初一日丙辰(4月20日),军机大臣奏查方略馆等处应进各尚无迟延等事片。

二十二日丁丑(5月11日),军机大臣和珅等奏稽核冬季所进第三分全书记过次数,请将提调等交议折。

> 按:奏曰:"提调关槐记过二次;总校孙溶记过三百七十次,何思钧记过二百九十三次,徐以坤记过二百六十五次,潘有为记过一百九十六次,仓圣脉记过一百五十次;分校康仪钧记过七十八次,常循记过四十四次,冯敏昌记过四十次,金光悌记过三十八次,章宗瀛记过三十六次,瞿槐记过三十四次,牛稔文、陈昌齐、雷纯俱记过二十次,温常绶、汪镛、裴谦俱记过十八次,潘绍观、金兆燕、朱绂俱记过十六次,王庆长、李镕、张焘、罗国俊、甄松年俱记过十四次,王天禄、郭祚炽俱记过十二次,庄通敏、胡予襄、胡敏、许兆椿、周铉俱记过十次,郭在逵、蔡廷衡、赵怀玉、李荃、钱世锡、沈凤辉、刘汝蕡、李奕畴俱记过八次,罗万选、章煦、莫瞻菉、秦瀛俱记过六次,吕云栋、苏青鳌、祁韵士、徐立纲、陈本、吴翼成、吴省兰、马犹龙、钱樾、黄寿龄、许兆棠、蒋予蒲俱记过四次,刘源溥、汪学金、张位、吴甸华、闵思毅、费振勋、刘图南、杨世纶、萧九成、叶兰、王照、江涟、李斯咏、季学锦、罗修源、嵇承志、曹锡龄、邹奕孝、董联毂、王念孙俱记过二次,应请交部照例察议。"(张书才主编《纂修四库全书档案》下)

四月初一日乙酉(5月19日),军机大臣奏遵旨查明时江宁太庙遗址并有无祭祀情形片。

十六日庚子(6月3日),军机大臣奏遵旨查明议处海成情形片。

二十六日庚戌(6月13日),军机处为移送《御批续通鉴纲目》漏改书页事致江苏巡抚咨文。

是日,策试天下贡士于太和殿。

> 按:制曰:"夫致用在乎通经,士自束发授书,思探奥旨,先考赜文。宋儒谓,有举其辞而不能通其义者矣,未有通其义而不能举其辞者也。简策异同,微言实关大义,诸经互引,厥有殊辞。唐人刻石犹存,或间与今判。郭氏之《易举正》。王氏之《诗考》,杂胪歧出。《礼》之《大学》,《书》之《武成》,考定纷如。《春秋》经文,三传间别。诵习有素,其能赜隐而条系欤?"(《清高宗实录》卷一二○五)

二十九日癸丑(6月16日),乾隆帝亲定本科会试三鼎甲:状元茹棻,榜眼邵瑛,探花邵玉清。

三十日甲寅（6月17日），御太和殿，传胪，赐一甲茹棻等3人进士及第，二甲李长森等40人进士出身，三甲陈观等60人同进士出身。本科会试正考官为内阁大学士蔡新、礼部尚书德保，副考官为兵部侍郎纪昀、工部侍郎胡高望。

五月初六日庚申（6月23日），军机大臣奏复《四库全书》内查无袁枢原书片。

是日，军机大臣奏遵旨查发下《四库全书提要》填写年月缘由片。

初八日壬戌（6月25日），军机处为《雉园存稿》业经销毁无从查考校定人事致河南巡抚咨文。

是月，军机大臣奏谨将《四库全书》分架图册夹签呈览片。

六月三十日癸丑（8月15日），军机大臣为奉旨将《意林》原书取进呈览事致浙江巡抚函。

七月初一日甲寅（8月16日），谕所有历代帝王庙祀著大学士、九卿更行详议具奏。

初二日乙卯（8月17日），军机大臣奏遵旨将康熙时崇祀历代帝王谕旨及红本粘签进呈片。

初六日己未（8月21日），军机大臣奏《四库全书》处查核错误记过次数及督催处查核功课情形片。

初七日庚申（8月22日），军机大臣和珅等为奉旨改刻抽换《大清通礼》事致八阿哥永璇等函。

是日，军机大臣为速行办稿妥议历代帝王祀典事致大学士等函。

初八日辛酉（8月23日），浙江巡抚福崧奏查缴禁书解京销毁折。

按：奏曰："陆续查出应行全毁书一十八种，共一百五十三部；又从前已缴各书，现又查出七十八种，共九百二十九部。统计九十六种，共一千零八十二部；均应解京销毁。"（张书才主编《纂修四库全书档案》下）

初九日壬戌（8月24日），军机大臣奏《资政要览》后序诸臣衔名开单进呈请旨等事片。

按：《资政要览》后序诸臣衔名：大学士蒋赫德、党崇雅、成克巩、金之俊、王永吉、吕宫、傅以渐、陈之遴；学士张元锡、麻勒吉、胡兆龙、李霨；侍讲学士方拱乾，祭酒冯溥，学士折纳库，洗马王熙，编修宋之绳。

初十日癸亥（8月25日），军机大臣为奉旨致撤写过各分《内则衍义》并将刻本查出销毁事致武英殿交片。

十四日丁卯（8月29日），军机大臣奏查《一统志》内张照业经增入谨将原书粘签进呈片。

十六日己巳（8月30日），军机大臣为历代帝王祀典议准后增入《钦定大清会典》等书事致武英殿方略馆交片。

是日，军机大臣为临雍一切制度仪注等补入《钦定大清会典》等书事致武英殿、四库馆交片。

二十日癸酉（9月4日），军机大臣等奏定限后纂办各书完竣情形开单进呈片。

按：奏曰："臣等遵旨将定限后纂办各书，交查各馆。兹据查明，已经完竣者，《满洲源流考》、《日下旧闻考》、《契丹国志》、《明唐桂二王本末》、《河源纪略》、《兰州纪略》共六部。其未经完竣各书某年如《盛京通志》，因上年恭遇皇上四谒祖陵礼成各卷，俱有应添事宜，曾于进书折内声明展限，至本年秋季全竣在案。又如《大清一统志》、《职官表》、《蒙古王公表传》，俱于原定卷数之外，有增纂之卷，是以亦未办竣。惟《开国方略》、《宗室王公表传》、《续通志》三书，虽或因考核事迹，改译对音，或因卷帙繁多，查明画一，以至告竣稍迟。但既无增纂之卷，逾限未经办竣，应请将该纂修交部议处，其总裁等未能督催速办，亦应一并察议。"（《清高宗实录》卷一二一一）

是日，谕依限完竣暨逾限未竣各书之总裁、纂修等著交部分别劝惩。

军机大臣奏遵查《契丹国志》办竣情形并将正本呈览片。

二十四日丁丑（9月8日），质郡王永瑢等奏《河源纪略》底本告成所有纂修等请旨议叙折。

八月十四日丁酉（9月28日），军机大臣和珅等奏查核《四库全书》馆暨三通馆错误记过各员交部察议片。

按：奏曰："所有四十九年分夏季所进第四分全书错误之处，臣等详加稽核，除加倍记过之处另行交部，并总裁各员前因赶办第二、三分全书奏请停其抽阅，并无记过次数外，查有总校叶佩荪记过二百八十一次，章维桓记过二百七十五次，朱钤记过一百八十六次，程嘉谟记过一百三十三次，王燕绪记过六十六次；分校李荃记过五十二次，甄松年记过五十次，潘庭筠记过四十八次，常循记过四十次，王天禄、周铉各记过二十八次，汪学金记过三十六次，李斯咏、胡予襄各记过三十二次，裴谦、王坦修、励守谦、刘源溥、李镕各记过三十次，郭祚炽记过二十八次，许兆椿、吴省兰、洪其绅各记过二十六次，朱绂、秦瀛各记过二十四次，季学锦、严福、朱攸各记过二十二次，吴翼成、陈昌齐、程琰、雷纯、钱樾各记过二十次，王庆长、缪晋、张志枫各记过十八次，孙希旦、周厚辕各记过十六次，刘图南、温常绶、曹锡龄各记过十四次，江涟、王念孙、陈木、张九镡、翟槐、方大川各记过十二次，潘曾起、萧广运、庄通敏、牛稔文、蔡廷衡、莫瞻菉各记过十次，祝堃、李鼎元、叶兰、刘汝䕫、杨世纶、胡敏、汪镛、祖之望、章宗瀛各记过八次，罗修源、吴锡麒、于鼎、邱廷漋、张慎和、沈凤辉、康仪钧各记过六次，马犹龙、董联毂、何循、沈培、李岩、顾宗泰、潘绍观、张煮、邱桂山、汪昶、罗国俊、闵思毅各记过四次，沈琨、赵怀玉、邵志望、徐秉敬、王中地、孙玉庭、周炎、祁韵士、何西泰、郭晋、戴联奎、刘英、罗万选、闵惇大、施培应、吕云栋、戴衢亨、宋镕、王春煦、李鼎元、朱依鲁、蒋予蒲、周琼、孙球、吴典、金光悌各记过二次。再三通馆呈进之《续通典》，其书内错误亦经奏明，照《四库全书》之例分别记过。臣等详加稽核，查有吴典记过十八次，李潢九十七次，徐准记过十四次，苏青鳌、秦泉各记过八次，曾燠、王春煦各记过七次，汪如洋、吴锡麒、翟槐各记过六次，励守谦记过五次，何循、屈为鼎、程昌期各记过四次，刘汝䕫、汪镛、许烺、甘立猷各记过二次。所有《四库全书》馆并三通馆记过各员，均应交部照例察议。"（张书才主编《纂修四库全书档案》下）

二十日癸卯（10月4日），湖广查获私往陕西传布天主教案。

二十三日丙午（10月7日），定翻译童试三年一考。

按：翻译一科，考试只限八旗。顺治八年定考试满洲翻译举人，十四年停止。雍正初复行考试，考满文者无论满洲、蒙古、汉军，考蒙文者仅限蒙古人。三年内考秀才两次、举人一次、进士一次。乾隆十九年遵旨将翻译乡会二试停止。四十一年命嗣后每届三年由部具奏其准考与否候旨遵行。至是军机大臣议奏，请嗣后改为三年一考。奉旨准行。

是月,礼部为知照大学士等遵旨会议历代帝王祀典事致稽察房移会。

九月十八日庚午(10月31日),谕办理《四库全书》错误记过之潘庭筠等著分别罚俸。

按：此次被罚俸者有潘庭筠、王天禄、李镕、许兆椿、季学锦、陈昌齐、钱樾、于鼎、罗国俊、祁韵士、施培应、程昌期、甘立猷、王春煦、吴锡麒、翟槐、励守谦、何循、刘汝謩、汪镛、王燕绪、严福、莫瞻菉、何西泰、戴联奎、闵惇大、张九镡、庄通敏、徐准、许烺、吴典、朱依鲁、秦泉、汪学金、朱攸、温常绶、曹锡龄、汪汝洋、朱铃、洪其绅、萧广运、祝堃、李鼎元、戴衢亨、周厚辕、裴谦、朱绂、孙希旦、孙玉庭、潘曾起、王坦修、吴省兰、缪晋、章宗瀛、张焘、李潢、蔡廷衡、罗修源、邱廷漋、周琼、苏青鳌等(张书才主编《纂修四库全书档案》下)。

十月初二日甲申(11月14日),军机大臣遵旨查《内则衍义》等书编纂臣工衔名情形片。

初五日丁亥(11月17日),军机大臣奏将熊赐履著《学统》原书并存目提要进呈片。

初七日己丑(11月19日),谕承办《开国方略》等书未依限完竣之励守谦等俱著分别罚俸。

按：被罚俸者尚有王春煦、翟槐、和珅、梁国治、嵇璜、刘墉、曹文埴、阿桂、吴典;彭元瑞、彭绍观、王增、曹仁虎免罚俸(张书才主编《纂修四库全书档案》下)。

十六日戊戌(11月28日),湖广总督特成额奏遵旨查办《通鉴续编》情形折。

二十五日丁未(12月7日),湖北巡抚李绶续缴《通鉴纲目续编》三部及作速抽改给还缘由折。

二十八日庚戌(12月10日),福建巡抚雅德奏遵旨查缴《通鉴纲目续编》情形折。

十一月初六日丁巳(12月17日),谕承办《日下旧闻考》等书之总裁等官著分别加级记录。

按：此次加级者：皇六子永瑢、皇八子永璇、皇十一子永瑆俱著记录十二次,阿桂、梁国治俱著加五级,嵇璜、王杰俱著加二级,和珅著加六级,福康安、德保、胡季堂、彭元瑞、福长安、沈初、蒋赐俱著加一级,金简、曹文埴俱著加三级,董诰著加四级,纪昀、陆锡熊俱著记录六赐,陆费墀、孙士毅、窦光鼐、戈源、潘曾起、许宝善、张焘、蔡廷衡、吴锡麒、关槐、陆伯、孙希旦俱著记录二次,刘墉著加二级抵前降二级(张书才主编《纂修四库全书档案》下)。

十二日癸亥(12月23日),陕甘总督福康安奏本年并无抽改《御批通鉴纲目续编》折。

十三日甲子(12月24日),军机大臣奏拟写寄信江浙督抚汇奏《通鉴纲目续编》谕旨进呈片。

十四日乙丑(12月25日),寄谕江苏巡抚闵鹗元等详细复奏抽改《通鉴纲目续编》情形。

十五日丙寅(12月26日),军机大臣奏秋季所进第四分《四库全书》错误记过次数,请将总校等官交部议处片。

按：奏曰："总校王燕绪记过二百四十八次，章维桓记过一百九十一次，程嘉谟记过一百七十六次，朱钤记过一百四十四次；分校李荃记过六十次，许兆椿记过四十六次，钱樾记过四十四次，张九镡、颜宗沩各记过三十八次，吴翼成、李斯咏、洪其绅各记过三十四次，常循、裴谦各记过三十二次，张位、励守谦各记过二十八次，章宗瀛、李岩各记过二十六次，罗修源、庄通敏、刘汝誉各记过二十四次，张泰记过二十二次，蔡廷衡、刘源溥、张慎和各记过二十次，季学锦、郭祚炽、李鼎元、李镕各记过十八次，赵怀玉、胡予襄、江涟、甄松年、朱攸、朱绂各记过十六次，何循、王天禄、郭在逵、王念孙、周铭、陈昌齐各记过十四次，吴典、王照各记过十二次，邱廷漋、蒋予蒲、冯敏昌、吴锡麒、邱桂山、陈木、王福清各记过十次，王朝梧、沈凤辉、吴省兰、吕云栋各记过八次，金光悌、罗万选、王受、汪学金、于鼎、康仪、周厚辕、温常绶、翟槐各记过六次，叶兰、王中地、闵惇大、董联毂、汪镛、王坦修、张虎拜、方炜、严福、郭晋、柴模各记过四次，嵇承志、吴绍昱、何西泰、秦瀛煦、闵思毅、沈培、方大川、钱棻、刘英、李奕畴、徐秉敬、金兆燕、戴心亨、马犹龙、施培应、王庆长、范来宗、祁韵士、王璸、曹锡龄、胡绍基、周琼、徐立纲、高棫生各记过二次，校录李传燮、单可基各记过二次。俱应交部照例察议。"（张书才主编《纂修四库全书档案》下）

二十一日壬申（1785年1月1日），护理江西巡抚李承邺奏复本年抽改《通鉴纲目续编》二十一部折。

是日，山西巡抚农起奏复本年抽改《通鉴纲目续编》正本、翻本部数折。

二十三日甲戌（1月3日），军机大臣等奏遵旨纂办《古今储贰金鉴》并缮成四册进呈片。

是日，湖南巡抚陆燿奏复本年抽改《通鉴纲目续编》部数及查办情形折。

二十五日丙子（1月5日），陕西巡抚毕沅奏复本年抽改《通鉴纲目续编》十六部并饬属再行访查折。

二十六日丁丑（1月6日），军机大臣奏查各书依限完竣议叙情形片。

是日，两广总督舒常奏复本年抽改《通鉴纲目续编》六部折。

军机大臣奏拟写议叙谕旨内写入"从优"字样缘由片。

谕内阁：《四库全书》四分告竣，所有总裁、总阅、总纂等交部从优议叙。

军机大臣奏已传谕江浙等省将抽改《通鉴纲目续编》字片解京销毁片。

二十七日戊寅（1月7日），户部为知照四库馆、三通馆记过人员罚俸事致典籍厅移会。

二十八日己卯（1月8日），浙江巡抚福崧奏复本年抽改《通鉴纲目续编》情形折。

十二月初一日壬午（1月11日），安徽巡抚书麟奏本年查获《通鉴纲目续编》数目折。

初四日乙酉（1月14日），山东巡抚明兴奏复本年查缴《通鉴纲目续编》数目折。

初六日丁亥（1月16日），谕内阁：办理《四库全书》错误之皇八子永璇等著分别罚俸。

是日，户部为知照承办《开国方略》等书逾限未竣之总裁等凤冠罚俸事致典籍厅移会。

初七日戊子（1月17日），河南巡抚何裕城奏复本年抽改《通鉴纲目续编》情形折。

是日，护理广西巡抚奇丰额奏复本年抽改《通鉴纲目续编》三部折。

初九日庚寅（1月19日），直隶总督刘峨奏复抽改《通鉴纲目续编》正本翻本部数折。

是日，贵州巡抚永保奏复抽改《通鉴纲目续编》部数折。

二十一日壬寅（1月31日），军机大臣奏各省陆续送到违碍重本书籍等缴进销毁片。

二十四日乙巳（2月3日），署理两江总督闵鹗元奏复搜缴《通鉴纲目续编》情形并进呈刷印样本折。

二十六日丁未（2月5日），云南巡抚刘秉恬奏复本年抽改《通鉴纲目续编》部数并挖出字迹数目折。

是日，浙江学政窦光鼐奏谢《四库全书》告竣恩准记录二次折。

是年四月，罗马宣教部选派的三名味增爵会士抵京，以北堂为住院。至此，在中国传教达二百年之久的耶稣会彻底终结。

纪昀充会试副考官。

赵翼应两淮盐运使聘，赴扬州，主讲安定书院。

章学诚主讲保定莲池书院，举家自永平迁居保定。是年客永定河道陈琮幕府，撰《热河志》。

王念孙因四库事记过十二次。补虞衡司主事。

按：王重民《编纂四库全书始末记》曰："四库修书官员有记过至三千余次者，三四百次者最平常。"

段玉裁在金陵承恩寺书肆得宋刻《白氏六帖》。

卢文弨主讲娄东书院。又校勘惠栋遗著《九经古义》成，有《题九经古义刻本后》。

邵晋涵应洪亮吉之请，为其著《汉魏音》作序。

汪中在扬州手书钱大昕等16人姓名示凌廷堪，称为海内通人。

凌廷堪有《上洗马翁覃溪师书》，与其师翁方纲论为文为学之道。

凌廷堪继续客居扬州，为江藩的《周易述补》作序。

朱珪充武会试总裁。

王杰充三通馆总裁。

洪亮吉三月参加礼部会试，未取；四月出都赴西安；六月程晋芳抵陕，旋病死，为之治丧。

吴锡麟充会试同考官。

歌德发现人的内上颌骨。

英国数学家乔治·阿特伍德准确地计算出一自由坠落体的变速。

约瑟夫·布拉默制作成第一把专利锁。

苏格兰的水磨设计人安德鲁·米克尔发明打谷机。

文森特·卢纳迪在英格兰首次发明浮力上升法。

戴衢亨提督山西学政。

谢墉督学江苏，阮元岁试取入仪征县学第四名。

徐联奎因故罢官，以后长期从事游幕生活。

崔述以授徒为生。

舒位以应试落选滞留北京。

张廷锦时任四川万县知县，建凤山书院。

周品金时任贵州贵定知县，与乡宦王政义建兰皋书院。

吴忠浩时任陕西绥德知州，将文屏书院改建为重文书院。

余芳时任陕西山阳知县，建丰阳书院。

李宗信时任陕西白河知县，建天池书院。

王法初时任甘肃平凉知县，建柳湖书院。

贝纳丹·德·圣皮埃尔发表《对大自然的研究》。

赫尔德编著《关于历史哲学的思想》。

康德著成《世界性通史概论》。

威廉·米特福德编著《希腊历史》。

叶佩荪著《易守》33卷成书。

江藩著《周易述补》4卷成书，凌廷堪作序。

胡文英著《诗疑义释》2卷书。又著《补王应麟诗考》2卷刊行。

段玉裁四月著《毛诗故训传定本》30卷成书，有《毛诗故训传定本小笺题辞》。

按：此书为段玉裁用力之作，题辞以后，尚逐年校改。乾隆六十年（1795）八月与刘台拱书曰："《毛诗故训传》四本，凡朱笔注处，皆弟悇心贵当之言，最堪探讨。"同年冬及嘉庆元年（1796）、九月，多次与刘台拱书论及此书的校补（见刘盼遂编《经韵楼集补编》卷下）。

吴骞著《诗语补亡后订》1卷、《许氏诗谱钞》1卷成书，有自序。

褚寅亮著《仪礼管见》3卷成书，王鸣盛作序。

按：钱大昕亦有《仪礼管见序》，其曰："同年友褚君鹤侣于经学最深，持论最平，从事《礼经》者几三十年，乃确然知郑义之必可从，而敖说之无所据。尝谓予曰：'君善意似不在解经而专与郑立异，特其言含而不露，若无意于排击者，是以入其玄中而不悟。至于说有不通，甚且改窜经文以曲就其义，不几于无忌惮乎！'予益拊掌叹服，以为笃论，然未得读其全稿也。鹤侣没后，仲子鸣哕始出其《仪礼管见》稿本，将付诸梓，而属予序之。披读再四，乃直鹤侣用心之细蜜。……皆贯串全经，疏通证明，虽好辩者莫能置其喙。夫经与注相辅而行，破注者，荒经之渐也。敖书今虽未大行，然实事求是之儒少，而喜新趋便之士多，不亟辞而辟之，恐有视郑学为可取而代者，而成周制作之精意益以茫昧，则是编洵中流之砥柱矣夫。"（《潜研堂文集》卷二四）

洪亮吉著《公羊谷梁古义》2卷。

毕沅著《经典文字辨证》5卷由经训堂刊行。

周炳中著《四书典故辨正》20卷成书，有自序。

赵翼始著《廿二史札记》。

敕纂《大清一统志》500卷成书。

按：《四库全书总目提要》曰："《大清一统志》五百卷，乾隆二十九年奉敕撰。是书初于乾隆八年纂辑成书。每省皆先立统部，冠以图表。首《分野》，次《建置沿革》，次《形势》，次《职官》，次《户口》，次《田赋》，次《名宦》，皆统括一省者也。其诸府及直隶州又各立一表，所属诸县系焉。皆首《分野》，次《建置沿革》，次《形势》，次《风俗》，次《城池》,次《学校》,次《户口》,次《田赋》,次《山川》,次《古迹》,次《关隘》,次《津梁》,次《堤堰》,次《陵墓》,次《寺观》,次《名宦》,次《人物》,次《流寓》,次《列女》,次《仙释》,次《土产》。各分二十一门,共成三百四十二卷。而外藩及朝贡诸国,别附录焉。迨乾隆二十年,天威震叠,平定伊犁,拓地二万余里,为自古舆图所未纪。而府州县之分并改隶,与职官之增减移驻,亦多与旧制异同。乃特诏重修,定为此本。嗣乾隆二十八年,西域爱乌罕霍罕、启齐玉苏、乌尔根齐诸回部,滇南整欠、景海诸土目,咸相继内附。乾隆四十年,又讨定两金川,开屯列戍,益广辐员。因并载入简编,以昭大同之盛轨。盖版图廓于前,而搜罗弥博;门目仍其旧,而体例加详。一展卷而九州岛之砥属、八极之会同,皆可得诸指掌间矣。昔唐分天下为十道,陇右道本居第六,李吉甫《元和郡县志》乃退列为第十,以其地已陷没吐蕃故也。宋之疆域最狭,欧阳忞《舆地广记》于所不能有者,别立化外州之名,已为巧饰。至祝穆《方舆胜览》则并淮北亦不及一字矣。盖衰弱之朝,土宇日蹙,故记载不得不日减。圣明之世版章日扩,故编摩亦不得不日增。今志距诏修旧志之时仅数十载,而职方所隶已非旧志所能该。威德遐宣,响从景附,兹其明验矣。虞舜益地之图,区九州岛为十二,又何足与昭代比隆哉!"《大清一统志》是清朝官修地理总志。从清康熙二十五年(1686)至道光二十二年(1842),前后编辑过3部:即康熙《大清一统志》、乾隆《大清一统志》、《嘉庆重修一统志》。

敕纂《石峰堡纪略》。

敕纂《三流道里表》4卷。

江乾达修,牛士瞻等纂《新泰县志》20卷刊行。

范廷杰修,皇甫枢纂《上海县志》12卷刊行。

王朝爵、王灼修,孙星衍纂《邠州志》25卷刊行。

蒋骐昌修,孙星衍纂《醴泉县志》14卷图1卷刊行。

傅应奎修,钱坫等纂《韩城县志》16卷首1卷刊行。

按:毕沅对地方志的编纂有着特殊的爱好,宦迹所至,率先倡导,不遗余力。在陕西时,钱坫主纂《朝邑县志》、《韩城县志》,洪亮吉主纂《延安府志》、《泾县志》、《澄城县志》、《淳化县志》、《长武县志》,严长明主纂《西安府志》、《汉中府志》,孙星衍主纂《邠州志》、《醴泉县志》、《山水县志》;在河南时,洪亮吉主纂《怀庆府志》、《登封县志》、《固始县志》;在湖北时,章学诚主纂《湖北通志》,参纂《常德府志》、《荆州府志》、《天门县志》、《石首县志》。以上各志均出自毕沅幕府,为清代名志,对保存地方历史地理文献有重要意义。

葛清等纂修《乡宁县志》15卷刊行。

林荔修,姚学甲纂《凤台县志》20卷刊行。

吴重光纂修《直隶代州志》6卷刊行。

雷汾清修纂《兴安县志》12卷刊行。

胡光祖修纂《广丰县志》13卷刊行。

阳浩然修纂《铅山县志》13卷刊行。

左方海修纂《弋阳县志》13卷刊行。

郑高华修纂《贵溪县志》14卷刊行。

连桂修,李宝福纂《玉山县志》13卷刊行。

程肇丰修纂《上饶县志》13卷刊行。

胡予翼、马廷俊修,吴森纂《孟县志》10 卷刊行。

万运树修,洪亮吉纂《淳化县志》30 卷刊行。

郑沄据邵晋涵稿续修《杭州府志》110 卷成书。

吴忠浩修,李继峤纂《绥德州直隶州志》8 卷刊行。

戴治修,洪亮吉、孙星衍纂《澄城县志》20 卷刊行。

胥绳武修,欧阳鹤鸣纂《萍乡县志》12 卷刊行。

雷汾清修纂《兴安县志》12 卷刊行。

纪曾荫修,黎攀桂、马道亨纂《蒲江县志》4 卷刊行。

屠述濂修纂《镇雄州志》6 卷刊行。

洪亮吉著《汉魏音》4 卷成书,有自序。

毕沅重刊《三辅黄图》,有自序。

按:毕沅《重刻三辅黄图序》曰:"《隋志》云一卷,记三辅宫观、陵庙、明堂、辟雍、郊畤等事,即所谓旧图也。如淳、晋灼注《汉书》,郦道元注《水经》,宇文恺议立明堂,王元归议上帝后土坛,并称之。此本作六卷,盖唐世好事者所辑,故杂用晋以后书,并颜师古说,又多与淳等引据不同。考宋敏求、程大昌、陈振孙、王应麟诸辈所见,即今本是也,知唐以后旧本已佚久矣。大昌云:'渐台、彪池、高庙、元始、祭社稷仪,皆祖本旧图,今渐台、高庙无旧图云云。'恐今本更非宋旧焉。今并加校正,而以今本所无者附载于后。以乾隆四十有九年六月刻成,是为序。"(毕沅重刻《三辅黄图》卷首,《经训堂丛书》本)

毕沅辑《王隐晋书地道记》1 卷、《晋太康三年地记》1 卷,著《晋书地理志新补正》5 卷刊行。

赵怀玉初刻《四库全书简明目录》成。

按:是书简称赵刻本或杭州本,反映的是乾隆四十七年(1782)时《四库全书》的收书情况,与乾隆五十四年(1789)修定刊成的《四库全书总目》收书出入较大。但在《四库全书》问世后的相当长时期内,《简目》成为"学者必携之书"。《简目》定本后,有广东官刻本,简称粤刻本。1957 年上海古典文学出版社用粤刻本点校重印。

庄述祖著《白虎通义考》1 卷及《白虎通阙文》刊行,收入《抱经堂丛书》。

按:为恢复《白虎通》原书之真,庄述祖乃"重六艺旧闻,考迹传记,博采事类","衷异同,演正义,区真伪,按存佚",考证该书渊源,并校订其篇目,认为《白虎通》凡四卷,共四十三篇,入阙文一篇(《珍艺宧文钞》卷五《白虎通义考序》)。

卢文弨校刻《白虎通义》,辑入《抱经堂丛书》中。

按:卢文弨所校刻的《白虎通义》,是现存较好的一个本子。卢文弨《校刻白虎通序》曰:"乾隆丁酉之秋,故人子阳湖庄葆琛见余于钟山讲舍,携所校《白虎通》本。此书讹谬相沿久矣,葆琛始为之条理而是正之,厥功甚伟。因亟就案头所有之本,传录其上。舟车南北,时用自随,并思与海内学者共之。在杭州楷写一本,留于友人。所在太原又写一本,所校时有增益。后又写一本寄曲阜桂未谷。今年家居,长夏无事,决意为此书发雕。复与二三友人严加考核,信合古人所云'校书如雠'之旨。凡所改正,咸有据依,于是元、明以来,讹谬之相沿者,几十去八九焉。梓将毕工,海宁吴槎客又示于小字旧刻本,其《情性篇》足以正后人窜改之失。盖南宋以前本也,与其余异同,皆于补遗中具之。此书流传年久,间有不可知者,然要亦无几矣。"(《清儒

学案》卷七二《抱经学案》)

孙星衍辑释《仓颉篇》3卷成书,有自序。

吴宁著《榕园词韵》由冬青山馆刊行。

蒋鸣珂著《古今诗话探奇》2卷刊行。

李调元辑广西各民族情歌集《粤风》刊行;又著《雨村剧话》2卷。

法国传教士钱德明在京刊印法文《孔子传》,并附《孔门弟子传略》。

俄国列昂耶夫将《八旗通志》译为《满旗和八旗军的起源及情况详述》俄文本出版。

汪沆卒(1704—)。沆字师李,一字西颢,号艮园,又号槐塘,浙江钱塘人。诸生。诗与杭世骏齐名。乾隆十二年举博学鸿词,报罢。好为有用之学,凡农田、水利、边防、军政,靡不条贯。著有《湛华轩杂录》、《读书日札》、《新安纪程》、《全闽采风录》、《蒙古氏族略》、《汪氏文献录》、《槐堂诗文集》。事迹见《清史稿》卷四八五、《清史列传》卷七一、李桓《国朝耆献类征初编》卷四三一。

曹秀先卒(1708—)。秀先字恒所,一字冰持,号地山,江西新建人。乾隆元年举博学鸿词,未试,中进士,改翰林院庶吉士,授编修。官至礼部尚书。充《四库全书》副总裁。卒谥文恪。著有《赐书堂稿》、《依光集》、《使星集》、《地山初稿》等。事迹见《清史稿》卷三二一、《清史列传》卷二〇、李桓《国朝耆献类征初编》卷八一、震钧辑《国朝书人辑略》卷五、彭元瑞《曹秀先墓志铭》(《恩余堂辑稿》卷二)。

郑虎文卒(1714—)。虎文字炳也,号诚斋,浙江秀水人。乾隆七年进士,改翰林院庶吉士,散馆授编修。三充顺天乡试同考官,迁赞善。一主河南乡试,又充礼部会试同考官,升提督湖南、广东学政。归里后,曾主徽州紫阳书院十年,杭州紫阳、崇文两书院五年。著有《吞松阁集》20卷。事迹见《清史列传》卷七二、李桓《国朝耆献类征初编》卷一二六、王太岳《郑虎文墓志》(《吞松阁集》附)。

程晋芳卒(1718—)。晋芳初名廷鐄,字鱼门,号蕺园,安徽歙县人。曾学古文于刘大櫆,问经义于程廷祚,与商盘、袁枚唱和。乾隆十七年进士,补吏部主事。迁员外郎。荐为《四库全书》馆纂修官。书成,擢翰林院编修、武英殿分校官。著有《诸经问答》12卷、《春秋左传翼疏》32卷、《诗毛郑异同考》10卷、《尚书古文解略》6卷、《尚书今文释义》40卷、《周易知旨编》30卷、《礼记集释》20卷、《群书题跋》6卷、《勉行斋文集》16卷、《蕺园诗集》44卷、《桂宧藏书目》2卷等。事迹见《清史稿》卷四八五、《清史列传》卷七二、李桓《国朝耆献类征初编》卷一三〇、蔡冠洛《清代七百名人传》第五编、翁方纲《蕺园程君墓志铭》(《复初斋文集》卷一四)。

按:《清史稿》本传曰:"乾隆初,两淮殷富,程氏尤豪侈。晋芳独好儒,购书五万卷,不问生产,罄其赀。少问经义于从父廷祚,学古文于刘大櫆。而与袁枚、商盘诸人往复唱和,甚相得也。"

叶佩荪卒(1730—)。佩荪字丹颖,浙江归安人。乾隆十九年进士,改兵部主事。二十九年，充顺天乡试同考官。历任山东按察使、湖南布政使。著有《易守》40卷、《传经堂诗文集》12卷。事迹见《清史列传》卷六八、李桓《国朝耆献类征初编》卷一八三、朱珪《湖南布政使叶君佩荪墓志铭》(《碑传集》卷八五)。

李惇卒(1734—　)。惇字成裕，又字孝臣，江苏高邮人。乾隆四十五年进士。与同郡刘台拱、王念孙、汪中、贾田祖友善，力倡古学，极一时之盛。曾主讲江苏暨阳书院。著有《群经识小》8卷、《卜筮论》、《尚书古文说》、《金縢大诰康诰三篇辨》、《毛诗三条辨》、《明堂考辨》、《历代官制考》、《考工车制考》、《左传通释》12卷、《说文引书字异考》、《浑天图说》等。事迹见《清史稿》卷四八一、《清史列传》卷六八、李桓《国朝耆献类征初编》卷四二〇、江藩《李惇记》(《碑传集》卷一三四)、阮元《高邮孝臣李君传》(《揅经室续集》卷二)、焦循《李孝臣先生传》(《雕菰集》卷二一)、汪中《故候选知县李君之铭》(《述学》卷二)。

按：《清史稿》本传曰："著有《群经识小》八卷，考诸经古义二百二十余事，多前人所未发。"支伟成曰："其先由苏迁扬，祖父皆以州文学力行善事。君幼读书颖异，七岁即知解经，有神童之目。既长，博洽通敏，尤深于《诗》及《春秋》三传。友同郡王念孙、汪中、刘台拱、顾九苞、任大椿诸人，力倡古学，极一时之盛。晚好历算，得宣城梅氏书，尽通其术。后与嘉定钱塘齐名。"(《清代朴学大师列传·李惇》)

孙希旦卒(1736—　)。希旦字绍周，号敬轩，浙江瑞安人。乾隆四十三年进士，授翰林院编修。曾与修《四库全书》、《三礼》。又曾主中山书院。著有《礼记集解》61卷及《尚书顾命解》1卷、《求放心斋诗文集》。事迹见孙衣言《敬轩先生行状》(《逊学斋文钞》卷六)。

按：孙衣言《敬轩先生行状》曰："《四库全书》馆开，先生为分校官，以父忧归。服除，中戊戌科进士，以一甲第三赐及第，授翰林院编修。复以母忧归。服除，充武英殿分校官，国史、三通馆纂修官。《四库全书》第一部成，议叙加一级。初修四库书，大学士金坛于文襄公为总裁，以王应麟《玉海》征引繁博，俾先生专任校勘。至是，上以叶隆礼所为《契丹国志》体例混淆，书法讹舛，又采胡安国之论多谬说，诏馆臣重加厘定，文襄遂并《大金国志》以属先生。其明年，书成，天子以为善，敕部议叙，而先生已病。今《钦定契丹国志》，世莫知为先生手订也。"

刘开(　—1824)、包世荣(　—1826)、戚人镜(　—1830)、谢堃(　—1844)、路德(　—1851)、王筠(　—1854)、陆费瑔(　—1857)、桂万超(　—1863)生。

乾隆五十年　乙巳　1785 年

普鲁士和美国　　正月初八日戊午(2月16日)，寄谕浙江等督抚将《通鉴纲目续编》改正本照原板样式刊印换给缴书之家。 签订通商条约。

是日,军机大臣奏俟江苏送到《通鉴纲目续编》原书缴进销毁片。

十七日丁卯(2月25日),山东巡抚明兴为解缴挖出《通鉴纲目续编》违悖字迹事致军机处咨呈。

二十三日癸酉(3月3日),多罗质郡王永瑢等奏遵旨议叙《四库全书》馆各项人员折。

二十五日乙亥(3月5日),浙江巡抚福崧奏遵照改正本刊刻《通鉴纲目续编》情形折。

二月初七日丁亥(3月17日),乾隆帝诣国子监临新建辟雍行讲学礼。

按:乾隆帝《国学新建辟雍园水工成碑记》曰:"国学者天子之学也。天子之学曰辟雍,诸侯之学曰泮水。北京之国学,自元历明,以至本朝,盖五百余年矣。有国学而无辟雍,名实或不相称焉。虽有建议请复,以乏水而格部议,至今未复。癸卯春,始有复建之谕。甲辰冬,乃观新工之竣。将于乙巳仲春,行释奠礼,遂临雍以落成焉。夫北京为天下都会,教化所先也。大典如此,非所以崇儒重道,古与稽而今与居也。"(《清高宗实录》卷一二二四)

初八日戊子(3月18日),安徽巡抚书麟奏复委员赴苏购买改正刊本《通鉴纲目续编》折。

初九日己丑(3月19日),谕内阁《四库全书》告成,翰苑各员著按考试等第分别升降革罚。

按:谕曰:"朕因修《四库全书》,未免从权优用。兹书既告成,理应循名责实,以清翰苑。是以乾清宫考试,而切题者不一二见,只按其文字优劣,分为四等。一等陆伯焜、吴璥二员;二等蔡廷衡、陈万青、瑞保、茅元铭、颜崇沄、吴舒帷、陈崇本、季学锦、曹仁虎、祝堃、程昌期、查莹、江德量、曹城、汪镛、方炜、祁韵士、吴鼎雯、百龄、李潢、卢荫溥、童凤三、朱绂、万承风、周琼、孙玉庭、李尧栋、初彭龄、黄轩、玉保、汪如洋、许兆椿、刘权之、韦谦恒、刘汝謩三十五员;三等彭冠、俞廷抡、余集、陈嗣龙、蔡善述、莫瞻箓、吴寿昌、张九镡、汪如藻、俞大猷、李光云、芮永肩、黄瀛元、张燾、钱栻、王受、章宗瀛、庄承篯、范来宗、范衷、戴均元、白麟、吴敬舆、刘锡五、励守谦、秦承业、吴省兰、甘立猷、五泰、萧九成、祝德麟、王春煦、陈昌齐、恭泰、戴斯琯、寇赉言、德生、刘种之、秦泉、德昌、邱廷漋、褚廷璋、缪晋、王天禄、朱攸、徐如澍、罗国俊、胡荣、秦潮、戴心亨五十员;四等罗修源、马启泰、旷楚贤、冯敏昌、张能照、彭元珫、王允中、许霖、孙效曾、王增、高棫生、洪其绅、祥庆、刘校之、施培应、敷森布、李簧、张位、李奕畴、龚大万、李镕、郭在逵、瞿槐、周厚辕、闵思诚、王福清、周兴岱、潘庭筠、钱世锡、丁荣祚、何循、关槐三十二员;不入等之检讨饶庆捷、侍讲索尔敏、侍读学士永德、洗马沐特恩,俱著革职。其留馆者,各宜自愧,读正书,励实行。"(《清高宗实录》卷一二二四)

是日,谕内阁此次乾清宫考试满洲翰詹官员著分别加级革罚。

十七日丁酉(3月27日),军机大臣奏遵查《四库全书》内添改抽挖各书办理情形片。

是日,军机大臣奏查各馆依限完竣及逾限未完各书情形片。

二十日庚子(3月30日),户部为知照《四库全书》馆上年秋季记过人员罚俸事致典籍厅移会。

二十四日甲辰(4月3日),多罗仪郡王永璇等奏缮签处费振勋等请旨分别议叙折。

> 按：奏曰："窃照《四库全书》四分书签、匣签，共计二万四千五百余函，十四万四千余册，为数浩繁，曾经臣等先后奏派内阁中书费振勋、进士平远、举人汪人宪等三十三员，每日至武英殿专缮各签，事竣之日，请旨照例议叙，荷蒙允准在案。嗣于乾隆四十八年正月奉旨交出岳珂宋版《五经》一部，令臣等选员仿写刊刻，并令校订群经，别为考证，附刊各卷之末。随经选派缮签处费振勋、罗锦森、王锡奎、王鹏、金应瑸、胡钰、吴鼎飏、孙衡、虞衡宝等九员，悉心办理。旋于本年十一月写刻完竣，装潢呈览。……所有进士王鹏，举人金应瑸、胡钰、吴鼎飏、孙衡、虞衡宝等，均系实在出力之员，请俱以内阁中书用。至专司缮签之进士平远、徐志晋、张经田三员，举人汪人宪、叶绍楏、金芝原三员，承办四分书签、匣签，行走尤属勤奋，请亦以内阁中书用。此外，举人陈昶等十八员，行走亦俱属奋勉，但概以知县选用，未免有碍铨政。臣等公同选得行走更勤之陈昶、施源、陈景良、韦协梦、张坤、吴慕增、裘增寿等七员，请以知县选用。举人孙廷召、张中正、龚协、冯桂芬、李晋埢、钱开仕、冯晟、怀沅、谢恭铭、谢文荣、田文瑄等十一员，请以八品小京官选用。"（张书才主编《纂修四库全书档案》下）

二十五日乙巳（4月4日），福建巡抚雅德奏复遵旨办理《通鉴纲目续编》情形折。

二十八日戊申（4月7日），军机大臣遵旨查明成德履历情形并拟写谕旨进呈片。

二十九日己酉（4月8日），谕内阁：《通志堂经解》系徐乾学裒辑，纳兰成德出名刊刻。

> 按：谕曰："《四库全书》馆进呈补刊《通志堂经解》一书，朕阅成德所作序文，系康熙十二年，计其时成德年方幼稚，何以即能淹通经术？向即闻徐乾学有代成德刊《通志堂经解》之事，兹令军机大臣详查成德出身本末，乃知成德于康熙十一年壬子科中式举人，十二年癸丑科中式进士，年甫十六岁。徐乾学系壬子科顺天乡试副考官，成德由其取中。夫明珠在康熙年间，柄用有年，势焰薰灼，招致一时名流如徐乾学等，互相交结，植党营私。是以伊子成德，年未弱冠，夤缘得取科名，自由关节。乃刊刻《通志堂经解》，以见其学问渊博。古称皓首穷经，虽在通儒，非义理精熟，毕生讲贯者，尚不能覃心阐扬，发明先儒之精蕴。而成德以幼年薄植，即能广搜博采，集经学之大成，有是理乎？更可证为徐乾学所裒辑，令成德出名刊刻，俾藉此市名邀誉，为逢迎权要之具耳！夫徐乾学、成德二人，品行本无足取，而是书荟萃诸家，典赡赅博，实足以表彰《六经》。朕不以人废言，故命馆臣将板片之漫漶断阙者，补刊齐全，订正讹谬，以臻完善，嘉惠儒林。但徐乾学之阿附权门，成德之滥窃文誉，则不可不抉其隐微，剖悉原委，俾定论昭然，以示天下后世。"（《清高宗实录》卷一二二五）

三月初八日丁巳（4月16日），安徽巡抚书麟奏请查缴禁书再予展限一年折。

初十日己未（4月18日），山东巡抚明兴奏孔继汾著《孔氏家仪》案。

二十日己巳（4月28日），军机大臣奏顺、康年间增祀历代帝王辽在宋前，谨将《钦定大清会典》等粘签进呈片。

二十二日辛未（4月30日），军机大臣奏遵旨于文源阁全书查出金幼孜撰《北征录》进呈片。

二十五日甲戌（5月3日），以御史费孝昌奏酌定终养章程措词乖体，命休致，勒令回籍。

二十九日戊寅（5月7日），谕内阁：纪昀、褚廷璋等著分别充文渊阁直阁事或校理。

四月十三日壬辰（5月21日），云南遵旨扑毁"去思德政碑"100余座；嗣后山西亦扑碑430座。

二十三日壬寅（5月31日），谕纪昀平日校勘各书尚属认真，姑从宽改为革职留任等情。

二十六日乙巳（6月3日），云南巡抚刘秉恬奏请将《通鉴纲目三编》等属中元朝人名一体更正折。

五月初八日丙辰（6月14日），直隶总督刘峨奏奉旨送往文津阁《四库全书》已全数运至热河折。

十四日壬戌（6月20日），军机大臣奏遵旨查核《北征录》并将原书及《一统志》粘签进呈片。

六月初八日乙酉（7月13日），军机大臣和珅等为奉旨全书内书写错误事致武英殿《四库全书》馆函。

十三日庚寅（7月18日），军机大臣和珅等奏《通鉴纲目三编》及《明史》前已奉旨改正，刘秉恬所请毋庸议折。

十六日癸巳（7月21日），军机大臣奏遵查《河防述言》一书未写入《四库全书》，应交馆更改缮入片。

三十日丁未（8月4日），军机大臣奏遵旨将《河防述言》中黄河全图另绘呈览片。

七月初七日甲寅（8月11日），军机大臣阿桂等奏为咨取誊录缮写全述留空书函折。

十四日辛酉（8月18日），多罗质郡王永瑢等奏《历代职官表》底稿全竣，与修等人可否议叙折。

二十三日庚午（8月27日），申饬署江西巡抚舒常办理《慎余堂集》一案失当。

八月初二日（9月4日），命礼部编纂《律吕正义简要》。

初三日庚辰（9月6日），命直隶、河南仿山东所办，将陆燿所著《甘薯录》一书广为刊刻，颁行各府州县分发传抄，使皆知种薯之利，广为栽种，接济民食。

初四日辛巳（9月7日），吏部为知照曹文埴等罚俸事致稽察房移会。

初八日乙酉（9月11日），郭大至《代宣圣谕广训》案发。

十八日乙未（9月21日），军机大臣为传谕查改《通志·食货略》体例内容事致四库馆总裁函。

九月十一日丁巳（10月13日），命广西及江西、安徽、湖广一体严查僧人妄造榜文、路引案。

二十九日乙亥（10月31日），谕内阁：著《四库全书》馆总裁将《河防述言》一书录入《四库全书》。

十月二十五日辛丑(11月26日),浙江巡抚福崧奏复本年搜缴《通鉴纲目续编》部数折。

二十六日壬寅(11月27日),两广总督富勒浑等奏复本年并无抽换《通鉴纲目续编》折。

二十八日甲辰(11月29日),闽浙总督雅德奏复本年缴换《通鉴纲目续编》十部折。

二十九日乙巳(11月30日),寄谕山西巡抚伊桑阿查明旧刻《清凉山志》及板片等解交军机处。

十一月初三日己酉(12月4日),山西巡抚伊桑阿奏奉旨查明《清凉山志》板片刻本等送京备查片。

初五日辛亥(12月6日),谕将各乐章按语与《旋宫图》俱附入《律吕正义后编》并补入《四库全书》。

十二日戊午(12月13日),广西巡抚孙永清奏复查无《御批通鉴纲目续编》折。

十七日癸亥(12月18日),山西巡抚伊桑阿奏复查无抽改《御批通鉴纲目续编》折。

十八日甲子(12月19日),贵州巡抚李庆棻奏复查无《通鉴纲目续编》折。

十九日乙丑(12月20日),湖南巡抚浦霖奏复换缴《通鉴纲目续编》部数及查办情形折。

二十一日丁卯(12月22日),署陕甘总督庆桂奏复甘省本年并无抽改《御批通鉴纲目续编》折。

二十二日戊辰(12月23日),安徽巡抚书麟奏查获《御批通鉴纲目续编》数目折。

是日,军机大臣奏《江西通志》所载浮粮荒地各条现在并无其事等情折。

寄谕署江西巡抚舒常交卸事后往封禁山履勘并绘图呈览。

二十六日壬申(12月27日),江苏巡抚闵鹗元奏复本年缴换《通鉴纲目续编》三十二部折。

二十八日甲戌(12月29日),直隶总督刘峨奏本年并无抽改《通鉴纲目续编》情形折。

是日,署江西巡抚舒常奏复本年并无呈缴《通鉴纲目续编》等情折。

河南巡抚毕沅奏复本年抽改《御批通鉴纲目续编》十九部折。

湖北巡抚吴垣奏复本年缴换《通鉴纲目续编》十一部折。

十二月初二日丁丑(1786年1月1日),河南巡抚毕沅为咨送《御批通鉴纲目续编》违碍字迹事致军机处咨呈。

是日,掌浙江道监察御史左周奏请查《四库全书》缮字总数并采进书籍折。

谕著派刘墉等详查《四库全书》馆缮字总数并各省采进书籍具奏。

十二日丁亥(1月11日)，陕西巡抚永保奏复本年抽改《通鉴纲目续编》部数折。

十六日辛卯(1月15日)，山东巡抚明兴奏复本年查缴《御批通鉴纲目续编》一部折。

十八日癸巳(1月17日)，云南巡抚刘秉恬奏复本年抽改《通鉴纲目续编》部数及挖出字迹数目折。

是日，命安徽巡抚书麟密行访察戴名世、方式济后裔是否尚存有《南山集》及该书序文之板片，如有则"送京销毁，务期收缴净尽，但须不动声色，妥为查办"(张书才主编《纂修四库全书档案》下)。

按：方式济字屋源，号沃园，安徽桐城人，康熙四十八年(1709)进士，官内阁中书舍人。侨居江宁，坐戴名世《南山集》狱，戍黑龙江。因著《龙沙纪略》1隽，记黑龙江地理甚详。

钱大昕主讲娄东书院。

卢文弨再主南京钟山书院。为钱塘所著《续汉书律历志补注》作序。

邵晋涵三月至金坛访段玉裁，未见面。

王鸣盛为赵翼《瓯北集》作序。

杨伦主讲江汉书院。

吴镇主讲兰山书院。

凌廷堪在京入国子监读书。

吴德旋读书于常州龙城书院。

邓石如至歙县鬻字，为张惠言所惊赏，从其学篆。

朱珪充江南乡试正考官，又督浙江学政。

刘台拱授丹徒县训导。

毕沅二月调任河南巡抚，洪亮吉随至开封。洪氏正月为毕沅辑刻《晋太康三年地志》、《王隐晋书地道志》作《后叙》。

按：毕沅自是年至乾隆五十三年(1788)，任河南巡抚约三年半，除严长明、钱坫、孙星衍、洪亮吉、王复、吴泰来等随节至开封外，新入幕的主要有章学诚、邵晋涵、武亿、凌廷堪、方正澍等。洪亮吉《晋太康三年地志王隐晋书地道志后叙》曰："灵岩山馆丛书大类有三：小学家一，地理家二，诸子家三。地理自《三辅黄图》至宋敏求《长安志》，凡若干种。先生以亮吉粗知湛浊，梢别广轮，成志地之书，辄预校雠之役。阅逢执徐岁壮月所校《太康志》、《地道志》二卷刊成，授简宾筵，命书后序。……先生才为命世，学既专家，每集一编，期乎匝月焕绿字赤文之采，补兰台石室之藏，茫乎莫测，兴望若之。惊疑者勿言，守阙如之义。亮吉不敏，遂不辞而序之云尔。"(毕沅《晋太康三年地志》，《经训堂丛书》本卷首)

王杰服阕进京，充三通馆总裁。

汪中在宝应得汉《孔子见老子》画像石，潜舁以归。

阮元科试一等第一名，补廪膳生员。

韦谦恒、彭元珫、关槐、周兴岱、吴裕德时任《四库全书》馆提调，因编纂有功被议叙升官。

C. L. 伯索莱特发明化学漂白。

萨尔萨诺发明地震仪。

布兰查德和杰弗里斯乘热气球渡过英吉利海峡。

王燕绪、朱钤、何思钧、仓圣脉、潘有为、孙溶、徐以坤、程嘉谟、章维桓、叶佩兰时为《四库全书》馆总校，因编纂有功而被议叙升官。

吴省兰、李镕、周厚辕、张燾、陈昌齐5人时任《四库全书》馆分校，在馆自十二年至八年以上，议叙优等，被加级。

陈木、常循、周鋐、金光悌、沈培、王学海、倪廷梅、谢登隽8人时任《四库全书》馆分校，在馆自八年至五年以上，列为一等升用。

刘源溥在《四库全书》馆任分校五年以上，列为一等，由候补中书科中书归于即用班内，不论双、单月先仅补缺，毋庸再予升用。

吴应霞时任《四库全书》馆缮写处收掌，议叙一等，照例升用。

方正澍至开封入毕沅幕府。

初之朴时任九江知府，建新濂溪书院。

沈怀枫在湖北来凤县建桂林书院。

彭翥时任广东封开知县，建景奎书院。

陈肇铬时任广西全州知州，建清湘书院。

周大沅时任广西全州州同，建西延书院。

张廷芳时任四川万源知县，建金凤书院。

涂梁时任云南云州知州，建云洲书院。

冷文炜时任青海西宁知县，建湟中书院。

康德著成《道德的形而上学》。

威廉·佩利发表《道德和政治哲学的原则》。

邵晋涵著《尔雅正义》20卷成书，稿凡三四易始定，有自序和宋于庭序。

按：宋于庭《序》曰："乾隆间，邵二云学士作《尔雅正义》，翟晴江（翟灏）进士作《尔雅翼郭》，然后郭注未详未闻之说皆可疏通证明，而犹未至于旁皇周浃、穷深极远也。兰皋先生最后成书，其时南北学者知求古字古言，于是融会贯通谐声、转注、假借，引端竟委，触类旁通，豁然尽见，荟萃古今，一字之异，一义之偏，罔不搜罗，分别是非，必及根源，鲜逞胸臆。盖此书之大成，陵唐轶宋追秦汉而明周孔者也。"（《尔雅正义》卷首）《清史稿·邵晋涵传》曰："晋涵左目眚，清臞。善读书，四部、七录，靡不研究。尝谓《尔雅》者，六艺之津梁，而邢《疏》浅陋不称；乃别为《正义》二十卷，以郭璞为宗，而兼采舍人、樊、刘、李、孙诸家，郭有未详者，摭他书附之。自是承学之士，多舍邢而从邵。"

卢文弨校勘《春秋繁露》毕，偕友人聚资刊行。

洪亮吉著《十六国疆域志》16卷成书，有自序。

嵇璜、刘墉等奉敕纂《续通志》640卷成书。

按：《四库全书总目提要》曰："乾隆三十二年奉敕撰，纪传谱略，一仍郑氏之旧。惟郑氏《列传》因诸史旧文，标题错互，而又稍有所改窜。如《史记》无《隐逸传》，则析伯夷、四皓诸人以当之。《史记》无《方术传》，则析司马季主、扁鹊诸人以当之。《后汉书》无《孝友传》，则析毛义、江革诸人以当之。《三国志》无《忠义传》，则析典韦诸人以当之。体例自相矛盾。不因不创，乃至于非马非骡。今参考异同，折衷沿革，定为二例。一曰异名者归一。如《五代史·家人传》析入后妃宗室，《一行传》析入《隐逸》、《孝友》。《元史·儒学传》析入《儒林》、《文苑》。《宋史·道学传》并入《儒林》。《元史·释老传》并入《方技》。《唐书》、《明史》《公主传》附缀宗室。庶各核其实，无致多岐。一曰未备者增修。如《唐书》之《奸臣》、《叛臣》、《逆臣传》,《明史》之《阉党》、《流贼》、《土司传》,皆诸史所无,而其目实不可易。今考核事体,亦分立此门。又孔氏世系封爵《明史》附入《儒林传》。今则从郑氏原书《孔子列传》例,补立《孔氏后传》。至于五朝国史,以贰臣别为《列传》,新出圣裁。于旌别淑慝之中,寓扶植纲常之意。允昭褒贬之至公,实为古今之通义。今亦恪遵彝训,于前代别立此门,以昭彰瘅。较诸原书体例,实详且核焉。《二十略》中,变其例者亦有三。一为《艺文略》。郑氏但列卷数书名。今各补撰人名氏爵里。一为《图谱略》。郑氏原以《索象》、《原学》、《明用》三篇辨其源流。又以《记有》、《记无》二篇考其存佚。今删除诸名,别以《经学》、《天文》、《地理》、《世系》、《兵刑》、《食货》、《算术》、《儒学》、《医药》为子目。一为《昆虫草木略》。所记动植之类,不比文章典制,有时代可分。考郑氏原书,惟以所撰《诗名物志》、《尔雅补注》、《本草外类》约而成编。……今惟于未载者补其阙遗,已载者正其讹误。至其炼石煮丹之类,事涉迂怪,则概不续增。盖虽同一传而条理倍为分明,虽同一略而考证益为精核。斯由于仰承睿鉴,得所折衷,与郑氏之徒为大言,固迥然异矣。"

  洪亮吉纂《固始县志》21卷成书。
  李登瀛修,南济汉纂《永昌县志》10卷刊行。
  廖抡升修,戴祖启纂《六合县志》6卷刊行。
  张度、邓希曾修,朱钟纂《离清直隶州志》11卷刊行。
  邓梦琴修,董诏纂《宝鸡县志》16卷刊行。
  常丹葵修,邓光仁纂《竹山县志》27卷刊行。
  王克昌原本,王秉韬续纂修《保德州志》12卷刊行。
  朱廷模、葛德新修,孙星衍纂《三水县志》11卷刊行。
  蒋大纶修,王霆、徐鸿懿纂《龙南县志》8卷刊行。
  贾构修,易文炳、向宗乾纂《城步县志》刊行。
  宣世涛修纂《永昌府志》26卷刊行。
  多泽厚修,陈于宣纂《涪州志》12卷刊行。
  李元纂《昭化县志》6卷刊行。
  张松孙修,雷懋德等纂《乐至县志》8卷刊行。
  陈鳣次郑玄生平为《郑君年纪》1卷成书,有自序。
  宋之绳自编《柴雪自订年谱》1卷,其子是年作跋。
  周广业著《四部寓眼录》4卷成书。
  郑沄校勘《杜工部诗集》刊行。
  江藩自定所著《乙丙集》。
  吕宣曾著《柏岩文集》4卷刊行。
  刘秉恬著《公余集》10卷刊行。
  苏州恂庄主人节取褚人获《隋唐演义》,编为《异说征西演义全传》40回刊行。

  按:褚人获字雪稼,号石农,江苏长洲人。著有《坚瓠集》40卷、《读史随笔》等。
  庄存与等奉敕重辑《律吕正义》。
  官修《四库全书》另外缮写之三部告竣。

孙星衍始刻《岱南阁丛书》。

桂馥著《重定续三十五举》1卷成书。

按：桂馥有《续三十五举》、《再续三十五举》各1卷。是书为综合前两续而更定补充者。

杨璿著《伤寒瘟疫条辨》6卷刊行。

汪辉祖著《佐治药言》1卷、《续佐治药言》1卷成，有自序。

按：此二书为政治学著作，前有鲁仕骥序，后王宗琰和鲍廷博跋。有乾隆五十一年(1786)刊本、《知不足斋丛书》本、《汪龙庄先生遗书》本、《丛书集成初编》本等。

杨屾卒(1687—)。屾字双山，陕西兴平人。师事李颙。博学好问，凡天文、音律、医学、政治，靡不备览。长期在家乡设馆教学，致力农桑，从事著述。《续修陕西通志》和《重修兴平县志》等着重记述他在家乡推广桑蚕及其学术上的成就。著有《知本提纲》10卷、《论蚕桑要法》10卷、《经国五政纲目》8卷、《豳风广义》10卷、《修齐直指》1卷。

夏之蓉卒(1698—)。之蓉字芙裳，号醴谷，江苏高邮人。雍正十一年进士，入翰林。乾隆元年举博学鸿词，授翰林院检讨。后主钟山丽正书院。著有《读史提要录》、《半舫斋诗文集》、《半舫斋偶辑》等。事迹见《清史稿》卷四八五、《清史列传》卷七一、李桓《国朝耆献类征初编》卷一二六。清夏味堂编有《夏检讨公年谱》。

法坤宏卒(1699—)。坤宏字直方，一字镜野，号迂斋，山东胶州人。乾隆六年举人，以年老授大理寺评事。著有《迂斋学古编》4卷、《纲目要略》、《春秋取义测》12卷。事迹见《清史稿》卷四八〇、《清史列传》卷六七、李桓《国朝耆献类征初编》卷一四五、韩梦周《法先生坤宏墓志铭》、张洲《特授大理寺评事职衔法君墓表》(均见《碑传集》卷一三三)。

按：《清史稿》本传曰："得《传习录》，大喜，以为如己意所出。其学以阳明为宗，以不自欺为本。"《清史列传》本传曰："坤宏博通诸经，尤邃于《春秋》，著《春秋取义测》十二卷，凡九易稿而后成。"

曹廷栋卒(1699—)。廷栋字楷人，号六圃，别号慈山居士，浙江嘉善人。诸生。绝意仕进。工书善画，亦能诗。著有《孝经通释》10卷、《昏礼通考》24卷、《易准》4卷、《逸语》10卷、《产鹤亭诗集》7卷、《老老恒言》5卷、《琴学内篇》1卷、《琴学外篇》1卷、《永宇溪庄识略正续》7卷、《幽人面目谱》3卷、《火珠林遗意》4卷、《蓍测》6卷、《草书体势会通》2卷、《格致略》等。辑刻《宋百家诗存》28卷。事迹见《清史列传》卷七二、李桓《国朝耆献类征初编》卷四一九。曹廷栋自编有《永宇溪庄识略》。

王太岳卒(1722—)。太岳字基平，号芥子，直隶定兴人。乾隆七年进士，授检讨。任《四库全书》总纂官，擢国子监司业。曾纂辑《四库全书考证》。著有《清虚山房集》、《芥子先生集》、《泾渠志》等。事迹见《清史稿》卷四八五、《清史列传》卷七二、蔡冠洛《清代七百名人传》第五编、王昶《国子监司业前云南布政使王公太岳行状》(《碑传集》卷八六)。

陆燿卒(1723—)。燿字朗夫，又字朗甫，号青来，江苏吴江人。乾隆十七年举人，十九年中会试明通榜。授内阁中书。官至湖南巡抚。著有《河防要览》、《甘薯录》1卷、《山东运河备览》12卷、《保德风土记》1卷、《烟谱》1卷、《切问斋集》16卷等。又辑清初经世文为《切问斋文钞》30卷。事迹见《清史稿》卷三二四、《清史列传》卷二四、李桓《国朝耆献类征初编》卷一八三、震钧辑《国朝书人辑略》卷五、《陆公行状》（《切问斋集》卷首附）、冯浩《湖南巡抚陆君燿墓志铭》、张士元《书陆中丞遗事》（均见《碑传集》卷七三）。

按：《清儒学案》卷七八《朗夫学案》曰："朗夫通达治体，廉静自持，论者以为乾隆朝廉吏第一。虽不以讲学名，而研《易》理，明礼制，核性情，并切实用，无虚空迂廓之谈。其为《切问斋文钞》一书，适作耐庵《经世文编》之先导。贤者举措，终有益于世也。"

蒋士铨卒（1725— ）。士铨字心余，又字清容、苕生，号藏园，江西铅山人。乾隆二十二年进士，授翰林院编修。其诗与袁枚、赵翼并称"江右三大家"。著有《忠雅堂集》、《藏园九种曲》。辑有《忠雅堂评选四六法海》8卷。事迹见《清史稿》卷四八五、《清史列传》卷七二、李桓《国朝耆献类征初编》卷一二九、蔡冠洛《清代七百名人传》第五编、王昶《翰林院编修蒋君士铨墓志铭》（《碑传集》卷四九）。陈述编有《蒋心余先生年谱》。

周煌卒，生年不详。煌字景垣，一字海山，四川涪州人。乾隆二年进士，改翰林院庶吉士，散馆授编修。历任右中允、侍讲、左庶子、提督江西学政、《四库全书》总裁、上书房总师傅、左都御史等。又先后充山东、云南、福建乡试正、副考官，会试副考官。著有《应制集》、《海东集》、《豫章集》、《湖海集》、《林韵濩选》、《蜀道吟》、《海山存稿》、《江右庠音选诗》及《琉球国志略》等。事迹见《清史稿》卷三二一、《清史列传》卷二四、李桓《国朝耆献类征初编》卷八三。

卿祖培（ —1822）、陈沆（ —1826）、郭尚先（ —1832）、程恩泽（ —1837）、潘德舆（ —1839）、贺长龄（ —1848）、林则徐（ —1850）、方成珪（ —1850）、姚莹（ —1852）、周乐清（ —1855）、华秋苹（ —1859）、钱宝琛（ —1859）、张祥河（ —1862）、黎恺（ —1863）生。

乾隆五十一年　丙午　1786年

正月二十二日丁卯（2月20日），命闽广督抚查办妄布邪言案。

二月初二日丙子（3月1日），四川总督李世杰奏复抽改《通鉴纲目续编》二十四部折。

初四日戊寅（3月3日），军机大臣奏遵查黄道周著《博物典汇》纂辑情形片。

吉打的邦主将槟榔屿割让给英国。

初七日辛巳（3月6日），办理军机处为三分《四库全书》处存贮装成书籍请领事致浙江巡抚等咨文。

初八日壬午（3月7日），明发上谕，将原任大学士于敏中撤出贤良祠。

初十日甲申（3月9日），大学士、九卿等以乾隆二十二年命修《大清会典》后，又及三十年，请续修《大清会典》。乾隆帝谕此时且不必行，至六十年归政以后再修。

十六日庚寅（3月15日），吏部尚书刘墉等奏遵旨清查《四库全书》字数书籍完竣缘由折。

二十七日辛丑（3月26日），江西巡抚何裕城奏遵旨查缴《通鉴纲目续编》情形折。

三月二十五日己巳（4月23日），直隶总督刘峨奏委员运送补空书籍已交奉天热河折。

四月十三日丙戌（5月10日），安徽巡抚书麟奏缴应禁书籍并恳再予展限一年折。

按：奏中所列禁书57种，禁书板片200块（张书才主编《纂修四库全书档案》下）。

十七日庚寅（5月14日），军机大臣奏原任卢龙知县郭棣、秦达湿运送盛京书籍被参革职片。

十九日壬辰（5月16日），谕内阁：《八旗通志》办理疏漏，交军机大臣同《四库全书》馆总裁重加辑订。

按：谕曰："四库馆进呈《八旗通志》一书，朕详加批阅，其《忠烈传提要》内，详载开国以来，列祖列宗襃奖功勋，风励忠节之典，而于乾隆年间恩恤诸大政，俱阙而不载。……办理太属疏漏。此书著交军机大臣，会同该馆总裁，重加辑订，详悉添注，加按进呈。候朕阅定后，再将文渊等阁陈设之书，一体改正。"（《清高宗实录》卷一二五三）

五月二十五日丁卯（6月20日），军机大臣奏改正抽换《说铃》、《酌中志》情形并将原本进呈片。

六月初二日甲戌（6月27日），军机大臣和珅等为承询校勘衔名款式事致阿哥中堂函。

十三日乙酉（7月8日），军机大臣和珅为奉旨垂询《通鉴辑览》、《四库全书考证》刻板刷印事致四库馆总裁。

七月二十日辛酉（8月13日），军机大臣和珅等为奉旨排印《四库全书考证》事致四库馆总裁函。

二十一日壬戌（8月14日），谕内阁：《明史纪事本末》言李自成败不足传信，著重行改正。

按：谕曰："《明史纪事本末》一书，系谷应泰所撰，朕从前在书房时，即曾见其书。以其举有明一代之事，仿袁枢《通鉴纪事》之体，逐事贯穿始末，俾览者了然，而逐段所论四六文颇佳。兹因四库馆钞出进呈，复详加披阅。其中所载李自成攻陷京师，挟太子二王东向永平，吴三桂屯兵山海关。……谷应泰系汉人，犹及明末，未免意存回护,故为左袒,而非当日实在情事,不足传信。著军机大臣详查《开国方略》所载入关杀贼实事,将书中此一节重行改正,以昭正论信史。"(《清高宗实录》卷一二五九)

九月初十日庚辰(10月31日),怡亲王永琅等奏复遵旨面询御史祝德麟从前所见浙人书籍情形折。

十三日癸未(11月3日),军机大臣奏留京王大臣传询御史祝德麟所见浙人书籍情形片。

二十三日癸巳(11月13日),军机大臣奏御史祝德麟呈送《道古堂文集》并查明未经写入《全四库书》片。

二十八日戊戌(11月18日),军机大臣奏将原奉添派八阿哥永璇等校勘谕旨抄录进呈片。

二十九日己亥(11月19日),谕十一阿哥不必兼办《四库全书》总裁事务。

十月十四日甲寅(12月4日),两广总督孙士毅等奏复本年并无抽改《通鉴纲目续编》折。

十八日戊午(12月8日),贵州巡抚李庆棻奏查无《通鉴纲目续编》情形折。

二十六日丙寅(12月16日),多罗质郡王永瑢等奏请将《四库全书》底本汇交翰林院收贮折。

十一月初二日壬申(12月22日),闽浙总督常青等奏本年并无收缴《通鉴纲目续编》情形折。

初八日戊寅(12月28日),安徽巡抚书麟奏换缴《通鉴纲目续编》数目情形折。

初九日己卯(12月29日),三通馆总裁刘墉等奏《皇朝通典》、《通志》未竣,请予展限折。

十一日辛巳(12月31日),广西巡抚孙永清奏查无《通鉴纲目续编》折。

十二日壬午(1787年1月1日),两淮盐政征瑞奏复遵旨送交骆愉寓所书籍字画折。

十六日丙戌(1月5日),湖南巡抚浦霖奏本年缴换《通鉴纲目续编》七部折。

十七日丁亥(1月6日),山西巡抚勒保奏本年并无抽改《通鉴纲目续编》折。

十八日戊子(1月7日),湖北巡抚李封奏本年缴换《通鉴纲目续编》部数并咨送旧本销毁折。

二十日庚寅(1月9日),云南巡抚谭尚忠奏查无《通鉴纲目续编》情形折。

是日,浙江巡抚琅玕奏缴换《通鉴纲目续编》部数折。

大学士阿桂等奏为遵旨酌议《皇朝通志》内武职官阶封典情形折。

二十三日癸巳(1月12日),署理陕甘总督永保奏本年并无抽改《通鉴纲目续编》折。

二十四日甲午(1月13日),军机大臣奏检阅骆愉扬州寓所书籍字画情形片。

二十五日乙未(1月14日),军机大臣奏发下《建炎以来朝野杂记》遵旨挖改进呈片。

二十八日戊戌(1月17日),江苏巡抚闵鹗元奏本年查缴《通鉴纲目续编》情形折。

是日,河南巡抚毕沅奏本年抽改《通鉴纲目续编》二十七部折。

四川总督保宁奏本年查缴抽改《通鉴纲目续编》数目折。

直隶总督刘峨奏本年并无抽改《通鉴纲目续编》情形折。

十二月初二日辛丑(1月20日),江西巡抚何裕城奏换缴《通鉴纲目续编》情形折。

初三日壬寅(1月21日),军机大臣奏遵查《三朝北盟会编》错误情形并原书加签进呈片。

初七日丙午(1月25日),军机大臣奏查《钦定蒙古王公功绩表传》已列入《四库全书》现在校对片。

初九日戊申(1月27日),山东巡抚明兴奏本年查缴抽改《通鉴纲目续编》三部折。

初十日己酉(1月28日),护理陕甘巡抚秦承恩奏本年抽改《通鉴纲目续编》数目折。

十七日丙辰(2月4日),谕内阁:著皇六子永瑢等将《乐律全书》疏漏处订正载于《提要》后。

歌德在意大利旅行。

德国化学家M. H.克拉普罗特发现铀。

美国发明家伊齐基尔·里德制造出制钉机。

巴尔马特和帕卡德首次登上勃朗峰。

美国发明家詹姆斯·拉姆齐设计出第一只机械动力船。

赵翼辞扬州书院讲席归,袁枚来访。

陆锡熊提督福建学政。

翁方纲督学江西。七月作《两汉金石年月表序》。

彭元瑞充顺天乡试正考官。

朱珪充江南乡试正考官,戴心亨为副考官,得孙星衍。

卢文弨八月为段玉裁《说文解字读》作序。

沈初时任江苏学政,应请为段玉裁《说文解字读》作序。

王引之应顺天乡试不第。

谈泰中举人,大挑,选授山阳县学教谕,转南汇县学教谕。

按:谈泰字阶平,一字星符,江南上元人。曾从学于钱大昕,精音律、算术。著有《礼记源流考》2卷、《先圣生卒年月日辨》2卷、《三十六字母阴阳辨》1卷、《古今音韵识余》2卷、《古今乐疑义》3卷、《丝竹考异与人歌谱》3卷、《九宫辨》2卷、《春秋战国岁次考》2卷、《谈氏族考》1卷、《多闻阙疑》6卷、《偶谈漫记》4卷、《岁次月建异同辨》1卷、《明算津梁》4卷、《推步稿》3卷、《天元释例》4卷、《平方立方表》6卷、《北斗考》3卷、《王制井里算法解》1卷、《井里算法解》1卷、《周径说》1卷、《观书杂识》20卷、《桐音馆杂文》4卷等。

乾隆五十一年　丙午　1786年

凌廷堪再应京兆试不第,遂南归。

张惠言、许宗彦、王学浩中举人。

阮元以举乡试初入北京,得交王念孙、邵晋涵、任大椿。

按:阮元《揅经室集·王怀祖先生墓志铭》曰:"元于先生,为乡后进。乾隆丙午入京,谒先生。先生之学,精微广博。语元,元略能知其意。先生遂乐以为教。元之稍知声音、文字、训诂者,得于先生也。"

刘墉充玉牒馆副总裁。

洪亮吉三月重赴开封毕沅抚署,八月受聘至登封纂修《登封县志》,又为友人改纂《怀庆府志》。

江藩为乾隆帝诗集作注,携京进献,图以此进身,因台湾林爽文起事,京中混乱,失意而还。

黄易赴山东嘉祥县查勘并发掘、收集汉武梁祠画像石,得画像石二十多块。

严长明主讲合肥庐旧书院。

李兆洛从同里吕岳自学。

梁章钜在厦门始学作八股文。

汪辉祖至京师,主吏部主事徐铨家。

徐承庆为举人,官至山西汾州府知府。

按:《清史稿·徐承庆传》曰:"著《段注匡谬》十五卷,其攻瑕索瘢,尤胜钮氏之书,皆力求其是,非故为吹求者。"支伟成曰:"徐承庆字梦祥,自号谢山,江苏长州人。举乾隆丙午顺天乡试。大挑以知县分发山西,补盂县,调阳曲,擢平定州,转解州,署汾州府知府,引疾归。夙通经义,覃精小学。于许书致力尤深,虽风尘鞅掌,暇辄留心考订。初,段懋堂欲注浚长之书,先成《说文解字读》,密行细字,每册厚寸许,凡四十余册。晚始删繁就要以作注,又恐老而不及期,未免求速,转多疏略。君乃作《说文段注匡谬》若干卷,借正懋堂之失,心平而气和,辞达而理举,与钮匪石《段注订》同意而说加详;不独叔重之功臣,抑亦段氏之诤友也。"(《清代朴学大师列传·徐承庆》)《段注匡谬》,又名《说文解字注匡谬》。

汪龙中举人,拣选知县。

冯至中举人,官玉环厅训导。

按:冯至字绍泰,号森斋,浙江诸暨人。著有《周官述论》、《书疑》、《史绎》、《道学世系》、《允都名教录》、《金汀拾遗》、《森斋杂俎》、《绿野山庄诗文稿》。

传教士晁俊秀司铎受命制成圆明园铜版图20幅,镌刻者皆为从学郎世宁的中国画工。

赵霖时任知州,于安徽宿县建培菁书院。

赵希璜时任陕西延川知县,建登峰书院。

何树滋时任陕西洛南知县,建洛源书院。

胡文英著《诗经逢源》10卷刊行。

任兆麟著《夏小正补注》,江藩作跋。

梁玉绳著《古今人表考》9卷成书,有自序。

乔治·布丰发表《鸟类自然界的历史》。

| 威廉·赫谢尔著成《星云名称录》。 | 翁方纲著《两汉金石记》22卷成书，有自序。
夏敬渠著《纲目举正》4卷。
敕纂《石峰堡纪略》21卷成书。
钱大昕著《通鉴注辨正》2卷、《王弇洲年谱》1卷成书。
张熷著《读史举正》8卷刊行。
按：张熷字曦亮，号南漪，浙江仁和人。乾隆举人。另著有《南漪遗集》。
卢文弨在南京校刻《逸周书》、《荀子》。
孙星衍纂《咸宁县志》成书。
杨殿梓修，钱时雍纂《光山县志》32卷刊行。
张聘修，洪亮吉纂《重修固始县志》26卷刊行。
孙凤鸣修，王昶等纂《青浦县志》40卷成书。
陆锡熊纂《娄县志》刊行。
周广业纂《宁志余闻》8卷刊行。
贺云鸿纂修《大荔县志》26卷刊行。
张松孙等修纂《潼川府志》12卷刊行。
张松孙、郑璇修纂《三台县志》8卷刊行。
张松孙修，朱纫兰纂《安岳县志》8卷刊行。
张松孙修，胡光琦纂《射洪县志》8卷刊行。
张松孙、谢泰宸修纂《蓬溪县志》8卷刊行。
张松孙等修，雷懋德、胡光琦纂《盐亭县志》8卷刊行。
孙天宁修纂《灌县志》12卷刊行。
李淳等修纂《宜良县志》4卷刊行。
赵一清著《水经注释》40卷刊行。
汪沆著《槐堂文稿》4卷、《槐堂诗稿》16卷刊行。
戚学标著《三台诗话》2卷刊行。
庄炘、洪亮吉、钱坫等校唐释玄应《一切经音义》25卷刊行。
段玉裁著《说文解字读》30卷成书，卢文弨作序。
按：卢文弨《序》曰："吾友金坛段若膺明府，于周秦、两汉之书无所不读；于诸家小学之书靡不博览而别择其是非。于是积数十年之精力，专说《说文》。以鼎臣之本颇有更易。不若楚金为不失许氏之旧。顾其中尚有为后人窜改者、漏落者、失其次者，一一考而复之。书有佐证，不同臆说。详稽博辨，则其文不得不繁，然如楚金之书以繁为病，而若膺之书则不可以繁为病也，何也？一虚词，一实证也。盖自有《说文》以来，未见若此书者。"（《说文解字读》卷首）
蒋和著《说文字原表》1卷成书，有自序。
胡文英历时25年，著成《屈骚指掌》4卷。
周广业著《意林注》成书，邵晋涵作序。
石梁著《草书集成》5卷成书，蒋光越作序。
吴骞著《阳羡名陶录》2卷、续1卷成书，有自序。

王元启卒（1714— ）。元启字宋贤，号惺斋，浙江嘉兴人。乾隆十六 |

年进士,署福建将乐知县。历主福建、山东各书院讲席。著有《周易四书讲义》、《史记正讹》3卷、《汉书正讹》2卷、《勾股衍》9卷及《历法记疑》、《角度衍》、《九章杂论》、《惺斋杂著》、《惺斋论文》、《只平居文集》、《读韩记疑》、《读欧记疑》5卷等。事迹见《清史稿》卷五○六、《清史列传》卷七二、李桓《国朝耆献类征初编》卷二三七、翁方纲《福建将乐县知县惺斋王君墓志铭》(《复初斋文集》卷一四)。

按:翁方纲《福建将乐县知县惺斋王君墓志铭》曰:"三十年间,十主书院之任,所成就之士,以学行文艺著显者,数千百人。君为学以宋五子为宗,说经尤精于《易》。……君博极群书,勤考证,工文词,而笃守程、朱之旨,终身勿贰,诲人勿懈,可谓真儒也矣。"

章嘉若必多吉卒(1717—)。章嘉若必多吉亦名意希丹贝仲美,甘肃凉州人。三岁定为第二世章嘉活佛转世灵童。康熙五十九年,迎至青海佑宁寺出家,为第三世章嘉活佛。乾隆时受命管理京都各寺喇嘛,赠"札萨克达喇嘛"及"振兴黄教大国师"印。著有《达赖七世传·如意宝穗》、《蒙藏合璧字典》等。曾将《丹珠尔》译成蒙文,并主持将藏文《甘珠尔》译成满文,又将汉文《首楞严经》译成满、蒙、藏三种文字。

戈守智卒(1720—)。守智字达夫,号汉溪,浙江平湖人。诸生。天才卓越,与杭世骏、厉鹗、诸锦交善。尝游扬州、汉阳,遇碑碣辄手自摩拓,归而庋诸楼,榜之曰帖海。书法杨凝式、欧阳询,晚乃出入诸家,于颜真卿称嫡嗣。暇以隶法写墨竹,然随兴偶及,不多作。著有《汉溪书法通解》8卷、《汉溪偕存集》、《邗江杂咏》、《入楚吟》、《紫琅小草》。事迹见《当湖文系初编》。

梁国治卒(1723—)。国治字阶平,号瑶峰,又号丰山,浙江会稽人。乾隆十三年进士第一,授修撰。官至东阁大学士兼户部尚书。曾充《四库全书》副总裁。卒谥文定。著有《敬思堂文集》。事迹见《清史稿》卷三二○、《清史列传》卷二一、李桓《国朝耆献类征初编》卷二九、震钧辑《国朝书人辑略》卷五、蔡冠洛《清代七百名人传》第一编、朱珪《东阁大学士兼户部尚书文定梁公国治墓志铭》、章学诚《梁文定公年谱书后》(均见《碑传集》卷二八)。

汤大奎卒(1728—)。大奎字曾辂,号纬堂,江苏武进人。乾隆二十七年举人,二十八年中进士,三十一年以试用署河南永城知县,四十八年授福建台湾府凤山知县。五十一年冬,于林爽文事件中殉难。嘉庆五年,凤山知县吴兆麟、典史谈堃于城隍庙檐口东壁为其树立"忠节流芳"碑。工诗,尤擅七言。著有《纬堂诗略》2卷、《炙研琐谭》3卷,另有《竹居诗》,今仅存半卷。事迹见《清史稿》卷四八九、赵怀玉《福建凤山县知县世袭云骑尉汤君大奎墓表》。

孔广森卒(1752—)。广森字众仲,一字㧑约,号顨轩,山东曲阜人。孔子六十八代孙,袭"衍圣公"传铎之孙。乾隆三十六年进士,选翰林院庶吉士,散馆,授检讨。师事戴震和姚鼐。工骈文。著有《春秋公羊通义》11卷、《大戴礼记补注》14卷《礼学卮言》6卷、《经学卮言》6卷、《诗声类》13

卷、《少广正负术内外篇》6卷、《仪郑堂骈俪文》3卷等。事迹见《清史稿》四八一、《清史列传》卷六八、李桓《国朝耆献类征初编》卷一二九、震钧辑《国朝书人辑略》卷六、蔡冠洛《清代七百名人传》第四编、阮元《孔广森传》（《碑传集》卷一三四）。

  按：《清儒学案》卷一〇九《㢸轩学案》曰："㢸轩研经明算，声韵尤精，圣裔儒宗，旷代一遇。其于《公羊》，别立三科，自成一家之言，与武进庄氏、刘氏诸家墨守何氏之说者，宗旨故殊也。"

  王塗（　—1843）、姚柬之（　—1847）、汪喜孙（　—1848）、吴清皋（　—1849）、强溎（　—1851）、曹懋坚（　—1853）、梅曾亮（　—1856）、陈奂（　—1863）、林召棠（　—1872）生。

乾隆五十二年　丁未　1787 年

土耳其向俄国宣战。

奥属荷兰被宣布为是哈布斯堡的行省。

美国宪法签署，美国中央政府成立。

  正月十一日庚辰（2月28日），军机大臣奏遵旨询明《琴谱》系世俗常用之法合将原书缴进片。

  二十五日甲午（3月14日），军机大臣奏遵旨将邹奕孝驳正案语并杨伦《琴谱》粘签进呈片。

  二月初六日甲辰（3月24日），军机大臣奏将《乐律全书》校正条例交六阿哥永瑢等添改进呈片。

  十一日己酉（3月29日），军机大臣奏谨将《乐律全书》夹签同增注原谱一并进呈片。

  二十五日癸亥（4月12日），质郡王永瑢等奏请钦赐三分书校对贡生陈煦等举人并准予会试折。

  按：奏请将贡生陈煦、张谦泰，生员刘坚、刘堪、祝孝承、梁宝绳、胡纪勋、何天衢、席世臣，监生蔡本俊、戴銮、童潜、谢扬镇、朱文鼎、王绶长、蒋和、胡又兰、汪农、马直、刘淇、郑槐、梁承云等钦赐举人。

  是月，翰林院典簿厅为知照奉旨庄通敏等充文渊阁校理事致内阁典籍厅移会。

  三月初八日丙子（4月25日），重修明陵告成，乾隆帝亲往审视。

  十七日乙酉（5月4日），军机大臣奏查《诸史同异录》悖妄之处现传提调询问并查底本片。

  十八日丙戌（5月5日），办理军机处为奉旨将《诸史同异录》掣出销毁事致盛京将军等咨文。

  十九日丁亥（5月6日），谕内阁：将李清所著《诸史同异录》从全书内掣出销毁并将总纂等交部议处。

  按：谕曰："《四库全书》处进呈续缮三份，李清所撰《诸史同异录》，书内称我朝世祖章皇帝，与明崇祯四事相同。妄诞不经，阅之殊堪骇异。李清系明季职官，当明社沦亡，不能捐躯殉节，在本朝食毛践土，已阅多年，乃敢妄逞臆说，任意比拟。设其人尚在，必当立正刑诛，用彰宪典。今其身既幸逃显戮，其所著书籍悖妄之处，自应搜查销毁，以杜邪说而正人心。"（《清高宗实录》卷一二七七）李清所著的其他著作，如《南北史合注》、《南唐书合注》、《历代不知姓名录》亦遭查毁。

二十七日乙未（5月14日），军机大臣奏将李清所辑《合订南唐书》销毁并将原书进呈片。

是日，盛京内务府为咨送文溯阁所贮《诸史同异录》销毁事致军机处咨文。

是月，承办《四库全书》事务处为抬运书籍需用苏拉文。

四月初二日己亥（5月18日），总管内务府奏将誊录恭安列入本府议叙初次一等版内补用折。

是日，谕提调官恭泰罚俸三个月处著注于记录抵销。

军机大臣奏遵旨销毁李清书四种应行补函商酌办理情形片。

初三日庚子（5月19日），军机大臣奏将发下全书内《文子》之错误发交改正并将校对记过片。

二十四日辛酉（6月9日），乾隆帝亲定本科三鼎甲：状元史致光，榜眼孙星衍，探花董教增。

二十五日壬戌（6月10日），御太和殿，传胪，赐一甲史致光等3人进士及第，二甲朱理等45人进士出身，三甲焦以厚等89人同进士出身。本科会试正考官为大学士王杰，副考官为刑部侍郎姜晟、内阁学士瑞保。

按：《清史稿·选举志三》曰："五十二年，高宗以分经阅卷，易滋弊窦。且士子专治一经，于他经不旁通博涉，非敦崇实学之道。命自明岁戊申乡试始，乡、会五科内，分年轮试一经。毕，再于乡、会二场废论题，以五经出题并试。永著为令。"

是月，承办《四库全书》事务处为抬运书籍用苏拉文。

五月初三日己巳（6月17日），军机大臣和珅等为访查李清所著书一并销毁事致江浙等省督抚函。

十七日癸未（7月1日），吏部为知照办理《诸史同异录》人员分别议处事致典籍厅移会。

十九日乙酉（7月3日），军机大臣奏拟写在京官员校改文渊阁书籍谕旨进呈片。

按：谕军机大臣等："热河文津阁所贮《四库全书》，朕偶加翻阅，其中讹谬甚多，已派随从热河之阿哥及军机大臣，并部院随出之阮葵生、阿肃、胡高望、嵩贵、吉梦熊，再行详加校阅改正。因思文渊、文源二阁所贮《四库全书》，其讹舛处所，亦皆不一而足，除年老大学士嵇璜不派外，著派科甲出身之尚书、侍郎、京堂，以及翰詹、科道、部属等官，分司校阅。"（《清高宗实录》卷一二八一）

是日，寄谕六阿哥永瑢等文渊、文源所贮《四库全书》著派科甲出身尚书等校阅。

军机大臣和珅等为校勘文津阁全书匠役不敷事致武英殿总裁函。

二十三日己丑（7月7日），质郡王永瑢等奏遵旨酌定校勘文渊、文源阁《四库全书》章程折。

按：参加两阁《四库全书》复校工作的有：佶山、长闱、依清阿、锡林、鄂起、恒贵、吴裕德、恭泰、罗修源、胡荣、刘坤、朱攸、福克精额、苏楞额、文瑞、李如枚、谢墉、德保、李封、刘耀云、李绶、戴璐、丁云锦、李台、邓文沣、查善长、王钟健、刘芬、刘人睿、王尔烈、左周、邱庭澍、孙家贤、盛嘉佑、沈孙琏、曹锡宝、范衷、莫瞻菉、祝德麟、邱文恺、徐如澍、施朝干、曹坦、李阳械、查荣、陈化龙、周元良、刘湄、龚骖文、梦吉、陈桂森、富炎泰、李廷钦、梁景阳、罗吉善、韦谦恒、窦光鼐、陆伯焜、法式善、平恕、陈崇本、王燕绪、陈万青、李璜、马启泰、李尧栋、裴谦、曹城、黄寿龄、钱樾、邱廷滃、周琼、曹锡龄、罗国俊、翟槐、德生、范来宗、钱棨、俞廷抡、刘锡五、吴廷选、曹振镛、温汝适、谢振定、潘庭筠、朱依昊、刘炘、朱理、李如筠、马履泰、何道冲、范逢恩、龙廷槐、谢恭铭、李传熊、胡钰、汪彦博、初乔龄、吴垣、陈若霖、张溥、翁树培、瑚图礼、瑭五株、萨敏、朱绂、顾宗泰、尹壮图、沈咸熙、潘奕隽、程炎、张虎拜、孙球、康纶钧、张姚成、秦瀛、金应琦、涂日焕、罗锦森、李采、潘有为、闵思毅、窦汝翼、丁荣祚、徐志晋、吕光复、叶元符、李彤、瞿照、张经田、王鹏、孙溶、洪文翰、沈凤辉、孙衡、吴璥、谭锬、沈飑、陆湘、叶观国、王懿修、白麟、陈嗣龙、温常绶、秦泉、黄瀛元、萧九成、邵晋涵、严福、李光云、戴心亨、程昌期、祝堃、初彭龄、甘立猷、戴联奎、王受、秦承业、蔡善述、万承风、邵玉清、陈昌齐、吴绍灿、吴方培、崔景仪、周兆基、陈万全、程嘉谟、李骥元、蒋攸铦、倪思淳、蔡共武、邓再馨、史致光、孙星衍、董教增、王观、秦恩复、任衔蕙、何泌、王祖武、陈士雅、顾钰、潘绍经、尹英图、茅元铭、萨提、郑际唐等。

二十四日庚寅（7月8日），军机大臣为奉旨刘墉等阅看书籍无庸来滦等事致留京王大臣函。

是日，选派250余名官员赴文渊阁、文源阁校阅《四库全书》，彭元瑞、纪昀总司其事。

三十日丙申（7月14日），军机大臣和珅等为奉旨复校《四库全书》有关事致全书馆总裁函。

六月初二日戊戌（7月16日），掌湖广道监察御史祝德麟奏请将《三史国语解》刊刻完竣呈览折。

初三日己亥（7月17日），寄谕八阿哥永璇等将武英殿所刻《三史国语解》赶紧刊刻完竣。

是日，军机大臣和珅等为承询校勘衔名款式事复阿哥等函。

初六日壬寅（7月20日），军机大臣和珅为奉旨阅改《尚书古文疏证》事致彭元瑞等函。

十一日丁未（7月25日），礼部尚书纪昀等奏详检删削并赔缮《尚书古文疏证》等书折。

是日，礼部尚书纪昀奏沥陈愧悔并恳恩准重校赔缮文源阁明神宗后诸书折。

十二日戊申（7月26日），谕内阁将文渊等三阁书籍应换写篇页及工价令纪昀、陆锡熊分赔。

是日，军机大臣为奉旨一体校勘文津阁诸书事致纪昀函。

十三日己酉（7月27日），军机大臣为奉旨令陆费墀罚赔事致机简函。

是日，寄谕琅玕等传令陆费墀赔办江浙三阁书籍工价并著盐政织造常川查察。

十九日乙卯（8月2日），办理《四库全书》处为挑选移送供事一名事致典籍厅移付。

二十一日丁巳（8月4日），两淮盐政征瑞奏奉到陆费墀赔办文澜阁等书谕旨遵办缘由折。

二十九日乙丑（8月12日），质郡王永瑢等奏查出遗失《四库全书》有印底本缘由折。

七月初一日丙寅（8月13日），谕添派惠龄严行查办《四库全书》遗失底本及书目卷帙。

初三日戊辰（8月15日），杭州织造额尔登布奏传谕陆费墀赔办并阅看文澜阁书籍情形折。

初四日己巳（8月16日），军机大臣奏开列拟赏文津阁校书人员纱锭数目进呈片。

按：参与文津阁《四库全书》校书工作并被奖赏的有和珅、王杰、福长安、董诰、阮葵生、阿肃、胡高望、嵩贵、吉梦熊、五泰、邱桂山、王中地、伊昌阿、玉广、永清等。

初六日辛未（8月18日），江南道监察御史莫瞻菉奏请于武英殿重校三分书籍折。

初七日壬申（8月19日），军机大臣为奉旨谢恩折不谙体制事致刘墉等函。

谕内阁著照御史莫瞻菉所奏于武英殿复校三分书。

十二日丁丑（8月24日），浙江巡抚琅玕奏复传令陆费墀赔办文澜阁书籍缘由折。

是日，浙江巡抚琅玕奏请饬盐道确估商人已装各书工本费用令陆费墀交纳片。

十八日癸未（8月30日），江苏巡抚闵鹗元奏复遵旨交陆费墀赔办江苏二阁书籍情形折。

十九日甲申（8月31日），谕三通馆呈进《皇朝文献通考》讹错甚多其总裁等著交部议。

二十五日庚寅（9月6日），军机大臣和珅等为清查《四库全书》底本事致质郡王永瑢等函。

二十七日壬辰（9月8日），质郡王永瑢等奏奉命校阅文渊、文源阁书籍将次告竣折。

是日，质郡王永瑢等奏续办详校三分《四库全书》酌拟章程情形折。

兵部尚书彭元瑞奏请回避彭元珫阅看列衔之书折。

按：彭元珫乃彭元瑞之弟。

三十日乙未（9月11日），质郡王永瑢等奏查明《四库全书》遗失有印底本请将提调等分别议处折。

八月初三日戊戌（9月14日），谕陆费墀著销去加一级等议处事。

十一日丙午（9月22日），谕内阁：签出《读画录》等书违碍字句之详校官著交部议叙。

十二日丁未(9月23日),文源阁总办详校《四库全书》处为移送供事朱廷玉等事致内阁移付。

二十日乙卯(10月1日),谕内阁:陆费墀、王燕绪所得处分俱由自取。

二十二日丁巳(10月3日),谕陆费墀革任之处著注册等议处事。

是月,吏部为知照大学士和珅参奏王燕绪等人事致稽察房移会。

九月十四日戊寅(10月24日),文源阁办理《四库全书》处为移送供事史晋事致内阁移付。

二十四日戊子(11月3日),军机大臣奏遵旨将纪昀奏抽毁删削《愚庵小集》等夹签进呈片。

二十七日辛卯(11月6日),谕签出违碍错误之详校官胡高望、吉梦熊、阮葵生、祝堃等俱著记录一次。

是日,谕承办《皇朝文献通考》讹错之刘墉等著分别罚俸。

十月初一日乙未(11月10日),谕内阁:朱载堉《乐律全书》当详加订正,并著派皇子等悉心精核。

是日,命定《诗经乐谱》。

初三日丁酉(11月12日),军机大臣奏遵旨阅看纪昀奏毁各书并缮清单进呈片。

初六日庚子(11月15日),贵州巡抚李庆棻奏查无《通鉴纲目续编》情形折。

初九日癸卯(11月18日),两广总督孙士毅等奏本年查无《通鉴纲目续编》折。

是日,李封等详校文渊阁、文源阁《四库全书》各员得到赏赐缎疋。

按:军机大臣所拟赏详校《四库全书》各员名单有:李封、瑞保、梦吉、蒋良骐、富炎泰、赵佑、孟邵、李廷钦、陈桂森、叶观国、王懿修、法式善、吉善、沈咸熙、孟生蕙、梁景阳、白麟、萨提、萨敏、瑭五珠、纳麟宝、戴璐、丁云锦、邓文汴、查善长、刘人睿、刘芬、邱庭澍、孙家贤、邱文恺、施朝干、李阳械、陈化龙、周元良、龚骏文、曹坦、史致光、谢振定、刘锡五、曹振镛、陈嗣龙、李光云、秦承业、邵玉清、崔景仪、陈万全、蒋攸铦、孙星衍、杜南棠、刘炘、朱依䕫、倪思淳、邓再馨、万承风、朱理、龙廷槐、初乔龄、陈若霖、谢恭铭、瑚图礼、李如筠、马履泰、范逢恩、翁树培、李传熊、何道冲、吴烜、张溥、汪彦博、柳迈祖、胡钰、王观、秦恩复、任衔蕙、王祖武、陈士雅、顾钰、潘绍经、尹英图、薛淇、方建钟、周维祺、施履亨、塔克兴阿、萨彬图、成书、谢清问、徐大榕、沈丙、萨龙光、陈廷庆、丁堦、汤藩、谈祖绶、焦以厚、钱豫章、承光、宋鸣琦、刘若、彭希洛、茅豫、伊恒瓒、孟牲康、王奉曾、王尧恒、潘奕藻、魏成宪、周学淳、郑宗彝、张树槐、彭希濂、邱垜、周廷森、潘鹭、郑文明、李肖筠、雷维霈、康纶钧、张姚成、吕光复、李彤、张经田、朱文翰、李采、丁荣祚、徐志晋、瞿照、王鹏、孙衡、裘元复、王家宾、吴荫瑄、陈之纲、吴孝显、喜常、金广义、明泰、李天坦、方绪、何廷赞、司廷干、古之雄、张尚鉴、何元浩、张天枢、何元派、郭让杰、张成信、何廷理、陈坦、何元泽、司廷栋、贾德辅、王熙年、张肇基、姜晟、屠景云、黄发、吕显功、栗国柱、吴尊夒、宋桂、周世泰、吕德润、陆廷贵、赵正池、舒岱、程泰、孙绍元、王辅臣、赵圣功、袁天锡、孔毓秀、赵庆麟、梅尚志等。

初十日甲辰(11月19日),谕文渊、文源两阁书籍仍著派皇六子永瑢、皇八子永璇督同分办。

十五日己酉(11月24日),谕内阁:将《四库全书》馆纂校议叙各员著该部核议具奏。

> 按:谕曰:"今文渊等阁所贮《四库全书》,偶经批阅,草率错讹比比皆是。因令诸皇子及在廷诸臣,复加详校,签出错误之处,累牍连篇,不可枚举。是办理此书者,并未实心校阅,竟以稽古右文之举,为若辈邀恩牟利之捷径,大负朕意。此事发端于于敏中,承办于陆费墀,其条款章程,俱系伊二人酌定。今所缮书籍荒谬至此,使于敏中尚在,必当重治其罪。因伊业经身故,是以从宽,止撤出贤良祠,不复追论,保全始终。陆费墀已革职,亦不深究。所有业经议叙纂校各员,其已经升用,应行议罚廉俸,及未经升用,将议叙注销之处,著该部核议具奏。"(《清高宗实录》卷一二九〇)

十八日壬子(11月27日),军机大臣和珅等奏遵旨将罚校看书及外任各员分别议罚片。

是日,军机大臣等奏遵查《食货略》《学校考》系周琼、吴锡麒分别纂校片。

军机大臣奏周琼、吴锡麒错误在三处以上应交部察议片。

二十日甲寅(11月29日),掌湖广道监察御史祝德麟奏请准详校三分《四库全书》各员携归私宅校勘折。

二十四日戊午(12月3日),文渊阁校书处为详校各官是否在京事致内阁移付。

是日,礼部尚书纪昀奏请将文渊阁翻译册档移送热河一分等事折。

热河总督全德等奏复校书籍人员已到热河并收发办理原由折。

二十八日壬戌(12月7日),谕著添派刘跃云、胡高望帮同办理复看三分全书。

是日,质郡王永瑢奏酌议详校三份书携归私宅校勘办法折。

闽浙总督李侍尧等奏本年并无收缴《御批通鉴纲目续编》折。

十一月初一日甲子(12月9日),暂署陕甘总督勒保奏本年并无抽改《通鉴纲目续编》折。

初二日乙丑(12月10日),安徽巡抚书麟奏本年换缴《御批通鉴纲目续编》数目折。

初四日丁卯(12月12日),浙江巡抚琅玕奏本年缴换《通鉴纲目续编》部数折。

初六日己巳(12月14日),福建学政陆锡熊奏谢曲垂宽宥令分赔工价折。

初九日壬申(12月17日),云南巡抚谭尚忠奏本年抽改《御批通鉴纲目续编》二部折。

十二日乙亥(12月20日),湖北巡抚姜晟奏本年查缴《通鉴纲目续编》一部并咨送销毁折。

二十日癸未(12月28日),湖南巡抚浦霖奏本年缴换《通鉴纲目续编》五部折。

二十一日甲申(12月29日),礼部尚书纪昀奏参朱钤、吕云栋、石鸿蓊、陈木等四员尚未到热河校书折。

是日，谕内阁：著吏部查明朱钤等四员因何未到热河看书，分别从重议处。

二十四日丁亥（1788年1月1日），河南巡抚毕沅奏本年并无抽改《通鉴纲目续编》折。

是日，署理山西巡抚明兴奏本年查无抽改《通鉴纲目续编》折。

直隶总督刘峨奏本年并无抽改《通鉴纲目续编》折。

二十六日己丑（1月3日），江西巡抚何裕城奏本年缴换《通鉴纲目续编》部数折。

二十七日庚寅（1月4日），江苏巡抚闵鹗元奏本年缴换《通鉴纲目续编》情形折。

二十九日壬辰（1月6日），军机大臣奏遵旨查彭元珫经吏部议处降级调用片。

十二月初二日乙未（1月9日），大学士和珅等奏请修书议叙升用人员缘事降调分别办理折。

是日，谕内阁：办书错误降调官员王燕绪等准其捐复仍准办书处行走。

陕西巡抚巴延三奏抽改《通鉴纲目续编》情形折。

初九日壬寅（1月16日），仪郡王永璇等奏请以吴裕德、彭元珫充补纂修空缺折。

十一日甲辰（1月18日），礼部尚书纪昀奏敬拟添写总目款式进呈御览等事折。

十七日庚戌（1月24日），山东巡抚长麟奏查缴《通鉴纲目续编》情形折。

十八日辛亥（1月25日），军机大臣奏遵旨将各省《御批通鉴纲目续编》挖改数目开单进呈片。

二十日癸丑（1月27日），军机处为发还盛京书事致盛京署理将军成策咨文。

二十三日丙辰（1月30日），军机大臣奏将各省缴到坊刻及残缺不全《通鉴纲目续编》销毁片。

二十四日丁巳（1月31日），四川总督李世杰奏抽改《通鉴纲目续编》情形折。

美国发明家约翰·菲奇使一汽艇在特拉华河下水。

霍勒斯·德·索热尔抵达勃朗峰顶点进行气象观察。

纪昀、陆锡熊因《四库全书》有误，受罚共同分摊文渊、文源、文津三阁书籍的改换重订费用。

纪昀至热河文津阁重新校勘《四库全书》；吴锡麟等同时参加。

陆费墀因任《四库全书》总校官时该书有误未察觉，被革去礼部侍郎职，并被罚出钱承办南三阁全书的装潢插架。

钱大昕再到宁波天一阁观范氏所藏金石刻，因编成《天一阁碑目》1

卷；复至鄠县，为其地修志。

王鸣盛为钱大昕《潜研堂金石文跋尾》作序；钱氏有《答王西庄书》，索观《十七史商榷》。

王鸣盛为九月毕沅新校正《长安图志》作序，表彰毕沅"静察乎考古之足以证今，披图案牒以兴革利弊"的治学精神。

按：王鸣盛《新校正长安图志序》曰："秋帆先生抚陕，陕，故长安也，搜得宋敏求《长安志》二十卷，校正刻之，附以图三卷，问序于予。予向求此书未获，今始一读焉。既卒业，作而叹曰：美哉！先生才之大，而思之深，超出乎流俗绝远也。《周礼·天官》司会掌国之官府、郊野、县都之百物，凡在书契版图者之贰；司书掌土地之图，以周知入出百物。《地官》大司徒掌建邦之土地之图，与其人民之数，以天下土地之图，周知九州岛地域广轮之数，辨其山林、川泽、丘陵、坟衍、原隰之名物；土训掌道地图，以诏地事；诵训掌道方志，以诏观事。《夏官》职方氏掌天下之图，以掌天下之地。然则欲知舆地，必藉图志，周公已言之，章章明矣。萧何入秦，先收图书，所以具知天下厄塞户口多少强弱，民所疾苦。盖儒者不出户庭，而能周知方域，此读书之所以可贵也。以此莅政，则能先时豫筹，因地制宜，恢恢乎游刃有余焉。可见，图志之裨益于政事，似缓而实急，夫岂俗吏所知哉！唐以前地志存者寥寥，宋元人作存者不下二十余，然皆南方之书，北方惟有此志，与于钦齐乘耳！而长安汉唐都邑所在，事迹尤夥，纪载尤亦加详。宋氏此编，纲条明折，赡而不秽，可云具体。厥后，程大昌、雍录好发新论，穿凿支离，不及宋氏远矣。先生既刻此，又于其间纠正踳驳，疏释蒙滞，附于逐条之下焉。夫以军民政务之填委，文檄簿牍之旁午，他人竭蹶应之日不暇给，先生乃能以余力表扬坠典，斯其才之大，诚有过人者。若其静察乎考古之足以证今，披图案牒以兴革利弊，其补助化理最切，则尤先生用意之深也。先生本名儒，为文学侍从臣，出掌封圻，治绩茂异，固宜卓识之度越流俗绝远。与图每卷署河滨渔者，实出元李好文譔《古人地志》，必与图俱。司会、司书等职所谓版图、地图者，此物此志也。先生汇订以传，亦犹土训、诵训之道地图、道方志云尔。乾隆五十有二年岁次丁未季秋之月，嘉定王鸣盛西庄氏再拜谨譔，时年六十有六。"（毕沅《长安图志》卷首，《经训堂丛书》本）

王引之朝夕研读《尔雅》、《说文解字》、《方言》、《音学五书》，从事声音、文字、训诂之学。

章学诚是冬因周震荣介绍，至河南入毕沅幕府。

按：章学诚当时写有《上毕抚台书》，其中曰："谨赍旧刻《和州志例》二十篇，《永清县志》二十五篇，用尘斧正。其生平撰著，有《校雠通义》、《文史通义》，尚未卒业，然颇有文理，可备采择。稍暇当觅钞胥，缮写上呈，不揣冒昧，干渎清严，学诚惶悚载拜。"（《章氏遗书》卷二二）

卢文弨时为常州龙城书院山长，其弟子丁履恒谒段玉裁，从学音韵学。

毕沅新校正《长安志》，王鸣盛作序。

翁方纲为山东嘉祥县武梁祠石刻画像捐资建屋，以保存画像石。

孙星衍中进士，授翰林院编修，充三通馆校理。

凌廷堪与谢启昆定交。又有《与阮伯元孝廉书》，与阮元论《三礼》。

洪亮吉三月参加礼部会试，未中；十一月赴开封毕沅抚署。

顾凤毛将家藏梅文鼎遗著《梅氏丛书》赠予焦循。

秦恩复中进士，改翰林院庶吉士，散馆，授编修。

王杰充会试正考官。

彭元瑞充武英殿三通馆总裁。

胡量在京指摘王鸿绪《明史稿》，驳正数十百事。

阮元会试下第，留馆京师。

谢启昆丁忧在家，胡虔客江西学政翁方纲幕，两人约定补正《魏书》。

江藩客游江西，曾在谢启昆家，与胡虔等共论学，观摩宋抚州本《三辅黄图》诸书。

舒位出都至苏州。

陈寿祺受业孟超然。

沈启震在浙江桐乡创建分水书院。

都世告时任知府，在江西高安县建养正书院。

萧应锐时任河南禹州知州，建颍南书院。

臧荣青在湖南澧县重修文正书院，易名为澧阳书院。

林辉万在广东新会县建禹门书院。

魏春华、邵志望在广西永福建云峰书院。

马维岳在四川洪雅县重建修文书院。

刘诏升时任贵州遵义知县，建湘川书院。

萧思浚时任云南镇元知县，建文明书院。

李如桐时任陕西凤县知县，建凤翼书院。

傅应奎时任陕西韩城县令，建汪平书院。

约翰·亚当斯发表《为美利坚合众国政府政体称好》。

杰里米·本瑟姆发表《论高利贷》。

詹姆斯·麦迪逊著成《美国政治制度的瑕疵》。

翁方纲著《十三经注疏姓氏》1卷刊行。

纪大奎著《易问》6卷、《观易外编》6卷刊行。

庄存与等奉敕重定《诗经乐谱》。

凌廷堪始著《礼经释名》。

金曰追遗著《仪礼经注疏正讹》付梓，王鸣盛作序。

严蔚著《春秋内传古注辑存》3卷，卢文弨、王鸣盛作序。

任兆麟著《夏小正补注》刊行，王鸣盛作序。

戴蓥著《尔雅郭注补正》9卷成书，有自序。

梁玉绳著《史记志疑》36卷刊行，钱大昕作序。

按：钱大昕在《史记志疑序》中称赞梁书"洵足为龙门之功臣，袭《集解》、《索隐》、《正义》而四之者矣"。《清史稿·梁玉绳传》曰："玉绳尤精乙部书，著《史记志疑》三十六卷，据经、传以纠乖违，参班、荀以究同异，钱大昕称其书为龙门功臣。"

王鸣盛著《十七史商榷》100卷刊行，有自序。

按：是书为作者毕生治史之结晶，是乾嘉时期三大考史名著之一，它反映了作者对十九部史书的校勘成果，提出版本文字错误和脱文一千余条，为以后二十四史的校正打下基础。《清史稿·王鸣盛传》曰："又《十七史商榷》一百卷，于一史中纪、志、表、传互相稽考，因而得其异同，又取稗史丛说以证其舛误，于舆地、职官、典章、名物每致详焉。"王鸣盛曰："十七史者，上起《史记》，下讫《五代史》，宋时尝汇而刻之者也。商榷者，商度而扬榷之也。海虞毛晋汲古阁所刻行世已久，而从未有全校之一周者。予为改讹文、补脱文、去衍文；又举其中典制事迹，诠解蒙滞，审核舛驳，以成是书，故名曰《商榷》也。……史家所记典制，有得有失，读史者不必横生意见，驰骋议论，以明法戒也。但当考其典制之实，俾数千百年建置沿革了如指掌，而或宜法，或宜戒，待人之自择焉可矣。其事迹则有美有恶，读史者亦不必强立文法，擅加与夺，以为褒贬也。但当考其事迹之实，俾年经事纬，部居州次，记载之异同，见闻之离合，一一条析无疑，而若者可褒，若者可贬，听之天下之公论焉可矣。"(《十七史商榷·序》)有广雅书局本、《史学丛书》本、《丛书集成初编》本、1959年北京商务印书馆刊本等。今有上海书店2005年点校本。

  汪辉祖著《九史同姓名略》72卷成书，有自序。
  吴骞著《国山碑考》1卷成书，有后序及卢文弨序。
  敕纂《钦定日下旧闻考》160卷刊行。
  王昶著《铜政全书》50卷成书。
  洪亮吉纂《乾隆府厅州县图志》50卷成书，有自序。
  黄文莲修，吴泰来纂《唐县志》10卷刊行。
  彭家桂修，张图南等纂《婺源县志》39卷刊行。
  钱大昕纂《鄞县志》30卷、《疑年录》3卷成书。
  卢崧修，江大键、程焕纂《新德府志》32卷刊行。
  陆维垣、许光基修，李天秀等纂《华阴县志》22卷刊行。
  陆继萼修，洪亮吉纂《登封县志》32卷刊行。
  郑一崧修，颜璹、林为辑纂《永春州志》16卷刊行。
  陈士林修纂《大竹县志》10卷刊行。
  沈念兹修纂《犍为县志》10卷刊行。
  张松孙修，陈景韩纂《中江县志》12卷刊行。
  张松孙等修，寇赉言等纂《遂宁县志》12卷刊行。
  刘原道编《阳明先生年谱》1卷刊行，附于济美堂刻本《阳明先生集要》。
  阎若璩著《孟子生卒年月考》由南城吴氏重刊康熙间刻本。
  童翼驹著《墨梅人名录》1卷成书，有自序及王栋序。
  黄文莲著《道德经订注》2卷、《书传盐梅》20卷刊行。
  阮元著《考工记车制图解》2卷成书。
  任大椿重刊唐殷敬顺《列子释文》2卷，附所著《考异》1卷。
  任兆麟著《尸子补遗》1卷。
  辛从益著《公孙龙子注》1卷成书，有自识。
  翁元圻始注王应麟《困学纪闻》。
  李晚芳著《玄学言行纂》3卷刊行，有陆溶、梁景璋序。
  按：李晚芳号菉猗，广东顺德人。碧江梁永妻。另著有《读史管见》。
  卢文弨《群书拾补》初编38种刊行，有自序。
  按：卢文弨《群书拾补小引》曰："文弨于世间技艺一无所能，童时喜钞书，少长渐喜校书。在中书日，主北平黄昆圃先生家，退直之暇，兹事不废也。其长君云门时为侍御史，谓余曰：'人之读书，求己有益耳。若子所为，书并受益矣。'余洒然知其匪誉而实讽也。友人有讲求性命之学者，复谓余'此所为玩物丧志者也，子何好焉'？斯两言也，一则微而婉，一则简而严，余受之皆未尝拂也。意亦怦怦有动于中，辍之遂觉阙然有所失，斯实性之所近，终不可以复反。自壮至老，积累渐多，尝举数册付之剞劂氏矣。年家子梁曜北语余曰：'所校之书，势不能皆流通于世，其藏之久，不免朽蠹之患，则一生之精神虚掷既可惜，而谬本流传后来亦无从取正，虽自有余，奚裨焉？意莫若先举缺文断简讹谬尤甚者，摘录以传诸人，则以传一书之力，分而传数书，费省而功倍，宜若可为也。'余感其言，就余力所能，友朋所助，次第出之，名曰《群书拾补》。虽然即一书之讹而欲悉为标举之，又复累幅难罄，约之又约，余怀终未快也。然余手校之书，将来必有散于人间者，则虽无益于己，宁不少有益于人乎？后有与余同好者，而且能公诸世，庶余之勤为不虚也已。"（《清儒学案》卷七二《抱经学案》）

　　石梁辑《草字汇》12集成书，有自序。
　　章学诚著《知非日札》1卷成书。
　　赵佑著《清献堂全编》8种55卷刊行。
　　彭兆荪著《楼烦集》成书。
　　吴煊、胡棠著《唐贤三昧集笺注》3卷成书。
　　王筠著《松露堂诗稿》4卷、补遗1卷刊行。
　　毕沅编《中州金石记》5卷成书。
　　按：史善长编《弇山毕公年谱》曰："自关中移节，迄今三载，公暇搜罗金石文字，考其同异，聚而拓之，编为《中州金石记》五卷。"
　　钱大昕著《潜研堂金石文跋尾》6卷成书。
　　程敦著《秦汉瓦当文字》2卷、续1卷刊行，有自序。
　　王念孙八月始著《广雅疏证》，期十年为之。

　　夏敬渠卒（1705—　）。敬渠字懋修，号二铭，江苏江阴人。诸生。著有《野叟曝言》152回、《唐诗臆解》2卷、《浣玉轩诗文集》、《纲目举正》4卷、《全史约编》、《经史余论》、《学古编》、《医学发蒙》等。事迹见《江阴夏氏宗谱》卷四。赵景深编有《夏二铭年谱》。
　　曹学闵卒（1719—　）。学闵字荐如，号慕堂，山西汾阳人。乾隆十九年进士，改翰林院庶吉士，授检讨，充武英殿功臣馆纂修官。官至内阁侍读学士，宗人府丞。著有《紫文山房诗文稿》。事迹见《清史列传》卷七二、李桓《国朝耆献类征初编》卷九二。
　　严长明卒（1731—　）。长明字冬友，一字道甫，江苏江宁人。早年受业于方苞。乾隆二十七年特赐举人，授内阁中书。官至内阁侍读。历充《通鉴辑览》、《大清一统志》、《热河志》、《平定准噶尔方略》等书纂修官。筑有"归求草堂"，藏书二万卷，金石文字三千卷。晚年任庐江书院院长。著有《毛诗地理疏证》、《三经答问》、《三史答问》、《西清备对》、《石经考异》、《文选课读》、《文选声类》、《尊闻录》、《献征余录》、《知白斋金石类笺》、《金石文字跋尾》、《汉金石例》、《五陵金石志》、《石迹表》、《吴兴石迹表》、《五经算术补正》、《淮南天文太阳解》、《南宋文鉴》、《墨缘小录》、《八表停云录》、《养生家言》、《归求草堂诗集》6卷、《严冬有诗集》10卷、《西安府志》80卷、《汉中府志》40卷等。事迹见《清史稿》卷四八五、《清史列传》卷七二、李桓《国朝耆献类征初编》卷一四六、姚鼐《严冬友墓志铭》、钱大昕《内阁侍读严道甫传》(均见《碑传集》卷四二)。

按：《清史稿》本传曰："幼奇慧。年十一，为李绂所赏，告方苞曰：'国器也！'遂从苞受业。寻假馆扬州马氏，尽读其藏书。高宗二十七年南巡，以诸生献赋，赐举人，用内阁中书，入军机。长明通古今，多智数，工于奏牍，大学士刘统勋最奇其才。……后以忧归，遂不复出。客毕沅所，为定奏词。又主讲庐阳书院。博学强记，所读书，或举问，无不能对。为诗文用思周密，和易而当于情。著《毛诗地理疏证》、《五经算术补正》、《三经三史答问》、《石经考异》、《汉金石例》、《献征余录》等书。"

曹仁虎卒(1731—)。仁虎本姓杭，字来殷，号习庵，江苏嘉定人。乾隆二十七年特赐举人，授内阁中书。次年中进士，改翰林院庶吉士，授编修。官至侍讲学士。与同邑钱大昕、王鸣盛齐名，时称"嘉定三才子"。又与王鸣盛、王昶、赵文哲、吴泰来、钱大昕、黄文莲唱和，称"吴中七子"。著有《转注古音考》、《二十四气七十二候考》、《蓉镜堂文稿》、《宛委山房集》2卷、《砚静斋集》1卷、《渔庵诗选》2卷、《南枝集》等。嘉庆间，王鸿逵编《曹学士遗集》30卷。事迹见《清史稿》卷四八五、《清史列传》卷七二、李桓《国朝耆献类征初编》卷一二九。

张金吾(—1829)、朱文炳(—1839)、董基诚(—1840)、杨以增(—1855)、许梿(—1862)、李惺(—1864)、许乃普(—1866)、陈仅(—1868)生。

乾隆五十三年　戊申　1788年

正月二十七日庚寅(3月4日)，礼部尚书纪昀奏来热河勘书完竣并查明阙失颠舛各书设法办理折。

二月初二日乙未(3月9日)，三通馆为知照拨送供事四名事致典籍厅移会。

初六日己亥(3月13日)，举行仲春经筵。

初十日癸卯(3月17日)，热河总管董椿等奏文津阁所贮全书已校竣归架等情折。

是日，热河总管董椿等奏纪昀又拣出应毁书七部并重复书一册片。

十五日戊申(3月22日)，军机大臣阿桂等奏遵议纪昀查勘热河书籍分别办理折。

英属澳大利亚殖民地建立。

奥地利向土耳其宣战。

英国议会提议废除奴隶贸易。

美国宪法生效。

纽约成为合众国首都。

三月十九日辛巳(4月24日),训谕士子毋得竞尚浮华,不务实学。

五月初四日乙丑(6月7日),寄谕两江总督书麟等各严饬所属悉心查察应禁各书。

按:谕曰:"据陈用敷奏,查缴应禁各书,请予展限一折,称抵任后,各属先后缴到《通纪编年》等书三十种,计一百零七本。可见历年呈缴,尚未净尽。再请予限一年,俾得率属广为咨访等语。此等应禁各书,节经降旨,令各督抚广为查缴,并宽予限期,俾得逐细访查,不使稍有遗留。今据陈用敷奏,伊到任后,各属呈缴各书,已有三十余种。安徽尚非大省,应禁之书,历年犹未能收缴净尽。江苏、江西、浙江,省分较大,素称人文之薮,民间书籍繁多,何以近年总未据该抚等续行查缴?岂该三省于应缴之书,业已搜查净尽,抑该督抚于此等事件,视为无关紧要,并不饬属认真查办耶?著传谕书麟、闵鹗元、何裕城、琅玕等,各严饬所属,悉心查察。如应禁各书,该省尚有存留之本,即行解京销毁。"(《清高宗实录》卷一三〇四)

十三日甲戌(6月16日),浙江巡抚琅玕奏复浙省查缴违禁书籍情形折。

十七日戊寅(6月20日),质郡王永瑢等奏请令议叙誊录内现任及候补知县各官分缴养廉以为雇人缮书发价折。

三十日辛卯(7月3日),军机大臣奏遵旨至文津阁查看书籍情形片。

是日,两江总督书麟奏复遵旨收缴违碍书籍情形并缮单呈览折。

六月初四日乙未(7月7日),军机大臣奏遵旨询问闵鹗元查缴违碍书籍情形片。

是日,江西巡抚何裕城奏复查办违禁书籍并缮书目清单进呈折。

按:奏中所列禁书44种,计1124本(张书才主编《纂修四库全书档案》下)。

十三日甲辰(7月16日),河南查获八卦教震卦教。

十五日丙午(7月18日),寄谕闽浙总督李侍尧等饬属查办《古今小品》等违碍书籍。

按:谕军机大臣等:"据书麟奏,江宁书局续收违碍书籍,解京分别办理一折,内有《古今小品》一部,系闽省漳州人陈天定所选,其序文及书内所列诸人姓氏,俱有违碍,应行抽毁。此时自不值复行追究,除俟解到呈览,再交该馆分别办理外,陈天定籍隶漳州,恐该省尚有从前刷印之本及版片存留。著传谕李侍尧等,务宜饬属实力查办。其有似此者,亦当不致骚扰,搜缴净尽。"(《清高宗实录》卷一三〇六)

十六日丁未(7月19日),军机大臣奏将文津阁《四库全书》内《热河志》六函进呈片。

是日,命四川总督密查天地会根源。

十七日戊申(7月20日),军机大臣和珅等为查询《热河志》已否刊竣事致阿哥等函。

是日,军机大臣为奉旨国史馆进书改正事致阿哥函。

二十三日甲寅(7月26日),军机大臣为将热河建学升府谕旨添入《热河志》事致武英殿总裁函。

七月二十四日甲申(8月25日),贺世盛以私著"逆书"《笃国策》被斩。

九月十一日己巳(10月9日),军机大臣奏查《月令广义》未列入全书等情片。

二十五日癸未（10月23日），军机大臣奏查《大藏全咒》告竣时间及板片存贮柏林寺片。

十月十五日癸卯（11月12日），谕内阁：所有武英殿国史馆等承办空函各书，著派八阿哥等督饬赶办。

是日，军机大臣等奏遵查文源阁应补各书分缮清单呈览片。

是日，撤《四库全书》馆，未尽事宜交由武英殿办理。

按：谕曰："文渊、文源等阁弆藏《四库全书》，上年派六阿哥、八阿哥、刘墉、彭元瑞，督同详校官重加校正。惟留空未补各函，或因缮写未竟，或因算办未完，尚未归函插架，亟应予限严催，毋任延缓。其《四库》馆应办各书，现在该馆已撤，即交武英殿办理。"（《清高宗实录》卷一三一四）

十七日乙巳（11月14日），军机大臣奏查各馆纂办书籍完竣情形片。

二十日戊申（11月17日），军机大臣和珅等奏为办理《南巡盛典》等书咨取誊录折。

二十二日庚戌（11月19日），军机大臣奏呈《翻译琴谱》原本及《尚史》《宋稗类钞》底本片。

是日，军机大臣奏查小板《御批历代通鉴辑览》刷印完竣片。

二十三日辛亥（11月20日），谕内阁：文渊阁交提举阁事一人专管，并《四库全书》嗣后毋庸曝晒。

是日，军机处为江西解京禁书已交翰林院办理事致江西巡抚咨文。

二十四日壬子（11月21日），军机大臣奏查《四库全书》内应行撤出销毁各书情形片。

按：被撤出的书籍有：《诸史异同录》、《南北史合注》、《南唐书合注》、《历代不知姓名录》、《书画记》、《读画录》、《闽小记》、《印人传》、《国史考异》（张书才主编《纂修四库全书档案》下）。

三十日戊午（11月27日），热河总管董椿奏纪昀来热河时间及办理书籍情形折。

是日，礼部尚书纪昀奏恭报办理文津阁书匣等情形折。

十一月初五日癸亥（12月2日），寄谕浙江巡抚琅玕将纪昀原折发给陆费墀阅看明白登答。

十七日乙亥（12月14日），礼部尚书纪昀奏请修改文津阁书函折。

是日，礼部尚书纪昀奏撤去次等之书以为插入空匣之地片。

十八日丙子（12月15日），军机大臣奏江苏省查缴禁书尚未据书麟等具奏片。

二十三日辛巳（12月20日），军机大臣为奉旨办理文渊阁书匣章程事致纪昀函。

二十六日甲申（12月23日），军机大臣奏《左光斗集》、《经世挈要》等书应行销毁片。

是日，军机大臣奏各省解到违碍书籍缴进销毁片。

二十八日丙戌（12月25日），军机大臣奏查《月令广义》列入《四库全书》馆存目,并办理应行译改字句片。

十二月初二日己丑(12月28日),军机大臣奏查韦谦恒革职原由片。

初五日壬辰(12月31日),谕内阁:著国史馆续行纂办《王公大臣表传》。

十一日戊戌(1789年1月6日),谕文源、文津两阁书籍,著交纪昀照此办理。

二十八日乙卯(1月23日),军机处为知照将盛京《职贡图》第二卷送京事致盛京将军咨文。

是日,军机处为奉旨将热河《职贡图》第二卷送京事致热河总管札文。

赵翼复至扬州主讲安定书院。

章学诚主讲归德文正书院。又得毕沅支持,设局于开封纂修《史籍考》,章学诚主其事,并有洪亮吉、凌廷堪、武亿等人参与。

按:章学诚是年致孙星衍的信曰:"鄙人比日与洪(亮吉)、凌(廷堪)诸君为中丞(即毕沅)编《史籍考》,泛览典籍,亦小有长进;《文史通义》亦庶可藉是以告成矣。"(《章氏遗书》卷二九《与孙渊如书》)章学诚作有《论修史籍考要略》一文,详悉阐述了修书缘由及编撰体例。其言曰:"校雠著录,自古为难。二十一家之书,志典籍者,仅有汉、隋、唐、宋四家,余则阙如。《明史》止录有明一代著述,不录前代留遗,非故为阙略也,盖无专门著录名家,勒为成书,以作凭藉也。史志篇幅有限,故止记部目,且亦不免错讹。私家记载,间有考订,仅就耳目所见,不能悉览无遗。朱竹垞氏《经义》一考,为功甚巨,既辨经籍存亡,且采群书叙录,间为案断,以折其衷。后人溯经艺者,所攸赖矣。第类例间有未尽,则创始之难;而所收止于经部,则史籍浩繁,一人之力不能兼尽,势固不能无待于后人也。今拟修《史籍考》,一仿朱氏成法,少加变通,蔚为钜部,以存经纬相宣之意。"有鉴于此,章学诚提出修书十五例:一曰古逸宜存;二曰家法宜辨;三曰翦裁宜法;四曰逸篇宜采;五曰嫌名宜辨;六曰经部宜通;七曰子部宜择;八曰集部宜裁;九曰方志宜选;十曰谱牒宜略;十一曰考异宜精;十二曰板刻宜详;十三曰制书宜尊;十四曰禁例宜明;十五曰采摭宜详。至于编纂之法,章学诚指出:"理宜先作长编,序跋评论之类,钞录不厌其详。长编既定,及至纂辑之时,删繁就简,考订易于为力。仍照朱氏《经考》之例,分别存、轶、阙与未见四门,以见征信。"(《章氏遗书》卷一三)

章学诚三月初一日作《与洪稚存(亮吉)博士书》,谈《史籍考》编纂事宜。

按:章学诚在信中曰:"三月朔日为始,排日编辑《史考》。检阅《明史》及《四库》子部目录,中间颇有感会,增长新解,惜不得足下及虚谷(指武亿)、仲子(指凌廷堪)诸人,相与纵横其议论也。然蕴积久之,会当有所发泄。不知足下及仲子,此时检阅何书?史部提要已钞毕否?《四库》集部目录,便中检出,俟此间子部阅毕送上,即可随手取集部,发交来力也。《四库》之外,《玉海》最为紧要,除艺文、史部毋庸选择外,其余天文、地理、礼乐、兵刑各门,皆有应采辑处,不特艺文一门已也。此二项讫工,廿三史亦且渐有条理,都门必当有所钞寄。彼时保定将家既来,可以稍作部署。端午节后,署中聚首,正好班分部别,竖起大间架也。至检阅诸书,采取材料,凡界疑似之间,宁可备而不用,不可遇而不采,想二公有同心也。兹乘羽便,先此布闻,其余一切,须开学后,接见诸生与此间人士,多有往返,性情相喻,乃可因地制宜。"(《章氏遗书》卷二二)从这封信中可以看出,当时参与其事者有三处:除章学诚在归德外,洪亮吉、凌廷堪、武亿等人在毕沅开封幕府,另外一处即京师,邵晋涵、孙星衍、章宗源等人与之遥相呼应,互通信息。

  章学诚四月二十二日有《与邵二云书》,与邵晋涵谈搜求逸史的方法。

  按:章学诚提出的方法是:"自唐以前诸品逸史,除搜采尚可成卷帙者,仿丛书例,另作叙跋较刻以附《史籍考》后,其零章碎句,不能成卷帙者,仍入《史籍考》内,以作考证。至书之另刻,不过以其卷页累坠,不便附于各条之下,其为题裁,仍是搜逸,以证著录与零章碎句之附于各条下者,未始有殊。故文虽另刻,必于本条著录之下,注明另刻字样,以便稽检。鸿编巨制,取多用宏,创例仅得大凡。及其从事编摩时,遇盘根错节,必须因时准酌,例以义起,穷变通久,难以一端而尽,凡事不厌往复熟商。今之所拟,不识高明以为何如?至宋元以来,史部著述浩繁,自诸家目录之外,名人文集有序文题跋,杂书说部有评论叙述,均须摘抉搜罗。其文集之序跋,不无仰资馆阁,说部则当搜其外间所无者。……若得此二事具,则于采择之功,庶几十得其八九矣。又文集内有传志状述,叙人著述,有关于史部者,皆不可忽。"此一凡例,较之此前《论修史籍考要略》所说"古逸宜存"、"逸篇宜采",更为明晰、具体,便于操作。章学诚对《史籍考》的编纂充满信心。他不无自豪地说:"其书既成,当与余仲林《经解钩沉》可以对峙,理宜别为一书,另刻以附《史考》之后。《史考》以敌朱氏《经考》,《逸史》以敌余氏《钩沉》,亦一时天生瑜、亮,洵称艺林之盛事也。但朱、余二人,各自为书。故朱氏《经考》,本以著录为事,附登纬候逸文;余氏《钩沉》,本以搜逸为功,而于首卷别为五百余家著录。盖著录与搜逸二事,本属同功异用,故两家推究所极,不俟而合如此。今两书皆出弇山先生(即毕沅)一人之手,则又可自为呼吸照应,较彼二家更便利矣。"(《章氏遗书》卷一三)

  章学诚五月二十三日作《报孙渊如书》,第一次发表"六经皆史"的观点。

  按:书曰:"承询《史籍考》事,取多用宏,包经而兼采子集,不特如所问地理之类已也。前有条例与邵二云,求其相助。如足下从事校雠,其于古今载籍,耳目所及,幸有以指示之也。至义例所定有应采者,邵君处已有大凡,可就询之。此间编得十卷八卷,亦当寄京,请足下辈为参定也。愚之所见,以为盈天地间,凡涉著作之林,皆是史学,六经特圣人取此六种之史以垂训者耳。子集诸家,其源皆出于史。末流忘所自出,自生分别,故于天地之间,别为一种不可收拾,不可部次之物,不得不分四种门户矣。此种议论,知骇俗下耳目,故不敢多言,然朱少白所钞鄙著中,亦有道及此等处者,特未畅耳。俟为尚书公(指毕沅)成书之后,亦当以涉历所及,自勒一家之言,所为聊此自娱,不敢问世也。"(《章氏遗书》卷九)

  纪昀赐紫禁城骑马,充武会试正考官。是秋,以校勘《四库全书》至避暑山庄。

  纪昀以所藏《顺治十八年缙绅》一函,请法式善题跋。

  段玉裁十一月为刘台拱跋所校《明皇甫录广雅》。

  王念孙补陕西道监察御史。是年有书与刘台拱论校订《方言》、《广雅》之事。

  陆费墀寓居杭州西湖山房,校文澜阁已到《四库全书》。

  毕沅七月迁任湖广总督,洪亮吉随赴湖北武昌;时在毕沅幕中的尚有汪中、毛大瀛、方正澍、章学诚等。新入幕的有江声、梁玉绳、邓石如、史善长、胡虔、臧庸等。

按：毕沅调任湖广总督后，《史籍考》的编纂一度搁置。章学诚亦因毕沅的离去，而受到归德官员的冷遇，以至于是年冬失去文正书院讲席，一度陷入无可依凭的窘境，于是不得不投奔官亳州知州的友人裴振，聊作栖身之地。《史籍考》编撰一事，遂暂告中断。章学诚《上毕制府书》曰："事未及殷，而阁下移节汉江。学诚欲襥被相从，则妻子无缘寄食；欲仍恋一毡，则东道无人为主。盖自学诚离左右之后，一时地主，面目遽更，造谒难通。疣之赘，尚可言也；毛无附，将焉置此？阁下抚豫数年，学诚未尝一来；及其来也，阁下便去，进退离合，夫岂人谋？不得已还往亳州。"（《章氏遗书》补遗）又《丁巳岁暮书怀投赠宾谷转运因以志别》曰："戊秋洪水割荆州，大府移镇苏虞刘。坐席未煖又偈偈，故人官亳聊相投。"（《章氏遗书》卷二八）

梁玉绳是春始为毕沅编订《吕氏春秋》，卢文弨也参加此书的编定，但未至毕沅幕府。

卢文弨到吴兴龙城书院任教。

李兆洛始识陆继辂。

陆继辂交识丁履恒、吴廷敬，又交恽敬、张琦、洪饴孙，学问日进，与陆耀遹齐名，人称"二陆"。

黄丕烈中举人，官主事。

王芑孙中举人，官华亭县学教谕。

王昶外迁江西布政使，离京时，纪昀邀请在京同年夜集，为其饯行。

梁章钜肄业鳌峰书院。

李汝珍从凌廷堪学。

刘松、刘之协改混元教为三阳教，将《混元点化经》改为《三阳点化经》，传经授徒。

张问陶是春离开成都去京师参加顺天乡试；正主考为礼部尚书德保，副主考为内阁学士邹奕孝和工部侍郎管干贞；九月发榜，中式第十三名举人。

高鹗中顺天乡试举人。

宋世荦中举人，考取咸安宫教习。

舒位中举人。

林宾日参加乡试，因病目不能终落选，就馆于罗氏，携林则徐入塾读书。

唐仁埴时任浙江嵊县知县，倡建辅仁书院。

王恒时任浙江平湖知县，建新溪书院和芦川书院。

周玘时任河南杞县知县，建东娄书院。

张摺时任四川永川知县，建东皋书院。

石作瑞石任四川资阳知县，建珠江书院。

陈明义时任陕西宁陕通判，建太乙书院。

康德著成《实

周蕙田辑录《周易揭要》3卷刊行。

段玉裁始著《古文尚书撰异》。

金曰追著《仪礼注疏正讹》17卷刊行。

任兆麟著《毛诗通说》30卷、《序录》1卷、《略说》1卷、《补遗》1卷。

胡文英著《诗疏补遗》5卷刊行。

郝懿行著《诗经拾遗》1卷成书，有自序。

庄存与等奉敕纂《钦定诗经乐谱》30卷成书。

按：《四库全书总目提要》曰："《钦定诗经乐谱》三十卷、《乐律正俗》一卷，乾隆五十三年奉敕撰。我皇上启六义不传之秘，示千秋大乐之原，特命皇子暨乐部诸臣，据文义以定宫调，援古证今，亲加指示，而于永言之微旨，御定为一字一音，合于大音希声之义。并遵《御制律吕正义》体例，分列《八音谱》、《旋宫表》，字色各异，而声律则同，可谓尽美尽善，足以识性情之正，而建中和之极矣。考歌诗之见于史册者，汉宗庙乐用《登歌》，而犹仿《清庙》遗音，晋正会乐奏《于赫》，而不改《鹿鸣》声节，则知古乐虽屡变，而其音节不能尽变也。唐《开元乡饮乐》虽不著宫谱，而独取一字一音，朱子盖尝言之。岂非古有其法而不能用，我皇上深究其本原，适合于古哉！后世谱《诗》者，明朱载堉《乐律全书》所载《关雎》数篇，琴瑟至用一字十六弹。皇上亲命乐工按谱试之，俱不成声，屡降谕旨驳正之。又撰《乐律正俗》一书，以纠其误。又考嘉靖十五年国子祭酒吕柟著《诗乐图谱》共六集，分为六谱，以教六馆诸生。而其谱专取黄钟一调，即朱载堉以笛合字为宫声之法也。歌字不论平仄，亦不取某字起、某字止之例。钟磬止用黄、大、仲、林、南、清黄六音，而虚其十二不用。琴瑟止用六弦。盖以意为之，不知而作者也。且自《周南》至《商颂》仅八十余谱，乌足与语全《诗》之盛美、圣皇之作述哉！总计原《诗》三百五篇，增入《御制补笙诗》六篇，凡三百十一篇，箫、笛、钟、琴、瑟凡一千五百五十五谱云。"

崔述著《五服异同汇考》3卷成书。

邵晋涵著《尔雅正义》20卷由面水层轩刊行。

王念孙著《广雅疏证》成卷一上。

按：《清史稿·王念孙传》曰："以邵晋涵先为《尔雅正义》，乃撰《广雅疏证》。日三字为程，阅十年而书成，凡三十二卷。其书就古音以求古义，引伸触类，扩充于《尔雅》、《说文》，无所不达。然声音文字部分之严，一丝不乱。盖藉张揖之书以纳诸说，而实多揖所未知，及同时惠栋、戴震所未及。"

任大椿刻宋岳珂著《九经三传沿革例》1卷。

蒋和著《说文字原集注》16卷刊行。

吴任臣著《十国春秋》114卷由周昂据初刻本重刊。

钱大昭著《补续汉书艺文志》成书，邵晋涵作序。

吴长元著《宸垣识略》16卷刊行，邵晋涵作序。

按：吴长元字太初，浙江仁和人。曾以为公卿校雠文艺为生。

《钦定台湾纪略》70卷成书。

王魁儒修纂《房县志钞》33卷成书。

钱维乔修，钱大昕等纂《鄞县志》30卷刊行。

周玑修，朱璇纂《杞县志》24卷刊行。

德昌修，徐郎斋纂《卫辉府志》53卷刊行。

叶兰修纂《泗州志》11卷成书。

践理性批判》。

约翰·伦普里尔编纂成《古典词典》。

詹姆斯·赫顿发表《地球新论》。

拉普拉斯著成《太阳系的定律》。

孙星衍纂《偃师县志》30卷刊行，又校《晏子春秋》，并著《晏子春秋音义》2卷。

谢庭薰修，陆锡熊纂《娄县志》30卷、首2卷刊行。

李国麒纂修《兴安府志》30卷刊行。

顾镇修，周昂增订《支溪小志》6卷、《艺文志》2卷刊行。

王道亨修，张庆源纂《德州志》12卷刊行。

张曾敏修，陈琦纂《屏山县志》8卷刊行。

董枢修纂《续修河西县志》4卷刊行。

吴兰孙修纂《景东直隶厅志》4卷刊行。

任兆麟编《孟子时事略》1卷刊行。又著《襄阳耆旧记》3卷成，有自序。

蒋元益自编《时庵自叙年谱》1卷成书。

惠麓酒民编《洴澼百金方》由榕城嘉鱼堂刊行。

梁玉绳著《吕子校补》2卷成书，有自序。

刘梦鹏著《屈子章句》7卷、《屈子纪略》1卷刊行。

按：刘梦鹏字云翼，湖北蕲水人。乾隆十六年（1751）进士，官河北饶阳知县。治学精于《春秋》，著有《春秋义解》12卷。

杭世骏著《道古堂外集》10种刊行。

史褒著《学杜集》刊行。

乾隆帝《御制文初集》30卷、二集44卷、余集2卷；《御制诗初集》44卷、二集100卷、三集112卷、四集112卷、五集140卷及余集编成。

江永遗著《四声切韵表》1卷由汪龙刊行。

按：《四库全书总目提要》曰："是书前列《凡例》六十二条，备论分析考定之意，而列表于后。其论古法七音三十六母不可增减移易，凡更定者皆妄作，最为有见。其论入声尤详，大旨谓顾炎武《古音表》务反旧说之非。"

任兆麟著《石鼓文集释》1卷成书，有自序。

武亿著《偃师金石记》4卷成书。

阮元著《考工记车制图解》刊行。

任兆麟编录三代、两汉遗书56种为《任氏述记》刊行。

按：《述记》一名《三代两汉遗书》，前有王鸣盛序。

周海蓬著《疗马集》1卷成书。

高嶅辑《高梅厅读书丛抄》42卷刊行。

乔亿卒（1702— ）。亿字慕韩，号剑溪，江苏宝应人。国子监生。应试不第，弃举业，专肆力于诗。与沈德潜友善。客游山西，主讲猗氏书院、郇阳书院。尝选录唐天宝至贞元间32位诗人的526首诗，编为《大历诗略》6卷。另著有《杜诗义法》、《剑溪说诗》、《小独秀斋诗》、《窥园吟稿》、《三晋游草》、《夕秀轩诗》、《惜余存稿》、《剑溪文略》等。

王聿修卒（1708— ）。聿修字念祖，号孝山，河南禹州人。乾隆元年举人。官至云南南安州州判。著有《四书五经讲义》、《全史提要》，修纂

《珙县志》等。事迹见《清史列传》卷六七、钱仪吉《王聿修传》(《衎石斋记事续稿》卷八)。

蒋元益卒(1708—)。元益字希元、汉卿,号时庵,江苏长洲人。乾隆十年进士,改翰林院庶吉士,授编修,补陕西道监察御史、山西学政,擢顺天府尹,官至兵部右侍郎。晚年主讲娄东、紫阳书院。著有《周易精义》、《二十一史订误》、《学吟集》、《清雅堂诗余》等。事迹见李桓《国朝耆献类征初编》卷八八。蒋元益自编有《时庵自叙年谱》。

杨潮观卒(1712—)。潮观字宏度,号笠湖,江苏金匮人。乾隆元年举人。官至四川泸州知府。作有杂剧32种之多,结集称为《吟风阁杂剧》4卷。又著有《吟风阁诗钞》、《吟风阁词稿》、《周礼指掌》、《易象举隅》、《家语贯珠》、《心经指月》、《金刚宝筏》等,均已散佚。事迹见李桓《国朝耆献类征初编》卷二三二。

董秉纯卒(1718—)。秉纯字抑儒,一字小钝,浙江鄞县人。乾隆十八年拔贡,补广西那地土州州判,后擢甘肃泰安知县。师事全祖望。治学精于经史。编有《鲒埼亭集外编》,著有《春雨楼集》、《全谢山先生年谱》等。事迹见《清史稿》卷四八一。

庄存与卒(1719—)。存与字方耕,号养恬,江苏武进人。乾隆十年一甲二名进士,授翰林院编修。曾提督湖北、直隶、山东、河南等省学政。充天文、算法总裁及乐部大臣,直上书房、南书房垂40年。官至礼部侍郎。为常州学派开创者。著有《彖传论》1卷、《彖象论》1卷、《系辞传论附序卦传论》2卷、《八卦观象解》2卷、《卦气解》1卷、《易说》6卷、《毛诗说》4卷、《周官说》5卷、《周官记》5卷、《尚书说》1卷、《尚书既见》3卷、《春秋正辞》12卷、《春秋举例》1卷、《春秋要旨》1卷、《四书说》1卷、《味经斋文稿》等。事迹见《清史稿》卷三〇五、《清史列传》卷二四、李桓《国朝耆献类征初编》卷八八、蔡冠洛《清代七百名人传》第四编、龚自珍《资政大夫礼部侍郎武进庄公神道碑》(《定盦文集》上)。王逸明编有《武进庄存与庄述祖年谱稿》,汤志钧编有《庄存与年谱》。

按:徐世昌《清儒学案》卷七三《方耕学案》曰:"方耕于《六经》皆有撰述,深造自得,不斤斤分别汉、宋,但期融通圣奥,归诸至当,在乾隆诸儒中,实别为一派。家学流传,薰陶者众。犹子述祖及外孙刘逢禄、宋翔凤辈,皆湛深经术,卓然成家,其渊源盖有自也。"魏源称庄存与"存大体,玩经文",为"真汉学者"。龚自珍表彰庄氏说:"学足以开天下,自韬污受不学之名,为有所权缓亟轻重,以求其实之阴济于天下,其泽将不惟十世。以学术自任,开天下知古今之故,百年一人而已矣。"常州学派其他代表人物尚有庄述祖、庄绶甲、宋翔凤、刘逢禄等。

王鸣韶卒(1732—)。鸣韶字鹗起,原名廷鹗,字夔律,自号鹤溪子,江苏嘉定人。王鸣盛弟。生平喜抄书,所藏多善本。著有《春秋三传考》、《十三经异义》、《祖德述闻》、《逸野堂文集》等。事迹见《清史列传》卷七二、李桓《国朝耆献类征初编》卷四三九、蔡冠洛《清代七百名人传》第五编、钱大昕《鹤溪子墓志铭》(《潜研堂文集》卷四八)。

按:钱大昕《鹤溪子墓志铭》曰:"生平喜抄书,所收多善本。……尤喜元明人书画,真赝入手立辨。家贫不能多蓄,有心赏者解衣付质库易之弗惜也。于邑中文献留心搜访,寺观桥梁残碑只字,躬自摹拓,考证异同,以补志乘之缺。"

翟灏卒(1736—)。灏字大川,号晴江,浙江仁和人。乾隆十九年进士,授知县,改衢州府学教授。以忧去官。起补金华府学教授,久之,以老乞归。著有《四书考异》72卷、《周书考证》、《尔雅补郭》6卷、《家语发覆》、《艮山杂志》、《说文讲经证》、《汉书艺文补志》、《太学石鼓补考》、《湖山便览》、《通俗篇》、《山海经道常》、《无不宜斋诗文稿》等。事迹见《清史稿》卷四八一、《清史列传》卷六八、李桓《国朝耆献类征初编》卷二五五、梁同书《翟先生灏传》(《碑传集》卷一三四)。

按:胡玉缙《许廎经籍题跋》曰:《尔雅补郭》"以郭璞《尔雅》注未详、未闻者百四十二科,邢昺疏只释其十,爰钩稽幽滞,为之疏通证明,补所未备,洵有裨于后学。惟过求详尽,往往失之傅会,转乖经旨。……全书于郭所未解者一一备说,良非易事,虽有疏失,而精核处居多,迥非陆佃、郑樵辈可比。钱氏《答问》、郝氏《义疏》屡引其说,亦可见是书之为通人重视矣"。《清史稿》本传曰:"灏见闻淹博,又能搜奇引痹,尝与钱塘梁玉绳论王肃撰《家语》难郑氏,欲搜考以证其讹,因握笔互疏所出,顷刻数十事。时方被酒,旋罢去,未竟菓,其精力殊绝人也。著有《尔雅补郭》二卷,以《尔雅》郭《注》未详、未闻者百四十二科,邢《疏》补言其十,余仍阙如,乃参稽众家,一一备说。又云:'古《尔雅》当有《释礼》篇,与《释乐》篇相随。《祭名》与《讲武》、《旌旂》三章,乃《释礼》之残缺失次者。'又著《四书考异》七十二卷,皆贯串精审,为世所推。"

顾凤毛卒(1762—)。凤毛字超宗,号小谢,江苏兴化人。顾九苞子。从钱塘学音韵、律吕。乾隆五十三年副贡生。著有《毛诗集解》、《楚辞韵考》、《入声韵考》、《毛诗韵考》、《董子求雨考》、《三代田制考》等。事迹见《清史稿》卷四八二、《清史列传》卷六九、李桓《国朝耆献类征初编》卷四二〇、焦循《顾小谢传》(《碑传集补》卷四〇)。

按:《清史稿》本传曰:"凤毛亦受经于祖母,年十一,通五经。及长,与焦循同学,循就凤毛问难,始用力于经。凤毛又学音韵律吕于嘉定钱塘,撰《楚辞韵考》、《入声韵考》、《毛诗韵考》,皆得塘旨。又撰《毛诗集解》、《董子求雨考》、《三代田制考》,未成而卒,年二十七。卒后,循理其丧,作《招亡友赋》哭之。"

薛传均(—1829)、臧寿恭(—1846)、贺熙龄(—1846)、华湛恩(—1853)、朱骏声(—1858)、郑用锡(—1858)生。

乾隆五十四年　己酉　1789年

法国大革命爆发。

奥属荷兰宣布独立,称为比利时。

正月初八日乙丑(2月2日),军机处为收到《职贡图》等书事复热河总管札文。

二月初四日辛卯(2月28日),举行仲春经筵。

三月初七日甲子(4月2日),尚书房阿哥师傅自二月三十日至本月初六日，七日之久竟无一人至书房授课，被乾隆帝查出，遂命将总师傅大学士嵇璜、王杰从宽交部议处；总师傅刘墉及胡高望、谢墉、吉梦熊、茅元铭、钱棨、钱樾、严福、程昌期、秦承业、邵玉清、万承风俱交部严加议处；满洲谙达阿肃、达椿革职，仍各责四十板。寻又将王杰、嵇璜总师傅解职，改派阿桂、李绶为总师傅，刘墉降为侍郎，停止协办大学士，仍在总师傅上行走，留观后效。

四月十二日戊戌（5月6日），首次举行会试复试。

按：前以科场情弊百出，曾议定各省乡试及会试后严加复试，后以各省乡试后复试碍难实行，除顺天乡试后举行外，概行停止。本年为己酉恩科会试，首次举行复试。

二十四日庚戌（5月18日），乾隆帝亲定本年恩科三鼎甲：状元胡长龄，榜眼汪廷珍，探花刘凤诰。

二十五日辛亥（5月19日），御太和殿，传胪，赐一甲胡长龄等3人进士及第，二甲钱楷等33人进士出身，三甲广善等62人同进士出身。本科会试正考官为大学士王杰，副考官为侍郎铁保、管干珍。

五月十七日癸酉（6月10日），寄谕江南等督抚严饬所属留心查访违碍书籍。谕查办禁书毋庸定以限期。

闰五月十三日戊戌（7月5日），军机大臣奏《河源纪略》业经刻就现正复校样本片。

六月初六日庚申（7月27日），谕内阁将冯铨、龚鼎孳、薛所蕴、钱谦益等从《贰臣传》撤去，不必立传，仅为立表。

按：谕曰："朕阅国史馆所进《贰臣传》乙编内，薛所蕴、张炘二人俱曾顺从流贼，后始归降本朝；严自明则就既经投诚，后于尚之信谋叛，辄复从逆，嗣又与尚之信同降。此等从贼反复之人，俱于立传之例大为不协。夫人臣，策名委质，忠于所事，既遇宗社改移，自应抗节捐躯，方无愧在三之义。是以明末殉难诸臣，朕嘉其忠烈，特为赐谥，虽其中有曾经抗我颜行者，亦令一并褒谥。盖以各为其主，在本朝则为梗化，而在胜国不失为效忠，未忍令其湮没弗彰，爰为之锡谥表扬，以发幽光而昭激劝。至在前明业经身登仕版，继复臣事本朝者，伊等能知天命攸归，率先投顺，且间有功绩可纪，不可摈而不录。第因其大节究属有亏，因特命第其优劣，另立《贰臣传》，分甲乙二编，于忠厚之中仍寓激扬之道，所以垂教于万世者甚大。此内即有归顺之后，又去而从唐、桂、福、潞各王者，虽其人发侧无定，然唐、桂各王究为明之宗支，尚可托词于系怀故主，即列入乙编，不至有乖史例。若薛所蕴、张炘、严自明诸人，或先经从贼，复降本朝，或已经归顺，又叛从吴、耿、尚三逆，进退无据，惟知嗜利偷生，罔顾大义，不足齿于人类。此外如冯铨、龚鼎孳、金之俊等，其行迹亦与薛所蕴等相仿，皆腼颜无耻，为清论所不容。而钱谦益之流，既经臣事本朝，复敢肆行诽谤，其居心行事尤不可问，非李永芳、洪承畴诸人归顺后曾著劳绩者可比。若为之立传，其何以励臣节而示来兹。国史为天下大公，是非笔削，法戒凛然，岂可稍容假借。所有《贰臣传》乙编内如冯铨、龚鼎孳、薛所蕴、钱谦益等者，著该馆总裁详细查明，概行奏闻撤去，不必立传。若以伊等行为丑秽，一经删削，其姓名转不传于后，得幸免将来之訾议，不妨仅为立表，排列姓名，摘叙事迹，并将此旨冠于表首，俾天下万世共知。似此行同狗彘之徒，既不得炳丹青之列，仍不能逃斧钺之诛，于彰瘅更为有益。该总裁等，

乔治·华盛顿就任美国第一届总统。

第一届美国国会在纽约召开。

宾夕法尼亚州大学成立。

其悉心较核，以副朕扶植纲常、折衷公当至意。"（张书才主编《纂修四库全书档案》下）

七月十三日丁酉（9月2日），兵部尚书彭元瑞等为奉旨查取陆费墀用事供事姓名事致武英殿总裁函。

十月二十二日甲戌（12月8日），谕示化导新教回人以归于旧教。

二十八日庚辰（12月14日），浙江巡抚琅玕奏呈查缴禁书清单。

按：奏中所列禁书146种，计1535本（张书才主编《纂修四库全书档案》下）。

十一月初八日庚寅（12月24日），册封诸皇子。

初九日辛卯（12月25日），谕《四库全书荟要》二分，著派懋勤殿翰林会同纪昀悉心勘校。

十二月初九日庚申（1790年1月23日），谕内阁：著国史馆总裁特立《逆臣传》及将冯铨等赐谥追夺。

按：谕曰："前因国史馆所进《贰臣传》乙编内，有先顺流贼，仍降本朝，投诚后复行从逆者，皆系反复小人，不值为之立传，是以降旨令将伊等列传概行撤取，只为立表，排列姓名，摘叙事迹。今思此等偷生嗜利之徒，进退无据，实为清议所不容，若仅于表内了摘事迹，叙述不详，使伊等丑秽之行不彰后世，得以幸逃訾议，转不足以示惩戒。但《贰臣传》内原分甲、乙二编，如甲编内洪承畴、李永芳诸人，皆曾著迹宣劳，本朝有功可纪；即列入乙编者，归顺本朝之后，并未尝别生反侧。若吴三桂、耿精忠、李建泰、姜瓖、王辅臣、薛所蕴、张炘等或先经从贼，复降本朝，或已经归顺，复行叛逆，此等行同狗彘腼颜无耻之人，并不得谓之贰臣。若亦一同编列，转乖史例。著国史馆总裁即行详悉查明，特立《逆臣传》，另为一编，庶使叛逆之徒，不得与诸臣并登汗简，而生平秽迹亦难逃斧钺之诛，方为公当。"（张书才主编《纂修四库全书档案》下）

十五日丙寅（1月29日），军机大臣奏本年各省解到应毁书籍数目开单进呈片。

按：各省解到应毁书籍831本（张书才主编《纂修四库全书档案》下）。

十七日戊辰（1月31日），寄谕江苏巡抚闵鹗元通饬所属再行查缴《一柱楼集》悉行销毁。

二十九日庚辰（2月12日），军机大臣奏查《元朝名臣事略》人名俱经改正情形片。

阿洛伊西奥·加尔瓦尼用死蛙进行肌肉挛缩试验。

纪昀在承德避暑山庄校核文津阁《四库全书》，期间著《滦阳消夏录》；九月，充武会试正考官。

按：《滦阳消夏录》卷一曰："夫汉儒以训诂专门，宋儒以义理相尚，似汉学粗而宋学精。然不明训诂，义理何自而知？概用诋排，视犹土苴，未免既成大辂，追斥椎轮；得济迷川，遽焚宝筏，于是攻宋儒者又纷纷而起。故余撰《四库全书·诗部总叙》有曰：宋儒之攻汉儒，非为说经起见也，特求胜于汉儒而已。后人之攻宋儒，亦非为说经起见也，特不平宋儒之诋汉儒而已。韦苏州诗曰：'水性自云静，石中亦无声；如何两相激，雷转空山惊。'此之谓矣。平心而论，王弼始变旧说，为宋学之萌芽。宋儒不攻《孝经》，词义明显。宋儒所争，只今文、古文字句，亦无关宏旨，均姑置弗议。至《尚书》、《三礼》、《三传》、《毛诗》、《尔雅》诸注疏，皆根据古义，断非宋儒所能。《论语》《孟子》，宋儒积一生精力，字斟句酌，亦断非汉儒所及。盖汉儒重师传，渊源有自。宋儒尚心悟，研索易深。汉儒或执旧文，过于信传；宋儒或凭臆断，勇于改经，计其得失，亦复相当。惟汉儒之学，非读书稽古，不能下一语；宋儒之学，则人人皆可以空谈。其间兰艾同生，诚有不尽餍人心者，是嗤点之所自来。"

陆锡熊带领原校文津阁《四库全书》造成疏漏的人员第一次赴盛京重校文溯阁全书。

按：至次年七月竣事，先后审阅书籍1600余函，查出誊写错落、字句偏谬书籍63部，另有漏写、错写及脱误过多必须重缮之书籍数十部，一一改正，奏明朝廷。

钱大昕在苏州主持紫阳书院。

按：钱庆曾《竹汀居士年谱续编》曰："公在紫阳最久，自己酉至甲子，凡十有六年，一时贤士受业门下者，不下二千人，悉皆精研古学，实事求是。如李茂才锐之算术，夏广文文焘之舆地，钮布衣树玉之《说文》，费孝廉士玑之经术，张征君燕昌之金石，陈工部稽亭先生之史学，几千年之绝学，萃于诸公，而一折衷于讲席。余如顾学士莼、茂才广圻、李孝廉福、陈观察钟麟、陶观察樑、徐阁学颋、潘尚书世恩、户部世璜、蔡明经云、董观察国华辈，不专名一家，皆当时之杰出者也。"

王念孙以所著《广雅疏证》与陈鳣商榷。

段玉裁到北京，与王念孙初次相晤，共商订古音；又与陈鳣相交。

按：段玉裁在京初见王念孙所著《广雅疏证》四，曰："予见近代小学书多矣，动与古韵违异。此书所言声同、声近、通作、假借，揆之古韵部居，无不相合，可谓天下之精矣！"（《广雅疏证序》，《广雅疏证》卷首）

章学诚是年先是馆于安徽学政徐立纲署，继访荐师沈业富于扬州，又游湖北，见时任湖北乡试正考官的弟子史致光，十月返回亳州后，即为裴振修州志。十一月，有《答沈枫墀论学》书，与沈在廷讨论学风变化。十二月二十九日，借为毕沅庆祝六十大寿之机，再次提及修《史籍考》事，希望能得到毕沅的支持，完成纂修《史籍考》。

按：章学诚《上毕制府书》曰："倘得驰一介之使，费崇朝之享，使学诚得治行具，安家累，仍充宾从之数，获成《史籍》之考。日期日颐，常饫寿尊之余沥；善祷善颂，冀美盛德之形容。"（《章氏遗书》补遗）

章学诚作《书朱陆篇后》，批评戴震学行。

按：章学诚《书朱陆篇后》曰："戴君学问，深见古人大体，不愧一代巨儒，而心术未醇，颇为近日学者之患，故余作《朱陆》篇正之。戴君下世今十余年，同时有横肆骂詈者，固不足为戴君累。而尊奉太过，至有称谓孟子后之一人，则亦不免为戴所惑。身后恩怨俱平，理宜公论出矣，而至今无人能定戴氏品者，则知德者鲜也。凡戴君所学，深通训诂，究于名物制度，而得其所以然，将以明道也。时人方贵博雅考订，见其训诂名物，有合时好，以谓戴之绝诣在此。及戴著《论性》、《原善》诸篇，于天人理气，实有发前人所未发者；时人则谓空说义理，可以无作，是固不知戴学者矣。戴见时人之识如此，遂离奇其说曰：'余于训诂、声韵、天象、地理四者，如肩舆之隶也。余所明道，则乘舆之大人也。当世号为通人，仅堪与余舆隶通寒温耳。'言虽不为无因，毕竟有伤雅道，然犹激于世无真知己者，因不免于已甚耳，尚未害于义也。其自尊所业，以谓学者不究于此，无由闻道。不知训诂名物，亦一端耳。古人学于文辞，求于义理，不由其说，如韩、欧、程、张诸儒，竟不许以闻道，则亦过矣。然此犹自道所见，欲人惟己是从，于说尚未有欺也。其于史学义例、古文法度，实无所解，而久游江湖，耻其有所不知,往往强为解事,应人之求,又不安于习故,妄矜独断。如修《汾州府志》,乃谓僧僚不可列之人类,因取旧志名僧入于古迹。又谓修志贵考沿革,其他皆可任意,此则识解渐入庸妄,然不过自欺,尚未有心于欺人也。余尝遇戴君于宁波道署,居停代州冯君廷丞,冯既名家子,凤重戴名,一时冯氏诸昆从,又皆循谨敬学,钦戴君言,若奉神明。戴君则故为高论,出入天渊,使人不可测识。人询班、马二史优劣,则全袭郑樵讥班之言,以谓己之创见。又有请学古文辞者,则曰:'古文可以无学而能。余生平不解古文辞,后忽欲为之而不知其道,乃取古人之文,反覆思之,忘寝食者数日,一夕忽有所悟,翼日,取所欲为文者,振笔而书,不假思索而成,其文即远出《左》、《国》、《史》、《汉》之上。'虽诸冯敬信有素,闻此亦颇疑之。盖其意初不过闻大兴朱先生辈论为文辞不可有意求工,而实未尝其甘苦。又觉朱先生言平淡无奇,遂恢怪出之,冀耸人听,而不知妄诞至此,见由自欺而至于欺人,心已忍矣。然未得罪于名教也。戴君学术,实自朱子道问学而得之,故戒人以凿空言理,其说深探本原,不可易矣。顾以训诂名义,偶有出于朱子所不及者,因而丑贬朱子,至斥以悖谬,诋以妄作,且云:'自戴氏出,而朱子侥幸为世所宗,已五百年,其运亦当渐替。'此则谬妄甚矣!戴君笔于书者,其于朱子有所异同,措辞与顾氏宁人、阎氏百诗相似,未敢有所讥刺,固承朱学之家法也。其异于顾、阎诸君,则于朱子间有微辞,亦未敢公然显非之也。而口谈之谬,乃至此极,害义伤教,岂浅鲜哉!或谓言出于口而无踪,其身既殁,书又无大牴牾,何为必欲摘之以伤厚道?不知诵戴遗书而兴起者尚未有人,听戴口说而加厉者,滔滔未已。至今徽歙之间,自命通经服古之流,不薄朱子,则不得为通人。而诽圣排贤,毫无顾忌,流风大可惧也。向在维扬,曾进其说于沈既堂先生曰:'戴君立身行己,何如朱子,至于学问文章,互争不释,姑缓定焉可乎?'此言似粗而实精,似浅而实深也。戴东原云:'凡人口谈倾倒一席,身后书传,或反不如期期不能自达之人。'此说虽不尽然,要亦情理所必有者。然戴氏既知此理,而生平口舌求胜,或致愤争伤雅,则知及而仁不能守之为累欤?大约戴氏生平口谈,约有三种:与中朝显官负重望者,则多依违其说,间出己意,必度其人所可解者,略见锋颖,不肯竟其辞也。与及门之士,则授业解惑,实有资益;与钦风慕名,而未能遽受教者,则多为慌惚无据,玄之又玄,使人无可捉摸,而疑天疑命,终莫能定。故其身后,缙绅达者咸曰:'戴君与我同道,我尝定其某书某文字矣。'或曰:'戴君某事质成于我,我赞而彼允遵者也。'而不知戴君当日特以依违其言,而其所以自立,不在此也。及门之士,其英绝者,往往或过乎戴。戴君于其逼近己也,转不甚许可之,然戴君固深知其人者也。后学向慕,而闻其恍惚玄渺之言,则疑不敢决,至今未能定戴为何如人,而信之过者,遂有超汉、唐、宋儒为孟子后一人之说,则皆不为知戴者也。"(《文史通义》内篇二)

  章学诚有《又与永清论文》书,对所纂《亳州志》甚为满意。

  按:章氏在文中曰:"此志拟之于史,当与陈、范抗行,义例之精,则又《文史通义》中之最上乘也;世人忽近贵远,自不察耳。后世是非,终有定评,如有良史才出,读《亳志》而心知其意,不特方志奉为开山之祖,即史家得其一二精义,亦当尊为不祧之宗;此中自信颇真,言大实非夸也。"(《文史通义》外篇三)

  江声入毕沅幕府,时毕沅正拟重刊古代词典《释名》,江声助其注释编撰,题名《释名疏正》。

  毕沅校勘《吕氏春秋》成,作《吕氏春秋新校正序》。

  按:据汪中代毕沅所作《吕氏春秋序》曰:"《吕氏春秋》世无善本,余向所藏,皆明时刻。循览既久,辄有所是正。于时嘉善谢侍郎(谢墉)、仁和卢学士(卢文弨)并

好是书,及同学诸君,各有校本。爰辑为一编,属学士刻之。"(《汪中集》卷四)

汪中游武昌,被毕沅延聘入幕。曾代毕沅撰《黄鹤楼铭》及《吕氏春秋序》等。次年夏,归里。

卢文弨主讲常州龙城书院,臧庸、李兆洛从其学;臧庸还以臧琳遗著《经史杂记》质卢文弨。

臧庸有《上侍读学士卢召弓言齐论语书》,与卢文弨讨论《齐论语》,又遵卢文弨嘱,校勘《毛诗注疏》。

洪亮吉有《与卢学士文弨论束修书》,对臧庸《郑氏论语注》解"束修"二字提出异议,臧庸有《答洪稚存太史书》。

姚鼐主讲紫阳书院。

邵晋涵在京与段玉裁会晤,赠以所著《尔雅正义》。

翁方纲以《汉延禧西岳华山庙碑歌》寄钱大昕。

洪亮吉正月离武昌北上,居孙星衍北京琉璃厂寓所,三月参加会试,未取;九月应常州知府李廷敬之请修纂府志,并纂修唐百家诗。

彭元瑞调吏部尚书,管理国子监。

王杰充会试正考官。

松筠充蒙古翻译考试官。

赵佑充江西乡试正考官,旋授江西学政。

江藩客江西王昶署中,王昶二月升刑部右侍郎,五月入京,江藩返吴下。

阮元会试中式第二十八名,殿试二甲第三名,赐进士出身,改翰林院庶吉士。旋充《万寿盛典》纂修官,国史馆、武英殿纂修官。

黄丕烈见《天下郡国利病书》稿本34册于张秋塘处。又借朱氏滋兰堂藏沈宝砚校本《扬子法言李注》10卷,手录之。

伊秉绶中进士。

刘凤诰中进士,授编修。

刘墉提督顺天学政。

谢振定中进士,改翰林院庶吉士。

张问陶三月参加会试,落第。

王起鹏中举人,官湖北谷城县令。

按:王起鹏字芝兰,又改名曰第兰,号苕若,新城人。著有《音学全书》34卷。

钱楷中进士,选翰林院庶吉士,散馆,改户部主事,充军机章京。

程寿龄作《五百罗汉图》手卷。

路邵时任浙江黄岩知县,建萃华书院,又名清献书院。

仇汝瑚时任河南孟县知县,建花封书院。

李早荣时任广西宁明州知州,建宁江书院。

刘申时任四川纳溪知县,建云溪书院。

彭以懋时任甘肃敦煌知县,建鸣沙书院。

| 杰里米·本瑟姆著成《道德与立法原理入门》。
安托万·朱西厄著成《植物特征》。
查理·伯尼著成《音乐史》。 | 韩松著《易义阐》4卷、《易学启蒙》1卷成书,有自序。
许宝善著《诗经揭要》4卷刊行。
臧庸辑卢植《礼记解诂》成书,卢文弨作序。
臧庸辑《尔雅汉注》3卷成书,有《录尔雅汉注序》,卢文弨又有序。
戚学标著《四书偶谈》2卷成书,有自序。
明陈际泰著《六经读》6卷刊行,王洪作序并校订。
钱大昕为洪亮吉《补东晋疆域志》、徐文范《东晋南北朝舆地表》作序。
陈兰森等修,谢启昆等纂《南昌府志》76卷刊行。
　　按:陈兰森字松山,号鉌卿,广西临桂人。陈宏谋孙。
唐侍陛、杜琮修,洪亮吉纂《新修怀庆府志》32卷刊行。
张维祺修,李棠纂《大名县志》40卷刊行。
周大儒修,尚云章等纂《虞乡县志》12卷刊行。
李述武修,张紫岘纂《巩县志》20卷刊行。
汪以诚修,史萼纂《再续华州志》12卷刊行。
姚文起修,危元福纂《黔阳县志》42卷刊行。
周澄修,张乃孚等纂《合州志》16卷刊行。
姚令仪修纂《仁寿县志》6卷刊行。
张仲芳修纂《安县志》4卷刊行。
汤毓倬修,孙星衍、武亿纂《偃师县志》30卷刊行。
王凤仪修,胡绍鼎、杜乘时纂,王正常续纂《黄冈县志》20卷刊行。
章学诚著《文史通义》,成内外23篇。
　　按:钱穆曰:"实斋重要思想,大部均于此时成熟。上举篇目,实为《文史通义》之中心文字,为研究实斋学术者最须玩诵之诸篇。而己酉一年,亦实斋议论思想发展最精彩之一年也。"(《中国近三百年学术史》第九章)
毕沅《吕氏春秋新校正》26卷成书。
　　按:参与是书校订者有卢文弨、钱大昕、谢墉、孙志祖、段玉裁、钱塘、孙星衍、洪亮吉、梁玉绳、梁履绳等人。《吕氏春秋》最早的注释本是汉代高诱的《吕氏春秋注》,校本流传最广和最佳的是毕沅的《吕氏春秋新校正》本。
秦恩复据孙星衍录本,刻梁陶弘景注《鬼谷子》。
毕沅著《释名疏正》8卷,由江声审订后刊行。
吴省兰著《文字辨讹》1卷刊行。
方辅著《隶八分辨》成书。
周春著《杜诗双声叠韵谱括略》8卷成书,有自序。
喻端士辑《谐声别部》6卷刊行。
　　按:喻端士,江西南昌人。另著有《时节气候抄》。
任兆麟选编《吴中女士诗钞》(亦名《吴中十子合集》)4卷始刊。
纪昀始著《阅微草堂笔记》。
秦武域著《闻见瓣香录》10卷刊行。
　　按:秦武域字于镐,号紫峰,山西曲沃人。曾任郑龙县令。另著有《西湖杂咏》。 |

翁方纲著《两汉金石记》22卷刊行，有题记。

汪启淑著《飞鸿堂印人传》8卷刊行，王鼎作序。

陆时化著《书画说铃》1卷成书。

阮葵生著《茶余客话》30卷成书。

> 按：此书今本只有12卷。

冯起凤、叶堂合订《吟香堂曲谱》4卷刊行。

> 按：是书内录《牡丹亭》曲谱2卷、《长生殿》曲谱2卷。

纪昀等纂《四库全书总目》200卷写定，由武英殿刊版。

> 按：是书收提要10254篇，刊刻以后发到贮藏《四库全书》的七座藏书楼使用。

周永年辑《贷园丛书》12种47卷刊行。

> 按：周永年《贷园丛书序》曰："《贷园丛书初集》共二十种，其板皆取诸青州李南涧家。其不曰《大云山房丛书》者何也？曰尚思续刻以益之，凡藏弆书板者，又将多所借以广之，不必咸以一家故也。余交南涧三十年，凡相聚及简尺往来，无不言传抄书籍之事。及其官恩平、潮阳，甫得刻兹十余种，其原本则多得之于余。今君之殁已十一年，去年冬，始由济南至青州，慰其诸孤，因携板以来。忆君有言曰：'藏书不借，与藏书之意背矣。刻书不印，其与不刻奚异？'尝叹息以为名言。使果由此多为流布，君之志庶几可以少慰乎！"（《贷园丛书》卷首）是书所收大半为戴震、惠栋、江永诸人研经治音韵之作。

蒋良骐卒（1723— ）。良骐字千之，一字赢川，广西全州人。乾隆十六年进士。授翰林院编修。参与重修《全州志》。充国史馆纂修官。又摘抄天命、天聪、崇德、顺治、康熙、雍正实录，兼采旁书，著成《六朝东华录》32卷。又有《下学录》。事迹见今人朱桂昌编《蒋良骐年谱简编》。

阮葵生卒（1727— ）。葵生字宝诚，一字安甫，号吾山，江苏山阳人。乾隆十七年举人。历内阁中书、刑部主事、员外郎，官至刑部右侍郎。著有《七录斋诗文集》24卷、《茶余客话》30卷等。事迹见李桓《国朝耆献类征初编》卷九六、阮元《阮葵生传》（《揅经室二集》卷三）。

方矩卒（1729— ）。矩又名根矩，字晞原，号以斋，安徽歙县人。贡生。曾与戴震、郑牧、汪肇龙、程瑶田、金榜、吴绍泽等人于乾隆十七年师从在歙县西溪汪氏不疏园讲学的江永，与同门金榜、程瑶田、洪榜、汪肇龙、郑牧、汪梧凤并称为"江门七子"。著有《道古堂初刻》。事迹见胡赓善《方晞原权厝志》（《新城伯子文集》卷七）、姚鼐《方晞原传》（《惜抱轩文集》卷一〇）。

> 按：姚鼐《方晞原传》曰："方根矩，歙人，晞原其字也，为歙诸生。工为文，其文用意高远，非今世之所谓时文者也。而昔人所以取四子书为义之初旨，则晞原得之为深。其学宗婺源江慎修，其文宗桐城刘海峰也。所居在歙西灵金山中，有林泉之胜。晞原亲贤好学，四方贤者至歙，无不乐交晞原，晞原亦延至其家，惟恐其去，名闻甚广。……姚鼐曰：余始闻方晞原之名自戴东原，东原为言新安士有三：曰郑用牧、金蕊中及方晞原也。蕊中在京师，与相接最久，用牧、晞原之文尝得读之，而不识其人。及晞原殁之前一年，余主紫阳书院，用牧以乡试去里，不得见，得见晞原，果君子然。"

任大椿卒(1738—)。大椿字幼植,一字子田,江苏兴化人。乾隆三十四年进士,授礼部主事。充《四库全书》馆纂修官。官至陕西道监察御史。著有《易象大意》、《弁服释例》8卷、《深衣释例》3卷、《字林考逸》8卷、《小学钩沉》20卷、《列子释文考异》1卷、《吴越备史注》20卷、《子田诗集》6卷等。事迹见《清史列传》卷六八、李桓《国朝耆献类征初编》卷一三七、蔡冠洛《清代七百名人传》第四编、施朝干《任幼植墓表》(《碑传集》卷五六)、章学诚《任幼植别传》(《章氏遗书》卷一八)。

按:章学诚《任幼植别传》曰:"君学淹通,于《礼》尤长名物。初欲荟萃全经,久之知其浩博难罄,因思即类以求,一类既贯,乃更求他类,务使遍而后已。所著《深衣释例》、《释缯》诸篇,皆博综群书,衷以己意。皮傅之学,不过视《尔雅广疏》,不知君乃《经礼》之别记尔。"

德保卒,生年不详。保字仲容,一字润亭,号定圃,又号庞村,索绰络氏,满洲正白旗人。乾隆二年进士,改翰林院庶吉士,授检讨。官至礼部尚书。曾奉命纂修《音韵述微》,总办《乐律全书》。著有《乐贤堂诗文钞》。事迹见《清史列传》卷二四、李桓《国朝耆献类征初编》卷八二、蔡冠洛《清代七百名人传》第一编。

张埙卒,生年不详。埙字商言,一字商贤,号瘦铜,又号吟乡,别号石公山人、小茅山人,江苏吴县人。乾隆三十四年进士,官内阁中书。入《四库全书》馆,任编校。四十四年,与洪亮吉、黄景仁、程晋芳、翁方纲、蒋士铨等在京师结都门诗社。著有《竹叶庵文集》32卷、《林屋词》7卷、《红桐书屋拟乐府》2卷及《扶风金石录》2卷、《郡县金石遗文录》、《兴平金石志》1卷、《吉金贞石录》5卷、《太白山志》、《扶风县志》、《荣宝续集》等。事迹见《清史稿》卷四七六、李桓《国朝耆献类征初编》卷一四六、震钧辑《国朝书人辑略》卷六、王友亮《挽张瘦铜舍人》(《双佩斋诗集》卷七)。

汪远孙(—1835)、朱绶(—1840)、吴其浚(—1847)、刘文淇(—1854)、项名达(—1850)、黄式三(—1862)、伊乐尧(—1862)、夏炘(—1871)生。

乾隆五十五年　庚戌　1790年

美国首次制定出专利法。

第三次迈索尔战争爆发。

亚历山大·汉密尔顿提出《美国承担债务法令》

正月十五日丙申(2月28日),刻石鼓于京师太学及热河文庙。

三月二十八日戊申(5月11日),盛京将军嵩椿奏办理陆锡熊等校阅文溯阁书籍情形折。

二十九日己酉(5月12日),都察院右副都御史陆锡熊奏详校文溯阁全书办法折。

四月二十四日甲戌(6月6日),乾隆帝亲定本科会试三鼎甲:状元石韫玉，榜眼洪亮吉，探花王宗诚。

二十五日乙亥（6月7日），御太和殿，传胪，赐一甲石韫玉等3人进士及第，二甲辛从益、桂馥、张问陶、叶继雯等33人进士出身，三甲邵葆醇等61人同进士出身。本科会试正考官为大学士王杰，副考官为侍郎朱珪、内阁学士邵奕孝。

五月初四日甲申（6月16日），都察院副都御史陆锡熊奏详校文溯阁书籍情形折。

是日，陆锡熊又奏办理文溯阁书函排架情形片。

初七日丁亥（6月19日），浙江巡抚琅玕奏查缴违碍书籍情形折。

按：奏中所列违碍书籍271种，计4800本（张书才主编《纂修四库全书档案》下）。

二十三日癸卯（7月5日），谕内阁著江浙督抚等谆饬所属俟《四库全书》排架后许士子到阁抄阅。

七月十二日庚寅（8月21日），盛京工部侍郎成策等奏校勘文溯阁书籍事竣折。

是日，都察院右副都御史陆锡熊奏查勘文溯阁书籍完竣折。

按：奏中谓参与查阅文溯阁《四库全书》的还有郑际唐、刘权之、翁方纲、关槐、潘曾起等（张书才主编《纂修四库全书档案》下）。

九月十六日癸巳（10月23日），阿桂等军机大臣奏遵议陆锡熊详校文溯阁书籍折。

按：奏中附有原办文溯阁《四库全书》疏漏之总裁、提调、总校、分校罚令总校书籍各员名单。其中总纂：纪昀、孙士毅、陆锡熊；提调：韦谦恒、吴裕德、关槐；总校：王燕绪、朱钤、程嘉谟、吴绍灿、仓圣脉、何思钧、徐以坤、潘有为、孙溶、杨懋珩；分校：吴寿昌、吴舒帷、庄通敏、孙球、章宗瀛、王天禄、汪镛、缪晋、杨世纶、潘绍观、陈木、雷纯、胡予襄、王中地、刘源溥、徐立纲、常循、谢登隽、郭祚炽、李斯咏、季学锦、蔡廷衡、叶兰、涂日焕、刘景岳、汤垣、吴甸华等。

十七日甲午（10月24日），谕著派八阿哥等总司原办文溯阁《四库全书》各员校勘纂缮《四库全书荟要》等书。

按：谕曰："文溯阁《全书》，讹谬甚多，且有脱写全卷者。皆原办各员校办草率所致，自应将《四库全书荟要》二份及各馆应纂、应缮各书，罚令校勘纂缮，以赎前愆。但各书卷帙浩繁，若无总办之人，仍恐未能画一。著派八阿哥、彭元瑞、金简总司其事。俟朕进宫后，于冬三月，将撷藻堂《荟要》，先行校勘完竣。明春驻跸圆明园时，再将味腴书屋《荟要》校勘，以便就旧稽核，俾臻完善。至全卷脱写，未经校出各员，竟未寓目，非校书错误者可比。"应予惩儆（《清高宗实录》卷一三六三）。

是日，军机大臣为行取外任及回籍原办文溯阁《四库全书》错误各员子弟事交吏部片。

二十三日庚子（10月30日），谕杨懋珩、季学锦等俱著罚俸一年以示惩儆。

二十五日壬寅（11月1日），军机处为即行汇缴《御制乐善堂全集》原本事致各省布政使札文。

十月初七日甲寅（11月13日），贵州巡抚额勒春奏本年查无《通鉴纲

议案。

波兰将桑恩和但泽割让给俄国。

目续编》情形折。

初九日丙辰(11月15日),陕甘总督勒保奏本年查无抽改《通鉴纲目续编》等事折。

十七日甲子(11月23日),两广总督福康安等奏本年查无《通鉴纲目续编》情形折。

二十一日戊辰(11月27日),军机大臣奏拟写著海宁、全德承办文宗等三阁《四库全书》装潢皮架谕旨进呈片。

是日,寄谕浙江巡抚海宁等仿照前次发去装潢书匣等式样制造。

二十五日壬申(12月1日),闽浙总督伍拉纳奏查无《通鉴纲目续编》折。

十一月初九日乙酉(12月14日),两淮盐政全德奏复遵办文宗、文汇阁书籍情形折。

初十日丙戌(12月15日),云南巡抚谭尚忠奏本年并无挖补《通鉴纲目续编》折。

十二日戊子(12月17日),安徽巡抚朱珪奏本年换撤《通鉴纲目续编》数目折。

十六日壬辰(12月21日),湖南巡抚浦霖奏本年缴换《通鉴纲目续编》部数折。

二十日丙申(12月25日),陕西巡抚秦承恩奏本年抽改《通鉴纲目续编》五部折。

二十二日戊戌(12月27日),署江西巡抚姚棻奏本年查缴《通鉴纲目续编》部数折。

是日,姚棻又奏本年收缴违碍书籍部数片。

按：奏中所列违碍书籍56种,计545本(张书才主编《纂修四库全书档案》下)。

二十三日己亥(12月28日),浙江巡抚福崧奏遵旨查明陆费墀家产情形折。

是日,福崧又奏查明陆费墀家内书籍等物片。

湖广总督毕沅奏本年缴换《通鉴纲目续编》三部折。

直隶总督梁肯堂奏本年查无《通鉴纲目续编》折。

二十五日辛丑(12月30日),河南巡抚穆和蔺奏本年查无《通鉴纲目续编》情形折。

是日,山西巡抚书麟奏本年查无《通鉴纲目续编》情形折。

军机大臣等奏遵旨查辽、金、元三史挖改情形片。

二十八日甲辰(1791年1月2日),命严办仲绳《奈何吟》案。

按：是为乾隆朝最后一起文字狱。两江总督孙士毅奏称,江苏沭阳县民张怀路呈告监生仲见龙之祖仲绳所著《奈何吟》一书词多狂悖,现提犯来省,从严审办。乾隆帝以为其书虽不至如吕留良、徐述夔之狂吠,但其诗词中如"举世尽成狐假虎"及"石渠天禄,酿成祸种"等句,甚属谬妄,命从严惩办(张书才主编《纂修四库全书档案》下)。

二十九日乙巳(1月3日),浙江巡抚福崧奏本年缴换《通鉴纲目续编》

部数折。

三十日丙午(1月4日),山东巡抚惠龄奏本年抽改《通鉴纲目续编》七部折。

十二月十五日辛酉(1月19日),广西巡抚陈用敷奏本年查无《通鉴纲目续编》折。

二十三日己巳(1月27日),军机大臣阿桂等奏遵旨议奏添纂《八旗通志》情形折。

二十八日甲戌(2月1日),署江苏巡抚长麟奏本年查缴《通鉴纲目续编》部数折。

是年,四大徽班(三庆、四喜、春台、和春)进京。

按:徽调原流行于苏皖间,入京后与其他剧种混合,在嘉庆、道光间形成京剧。

承德避暑山庄建成。

章学诚三月至湖北武昌,又得毕沅支持,在武昌开馆继续纂修《史籍考》,并参与毕沅主编之《续资治通鉴》事。时严观正在毕沅幕,得以助章纂修《史籍考》。章学诚有《与邵二云论学》,力促邵晋涵重修《宋史》;又作《郑学斋记书后》,批评当时学风弊病。

按:章学诚曾代毕沅作《为毕制军与钱辛楣宫詹论续鉴书》,阐发《续资治通鉴》的取向和价值:"按司马氏书,于南北朝之争相雄长,五代十国之角掎鼎峙,其详略分合,本于《左氏春秋》之详齐鲁。而陈、王、薛三家,纷纷续宋元事,乃于辽、金正史束而不观,仅据宋人纪事之书,略及辽、金继世年月,其为荒陋,不待言矣。徐昆山书最为晚出,一时相与同功如万甬东、阎太原、胡德清诸君,又皆深于史事,宜若可以为定本矣。顾《永乐大典》藏于中秘,有宋东都则丹稜李氏《长编》足本未出,南渡则井研李氏《系年要录》未出,元代则文集、说部散于《大典》中者亦多逸而未见,于书虽称缺略,亦其时势使然,未可全咎徐氏。然辽、金正史止阅《本纪》,间及一二名人列传,而诸传志表,全未寓目;宋嘉定后,元至顺前,荒略至于太甚,则不尽关遗编逸事之未出矣。至于偶据所见,骋其繁富,如西夏备述姻戚世系,元末琐事取资《铁崖乐府》,编年之书,忽似谱牒,忽似诗话,殊为失于裁制。然其征材较富,考核较详,已过陈、王、薛氏数倍,则后起之功,易于藉手,亦其道也。夫著书义例,虽曰家法相承,要作者运裁,亦有一时风气。即如宋元编年诸家,陈、王、薛氏虽曰未善,然亦各有所主。陈氏草创于始,亦不可为无功;薛氏值讲学盛行之时,故其书不以孤陋嫌为,而惟详于学派;徐氏当实学竞出之际,故其书不以义例为要,而惟主于多闻。鄙则以为风尚所在,有利即有其弊,著书宗旨,自当因弊以救其偏,但不可矫枉而至于过尔。今兹幸值右文盛治,四库搜罗,典章大备,遗文秘册,有数百年博学通儒所未得见,而今可借钞于馆阁者。纵横流览,闻见广于前人,亦藉时会、乘便利有以致此。岂可以此轻忽先正苦心,恃其资取稍侈,憪然自喜,以谓道即在是!"(《文史通义》外篇三)

又按:自乾隆五十五(1790)至五十九年(1794)的五年间,是《史籍考》再次开馆修撰的高潮期。章学诚抵达湖北后,因"襄阳馆未成",毕沅为章学诚编书便利计,"即令于武昌择一公馆,在省编摩"(《文史通义》卷九,《与邵二云论学》)。此一时期,胡虔受毕沅之聘,亦参与了《史籍考》的修撰。据章学诚在《与阮学使论求遗书》中称:"鄙人楚游五年,秋帆制府《史考》功程,仅什八九。"(《章氏遗书》卷二九)可见此一阶段的工作是取得了很大进展的。章学诚《胡母朱太孺人墓表》曰："桐城胡虔，修洁好学，善为古文辞。乾隆五十六年，与学诚同客武昌。"（《章氏遗书》卷一六）方东树《胡虔传》曰："先是，毕尚书沅督两湖日，聘君纂修《两湖通志》及《史籍考》等书。"（《柿叶轩笔记》卷首）此一期间，方正澍、孙云桂、史善长、王藕夫、王石亭、张映山诸人亦客毕沅幕府，但不详是否参与修撰《史籍考》。

再按：梁启超《中国近三百年学术史》曰："焦里堂、李申耆集中，皆有专论修志体例之文，然其间能认识方志之真价值，说明其真意义者，则莫如章实斋。实斋以清代唯一之史学大师而不能得所藉手以独撰一史，除著成一精深博大之《文史通义》，及造端太宏未能卒业之《史籍考》外，其创作天才，悉表现于和州、亳州、永清三志及《湖北通志稿》中。方志学之成立，实自实斋始也。"王重民说："章学诚在武昌五年，是为《经籍考》发凡起例和打基础的时期。经过杭州两年的增补，才使基础扩大，但还有待于整理和提炼。……后潘锡恩又聘人校理增订，方才达到了较高的水平。所以决定写成清本，准备刊行。我国目录学史上这一部巨著，在整整六十年内，经过章学诚、毕沅、洪亮吉、凌廷堪、武亿、谢启昆、钱大昭、胡虔、袁钧、张彦曾、潘锡恩、许瀚、刘毓崧、包慎言、吕基贤十六位目录学家和学者的三次努力，才完成了这样一部三百卷的大目录，的确是我国目录工作上一大成就。"（《校雠通义通释》附录二《章学诚大事年表》）

章学诚是年写有与诸子《家书》七首，总结自己的生平为学。

钱大昕五月为卢文弨《群书拾补》作序，赞扬卢氏校勘精审。

钱大昕六月入京参加高宗八十寿辰庆典，王引之前往请益。

段玉裁春夏之交，至湖广总督毕沅幕中，始识章学诚。

汪中以毕沅、谢墉、王昶之荐，应两淮盐政戴全德之聘，校勘镇江文宗阁《四库全书》。

赵翼至苏州，晤王鸣盛、钱大昕，有诗。

臧庸正月校勘《尚书注疏》成，作《尚书注疏校纂序》；又有《与段若膺明府书》，与段玉裁讨论《月令》注疏。

卢文弨作《答臧生在东书》，与臧庸讨论《论语》传本等事。

卢文弨任龙城书院山长。

赵怀玉校勘《韩诗外传》成，卢文弨作《校本韩诗外传序》，力促付梓。

姚鼐受聘至江宁钟山书院掌教，先后达16年，以古文义法教授弟子，门下弟子知名者甚众。是年，郭麐从其学。

王念孙是冬致书刘台拱，告欲南归，并推誉段玉裁、汪中之学。

顾广圻从江声治小学训诂。

王杰充会试正总裁，朱珪、邹奕孝为副总裁，范鏊等人为同考官。

洪亮吉四月成一甲二名进士，授翰林院编修；七月充国史馆纂修官。

阮元四月授编修，迁寓外城扬州会馆。

邵晋涵自纪昀处借得《日本五畿内志》，因作《跋日本五畿内志》。

凌廷堪中进士，官宁国府教授。

李赓芸中进士。

石韫玉成一甲一名进士，授修撰。

张问陶中进士，改翰林院庶吉士，散馆，授检讨。

乾隆五十五年 庚戌 1790年

桂馥中进士；始谒阮元于京师。

吴锡麒充会试同考官。

王宗诚成一甲三名进士。

戴敦元中进士，选庶吉士，散馆改礼部主事。

邢澍中进士，历任浙江永康、长兴等县知县。

> 按：邢澍字雨民，号佺山，甘肃阶州人。官至南安知府。好古博闻，孙星衍辑《寰宇访碑录》，多资于邢澍。著有《全秦艺文志》80卷、《金石文字辨异》12卷及《关右经籍考》、《两汉希姓录》、《守雅堂文集》等。

林学易中进士，官至检讨，后归主石鼓、莲湖、群玉书院。

方体中进士，授刑部主事。

彭元瑞十二月由吏部尚书为协办大学士。

黄丕烈是秋于文瑞楼书肆得临陆敕先校明翻宋刻本《国语》6册；又借滋兰堂惠松崖校本《大戴礼记》，过临毕，跋之。

> 按：黄丕烈校《大戴礼记》为校书之始，其后三十余年间，校书不辍，共百数十种，"所校《周礼郑氏注》、《夏小正》、《国语》、《国策》，皆有功来学"（《清史列传·黄丕烈传》）。

杨复吉从吴骞处得到厉鹗旧著《辽史拾遗》，欲为之补订。

黄钺中进士，授户部主事。时和珅管部务，钺不欲趋附，乞假归，不出。

洪梧中进士，改翰林院庶吉士，散馆，授编修。

> 按：洪梧字桐生，一字植垣，安徽歙县人。与洪朴、洪榜皆有学识，世称"三洪"。曾任扬州梅华书院山长，教授诸生推崇汉学。著有《易箴》2卷及《赋古今体诗》。

谭爱莲为贡生。

> 按：谭爱莲字净方，湖南新化人。邃于经学，尤精于《易》。著有《周易精蕴汇解》18卷、《翼传质疑》5卷。卢文弨督学湖南时，爱莲曾将《周易精蕴汇解》请卢指正，卢文弨称赞其书可以流传。

闵大夏在浙江余杭建启蒙书院。

刘士煌时任安徽蒙城县知县，建养正书院。

胡巨山在湖南资兴县建紫泉书院。

胡章时任贵州剑河通判，建柳川书院。

李富孙辑《李氏易解剩义》3卷刊行，卢文弨作序。

> 按：卢文弨为此书作序，称誉此书"搜罗荟萃，成得三卷，盖几于一字不遗矣。然采取虽博，而于元、明人之所称引，概不及焉。是其命意高而用力勤，又加之谨严，述人之功，远倍于作"（《李氏易解剩义》卷首）。有嘉庆四年（1799）桐川顾氏刊本、《槐庐丛书初编》光绪十三年（1887）吴县朱氏槐庐家塾刊本、《丛书集成初编》上海商务印书馆排印本等。

王讚谟编辑《周易纂注》4卷刊行。

赵怀玉校刻《韩诗外传》10卷，附所辑《补逸》1卷。

臧庸著《卢氏礼记解诂》1卷成书，卢文弨作序。

庄有可著《周官指掌》5卷成书，有自序。

埃德蒙·伯克发表《对法国革命的反思》。

安德烈·德·谢尼埃发表《告法国人民书》。

康德发表《判断力批判》。

歌德发表《试解植物的变化》。

拉瓦锡著成《三

郝懿行著《汲冢周书辑要》1卷成书,有自序。

王引之著《尚书古义》成书,又成《经传释词》10卷。又始著《经义述闻》、《周秦名字解诂》。

卢文弨著《经典释文考证》30卷刊行。

陈鱣著《石经说》6卷成书。

王朝渠著《唐石经考正》1卷成书,有自序。

程际盛著《说文古语考》2卷刊行。

毕沅著《续释名》1卷、《篆文释名疏证》8卷刊行。

武亿著《授堂金石跋》刊行。

焦循著《群经宫室图》2卷成书。

崔述著《洙泗考信录》成书。

钱塘著《律吕古义》6卷成书。

章学诚纂《亳州志》成书,又成《湖北通志检存稿》6卷。

金明源修,窦忻、张佩芳纂《平定州志》10卷刊行。

仇汝瑚修,冯敏昌纂《孟县志》10卷刊行。

汪云铭修,方承保、张宗轼纂《嘉鱼县志》8卷刊行。

张官五等修纂《沅州府志》40卷刊行。

贾文召修,蔡泰均纂《上犹县志》20卷刊行。

张璇修纂《随州志》18卷刊行。

张楷修纂《永宁县志》8卷刊行。

沈峻修纂《吴川县志》10卷刊行。

刘垲、席庆年修,吴蒲等纂《续修蒙化直隶厅志》6卷刊行。

胡章修纂《清江志》8卷刊行。

屠述濂修纂《云南腾越州志》13卷刊行。

王恒修,张諴等纂《平湖县志》10卷刊行。

卢文弨著《钟山札记》4卷刊行,有自序。

赵翼著《陔余丛考》43卷成书,有自序。

吴省兰收录明夏完淳诗文编成《夏内史集》。

杭世骏著《道古堂文集》48卷、《道古堂诗集》26卷刊行。

毕沅著《灵岩山人诗集》40卷刊行。

朱孝纯著《海愚诗钞》12卷刊行。

董柴著《如兰集》20卷成书,有自序。

项淳著《一幅集》18卷刊行。

袁枚补编诗文集,诗集及文集均增至32卷,外集增至8卷,以后仍有增补。又著《随园诗话》16卷刊行。

> 按:《随园诗话》是袁枚标举"性灵说"的主要著作,广泛论述了来源于明代公安派而有所发展的袁枚"性灵说"的精义。另有乾隆五十七年(1792)随园自刊本,收入《随园三十种》内。1960年,人民文学出版社根据随园自刊本校点出版的排印本,是现在通行的较好本子。

李海观著长篇小说《歧路灯》108回成书。

十一种化学元素表》。

朱方霭著《画梅题记》1卷成书，金德舆作跋。

郝懿行著农书《宝训》8卷成书，有自序。

吴兆崧卒（1710—　）。兆崧字苍虬，一字敬堂，江都人。江藩对其执弟子礼。著有《尚书先儒遗论》46篇。事迹见江藩《廪善生吴君墓志铭》（《碑传集补》卷三八）。

褚寅亮卒（1715—　）。寅亮字搢升，一字鹤侣，江苏长洲人。乾隆十六年，高宗南巡，召试举人，授内阁中书。官至刑部员外郎。曾主讲常州龙城书院八年。著有《周易一得》、《仪礼管见》3卷、《周礼公羊异义》2卷、《十三经笔记》10卷、《四书自课录补遗》、《诸史笔记》8卷、《诸子笔记》2卷、《名家文集笔记》7卷、《勾股广问》3卷。事迹见《清史稿》卷四八一、《清史列传》卷六八、李桓《国朝耆献类征初编》卷一四五、任兆麟《刑部员外郎鹤侣褚公墓表》、江藩《褚比部寅亮记》（均见《碑传集》卷六〇）。

按：江藩《国朝汉学师承记》曰："寅亮精天文历算之术，尤长于勾股和较相求诸法，作《勾股广问》三卷。钱少詹著《三统术衍》，寅亮校正刊本误字……少詹服其精审。"《清史稿·褚寅亮传》曰："寅亮少以博雅名，心思精锐，于史书鲁鱼，一见便能订其误缪。中年覃精经术，一以注疏为归。从事《礼经》几三十年，墨守家法，专主郑学。郑氏《周礼》、《礼记注》，妄庸人群起嗤点之，独《仪礼》为孤学，能发挥者固绝无，而谬加指摘者亦尚少。惟敖继公集说，多巧窜经文，阴就己说。后儒苦经注难读，喜其平易，无疵之者。万斯大、沈彤于郑《注》亦多所纠驳，至张尔岐、马骕但粗为演绎，其于敖氏之似是而非，均未能正其失也。寅亮著《仪礼管见》三卷，于敖氏洞见其症结，驱豁其雾雺。时公羊何氏学久无循习者，所谓五始、三科、九旨、七等、六辅、二类之义，不传于世，惟武进庄存与默会其解，而寅亮能阐发之，撰《公羊释例》三十篇。谓三传惟公羊为汉学，孔子作《春秋》，本为后王制作，訾议公羊者，实违经旨。又因何劭公言礼有殷制，有时王之制，与《周礼》不同，作《周礼公羊异义》二卷，世称为绝业。又长于算术，著《勾股广问》三卷，校正《三统术衍》刊本误字甚多，其中月相求六扐之数句，六扐当作七扐；推闰于所在加十得一句，加十当作加七：皆寅亮说也。"

孙永清卒（1732—　）。永清字宏度，别字春台，号契斋，江苏无锡人。乾隆三十三年举人。官内阁中书，历官侍读、刑部郎中、江西道监察御史、贵州布政使、兵部侍郎。充方略馆纂修提调官、文渊阁校理、《四库全书》纂修。迁广西巡抚，征安南，筹饷督运，以疾卒。著有《宝严斋诗》8卷。事迹见《清史稿》卷三三二、《清史列传》卷三五、李桓《国朝耆献类征初编》卷一八七、孙尔准《孙永清行状》（《碑传集》卷七三）。

钱塘卒（1735—　）。塘字学渊，一字禹美，号溉亭，江苏嘉定人。乾隆四十五年进士。官江宁府学教授。通声音、文字、律吕、推步等学。著有《春秋左氏传古义》、《史记三书释疑》3卷、《续汉书律历志补注》、《律吕古义》6卷、《说文声系》20卷、《泮宫雅乐释律》4卷、《淮南天文训补注》3卷、《溉亭述古编》4卷、《溉亭诗文集》、《四益斋诗》、《默耕斋吟稿》等。事迹见《清史稿》卷四八一、《清史列传》卷六八、钱大昕《溉亭别传》（《碑传集》卷四九）。

按：《清史稿》本传曰："塘少大昕七岁，相与共学，又与大昕弟大昭及弟竑相切磋，为实事求是之学，于声音文字、律吕推步尤有神解。著《律吕古义》六卷，据所得汉虑俿铜尺正荀勖以刘歆铜斛尺为周尺之非。谓周本八寸尺，不可以制律，律必用十寸尺，即昔人所云夏尺。周因夏、商，夏、商因唐、虞，古律当无异度。又《史记三书释疑》三卷，于律历、天官家言皆究其原本，而以他书疏通证明之。律书'上九、商八、羽七、角六、宫五、征九'数语，注家皆不能晓，小司马疑其数错。塘据《淮南子》、《太玄经》证之，始信其确。"

陆费墀卒（1731—　）。费墀字丹叔，号颐斋，晚号吴泾灌叟，浙江桐乡人。乾隆三十一年进士，改翰林院庶吉士，授编修，充《四库全书》馆总校及副总裁。五十二年，以续缮三阁《四库全书》内有"违碍诸说未经删削"，著文澜、文汇、文宗三阁所有面叶、装订、木匣、刻字等项，俱由陆费墀出己赀罚赔。卒后又抄没其家。著有《历代帝王庙谥年讳谱》、《历代月朔考》、《经典同文》、《枝荫阁集》、《颐斋赋稿》。事迹见《清史稿》卷三二〇、《清史列传》卷二六。

按：光绪《桐乡县志》卷一五曰：陆费墀"生平笃志好学，淹贯百氏，旁及医卜、杂技之书，靡不通晓。尤精鉴赏，凡历代彝鼎、图书、碑文、缣素，一见即辨其真赝。书画篆刻，无不擅长"。

邹澍（　—1844）、顾蘷（　—1849）、曾麟书（　—1857）、彭泰来（　—1866）、丁善庆（　—1869）、张应昌（　—1874）、奕山（　—1878）生。

乾隆五十六年　辛亥　1791年

巴黎练兵场大屠杀起。

法国国民议会解散。

美国宪法第一修正案《人权法案》通过。

加拿大宪法决议将国家分为上加拿大和下加拿大两个省。

正月三十日乙巳（3月4日），军机大臣奏询问纪昀前奏王杰派人办书勒派之事片。

二月初一日丙午（3月5日），军机大臣等奏询问纪昀前奏王杰派令书吏出银一事情形片。

初五日庚戌（3月9日），举行仲春经筵。

十八日癸亥（3月22日），谕纪昀著停支饭银公费三年，常青、德明、沈初、铁保等著降三级。

三月二十日甲午（4月22日），命国史馆馆臣凡身事本朝而在明朝仅登科第、未列仕版者，一概不列入《贰臣传》。

四月二十六日庚午（5月28日），军机大臣奏拟写金士松等充补武英殿总裁谕旨进呈片。

二十七日辛未（5月29日），谕内阁：刘墉著管理国子监事务，铁保、金士松著充武英殿总裁。

七月初三日丙子（8月2日），军机大臣奏遵旨询问李潢关于朱载堉乐谱情形片。

初六日己卯(8月5日),军机大臣奏将文津阁全书内查出《仪礼经传通解》粘签进呈片。

十三日丙戌(8月12日),命严行查办八卦教、天地会案内发遣新疆罪犯授徒惑众、秘密串连等活动。

十八日辛卯(8月17日),谕内阁:将文津阁全书内《扬子法言》空行交军机大臣填补等事。

按:谕曰:"前因《四库全书》内错误甚多,特令总纂等详加校阅,并恐热河文津阁所庋《全书》,亦多鲁鱼亥豕之讹。复令纪昀带同详校各官,细心阅看。该员等自应认真校勘,将书中脱落讹舛之处,逐加改正,俾臻完善。今朕偶阅文津阁《四库全书》内,《扬子法言》一书,其卷一首篇,有空白二行。……详校官既漫不经心,而纪昀系总司校阅之事,亦全未寓目,可见重加雠校,竟属虚应故事。……纪昀及详校官庄通敏,俱著交部分别议处。除将文津阁《四库全书》内《扬子法言》一书,就近交军机大臣将空行填补,并缮写御制文于篇首外,著纪昀亲赴文渊、文源二阁,将《扬子法言》一书检出,缮录御制文冠于简端。并带同详校各官,抽查此书卷首,是否亦有空白之处。及此外各书,有似此脱落者,一体抽阅填改。如再不悉心详检,经朕看出,必将纪昀等加倍治罪,不能再邀宽贷也。"(《清高宗实录》卷一三八三)

二十三日丙申(8月22日),军机大臣等奏遵将《扬子法言》讹写之处夹签进呈片。

是日,军机大臣奏遵旨拟写将纪昀等再行议处谕旨进呈片。

谕内阁:《扬子法言》一书缮写讹错纪昀等著再行交部议处。

八月初六日戊申(9月3日),谕纪昀著免其革任仍注册,庄通敏著于补官日降二级调用。

九月二十四日丙申(10月21日),陕甘总督勒保奏本年查无《通鉴纲目续编》等情折。

二十九日辛丑(10月26日),左都御史纪昀奏文源阁书复勘先完请将详校官等分别议处折。

十月初十日辛亥(11月5日),军机大臣阿桂等奏酌议纪昀请将文源阁详校官等分别议处情形折。

是日,军机大臣阿桂等奏酌议纪昀请筹办新添空函诸书情形折。

十八日己未(11月13日),广东巡抚郭世勋奏本年查无《通鉴纲目续编》情形折。

十九日庚申(11月14日),福建巡抚浦霖奏本年查无《通鉴纲目续编》情形折。

二十日辛酉(11月15日),贵州巡抚额勒春奏本年查无《通鉴纲目续编》情形折。

十一月初六日丁丑(12月1日),云南巡抚谭尚忠奏本年并无挖补《通鉴纲目续编》折。

初八日己卯(12月3日),湖北巡抚福宁奏换缴《通鉴纲目续编》一部折。

初十日辛巳(12月5日),陕西巡抚秦承恩奏本年抽改《通鉴纲目续编》三部折。

十二日癸未(12月7日),浙江巡抚福松奏本年缴换《通鉴纲目续编》三部折。

十五日丙戌(12月10日),湖南巡抚姜晟奏本年缴换《通鉴纲目续编》二部折。

十六日丁亥(12月11日),军机大臣奏查莫瞻菉在御史任内条奏四件情形片。

是日,山西巡抚冯光熊奏本年抽挖《通鉴纲目续编》一部折。

二十一日壬辰(12月16日),河南巡抚穆和蔺奏本年查无《通鉴纲目续编》情形折。

是日,谕内阁:《十三经》允宜刊之石版,列于太学,著派和珅、王杰为总裁,董诰、刘墉、金简、彭元瑞为副总裁,并派金士松、沈初、阮元、瑚图礼、那彦成、刘凤诰、汪廷珍、邵晋涵随同校勘。

按:谕曰:"自汉、唐、宋以来,皆有石经之刻,所以考定圣贤经传,使文字异同归于一是,嘉惠艺林,昭垂奕禩,甚盛典也。但历年久远,率多残缺,即间有片石流传,如开成、绍兴年间所刊,今尚存贮西安、杭州等府学者,亦均非全经完本。我朝文治光昌,崇儒重道。朕临御五十余年,稽古表彰,孜孜不倦。前曾特命所司创建辟雍,以光文教,并重排石鼓文,寿诸贞珉。而《十三经》虽有武英殿刊本,未经勒石,因思从前蒋衡所进手书《十三经》,曾命内廷翰林详核舛讹,藏弆懋勤殿有年。允宜刊之石版,列于太学,用垂永久。"(《清高宗实录》卷一三九一)《清史稿·和珅传》曰:"五十六年,刻石经于辟雍,命为正总裁。时总裁八人,尚书彭元瑞独任校勘,敕编《石经考文提要》,事竣,元瑞被优赉。和珅嫉之,毁元瑞所编不善,且言非天子不考文。上曰:'书为御定,何得目为私书耶?'和珅乃使人撰《考文提要举正》以攻之,冒为己作进上,訾提要不便士子,请销毁,上不许。馆臣疏请颁行,为和珅所阻,中止,复私使人磨碑字,凡从古者尽改之。"

二十二日癸巳(12月17日),直隶总督梁肯堂奏本年查无《通鉴纲目续编》情形折。

是日,军机大臣和珅等奏谢恩命办理《十三经》刻石折。

二十三日甲午(12月18日),军机大臣和珅等奏请添派刘凤诰、汪廷珍、邵晋涵等三员校勘石经折。

二十四日乙未(12月19日),广西巡抚陈用敷奏查无《通鉴纲目续编》情形折。

二十五日丙申(12月20日),军机大臣奏本年各省收缴《通鉴纲目续编》情形片。

二十八日己亥(12月23日),安徽巡抚朱珪奏换缴《通鉴纲目续编》情形折。

二十九日庚子(12月24日),署江西巡抚姚棻奏本年查缴《通鉴纲目续编》三部折;又奏续缴违碍书籍片。

十二月初一日辛丑(12月25日),护理山东巡抚江兰奏本年抽改《通鉴纲目续编》三部折。

初八日戊申（1792年1月1日），军机大臣阿桂等奏《南巡盛典》告成并请议叙纂修人员折。

初九日己酉（1月2日），左都御史纪昀奏查《性理大全》错误请旨换写分赔折。

是日，左都御史纪昀奏文渊阁书籍校勘完竣并进呈舛漏清单折。

十一日辛亥（1月4日），左副都御史陆锡熊奏拟赴盛京复阅文溯阁全书折。

是日，礼部右侍郎刘权之奏请自备资斧前赴文溯阁查检书籍折。

十六日丙辰（1月9日），军机大臣阿桂等奏遵议纪昀文渊阁书籍错误换写分赔折。

是日，江苏巡抚长麟奏本年缴换《通鉴纲目续编》七部折。

十九日己未（1月12日），武英殿修书处官员为清结书籍银两事呈稿。

二十四日甲子（1月17日），奉天府丞福保奏办理张煮前来文溯阁抽换阅书籍情形折。

二十六日丙寅（1月19日），军机大臣奏各省缴到违碍书籍缮单销毁片。

按：奏中所列各省缴到违碍书籍5372本（张书才主编《纂修四库全书档案》下）。

二十九日己巳（1月22日），山东学政翁方纲奏恳准翁树培赶赴盛京重阅全书折。

按：翁树培乃翁方纲之子，时任检讨。

是月，吏部为知照原校文源阁全书人员罚俸事致典籍厅移会。

阮元二月升授詹事府少詹事，旋奉旨南书房行走，修纂内府各书画为《石渠宝笈》；十一月充石经校勘官，分校《仪礼》。

按：阮元《揅经室一集·仪礼石经校勘记序》曰："乾隆五十六年冬十一月，臣阮元奉诏充石经校勘官，臣元校得《仪礼》十七篇。臣谨案：《仪礼》汉石经仅有残字，难校全经。自郑康成作注，参用古今文后，至隋末，陆德明始作《释文》，校其同异。今《释文》本又为唐宋人所乱，唐开成石经所校未尽精审，且多朱梁补刻及明人补字之讹。宋张淳校刻浙本，去取复据臆见。臣今总汉石经残字、陆德明《释文》、唐石经、杜佑《通典》、朱熹《经传通解》、李如圭《集解》、张淳《识误》、杨复《图》、敖继公《集说》、明监本、钦定《义疏》、武英殿《注疏》本诸本，以及内廷'天禄琳琅'所收诸宋元本、曲阜孔氏宋本，综而核之，经文字体择善而从，录成四卷，用付经馆。"

钱大昕《元史稿》中的本纪、列传和志、表，大部分已完成，但未最后编定。因精力不济，遂请人先从《元史稿》中抄出《元史艺文志》、《元史氏族表》两稿，缮写成为清本。

按：《元史艺文志》是钱大昕为《元史》补修的书目，共收图书3231部，38137卷，"为补修《元史》各书中收书最多者"，以其较高的质量享誉学术界。有开明书店《二十五史补编》本、中华书局1955年《二十五史补编》本、商务印书馆1958年《辽金元艺文志》本。

钱大昕有《与段若膺论尚书书》，对段玉裁的《古文尚书撰异》提出商榷。

李锐到紫阳书院从钱大昕学算术，并开始古历学研究。后著有《开方说》3卷等4种。

按：《清史稿·李锐传》曰："幼开敏，有过人之资。从书塾中检得算法统宗，心通其义，遂为九章、八线之学。因受经于钱大昕，得中、西异同之奥，于古历尤深。自三统以迄授时，悉能洞澈本原。"

纪昀奉命重新校补文津阁《四库全书》。

卢文弨校勘《经典释文》毕，有《重雕经典释文缘起》。

按：卢文弨《重雕经典释文缘起》曰："此书雕版行于海内者，止昆山徐氏《通志堂经解》中有之。宋雕本不可见，其影钞者尚间储于藏书家。余借以校对，则宋本之讹脱反更甚焉。当徐氏梓入《经解》时，其扑尘扫叶，诚不为无功。然有宋本是，而或不得其意，因而误改者，亦所不免。且今之所贵于宋本者，谓经屡写则必不逮前时也。然书之失真，亦每由于宋人。宋人每好逞臆见而改旧文，如陆氏虽吴产，而其所汇辑前人之音，则不尽吴产也。乃毛居正著《六经正误》一书，讥陆氏偏于土音，因辄取他字以易之。后人信其说，遽以改本书矣。又凡切音有音和亦有类隔，陆氏在当时或用类隔，未尝不可以得声，而后人疑其不谐，亦复私为改易。注疏本多有之，幸本书尚无恙，然其浸淫以疑惑后人者不少矣。古来所传经典，类非一本，陆氏所见，与贾、孔诸人所见，本不尽同。今取陆氏书附于注疏本中，非强彼以就此，即强此以就彼，欲省两读，翻致两伤。又本书中如《孝经》、《论语》、《尔雅》，所以校者之词羼入之，今虽不遽删削，唯略为之间隔，使有辨焉。唐人经典多不全用《说文》，陆氏意在随时，不取骇俗。此书中间亦引许氏以正流俗之非，而不能画一信从，且有以俗字作正文，而以正体为附注者。至其点画之间，亦每失正。观唐人《石经》及《五经文字》所载，皆是习相沿用，今亦仍而不革，庶乎不损本真。然于六朝人所用甚鄙俗字，陆氏固未尝阑入也。余念此书辟经训之蓝畬，导后人以途径，洗专已守残之陋，汇博学详说之资，先儒之精蕴赖以留，俗本之讹文赖以正，实天地间不可无之书也。而年来流传渐少，学者不能尽见，因为之手校重雕。第以迟暮之年，精力虑有不周，刻成犹再三校，目几为之昏，弗恤也。其文旧皆连属，今审其可离者离之，以便观者。书中是非，及今所因革，以尝所闻于师友者，别为考证，附于当卷之后，不以淆乱本书。"（《清儒学案》卷七二《抱经学案》）

翁方纲门人王聘珍襄助翁氏重校《经义考》。

段玉裁七月自金坛至常州，以所著《古文尚书撰异》属臧庸为之校雠；八月为王念孙的《广雅疏证》作序。

汪中是年寄书王念孙，言段玉裁小学甚精。

蒋衡手书《十三经》，被勒石太学。

洪亮吉奉命监督刊刻蒋衡所书《十三经》，以蒋书字多讹，请更正，未获许。

章学诚作《周书昌先生别传》，哀悼周永年。

按：章学诚在传中曰："宋元遗书，岁久湮没，畸篇剩简，多见于明成祖时所辑《永乐大典》。时议转从《永乐大典》采缀，以还旧观。而馆臣多次择其易为功者，遂谓搜取无遗逸矣。书昌固执以争，谓其中多可录。同列无如之何，则尽举而委之书昌。书昌无间风雨寒暑,日尽九千巨册,计卷一万八千有余,丹铅标识,摘抉编摩。于是,永新刘氏兄弟公是公非诸集以下,又得十有余家,皆前人所未见者,咸著于录。好古之士以为书昌有功斯文,而书昌自是不复任载笔矣。"(《章氏遗书》卷一八)

江藩北上入京,馆于军机大臣王杰府第。

阮元有《与刘端临书一》,向刘台拱征询校勘《仪礼》事宜。

董诰充石经馆副总裁。

翁方纲充山东学政。

谢启昆任江南河库道,胡虔来客其幕,继续补正《魏书》。

吴锡麒主讲真州书院。

吴镇仍主讲兰山书院。

瞿中溶始从钱大昕问史学。

瞿中溶购得汉碑数种,始留心金石文字。

邓石如因刘墉之荐,入毕沅幕府。

黄丕烈得丛书堂钞本《孟子注疏解经》;十一月,跋新得宋宾王校钞本《吴都文粹》,属同年沈书山书之。

张问陶居京师,与诗友洪亮吉、王芑孙、朱文翰、方体、僧澹云等酬唱。

毛振翙时任福建宁化知县,建诚正书院。

邓文熊在福建泰宁县建毓秀书院。

张范时任湖南攸县知县,建梅城书院。

臧庸著《周易注疏校纂》3卷,有自序。

文嗣馨著《周易实事》16卷刊行。

段玉裁著《古文尚书撰异》33卷成书,有自序。

按:以后孙星衍著《尚书今古文注疏》曾采段书之说。

翁方纲著《经义考补正》12卷成书,有自序。又著《通志堂经解目录》1卷。

按:关于《经义考补正》的缘起,翁氏在《序目》中说:"丙申春,与丁小疋晨夕过从,相质诸经说。见所校竹垞先生《经义考》,积数十条,因录存于簏。后十二年秋,在南昌使院,重校是书,欲汇成一帙而未暇也。又后三年,方纲校试曹沂诸郡,门人王实斋来相助,重加校勘。因录所补正凡一千八十八条,为一十二卷。"可见,是书之成,得王聘珍之力不少。该书著录顺序,一依朱著,唯博征载籍,纠缪补缺,可以说是《经义考》之功臣,但在内容及体例上,无甚创新。胡玉缙《许庼经籍题跋》曰:"是书为补正朱彝尊《经义考》而作,先得丁杰所校数十条,后其门人王聘珍相助校勘,共得一千八十八条,大都订正讹文、脱字居多。其纠摘朱说,则当有否,互见短长。"

又按:翁方纲的《通志堂经解目录》,先录原书书名、卷数、作者;次附简明识语,提要本书大旨意,或简介作者;有时还引朱彝尊、何焯、杭世骏、陈鳣等人观点于后。因此,它是一种简略的提要目录。

周廷采著《儒林传经表》2卷刊行。

赵翼著《陔余丛考》43卷始刻,有《陔余丛考小引》,吴锡麒作序;又著《簷曝杂记》6卷成书。

按:赵翼《陔余丛考小引》曰:"余自黔西乞养归,问视之暇,仍理故业,日夕惟手

让·拉马克撰成《植物学辞典》。

赫尔德著成《人类历史的哲学思想》。

托马斯·佩因著成《人权论》的第一部。

菲利普·皮内匀著成《精神错乱医疗哲学论文》。

一编,有所得辄札记别纸,积久遂得四十余卷。以其为循陔时所辑,故名曰《陔余丛考》。藏箧衍久矣,睹记浅狭,不足满有识者之一笑,拟更广采经史,增益成书,忽忽十余年,老境浸寻,此事遂废。儿辈从敝箧中检得此稿,谓数年心力,未可抛弃,遂请以付梓。博雅君子幸勿嗤其奔陋,其中或有谬误,更望赐之驳正,俾得遵改焉。乾隆五十五年庚戌嘉平月,赵翼识。"周中孚《郑堂读书记》、李慈铭《越缦堂日记》,对赵翼的《陔余丛考》颇有批评。如周氏曰:"云崧本词赋家,于经从无所得,故考论经义,率皆门外之谈。唯史家颇称熟悉,曾著《廿二史札记》。此间十一卷,已得其大略,著作于《札记》之前者。而杂论故事数卷,尚多可取,余所考证,其细已甚,不足以当大方之一噱。"(《郑堂读书记》卷五五)李慈铭甚至说《廿二史札记》和《陔余丛考》二书"非赵自作",因为"赵识见浅陋,全不知著书之体,此两书较为贯串,自非赵所能为"(《越缦堂日记》同治九年七月初五日)。

  牛运震著《史记评注》12卷刊行。

  钱大昭著《后汉书补表》刊行,卢文弨作《钱晦之大昭后汉书补表序》。

  钱大昕著《唐学士年表》1卷、《五代学士年表》1卷、《宋中兴学士年表》1卷成书。

  钱大昕著《元氏族表》4卷、《补元史艺文志》4卷成书。

  徐樾、王又槐著《六部例限图》刊行。

  敕纂《安南纪略》32卷。

  冯鼎高修,王显曾等纂《华亭县志》16卷刊行。

  蒋基修,王开沃纂《永寿县新志》10卷刊行。

  李焜修纂《蒙自县志》6卷刊行。

  蔡宗建修,龚传绅纂《镇远府志》28卷刊行。

  陈廷桂纂《历阳典录》34卷成书。

  瞿中溶著《说文地名考异》1卷成书。

  毛际盛著《说文解字述谊》2卷成书,有自序。

  按:《续修四库全书总目提要》曰:"际盛字清士,宝山人。师钱少詹大昕,治《说文》有年。"

  杨伦著《杜诗镜铨》20卷成书,有自序。

  卢文弨著《经典诗文考证》30卷成书,有自序。

  赵翼著《瓯北诗钞》17卷刊行。

  陈昌图著《南屏山房集》24卷刊行。

  程伟元主刻之插图本《红楼梦》120回本刊行,世称"程甲本"。

  冯金伯著《墨香居画识》10卷刊行,钱大昕作序。

  丁传著《鲁斋述得》1卷成书,有自识。

  按:丁传字希曾,号鲁斋,浙江钱塘人。乾隆间诸生。另著有《三代姓原》。

  纪昀著《如是我闻》4卷成书,有自序。

  周永年著《先正读书诀》1卷成书。

  沈起凤著《谐铎》12卷成,韩藻作序。

  《石梁宝笈》重编成书。

  王谟辑《增订汉魏丛书》96种刊行。

茹敦和卒(1720—　)。敦和字逊来,号三樵,浙江会稽人。乾隆十九年进士,授直隶南乐知县。官至湖北德安府同知。著有《周易证签》4卷、《重订周易二闾记》3卷、《周易小义》2卷、《周易占考》1卷、《读易日札》、《周易象考》1卷、《周易辞考》1卷、《越言释》2卷、《竹香斋文集》等。事迹见《清史稿》卷四七七、《清史列传》卷七五、李桓《国朝耆献类征初编》卷二五五。

周永年卒(1730—　)。永年字书昌,自称林汲山人,山东益都人。乾隆三十六年进士。召修《四库全书》,改翰林院庶吉士,授编修。充文渊阁校理、贵州乡试主考。弃产营书,凡积书十万卷。生平与邵晋涵、程晋芳、丁杰、桂馥交谊最深。著有《先正读书诀》。事迹见《清史稿》卷四八一、《清史列传》卷六八、蔡冠洛《清代七百名人传》第四编、章学诚《周书昌先生别传》(《章氏遗书》卷一八)、杜蘅《周先生永年传》(《碑传集》卷五〇)。

按：周永年继承明末学者曹学佺"儒藏"说主张,详细论述了"儒藏"的方法和意义。其《儒藏说》曰："书籍者,所以载道纪事,益人神智者也。自汉以来,购书藏书,其说綦详,官私之藏,著录亦不为不多。然未有久而不散者,则以藏之一地,不能藏于天下；藏之一时,不能藏于万世也。明侯官曹氏学佺,欲仿二氏为儒藏,庶免二者之患矣。盖天下之物,未有私之而可以常据,公之而不能久存者。然曹氏虽倡此义,采撷未就。今不揣谫劣,愿与海内同人,共肩斯任,务俾古人著述之可传者,自今日永无散失,以与天下万世共读之。凡有心目者,其必有感于斯言。邱琼山欲分三处以藏书,陆桴亭欲藏书于邹鲁,而以孔氏之子孙领其事,又必多置副本,藏于他处,其意皆欲为儒藏而未尽其说。惟分布于天下学宫、书院、名山古刹,又设为经久之法,即偶有残缺,而彼此可以互备,斯为上策。竹帛变为摹印,书之流传较易。然考历代艺文录存,而书亡者多矣。或曰：凡书之不传者,必其不足传者也。是不然。《尚书》、《周官》,残于秦火；淹中古《礼》,竟亡于隋、唐之际,此皆古圣人传心经世之要典,岂其不足以传哉？则以藏之者无法耳。释者之书,正伪参半,美恶错出,惟藏之有法,故历久不替。然立藏之后,自成一家之言者,初不多见。儒者则一代之内必有数卓然不朽之书,可以入藏。释老之藏,盛于前而衰于后,儒家则代有增益,此亦间卫吾道之一端也。或曰：古今载籍浩如烟海,子之计是愚公之移山也。曰：不然。天竺之书远隔中国二万余里,六朝迄唐,西域求法高僧见于传记者,不可殚述,况中国之书,固不必远求乎？明释正可以藏经繁重,欲易为书册,以便流通。竭力号召,竟成其事。然则吾党之立志患不固耳,奚其难！或曰：子欲聚儒者之书,而仍袭二氏之名,可乎？曰：守藏之吏,见于《周官》。老子为柱下守藏史,固周人藏书之官也。二氏以藏名其书,乃窃取儒者之义。今日之举,岂曰袭而用之哉？或曰：童而习之,白首纷如。一卷之书,终身不能穷其蕴,又奚以多为？曰：是不然。孟子云,博学详说,将以反约。不博而约,非约也,陋也。以孔子之圣,犹以好古敏求立教,况其下焉者乎？介甫曰：'不尽读百氏之书,必不能明圣人之经。'若曰文足害道,博适溺心,斯二氏之玄谈,非吾儒之宗旨也。郑渔仲曰：'有专门之书,则有专门之学。人守其学,学守其书；人有存殁,而学不息。世有变故,而书不亡。'然何如毕入于藏,使天下共守之乎？且儒藏既立,则专门之学亦必多于往日,何也？其书易求故也。郑渔仲曰：'辞章虽富,如朝霞晚照,徒耀人耳目。义理虽深,如空谷寻声,靡所底止。'以其未尽见古人之书,故拘于习尚以自足耳。果取古人之书,条分眉列,天文地理、水利农田,任人所求而咸在。苟有千古自命之志,孰肯舍其实者,取其虚者乎？故儒藏之成,可以变天下无用之学为有用之学。天下都会所聚簪缨之族,后生资禀,少出于众,闻见必不甚固陋,以犹有流传储藏之书故也。至于穷乡僻壤,寒门窭士,往往负超群之姿,抱好古之心,欲购书而无从。故虽矻矻穷年,而限于闻见,所学迄不能自广。果使千里之内有儒藏数处,而异敏之士,或裹粮而至,或假馆以读,数年之间可以略窥古人之大全,其才之成也,岂不事半而功倍哉!欧阳公曰:'凡物非好之而有力,则不能聚。'儒藏既立,可以释此憾矣。先正读书遗矩亡于明之中叶。高者失之于玄虚,卑者失之于妄庸。儒藏既立,宜取自汉以来先儒所传读书之法,编为一集,列于群书之前,经义治事,各示以不可紊之序,不可缺之功。凡欲读藏者,即以此编为师。其涉海有航,无远弗届,而书籍灿陈,且如淮阴之用兵,多多益善矣,又何患其泛滥而无归哉!"又《儒藏条约》三则:一、"儒藏不可旦夕而成,先有一变通之法:经史子集,凡有版之书在今日颇为易得,若于数百里内择胜地名区,建义学,设义田,凡有志斯事者,或出其家藏,或捐金购买于中,以待四方能读之人,终胜于一家之藏。即如立书目,名曰《儒藏未定目录》,由近及远,书目可以互相传抄。因以知古人之书或存或佚,凡有藏之处,置活板一副,将秘本不甚流传者,彼此可以互补其所未备。如此则数十年之间,奇文秘籍,渐次流通。始也积少而为多,继由半以窥全。力不论其厚薄,书不拘于多寡,人人可办,处处可行。一县之长官,可劝一县共为之;一方之巨族,可率一方共为之。今愚夫愚妇,不惜出金钱以起祠宇,较之此事,轻重缓急,必有能辨者矣。"二、"藏书宜择山林闲旷之地,或附近寺观有佛藏、道藏,亦可互相卫护。吾乡神通寺有藏经石室,乃明万历中释某所为。其室去寺半里许,以远火厄,且累石砌成,上为砖券,今将二百年,犹尚牢固,是可以为法也。"三、"书籍收藏之宜,及每岁田租所入,须共推一方老成三五人经理其事。凡四方来读者,如自能供给,即可不取诸此;寒士则供其食饮。须略立规条,如丛林故事。极寒者并量给束修,免其内顾之忧。有余仍贮存之,以为置书增田之费。"(《松邻丛书》甲编)

却朱嘉措卒(1733—)。却朱嘉措,后藏扎西孜人。班禅六世贝丹意希的同母异父兄。五岁被认定为红帽系第九世活佛转世,取名贝丹米旁却朱嘉措。乾隆五十五年勾结廓尔喀进犯藏地,翌年被清军所败,畏罪自杀。

沈清瑞卒(1758—)。清瑞初名南沅,字吉人,号芷生,别署太瘦生,江苏长洲人。乾隆五十二年进士。著有《春秋世系考》、《孟子逸语》、《韩诗故》2卷、《史记补注》、《帝王世本》、《绿春词》1卷、《樱桃花下银箫谱》1卷、《沈氏群峰集》5卷等。事迹见王豫《江苏诗征》卷一二二、《明清江苏文人年表》。

董祐诚(—1823)、毛岳生(—1841)、朱大韶(—1844)、麟庆(—1846)、陈熙晋(—1851)、刘宝楠(—1855)、僧达爱(—1858)、陆嵩(—1860)、翁心存(—1862)、季锡畴(—1862)、钱泰吉(—1863)、叶廷琯(—1868)生。

乾隆五十七年　壬子　1792 年

法兰西共和国　　正月初十日庚辰(2月2日),军机大臣奏漱芳斋西配殿陈设书籍粘补装潢已竣开单缴进片。

二月初五日甲辰(2月26日),军机大臣奏将发下《二程文集》错误处询问纪昀片。

是日,军机大臣奏将《八旗氏族通谱辑要》增添案语粘贴进呈片。

二十日己未(3月12日),盛京将军琳宁等奏刘权之等已到盛京校阅文溯阁全书折。

二十一日庚申(3月13日),军机大臣奏遵旨询问纪昀二分《四库全书荟要》详校情形片。

二十五日甲子(3月17日),礼部右侍郎刘权之奏校阅文溯阁书籍情形折。

二十六日乙丑(3月18日),奉天府丞福保奏将陆锡熊所遗书籍分交各员接看原由折。

三十日己巳(3月22日),军机大臣奏遵旨将阅看应毁各种违碍书籍粘签进呈片。

四月初十日戊申(4月30日),左都御史纪昀奏前赴热河复勘文津阁书籍情形折。

是日,热河总管福克精额等奏纪昀等复勘书籍及收发办理原由折。

十五日癸丑(5月5日),军机大臣奏查纪昀复勘文津阁书籍情形片。

是日,寄谕左都御史纪昀传旨申饬令将复校各书务臻完善毋再舛误。

二十二日庚申(5月12日),盛京将军琳宁等奏重校文溯阁书籍人员事竣回京折。

闰四月二十七日乙未(6月16日),热河总管福克精额等奏文津阁书籍校竣已照式归架折。

五月十三日庚戌(7月1日),军机大臣阿桂等奏遵旨核议纪昀复勘文津阁书籍各情折。

十四日辛亥(7月2日),谕著各督抚照数严追摊赔文津阁换写书籍原承办供事人员归款。

七月十四日辛亥(8月31日),军机大臣奏于《通鉴辑览》凡例增入小国年号后粘签进呈片。

十八日乙卯(9月4日),军机大臣奏遵查《钦定诗经乐谱》刷印存贮情形片。

是日,户部为知照查议周兴代等人事致典籍厅移会。

十九日丙辰(9月5日),命查禁销毁坊刻删本经书。

二十四日辛酉(9月10日),军机大臣奏商拟增补《诗经乐谱》凡例情形片。

二十九日丙寅(9月15日),《御批通鉴辑览》小字板凡例遵旨添删式。

八月十九日乙酉(10月4日),军机大臣和珅等为检查辽金元人有无以国语入诗事致武英殿总裁函。

九月十九日乙卯(11月3日),陕甘总督勒保奏本年查无《通鉴纲目续

成立。

俄土战争结束。

丹麦成为第一个废除奴隶贸易的国家。

美国两个政党建立。

世界上的第一家化学学会在费城创办。

编》及碑匾情形折。

十月十三日戊寅（11月26日），广西巡抚陈用敷奏本年查无《通鉴纲目续编》折。

是日，广东巡抚郭世勋奏本年并无抽换《通鉴纲目续编》折。

十七日壬午（11月30日），贵州巡抚冯光熊奏本年查无《通鉴纲目续编》折。

二十日乙酉（12月3日），闽浙总督伍拉纳奏本年查无《通鉴纲目续编》折。

是日，云南巡抚谭尚忠奏本年无挖补《通鉴纲目续编》情形折。

是月，乾隆帝撰《喇嘛说》，阐述对喇嘛教之政策。

十一月初六日辛丑（12月19日），安徽巡抚朱珪奏本年换缴《通鉴纲目续编》二部折。

是日，江西巡抚陈淮奏本年并无缴换《通鉴纲目续编》折。

江西巡抚陈淮奏各属续收应毁书籍情形片。

初八日癸卯（12月21日），湖北巡抚福宁奏本年查缴《通鉴纲目续编》一部折。

初九日甲辰（12月22日），谕人臣立品无訾、有始有终者方得谓之为卒，而《国史列传》中钱珏言行不符、蔡珽朋比取戾，皆不得书为"卒"，俱改书为"故"。并定《国史列传》书法："除特行予谥及入祀贤良祠者，自当书卒外，其虽无饰终之典而品行克保厥终者，仍一例书卒。若初终易辙，营私获罪之人，传未止当书故，不得概书为卒。"（张书才主编《纂修四库全书档案》下）

十二日丁未（12月25日），湖南巡抚姜晟奏本年换缴《通鉴纲目续编》二部折。

十九日甲寅（1793年1月1日），陕西巡抚秦承恩奏本年抽改《通鉴纲目续编》二部折。

是日，浙江巡抚福崧奏本年缴换《通鉴纲目续编》并查禁违碍各书情形折。

二十五日庚申（1月7日），直隶总督梁肯堂奏本年并无查缴《通鉴纲目续编》折。

二十七日壬戌（1月9日），山东巡抚吉庆奏本年查缴《通鉴纲目续编》三部等情折。

二十九日甲子（1月11日），河南巡抚穆和蔺奏本年查无《通鉴纲目续编》情形折。

十二月初六日庚午（1月17日），江苏巡抚奇丰额奏本年查缴《通鉴纲目续编》十一部折。

十八日壬午（1月29日），令自下科乡试始，《春秋》命题不再用胡安国传。

按：礼部尚书纪昀等奏："向来考试《春秋》，用胡安国传。胡传中有经无传者多，出题处甚少，且安国当宋南渡时，不附和议，借经立说，原与本义无当。圣祖仁皇帝《钦定春秋传说汇纂》，驳胡传者甚多，皇上御制文，亦多驳其说，科场试题，不应仍复遵用。请嗣后《春秋》题，俱以《左传》本事为文，参用《公羊》、《谷梁》，即自下科乡试为始，一体遵行。"(《清高宗实录》卷一四一九)。从此，胡安国的《春秋传》遂无人问津。

赵翼从本年开始家居著述，不复应聘讲学。

章学诚过访山东学政翁方纲，共同商订补正《经义考》。又应湖广总督毕沅之聘，纂修《湖北通志》；修志期间，又参与修撰《常德府志》和《荆州府志》。

王鸣盛二月为陈鳣《说文解字正义》作序；是夏，为徐文范《东晋南北朝舆地表》作序。

陆锡熊第二次赴盛京校文溯阁《四库全书》，途中患病，客死沈阳。

纪昀四月复校文渊阁、文源阁《四库全书》，祁韵士等参与其事；八月复还礼部尚书，仍署左都御史。

阮元奉诏校勘《仪礼》石经成，有《仪礼石经校勘记序》。

刘墉充顺天乡试正考官，王昶为副考官。

戴衢亨充湖南乡试正考官，寻提督广东学政。

曹振镛充浙江乡试副考官，寻授河南学政。

石韫玉充福建乡试正考官。

铁保充江南乡试正考官。

洪亮吉八月充顺天乡试同考官，在闱中奉命任贵州学政。

彭元瑞代替嵇璜为翰林院掌院学士，充经筵日讲起居注官。

段玉裁十月移居苏州，始识黄丕烈、顾广圻，又与江藩交。

臧庸有《上王凤喈光禄书》，与王鸣盛论汉儒治经主张。

王昶作《答许积卿书》，向许宗彦阐述自己治《说文解字》的主张。

翁方纲因姑息书坊商人删节经书，遭乾隆帝谕旨训责。

按：谕曰："翁方纲奏科试情形一折，内称考试士子经解默经时，却于坊间所删经题内出题，其有未读全经者，概不录取等语。《五经》为圣贤垂教之书，士子有志进取，竟有未经全读者，可见士习之荒疏卑靡。翁方纲身任学政，自应认真董率，俾承学之士全读经义，身体而力行之，方不负训迪之责。如《诗》、《书》内不详讳用语句，不便出题，乃后世过于回避之陋习，朕所不取。兹公然竟有删去者，岂不可鄙！是亦学术式微之一大证也。经籍俱经孔子删定，岂容后人更复妄有删节！今该学政明知坊间删经之不可，而不能去，不过调停其间，且相沿陋习形之奏章，若为定例者然。殊属非是，著传旨申饬。"(《清高宗实录》卷一四○七)

黄丕烈是春借得钱馨室校刊《吴地记》、《吴郡图经》二书，以吴琯所刻《古今逸史》中《吴地记》校讫；又从沈书山借得《吴郡图经续记》，以钱本临校一过，即跋于沈书后；是秋，从书肆购得顾炎武《天下郡国利病书》不全稿本，作跋；是冬，从朱秋崖借得惠松崖校《经典释文》。

按：黄丕烈除藏书外，又喜校书、刻书，王芑孙《黄荛圃陶陶室记》曰："荛圃非惟

法国技师克劳德·夏普发明机械横杆信号。

好之,实能读之。于其板本之后先,篇第之多寡,音训之异同,字画之增损,及其授受源流,翻摹本末,下至行幅之疏密广狭,装缀之精粗敝好,莫不心营目识,条分缕析。"(《渊雅堂全集》卷七)石韫玉《秋清居士家传》曰:"每获一书必手自校雠,一字一句之异,必研索以求其是。"

俞正燮随父宦居句容,与王乔年同撰《阴律疑》,是为著述之始。

史善长应聘入毕沅幕府,与方正澍、严观等时有唱酬。

曾燠授两淮盐运使,随大学士庆文恪公至江南谳狱。西年事竣,始莅任。

包世臣始见《日知录》,颇爱之。

钱泳初入京,谒见邵晋涵,于邵氏学术至为推崇。

陈士莼时任江西广昌知县,建盱源书院。

徐大榕时任泰安知府,建岱麓书院。

彭良弼时任河南正阳县知县,建正阳书院。

陈贻青时任湖北咸宁知县,建淦川书院。

张树绩时任广西隆安知县,改建榜山书院。

何尔宽在云南个旧建建蒙书院。

李焜时任云南蒙自知县,建观澜书院。

J.B.克卢茨著成《全民国家》。

费希特著成《试图批评所有类型的上帝启示》。

托马斯·佩因著成《人权论》的第二部分。

玛丽·沃斯通克拉夫特著成《维护妇女的权利》。

C.J.鲁日·德·李尔作成《马赛曲》。

郝懿行著《易说》12卷、《易说便录》1卷成书,有自序。

卢浙著《周易经义审》8卷刊行。

纪汝伦著《逊斋易述》,纪昀作序。

孙星衍著《周易集解》10卷刊行。

按:胡玉缙《许庼经籍题跋》曰:"其网罗放失,洵有功于古学,足与李书并传。惟李富孙撰《李氏易解剩义》限于三十六家,视此书已多一百余条,知采缀尚有遗漏。……然汉、魏、晋、唐诸家已佚之说,李书外藉是以存梗概,残膏剩馥,沾溉无穷,其功不在李氏下。"

惠栋遗著《古文尚书考》2卷刊行,钱大昕作序。

按:钱大昕《古文尚书考序》曰:"予弱冠时,谒先生于泮环巷宅,与论《易》义,更仆不倦,盖谬以予为可与道古者。忽忽卅余载,椷书犹在,而典型日远,缀名简末,感慨系之。"(《潜研堂文集》卷二四)

王千仞著《诗经比义述》8卷刊行。

孔广森所著《诗声类》12卷由其弟孔广廉初刻。

按:《诗声类》是一部研究《诗经》的韵书,中国最早的一部韵书是魏李登的《声类》,所以孔广森把自己的这部书叫做《诗声类》。今有中华书局1983年《音韵学丛书》本。

阮元著《仪礼石经校勘记》4卷成书,有自序。

凌廷堪始著《礼经释例》。

按:梁启超《中国近三百年学术史》曰:"清儒最初治《仪礼》者为张稷若(尔岐),著《仪礼郑注句读》,顾亭林所称'独精《三礼》,卓然经师'也。乾嘉间则有凌次仲(廷堪)的《礼经释例》十三卷,将全部《仪礼》拆散了重新比较整理贯通一番,发现出若干原则。其方法最为科学的,实经学界一大创作也。"

翁方纲著《经义考补正》12卷刊行,有自序。

吴骞著《孙炎尔雅正义拾遗》1卷成书,有自序。

吴照著《说文字原考略》6卷刊行。

按:吴照字照南,号青芝山人,南城人。另著有《说文偏旁考》2卷。

江永遗著《读书随笔》2种12卷刊行。

姚鼐著《左传补注》1卷成书,有自序。

钱东垣著《列代建元表》10卷成书。

钱大昕著《通鉴注辨正》2卷刊行,戈宙襄作序。

陈景云著《通鉴胡注举正》刊行。

毕沅著《续资治通鉴》220卷成书,冯集梧作序。

按:是书虽署毕沅之名,实出众人之手。书之体例、内容、方法等,与邵晋涵、章学诚、钱大昕等反复商讨。最后由邵晋涵通贯全书,修改定稿,又经钱大昕诸人复审校阅。编纂过程历时二十年,凡四易其稿。梁启超《中国近三百年学术史》曰:"至乾隆末,然后毕秋帆《续资治通鉴》二百二十卷出现。此书由秋帆属幕中僚友编订,凡阅二十年,最后由邵二云校定。而章实斋实参与其义例。其书'宋事,据二李(焘、心传)而推广之,辽金二史所载大事无一遗落,又据旁籍以补其逸。元事,多引文集,而说部则慎择其可征信者。仍用司马氏例,折衷诸说异同,明其去取之故,以为考异。'盖自此书出而诸家《续鉴》可废矣。"是书嘉庆二年(1797)初刻本为103卷,嘉庆五年(1800),浙江桐乡冯集梧将未刻之117卷补刻完全。以后有同治间江苏书局印行本、中华书局1936年《四部备要》和1957年点校本。

又按:王昶《春融堂集》卷三二《与毕秋帆制军论续通鉴书》曰:"窃谓史书之作,在收采之宏富,而尤在持论之方严,盖将以明古今之治乱,而治乱所以肇,实本乎贤奸忠佞之分。……是书卷帙重大,须佽助者必多,愿以此告少詹,并告同局诸君子,为世道人心计,不独以收采宏富为能。……执事作是书,某备闻绪论久矣。……今闻书已将成,为之喜而不寐。又虑同事者侈其繁博,而不足以昭炯戒,且接娶涊忍世俗之为也。敢忘其愚而言之,愿稍留意焉。"莫友芝《修补毕氏续资治通鉴刊板跋》曰:"同治丙寅春,李肃毅伯开书局金陵,刊《六经注》成,且及史汉。问继者何亟?友芝以《通鉴》对,续宋元则取镇洋毕氏。即承命,求胡果泉仿元本备复刊。闻毕书板在嘉兴冯氏者,军兴取供炊薪,仅损末四块,其邻遽倍薪材易去。乱定,又不能缀完。戴礼庭秀才为议售,且就,而礼庭亡。肃毅提师赴河济,应敏斋观察亟为购致,刊补亡失,以行江浙。四部巨编,板刻燹毁几尽,惟此硕果摇摇将不自存,遂得拔出尘蠹,为士林嘉会,观察之为政可思矣。"又曰:"逮秋帆尚书际《四库》告成明备之余,得因徐氏旧编,罗放失,翦榛芜,又有史家宿学王西庄、钱竹汀、邵二云诸老辈为之质证往复,以成定本。虽纪四百年事,较温公纪千数百年者,卷帙遂有三之二,犹启后来议端,续温公书诚不易易。然其缜密详赡,在二代编年家,固未能或之先也。"(莫友芝《邵亭遗文》卷三)

汪辉祖著《九史同姓名略补遗》4卷成书,有自序。

赵翼著《皇朝武功纪盛》4卷刊行,有自序;卢文弨作序。

阿桂等奉敕纂《八旗满洲氏族通谱辑要》2卷成书。

永保纂《塔尔巴哈台事宜》4卷刊行。

钱坫著、徐松集释《新斠注地理志集释》16卷成书。

孙星衍著《京畿金石考》2卷成书,有自序。

钱肇然纂《续外冈志》4卷刊行。

杨文峰、徐炎修,万廷兰纂《新昌县志》25卷刊行。

龚景瀚纂修《循化厅志稿》8卷成书。

杨奇膺修,江云霆纂《德化县续志稿》1卷刊行。

李亨特修,平恕、徐嵩纂《绍兴府志》80卷刊行。

按:胡玉缙《许庼经籍题跋》曰:"其书于近时尚为佳志,而体例疏谬,记载踳驳之处,仍复不可胜诘,李慈铭《祥琴室日记》论之极详,其言曰:'约其大病有四:一曰义例不明,二曰记载无法,三曰去取失当,四曰考核多疏。'"

邱桂山修,刘玉麟、秦兆鲸纂《郁林州志》10卷刊行。

瞿云魁修纂《陵水县志》10卷刊行。

佚名纂《西藏志》刊行。

赵舆恺修,陈天佑纂《台拱厅志略》3卷刊行。

倪赐纂《唐墅志》3卷刊行。

马揭修,盛绳祖纂《卫藏图识》4卷、附蛮语1卷刊行。

章学诚作《与邵二云论修宋史书》,再勉邵晋涵改编《宋史》。又著《历代纪年经纬考》成书。

按:《清史稿·邵晋涵传》曰:"尤长于史,以生在浙东,习闻刘宗周、黄宗羲诸绪论,说明季事,往往出于正史之外。在史馆时,见《永乐大典》采薛居正《五代史》,乃荟萃编次,得十之八九,复采《册府元龟》、《太平御览》诸书,以补其缺。并参考《通鉴长编》诸史及宋人说部、碑碣,辨证条系,悉符原书一百五十卷之数。书成,呈御览,馆臣请仿刘昫《旧唐书》之例列于廿三史,刊布学宫,诏从之。由是薛《史》与欧阳《史》并传矣。尝谓《宋史》自南渡后多谬,庆元之间,褒贬失实,不如东都有王偁《事略》也。欲先辑《南都事略》,使条贯粗具,词简事增,又欲为赵宋一代之志,俱未卒业。其后镇洋毕沅为续宋、元《通鉴》,嘱晋涵删补考定,故其绪于稍见于审正《续通鉴》中。晋涵性狷介,不为要人屈。尝与会稽章学诚论修《宋史》宗旨,晋涵曰:'宋人门户之习,语录庸陋之风,诚可鄙也。然其立身制行,出于伦常日用,何可废耶?士大夫博学工文,雄出当世,而于辞受取与、出处进退之间,不能无箪豆万钟之择。本心既失,其他又何议焉!此著《宋史》之宗旨也。'学诚闻而耸然。"

王祖肃自编《敬亭自记年谱》1卷刊行。

段玉裁六月委托臧庸、顾明编定戴震著《东原文集》2卷、《札记》1卷、《年谱》1卷,并为序,在经韵楼刊行。

汪中写定《述学》内篇3卷、外篇1卷刊行。

按:汪中在《与端临书》中对刘台拱自言:"中之志,乃在《述学》一书,文艺又其末也。"刘台拱在所撰《容甫汪君传》中云:"君搜辑三代两汉学制,以及文字、训诂、度数、名物有系于学者,分别部居,为《述学》一书。属稿未成,更以平日读书所得,及所论撰之文,分为《述学》内外篇。"(《碑传集》卷一三四)汪中曾有一个雄心勃勃的写作计划,欲撰《述学》一书,博考先秦古籍、三代以上学制废兴,使知古人之所以为学者,可惜未成书,后来流传的《述学》一书,实际上是他的论文集,"识议超卓,论者谓唐以下所未有"(王引之《汪容甫先生行状》),其重要性不言而喻。《述学》所收之文,可以分为两大类:一为辞章之文,二为学术之文。《述学》自嘉庆年间开始刊行,至今约200年,版本大致有以下几种:1.小字初刻本;2.阮刻大字本;3.汇刻遗书本;4.扬州书局同治八年(1869)重刻本;5.李详、古直《汪容甫文笺》本。

张惠言著《书墨子经后》。又选编《七十家赋钞》6卷,并作序。

刘维谦著《楚辞叶音》1卷刊行。

杜蕙著《歧疑韵辨》5卷刊行。

厉鹗著《樊榭山房诗文集》28卷重刊。

石韫玉著《独学庐初稿》13卷编定。

丁芸著《墨农诗草》1卷刊行。

冯景著《解春集文抄》12卷、补遗2卷刊行。

张玉书著《张文贞集》12卷刊行。

陆燿著《切问斋集》16卷刊行。

杨伦著《杜诗镜诠》20卷、《附录》1卷、《年谱》1卷,由阳湖杨氏九陌山房刊行。

翁方纲著《五言诗平仄举隅》1卷成书,有自序。

程伟元对《红楼梦》重加修改后再次刊行,世称"程乙本"。

玉山草亭老人(杜纲)著拟话本小说集《娱目醒心编》16卷刊行,许宝善加评语。

沈起凤著文言短篇小说集《谐铎》12卷刊行。

叶堂编订《纳书楹曲谱》24卷、《西厢记曲谱》2卷刊行。

按:叶堂字广平,江苏吴县人。《纳书楹曲谱》共录元明以来流传之曲353套,其元杂剧36折,南戏68出,明清传奇114出,时剧(当时舞台流行的昆曲以外的地方戏曲剧种剧目)23出,散曲10套,词曲1套,诸宫调1套。所录材料极为丰富。

蒋和绘编《写竹简明法》2卷刊行。

纪昀著《槐西杂志》4卷成书,有自序。

翁方纲著《小石帆亭著录》6卷成书,有自序。

李富孙著《李氏集解剩义》3卷成书,有自序。

汪启淑著《水曹清暇录》16卷刊行,钱大昕作序。

瞿中溶始著《见闻随笔》,记其所见善本书籍及金石书画。

吴骞著《论印绝句》1卷成书,有自序。

费汉源著《山水画式》3卷成书,费晴湖作序。

王贞仪著《历算简存》5卷成书。

唐大烈辑《吴医汇讲》11卷刊行。

按:唐大烈字立三,号笠山,江苏苏州人。是书为我国最早的医学期刊,由唐氏门人沈文燮参校,自乾隆五十七年(1792)始刊行,每年1卷,许多医学名家都在此发表文章。

《紫藤书屋丛刻》6种刊行。

袁枚著《随园食单》成书,有自序。

按:作者在该书序文中谈到他撰述此书的情况:"每食于某氏而饱,必使家厨往彼灶觚,执弟子之礼。四十年来,颇集众美。"该书曾被浙江、江苏两省的厨师视为至宝,已收入《中国食经丛书》(下)。在日本,有青木正儿译本和中山时子监译本。

郑牧卒(1714—)。牧字用牧,安徽休宁人。师从江永,与同门金榜、程瑶田、方矩、洪榜、汪肇龙、汪梧凤并称为"江门七子"。著有《性理字训》、《学庸文》等。事迹见吴定《郑用牧先生墓志铭》(《紫石泉山房诗文集》卷一〇)。

按:吴定《郑用牧先生墓志铭》曰:"先生休宁人也,休宁与歙境相邻,而先生产于两县人文最盛之日,当是时以考定之学名天下者,有戴东原、程易田、金藥中;以古文名者,有吴蕙川;以制举之文名者,则有潘在涧、胡澹声、胡授穀、方雨三、方晞原以逮先生。先生与此数君皆友善,数相过从,各以所长相攻错,然是时汉儒之学盛行,求其于四子六经之书力宗程、朱之释而不可有片语之违者,则惟先生。故先生虽与诸君子相得甚欢,及讲论经义,常至于不合而争。呜呼! 观先生志趣所向往者如是,则其行可知矣。夫以君子之论观之,宗程、朱者贵宗其道也,宗其道即宜宗其言固也。然有其言虽善,而或揆之立言者之旨偶未之符,不惟不足贻玷高贤,亦不必为高贤盖藏也。后之人苟克穷思研虑契圣人之馨欬于微茫,而不敢尽与之比附,吾知程、朱公天下万世之心,且欣然乐与之也。必一言一字阿所好而从之,末矣。然当此过宗汉学以抑宋贤之世,如先生者盍可多得哉?"

顾镇卒(1720—)。镇字备九,一字佩九,号古湫,又号虞东,江苏昭文人。少从同邑陈祖范学。乾隆十九年进士,补国子监助教。迁宗人府主事。乞归,主讲金台、白鹿、钟山等书院。著有《虞东先生文录》8卷、《虞东学诗》12卷、《三礼札记》等。事迹见《清史列传》卷六八、李桓《国朝耆献类征初编》卷一四五、袁枚《虞东先生顾镇墓志铭》。

按:袁枚《虞东先生顾镇墓志铭》曰:"先是,虞山陈见复先生以邃学清望,设教紫阳,先生往执弟子礼惟敬。一切经解史义,往复辨难,穿穴诣微,得古人所未见。见复先生死,先生驾其说而恢张之,以经师名天下。先设教金台书院,再设教游文书院、白鹿书院,而终之以钟山书院。"

汪缙卒(1725—)。缙字大绅,号爱庐,江苏吴县人。诸生。工诗文,受袁枚称道。与彭绍升、罗有高交往论学,并应韩梦周之聘,主讲建阳书院。著有《汪子文录》10卷、《二耕草堂集》、《读易老私记》等。事迹见《清史列传》卷七二、李桓《国朝耆献类征初编》卷四三九、蔡冠洛《清代七百名人传》第四编。

周震荣卒(1730—)。震荣字青在,号筤谷,浙江嘉善人。乾隆十七年举人,授江南青阳知县。后为直隶清苑县丞,迁永清知县,除永定河南岸同知。章学诚游畿辅,两人一见如故。及宰永清,延章学诚修县志。著有《周礼萃说》42卷、《历代纪元年》、《两汉三国姓名记》20卷、《正名》10卷、《养蒙术》、《筤谷诗稿》等。事迹见章学诚《周筤谷别传》(《章氏遗书》卷一八)。

陆锡熊卒(1734—)。锡熊字健男,号耳山,上海人。乾隆二十六年进士。召试,授内阁中书。官至左副都御史。曾任《四库全书》总纂官。参与纂修《通鉴辑览》、《契丹国志》、《胜朝殉节诸臣录》、《河防纪略》等书。以《四库全书》有讹谬,受命重为校正,写官所费,与纪昀分任。又令诣奉天校正文溯阁藏书,卒于奉天。著有《篁村诗钞》、《宝奎堂文集》等。事迹见《清史稿》卷三二〇、《清史列传》卷二五、李桓《国朝耆献类征初编》卷九六、蔡冠洛《清代七百名人传》第五编、王昶《都察院左副都御使陆君墓志铭》(《碑传集》卷三五)。

按：王昶《都察院左副都御使陆君墓志铭》曰："君以文章学业受特达之知，故自《四库全书》、《通鉴纲目辑览》之外，凡《契丹国志》、《胜朝殉节诸臣录》、《唐桂二王本末》、《河源纪略》、《历代职官表考》，奉敕编辑。见付武英殿刊刻者，又二百余卷。每书成，或降旨褒美，或交部议叙，或赐文绮笔砚之属。奏进表文，多出君手，上阅而益善之。……且《四库全书》定于御览，尊于册府，分布于海寓，腾今迈古，千载未有，皆君审定而考正之。世之读《提要》者，见其学术之该博，议论之纯粹，显显然如在目前。"

方坰(—1834)、赵允怀(—1839)、龚自珍(—1841)、姚配中(—1844)、赵庆嬉(—1847)、张履(—1851)、潘曾沂(—1852)、徐荣(—1855)、田宝臣(—1858)、彭蕴章(—1862)、宗稷辰(—1867)、吴振棫(—1810)、梁绍壬(—?)、沈涛(—?)生。

乾隆五十八年　癸丑　1793年

正月十一日乙巳(2月21日)，军机大臣奏遵旨将缺页不全及应毁书六种开单进呈片。

二月初二日乙丑(3月13日)，命将《石渠宝笈续编》缮写五份，奔藏宫禁，并著诸子及重臣校阅。

初六日己巳(3月17日)，军机大臣谕奉旨将《石渠宝笈续编》缮写正本五份，著传知戴均元等遵办。

是日，军机处拟缮写《石渠宝笈续编》章程。

是日，举行仲春经筵。纪昀进讲《中庸》。

十九日壬午(3月30日)，通谕不应禁止苏杭淮扬等处民人进香游玩演剧。

三月初二日乙未(4月12日)，命嗣后乡试发榜后举行复试。所有各省复试卷仍统行解京候勘。

十三日丙午(4月23日)，命重申查禁删本经书，以整饬士风，崇尚实学。

按：谕军机大臣等："本日郭世勋奏到，查禁坊间删节经书板片一折，《五经》为圣贤垂教之书，岂容妄有删节！去经明降谕旨，立法查禁，通行各省一体办理。今据各该省督抚陆续奏到，俱已饬禁查销，并将板片收毁。京师为人文荟萃之区，坊肆通行，此项书籍，自所必有，何以未据五城及顺天府尹奏报查禁？著传谕都察院堂官、顺天府尹等，即将京城书坊现在有无此项删节经书，详细查明，晓谕销毁。并饬令地

路易十六世卒。法国恐怖时期开始。

拿破仑占领土伦。

第一次反法联盟组成。

神圣罗马帝国对法宣战。

英国成立农业部。

法军被赶出德国。

波兰被第二次瓜分。

法国对儿童从六岁起实行义务教育。

巴黎的卢浮宫成为国家美术馆。

方官实力催缴,俾士子等咸知习诵全经,以副朕崇尚实学至意。"(《清高宗实录》卷一四二四)

二十六日己未(5月6日),军机大臣奏将《通鉴辑览》移写添载各条粘签进呈候钦定片。

是日,兵部左侍郎伊龄阿奏查明热河陈设《石渠宝笈》等书俱钤御宝折。

四月二十一日癸未(5月30日),策试天下贡士于保和殿。

二十三日乙酉(6月1日),重申查禁删节经书。

二十四日丙戌(6月2日),乾隆帝亲定本科会试三鼎甲:状元潘世恩,榜眼陈云,探花陈希曾。

二十五日丁亥(6月3日),御太和殿,传胪,赐一甲潘世恩等3人进士及第,二甲陈秋水等29人进士出身,三甲朱瑞椿等49人同进士出身。本科会试正考官为吏部尚书刘墉,副考官为礼部尚书铁保、工部侍郎吴省钦。

八月二十四日甲申(9月28日),军机大臣和珅等奏审拟四库馆议叙候选供事陈逵扣阍案由折。

九月十五日乙巳(10月19日),陕甘总督勒保奏本年查无《通鉴纲目续编》等情折。

十月十五日乙亥(11月18日),贵州巡抚冯光熊奏本年查无《通鉴纲目续编》情形折。

十六日丙子(11月19日),广东巡抚郭世勋奏本年并无抽改《通鉴纲目续编》折。

十九日己卯(11月22日),江西巡抚陈淮奏本年查缴《通鉴纲目续编》二部折。

是日,江西巡抚陈淮奏本年收缴违碍书籍十三种片。

二十四日甲申(11月27日),福建巡抚浦霖奏本年查无《通鉴纲目续编》情形折。

二十五日乙酉(11月28日),湖南巡抚姜晟奏本年查缴《通鉴纲目续编》二部并请定限一年饬令呈缴折。

二十八日戊子(12月1日),陕西巡抚秦承恩奏本年抽改《通鉴纲目续编》二部折。

十一月初六日乙未(12月8日),山西巡抚蒋兆奎奏本年查无《通鉴纲目续编》等情折。

初八日丁酉(12月10日),广西巡抚陈用敷奏本年并无查缴《通鉴纲目续编》折。

十二日辛丑(12月14日),暂护云南巡抚费淳奏本年并无挖补《通鉴纲目续编》折。

十九日戊申(12月21日),湖广总督毕沅奏本年查缴《通鉴纲目续编》二部折。

二十一日庚戌（12月23日），安徽巡抚朱珪奏本年查无换缴《通鉴纲目续编》折。

二十六日乙卯（12月28日），军机大臣奏遵旨拟缮写《石渠宝笈》人员名单进呈片。

按：拟赏缮写《石渠宝笈》各员名单：周兴岱、秦潮、崔景仪、文宁、初乔龄、朱理、周兆基、祝孝承、戴均元、李长森、费振勋、陆湘、周有声、瞿照、朱承宠、李瀚、陈煜、张经田等（张书才主编《纂修四库全书档案》下）。

是日，军机大臣阿桂奏《石渠宝笈》缮竣并令原派各员分缮《秘殿珠林》折。

二十七日丙辰（12月29日），河南巡抚穆和蔺奏本年查无《通鉴纲目续编》情形折。

是日，直隶总督梁肯堂奏本年查无《通鉴纲目续编》情形折。

十二月初九日戊辰（1794年1月10日），浙江巡抚吉庆奏缴换《通鉴纲目续编》情形折。

十一日庚午（1月12日），江苏巡抚奇丰额奏本年缴换《通鉴纲目续编》数目折。

按：自乾隆三十九年（1774）八月开始明令查缴禁书，迄于本年禁毁图书之事大致结束，十九年间，历代大量典籍，或遭全毁，或遭抽毁，酿成空前未有的图书浩劫。总共被清廷所禁毁的图书达3100种，151000多部，销毁的书版则在80000块以上。

命乐部肄演安南、缅甸、廓尔喀诸国之乐。所用乐队皆穿戴该国衣冠。

阮元六月因《石渠宝笈》成书，先后受赐赵孟頫《无量寿佛》、元人《戏婴图》、宋人《货郎图》、蒋廷锡墨牡丹、恽寿平画册、董其昌尺牍册共7件；是月，奉旨提督山东学政。十一月，主祭孔庙。

伊莱·惠特尼发明轧棉机。

按：阮元任山东学政以后，清代最大的学人幕府开始出现，至他任浙江学政时，幕府达到鼎盛时期。阮元是清代一流汉学家，一生提倡汉学研究，所以他的幕府成员以汉学家为主，如段玉裁、焦循、臧庸、顾广圻、江藩、李锐、陈寿祺、严杰等都曾在其幕府。先后入其幕府的学人达120余人。

钱大昕所藏金石文字二千余件，由弟子瞿中溶整理成册。

按：瞿中溶为钱大昕女婿，《清史稿·文苑传》说他"尤邃金石之学"。

钱大昕十一月作《述庵先生七十寿序》，为王昶祝寿，赞其学行。

钱大昕、王鸣盛、段玉裁、江声分别为臧琳遗著《经义杂记》作序。

按：钱大昕常与四方之士和受业弟子论学，其子钱东壁、钱东塾曰："府君一生无疾言遽色，无私喜盛怒，不轻许可，不滥交游。力学敦品之士，不惜奖借而诱进之，虽其人至终身偃蹇坎坷，而称赏未尝去口。四方贤士大夫，下逮受业生徒，咸就讲席，折中辨论文史。如卢学士文弨、袁太史枚、赵观察翼、孙观察星衍、段大令玉裁、周明经锡瓒、张征君燕昌、梁孝廉玉绳、陈进士诗庭、黄主政丕烈、何主簿元锡、钮君树玉、夏君文焘、费君士玑、徐君颋、张君彦曾、袁君廷梼、戈君宙襄、李君向、顾君广圻、吴君嘉泰、沈君宇、李君福、王君兆辰、孙君延辈，或叩问疑义，或商论诗文，或持示古本书籍，或鉴别旧拓碑帖、钟鼎款识，以及法书名画，府君无不穷源竟委，相与上下其论议,至人各得其意以去。而从兄弟东垣、绎、侗暨倩瞿君中溶、许君萌堂,尤朝夕过从。府君每与谈艺,必引申触类,反复讲求。有时日旰烛跋,听者跂倚,而府君语犹谆谆不已。即至愚不肖如不孝等,偶有质疑,亦必周详指示。盖府君乐育后进之怀,出于至诚,未尝有不屑之教诲焉。"(《竹汀府君行述》)

曾燠是年至嘉庆十一年,任两淮盐运使,幕府极一时之盛。

按:自曾燠出为两淮盐运使以后,天下称诗之士皆至扬州。如吴锡祺、王芑孙、吴蕙、刘嗣绾、吴嵩梁、乐钧、郭麐、彭兆荪、陆继辂、邓显鹤、毛岳生、黄文旸、吴照、吴煊等,都曾客于曾燠幕下,极一时之盛。

又按:在清代,像徐乾学、李光地、张伯行、卢见曾、朱筠、毕沅、谢启昆、曾燠、阮元、陶澍、曾国藩、李鸿章、张之洞、端方等官员兼学者的幕府,都聚集了一大批文人学者,他们一起进行学术交流,编纂学术著作,促进了当时学术文化的发展。尚小明的《学人游幕与清代学术》(社会科学文献出版社1999年版)对此有详细论述。

段玉裁委托臧庸代校《礼记》;又嘱臧庸详校自周锡瓒处借得叶林宗钞本《经典释文》。

段玉裁为任兆麟《有竹居集》作序,序中自称,"余自蜀中归,访友吴中,若汪明之元亮、江雨来藩,皆博雅士也"(《有竹居集》卷首)。

臧庸在苏州,从钱大昕、王昶、段玉裁讲学;是春,作《先师汉大司农北海郑公神坐记》,以志于郑玄学说的笃信谨守;是夏,作《与段若膺明府论校尔雅书》,对段氏所校《尔雅》的疏失提出商榷;十月,校勘影宋本《经典释文》成,作《校影宋经典释文书后》。

王念孙九月擢吏部给事中。

王鸣盛为孙岱辑《归震川先生年谱》作序。

王引之是年与阮元有书信来往。

朱珪时任安徽巡抚,十二月进所辑《御制说经古文》,得乾隆帝谕旨嘉奖。

洪亮吉在贵州岁试贵阳府生员,又考核平越、思南、石阡、镇远、思州、铜仁六府生员。

姚鼐在钟山书院主讲。方东树、梅曾亮、管同、刘开从学,又最为姚氏称许,世目为"姚门四杰"。

按:《清史稿·文苑传》曰:"鼐门下著籍者众,惟同传法最早。其于同里,则亟称刘开之才。"

顾广圻五月向段玉裁借明道二年《国语》校本,摘入札记中。

卢文弨复主讲紫阳书院。

凌廷堪入王杰幕中,与江藩、王堉在京探求天算之学。

凌廷堪去冬有《与焦里堂论路寝书》,讨论焦循《群经宫室图》的失误,焦循是年将凌氏的信与《群经宫室图》寄北京,请阮元作序,阮氏作有《焦里堂群经宫室图序》。

凌廷堪作《与胡敬仲书》,批评汉学积弊。

按:凌书批评当时某些学者"挟许慎一编,置九经而不习。忆《说文》数字,改六籍而不疑。不明千古学术之源流,而但以讥弹宋儒为能事,所谓天下不见学术之异,其弊将有不可胜言者"(《校礼堂文集》卷二三)。焦循继凌廷堪之后,亦力辨考据名学之非,认为"近之学者,无端而立一考据之名,群起而趋之。所据者汉儒,而汉儒中所据者,又唯郑康成、许叔重。执一害道,莫此为甚"(焦廷琥《先府君事略》,《焦氏遗书》附录)。王引之也致书焦循,对那些株守汉学而不求是非的学风加以痛斥。

李兆洛手录《水经注释》、《太平寰宇记》、《读史方舆纪要》等书,学习舆地。

邵晋涵五月校阅自《永乐大典》中所录《东南纪闻》,有跋文。

黄丕烈是秋从东城顾氏借残宋本《礼记郑注》,有跋。

梁章钜始学作诗赋杂文。

钮树玉十一月至苏州紫阳书院访钱大昕,共论段玉裁《古文尚书撰异》之得失。

吴德旋自济南入京,与张惠言共治古文。

吴廷选八月出任安徽学政,翁方纲作《送吴石亭视学安徽序》,主张"扶树宋儒程朱传说,以衷汉、唐诸家精义"(《复初斋文集》卷一二)。

唐仲冕中进士。

王文治、王宸、史善长、严观、杨揩等集会于武昌毕沅官署中,演杨潮观所著《吟风阁杂剧》,史善长作纪事诗。

按:王宸字子凝,号蓬心,江南太仓人。王原祁曾孙。《清史稿·王宸传》曰:"原祁诸孙,多以画世其家,惟宸最工。枯毫重墨,气味荒古。爱永州山水,自号潇湘子,有终焉之志。罢官后,贫不能归,毕沅为总督,遂往依之武昌。以诗画易酒,湖湘间尤重其画。著《绘林伐材》十卷,王昶称为'画史总龟'云。"

松筠充国史馆副总裁。

陈鳣应孙志祖之请,为其所著《家语疏证》作序。

铁保充会试副考官。

英和中进士,选翰林院庶吉士,授编修。

潘世恩中进士,授翰林院修撰。

和瑛充西藏办事大臣,寻授内阁学士,仍留藏办事。和瑛在藏八年,著《西藏赋》,博采地形、民俗、物产,自为之注。

张问陶授翰林院检讨。是年,与袁枚相知;湖广总督兼湖北巡抚毕沅亦寄书与张问陶订交。时张问陶诗名日盛,广交海内名流,与名士孙星衍、杨芳灿、罗聘、法式善、何道生、王芑孙、王学浩、秦瀛、杨揆、何道冲、吴山尊、查小山等人结成诗友。

王绍兰中进士,授福建南屏知县,调闽县。

汪梅鼎中进士。

支本、支金在浙江嵊县建剡山书院。

杨人模在浙江定海建芦江书院,又名观澜书院。

陶国干在湖北黄冈建回车书院。

史克信时任湖南蓝山知县,建鳌山书院。

高应龙时任广东紫金知县,改建元峰书院。

王以中时任四川筠连知县,建腾川书院。

许学范时任贵州黔西知州,建狮山书院。

天主教传教士巴色所译《圣经》中文手稿,由一英人带回英国。后藏于大英博物馆,为马礼逊所阅知。

<blockquote>
J.B. 克卢茨著成《人性国家的基本法律》。

M.J. 孔多塞著成《描绘一幅反映人类思想进步的历史画卷》。

威廉·戈德温著成《政治正义论》。

康德著成《受限于纯粹理性的宗教》。
</blockquote>

武亿著《经读考异》8 卷成书,有后序。

戚学标著《风雅遗闻》4 卷成书,有自序。

李东圃著《周易义象合纂》,纪昀作序。

臧庸辑郑玄《三礼目录》1 卷初成。

庄存与著《尚书既见》3 卷刊行。

按:胡玉缙《许庼经籍题跋》曰:"龚自珍《定盦文集》中《庄侍郎神道碑》言:存与亦知孔传古文之伪,其时在上书房,深念伪《书》中如《禹谟》之'人心惟危,道心惟微'等语,皆帝王格言,恐伪《书》一废,后世人主无由知此,因作是书,书出而世儒群大诟之,盖不惜污其身以存道者云云。然其书既无一字辨证其真伪,亦未尝阐发其义理,龚氏此文,殆为之饰词耳。……李慈铭《孟学斋日记》谓'乾隆间诸儒经说,斯为最下',其言良确。"

王弘撰(一作宏撰)著《周易筮述》刊行。

按:《四库全书总目提要》曰:"宏撰以朱子谓《易》本卜筮之书,故作此编以述其义。其卷一曰《原筮》,曰《筮仪》,曰《蓍数》。《筮仪》本朱子,并参以汴水赵氏。其卷二曰《揲法》,其卷三曰《变占》,尊圣经,黜《易林》,稽之《左传》,与朱子大同小异。其卷四曰《九六》,曰《三极》,曰《中爻》。中爻即互体。其卷五曰《卦德》,曰《卦象》,曰《卦气》。《卦气》本邵子、朱子,并附《太乙秘要》。其卷六曰《卦辞》。其卷七曰《左传国语占》,曰《余论》。其卷八曰《推验》,采之陆氏,其涉于太异可骇者弗载。其书虽专为筮著而设,而大旨辟焦、京之术,阐文、周之理,立论悉推本于经义,较之方技者流,实区以别,故进而列之易类,不以术数论焉。"

黎曙寅著《周易拟像》6 卷刊行。

段玉裁著《周礼汉读考》6 卷成书,作自序,阮元作序。

按:阮元在《汉读考周礼序》中有云:"金坛段若膺先生于其间,研摩经籍,甄综百氏,聪可以辨牛铎,舌可以别淄、渑,巧可以分风擘流,其书有功于天下后世者,可得而言也。"阮元又谓段玉裁"有功于天下后世者三,言古音一也,言说文二也,《汉读考》三也"(《清史稿·段玉裁传》)。与段书相近的尚有宋世荦的《周礼故书疏证》6 卷,胡玉缙《许庼经籍题跋》曰:"是书于郑注例略,更不明了,即疏证异字,亦失之简略,往往鲜所贯通,视段氏不逮远甚。段书成于乾隆癸丑,其书成于嘉庆戊寅,卷中并未称及,殆以远宦滇南未见,使其见之,当必进于是也。然硁硁考核,不失为实事求是,其与段书异同处,亦间足以资参证。谓不及段书则可,倘因段书而竟废之则不可。"

钱东垣著《小尔雅疏证》、《历代建元表》、《建元类聚考》2 卷成书,钱侗作跋。

洪亮吉著《意言》20 篇。

钱大昭著《三国志辨疑》成书,有自序。

按:其《序》曰:"予旧于两《汉书》有《辨疑》四十四卷,于地理、官制颇有所得,名儒、硕士时或许之。近日复于《三国志》辑录得三卷,仍仿《汉书辨疑》例,不敢立议论以测古今,不敢妄褒贬以骋词辨。"(《三国志辨疑》卷首)

宋叶隆礼所著《契丹国志》27卷由承恩堂刊行。
胡志熊修，吴省钦纂《南汇县新志》15卷刊行。
黄德基修，关天申纂《永顺县志》4卷刊行。
陈元京修纂《江夏县志》15卷刊行。
黄恺修，陈诗纂《广济县志》12卷刊行。
周埰修，李绥等纂《广西府志》26卷刊行。
刘如基修，杨泗纂《简州志》8卷刊行。
武英殿刊刻《四库全书总目》竣工，简称殿本。

按：是书刊行以后，由于在收书、著录、考订等方面存在着种种缺点和谬误，引起了目录学家的研究兴趣，产生了一系列为《总目》纠谬补阙的目录著作，如阮元的《四库未收书提要》、邵懿辰的《四库简明目录标注》、余嘉锡的《四库提要辨证》、胡玉缙的《四库全书总目提要补正》等，从而开辟了目录学研究的一个新领域。

严万里著《商君书新校正》5卷成书。
孙志祖著《家语疏证》6卷刊行，梁玉绳作序。
吴翌凤辑刊《宋金元诗选》6卷。
冯应榴编《苏文忠公年谱合注》1卷刊行，附于桐乡冯氏息躅斋刊本《苏文忠公诗合注》卷首。
魏元枢著《与我周旋集》刊行，附魏礼煜等编《臞庵居士年谱》2卷。
翁方纲著《小石帆亭著录》6卷刊行。
宋邦绥补注《才调集补注》10卷刊行。
王初桐辑《倚声权舆录》20卷、《宋词纪事》40卷刊行。
陶元藻辑《全浙诗话》54卷刊行。
许宝善著《自怡轩乐府》4卷成书。
张洲著《对雪亭文集》10卷、《对雪亭诗抄》2卷刊行。
杜纲著《南史演义》64卷、《北史演义》32卷成，许宝善为之加评。
屠绅著《琐蛣杂记》20卷刊行。
卢存心著《蜡谈》1卷、附《杂说》1卷成书，杨复吉作跋。

按：卢存心字敬甫，浙江余姚人。劳史弟子。另著有《文庙从祀弟子赞》。

纪昀著《姑妄听之》4卷成书，有自序。
臧庸著《华严经音义》3卷成书，有自序。
蒋和著《汉碑隶体举要》1卷成书，有自序。
敕编《秘殿珠林续编》成书。
敕编《石渠宝笈续编》40册成书。

按：参与编修者有王杰、董诰、彭元瑞、金士松、沈初、玉宝瑚、图礼、吴省兰、阮元、那彦成等10人。

敕编《西清续鉴》甲编20卷成书。
武亿著《补句读叙述》1卷刊行。

钱载卒(1708—)。载字坤一，号箨石，又号瓠尊、壶尊，晚号万松居士，浙江秀水人。乾隆十七年进士，授编修。官至礼部左侍郎。工诗与书法,善水墨画。著有《篆石斋诗文集》。事迹见《清史稿》卷三〇五、《清史列传》卷二五、李桓《国朝耆献类征初编》卷九一、震钧辑《国朝书人辑略》卷五、朱休度《礼部侍郎秀水钱公载传》、吴文溥《故礼部侍郎钱公传》(均见《碑传集》卷三六)。

  按:《清史稿》本传曰:"(金)德瑛论诗宗黄庭坚,谓当辞必己出,不主故常。载初与订交,晚登第,乃为门下门生;诗亦宗庭坚,险入横出,蔚然成一家。同县王又曾、万光泰辈相与唱酬,号秀水派。……载又为(钱)陈群族孙,从陈群母陈受画法,苍秀高劲,亦如其诗。"

  传教士钱德明卒(1718—　)。德明字若瑟,法国人。乾隆十五年抵澳门,次年应召赴京,供职内廷长达四十二年。著有《中国兵法考》、《中国古史实证》、《中国历代帝王纪年表》、《孔子传》、《中国古今音乐记》、《满汉辞典》等。

  张佩芬卒(1732—　)。佩芬字薪圃,号卜山,初名洳芳,字公路,山西平定人。康熙二十二年进士。历任安徽歙县、合肥等县知县,寿州、泗州知州,凤阳府知府等官。著有《平定州志考》、《陆宣公翰苑集注》、《希音堂文集》等。事迹见清张穆编《先大父泗州府君事辑》(《舟斋文集》卷二)。

  梁履绳卒(1748—　)。履绳字处素,号夬庵,浙江仁和人。梁玉绳弟。乾隆五十三年举人。再试进士不第,遂不求仕进。治经精《左氏传》。著有《左通补释》32卷。事迹见《清史稿》卷四八一、《清史列传》卷六八、李桓《国朝耆献类征初编》卷四二〇、卢文弨《梁孝廉处素小传》(《抱经堂文集》卷三〇)。

  按:《清史列传》本传曰:"刻意于学,萧然如寒素,衣不求新,出则徒步。强识博闻,通声韵之学,尤精《左氏传》。其舅元和陈树华著《春秋内外传考证》,履绳复汇辑诸家之说而折其衷,成书六种名曰《左通》:一曰补释,古注辑存虽富,惟合者录;二曰驳证,诸家诠释,或疏有证者驳;三曰考异,旁搜及石经群籍诸文;四曰广传,取材在《公》、《谷》、《国语》而外;五曰古音,证以风谣、卦繇;六曰臆说,详于别解轶闻,皆考辑详审。"《清史稿》本传曰:"其于众经中尤精《左氏传》,谓《隋志》载贾逵《解诂》、服虔《解义》各数十卷,今俱亡佚。杜氏参用贾、服,仲达作疏,间有称引,未睹其全。亦如马融诸儒之说,仅存单文只义。唐以后注《左氏》者,惟张洽、赵汸最为明晰,大抵详书法而略纪载。履绳综览诸家,旁采众籍,以广杜之所未备,作《左通补释》三十二卷。又有未成者五门:曰广传、考异、驳证、古音、臆说。钱大昕见其书,叹为绝旨。"

  江德量卒(1752—　)。德量字量殊,江苏江都人。父江恂,好金石文字;伯父江昱,通音韵训诂之学。少承家学,及长,与汪中交往,学问日进。乾隆四十四年一甲进士,授翰林院编修,改江西道御史。精于小学,收藏碑版、法书、名画、古钱。著有《泉志》30卷等。又撰《广雅疏》,未成而卒。事迹见《清史稿》卷四八一、《清史列传》卷六八、震钧辑《国朝书人辑略》卷六。

  邹奕孝卒,生年不详。奕孝字念乔,号锡麓,江苏无锡人。乾隆二十二年进士,授编修。深通乐律,曾受命修订《乐律全书》、《律吕正义》及《诗经》乐谱。郊祀大典之乐,亦多出其手。历任国子监祭酒、内阁学士、礼部侍郎等。事迹见邹曾荫等《锡麓府君行述》。

永忠卒,生年不详。忠姓爱新觉罗,字良辅,又字敬轩,号臞仙,满族人。封镇国将军。工诗,书法亦遒劲。著有《延芬室集》。事迹见《清史稿》卷四八四。侯塏编有《永忠年谱》。

汪端(　—1838)、招子庸(　—1846)、金应麟(　—1852)、黄爵滋(　—1853)、曾钊(　—1854)、祁寯藻(　—1866)、骆秉章(　—1867)、吴廷栋(　—1873)、熊少牧(　—1877)生。

乾隆五十九年　甲寅　1794年

二月初四日壬戌(3月5日),举行仲春经筵。

三月初五日壬辰(4月4日),军机大臣奏文源阁全书内《盐铁论》缺写一篇请将纪昀等察议片。

四月初六日壬戌(5月4日),漕运总督管干珍谢折称先前所颁赐内外大臣之《通志堂经解》一书,系徐乾学裒辑,令纳兰性德刊刻邀誉,现补刊颁发,于阐扬经义之中,即寓甄别党私之义。乾隆帝特降旨赞扬管干珍。

按:谕军机大臣曰:"管干珍奏谢颁赐《通志堂经解》一折,内称是书系徐乾学裒辑,令成德刊刻邀誉,现补刊颁发,于阐扬经义之中,即寓甄别党私之义等语。《通志堂经解》一书,汇集诸儒经训,洵足嘉惠士林。然当时裒辑此书,必非出于成德之手。自系徐乾学逢迎交结,代为纂辑,令成德出名邀誉。是以刊订时,朕即于简端剖示此意,颁赐各省藏弆。各督抚等具折谢恩,多用骈体,铺叙泛语,而于朕阐扬经义,甄别党私之意,并未叙及。即朱珪素称能文,谢恩折内,亦并无此意。今管干珍独能见及于此,言简意赅,所见尚是。著将此谕令各省督抚知之。"(《清高宗实录》卷一四五〇)

五月初八日甲午(6月6日),军机大臣奏呈纪昀等补写文源阁《盐铁论》缺篇并文津阁本漏写情形篇。

初十日丙申(6月8日),军机大臣奏遵旨将文津阁所缮《盐铁论》遗漏处询问纪昀情形片。

是日,办理军机处为移送文溯阁《盐铁论》原书事致盛京将军等咨文。

七月初九日甲午(8月4日),军机大臣奏查《御批通鉴辑览》内"邪"系"牙"之误,应请一体改缮片。

初十日乙未(8月5日),军机大臣奏将《御批通鉴辑览》承办各员查明核办片。

是日,谕内阁:原办《通鉴辑览》总裁等姑念成书已久,免其交部议处。

九月十七日辛丑(10月10日),以石经将及校勘完竣,加总司其事之彭元瑞太子少保衔。并谕近因刊刻石经,出内府所藏宋板各经及古今流

法人杀罗伯斯庇尔和圣茹斯特。雅各宾俱乐部被封。

巴黎国民公会被废除。

英国的《人身保护法》被中止。

美国海军建立。

第一条电报线出现于巴黎—里尔之间。

世界上的第一所综合工科大学在巴黎开学。

传旧本,命总裁各官详细校对,并将与坊本、监本互异之处逐条摘出,厘定成编,名为《考文提要》。

十月初八日壬戌(10月31日),两广总督长龄等奏本年查无《通鉴纲目续编》情形折。

十六日庚午(11月8日),石经馆奏请颁行《考文提要》,以统一科举考试题目,令再议。

按:谕曰:"近因刊刻石经,出内府所弆天禄琳琅宋版各经,古今流传旧本,莫不荟萃。蒙命臣等详悉校对,与武英殿官刻诸书,参稽印证,逐条摘出,厘订成编。书不过六册,而俗本相沿讹谬,靡不开卷了然。拟名《考文提要》,请颁行天下,俾士子人人得窥中秘精华,不复袭别风淮雨之陋。……圣贤垂教之义,原不在章句之末,即流传古本,儒先各守经师家法,未必无习误承讹。士子等操觚构艺,惟期阐发经旨,亦不必以一二字之增损,偏旁之同异,为去取也。"(《清高宗实录》卷一四六三)

是日,乾隆帝撰《御制石刻蒋衡书十三经于辟雍序》。

十七日辛未(11月9日),军机大臣奏遵查《永乐大典》存贮情形,并将首卷粘签呈览片。

按:军机大臣查明《永乐大典》现存只有一部,存于翰林院,原书共22937卷,除原缺2404卷,实存20473卷,共9881本,此外有目录60卷(张书才主编《纂修四库全书档案》下)。

二十日甲戌(11月12日),军机大臣奏遵查《永乐大典》内有御题诗草者一并呈览片。

二十二日丙子(11月14日),停顺天并各省乡试榜后复试及复勘之例,会试仍严行复试。

让·拉马克第一个将动物分为脊椎动物和无脊椎动物两大类。

法国化学家安托尼·洛朗·拉瓦锡被处死。

钱大昕、段玉裁、瞿中溶、戈襄等六月阅《道藏》于苏州玄妙观。

段玉裁六月自周锡瓒处借得明汲古阁影宋钞本《集韵》,作《汲古阁影宋钞本集韵跋》;是秋始识丁杰。

王昶致仕归,居青浦原籍,名其堂曰"春融"。时与在紫阳书院主讲之钱大昕、居忧在家的王鸣盛互访,吴中文酒之会,每延三先生为领袖,有"江南三老"之目。

臧庸以刘台拱之介,往谒阮元,以后为阮元校书、纂书。

按:是时,阮元、焦循等"扬州学派"的后起之秀在学术界声名日甚。与焦循、阮元同时而起的扬州学者王引之、顾凤毛、江藩、黄承吉、钟环、李钟泗、凌曙、徐复、汪喜孙、梅植之等人,亦渐次登上学术舞台。这些学者年次较晚,多数学术活动在嘉庆时期,他们相与为友,相互问学,关系非常密切,当时扬州学术界已有"江、黄、焦、李"之目,或曰"钟、黄、焦、李"。黄承吉所作《孟子正义序》曰:"予与里堂弱龄缔交,中岁论艺。侪辈中昕夕过从尤契洽者,则有江君子屏、李君滨石,当时以予四人嗜古同学,辄有'江、焦、黄、李'之目。或遗子屏而列钟君蕺屋,则称为'钟、焦、黄、李'也。"(黄承吉《梦陔堂文集》卷五《孟子正义序》)而江藩(号郑堂)又与焦循(号理堂)并称"二堂"。

臧庸是夏自毕沅幕中作《上王德甫少司寇书》,与王昶言对汉学之服膺。

章学诚助毕沅纂修《湖北通志》成，进士陈熷大驳此书不当，认为必须重修，章学诚著《驳议》1卷，逐条加以批驳。

> 按：章学诚在《湖北通志辨例》中回忆此事说："余撰《湖北通志》，初恃督抚一人之知，竟用别裁独断，后为小人谗毁，乘督府入觐之隙，诸当道凭先入之言，委人磨勘，而向依督府为生计者，只窥数十金之利，一时腾跃而起，无不关蒙弓而反射，名士习气使然也。如斯学识，岂直置议？然所指摘，督府需余登复，今存《驳议》一卷，见者皆胡卢绝倒也。"（《章氏遗书》卷二七）

章学诚作《报黄大俞先生》书，与黄璋论方志纂修。

毕沅八月因湖北"教案"奏报不详实，降补山东巡抚，并罚交湖广总督养廉五年，再罚山东巡抚养廉三年。章学诚失去毕沅支持而离湖北，《湖北通志》稿交于陈诗校定。

> 按：毕沅九月降补为山东巡抚后，《史籍考》的修撰又一次陷入困境。而章学诚因失去毕沅的奥援，遂自湖北返回家乡。

汪中应聘到杭州，检点文澜阁所藏《四库全书》。

凌廷堪与卢文弨在杭州商榷《仪礼注疏》。

朱珪五月为杨椿遗著《孟邻堂文钞》作序。

洪亮吉二月岁试都匀、黎平二府生员，三至五月科试镇远、思州、铜仁、思南、石阡、平越、都匀七府生员，九月科试上游安顺、南笼二府生员。

钮树玉为顾之逵校勘《诗人玉屑》。

钮树玉至黄丕烈家观书。

凌曙向包世臣问业。

> 按：《清史稿·儒林传》曰："曙好学根性，家贫，读《四子书》未毕，即去乡，杂作佣保，而绩学不倦。年二十为童子师，问所当治业于包世臣，世臣曰：'治经必守家法，专法一家，以立其基，则诸家渐通。'乃示以武进张惠言所辑《四子书》汉说数十事。曙乃稽典礼、考古训，为《四书典故核》六卷，歙洪梧甚称之。"

黄丕烈得昆山叶文庄六世孙九来旧藏旧钞本《隶释》；四月跋新得钞本《古唐类范》160卷；跋所得明刻本高季迪《缶鸣集》；五月跋宋刊本《中兴馆阁录》。

胡培翚受业于匡宪，为治经之始。

谢启昆是秋迁浙江按察使，胡虔随同来杭州，为《西魏书》最后定稿。

> 按：书成，谢启昆有《补史亭草》四首以为纪念，胡虔为作《补史亭草序》，有云："虔侍先生十余年，《西魏书》之作，虔实佐之。"

铁保充山东乡试正考官。

张问陶正月结识吴锡麟，并向其赠诗；二月以七律二首送王昶告老还乡；十一月有诗贺袁枚次年三月二十日八十大寿。

徐复先前专心从事经史之学，是年开始精心研究《九章算法》，通于弧三角之正弧、垂弧、次形、矢较诸法。

> 按：徐复字心仲，江苏江都人。著有《论语疏证》，江藩为之序，称其立意新颖。事迹见《清史列传》卷六八。

王廷璧在浙江仙居建秀溪书院。

宗守时任安徽萧县知县，建龙城书院，儒学教谕、训导分年轮课。

谭子文在安徽旌德县建毓文书院。

蔡振中时任湖北云梦知县，建梦泽书院。

汪应绶时任广西那坡县通判，建镇阳书院。

张曾扬时任广西庆远府知府，将庆阳书院改建为庆江书院。

傅应奎时任云南广南知县，建莲峰书院。

|达尔文发表《动物生理学，或有机生物之规律》。费希特著成《知识学基础》。托马斯·佩因发表《理性的时代》。阿德里安·勒让德尔著成《几何学的基础知识》。|

刘方璿著《芸庄易注》刊行。

黎世序著《易注》成书，纪昀作《黎君易注序》。

孙星衍始著《尚书今古文注疏》。

郝懿行著《诗问》7卷成书，有自序。

金榜著《礼笺》10卷成书，朱珪作序。

卢文弨著《仪礼注疏》成书。

凌廷堪著《礼经释例》二稿成。

孔广森著《大戴礼记补注》13卷由其弟孔广廉在山东刊行，阮元作序。

按：阮元《大戴礼记补注序》曰："顾自汉至今，唯北周卢仆射为之注，且未能精备。自是以来，章句溷淆，古字更舛，良可慨叹。近时戴东原编修、卢绍弓学士相继校订，蹊径略辟。曲阜孔检讨㧑轩，乃博稽群书，参会众说，为注十三卷，使二千余年古经传复明于世，用力勤而为功钜矣。"（《大戴礼记补注》卷首）

许宝善著《春秋三传揭要》6卷刊行。

陈鱣著《论语古训》10卷成书，有自序。

蒋麒昌著《五经文字偏旁考》3卷刊行。

罗聘著《正信录》成书，江藩作序。

谢启昆始著《小学考》。

谢启昆著《西魏书》24卷成，钱大昕、姚鼐作《西魏书序》，凌廷堪作跋。

按：钱大昕《序》曰："观察之书，不独为前哲补亡，而将相、大臣、征伐诸表，精核贯串，又补前史所未备，传诸异日，视萧常、郝经之续《后汉书》，殆有过之无不及也。"凌廷堪作《后序》亦谓此书具有补阙、存统、正名、搜辑、严界、辨证六大优点（均见《西魏书》卷首）。

钱大昕著《廿二史考异》刻成从《史记》到《新五代史》部分。

杨复吉著《辽史拾遗补》5卷成书。

李元著《蜀水经》16卷成书。

陆锡熊、纪昀、孙士毅、陆费墀将满文《蒙古源流》转译为汉文。

毕沅、章学诚等纂《湖北通志》成书。

按：是书未刊行，以后章学诚将保存的志稿汇订为《湖北通志检存稿》24卷、《湖北通志未成稿》1卷。

王行俭纂修《南郑县志》16卷刊行。

傅修等纂修《直隶遵化州志》20卷刊行。

林天宏修纂《雒容县志》18卷刊行。

丁映奎修纂《茂州志》8卷刊行。

徐午修，万廷兰纂《南昌县志》32卷刊行。

崔龙见修，魏耀、黄义尊纂《江陵县志》58卷刊行。

高举修，徐养忠纂《蕲水县志》20卷刊行。

洪亮吉著《贵州水道考》3卷成书，有自序。

汪中著《广陵通典》10卷成书。

劳潼著《救荒备览》4卷成书，有自序。

安绍杰编《安我素年谱》1卷刊行。

段玉裁著《说文解字读》540卷成书，并以此为基础，始撰《说文解字注》。

按：《清史稿·段玉裁传》曰："玉裁于周、秦、两汉书，无所不读，诸家小学，皆别择其是非。于是积数十年精力，专说《说文》，著《说文解字注》三十卷，谓：'《尔雅》以下，义书也；《声类》以下，音书也；《说文》，形书也。凡篆一字，先训其义，次释其形，次释其音，合三者以完一篆，故曰形书。'又谓：'许以形为主，因形以说音、说义。其所说义，与他书绝不同者，他书多假借，则字多非本义，许惟就字说其本义。知何者为本义，乃知何者为假借，则本义乃假借之权衡也。《说文》、《尔雅》相为表里，治《说文》而后《尔雅》及传注明。'又谓：'自仓颉造字时至唐、虞、三代、秦、汉以及许叔重造《说文》，曰某声、曰读若某者，皆条理合一不紊。故既用徐铉切音，又某字志之曰古音第几部，后附《六书音均表》，俾形、声相为表里。始为长编，名《说文解字读》，凡五百四十卷。既乃隐括之成此注。'玉裁又以：'《说文》者，说字之书，故有读如、无读为，说经、传之书，必兼是二者。汉人作注，于字发疑正读，其例有三：读如、读若者，拟其音也，比方之词；读为、读曰者，易其字也，变化之词；当为者，定为字之误、声之误，而改其字也，救正之词：三者分，而汉注可读，而经可读。'"周祖谟在研究段玉裁著《说文解字注》时说："文字、音韵、训诂之学，以前仅是经学的附庸，从清代乾嘉以后，才逐渐发展为专门独立的语言文字之学。段氏在这方面的贡献是绝不能忽视的。"又说："段氏《说文解字注》的成就是很多的，一方面，把许慎作《说文》的义旨和《说文》这部书在考订文字、声音、训诂方面的真实价值阐发无疑，而且贯串全书，详加注释，使《说文》成为可读之书；另一方面，段氏参考群书字训，就形、声、义三方面互相考核，探讨三者间的关系，并说明古书中文字的假借、意义的引申、古今语的异同，创通许多探讨词义的方法，继承了前代训诂学的优点而又加以发扬，这样，就使训诂学的理论与方法都有了新的内容和新的发展。段氏对文字形、声、义的探讨已经带有历史研究的性质，而且能从以往训诂学只作一字一义的孤立的说明，转向注意全面系统知识的探索，这是尤其值得重视。"（《问学集》下）

杨名时著《杨氏全书》36卷刊行。

龚景瀚著《离骚笺》2卷刊行。

谢启昆著《树经堂诗集》成书。

王昶编《青浦诗钞》34卷刊行。

万廷兰著《计树园诗存》6卷刊行。

万廷芮著《螺墩草》1卷、《云洲草》1卷、《螺川草》1卷、《泸江草》1卷刊行。

万廷潘著《南村遗稿》1卷刊行。

薛雪著《一瓢斋诗存》6卷、《诗话》1卷，扫叶村庄精刊。

李渔旧著《一笠庵四种曲》由苏州宝研斋选订刊行。

王昙著《辽萧皇后十香传奇》成书。

马履泰著《秋药庵诗集》8卷刊行。

孔广森著《𡘇轩骈体文》3卷刊行。

孙星衍著《问字堂集》6卷刊行。

杨椿著《孟邻堂文抄》16卷刊行。

陈维崧著《陈检讨四六文集》20卷刊行。

桂馥著《晚学集》8卷刊行，阮元作序。

赵一清著《东潜文稿》2卷刊行。

汪汲著《词名集解》6卷、续编2卷成书，谈泰作序。

沈初著《兰韵堂文集》5卷、《兰韵堂诗集》12卷、《御览集》6卷、《经进文稿》2卷刊行。

周春著《阅红楼梦随笔》1卷成书，有自序。

臧庸著《拜经日记》12卷成书，有自序。

按：是书乃作者诠释古书疑义、校勘误字音读的札记。

汪辉祖著《双节堂庸训》6卷、《学治续说》1卷成书，有自序。

冯金伯著《国朝画识》17卷成书，王昶作序。

纪昀等纂《四库全书总目提要》200卷经反复增订后由武英殿刊行。

按：《四库全书》中之应刻书籍，由副总裁金简负责，用木活字排印，经过20多年的努力，至本年全部完成，统称《武英殿聚珍板丛书》，收书138种，共2300余卷。

程永培辑《六醴斋医书十种》55卷刊行。

马俊良辑《龙威秘书》177种323卷刊行。

按：马俊良字嵊山，浙江石门人。另著有《国朝丽体金膏》。《龙威秘书》共分10集，一集为《汉魏丛书采珍》，二集为《四库论录》，三集为《古今集隽》，四集为《晋唐小说铨揽胜》，五集为《古今丛说拾遗》，六集为《名臣四六奏章》，七集为《吴氏说铃揽胜》，八集为《西合经义存醇》，九集为《荒处奇书》，十集为《说文解字系传》。有乾隆五十九年石门马氏大酉山房刊本，后收入《丛书集成初编》。

程穆衡卒（1702— ）。穆衡字惟淳，号迓亭，江南镇洋人。乾隆二年进士，官山西榆社知县。著有《耆旧传》9卷、《吴梅村先生编年诗笺补注》12卷、《太仓州名考》1卷、《太仓风俗记》1卷、《考定檀弓》2卷、《迓亭杂说》1卷，以及《投绂堂集》、《水浒传注略》、《州乘备采》等。事迹见王宝仁辑《娄水文征》卷七〇。

嵇璜卒（1711— ）。璜字尚佐，一字黼廷，晚号拙修，江苏无锡人。雍正八年进士，改翰林院庶吉士，散馆，授编修。历官南河、东河河道总督。官至文渊阁大学士。晚年为上书房总师傅。卒谥文恭。著有《锡庆堂诗集》等。事迹见《清史稿》卷三一〇、《清史列传》卷二一、李桓《国朝耆献类征初编》卷二三、震钧辑《国朝书人辑略》卷四、蔡冠洛《清代七百名人传》第三编。

乾隆五十九年　甲寅　1794年

鲁九皋卒(1732—)。九皋原名仕骥,字絜非,号山木,江西新城人。曾向朱仕琇、姚鼐学古文法。乾隆三十六年进士。官山西夏县知县。著有《诗学源流考》1卷、《山木先生周易注》12卷、《是程集》3卷、《鲁山木先生文集》12卷、《山木居士外集》4卷。事迹见《清史稿》卷四八五、《清史列传》卷七二、李桓《国朝耆献类征初编》卷二四一、蔡冠洛《清代七百名人传》第五编、姚鼐《夏县知县新城鲁君墓志铭》(《惜抱轩文集》卷一三)。

按：鲁九皋《藏书阁记》曰："余束发受书,即好泛涉古籍,自经传之文、历代之史,与夫诸子百家,以及名臣巨儒,文人学士之留遗于今者,旧所传重理而新之,缺者补之,积时既久,卷帙渐繁。于是所葺山木居之东室,倚墙为阁以藏之。噫！余之于书,虽未敢言能有所积,然而古先圣之经传、史策所载千古治乱兴亡之迹,名臣之硕画,儒先之精义微言,与夫文人学士感时书事,托物见志之作,亦粗在于是,读而玩之,以施于用,恢恢乎有余也。"(《鲁山木先生文集》卷七)

汪中卒(1744—)。中字容甫,江苏江都人。乾隆四十二年拔贡,以母老不再应举。与王念孙、刘台拱为友。曾入朱筠、毕沅幕,以笔札为生。晚年校《四库全书》于杭州文澜阁。著有《广陵通典》10卷、《左氏春秋释疑》、《春秋列国官名异同考》1卷、《国语校文》1卷、《旧学蓄疑》1卷、《经义知新记》1卷、《述学》内外篇4卷、《大戴礼记正误》1卷等。事迹见《清史稿》卷四八一、《清史列传》卷六八、震钧辑《国朝书人辑略》卷六、李桓《国朝耆献类征初编》卷四二〇、蔡冠洛《清代七百名人传》第五编、凌廷堪《汪容甫墓志铭》、孙星衍《汪中传》、刘台拱《汪君传》(均见《碑传集》卷一三四)。清汪喜孙编有《容甫先生年谱》。

按：汪中治学,大体上是遵循顾炎武的路子,他在《与巡抚毕侍郎书》中曾自言："中少时问学,实私淑顾宁人处士,故尝推六经之旨以合于世用。及为考古之学,惟实事求是不尚墨守。"(《述学·别录》)《清史稿》本传曰："中颛意经术,与高邮王念孙、宝应刘台拱为友,共讨论之。其治《尚书》,有《尚书考异》。治《礼》,有《仪礼校本》、《大戴礼记校本》。治《春秋》,有《春秋述义》。治小学,有《尔雅校本》,及《小学说文求端》。中尝谓国朝古学之兴,顾炎武开其端。河、洛矫诬,至胡渭而绌。中、西推步,至梅文鼎而精。力攻古文者,阎若璩也。专治汉《易》者,惠栋也。凡此皆千余年不传之绝学,及戴震出而集其大成。拟作《六儒颂》,未成。……其有功经义者,则有若《释三九》,《妇人无主答问》,《女子许嫁而婿死从死及守志议》,《居丧释服解义》。其表章经传及先儒者,则有若《周官征文》,《左氏春秋释疑》,《荀卿子通论》,《贾谊新书序》。其他考证之文,亦有依据。中又熟于诸史地理,山川厄要,讲画了然,著有《广陵通典》十卷,《秦蚕食六国表》,《金陵地图考》。生平于诗文书翰无所不工,所作《广陵对》、《黄鹤楼铭》、《汉上琴台铭》,皆见称于时。"凌廷堪《汪容甫墓志铭》曰："君读书极博,《六经》、子史以及医药种树之书,靡不观览。著书率未成,少日作诗古文,复自弃去。今所存者有《述学》四卷,皆杂文也。……汉唐以后所服膺者,昆山顾宁人氏、德清胡朏明氏、宣城梅定九氏、太原阎百诗氏、元和惠定宇氏、休宁戴东原氏。尝云：'古学之兴也,顾氏始开其端；《河》、《洛》矫诬,至胡氏而绌；中西推步,至梅氏而精；力攻《古文尚书》者,阎氏也；专言汉儒《易》者,惠氏也。凡此,皆千余年不传之绝学,及戴氏出而集其成焉。'拟为《国朝六儒颂》而未果。君于时流,恒多否而少可。钱晓征、程易畴两先生外,惟王怀祖给事、孔众仲检讨、刘端临训导、江子屏太学数人，时或称道，余大半视之蔑如也。"

金简卒，生年不详。简汉军镶黄旗人，赐姓金佳氏。乾隆中授内务府笔帖式。三十七年，授总管内务府大臣。监武英殿刻书，充《四库全书》副总裁，专司考核督催。四十三年，命纂《四库全书荟要》，署工部尚书。尝改译辽、金、元三史人地官名。卒谥勤恪。事迹见《清史稿》卷三二一、李桓《国朝耆献类征初编》卷九〇。

梅植之（—1843）、俞万春（—1849）、刘喜海（—1853）、魏源（—1857）、马国翰（—1857）、马复初（—1874）、丁晏（—1875）、瞿镛（—1875）生。

乾隆六十年　乙卯　1795年

卢森堡向法国投降。

巴黎发生"饥饿骚乱"和"白色恐怖"。

拿破仑被任命为意大利方面军总司令。

波兰被第三次瓜分。波兰王国亡。

英军占领好望角。

巴黎音乐学院成立。

巴黎国立学院成立，代替被废除的科学院。

第一条马拉铁路在英国出现。

法国应用十进位制。

二月初二日甲寅（2月20日），举行仲春经筵。

初五日丁巳（2月23日），乾隆帝诣文庙行释典礼，并阅辟雍新刊石经。

四月十九日己亥（6月5日），乾隆亲定本年恩科三鼎甲：状元王以衔，榜眼莫晋，探花潘世璜。

二十日庚子（6月6日），传胪，赐一甲王以衔等3人进士及第，二甲陈廷桂等18人进士出身，三甲高鹗等90人同进士出身。本科会试正考官为左都御史窦光鼐，副考官为礼部侍郎刘跃云、内阁学士瑚图理。

七月十四日癸亥（8月28日），寄谕礼部尚书纪昀原办文津阁书错讹不一而足。

九月初三日辛亥（10月15日），立皇十五子颙琰为皇太子。以明年丙辰为嗣皇帝嘉庆元年。

按：乾隆帝即位自始，尝焚香告天，谓若得在位六十年，即当禅位嗣子，不敢上同圣祖六十一年之数。又降旨，皇太子永琰，上一字"永"改写"颙"字。

十一日己未（10月23日），谕后世子孙当世守秘密立储之法。

十月初一日戊寅（11月11日），颁布嘉庆元年《时宪书》。

二十二日己亥（12月2日），诫谕后世子孙不得更改我朝旧制。

十一月十六日癸亥（12月26日），原户部尚书曹文埴奏刊刻《四库全书总目》竣工刷印装潢呈览折。

十二月初一日戊寅（1796年1月10日），谕曰："朕于明年归政后，凡有缮奏事件，俱书太上皇帝。其奏对称太上皇。"（《清史稿·高宗本纪六》）

毕沅与阮元商议修纂《山左金石志》，定其义例，因奉命补授湖广总督,属阮元继成其事。

按:史善长编《弇山毕公年谱》曰:"公与学政阮公元商议修纂《山左金石志》,搜罗广博,考证精核。会有湖督之命,谆属阮公继成其事。书成凡若干卷,其义例皆公定也。"钱大昕曰:"乾隆癸丑秋,今阁学仪征阮公芸台奉命视学山左,公务之暇,咨访耆旧,广为搜索。其明年冬,毕尚书来抚齐鲁,两贤同心,赞成此举,遂商榷条例,博稽载籍。萃十一府两州之碑碣,又各出所藏彝器钱币、宣私印章,汇而编之,规模粗定。而秋帆移督三楚,讨论修饰润色,一出于公。"(钱大昕《潜研堂文集》卷二五《山左金石志序》)

毕沅复官湖广总督,到辰州镇压苗民起义。

按:毕沅正月复任湖广总督,因疲于应付湖南苗民和湖北白莲教的起事,已无暇顾及修纂《史籍考》之事。而章学诚虽期待毕沅军事稍息,即再作湖北之行,但终未成行。章学诚于是年冬有《与阮学使论求遗书》,其曰:"拟明年赴楚,终其役耳。"(《章氏遗书》卷二九)又嘉庆元年(1796)三月十八日致书孙星衍曰:"《史考》底稿已及八九,自甲寅秋间,弇山先生移节山东,鄙人方以《通志》之役,羁留湖北,几致受楚人之钳。乙卯方幸弇山复镇两湖,而逆苗扰扰,未得暇及文事。鄙人狼狈归家,两年坐食,困不可支,甚于丁未扼都下也。"(陈烈《田家英与小莽苍苍斋》第一篇,《小莽苍苍斋收藏管窥》录章氏书札。)

章学诚、邵晋涵、洪亮吉、孙星衍、程晋芳、严长明等先后协助毕沅修《续资治通鉴》,本年竣事。

阮元八月调任浙江学政,九月升为内阁学士兼礼部侍郎,十月赴浙江学政任,章学诚有《与阮元学使论求遗书》,谓王记善"家多藏书,其所采摭,必多遗文秘册。今访得其书,或可全刊,或堪采辑,亦未必无裨补也"(《章氏遗书》卷二九)。

阮元赴浙江学政任,途经苏州,有书致段玉裁,敦请同舟南下。

洪亮吉九月任满还京,抵辰州晤湖广总督毕沅、湖南巡抚姜晟。

钱大昕受毕沅之请,为审定《续资治通鉴》,费士玑、瞿中溶、李锐为助理。

按:支伟成《清代朴学大师列传·王鸣盛传》附曰:"费士玑字玉衡,亦字在轩,江苏嘉定人。以岁贡举嘉庆戊午顺天乡试。大挑用知县,分发贵州,署都匀通判。归,卒于家。少颖悟,过目成诵。《五经》、《三礼》注疏,悉能暗记无遗。古礼同异之辨,言之如指掌。兼治汉《易》,受业王光禄、钱詹事,得其指授。于光禄之学尤能笃信,故西庄先生尝曰:'吾门下以金子璞园为第一,费子在轩次之。'盖称许如此,著述惜多未就。"

钱大昕为黄丕烈跋元刻《元统元年进士题名录》,又为其师王峻遗著《汉书正误》作序。

按:钱大昕《汉书正误序》曰:"宋儒好讲史学,于是有三刘氏、吴氏《刊误》之作。然刘书既无全本,吴虽博洽,往往驰骋而不要其归。本朝则何义门、陈少章两君,于是书考证最有功。先生与少章子和叔交最善,故于二家之说多有采取。其云正误者,正小颜之误也。所征引必识其名,不欲掩人之善也。此书出,当驾三刘与吴而上之。予故接闻先生绪论者,谨识梗概如右。"(《潜研堂文集》卷二四)

钱大昕自《道藏》中录出《长春真人西游记》,闰二月作跋;是春,又再跋顾炎武《天下郡国利病书》钞本,以三年前跋文粗疏而自讼。

卢文弨自春至冬编次自著文集,未竣事而于十一月二十八日猝卒。

王引之应京兆试,以官生举孝廉。

顾广圻始识彭兆荪;又校《老学庵笔记》一过。

段玉裁因旧作《说文解字读》太繁冗,遂重为删订。

王鸣盛以袁枚八十诞辰,作《祝随园先生八十寿序》。

臧庸是春执教毕沅家馆,有《答钱晓征少詹书》,与钱大昕讨论古音学。

焦循是春应阮元之邀赴山东学署,与修《山左金石志》;冬,阮元调任浙江学政,焦循随同至浙江校士;又协同阮元从杭州文澜阁《四库全书》中抄得元李冶《测圆海镜》一书,阮元将此抄本请焦循转寄李锐校勘,欲刊行世。

按: 焦循乃阮元的族姊夫,治学不喜依傍,有许多创造性的见解,阮元年轻时就与焦循以学问相切磋,受其影响,为学亦不墨守一家。刘师培《扬州前哲画像记》有云:"自汉学风靡天下,大江以北治经者,以十百计。或守一先生之言,累世不能殚其业。或缘词生训,歧或学者。惟焦、阮二公,力持学术之平,不主门户之见。"焦循在山东时,曾与孙星衍书信论当时学风,他在与刘端临论学中回忆道:"近数十年来,江南千余里中,虽幼学鄙儒,无不知有许、郑者。所患习为虚声,不能深造而有得。盖古学未兴,道在存其学。古学大兴,道在求其通。前之弊患乎不学,后之弊患乎不思。证之以实,而运之虚,庶几学经之道也。乃近来为学之士,忽设一考据之名目,循去年在山东时,曾作札与孙渊如观察,反复辨此名目之非。"(《雕菰集》卷一三《与刘端临教谕书》)

焦循与胡虔在南京相会,胡虔以新刻《西魏书》一部相赠,焦循作《西魏书论》。

邵晋涵三月十七日招张问陶、吴锡麟、孙星衍、赵怀玉、汪端光等人,集双藤筱看花。

彭元瑞充顺天乡试正考官。

和珅充殿试读卷官,教习庶吉士。

按:《清史稿》本传曰:"时朝审停勾,情重者请旨裁定。和珅管理藩院,于蒙古重狱置未奏,镌级留任。又廷试武举发策,上命检实录。故事,实录不载武试策问,和珅率对不以实,诏斥护过饰非,革职留任。"

江藩由京城返回江宁,应布政司试,未中。

高鹗、陈廷桂、玉麟中进士。

窦光鼐时任会试正考官,因取士错谬,以四品休致。

舒位复入京,始晤王昙。

张问陶以朝鲜四家诗示吴锡麒,锡麒据以考证朝鲜故实。

朱彬客北京,从王引之处借得《七经孟子考》,又校读《毛诗注疏》一过,作题记。

凌廷堪赴宁国府教授任,张其锦来受业。

黄丕烈三月跋新得王闻远家旧钞《月屋漫稿》,四月初一日访顾之逵家,观何校本《新序》。

钮树玉至黄丕烈家见旧钞本《方舆纪要》、南宋大字本《后汉书》残本等。

鲍廷博借顾广圻所校《文苑英华辨证》,刻入《知不足斋丛书》。

按:宋彭叔夏有《文苑英华辨证》10卷,顾广圻尝称之为校雠之楷模。然其中失误亦往往可见,故劳格著有《文苑英华辨证拾遗》1卷,补其所遗达数十条之多。后人因以附彭书之末。有《武英殿聚珍板书》本。

张元英时任山东庆云知县,建古棣书院。

郭大定时任湖南衡山知县,因明代文昌书院旧址建雯峰书院。

龙万育辑《周易诂要》成书。

鲁松峰著《周易大传释图二注》5卷、《周易卦象位义三注》8卷刊行。

吴骞著《子夏易传义疏》成书,卢文弨作序。

李富孙著《补李鼎祚周易集解》成书,卢文弨作序。

卢文弨著《仪礼注疏详校》17卷刊行,有自序和凌廷堪的序;又《抱经堂文集》14卷刊行。

阮元著《仪礼石经校勘记》4卷刊成,焦循作后序。

余萧客遗著《古经解钩沉》重刊,王鸣盛再作序。

朱云龙著《河图道原》由二南轩刊行。

孙星衍补辑《古文尚书马郑注》10卷、《逸文》2卷、《篇目表》1卷,由问字堂刊行。

徐复著《论语疏证》,江藩作《徐心仲论语疏证序》。

陈鳣著《论语古训》10卷刊行,阮元作序。

曹之升著《四书摭余说》6卷成书,有自序。

李自明著《太乙神数统宗大全》6卷刊行。

崔述著《唐虞考信录》4卷成书。

彭元瑞奉敕撰《孚惠全书》64卷。

毕沅纂《续资治通鉴》230卷成书。

谢启昆得凌廷堪等协助,纂《西魏书》24卷初刻,胡虔作跋。

席世臣以扫叶山房名刊行《四朝别史》308卷及《东都事略》130卷。

按:苏州席鉴、席世臣"扫叶山房"开张于明末,以雕印为主,印制文献数百种。孙毓修《中国雕版源流考·坊刻本》赞曰:"清时书坊刻书之多,莫如苏州席氏扫叶山房,如《十七史》、《四朝列史》、《百家唐诗》、《元诗选癸集》为其最著者。贩夫盈门,席氏之书不胫而走天下。"此外还刻有《南宋书》68卷、《唐六典》30卷、《宋辽金元别史》5种、《御纂医宗金鉴》15种、《徐灵胎十二种全集》12种等。

赵翼著《廿二史札记》36卷初刻,有自序。

按:赵翼《廿二史札记小引》曰:"闲居无事,翻书度日。而资性粗钝,不能研究经学,惟历代史书,事显而义浅,便于流览,爰取为日课,有所得,辄札记别纸,积久遂多。惟是家少藏书,不能繁征博采,以资参订。间有稗乘胜说与正史歧互者,又不敢遽诧为得间之奇。盖一代修史时,此等记载,无不搜入史局,其所弃而不取者,必有

康德著成《永久和平论》。

难以征信之处,今或反据以驳正史之讹,不免贻讥有识。是以此编多就正史纪、传、表、志中参互勘校,其有抵牾处,自见辄摘出,以俟博雅君子订正焉。至古今风会之递变,政事之屡更,有关于治乱兴衰之故者,亦随所见附著之。"此书是年成书后,其后又续有增补改订,嘉庆五年(1800)才最后写定。有湛贻堂本、广雅书局本、丛书集成本、四部备要本等。

汪辉祖著《廿四史姓名录》初稿成;又著《环碧山房书目》1卷。

顾炎武所著《日知录》由遂初堂重刊。

按:《四库全书总目提要》曰:"炎武学有本原,博赡而能通贯,每一事必详其始末,参以证佐而后笔之于书。故引据浩繁,而抵牾者少,非如杨慎、焦竑诸人偶然涉猎,得一义之异同,知其一而不知其二者。阎若璩作《潜邱札记》,尝补正此书五十余条。若璩之婿沈伊,特著其事于序中。赵执信作若璩墓志,亦特书其事。若璩博极群书,睥睨一代,虽王士禛诸人尚谓不足当抨击,独于诘难此书,沾沾自喜,则其引炎武为重可概见矣。然所驳或当或否,亦互见短长,要不足为炎武病也。惟炎武生于明末,喜谈经世之务,激于时事,慨然以复古为志,其说或迂而难行,或愤而过锐。观所作《音学五书后序》,至谓圣人复起,必举今日之音而还之淳古,是岂可行之事乎? 潘耒作是书序,乃盛称其经济,而以考据精详为末务,殆非笃论矣。"

洪亮吉著《贵州水道考》3卷刊行。《卷施阁文》甲、乙卷及诗20卷由贵阳学署刊行。

朱超纂修《清水县志》16卷刊行。

莫玺章修,王增纂《新蔡县志》10卷刊行。

王维屏修,徐佑彦纂《石首县志》8卷刊行。

张琴修,杜光德纂《钟祥县志》20卷刊行。

范玉衡修,吴淦等纂《开化县志》12卷刊行。

郭晋修,管粤秀纂《太谷县志》8卷刊行。

许良谟纂《花溪志补遗》1卷成书。

曾浚哲修,严尔譓纂《会理州志》4卷刊行。

杨丽中修纂《冕宁县志》成书。

佚名纂《巴州志略》成书。

钟莲修纂《太平县志》2卷成书。

王庆熙修纂《梁山县志》刊行。

王诰修,黄钧纂《永川县志》8卷刊行。

王锦、杨继熊修,言如泗等纂《常昭合志》12卷刊行。

谢启昆等翻刻殿本《四库全书总目》成,简称浙本。阮元作跋。

按:谢启昆、阮元和士绅沈青、鲍士恭合作,据文澜阁藏殿本《四库全书总目》翻刻,校正了殿本不少错误,简称浙本。以后的所有版本都是从殿本和浙本翻印的。同治七年(1868),广东书局以浙本为底本复刻,个别字句据殿本校改,简称粤本。

李斗著《扬州画舫录》18卷刊行。

按:作者家居扬州,根据所见所闻,用三十多年的时间,陆续写成此书。全书对扬州的城市区划、运河沿革、工艺、商业、园林古迹、风俗、戏曲以及文人轶事等各方面的情况都有记载,这为了解和研究中国十七、八世纪的社会经济文化状况,提供了很有价值的资料。

翁方纲著《元遗山年谱》3卷成书。

陈树德编《黄忠节公年谱》1卷刊行。

袁镐编《袁清悫公年谱》1卷约刊于此时。

陈玉绳编《陈星斋年谱》1卷约刊于此时。

邵自昌著《大兴邵氏宗谱》3卷成，有自序。

岑观澜自编，岑振祖补编《寄亭公自述》约成于此时。

章学诚著《乙卯札记》、《甲乙剩稿》成书。

王念孙著《广雅疏证》10卷成书。

按：王念孙《自序》曰："念孙不揆梼昧，为之疏证，殚精极虑，十年于兹。窃以诂训之旨，本于声音，故有声同自异，声近义同，虽或类聚群分，实亦同条共贯。譬如振裘必提其纲，举网必挈其网。故曰：本立而道生，知天下之至赜而不可乱也。此之不寤，则有字别为音，音别为义，或望文虚造而违古义，或墨守成训而鲜会通；易简之理既少，而大道多歧矣。今则就古音以求古义，引伸触类，不限形体，苟可以发明前训，斯凌杂之讥，亦所不辞。其或张君误采，博考以证其失；先儒误说，参酌而宿其非。以燕石之瑜，补荆璞之瑕，适不知量者之用心云耳。"

焦循著《释弧》，钱大昕作序。

牟庭著《楚辞述芳》2卷刊行，武亿作序。

徐斐然辑《国朝二十四家文钞》24卷刊行。

按：徐斐然字凤辉，号敬斋，浙江归安人。是书选录清初至乾隆年间王猷定、顾炎武、侯方域、施闰章、魏禧、计东、汪琬、汤斌、姜宸英、朱彝尊、陆陇其、储欣、邵长衡、毛际可、李良年、陈廷敬、潘耒、徐文驹、冯景、方苞、李绂、茅星来、沈廷芳、袁枚等人的文章，人各1卷。

王文治著《梦楼诗集》24卷成书。

杨芳灿辑《辟疆园遗集》4种刊行。

凌廷堪著《校礼堂初稿》成书，卢文弨作序。

孙星衍著《问字堂集》成书，王鸣盛作序。

按：钱大昕、江声、张祥云、朱珪、阮元、王朝梧另有《阅问字堂集赠言》，见《问字堂集》卷首。

石钧著《清素堂文集》7卷、诗集9卷刊行。

石韫玉著《独学庐初稿》11卷刊行。

宁锜著《伊蒿文集》8卷刊行。

任兆麟著《林屋诗稿》1卷刊行。

陈维崧著《湖海楼全集》51卷刊行。

纪昀著《我注集》2卷成书，有自题。

吴玉纶著《香亭文稿》12卷、《香亭诗稿》6卷刊行。

洪亮吉著《卷施阁全集》文甲集8卷、文乙集8卷、诗16卷刊行。

管世铭著《读雪山房唐诗序例》1卷成书，有自序。

卢文弨著《龙城札记》3卷成书，钱馥作识语。

李调元著《雨村诗话》刊行。

沈初著《西清笔记》2卷成书，有自序。

李调元著《淡墨录》16卷成书，有自序。

陶元藻著《越画见闻》2卷成书，有自序。

迮朗著《三万六千顷湖中画船录》1卷成书，有自序。

按：迮朗字万川，江苏吴县人。是书主要著录作者所见绘画，以明代及清初画家作品居多。有《昭代丛书》本、《美术丛书初集》本。

方薰著《山静居画论》成书。

范玑著《过云庐画论》成书。

黄钺著《于湖画友录》1卷成书，有自序。

龙柏著《脉药联珠》4卷、《古方考》4卷成书，有自序。

卢文弨卒（1717— ）。文弨初名嗣宗，字绍弓，一作召弓，号矶渔，又号抱经，浙江余姚人。乾隆十七年进士，授翰林院编修，直上书房。官至侍读学士。乞归后主讲钟山、崇文、龙城等书院。好校书，所校勘、注释经子诸书汇刻为《抱经堂汇刻丛书》，其中有《逸周书》、《孟子音义》、《荀子》、《吕氏春秋》、《贾谊新书》、《韩诗外传》、《春秋繁露》、《方言》、《白虎通》、《独断》、《经典释文》等善本。自著有《仪礼注释详校》17卷、《广雅注》2卷、《钟山札记》4卷、《龙城札记》3卷、《抱经堂集》34卷等。事迹见《清史稿》卷四八一、《清史列传》卷六八、李桓《国朝耆献类征初编》卷一二七、蔡冠洛《清代七百名人传》第四编、翁方纲《皇清诰授朝议大夫前日讲起居注官翰林侍读学士抱经先生卢公墓志铭》、段玉裁《翰林院侍读学士卢公墓志铭》（均见《碑传集》卷四八）。柳诒徵编有《卢抱经先生年谱》，赵鸿谦编有《卢抱经先生校书年表》。

按：缪荃孙《儒学传稿》曰："自来校雠之学，汉则刘向、扬雄，宋则梁焘、郑穆，而校记之流传于世者，亦止《荀子考异》、《文选同异》。至有清一代，凡旧书皆有校记。卢氏校书，参合各本，择善而从，颇引他书、改本书，而不专主一说，故严元照诋其《仪礼详校》，顾广圻讥其《释文考证》。后黄丕烈影宋刻书，遂主依样上板，不易一笔，各本同异另编于后，两家各有宗旨，亦互相补苴云。"《清史稿·儒林传》曰："文弨孝谨笃厚，潜心汉学，与戴震、段玉裁友善。好校书，所校《逸周书》、《孟子音义》、《荀子》、《吕氏春秋》、贾谊《新书》、《韩诗外传》、《春秋繁露》、《方言》、《白虎通》、《独断》、《经典释文》诸善本，镂板惠学者。又苦镂板难多，则合经、史、子、集三十八种而名之曰《群书拾补》。所自著书有《抱经堂集》三十四卷，《仪礼注疏详校》十七卷，《钟山札记》四卷，《龙城札记》三卷，《广雅释天以下注》二卷，皆使学者諟正积非，蓄疑涣释。其言曰：'唐人之为义疏也，本单行，不与经注合。单行经注，唐以后尚多善本，自宋后附疏于经注，而所附之经注非必孔、贾诸人所据之本也，则两相龃龉矣。南宋后又附《经典释文》于注疏间，而陆氏所据之经注，又非孔、贾诸人所据也，则龃龉更多矣。浅人必比而同之，则彼此互改，多失其真，幸有改之不尽，以滋其龃龉，启人考核者，故注疏、释文合刻，似便而非古法也。'其特识多类此。文弨历主江、浙各书院讲席，以经术导士，江、浙士子多信从之，学术为之一变。……文弨校书，参合各本，择善而从，颇引他书改本书，而不专主一说，故严元照诋其《仪礼详校》，顾广圻讥其《释文考证》，后黄丕烈影宋刻书，各本同异另编于后，两家各有宗旨，亦互相补苴云。"

谢墉卒（1719— ）。墉字昆城，号金圃，又号东墅，浙江嘉善人。乾隆十七年进士，授翰林院编修。官至吏部左侍郎。曾充《四库全书》总阅官。著有《四书义》、《六书正说》、《安雅堂诗文集》。事迹见《清史稿》卷三〇五、《清史列传》卷二五、李桓《国朝耆献类征初编》卷九一、阮元《吏部左侍郎谢公墓志铭》(《擘经室二集》卷三)。

按：《清史稿》本传曰："墉在上书房久，仁宗方典学，肄习诗文，高宗命墉讲授。嘉庆五年，加恩旧学，赠三品卿衔，赐祭葬。……墉以督学蒙谤，然江南称其得士，尤赏江都汪中，尝字之曰：'予上容甫，爵也；若以学，予于容甫北面矣！'乾隆中直上书房诸臣以学行称者，又有金甡、庄存与、刘星炜。"

窦光鼐卒(1720—)。光鼐字调元，号东皋，山东诸城人。乾隆七年进士。由编修累官左都御史，充上书房总师傅。著有《省吾斋诗文集》23卷。事迹见《清史稿》卷三二二、《清史列传》卷二四、李桓《国朝耆献类征初编》卷一〇〇、蔡冠洛《清代七百名人传》第一编、秦瀛《都察院左都御史窦公光鼐墓志铭》(《碑传集》卷三六)。

范永祺卒(1727—)。永祺字凤颉，号莪亭，浙江鄞县人。天一阁后人。乾隆五十一年举人。工篆隶，尤精摹印。富藏明人尺牍。

钱沣卒(1740—)。沣字东注，又字约甫，号南园，云南昆明人。乾隆三十六年进士，改庶吉士，散馆，授检讨，官至御史。善诗文书画，所著有《南园遗集》5卷。事迹见《清史稿》卷三二二、《清史列传》卷七二、李桓《国朝耆献类征初编》卷一〇〇、蔡冠洛《清代七百名人传》第一编、袁文揆《侍御钱先生沣别传》(《碑传集》卷五六)。方树梅编有《钱南园先生年谱》。

蒋仁卒(1743—)。仁原名泰，字阶平，号山堂，别号吉罗居士、女牀山民，浙江仁和人。精篆刻，为"西泠八家"之一。事迹见《国朝书画家笔录》卷二、《国朝书人辑略》卷六。

程昌期卒(1753—)。昌期字兰翘，号阶平，安徽歙县人。乾隆四十三年进士，授编修。官至侍读学士。长于考据之学。著有《周礼义疏约贯》、《安晚堂集》。事迹见李桓《国朝耆献类征初编》卷一三二、曹文埴《程昌期传》(《石鼓砚斋文钞》卷一九)。

蒋湘南(—1854)、陈庆镛(—1858)、严廷中(—1864)、徐继畬(—1874)、柳兴恩(—1880)生。

清仁宗嘉庆元年　丙辰　1796年

正月初一日戊申(2月9日)，皇太子颙琰即皇帝位。改是年为嘉庆元年，尊乾隆帝为太上皇帝。礼部鸿胪寺官在天安门楼上，宣读乾隆皇帝传位诏书，颁行全国。

按：此后，太上皇不时御殿受朝，嘉庆帝侍立或设小座位于旁。

英国征服锡兰。

西班牙对英国宣战。

| 英国占领厄尔巴岛。 | 初十日丁巳(2月18日),白莲教大起义爆发。

二月初二日戊寅(3月10日),谕内阁:"嗣后各省乡试派出试官,及各省学政所出题目,务将《四书五经》内义旨精深,及试题典重者,课士衡文,用副朕敦尚经义、崇实黜华至意。"不可只将颂圣语句命题试士(《清仁宗实录》卷二)。

四月二十五日庚子(5月31日),殿试传胪,赐赵文楷、汪守和、帅承瀛等141人进士及第有差。

六月初十日甲申(7月14日),修改大逆连坐法。

十月二十日壬辰(11月19日),传胪,赐殿试武举一甲黄仁勇、常鸣盛、高适等3人武进士及第,二甲严殿传等5人武进士出身,三甲高殿鳌等27人同武进士出身。

乔治·华盛顿拒绝连任第三任总统并发表告别词。

格拉斯哥皇家技术大学建立。

G. L. C. 居维叶创设比较动物学学科。

英国医生爱德华·詹纳推广种痘以防止天花。

J. T. 洛维茨配制出纯乙醇。

纪昀三月充会试正考官,左都御史金士松、兵部右侍郎李潢为副考官;试毕,选辑贡士佳文为《丙辰会试录》,有自序;六月由礼部尚书调为兵部尚书。

按:纪昀《丙辰会试录序》曰:"窃以为文章各有体裁,亦各有宗旨。……至经义之中,又分二派,为汉儒之学者,沿溯六书,考求训诂,使古义复明于后世,是一家也;为宋儒之学者,辨别精微,折衷同异,使六经微旨,不淆乱于群言,是又一家也。国家功令,五经传注用宋学,而十三经注疏亦别列学官。良以制艺主于明义理,固当以宋学为宗,而以汉学补苴其所遗,纠绳其太过耳。如竟以订正字画,研寻音义,务旁征远引以炫博,而义理不求其尽合,毋乃于圣朝造士之法稍未深思乎!"(《纪晓岚文集》卷八)

毕沅时为湖广总督,二月初二日疏奏枝江白莲教反清连及四县,应分兵剿灭,以速为贵,遂与总兵袁敏等至枝江镇压白莲教起义。十一月初被革职留任。

章学诚将《文史通义》中的《言公》、《说林》等十余篇进行刊刻,并陆续分送诸"同志"就正。三月有《与汪龙庄书》,与汪辉祖言刻本《文史通义》送其校正之因。

章学诚自扬州归会稽,复往湖北。是年作《与胡雒君书》,痛悼友人邵晋涵之死。

按:书曰:"昨闻邵二云学士逝世,哀悼累日,非尽为友谊也。浙东史学,自宋元数百年来,历有渊源,自斯人不禄,而浙东文献尽矣。鄙宿劝其授高第学子,彼云未得其人;劝其著书,又云未暇,而今长已矣,哀哉!前在楚中,与鄙有《宋史》之约,又有私辑府志之订,今皆成虚愿矣。"(《章氏遗书》卷一三)

章学诚因冯景所著《解春集》中有《淮南子洪保》一文,助阎若璩攻《古文尚书》之伪,遂作《淮南子洪保辨》,论述当时学术风气。

章学诚有《与胡洛君论校胡稚威集二简》,与胡虔言校刊胡天游文集事。

章学诚作《上朱中堂世叔》,论经学与史学不可分高低。

按:书云:"近刻数篇呈诲。题似说经,而文实论史。议者颇讥小子攻史而强说经,以为有意争衡,此不足辨也。戴东原之经诂可谓深矣,乃讥朱竹垞氏本非经学,而强为《经义考》以争名,使人哑然笑也。朱氏《经考》乃史学之流,刘、班《七略》、《艺文》之义例也。何尝有争经学意哉! 且古人之于经史,何尝有彼疆此界,妄分孰轻孰重哉! 小子不避狂简,妄谓史学不明,经师即伏、孔、贾、郑,只是得半之道。《通义》所争,但求古人大体,初不知有经史门户之见也。"(《章氏遗书》卷二八)

章学诚岁末在安庆晤朱锡庆,得读孙星衍《问字堂集》,有《与孙渊如观察论学十规》,详加论辩。

章学诚有《与阮学使论求遗书》,与阮元论搜访遗文逸典。

洪亮吉正月贵州学政任满回京师,得皇帝召见,问及课士情形与黔楚苗民起义状况,以及民情安忧、官吏贤否等情;六月派充翰林院,七月派充咸安宫宫学总裁;张问陶有诗致贺。

洪亮吉是夏为惠栋遗著《后汉书训纂》作序。

朱珪六月初一日补授两广总督,二十九日诏至京师,七月初为安徽巡抚;以浙江巡抚吉庆为两广总督。章学诚九月十二日有《上朱中堂世叔》书,请求朱氏推荐自己去河南大梁书院或直隶莲池书院讲学,想在"课诵之余,得以心力补苴《史考》"(《章氏遗书》卷二八)。

按:章学诚请求朱珪能代向直隶总督梁肯堂或河南巡抚景安推荐,谋求莲池书院或大梁书院讲席,目的是解决修《史籍考》之困难。其信曰:"弇山制府,武备不遑文事。小子《史考》之局,既坐困于一手之难成,若顾而之他,亦深惜此九仞之中辍。迁延观望,日复一日。今则借贷俱竭,典质皆空,万难再支。只得沿途托钵,往来于青、徐、梁、宋之间,悯悯待僥来之馆谷,可谓惫矣。……夫以流离奔走之身,忽得藉资馆谷,则课诵之余,得以心力补苴《史考》,以待弇山制府军旅稍暇,可以蔚成大观,亦不朽之盛事,前人所未有也。而阁下护持之功,当不在弇山制府下矣。"(《章氏遗书》卷二八)然事情并没像章学诚所预料的那样顺利,不知何故,此事最终不了了之。

阮元视学吴兴,得读胡渭遗著《易图明辨》,因作《胡朏明先生易图明辨序》予以表彰。

阮元出试宁波、绍兴,表彰毛奇龄、全祖望学术。

按:阮元《毛西河检讨全集后序》曰:"萧山毛检讨,以鸿博儒臣,著书四百余卷。……国朝经学盛兴,检讨首出,于东林、蕺山空文讲学之余,以经学自任,大声疾呼,而一时之实学顿起。当是时,充宗起于浙东,朏明起于浙西,宁人、百诗起于江淮之间。检讨以博辨之才,睥睨一切,论不相下而道实相成。迄今学者日益昌明,大江南北著书授徒之家数十,视检讨而精核者固多,谓非检讨开始之功则不可。……我朝开四库馆,凡检讨所著述,皆分隶各门,盖重之也。余督学两浙,按试绍兴府,说经之士虽不乏人,而格于庸近者不少。陆生成栋,家藏《西河全集》刻版,请序于余。因发其谊于卷末,俾浙士知乡先生之书,有以通神智而开蒙塞。"又《全谢山经史问答序》曰:"经学、史才、词科,三者得一足以传,而鄞县全谢山先生兼之。先生举鸿博科,已官庶常,不与试,拟进二赋,抉《汉志》、《唐志》之微,与试诸公皆不及,精通经史故也。予视学至鄞,求二万氏、全氏遗书及其后人。慈溪郑生勋奉先生《经史问答》来,往返寻绎,实足以继古贤,启后学,与顾亭林《日知录》相埒。吾观象山、慈湖诸说,以空论敌朱子,如海上神山,虽极高妙,顷刻可见,而卒不可践。万、全之学,出于梨洲而变之,则如百尺楼台,实从地起,其功非积年工力不成。噫! 此本朝四明学术所以校昔人为不惮迂远也。"(《揅经室二集》卷七)

阮元是秋有《与刘端临书二》,与刘台拱言纂辑《淮海英灵集》事。

阮元欲与谢启昆合辑《两浙金石志》。

阮元五月为卢文弨作《抱经堂校刻书总叙》,宣传卢氏的校勘成就。

阮元为万斯大的《经学五书》作序。

段玉裁正月有《与刘端临第十六书》,告知刘台拱注《说文解字》近况。

按:段氏《与刘端临第十六书》曰:"弟自立秋后颇健,每日得书一叶,《说文》第三篇已毕。中秋以后,则又懈怠。看来五年内成此书为幸,不能急也。'采得百花成蜜后,不知辛苦为谁甜',每诵此语,为之怅然。邵二云已作古人,又弱一个,行自念也。《毛诗》略点定几处,尚未暇校补,少辽缓之可耳。足下《仪礼疏义》得几许,毕竟足下精力远胜于弟,不可容易过去也。于《说文》有妙契独解处,祈札示之,以备采入。……《说文》一书,赖吾兄促成之。然已注者十之三耳,故成之不易也。"(《经韵楼集补编》下)

翁方纲、洪亮吉、赵怀玉、张问陶、伊秉绶等在京集会纪念苏轼诞辰,问陶作苏轼像。

顾广圻在黄丕烈家借读,并兼任校雠。

顾之逵刊宋椠《列女传》,顾广圻应请校勘考证,并作《列女传考证后序》。

焦循二月有《上钱辛楣少詹事论七政诸轮书》,感谢钱大昕为其《释弧》作序,并请教新著《释轮》中未明诸处;钱氏有复信,并介绍焦循与其弟子李锐相识。

焦循是春在浙江学政阮元幕,有《与刘端临教谕书》,与刘台拱论以考据名学之非。

按:焦循《与刘端临教谕书》曰:"国初经学,萌芽以渐而大备。近时数十年来,江南千余里中,虽幼学鄙儒,无不知有许、郑者。所患习为虚声,不能深造而有得。盖古学未兴,道在存其学;古学大兴,道在求其通。前之弊患乎不学,后之弊患乎不思。证之以实,而运之于虚,庶几学经之道也。乃近来为学之士,忽设一考据之名目,循去年在山东时,曾作札与孙渊如观察,反复辨此名目之非。"(《雕菰楼文集》卷一三)焦循在《辨学》一文中又曰:"今学经者众矣,而著书之派有五:一曰通核,二曰据守,三曰校雠,四曰摭拾,五曰丛缀。……通核者,主以全经,贯以百氏,协其文辞,揆以道理,人之所蔽,独得其间,可以别是非,化拘滞,相授以意,各慊其衷。其弊也,自师成见,亡其所宗。故迟钝苦其不及,高明苦其太过焉。据守者,信古最深,谓传注之言,坚确不易,不求于心,固守其说,一字句不敢议,绝浮游之空论,卫古学之遗传。其弊也,跼蹐狭隘,曲为之原,守古人之言,而失古人之心。校雠者,《六经》传注,各有师授,传写有讹,义蕴乃晦,鸠集众本,互相纠核。其弊也,不求其端,任情删易,往往改者之误,失其本真。宜主一本,列其殊文,俾阅者参考之也。摭拾者,其书已亡,间存他籍,采而聚之,如断圭碎璧,补苴成卷,虽不获全,可以窥半。是学也,功力至繁,取资甚便。不知鉴别,以赝为真,亦其弊矣。丛缀者,博览广稽,随有心获,或考订一字,或辨证一言,略所共知,得未曾有,溥博渊深,不名一物。其弊也,不顾全文,信此屈彼。故集义所生,非由义袭,道听途说,所宜戒也。五者兼之则相济,学者或具其一而外其余,余患其见之不广也,于是乎辨!"(《雕菰楼文集》卷八)

王昶主讲娄东书院;作《钱晓征七十寿序》,祝钱大昕七十寿辰。

清仁宗嘉庆元年　丙辰　1796年

王杰十月以足疾，辞南书房、上书房、军机处及礼部事务，允所请。

董诰十月补授大学士兼管礼部事务。

金士松六月由左都御史为礼部尚书。

钱大昭、江声以诏举孝廉方正荐，赐六品顶戴。

汪辉祖、朱彭、蒋学镛、奚冈荐举孝廉方正，固辞不就。

程瑶田、邵志纯、翁名濂、陈振鹭、陈鳣、杨秉初、庄凤苞、李毂、张燕昌、袁钧、郑勋、李巽占、楼锡裘举孝廉方正。

谢振定时任京畿道监察御史，在巡视东城时，见和珅妾弟与家人坐违制车，在城内横冲直闯，遂将其逮捕审讯，并焚其车，时称谢氏为"烧车御史"(《清史稿·谢振定传》)。

陈鹤、姚学塽中进士。

龚丽正中进士，授内阁中书。

辛绍业中进士，官国子监助教。

端木国瑚肄业敷文书院，从秦瀛学。

臧庸归里丁父忧。

桂馥出任云南永平知县，张问陶有诗送行。

吴锡麟、法式善、赵怀玉、张问陶、桂馥、洪亮吉、伊秉绶、何道生七月七日集澄怀园观荷花，各有诗记其事。

黄丕烈元旦跋新得宋本《列子》；以校本《博雅》借高邮宋定之，以助王念孙校勘之用；是春，观书于华阳桥顾听玉家，得旧钞本《大金集礼》；得宋本《历代纪年》10卷，有跋；五月，迁居王洗马巷，书室名小千顷堂；八月，以重金得冯武、陆贻典手校《文选》60卷；是冬，借顾之逵所藏残宋本《说苑》，校程荣本、顾本，次年五月始毕。

纽树玉六月访段玉裁，段玉裁告以《玉篇》有未经陈彭年修者，在《永乐大典》中，惜无人辑入。是年曾至黄丕烈家观书。

焦廷琥随焦循馆阮元浙江学政署中，习算学。

按：焦廷琥字虎玉，江苏甘泉人。焦循子。父子曾著《孟子长编》30卷，廷琥著有《尚书伸孔篇》、《春秋三传经文辨异》、《读书小记》、《益古演段开方补》1卷、《地圆说》2卷及《密梅花馆诗文钞》等。《清史稿·儒林传三》曰：焦廷琥"性醇笃，善承家学，阮元称为端士。循尝与廷琥纂《孟子长编》三十卷，后撰《正义》，其廷琥有所见，亦本范氏《谷梁》之例，为之录存。循又以《测圆海镜》、《益古演段》二书，不详开方之法，以常法推之不合。既得秦道古《数学九章》，有正圆开方法，为《开方通释》，乃谓廷琥曰：'汝可列《益古演段》六十四问，用正员开方法推之。'廷琥布策下算，一一符合，著《益古演段开方补》一卷。阳湖孙星衍不信西人地圆之说，以杨光先之斥地圆，比孟子之距杨、墨。廷琥谓古之言天者三家，曰宣夜，曰周髀，曰浑天。宣夜无师承，浑盖之说，皆谓地圆。泰州陈氏、宣城梅氏悉以东西测景有时差，南北测星有地差，与圆形合为说。且《大戴》有曾子之言，《内经》有岐伯之言，宋有邵子、程子之言，其说非西人所自创。因博搜古籍，著《地圆说》二卷。"

江藩复返京，仍馆王杰府中。

王芑孙自京赴华亭教谕职。

石韫玉在里与修《苏州府志》。

沈初以左都御史在军机处学习行走。

改琦作《观梅图》小幅和《卞玉京小影》。是秋，画仕女册页十二开，完成于腊月。

陈凤翔时任天津宝坻知县，创建泉州书院。

王子音时任云南永胜同知，建凤鸣书院。

赵润在陕西乾县建乾阳书院。

路易·德·博纳尔著成《关于政权与宗教势力的理论》。

让·雅克·康巴塞雷斯发表《民法草案》。

费希特著成《人的天职》。

约瑟夫·德·梅特著成《论法国》。

理查德·沃森著成《为圣经辩护》。

朱元著《周易遵经像解》16卷刊行。

董元真著《周易参同契正义》3卷刊行。

周邵莲著《诗考异字笺余》14卷刊行。

瞿中溶著《三礼石经辨证》。

周春著《十三经音略》12卷刊行。

姚鼐著《九经说》12卷刊行，非足本。

按：是书收入《惜抱轩全集》，有同治省心阁本、光绪校经山房本、上海会文堂书局石印本。

庄述祖著《夏小正经传考释》初成。

刘逢禄著《申谷梁废疾》2卷成书，有自序。

阮元五月刻《山左金石志》成，有自序，又始修《淮海英灵集》；六月刻《七经孟子考文》成。钱大昕作《山左金石志序》。

按：阮元《山左金石志序》曰："元以乾隆五十八年秋，奉命视学山左，……归而始有勒成一书之志。五十九年，毕秋帆先生奉命巡抚山东。先是，先生抚陕西、河南时，曾修《关中》、《中州金石》二志，元欲以山左之志属之先生，先生曰：'吾老矣，且政繁，精力不及此，愿学使者为之也。'元曰：'诺。'先生遂检《关中》、《中州》二志付元，且为商定条例，暨搜访诸事。元于学署池上署'积古斋'，列志乘图籍，案而求之，得诸拓本千三百余件，较之《关中》、《中州》多至三倍，实始为修书之举。而秋帆先生复奉命总督两湖，继且综湖南北军务矣。……六十年冬，草稿斯定，元复奉命视学两浙，舟车余闲，重为釐订，更属仁和赵晋斋魏校勘，凡二十四卷。……元以是书本与先生商订分纂，先生莅楚，虽羽檄纷驰，而邮筒往复，指证颇多。"（《揅经室三集》卷三）

钱大昕著《廿二史考异》100卷全部刊毕；又为赵翼著《廿二史札记》作序，批评重经轻史之风。

按：梁启超《中国近三百年学术史》曰："钱书最详于校勘文字，解释训诂名物，纠正原书事实讹谬处亦时有，凡所校考，令人涣然冰释。"是书另有光绪广雅书局本等行世。现通行本为商务印书馆1958年排印本及上海古籍出版社2004年方诗铭等校点的《廿二史考异》本。

汪辉祖命其子汪继壕完成《二十四史同姓名录》，编成《总目》10卷、《分编》160卷，得同姓名者43000余人，及《存疑》4卷。章学诚作序。

李兆洛编蒙学课本《历代略》成书。

梁玉绳著《志铭广例》2卷成书，有自序。

凌廷堪著《元遗山年谱》成书。

武亿纂《鲁山县志》26卷刊行。

何树滋纂修,黄煇增补《山阳县志》12卷刊行。

蒋基纂《永寿县志余》2卷刊行。

高昱修,王开沃纂,马学赐续修,王荋续纂《蓝田县志》16卷刊行。

钟大受纂修《德平县志》10卷刊行。

赵先甲纂《华亭县志》7篇成。

王城修,周萃元纂《赣榆县志》4卷刊行。

德昌修,王增纂《汝宁府志》30卷刊行。

张大鼎修纂《阿迷州志》13卷刊行。

彭良弼修,吕元灏等纂,杨德容补修,贺祥补纂《正阳县志》10卷刊行。

黄易著《嵩洛访碑日记》1卷成书,有自序。

按:是年秋,作者至嵩洛访古碑刻,逐日为记,编为此书。有《丛书集成初编》本。

章学诚著《丙辰札记》成书。

按:是书对当时学弊有所批评,其曰:"自四库开馆,寒士多以校书谋生,而学问之途,乃出一种贪多务博。而胸无伦次者,于一切撰述,不求宗旨,而务为无理之繁富。动引刘子骏言'与其过废,无宁过存',即明知其载非伦类,辄以有益后人考订为辞,真孽海也。"

王鸣盛著《蛾术编》100卷成书。

按:江藩《国朝汉学师承记》曰:"其书辨博详明,与洪容斋、王深宁不相上下。"《清史稿·王鸣盛传》曰:"别撰《蛾术编》一百卷,其为目十:说录、说字、说地、说制、说人、说物、说集、说刻、说通、说系,盖仿王应麟、顾炎武之意,而援引尤博。诗以才辅学,以韵达情。"

王念孙著《广雅疏证》10卷刊行,有自序及段玉裁序。

按:《广雅》乃魏张揖所著的一部解释词义的书,直至清代,才受到学者重视。《广雅疏证》是一部集清代训诂学大成的力作。作者著此书,"殚精极虑,十年于兹",校勘正文,疏通古义,能够做到"引伸触类,不限形体"。段玉裁在为该书所作的《序》中说:"怀祖氏能以三者(形、音、义)互求,以六者(古形、今形、古音、今音、古义、今义)互求,尤能以古音得经义,盖天下一人而已。"(《广雅疏证》卷首)有嘉庆初王氏家刻本、淮南书局本、《皇清经解》本、《万有文库》本、《四部备要》本等。1983年中华书局据王氏家刻本点校影印,上海古籍出版社和江苏古籍出版社也曾先后重印。

卢文弨著《龙城札记》3卷刊行。

陆树芝著《庄子雪》3卷成书。

按:陆树芝字见廷,又字次山,岭南人。乾隆举人。嗜好庄子之书。

梁金等编《默斋先生寿谱图》刊行,附于檀萃所著《滇南诗前集》。

章铬自编《章铬年谱》1卷成书。

程际盛辑刊《清河偶钞》4卷。

桂馥著《晚学集》8卷刊行。

钱馥著《小学盦遗稿》由其门人编成,阮元作序,臧庸审订。

罗聘定所著为《香叶草堂诗存》。

顾光旭辑《梁溪诗钞》58卷刊行。

王复著《晚晴轩稿》8卷、词1卷刊行。

袁枚辑《随园女弟子诗》6卷成书，汪谷作序。

刘大櫆著《论文偶记》刊行。

严元照著《娱亲雅言》成书，钱大昕作序。

阮元著《小沧浪笔谈》4卷成书，有自序。

武亿著《金石文字续跋》14卷刊行。

赵绍祖著《金石文钞》8卷成。

钱坫著《十六长乐堂古器款识考》4卷刊行。

程瑶田增刻《通艺录》。

按：《通艺录》凡19种，包括《论学小记》3卷、《论学外篇》2卷、《宗法小记》1卷、《仪礼丧服文足征记》10卷、《释官小记》1卷、《考工创物小记》8卷、《磬折古义》1卷、《沟洫疆理小记》1卷、《禹贡三江考》3卷、《水地小记》1卷、《解字小记》1卷、《声律小记》1卷、《九谷考》4卷、《释草小记》2卷、《读书求解》1卷、《数度小记》1卷、《九势碎事》1卷、《释草释虫小记》1卷、《修辞余钞》1卷。汪喜孙《从政录·再示左生书》称誉此书曰："今之经学者，无过《通艺录》、《经义述闻》二种，《通艺录》既精且博，千门万户，非读书数十年之功不能成，亦非读书数十年之功不能读。"《修修四库全书总目提要》曰："瑶田治经勇于自信，故虽多精核，亦时参以臆说。是书为阮元刻入《皇清经解》者，凡十有三种。"

徐朝俊著《高厚蒙求》、《中星表》1卷成书。

按：徐朝俊字恕堂，华亭人。长于制器。

汪汲辑《事物原会》40卷成书，有自序及谈泰、陈师濂序。

吴坤安著《伤寒指掌》4卷成书。

孙士毅卒（1720—　）。士毅字治智，号补山，浙江仁和人。乾隆二十六年进士，官至文渊阁大学士。曾充《四库全书》总纂官。卒谥文靖。著有《百一山房诗集》12卷。事迹见《清史稿》卷三三〇、《清史列传》卷二六、李桓《国朝耆献类征初编》卷三二、蔡冠洛《清代七百名人传》第二编。

钱九韶卒（1732—　）。九韶字太和，号南淳，河南密县人。乾隆间贡生。曾主讲桧阳书院。著有《四书正字》、《葩经正韵》、《南淳诗文集》等。事迹见《中州先哲传》卷二七。

程际盛卒（1739—　）。际盛原名琰，字焕若，号东冶，江苏长洲人。少从沈德潜学诗。乾隆四十五年进士，授内阁中书。官至湖广道监察御史。著有《周礼故书考》1卷、《礼记古训考》1卷、《仪礼古文今文考》1卷、《三礼郑注考》1卷、《古韵异同摘要》1卷、《骈字分笺》2卷、《说文古语考》2卷、《续方言补正》2卷及《清河偶钞》4卷、《稻香楼集》4卷、《玉台新咏删补》10卷等。事迹见《清史列传》卷六八、李桓《国朝耆献类征初编》卷一三七、吴省钦《程际盛墓志铭》（《白华后稿》卷二四）。

按：《清史列传》本传曰："际盛初学诗于同里沈德潜，及官京师，奉职三十余年，退食而归，闭关却扫，惟以穷经为务。尤深研郑学，摘郑语之要，为《周礼故书考》、《仪礼古文今文考》、《礼记古训考》，凡三卷。书成于辛亥，在段玉裁《汉读考》未出以前,然其读经之法,则与玉裁暗合。"

彭绍升卒(1740—)。绍升字允初,别号尺木居士、二林居士,自号知归子,更名际清,江苏长洲人。乾隆三十四年进士,选知县,不就。二十九岁皈依佛教。曾从苏州华藏庵闻学受菩萨优婆塞戒,专修净土法门。著有《二林居集》24卷、《测海集》6卷、《一行居士集》8卷、《善女人传》2卷、《无量寿经起信论》3卷、《华严念佛三昧论》、《净土三经新论》、《一乘决疑论》、《观河集》等。事迹见《清史稿》卷四八〇、《清史列传》卷七二、李桓《国朝耆献类征初编》卷四三七。

按:《清史稿》本传曰:"(彭)启丰子绍升,颇传家学,述儒行,有《二林居集》。然彭氏学兼朱、陆,识兼顿渐,启丰、绍升颇入于禅。休宁戴震移书绍升辨之。绍升又与吴县汪缙共讲儒学。缙著《三录》、《二录》,尊孔子而游乎二氏。此后江南理学微矣。"

邵晋涵卒(1743—)。晋涵字与桐,一字二云,号南江,浙江余姚人。邵廷采之从孙。乾隆三十六年进士。后充四库馆纂修官,史部之书,多由其最后校定,提要亦多出其手。五十六年迁中允,擢翰林院侍讲学士,兼文渊阁直阁事。历充《万寿盛典》、《八旗通志》、国史馆、《三通》馆纂修官,并任国史馆提调,兼掌进拟文字。典试广西者一,教习庶吉士者二。又分校石经。从《永乐大典》中辑出薛居正《旧五代史》,并加校勘。著有《南都事略》、《尔雅正义》20卷、《孟子述义》、《谷梁正义》、《旧五代史考异》5卷、《史记辑评》、《皇朝大臣谥迹录》、《方舆金石编目》、《韩诗内传考》、《南江诗文钞》等。事迹见《清史稿》卷四八一、《清史列传》卷六八、李桓《国朝耆献类征初编》卷一三〇、蔡冠洛《清代七百名人传》第四编、钱大昕《日讲起居注官翰林院侍讲学士邵君墓志铭》(《潜研堂文集》卷四三)、洪亮吉《邵学士家传》、章学诚《邵与桐别传》(均见《碑传集》卷五〇)。黄云眉编有《邵二云先生年谱》。

按:钱大昕《日讲起居注官翰林院侍讲学士邵君墓志铭》曰:"君少多病,左目微眚,清羸如不胜衣,而独善读书,数行俱下。寒暑舟车,未尝顷刻辍业。于四部七录,无不研究,而非法之书,弗陈于侧。尝谓《尔雅》者,六艺之津梁,而邢叔明《疏》,浅陋不称,乃别为《正义》,以郭景纯为宗,而兼采舍人、樊、刘、李、孙诸家。郭有未详者,撼他书补之,凡三四易稿而始定。今承学之士,多舍邢而从邵矣。自欧阳公《五代史》出,而薛氏旧史废,独《永乐大典》采此书。君在馆会粹编次,其阙者采《册府元龟》诸书补之,由是薛史复传人间。予尝论《宋史》纪传,南渡不如东都之有法;宁宗以后,又不如前三朝之粗备。微特事迹不完,即褒贬亦失真。君闻而善之,乃撰《南都事略》,以续王偁之书,词简事增,过正史远甚。毕尚书沅续宋元通鉴,常就君商榷,辄叹曰:'今之道原,贡父也。'君生长浙东,习闻蕺山、南雷诸先生绪论,于明季朋党、奄寺乱政,及唐鲁二王起兵本末,口讲手画,往往出于正史之外。自君谢世,而南江文献,无可征矣。君所著又有《孟子述义》、《谷梁正义》、《韩诗内传考》、《皇朝大臣谥迹录》、《輶轩日记》,皆实事求是,有益于学者。"

陈端生卒(1751—)。端生字云贞,浙江泉唐人。嫁淮南范秋塘,夫妇皆工诗。著有弹词《再生缘》、《绘影阁诗集》。事迹见郭沫若编《陈端生年谱》。

周嘉猷卒(1751—)。嘉猷字顺斯，号纪堂，又号慕蘐、两膑，浙江钱塘人。乾隆进士，选授知县，分发山东，历官青城、益都等县。曾为《四库全书》誊录。著有《三国纪年表》1卷、《南北史世系表》5卷、《南北史年表》1卷、《南北史捃华》8卷、《南北史帝王世系表》1卷、《五代纪年表》1卷及《校注五代史记》、《左传文选》、《东都事略》、《云卧山房集》等。事迹见清邵甲名编《周嘉猷年谱》。

汪文台(—1844)、陈世庆(—1854)、吴式芬(—1856)、梁廷枏(—1861)、凌堃(—1862)、陈森(—1870)生。

嘉庆二年　丁巳　1797 年

约翰·亚当斯就任美国总统。

二月初二日癸酉(2月28日)，经筵直讲官明德、刘墉进讲《中庸》毕，嘉庆帝即席论勤政之道，以得人勤政为本。

十月十二日丁未(11月29日)，定汉军八旗养育兵之例。

亨利·莫兹利发明出平台车库。

德国天文学家H. W. M. 奥尔贝斯发表他的慧星轨道计算法。

法国化学家L. N. 沃凯兰发现铬。

阮元正月集浙中学人于杭州，编纂《经籍籑诂》；四月再至宁波天一阁观范氏所藏书，议辑《天一阁书目》；八月，摹刻天一阁拓北宋石鼓文成，嵌置杭州府学明伦堂壁间；十月，作《山左金石志序》。

按：《经籍籑诂》的总纂是臧庸、臧礼堂；总校是方起谦、何元锡；收掌是汤燧、宋咸熙；分纂有：何兰汀、朱为弼、孙凤起、丁授经、丁传经、诸嘉乐、吴文健、邵保初、施彬、周中孚、赵坦、王端履、丁子复、孙同元、梁祖恩、宋咸熙、洪颐煊、洪震煊、徐鲲、陈鳣、倪绶、吴东发、杨凤苞、张鉴、顾廷纶、严杰、刘九华、陶定山、沈河斗、傅学灏、吴克勤、张立本、陆尧春等。

凌廷堪有《与阮伯元阁学论画舫录书》，与阮元论李斗《画舫录》得失，建议阮元邀请焦循、江藩、汪晋蕃诸人辑《补遗录》。

臧庸、臧礼堂在杭州，助阮元纂《经籍籑诂》。次年，臧庸受命为总纂。

臧庸有《上钱晓征少詹书》，与钱大昕讨论郑玄《易注》，并推荐其弟臧礼堂师从钱氏。

臧庸订补其高祖臧琳所辑郑玄《六艺论》毕，有跋文。

钱大昕过黄丕烈家，丕烈送以书；又与顾广圻往谒程瑶田。是年，钱氏读《洪武实录》，因补校《四史朔闰考》，又手校《金史考异》付刻。又为毕沅校刻《续资治通鉴》，未竣事而毕氏卒，遂以其本归毕子。

按：钱庆增《竹汀居士年谱续编》于本年条曰："是年为两湖制军毕公沅校刊《续资治通鉴》。……先经邵学士晋涵、严侍读长明、孙观察星衍、洪编修亮吉及族祖十兰先生(钱坫)佐毕公分纂成书。阅数年，又属公复勘，增补考异，未藏事而毕公卒，以其本归公子。"又史善长编《弇山毕公年谱》，于本年条曰："公自为诸生时，读涑水

《资治通鉴》,辄有志续成之。凡宋元以来事迹之散逸者,网罗搜绍,贯串丛残,虽久典封圻,而簿领余闲,编摩弗辍,为《续通鉴》二百二十卷。始自建隆,讫于至正,阅四十余年而后卒业。复为凡例二卷、序文一首,毕生精力尽于此书。至是乃付剞劂,艺林鸿宝,海内争欲先睹为快。"

钱大昕八月为顾炎武遗著《历代帝王宅京记》作序。

洪亮吉有《与钱少詹论地理书》一、二,与钱大昕讨论历史地理,钱大昕有《答洪稚存书》、《又答洪稚存书》。

谢启昆由山西布政使调任浙江布政使,胡虔复入谢氏幕府,助谢氏继纂《小学考》。

朱珪三月由安徽巡抚补授兵部尚书。章学诚又作《又上朱大司马书》,请代谋浙江学政阮元、布政使谢启昆,欲借二人之力续修《史籍考》。

按:章学诚《又上朱大司马书》曰:"昨桐城胡太学虔有书来,伊不日赴浙,且云阮学使将与谢方伯合伙辑《两浙金石考》,又将西湖设局,借看《四库》秘副,补朱竹垞《经义考》中未辑之小学一门。又胡君未来时,杭城原有修《盐法志》之议,运使张君,尚称好尚文事,因劝小子谋浙江文墨生涯。盖小子自终《史考》之役,胡君自补《经考》诸书,同看《四库》秘副,便取材料,彼此互收通力合作之益。又胡君于襞绩编纂之功,比小子为缜密,而小子于论撰裁断,亦较胡君稍长。不特取材互省功力,即成书亦互资长技也。但胡君膺聘而去,自不患无安顿,而小子未与诸公交涉,必须阁下专书托阮学使为之地步。阮虽素知小子,而未知目下艰难,又未悉伊等所办之事,于《史考》有互资之益,须阁下详论已上情形,则彼必与谢藩伯、张运台通长计较矣。既明小子于彼诸书有益,又明《史考》得藉杭州告成,则秋帆先生必不忘人功力,将来必列伊等衔名,如秦尚书《五礼通考》列方制军、卢运使、宋臬台亦其例也。……阮公又与诸公联属,将有所为,小子如得所安顿,则于彼之所为,既有所补,即《史考》之本业,又使诸公亦列其名。若嘱阮公以此意歆动诸公,度必可动。但学使不时出巡,必须及早致书,俾得与司道诸公相商。二月中旬,出按外郡。而小子此间他无可图,藉看一两棚考卷,以作盘费。彼时阮公正可有回书,便于作进止矣,惟阁下即图之。如阮公之外,更有可嘱之书,则更有济也。学诚不胜翘企之至,谨禀。"(《章氏遗书·补遗》)章学诚的请求没有得到回音,他欲借他人之力完成《史籍考》编纂的计划再一次落空。

朱珪为孙星衍祖母作《寿序》,孙氏有《呈复座主朱石君尚书》答谢。

章学诚三月有《又答朱少白书》,与朱锡庚论学,对戴震、程瑶田、洪亮吉、孙星衍等多有讥弹。

章学诚先三月校文于安徽桐城,五月因陈奉滋之介,依盐运使曾燠扬州署。七月三日毕沅去世,有《丁巳岁暮书怀投赠宾谷转运因以志别》诗,表示哀婉失落之情。

段玉裁六月自周锡瓒处借得汲古阁刊宋本《说文解字》,作跋文一篇。

段玉裁闰六月襄助臧庸辑刻萧该《汉书音义》3卷,臧庸有《后序》。

刘墉三月补授大学士。

程瑶田正月至苏州访段玉裁,又致书刘台拱,述别后学行。

洪亮吉三月奉旨在上书房行走,侍教皇曾孙奕纯读书。

黄丕烈二月以《吴都文粹》赠程瑶田,并跋;五月,跋校宋本《说苑》;六月,跋新校旧钞本《耕学斋诗集》;六月,以新得明刻《林和靖先生诗集》,用旧藏顾云美手抄本校毕,有跋;十月,跋新得宋刻元人补钞本《湘山野录》;十一月,跋新得旧钞《抱朴子内外篇》。

钮树玉九月至黄丕烈家观书。

林则徐应府试获第一。父林宾日成贡生。

包世臣客朱杙官署,始见《十三经注疏》,用九个月时间读毕。

刘宝楠始从其叔刘台拱受学。

按:《清史稿·儒林传三》曰:"宝楠生五岁而孤,母氏乔教育以成。始宝楠从父台拱汉学精深,宝楠请业于台拱,以学行闻乡里。为诸生时,与仪征刘文淇齐名,人称扬州二刘。"

刘升从姚鼐学诗古文法。

董士锡从张惠言受业。

铁保充翻译乡试正考官。

沈初三月调补吏部尚书。

吴熊光、戴衢亨、傅森在军机大臣上学习行走。

张顾鉴于上年十二月去世,其子张问陶正月在京师始闻讣,离京奔丧前夕,石韫玉、洪亮吉、吴锡麟等诗友为之饯行。

刁思卓时任福建沙县知县,建梅冈书院。

魏礼焞时任山东昌乐知县,建营陵书院。

洪人驿时任广东仁化知县,建锦江书院。

傅淑和时任四川绵阳巡检,建玉珠书院。

周景福时任四川安岳知县,将岳阳书院改建为龙泉书院。

明福时任甘肃山丹知县,重修仙堤书院。

夏多勃里元发表《论历史、政治和精神对革命运动的影响》。

康德著成《道德的形而上学》。

谢林著成《有关自然哲学的一些概念》。

威廉·威尔伯福斯发表《宗教体系的实用见解》。

托马斯·比尤伊克编著《英国鸟类》。

J. L. 拉格朗日发表《论函数分析》。

张惠言著《周易虞氏义》9卷刊行,阮元作序;又著《虞氏消息》2卷成。

按:梁启超《中国近三百年学术史》曰:"清儒说《易》之书收入《皇清经解》者,最先的为毛西河之《仲氏易》。但这部书专凭个人臆见,学无渊源,后来学者并不重视他,所以影响也甚小。可以代表清儒《易》学者不过三家,曰惠定宇,曰张皋文,曰焦里堂。……张皋文所著书,主要的是《周易虞氏义》九卷,还有《虞氏易礼》、《易言》、《易事》、《易候》,及《荀氏九家义》、《易义别录》等。皋文凭借定宇的基业,继长增高,自然成绩要好些。"《清史稿·张惠言传》曰:"生平精思绝人,尝从歙金榜问故,其学要归六经,而尤深《易》、《礼》。著有《周易虞氏义》、《虞氏消息》,《序》曰:'自汉成帝时,刘向校书,考《易》说,以为诸《易》家皆祖田何、杨叔、丁将军,大义略同,惟京氏为异。而孟喜受《易》家阴阳,其说《易》本于气,而后以人事明之。八卦六十四象,四正七十二候,变通消息,诸儒祖述之,莫能具。当汉之季年,扶风马融作《易传》,授郑康成作《易注》。而荆州牧刘表、会稽太守王朗、颍川荀爽、南阳宋忠皆以《易》名家,各有所述。唯翻传孟氏学,既作《易注》,奏上之献帝。翻之言《易》,以阴阳消息六爻,发挥旁通,升降上下,归于乾元用九而天下治。依物取类,贯穿比附,始若琐碎,及其沉深解剥,离根散叶,畅茂条理,遂于大道,后儒罕能通之。自魏王弼以虚空之言解《易》,唐立之学官,而汉世诸儒之说微,独资州李鼎祚作《周易集解》,颇采古《易》家言,而翻注为多。其后古书尽亡,而宋道士陈抟以意造为《龙图》,其徒刘牧以为《易》

之《河图》《洛书》也,河南邵雍又为先天、后天之图,宋之说《易》者翕然宗之,以至于今,牢不可拔,而《易》阴阳之大义,盖尽晦矣。大清有天下,元和征士惠栋,始考古义孟、京、荀、郑、虞氏,作《易汉学》,又自为解释,曰《周易述》。然撷拾于亡废之后,左右采获,十无二三。其所述大氐宗祢虞氏,而未能尽通,则旁征他说以合之。盖从唐、五代、宋、元、明朽坏散乱千有于年,区区修补收拾,欲一旦而其道复明,斯固难也。翻之学既邃,又具见马、郑、荀、宋氏书,考其是否,故其义为精。又古书亡,而汉、魏师说可见者十于家,然唯郑、荀、虞三家略有梗概可指说,而虞尤较备。然则求七十子之微言,田何、杨叔、丁将军之所传者,舍虞氏之注,其何所自焉?故求其条贯,明其统例,释其疑滞,信其亡阙,为《虞氏义》九卷;又表其大旨,为《消息》二卷。'又著有《虞氏易礼》二卷,《虞氏易候》一卷,《虞氏易言》二卷。初,惠栋作《周易述》,大旨遵虞翻,补以郑、荀诸儒,学者以未能专一少之。仪征阮元谓汉人之《易》,孟、费诸家,各有师承,势不能合。惠言传虞氏《易》,即传汉孟氏《易》矣,孤经绝学也。惠言又著《周易郑氏义》三卷,《周易荀氏九家义》一卷,《周易郑荀义》三卷,《易义别录》十四卷,《易纬略义》三卷,《易图条辨》二卷。其《易义别录序》,谓不尽见其辞而欲论其是非,犹以偏言决狱也。故其所著,皆羽仪虞氏《易》者。"有扬州阮氏琅嬛仙馆嘉庆刊本、《张皋文笺易诠全集》嘉庆、道光间刊本等。

王复辑郑玄著作为《郑氏遗书》,由武亿校订后刊行。

臧庸将所录段玉裁著《诗经小学》付梓,有《刻诗经小学录序》。

姚鼐著《春秋四传补注》4卷刊行。

王引之著《经义述闻》初稿成,有自序。

按:其《自序》曰:"引之受性梼昧,少从师读经,裁能绝句,而不得其解。既乃习举子业,旦夕不辍,虽有经训,未及搜讨也。年廿一,应顺天乡试,不中式而归。亟求《尔雅》《说文》《音学五书》读之,乃知有所谓声音、文字、诂训者。越四年而复入都,以己所见质疑于大人前,大人则喜曰:'乃今可以传吾学矣。'遂语以古韵廿一部之分合,《说文》谐声之义例,《尔雅》《方言》及汉代经师诂训之本原。大人曰:'诂训之指,存乎声音,字之声同声近者,经传往往假借,学者以声求义,破其假借之字,而读以本字,则涣然冰释。如其假借之字而强为之解,则诘鞠为病矣。故毛公《诗传》,多易假借之字而训以本字,已开改读之先。至康成笺《诗》注《礼》,屡云某读为某,而假借之例大明。后人或病康成破字者,不知古字之多假借也。'大人又曰:'说经者期于得经意而已,前人传注不皆合于经,则择其合经者从之,其皆不合,则以己意逆经意,而参之他经,证以成训,虽别为之说,亦无不可。必欲专守一家,无少出入,则何邵公之墨守,见伐于康成者矣。'故大人之治经也,诸说并列,则求其是,字有假借,则改其读,盖孰于汉学之门户,而不囿于汉学之藩篱者也。引之过庭之日,谨录所闻于大人者,以为主臬,日积月累,遂成卷帙。既由大人之说,触类推之,而见古人之诂训,有后人所未能发明者,亦有必当补正者,其字之假借,有必当改读者。不揆愚陋,辄取一隅之见,附于卷中,命曰《经义述闻》,以志义方之训。凡所说《易》《书》《诗》《周官》《仪礼》《大小戴记》《春秋》内外传《公羊谷梁传》《尔雅》,皆依类编次,附以通说。其所未竟,归之续编。亦欲当世大才通人纠而正之,以祛烦惑云尔。"(《经义述闻》卷首)阮元为此书所作的序中,亦高度评价说:"此书凡古儒所误解者,无不旁征曲喻而得其本义之所在,使古圣贤见之必解颐曰:吾言固如是,数千年误解之,今得明矣。"(《经义述闻》卷首)主要版本有王氏四种本、嘉庆二十二年(1817)仪征阮氏刻本、光绪十三年(1887)上海鸿宝斋石印本、民国二十四年(1935)上海中华

尼古拉·德·索热尔发表《关于生物的化学研究》。

书局《四部备要》本等。

钱坫著《十经文字通正书》14卷刊行。

阮元在杭州刻《七经孟子考文》成,有《刻七经孟子考文并补遗序》。

任大椿著《弁服释例》由王宗炎校刊,阮元作序。

崔述著《上古考信录》、《洙泗考信录》刊行。

钱大昭著《三国志辨疑》成书,钱大昕作序。

毕沅著《续资治通鉴》103卷初刻。

按:是书共220卷,因毕沅卒后家籍没而中止,嘉庆三年(1798)后始由冯集梧将其余117卷补刻完全。据史善长《弇山毕公年谱》曰:"公自为诸生时,读涑水《资治通鉴》,辄有志续成之。凡宋元以来事迹之散逸者,网罗搜绍,贯串丛残,虽久典封圻,而簿领余闲,编摩弗辍,为《续通鉴》二百二十卷。始自建隆,讫于至正,阅四十余年而后卒业。复为凡例二卷、序文一首,毕生精力尽于此书。"

陈鳣著《续唐书》70卷约成书于本年,有自序。

按:是书为唐史、五代史研究重要参考书。有《广雅书局丛书》本、《丛书集成初编》本。

敕纂《八旗通志》二集,收乾隆朝事迹。

宇文昭懋所著《大金国志》40卷由扫叶山房刊行。

李集辑《荐举名册》成书。

按:是书后由李富孙续补,题名《鹤征录》。

侯长熺修,王安恭纂《续修曲沃县志》6卷刊行。

李先荣原本,阮升基增修,宁楷等增纂《增修宜兴县旧志》10卷刊行。

阮升基修,宁楷纂《新修宜兴县志》4卷刊行。

唐仲冕修,宁楷纂《新修荆溪县志》4卷刊行。

陆蓉修,武亿纂《宝丰县志》24卷刊行。

王正常修,谢攀云纂《郧阳志》10卷刊行。

袁筠校刻《蒙自县志》6卷。

张匡学著《水经注释地》40卷、《水道直指》1卷、补遗1卷刊行。

秦镛原编,秦瀛重编《淮海先生(秦观)年谱》1卷刊行。

段玉裁著《汲古阁说文订》1卷由五砚楼刊行。

黄丕烈著《汪本隶释刊误》成书,钱大昕作跋。

钱坫著《浣花拜石轩镜明集录》2卷刊行。

严观著《湖北金石诗》1卷成书,有自序。

阮元著《山左金石志》刊行,有自序。

阮元正月始纂《经籍籑诂》和《畴人传》。

按:《清史稿·畴人传》曰:"推步之学,由疏渐密。泰西新法,晚明始入中国,至清而中、西荟萃,遂集大成。圣祖聪明天亶,研究历算,妙契精微。一时承学之士,蒸蒸向化,肩背相望。二百年来,推步之学,日臻邃密,匪特辟古学之榛芜,抑且步西人之罅漏。嘉庆初,阮元撰《畴人传》,后学一再续之,唐、宋以来,于斯为盛。"

张金吾编《金文最》120卷成书。

按:胡玉缙《许廎经籍题跋》曰:"此书以《文选》而后,《唐文粹》、《宋文鉴》、《元文类》《明文衡》四编之外，尚阙金源一代，因以《四库》所载王寂、赵秉文、王若虚、李俊民、元好问五家集为主，复采集《金史》《金集礼》《吊伐录》《三朝北盟会编》诸书，凡山经、地志、金石、碑版、医书、谱录、杂家、小说，旁及二氏之藏、外藩之书，悉加甄录，为之分类编次，勒成若干卷，取《公羊传》何注'最，聚也'之语，以名其书。金吾是编，距金源且五百年，其难殆倍于天爵，而旁搜博采，蔚为巨观，足与《元文类》媲美。"

　　张惠言著《茗柯全书》14种刊行。
　　张惠言、张琦辑唐宋44家词为《词选》2卷。
　　按：张惠言所作的《词选·自序》，是清代重要的词学论文，体现了常州词派的基本词学主张。初刻于歙县，影响不大。至道光十年，张琦因"同志之乞刻者踵相接，无以应之，乃校而重刻"，流传遂广。张惠言去世后，其外孙董毅编有《续词选》，以补《词选》之失。
　　王贞仪自定所著《德风亭初集》12卷。
　　张问陶重订《己庚杂记》2卷。
　　王初桐编《奁史》100卷刊行，伊江阿作序。
　　按：是书分夫妇、婚姻、统系、眷属、妾婢、娼妓、肢体、容貌、蚕织、针线、井臼、文墨、干略、技艺、音乐、姓名、事为、诞育、术业、衣裳、冠带、袜履、钗钏、梳妆、宫室、床笫、饮食、器用、绮罗、珠宝、兰麝、花木、禽虫、仙佛，凡34门，涉及妇女生活的方方面面。伊江阿《序》曰："山人工诗，工古文，工长短句。当代名人论之详矣，予尝见《群书经眼录》，经史子集，浩若烟海，为种一万二千，为卷二十万，山人之涉猎可为广矣。而撷二十万卷之精华为等身之事业，杂著十七部，识大识小，靡不卓然可观。《奁史》其一也，山人纂述可谓勤矣。"（《奁史》卷首）
　　于宗瑛著《来鹤堂全集》刊行。
　　乔煌著《黄叶楼初集》4卷刊行。
　　孙星衍著《岱南阁集》2卷成书。
　　马惠著《幽芳录》4卷刊行。
　　袁日省辑《选集汉印分韵》5卷刊行，有谢景卿序。
　　朱休度著《壶山自吟稿附录》1卷成书，有自序。
　　邹炳泰著《午风堂丛谈》8卷成书，有自序。
　　汤容熵著《字林异同通考》4卷、《书辨异》2卷、《补遗》1卷刊行。
　　迮朗著《绘事琐言》8卷成书，有自序及宋葆淳序。
　　沈辰辑《书画缘》36卷刊行。
　　按：沈辰字潜庵，浙江吴兴人。是书为书画家传记著作。
　　焦循著《加减乘除释》8卷成书，有自序。
　　章学诚为其著《历代纪年经纬考》而编的《历代纪元韵览》成书。
　　陈懋龄著《经书算学天文考》刊行，许宗彦作序。
　　按：此书乃中国最早之专书索引。
　　孙星衍、冯翼辑《问经堂丛书》始刻。
　　彭元瑞等编《天禄琳琅书目》后编10卷成书。
　　按：此书前编10卷由于敏中等编，乾隆九年（1744）成书，四十年（1775）补辑刊行。诸书集清宫所藏宋、金、元、明版及宋钞善本书。至光绪十年（1884）始由王先谦为之刊行。

袁枚卒(1716—)。枚字子才,号简斋,又号随园老人,浙江仁和人。乾隆四年进士,改翰林院庶吉士。出知溧水、江浦、沭阳、江宁等县。辞官后侨居江宁,筑园林于小仓山,号随园。论诗主张抒写性情,创性灵说。著有《小仓山房诗文集》、《随园诗话》、《随园随笔》、《子不语》等。事迹见《清史稿》卷四八五、《清史列传》卷七二、震钧辑《国朝书人辑略》卷五、蔡冠洛《清代七百名人传》第五编、姚鼐《袁随园君墓志铭》(《惜抱轩诗文集》卷一三)、孙星衍《故江宁县知县前翰林院庶吉士袁君枚传》(《碑传集》卷一〇七)。清方浚师编有《随园先生年谱》,杨鸿烈编有《袁枚年谱》。

  按:姚鼐《袁随园君墓志铭》曰:"君古文、四六体,皆能自发其思,通乎古法。于为诗尤纵才力所至,世人心所欲出不能达者,悉为达之。士多效其体,故《随园诗文集》,上自朝廷公卿,下至市井负贩,皆知贵重之。海外琉球,有来求其书者。"

王鸣盛卒(1722—)。鸣盛字凤喈,号礼堂,又号西庄,晚年改号西沚居士,江苏嘉定人。幼从沈德潜学诗,后从惠栋问经义。乾隆十九年一甲二名进士,授翰林院编修。官至内阁学士兼礼部侍郎。后解官居苏州,主讲于震泽书院,不复出仕。长于治史。著有《周礼军赋说》4卷、《尚书后案》30卷、《十七史商榷》100卷、《蛾术编》100卷、《西庄始存稿》39卷、《西沚居士集》24卷等。事迹见《清史稿》卷四八一、《清史列传》卷六八、李桓《国朝耆献类征初编》卷九二、蔡冠洛《清代七百名人传》第四编、钱大昕《西沚先生墓志铭》、王昶《王鸣盛传》(均见《碑传集》卷四二)。

  按:钱大昕《西沚先生墓志铭》曰:"卜居苏州阊门外,不与当事通谒,亦不与朝贵通音问,唯好汲引后进。……尝言:'汉人说经,必守家法,亦云师法。自唐贞观撰诸经义疏而家法亡,宋元丰以新经义取士而汉学殆绝。今好古之儒,皆知崇注疏矣,然注疏惟《诗》、《三礼》及《公羊传》犹是汉人家法,它经则出于魏晋人,未为醇备。'故所撰《尚书后案》,专宗郑康成,郑注亡逸者,采马、王补之。《孔传》虽伪,其训诂犹有传授,非尽乡壁虚造,间亦取焉。经营二十余年,自谓存古之功,与惠氏《周易述》相埒。又撰《十七史商榷》百卷,主于校勘本文,补正伪脱,审事迹之虚实,辨纪传之异同,于舆地、职官、典章、名物,每详致焉。独不喜褒贬人物,以为空言无益实用也。……又撰《蛾术编》百卷,其目有十,曰《说录》、《说字》、《说地》、《说制》、《说人》、《说物》、《说集》、《说刻》、《说通》、《说系》,盖仿王深宁、顾亭林之意,而援引尤博赡焉。自束发至垂白,未尝一日辍书。年六十八,两目忽瞽,阅两岁,得吴兴医针之而愈,著书如常。"

毕沅卒(1730—)。沅字纕蘅,号秋帆,自号灵岩老人,江苏镇洋人。乾隆二十五年一甲一名进士,授编修。官至湖广总督。卒加太子太保。治学范围较广,由经史旁及小学、金石、地理。著有《传经表》2卷、《续资治通鉴》220卷、《灵岩山人诗文集》等。其他书都收入《经训堂丛书》中。事迹见《清史稿》卷三三二、《清史列传》卷三〇、蔡冠洛《清代七百名人传》第四编、钱大昕《太子太保兵部尚书湖广总督世袭二等轻车都尉毕公墓志铭》、王昶《兵部尚书都察院右都御史湖广总督赠太子太保毕公沅神道碑》、洪亮吉《毕宫保遗事》(均见《碑传集》卷七三)。清史善长编有《弇山毕公年谱》。

　　按：钱大昕《太子太保兵部尚书湖广总督世袭二等轻车都尉毕公墓志铭》曰："性好著书，虽官至极品，铅椠未尝去手。谓经义当宗汉儒，故有《传经表》之作。谓文字当宗许氏，故有《经典文字辨正书》及《音同义异辨》之作。谓编年之史，莫善于涑水，续之者有薛、王、徐三家，徐虽优于薛、王，而所见书籍犹未备，且不无详南略北之病。乃博稽群书，考证正史，手自裁定，始宋讫元，为《续资治通鉴》二百二十卷，别为《考异》，附于本条之下，凡四易稿而成。谓史学当究流别，故有《史籍考》之作。谓史学必通地理，故于《山海经》、《晋书·地理志》皆有校注，又有《关中胜迹图记》、《西安府志》之作。谓金石可证经史，宦迹所至，搜罗尤博，有《关中》、《中州》、《山左金石记》。诗文下笔立成，不拘一格，要自运性灵，不违大雅之旨，有《灵岩山人诗集》四十卷、《文集》八卷。"

　　孟超然卒（1731—　　）。超然字朝举，号瓶庵，福建闽县人。乾隆二十五年进士，改翰林院庶吉士，散馆，授兵部武选主事。官至吏部郎中，提督四川学政。著有《丧礼辑略》2卷、《瓜棚避暑录》1卷、《广爱录》1卷、《家诫录》2卷、《焚香录》1卷、《求复录》1卷、《诚是录》1卷、《晚闻录》1卷及《使粤日记》2卷、《使蜀日记》5卷、《瓶庵居士诗钞》4卷、《瓶庵居士文钞》4卷、《学古退斋印存》2卷等。事迹见《清史稿》卷四八〇、《清史列传》卷六七、李桓《国朝耆献类征初编》卷一四五。

　　按：《清史稿》本传曰："其论杨时云：'龟山得伊、洛之正传，开道南之先声。然为人身后文，如温州陈君、李子约、许德占、张进、孙龙图诸墓志，往往述及释氏之学，而赞之曰安、曰定、曰静，毋惑乎后之学者，援儒入墨，纷纷不已也。'超然性静，家居杜门却扫。久之，巡抚徐嗣曾请主鳌峰书院，倡明正学。闽之学者，以安溪李光地、宁化雷鋐为最。超然辈行稍后，而读书有识，不为俗学所牵，则后先一揆也。居丧时，考《士丧礼》、荀子及宋司马光、程子、朱子说，并采近代诸儒言论，以正闽俗丧葬之失，著《丧礼辑略》二卷。"

　　温常绶卒（1733—　　）。常绶字印侯，号少华，山西太谷人。乾隆三十四年进士，授检讨。著有《尚书评》、《春秋三传评》、《论语辑解》、《孟子评》、《考工记集评》、《杜诗评》、《义山诗评》。事迹见龚景瀚《温常绶墓志铭》（《澹静斋文钞》卷六）。

　　顾之逵卒（1753—　　）。之逵字抱冲，一字抱蛊，江苏元和人。藏书甚富，与黄丕烈、周锡瓒、袁廷梼并称乾嘉间四大藏书家。编有《艺苑捃华》。著有《一瓻录》等。事迹见李兆洛《顾君墓志铭》（《养一斋文集》卷一三）。

　　王贞仪卒（1768—　　）。贞仪字德卿，江苏江宁人。诸生詹枚妻。通天文、算学、医学，工诗文、绘画。著有《德风亭集》、《星象图释》、《至象图辑》、《重订策算证伪》、《筹算易知》、《西洋筹算增删》、《沉疴呓语》等。事迹见施淑仪《清代闺阁诗人征略》卷五、蔡冠洛《清代七百名人传》第四编、《清诗纪事》列女卷、吴昌绶《王贞仪传》、萧穆《女士王德卿传》（均见《碑传集补》卷五九）。

　　褚廷璋卒，生年不详。廷璋字左峨，号筠心，江南长洲人。乾隆二十八年进士，改翰林院庶吉士，散馆，授编修。尝充江西、福建乡试副考官，山东乡试正考官，官至侍讲学士。曾从学沈德潜、王峻，与赵文哲、曹仁虎等七人结诗社,名"吴门七子"。著有《西域图志》、《西域同文志》、《筠心书屋诗钞》12卷等。事迹见《清史列传》卷七二、李桓《国朝耆献类征初编》卷一二九。

李星沅（　—1851）、钱锜（　—1858）、高继珩（　—1865）、许瀚（　—1866）、许楣（　—1870）、刘绎（　—1878）、管庭芬（　—1880）生。

嘉庆三年　戊午　1798年

法军占领罗马。罗马被宣布为共和国。

法军远征埃及。

三月初四日戊辰(4月19日),考试翰林、詹事各官,按其文字优劣,分为四等,各升黜奖罚有差。

九月十九日己卯(10月27日),从广东巡抚陈大文等请,予广东故明辽东总制袁崇焕入祀乡贤祠。

十月初一日辛卯(11月8日),颁布嘉庆四年《时宪历》。

德国发明家阿洛伊斯·塞尼菲尔德发明平版印刷术。

阮元八月补授兵部右侍郎,又补礼部右侍郎。是年,为孔广森遗著《春秋公羊通义》作序。

钱大昕七月寄《廿二史考异》给严元照,严氏有复信。

章学诚在杭州入谢启昆幕府,续纂《史籍考》,钱大昭、陈鳣、胡虔、袁均、张齐曾相继参与其事。

按：《史籍考》原本为章学诚在毕沅幕府住持编纂,因毕沅去世而未成书。编纂之事转入谢氏手中。章学诚入谢氏幕府,准备毕此未竟之业。因与谢氏在增订《史籍考》问题上意见相左,不为谢氏所重用,不久即离去。续纂《史籍考》的实际工作,遂由胡虔、钱大昭、陈鳣、袁均、邵志纯等人来担任。次年秋,谢氏调任广西巡抚,宾客星散,此书的编纂再次中断。

又按：谢启昆是年秋日作《兑丽轩集序》称:"竹垞《经义考》之阙,予既作《小学考》以补之,成五十卷矣。又扩史部之书为《史籍考》,以匹《经义》。因葺官廨西偏屋数十楹,聚书以居友人。……凡古来政治之得失,山川人物之同异,上下数千年间,得诸友人相与商校;又深契乎丽泽讲习之意,遂以名西偏之廨曰'兑丽轩'。"(《树经堂诗续集》卷一)

章学诚以《文史通义》初刻稿送钱大昕,并有《上钱辛楣宫詹书》。

按：章学诚《上钱辛楣宫詹书》曰:"学诚从事于文史校雠,盖将有所发明。然辨论之间,颇乖时人好恶,故不欲多为人知。所上敝帚,乞勿为外人道也。夫著书大戒有二,是非谬于圣人,忌讳或干于君父。此天理所不容也。然人苟粗明大义,稍通文理,何至犯斯大戒。惟世俗风尚,必有所偏,达人显贵之所主持,聪明才隽之所奔赴,其中流弊,必不在小,载笔之士,不思救挽,无为贵著述矣。苟欲有所救挽,则必逆于时趋,时趋可畏,甚于刑曹之法令也。"(《章氏遗书》卷二九)钱穆说:"实斋著述最大者,为《文史》、《校雠》两通义,近代治实斋之学者,亦率以文史家目之。然实斋著《通

义》,实为箴砭当时经学而发,此意则知者甚少。"(《中国近三百年学术史》第九章)

章学诚以《文史通义》初刻稿呈送朱锡庚,请其将副余分赠同志中人,有《又与朱少白》书。

按：章学诚欲为友人邵晋涵撰传,而就其家访邵氏遗著,然邵氏之次子邵秉华先是"作无数惊疑猜惧之象,支离掩饰","后乃至于专书不报",而自"姚江赴杭,至郡又过门不入",这使章学诚甚为纳闷。后来,章学诚"乃得其退后之言,直云仆负生死之谊,盗卖毕公《史考》,又将卖其先人笔墨,献媚于谢方伯,是以不取于仆"。章学诚辩白曰:"《史考》之出于毕公,自十数年前,南北艺林,争相传说。谢公有力,能招宾客,纂辑考订,何事不可由己出之,而必掩耳盗铃,暗袭众目皆知之毕氏书为己所创,人情愚不至此。况浙局未定之前,仆持《史考》残绪,遍吁请于显贵有力之门。君家宫保(指朱珪),亦曾委折相商,且援桐城方制军、德州卢转运共勷秦大司寇《五礼通考》为例。当时知其事者,并无疑仆有如盗卖献媚。……邵君《雅疏》未出,即有窃其新解,冒为己说,先刊以眩于人,即君知之,转改己之原稿以避剿嫌。……辛楣詹事尝有绪言未竟,而黠者已演其意而先著为篇。……君家宋镌秘笈,李童山借本重刊,亦胜事也,其转借之人冒为己所箧藏,博人叙跋,誉其嗜奇好古,亦足下所知也。此辈行径,大者不过穿窬,细者直是肱篋。……然吾党子弟,用此相猜,则世道人心,实不胜其忧患。……此番书辞,乞与邵楚帆侍御、邵耿光中翰及家逢之、正甫二孝廉,此外邵君弟子有能真知其师者,可共观之。……长者行事不使人疑,今遭疑如是,仆亦良自愧也。如何如何!"(《又与朱少白》,《章氏遗书》佚篇)

谢启昆致书陈奉滋,其中谓"仆所作《小学考》,昨甫脱稿;《史籍考》年内亦可告竣。书籍友朋,此间最盛,仆之复来浙江,所得惟此耳"(《树经堂文集》卷四《与陈东浦方伯戊午》)。

吴兰庭有《答章实斋书》,谓章学诚"《史籍考》经所裁定,足为不刊之典,然恐亦未能悉如所拟。盖意见参差,不无迁就,天下事大抵如斯矣"(《胥石文存》,《续修四库全书》本)。

孙星衍丁母忧南归,过微山湖,大风舟覆,载书数千册及书画均沉没。

洪亮吉五月至苏州哭毕沅于其墓,十一月至杭州访学政阮元。

段玉裁正月为黄丕烈《汪本隶释刊误》作序。

臧庸是年底赴广州照料刊刻《经籍纂诂》和《经义杂记》诸书;十一月为宋咸熙《夏小正注》作《题夏小正全书目录》,赞扬宋氏辑佚之功。

崔述以所著《唐虞考信录》6卷等寄陈履和,并嘱陈不得轻率以未定稿付梓。

俞正燮九月作《书五礼通考后》,批评秦蕙田书体例不当。

方东树馆新城陈用光家,讲授石经。

赵佑充顺天乡试副考官,寻授顺天学政。

曹振镛充湖北乡试正考官。

铁保充顺天乡试副考官。

端木国瑚随阮元历游雁荡、天台诸名胜,有记游诗数十篇。秋,举本省乡试。

冯登府始赴童子试。

黄丕烈得元刻幽兰居士《东京梦华录》;三月,跋旧钞《绍兴同年小录》;七月,跋新得残宋刻本《豫章黄先生外集》6卷;十二月,得宋刻高诱注《战国策》。

黄丕烈十二月望日与鲍廷博、瞿中溶、袁绶阶同集钮树玉寓楼,钮树玉作诗记之,索同人题和。

陈鳣举于乡,在京应试时,与钱大昕、翁方纲、段玉裁质疑问难。

顾南雅以毛晋校本《湘山野录》归黄丕烈。

洪饴孙中举人,为湖北东湖县知县。

林则徐中秀才,其文题为《仁亲以为宝》。

钱楷典四川试,督广西学政。

蒋珣中举人,官瑞安教谕。

按:蒋氏字少泉,浙江余姚人。著有《易义无忘录》、《书义无忘录》、《诗义无忘录》、《春秋义无忘录》、《三径堂诗文稿》。

钱东垣中举人,官浙江松阳知县。

钱坫官陕西武功,纠集官兵扑灭白莲教。

罗典弟子彭峨参加湖南乡试,其试卷被宁乡县富家子傅晋贤出银冒名,取中解元,罗典力促湖南巡抚监临姜晟查究,案情终于大白,傅氏等有关人员被处决,而赏还彭峨举人。

按:萧穆撰《记嘉庆戊午科湖南乡试事》一文,记述此事甚详。

张问陶正月从成都出发,北上去京师;三月抵京,居家守制;期间曾为诗友朱文治、汪剑谭、翁方纲、陈庆槐、法式善、马秋药、戴殿泗等人题诗、题画。又作《补丁巳四先生挽诗》,对袁枚、毕沅、王友亮、毕怀图四人深切哀悼。

张廷济举乡试第一,应礼部试辄踬,遂归隐,以图书金石自娱。

石韫玉八月赴任重庆府知府,张问陶有诗五首送行。

任敦元重修中阳书院,至嘉庆七年始成。

俞廷柏时任安徽霍山知县,建奎文书院。

黎学锦等在湖南汉寿县建龙池书院。

梁炜中等在广东四会县建绥江书院。

王子音时任云南富源知县,建平成书院。

T. R. 马尔萨斯发表《论人口的宗旨》。

段玉裁著《周礼汉读考》6卷刊行。

孙星衍著《周易集解》10卷成书,有自序。

王引之著《经传释词》10卷成书,有自序,阮元作序。

按:是书系研究经传中的虚字的专著,对旧说之误颇多纠正。阮元《序》曰:"元读之,恨不能起毛、孔、郑诸儒而共证此快论也……学者执是书以求之,当不悖谬于经传矣。"(《经典释词》卷首)《续修四库全书总目提要》曰:"是书大意以为自汉宗尚雅训,凡实义所在,既明著之,而语词之例或略而弗究,往往即以实义释之,遂使其文扞格,而意亦不明。引之因撰为此书。自九经三传及周秦西汉之书,凡语助之文,遍为搜讨,分字编次,得百六十字。前人所未及者补之,误解者正之,其易晓者则略而不论。钱熙祚谓其书例类有六:一常语,二语助,三叹词,四发声,五通用,六别义。

释词之法亦有六：有举同文以互证者，有举两文以比例者，有因互文而知其同训者，有即别本以见例者，有因古注以互推者，有采后人所引以相证者，此与俞樾《古书疑义举例》皆甚有益于学者，为近世不可少之书也。"此书刊行后，补正衍释的书，有孙经世的《经传释词补》《再补》；吴昌莹的《经词衍释研》等。主要版本有王氏家刻本、《皇清经解》本、《守山阁丛书》本、商务印书馆1931年标点本、中华书局1956年排印本等。湖南岳麓书社1984年的排印本，又附以黄侃、杨树达的案语370余条，印于相应文字的书眉，可资参考。

惠士奇遗著《大学说》刊行，段玉裁作序。

惠士奇遗著《礼说》14卷刊行，阮元作《惠半农先生礼说序》。

按：《四库全书总目提要》曰："古圣王经世之道，莫切于《礼》。然必悉其名物，而后可求其制度，得其制度，而后可语其精微。犹之治《春秋》者，不核当日之事实，即不能明圣人之褒贬。故说《礼》则必以郑氏为宗，亦犹说《春秋》者必以《左氏》为本。郑氏之时，去周已远，故所注《周礼》，多比拟汉制以明之。今去汉末复阅千六百年，郑氏所谓'犹今'某物、某事、某官者，又多不解为何语，而当日经师训诂，辗转流传，亦往往形声并异，不可以今音、今字推求。士奇此书，于古音、古字皆为之分别疏通，使无疑似。复援引诸史百家之文，或以证明周制，或以参考郑氏所引之汉制，以递求周制，而各阐其制作之深意。在近时说《礼》之家，持论最有根柢。"梁启超《中国近三百年学术史》曰："《礼》学重要著作，在初期则有惠天牧（士奇）的《礼说》，江慎修（永）的《礼书纲目》，算是这门学问中筚路蓝缕的书。《礼书纲目》的体例，为后来秦、黄两家所本，虽后起者胜，而前人之功万不容没。"

吴文园著《四书经注集证》成书，阮元作序。

金榜著《礼笺》刊行，姚鼐作序。

阮元主编《经籍籑诂》106卷成书付刻，臧庸作后序。又于正月辑成《淮海英灵集》22卷；四月纂《輶轩录》成；六月注释《曾子》十篇成；九月刻阮玉堂遗著《珠湖草堂诗集》成。

钱坫著《史记补注》130卷成书。

秦鉴著《后汉书补表跋》。

洪亮吉著《十六国疆域志》16卷在京中刊行。

过元盷著《廿二史言行略》42卷成书，钱大昕、王芑孙作序。

杨芳灿修，郭楷纂《灵州志迹》4卷刊行。

彭人杰、范文安修，黄时沛纂《东莞县续志》2卷刊行。

万承绍修，周以勋纂《清平县志》17卷刊行。

吴堂修，刘光鼎纂《同安县志》30卷刊行。

傅玉书纂《桑梓述闻》10卷刊行。

曹之升编《孟子年谱略》刊行，附于经书屋刻本曹氏《四书摭余说》。

汪辉祖著《三史同姓名录》，章学诚作序。

谢启昆纂《小学考》50卷成书，钱大昕作序。

按：此书原名《广经义考》，为补朱彝尊《经义考》中形声训诂书的阙略而作。其事实肇自翁方纲。谢氏《自序》云："吾师翁学士覃溪先生《补正》，又欲于小学一门，时为予言之。"于是广搜博求，凡小学之书，不论存佚，皆萃于编，共收书1180种。该书体例上完全依照《经义考》。所录各书，先列撰人姓氏名字，书名卷数；次别存、佚、阙或未见；次列原书序跋、诸家论说，有所考证者附后。该书搜罗宏富，引证广博，为小学目录名著，与《经义考》、《史籍考》（章学诚著）同为学林所称道。谢氏在书成后所作的《自序》中曾云："助为辑录者桐城胡征君虔及海宁陈鳣。"说明胡虔、陈鳣对此书的编纂颇多贡献。该书先后有翁方纲、钱大昕、姚鼐、俞樾作序。钱大昕《序》称："六经皆载于文字者也，非声音则经之文不正，非训诂则经之义不明。……方伯南康谢公蕴山枕葄经史，博综群言，……每念通经必研小学，而古今流别，议论纷如，乃遵秀水之例，续为小学考。……分训诂、文字、声韵、音义为四门，为卷凡五十。既成，贻书见示，读之两阅月而毕。彬彬乎！郁郁乎！采摭极其博，而评论协于公，洵足赞圣世同文之治者乎！夫书契之作，其用至于百官治，万民察。圣人论为政，必先正名，其效归于礼乐兴，刑罚中。张敞、杜林以识字而为汉名臣，贾文元、司马温公以辨音而为宋良相，然则公之于斯学，固有独见其大者。因文以载道，审音而知政，熟为文学经济为两事哉！""此书也，实自来言小学者之钤键，欲治小学不可不读此书"，"此书搜罗博奥，而评论又公且当"（《潜研堂文集》卷二四《小学考序》）。此书成稿后未及付梓，后由其子付梓而未及广行。有嘉庆二十一年（1816）树经堂刊本，道光二十八年（1848）板遭焚毁。其孙质卿宦游秦中，于咸丰元年（1851）在长安市上购得此书，遂补正其缺，复予刊行。

  阮元著《曾子十篇注》成书，有自序。

  孙星衍著《急就篇考异》1卷成书，有自序。

  孙志祖著《文选李注补正》4卷成书，有自序。

  陈确著《陈乾初先生遗集》49卷，由陈敬璋编成。

  按：陈确书中对程朱理学多有大胆批评。

  陆继辂著《崇百药斋文集》20卷成书。

  孙星衍著《岱南阁文稿》成书。

  彭兆荪著《傭书集》成书。

  胡天游著《石笥山房诗文集》10卷由阮元刊行。

  胡长龄著《三余堂馆偶存》刊行。

  姚鼐辑《五七言今体诗钞》18卷刊行，又自订《惜抱轩诗集》10卷刊行。

  冯集梧注《樊川诗集注》4卷成书。

  顾嗣立编《元诗选》，由席世臣、顾果庭整理补订后刊行。

  按：顾嗣立《元诗选》分初、二、三编，每编再分为甲集至壬集，另以癸集收录零篇断章、不成卷帙之作。顾氏生前编好并刊刻一部分，另一部分未编完的残稿，由其再传弟子席世臣与顾氏曾孙顾果庭共同整理补订，历十年书成，于本年付刻。《元诗选》搜罗甚完备，为今天保存元诗最丰富的总籍。

  姚阶编《国朝词雅》24卷刊行。

  阮元著《小沧浪笔谈》4卷成书，有自序。

  梁玉绳著《瞥记》7卷成书，有自序。

  宋大樽著《茗香诗论》1卷成书，陈斌作序。

  按：宋大樽字左彝，一字茗香，浙江仁和人。乾隆二十四年举人，官国子监助教。所著尚有《校定尔雅新义》20卷、《续方言补正》12卷、《学古集》4卷、《牧牛村外集》4卷、《读我书塾课本略》8卷等。事迹见《清史列传》卷七二。

吴骞著《拜经楼诗话》4卷刊行。

按：胡玉缙《许廎经籍题跋》曰："自序谓'诗话非胸具良史才不易为'，故其扬榷源流，讨论得失，极见精审，非宋明人臆说可比，间及秘籍轶事，尤足以广闻见而资掌故。"

纪昀著《阅微草堂笔记》刊行。又著《滦阳续录》6卷。

按：《国朝先正事略》曰：纪昀于书，"无所不通，一生精力备注于《四库提要》及目录，不复自为撰著。谓今人所见狭，偶有一得，辄自矜获，而不知皆古人所已言，或为其所已辟。故不轻著书。其所欲言，悉于四库书发之，而惟以觉世之心自托于小说稗官之列，其感人为易入。所著《阅微草堂笔记》中，多见道之言"。

阮元编订《竹垞小志》5卷刊行。

长篇小说《施公案》约成书于本年前。

王谟辑《汉魏遗书钞》104种刊行。

按：皮锡瑞曰："国朝经师有功于后学者有三事。一曰辑佚书。两汉今文家说亡于魏、晋；古文家，郑之《易》，马、郑之《书》，贾、服之《春秋》，亡于唐、宋以后。宋王应麟辑三家《诗》、郑氏《易注》，虽蒐采未备，古书之亡而复存者实为首庸。至国朝而此学极盛。惠栋教弟子，亲授体例，分辑古书。余萧客《古经解钩沈》，采唐以前遗说略备。王谟《汉魏遗书钞》，章宗源《玉函山房丛书》，辑汉、魏、六朝经说尤多。孙星衍辑马、郑《尚书注》，李贻德述《左传贾服注》，陈寿祺、乔枞父子考《今文尚书》、三家《诗》。其余间见诸家丛书，抱阙守残，得窥崖略，有功后学者，此其一。一曰精校勘。校勘之学，始于《颜氏家训》、《匡谬正俗》等书。至宋，有三刘、宋祁之校史。宋、元说部，间存校订，然未极精审，说经亦非颛门。国朝多以此名家，戴震、卢文弨、丁杰、顾广圻尤精此学。阮元《十三经校勘记》，为经学之渊海。余亦间见诸家丛书，刊误订讹，具析疑滞，有功后学者，又其一。一曰通小学。古人之语言文字与今之语言文字异；汉儒去古未远，且多齐、鲁间人，其说经有长言、短言之分，读为、读若之例。唐人已不甚讲，宋以后更不辨。故其解经，如冥行擿埴，又如郢书燕说，虽可治国，而郢人之意不如是也。小学兼声音故训。宋吴棫、明陈第讲求古音，犹多疏失。顾炎武《音学五书》，始返于古。江、戴、段、孔，益加阐明。是为音韵之学。段玉裁《说文解字注》，昌明许慎之书。同时有严可均、钮树玉、桂馥，后有王筠、苗夔诸人，益加阐明。是为音韵兼文字之学。经师多通训诂假借，亦即在音韵文字之中；而经学训诂以高邮王氏念孙、引之父子为最精，郝懿行次之。是为训诂之学。有功于后学者，又其一。"（《经学历史·经学复盛时代》）

朱栋著《砚小史》4卷成书，薛体洪作序。

方薰著《山静居画论》2卷成书，陈希濂作序。

顾修辑《读画斋丛书》48种199卷刊行。

按：此丛书校勘颇精。顾修字仲欧，号松泉，浙江石门人，居桐乡。另著有《读画斋学语草》等。

汪汲著《古愚丛书》62卷刊行。

吴瑭著《温病条辨》6卷成书。

鲍廷博重刻《测圆海镜细草》，阮元作《重刻测圆海镜细草序》。

徐坚卒(1712—)。坚字孝先，号友竹、缃亭、缃园，晚号藻雪老人，别称邓尉山樵、邓尉山人、洞庭山人，吴郡人。贡生。工丹青，精篆刻。诗学盛唐，规模宏大。曾在毕沅幕，已而游楚南。弟子有许兆熊、倪升等。著有《印笺说》1卷、《茧园烟墨著录》2卷、《䌽园诗钞》8卷等。事迹见震钧辑《国朝书人辑略》卷五。

韩梦周卒（1730— ）。梦周字公复，号理堂，山东潍县人。乾隆二十二年进士，官安徽来安知县。后罢官归里，讲学于程符山中。与阎循观、法坤宏、彭绍升、江绂、罗有高相互切磋学问。著有《理堂文集》10卷、《理堂外集》1卷及《理堂诗集》、《理堂日记》、《易解》等。事迹见《清史稿》卷四八〇、《清史列传》卷六七、李桓《国朝耆献类征初编》卷二三八。丁福田编有《韩理堂先生年谱》。

按：《清史列传》本传曰："梦周为学，以存养为根本，省察为修治，穷理为门户。笃守程、朱，检身若不及。尝曰：'震惊百里，不丧匕鬯，诚敬之效也。能诚敬则心之理得矣。'其辨陆、王，谓：'宋南渡后，果堂出于佛徒，最为黠桀。'语张子韶曰：'侍郎把柄在手，便须改头换面，以诱来学。'子韶欣然从之。于是儒佛之界始大乱。然子韶之徒，智不足自全，每供败阙。象山、阳明则阴证释氏之谛，而巧为改换之术。又谓：'阳明即心即理，与释氏即心即佛，词异而实同。'又谓：'阳明功业轩烁，不必尽由讲学。盖人本豪杰，夙究于经世之务，又能内定其心，足以乘机制变，故成功如此。至于圣贤体用之全，为学之功，则不可一毫借也。'又谓：'为阳明之学者有二：其一学问空疏，不耐劳苦，乐其简易而从之；其一博览典籍，勤而无得，见其专主向里，遂悔而从之。前者多高明之人，后者亦沉潜之士，皆有造道之资，乃蹈于一偏，不复见古人之大全，可惜也！'交游中，与任瑷最契，于彭绍升、汪缙、罗有高，皆谓其学陆、王而卒归于佛。又不喜戴震《孟子字义疏证》，谓程、朱以理为我所本有，学以复之；戴氏以理为我所本无，但资之于学。即此观之，孰为得失，不待繁证深辨也。"

周广业卒（1730— ）。广业字勤补，号耕崖，浙江海宁人。乾隆四十八年举人。曾主讲广德书院，以教授终其身。其辨析《古文尚书》之伪，实与阎若璩之说相互发明。著有《读相台五经随笔》4卷、《经史避名汇考》46卷、《读易纂略》、《孟子四考》4卷、《蓬庐文钞》8卷、《冬集纪程》1卷、《四部寓眼录》4卷、《四部寓眼录补遗》1卷等，辑有《长短经》9卷、《意林注》5卷等。事迹见《清史列传》卷六八、吴骞《周耕崖孝廉传》（《愚谷文存》卷一〇）。

按：吴骞《周耕崖孝廉传》曰："于书无所不窥，凡十四经、二十四史，以及九流百氏，靡不溯流讨源，钩沉索隐。晚尤注意于《孟子》。"

夏锡畴卒（1732— ）。锡畴字用九，号西墅，河南河内人。乾隆四十八年举人。著有《读易私钞》、《读易私说》、《四书为学指南》、《强学录》、《强识录》、《日省格》、《邵窝偶存》、《邵窝笔录》、《邵窝文集》、《家礼仪节举要》、《纲目举要》、《课子随笔》等。事迹见《清史列传》卷六七、李桓《国朝耆献类征初编》卷四一二。

按：《清史列传》本传曰："治经通大义，不为章句之习，笃志励行，昼之所为，夜必书之。生平寡交游，与俗不苟合。喜读《易》，结庐吟诵其中，题曰独寐斋。……其为学，鞭辟近里，而不喜良知之说，曰：'良知者即心以为学，故以格物为务外，以读书为溺心，犹造衡者不准诸天下之所同然，而擅私以自信。'教人以躬行实践为主，曰：'言伪则多沮，行伪则多败。吾人言行之际，妻子见之，奴仆见之，乡党望之，朋友责之，欲以饰己欺人，得乎？'又曰：'伪言伪行伪意，去尽才成真君子。'"

余廷灿卒(1735—)。廷灿字卿雯,号存吾,湖南长沙人。乾隆二十六年进士,改翰林院庶吉士,散馆,授检讨,充《三通》馆纂修,以母老辞官归。晚主濂溪、石鼓、城南诸书院,教人以兼通汉宋为宗。于天文、律历、勾股、六书等学,均能贯通,与纪昀、戴震相切磋。著有《存吾文集》16卷。事迹见《清史列传》卷六八、李桓《国朝耆献类征初编》卷一二九、余永贤《余廷灿行述》(《存吾文集》附)。

张若筠卒(1735—)。若筠字竹邻,江苏丹徒人。屡试不遇,遂不就试。藏书甚富,并加以精心校勘。著有《竹邻山馆诗集》。事迹见李桓《国朝耆献类征初编》卷四四〇、刘台拱《张若筠家传》(《刘端临先生遗书》卷八)。

按:刘台拱《张若筠家传》曰:"好学,于书无所不窥,闻有异书,辄以重价购之,或手自誊校,矻矻不少休。其同县蒋舍人宗海藏书三万余卷,多善本。若筠所藏逾二万卷,而法书、名画、吉金、贞石之文,则别为卷轴,不在此限。京口士大夫收藏之富,推此两家。"

管世铭卒(1738—)。世铭字缄若,号韫山,江苏武进人。乾隆四十三年进士,授户部主事。累迁郎中,充军机章京。深通律令,凡谳牍多由其主奏。著有《诗说》1卷、《韫山堂文集》8卷、《韫山堂诗集》16卷、《韫山堂读书偶得》1卷、《读雪山房杂著》1卷。辑有《读雪山房唐诗选》41卷、《读雪山房唐诗序例》1卷、《宋人七言绝句诗选》4卷。事迹见《清史稿》卷三五六、《清史列传》卷七二、陆继辂《掌广西道监察御史管君世铭墓表》(《碑传集》卷五七)。

蒋师爚卒(1743—)。师爚字慕刘,一字晦之,号东桥,浙江仁和人。乾隆四十一年进士,选翰林院庶吉士,散馆,授工部主事。著有《周易精义》20卷、《尚书精义》20卷、《毛诗精义》20卷、《三礼精义》60卷、《汉书疏证》100卷、《通志略刊误》40卷、《敦艮堂诗文集》20卷、《杭郡选举志》4卷、《阮嗣宗咏怀诗注》4卷等。事迹见李桓《国朝耆献类征初编》卷一四七、纪昀《蒋师爚墓志铭》(《敦艮堂诗文集》附)。

张燮卒(1743—)。燮字子和,号荛友,江苏常熟人。乾隆五十八年进士,由翰林院庶吉士,改刑部主事。官至宁绍台兵备道。藏书甚富,与黄丕烈有"两书淫"之称。藏书楼名曰小琅嬛福地。著有《味经书屋集》、《小琅嬛随笔》等。事迹见孙原湘《张燮墓志铭》(《天真阁集》卷四七)。

按:孙原湘《张燮墓志铭》曰:"生平自奉俭约,惟积书至数万卷,丹黄杂施。……尝欲注《晋书》,遍购六朝文集、小说,雪钞露纂,久之迄不就。"

王复卒(1748—)。复字敦初,一字秋塍,浙江秀水人。援例为国子监生,为两湖总督毕沅所引重,初入其幕,后署鄢陵、临漳、武陟诸县事。工诗,喜搜刻金石遗文。著有《晚晴轩稿》等。事迹见《清史稿》卷四八五、李桓《国朝耆献类征初编》卷二四五、武亿《偃师县知县王君复行实辑略》(《碑传集》卷一〇七)。

项鸿祚(—1835)、侯康(—1837)、沈垚(—1840)、冯承辉(—1840)、方申(—1840)、王旭高(—1862)、王茂荫(—1865)、李棠阶(—1865)生。

嘉庆四年　己未　1799 年

拿破仑进军叙利亚。

英国加入俄国—土耳其联盟。

埃及学院在开罗成立。

法国士兵挖掘出罗塞达石碑。

正月初三日壬戌（2月7日），太上皇乾隆帝卒于养心殿。嘉庆帝亲政。

按：《清史稿·高宗本纪》曰："论曰：高宗运际郅隆，励精图治，开疆拓宇，四征不庭，揆文奋武，于斯为盛。享祚之久，同符圣祖，而寿考则逾之。自三代以后，未尝有也。惟耄期倦勤，蔽于权倖，上累日月之明，为之叹息焉。"

初六日乙丑（2月10日），因太上皇丧，著停止己未、庚申文武乡会试。

初八日丁卯（2月12日），以科道给事中王念孙、广兴列款劾举和珅、福长安，著革去和珅大学士、福长安户部尚书职，下狱治罪。

是日，颁布太上皇遗诏。

十五日甲戌（2月19日），直隶总督胡季堂奏请将和珅凌迟处死，嘉庆帝宣布和珅二十大罪状，十八日令其自尽，所有和琳公爵，照议革去，撤出太庙，拆毁伊家所立专祠。和珅亲信吴省兰、李潢著降为编修，李光云著以原品休致。其他官员不再追究。

二月初九日丁酉（3月14日），命纂修《高宗纯皇帝实录》，以协办大学士庆桂为监修总裁官，大学士王杰、前任大学士署尚书董诰、尚书朱珪、那彦成为总裁官，尚书布彦达赉、沈初、德明、纪昀、彭元瑞、侍郎丰绅济伦为副总裁官。

十七日乙巳（3月22日），定准宗室乡试例，并增各部司员宗室额缺。

二十四日壬子（3月29日），谕内阁：会试届期，凡士子文艺诗策内，于朕名自应敬避。

四月初二日庚寅（5月6日），命城内戏园永远禁止开设。

二十五日癸丑（5月29日），赐一甲姚文田、苏兆登、王引之3人进士及第，二甲程国仁等74人进士出身，三甲赵敬襄等143人同进士出身。

五月四日辛酉（6月6日），嘉庆帝接见新科进士，王引之、汤金钊、张惠言、陈寿祺、莫与俦、胡秉虔、郝懿行等皆分授官职。

十月二十日乙巳（11月16日），以殿试武举一甲李云龙、曾大观、张万清3人武进士及第，二甲白凤山等6人武进士出身，三甲刘云彪等55人同武进士出身。

阮元三月调补户部左侍郎，充经筵讲官、会试副总裁；七月兼署礼部左侍郎；九月兼管国子监算学，十月署浙江巡抚，为焦循《里堂学算记》作总序。

按：阮元抚浙期间,是其幕府学术活动最为兴盛、活跃的时期,这时协助阮元处理政事的核心人物是徐联奎。徐氏在阮元幕府时间长达十年,因为他的协助,使阮元有时间和精力组织幕府的学术活动,从而使幕宾们能够安心从事编书、校书工作。

阮元十一月邀请王昶任敷文书院山长。

李锐应阮元聘,到杭州助阮元编《畴人传》。

按：李锐约在嘉庆元年(1796)至七年(1802)间,应聘入阮元幕府。他为阮元校勘《礼记正义》和李敬斋《测圆海镜》,又为阮元校勘《十三经注疏》,分任《周易》、《谷梁传》、《孟子》。同时又为《地球图说》补画地图和天文图。

谈泰在杭州为阮元阅定《畴人传》。

段玉裁有《与刘端临第十七书》,其中谓"故近来宿食不宁,两目昏花,心源枯槁。深惜《说文》之难成"(《经韵楼集补编》卷下)。

纪昀充《高宗实录》馆副总裁,又充武会试正考官。

王念孙正月首劾大学士和珅,道光帝览奏称善,即日下旨正法和珅;三月奉命巡视淮安漕务;六月致书孙星衍,告知《广雅疏证》成书;九月巡视济宁漕务;十二月授直隶永定河道。

王引之试吏部中式,廷对以一甲三名进士及第,授翰林院编修。

钱大昕十月为黄丕烈跋钞本《不得已》。

洪亮吉二月北上,四月派充实录馆纂修官,五月奉旨教习庶吉士,八月二十四日上《平邪教疏》,极言吏治腐败;又上书成亲王等言时事,得罪戍伊犁。

章学诚闻和珅失势,连续写成《上执政论时务书》、《上韩城相公书》、《再上韩城相公书》、《三上韩城相公书》、《上尹楚珍阁学书》、《与曹定轩侍御论贡举书》等政论文章,抨击腐败政治,提出"以吏治为急"的主张。

董诰正月奉命在军机处行走,充实录馆总裁,又充国史馆正总裁,又与刘墉等负责审讯和珅。

顾广圻代黄丕烈作《国语札记》,并就正于段玉裁。

朱珪充实录馆正总裁、国史馆副总裁;又充会试总裁官,受命管理武英殿御书处事务。

按：《清史稿·朱珪传》曰："珪文章奥博,取士重经策,锐意求才。嘉庆四年典会试,阮元佐之,一时名流搜拔殆尽,为士林宗仰者数十年。"

谢启昆是秋调任广西巡抚,胡虔、沈德鸿等幕宾随行。

谢启昆致书孙星衍,其中谓"毕宫保《史籍考》之稿,将次零散,仆为重加整理,更益以文渊阁《四库全书》,取材颇富,视旧稿不啻四倍之。腊底粗成五百余卷,修饰讨论,犹有待焉"(《树经堂文集》卷四《复孙渊如观察》)。

松筠正月由驻藏大臣调任户部尚书。

王杰充实录馆总裁。

彭元瑞充实录馆副总裁,专司编纂。

凌廷堪是冬有《与孙渊如观察书》,与孙星衍讨论禘礼。

庆桂正月初九为协办大学士、国史馆总裁。

张惠言中进士,改翰林院庶吉士,充实录馆纂修官、武英殿协修官。

按：《清史稿·张惠言传》曰："惠言乡、会两试皆出朱珪门，未尝以所能自异，默然随群弟子进退而已。珪潜察得之，则大喜，故屡进达之，而惠言亦斷斷相诤不敢隐。珪言天子当以宽大得民，惠言言：'国家承平百年余，至仁涵育，远出汉、唐、宋之上，吏民习于宽大，故奸孽萌芽其间，宜大伸罚以肃内外之政。'珪言天子当优有过大臣，惠言言：'庸猥之辈，幸致通显，复坏朝廷法度，惜全之当何所用？'珪喜进淹雅之士，惠言言'当进内治官府、外治疆场者'，与同县洪亮吉于广坐诤之。"

郝懿行中进士，授户部主事。

姚文田成一甲一名进士，授翰林院修撰。

陈寿祺中进士，改翰林院庶吉士，散馆，授翰林院编修。

张澍中进士，改翰林院庶吉士，散馆，改知县，初令玉屏，以病归。

许宗彦中进士，官兵部车驾司主事。就官两月，以亲老遽引疾归。亲殁，卒不出。

按：阮元《浙儒许君积卿传》曰："许君名宗彦，字积卿，又字周生，浙江德清人。……嘉庆己未中进士，授兵部车驾司主事。是科得人最盛，朱文正公曰：'经学则有张惠言等，小学则有王引之等，词章则有吴鼒等，兼之者宗彦乎！'……居杭州，杜门以读书为事。君于学无所不通，探赜索隐，识力卓然，发千年儒者所未发，是为通儒。所著有《鉴止水斋集》十二卷、《诗》八卷。集多说经之文，其学说能持汉、宋儒者之平。"（《揅经室二集》卷二）

吴椷中进士，改翰林院庶吉士，散馆，授翰林院编修。

胡秉虔中进士，官刑部主事。

吴荣光中进士，改翰林院庶吉士，散馆，授编修

陈鳣十月得王念孙赠《广雅疏证》刊本，因作《广雅疏证跋》加以推尊。

苏兆登、鲍桂星、宋湘、史致俨、丁履泰、吴鼒、余本敦、赵敬襄、张锦珩、徐寅亮、欧阳厚均、蔡銮扬、刘企采、陈超曾、孙乔龄、黄鸣杰、钱枚、马丕基、祝孝凭、陈斌、张之屏、吴鼎臣、莫与俦等同中进士。

按：《清史稿·莫与俦传》曰："嘉庆四年，朱珪、阮元总裁会试，所拔取多朴学知名士，与俦亦以是年中进士，选庶吉士。散馆，改令盐源县。"

陈诗庭中进士。

按：陈诗庭字令华，一字莲夫，号妙士，江苏嘉定人。钱塘入室弟子。精研六书，得汉儒家法，以学行著于时。著有《说文声义》8卷、《读书证疑》28卷、《深柳居诗文集》6卷等。其子陈瑑，字聘侯，一字恬生，自幼濡染庭训，长于书数之学。著有《说文引经考证》7卷、《说文引经互异说》1卷、《国语翼解》6卷及《春秋岁星算例》、《说文举例》等，皆精深闳远，发前人所未发。

潘世恩充会试同考官，寻提督云南学政。

法式善因春间条奏事宜得罪，解国子监祭酒职，旋赏给编修，在实录馆效力。

端木国瑚北上会试不第，主会试之朱珪、阮元深以为憾。

江声卒，顾广圻检其遗札十余通，为书其后。

黄丕烈得杨光先反天主教著述《不得已》2卷，以示钱大昕、李锐，大昕为作跋。又于正月跋新得残明本《杨文懿公集》；二月跋影宋梁溪高氏本《高注战国策》；四月二十二日访周香严，香严赠残宋本《图画见闻志》；

是夏，跋新得元刻小字本《白虎通》；是秋，跋新得宋刻本《圣宋文选》和嘉靖本《文心雕龙》；十二月，跋旧刻本《唐漫文集》。

钮树玉、袁绶阶二月同访黄丕烈，观其新得宋刊残本《千金方》，相约以诗记事。

黄文旸始到曲阜衍圣公府教读。

江藩至杭州见王昶，劝勿滥收门下士，失昶意，为昶门诸客排挤而去。

张问陶是年为诗友伊秉绶、王学浩、李鼎元、宋湘、张吉安、张若采、汪剑谭、赵怀玉、戴敦元、韩是升、王泽、洪亮吉、姚椿等题赠诗画。

邓廷桢入钟山书院从姚鼐学。

汤金钊中进士，选翰林院庶吉士，授编修。

张鳞中进士，选翰林院庶吉士。习国书，授检讨。

王芑孙题"改七芗琦画《秋花仕女图》"诗二首。

黄钺因朱珪荐，入京被召见，寻直懋勤殿。

邓显鹤于安化龚氏家设馆授徒。

王崧中进士，授山西武乡县知县。

按：王崧字乐山，云南浪穹人。《清史稿·儒林传三》曰："崧学问渊通，仪征阮元总督云贵，延崧主修通志，著有《说纬》六卷。"

改琦与钦善同作《买花词》；又与储香岩、杨光辅、张若采访沈杏雨于小杯湖，又同至玉壶山房，听秋圃弹琵琶。

陆振基时任湖南慈利知县，建零阳书院。

孙堂增补《陆续周易述》1卷刊行；又辑《汉魏二十一家易注》34卷刊行，阮元作序。

按：《汉魏二十一家易注》包括《子夏易传》1卷、《孟喜周易章句》1卷、《京氏周易章句》、《马融周易传》1卷、《荀爽周易注》1卷、《郑康成周易注》4卷、《刘表周易章句》1卷、《宋衷周易注》1卷、《遇周易章句》1卷、《王肃周易注》1卷、《虞翻周易注》10卷、《姚信周易注》1卷、《王廙周易注》1卷、《张璠周易集解》、《向秀周易义》1卷、《干宝周易注》1卷、《翟子元易义》1卷、《蜀才周易注》1卷、《刘瓛周易义疏》1卷、《九家周易集注》1卷。

刘方瑨著《易悟》6卷刊行。

刘一明著《孔易阐真》2卷、《孔易注略》12卷、《周易参断》2卷、《周易注略》8卷刊行。

凌廷堪著《礼经释例》三稿成13卷，有自序。

武亿著《三礼义证》12卷、《群经义证》7卷。

段玉裁著《周礼汉读考》刻成，有《书周礼汉读考后》。

按：翁方纲读段玉裁《周礼汉读考》，颇有异议，遂作《书金坛段氏汉读考》。其曰："治经之道，其最宜慎者阙疑也，其最不宜蹈者改字也。盱江李氏曰，郑康成未尝改字。此后人重康成之勤于诸经，不欲以改字目之也。然而孔氏《诗疏》云，《毛传》未尝改字。此一语即以显白郑之改字矣。……今金坛段氏，乃为之发例，一曰读若，

费希特发表《道德学的体系论》。

赫尔德发表《反批评》。

J.F.圣朗贝尔著成《各民族风俗的起源或普救信条》。

希勒格尔著成《古希腊与罗马散文史》。

施莱尔马赫著成《关于宗教问题的谈论》。

二曰读为、读曰,三曰当为。不知郑君昔时,果森然起例若斯欤?抑郑未有例,而段氏代为举例欤?……昔郑君礼堂写经,自谓整百家之不齐。孰意千载下,又有整郑君之不齐者,良可笑也。是以愚意奉劝善为学者,当博考古今诸家,而一以勿畔程、朱为职志。于此等同异审正处,随事随文,权其轻重,而平心酌之。且莫一意高谈复古,戒嗜异而务阙疑,庶稍免于罪悔乎!"(《复初斋文集》卷一六)

焦循著《毛诗鸟兽草木虫鱼释》11卷成书,有自序;又著《天元一释》成书,有自序。

按:焦循《毛诗鸟兽草木虫鱼释自序》曰:"循六岁,先君子命诵《毛诗》,未几,随省墓,泛舟湖中,先君子指水上草,谓循曰,是所谓'参差荇菜,左右流之'者也。已而读《论语》,至多识于鸟兽草木之名,私心自喜,遂时时俯察物类,以求合风人之旨。辛丑、壬寅间始读《尔雅》,又见陆佃、罗愿之书,心不满之,思有所著述,以补两家所不足,创稿就而复易者三。丁未,馆于城东寿氏,复改订之。至辛亥讫为三十卷。壬子至乙卯又改一次,未惬也。戊午春,更删弃繁冗,合为十一卷,以考证陆玑疏一卷,附于末,凡十二卷。盖自辛丑至己未,共十有九年,稿易六次,以今之所订,视诸草创之初,十不存一。其间虽他有撰述,必兼治之,历丧荒疾病争讼,未尝或辍。乙卯为山左之游,随诸行箧,车尘马足中,闻见所及,时加订正,以己说释于左,不必释者,不赘一辞也。不效类书,胪列而无所折衷,不为空论,不尚新奇。毛、郑有非者,则辨正之,不敢执一以废百也。陆玑疏大约后人掇拾之本,非元恪原书,末载齐、鲁、韩、毛授受,乃抄袭两《汉书·儒林传》,陆为毛疏,不必及三家,而吕东莱《读诗记》所引陆疏,言《毛诗》授受者,与此大异,知掇拾者并未见《读诗记》也,为条辨于后。"

牛运震著《春秋传》12卷刊行。

按:《四库全书总目提要》曰:"是编说经,不信《三传》,动相驳难,盖宋刘敞、孙复之流。由其记诵淹通,足以济其博辨,故异论往往而生也。"

宋翔凤著《论语郑注》2卷成书,有自序。

阮元十二月刻《经籍籑诂》106卷成,钱大昕、王引之作序。

按:《经籍籑诂》是阮元督学浙江时,聘请当时知名学者五十余人共同汇编,以臧庸为总纂,阮元亲拟凡例,历二年乃成。这是中国第一部汇辑经史子集的引证于一书的大型训诂词典。钱大昕《经籍籑诂序一》曰:"我国家崇尚实学,儒教振兴,一洗明季空疏之陋,今少司农仪征阮公以懿文硕学,受知九重,扬历八座,累主文衡,首以经术为多士倡,谓治经必通训诂,而载籍极博,未有会最成一编者。往岁休宁戴东原在书局,实创此议。大兴朱竹君督学安徽,有志未果。公在馆阁日,与阳湖孙渊如、大兴朱少白、桐城马鲁陈相约,分纂钞撮群经,未及半而中辍。乃于视学两浙之暇,手定凡例,即字而审其义,依韵而类其字,有本训,有转训,次叙布列,若网在纲。择浙士之秀者若干人分门编录。以教授归安丁小雅董其事,又延武进臧在东专司校勘。书成,凡百有十六卷。"(《经籍籑诂》卷首)有世界书局1936年影印本、成都古籍书店1982年影印本、上海古籍出版社1989年影印本等。

彭元瑞著《石经考文提要》13卷始刻。

按:《续修四库全书总目提要》曰:"所作《石经考文提要》以乾隆五十六年所立石经为主,更据御纂诸经及内府所藏宋元旧本以订监本之讹误,盖仿唐张参《五经文字》之意而作也。唯其书所据者于唐宋石经外并及《经典释文》与宋元以来诸名家著述,其间往往有监本不误而石经反误者。……许宗彦之刊是书,谓使学者先见此书,不至为坊本所惑。由是以窥石经之涯涘,则此书之作,仅备初学入门之助而已。"

臧琳著《经义杂记》30卷由其玄孙臧庸刊行。

按：《续修四库全书总目提要》曰："是书嘉庆己未阮元刻于南海，钱大昕《潜研堂文集》有《臧玉林经义杂识序》，是此书原名《经义杂识》，不名《经义杂记》也。钱氏《序》称其实事求是，别白精审，而未尝驰骋其辞，轻诋先哲，真儒者之学，务实而不矜名者，推挹甚至。"周中孚《郑堂读书记》卷二曰："《杂记》前有康熙癸未自序，称阎百诗为之作序，平生知己，一人而已。然阎氏所著书中，绝不道及玉林一字；即序文亦不见于其子咏所编《潜丘札记》内。且当乾隆朝诏开《四库全书》馆，天下遗文轶事，靡不毕集太史；况此书标名《经义杂记》，非诗文别集恐有碍时可比。其孙曾辈不以呈诸官而达诸馆，直待其玄孙庸始出而问世耶！窃意玉林当日原有此书，而未若今本卷帙之富，或后人有所附益。"

臧庸辑《蔡氏月令章句》2卷成书，有自序。

钱侗著《九经补韵考证》1卷成书，秦鉴作跋。

阮元纂《畴人传》46卷成书刊行，有自序。

按：《畴人传》是中国第一部科学家传记集，甄录从远古至清嘉庆年间天文、数学、历法等方面专门学者共280人，其中包括外国学者37人。是书刊行以后，罗士琳著《续畴人传》6卷，前两卷补充阮书之遗漏，后四卷续补阮书以后人物，成书于道光二十年，阮元为之作序。光绪十二年，诸可宝著《畴人传三编》7卷，仿阮、罗二书体例，专收清代学者，补遗及续补总128人。光绪二十四年，黄钟骏著《畴人传四编》，增补上古至清428人，其中西洋学者153人。《畴人传》的通行本为1935年商务印书馆《国学基本丛书》本。

谢启昆、章学诚等纂《史籍考》成500卷。

按：是书后经删定，编为12部，55目，325卷。直至章学诚逝世，全书尚未正式刊行。道光二十六年(1846)，继毕沅、谢启昆之后，时任南河总督的潘锡恩嫌原稿尚有采择不精和遗漏之处，遂请许瀚、包慎言、吕基贤等作《史籍考校例》四条，进行删繁、并复、补漏、正误等增订工作，写成清本300卷。咸丰六年(1866)，毕沅、谢启昆的原稿以及潘氏的三万卷藏书，因失火而化为灰烬。

席世臣刻元刘一清著《钱塘遗事》10卷。

法式善著《清秘述闻》、《槐厅载笔》20卷成，朱珪作《科名故实二书序》。

武亿纂《安阳县志》14卷刊行。

戚学标纂修《涉县志》8卷刊行，又纂《台州外书》20卷刊行。

李符清修，沈乐善等纂《束鹿县志》10卷刊行。

刘光辉修，任镇等纂《息县志》8卷刊行。

赵希璜修，武亿纂《安阳县志》14卷刊行。

杨纯道等修，王绅、段绍章纂《常宁县志》32卷刊行。

李廷辉修，徐志鼎等纂《桐乡县志》12卷刊行。

温之诚修，曹文深等纂《全州志》12卷刊行。

张擂等修，刘一衡等纂《内江县志》15卷刊行。

张维翰修纂，葛炜增修《江川县志》29卷刊行。

江浚源修，罗惠恩等纂《临安府志》20卷刊行。

严如煜辑《苗防备览》22卷成书，有自序。

明杨士奇等纂《文渊阁书目》刻入《读画斋丛书》。

方东树著《老子章义》成书。

臧庸刻所辑汉服虔《通俗文》，有《刻通俗文序》。

李光琼著《韵书音义考》5卷刊行。

罗愚著《切字图诀》2卷刊行。

钱大昕编定《十驾斋养新录》20卷，后以潜研堂刊本问世，有自序。

按：此书为钱氏阅读经学、史学、音韵、金石、职官、姓氏、典籍、词章、术数、地理等著作的札记，仿顾炎武《日知录》体例，增删厘定，汇编而成。通行本为1937年商务印书馆出版的《国学基本丛书》本，1983年上海书店据此影印重版本及江苏古籍出版社2000年《嘉定钱大昕全集》本。

钱大昕著《金石文跋尾》3集成书。

松筠著《古品节录》6卷刊行。

孙志祖著《读书脞录》成书，有自序。

彭兆荪辑《南北朝文钞》2卷成书。

邹炳泰著《午风堂全集》14卷刊行。

丁履端著《郁兹诗抄》2卷刊行。

袁文典辑《滇南明诗略》成书。

郭麐定其诗为《移家集》。

李鼎元著《师竹斋集》14卷刊行。

洪亮吉著《卷施阁诗文甲集》10卷、《卷施阁诗文乙集》8卷成书。

茹伦常著《容斋文抄》10卷、《容斋诗集》28卷、补遗1卷刊行。

孙银槎著《曝书亭集笺注》23卷成书，有自序。

焦循校刊唐司空图《诗品》成；又著《里堂学算记》16卷刊行，阮元作序。

邓显鹤自编诗集《相思草》。

徐传诗著《星湄诗话》2卷成书，有自序。

按：徐传诗字韵岑，江苏昆山人。是书多记昆山一地诗人诗事。

顾修纂《汇刻书目》刊行。

臧庸在广东刻《华严经衣义》，有后序。

钱东垣、钱侗辑补宋官修《崇文总目》，撰成《崇文总目辑释》12卷刊行。

按：《崇文总目》是宋代第一部官修书目，也是现存最早的国家书目，在宋末元初已无完本，明清只有简目流传。清修《四库全书》时，四库馆臣据朱彝尊传抄明天一阁藏南宋绍兴改定抄本，又辑录《永乐大典》中所引《崇文总目》内容进行校补，厘为12卷。是年，钱氏兄弟又从《欧阳文忠公文集》、《玉海》、《文献通考》中辑其内容为5卷，并附《补遗》1卷、《附录》1卷。但钱氏所辑本仍有疏误，民国陈汉章又有《崇文总目辑释补正》4卷，为之订误补缺。

秦鉴辑《汗筠斋丛书》第一集。

徐京著《艺菊简易》1卷刊行。

蔡新卒(1707—)。新字次明，号葛山，亦号缉斋、辑斋，福建漳浦人。乾隆元年进士，改翰林院庶吉士，授编修。历任工部尚书、礼部尚书、吏部尚书、协办大学士、文华殿大学士。曾辑先儒操心、养心、存心、求放心诸语，成《事心录》。著有《读史随笔》1 卷、《文献通考随笔》1 卷、《缉斋诗文集》16 卷等。事迹见《清史稿》卷三二〇、《清史列传》卷二六、李桓《国朝耆献类征初编》卷二五。

按：《清史稿》本传曰："新学以求仁为宗，以不动心为要。尝辑先儒操心、养心、存心、求放心诸语，曰《事心录》。直上书房四十二年，培养启迪，动必称儒先。高宗以新究心根底，守(蔡)世远家法，深敬礼之。"

江声卒(1721—)。声字鲸涛，又字叔沄，号艮庭，江苏元和人。师从惠栋，治《尚书》。嘉庆元年举孝廉方正，赐六品顶戴。工书法，好作古篆，毕沅闻其名，延至家校刘熙《释名》。著有《尚书集注音疏》12 卷、《论语竢质》3 卷、《六书浅说》3 卷、《艮庭小慧》1 卷、《恒星说》1 卷、《艮庭文集》、《艮庭词》3 卷等。事迹见《清史稿》卷四八一、《清史列传》卷六八、李桓《国朝耆献类征初编》卷四二一、震钧辑《国朝书人辑略》卷八、蔡冠洛《清代七百名人传》第五编、孙星衍《江声传》、江藩《江艮庭先生记》(均见《碑传集》卷一三四)。

罗聘卒(1733—)。聘字遯夫，号两峰，别号花之寺僧、金牛山人、衣云道人、蓼州渔父，安徽歙县人，寄寓扬州。金农弟子。工画，尤喜画鬼，为"扬州八怪"之一。著有《香叶草堂集》、《广印人传》等。事迹见《清史稿》卷五〇四、李桓《国朝耆献类征初编》卷四三六、吴锡麟《罗两峰墓志铭》(《碑传集补》卷五六)。

蒋元龙卒(1735—)。元龙字乾九，一字云卿，号春雨，浙江秀水人。乾隆三十六年副贡生。以教授生徒为业。精篆刻，工诗词。著有《春雨楼诗》、《桃花亭词》、《西斋过眼录》。事迹见《墨香居画识》卷四。

沈初卒(1735—)。初字景初，号萃岩，又号云椒，浙江平湖人。乾隆二十八年探花，授翰林院编修。曾任福建、顺天、江苏、江西等省学政，充《四库全书》馆、实录馆副总裁，续编《石渠宝笈》、《秘殿珠林》，校勘太学《石经》。嘉庆间，官至户部尚书。卒谥文恪。著有《兰韵堂御览诗》6 卷、《经进文稿》2 卷、《兰韵堂诗集》12 卷、《兰韵堂文集》5 卷、《西清札记》2 卷等。事迹见《清史稿》卷三五一、《清史列传》卷二八、李桓《国朝耆献类征初编》卷九七。

方薰卒(1736—)。薰字兰士，一字兰坻，号兰生，又号樗庵，别号长青，晚号懒儒，浙江石门人。诗书画并妙，写生尤工，与奚冈齐名，称"方奚"。著有《山静居遗稿》、《山静居论画》、《井研斋印存》等。事迹见《清史稿》卷五〇四、李桓《国朝耆献类征初编》卷四三六、《国朝诗人征略》卷四二、震钧辑《国朝书人辑略》卷六。

武亿卒(1745—)。亿字虚谷，又字授堂，河南偃师人。曾从朱筠游。乾隆四十五年进士。任博山知县。创办范泉书院，亲自讲授。治经

乔治·华盛顿卒。

史,精于考订金石文字。著有《群经义证》7卷、《经读考异》9卷、《三礼义证》12卷、《四书考异》1卷、《安阳金石录》13卷、《句读叙述》2卷、《金石三跋》10卷、《金石文字续跋》14卷、《偃师堂石遗文录》、《偃师金石记》4卷、《授堂札记》、《钱谱》、《授堂文钞》8卷、《授堂诗钞》8卷等。事迹见《清史稿》卷四八一、《清史列传》卷六八、李桓《国朝耆献类征初编》卷二四三、朱珪《博山县知县武君亿墓志铭》、法式善《武虚谷传》、孙星衍《武亿传》(均见《碑传集》卷一〇八)。

按:《清史稿》本传曰:"亿学问醇粹,于七经注疏、三史、涑水《通鉴》,皆能闇诵。既罢官,贫不能归,所至以经史训诂教授生徒。勇于著录,……大兴朱珪称亿不愧好古遗直云。"

黎简卒(1748—)。简字简民,一字未裁,号二樵,又号石鼎道人、百花村夫子,广东顺德人。乾隆五十四年拔贡。善诗画,能诗词。著有《五百四峰草堂诗钞》25卷、《五百四峰堂续集》2卷、《五百四峰堂文抄》、《药烟阁词钞》、《芙蓉亭乐府》等。事迹见《清史稿》卷四八五、《清史列传》卷七二、震钧辑《国朝书人辑略》卷七。苏文擢编有《黎简先生年谱》。

和珅卒(1750—)。和珅字致斋,原名善保,钮祜禄氏,满洲正红旗人。少贫无藉,为文生员。乾隆三十四年,承袭三等轻车都尉。寻授三等侍卫。四十年,直乾清门,擢御前侍卫,兼副都统。次年,遂授户部侍郎,命为军机大臣,兼内务府大臣。又授领侍卫内大臣,充《四库全书馆》正总裁。加太子太保,充经筵讲官。四十八年,充国史馆正总裁、文渊阁提举阁事、清字经馆总裁。事迹见《清史稿》卷三一九、《清史列传》卷三五。

按:《清史稿》本传曰:"和珅柄政久,善伺高宗意,因以弄窃作威福,不附己者,伺隙激上怒陷之;纳贿者则为周旋,或故缓其事,以俟上怒之霁。大僚特为奥援,剥削其下以供所欲。盐政、河工素利薮,以征求无厌日益敝。川、楚匪乱,因激变而起,将帅多倚和珅,糜饷奢侈,久无功。阿桂以勋臣为首辅,素不相能,被其梗轧。入直治事,不与同止直庐。阿桂卒,益无顾忌,于军机寄谕独署己衔。同列嵇璜年老,以谀数被斥责。王杰持正,恒与忤,亦不能制。朱珪旧为仁宗傅,在两广总督任,高宗欲召为大学士,和珅忌其进用,密取仁宗贺诗白高宗,指为市恩。高宗大怒,赖董诰谏免;寻以他事降珪安徽巡抚,屏不得内召。言官惟钱沣劾其党国泰得直,后论和珅与阿桂入直不同止直庐,奉命监察,以劳瘁死。曹锡宝、尹壮图皆获谴,无敢昌言其罪者。高宗虽遇事裁抑,和珅巧弥缝,不悛益恣。仁宗自在潜邸知其奸,及即位,以高宗春秋高,不欲遽发,仍优容之。"

黄汝成(—1837)、张际亮(—1843)、侯度(—1855)、李枝青(—1858)、马钊(—1860)、顾观光(—1862)、顾广誉(—1865)、吴熙载(—1870)、何绍基(—1873)、王柏心(—1873)、顾太清(—1876)、汪昉(—1877)生。

嘉庆五年　庚申　1800 年

闰四月二十二日甲戌(6月14日),禁止民间一切越境酬神、联群结会等活动。

五月初五日丙戌(6月26日),考试各省保举孝廉方正。

二十八日己酉(7月19日),命于各省颁行康熙、雍正《圣谕广训十六条》。

六月二十四日乙亥(8月14日),严申进京越诉治罪例。

十月十三日壬戌(11月29日),有乾隆旧规可循,准宗室参加科举考试,以嘉庆六年正科乡试为始。

是年,磨勘官辛从益、戴璐于北闱策题、试卷指摘不遗余力。从益江西籍,向以严于磨勘称。是科江西仅中一人,璐子下第,人谓因是多所吹求。上闻,命二人退出磨勘班(《清史稿·选举志三》)。

阮元正月实授浙江巡抚;四月重修会稽大禹陵庙成,作碑记事;五月,筑诂经精舍于西湖,延王昶、孙星衍先后主讲。

按:阮元《西湖诂经精舍记》曰:"元少为学,自宋人始,由宋而求唐,求晋魏,求汉,乃愈得其实。尝病古人之诂,散而难稽也,于督学浙江时,聚诸生于西湖孤山之麓,成《经籍籑诂》百有八卷。及抚浙,遂以昔日修书之屋五十间,选两浙诸生学古者读书其中,题曰诂经精舍。精舍者,汉学生徒所居之名。诂经者,不忘旧业,且勖新知也。诸生请业之席,则元与刑部侍郎青浦王君述庵、兖沂曹济道、阳湖孙君渊如迭主之。诸生谓周、秦经训至汉高密郑大司农集其成,请祀于舍。孙君曰:'非汝南许浚长,则三代文字不传于后世,其有功于经尤重,宜并祀之。'乃于嘉庆五年五月己丑,奉许、郑木主于舍中,群拜祀焉。此诸生之志也。元昔督学齐、鲁,修郑司农祠,墓建通德门,立其后人,是郑君有祀,而许君之祀未有闻。今得并祀于吴、越之间,匪特诸生之志,亦元与王、孙二君之志。谓有志于圣贤之经,惟汉人之诂多得其实者,去古近也。许、郑集汉诂之成者也,故宜祀也。精舍之西,有第一楼,生徒或来游息于此。诗人之志,登高能赋,汉之相如、子云,文雄百代者,亦由《凡将》、《方言》贯通经诂。然则舍经而文,其文无质;舍诂求经,其经不实。为文者尚不可以昧经诂,况圣贤之道乎?"(《揅经室二集》卷七)

阮元聘徐熊飞为平湖书院院长,日后又延至诂经精舍。

阮元刻钱大昕所著《三统术衍》,李锐为之校订。

洪颐煊读阮元馈赠新刻《七经孟子考文本补遗》,遂作《七经孟子考文并补遗跋》。

臧庸复应阮元聘,来杭为其补订《经籍籑诂》,并校勘《十三经注疏》。

拿破仑征服意大利。

拿破仑任命法律学家委员会起草《民法典》。

英国占领马耳他。

美国迁都华盛顿。

托马斯·杰斐逊在美国总统大选中获胜。

渥太华建成。

柏林推行信件邮政。

威廉·赫谢尔发现日光红外线的存在。

亚历山德罗·沃尔塔制作成第一个以锌和铜板为材料的电池。

伊莱·惠特尼造成可更换部件的滑膛枪。

H.莫特利造出用铸铁床身代替三脚架的车床。

臧庸正月作《渔隐小圃文饮记》，追记四年前与钮树玉、顾广圻诸同志在苏州聚会事；孟秋，作《小尔雅征文》，考证《小尔雅》乃王肃所作；仲秋，作《书宋椠左传不全本后》，论宋本之可贵。

臧庸十月为庄存与作《礼部侍郎庄公小传》，十一月为其师卢文弨作《皇清故日讲官起居注前翰林院侍读学士卢先生行状》。

钱大昕在苏州与著名藏书家黄丕烈交往密切，并得借阅黄氏所藏珍本善本。黄丕烈为钱大昕订补《元史艺文志》。十月，钱大昕跋李锐所得《欧逻巴西镜录》。

汪辉祖著成《廿四史同姓名录》后，欲请大学士王杰作序，未果；是年十二月，其子入京时，取道苏州，请钱大昕作序，钱氏因作《二十四史同姓名录序》。

洪亮吉二月抵达伊犁惠远城戍所；闰四月初三日，皇帝传谕伊犁将军保宁将洪亮吉释放回籍，交江苏巡抚管束；九月初九日回到常州家中，与亲故话旧，几如隔世，因自号更生居士。

  按：嘉庆帝谕：去年编修洪亮吉欲言事而不具折奏陈，转向成亲王及尚书朱珪、刘权之私宅程送，违例妄为。朕详加披阅，"实无违碍之句，仍有爱君之诚"。"惟言视朝晏及小人荧惑等句，未免过激"，改发伊犁。"然自此以后，言事者日见其少。"今特明白宣谕，并将洪之原书发给内外诸臣，"知朕非拒谏饰非之主"。传旨署伊犁将军大学士保宁，将洪亮吉释放回原籍，同时命江苏巡抚岳起，留心查看洪亮吉，不准出境（《清仁宗实录》卷六五）。

章学诚病瞀，仍不停撰述，有《浙东学术》等文，并口述《邵与桐别传》。

  按：章学诚《浙东学术》曰："浙东之学，虽出婺源，然自三袁之流，多宗江西陆氏，而通经服古，绝不空言德性，故不悖于朱子之教。至阳明王子，揭孟子之良知，复与朱子抵牾。蕺山刘氏，本良知而发明慎独，与朱子不合，亦不相诋也。梨洲黄氏，出蕺山刘氏之门，而开万氏弟兄经史之学；以至全氏祖望辈尚存其意，宗陆而不悖于朱者也。惟西河毛氏，发明良知之学，颇有所得，而门户之见，不免攻之太过，虽浙东人亦不甚以为然也。世推顾亭林氏为开国儒宗，然自是浙西之学。不知同时有黄梨洲氏，出于浙东，虽与顾氏并峙，而上宗王、刘，下开二万，较之顾氏，源远而流长矣。顾氏宗朱，而黄氏宗陆。盖非讲学专家，各持门户之见者，故互相推服，而不相非诋。学者不可无宗主，而必不可有门户，故浙东、浙西，道并行而不悖也。浙东贵专家，浙西尚博雅，各因其习而习也。"（《文史通义》卷五）

王昶正月受阮元聘，掌杭州敷文书院。

孙星衍三月受聘入阮元幕，并主绍兴蕺山书院，后又主讲诂经精舍。八月归金陵省亲，与段玉裁、瞿中溶、唐仲冕、钮树玉、黄丕烈、顾广圻、李锐等在苏州虎丘聚会，星衍作纪事诗。

  按：《清史稿·孙星衍传》曰："浙抚阮元聘主诂经精舍。星衍课诸生以经史疑义及小学、天部、地理、算学、词章，不十年，舍中士皆以撰述名家。"

瞿中溶入紫阳书院从钱大昕学。

彭元瑞充实录馆正总裁。

顾广圻五月始校《经典释文》，一直到嘉庆二十五年始完事。

顾广圻校勘《周易音义》，又为黄丕烈校刊宋刻本韦昭注《国语》21

卷。钱大昕、段玉裁有序。

谢启昆在广西开局修《广西通志》，胡虔任总纂。

按：梁启超《中国近三百年学术史》曰："注意方志之编纂方法，实自乾隆中叶始。李南涧历城、诸城两志，全书皆纂集旧文，不自著一字，以求绝对的征信。后此志家，多踵效之。谢蕴山之《广西通志》，首著叙例二十三则，遍征晋唐宋明诸旧志门类体制，舍短取长，说明所以因革之由。认修志为著述大业，自蕴山始也。故其志为省志模楷，虽以阮芸台之博通，恪遵不敢稍出入，继此更无论。"

戴衢亨充武英殿总裁。

姚文田充广东乡试正考官。

张问陶守制期满，回翰林院检讨任；八月充顺天乡试同考官。

程瑶田作与段玉裁书，极赞其《周礼汉读考》之妙。

严可均举乡试，官建德县教谕，旋引疾归。

陆继辂中举人，官合肥县训导，八试礼部不售。

宋翔凤中举人，历官泰州学正、旌德训导、湖南兴宁、耒阳等县知县。

刘逢禄在京谒张惠言，问虞氏《易》、郑氏三《礼》。

朱骏声肄业平江书院。

严如熤参与孝廉方正考试，疏陈《平定三省乱民善后事宜》，并附呈《平定教匪条议》。

黄丕烈得宋本《新定续志》10卷；是秋，得元刊本《赵松雪行状》，以旧藏元刊本《松雪文集》中行状手勘，正其误字，即跋于《集》后；九月跋新得残元本《四书丛说》；十月，借张自和藏黑口板天顺本《丹崖集》，校旧藏钞本，有跋。

陈文述、盛大士中举人。

吴凌云为岁贡生。

按：《清史稿·儒林传二》曰：吴凌云"读书深造，经师遗说，靡不通贯。尝假馆钱大昕屏守斋，尽读所藏书，学益邃。所著《十三经考异》，援据精核，多前人所未发。又《经说》三卷，《小学说》、《广韵说》各一卷，海盐陈其幹为合刊之，题曰《吴氏遗著》"。

范建忠时任镇浙将军，建梅青书院。

管城时任河南西平知县，建文城书院。

李方谷时任湖南绥宁知县，改建虎溪书院。

永慧祥时任广东盐运使，在番禺县建圣洲书院。

刘庆广在四川巴县建鹏云书院。

常明时任贵州布政使，在贵阳建正习书院，又名学古书院。

潘相著《毛诗古音参义》5卷刊行。

毕宪曾著《论语广注》2卷刊行。

王朝渠著《十三经拾遗》16卷刊行。

李锡书著《河洛图说》4卷刊行。

按：李锡书字鏊宣，号见庵，山西静乐人。乾隆五十五年进士，官四川汶川知

康德出版《逻辑学》。

汉弗莱·戴维著成《关于一氧化二氮的研究、化学作用及哲理性》。

瑞士人J.瑟那比埃著《植物生理学》，为光合作用的研究打下了基础。

G.B.居维叶在《比较解剖学讲义》中提出"器官相伴律"，创建了比较解剖学。

费希特发表《封闭的贸易国》。

阿诺德·希伦发表《欧洲的政治体系》。

谢林著成《先验唯心主义系统》。

县。曾修纂《汶志纪略》4卷，并代作[嘉庆]《四川通志》序。著有《汪子遗书》、《四书臆说》12卷，独撰丛书《见庵锦官录》，收经史类著作8种。

彭元瑞著《石经考文提要》13卷由许宗彦刊刻。

王煦著《小尔雅疏》8卷成书，有自序。

《唐六典》由扫叶山房刊行。

黄丕烈翻刻宋明道本《国语》，段玉裁三月为作《重刻明道二年国语序》。

按：王树民说："清代学者校注《国语》者甚多，大致可分为二类：一为全刊《国语》本文及韦《解》更加附注者，为补注性质，另一种则仅摘列《国语》及韦《解》有关文句加以校勘诠释，而以后者为多。最重要为汪远孙之《国语校注本三种》，即《三君注辑存》四卷，《国语发正》二十一卷，《国语考异》四卷，三君谓贾逵、唐固与虞翻。此外如刘台拱《国语校补》、汪中《国语校文》、陈瑑《国语翼解》等，又王氏《经义述闻》，俞氏《群经平议》，也都有重要的校释成果。取补注性质者，较早有董增龄之《国语正义》，正文依公序本，韦注加'解'字，《正义》则加'疏'字以别之。清末民国间有吴曾祺之《国语韦解补正》，因其晚出，采摭各家之说较多。其后有沈镕撰《国语详注》，惟存《国语》正文，摘列重要词句，略加诠释，其性质为重注而非补注。徐元诰之《国语集解》行世最晚，而能网罗各家之说，取补注形式，较其前各书为加详，读《国语》者从而得到一定的便利。"（《国语集解·前言》，中华书局2002年版）

钱大昕著《元史艺文志》4卷由黄丕烈、顾莼刊行，有自序。

按：此书出现，遂开补史志之风。

赵翼著《廿二史札记》36卷最后写定刊行，李保泰、钱大昕作序。

按：是书为乾嘉时期三大考史名著之一，梁启超《清代学术概论》评论说："乾嘉以还，考证学统一学界，其洪波自不得不及于史，则有赵翼之《廿二史札记》，王鸣盛之《十七史商榷》，钱大昕之《廿二史考异》，洪颐煊之《诸史考异》，皆汲其流。四书体例略同，其职志皆在考证史迹，订讹正谬。惟赵于每代之后，常有多条胪列史中故实，用归纳法比较研究，以观盛衰治乱之原，此其特长也。"

赵翼著《陆放翁年谱》1卷成书，又合所著《廿二史札记》、《簷曝杂记》、《瓯北诗集》、《瓯北诗话》等七种，编为《瓯北全集》刊行。

孙起崑著《权经斋札记》成书，凌廷堪作序。

章恺著《琐语》1卷刊行。

洪亮吉著《天山客话》、《伊犁日记》、《纪程》各1卷，《外家纪闻》2卷。

陈元芳修，沈云尊纂《高邑县志》10卷刊行。

刘翰周纂修《寿光县志》20卷刊行。

刘士璋纂《江陵县志刊误》6卷刊行。

伊汤安重修《嘉庆嘉兴府志》，阮元作序。

万相宾修纂《重修嘉善县志》20卷刊行。

张许修，陈凤举等纂《兰溪县志》18卷刊行。

涂长发修，王昌年纂《眉州属志》19卷刊行。

瞿云魁修，雷际泰纂《高明县志》18卷刊行。

张邦著《锦里新编》19卷刊行，有自序。

汪辉祖著《学治说赘》1卷成书，有自序。

朱履贞著《书学捷要》2卷成书，有自序。

高钟著，丁繁滋补《楚辞音韵》1卷刊行。

余照著《诗韵珠玑》5卷刊行。

梁玉绳著《清白士集》28卷刊行，有自序。

按：是书包括《人表考》9卷、《吕子校补》2卷、《元号略》4卷、《志铭广例》2卷、《瞥记》7卷、《蜕稿》4卷。

姚鼐著《惜抱轩文集》16卷刊行。

戚学标著《鹤泉文钞》2卷、《续选》9卷刊行。

徐达源校刊宋杨万里著《诚斋诗集》16卷。

张惠言著《茗柯文三编》成书，有自序。

牛运震著《牛空山先生全集》刊行。

冯登府著《石经阁诗略》第1卷《焚余草》，编年诗自此始。

阮元著《定香亭笔谈》4卷刊行，又著《两浙輶轩录》50卷。

吴颢辑《国朝杭郡诗辑》16卷刊行。

孙原湘著《天真阁诗集》32卷刊行。

檀萃著《滇南草堂诗话》14卷刊行。

陈从潮著《韩川文集》10卷、《外集》2卷、《诗集》7卷刊行。

张云璈著《简松草堂文集》12卷刊行。

秦瀛著《小岘山人集》22卷刊行。

赵知希著《泾川诗话》3卷成书，其侄孙赵绍祖作跋。

屠绅著长篇《蟫史》20卷成书。

梁章钜辑《东南峤外书画录》20卷成书。

凌廷堪著《梅边吹笛谱》成书。

黄丕烈刊毛扆编《汲古阁珍藏秘本书目》1卷成书。

余庆长卒（1724—　）。庆长字庚耦，号元亭，湖北安陆人。乾隆十五年举人，累官广西同知。后应云南巡抚谭尚忠聘，主五华书院。著有《十经摄提》、《易识五翼义阶》、《易义识疑》、《周书章段》、《春秋比事集训》、《礼记通政》、《春秋传辨》、《月令启蒙》、《大树山房文稿》、《壬癸诗钞》、《墨池绀珠》、《习园丛谈》、《德贻堂家训》等22种，共51卷。又为王昶编次《铜政全书》80卷。事迹见《清史列传》卷七二、李桓《国朝耆献类征初编》卷二五五。

赵佑卒（1727—　）。佑字启人，号鹿泉，浙江仁和人。乾隆十七年进士，改翰林院庶吉士，散馆，授编修。曾为山东、江西、安徽、福建、顺天学政，顺天、山东、江西乡试及会试、武会试同考官或正考官，官至左都御史。著有《尚书质疑》2卷、《尚书异读考》6卷、《诗细》12卷、《陆氏诗草木鸟兽虫鱼疏校正》2卷、《读春秋存稿》4卷、《春秋三传杂案》10卷、《四书温故录》11卷、《读书杂识》3卷、《朱传异同考》3卷、《清献堂诗文集》8卷、《清献堂文录》2卷等。事迹见《清史列传》卷二八、李桓《国朝耆献类征初编》

卷九一。

> 按：《续修四库全书总目提要》评《尚书质疑》曰："是书颇信古文《尚书》，故深有取于毛奇龄之说。然亦以其大意专在绌朱伸己，偏蔽时多。且好以与人谩骂，为说经自失著作之体，抑可谓爱而知其恶矣。……又谓考订之学，终当以汉唐人为大宗，吾不敢轻阿彼而违此。诚哉是言。"又评其《尚书异读考》曰："《书》多异读，故异义繁滋。是编特就《尚书》注疏释文诸家讲义，摘其与蔡《传》相出入者，折衷为之考耳。"

冯应榴卒（1740— ）。应榴字诒曾，号星实，晚号踵息居士，浙江桐乡人。乾隆二十六年进士，官内阁中书，累迁鸿胪寺卿，出为江西布政使。著有《苏文忠公诗合注》50卷、《踵息居士诗文集》等。事迹见《清史列传》卷七一、《冯应榴传》（《碑传集三编》卷三七）、秦瀛《冯应榴墓表》（《小岘山人文集》卷五）。

金德舆卒（1750— ）。德舆字鹤年，号云庄，又号鄂岩、少权、仲权，浙江桐乡人。官至刑部主事。善书画，精鉴藏。著有《桐华馆诗钞》，又校正《东观汉记》等8种。事迹见赵怀玉《金德舆墓志铭》（《亦有生斋文集》卷一七）。

章宗源卒（1752— ）。宗源字逢之，浙江山阴人。乾隆五十一年举人。专心从事经史群籍传注的采集，辑录唐宋以来大量亡佚古书，著成《隋书经籍志考证》。并将已辑各书编次成帙，皆为之序。事迹见《清史稿》卷四八五、《清史列传》卷七二、孙星衍《章宗源传》（《碑传集》卷一三四）。

> 按：黄云眉编《邵二云先生年谱》乾隆五十二年丁未四十五岁条称："宗源字逢之，会稽人。以宛平籍中式乾隆丙午科举人。为清代有数之辑佚家。所辑甚夥。今所传有《隋书经籍志考证》十三卷，凡隋以前乙部诸佚书，采摭略尽，盖即与学诚《史籍考》最有关系之书。余书不传，传者亦经孙星衍、严可均、洪颐煊等之补订，非复章辑之旧。先生（指邵晋涵）于辑佚既多致力，宗源则承先生之教，而毕生从事于此等工作者。阮元《茆辑十种古逸书序》称：'昔元二十岁外，入京谒邵二云先生。先生门徒甚多，各授以业。有会稽章孝廉逢源当作之者，元见先生教以辑古书，开目令辑，至今犹记其目中有《三辅决录》、《万毕术》等书。章孝廉力其业，不数年成书盈尺。惜孝廉病卒，书不知零落何处'云云，可知其渊源所自矣。"

徐有壬（ —1860）、谭莹（ —1871）、夏燮（ —1875）、费伯雄（ —1878）、苏廷魁（ —1878）、晏端书（ —1882）生。

嘉庆六年　辛酉　1801年

大不列颠和爱尔兰的合并法令开始生效。

神圣罗马帝国

正月，嘉庆帝颁《邪教说》。

> 按：大学士朱珪作有《御制邪教论恭跋》，认为"欲人人皆正其心，惟大君正一心以正朝廷，正朝廷以正百官，正中外以正四方。则从欲以治，谁敢不革面革心以违天取罪乎？"（《知足斋进呈文稿》卷二）

嘉庆六年 辛酉 1801年

三月初四庚辰（4月16日），申严匿名文书坐罪例。

按：大清律载，凡有投隐匿姓名文书告言人罪者，投书者拟绞监候，虽实亦坐。被告言者，虽事属实也不坐。

二十四日庚子（5月6日），礼部报会试取中名额272人。

四月初九日乙卯（5月21日），谕内阁：本月十四日复试新进士，本应在乾清宫举行，因本科中试人较多，且天气渐热，著在保和殿复试，此后即为定例。

二十一日丁卯（6月2日），策试全国贡士马有章等275人于保和殿。二十五日，太和殿传胪，赐一甲顾皋、刘彬士、邹家燮3人进士及第；二甲席煜等98人进士出身；三甲张旭等174人同进士出身。本科会试正考官为礼部尚书达椿、工部尚书彭元瑞，副考官为兵部侍郎平恕、工部侍郎蒋曰纶。

九月十五日己丑（10月22日），从御史梁上国所请，命续修《钦定大清会典》。

十一月初五日戊寅（12月10日），以中式武举一甲姚大宁、满德坤、李廷扬3人为武进士及第；以二甲龚调元等6人为武进士出身；三甲王杞薰等45人同武进士出身。

阮元聘请顾广圻、臧庸、何元锡等到杭州书馆，校勘《十三经注疏》，又为臧庸辑《孝经郑氏解》题词。

延丰时任巡视两浙盐政兼管杭州织造事务，五月会同阮元上奏重修《两浙盐法志》。

按：钦定重修《两浙盐法志》纂修职名是：总裁：阮元、延丰。监修：张映玑。提调：郝敏安、薛湘、储梦熊、吕麟。总纂：冯培、潘庭筠。协修：方溥、许元仲、张迎煦。分辑：华瑞潢、项墉、胡敬、沈士亨、邵保初、张鉴、邵秉华、王仁、赵魏、俞杭。校勘：徐联奎、陆新、陈诗庭、谈泰、查耕、魏彝宪、陈焯、程岷、陈光岳、陈鸿寿、李富孙。绘图：周瓒、杨昌绪。收掌：程蓝玉、潘学敏。监刻：章道基、阮允实、刘魁。参阅：吴世骐、俞沛、姚经、吴同琯、汪炯、顾学汲、周森、杨梦璋、金海、许成斌、汪大丰、王瑞龙、许梃、王一纯、范金然、汪思蔚、吴华金、祝德凤、潘奕玛、朱绮、顾沄、孙绍均、吴一德、汪文焕、汪善培、吴峻基、吴廷侃、胡僎年（《两浙盐法志》卷首）。

段玉裁五月至杭州，阮元招其与孙星衍、程瑶田雅集于诂经精舍之第一楼，孙星衍作诗纪之。

焦循、李锐自去冬十一月起，同客阮元幕府，与谈泰皆好数学，共同讨论开方法；十二月，李锐校钱大昕《三统术衍》毕，作跋文，阮元有序。

王昶、陈寿祺应阮元之聘，主讲敷文书院，兼课诂经精舍。陈寿祺尚协助阮元编纂浙江海宁《海塘志》及经书词语辞典《经郛》。

按：谢国桢《近代书院学校制度变迁考》一书在论及阮元创设诂经精舍的意义时说："于是士子闻风意起，所向景从，学风为之一变。后钱仪吉讲学大梁，复游粤东，集徒授学，崇尚汉宋。张之洞督学四川，创尊经书院；王先谦督学江苏，创南菁书院；黄彭年于直隶重整莲池书院，于吴中正谊书院内设学古堂。凡此诸事，其宗旨虽

终结。

托马斯·杰斐逊在华盛顿就任美国总统。

普鲁士人入汉诺威。

第一条有轨电车在英国的克罗伊登与旺兹沃思间建成。

美国建筑工程师富尔顿在布雷斯特制造出第一艘潜水艇"鹦鹉螺号"。

J.J.莱兰德将47390个星星编目。

J.道尔顿提出道尔顿定律。

有不同,而与兴学施教,则同起源于阮氏。清代考据之风,所由养成,此一时也。"

钱大昕、钱大昭兄弟应长兴县令邢澍之请,为纂修《长兴县志》。

钱大昕以残元本《陈众仲文集》7卷和明翻元刻本全集,同赠黄丕烈;五月五日又为黄丕烈跋元本《祖庭广记》;十一月为黄丕烈跋宋本《东家杂记》。

刘台拱父卒于是年二月,台拱撰《行述》寄段玉裁,段氏有《与刘端临第二十七书》,其中谓"弟贱体春病如故,栗栗危惧,望有以教之。《说文注》恐难成,意欲请王伯申终其事,未识能允许否"(《经韵楼集补编》卷下)。

王念孙六月因永定河溢,被革职逮问。

王引之充贵州乡试正考官。

章学诚将所著文稿托友人王宗炎校定,王宗炎将其文稿初步编排后,请章学诚审定,章学诚未及审定即于十一月去世。以后章学诚之子章华绂曾加以重新编排。

按:王宗炎《复章实斋书》曰:"奉到大著,未及编定体例。昨蒙垂问,欲使献其所知,始取《原道》一篇读之。……至于编次之例,拟分内外二篇。内篇又别为子目者四:曰《文史通义》,凡论文之作附焉;曰《方志略例》,凡论志之作附焉;曰《校雠通义》;曰《史籍考叙录》。其余铭志、叙记之文,择其有关系者录为外篇,而以《湖北通志传稿》附之。此区区论录之大概也。"(《晚闻居士遗集》卷五)

洪颐煊、洪震煊就学于诂经精舍,时有"二洪"之称。

按:《清史稿·洪颐煊传》曰:"少时自力于学,与兄坤煊、弟震煊读书僧寮,夜就佛灯,讲颂不辍。学使阮元招颐煊、震煊就学行省,名日起。"

姚鼐在钟山书院任教十二年,本年辞职还里,旋主讲安庆敬敷书院,凡四年。

翁方纲因事获罪,罚赴马兰峪守陵。

顾广圻始与郭麐相识。是年与次年应阮元之聘,参与编纂《十三经注疏校勘记》。

按:顾广圻又尝与彭兆荪应江苏布政使胡克家之聘,校宋淳熙本李善注《文选》及元本胡三省注《资治通鉴》等。

严杰受阮元之托校勘《十三经注疏》,分任《左传》。

洪亮吉二月与赵翼等相唱酬,六月应曾燠之邀,游扬州;七月应总兵孙廷璧之邀,游太湖;十月应松太道道员李廷敬之邀,游吴淞江。

陈鳣十月为严可均《唐石经校文》作叙。

按:陈鳣《唐石经校文叙》曰:"鳣于乾隆五十五年,作《石经说》六卷,盖取汉熹平、魏正始、唐开成、蜀广政、宋至和、宋绍兴历代所刻石,而稽考其异同也。自以漏略尚多,未敢出而问世。越十年,计偕入都,因同年友丁君绅士,得交严君叔卿,深湛好书,著作富有。一日,出《唐石经校文》十卷,读之既博且精,卓然可信。鳣愧不逮远甚,又欣幸其有同志焉。"(《简庄文钞》卷二)

姚文田充福建乡试正考官,寻任广东学政。

王杰充顺天乡试正考官,又充会典馆正总裁。

彭元瑞充会试总裁,又充会典馆总裁。

张问陶五月奉派教习庶吉士,九月充顺天乡试同考官。

刘墉充会典馆正总裁。

戴衢亨受命教习庶吉士。

朱珪充会典馆副总裁。四月,为庄存与遗著《春秋正辞》作序。

董诰充会典馆正总裁。

陈用光中进士,改翰林院庶吉士,散馆,授编修。

邓廷桢中进士。

马宗梿中进士。

张惠言改授翰林院编修。是年有《上阮中丞书》,与阮元论用人之道。

王宗炎主杭州紫阳书院讲席,阮元委托其点定诂经精舍生员课卷。

俞正燮丁父忧。

黄丕烈入都,晤王引之,纳赀议叙,得吏部主事;五月自都门归,得何梦华所藏曲阜孔氏藏本元板《孔氏祖庭广记》五册;又以京板《佩文韵府》及银十四两,易得宋本《孟浩然集》、钱杲之《离骚集传》、《云庄四六余话》、影宋钞岳板《孝经》、吕夏卿《唐书直笔新例》五种;九月跋新校宋旧钞二十八卷本《淮南子》;十月招段玉裁、钱大昕、陈鸿寿、顾仪集于红树山馆,分韵赋诗。

瞿中溶十月六日为黄丕烈画《读未见书斋雅集诗画册》,并题诗。

赵昧辛是秋以宋刻本《圣宋文选》32卷归黄丕烈。

方东树授经同里汪志伊家。

孙志祖掌教紫阳书院,越一月而卒。

凌廷堪始识姚鼐。

陈廷庆题改琦画扇。

高鹗九月为顺天乡试同考官。

佟景文中进士,改庶吉士,授编修。

按:佟景文字质夫,号敬堂,又号艾生,汉军镶黄旗人。李棠阶督学云南,与之订交讲学。著有《絧斋札记》。

李遇孙成优贡生,历官处州府训导。

按:李遇孙字庆伯,号金澜,又号懒道人,浙江嘉兴人。《清史稿·儒林传三》曰:李遇孙"幼传祖训,淹贯经史,著有《尚书隶古定释文》八卷。汉孔安国以科斗文难知,取伏生今文次第之,为《隶古定》,宋薛宣因之成《古文训》。遇孙又以隶古文难知,引《说文》诸书疏通之,讹者是正,疑者则阙。性嗜金石,有《芝省斋碑录》八卷,《金石学录》四卷。官处州时,以处州地僻山远,阮元《两浙金石志》未免脱漏,乃搜辑数百余种为《括苍金石志》八卷。他著有《日知录补正》一卷,《校正》一卷,《古文苑拾遗》十卷,《天香录》八卷,《随笔》六卷,《诗文集》十八卷"。

李富孙为拔贡生。

李超孙中举人,官会稽县教谕。

按:《清史稿·儒林传三》曰:李超孙"剖析经义,尤深于《诗》。尝以《毛诗》草木虫鱼则有疏,名物则有解,地理则有考,而诗中所称之人则未有纂辑成书者,因取诗人之氏族名字,博考经、史、诸子及近儒所著述,并列国之世次,洎其人之行事,搜罗荟集,为《诗氏族考》六卷。官会稽时,课诸生依宁化雷鋐《学规条约》,士习日上。又著《拙守斋集》"。

林伯桐中举人。

孙培曾在河北成安创建联晖书院。

广善时任福建南安知府,建养正书院。

孙树新时任广东宝安知县,建凤冈书院,布政使康基田题额。

张人龙时任四川成都知县,建芙蓉书院。

李炘时任四川蓬溪知县,建环溪书院。

盛世琦时任四川隆昌知县,建莲峰书院。

吕应周在四川屏山县建秉彝书院。

易昌时任四川南川知县,建蓬莱书院。

周琛时任云南弥勒知县,建甸溪书院。

张伯魁时任甘肃徽县知县,建凤山书院。

孙树新时任新安知县,建凤冈书院。

黑格尔任耶拿大学讲师,发表《费希特与谢林的体系的差别》。

K. F. 高斯发表《算术专题论文》。

黑格尔和谢林联合出版《哲学评论杂志》。

让·拉马克著成《无脊椎动物的分类系统》。

顾广圻、臧庸、何元锡在杭为阮元辑《十三经注疏校勘记》。

臧琳、臧庸辑《六艺论》、《三礼目录》刊行,陈善有《六艺论三礼目录书后》。

牛运震著《论语随笔》20卷刊行。

阮元著《经籍籑诂补遗》成书。

戚学标著《四史偶谈》内、外编各1卷刊行。

汪辉祖著《元史本证》50卷成书。

钱大昕《元史艺文志》由黄丕烈刊成。

毕沅主编之《续资治通鉴》220卷全部刊行,冯集梧补刻并作序。

按:冯集梧《序》曰:"兹书以宋、辽、金、元四朝正史为经,而参以《续资治通鉴长编》、《契丹国志》等书,以及各家说部、文集,约百十余种。仿《通鉴考异》之例,著有《考异》,并以胡氏三省分注各正文下,事必详明,语归体要。经营三十余年,延致一时轶才达学之士,参订成稿,复经余姚邵二云(晋涵)学士核定体例付刻,又经嘉定钱竹汀(大昕)詹事逐加校阅。然刻未及半,仅百三卷止。集梧于去岁买得原稿全部及不全板片,惜其未底于成,乃为补刻百十七卷,而二百二十卷之书居然完好。缘系毕氏定本,故稍为整理,不复再加考订。其翻译人、地、官名,亦依原书遵四库馆书通行条例改定。"(《续资治通鉴》卷首)

孙星衍重刊《景定建康志》。

谢启昆修,胡虔等纂《广西通志》280卷刊行。

按:梁启超誉此书为"省志楷模"(《中国近三百年学术史》十五《方志学》)。书前的《叙例》,内容涉及方志的性质、源流、功用、体例、编纂等各个方面,立论周备精辟,历来为世所重,被奉为旧志理论的总结。

阮元主修,江藩、焦循纂《扬州府图经》8卷刊行。阮氏主修《嘉兴府志》刊行。阮元又辑《广陵诗事》10卷刊行。

王昶辑定《天下书院总志》。
章学诚历时三十年,著成《文史通义》定本8卷、《校雠通义》3卷。
倪企望修,钟廷瑛、徐果行纂《长山县志》16卷刊行。
严一青纂修《白河县志》14卷刊行。
徐品山修,张心至纂《沁水县志》12卷刊行。
司能任修,屠本仁纂《嘉兴县志》36卷刊行。
李台修,王孚镛纂《黄平州志》12卷刊行。
伊汤安修,冯应榴、沈启震纂《嘉兴府志》80卷刊行。
关学优修,吴元栋纂《庆元县志》12卷刊行。
王兴尧自编《遂高园主人自叙年谱》1卷成书。
谢启昆著《粤西金石略》15卷成书,胡虔作序。
钮树玉著《说文新附考》6卷刊行。

按:《清史稿·钮树玉传》曰:"笃志好古,不为科举之业,精研文字、声音、训诂。谓《说文》悬诸日月而不刊者也,后人以《新附》淆之,诬许君矣。因博稽载籍,著《说文新附考》六卷,《续考》一卷。"

王玉树著《说文拈字》7卷成书,伊秉绶作序。

按:《续修四库全书总目提要》曰:"玉树字松亭,安康人。乾隆己酉拔贡,就职州判,尝权惠州府通判。《说文》自唐宋以来传抄互异,晋吕忱《字林》既错不完,《玉篇》为孙愐增删,非希冯之旧。今所行系传,经宋张次立更定,毛氏又据以剜改铉本。玉树精六书之学,著《说文拈字》七卷,首考经历,征许氏所引古文,不为开成石经开元卫包所眩。次辨体,以字证经,以经证字。……次审音。古无反切,恒存古韵,世代龃龉,折衷于孙愐、丁度等书。次订误。正汲古阁之差舛。如惠定宇《易述》,仍毛氏之误之类。次较附。定徐氏之新增,如赵东潜校《水经》以新附为正文之类。次正讹,举伪文俗体而辨之。末以许氏五百四十部为目录,而名以序志终焉。师董朴园藏书甚富,其考据多所取资。条分缕析,考辨綦勤。意在正俗求古,而推证本文。或简略或未允,中亦间有谬误。"

郝懿行著《通俗文》19卷成书。
王石华著《说文正字》2卷刊行。
潘肇丰著《六书会原》10卷刊行,有自序及钱学彬、叶蓁序。
翁方纲著《杜诗附记》2卷成书。
唐仲冕刊明唐寅著《六如居士全集》。
姚鼐著《惜抱轩全集》37卷刊行。
冯浩著《孟亭居士文稿》5卷、《经进稿》1卷刊行。
冯集梧注《樊川诗集注》4卷由裕德堂刊行。
顾修重辑《南宋群贤小集》刊行。
汪学金辑《娄江诗派》陆续得28卷。
武亿著《授堂文钞》8卷由其武穆淳刊行。
吴文溥著《南野堂笔记》12卷成书,有自序。

按:吴文溥字博如,号澹川,浙江嘉兴人。另著有《南野堂集》。

赵翼著《唐宋以来十家诗话》10卷。

李中简著《李文园先生全集》24卷刊行。

胡承谱著《只麈谈》2卷、续2卷成书,赵绍祖作跋。

按:胡承谱字韵中,号元峰,安徽泾县人。乾隆二十七年举人,授上元教谕。另有《元峰诗抄》。

阮元辑《两浙輶轩录》40卷由朱文藻、陈鸿寿刊行,阮元有序。

按:据阮元《两浙輶轩录凡例》载,参与其事者还有:分任采访诸人如仁和邵志纯、海宁俞宝华、萧山顾一麒、萧山孙度、平湖钱仁荣、鄞县袁钧、东阳楼上层,各有所采,荟萃成帙。参校补采诸人,则有浦江戴殿海,仁和朱文藻、汤礼祥,嘉兴吴文溥、李富孙,吴江郭麐,钱塘陈鸿寿、陈文述、朱壬,仁和蒋炯,海宁陈传经,乌程张鉴,石门方瑚,会稽顾郑纶,平湖朱为弼也。又戴璐、法式善亦于京邸校阅一过,多所订正。以后又有杨秉初辑《两浙輶轩录补遗》10卷,潘衍桐辑《两浙輶轩录续录》54卷和《两浙輶轩录续录补遗》6卷。

包世臣著《郡县农政》成书。

钱大昕著《三统术衍》3卷由阮元刊行并作序。

陈念祖著《时方歌括》2卷成书。

杨中讷著《药房心语》1卷刊行,吴骞作序。

按:杨中讷字耑木,号晚研,浙江海盐人。康熙三十年进士,官至右中允。另著有《丛桂集》。

张敦仁著《古算经细草》3卷成书,有自序。

焦循著《开方通释》成书,有自序。

李调元辑刻《续函海》成书,有自序。

陶元藻卒(1716—)。元藻字龙溪,号篁村,浙江会稽人。乾隆间诸生。著有《泊鸥山房集》,辑有《全浙诗话》54卷等。

冯浩卒(1719—)。浩字养吾,号孟亭,浙江桐乡人。乾隆十三年进士。由编修官至御史。著有《玉谿生诗笺注》8卷、《樊南文集详注》8卷及《孟亭居士诗文稿》。事迹见李桓《国朝耆献类征初编》卷一三七、《冯浩传》(《碑传集补》卷一〇)。

檀萃卒(1725—)。萃字岂田,号默斋,晚号废翁,安徽望江人。乾隆二十六年进士,选授贵州青溪知县。丁父忧归,服阕,补云南禄劝县知县。罢官后,主云南五华书院。著有《大戴礼注疏》、《仪礼韵言》2卷、《逸周诗注》、《穆天子传注疏》6卷、《滇南诗前集》12卷、《草堂外集》15卷、《滇南草堂诗话》14卷、《滇海虞衡志》13卷、《书法》10卷、《楚庭稗珠录》6卷等。事迹见《清史列传》卷七二、李桓《国朝耆献类征初编》卷二三九。清梁金编有《默斋先生寿谱图》。

吴兰庭卒(1730—)。兰庭字胥石,一字虚若,号镇南,一号千一叟,浙江归安人。乾隆三十九年举人。精于史学,与精于经学的丁杰齐名,有"丁经吴史"之称。又在京师与吴长元齐名,号称"二吴"。著有《读通鉴笔记》、《五代史纂误补》4卷、《五代史记考异》、《考订宋大中祥符广韵》、《胥石诗存》等。事迹见《清史稿》卷四八五、《清史列传》卷七二、严元照《吴胥石先生墓志铭》(《悔庵学文》卷五)。

按：严元照《吴胥石先生墓志铭》曰："先生精熟乙部书,深惩夫言史者之喜以空腹高心妄论得失,而不复实事求是,以逞其一时之快也,思有以矫其弊。其读史也,尤究心于地理、职官,于其沿革、建置,纷挐烦乱卒不可理者,钩稽探索,尽得其条贯,上下千余年,了如指掌。少詹事嘉定钱公大昕,史学冠当代,尝见先生所著《五代史纂误补》四卷,叹其精核,以不得一见为憾。国子监典籍会稽章君学诚亦善史,不轻许可,尝言今之可与言史者,唯二云与胥石耳。二云,余姚邵学士晋涵也。其为名流推重如此。"

金榜卒(1735—)。榜字辅之,一字蘂中,号檠斋,安徽歙县人。乾隆三十七年状元。任翰林院编修,请假归家不仕。从江永学,与戴震友善。著有《礼笺》10卷、《周易考占》1卷、《海曲方域小志》1卷等。事迹见《清史稿》卷四八一、《清史列传》卷六八、李桓《国朝耆献类征初编》卷一三〇、蔡冠洛《清代七百名人传》第四编、吴定《翰林院修撰金先生榜墓志铭》(《紫石泉山房诗文集》卷一〇)、刘大櫆《金府君墓表》(《刘大櫆集》卷七)。

按：《清史稿》本传曰："榜治《礼》最尊康成,然博稽而精思,慎求而能断。尝援郑志答赵商云：'不信亦非,悉信亦非。'曰：'斯言也,敢以为治经之大法。故郑义所未惬者必纠正之,于郑氏家法不敢诬也。'"

朱孝纯卒(1735—)。孝纯字子颖,汉军正红旗人。乾隆二十七年举人,由四川简县知县擢同知,迁重庆知府。官至两淮盐运使。曾在扬州创办梅花书院。著有《海愚诗钞》12卷。事迹见《清史稿》卷七一、李桓《国朝耆献类征初编》卷二一二。

孙志祖卒(1736—)。志祖字贻穀,或作颐谷,号约斋,浙江仁和人。乾隆三十一年进士,授刑部主事。官至江南道监察御史。乞养归,不复出。著有《家语疏证》6卷、《后汉书补正》5卷、《文选李注补正》4卷、《文选考异》4卷、《文选理学权舆补》1卷、《读书脞录》7卷等。又辑《风俗通逸文》1卷,补正姚之骃辑谢承《后汉书》5卷。事迹见《清史稿》四八一、《清史列传》卷六八、李桓《国朝耆献类征初编》卷一三七、阮元《孙颐谷侍御史传》、孙星衍《江南道监察御史孙君志祖传》(均见《碑传集》卷五七)。

按：《清史稿》本传曰："志祖清修自好,读经史必释其疑而后已,著《读书脞录》七卷,考论经、子、杂家,折衷精详,不为武断之论。又《家语疏证》六卷,谓王肃作《圣证论》以攻康成,又伪撰《家语》,饰其说以欺世。因博集群书,凡肃所剽窃者,皆疏通证明之。又谓《孔丛子》亦王肃伪托,其《小尔雅》亦肃借古书以自文,并作《疏证》以辨其妄。幼熟精《文选》,后乃仿《韩文考异》之例,参稽众说,正俗本之误,为《文选考异》四卷。又辑前人及朋辈论说,为《文选注补正》四卷。又有《文选理学权舆补》一卷。辑《风俗通逸文》一卷,补正姚之骃辑谢承《后汉书》五卷。"

章学诚卒(1738—)。学诚字实斋,号少岩,浙江会稽人。少从山阴刘文蔚、童钰游。乾隆四十三年进士,官国子监典籍。曾主讲定州、保定、归德各地书院。主修《和州志》、《永清县志》、《常德府志》、《亳州志》、《天门县志》等,主编《湖北通志》,著《方志略例》,于方志之学颇具卓见。又有《文史通义》9卷、《校雠通义》3卷。又曾佐湖广总督毕沅纂《续资治通鉴》,并欲藉毕沅之力搜求遗书,编《史籍考》未果。后人辑其撰述,编为

《章氏遗书》。事迹见《清史稿》卷四八五、《清史列传》卷七二、蔡冠洛《清代七百名人传》第四编、谭献《文林郎国子监典籍会稽实斋章公传》、沈元泰《章学诚传》(均见《碑传集补》卷四七)。胡适编有《章实斋先生年谱》，[日]内藤虎次郎编有《章实斋先生年谱》。

按：《清史稿》本传曰："自少读书，不甘为章句之学。从山阴刘文蔚、童钰游，习闻戴山、南雷之说。熟于明季朝政始末，往往出于正史外，秀水郑炳文称其有良史才。继游朱筠门，筠藏书甚富，因得纵览群籍，与名流相讨论，学益宏富。著《文史通义》、《校雠通义》，推原官礼而有得于向、歆父子之传。其于古今学术，辄能条别而得其宗旨，立论多前人所未发。尝与戴震、汪中同客冯廷丞宁绍台道署，廷丞甚敬礼之。学诚好辩论，勇于自信。有《实斋文集》，视唐宋文体，夷然不屑。所修和州、亳州、永清县诸志，皆得体要，为世所推。"梁启超说："实斋之于史，盖有天才，而学识又足以副之。其一生工作，全费于手撰各志，随处表现其创造精神。以视刘子玄、郑渔仲，成绩则既过之矣。今《和》、《亳》二志，传本既甚希，吾侪仅在《文史通义》外篇见其叙例，《湖北通志》则毕秋帆去职后，全局皆翻。嘉庆官本，章著痕迹，渺不复存。幸而《遗书》中有《检存稿》及《未成稿》数十篇，得以窥其崖略。然固已为史界独有千古之作品，不独方志之圣而已。"(《中国近三百年学术史》十五)

屠绅卒(1744——)。绅字贤书，一字笏岩，江苏江阴人。乾隆二十八年进士，授云南师宗县知县，改甸州知府。后迁广州通判。著有长篇小说《蟫史》20卷、笔记小说《六合内外琐言》20卷和杂说《鹗亭诗话》等。事迹见沈燮元编《屠绅年谱》。

劳潼卒，生年不详。潼字润芝，号莪野，广东南海人。乾隆二十年举人。著有《四书择粹》12卷、《孝经考异选注》2卷、《救荒备览》4卷、《荷经堂古文诗稿》4卷。事迹见《清史稿》卷四八〇、《清史列传》卷六七。

汤鹏(——1844)、苏惇元(——1857)、戴熙(——1860)、沈兆霖(——1862)、陆以湉(——1865)、郑献甫(——1872)生；钱熙祚(——1844)约生。

嘉庆七年　壬戌　1802年

英法亚眠和平和约签订。

英国制定出保护工人利益的法令《学徒工健康与道德法令》。

四月初五乙巳(5月6日)，因今科会试取录较多，嘉庆帝拟以新进士补用庶吉士和知县，曾与廷臣密议。是日，御史王祖武即以此奏请，遭到嘉庆帝训责。

二十一日辛酉(5月22日)，策试全国贡士吴廷琛等248人于保和殿。赐一甲吴廷琛、李宗昉、朱士彦3人进士及第；二甲李仲昭等81人进士出身；三甲林绍龙等161人同进士出身。本科会试正考官为礼部尚书纪昀、左都御史熊枚，副考官为内阁学士戴均元、玉麟。

二十三日癸亥（5月24日），山东济宁金乡县县考，童生张敬礼、张志谦系皂隶曾孙，按《学政全书》规定，隶率子孙不准与考。知县并未详查，致全县童生有400多人拒考。事闻，著州知州、知县、教谕、训导等，俱解职审办。拒考童生准其补考。

六月初八日丁未（7月7日），嘉庆帝重申剿平白莲教为第一件大事。

九月初六日甲戌（10月2日），定蒙古留孤养亲例。

十月十三日辛亥（11月8日），禁止番役子孙出仕应试。

二十日戊午（11月15日），太和殿传胪，赐殿试武举一甲李白玉等3人武进士及第，二甲于谦益等7人武进士出身，三甲冯殿士等50人同武进士出身。

二十五日癸亥（11月20日），重申严禁坊肆及家藏如《水浒传》、《西厢记》等"不经小说"。

按：嘉庆帝阅读乾隆实录，内载乾隆十八年七月严禁满洲不肖之徒翻译《水浒传》、《西厢记》，"使人阅看，诱以为恶"。为此，著在京步军统领、顺天府五城各衙门及外省各督抚，通饬地方官出示劝谕，将各坊肆及家藏不经小说，现已刊播者，令其自行烧毁，不得仍留原版，此后并不准再行刊刻。

阮元四月作《于忠肃公庙题壁记》；八月，修杭州孔子庙成，延程瑶田按《礼图》铸镈钟，制度轻重，皆遵古法，礼成，撰碑以纪其事；十月，为冯浩遗著作《孟亭居士文稿序》。

阮元属陈寿祺撰《海塘全志》完稿，共30卷，未刊行。

阮元邀请朱为弼编撰《积古斋钟鼎彝器款识》，又资助冯培刊刻《岳庙志略》。

钱大昕仍主紫阳书院，朱骏声来受业；又于课暇复旅长兴，为其地纂方志。

王念孙四月与钱大昕论《广雅疏证》，九月署永定河道。

按：钱大昕《与王石臞论广雅书》曰："前岁曾蒙赐寄大制《广雅疏证》一部，体大思精，于文字声音之原本，烛照数计，其启佑后学，功不在许祭酒、张博士下。"（陈鸿森《钱大昕潜研堂遗文辑存》卷下）

洪亮吉二月主讲旌德洋川书院，曾过访凌廷堪。

段玉裁四月手校《广韵》一遍；六月至杭州与严元照同居西湖苏公祠；十一月有书致刘台拱，告知《说文解字注》进展情况。

王昶以目疾，因延请朱文藻、彭兆荪，及门人陈兴宗、钱侗、陶樑分校其所著各书；二月为阮元作《阮湘圃封翁七十寿序》。

焦循会试不第，决家居不出，筑雕菰楼，一意著书。在京曾晤王引之，王氏赠以所著《周秦名字解诂》。

凌廷堪有《复孙渊如观察书》，与孙星衍讨论郑注《三礼》及中西算法；阮元有信致凌廷堪，欲将其所著书雕板印行。

王芑孙主仪征乐仪书院。

程瑶田至杭州，以所著《仪礼丧服文足征记》示阮元，阮氏为之序；又

J. 道尔顿将原子理论引用于化学领域。

赫谢尔发现双联星。

德国博物学家戈特弗里德·特雷维拉努司创立新名字"生态学"。

G. F. 格罗特劳德发明解读楔形文字的方法，注释巴比伦楔形文字文献。

为阮元考文庙钟磬鼓三乐器毕,作《乐器三事能言》记其始末。

许宗彦有《上阮芸台师书》,与阮元讨论《浙江图考》书中问题。

俞正燮五月作《古本大学石刻记》,批评朱熹、王守仁后学之粗疏浮躁。

纪昀充会试正考官。

曾燠从孙星衍劝,影刊《尔雅图》。

梁章钜中进士,改翰林院庶吉士。

朱珔中进士,改翰林院庶吉士,散馆,授编修。

林春溥中进士,改翰林院庶吉士,散馆,授编修。

朱士彦中进士,授翰林院编修。

陶澍中进士,改翰林院庶吉士,散馆,授编修。

卿祖培中进士,改翰林院庶吉士,散馆,授编修。

王杰以疾致仕,加太子太傅,在籍食俸。

松筠正月以伊犁领队大臣为将军。

英和直南书房,授翰林院掌院学士。

刘文淇肄业扬州梅花书院。

沈维鐈中进士,选翰林院庶吉士,授翰林院编修。

朱鸿中进士,改庶吉士,散馆,授编修。

按:朱鸿字仪可,号筠麓,浙江秀水人。历任御史、给事中、湖南粮储道。后辞官,主讲长沙城南书院。曾在国史馆分纂《天文志》、《时宪志》和《乐志》。著有《考工记车制参解图说》、《声音谱》、《声字荟录》、《名物偶拈举数》。事迹见《清史稿》卷五〇六。

黄丕烈迁居县桥,构室以贮宋刻本书,榜曰"百宋一廛"。六月从顾广圻以二十金得元刊《吕氏春秋》、旧钞《严氏诗辑》、明刻书《三史会要》。

顾广圻为黄丕烈所得影宋钞本《韩非子》作跋。七月在杭州阮元《十三经》局校书,因与同人意见相左,辞回苏州。

李锐七月至杭州,入阮元《十三经》局。

包世臣在常州得读顾炎武《日知录》,并以所著《说储》稿本示李兆洛,李氏手为缮清。

改琦是春完成临仇英《百美嬉春图》长卷。又作《兰石图轴》、《藕花香雨图》。

陈鸿寿客居扬州,作《古柯兰石卷》。

林宾日与里中同辈结真率会,订有《社规二十事》,主张反对泥古,反对守旧,反对虚伪。

高澍然中举人,授内阁中书。

按:《清史稿·朱仕琇传》曰:"福建古文之学自仕琇。其后再传有高澍然,字雨农,光泽人。嘉庆七年举人,授内阁中书。未几,移病归。研说经传,尤笃嗜昌黎集。其文陈义正,言不过物,高视尘壒之表。名不如仕琇,要其自得之趣,有不求人知能自树立者。著《春秋释经》、《论语私记》、《韩文故》及《抑快轩文集》。"

唐仲勉在江苏海州建石室书院,并亲自主讲。

沈毓荪在浙江海宁长安镇觉王寺旁建仰山书院。浙江巡抚阮元颁额"仰山"。

黄秉哲在浙江海宁建安澜书院。

雷法馨在浙江临安建桃源书院。

伊秉绶时任广东惠州知府,将惠阳改建为丰湖书院。

宋咸熙辑《吕氏古易音训》2卷刊行。

叶钧著《重订三家诗拾遗》10卷成书,有自序。

周书著《十三经音略》成书,阮元作序。

焦循著《禹贡郑注释》1卷成书。

凌廷堪著《复礼》三篇。

臧庸辑《尔雅汉注》3卷刊行。

洪亮吉著《左传诂》20卷成书。

范照藜著《春秋左传释人》12卷刊行。

潘奕隽著《说文蠡笺》14卷刊行。

钱坫著《钱氏四种》8卷刊行。

孙冯翼辑《世本》1卷刊行。

洪颐煊著《校正竹书纪年》2卷成书,有自序。

崔述始著《夏商丰镐考信录》。

李兆洛著《读纲目条记》20卷成书。

钱侗著《历代泉币图考》12卷。

汪辉祖著《元史本证》50卷刊行,有自序;钱大昕作序。

按:《自序》曰:"予录《三史同名》,阅《元史》数周,病其事迹舛阙,音读歧异,思欲略为厘正,而学识浅薄,衰病侵寻,不能博考群书,旁搜逸事,为之纠谬拾遗。因于课读之余,勘以原书,疏诸别纸。自丙辰(1796)创笔,迄于庚申(1800),流览无间,刺取浸多,遂汇为一编,区以三类:一曰证误,一事异词,同文叠见,较言得失,定所适从,其字书为刊写脱坏者,弗录焉;二曰证遗,散见滋多,宜书转略,拾其要义,补以当篇,其条目非史文故有者,弗录焉;三曰证明,译无定言,声多数变,辑以便览,藉可类求,其汉语之彼此讹舛者,弗录焉。"(《元史本证》卷首)钱大昕高度赞扬作者"平心静气,无适无莫,所立证误、证遗、证名三类,皆其自虑新得,实事求是,不欲驰骋笔墨,蹈前人轻薄褊躁之弊,此所以有大醇而无小疵也"。且"专以本史互证,不更旁引,则以子之矛刺子之盾,虽好为议论者亦无所置。悬诸国门以待后学,不特读《元史》者奉为指南,即二十三史皆可类推以求之。"(《元史本证》卷首)

阮元正月著《浙江图考》成书;二月刻《诂经精舍文集》成;三月刻王复斋《钟鼎款识》成;十一月撰集《皇清碑版录》。

李富孙著《汉魏六朝墓铭纂例》4卷成书,有自序。

王昶纂《直隶太仓州志》65卷刊行。又辑《明词综》12卷、《国朝词综》48卷、《二集》8卷、《词综补》2卷成。

孙星衍纂《庐州府志》54卷;著《五松园文稿》1卷刊行,又辑《寰宇访碑录》12卷成书。

杰里米·本瑟姆著成《论民法与刑法的法规》。

丹尼尔·韦伯斯特发表《战时中立国的权利论》。

李调元纂《罗江县志》10卷刊行。

洪蕙纂修《重修延安府志》80卷刊行。

陈仕林纂修《耀州志》10卷刊行。

诸自谷修,程榆、李锡龄纂《义乌县志》22卷刊行。

李师舒纂修《广宗县志》12卷、《附录》2卷刊行。

孙培曾修,宋凤翼纂《成安县志》12卷刊行。

王朝榘纂《番郡瑑录》4卷刊行。

蔡呈韶、金毓奇修,胡虔、朱依真纂《临桂县志》32卷刊行。

卢兆鳌修,余鹏举等纂《平远县志》5卷刊行。

汪中编《贾谊年表》刊行,附于其所著《述学》内篇。

郑环著《孔子世家考》2卷成书,有自序。

吴树萱著《霁春堂集》14卷刊行。

吴翌凤著《分稽斋丛稿》18卷刊行。

袁文典、袁文揆辑《滇南诗略》45卷成并刊行。

何文焕著《无补集》15卷刊行。

段玉裁著《经韵楼集》12卷刊行。

吴骞著《拜经楼诗集》成书,钱大昕作序。

赵翼著《瓯北诗话》10卷、续2卷刊行。

桂馥著《札朴》10卷成书,有自序。

按:是书为作者的读书笔记,从小学出发,考订经义、文学、名物,援引繁富,辨证精详。书前有翁广平、段玉裁二序。生前未刊,至嘉庆十八年(1813)始由山阴李氏刊行。书中出现的疏漏和错误,李慈铭在《越缦堂读书记》中有所辨正。今有商务印书馆1958年排印本。

谢启昆重订《小学考》50卷刊行,有自序。

孙星衍、孙冯翼辑《问经堂丛书》18种31卷刊行。

按:孙冯翼字凤卿,承德人。是书陆续增至25种101卷。

达尔文卒(1731—　)。英国科学家。

王文治卒(1730—　)。文治字禹卿,号梦楼,江苏丹徒人。乾隆二十五年进士一甲三名,授翰林院编修。历充会试同考官,擢侍读,旋出为云南临安知府。精音律,工书法,与刘墉齐名。著有《梦楼诗集》24卷、《快雨堂题跋》8卷等。事迹见《清史稿》卷五一三、《清史列传》卷七二、李桓《国朝耆献类征初编》卷二四〇、震钧辑《国朝书人辑略》卷六、蔡冠洛《清代七百名人传》第五编、姚鼐《中宪大夫云南临安府知府丹徒王君墓志铭》(《惜抱轩文后集》卷七)。

按:《清史稿》本传曰:"文治书名并时与刘墉相埒,人称之曰'浓墨宰相,淡墨探花'。与姚鼐交最深,论最契,当时书名,鼐不及文治之远播,后包世臣极推鼐书,与刘墉并列上品,名转出文治上。"

李调元卒(1734—　)。调元字雨村,一字羹堂,号童山,又号蠢翁、醒园、赞庵、鹤洲、卧雪老人、童山老人、铁员外等,四川绵州人。乾隆二十八年进士,改翰林院庶吉士,散馆,授吏部主事。官至直隶通永道,罢归。著有《易古文》3卷、《尚书古字辨异》1卷、《郑氏尚书古文证讹》11卷、《诗音辨》2卷、《周礼摘笺》5卷、《仪礼古今考》2卷、《礼记补注》4卷、《春秋左传会要》4卷、《春秋三传比》2卷、《十三经注疏锦字》4卷、《金石存》15卷、《赋话》10卷、《词话》4卷、《曲话》2卷、《剧话》2卷、《全五代诗》100卷等。事迹见《清史列传》卷七二、李桓《国朝耆献类征初编》卷二一二。清杨懋修编有《李雨村先生年谱》，杨世明编有《李调元年谱略稿》，詹杭伦编有《李调元学谱》。

按：李调元"喜购书，家有万卷楼，为西川藏书第一家"(嘉庆《四川通志》卷一五四)。其《赝书录自序》曰："余自入官以来即好聚书。通籍后由翰林历官中外，数十年来所购抄不下亿万卷。近者圣天子宏开《四库全书》馆，天下之书全集。凡各有采进本及《永乐大典》副本，为坊间所写以售者，及借写馆阁诸同人家藏者，及余家藏为外间所未有者，莫不借观而宝藏之。"(《赝书录》卷首)《续修四库全书总目提要》评其《尚书古字辨异》曰："调元学既博洽，又藏书万卷，自经史百家，以及稗官野乘，皆有撰述。其关于《尚书》者，有《郑氏尚书古文证讹》及此编。是书一卷，盖因日本山井氏所著《七经孟子考》写本中有《尚书古字考》一册，大抵采之金石隶篆各书有关于《尚书》者，纂而集之，分篇摘录，并注今文于下。诚异本也。调元复采诸书，再加校雠，为《古字辨异》。全书篇目，一本《尚书》。首《尧典》《舜典》，终《费誓》《秦誓》。凡古字异文，皆摘录注以今文，并附考证案语于后。不仅于《尚书》学有所参考，于小学训诂亦多发明，洵创制也。"又评其《春秋左传会要》曰："此书四卷，乃举《左传》之要，阐幽发微，所论皆前人所未道，诚言《左氏传》之创者也。卷首自序，谓《左传》一书，其中义蕴之闳，包含之富，自汉以来，鲜有能尽其蕴者。余于是书，原未尝有所窥测，而熟习既久，偶能综贯，随以己见，书之于册。比从书簏中，捡得马氏《事纬》，适协余心。因再加厘订，而别为一书焉。若谓余有所会心，而居然得其要领也，则岂敢云云。按是书贯串全传史实，分条考据评论，识见既高，思虑亦密，诚足驾前贤而启后学矣。"

谢启昆卒(1737—)。启昆字蕴山，号苏潭，江西南康人。乾隆二十六年进士，改翰林院庶吉士，散馆，授编修。嘉庆时官至广西巡抚。曾主修《广西通志》，发凡起例，多所创新，为世所称。工诗，以咏史为最。著有《树经堂集》15卷、《西魏书》24卷、《小学考》50卷、《粤西金石志》15卷等。事迹见《清史稿》卷三五九、《清史列传》卷三一、李桓《国朝耆献类征初编》卷一八五、姚鼐《广西巡抚谢公墓志铭》(《惜抱轩文后集》卷七)。

胡匡宪卒(1743—)。匡宪字懋中，号绳轩，安徽绩溪人。胡匡衷从弟，胡秉虔父。从郑虎文读书紫阳山数年，尽通诸经。著有《毛诗集释》20卷、《绳轩读经记》12卷、《石经详考》4卷、《读史随笔》6卷、《绳轩集》3卷。

黄易卒(1744—)。易字大易、小松，号秋盦，浙江仁和人。官山东济宁运河同知。工诗词，兼长书画篆刻，为"西泠八家"之一。所蓄金石甲于一时。著有《小蓬莱阁金石目》1卷、《小蓬莱阁金石文字》、《小蓬莱阁诗》、《小蓬莱阁词》、《小蓬莱剩稿》1卷、《嵩洛访碑日记》1卷、《秋盦词草》等。事迹见《清史稿》卷四八六、《清史列传》卷七三、李桓《国朝耆献类征初编》卷二五六、震钧辑《国朝书人辑略》卷六、蔡冠洛《清代七百名人传》第五编、翁方纲《黄秋盦传》(《复初斋集》卷一三)。

按：《清史稿》本传曰："父树毅，以孝闻，工隶书，博通金石。易承先业，于吉金乐石，寝食依之，遂以名家。官山东运河同知，勤于职事。尝得武班碑及武梁祠堂石室画像于嘉祥，乃即其地起武氏祠堂，砌石祠内。又出家藏精拓双钩锓木。凡四方好古之士得奇文古刻，皆就易是正，以是所蓄甲于一时。自乾、嘉以来，汉学盛行，群经古训无可蒐辑，则旁及金石，嗜之成癖，亦一时风尚然也。"

张惠言卒(1761—)。惠言字皋文，江苏武进人。嘉庆四年进士，六年授翰林院编修。专治《周易》、《仪礼》。为常州词派创始人。又为阳湖派古文家代表。著有《周易虞氏义》9卷、《虞氏消息》2卷、《虞氏易礼》2卷、《虞氏易言》2卷、《虞氏易事》2卷、《仪礼图》6卷、《读仪礼记》2卷、《周易荀氏九家义》1卷、《周易郑荀义》3卷、《易义别录》14卷及《茗柯文编》5卷、《茗柯词》1卷、《说文谐声谱》20卷。编有《词选》2卷和《七十家赋钞》6卷。事迹见《清史稿》卷四八二、《清史列传》卷六九、《国朝先正事略》卷三六、震钧辑《国朝书人辑略》卷八、蔡冠洛《清代七百名人传》第四编、恽敬《张编修惠言墓志铭》(《碑传集》卷五一)、阮元《张惠言传》(《碑传集》卷一三五)。

按：曾国藩《曾国藩文集·重刻茗柯文编序》曰："自考据家之道既昌，说经者专宗汉儒，厌薄宋世义理心性等语，甚者诋毁洛闽，披索疵瑕，枝之搜而忘其本，流之逐而遗其源；临文则繁征博引，考一字，辨一物，累数千言不能休，名曰汉学。前者自矜创获，后者附和偏诐，而不知返，君子病之。先生求阴阳消息于易虞氏，求前圣制作于礼郑氏，辨《说文》之谐声，剖晰豪芒，固亦循汉学之轨辙而虚衷研究，绝无凌驾先贤之意萌于至隐。文词温润，亦无考证辨驳之风。尽取古人之长，而退然若无一长可恃。其蕴蓄者厚，遏而蔽之，能焉而不伐，敛焉而愈光，殆天下之神勇，古之所谓大雅者欤！"

马宗梿卒，生年不详。宗梿字器之，号鲁陈，安徽桐城人。姚鼐外甥。从学于姚鼐及邵晋涵、任大椿、王念孙等名师。嘉庆六年进士。精通训诂、地理之学。毕沅修《史籍考》，延为分纂。著有《春秋左氏补注》3卷、《公羊补注》1卷、《毛郑诗诂训考证》、《周礼郑注疏证》、《谷梁传疏证》、《说文字义广注》、《战国策地理考》、《南海郁林合浦苍梧四郡沿革考》、《岭南诗钞》、《校经堂诗抄》等。事迹见《清史稿》卷四八二、《清史列传》卷六九。

按：《清史稿》本传曰："少从舅氏姚鼐学诗、古文词，所作多沉博绝丽，既而精通古训及地理之学。乡举时，以解《论语》过位、升堂合于古制，大兴朱珪亟拔之。后从邵晋涵、任大椿、王念孙游，其学益进。尝以解经必先通训诂，而载籍极博，未有汇成一编者，乃偕同志孙星衍、阮元、朱锡庚分韵编录，适南旋中辍。其后元视学江、浙，萃诸名宿为《经籍纂诂》，其凡例犹宗梿所手订也。生平敦实，寡嗜好，惟以著述为乐。尝撰《左氏补注》三卷，博征汉、魏诸儒之说，不苟同立异。所著别有《毛郑诗诂训考证》、《周礼郑注疏证》、《谷梁传疏证》、《说文字义广证》、《战国策地理考》、《南海郁林合浦苍梧四郡沿革考》、《岭南诗钞》，共数十卷，《校经堂诗钞》二卷。"

费丹旭(—1850)、**吴存义**(—1868)、**黄辅辰**(—1870)生。

嘉庆八年　癸亥　1803 年

正月十六日壬午（2月7日），大学士庆桂等奏《恳请刊刻御制诗初集颁示中外折》，帝谕照所请交庆桂等，将元年至八年御制诗编为初集，缮校刊刻。

三月初五日己亥（4月25日），考试翰詹各官，按其文字优劣，分为四等。

十七日辛亥（5月7日），定翻译乡、会试与春秋文闱两试合并举行事宜五条。

按：一、乡、会文场三年一举，翻译乡、会试五年一举，彼此参差，难以归一，应改为三年一举，如遇恩科，亦一体加恩；二、翻译场与文场各殊，以内龙门左右两旁六号为翻译举子坐号，庶与文场举子两不相混；三、于会试二场参进翻译头场，会试三场参进翻译二场。至顺天乡试头二场，人数众多，翻译只考一场，应于乡试三参进；四、每科翻译完场后，封固送交军机处，请旨特派大臣校阅。乡试在文华殿阅卷，会试在内廷阅卷；五、加强文华殿阅卷地巡视稽查，严肃关防（《清仁宗实录》卷一一〇）。

四月初二日丙寅（5月22日），命纪昀将高宗诗文之未缮写部分及其他官修书籍，一起缮入皮藏。

初七日辛未（5月27日），续行缮办《四库全书》，纪昀将应入各书开单呈览，并拟出事宜十条。帝命添派庆桂、董诰、朱珪、戴衢亨、英和、钱樾、潘世恩等会同纪昀经理。

六月二十五日戊子（8月12日），命儒臣校刊太学石经。

按："谕内阁：彭元瑞奏，太学石经现在所刊碑文，与圣祖仁皇帝御纂四经、《康熙字典》，及高宗纯皇帝钦定《三礼》、校定武英殿《十三经》，间有异同，请详加察核等语。石经为同文盛举，刊布黉宫，垂世行远。今碑内文字既尚须检校，着派董诰、朱珪、纪昀、戴衢亨、那彦成，将石经碑文与御纂、钦定各书，悉心查对，有无异同，粘签呈览。"（《清仁宗实录》卷一一五）

十月二十六日丁亥（12月9日），准钦差侍郎贡楚克扎布奏《定青海蒙古与番族诸制》。

十二月初二日癸亥（1804年1月14日），命国史馆编纂《高宗纯皇帝本纪》。

阮元正月在海宁建安澜书院；二月，刻朱珪所著《知足斋诗集》，朱珪赋诗谢之；五月，杭州紫阳书院观澜楼落成，为作《杭州紫阳书院观澜楼记》。

按：阮元先后所刊海内学问之士著述，有钱大昕《三统术衍》、《地球图说》，谢墉

美国自法国获路易斯安那与新奥尔良。

法国占领汉诺威。

俄亥俄成为美国的一个州。

英法重新交战。

英国颁布最早的工厂法。

富尔顿用蒸汽力作为轮船的动力。

英国发明家亨

利·施雷普莱尔发明出开花弹。

英国 R. 特里维西克建造了世界上第一辆轨道蒸汽机车。

J.J. 伯齐利厄斯发现铈。

《食物百咏》,张惠言《虞氏易》、《仪礼图》,汪中《述学》,钱塘《述古录》,刘台拱《遗书》,凌廷堪《礼经释例》,焦循《雕菰楼文集》,孔广森《仪郑堂集》等数十家。

阮元四月致书凌廷堪,并奉寄《经籍籑诂》一部及新著《浙江图考》一部。

阮元八月向翁方纲出示《积古图》一卷,翁方纲为之作《积古图后记》。

陈寿祺应阮元邀请,至杭州主持敷文书院讲席,又协助阮元纂修《经郛》。是冬,入都复诣阙。此后在京八年,专注于经学。曾问学钱大昕、段玉裁、王念孙、程瑶田诸先生。

按:陈寿祺有《西湖讲舍校经图记》(《左海文集》卷八)、《上仪征阮夫子请定经郛义例书》、《经郛条例》(《左海文集》卷四)记其事。

彭元瑞五月有遗诗寄刘凤诰暨胡长龄、阮元,委托其刊行《五代史记补注》。以后刘凤诰将其书整理成 74 卷,于道光八年刊行。

按:支伟成曰:刘凤诰"为彭文勤入室弟子。初,文勤创《五代史记补注》,得徐章仲本,仅《帝纪》十二卷。乃采薛史原文,补欧书之不足;其余群籍,取材一以宋人为断。久之,亦止成诸帝家人传至臣传十六卷,而尚有五十八卷,草稿虽集,未遑厘定,特出所诠释倾篋相付,令排比而次第之。迨公按魏博,又获朱竹垞注本,凡千七百余条,亟驰报文勤,已薨于位,不及见矣。嗣使浙,遍搜文澜阁书,一一详校,排次粗竟,缘被谴中辍。比返京师,重加订补,前后凡三易稿,始付写官。大抵自薛史外,王溥《会要》、《册府元龟》,几于备录;而更参诸公私传记,旁及金石文章,稗官小说,以订正讹异,辨别是非;传所有之事之人,俾详委曲,而核生平;传所无之事之人,庶补缺遗,而征同类。拟诸裴松之之注《三国志》,盖鲜愧色。或谓本出文勤,且俞理初实董其役。然则宋元《通鉴》因于憺园,成于二云,终不得不归美秋帆,何独致疑于公乎?"(《清代朴学大师列传·刘凤诰》)

钱大昕五月初一日复书凌廷堪,并作《题凌仲子教授校礼图》。

王念孙九月随尚书费淳往山东临清一带查勘河道情形,十二月署山东运河道。

纪昀以礼部尚书教习庶吉士。

朱珪六月以协办大学士户部尚书兼翰林院掌院学士,并以原衔充日讲起居注官。

戴衢亨充会典馆副总裁。

曹振镛充实录馆副总裁,命专司勘辨稿本。

王引之充日讲起居注官。

龚自珍始从段玉裁治《说文》。

包世臣与钱坫始相识于苏州。

洪亮吉二月应两淮盐政额勒布之聘,主讲扬州梅花书院;四月辞之而归,仍赴旌德洋川书院。

端木国瑚教授莲城书院,听讲者甚多。

崔述始居魏县,专心著述。

刘权之以吏部尚书为国史馆副总裁官。

黄丕烈是秋从顾广圻处得宋刻《茅亭客话》10 卷和宋本《唐求诗集》

1卷。

顾广圻为黄丕烈校明钞《盐铁论》。

范景福以所演算《春秋》朔闰日食表及说，请正于阮元，并乞题书名，阮元题曰《春秋上律表》，委托焦循代作序，焦氏有《代阮抚军撰春秋上律表序》。

张问陶在翰林院国史馆。

改琦为汪立经画水云嶂子，赵怀玉作诗题之。

汪喜孙受学于王念孙。

铁保正月为山东巡抚；山东巡抚倭什布为两广总督。

黎德符时任房山知县，率邑进士徐梦陈等增建斋舍18间，扩建云峰书院。

张丙震重建浙江建德文渊书院，更名为双峰书院。

黎承惠时任南昌知县，建新东湖书院。

卢建河时任河南卢氏县知县，建萃原书院。

康基田时任广东布政使，建南海义学，后扩建为西湖书院。

德瑛时任白场大使，于广东海丰县建德邻书院。

陈熙时任贵州仁怀知县，建培基书院。

萧大经时任云南镇雄知州，建墨池书院。

纪磊辑《周易本义辨证补订》4卷刊行。

阮元刊张惠言遗著《周易虞氏义》，并作序。

焦循著《毛诗地理释》4卷成书，有自序。

> 按：焦循《自序》曰："乾隆丁未馆于寿氏之鹤立堂，偶阅王伯厚《诗地理考》，苦其琐杂，无所融贯，更为考之，迄今十七年，未及成书，今春家处，取旧稿删定其繁冗，录为一册，凡《正义》所已言者，不复胪列，又以杜征南撰《春秋集解》兼为土地各氏族谱，以相经纬《隋书·经籍志》谱系次于地理，而三辅故事，陈留风俗与陆澄、任昉之书并列，岂非有地则有人，有人则有事。《小序》《毛传》中有及时事者，亦考而说之，附诸卷末，共四卷。"

庄存与所著《周官记》5卷刊行。

严元照著《尔雅匡名》，段玉裁作序。

> 按：许宗彦亦作有《尔雅匡名序》（见《鉴止水斋集》卷一一），对段玉裁所作的序颇多异议。

严可均著《唐石经校文》10卷刻于岭南，有自序。

> 按：《续修四库全书总目提要》曰："唐石经立于开成二年，至今岿然独存，此天地间经之最完最旧者也。经之有版，昉于后唐。彼时依石本句度钞写，相沿迄兹，是今人所读者，无论非汉魏六朝之旧，亦非陆元朗、孔颖达所据之本。句皆石经之句，字皆石经之字，读经而不读石经，非饮水而忘其源乎？至唐石经之失，则在奉当时诏令，未尽合古。《书》则信伪孔本，《礼》则用玄宗所改《月令》。虽不足明古谊，以匡今谬有余也。是书之旨，盖欲为今版本正其误，为唐石经绎其非，为顾炎武氏等祛其惑。凡石经之磨改者，旁增者，与今本互异者，皆录出，并据注疏释文，旁稽史传，及汉人所征引者，为之左证。"

拉马克发表《对有生命物体的研究》。

约瑟夫·兰开斯特发表《由于教育重视勤劳阶级而获得改进》。

希腊爱国主义者阿达曼蒂奥斯·科拉斯发表其著作《希腊文明现况》。

伯索莱特发表《化学平衡论》。

拉扎尔·卡诺著成《物体运动平衡的基本原理》。

范景福著《春秋上律表》成书，陈寿祺作序。

顾广圻为黄丕烈校刊《战国策》33卷，有《重刻剡川姚氏本战国策并札记序》。

惠栋旧著《后汉书补注》由李保泰刊行。

按：李保泰《跋后汉书补注》曰："数百年来谈汉儒之学者，莫盛于今日，而必以吴惠氏（栋）为首庸。"（《后汉书补注》附）翁方纲也有《惠氏后汉书补注序》。

吴兰庭著《五代史纂误补》4卷刊行。

郝懿行始著《山海经笺疏》。

郑环编《孔子年谱》刊行，附于《孔子世家考》。

陈宝泉著《孟子时事考征》成书，凌廷堪作序。

朱景英编《李文正公年谱》1卷刊行，附于陇下学易堂刊本李东阳《怀麓堂集》卷首。

陈子龙自编，王沄续补，王昶等辑注《陈忠裕公自述年谱》3卷刊行，附于《陈忠裕公全集》卷首。

钱景星编，李辙通续编《露桐先生年谱》刊行。

关额自编《纪恩录编年》1卷成书。

钱大昕著《洪文惠公（适）年谱》1卷、《洪文敏公（迈）年谱》1卷刊行。又著《金石文跋尾》四集刊行。

按：江藩《汉学师承记》称赞钱大昕曰："先生不专治一经，而无经不通；不专攻一艺，而无艺不精。经史之外，如唐宋元明诗文集、小说、笔记，自秦汉及宋元金石文字，皇朝典章制度，满洲蒙古氏族，皆研精究理，不习尽工。古人云：'经目而讽于口，过耳而谙于心'，先生有焉。戴编修震尝谓人曰：'当代学者，吾以晓征为第二人'。盖东原毅然以第一人自居。然东原之学，以肄经为宗，不读汉以后书。若先生学究天人，博征群籍，自开国以来，蔚然一代儒宗也。"

洪亮吉纂《乾隆府厅州县图志》50卷刊行。

钱大昕、钱大昭纂《长兴县志》成书。

沈联芳修《青县志》8卷刊行。

李琼林修，成启洸等纂《邹平县志》18卷刊行。

陈珙繁修，刘化鹏等纂《镇原县志》10卷刊行。

侯凯增订《左云县志》4卷刊行。

吴裕亿修纂《惠安县志》36卷刊行。

许庭梧修，谢钟瑾纂《顺昌县志》10卷刊行。

武开吉修，周之駬纂《商城县志》14卷刊行。

钱思元修《吴门补乘》10卷刊行。

徐元梅修，朱文翰等纂《山阴县志》30卷刊行。

张祥云修，孙星衍等纂《庐州府志》54卷刊行。

王启聪等修，言尚炜、陈瑜纂《五河县志》12卷刊行。

魏绍源、张煐修，储嘉玗、黄金台纂《庐江县志》15卷刊行。

顾浩修，吴元庆等纂《无为州志》36卷刊行。

宋鸣琦修，陈一泗纂《嘉定府志》48卷刊行。

刘永安等修,徐文璧等纂《黔西州志》8卷刊行。

阮元修《两浙海塘志》16卷成书。

冯培著《西湖岳庙志》成书,阮元作序。

黄誉修纂《龙州纪略》2卷刊行。

李元续修纂《补纂仁寿县志》6卷、首2卷、末1卷刊行。

按：李元字太初,号浑斋,湖北京山人。历任四川仁寿、金堂、南充诸县知县。支伟成曰:"先生学问赅洽,文笔渊雅,著述极富。官蜀时,刊《浑斋七种》,一、《蜀水经》十六卷;二、《音切谱》十八卷;三、《声韵谱》十卷;四、《窾索》三卷;五、《乍了日程琐记》三卷;六、《通俗八戒》一卷;七、《蠖范》八卷。其余尚有《春秋君国考》、《五礼撮要》、《历代甲子纪元表》、《西藏志》、《葭萌小乘》、《往哲心存补编》、《日书理学传授表》、《检验详说》、《拙氏算术缉》、《古算术小解》、《明文渊海》、《吟坛嘉话》等书,存稿未刊。《易经集解》、《阳明年谱考》、《浑斋全集》,俱散佚。"(《清代朴学大师列传·李元》)

黄崇兰著《国朝贡举考略》2卷成书,有自序。

周拱辰著《离骚拾遗》1卷、《离骚草木史》10卷刊行。

王芑孙校刊唐李白著《李翰林别集》10卷。

许宝善著《杜诗注解》24卷由自怡轩刊行。

吴骞著《拜经楼诗集》12卷刊行。

邵秉华刊《南江邵氏遗书》,阮元作序。

黄文旸著《扫垢山房诗钞》12卷刊行。

牛运震著《空山堂文集》12卷、诗集6卷刊行。

王昶辑《湖海诗传》46卷成书始刻,又辑《国朝词综》成,均有自序。

于鳌图著《习静轩诗文集》刊行。

王芑孙著《渊雅堂全集》刊行。

王佩兰著《松翠小菀裘文集》4卷刊行。

方薰著《山静居遗稿》4卷刊行。

吕星垣著《白云草堂文抄》7卷刊行。

张惠言著《茗柯全书十四种》刊行。

查揆著《菽原堂初集》10卷刊行。

倪思宽著《二初斋读书记》10卷由涵和堂重刊。

谢景卿辑《选集汉印分韵续集》5卷刊行。

按：谢景卿字芸隐,广东南海人。另著有《军兴本末纪略》等。

吴敬梓著长篇小说《儒林外史》56回刊行。

宋保著《谐声补逸》14卷成书,有自序。

戚学标著《汉学谐声》24卷成书,有自序。

按：《清史稿·戚学标传》曰:"精考证,著《汉学谐声》二十三卷、《总论》一卷。用《说文》以明古音,谓六书之学,三曰形声,声不离形,形者声之本也。而声又随乎气,气有阴有阳,故一字之音,或从阴,或从阳,或阳而阴,或阴而阳,或阴阳各造其偏。昔人知其然,故但以某声者明字音所出,以专其本。以读若某设为譬况之词,使人依类而求。即离绝远去,而因此声之本以究此声之变,无患其不合。《说文》从某某声,从某某亦声,从某某省声,从某读若某,从某读与某某同,并二端兼举。声音之学,莫备于此。后人惑于徐氏所附孙愐《音切》,不究本读,而一二宿儒言古音如吴棫、陈第、顾炎武、江永之流,亦第就韵书辨析。不知《说文》形声相系,韵书就声言声;《说文》声气相求,韵书只论同声之应。其部居错杂分合,类出臆见。学者苟趣其便,衷于一读。且狃于平上去入之界之不可移易,谐声之法废,而《说文》之学晦矣。其书论声一本许氏,由本声以推变声,既列本注,旁搜古读以为之证。末附《说文补考》二卷,多辨正二徐谬误。"

　　甘会昌著《字画辨》4 卷刊行。

　　凌廷堪著《燕乐考原》6 卷。

　　按:梁启超《清代学术概论》认为,清代乐律一门,几乎蔚为大国,毛奇龄始著《竟山乐录》,次则江永著《律吕新论》、《律吕阐微》,江藩著《乐县考》,凌廷堪著《燕乐考原》,而陈澧之《声律通考》,晚出最精善。"此皆足为将来著中国音乐史最好之资料也。焦循著《剧说》,专考今乐沿革,尤为切近有用矣"。

　　程瑶田著《通艺录》42 卷刊行,有自序。

　　钱大昕著《十驾斋养新录》始刊。

　　邵晋涵著《南江札记》4 卷刊行。

　　万希槐著《困学纪闻集证》20 卷、首 1 卷、末 1 卷由聚秀堂刊行。

　　按:万希槐字蔚亭,湖北黄冈人。另著有《十三经证异》。

　　陈念祖著《金匮要略浅注》10 卷、《神农本草经读》4 卷成书。

　　倪荣桂辑天文著作《中西星要》5 种刊行。

　　黄丕烈编《百宋一廛书录》刊行,有自序。

　　按:黄丕烈《百宋一廛书录序》曰:"予喜聚书,必购旧刻,昔人佞宋之讥,有同情焉。每浏览诸家书目,以求古书源流,如述古、汲古,最为珍秘,然其中亦不能尽载宋刻。即延令《宋板书目》,亦以宋先之,其后亦不无兼收并蓄也。尝闻昆山徐氏有《小楼书目》,出于传是楼外,以为尽录宋板,惜家无其书,未能一一寓目焉。十余年来,究心载籍,欲仿宋人晁、陈两家例,辑录一书,系以题识,名曰《所见古书录》。究苦择焉而不精,语焉而不详,故迁延未成。适因迁居东城县桥,重理旧籍,特裒集宋刻本汇藏一室,先成簿记,谓之《百宋一廛书录》。"(《百宋一廛书录》卷首)

　　程瑶田著《九谷考》4 卷。

　　按:后来刘宝楠在《释谷》一书中,对本书作了补充。

赫尔德卒(1744—)。德国哲学家。

　　张九钺卒(1721—)。九钺字度西,号紫岘,又号陶园,别号梅花梦叟,湖南湘潭人。乾隆二十七年顺天乡试举人。历保昌、海阳等知县。晚归湘潭,主昭潭书院。著有《历代诗话》4 卷、《陶园文集》8 卷、《陶园诗集》22 卷、《晋南随笔》、《六如亭传奇》2 卷等。事迹见《清史列传》卷七二。清张家栻编有《陶园年谱》。

　　张远览卒(1727—)。远览字伟瞻,号梧冈,河南西华人。乾隆十九年举人,六次赴会试不中。选授正阳县教谕。毕沅任河南巡抚时,调任开封府教授。著有《诗小笺》、《春秋义略》、《春秋主臣录》、《古访录》、《碑幢闻见录》、《书意旧闻》、《初名集》、《古欢集》、《汝南集》、《黔游集》等。事迹见《清史列传》卷七二、李桓《国朝耆献类征初编》卷二三九、吴德旋《张君远览传》(《碑传集》卷一〇六)。

吴省钦卒(1729—)。省钦字充之,一字冲之,号白华,江苏南汇人。师从王峻。乾隆二十八年进士,授翰林院编修。官至都察院左都御史。著有《官韵考异》1卷、《白华前稿》60卷、《白华后稿》40卷、《白华入蜀诗钞》13卷、《白华入蜀文钞》5卷、《十国宫词》1卷、《五代宫词》1卷。事迹见《清史列传》卷二八、李桓《国朝耆献类征初编》卷九七。吴省钦自编、吴敬枢续编有《吴白华自订年谱》。

许宝善卒(1731—)。宝善字敩愚,号穆堂,江苏青浦人。乾隆二十五年进士。官至监察御史。著有《诗经揭要》4卷、《春秋三传揭要》6卷、《杜诗注解》24卷、《自怡轩词》1卷、《自怡轩词谱》6卷、《自怡轩诗》12卷、《自怡轩诗续集》4卷、《自怡轩古文选》10卷、《和陶诗》1卷及《自怡轩词选》8卷。事迹见许宗彦《许宝善墓志铭》(《鉴止水斋集》卷一八)。

彭元瑞卒(1731—)。元瑞字掌仍,一字辑五,号芸楣,江西南昌人。乾隆二十二年进士,改翰林院庶吉士,散馆,授编修。官至工部尚书,加太子太保。先后任三通馆、石刻《十三经》、《石鼓文》、《高宗实录》馆副总裁、总裁。卒谥文勤。与曹振镛同编《宋四六选》24卷。著有《恩余堂经进稿》45卷、《五代史记注》74卷、《金石考文提要》13卷、《知圣道斋读书跋尾》2卷、《宋四六话》12卷、《万寿衢歌乐章》6卷等。事迹见《清史稿》卷三二〇、《清史列传》卷二六、李桓《国朝耆献类征初编》卷三一、蔡冠洛《清代七百名人传》第四编。

按:《清史稿》本传曰:"元瑞以文学被知遇,内廷著录藏书及书画、彝鼎,辑《秘殿珠林》、《石渠宝笈》、《西清古鉴》、《宁寿鉴古》、《天禄琳琅》诸书,元瑞无役不与。"彭元瑞《知圣道斋书目自序》曰:"余捐俸购书,又借抄范氏天一阁、吴氏小山堂、马氏丛书楼、鲍氏知不足斋诸旧本,虽未能略备,然颇费心力。它日当结茅数楹其中,与乡人士共读之。"李少微《概略》曰:彭元瑞"所藏之书多手校手跋,尤专于购求旧钞,不仅重视宋元刻本"。

朱彭卒(1731—)。彭字亦篯,号青湖,浙江钱塘人。岁贡生。嘉庆元年举孝廉方正,不就。著有《南宋古迹考》、《吴越古迹考》、《吴山遗事诗》、《西湖遗事诗》、《书画所见录》、《武林谈薮》、《抱山堂集》等。事迹见《清史列传》卷七二、《国朝诗人征略初编》卷四二、赵坦《朱彭传》(《保覽斋文录》卷下)。

徐文范卒(1733—)。文范字仲圃,一字虹坡,江苏嘉定人。与钱大昕友善。专精地理。著有《东晋南北朝舆地表》24卷及《侨置郡县表》。事迹见光绪《嘉定县志》卷一九。

按:支伟成曰:徐文范"与钱大昕友善。好学深思,专精地理,虽足迹不出里闬,而三条、四列、十道、九域一一囊括于心胸。以两唐、两宋之世,区宇混一,经纬秩如;即三国之承汉,五代十国之承唐,封畛虽分,名实未改,稽古之彦,搜索匪难;独典午渡江以后,开皇平陈以前,瓜剖豆分,盖三十国南北侨置,千回百易,史之存者十家,而有志者才五;晋则但述太康,而不详江左偏安之局;魏则只举武定,而反遗洛阳全盛之规;休文或失诸繁,辅机或嫌其略,子显、谀闻更无论矣;甚至杜佑、李吉甫、乐史辈于方舆之学最称赅洽,而南北侨立之迹亦复十缺其九。乃上溯太安,下讫大业,以年为经,以国为纬,旁行书之;又以晋初所分之廿州为其纬中之纬,下至炀帝罢州郡而止;先辨实土,附缀侨置,其间分列并合,参互错综,志有渗漏,则采纪传以证之;作《东晋南北朝舆地表》二十四卷。书成,钩稽毫发,穷极幼眇,可称杰构"(《清代朴学大师列传·徐文范》)。

沈叔埏卒(1736—)。叔埏字剑舟,一字堦为,号双湖,浙江秀水人。乾隆三十年高宗南巡,召试列一等,赐举人,授内阁中书,充方略馆、《大清一统志》、《通鉴辑览》分校,及《历代职官表》协修官。又充《四库全书》、武英殿分校。五十二年中进士,授吏部主事。著有《颐采堂集》15卷。事迹见《清史列传》卷七二。

吴蔚光卒(1743—)。蔚光字执虚,号竹桥,晚号湖田外史,世居安徽休宁,迁居江苏昭文。乾隆四十五年进士,改翰林院庶吉士,授礼部主事。著有《毛诗知意》4卷、《春秋去例》4卷、《读礼知意》4卷、《洪范音谐》2卷、《方言考据》2卷、《素修堂文集》20卷、《古今石诗斋前集》45卷、《古今石诗斋后集》15卷、《执虚词钞》1卷、《闲居诗话》4卷、《骈体源流》1卷、《杜诗义法》4卷、《唐律六长》4卷、《诗余辨伪》2卷、《苏陆诗评》20卷、《姜张词得》2卷等。事迹见法式善《吴蔚光墓表》(《存素堂文集》卷四)。

奚冈卒(1746—)。冈字纯章,号铁生,别号蒙泉外史,有蒙道士、蝶野子、鹤渚生、散木居士,人呼奚九,浙江钱塘人。有画名,为"西泠八家"之一。著有《冬花庵烬余稿》3卷、《奚铁生先生印谱》1卷。事迹见《清史稿》卷五○四、震钧辑《国朝书人辑略》卷六、李桓《国朝耆献类征初编》卷四四○。

杨伦卒(1747—)。伦字西木,江苏阳湖人。乾隆四十六年进士,官广西荔浦县知县。晚年主讲江汉书院。著有《杜诗镜诠》20卷及《九柏山房集》。事迹见《清史稿》卷四八五、《清史列传》卷七二。

吴东发卒(1747—)。东发字侃叔,号耕庐,又号芸父,浙江海盐人。乾隆岁贡生。曾从钱大昕游,钱大昕引为畏友。潜心群经,尤致力于《尚书》。又好金石之学,凡商、秦、汉之文字,有所见,辄加考究。著有《群经字考》10卷、《石鼓读》7卷、《读经笔记》、《尚书后案质疑》、《史记龟策传解》、《书序镜》、《钟鼎款识释文》、《金石文跋尾续》、《西铭释文》、《商周文拾遗》、《瘗鹤铭考》1卷、《经韵六书述》、《澉浦诗话》、《遵道堂诗文稿》等。事迹见《清史列传》卷六八、李桓《国朝耆献类征初编》卷四二一、梁同书《吴东发小传》(《频罗庵遗集》卷九)。

按:《清史列传》本传曰:"少与兄以敬讲心性之学,以朱子为法。兄弟孝友,遭父丧,哀毁不能堪,时称两孝子。东发复潜心经术,尤邃于《尚书》,好金石之学,凡商、周、秦、汉之文及见者,无弗考究,一字未识,沉思冥索,必得乃已。尝从嘉定钱大昕游,大昕引为畏友。"

张声玠(—1848)、朱琦(—1861)、吴嘉宾(—1864)、彭洋中(—1864)、雷景修(—1866)、林昌彝(—1876)生。

嘉庆九年 甲子 1804年

正月十一日辛丑（2月21日），嘉庆帝视察翰林院，晋掌院学士协办大学士尚书朱珪为太子太傅。

二月初二日壬戌（3月13日），命将《高宗诗文全集》、石刻《十三经》藏翰林院。

初三日癸亥（3月14日），嘉庆帝临幸翰林院。

初七日丁卯（3月18日），命今后各皇子，不得自署别号。又重申旗人不准缠足。

三月十三日壬寅（4月22日），嘉庆帝至明成祖长陵酹奠，御制《谒明陵纪事》，有云：殷鉴不远，天命靡常，惟日孜孜，犹恐有失。勤政实为君之大本，怠荒实亡国之病源。明之亡，不亡于崇祯之失德，而亡于神宗之怠惰，天启之愚骏。虽系流贼作乱，而亡于宦寺之蒙蔽，蒙蔽之来，总由于君心不正。耽逸厌劳之君，始则明知蒙蔽而甘受，继则入其术中而不觉矣。欲免臣下之蒙蔽，必先克勤政事。思及明亡之由，庶几常承天眷，永保天命，以巩固我大清亿万年丕基。时以怠忽之戒为戒，勤政之心为心，则政无阙失，民隐上达。予深信此理之不爽，书之自警（《清仁宗实录》卷一二八）。

五月十九日丁未（6月26日），山东巡抚铁保在京任《八旗通志》总裁时，曾搜集开国以来八旗诗章，得134卷，呈进请赐书名。是日，赐名《熙朝雅颂集》。

七月十二日戊戌（8月16日），补充科场条例。凡乡会试科场办理供给之官员及照料举子粥饭，管理水火夫役等，倘该员等有本家亲戚入场应试者，均行回避，自本科乡试为始。

十月初三日戊午（11月5日），命嗣后顺天武乡试外场改于十月初七日开弓，十二日出榜，著为例。

钱大昕五月有书致江宁代理知府张敦仁，谈搜集金陵石刻事。十月二十日卒于苏州紫阳书院。

段玉裁两与王念孙书，言欲刻《说文解字注》事。又跋钱大昕抄本《西游记》。

按：段玉裁在《与王怀祖第一书》中，对阮元流露出明显的不满。他在函中曰："弟年七十余耳，乃昏眊如八九十者，不能读书。惟恨前此三年，为人作嫁衣而不自作，致此时拙著不能成矣。所谓一个错也。"（《经韵楼集补编》卷下）根据段氏的生平资料，书信中所说的"为人作嫁衣"之事，当指他在为阮元编写《十三经注疏校勘记》的过程中，承担了实际负责人的工作，为主编阮元"作嫁衣"，而"拙著"是指《说文解

拿破仑败奥地利。

拿破仑成为法兰西第一帝国皇帝。

《拿破仑法典》公布。

弗朗西斯二世就任为奥地利皇帝弗朗西斯一世。

西班牙对英国宣战。

英国出现第一辆蒸汽机车。

英国科学家W.H.沃拉斯顿发现铂白金中含有钯。

字注》。

段玉裁委托阮元刻《说文解字注》,阮元刻成《说文解字注》1卷,因丁父艰解职,未能再刻其余各卷,使段氏十分失望。段氏将所刻之一卷寄王念孙阅正,请王念孙亦予资助。

> 按:段玉裁对阮元未能全部刊刻他所著的《说文解字注》,颇感失望,因此加深了对阮氏的不满,并成为段氏迁怒于阮氏的导火线。严元照《悔庵学文》卷一中有《上段玉裁书》,劝谏其与某公重大矛盾事。其曰:"前于尊案见所寄某公书稿,词气激直,大致似欧阳公与高司谏之书。欧公之所论者,国事之是非。然后之君子,于欧公不能无疑议。今先生之所争,较之欧公,其大小何如,而凌厉挥斥,令人无所措手足。《传》有之,凡有血气,皆有争心。受之者岂遂能甘?此尊意若曰,彼虽不甘,吾何惧之有?夫惧不惧,亦何足深论。且非惧险要也,惧失儒者谨厚之风耳。更就此事论之,在先生始亦失之轻信。夫既身据要津,欲为朋好刊行著述,固非艰大难胜之事也。苟非力所能积,则竟寝其事,有何不可?而乃委曲踌躇,募助集事。其始也如此,又奚怪有今日之事乎?然则先生之责之也,又已甚矣。人之知此事之颠末者,不能不谓先生处之失其平。不知者传闻失实,不过曰段先生因某公不为刻书、荐书院骂之耳。如此则先生之品诣亦少损矣……先生不以鄙意为非,则乞润色元稿,微词缓讽,使之自悟焉可矣……天寒欲雪,呵冻临池。不妨学宋广平之赋梅花,慎勿效嵇叔夜作《绝交》书也。"

阮元九月建家庙成,作《扬州阮氏家庙碑》。

阮元在钱大昕卒后次日,为其所著《十驾斋养新录》作序,全面评价钱大昕的学术成就。

> 按:《十驾斋养新录序》对钱大昕的学术成就作了全面评价,其曰:"学术盛衰,当于百年前后论升降焉。元初学者,不能学唐宋儒者之难,惟以空言高论,易立名者为事。其流至于明初,《五经大全》易极矣。中叶以后,学者渐务于难,然能者尚少。我朝开国,鸿儒硕学,接踵而出,乃远过乎千百年以前。乾隆中,学者更习而精之,可谓难矣,可谓盛矣。国初以来,诸儒或言道德,或言经术,或言史学,或言天学,或言地理,或言文字、音韵,或言金石、诗文。专精者固多,兼擅者尚少,惟嘉定钱辛楣先生,能兼其成。由今言之,盖有九难:先生讲学上书房,归里甚早,人伦师表,履蹈粹然,此人所难能一也;先生深于道德性情之理,持论必执其中,实事必求其是,此人所难能二也;先生潜研经学,传注疏义,无不洞彻原委,此人所难能三也;先生于正史、杂史,无不讨寻,订千年未正之讹,此人所难能四也;先生精通天算,三统上下,无不推而明之,此人所难能五也;先生校正地志,于天下古今沿革分合,无不考而明之,此人所难能六也;先生于六书、音韵,观其会通,得古人声音文字之本,此人所难能七也;先生于金石,无不编录,于官制史事,考核尤精,此人所难能八也;先生诗、古文词,及其早岁,久已主盟坛坫,冠冕馆阁,此人所难能九也。合此九难,求之百载,归于嘉定,孰不云然。"(《十驾斋养新录》卷首)

阮元为沈初《西清笔记》作序,为郭麐《灵芬馆诗二集》作序,为李钟《松崖诗钞》作序。

阮元九月为赵在翰所辑《七纬》作叙,又受其托,命张鉴增辑《开元占经》、《五行大义》诸书佚文。

桂馥整理《说文义证》,陆续有成稿,遂有《上阮中丞书》,请阮元为之印行。

邵秉华刻成乃父邵晋涵所著《南江札记》、《南江文钞》，复有《南江诗钞》、《旧五代史考异》等书将次第付梓，阮元受而读之，欣然为之序。

顾广圻五月跋段玉裁校本《经典释文》，感叹此书校刻多误。

王引之充《词林典故》馆总纂，放湖北乡试正考官。

焦循有《又复王伯申书》，与王引之讨论惠栋的《周易述》，阐述自己的《易》学主张；王引之有复信，称赞焦氏《易》学，批评惠栋为学之拘执。

翁方纲自马兰峪释回。

朱骏声在家教授生徒，凡十一年。

洪亮吉、吴锡麟、李味庄、改琦等人于八月中秋夜泛舟吴淞江赏月。

凌廷堪致书阮元论乐；又有《复许云樵司马书》，称赞许鸿磐精于历史地理之学；又有《与张生其锦书》，对江藩的经史之学颇有赞许。

程恩泽在南京乡试，始识梅曾亮。

包世臣在扬州始识凌曙，又交刘文淇。

按：《清史稿·凌曙传》曰："曙有甥仪征刘文淇，贫而颖悟，爱而课之，遂知名，其学实自曙出云。"

臧庸入京应乡试不第，但受王引之赏识；段玉裁因臧庸北上京师，有书致陈寿祺。

陈寿祺充广东乡试副考官。

潘世恩充浙江乡试正考官，寻任浙江学政。

曹振镛充江西学政。

董诰授内阁学士。

陶澍等在京师创立宣南诗社。

许宗彦得日本刻《五行大义》，校勘讹误，作《五行大义序》。

孙星衍复官山东，俞正燮与会，以所得有关左丘明史料资星衍。

彭兆荪至扬州，入曾燠幕。

朱为弼十月为阮元《两浙金石志》作序。

黄文旸馆阮元杭州官署中。

林则徐中第二十九名举人。

邓显鹤中举人。

按：后屡试不第，遂厌薄仕进，一以纂著为事，系楚南文献者三十年，学者称之曰湘皋先生。

陶澍、朱珔、吴椿、顾莼、夏修恕、洪占铨等人举行消寒诗社。是为宣南诗社之前身。

钟褱先前应省试十三次，皆不中，是年诸城刘侍郎督学江苏，嗟叹其才，深加礼重，举为优贡生。

按：钟褱字保其，江苏甘泉人。著有《春秋考异》、《说书》、《区别录》、《论语考古》、《祭法解》、《周官识小》、《读选杂述》、《兴艺塾答问》、《汉儒考》、《竟庵日记》、《考古录》、《筠心馆集》等。

祁韵士以局库亏铜事，遣戍伊犁；未几赦还。

朱珪暂署管理国子监事务。

黄丕烈以弘治刻本《练川图记》赠瞿中溶。

黄丕烈得蜀石经《毛诗》残本，段玉裁为作《跋黄荛圃蜀石经毛诗残本》。

鲍桂星典试河南，留学政。

铁保时任山东巡抚，在济南建济南书院。

徐以垣时任湖南平江知县，将天岳书院迁至城西五隆山，易名为昌江书院。

张在田时任湖南临澧知县，建道水书院。

李瑜时任湖南桃源知县，建沅阳书院，又名沅南书院。

范毓洙在湖南汝城县建濂溪书院。

张履程时任陕西吴堡知县，建行文书院。

法国 C. 勒杜的《从艺术、风俗和法规来考虑建筑》一书出版。

德国 K. 李特尔的著作《欧洲地理》问世。

托马斯·布朗发表《因果关系论》。

托马斯·比尤伊克完成了其著作《英国鸟史》。

孙焘著《毛诗说》30 卷成书，钱天树作跋。

凌廷堪著《礼经释例》第四稿成。

汪照著《大戴礼记注补》13 卷刊行，王昶作序。

按：汪照原名景龙，字少山，江苏嘉定人。曾主讲华原、横渠书院，协助王昶纂《金石萃编》。事迹见《清史列传》卷六八。

任启运遗著《礼宫室考》刊行，段玉裁作序。

按：《四库全书总目提要》曰："是书于李如圭《释宫》之外别为类次，曰门，曰观，曰朝，曰庙，曰寝，曰塾，曰宁，曰等威，曰名物，曰门大小广狭，曰明堂，曰方明，曰辟雍。考据颇为详核。……《仪礼》一经，久成绝学。启运能研究钩贯，使条理秩然，虽间有疵谬，而大致精核，要亦不愧穷经之目矣。"

刘逢禄著《春秋释例》30 卷。

焦循著《论语通释》成书，有自序。

臧庸著《皇朝经解》。

严可均著《唐石经校文》10 卷刊成。

按：《清史稿·儒林传三》曰：严可均"又与丁溶同治唐石经，著《校文》十卷。自序云：'余弱冠治经，稍见宋椠本。既又念若汉、若魏、若唐、若孟蜀、若宋嘉祐、绍兴各立石经，今仅嘉祐四石，绍兴八十七石，皆残本。而唐大和石壁二百二十八石，岿然独存，此天地间经本之最完最旧者也。夫唐代四部之富，埒于梁、隋，而郑覃、唐元度辈皆通儒，颇见古本。苟能刊正积非，归于真是，即方驾熹平不难，而仅止于是。今也古本皆亡，欲复旧观，已难为力，可慨也！然而后唐雕版，实依石经句度钞写，历宋、元、明转刻转误，而石本幸存，纵不足与复古，以匡今缪有余也。独怪数百年来，学士大夫鲜或过问者，间有一二好古之士，亦与冢碣、寺碑同类而并道之。康熙初，顾炎武始略校焉，观其所作《九经误字》、《金石文字记》，刺取寥寥，是非寡当，又误信王尧惠之补字以诬石经。顾氏且然，况其他乎？乌乎！石经者，古本之终，今本之祖。治经不及见古本，而并荒石经，匪直荒之，又交口诬之，岂经之幸哉？余不自揆，欲为今版本正其误，为唐石经释其非，为顾氏等祛其惑。随读随校，凡石经之磨改者、旁增者与今本互异者皆录出，辄据注疏、释文，旁稽史、传及汉、唐人所征引者，为之佐证，而《石台孝经》附其后焉。'"

赵继序编《汉儒传经记》2 卷刊行，汪滋畹作序。又编《历朝崇经记》1

卷刊行。

陈炜著《经传释义》50卷刊行。

严观著《江宁金石待访目》2卷刊行。

朱文翰刊刻全祖望遗著《汉书地理志稽疑》，并作《汉书地理志稽疑刊本原起》。

洪颐煊著《汉志水道疏证》4卷成书，有自序。

郝懿行著《山海经笺疏》18卷成书，有自序。

按：《清史稿·儒林传》曰："其笺疏《山海经》，援引各籍，正名辨物，事刊疏谬，辞取雅驯。阮元谓吴氏《广注》征引虽博，失之芜杂；毕沅校本，订正文字尚多疏略；惟懿行精而不凿，博而不滥。"清代研究《山海经》的著作，尚有吴任臣的《山海经广注》18卷、汪绂的《山海经存》9卷、毕沅的《山海经新校正》18卷，而以郝懿行的《山海经笺疏》18卷最值得称道。

朱栋纂《朱泾志》10卷成书。

和宁纂《回疆通志》12卷成书。

叶维庚著《纪元通考》12卷成书。

洪饴孙著《三国职官表》3卷成书，有自序。

洪先寿修纂《大埔县志》18卷刊行。

杨受廷、左元镇修，马汝舟、江大键纂《如皋县志》24卷刊行。

张营堠修，周家驹等纂《武义县志》12卷刊行。

宋思楷修纂《六安直隶州志》32卷刊行。

吴熊光等修，陈诗、张承宠纂《湖北通志》100卷刊行。

陈玉垣、庄绳武修，唐伊盛、龚立海纂《巴陵县志》30卷刊行。

孔继杆修纂《郧西县续志》4卷刊行。

左辅修纂《合肥县志》36卷刊行。

蔡上翔著《王荆国文公年谱考略》26卷成书，有自序。

按：蔡氏之前，元代詹大和曾作《王荆文公年谱》1卷，内容十分简单。雍正年间，顾栋高著有《王荆国文公年谱》3卷，但未能阐明王安石变法精神。蔡氏有感于这些不足，立志编纂一部新谱以正前非。其序曰："予窃不自揣，编次《荆国王文公年谱》有年，所阅正史及百家杂说，不下数千卷，则因年以考事，考其事而辨其证，已略具于斯编矣，因名其书曰《考略》。"（《王荆国文公年谱考略》卷首）

任衔蕙修，杨元锡纂《枣强县志》20卷刊行。

曾受一修，王家驹纂，徐鼎续修，杨彦青续纂《江津县志》22卷刊行。

张澍著《续黔书》8卷成书，有自序。

法式善编，唐仲勉增补《明李文正公年谱》7卷重刊。

张邦伸自编《云谷年谱》1卷刊行。

孙蔚自编《逸云居士年谱》刊行，附于《逸云居士诗编》。

铁保自编《铁保自订年谱》1卷成书。

阮元正月辑《海塘考》成；十二月辑《海运考》2卷成书。

黄丕烈三月刊校《博物志》成，有跋后。

明戚继光著《纪效新书》18卷由虞山张氏照旷阁刊行。

王子兴辑《十子全书》刊行。

姚文田著《说文声系》14卷刊行,有自序。

戚学标著《说文补考》1卷刊行。

姚衡著《小学述闻》2卷成书。

王引之等奉敕纂《词林典故》。

刘浚、刘潮辑《杜诗集评》15卷由刘氏黎照堂刊行。

全祖望著《鲒埼亭集》38卷由史梦蛟刊行,附董秉纯编《全谢山先生年谱》1卷。

按:胡玉缙《许庼经籍题跋》曰:"是集考证议论,兼擅其胜,于故国遗臣、乡邦文献,尤加搜讨,包罗宏富,几于钻研不尽,可谓极别集中之大观。"

孙银槎辑注《曝书亭集笺注》23卷刊行。

曾燠著《赏雨茅屋诗集》与所辑《江西诗征》在扬州刊行。

郭麐著《灵芬馆诗》二集10卷刊行,阮元作序。

阮元著《八砖吟馆刻烛集》3卷成书,有自序。

阮元刻铁保辑《熙朝雅颂集》134卷,并作跋。

朱珪著《知足斋集》刻成,阮元作序。

王鼎著《兰绮堂诗抄》9卷刊行。

王陶著《王孟公诗稿四种》12卷刊行。

潘瑛辑《国朝诗萃》10卷、二集14卷刊行。

许夔臣辑《国朝闺秀香咳集》10卷、《附录》1卷成书,有自序及戴鉴序。

于敏中著《素余堂集》34卷刊行。

万廷兰著《纪年草》1卷刊行。

朱彭著《抱山堂集》18卷刊行。

屠倬著《是程堂初集》4卷成书,郭麐作序。

华广生编俗曲总集《白雪遗音》成书。

马慧裕著《河干诗抄》4卷刊行。

陈文瑞著《瘦松柏斋集》10卷、《竹枝词》1卷刊行。

周琳著《高山堂诗文抄》4卷刊行。

黄斑玉著《拾慧录》20卷刊行,有郑垲、李宗礼序。

按:黄斑玉字方亭,江西安福人。是书分天类、岁时、政典、制度、文事、书籍、器用、服饰、饮食、人物、人事、称名、族戚、闺阁、丧葬、神释、艺术、俗言、物类、释义20类。

陆凤藻著《小知录》12卷成书,钱大昕作序。

按:陆凤藻字丹宸,江苏吴县人。嘉庆间举人。

姚衡著《寒秀草堂笔记》4卷成书,有自序。

焦袁熹著《此木轩杂著》8卷刊行。

杨景曾著《二十四书品》1卷刊行。

凌廷堪著《燕乐考原》6卷成书,有自序。

阮元刻《积古斋钟鼎彝器款识》10卷成,有自序和朱为弼后叙。

按：是书欲续宋薛尚功《历代钟鼎彝器款识法帖》，由朱为弼编审释文，所收铜器铭文，计有商器173件、周器273件、秦器5件、汉晋器99件，共550件（阮元《自序》谓560器）。其铭文均据拓本或摹本刊刻，每段铭文附以释文，并结合经史进行考证。是一部研究清代所见古铜器铭文的专著。以后又有光绪五年（1879）湖北崇文书局翻刻本，光绪八年（1882）常熟抱芳阁翻刻本，光绪九年（1883）鲍氏后知不足斋刻本。

汤贻汾著《画筌析览》成书。

按：笪重光著有《画筌》。百余年后，汤贻汾著《画筌析览》，作少量删削而析为十部分，即：论山，论水，论树石，论点缀，论时景，论钩皴染点，论用笔用墨，论设色及杂论，总论。

陈念祖著《医学三字经》4卷成书。

张倬著《伤寒兼证析义》1卷刊行。

汪士汉辑《秘书二十八种》重新刊行。

张云璈卒（1722— ）。云璈字仲雅，号复丁老人，浙江钱塘人。乾隆三十五年举人，选湖南安福知县，调湘潭。著有《简松草堂诗集》20卷、《简松草堂文集》12卷、《蜡味小稿》5卷、《知还草》4卷、《复丁老人草》2卷、《三影阁筝语》4卷、《选学胶言》20卷、《选藻》8卷、《四寸学》6卷等。事迹见《清史列传》卷七二。

钱大昕卒（1728— ）。大昕字晓征，号辛楣，一号竹汀，江苏嘉定人。乾隆十九年进士，改翰林院庶吉士，散馆，授编修。官至少詹事，提督广东学政。先后充任山东、湖南、浙江、河南等省乡试正副考官。乾隆四十年以后主讲钟山、娄东、紫阳等书院。博极群书，精通经史，凡文字、音韵、训诂、天文、地理、金石、历代典章制度、官职、氏族、辽金国史，以及中西历算之法，均造诣颇深。著有《潜研堂文集》50卷、《潜研堂诗集》20卷、《十驾斋养新录》23卷、《廿二史考异》100卷、《三史拾遗》5卷、《诸史拾遗》5卷、《元史氏族表》3卷、《补元史艺文志》4卷、《四史朔闰考》4卷、《疑年录》3卷、《潜研堂金石文跋尾》6卷等。并参与纂修《续文献通考》、《续通志》、《大清一统志》、《天球图》、《音韵述微》诸书。今有江苏古籍出版社1997年出版的《嘉定钱大昕全集》。事迹见《清史稿》卷四八一、《清史列传》卷六八、李桓《国朝耆献类征初编》卷一二八、蔡冠洛《清代七百名人传》第四编、钱东壁等《皇清诰授中宪大夫上书房行走日讲起居注官詹事府少詹事兼翰林院侍读学士提督广东全省学政显考竹汀府君行述》、王昶《詹事府少詹事钱君大昕墓志铭》（均见《碑传集》卷四九）。钱大昕自编有《钱辛楣先生年谱》、钱庆曾编有《竹汀居士年谱续编》，陈鸿森撰有《钱大昕年谱别记》。

按：王引之为钱大昕所撰的《神道碑铭》，对其一生的学术贡献作了全面评价。其曰："儒者言义理，言治法，必溯源于经史。而经史之传，远者几千年，多者数百帙，写刻之讹谬，笺解之纷错，老师宿儒，终其身不能穷一艺。况乃囊括众典，网罗百家，稽乎同异，钩乎幽隐，确著其是非得失，笔之于书，以饷后人，其功在儒林，曷有涯涘！

康德卒（1724— ）。德国哲学家。

约瑟夫·普利斯特列卒（1733— ）。英国化学家。

我朝有大儒曰嘉定钱先生,过目成诵,自少至老,未尝一日去书。精研经训,尤笃好史籍,通六书九数、天文地理、氏族金石,熟于历代典章制度、政治臧否、人物邪正,著书三十五种,合三百余卷。呜呼!古之治经与史者,每博求之方法、地志、律象、度数,证之诸子、传记,以发其旨。自讲章时艺盛行,兹学不传久矣。国初诸儒起而振之,若昆山顾氏、宣城梅氏、太原阎氏、婺源江氏、元和惠氏,其学皆实事求是,先生生于其后而集其成。当为诸生肄业书院时,即能会音韵之微;既入馆阁,与诸名流讲习测算,曲尽中西二家蕴奥,同人多谢弗如。尝与修《续文献通考》、《续通志》、《一统志》、《天球图》,于累朝官名、人名、地名,了如指掌;辽、金、蒙古、国语世系、人所难晓者,罔不洞悉在胸。性好金石,凡有关史事者,不惮搜讨为证佐。所著《廿二史考异》一百卷,正传闻之误,订字句之舛。于辽、金、元史梳栉益详,是书出而二千余年之史可读也。又著《三史拾遗》、《诸史拾遗》,广《考异》之所未及;著《三统术衍》,传歆、固之绝学;著《四史朔闰考》,明后代推步之失;著《元史氏族表》、《艺文志》,补洪武制作之疏漏。他如《南北史隽》、《通鉴注辨正》,唐学士、五代学士、宋中兴学士《年表》,洪文惠、洪文敏、陆放翁、王伯厚、王弇洲《年谱》,《疑年录》、《恒言录》,皆本读史之余,荟聚而成。先生于儒术无弗习,无弗精,而专致之于史,故其发明史学,自宋以来莫与为比。著《经典文字考异》、《唐石经考异》、《声类》,大指谓经训不明,由小学不讲,故多于形声求义理。著《潜研堂金石文跋尾》、《金石文字目录》、《金石待访录》,搜罗广而鉴别精。至其《文集》、《养新录》,贯串经史本末,随举一义,持论出以和平,考核皆归典要,则先生数十年读书心得萃于是也。"(《王文简公文集》卷二)

汪学金卒(1748—)。学金字敬箴,号杏江,晚号静厓,江苏镇洋人。乾隆四十六年一甲三名进士,授翰林院编修。曾充文渊阁校理、日讲起居注官。官至詹事府左春坊左庶子。著有《井福堂文集》10卷、《静厓诗初稿》12卷、《静厓诗后稿》12卷、《静厓诗续稿》6卷,又辑《娄东诗派》28卷。事迹见《清史列传》卷七二、李桓《国朝耆献类征初编》卷一三二。

谢震卒(1765—)。震原名在震,字甸男,福建侯官人。乾隆五十四年举人。官顺昌县学教谕。笃学嗜古,熟精《三礼》。著有《礼案》2卷、《四书小笺》1卷、《四圣年谱》1卷、《樱桃轩诗集》2卷等。事迹见《清史稿》卷四八二、《清史列传》卷六九、陈寿祺《谢震传》(《碑传集》卷一三五)。

按:《清史稿》本传曰:"震尝与闽县林一桂、瓯宁万世美俱精《三礼》,震尤笃学嗜古。然断断持汉学,好排击宋儒凿空逃虚之说。(陈)寿祺与震同举乡试,少震六岁,视为畏友。"

洪齮孙(—1859)、**窦垿**(—1865)、**倭仁**(—1871)、**周玉麒**(—1875)、**罗汝怀**(—1880)、**汤球**(—1881)生。

嘉庆十年 乙丑 1805年

特拉法尔加之

四月十八日辛未(5月16日),嘉庆帝谕:西洋人信奉天主教,伊等自行讲论,立法成书,原所不禁。至在内地刊刻书籍,私与民人传习,向来本定有禁例。今举行日久,未免懈弛。嗣后著管理西洋堂务大臣留心稽查,如有西洋人私刊书籍,即行查出销毁,并随时谕知在京之西洋人安分学艺,不得与内地民人往来交结(《清仁宗实录》卷一四二)。

按:御史蔡维钰奏《严禁西洋人刻书传教折》,称京师西洋堂刊刻书籍,私自流传,与内地民人往来讲习,违反禁例。嘉庆帝故有此谕。

二十五日戊寅(5月23日),嘉庆帝御太和殿,传胪,赐一甲彭浚、徐颋、何凌汉3人进士及第,二甲徐松等96人进士出身,三甲叶申万等144人同进士出身。

按:《清史稿·选举志三》曰:"嘉庆中,士子捃撦僻书字句,为文竞炫新奇,御史辛从益论其失。诏曰:'近日士子猎取诡异之词,以艰深文其浅陋,大乖文体。考官务各别裁伪体。支离怪诞之文,不得录取。'历代辄以厘正文体责考官,而迄无实效。议者谓文风关乎气运。清代名臣多由科目出身,无不工制义者。开国之初,若熊伯龙、刘子壮、张玉书,为文雄浑博大,起衰式靡。康熙后益轨于正,李光地、韩菼为之宗。桐城方苞以古文为时文,允称极则。雍、乾间,作者辈出,律日精而法益备。陵夷至嘉、道而后,国运渐替,士习日漓,而文体亦益衰薄。至末世而剽袭庸滥,制义遂为人诟病矣。"

五月初一日甲申(5月29日),将管理西洋堂务大臣常福革职,改派禄康、长麟、英和主管。寻议奏管理办法:酌派司员到堂稽查;撤毁天主堂匾额;禁止旗民彼此传递教书;封禁该堂女堂房屋;稽查海淀各堂寓所;译验该国投寄书信;编造服役人数册档;告示习教治罪条款等。

二十日癸卯(6月17日),军机大臣呈所获西洋堂书籍。

六月,嘉庆帝颁《御制勤政殿记》。

闰六月二十六日丁未(8月20日),江西彭泽生员欧阳恕全因妄作"逆诗"被斩决。

十月二十日己亥(12月10日),赐殿试武举一甲张联元、白凤池、孙抡元3人举武进士及第,二甲马天保等6人武进士出身,三甲时龙光等51人同武进士出身。

十一月十二日辛酉(1806年1月1日),命于澳门地方,严查西洋人,除贸易外,如有私行逗留,讲经传教等事,随时饬禁,勿任潜赴他省。

十八日丁卯(1月7日),翰林院纂辑《皇朝词林典故》成书,嘉庆帝御制序文。

是年,刑部下令逮捕信教旗人,迫令其践踏十字架,放弃信仰。

阮元在扬州建文选楼成,有《扬州隋文选楼记》,张鉴有《扬州隋文选楼铭》,焦廷琥作赋,伊秉绶作联,铁保书"隋文选楼"额。阮元又与程瑶田、李锐在杭州共铸学宫之乐钟。又与王引之书,论刻二十一部古韵事。

阮元、伊秉绶议辑《扬州图经》。

阮元在扬州读黄丕烈刻《太平御览》,属友人誊校,知黄本舛误颇多,遂细加甄别,存宋本之真,经精校后付梓。

战,英国败法国和西班牙舰队。

拿破仑在奥斯特里茨战役中大胜奥俄联军。

现代埃及建立。

美国和英国在同西印度群岛的贸易中分道扬镳。

由威廉·康格里夫爵士发明的火箭弹成为英军的武器。

芒戈·帕克对尼日尔河进行第二次探测。

英国海军中校F.蒲福制定出海洋气象观测的风力单位——风级和天气符号。

阮元应孙星衍请,为其祖父母作墓表;又因刘台拱卒而作《刘端临先生墓表》,江藩读之而作《与阮侍郎书》,就文中"亲家之称"等提出商榷意见。

纪昀在正月以礼部尚书,协办大学士,加太子少保,管国子监事;二月发病而卒。

段玉裁正月致书刘台拱,告为阮元审定《十三经注疏校勘记》已毕;又于十二月致书王念孙,嘱念孙为其《说文解字注》作序。

姚鼐复至南京,再主钟山书院,直至卒,凡11年。

梅曾亮、管同、姚椿、毛岳生先后从姚鼐受业,学古文义法。

按：蔡冠洛《清代七百名人传》曰:姚椿"好学不倦,其解经主兼通汉、宋儒,曰譬之释氏,有宗有教,不可偏废。论文必举桐城所称,曰好学深思,心知其意。又自言曰:文之为用,不外四者,曰明道,曰记事,曰考古有得,曰言词之美。故其选清代人文,皆本此旨。论诗以讽喻为主,以音节为辅,以独造为境,以自然为宗"。

洪亮吉六十岁生日,张问陶有《寿稚存》诗。

王引之奉母丧自山东济宁旋里,阮元有书问讯。

方东树授经六安。

顾广圻客江宁,黄丕烈以札来告,欲谋刻《易林》;又于扬州识秦恩复,为秦氏《石研斋书目》作序。江藩亦作有《石研斋书目序》。

朱珪充国史馆和会典馆正总裁,又充会试正总裁。朱珪自庚申至乙丑连以十余函招包世臣入都,包氏均未一赴。

黄丕烈正月以元大德本《后汉书》120卷赠陈鳣并跋。

朱士彦充会试同考官。

戴衢亨正月由工部尚书调为户部尚书。

臧庸孟春为唐释湛然《辅行记》作序;八月与王念孙书论《诗经》韵,又为阮元校补《经郛》。

陈寿祺、臧庸七月屡有书信往复,讨论《礼》、《诗》音韵及《尚书》古今文。

李兆洛中进士,改翰林院庶吉士,散馆,授安徽凤台县知县。

按：《清史稿·文苑传三》曰:"兆洛在县七年,以父忧去,遂不出。主讲江阴书院几二十年,以实学课士,其治经学、音韵、训诂,订舆图,考天官历术及习古文辞者辈出。如江阴承培元、宋景昌、缪尚诰、六承如等,皆其选也。"

孙原湘中进士,改翰林院庶吉士,充武英殿协修官。

马瑞辰中进士,改翰林院庶吉士。

朱为弼中进士,授兵部主事,迁员外郎,充会典馆协修官。

徐松中进士,改翰林院庶吉士,散馆,授编修。

周济中进士,改淮安府学教授。

胡承珙中进士,改翰林院庶吉士,散馆,授编修。

胡敬中进士,改翰林院庶吉士,散馆,授编修,历充武英殿、文颖馆纂修官,《全唐文》、《治河方略》、《明鉴》总纂官。

李黼平中进士,授知县。

林则徐三月在京首次参加会试,落选,客居于曾任福建学政的恩普家,六月离京南还。

刘逢禄服阕,应聘主讲山东兖州书院。

按:刘逢禄从本年开始潜心于何休《春秋公羊解诂》的研究,直到嘉庆十七年(1812)著成《春秋公羊何氏释例》10卷,《春秋公羊传》成为他研究诸经时间最长的一部经书。

张问陶九月出任江南道监察御史。

铁保时任两江总督,与江苏巡抚汪志伊建府学于沧浪亭后,以后更名为正谊书院。

铁保和布政使康基田在江宁捐资就原县学尊经阁旧址创建尊经书院。

洪占铨、顾莼等消寒诗社成员曾集会九次,新参加者有朱士彦、李宗昉、卓秉恬、孙世昌、张本枝、黄茂、谢学崇等。

姚元之中进士,选翰林院庶吉士,授编修。典陕甘乡试,入直南书房。

董桂敷中进士,改翰林院庶吉士,散馆,授编修,以疾归。

按:董桂敷字宗邵,安徽婺源人。《清史列传·董桂敷传》曰:"稍长,博综经史及儒先语录,为学恪宗程、朱,躬行实践,颜其室曰自知。大学士汤金钊尝曰:'桂敷自励励人,真无负性分职分也。'归后,主讲豫章书院,教学者读书穷理,贵在反躬。士林以'文范'、'道范'颜其讲堂。永丰刘绎出其门,以学行称。年五十八,卒。著有《十三经管见》、《书序蔡传后说》、《周官辨非解》、《夏小正笺注》、《诸史蠡测》、《诸子异同得失参断》、《儒先语录汇参》、《见闻赘语》、《自知室文集》。初,(汪)绂所著书,惟《参读礼志疑》刊行,得上《四库》,余惟邑人董昌玙录有副本。自桂敷尊其学,谓得朱子真传,以其书公之同好,乃稍稍行于世云"。

那彦成时任广东总督,于陆丰县建甲秀书院。

那清安中进士,授户部主事,迁翰林院侍讲。

陈廷璠时任广西藤县知县,建藤州书院。

在京刻书传教之西人德天赐解往热河圈禁,与此事有关之旗人销去旗籍,汉人发配伊犁为奴。

阮元集众力纂成《十三经注疏校勘记》。

臧庸辑马融、王肃《易述》1卷,又辑《仪礼丧服马王注》1卷刊行。

郝懿行著《春秋说略》12卷成书,有自识。

刘逢禄著《春秋公羊经何氏释例》10卷成书,有自序。

按:是书为清代今文经学派的重要著作之一,对近代改良主义颇有影响。有《皇清经解》道光本、咸丰补刻本、鸿宝斋石印本、点石斋石印本等。

董士锡以张惠言遗稿《仪礼图》6卷付阮元刊行。

盛世佐著《仪礼集编》17卷、首1卷、附录1卷由冯鹭庭刊行,阮元作序。

戚学标著《毛诗证读》5卷、《读诗或问》1卷刊行。

崔述著《考信录》成书,又始著《读风偶识》。

按：崔氏《考信录》包括《考古提要》2卷,《上古考信录》2卷,《唐虞考信录》4卷,《夏商考信录》各2卷,《丰镐考信录》8卷、《别录》3卷、《洙泗考信录》4卷、《余录》3卷、《孟子事实录》2卷,《考古续说》2卷、《附录》2卷。其《自序》曰:"述自读书以来,奉先人之教,不以传注杂于经,不以诸子百家杂于经传。久之,始觉传注所言,有不尽合于经者;百家所言,往往有与经相背者。于是历考其事,汇而编之。以经为主,传注之与经合者则著之,不合者则辨之;而异端小说不经之言,则辟其谬而删削之。题曰《考信录》。"(《考信录》卷首)

杨一昆著《左国悉事》成书。

马骕著《左传事纬》12卷刊行。

按:《四库全书总目提要》曰:"是书取《左传》事类分为百有八篇,篇加论断。首载晋杜预、唐孔颖达《序论》及自作《丘明小传》一卷、《辨例》三卷、《图表》一卷、《览左随笔》一卷、《名氏谱》一卷、《左传字奇》一卷,合《事纬》为二十卷。内《地舆》有说无图,盖未成也。王士禛《池北偶谈》称其博雅嗜古,尤精《春秋》左氏学,载所著诸书与此本并同。惟无《字奇》及《事纬》,岂士禛偶未见欤?三《传》之中,左氏亲观国史,事迹为真,而褒贬则多参俗议。公羊、谷梁二家得自传闻,记载颇谬,而义例则多有师承。《朱子语录》谓左氏史学,事详而理差,公、谷经学,理精而事谬。盖笃论也。骕作是书,必谓《左氏》义例在《公》、《谷》之上,是亦偏好之言。然骕于左氏实能融会贯通,故所论具有条理,其图表亦皆考证精详,可以知专门之学与涉猎者相去远矣。"

钱兆鹏始辑《周史》。

王照圆著《列女传补注》8卷成书,有自序。

李祖陶著《读明史杂著》1卷成书,有自序。

秦立纂《淞南志》8卷刊行。

陈曦纂《娄塘镇志》9卷刊行

张宏燧修,卢世昌等纂,周仕议等增补《直隶桂阳州志》28卷、《续补》1卷刊行。

贵中孚、万承纪修,蒋宗海等纂《丹徒县志》47卷刊行。

徐达源修《黎里志》16卷刊行。

邢澍修,钱大昕、钱大昭纂《长兴县志》28卷刊行。

邵棠纂《徽志补正》1卷刊行。

李莘修,章朝栻等纂《连江县志》10卷刊行。

周钟泰、周轼修,吴嵩梁等纂《东乡县志》21卷刊行。

陈景沛纂《蛟川备志》21卷刊行。

清桂等修纂《平乐府志》40卷刊行。

温汝能纂《龙山乡志》14卷刊行。

李锡书修纂《汶志纪略》4卷刊行。

张吉安修,朱文藻纂《余杭县志》40卷成书。

屠本仁增纂《丽水志稿》4卷刊行。

王念孙主纂《皇朝词林典故》64卷成书。

顾广圻始著《韩非子识误》。

秦恩复校刊《鬼谷子》,并撰《篇目考》。

何元锡、赵魏为阮元修《两浙金石志》18卷、《补遗》1卷成书。

王昶纂《金石萃编》160卷成，有自序，朱文藻、钱侗、陶梁协助纂辑。

按：是书为中国古代著录历代石刻较为完备的金石考古学专著。

李汝珍著《李氏音鉴》6卷成书。

按：《续修四库全书总目提要》曰："以前人韵书虽列摄字开合等法，顾其要旨，失传已久。习其书未有不患其难者，于是分字母为三十三，立同母二十二为诀，成书六卷。"

杨芳灿著《芙蓉山馆诗文钞》12卷成书。

王昶编《湖海文传》75卷成书。

归允肃著《归宫詹集》10卷刊行。

史善长著《秋树读书楼遗集》16卷刊行。

铁保辑《熙朝雅颂集》由阮元刻成。

曾燠辑《朋旧遗诗合钞》23卷刊行。

冯金伯编《词苑萃编》24卷刊行，许兆桂作序。

按：冯金伯字冶亭，一字墨香，号南岑，上海南汇人。官句容训导。另著有《海曲诗抄》。

陈鹤著《桂门自订初稿》10卷刊行。

朱珪著《知足斋诗集》刊行。

陈文述著《璧城仙馆诗抄》10卷刊行。

张因著《绿秋书屋诗抄》2卷由阮元刊刻。

徐熊飞著《春雪亭诗话》1卷成书。

焦循著《剧说》6卷刊行。

按：是书从160余种书籍中辑录了我国古代有关演出体制、表演形式、演员技艺、戏曲本事、故事流变以及作家、演员的生平、创作轶事等多方面的史料，对戏曲史的研究大有裨益。有《读曲丛刊》本、《曲苑》本、《重订曲苑》本、《增补曲苑》本和《中国文学参考资料小丛书》本等。

钱大昕所著《恒言录》6卷由扬州阮常生据原稿和乌程张文鉴补注刻入《文选楼丛书》中。

按：是书与《通俗编》为同类书。以后陈鳣编有《恒言广证》6卷，对原书的许多条目和张文鉴、阮常生两家的注都有补充。钱大昕之弟钱大昭著有《迩言》6卷，罗振玉著有《俗说》1卷，对《恒言录》多有补益。

钱大昕著《潜研堂金石文跋尾》16卷、续7卷、又续6卷、三续6卷由瞿中溶等刊行；《潜研堂金石文字目录》8卷刊行。

钱大昕著《竹汀先生日记抄》3卷由何元锡整理成书。

顾广圻作黄丕烈注《百宋一廛赋》刊行。

黄丕烈刊刻《季沧苇藏书目》，有跋。

钱树棠辑校丛书《经余必读》正、续篇刊行。

张海鹏辑丛书《学津讨原》20集172种，1048卷刊行。

按：昭文张海鹏"借月山房"（又称"丛善堂"）的刻书目的十分明确，他主张"刻书可以为人"，因此刻书态度特别认真，刻的书也有数百种之多。其代表作是四大丛书和一大类书：即《学津讨原》172种、《墨海金壶》134种、《借月山房汇抄》135种、《泽古斋重抄》115种和《太平御览》1000卷。劳树棠《学津讨原序》曰：张海鹏"尤喜传刻古书,精于校勘,汇宋元以来及古人著述百数十种,取有关于经史实学、朝章典故,足以广见闻、资考证者,刻成丛书,名曰《学津讨原》,盖本《学海》、《津逮》两书之意,沿其流以寻其源也。"

吴省兰辑刊《艺海珠尘》,陆续得 375 卷。

英人皮尔逊《种痘奇法详悉》在广州刊行。

F. V. 席勒卒(1759—)。

意大利爱国主义者、革命家朱塞佩·马志尼(—1872)、爱尔兰数学家威廉·R. 汉密尔顿(—1865)、法国作家亚历克西·德·托克维尔(—1859)生。

赵学敏卒(1719—)。学敏字依吉,号恕轩,浙江钱塘人。药学家,著有《本草纲目拾遗》、《本草话》、《医林集腋》等。

刘墉卒(1721—)。墉字崇如,号石庵,又号木庵、青演、香岩、日观峰道人、长脚石庵等,山东诸城人。刘统勋子。乾隆十六年进士,改翰林院庶吉士,散馆,授编修。官至体仁阁大学士。卒加太子太保,入祀贤良祠。谥文清。书法自成一家。曾充《四库全书》馆副总裁,派办《西域图志》和《日下旧闻考》,又充《三通》馆总裁、玉牒馆副总裁。著有《刘文清公遗集》17 卷、《石庵诗集》。事迹见《清史稿》卷三〇二、《清史列传》卷二六、李桓《国朝耆献类征初编》卷三〇、震钧辑《国朝书人辑略》卷五、蔡冠洛《清代七百名人传》第五编。

纪昀卒(1724—)。昀字晓岚,一字春帆,自号石云,直隶献县人。乾隆十九年进士,改翰林院庶吉士,散馆,授编修。累迁侍读学士。坐泄露籍没两淮盐运使卢见曾事,谪戍新疆乌鲁木齐。释还,复赐官编修。官至礼部尚书、协办大学士,加太子太保。曾任《四库全书》总纂,《四库全书提要》出于其手。卒谥文达。著有《阅微草堂笔记》24 卷及《纪文达公遗集》32 卷、《史通削繁》4 卷、《沈氏四声考》2 卷、《馆课存稿》4 卷、《老子道德经校订》2 卷、《唐人试律说》1 卷、《玉溪生诗说》2 卷、《瀛奎律髓刊误》49 卷等。参与纂辑《热河志》、《历代职官表》、《河源纪略》、《八旗通志》等书。事迹见《清史稿》卷三二〇、《清史列传》卷二八、李桓《国朝耆献类征初编》卷三一、蔡冠洛《清代七百名人传》第四编、朱珪《经筵讲官太子少保协办大学士礼部尚书管国子监事谥文达纪公墓志铭》(《碑传集》卷三八)。王兰荫编有《纪晓岚先生年谱》,王汉章编有《纪晓岚年谱》。

王杰卒(1724—)。杰字伟人,号惺园,别号畏堂、葆淳,陕西韩城人。乾隆二十六年进士第一,授编修。官至东阁大学士、军机大臣。卒赠太子太师,谥文端。著有《葆淳阁集》24 卷、《惺园易说》2 卷。事迹见《清史稿》卷三四七、《清史列传》卷二六、李桓《国朝耆献类征初编》卷三二、蔡冠洛《清代七百名人传》第一编、朱珪《东阁大学士文端王公杰墓志铭》、姚鼐《光禄大夫东阁大学士王文端神道碑文》(均见《碑传集》卷二八)。清阮元编有《王文端公年谱》。

按:《清史稿》本传曰:"初从武功孙景烈游,讲濂、洛、关、闽之学;及见(陈)宏谋,学益进,自谓生平行己居官得力于此。"

桂馥卒(1733—)。馥字冬卉,号未谷,山东曲阜人。乾隆五十五年进士,选云南永平知县。精通小学。著有《说文解字义证》50 卷、《说文段注钞案》1 卷、《历代石经略》2 卷、《缪篆分韵》5 卷、《札朴》10 卷、《晚学集》

12卷、《国朝隶品》1卷等。事迹见《清史稿》卷四八一、《清史列传》卷六九、李桓《国朝耆献类征初编》卷二四四、震钧辑《国朝书人辑略》卷七、蔡冠洛《清代七百名人传》第四编、蒋祥墀《桂君未谷传》(《碑传集》卷二八)。

按：《清史稿》本传曰："馥博涉群书，尤潜心小学，精通声义。尝谓：'士不通经，不足致用；而训诂不明，不足以通经。'故自诸生以至通籍，四十年间，日取许氏《说文》与诸经之义相疏证，为《说文义证》五十卷。力穷根柢，为一生精力所在。……馥与段玉裁生同时，同治《说文》，学者以桂、段并称，而两人两不相见，书亦未见，亦异事也。盖段氏之书，声义兼明，而尤邃于声；桂氏之书，声亦并及，而尤博于义。段氏钩索比傅，自以为能冥合许君之旨，勇于自信，自成一家之言，故破字创义为多；桂氏专佐许说，发挥旁通，令学者引申贯注，自得其义之所归。故段书约而猝难通辟，桂书繁而寻省易了。夫语其得于心，则段胜矣；语其便于人，则段或未之先也。其专胪古籍，不下己意，则以意在博证求通，展转孳乳，触长无方，亦如王氏《广雅疏证》、阮氏《经籍纂诂》之类，非以己意为独断者。"

邓石如卒(1743—　　)。石如初名琰，字顽伯，号完白山人，安徽怀宁人。精篆刻。其子辑有《完白山人篆刻偶存》等。事迹见《清史稿》卷五〇三、震钧辑《国朝书人辑略》卷六、李桓《国朝耆献类征初编》卷四四一、蔡冠洛《清代七百名人传》第五编。

刘台拱卒(1751—　　)。台拱字端临，江苏宝应人。乾隆三十五年举人，六试礼部，不第。留京授徒，因得识学者名流如朱筠、程晋芳、戴震、邵晋涵、任大椿、王念孙等。后官丹徒县训导。著有《仪礼传注》1卷、《论语骈枝》1卷、《经传小记》3卷、《国语补校》、《荀子补注》1卷、《淮南子补校》、《汉学拾遗》1卷、《方言补校》等，合刊为《端临遗书》8卷。事迹见《清史稿》卷四八一、《清史列传》卷六八、李桓《国朝耆献类征初编》卷二五六、蔡冠洛《清代七百名人传》第四编、朱彬《刘先生台拱行状》(《碑传集》卷一三五)。刘文兴编有《刘端临先生年谱》。

按：《清史稿》本传曰："是时朝廷开四库馆，海内方闻缀学之士云集。台拱在都，与学士朱筠、编修程晋芳、庶吉士戴震、学士邵晋涵及其同郡御史任大椿、给事中王念孙等交游，稽经考古，旦夕讨论。自天文、律吕至于声音、文字，靡不该贯。其于汉、宋诸儒之说，不专一家，而惟是之求，精思所到，如与古作者晤言一室而知其意指之所在，比之阎若璩，盖相伯仲也。段玉裁每谓：'潜心三《礼》，吾所不如。'"

臧礼堂卒(1776—　　)。礼堂字和贵，江苏武进人。臧庸弟。师事钱大昕。精小学，曾被阮元聘入诂经精舍。著有《说文引经考》13卷、《三礼注校字》6卷、《春秋注疏校正》6卷、《尚书集解案》6卷及《南宋石经考》2卷、《古今孝传》30卷、《爱日居笔记》6卷等。事迹见《清史稿》卷四八一、《清史列传》卷六八、李桓《国朝耆献类征初编》卷三九二、焦循《节孝臧君礼堂墓表》、陈寿祺《孝节处士臧君墓表》、朱珪《臧礼堂家传》(均见《碑传集》卷一四五)。

按：《清史稿》本传曰："尤精小学，善雠校，为四方贤士所贵。师事钱大昕，业益进。好许氏《说文解字》，为《说文经考》十三卷。慕古孝子、孝女、孝妇事，作《孝传》百数十卷。《尚书集解案》六卷，《三礼注校字》六卷，《春秋注疏校正》六卷。"

张穆(　　—1849)、**邹汉勋**(　　—1853)、**吴廷香**(　　—1854)、**李文瀚**

（—1856）、张金镛（—1860）、戴煦（—1860）、鲁一同（—1863）、姚燮（—1864）、黄燮清（—1864）、方潜（—1869）、吴敏树（—1873）、杨德亨（—1876）、刘存仁（—1880）、华长卿（—1881）、黄文琛（—约1881）生。

嘉庆十一年　丙寅　1806年

神圣罗马帝国终结。

拿破仑入柏林。

"大陆封锁"开始。

莱茵联盟成立。

法兰西研究院成立。

世界第一所农学院在德国柏林附近建立。

汉弗莱·戴维发现钾和苏打的电解方法。

弗朗西斯·博福特爵士设计出表示风力的级别表（从0到12）。

正月初九日丁巳（2月26日），刑部遵旨拟议《免死改遣罪犯分别减释条例》。

十七日乙丑（3月6日），谕内阁：近来八旗子弟，往往沾染汉人习气，于满语骑射不肯专心练习，抛荒正业。甚至私去帽顶，在外游荡，潜处茶园戏馆，饮酒滋事。

四月十九日丙申（6月5日），先是康熙四十八年编修《皇清文颖》，乾隆年间重加纂辑，是日从御史叶绍楏请，命续编《皇清文颖》。

七月十六日辛酉（8月29日），御史牟易裕呈《请申明旧例严禁匿名讦告以杜刁风》一折。定例：凡投贴隐匿自己姓名文书告人罪者，绞监候，虽实亦坐。立法綦严，原以惩刁奸而防倾陷，若审系虚诬，应从严定罪。

十一月二十九日壬申（1807年1月7日），增八旗养育兵额。

阮元正月偕同焦循、秦恩复、杨大壮等祭扫湖北名士王大名墓，并重加修葺；焦循有《请究毁名人墓状》。

阮元将在浙江任上所获四库未收书六十种校定抄录，并于每篇冠以所撰之提要。

按：《四库全书》编成以来，一些学者和有识之士曾多次倡议续修。清嘉庆初年，时任浙江巡抚的阮元利用职务之便，在江南陆续采购《四库》未收书170多种，向朝庭进呈，并撰写《四库未收书提要》。这可以说是乾隆以后对《四库全书》拟加补修的开端。

阮元在焦山祀杨继盛，并作《焦山仰止轩记》、《送杨忠愍公墨迹归焦山记》。

阮元以《经籍籑诂》、《十三经注疏校勘记》寄赠黄承吉，黄氏有答书。

阮元六月有信致王豫，商榷《淮海英灵续集》、《江苏诗征》、《皇清碑版录》诸书事。

阮元十月被任命为福建巡抚，以病辞；陈寿祺有《上仪征阮夫子书》表示理解。

臧庸三月客游扬州，寄居阮元寓所；四月，为汪莱《北湖访焦君图》作《题汪孝婴北湖访焦君图》。

段玉裁四月初与王念孙书,求为《说文解字注》作序。

龚自珍年十五,诗编年由此始。

王昶病甚,自定丧礼,属阮元为作神道碑文。

洪亮吉二月应宁国府知府鲁铨之聘,赴宁国修府志。

钱仪吉、钱泰吉共学,有文名,郡人称为"钱氏二石"(仪吉字衎石,泰吉字匪石)。

李兆洛授徒家塾,名其堂曰耕乐,书塾曰辨志,并为之铭。

赵翼年八十,有自寿诗八首;大江南北名流,皆寄诗文祝寿。

姚文田充日讲起居注官。

姚莹始从姚鼐学,又与方东树、刘开等以文章交。

伊秉绶官扬州知府,议编《扬州图经》、《扬州文粹》,延江藩、焦循、赵怀玉、臧庸、王豫等共任编纂,未竣事散。又重刻北宋石鼓文置扬州府学。

按:伊秉绶所规定的《扬州图经》写作形式,采用纂录体例,将旧有记载,不改一字,缀辑成书,并表明出处,以示文献足征。焦循以为这不合修志体例,写信力争,列举十大理由,加以辨正。

刘宝楠与汪喜孙订交。

刘文淇始设帐授徒。

凌廷堪主讲宣城敬亭书院,以所著宁国府沿革稿付洪亮吉入《宁国府志》。

吴锡麒掌教扬州安定书院。

俞正燮馆孙星衍德州署中,共撰《古天文说》。

孙星衍六月为洪颐煊《洪筠轩文钞》作序,又为《诂经精舍文集》作《诂经精舍题名碑记》。

按:孙星衍《诂经精舍题名碑记》曰:"扬州阮芸台先生以阁部督学两浙,试士兼用经古学,识拔高才生,令其分撰《经籍纂诂》一书,以观唐以前经诂之会通。及由少司农巡抚兹土,遂于西湖之阳立诂经精舍,祠祀汉儒许叔重、郑康成,廪给诸生于上舍,延王少司寇昶及星衍为之主讲,佐抚部,授学于经舍焉。其课士月一番,三人者迭为命题评文之主,间以十三经、三史疑义,旁及小学、天部、地理、算法、词章,各听搜讨书传条对,以观其识,不用扃试糊名之法。暇日聚徒讲议服物、典章,辨难同异,以附古人教学藏修息游之旨。简其艺之佳者,刊为《诂经精舍文集》。既行于世,不十年间,上舍之士多致位通显,入玉堂,进枢密,出则建节而试士。其余登甲科、举成均、牧民有善政及撰述成一家者,不可胜数。东南人才之盛,莫与为比。……今作题名记,书上舍生,因及抚部识拔之士,并纂述经诂之友与焉。"文中列有诂经精舍讲学之士汪家禧、陈鸿寿、陈文述、汤锡蕃、王仁、范景福、朱壬、方观旭、童人杰、诸嘉乐、殳文耀、钱林、胡敬、孙同元、金廷栋、陆尧春、赵春沂、赵坦、王述曾、宋咸熙、吴成勋、李方湛、陈嵩庆、吴文健、严杰、蒋炯、吴克勤、周云炽、周诰、吴引年、冯廷华、潘学敏、姜遂登、姜宁、查揆、钟大源、朱轼之、倪绶、谢江、谢淮、金衍绪、胡金题、丁子复、李富孙、李遇孙、沈尔振、吴东发、崔应榴、王纯、吴曾贯、方廷瑚、朱为弼、邵保初、周中孚、张鉴、胡缙、沈宸、周联奎、施国祁、孙曾美、丁授经、丁传经、杨凤苞、杨知新、邵保和、姚樟、严元照、徐养原、徐养灏、徐熊飞、张慧、陶定山、纪玕、何兰汀、童璜、顾廷纶、王衍梅、何起瀛、周师濂、汪继培、王端履、徐鲲、傅学灏、周治平、洪颐煊、洪震煊、金鹗、沈河斗、施彬、张立本等92人；荐举孝廉方正及古学识拔之士赵志纯、叶之纯、黄超、闻人经、翁名濂、陈甫、龚凝祚、章迎煦、李章典、汤礼祥、许乃济、许乃赓、赵魏、汤燧、方懋朝、屠倬、林成栋、梁祖恩、陈钟豫、陈文湛、方懋嗣、陈鳣、杨秉初、沈毓荪、查一飞、王丹墀、陈传经、俞翱华、李毂、孙东旸、戴光曾、张廷济、杨蟠、吴文溥、金以报、张燕昌、温纯、凌鸣阶、郎遂锋、施应心、吴杰、王文潮、王树实、童槐、柯孝达、袁钧、孙事伦、郑勋、李巽占、车云龙、胡开益、邵驿、刘九华、言九经、吴大木、卢炳涛、徐大酉、童珑起、潘国诏、张汝房、郑灏、毛凤五、端木国瑚等63人（见《诂经精舍文集》卷首）。

黄丕烈是年更号复翁。是夏，以三十金从何梦华得宋本《史载之方》；又跋新从陶蕴辉得知不足斋旧藏《续幽怪录》4卷。

顾广圻十二月为黄丕烈跋十卷本《蔡中郎集》。

刘建临携刘台拱遗稿并行状来扬州，阮元读之，深感刘台拱考证精确，遂属其子常生序而刊刻。

改琦与王芑孙、沈岍云等一行13人偕游松郡横云山，并与南汇画家周谟合作《横云秋兴图》，王芑孙作《横云秋兴图记》。图中共绘13人，由周谟画人物肖像，改琦补图。

赵增时任江西瑞昌县知县，建东皋书屋。

毛锡昌在江西余江县建起云书院。

张瑞时任四川重庆同知，建嘉陵书院。

杨效赐时任四川名山县训导，建仰山书院。

P. A. 拉特尔利发表《甲壳类及昆虫类考》。

J. C. 艾德朗格著成《万能钥匙——语言与方言史》。

费希特著成《关于科学学说的报告》。

詹姆斯·麦逊发表《对英国旨在取得和平时期中立国不开放贸易的原则的观察》。

阮元纂刊《十三经注疏校勘记》243卷成。

按：先是，阮元弱冠时，以汲古阁本《十三经注疏》多讹谬，曾以《经典释文》、唐石经等书手自校改。督学以后，始以宋十行本为主，参以开成石经及元明旧刻、叶林宗影宋抄本、陆德明《经典释文》等书，属友人门弟子分编，而自下铅黄，定其同异，得《易》10卷、《书》22卷、《诗》10卷、《礼记》71卷、《仪礼》18卷、《周礼》14卷、《左传》42卷、《公羊传》12卷、《谷梁传》13卷、《尔雅》5卷、《论语》11卷、《孝经》4卷、《孟子》15卷。至是刊板始成。

焦循始著《易通释》，数易其稿，至嘉庆十八年定稿。

孙昭德编《周易粹钞》9卷刊行。

郑凤仪著《周易大义图说》2卷刊行，汪廷珍作序。

顾广圻为张敦仁校刻《仪礼注疏》，并作《重刻仪礼注疏序代张古余》。

臧庸纂《毛诗马王征》4卷刊行。

严杰著《蜀石经毛诗考证》1卷成书。

崔述订正《读风偶识》。

孙星衍著《魏三体石经遗字考》3卷成书，有自序。

洪饴孙著《史目表》1卷成书，有自序。

凌廷堪著《后汉书音义》成书，洪亮吉作序。

钱大昕著《元史氏族表》由门生黄钟刊行。又刊《潜研堂全集》80卷，段玉裁作序。

洪颐煊校刊《竹书纪年》2卷、《穆天子传》6卷。

章宗源辑《谯周古史考》1 卷刊行。
宋郑樵著《通志·校雠略》单行本由长洲彭氏刊行。
汪志伊纂《荒政辑要》9 卷刊行，有自序。
元成等编《续纂淮关统志》14 卷刊行。
洪亮吉纂《宁国府志》。
刘毓秀修，贾构纂《洛川县志》20 卷刊行。
李符清修，沈乐善纂《开州志》8 卷刊行。
谭震修，王国琳纂《蓝山县志》16 卷刊行。
路錞修，张跃鳞纂《平湖县续志》10 卷刊行。
李德淦、周鹤立修，洪亮吉纂《泾县志》32 卷刊行。
熊载升、杜茂才修，孔继序纂《舒城县志》36 卷刊行。
谭抡修，王锡龄、高昊纂《福鼎县志》8 卷刊行。
孙星衍校刊《尸子》2 卷、《燕丹子》3 卷。
阮元重修《皇清碑版录》。
刘台拱著《刘端临先生遗书》刊行。
温汝能著《和陶合笺》4 卷成书，有自序。
孙星衍著《平津馆文集》2 卷成书。
许槤始辑《六朝文絜》，历二十年始成。
曾燠辑《国朝骈体正宗》12 卷刊行。
李集著《愿学斋文抄》14 卷刊行。

  按：李集字绎刍，号敬堂，晚号六忍老人，浙江嘉兴人。乾隆二十八年(1763)进士，官湖北郧县知县。主张力行当师张履祥，经学当师顾炎武，吏治当师陆陇其。治《易》则力斥陈抟、邵雍之说；治《春秋》则不取胡安国之说，而以《三传》为主。其学以力行、穷经、经济三者并重。

陈文述著《颐道堂诗选》14 卷、补遗 4 卷、外集 8 卷、文抄 4 卷刊行。
王子音著《宦拾录》18 卷刊行。
王士禛辑、翁方纲订《五言诗》17 卷、《七言歌行》15 卷刊行。
陈石麟著《小信天巢诗抄》18 卷刊行。
郑兼才著《六亭文集》12 卷刊行。
洪颐煊著《筠轩文抄》8 卷刊行。
侯凤苞著《洗心斋稿》5 卷刊行。
祁韵士著《濛池行稿》成书，有自序。
胡寿芝著《东目馆诗见》4 卷刊行。

  按：胡寿芝字七因，浙江临安人。另著有《东目馆诗集》。

钱大昕遗稿《十驾斋养新余录》由其子东塾刊行。
方士庶著《天慵庵随笔》2 卷刊行。
马慧裕著《八音律》1 卷刊行。
洪亮吉著《六书转注录》8 卷成书，有自序。

王昶卒(1724—　)。昶字德甫，号述庵，又称兰泉先生，江苏青浦人。

乾隆十九年进士，授内阁中书、军机章京。官至刑部右侍郎。主持过江苏太仓娄东书院与杭州敷文书院，从游者甚众。著有《春融堂诗文集》68卷、《金石萃编》160卷、《明词综》12卷、《清词综》48卷、《湖海诗传》46卷、《云南铜政全书》、《征缅纪闻》3卷、《滇行日录》3卷、《天下书院志》10卷等。同时参与编纂、修订《平定大小金川方略》、《大清一统志》、《历代通鉴辑览》、《西域同文志》、《续三通》等书。事迹见《清史稿》卷三〇五、《清史列传》卷二六、蔡冠洛《清代七百名人传》第五编、阮元《诰授光禄大夫刑部右侍郎王公昶神道碑》、秦瀛《刑部侍郎兰泉王公墓志铭》（均见《碑传集》卷三七）。清严荣编有《述庵先生年谱》。

按：《清史稿》本传曰："昶工诗古文辞，通经。读朱子书，兼及薛瑄、王守仁诸家之学。搜采金石，平选诗文词，著述传于世。"阮元《诰授光禄大夫刑部右侍郎王公昶神道碑》曰："公之为学也，无所不通。早年以诗列吴中七子，名传海外，初学六朝、初唐，后宗杜、韩、苏、陆，侍讌赓歌，赐赉稠叠。词拟姜夔、张炎。古文力追韩、苏。碑版之文，照于四裔。积金石文字数千通，书五万卷。所至朋旧文讌，提倡风雅。后进才学之士，执经请业，舟车错互，屦满户外，士藉品藻以成名致通显者甚众。公治经与惠栋同深汉儒之学，《诗》、《礼》宗毛、郑，《易》学荀、虞，言性道则尊朱子，下及薛河津、王阳明诸家。居忧，不为诗文，不就征聘。生平重伦纪，尚名节，笃棐之诚，本于天性。"

朱珪卒（1731— ）。珪字石君，号南厓，顺天大兴人。朱筠弟。乾隆十三年进士，改翰林院庶吉士，散馆，授编修。曾充实录馆正总裁、兼国史馆副总裁、经筵讲官、会试正总裁、管理武英殿御书处事务、上书房总师傅等，官至体仁阁大学士。卒谥文正。著有《知足斋集》。事迹见《清史稿》卷三四〇、《清史列传》卷二八、李桓《国朝耆献类征初编》卷二九、蔡冠洛《清代七百名人传》第一编、阮元《太傅体仁阁大学士大兴朱文正公珪神道碑》、焦循《朱文正公神道碑后记》、陈寿祺《光禄大夫经筵讲官太子太傅体仁阁大学士管理工部兼翰林院掌院学士赠太傅大兴朱文正公神道碑文》（均见《碑传集》卷三八）。清朱锡经编有《朱石君年谱》。

按：嘉庆帝制曰："大学士朱珪持躬正直，砥节清廉，经术淹通，器宇醇厚，凡所陈奏，均得大体。服官五十余年，依然寒素。家庭敦睦，动修礼法。询不愧为端人正士，昇倚方殷，遽闻溘逝，深为痛悼。初六日朕亲赐奠，已赐陀罗经被，可令庆郡王永璘带领侍卫十员，先往奠醊，给内帑银二千五百两治丧，晋赠太傅，入祀贤良祠。"（《仁宗赐奠朱文正文》）《清史稿》本传曰："珪文章奥博，取士重经策，锐意求才。嘉庆四年典会试，阮元佐之，一时名流搜拔殆尽，为士林宗仰者数十年。学无不通，亦喜道家，尝曰：'朱子注《参同契》，非空言也。'"

朱文藻卒（1735— ）。文藻字映溰，号朗斋，浙江仁和人。诸生。精六书，通史学。王杰督学浙江，延访之至京师，佐校《四库全书》。又奉敕在南书房考校。曾与孙星衍商订金石，成《山左金石志》。又为王昶修《西湖志》，并纂辑《金石萃编》、《大藏圣教解题》等书。著有《续礼记集说》、《说文系传考异》、《青乌考原》、《金箔考》、《碧溪草堂诗文集》、《碧溪诗话》、《碧溪丛钞》、《东轩随录》、《东城小志》、《碑录》2卷、《校订存疑》17卷、《增订欧阳文忠年谱》1卷等。事迹见《清史列传》卷七二、李桓《国朝耆献类征初编》卷四二〇、《国朝诗人征略初编》卷四二、震钧辑《国朝书人辑略》卷六。

按：《清史列传》本传曰："少嗜学，渔猎百家，精六书，自《说文》以下及钟鼎款识，无不贯串源流。又通史学，凡纪传、编年、纪事、《通典》诸书，辄能考其缺略，审其是非。王杰督学浙江，延访之至京师，佐校《四库全书》。复奉敕在南书房考校。尝游山左，阮元、孙星衍与之商订金石，成《山左金石志》。后复为王昶修《西湖志》，纂辑《金石萃编》、《大藏圣教解题》等书。诗在刘梦得、张文昌之间。"

戴璐卒（1739— ）。璐字敏夫，号菔塘，一号吟梅居士，浙江归安人。乾隆二十八年进士。官至太仆寺卿。曾任扬州梅花书院山长。著有《国朝六科汉给事中题名录》、《国朝湖州府科第表》、《吴兴诗话》16卷、《藤荫杂记》12卷、《秋树山房集》、《石鼓斋杂识》等。事迹见姚鼐《中议大夫太仆寺卿戴公墓志铭》（《惜抱轩文后集》卷七）。

钱坫卒（1741— ）。坫字献之，号十兰，江苏嘉定人。钱塘弟。乾隆时以副贡生游关中，以直隶州州判官于陕西。为学精于音韵、训诂及地理沿革，又工小篆。著有《诗音表》1卷、《十经文字通正书》14卷、《论语后录》5卷、《说文解字斠诠》15卷、《车制考》1卷、《尔雅释地注》2卷、《史记补注》130卷、《汉书地理志集释》16卷、《汉书十表注》10卷、《古器款识》4卷、《圣贤冢墓图考》12卷等。事迹见《清史稿》卷四八一、《清史列传》卷六八、李桓《国朝耆献类征初编》卷二五七、震钧辑《国朝书人辑略》卷六。

按：《清史稿》本传曰："与洪亮吉、孙星衍讨论训诂舆地之学，论者谓坫沉博不及大昕，而精当过之。"《清史稿·邓石如传》曰："当乾、嘉之间，嘉定钱坫、阳湖钱伯坰，皆以书名。坫自负其篆直接阳冰，尝游焦山，见壁间篆书心经，叹为阳冰之亚。既而知为（邓）石如所作，摭其不合六书者以为诋。伯坰故服石如篆，分为绝业，及见其行、草，叹曰：'此杨少师神境也！'复与论笔法不合，遂助坫诋之尤力。"

冯敏昌卒（1747— ）。敏昌字伯求，号鱼山，广东钦州人。乾隆四十三年进士，改翰林院庶吉士，散馆，授编修。官刑部河南司主事。曾主讲端溪、越华、粤秀三书院，学者称鱼山先生。与张锦芳、吴亦常齐名，称"岭南三子"。著有《河阳金石录》、《华山小志》6卷、《孟县志》10卷、《小罗浮草堂诗钞》40卷、《师友渊源集》等。事迹见《清史稿》卷四八五、《清史列传》卷七二、李桓《国朝耆献类征初编》卷一四七、震钧辑《国朝书人辑略》卷六、吴兰修《户部主事冯公敏昌传》（《碑传集》卷六〇）。

何世仁卒（1752— ）。世仁字元长，号福泉山人，江苏青浦人。初喜书画篆刻，后从祖父习医，遂以医名。著有《福泉山房医案》、《治病要言》、《斡山草堂集》。事迹见石韫玉《何世仁墓志铭》（《广清碑传集》卷一〇）。

陈豫钟卒（1762— ）。豫钟字浚仪，号秋堂，浙江钱塘人。精六书，工画兰竹，为"西泠八家"之一。著有《求是斋集》。事迹见震钧辑《国朝书人辑略》卷七。

罗泽南（ —1856）、董兆熊（ —1858）、郑珍（ —1864）、李佐贤（ —1877）、雷以諴（ —1884）、吴尚先（ —1886）生。

嘉庆十二年　丁卯　1807年

<small>普鲁士废除农奴制。

英帝国范围内奴隶贸易废除。

法军入葡萄牙。

法国公布《商业法典》。

伦敦开始用煤气进行街道照明。</small>

二月十四日丙戌（3月22日），命嗣后修书馆内各誊录，均由考校遴取。凡承领书籍，均责令亲身缮写。

三月十五日丁巳（4月22日），《高宗纯皇帝实录》1500卷、《高宗圣训》300卷编纂成书。

四月十八日庚寅（5月25日），经查核，实录馆誊缮册书，虚报字数，因而浮交缮写费三万五千两之多。嘉庆帝命彻底根究。

五月十八日己未（6月23日），颁布《复设满洲蒙古八旗圈马章程》。

九月二十七日乙丑（10月27日），严禁八旗抱养民间子弟为嗣，以防紊乱旗籍，冒领钱粮。

十月二十六日甲午（11月25日），重申严禁鸦片。

<small>罗伯特·富尔顿的平底蒸汽发动船"克勒蒙特号"试航成功。

J. G. 普莱伊尔在巴黎建成其钢琴厂。</small>

阮元正月因修雷塘隋炀帝陵，属扬州太守伊秉绶书碑刊立之；十月，为江永所著《礼书纲目》作序。

阮元得南宋淳熙贵池尤袤本《文选》，作校勘记并序之。

阮元、伊秉绶将年前所获西汉二石移嵌于扬州府学，并作《甘泉山获石记》记其事；又将是文及翁方纲《甘泉山石字拓本跋》、《甘泉山石字歌》均刻石嵌于汉石之后。

阮元十二月在河南饬令各府州县官，买经史古籍置各府州县学；又与王引之捐廉购《十三经注疏》分置各学。阮元还刊刻《学治臆说》、《佐治药言》，颁发其属吏学习。是月二十六日，阮元由兵部右侍郎迁浙江巡抚。

阮元嘱子常生赴宝应求刘台拱遗稿，复得4卷。

阮元作《杭州扬州重摹天一阁北宋石鼓文跋》，伊秉绶亦作有《扬州重摹石鼓文跋》、张鉴作有《重摹天一阁北宋石鼓歌为阮师作》。

臧庸应阮元招至杭州，读书于官署中。又入浙江学政刘凤诰幕，编次《五代史记补注》。

焦循向阮元出示《北湖小志》稿，阮元读而序之，并为之刊刻。又属补绘地图，焦循复以十六幅图附之。

王念孙寄金以佐段玉裁刻《说文解字注》。

王引之提督河南学政，手订《诗韵》一册，分给各诸生。

龚自珍读《四库全书总目提要》，始治目录学。

段玉裁与顾广圻始辩论《礼记》王制郊学，颇有分歧。

姚鼐邀弟子方东树于江宁书院课其长孙。

按：《清史稿·方东树传》曰："东树曾祖泽，拔贡生，为姚鼐师。东树既承先业，更师事鼐。"

吴德旋师事姚鼐，一意宗桐城派。

俞正燮馆新城陈用光家，为校顾祖禹《读史方舆纪要》。

曾燠由两淮盐运使升湖南按察使。

刘宝楠至扬州，肄业安定书院。

赵怀玉到通州书院掌教。

凌廷堪主讲紫阳书院。

姚文田充山东乡试正考官，朱珔为副考官。

朱士彦充河南乡试正考官，陈寿祺为副考官。

戴衢亨兼翰林院掌院学士，又充顺天乡试正考官及文颖馆正总裁。

潘世恩充续办《四库全书》总裁、文颖馆总裁。

曹振镛充实录馆正总裁，又充文颖馆正总裁。

林则徐入福建巡抚张师诚幕府，司笔札。

许宗彦九月在杭州招段玉裁、严元照、凌廷堪、项墉、李锐、何元锡、戴敦元、汪家禧集于比青轩。

按：《清史稿·许宗彦传》曰：许宗彦"居杭州，杜门以读书为事。其学无所不通，探赜索隐，识力卓然，发千年儒者所未发"。

黄丕烈以影钞宋严州本《仪礼经注》寄张古余太守；二月赠陈鱣钞本《国朝名臣事略》15卷；五月得钱遵王钞本陆游《南唐书》，并校乙丑年得陆校本，因再跋于陆校后。

伊秉绶解扬州知府职还闽。曾向郭麐出示甘泉山石拓片，阮元、翁方纲将此定为"刘厉王殿"石。

王懿修充上书房总师傅。

颜希源时任仪征县令，欲修县志，请阮元定凡例。阮元语以编纂方案，并调宋本《舆地纪胜》等书，属江藩校旧志，别为《校补》。

毕亨中举人。

按：毕亨字恬溪，初名以田，山东文登人。初从休宁戴震游，精汉人古训之学，尤长于《书》。孙星衍撰《尚书今古文注疏》，多采亨说，每称以为经学无双。嘉庆十二年举人。道光六年，以大挑知县分发江西，署安义县。后补崇义，以积劳卒官。著有《九水山房文存》2卷。事迹见《清史稿》卷四八一。

杨丕复中举人，借补石门县学训导。

按：杨丕复字愚斋，湖南武陵人。著有《历代舆地沿革表》40卷、《春秋经传合编》30卷、《春秋经传辨疑》2卷、《朱子四书纂要》40卷等。

臧寿恭中举人，屡试礼部不售。

舒位属改琦作《妾面郎面图》。

何治运中举人。

按：《清史稿·何治运传》曰：何治运"洽闻彊识，笃志汉学。粤督阮元尝聘纂《广东通志》。后游浙中，巡抚陈若霖为锓其经解及论辨文字四卷，名《何氏学》"。

郑瑞云、戈印清在浙江乐清建文昌阁私塾，嘉庆二十四年郑甑扩建院舍,定名为金鳌书院。

马敦仁时任福建龙海知县,建霞文书院。

黄思彦时任山东临朐知县,建朐阳书院。

傅鼐时任湖南吉首巡道,建立诚书院。

傅鼐在湖南泸溪县建潕溪书院。

张敏树时任四川成都知府,建元音书院。

郭南英时任四川巫溪知县,建凤山书院。

杨子涵在四川西充县建龙潭书院。

陶尧文在云南会泽县建凤山书院。

赵润时任陕西延安知府,建和鸣书院。

英国传教士马礼逊受英国伦敦传教会派遣于9月4日抵澳门传教。

按:马礼逊为基督教新教进入中国大陆传教之第一人。其先由英国赴美国纽约,继从美国横渡大西洋,经非洲好望角,入印度洋赴马六甲,最后达于澳门,开始长达二十五年之久的在华传教生涯。

<blockquote>
黑格尔发表《精神现象学》。

戈特利布·赫菲兰德发表《政治经济学的新基础》。

查理·贝尔著成《外科比较体系》。
</blockquote>

王保训辑《京氏易》由严可均整理成书,有序。

江永遗著《礼书纲目》在婺源刊刻,阮元作序。

王聘珍著《大戴礼记解诂》13卷初成,阮元作序。

夏味堂著《三百篇原声》7卷刊行。

洪亮吉著《春秋左传诂》20卷成书,有自序。

凌曙著《四书典故核》成书,洪梧作序。

宋翔凤著《小尔雅训纂》6卷刊行,有自序。

翁方纲辑《孔子庙堂碑唐本存字》1卷刊行。

钱大昕著《三史拾遗》5卷由其弟子李赓芸校勘初刻,赓芸有序。

顾广圻为孙星衍校刊《广黄帝本行记》、《轩辕黄帝传记》、《唐律疏义》、《洗冤集录》。

秦瀛辑《己未词科录》10卷刊行。

洪亮吉纂《宁国府志》50卷成书。

祁韵士在伊犁纂《伊犁总统事略》12卷、《西域释地》2卷。

张承先纂,程攸熙订正《南翔镇志》12卷刊行。

萧鱼会、赵稷思纂《石冈广福合志》4卷刊行。

王初桐纂《方泰志》3卷刊行。

薛志亮修,谢金銮、郑兼才纂《续修台湾县志》8卷刊行。

赵汝为修纂《婺源县志》39卷刊行。

孔传金修纂《南阳府志》6卷刊行。

章廷枫修,董日甲纂《海门厅志》4卷刊行。

张彤修,张诩纂《续掖县志》4卷刊行。

梁启让修,陈春华纂《芜湖县志》24卷刊行。

黄铣补刻《顺庆府志》。

周斯才修纂《马边厅志略》6卷刊行。

吴玉树纂《宝前两溪志略》12卷刊行。

陈登龙编《裹塘志略》2卷刊行。

祁韵士纂《西陲要略》4卷成书,有自序。

师范著《滇系》40卷成书,有自序。

丁瀚修,张永清等纂《续修中部县志》4卷刊行。

钱大昕著《深宁先生(王应麟)年谱》1卷、《弇州山人(王世贞)年谱》1卷刊行。

钱大昕编《陆放翁年谱》1卷由稻香吟馆刊行。

翁方纲编《虞文靖公年谱》1卷刊行,附于虞集所著《虞文靖公诗集》卷首。又著《苏斋唐碑选》1卷成。

张敦仁著《盐铁论考证》2卷成书,顾广圻作序。

徐朝俊著《高厚蒙求》10卷刊行。

万廷兰自编《纪年草》1卷刊行。

段玉裁著成《说文解字注》初稿30卷。

按:段玉裁在乾隆四十一年(1776)开始编纂《说文解字读》,历时十九年,至乾隆五十九年(1794)告成,共540卷。继而以此为基础,加工精炼,用十三年时间,于本年写成《说文解字注》初稿30卷。

钱坫著《说文解字斠诠》14卷刊行。

按:《续修四库全书总目提要》曰:钱坫"精于小学。是书凡例一斠毛斧季刊本之误,有宋本所无而妄增者,有与宋本舛误致使词义不顺者;一斠宋本徐铉官本之误,有一字两见而实为二字者,有两字相似而前后互易者,有因写者之误而别为之解者;一斠徐锴系传本之误,有以意改作者,有不解其义而妄去其字者,有锴所增加,铉据以改定官本者;一斠唐以前本之误,有讹舛相承而正字正音反晦者,有始因误写后遂因循不改,千载相仍皆为所误者。一诠许君之读如此,而后人误读通行,而本义反晦;一诠经传只一字,而许君有数字;一诠经则数字而许君只一字"。

严可均著《说文翼》成书,有自序。

王昶、庄师洛编明夏完淳作品为《夏节愍全集》14卷刊行。

按:夏完淳的著述很长时期只有抄本流传,嘉庆十二年(1807),王昶、庄师洛等辑其作品,编刻成《夏节愍全集》,诗、赋、词、曲杂文皆集录在一起,共14卷,是现在流传的通行本,也是较为完善的本子。中华书局上海编辑所以此本为祖本,于1959年出版了断句排印本,改题为《夏完淳集》。

王昶著《春融堂集》68卷刊行,附严荣编《述庵先生(王昶)年谱》2卷。

按:胡玉缙《许庼经籍题跋》曰:"是集凡诗二十四卷、词四卷、文四十卷,前有鲁嗣光、法式善、赵怀玉、吴泰来、王鸣盛、钱大昕诸序,为嘉庆丁卯刻本。昶学问淹贯,生极盛之世,又享大年,足迹几遍天下,故其诗文不名一体,屹然为东南一大宗。"

姚鼐著《惜抱轩诗文集》刊行。

吴骞著《愚谷文存》14卷、《扶风传信录》1卷成书,有自序。

高鹗著《兰墅文存》成书。

阮元著《揅经室文集》18卷刊行;又注《御制味余书事随笔》2卷成。

孙星衍辑《续古文苑》20卷刊行,有自序。

郭麐著《灵芬馆诗》初集4卷、二集10卷、三集4卷、四集4卷、续集9卷刊行。又著《忏余绮语》1卷成书，有自序。

王芑孙著《古赋识小录》8卷。

丁敬著《砚林诗集》4卷刊行。

汪国著《空石斋文集》2卷刊行。

于鳌图著《鳌沧来集》26卷刊行。

法式善著《存素堂诗初集》24卷、《存素堂诗二集》6卷刊行。

王崧著《乐山集》刊行。

朱靖著《止斋尺牍》12卷刊行。

李黼平著《著花庵集》8卷刊行。

顾列星著《苦雨堂集》8卷刊行。

项淳著《一幅集续编》12卷刊行。

陈斌著《白云文集》5卷、诗集2卷、续集8卷刊行。

杨芳灿著《芙蓉山馆诗钞》8卷成书。

叶绍本著《白鹤山房诗钞》4卷成书，有自序。

陈鳣著《简庄文抄》6卷、《简庄缀文》6卷刊行，段玉裁作序。

萨龙光编《雁门集编注》14卷刊行，有自序。

按：萨龙光字露萧，福建福州人。元萨都拉裔孙。乾隆四十六年进士。是书首有朱珪、翁方纲二序。

李富孙著《鹤征后录》12卷成书，有自序。

金元钰著《竹人录》2卷成书，李赓云作序。

按：金元钰字坚斋，浙江嘉定人。是书为工艺家传记著作。

段玉裁著《释拜》在南京刊刻，顾广圻作序。

顾锡著《银海指南》4卷成书。

按：顾锡字养吾，号紫槎，浙江桐乡人，迁居松江。精于眼科。是书又称《眼科大成》，以论述眼病之病因病机精辟且详尽著称。

刘衡著《筹表开诸乘方捷法》2卷、《勾股尺测新法》1卷成书，有自序。

万廷兰卒（1719—　）。廷兰字芝堂，号梅皋，江西南昌人。乾隆十七年进士。历任怀柔、宛平知县。曾自宋影抄本《太平寰宇记》外，裒集旧本，补亡校舛，成重校本。著有《朝代纪元表》、《十一经初学读本》、《计树园诗存》、《太平寰宇记补》、《俪紫轩诗偶存》等。事迹见万廷兰《自订年谱》。

伊朝栋卒（1729—　）。朝栋初名恒瓒，字用侯，号云林，福建宁化人。少受业于雷鋐，通程、朱之学，为蔡世远所称。乾隆三十四年进士。官至光禄寺卿。著有《南窗丛记》8卷、《赐砚斋诗钞》4卷等。事迹见李桓《国朝耆献类征初编》卷九九、秦瀛《光禄寺卿伊君朝栋家传》（《碑传集》卷四二）。

汪辉祖卒（1730—　）。辉祖字焕曾，号龙庄，晚号归庐，浙江萧山人。乾隆四十年进士，授湖南宁远知县，调道州知州。嘉庆元年举孝廉方正，固辞免。著有《元史本证》50卷、《读史掌录》12卷、《史姓韵编》64卷、《九史同姓名略》72卷、《二十四史同姓名录》4卷、《辽金元三史同名录》40卷、《龙庄四六稿》2卷、《楚中杂咏》4卷、《归庐晚稿》6卷、《越女表微录》7卷、《汪氏追远录》8卷、《过眼杂录》2卷、《佐治药言》2卷、《病榻梦痕录》2卷、《学治臆说》4卷、《善俗书》1卷、《诒谷燕谈》3卷、《双节堂庸训》6卷、《梦痕录余》1卷等。事迹见《清史稿》卷四七七、《清史列传》卷七五、李桓《国朝耆献类征初编》卷二四二、蔡冠洛《清代七百名人传》第一编、阮元《循吏汪辉祖传》(《揅经室二集》卷三)。陈让编有《汪辉祖年谱》,瞿兑之编有《汪辉祖年表》。

丁杰卒(1738—)。杰原名锦鸿,字小山,一字升衢,号小山,又号小雅,浙江归安人。乾隆四十六年进士,官宁波府学教授。曾参与《四库全书》校勘。著有《大戴礼记绎》、《周易郑注后定》、《汉隶字原考正》、《小酉山房文集》等。为人校定刊行之书,有《毛诗陆疏》、《方言汉隶字原》、《困学记闻补笺》、《苏诗补注》、《复古编》、《字林考逸》等若干种。事迹见《清史稿》卷四八一、《清史列传》卷六八、蔡冠洛《清代七百名人传》第四编、翁方纲《丁小雅传》(《复初斋文集》卷一三)。

按:《清史稿》本传曰:"少家贫,就书肆中读。肆力经史,旁及《说文》、音韵、算数。初至都,适四库馆开,任事者延之佐校,遂与朱筠、戴震、卢文弨、金榜、程瑶田等相讲习。杰为学长于校雠,与卢文弨最相似。得一书必审定句读,博稽他本同异。于《大戴礼》用功尤深,著有《大戴礼记绎》。又《易》郑注久佚,宋王应麟裒辑成书,惠栋复有增入。杰审视两本,以为多羼入郑氏《易乾凿度注》,又《汉书注》所云郑氏,乃即注《汉书》之人,非康成。乃刊其讹,定其是,复摘补其未备,著《周易郑注后定》凡十二卷。胡渭《禹贡锥指》号为绝学,杰摘其误甚多。尝谓纬书'移河为界,在齐吕填阏八流以自广'。河患之棘,由九河堙废,而害始于齐。管仲能臣,必不自贻伊戚。班固叙《沟洫志》云:'商竭周移,秦决南涯,自兹距汉,北亡八支。'则九河之塞,当在秦、楚之际矣。惠栋《尚书大传》辑本,杰以为疏舛,如'鲜度作荆,以诘四方',误读《困学纪闻》,此谬之甚者。《五行传》文不类,读《后汉书注》,始知误连《皇览》也。杰尝与翁方纲补正朱彝尊《经义考》,序年月,博采见闻,以相证合。又与许言彦阐绎《墨子》上、下经,大有端绪。《方言》善本,始于戴震,杰采获裨益最多,卢文弨以为不在戴下。《汉隶字原考正》,钱塘谓得隶之义例。"张之洞谓于诸校勘学家中,"戴(震)、卢(文弨)、丁(杰)、顾(广圻)为最"(《书目答问》)。

汪光爔卒(1765—)。光爔字晋蕃,号芝泉,江苏仪征人。廪膳生。深于《尚书》和《周易》,曾汇集汉魏诸家之说详加考释,辨惠氏《易爻辰图》之谬。阮元刻其遗稿,收入《瀛舟笔谈》、《淮海续英灵集》。事迹见《清史稿》卷四八一、《清史列传》卷六八、李桓《国朝耆献类征初编》卷四二一、焦循《亡友汪晋蕃传》(《碑传集补》卷四〇)。

黄兆麟(—1856)、杨尚文(—1856)、薛于瑛(—1878)、朱次琦(—1881)、郭柏荫(—1884)、董恂(—1892)、杨彝珍(—?)生。

嘉庆十三年　戊辰　1808 年

<small>法军入马德里。

拿破仑废除西班牙和意大利的宗教法庭。

美国禁止从非洲进口奴隶。

庞培开始大量出土文物（至1815年）。</small>

二月二十二日戊子（3月18日），命整顿考场风气。

三月十二日戊申（4月7日），因江西各县棚民儿童入籍考试童生增加，重新规定录取定额，即以嘉庆十年议增之文童生4名、武童生1名，作为棚童定额。

四月二十五日辛卯（5月20日），嘉庆帝于太和殿传胪，赐一甲吴信中、谢阶树、石承藻3人进士及第；二甲朱榮等115人进士出身；三甲侯铃等143人同进士出身。

五月初四日己亥（5月28日），新科进士王服经年已八十五，著免庶吉士在馆学习，授为翰林院检讨，以示嘉惠耆儒至意。嗣后如有中式进士年在八十以上者，均照此例行。

二十五日庚申（6月18日），命山东巡抚吉纶，动项兴修曲阜至圣孔子庙、复圣颜子庙。

七月初九日癸酉（8月30日），严申查戒科场弊窦。

九月二十九日壬辰（10月17日），盛京将军富俊等奏《严禁流民出口私垦章程》。

十月初七日（11月24日），命抄录内府所藏《全唐文》，补辑编校，刊行天下。

十二月初七日戊戌（1809年1月22日），颁布御制《慎刑论》。

是年，敕封孝女曹娥为福应夫人，庙祀浙江会稽县。

<small>歌德同拿破仑在埃尔富特会晤。

第一位战地记者亨利·克雷布·罗比森被《伦敦时报》派往西班牙采访"半岛战争"。

R.富尔顿建造"海神之车"号和"典型号"轮船。</small>

阮元正月致信王引之，告之《文选》诸条已送乃父王念孙。

阮元入都进呈《四库全书》未收书60种，并为每书作提要，命抄工将部分书录以副本，藏文选楼。

阮元命阮亨同王豫编《续淮海英灵集》；又将尤袤本《文选李善注》属严杰校订。

刘台拱遗书在杭州刻印，题为《刘端临先生遗书续刊》，阮常生作序，阮元委托臧庸、阮亨校订文字。臧庸有《书刘端临先生遗书目录后》。期间，识凌廷堪于阮元巡抚署，凌氏以所著《校礼堂文稿》属臧庸题跋。

按：臧庸《书刘端临先生遗书目录后》曰："庸于己酉、庚戌间，从故翰林学士卢召弓游，始知端临先生。时学士校《礼经》，尝就正焉，先生亦于友朋间见庸说经之文，相与读而善之。初见于江宁，后往来镇江，靡不抠衣请益。试质以心得，则为之击节叹赏，或有不合，必反复引喻，明其义而后已。"（《拜经堂文集》卷二）

凌廷堪有《与阮中丞论克己书》，与阮元讨论《论语论仁篇》；又与王聘珍会晤于浙西，应请为其《大戴礼记解诂》作跋。阮元命其子常生从凌廷堪学。

王念孙为段玉裁《说文解字注》作序，段氏致书称谢。

段玉裁主讲娄东书院；八月，为阮元的《十三经注疏校勘记》作序。

秦恩复、杨芳灿应阮元聘，主讲诂经精舍。

顾广圻正月作《学制备忘之记》，以答段玉裁《礼记四郊小学疏证》。

赵翼与舒位互题所著集，皆以"下语如铁铸"相扇奖。

龚自珍随父参观太学，见石鼓文，遂对金石学产生兴趣。

曹振镛充顺天乡试正考官，潘世恩为副考官。

董诰充会试正考官。

陈用光充河南乡试正考官。

姚学塽充贵州乡试副考官。

李兆洛散馆，谒选，为安徽凤台县知县。

钱林中进士，改翰林院庶吉士，充国史馆纂修；散馆，授翰林院编修。

贺长龄中进士，改翰林院庶吉士，授编修。

张作楠中进士，由处州府教授选江苏桃源县知县，调阳湖县。

钱仪吉中进士，改翰林院庶吉士，散馆，授户部主事。

姚莹中进士，授福建平和知县。

周之琦中进士，改翰林院庶吉士，散馆，授编修。

林则徐十月离闽北上，赴京参加第二次会试，十二月抵京，寄寓陈隽卿家。

包世臣以刘文淇好学，遂劝其治毛、郑诗。

钱侗充文颖馆校录。

丁履恒充文颖馆誊录官。

董祐诚年十八，与同里张成孙共治算学。

按：张成孙字彦惟，江苏武进人。张惠言之子。《清史稿·儒林传三》曰：张成孙"少时，惠言课以《说文》，令分六书谱之，成象形二卷。惠言著《说文谐声谱》，未竟而卒，成孙后从庄述祖游，得其大要，乃续成之。卷第篇例多所增易，凡五十卷。其书分中、僮、薨、林、岩、筐、荣、莱、诜、千、姜、肆、揮、支、皮、丝、鸠、芑、蓁、岨二十部，此乃于《毛诗》中拈其最先出之字为建首，加以《易》韵、屈韵，而又以《说文》之声分从之，犁然不紊，有各家所未及者。尝以示仪征阮元，元叹其超卓精细。成孙兼精天学，同里董祐诚殁，为校刊其遗书。又著有《端虚勉一居文集》"。

魏源补诸生，始究心阳明之学。

黄丕烈三月得元刻本《文心雕龙》，再校于嘉靖本上，并三跋之；四月再跋校宋本《礼记》；七月以白金百二十两，得镇江蒋春农藏宋余仁仲本《公羊解诂》12卷，跋记；十月跋新得元刻残本《乐府新编阳春白雪》。

鲍桂星典试江西。

张金吾从黄廷鉴读十四年，本年改从镇洋张铎学。

吴鼒卸京职南还，掌教扬州梅花书院。

祁韵士效力期满回籍。

改琦因孙原湘介绍，与蒋宝龄定交。

张杓中举人。

> 按：张杓字磬泉，原籍浙江山阴，迁广东，入番禺学。尝掌教香山、榄山、南雄、道南书院。阮元督粤时，曾延其课子，又命为学海堂学长。晚年选授揭阳县教谕，得国子监学正衔。

金锡鬯中顺天乡试，校录《会典》，叙选知县。

> 按：金锡鬯字旧毅，浙江桐乡人。初见赏于外舅钱大昭，故邃于金石之学。刘喜海出其门。著有《南北史摘证》6卷、《古钱述记》10卷、《自省录》2卷、《晴韵馆诗文集》4卷。

赵锡蒲在天津蓟县创建洗心书院。

曲合德等在河南汝州建同人书院。

袁敏在湖南洞口县建观澜书院。

王遐龄时任四川中江知县，建育英书院。

王衍庆时任四川渠县知县，建渠江书院。

蔡亚高在马礼逊寓舍中听讲道。

> 按：蔡亚高为最先接受基督教新教教义的中国信徒，时年二十一。其兄蔡严兴为一位印刷工，马礼逊所译《旧约》即由他秘密承印。

K. F. 艾希霍恩著成《德国法律发展史》。

歌德著成《浮士德》第一部分。

道尔顿编著《化学哲学新体系》。

J. F. 弗赖斯著成《理性的新批判论》。

黄丕烈刻《焦氏易林》成书，顾广圻作序。

赵坦著《诗小雅篇什次第表》1卷成书，有自序。

凌廷堪著《礼经释例》五稿成，有后序。

王聘珍著《大戴礼记解诂》13卷成书，凌廷堪作跋。

> 按：《清史稿·王聘珍传》曰：王聘珍"尝客浙西，与歙凌廷堪论学，廷堪深许之。为人厚重诚笃，廉介自守。治经确守后郑之学，著《大戴礼记解诂》十三卷、《目录》一卷。其言曰：'大戴与小戴同受业于后仓，各取孔壁古文说，非小戴删大戴、马融足小戴也。《礼察》、《保傅》，语及秦亡，乃孔襄等所合藏。是贾谊有取于古记，非古记采及《新书》也。《三朝记》、《曾子》，乃刘氏分属九流，非大戴所裒集也。'又曰：'近代校雠，不知家法，王肃本点窜此经，私定《孔子家语》，反据肃本改易经文。又或据唐、宋类书如《艺文类聚》、《太平御览》之流，增删字句，或云据《永乐大典》改某字作某。凡兹数端，率以今义绳古义，以今音证古音，以今文易古文，遂使孔壁古奥之经，变而文从字顺，经义由兹而亡。'故其发凡大旨，礼典器数，墨守郑义，解诂文字，一依《尔雅》、《说文》及两汉经师训诂。有不知而阙，无杜撰之言"。

陈贻德著《春秋左氏传贾服注辑述》20卷。

王念孙著《读书杂志》陆续付梓。

> 按：《清史稿·王念孙传》曰："既罢官，日以著述自娱，著《读书杂志》，分《逸周书》、《战国策》、《管子》、《荀子》、《晏子春秋》、《墨子》、《淮南子》、《史记》、《汉书》、《汉隶拾遗》，都八十二卷。于古义之晦，于钞之误写，校之妄改，皆一一正之。一字之证，博及万卷，其精于校雠如此。"

崔述著《唐虞考信录》由陈履和刻成，又寄以《考信录释例》、《夏考信录》、《商考信录稿》、《洙泗考信余录》，请陈氏刊刻。

佟朝选著《尼山心法》刊行。

郝懿行始撰《尔雅义疏》。又著《竹书纪年校正》14卷成书，有自序。

雷学淇著《竹书纪年义证》40卷成书，作自序。

按：《清史稿·雷学淇传》曰：雷学淇"每慨《竹书纪年》自五代以来颇多残阙，爰博考李唐以前诸书所称引者，积以九年之蒐辑，顿复旧观"。

凌曙著《四书典故核》8卷刊行。

陈树德、孙岱纂《安亭志》20卷刊行。

朱寅赞纂《恩施县志》4卷刊行。

喻春林修，朱续孜纂《平阴县志》4卷刊行。

嵩山修，谢香开、张熙先纂《东昌府志》50卷刊行。

焦循纂《北湖小志》6卷刊行由阮元刊刻。

颜希源、邓光钤修纂《仪真县续志》10卷刊行。

吴堂修纂《鄢陵县志》12卷刊行。

张德标修，王殿金、黄征义纂《瑞安县志》10卷刊行。

周绍濂修，徐养原、许宗彦纂《德清县续志》10卷刊行。

曹秉让修，杨庚等纂《长宁县志》12卷刊行。

张若骐纂《滇云纪略》2卷刊行。

师范著《滇系》40卷刊行。

祁韵士著《西域释地》1卷成书。

符永培修纂《梁山县志》18卷刊行。

陈炳德修《旌德县志》10卷刊行。

徐心田修纂《南陵县志》16卷刊行。

陈受培修，张焘纂《宣城县志》32卷刊行。

魏大名修，章朝栻纂《崇安县志》10卷刊行。

郑垲修，丁獬骏等纂《丰城县志》23卷刊行。

高攀桂修，梁士彦纂《武宣县志》16卷刊行。

吴鹏翱纂《武阶备志》22卷成书。

董鹏翱修，牟应震纂《禹城县志》12卷刊行。

金廷栋著《曹江孝女庙志》10卷成书，阮元作序。

叶廷甲刊行《徐霞客游记》第二版。

顾炎武著《历代帝王宅京记》20卷刊行。

按：《四库全书总目提要》曰："所录皆历代建都之制。上起伏羲，下讫于元，仿《雍录》、《长安志》体例，备载其城郭、宫室、都邑、寺观及建置年月、事迹。前为总论二卷，后十八卷则各按时代详载本末。征引详核，考据亦颇精审。盖地理之学，炎武素所长也。此书写本不一。浙江所采进者，仅总序二卷。而较之此本，则多唐代宗时广德元年十月吐蕃犯京畿上幸陕州一条，元顺帝至元二十五年改南京路为汴京路、北京路为武平路、西京路为大同路、东京路为辽阳路一条。盖旧无刊版，辗转传钞，讹阙异同，固所不能免尔。"今有中华书局1984年版。

包世臣著《筹河刍言》2卷。

余集编《遗山先生年谱略》1卷刊行。

郑勋编《郑寒村年谱》刊行。

赵怀玉自编《收庵居士自叙年谱略》。

王煦著《说文五翼》7卷刊行。

董诰、阮元等奉敕编纂《全唐文》。

严可均始辑《全上古三代秦汉三国六朝文》。

按：严可均因未能入《全唐文》馆，心有未甘，遂辑此书，历二十七载，成746卷，以为《全唐文》之前接。《清史稿·儒林传》曰："嘉庆十三年，诏开《全唐文》馆，可均以越在草茅，无能为役，慨然曰：'唐之文，盛矣哉！唐以前要当有总集。斯事体大，是余之责也。'乃辑《上古三代秦汉三国六朝文》，使与《全唐文》相接，多至三千余家，人各系以小传，足以考证史文，皆从搜罗残剩得之。复检群疏，一字一句，稍有异同，无不校订。一手写定，不假众力。唐以前文，咸萃于此焉。"

严可均重编《司马长卿集》2卷、《扬子云集》4卷成，均有自序。

杨复吉辑成《元文选》30卷。

吴锡麟著《有正味斋集》73卷重刻。

按：胡玉缙《许庼经籍题跋》曰："其诗镕汉魏、六朝、唐宋为一冶，大致古体俊逸，近体清新，而得力于宋人者尤夥。骈文托体不高，用笔亦弱，而清华明秀，亦非专尚繁丽者所及。"

王昶著《春融堂杂记》8种刊行。

沈复著《浮生六记》4卷成书。

王灼著《悔生诗抄》6卷、《悔生文集》8卷由鲍桂星刊行。

王申伯著《璧螺书屋偶存草》2卷刊行。

纪大奎著《双桂堂稿》83卷刊行。

金式玉著《竹邻遗稿》2卷刊行。

张惠言著《茗柯文初编》2卷刊行。又与张琦合著《武进张氏家集六种》12卷刊行。

张肇煐著《愚溪诗稿》由阮元刊刻，并作序。

徐涵著《芙蓉港诗词话》1卷成书，有自序。

沈赤然著《寒夜丛谈》3卷成书，有自序。

陈本礼著《协律钩玄》4卷成书，有自序。

孙星衍著《平津馆鉴藏记》3卷成书，有自序。

阮元刻《宁波范氏天一阁书目》4卷，有自序。

汪士汉辑《秘书二十八种》增补刊行。

张海鹏辑刊丛书《借月山房汇钞》。又著《宫词小纂》3卷、《千字文萃》1卷成书，有自序。

程瑶田著《琴音记续篇》1卷成书，方输作序。

陈念祖著《医学实在易》8卷、《伤寒论原文浅注》6卷、《长沙方歌括》6卷成书。

钱秀昌著《伤科补要》4卷成书。

按：钱秀昌名文彦，号松溪，上海人。师从杨雨昌，精骨伤科。是书今有上海卫生出版社1955年本、上海科学技术出版社1981年点校本。

怀远著《医彻》4卷刊行。

徐朝俊著天文学著作《日晷画法》成书。

杨钟宝著《缸荷谱》1卷成书。

罗典卒(1719—　)。典字徽五,号慎斋,湖南湘潭人。乾隆十六年进士,历任江南道监察御史,吏部、工部二科掌印给事中,鸿胪寺少卿、提督四川学政等职。后归主岳麓书院二十七年。著有《读易管见》、《读诗管见》14卷、《读春秋管见》、《今文尚书管见》、《凝园五经说》等。事迹见李桓《国朝耆献类征初编》卷九〇。

江潜源卒(1734—　)。潜源字岷雨,号介亭,安徽怀宁人。乾隆四十三年进士,授考功司主事。官至云南临安知府。著有《独秀山房四书文》1卷、《北上偶录》3卷、《介亭文集》6卷、《介亭外集》6卷、《介亭诗钞》1卷、《介亭笔记》8卷、《居退迩言》2卷等。事迹见江彦和等《江潜源行述》(《介亭文集》附)、姚鼐《朝议大夫临安府知府江君墓志铭》(《惜抱轩文集》卷一八)。

汪德钺卒(1748—　)。德钺字崇义,一字锐斋,又字三药,安徽怀宁人。嘉庆六年进士。曾充会典馆总纂官。笃信宋儒理学。著有《周易义例》1卷、《周易杂卦反对互图》1卷、《读经札记》、《七经余说》1卷、《女范》1卷等。事迹见《清史列传》卷六九、李桓《国朝耆献类征初编》卷一四八、陈寿祺《汪德钺传》(《碑传集》卷六〇)。

文汉光(　—1859)、王士雄(　—1867)、蒋敦复(　—1867)、陈乔枞(　—1868)、苏源生(　—1870)、潘曾莹(　—1878)、吴昆田(　—1882)、张文虎(　—1885)生;孔宪彝(　—约1856)、沈曰富(　—约1857)约生。

嘉庆十四年　己巳　1809年

正月初五日乙丑(2月18日),《皇朝词林典故》书成。

四月二十一日庚戌(6月3日),策试全国贡士241人于太和殿。二十五日帝于太和殿传胪,赐一甲洪莹、廖金城、张岳崧3人进士及第;二甲黄安涛等100人进士出身;三甲范炳士等138人同进士出身。

五月十九日戊寅(7月1日),订立澳门《民夷交易章程》。

阮元二月刻朱珪、翁方纲、法式善诸集将成。又与顾星桥诸人议立书藏于灵隐,阮元有《杭州灵隐书藏记》、郭麐有《灵隐寺书藏后记》记其事。

阮元因浙江科场案革职,复入京,受命在文颖馆任事。是年,作有《金

法国和奥地利开战。

詹姆斯·麦迪逊成为美国第四任总统。

德国生理学家S. T. 冯·佐默尔林发明水解电量计信号机。

石十事记》。

按：八月二十二日庚戌（10月1日），御史陆言弹劾浙江学政刘凤诰在上年乡试中为人作弊，刘凤诰被革职拿问，解京交刑部审拟。浙江巡抚阮元有意袒护，只知友谊，罔顾君恩，著照部议革职，发黑龙江效力赎罪。九月初十日，将请刘凤诰作弊之盐库大使严廷燮、廪生徐某发往边远充军。

阮元谒翁方纲，向其出示金涂阿弥陀铜碑，翁氏因作长诗一首，阮元和之；吴荣光、张鉴、朱为弼、张问陶等亦为阮元赋此铜碑。

凌廷堪二月至杭州，有书致阮元，四月别阮元回歙。

姚文田向阮元借《扬州图经》稿本，为编纂《扬州府志》作蓝本。日后又参考他书，辑成《广陵事略》一书。

段玉裁正月为严元照《娱亲雅言》作序，主张既讲"宋之理学"，又讲"汉之气节"；四月为戴震遗著《声类表》作序。

段玉裁又与王念孙书，论《孟子字义疏证》。

王念孙十月致书段玉裁，议刻戴震遗著《直隶河渠书》事。

段玉裁十一月有《与孙渊如书》，与孙星衍讨论孙氏著《郑康成年谱》事；又有《与梁耀北书论戴赵二家水经注》，与梁玉绳论赵一清、戴震校勘《水经注》之真相。

焦循佐姚文田纂修《扬州府志》，承担山川、忠义、孝友、笃行、隐逸、术艺、释老、职官诸门的撰述，以所获酬金筑雕菰楼。是年，焦循年四十七，病危，以《易学三书》未成为憾；病愈后，遂尽弃他业，专力于《易》，凡四易其稿乃成。

臧庸十一月有《与庄葆琛明府书》，与庄述祖讨论音韵事。

龚自珍在京识王昙，与订忘年交。

刘逢禄、庄绶甲、臧庸三人相约分治五经；刘氏为《易》，庄氏为《尚书》，臧氏为《诗》，后庄、臧二人皆未成书而中辍。

赵翼以目半明半昧，耳半聪半聋，喉半响半哑，因自号三半老人。

姚鼐因安徽重修安庆府学成，代巡抚董教增作《安庆府重修儒学记》。

梁章钜主讲南浦书院。

端木国瑚主讲中山书院。

唐鉴中进士，改翰林院庶吉士，散馆，授检讨。

按：钱穆《中国近三百年学术史》曰："清儒考证之学，盛起于吴、皖，而流衍于全国，独湖、湘之间被其风最稀。嘉、道之际有善化唐鉴镜海，以笃信程朱倡为正学，蒙古倭仁、六安吴廷栋、昆明何桂珍、罗平、窦垿皆从问辨，涤生亦预焉。唐氏为《学案小识》十五卷，以陆陇其、张履祥、陆世仪、张伯行四人为传道，余为翼道、守道，涤生为之跋，推服甚至。而善化贺长龄与唐氏相友善，倡为经世致用。邵阳魏默深受知于安化陶澍，为贺长龄编辑《经世文编》。湘阴左宗棠亦客陶氏，相与缔姻；而胡林翼则陶之子婿也。善化又有孙鼎臣芝房，亦治经世学，为《刍论》，至以洪、杨之乱，归罪于乾、嘉之汉学。湖、湘之间讲学者一时风气如此，此又一派也。"

朱士彦、张问陶、陈寿祺充会试同考官。

陈寿祺任国史馆总纂,创编《儒林传》和《文苑传》。

按：陈寿祺《与方彦闻令君书》曰："寿祺先于嘉庆十有四年,充国史馆总纂,专创《儒林》、《文苑》两传。寻以忧归。明年,宫保仪征公适在京师,当事延之,独纂《儒林传》,尝以书属寿祺采掇闽中人物。是时寿祺方为张抚部恭注仁庙圣制全史诗,未暇秉笔。逾年编辑二卷,上之史馆。"（《左海文集》卷五）

林则徐四月会试落选,离京南返,六月抵闽,仍入张师诚幕。

张师诚十一月推荐林宾日赴将乐,主正学书院讲席,先后达十年之久。

路德中进士,改翰林院庶吉士,散馆,授户部主事。

潘世恩提督江西学政。

董诰正月为太子太师。

戴衢亨正月为太子少师。

周兆基由刑部左侍郎调任吏部右侍郎,提督浙江学政。

蒋攸铦由江苏巡抚调任浙江巡抚,接替阮元。

黄丕烈勤访古书,本年先后得《太平乐府》、《南峰乐府》、《青楼集》、《宣和遗事》、《阳春白雪》各一部。

杨芳灿致书《全唐文》馆,劝广收唐人小说。是年六月,应陕西巡抚聘,离开杭州,主关中书院讲席,有《辞阮芸台中丞启》。

孙尔准在京奉命协纂《全唐文》,从佛经、道藏中选取了许多材料。

伊秉绶主纂《扬州府志》,邀江藩参与其事,称其博雅。

汪廷珍六月为王聘珍《大戴礼记解诂》作叙,并质之阮元。

王懿修加太子少保,典会试。

徐松任《全唐文》馆提调兼总纂官,将《永乐大典》中《宋会要》遗文托为"全唐文",授官录出,日积月累,得五六百卷,未及整理而卒。

按：《宋会要》原书2200余卷,由宋代历朝会要馆编纂,内容辑自实录、日历及朝廷内外各种档案,编者将全部史实依类排次。该书后散佚,徐松乃从《永乐大典》中抄辑出五六百卷。徐松卒后,书稿流入北京琉璃厂书肆,为江阴缪荃孙所得,又经缪手转归广雅书局。时张之洞任两广总督,遂聘缪氏与屠寄整理辑本。但整理工作因张氏离任而中断。所有辑本原稿,为书局提调王秉恩匿为己有。民国四年,王氏藏书散出,著名藏书家吴兴刘承干以重金购得辑本,收入嘉业楼,并先后聘请刘富曾、费有容等整理成《宋会要辑稿》366卷。以后刘富曾又参考《宋志》、《文献通考》、《玉海》等书,移改旧史实,增入新资料,录为清本,共得460卷。1931年北平图书馆以重金从刘承干处购得徐松辑本,1933年成立了以陈垣为首的编印委员会,1935年将徐氏辑本影印,名为《宋会要辑稿》,共线装二百册。1957年中华书局复将此书缩印为精装本八大册,2006年又重印,是为现在的通行本。

刘平骄在江苏海门建师山书院。

胡之富时任四川南溪知县,重建凤翔书院。

傅承湘时任陕西汉中知县,建褒城书院。

英传教士马礼逊为东印度公司聘为翻译。

| 戴维·李嘉图发表《金条价格的见涨即纸币贬值的证据》。
| K. F. 高斯发表《天体运动理论》两册。
| 让·拉马克发表《动物的哲学》。
| 威廉·麦克卢尔著成《美国地理观察》。

黄丕烈刻《易林》成书，顾广圻作序。又始重刻宋初刊本《舆地广记》38卷。

蔚荩著《学易管窥》2卷刊行。

凌廷堪著《礼经释例》13卷由阮元刊行。

刘逢禄著《公羊春秋何氏解诂笺》1卷成书，有自序。

按：是书为清代今文经学派的重要著作之一，对中国近代改良主义有一定的影响。有《皇清经解》道光本、咸丰补刻本、鸿宝斋石印本、点石斋石印本等。

郝懿行著《春秋比》2卷成书，有自序。

姚鼐著《九经说》17卷由门人陶定申补刻于江宁。

按：梅曾亮《九经说书后》曰："昔侍坐于姚姬传先生，言及于颜习斋、李刚主之非薄宋儒，先生曰：'习斋犹能溪刻自处者也。若近世之士，乃以所得之训诂文字讪笑宋儒。夫程、朱之称为儒者，岂以训诂文字哉！今无其躬行之难，而执其抹以讥之，视习斋又何如也？'因出《九经说》相授，曰：'吾固不敢背宋儒，亦未尝薄汉儒。吾之《经说》，如是而已。'昔李文贞、方侍郎苞，以宋、元诸儒议论，糅合汉儒，疏通经旨，惟取义合，不名专师，其间未尝无望文生义、揣合形似之说，而扶植道教，于人心治术有所裨益，使程、朱之学远而益明。其解虽不必尽合于经，而不失于圣人《六经》治世之意，则固可略小疵而尊大体，弃短取长，积义成章，治经之道固如是也。后之学者，辨汉、宋分南北，以实事求是为本，以应经义，不倍师法为宗，其始亦出于积学好古之士为之倡，而末流浸以加厉。言《易》者，首虞翻而黜王弼；言《春秋》者，屏左氏而遵何休。至前贤义理之学，涉之惟恐其污，矫之惟恐其不过，因便抵巘周内其言语文字之疵，以诡责名义，骇误后学，相寻逐于小言辟说而不要其统，党同妒真而不平其情，安其所习，毁所不见，终以自蔽。此其患，未可谓愈于空疏不学者也。夫经者，群言之君也，治经而有继往开来之功，以扶微起废者，则君之贵戚大臣也。事君而惟贵戚大臣之言是附，不可以为纯臣；治一经而惟一师之言是从，又岂可谓之正学哉！先生之学，其精博固远过乎文贞侍郎矣，而亦不奴主同异，兼其长而无其短者欤！"（《清儒学案》卷八九《梅先生曾亮》引）

赵良澍著《肖岩经说》19卷刊行。

张聪咸著《左传杜注辨证》成书，有自序。

赵在翰辑《七纬》刊行。

阮元为郝懿行刊刻《山海经笺疏》，并作《郝户部山海经笺疏序》。

魏礼焯、时铭修，阎学夏、黄方远纂《昌乐县志》32卷刊行。

窦景燕纂修《邢台县志》10卷刊行。

曹梦鹤等修，孔传薪、陆仁虎纂《太平县志》12卷刊行。

潘国诏修，崔旭纂《庆云县志》12卷刊行。

谢金銮纂《蛤仔难纪略》成书。

张伯魁纂修《徽县志》8卷刊行。

唐晟修纂《范县志》4卷刊行。

王树勋修，廖士琳纂《荆门直隶州志》36卷刊行。

王正常纂《嘉庆郧阳志补》1卷刊行。

刘宝楠始作《宝应图经》。

孙星衍重刊宋本《说文》。又著《郑司农年谱》成，阮元作序。

段玉裁著《说文解字音均表序》、《戴氏声韵表序》。

彭兆荪、顾广圻为胡克家校勘李善注《文选》60卷，附《文选考异》10卷竣事。

> 按：冯登府《江苏巡抚胡公神道碑》曰："公余，手校善本书，考其异同。得宋淳熙《文选》及宋刊《资治通鉴》，属太仓彭兆荪校定重刊，海内珍之。"（《石经阁文集》卷四）

张惠言遗著《茗柯文编》5卷刊行，阮元作序。

俞正峰编《珍珠塔》弹词20回刊行。

苏州书坊刻《义妖传》弹词28卷54回。

姜兆冲选编《国朝松江诗钞》刊行。

王焯著《白华堂文集》2卷、《诗集》8卷、《诗外集》2卷刊行。

范泰恒著《燕川集》14卷刊行。

迮朗著《绘事雕虫》10卷由池阳文德堂刊行。

徐朝俊著《高厚蒙求》刊行。

孙星衍辑《岱南阁丛书》23种173卷刊毕。又始刻《平津馆丛书》。

> 按：孙星衍分巡山东兖沂曹济时，以所居当岱山之南，颜其斋曰岱南阁。是书大都为其官东鲁时所辑，故以岱南阁名之。是书始刊于乾隆五十年（1785），至本年刊行完毕。有民国十三年（1924）上海博古斋据孙氏刊本影印本。

李调元辑、李鼎元重校的丛书《函海》刊行。

金闾书业堂刻《薛氏医案二十四种》。

计楠著《牡丹谱》1卷成书。

陈克恕卒（1741— ）。克恕字休行，号目耕，又号吟香、健清、妙果山人，浙江海宁人。书法兼工篆隶，篆刻颇为工稳，更勤于钻研印学理论。著有《篆刻针度》8卷及《存几希斋印存》、《篆学示斯》、《篆体经眼》等。

王坦修卒（1744— ）。坦修字中履，号正亭，湖南宁乡人。乾隆三十七年进士。授翰林院检讨，充三通馆纂修、武英殿校勘官，累迁侍读学士。去官后，受聘主朗江、岳麓书院讲席。事迹见李桓《国朝耆献类征初编》卷一三〇、刘基定《王正亭墓志铭》（《复园文存》）。

吴定卒（1744— ）。定字殿麟，号淡泉，安徽歙县人。师从刘大櫆。与姚鼐交最久。嘉庆元年举孝廉方正。著有《周易集注》10卷、《紫石泉山房文集》12卷、《紫石泉山房诗集》6卷。事迹见《清史稿》卷四八五、《清史列传》卷七一、李桓《国朝耆献类征初编》卷四一二、蔡冠洛《清代七百名人传》第五编。

洪亮吉卒（1746— ）。亮吉字君直，一字稚存，号北江，江苏阳湖人。乾隆五十五年一甲第二名进士，授翰林院编修。充国史馆纂修官。嘉庆四年以批评朝政，遣戍伊犁。次年赦还回籍，自号更生居士，从此寄情山水，专心著述。著有《春秋左传诂》20卷、《公羊谷梁古义》、《毛诗天文考》1卷、《传经表》2卷、《通经表》2卷、《四史发伏》10卷、《比雅》10卷、《国语韦昭注疏》、《卷施阁诗文集》32卷、《更生斋诗文集》16卷、《伊犁日记》2

卷、《天山客话》2卷、《北江诗话》6卷、《晓读书斋杂录》8卷、《六书转注录》10卷、《汉魏音》4卷、《乾隆府厅州县图志》50卷、《历朝史案》20卷、《补三国疆域志》2卷、《补东晋疆域志》4卷、《补十六国疆域志》16卷、《西夏国志》，参与编修《续资治通鉴》、陕西和河南各州县志等。事迹见《清史稿》卷三五六、《清史列传》卷六九、李桓《国朝耆献类征初编》卷一三二、震钧辑《国朝书人辑略》卷七、蔡冠洛《清代七百名人传》第四编、恽敬《前翰林院编修洪君遗事述》、赵怀玉《奉直大夫翰林院编修洪君亮吉墓志铭》（均见《碑传集》卷五一）。清吕培编有《洪北江先生年谱》。

  按：《清儒学案》卷一〇五《北江学案》曰："北江与孙氏渊如同里齐名，皆以词章杰才进臻朴学。""渊如兼通九流，北江则尤深于乙部地理。毘陵多才，二人郁为冠冕，北江晚岁家居，倡导后进，沐其余风者尤众焉。"其家学有长子洪饴孙、次子洪符孙、少子洪齮孙承传。其弟子有吕培等。

  谢振定卒（1753— ）。振定字一斋，号芗泉，湖南湘乡人。乾隆四十五年进士，改翰林院庶吉士，散馆，授编修。著有《知耻斋文集》2卷、《知耻斋诗集》6卷。事迹见《清史稿》卷三二二、《清史列传》卷七二、蔡冠洛《清代七百名人传》第一编、秦瀛《礼部员外郎江南道监察御史谢君振定墓志铭》、吴云《礼部员外郎江南道监察御史谢公墓表》（均见《碑传集》卷五七）、法式善《礼部员外郎前监察御史谢君振定墓表》（《存素堂文续集》卷二）。

  凌廷堪卒（1757— ）。廷堪字次仲，号仲子，安徽歙县人。乾隆五十五年进士，选宁国府教授。告归后，曾主讲敬亭、紫阳书院。长于考辨，精于《三礼》。著有《礼经释例》13卷、《燕乐考原》6卷、《后魏书音义》、《校礼堂文集》36卷、《校礼堂诗集》14卷、《元遗山年谱》2卷、《梅边吹笛谱》2卷及《晋泰始笛律匡谬》等。事迹见《清史稿》卷四八一、李桓《国朝耆献类征初编》卷二五八、蔡冠洛《清代七百名人传》第四编、阮元《次仲凌君传》（《碑传集》卷一三五）。清张其锦编有《凌次仲先生年谱》。

  按：《清史稿》本传曰："廷堪之学，无所不窥，于六书、历算以迄古今疆域之沿革、职官之异同，靡不条贯。尤专礼学，谓：'古圣使人复性者学也，所学者即礼也。颜渊问仁，孔子告之者惟礼焉尔，颜子叹道之高坚前后。迨"博文约礼"，然后"如有所立"，即"立于礼"之立也。礼有节文度数，非空言理者可托。'著《礼经释例》十三卷，谓：'礼仪委曲繁重，必须会通其例。如乡饮酒、乡射、燕礼、大射不同，而其为献酢酬旅、酬无算爵之例则同；聘礼、觐礼不同，而其为郊劳执玉、行享庭实之例则同；特牲馈食、少牢馈食不同，而其为尸饭主人初献、主妇亚献、宾长三献、祭毕饮酒之例则同。'乃区为八例，以明同中之异，异中之同：曰通例，曰饮食例，曰宾客例，曰射例，曰变例，曰祭例，曰器服例，曰杂例。礼经第十一篇，自汉以来说者虽多，由不明尊尊之旨，故罕得经意，乃为封建尊尊服制考一篇，附于变例之后。大兴朱珪读其书，赠诗推重之。廷堪礼经而外，复潜心于乐，谓今世俗乐与古雅乐中隔唐人燕乐一关，蔡季通、郑世子辈俱未之知。因以隋沛公郑译五旦、七调之说为燕乐之本，又参考段安节《琵琶录》、张叔夏《词源》、《辽史·乐志》诸书，著《燕乐考原》六卷。江都江藩叹以为'思通鬼神'。他著有《元遗山年谱》二卷，《校礼堂文集》三十六卷、《诗集》十四卷。仪征阮元常命子常生从廷堪授士礼，又称其《乡射五物考》、《九拜解》、《九祭解》、《释牲》、《诗楚茨考》诸说经之文，多发古人所未发。其尤卓然者，则《复礼》三篇云。"

翁树培卒(1765—　)。树培字宜泉,直隶大兴人。翁方纲次子。乾隆五十二年进士,官至刑部郎中。博雅好古,酷嗜金石,收藏之富为当时之冠。著有《古泉汇考》8卷。事迹见震钧辑《国朝书人辑略》卷六。

李钟泗卒(1771—　)。钟泗字滨石,江苏甘泉人。嘉庆六年举人。曾从江藩问《丧礼》。治学精于《左传》,撰《规规过》一书,贬刘炫而崇杜预,焦循服其精博。事迹见《清史稿》卷四八二、《清史列传》卷六九、李桓《国朝耆献类征初编》卷四二一、焦循《拣选知县李君滨石事状》(《碑传集补》卷四〇)。

黄奭(　—1853)、陈立(　—1869)、冯桂芬(　—1874)、余治(　—1874)、何兆瀛(　—1890)生。

嘉庆十五年　庚午　1810年

二月初六日庚寅(3月10日),重申禁止投递匿名揭帖例。

十七日辛丑(3月21日),工部奏《请严河工另案工程折》。

三月初二日丙辰(4月5日),重申严禁鸦片烟令。

六月初八日辛卯(7月9日),申禁刊刻小说。

　　按:从御史伯依保所奏,坊本小说,无非好勇斗狠秽亵不端之事,无知之徒,一经入目,往往被其牵诱,于风俗人心殊有关系。著五城御史出示禁止,如有此等刻本,即行销毁。十七日,查出伯依保请禁小说,皆数十年来旧书,而近日坊间又有新编小说,语涉不经,该御史竟不陈奏(《清仁宗实录》卷二三〇)。

十二月二十一日辛丑(1811年1月15日),纂辑《剿平三省邪匪方略》书成。

是年,嘉庆帝作《读通鉴纪事本末》诗序。

是年前后,颁布禁止外国人印书和传教谕旨。

　　按:由于这个禁令,米伶等传教士遂选择马六甲为传教和出版基地,出现了马六甲印刷所。

阮元四月补授翰林院侍讲,九月充署日讲起居注官,十月兼国史馆总纂,创立《儒林传》,开整理当代学术史风气之先声,又拟创《文苑传》未就。焦循有《国史儒林文苑传议》、臧庸有《上阮云台先生论儒林传书》,对《儒林传》和《文苑传》的编纂提出具体建议。

阮元聘莫晋主讲山阴蕺山书院。

阮元十月在京向臧庸出示新作《大学格物说》,臧庸读而跋之。

阮元、李锐写定《畴人传》,阮元请谈泰为该书作序。

王念孙因直隶永定河溢,被革职严议。

拿破仑迎娶奥地利公主玛丽·路易丝。

委内瑞拉独立。

克虏伯工厂在德国的埃森开工,建立起世界第一家钢厂。

德国柏林大学创立。

塞缪尔·哈内曼发表《疗法论原则》,创立了顺势疗法。

费朗索瓦·阿佩尔发展了罐头食品业。

段玉裁正月为李尧栋写本《十三经》作《李松云写十三经跋》；四月作《张涵斋侍读八十寿序》，祝张焘八十寿辰。又有书复王念孙，言及刊刻戴震遗著《直隶河渠书》和《孟子字义疏证》事。

  按：段玉裁《张涵斋侍读八十寿序》曰："翰林侍读宣城张涵斋先生，长余四岁。……好学不倦，晚益专精。虽余所著《尚书撰异》、《毛诗传小注》、《说文解字注》，亦有嗜痂之癖，手抄而严课程，日诵几许，不自谓疲。盖入今年，已八十矣。余尝谓，好学者以书卷自养，往往多寿，所见卢召弓学士、王兰泉侍郎、王凤喈光禄、钱晓征少詹事、赵瞰江文学，皆是也。至今岿然存者，有梁山舟学士，年八十有八，程易田方正，八十有六，赵云松观察，八十有四，翁正三阁学、姚姬传比部，均八十。"（《经韵楼集》卷八）

翁方纲有《书金坛段氏汉读考》，批评段玉裁的《周礼汉读考》；臧庸有《答翁覃溪鸿胪卿书》，言及翁氏批评段玉裁《周礼汉读考》事。

赵翼重赴鹿鸣宴，赏赐三品顶戴。

姚鼐重赴鹿鸣宴，恩加四品衔。九月为方苞遗著《望溪先生集集外文》作序，十二月为程廷祚遗著《青溪集》作序。

  按：姚鼐《望溪先生集外文序》曰："望溪先生之古文，为我朝百余年文章之冠，天下论文者无异说也。鼐为先生邑弟子，诵其文，盖尤慕之。计鼐少时，亦与先生之老年相接。然先生居江宁，鼐居桐城，惟乾隆庚午乡试，一至江宁，未及谒先生。其后遂入都，又数年先生没，遂至今以不见先生为恨矣。"（《惜抱轩文集后集》卷一）

龚自珍中副贡生，始学倚声填词。

臧庸应顺天乡试不第，受聘整理中州文献。五月有《与孙渊如观察论校管子书》和《与姚姬传郎中书》，六月又有《与孙渊如观察书》，鼓励孙氏续著《尚书义疏》；七月有《与阮芸台侍讲论古韵书》。

顾广圻为鲍廷博辑《知不足斋丛书》作序。

  按：顾广圻《知不足斋丛书序》曰："尝论刻书之难有三：所据必善本而后可，一难也；所费必多赀而后可，二难也；所校必得人而后可，三难也。此三者不具，终无足与刻书之数，岂非难乎？今之具此三难，而以之刻书者，其莫如吾友鲍君以文也。君收储特富，鉴裁甚精。壮岁多获两浙故藏书家旧物，偶闻他处有奇文秘册，或不能得，则勤勤假抄厥副，数十年无懈倦。其称说一书，辄举局刻本若抄本、校本凡几，及某刻本如何，某抄本如何，某校本如何，不爽一二也。其于本有如此者。梨枣之材，剞劂之匠，遴选其良，费而勿靳，生产斥弃，继以将伯。千百锱铢，咸归削氏。犹复节衣减食，裨补不足。视世间所谓荣名厚实、快意怡情者，一切无堪暂恋，只有流传古人著述。急于性命，乃能黔范其所处，朱顿乎斯事也。其于赀有如此者。并涉四部，旁综九流，奥篇隐事，心识口诵，元元本本，有经丹黄甲乙者，如风庭之扫叶。又况先达闻人，泊二三雅素，往复扬榷，集思广益。外此，即土壤细流，咸不让择，大要期诸求足。每定一书，或再勘三勘，或屡勘数四勘。祁寒毒暑，身行旅舍，未尝造次铅椠去手也。其于校有如此者。是故生平前后所刻，不下数百种，独汇而为丛书者，已至二十五集。人徒见知不足斋板片满家，印本遍天下，几等齐夫寻常刻书之易易也，而亦知君之为其难者有如是乎？"（《思适斋集》卷一二）

姚文田提督河南学政。

陈寿祺七月因父丧辞国史馆总纂，请阮元为其父作墓志铭，阮元因作

《诰封奉直大夫翰林院编修陈君墓志铭》。有信致王引之，论《尚书大传》，并乞引指条例。

姚莹赴香山，主讲榄山书院。

林则徐十月随福建巡抚张师诚赴京，拟第三次参加会试。

钱仪吉与同年刘芙初、董琴涵、朱勋楣、屠琴坞、谢向亭、贺藕耕、周稚圭等举行消寒诗会活动。

吴鼒主讲紫阳书院。

贺长龄充广西乡试副考官。

胡承珙充广东乡试副考官。

陶澍充四川乡试副考官。

曹振镛充会典馆副总裁，又充顺天乡试正考官。

江潘改字节甫，始撰《国朝汉学师承记》。

按：江藩《国朝汉学师承记序》曰："藩绾发读书，授经于吴郡通儒余古农、同宗艮庭二先生，明象数、制度之原，声音、训诂之学，乃知经术一坏于东、西晋之清谈，再坏于南、北宋之道学，元明以来，此道益晦。至本朝，三惠之学盛于吴中，江永、戴震诸君继起于歙，从此汉学昌明，千载沈霾一朝复旦。暇日诠次本朝诸儒为汉学者，成《汉学师承记》一编，以备国史之采择。"

陈奂从江沅治小学；江沅为介段玉裁，遂又从段氏游。

端木国瑚服阕，因父遗言，遂究心《易》学。

胡克家以督漕失职，降任淮安府知府，彭兆荪往与会。

黄丕烈四月以白金五两四钱得残宋刻本《孟东野集》，有跋；五月跋新校五砚楼旧藏明钞本《刘子新论》；六月跋鲍廷博手校嘉靖年伍光忠刊《江淮异人录》。又跋《扪虱新话》。

张问陶七月授山东莱州府知府。

鲍桂星督湖北学政。

沈涛未冠，举乡试。

按：沈涛原名尔岐，字西雝，号匏庐，浙江嘉兴人。段玉裁弟子。官正定府知府。著有《论语孔注辨伪》2卷、《说文古本考》14卷、《常山贞石志》24卷、《铜熨斗斋随笔》8卷、《十经斋文集》4卷、《交翠轩笔谈》4卷等。

改琦完成《小百梅集》绘制，唐仲冕、周道、高崇瑚、高崇瑞等为之题观款。

沈焯为浙江桐乡分水书院主讲。

黄钺仍直南书房，迁侍讲学士。

何太清在广州建文澜书院。

蒋宗恺时任广东新丰知县，建贵峰书院。

吕柱石时任贵州开阳知州，将东皋书院改建为开阳书院，旋又易名为三台书院。

郑绪章在陕西宁强县建振文书院。

黄拔萃、张青峰在台南建蓬壶书院。

| 约瑟夫·德·梅特发表《论政体的形成》。
拉扎尔·卡诺发表《论要塞防守》。
加尔和施普尔杰姆著成《神经系统的解剖学和生理学》。

阮元始编录《十三经经郛》。

按：陈寿祺曾为阮元定义例十条：一曰探原本，二曰钩微言，三曰综大义，四曰备古礼，五曰存汉学，六曰证传注，七曰通互诠，八曰辨剿说，九曰正谬解，十曰广异文。

叶佩荪著《易守》40卷刊行。

按：《清史稿·叶佩荪传》曰："亦治古《易》，不言《图》、《书》，著《易守》四十卷。于《易》中三圣人所未言者不加一字，故曰'守'。"

梁章钜著《夏小正通释》4卷成书。

王念孙著《读书杂志》82卷刊行。

江藩始著《国朝汉学师承记》。

按：经学大儒凌廷堪、焦循、王引之等人都对当时的学风不满，提出批评，学术风气开始转变，此时唯有惠栋的再传弟子江藩独自坚守汉学壁垒，鼎力撑持，著《国朝汉学师承记》一书，结果引起了空前激烈的汉宋学术之争。曾国藩在《朱慎甫遗书序》中对汉学家好诋毁宋儒之弊颇有针砭，其曰："嘉、道之际，学者承乾隆季年之流风，袭为一种破碎之学，辨物析名，梳文栉字，刺经典一二字，解说或至数千万言，繁称杂引，游衍而不得所归，张己伐物，专抵古人之隙。或取孔、孟书中心性仁义之文，一切变更故训，而别创一义，群流和附，坚不可易。有宋诸儒周、程、张、朱之书，为世大诟。间有涉于其说者，则举世相与笑讥唾辱，以为彼博闻之不能，亦逃之性理空虚之域，以此盖其鄙陋不肖者而已矣。"（《朱慎甫遗书》卷首）

任兆麟辑《周公谥法》刊行。

雷学淇著《竹书纪年义证》刊行，有自序。

潘眉著《三国志考证》8卷成书，有自序。

敕纂《剿平三省邪匪（白莲教）方略》成书。

包世臣著《策河四略》成书。

康基田著《河渠纪闻》约成书于本年。

徐松著《唐两京城坊考》5卷成书，有自序。

姚文田著《广陵事略》7卷成书，有自序。

陈寿祺著《东越儒林后传》1卷、《东越文苑后传》1卷、《东观存稿》1卷成书。

高珣修，龚玉麟纂《葭州志》2卷刊行。

西清纂《黑龙江外纪》8卷刊行。

吴士鸿修，孙学恒纂《滦州志》8卷刊行。

吴桓修，王初桐纂《嘉定县志》20卷刊行。

吴堦修，陆继辂纂《续修郯城县志》10卷刊行。

清恺修，席存泰纂《绩溪县志》12卷刊行。

瞿颉修纂《丰都县志》4卷刊行。

甘扬声修，刘文运纂《渑池县志》16卷刊行。

李于垣修，杨元锡纂《长垣县志》16卷刊行。

武占熊修，刘方璿纂《零陵县志》16卷刊行。

陈观国修，李保泰纂《甘泉县续志》10卷刊行。

唐古特修，陶澍等纂《沅江县志》70卷刊行。
杨桂森修，应丹诏纂《南平县志》38卷刊行。
阿克当阿修，姚文田、江藩等纂《重修扬州府志》72卷刊行。
黄丕烈校刊《宣和遗事》2卷成书。
吴省钦自编《吴白华自订年谱》1卷刊行，附于作者所著《白华后稿》卷首。
陆元鋐自编，陆瀚续编《彡石自订年谱》1卷。
章腾龙修《贞丰拟乘》2卷刊行。
姚晏著《中州金石目》4卷，姚觐元作跋。
邢澍著《金石文字辨异》12卷刊行。
巴尼珲纂《清汉文海》40卷刊行。
董诰等奉敕编《皇清文颖续编》164卷成书。
陈本礼著《汉诗统笺》3卷刊行。
王心敬编辑《二曲全集》26卷刊行。
王友亮著《双佩斋文集》4卷、《骈体文》1卷刊行。
丁晏始编《山阳诗征》。
王遐春著《麟后山房七种》刊行。
马士图著《豆花庄诗抄》10卷、诗余1卷刊行。
陈鳣校《唐诗纪事》，复据日本传本校《唐才子传》，补正数十事。
王倩著《问花楼诗抄》7卷、《洞箫楼词抄》1卷刊行。
吴定著《紫石泉山房诗文集》15卷刊行。
吴慈鹤著《吴侍读全集》刊行。
汪志伊著《稼门文抄》7卷、《稼门诗抄》10卷刊行。
张士元著《嘉树山房集》20卷、外集2卷刊行。
陆锡熊著《宝庆堂集》12卷刊行。
陈浮梅著《兰亭主人怀旧集》7卷刊行。
恽敬著《大云山房文稿初集》4卷刊行。
沈慈、沈恕"古倪园"刻《四妇人集》。
梁章钜著《南浦诗话》8卷成书。
黄培芳著《香石诗话》2卷刊行。

按：黄培芳字子实，一字香石，号粤岳山人，广东香山人。另有《岭海楼诗文抄》等。

李汝珍著《李氏音鉴》6卷由宝善堂刊行。
蒋翎著《雪堂退思录》4卷成书。
孙星衍编著《孙氏祠堂书目》内编4卷、外编3卷刊行。

蔡上翔卒(1717—)。上翔字元凤，别号东墅，江西金溪人。乾隆二十六年进士，授四川东乡知县。以丁艰归，不复出仕。竭数十年之精力，阅正史及百家杂说数千卷，著成《王荆公年谱考略》。事迹见光绪《抚州府

利·卡尔迪什卒(1731—)。英国科学家。

志》卷六〇。

吴省兰卒(1738—)。省兰字泉之,江苏南汇人。乾隆四十三年进士。历官湖北、浙江、湖南学政、礼部侍郎、工部侍郎等。著有《听彝堂偶存稿》21卷、《艺海珠尘》8集、《河源纪略承修稿》5卷、《文字辨讹》1卷等。事迹见《清史列传》卷二八、李桓《国朝耆献类征初编》卷九七。

袁廷梼卒(1764—)。廷梼字寿阶,号又恺,江苏长洲人。世本望族,明袁氏六俊之后。早年为监生,精小学,与王鸣盛、李锐、费士玑、顾千里等相切磋。富藏书,聚书数万卷,多宋元旧椠及传钞秘本,斋室名红蕙山房、五砚楼,与周锡瓒、黄丕烈、顾之达号藏书四友。著有《红蕙山房吟稿》。事迹见钱大昕《五砚楼记》(《潜研堂文集》卷二一)。

许光治(—1855)、邵懿辰(—1861)、徐鼒(—1862)、周沐润(—约1862)、伍崇曜(—1863)、贝青乔(—1863)、石玉昆(—1871)、徐灏(—1879)、李善兰(—1882)、陈澧(—1882)生。

嘉庆十六年　辛未　1811年

旨在扩大公民权的"汉普登俱乐部"在英国出现。巴拉圭独立。

三月初一日己酉(3月24日),再次严申禁止鸦片烟流入。

四月二十五日壬申(6月15日),嘉庆帝于太和殿传胪,赐一甲蒋立镛、王毓吴、吴廷珍3人进士及第;二甲毛鼎亨等92人进士出身;三甲王禹功等162人同进士出身。

五月二十九日丙午(7月19日),严定《西洋人传教治罪专条》。

六月十二日戊午(7月31日),颁行《训谕八旗戒赌》。

二十九日乙亥(8月17日),御史景德奏,八旗学校,学生仅图沾润膏火,教习惟冀如期报满,以为进身之阶。官学之设,成为具文。

七月十四日庚寅(9月1日),将学业未精之西洋人遣令归国。

按:据管理西洋堂事务大臣福庆等奏,西洋人在京者共11人,除福文高、李拱辰、高守谦3人现任钦天监监正、监副,南弥德在内阁充当翻译差使。又毕学源一人通晓算法,留备叙补,贺清泰、吉德明2人均年老多病,不能归国,此3人请令留京。其高临渊、颜时莫、王雅各伯、德天赐4人,学业未精,留京无用,俱遣令归国。

十六日壬辰(9月3日),严禁西洋人潜住内地。兵部和吏部又议定《失察西洋人传教之地方文武处分条例》。

弗雷德里希·克虏伯在埃森创建了克虏伯军火厂的第一个铸铁厂。

阮元七月补授詹事府少詹事,作《南北书派论》;十二月补授内阁学士兼礼部侍郎。

阮元向张聪咸出示唐魏徵《群书治要》,张聪咸有《与阮侍郎论晋逸史例》书。

张鉴收到阮元所寄部分《儒林传》稿,有《答阮侍郎师书》。

程国仁向阮元索取《汉延熹西岳华山碑考》稿,为之校定刊印。

王念孙是夏校读《战国策》,成3卷;六月为臧庸《拜经日记》作叙。

按:王念孙《拜经日记叙》曰:"用中绍其先玉林先生之学,撰《拜经日记》十二卷,考订汉世经师流传之分合,字句之异同,后人传写之脱误,改窜之踪迹,擘肌分理,剖豪析芒,其可谓辩矣。《日记》所研究者,一曰诸经今古文,二曰王肃改经,三曰四家《诗》同异,四曰《释文》、《义疏》所据旧本,五曰南北学者音读不同,六曰今人以《说文》改经之非,七曰《说文》讹脱之字,而于孔、孟事实,考之尤详。若其说经所旁及者,叔孙《礼记》南斗文昌之类,皆确有根据,而补前人所未及。"(《王石臞先生遗文》卷二)

王引之分教庶吉士。

段玉裁作《外孙龚自珍字说》,为自珍取字爱吾;二月,有《周漪塘七十寿序》,祝周锡瓒七十寿辰;七月为张聪咸的《左传刊社》作序。

孙星衍告病离鲁还南京,邀顾广圻居冶城山馆,共订古籍。顾广圻淹留三年,为孙氏校刻《续古文苑》、《华阳国志》、《抱朴子内篇》、《古文尚书考异》等书。

臧庸三四月有《与王伯申学士论校小学钩沉书》、《与王怀祖观察论校小学钩沉书》,与王念孙、王引之父子谈任大椿遗著《小学钩沉》校勘事;又有《上阮芸台侍讲书》,谓其高祖当入《国史儒林传》。

按:臧庸《上阮芸台侍讲书》曰:"接谕,知欲览孙夏峰、汤文正书,谨奉上《洛学编》、《潜庵遗稿》二种。闻先生近人已录张皋文矣,如卢学士、王光禄、钱少詹事、江叔沄、钱学源、刘端临、凌次仲、汪容夫诸君,亦得著录否?庸未得见邵学士、任侍郎、孔检讨,其学孔为最。今为侍御校《小学钩沉》九卷将竣,怀祖先生欲为付梓。微末之人,学识谫陋,固不足以语及此,而故老典型时形心目,亦不知何故也。"又《上阮芸台侍讲书》曰:"先高祖当入《国史儒林传》,此陈编修充纂修官时自言之,有手书可据。《尚书集解案》亦编修由舍间索取,郎君为邮寄,意欲采其精者入列传,不幸传未成而编修遭大故。犹幸大人续为总纂,其相知之深,有过之无不及也。乃客冬忽述外人'子孙润色'之言,阁下岂为之惑耶?夫此书在当时,有阎征君序,丁教授辑录遗文,并见征君手稿,在康熙丁丑。卢学士修《常州府志》,采入《儒林传》,及校勘《经典释文》,采入《考证》,在乾隆己酉、庚戌间。时庸年二十有三,亡弟年始十四五,谁为润色?且此书先为学者流传已久矣。此必有嫉怨之士,诬以不根之谈。虽小学诂训,在今日为极盛,然国初诸老已启其端。如阎氏《古文尚书疏证》、《四书释地》等,有言小学者,再前则顾氏《音学五书》、《金石文字记》中亦有之。且定宇之前,已有天枚,祖孙著述,刊布海内,亦岂后人之润色耶?庸至不孝,马齿四十有五,困于布衣,学行无一可称。以光大前人之业,觍颜宇内,死有余憾。尚幸不诬之攘窃先人之书,掩为己有,以获罪于天地祖宗。此阁下犹可平心原恕也。然如阎、惠二征君,卢学士、钱詹事、段大令,并海内耆德,当世通儒,皆尊信此书。又阁下手撰先考《家传》、《定香亭笔谈》、《经义杂记》题辞,均有奖励之言。即辱知于庸,未始非因其儒者之后,故与之晋接,久而不衰。今一旦给听细人之言,而致疑之,将前辈之尊信,先生之爱重,数十年来均为所欺。今操著作之柄,欲以明正学,黜伪儒,遽改其从前之所见耶?"(《拜经堂文集》卷三)

臧庸七月为郝懿行妻王照圆的《列女传补注》作序。

按：臧庸《列女传补注序》曰:"岁庚午,庸再游京师,一时师友之盛,日以经史古义相研究,乐此不疲,兀坐成疾,不以为困也。时有父子著述,一家两先生者,王石渠观察暨令嗣曼卿学士也;有夫妇著述,一家两先生者,郝兰皋户部暨德配王婉佺安人也。庸寓吴鉴庵通政家,距石渠先生之居仅数里,因得朝夕请益。而慕安人之学之名特至,尝以《孝节录》,从户部乞言于安人,撰《读孝节录》一首以应,性情真挚,文辞高旷,得六朝文法,书法亦遒劲,唐人欧、褚遗范也。既而户部以安人所著《列女传补注》八卷、《叙录》一卷,属庸校定,并索序言。"(《拜经堂文集》卷二)

方东树、陈鹤、严观等协助姚鼐纂修《江宁府志》。

董诰充会试正考官。

曹振镛充会试正考官,又授翰林院掌院学士。

林则徐以殿试二甲第四名朝考第五名中进士,改翰林院庶吉士,习清书,散馆,授编修。

程恩泽中进士,改翰林院庶吉士,散馆,授编修。

吕璜中进士。

方观旭中进士,改翰林院庶吉士,散馆,授广西武缘县知县。

按：方观旭字升斋,浙江钱塘人。尝肄业诂经精舍,得阮元赏识。著有《论语偶记》。

舒位、宋翔凤、王昙、端木国瑚在京应会试落第,先后南归。

徐松督学湖南,因事获罪,遣戍伊犁。

按：《清史稿·徐松传》曰:"简湖南学政,坐事戍伊犁。松留心文献,既出关,置开方小册,随所至图其山川曲折,成《西域水道记》,拟《水经》;复自为释,以比道元之注。又以新疆入版图数十年,视同畿甸,而未有专书,乃纂述成编,于建置、控扼、钱粮、兵籍,言之尤详。将军松筠奏进其书,赐名《新疆事略》,特旨赦还,御制序付武英殿刊行。"

汪喜孙十月自序《礼堂授经图》,追忆早年随其父汪中读经事。

按：汪喜孙《礼堂授经图自序》曰:"礼堂授经者,喜孙哀述少小过庭之训,故作是图。喜孙年六岁,先君定皇象本《急就篇》、《管子·弟子职》,教授于礼堂。明年,更写郑康成《易注》,卫包未改本《尚书》、顾炎武《诗本音》、《仪礼·丧服子夏传》,以次授读。……皓天不吊,行年九岁,先君即世。"(《孤儿编》卷三)

朱次琦始入塾受书。

松筠时任两广总督,五月通告外商,详述鸦片之危害,要求严禁贩此毒货。

钮树玉旅扬州,始与汪喜孙订交。

鲍廷博三月以家钞《古逸民先生集》1卷、附录1卷赠黄丕烈。

改琦与钦善、顾鸿声、王芑孙、梅春、高崇瑚、高崇瑞、殷绍伊、姜皋、顾子瀛、夏睿、毛遇顺、潘兆熊、冯承辉、何其伟、何其章、王嘉禄等十数人结诗社。

羊拱辰时任湖南新宁知县,重修莲潭书院,易名为文昌书院。

仲振履时任广东兴宁知县,建文峰书院,又名养正书院。

周钦时任四川涪陵知州,建鹤鸣书院。

张晓山时任甘肃会宁知县,建枝阳书院。

周邦倚时任甘肃两当知县,建广香书院。

杨桂森时任台湾彰化知县,建主静书院。

梁发开始经手印刷传教士马礼逊所译《路加福音》及部分《新约》书信等。

李钧简著《周易引经通释》10卷刊行。

按：李钧简字秉和,湖北黄冈人。乾隆五十四年进士。官编修。

邓尚谳著《周易详说》16卷刊行。

臧庸辑《韩诗遗说》2卷成书。

段玉裁辑《春秋左氏古经》成书,有题辞。

辛绍业著《周礼释文问答》3卷成书,有自序。

吴英、吴志忠校刊《朱子定本四书集注》26卷。

按：是书乃现存《四书集注》比较好的校勘本之一。

阮元四月编录《十三经经郛》成,凡100余卷;六月编《汉延熹西岳华山碑考》4卷成;又纂《四库未收书百种提要》成书。

冯登府著《魏石经考异》2卷、《蜀石经考异》2卷成书。

凤应韶著《经说》3卷、《读书琐记》1卷成书。

按：凤应韶字德隆,江苏江阴人。其学深于《三礼》。另著有《四书备考》、《五经辨证》、《仪礼钩题》、《左传杜注参事》等。

刘一明著《象言破疑》2卷刊行。

江藩著《国朝汉学师承记》8卷、《国朝经师经义目录》1卷成书,江钧作跋。

按：是书以清初至嘉庆汉学学者各立传略,分别叙述其生平、师承、著作,兼及其见解,读此可见汉世儒林之承授,清朝经学之渊源。江钧《国朝经师经义目录跋》曰:"家大人既为《汉学师承记》之后,复以传中所载诸家撰述有不尽关经传者,有虽关经术而不醇者,乃取其专论经术而一本汉学之书,仿唐陆元朗《经典释文》传注姓氏之例,作《经师经义目录》一卷,附于记后,俾治实学者得所取资,寻其宗旨,庶不致混莠于苗,以砆为玉也。著录之意,大凡有四:一、言不关乎经义小学,意不纯乎汉儒古训者,不著录;一、书虽存其名而实未成者不著录;一、书已行于世而未及见者不著录;一、其人尚存,著述仅附见于前人传后者不著录。凡在此例,不欲滥登,固非以意为弃取也。次列既,钧承命缮录,因不揣梼昧,著其义例于末。"(《国朝经师经义目录》卷末)

顾祖禹遗著《读史方舆纪要》130卷、附《舆图要览》4卷由敷文阁刊行。

按：梁启超《清代学术概论》曰:"清代地理学亦极盛。然乾嘉以后,率偏于考古,且其发明多属于局部的。以云体大思精,至今盖尚无出无锡顾祖禹《读史方舆纪要》上者。魏禧评之曰:'《职方》、《广舆》诸书,袭讹踵谬,名实乖错,悉据正史考订折衷之。此数千百年所绝无仅有之书也。……贯穿诸史,出以己所独见,其深思远识,在语言文字之外。'"梁启超《中国近三百年学术史》曰:"清代第一部之考古的地理书,端推顾景范(祖禹)之《读史方舆纪要》百三十卷。景范著此书,二十九岁始属稿,

巴托尔德·尼布尔编著《罗马史》。

K. A. 伯蒂格尔发表《神话艺术》。

J. P. A. 雷居萨特发表《文学用语论》。

查理·贝尔爵士发表《脑解剖的新设想》。

S. O. 泊松编著《力学论》。

意大利化学家阿马代奥·阿伏加德罗发表《煤气成为分子假设》。

五十岁成,二十余年间,未尝一日辍业。其书前九卷,为历代州域形势;后七卷为山川源委及分野;余百十四卷则各省府州县分叙。每省首冠以总序一篇,论其地在历史上关系最重要之诸点,次则叙其疆域沿革,山川险要,务使全省形势了然。每府亦仿此,而所论更分析详密。每县则纪辖境内主要之山川、关隘、桥驿及故城等。全书如一长篇论文。其顶格写者为正文,低格写者为注,夹行写者为注中之注。体裁组织之严整明晰,古今著述中盖罕其比。"

庆桂等奉敕纂《钦定吏部处分则例》52卷成书。

张蓉镜著《啸堂集古录考异》2卷成书,有自序。

施国祁著《史论五答》1卷成书书,有自序。

李集辑、李富孙续《鹤征录》8卷刊行,冯集梧作序。

洪颐煊著《平津读碑记》8卷成书,有自序。

郭麐著《金石例补》2卷成书,有自序。

按:郭麐《金石例补序》曰:"金石之有例,自潘景梁始,其括例止取韩、柳二家。明王止仲推而广之,以唐、宋十五家之文为准,而断以己意。本朝黄梨洲为《金石要例》,补潘氏之阙,其言体要,亦备是已。朱锡鬯检讨尝言碑志始于东汉,欲取洪氏《隶释》、《隶续》胪列其体制,以补三家之例,而未及为。麐质性椿昧,问学荒落,然窃尝有意于碑版之文,以为泥于例,则官府吏胥之文移也;不知吏,则乡农村学究之论说也。顾既以为有例,则必从其朔,东汉其鼻祖矣。辄不自揆,取洪氏之书,为之条分而缕析之,间以后人祖述之由,附识于后。魏、晋、六朝,上承汉氏,而下启唐人者也,其有可采,亦著于篇,而唐人不及焉。为《金石例补》二卷,插架寡陋,遗漏疏略,所在多有,幸同志有以正之助之云尔。"

施国祁著《金史详校》10卷成书,有自序。

姚鼐纂《新修江宁府志》56卷成书。著《庄子章义》5卷由门人陈用光校刻于湖北。

唐仲冕纂《海州直隶州志》32卷刊行。

仲振履修纂《兴宁县志》12卷刊行。

周文重修,雷声、陶澍纂《安化县志》20卷刊行。

唐仲冕修,汪梅鼎等纂《海州直隶州志》32卷刊行。

曾钰修纂《宁远县志》10卷刊行。

谢惟杰修,陈一津、黄烈纂《金堂县志》9卷刊行。

雷学海修,陈昌齐等纂《雷州府志》20卷刊行。

庆霖修,戚学标等纂《太平县志》18卷刊行。

姚宝烇修,范崇楷等纂《西安县志》48卷刊行。

刘丙修,晏善澄纂《上高县志》17卷刊行。

王茂源补刻《南丰县志》40卷刊行。

黄恬修,祖之望、朱秉鉴纂《浦城县志》40卷刊行。

吕燕昭修,姚鼐纂《新修江宁府志》56卷刊行。

王逢源修,李保泰纂《江都县续志》12卷刊行。

陈建勋修纂《萍乡县志》20卷刊行。

徐卓纂《休宁碎事》12卷刊行。

于鳌图自编,于定保续编《沧来自纪年谱》1卷刊行。

江沅著《说文解字音韵表》、《说文释例》2卷成书,有自序。

按:《续修四库全书总目提要》曰:"段若膺由小学以通乎经学,沅出入其门数十年,若膺撰《六数音均表》,析古音为十七部,其第二表以《说文解字》形声分隶十七,谓今韵于同一谐声之偏旁而互见诸部,古音则同此谐声即为同部,故音可审形而定。戴东原语以谐声字,半主义半主声,《说文》九千余字以义相统,今作谐声表。若尽取而列之,使以声相统,条贯而下如谱系,则亦必传之作。若膺未果为。嘉庆乙丑乃属子兰(江沅字)谱之。"

陈本礼著《屈辞精义》6卷成书,有自序。

魏象枢著《寒松堂文集》10卷重刊。

全祖望著《鲒埼亭集外编》50卷刊行。

宋翔凤著《忆山堂诗录》成书。

梁章钜、陈寿祺分纂《御制史诗注》64卷。

瞿绍基辑《启祯宫词合刻》2卷刊行。

凌廷堪著《燕乐考原》6卷刊行。

丰绅殷德著《延禧堂诗抄》1卷刊行。

王瑜著《石华山人诗集》6卷刊行。

王凤九著《霞庵文集》4卷刊行。

毛燧传著《味蓼文稿》18卷刊行。

严元照著《悔庵学文》8卷刊行。

吴镇著《松花庵全集》12卷刊行。

张望著《闰榻先生集》30卷刊行。

汪德钺著《四一居士文抄》6卷刊行。

明毕拱宸著《韵略汇通》重刊。

陈念祖著《金匮方歌括》6卷成书,陈元犀作跋。

杨于果卒(1744—)。于果字硕亭,晚号审岩,甘肃秦安人。乾隆四十年进士。历知湖北阳县及汉川、枝江、枣阳、南漳等县。著有《群经析疑》、《史汉笺论》10卷、《廿一史史概》、《审岩文集》2卷等。事迹见《清史列传》卷七二、李桓《国朝耆献类征初编》卷二五六、《湖北荆州府通判杨先生于果墓志铭》(《碑传集》卷一○九)。

师范卒(1751—)。范字端人,号荔扉,又号金华山樵,云南大理人。乾隆三十九年举人。屡试礼部会试,不第。后任剑川学正,以军功选授安徽望江知县。学识渊博,凡有关民生国计者,莫不考求实用,尤熟地理、水利、边防。著有《滇系》40卷、《南诏征信录》3卷、《课余随笔》3卷、《金华山樵集》2卷、《雷音集》12卷、《荫春书屋诗话》1卷、《小停云馆芝兰》10册等。

戴衢亨卒(1755—)。衢亨字荷之,一字莲士,江西大庾人。乾隆四十三年进士第一,授翰林院编修。官至体仁阁大学士,凡朝廷大典礼诸巨制,悉出其手。曾会同纪昀经办《四库全书》,充会典馆副总裁官。卒谥文端。事迹见《清史稿》卷三四一、《清史列传》卷二八、李桓《国朝耆献类征初编》卷三七、蔡冠洛《清代七百名人传》第一编。

陈鹤卒(1757—)。鹤字鹤龄,又字馥初,号稽亭,江苏元和人。少游钱大昕之门,得其指授。嘉庆元年进士,授工部主事。中年归里,曾掌教于江宁尊经书院。著有《明纪》,预定60卷,成52卷而卒,其孙陈克家续成之。另著有《桂门自订初稿》10卷。事迹见《清史稿》卷四八六、《清史列传》卷七二、秦瀛《工部主事陈君鹤墓志铭》(《碑传集》卷六〇)。

按:《清史稿》本传曰:陈鹤"操行修洁,亦精史学。嘉庆元年进士,以主事分工部,出无车马。与栖霞牟昌裕、阳山郑士超有'工部三君子'之目。熟于明代事,辑《明纪》六十卷。未成,卒。后八卷其孙克家续成之"。

臧庸卒(1767—)。庸本名镛堂,字在东,又字东序,改名庸,字用中,一字西成,号拜经,江苏武进人。臧琳玄孙。与弟礼堂俱事卢文弨。又在苏州从钱大昕、王昶、段玉裁讲学术。阮元督学浙江,延之杭州助辑《经籍籑诂》和《十三经注疏校刊记》。著有《月令杂说》2卷、《蔡氏月令章句》2卷、《孝经考异》1卷、《韩诗遗说》2卷、《韩诗订讹》1卷、《说诗考异》4卷、《卢植礼记解诂》1卷、《王肃礼记注》1卷、《校郑康成易注》2卷、《贾唐国语注》2卷、《尔雅古注》3卷、《乐记二十三篇注》1卷、《子夏易传》1卷、《萧该汉书音义》2卷、《帝王世纪》1卷、《拜经日记》8卷、《拜经堂文集》4卷、《孟子年谱》、《说文旧音考》3卷、《臧氏文献考》6卷等。事迹见《清史稿》卷四八一、《清史列传》卷六八、李桓《国朝耆献类征初编》卷四一六、蔡冠洛《清代七百名人传》第四编、宋翔凤《亡友臧君诔》(《拜经堂文集》卷首)、阮元《臧拜经别传》(《揅经室二集》卷六)。[日]吉川幸次郎编有《臧在东先生年谱》。

按:《清史稿》本传曰:"与弟礼堂俱事钱塘卢文弨。沉默朴厚,学术精审。续其高祖将绝之学,儗《经义杂记》为《拜经日记》八卷,高邮王念孙亟称之。其叙《孟子年谱》,辨齐宣王、湣王之讹,闽县陈寿祺叹为绝识。又著《拜经文集》四卷,《月令杂说》一卷,《乐记二十三篇注》一卷,《孝经考异》一卷,《子夏易传》一卷,《诗考异》四卷,《韩诗遗说》二卷,《订讹》一卷,《校郑康成易注》二卷。其辑《子夏易传》,辨此传为汉韩婴作,非卜子夏。其《诗考异》大旨如王伯厚,但逐条必自考辑,不依循王本。庸初因宝应刘台拱获交仪征阮元,其后馆元署中为多。元写其书为副本,以原本还其家。"

李潢卒,生年不详。潢字云门,湖北钟祥人。乾隆三十六年进士。官至工部左侍郎。精算学,推步律吕,俱臻微妙。著有《九章算术细草图说》9卷,附《海岛算经图说》1卷。事迹见《清史稿》卷五〇七。

按:《清史稿》本传曰:"《九章》初经东原戴氏从《永乐大典》中录出,一刻于曲阜孔氏,再刻于常熟屈氏,悉依戴氏原校本刊刻。其时古籍甫显,校订较难,不无间有扞格,自是天下之习《九章》者,莫不家弆一编,奉为圭臬。而刘徽《九章》亦从此有善本矣。潢又尝因《古算经十书》中,《九章》之外最著者,莫如王孝通之《辑古》,唐制开科取士,独《辑古》四条限以三年,诚以是书隐奥难通。世所传之长塘鲍氏、曲阜孔氏、罗江李氏各刻本,又悉依汲古阁毛影宋本,祇有原术文而未详其法,且复传写脱误。虽经阳城张氏以天元一术推演细草,但天元一术创自宋、元时人,究在王氏后,似非此书本旨。爰本《九章》古义,为之校正,凡其误者纠之,阙者补之,著《考注》二卷。以明斜衺广狭割截附带分并虚实之原,务如其术乃止。稿未成,潢殁后,为南丰刘衡授其乡人,以西士开方法增补算草,并附图解,刻于江西省中,喧宾夺主,殊乱其真。乔采取江西刻本削去图草,仍以原考注刊布。"

叶名沣（ —1859）、刘书年（ —1861）、居巢（ —1865）、邓瑶（ —1865）、许宗衡（ —1869）、莫友芝（ —1871）、曾国藩（ —1872）、程长庚（ —1880）、方玉润（ —1883）、吴云（ —1883）、翁大年（ —1890）、张之万（ —1897）生。

嘉庆十七年　壬申　1812年

四月初九日辛亥(5月19日),续编《清凉山志》、纂编《西巡盛典》二书告成。

是月,令重修《大清一统志》。

按：这次重修《大清一统志》,历时三十载,至道光二十二年(1842)才完成。因为开编于嘉庆十七年,取材内容也到嘉庆二十五年(1820)为止,所以称为《嘉庆重修一统志》,共560卷。是为第三次修纂《大清一统志》。

五月十七日戊子(6月25日),破获金丹八卦教。

六月二十九日庚午(8月6日),准御史倪秀奏请,著即刊刻印刷《漕运全书》。

十一月初三日壬申(12月6日),严申民间诉讼条例。

阮元四月奉旨往山西查办吉兰泰盐商控案,议吉兰泰蒙古盐务章程；五月,补授工部右侍郎,兼管钱法堂事务；八月,为漕运总督,许兆椿接替其为工部右侍郎,有《拟国史儒林传序》稿本留国史馆；九月,为纪昀遗集作《纪文达公集序》；十一月,为重刻宋本《太平御览》作叙。

按：阮元《拟国史儒林传序》曰："我朝列圣,道德纯备,包涵前古,崇宋学之性道,而以汉儒经义实之。圣学所指,海内向风。御纂诸经,兼收历代之说,《四库》馆开,风气益精矣。国初讲学,如孙奇逢、李颙等,沿前明王、薛之派,陆陇其、王懋竑等始专守朱子,辨伪得真,高愈、应撝谦等,坚苦自持,不愧实践。阎若璩、胡渭等,卓然不惑,求是辨诬。惠栋、戴震等,精发古义,诂释圣言。近时孔广森之于《公羊春秋》,张惠言之于孟、虞《易》说,亦专家孤学也。且我朝诸儒,好古敏求,各造其域,不立门户,不相党伐,束身践行,闇然自修。呜呼！周鲁师儒之道,我皇上继列圣而昌明之,可谓兼古昔所不能兼者矣。"(《揅经室一集》卷二)又于《拟儒林传稿凡例》曰："《史》、《汉》始记《儒林》,《宋史》别出《道学》。其实讲经者岂可不立品行,讲学者岂可不治经史强为分别,殊为偏狭。国朝修《明史》,混而一之,总名

拿破仑入侵俄国。败归。

第二次美国独立战争爆发。

詹姆斯·麦迪逊在美国总统大选中击败德威特·克林顿。

纽约汉密尔顿大学成立。

赛林德发明印刷机,被《泰晤士报》采用。

亨利·贝尔的"彗星号"蒸汽动力船首航。

瑞士勘探家J.L.伯克哈特发现阿布—西姆贝尔大圣殿。

F.A.温泽组建成伦敦煤气、照明及焦炭公司。

《儒林》，诚为盛轨。故今理学各家，与经学并重，一并同列，不必分歧，致有轩轾。"（《揅经室续二集》卷二）

阮元为臧庸作小传，附于其高祖臧玉林传中；又复为《臧拜经别传》。

严杰馆阮元邸中，阮元为其作《钱塘严氏京邸祖墓图记》。

阮元邀江藩掌教淮安丽正书院，并亲临书院讲学，因识拔丁晏。

按：丁晏《丽正书院课艺序》曰："忆嘉庆壬申岁，余肄业丽正书院。漕帅阮文达公延江郑堂先生主讲，海内之经师也。尝发策问汉魏《易》十五家，及许君《说文》隐义。时余十九，对万余言，文达公激赏之。"（《颐志斋文集》卷五）

汪喜孙五月为江藩《国朝汉学师承记》作跋；十二月致书王念孙，欲通过王氏寄书阮元，说服国史馆诸史官将其父汪中由《文苑传》改入《儒林传》。

按：汪喜孙《国朝汉学师承记跋》曰："国朝汉学昌明，超轶前古，阎百诗驳伪孔，梅定九定历算，胡朏明辨《易》图，惠定宇述汉《易》，戴东原集诸儒之大成，蔼然著述，显于当代。颛门之学，于斯为盛。至若经史、词章、金石之学，贯穿劻穴，靡不通擅，则顾宁人导之于前，钱晓徵及先君子继之于后，可谓千古一时也。若夫矫诬之学，震惊耳目，举世沿习，罔识其非。如汪钝翁私造典故，其他古文词支离抵牾，体例破坏；方灵皋以时文为古文，《三礼》之学，等之自郐以下；毛西河肆意讥弹，譬如秦楚之无道；王白田根据汉宋，比诸春秋之调人。恶莠乱苗，似是而非，自非大儒，孰有能辨之者！吾乡江先生博览群籍，通知作者之意，闻见日广，义据斯严，汇论经生授受之旨，辑为《汉学师承记》一书。异时采之柱下，传之其人，先生名山之业固当垪此不朽。或如司马子长《史记》、班孟坚《汉书》之例，撰次《叙传》一篇列于卷后，亦足屏后儒拟议窥测之见，尤可与顾宁人、钱晓徵及先君子后先辉映者也。"（《国朝汉学师承记》卷末）

伊秉绶为阮元"隋文选楼"书额。

张其锦九月谒阮元于淮安，将凌廷堪部分遗稿呈交阮元，阮元亲加校订，谋付刊刻。

王引之授通政使副使。是年，命稽查右翼宗学。

段玉裁七月有《答江晋三论韵》，与江有诰论古音韵学；十月为吴小巗《说文引经异字》作序，又为江有诰《江氏音学》作序。

段玉裁为其外孙龚自珍《怀人馆词》作序，告诫自珍勿以诗词而误经史。

龚自珍由副贡生考充武英殿校录，是为生平校雠学之始。三月，其父龚丽正调任安徽徽州知府，举家南下。

龚丽正议修《徽州府志》，延汪龙、洪饴孙、武穆淳、胡文水等修纂，龚自珍有《与徽州府志局纂修诸子书》，汪龙等有《复龚瑟人札》。

翁方纲八月作《自题校勘诸经图后》，又成《考订论》8篇。

按：翁方纲《自题校勘诸经图后》曰："考订之学，何以专系之经也？曰：考订者，为义理也。其不涉义理者，亦有时入考订，要之以义理为主也。学者束发受书，则由程、朱以仰窥圣籍。及其后见闻稍广，而渐欲自外于程、朱者，皆背本而骛末者也。是亦因宋后诸家，专务析理，反置《说文》、《尔雅》诸书不省，有以激成之。吾今既知朴学之有益博综考订，勿蹈宋后诸家之弊则得之矣，而岂敢转执考订以畔正路乎！

嘉兴王惺斋曰:'学莫陋于厌薄韩、欧习用之字,而嗜讲《说文》内不常用之字。'吾每敬佩斯言,以为切中今日学者之痼疾。"(《复初斋文集》卷六)又《考订论》中之二曰:"若就吾见闻最近者,无锡顾氏之于《春秋》,元和惠氏之于诸经,婺源江氏之于《三礼》,吾皆未及见其人,而粗得其绪矣。吾所目及见者,则休宁戴震、歙县金榜、金坛段玉裁,是皆惠、江之后出者。然吾虽皆略知其人,而未与之友也。就吾所与辨析往复者,则如余姚卢文弨、嘉定钱大昕、大昭也。此诸子之书具在,抑又不必从而轩轾也。吾门从游者,则若宝应刘台拱、海州凌廷堪、曲阜孔广森、南城王聘珍,亦其亚已。高邮王念孙与其子引之,皆推服金坛段氏《说文》之学,引之亦谓刘台拱深于《论语》。昨阮侍郎元以所锓台拱之书来示,其《论语》卷中,有精审者,亦有偏执者。而凌廷堪之《仪礼释例》,虽不为害,而究亦无所益。盖此事原不能求其备善者也,故执己所长以议人之短者,可偶举其一二,而不可绳其全也。惟诗文家竟有不事考订者,此固无害其为专长。秀水钱载,诗人也,不必善考订也,而与戴震每相遇,辄持论龃龉,亦有时戴过于激之,然而钱不敢斥言考订家之失也。惟铅山蒋士铨诗集有《题焦山瘗鹤铭》一诗,其言曰:'注疏流弊事考订,鼷鼠入角成蹊径。'此则大不可者。"(《复初斋文集》卷七)

方东树授经安徽巡抚胡克家幕中。

林则徐离闽北上,十二月途经南京,赴钟山书院拜见古文家姚鼐。

陈寿祺前往福建泉州清源书院,前后主书院十年。

陈奂从段玉裁学,段氏命代校《说文解字注》。

包世臣谒姚鼐于钟山书院,请问为学之要。

胡克家延彭兆荪、顾广圻为其校勘元胡三省注《资治通鉴》。

祁韵士兼任兰山书院山长。

黄丕烈十月跋新校旧钞本《河南邵氏闻见录》。

松筠充国史馆正总裁。

吴骞十月应鲍廷博之请,为卢文弨遗集作《抱经堂集序》。

张问陶二月正式辞官,四月抵苏州,与在江南的诗友赵翼、孙原湘、陈文述、孙星衍、吴锡麟、范来宗、吴山尊、梁同书、屠倬、鲍文逵、潘奕隽等人,唱酬颇频。

改琦、顾鸿声、梅春、高崇瑚、姜皋、范棠、顾子瀛、殷瑞、夏璇、高崇瑞、周莲、潘兆熊、冯承辉、顾恒、毛遇顺、钦善等16人,三月集城西龙潭修禊。

姚元之大考一等,擢侍讲。复以武英殿刊刻《圣训》有误,仍降编修。

谭光祥时任湖北恩施知府,建南郡书院。

王循礼在四川自贡建炳文书院,又名东新书院。

甘文凤在四川富顺县建板桥书院。

黎学锦时任四川川北道,建云屏书院。

马允刚在陕西镇巴县建班城书院。

杨廷理时任台湾知府,于宜兰县建仰山书院。

蔡亚高九月请求马礼逊为其施洗。

黑格尔发表《逻辑学》。

拉普拉斯著成《解析理论》。

H. F. 杰内修斯编纂成《希伯来语和闪族语词典》。

W. M. 利克著成《希腊》。

汉弗莱·戴维著成《化学基本原理》。

乔治·居维叶发表《关于四足动物骸骨化石的研究》。

胡方著《周易本义阐旨》8卷刊行。

迮鹤寿著《齐诗翼氏学》4卷刊行，有自序。

陈奂始著《诗毛氏传疏》。

按：梁启超《中国近三百年学术史》曰："硕甫（陈奂字）是段茂堂弟子，最长于训诂，《毛传》是最古最好的训诂书，所以此书所疏训诂，最为精粹。至于礼数名物，则《毛传》阙而不详，郑笺所补，以这部分为多。而硕甫不满于郑，他博引古书，广收前说，大抵用西汉以前之说，而与东汉人不苟同。这一点是他很用力的地方。但成功如何，我却未敢十分相信。总之这部书，硕甫'毕生席虑，会萃于兹'，其价值与《毛诗》同悬天壤，可断言也。"

孔广森著《春秋公羊经传通义》11卷由其弟孔广廉刊行。

刘逢禄著《春秋公羊何氏释例》10卷成书，有自叙。

按：刘逢禄《春秋公羊何氏释例叙》曰："清之有天下百年，开献书之路，招文学之士，以表彰《六经》为首，于是人耻乡壁虚造，竞守汉师家法。若元和惠栋氏之于《易》，歙金榜氏之于《礼》，其善学者也。禄……尝以为学者莫不求知圣人；圣人之道，备乎《五经》；而《春秋》者，《五经》之管钥也。先汉师儒略皆亡阙，惟《诗》毛氏、《礼》郑氏、《易》虞氏有义例可说。而拨乱反正，莫近《春秋》，董、何之言，受命如响。然则求观圣人之志，七十子之所传，舍是奚适焉？"

刘逢禄著《左氏春秋考证》2卷、《论语述何》2卷、《箴膏肓评》1卷成书，有自序。

刘逢禄著《五经考异》由门人张润手录付梓。

沈梦兰著《周礼学》1卷成书，有自序。

洪颐煊著《礼经宫室答问》2卷成书，有自序。

秦嘉谟著《月令粹编》成书，陈寿祺作序。

吴骞校订《明党祸始末记》。

姚文田辑《广陵事略》7卷刊行。

吴修著《续疑年录》4卷成书，有自序。

按：作者于校订钱大昕《疑年录》后，搜其所遗，编成此书。有《粤雅堂丛书》本、《小石山房丛书》本。

游昌灼著《帝王世纪纂要》4卷成书，有自序。

王谟辑《汉唐地理书钞》52卷成书，曾燠作序。

按：是书为辑录比较完备的大型古代地理丛书，曾燠《序》曰："先生积数十年心力，裒集汉唐遗书，多至四百余种，起自洪荒，讫于唐季。内而徽甸，外而荒裔，凡有涉于山川井邑、风土民物、高文大册、残编坠简，以及浮屠、老子之书，无不备载。又能自竖伟帜，爬梳而别抉之，撷其要领，芟其芜蹟，部别而州分，星联而绮错，上可以备金匮石室之求，下可以为学士大夫殚见洽闻之助，庶几博而且精者矣。"（《汉唐地理书钞》卷首）

吴镐著《汉魏六朝志墓金石例》3卷成书，有自序。

按：吴镐号荆石山民，江苏太仓人。另著有《荆石山民诗文集》。

叶奕苞著《金石录补续跋》7卷成书，周锡瓒作跋。

吴甸华修，程汝翼、俞正燮纂《黟县志》16卷刊行。

龚传黻修纂《乐山县志》16卷刊行。

卢燿修，王秉刚纂《高县志》54卷刊行。
周伟业修，褚彦昭等纂《直隶叙永厅志》48卷刊行。
秦湘修，杨致道、郑国楹纂《合江县志》54卷刊行。
赵朴修，郑存仁等纂《江安县志》6卷刊行。
胡之富修，包字纂《南溪县志》10卷刊行。
刘元熙修，李世芳等纂《宜宾县志》54卷刊行。
蒋光弼修，张燮纂《于潜县志》16卷刊行。
丁观堂修，陈燮纂《邛州志》18卷刊行。
万在衡修，甘庆增修《祁阳县志》24卷刊行。
张厚鄘等修，乐明绍等纂《新田县志》10卷刊行。
李沄等修，区启科等纂《阳江县志》8卷成书。
刘邦柄修，陈昌齐纂《海康县志》8卷刊行。
沈赤然纂《新市镇续志》8卷、补遗1卷刊行。
王德浩修，曹宗载重订《硖川续志》20卷刊行。
陈此和修，戴文奎纂《射洪县志》18卷刊行。
杨英灿修纂《安县志》30卷刊行。
许源修，唐张友纂《荣县志》10卷刊行。
阎登云修，周之桢纂《同里志》24卷刊行。
戴三锡修，王之俊等纂《续眉州志略》刊行。
王来遴修纂《渠县志》52卷刊行。
温承恭修纂《松潘直隶厅志》4卷成书。
姚文田辑《广陵事略》7卷刊行。
祁韵士纂《西陲要略》4卷刊行。
佚名纂《建始县志》2卷刊行。
叶世倬纂修《续兴安府志》8卷刊行。
臧庸编《孔子年表》、《孟子编年略》刊行。
张澍编《诸葛忠武侯年谱》1卷刊行，附于《诸葛忠武侯文集》卷首。
王廷伟编《芥岩先生年谱》成书。
段玉裁著《说文解字注》30卷由经韵楼刊行，王念孙作序。
陈诒厚著《韵综》8卷刊行。
阮元纂《经籍籑诂》106卷刊行。
陈本礼著《屈辞精义》6卷刊行。
孙星衍辑《续古文苑》20卷刊行。
纪昀著《纪文达公遗集》16卷由其孙纪树馨刊行。
赵翼著《瓯北集》53卷刊行。
丁繁培著《溉余吟草》2卷刊行。
丁应銮著《落花诗刻》1卷刊行。
马允刚著《耘耕堂古体文稿》1卷刊行。
龚自珍著《怀人馆词》3卷成书，段玉裁作序。

凌廷堪著《校礼堂文集》36卷由其弟子张其锦编辑成书,江藩作序。

方苞著《望溪外集》由其孙方传贵刊刻,并作跋。

王翰著《春草堂诗》3卷刊行。

王元文著《北溪诗集》20卷、《北溪文集》2卷刊行。

王元启著《只平居士集》30卷刊行。

王家相著《茗香堂集》4卷、外集8卷刊行。

陈廷桂著《香草堂集》10卷刊行。

柯振岳著《兰雪集》8卷刊行。

姚范著《援鹑堂文集》6卷、《援鹑堂诗集》7卷由姚莹编订刊行,有后叙。

　　按:姚莹《援鹑堂集后叙》曰:"公生而渊静,笃于行谊,勤于问学。……病近代诸公,或竞谈考据,以攻诋宋儒为能也。谓此人心之弊,充其说,将使天下不复知有身心伦纪之事,常慨然欲有所论著,以明其义,不果就。方《三礼》馆之开也,总裁为高安朱相国轼、临川李尚书绂、吾乡方侍郎苞,咸诵法先儒,为人伦师表,故说经虽不专主宋儒,尚平心以折中其义,所咨获于公者尤多。公所为诗古文辞,皆力追古人,而得其渊诣。尝与同人约,十年不下楼,成举世不好之文。其谈艺精深,多前人所未发,今散见所著笔记中,不缀缀。其持论之大者如此。"(《东溟文集》卷二)

钱杜著《松壶画赘》2卷成书,陈文述作序。

李寿昌编《古今画家姓名集韵》成书。

汪和鼎辑《毓芝堂医书四种》刊行。

黄凯钧著《友渔斋医话六种》刊行。

　　按:黄凯钧字南重,号退庵,浙江嘉善人。是书包括《一览延龄》1卷、《橘旁杂论》2卷、《肘后偶钞》2卷、《证治指南》1卷、《药笼小品》1卷等。有《中国医学大成》本。

陈本礼著《急救探奇》1卷成书,有自序。

吴瑭著《瘟病条辨》6卷由淮阴汪廷珍刊行。

张璐、张倬、张登著《伤寒大成》由思得堂刊行。

钮树玉著《校定皇象本急就章》1卷成书,有自序。

孙星衍辑《平津馆丛书》43种254卷,分10集刊行。

　　按:是书因兵燹,原版尽毁。光绪十年(1884),吴县朱记荣重为校刊,有光绪十一年(1885)吴县朱氏槐庐家塾刊本。

朱休度卒(1732——　)。休度字介裴,号梓庐,浙江秀水人。乾隆十八年举人,官嵊县训导。任期满,被荐选为江西新喻县知县,后调山西广灵知县。在广灵供职七年,体恤民情,被百姓称为"良心官"。嘉庆初辞官归里,主讲崌州书院,选秦汉以来的文章作为教材。著有《小木子诗三刻》、《学海观沤录》、《皇本论语经疏义考》、《紫荆花下闲钞》、《游笔》、《三天竺志》等。事迹见《清史列传》卷七二、李桓《国朝耆献类征初编》卷二三八。

钱伯坰卒(1738——　)。伯坰字鲁斯,号野子,又号仆射小樵,江苏阳湖人。国子监生。工书。从刘大櫆学古文,回乡以告恽敬、张惠言,从此有阳湖派古文之名。著有《仆射山庄诗集》等。事迹见《清史稿》卷五〇三、震钧辑《国朝书人辑略》卷六、李桓《国朝耆献类征初编》卷三九三。

陈寿熊（ —1860）、胡林翼（ —1861）、薛寿（ —1872）、丁取忠（ —1877）、吴可读（ —1879）、左宗棠（ —1885）、涂宗瀛（ —1894）生。

嘉庆十八年　癸酉　1813年

五月初一日丁卯（5月30日），改定河务管理条例。

六月初九日甲辰（7月6日），重申宗室觉罗不准与汉人联姻定例。

二十日乙卯（7月17日），命仿《唐鉴》体例，编辑《明鉴》。

按：谕曰："朕敕几余暇，披览往籍，见宋范祖禹所著《唐鉴》一书，胪叙一代事迹，考镜得失，其议论颇有裨于治道。宋平五代之乱，近接有唐，其政教风俗，历历可稽，故以唐为殷鉴。我朝绍膺大统，道揆治法，远述百王。至有明三百年，时代相承，其一朝政治，亦鉴观得失之林也。宜仿《唐鉴》体例，辑为《明鉴》一书，胪举大纲，搜采编次。其论断即令派出编纂诸臣，轮流撰拟，进呈后经朕裁定，勒为成书，刊刻颁行，用昭法戒。"（《清仁宗实录》卷二七〇）

九月十五日戊寅（10月8日），以林清为首的八卦教徒从东华门、西华门杀入紫禁城。

十七日庚辰（10月10日），嘉庆帝从白涧跸驻燕郊，颁布《遇变罪己诏》。

按："癸酉之变"以后，嘉庆帝下令对大兴、通县一带八卦教、红阳教徒加紧剿捕，至嘉庆二十二年（1817）十一月二十六日止，被凌迟、斩首、绞决及缘坐的犯人多达707名。

二十六日己丑（10月19日），重新规定各城门防守稽察章程。

二十七日庚寅（10月20日），嘉庆帝颁硃笔《尽心竭力仰报天恩谕》。

三十日癸巳（10月23日），从御史程赞宁所奏，制订《稽查京城内外章程》。

十月初三日丙申（10月26日），颁硃笔《报天恩肃吏治修武备谕》。

十二月初八日辛丑（12月30日），严禁民人结会烧香。

十七日庚戌（1814年1月8日），新定传习邪教治罪条例。

二十日癸丑（1月11日），禁坊肆售卖稗官小说等书及扮演好勇斗狠之杂剧。

二十四日丁巳（1月15日），嘉庆帝颁布《致变之源说》；又颁《原教论》和《行实政论》。

普鲁士、奥地利对法国宣战。

英国威灵顿公爵入法国。

西蒙·玻利瓦尔成为委内瑞拉的执政者。

墨西哥独立。

蒙特利尔的麦吉尔大学成立。

阮元向张鉴出示《儒林传》稿本,经商榷增入应潜斋、张简庵诸人。

阮元在焦山立书藏,有《焦山书藏记》。是年,作《文言说》、《释训》两文。

按:阮元《焦山书藏记》曰:"嘉庆十四年,元在杭州立书藏于灵隐寺,且为之记。盖谓汉以后藏书之地,曰观,曰阁,而不名藏。藏者,本于《周礼》宰夫所治,《史记》老子所守,至于《开元释藏》,乃释家取儒家所未用之字以示异也。又因史迁之书藏之名山,白少傅藏集于东林诸寺,孙洙得《古文苑》于佛龛间僻之地,能传久远,故仿之也。继欲再置焦山书藏,未克成。十八年春,元转漕于扬子江口,焦山诗僧借庵、巨超、翠屏渊诗人王君柳村豫,来瓜洲,舟次论诗之暇,及藏书事,遂议于焦山亦立书藏。以《瘗鹤铭》相、此、胎、禽等七十四字编号,属借庵簿录管钥之,复刻铜章,书楼扁,订条例,一如灵隐。观察丁公百川淮,为治此藏事而藏之。此藏立,则凡愿以其所著所刊所写所藏之书藏此藏者,皆裒之。且即以元昔所捐置焦山之宋、元镇江二志,为相字第一、二号,以志缘起。千百年后,当与灵隐并存矣。"(《揅经室三集》卷二)

阮元招潘德舆入幕,潘氏辞不往。

王引之授太仆寺卿,寻转大理寺卿。

段玉裁作《与外孙龚自珍札》,勉励自珍"博闻强记,多识蓄德,努力为名儒,为名臣,勿愿为名士。"(《经韵楼集》卷九)

龚自珍应顺天乡试不第。

姚鼐元旦为钱大昕遗著《疑年录》作序。

江藩在淮安丽正书院掌教,丁晏从其学。

姚文田迁国子监祭酒。

洪震煊以拔贡生赴京应试,不第,贫不能归,入直隶督学幕。

林则徐正月离南京,至扬州与吴锡麒、洪梧、秦恩复等学者相晤,过宝应时,又晤漕运总督阮元。五月初至京,入庶常馆,从此致力于清文研究。

江沅十一月游闽,将段玉裁书札致陈寿祺,陈寿祺有《答段懋堂先生》书。

按:陈寿祺《答段懋堂先生》书曰:"懋堂先生执事:往读先生所考定《尚书》、《毛诗》、《仪礼》、《周礼》、《说文》音韵诸部,惊叹悦服,以为贾、郑复出,所以发人神智,扶掖来学无穷。今天下治经,殚研小学,具有汉儒师法,非执事孰为先启其钥邪?曩有浅人,自负雠校,而不通声音文字之元,妄下雌黄,诋諆尊著,寿祺尝争之。要之,浅人固不足辨也。……屈指海内通儒,发聋振聩之功,莫过于执事与钱竹汀詹事、王怀祖河使、程易畴孝廉数君子。然寿祺于数君子,虽咸从捧手,而腐芥曲鍼,不以为不屑教诲,而勤勤然拾引而进之者,则于执事尤蒙淑艾之私,而当尽师事之义者也。寿祺性狷直,不能为世俗齷齪脂韦之习。窃怪近日学者,文藻日兴而经术日浅,才华益茂而气节益衰,固倡率者稀,亦由所处日龌,无以安其身。此人心世道之忧也。自维迂拙,苟终身朴学之中少有心得,贤于博弈而已。承询著述,惭无以应。曩在京师,编《五经异义疏证》三卷,粗备检览,谨并《书》、《礼》经说数篇,录寄就正。"(《左海文集》卷四)

赵怀玉主讲关中书院。

朱士彦提督湖北学政。

嘉庆十八年　癸酉　1813年

舒位致书陈文述，与论海运事。

鲍廷博年八十六，以广刊秘笈，老而不倦，特赐举人。

> 按：是年六月二十五日仁宗谕曰："生员鲍廷博，于乾隆年间恭进书籍。其藏书之知不足斋，仰蒙高宗纯皇帝宠以诗章，朕于几暇，亦曾加题咏。兹复据浙江巡抚方受畴代进所刻《知不足斋丛书》第二十六集。鲍廷博年逾八旬，好古绩学，老而不倦，著加恩赏给举人，俾其世衍书香，广刊秘籍，亦艺林之胜事也。"（《清仁宗实录》卷二七〇）

黄丕烈得元刻东光张预辑《十七史百将传》残本。

张问陶是年侨寓苏州虎丘，曾与赵翼、范来宗、潘奕隽等人在虎丘孙子祠雅集，问陶作图题诗；二月与吴锡麟、洪桐生、汪剑谭、杨警斋、朱质园等人游扬州平山堂。

黄钺复典山东乡试，留学政，擢内阁学士。

李诚为拔贡生，官云南姚州州判。

朱振采中举人，会试下第，乃专心学问。

> 按：朱振采字冕玉，号铁梅，江西高安人。家有藏书三十余万卷。著有《服氏左传解义疏证》、《九芝仙馆诗文钞》等。

戴全斌在浙江洞头建天香书院，又名玉海书院。

何荇芳时任河南济源知县，建敷文书院。

李庚生时任河南淅川知县，建崇文书院和昆阳书院。

张春源时任湖南攸县知县，将梅城书院改建为东山书院。

郑绍曾时任广东仁化知县，建仁阳书院。

米乔龄时任四川江北同知，建嘉陵书院。

罗廷玉在四川理县建杏花书院。

杜友李时任贵州兴义知县，建笔山书院。

英国传教士米伶来华传教。

马礼逊向伦敦传教会提出宏伟的"恒河外方布道计划"，引起教会重视。

> 按：此计划对以后基督教新教在华传教的一系列活动颇有影响。其计划包括：1.由于中国的现状不允许传教事业举办印刷和其他几种事业，甚至个人居留亦不能确定，故必须在信奉基督教的欧洲政府治下的地域，另觅一处邻近中国的基地，成立中国传教事业总部；2.一俟米伶到马六甲，立即购置地产；3.尽快开办免收学费的中文书院；4.拟在马六甲发行中国期刊；5.总部将以中国事业为对象，但也包括其他；6.联合中国、马来亚及印度的其他传道会；7.举办中文、马来文及英文的印刷事业；8.拟编一份英文期刊，促进教会之间的联合；9.总部常以中国语言礼拜，等等。根据这一计划，伦敦传教会于1818年在南洋群岛中最大的马六甲城兴建了"英华书院"，是近代传教士开办的第一所中文学校。

焦循写定《雕菰楼易学三书》，又始著《易余籥录》。

> 按：《易学三书》包括《易通释》20卷、《易图略》8卷和《易章句》12卷，三书互相发明，互为补充，相辅相成，受到清代学者好评。有《焦氏丛书》本、《焦氏遗书》本。梁启超《中国近三百学术史》曰："焦里堂所著书，有《易章句》十二卷，《易通释》二十

拜伦著成《异教徒》。

阿德尔贝特·北·夏米索作成

卷,《易图略》8卷,统名《雕菰楼易学三书》。阮芸台说他:'石破天惊,处处从实测而得,圣人复起,不易斯言。'王伯申说他:'凿破混沌,扫除云雾,可谓精锐之兵。'阮、王都是一代大儒,不轻许可,对于这几部书佩服到如此,他的价值可推见了。里堂之学,不能叫做汉学,因为他并不依附汉人。不惟不依附,而且对于汉人所纠缠不休的什么'飞伏'、'卦气'、'爻辰'、'纳甲'之类一一辨斥,和黄、胡诸人辨斥陈、邵易图同一摧陷廓清之功。"

俞逊著《周易训义》7卷刊行。

孙星衍、顾广圻、钮树玉共订梅鷟《尚书考异》6卷刊行,孙星衍、顾广圻有序。

按:孙星衍《尚书考异序》曰:"今阎氏《疏证》及惠氏、宋氏之书,皆有刊本。惟梅氏《考异》在前,反不行于世,予尝憾焉。扬州鲍君均耆古敦素,属为开雕,嘉惠后学。因与顾君广圻及钮君树玉,悉心雠校,按各本卷数字句繁简殊异,或梅氏成书时又有更定,兹得旧写本,合取其长,录为定本,共成六卷。至梅氏以真《泰誓》为伪作,则承马氏融之误;以孔壁真古文十六篇为即张霸书,则承孔氏颖达之误,虽非己说,亦千虑之失。后人已觉其非,不复删除条辨。呜呼!伪为二十五篇者,晋之梅氏,指驳二十五篇者,明之梅氏,乱经之罪,即梅一家发之。悖出悖入,岂非天道好还,圣人所以言敌诬之祸甚于杀人也。明人性灵,为举业所汩,一代通经之士甚少,惟以词章传世,如梅氏之守据古,有功圣学,足称一代儒,不可使后学不见其书。"(《尚书考异》卷首)

冯登府著《三家诗异文考证》成书。

陈启源著《毛诗稽古编》30卷刊行,阮元作序。

按:阮元《毛诗稽古编序》曰:"国初,吴江见桃陈氏,与其友朱长孺同治《毛诗》,慨古义云亡,厄言杂出,著《稽古编》三十卷。篇义宗《小序》,释经宗毛、郑,故训本之《尔雅》,字体正以《说文》。志在复古,力排芜义,所以于《诗童子问》、《诗传通释》二书,掊击尤甚,岂非实事求是之学哉!近世学者不知此书,惟惠定宇征君亟称之,于是海内好学之士,始知转抄藏弄,咸谓长孺《通义》,虽广搜博采,不及是书之谨严精核焉。同时元和惠君研溪著《诗说》,发明古义,与陈氏不谋自合。盖我朝稽古右文,儒者崇尚实学,二君实启之。是书惜无刊本,手稿藏庞生黼廷家。今照依原本,悉心校雠,付之剞劂,嘉惠艺林,俾自谓涵泳本文,以意逆志者读之,必废然自反矣。庞生诚好古敏求之士哉!"(陈鸿森《阮元揅经室遗文辑存》卷上)

陈寿祺著《五经异义疏证》3卷在福州刊行,有自序。

按:陈寿祺《自序》曰:"《五经异义》,汉许慎撰,郑玄驳。隋、唐《经籍志》著录十卷,宋时已佚。近人编辑,仅百有余篇,聚珍板外,有秀水王复本,阳湖庄葆琛本,嘉定钱大昭本,曲阜孔广森本。大抵捃拾丛残,以意分合。孔本条理差优,而强立区类,欲还十卷之旧,非所取从也。嘉庆戊辰夏,余养疴京邸,取而参订之,每举所征录尤详者,若文多差互,仍两载之。其篇题可见者二十五事,第五田税,第六天号,第八蠶制三事,篇次尚存。其它以类相从,略具梗概。复剌取诸经义疏,诸史志传,《说文》、《通典》,及近儒著述与许、郑相发者,以资稽核。间附蒙案,疏通证明,厘为上中下卷。逾五年,侍太宜人里第,暇日,质之吾友瓯宁万世美,而及门仙游王捷南为锓诸板。……今许、郑之学流布天下,此编虽略,然典礼之闳达,名物之章明,学者循是而讨论焉,其于昔人所讥,国家将立辟雍、巡守之仪,幽冥而莫知其原者,庶乎可免也。"(《五经异义疏证》卷首)

《倒霉的家伙》。

德国赫尔巴特著成《哲学理论教程》。

德国叔本华著成《论充足理由律的四个根据》。

J.F.赫贝尔特发表《哲学入门》。

罗伯特·欧文著成《新社会观》。

孔广森著《礼学卮言》6卷、《经学卮言》6卷刊行。

李富孙著《春秋三传异文释》12卷成书，有自序。

王宝仁著《夏小正训解》4卷成书。

按：是书对《大戴礼·夏小正》的校勘考证，颇为精详。

陈鳣著《经籍跋文》1卷成书，吴骞作序。

按：陈鳣对经书校勘的成果主要汇集于《经籍跋文》一书中。这是一部颇具学术价值的题跋之作。吴骞在《经籍跋文序》曰："余与简庄孝廉少日皆酷嗜书籍，购置不遗余力。凡经、史、子、集，得善本辄互相传观，或手自校勘相质，盖数十年如一日。"又曰："简庄精敏果锐，强于记诵，而能专意于经学，又克广揽穷搜。今观所撰诸经跋文，钩沉索引，凡古本为后人窜乱芟并者，莫不审究其原来次第。而字之更改淆混者，一一校正，令人得见本来面目。"（《经籍跋文》卷首）

郭坛著《经冶堂解义》2卷刊行，邵懿辰、贾声槐作序。

赵绍祖著《新旧唐书互证》20卷刊行。

刘凤诰在京师重新订补《新五代史补注》。

陈逢衡著《竹书纪年集证》50卷刊行，有自序。

按：胡玉缙《许庼经籍题跋》曰："是编取伪沈约注本为之引证推阐，大致以金履祥《通鉴前编》、罗泌《路史》、马骕《绎史》、梁玉绳《史记志疑》四书为主，而附益以胡应麟、杨慎、孙之騄、徐文靖、郑环、张宗泰、陈诗、赵绍祖、韩怡、洪颐煊十家之说，虽林春溥、雷学淇诸说未之引及，而援据颇博，钩析至勤，不可谓非集是书之大成。"

官修《钦定续大清会典》成书。

王佐修纂《夹江县志》12卷刊行。

杨迦怿、余炳虎修纂《兴文县志》6卷刊行。

赵炳然、陈廷钰修纂《纳溪县志》10卷刊行。

何荇芳修，刘大观纂《续济源县志》12卷刊行。

魏襄修，陆继辂纂《洛阳县志》60卷刊行。

杨宜崙修，夏之蓉、沈之本纂《高邮州志》12卷刊行。

丁堂修，臧鲁高纂《宿迁县志》6卷刊行。

秦瀛纂《无锡金匮县志》40卷刊行。

李景峄、陈鸿寿修，史炳、史津纂《溧阳县志》16卷刊行。

袁凤孙修，陈榕等纂《南充县志》8卷刊行。

王燮修，张希缙等纂《峨眉县志》10卷刊行。

王好音修，张柱等纂《洪雅县志》25卷刊行。

凌坮、张先甲修，张福谦纂《续修泰兴县志》8卷刊行。

张在田修，游凤藻、陈德沛纂《龙阳县志》8卷刊行。

应先烈修，陈楷礼纂《常德府志》48卷刊行。

王钟钫修纂《彭县志》42卷刊行。

纪大奎修，林时春等纂《什邡县志》54卷刊行。

朱鼎臣等修，盛大器等纂《郫县志》44卷刊行。

李炘修纂《永安州志》18卷刊行。

丁荣表、顾尧峰修，卫道凝、谢攀云纂《崇庆州志》10卷刊行。

沈瓘等修纂《绵竹县志》44卷刊行。

陈汝秋修纂《威远县志》6卷刊行。

赵国宣修，彭康纂，甘庆增、朱怡滋增纂《茶陵州志》23卷刊行。

孙星衍纂《松江府志》。

陈云模纂《淞南志》14卷刊行。

陈云煌纂《淞南续志》1卷刊行。

陈至言纂《二续淞南志》2卷刊行。

江藩著《乐县考》2卷成，张其锦作序。

陈经著《求古精舍金石图》4卷成书，有自序。

曹之升编《孟子年谱》2卷刊行。

周清源编《大司农王公年谱》1卷刊行，附福得堂刊本《义圃传家集》。

那彦成纂，王昶、卢荫溥编《阿文成公（阿桂）年谱》34卷刊行。

曹锡龄自编《翠微山房自订年谱》1卷。

英和自编《恩福堂年谱》。

祁韵士自订《鹤皋年谱》成书，有自题。

孔广林辑《通德遗书所见录》72卷成书，有自识。

曾钊校订《虎钤经》刊行。

郝懿行著《证俗文》19卷成书。

凌廷堪遗著《校礼堂文集》36卷由门人张其锦编定刊行，江藩作序。《校礼堂诗集》14卷同时刊行。

舒梦兰著《天香阁全集》31卷刊行。

丁珠著《西溪诗草》10卷由潜山丁凡蕃桂堂刊行。

沈钦韩著《幼学堂诗稿》17卷、《幼学堂文稿》8卷成书。

广玉著《桂亭公余小草》1卷刊行。

马绪著《抱朴居诗》2卷、续编2卷刊行。

侯芝编《锦上花》弹词48回成。

王陟著《义圃传家集》8卷刊行。

翁方纲著《苏米斋兰亭考》8卷刊行，有自序。

阮元著《汉延熹西岳华山碑考》4卷刊行，江藩作序。

桂馥遗著《札朴》刊行，段玉裁作序。

按：段玉裁《序》曰："友有向慕而终不可见者，未始非神交也。余自蜀归，晤钱少詹晓徵，王侍御怀祖，卢学士绍弓，因知曲阜有桂君未谷者，学问该博，作汉隶尤精，而不得见。……余侨居姑苏久，壬申，薄游新安而归，得晤山阴李君柯溪，刻未谷所撰《札朴》十卷方成，属余序之。余甚喜，以为未谷虽不可见，而犹得见其遗书也。未谷深于小学，故经史子集古言古字，有前人言之未能了者，而一旦豁然理解者，岂非训诂学家断不可少之书耶！况其考核精审，有资于博物者，不可枚数。……抑柯溪言未谷尚有《说文正义》六十卷，为一生精力所聚，今其稿藏于家，吾知海内必有好事者取而刻之，持赠后学，庶不见未谷者，可以见未谷之全也哉！"（《札朴》卷首）

梁玉绳著《蜕稿》4卷成书，有自序。

王初桐著《群书经眼录》60卷。

按：是书记作者生平所见书一万多种。

褚华著《水蜜桃谱》1卷。

按：书中记述了上海水蜜桃的由来、品种和栽培方法。

英传教士马礼逊著《汉语语法》成书。

吴骞卒（1733— ）。骞字槎客，号愚谷，别号兔床、漫叟、海槎、桃溪客、墨阳小隐等，浙江海宁人。贡生。藏书五万卷，筑拜经堂藏之。著有《拜经楼藏书题跋记》、《愚谷文存》14卷、《国山碑考》1卷、《小桐溪吴氏家乘》8卷、《拜经楼诗集》12卷、《论印绝句》2卷、《拜经楼诗话》4卷、《桃溪客语》5卷等。又辑有《拜经楼丛书》。事迹见《清史列传》卷七二、《吴骞传》（《碑传集补》卷四五）。

按：吴骞《桐荫日省编》下曰："吾家先世颇乏藏书。予生平酷嗜典籍，几寝馈以之。自束发迄于衰老，置得书万本，性复喜厚帙，计不下四五万卷，分归大、二两房者不在此数。皆节衣缩食，竭平生之精力而致之者也。非特装潢端整，且多以善本校勘，丹黄精审，非世俗藏书可比。至于宋元本、精抄，往往经名人学士赏鉴题跋，如杭董甫、卢抱经、钱辛眉、周松蔼诸先生，鲍渌饮、周耕崖、朱巢饮、张艺堂、钱箓窗、陈简庄、黄荛圃诸良友，均有题识，尤足宝贵。故予藏书之铭曰：'寒可无衣，饥可无食，至于书不可一日失。此昔贤诒厥之名言，允可为拜经楼藏书之雅率。'"（《愚谷文存》卷一三）

李保泰卒（1742— ）。保泰字景三，号啬生，江苏宝山人。乾隆四十五年进士。官扬州府学教授30年，主书院讲席，擢国子监博士。著有《江都甘泉续志》、《江湾志稿》、《啬生居诗文集》。事迹见邵渊耀《李保泰家传》（《小石城山房文集》卷下）。

钱大昭卒（1744— ）。大昭字晦之，一字竹庐，江苏嘉定人。钱大昕弟。嘉庆初举孝廉方正，通贯经史，著述甚多。曾校录《四库全书》。尤精两《汉书》。著有《诗古训》10卷、《经说》10卷、《两汉书辨疑》44卷、《三国志辨疑》3卷、《后汉书补表》8卷、《补续汉书艺文志》2卷、《后汉郡国令长考》1卷、《广雅疏义》20卷、《说文统释》60卷、《尔雅释文补》3卷、《嘉定金石文字记》等。事迹见《清史稿》卷四八一、《清史列传》卷六八、李桓《国朝耆献类征初编》卷四二〇。

按：《清史稿》本传曰："大昕深于经史，一门群从，皆治古学，能文章，为东南之望。大昭少于大昕者二十年，事兄如严师，得其指授，时有两苏之比。壮遂游京师，尝校录《四库全书》，人间未见之秘，皆得纵观，由是学问益浩博。又善于抉择，其说经及小学之书，能直入汉儒阃奥。尝欲从事《尔雅》，大昕与书，谓：'六经皆以明道，未有不通训诂而能知道者。欲穷六经之旨，必自《尔雅》始。'大昭乃著《尔雅释文补》三卷及《广雅疏义》二十卷。又著《说文统释》六十卷，其例十：一曰疏证以佐古义，凡经典古义与许合者在所必收。二曰音切以复古音，以徐铉、徐锴等不知古音，往往误读，又许君言读若某者，即有某音，今并补正；又《说文》本有旧音，《隋书·经籍志》有《说文音隐》，《颜氏家训》引之。唐以前传注家多称《说文》音某，今并采附本字之下。三曰考异以复古本，凡古本暨古书所引有异同者，悉取以折中。四曰辨俗以正讹字，凡经典相承俗字，及徐氏新补、新附字，皆辨证详明，别为一卷附后。五曰通义以明互借,凡经典之同物同音,于古本是通用者,皆引经证之。六曰从母以明孳乳,如完、刓、髡、軏等字,皆于元下注云从此。七曰别体以广异义,凡重文中之籀、篆、古文、奇字,皆有所从,其许君未言者,亦略释之;经典两用者,则引而证焉。八曰正讹以订刊误,凡许君不收之字,注中不应有,又字画脱误者,并校正之。九曰崇古以知古字,如鹏、鸣、渠鸟、母鸟之类,经典有不从鸟者,此古今字,今注曰古用某。十曰补字以免漏略,如由、希、免、畾等三十九字,从此得声者甚多,而书中脱落,有子无母,非许例,今酌补之,亦别为一卷附后。大昭于正史尤精两汉,尝谓注史与注经不同,注经以明理为宗,理寓于训诂,训诂明而理自见。注史以达事为主,事不明,训诂虽精无益也。每怪服虔、应劭之于《汉书》,裴骃、徐广之于《史记》,其时去古未远,稗官、载记、碑刻尚多,不能会而通之,考异质疑,徒戈戈于训诂,乃著《两汉书辨疑》四十卷,于地理、官制皆有所得。又仿其例著《三国志辨疑》三卷。又以宋熊方所补后汉书年表只取材范书、陈志,乃于正史外兼取山经、地志、金石、子集,其体例依班氏之旧,而略变通之,著《后汉书补表》八卷。计所补王侯,多于熊书百三十人,论者谓视万斯同《历代史表》有过之无不及。"

  卿彬卒(1747—)。彬字雅林,广西灌阳人。岁贡生。绝意仕进。邃于经学,晚尤嗜《易》。著有《周易贯义》、《洪范参解》、《律吕参解》、《楚词会真》、《古诗十九首注》等书。事迹见《清史列传》卷六七。

  法式善卒(1753—)。式善姓乌尔济氏,伍尧氏,原名运昌,字开文,号时帆,蒙古正黄旗人。乾隆四十五年进士,授检讨。嘉庆中官至侍讲学士。藏书甚富。尝预纂《皇朝文颖》、《全唐文》。著有《清秘述闻》、《存素堂诗初集》24卷、《存素堂诗二集》6卷、《槐厅载笔》20卷等。又编集时人诗,成《湖海诗》60余卷。事迹见《清史稿》卷四八五、《清史列传》卷七二、李桓《国朝耆献类征初编》卷一三二。

  陈廷庆卒(1754—)。廷庆字兆同,号古华,一号桂堂,别号非翁、耕石书佣、米舫逸史,上海奉贤人。乾隆四十六年进士,改翰林院庶吉士,散馆,授编修。官至辰州知府。著有《谦受堂全集》30卷、《法帖集古录》、《诗巢唱和》1卷。事迹见卢荫溥《陈廷庆墓志铭》(《谦受堂全集》附)。

  庄逵吉卒(1760—)。逵吉字伯鸿,江苏武进人。庄炘子。精于考据训诂之学,曾校勘《淮南子》、《三辅黄图》等书。著有《吹香阁诗》。事迹见李桓《国朝耆献类征初编》卷二四六、震钧辑《国朝书人辑略》卷七、陆继辂《潼关同知庄君逵吉墓志铭》(《崇百药斋文集》卷一七)。

  汪莱卒(1768—)。莱字孝婴,号衡斋,安徽歙县人。嘉庆十二年,以优贡生入都,考取八旗官学教习,会御史徐国楠奏请续修《天文》、《时宪》二志,经大学士首举莱与徐准宜、许泛入馆纂修。书成,选授石埭教谕。著有《衡斋算学遗书》。事迹见《清史稿》卷五〇七、《清史列传》卷六九、李桓《国朝耆献类征初编》卷二六〇、焦循《石埭儒学教谕汪君莱别传》(《碑传集》卷一三五)。

  按:《清史稿》本传曰:"弱冠后,读书于吴荺门外,慕其乡江文学永、戴庶常震、金殿撰榜、程征君易畴学,力通经史百家及推步历算之术。……与郡人巴树榖最友善,客江、淮间,又与焦孝廉循、江上舍藩、李秀才锐,辨论宋秦九韶、元李冶立天元一及正、负开方诸法。天性敏绝,极能攻坚,不肯苟于著述。凡所言,皆人所未言与夫人所不能言。"

蒋光煦（ —1860）、刘熙载（ —1881）、杨沂孙（ —1881）、汪曰桢（ —1881）、秦缃业（ —1883）、陈介祺（ —1884）、史梦兰（ —1898）生。

嘉庆十九年　甲戌　1814 年

二月初二日甲午（2月21日），嘉庆帝于文华殿经筵毕曰：人心不正，邪说横行，其咎在上而不在下。

闰二月二十六日戊子（4月16日），以纂辑《全唐文》告成，总裁董诰等加级有差，提调等官议叙如例。

三月二十二日癸丑（5月11日），重申专禁内地民人传习天主教。

四月二十五日丙戌（6月13日），太和殿传胪，赐一甲龙汝言等3人进士及第，二甲裘元善等100人进士出身，三甲邓轩等123同进士出身。

五月初四日甲午（6月21日），谕天主教之贻害尤甚于白莲教。

六月初八日丁卯（7月24日），谕宗人府，向来满洲人命名，除清语（即满文）不计字数外，若用汉文，只准用二字，不准用三字。

十三日壬申（7月29日），颁布《化民成俗论》。

八月初五日癸亥（9月18日），颁布《申命捕贼谕》。

九月初一日戊子（10月13日），颁布《除莠安良诏》。

二十八日乙卯（11月9日），颁布《实心行政说》。

阮元三月由漕运总督调任江西巡抚。是夏，阮元过湖北，探望焦循，焦氏出示所著《易章句》、《易通释》、《易图略》三书。

王引之充山东学政。

龚自珍在徽州识洪饴孙，共为其地纂志；七月作《明良论》四篇。

魏源以拔贡入都，从胡承珙问汉氏家法，从姚学塽问宋儒之学，从刘逢禄学公羊学。

林则徐四月因庶吉士散馆，以编修用；七月充国史馆协修。

梅曾亮入扬州全唐文局，作《扬州唐文馆即事》诗讯同僚。

孙星衍、顾广圻受聘参与《全唐文》校刻事宜。

邓立诚参加校《全唐文》，因别辑唐以前文集为《三古八代全文》。

吴鼒入《全唐文》局，并荐江藩入局校书，为当事者所拒。

祁韵士任莲池书院山长。

钱仪吉、梁章钜、陶澍、陈用光、董国华、朱珔、胡承珙、吴嵩梁、谢阶

反法联军入巴黎。

维也纳会议开幕。

英人焚毁华盛顿。

开普省成为英国殖民地。

伦敦《时报》开始用蒸汽动力印刷机印刷。

乔治·斯蒂芬森制造出第一台蒸汽机车。

树、刘嗣绾、黄安涛、李彦章、周蔼联等在京举行消寒诗会。

姚文田教习庶吉士。

姚莹有《与张阮林论家学书》，与张聪咸商榷张氏《左传辨杜》之事。

汪喜孙以其父汪中所著《述学》，请王念孙作序。

胡培翚馆京师胡承珙家，时胡承珙正草创《仪礼疏》，遂与胡培翚朝夕讨论。

胡培翚、胡承珙等七月五日集聚京师万柳堂，纪念郑玄诞辰，胡培翚有《汉北海郑公生日祀于万柳堂记》。

程瀚欲刊其父程晋芳遗著，赵怀玉因之作《勉行堂五经说序引》。

刘逢禄中进士，改翰林院庶吉士。

胡世琦中进士，改翰林院庶吉士。

江沅八月为段玉裁《说文解字注》作后序。

祁寯藻中进士。

雷学淇中进士，历任山西和顺、贵州永从知县。

按：雷学淇字介庵，一字瞻叔，顺天府通州人。嘉庆十九年进士，官山西和顺、贵州永从知县。著有《竹书纪年义证》40卷、《古今天象考》12卷、《夏小正经传考》2卷、《九经集解》9卷、《介庵经说》10卷等。《清史稿·雷学淇传》曰："生平好讨论之学，每得一解，必求其会通，务于诸经之文无所牴牾。以父镈著《古今服纬》，为之注释，附以释问一篇、异同表二篇。又以《夏小正》一书备三统之义，究心参考二十于年。以尧典中星、诸经历数，采虞史伯夷之说，据周公垂统之文，检校异同，订其讹误，网罗放失，寻厥指归，著《夏小正经传考》二卷。又考定经、传之文，为之疏证，成《夏小正本义》四卷。"

徐璈中进士，授户部主事。

潘世恩充武英殿总裁，又充国史馆总裁。

曹振镛充国史馆正总裁，又充会典馆正总裁；以史馆所拟《儒林传目》寄翁方纲，翁氏有《与曹中堂论儒林传目书》。

按：翁方纲反对治学专走考据一路，其《与曹中堂论儒林传目书》指出："墨守宋儒，一步不敢他驰，而竟致有束汉唐注疏于高阁，叩以名物器数而不能究者，其弊也陋。若其知考证矣，而骋异闻，侈异说，渐致自外于程朱而恬然不觉者，其弊又将不可究极矣。"（《复初斋文集》卷一一）

恽敬被控家人得贿，黜职。

黄钺召回京，擢户部侍郎，寻调礼部。充《秘殿珠林》、《石渠宝笈续编》总阅、《全唐文》馆总裁。

姚元之督河南学政，疏禁坊刻《类典》等书以杜剿袭。

吴杰中进士，选翰林院庶吉士，授编修。

按：《清史稿·吴杰传》曰："少能文，为阮元所知。以拔贡生应天津召试，二等，充文颖馆誊录，书成，授昌化教谕。"

宋世荦选陕西扶风知县。

刘开有《上阮芸台侍郎书》，欲进阮元幕府。

黄丕烈三月跋钞本《安南志略》，九月跋新校宋本《道德真经指归》。

黄丕烈借张绍仁所藏《秘册汇函》本《大唐创业起居注》3卷校勘；张绍仁是年又邀请黄丕烈至其家观书。

> 按：黄丕烈曰："犹幸近年复友张君讱庵（张绍仁号），虽宋元版刻不甚储蓄，而名校旧刊时一收之，又肯踵互相评骘、允易之事。故知交中最为莫逆焉。"（《荛识》卷三《石湖志》）

张问陶三月初四日病逝于苏州寓所，家徒四壁，无法举丧，后经诗友查小山、廖复堂等多方筹措，方得安葬于苏州玄墓山。吴锡麟、姚元之、查小山等人参加葬礼。

> 按：张问陶交游甚多，据其《船山诗草》题赠诗统计，凡活跃在乾嘉诗坛上的著名诗人，均有交往，如袁枚、赵翼、洪亮吉、吴锡麟、石韫玉、宋湘、钱载、翁方纲、孙星衍、孙原湘、法式善、陈文述、朱文治、吴嵩梁、毕沅、陈用光、铁保、秦瀛、吴山尊、王芑孙、何道生、杨芳灿、杨揆、冯敏昌、赵怀玉、赵希璜、温汝适、罗聘、姚文田、刘墉、梁同书、姚椿、袁树、屠倬、韩是升、崔旭、姚元之、钱沣、王昶、邵晋涵、纪昀、王念孙、桂馥、冯浩、伊秉绶、黄丕烈、高鹗、武亿、王友亮、张太复、汪全泰、汪全德、改琦、吕星垣、余集、潘奕隽、王泽、王宸、王汝璧、刘大观、李尧栋、李宪噩、李鼎元、李赓芸、李骥元、陈庆槐、英和、王杰、温汝能、鲍文逵、戴殿泗、屠绅、蔡新、徐书受、戴敦元、胡敬、宋鸣珂、王衍梅、史善长、许宗彦、彭田桥、张吉安、王麟生、言朝标等。

富俊时任吉林将军，创建白山书院。

> 按：是为吉林第一所书院。八旗子弟及民籍子弟俱在内肄业，延请本地诸生或外籍贬官逐臣，任教其中。

刘式典在江西铅山县建文公讲堂。

周本荫时任广东英德知县，建会英书院。

陈立勋在四川巴县建归儒书院。

徐陈谟时任四川宣汉知县，建复性书院。

蔡元陵时任贵州荔波知县，建荔泉书院，又名荔波书院。

李瑞元、谭纶在云南晋宁建象山书院。

吴性诚、张廷钦等在台湾高雄建凤仪书院。

王成有等在台湾彰化县建振文书院。

英国传教士马礼逊开始编纂《英华字典》。

蔡亚高7月于澳门滨海某小山山侧泉水中正式接受马礼逊为其施洗。

阮元在江西巡抚任刻《十三经注疏》。

张惠言著《易纬略义》3卷刊行。

江有诰著《诗经韵读》4卷刊行。

> 按：在《诗经》的文字声韵方面，段玉裁的《诗经小学》、庄述祖的《毛诗考证》、顾炎武的《诗本义》、王夫之的《诗经协韵辨》、陈奂的《释毛诗音》、江有诰的《诗经韵读》，都是必不可少的参考书。

黄丕烈始刊《仪礼郑注》，并作《仪礼校录》1卷。

庄述祖修订《夏小正经传考释》10卷、《夏小正音读考》，均有自序。

> 按：庄述祖《夏小正经传考释序二》曰："述祖少失学，长习进士业，及举于礼部，

萨维尼著成《时代对立法权的要求》。

伯齐利厄斯发表《化学比率和化学的电作用理论》。

M. J. B. 奥菲拉著成《普通毒物学》。

退归,后乃求所以窥古人之学,莫得其阶,不能自已,始从事于汉人所谓小学家者。先治许氏《说文解字》,稍稍识所附古文,以为此李斯未改三代之制以前,仓籀遗文,留什一于千百者也。欲究心焉,偶忆《夏小正》纳卵蒜,卵字与古文民字相近,蒜及《说文》算,数字之讹,由以知纳民算,即《周官礼》司民之献民数是也。周正建子,故以孟冬,夏正建寅,故以季冬,其事正合。然亦未敢质诸人也。于是尽取《夏小正》中经文,重厘正之,以为《夏时明堂阴阳经》,又为之说义。数易寒暑,犹未尽其学。嗣以吏部选人,为吏山左,日从事于簿书,然车中枕上,固未尝少置也。亦时有所增益,迨终养归复为修改,至嘉庆十四年之冬,始以所录《夏时明堂阴阳经》及《夏小正》诸本异同,本所为说义,先刻三卷,他若《夏小正音读考》一四卷,《夏小正等例》一卷,《注补夏小正等例》二卷,《夏时杂义》□卷,皆未卒业,以纂集古文甲乙篇中辍。今遭大故,草土余生,仅留残喘,恐旦暮填沟壑,乃取所未刻各种更加芟并,益以近日所见,与前所刻三卷往往多不合者。然今之所见未必尽是,昔之所见未必尽非,即一人之管窥蠡测,犹复歧出不伦如此,况敢质诸人而自信以为必然者耶!言之不文,略举前后之所以不相顾者,以示儿曹云。"(《清儒学案新编》第四卷《方耕学案》附庄述祖引)

严可均为孙星衍校补所著《孔子集语》17卷成书。

胡培翚为张聪咸校订《左传杜注辨证》竣事作书后。

按：胡培翚《左传杜注辨证跋》曰:"其卒之前数日,出所著《左传杜注辨证》授家墨庄太史,属为删订其说。太史为写副存焉,而原书仍归其家,属余校其字。余因卒读是书。夫左氏自当阳《集解》出,而贾、服诸家之注遂佚。先王父朴斋先生撰《左传翼服》,凡古义之异于杜者,一一引申其说,宋以前诸书引古注,有与今杜注无殊者,亦俱录出。盖《集解》多承用旧说,其自出新意,则往往纰缪难通。张君是编,愤杜氏之袭旧而不著其名,又如长历非法,短丧诬礼,皆乖经义之大。乃博采众说,参证其失,征引繁富,诚足为治是经者考订之资也。"(《左传杜注辨证》附)

林春溥著《战国纪年》6卷成书,有自序。

汤运泰始纂《南唐书注》。

李兆洛纂《凤台县志》12卷刊行。

何应驹、色卜星额修,李合和、冯协桐纂《庆符县志》54卷刊行。

苏勒通阿修,彭焜基、庞锡纶纂《续修兴业县志》10卷刊行。

汪士伋修纂《双流县志》4卷刊行。

顾德昌等修,张粹等纂《新繁县志》43卷刊行。

李在文、范绍泗修,潘相等纂《直隶绵州志》54卷刊行。

陶廷琡修纂《铅山县志》17卷刊行。

金淮纂《濮川所闻记》6卷刊行。

七十一(椿园)纂《西域记》(即《西域闻见录》)8卷刊行。

严如煜修,郑炳然等纂《汉南续修郡志》32卷刊行。

王大同修,李林松纂《上海县志》20卷刊行。

段玉裁编《戴东原先生年谱》。

孔广林自编《温经楼年谱》。

按：孔广林字丛伯,号赘翁,山东曲阜人。孔广森兄。平生专治经学,著述甚富,有《周礼臆测》、《仪礼臆测》、《仪礼笺》、《周易注》、《尚书注》、《论语注》、《孝经注》《毛诗谱》等。又精于辑佚,辑有汉人经说 17 种,汇为《通德遗书所见录》。

祁韵士自编《鹤皋年谱》。

汪继培著《潜夫论笺》10 卷成书。

按:汪继培根据元刻《大德新刊》校以《汉魏丛书》程荣、何镗二本,笺注《潜夫论》,比较精博。1979 年中华书局出版彭铎校正《潜夫论笺》,以汪继培笺注本为底本。

焦循著《里堂道听录》50 卷成书。

陈鳣著《恒言广证》6 卷,有自序。

李汝珍著《李氏音鉴》5 卷成书。

董诰等奉敕编《全唐文》1000 卷成书并刊行。

按:《全唐文》是有唐一代(包括五代)文章的总集,也是迄今唯一最大的唐文总集。嘉庆十二年(1807),清仁宗以内府所藏抄本《全唐文》160 册体例未协,选择不精,遂命儒臣重加厘定。编纂《全唐文》的正总裁官是董诰、戴衢亨、曹振镛,副总裁官是英和、潘世恩、周兆基、秀宁、帅承瀛、桂芳、陈希曾,总阅官是阮元、文宁、孙玉庭、秦承恩、陈嵩庆。先后参与其事者近百人,其中既有词章之士法式善、周之琦、秦恩复辈,又有渊博学者阮元、徐松、胡承珙等。全书凡六易寒暑,至本年成书,共收文 20025 篇,作者 3035 人。俞樾《唐文拾遗序》曰:"有唐一代文苑之美,毕萃于兹。读唐文者,叹观止矣。"(陆心源《唐文拾遗》卷首)由于本书工程浩大,加之出自众手,因此疏忽在所难免,最为显著的缺憾有两条:一是辑录不注出处,二是网罗尚有不少遗漏。前者已无法补救。后者同治年间古文献学家陆心源掇拾遗文成《唐文拾遗》72 卷、《唐文续拾》16 卷,出处逐一写明,收文约 2500 余篇,作者近 310 人,于光绪年间付梓。其次,在校订上,文字讹误和重出互见较突出,并有人名误、题目误、收录误等现象。小传叙述亦间有失实。清代考据家劳格深谙唐事,撰有《读全唐文札记》、《札记续补》共 130 条,近代唐史名家岑仲勉继撰《读全唐文札记》310 条,为其纠谬、正误、质疑,共涉及文章近 400 篇,作者 130 余人。本书版本主要有:(1)清嘉庆十九年(1814)扬州全唐文局刻本,版入武英殿;(2)光绪时广州重刻本。(3)1983 年中华书局影印嘉庆本,并附影光绪时陆心源的《唐文拾遗》72 卷和《唐文续拾》16 卷,全部断句。(4)1990 年上海古籍出版社据原刊本剪贴缩印,后附陆心源《唐文拾遗》、《唐文续拾》,劳格《读全唐文札记》、岑仲勉《读全唐文札记》等。

吴翌凤著《梅村诗集笺注》18 卷刊行。

翁方纲著《复初斋诗集》66 卷刊行。

伊秉绶著《留春草堂诗钞》7 卷刊行。

屠倬著《是程堂集》14 卷,舒位批校本刊行。

李富孙著《曝书亭集词注》7 卷刊行。

朱辅著《韦弦集》12 卷刊行。

吴贤湘著《甚德堂文集》4 卷刊行。

姚莹著《后湘诗集》9 卷、二集 5 卷、续集 1 卷刊行。

张漪著《小窗遗稿》25 卷刊行。

计楠著《端溪砚坑考》1 卷成书,有自序。

张金吾著《广释名》2 卷成书,有自序。

王学权著《重庆堂随笔》2卷成书。

曾鼎著《曾氏医书四种》刊行。

英国传教士马礼逊作《从中国政府对广州东印度公司雇员的举动所想到的》一文。

程瑶田卒(1725—)。瑶田字易田,一字易畴,号让堂,安徽歙县人。乾隆三十五年举人。授江苏嘉定县教谕,甚为钱大昕、王鸣盛所敬重。曾从学于江永。嘉庆元年,与钱大昭、江声、陈鳣同举孝廉方正,阮元独谓瑶田足以冠之。所著《通艺录》19种、《附录》7种,凡义理、训诂、制度、名物、声律、象数,无所不赅。又有《让堂诗抄》18卷。事迹见《清史稿》卷四八一、《清史列传》卷六八、李桓《国朝耆献类征初编》卷二五八、震钧辑《国朝书人辑略》卷六、蔡冠洛《清代七百名人传》第四编。罗继祖编有《程易畴先生年谱》。

按:《清史稿》本传曰:"读书好深沉之思,学于江氏。乾隆三十五年举人,选授太仓州学正。以身率教,廉洁自持。告归之日,钱大昕、王鸣盛皆赠诗推重,至与平湖陆陇其并称。嘉庆元年,举孝廉方正。同时举者,推钱大昭、江声、陈鳣三人,阮元独谓瑶田足以冠之。平生著述,长于旁搜曲证,不屑依傍传注,所著曰《丧服足征记》、《宗法小记》、《沟洫疆里小记》、《禹贡三江考》、《九谷考》、《磬折古义》、《水地小记》、《解字小记》、《声律小记》、《考工创物小记》、《释草释虫小记》。年老目盲,犹口授孙辈成《琴音记》。东原戴氏自谓尚逊其精密。"《清史列传》本传曰:"瑶田少师淳安方粹然,又与戴震、金榜同学于江永,笃志治经,震自言逊其精密。其学长于涵泳经文,得其真解,不屑屑依傍传注。"

赵翼卒(1727—)。翼字云崧,一字耘松,号瓯北,江苏阳湖人。乾隆二十六年进士,授翰林院编修,预修《通鉴辑览》。历官广西镇安知府、贵西兵备道。中年即以亲老乞养归,不复出仕,主讲安定书院,专心著书。工诗善文,与袁枚、蒋士铨齐名;尤精历史考据,与钱大昕、王鸣盛齐名。著有《廿二史札记》36卷、《陔余丛考》43卷、《皇朝武功纪盛》4卷、《唐宋十家诗话》12卷、《瓯北全集》、《瓯北诗话》10卷等。事迹见《清史稿》卷四八五、《清史列传》卷七二、李桓《国朝耆献类征初编》卷二一二、蔡冠洛《清代七百名人传》第五编、姚鼐《贵西兵备道赵先生翼家传》(《碑传集》卷八六)。佚名编有《瓯北先生年谱》。

鲍廷博卒(1728—)。廷博字以文,号渌饮,别号通介叟、得闲居士等,安徽歙县人。诸生。藏书极富,乾隆三十八年《四库全书》馆开,进家藏书六百余种,大半为宋元旧籍,为天下献书之冠。嘉庆八年钦赐举人。又校刻《知不足斋丛书》三十种。著有《花韵轩咏物诗存》。事迹见《清史列传》卷七二、李桓《国朝耆献类征初编》卷四四一、阮元《知不足斋鲍君传》(《揅经室二集》卷五)、《鲍廷博传》(《碑传集三编》卷三七)。

按: 朱文藻《知不足斋丛书序》曰:"吾友鲍君……三十年来,近自嘉禾、吴兴,远而大江南北,客有以异书来售武林者,必先过君之门,或远不可致,则邮书求之。浙东西藏书家若赵氏小山堂、卢氏抱经堂、汪氏振绮堂、吴氏瓶花斋、孙氏寿松堂、郁氏东啸轩、吴氏拜经楼、郑氏二老阁、金氏桐华馆,参合有无,互为借钞,至先哲后人家藏手泽,亦多假录。一编在手,废寝忘食,丹铅无已时。一字之疑,一行之缺,必博征以证之,广询以求之,有得则狂喜,如获珍贝,不得虽积思累岁月不休。溪山薄游,常携简策自随,年几五旬,精明不愆,勤勤恳恳,若将终身。"(《知不足斋丛书》卷首)阮元《知不足斋鲍君传》曰:"元在浙,常常见君,从君访问古籍,凡某书美恶所在,意旨所在,见于某代某假目录,经几家收藏,几次钞刊,真伪若何,校误若何,无不矢口而出,问难不竭。古人云:读书破万卷。君所读破者奚翅数万卷哉!"(《揅经室二集》卷五)

法国传教士贺清泰卒(1735—)。天主教耶稣会传教士。曾留学意大利,通天文、数学,尤擅绘画,工人物风景、翎毛走兽。乾隆三十五年来中国,供奉内廷,能讲满语,读汉文,颇得乾隆帝信任。四十二年,与艾启蒙一起为徐扬修改《金川得胜图》,知名于时。嘉庆十六年,请求回国,后因病未成行,卒于北京。译有《古新圣经》。

张燕昌卒(1738—)。燕昌字芑堂,号文鱼,又号金粟山人,浙江海盐人。师从丁敬。乾隆四十三年优贡,嘉庆元年举孝廉方正。擅篆、隶、飞白、行、楷书,精金石篆刻、勒石,工画兰竹,兼善山水、人物、花卉。著有《金石契》4卷、《飞白书录》、《鸳鸯湖札歌》、《石鼓文释存》、《芑堂印谱》。事迹见震钧辑《国朝书人辑略》卷八。

张问陶卒(1764—)。问陶字仲冶,号船山,四川遂宁人。乾隆五十五年进士,授翰林院检讨,入史馆。改任御史,部选山东莱州知府。工诗书画,号称"三绝"。著有《船山诗集》20卷。事迹见《清史稿》卷四八五、《清史列传》卷七二、李桓《国朝耆献类征初编》卷二四四、震钧辑《国朝书人辑略》卷七、蔡冠洛《清代七百名人传》第五编。清蔡坤编有《张船山先生年谱》,王世芬编《张船山先生年谱》。

按:李元度《国朝先正事略》曰:"其诗生气涌出,沉郁空灵,于从前诸名家外,又辟一境。书法险劲,画近徐青藤,不经意处,皆有天趣。国朝二百年来,蜀中诗人以船山为最。"

张聪咸卒(1783—)。聪咸字阮林,一字小阮,号傅岩,安徽桐城人。嘉庆十五年举人。官八旗教习。著有《左传杜注辨证》、《经史质疑录》1卷、《傅岩诗集》。事迹见李桓《国朝耆献类征初编》卷四二一、刘开《张先生聪咸传》(《碑传集》卷一四一)。

戴钧衡(—1855)、龙启瑞(—1858)、张二奎(—1860)、洪秀全(—1864)、冯志沂(—1867)、徐时栋(—1873)、罗惇衍(—1874)、李祖望(—1881)、周寿昌(—1884)、汪士铎(—1889)、王熙震(—1892)、雷浚(—1893)生。

嘉庆二十年　乙亥　1815 年

美军败英军于新奥尔良战役。

拿破仑皇帝复辟。

拿破仑败于滑铁卢。

英国通过《谷物法》。

瑞士联邦盟约得到批准。

第一艘蒸汽机战舰美国船"富尔顿号"下水。

《药剂师法令》禁止不合格的医生在英国行医。

汉弗莱·戴维发明出矿工安全灯。

奥古斯丁·弗雷斯内尔研究光衍射。

三月二十三日己酉(5月2日),根据两广总督蒋攸铦等奏,酌定《查禁鸦片烟章程》。

二十六日壬子(5月5日),四川严办传习天主教案。

四月二十七日壬午(6月4日),颁布《御制官箴》二十六章。

六月十四日戊辰(7月20日),颁布御制《勤政爱民论》。

十月三十日辛巳(11月30日),命各省学政行教化之责,劝民摒斥邪教煽惑。

十一月十八日己亥(12月18日),重申扑灭邪教。

阮元延段玉裁主讲杭州敷文书院,未几段卒,王念孙为作墓志。

阮元受王埙时之请,为其父王杰编《葆醇阁集》,并编订王杰年谱。

阮元在江西临川重修汤显祖玉茗堂。

阮元有书寄焦循,讨论焦氏所著《易》学。

阮元、卢宣旬、黄中杰诸人命工雕板刻印《十三经校勘记》。

王引之将全帙《经义述闻》寄阮元,阮元委托南昌卢宣旬刻之,并作《王伯申经义述闻序》。

王念孙正月为汪中遗著《述学》作序,表彰汪氏学行。

按：王念孙《述学序》曰："《述学》者,亡友汪容甫中之所作也。余与容甫交垂四十年,以古学相砥砺。余为训诂、文字、声音之学,而容甫讨论经史,犁然疏发,挈其纲维。余拙于文词,而容甫澹雅之才,跨越近代,每自愧所学不若容甫之大也。……自元明以来,说经者多病凿空,而矫其失者又蹈株守之陋。为文者虑袭欧、曾、王、苏之迹,而志乎古者又貌为奇傀,而愈失其真。今读《述学》内、外篇,可谓卓尔不群矣。其有功经义者,则有若《释三九》、《妇人无主答问》、《女子许嫁而婿死从死及守志议》、《居丧释服解义》、《春秋述义》,使后之治经者,振烦祛惑,而得其会通。其表章经传及先儒者,则有若《周官征文》、《左氏春秋释疑》、《荀卿子通论》、《贾谊新书叙》,使学者笃信古人,而息其畔嗒之习。其它考证之文,皆确有依据,可以传之将来。至其为文,则合汉、魏、晋、宋作者,而铸成一家之言,渊雅醇茂,无意摩放而神与之合,盖宋以后无此作手矣！当世所最称颂者,《哀盐船文》、《广陵对》、《黄鹤楼铭》,而它篇亦皆称此。盖其贯穿于经史诸子之书,而流衍于豪素,揆厥所元,抑亦酝酿者厚矣。"(《述学》卷首)

孙星衍集南京诗人 21 人在五松园举行苏轼寿会。

严可均在南京校明陈禹谟所刻《北堂书钞》,作跋文指责陈氏臆改。

梅曾亮年三十,始有志于汉、唐、宋诸大家之作。

姚椿为其师姚鼐裒辑遗书,并从此杜门力学,不复应举。

邓显鹤在扬州,经乐少华介绍,交姚椿,为椿题《秋山赌墅图》。又编定晏贻琮遗诗付诸蓼寅、唐仲冕,为之刊刻行世。

崔述自念衰病日甚,遂聚其书为九函,作遗嘱,命其妾收藏。

林则徐正月会见朝鲜贡使尹正铢,二月承办《一统志》人物名宦部分,三月派充撰文官,九月派在翻书房行走。

秦瀛为臧庸遗著《拜经堂文集》作序,批评不良学风。

按:秦瀛《拜经堂文集序》曰:"武进有玉林臧先生者,通经学古,著书甚富。越今百余年,而得在东。在东承其家学,屏去俗好,不屑蹈常袭故,以合于时,而独与其弟礼堂潜心为汉儒之学。礼堂殁,在东泫然心伤,丐余为文传之。逾数年,在东来京,为今侍郎吴君烜纂《中州文献考》。余方约其归江南,同修《无锡金匮县志》,而在东亦寻殁,可悲也。学者去圣既远,百家众说,纷然具陈,苟择焉不精,则说经而经愈亡。近世承学之士,多宗汉学,往往目未睹程、朱之书,厌薄宋儒,指摘其瑕疵,以相毁谤。当亦汉儒之所不与也。在东之学,师余姚卢绍弓先生,因主张许叔重、郑康成诸儒。而其《与阮侍郎云台书》云:'程、朱于圣门躬行之学为近。'是其言于宋儒不为无见。余官京师,在东偕其乡人恽子居集余邸,其议论有合,有不合,而要以古人为归。"(《拜经堂文集》卷首)

陈寿祺三月为其师孟超然遗著《孟氏八录》作跋,对不良学风颇有批评。

按:陈寿祺《孟氏八录跋》曰:"《孟氏八录》者,吾师瓶庵先生所撰也。……曩者吾乡漳浦蔡文勤,倡正学于鳌峰,学士靡然向风。高足宁化雷翠庭先生得其传,督江南学有声,以母老乞退,所著述咸可师法。福州林青圃、张惕庵先生主讲鳌峰,设教严密。惕庵著经解甚富,其后莫有继者。如先生之学,乃诚比肩文勤诸贤,无愧色也。窃慨乡国百年以来学者,始溺于科举之业,而难与道古。近则俊颖之才知好古矣,然本之不立,学与行乃离而二,其究也学其所学,弊与不学均。甚则以廉孝为奸媒,以朋徒为利饵,以诗礼为发冢,以文笔为毒矢,口谈义利,心营悖鄙,形人行鬼,不知羞耻。顷仪征阮抚部夫子、金坛段明府若膺寓书来,亦兢兢患风俗之弊。段君曰:'今日大病,在弃洛、闽、关中之学,谓之庸腐,而立身苟简,气节败,政事芜,天下皆君子而无真君子。故专言汉学,不治宋学,乃真人心世道之忧,而况所谓汉学者,如同画饼乎!'抚部曰:'近之言汉学者,知宋人虚妄之病,而于圣贤修身立行之大节,略而不谈,以遂其不矜细行,乃害于其心其事。'二公皆当世通儒,上绍许、郑,而其言若是。然则先生是书,恶可不流布海内,以为学者针砭也。"(《左海文集》卷七)

包世臣与黄乙生同客扬州,共攻书法三个月。

按:《清史稿·包世臣传》曰:"其论书法尤精,行草隶书,皆为世所珍贵。"

赵怀玉在吴兴爱山书院掌教。

端木国瑚选湖州府归安县教谕。有《上阮宫保书》,与阮元讨论《易》学。

黄丕烈是秋得残岳本《周礼地春》二官,手校于嘉靖本上,复以残蜀大字本《秋官》校补之。

彭兆荪始识舒位。

杨芳灿在成都修《四川通志》。

张敦仁在南昌从阮元处抄得明代严衍的《资治通鉴补》。

张鳞选翰林官入直懋勤殿，参与纂辑《秘殿珠林》、《石渠宝笈》。

毕简客陈鸿寿大令溧阳县幕，与钱杜、改琦、汪鸿、张镠等同聚桑连理馆。文酒之暇，五人合作灵芬馆图，为时所称。

龚丽正改任安庆知府。

姬均时任知州，重修河北涿鹿书院，更名为新州书院。

李应曾时任山东长清县知县，建五峰书院。

朱沛霖时任湖南龙山知县，建白岩书院。

黄钟灵在广东清远县建三台书院。

高攀桂时任广西养利州知州，修葺瀛州书院。

吕肇堂时任四川蓬溪知县，建蓬山书院。

邬世文在四川云阳县建云峰书院。

陈嘉祚时任贵州平坝知县，建安平书院，又名治平书院。

吴性诚、郭萃、林梦阳等在台湾屏东县建屏东书院。

英国传教士马礼逊5月与米伶于马六甲创办《察世俗每月统计传》。

按：是为近代第一份中文报刊，并首次在中文印刷中采用西洋标点符号，1821年停刊。1823年，麦都思创办的《特选撮要每月统计传》，实为《察世俗每月统计传》之续刊，1826年停刊。

梁发4月受马礼逊派遣，随米伶前往马六甲一印刷所工作。

萨维尼著成《中世纪罗马法律史》。

杜格尔德·斯图尔特发表《形而上学、伦理及政治哲学的成就》。

L. J. 普劳特发表《关于比重与原子量间关系的假设》。

孙堂著《毛诗说》30卷成书，钱天树作跋。

孙星衍著《尚书今古文注疏》39卷刊行，有自序。

按：是书为《尚书》注释文献的汇编，亦是清代学者《尚书》注释中比较完备的一种，但仍有疏漏谬误之处。《清史稿·孙星衍传》曰："星衍博极群书，勤于著述。又好聚书，闻人家藏有善本，借钞无虚日。金石文字，靡不考其原委。尝病《古文尚书》为东晋梅赜所乱，官刑部时，即集《古文尚书马郑注》十卷、《逸文》二卷。归田后，又为《尚书今古文注疏》三十九卷，其序例云：'《尚书》古注散佚，今刺取书传升为注者五家三科之说：一、司马迁从孔氏安国问故，是古文说；一、《书大传》伏生所传欧阳高、大夏侯胜、小夏侯建，是今文说；一、马氏融、郑氏康成虽有异同，多本卫氏宏、贾氏逵，是孔壁古文说：皆疏明出典。其先秦诸子所引古书说及纬书、白虎通等，汉、魏诸儒今文说、许氏说文所载孔壁古文，注中存其异文、异字，其说则附疏中。'其意在网罗放失旧闻，故录汉、魏人佚说为多，又兼采近代王鸣盛、江声、段玉裁诸人书说。惟不取赵宋以来诸人注，以其时文籍散亡，较今代无异闻，又无师传，恐滋臆说也。凡积二十二年而后成。"有《平津馆丛书》本、《皇清经解续编》本、《万有文库》本等。

焦循著《易章句》12卷成书，《雕菰楼易学三书》全部成书。

严可均辑《孝经郑氏注》1卷成书，有自序。

周春著《中文孝经》1卷、《孝经外传》1卷成书。

陈梓著《经义质疑》8卷重刊。

凌曙著《春秋繁露注》17卷刊行，有自序，洪梧作序。

嘉庆二十年　乙亥　1815年

按：清代有关《春秋繁露》的校注本很多，惠栋、纪昀、卢文弨等都作过校注，其中最详尽的是苏舆的《春秋繁露义证》。凌书有《凌氏丛书》本、《皇清经解续编》南菁书院本、蜚英馆石印本、《龙溪精舍丛书》1917年郑氏刊本及中华书局1991年标点本。

张琦著《战国策释地》2卷成书，有自序。

孙星衍辑《孔子集语》刊行。

郝懿行著《晋宋书故》1卷成书，王照圆作识语。

郝懿行著《补宋书食货志》1卷、《补宋书刑法志》1卷成书，有自序。

刘凤诰续成其师彭元瑞《五代史记注》74卷，有跋。

郑谦修，王森文纂《安康县志》20卷刊行。

和瑛纂《热河志略》成书。

封导源纂《马陆里志》7卷刊行。

周郁宾纂《珠里小志》18卷刊行。

张聪贤修，董曾臣纂《长安县志》36卷刊行。

张应辰修，王埰纂《稷山县志》10卷刊行。

沈钱鉴修，王政、牛述贤纂《河津县志》12卷刊行。

鲁铨、钟英修，洪亮吉、施晋纂《宁国府志》36卷刊行。

潘镕修，沈学渊、顾翰纂《肖县志》18卷刊行。

何愚修纂《广南府志》4卷刊行。

徐陈谟修纂《东乡县志》33卷刊行。

鲁凤辉等修，王廷伟等纂《达县志》52卷刊行。

颜谨修，谢智涵纂《青神县志》54卷刊行。

沈远标、吴人杰修，何苏等纂《定远县志》35卷刊行。

曾冠英修，李基熙纂《肥城县新志》19卷刊行。

陶绍侃修，胡正楷纂《南漳县志集抄》35卷刊行。

陈永图修，黄本骐纂《宜章县志》24卷刊行。

李桂林等修纂《罗江县志》36卷刊行。

沈昭兴修纂《三台县志》8卷刊行。

李书古等修纂《澄海县志》26卷刊行。

李绍祖等修，徐文贲、车西纂《温江县志》36卷刊行。

冯馨增修《高邮州志》12卷刊行。

赵擢彤修，宋缙纂《孟津县志》12卷刊行。

刘炯修，张怀渭等纂《资州直隶州志》30卷刊行。

马士图辑《莫愁湖志》6卷成书，有自序。

沈可培编《郑康成年谱》1卷刊行。

阮元编《王文端公年谱》1卷刊行，附于王杰所著《葆淳阁集》。

谢重华自编《重华自述年谱》1卷刊行。

唐祖樾自编《唐述山自订年谱》1卷。

翁方纲著《海东金石文字记》4卷成书。

梁同书著《笔史》1卷、《频罗庵论书》1卷成书。

王念孙著《读淮南子杂志》22卷成书,有自序。

段玉裁著《说文解字注》30卷全部刊行,陈奂作跋。

按:陈奂《说文解字注跋》曰:"奂闻诸先生曰:'昔东原师之言,仆之学,不外以字考经,以经考字。余之注《说文解字》也,盖窃取此二语而已。经与字未有不相合者。经与字有相谋者,则转注、假借为之枢也。'先生自乾隆庚子去官后,注此书,先为长编,名《说文解字读》。抱经卢氏、云椒沈氏,曾为之序。既乃简练成注,海内延颈望书之成,已三十年于兹矣。会徐直卿学士,偕其友胡竹岩明经积城,力任刊刻,江子兰师因率奂同司校雠,得朝夕诵读。而苦义蕴闳深,非浅涉所能知也,敬述先生所示著书之大要,分赠同人。窃谓小学明,而经无不可明矣。"(《说文解字注》卷末)是书较王筠《说文释例》、《说文句读》,桂馥《说文义证》,朱骏声《说文通训定声》尤为精深,王念孙誉其为"盖千七百年来无此作矣"(《说文解字注序》,该书卷首)。以后徐承庆《说文解字注匡谬》、钮树玉《段氏说文注订》、王绍兰《说文段注订补》,于段说皆有补正。其主要版本有原刻本、苏州重刻本、学海堂本、武昌局本、成都存古书局本、光绪七年(1881)苏州刻巾箱本等。1981年上海古籍出版社据初刊本影印。

陈奂编《说文部目分韵》成书。

彭元瑞著《增订韵字辨同》5卷由青柯亭重刊。

李兆洛编《皇朝文典》74卷刊行,有自序。

梅冲著《离骚经解》1卷刊行。

王文诰著《苏文忠诗编注集成》46卷,有自序。

陈梓著《陈一斋全集》39卷刊行。

朱筠遗著《笥河文集》由其子朱锡庚在京师刊刻,有序。

张琦编《古诗录》12卷。

王芑孙著《渊雅堂编年诗稿》20卷、《惕甫未定稿》26卷刊行。

刘大观著《玉磬山房文集》4卷刊行。

冯登府著《石经阁诗略》第2卷。

何辉宁著《甑峰遗稿》2卷刊行。

张九钺著《陶园全集》32卷刊行。

岳震川著《赐葛堂文集》6卷刊行。

翁方纲著《石洲诗话》8卷修订后初刻于广州。

按:翁方纲倡导"肌理说"。是书就是一部运用"肌理说"原则于具体分析的评论集。有《苏斋丛书》本、《粤雅堂丛书》本、《丛书集成初编》本、人民文学出版社1981年校点本等。

王杰著《葆淳阁集》24卷、《易说》2卷刊行。

王陟著《养素堂文集》8卷刊行。

唐仲冕刻《湘门遗集》成。

恽敬《大云山房文稿》初集4卷重刻于南昌,有自序。

王蔚宗著《端居室集》12卷刊行。

陈庭学著《蛾术集》16卷刊行。

张钧辑《辨讹释义录》、《经史辨论》刊行。

黄钺著《二十四画品》1卷刊行。

陈琮辑、沈懋德校《烟草谱》成书。

蓝浦著，郑廷桂补辑《景德镇陶录》10卷成书。

按：是书为中国陶瓷史上的重要著作，详细记载了明、清时期景德镇瓷业的产销情况，从中可见当时陶瓷手工业发展的基本情况。有嘉庆二十年（1815）翼经堂刊本、同治九年（1870）重刻本。

英国传教士马礼逊独自编纂的《英华字典》第一卷完成并出版，名为"字典"。

按：此为中国英汉字典编写的开创之作，按嘉庆十二年（1807）刊刻的《艺文备览》英译，以汉字笔划分成214个字根排列。《艺文备览》由沙木著。

梁同书卒（1723— ）。同书字元颖，号山舟，自署不翁、新吾长翁，浙江钱塘人。梁诗正子。乾隆十七年特赐进士，改翰林院庶吉士，累迁侍讲。善诗，尤工书法。著有《频罗庵遗集》16卷、《直语补证》1卷等。事迹见《清史稿》卷五〇三、《清史列传》卷七二、震钧辑《国朝书人辑略》卷五、蔡冠洛《清代七百名人传》第五编、许宗彦《学士梁公同书家传》（《碑传集》卷四八）。

按：《清史稿》本传曰："好书出天性，十二岁能为擘窠大字。初法颜、柳，中年用米法，七十后乃变化。名满天下，求书者纸日数束，日本、琉球皆重之。"梁巘书法与梁同书齐名，梁巘曰"北梁"，梁同书曰"南梁"。

周春卒（1729— ）。春字芚兮，号松霭，晚号虚谷居士，浙江海宁人。乾隆十九年进士。官广西岑溪知县。嘉庆十五年，重赴鹿鸣。家富藏书，多达万余卷。著有《十三经音略》13卷、《小学余论》2卷、《孝经外传》1卷、《中文孝经》1卷、《尔雅补注》4卷、《代北姓谱》2卷、《辽金元姓谱》1卷、《杜诗双声迭韵谱括略》8卷、《辽诗话》1卷、《选材录》1卷，总曰《松蔼遗书》。事迹见《清史稿》卷四八一、《清史列传》卷六八。

按：《清史稿》本传曰："春博学好古，两亲服阕，年未五十，不谒选。著《十三经音略》十三卷，专考经音，以陆氏《释文》为权舆，参以《玉篇》、《广均》、《五经文字》诸书音，字必审音，音必归母，谨严细密，丝毫不假。"

姚鼐卒（1731— ）。鼐字姬传，一字梦毂，室名惜抱轩，人称惜抱先生，安徽桐城人。乾隆二十八年进士，改翰林院庶吉士，散馆，授兵部主事。官刑部郎中，记名御史。《四库全书》开馆，荐为纂修。书成，乞归，历主江南紫阳、钟山、安定等书院凡四十年。曾受业于刘大櫆，为桐城派三祖之一。著有《惜抱轩全集》37卷、《九经说》19卷、《老子章义》1卷、《庄子章义》10卷、《春秋三传补注》3卷、《法帖题跋》1卷、《国语补注》等。选有《古文辞类纂》74卷、《五七言今体诗钞》。事迹见《清史稿》卷四八五、《清史列传》卷七二、李桓《国朝耆献类征初编》卷一四六、震钧辑《国朝书人辑略》卷六、蔡冠洛《清代七百名人传》第五编、姚莹《朝议大夫刑部郎中加四品衔从祖惜抱先生行状》和《姚先生鼐家状》、吴德旋《姚惜抱先生墓表》、毛岳生《姚先生墓志铭》、方东树《书惜抱先生墓志后》（均见《碑传集》卷一四一）。清郑福照编有《姚惜抱先生年谱》。

按：《清史稿》本传曰："鼐工为古文。康熙间，侍郎方苞名重一时，同邑刘大櫆继之。鼐世父范与大櫆善，鼐本所闻于家庭师友者，益以自得，所为文高简深古，尤近欧阳修、曾巩。其论文根极于道德，而探源于经训。至其浅深之际，有古人所未尝言。鼐独抉其微，发其蕴，论者以为辞迈于方，理深于刘。三人皆籍桐城，世传以为桐城派。"姚莹《朝议大夫刑部郎中加四品衔从祖惜抱先生行状》曰："先生少时家贫，体弱多病，而嗜学淡荣利，有超然之志。先曾祖编修薑坞府君，先生世父也，博闻强识，诵法先儒，与同里方芋川、叶华南、刘海峰诸先生友善，诸子中独爱先生，每谈必令侍。方先生论学宗朱子，先生少受业焉。尤喜亲海峰，客退辄肖其衣冠，谈笑为戏。编修公尝问其志，曰义理、考证、文章，殆阙一不可。编修公大悦，卒以经学授先生，而别受古文法于海峰。……自康熙朝，方望溪侍郎以文章称海内，上接震川为文章正轨，刘海峰继之益振，天下无异词矣。先生亲问法于海峰，海峰赠序盛许之。然先生自以所得为文，又不尽用海峰法，故世谓望溪文质，恒以理胜；海峰以才胜，学或不及；先生乃理文兼至。方、刘皆桐城人也，故世言文章者称桐城云。"（《东溟文集》卷六）姚鼐弟子众多，较著名的有陈用光、管同、梅曾亮、方东树、刘开、胡虔、马宗梿、马聪咸、左朝第、姚椿等。私淑弟子有吕璜、朱琦、龙启瑞、王拯、冯志沂、邵懿辰、吴嘉宾、曾国藩、王先谦等。

段玉裁卒（1735—　）。玉裁字若膺，号懋堂，江苏金坛人。尊戴震为师。乾隆二十五年举人。任贵州玉屏知县，调四川，引疾归。卜居苏州，杜门著书三十余年，精于《说文》之学。著有《说文解字注》30卷、《毛诗小学》30卷、《毛诗故训传定本》30卷、《诗经小学录》30卷、《古文尚书撰异》32卷、《春秋左氏古经》12卷、《六书音均表》5卷、《经韵楼集》12卷、《周礼汉读考》6卷、《汉书地理志音释》等。事迹见《清史稿》卷四八一、《清史列传》卷六八、蔡冠洛《清代七百名人传》第四编、王念孙《大清敕授文林郎四川巫山县知县段君墓志铭》（《王石臞文集补编》）、缪荃孙《段玉裁传》（《碑传集补》卷三九）。罗继祖编有《段懋堂先生年谱》，刘盼遂编有《段玉裁先生年谱》，陈鸿森编有《段玉裁年谱订补》。

按：段玉裁弟子有陈奂、徐颋、龚丽正、沈涛等。其交游者有卢文弨、钱大昕、阮元、王念孙、孔广森、丁杰、钮树玉、江有诰等。阮元评段玉裁曰："先生有功于天下后世者三：言古音一也，言《说文》二也，《汉读考》三也。"（《清史稿·儒林传二》）《清史列传》本传曰："初，玉裁与念孙俱师震，故戴氏有段、王两家之学。玉裁少震四岁，谦焉执弟子礼，虽耄，或称震，必垂手拱立，朔望必庄诵震手札一通。卒后，王念孙谓其弟子长洲奂曰：'若膺死，天下遂无读书人矣。'玉裁弟子长洲徐颋、嘉兴沈涛及女夫仁和龚丽正，俱知名，而奂尤得其传。"梁启超认为，段玉裁、王念孙、王引之最能光大戴震之学，世称戴、段、二王焉。

钱樾卒（1743—　）。樾字黼棠，浙江嘉善人。乾隆三十七年进士，选庶吉士，授编修。典陕西乡试，督四川学政。直上书房。两典江西乡试，督广西学政，累擢少詹事。嘉庆四年，还京，仍入直。骤迁内阁学士、礼部侍郎，督江苏学政。事迹见《清史稿》卷三五四、《清史列传》卷二八、李桓《国朝耆献类征初编》卷一〇一、震钧辑《国朝书人辑略》卷六、张井《尚书房行走吏部左侍郎钱公樾神道碑铭》（《碑传集》卷三九）。

梁上国卒（1748—　）。上国字斯仪，一字九山，福建长乐人。乾隆四十年进士,改翰林院庶吉士,散馆,授编修。官至太常寺卿。治经反对阎若璩、毛奇龄之说,有驳议。著有《驳阎氏古文尚书疏证》、《驳毛氏大学证文》、《山左游记》、《辽沈游记》、《粤西游记》、《国朝闽海人文》5卷等。事迹见《清史列传》卷六八、李桓《国朝耆献类征初编》卷一〇二、陈寿祺《诰授通议大夫太常寺卿广西提督学政梁公上国墓系铭》(《碑传集》卷五七)。

按:《清史列传》本传曰:"上国通经知时务,凡当世之急务,乡里之利病,旁咨博访,多所建白。……生平质直好学,不蹈脂韦,好面规人过。治经不苟同于人。《古文尚书》自阎若璩《疏证》出,同时毛奇龄《冤词》、朱鹤龄《埤传》仍以孔安国《传》为真本,自后学者尊信阎氏,无异词。上国著《古文尚书条辨》八卷,力攻阎氏,惟语多嫉激,世鲜好之。大兴翁方纲序其书,谓古文诸篇,皆圣贤之言,有裨于人国家,有资于学者,不宜轻议。阎氏多嫉激语,故梁子亦嫉激以敌之。此非梁子之过,阎氏之过也。然上国之学,不尽同于奇龄,有《驳毛氏大学证文》一卷。"

祁韵士卒(1751—)。韵士字鹤皋,一字谐庭,山西寿阳人。乾隆四十三年进士,选翰林院庶吉士,散馆,授编修。累迁礼部郎中,充宝泉局监督。嘉庆九年,因局库亏铜案发,遣戍伊犁,未几赦还。卒于河北保定莲池书院。著有《蒙古王公表传》、《皇朝藩部要略》18卷、《新疆事略》、《西域释地》1卷、《西陲要略》4卷、《万里行程记》1卷、《己庚编》、《书史辑要》、《筠爽轩文集》等。事迹见《清史稿》卷四八五、《清史列传》卷七二、李桓《国朝耆献类征初编》卷一三二。祁韵士自编有《鹤皋年谱》。

按:《清史稿》本传曰:"韵士幼喜治史,于疆域山川形胜、古人爵里名氏,靡不记览。弱冠,馆静乐李氏,李藏书十余椟,多善本,韵士寝馈其中五年,益赅洽。既入翰林,充国史馆纂修。时创立蒙古王公表传,计内扎萨克四十九旗,外扎萨克喀尔喀等二百余旗,以至西藏及回部纠纷杂乱,皆无文献可徵据。乃悉发库贮红本,寻其端绪,每于灰尘坌积中忽有所得,如获异闻。各按部落立传,要以见诸实录、红本者为准;又取《皇舆全图》以定地界方向。其王公支派源流,则核以理藩院所存世谱,八年而后成书;又别撰《藩部要略》,以年月编次。盖传仿《史记》,而要略仿《通鉴》。李兆洛序之,谓如读邃皇之书,睹鸿濛开辟之规模矣。及戍伊犁,有所纂述,大兴徐松续修之,成《新疆事略》。韵士又著《西域释地》、《西陲要略》,皆考证古今,简而能核。外有《万里行程记》、《己庚编》、《书史辑要》、《诗文集》。"

伊秉绶卒(1754—)。秉绶字组似,号墨卿,福建宁化人。乾隆五十四年进士,改刑部主事。嘉庆初,任广东惠州知府。历署河库道、盐运使。工诗,尤善隶法,著有《留春草堂集》、《坊表录》、《修齐正论》。事迹见《清史稿》卷四七八、《清史列传》卷七二、李桓《国朝耆献类征初编》卷二四四、震钧辑《国朝书人辑略》卷七、蔡冠洛《清代七百名人传》第五编、赵怀玉《扬州府知府伊君秉绶墓表》(《碑传集》卷一一〇)。

按:《清史稿》本传曰:"秉绶承其父朝栋学,以宋儒为宗。在惠州,建丰湖书院,以小学、《近思录》课诸生;在扬州,宏奖文学。殁后士民怀思不衰,以之配食宋欧阳修、苏轼及清王士禛,称四贤祠。"

高鹗约卒(1758—)。鹗字兰墅,号红楼外史,汉军镶黄旗人。乾隆六十年进士,官翰林院侍读。曾补作《红楼梦》四十回,并著有

《高兰墅集》、《月小山房遗稿》、《吏治辑要》等。事迹见《清史稿》卷四八五。

舒位卒(1765—)。位字立人,号铁云,直隶大兴人。乾隆五十三年举人,会试落第,入王朝梧幕。著有《瓶水斋诗集》17卷、《瓶水斋别集》2卷、《瓶水斋诗话》1卷、《乾嘉诗坛点将录》等。又有《瓶笙馆修箫谱》,收入其所作杂剧四种。事迹见《清史列传》卷七二、震钧辑《国朝书人辑略》卷六、李桓《国朝耆献类征初编》卷四三九、蔡冠洛《清代七百名人传》第五编、陈裴之《乾隆戊申恩科举人拣选知县舒君行状》(《瓶水斋诗集》附)。

洪震煊卒(1770—)。震煊字百里,浙江临海人。洪颐煊弟。嘉庆十八年拔贡生,尝入直隶督学幕中。与兄洪颐煊、洪坤煊同治经学,时有"三洪"之称。曾协助阮元修《十三经校勘记》、《经籍纂诂》。著有《夏小正疏义》5卷、《石鼓文考异》1卷等。事迹见《清史稿》卷四八六、《清史列传》卷六九、李桓《国朝耆献类征初编》卷四二一。

　　按:《清史列传》本传曰:"少有隽名,阮元称之曰:'侍郎之后,复见洪生。'侍郎,天台齐召南也。元修《十三经校勘记》,震煊任《小戴礼》;修《经籍纂诂》,震煊任方言,所刊书籍,多经其手。尝谓《太史公书》以鲁定公十二年冬孔子去鲁适卫为误,定为十三年春,就《史记》正之。又读《夏小正》鞠则见,知鞠星即虚星。《尔雅释诂》鞠,盈也,盈与虚相反,鞠之为盈,犹治之为乱,甘之为苦。且用夏正日躔以求昏旦,绝无差忒,因著为说。又辨《禹贡》漆,郑康成以淇水为漆,亦古文家旧说。浙江即岷江非浙江,举《汉地理志》,郭璞《山海经注》,以证郦道元之误。兼精《选》学,在闽中时,适重构三百有三十士亭成,酌酒赋诗,又手立就,举坐阁笔。"

钱侗卒(1778—)。侗字赵堂,一字同人,江苏嘉定人。钱大昭子。嘉庆十五年举人。充文颖馆校录,议叙知县。通训诂,能传伯父钱大昕历算之学。曾增补钱大昕《宋辽金元四史朔闰考》,博证群书数百种,厘补增辑一千三百余条。王昶撰《金石萃编》所论官制地理,多采其说。著有《群经古音钩沉》4卷、《释声》8卷、《正名录》4卷、《九经补韵考》2卷、《历代钞币图考》、《说文音韵表》5卷、《金石录》40卷、《古钱待访录》2卷、《方言义证》6卷及《乐斯堂诗文集》、《赵堂日记》等。事迹见《清史稿》卷四八一、《清史列传》卷六八。

　　按:《清史列传》本传曰:"侗于《说文》用力致深,精讲韵学,熟于古音之通转。尝征集群书同物异名之文,比而释之,为《释声》八卷。其序曰:'言小学者有二端:曰故训,《尔雅》、《说文》之属是也;曰声音,《释名》之属是也。有文字然后有训诂,而声音实在文字之先。故言小学必通训诂,言训诂必先识字,欲识字必先审声音,所谓声者萌芽于二仪初判之时,广益于草昧既开之后,非后世四声、七音、三十六母之说也。周公制《尔雅》有《释诂》,言训独无释声与名者,是以刘氏广之为《释名》一书。'……侗于历算之学,亦能究其原本,大昕撰《宋辽金元四史朔闰考》,未竟而卒。侗证以群书、金石、文字,增辑一千三百余条,日夕检阅推算,几忘寝食,卒因是感疾而殁。"

冯云山(—1852)、乔松年(—1875)、王拯(—1876)、杜文澜(—1881)、孙衣言(—1894)生。

嘉庆二十一年　丙子　1816年

三月初三日癸未(3月31日),制定保甲互保制。

五月十七日丙申(6月12日),重申户口连保制。

闰六月十五日癸巳(8月8日),续纂《秘殿珠林》、《石渠宝笈》成书。

阮元四月为焦循《雕菰楼易学》作序;闰六月调补河南巡抚,八月到任,十一月补授湖广总督。十二月初到京,被召见五次,皆赏克什。

按:阮元《焦氏雕菰楼易学序》曰:"元与焦君少同游,长同学,元以服官,愧荒所学,焦君乃独致其心与力于学。其初治《易》也,亦不图至斯,久之如有所牖,而此学竟成。元于嘉庆十九年夏,速邮过北湖,里中见君,问《易》法。君匆匆于终食间举三十证语元,元即有闻道之喜。及至江西,时时趣其写定寄读,读竟而叙其本末如此。"(《揅经室一集》卷五)

阮元编订《王文端(杰)文集》及其《年谱》梓成,旋寄李赓芸校阅。

阮元命抄工录《四元玉鉴》副本赠张敦仁,张敦仁旋寄李锐,属其演算。

王念孙六月为刘台拱遗书作序。

按:王念孙《刘端临遗书序》曰:"岁在壬辰,予入都应礼部试,始得交于端临,接其言貌,晏晏如也。既又因汪容甫得闻端临之学之精,与其孝友纯笃,于是益心折焉。后端临留京师教授生徒,予亦官于工部,数过从讲习,每得一义,必以相示。及端临言归觐省,邮书来往,以所得相示,如在都下时。盖端临邃于古学,自天文、律吕,至于声音、文字,靡不该贯。其于汉、宋诸儒之说,不专一家,而唯是之求,精思所到,如与古作者晤言一室,而知其意指所在。比之征君阎百诗、先师戴庶常、亡友程易畴,学识盖相伯仲。以视凿空之谈,株守之见,犹黄鹄之与壤虫也。乙亥之冬,端临次子原嶓与予书,又以端临遗书已刻者诒予。予读而怅然悲之,悲其书之存而人之亡也。虽然自古有死,而如端临之书必传于后者盖鲜,则端临死而不朽矣。"(《王石臞先生遗文》卷二)

龚自珍居上海,识钮树玉,共搜讨典籍;又与李锐商榷《礼》经,因作《丙子论礼》;是年王昙来晤。

焦循十二月与王引之书论《周易》,又请吏部尚书英和为其《易学三书》作序,有《上座师英尚书书》。

孙星衍主讲钟山书院,与严可均共纂《全上古三代秦汉三国六朝文》。

俞正燮在南京会严可均,共检补全上古至隋文。

林则徐闰六月充江西乡试副考官,吴其彦为正考官,取中欧阳炳章等94人,副榜18人。十月回京复命,十一月派在翰林院清秘堂办事。十二月初二日谒阮元。

印第安纳成为美国的一个州。

阿根廷独立。

美国的保护税则实施。

英人取帕特农神庙的大理石雕刻于希腊。

勒内·雷奈克发明听诊器。

戴维·布鲁斯特爵士发明万花筒。

顾广圻八月为孙星海《广复古编》作序。

按：孙星海为孙星衍从弟。顾广圻《广复古编序》曰："予自辛未冬洎甲戌秋，在孙渊如观察冶城山馆者，几及三年，为渊翁校刊《续古文苑》、《华阳国志》、《抱朴子内篇》、《古文尚书考异》、《绍熙云间志》等书，兼为鄱阳胡中丞重翻元椠《通鉴注》。时渊翁从弟星海邃堂方讲求《说文》正俗字，案头草稿盈两三尺，无暇取而细读也。又二年及今丙子之夏，书成，渊翁署名曰《广复古编》。发凡起例，邃堂自序详之矣。以予粗通小学，复移书属序。……兹读是编，备列《说文》六书之字，而于假借言之尤详。博学精研，区分类聚，庶几许书之理群类、解谬误、晓学者，视不佞囊所规为，恢恢乎兼容包并之，不亦善乎？邃堂又有与观察合撰《拟篆字石经稿》若干卷，与是编互相发明，皆世间不可少之书。"(《思适斋集》卷一一)

百龄卒于两江总督任上，其赐谥碑文、祭文皆出林则徐手。

梁章钜考取军机章京，旋入直。是冬入宣南诗社，胡承珙、潘曾沂各为之记。

黄丕烈跋明刻本《梦溪笔谈》，再跋校宋旧钞本《东京梦华录》；又次第校勘所有子书。

贺长龄充山西学政。

董诰充顺天乡试正考官。

钱林充广东乡试副考官。

陈寿祺作《清源书院祀产记》。

松筠受赐《全唐文》一部。

江藩是冬与宋葆淳等在西湖白堤相遇，饮酒论学，江藩提出欲募资刻书，淳安方晴江为江藩绘《募梓图》，宋葆淳为江藩作《募梓图记》。

丁晏以诸本互校《文心雕龙》毕，作跋。

方东树丁父忧。

顾广圻丁母忧。

项名达中举人，考授国子监学正。

汤金钊典江南乡试，留学政，诏勉以训士不患无才，务培德，经学为本，才藻次之。金钊阐扬诏旨，通诫士子。

沈维鐈督湖北学政，禁习邪教，以端士风。

许桂林举江南乡试。

卿祖培迁湖广道监察御史。

龚丽正擢江南苏松太兵备道，署江苏按察史。

王芑孙、改琦、钦善、冯承辉、姜皋、梅春、徐年、顾鸿声、倪观正、杨景枫、顾夔、殷瑞等二十余人三月游云峰寺，得观寺僧所藏赵孟頫《中峰禅师像卷》及陈眉公等人题记，同人赋诗，改琦谱词一首。

顾皋直懋勤殿，参与编辑《秘殿珠林》、《石渠宝笈》。

赛尚阿成翻译举人，授理藩院笔帖式，充军机章京。

汪志伊时任福建总督，在福州建凤池书院。

杨兆李时任河南泌阳知县，建铜峰书院。

马德滋时任广东中山知县，建宁山书院。

刘德铨时任四川巴县知县，建字水书院。

邢思镐在贵州兴义县建梡峰书院。

赵怀锷时任云南呈贡知县，建砺峰书院。

英国传教士马礼逊任英国出使中国使团翻译，随特使阿美士德抵北京前，先行至天津与清廷官员会晤。

梁发十一月由传教士米怜为其施洗。

按：梁为继蔡亚高之后由西方传教士施洗的中国信徒。麦沾恩《中华最早的布道者梁发》曰："梁发先生乃中国第一个改正教宣教士，当全国人民反对基督之时，他敢独自成为基督徒，从这点上就可以看出，他是不寻常的基督徒了。"

阮元在江西刻《十三经注疏》成，有《江西校刻宋本十三经注疏后》和《恭进十三经注疏校勘记摺子》。

按：阮元《江西校刻宋本十三经注疏后》曰："嘉庆二十年，元至江西，武宁卢氏宣旬读余《校勘记》而有摹于宋本，南昌给事中黄氏中杰亦苦毛板之朽，因以元所藏十一经至南昌学堂重刻之，且借校苏州黄氏丕烈所藏单疏二经重刻之。近盐巡道胡氏稷亦从吴中购得十一经，其中有可补元藏本中所残缺者。于是宋本注疏可以复行于世，岂独江西学中所私哉！……窃谓士人读书当从经学始，经学当从注疏始。空疏之士，高明之徒，读注疏不终卷而思卧者，是不能潜心掔索，终身不知有圣贤诸儒经传之学矣。至于注疏诸义，亦有是有非，我朝经学最盛，诸儒论之甚详，是又在好学深思、实事求是之士，由注疏寻览之也。二十一年秋，刻板初成，藏其板于南昌学使，士林、书坊皆可就而印之。"（《揅经室三集》卷二）

苏秉国著《周易通义》22卷刊行。

沈梦兰著《周易学》3卷成。

按：《清史列传·沈梦兰传》曰："其《易学自序》云：'自辑《孟子学》，于《易》象得井、比、师、讼、同人、大有若干卦，错综参伍，知《易》之为道，先王一切之治法于是乎在。'而《孟子学》则又以疏证《周官》之故，汇其余说，以成帙者。"

张矩辑《易解简要》6卷刊行。

凌堃著《周易翼学》10卷刊行。

龚自珍著《丙子论礼》1卷成书。

段玉裁著《毛诗故训传定本》30卷刊行。

胡匡衷著《仪礼释官》9卷刊行。

焦循著《论语何氏集解补疏》3卷成书，又始纂《孟子长编》30卷，越二年而成书。

林春溥著《孟子时事年表》2卷刊行。

施彦士著《孟子外书集证》5卷成书。

冯登府著《唐石经误字辨》1卷成书。

樊廷枚著《四书释地补》6卷成，汪廷珍作序。

梅冲著《然后知斋四书五经答问》20卷刊行。

严元照著《尔雅匡名》成书，劳经原作序。

邵瑛著《说文解字群经正字》28卷刊行。

按：邵瑛字桐南，一字瑶圃，浙江余姚人。乾隆四十九年进士，授翰林院编修，

尼古拉·卡尔姆京发表《俄罗斯帝国史》。

改内阁中书,后辞官归。精通文字之学。胡玉缙《许庼经籍题跋》曰:"是书就今《十三经》及《逸周书》、《大戴礼》、《国语》本,据《说文》一一求其正字,凡隶变俗误,辨别颇明。"事迹见《清史列传》卷六八。

谢启昆著《小学考》50卷刊行。

毛谟著《说文检字》2卷成书,有自序。

毛谟辑《韵字略》10卷刊行。

黄丕烈《汪本隶释刊误》刊成。

万斯同遗著《群书疑辨》在浙东刊行,汪廷珍作序。

按:汪廷珍《群书疑辨序》曰:"老友国子助教旭峰陈君,自鄞邮书于杭,言其乡人将梓季野先生《群书疑辨》,而问序于仆。……是书凡十二卷。前六卷论辨诸经,皆求其理之是、心之安,而不苟为异同,一洗宋、元儒者门户之习。虽其间有考之未详者,有可备一义而未敢信为必然者,有勇于自信而于古未有确证者,然皆持之有故,言之成理,视充宗先生所为《仪礼商》诸书,特为矜慎矣。……先生之书,见于全氏所作传中者甚夥。其在史局,为王尚书鸿绪作《明史稿》,又为徐尚书乾学作《读礼通考》一百六十卷,今俱传于世。其《历代史表》、《庙制图考》、《儒林宗派》、《声韵源流考》、《石经考》、《昆仑河源考》六书,已著录于《四库书目》,余多未显。此书则汇平日所论辨,撮辑而成者也。吾闻四明之学,远有端绪,自攻媿、厚斋后五百年,而有先生昆弟为极盛,继此则谢山之精博为庶几焉。今其乡后进,知爱先生之遗书,刊以行之,是其好学向学之志,有非他郡所能及者。诚由先生之书,而从事于先生之学,则不独四明文献之传赖以不坠,即蕺山、南雷之绪,且将有传人焉。此则仆所厚望也已。"(《群书疑辨》卷首)

秦嘉谟著《世本辑补》10卷成书,有自序。

钱大昕著《宋辽金元四史朔闰考》2卷刊行。

洪颐煊著《平津读碑续记》1卷成书,有自序。

常明等修,杨芳灿、谭光祜等纂《四川通志》204卷刊行。

南济汉纂《永昌县志》8卷刊行。

潘际云修,阮学溥纂《霍山县志》8卷刊行。

王梦庚修纂《犍为县志》10卷刊行。

高攀柱修,陈钥纂《滕县志》19卷刊行。

陈增德修,李如圭等纂《平江县志》24卷刊行。

瑞征修,谭良治、邓奉时纂《茶陵州志》27卷刊行。

孙真儒等修,李觉榲等纂《新都县志》54卷刊行。

王泰云等修,衷以埙等纂,杨芳灿续纂《成都县志》6卷刊行。

吴巩、董淳修,潘时彤等纂《华阳县志》44卷刊行。

刘坛等修纂《崇宁县志》4卷刊行。

周古修,蔡复午等纂《东台县志》40卷刊行。

王余英修,袁名曜纂《宁乡县志》12卷刊行。

薛凝度修,吴文林纂《云霄厅志》20卷刊行。

孙星衍著《孔子集语》17卷成书,有自序。

林春溥编《叔梁纥年表》、《孔门师弟年表》1卷刊行。

阮元编《悟门先生(法式善)年谱》1卷刊行,附于法式善所著《存素堂诗续集》。

温汝适编《张曲江(张九龄)年谱》1卷刊行，附于张九龄所著《曲江集》。

程封编《明修撰杨升庵先生年谱》1卷刊行。

王引之著《太岁考》28篇。

梁章钜著《春曹题名录》6卷成书。

龚自珍著《乙丙之际箸议》成书。

胡浚源著《楚辞新注求确》10卷成书，有自序。

顾广圻为秦恩复校刊《骆宾王文集》10卷。

王豫辑《江苏诗征》183卷成书，阮元作序。

纪大奎著《薛文清公读书录钞》2卷刊行。

郭麐著《灵芬馆诗话》12卷刊行。

王标著《闲燕斋诗汇存》14卷刊行。

申支著《半崧集》6卷刊行。

庄亨阳著《秋水堂遗集》6卷刊行。

张立本著《培庵诗文存》4卷刊行。

阿克敦著《德荫堂集》16卷刊行，附《阿文勤公年谱》。

恽敬著《大云山房文稿二集》4卷刊行。

邵瑛著《刘炫规杜持平》6卷成书，有自序。

胡克家刻印《李善注文选》和《资治通鉴音注》，世称"胡克家本"。

徐熊飞著《修竹庐谈诗问答》1卷刊行。

余成教著《石园诗话》2卷成书，有吴嵩梁序。

按：余成教字道夫，江西奉新人。另著有《石园文稿》。

孙均刻《灵芬馆诗话》12卷。

万承风著《思不辱斋诗集》4卷、《思不辱斋文集》4卷、《赓飏集》4卷、外集3卷刊行。

马时芳著《黄池随笔》2卷成书。

改琦始作《红楼梦图咏》。

英和等奉敕纂《石渠宝笈三编》108册。

按：参与编修者有英和、吴其彦、黄钺、姚文田、张鳞、顾皋、朱方增、吴信中、龙汝言、沈维鐈、胡敬等11人。

胡敬著《国朝院画录》2卷、《西清札记》4卷、《南薰殿图像考》2卷成书，有自序。

曾廷枚卒(1734—)。廷枚字升三，一字修吉，号香墅，江西南城人。长于小学，工诗善书。著有《历朝诗话腋》24卷、《香墅漫钞》12卷、《事物类闻》108卷等。事迹见李桓《国朝耆献类征初编》卷四二一。

费振勋卒(1738—)。振勋字策云，一字鹤江，晚自号蒙士，江苏吴江人。乾隆四十年进士。以写《四库全书》书签授内阁中书，历文渊阁检阅兼四库馆分校、户部郎中、监察御史等。归后主讲正谊书院七年。事迹见李桓《国朝耆献类征初编》卷一三七、陈用光《费振勋家传》(《太乙舟文集》卷三)。

谷际岐卒(1740—　)。际岐字西阿,云南赵州人。乾隆四十年进士,选庶吉士,授编修,与校《四库全书》。充会试同考官,所拔多知名士。乞养归,主讲五华书院,教士有法。嘉庆三年,迁御史。寻迁给事中,累迁郎中。以老乞休,贫不能归,主讲扬州孝廉堂垂十年。善书,工诗,著有《西阿诗钞》。事迹见《清史稿》卷三五六、李桓《国朝耆献类征初编》卷一三七、震钧辑《国朝书人辑略》卷六、陆继辂《郎中谷君际岐遗事述》(《碑传集》卷五七)。

崔述卒(1740—)。述字武承,号东壁,直隶大名人。乾隆二十七年举人。历任福建罗源、上杭知县。著有《考信录》34卷、《王政三大典考》3卷、《读风偶识》4卷、《尚书辨伪》2卷、《论语余说》1卷、《读经余论》2卷、《五服异同汇考》3卷、《易卦图说》1卷、《与翼录》12卷、《知非集》3卷、《无闻集》5卷、《闻见杂记》4卷、《涉世杂谈》1卷、《琐记》2卷、《小草集》5卷等。今有《崔东壁遗书》传世。事迹见《清史稿》卷四八二、《清史列传》卷六八、李桓《国朝耆献类征初编》卷二四〇、蔡冠洛《清代七百名人传》第四编、陈履和《敕授文林郎福建罗源县知县崔东壁先生行略》(《崔东壁遗书》附)。胡适编有《崔述年谱》,刘汝霖编有《崔东壁先生年谱》,姚绍华编有《崔东壁年谱》。

按:《清史稿》本传曰:"其著书大旨,谓不以传注杂于经,不以诸子百家杂于传注。以经为主,传注之合于经者著之,不合者辨之,异说不经之言,则辟其谬而削之。如谓《易传》仅溯至伏羲,《春秋传》仅溯至黄帝,不应后人所知反多于古人。凡纬书所言十纪,《史》所云天皇、地皇、人皇,皆妄也。谓战国杨、墨横议,常非尧、舜,薄汤、武,以快其私。毁尧则托诸许由,毁禹则托诸子高,毁孔子则托诸老聃,毁武王则托诸伯夷。太史公尊黄、老,故好采异端杂说,学者但当信《论》、《孟》,不当信《史记》。谓夏、商、周未有号为某公者,公亶父相连成文,犹所谓公刘也。'古公亶父',犹言'昔公亶父'也。谓匡为宋邑,似畏匡、过宋本一事,'匡人其如予何'、'桓魋其如予何',似一时一事之言,记者小异耳。其说皆为有见。述之为学,考据详明如汉儒,而未尝墨守旧说而不求其心之安;辨析精微如宋儒,而未尝空谈虚理而不核乎事之实。然勇于自信,任意轩轾者亦多。"梁启超《中国近三百年学术史》说:"太史公谓'载籍极博,犹考信于六艺',东壁墨守斯义,因取以名其书。经书之外只字不信。《论语》、《左传》,尚择而后从,《史记》以下更不必论。彼用此种极严正态度以治古史,于是自汉以来古史之云雾拨开十之八九。其书为好博的汉学家所不喜。然考证方法之严密犀利,实不让戴、钱、段、王,可谓豪杰之士也。"

沈赤然卒(1745—　)。赤然初名玉辉,字韫山,号梅村,浙江仁和人,原籍德清。乾隆三十三年举人。官直隶丰润知县。罢归后闭门著述,与吴锡麒、章学诚相切磋。著有《公羊谷梁异同合评》4卷、《五砚斋诗文抄》30卷、《寒夜丛谈》3卷、《寄傲轩读书随笔》10卷、《寄傲轩读书续笔》6卷、《寄傲轩读书三笔》6卷等。事迹见《清史列传》卷七二。

嘉庆二十一年　丙子　1816年

庄述祖卒(1750—　)。述祖字葆琛,学者称珍艺先生,江苏武进人。少从伯父庄存与学经学。乾隆四十五年进士。官山东潍县知县。辞官养亲,专心著述。著有《五经小学述》2卷、《尚书今古文考证》7卷、《周颂口义》3卷、《毛诗考证》4卷、《毛诗授读》30卷、《夏小正经传考释》10卷、《书序说义考注》2卷、《校尚书大传》3卷、《校逸周书》10卷、《谷梁考异》2卷、《五经疑义》1卷、《甲乙篇偏旁条例》25卷、《历代载籍足征录》1卷、《弟子职集解》1卷、《珍艺宧文抄》7卷、《石鼓然疑》1卷、《说文古籀疏证》25卷、《说文谐声考》1卷、《说文转注》20卷、《史地决疑》5卷及诗文集等。事迹见《清史稿》卷四八一、《清史列传》卷六八、蔡冠洛《清代七百名人传》第四编、宋翔凤《庄先生述祖行状》(《碑传集》卷一〇八)。

按:《清史稿》本传曰:"述祖传存与之学,研求精密,于世儒所忽不经意者,覃思独辟,洞见本末。著述皆义理宏达,为前贤未有。以为《连山》亡而尚存《夏小正》,《归藏》亡而尚有仓颉古文,略可稽求义类。故著《夏小正经传考释》,以斗柄南门织女记天行之不变,以参中大中记日度之差,以二月丁卯知夏时,以正月甲寅启蛰为历元,岁祭为郊,万用入学为禘。著《古文甲乙篇》,谓许叔重始一终亥,偏旁条例所由出,日辰干支,黄帝世大挠所作,沮诵、苍颉名之以易结绳,伏羲画八卦作十言之教之后,以此三十二类为正名百物之本。故《归藏》为黄帝《易》,就许氏偏旁条例,以干支别为序次,凡许书所存及见于金石文字者,分别部居,书未竟,而条理粗具。其于五经,悉有撰著。旁及《逸周书》、《尚书大传》、《史记》、《白虎通》,于其舛句讹字,佚文脱简,易次换弟,草薙腋补,咸有证据,无不疏通,旷然思虑之表,若面稽古人而整比之也。所著《夏小正经传考释》十卷,《尚书今古文考证》七卷,《毛诗考证》四卷,《毛诗周颂口义》三卷,《五经小学述》二卷,《历代载籍足征录》一卷,《弟子职集解》一卷,《汉铙歌句解》一卷,《石鼓然疑》一卷,《文抄》七卷,《诗抄》二卷。"

杨凤苞卒(1754—　)。凤苞字傅九,号秋室,又号西园老人、小玲珑山樵、采兰女史,浙江归安人。嘉庆诸生。少以《西湖秋柳词》闻名,号杨秋柳。著有《秋室集》10卷、《秋室遗文》1卷、《秋室诗录》2卷、《湖州诗录》等。事迹见《清史稿》卷四八六、《清史列传》卷七三、李桓《国朝耆献类征初编》卷四二二。

按:《清史列传》本传曰:"少以《西湖秋柳词》有名于时。经学、小学,皆有根底,尤熟谙明末事,尝为《南疆逸史跋》十二篇,补温睿临之不备而订其误。阮元编《经籍纂诂》,凤苞与分纂焉。"

杨芳灿卒(1754—　)。芳灿字才叔,一字香叔,号蓉裳,江苏金匮人。乾隆四十二年拔贡生。官至户部员外郎,与修会典。曾主讲衢杭、关中、锦江三书院。入蜀修《四川通志》。著有《真率斋稿》12卷、《芙蓉山馆诗词稿》14卷、《芙蓉山馆骈体文》8卷、《芙蓉山馆文集》4卷等。事迹见《清史稿》卷四八五、《清史列传》卷七二、李桓《国朝耆献类征初编》卷一四七、赵怀玉《户部广东司员外郎前甘肃灵州知州杨君芳灿墓志铭》(《碑传集》卷一〇八)。

张海鹏卒(1755—　)。海鹏字若云,号子瑜,江苏昭文人。诸生。好藏书,更爱刻书。刻有《墨海金壶》、《学津讨源》、《借月山房汇抄》丛书三种。事迹见黄廷鉴《朝议大夫张君行状》(《第六弦溪文钞》卷四)。

按：郑伟章说："海鹏刊书数千卷，一生'拳拳于流传古书，至老弥笃'，有如下特点：第一，为刻书，勤劳俭朴。平素，他'屏绝时趋，古朴自喜，家计粗给，而自奉俭约寒素'，'性好劳恶逸，黎明即起，漏三下不息。迨梨枣役兴，手一编，丹铅左右恒彻晓，了无倦容'。第二，注意精选书籍。其所刻之书大多为有关经史实学、流传绝少、读者想得而难求者。他注意保持古书原貌，不随意删节。第三，重视校勘书籍。'延致好学知名之士，相与分校，订讹析谬，悉心咨访，间有不合，断断辨论，必洞彻无滞而后已'。他在《墨海金壶》凡例里明确强调：'校订不惮再三，有彼此互异，而未敢妄定者，间附小注两存之。'可见其对待书籍文字之慎重态度。第四，其所刻之书皆刻印精雅，字体方正，均为袖珍小本，有鲍廷博《知不足斋丛书》之风。"(《文献家通考》上卷)

洪饴孙卒(1773—)。饴孙字孟慈，又字祐甫，江苏阳湖人。洪亮吉长子。中嘉庆三年乡试。四试礼部不遇，以荐卷挑取国史馆誊录，选授湖北东湖知县，抵任八月而卒。著有《世本辑补》10卷、《三国职官表》3卷、《史目表》3卷、《毘陵艺文志》4卷、《青埵山人诗》10卷。尚有《汉书地理志考证》、《汉书艺文志考》、《隋唐经籍志考》、《诸史考略》、《世本识余》等各数十卷，均未成。事迹见《清史列传》卷六九、李桓《国朝耆献类征初编》卷二四六。

汪家禧卒(1775—)。家禧字汉郊，自号东里生，浙江仁和人。阮元督学浙江，与杨凤苞、严元照同以高才生受知，入诂经精舍从业。著有《崇祀三祠志》9卷、《意林翼》、《汉制考疏证》、《王右军帖考注》、《东里生烬余集》3卷等。事迹见《清史稿》卷四八一、《清史列传》卷七三、姚椿《汪家禧别传》(《碑传集补》卷四八)。

刘蓉(—1873)、何栻(—1873)、钱振伦(—1879)、陆增祥(—1882)、成孺(—1883)、彭玉麟(—1890)、端木埰(—1892)、金安清(—1898)生；吴棠(—1876)约生。

嘉庆二十二年　丁丑　1817 年

詹姆斯·门罗就任美国总统。

西蒙·玻利瓦尔建立委内瑞拉独立政府。

密西西比成为美国的一个州。

印度大学在加尔各答建立。

四月二十五日戊戌(6月9日)，太和殿传胪，赐一甲吴其浚、凌泰封、吴清鹏3人进士及第，二甲孙如金等100人进士出身，三甲伍绍诗等152人同进士出身。

八月初八日己卯(9月18日)，八卦教案发。

十六日丁亥(9月26日)，整肃童试积弊。

三十日辛丑(10月10日)，因宗室庆遥庆丰案，嘉庆帝颁布《训管理宗人府王公及诸族长文》。

九月初十日辛亥（10月20日），宗室从逆案结。

二十九日庚午（11月8日），颁布《谏臣论》。

十月十五日乙酉（11月23日），从御史卿祖培奏请，令各省学政，讲明《朱子全书》、《五经》及《四子书》。

> 按：谕曰："御史卿祖培奏，请敕各省学政，讲明《朱子全书》，以端士习一折。教化为立政之本，以正人心，以厚风俗。非特各省学政，当讲明正学，以端士习，即督抚藩臬，以至道府州县，各有治民之责，皆应随时化导，俾小民迁善远恶，力返淳风。宋儒《朱子全书》，固足以阐明经术，而《五经》及《四子书》，炳若日星。若在官者各能身体力行，以为编氓倡率，亦何不可收世道人心之益。"（《清仁宗实录》卷三三五）

二十六日丙申（12月4日），严惩天理教徒众。

十一月十一日庚戌（12月18日），命整饬学校，著该督抚学政等对所属教官时加考核，如有学品庸陋之人，滥竽充数者，立即斥退。

十二月十六日乙酉（1818年1月22日），颁赏《平定教匪纪略》纂辑人员。

二十五日甲午（1月31日），《高宗纯皇帝圣训》满、汉文本刊印全竣，颁赏臣工。

阮元三月为王引之《经义述闻》作序；七月，奏建江陵县范家堤、沔阳州龙王庙石闸；八月，由湖广总督调补两广总督。

伯齐利厄斯发现硒和锂。

> 按：阮元《王伯申经义述闻序》曰："古书之最重者莫逾于经，经自汉、晋以及唐、宋，固全赖古儒解注之力，然其间未发明而沿旧误者尚多，皆由于声音、文字、假借、转注未能通彻之故。我朝小学训诂远迈前代，至乾隆间，惠氏定宇、戴氏东原大明之。高邮王文肃公以清正立朝，以经义教子，故哲嗣怀祖先生，家学特为精博，又过于惠、戴二家。先生经义之外，兼核诸古子史。哲嗣伯申继祖，又居鼎甲，幼奉庭训，引而申之，所解益多。故《经义述闻》一书，凡古儒所误解者，无不旁征曲喻，而得其本义之所在。使古圣贤见之，必解颐曰：'吾言固如是。'数千年误解之，今得明矣。"（《揅经室一集》卷五）

王念孙从吴荣光处借得宋本《史记》，参校己说同异，共存460条，名曰《读史记杂志》，付之刊行。

龚自珍以文集《伫泣亭文》及诗集一册请教"关中尊宿"王芑孙。王以其诗中多骂世之语，自珍因此开始戒诗，后又破戒。又作书与江藩，言其所著《国朝汉学师承记》中之"汉学"一名未妥，劝改为"经学师承记"。

> 按：龚自珍《与江子屏笺》曰："大作读竟，其曰《国朝汉学师承记》，名目有十不安焉，改为《国朝经学师承记》，敢贡其说。夫读书者实事求是，千古同之，此虽汉人语，非汉人所能专，一不安也；本朝自有学，非汉学，有汉人稍开门径而近加邃密者，有汉人未开之门径，谓之汉学，不甚甘心，不安二也；琐碎饾饤，不可谓非学，不得为汉学，三也；汉人与汉人不同，家各一经，经各一师，孰为汉学乎？四也；若以汉与宋为对峙，尤非大方之言，汉人何尝不谈性道？五也；宋人何尝不谈名物训诂？不足概服宋儒之心，六也；近有一类人，以名物训诂为尽圣人之道，经师收之，人师摈之，不忍深论，以诬汉人，汉人不受，七也；汉人有一种风气，与经无与而附于经，谬以禅灶、梓慎之言为经，因以汩陈五行、矫诬上帝为说经，《大易》、《洪范》，身无完肤，虽刘向

亦不免,以及东京内学,本朝何尝有此恶习？本朝人又不受矣,八也;本朝别有绝特之士,涵咏白文,创获于经,非汉非宋,亦惟其是而已矣,方且为门户之见者所摈,九也;国初之学,与乾隆初年以来之学不同,国初人即不专立汉学门户,大旨欠区别,十也。有此十者,改其名目,则浑浑圜无一切弊矣。"(《龚定庵全集类编》卷七)

焦循八月有《与朱椒堂兵部书》,与朱为弼谈《易》学主张。

彭兆荪、顾广圻为胡克家校刊元胡三省注《资治通鉴》毕事。

翁方纲十二月为阮元所得宋椠赵明诚《金石录》残本题跋。

严可均在南京校毕《抱朴子》。

姚文田充会试副考官,曹振镛为正考官。

林则徐正月至四月底在京筹办经筵宣讲事宜。

李兆洛主讲怀远真儒书院,始纂《怀远县志》。

陈奂入都谒王念孙,遂成忘年交。

陆继辂大挑二等,选合肥县学训导。

黄丕烈至昆山张若木家观书,其中最佳者为宋宾王手校《周益公集》。

姚莹在平和建九和书院,在福建龙海建霞东书院。

刘逢禄散馆,改礼部主事。

李赓芸在闽被诬赃私下狱。

龚丽正入军机处,任军机章京。

邓显鹤与修《武风州志》。

朱渌时任知府,在江西樟树建章山书院。

李炘时任湖北秭归知州,建丹阳书院。

沈志仁时任广东台山知县,建琴溪书院。

胡长宁时任云南鲁甸通判,建文屏书院。

平湖知县刘肇绅捐藏《大学衍义》、《四书汇参》、《十三经注疏》、《佩文韵府》、《通考》、《通典》、《通志》等文献于当湖书院。

传教士马礼逊正式向英国伦敦教会总部发出呼吁:以公众自愿捐款方式在马六甲建立中文学院。

传教士马礼逊、米伶、麦都恩等一同筹划创办马六甲印刷所,便于译经与办报。

奥古斯特·伯克发表《雅典的公众经济》。

黑格尔著成《哲学全书》。

戴维·李嘉图著成《政治经济学和征税的原则》。

陈本礼著《太玄阐秘》10卷刊行。

刘宝楠始著《毛诗详注》。

焦循著《春秋左传补疏》5卷成书。又著《焦氏丛书》21种刊行。又自定《雕菰楼文集》24卷、《雕菰楼词集》3卷。英和作《江都焦氏雕菰楼易学序》。

姚东升著《读左一隅》3卷成书。

江有诰著《群经韵读》1卷刊行。

王引之著《经义述闻》35卷由仪征阮元刊行,收入《皇清经解》。

戴大昌著《读经》8卷刊行。

张均著《辨讹释义录》6卷刊行,有自序。

按：《续修四库全书总目提要》曰："是书首有自序，所释先《四书》，次《易》、《书》、《诗》、《三礼》、《三传》，尤详于《四书》。大抵集昔人所已订正者，间亦参以己意，解多新颖可喜。"

张青著《理数宣蕴》6卷刊行，陈纶作序。

孔广森著《顨轩孔氏所著书》7种刊行，翁方纲作序。

崔述著《考信录》由门人陈履和全部刊行，陈氏有序。

王念孙著《史记杂志》6卷成书，有自序。

段长基著《廿四史三表》(《历代统纪表》13卷、《历代疆域表》3卷图1卷、《历代沿革表》3卷)20卷，由小酉山房刊行。

华湛恩著《五代春秋志疑》1卷成书，有自序。

萧昙著《经史管窥》1卷刊行，孙星衍作序。

向淮修，王森文纂《续修潼关厅志》3卷刊行。

黄宪臣纂《灵石县志》12卷刊行。

景纶修，谢增纂《密县志》16卷刊行。

万在衡等修，陈之驎纂《攸县志》55卷刊行。

翟声焕修，朱祖恪纂《湘乡》10卷刊行。

侯铃修，欧阳厚均纂《安仁县志》14卷刊行。

常庆修纂《桂阳县志》10卷刊行。

林凤仪、曾钰修，黄性时、李克钿纂《桂东县志》20卷刊行。

邹景文修，曹家玉纂《临武县志》47卷刊行。

张英举增修，龙翔增纂《嘉禾县志》27卷刊行。

李炘修，陆仲达纂《归州志》10卷刊行。

赵文在原本，陈光诏续修，艾以清、熊授南续纂《长沙县志》28卷刊行。

宋润等修，陈凤廷等纂《资阳县志》8卷刊行。

刘长庚修，侯肇元、张怀泗纂《汉州志》40卷刊行。

李约修，皇甫如森纂《重修慈利县志》8卷刊行。

宗霈修纂《零志补零》3卷刊行。

严烺自编《严烺年谱》。

丁晏著《天问笺》1卷成书。

罗学鹏辑《广东文献》刊行。

法式善著《陶庐杂录》6卷由陈预初刻。

吴翌凤辑《国朝文征》40卷、《印须集》20卷刊行。

蒋士铨著《忠雅堂诗文集》43卷桂林重刊。

梁同书著《频罗庵遗集》16卷刊行。

冯登府辑朱彝尊著《曝书亭集外稿》8卷由潜采堂刊行；又著《石经阁诗略》第三卷《北游芥草》。

王大经著《独善堂文集》8卷刊行。

张问陶著《船山诗选》6卷刊行。

任启运著《清芬楼遗稿》4卷刊行。

吴俊著《荣性堂文集》8卷、诗集20卷刊行。

林淳著《宁我斋稿》10卷刊行。

周镐著《犊山类稿》10卷刊行。

苕溪渔隐著《痴人说梦》1卷刊行。

张经田著《无所往斋随笔》1卷成书,有自序。

按:张经田字壶山,湖南湘潭人。乾隆四十六年进士,官至贵阳兵备道。是书乃其读书随笔。

任大椿遗著《小学钩沉》19卷由汪廷珍刊刻,汪氏有跋。

按:《续修四库全书总目提要》曰:"大椿学于大兴朱先生筠最久,勤搜典册、制度、名物、文字、音韵之属,研精覃思。官祠部时,欲卜居近其家,竭日力假藏书诵习,后为四库馆纂修,四方奏上遗书,从而证定所业云。"

许兆熊著《东篱中正》1卷成书。

李锐著《勾股算术细草》1卷、《开方说》1卷成书。

吴升著《九华新谱》1卷刊行。

张海鹏辑丛书《墨海金壶》115种727卷刊行。

王谟卒(约1731—)。谟字仁圃,一字汝糜,江西金溪人。乾隆四十三年进士,授知县。乞就教职,选建昌府教授,后告归。辑著有《汉魏遗书钞》、《汉唐地理书钞》、《三易通占》、《韩诗拾遗》16卷、《夏小正传笺》4卷、《尚书杂说》、《家语广注》、《左传异辞》、《孟子古事案》4卷、《尔雅后释》、《论语管窥》、《古今人表问》、《补史记世家》、《豫章十代文献略》、《江西风土赋》、《江右考古录》、《江阳典录》、《汝糜玉屑》20卷、《汝糜诗钞》8卷等500余种,刊行108种。事迹见《清史列传》卷六八。

按:《清史列传》本传曰:"晚岁独抱遗经,泊然荣利之外。尝辑汉魏群儒著述之已佚者,分经史子集四部,片议单词无不甄录,为《汉魏遗书钞》五百余种,用力至深。其经翼一门,一百八种经,已刊行,世共宝之。"

陈鳣卒(1753—)。鳣字仲鱼,号简庄、河庄,浙江海宁人。嘉庆元年举孝廉方正。购置宋元刻本及罕见秘籍甚多。生平专心训诂之学。晚年客居吴门,与黄丕烈定交,互携所藏之书,往复易校,疏其异同,必使详确精审。著有《孝经郑注解辑》1卷、《经籍跋文》1卷、《续唐书》70卷、《论语古训》10卷、《石经说》6卷、《六艺论》1卷、《简庄疏记》18卷、《陈仲鱼文集》8卷、《河庄诗抄》1卷、《声类拾存》1卷、《恒言广证》6卷、《郑康成年谱》1卷等。事迹见《清史稿》卷四八四、《清史列传》卷六九、钱泰吉《陈鳣传》(《碑传集补》卷四八)。陈鸿森编有《清儒陈鳣年谱》。

按:《清史列传》本传曰:"父璘,字昆玉,诸生,尝著《许氏说文正义》,未成而殁。鳣博学好古,强于记诵,尤专心训诂之学。时同州人吴骞拜经楼多藏书,鳣亦喜聚书,得善本互相钞藏,以故海昌藏书家推吴氏、陈氏。嘉庆元年,举孝廉方正,督学阮元称浙中经学,鳣为最深,手摹汉隶'孝廉'二字以颜其居,复为书'士乡堂'额以赠。三年,中式举人。在公车时,与嘉定钱大昕、大兴翁方纲、金坛段玉裁质疑问难。后客吴门,与黄丕烈定交,取所藏异本,往复易校。鳣学宗许、郑,尝继其父志,取《说文》九千言,声为经,偏旁为纬,竭数十年之心力,成《说文正义》一书。又以郑康成注《孝经》,见于范《书》本传,《郑志》目录无之,《中经簿》但称'郑氏解',而不书其名。……因缀拾遗文,为《孝经郑注》一卷。"阮元在《定香亭笔谈》中称赞他"于经史百家靡不综览","浙西诸生中经学最深者也"。吴衡照赞扬他:"博闻强记。手不释卷,尤深于许、郑之学,同时推为汉学领袖。"(《海昌诗淑》)陈鳣还善长校勘、考证,于经学书籍的校勘、考订,成就尤著。他常与黄丕烈"互携宋钞元刻,往复易校,疏其异同,精审确凿,其功与考定石经无以异"(管庭芬《经籍跋文书后》)。

李赓芸卒(1754—　)。赓芸字生甫,又字书田,号许斋,江苏嘉定人。少受业于钱大昕。乾隆五十五年进士,历任浙江孝丰、德清、平湖知县。官至福建布政使。著有《稻香吟馆稿》7卷等。事迹见《清史稿》卷四七八、《清史列传》卷七五、李桓《国朝耆献类征初编》卷一九五、阮元《福建布政使良吏李君赓芸传》(《碑传集》卷八七)。

王芑孙卒(1755—　)。芑孙字念丰,号德甫,又号惕甫、铁夫,江苏长洲人。乾隆五十三年举人。由国子监典簿,出为华亭县教谕,寻以病假归。工诗,尤以书法闻名。著有《四书通故》、《渊雅堂集》、《碑版广例》10卷等。又选编《宋元八家》。事迹见《清史列传》卷七二、李桓《国朝耆献类征初编》卷二五八、震钧辑《国朝书人辑略》卷六、蔡冠洛《清代七百名人传》第五编、秦瀛《王惕甫墓志铭》(《小岘山人文集补编》)。

恽敬卒(1757—　)。敬字子居,号简堂,江苏阳湖人。乾隆四十八年举人。历官浙江富阳、江西新喻、瑞金诸县,官至吴城同知。与张惠言同为阳湖派创始人。著有《大云山房文稿》初集4卷、二集4卷、《信事》2卷、《古今首服图说》1卷、《十二章图说》1卷。事迹见《清史稿》卷四八五、《清史列传》卷七二、李桓《国朝耆献类征初编》卷二四三、蔡冠洛《清代七百名人传》第五编、吴德旋《恽子居先生行状》(《初月楼文钞》卷八)。

按:吴德旋《恽子居先生行状》曰:"五十二年,充咸安宫官学教习。时同州庄述祖珍艺、庄可献大久、张惠言皋文,海盐陈石麟子穆,桐城王灼悔生,先后集京师,先生与之为友,商榷经义古文,而尤所爱重者,皋文也。……先是,皋文有今礼部侍郎萧山汤公金钊讲宋儒之学。是时,先生方究心于黄宗羲《明儒学案》,有所见辄笔记之,未及与皋文辩论往复也。及皋文卒,先生为书与侍郎,其略曰:'濂、洛、关、闽之说,至明而变,至本朝康熙间而复,其变也多歧,其复也多仍。多歧之说,足以眩惑天下之耳目,姚江诸儒是也;多仍之说,足以束缚天下之耳目,平湖诸儒是也。二者如揭竿于市以奔走天下之人,故自乾隆以来多憗置之。憗置之者非也,揭竿于市者亦非也。且如彼此之相訾,前后之相持,益非也。夫所谓濂、洛、关、闽者,其是耶?其揆之圣人,犹有非是者耶?其变之仍之者,是非其孰多耶!知其是非矣,何以行其是去其非耶?'盖先生尝自言其学非汉非宋,不主故常,故其说经之文,能发前人所未发。而世之论先生之文者,乃以为善于纪述,而说经非所长焉。"(《初月楼文钞》卷八)

王昙卒(1760—　)。昙字仲瞿,浙江秀水人。乾隆五十九年举人。著有《烟霞万古楼文集》6卷、《诗选》2卷等。事迹见《清史列传》卷七二、李桓《国朝耆献类征初编》卷四三九、陈文述《王仲瞿墓志铭》(《颐道堂文钞》

卷八)、龚自珍《王仲瞿墓表铭》(《碑传集补》卷四七)。

陈经卒(1765—)。经字景辰,号墨庄,江苏宜兴人。布衣。工诗古文辞。曾编有《续太平广记》140卷。著有《墨庄文钞》1卷、《碧云山房诗》、《碧云山房集》、《寒庖录》4卷。事迹见秦瀛《陈经墓志铭》(《小岘山人文集补编》)。

李庆来卒(1768—)。庆来字章有,号鹿籽,江苏阳湖人。贡生。博学工诗文、书、画。书法初学欧、颜,后出入于宋四家。有《观复斋临帖石刻》行世。辑有《李氏三忠事迹考证》,著有《北山诗草》、《籁涵随笔》。事迹见震钧辑《国朝书人辑略》卷七。

李锐卒(1768—)。锐字尚之,号四香,江苏元和人。家贫,授徒自给。刻苦钻研历算,久而益精。阮元抚浙,曾延至西湖,为校《礼记正义》,并佐辑《畴人传》。所著《召诰洛诰考》、《方程新术草》、《勾股算术细草》、《孤矢算术细草》、《开方说》,合刊为《李氏遗书》18卷。事迹见《清史稿》卷五〇七、《清史列传》卷六九、李桓《国朝耆献类征初编》卷四二一、阮元《李君锐传》(《碑传集》卷一三五)。

  按：罗士琳续补《畴人传》卷五〇《李锐传》曰："尚之在嘉庆间,与汪君孝婴、焦君里堂齐名,时人目为谈天三友。然汪期于引申古人所未言,故所论多创,创则或失于执；焦期于阐发古人所已言,故所论多因,因则或失于平；惟尚之兼二子之长,不执不平,于实事中匪特求是,尤复求精。此所以较胜于二子也。"

严元照卒(1773—)。元照字修能,号悔庵,浙江归安人。其父树萼,性喜聚书,有藏书数万卷。课子,不应试。元照少长补诸生,得阮元等赏识。尤精熟《尔雅》和《说文解字》。著有《尔雅匡名》20卷、《娱亲雅言》6卷、《悔庵学文》8卷、《柯家山馆诗集》6卷、《柯家山馆词集》3卷等。事迹见《清史稿》卷四八二、《清史列传》卷六九、李桓《国朝耆献类征初编》卷四二二。

费锡章卒,生年不详。锡章字焕槎,又字西墉,号绣公,一字德庵,浙江归安人。乾隆四十九年举人。官至顺天府尹。著有《续琉球国志略》、《治平要略》、《赐砚斋集》等。事迹见《清史列传》卷三二、李桓《国朝耆献类征初编》卷一〇五。

何桂珍(—1855)、陈式金(—1867)、阎敬铭(—1892)、刘赶山(—1894)、孙锵鸣(—1901)生。

嘉庆二十三年　戊寅　1818年

智利独立。
普鲁士的国内

  二月十九日丁亥(3月25日),考试翰林、詹事各官,按其文字优劣分为四等和不列等,各升降处罚有差。

五月初一日戊戌(6月4日),呈进《明鉴》五册,因于万历、天启年间载入本朝开创之事而遭嘉庆帝训责。

> **按**:谕内阁:"朕前阅范祖禹《唐鉴》,见其摘取有唐事迹,论列得失,有裨治道,因命馆臣仿其义例,作为《明鉴》一书。盖以取鉴前代,其善政则因以为法,其秕政则用以为戒,亦即殷鉴夏、周鉴殷之意也。昨日馆臣进《明鉴》五册,于万历、天启间,载入我朝开创之事,后加按语颂扬,并论及前明用人不称其职,更为诞妄矣。……今以兴朝之隆业,载入胜国卷中,于体例殊为背谬。……所有该馆总裁曹振镛、戴均元、戴联奎、秀宁,俱著交部议处。总纂官朱珔,纂修易禧、张岳崧,俱著交部严加议处。原书著交该馆另行纂辑进呈。此数节按语系何人所撰,著军机大臣查明,先行具奏。"(《清仁宗实录》卷三四二)

八月二十二日戊子(9月22日),以治民之道莫善于礼,命重印乾隆初年所编《皇朝通礼》一书,俾士民共识遵循,用昭法守。

十月初一日丙寅(9月31日),颁行嘉庆二十四年《时宪书》。

阮元将《江苏诗征》稿交江藩、许珩、凌曙校定,又招许乃济、刘彬华、谢兰生集粤督署东斋,商议刻《皇清经解》,修《广东通志》,建学海堂课士诸事。

> **按**:皮锡瑞曰:"《皇清经解》、《续皇清经解》二书,于国朝诸家,蒐辑大备;惟卷帙繁富,几有累世莫殚之疑;而其中卓然成家者,实亦无几;一知半解,可置不阅。今之治经者,欲求简易,惟有人治一经,经主一家;其余各家,皆可姑置;其他各经,更可从缓。汉注古奥,唐疏繁复,初学先看注疏,人必畏难,当以近人经说先之。如前所列诸书。急宜研究。或犹以为陈义太高,无从入手,则《书》先看孙星衍《今古文注疏》,《诗》先看陈奂《毛氏传疏》亦可。但能略通大义,确守古说,即已不愧颛门之学。此古之治经者所以重家法而贵颛门也。国朝诸儒有承家法而守颛门者,亦有无家法而非颛门者;今主一家,当取其有家法与颛门者主之。《国朝汉学师承记》具列家法颛门甚详,其成书在乾、嘉之间,故后出者未著于录。嘉、道后,治今文说者,《师承记》皆不载,《皇清经解》亦未收其书,书具见于《续经解》中,故《续经解》更切要于前《经解》也。学者诚能于经学源流正变研究一过,即知今之经学,无论今文古文、专学通学,国朝经师莫不著有成说,津逮后人。以视前人之茫无途径者,实为事半功倍。盖以了然于心目,则择从甚易,不至费日力而增葛藤。惟西汉今文近始发明,犹有待于后人之推阐者,有志之士,其更加之意乎!"(《经学历史·经学复盛时代》)

阮元与李鸿宾奏纂《广东通志》。总裁为阮元,总纂为陈昌齐、刘彬华、江藩、谢兰生,总校刊为叶梦华,提调为卢元伟、叶申万,分纂为吴兰修、曾钊、刘华东、胡傅、郑灏若、余倬、崔弼、吴应逵、李光昭、方东树、马良宇,分校为许珩、郑兆珩、韩卫勋、江安、谢光辅、熊景星、黄一桂、吴梅修、邓淳、赵古农、郑兰芳,收掌为虞树宝,绘图为李明彻,采访为冯之基、仪克中,掌管誊录为钱漳。

> **按**:许珩字楚生,江苏仪征人。诸生。著有《周礼注疏献疑》7卷,厘正搜剔,论者谓为郑、贾功臣。事迹见《清史列传》卷六八。

阮元寄金资助郝懿行,并附新刻刘文如著《四史疑年录》。

王念孙劝陈奂先治《毛诗》,后治《集韵》。

关税被废除。

加拿大与美国同意以北纬四十九度为。

伊利诺斯成为美国的一个州。

波恩大学成立。

黑格尔接任费希特在柏林大学的哲学教授之职。

J.F.恩克发现恩克彗星轨道。

施特罗迈尔和赫尔曼发现镉。

按：陈奂《王石臞先生遗文编次序》曰："是秋入都，就谒王先生旃坛寺左侧。……'今子闻道蚤，年力强，先治毛公《诗传》，是其所托者尊，而后治《集韵》，未为晚也，吾儒之幸也'。"（《王石臞先生遗文》卷首）

　　王引之除礼部左侍郎，充浙江乡试正考官。

　　龚自珍第四次应浙江乡试，中式第四名举人，座主为王引之、李裕堂。

　　陈奂应顺天乡试，在都得交王念孙、引之父子。

　　朱为弼正月校阮元所藏宋刻《金石录》，有跋文，同观者尚有陈鸿豫、朱大源、朱大韶等人。

　　洪颐煊入阮元幕府。以别本参校阮元所藏宋刻《金石录》，得校勘记数条跋于书后。

　　凌曙在阮元幕中，与阮元商定所著《礼论》百篇。

　　俞正燮再晤严可均于上元县皇甫巷，相与商讨学问。

　　吴鼒以孙星衍死，招顾广圻至扬州，为孙氏整理遗书残稿。

　　陈用光充《明鉴》总纂官。

　　刘宝楠始与刘文淇订交，并同访包世臣于小倦游阁。

　　金鹗以优贡入都，始与陈奂相识。

　　郑珍肄业湘川书院。

　　林则徐在京与叶申万、梁章钜、杨庆琛等友诗酒相会。

　　梁章钜充军机章京，时阅军机处档案资料，为以后著《枢垣纪略》作准备。

　　唐鉴迁浙江道御史，疏劾湖南武陵知县顾烺圻贪劣状，一时称快。

　　朱骏声中举人，官黟县训导。

　　孙原湘掌教旌德县毓文书院。

　　江藩是年至道光六年应两广总督阮元之邀去广州，参与编修《皇清经解》和《广东通志》；阮元为之刻《国朝汉学师承记》。

　　黄丕烈八月校旧钞本《湖山类稿》。

　　卿祖培擢工科给事中，转兵科。

　　和瑛授军机大臣、领侍卫内大臣，充上书房总谙达、文颖馆总裁。

　　欧阳厚均任岳麓书院院长，捐资修书院，弟子著录者三千余人。

　　邓廷彩时任浙江宁海知县，建蒲湖书院。

　　郑锡官在浙江仙居建春风书院。

　　周廷安在广东中山建三山书院。

　　谢邦基时任广东海康知府，就平湖书院旧址改建浚元书院。

　　杨澜时任四川中江知县，建铜山书院。

　　姜元吉在云南牟定县建鳌峰书院。

　　伦敦会据马礼逊"恒河外方布道计划"，于马六甲城创建英华书院。

亨利·哈勒姆著成《对中世纪欧洲国家的观察》。

　　焦循著《群经补疏》成书。又著《易话》2卷、《易广记》1卷。

　　按：《群经补疏》中，包括《论语补疏》、《周易补疏》、《尚书补疏》、《毛诗补疏》、《春秋左传补疏》、《礼记补疏》。

嘉庆二十三年　戊寅　1818年

黄丕烈重雕明嘉靖本《周礼郑注》成，并附校勘札记及跋。

宋世荦著《仪礼古今文疏证》2卷成书。

按：胡玉缙《许庼经籍题跋》曰："是书于郑注通例未能分晓，疏证亦简略少贯通，与《周礼故书疏证》同，而撷拾补苴，其功要未可没。昔嘉庆甲戌段玉裁成《仪礼汉读考》一卷，至《士冠礼》而止。后道光乙酉胡承珙撰《仪礼古今文疏义》十七卷，考证周密，远出是书之上。书成于嘉庆戊寅，虽在段后而未之见，胡书在宋后，虽不相因袭，而其后段氏而成全书，则不可谓非韧始者也。"

吴英著《经句说》22卷刊行。

江藩著《国朝汉学师承记》8卷在广州由阮元赞助刊行，并作序。

按：全书共记载了从黄宗羲、顾炎武到顾广圻、刘逢禄等111人的事迹，目的是扬汉学而抑宋学，试图扭转汉学颓势，因此引起了汉宋学术之争。姚鼐高足方东树针锋相对，著《汉学商兑》一书痛加驳斥。汉宋学术之争，遂形同水火，不共戴天。阮元在《序》中则曰："读此可知汉世儒林家法之承授，国朝学者经学之渊源，大义微言，不乖不绝，而二氏之说亦不攻自破矣。"（《国朝汉学师承记》卷首）

敕纂《明鉴》24卷成书。

敕纂《嘉庆会典》80卷、《嘉庆会典事例》920卷成书。

刘文如著《四史疑年录》刊行，阮元作序。

陈士珂著《孔子家语疏证》10卷刊行。

按：陈士珂字琢轩，湖北蕲水人。乾隆四十二年举人。另著有《韩诗外传疏证》10卷。

宋如林修，孙星衍、莫晋等纂《松江府志》84卷刊行。

李兆洛纂《怀远县志》成书。

苏鸣鹤修，陈璜纂《楚雄县志》10卷刊行。

缴继祖修，洪际清纂《龙山县志》16卷刊行。

耿维祜修，潘文辂、潘蓉镜纂《石门县志》26卷刊行。

吴巩修，王来遴纂《邛州直隶州志》46卷刊行。

张云璈等修，周系英纂《湘潭县志》40卷刊行。

王勋修，王余英等纂《善化县志》30卷刊行。

袁成烈修，曹昌纂《直隶桂阳州志》43卷刊行。

马璇图修，郭祚炽纂《建昌县志》10卷刊行。

钱鹤年修，董诏纂《汉阴厅志》10卷刊行。

张澍修，李型廉等纂《大足县志》8卷刊行。

赵宜霈修纂《正安州志》4卷刊行。

吴篪修，李兆洛等纂《东流县志》30卷刊行。

朱棨、朱浩修，曹芸缃纂《九江府志》30卷刊行。

宋庚、李煦修，洪宗训、蔡孔易纂《湖口县志》18卷刊行。

何文明修，李绅纂《洧川县志》8卷刊行。

裘行恕修，邵翔纂《汉阳县志》36卷刊行。

胡璆修，勒殷山纂《龙川县志》40卷刊行。

冀兰泰修，陆耀遹纂《韩城县续志》5卷刊行。

F. W. 贝塞尔出版《天文学基础》。

江榕编《陆宣公年谱辑略》1卷刊行,附于春晖堂刊本《陆宣公集》。

翁方纲著《米海岳年谱》1卷成书,有自序及赵慎畛、伍崇曜跋。

魏大中自编《廓园先生自谱》刊行,附于作者所著《藏密斋集》。

王驭超著《海岱史略》140卷刊行,有自序。

钱兆鹏著《海曲拾遗补》6卷成书。

金榜纂,徐缙续补《海曲拾遗续补》6卷刊行。

张澍著《蜀典》12卷刊行,有自序。

龚自珍著《学海谈龙》4卷。

吴采著《韵雅》6卷刊行。

李富孙著《说文辨字正俗》8卷刊行。

严可均、姚文田著《说文校议》35卷刊行。

按：姚文田与严可均同治《说文解字》,撰《说文长编》,分天文类、算术类、地理类、草木鸟兽虫鱼类、声类、《说文》引群书类、群书引《说文》类等七类。书未成,于是先取其中关于校勘部分,辑为《说文校议》35篇,专门纠正宋初徐铉《说文解字》之失。有嘉庆二十三年(1818)冶城山馆刊本、《四录堂类集》刊本、《邃雅堂全书》归安姚氏刊本等。

牛运震著《空山堂全集》刊行。

孙星衍著《芳茂山人诗录》9卷刊行。

郭麐著《灵芬馆诗话》续6卷刊行。

吴衡照著《莲子居词话》4卷成书。

按：吴衡照字夏治,号子律,浙江仁和人。嘉庆十六年进士。另著有《辛卯生诗》。

王瑾著《味蘗居近稿》1卷刊行。

左辅著《念宛斋文集》8卷、诗集10卷、官书8卷、书牍5卷刊行。

叶燕著《白湖文稿》8卷刊行。

王豫编《江苏诗征》183卷成书,有自序。

杨际昌著《国朝诗话》2卷成书。

柯汝锷著《瓮天录》1卷成书,有自序。

按：柯汝锷字伯善,浙江嘉善人。是书乃其读《易》、《诗经》、《周礼》、《论语》、《孟子》诸书的札记。

金恭著《玉尺楼画说》2卷成书,有自序和顾日新序。

华文彬纂《琵琶谱》刊行。

张金吾编《爱日精庐藏书志》20卷,以后尚有增补。

按：张金吾《爱日精庐藏书志序》曰:"人有愚智贤不肖之异者无他,学不学之所致也。然欲致力于学者,必先读书,欲读书者,必先藏书。藏书者,诵读之资而学问之本也。"

王概编《芥子园画传》第四集刻成。

焦循著《益古衍段开方补》1卷成书。

黄丕烈辑《士礼居丛书》19种194卷刊行。

嘉庆二十三年　戊寅　1818年

翁方纲卒(1733—　)。方纲字正三，号覃溪，晚号苏斋，直隶大兴人。乾隆十七年进士，改翰林院庶吉士，散馆，授编修。历充考官、督学政，官至内阁学士。精于鉴赏，尤长于考证。论诗创"肌理说"。著有《经义考补正》12卷、《春秋分年系传表》、《十三经注疏姓氏》1卷、《通志堂经解目录》1卷、《兰亭考》8卷、《两汉金石记》22卷、《粤东金石略》10卷、《汉石经残字考》、《焦山鼎铭考》1卷、《石洲诗话》8卷、《复初斋诗集》70卷、《复初斋文集》35卷、《苏诗补注》8卷等。事迹见《清史稿》卷四八五、《清史列传》卷六八、李桓《国朝耆献类征初编》卷七一、《翁方纲传》(《碑传集三编》卷三六)、震钧辑《国朝书人辑略》卷五、蔡冠洛《清代七百名人传》第五编。翁方纲自编有《翁氏家事略记》。

按：《清史稿》本传曰："方纲精研经术，尝谓考订之学，以衷于义理为主，《论语》曰'多闻'、曰'阙疑'、曰'慎言'，三者备而考订之道尽。时钱载斥戴震为破碎大道，方纲谓：'训诂名物，岂可目为破碎？考订训诂，然后能讲义理也；然震谓圣人之道，必由典制名物得之，则不尽然。'方纲读群经，有《书》、《礼》、《论语》、《孟子附记》，并为《经义考补正》。尤精金石之学，所著《两汉金石记》，剖析毫芒，参以《说文》、《正义》，考证至精。所为诗，自诸经注疏，以及史传之考订，金石文字之爬梳，皆贯彻洋溢其中。论者谓能以学为诗。"翁方纲家学有其子翁树培承传。其弟子有刘台拱、凌廷堪、孔广森、王聘珍、钱塘、李惇、冯敏昌、辛绍业、吴嵩梁等。其交游者有朱筠、朱珪、纪昀、卢文弨、王念孙、王引之、钱大昕、钱大昭、阮元、桂馥、邵晋涵、孔继涵、丁杰、周震荣、程晋芳、张燕昌、张廷济、黄易等。

庄炘卒(1735—　)。炘字景炎，一字似撰，号虚庵，江苏武进人。乾隆三十三年副贡生，由州判补陕西咸宁知县，累迁榆林知府。与洪亮吉、孙星衍、赵怀玉、张惠言共为汉学，尤精声音训诂。曾校勘《淮南子》、《一切经音义》。生平著述没于水，仅存文6卷，诗700余首。事迹见《清史列传》卷七二、赵怀玉《故奉政大夫陕西邠州直隶知州庄君炘墓志铭》(《亦有生斋文集》卷一九)。

刘权之卒(1738—　)。权之字云房，湖南长沙人。乾隆二十五年进士。历任安徽学政、大理寺卿、左副都御史、山东学政，拜体仁阁大学士，加太子少保。曾参与修撰《四库全书》和《四库全书总目提要》。卒谥文恪。事迹见《清史稿》卷三四一、《清史列传》卷二八、李桓《国朝耆献类征初编》卷三一。

陈本礼卒(1739—　)。本礼字嘉会，号素村，江苏江都人。监生。幼即喜典籍，后筑"瓠室"为藏书楼，贮书数万卷，善、秘本尤多，可以与范氏"天一阁"、毛氏"汲古阁"、马氏"玲珑山馆"等相比。又善诗文。著有《汉诗统笺》3卷、《屈辞精义》6卷、《瓠室诗抄》等。

董诰卒(1740—　)。诰字雅伦，一字西京，号蔗林，浙江富阳人。董邦达子。乾隆二十八年进士。预修《三通》和《皇朝礼器图》。充《四库全书》馆副总裁。官至东阁大学士、太子太保。卒谥文恭。事迹见《清史稿》卷三四〇、《清史列传》卷二八、李桓《国朝耆献类征初编》卷三三、蔡冠洛《清代七百名人传》第一编、刘逢禄《记董文恭诰逸事》(《碑传集》卷三八)。

按：《清史稿》本传曰："初，邦达善画，受高宗知。诰承家学，继为侍从，书画亦被宸赏，尤以奉职恪勤为上所眷注。……诰直军机先后四十年，熟于朝章故事，有以谘者，无不悉。凡所献纳皆面陈，未尝用奏牍。当和珅用事，与王杰支柱其间，独居深念，行处几失常度，卒赞仁宗歼除大憝。及林清之变，独持镇定，尤为时称云。"

汪志伊卒（1743— ）。志伊字稼门，安徽桐城人。乾隆三十六年举人，充《四库全书》馆校对，议叙，授山西灵石知县。累擢浙江布政使。嘉庆间，官至工部尚书，湖广、闽浙总督。少读经史，融会贯通。著有《湖北水利》2卷、《荒政辑要》10卷、《堪舆泄密》2卷、《稼门文抄》7卷、《稼门诗抄》10卷等。事迹见《清史稿》卷三五七。

吴锡麒卒（1746— ）。锡麒字圣征，号穀人，浙江钱塘人。乾隆四十年进士，改翰林院庶吉士，散馆，授编修。累官国子监祭酒。后以亲老乞养归里，曾主扬州安定书院、乐仪书院。工诗文，为继杭世骏、厉鹗之后的浙诗派代表。著有《有正味斋集》73卷。事迹见《清史稿》卷四八五、《清史列传》卷七二、李桓《国朝耆献类征初编》卷一三二、蔡冠洛《清代七百名人传》第五编。

按：《清史稿·文苑传二》曰："锡麒工应制诗文，兼善倚声。浙中诗派，前有朱彝尊、查慎行，继之者杭世骏、厉鹗。二人殂谢后，推锡麒，艺林奉为圭臬焉。著有《正山房集》。全椒吴嘉尝辑录齐焘、亮吉、锡麒及刘星炜、袁枚、孙星衍、孔广森、曾燠之文为《八家四六》云。"

又按：《清史列传》卷六八曰："黄模，字相圃，浙江钱塘人。岁贡生。少工诗，与同里吴锡麒有李杜之目。生平淡于荣利，亲殁后，不复应举。覃思经术，一意著述，有《夏小正分笺》四卷、《异议》二卷，时称精核。又有《三家诗补考》、《国语补韦》、《竹书详证》、《蜀书笺略》、《武林先雅》及《寿德堂诗集》八卷。"

孙星衍卒（1753— ）。星衍字伯渊，号渊如，江苏阳湖人。乾隆五十二年一甲二名进士，授翰林院编修。充三通馆校理。曾入阮元幕，主持诂经精舍。著有《尚书今古文注疏》39卷、《古文尚书马郑注》10卷、《逸文》2卷、《周易集解》10卷、《夏小正传校正》3卷、《明堂考》3卷、《仓颉篇》3卷、《考注春秋别典》15卷、《尔雅广雅诂训韵编》5卷、《孔子集语》17卷、《魏三体石经残字考》1卷、《晏子春秋音义》2卷、《史记天官书考证》10卷、《平津馆金石萃编》20卷、《寰宇访碑录》12卷、《京畿金石考》、《续古文苑》20卷、《孙氏家藏书目内编》4卷、《孙氏家藏书目外编》3卷、《岱南阁文稿》5卷、《问字堂文稿》5卷、《芳茂山人文集》等。事迹见《清史稿》卷四八一、《清史列传》卷六九、震钧辑《国朝书人辑略》卷六、李桓《国朝耆献类征初编》卷二一三、蔡冠洛《清代七百名人传》第四编、阮元《山东粮道孙君星衍传》（《揅经室二集》卷三）。清张绍南编有《孙渊如先生年谱》。

按：阮元《山东粮道孙君星衍传》曰："父勋，乾隆丙子科举人，官山西河曲县知县。君河曲长子也……幼有异禀，读书过目成诵，河曲授以《文选》，君全诵之。及长，补学生员，与同里杨君芳灿、洪君亮吉、黄君景仁文学相齐。……君雅不欲以诗名，深究经史文字音训之学，旁及诸子百家，皆心通其义。钱少詹事大昕主钟山书院，与君讲学，又极相重。会陕西巡抚毕公沅以母忧居吴门，起复，闻君名，遂同入关。西安幕府初开，好贤礼士，一时才人名宿踵至，君誉最高。毕公撰《关中胜迹志》《山海经注》，校正《晏子春秋》，皆属君手定。……（嘉庆）十九年，应扬州阿盐使聘，校刊《全唐文》。二十一年，主讲钟山书院。……君尝病《古文尚书》为东晋梅赜所乱，官刑曹时，即撰集《古文尚书》马、郑、王注十卷及逸文三篇。归田后，又为《尚书今古文义疏》卅卷，盖积二十余年而后成，其精专如此。"（《揅经室二集》卷三）

许宗彦卒（1768— ）。宗彦字积卿，又字周生、固卿，浙江德清人。嘉庆四年进士。授兵部主事。著有《鉴止水斋集》20卷、《鉴止水斋书目》1卷、《说文书转注》等。事迹见《清史稿》卷四八二、《清史列传》卷六九、李桓《国朝耆献类征初编》卷一四八、蔡冠洛《清代七百名人传》第四编、陈寿祺《驾部许君宗彦墓志铭》（《碑传集》卷六〇）。

按：《清史稿》本传曰：许宗彦"尤精天文，得泰西推步秘法，自制浑金球，别具神解。尝援纬书四游以疏本天高卑，而知不同心非浑圆之理。考《周髀》北极璿玑，以推古人测验之法。七政皆统于天，而知东汉以前用赤道不用黄道，为得诸行之本。论日左右旋一理，以王锡阐解黄道右旋、赤道平行，戴震分黄、极为二行，其说颇不分明，为剖析之，洞彻微妙，皆言天家所未及"。

程伟元约卒于本年，生年不详。伟元字小泉，江苏长洲人。布衣。嘉庆五年至七年，客盛京将军晋昌幕，佐理奏牍。协助晋昌编次《且住草堂诗稿》。曾与高鹗共同修补刊行120回本《红楼梦》。

刘传莹（ —1848）、李续宾（ —1858）、钱松（ —1860）、江湜（ —1866）、刘毓崧（ —1867）、蒋春霖（ —1868）、钟文烝（ —1877）、邵亨豫（ —1883）、徐寿（ —1884）、金和（ —1885）、张岳龄（ —1885）、陆懋修（ —1886）、傅寿彤（ —1887）、方宗诚（ —1888）、李榕（ —1890）、郭嵩焘（ —1891）生。

嘉庆二十四年　己卯　1819年

正月二十日癸丑（2月14日），御史唐鉴奏请复轮班日讲官员，及缮进经史讲义。不允。

按：康熙年间，曾令翰林轮班入直，旋停罢。乾隆初年，命翰林科道，轮进经史讲义，其后即有借进讲经书，隐讽时事，行其诈伪者，至乾隆十四年（1749）敕令停止。《清史稿》本传曰："鉴潜研性道，宗尚洛、闽诸贤。著《学案小识》，推陆陇其为传道之首，以示宗旨。时蒙古倭仁，湘乡曾国藩，六安吴廷栋，昆明窦垿、何桂珍皆从鉴考问学业，陋室危坐，精思力践。年七十，斯须必敬。致仕南归，主讲金陵书院。"

二月十五日丁丑（3月10日），禁考试积弊。

按：御史袁铣奏称，外省州县奉调入帘，士子竟有于中途迎谒结拜师生，夤缘纳贿者，著各省督抚严行查察，一经查出，立即严参重惩。又，著通谕各省学政，考试文武童生，惟当凭文艺之优劣，以定去取，其捐赀办公、修葺儒学书院之士子，不应以考试为奖励之途。二十五日，御史余本敦又奏乡会试外帘滋弊，著知贡举及外帘监试

英国建新加坡。

美国获佛罗里达。

亚拉巴马成为美国的一个州。

美国"萨凡纳"号蒸汽机船横渡大西洋。

西蒙·玻利瓦尔成为哥伦比亚总统。

法国实行新闻自由。

英国规定童工的最高工作时为12小时。

英人取古埃及方尖碑。

官,并砖门巡墙各御史,严密稽查,如有作奸犯科者,拿交治罪。

四月十六日丁丑(5月9日),谕曰:清语、骑射乃满洲根本,宗室等自当加意勤习,即汉文、翻译两端,尚当以翻译为要,若清语、骑射久荒,将来必致有失满洲旧制。著通谕八旗宗室等,务当专心力学骑射,不可徒习制艺。命嗣后翻译会试,如足九名额数,仍照此次取中二名,不足九名,即著停止入场。

二十五日丙戌(6月17日),赐一甲陈沆、杨九畹、胡达源3人进士及第,二甲孙起端等99人进士出身,三甲陈嘉谟等122人同进士出身。

二十八日己未(6月20日),设立翻译会试,原令旗人娴习国书,乃应试之人往往倩人枪替,而通晓翻译者因此牟利,转终身不愿中式,近科翻译取中之人,竟有不能清语者。是以从御史喻士藩之请,命嗣后考试翻译,无论乡、会试,一律复试,派员监察,若出情弊,立置重典。

六月十三日癸卯(8月3日),命各省督抚对所属书院严加整顿。

按:各处书院,多由本省大吏推荐亲友以充院长,只图索取束修,并不亲身到院,甚至屋宇坍圮,栖止无所,是以从御史张元模之请,著各督抚饬令随时修葺,务延经明行修之士讲习讨论,毋得滥竽充数(《清仁宗实录》卷三五九)。

十月二十一日庚戌(12月8日),嘉庆帝于太和殿专为武殿试传胪,赐殿试武举一甲秦钟英武进士及第,二甲杨录之等5人武进士出身,三甲陈大魁等35人同武进士出身。

十一月十九日丁丑(1820年1月4日),命整顿八旗官学积弊。

按:谕曰:国家建立官学,设有满洲、蒙古、汉人教习,分别训课,原以培养人材,兼资教育。乃近来视为具文,渐形废弛,各学官学生并不常川入学肄业,该教习等亦只于查学之期始行到学,虚开功课。至报满时,如无成效,辄以通融塞责,陋习相沿,殊失设学本意。著查学大臣及国子监堂官,不时稽查,严行戒饬(《清仁宗实录》卷三六五)。

十二月十六日甲辰(1月31日),八旗王大臣以帝赐颁《八旗通志》谢恩。

戴维·内皮尔制作出平面轮转印刷机。

丹麦物理学家汉斯·C·奥斯发现电磁。

阮元四月兼署广东巡抚,广东巡抚李鸿宾补授漕运总督。十一月,为王引之《经传释词》作序。

王念孙十一月为陈昌齐文集作序。

按:王念孙《陈观楼先生文集序》曰:"陈观楼先生,粤东硕儒也。生平于书无所不读,自经史子集以及乾象坤舆之奥,六书四声、九赋五刑之属,星算医卜、百家众技之流,靡不贯穿于其胸中。故所著书,如《经典释文附录》、《天学胜说》、《测天约术》,及《大戴礼记》、《老子》、《荀子》、《楚词》、《吕览》、《淮南》诸书考证,皆有以发前人所未发。先生为余词馆先辈,后又同值谏垣,公事之眼,屡以古义相告。语其学旁推交通之中,加以正讹纠谬,每发一论,皆得古人之意义,而动合自然。故余所著《广雅疏证》、《淮南内篇杂志》,辄引先生之说以为楷式。盖余宦游数十年,所见缀学之士,既精且博如先生者,不数人也。"(《王石臞先生遗文》卷二)

王引之充会试副考官,又教习庶吉士。十一月,授吏部右侍郎。

龚自珍应恩科会试落第,留住京城,从刘逢禄学《春秋公羊学》,又与魏源交友。十月，在苏州与何元锡、江沅同观宋拓孤本汉娄寿碑于吴氏之宋松书屋。

按：龚自珍有《杂诗己卯自春徂夏在京师作得十四首》诗云："昨日相逢刘礼部，高言大语快无加；从君烧尽虫鱼学，甘作东京卖饼家。"（《龚自珍全集》第九辑）虫鱼学指朴学末流烦琐考据、脱离实际的学风；卖饼家指公羊学。此诗表达了龚自珍欲敬从师说，做公羊学说微言大义的继承者的决心。

林则徐三月充会试同考官，闰四月充云南乡试正考官，吴慈鹤为副考官。

顾广圻料理完孙星衍遗书后归里。

严可均为亡友杨凤苞编订遗诗，题为《秋室诗录》，有《杨秋室诗录叙》。

按：严可均《杨秋室诗录叙》曰："吴兴之作者众矣……国初以来，为经史诸子之学者数十家，诗文千余家，而胡胐明《禹贡锥指》、郑芷畦《行水金鉴》、沈东甫《新旧唐书合钞》，及徐方虎、沈操堂、我家石樵、海珊等诗集为最著。要而言之，足为休文继起者，曾不数见，大率浅陋空疏，守兔园新册，拾宋人残唾以自附作者之林。……学问之道难言之也，不佞有志而未逮四十年矣。足迹半天下，同时朴学之士，识面多矣。其同乡同志者，丁小雅为《大戴礼》之学，姚秋农为《说文》之学，施非熊为金史之学，杨传九为明史之学，四子者于学无所不窥，而各有专业，用力久且勤，而小雅、传九书未成先死，为可惜也。小雅有子能读父书，传九无子，死后，书散亡，尤可惜也。传九之高弟子陈抱之收拾遗稿，仅得诗百数十首，属为单定，夫传九之可传者不必诗，诗稿旧有千二百余首，而仅得此，又可惜也。……传九名凤苞，秋室其自号也。"（《铁桥漫稿》卷六）

方东树三月赴广东，阮元聘其为《广东通志》分纂。后又属其总纂事。

魏源、陈奂、蒋廷恩、陈用光、钱仪吉、陈兆熊、张成孙、光聪谐、冯启蓁、胡培翚、胡承珙等在北京万柳堂公祭郑玄。

姚文田提督江苏学政。

江藩任《广东通志》总纂之一，阮元令其子阮福入江氏门下执弟子业。

朱骏声入京会试不第。

陈用光、胡承珙、朱为弼充顺天乡试同考官。

钱林充四川乡试正考官。

李兆洛在安庆试制成铜刻漏。

贺长龄充文渊阁校理。

包世臣与张翰风同客济南，得北朝碑版甚多，因作《历下笔谈》1卷。

胡达源中一甲三名进士，授翰林院编修，擢国子监司业。

胡培翚中进士，充实录馆详校官。

按：胡培翚的祖父胡匡衷，字寅臣，号朴斋，安徽绩溪人。治经多所发明，不苟与先儒同异。所著有《周易传义疑参》12卷、《三礼札记》、《周礼井田图考》、《周礼籥内授田考实》1卷、《井田出赋考》、《仪礼释官》9卷、《郑氏仪礼目录校正》1卷、《左传翼服》、《论语补笺》、《庄子集评》、《离骚集注》、《朴斋文集》等。事迹见《清史列传》卷六八。

陈沆中进士，授修撰。

庞大堃中举人，官终国子监学录。

按：《清史稿·儒林传三》曰：庞大堃"究心音韵之学，尝谓顾、江、戴、段、孔、王诸家分部互有出入者，以入声配隶无准耳。入声有正纽、反纽，今韵多从正纽，古韵多从反纽，阳奇阴偶，两两相配，一从陆氏法言所定为正纽，一从顾、江、戴、王所定为反纽。其转音之法有五：一正转，同部者是也，一递转，同音者是也；一旁转，相比及相生者是也；一双声，同母者是也。又谓欲明古音，必先究唐韵，乃可定其分合，为《唐韵辑略》五卷、《备考》一卷，《形声辑略》一卷、《备考》一卷，《古音辑略》二卷、《备考》一卷，《等韵辑略》三卷。他著有《易例辑略》五卷"。

刘文淇拔优贡生。

朱大韶以优贡生中举人，选怀远教谕。

松筠充翻译会试正考官。

钮树玉访龚自珍，与谈江南戏剧界事，自珍即据所供资料作《书金伶》，状写苏州著名昆曲艺人金德辉。

张金吾在无锡得木活字十万余个，携归备大举刻书；又至乌镇参观鲍廷博知不足斋，读所藏《古今图书集成》。

黄丕烈以重价从小读书堆得日本旧钞本《论语集解》，索翁广平跋之。

陶澍任川东道，聘李星沅为幕宾，主章奏之事。

张鳞典江西乡试。

陈奂作《与王伯申书》，论王引之所著《经传释词》。

郝懿行正月致书阮元，告知所著《尔雅义疏》粗成，当抄录副本奉示；二月致书阮元，代妻王照圆谢所赠《四史疑年录》。

端木国瑚时任湖州府归安县教谕，有《上阮相国（元）书》。

姚元之五月向阮元借抄宋刻《金石录》，见该书间有误字，除翁方纲、洪颐煊已标出外，复有所得，识之。

陈均为凌曙绘《壤室读书图》，阮元为之题图。

黄安涛是春请画家朱鹤年绘成《消寒诗社图》，胡承珙作序。

楼步云在浙江缙云建右文馆。

唐文藻时任广东潮阳知县，建东山书院。

林光棣时任广西永福知县，建凤台书院。

刘在屿在四川铜梁县建玉堂书院。

吕肇堂在四川蓬溪县建饮和书院。

屠之申时任甘肃布政使，与翰林秦维岳等捐银创建五泉书院于兰州。

传教士米怜从马六甲至广州，与马礼逊共同起草关于设立学校之补充计划，报请伦敦教会和荷兰驻马六甲当局批准。

梁发回广东原籍，将所著《救世录撮要略解》印行200部分送亲友，因一印刷工告密而被捕下狱。终经马礼逊疏通十三行商，极力营救而获释。

叔本华著成《作为意志和表象的世界》。

丁晏著《周易解诂》1卷刊行。

陈寿祺著《三家诗考》15卷成书，有自序。

凌曙著《春秋公羊礼疏》11卷、《春秋公羊礼说》1卷、《公羊问答》2卷刊行,有自序。

　　按:凌氏从声音训诂出发来阐明典章制度,进而揭示其中的微言大义,为以礼训解《公羊春秋》开辟了一条新的研究路子。有嘉庆、道光间《蜚云阁凌氏丛书》江都刊本、《咫进斋丛书》光绪九年(1883)归安姚氏刊本、《丛书集成初编》本等。

　　张用星著《左氏春秋聚》18卷刊行,陈师濂、徐乔林作序。

　　焦循著《孟子正义》30卷初稿成。

　　按:是书为清代注释《孟子》最为详备的著作。有《焦氏丛书》本、《皇清经解》本、《四书古注群义汇解》本、《四部备要》本、《诸子集成》本等。

　　施彦士著《读孟质疑》2卷成书,有自序。

　　王引之著《经传释词》10卷刊行。

　　万希槐著《十三经证异》4卷刊行。

　　臧庸遗著《拜经日记》由阮元出资在广东刊行。

　　吴宝谟著《经义图说》8卷刊行。

　　陈昌齐著《经典释文附录》3卷刊行,有自序。

　　张金吾据阁本传抄本以活字印刷宋李焘《续资治通鉴长编》,是为爱日精庐本。

　　赵绍祖著《通鉴注商》18卷刊行。

　　宋世荦修,吴鹏翱、王树棠纂《扶风县志》18卷刊行。

　　高廷法、沈琮修,陆耀遹、董祐诚纂《咸宁县志》26卷刊行。

　　徐品山等修,熊兆占等纂《介休县志》14卷刊行。

　　舒懋官修,王宗熙纂《馨安县志》24卷刊行。

　　罗天桂修,徐延翰纂《和平县志》8卷刊行。

　　胡勋裕修,邓粹纂《始兴县志》16卷刊行。

　　郑绍曾修纂《仁化县志》3卷刊行。

　　周岩修,刘黻、柯翘纂《彭泽县志》15卷刊行。

　　孙让修,李兆洛纂《怀远县志》28卷刊行。

　　张宗泰纂《备修天长县志稿》10卷刊行。

　　秦沆修纂《临川县续志》12卷刊行。

　　侯钤、张富业修,张孝龄、萧凤翥纂《衡山县志》40卷刊行。

　　刘统修,曹流湛纂《永兴县志》55卷刊行。

　　黄应培修,丁世琛纂《醴陵县志》26卷刊行。

　　谢希闵修,王显文纂《浏阳县志》40卷刊行。

　　秦沆、王勋臣修,吴徽叙纂《茂名县志》21卷刊行。

　　李友榕、汪云任等修,邓云龙、董思诚纂《三水县志》16卷刊行。

　　唐文藻修纂《潮阳县志》20卷刊行。

　　朱澍、陈心炳修,夏昌言、罗琳之纂《会同县志》12卷刊行。

　　张廉纂《孝感里志》12卷刊行。

　　王念孙著《读管子杂志》11卷成书,有自序。

　　汪士钟将宋晁公武所著《郡斋读书志》请李富孙、黄丕烈校勘付梓。

　　按:汪士钟字阆源,江苏长洲人。官至户部侍郎。嗜藏书,尤重宋元旧刻及四

霍勒斯·威尔逊编纂成《梵文—英文词典》。

简·西蒙德发表《政治经济学新概念》。

库未收书。积数年即为江南之冠,建藏书楼曰"艺云书舍"。著有《艺云书舍宋元本书目》2卷。

顾广圻为秦恩复校刊《扬子法言》14卷成书。

万俊著《杜诗说肤》4卷刊行。

王文诰编《苏文忠公诗编注集成总案》刊行,附于武陵韵善堂王氏刻本《苏文忠公诗编注集成》。

江有诰著《楚辞韵读》1卷、《宋赋韵读》1卷刊行。

刘灿著《续广雅》3卷刊行。

夏味堂著《拾雅》6卷刊行。

按:夏味堂字遂园,江苏高邮人。是书为补《尔雅》和《广雅》而作。

郭麐辑《唐文粹补遗》26卷成书,有自序。

任兆麟著《有竹居集》16卷、《林屋诗稿》4卷刊行。

阮元著《文选楼诗存》5卷刊行,陈寿祺作后序。

许宗彦著《鉴止水斋集》20卷刊行。

按:胡玉缙《许庼经籍题跋》曰:"宗彦博通典籍,经史诗词而外,凡小学、算术,靡不涉猎,尤善于古文。集中多说经、说天文之作,大篇目往往条分体系,无经生艰涩之习。"

姚范著《援鹑堂遗集三种》39卷刊行。

朱彝尊著《曝书亭词》7卷重刊。

冯登府著《石经阁诗略》第4卷《北游后草》。

曾燠著《赏雨茅屋诗集》22卷、骈体文2卷刊行。

丁芮模著《新安杂咏》1卷、《颖园杂咏》1卷刊行。

陈文述著《秣陵集》6卷刊行。

王槐著《废莪堂诗草》6卷刊行。

陈兆骐著《兰轩文集》10卷刊行。

贺裳著《载酒园诗话》1卷、又编4卷、又1卷刊行。

宋葆淳著《汉氾胜之遗书》1卷成书。

按:宋葆淳字帅初,号芝山,山西安邑人。是书辑录贾思勰《齐民要术》所载氾胜之区田法及王祯《农书》、徐光启《农政全书》和其他文献资料,编辑而成,收入赵梦龄《区田五种》之中。有财政经济出版社1955年刊本。

焦循著《花部农谭》1卷成书,有自序。

按:是书为研究地方戏曲的第一部专门论著。有焦氏原稿本及《怀麟杂俎》本、《中国古典戏曲论著集成》本。

黄旛绰等著《明心鉴》(又名《梨园原》)成书。

陈诗著《湖北金石存佚考》22卷刊行。

钱谱、初尚龄著《吉金所见录》16卷刊行。

董祐诚著《割圜连比例术图解》3卷成书。

陈春辑《湖海楼丛书》13种刊行。

张应时辑《书三昧楼丛书》17种21卷刊行。

刘一明著《道书十二种》刊行。

传教士马礼逊编纂的《英华字典》第二卷分别于本年及次年两次出版,书名《五车韵府》。

梁玉绳卒(1744—)。玉绳字曜北,自号清白士,浙江钱塘人。梁诗正孙。诸生。精于《史记》、《汉书》。著有《史记志疑》36卷、《汉书人表考》9卷、《蜕稿》4卷、《瞥记》7卷、《吕子校补》2卷、《元号略》4卷、《志铭广例》2卷、《清白士集》28卷等。事迹见《清史稿》卷四八一、《清史列传》卷六八。

按:《清史列传》本传曰:"玉绳不至富贵,自号清白士。与弟履绳互相菁错,有'二难'之目。同时杭世骏、陈兆崙、钱大昕、孙志祖、卢文弨,皆与接谈论。文弨尝称二人气象,玉绳则侃侃然,履绳暗暗然。其见重如此。玉绳尝语履绳曰:'后汉襄阳樊氏显重当时,子孙虽无名德盛位,世世作书生门户。愿与弟共勉之!'故玉绳年未四十,弃举子业,专心撰著。"

金鹗卒(1771—)。鹗字风荐,号诚斋,浙江临海人,祖籍安徽歙县。嘉庆优贡生。曾入杭州诂经精舍,从孙星衍治考据学。著有《四书正义》8卷、《求古录礼说》15卷、补遗1卷、《乡党正义》1卷等。事迹见《清史稿》卷四八二、《清史列传》卷六九、郭协寅《金诚斋先生传》(《碑传集补》卷四〇)。

按:《清史稿》本传曰:"博闻强识,邃精《三礼》之学。受知于山阳汪廷珍,与析难辨论,成《礼说》二卷。嘉庆二十四年,卒于京邸。所著《求古录》一书,取宫室、衣服、郊祀、井田之类,贯串汉、唐诸儒之说,条考而详辨之。鹗又尝辑《论语乡党注》,厘正旧说,颇得意解。卒后稿全佚,陈奂求得之,釐为《求古录礼说》十五卷,《乡党正义》一卷。"

范元亨(—1855)、孙鼎臣(—1859)、苏格(—1864)、邹伯奇(—1869)、魏秀仁(—1874)、杨岘(—1896)、徐桐(—1900)生。

嘉庆二十五年　庚辰　1820年

四月二十五日庚戌(6月5日),嘉庆帝于太和殿传胪,赐一甲陈继昌、许乃普、陈銮等3人进士及第,二甲龚文辉等100人进士出身,三甲劳逢源等143人同进士出身。

按:广西解元陈继昌继领是科乡试、会试之魁首后,又被赐为状元,连中三元。有清一代,连中三元者,仅陈继昌与钱棨2人。

七月二十五日己卯(9月2日),嘉庆帝病逝。

八月二十七日庚戌(10月3日),爱新觉罗·绵宁即皇帝位于太和殿,改字为旻宁,以明年为道光元年,颁诏全国。是年会试酌量广额,乡试各

西班牙革命起。

"密苏里妥协案"达成。缅因成为美国的一个州。

维也纳会议的最后协议被通过。

葡萄牙革命起。

省分别增加 10 名至 30 名,各省大、中、小学增加入学额数不等。

九月初七日庚申(10 月 13 日),命纂修《仁宗睿皇帝实录》,以大学士托津为监修总裁官,大学士戴均元等 4 人为总裁官,侍郎文孚等 6 人为副总裁官。

十一月十九日壬申(12 月 24 日),引见中式武举,亲定甲乙,赐一甲昌伊苏、李凤和、富成 3 人为武进士及第,二甲菩萨保等 4 人武进士出身,三甲戴恩等 30 人同武进士出身。

是日,著自道光三年为始,凡满洲、蒙古、汉军、汉人之应童试者,俱仍试以舞刀;至五年乡试、六年会试,均已娴熟,一体考试,以复旧规。

阮元三月在广州建学海堂,以经古之学课士子。

刘开有《与阮芸台宫保论文书》,与阮元讨论唐宋八大家至桐城派之得失。

江藩九月跋阮元所藏宋拓本《隶韵》。

林伯桐应阮元聘,为学海堂山长。

王引之充实录馆副总裁。

龚自珍三月第二次参加会试,仍落弟,以举人选为内中书,未就职,旋南归。六月,在上海为李筠作《慈云楼藏书志序》;是秋,赴苏州,与赵魏、顾广圻、钮树玉、吴文征、江沅等同集宴于虎丘。十月,作《跋北齐兰陵王碑》。

林则徐二月任江南道监察御史,四月改授浙江杭嘉湖道,结束京官生涯。到任之初,即发出《杭嘉湖三郡观风告示》,举行观风试,借以识拔人才。又对敷文、崇文、紫阳三书院不能随课升降发给津贴之不合理制度进行改革。是年,邀彭兆荪入幕。

顾广圻与黄丕烈发生龃龉,竟绝交。是年,为程家子《人寿金鉴》作序。

郝懿行补江南司主事。

刘文淇赴京朝考后,授候选训导,寻与丁晏一起南归。

鲁一同年十七,补博士弟子。

贺长龄充日讲起居注官。

冯登府中进士,改翰林院庶吉士,充武英殿协修官。

朱珔充会试同考官。

曹振镛充实录馆监修总裁官。

陈继昌、许乃普、陈銮、何桂馨、吴其泰等中进士。

张杰重修博陵书院,更名为文瑞书院。以修数术、明道法、黜邪说、立真品为其宗旨。

杨国桢时任知府,在安徽亳州建培英书院。

胡世琦时任山东费县知县,建崇文书院。

陆向荣时任广东阳山知县,建韩山书院。

嘉庆二十五年　庚辰　1820年

周馨北在四川铜梁县建龙门书院。
吕肇堂时任四川潼难知县，建玉山书院。
陆成本时任四川雷波通判，建锦屏书院。
陈熙时任贵州黎平知府，建双江书院、双樟书院和清泉书院。
苏履吉时任甘肃灵台知县，建金台书院。
英国传教士马礼逊于澳门开设诊所，为贫苦者治病。
俄国东正教大司祭彼得·卡缅斯基来华传教，至1830年离华。
梁发为其妻黎氏施洗。
按：黎氏为中国第一位基督教新教女信徒。其子梁进德刚出生，即由梁发携往澳门，求洗于马礼逊。

洪其绅著《易通》6卷刊行。
许桂林著《易确》20卷成书。
洪震煊著《夏小正疏义》刊行。
陶大眉著《经解指要》8卷刊行。
丁晏著《毛郑诗释》4卷、《郑氏诗谱考正》1卷成书，有自序。
按：丁晏《毛郑诗释自序》曰："余年十五，始得见《毛诗注疏》，受而读之，其间故训古文，多所疑滞。久之，得陈氏《稽古编》、惠氏《古义》、戴氏《诗考正》，疏通隐义，启迪蓬心。然古义古音，犹有未能尽释者。暇日以鄙见钩稽，记于简札，积久成帙，为《毛诗古学》。后又兼及郑义，退思博考，用力綦勤，迄今历十历有四年，所得滋多。因取旧稿删存什之五，以少年精力所寄，不忍弃掷，聊过而存之。自知谫陋，其于陈氏诸家之书，无能为役，然缵述之苦心，颇为矜慎。至于剿说雷同，凿空臆造，二者之讥，庶知儆尔。录既毕，厘为二卷，改题曰《毛郑诗释》，仍以《毛诗古学》旧《序》冠于前，志不忘初也。"

聂镐敏著《读经析疑》2卷刊行，有自序。
按：聂镐敏另著有《韵学古声》5卷、《聂氏经学八种》。
刘文淇著《左传旧疏考正》8卷成书，有自序。
焦循正月修订《孟子正义》30卷毕，旋手写3卷，就正于阮元。
宋翔凤著《浮溪精舍丛书》刊行。
按：《浮溪精舍丛书》中有《论语郑注》2卷、《小尔雅训纂》6卷、《孟子赵注补正》、《孟子刘熙注》1卷等。
张金吾以无锡木活字排印宋李焘《续资治通鉴长编》520卷，本年竣事。
汤运泰著《南唐书注》19卷成书。
俞正燮辑得《宋会要》5卷，有跋。
刘逢禄著《庚辰大礼记注长编》12卷。
文孚等奉敕纂《钦定礼部则例》202卷成书。
林春溥著《古史纪年》14卷成书，有自序。
王煦、黄本骥纂《湖南通志》219卷刊行。
按：胡玉缙《许庼经籍题跋》曰："纂修志书一事，本自无穷，是编在近人地志中，

安德烈·安培发表《电动力机能的规律》。
托马斯·布朗发表《人类精神哲学讲座》。
托马斯·厄斯金发表《天启宗教真理的内在证明》。
J. J. 冯·格雷斯发表《德国与革命》。
T. R. 马尔萨斯著成《政治经济学原理》。

不可谓非善本也。"

唐凤德修,黄崇光等纂《邵阳县志》49卷刊行。

葛凤喈修,吴山高纂《常宁县续志》2卷刊行。

黄金声修纂《上林志稿》12卷刊行。

张大凯修纂《石城县志》6卷刊行。

谢齐韶修,李光先纂《澄迈县志》10卷刊行。

陈述芹修纂《会同县志》10卷刊行。

濮镔续纂《濮川所闻记》6卷刊行。

陈廷钰等修,赵燮元等纂《射洪县志》18卷刊行。

吴兰孙修纂《景东直隶厅志》4卷刊行。

阎肇烺修,马倚元纂《衡阳县志》40卷刊行。

朱偓修,陈昭谋纂《郴州总志》43卷刊行。

阎肇烺修,黄朝绶纂《湘阴县志》39卷刊行。

吴杙修,刘学厚纂《广安州志》6卷刊行。

谢崇俊等修,颜尔枢纂《翁源县新志》12卷刊行。

赵俊等修,李宝中、黄应桂纂《增城县志》20卷刊行。

方为霖修,符鸿纂《益阳县志》35卷刊行。

佚名纂《九姓志略》2卷刊行。

徐观海、戴元燮原纂,黄沛增修,宋谦、江廷球增纂《定远县志》14卷刊行。

谢高清口述,杨炳南笔录之《海录》2卷刊行。

按:是为中国最早介绍世界各国概况之书。

周廉编,周勉增订《草亭先生(周篆)年谱》1卷刊行,附晚香堂刊《草亭先生集》。

汪喜孙编《容甫先生年谱》1卷刊行。

王淳编《关圣帝君年谱考》刊行,附于合敬堂重刻本《关圣帝君全集》。

黄宗羲编《克念子行状》由叶荣澹重校刊行。

吴光西编,杨开基重订《陆清献公年谱》1卷由华亭张氏重刊。

陆继辂编《先太孺人年谱》1卷刊行。

魏源著《老子本义》4卷成书。

江有诰著《先秦韵读》1卷刊行。

姚鼐纂《古文辞类纂》74卷初稿本由康绍镛在广东刊行。

按:以后王先谦编有《续古文辞类纂》34卷,分类一依姚书。

李兆洛在广东编《骈体文钞》31卷成书。

陈均编《唐骈体文钞》17卷成书,有自序。

汪端辑《明三十家诗选》16卷成书,有自序。

按:《清史稿·汪端传》曰:"(汪端)长为诗,旨远而辞文,尝撰定明诗初、二集,上始开国,下逮遗民,都三十家,附录又七十人。自定凡例,以为:'初集,犹主盟之晋、楚;二集,犹列国之宋、郑、鲁、卫;附录,犹附庸之邾、莒、杞、薛。'梁德绳称其宗尚清苍雅正,能扫前后七子门径。吴振棫称其论一代升降正变,元元本本,纵横莫当。"

冯登府著《石经阁诗略》第5卷《北游三草》。

郭麐著《灵芬馆杂著》2卷、续编4卷、三编8卷刊行。

程晋芳遗著《勉行堂文集》6卷在西安刊行，邓廷桢作序。

按：邓廷桢《序》曰："刻鱼门先生《勉行堂文集》既竣，令嗣约泉又出先生文集见示。公余翻阅，见其援引精博，议论名通，益信才大者无所不可也。夫自词章、考据分为二家，别户分门，固其识歧之，抑亦其才之有所不逮耳。而近时注疏学行，又争与宋儒树旗鼓，徒使沾沾帖括之士望洋自阻。似此而欲闯古人之藩篱，难矣。惟先生独能兼而出之，酌而平之，何可令其集之勿传也。会韩城冀大令、咸阳吴大令笃雅好学，醵赀续刻付剞劂，公诸同人。读是编者，亦可以知先生之不仅以词章鸣世矣。"（《勉行堂文集》卷首）

王浩著《南白堂诗集》8卷刊行。

李周南著《洗桐轩文集》8卷、《洗桐轩诗集》6卷刊行，阮元作序。

陆继辂著《崇百药斋文集》20卷、《崇百药斋续集》4卷、《崇百药斋三集》12卷刊行。

钦善著《古堂文稿》12卷、《古堂诗集》12卷、《古堂诗稿》8卷刊行。

王赓言辑《东武诗存》10卷刊行。

按：王赓言字赞虞，一字篑山，山东诸城人。另著有《篑山堂诗抄》。

凌霄著《快园诗话》13卷成书，有自序及阮元序。

按：凌霄号芝泉，江苏江宁人。另著有《芝泉集概》。

包世臣著《庚辰杂著》成书。

阮亨著《瀛舟笔谈》12卷成书。

徐锡龄著《韵字探骊》5卷刊行。

李修易著《小蓬莱阁画鉴》成书。

陈念祖著《医学从众录》8卷、《伤寒论浅注》6卷成书。

孙德润著《医学汇编》36卷成书。

李潢著《九章算术细草图说》9卷刊行。

张金吾编成善本藏书目录《爱日精庐藏书志》4卷，于次年刊行。

龚自珍著《西域置行省议》成书。

按：是文主张将新疆建省，划分府县，设立官吏，由中央直接管理。但未被人重视。至光绪九年，新疆始建置行省。李鸿章在《黑龙江述略序》中曰："古今雄伟非常之端，往往创于书生忧患之所得。龚氏自珍议西域置行省于道光朝，而卒大设施于今日。"（《黑龙江述略》卷首）

曹锡龄卒（1740—　）。锡龄字受之，号定轩，山西汾阳人。乾隆四十年进士。参与修纂《四库全书》。历官编修、云南学政、户科给事中等。著有《周易集粹》、《翠微山房诗文集》等。事迹见《山西文献总目提要》卷一。

陈昌齐卒（1743—　）。昌齐字宾臣，一字观楼，广东海康人。乾隆三十六年进士，改庶吉士，散馆，授翰林院编修。历充三通馆、《四库全书》馆、国史馆纂修官，转河南道监察御史。告归后，主讲雷阳、粤秀等书院。阮元督两广，聘任《广东通志》总纂。著有《经典释文附录》、《大戴礼记正误》、《老子正误》、《荀子正误》、《吕氏春秋正误》2卷、《淮南子正误》12卷、《楚辞韵辨》1卷、《历代声韵流变考》、《赐书堂集钞》6卷、《测天约术》1卷、《临池琐语》1卷、《瑞安县志》10卷、《康海县志》8卷、《广东通志》334卷、《雷州府志》等。事迹见《清史稿》卷三六二、《清史列传》卷七五、李桓《国朝耆献类征初编》卷二一二、《浙江温处道陈公昌齐传》(《碑传集》卷八七)。

吴士坚卒(1744—)。士坚字中确，号二涪，又号少谷，晚号悟因居士，江苏吴江人。乾隆四十八年进士。官河南卫辉知府。著有《汉书蠢说》、《骥沙存稿》、《塔影轩笔谈》、《东里一麈文集》等。事迹见徐绍基编《司训公年谱》。

杨复吉卒(1747—)。复吉字列侯，一字列欧，号梦兰，室名慧楼、乡月楼、艺芳阁、运南堂、观慧楼，江苏震泽人。乾隆三十七年进士。曾从王鸣盛学。家有藏书楼名乡月楼，藏书甚富。辑有《辽史拾遗补》5卷、《元文选》30卷、《昭代丛书续集》、《昭代丛书五编题跋》、《元稗类钞》、《虞初余志》、《燕窝谱》等。著有《梦兰琐笔》、《乡学楼学古文》、《慧楼诗文集》等。事迹见《疑年录汇编》卷一二。

谢金銮卒(1757—)。金銮字退谷，号巨廷，福建侯官人。乾隆五十一年举人，以大挑二等，历官邵武、南靖、安溪、南平、彰化及台湾嘉义教谕。著有《论语读注补义》4卷、《退谷文集》6卷、《教谕语》、《泉漳治法论》1卷等。事迹见《清史列传》卷六七、李桓《国朝耆献类征初编》卷二五八、陈寿祺《敕授文林郎安溪县学教谕谢君金銮墓志铭》(《碑传集》卷一一二)。

按：《清史列传》本传曰："金銮少读宋儒书，悦心性之说，后悟其非，返求之《四书》、《五经》而得其要，曰忠信、曰好学。尝曰：'士不喜读书，空言存诚、慎独、主敬、存养，有体无用。'其说经不事章句训诂，与友人书曰：'学者讲求《六经》，有得于心，以之治己有术，治人有术，是谓经术。近世喜搜古书，以为新博愈古愈废之说则以为愈佳。学虽博，以语修己治人之方，则无术焉。此谓经学，不足言经术也。'"

陈庚焕卒(1757—)。庚焕字道南，一字道由，又字道献，号惕园，又号惕斋、易堂，福建长乐人。岁贡生。嘉庆元年举孝廉方正，固辞，以教授生徒终身。著有《五经补义》、《二十二史人物表》、《惕元文稿》16卷、《惕元诗稿》4卷、《惕元遗稿》10卷、《畜德随笔》、《北窗随笔》、《于麓塾谈》、《庄狱谈》、《童子撼谈》、《师门瓣香录》、《尊闻录》、《崇德同心录》、《易堂隐德录》等。事迹见《清史列传》卷六七。清陈宗英编有《惕园岁纪》1卷。

按：《清史列传》本传曰：陈庚焕"留心世道，读有用之书。既与谢金銮交，所学益务实践。其论学深辟陆、王，谓阳明右陆绌朱，至盛推达磨、慧能，而谓尧、舜万镒，孔子九千岁。其他见于言语文字间者，初未尝掩讳。嘉、隆大儒，私淑姚江，勇猛精进，莫如罗近溪；明德之谊，上拟明道，乃手传二子轩辂往生之异，至于坐化之顷，亲为拜斗府之章，持弥陀之号，欢喜赞叹，得未曾有。然则近溪所明之德，果何德也？其详辨学术，多类此。生平不言人过，于经传传讹多所考正"。

焦循卒(1763—)。循字理堂，一字里堂，晚号里堂老人，江苏甘泉人。嘉庆六年举人，一应会试不第，即绝意仕进，专心力于治学。曾入阮元幕。后闭门著书,葺其老屋曰"半九书塾",复购楼曰"雕菰"。著有《易章句》12卷、《易通释》20卷、《易图略》8卷、《易广记》3卷、《周易补疏》2卷、《易话》3卷、《注易日记》3卷、《论语通释》1卷、《论语何氏集解补疏》3卷、《孟子正义》30卷、《六经补疏》20卷、《毛诗地理释》4卷、《毛诗郑氏笺补疏》5卷、《毛诗鸟兽草木虫鱼释》11卷、《尚书补疏》2卷、《春秋左氏补疏》5卷、《礼记补疏》3卷、《三礼便蒙》23卷、《书义丛钞》40卷、《群经宫室图》2卷、《北湖小志》6卷、《理堂道听录》50卷、《雕菰楼文集》24卷、《加减乘除释》8卷、《花部农谭》1卷、《剧说》6卷、《扬州足征录》27卷等。事迹见《清史稿》卷四八二、《清史列传》卷六九、蔡冠洛《清代七百名人传》第四编、阮元《通儒扬州焦君传》(《碑传集》卷一三五)。王永祥编有《焦里堂先生年谱》,闵尔昌编有《焦里堂先生年谱》,范耕研编有《江都焦里堂先生年表》。

按：《清史稿》本传曰:"循博闻强记,识力精卓。每遇一书,无论隐奥平衍,必究其源,以故经史、历算、声音、训诂无所不精。幼好《易》,父问《小畜》'密云'二语何以复见于《小过》,循反复其故不可得。既学洞渊九容之术,乃以数之比例,求《易》之比例,渐能理解,著《易通释》二十卷。自谓所悟得者,一曰旁通,二曰相错,三曰时行。又以古之精通《易》理,深得羲、文、周、孔之恉者,莫如孟子。生孟子后,能深知其学者,莫如赵氏。伪疏踳驳,未能发明,著《孟子正义》三十卷。谓为《孟子》作疏,其难有十,然近代通儒,已得八九。因博采诸家之说,而下以己意,合孔、孟相传之正恉,又著《六经补疏》二十卷。以说汉《易》者每屏王弼,然弼解箕子用赵宾说,读彭为旁,借雍为瓮,通孚为浮,解斯为厮,盖以六书通借。其解经之法,未远于马、郑诸儒,为《周易王注补疏》二卷。以《尚书》伪孔传说之善者,如《金縢》'我之不辟',训辟为法,居东即东征,罪人即管、蔡,《大诰》周公不自称王,而称成王之命,皆非马、郑所能及,为《尚书孔氏传补疏》二卷。以《诗》毛、郑义有异同,《正义》往往杂郑于毛,比毛于郑,为《毛诗郑氏笺补疏》五卷。以《左氏传》'称君君无道,称臣臣之罪',杜预扬其词而畅衍之,预为司马懿女婿,目见成济之事,将以为司马饰,即用以为己饰。万斯大、惠士奇、顾栋高等未能摘奸而发覆,为《春秋传杜氏集解补疏》五卷。以《礼》以时为大,训诂名物,亦所宜究,为《礼记郑氏注补疏》三卷。以《论语》一书,发明羲、文、周公之恉,参伍错综,引申触类,亦与《易》例同,为《论语何氏集解补疏》三卷。合之为二十卷。又录当世通儒说《尚书》者四十一家,《书》五十七部,仿卫湜《礼记》之例,以时之先后为序,得四十卷,曰《书义丛钞》。又著《禹贡郑注释》一卷,《毛诗地理释》四卷,《毛诗鸟兽草木虫鱼释》十一卷,《陆玑疏考证》一卷,《群经宫室图》二卷,《论语通释》一卷。又著有《雕菰楼文集》二十四卷,《词》三卷,《诗话》一卷。循壮年即名重海内,钱大昕、王鸣盛、程瑶田等皆推敬之。始入都,谒座主英和,和曰:'吾知子之字曰里堂,江南老名士,屈久矣!'殁后,阮元作《传》,称其学'精深博大,名曰通儒',世谓不愧云。"

许绍宗卒(1778—　)。绍宗字迪光,一字莲舫,陕西咸宁人。嘉庆六年进士。著有《读雪轩经义》、《读雪轩学诗》、《读雪轩学文》、《读史随等》、《史评补》等。事迹见李桓《国朝耆献类征初编》卷二四六、邓显鹤《诰授奉政大夫湖南武冈州知州凤凰厅直隶同知前翰林院庶吉士咸宁许先生神道碑铭》(《南村草堂文钞》卷一二)。

古拉兰萨（ —1851）、马三俊（ —1854）、杨秀清（ —1856）、程庆余（ —1862）、李联琇（ —1878）、沈葆桢（ —1879）、吴嘉善（ —1885）、丁宝桢（ —1886）、郁松年（ —1886）、李鸿藻（ —1897）、薛允升（ —1901）、谢章铤（ —1903）生。

清宣宗道光元年　辛巳　1821年

希腊独立战争爆发。

詹姆斯·门罗连任美国总统。

密苏里成为美国的一个州。

秘鲁、危地马拉、巴拿马独立。

巴黎文献学院成立。

正月初十日壬戌（2月12日），吏部奏准，纂修《则例》，其中铨选则例修改三条，稽勋则例修改一条。

十七日己巳（2月19日），两淮盐政延丰奏，刊刻嘉庆帝钦定《明鉴》完竣，遵奉朱谕，备陈设本40部，赏本120部，板片留存运库，以广流传。

是月，御制《钦定新疆识略》序。

按：《新疆识略》初名《伊犁总统事略》，徐松纂辑，由伊犁将军松筠呈进，赐名《钦定新疆识略》12卷。首列新疆总图和南北两路及伊犁各图，并有叙说。次列官制、兵额、财赋、库储、田野、畜牧、厂务、边卫、外裔等。是月付武英殿刊行。

二月初六日丁亥（3月9日），以都察院左副都御史同麟、兵部主事玉庆为实录馆清文总纂官，候补四品京堂周系英、翰林院侍读学士史致俨为汉文总纂官。

四月初四日甲申（5月5日），从御史马步蟾请，禁京城之外城开设戏园、戏庄。

十六日丙申（5月17日），复未经散馆一甲授职进士与考试差旧制。

八月初三日庚辰（8月29日），因天气炎热，时疫流行，命顺天乡试展期一月，于九月举行。

初七日甲申（9月2日），添建山东贡院号舍六百间。

是日，以大学士戴均元为顺天乡试正考官，刑部尚书那彦成、内阁学士顾皋为副考官。

十月初一日戊寅（10月26日），颁布道光二年《时宪书》。

十一月初二日己酉（11月26日），予顺天等省乡试年老诸生刘遇恩等25名举人榜。

二十五日壬申（12月19日），道光帝将在藩邸时所作《养正书屋诗文》，交英和、黄钺等，详加勘订，著先录稿本进呈，俟其阅定后再行缮刻。

十二月二十九日乙巳（1822年1月21日），是年议定，顺天乡试，外帘佐杂各员，俱系府尹所属，嗣后乡试，汉监临于兼管府尹及府尹内奏请钦派。再府尹有地方之责，未便久在闱中。俟文闱三场及宗室士子考试完毕，该府尹即行出闱，至揭晓时，仍进贡院公同拆卷。其满洲监临一员，仍将满洲侍郎以下,三品以上,衔名奏请钦派。所有场中誊录对读各事宜,汉监临出闱后,专令满洲监临稽查督率。

阮元七月兼署广东巡抚印,广东巡抚康绍镛回京;九月兼署广东学政印,原学政顾元熙病故。

阮元欲将顾广圻所著书刻入《皇清经解》,顾氏有《与阮芸台制府书》致谢。

王引之六月十三日充浙江乡试正考官,八月十六日又充国史馆副总裁。

王念孙有《答江晋三论韵学书》,与江有诰讨论上古音韵,江氏有《复王石臞先生书》致谢。

龚自珍在苏州访晤顾广圻后复还京,充国史馆校对官,与修《大清一统志》,作有《上国史馆总裁提调总纂书》,论西北塞外诸部落沿革,订正旧志讹失十八事。十一月初一日,呈《拟进上蒙古图志表文》。

周中孚以手拓吴兴收藏家之吴、晋、宋、梁四朝砖文87种赠龚自珍,自珍赋诗谢之。

秦恩复在京识龚自珍,共搜讨古籍,得一异书辄互相借钞。

方东树主讲廉州海门书院。八月为姚莹《东溟文集》作序。

梅曾亮、顾广圻、周济同在金陵四松庵观《娄寿碑》旧拓,曾亮作题记。

姚椿荐彭兆荪应孝廉方正,未就而卒。

松筠七月十二日以吏部尚书为会典馆副总裁官,九月初六日充实录馆正总裁。

吴稚晖时任翰林院编修,四月二十八日为云南乡试正考官,湖广道御史宋其沅为副考官。

王惟询时任翰林院编修,四月为贵州乡试正考官,内阁中书缪玉铭为副考官。

陈沆时任翰林院修撰,五月十三日为广东乡试正考官,编修付绥为副考官。

韩大信时任编修,五月为广西乡试正考官,检讨胡国英为副考官。

彭浚时任户部员外郎,五月为福建乡试正考官,翰林院编修赵炳为副考官。

沈学廉时任京畿道御史,五月二十五日为湖南乡试正考官,翰林院编修但明伦为副考官。

程恩泽时任编修,五月为四川乡试正考官,内阁中书徐瀚为副考官。

吴孝铭时任工部郎中,六月为浙江乡试副考官。

刘彬士时任大理寺卿,六月为江西乡试正考官,翰林院编修廖文锦为副考官。

史致俨时任翰林院侍读学士,六月为湖北乡试正考官,吏部主事素博通额为副考官。

迈克尔·法拉第发明电动机。

法国人商坡良发明辨认埃及象形文字的方法。

毛谟时任内阁学士，六月与詹事府詹事奎照，监临顺天乡试。

廖鸿荃时任翰林院侍讲，六月为陕西乡试正考官，编修李煌为副考官。

汤金钊时任吏部左侍郎，六月为江南乡试正考官，翰林院编修熊遇泰为副考官。

陈鸿时任京畿道御史，七月为河南乡试正考官，礼部员外郎尹济源为副考官。

徐颋时任詹事府詹事，七月为山东乡试正考官，刑部主事何增元为副考官。

陈玉铭时任国子监司业，七月为山西乡试正考官，翰林院编修吴坦为副考官。

穆克登布时任理藩院尚书，十月初七日为满洲翻译乡试正考官，左侍郎博启图为副考官，内阁侍读学士长旺为蒙古考官。

王以衔时任工部左侍郎，十月二十七日为顺天武乡试正考官，都察院左副都御史贾允升为副考官。

曹振镛等因监修纂修《仁宗实录》时，在嘉庆二年三月初八日条目下，漏载泰陵敷土礼及清明大祭礼，奏请将总裁及总纂修各官交部议处。九月初六日得旨：曹振镛等俱加恩改为察议，总纂周系英著交部议处，纂修程恩泽曾经签酌，著免其议处。

江沅携汪缙《文录》及《制义》至南海，曾钊等读而善之，欣修脯为刻《文录》，江藩曾分任出资与校雠之役。

按：江藩曾向汪缙问佛学，汪缙谓江藩："吾于儒佛书，有一字一句悟之十余年始通者。读二录、三录，当通其可通者，不可强通其不可通者。"（《国朝宋学渊源记》卷下）

林春溥充文渊阁校理。

白镕督广东学政。

宗稷辰主讲虎溪濂溪书院。

陆耀遹举孝廉方正试二等，选授阜宁县教谕，之任百日而死。

黄丕烈三月跋新得宋刻补钞《小畜集》30卷；是夏，预纂《苏州府志》，访书常熟。

朱骏声掌教浙江嵊山书院。

梁章钜等人在京举行宣南诗社活动。

潘曾沂是年至京，应邀参加宣南诗社会。

按：宣南诗社取代消寒诗社之名，大约在本年；当时一些同道诗人常在潘曾沂的宣武坊寓所集会，故以此命名诗社。先后成为诗社成员的约有41人，他们是：陶澍、朱珔、吴椿、顾莼、夏修恕、洪占铨、周蔼联、董国华、胡承珙、钱仪吉、谢阶树、陈用光、周之琦、黄安涛、吴嵩梁、李彦章、刘嗣绾、梁章钜、潘曾沂、程恩泽、张祥河、汤储璠、林则徐、鲍桂星、朱为弼、徐宝善、汪全泰、吴清皋、吴清鹏、查光、贺长龄、朱勋楣、屠倬、翁元圻、朱士彦、李宗、卓秉恬、孙世昌、张本枝、黄茂、谢学崇等。

俞正燮中举人。

胡达源充实录馆纂修官。

朱珔直上书房,屡蒙嘉奖,有"品学兼优"之褒。

黄本骥中举人,官黔阳教谕。

祁寯藻入值南书房,累迁至内阁学士,兼礼部侍郎衔。

翁广平举孝廉方正。

林春祺是年始,以二十余年之功,雇人铸造大小40余万铜字印书,印成顾炎武《音学五书》、《军中医方备要》、《水陆攻守战略秘书》等书,称"福田书海铜活字"本。

翟金生据毕昇制造泥活字之原理,同其子侄翟发增、翟一棠、翟一桀、翟一新等,以三十年心力,造泥活字十万余个,印制成《泥版试印初编》、《水东翟氏宗谱》等书。

改琦客苏北清河县,与许乃钊订交于汪氏之观复斋。

郭麐四月为改琦《玉壶山房词》题跋。

丁晏中举人。

汪桂月举孝廉方正。

王萱龄为副贡,旋举孝廉方正,官新安、柏乡两县教谕。

按:《清史稿·凌曙传》曰:王萱龄"嗜汉学,精训诂,受业于高邮王引之,《经义述闻》中时引其说。著有《周秦名字解诂补》一卷,即补引之所阙疑者"。

朱士瑞中举人,官广德州训导。

按:朱士瑞字铨甫,江苏宝应人。精文字学,著有《说文校定本》、《强识编》、《说文形声疏证》、《三家诗辑》、《宜禄堂金石记》、《检身录》、《吉金乐石山房诗文集》。

邓纯举孝廉方正。

按:邓纯字粹如,广东东莞人。《清史列传·邓纯传》曰:邓纯"少读书,有志于正学,一言一动,日记之为《乾惕录》。遍读历朝儒先书,尤爱白沙、阳明诸集。初习静行导引术,既乃悟其非,遂弃去不事。博览群籍,好藏书,往往弃产购之,坐是家益落。……尝辑《粤东名儒言行录》二十四卷。搜访粤东故事,著《岭南丛书》六十卷;又著有《主一斋随笔》、《家范辑要》、《宝安诗正》"。

苏懿谐荐举孝廉方正,辞不赴。

按:《清史列传·苏懿谐传》曰:苏懿谐"少喜读儒先书,年十二,于友人处见《孝经》、《小学》,以他书易归,庄诵不辍。……其学以居敬为本,自少至老,于《孝经》、《大学》、《西铭》、《二南》,日必诵一遍,揭三语于壁,曰:体父母之心待手足,体祖宗之心待宗族,体天地之心待生育。……著有《孝经合本》二卷、《邹鲁求仁绎》三卷、《传心显义》一卷、《人为录》二卷、《古今自讼录》一卷、《民彝汇》六卷、《两关日课》一卷、《乐闲斋文集》十卷、《学庸弦诵》一卷、《防维录》二卷、《至文窥测》一卷、《畴图体要》二卷、《尼徒从政录》一卷、《迪知录》二卷"。

徐起渭时任浙江桐庐知县,建朝阳书院。

赵孟连在江西安福县建寅州书院。

冯赓飏时任山东龙口知县,建土乡书院。

张显相时任广西武缘知府,建岭山书院。

聂铣敏时任四川学政,于成都捐建墨池书院。

胡光瓒时任四川达县知县,建龙山书院。

何愚时任云南广南知府,建培凤书院。

英传教士麦都思于巴达维亚创办印刷所,从事译经与办报,逐渐取代马六甲印刷所成为伦敦会在南洋的重要出版基地。

按:马礼逊等传教士东来以后,先后建立了7个出版基地,为我国带来了铅合金活字、机械化印刷术,其出版的书籍报刊成为中西文化交流的重要媒介。

英教士马礼逊为东印度公司一艘船只船员与中国当地乡民发生冲突斗殴,在英中谈判中多方周旋。

黑格尔发表《法哲学原理》。

詹姆斯·密尔著成《政治经济学原理》。

圣西蒙著成《论工业体系》。

端木国瑚始著《周易指》。

黎世序著《河上易注》10卷刊行。

李兆洛在广东校刊张惠言所著《虞氏易礼》2卷、《周易郑荀义》2卷、《易义别录》14卷、《虞氏易变动表》1卷、《易图条辨》1卷及臧庸所著《孟子年略》、《孔子年表》等书。

黄奭著《张氏易注》刊行。

段玉裁著《春秋左氏古经》12卷刊行;又著《经韵楼集》12卷刊行。

沈钦韩著《春秋左氏传补注》12卷成书,有自序。

凌曙著《春秋公羊问答》2卷成书,刘文淇作序。

按:《清史稿·凌曙传》曰:凌曙"后闻武进刘逢禄论何氏《公羊春秋》而好之。及入都,为仪征阮元校辑《经郛》,尽见魏、晋以来诸家《春秋》说。深念《春秋》之义,存于《公羊》,而《公羊》之学,传自董子。董子《春秋繁露》,识礼义之宗,达经权之用。行仁为本,正名为先。测阴阳五行之变,明制礼作乐之原。体大思精,推见至隐,可谓善发微言大义者。然旨奥词赜,未易得其会通,浅尝之夫,横生訾议,经心圣符,不绝如线。乃博稽旁讨,承意仪志,梳其章,栉其句,为注十七卷。又病宋、元以来学者空言无补,惟实事求是,庶几近之,而事之切实无过于礼,著《公羊礼疏》十一卷,《公羊礼说》一卷,《公羊问答》二卷"。

许桂林著《谷梁释例》4卷成书。

魏源著《大学古本叙》。

沈涛著《论语孔注辨伪》2卷成书,有自序。

按:胡玉缙《许庼经籍题跋》曰:"是书以何晏《集解》所载孔安国注,刘台拱《论语骈枝》、陈鳣《论语古训》、臧镛堂《拜经日记》均疑其伪,而未敢讼言攻之,因根据古义,推求经旨,为之辨正。虽卷帙无多,而摘微发伏,其伪自明,亦庶几阎若璩《尚书古文疏证》之比。"又谓《说文古本考》"采唐、宋人所引《说文》,以证二徐本之误,亦有谓二徐是而所引非者,引征繁富,考订周详,足与姚文田《校议》、钱坫《斠诠》诸书相发明,而较为完具,极有功于小学,为研究《说文》者不可少之书"。

凤韶著《凤氏经说》3卷刊行,李兆洛作序。

李祖陶著《补尚史论赞》2卷成书,有自序。

黄丕烈刻顾凤藻著《夏小正集解》成书。

江藩删订所著《尔雅正字》为《尔雅小笺》3卷;又刻《隶经文》4卷,吴兰修作跋。

按:江藩《尔雅小笺序目》曰:"予少习此经,乾隆四十三年,年十八矣,不揣简陋,为《尔雅正字》一书。承艮庭先师之学,以《说文》为指归,《说文》所无之字,或考定正文,或旁通假借,不敢妄改字画,张美和手可断,笔不可乱之言,岂欺我哉! 王西沚光禄见之,深为叹赏,谓予曰,闻邵晋涵太史作疏有年矣,子俟其书出,再加订正,未晚也。弱冠后,千里饥驱,未遑卒业。嘉庆二十五年,年六十矣,为阮生赐卿说《毛传》,肄业及之。《尔雅》自郭《注》行而旧注尽废,景纯乃文章家,于小学涉猎而已。邢《疏》肤浅,固不足论,而邵《疏》又袭唐人《义疏》之弊,曲护注文,至于形声,则略而不言,亦未为尽善也。因检旧稿,重加删订,邵《疏》引《毛传》、《郑笺》、《说文》诸书,读所引之文,即知讹字为某字,故不复出,其误者正之,未及者补之。数年中窃闻师友之绪论,择善而从,皆书姓氏。有其说本出于予而为人剽窃者,直书己说,置之不辩,读者幸勿以掠美责之。《笺》中称后人者,魏晋以后之人也。称陋人者,本郭《注》之例,犹言浅人也。称庸人者,有其人而不质言之,若曰夫己氏也。"(《尔雅小笺》卷首)

按:莫晋《重刻明儒学案》成,为作序。

按:莫晋《重刻明儒学案序》曰:"《明儒学案》一书,言行并载,支派各分,择精语详,钩玄提要。一代学术源流,了如指掌。"

徐松在新疆著成《西域水道记》5卷,有自序。

徐松原著,松筠纂《新疆识略》12卷成书,十月御制序,赐名《钦定新疆识略》,付武英殿刊行。

李兆洛编《海国集览》1卷、《海国纪闻》2卷。

王家相著《清秘述闻续》8卷成书,有自序。

王介纂《泾阳鲁桥镇志》刊行。

郑兼才补刻《台湾县志》8卷刊行。

王希琮修,张锡毂纂《天门县志》36卷刊行。

张伟修,孙铤纂《兴宁县志》6卷刊行。

徐会云等修,刘家传等纂《辰溪县志》40卷刊行。

谭震修,方堃、文运升纂《桃源县志》20卷刊行。

陆向荣等修,刘彬华纂《阳春县志》14卷刊行。

谢浵、朱象玢修纂《义宁县志》6卷刊行。

廖寅、李嘉祐修,蒋梦兰等纂《邻水县志》6卷刊行。

黎学锦、徐双桂等修,史观等纂《保宁府志》62卷刊行。

朱云锦辑《皖省志略》4卷刊行。

翁方纲编,英和校订《翁麟标年谱》在道光间刊行。

庄起俦编《漳浦黄先生年谱》在道光间刊行。

朱骏声编《孔孟纪年》在道光间刊行。

潘眉编《孟子游历考》在道光间刊行。

徐绍基编《司训公(吴士坚)年谱》1卷刊行。

倪模著《古今钱略》32卷成,有自序。

按:丁福保曰:"是书自古代货币泉刀之制及历代圜泉,以及有清一代钱制,纤悉具备。教授又博考群书,凡历代钱监并采铜之处及鼓铸之法,每岁出钱之数,以及宋元明清纸币通塞之大凡,无不一一甄录于此书,而于钱币之本末,可称赅备无遗矣。使调国用掌三官者就而考焉,可以知古今沿革得失因时之宜,定中制,权轻重,为补救,则其有裨于国计民生者大矣。"(丁福保《凤阳府教授倪迂存先生别传》)

杨景仁著《式敬编》5卷成书,有自序。

薛传均著《说文问答疏证》6卷成,有自序。

阮元刻《江苏诗征》成书。又著《性命古训》成书,江藩作跋。

姚文田著《邃雅堂集》10卷、《邃雅堂文集续编》1卷刊行。

姚鼐著《惜抱轩集》刊行。

冯登府著《清芬集》8卷编定。

陆继辂等纂方苞以下桐城派诸家文为《七家文钞》7卷成书。

> 按:《清史稿·文苑传三》曰:"继辂所钞七家文者,(刘)大櫆、(张)惠言、(恽)敬外,则方苞、姚鼐、朱仕琇、彭绩也。"

李兆洛编《骈体文钞》31卷刊行。

> 按:《清史稿·李兆洛传》曰:"其论文欲合骈散为一,病当世治古文者知宗唐、宋不知宗两汉,因辑《骈体文钞》。其序略云:'自秦迄隋,其体递变,而文无异名。自唐以来,始有古文之目,而目六朝之文为骈体。为其学者,亦自以为与古文殊路。夫气有厚薄,天为之也;学有纯驳,人为之也;体格有迁变,人与天参焉者也;义理无殊途,天人合焉者也。得其厚薄纯杂之故,则于其体格之变,可以知世焉;于其义理之无殊,可以知文焉。文之体至六代而其变尽,夫沿其流极而溯之以至乎其源,则其所出者一也。'"

张惠言编《七十家赋钞》6卷由康绍镛刊行。

戈载著《词林正韵》3卷由翠薇花馆刊行,吴嘉淦作序。

> 按:吴氏《序》曰:"戈子之书出,而海内文人学士有志斯道者皆当争奉为主臬。"戈氏另著有《词律订》、《词律补》、《乐府正声》、《续绝妙好词》、《宋七家词选》、《词集》39卷和《翠薇花馆诗集》20卷。戈载字顺卿,江苏吴县人。事迹见震钧《国朝书人辑略》卷九。

王锡阐著《晓庵先生文集》3卷、《晓庵先生诗集》2卷刊行。

邓元昌著《邓自轩先生遗集》2卷刊行。

> 按:邓元昌字慕濂,江西赣县人。诸生。《清史列传·邓元昌传》曰:"年十七,得宋五子书,读之涕泗被面下,曰:'嗟夫,吾乃今知为人之道也!出入禽门,忍不自返,何哉?'遂弃举子业,致力于学。"

岳钟琪著《岳容斋诗集》4卷刊行。

郑祖球著《红叶山房集》14卷、外集4卷刊行。

刘履恂著《秋槎杂记》2卷刊行。

李汝珍著长篇小说《镜花缘》刊行。

邱心如始著《笔生花》弹词。

侯芝改订《再生缘》弹词成。

改琦作《白描佛像轴》、《瑶姬献寿图轴》、《长春富贵图》、《瑶妃图》、《善天女图》。

董祐诚著《椭圆求周术》1卷、《堆垛求积术》1卷、《斜弧三边求角补术》1卷、《三统术衍补》1卷成。

沈钦裴著《四元宝鉴细草》2卷成书。

何梦瑶著《算迪》由吴兰修刊刻,江藩作序。

张作楠著《高弧细草》1卷成书,有自序。

吴鹄著《卜岁恒言》4卷刊行。

张澍辑《二酉堂丛书》36种,是年刻成21种。

宋世荦辑《台州丛书》10种刊行。

图理琛的《异域录》1卷已被译成法、德、俄、英四国文字,驰名域外。

按: 是书又名《异域录舆图》。图理琛字瑶圃,姓阿颜觉罗氏,正黄旗满洲人。监生,官至内阁学士、工部侍郎。通晓满、蒙、汉文,略识俄文。康熙五十一年至五十四年间,曾奉命出使伏尔加河下游之土尔扈特部,归后记往返四万里之经历于一编,以满、汉文撰成《异域录》。颇得康熙帝赏识,命其刊行。乾隆时收入《四库全书》,后又收入《昭代丛书》、《小方壶斋舆地丛书》、《借月山房汇抄》、《指海》、《丛书集成》等,并被译成多种外文。

王初桐卒(1730—)。初桐初名丕烈,字于阳,号耿仲,又号竹所、罍垫山人,江苏嘉定人。监生,官山东齐河县丞。著有《群书经眼录》60卷、《夏小正正讹》1卷、《路史正讹》3卷、《水经注补正》1卷、《意林考证》5卷、《说郛正讹》3卷、《西域尔雅》1卷、《京邸校书录》5卷、《十二河山集》、《济南竹枝词》、《齐鲁韩诗谱》、《杯湖欸乃》1卷、《罍垫山人词集》6卷等。辑有《秦汉文钞》12卷、《唐宋文钞》12卷、《奁史》100卷。事迹见王豫《江苏诗征》卷五一。

秦瀛卒(1743—)。瀛字凌沧,一字小岘,晚号遂庵,江苏无锡人。乾隆四十一年举人,授内阁中书。历任按察使、浙江布政使、顺天府尹,官至刑部右侍郎。著有《小岘山人诗文集》36卷及《淮海公年谱》。事迹见《清史稿》卷三五四、《清史列传》卷三二、李桓《国朝耆献类征初编》卷一〇二、陈用光《予告刑部右侍郎秦公遂庵墓志铭》(《续碑传集》卷八)。

按:《清史稿》本传曰:"瀛工文章,与姚鼐相推重,体亦相近云。"

吴鼒卒(1755—)。鼒字及之,又字山尊,号抑庵,安徽全椒人。嘉庆四年进士,改翰林院庶吉士,散馆,授编修。官侍讲学士。以母老告归,主讲扬州书院。著有《吴学士集》、《百萼红词》、《夕葵书屋集》。事迹见《清史稿》卷四八五、《清史列传》卷七二、李桓《国朝耆献类征初编》卷一三二、震钧辑《国朝书人辑略》卷八。

温汝适卒(1755—)。汝适字步容,号篑坡,广东顺德人。乾隆四十九年进士,改翰林院庶吉士,散馆,授编修。历任赞善、侍讲、国子监祭酒、通政使等;历典广西、四川、山东乡试,督学陕甘。著有《韵学纪闻》2卷、《曲江集考证》2卷、《日下纪游略》2卷、《曲江年谱》1卷、《携雪斋诗钞》6卷、《携雪斋文钞》2卷、《咫闻录》2卷等。事迹见李桓《国朝耆献类征初编》卷一〇五、吴荣光《温汝适墓志铭》(《石云山人文集》卷四)。

吴阶卒(1757—)。阶字次升,晚号礼石,江苏武进人。乾隆间监生。官至山东曹州知府。著有《礼石山房集》、《手治官书》、《金乡纪事》等。事迹见宗稷辰《吴阶家传》(《躬耻堂文钞》卷九)。

宋世荦卒(1765—)。世荦字卣勋,号确山,浙江临海人。乾隆五十三举人。官陕西扶风知县。罢归,专心著述。著有《周礼故书疏证》6卷、

拿破仑卒(1769—)。

《仪礼古今文疏证》2卷、《确山楼骈体文》4卷、《红杏轩诗钞》17卷。又有《台州丛书》。事迹见《清史稿》卷四八二、《清史列传》卷六八。

彭兆荪卒(1768—)。兆荪字湘涵,一字甘亭,江苏镇洋人。道光举人。精于校勘。诗与舒位齐名。著有《文选考异》10卷、《小谟觞馆诗文集》16卷、《潘澜笔记》1卷等。事迹见《清史稿》卷四八五、《清史列传》卷七三、蔡冠洛《清代七百名人传》第五编、姚椿《彭甘亭墓志铭》(《续碑传集》卷七六)。清缪朝荃编有《彭兆荪年谱》。

张镠卒(1769—)。镠字子贞,又字紫贞,号老姜、井南居士,江苏江都人。工篆隶和山水,能刻印。著有《求当集》、《老姜印谱》。事迹见震钧辑《国朝书人辑略》卷七。

许桂林卒(1778—)。桂林字同叔,一字月南,号北堂,又号月岚、月岩、栖云野客,江苏海州人。嘉庆二十一年举人,旋丁内艰,以哀毁卒。著有《易确》20卷、《春秋谷梁传时日月书法释例》4卷、《春秋三传地名考证》6卷、《毛诗后笺》8卷、《大学中庸讲义》2卷、《四书因论》2卷、《汉世别本礼记长义》4卷、《步纬简明法》、《许氏说音》12卷、《说文后解》10卷、《宣西通》3卷、《算牖》4卷、《味无味斋文集》等。事迹见《清史稿》卷四八二。

按:《清史稿》本传曰:"桂林于诸经皆有发明,尤笃信《谷梁》之学,著《春秋谷梁传时日月书法释例》四卷。其书有引《公羊》而互证者,有驳《公羊》而专主者。阳湖孙星衍尝以条理精密、论辨明允许之。又著《易确》二十卷,大旨以乾为主,谓全《易》皆乾所生,博观约取,于《易》义实有发明。……生平所著书四十余种,凡百数十卷。甘泉罗士琳从之游,后以西算名世。"

和瑛卒,生年不详。瑛一作映,额勒德特氏,原名和宁,字润平,号太庵,蒙古镶黄旗人。乾隆三十六年进士,授户部主事。官至陕甘总督。曾充文颖馆总裁。卒赠太子太保,谥简勤。著有《读易汇参》、《三州纪略》、《易简斋诗钞》4卷。事迹见《清史稿》卷三五三、李桓《国朝耆献类征初编》卷一〇〇。

张道(—1862)、刘恭冕(—1880)、李元度(—1887)、柯蘅(—1889)、龙文彬(—1893)、俞樾(—1906)生。

道光二年　壬午　1822年

希腊独立。土耳其人入希腊。
巴西独立。
埃及学诞生。

正月十二日戊午(2月3日),定皇子、皇孙学习骑射之制。

二十八日甲戌(2月19日),以工部左侍郎周系英为实录馆副总裁官,吏部左侍郎汤金钊为国史馆副总裁官。

三月二十三日戊辰(4月14日),礼部奏请会试中榜名额,得旨,满洲取9名、蒙古取3名、汉军5名、直隶22名、奉天2名、山东18名、山西10

名、河南10名、陕甘8名、江苏18名、安徽14名、浙江21名、江西17名、湖北8名、湖南8名、福建11名、广东9名、广西5名、四川6名、贵州8名、云南9名。

闰三月初八日癸未(4月29日)，更定顺天乡试大典日期。

按：顺天乡试大典，乾隆年间，定于十月初五日开弓，十一日出榜。至嘉庆九年(1804)，始改为十月初七日开弓，十二日出榜。

二十日乙未(5月11日)，以大学士曹振镛、伯麟、吏部尚书卢荫溥、工部尚书初彭龄、吏部左侍郎王引之、刑部左侍郎韩文绮、工部右侍郎顾皋、内阁学士奎照为殿试读卷官。

二十一日丙申(5月12日)，策试贡士吕龙光等223人于保和殿。

二十五日庚子(5月16日)，赐一甲戴阑芬、郑秉恬、罗文俊3人进士及第；二甲陈嘉树等100人进士出身；三甲郭彬图等119人同进士出身。

六月初七日己酉(7月24日)，命户部左侍郎果齐斯欢为国史馆清文总校官。

二十日壬戌(8月6日)，以军机大臣、吏部尚书松筠擅改理藩院折稿，令革去军机大臣、吏部尚书之职，以六部员外郎候补，在上书房翻译谙达上行走。

二十一日癸亥(8月7日)，从御史曹熊请，令各省裁汰额外增置书役，并造具额存书役册，申送上司存案。

七月初十日壬午(8月26日)，因实录馆纂修《仁宗实录》，将嘉庆十四年十月初六日万寿节御太和殿受贺，误书皇子行礼，乾清宫赐宴误列皇孙入宴，总纂周系英交部议处，其未经看出之总裁等，除文孚、王鼎现在出差，免其交议外，余著加恩改为察议。纂修李昭美系据内外记注恭载入书，其错误尚属有因，著免其议处。

二十六日戊戌(9月11日)，以候补人员壅滞，命改癸未科大挑于丙戌科会试后举行。

九月十六日丁亥(10月30日)，定武会试各地录取名额。

按：满洲、蒙古各2名，汉军3名，奉天1名，直隶6名，陕甘4名，广东5名，河南5名，山东5名，江苏2名，安徽2名，山西4名，湖北1名，湖南1名，四川2名，广西1名，福建2名，浙江3名，江西2名，云南2名，贵州1名。

十月初一日壬寅(11月14日)，颁道光三年《时宪书》。

初四日乙巳(11月17日)，道光帝至乾清宫，引见中式武举，亲定甲乙。赐一甲张云亭、李书阿、程三光3人武进士及第，二甲马彦彪等5人武进士出身，三甲福成等47人同武进士出身。

十六日丁巳(11月29日)，命以后正月初一日、四月初八日、八月初十日、十月二十五日，各寺庙均停献戏。

十二月初五日乙巳(1823年1月16日)，谕令各地慎核该教，以重学校。

二十日庚申(1月31日)，是年定，嗣后无论何项考试，在宝和殿考试时，于前门外唱名，中左门阶下散卷。乾清宫考试时，于中左门外唱名，门内井亭边散卷。圆明园正大光明殿考试时，于大宫门外阶上唱名，门内桥以南散卷。其唱名散卷，令承办衙门堂官一人，按照议定处所，在彼看视。预考人员，领卷后依次而入，不得前后参差。

<blockquote>达盖尔同布顿在暗室中用灯光对西洋景和绘画进行照明，形成了逼真的幻影。

A. F. 弗雷斯内尔完成灯塔透镜。

斯蒂芬森为英国斯托克顿—达林顿线建筑世界上第一座铁结构铁路大桥。</blockquote>

阮元在粤督任，疏请禁鸦片，驭洋商，密奏则主张对洋商暂妥协。又在三水县创建行台书院。

王念孙二月为朱彬《经传考证》作序；十一月，江有浩有书与王念孙论音韵。

王引之以顾广圻所校《淮南子》各条刻成，寄广圻。是年转吏部右侍郎，八月署刑部左侍郎。

龚自珍以诗讯宋翔凤、包世臣。闰三月，校《邦畿水利集说》毕，录其最目，题为《最目邦畿水利图说》。八月，为陈沆《白石山馆诗》题词。九月二十八日，藏书楼被焚，所藏之书籍、金石、碑版烬者十之八九。十二月，在上海为庄存与撰《资政大夫礼部侍郎武进庄公神道碑铭》。是年，第三次会试落第。

林则徐正月在籍居家，时与师友陈寿祺、赵在田、萨玉衡、杨庆琛等诗酒聚会；三月赴京补官，途经杭州，倡议集资整修于谦祠墓，工竣后作有《重修于忠肃公祠墓记》；四月奉命仍回原省以道员用；十二月至江苏清江就江南淮海道任。

顾广圻闰三月为苏州藏书家汪士钟作《艺芸书舍宋元本书目序》。

陈寿祺为王士让遗著《仪礼训解》作序；又有《上宫保尚书仪征公书》，推许阮元所著《论孟论仁论》。十一月，主福州鳌峰书院讲席，有《拟定鳌峰书院事宜》。

按：《清史稿·儒林传三》曰："寿祺课士不一格，游其门者，若仙游王捷南之《诗》、《礼》、《春秋》、诸史，晋江杜彦士之小学，惠安陈金城之汉《易》，将乐梁文之性理，建安丁汝恭、德化赖其煐、建阳张际亮之诗、古文辞，皆足名家。而经世（指孙经世，字济侯，福建惠安人，亦寿祺弟子）学成蚤世，世以儒林推之。"孙经世著有《说文会通》16卷、《尔雅音疏》6卷、《释文辨证》14卷、《韵学溯源》4卷、《十三经正读定本》80卷、《经传释词续编》8卷、《孝经说》2卷、《春秋例辨》8卷、《夏小正说》1卷、《诗韵订》2卷、《惕斋经说》6卷、《读经校语》4卷。

又按：柯蘅曾从陈寿祺受许、郑之学，尝以《史记》、《汉书》诸表为纪、传之纲领，而讹误舛夺，最为难治，乃条而理之，著《汉书七表校补》20卷，为例十：一曰辨事误，二曰辨文字误，三曰辨注误，四曰辨诸家考证之误，五曰以本书证本书之误，六曰《史》《汉》互证而知其误，七曰《汉书》、荀《纪》互证而知其误，八曰《汉书》、《水经注》互证而知其误，九曰据纪、传以补表之阙，十曰据今地以证表之误。钩稽隐赜，凡前人之说，皆取而辨其是非，至前人未及者，又得二三十事，亦专门之学也。尤长于诗，著有《声诗阐微》2卷、《旧雨草堂诗集》4卷。其说经、史之作，门人集为《旧雨草堂札记》。

梅曾亮中进士，不乐外吏，以赀入为户部。

魏源举顺天乡试,入赀为内阁中书,改知州。

按:《清史稿·魏源传》曰:"道光二年,举顺天乡试。宣宗阅其试卷,挥翰褒赏,名藉甚。会试落第,房考刘逢禄赋两生行惜之。两生者,谓源及龚巩祚(自珍)。两人皆负才自喜,名亦相埒。源入赀为中书,至二十四年中进士。"

汪廷珍九月为崔述遗著《考信录》作序。

按:汪廷珍《考信录序》曰:"道光壬午,顾南雅学士以滇南陈大令履和所刊大名崔东壁先生《三代考信录》示仆。仆受而读之,不觉跃以起,忭而舞,曰,嗟乎,当吾世而竟有先得我心者乎!既复取其书,反复读之。已复得其所著《提要》及《考信录》而读之,见其考据详明如汉儒,而未尝墨守旧文而不求夫心之安也;辨析精微如宋儒,而未尝空执虚理而不刻夫事之实也。举凡仆平日所疑不能明者,无不推极至隐,得其会通。然后知先生志大而学正,识高而心细,洞然有以见古圣贤之心于千载之上,而不忍使邪说诐论得而淆之。其书为古今不可无之书,其功为世儒不可及之功也。"(《崔东壁遗书》附录)

张维屏中进士,改官黄梅知县。

朱骏声主讲嵊县剡山书院。

李兆洛在扬州广搜汉魏至隋八代文籍。

俞正燮应试落第。

曾燠任两淮盐政,幕下寥寥三五人,不复有昔日盛况。

陈用光升国子监司业。

刘宝楠馆京师汪喜孙家,始得读程瑶田《通艺录》所载《九谷考》。

松筠时任吏部尚书,闰三月十一日为满洲翻译会试正考官,刑部右侍郎海龄为副考官。

那清安时任都察院左都御史,闰三月十二日为武英殿总裁官,户部右侍郎穆彰阿管武英殿御书处事。

周祖培时任翰林院编修,五月初一日为云南乡试正考官,工部主事朱壬林为副考官。

姜坚时任翰林院编修,五月初一日为贵州乡试正考官,刑部员外郎光聪谐为副考官。

祁寯藻时任翰林院编修,五月十七日为广东乡试正考官,吏部主事程德润为副考官。

许乃济时任兵科给事中,五月为广西乡试正考官,编修周之桢为副考官。

李浩时任翰林院编修,五月二十八日为湖南乡试正考官,内阁中书裴鉴为副考官。

张岳崧时任翰林院编修,五月二十八日为四川乡试正考官,沈巍皆为副考官。

顾皋时任工部左侍郎,六月十五日为浙江乡试正考官,翰林院编修陈銮为副考官。

李宗昉时任礼部左侍郎,六月十五日为江西乡试正考官,翰林院编修祝庆蕃为副考官。

闻人熙时任内阁侍读，六月十五日为湖北乡试正考官，刑部主事赵炳言为副考官。

朱士彦时任兵部右侍郎，九月十一日知武举，户部右侍郎汤金钊为武会试正考官，刑部右侍郎陆以庄为副考官。

托津时为大学士，九月十七日为满洲翻译乡试正考官，工部右侍郎龄椿为副考官。

朱珔充会试同考官，寻以母病乞归。归后主钟山、正谊、紫阳书院，垂三十年。

沈维鐈典福建乡试，留学政。

吴杰督四川学政，疏请以唐陆贽从祀文庙，下部议行。

英和以户部尚书协办大学士，兼翰林院掌院学士。

程恩泽补春坊中允，校刻《御制诰文初集》。

辛从益迁内阁学士。

丁善庆中进士，改翰林院庶吉士，散馆，授编修。

汤鹏中进士，官礼部主事。

戴兰芬、郑秉恬、罗文俊、陈嘉树、曾元海、翁心存、于蔚华、翟云升等中进士。

黄丕烈自号抱守老人；正月与石琢堂、潘文恭、吴鲡棣、吴蔼至虞山访书唱和。

改琦四月完成《岩洞佛像图》；十一月作《芝仙图轴》。

朱绪曾中举人，官至台州知府。

按：朱绪曾字述之，江苏上元人。为江浙著名藏书家之一。著有《论语义证》、《金石文字跋尾》、《金陵旧闻》、《金陵诗征》、《耽古斋事》、《昌国典咏》等。

刘宇昌时任山东肥城县知县，建鸾翔书院。

张国栋在广东中山建澄澜书院。

邵世培时任广东吴川知县，建听涛书院。

文廷杰时任广东信宜知县，建起凤书院。

周诰时任广东清远知县，建凤城书院。

谭联陞时任广西天河县知县，建龙江书院。

唐锡铎在陕西留坝县建留河书院。

德国 W. V. 洪堡《论文法形式的发生及其观念发展的影响》。

让·J. B. 傅立叶发表《热分析理论》。

J. V. 蓬斯莱发表《图象投影特性论文》。

端木国瑚著《周易葬说》1卷。

丁晏著《礼记释注》4卷、《孝经征文》1卷成书，有自序。

凌廷堪著《礼论》刊行，有自序。

按：曾燠尝为是书作序，曰："我朝经学昌明，说经之儒辈出，昆山顾氏为之倡，徐健庵、秦树峰为之继，近时若江慎修、金辅之诸君，皆能恪守古训，博而有要。虽论难时有抵牾，而综核无伤本始，诚不朽之盛业也。凌生晓楼，余二十年前讲院所拔士也，家贫力学，烊掌绝韦，久而弥挚。曾游楚粤，尽以所得修脯付剞劂，至于断炊而不顾。所镌《春秋繁露注》、《公羊问答》诸书，士林翕然称之。顷撰《礼论》成，发以见示。迹其掇拾汉魏六朝及近代诸名家言，凡与《礼经》有稍背者，必条举而缕剖之，洵足以羽翼康成之学矣。至其学博而意醇,理茂而词达,则虽高仲舒、匀中正之闳通不是过矣。余嘉生之能论古而又不戾于古,爰为小引,以告世之能读《三礼》者。"(《礼论》卷首)

徐润第著《中庸私解》1卷成书。

按:徐润第字广轩,山西五台人。徐继畬父。乾隆六十年进士,官至湖北施南府同知。

朱彬著《经传考证》8卷成书,王念孙作序。

按:《续修四库全书总目提要》曰:"是书虽亦循汉学家治经途轨,然颇不以惠栋所辑《易汉学》为然。"

英和等纂《钦定春秋左传读本》30卷刊行。

郝懿行著《尔雅义疏》19卷成书。

按:是书为继邵晋涵《尔雅正义》之后又一部全面注释《尔雅》的巨著,始撰于嘉庆十三年(1808),历时十四年方告成,是作者用力最多的一部著作。宋翔凤为此书作《序》曰:"迨嘉庆间,栖霞郝户部兰皋先生之《尔雅义疏》最后成书,其时南北学者知求于古字古言,于是通贯融会谐声、转注、假借,引端竟委,触类旁通,豁然尽见。且荟萃古今,一字之异,一义之偏,罔不搜罗。分别是非,必及根源,鲜逞胸臆。盖此书之大成,陵唐跨宋,追秦汉而明周孔者也。"(《尔雅义疏》卷首)王念孙对《尔雅义疏》稿本作过删订,纠正了其中许多失误,罗振玉辑为《尔雅郝注刊误》,可资参考。道光六年(1826),阮元将此书采入《皇清经解》本刊行。道光三十年(1850),陆建瀛以《皇清经解》卷帙繁重,嘱陈奂据以别出单行。咸丰六年(1856),杨以增获得此书原稿,着手重刊,未竣而卒。同治四年(1865),郝懿行孙郝联荪、郝联薇以杨氏足本校勘编入《郝氏遗书》刊行,光绪十三年(1887),湖北官书局又据家刻本重刊。1982年上海古籍出版社据家刻足本影印出版。

戴大昌著《驳毛西河四书改错》21卷刊行。

冯登府著《石经补考》12卷刊行,阮元作序。

按:《续修四库全书总目提要》曰:"是书共七种,《国朝石经考异》2卷、《汉石经考异》2卷、《魏石经考异》2卷、《唐石经误字辨》1卷、《后蜀石经考异》2卷、《北宋石经考异》1卷、《南宋石经考异》2卷。案《清石经》刊于乾隆五十八年,即长洲蒋衡所书。勘定立石,依开成石经。参以各善本,多所订正。彭元瑞曾撰《考文提要》十三卷,以证校正所自。当时因急于告竣,未及尽改。嘉庆八年奏请重修,复命廷臣磨改,以期尽善。故前后搨本不同。此编从改定石本,以各石经洎宋本考证明闽监毛本之讹,间采《提要》,及阮元《十三经校勘记》,以核其同异。七种之中,以此为最详善。然蒋衡书法虽工,疏于字体。"

冯云鹏、冯云鹓辑《金石索》12卷刊行,有自序及赵怀玉、鲍勋茂、辛从益、贺长龄、徐宗乾序。

江藩著《国朝宋学渊源记》3卷在广东刊行,有自序。

按:此书与其所著的《汉学师承记》,皆旨在扬汉抑宋。伍崇曜《国朝宋学渊源记跋》曰:"郑堂专宗汉学,而是书记宋学渊源,胪列诸人多非其所心折者,固不无蹈瑕抵隙之意,至《罗台山孝廉传》,痛诋之,几无完肤。苟无所取,亦何必立传?甚矣,郑堂之褊也!"钱穆《中国近三百年学术史》第一章《引论》曰:"治近代学术者当何自始?曰:必始于宋。何以当始于宋?曰:近世揭櫫汉学之名以与宋学敌,不知宋学,则无以平汉宋之是非。且言汉学渊源者,必溯诸晚明诸遗老。然其时如夏峰、梨洲、

让·拉马克著成《无脊椎动物的自然史》。

二曲、船山、桴亭、亭林、蒿庵、习斋，一世魁儒耆硕，靡不寝馈于宋学。继此而降，如恕谷、望溪、穆堂、谢山乃至慎修诸人，皆于宋学有甚深契诣。而于时已及乾隆，汉学之名，始稍稍起。而汉学诸家之高下浅深，亦往往视其所得于宋学之高下浅深以为判。道咸以下，则汉宋兼采之说渐盛，抑且多尊宋贬汉，对乾嘉为平反者。故不识宋学，即无以识近代也。"有《粤雅堂丛书》本、《丛书集成初编》本、1983年上海书店出版影印本等。

邹汉勋著《六国春秋》。

洪饴孙著《三国职官表》3卷，附《史目表》1卷，由李兆洛刊行。

汪远孙著《辽史纪年表》1卷成书。

周宗濂编，杨守敬重编《文献通考正续汇纂》12卷刊行。

林春溥著《孔子世家补订》1卷、《古史考年异同表》2卷成书，有自序。

李遇孙著《金石学录》4卷成书，李富孙作序。

段嘉谟辑《武功金石一隅录》1卷刊行，有自序及唐仲冕、邓廷桢、吴荣光序。

按：段嘉谟字襄亭，河南偃师人。官陕西武功知县。

陈履和在京重刻崔述《崔东壁遗书》。

梁章钜著《枢垣纪略》成书。

翟琯修，王怀孟等纂，蔡以修续修，刘汉昭等续纂《大竹县志》40卷刊行。

徐连修纂《西昌县志略》2卷刊行。

宋如楠、叶廷芳修，赖朝侣纂《永安县三志》5卷刊行。

阮元修，陈昌齐、江藩等纂《广东通志》334卷刊行，阮元有《重修广东通志序》。

朱庭棻修，彭世德、彭人檀纂《长阳县志》7卷刊行。

林缙光修纂《黄安县志》10卷刊行。

蒋方增修纂《瑞金县志》16卷刊行。

孙承祖修，黄节纂《永宁县志》8卷刊行。

黄笙修，王钦纂《分宜县志》32卷刊行。

吉钟颖修，洪先焘纂《鹤峰州志》14卷刊行。

顾广圻始为汪中校刻《广陵通典》。

严如煜辑《三省边防备览》18卷刊行。

黄钺编《韩昌黎先生年谱》1卷刊行。

杨廷编《南通顾襄敏公年谱》刊行。

傅迪吉自编《五马先生纪年》成书。

沈钦韩著《苏诗查注补正》4卷成书。

惠栋著《松崖笔记》2卷刊行。

洪颐煊著《读书丛录》24卷刊行。

车酉著《五柘山房文集》刊行。

朱人凤著《祖砚堂集》12卷刊行。

周大枢著《存吾春轩集》8卷刊行。

施国祁著《元遗山诗集笺注》14卷刊行。

铁保著《梅庵全集》18卷刊行，附自编《梅庵自编年谱》2卷，阮元作序。

李兆洛始编《皇朝文典》74卷和《历代地理志韵编今释》。

蒋宝龄著《墨林今话》成书，改琦作书后。

盛大士著《溪山卧游录》4卷成书，有自序及恽秉怡、麟庆序。

管筠等辑《碧城仙馆摘句图》3卷刊行。

阮元著《四库全书未收书百种提要》由其子阮福编为5卷，作为《揅经室集外集》刊行。

按：是书又名《四库未收书目提要》、《揅经室外集》、《揅经室经进书目》。今有中华书局1965年影印本。

江临泰著《弧三角举隅》1卷成书，有自序。

熊应雄著《小儿推拿广义》3卷刊行。

按：熊应雄名应英，四川人。长于推拿。是书约成于康熙十五年(1676)。

中国境内出版的第一份外文报纸《蜜蜂华报》在澳门创刊。

马礼逊独立编纂的《英华字典》第三卷出版，书名《英汉字典》。

按：至此《英华字典》三卷六大本全部告竣。

基督教新教差会大英圣书公会翻印马礼逊的中译本。

按：大英圣公书会为基督教新教差会之一，专门从事《圣经》等基督教书籍的翻译、出版与销售。曾组织出版发行文言文、浅近文言文、白话文。

庄有可卒(1744—　)。有可亦名献可，字大久，号岱玖，别号慕良，江苏武进人。庄存与之族曾孙。诸生。精于《春秋》，著有《春秋注解》16卷、《春秋字数义》104卷、《春秋天道义》94卷、《春秋人伦义》56卷、《春秋地理义》16卷、《春秋物类义》6卷、《春秋字义本》4卷、《春秋小学》7卷、《春秋异文小学》1卷、《春秋地名考》2卷、《春秋人名考》2卷、《周易集说》7卷、《易义条折》1卷、《卦序别臆》1卷、《周易原本订正》1卷、《尚书经文集注》6卷、《尚书序说》2卷、《毛诗说》5卷、《毛诗述蕴》4卷、《毛诗序说》1卷、《毛诗字义》5卷、《毛诗异闻》2卷、《周官集说》12卷、《考工记集说》1卷、《仪礼丧服经传分释图表》2卷、《礼记集说》49卷、《各经传记小学》10卷、《传记不载说文余字》3卷及《慕良杂著》、《慕良杂纂》等。事迹见《清史稿》卷四八一、《清史列传》卷六八、左辅《郡庠生庄大久先生传》(《续碑传集》卷七二)。庄俞编有《庄献可年谱》。

按：《清史稿》本传曰："勤学力行，老而弥笃。取诸注、传，精研义理，句栉字比，合诸儒之书以正其是非，而自为之说。于《易》、《书》、《诗》、《礼》、《春秋》皆有撰述，凡四十二种，四百三十余卷。"

姚堃卒(1766—　)。堃字子方，又字廉山，陕西澄城人。嘉庆六年进士。官至贵州道监察御史。著有《周官识小录》、《关中风俗考》、《子史杂识》等。事迹见张澍《姚堃传》(《养素堂文集》卷二五)。

雪莱卒。

威廉·赫谢尔卒(1738—　)。英国天文学家。

陈鸿寿卒(1768—)。鸿寿字子恭,号曼生,别号恭寿、曼龚、梦闇、夹谷亭长、种榆仙客等,浙江钱塘人。嘉庆六年拔贡。官至南河海防同知。工诗善隶,为"西泠八家"之一。又与陈文述、陈甫有"武林三陈"之目。著有《种榆仙馆诗集》2卷、《种榆仙馆印谱》等。事迹见《清史列传》卷七一、震钧辑《国朝书人辑略》卷八、《陈鸿寿传》(《碑传集补》卷四八)。

卿祖培卒(1785—)。祖培字锡祚,广西灌阳人。卿彬子。嘉庆七年进士,改翰林院庶吉士,散馆,授编修。历任湖广道监察御史、工科给事中、内阁侍读学士。事迹见《清史列传》卷六七、李桓《国朝耆献类征初编》卷一一二。

按:《清史列传》本传曰:"读书力追古人,以圣贤自律。……每念学者侥幸弋获,束宋儒书不观,因上疏曰:'国家以经义取士,欲其讲求大义,体诸身心,施诸事也。今士之急于进取者,但揣摩形似之言,转相仿效,其弊将置儒书于不问,而本心之理,日以锢蔽,则有才而适以滋弊。若使聪明特出之才,研求义礼之精微,使本心益明,而不为人欲所陷溺,庶才足致用,不负乎经义之意矣。伏读《御纂朱子全书》,御制序文冠诸篇首,颁发海内,诚以宋儒阐发前人之秘,而朱子集其成。观其所论为学之方,并推阐持敬主一无适之说,委曲详尽,令人晓然于天理之必当循,性分之不容亏。而向来学臣按试,未有以其书直切指示,乡曲之士终身或不得一见。乞敕下各省学政,将此书化导诸生,举其要义,往复申论;或令书院山长、各学教官,广为训迪,不必明设科条以饰观听,务使大公之理,众著于人心,厌饫优游,有所自得。在学臣平日身范既端,又与多士讲之有素,及临试又能因其文以取其才。趋向既正,随所造就,必不致误用聪明,而可以为国家培养元气。一乡一邑之中,得一二读书明理之士,以薰德而善良,则醇朴成风,宇宙之内,莫非太和之所翔洽矣。'疏入,得旨,通饬遵行。"

洪仁玕(—1864)、卢胜奎(—1889)、陈卿云(—1903)、谭钟麟(—1905)生。

道光三年 癸未 1823年

中美洲联邦组建。
《门罗宣言》发布。

二月初六日丙午(3月18日),道光帝亲书"海表同文"匾额,予朝鲜国王;"屏翰东南"匾额,予琉球国王;"永奠海邦"匾额,予暹罗国王。

十三日癸丑(3月25日),道光帝至文庙行释奠礼,后亲临辟雍讲学。王、公、衍圣公、大学士、九卿、詹事、起居注官入侍,至圣后裔、五经博士各氏后裔及学官、进士、举人、荫生、贡监等圜桥肃立。大学士长龄、曹振镛进讲《大学》"欲修其身者先正其心,欲正其心者,先诚其意"。

十六日丙辰(3月28日),以言子后裔良爱袭五经博士。

三月初六日乙亥(4月16日),以大学士曹振镛为会试正考官,礼部尚书汪廷珍、吏部左侍郎王引之、户部右郎穆彰阿为副考官。

二十一日庚寅(5月1日),定八旗各省会试取中名额。

按：满洲取9名,蒙古取3名,汉军5名,直隶22名,奉天2名,山东19名,山西11名,河南11名,陕西9名,江苏19名,安徽15名,浙江23名,江西19名,湖北11名,湖南9名,福建12名,台湾1名,广东10名,广西6名,四川7名,贵州7名,云南10名。

四月初十日己酉(5月20日),以大学士长龄为满洲翻译会试正考官,刑部右侍郎奎照为副考官。

十一日庚戌(5月21日),以元圣周公后裔姬守礼、宋儒朱子后裔福建朱云铎、安徽朱有基袭五经博士。

二十一日庚申(5月31日),策试贡士杜受田等246人于保和殿。

二十五日甲子(6月4日),道光帝至太和殿,传胪,赐一甲林召棠、王广荫、周开麒3人进士及第,二甲杜受田等107人进士出身,三甲汪封渭等136人同进士出身。

九月十一日丙子(10月14日),以兵部右侍郎朱士彦知武举,吏部左侍郎王引之为武正考官,都察院左副都御史韩鼎晋为副考官。

十五日庚辰(10月18日),定武会试八旗,各省寻取名额,满洲、蒙古取2名,汉军取3名,奉天1名,直隶7名,陕甘4名,广东6名,河南6名,山东5名,江苏2名,安徽3名,山西4名,湖北2名,湖南1名,四川2名,广西1名,福建3名,浙江3名,江西5名,云南2名,贵州2名。

十月初一日丙申(11月3日),颁道光四年《时宪书》。

二十日乙卯(11月22日),道光帝至太和殿,传胪,赐中式武举一甲张从龙等3人武进士及第,二甲龚继荣等6人武进士出身,三甲何府等44人同武进士出身。

十一月十七日辛巳(12月18日),命礼部左侍郎博启图为国史馆清文总校官。

十二月二十五日己未(1824年1月25日),更定吏部有关笔贴式、进士、盐运司经历铨选则例四条。

阮元六月重修族谱成。

王念孙八十寿辰,胡培翚、陈奂有寿序、寿联致贺。

按：胡培翚《王石臞先生八十寿序》曰："我国家文运昌隆,通儒辈出,时则有若顾氏、江氏、戴氏,究心声音训诂之学,然或引其端而未竟其绪,或得其偏而未会其全。先生博学以综之,精思以审之,伟识以断之,集诸家之大成,为后学之津导。其始出入经史百家,儒先传注,浸淫衍绎,以自得其指归。其后即以所得者,鉴别乎经史百家之书,而是非疑似无不立辨。盖能会音、形、义三者之大原,以言文字,使古籍之传得存真面目于天壤者,千百年来,先生一人而已。先生尝以魏张辑之《广雅》,荟萃魏以前故训,勤勤疏证之。闻先生之为是书也,日课疏三字,周间寒暑,积十余稔乃成。又以子史中微文奥义,研究者少,患传本讹脱日甚,乃取《管子》、《淮南子》、《国策》、《史记》等书,详加厘定,方将以次别录所校于简,为《读书杂志》。盖先生胸

法国圣西门著成《工业入门课本》。

查理·巴巴齐开始制造计算机的早期尝试。

怀高淡,实能吐弃一切,嗜古著书,杜门谢客,惟一编为乐。吾师退食之暇,从先生旁讲问经义,凡有所获,互相证佐,穆穆愉愉,以两大儒萃于一门而晨夕传业,亦千古所未有也。"(《研六室文钞》卷六)

王引之教习翰林院庶吉士,又充武会试正总裁。

卢浙时任通政司参议,请以尚书汤斌从祀文庙,议者以斌康熙中在上书房获谴,乾隆中尝奉驳难之。刘逢禄揽笔书曰:"后夔典乐,犹有朱、均;吕望陈书,难匡管、蔡。"尚书汪廷珍善而用之,遂奉谕旨(《清史稿·刘逢禄传》)。

龚自珍正月应程同文之请,在上海撰《撰尚书年谱第一序》。是春,第四次会试仍落弟。在京以石墨数种,拓寄顾广圻。

刘文淇与黄承吉相识。

方东树主讲粤东韶州韶阳书院。

林则徐正月升任江苏按察使。

李兆洛主讲江阴暨阳书院,前后达二十年,成就甚众。

按:魏源《李申耆先生传》曰:"自乾隆中叶后,海内士大夫兴汉学,而大江南北尤甚。苏州惠氏、江氏,常州臧氏、孙氏,嘉定钱氏,金坛段氏,高邮王氏,徽州戴氏、程氏,争治诂训音声,瓜剖铢析。视国初昆山、常熟二顾及四明黄南雷、万季野、全榭山诸公,即皆摈为史学,非经学;或谓宋学,非汉学。锢天下聪明智慧,使尽出于无用之一途。武进李申耆先生生于其乡,独治《通鉴》《通典》《通考》之学,疏通知远,不囿小近,不趋声气。年甫三十,而学大成。兼有同辈所长,而先生自视嗛然如弗及。"文中又曰:"乾隆间经师有武进庄方耕侍郎,其学能通于经之大谊、西汉董、伏诸先生之微森,而不落东汉以下。至嘉庆、道光间,而李先生出,学无不窥,而不以一艺自名。醰然粹然,莫测其际也。并世两通儒,皆出武进。盛矣哉! 余于庄先生不及见,见李先生。故论其大旨于篇。"(《魏源集》上册)

陈用光升翰林院侍讲。

姚文田充经筵讲官。

顾广圻以所刻《晏子春秋》寄王念孙。

程恩泽放贵州学政,补翰林院侍讲,转侍读。

江藩受肇庆府知府屠英之邀,赴肇庆主纂《肇庆府志》。

按:参与者尚有豫章胡森、王崇熙、王佶,武林朱人凤。

陆继辂以疾乞休。

沈钦韩选授安徽宁国县训导。

冯登府服阕还京;散馆,授福建将乐县知县。

郑珍始受业于莫与俦,并识其子莫友芝。

黄爵滋中进士,改翰林院庶吉士,散馆,授编修。

张文虎从姚炜琛学。

姚椿校《全唐诗》一过。

邓廷桢解江西布政职还家。

石韫玉为黄丕烈题家藏船山太守《寒山独树图》。

瞿中溶三月为黄丕烈题宋本《朱余庆集》。

林召棠、王广荫、周开麒、丁庆善、高树勋等中进士。

张鳞转太常寺卿，督安徽学政，擢内阁学士。

辛从益擢礼部侍郎，督江苏学政。

按：《清史稿·辛从益传》曰："从益廉静坦白，遇非理必争，不为权要诎。八年，卒于学政任所。著有《奏疏》、《诗文内外集》、《公孙龙子注》。"

改琦是年作《绿珠小像轴》、《无量寿佛图轴》、《花卉扇页》、《山水横披》、《钱东像》等。

龙万育为徐松所著《西域水道记》作序。

罗凤藻夏至为改琦《红楼梦图咏》"宝钗"一图题咏。

疏篹时任浙江建德知县，建屏山书院。

罗升梧时任浙江常山知县，建定阳书院。

叶廷在浙江青田建振文书院。

潘维新在江西万载县建高魁书院。

邹山立时任江西奉新知县，建岐峰书院。

何文芳在江西乐安县建安浦书院。

李景昌时任江西寻乌县知县，建玉屏书院。

许鸿盘时任河南禹州知州，改建蓝阳书院。

鄢翔时任湖南嘉禾知县，建珠泉书院。

王禹甸时任广东佛冈同知，建培英书院。

郑谦时任陕西长武知县，建宜山书院。

马礼逊回国之前，梁发为伦敦会宣教师。

按：梁发为中国第一位本国籍的新教宣教师。

雷学淇著《九经集解》9卷刊行。

龚自珍著《五经大义终始论》、《五经大义终始答问》。

史褒著《周易补义》6卷刊行。

丁晏著《周礼释注》2卷、《仪礼释注》2卷、《诗考补注》2卷成，有自序。

孔传游著《太极易图合编》3卷刊行。

徐养原著《论语鲁读考》1卷成，有自序。

梁廷枏著《论语古解》10卷成，有自序。

按：梁廷枏《论语古解自序》曰："今夏温《论语》毕，取自汉迄唐三十余家之说，摘与朱子《集注》异者，依次排纂，汇得十卷，名曰《古解》。既卒业，客见而诋之曰：'《集注》纯粹精当，今所引乃与之异，不蛇足与？古将奚益？'廷枏曰：'不然，朱子之撰精义也。'或问：'凡说之行世而不列此者，皆无取已乎？'曰：'汉、魏诸儒正音读，通训诂，考制度，辨名物，其功博矣。特所以求圣贤之意，在彼不在此。推斯言，而论诸儒之见，虽非尽大醇无疵，然未尝不足为学者广见闻之一助。况其中又多可与宋儒互相发明，即科举家亦所不能尽废。非若孙氏《示儿编》、郑氏《意原》等书之务求新别，去旨益远者比。且江大和所集十三家中，如卫瓘、缪播、栾肇、郭象、李充、孙绰各有专著而不传。其散止见于皇氏《义疏》，顾其疏复佚，在南宋《集注》已无从征引。国朝竹垞、西河两先生，群经博极考据，独未获一见皇《疏》而详论之。幸际休明，久

法国路易·梯也尔编著《法国革命史》。

远湮没之篇应运复出，自宜合之汉、唐诸说，荟萃成书，存古义之一线，用彰稽古右文之盛，岂可因有异朱《注》而概等弁髦乎？'曰：'诚哉是言！'遂书为序。"

王大经著《读左索解》12卷成书。

陈寿祺著《左海经辨》2卷刊行；又《左海全集》约于是时刊行。

按：《左海经辨》为作者的经学论文集，内容包括《今文尚书有序说》、《今文尚书自有同异》、《今文尚书亦以训诂改经》、《史记用今文尚书》、《史记采尚书兼古今文》、《白虎通义用今文尚书》、《尚书亡逸篇说》、《大小戴礼记考》等，有一定的学术参考价值。《续修四库全书总目提要》曰："是书说经固颇有得，亦岂能无失。自秦火而后，学者不睹全经，各持所见以为说。此辨论所以日滋也。"有《左海全集》补刻本、《皇清经解》道光本、咸丰补刻本等。

黄本骥著《历代统系表》6卷、《历代纪元表》1卷、《年号分韵录》1卷成书。

钱仪吉始纂《碑传集》。

梁章钜著《枢垣纪略》16卷初刊。

京师琉璃厂半松居士用木活字印刷《南疆逸史》24卷、《摭遗》1卷、《恤谥号》8卷、《南略》18卷、《北略》24卷。

刘宝楠纂《宝应图经》6卷成书。

潘世恩著《读史镜古编》32卷、《正学编》成。

汪中遗著《广陵通典》由其子汪喜孙刊行，顾广圻作序。

于尚龄修，王兆杏纂《吕化县志》20卷刊行。

何应松修，方崇鼎纂《休宁县志》24卷刊行。

乔溎修，贺熙龄纂《浮梁县志》22卷刊行。

朱楣修，贺熙龄等纂《进贤县志》25卷刊行。

吴墉修，张吉安纂《新城县志》24卷刊行。

黄金声修，李林松纂《金华县志》12卷刊行。

程国观等修纂《宜春县志》32卷刊行。

余廷恺纂《德兴县志》12卷刊行。

洪锡光纂《饶干县志》23卷刊行。

文炳修，徐奕溥纂《广丰县志》32卷刊行。

武次韶等修纂《玉山县志》32卷刊行。

曹人杰修纂《都昌县志》32卷刊行。

黄浚修纂《萍乡县志》16卷刊行。

周钟泰原本，吴名凤增补《东乡县志》21卷刊行。

刘绳武等修，纪大奎等纂《临川县志》32卷刊行。

李云修，杨蘥等纂《金溪县志》60卷刊行。

欧阳辑端修纂《上犹县志》31卷刊行。

陆向荣修，刘彬华纂《阳山县志》15卷刊行。

余瀚修，余楷纂《开建县志》5卷刊行。

伍鼎臣修，徐祖巩纂《四会县志》10卷刊行。

张聘三修，耿履端纂《隆昌县志》41卷刊行。

松筠修纂《西藏图说》1卷刊行。

刘绳武修,赖相栋纂《南康县志》24卷刊行。

黄文燮修,徐必藻纂《安远县志》32卷刊行。

兆元修,郭廷赓纂《峡江县志》14卷刊行。

何寅斗修,潘永盛、黄彝纂《安福县志》32卷刊行。

赵亨钤修,熊国夏、王师麟纂《永定县志》8卷刊行。

张德尊修纂《新宁县志》32卷刊行。

万年淳修纂《补修英山县志》26卷刊行。

吴璈自编,吴公亮等续编《崧圃自订年谱》刊行。

汪中编《荀卿子年表》刊行。

侯元瀞编《侯忠节公年谱》3卷刊行。

潘曾沂自编,潘仪凤续编《小浮山人手订年谱》1卷。

左辅自编,左昂等续编《杏庄府君自叙年谱》在道光间刊行。

茆泮林辑《淮南万毕术》1卷成书,有自序。

钮树玉著《段氏说文注订》8卷成书,有自序。

阮元著《揅经室集》56卷由文选楼刊行,有自序。

吴德旋著《初月楼文钞》10卷、《初月楼诗钞》4卷刊行。

杨绍文辑《受经堂汇稿》5种刊行。

按:杨绍文《受经堂汇稿序录》曰:"受经堂者,绍文居京师时,偕金式玉、董士锡、江承之,从张皋文先生讲学所也。先生尝病魏晋以降,经术文章罕能兼茂,故治经于《礼》主郑氏,于《易》主虞氏,为文章自周秦两汉而下,至唐宋诸名家,皆悉其源流,辨其深浅醇杂,而合之于道。其诲人也,各因其资之所近。式玉、士锡工辞赋,而士锡与承之治《易》及《礼》,并能通其说。绍文少喜议论,偶有闻见,辄著之于文。"(《茗柯文编》卷末附录)

龚自珍著《定庵文集》3卷、《余集》1卷及《无著词》、《怀人馆词》、《影事词》、《小奢摩词》各1卷刊行。

郭麐著《灵芬馆诗》四集12卷刊行。

周济初定所著《介存斋诗》6卷、《存审轩词》2卷。

万承苍著《孺庐全集》14卷刊行。

洪颐煊辑《国朝名人词翰》2卷刊行。

王鸣盛著《西沚居士集》24卷由自怡山房刊行。

朱泽沄著《朱止泉先生外集》5卷刊行。

张锡九著《雀砚斋文集》8卷刊行。

何守奇评点《评点聊斋志异》16卷刊行。

林联桂著《见星庐馆诗话》2卷刊行,有自序。

梁廷枏著《曲话》5卷成书。

李锐著《李氏遗书》18卷刊行由阮元汇刊行世。

龚自珍著《农宗》成书。

肖清泰著《艺菊新编》1卷成书。

按:肖清泰字庆澜,号春溪,自署紫泉花愚、紫泉菊士。性嗜菊花,有三十余年种植经验。

黄丕烈刊宋庞安时《伤寒总病论》6卷。

张金吾所编《爱日精庐藏书志》增至36卷。

鲍廷博辑《知不足斋丛书》30集207种781卷全部刊行。

按：是书《凡例》曰："是编诸书，有向来藏弆家仅有传钞而无刻本者，有时贤先辈撰著脱稿而未流传行世者，有刻本行世久远旧板散亡者，有诸家丛书编刻而讹误脱略未经人勘正者，始为择取，校正入集。"又曰："是编每刻一书，必广借诸藏书家善本，参互校雠。遇有互异之处，择其善者从之；义皆可通者，两存之；显然可疑而未有依据者，仍之，而附注按语于下；从未尝以己见妄改一字。盖恐古人使事措辞，后人不习见，误以致疑，反失作者本来也。详慎于写样之时，精审于刻竣之后，更番铅椠，不厌再三，以期无负古人。"（《知不足斋丛书》第一集第一册）

陈璜得张海鹏《借月山房汇钞》残板，增补为《泽古斋重钞》110种，239卷刊行。

章穆著《调疾饮食辨》6卷刊行。

英国传教士马礼逊译《新旧约全书》中文版在马六甲出版，取名《神天圣书》，传入中国内地。

余集卒（1738— ）。集字蓉裳，号秋室，浙江仁和人。乾隆三十一年进士，候选知县，与邵晋涵、周永年、戴震、杨昌霖同荐修《四库全书》，授翰林院编修，人称"五征君"。官至侍读学士。告归后，主大梁书院八年。善画山水，尤工美人，亦工书。著有《梁园归棹录》、《秋室诗钞》、《绝妙好词笺续钞》1卷、《遗山先生年谱略》1卷等。事迹见《清史稿》卷五〇四、《清史列传》卷七二、李桓《国朝耆献类征初编》卷一三〇、震钧辑《国朝书人辑略》卷六。

按：《清史稿》本传曰："工画士女，时称曰'余美人'，廷试，当得大魁，因此抑之。寻充《四库全书》纂修，荐授翰林院编修，累擢侍读。所作风神静朗，无画史气，为世所重，比诸仇、唐遗迹。"

汪龙卒（1742— ）。龙字叔辰，一字蛰泉，安徽歙县人。乾隆五十一年举人，拣选知县。治《毛诗》数十年，著有《毛诗异义》4卷、《毛诗申成》10卷。又治《说文解字》，与段玉裁商讨，互有收获。曾主讲徽州紫阳书院。事迹见《清史稿》卷四八一、《清史列传》卷六八、李桓《国朝耆献类征初编》卷三八一、胡培翚《汪叔辰先生别传》（《研六室文钞》卷一〇）。

按：《清史稿》本传曰："嗜古博学，尤精于诗，尝读《诗·生民》、《玄鸟》二篇，疑郑《笺》迹乳卵生之说，不若《毛诗》谓姜嫄、简狄从帝喾祀郊禖之正。遂稽《传》、《笺》同异，用力于是经者数十年，成《毛诗异义》四卷，《毛诗申成》十卷。"

赵怀玉卒（1747— ）。怀玉字亿孙，号味辛，江苏武进人。乾隆四十五年举人，授内阁中书。官山东青州府海防同知。有志于史学，欲为《国语》作正义，补注《五代史》，撰《续史通》，均未成书。诗与孙星衍、洪亮吉、黄景仁齐名。著有《亦有生斋文集》59卷等。事迹见《清史稿》卷四八五、《清史列传》卷七二、李桓《国朝耆献类征初编》卷二五七、陆继辂《山东青州同知赵君怀玉墓志铭》(《碑传集》卷一一〇)。赵怀玉自编有《牧庵居士自叙年谱略》。

  陈念祖卒(1753—　)。念祖字修园,号慎修,福建长乐人。乾隆五十七年举人。嘉庆中曾任直隶威县知县。精医学,晚年传授门弟子甚多。著有《神农本草经读》4卷、《伤寒论注》、《金匮要略浅注》10卷、《医学三字经》4卷等。事迹见《清史稿》卷五〇二。

  吴卓信卒(1755—　)。卓信字琐儒,号立峰,江苏常熟人。诸生。藏书数万卷。与孙原湘友善。著有《丧礼经传约》1卷、《汉书地理志补注》103卷、《汉三辅考》24卷、《三国志补志》6卷、《三国志补表》6卷、《澹成居文钞》16卷等。事迹见《清史列传》卷七二。

  按:支伟成曰:"少孤,遗产颇自给,一旦尽鬻去,购书数万卷,且读且著书,晨炊不继不顾也。先辈邵齐熊、吴蔚光咸折节与交。于书无不窥,尤好典章经制之学,奋然欲追杜、郑、马、王而起。独不喜为时文,年三十余,犹困童子试。合河康基田陈臬江苏,寓意邑令拔置第一,补诸生。自是益厌弃举业,思壮游以证所学。客淮、徐间最久,已游齐、鲁,走京师,公卿争罗之,辄落无所就。转之秦中,览山川形势,尽拓汉唐金石以归。会康公殁,慨然曰:'天下无知我者矣!'遂杜门不出。手定其文为四十篇,率谨严简洁,稍涉泛应者悉删去。著书甚富,遗稿大半散佚,只《丧礼经传约》一卷,言简意赅,折衷至当。潘文勤刊于《滂喜斋丛书》中。"(《清代朴学大师列传·吴卓信》)

  董祐诚卒(1791—　)。祐诚初名曾臣,字方立,江苏阳湖人。嘉庆二十三年举人。肆力于历数、舆地、名物之学。著有《水经注图说残稿》4卷、《割圜连比例术图解》3卷、《椭圆求周术》1卷、《三统术衍补》1卷、《斜弧三边求角补术》1卷等。事迹见《清史稿》卷四八六、《清史列传》卷七三、李桓《国朝耆献类征初编》卷四二二、罗士琳续补《畴人传》卷五一、李兆洛《董君方立传》(《养一斋文集》卷一三)。

  按:《清史稿》本传曰:"其学于典章、礼仪、舆地、名物皆肆力探索,而尤精历算,尽通诸家法。特善深沉之思,书之钩棘难读者,一览辄通晓。复能出新意,阐曲隐,补罅漏。"

  程同文卒,生年不详。同文原名拱,字春庐,号密斋,浙江桐乡人。嘉庆四年进士,授兵部主事。充军机章京,历官大理寺少卿。道光三年,调奉天府丞兼学政,以病乞休。曾充《大清会典》提调,承修80卷。著有《密斋文集》1卷、《密斋诗存》4卷及《元秘史译》、《元史译音》等。事迹见《清史列传》卷七三、李桓《国朝耆献类征初编》卷四四〇。

  任熊(　—1857)、**夏鸾翔**(　—1864)、**程鸿诏**(　—1874)、**丁日昌**(　—1882)、**郭嵩焘**(　—1882)、**倪文蔚**(　—1890)、**黄彭年**(　—1891)、**张裕钊**(　—1894)、**叶衍兰**(　—1897)、**谭继洵**(　—1901)、**李鸿章**(　—1901)**生**;**韦昌辉**(　—1856)**约生**。

道光四年　甲申　1824 年

约翰·昆西·亚当斯选立为美国总统。

俄美边界条约签署。

英国允许工人组团。

正月初九日癸酉(2月8日),颁福建省城新建凤池书院御书匾额,曰"正学明道"。

三月初四日丁卯(4月2日),应礼部尚书管国子监事汪廷珍等奏,武英殿将《养正书屋全集》刷印装潢30部,给国子监分贮。

四月十九日壬子(5月17日),《仁宗睿皇帝实录》、《仁宗睿皇帝圣训》纂修告竣,监修总裁大学士曹振镛等奉表呈进,道光帝亲临保和殿行礼受书。

二十八日辛酉(5月26日),定翻译进士出身之小京官笔贴式,推升汉字堂主事例。

五月十二日甲戌(6月8日),增辑祭堂子典礼。于吉礼南郊、北郊大祀之后,增致祭堂子之礼。

二十四日丙戌(6月20日),盛京将军晋昌奏,盛京宗室、觉罗学生现届五年考试之期,但额数不敷,请展限办理。得旨:准其展限五年,俟届期足敷应考额数再行咨报宗人府奏请考试。

六月二十四日丙辰(7月20日),定太庙、夕月坛、历代帝王庙谢福胙礼。

闰七月十三日癸卯(9月5日),礼部纂修《通礼》,增加奉恩将军纳币之礼一条,修改镇国将军以下谕祭之礼一条。

二十日庚戌(9月12日),御史周贻徽奏请编纂《昭忠列传》。

八月初十日庚午(10月2日),《续纂通礼》书成,道光帝为之序。

九月初一日庚寅(10月22日),藏《仁宗睿皇帝实录》、《圣训》于皇史宬,道光帝亲往行礼。

初二日辛卯(10月23日),道光帝至东华门外行礼,亲送《仁宗睿皇帝实录》、《圣训》运藏盛京。

十月初一日庚申(11月21日),颁道光五年《时宪书》。

十六日乙亥(12月6日),应大学士托津等奏,今后仍于驻京学习满文之俄罗斯人内挑取1名,协助教授,以资校正。

欧文试办"新和谐公社"。

约瑟夫·阿斯普丁发明水泥。

阮元正月受赐《钦定大清会典》1部;五月受赐《钦定春秋左传读本》1部;九月在广东建学海堂,十二月成,有《学海堂策问》命学海堂生员策对。方东树作《学海堂铭》。

按:学海堂的宗旨是"既劝通经,兼该众体"。据阮元《学海堂集序》称,学海堂的教学范围包括习经传、解文字、析道理、讨史志以及讲求诗赋诸体。学海堂不设山长,仅设学长8人,各以所长协力指导学生。阮元在浙江立诂经精舍,在广东立学海堂,培养了许多朴学人才。后来仪征刘寿曾《传雅堂文集·沤宦夜集记》有言:"学术之兴也,有倡导之者,必有左右翼赞之者,乃能师师相传,赓续于无穷,而不为异说謷言所夺。文达早膺通显,年又老寿,为魁硕所归仰,其学盖衣被天下矣。"

  阮元为钮树玉《段氏说文注订》作序。

  王引之署户部左侍郎。又充经筵直讲大臣。

  龚自珍与江沅等校刻唐代僧宗密的《圆觉经略疏》,并研究佛学。

  方东树授经阮元广州署中。九月,以卢文弨手校《十三经注疏》详校阮元所刻《十三经注疏校勘记》。

  按:《清史稿·文苑传三》曰:"东树曾祖泽,拔贡生,为姚鼐师。东树既承先业,更师事鼐。当乾、嘉时,汉学炽盛,鼐独守宋贤说。至东树排斥汉学益力。阮元督粤,辟学海堂,名流辐凑,东树亦客其所,不苟同于众。以谓:'近世尚考据,与宋贤为水火。而其人类皆鸿名博学,贯穿百氏,遂使数十年承学之士,耳目心思为之大障。'乃发愤著《汉学商兑》一书,正其违谬。又著《书林扬觯》,戒学者勿轻事著述。"

  洪颐煊受阮元之邀,至广州入其幕府。

  林则徐正月以江苏按察使署布政使任,八月丁母忧。

  陈寿祺应福建巡抚孙尔准之请,编校邵晋涵遗著《南江诗文钞》,并作序。

  陈用光充日讲起居注官,又充咸安宫总裁。

  江藩应王杰子堉时(更叔)之请,整理王杰《祖帐集》2卷刊行。

  按:王杰另有《赐枚集》2卷,亦经江藩之手编定。

  姚椿掌教开封夷山书院。

  陈奂在杭州始与汪喜孙订交。

  松筠充翻译考试正考官。

  梁章钜九月由江南淮海道调署江苏按察使。

  朱次琦服阕,肄业羊城书院。

  胡承珙以病乞归里调养。

  黄丕烈校《续宋中兴编年通鉴》。

  鲍桂星为杨绍文所辑《受经堂汇稿》作序。

  英和以修《仁宗实录》成,加太子太保。

  潘曾沂为纪念京城宣南诗社活动盛况,请画家王学诰绘《宣南诗会图卷》,并自题诗。

  按:潘曾沂以后由京城回江苏原籍时,将此图带回,又请当地文人朱绶撰写《宣南诗会图记》一文,详细记载诗社活动。其文曰:"宣南,宣武坊南也。诗会图者,述交也。吴县潘君功甫官中书舍人僦居其地,而一时贤士大夫偕之宴游,于是乎识之也。会以九人为率。记人则东乡吴舍人嵩梁、新城陈学士用光、泾县朱宫赞琦、长乐梁观察章钜、宜黄谢学士阶树、嘉兴钱侍御仪吉、吴县董太守国华、歙县程侍讲恩泽也。壬午,长乐梁观察守楚中。癸未,歙县侍讲典黔试,泾县宫赞乞养归,益以华亭张舍人祥河、临川汤舍人储璠、侯官李侍读彦章,仍九人也。先是,与斯会者有安化陶中丞澍、泾县胡廉访承珙、祥符周观察之琦、嘉善黄太守安涛、侯官林廉访则徐,而功甫以辛巳入都,中丞诸公皆官于外,不列九人之数也。绶惟京师首善之区,天下人才所辐辏,国家承平日久,士大夫褒衣博带,雅歌投壶,相与扬翙休明,发皇藻翰,不独艺林之佳话,抑亦熙化之盛轨也。而诸君又皆能以风雅之才,求康济之学。今之官于外者莫不沉毅阔达,卓卓然有所表见,则足信斯会之不凡而功甫之取友为不可及已。绶穷巷下士,目未睹皇都之壮丽,未尝与并世贤豪长者通缟纻,得与功甫游,稍稍闻诸君之概。方今海宇宴安,人民静谧,而事之待理者渐多,坐言而起行之,兴利除害,为国万年有道之福,则不仅以区区文字夸交际,而一时聚散之故,无足感也。"(《宣南诗会图》卷首)

顾蒨六月赴安徽宣城教谕,改琦与陈两桥、冯承辉等聚于白鸥池,观荷花并为顾饯行。

卞萃文、王豫等集资在江苏江都翠屏洲创建邗阳书院。

丁汝嘉在浙江缙云建仙都书斋。

刘斐常在江西湖口县建松山书院。

周作人在江西余江县建石溪书院。

窦欲峻时任湖北枣阳知县,建秀林书院。

徐凤喈时任湖南临湘知县,建莼湖书院。

何岳钟时任广东参将,于潮阳县建莲峰书院。

文廷杰时任广东新会知县,建礼乐书院。

彭履坦时任四川南川知县,建育才书院。

余绍元时任四川汉源知县,建崃山书院。

杨以增时任贵州清镇知县,建凤梧书院。

陈元煦时任陕西绥德知州,将重文书院改建为雕山书院。

邓传安在台湾彰化县建文开书院。

传教士福高文时任钦天监监正,是年去世,从此钦天监监正不再由传教士担任。

利奥波尔德·冯·兰克著成《拉丁和条顿民族史》。

卡洛·博塔著成《公元1789—1814年意大利历史》。

商博良出版《象形文字概论》。

尼古拉·卡诺著成《热力机车功率》。

孔德发表《社会再组织所必需的科学事业的规划》。

万年淳著《易拇》15卷刊行。

刘逢禄著《公羊释例》,李兆洛为之刊行。

陈履和刊刻崔述遗著《古文尚书辨讹》,并作跋。

朱骏声著《夏小正补传》1卷成书。

方东树著《汉学商兑》4卷。

按:梁启超《清代学术概论》曰:"方东树之《汉学商兑》,却为清代一极有价值之书。其书成于嘉庆间,正值正统派炙手可热之时,奋然与抗,亦一种革命事业也。其书为宋学辩护处,固多迂旧,其针砭汉学家处,却多切中其病,就中指斥言'汉易'者之矫诬,及言典章制度之莫衷一是,尤为知言。后此治汉学者颇欲调和汉宋,如阮元著《性命古训》,陈澧著《汉儒通义》,谓汉儒亦言理学,其《东塾读书记》中有《朱子》一卷,谓朱子亦言考证,盖颇受此书之反响云。"

齐召南著、阮福续《历代帝王表》刊行。

敕纂《仁宗睿皇帝实录》374卷成书。

敕纂《仁宗睿皇帝圣训》110卷成书。

汪廷珍等奉敕纂《国子监则例》45卷成书。

李遇孙著《金石原起说补考》1卷成,有自序。

陆继辂纂《安徽通志》艺文部成。

潘世恩著《读史镜古篇》32卷成书,有自序。

王凤生著《浙西水利备考》8卷刊行。

吴邦庆辑《畿辅河道水利丛书》8种刊行,有自序。

按:吴邦庆字霁峰,顺天府霸州人。嘉庆元年进士,官至河东河道总管。该丛书中,有吴氏自著者4种。

杨景仁著《筹济篇》成书。

敬文修,徐如澍纂《铜仁府志》11卷、补遗1卷刊行。

黄思藻等修纂《广宁县志》17卷刊行。

黄应培修,孙均铨、黄元复纂《凤凰厅志》20卷刊行。

朱一慊修,许琼等纂《石城县志》8卷刊行。

黄永纶修,杨锡龄等纂《宁都直隶州志》32卷刊行。

许夔修,谢肇涟、张伊纂《信丰县志续编》16卷刊行。

蒋叙伦修,萧朗峰纂《兴国县志》46卷刊行。

魏湘修,张映宿纂《万安县志》12卷刊行。

文海修,高世书纂《龙泉县志》18卷刊行。

杨讱修纂《泰和县志》48卷刊行。

张湄修,杨学光、黄郁章纂《清江县志》28卷刊行。

高以本修纂《高安县志》22卷刊行。

曾锡麟、谭梦骞修纂《新昌县志》25卷、补遗1卷、续编1卷刊行。

陈天爵修,赵玉蟾等纂《安仁县志》10卷刊行。

陈骧修,张琼英等纂《鄱阳县志》32卷刊行。

王之道修纂《铅山县志》17卷刊行。

胡宗简修,张金镕等纂《贵溪县志》32卷刊行。

陈云章修,张绍玑等纂《武宁县志》44卷刊行。

曾晖春修,冷玉光、查望洋纂《义宁州志》32卷刊行。

雷学淦修,曹师曾纂《新建县志》74卷刊行。

武念祖修,陈栻纂《上元县志》26卷刊行。

宋如林、落琦修,石韫玉纂《苏州府志》150卷刊行。

秦瀛著《庐山小志》24卷刊行,有自序。

董汝成编《石埭县采访录》成书。

雷铉著《读书偶记》3卷刊行。

焦循著《雕菰楼文集》24卷由阮元刊行。

按:焦循生值乾嘉朴学极盛之时,考据之风弥漫整个学术界,袁枚和孙星衍还为"考据"二字争论不休。是书中有作者《与孙渊如观察论考据著作书》,认为"考据之名,不可不除"。在《家训》中,焦循又说:"近之学者,无端而立考据之名,群起而趋之。所据者汉儒,而汉儒中,所据者又惟许、郑。执一害道,莫此为甚。专执两君之言,以废众家。或比许、郑而同之,自擅为考据之学,吾深恶之也。"

崔述著《东壁遗书》88 卷 35 种由陈履和在金华刊行。

吴德旋著《初月楼闻见录》10 卷、续录 10 卷刊行。

翁方纲著《复初斋诗集》70 卷重刻。

万寿祺著《隰西草堂诗集》5 卷、《隰西草堂文集》3 卷刊行。

马锦著《碧萝吟馆诗集》9 卷、诗余 1 卷刊行。

王士升著《复性堂遗集》3 卷刊行。

阮元刊《学海堂初集》16 卷，有自序。

按：是书总名《学海堂全集》，其中阮元编《初集》16 卷，吴兰修编《二集》22 卷，张维屏编《三集》24 卷，金锡龄编《四集》28 卷。有道光四年至光绪十二年启秀山房刊本。

朱实发著《尺云轩文集》3 卷、续编 4 卷刊行。

喻文鏊著《考田诗话》8 卷刊行。

按：喻文鏊字冶存，湖北黄梅人。另著有《红蕉山馆诗抄》。

侯芝复取《再生缘》故事改写为《金闺杰》弹词 16 回刊行。

梁章钜著《古格言》12 卷成书，有自序。

包世臣著《画品》成书。

改琦作《善天女像》，郭麐为之题跋。

冯津著《历代画家姓氏便览》成书。

按：冯津字云槎，浙江桐乡人。官云南剑川知州。另著有《论画编》。

吴修著《青霞馆论画绝句》1 卷成书，有自序。

阮元纂《两浙金石志》18 卷、补遗 1 卷刊行，有自序。

吴邦庆辑《泽农要录》6 卷成书。

施国祁卒（1750—　）。国祁字非熊，号北研，浙江乌程人。廪膳生。精于金史，曾积二十余年之力，著成《金史详校》10 卷。另有《元遗山诗集笺注》14 卷、《元遗山年谱》1 卷、《金源札记》3 卷、《史论五答》1 卷及《礼耕堂丛说》1 卷、《礼耕馆诗文集》等。事迹见《清史稿》卷四八六、《清史列传》卷七三、《施国祁传》（《碑传集补》卷四七）。

铁保卒（1752—　）。保，栋鄂氏，字冶亭，一字梅庵，满洲正黄旗人。乾隆三十七年进士，授吏部主事，袭恩骑尉世职。大学士阿桂屡荐之，迁郎中，擢少詹事，因事罢。寻补户部员外郎，调吏部。擢翰林院侍讲学士，仍兼吏部行走，历侍读学士、内阁学士。五十四年，迁礼部侍郎，兼副都统。嘉庆时历任漕运总督、两江总督等官。曾充《八旗通志》馆总裁，收集满洲诗文，辑成《白山诗介》，后重加增辑，仁宗赐名《熙朝雅颂集》。其书法与刘镛、翁方纲齐名，刻有《惟清斋帖》。著有《怀清斋集》、《淮上题集》等。事迹见《清史稿》卷三五三、《清史列传》卷三二、李桓《国朝耆献类征初编》卷一〇一、震钧辑《国朝书人辑略》卷六、汪廷珍《铁梅庵先生墓志铭》（《续碑传集》卷九）。铁保自编有《梅庵自编年谱》。

按：《清史稿》本传曰："铁保慷慨论事，高宗谓其有大臣风。……然优于文学，词翰并美。两典礼闱及山东、顺天乡试，皆得人。留心文献，为《八旗通志》总裁。多得开国以来满洲、蒙古、汉军遗集,先成《白山诗介》五十卷,复增辑改编,得一百三十四卷。进御,仁宗制序,赐名《熙朝雅颂集》。自著曰《怀清斋集》。"

张士元卒(1755—)。士元字翰先,号鲈江,江苏震泽人。乾隆五十三年举人。久不第,留京师馆董诰第八年。阮元抚浙,曾聘其主讲诸暨书院。著有《嘉树山房集》20卷、《外集》2卷。事迹见《清史稿》卷四八五、《清史列传》卷七二、李桓《国朝耆献类征初编》卷四六〇、钱仪吉《鲈江张先生传》、姚文田《张鲈江墓志铭》(均见《续碑传集》卷七六)。

黎世序卒(1773—)。世序初名承惠,字景和,号湛溪,河南罗山人。嘉庆元年进士。历任江西星子、南丰、南昌知县,江苏镇江知府。迁淮海道。卒加尚书衔,赠太子太保,谥襄勤,入祀贤良祠。著有《河上易注》8卷、《图说》2卷、《周易参同契注释》2卷、《三相类注》1卷、《黎襄勤公奏议》6卷及《湛溪文集》等。事迹见《清史稿》卷三六〇、梁章钜《江南河道总督黎襄勤公墓志铭》(《碑传集补》卷一六)。

按:《清史稿》本传曰:"世序治河,力举束水对坝,课种柳株,验土坼,稽垛牛,减漕规例价。行之既久,滩柳茂密,土料如林,工修河畅。南河岁修三百万两为率,每年必节省二三十万。碎石坦坡,自靳辅始用之于高堰,后兰第锡、吴璥、徐端偶一用之;世序始用之于通工,谤言四起,世序力持,卒获其效。"

刘开卒(1784—)。开字东明,一字方来,又字明东,号孟塗,安徽桐城人。诸生。姚鼐弟子。曾受聘修《亳州府志》,卒于亳州书局。著有《论语补注》3卷、《大学正旨》2卷、《中庸本义》2卷、《孟子拾遗》2卷、《广列女传》20卷、《孟塗文集》43卷、《孟塗遗诗》2卷等。事迹见《清史稿》卷四八六、《清史列传》卷七二、李桓《国朝耆献类征初编》卷四四二、方宗诚《刘孟塗先生墓志表》和《记刘孟塗先生逸事》(《续碑传集》卷七六)。

钱东垣卒,生年不详。东垣字既勤,号亦轩,江苏嘉定人。钱大昭子。与弟钱绎、钱侗共治经史、金石,时称"三凤"。嘉庆三年举人,官浙江松阳、上虞知县。著有《孟子解谊》14卷、《补经义考》40卷、《小尔雅疏证》2卷、《历代建元表》10卷、《建元类聚考》2卷、《稽古录辨讹》2卷、《崇文总目辑释》6卷、《青华阁帖考异》3卷、《勤有堂文集》等。事迹见《清史稿》卷四八一、《清史列传》卷六八。

按:《清史稿》本传曰:"东垣与弟绎、侗,皆潜研经、史、金石,时称'三凤'。尝与绎、侗及同县秦鉴勘订郑志,又与绎、侗、鉴及桐乡金锡鬯辑释《崇文总目》,世称精本。东垣为学沉博而知要,以世传《孟子注疏》缪舛特甚,乃辑刘熙、綦毋邃、陆善经诸儒古注及顾炎武、阎若璩、同时师友之论,附以己见。并正其音读,考其异同,为《孟子解谊》十四卷。"

何秋涛(—1862)、张树声(—1884)、丁申(—1887)、夏献云(—1889)、曾国荃(—1890)、贺瑞麟(—1893)、刘庠(—1901)生。

道光五年　乙酉　1825年

葡萄牙承认巴西独立。

俄国十二月党人的起义被镇压。

第一条客运线英国斯托克顿—达林顿铁路开始运行。

机动公共汽车在伦敦出现。

二月二十五日癸未(4月13日)，蒋诗呈进《畿辅水利志》100卷。

二十八日乙卯(4月16日)，重建开封大梁书院成，宣宗题"正学渊源"扁。

四月二十八日乙酉(6月14日)，纂修《安徽通志》。

按：安徽巡抚陶澍奏准，《江南通志》成于乾隆元年(1736)，安徽自分省以来，尚未辑通志，于掌故难免阙漏。现设局省城，定限一年纂修成书。由邓廷桢督办。

五月二十五日辛亥(7月10日)，定满洲、蒙古考职例。由恩拔副贡生考取一等者，以州同用，二等、三等，以州判、县丞用。由岁优贡生及考中监生、捐纳贡监生考取一等者，以主簿用，二等以吏目用，均在旗候选，无需赴部投供。

八月十七日辛未(9月28日)，命本年乙酉科顺天乡试，皿字号应广额15名，南北皿，著各广额7名，其零数1名，即作为中皿广额。

十月初一日甲寅(11月10日)，颁道光六年《时宪书》。

十二月初四日丙辰(1826年1月11日)，以国史馆纂修《仁宗睿皇帝本纪》告成，予前任提调兼总纂官内阁学士朱方增等议叙。

是年，以武英殿库贮书籍被窃售多次，管武英殿御书处事之瑞亲王绵忻、尚书穆彰阿俱交部议处。

阮元八月辑刻《皇清经解》，严杰、吴兰修、何其杰、孙成彦等应阮元之聘，参与辑刻之事。

阮元十一月为吴小巗《说文引经异字》作序，十二月为萧令裕《寄生馆文集》作跋。

阮元委托刘逢禄求得其外祖父庄存与《味经斋遗书》，读而序之，旋刻入《皇清经解》之中。

阮元作《书东莞陈氏学蔀通辨后》，认为朱熹中年讲理，晚年讲礼，方东树在《汉学商兑》中曾加以驳斥。是年，方东树在阮元幕府，兼阅学海堂课文。

王念孙重赴鹿鸣宴，赏给四品衔。

王引之十月充武乡试正考官，翰林院侍讲学士潘锡恩为副考官。又有《又与陈硕甫书》，与陈奂讨论《诗经》训诂。

龚自珍得汉白玉印，自定为赵飞燕物，作纪事诗。是年，作《古史钩沉论》。

林则徐正月在籍守制养病，四月奉命赴高堰工地督工，八月回籍调理。

魏源为江苏布政使贺长龄编纂《皇朝经世文编》。

陈寿祺作《鳌峰崇正讲堂规约八则》。

陈用光充江南乡试正考官，力拔管同为举人。

姚文田充顺天乡试副考官。

姚莹为亡友张聪咸遗著《谢王二史辑逸》作序。

陶澍为江苏巡抚，张师诚为安徽巡抚。

梁章钜五月调署江苏按察使，林则徐为梁氏题《沧浪亭图册》。

陈澧始肄业于举城书院。

黄丕烈在苏州元妙观西开设滂喜园书铺。

陈揆五月将160部461册常熟乡邦文献赠给位于虞山北麓的兴福寺，贮于救虎阁，临终前又续送240部439册。

程恩泽补侍讲学士。

松筠充蒙古翻译考试官。

徐璈充浙江乡试同考官。

费丹旭在上海卖画。

改琦为浙中擅制锡壶妙手朱石樵作图谱。

曾钊为拔贡生，官合浦县教谕，调钦州学正。

邓显鹤应陶澍邀，与修《安徽通志》，主撰《艺文志》。

史致俨督福建学政。

狄子奇中举人。

按：狄子奇字卞颖，一字惺庵，江苏溧阳人。徐世昌《清儒学案》卷一四六《狄先生子奇》曰："究心经籍，不屑屑章句。尝读毛西河《论语稽求》、《四书剩言》诸书，爱其博淹，而病其攻驳朱子，思补朱子之未备，著《四书质疑》四十卷，《四书释地辨疑》、《乡党图考辨疑》各一卷。时春海长钟山书院，与同纂《国策地名考》，荐诸林文忠则徐，声誉益重。主讲安徽宿州、河南覃怀书院，一以敦行植学为教。后患风疾，卒于讲舍。"

陈乔枞中举人。

卢昆銮时任临安知县，建锦城书院。

姚步莱时任浙江富阳知县，建春江书院。

朱兆甲在浙江鄞县建球山书院。

王仲澍时任安徽郎溪知县，将原郎溪书院改建为聚奎书院。

桂殿芳在江西临川建汝阳书院。

赵少娥在河南沈丘县建清渠书院。

谢家彦等在湖南祁阳县建崇实书院。

赵秉丽时任广西融县知县，改建真仙书院为仙山书院。

李希泉时任陕西镇安知县，建安业书院。

朱满时任甘肃陇西知府，建南安书院。

| 奥古斯坦·缔埃里发表《诺曼人征服英国史》。 | 陈克绪著《读易录》18卷刊行。
丁晏著《禹贡集释》3卷、《禹贡锥指正误》1卷。
胡承珙著《仪礼古今文疏义》17卷刊行。
常增著《仪礼琐辨》1卷成书，有自序。
冯登府著《论语异文疏证》6卷成书。
焦循遗著《孟子正义》刻竣，焦征作序。

按：焦征《孟子正义序》曰："先兄壬戌会试后闭门注《易》。癸酉二月，自立一簿，稽考所业，戊寅春《易学三书》成。又以古之精通《易》理，深得伏羲、文王、周公、孔子之旨者莫如孟子，生孟子后而能深知其学者莫如赵氏。惜伪疏踳驳乖谬，文理鄙俚，未能发明其万一，思作《正义》一书。于是博采经史传注以及本朝通人之书，凡有关于孟子者，一一纂出，次为长编十四帙。逐日稽考，殚精研虑，自戊寅十二月起稿，逮己卯七月撰成《孟子正义》三十卷。又复讨论群书，删烦补缺，庚辰之春，修改乃定。手写清本，未半而病作矣，自言用思太猛，知不起，以誊校嘱廷琥而殁。廷琥处苫块中，且校且誊，急思付梓，又以病殁。征以事身羁旅舍，誊校先兄书，未敢少怠。……癸未岁终，总计田租所入，衣食之余，约积七百余金，急以《孟子正义》付刻。乙酉八月刻工告竣，庶使廷琥苦心，稍慰泉壤也。"（《孟子正义》卷首）

阮元始辑刻《皇清经解》，亦称《学海堂经解》。

按：此书编辑者为钱塘严杰，监刻者为吴石华，校对者为学海堂诸生，阮福总理收发书籍出入催督刻工诸事，凡汇集清代考据学家解经之书180种。以后沈豫编有《皇清经解提要》2卷，后附《皇清经解提要续编》1种和《皇清经解渊源录》1卷；陶治元主编《皇清经解缩版编目》16卷；蜚英馆编《皇清经解续编目录》17卷。

孙乔年著《七经读法》刊行。
张寿荣辑《八史经籍志》刊行。
陈逢衡著《逸周书补注》24卷刊行，顾广圻作序。

按：支伟成曰："陈逢衡字履长，号穆堂，江苏江都人。诸生。学长于考据，尤精古史。尝著《逸周书补注》，以卢抱经校本为主，间与他本参订；凡孔解所无，卢校之阙，全得其通。首列叙略集说补遗，诸书误引，则附录卷末。"（《清代朴学大师列传·陈逢衡》）是书为《逸周书》的最佳整理本。

吴广成著《西夏书事》42卷由小岘山房初刻。

按：吴广成字西斋，江苏青浦人。胡玉缙《许庼经籍题跋》曰："丁晏称其搜罗荟萃，不谓无功，议其表明书法，几及卷帙之半，本既近迁，书复夺主，从来无此体例。李慈铭《越缦堂日记》亦云：'记述有法，笔亦简净，惟斤斤于书法美恶为多事。'……要其网罗宏富，叙述详明，去其所论书法外，实为霸国之佳史，后有作者，殆无能越其范围矣。"

陶澍、邓廷桢修，李振庸、韩玫纂《安徽通志》260卷刊行。
李炳彦修，梁栖鸾纂《太平县志》16卷刊行。
许协修，谢集成纂《重修镇番县志》10卷刊行。
周云凤修，唐鉴、周兆棠纂《东平州志》30卷刊行。
陈葵修，管森纂《建德县志》20卷刊行。
吕子珏修，詹锡龄纂《黟县续志》刊行。
梁中孚修纂《宁国县志》12卷刊行。 |

阮文藻修，赵懋曜等纂《泾县续志》9卷刊行。
苏元璐修，徐用熙纂《宿州志》42卷刊行。
朱炳南等修，李宝琮等纂《霍邱县志》12卷刊行。
王毓芳、赵梅修，江尔维等纂《怀宁县志》28卷刊行。
周树槐修纂《吉水县志》32卷刊行。
梅大鹤等修，王锦芳等纂《庐陵县志》48卷刊行。
张国钧修，舒懋官纂《靖安县志》16卷刊行。
徐清选、李培绪修，毛辉凤等纂《平城县志》24卷刊行。
陆尧春修纂《新喻县志》14卷刊行。
赖勋等修，黄锡光等纂《定南厅志》8卷刊行。
王维屏修，周步骧纂《赣县志》32卷刊行。
宋庚修，陈化纂《新淦县志》32卷刊行。
袁通修，方履篯、吴育纂《河内县志》36卷刊行。
胡钧、朱晋麟修《湘乡县志》10卷刊行。
俞克振修，梅峄纂《晃州厅志》44卷刊行。
杨学颜、石台修，杨秀拔纂《恩平县志》18卷刊行。
祝淮修，夏植亨纂《高明县志》18卷刊行。
汪兆柯修纂《东安县志》4卷刊行。
李高魁、叶载文修，林泰雯纂《吴川县志》10卷刊行。
王升元修，廖家骍纂《续增德阳县志》10卷刊行。
李涵元修，潘时彤纂《绥靖屯志》10卷刊行。
任寿世修，刘开、陈恩德纂《亳州志》43卷刊行。
阮元刻《古列女传》毕，阮福作跋。
何秋涛著《何校元圣武亲征录》1卷成书，有自序及张穆序。
翁元圻著《困学纪闻注》20卷由翁氏守福堂刻行，有自序。

按：清代阎若璩、何焯、全祖望曾为《困学纪闻》作校笺，翁元圻、张嘉禄、赵敬襄等曾为之作注。是书有光绪十二年（1886）上海同文书局石印本、《四部备要》本。

王孙锡编《范文忠公年谱》1卷刊行，附于范景文所著《范文忠公初集》。
李清植编《文贞公年谱》2卷刊行，附于李光地所著《榕村全书》。
傅汝桂编，王蘅补注《弇山年谱》1卷刊行，附于王霖所著《弇山诗钞》。
林芳淳自编《半塘山人自订年谱》，附于锦江官署刻本《介石堂文钞》。
尹壮图自编，尹佩珩等续编《尹楚珍先生年谱》刊行。
蒋曾燡自编《延秋山馆自订年谱》1卷成书。
许松年自编《乐山自订年谱》1卷刊行。
彭蕴灿著《画史汇传》72卷由吴门尚志堂刊行。
瞿中溶著《汉武梁祠堂石刻画像考》6卷、附图7卷成书，有自序。
方东树著《书林扬觯》2卷成书，有自序。
史炳著《杜史琐证》2卷刊行。

鲁孔皋著《是程集》3卷刊行。
丁子复著《见堂诗抄》4卷刊行。
丁繁培著《溉余吟草》16卷刊行。
许梿编《六朝文絜》4卷成书,有自序。
李兆洛纂《八代全文》成书。
丁克振著《迂庵改存草》6卷刊行。
姚鼐纂《古文辞类纂》75卷晚年定稿本由吴启昌重刻。
朱春生著《铁箫庵文集》4卷、诗集2卷刊行。
李腾华著《邺云文集》5卷刊行。
陈文述著《颐道堂文抄》9卷、诗选19卷刊行。
顾广圻著《思适斋集》18卷刊行。
蔡澄著《鸡窗丛话》1卷成书,黄丕烈作跋。
梁廷枏著《藤花亭曲话》5卷成书。
李调元著《方言藻》2卷被李朝夔补刻丛书《函海》中。

克劳德·圣西门卒(1760—)。法国空想社会主义者。

邹炳泰卒(1741—)。炳泰字仲文,号晓屏,江苏无锡人。乾隆三十七年进士,选庶吉士,授编修,纂修《四库全书》,迁国子监司业。累迁内阁学士,历山东、江西学政。官至吏部尚书、协办大学士。收藏书画颇富。著有《午风堂集》、《午风堂丛谈》等。事迹见《清史稿》卷三五一、《清史列传》卷三二、李桓《国朝耆献类征初编》卷三四。

戚学标卒(1742—)。学标字翰芳,号鹤泉,浙江太平人。少从齐召南学。乾隆四十五年进士,官河南涉县知县。改宁波教授。精于考据。曾主讲紫阳、崇文两书院。著有《汉学谐声》24卷、《鹤泉文钞》2卷、《毛诗证读》5卷、《诗声辨定阴阳谱》4卷、《读诗或问》1卷、《四书偶谈》4卷、《内外篇》2卷、《字易》2卷、《说文补考》1卷、《古音论》1卷、《风雅遗闻》4卷、《景文堂诗集》13卷、《鹤泉集杜诗》、《三台诗录》32卷等。事迹见《清史稿》卷四八一、《清史列传》卷六八、缪荃孙《戚学标传》(《碑传集补》卷三九)。

按:《清儒学案》卷一〇八《鹤泉学案》曰:"鹤泉精于音声训诂之学,所著《汉学谐声》,自成一家之言。盖《说文》为《声类》、《字林》淆乱,今并《声类》、《字林》亦不可见,遑论《说文》原次。就其存者,以意通之,洵得读古书之法。至其《四书》、《诗经》诸解,如'采薪之忧'等条,或病其穿凿,而新义异闻俱有根据,要不失经生家法也。"

赵魏卒(1746—)。魏字恪生,号晋斋,浙江仁和人。乾隆岁贡生。精于篆隶,收藏金石甚富。中年游关中毕沅幕,与孙星衍、钱坫、申兆定互相砥砺,见闻日广。阮元所著《积古斋钟鼎彝器款识》和王昶所著《金石萃编》,皆其手定。著有《华山石刻表》、《历朝类贴考》、《竹崦庵金石录》、《竹崦庵传抄书目》1卷、《竹崦盦藏器目》1卷等。事迹见《清史列传》卷七三、李桓《国朝耆献类征初编》卷四二六、震钧辑《国朝书人辑略》卷六。

纪大奎卒(1746—)。大奎字向辰,一字慎斋,江西临川人。乾隆四十三年,以拔贡生充《四库》馆誊录。历商河、昌乐、栖霞、福山、博平等地知县。著有《易问》4卷、《观易外编》6卷、《老子约说》4卷、《薛文清公读书录钞》2卷、《地理末学》6卷、《算学便览》5卷、《水法要诀》5卷、《双桂堂稿》83卷等。事迹见《清史稿》卷四七七、《清史列传》卷七五、李桓《国朝耆献类征初编》卷二四二、《纪大奎传》(《续碑传集》卷四〇)。

倪模卒(1750—)。模字迁存,号韮瓶,安徽望江人。嘉庆四年进士。官凤翔府教训。家有藏书七万卷,藏书处名江上云林阁。中年时攻金石学,与钱大昕、戴震等人交往甚密。又江德量、宋葆淳、翁树培等名泉家交往,遂锐意蓄积古钱,且详征博考,几十年如一日,终成清代名泉家之一。著有《古今钱略》32卷、《泉谱》、《迁存遗文》2卷、《双声古训》10卷、《倪氏族约》、《雷港源流》、《雷港琐记》等。事迹见丁福保《凤阳府教授倪迁存先生别传》、姚文田《倪迁存先生墓志铭》(均见《倪迁存先生年谱》附)。倪人在编有《大父教授府君年谱》,江尔惟编有《倪迁存先生年谱》。

郝懿行卒(1757—)。懿行字恂九,号兰皋,山东栖霞人。嘉庆四年进士,授户部主事。博涉经史,深于名物、训诂、考据之学。著述甚多,而以《尔雅义疏》为瘁尽心力之作。著有《易说》12卷、《郑氏礼记笺》49卷、《春秋说略》12卷、《春秋比》2卷、《书说》2卷、《诗说》2卷、《诗经拾遗》1卷、《山海经笺疏》18卷、《燕子春秋》1卷、《宋书琐语》1卷、《竹书纪年校正》14卷、《证俗文》19卷、《晋宋书故》1卷、《荀子补注》2卷、《晒书堂笔记》20卷、《晒书堂诗文集》17卷及《补宋书刑法志》、《食货志》等。事迹见《清史稿》卷四八二、《清史列传》卷六九、蔡冠洛《清代七百名人传》第四编、胡培翚《郝兰皋先生墓表》(《研六室文钞》卷一〇)。

徐养原卒(1758—)。养原字新田,号饴庵,浙江德清人。嘉庆六年副贡生。无意仕进。阮元抚浙,征入诂经精舍校勘《仪礼》。著有《仪礼古今异同疏证》5卷、《春秋三家异同考》、《周官五礼表》、《周官故书考》4卷、《考工杂记》、《尚书考》、《论语鲁读考》1卷、《顽石庐经说》10卷、《六书故》、《急就篇考异》、《说文声类》、《毛诗类韵》、《周易楚辞经传诸子音证》、《古音备征记》、《律吕臆说》1卷、《荀勖笛律图注》1卷、《乐曲考》、《琴学原始》、《管色考》1卷、《周髀解》、《九章重差补图》、《乘方补记》、《三角割圆》、《对数比例》、《徐饴庵先生遗书稿本》等。事迹见《清史列传》卷六九、李桓《国朝耆献类征初编》卷四二二、钱仪吉《徐新田墓志铭》、张履《徐饴庵先生传》(均见《续碑传集》卷七二)。

按:钱仪吉《徐新田墓志铭》曰:"条通经传,著其大者,为《明堂说》、《禘郊辨》、《井田议》、《饮食考》、《古乐章考》、《周官五礼表》、《五官表》、《考工杂记》。其说多墨守郑氏。……为《黑水考》、《渤海考》,不附和其乡先生东樵胡氏之说,皆实事求是,不为苟同。于六书会意、指事,辨析最精,以及形声四者,字字别出之,为《六书故》。纠二徐释许之误,为《檀园字说》,著李斯作篆之迹,为《僮篇》,还史游字体之正,为《急就篇考异》。于古音增析段氏十七部,得十九部,求其得声之原,为《说文声类》,本其分部之实,为《毛诗类韵》、《周易楚词经传诸子音证》、《古音备征记》。于是《仪礼》之古今文,《周官》之故书,《春秋》三家,《论语》鲁读,皆能列其异同而为之考。于算学有《周髀解》、《九章重差补图》……偶为邑人评论所著书,钱詹事先生见之大惊叹，时始知之。仪征阮公征高材生数十人，诂经于杭州，君与其弟养灏与焉。……其后校勘诸经注疏，以《尚书》、《仪礼》二者属君。"(《续碑传集》卷七二)

赵慎畛卒(1761—)。慎畛字遵路，号笛楼，湖南武陵人。嘉庆元年进士。官至云贵总督。卒谥文恪。著有《奏议》、《从征录》、《载年录》、《榆巢杂识》2卷、《省愆室续笔记》、《读书日记》、《惜日笔记》等。事迹见《清史稿》卷三七九、《清史列传》卷三三、李桓《国朝耆献类征初编》卷一九七、杨彝珍《云贵总督赵公慎畛传》、姚莹《赵文恪公行状》(均见《续碑传集》卷二二)。

按：《清史稿》本传曰："慎畛服膺儒先，凡有益身心可致用者，皆身体力行。好善嫉恶，体恤属僚，训戒恳切，如师之于弟子。所至于文武官吏，常能识别其才否，人亦乐为之用。所著《奏议》、《从征录》、《载年录》、《读书日记》、《惜日笔记》等书及诗文集凡数十卷。"

黄丕烈卒(1763—)。丕烈字绍武，号荛圃，又号复翁，江苏长洲人。乾隆五十三年举人。官分部主事。藏书甚富，尤嗜宋本，自称佞宋主人。曾筑专室，藏所得宋本，名之为"百宋一廛"。精校勘之学，尝刊《士礼居丛书》，为学者所重。自著有《仪礼校正》17卷、《汪本隶释刊误》、《盲史斋精华》、《士礼居藏书题跋》、《百宋一廛赋注》等。事迹见《清史列传》卷七二、蔡冠洛《清代七百名人传》第四编、《黄丕烈传》(《碑传集三编》卷三七)。清江标编有《黄荛圃先生年谱》，王大隆编有《黄荛圃先生年谱补》。

按：王大隆《黄荛圃先生年谱补》曰："藏书家自汲古、传是以后，流风所扇，吴会为盛。至嘉庆间，长洲黄氏士礼居之藏而集其大成。盖荛圃有竹汀、茂堂、匪石、涧蘋以助其校勘，兔床、香岩、抱冲、寿阶以互为通假，兼以独具卓识，鉴别不差毫厘，身际承平，处东南文物之邦，抱残守缺，从容校理，至今读其题跋，令人神往，有生晚之慨。昔阮文达曰：'今宋本无黄氏鉴藏印者，终若缺然可疑。'洪稚存列藏书家为五等，而目先生为赏鉴家。其为当时儒林所推重如此。至今士礼居所刊书，虽单本零册，犹为士林所宝。若有手跋藏印者，几与球璧等视。世之藏书家盖莫不以先生为归。"王颂蔚称黄丕烈为三百年来藏书之"巨擘"(叶昌炽《藏书纪事诗序》)，陈登原《古今典籍聚散考》谓乾嘉藏书"为百宋一廛之时代"。

陈揆卒(1780—)。揆字子准，江苏常熟人。道光诸生。绝意仕进。好古籍，藏书甚富，每得一书，皆手雠校。藏书尤备于地志。尝以郦道元《水经注》详于北而略于南，著《六朝水道疏》以补之，而中年早逝，未能完成。著有《稽瑞楼书目》4卷，著录图书880余种。又著《琴川志注》12卷、《琴川续志》10卷、《稽瑞楼文钞》1卷。曾与张金吾刊行《诒经堂续经解》1436卷。事迹见《江苏艺文志·苏州卷》、孙原湘《陈子准传》、张金吾《陈子准别传》(均见《续碑传集》卷七六)。

按：黄廷鉴《藏书二友记》曰："吾邑陈子准、张月霄（即张金吾）二人，家世儒学，旧有藏书。至两君而更扩大之，月霄之藏弃后于陈君十年，不数载而富，与之埒储藏之名，遂并甲于吴中。四方之名士，书林之贾客，挟秘册、访异书，望两家之门而投止者，络绎于虞山之麓、尚湖之滨。嘻，盛矣！张居西关，陈居稍南，相去不半里，皆面城临水。暇辄过从，各出所获，赏奇辨疑，有无通假，相善也。两君志趣同而各有所主，张则钟于经籍而兼爱宋元人集，陈则专于史志而旁嗜说部，其大较以网罗散佚、存亡断绝为宗旨。其于书也,张则乐于人共有,叩必应;陈则一室静研,慎于乞假。余于张为及门,陈则世讲也,两家之书皆得借读。尝谓月霄:'古书固不容吝,第得之太易,则人不知珍惜。昔人以鬻书与借人并称不孝,良有以也。君宜师子准之慎,而陈君亦宜少济以君之通,乃为得之。'两家所藏,不下十余万卷。去其世有传本与秘而无关学问者,汇宋元旧刻及新旧钞,遴其精妙,尚可得一二万卷。其中多吾邑钱、毛两家旧物,沦落他方百余年而复归故土,其事殆非偶然。"(见叶昌炽《藏书纪事诗》)张金吾《陈子准别传》曰:"君(陈揆)藏书先金吾十余年,彼时,郡中若周香岩锡瓒、袁寿阶廷梼、顾抱冲之逵、黄尧圃丕烈四先生辈,皆以藏书相竞,珍函秘笈流及吾邑者盖寡。及金吾有志储藏,袁氏书早散不及见,而三家之宋元旧椠及秘不经见者陆续四出,嘉湖书贾往往捆载而来。阅之如入龙宫宝藏,璀璨陆离,目眩五色。君与金吾各择其尤者互相夸示,而要必以书贾先至其家为快。五六年中,两家所得不下三四万卷。呜呼!何其盛也。"

胡澍(—1872)、蒋益澧(—1874)、杨象济(—1878)、秦祖永(—1884)、余焕文(—1892)、蒋光焴(—1895)生。

道光六年　丙戌　1826 年

三月初六日丁亥(4月12日),以大学士蒋攸铦为会试正考官,工部尚书陆以庄、署工部左侍郎王鼎、署礼部右侍郎汤金钊为副考官。

二十四日乙巳(4月30日),礼部请颁各地会试应取名额,得旨:满洲取中9名,蒙古取中4名,汉军取6名,直隶取23名,奉天取2名,山东取20名,山西取12名,河南取12名,陕甘取10名,江苏取20名,安徽取15名,浙江取24名,江西取12名,湖北取11名,湖南取10名,福建取13名,台湾取1名,广东取10名,广西取7名,四川取9名,云南取11名,贵州取7名。

四月二十一日壬申(5月27日),策试贡生王庆元等265名于保和殿。

二十五日丙子(5月31日),道光帝至太和殿传胪,赐一甲朱昌颐、贾桢、帅方尉3人进士及第;二甲麟魁等110人进士出身;三甲熊炳离等152人同进士出身。

八月十八日丁卯(9月19日),以曹振镛、汪廷珍、王引之等不谙清文,英和、文孚管理事务繁多,改派托津、松筠、奕经校勘清文《圣训》。

九月十一日己丑(10月11日),命工部右侍郎李宗昉为武会试正考官,兵部右侍郎贾允升知武举。

十月初一日己酉(10月31日),颁道光七年《时宪书》。

二十日戊辰(11月19日),道光帝至太和殿传胪,赐中式武举一甲李相清、崔连魁、丁麟兆3人武进士及第,二甲张琴堂等5人武进士出身,三

俄国向波斯宣战。

慕尼黑大学成立。

第一个铁路隧道在英国的利物浦—曼彻斯特线上建成。

美国设计院成立。

甲周自超等23人同武进士出身。

十一月十八日乙未(12月16日),本年为纂修《玉牒》年,以惇亲王绵恺、定亲王奕绍为《玉牒》总裁官,大学士托津为督催官,礼部右侍郎裕恩、署左侍郎白镕、内阁学士钟昌、张鳞为副总裁官。

十九日丙申(12月17日),以礼部右侍郎裕恩为国史馆清文总校官。

斯坦福斯·拉弗尔斯创建伦敦皇家动物协会。

N. I. 罗巴切夫斯基发展他的非欧几何学体系。

列奥波多·诺贝利发明电流计。

阮元五月十七日调任云贵总督,李鸿宾为两广总督;阮氏将尚未完成的《皇清经解》交督粮道夏修恕接办,具体编辑事宜则仍由严杰负责。

阮元六月十四日颁布《学海堂章程》。其"管理学海堂"条谓:"本部堂酌派出学长吴兰修、赵均、林伯桐、曾钊、徐荣、熊景星、马福安、吴应逵共8人,同司课事。其有出仕等事,再由7人公举补额,永不设立山长,亦不允荐山长"。

按：广东学海堂是年始设学长,以后学长内有出仕等辞出者,再由7人公举补充。其后陆续补充的有张杓、张维屏、黄子高、谢念功、仪克中、侯康、谭莹、黄培芳、梁廷枏、陈澧、杨荣绪、金锡龄。《清史稿·儒林传三》曰:"仪征阮元督粤,震泽任兆麟见(曾)钊所校《字林》,以告元,元惊异,延请课子。后开学海堂,以古学造士,特命钊为学长,奖劝后进。尝因元说日月为易为合朔之辨在朔易,更发明孟喜卦气,引《系辞》悬象莫大乎日月,死魄会于壬癸,日上月下,象未济为晦时。元以为足发古义,宜再畅言之,以明孟氏之学,因著《周易虞氏义笺》七卷。"

阮元将倪模复校《十三经注疏》一册寄南昌,朱华临依校本勘对,逐条更正,有《重校宋本十三经注疏跋》。

阮元将《十三经注疏校勘记》、《汉唐事笺》、《曾子注释》、《学海堂集》等书置于昆明五华书院、育才书院。

顾广圻有《与阮芸台制府书》,与阮元论《皇清经解》。

方东树有《上阮芸台宫保书》,谓已成《汉学商兑》3卷。是年自粤还,先后在江皖各书院主讲。

陈寿祺有《答仪征公书》,对阮元不能主持完成《皇清经解》之书而惋惜。

王念孙八月为李惇遗著《群经识小》作序,述二人为学旨趣。

龚自珍、魏源在京应会试,分考官刘逢禄力荐不售,深为痛惜,作《伤浙江、湖南二遗卷诗》。

按：龚自珍、魏源以后都成了清代公羊学的传人。

龚自珍在京以奇异金石文字拓本19种,寄扬州秦恩复。

林则徐四月受命以三品卿衔署理两淮盐政,整顿两淮的"盐纲涣散",辞未赴任。

贺长龄调山东布政使,与江苏巡抚陶澍等整顿海运漕粮成功。

俞正燮、许瀚、苗夔、张穆在京互以学问切磋,于训诂尤究心。

胡培翚在京复倡祀郑玄,龚自珍为作祀议。

郑珍以拔贡赴京应礼部试,不第,归后入湖南学政程恩泽幕,始与邓显鹤相识。

曾国藩应长沙童子试，取前列第七名。

程恩泽调湖南学政回京，补国子监祭酒。

包世臣是年作《答萧枚生书》，预言烟毒泛滥之祸。

姚莹丁母忧。

朱昌颐、徐继畬、贾桢、帅方尉、周启运、赵镛、吴文鼎、王用宾、松年、宝龄、朱琦、朱蔼、熊锡祺等中进士。

项名达中进士，改官知县，不就，退而专攻算学。

邓显鹤应曾燠之聘，入燠两淮盐运使幕，为其点定诗文。

章华绂向长兄章贻选索寄乃父章学诚著作全稿以及王宗炎所定目录，先录得副本16册。

冯承辉题改琦为黄研北所作《松江蟹舍图》。

江青九月跋改琦《白描观世音像》。

石广均中进士，授兵部主事。

按：石广均字方墀，安徽宿松人。汪桂月弟子。《清史列传·石广均传》曰："笃学好礼，嗜善不倦，为乡里所称。尝撷性理之书之精粹者，为《内讼斋随录》。又著有《人谱》、《诗笺》、《亦园遗集》。"

范仕义时任宝山知县，创建学海书院。

聂镐敏在浙江建德建宝贤书院。

陈文蘅在江西万载县建东洲书院。

谢兴峣时任河南宝丰知县，建养正书院和心兰书院。

彭载义在四川巴县建瀛山书院。

左廷宾在四川安岳县建杏林书院。

凌椿时任四川威远知县，建崇文书院。

夏文臻时任四川营山知县，建云凤书院。

孙镶在四川达县建大成书院。

方同煦时任四川天全知县，建仙峰书院。

传教士高守谦任职于钦天监，因疾告假返欧。

按：此为任职于钦天监的最后一位传教士。

焦循著《易话》12卷、《易广记》3卷、《六经补疏》20卷刊行。

凌廷堪著《礼论略钞》刊刻，有后序，毛岳生作序。

王引之著《经义述闻》毛诗部分三册刻成、《逸周书杂志》二册刻成。

郝懿行著《尔雅义疏》19卷由阮元刻入《皇清经解》本刊行。

方东树著《汉学商兑》4卷初刻。

按：作者继承桐城派学风，将学术区分为义理、词章、考据三种，意在申宋学，绌汉学，否定乾嘉学派的考据学，尤反对江藩的《汉学师承记》，而极力维护程、朱的理学地位。此书反映了乾嘉间的学术之争，为研究清代儒学变迁的参考资料之一。方东树在该书《序例》中曰："近世有为汉学考证者，著书以辟宋儒、攻朱子为本，首以言心、言性、言理为厉禁。海内名卿钜公，高才硕学数十家，递相祖述，膏唇拭舌，造作飞条，就欲咀嚼。究其所以为之罪者，不过三端：一则以其讲学标榜门户分争为害于

安德烈·安培发表《电动力学》。

国家;一则以其言心、言性、言理堕于空虚心学禅宗为歧于圣道;一则以其高谈性命、来书不观、空疏不学为荒于经术。而其人所以为言之旨,亦有数等:若黄东发、万季野、顾亭林辈,自是目击时敝,意有所激,创为救病之论,而析义未精,言之失当;杨用修、焦弱侯、毛大可辈,则出于浅肆矜名,深妒宋始创立《道学传》,若加乎《儒林》之上,缘隙奋笔,恣设诐辞;若夫好学而愚智不足以识真,如东吴惠氏、武进臧氏,则为暗于是非。自是以来,汉学大盛,新编林立,声气扇和,专与宋儒水火。而其人类皆以鸿名博学为士林所重,驰骋笔舌,贯穿百家,遂使数十年间承学之士,耳目心思为之大障。历观诸家之书,所以标宗旨,峻门户,上援通贤,下詟流俗,众口一舌,不出于训诂、小学、名物、制度。弃本贵末,违戾诋诬,于圣人躬行求仁,修齐治平之教,一切抹杀。名为治经,实足乱经;名为卫道,实则畔道。昔孟子不得已而好辨,欲以息邪说,正人心。窃以孔子没后,千五百余岁,经义学脉,至宋儒讲辨,始得圣人之道。平心而论,程、朱数子廓清之功,实为晚周以来一大治。今诸人边见偾倒,利本之颠,必欲寻汉人纷歧异说,复汩乱而晦蚀之,致使人失其是非之心,其有害于世教学术,百倍于禅与心学。"(《汉学商兑》卷首)有同治十三年(1874)重刊本、《西京清麓丛书续编》本、《槐庐丛书》本、《方植之全集》本等。

林春溥著《孟子列传纂》1卷成书。

范士龄著《左传释地》3卷刊行,有自序。

梁履绳著《左通补释》32卷刊行。

张金吾著《两汉五经博士考》3卷成书,有自序。

王梓材《增补宋元学案》100卷刊行。

钱仪吉辑《碑传集》160卷成书,有自序。

按:是书分宗室、功臣、宰辅、部院大臣、内阁九卿、翰詹、科道、曹司、督抚、河臣、监司、守令、校官、佐贰杂职、武臣、忠节、逸民、理学、经学、文学、孝友、义行、方术、藩臣、列女等二十五类,辑录清初至嘉庆间二千余人的碑传资料,搜罗颇丰。钱仪吉《国朝碑传集序》曰:"于戏盛哉!自天命以来,王侯、将相、乡尹、百执事、硕儒、才彦之名迹炳烛国史矣。而石室金匮之藏,外人弗得见,曩承之《会典》之役,幸获敬观,亦不敢私有写录。今乃略依杜氏大珪、焦氏竑集录之例,撰诸先正碑版状记之文,旁及地志、别传,得若干篇。以其时,以其爵,以其事,比而厌之,为若干卷。其于二百年文献之林,不啻岳之一尘、海之一勺耳。有能口诵而心识焉,可以考德行,可以习掌故,不徒飞文染翰,为耳目之玩已也。其一人之事杂见他书者,同时之迹,及其子孙言行有可称者,间为附录,殿于本篇。或论一事而臧否不同,述一善而甲乙又不同,或推挹过当,或沿习忘反者,亦往往有之。自知言者观之,固可考信而不惑也。而要其大体,主乎乐道人善,以为贤士大夫蓄德之助。凡百二十卷,后有得者,当为续次云。"(《衎石斋记事稿》卷三)以后,缪荃孙辑有《续碑传集》86卷,收道光、咸丰、同治、光绪四朝人物1111人;闵尔昌辑有《碑传集补》60卷,除补缪书所遗的清季碑版状纪外,兼及道咸以前人物,共七百余人。

盛大士著《四史诠评》16卷。

顾沅编《古圣贤像传略》16卷刊行。

吴裕垂著《史案》20卷成,吴世宣作识语。

钱泰吉纂《钱氏族谱》成书。

丁晏著《读史粹言》1卷、《诸子粹言》1卷成书,有自序。

石韫玉等纂《昆新两县合志》成书。

张鸿、来汝缘修，王学浩等纂《昆新两县志》40卷刊行。
吴佩兰修，杨国泰纂《太原县志》18卷刊行。
陈韶纂《凤县志》成书。
佚名纂《玉门县志》1卷成书。
黄璟纂修《隆德县续志》刊行。
崔允昭修，李培谦纂《直隶霍州志》25卷刊行。
陈廷焴修纂《永昌府志》26卷刊行。
赵自中修纂《通海县志》4卷刊行。
广裕修，王垲等纂《元江州志》4卷刊行。
吴友箎修，熊履青纂《夔州府志》36卷刊行。
宋灏修，罗星纂《綦江县志》12卷刊行。
林光棣修纂《天河县志》成书。
耿省修修，张鹏展纂《滨州志》24卷刊行。
韩际飞修，何元等纂《高要县志》22卷刊行。
章鸿、叶廷芳修，邵咏、崔翼周纂《重修电白县志》20卷刊行。
徐香祖修，吴应逵纂《鹤山县志》12卷刊行。
常庆、陈翰修，郑优、伍声俪纂《耒阳县志》22卷刊行。
永铭修，赵任之、吴纯夫纂《淮宁县志》27卷刊行。
梅鼎臣修，陈之驹纂《屏南县志》6卷刊行。
王所举、石家绍修，徐思谏等纂《龙南县志》8卷刊行。
蒋启扬修纂《会昌县志》32卷刊行。
李其昌原本，李荫枢续修，李素珠续纂《莲花厅志》8卷刊行。
时式敷修，廖连等纂《南城县志》32卷刊行。
徐江修纂《江西新城县志》14卷刊行。
松安等修纂《金溪县志》26卷刊行。
邹山立修，赵敬襄纂《奉新县志》12卷刊行。
陈天爵、沈廷枚修，郑大琮、郑善征纂《安仁县志》32卷刊行。
黄应昀、朱元理修纂《婺源县志》39卷刊行。
陶尧臣修，周毓麟等纂《上饶县志》32卷刊行。
刘荣玠修，鲍作雨、张振夔纂《乐清县志》16卷刊行。
阿应麟等修，彭良裔等纂《南昌县志》40卷刊行。
王椿林修，胡承珙纂《旌德县续志》10卷刊行。
曹德赞原本，张星焕增修《繁昌县志》18卷刊行。
杨慧修，孔传庆、朱昆玉纂《定远县志》12卷刊行。
刘耀椿修，李同等纂《颍上县志》13卷刊行。
高泽生纂《颍上风物记》3卷刊行。
李兆洛刊《缩本舆地图》，又绘《皇朝内府一统舆地图》。
丁宗洛编《海康陈清端公年谱》2卷刊行。
韩崶自编《韩桂舲自订年谱》1卷刊行。

吴修著《昭代名人尺牍小传》成书，有自序。

陈寿祺钞辑黄道周遗集《黄漳浦遗集》成，有《重编黄漳浦遗集序》。

龚景瀚著《澹静斋全集》24卷刊行。

刘开著《孟涂文集》43卷刊行。

刘墉著《刘文清公遗集》17卷刊行。

顾广圻在扬州校刻《唐文粹》。

贺长龄、魏源主编《皇朝经世文编》120卷成书。贺长龄等又纂《江苏海运全案》12卷刊行。

张金吾就《金文最》选辑《金文选》30卷成书。

俞万春始著小说《荡寇志》，历二十年成书。

倪玉华著《风俗通韵》刊行。

张耕著《古韵发明》刊行。

按：张耕字芸心，山东滕阳人。另著有《切字肆考》1卷。

潘仁诚辑《海山仙馆丛书》56种刊行，其中辑有西人西学著作多种。

张金吾所编《爱日精庐续藏书志》4卷成书。

陈诗卒（1748—　）。诗字观民，号愚谷，别号大桴山人，湖北蕲州人。乾隆四十三年进士，官工部主事。四十五年，以赡养老母为由乞归，后不再入仕。主楚北书院数十年，士咸宗之。著有《四书类考》、《四书人物考》、《质疑录》、《姓氏书》、《宋韵合钞》、《湖北文载》、《历代地理志汇纂》、《事类丛钞》、《朱子年谱》、《六律正》、《五音考》、《历代纪元闰朔考》、《史外丛谈》、《敬远录》、《湖北金石存佚考》、《湖北旧闻录》、《历代地理志汇纂》、《竹书纪年集注》、《大桴山人诗文集》等。事迹见《清史列传》卷七二。

按：《清史列传》本传曰："学问醇博。尝著《质疑录》，自天神、地祇、人鬼，以至道释、鬼神，一一考其原委，以诗文附之。又有《姓氏书》，以姓为经、氏为纬。《宋韵合钞》取《广韵》、《集韵》合为一编，而以三十六字母次第之。又著有《湖北旧闻》、《湖北文载》、《诗载》、《丛载》、《历代地理志汇纂》等书，专记山川沿革，尝与章学诚修《湖北通志》。其学具有渊源，瞑读晨钞，罔间寒暑。工诗，严于格律，骎骎入古。乞归养，主楚北书院数十年，士咸宗之。叶继雯、喻文鏊尤为推服。"

王宗炎卒（1755—　）。宗炎字以除，号縠塍，浙江萧山人。乾隆四十五年进士。曾筑十万卷楼，以文史自娱。著有《晚闻居士遗集》9卷。又为章学诚整理《章氏遗书》。事迹见《清史稿》卷四八〇、《清史列传》卷七二。

按：徐世昌曰："縠塍绩学不仕，诸经皆有著述，不传。文章朴茂，诗亦笃雅不佻，当时越中推为耆硕。"（《晚晴簃诗汇·诗话》）

宋湘卒（1756—　）。湘字焕襄，号芷湾，广东嘉应人。嘉庆四年进士，改翰林院庶吉士，散馆，授编修。历充贵州乡试正考官。道光时官至湖北督粮道。著有《汉书摘咏》、《后汉书摘咏》、《不易居斋集》、《红杏山房诗钞》13卷、《红杏山房遗稿》等。事迹见《清史稿》卷四八五、《清史列传》卷七二、李桓《国朝耆献类征初编》卷二一三、震钧辑《国朝书人辑略》卷八。张灵瑞编有《宋芷湾先生年谱初稿》。

严如熤卒(1759—)。如熤字炳文,号乐园,湖南溆浦人。嘉庆三年,举孝廉方正科第一,授知县。官至陕西按察使。著有《三省边防备览》、《苗防备览》、《三省山内风土杂识》、《洋防辑要》、《山南诗选》、《汉南续修郡志》、《乐园诗文集》等。事迹见《清史稿》卷三六一、《清史列传》卷七五、李桓《国朝耆献类征初编》卷一九五、蔡冠洛《清代七百名人传》第一编。

按:《清史稿》本传曰:"如熤自为县令至臬司,皆出特擢。在汉中十余年不调,得成其镇抚南山之功。宣宗每论疆吏才,必首及之。将大用,已不及待。为人性豪迈,去边幅,泊荣利,视之如田夫野老。于舆地险要,如聚米画沙。所规画常在数十年外,措施略见所著书。尝佐那彦成筹海寇,有《洋防备览》;佐姜晟筹苗疆,有《苗防备览》;佐傅鼐筹屯田,有《屯防书》。又有《三省边防备览》、《汉江南北》、《三省山内》各图、《汉中府志》及《乐园诗文集》。"

鲍桂星卒(1764—)。桂星字双五,一字觉生,安徽歙县人。少从吴定学诗古文,后师事姚鼐。嘉庆四年进士,改翰林院庶吉士,散馆,授编修。官至詹事府詹事、文渊阁直阁事。著有《觉生诗钞》10卷、《觉生诗续钞》4卷、《咏史诗钞》3卷、《咏物诗钞》4卷、《感旧诗钞》2卷、《进奉文钞》2卷、《觉生自订年谱》4卷,辑有《唐诗品》85卷、《续近思录》14卷。事迹见《清史稿》卷三七七、《清史列传》卷三二、李桓《国朝耆献类征初编》卷一一一、陈用光《詹事鲍觉生先生墓志铭》(《太乙舟文集》卷八)。

按:《清史稿》本传曰:"桂星少从同县吴定学,后师姚鼐,诗古文并有法,著有进奉文及诗集,又尝用司空图说辑《唐诗品》。"

姚学塽卒(1766—)。学塽字晋堂,一字镜塘,浙江归安人。嘉庆元年进士。授内阁中书。道光中官至兵部郎中。著有《竹素斋集》10卷。事迹见《清史稿》卷四八〇、《清史列传》卷六七、李桓《国朝耆献类征初编》卷一四八、张履《诰授奉政大夫兵部职方司郎中镜塘姚先生行状》(《积石文稿》卷一五)、胡培翚《姚镜塘先生行略》(《研六室文钞》卷九)。

按:胡培翚《姚镜塘先生行略》曰:"先生于书无不读,然宗主宋儒。践履笃实,不欲以空言讲学,其教人以敬恕为要。……尝答友人曰:'自宋以来,讲学之书多矣。然其答略有三,以致知启其端,以力行践其实,以慎独握其要。三者之中,慎独尤急,不慎独则所知皆虚,而所行亦伪。'又答人书:'宋儒之学,非尽于宋儒之书也。本之于经以深其源,博之于史以广其识,验之伦常日用以践其实,参之人情物理以穷其变。不必终日言心言性而后谓之理学,亦不必言太极、阴阳、五行而后谓之理学也。'"(《研六室文钞》卷九)

吴慈鹤卒(1778—)。慈鹤字韵皋,号巢松,江苏吴县人。嘉庆十四年进士,改翰林院庶吉士,散馆,授编修。官至翰林院侍讲。著有《岑华居士兰鲸录》8卷、《凤巢山樵求是录》6卷、《凤巢山樵求是二录》4卷、《岑华居士外集》2卷、《岑华馆词》2卷等。事迹见《清史列传》卷七二。

谢阶树卒(1779—)。阶树字子玉,又字欣植,号向亭,江西宜黄人。嘉庆十三年进士,授翰林院编修。充文颖馆纂修、《治河方略》馆总纂。后提督湖南学政，官至侍读学士。著有《守约堂诗文集》、《沆槎唱和集》、《澧州唱和集》等。事迹见《清史列传》卷七三。

包世荣卒（1784— ）。世荣字季怀，安徽泾县人。包世臣从弟。道光元年举人。深于汉学，尤究心于名物、训诂。著有《毛诗礼征》10 卷、《学诗识小录》等。事迹见《清史列传》卷六九。

陈沆卒（1785— ）。沆本名学濂，字太初，号秋舫，湖北蕲水人。15 岁应试科举，县试、乡试、会试，皆名列第一，学使鲍星读其试卷，击节赞赏。嘉庆二十四年一甲一名进士，授翰林院编修。官终四川道监察御史。曾典试广东乡试，任会试同考官。著有《诗比兴笺》4 卷、《近思录补注》14 卷、《简学斋诗存》4 卷、《白石山馆遗稿》1 卷、《白石山房诗钞》、《简学斋赋存》、《课馆试律存》、《课馆试律续存》等。事迹见《清史列传》卷七三。

莫晋卒，生年不详。晋字锡三，号实斋，浙江会稽人。乾隆六十年进士，授翰林院编修。历官左副都御史、内阁学士。曾刻《明儒学案》。事迹见《清史列传》卷三五、李桓《国朝耆献类征初编》卷一一〇。

胡秉虔卒，生年不详。秉虔字伯敬，号春乔，安徽绩溪人。胡匡衷之从侄、胡匡宪之子。学出彭元瑞、朱珪、阮元之门，又与姚文田、王引之、张惠言为同年友。嘉庆四年进士。官至丹噶尔同知。长于训诂、声音之学，于《说文》用力最深。著有《周易小识》8 卷、《尚书小识》8 卷、《尚书序录》1 卷、《论语小识》8 卷、《毛诗序录》、《汉西京博士考》2 卷、《说文管见》3 卷、《古韵论》3 卷、《甘州明季成仁录》4 卷、《河州景忠录》3 卷等。事迹见《清史稿》卷四八二、《清史列传》卷六九、胡韫玉《胡秉虔传》（《碑传集补》卷四〇）。

按：《清史稿》本传曰："秉虔自幼嗜学，博通经史。尝入都肄业成均，夜读必尽烛二条。尤精于声音、训诂，著《古韵论》三卷，辨江、戴、段、孔诸家之说，细入毫芒，塙不可易。《说文管见》三卷，发明古音、古义，多独得之见。末论二徐书，有灼见语，盖其所致力也。"

胡盍朋（ —1866）、雷思起（ —1876）、黄钧宰（ —约1876）、周星誉（ —1884）、桂文灿（ —1886）、孙诒经（ —1890）、朱侨（ —1899）、徐用仪（ —1900）、易佩绅（ —1906）、张长林（ —1906）、邓华熙（ —1916）生。

道光七年　丁亥　1827 年

土耳其人入雅典。

俄罗斯取亚美尼亚。

七月十五日戊午（9 月 5 日），武英殿校刊《仁宗皇帝圣训》（汉文）告成，提调官升叙有差。

十月初三日乙亥（11 月 21 日），准大学士两江总督蒋攸铦奏，变通江南乡试回避成例。

> 按：嗣后籍隶江、安两省者，除巡抚、两司学政，省城、道府首县仍照向例办理外，其总河巡道等官，遇所属开送廉员，亦应照例回避。如所属并无入廉之官，其子弟亲族，准一体乡试。

初七日己卯(11月25日)，谕令满洲官兵习学满语、骑射。

十一月初二日癸卯(12月19日)，更定吏部杂项考试章程。

是年，定番役子孙改归旧制，不准应试武场、出仕武职。

阮元为李赓芸《稻香吟馆诗文集》作序。

王引之七月以工部尚书兼武英殿总裁，八月受命重修《康熙字典》，王念孙代子校《康熙字典》数册，定出法式。

王引之是年底受命与兵部尚书王宗诚、户部左侍郎顾皋在紫禁城内骑马。

龚自珍作《常州高才篇》赠丁履恒，叙述其与常州文家的交往关系。

林则徐五月为陕西按察使，署布政使事；十月闻父卒讣讯，南归奔丧。

方东树主讲庐州庐阳书院。

魏源过访旅居吴门之包世臣。

贺长龄调任山东布政使，魏源离开贺氏幕府，进入陶澍幕府。

刘文淇与薛传均、柳兴恩、包慎言等校包世臣所著《诗礼征文》。

胡承珙五月为其《小尔雅义证》作序。

王筠与许瀚在京共治《说文》。

王筠、许瀚、许棳等应李璋煜请，校桂馥所著《说文解字义证》。

陈立在扬州，以凌曙命，改从刘文淇学。

> 按：《清史稿·儒林传三》曰：陈立"少客扬州，师江都梅植之，受诗、古文辞；师江都凌曙，仪征刘文淇，受《公羊春秋》、许氏《说文》、郑氏《礼》，而于《公羊》致力尤深"。

钱泰吉选授杭州府海宁州学训导。

陈澧初谒张维屏，其诗获张赏识，遂教以诗法与读书法。

张穆始入省肄业。

松筠充玉牒馆副总裁。

潘世恩充国史馆副总裁，又充武会试正考官。

陈用光充文渊阁直阁事。

陈奂入都见王念孙。

罗士琳将所著《四元玉鉴细草九式》书稿寄阮元斧正，并请赐序。

改琦是年作《仿陈洪绶赏梅图》、《观音大士图》、《鹰雉图》等。

汪鸿、王应绥、改琦、孙义钧九月合作《赏诗阁图》。

邓显鹤任湖南宁乡县训导。

章钧在浙江余杭建苕南书院。

赖以平时任同知，在安徽宿县建古睢书院。

刘廷槐时任安徽来安县知县，建南书院。

乔治·欧姆制定出欧姆定律。

英国医生理查德·布赖特描绘肾炎。

约瑟夫·雷塞尔发明轮船螺旋桨。

约瑟夫·尼普斯在金属板上印制照片。

约翰·洛克推广硫磺摩擦火柴。

董卜年时任福建惠安知县，改建原螺阳书院为文峰书院。

汤存馨在江西万载县建龙冈书院。

董敏善时任河南中牟知县，建景恭书院。

彭锡三等在河南禹州建方山书院。

叶西亭在河南沈丘县建平舆书院。

萧韶鸣时任河南内乡县知县，建菊潭书院。

沈登伍在湖南邵东县建资东书院。

周永基在湖南宜章县创建栗源书院。

王德茂时任广东廉江知县，建同文书院。

钟学渠在陕西柞水县建义川书院。

黄凯时任甘肃礼县知县，将天嘉书院改建为礼兴书院。

英国传教士马礼逊在李文斯敦医生协助下于澳门开设医馆，医务日增。

美国人任德与英国鸦片商马地臣11月8日在广州创办双周刊《广州记录与行情报》。因在办报方针上出现分歧，数月后任德离去。

按：该报次年改名《广州记录报》，一译《广州记事报》，魏源《海国图志》中译为《澳门杂录》。1834年后改为周刊。是为外国人在华出版的第一份英文报，于报道鸦片行情最详。

J.J.奥杜邦著成《北美鸟类》。

卡尔·冯·贝尔发表《卵生哺乳动物学及人类生殖学通信》。

秦笃辉著《易象通义》6卷刊行。

方坰始著《读易日识》，越五年得6卷。

庄存与著《毛诗说》4卷、《春秋要指》1卷、《春秋举例》1卷、《春秋正辞》12卷刊行。

按：梁启超《中国近三百年学术史》曰："清儒头一位治《公羊传》者为孔巽轩（广森），著有《公羊通义》，当时称为绝学。但巽轩并不通《公羊》家法，其书违失传旨甚多。《公羊》学初祖，必推庄方耕（存与），他著有《春秋正辞》，发明《公羊》微言大义，传给他的外孙刘申受（逢禄），著《公羊何氏释例》，于是此学大昌。"陈其泰说："至清代，公羊学经历了重新提起、创造性改造和风靡天下的演变过程。乾隆末年，庄存与著《春秋正辞》，宣扬'张三世'，代表了公羊学自东汉末以来长期消沉以后复兴序幕的揭起。"（《春秋公羊"三世说"：独树一帜的历史哲学》，《史学史研究》2007年第2期）《春秋正辞》有《味经斋遗书》宝研堂刊本、阳湖庄氏刊本、《皇清经解》学海堂刊本、补刊本等。

王引之十二月重刊《经义述闻》于西江米巷寿藤书屋，分增为32卷。

郝懿行遗著《春秋说略》、《春秋比》刊行，胡培翚作序。

丁晏著《禹贡锥指正误》1卷成书。

曾钊著《春秋国都爵姓考补》1卷成书。

林伯桐著《史记蠡测》1卷成书，洪颐煊作跋。

沈德符著《万历野获编》30卷由姚祖恩扶荔山房刊行。

冯登府著《金石综例》4卷成书，有自序。

沈莲生续修《邢台县志》10卷刊行。

张范东修,李广滋纂《深州直隶州志》10卷刊行。

杨延亮纂修《赵城县志》37卷刊行。

王志沂纂《陕西志辑要》6卷刊行。

王有庆等修,陈世镕等纂《泰州志》36卷刊行。

王让修,桂超万纂《祁门县志》36卷刊行。

马光蟾修纂《徽州府志》16卷刊行。

廖大闻等修,金鼎寿纂《续修桐城县志》24卷刊行。

林元英修纂《重修上高县志》12卷刊行。

周履祥、张宗裕等修纂《万年县志》22卷刊行。

孙尔修修,黄华璧、汪葆泰纂《乐平县志》12卷刊行。

魏德略修纂《靖州直隶州志》12卷刊行。

李锦源修,顾渭纂《竹溪县志》12卷刊行。

黄安涛、黄海涛等修,潘眉纂《高州府志》16卷刊行。

恩成修,刘德铨纂《夔州府志》36卷刊行。

张利贞修,黄靖图纂《富顺县志》38卷刊行。

刘祖宪等修纂《安平县志》10卷刊行。

胡炳修,彭晪纂《南江县志》3卷刊行。

李诚、罗宗琏修纂《新平县志》8卷刊行。

张燨修,刘承谦等纂《沂水县志》10卷刊行。

凌寿祺纂《浒墅关志》18卷刊行。

侯登岸纂《掖乘》16卷成书。

蒋乙经、龚绳正编《圣迹编年》刊行,附于《文庙汇考》。

蔡孔炘编《孔子年谱》、《孟子年谱》刊行,附于江州蔡氏刻本《经学提要》。

施国祁编《元遗山先生年谱》1卷刊行,附于苕溪吴氏醉六堂刻本元好问《元遗山先生全集》。

钱聚仁编《紫云先生年谱》1卷刊行。

张家缙编《张度西先生年谱》1卷成书。

康基田自编,康亮钧补编《茂园自撰年谱》2卷刊行。

宝琳、宝珣编《昇勤直公年谱》2卷刊行。

方绩著《屈子正音》3卷刊行。

按:方绩字展卿,安徽桐城人。方东树父。是书由邓廷桢、方东树订补,邓廷桢、管同作序。

贺长龄、魏源主编《皇朝经世文编》120卷刊行。

按:《皇朝经世文编》的刊行,是为清代经世之学复兴的标志。全书选辑清初至道光三年(1823)以前奏疏、论著、书札等2100余篇,分为八纲:学术、治体、吏政、户政、礼政、兵政、刑政、工政,列目六十三。魏源有《皇朝经世文编叙》,对辑文的对象、卷数、纲目、分类都有说明,并重点论述如何借鉴前人事功。此书对清代学术有较大影响,以后续编清代经世文者不下十余家,主要有盛康编的《皇朝经世文续编》120卷、饶玉成编的《皇朝经世文编正续》120卷、葛士浚编的《皇朝经世文新增续编》120

卷、陈忠倚编的《皇朝经世文三编》80卷、何良栋编的《皇朝经世文四编》52卷。是书以光绪十二年思补楼重印本为佳。

王铭著《见山楼遗诗抄》4卷刊行。

王乃斌著《红蝠山房诗抄》9卷刊行。

戈宙襄著《半树斋文》12卷刊行。

任绳隗著《直木斋全集》12卷刊行。

姚学塽著《姚镜堂全集》10卷刊行。

张秉钧著《萱寿堂同怀集》12卷刊行。

王寿昌著《小清华园诗谈》2卷刊行。

按：王寿昌字养斋，号眉仙，云南永北人。另著有《王眉仙遗著》。

马时芳著《芝田随笔》6卷成书。

吴遐龄著《初学读念法》1卷刊行。

陈文述著《画林新咏》3卷由西湖翠渌园刊行。

阮元著《塔性说》成书。

中国小说《玉娇梨》及《今古奇观》部分，是年前已被译成法文。

张金吾所编《爱日精庐续藏书志》4卷刊行。

按：张金吾是清代藏书家，早在嘉庆二十三年(1818)就编就一部20卷的藏书简目。在此基础上，又于嘉庆二十五年(1820)编成善本藏书目录《爱日精庐藏书志》4卷，并于次年用木活字排印出版。道光三年(1823)，因藏书增益颇多，重加编次，更新体例，厘为36卷；道光六年(1826)续修4卷，合为40卷，于次年梓印问世。此书在中国目录学史上具有继往开来的意义，它创建了一种既有详尽著录，又有考订心得的目录体制，被后世目录学者认为是题跋和书目合二而一的产物。后来藏书家编撰善本书目多仿其例，如清末四大藏书家中的瞿镛《铁琴铜剑楼藏书目》、丁丙《善本书室藏书志》、陆心源《皕宋楼藏书志》等。顾广圻《爱日精庐续藏书志序》曰："书之有目，其途每殊，凡流传共见者，固无待论。若夫月霄之目，乃非犹夫人之目也。观其某书必列某本旧新之优劣、钞刻之异同，展卷具在，若指诸掌，其开聚书之门径也欤？备载各家之序跋，原委粲然。复略就自叙、校雠、考证、训诂、簿录荟萃之，所得各发解题，其标读书之脉络也欤？世之欲藏书、读书者，苟循是而求焉，不事半功倍欤？然则此一目也，岂非插架所不可无而予乐为之序者哉！"

威廉·布莱克卒(1757—)。英国艺术家、诗人。

德·拉普拉斯卒(1749—)。法国数学家、天文学家。

林宾日卒(1749—)。宾日原名天翰，字孟养，号旸谷，福建侯官人。林则徐父。岁贡生。生平以教书讲学为业，曾与友人立敦社、诚交社、绵充山堂等，并主讲乐正书院。著有《小鸣集》12卷。事迹见陈寿祺《林宾日墓志铭》(《左海文集》卷一〇)。

唐仲冕卒(1753—)。仲冕字六枳，号陶山，湖南善化人。乾隆五十八年进士。由知县历知州、知府，官至陕西布政使。尝自定所为文为《陶山文录》10卷，每篇之末，附载钱大昕、王昶、姚鼐、孙星衍、洪亮吉、段玉裁、法式善、秦瀛、伊秉绶、许桂林诸家评语。又有《陶山诗录》24卷。事迹见李桓《国朝耆献类征初编》卷一九六、陶澍《唐仲冕墓志铭》(《陶文毅公全集》卷四五)。

汪廷珍卒(1757—)。廷珍字玉粲，号瑟庵，江苏山阳人。乾隆五十四年一甲二名进士，授编修。曾为安徽、江西学政。官至礼部尚书协办大学士。深于经术，长于舆地、名物、算数、方技之学。卒谥文端。著有《实事求是斋诗文集》、《学约》、《新疆识略》13卷等。事迹见《清史稿》卷三六四、《清史列传》卷三四、李桓《国朝耆献类征初编》卷三八、李元度《汪文端公事略》(《续碑传集》卷三)。

  按：《清史稿》本传曰："廷珍学有根底，初为祭酒，以师道自居。选《成均课士录》，教学者立言以义法，力戒摹拟剿窃之习。及官学政，为《学约》五则以训士：曰辨途，曰端本，曰敬业，曰裁伪，曰自立。与士语，谆谆如父兄之于子弟。所刻试牍，取《易》修辞之旨曰《立诚编》。士风为之一变。"

  姚文田卒(1758—　)。文田字秋农，浙江归安人。嘉庆四年一甲一名进士。授修撰，充国史馆、《全唐文》馆纂修，会试总裁，官至礼部尚书。卒谥文僖。著有《四声易知录》4卷、《春秋经传朔闰表》2卷、《易原》1卷、《说文声系》14卷、《说文考异》30卷、《古音谐》8卷、《广陵事略》7卷、《邃雅堂学古录》7卷、《邃雅堂文集》10卷等。事迹见《清史稿》卷三七四、《清史列传》卷三四、李桓《国朝耆献类征初编》卷一一〇、蔡冠洛《清代七百名人传》第一编、刘鸿翔《礼部尚书姚文僖公墓志铭》(《绿野斋前后集》卷六)。

  按：《清史稿》本传曰："文田持己方严，数督学政，革除陋例，斥伪体，拔真才，典试号得士。论学尊宋儒，所著书则宗汉学。博综群籍，兼谙天文占验。"《清儒学案》卷一一五《秋农学案》曰："乾隆中叶，汉学方极盛，士读宋诸儒书，觉其言义理心性，厘然诚有不可偏废者，乃折衷为持平之论，秋农其一也。训故考订则仍守汉经师家法。"

  钮树玉卒(1760—　)。树玉字蓝田，晚字迎石，自号匪石山人，江苏吴县人。不事科举之业，专心研究文字、声音、训诂。著有《说文解字校录》30卷、《说文新附考》6卷、《说文玉篇校录》1卷、《段氏说文注订》8卷、《急就章考证》1卷、《匪石山人诗》、《匪石日记钞》1卷、《匪石先生文集》、《非石子》2卷等。事迹见《清史稿》卷四八一、《清史列传》卷六八、李桓《国朝耆献类征初编》卷四二〇、梁章钜《钮山人墓志铭》(《碑传集补》卷四〇)。

  戴清卒(1762—　)。清字静斋，江苏仪征人。嘉庆十八年岁贡生，候补训导。治学勤于采录，尤究心异同疑似。著有《四书典故考辨》1卷、《群经释地》1卷、《双柑草堂诗文集》。事迹见刘文淇《戴清传》(《青溪旧屋文集》卷八)。

  吴修卒(1764—　)。修字子修，号思亭，浙江海盐人。诸生。官布政使司经历。精于鉴别古今字画金石。著有《湖山吟啸集》、《思亭近稿》、《居易居小草》、《吉祥居存稿》、《青霞馆论画绝句》1卷、《续疑年录》4卷、《曝书亭诗集笺注》、《纪元甲子表》、《居易居文集》等。又刻有《昭代名人尺牍小传》。事迹见《碑传集补》卷四七。

  时铭卒(1766—　)。铭字佩西，号香雪，江苏嘉定人。嘉庆十年进士，官山东齐东知县。通算学。著有《笔算筹算图》、《扫落叶斋诗文稿》、《六壬录要》、《唐宋诗选》等。事迹见李兆洛《时铭传》(《养一斋文集》卷一四)。

欧阳勋（　—1856）、刘履芬（　—1879）、洪品良（　—1897）生。

道光八年　戊子　1828 年

普鲁士向土耳其宣战。

美国国会立法削减进口。

安德鲁·杰克逊选立为美国总统。

美国巴尔的摩—俄亥俄铁路动工。

三月十五日甲寅（4月28日），仿《仁宗御制诗》每八年为一集之例，将道光元年至八年御制诗，照曹振镛等所拟卷数，编为初集，校刻刊印。

三十日己巳（5月13日），玉牒告成。

五月十九日丁巳（6月30日），命绘平定回疆功臣像。命绘军机大臣大学士曹振镛、吏部尚书文孚、户部尚书王鼎、兵部尚书玉麟像于紫光阁。

七月二十日戊午（8月30日），裁撤翻译科场同考官。

九月十二日己酉（10月20日），道光帝谒昭西陵、孝陵、孝东陵、景陵、裕陵，并至宝华峪孝穆皇后陵寝奠酒。

十二月初六日辛未（1829年1月10日），顺天府民张成善等8人，传习天主教，收藏经卷、十字架等，被杖一百，流二千里，于犯事地方加枷号三个月。

是年，翻译乡试，应试者满洲130余人，蒙古20余人。中式满洲举人8名，复试时因文理不通、错误太甚，被罚停科者4名。

阮元因粤中学人欲刊明儒陈建的《学蔀通辨》，故作《学蔀通辨序》。又为罗士琳《四元玉鉴细草九式》作序。

庄绥甲汇刻其祖庄存与的经学遗著，阮元应请作《庄方耕宗伯经说序》。

汪喜孙十月绘《传经图》，表彰其父汪中经学，阮元应请作《传经图记》。

林伯桐、吴兰修、吴应逵、徐荣、曾钊、马福安等学海堂弟子四月模刻阮元像立于堂中。

王引之署吏部尚书。是年，与父念孙收许瀚为弟子。

许瀚校《尔雅注疏》一过，又校订朱彬所著《经传考证》。

孙奇逢二月二十六日以诏命从祀孔庙。

龚自珍与魏源、宗稷辰、吴嵩梁、端木国瑚在京被称为"薇垣五名士"。

按：李柏荣《日涛杂著》第一集曰："道光朝内阁中书舍人，多异才隽彦。龚自珍定庵以才，魏源默深以学，宗稷辰越岷以文，吴嵩梁兰雪以诗，端木国瑚鹤田以经术，时号'薇垣五名士'。"

林则徐在籍守制。

方东树主讲亳州泖湖书院。

陈用光提督福建学政。

刘文淇与友人刘宝楠、包慎言、薛传均、柳兴宗及门人陈立同赴金陵应试，皆不第。于是始与宝楠等为约，各治一经，加以疏证。文淇治《左传》，宝楠治《论语》，陈立治《公羊传》。

按：《清史稿·儒林传三》曰："初，文淇治《左氏春秋长编》，晚年编辑成疏，甫得一卷，而文淇没。（刘）毓崧思卒其业，未果。（刘）寿曾乃发愤以继志述事为任，严立课程，至襄公四年而卒，年四十五。"

钱林因病，将平日所著诗文手授门人程恩泽，以谋校刻。

陈澧肄业于粤秀书院。

苗夔以汉河间献王君子馆砖拓本赠许瀚，又以所著《毛诗均订》求正于王念孙；王念孙以《经义述闻》相赠。

张祥河来闽典试，将沿途所作诗集为《使闽纪程诗草》，请林则徐写序。

莫友芝始与郑珍订交。

黄爵滋充江南乡试副考官，识拔劣德舆。

松筠充蒙古翻译考试官。

沈维鐈督顺天学政。

蒋宝龄闻改琦病故，奔赴松江吊之。

丁善庆充贵州乡试正考官。

胡达源充云南乡试正考官。复命提学贵州大定武举。

按：胡达源字清甫，湖南益阳人。著有《闻妙香轩文集》。事迹见《清史列传》卷六七。

陈銮在上海创建蕊珠书院，选敬业书院诸生36人月课于此。

胡培翚在安徽绩溪建东山书院。

刘光斗时任山东诸城县知县，建观海书院。

栗毓美时任开封知府，建彝山书院。

富成在河南柘城县建襄山书院，又名文起书院。

苏方阿时任河南镇平知县，建洧阳书院。

雷时行在四川遂宁建旗山书院。

王孝廉著《周易象理指掌》成书。

按：林则徐为此书作序，主张折中汉宋，不遗一家。

朱骏声著《六十四卦经解》8卷。

卢兆鳌著《周易辑义初编》4卷刊行。

庄绥甲著《易说》成，董士锡作序。

龚自珍著《尚书序大义》1卷、《泰誓答问》1卷、《尚书马氏家法》1卷。

包世荣著《毛诗礼征》10卷刊行。

瞿中溶辑《春秋三家经异文备考》、《魏石经遗字举正》成书。

罗士琳著《春秋朔闰异同》2卷成书，有自序。

刘宝楠始著《论语正义》。

德国学者卡尔·米勒发表他关于伊特鲁里亚人古代风俗习惯的论文。

威廉·内皮尔爵士开始著写《伊比利亚半岛战争史》。

诺亚·韦伯斯特编纂的《美国英语词典》出版。

冯登府著《石经补考》12卷成书。

丁晏著《禹贡集释》3卷成书，有自序。

丁宗洛著《逸周书管见》10卷成书，陈钧作序。

茆泮林辑《古孝子传》1卷成书，有自序。

彭元瑞、刘凤诰等著《五代史记补注》74卷刊行。

黄本骥著《古志石华》30卷、《颜书编年录》4卷成书，有自序。

梁章钜著《沧浪亭志》4卷成书。

钟章元修，陈颂第等纂《清涧县志》8卷刊行。

张廷槐纂修《西乡县志》6卷刊行。

孙世榕修纂《寻甸州志》30卷刊行。

夏梦鲤修，董承熙纂《垫江县志》10卷刊行。

林光棣修，苏信德纂《永福县志》4卷刊行。

胡端书修，杨士锦、吴鸣清纂《万州志》10卷刊行。

祝淮修，黄培芳纂《香山县志》8卷刊行。

谢丕绩修，李辉光纂《枝江县志》14卷刊行。

倪明进修，栗郫纂《沁阳县志》12卷刊行。

戴凤翔修，高崧、江练纂《太康县志》8卷刊行。

徐江修，徐湘潭纂《南丰县续志》40卷刊行。

舒梦龄修纂《巢县志》20卷刊行。

党金衡等修纂《东阳县志》28卷刊行。

李式圃修，朱渌等纂《嵊县志》14卷刊行。

邹璟纂《乍浦备志》36卷刊行。

劳逢源修，沈伯棠等纂《歙县志》10卷刊行。

周兴峰修，许锦春、严可均纂《建德县志》21卷刊行。

沈垚纂《新疆私议》1卷成书。

冯登府纂《福建盐法志》30卷。

漆日榛修，桂超万纂《贵池县志》44卷刊行。

方履籛著《金石萃编补正》4卷成书，顾广圻作跋。

冯登府辑《闽中访碑录》10卷、《闽中金石志》14卷。

阮福著《滇南古金石录》1卷成书，有自序。

秦万寿、王汝楫编，张翯补编《郝文忠公年谱》1卷刊行，附于郝经所著《郝文忠公全集》卷首。

赵敬襄自编《竹冈鸿爪录》刊行。

魏成宪自编《仁庵自记年谱》1卷刊行，附于作者所著《清受堂集》。

王鎏著《钞币刍言》成书。

钱塘著《淮南天文训补注》3卷刊行。

石韫玉著《多识录》9卷刊行。

刘沅著《拾余四种》刊行。

周济著《说文字系》2卷成书。

陈昙著《邝斋杂记》8卷成书，有自序及潘正亨序。

按：陈昙字仲卿，号邝斋，广东番禺人。另著有《海骚集》。

吕璜著《古文绪论》1卷成书，有自序。

梅曾亮著《柏枧山房文集》成书，方东树作后序。

万法周著《小庄先生诗抄》7卷刊行。

马国翰著《玉函山房诗集》4卷、《玉函山房文集》4卷刊行。

按：马国翰被誉为"清代辑佚第一家"，其代表作是《玉函山房辑佚书》768卷，收所辑佚书594种，为当时辑书最多者。梁启超《中国近三百年学术史》曰："嘉道以后，辑佚家甚多，其专以此为业而所辑以多为贵者，莫如黄右原（奭）、马竹吾（国翰）两家。"清代其他辑佚突出者还有：王仁俊辑的《玉函山房佚书续编》269种、《玉函山房佚书补编》138种、《十二经读注》40种、《经籍逸文》116种，王谟辑的《汉魏遗书钞》104种、《汉唐地理书钞》50种，任大椿辑的《小学钩沉》40种，洪颐煊辑的《经典集林》30种，袁钧辑的《郑氏逸书》21种，严可均辑的《全上古三代秦汉三国六朝文》746卷，彭定求等人辑的《全唐诗》900卷，董诰等人辑的《全唐文》1000卷。另外还有章宗源、惠栋、钱侗、余萧客、张金吾、李调元、孔广森等也都辑有一些佚书或佚文。

侯芝改订《再造天》弹词。

改琦所著《玉壶山房词选》由沈恕之子沈文伟校刊问世。

查为仁、厉鹗笺注的《绝妙好词笺》由钱塘徐楙爱日轩刊行。

叶申芗著《天籁轩词谱》成书。

鲍泰圻辑《鲍氏汇校医书四种》刊行。

日本岩奇常正根据《本草纲目》著成《本草图说》。

梁发于广州著《塾学圣理略论》成书。

按：是为作者悔改、受洗等宗教生活与经验的自述。

俄国东正教传教士俾丘林于是年至次年间先后出版《西藏记事》、《蒙古札记》、《准噶尔和东土耳其斯坦的远古和现状记述》、《成吉思汗前四汗本纪》、《三字经》、《北京纪事》等。

按：东正教传教士中多有汉学家，以第七届来华传教团传教士俾丘林成就最大。此外，还曾翻译《资治通鉴纲目》、《大清一统志》及"四书"等，发表《蒙古的语言、部落、人口、平民阶级》等论文。

英国伦敦会传教士吉德在马六甲创办中文月刊《天下新闻》。

按：此为第一份铅字中文刊物，亦是在南洋发行的第一份中文报刊。重在商业，非以宗教宣传为主要目的。

麦都思编《东西史记和合》，于巴达维亚用中文石印印刷出版。

中英文对照刊物《依泾杂说》在澳门创办。

刘大绅卒（1747—　）。大绅字寄庵，云南晋宁人。乾隆三十七年进士，官山东新城人、曹县知县，青州、武定同知。曾主讲云南五华书院，以圣贤之学教授诸生。学宗朱熹。著有《寄庵诗文集》等。事迹见《清史稿》卷四七七、《清史列传》卷七五、李桓《国朝耆献类征初编》卷二四一、刘鸿翱《刘青天大绅传》（《碑传集》卷一〇三）。

按：《清史稿》本传曰："大绅素讲学、能文章，在官公暇，辄诣书院课士。尝训诸生曰:'朱子小学,为作圣阶梯,入德涂轨。必读此书,身体力行,庶几明体达用,有益于天下国家之大。'于是士知实学,风气一变。"

戴亨卒(1758—)。亨字通乾,号遂堂,辽宁辽阳人,原籍浙江仁和。康熙六十年进士,官山东齐河知县。诗宗杜甫,与陈景元、长海齐名,时称"辽东三老",卢见曾为合刻其集。著有《庆芝堂诗集》、《辽东三老集》。事迹见《清史稿》卷四八五。

钱林卒(1762—)。林原名福林,字东生,一字志枚,号金粟,浙江仁和人。受阮元赏识,肄业诂经精舍。嘉庆十三年进士,改翰林院庶吉士,散馆,授编修。官至侍读学士、左迁庶子。著有《文献征存录》10卷、《玉山草堂集》30卷等。事迹见《清史稿》卷四八五、《清史列传》卷七三。

赵坦卒(1765—)。坦字宽夫,号石侣,浙江仁和人。道光元年举孝廉方正。以经学为阮元、孙星衍等所推重。补诸生。入诂经精舍著籍为弟子。著有《周易郑注引义》12卷、《春秋异文笺》12卷及《石经考续》、《保甓斋文录》1卷、《保甓斋札记》1卷、《杭州城南古迹记》1卷、《烟霞岭游记》1卷等。事迹见《清史列传》卷六九、陈墉《赵征君传》(《续碑传集》卷七六)。

叶维庚卒(1773—)。维庚字贡三,号两垞,室名钟秀山房,浙江秀水人。嘉庆十九年进士,改翰林院庶吉士,散馆,授知县。历任江西新喻、江苏宝应、江阴知县,官至泰州知州。为官重视教育,曾修葺新喻猴山书院、宝应画川书院、江阴暨阳书院。著有《三国志地理考》、《纪元通考》12卷、《钟秀山房诗文集》等。事迹见《清史列传》卷七二、李兆洛《泰州知州叶君行状》(《续碑传集》卷四〇)。

改琦卒(1773—)。琦字伯蕴,号香白,又号七芗,别号玉壶外史、玉壶山人、玉壶仙叟、横池渔父、听雨词人、雪巷主、百蕴生、改伯子、漆翁等,江苏华亭人。先世本西域人。工画,长于仕女画及花草兰竹,所绘《红楼梦图咏》有刻本。著有《玉壶山房词选》。事迹见《清史稿》卷五〇四。

按:《清史稿》本传曰:"琦通敏多能,工诗词。嘉、道后画人物,琦号最工。出入李公麟、赵孟頫、唐寅及近代陈洪绶诸家。花草兰竹小品,迥出尘表,有恽格遗意。"

庄绶甲卒(1774—)。绶甲字卿珊,江苏武进人。庄存与孙。少受业于从叔庄述祖,精通《尚书》。著有《尚书考异》3卷、《周官礼郑氏注笺》10卷、《释书名》1卷等。事迹见《清史稿》卷四八一、《清史列传》卷六八、李兆洛《附监生考取州吏目庄君行状》(《养一斋文集》卷一四)。

按:李兆洛《附监生考取州吏目庄君行状》曰:"君兄弟三人,从兄弟复若干人,皆能守其家学,而君尤力学得师法,好深湛之思。宗伯公(庄存与)经术渊茂,诸经皆有撰述,深造自得,不分别汉宋,必融通圣奥,归诸至当。而君从父珍艺先生,尽传其学,复旁究《夏小正》、《逸周书》,暨古文篆籀之学,皆一代绝业也。训导公凤禀庭闻,因源导委,缀次遗学,所著盈箧,而年寿未究,九仞犹亏。君既负敏达之资,思兼综素业,通汇条流。又承师论交,博访孤诣,如张编修皋文、丁大令若士、刘礼部申受、宋大令于廷、董明经晋卿诸子,无不朝夕研咏,上下其议论,盖庶几于好学不倦、笃行不困者焉。宗伯公所著诸书,多未刊布,君研精校寻,于未刻者次第付梓,已刻者补续未备。每一书竟,即探求旨趣,附记简末,条理秩然可观。"

葛朝卒(1780—　)。朝字易初,一字束士,自号惕夫,又号醉仙,浙江慈溪人。嘉庆二十一年举人,官户部郎中。聚书数万卷,多善本。

屠倬卒(1781—　)。倬字孟昭,号琴坞,晚年号潜园老人,浙江钱塘人。嘉庆十三年进士,选为翰林院庶吉士,授江苏仪征县知县。擢江西袁州府知府,旋移九江府,皆以疾辞。工画山水,见重于时。著有《是程堂诗文集》。事迹见《清史列传》卷七三、震钧《国朝书人辑略》卷八。

张作楠卒,生年不详。作楠字丹邨,又字让之,浙江金华人。嘉庆十三年进士,铨授处州府教授。官至徐州知府。精天文算学。著有《四书异同》20卷、《乡党小笺》1卷、《翠微山房数学》38卷、《仓田通法》14卷、《揣籥小录》1卷、《续录》3卷等。事迹见《清史稿》卷四七八、《清史列传》卷七三。

按：《清儒学案》卷一二八《丹邨学案》曰:"丹邨嗜算术,著书盈尺,或讥其无所发明。然于弧角之算,删繁就简,舍奥求通,俾后学得以循途而进,未可以为质实而忽之。"

邓辅纶(　—1893)、董沛(　—1895)、王韬(　—1897)、黄以周(　—1899)、王棻(　—1899)、居廉(　—1904)、容闳(　—1912)生。

道光九年　己丑　1829年

二月初三日丁卯(3月7日),道光皇帝以平定回疆,告成太学,命勒石于大成门外,御制碑文。

三月二十三日丁巳(4月26日),定本届会试各省中额。

按：满洲旗8名,蒙古旗4名,汉军旗5名,直隶22名,奉天2名,山东18名,山西9名,河南9名,陕甘6名,江苏18名,安徽13名,浙江22名,江西17名,湖北9名,湖南7名,福建10名,广东10名,广西6名,四川6名,云南8名,贵州5名。

四月二十一日甲申(5月23日),策试全国贡士刘有庆等221人于保和殿。

二十五日戊子(5月27日),道光帝至太和殿传胪。赐一甲李振钧等3人进士及第,二甲朱淳等106人进士出身,三甲何俊等112人同进士出身。

六月初六日戊辰(7月6日),安徽巡抚邓廷桢奏,创修《安徽通志》告成。

按：安徽自分省以来,未经辑有通志,道光五年,原安徽巡抚陶澍奏准,予限纂辑。

七月十三日乙巳(8月12日),功臣馆编纂《昭忠祠列传》满、汉文书成。

土耳其人承认希腊独立。

墨西哥废除奴隶制。

八月十九日庚辰(9月16日),道光帝与皇太后启程,东巡盛京,拜谒祖陵。九月二十三日到盛京。

九月初八日己亥(10月5日),定本科武会试各地中额。

按:八旗满洲、蒙古取2名,汉军3名。奉天取1名,直隶7名,陕甘5名,广东4名,河南4名,山东6名,江苏2名,安徽2名,山西2名,湖北4名,湖南1名,四川2名,广西1名,福建3名,浙江2名,江西4名,云南2名,贵州1名。

二十四日乙卯(10月21日),道光帝同皇太后到达盛京,开始祭祖。命盛京满合二号及奉天所属各学,科考广额一次。六名以上者,广额三名;四名、五名者,广额二名;二名、三名者,广额一名。

十一月初一日辛卯(11月26日),道光帝至太和殿传胪,赐中式武举一甲吴钺等3人武进士及第;二甲马从凯等5人武进士出身;三甲齐从龙等28人同武进士出身。

J. N. 冯·德雷斯发明出后膛枪。

L. J. M. 达盖尔和 J. N. 尼普斯联合进行摄像发明。

约翰·亨利制造第一部早期电磁马达。

底特律的威廉·伯特(印刷业者)的打字机获得美国的第一份专利权。

龚自珍第六次应试,始中进士。座主为曹振镛、玉麟、朱士彦、李宗昉、吴椿,房考王植。

林则徐十月在闽兴工重修宋李纲祠,由原址越王山麓移建至荷亭。

方东树客宣城,五月旋里。

程恩泽丁母忧归歙。

刘宝楠、包慎言、刘文淇料理薛传均遗稿,准备纂辑缮副以付其家。

贺长龄筹款新建钟山书院斋舍,为书院《课艺集》作序,出所编《皇朝经世文编》以教士。

张琦十一月为徐松所著《汉书西域传补注》作序。

宗稷辰始援例入内阁,迎母就养都中。

朱次琦丁父忧,三年不作诗文。

徐有壬中进士,为户部主事。

洪秀全赴广州应试不第。

黄爵滋在京邀潘曾莹等共作欧阳修生日会。

瞿中溶在苏州虎丘设古物肆,榜名长物斋。

汤金钊为其师王宗炎遗著《晚闻居士遗集》作序。

窦垿中进士,授吏部主事。

按:窦垿字兰泉,云南罗平人。《清史列传·窦垿传》曰:"垿与倭仁、吴廷栋、曾国藩、何桂珍友善,以道义相切劘。为学以集义为宗,笃实力行,尤严理欲之辨,小而应事接物,大而忠难死生,必讲求一至当之义。尝谓弃富贵而就贫贱,不难处之,不失其道为难;死不难,必求合于义为难。"

章沅时任福建道监察御史,奏请禁止以洋银易外货,指明鸦片之毒害。

倭仁、李振钧、钱福昌、朱蓝、朱淳、李嘉端、潘绍烈、金安澜、高士魁、孙念祖、李蓉镜、杨遇升、倪杰、孙葆元、黄慎修、孔广义、邓庆恩等中进士。

李安邦在浙江临海建宝贤书院。

武穆醇时任江西永新知县,建秀水书院。

梅茂南时任河南鹿邑县知县,将真源学舍改建为鸣鹿书院。

孙汝霖时任广东仁化县巡司,建扶风书院。

刘衡时任广东博罗知县,建兴贤书院。

吴占魁时任四川巴县知县,建观文书院。

传教士吉德创办的《天下新闻》停刊。

王肇宗著《周易序卦图》4卷刊行。

张瓒昭著《易义原则》11卷刊行。

魏源著《诗古微》2卷刊行。

阮福著《孝经义疏补》10卷刊行。

按:阮福字赐卿,号喜斋,江苏仪征人。阮元子。官候补郎中。另著有《两浙金石志补遗》。

李惇遗著《左传通释》12卷刊行。

雷学淇著《古经服纬注释》3卷成书,有自序。

阮元主持编撰的《皇清经解》(又名《学海堂经解》)1412卷在广州刊行,夏修恕作序。

按:是书始编于道光五年(1825)。夏修恕时任广东督粮道,阮元于道光六年(1826)六月奉调改任云贵总督后,将尚未竣工的《皇清经解》的编纂事宜托付给夏修恕,夏氏四历寒暑,凡遇辑刻重大事宜,皆"邮筒商酌",请示阮元。书成以后,又特为撰序。《序》曰:"《皇清经解》之刻,乃聚本朝解经之书,以继《十三经注疏》之迹也。自《十三经注疏》成,而唐宋解经诸家大义,多括其中。此后,李鼎祚书及宋元以来经解,则有康熙时通志堂之刻。我大清开国以来,御纂诸经为之启发,由此经学昌明,轶于前代。有证《注疏》之疏失者,有发《注疏》所未发者,亦有与古今人各执一说,以待后人折衷者。国初如顾亭林、阎百诗、毛西河诸家之书,已收入《四库全书》。乾隆以来,惠定宇、戴东原等书,亦已久行宇内,惟未能如通志堂总汇成书,久之恐有散佚。道光初,宫保总督阮公,立学海堂于岭南以课士。士之愿学者,苦不能备观各书。于是宫保尽出所藏,选其应刻者付之梓人,以惠士林,委修恕总司其事。修恕为属官,且淑于公门生门下,遂勉致力。宫保以六年夏移节滇黔,修恕校勘剞劂,四载始竣。计书一百八十余种,度板于学海堂侧之文澜阁,以广印行。不但岭南以此为《注疏》后之大观,实事求是,即各省儒林亦同此披览,益见平实精详矣。"(《皇清经解》卷首)是书咸丰七年(1857)被毁于兵燹,残者十之五六。咸丰九年(1859),两广总督劳崇光集资补刊之,至咸丰十一年(1861)竣工,是为学海堂补刊本。另有光绪十七年(1891)上海鸿宝斋石印本、上海点石斋石印本。

徐松著《汉书西域传补注》2卷成书,张琦作序。

梁廷枏著《南汉书》18卷、《南汉文字》2卷、《南汉书考异》18卷刊行。

吴映奎纂《顾亭林年谱》成书。

顾沅等编绘之《吴郡五百名贤图传赞》20卷刊行。

周中孚著《九曜石刻录》1卷成书,有自序。

冯登府辑《闽中金石志》14卷成书,有自序。

邓廷桢主修《安徽通志》成书。

刘虎文、周天爵修,李复庆等纂《阜阳县志》24卷刊行。

英国J.穆勒发表《人类精神现象分析》。

德国H.李特尔著成《哲学史》。

J.W.德贝赖纳发表《相似元素分析》。

朱士达修，乔载由、汤若苟纂《寿州志》36卷刊行。

陈殿阶、吴敬羲纂《武康县志》24卷刊行。

张澍修纂《泸溪县志》12卷刊行。

孙尔准等修，陈寿祺纂《重纂福建通志》278卷刊行。

乔有豫修，雷可升、伍嘉猷等纂《清流县志》10卷刊行。

胡之鋘修，周学曾、尤逊恭等纂《晋江县志》77卷刊行。

王荣陛修，方履篯纂《武陟县志》36卷刊行。

英秀、恒悟修，唐仁等纂《庆远府志》20卷刊行。

高学濂修纂《江安县志》2卷刊行。

王梦庚原稿，陈霁学修，叶方模、童宗沛纂《新津县志》40卷刊行。

何怀道、周炳修，万重篔纂《开化府志》10卷刊行。

徐宗干修，蒋大庆纂《泰安县志》12卷刊行。

何耿绳修，姚景衡纂《重辑渭南县志》18卷刊行。

林一铭修，焦世官、胡官清纂《宁陕厅志》4卷刊行。

时宝臣修，凌德纯纂《直塘里志》6卷刊行。

徐保纂修《平罗纪略》8卷刊行。

李瑶仿宋胶泥活字先后两次印行温睿临所著《南疆逸史》。

按：是书为纪传体南明史。明清易代之际，私撰南明史著及搜罗遗闻之风颇甚，明史馆就收集大量这方面著作。当时在明史馆供职的万斯同与温睿临相交甚深，万氏劝温睿临趁故老犹存，遗文尚在，修撰一部南明史。于是温睿临遂趁闲居京师之时，以明史馆收集的史料及徐秉义所编《明季忠烈纪实》为基础，博稽野史，荟萃诸书，著成此书。杨凤苞著有《南疆逸史十二跋》，对研究《南疆逸史》及有关南明史料极有帮助，向为治南明史者所重，中华书局本《南疆逸史》末附有《南疆逸史十二跋》。

夏洪基编《孔子年谱纲目》由向日园刊行。

庄起俦编《黄忠端公年谱》刊行。

王念孙著《读荀子杂志》8卷刊行，有自叙。

按：王念孙《读荀子杂志叙》曰："《荀子》一书，注者盖鲜，独杨评事创通大义，多所发明，洵兰陵之功臣也。而所据之本已多讹错，未能厘正。又当时古音久晦，通借之字或失其读，后之学者讽诵遗文，研求古义，其可不加以讨论欤？卢抱经学士据宋吕夏卿本校刊，而又博访通人，以是正之。刘端临广文，又补卢校之所未及，已十得其六、七矣，而所论犹有遗忘。不揣固陋，乃详载诸说，而附以鄙见，凡书之讹文、注之误解，皆一一剖辨之。又得陈硕甫文学所钞钱佃本，龚定庵中翰所得龚士禼本，及元、明诸本，以相参订，而俗本与旧本传写之讹，庶可得而正也。"（《王石臞先生遗文》卷三）

王鸣盛遗著《蛾术编》在苏州付梓，陶澍作序。

邓显鹤校刊重刻《楚宝》成书。

黄本骥辑《明尺牍墨华》3卷刊行。

江藩合所著《江湖载酒词》等6种，编为《节甫老人杂著》刊行。

张象津著《白云山房集》9卷刊行。

秦恩复辑《词学丛书》，顾广圻作序。
周乐清著《补天石传奇》8 种刊行。
王煦著《空桐子诗草》10 卷刊行。
冯登府著《玉台书史》8 卷。
沈钦裴著《四元玉鉴细节》第 3 卷成书。
阮元在云南编刻《段氏十七部古音》，有自序。
涂谦著《音学秘书》4 卷刊行。
姚莹著《东槎外记》成书，有自序。
梁发于马六甲著《真道问答浅解》。

孙原湘卒（1760—　）。原湘字子潇，号心青，江苏昭文人。嘉庆十年进士，改翰林院庶吉士，充武英殿协修官。与其妻席佩兰皆以诗名世。著有《天真阁集》30 卷、续集及古文、骈体 32 卷等。事迹见《清史稿》卷四八五、《清史列传》卷七二、李桓《国朝耆献类征初编》卷一三二、震钧辑《国朝书人辑略》卷八、蔡冠洛《清代七百名人传》第五编、李兆洛《翰林院庶吉士孙君墓志铭》(《碑传集三编》卷三七)、赵允怀《翰林院庶吉士兼武英殿协修孙先生行状》(《续碑传集》卷七六)。

夏銮卒（1760—　）。銮字德音，号朗斋，安徽当涂人。嘉庆四年入都，考取八旗官学教习。六年补正蓝旗教习。期满，用知县，改教职，选徽州府训导。宗程、朱之学，训士极严。事迹见胡培翚《徽州府训导夏先生墓志铭》(《研六室文钞》卷一〇)。

按：胡培翚《徽州府训导夏先生墓志铭》曰："先生之学，于诗古文辞、训诂名物，无不研究，而尤以切于身、有益于世为急务。初习汉注、唐疏，中年以后，服膺程、朱，身体力行。……尝与培翚论今儒学术，谓兼考据、词章者惟朱竹，兼汉学、宋学者惟江慎修。江氏书无不读，人知其邃于《三礼》，而不知其《近思录集注》，实撷宋学之精。"

凌曙卒（1775—　）。曙字晓楼，一字子升，江苏江都人。国子监生。初为塾师，曾从包世臣问学，又从沈钦韩问疑，后从阮元校书授读。著有《春秋公羊礼疏》11 卷、《公羊礼说》1 卷、《公羊问答》2 卷、《仪礼礼服通释》6 卷、《群书答问》2 卷、《春秋繁露注》17 卷等。事迹见《清史稿》卷四八二、《清史列传》卷六九、李桓《国朝耆献类征初编》卷四二二、包世臣《国子监生凌君墓表》(《艺舟双楫》卷四)。

按：《清儒学案》卷一三一《晓楼学案》曰："乾隆、嘉庆之际治《公羊》学者，以㢲轩孔氏、申受刘氏为大师，皆谨守何氏之说，详义例而略典礼训诂。晓楼盖亦好刘氏学者，而溯其源于董子，既为《繁露》撰注，又别为《公羊礼疏》、《礼说》、《问答》等书，实为何氏功臣。卓人（陈立）传其师说，钩稽贯串，撰《义疏》一书，遂集《公羊》之大成矣。"当代学者杨向奎《清代的今文经学》一文对这段话作了批评："《清儒学案·晓楼学案》编者推理无文，鲜通学术，不治《公羊》，孔广森实非《公羊》大师，谈'三科'迷途，论'九旨'失路，刘申受始续邵公之业，注意到《公羊》义法而略于典礼训诂，此所谓'贤者识其大'也。凌曙喜好《公羊》，但改变了刘申受的学风而注意于《公羊》的礼

弗里德里希·冯·希勒格尔卒（1772—　）。德国诗人，批评家。

让·拉马克卒（1744—　）。法国博物学家。

汉弗莱·戴维卒（1778—　）。英国化学家。

制,多卑微不足道,可谓'不贤者识其小'。原《公羊》中的礼制或寓有褒贬之义,但殊难发挥;'三科九旨'之言枝叶扶疏,寓历史变化于三世之中,盖调停先王、后王之折衷论者,在保守的儒家学派中亦新鲜可喜,影响大而变化多端。舍其大而逐其小,是凌、陈学风,但陈立的《公羊义疏》用力勤而取材丰富,在清人的义疏中,论材料之丰富可称上选,但缺乏断制工夫,以致獭祭而无所适从,更谈不到'集《公羊》之大成'。"(《清史论丛》1979年第1期)

  胡世琦卒(1775—)。世琦字玮臣,号玉樵,安徽泾县人。嘉庆十九年进士,改翰林院庶吉士,散馆,任山东费县知县。历摄沂水、曹县事。与姚鼐、洪亮吉、段玉裁等相友善。著有《小尔雅疏证》、《三家诗辑》、《立经堂集》等。事迹见《清史列传》卷六九、李桓《国朝耆献类征初编》卷二四八、胡承珙《诰授奉政大夫山东曹县知县胡君世琦墓志铭》(《碑传集》卷一一〇)。

  刘逢禄卒(1776—)。逢禄字申受,江苏武进人。嘉庆十九年进士,授翰林院庶吉士,散馆,改礼部主事。自幼从外祖父庄存与、舅父庄述祖学,以今文经学家著称。治经精于《春秋公羊传》,主张西汉董仲舒、东汉何休之说,反对许慎、郑玄的繁琐考证。著有《公羊春秋何氏释例》10卷、《何氏解诂笺》1卷、《答难》2卷、《发墨守评》1卷、《左氏春秋考证》2卷、《箴膏肓评》1卷、《谷梁废疾申何》2卷、《议礼决狱》2卷、《春秋赏罚格》2卷、《论语述何》2卷、《虞氏五述》5卷、《尚书今古文集解》30卷、《书序述闻》1卷、《诗声衍》27卷、《毛诗谱》3卷、《诗说》2卷、《四书是训》15卷、《石渠礼议》1卷、《刘礼部集》12卷等书。选编《八代文苑》40卷、《唐诗选》40卷、《绝妙好辞》20卷、《词雅》4卷等。事迹见《清史稿》卷四八二、《清史列传》卷六九、蔡冠洛《清代七百名人传》第四编、刘承宽等《先府君行述》(《刘礼部集》卷一一附)。

  按:刘承宽《先府君行状》称其父之学问"大抵于《诗》、《书》及六书、小学多出于外家庄氏(述祖);《易》、《礼》多出皋文张氏(张惠言)。至《春秋》则独抱遗经,自发神悟"。《清史稿》本传曰:"其为学务通大义,不专章句。由董生《春秋》窥六艺家法,由六艺求观圣人之志。尝谓:'世之言经者,于先汉则古《诗毛氏》,后汉则今《易虞氏》,文词稍为完具。然毛公详古训而略微言,虞翻精象变而罕大义,求其知类通达、微显阐幽者,则《公羊》在先汉有董生、后汉有何劭公氏、子夏《丧服传》有郑康成氏而已。先汉之学,务乎大体,故董生所传非章句训诂之学也。后汉条理精密,要以何劭公、郑康成氏为宗,然丧服于五礼特其一端。《春秋》文成数万,其旨数千,天道浃,人事备,以之贯群经,无往不得其原;以之断史,可以决天下之疑;以之持身治世,则先王之道可复也。'于是寻其馀贯,正其统纪,为《公羊春秋何氏释例》三十篇,又析其疑滞,强其守卫,为《笺》一卷,《答难》二卷。又推原《谷梁氏》、《左氏》之得失,为《申何难郑》四卷。又博征诸史刑、礼之不中者,为《仪礼决狱》四卷。又推其意为《论语述何》、《夏时经传笺》、《中庸崇礼论》、《汉纪述例》各一卷。别有《纬略》二卷,《春秋赏罚格》一卷。慜时学者说《春秋》皆袭宋儒'直书其事、不烦褒贬'之辞,独孔广森为《公羊通义》能抉其蔽,然尚不能信三科、九旨为微言大义所在,乃著《春秋论》上、下篇以张圣权。又成《左氏春秋考证》二卷,知者谓与阎、惠之辩《古文尚书》等。逢禄于易主虞氏,于书匡马、郑,于诗初尚毛学,后好三家。有《易虞氏变动表》、《六爻发挥旁通表》《卦象阴阳大义》《虞氏易言补》各一卷。又为《易象赋》《卦气颂》，提其指要。《尚书今古文集解》三十卷，《书序述闻》一卷，《诗声衍》二十七卷。所为诗、赋、连珠、论、序、碑、记之文约五十篇。"

张金吾卒(1787—   )。金吾字慎旃，号月霄，江苏昭文人。道光诸生。曾协助其季父张海鹏校勘古书，颇受赞誉。因慕汲古阁毛氏、述古堂钱氏之遗风而笃志收藏，凡见有宋元旧椠及秘不经见者，不惜重价，要以必得。藏书多至八万余卷，为清代著名藏书家之一。著有《爱日精庐藏书志》36卷、《爱日精庐续藏书志》4卷、《十七史经说》12卷、《两汉五经博士考》3卷、《白虎通注》《广释名》等2卷、《释冕》1卷、《释弁》1卷、《释龟》2卷、《两京新记补遗》1卷、《爱日精庐文稿》6卷、《爱日精庐诗稿》2卷。编有《金文最》120卷、《金文选》30卷、《诒经堂续经解》1436卷；辑有《尚书义粹》12卷、《邺中记补遗》1卷等。事迹见李兆洛《张金吾小传》(《养一斋文集》卷一六)、黄廷鉴《张月霄传》(《碑传集补》卷四八)。

按：胡玉缙《许庼经籍题跋》曰："是编(《十七史经说》)自《史记》迄《唐书》所引经文传注，为之采摘其语，以相证明，视王绍兰《周人经说》、阮元《诗书古训》，异体而同功，一溯其源，一穷其委，皆有裨于经学。"阮元《虞山张氏诒经堂记》曰："虞山张氏金吾，世传家学，代有藏书。不但多藏书至八万余卷，且撰书至二百余卷。不但多撰书，抑且多刻书至千数百卷。其所纂著校刻者，古人实赖此与后人接见也，后人亦赖此及见古人也。"

又按：张金吾《爱日精庐文稿·诒经堂记》曰："诒经堂凡三楹，古今诂经之书藏焉；堂之西曰爱日精庐，则金吾读书之所，而仅以藏先君子手泽也；庐之南曰世德斋，则曾大父、大父诗集暨十世祖端严公、从父若云公校刊各书在焉；又其南曰青藜仙馆，毛子晋、何义门、陆勅先诸先辈手校诸书在焉；庐之西有阁曰诗史，以藏元刊《中州集》，金吾集金源一代之文，成《金文最》一百二十卷，凡金人著述及当时碑版足资采集者咸附焉；阁之南曰异轩，昔年从锡山得活字十万有奇，排印《续资治通鉴长编》二百份，于焉贮之；堂之东曰求旧书庄，宋元明初刊本藏焉；庄之南曰墨香小艇，元明旧写本藏焉；循庄而北，长廊数十步，有精舍三楹，榜曰积书，则先君子创建以贮书者，凡史子集三部通行之本咸在焉。此诒经堂藏书之大凡也。"

薛传均卒(1788—   )。传均字子韵，江苏扬州人。肄业梅花书院。嘉庆十二年诸生，十赴乡试，皆报罢。平生喜购书，藏书达七千卷。曾手自校勘《十三经注疏》和《资治通鉴》。著有《说文答问疏证》6卷、《文选古字通》12卷、《闽游草》1卷等。事迹见《清史稿》卷四八二、《清史列传》卷六九、刘文淇《文学薛君墓志铭》(《青溪旧屋文集》卷一〇)。

按：《清史稿》本传曰：薛传均"博览群籍，强记精识。就福建学政陈用光聘，用光见所著书，恨相见晚。旋以疾卒于汀州试院，年四十一。传均于《十三经注疏》功力最深，大端尤在小学，于许君原书，钩稽贯串，洞其义而熟其辞。嘉定钱大昕文集内有《说文答问》一卷，深明通转假借之义，传均博引经史以证之，成《说文答问疏证》六卷。又以《文选》中多古字，条举件系，疏通证明，为《文选古字通》十二卷"。

唐仁寿(　 —1876)、赵之谦(　 —1884)、屠仁宗(　 —1900)、潘祖同(　 —1902)、张鸣珂(　 —1908)、孙家鼐(　 —1909)生。

道光十年　庚寅　1830年

法国人寇阿尔及利亚。

俄国人寇哈萨克。

巴黎七月革命起。

波兰人叛俄罗斯。

塞尔维亚自治。

26辆蒸汽机车出现在伦敦大街上。

二月二十六日乙酉（3月20日），严各部院实缺笔帖式考试。

是月，废"六部则例十年重修例"。

三月十六日甲辰（4月8日），命将盛京城内外所有戏班概行驱逐。

二十九日丁巳（4月21日），因前任盛京将军奕颢时常演戏宴乐，盛京五部侍郎无一人奏闻，将多山、凯音布、那丹诛、特登额、诚端交部议处，彭浚交部察议。

五月二十二日戊寅（7月11日），纂辑《平定回疆剿擒逆裔方略》成。

八月初二日丁亥（9月18日），以吏部右侍郎贵庆为国史馆清文总校官。

十一月初四日戊午（12月18日），户部奏定假照案内贡监生处理办法。

十二月十八日壬寅（1831年1月31日），定严禁内地种卖鸦片烟章程。

法国裁缝巴泰勒米·蒂莫尼埃发明出一实用的缝线机器（缝纫机的开始）。

罗伯特·布朗发现植物细胞核。

阮元闰四月有《与学海堂吴学博兰修书》，嘱吴兰修等学海堂诸友辑录段玉裁、王念孙古韵部类，以为准绳。

阮元得见冯登府《三家诗异文疏证》及诸《石经考异》，遂命补入《皇清经解》续刻之中，并作《冯柳东三家诗异文疏证序》。

阮元复信汪喜孙，欲将其父汪中的《春秋述义》一书刻入《皇清经解》续刻中。

王引之校刻《康熙字典》毕，共改正2588条，辑为《康熙字典考证》12册；是年，调礼部尚书。

龚自珍、魏源、林则徐、张维屏、黄爵滋等在京再举宣南诗社。

林则徐正月父丧服阕，四月北上，至苏州与潘曾沂、梁章钜会晤，六月在京与张维屏、潘曾莹、黄爵滋、彭蕴章、周作楫等人有交往活动；六月为湖北布政使，十一月为河南布政使。

陈寿祺十二月为李清植遗著《仪礼纂录》作序。

按：陈寿祺《李侍郎仪礼纂录序》曰："国初，安溪李文贞公毗辅熙朝，以醇儒之学倡天下，诸经均有论说，而《三礼》属之厥弟耜卿。洎乾隆初，开《三礼》馆，公之孙穆亭先生位卿贰，被命总裁。于是同邑官石溪洗马、王尚卿州倅，并预修纂，其著述咸有所发明。而先生于《礼》尤邃，寿祺尝闻志乘，载所为《仪礼纂录》。既观洗马《读仪礼》，州倅《仪礼训解》，蔑援引其语，未尝不叹其辨析疑滞，非它经生所及也。……学者每苦《仪礼》难读，弃若土苴，故胜国无名家。我朝江慎修、惠氏父子、吴泊邨、程悚也、蔡敬斋、金辅之、程易畴、任子田、凌次仲、焦里堂诸君子，后先蹑踵，奚啻汉之二戴、二郑。而吾乡自黄勉斋、敖君善后，若龚海峰、林樾亭、林钝邨、万虞臣、谢甸男等，咸通礼学，基绪未坠。余衰老，无能为役，甚望海内治经之士，记曲台、论石渠者，当如先生之邃于《礼》，非徒习其文，而贵心知其意也。"（《左海文集》卷六）

汪阆源重刻宋景德官本贾公彦《仪礼疏》50卷，顾广圻代其作《重刻宋本仪礼疏序》，又作《重刻宋本仪礼疏后序》。

曾国藩肄业于衡阳唐氏家塾，从汪觉庵学。

贺长龄请开缺回籍养亲，旋丁母忧。

梁章钜始遍游名山，各有诗册画卷以记之。

陶澍八月二十五日任两江总督。

苗夔主讲翼经书院。

丁晏主讲阜宁观海书院。

朱士彦提督安徽学政。

方坰为武义县训导。

按：《清史列传》卷六七曰："武义属金华，有何基、王柏、金履祥、许谦、章懋之绪论，久不讲。坰至，以《小学》、《近思录》为教，反复晓解，士子翕然信从，执经问业满庠序。持身极严，非其义一介不取。时郡学杨道生、汤溪学、沈宝龄并以理学倡诸生，二人出入姚江。坰寓书规之，不少假借也。"

章华绂将所录乃父章学诚著作副本给刘子敬、姚春木，请代为校勘。

刘曾时任安徽蒙城县知县，建新养正书院。

萨秉阿时任镇闽将军，在福州建龙光书院。

周增在江西安福县建同文书院。

许振祎时任河北观察使，在沁阳建瞻韩书院。

杨蕉雨时任湖北孝感知县，建观山书院。

吴毓钧时任广东海丰知县，建海丰书院。

陈熙时任贵州龙里知县，建莲峰书院。

谢集成时任陕西岚皋通判，建烛峰书院。

刘维仲、赖为舟等在台湾高雄创建凤冈书院。

基督教新教差会美华会传教士裨治文一月二十六日和雅裨理至广州传教。秋，两人与传教士马礼逊联合发起成立广州基督徒联合会。

按：裨治文、雅裨理为美国第一批来华传教士，两人至广州传教，为美国新教差会进入中国之始。广州基督徒联合会为广州第一个宗教组织，其宗旨是联合两国教徒，设立资料库与图书馆，出版华人《圣经》以及承担即将开办的《中国丛报》经费等。裨治文在创办广州基督徒联合会后，又先后组织与参与发起成立益智会、马礼逊教育协会、中华医药传教会三个重要传教组织。

德国传教士郭士立至澳门传教。

按：德国新教差会巴陵会（即柏林会）始由郭士立传入中国。郭士立又译为郭实腊。

法国孔德著《实证哲学教程》（至1822年）。

德国费尔巴哈发表《关于死与永生的某思想家的思想》。

本里米·本瑟姆发表《适用于所有国家的立宪法典》。

冯登府著《三家诗异文疏证》6卷、《补遗》3卷刊行。

徐璈著《诗经广诂》30卷成书，洪颐煊作序。

陈寿祺著《尚书大传定本》3卷、《洪范五行传》3卷成。

刘逢禄遗书《春秋公羊议礼》、《禘礼》等由魏源整理成文。

李式榖辑《五经衷要》72卷刊行。

按：李式榖字海瓠，浙江仁和人。官衢州教授。《续修四库全书总目提要》曰："是编为南海叶梦龙付梓，吴荣光名之曰《五经衷要》。其纂止《五经》者，以科举功令所定也。荣光序称，于《五经》举其理之精奥，说之歧出者，悉衷以御定经义。然于《书》则不辨今文古文，及伏、郑异同。"

丁晏著《读经说》1卷成书。

杨名飏编《经书字音辨要》9卷重刊。

王引之著《经义述闻》全刻成。

丁宗洛著《逸周书管笺》10卷刊行，张大业作序，杨嗣曾作跋。

吴志忠辑《璜川吴氏经学丛书》15种89卷由宝仁堂刊行，陈奂作序。

程恩泽、狄子奇著《国策地名考》20卷，并重订所著《孔孟编年》8卷刊行。

按：程恩泽《国策地名考叙》曰："道光庚寅，余主讲钟山，或以溧阳狄惺垣先生所刻《孔孟编年》见示，翻阅再四，精确有剪裁，叹其必传无疑。亟请相见，与之究经传之异同，考史志之得失，辨孔、郑、程、朱之宗旨，论班、扬、韩、柳之体裁，则皆指囷倒囊而出之，不禁五体投地云。时先生馆于金陵某氏，不得意辞去。余亟延之，命子德威执经门下，昕夕过从，相得甚欢。一日谈及地理之学，我朝称最，然皆详于《春秋》、《史》、《汉》，而不及《战国》。惟阳湖张君琦《国策释地》差为可据，而语尚简质，未见赅备。意欲与先生共成一书，以垂不朽。先生始犹谦让，余固促之，乃许诺。则先立一长单，以《国策》地名分国录出，凡七百余条，又立一巨册，以单上所录分布各纸，凡三百余叶。于是尽发箧中所藏书，凡有涉地志者，皆出而陈之。又向甘氏津逮楼借其所未备，凡数十百种。博观约取，条分件系，得一事则录一事，遇一言则记一言。凡五阅月而稿毕，余乃集其大成。以次排纂，先原文，次正史，次杂录，次本朝诸名家所著，参伍考订，为之折衷，而以现在府厅州县实之。又参考各家图说，绘为十二图，使战国形势，如聚米画沙，了然尺幅。凡十阅月而书成。遇有众说不同，纷揉错出者，先生复为论其是非，条其同异，作笺疏若干言，用双行夹注于其下，于是是书乃益完善，无所渗漏。盖先生读书贯串，实能言之了了，目之所到，笔即随之，故能思画精详，事半功倍如此。"（《清儒学案》卷一四六《春海学案》）

黄玉蟾编《孟子年谱》刊行，附于长洲顾沅编印《赐砚堂丛书新编·丙集》。

敕纂《平定回疆剿擒逆裔方略》成书。

吴山嘉著《复社姓氏传略》10卷成书。

曹春晓纂修《河曲县志》4卷刊行。

黎中辅纂修《大同县志》20卷刊行。

袁章华修，刘士瀛纂《城武县志》14卷刊行。

林光棣修纂《修仁县志》10卷刊行。

王言纪修，朱锦纂《白山司志》18卷刊行。

诸豫宗修，周中孚纂《西宁县志》12卷刊行。
蔡世钹修，林得震等纂《漳平县志》10卷刊行。
彭衍堂、袁曦业修，陈文衡等纂《龙岩州志》20卷刊行。
王垒、乔有豫修，杨澜等纂《长汀县志》33卷刊行。
方履篯修，巫宜福纂《永定县志》32卷刊行。
黄濬修纂《雩都县志》32卷刊行。
崔志元修，金左泉等纂《铜山县志》24卷刊行。
孙济修，陈烈纂《太湖县志》40卷刊行。
符鸿、刘廷槐修，欧阳泉、戴宗炬纂《来安县志》14卷刊行。
施若霖纂《璜泾志稿》8卷刊行。
雷学淦修，曹师曾纂《新建县续志》11卷刊行。
任钰、宫锡祚等纂辑《泰州新志刊谬》2卷刊行。
徐缙、杨廷撰纂《崇川咫闻录》12卷刊行。
黄叔璥著《台海使槎录》8卷刊行。
刘宝楠著《汉石例》6卷成书，有自序。
朱方增纂《从政观法录》30卷、《求闻过斋文集》4卷、《求闻过斋诗集》6卷成书。
潘奕隽自编《三松自订年谱》1卷刊行
杨用溥编《杨介坪先生自叙年谱》1卷成书。
王念孙著《读荀子杂志补遗》1卷成书，有自序。
刘逢禄遗著《刘礼部集》由魏源编成刊行，魏源有《叙》。
邓显鹤编辑并刊刻蔡道宪《蔡忠烈遗集》成。
张维屏辑《国朝诗人征略》初稿60卷刊行。
瞿中溶著《奕载堂文集》编定。
包世臣编次所著为《小倦游阁文集》30卷。
包世臣著《艺舟双楫》成书。
连鹤寿著《三江渔父集》成书。
方履篯著《万善花堂文稿》6卷刊行。
刘凤诰著《存悔斋集》28卷、外集4卷刊行。
李因笃著《续刻受祺堂文集》4卷刊行。
按：李因笃《受祺堂文集》正集4卷为冯云杏编次，续刻4卷为杨浚编次。
邵堂著《大小雅堂文抄》2卷、《大小雅堂诗抄》10卷刊行。
王相辑《国初十家诗钞》刊行。
董毅辑《续词选》2卷，张琦为之作序并刊行。
钱泰吉著《清芬世守录》26卷成书，有自序。
程瑶田著《果臝转语记》1卷由程问源刊行，王念孙作跋。
按：王念孙《程易畴果臝转语跋》曰："昔余应试入都，始得交于程易畴先生，先生长于余十九岁，而为忘年交。同在京师，则晨夕过从；南北索居，则尺牍时通，相与商榷古义者四十余年。先生立品之醇，为学之勤，持论之精，所见之卓，一时罕有其匹。其所著《丧服文足征记》、《考工创物小记》、《沟洫疆里小记》，及《磬折古义》、《九谷考》《乐器三事能言》，皆足正汉以来相承之误。其他说经诸条，载在《通艺录》者，皆熟读古书而得之，一字一句不肯漏略。故每立一说，辄与原文若合符节，不爽毫厘。说之精，皆出于心之细也。"(《王石臞先生遗文》卷四)

鲁骏纂《宋元以来画人姓氏录》成书。

钱杜著《松壶画忆》2卷成书，有自序。

王清任著《医林改错》2卷成书。

按：《清史稿·艺术传一》曰："清代医学，多重考古，当道光中，始译泰西医书，王清任著《医林改错》。以中国无解剖之学，宋、元后相传脏腑诸图，疑不尽合，于刑人时，考验有得，参证兽畜。未见西书，而其说与合。光绪中，唐宗海推广其义，证以《内经》异同，经脉奇经各穴，及营卫经气，为西医所未及。著《中西汇通医经精义》，欲通其邮而补其缺。两人之开悟，皆足以启后者。"

张琦著《素问释义》10卷刊行。

杨乘六辑《医宗己任编》4种刊行。

张曜孙著《产孕集》2卷成书。

姚荣誉辑《得月簃丛书》刊行，刘帅陆作序。

按：姚荣誉字子誉，号松柏心道人，满洲正白旗人。官河南鲁山县知县。是书初刻10种，刻成于道光十年，越二年又成次刻10种。

潘奕隽卒(1740—)。奕隽字守愚，号榕皋，又号三松，江苏吴县人。乾隆三十四年进士，官户部主事。与戴震、邵晋涵、程晋芳、罗有高、彭绍升往来切磋学问。曾任方略馆总校官，《四库全书》馆分校官。工诗文，善书画。山水师法倪瓒、黄公望，书法宗颜真卿、柳公权。著有《说文蠹笺》14卷、《说文解字通正》14卷、《三松堂集》30卷等。事迹见李桓《国朝耆献类征初编》卷一三七。潘奕隽自编有《三松自订年谱》。

卢浙卒(1760—)。浙字让澜，号容荪，江西武宁人。嘉庆四年进士，授户部主事。官至太仆寺卿。著有《周易说约》、《春秋三传评注》、《三惜斋诗文》等。事迹见尚镕《太仆寺卿卢公家传》(《续碑传集》卷一六)。

江藩卒(1761—)。藩字子屏，号郑堂，晚号节甫，又自署江水松、竹西词客、辟支迦罗居士、炳烛老人等，江苏旌德人。监生。少受业于惠栋弟子余萧客之门。博综群经，尤熟于史事。阮元督漕淮安时，曾聘其为丽正书院山长；督粤时，又延其总纂《广东通志》。著有《周易述补》5卷、《隶经文》4卷、《续隶经文》1卷、《尔雅小笺》3卷、《乐悬考》2卷、《王氏经说》6卷、《经解入门》8卷、《国朝汉学师承记》8卷、《国朝宋学渊源记》3卷、《国朝经师经义目录》1卷、《炳烛室杂文》1卷、《江湖载酒词》2卷、《半毡斋题跋》2卷、《乙丙集》2卷等。事迹见《清史列传》卷六九、蔡冠洛《清代七百名人传》第四编。闵尔昌编有《江子屏先生年谱》。

按：梁启超《中国近三百年学术史》在评论江藩《国朝汉学师承记》和《国朝宋学渊源记》时曰："子屏将汉学、宋学门户显然区分，论者或病其隘执。然乾嘉以来学者事实上确各树一帜，贱彼而贵我，子屏不过将当时社会心理照样写出，不足为病也。二书中汉学编较佳，宋学编则漏略殊甚，盖非其所喜也。然强分两门，则各人所归属亦殊难正确标准,如梨洲、亭林编入'汉学'附录,于义何取耶?子屏主观的成见太深,其言汉学,大抵右元和惠氏一派,言宋学则喜杂禅宗。……好持主观之人,实不宜于作学史,特其创始之功不可没耳。"

刘凤诰卒(1761—)。凤诰字丞牧,号金门,江西萍乡人。乾隆五十四年探花,授编修,擢侍读学士。累迁至吏部右侍郎。嘉庆时屡充湖北、山东、江南乡试正考官,两放广西、山东学政。又充《实录》馆总纂。以纵酒放诞,为御史所纠,遣戍黑龙江。著有《存悔斋集》等。事迹见《清史列传》卷二八、李桓《国朝耆献类征初编》卷一○七。

李汝珍约卒(约1763—)。汝珍字松石,直隶大兴人。曾为海州板浦场盐课司大使,后到河南任县丞。著有小说《镜花缘》100回,尚有《李氏音鉴》、《受子谱》。

侯芝卒(1768—)。芝字香叶,自称香叶阁主人,女,江苏上元人。自嘉庆十六年起,专改编弹词,有弹词《再生缘》80回、《玉钏缘》32卷等。事迹见《广清碑传集》卷一○。

昭梿卒(1776—)。梿号汲修主人,又号檀樽主人,清宗室。嘉庆间授散秩大臣,袭礼亲王爵。熟悉清代掌故。著有《啸亭杂录》10卷。事迹见《清史稿》卷二一六。

戚人镜卒(1784—)。人镜原名士镜,字仲兰,号蓉台,一号鉴堂,浙江钱塘人。嘉庆进士。官至司经局洗马。曾以小学教士,讲明义利,申以体用。其学推崇陆陇其、张履祥。事迹见李桓《国朝耆献类征初编》卷一三二、唐鉴《戚仲兰墓志铭》(《唐确慎公集》卷四)。

朱方增卒,生年不详。方增字虹舫,浙江海盐人。嘉庆六年进士,官编修。典云南乡试,迁国子监司业。参与编纂《石渠宝笈》、《秘殿珠林》。道光间擢内阁学士,典山东乡试,督学江苏。熟谙朝章典故,辑国史名臣事迹,为《从政观法录》30卷,行于世。著有《求闻过斋文集》4卷、《求闻过斋诗集》6卷。事迹见《清史稿》卷三五四。

蒋曰豫(—1875)、庄棫(—1878)、王诒寿(—1881)、潘祖荫(—1890)、柏景伟(—1891)、李慈铭(—1894)、刘坤一(—1902)、沈善登(—1902)、翁同龢(—1904)、王文韶(—1908)、濮文暹(—1910)生。

道光十一年　辛卯　1831年

正月初四日戊午(2月16日),谕内阁:本年为朕五旬寿辰,著于本年八月举行恩科乡试,来岁三月举行恩科会试。所有应行本年正科乡试、来

俄罗斯人入华沙。

| 法国里昂工人起义。

岁正科会试,著移于道光十二年八月、十三年三月举行。

是月,编刊《御制文初集》成。

三月,重修《康熙字典》成。

七月初三日癸丑(8月10日),以江南贡院积水,从两江总督陶澍之请,文闱乡试延迟至九月举行,武闱乡试至来年三月举行。

十月初四日壬午(11月7日),前据给事中王云锦奏请,严禁书肆小本文策,内有《文海》、《文备》等名目。至是,令两江总督陶澍严查,销毁刻本。

按:兹据步军统领衙门查出,"《文备》八本,又名《历科墨正》,内藏四书时文,并载有登科秘诀。又《文选》五本,系五经时文。《文萃》六本,名新增《五经文萃》,各分名目,《易经》文曰《文蔚》,《书经》文曰《文茂》,《诗经》文曰《文葩》,《春秋》文曰《文苞》,《礼经》文曰《文藜》,内附新策一本。《五经文钞》计五本。以上各种,乃墨卷时文试策杂选成部,俱系刻本,其字甚小,其本三四寸见方",皆来自江南。至是,令两江总督陶澍严查,务将刻板销毁净尽(《清宣宗实录》卷一九八)。

初八日丙戌(11月11日),颁定会试场规十条。

二十一日己亥(11月24日),改定回疆官制。

十一月二十日戊辰(12月23日),道光帝出京往谒孝陵。

塞缪尔·格里思和尤斯图斯·冯·利比希同时发明三氯甲烷。

达尔文前往南美、新西兰和澳大利亚考察。

法拉第发现了电磁感应的现象。

詹姆斯·克拉克·罗斯确定北磁极的位置。

王念孙父子与苗夔往来,畅论音学源流。

王念孙正月有《与朱武曹书》,与朱彬商榷其著《礼记训纂》。

王引之充武乡试正考官,复署工部尚书。

王引之三月为王宗炎遗著《晚闻居士遗集》作序,认为"文章之原,出于经训"。

陈寿祺二月有《答王伯申尚书书》,言及《康熙字典》校勘事。

林则徐七月调任江宁布政使,十月被擢任河东道总督。

刘文淇与刘宝楠应试赴金陵,不第。

方东树主讲宿松松滋书院。

曾国藩肄业于涟滨书院。

朱骏声选授安徽旌德县训导,以丁父忧未赴任。

程恩泽主讲钟山书院,与梅曾亮相见,过从论学颇多。

冯登府官涌东象山县令,请修县志。

顾广誉与方坰同馆吴江之盛泽,凡两年。

按:《清史稿·文苑传三》曰:"广誉慕其乡张履祥、陆陇其之为人,刻意厉行。其治经一依程端礼《读书分年日程》遗法。著《学诗详说》,用力至勤。又悯晚近丧祭礼废,恩纪衰薄,婚娶僭侈逾度,乃变通古礼,酌时俗之宜,成《四礼权疑》八卷。姚椿推为一时宗匠。"

丁晏主讲盐城表海书院。

胡培翚自京南还,主讲钟山书院;为其师王引之《经传释词》作跋。

陈奂再作书与王引之,复论其《经传释词》。

朱为弼等在京重举宣南诗社。

松筠充蒙古翻译正考官。

邵懿辰举乡试，考取内阁中书。

按：《清史稿·邵懿辰传》曰："性峭直，能文章，以名节自厉。于近儒尤慕方苞、李光地之学。……既罢归，则大覃思经籍，著《尚书通义》、《礼经通论》、《孝经通论》，颇采汉学考据家言，而要以大义为归。……其所著书，遭乱亡佚，长孙章辑录之，为《半岩庐所著书》，共三十余卷。"

端木国瑚恩赏六品戴顶，以内阁中书升用。

周寿昌年十八，补县学生。

莫友芝中举人。

那清安复授兵部尚书，典顺天乡试及会试。

江沅屏所治音韵学，走常州天宁寺受戒，衣僧衣，讲禅学。

蒋敦复被人讥为"倚声门外汉"而弃词十年。

丁善庆充广东乡试正考官。

冯赞勋时任湖广道监察御史，上奏揭发鸦片烟走私组织和走私状况。

欧阳俊在江西会昌县建新湘江书院。

吴荣光时任湖南巡抚，在长沙岳麓书院内创建湘水校经堂，以经史、治事、辞章分科试士。

按：光绪元年（1875），湘水校经堂由岳麓书院迁往长沙城南。后再度迁建，改名校经书院。

秦正高在四川开江县建虬溪书院和南浦书院。

于克襄时任贵州榕江巡道，建榕城书院。

贾芳林时任陕西略阳知县，建嘉陵书院。

朱懋延时任台湾南投县丞，倡建蓝田书院。

德籍基督教（新教）传教士郭士立受英国东印度公司派遣，到上海等地贩卖鸦片并进行侦探活动。

梁发于广州开始为人宣教。

按：梁发布道的方式，一是向士大夫们分发传单和书刊，尤重乘乡试、会试之机，直按向举子分布书籍。一年内最多达七万册。二是利用行医布道。后英国伦会医师合信于广州金利埠开办医院，又邀梁发前去布道。三是出资兴建福音堂传道。

孙廷芝著《读易例言图解》刊行。

杨国桢辑《十一经音训》26卷刊行，有自序及林则徐序。

方东树修订《汉学商兑》、《书林扬觯》，重为撰序刊行。

按：方氏对江藩《国朝汉学师承记》扬汉抑宋的做法深为不满，遂著《汉学商兑》一书加以驳斥。书成之初，曾致信阮元，送请审阅，试图争取支持以便刊行。但因学术主张不同而未能如愿。道光六年（1826），阮元奉调离粤，方氏修订初稿，将阮元也列为抨击对象，于本年刊行。凡是江藩所表彰者，方氏皆指出其疵谬，加以挞伐。作者的目的是推尊程朱，表彰宋儒，以宋学取代汉学。

尚镕著《史记辨证》10卷刊行。

盛大士著《宋书补表》4卷成书，有自序。

李兆洛编《纪元编》4卷成书。

按：胡玉缙《许庼经籍题跋》曰："其书最便寻阅，虽小有疏漏，实集纪元诸书之大成，亦可谓后来居上者矣。"

顾广誉重订《杨园张先生年谱》成书。

龙万育作《天下郡国利病书序》。

冯登府纂《象山县志》24卷成书。

姚椿纂《禹州志》28卷成书。

周栻修，陈柱纂《南宫县志》16卷刊行。

翟慎行修，翟慎典纂《武强县志重修》12卷刊行。

海忠纂修《承德府志》60卷刊行。

光朝魁纂修《襄城县志》11卷刊行。

高杲、沈煜纂《浒山志》8卷刊行。

卢凤芩修，林春溥纂《新修罗源县志》30卷刊行。

章复旦、蔡钟铭等修纂《尤溪县志》10卷刊行。

刘厚滋等修，王观潮等纂《尉氏县志》20卷刊行。

吴荣光纂《佛山忠义乡志》14卷刊行。

刘斯誉修，路顺德、吴建勋纂《融县志》12卷刊行。

杨迦怿等修，刘辅廷纂《茂州志》4卷刊行。

王崧纂《云南备征志》21卷刊行。

李敬纂《竹镇纪略》2卷成书。

梁永康修，赵锡书纂《冠县志》10卷刊行。

杨祖宪修，乌竹芳纂《博平县志》6卷刊行。

毕光尧纂修《会宁县志》12卷刊行。

党行义原本，黄璟续修《续修山丹县志》10卷刊行。

苏履吉修，曾诚纂《敦煌县志》7卷刊行。

丁鹿寿纂《海门县志》3卷刊行。

曹镳纂《信今录》10卷刊行。

钱墀纂《黄溪志》12卷刊行。

黄廷鉴纂《琴川三志补记》10卷刊行。

沈锐纂修《蓟州志》10卷刊行。

周凤池纂，蔡自申续纂《金泽小志》6卷成书。

潘锡恩著《续行水金鉴》156卷成书，有自序。

刘喜海著《海东金石苑》8卷成书，李惠吉题词。

方颛恺自编《纪梦编年》、《续编》收入南海伍氏刊本《岭南丛书》。

李兆洛编《道乡先生年谱》1卷刊行。

钱庆曾编《竹汀居士年谱续编》成书，有跋。

王文治著《快雨堂题跋》8卷刊行。

陈逢衡著《穆天子传注补正》6卷成书，有自序。

王念孙著《读晏子春秋杂志》2卷、《读墨子杂志》6卷、《汉隶拾遗》1卷成书,均有序。

王引之等重修《康熙字典》成,改正2588条。有《康熙字典考证》12卷。

江有诰著《廿一部谐声表》1卷、《入声表》1卷刊行。

按:《续修四库全书总目提要》评《廿一部谐声表》曰:"有诰笃好音韵之学,读顾炎武《音学五书》、江声《古韵标准》,以及戴震、段玉裁之书,谓讲音合,当从此入矣。顾部分分合,犹未尽当,乃冥心独造,分析古韵为二十一部。……俾初学读之易了也。"

黄钺著《昌黎先生诗增注证讹》11卷成,黄中民作后序。

恽珠辑《国朝闺秀正始集》20卷、续集10卷、《兰闺宝录》6卷刊行。

按: 恽珠字星联,号珍浦,晚号蓉湖道人,江苏阳湖人。恽毓秀女,知府完颜廷镂妻。著有《红香馆诗词草》。

冯金伯、吴晋著《国朝画识》重刊。

叶钟进辑《恽南田画跋》2卷、《恽南田画余》2卷成,有后跋。

瞿中溶重辑《宋元印志》、《历代官印稿》成书,又辑《泉志续编》成书。

王之佐编《宝印集》6卷刊行。

丁采芝著《芝润山房诗词草》刊行。

乌尔恭阿著《易水往还稿》1卷成书,有自序。

王铭著《问津草》1卷刊行。

王宗炎著《晚闻居士遗集》9卷刊行,王引之作序。

王铮著《半农小稿》1卷、诗余1卷刊行。

王源著《居业堂文集》20卷刊行。

张海珊著《小安乐窝文集》4卷、《诗存》1卷刊行。

管同著《因寄轩文集》10卷成书。

孙景烈著《滋树堂文集》刊行。

柳廷芳著《来青堂文集》刊行。

尚镕著《持雅堂文抄》5卷成书。

许乔林辑《朐海诗存》16卷成书,有自序及吴邦庆序。

按: 许乔林字贞仲,号石华,江苏海州人。另著有《弇榆山房诗略》。

吴德旋著《初月楼论书随笔》1卷成书,有自跋。

张云璈著《选学胶言》20卷刊行,有自序。

王佺著《历下偶谈》10卷刊行。

按: 王佺字晓堂,号鹊华馆主人,山东历城人。另著有《匡山丛话》5卷。

王鎏修订《钞币刍言》,改名《钱币刍言》刊行。

吴金寿辑《三家医案合刻》刊行。

吴瑭著《医医病书》2卷成书。

项名达著《椭圜术》1卷成书,有自序。

伍崇曜辑《岭南遗书》60种243卷,分6集刊行,是年刊成第一集。

曹溶辑,陶越增订的《学海类编》441种810卷,由张允垂用活字版排印,首次刊行于杭州。

按：陶越字艾村,浙江秀水人。与曹溶同里,为其门人。著有《禾中灾异录》。

F. M. 克林格尔卒(1752—)。德国作家。著有剧本《狂飙与突进》。

玛丽—苏菲·姬曼卒(1776—)。法国数学家。

曾燠卒(1760—)。燠字庶蕃,号宾谷,江西南城人。乾隆四十六年进士,选翰林院庶吉士,散馆,授户部主事。官至两淮盐运使。著有《赏雨茅屋诗集》22卷、《骈体文》2卷、《续金山志》12卷,辑有《江右八家诗》8卷、《国朝骈体正宗》12卷、《江西诗征》120卷等。事迹见《清史列传》卷三三、李桓《国朝耆献类征初编》卷一九二、蔡冠洛《清代七百名人传》第一编、《曾燠传》(《碑传集三编》卷一三)、包世臣《曾抚部别传》(《艺舟双楫》卷七)。

韩鼎晋卒(1760—)。鼎晋字树屏,四川长寿人。乾隆六十年进士。嘉庆九年改御史,疏言天主教流传之害,请申禁以绝根株,从之。以母老请终养,十六年,服阕,补原官。巡视山东漕务,转工部给事中、光禄寺少卿,督陕甘学政。道光六年迁仓场侍郎,以病罢,起补工部侍郎。事迹见《清史稿》卷三五四。

谢兰生卒(1760—)。兰生字佩士,号澧浦,又号里甫,别号理道人,广东南海人,寓广州。嘉庆七年进士。迭主粤秀、越华、端溪讲席,后为羊城书院掌教。阮元重修《广东通志》,延为总纂。著有《常惺惺斋文集》、《常惺惺斋诗集》。事迹见《清史列传》卷七三、李桓《国朝耆献类征初编》卷一三二、震钧辑《国朝书人辑略》卷八、《谢兰生传》(《碑传集三编》卷三七)。

郭麐卒(1767—)。麐字祥伯,号频伽居士,晚号复庵,江苏吴江人。诸生。绝意举业,专力于诗古文词。著有《灵芬馆诗初集》4卷、二集10卷、三集4卷、四集12卷、续集10卷、杂著2卷、《灵芬馆诗话》12卷、《续诗话》6卷、《词品》1卷、《江行日记》1卷、《樗园消夏录》3卷、《蘅梦词》二卷、《浮眉楼词》2卷、《忏余绮语》2卷等。事迹见《清史稿》卷四八五、《清史列传》卷七三、李桓《国朝耆献类征初编》卷四四一、冯登府《频伽郭君墓志铭》(《碑传集补》卷四七)。

王清任卒(1768—)。清任字勋臣,河北玉田人。曾做过武库生,后至北京行医,开设"知一堂"药店。是嘉庆至道光年间的名医。著有《医林改错》2卷,纠正了古代医书记载脏器结构及功能上的某些错误。

周中孚卒(1768—)。中孚字信之,号郑堂,浙江乌程人。嘉庆元年拔贡生。官奉化教谕。曾为阮元修《经籍纂诂》。长于目录之学。著有《郑堂读书记》71卷、补遗30卷及《孝经集解》、《逸周书注补正》、《顾职方年谱》、《子书考》、《金石识小录》、《词苑丛话》、《郑堂札记》5卷、《九曜石刻录》1卷等。事迹见《清史列传》卷六九、戴望《外王父周先生述》、汤纪尚《周郑堂别传》(均见《续碑传集》卷七二)。

管同卒(1780—)。同字异之,号育斋,江苏上元人。道光五年举人。受业于姚鼐,为桐城派古文家。著有《七经纪闻》4卷、《四书纪闻》2卷、《战国策地理考》、《孟子年谱》、《文中子考》、《因寄轩文集》10卷等。事迹见《清史稿》卷四八六、《清史列传》卷七三、李桓《国朝耆献类征初编》

卷四四二、方东树《管异之墓志铭》(《仪卫轩文集》卷一一)。

董士锡卒(1782——　)。士锡字晋卿,一字损甫,江苏武进人。嘉庆十八年副贡。候选直隶州州判。从舅父张惠言游,承其指授,为古文赋诗词皆精妙,所受虞翻《易》义尤精。历主讲通州紫琅书院,扬州广陵书院、泰州书院。曾为怀远县丞孙于圻续修县志,为南河总督黎世垿修《续行水金鉴》。著有《齐物论斋文集》6卷、诗8卷、词3卷、外编3卷等。事迹见《清史列传》卷七二、李桓《国朝耆献类征初编》卷四四二、吴德旋《晋卿董君传》(《续碑传集》卷七七)。

方履籛卒(1790——　)。履籛字彦闻,顺天大兴人。嘉庆二十三年举人。历知闽县。著有《伊阙石刻录》6卷、《富蓻斋碑目》6卷、《河内县志》36卷、《泉谱》1卷、《万善花室文集》6卷等。事迹见《清史稿》卷四八六、《清史列传》卷七三、李桓《国朝耆献类征初编》卷二四八、震钧辑《国朝书人辑略》卷九。

李鸿裔(　——1885)、陈宝箴(　——1900)、任其昌(　——1901)生。

道光十二年　壬辰　1832年

正月二十九日(3月1日),定白阳、白莲、八卦、红阳等教首犯遇赦不赦,从犯亦不能援减刑之例。

二月初五日壬午(3月6日),广东定遏止鸦片来源章程。

三月二十五日壬申(4月25日),定本届会试中额,满洲8名,蒙古3名,汉军3名,直隶21名,奉天2名,山东17名,山西9名,河南9名,陕甘6名,江苏17名,安徽12名,浙江21名,江西16名,湖北9名,湖南6名,福建9名,广东9名,广西6名,四川6名,云南7名,贵州5名。

四月二十一日丁酉(5月20日),策试贡士马学易等206人于宝和殿。

六月初八日癸未(7月5日),顺天府奏行保甲条例。

十一日丙戌(7月8日),定例,嗣后贡院考试、文乡会试及翻译乡会试,都察院奏派满汉堂官各1员,专司稽查。教习拔贡及其余考试,俱奏派堂官1员。

是年,北京天主教教会教友向欧洲耶稣会总会发出请愿书,要求派遣传教士来华,复兴传教学业。

王念孙正月卒于京,王引之丁父忧,自京师扶柩归里。

阮元九月迁协办大学士,仍留云贵总督之任,陈文述、吴嵩梁有诗祝贺;十二月离任赴京。

安德鲁·杰克逊蝉联美国总统。

慕尼黑大学建立。

英语和法语开始使用"社会主义"这一单词。

马志尼创建"青年意大利组织"。

法拉第提出用绘图来示意电力线和磁力线。

龚自珍以道光帝诏求直言,富俊五次来访,遂陈当世急务八条。

林则徐二月调任江苏巡抚,六月在苏州考课书院,识拔冯桂芬;又上《请定乡试同考官校阅章程并预防士子剿袭诸弊折》;七月专折请补姚莹为江苏长洲知县;八月江南乡试,奉命入闱监临。

张文虎试礼部不第,馆钱熙祚家。时钱氏辑《守山阁丛书》,延张校订。自是馆钱家凡三十年。

按:钱熙祚尝以昭文张氏《墨海金壶》抉择未当,且版已毁,遂会同张文虎、顾观光等商榷去取,讨论真赝,准之以文渊阁本,反复雠校,凡十易寒暑,刻成《守山阁丛书》160种,652卷。钱氏"守山阁"自乾隆三十六年至光绪年间,历时百年,四代十多人参与刻书。其刻书达数百种,数量甚多。该书坊由钱树本创办,他主持刻的书主要有《庄骚读本》、《谷梁传》、《公羊传》等。钱树堂、钱树立主持刻的书主要有《保素堂稿》、《经余必读》等。该坊在钱熙祚时最盛,影响也大,他主持刻书有330种,多以丛书形式出现。除《守山阁丛书》外,尚有《珠丛别录》28种、《指海》140种、《式古居汇钞》47种等。钱熙祚同辈兄弟钱熙辅刻有《艺海珠尘》、《重学》等书。钱熙彦和钱熙载合刻有《元诗选》、《元史类编》等书。

程恩泽充广东乡试正考官,得陈澧、温训等。

朱士彦充武英殿总裁,又充会试副考官。

毛岳生十一月为其师姚鼐遗著《惜抱轩书录》作序。

按:是书系姚鼐在《四库全书》馆里所撰写的部分提要的汇集,其卒后由家人刊刻,附于姚鼐全集之后。毛岳生《惜抱轩书录序》曰:"学术之衰久矣!自学者不务知类通达,而惟考辨于古书传记,以矫宋儒之失,职业益以不修,而材识亦日蒙锢。……其流失至于穿凿胶合,破碎缴绕,毫发肤末之事,往往辨论至数千百言。……桐城姚先生惜抱,笃行懋学,轨以程、朱,为海内大贤,文章议论,浩博坚整,而毕出深醇。先生尝云:'学问之事,有义理、考证、词章三者,世必有豪杰之士,兼收其美。'若先生者,可谓具得其要领者也。"(《休复居文集》卷一)

潘世恩充会试正考官。

朱为弼充文武会试副考官。

黄爵滋充会试同考官。

冯桂芬曾请求林则徐推荐他任江阴书院讲席。

戴熙中进士,改翰林院庶吉士,散馆,授编修。

俞正燮馆陈用光家,为校顾祖禹《读史方舆纪要》。

姚莹以先集四种及其所著《东槎纪略》,邮示李兆洛,并以《惜抱轩书录》稿本及所著诗文,乞校正付刊。

张穆考取白旗汉人教习。

那清安署翰林院掌院学士,典顺天乡试。

胡承珙因病,将其所著《毛诗后笺》及杂文属胡培翚删定付梓。

按:梁启超《中国近三百年学术史》曰:"清儒在《诗》学上最大的功劳,在解释训诂名物。康熙间,有陈长发(启源)的《毛诗稽古编》,有朱长孺(鹤龄)的《毛诗通义》,当时称为名著。由今观之,乾隆间经学全盛,而专治诗者无人,戴东原辈虽草创体例,而没有完书。到嘉道间,才先后出现三部名著:一、胡墨庄(承珙)的《毛诗后笺》;二、马元伯(瑞辰)的《毛诗传笺通释》;三、陈硕甫(奂)的《诗毛氏传疏》。

胡、马皆毛、郑并释,陈则专于毛。胡、马皆有新解方标专条,无者阙焉,陈氏则纯为义疏体,逐字逐句训释。三书比较,胡、马贵宏博而陈尚谨严,论者多以陈称最。"

陈鸿墀入广东掌教粤华书院,陈澧、谭莹从其学。

朱次琦肄业越华书院。

吴钟骏、朱凤标、季芝昌、胡光莹、许乃安、丁琳、沈玉麟、郭锡恩、赵长龄、董树堂、马国翰、刘光第等中进士。

沈维鐈督安徽学政,奏请增建寿州考棚,与凤阳分试。

张廷济在京师向刘喜海借观《泉苑菁华》。此后,戴熙、金锡鬯等亦曾借观。

刘喜海寄所藏钞版各拓本并古泉各品与瞿中溶。

柳兴恩、吴敏树中举人。

谢家禾中举人。

按:谢家禾字和甫,一字谷堂,浙江钱塘人。与同学戴熙、戴煦相友善。少嗜西学,精于算术。著有《演元要义》1卷、《弧田问率》1卷、《直积回求》1卷,合为《谢谷堂算书》三种。事迹见《清史稿》卷五〇七。

汪喜孙扶母榇自京师归。问丧礼于刘宝楠。

黄式三为岁贡生。尝赴乡试,母暴疾卒于家,誓不再应试。

杨溯洢、徐廷銮在浙江上虞建经正书院。

铭惠时任江西上饶知府,建双桂书院。

李仿梧时任河南宝丰知县,建巾车书院、雅集书院和临应书院。

魏纲帙在湖南隆回县建隆中书院。

王存成时任贵州瓮安知县,建玉华书院。

曹擢新时任云南永平知县,建化平书院。

胡元焕时任陕西永寿知县,建翠屏书院。

李闲时任甘肃文县知县,建兴文书院。

英国伦敦会传教士马礼逊倡议发起之广州美国国外传道会会长理事会书馆于广州正式开办。

按:马礼逊倡议发起于1931年。正式开办后聘请美国公理会传教士裨治文主持书院事务,至1858年第二次鸦片战争被毁,为基督教新教教会在华设立的印刷机构之一。

美国基督教公理会传教士裨治文创办的英文月刊5月在广州发刊。

按:原无中文名,一译《中国丛报》或《中国文库》,时称《澳门月报》。自创刊至1847年4月由裨治文任主编。

匡文昱著《周易拾遗义便钞》刊行。

丁裕彦著《周易述传》10卷刊行。

沈豫著《读易寡过》1卷刊行,马念祖作跋。

胡承珙著《毛诗后笺》30卷成书。

按:《清史稿》本传曰:"承珙究心经学,尤专意于《毛诗传》。归里后,键户著书,

尼布尔《罗马史》最后一卷出版。

歌德著成《浮士德》第二部。

与长洲陈奂往复讨论不绝,著《毛诗后笺》三十卷。其书主于申述毛义,自注疏而外,于唐宋元诸儒之说,及近人为《诗》学者,无不广征博引,而于名物训诂及《毛》与三家《诗》文有异同,类皆剖析精微,折衷至当。而其最精者,能于《毛传》本文前后会出指归,又能于西汉以前古书中反复寻考,贯通《诗》义,证明毛旨,凡三四易稿,手自写定。至《鲁颂·泮水》章而疾作,遗言嘱陈奂校补,奂乃为续成之。"

朱彬著《礼记训纂》49 卷成书,有自序。

臧庸编、汪德钺著《七经偶记》12 卷刊行。

龚自珍著《群经马官答问》成书。

江藩著《经解入门》8 卷刊行,阮元作序。

王方濂著《左传事纬跋》。

按:跋称马骕《左传事纬》乃"洵左氏之功臣,而艺林之宝筏也"。

李祖陶著《前汉书细读》4 卷、《后汉书赘语》3 卷、《读三国志书后》1 卷成书,有自序。

陈立著《白虎通疏证》12 卷成书,有自序。

周济始著《晋略》。

吴荣光著《吾学录》24 卷成书,有自序。

按:是书又名《吾学录初编》,分典制、政术、风教、学校、贡举、戎制、仕进、制度、祀典、宾礼、昏礼、祭礼、丧礼、律例,凡十四门,下细列条目,简叙有清一代典章制度。有《四部备要》本。

魏源等纂《淮北票盐志略》10 卷刊行。

李兆洛编《舆地一统全图》锓版成书,又刊《舆地略》2 卷。

景善等纂《钦定中枢政考续撰》4 卷成书。

黎世序、俞正燮、潘锡恩、董士锡纂《续行水金鉴》156 卷刊行。

章学诚著《文史通义》内外篇 8 卷、《校雠通义》3 卷刊行,其子章华绂作跋刊于开封。

按:梁启超《清代学术概论》曰:"章学诚不屑于考证之学,与正统派异。其言六经皆史,且极尊刘歆《七略》,与今文家异。然其所著《文史通义》,实为乾嘉后思想解放之源泉。"章华绂所刊的本子,称"大梁本",与王宗炎所订目录有所不同。大梁本是《文史通义》正式刊行的第一个本子,嗣后谭廷献刻于杭州,伍崇曜刻于广州,以及光绪四年(1878)章氏曾孙季真刻于贵州,所用的都出于这个本子。现通行本有 1956 年古籍出版社标点本、1985 年中华书局《文史通义校注》本等。

汪匡鼎原本,施彦士续纂修《内邱县志》4 卷刊行。

龚廷煌等纂修《商河县志》8 卷刊行。

张廷槐纂修《续修宁羌州志》4 卷刊行。

黄培杰修纂《永宁州志》12 卷刊行。

徐瀛修,白玉楷纂《铜梁县志》8 卷刊行。

任士谦等修,朱德华等纂《博白县志》16 卷刊行。

林联桂修纂《新化县志》34 卷刊行。

蒋镛修纂《彭湖续编》2 卷刊行。

娄云修纂《惠安县续志》12 卷刊行。

周凯等修纂《厦门志》16卷成书。

梁舆、李再灏修,江远青纂《建阳县志》20卷刊行。

卫鹓鸣修,郭大经纂《万载县志》30卷刊行。

吴纶彰修,周大成等纂《庆元县志》12卷刊行。

党金衡原本,王恩注重定《东阳县志》27卷刊行。

卢标纂《婺志粹》14卷刊行。

游际盛增补《浮梁县志》22卷刊行。

冯云鹓校刊《冉子年表》、《仲子年表》、《有子年表》、《闵子年表》、《宰子年谱》、《端木子年表》、《颛孙师年表》,收入崇川冯氏刊本《圣门十六子书》。

王开琸增辑《先贤道国元公周子年谱》1卷刊行。

徐堂编《龙峰先生年谱》1卷刊行,附于吴起潜刊本《玉涵堂诗选》。

张佑自编《春洋子自订年谱》1卷。

刘喜海著《海东金石存考》1卷成书,陈宗彝、黄任恒作序。

瞿中溶著《奕载堂古玉图录》1卷成书,有自序。

邵晋涵著《南江文钞》12卷、诗钞4卷由胡敬刊行。

郭麐著《灵芬馆诗续集》9卷刊行。

周济选编《宋四家词选》4卷成书,有自序。

王新著《耕野遗诗》2卷刊行。

方坰著《生斋日识》1卷、《生斋诗稿》9卷成书。

钱仪吉著《衎石斋记事稿》10卷成书,戚嗣曾作序。

王念孙著《读书杂志》82卷、《读书杂志余编》2卷由其子引之整理刊行。

按:《读书杂志》是王念孙校读史部、子部以及集部若干古籍所作的札记,内容以校勘为主,反映其校勘学理论和成果。

李瑶用胶泥活字排印《校补金石例四种》。

方金彪著《寅甫日记》1卷、《寅甫小稿》1卷成书。

阮元著《石画记》,陆续得14卷。

张大镛著《自然悦斋书画录》30卷刊行,有自序。

吴荣光著《吾学录初编》24卷成书,有自序。

潘曾莹著《红雪山房画品》1卷成书,有叶绍本序及顾莼、黄钺、张深、张际亮、黄爵滋、蒋炯、英和、严烺诸人评语或题辞。

谢墉著《食味杂咏》1卷由阮元刊行,并为之序。

赵绍祖、赵绳祖辑《泾川丛书》45种70卷刊行。

梁发著《劝世良言》经马礼逊校订于广州刊行。

按:其中包括9种小书,洪秀全读此书后始认识基督教教义。后再版于新加坡,书名易为《求福免祸论》。

项名达著《勾股六术》1卷成书,黎应南作序。

罗士琳著《勾股截积和较算术》2卷成书,黎应南作序。

李潢著《缉古算经考注》2卷刊行。

钱襄著《侍疾要语》1卷成书,有自识。

俄国比丘林译《西藏记》和《钦定大清会典》出版。

王念孙卒(1744—)。念孙字怀祖，号石臞，江苏高邮人。王安国子。少从学于戴震，精于文字、声韵、训诂之学。乾隆四十年进士，授工部主事，擢陕西道御史，转礼科给事中。嘉庆亲政时，首劾权臣和珅。后官至永定河道、山东运河道，著《导河议》上下篇，又奉旨撰《河源纪略》。道光六年，以永定河溢，被劾罢归。著有《读书杂志》82卷、《余编》2卷、《广雅疏证》20卷、《广雅疏证补》、《群经字类》、《释大》8卷、《方言疏证补》1卷等。事迹见《清史稿》卷四八一、《清史列传》卷六八、李桓《国朝耆献类征初编》卷二一二、蔡冠洛《清代七百名人传》第四编、王引之《石臞府君行状》(《高邮王氏六叶传状碑志集》卷四)。闵尔昌编有《王石臞先生年谱》，刘盼遂编有《(高邮)王氏父子年谱》。

　　按：王安国、王念孙、王引之祖孙三代皆从于经学，故《清史稿·王念孙传》曰："论者谓有清经术独绝千古，高邮王氏一家之学，三世相承，与长洲惠氏相埒云。"王引之《石臞府君行状》曰："府君之持躬正直，得于庭训者甚早。休宁戴东原先生，当代硕儒，精于《三礼》、六书、九数、声音、训诂之学，文肃公延请授经，而府君稽古之学遂基于此矣。……自顾生平读书最乐，乃以著述自娱，亟取所校《淮南子内篇》，重加校正，博考诸书，以订讹误。由是校《战国策》、《史记》、《管子》、《晏子春秋》、《荀子》、《逸周书》，及旧所校《汉书》、《墨子》，附以《汉隶拾遗》，凡十种八十二卷，名曰《读书杂志》，陆续付梓。……自壮年好古，精审于声音、文字、训诂之学。……分顾亭林古韵十部为二十一部，而于支、脂、之三部之分，辨之尤力，以为界限莫严于此。海内惟金坛段茂堂先生，与府君暗合，其他皆见不及此。而分至、祭、盍、缉四部，则又段氏之所未及。……及官御史时，治事之余，必注释《广雅》。日以三字为率，寒暑无间，十年而成书，凡二十二卷，名曰《广雅疏证》。……讲明经义，多发前人所未发，不取空凿之谈，亦不为株守之见，惟其义之平允而已。不孝引之过庭之余，随时手录，恭载于《经义述闻》及《经传释词》中，已梓行于世矣。"(《高邮王氏六叶传状碑志集》卷四)

张宗泰卒(1750—)。宗泰字登封，号筼岩，江苏甘泉人。乾隆五十四年拔贡生。历任天长、合肥教谕。道光元年，乡人拟公举孝廉方正，力辞不就。著有《周官礼经注正误》1卷、《尔雅注疏本正误》5卷、《春秋左氏传读本正误》、《孟子七国诸侯年表》1卷、《竹书纪年校补》2卷、《二十二史日食征》、《旧唐书疏证》、《新唐书天文志疏证》、《宋辽金元朔闰考》、《备修天长县志稿》10卷、《质疑删存》3卷等。事迹见徐世昌《清儒学案》卷一九七《张先生宗泰》、薛寿《张登封先生家传》(《学诂斋文集》下)。

叶廷甲卒(1754—)。廷甲字保堂，号云樵，江苏江阴人。家有藏书楼名"水心斋"，藏书多达五万卷。曾校勘印行《杨名时遗集》、《王梧溪诗集》、《徐霞客游记》等书。著有《保堂诗钞》、《水心斋札记》等。事迹见叶朝庆等编《云樵府君年谱》。

王学浩卒(1754—)。学浩字孟养，号椒畦，江苏昆山人。乾隆五十一年举人。工诗画。著有《南山论画》等。事迹见《清史稿》卷五〇四、震钧辑《国朝书人辑略》卷六。

按：《清史稿》本传曰："幼学画于同县李豫德，豫德为王原祁外孙，得南宗之传。学浩溯源倪、黄，笔力苍劲。论画曰：'六法，一写字尽之。写者，意在笔先，直追所见，虽乱头粗服，而意趣自足。或极工丽，而气味古雅，所谓士大夫画也。否则与俗工何异？'又曰：'画以简为上，虽烟客、麓台，犹未免繁碎，如大痴，真未易到。大痴法固在荒率苍古中求之，尤须得其不甚著力处。'时论学浩用墨，能入绢素之骨，比人深一色。晚好用破笔，脱尽窠臼，画格一变。著《南山论画》。卒，年七十九。学浩享大年，道光之季，画苑推为尊宿。"

程含章卒（1762— ）。含章字象坤，号月川，云南景东人。乾隆五十七年举人。官至福建布政使。著有《程月川先生遗集》15卷、《岭南集》7卷、《山左集》1卷、《中州集》1卷、《月川未是稿》1卷等。事迹见《清史稿》卷三八一、《清史列传》卷三五。

顾莼卒（1765— ）。莼字希翰，一字吴羹，号南雅，晚号息庐，江苏吴县人。嘉庆七年进士。官至通政司副使。著有《和珅传》、《南雅诗文钞》、《滇南风采录》等。事迹见《清史稿》卷三七七、《清史列传》卷七三、李桓《国朝耆献类征初编》卷一一二、震钧辑《国朝书人辑略》卷八、程恩泽《通政司副使顾公墓志铭》、张履《通政司副使顾公墓志铭》（均见《续碑传集》卷一六）。

按：《清史稿》本传曰："莼性严正，尚气节，晚益负时望，从游者众，类能砥砺自立，滇士尤归之，其秀异者至京师多就问业焉。"

丁履恒卒（1770— ）。履恒字若士，一字道久，晚号东心，江苏武进人。嘉庆六年拔贡。官山东肥城知县。与钱大昕、王念孙、段玉裁、庄述祖、张惠言等为师友。著有《春秋公羊例》、《毛诗名物志》、《左氏通义》、《爱日堂自治官书稿》、《说文谐声类篇》4卷、《形声类编》5卷、《思贤阁集》等。事迹见张际亮《丁道久墓志铭》（《张亨甫文集》卷四）、吴𩆨《山东肥城县知县丁君家传》（《续碑传集》卷七六）。

李黼平卒（1770— ）。黼平字绣子，又字贞甫，广东嘉应人。嘉庆十年进士，改庶吉士，散馆，授江苏昭文知县。治汉学，工考证。回粤入学海堂阅课艺，主讲东莞宝安书院。著有《毛诗䌷义》24卷、《易刊误》2卷、《文选异义》2卷、《读杜韩笔记》2卷、《著花庵集》8卷、《吴门集》8卷、《南归集》4卷等。事迹见《清史稿》卷四八二、《清史列传》卷六九、李桓《国朝耆献类征初编》卷二四六、梁廷枏《昭文县知县李君墓志铭》（《续碑传集》卷七二）。

按：《清儒学案》卷一三二《李先生黼平》曰："先生幼颖异，年十四即精通乐谱。及长，治汉学，工考证。所著《毛诗䌷义》二十四卷，于毛《传》、郑《笺》、陆氏《释文》、孔氏《正义》之诠释互异者，皆详加考订，疏通而证明之，为文达刻入《皇清经解》中。"

沈钦韩卒（1775— ）。钦韩字文起，号小宛，浙江湖州人，居苏州木渎。嘉庆十二年举人，选授安徽宁国县训导。著有《春秋左氏传补注》12卷、《左传地理补注》12卷、《两汉书疏证》74卷、《三国志补注》16卷、《水经注疏证》40卷、《幼学堂集》25卷及《韩昌黎集补注》40卷、《王荆公诗补注》、《王荆公文补注》、《苏诗查注补正》4卷、《范石湖诗集注》等。事迹见《清史列传》卷六九、李桓《国朝耆献类征初编》卷二五九、《宁国县训导沈君墓志铭》(《续碑传集》卷七六)。

按：《清儒学案》卷一三五《小宛学案》曰："小宛精研班、范之书，以通两汉经师家法，故于典章名物具有本源。治《春秋》专明左氏义，而规杜尤勤。其于《礼经》考辨《丧服》诸篇，酌古准今，折衷至当。地理之学，致力亦深。吴中学派，定宇前茅，南园后劲，先生其中权矣。"

胡承珙卒(1776—)。承珙字景孟，号墨庄，安徽泾县人。嘉庆十年进士，改翰林院庶吉士，散馆，授编修。官至台湾兵备道。著有《毛诗后笺》30卷、《小尔雅义证》13卷、《尔雅古义》2卷、《仪礼古今文疏义》17卷、《求是堂诗文集》34卷等。事迹见《清史稿》卷四八二、《清史列传》卷六九、蔡冠洛《清代七百名人传》第四编、胡培翚《福建台湾道胡君别传》(《研六室文钞》卷一〇)。

按：《清史稿》本传曰："(承珙)以郑君注《仪礼》参用古、今文二本，撮其大例，有必用其正字者，有即用其借字者，有务以存古者，有兼以通今者，有因彼以决此者，有互见而并存者。闳意妙旨，有关于经实夥。遂取注中叠出之字，并'读如'、'读为'、'当为'各条，排比梳栉，考其训诂，明其假借，参稽旁采，疏通而证明之，作《仪礼古今文疏义》十七卷。又谓惠氏栋《九经古义》未及《尔雅》，遂补撰数十条，成二卷。《小尔雅》原本不传，今存《孔丛子》中，世多谓为伪书，作《小尔雅义证》十三卷，断以为真。复著有《求是堂诗文集》三十四卷。"

李贻德卒(1783—)。贻德字天彝，号次白，浙江嘉兴人。嘉庆二十三年举人。与孙星衍游，事以师礼。著有《周礼剩义》、《诗考异》、《诗经名物考》、《春秋左氏解贾服注辑述》20卷、《十七史考异》、《揽青阁诗钞》、《梦春庐词》等。事迹见《清史稿》卷四八一、《清史列传》卷六九、徐士芬《李次白传》(《续碑传集》卷七六)。

按：《清史稿》本传曰："著《春秋左氏解贾服注辑述》二十卷。其书援引甚博，字比句栉，于义有未安者，亦加驳难。虽使冲远复生，终未敢专树征南之帜而尽弃旧义也。"

郭尚先卒(1785—)。尚先字兰开，号兰石，福建莆田人。嘉庆十四年进士，改翰林院庶吉士，散馆，授编修。历充山东乡试正考官，国史馆、文颖馆、《治河方略》、《大清一统志》、《明鉴》纂修官，文渊阁校理。与林则徐交往甚密。工书法，善画兰。著有《经筵讲义》1卷、《增默庵文集》8卷、《增默庵诗集》2卷、《使蜀日记》2卷、《芳坚馆题跋》3卷等。事迹见《清史列传》卷七三、震钧辑《国朝书人辑略》卷八。郭嗣蕃编有《兰石公年谱》。

杨绍和(—1875)、章梫(—1886)、唐廷枢(—1892)、平步青(—1895)、钱保塘(—1897)、奕䜣(—1898)、丁丙(—1899)、黄体芳(—1899)、谭献(—1901)、王闿运(—1916)生。

道光十三年　癸巳　1833年

所有的德意志

四月十六日丙辰(6月3日)，令阅卷大臣以后凡遇各项考试试卷内有违式错误等处,即贴签注明进呈。

二十日庚午(6月7日),道光帝策试贡士许楣等222人于太和殿。

十月初三日庚子(11月14日),以重修陕西华岳庙竣工,道光帝御书匾额。

是年,北京天主教教友直按联名画押奏请罗马教宗额我略十六世,要求派传教士来华复兴传教事业。

按:此请愿书由北京主教毕学源与一位奉教之宗宝亲王伯尔明祥何于奏折上具名画押。内容与上一年请愿书大略相同。

阮元二月抵京,与端木国瑚同祭朱珪;三月,充会试副考官,曹振镛为正考官。俞正燮试卷为曹氏所汰,阮元力荐未果。

按:《清史稿·阮元传》曰:"嘉庆四年,偕大学士朱珪典会试,一时朴学高才搜罗殆尽。道光十三年,由云南入觐,特命典试,时称异数。与大学士曹振镛共事意不合,元歉然。以前次得人之盛不可复继。"

方东树在常州与毛岳生、吴德旋、吴育等相会,与岳生详辨史可法家事。

姚莹官武进县令,延方东树编校其曾祖姚范《援鹑堂笔记》。

陈用光提督浙江学政。

严可均、吴德旋、俞正燮、苗夔、沈垚等同在杭州为学政陈用光校文。

俞正燮、许瀚以所携金石拓本助严可均校《全上古三代秦汉三国六朝文》。

按:《清史稿·儒林传二》曰:许瀚"博综经史及金石文字,训诂尤深。至校勘宋、元、明本书籍,精审不减黄丕烈、顾广圻"。

左宗棠中举人,三试礼部不第,遂绝意仕进,究心舆地兵法。

林则徐等在定慧寺举行苏轼生日祭。

钱仪吉至广东,访朱次琦,并为朱诗作序。

黄爵滋七月上《纹银洋钱应并禁出洋疏》,对刑部所定禁银出洋章程提出异议。

潘世恩充国史馆正总裁。

汪鸣相、曹履泰、蒋元溥、许桩、端木国瑚、王绍曾、刘文典、王锡九、文秀、蒋士麒、许楣、朱其荣、周其悫、胡正仁、陈文焘、阴丰润、王兆松、张鹏翼、德龄等同中进士。

包世臣致书周济,与商订《晋略》。

按:《清史稿·文苑传三》曰:"(周)济与李兆洛、张琦、包世臣订交。当是时,数吴中士有裨世用者,必首及世臣、济两人。"

白镕擢工部尚书,典武会试。

许瑶中进士,荐修国子监金石志,改山东平度知州。

按:许瑶字珊林,号叔夏,浙江海宁人。历任淮安、镇江、徐州知府等。著有《洗冤录详义》、《说文疏笺》、《识字略》、《古均阁宝刊录》等。

李宣范时任密云知县,重建白檀书院。

邦国加入"关税同盟"。

英国制定第一个工场法。

英国人废除奴隶制。

美国辉格党开始活动。

K.F.高斯和W.E.韦伯发明电磁铁电报机。

法拉第提出电解定律。

杨维翰在四川奉节县建桂林书院。

普鲁士传教士郭士立8月1日在广州创办中文月刊《东西洋考每月统记传》。

按：《东西洋考每月统记传》是外国传教士在华创办的早期报刊，中国书本式装订，尤重科学文化知识介绍，也载有新闻时事及文学作品，由郭士立、马儒翰等在广州编好寄往新加坡，再由麦都恩编辑刊行。郭士立自述创刊中几度停刊、复刊。其宗旨是消除中国人对西方的偏见，使中国人了解西方艺术、科学和教义。1838年停刊。

美国传教士卫三畏来华协助裨治文办理《中国丛报》，10月于广州与梁发相见。后赴日本、琉球游历。

弗朗茨·博普发表《比较语法学》。
德译《莎士比亚作品集》完成。

朱骏声著《书经古注便读》4卷成书。

龚自珍著《六经正名》、《六经正名答问》和《左氏春秋服杜补义》1卷成书。

沈铭彝著《后汉书注》成书，有自序。

陈之骥修，尹世阿纂《靖远县志》8卷刊行。

陈士桢修，涂鸿仪纂《兰州府志》12卷刊行。

吴鸣捷修，谭瑀等纂《廊州志》5卷刊行。

孙义修，陈树兰、刘承美纂《永安县续志》10卷刊行。

何鄂聊修，洪符孙纂《鄢陵县志》18卷刊行。

王德瑛修纂《扶沟县志》13卷刊行。

屠英等修，江藩等纂《肇庆府志》22卷刊行。

张堉春修，陈治昌等纂《廉州府志》26卷刊行。

朱锡穀修，陈一津等纂《边州志》10卷刊行。

李品芳、额鲁礼修，王恺纂《姚州志》4卷刊行。

吴璋修，曹楙坚纂《章邱县志》16卷刊行。

吴若准著《洛阳伽蓝记集证》6卷成书，有自序。

盛大士著《泉史》16卷成，萧令裕作序。

梁廷枏纂《广东海防汇览》刊行。

王缵堂辑《二十二子全书》由浙江书局刊行。

李兆洛始校刻顾炎武著《日知录》。

黄汝成笺注顾炎武《日知录》。

李遇孙著《括苍金石志》8卷成书，胡熙作序。

孟麟著《泉布统志》16卷成书，有自序。

张穆、许瀚编校，王藻、程恩泽序刻俞正燮著《癸巳类稿》15卷。

按：道光十六年（1836），程恩泽又作《癸巳类稿后序》；道光二十九年（1849），张穆又作《癸巳存稿序》。

陈景亮等编《显考望坡府君年谱》1卷刊行。

宋鸣琦自编《心铁石斋年谱》1卷刊行，附于诵梅堂刊本《心铁石斋存稿》。

孙星衍编，阮元增订《郑司农年谱》1卷刊行。

丁晏编《晋陶靖节年谱》刊行。

蔡銮登自编《守拙居士自编年谱》1卷。

戴长庚著《律话》3卷刊行。

郑珍著《说文新附考》6卷成书，有自序。

王筠著《说文韵谱校》5卷成书，有自序。

朱骏声著《说文通训定声》18卷成书。

按：是书为作者竭半生精力之作，初刻于道光二十八年(1848)，以后朱孔镜的《说文通训定声补遗》对其书作了校勘，朱镜蓉的《说文通训定声后叙》对该书有所评论。

丁善庆始著《小学钳珠》。

夏炘著《诗古韵表廿二部集说》2卷成书。

严可均辑《全上古三代秦汉三国六朝文》成书，有总叙。

按：严可均《全上古三代秦汉三国六朝文总叙》曰："嘉庆十三年，开《全唐文》馆，不才越在草茅，无能为役，慨然曰：唐之文盛矣哉，唐已前要当有总集，斯事体大，是不才之责也。其秋草创之，广搜三分书，与夫收藏家秘籍、金石文字，远而九译，旁及释道鬼神。起上古迄隋，鸿裁巨制，片语单词，罔弗综录。省并复叠，联类畸零，作者三千四百九十五人，分代编次，为十五集，合七百四十六卷。肆力九年，草创粗定。又肆力十八年，拾遗补阙，抽换之，整齐之，画一之，已于事而竣。揪五厄之亡散，扬万古之天声，唐已前文，咸萃于此，可缮写。"(《铁桥漫稿》卷六)是书下接《全唐文》，唐以前文献皆荟萃于此，对保存和传播唐以前古文献有重要贡献。

姚莹著《东溟文集》26卷刊行，毛岳生作序。

阮元著《揅经室诗录》5卷由汪莹刊行。

姚燮著《疏影楼词》5卷由叶元堦资助刊行。

刘淳著《云中集》3卷刊行。

钱熙祚校刊宋章樵注《古文苑》21卷。

汪远孙为吴氏校刻《杭郡诗辑》。又著《清尊集》16卷。

梁发于澳门著《祈祷文赞神诗》成书。

冯登府辑《浙西后六家词》10卷、《梅里词辑》8卷。

叶凤毛著《说学斋文集》30卷、《说学斋诗集》12卷、《说学斋续稿》4卷、《说学斋诗续集》12卷刊行。

叶凤池著《南阳诗抄》5卷刊行。

田本腴著《芸野集》8卷刊行。

朱谏著《荡南集》4卷刊行。

吴杰著《澹静斋集》2卷刊行。

张绅著《怡亭文集》20卷、《怡亭诗集》6卷刊行。

陆嘉淑著《辛斋遗稿》20卷刊行。

郑相如著《虹玉堂文集》18卷刊行。

胡承珙著《求是堂诗集》22卷、诗余1卷刊行。

梁章钜著《江田梁氏诗存》9卷成书，有自序。

叶元堦著《睿吾楼文话》14卷、附2卷刊行。

邹汉勋著《读书偶识》8卷成书，有自序。

郭钦华著《渔谈》1卷成书。

按：郭钦华字张虚，号东海渔人，江苏东海人。是书为作者的读书笔记。

梁廷枏著《藤花亭十七种》95卷至本年全部刊毕。

邵廷烈辑《娄东杂著》56种58卷由太仓东陵氏刊行。

按：是书续编12种12卷，有道光二十五年（1845）竹西锄蔼馆刊本。

两广节署刊朱墨套印《文心雕龙注》。

沈懋德增订张潮、杨复吉旧所辑《昭代丛书》为12集，汇合刊行。

英国传教士马礼逊译《英事撮要》。

赵绍祖卒（1752— ）。绍祖字绳伯，号琴士，安徽泾县人。受知于大兴朱筠，拔入学县，补廪膳生。道光元年举孝廉方正。时陶澍为安徽布政使，聘其修《安徽省志》。又历主池州秀山书院和太平翠螺书院。长于金石考证。著有《四书集注管窥》2卷、《新旧唐书互证》20卷、《通鉴注商》18卷、《校补竹书纪年》2卷、《建元考》2卷、《金石文钞》8卷、《古墨斋金石跋》6卷、《泾川金石记》1卷、《安徽金石略》10卷、《安徽人物志》8卷、《读书偶记》8卷、《古墨斋笔记》6卷、《观书记》8卷、《书画记》1卷、《琴士诗钞》10卷、《琴士文钞》6卷、《兰言集》12卷等。校辑有《校补王氏诗考》2卷、《金仁山论孟考证辑要》2卷、《赵氏渊源集》10卷等。事迹见《清史稿》卷四八六、《清史列传》卷七三、李桓《国朝耆献类征初编》卷二六〇、陶澍《赵琴士征君墓志铭》（《陶文毅公全集》卷四五）。

周孝壎卒（1763— ）。孝壎初名兰颖，字愚初，自号逋梅，江苏吴县木渎人。乡试屡不中，捐资为部主事，分刑部广西司，兼充安徽司行走，充律例馆纂修官。著有《性理析疑》4卷、《韵学参考》2卷、《春晖堂文集》6卷、《还读庐诗钞》20卷。事迹见李桓《国朝耆献类征初编》卷一四八。

张琦卒（1764— ）。琦初名翊，字翰风，号宛邻，江苏阳湖人。张惠言弟。嘉庆十八年举人。道光间历知山东邹平、章丘、馆陶等县。著有《战国策释地》2卷、《素问释义》10卷、《本草述录》6卷、《宛邻诗文集》4卷等。编有《古诗录》12卷、《李诗录》4卷、《杜诗录》4卷。事迹见《清史稿》卷四七八、《清史列传》卷七六、李桓《国朝耆献类征初编》卷二四七、蔡冠洛《清代七百名人传》第四编、震钧辑《国朝书人辑略》卷九。

按：胡玉缙《许庼经籍题跋》评《战国策释地》曰："《国策》自鲍彪《注》纠高诱之讹漏，吴师道《注》又正彪之舛谬，已称善本。而鲍《注》尚有未及正、吴《注》亦有未尽合者，琦乃取两家注为之考订，并释以今地，足为读是书者之助。"

洪颐煊卒（1765— ）。颐煊字旌贤，号筠轩，晚号倦舫老人，浙江临海人。少时被阮元招入诂经精舍肄业。嘉庆六年拔贡生，馆孙星衍所，为撰《孙祠内外书目》7卷、《平津读碑记》8卷。后以入赀为州判，署广东新兴县事。适阮元为两广总督，延入幕，诹经咨史以为常。性好聚书，藏善本三百余种，碑板二千余通，钟鼎彝器皆撰有目，多世所罕见者。著有《诸史考异》18卷、《校正竹书纪年》2卷、《孝经郑注补证》1卷、《礼经宫室答问》2卷、《管子义证》8卷、《孔子三朝记》8卷、《汉志水道疏证》4卷、《读书丛录》24卷、《台州札记》12卷、《经典集林》32卷、《倦舫书目》10卷、《倦舫碑目》7卷、《洪范五行纪论》5卷、《古文叙录》3卷、《筠轩诗文抄》12卷等。辑有《刘向五经通义》1卷、《刘向五经要义》1卷。事迹见《清史稿》卷四八六、《清史列传》卷六九。

　　按：《清史稿》本传曰："性喜聚书，广购岭南旧本至三万余卷，碑版彝器多世所罕觏。"《清史列传》本传曰："颐煊苦志力学，与兄坤煊、弟震煊，读书僧寮，夜每借佛灯围坐，谈经不辍。时有'三洪'之称。学使阮元招颐煊、震煊就学行省，颐煊尤精经训，熟习天文，贯串子史。嘉庆六年拔贡生，为山东督粮道孙星衍撰《孙氏书目》及《平津馆读碑记》十二卷，考据明审，于唐代地理尤多。"

　　董文涣（　—1877）、华蘅芳（　—1902）、李端棻（　—1907）生。

道光十四年　甲午　1834年

　　正月初八日甲戌（2月16日），修改科场条例六条。

　　十一月十七日戊寅（12月17日），命嗣后房考第几房次第统用紫戳，荐条用蓝戳，内收掌戳记用蓝色，外收掌受卷、弥封、誊录、对读各官戳记用紫色。印用错误，照例议处。

　　是年，美国制成一整套汉文铅活字运抵中国。

　　广州外国侨民成立"在华实用知识传播会"，以传播技艺和科学，启迪中国人智力为宗旨。

　　按：又称宣智会，会长为英商马地臣、美商奥立芬为司库，裨治文为秘书。英国正式派商务代表律劳卑为商务监督驻华。

　　王引之服阕，于夏季入都供职，署工部尚书。十一月卒于京，谥文简。汪喜孙为撰行状，汤金钊为撰《墓志铭》。

　　林则徐正月出题甄别紫阳、正谊书院，魏源等应邀来阅卷。

　　方东树馆元和县令姚莹署中。

　　曾国藩肄业岳麓书院，是科领乡荐，中式第三十六名举人。十一月入京师。是年始见刘蓉于朱氏学舍，与语大悦。

　　郭嵩焘年十七，读书于仰高书院。

　　程恩泽授工部右侍郎，兼管钱法堂。

　　严可均十二月有《答徐星伯同年书》，鼓励徐松整理所辑钞之《宋会要》。

　　刘文淇赴金陵应乡试，不第。

　　郑珍应乡试落第归里。

　　姚燮第四次到杭州应乡试，中举人。

西班牙王位继承战争开始。

亚伯拉罕·林肯开始进入政界。

布鲁塞尔大学建立。

第一部机械收割机取得专利权（美国）。

德国出版西方第一份出版业期刊《书业报》。

英国数学家查理·巴巴奇发现"分解机器的原理"（现代电脑的开始）。

俄籍德国人H.F.E.楞次提出"电动机－发动机"原理楞次定律。

何绍基、许瀚在杭州利用校雠之暇,购访秘镌,搜拓石墨。

陈奂校雠胡承珙遗书。

钱熙祚、顾观光、张文虎为校订《守山阁丛书》,到杭州文澜阁查阅《四库全书》。

陆耀遹自粤还,至江阴访李兆洛,兆洛为题所编《金石续编》。

汪喜孙元旦有《再示左生书》,倡导泾川书院学子读《通艺录》、《经义述闻》、《述学》等著作。

马瑞辰正月为胡承珙的《毛诗后笺》作序。

费丹旭为陈奂写像。

李佐贤中进士,官至汀洲知府。

陈介祺中进士,授翰林院编修。

卢坤时任两广总督,依阮元成例,选高材生肄业学海堂。

谢有申在广东高明县建文元书院。

郑祖琛时任广西布政使,在桂林建榕湖书院。

刘鉴元在四川铜梁县建青藜书院。

王联陛时任四川南溪知县,建奎峰书院。

秦开元在贵州金沙县建玉屏书院。

刘珩时任云南泸西知州,建钟秀书院。

美国著名医药传教士伯驾应征来华行医。

法国遣使会传教士孟振生抵澳门传教。

梁发因广州知府搜捕中国信徒逃至澳门,旋于零仃岛乘船逃至马六甲。

英传教士马礼逊为英国派遣在华商务监督(领事)律劳卑聘为副领事,旋为调停律劳与两广总督卢坤的冲突而奔走于广州、澳门之间,因辛劳过度而病逝。

弗朗索瓦·阿拉戈发表《大众天文学》。

乔治·班克罗夫特的《美国史》首卷问世。

兰克发表《罗马教皇史》。

冯·布赫发表其著作《论火山性》。

贾声槐著《周易解》3卷刊行。

卢兆鳌著《周易辑义续编》4卷由正文堂刊行。

李道平著《易筮遗占》1卷成书,有自序。

冯登府著《论语异文考证》10卷成书,有自序。

刘廷升辑《御案七经要说》25卷刊行。

林春浦著《四书拾遗》6卷刊行;又著《孙子世家补订》1卷刊行。

蒋一鉴著《孟子章句考年》5卷刊行。

孟超然著《七经掌诀》1卷重刊。

瞿中溶著《唐石经考异补让》20卷成书。

陈澧始著《汉地理图》。

左承业原本,施彦士续纂修《万全县志》10卷刊行。

茹金、申瑶等纂修《壶开县志》10卷刊行。

刘光斗修,朱学海纂《诸城县续志》23卷刊行。

王果纂《内江县志》4卷刊行。

赵德林等修,张沆等纂《石泉县志》10卷刊行。

陈兰滋修纂《上思州志》20卷刊行。

张运昭修,蒋方正纂《兴安县志》18卷刊行。

朱椿年等修,杜以宽、叶轮纂《钦州志》12卷刊行。

王协梦修,罗德昆纂《施南府志》30卷刊行。

丁鹿寿纂《静海乡志》3卷刊行。

黄廷鉴纂《琴川三志补记续》8卷刊行。

苏双翔补纂《唐墅志》3卷成书。

李廷璧修,周玺纂《彰化县志》12卷刊行。

孙大焜、王庚修,徐逢盛、陈名世等纂《沙县志》20卷刊行。

谢金銮纂《蛤仔难纪略》刊行。

张澍纂《蜀典》12卷刊行。

钱泰吉著《海昌学职禾人考》1卷成书,有自识。

吴兰修著《南越金石志》2卷成书,郑廷松作跋。又著《端溪砚史》3卷成书,卢坤作序。

李兆洛校刻顾炎武著《日知录》成;又刻《辨志书塾所见帖》成。

黄汝成纂录诸家关于《日知录》之考辨,成《日知录集释》32卷,并由黄氏西溪草庐刊行;毛岳生、蒋彤、吴育等协助编纂。黄氏有《日知录集释序》。

按:《日知录》是清初著名学者顾炎武的代表作,它不仅在当时激起强烈共鸣,而且影响所及绵亘有清一代。乾嘉间朴学发皇,治《日知录》几成专学。道光年间,黄汝成集诸家研究之大成,纂为《日知录集释》,为《日知录》研究作了一个承上启下的总结。关于《日知录》的研究著作,除黄氏的《集释》外,尚有李遇孙的《日知录续补正》3卷、丁晏的《日知录校正》、俞樾的《日知录小笺》及黄侃的《日知录校记》、潘承弼的《日知录补校》、陈邦贤的《日知录集释述评》等。《日知录集释》有上海古籍出版社1984年影印本。

华擎亨编《增订欧阳文忠公年谱》1卷刊行。

徐沁编《谢翱年谱》刊行。

姚夏编,陈梓补订,顾广誉重订《杨园张先生年谱》4卷刊行。

容安编《那文毅公世系官阶》刊行,附于那彦成所著《那文毅公奏议》。

苏履吉自编《九斋年谱诗》刊行,附于泥阳书院刊本《友竹山房诗草续钞》。

王绍兰著《管子地员篇注》成书,有自序。

梁章钜著《退庵随笔》,陆续得22卷。又著《文选旁证》46卷成书。

按:《文选旁证》所采书籍达1300多种,于何焯、陈景云、余萧客、段玉裁、翁方纲、纪昀、阮元、顾千里、孙义均、朱绶、钮树玉、姜皋之说,颇多征引。段玉裁评校《文选》无刊本,故征引特多。林茂春之《文选补注》,赖是书以传。阮元《序》称此书"沉博美富,可为选学之渊海"。

钱仪吉著《衍石斋记事稿》10卷、续稿10卷刊行。

刘台拱遗著《刘端临先生遗书》由阮恩海刊行。
鲁九皋著《山木居文集》12卷、外集2卷刊行。
芸叶庵刊五色套印本《杜工部集》20卷。
方贞观著《方南堂先生辍锻录》1卷刊行。
王㳻著《壑舟园初稿》刊行。
冯登府著《拜竹诗龛诗存续》2卷、《种芸词》2卷成书，有自序。
沈懋德校刊吴翌凤旧所辑《国朝文征》。
张敦仁著《开方补记》6卷刊行。
赵绍祖著《古墨斋集》12种刊行。
张惠言遗著《茗柯文补编》、《茗柯文外编》刊行，陈善作后序。
汪莱著《衡斋文集》3卷刊行。
陈寿祺著《左海文集》10卷、《绛跗堂诗集》6卷成书。
顾翰著《拜石山房词》4卷成书，蔡宗茂作序。
黄燮清著《拙宜园词》2卷成书。
叶世倬著《二思堂文集》4卷、《诗集》2卷刊行。
夏炘著《夏仲子集》6卷成书，有自序。
郑乔迁著《藏密庐文稿》4卷刊行。
余绍祉著《元丘素话》1卷刊行，戴士奇作跋。
　按：余绍祉字子畴，号大疑，江西星江人。明末诸生，入清不仕。
王筠著《说文系传校录》30卷成书，有自序。
田万选著《芸香斋韵法新谱》1卷刊行。
佚名辑《审音鉴古录》刊行。
阮元著《石画记》14卷成书。
马时芳著《朴丽子》19卷成书，有自序。
罗士琳著《四元玉鉴细草九式》24卷成，有自序。
魏崧辑《壹是纪始》22卷刊行，有自序。
茆泮林辑《梅瑞轩十种古逸书》始刊。
郭士立译《大英天统治》。

朱彬卒（1753—　）。彬字武曹，一字郁甫，江苏宝应人。乾隆六十年举人。精训诂、声音、文字之学，与刘台拱、王念孙、王引之、汪中、邵晋涵等互相切磋。著有《礼记训纂》49卷、《经传考证》8卷、《游道堂诗文集》4卷、《白田风雅》24卷及《邑乘志隅》、《朱氏支谱》、《玉山草堂课艺》等。事迹见《清史稿》卷四八一、《清史列传》卷六九。
　按：《清史稿》本传曰："自少至老，好学不厌。承其乡王懋竑经法，与外兄刘台拱互相切磋。每有所得，辄以书札往来辨难，必求其是而后已。于训诂、声音、文字之学，用力尤深。著有《经传考证》八卷，《礼记训纂》四十九卷，虎观诸儒所论议，郑志弟子之问答，以及魏、晋以降诸儒之训释，书钞、通典、御览之涉是书者，一以注疏为主，撷其精要，纬以古今诸说。其附以己意者，皆援据精确，发前人所未发。"
张敦仁卒（1754—　）。敦仁字古余，一作古愚，阳城人。乾隆四十年进士,授江西高安知县,调庐陵,迁铜鼓营同知,署九江、南安、饶州府事。官至云南盐法道,寻以病致仕。长于天文历算。曾校刊《仪礼》、《礼记》、《盐铁论》诸书,并为学者所重。著有《抚本札记郑注考异》、《盐铁论考证》2卷、《通鉴补识误》、《通鉴补略》、《开方补记》9卷、《缉古算经细草》3卷、《求一算术》1卷等。事迹见《清史稿》卷四七八。

  王引之卒(1766—)。引之字伯申,号曼卿,江苏高邮人。王念孙之子。自幼以父为师治学,精于名物考证、校勘训诂,时称"高邮王氏父子"。嘉庆四年一甲三名进士,授编修。擢礼部侍郎,充修《仁宗实录》总裁。道光间历官至工部尚书。卒谥文简。著有《经义述闻》32卷、《经传释词》10卷、《太岁考》2卷、《春秋名字解诂》(即《周秦名字解诂》)2卷、《康熙字典考证》12卷、《王文简公文集》4卷、《补编》2卷等。事迹见《清史稿》卷四八一、《清史列传》卷三四、李桓《国朝耆献类征初编》卷七六、震钧辑《国朝书人辑略》卷八、蔡冠洛《清代七百名人传》第四编、王寿昌等《伯申府君行状》(《高邮王氏六叶传状碑志集》卷五)。闵尔昌编有《高邮王伯申先生年谱》。

  吴嵩梁卒(1766—)。嵩梁字兰雪,一字子山,号石溪老渔,江西东乡人。嘉庆五年举人。由内阁中书官贵州黔西知州。著有《香苏山馆古体诗集》14卷、《香苏山馆今体诗集》14卷、《香苏山馆文集》2卷、《石溪舫诗话》2卷、《听香馆丛录》6卷、《鹅湖书田志》4卷、《东乡风土记》1卷等。事迹见《清史稿》卷四八五、《清史列传》卷七二、李桓《国朝耆献类征初编》卷一四七、震钧辑《国朝书人辑略》卷八、蔡冠洛《清代七百名人传》第五编、《吴嵩梁传》(《续碑传集》卷七七)。

  戴敦元卒(1768—)。敦元字古旋,号金溪,浙江开化人。乾隆五十八年进士,由刑部主事累迁刑部尚书。卒赠太子太保,谥简恪。著有《古今体诗集》8卷。事迹见《清史稿》卷三七四、李桓《国朝耆献类征初编》卷一〇八、潘咨《戴司寇别传》、陈奂《戴简恪公纪略》(均见《续碑传集》卷八)。

  按:《清史稿》本传曰:"敦元博闻强识,目近视,观书与面相磨,过辄不忘。每至一官,积牍览一过,他日吏偶误,辄摘正之,无敢欺者。奏对有所谘询,援引律例,诵故牍一字无舛误,宣宗深重之。至老,或问僻事;指某书某卷,百不一爽。尝曰:'书籍浩如烟海,人生岂能尽阅?天下惟此义理,古今人所谈,往往雷同。当世以为独得者,大抵昔人唾馀。'罕自为文,仅传诗数卷。喜天文、律算,讨论有年,亦未自立一说。"

  甘福卒(1768—)。福字德基,号梦六,江苏江宁人。家世富藏书。所建津逮楼藏书十万余卷。著有《津逮楼书目》18卷、《保彝斋日记》、《钟秀录》。事迹见梅曾亮《甘德基墓志铭》(《柏枧山房文集》卷一二)。

  陈寿祺卒(1771—)。寿祺字恭甫,一字苇仁,号左海,晚自号隐屏山人,福建闽侯人。嘉庆四年进士,改翰林院庶吉士,散馆,授编修。十四年充会试同考官。受知于阮元。阮元抚浙,延其主敷文书院,兼课诂经精舍。后主讲鳌峰、清源书院多年。著有《五经异义疏证》3卷、《尚书大传定本笺》3卷、《洪范五行传辑本》3卷、《左海经辨》4卷、《左海文集》10卷、《左海骈体文》2卷、《绛跗堂诗集》6卷、《东越儒林文苑后传》2卷、《东观存稿》1卷及《欧阳夏侯经说考》1卷、《齐鲁韩诗说考》、《礼记郑读考》6卷、《说文经诂两汉拾遗》等。事迹见《清史稿》卷四八二、《清史列传》卷六九、蔡冠洛《清代七百名人传》第四编、高澍然《奉政大夫翰林院编修记名御史陈先生寿祺行状》、阮元《隐屏山人陈编修传》、周凯《陈恭甫先生传》（均见《碑传集》卷五一）。

  按：《清儒学案》卷一二九《左海学案》曰："闽中诸儒，承李文贞、蔡文勤之后，多宗宋儒，服膺程、朱，自左海始兼精研汉学，治经重家法，辨古今文，朴园继志述事，父子并为大师，世以比元和惠氏、高邮王氏，洵无愧焉。"《清史稿》本传曰："寿祺会试出朱珪、阮元门，乃专为汉儒之学，又及见钱大昕、段玉裁、王念孙、程瑶田诸人，故学益精博。解经得两汉大义，每举一义，辄有折衷。……寿祺归后，阮元延课诂经精舍生徒。元纂群经古义为《经郛》，寿祺为撰条例，明所以原本训辞、会通典礼、存家法而析异同之意。后主泉州清源书院十年，主鳌峰书院十一年，与诸生言修身励学，教以经术，作《义利辨》、《知耻说》、《科举论》以示学者。规约整肃，士初苦之，久乃悦服。家居与诸当事书，于桑梓利弊，蒿目瘝心，虽触忌讳无所隐。明儒黄道周孤忠绝学，寿祺搜辑遗文，为之刊行。又具呈大吏，乞疏请从祀孔庙，议上，如所请。"

  陆继辂卒(1772—)。继辂字祁孙，一字修平，江苏阳湖人。嘉庆五年举人，选合肥训导。迁知江西贵溪，三年引疾归。著有《崇百药斋文集》44卷、《合肥学舍札记》12卷、《清邻词》1卷、《词律评》、《词综评》等。事迹见《清史稿》卷四八六、《清史列传》卷七二、李桓《国朝耆献类征初编》卷二四六、震钧辑《国朝书人辑略》卷八。

  按：《清史稿·文苑传三》曰："常州自张惠言、恽敬以古文名，继辂与董士锡同时并起，世遂推为阳湖派，与桐城相抗。然继辂选《七家古文》，以为惠言、敬受文法于钱伯坰，伯坰亲业刘大櫆之门；盖其渊源同出唐、宋大家，以上窥《史》、《汉》，桐城、阳湖，皆未尝自标异也。"

  王凤生卒(1776—)。凤生号竹屿，安徽婺源人。嘉庆间入赀为浙江通判，官至两淮盐运使。以仕为学，尤笃好图志。著有《浙西水利备考》8卷、《江淮河运图》、《河北采风录》、《江汉宣防备考》、《淮南北场河运盐走私道路图》等。事迹见《清史稿》卷三八四、魏源《王凤生墓表》（《古微堂外集》卷四）。

  传教士马礼逊卒(1782—)。马礼逊英国人。1804年参加伦敦布道会，1807年毕业于英国高斯坡神学院，并被委任为牧师。嘉庆十二年受基督教伦敦会派遣，从纽约抵广州，为基督教新教来华传教的第一人。精通汉文，嘉庆二十一年，英国政府派使臣阿美士德往北京谈判，马礼逊被任命为使臣的秘书兼翻译。道光十四年五月，被任命为英国首任驻华商务监督律劳卑的秘书兼翻译。著有《汉语语法》、《汉英字典》、《广州土话字汇》，并译《圣经》为汉文。

  方坰卒(1792—)。坰字思臧，号子春，浙江平湖人。嘉庆二十一年举人。道光十年，官武义、钱塘训导。后笃志程、朱之学。著有《读易日识》6卷、《春秋说》4卷、《生斋诗文稿》17卷、《生斋日知录》3卷、《生斋日识》2卷、《重订张杨园年谱》5卷、《方学博全集》等。事迹见《清史列传》卷六七。

按：《清史列传》本传曰："炯为学初谨，步趋尺寸凛凛，念已所不足者四端：曰密，曰裕，曰虚，曰慎，各作一箴以自警。……取程子《易传》读之，益洞明其理，以旁通于诸经，无不合者。又常看《大学》，于朱子论天之明命处，阅之洞心，有手舞足蹈之乐。晚年，体验延平喜怒哀乐未发之说，益以暇豫。其言曰：'外整肃而内虚静，湛然寂然，冲漠无朕是之谓，居敬敬则，一一则诚矣。'又曰：'动而后有善恶，当其静则未有不善者也。故圣贤主静，静即人生而静之静，不与动对，乃贯乎动静之中者，静固静，动亦静也。太极是已。'因作《静坐箴》以见意。"

廖文锦卒，生年不详。文锦字云初，号邵庵，福建永定人。嘉庆十六年进士，改翰林院庶吉士，散馆，授编修，充国史馆提调。道光元年，充江西乡试副考官，寻任文渊阁校理。后补卫辉府知府。曾整顿书院，倡办义学，振兴文教。著有《佳想轩诗抄》等。事迹见《清史列传》卷七四。

李凤苞（ —1887）、陆心源（ —1894）、李文田（ —1895）、徐宗亮（ —1904）生。

道光十五年　乙未　1835年

正月初二日壬戌（1月30日），以皇太后六旬寿辰，命于本年八月举行恩科乡试，来年三月举行会试。

二十七日丁亥（2月24日），英、美籍传教士组织"马礼逊教育会"在广州创设"马公书院"，教授中国儿童英文、西学、宗教教义等。

三月十四日癸酉（4月11日），两广总督卢坤奏定《防范洋人活动补充章程》八条。

四月二十一日庚戌（5月18日），道光帝策试贡士张景星等272人于保和殿。

二十五日甲寅（5月22日），道光帝至太和殿，传胪，赐一甲刘绎、曹联桂、乔晋芳3人进士及第，二甲张带等117人进士出身，三甲吴逢甲等152人同进士出身。

六月十五日癸卯（7月10日），令满洲、蒙古文职二品以下，及五品、六品京堂各员，自本月十九日起，按所开列名单，轮日在圆明园考试满语，俱不准托故不考。

二十八日丙辰（7月23日），命宗室、觉罗暨八旗臣仆，务勤修本业，勉绍家声，断不可不晓清语，不识清字，慎勉毋忽。

闰六月初二日庚申（7月27日），令蒙古翻译进士、举人出身之六部、理藩院、太仆寺郎中、员外郎及御史，并内阁侍读各员，于本月十三日在圆明园考试。有不由进士、举人出身，愿报名参加考试者，准一体考试。

十月二十日乙亥（12月9日），严乡试查号之法。

费迪南德一世成为奥地利皇帝。

德克萨斯宣布脱离墨西哥。

十二月初九日癸亥(1836年1月26日),道光帝赐两江总督陶澍御书"印心石屋"匾额。

是年,石印术传入中国。

阮元三月补授大学士,管理刑部事务;十月兼署都察院左都御史。

阮元借秦恩复藏《读书敏求记》抄本,补刻于道光五年刊本后。

阮元应汤金钊、梁章钜请,为西岳庙中钱宝甫新立华山碑题识,程恩泽书写。

吴荣光为阮元《石画记》作序。

王绍基依照阮元嘱咐,校刻《湖海文传》。

龚自珍为王引之作《工部尚书高邮王文简公墓表铭》。

林则徐正月作《挽曹文正公师长诗》一首,哀悼座师曹振镛。

黄承吉为刘文淇撰《左传旧疏考正序》。

方东树馆姚莹仪征盐掣同知官署中,校《援鹑堂笔记》毕。

曾国藩以会试不第,寓居京师,始治古文,尤好韩愈之文。

姚燮会试落第,寓京师,结识魏源、张际亮、黄爵滋、潘德舆等人。

俞樾年十六,补县学生。

刘宝楠举乡试后,受聘主讲广陵书院。

郑珍至京谒程恩泽,程氏为其点定《说文新附考》。

按:《清史稿·郑珍传》曰:"尤长《说文》之学,所著《说文逸字》二卷、《附录》一卷,《说文新附考》六卷,皆见称于时。"

朱次琦被荐举肄业学海堂,以疾辞不赴。

包世臣、刘文淇、吴熙载等在扬州补作黄庭坚生日会。

同济再任淮安府学教授。

戴熙充会试同考官。

黄爵滋八月任鸿胪寺卿,九月初九日上《敬陈六事疏》,提出严禁鸦片主张。

朱琦中进士,选翰林院庶吉士,授编修。慕同里陈宏谋之为人,以气节自励。

吴式芬中进士,官至内阁学士。

沈垚与姚燮相识于北京。

俞正燮应两湖总督林则徐聘,主修《湖北通志》。书成,以典博详明著称。

潘世恩充翰林院掌院学士。

邓廷桢九月为两广总督。

朱为弼为严杰《隋文选楼校经图》题七古二十四韵。

刘绎、曹联桂、乔晋芳、徐夔典、叶名琛、张铨、黄宗汉、何桂清、张鸣岐等中进士。

吕贤基中进士,改庶吉士,授编修。

英国H.C.罗林森释读出"贝希斯顿铭文"中之一种楔形文字为古波斯文。

瑞典J.J.贝采利乌斯提出催化概念。

英国C.莱伊尔将第三纪划分为始新世、中新世、上新世。

英国J.惠特沃思发明滚齿机。

美国S.F.B.莫尔斯创造了电报通信用的莫尔斯电码。

按：吕贤基字鹤田，旌德人。历任御史给事中、鸿胪寺卿、工部侍郎。曾与倭仁、曾国藩等讲学。著有奏议2卷、诗1卷。

丁守存中进士，授户部主事。

按：《清史稿·丁守存传》曰："守存通天文、历算、风角、壬遁之术，善制器。时英吉利兵犯沿海数省，船炮之利，为中国所未有。守存慨然讲求制造，西学犹未通行，凡所谓力学、化学、光学、重学，皆无专书，覃思每与暗合。大学士卓秉恬荐之，命缮进图说，偕郎中文康、徐有壬赴天津，监造地雷、火机等器，试之皆验。"

鲁一同中举人。

张集馨七月奉命典试河南，阮元向其推荐蒋湘南。蒋湘南中举人。

按：蒋氏字子潇，河南固始人。治经宗许、郑。著有《十四经日记》、《七经楼文钞》、《春晖阁诗钞》等。

余龙光中举人，官江苏娄县知县。

按：余龙光字黼山，安徽婺源人。余元遴孙。《清史列传·余龙光传》曰："龙光早岁读金溪、姚江书，于永康、永嘉事功，马氏《通考》、顾炎武遗书，皆能得其要略。后乃渊源家学，笃志程、朱，以居敬冠内、穷理、力行为宗旨。尝谓：'朱子之学广大精纯，为孔子后一人。（汪）绂尊信朱子，昌言保卫，特定一尊，虽或病其言太虚太急切，然欲救时俗之歧误，不得已焦唇敝舌以警觉之，其设心良苦也。'绂与（江）永俱为婺人，所推永学兼汉宋，其徒戴震始专崇汉学，后遂诋斥程、朱。故龙光云然。所著有《广唐书》三十卷，《朱子祠记考》、《元明儒学正宗录》、《表章儒硕录》各二卷，《吴康斋学案》、《汪仁峰学案》各一卷，《仁峰年谱》一卷，《汪双池年谱》四卷，《经学管窥》六卷、《诗文集》三十七卷。"

杨巨源时任房山知县，扩建云峰书院，增置田亩，以为生童膏火之资。设山长主讲席，斋长主诸务，集诸生肄业其间，每月两试，优者给奖。

张梦蓉时任河北唐县知县，建焕文书院，同治年间更名为唐岩书院。

章朝敕集资修葺辽宁辽阳襄平书院。

董思诚时任江西瑞昌县知县，建紫峰书院。

陈隽时任江西安远知县，建濂江书院。

龙光甸时任湖南溆浦县知县，建蒙泉书院。

李振堃时任贵州晴隆知县，建莲城书院。

英人弗兰克林9月12日于广州创英文周刊《广州周报》。

按：一译《广东周报》或《广东报》。魏源《海国图志》中译为《澳门新闻录》，弗兰克林任发行人兼主笔。1836年转由莫勒负责，1838年因中英关系紧张迁至澳门，1844年3月停刊。该刊所载有关中国资料尤详，林则徐所译《澳门月报》5辑多取自于此。又据考，该刊于1836年10月13日所刊号外为中国最早的外文报刊号外。

美传教士裨治文拟定世界通史、世界地理和世界地图之计划。

美国著名医药传教士伯驾11月在广州十三行内新豆栏街丰泰行三号开设眼科医局。

按：又称新豆栏医局，为西方传教士在中国开设的第一所西医医院。

美国传教士叔末士被美国佛吉尼亚州浸信会选为中国宣教士，是为浸信会首位来华的传教士。

德国史学家弗里德里希·达尔曼出版其基本论著《政治归咎于特定条件下的因素及程度》。

美国福音传教士查理·芬尼发表《论宗教复兴》。

德国神学家达维德·弗里德里希·施特劳斯著成《耶稣的一生》。

林锡龄著《周易审鹄要解》4卷刊行。

马瑞辰著《毛诗传笺通释》32卷刊行。

李超孙著《诗氏族考》6卷成书，李富孙作序。

丁裕彦著《洪范宗经》由京都琉璃厂文德斋陈觉林刊行。

沈豫著《皇清经解渊源录》1卷成书，有自序。

翟云升著《校正古今人表》成书。

林春溥著《开辟传疑》2卷成书。

吴兰修著《南汉纪》5卷成书，李兆洛作序。

梁章钜著《枢垣纪略》16卷重刊。

俞正燮等纂《湖北通志》成书。

杨桂森纂修《保安州志》8卷刊行。

朱煌修，郑培椿等纂《遂昌县志》12卷刊行。

李元春纂《台湾志略》2卷刊行。

柯琮璜修纂《重修安平志》成书。

朱炜修，姚椿、洪符孙纂《禹州志》26卷刊行。

王德瑛修纂《舞阳县志》12卷刊行。

周际华修，戴铭纂《辉县志》20卷刊行。

潘尚楫修，邓士宪等纂《南海县志》44卷刊行。

温恭修，吴兰纂《封川县志》10卷刊行。

张显相修，黎士华纂《平南县志》22卷刊行。

鲁寿崧修，熊声元等纂《黔西州志》8卷刊行。

黄位斗修，孙代芳纂《新宁县志》6卷刊行。

曾灿奎、刘光第修，甘家斌等纂《邻水县志》6卷刊行。

阮元、伊里布等修，王崧、李诚纂《云南通志稿》216卷刊行。

李德生等修，李庆元等纂《定远县志》8卷刊行。

陈剑镗修，李其馨等纂《赵州志》6卷刊行。

徐宗乾修，杜阡等纂《高唐州志》8卷刊行。

舒化民等修，徐德城等纂《长清县志》16卷刊行。

程祖洛等续修，魏敬中续纂《重纂福建通志》278卷刊行。

余炳捷编，李元春增辑，刘来南参订《至圣先师孔子事迹》刊行。

李元春辑，刘来南图注《孔子年谱图》刊行。

陶性坚编《宋左丞相陆公年表》1卷刊行。

黄泰自编《黄泰自订年谱》1卷。

黄汝成著《日知录刊误合刻》4卷成书。

许瀚校《晏子春秋》和阎若璩的《潜邱札记》，又抄校宋穆修《河南集》3卷。

卢坤辑《杜工部集五色评本》20卷刊行。

李祖陶编《金元明八家文钞》53卷成书，有自序。

明瞿式耜遗著《瞿忠宣集》在常熟始刻。

何焯著《义门小集》刊行。
张惠言著《茗柯文编》9卷由门人陈善刊行。
阮元选订《安事斋诗录》毕，有自序。
李承烈著《璧梧斋文稿》1卷、《修齐堂诗抄》5卷、尺牍4卷刊行。
查揆著《筼谷文抄》32卷刊行。
陈钟麟著《红楼梦传奇》8卷刊行。
徐湘潭著《睦堂先生文集》60卷刊行。
陈用光著《太乙舟文集》8卷成书。
项廷纪著《忆云词丁稿》1卷成书，有自序。
翟云升著《隶篇》15卷成书，有自序。
石韫玉辑《古香林丛书》10种刊行。
范锴辑《范白舫所刊书》13种刊行。
李元春辑《青照堂丛书》3编43种刊行。
陆献著《山左桑蚕考》12卷刊行。

松筠卒（1754— ）。玛拉特氏，字湘浦，蒙古正蓝旗人。乾隆时为军机章京，擢驻藏大臣。嘉庆时官至武英殿大学士。卒谥文清。著有《绥服纪略》1卷、《卫藏通志》、《古品节录》、《伊犁总统事略》12卷等。事迹见《清史稿》卷三四二、《清史列传》卷三二、李桓《国朝耆献类征初编》卷三六、震钧辑《国朝书人辑略》卷七、蔡冠洛《清代七百名人传》第一编、沈垚《都统衔工部右侍郎前太子太保武英殿大学士谥文清松筠公事略》（《续碑传集》卷一）。

按：《清史稿》本传曰："松筠廉直坦易，脱略文法，不随时俯仰，屡起屡蹶。晚年益多挫折，刚果不克如前，实心为国，未尝改也。服膺宋儒，亦喜谈禅。尤施惠贫民，名满海内，要以治边功最多。"

曹振镛卒（1755— ）。振镛字丽笙，一字怿嘉，安徽歙县人。乾隆四十六年进士，授翰林院编修。官至体仁阁、武英殿大学士、军机大臣。充纂修《会典》、两朝《实录》、《河工方略》、《全唐文》、《明鉴》、《皇朝文颖》等书总裁官。道光九年，奉敕撰《平定回疆剿擒逆裔方略》80卷。又三任学政，四典乡会试。卒谥文正。事迹见《清史稿》卷三七六、《清史列传》卷三二、李桓《国朝耆献类征初编》卷三八、蔡冠洛《清代七百名人传》第一编。

按：《清史稿》本传曰："振镛历事三朝，凡为学政者三，典乡会试者各四。衡文惟遵功令，不取淹博才华之士。殿廷御试，必预校阅，严于疵累忌讳，遂成风气。凡纂修《会典》、两朝《实录》、《河工方略》、《明鉴》、《皇朝文颖》、《全唐文》，皆为总裁。驾谒诸陵及秋猎木兰，每命留京办事。临雍视学，命充直讲。恩眷之隆，时无与比。"

王绍兰卒（1760— ）。绍兰字畹馨，号南陔，晚年自号思惟居士，浙江萧山人。乾隆五十八年进士，授福建南屏知县。官至福建巡抚。著有《礼堂集议》42卷、《漆书古文尚书逸文考》1卷、《董子诗说笺》1卷、《匡说诗义疏》1卷、《仪礼图》17卷、《石渠议逸文考》1卷、《夏小正逸文考》1卷、《周人礼说》8卷、《周人经说》8卷、《说文集注》124卷、《说文段注订补》6卷、《汉书地理志校注》2卷、《读书杂记》12卷、《袁宏后汉纪补证》30卷、《思惟居士存稿》10卷等数十种。事迹见《清史稿》卷三五九、李桓《国朝耆献类征初编》卷一九六。

按：《清史稿》本传曰："少嗜学，究经史大义。去官后，一意著述，以许慎、郑康成为宗，于《仪礼》、《说文》致力尤深，著书皆可传。"

徐熊飞卒（1762— ）。熊飞字子宣，一字渭扬，号雪庐、白鹄山人，浙江武康人。嘉庆九年举人。曾被阮元聘为诂经精舍讲席。后特赏翰林院典籍衔。著有《骈体文钞》2卷、《骈体文续钞》1卷、《前溪碑碣》2卷、《武康伽蓝记》2卷、《白鹄山房诗初集》3卷、《凤鸥集》1卷、《修竹庐谈诗问答》等。事迹见《清史列传》卷七三。

顾广圻卒（1766— ）。广圻字千里，号涧蘋，又号思适居士，江苏元和人。诸生。受业于江声。精于校勘，与卢文弨同为乾嘉以来校雠名家。孙星衍、张敦仁、黄丕烈、胡克家、秦恩复等人曾先后聘其主持刻书。著有《邀翁苦口》1卷、《思适斋文集》18卷等。事迹见《清史稿》卷四八一、《清史列传》卷六八、李桓《国朝耆献类征初编》卷四二二、李兆洛《顾君墓志铭》（《思适斋文集》卷首）。赵诒琛编有《顾千里先生年谱》，[日]神田喜一郎编有《顾千里先生年谱》。

按：《清史稿》本传曰："广圻天质过人，经、史、训诂、天算、舆地靡不贯通，至于目录之学，尤为专门，时人方之王仲宝、阮孝绪。兼工校雠，同时孙星衍、张敦仁、黄丕烈、胡克家延校宋本《说文》、《礼记》、《仪礼》、《国语》、《国策》、《文选》诸书，皆为之札记，考定文字，有益后学。乾嘉间以校雠名家，文弨及广圻为最著云。又时为汉学者多讥宋儒，广圻独取先儒语录，摘其切近者，为《邀翁苦口》一卷，以教学者。"李兆洛《顾君墓志铭》曰："当是时，孙渊如观察、张古愚太守、黄荛圃孝廉、胡果泉中丞、秦敦夫太史、吴山尊学士，皆深于校雠之学，无不推重先生，延之刻书。为孙刻宋本《说文》、《古文苑》、《唐律疏义》，为张刻抚州本《礼记》、严州本单疏本《仪礼》、《盐铁论》，为黄刻《国语》、《国策》，为胡刻宋本《文选》、元本《通鉴》，为秦刻《扬子法言》、《骆宾王集》、《吕衡州集》，为吴刻《晏子》、《韩非子》。每一书刻竟，综其所正定者为考异，或为校勘记于后，学者读之益钦向。为汉学者，往往不平宋儒而訾謷之，先生独服膺焉，遍读先儒语录，摘其切近者为《邀翁苦口》一卷，以教学者。胸中博综，而能识之无遗，每论议滔滔不竭，而是非所在，持之甚力，无所瞻徇。家故贫，常以为人校刻，博糈以食，虽往来皆名公卿，未尝有以自润。"

陈用光卒（1768— ）。用光字硕士，一字实思，江西新城人。师事姚鼐。嘉庆六年进士，改翰林院庶吉士，散馆，授编修。官至礼部左侍郎，提督福建、浙江学政，充《明鉴》总纂官。著有《太乙舟文集》8卷、《太乙舟诗集》13卷等。事迹见《清史稿》卷四八五、《清史列传》卷三四。

林联桂卒（1774— ）。联桂初名家桂，字道子，又字辛生，广东吴川县人。道光八年进士。与黄玉衡、黄培芳、张维屏、谭敬昭、吴梯、黄钊等合称"粤东七子"。曾任湖南绥宁知县。后实授新化署晃州直棣厅通判。著有《见星庐诗稿》正续共22集、《见星庐古文》3集、《骈体文》2集、《见星庐馆文话》、《见星庐馆赋话》、《见星庐馆诗话》、《作吏韵话》、《讲学偶话》、《续清秘述闻》、《日下推星录》等书。

施彦士卒(1775—)。彦士字朴斋，又字楚珍，江苏崇明人。道光元年举人。学以经世致用为主，兼长天文舆地。曾被贺长龄、陶澍延访入幕，襄办海运。历官直隶内丘、正定、万全等县。著有《春秋朔闰表发露》4卷、《读孟质疑》3卷、《孟子外书集证》5卷、《求己堂八种》、《海运刍说》1卷、《开垦水田图说》1卷等。事迹见《清史列传》卷七三。

汪远孙卒(1789—)。远孙字久也，号小米，又号借闲漫士，浙江钱塘人。嘉庆二十一年举人，官内阁中书。先世藏书之所曰"振绮堂"，插架夙多善本，遂寝馈其中，务为根柢之学。藏书分经史子集四部，各部有子目，凡考证其书之佳否真伪，及得书之缘起，自注于上方，详而有序。浙中志乘，推咸淳、临安志最古，为重雕以广其传。他若厉鹗《辽史拾遗》、《东城杂记》，梁履绳《左通补释》等，俱为之次第梓行。著有《三家诗考证》、《世本集证》、《国语三君注辑存》4卷、《国语发正》21卷、《国语考异》4卷、《十三经注疏考异》、《汉书地理志校勘记》、《借闲生诗词》4卷、《借闲随笔》1卷等。事迹见《清史列传》卷六八、李桓《国朝耆献类征初编》卷一四八、胡敬《内阁中书汪君墓志铭》(《续碑传集》卷二〇)。

项鸿祚卒(1798—)。鸿祚原名继章，改名廷纪，字莲生，浙江钱塘人。道光十二年举人。善填词。著有《忆云词甲乙丙丁稿》4卷、《补遗》1卷、《水仙亭词》2卷。事迹见《清史稿》卷四八四、谭献《项君小传》(《碑传集补》卷四九)。

姚谌(—1864)、高心夔(—1883)、施补华(—1890)、杨恩寿(—1891)、吴大澂(—1902)、陶模(—1902)、萧穆(—1904)、高桐轩(—1906)生。

道光十六年　丙申　1836年

正月二十一日乙巳(3月8日)，以湖南学政龚维琳，于其门丁顾四到处需索之事毫无觉察，又将自己所作诗赋刊刻版片，任书铺印刷售卖，按溺职罪，照部议革职。湖广总督讷尔经额对此事未能查明具奏，降二级留任，不准抵销。湖南巡抚吴荣光知情不报，且在有人参奏后，托词庇护，即降为四品京堂，到京候补。

二月十三日丙寅(3月29日)，修定恩贡、优贡试卷解部磨勘例。

三月十九日壬寅(5月4日)，命武英殿即将《清汉对音字式》一书再行刷印，颁发中外大小衙门。遇有满洲、蒙古人地名对音之字，务一体遵定

夏尔·路易·拿破仑·波拿巴被流放美洲。

德克萨斯成为一个独立的共和国。

阿肯色加入美国联邦。

后膛枪发明(普鲁士)，使从后

| 膛填装弹药成为可能。
| 宪章运动开始。
| 法国巴黎大凯旋门建成。

式,查照译写。

四月十九日辛未(6月2日),引见乙未科散馆及补行散馆人员。命大学士长龄、阮元,刑部尚书成格,户部右侍郎程恩泽,礼部左侍郎卓秉恬,兵部左侍郎廖鸿荃,右侍郎史谱,内阁学士王植为殿试读卷官。

二十一日癸酉(6月4日),策试贡士夏子龄等172人于保和殿。

二十五日丁丑(6月8日),道光帝至太和殿传胪,赐一甲林鸿年等3人进士及第,二甲张锡庚等72人进士出身,三甲孔继等97人同进士出身。

七月十五日丙申(8月26日),以协办大学士吏部尚书穆彰阿为国史馆总裁官。

十一月初四日癸未(12月11日),是年为玉牒例修之年,以定亲王奕绍、睿亲王仁寿充玉牒馆总裁官。大学士长龄为督催官,礼部尚书吴椿,礼部右侍郎联顺,内阁学士倭什讷、吴其浚为副总裁官。

十五日甲午(12月22日),命各省刊刻雍正八年《钦定训饬州县规条》一书,颁发所属州县。

是年,查禁传播歌谣,指斥公事。

命将孔子、佛祖、老子同庙供奉之旧习一律更正,以崇儒学,昭定制。

马礼逊教育会在广州成立,以改进和推动中国的教育为目标。

按:传教士马礼逊于1834年8月在中国病故后,1835年广州外侨发起马礼逊教育会以纪念之,至是年9月28日正式成立。是为基督教新教管会在华最早设立的学会机构之一。英国鸦片商颠地任会长,英国商人查顿任司库,美国传教士裨治文任秘书。

基督教新教美国浸信会始由传教士叔末士传入澳门。

按:教务活动拓展至宁波、金华、绍兴,后又相继开辟华西、华中教区。

埃德蒙·戴维发现乙炔。

丹麦考古学家C. J. 汤姆森提出以石器时代、青铜时代、铁器时代为史前时代三阶段分段之说,为史前考古学研究奠定基础。

阮元二月充经筵讲官;四月充殿试读卷官,又奉命与穆彰阿教习庶吉士。

许瀚、潘曾莹谒见阮元,冯登府将所刻《浙江砖录》寄阮元,吴荣光两次和阮元石画诗。

龚自珍改官宗人府主事。

方东树命门人苏惇元重编《张杨园先生年谱》。

林则徐在苏抚任,与吴云、石韫玉等集观明仇英《禹治水图》,作纪事诗。七月,再署两江总督。十月奉召入觐。

梅曾亮、黄爵滋、汪喜孙、刘宝楠、丁晏、张际亮、吴嘉宾等四十余人在北京陶然亭会禊,互有唱酬。

陶澍时任两江总督,因私刊奏疏,著降四级留任。

许乃济时任太常寺少卿,四月二十七日上《鸦片例禁愈严流弊愈大吁请变通办理折》。外国鸦片商将许奏疏译成英文传播,旋革许太常寺少卿职。

朱嶟时任内阁学士,八月与给事中许球分别上疏,反对许乃济的弛禁论,主张严禁鸦片。

邓廷桢与粤关监督文祥等赞同许乃济之弛禁论,并拟上弛禁章程九条。

袁玉麟时任江南道御史,十月初四日上奏反对弛禁鸦片。

朱骏声任安徽黟县训导。

钱泰吉在海昌与来访之吴德旋纵论文事三日,别后又作书与吴氏及冯登府,两书皆略及其生平为学宗旨及出处大端。

梁章钜任广西学政。六月以所著《退庵随笔》质之阮元,阮氏为之增删数事,并题词卷端。

蒋湘南入京应朝考,与魏源、龚自珍、俞正燮诸人游。

洪秀全赴广州应乡试,仍不第。

何绍基中进士,改翰林院庶吉士,散馆,授编修。

胡林翼中进士,改翰林院庶吉士,散馆,授编修。

林鸿年、何冠英、苏敬衡、徐文藻、梁同新、陆以湉、黄绍芳等举进士。

潘世恩充会试正考官。

祁寯藻服阕,未补官,即擢兵部右侍郎,升左都御史。

狄子奇主讲宿州书院。

姚椿以两湖总督林则徐聘,主讲湖北荆南书院。

张维屏解县职还。

丁善庆督学广西,擢侍讲学士。

乌尔恭时任浙江巡抚,建学海堂。

邓肇嘉时任山东龙口知县,建学海书院。

徐东升在河南汝南县建寒溪书院。

吴德征时任广西阳朔知县,将曹公书院改建为寿阳书院。

袁敏升时任贵州贞丰知州,建珉球书院。

俞良杰时任云南永善知县,建五莲书院。

吕世芳、吕耀初父子在台湾台中建文英书院。

端木国瑚著《周易指》45卷成书。

彭作邦著《周易史证》4卷刊行。

方申著《周易卦变举要》1卷成书,有自序。

庄述祖著《尚书今古文考证》7卷、《毛诗考证》4卷刊行。

王宝仁著《周官参证》2卷刊行。

阮元著《诗书古训》6卷成书,有自序。

许瀚著《韩诗外传校议》约成书于本年。

黄式三著《论语后案》20卷成书,有自序。

阮元著《孝经义疏》由日省吾斋刻行。

洪颐煊著《诸史考异》18卷刊行,有自序。

温日鉴著《魏书地形志校录》3卷成书,张鉴作序,陆心源、张均衡

叔本华发表《论自然中的意志》。

阿萨·格雷编写成第一本植物学课本《植物原种》。

作跋。

  按：温日鉴字铁华，一字霁华，浙江归安人。精舆地之学。另著有《勘书巢未定稿》等。

  张穆审定祁韵士著《西域释地》，又校订《西陲要略》4卷。

  何士祁修，姚椿、周墉纂《川沙抚民厅志》12卷刊行。

  吴其均纂修《繁峙县志》6卷刊行。

  卫绪涣修，左毓铎纂《新河县志》10卷刊行。

  罗宗瀛修，成瓘纂《邹平县志》18卷刊行。

  按：成瓘字篛园，邹平人。著书十余种，毕生精力悉在《篛园日记》8卷，包括《读易偶笔》、《读尚书偶笔》、《读诗偶笔》、《读三传偶笔》、《读史偶笔》、《读群书偶笔》、《春晖载笔》等，俞正燮尝为其作序。

  徐铉修，萧琯纂《松桃厅志》32卷刊行。

  濮瑗修，周国颐纂《安岳县志》16卷刊行。

  劳光泰修，但传熺纂《蒲圻县志》10卷刊行。

  周凯修，林焜熿等纂《金门志》16卷刊行。

  善贵修，张收缨纂《直隶和州志》24卷刊行。

  谢元淮修，许乔林纂《云台新志》18卷刊行。

  卢坤等奉敕纂《两广盐法志》35卷成书。

  姚范编《南丰年谱》1卷刊行，附于姚莹刊本《援鹑堂笔记》。

  卢端黼编《厚山府君年谱》1卷刊行。

  沈云编《台湾郑氏始末》成书。

  冯辰编，恽鹤生、孙锴修订，刘调赞续编《李恕谷先生年谱》。

  刘衡著《读律心得》3卷成，吴嘉宾作序。

  陈宗彝著《廉石居藏书记》2卷成书，有自序。

  王兰生自编《恩荣备载》1卷、《国学讲义》2卷刊行，附于王松大足县廨刻本《交河集》6卷。

  按：《续修四库全书总目提要》曰："是书（《国学讲义》）为兰生官司业时，与诸生讲论经义之作，故曰《国学讲义》。所说皆《中庸》，末附《孟子》三章。按兰生尝学于李光地，光地撰有《中庸章段》及余论，兰生本其义，而推阐加详。……首有兰生自序，末有门人刘绍攽跋，即梓是书者。于光地为再传门人，盖不忘师承所自也。"

  黄汝成著《日知录续刊误》2卷。

  张成孙著《说文谐声谱》50卷成书，有自序。

  张象津著《等韵简明掌图》1卷刊行。

  庄仲方著《南宋文苑》70卷成书，姚椿作序。

  翁方纲著《复初斋文集》35卷刊行。

  吴德旋著《初月楼文续钞》8卷刊行。

  陶樑辑《国朝畿辅诗传》60卷成书。又著《红豆树馆书画记》8卷成书，有自序。

  潘德舆著《养一斋诗话》6卷、《李杜诗话》3卷刊行。

王煦著《爱日堂类稿》16卷刊行。

龙汝言著《赐砚斋集》12卷刊行。

张大镛著《吾面斋诗存》成书,黄廷鉴作序。

孔宪彝著《阙里孔氏诗钞》14卷成书。

吴兰修编《学海堂二集》成书。

明何白著《汲古堂集》28卷刊行。

俞銈著《蹄涔集约钞》刊行。

邓显鹤编成《忠烈公遗集续编》,以补《蔡忠烈遗集》之不足。

朱珔著《文选集释》24卷刊行。

按:胡玉缙《许庼经籍题跋》曰:"是编采集众说,自下己意,证引极为繁博,足补李善所未逮。……全书辨证详明,类皆体会本文而出,大有裨于《选》学,凡汪师韩《理学权舆》、孙志祖《李注补正》、余萧客《音义》、张云璈《膠言》诸书得失,亦藉是考见,虽间伤繁冗,而究胜空疏,后梁章钜撰《旁证》,所以必求其覆勘欤!"

盛大士著《朴学斋笔记》8卷成书,有自序。

王翚著《清晖赠言》10卷、附录1卷刊行。

祁雋藻著《马首农言》1卷成书。

萧晓亭著《疯门全书》刊行。

英人德庇时著《中国人》一书出版。

英人慕瑞著《世界地理大全》在伦敦出版,林则徐命人加以翻译。

郑复光编《镜镜詅痴》刊行。

按:是为中国首部光学著作。张穆有《镜镜詅痴题词》。

吴瑭卒(1758—)。瑭字鞠通,江苏淮阴人。乾嘉之间游京师,有名。学本于叶桂。著有《温病条辨》6卷、《医案》5卷。事迹见《清史稿》卷五〇二。

按:后世有人将吴氏的《温病条辨》与汉代的《黄帝内经》、《伤寒论》和《神农本草经》并列为中医必读的"四大经典",可见《温病条辨》在中医理论发挥上的重大意义。

胡光北卒(1759—)。光北字楚良,号学山,又号学山老樵,湖南浏阳人。嘉庆间贡生。著有《诗韵便读》、《声音蠡测》、《学山堂诗古文辞》。事迹见李桓《国朝耆献类征初编》卷四六〇。

陆耀遹卒(1771—)。耀遹字绍闻,号劭文,江苏阳湖人。与叔父陆继辂齐名,时称"二陆"。道光元年举孝廉方正,试二等,选授阜宁县教谕。在任百日即卒。嗜金石文字。著有《双白燕堂诗文集》16卷,又补王昶《金石萃编》成《金石续编》4卷。事迹见《清史稿》卷四八六、《清史列传》卷七二。

瞿绍基卒(1772—)。绍基字厚培,又字荫棠,江苏常熟人。瞿镛父。廪贡生。署阳湖训导。广购宋元刻本及金石,历十余年,积书十万卷,筑恬裕堂藏之(后改名铁琴铜剑楼),与山东聊城杨以增号为"南瞿北杨"。其子瞿镛著有《铁琴铜剑楼藏书目》24卷,收书1300余种。事迹见李兆洛《瞿厚培墓志铭》(《养一斋文集》卷一一)。

迮鹤寿约卒(1773—　)。鹤寿字兰宫,号青崖,江苏吴江人。道光六年进士,选池州府教授。长于考证。嗜经学,兼明天算。著有《蛾术编注》、《齐诗翼氏学》4卷、《孟子班爵禄疏证》16卷、《孟子正经界疏证》6卷等。事迹见《清史列传》卷六九。

尚镕卒,生年不详。镕字乔客,一字宛甫,江西南昌人。道光诸生。历主三山、聚星、崇实书院。著有《史记辨证》10卷、《三国志辨微》3卷、《三家诗话》1卷、《持雅堂诗钞》4卷、《持雅堂文抄》5卷等。事迹见《清史列传》卷七三。

刘传铭(　—1895)、廖寿丰(　—1901)生。

道光十七年　丁酉　1837年

维多利亚成为大不列颠女王。

法国铁路部门首先采用列车运行图。

密执安成为美国的一个州。

二月十七日乙丑(3月23日),惇亲王绵恺奏请此次纂修玉牒予以展限。准展限一年,限二年办竣。

四月十三日庚申(5月17日),命以后纂修玉牒,皇后无论有无所出,俱载入。皇后以下有所出者载入,无所出者概毋载入。著为例。

七月二十五日庚子(8月25日),命各地整顿学校、书院。

按:谕内阁:"御史巫宜禊奏振兴学校一折,直省儒学书院之设,所以教学造士,培植人材,立法极为周备。若如该御史所奏,近来教官,大率不能振作,竟有干预地方公事。劣生莠士,因之效尤,以致包抗钱粮,起灭词讼。士风人才日益污下,尚复成何政体。著直省督抚学政严加整顿。"(《清宣宗实录》卷二九九)

九月二十七日壬寅(10月26日),以先贤端木子(子贡)后裔端木继敏袭五经博士。

惠特斯通和W.F.库克取得电报机的专利权。

美国J.D.丹纳的《矿物学系统》出版,标志近代矿物学的成熟。

俄国B.S.雅可比发明电铸方法。

阮元、何绍基等集于北京龙泉寺,为程恩泽整理遗书,何绍基作《龙泉寺检书图记》,戴熙作《龙泉寺检书图》。

阮元九月为刘文淇所著《扬州水道记》4卷作序,并属其补图;又致信汪喜孙,讨论张惠言、张成孙父子所著《说文谐声谱》,并作《谐声谱序》。

阮元为潘世恩《兰陔絜养图卷》题识,又应韩小亭请,为其新藏《顺治缙绅册》题跋。

刘文淇赴金陵应试,落弟。以后不再应试。是年,寄书阮元,论古地志。

龚自珍以京察一等引见,蒙记名,奉旨充玉牒馆纂修官。

方东树编校其父方绩的著作为《鹤鸣集》,同里光聪谐为刊行。

朱骏声养疴,读王逸《离骚注》不满,始为补注。

林则徐正月被任命为湖广总督,向江阴令萧荫恩推荐朱骏声任江阴暨阳书院讲席。

李兆洛至扬州访姚莹，适逢文汇阁《四库全库》移藏天宁寺，因入观，并钞《异域录》等书还。

俞樾始应乡试。

俞正燮客两湖总督林则徐幕，为林氏参订先人旧稿，校订《海国纪闻》。

祁寯藻时任户部右侍郎，八月初二日提督江苏学政。同时，以礼部右侍郎王植提督安徽学政，吏部左侍郎卓秉恬提督浙江学政，兵部左侍郎吴其浚提督江西学政，翰林院修撰吴钟骏提督福建学政，编修方锴提督湖北学政，编修萧良城提督湖南学政，江西道御史钱福昌提督河南学政，翰林院修撰刘绎提督山东学政，工科给事中张琴提督山西学政，翰林院侍讲学士周祖培提督陕甘学政，编修罗惇衍提督四川学政，刑科给事中蔡赓提督广东学政，翰林院编修王庆云提督贵州学政。顺天学政潘锡恩、广西学政丁善庆、云南学政李品芳、奉天府府丞兼学政侯桐均留任。

曾国藩闻浏阳文庙用古乐，诣浏阳县，与其邑举人贺以南等咨考声音律吕之源流，留两月乃归。过长沙，与郭嵩焘、刘蓉等相见，纵论古今，留月余乃别。

方宗诚年二十，始从许鼎游学。

黄爵滋充山东乡试正考官。

陈澧馆于张维屏家，其子张祥晋从学。

程恩泽聘张穆为校订其父遗文；七月，以暑疾卒于京师。

姚莹署台湾道。

黄育楩时任河北巨鹿知县，于关帝庙东创建广泽书院。

张集馨时任山西朔平知府，创建玉林书院，时与晋阳书院和令德书院齐名。

张良赞在湖南浏阳创建洞溪书院。

李玉铭在广东吴川县建川西书院。

彭作籍时任四川安县知县，建益昌书院。

郑绍谦时任云南建水知府，建崇正书院。

罗日璧时任陕西千阳知县，建启文书院。

美国传教士罗孝全来华传教。

胡嗣超著《易卦图说》6卷刊行。

方申著《周易互体详述》1卷成，有自序。

胡承珙著《毛诗后笺》30卷、《尔雅古义》2卷刊行。陈奂作有《毛诗后笺序》。

姚际恒著《诗经通论》18卷由韩城王笃刊行。

按：在清代《诗经》学研究中，姚际恒的《诗经通论》、崔述的《读风偶识》、方玉润的《诗经原始》，都具有独立思考的特点，所以他们成了独立思考派的代表。

许瀚为江有诰校《诗经韵读》。

法国数学家西梅恩·泊松发表其重要论文《判断概率的研究》。

英国教师伊萨克·皮特曼发表其手册《速记术的正确书法》。

梁章钜辑《论语集注旁证》20卷、《孟子集注旁证》14卷成书。

侯康著《春秋古经说》2卷、《谷梁礼证》2卷成书。

李富孙著《谷梁异文释》1卷由蒋光煦刊行。

冯登府著《十三经诂答问》6卷成书,有自序。

沈豫著《皇清经解提要》2卷成书,有自序。

王梓材、冯云濠整理《宋元学案》100卷成书,王氏有识语。

按:《宋元学案》卷首王梓材《识语》曰:"右《宋元学案》一百卷,吾鄞全谢山吉士因姚江黄氏本而修补之者也,其详具见慈水冯君五桥所与同辑《考略》。盖黄氏原本,创于梨洲,纂于其子主一,谢山修补之,其稿辗转归于及门月船卢氏,别见数帙于同门樗庵蒋氏,而梨洲后人又有八十六卷校补之本。要之,梨洲、谢山皆为未成之书,黄氏补本则虽成而犹未成也。比岁壬辰,何大司空仙槎师按试吾郡,首进梓材而门及是书,梓材对以《明儒学案》见有数刻,《宋元诸儒学案》则未之见也。退而遍访,始知是书原委。其明年,陈少宗伯硕士师代督学事,又以是书命题,俾为之考。冯君五桥同在试院,互言其详。既而同出硕士师之门,硕士师已获黄氏补本,思得谢山修补原稿参校之,月船之孙卓人茂才又深护之,不肯出,而硕士师亦遽谢世。呜呼,两美之合,其难也如是!自是厥后,贤士大夫莅吾郡者,每访求是书,而卓人茂才亦虑是书藏稿之终归散佚也。冯君五桥慨然以剞劂自任,而梓材适有晋都之役,勉为留行,出其藏稿,与冯君散者整之,杂者厘之,兼以黄氏补本参互考订。盖自孟春至季夏,而谢山百卷之书,凡六阅月而始克成编。惜乎硕士师之不克见其成也!行将教习北学,敬奉是书晋谒仙槎师而鉴裁之,必有以教其不及,益以见蔼然垂问之非偶然矣。道光十七年丁酉六月望日,甬上后学王梓材谨识。"

林春溥著《古史纪年》14卷刊行。

侯康著《后汉书补注续》1卷、《补后汉书艺文志》4卷、《三国志补注续》1卷、《补三国志艺文志》4卷成。

陈鳣纂《续唐书》70卷刊行。

刘文淇著《扬州水道记》4卷成书。

魏源辑《明代食兵二政录》78卷成书。

鲍承焘修,瞿光缙等纂《任丘县志续编》2卷刊行。

沈淮纂修《临邑县志》16卷刊行。

隆恩续修,汪尚友续纂《靖州直隶州志》12卷刊行。

范仕义修,吴铠纂《如皋县续志》12卷刊行。

裴显忠修,刘硕辅纂《德阳县新志》12卷刊行。

郑士范修纂《印江县志》2卷刊行。

谢体仁修纂《威远厅志》8卷刊行。

李彷梧修,耿兴宗、鲍桂征纂《宝丰县志》16卷刊行。

姚柬之纂《连山绥猺厅志》刊行。

胡泽顺编《孔颜曾孟生卒年月表》、《孟子年谱》刊行。

秦瀛编,王敬之节要《重编秦淮海先生年谱节要》1卷刊行,附于高邮儒学重刊本《淮海集》。

苏惇元重编《张杨园先生年谱》1卷成书,方东树作序。

按:方东树《重编张杨园先生年谱序》曰:"近代真儒,惟陆清献公及张杨园先生为得洛、闽正传。……去年秋，苏厚子惇元自浙归，携其《全集》来示，且盛言当从祀孔子庙庭，并钞辑诸序文、杂传，将以补《年谱》之阙疑。东树受读卒业，信悦服玩，如冻饿者之获饔飧布帛也。因论儒者学圣人之道，徒正固不及中，中或不能纯粹以精，而纯粹以精必在于明辨晰。先生可谓深诣而全体之矣，前辈称为朱子后一人，非虚语也。……而先生辟闲之功，其最切者，莫如辨阳明之失。惜所评《传习录》不见，然就其总评及集中所论，皆坚确明著，已足订阳明之岐误矣。若求其全书读之，其说应在罗整庵、陈清澜、张武承之上。因序《年谱》，略论其大概于此。"（《张杨园先生年谱》卷末附）

苏芳阿著《满洲御史题名》1卷成书。

李兆洛纂《历代地理志韵编今释》20卷成书，有自序，毛岳生作序。

按：《历代地理志韵编今释》是第一部专供查检地名的辞典。毛岳生《地理志韵编今释序》曰："自《汉书》有《地理志》，条列郡县因革建置，历代从之，于是舆地之学遂为专家。唐宋至今，纂述益广，其疆域名号，合并析易，或间废阙。晋魏后，复有侨置，镇堡羁縻诸名，纷纭参错，代有罢立。苟非由今日以推诸古昔，明其地之远近，名之同异，人士且南朔之不辨，奚以达其形势利病之得失缓急哉！武进李先生申耆，学术闳邃，慨学者于舆地之学，多昧古今，而诸家之书，或过繁赜而失统纪。尝纵横为图，自沙漠以迄岛屿，以水道纬其经界，以极度准其里差，率明简有法。复取诸史郡县，分隶韵书，以今为本，推诸前代。或地名皆同，或同地异名，或同名异地，与今昔增损，有无殊异，皆列其疆域广袤所在。至其字为韵书所无者，则以古音读与今方言，次于其部。不出户庭，而时代之迁嬗，裔徼之荒辽，源流具在，其绝舛驰何如哉！夫古之儒者，其于问学多辟险阻，而务以其简易者道人，《记》所云成物也，则以极天下之赜者是矣。"（《休复居士文集》卷一）

俞正燮为祁寯藻校宋本《说文系传》。

王筠写定《说文释例》20卷，并初刊。

按：是书有光绪年间莲池书院重刊本、光绪九年（1883）成都御风楼刊本、武汉古籍书店1983年影印本。

朱骏声著《说文通训定声》18卷由门人朱镜蓉刊行。

按：作者《自叙》曰："竭半生之目力，精渐销亡；殚十年之心稽，业才草创。"有道光二十八年（1848）黟县学舍刊本、同治九年（1870）朱氏临啸阁补刊本、商务印书馆《万有文库》本及1936年世界书局影印本。1984年中华书局用临啸阁本加以断句影印出版。

丁晏辑《枚乘集》、《陈琳集》成书。

程廷祚遗著《青溪集》刊行，程兆恒作跋。

胡培翚著《研六室文钞》10卷刊行。

张澍著《养素堂文集》35卷刊行，钱仪吉作序。

弓翊清著《春曦堂诗集》4卷刊行。

彭玉雯辑《易堂九子文钞》19卷刊行，有自序及潘世恩序。

按：彭玉雯字云墀，江西南昌人。是书选辑易堂九子之文，其中彭士望文6卷、魏禧文5卷、丘维屏文2卷，魏际瑞、魏礼、彭任、李腾蛟、曾灿、林时益文各1卷。

于庆元辑《唐诗三百首续选》成书。

梁绍壬著《两般秋雨庵随笔》8卷成书。

王玉树著《芎林草堂文抄》4卷刊行。

方坰著《生斋文稿》8卷刊行。

李祖陶著《国朝文录》82卷成书，许乃普作序。

朱琦辑《国朝诂经文钞》成书，有自序及胡培翚序。

按：胡培翚《国朝诂经文钞序》曰："我国家重熙累洽，列圣相承，尊经重学，颁御纂钦定之书于天下，而又广开四库，搜罗秘逸，两举鸿博，一举经学，天下之士，靡然向风。二百年来，专门名家者，于《易》有半农、定宇惠氏父子，于《书》有艮庭江氏、西庄王氏，于《诗》有长发陈氏，于《春秋》有复初顾氏，于《公羊》有㝠轩孔氏，于《礼》有稷若张氏、慎修江氏、易畴程氏，于《尔雅》、《说文》、音韵有亭林顾氏、东原戴氏、二云邵氏、懋堂段氏、石臞王氏。于诸经，言天文则勿庵梅氏，言地理则东樵胡氏、百诗阎氏，言金石文字则竹汀钱氏。其读书卓识，超出前人，自辟途径，为历代诸儒所不及者，约有数端：一曰辨群经之伪。如胡氏之《易图明辨》，辨河图、洛书、先天后天各图非《易》书本有；王氏之《白田杂著》，辨《周易本义》前九图非朱子所作；阎氏《古文尚书疏证》、惠氏《古文尚书考》，辨东晋晚出之古文《孔传》为梅赜伪托；毛氏《诗传诗说驳议》，辨子贡传、申培说为丰坊伪撰是也。一曰存古籍之真。如《易》经二篇、传十篇本自别行，王弼作注，始分传附经。朱子《本义》复古十二篇，而明时修《大全》，用程《传》本，以《本义》附之。后坊刻去程《传》，专存《本义》，仍用程《传》本，而朱子书亦失其旧。自《御纂周易折中》改从古本，学者始见真面目。惠氏《周易本义辨证》详言之。又如竹君朱氏之倡刊《说文》始一终亥之本，通志堂、抱经堂之校刊《经典释文》全书是也。一曰发明微学。惠氏之《易汉学》、《周易述》，张氏之《周易虞氏义》、《虞氏消息》，王氏《广雅疏证》，段氏之《说文注》，黄梨洲、梅勿庵之本《周髀》言天文，邵二云之重疏《尔雅》，焦里堂之重疏《孟子》是也。一曰广求遗说。余氏之《古经解钩沉》，任氏之《小学钩沉》，邵氏之《韩诗内传考》，洪氏之辑郑、贾、服诸家说为《左传诂》，臧氏之辑《仪礼·丧服》马、王注，《礼记》卢植解诂，《月令》蔡邕章句，《尔雅》古注是也。一曰驳正旧解。江氏之《深衣考误》，辨深衣非六幅交解为十二幅，《乡党图考》辨治朝本无屋无堂。顾亭林《左传杜解补正》、顾复初《春秋大事表》，皆纠杜注谅暗短丧之谬。戴东原《声韵考》，以转注为互训，历指前人解释之误是也。一曰创通大义。顾氏之《音学五书》分十部，江氏之《古韵标准》分十三部，段氏之《六书音均表》分十七部，以考古音；王尚书之《经传释词》，标举一百六十字，以明经传中语词非实义；凌教授之《礼经释例》，分通例、饮食例、宾客例、射例、变例、祭例、器服例、杂例，以言礼之节文等是也。凡此，皆本朝经学之卓卓者。"（《研六室文钞》卷六）

胡承珙遗著《求是堂文集》6卷、《求是堂诗集》22卷刊行，胡培翚作序。

胡承诺遗著《绎志》19卷由江阴暨阳书院刊行，毛岳生作序。

按：毛岳生《胡氏绎志序》曰："余以为自前明来，书之精博，有益于理道名实，决可见诸施设者，惟顾氏《日知录》与先生是书为魁杰。而惜乎是书晚出，知之者鲜，即知矣，尊信者不易顾其言，不可一日不昭焯于天下也。……武进李先生申耆，前得是书而重之，后几遗佚。去年，用巫谋于娄东顾君竹泉，刻于江阴，以余亦尊信是书，命少疏列其指意。余学识颛固庳陋，罔克测毫末，所以惓惓乐道者，绅绎既久，颇恨不获新质于贤硕，又欲附是书，使名见于后世云。"（《休复居士文集》卷一）。

庄述祖著《珍艺宧遗书》刊行，李兆洛作序。

按：李兆洛《庄珍艺先生遗书序》曰："兆洛自交若士、申受两君，获知庄氏之学。庄氏学者，少宗伯养恬先生启之，犹子大令葆琛先生赓之者也。宗伯如泰山洪河，经纬大地,而龙虎出没,风云自从;大令如蓬莱阆风,变现意外,而跬步真实,不堕幻虚,盖有积精致神之诣焉。继又得交宗伯之孙卿珊,始得尽窥所著述者。伏而读,仰而思,累月日乃晓然有会于读经之笃与读书之法。经为圣言,圣人之心同天地,实有见于其心,然后可以为言。宋儒以常人之心即圣人之心。夫常人之心,不学不虑之良心也;圣人之心,则有学有虑之心,学与虑,而后同于天地也。孟子曰:'圣而不可知之谓神,神者,天也。'由宗伯之素,足以窥圣人之学,圣人之虑有如此者。书乃古人之言,子曰:'述而不作,信而好古。'又曰:'好古,敏以求之者也。'又曰:'多闻,择其善者而从之。'信而从,在乎择;择而求,贵乎敏。择焉者,必非圣贤之志不敢存;敏焉者,必深造自得,资深而逢源。大令则可谓择而敏者矣。宗伯诸书,文孙卿珊已刻之,未竟;《易》、《四书》、《乐说》三种,未刊成而殁。大令之书,今其幼子文灏始付梓,书几百卷,不能竟刻,多刊序例,使读者可寻绎;又合他文及诗为遗集,并刊焉。为庄氏学者,于此可以得其大凡矣。而若士、申受、卿珊皆已殁,不及与校订之役,甚可悼也。若士、申受所著《公羊》之说,多本宗伯。卿珊搜览汉学,亦能紬绎先生之旨,皆杰然能自立于学者。后之闻而兴者,能无望乎!"(《养一斋文集》卷三)

顾镇著《虞东先生文录》8卷刊行。

陈宏谋著《培远堂全集》、《培远堂偶存稿》48卷、《课士直解》7卷刊行。

马翩飞著《翊翊斋遗书文抄》1卷、《翊翊斋遗书诗抄》1卷、《翊翊斋遗书笔记》2卷刊行。

按:《清史列传·马翩飞传》曰:"马翩飞,字震卿,安徽桐城人。天资纯粹,弱冠,读《四书章句集注》,慨然叹曰:'正途在程、朱矣!学者舍是而入旁蹊,乌足以为学耶?'于是研求六艺暨五子书,久之涣然有得。其学以居敬为本,以随时省察为功,以随事实践为要,署其斋曰翊翊,自号一斋,用自励也。乾隆元年,开博学鸿词科,有欲见之而后举者,谢不往。常熟知县聘主讲席,月吉会讲,反复详切,听者忘倦。吴中风气,时尚考证,往往蔑视宋儒,或兼综陆、王,浸淫禅学。翩飞独戒及门谨守程、朱矩矱,勿入歧途。尝谓:'君子下学而上达,鄙下学之功,而高谈尽性至命,此明季儒者之失,讲学之过也。禁上达之事不道,终身用力于训诂考订,此近代儒者之失,不讲学之过也。'又谓:'宋元以来,儒者多近笃实,至姚江始立异论,天下靡然从之。近世张履祥、陆陇其力辟其非,一轨于正,实学者所当则效。惟酌其义之是,准乎心之安,推之四达而不悖。何者?所守一,故所见通也。'……著有《读易录》二卷、《禹贡初辑》一卷、《笔记》二卷、《诗文钞》二卷。"

钱熙祚刊刻唐南卓《羯鼓录》1卷、唐段安节《乐府杂录》1卷,收入《守山阁丛书》。

梁章钜著《退庵随笔》22卷成书,有自序。

英和著《恩福堂笔记》2卷成书,有自序。

何传瑶著《宝砚堂砚辨》1卷刊行。

郑珍著《樗茧谱》1卷刊行。

任树森著《种棉法》1卷成书。

按:任树森字芗圃,河南新息人。是书与褚华《木棉谱》合刊。

戴熙著《古泉丛话》3卷成书,有自序。

王鎏所著《钱币刍言》与《钱币刍言续刻》、《钱币刍言再续》合刊。

按:此书是中国最早的一部经济方面专著,林则徐、魏源、许楣曾反对该书的一些观点。

石韫玉卒(1756—)。韫玉字执知,号琢堂,江苏吴县人。乾隆五十五年一甲一名进士,授翰林院修撰。官至山东按察使。引疾归,主讲苏州紫阳书院二十余年。曾修《苏州府志》。家有藏书四万余卷。著有《读左卮言》1卷、《花间九奏》、《独学庐诗文集》、《竹堂类稿》16卷、《竹堂文集》8卷等。事迹见《清史列传》卷七二、李桓《国朝耆献类征初编》卷一九五。清吴嶙编有《独学老人年谱》。

翁元圻卒(1760—)。元圻字载青,自号凤西,浙江余姚人。乾隆四十六年进士。历官礼部主事、直隶知州、陕甘总督、太子太保等。著有《困学纪闻注》20卷及《佚老巢遗稿》。事迹见李桓《国朝耆献类征初编》卷一九二。

马时芳卒(1761—)。时芳字诚之,号平泉,又号淡翁,河南禹州人。曾任巩县、封邱县教谕。注有《传信录》。著有《平泉遗书》、《垂香楼诗稿》、《挑灯诗话》等。事迹见李桓《国朝耆献类征初编》卷二五七。

端木国瑚卒(1773—)。国瑚字子彝、鹤田,号太鹤山人,浙江青田人。嘉庆三年举人。任归安教谕。道光十三年进士,官内阁中书。著有《周易指》45卷、《周易葬说》1卷、《太鹤山人诗文集》17卷、《地理元文注》4卷、《辨正图说》1卷等。事迹见《清史稿》卷四八五、《清史列传》卷七三、蔡冠洛《清代七百名人传》第四编、汤纪尚《太鹤山人传》、宗稷辰《太鹤先生墓表》(《续碑传集》卷七七)。端木百禄编有《太鹤山人年谱》。

程恩泽卒(1785—)。恩泽字云芬,号春海,一号梅春,安徽歙县人。曾受经学于凌廷堪。嘉庆十六年进士,改翰林院庶吉士,散馆,授编修。历贵州、湖南学政,官至户部右侍郎。著有《国策地名考》20卷、《程侍郎遗集》10卷。事迹见《清史稿》卷三七六、李桓《国朝耆献类征初编》卷一一四、《国朝先正事略》卷四四、震钧辑《国朝书人辑略》卷九、阮元《诰授荣禄大夫户部右侍郎兼管钱法堂事务春海程公墓志铭》(《程侍郎遗集》附)。

按:《清史稿》本传曰:"恩泽博闻强识,于六艺九流皆深思心知其意,天象、地舆、壬遁、太乙、脉经莫不穷究。谓近人治算,由《九章》以通四元,可谓发明绝学,而仪器则罕传,欲修复古仪器而未果。诗古文辞皆深雅。时乾、嘉宿儒多徂谢,惟大学士阮元为士林尊仰,恩泽名位亚于元,为足继之。所欲著书多未成,惟《国策地名考》二十卷、《诗文集》十卷传于世。"

侯康卒(1798—)。康原名廷楷,字君谟,广东番禺人。道光十五年与弟侯度同榜举人。受两广总督阮元赏识。著有《春秋古经说》2卷、《谷梁礼证》2卷、《后汉书补注续》1卷、《三国志补注续》1卷、《补后汉书艺文志》4卷、《补三国志艺文志》4卷等。事迹见《清史稿》卷四八二、《清史列传》卷六九、陈澧《二侯传》(《续碑传集》卷七七)。

按:《清史稿》本传曰:"少孤,事母孝。家贫,欲买书,母称贷得钱。买《十七史》,读之,卷帙皆敝,遂通史学。及长,精研注疏,湛深经术,与同里陈澧交最久。尝谓:'《汉志》载《春秋古经》十二篇者《左经》也,《经》十一卷者《公》、《谷经》也。今以

《三传》参校之,大要《古经》为优。《谷梁》出最先,其误尚寡。《公羊》出最晚,其误滋甚。'乃取其义意可寻者疏通证明之,著《春秋古经说》二卷。又治《谷梁》以证《三礼》,以《公羊》杂出众师,时多偏驳,排诋独多。著《谷梁礼证》,未完帙,仅成二卷。又仿裴松之注《三国志》例注史,尝曰:'注古史与近史异,注近史者,群书大备;注古史者,遗籍罕存。当日为唾弃之余,今日皆见闻之助,宜过而存之。'因为《后汉书补注续》一卷、《三国志补注》一卷,《后汉》称续者,以有惠栋注;《三国志》杭世骏注未完善,故不称续也。又补《后汉》、《三国·艺文志》,各成经、史、子四卷,余未成。又考汉、魏、六朝礼仪,贯串《三礼》,著书数十篇,澧尝叹以为精深浩博。"

  黄汝成卒(1799—)。汝成字庸玉,号潜夫,江苏嘉定人。受业于钱大昕。廪贡生。道光时入赀得安徽泗州训导。留心经济之学,凡天文、舆地、律历、训诂,以及水利、河渠、漕运、赋税、盐铁、钱币,莫不贯通。尤服膺顾炎武《日知录》一书,综顾氏同时暨后贤著撰,广为搜择,融贯条系,著成《日知录集释》32卷、《刊误》4卷。又著有《休宁戴氏岁实考》1卷、《国语疏》、《春秋外传正义》、《古今岁实考校补》1卷、《古今岁朔考校补》1卷等。事迹见李桓《国朝耆献类征初编》卷四二二、毛岳生《黄潜夫墓志铭》、李兆洛《黄潜夫家传》、葛其仁《黄潜夫传》(均见《续碑传集》卷七七)。

  戴望(—1873)、尹湛纳希(—1892)、汪之昌(—1895)、黎庶昌(—1897)、张荫桓(—1900)、德贞(—1901)、丁树诚(—1902)、徐树兰(—1902)、李有棠(—1905)、汪宗沂(—1905)、张之洞(—1909)、杨文会(—1911)生。

道光十八年　戊戌　1838年

  三月初六日戊寅(3月31日),审理宗室习教案。
  十四日丙戌(4月8日),命盛京将军宝兴,严密查拿奉天地区兴贩鸦片及念经习教人犯。
  四月初一日壬寅(4月24日),都统中福奏请鼓励创建书院。
  二十一日壬戌(5月14日),策试各省贡士王振纲等183人于保和殿。
  按:王振纲字重三,直隶新城人。著有《群经笔记》2卷、《礼记通义》20卷、《儒先语粹》4卷、《选择备用》2卷、《地理择言》10卷。
  二十五日丙寅(5月18日),道光帝至太和殿,传胪,赐一甲钮福保、金国钧、江国霖3人进士及第,二甲灵桂等82人进士出身,三甲金宝树等109人同进士出身。
  七月二十九日戊辰(9月17日),修定律例专条。
  八月初八日丁丑(9月26日),宗人府进呈新修玉牒。道光帝阅后送寿皇殿东、西室收藏。

英国女王维多利亚加冕。

理查德·科布登在曼彻斯特建立反谷物法联盟。

第一部电报机发明(英国)。

初十日己卯（9月28日），命下届乡、会试正科，于十九年八月、二十年三月预先举行。二十年秋，举行恩科乡试。二十一年春，举行恩科会试。

十一月十七日乙卯（1839年1月2日），御史万超奏请禁革京师一切浮奢游戏。

中华医药传教会在广州成立，哥利支任会长，伯驾任副会长。

阮元五月以大学士致仕还，何绍基有《送仪征阮宫太保相国师予告归里序》。

黄爵滋时任鸿胪寺卿，闰四月初十日上《请严塞漏卮以培国本疏》，陈鸦片为害之烈，主张"严塞漏卮以培国本"，严厉禁烟，处吸食鸦片者死刑。道光帝命交各省督抚议奏。京师破获在京官员及王族吸食鸦片案件。清廷申严烟禁，藏鸦片及烟具者死。

林则徐正月仍在湖广总督任，十九日会同湖南巡抚钱宝琛奏筹辰沅道属苗疆屯防办法八条，二月疏陈整顿盐务办法，八月上《钱票无甚关碍宜尽禁吃烟以杜弊原片》，支持黄爵滋严禁鸦片之主张。十月十一日离湖广总督任，启程晋京。十一月十五日，以湖广总督身份为钦差大臣，赴广东查办鸦片事务。

龚自珍十一月二十日前后作《送钦差大臣侯官林公序》送林则徐南行，为陈战守方略，劝勿游移，并表示愿与俱南，则徐答书申谢，于同行一事则以情势难言婉拒。

方东树馆邓廷桢广州官署中，曾作《匡民正俗对》，向邓氏建议严禁鸦片，未获采纳。

姚椿作《禁烟行》，记黄爵滋疏请禁止鸦片事，又以诗送林则徐入粤。

曾国藩中第三十八名进士，改翰林院庶吉士。是年更名国藩。

刘文淇作《扬州水道记后序》。

朱士彦充会试正考官。刘文淇作《扬州水道记后序》。

陶澍时任两江总督，在江宁建惜阴书院，专课经史诗赋，不及制艺。

按：自道光以后，在此书院主其讲席者有俞正燮、胡培翚、冯桂芬、薛时雨、李联琇等。

陶澍在江西彭泽县建五柳书院。

戴熙提督广东学政。

郑珍受聘主修《遵义府志》，莫友芝佐之。

严可均复客吴门，与瞿中溶会。

王筠以《说文释例》初稿请许瀚批阅，许瀚因作《说文答问》、《与王菉友论说文或体俗体》、《与菉友论说文异部重文》等文，其说多为王筠采入《说文释例》书中。

王筠有《上阮芸台先生书》，将所纂《说文释例》呈阮元，请阮氏赐教并作序。

朱为弼、徐同柏、许瀚等在京讨论金石拓本。

吴嘉宾中进士，改翰林院庶吉士，授编修。

法国考古学家J.布歇·德·彼尔特首次展示并认定原始人所使用的旧石器工具。

法国实证主义哲学家、社会学家A.孔德在其著作《实证哲学教程》第四卷中，首次提出"社会学"一词，标志着社会学的开端。

德国植物学家M.J.施莱登和动物学家T.A.H.施万始于此间先后分别发表《植物发生论》、《动植物结构和生长一致性的显微研究》，共同建立了细胞学说。

何桂珍中进士，选翰林院庶吉士，散馆，授编修。

按：《清史稿·何桂珍传》曰："桂珍乡试出倭仁门，与唐鉴、曾国藩为师友，学以宋儒为宗。及文宗即位，以所撰《大学衍义刍言》奏进，优诏嘉纳。"

朱右曾中进士，改庶吉士，授编修。

按：朱右曾字尊鲁，一字亮甫，江苏嘉定人。精训诂、舆地之学。著有《逸周书集训校释》10卷、《服氏解谊》30卷、《诗地理征》7卷、《春秋左传地理征》20卷、《汲冢纪年存真》等。事迹见《清史列传》卷六九。

丁浩、孙翔林、张梦祺、张尔琪等举进士。

曹笏重修河北清河经正书院。

张仁榘在安徽萧县建新龙城书院。

夏侯显在江西兴国县建宝贤书院。

周瑞图时任山东日照知县，建奎峰书院。

姚拱宸时任湖北巴东知县，建信陵书院。

李厚望时任四川重庆知府，建东川书院。

王裕疆时任四川巴县知县，建缙云书院。

王恩九在四川铜梁县建槐清书院。

何保时任四川三台知县，建云台书院。

英人台约尔在新加坡制成第一套汉文铅字，不久搬至香港印刷书报，成为风行一时的"香港字"。

意大利圣家书院传教士罗伯济（又名罗类思）受罗马教廷传信部派遣，约于是年末或次年初由澳门潜入湖广传教。

方申著《方氏易学五书》5卷刊行。

按：是书包括《诸家易象别录》1卷、《虞氏易象汇编》1卷、《周易卦象集证》1卷、《周易互体详述》1卷、《周易卦变举要》1卷。

王尚概著《大易贯解》刊行。

庄存与著《卦气解》1卷刊行。

陈乔枞著《鲁诗遗说考》6卷成书，有自序。

龚自珍著《春秋决事比》6卷成书。

刘文淇著《左传旧疏考证》8卷由青溪旧屋刊行。

沈豫著《蛾术堂集》24卷刊行，内多经书。

王梓材、冯云濠将黄宗羲《宋元学案》旧稿和黄百家、全祖望之续稿整理成《宋元学案》100卷，首次刊行。何凌汉作《宋元学案叙》。

按：何凌汉《叙》曰："昔读《鲒埼亭集》，知黄梨洲先生于《明儒学案》外，尚有《宋元儒学案》，未及成编，其子未史先生暨全榭山先生后先修补，而世无传本。道光辛卯，奉命典试浙江，留督学事。壬辰春，按试至宁波，得朴学士王生梓材，因以叩之，以'未见'对，甬上多藏书家，属其勤为搜访。岁试未毕，余奉召还京，然未尝一日忘是书也。今兹戊戌，王生再入都门，居然以校刻《宋元学案》百卷定本至。欣然询其所自，始知陈硕士少宗伯继视浙学，先得梨洲后人补本八十六卷，而榭山原本之藏于月船卢氏、樗庵蒋氏，珍秘不示人者，亦次第出之。王生乃与冯生云濠合而定之，整

约翰·詹姆斯·奥杜邦著成《美洲鸟类》第四卷。

德国作家、哲学家古斯塔夫·施瓦布发表其选集《古代传说选粹》。

比讹舛,修辑缺遗,榭山序录百卷,顿还旧观。冯生复独任梨枣之费,克日告成。可不谓儒林之盛事乎!"(《宋元学案》卷首)有道光二十六年(1846)何氏初刻本、《四部备要》本、《四朝学案》本、《国学基本丛书》本。中华书局1986年出版陈金山、梁运华的校点本。王梓材、冯云濠著有《宋元学案补遗》,收入《四明丛书》。

林春溥著《战国纪年》6卷、《古史考年异同表》2卷刊行。又著《竹书纪年补证》4卷成书,有自序。

李兆洛编著《历代舆地沿革图》1卷刊行。

练恕著《后汉公卿表》1卷成书。

按:练恕字伯颖,广东连平人。著有《明谥法考》、《后汉书注刊误》等。

周济著《晋略》成,凡66篇。

按:《清史稿·周济传》曰:"济虽以才自喜,一日尽屏豪习,闭门撰述,成《晋略》八十卷,例精辞洁,于攻取防守地势多发明论赞中,非徒考订已也。"

林则徐著《畿辅水利议》1卷成书。

梁廷枏著《粤海关志》30卷成书。

按:是书记载了鸦片战争前广东海关沿革、建置和制度,发表了作者希望健全海关制度,加强海防,禁止鸦片进口,严防外敌入侵的思想。

潘世恩著、沈桂芬续《熙朝宰辅录》2卷成书,有自序。

梁章钜著《国朝臣工言行记》12卷成书。

李廷棨修,王振钟等纂《新城县志》18卷刊行。

孙观修纂《观城县志》10卷刊行。

段荣勋修,孙茂橿纂《清平县志》6卷刊行。

马百龄修,魏崧、郑宗垣纂《仁寿县新志》8卷刊行。

吴德征修,唐作砺等纂《阳朔县志》5卷刊行。

张道超修,马九功纂《重修伊阳县志》6卷刊行。

萧元吉修,李尧观纂《许州志》16卷刊行。

林伯桐著《学海堂志》1卷刊行。

徐栋著《牧令书》23卷成书。

按:同治七年(1868),丁日昌任江苏巡抚,对徐书加以删节、评点,颁行州县,名《牧令书辑要》。今有中州古籍出版社1996年《政书集成》本等。

王宝仁编《奉常公年谱》4卷刊行。

按:王宝仁字研云,江苏太仓人。诸生。另有《旧香居文稿》、《续稿》。事迹见《清朝续文献通考》卷二七八。

宋荦、李树德编《如山于公年谱》刊行。

张大镛自编《鹿樵自叙年谱》2卷刊行。

钱椒著《补疑年录》4卷刊行。

王宪正、王宪成编《王艺斋先生行述》成书。

吕璜自编《吕月沧自订年谱》。

梁章钜著《文选旁证》46卷刊行,阮元作序。

按:胡玉缙《许庼经籍题跋》曰:"《文选》李善注,昔人称为一字一缣,然间有未详或小误;又五臣所据本与善所据本不同,南宋人合刊为一,遂致两本溷淆,非复李善之旧,即尤袤、张伯颜单行本,亦多舛谬。自汪师韩、孙志祖、张云璈诸书疏通证明,途径日辟。章钰更荟萃众说,并下己意,实事求是,多存古意,可谓集《选》学之大成,视《论语集注旁证》,其精博悉当倍蓰,则以《集注》本无可发搞,而《选》学乃钻研莫尽也。"

王筠著《文字蒙求》4卷刊行。

> 按:是书订正《说文解字》之处颇多,对于研读《说文》不无裨益。

高翔麟著《说文字通》14卷刊行。

汤鹏著《海秋诗集》26卷刊行。

黄汝成著《袖海楼杂著》12卷刊行。

钱泳著《履园丛话》24卷刊行,有自序及孙原湘序。

方熊著《绣屏风馆文集》4卷、别集1卷、诗集10卷刊行。

朱珔著《小万卷斋文稿》24卷、《小万卷斋经进稿》4卷、《小万卷斋诗稿》32卷、续稿12卷、遗稿1卷刊行。

> 按:胡玉缙《许庼经籍题跋》曰:"珔学有根底,品亦高洁,故其诗文才力富赡,意议纯正,卓然自成一家。"

严可均著《铁桥漫稿》8卷刊行。

李林松著《易园文集》4卷刊行。

张遇春著《存悔轩文存》2卷刊行。

李文耕著《喜闻过斋文集》12卷成书,杨勋作跋。

方东树刻《援鹑堂笔记刊误》。

钱泰吉著《曝书杂记》2卷成书,管庭芬作跋。

庄绶甲遗著《拾遗补艺斋遗书》由李兆洛编定刊行。

潘德舆著《养一斋札记》9卷成书,有自序。

杨廷芝著《二十四诗品浅解》1卷成书。

长篇小说《施公案》刊行。

王士雄著《潜斋医书三种》刊行。

郑宏纲著《重楼玉钥》2卷刊行。

闵廷楷著《海天秋色谱》1卷约成书于本年。

顾禄著《艺菊须知》2卷成书。

> 按:顾禄字铁卿,别号茶磨山人,江苏吴县人。

英国传教士麦都思等人在广州创办中文月刊《各国消息》。

裨治文编成《亚美利哥合省国志略》。

李文耕卒(1762—)。文耕字心田,号复斋,一号垦石,云南昆阳人。嘉庆七年进士。以知县分发山东邹平令,后调任冠县令。官至贵州按察使。著有《喜闻过斋集》12卷、《孝悌录》2卷、《文庙辑通录》8卷、《启蒙韵言》1卷等。事迹见《清史稿》卷四七八、《清史列传》卷七六、李桓《国朝耆献类征初编》卷二〇二。

> 按:《清史稿》本传曰:"文耕平生以崇正学、挽浇风为己任,在山东久,民感之尤深,殁祀名宦。"

江沅卒(1767—)。沅字子兰,号铁君,江苏元和人。江声孙。优贡生。平生最精《说文解字》，为段玉裁弟子，对段氏《说文解字注》多有商榷。著有《说文释例》2卷、《说文解字音韵表》18卷、《染香盦文集》等。事迹见《清史稿》卷四八一、《清史列传》卷六八、《江沅传》（《碑传集补》卷四〇）。

按：《清史稿》本传曰："金坛段玉裁侨居苏州，沅出入其门者数十年。沅先著《说文释例》，后承玉裁嘱，以段书《十七部谐声表》之列某声某声者为纲，而件系之；声复生声，则依其次第，为《说文解字音韵表》凡十七卷。沅于段纰讹处略笺其失，其言曰：'支、脂、之之为三，真、臻、先与谆、文、欣、魂、痕之为二，皆陆氏之旧，而段氏矜为独得之秘，严分其界以自殊异。凡许氏所合韵处，皆多方改使离之，而一部之与十二部，亦不使相通。故硌之读若秘，改为逼；肥之乙声，删去声字；必之弋亦声，改为八亦声。而于开章一篆说解极一物三字，即是一部、十二部、十五部合韵之理，于是绝不敢言其韵，直至亥字下重文说之也。十二、十三两部之相通者，惟民、昏二字为梗，故力去昏字，以就其说。畀字田声，十五部也，絣从畀得声，而絣即古綦字，在一部，遂改畀字为由声，以避十五部与一部之合音。凡此皆段氏之症结处也。'又曰：'段氏论音谓古无去，故谱诸书平而上入。沅意古音有去无入，平轻去重，平引成上，去促成入。上入之字，少于平去，职是故耳。北人语言入皆成去，古音所沿，至今犹旧，非敢苟异，参之或然。'沅当时面质玉裁，亲许驳勘，故有不同云。"

朱士彦卒（1775— ）。士彦字休承，号泳斋，江苏宝应人。嘉庆七年进士。督湖北学政。累迁侍读学士，入直上书房。历少詹事、内阁学士。道光时官至吏部尚书。卒谥文定。纂《国史河渠志》，谙习河事。事迹见《清史稿》卷三七四、《清史列传》卷三七、蔡冠洛《清代七百名人传》第一编、季芝昌《光禄大夫经筵讲官吏部尚书管理顺天府府尹事务追赠太子太保宝应文定朱公神道碑》（《续碑传集》卷一〇）。

汪端卒（1793— ）。端字允庄，号小韫，浙江钱塘人。汪瑜女。湖北候补同知陈裴之妻。选明诗初、二集。著有《自然好学斋诗》10卷等。辑有《明三十家诗选》16卷。事迹见《清史稿》卷五〇八、《续碑传集》卷八五。

何如璋（ —1891）、薛福成（ —1894）、武训（ —1896）、于荫霖（ —1904）、徐润（ —1911）生。

道光十九年　己亥　1839年

英人入坎大哈。

英人取亚丁。

法人在阿尔及利亚重新挑起卡尔德战争。

土耳其人败于

四月初十日乙亥（5月22日），从琉球国王尚育之请，准其陪臣子弟4人入监读书。

二十二日丁亥（6月3日），自是日起至五月十五日，钦差大臣林则徐在广东虎门销毁鸦片烟。

五月初五日己亥（6月15日），定查禁鸦片烟章程39条。

十三日丁未（6月23日），定洋人携带鸦片入口治罪专条。

六月初六日庚午（7月16日），浙江巡抚乌尔恭额奏定禁种罂粟章程。

七月二十七日庚申（9月4日），命将新定之严禁鸦片章程颁发新疆西、南、北各城，令各处将军、都统、参赞、办事领队大臣等严饬所属，切实执行。

八月十三日丙子（9月20日），广西巡抚梁章钜奏定查禁栽种罂粟章程。

十月初一日癸亥（11月6日），英决定出兵侵华。

初四日丙寅（11月9日），令以后各省学政到任，即刊刻刷印《圣谕广训》，颁发各学童，并著翰林院阐释圣谕内"黜异端以崇正学"一条，撰成韵文，进呈钦定，颁发各省学政，令乡塾童年诵习。

按：王国维《沈乙庵先生七十寿序》曰："我朝三百年间，学术三变：国初一变也，乾嘉一变也，道咸以降一变也。顺康之世，天造草昧，学者多胜国遗老，离丧乱之后，志在经世，故多为致用之学。求之经史，得其本原，一扫明代苟且破碎之习，而实学以兴。雍乾以后，纪纲既张，天下大定，士大夫得肆意稽古，不复视为经世之具，而经史小学专门之业兴焉。道咸以降，涂辙稍变，言经者及今文，考史者兼辽金元，治地理者逮四裔，务为前人所不为，虽承乾嘉专门之学，然亦逆睹世变，有国初诸老经世之志。故国初之学大，乾嘉之学精，道咸以降之学新。……道咸以降，学者尚乾嘉之风，然其对政治风俗已渐变于昔，国势亦稍稍不振，士大夫有忧之而不知所出，乃或托于先秦西汉之学以图变革一切，然颇不循国初及乾嘉诸老为学之成法，其所陈夫古者，不必尽如古人之真，而其所以切今者，亦未必适中当世之弊。其言可以情感，而不能尽以理究。如龚璱人、魏默深之俦，其学在道咸后虽不逮国初、乾嘉二派之盛，然为此二派之所不能摄，其逸而出此者，亦时势使之然也。"（《观堂集林》卷二三）

十二日甲戌（11月17日），定以后考试蒙古字话笔帖式，照考试满、汉翻译笔帖式之例，先较试马步射艺。篆入则例，永远遵行。

十二月二十八日壬辰（1840年2月1日），林则徐向美商购九百吨轮船"甘米力治"号，改装成军舰，为中国引进外轮之始。

是年，申严投递匿名揭帖及编造歌谣诋毁地方官之禁。

阮元九月为扬州新刻朱世杰《算学启蒙》作序，十一月为李斗所著《扬州画舫录》作第二跋；属罗士琳撰《续畴人传》。毕韫斋将阮元《诗书古训》校订完毕。

龚自珍于四月二十三日辞官出都，与徐松、陈庆镛、汤鹏、何绍基、许瀚等人各以绝句赠别。在南还途中于扬州与阮元、魏源、秦恩复、刘宝楠、刘文淇等会，作《己亥六月重过扬州记》、《病梅馆记》；又在江阴与李兆洛、蒋彤会。

林则徐至三月广州任两广总督，会同邓廷桢、关天培等严厉执行禁鸦片令，责令英商缴烟，在虎门公开销毁。又会外商具结，凡夹带烟片者，船货没官，人即正法。义律拒不具结，林则徐、邓廷桢命禁绝商馆柴米食物，撤出买办、工人。五月林则徐驱逐英国烟贩颠地等16人出境，并令具结不准再来。七月，林则徐为清查烟贩姓名和囤烟之处，乃集越华、粤秀、羊城三书院645人，借考棚观风，令士子举报，然后将奸贩逐一抓获。又在广

纳吉布之役。

土耳其实行政治经济改革，颁"御园敕令"。

詹姆斯·罗斯和F.R.M.格罗泽开始南极航行。

查理·古德伊尔研究出"硫化"程序，从而使橡胶的商业用途成为可能。

克里斯蒂安·舍恩拜因发现臭氧并将其命名为臭氧。

卡尔·奥古斯特·施特因海尔制造成第一座电子钟。

法国 L. J. M. 达盖尔创造出"银版摄影法",摄影术从此开始。

德国 C. F. 高斯从库仑定律出发定义了电荷量度,制定磁矩的第一个绝对量度,以及地球磁场强度的量度,并创建第一个合理的电磁单位制。

英国 K. 麦克米伦创制装有曲柄连杆机构的铁制自行车。

州组织译书、刊活动,翻译《各国律例》等,成为"清朝开眼看世界的第一人。"

曾国藩是年始为日记,逐日记注所行之事及所读之书,名曰《过隙影》,一生不辍。

俞正燮至江阴,晤李兆洛,又为江苏学政祁寯藻校写上古六朝文目,受聘掌教南京惜阴书院。

方东树四月校刊胡虔遗著《柿叶轩笔记》1 卷。

李兆洛十月为祁韵士所著《皇朝藩部要略》作序。

何绍基充福建乡试正考官,同考官有何凌汉、徐士芬等,孙衣言中副榜第二十八名。

宗稷辰补官,考取军机章京,转起居注主事,再转户部山东司员外郎,考取御史记名。

张文虎始晤胡培翚于杭州,一见如故,遂订忘年交。

潘世恩充顺天乡试正考官,同考官有何凌汉、徐士芬等,孙衣言中副榜第二十八名。

黄爵滋充江南乡试正考官。

莫友芝在遵义始见《张杨园全集》,亟谋重刻,公之于世。

邓显鹤以疾归,主讲朗江、濂溪两书院。

朱琦始至京师,即从梅曾亮游。

陈奂与钱泰吉在杭州订交。

胡林翼充国史馆协修。

陈杰自国子监辞职还乡。

按:陈杰字静庵,浙江乌程人。初为诸生,考取天文生,任钦天监博士,供职天文科,主管测量事务,累官国子监算学助教。邃于算术,尤擅长代数解方程,曾著有《辑古算经细草》1 卷;又为该书指画图像,成《图解》1 卷。晚年撰《算法大成》19 卷。在观象台,率领天文生长年累月地实测黄道、赤道的交角度数,精确地测得黄道、赤道的交角度数是 $23°27'$。道光二十四年,朝廷修《仪象考成续编》时,采纳了该成果。回归故里后,又著有《补湖州天文志》7 卷。弟子丁兆庆、张福僖,皆能传其学。事迹见《清史稿·畴人传二》。

刘传莹中举人,官国子监学正。

丁晏主讲淮关文津书院。

毛岳生在南京晤丁晏,自言方纂《元书》。

李宗昉为朱琦《小万卷斋文稿》作序。

潘德舆主讲阜宁观海书院三年,本年兼安东清涟书院讲席。

蒋宝龄在上海创办"小蓬莱画会"。

高载时任江西上高知县,建五之书院和西箴书院。

吴均时任广东潮阳知县,建登龙书院。

张熷时任广东海丰知县,建莲峰书院。

叶唐封等在广东遂溪县建东瀛书院。

谢体仁在云南云龙县建龙门书院。

美国传教士布朗受耶鲁大学推荐,应广州马礼逊教育会聘请,11 月 4

日于澳门创办马礼逊学堂。

按：此为外国人在华创办传播西学的第一所新式学堂,设置有汉语、英语、算数、化学、几何、代数、生理学、地理、历史、音乐等课程。1842年迁香港,1849年停办。此后,布朗携该校学生容闳、黄胜、黄贯、李刚、周文、唐杰等赴美,他们成为中国第一批赴美留学生。

徐鼎辑《周易旧注》12卷。

卞斌著《周易通解》3卷、《易经释义》1卷刊行。

陈本淦著《易艺举隅》6卷刊行。

戴槃著《易经卦名试帖》2卷刊行。

刘曾璇著《春秋书法比义》12卷刊行。

葛其仁著《小尔雅疏证》4卷、《逸文疏证》1卷成书,有自记。

何秋涛著《王会篇笺释》3卷刊行。

徐松著《登科记考》30卷成书。

按：该书是一部内容丰富的唐代科举编年史,向人们提供了唐五代科举考试的发展衍变,以及有关人物的具体活动,对于研究唐代的历史、文学都是很重要的参考书。傅璇琮说:"我们现在研究唐代的科举制度,不得不感谢一百多年前,也就是清朝道光年间的一位学者徐松。在有关唐代科举考试的重要史料——登科记完全散失的情况下,徐松对大量的史料进行搜集、整理、排比和考证,著成《登科记考》。《登科记考》作为一部内容丰富的唐代科举编年史,向人们提供了唐五代科举考试的发展衍变,以及有关人物的具体活动。徐松不以选拣几条干巴巴的正史有关条文为满足,他注目于唐宋时期众多的杂史、笔记、诗文、小说,力图用对当时生活的具体记述,来重现唐三百年间对于文人生活和文学艺术有重大影响的科举考试几个重要方面的历史背景。这是一项开拓性的工作,应当看作是清代勃兴的考据学应用于学术史的一种积极尝试。"(《关于唐代登科记的考索》,载《历史研究》1984年第3期)

汪能肃著《嘉庆道光魏塘人物记》6卷成书,有自序。

陆陇其著《莅政摘要》2卷刊行。

林伯桐著《公车见闻录》1卷成书,金锡龄作识语。

福申著《同书》24卷成,麟庆作序。

胡元焕修,蒋湘南纂《蓝田县志》16卷刊行。

张深修,曾钊、温训纂《新宁县志》10卷刊行。

胡礼箎修,黄凯纂《芷江县志》59卷刊行。

冯继照修,金皋、袁俊纂《修武县志》12卷刊行。

杨霈修,李福源、范泰衡纂《中江县新志》8卷刊行。

朱庆椿修纂《昆阳州志》16卷刊行。

王文焘修,张本、葛元昶纂《重修蓬莱县志》14卷刊行。

蔡培、欧文修,林汝谟纂《文登县志》10卷刊行。

罗以智编《赵清献公年谱》1卷成书。

顾衍生原本,吴映奎重辑,车持谦增纂《顾亭林先生年谱》刊行,附于车氏刻本《亭林先生全集》。

乔治·威德发表反对奴隶制的小册子《这就是奴隶制》。

法国路易·勃朗发表《劳动组织》,提出"各尽所能,按劳分配"。

裘姚崇编《慈溪裘蔗村太史年谱》1 卷刊行。

卢荫溥自编《禧寿堂自订年谱》1 卷刊行。

王楚堂自编《云翁自订年谱》1 卷刊行。

潘亮弼、潘亮彝编《潘四农先生年谱》刊行。

邹汉勋著《五均论》2 卷成书。

严福基辑《严氏古砖存》2 卷刊行。

按：严福基字眉存，江苏长洲人。是编收录所藏古砖，上起炎汉，下迄赵宋，凡百余种，大都为江浙各地所出之物。有李兆洛、张廷济、瞿中溶、翁大年、吕佺孙、张开福等序跋。

陈性著《玉记》1 卷成书，有自序。

苗夔著《说文系传校勘记》3 卷成书。

邓廷桢著《说文解字双声叠韵谱》1 卷成，方东树作序。

邵廷烈纂《穿山小识》2 卷、《穿山小识补遗》1 卷刊行。

张维屏著《花甲闲谈》16 卷刊行。

孙同元著《今韵三辨》2 卷刊行。

安念祖、华湛恩著《古韵溯原》8 卷刊行。

程定谟著《射声小谱》1 卷刊行。

李祖陶辑《国朝文录》初编 40 种 80 卷刊行。

按：李祖陶字钦之，号迈堂，江西上高人。嘉庆十三年(1808)举人。筑尚友楼，藏书数万卷。著有《前汉书细读》4 卷、《后汉书赘语》3 卷、《补尚史论赞》2 卷、《读三国志书后》1 卷、《读明史杂著》1 卷、《迈堂文略初编》17 卷、《迈堂文略续编》15 卷、《迈堂剩稿》9 卷、《迈堂诗存》24 卷；选编《金元明八家文钞》53 卷等。事迹见《清史列传》卷七三。

龚自珍著《己亥杂诗》1 卷 315 首成书。

阮元著《揅经室续集》在扬州刊刻，有自序。

刘宝楠著《清芬集》10 卷成书。

于振著《清涟文抄》12 卷刊行。

甘扬声著《勤约堂文集》12 卷刊行。

左眉著《静庵文集》4 卷、《静庵诗集》6 卷刊行。

邓显鹤辑《资江耆旧集》64 卷、《沅湘耆旧集》200 卷、续编 80 卷。

王鹄著《喝月楼诗录》20 卷刊行。

李文耕著《喜闻过斋文集》12 卷刊行。

胡积堂著《笔啸轩书画录》2 卷刊行，王泽作序。

方东树著《昭昧詹言》正集 10 卷成书，后又著《续录》2 卷。

按：是书为作者论诗之作。正集 10 卷，写成于道光十九年(1839)，专论五言古诗。其后又撰《昭昧詹言续录》2 卷，专论七言古诗。道光二十一年(1841)，又写成《续昭昧詹言》8 卷，专论七言律诗。是书初刻于光绪年间。有《仪卫轩全集》本，为光绪十七年(1891)重刻。此后安徽官纸印刷局本、武强贺氏刊本等续有增益。1961 年人民文学出版社出版的校点本即据贺本，并将北京图书馆所藏正 10 卷、续 10 卷的抄本，或摘要附录，或作校记附注于各条之下，最为完备。

王世全、邓显鹤始刻《船山遗书》，至道光二十二年刻成150卷。

按：王夫之在明亡后，隐居衡阳石船山麓，著书近一百种，但是大部分著作未曾刊布。他死后十余年，其子王敔曾选刻十数种，是为湘西草堂原刻本。乾隆三十八年(1773)，开四库馆收书，对王夫之著作著录6种、存目2种、查禁9种。是年，王夫之七代孙王世全始于长沙汇刻王夫之遗著18种，至道光二十二年(1842)，刻成《船山遗书》150卷，是为湘潭王氏守遗经书屋刻本。此后湖南听雨轩补刻了贺长龄等校订的《船山史论》2种，俞焜在衡阳补刻《船山子集遗著五种》，亦称《船山遗书》，均印数不多。同治二年(1863)，曾国藩、曾国荃兄弟出资，由刘毓松等任校雠，在金陵重新汇刊《船山遗书》，合经、史、子、集四部，共58种，另附《校勘记》，是为金陵刻本；光绪十三年(1887)又在湖南船山书院补刻6种，统称曾刻本。1930年，上海太平洋书店依曾刻本体例，重新用铅字排印《船山遗书》，补入新发现手稿6种，共辑王夫之著述70种。1988年岳麓书社重新出版《船山全书》，仍以金陵本为底本，同时补充了许多未曾收入的船山遗佚书文。岳麓本是至今收录最多、校勘最精的船山著作。

叶腾骧辑《崇正丛书》10种刊行。

林佩琴著《类证治裁》8卷、附1卷刊行。

卢荫溥卒(1760—)。荫溥字南石，山东德州人。乾隆四十六年进士，选翰林院庶吉士，授编修。嘉庆初任军机章京。擢礼部尚书，充国史馆总裁。道光初被免去军机大臣。后累官至体仁阁大学士。卒谥文肃。事迹见《清史稿》卷三四一、《清史列传》卷三六。卢荫溥自编有《禧寿堂自订年谱》。

高垲卒(1769—)。垲字子高，号爽泉，浙江钱塘人。早弃举子业，专力学书，得欧、褚神髓。嘉庆中，阮元抚浙，延校金石文字，并手录薛氏钟鼎识跋刊之。大江南北名胜碑版，多出其手。复精绘事，尤工花鸟、草虫。偶治印，亦秀劲有法。事迹见李桓《国朝耆献类征初编》卷四四二、震钧辑《国朝书人辑略》卷七。

盛大士卒(1771—)。大士字子履，号逸云，又号兰畦道人、兰簃外史，江苏镇洋人。嘉庆五年举人，官山阳教谕。钱大昕高足。著有《蕴愫阁诗集》12卷、《蕴愫阁文集》6卷、《蕴愫阁别集》4卷、《琴竹山房乐府》2卷、《泉史》16卷、《朴学斋笔记》8卷、《溪山卧游录》4卷等。事迹见盛大士《哭亡儿征玙文》(《蕴愫阁文集》卷八)。

刘宝树卒(1777—)。宝树字幼度，号鹤汀，江苏宝应人。刘宝楠兄。嘉庆十二年举人，由大挑选教谕，改国子监典簿。著有《娱景堂集》3卷。事迹见刘宝楠《刘宝树行状》(《念楼集》卷八)。

吕璜卒(1777—)。璜字礼北，号月沧，别号南郭老民，广西永福人。嘉庆十六年进士。官浙江海防同知。晚年归里主秀峰书院讲席。著有《月沧诗文集》8卷。事迹见《清史列传》卷七二、梁章钜《吕月沧郡丞墓志铭》(《碑传集补》卷四八)。吕璜自编有《吕月沧自订年谱》。

陶澍卒(1779—)。澍字子霖，号云汀，晚号髯樵，又号桃花渔者，湖南安化人。嘉庆七年进士。由翰林院编修升御史，历任户科、吏科给事中。道光时官至两江总督加太子少保兼管盐政。卒谥文毅。著有《江苏水利图说》21卷、《印心石屋文钞》、《蜀輶日记》、《陶渊明集辑注》10卷、《陶文毅公全集》64卷、《陶云汀先生奏议》32卷等。事迹见《清史稿》卷三七九、《清史列传》卷三七、李桓《国朝耆献类征初编》卷二〇一、蔡冠洛《清代七百名人传》第一编。王焕銔编有《陶文毅公年谱》。

按：《清史稿》本传曰："澍见义勇为，胸无城府。用人能尽其长，所拔取多至方面节钺有名。在江南治河、治漕、治盐，并赖王凤生、俞德源、姚莹、黄冕诸人之力。左宗棠、胡林翼皆识之未遇，结为婚姻，后俱为名臣。所著奏议、诗文集、《蜀輶日记》、《陶桓公年谱》、《陶渊明诗辑注》并行世。"

周济卒（1781—　）。济字保绪，一字介存，号味斋，晚号止庵，江苏荆溪人。嘉庆十年进士，授淮安府学教授。旋引疾归，授经吴门等地。晚年复为淮安教授。为常州词派重要词论家。著有《说文字系》2卷、《韵原》7卷、《史义》2卷、《介存斋诗》6卷、《味隽斋词》1卷、《词辨》、《介存斋论词杂著》、《晋略》等。选编有《宋四家词选》。事迹见《清史稿》卷四八六、《清史列传》卷七二、震钧辑《国朝书人辑略》卷八、魏源《荆溪周君保绪传》、徐士芬《书周进士济》、沈铭石《周止庵先生传》、丁晏《止庵先生家传》（均见《续碑传集》卷七七）。

潘德舆卒（1785—　）。德舆字彦辅，号四农，江苏山阳人。道光八年举人。大挑以知县分安徽，未到官。著有《养一斋诗文集》26卷、《养一斋札记》9卷、《养一斋诗话》13卷、《李杜诗话》3卷等。事迹见《清史稿》卷四八六、《清史列传》卷七三、李桓《国朝耆献类征初编》卷四一二、鲁一同《安徽候补知县乡贤潘先生行状》（《通甫类稿续编》下）。

按：《清史稿》本传曰："尝以挽回世运，莫切于文章，文章之根本在忠孝，源在经术。其说经，不袒汉、宋，力求古人微言大义。其论治术，谓天下大病不外三言：曰'吏'、曰'例'、曰'利'。世儒负匡济大略，非杂纵横，即陷功利，未有能破'利'字而成百年休养之治者。道光八年，举江南乡试第一。入都，座主侍郎钟昌馆德舆于家，语人曰：'四农，乃吾师也。'"《清儒学案》卷一四七《四农学案》曰："嘉、道以来，学者半多从事于调和汉、宋。四农为学，亦主于汉、宋儒者之理，必分求其所长，而互舍其所短，庶几明经义而切实用。然其立身教世，清明醇粹，实得于宋学为多。"

朱文炑卒（1787—　）。文炑字慎甫，湖南浏阳人。弃举子业，笃志性命之学，以宋五子为归。著有《大易粹言》、《春秋本义》、《三传备说》、《易图正旨》1卷、《五子见心录》2卷、《从学札记》1卷。事迹见《清史列传》卷六七、李桓《国朝耆献类征初编》卷四一二。

按：《清史列传》本传曰："年十六，弃举子业，闭户潜修，笃志性命之学，以宋五子为归。尝曰：'读书所以明道也，未有不通《四子》、《五经》而能明道者，亦未有不明濂、洛、关、闽之道而能通《四子》、《五经》者。'其学以诚为本，以敬为宗，以精义集义为程途，以明体达用为究竟。后益殚心《易象》、《春秋》。谓：'《易象》内圣之学，《春秋》外王之书。学不明《易象》，无以窥道之全体；不通《春秋》，无以极道之大用。'又谓：'性道，学之本也；经济，学之用也。学不博，难以致用。'故凡历算、方舆、律吕及诸子百家，靡不研究。"

赵允怀卒(1792—)。允怀字孝存，又字闇乡，江苏常熟人。道光五年举人。曾编辑《海虞诗见》，未成。又辑有《支溪诗录》。著有《小松石斋文集》。事迹见李兆洛《赵孝行墓志铭》(《养一斋文集》卷一一)。

刘寿曾(—1882)、曾纪泽(—1890)、洪钧(—1893)、花之安(—1899)、廖寿恒(—1903)、杨守敬(—1915)生。

道光二十年　庚子　1840年

正月十八日己酉(2月20日)，英国政府任命乔治·懿律和查理·义律为对华交涉正副全权公使，并由懿律为侵华英军司令。

是日，清廷议定广东整饬洋务章程。

二月十六日丁丑(3月19日)，英国政府宣布对中国出兵。

三月二十三日癸丑(4月24日)，清廷命以后传习天主教之人犯，有赴官自首出教，及被获到官，情愿出教者，俱遵照嘉庆年间谕旨，将该犯等家内起出素所供奉之十字木架，令其跨越，果系欣然试跨，方准免罪释放。如免罪之后，复犯习教，除该犯死罪外，余俱于应得本罪上加一等治罪。已至遣罪无可复加者，即在犯事地方，用重枷枷号三个月，满日再行发遣。将此纂入则例，永远遵行(《清中前期西洋天主教在华活动档案史料》上编四月初九日(5月10日)，英国议会上院通过侵华议案。

四月二十五日乙卯(5月26日)，太和殿传胪，赐一甲李承霖、冯桂芬、张百揆3人进士及第，二甲殷寿彭等87人进士出身，三甲何其仁等90人同进士出身。是科主考官乃大学士潘世恩。

五月初九日戊戌(6月8日)，广东水师兵勇火攻英船于磨刀洋外。

按：《清史稿·林则徐传》曰："二十年春，令关天培密装炮械，雇渔船蛋户出洋设伏，候夜顺风纵火，焚毁附夷匪船，接济始断。五月，再焚夷船于磨刀洋。谍知新来敌船扬帆北乡，疏请沿海各省戒严。又言夷情诡谲，若迳赴天津求通贸易，请优示怀柔，依嘉庆年间成例，将递词人由内地送粤。"

二十二日辛亥(6月21日)，英国侵华远征军旗舰"威里士厘"号抵澳门湾外，及大小船舰48艘，官兵四千余名结集在广东海面。是月，英国向中国发动第一次鸦片战争。

六月初五日癸亥(7月3日)，英舰"布朗底"号炮击厦门，被守军击退。

初八日丙寅(7月6日)，英军攻陷浙江定海。

十二日庚午(7月10日)，英舰封锁宁波及长江口。

按：《清史稿·林则徐传》曰："六月，英船至厦门，为闽浙总督邓廷桢所拒。其犯浙者陷定海，掠宁波。则徐上疏自请治罪，密陈兵事不可中止，略曰：'英夷所恃在

上、下加拿大根据《议会法案》实现统一。

伦敦图书馆开放。

焦耳定律被提出。

粤而滋扰于浙,虽变动出于意外,其穷蹙实在意中。惟其虚憍性成,愈穷蹙时,愈欲显其桀鹜,试其恫喝,甚且别生秘计,冀售其奸;一切不得行,仍必帖耳俯伏。第恐议者以为内地船炮非外夷之敌,与其旷日持久,不如设法羁縻。抑知夷情无厌,得步进步,戚不能克,患已无时。他国纷纷效尤,不可不虑。'因请戴罪赴浙,随营自效。"

七月十四日壬寅(8月11日),英舰北上抵天津大沽口拦江沙外。

十八日丙午(8月15日),英军投递外交大臣巴麦尊给清政府的照会,提出赔偿烟价、割让岛屿与偿还商欠之要求。

二十一日己酉(9月18日),琦善被任命为钦差大臣,赴广东交涉中英关系事,下令沿海各省不得对英舰开枪。

> 按:《清史稿·林则徐传》曰:"七月,义律至天津,投书总督琦善,言广东烧烟之衅,起自则徐及邓廷桢二人,索价不与,又遭诟逐,故越境呈诉。琦善据以上闻,上意始动。"

九月初八日乙未(10月3日),诏革林则徐、邓廷桢职,著交部分别严加议处,林则徐留粤备查问差委。

> 按:《清史稿·林则徐传》曰:"九月,诏曰:'鸦片流毒内地,特遣林则徐会同邓廷桢查办,原期肃清内地,断绝来源,随地随时,妥为办理。乃自查办以来,内而奸民犯法不能净尽,外而兴贩来源并未断绝,沿海各省纷纷征调,糜饷劳师,皆林则徐等办理不善之所致。'下则徐等严议,饬即来京,以琦善代之。寻议革职,命仍回广东备查问差委。"

十一月十一日丁酉(12月4日),琦善接任两广总督,撤除海防工事、解散壮勇,向义律议和。义律向琦善提出14条"和议"条件。

十二月十八日甲戌(1841年1月10日),以江南乡试正考官文庆,违例私带举人熊少牧入闱,帮同阅卷,部议革职。副考官编修胡林翼,不据实奏闻,降一级调用,不准抵销。监临官安徽巡抚程楙采、监试官江防同知周维新,俱降二级留任,不准抵销。

二十八日甲申(1月20日),琦善擅自与义律议定《穿鼻草约》。

是年,英军侵入宁波,天一阁藏书多有散失。

J. V. 利比希因为开展生物的新陈代谢研究而发明了人造肥料。

阮元正月为《割圜密率捷法》作序,四月为《续畴人传》作序。是夏,为柳兴恩《谷梁大义述》作序。八月,自订《揅经室再续集》。九月,何绍基扶父柩过扬州,请阮元为其父何凌汉撰《诰授光禄大夫经筵讲官户部尚书晋赠太子太保谥文安何公神道碑铭》。是年,为刘文淇《项羽都江都考》作跋。

刘文淇有《上阮相国书》,与阮元论古地方志。并将书稿四本附呈钧览,希望予以是正。又撰黄生《义府字诂序》。

林则徐二月接任两广总督,下令停止澳门贸易。八月,颁发《剿夷兵勇约法七章》,组织水师出洋剿办英军。三十一日,出洋水师败英舰于矾石洋。九月,上奏自请处分并历陈制炮造船主张,要求赴浙江收复定海。十月,交卸督篆,奉旨留广州以备查问原委。十一月,向怡良献策,维护广东抗敌局面。十二月,向琦善建议铸炮造船事宜,琦善不准。

林则徐组织袁德辉、梁进德等一批精通外语的翻译人员，搜集翻译西书西报，把《广州周报》、《广州纪事报》、《新加坡自由报》、《孟买新闻纸》等英文报纸中有关中国的时事报道和新闻评论按照时间顺序选编成册，辑为《澳门新闻纸》或《澳门月报》，以备参考。

林则徐将英国东印度公司驻广州大班德庇时所著《中国人》译成中文，名为《华事夷言》。

林则徐在与外国人打交道的过程中发现了解外国法律和国际公法在处理中外交涉中的重要性，专门聘请伯驾和袁德辉节译瑞士法学家滑达尔的《各国律例》，摘译其中涉及有关国家间战争、敌对措施、对外贸易的内容。

龚自珍访徐荣于嘉兴南湖，为徐荣诗集作序。八月，在苏州作《与孔绣山书》，并托王鹄代寄《己亥杂诗》一册予孔宪彝，又寄《己亥杂诗》一册予吴葆晋。九月，客南京四松庵，应张拜莼所请，为玲珑山馆本《华山碑》题跋。

魏源愤粤事，作《寰海》十章。应时任江苏候补知府黄冕之邀赴宁波，亲至军中审讯，了解英国情况，后加以增补，写成《英吉利小记》。

按：《英吉利小记》是中国第一篇系统介绍英国情况的文章。

方东树以邓廷桢去粤，亦离粤还里，文汉光、戴钧衡、方宗诚俱受业于门下。

梅曾亮作《台山氏论日本训传书后》，以台山氏之文阐释"义理"之重要性。又作《项氏二孺人传书后》、《诰封中宪大夫安襄郧荆道即墨县教谕杨府君墓志铭》

李兆洛在江阴主纂其地县志。

冯桂芬成进士，授翰林院编修。

刘宝楠成进士，授直隶文安县知县。

翁同书中进士，选庶吉士，散馆，授翰林院编修。

胡林翼充江南乡试副考官，以失察正考官文庆携带举人熊少牧入闱阅卷，降一级调任。是科，汪士铎中举人。

俞樾因病未试，以撰《日知录小笺》自遣。

按：是文后收入《曲园杂纂》中。

梁章钜游桂林诸山水，并绘长卷记之。

姚燮年初在苏州，与蒋宝龄等游邓尉，又冒雪舟行游惠山，元夕尚在无锡。过扬州，应阮亨招饮，羁留数日。后北上京师。春试仍报罢。曾与孔宪彝、梅曾亮等饮尺五庄钱。六月，以英军犯浙江，定海陷，匆匆南归。

姚莹三月作《重刻山木居士集序》，推崇言事之文；四月作《上督抚言全台大局书》；五月作《复邓制府言夷务书》，肯定禁鸦片之必要性；六月上书闽浙总督邓廷桢，建议制造"专为攻击夷船"之大船；九月与达洪阿同上《会商台湾夷务奏》。

左宗棠至安化，就馆于陶澍家，教陶澍之子陶桄达八年之久。在陶家研读昔日海防记载,并作有《陶代三台山石墓纪》等。数次贻书贺熙龄,论战守机宜。

何绍基父何凌汉二月初五日逝世。八月,何氏扶柩南行,十二月二十一日抵长沙,二十四日厝于南门洪恩寺。

曾国藩五月庶吉士散馆,取二等第十九名,授翰林院检讨。六月,病倒果子巷万顺客店,几不救。同寓欧阳兆熊、吴廷栋为之诊治,三个月后大愈。九月,钦派为顺天乡试磨勘官。十二月,弟曾国荃、子曾纪泽入都。

许瀚应山东济宁直隶州知州徐宗乾之聘,主讲渔山书院,并任《济宁直隶州志》总纂。因徐氏崇学务实,重视教育,礼遇贤士,复究心石刻、碑志,许瀚与之相处甚洽。

按:徐宗乾字树人,江苏南通人。嘉庆二十四年进士,历官曲阜知县、泰安知县、济宁直隶州知州,后擢福建龙漳汀道、台湾道、按察使,浙江布政使,福建巡抚。著有《斯未信斋文集》。事迹见《清史列传》卷四九。《济宁直隶州志》由许瀚总纂,冯集轩、杨铎、李联榜等分纂。徐氏《济州金石志序》略曰:"予自戊戌(一八三八)莅济以后,公事之暇,每届渔山书院课期,辄与山长许印林同年谭及金石一事,娓娓不倦。爰捐廉购求遗文,并遣拓工,于城内四乡及金(金乡)、嘉(嘉祥)、鱼(鱼台)三乡学宫、寺观、深山穷谷,靡不榷榻殆遍。日积月累,盈架满箱。"

陈澧为学海堂学长,自此遂为学长数十年。

邹汉勋四月有《致邓湘皋学博书》,与邓显鹤讨论《船山全书》刊刻细节。

罗泽南肄业于城南书院。学习期间,常与湖南宁乡刘典、浏阳谢景乾论学。

郭嵩焘入浙江学政罗文俊幕府。

朱次琦会试报罢。

张际亮由家之豫入都会试,至江西、湖北境内。七月九日,会试揭晓,落第。

柳树芳和林则徐被黜,作《再书九月初八日事》。

蒋敦复上书言英军入侵东南沿海事,得罪当权人,削发为僧,避祸于月浦之净信寺和罗溪之善福禅院。

夏崑因兴化人以坝水下注,恐通夷为词,阻开坝作《兴化子》参与论争。

陆嵩著《禁烟歌》指陈烟祸来历。

吴嶙作《海氛纪事》等,记浙东兵事。

容闳于夏秋间丧父,是年入澳门马礼逊纪念学校。

俄国瓦西里耶夫在1840至1850年随俄国布道团在北京学习汉语、藏语、梵语、蒙语和满语。回国后任喀山大学、彼得堡大学教授。

美国圣学会传教士文惠廉抵澳门传教。

俄国传教士鲍乃迪来华传教。

美国传教士罗孝全抵香港传教。

按:是为第一位至香港开教的美国传教士。

罗泽南著《周易朱子本义衍言》成书。

宋翔凤著《论语说义》、《孟子赵注补正》成书。

按：《清史稿·儒林传三》曰："翔凤通训诂名物，志在西汉家法，微言大义，得庄氏（庄述祖）之真传。著《论语说义》十卷，《序》曰：'《论语说》曰子夏六十四人共撰仲尼微言，以当素王。微言者，性与天道之言也。此二十篇，寻其条理，求其恉趣，而太平之治、素王之业备焉。自汉以来，诸家之说，时合时离，不能画一。尝综核古今，有《纂言》之作。其文繁多，因别录私说，题为《说义》。'又有《论语郑注》十卷，《大学古义说》二卷，《孟子赵注补正》六卷，《孟子刘熙注》一卷，《四书释地辨证》二卷，《卦气解》一卷，《尚书说》一卷，《尚书谱》一卷，《尔雅释服》一卷，《小尔雅训纂》六卷，《五经要义》一卷，《五经通义》一卷，《过庭录》十六卷。"

冯登府著《三家诗遗说》8 卷成书。

陈奂著《诗毛氏传疏》30 卷定稿，有自序。

按：张文虎《覆瓿集·莲龛寻梦记》道光二十年："硕甫来院道契阔。知所著《毛诗疏》开工写样。"陈奂在《叙录》中曰："以《毛传》多记古文，倍详前典……故读《诗》不读《序》，无本之教也；读《诗》与《序》而不读《传》，失守之学也。文简而义赡，语正而道精，洵乎为小学之津梁，群书之钤键也。"朱纪荣评论此书曰："训诂准诸《尔雅》，通释证之《说文》，引据赅博，疏证详明，毛义彬彬，于斯为最，潜研考索之深，驾先儒而上之，洵毛氏之功臣也。"（《诗毛氏传疏·后序》）

魏源著《诗古微》22 卷刊行。

按：此次刊行的本子，系贵州莫友芝所藏。魏源《诗古微序》曰："《诗古微》凡二十有二卷，上编六卷，并卷首一卷，通语全经大谊；中编十卷，答问逐章疑难；下编五卷，其一辑古序，其二演外传。《诗古微》何以名？曰：所以发挥齐、鲁、韩三家《诗》之微言大谊，补苴其罅漏，张皇其幽渺，以豁除《毛诗》美、刺、正、变之滞例，而揭周公、孔子制礼正乐之用心于来世也。"

陈乔枞著《韩诗遗说考》6 卷成书，有自序。

丁大椿著《大学古本释》刊行。

潘兴祚著《四书章句集注辅》刊行。

张维屏著《经义录》6 卷刊行。

任均著《穆斋经诂》4 卷刊行。

余萧客著《重校古经解钩沉》30 卷刊行。

陈澧著《说文声统》17 卷成，后更名为《说文声表》。

林春溥著《竹书纪年补证》4 卷刊行。

罗士琳著《续畴人传》6 卷成书，阮元作序。

按：罗士琳乃阮元的入室弟子。少治经，后专力步算，博览畴人之书，著述甚富。罗氏有感于阮元《畴人传》有所阙漏，遂撷拾群籍，搜罗资料，仍依原书体例，续编成 6 卷，共得前书所未收者补遗 12 人，附见 5 人，续补 20 人，附见 7 人，凡 44 人，其中多为清代人。书成，阮元为之序。

甘熙编《灵谷寺志》14 卷成书。

林则徐派人将英人慕瑞著《世界地理大全》译为《四洲志》1 卷，是年约成。

按：此为林则徐辑译活动中影响最大的一部书，目的在于为了解"时务"之用。

德国 B. 鲍威尔相继发表《约翰福音史批判》和《对现福音和约翰福音史批判》。

法国社会学作家皮埃尔·约瑟夫·蒲鲁东发表题为《什么是财产？》的论文。

瑞士博物学家路易斯·阿加西斯发表有关冰川活动与作用的作品《冰川考察》。

书中较详细地介绍了沙俄从彼得大帝称霸以后四处扩张的历史,同时也记载了沙俄侵犯中国黑龙江被击退的史实。是书最早版本是辑入魏源《海国图志》50卷本(道光二十四年古微堂聚珍版)。

郭士立编《贸易通志》刊行。

按：该书为中国人所见较为详细地介绍西方商业制度之著作。

张维屏辑《松心日录》成书。

钱大昕著《潜研堂全书》由钱师光重修后刊行。

英国《亚洲杂志》第二期发表《中国诗作:选自琵琶记》,为《琵琶记》最早之英译本。

邵晋涵著《南江诗文钞》20卷刊行。

谢堃著《春草堂集》38卷刊行。

李彦章著《榕园全集》30卷刊行。

阮元自订《揅经室再续集》成书。

伍元薇辑《粤十三家集》13种182卷由南海伍氏诗雪轩刊行。

徐元润著《北楼集》成书。

王史直编、王史鉴续编、华湛恩重编《锡山文集》20卷由鹅湖华氏亲仁堂刻行。

邓显鹤辑《资江耆旧集》64卷印成于常德朗江书院。

金鳌辑《金陵待征录》10卷成书。

朱绪曾著《北山集》3卷成书。

张成孙著《端虚勉一居文集》3卷刊行。

褚逢椿著《清籁阁文》成书。

龚自珍著《庚子雅词》1卷。

李百川著《绿野仙踪》小说刊行。

观剧道人著《极乐世界传奇》刊行。

姜皋著《荒江老屋诗识》2卷。

汪喜孙著《孤儿编》3卷。

查彬著《湘芗漫录》刊行。

梁章钜著《楹联丛话》12卷,陈继昌作序。

张式道著《画谭》成书。

懒惰生编译《伊索寓言》最早中译本《意拾喻言》在《广东报》发表,署名蒙昧先生。

汪昌序辑《正谊斋丛书》11种刊行。

李锡龄辑《惜阴轩丛书》刊成15种。

按：至1845年又刊成19种,死后由其表弟张树续为辑刻。

帕格尼尼卒(1782—)。意大利小提琴家,作曲家。

戴均元卒(1746—)。均元字修原,号可亭,江西大余人。戴衢亨叔父。与戴衢亨胞兄戴心亨同为乾隆四十年进士。入翰林院,为庶吉士,授编修。官至军机大臣、太子少保、太子太师。曾与修《实录》、《起居注》及《明鉴》,草拟《科场条例》等。事迹见包世臣《清故予告太子太保文渊阁大学士食全俸晋太子太师在籍除名大庾戴公墓碑》(《续碑传集》卷二)。

吴德旋卒(1767—)。德旋字仲伦,江苏宜兴人。诸生。尝游京师,与张惠言为友,切磋学问。又受业于姚鼐,以古文名天下。少时笃好韩愈诗文,于书法绝不措意,三十岁后,有所激发,于书亦甚嗜之。为阳湖派重要成员。著有《初月楼文钞》10卷、《初月楼文续钞》8卷、《初月楼诗钞》4卷、《初月楼闻见录》10卷、《初月楼续闻见录》10卷、《书林藻鉴》、《艺舟双楫》、《清朝书画家笔录》等。事迹见《清史稿》卷四八五、《清史列传》卷七二、震钧辑《国朝书人辑略》卷九、姚椿《吴仲伦先生墓志铭》(《续碑传集》卷七七)。

朱为弼卒(1771—)。为弼字右甫,号茮堂,浙江平湖人。嘉庆十年进士,授兵部主事,迁员外郎。道光元年授御史,迁给事中。历通政司副使、太常寺卿、宗人府府丞、都察院左副都御史。十三年擢兵部侍郎。十四年出为漕运总督。精金石之学,曾佐阮元纂《积古斋钟鼎彝器款识》。著有《积古图识》、《蕉声馆诗文集》33卷。事迹见《清史稿》卷三七六、李桓《国朝耆献类征初编》卷二〇二、震钧辑《国朝书人辑略》卷八、杨岘《漕运总督朱公墓表》(《清朝碑传全集》第3册)。

按:支伟成曰:"先生少耽六书,尤嗜吉金文字。官京师时,与汉阳叶志诜交甚欢。遇古器未尝不手拓,遇拓本未尝不手摹。其用心之专,鉴古之当,殆天性使然。既出阮元门,阮萃并世同好十二家拓本益所自藏,成《积古斋钟鼎彝器款识》二十卷,以续宋薛尚功书,而考义释文远轶薛作,编定盖全出右甫。原稿藏于家,题《吉金古文释》者是也。并为撰序文三千言,博综奋雅,冠绝等伦,一时士林传诵。"(《清代朴学大师列传·朱为弼》)

英和卒(1771—)。幼名石桐,字树琴,一字定圃,号煦斋,晚号骨叟,索绰络氏,满洲正白旗人。乾隆五十八年进士。官户部尚书、协办大学士。工诗文,善书法,幼时临多宝塔,少壮得赵孟頫之神,后列刘墉之门,晚年兼以欧、柳,自成一家。与成哲亲王、刘墉并名当世。著有《恩福堂诗钞》12卷。事迹见《清史稿》卷三六三、李桓《国朝耆献类征初编》卷三九、震钧辑《国朝书人辑略》卷七。

何凌汉卒(1772—)。凌汉字云门,一字仙槎,湖南道州人。何绍基父。嘉庆十年一甲三名进士,授翰林院编修。历充广东、顺天、福建、山东、浙江等地乡试考官,及福建、浙江学政。官至户部尚书。卒赠太子太保,谥文安。书法晋唐,曾书《全唐文》付梓。著有《云腴山房集》。事迹见《清史稿》卷三七四、《清史列传》卷三七、李桓《国朝耆献类征初编》卷一一三、震钧辑《国朝书人辑略》卷八、阮元《诰授光禄大夫经筵讲官户部尚书晋赠太子太保谥文安何公神道碑铭》(《续碑传集》卷九)。

俞正燮卒(1775—)。正燮字理初,安徽黟县人。家贫,年二十余,负其所业北谒孙星衍。道光元年举人。十二年,馆新城陈用光家,为校顾祖禹《读史方舆纪要》。十九年,江苏学政祁雋藻聘主惜阴书舍,未逾年卒。著有《说文经纬》1卷、《四养斋诗》、《癸巳类稿》15卷、《癸巳存稿》15卷、《校补海国纪闻》2卷、《两湖通志》等。事迹见《清史稿》卷四八六、《清史列传》卷六九、蔡冠洛《清代七百名人传》第四编、夏寅官《俞正燮传》（《碑传集补》卷四九）。王立中编有《俞理初先生年谱》。

按：俞氏治经以汉儒为宗，不缠牵于注疏，其学术可与孙星衍并列。通经史百家，擅长考据。《清史稿》本传曰："性强记，经目不忘。年二十余，北走兖州谒孙星衍。时星衍为伏生建立博士，复访求左氏后裔。正燮因作《邱明子孙姓氏论》、《左山考》，星衍多据以折衷群议，由是名大起。道光元年举人。明年，阮元主会试，士相谓曰：'理初入彀矣！'后竟落第。其经策淹博，为他考官所乙，元未之见也。房考王藻尝引为恨。"

蒋宝龄卒（1781— ）。宝龄字子延，号琴东逸史，江苏昭文人。工诗善画，曾创办"小蓬莱画会"。著有《墨林今话》18卷、《续编》1卷、《琴东野屋诗集》等。事迹见《清史稿》卷五〇四。

冯登府卒（1783— ）。登府字柳东，号云伯、勺园，浙江嘉兴人。嘉庆二十五年进士，改庶吉士。散馆，授福建将乐县知县，以亲病去官。服阕，官宁波府教授。著有《十三经诂答问》10卷、《三家诗异文疏证》6卷、《三家诗遗说翼证》20卷、《论语异文考证》10卷、《石经考异》12卷、《金石综例》4卷、《闽中金石志》14卷、《石经阁诗文集》12卷、《小谪仙馆摭言》10卷、《酌史岩摭谈》10卷、《梵雅》1卷、《金屑录》4卷、《石余录》4卷、《浙江砖录》1卷、《唐宋词科题名录》1卷、《玉堂书史补》6卷等。纂修《福建盐法志》、《福建通志》，辑有《浙西后六家词选》、《梅里词辑》6卷等。事迹见《清史列传》卷六九。

按：《清儒学案》卷一四四《柳东学案》曰："柳东治经，搜集遗说异文，疏证精密；于石经致力尤勤，荟萃历代诸刻及诸家考订之说，折衷求是，可称集成之书。同里李氏群从，志同道合，互相切劚。芗沚、杏邨研经皆以精博称，与柳东相颉颃焉。"

董基诚卒（1787— ）。基诚字子诜，号玉椒，江苏阳湖人。嘉庆二十二年进士，官刑部郎中。出为河南开封府知府。著有《螟巢集》、《应世文稿》、《粤东记录》、《玉椒词》；又与董祐诚合刊《栘华馆骈体文》4卷。事迹见《清史列传》卷七三。

朱绶卒（1789— ）。绶字仲环，又字仲洁，号酉生，江苏元和人。道光十一年举人。曾入梁章钜幕，章奏多出其手。工诗文，与沈传桂、王嘉禄、潘曾沂、彭蕴章、吴嘉淦、韦光黻有"吴门后七子"之称。著有《知止堂文集》9卷、《知止堂诗集》12卷及《知止堂词录》。事迹见《清史列传》卷七三。

沈垚卒（1798— ）。垚字子敦，号敦三，浙江乌程人。道光十四年优贡生，为施国祁弟子。工骈体文，经史子集罔不溯流探源。于《三礼》最深，尤精舆地之学。著有《后汉书注地名录》、《水经注地名释》、《元史西北地蠡测》2卷、《西游记金山以东释》1卷、《台湾郑氏始末注》4卷、《西域小记》1卷、《元和郡县志补图》、《新疆私议》、《欧阳亭杂录家谱》3卷、《落帆楼文集》3卷、《落帆楼后集》3卷、《落帆楼外集》17卷、《落帆楼别集》1卷、《落帆楼杂著》3卷等。事迹见《清史稿》卷四八六、《清史列传》卷七三。

方申卒(1798—)。申字端斋,江苏仪征人。刘文淇弟子。凌曙重其为人,延于家课其子镛。著有《诸家易象别录》、《虞氏易象汇编》、《周易卦象集证》、《周易互体详述》、《周易卦变举要》,合称《易学五书》。事迹见《清史稿》卷四八二、《清史列传》卷六九。

冯承辉卒(1798—)。承辉字少梅,又字少糜,号伯承,别号老糜、眉道人、梅花画隐,江苏松江府娄县人。诸生。所居名梅花楼,闭门研学。精于篆刻,能画人物、花卉,画梅尤有独到处。著有《古铁斋印谱》、《印学管见》1卷、《历朝印识》、《国朝印识》、《题画小稿》、《石鼓文音训考证》1卷、《古铁斋词钞》、《棕风草堂诗稿》、《两汉碑跋》、《琢玉小志》等。事迹见震钧辑《国朝书人辑略》卷九。

薛福保(—1881)、宝廷(—1890)、任颐(—1896)、赵元益(—1902)、吴汝纶(—1903)、孙葆田(—1910)、李杕(—1911)、沈家本(—1913)、马相伯(—1939)生。

道光二十一年　辛丑　1841年

正月初三日己丑(1月25日),琦善与义律签订《穿鼻草约》,割让香港,赔偿烟价六百万银元,开放广州贸易等。

初五日辛卯(1月26日),英军正式侵占香港。

初六日壬辰(1月27日),清廷宣布对英开战。

十九日乙巳(2月10日),道光帝免伊里布的钦差大臣职务,命裕谦为钦差大臣,主浙省军务。

二十日丙午(2月11日),广东巡抚怡良上奏揭发琦善出卖香港之罪行。

二月初六日辛酉(2月26日),英军攻陷虎门炮台,关天培殉难。

三月二十一日丙午(4月13日),琦善被革职,解往京师。

二十六日辛亥(4月17日),道光帝命林则徐以四品卿赴浙江军营协办海防。

闰三月初十日甲子(4月30日),英国政府以《穿鼻草约》索益太少为由拒绝承认,任命璞鼎查接手义律为全权公使,巴麦尊训令在清政府接受英国要求之前,不能停止军事行动。

四月初六日庚寅(5月26日),英军炮击广州城。

初七日辛卯(5月27日),广州知府余保纯与义律订立《广州和约》,同意一周内向英军交纳"赎城费"六百万银元,清军退出广州城六十里外。

初十日甲午(5月30日),广州三元里民众奋起抗英。

哈里森选立为美国总统。

日本"天保改革"始。

法、俄、奥、普签定《伦敦海峡公约》。

五月初十日癸亥（6月28日），道光帝以广东军事失败归罪于林则徐、邓廷桢，将徐、邓遣戍新疆伊犁效力赎罪。

是月，广州北郊十三社八十余乡组织抗英义勇组织"开平社学"。

六月十六日戊戌（8月2日），黄河在开封城西十余里处决口。

二十四日丙午（8月10日），新任英国全权公使璞鼎查与远征军总司令兼海军司令巴尔克抵澳门。

七月初五日丁巳（8月21日），璞鼎查、巴尔克北犯闽、浙。

初十日壬戌（8月26日），英军攻陷厦门。

八月十七日戊戌（10月1日），英军再陷定海，总兵葛云飞、郑国鸿、王锡朋殉难。

二十六日丁未（10月10日），英军攻镇海，两江总督裕谦殉难。

二十九日庚戌（10月13日），宁波失陷。入侵者盗取天一阁《大明一统志》等书。

九月，广东学署开考各属文童试，生员因广州知府余保纯勾结英军拒考，余保纯被解职。

K. F. 高斯提出几何光学理论。

阮元五月致函钦差大臣伊里布，言用美国人制英国人之策，事未果。十一月，自撰《雷塘自定寿圹记》。

包景维拜谒阮元，言及欲刊刻宋元《镇江志》。阮元出示曾经严元照校对的家藏文选楼本，并发曾经张鉴校对的焦山书藏本，属刘文淇父子校勘，得《校勘记》4卷。宋元《镇江志》得以刊行。

魏源一度入署两江总督裕谦幕，旋即告归。于京口晤林则徐。林将其所译《四洲志》、《澳门月报》示之，嘱撰《海国图志》。七月，广集资料辑《海国图志》。是年，与姚莹交。又作《武进李申耆先生传》，论李兆洛之学。

林则徐正月奉旨"协办夷务"。闰三月，离粤赴浙，张维屏、梁廷枬等前往送行。四月，上书奕山，提出防御粤省方策六条，未被采纳。五月，奉旨离开广州，赴浙省听候谕旨。六月十日抵达浙江镇海军营。七月十四日，离开镇海军营，踏上遣戍伊犁途程。八月，途经京口，将《四洲志》等资料交付魏源，嘱其编撰《海国图志》。九月，在扬州奉旨赴祥符河工工地"效力赎罪"。秋至冬，在祥符工地，襄助王鼎办理堵口工程。

唐鉴七月由江宁藩司入京为太常寺卿，倭仁、曾国藩、吴廷栋、何桂珍等理学名士皆从其学。

按：《清史稿·曾国藩传》曰："时太常寺卿唐鉴讲学京师，国藩与倭仁、吴廷栋、何桂珍严事之，治义理之学。兼友梅曾亮及邵懿辰、刘传莹诸人，为词章考据，尤留心天下人材。"

曾国藩从唐鉴讲求为学之方，始致力于理学。并详览前史，讲求经世之学，兼治诗古文词，分门记录。唐鉴专以义理之学相勖，曾国藩遂以朱子之书为日课，始肆力于宋学。十月，任国史馆协修官。是月，寓书贺长龄,自陈其所学所志。十一月,曾国荃肄业京师,曾国藩为之讲课。是年,喜读胡林翼赠送的《陶文毅公文集》。

  按：曾国藩《问学》曰："至镜海先生处问检身之要、读书之法,先生言当以《朱子全书》为宗。时余新买此书,问及,因道此书最宜熟读,即以为课程,身体力行,不宜视为浏览之书……云云,听之昭然若发蒙也。"(《求阙斋日记类钞》卷上,《曾文正公全集》)

  曾国藩是年提出学问有义理、考据、辞章、经济四门。

  按：曾国藩曰："为学之术有四：曰义理,曰考据,曰辞章,曰经济。义理者,在孔门为德行之科,今世目为宋学者也;考据者,在孔门为文学之科,今世目为汉学者也;辞章者,在孔门为政事之科,从古艺文及今世制义诗赋皆是也;经济者,在孔门为政事之科,前代典礼政书及当世掌故皆是也。"(《曾国藩全集·日记》道光二十一年七月二十一日)

  张穆从《永乐大典》绘出《元经世大典》中西北地图,以贻魏源,后被刻入《海国图志》。

  龚自珍七月谒江南河道总督麟庆,应所请,为《鸿雪因缘图记》第二集作序。又作《跋王百穀诗文稿》和《跋傅征君书册》。秋,访魏源于扬州仓巷之契。八月,致函江苏巡抚梁章钜,约定辞去丹阳云阳书院讲席,赴上海加入梁氏幕府。是月十二日,以疾暴卒于丹阳县署。十二月,孔宪庚有诗悼龚自珍。

  张之洞入塾从何养源受读。

  何绍基正月习看堪舆家书,略有端绪。

  梅曾亮仍居京师,与朱琦、姚椿、冯志沂、余坤等人相交游。是年作《吴笏菴诗集序》、《邹松友诗序》、《李蕴山时义序》、《万裴园诗序》、《秦孺人家传》、《蒋少麓家传》、《狄恭人家传》、《郑耐生传》、《项府君墓志铭》、《原任予告大学士戴公墓碑》、《胡彝轩墓表》。

  罗泽南授徒朱宅,从学者有谢春池、贺兴范等。时,双峰书院新建文昌殿,欲立像,泽南建议立木主,被采纳。

  陈澧初谒阮元于扬州。

  汪喜孙督饷两淮,因与刘文淇等首倡请旌明末扬州殉难贞烈妇女千余人,建坊入祠,岁时奉祀。

  龙启瑞成进士,授翰林院修撰。

  邵懿辰由举人考取内阁中书,寻补官。

  刘文淇、刘毓崧父子同校勘《宋元镇江府志》。

  张维屏作《三元里》诗,歌颂三元里人民反侵略斗争。

  张际亮应姚莹邀,欲赴台湾协助抗击英军。由北京抵厦门,因畏险而返。

  蒋敦复是年复作词,撰英人寇浙、官民拒死烈事诗三十余首。

  姚燮未赴进士试。春寓宁波。二月往定海军营访魏源,不值。十月,与友人游光溪附近诸山,有《游光溪诸山记》等文。有编年诗 277 首(《诗问》卷二一至二三)。

姚莹正月与总兵达洪阿、台湾知府熊一本会衔上《防夷急务第二状》；三月，有给闽浙总督颜伯焘复信，反对和谈。

孙衣言考选国子监琉球教习，受知于祭酒花沙纳，司业蒋元溥。

左宗棠是年作感事诗4首。

女作家李桂玉写成中国现存最长的一部弹词小说《榴花梦》，便在福州死去。

英国人威妥玛随英军入侵中国，曾在中国编汉语课本《语言自迩集》，设计拉丁字母拼写汉字，称威妥玛式。

英国人小马礼逊于闰三月十一日在澳门创刊《香港钞报》（双周刊）。

卡尔·马克思完成博士论文《德谟克利特的自然哲学与伊壁鸠鲁的自然哲学的差别》。

费尔巴哈发表《基督教的本质》。

叔本华著《伦理学的两个根本问题》。

德国李斯特著《政治经济学的国民体系》。

苗夔著《毛诗韵订》10卷、《说文声订》2卷、《建首字读》1卷由祁寯藻刊行。

阮元著《诗书古训》6卷刊行。

周际华著《大学指掌》1卷刊行。

边廷英著《中庸说》2卷刊行。

管同著《四书记闻》2卷刊行。

张穆从《永乐大典》辑出《元朝秘史》译文15卷。

郑珍、莫友芝纂《遵义府志》48卷成并刊行。

按：该志不依故习，随事发凡，征引书目达四百余种。为时人所推崇，张之洞称之为"善本"，梁启超将其誉为"天下府志第一"，杨芝光在民国《桐梓县志序》中称该志"文辞尔雅，堪追遗范于方、姚；考据淹通，足绍绝学于顾、李，不特山川耀辉，亦闾里增其声价焉"。对贵州启世修志影响很大。另有光绪十八年（1892）补刻本，民国二十六年（1937）遵义刘千俊补刻本，1986年遵义市志编纂委员会点校铅印本。

许瀚校《宋王复斋钟鼎款识》由阮元刊行。

林则徐译《四洲志》刊行。

汪仲洋著《铸炮说》刊行。

郑复光著《火轮图说》刊行。

按：郑复光字浣香，又字元甫，安徽歙县人。另著有《周髀算经浅注》、《割圆弧积表》、《正弧六术通法图解》、《笔算说略》、《筹算说略》等。

汪文泰著《红毛番英吉利考略》刊行。

张鉴著《雷塘庵主弟子记》7卷刊行，罗士琳校，并题跋。

徐鼒著《楚辞札记》1卷。

吴荣光著《石云山人文集》5卷、诗集23卷刊行；又著《辛丑销夏记》成。

魏茂林著《骈雅训纂》16卷成书。

莫友芝校刊《张杨园先生集》成书。

陆陇其著《陆清献公日记》10卷刊行。

噶尔丹著《宝贝念珠》成书。

丁拱辰著《演炮图说》。

林则徐著《担粥说》由余治刊行。
维吾尔族诗人尼札里著《爱情长诗集》，约成于本年前后。
陈庚著《笑史》8卷成书。
曹梧冈著《梅兰佳话》短篇小说集刊行。
芙休著《广东方言撮要》由美国传教士裨治文刊行。
郁松年辑《宜稼堂丛书》12种255卷刊行。
陈宗彝辑《独抱庐丛刻》11种刊行。

黄钺卒（1750— ）。钺字左田，一字左君，晚自号盲左，安徽当涂人。乾隆五十年进士，授户部主事。嘉庆中，先后任湖北、山东乡试考官，山西、山东学政。由翰林院侍讲、内阁学士升户部尚书。卒谥勤敏。工书善画。著有《二十四画品》1卷、《于湖画友录》1卷、《壹斋集》40卷、《壹斋集赋》1卷、《授时术解》6卷、《左田诗钞》、《昌黎诗增注证讹》11卷等。事迹见《清史稿》卷三五一、《清史列传》卷三七、李桓《国朝耆献类征初编》卷一〇八、震钧辑《国朝书人辑略》卷七。黄富民编有《黄勤敏公年谱》。

莫与俦卒（1763— ）。与俦字犹人，一字杰夫，号寿民，贵州独山人。嘉庆四年进士，改庶吉士，散馆，出为盐源知县。后为遵义府学教授。门人有郑珍及其子莫友芝。卒后，门人私谥贞定先生。著作由其子莫友芝编为《贞定先生遗集》4卷。又有《二南近说》4卷、《仁本事韵》2卷、《都匀府南齐以上地理考》。友芝又记其言行为《过庭碎录》12卷。事迹见《清史稿》卷四八六、《清史列传》卷六九、李桓《国朝耆献类征初编》卷二四六、曾国藩《莫君墓表》（《续碑传集》卷七三）。

按：《清史稿》本传曰：莫与俦"久之，被吏部檄复起，自请改教授，选遵义。士人闻其至，争请受业。学舍如蜂房，犹不足，僦居半城市。旦暮进诸生而诏之：'学以尽其下焉者而已，上焉者听其自至可也。程、朱氏之论，穷神达化，不越洒埽应对日用之常。至六艺故训，则国朝专经大师，实迈近古。'其称江、阎、惠、陈、段、王父子，未尝隔三宿不言，听者如旱苗之得膏雨。其后门人郑珍及子友芝遂通许、郑之学，为西南大师。与俦著《二南近说》，诗文散佚。友芝记其言行为《过庭碎录》"。

龚丽正卒（1766— ）。丽正字旸谷，又字赐泉，号闇斋，浙江仁和人。龚自珍父。嘉庆元年进士，授礼部主事。十三年，充广西乡试正考官。出任安徽徽州府知府，擢江苏苏松太兵备道，署江苏按察使。著有《国语注补》、《三礼图考》、《两汉书质疑》、《楚辞名物考》等。事迹见《国朝先正事略》卷三五、江藩《国朝汉学师承记》卷五附。

欧阳辂卒（1767— ）。阳辂初名绍洛，字念祖，一字磵东，湖南新化人。乾隆五十九年中举人。既屡试春官不遇，乃南走粤，北游燕、代。工于诗，与毛岳生、吴嵩梁、法式善、钱楷、谢启昆等相唱和。著有《磵东诗钞》10卷。事迹见《清史列传》卷七二、王先谦《欧阳辂传》（《续碑传集》卷七七）。

李兆洛卒（1769— ）。兆洛字申耆，晚号养一老人，江苏阳湖人。嘉

米·尤·莱蒙托夫卒（1814— ）。俄国诗人。

赫尔巴特卒（1776— ）。德国哲学家、心理学家、和教育家。

庆十年进士,改庶吉士,散馆,授翰林院编修。官终安徽凤台知县。精考证,尤长舆地之学。与张惠言、恽敬以散文知名,为阳湖派中坚。曾主讲江阴暨阳书院几二十年,以实学课士,其治经学、音韵、训诂,订舆图,考天官历术及习古文辞者辈出,如江阴承培元、宋景昌、缪尚诰、六承如、薛子衡等。著有《养一斋文集》26卷、《养一斋诗集》4卷等。所辑有《皇朝文典》70卷、《大清一统舆地全图》、《凤台县志》12卷、《历代纪元编》1卷、《历代地理韵编》21卷、《骈体文钞》31卷。事迹见《清史稿》卷四八六、《清史列传》卷七三、李桓《国朝耆献类征初编》卷二四七、震钧辑《国朝书人辑略》卷八、蔡冠洛《清代七百名人传》第四编、魏源《武进李申耆先生传》(《魏源集》上册)。其弟子蒋彤编有《武进李(兆洛)先生年谱》。

潘眉卒(1771—)。眉字寿生,江苏吴江人。廪贡生。官兴化知府。著有《孟子游历考》1卷、《三国志考证》8卷、《小遂初堂诗文集》。

邓显鹊卒(1773—)。显鹊字子振,号云渠,湖南新化人。邓显鹤兄。诸生。博洽能文。终身不仕,著书自娱。著有《春秋目论》、《听雨山房文钞》8卷。事迹见李桓《国朝耆献类征初编》卷三九四、邹汉勋《邓云渠先生传》(《续碑传集》卷八二)。

齐彦槐卒(1774—)。彦槐字梦树,号梅麓,又号荫三,安徽婺源人。嘉庆十三年召试举人,次年成进士,选庶吉士。散馆,授金匮知县。擢苏州府同知,陈海运策,巡抚召诘之,条举以对,巡抚不能难,终以更张寝其事。后十余年,改行海运,仍仿其法焉。擅书法。著有《梅麓诗文集》26卷、《北极星纬度分表》、《天球浅说》、《海运南漕丛议》。事迹见《清史稿》卷四八六、《清史列传》卷七三。

徐璈卒(1779—)。璈字六骧,号樗亭,安徽桐城人。师姚鼐学古文。嘉庆十九年进士,授户部主事。后以迎养乞改官浙江,授临海知县。后辞官从教,历主亳州、徽州书院。著有《诗经广诂》30卷、《黄山纪胜》4卷、《桐旧集》42卷、《牖景录》6卷、《河防类要》6卷、《樗亭诗文集》12卷等。事迹见《清史列传》卷七三。

毛岳生卒(1791—)。岳生字生甫,江苏宝山人。师从姚鼐。荫袭云骑尉,改文学生。流离闽中十余年,刻苦不废学业。著有《元书》(未完稿)及《休复居集》12卷。事迹见《清史稿》卷四八六、《清史列传》卷七三、姚椿《毛生甫墓志铭》(《续碑传集》卷七七)。

龚自珍卒(1792—)。自珍又名巩祚,字璱人,号定盫,浙江仁和人。年十二,段玉裁授以《说文》部目。初由举人援例为中书。道光九年成进士,任内阁中书。十五年,迁宗人府主事。改为礼部主事祠祭司行走。两年后,又补主客司主事。谒告归,遂不出,主讲丹阳云阳书院。著有《定盫全集》、《泉文记》、《尚书序大义》、《泰誓答问》、《尚书马氏家法》、《左氏春秋服杜补义》、《左氏决疣》、《春秋决事比》等。后人辑为《龚自珍全集》。事迹见《清史稿》卷四八六、《清史列传》卷七三、蔡冠洛《清代七百名人传》第五编。吴昌绶编有《定盦先生年谱》,郭延礼著《龚自珍年谱》,樊克政著

《龚自珍年谱考略》。

按：龚氏上承清初经世之学，又直接传承常州学派之今文经学，力倡以经世致用之学取代汉学和宋学，与魏源并为晚清思想启蒙家。梁启超《清代学术概论》谓："龚氏受训诂学于段，而好今文。……晚清思想之解放，自珍确与有功焉。光绪间所谓新学家者，大率人人皆经过崇拜龚氏之一时期。"冯天瑜《道光咸丰年间的经世实学》一文把今文经学家们的经世致用思想对后世的历史作用归纳为五点：其一，他们所倡导的"更法改图"之议、抨击专制之论，对于冯桂芬、王韬、郑观应以降的一系列新学家都有直接启迪；其二，他们重新铸造的今文经学，更成为19世纪末叶康有为、梁启超变法的重要思想武器；其三，他们一扫"儒者不言利"的迂说，高张"兴利"、"致富强"的旗帜，给新学家的"求强"、"求富"事业开辟了道路；其四，他们"违寐而之觉，革虚而之实"的学风，引导新学家抛弃蒙昧主义和空疏之学，将视线投向如火如荼的现实社会；其五，他们睁眼看世界，觅新知于异域的开放精神，更启发了新学家，使他们竞相向西方寻求真理，觉悟到要求中国的革新，不仅应当"法后王"，而且必须"鉴诸国"（《历史研究》1987年第4期）。

唐景崧（　—1903）、秦荣光（　—1904）、孙菊仙（　—1931）生。

道光二十二年　壬寅　1842年

正月二十九日戊寅（3月10日），奕经率军抵绍兴后，下令清军分三路进军宁波、定海、镇海，皆败。

三月初五日甲寅（4月15日），英国宣布在香港开办"英国邮局"。

十六日乙丑（4月26日），英军弃宁波，退据定海。

四月初九日丁亥（5月18日），英军攻陷浙江乍浦。

五月初五日癸丑（6月13日），英舰攻吴淞炮台。

七月初四日庚戌（8月9日），英船舰八十余艘抵南京下关江面。

二十四日庚午（8月29日），清廷钦差大臣耆英、伊里布、牛鉴与英国全权代表璞鼎查签订《中英南京条约》（又称《江宁条约》）二三款，第一次鸦片战争结束。

按：《中英南京条约》是中国历史上外国侵略者强迫清政府签订之第一个不平等条约。条约及附约主要内容有：中国割让香港，中国向英国赔款二千一百万银元，中国抽收进出口货物的税率必须由中英双方协定，开放广州、厦门、福州、宁波、上海为商埠等。

九月三十日乙亥（11月2日），澳门的马礼逊学堂迁至香港。

十一月初六日庚戌（12月7日），广州民众火烧洋馆。

益智书会于此前成立。

按：益智书会是一个编译教科书的机构，其主要成员有美国传教士林乐知、狄考文、丁韪良、韦廉臣和英国传教士傅兰雅等，先后出版有《圆锥曲线》、《金石略

英国议会否决英国宪章协会第二次请愿书。

英国曼彻斯特工人总罢工。

俄国颁布"农民义务法"。

辨》、《天文揭要》、《光学揭要》、《西学乐法启蒙》、《中西四大致》、《治心免病法》、《化学卫生论》、《热学图说》、《百鸟图说》、《植物学》、《幼学操身图说》、《代数备旨》等书。

奥地利多普勒发现光波及声波频率变化的多普勒效应。

法国热拉尔提出有机化合物的分类。

美国莫尔斯进行利用水的电传导性的无线电通讯实验。

阮元正月致书梁章钜，劝其翻刻《楹联丛话》，并寄交《四书文话》稿，属其校定。又命从弟阮亨汇刻《文选楼丛书》，阮亨列目32种，并题识记汇刻事颠末。三月十日，见茆泮林辑《茆辑十种古逸书》，并为之序。是春，篆书"天下太平"方笺赠梁章钜。五月十四日，撰《校刻宋元镇江府志序》。六月二十六日，何绍基跋阮元藏齐侯罍文拓本。七月，应黄必庆请，为其父黄承吉撰墓志铭。是年，委托刘文淇代撰《江甘贞孝节烈总坊录序》。

魏源应龚自珍生前之请，为龚氏整理遗书。是年作《道光洋艘征抚记》。

林则徐正月上书两江总督牛鉴，建议铸炮造船，训练水军，未被采纳。三月下旬，祥符河复，奉旨仍遣戍伊犁。途经洛阳小住，作有《同游龙门香山寺记》。五月，抵西安。八月十一日，离西安赴戍。九月抵兰州。十月十一日，出嘉峪关。十一月，抵乌鲁木齐。十二月初十日，抵达戍所伊犁惠远城。

曾国藩益致力于程朱之学，在京时与倭仁、何桂珍、邵懿辰等往复讨论，以实学相砥砺；又订课程十二条，内容包括主敬、静坐、早起、读书不二、读史、谨言、养气、保身、日知所亡、无忘所能、作字、夜不出门等。在京广交文人学者，识唐鉴、吴廷栋、窦垿、冯卓怀、吴嘉宾、何子员、汤鹏、黄彭年、王拯、朱琦、吴莘、庞文寿等。

姚莹五月作《复怡制军言夷事》，阐述抗敌的主张。九月，作《与方植之书》，阐释自己"随事立法以救世"的为学主张。

汪喜孙、许瀚、冯云鹓等人在山东济宁考证金石，并访遗佚。

何绍基到金陵，作《题陈忠愍公化成遗像练栗人属作》，颂陈化成壮烈殉难事。

姚燮夏居鄞江桥朱氏匝月，出游四明山，并撰《四明它山图经》。

梅曾亮作《赠汪写园序》、《曲阜诗钞书后》、《王刚节公家》、《海源阁记》、《王恭人墓表》。

左宗棠七月底闻讯清廷与英国签订丧权辱国的《江宁条约》十三款，愤极，欲买山而隐。

张维屏作《三将军歌》、《海门》、《挽鲁山制府》等诗。

徐宗乾调任四川，将之任。渔山书院肄业诸生咏歌成帙，名《骊歌集》，许瀚作序。

按：许瀚《骊歌集序》略曰："树人公祖膺荐入觐，擢郡守，将去济而蜀。书院肄业诸生渥沐有年，感恋之诚，不能自秘，发诸咏歌，积成帙，属余弁其简端。余与公仲氏霁吟为同年生。己亥（1839）冬，应公聘，主讲渔山书院。甫入境，见里中父老负暄闲话，藉藉诵刺史贤不辍口，至于妇孺皆然，心固异之。及观其课士，勤勤恳恳，难父兄之于子弟，无以逾焉。每课必亲至，留终日，或二三鼓始去。丹黄甲乙，皆手自点定，不知济事之繁剧也。昔白香山作郡，莅事无多日，政简刑清，无复案牍劳。日与宾客啸咏山水间，清泉白石，为之生色。余之来，公治济二年矣，其得从容暇豫与诸生讲习文艺而不厌不倦者，岂徒有乐乎此哉！"（《许瀚年谱》引）

洪秀全感鸦片战争失败，益坚反清决心。是年，与洪仁玕言其痛恨清朝贵族统治中国之意。

谭献应童子试，读书敷文书院。

容闳、黄胜、黄宽、李刚、周文、唐杰等6人随马礼逊学堂由澳门迁至香港，师从美国人布朗，习中英文、数理化、史地学。

敬徵七月为修历总裁，监正周馀庆、左监副高煜为副总裁。

德国传教士郭士立参与签订《南京条约》，后任香港英国当局汉文秘书。

英国传教士马儒翰怂恿英军首领璞鼎查继续进犯南京，并参与《南京条约》谈判。

英国人台约尔于1838年在新加坡制成的一套汉字铅字运到香港，称作"香港字"。

小马礼逊·怀特等主笔之《中国之友》（周二刊）三月创刊于香港。

丁裕彦著《周易述传》10卷刊行。

杜宗岳著《周易用初》6卷刊行。

李道平著《周易集解纂疏》10卷附《易筮遗占》1卷刊行。

按：李道平字遵王，号远山，一号蒲眠，湖北安陆人。嘉庆二十三年举人，官嘉鱼县教谕。《清儒学案》卷二〇六《李先生道平》曰："先生考订之学宗汉儒，义理之学宗宋儒。治经于《周易》用力尤勤，为《李氏集解纂疏》十卷，承惠氏定宇、张氏茗柯之后，旁及诸家之说，参以己意，不是古而非今，不举一而废百，无攻击抵排之习，持说主于矜慎。其论学择两汉以下至近代诸儒醇粹者，共三十七人，编为《理学正传》一书，凡稍涉禅宗，有乖圣道者，皆不与。他著有《易筮遗占》、《诗旨述三》、《四书外义》、《读经款启录》、《读史款启录》、《款启余录》、《丧礼从宜》、《安陆文献考》、《安陆旧志刊补》、《郧小纪》诸书。又《有获斋文集》十卷。"

陈乔枞著《齐诗遗说考》4卷成书，有自序。

朱右曾著《逸周书集训校释》10卷成书。

许瀚校刊景宋本《孟子正义》。

朱曰佩著《中庸旧文考证》1卷刊行。

苗夔著《说文声读表》7卷刊行，有自序。

陈澧著《切韵考》9卷成书。

按：此书是第一部利用反切研究韵书语音系统的专著，其反切系联法深受后人赞赏，影响很大。今人周祖谟著有《陈澧切韵考辨说》一文，可参阅。此书有广州局本、东塾遗书本、李衡山《切韵考》四卷刻本，1984年北京市中国书店又据成都书局1929年印本影印出版。

续编《嘉庆重修一统志》560卷成书。

刘文淇、刘毓崧著《宋元镇江府志校勘记》4卷，刘文淇作序。

马克思撰写《普鲁士最近的书报检查令》。

德国威廉·魏特林发表《和谐和自由的保证》。

法国德萨米著《公有法典》。

俄国赫尔岑著《科学中华而不实的作风》。

德国迈尔发表论文《论无机自然的力》，首次发现能量守恒和转化定律。

岑建功重刻《旧唐书》，阮元作《重刻旧唐书序》。

沈涛著《常山贞石志》刊行。

罗士琳著《周无专鼎铭考》1卷由阮元刊行并作序。

按：阮元《序》曰："甘泉罗氏茗香，元精推步，于此茫茫之天算一隙中，独深求之。以四分周术，又证以汉三统术，参核异同，进退推勘，得文王之九月，独宣王十六年己丑既望得甲戌，为九月之十七日，毫无所差，令人拍案称快。"（《周无专鼎铭考》卷首）

魏源纂《海国图志》50卷本初稿成。

按：道光二十六年（1846）魏源又根据葡萄牙人玛吉士所著的《地理备考》，与美国人高理文所写的《合省图志》，进行了两次增补。第一次增补10卷，于道光二十七年出版；第二次补订为100卷，咸丰二年于高邮州刊行。魏源在《海国图志叙》中提出"师夷长技以制夷"的主张，其曰："《海国图志》六十卷，何所据？一据前两广总督林尚书所译西夷之《四洲志》，再据历代史志，及明以来岛志，及近日夷图、夷语。钩稽贯串，创榛辟莽，前驱先路。大都东南洋、西南洋，增于原书者十之八；大、小西洋、北洋、外大西洋，增于原书者十之六。又图以经之，表以纬之，博参群议以发挥之。何以异于昔人海图之书？曰：彼皆以中土人谭西洋，此则以西洋人谭西洋也。是书何以作？曰：为以夷攻夷而作，为以夷款夷而作，为师夷长技以制夷而作。《易》曰：'爱恶相攻而吉凶生，远近相取而悔吝生，情伪相感而利害生。'故同一御敌，而知其形与不知其形，利害相百焉；同一款敌，而知其情与不知情，利害相百焉。古之驭外夷者，诹以敌形，形同几席；诹以敌情，情同寝馈。然则执此书即可驭外夷乎？曰：唯唯，否否。此兵机也，非兵本也；有形之兵也，非无形之兵也。明臣有言：'欲平海上之倭患，先平人心之积患。'人心之积患如之何？非水非火，非刃非金，非沿海之奸民，非吸烟贩烟之蒡民。故君子读《云汉》、《车攻》，先于《常武》、《江汉》，而知二《雅》诗人之所发愤；玩卦爻内外消息，而知大《易》作者之所忧患。愤与忧，天道所以倾否而之泰也，人心所以违寐而之觉也，人才所以革虚而之实也。昔准噶尔跳踉于康熙、雍正之两朝，而电扫于乾隆之中叶。夷烟流毒，罪万准夷。吾皇仁勤，上符列祖，天时人事，倚伏相乘。何患攘剔之无期，何患奋武之无会？此凡有血气者所宜愤悱，凡有耳目心知者所宜讲画也。去伪，去饰，去畏难，去养痈，去营窟，则人心之寐患祛，其一。以实事程实功，以实功程实事，艾三年而蓄之，网临渊而结之，毋冯河，毋画饼，则人材之虚患祛，其二。寐患去而天日昌，虚患去而风雷行。传曰：'孰荒于门，孰治于田，四海既均，越裳是臣。'叙《海国图志》。"（《魏源集》）"师夷之长技以制夷"的思想，以后成为向西方学习的思想源头，在中国近现代思想史上占有非常重要的地位，也具有十分重要的历史意义。

魏源撰成《圣武记》14卷。又作《筹何篇》、《寰海》后十章，《秋兴》后十章。

按：《圣武记》分为两部分。书稿写成后，又在道光二十四年（1844）和二十六年（1846）作了两次大的修改。此书的版本较多，有刻本、石印本、铅印本。上海申报馆根据道光二十六年本翻印的铅印本增加了《道光洋艘征抚记》上下篇。本书收入《四部备要》、《申报馆丛书》续集。1984年北京中华书局出版了点校本。

俞昌会辑《防海辑要》18卷首1卷刊行。

曹晟著《十三日备尝记》1卷成书。

郑复光著《费隐与知录》成书。

按：是书乃普及性读物，作者将当时人们认为怪异不可解的各种现象，按天地、日月、星辰、风云、雷雨、霜雪、寒暑、潮汐、饮食、器皿、鸟兽、虫鱼等方面，归纳成225条，采用问答式写法，一一作以解释。

阮元汇刻《畴人传》、《续畴人传》成书。

张维屏辑《国朝诗人征略初编》、《二编》刊行。

法国儒烈恩所译《老子》全本在巴黎刊行。

阮元著《石渠随笔》8卷刊行。又辑《文选楼丛书》34种478卷刊行。

龚自珍著《定盦文录》12卷、《定盦外录》12卷由魏源编成，并为之叙。

涂瀛著《红楼梦论赞》刊行。

梁章钜辑《楹联续话》4卷成书。

黄瀚著《白鱼亭》8卷60回刊行。

惺惺居士著《精神降鬼传》4卷刊行。

茆泮林辑《茆辑十种古逸书》由梅瑞轩刊毕。

按：茆泮林字雩水，江苏高邮人。道光间诸生。力学好古。积二十年之力，辑录《唐月令注》、《世本》、《楚汉春秋》、《伏侯古今注》、《三辅决录》、《古孝子传》、《司马彪庄子注》、《淮南万毕术》、《计然万物录》、《郭氏玄中记》等古逸书十种，阮元为之序。

王夫之著《船山遗书》150卷由邓显鹤在长沙刊行。

王蕴香辑《域外丛书》9种刊行。

翁广平卒(1760—)。广平字海琛，号海村，又号莺渔翁，江苏吴江人。道光元年举孝廉方正。性喜异书，手自抄录不倦，积书数万卷，筑静座斋以藏之。工诗、画、古文。喜外国读物，得"海外奇书"《吾妻镜》，后参考日本国史数十种，补述成《吾妻镜补》30卷。另著有《书湖州庄氏史狱》、《听莺居文钞》、《平望志》等。事迹见震钧辑《国朝书人辑略》卷七。

瞿中溶卒(1769—)。中溶字镜涛，一字安槎，号木夫，又号苌生，晚号木居士，江苏嘉定人。钱大昕婿。嘉庆十九年举人。曾任辰州府通判、安福县知县。生平诗文、书法、绘画，无所不能，亦擅篆刻，并以刻印手法刻竹，别有风格。收藏古代印章、古钱、铜镜甚丰，蓄古镜多至数百枚。著有《汉金文篇》、《集古官印考证》、《湖南金石志》、《古泉山馆题跋》、《奕载堂文集》、《奕载堂诗集》、《洗冤录辨正》等。事迹见《清史稿》卷四八六、《清史列传》卷七三、震钧辑《国朝书人辑略》卷八。瞿中溶有《瞿木夫先生自订年谱》。

黄承吉卒(1711—)。承吉字谦牧，号春谷，江苏江都人。与同里江藩、焦循、李钟泗等友善，以经义相切磋。嘉庆十年进士。历官广西兴安、岑溪等县知县。治经学宗汉儒，兼通历算，能辨中西异同。著有《周官新义》20卷、《读毛诗记经说》、《梦陔堂文集》10卷、《梦陔堂诗集》5卷、《梦陔堂文说》1卷、《承吉兄字说》等。事迹见《清史列传》卷六九、阮元《江都春谷黄君墓志铭》(阮元《揅经室再续集》卷二)。

司汤达卒(1783—)。法国作家。

西斯蒙第卒(1773—)。瑞士经济学家、历史学家，经济浪漫主义创始人。

骆腾凤卒(1771—)。腾凤字鸣冈，江苏山阳人。嘉庆六年举人，道光六年，大挑一等，用知县。以母老不愿仕，改授舒城县训导。未一年，告养归，教授里中，学徒甚众。性敏锐，好读书，尤精畴人术。在都中从锺祥、李潢学，研精覃思，寒暑靡间。著有《开方释例》4卷、《游艺录》2卷。事迹见《清史稿》卷五〇七、《清史列传》卷七三。

按：南汇张文虎尝与青浦熊户部其光书论之曰："承示骆司训算书二种，读竟奉缴。李四香开方说，详于超步、商除、翻积、益积诸例，而不言立法之根，令初学者茫不解其所谓。骆氏于诸乘方、方廉、和较、加减之理，皆质言之，而推求各元进退、定商诸术，尤足补李书所未备，诚学开方者之金锁匙。汪孝婴创设两勾股同积同勾股和一问，以两勾弦较中率转求两勾弦较，立术迂回。骆氏以正、负开方径求得两勾，颇为简易。衡斋亦当首肯也。"其为人所推服如此（《清史稿·畴人传二》）。

张岳崧卒(1773—)。岳崧字子骏，号觉庵、指山，又号己巳探花，广东定安人。嘉庆十四年恩科一甲三名进士，历翰林院编修、武英殿纂修、教习庶吉士、国史馆协修官、会试同考官、四川乡试正考官、陕甘学政、文渊阁校理、翰林院侍讲、江苏常镇通海兵备道、两浙盐运使、大理寺少卿、詹事府詹事、湖北布政使、湖北署理巡抚等职。著有《琼州府志》44卷、《筠心堂文集》10卷、《筠心堂诗集》4卷、《运河北行记》1卷、《训士录》1卷、《公牍偶存》1卷等。事迹见唐鉴《通奉大夫湖北布政使司布政使张君墓志铭》(《唐确慎公集》卷四)。

许鼎卒(1782—)。鼎字玉峰，安徽桐城人。及长，父授以薛瑄《读书录》，奋然有求道志。年三十，弃举子业，潜心学术。著有《正志录》、《正学录》。事迹见《清史列传》卷六七。

按：《清史列传》本传曰："其学以程、朱为宗，于陆、王书亦取所长，谓：'阳明以朱子格物穷理之旨为非，专以致良知为教，亦得鱼忘筌耳。阳明未适龙场前，物无不格，理无不穷。至是乃悟天下之理，即在吾心，而以向之求理于事物者为非。不知理之全体，统具于吾心，而散殊于事物，即物穷理，下学之功也。悟天下之理即在吾心，上达之候也。使向未尝穷事物之理，安有此悟乎？'居乡授徒，严幼仪而以身率之。"

秦宝瓒(—1881)、宦懋庸(—1892)、李圭(—1904)、徐友兰(—1904)、姚振宗(—1906)、王先谦(—1917)、朱孔彰(—1919)、伍廷芳(—1922)、郑观应(—1922)、王之春(—?)生。

道光二十三年 癸卯 1843年

英国新南威尔士殖民地举行首次立法选举。

三月初七日庚戌(4月6日)，耆英为钦差大臣，赴广州办理通商事宜。

五月，洪秀全在广东花县创立拜上帝会。

按：拜上帝会亦称"拜上帝教"或"太平基督教"。洪秀全声称自己是上帝的次子、耶稣的弟弟,在第四次科举考试落第后,创立此会,四处传教,招立信徒。以后他以拜上帝会为组织形式,以会员为基本力量,发动反清武装起义,建立太平天国。但是对太平天国起义之前是否有个"拜上帝会"存在,学术界有不同意见,如杨宗亮的《"拜上帝会"子虚乌有考》(《历史研究》1955年第1期)就持否定态度。

六月二十五日丁酉(7月22日),钦差大臣耆英与璞鼎查签订《中英五口通商章程》,广州开埠。

按:五口通商以后,对中国的教育制度等有积极影响。《清史稿·选举志二》曰:"学校新制之沿革,略分二期。同治初迄光绪辛丑以前,为无系统教育时期;辛丑以后迄宣统末,为有系统教育时期。自五口通商,英法联军入京后,朝廷鉴于外交挫衄,非兴学不足以图强。先是交涉重任,率假手无识牟利之通事,往往以小嫌酿大衅,至是始悟通事之不可恃。又震于列强之船坚炮利,急须养成翻译与制造船械及海陆军之人才。故其时首先设置之学校,曰京师同文馆,曰上海广方言馆,曰福建船政学堂及南北洋水师、武备等学堂。"

八月十五日乙卯(10月8日),耆英与璞鼎查签订《虎门条约》,作为《南京条约》之附约。

二十日庚申(10月13日),军机大臣会同礼部议定驻防考试翻译章程二十条。

九月初十日己卯(11月1日),厦门开埠。

二十六日乙未(11月17日),上海开埠。

十一月十二日庚辰(1844年1月1日),宁波开埠。

是年,广州东北郊建立抗英组织"东平社学"。

英华书馆迁往香港。

按:英华书馆是外国传教士在中国最早设立的编译出版机构。它原名为"英华书院",1818年9月10日由马礼逊创设于马六甲,英国伦敦布道会传教士米怜担任行政领导。是年迁至香港。次年,英文名称改为英华神学院,中文名称不变。传教士理雅各任院长。1847年又迁至上海,易名为"英华书馆"。以后,又附设中国书塾,延聘傅兰雅主持,招收十至十三岁的华人子弟入馆,学习英国语言文字和西学。1871年停办,院内全部设备售予黄胜与王韬。后黄、王于香港成立中华印务总局,为中国第一家民办出版机构。

墨海书馆迁往上海。

按:墨海书馆是上海最早拥有铅印设备的编辑出版机构,先由麦都思在马六甲、巴达维亚等地设立编译、出版机构,是年迁往上海。参加馆中工作的有外国传教士伟烈亚力、艾约瑟、韦廉臣等,中国李善兰、王韬也先后在馆中从事翻译与编辑工作。先后译出的较重要著作有:第一部系统的力学译著《重学》(英人胡威立著,李善兰、艾约瑟合译),还有《植物学》、《谈天》、《代微积拾级》、《数学启蒙》等。在1860年前,该馆对出版西书有着重大作用。

阮元八十寿辰,道光帝赏御书"颐性延龄"匾等,因奏《恩赏八十寿辰恭谢折》。是年,福寿第毁于火,文选楼所藏书全部焚毁。

张穆九月过扬州,拜谒阮元,求序其撰《延昌地形志》。阮元有序。

张文虎途经扬州,拜谒阮元。

德国门德尔松在莱比锡创办德国第一家音乐学院。

马克思迁居巴黎。

> 英国詹姆斯·威尔逊创办《经济学家》杂志。

林则徐在伊犁戍所,据京报资料,录有札记《衙斋杂录》;又录关内友人来札言京师时事部分为《软尘私札》。秋、冬间,协助布彦泰办理阿齐乌苏废地垦务。修撰《俄罗斯国经民》,预言俄将成中国之大患。

魏源以所著《圣武记》寄与包世臣审定,包世臣四月初六日复书魏源,陈说对《圣武记》的意见,秋游金山、焦山。

包世臣为周济《晋略》作序。

按:包世臣《晋略序》曰:"唐初儒臣集十八家之说,纂为《晋书》,事迹颇具,而此旨不明,无以昭劝戒,垂世法。保绪深达治源,取《晋略》而斟酌之,历廿余载,至道光癸巳,写出清本。走使相质,既得余复,又解散成书,五阅寒暑,乃成今本。而余赴章门,保绪赴淮阴,转客成皋,相距较远。保绪继以己亥秋物故旅次。及余还辕,保绪嗣孙炜以刻本来将遗命乞序。余披阅再过,见其分散故籍,事归一线,简而有要,切而不俚,抉得失之情,原兴衰之故,贬恶而不没善,讳贤而不藏慝。大之创业垂统之猷,小之居官持身之术,不为高论,不尚微言,要归于平情审势,足以救败善后而已。匪典午之要删,实千秋之金鉴。至于郡县纷错,详核为难,展卷豁然,庶无遗憾。虽峻洁稍逊承祚,而视永叔之原委不具君纪、情势不了臣传者,亦已远矣。此子为不朽,来哲难诬,必有以余为知言者。"(《晋略》卷首)

邓显鹤辑《沅湘耆旧集》初成,征求魏源意见,魏源回信曰:"承示《沅湘耆旧录》,全书网罗百代,包括全楚,体大思精,不朽盛业,无以复加矣。"同时建议以"三湘"代替"沅湘"(黄丽镛编《魏源年谱》第133页,湖南人民出版社1985年版)。

何绍基是年仍居北京,供职史馆,大考获二等。春间集同人资建顾亭林先生祠于慈仁寺西隅。王筠年届六十,作诗自寿,为次韵和答。邵懿辰以影像嘱题,作五古一首。重阳前一日,与姚莹、梅曾亮、朱琦、王拯、张穆、苗夔等9人雅集于万柳堂,俱有吟咏。

洪秀全在莲花塘私塾读《劝世良言》,创立拜上帝会,图谋革命。回乡宣传教义,洪仁玕和洪秀全表弟冯云山首先皈依。洪秀全在云山授徒的私塾中给他们进行洗礼,并将两人私塾中的偶像和孔子牌位尽行除去。洪秀全又和洪仁玕、冯云山等研究《劝世良言》,益觉书中所言与其七年前病中经历适相符合,确信自己是上帝所特派下世以拯救中国的人。洪仁玕因将私塾中孔子牌位除去,以致学童惊散,一度受到其兄查责,并被逐出家门。

曾国藩考试翰詹,列二等第一名。七月任四川乡试正考官。八月补翰林院侍讲。十二月充任文渊阁校理。

冯桂芬、龙启瑞充顺天乡试同考官。

张文虎偕钱熙祚游京师。

姚燮在宁波家居。春,曾往镇海金鸡山谒祖父墓。入夏得病,病愈自号"复庄"。养病期间曾注《大藏多心经》3卷。

左宗棠秋九月自湘潭迁往湘阴柳家冲居住,自号"湘上农人"。

祁土贡时任两广总督,上疏请推广文武科试。

按:陈康祺《郎潜纪闻初笔》卷一一《祁恭恪奏请乡会试策问宜定五门发题》曰:"道光二十三年,两广总督祁恭恪公土贡,请于乡会试策问五道,定为五门发题:曰博通史鉴,曰精熟韬钤,曰制器通算,曰洞知阴阳占候,曰熟谙舆图情形。经礼部议驳。康祺案:是时海禁初开,恭恪此奏,可谓识微见远。今当国诸公,求才太切,至欲狗屠马贩中储边材、使节之选,何如因时改制,仍与儒冠儒服者议天下事也。祁疏具在,愿有心人物色而辉光之。"

张维屏是春偕同人结词社名"越台箫谱"。

梅曾亮作《倪孺人墓志铭》、《方彦闻墓表》、《赠翰林院编修吕府君墓志铭》。

徐宗乾正月离济宁赴蜀,许瀚仍主讲渔山书院。

杨以增拟刻桂馥《说文解字义证》,致函许瀚,延董理校勘之事,许瀚遂拟《说文解字义证校例》寄杨氏,因汪喜孙从中阻挠,故校书、刻书进度甚缓。寻以杨以增调陕,《说文义证》仅于济宁刻一册,遂中止。

林昌彝将朱琦《新饶歌》四十九章附于《射鹰楼诗话》。

罗泽南设馆新泽李宅。

李元度举乡试,选黔阳县教谕。

姚莹正月被诬革职,拿问来京。四月下旬,作有《奉逮入都别刘中丞书》、《再与方植之书》,对所谓"冒功"罪名进行辩白,并表明可能追随林则徐、邓廷桢"相聚西域"(《东溟文后集》卷八)。八月十五日,入狱,作《狱中夜坐》诗。二十五日,出狱。十月,奉旨以同知知州发四川用,遂请假回籍省墓,十一月抵里。

张际亮抱病陪姚莹上京。是年蓄书达万卷,有"玉笥仙饴"、"石研斋"等。十月九日病逝,姚莹作《祭张亨甫文》悼念。

郑贞华为所撰《梦影缘》弹词作序。

华琳自序《南宗抉秘》。

英国传教士理雅各来华传教。

英国传教士麦都思主持的《东方地球报》(周刊)在香港创刊。

英国传教医生雅魏林在上海县城南门设立医院,是为仁济医院前身。

汪绂著《诗经诠义》12卷、卷首1卷、卷末2卷刊行。

武亿著《三礼义证》12卷刊;又所著《授堂遗书》74卷,由偃师成氏重刊。

庄咏著《学庸困知录》4卷刊行。

孙经世著《读经校语》2卷、《经传释词续编》2卷、《惕斋经说》刊行。

李中培著《朱子不废古训说》16卷、《朱注引用文献考略》4卷由四谦堂刊行。

邱家炜著《经字辨体》8卷刊行。

庄瑶辑《声韵易知》4卷刊行。

殷秉埔著《兼韵音义》10卷刊行。

唐鉴始纂《国朝学案小识》。

徐宗乾、许瀚修《济宁直隶州志》10卷、《济州金石志》8卷。

陈宏谋著《五种遗规》15卷刊行。

J. S. 密尔著《推理及归纳的逻辑体系》。

费尔巴哈著《未来哲学原理》。

张穆著《顾亭林先生年谱》、《阎潜邱先生年谱》。

华湛恩著《锡金志外》5卷刊行。

黄承吉著《梦陔堂文集》10卷刊行，刘文淇作序。

张维屏著《听松庐骈体文钞》4卷刊行。

吴嵩梁著《香苏山馆全集》刊行。

邓显鹤辑《沅湘耆旧集》刻成于南村草堂。

夏荃纂《海陵文征》20卷成书，刘文淇作后序。

按：夏荃字退庵，江苏泰州人。另著有《退庵笔记》16卷、《梓里旧闻》8卷。

丁飞鹗纂《四品汇钞》刊行。

刁包著《用六集》20卷重刊。

黄奭著《端绮集》28卷刊行，有自序。

花月痴人著《红楼幻梦》24回由疏影斋刊行。

梁恭辰著《劝戒近录》6卷刊行。

潘仕成著《攻船水电图说》。

杨尚文纂《连筠簃丛书》13种刊行。

按：是丛书包括宋吴棫撰《韵补》5卷附《韵补正》1卷、附清顾炎武撰《附录》1卷；元阙名撰《元朝秘史》15卷；清徐松撰、清张穆校补《唐两京城坊考》5卷；元李志常撰《长春真人西游记》2卷；清刘宝楠撰《汉石例》6卷附《叙目》1卷；清罗士琳撰《勾股截积和较算术》2卷、清项名达撰《椭圆术》1卷；清郑复光撰、清杨尚文、张穆辑《镜镜詅痴》5卷；清俞正燮撰《癸巳存稿》15卷；唐魏徵等奉敕撰《群书治要》50卷；清严观撰《湖北金石诗》1卷；清沈垚撰《落颿楼文稿》4卷。

钱熙祚纂《守山阁丛书》112种652卷全部刊行；又辑丛书《指海》90卷236卷，身前刊成12集，死后其子钱培让又续刻8集48种。

按：钱熙祚《守山阁丛书序》曰："丛书者，盖杂家之流。丛之言聚也，众也，聚众家之书以成书。昉自左禹锡《百川学海》，洎明以来，浸以广矣。顾往往取盈卷帙，择焉不精，以其私臆增删改窜，或且依托旧文，伪立名目，徒骛浅人心智，而见笑于识者，是不可以已乎？近世惟抱经卢氏、渌饮鲍氏，搜罗善本，去取谨严，不持穿凿，不参臆说，叙录之家，斯为极致。夫丛书之义，在发幽微，资考镜，举放失，订讹脱，非欲夸多斗靡，以博称于时人，亦非矜奇炫新，冀与坊贾逐什一之利也。尼山有言，述而不作，信而好古，一日三复，心尝庶几？家故藏书，凤耽泛览，文有异同，辄丹黄以识。曩阅昭文张若云氏海鹏《墨海金壶》，禀依《四库》，体例整齐，颇多密帙，刊行无何，遽毁于火。然所采既驳，校雠未精，窃尝纠其鲁鱼，几于累牍，脱文错简，不可枚举，遂拟刊订，重为更张。二三同人，慨焉称善，丛书之举，爰始于此。南汇张君啸山文虎、同邑顾君尚之观光，深思遐览，实襄商榷；嘉善妹婿程君兰川文荣、平湖族弟即山熙咸、暨从兄漱六熙经、胞兄湛园熙恩、鼎卿熙辅、舍弟葆堂熙哲、鲈香熙泰，同志参校，不惮往复。于是昕夕一编，靡间冬夏，咨陬诘难，或致龂龂。窥管所及，随文附注，置圈于首，以别原案，逸文可采，并著简末。一书甫毕，旋授梓氏，续有寻绎，别记校勘系之。总分四部，不及专集，盖仿张氏之例。《四库》之外，或有遗珠，割爱綦难，依类附骥。凡此者，或以羽翼经史，或以裨补见闻，义取征信，务归实用，门户之见，无所隔阂。若夫茶经酒谱，搜神诺皋，一切支离琐屑之言，里耳所谐，良难废弃，以云甄录，概从舍旃。经始壬辰，迄兹十载，为目百有十，为卷六百五十有二，厥功告竣，用志颇末。惜乎！湛园、即山先后捐馆，不获睹是书之成，言念及此，忽不觉其涕泗之交颐也。"(《清儒学案》卷一七二《啸山学案》引)

秦恩复卒(1760—)。恩复字近光，号敦夫，江苏江都人。乾隆五十二年进士，改翰林院庶吉士。散馆，授编修。读书好古，所居五笥仙馆，蓄书万卷，丹铅不去手。尤精校勘，延顾千里于家，共相商榷。尝校刊《列子》、《鬼谷子》、《扬子法言》、《三唐人集》及《隶韵》等书，时称秦板。阮元抚浙时，聘主诂经精舍。著有《享帚词》3卷、《石研斋集》。编有《词学丛书》。事迹见《清史列传》卷七二、李桓《国朝耆献类征初编》卷一三二、《秦恩复传》(《碑传集三编》卷三七)。

严可均卒(1762—)。可均字景文，号铁桥，室名四录堂、九曜斋，浙江乌程人。嘉庆五年举人，官浙江建德县教谕，引疾归。家有藏书二万卷。曾与姚文田同治《说文》，又与丁溶同治唐石经。曾校辑诸经逸注及佚子书数十种，为《四录堂类集》千二百余卷；又广搜唐以前文章，历时二十余年，辑为《全上古三代秦汉三国六朝文》，使之与《全唐文》相接。其邑人为编目103卷，又改书名为《全上古三代秦汉三国晋南北朝文》。著有《说文校议》30卷、《说文声类》2卷、《唐石经校文》10卷、《铁桥漫稿》13卷、《铁桥诗悔》1卷。事迹见《清史稿》卷四八二、《清史列传》卷六九、蔡冠洛《清代七百名人传》第四编、杨岘《书严先生逸事》(《续碑传集》卷七二)。陈韵珊编有《清严可均事迹著述编年》(台湾艺文印书馆1995年版)。

按：蔡冠洛《清代七百名人传》曰："可均博闻强识，精考据之学。与姚文田同治《说文》，编素异同，为《说文》长编，亦谓之类考。有天文算数地理类，《说文》引群书类，群书引《说文》类，积四十五册。又辑钟鼎拓本为《说文翼》十五篇。将校定《说文》，撰为《疏异》。……慨然曰：'唐之文盛矣哉，唐以前要当有总集。'乃辑《全上古三代秦汉三国六朝文》，使与《全唐文》相接，多至三千余家。人各系以小传，足以考证史文。又校辑诸经逸注及佚子书等数十种，合经史子集为《四录堂类集》，千二百余卷。又著《铁桥漫稿》十三卷。其《说文类考》稿佚，惟《声类》二卷存。"

严杰卒(1763—)。杰字厚民，号鸥盟，浙江钱塘人。段玉裁弟子。国子生。佐阮元编书最久。著有《小尔雅疏证》、《蜀石经毛诗考证》等。事迹见《清史列传》卷六九。

李富孙卒(1764—)。富孙字既汸，一字芗汲，晚号校经叟，浙江嘉兴人。长游四方，从卢文弨、钱大昕、王昶、孙星衍等游。嘉庆六年拔贡生。肄业于杭州诂经精舍，受阮元启迪颇多。深于经学，兼长金石文字。著有《七经异文释》50卷、《李氏易解剩义》3卷、《校异》1卷、《校经庼文稿》18卷、《校经庼题跋》2卷、《梅里志》16卷、《曝书亭词注》7卷、《鹤征录》8卷、《鹤征后录》12卷、《说文辨字正俗》8卷、《汉魏六朝墓铭纂例》4卷等。事迹见《清史稿》卷四八二、《清史列传》卷六九。李富孙有《校经叟自订年谱》。

按：《清史稿》本传曰："富孙学有原本，与伯兄超孙、从弟遇孙有'后三李'之目。长游四方，就正于卢文弨、钱大昕、王昶、孙星衍，饫闻绪论。阮元抚浙，肄业诂经精舍,遂湛深经术,尤好读《易》,著《易解剩义》。谓《易》学三派,有汉儒之学,郑、虞、荀、陆诸家精矣;有晋、唐之学,王弼、孔颖达诸家,即北宋胡瑗、石介、东坡、伊川犹是支流余裔;至宋陈、邵之学出,本道学之术,创为图说,举義、文、周、孔之所未及,汉以后诸儒之所未言者,以自神其附会之说。理其理而非《易》之所谓理,数其数而非《易》之所谓数,而前圣之《易》道晦矣。唐李鼎祚所辑《易解》,精微广大,圣贤遗旨,略见于此。然其于三十六家之说,尚多未采,其遗文剩义,间见他书,犹可蒐辑。爰缀而录之,成书三卷,又成《校异》二卷。又著《七经异文释》,就经、史、传、注、诸子百氏所引,以及汉、唐、宋石经,宋、元椠本,校其异同。或字有古今,或音近通假,或沿袭乖舛,悉据古谊而疏证之;而前儒之论说,并为蒐辑,使正其讹谬,辨其得失,折衷以求一是。凡《易》六卷,《尚书》八卷,《毛诗》十六卷,《春秋三传》十二卷,《礼记》八卷。同里冯登府称其详核奥博,为诘异义者集其大成。又谓《说文》一书,保氏六书之旨,赖以仅存。自篆变为隶,隶变为真,文字日繁,讹伪错出。或有形声意义大相区别,亦有近似而其实异,后人多混而同之。或有一篆之形,从某为古,籀为或体,后人竟析而二之。经典文字,往往昧于音训,擅为改易,甚与本义相迕,亦字学之大变。夫假借通用,《说文》自有本字,有得通借者,有不容通借而并为俗误者。援据经典以相证契,俾世之踵谬沿讹焕然可辨,为《说文辨字正俗》八卷。同里钱泰吉谓其书大旨折衷段注,而亦有段所未及者,读《说文》之津梁也。"

陈文述卒(1771—)。文述原名文杰,字隽甫,号云伯,别号退庵、颐道居士、玉清散吏、莲可居士、碧城外史、陈团扇、团扇诗人等,浙江钱塘人。少有诗名,与族兄陈鸿寿有"二陈"之目。嘉庆五年举人,官全椒、繁昌、昭明、江都、崇明等知县。著有《碧城仙馆诗钞》8卷、《颐道堂诗选》14卷、《西泠怀古集》10卷、《颐道堂文钞》4卷、《西泠闺咏》等多种。事迹见《清史列传》卷七三、《陈文述传》(《碑传集补》卷四八)。

吴荣光卒(1773—)。荣光字殿垣,一字伯荣,号荷屋,别号可庵,晚号石云山人、拜经老人,室名筠清馆、绿伽南馆,广东南海人。嘉庆四年进士,授编修。历任江西、河南道监察御史,刑部郎中,福建盐法道,福建浙江按察使,贵州、福州、湖南布政使,湖南巡抚,官至湖广总督。精鉴金石,工书能画。著有《历代名人年谱》10卷、《筠清馆金石文字》5卷、《辛丑销夏记》5卷、《吾学录初编》24卷、《白云山人文集》5卷、《白云山人诗集》23卷、《白云山人奏议》6卷等。事迹见《清史列传》卷三八、李桓《国朝耆献类征初编》卷一九九、震钧辑《国朝书人辑略》卷八、《吴荣光传》(《碑传集三编》卷一三)。

王鎏卒(1786—)。鎏初名仲鎏,字子兼,一字亮生,江苏苏吴县人。诸生,得督学汤金钊赏识。货币学者,主张禁用白银,发行纸币和铸造大钱。著有《毛诗多识编》12卷、《四书地理考》15卷、《钞币刍言》、《钱币刍言续刻》、《钱币刍言再续》、《壑舟园初稿》、《壑舟园次稿》、《乡党正义》16卷等。事迹见夏燮《王君亮生传》(《续碑传集》卷七七)。

梅植之卒(1794—)。植之字蕴生,自号嵇庵,江苏江都人。勤于治经,肆力于《春秋》"三传"。道光七、八年间,与刘文淇、刘宝楠、包慎言诸人相约分治群经新疏,自任《谷梁集解正义》。十九年始中举人。著有《嵇庵诗集》6卷、《嵇庵诗续集》4卷、《嵇庵文集》2卷。事迹见《清史稿》卷五

○三、震钧辑《国朝书人辑略》卷一○、刘文淇《贡士梅君墓志铭》(《续碑传集》卷七七)。

张际亮卒(1799—)。际亮字亨甫,号松寥山人、华胥大夫,福建闽侯人。少孤,伯兄业贾,以其才,资之读书。补诸生,肄业福州鳌峰书院,院长陈寿祺器之。寻试拔贡,入京师,朝考报罢,而时皆啧啧称其诗。著有《张亨甫全集》。事迹见《清史稿》卷四八六、《清史列传》卷七三、李桓《国朝耆献类征初编》卷四四二、姚莹《祭张亨甫文》(《续碑传集》卷七八)。

刘光蕡(—1903)、王彦威(—1904)、许珏(—1916)、徐致靖(—1917)、劳乃宣(—1921)、冯煦(—1927)生。

道光二十四年 甲辰 1844 年

正月初七日甲戌(2月24日),美使顾盛抵澳门。十日致书粤督,要求进京订约。

二月初一日戊戌(3月19日),耆英被任命为两广总督。旋被任命为钦差大臣。

三月二十一日戊子(5月8日),德庇时接替璞鼎查为英国驻华公使。

四月二十五日辛酉(6月10日),太和殿传胪,赐一甲孙毓溎、周学浚、冯培元3人进士及第,二甲王景淳等106人进士出身,三甲孙廷元等100人同进士出身。

五月十八日甲申(7月3日),美国专使顾盛与耆英在澳门附近望厦村签订《中美望厦条约》。福州开埠。

按:该条约使美国取得了英国在《南京条约》中的合法特权,又扩大了领事裁判权和关税协定权。其中第十七款规定:"合众国民人在五港贸易,或久居,或暂住,均准其租赁民房,或租地自行建楼,并设立医院、礼拜堂及殡葬之处"。外国教会在广州、厦门、福州、宁波、上海五口岸获得传教权。是美国与中国签订的第一个不平等条约。

九月十三日丁丑(10月24日),中法签订《中法黄埔条约》。

按:此条约是法国与中国签订的第一个不平等条约,取得了中英、中美条约中规定的全部特权,甚至规定"倘有中国人将佛兰西礼拜堂、土地触犯毁坏,地方官照例严拘重惩","在五口地方,凡佛兰西房屋间数,地段宽广不必议立限制"等。

是月,浙江学政颁布禁毁小说告示曰:"示仰各书铺税书铺人等知悉:尔等奉示之后,速将所藏淫书板片书本,统限九月十三日以前赴局缴销,给价焚毁,毋许片板片纸存留;倘抗匿不缴,及缴后私行翻刻税卖,一经察出,或经局董呈明,除将书板吊毁外,仍照例严究,决不姑宽。"(《中国近代小说编年》是年条引)

德国西里西亚织工起义。

现代消费合作运动在英国兴起。

十月初五日戊戌(11月14日),赐中式武举一甲张殿华、钱昱、刘清江3人武进士及第,二甲王琴堂等10人武进士出身,三甲祥保等71人同武进士出身。

是月,浙江巡抚颁布禁毁小说告示曰:"查淫词小说,最易蛊惑人心,败坏风俗,是以《定例》'造作印刻卖看,均于重罪'。乃不肖铺户,日久玩生,公然与经史子集一体销售税赁。不特愚夫被其所惑,即士民中稍知理义者,亦有购阅消遣。凡年少子弟,此唱彼和,隐坏礼义廉耻之大防,言之实堪痛恨。"又曰:"为此示仰合属铺户军民人等知悉:尔等从前售卖淫书淫画,本干例禁;今本部院不咎既往,自示之后,省城各铺户,务将各种书画,即日交仙林寺公局,听该绅士等给价销毁;其省外各府属,现已札饬劝谕绅士捐资设局收买,限一月内送交销毁,断不准片板片幅,隐匿存留。倘敢不即缴出,仍复私自赁卖,及刷印发兑他处,一经查出,定即照例严办。"(《中国近代小说编年》是年条引)

十一月初五日戊辰(12月14日),诏弛天主教之禁。凡中外民人,凡学习天主教并不滋事为非者,概予免罪。但只准在通商五口地方建堂礼拜,不得擅入内地传教。

是年,美国传教士在中国创办华美医院。

马克思会恩格斯于巴黎。

阮元是春为黄纯暇的《草草草堂诗选》作序;九月,为汪婗《雅安书屋诗集》作序;是秋,为梅植之的《稽庵集》题笺。是年,为林鸿的《小碧琅玕馆印谱》作序,为毕韫斋新购郑元勋遗楼书题"校书楼"。

林则徐知王鼎卒,撰文怀念。在伊犁戍所协助布彦泰办理阿齐乌苏废地垦务,捐资认修龙口水渠工程。冬,奉命和原任喀喇沙尔办事大臣全庆历勘南疆新垦地亩。

按:《清史稿·林则徐传》曰:"二十四年,新疆兴治屯田,将军布彦泰请以则徐综其事。周历南八城,濬水源,辟沟渠,垦田三万七千余顷,请给回民耕种,改屯兵为操防,如议行。"

魏源入都应试,中礼部会试十九名,以试文稿草率,罚停殿试。是年重订旧作。

何绍基四月以前仍在史馆供职。五月初一日奉命充甲辰科贵州乡试副考官,正考官为万青藜。六月到常德,得晤杨荔农、邓显鹤。与万青藜至桃源县往观桃花源、秦人洞诸胜。八月初旬,贵州乡试,应试士人达3600人。十一月,集资在扬州创建顾亭林祠。十二月二十六日始抵北京。与魏源、苗夔、朱琦、张穆、冯志沂、冯桂芬、汤鹏、陈庆镛等人在京公祭顾亭林先生祠。

洪秀全、冯云山在珠江三角洲各地进行传教活动。十月,洪秀全自广西回抵广东花县,冯云山留桂平紫荆山。

陈澧再谒阮元于扬州,并自号江南倦客,阮元赠以新刻《再续集》,并为书"忆江南馆"额。又过高邮,与魏源论《诗古微》。

张维屏隐居东园著述。是年,托陈澧将所著《经字异同》一书奉交阮元,阮元有复信。

按:阮元致函曰:"兰甫到扬,寄来《经字异同》收到,此书尚须订补。尊著《国朝诗人征略》,此书甚好,必传。如有续刻,便中寄一部来。尚有诸家别集及近人所撰,应续入者甚多,路远无由奉寄耳。月亭诸公同此道候。生病左足,艰于行动,衰老日甚,兰甫亲见者也。"张维屏又复函曰:"《诗人征略》俟续刻成,当觅便寄上。屏村居读书,近著《海天史镜》,取事有关于治乱兴衰是非得失者,类举之以为鉴观劝戒之助。……又欲撰《后南北史》二百卷。"(张维屏《花甲闲谈》卷一六)

张穆正月致信阮元,谢赐《延昌地形志序》,并呈《虢伯盘跋尾》,请阮元鉴定。

张际亮子二月初将其父诗文杂稿交姚莹,姚莹携带至蜀中,为之编校。

邓廷桢上一年召回授陕西巡抚,是年为其七十寿辰,在京之同乡寄言为祝,梅曾亮作《邓嶰筠先生七十寿序》。

姚莹六月至成都。是年致书朱琦,对桐城派人士作评论,评品人中涉及梅曾亮、邵懿辰、汤鹏、陈庆镛、苏廷魁、何绍基、马沅、吕贤基、王拯、龙启瑞诸人。

梅曾亮作《徐柳臣五十寿序》、《十经斋文集叙》、《刘簾舫先生行装书后》、《陆立夫赋存序》、《帝鉴图诗序》、《蒋岳麓先生家传》、《栗恭勤公家传》、《仓宜人家传》、《金山寺藏鼎记》、《朱仁山墓志铭》、《李蕚村墓表》、《汤海秋墓志铭》。

姚燮年初北上,会试又报罢,遂绝意仕途。六月南归,汤鹏、魏源等饯别于北京城东酒楼。

曾国藩十二月转补翰林院侍读。是年作《五箴》以自警:一曰立志,二曰居敬,三曰主静,四曰谨言,五曰有恒。

江忠源因会试留京师,经郭嵩焘求见,师事曾国藩。

罗泽南设馆善化贺修龄宅,曾国藩六弟曾国华、九弟曾国荃欲前往附读。是年,时与郭嵩焘论学。

余坤由户部郎中出守雅州,梅曾亮作《赠余小坡序》以赠之。

林昌彝与何绍基切磋艺事,品评诗坛,以宋诗派主将朱琦为最。五月,林氏病返,何绍基、魏源、朱琦送医资。

冯桂芬充广西乡试正考官。

龙启瑞充广东乡试副考官。

周寿昌成进士,授编修。

刘熙载成进士,改翰林院庶吉士。

何秋涛成进士,官刑部主事。

王寿同中进士,授刑部郎中。

按:王寿同字子兰,王引之季子,江苏高邮人。著有《经义证考》、《述闻拾遗》、《守城日录》、《古韵蠡测》、《观其自养斋杂记》等。

边浴礼中进士。

许瀚赴京应会试，报罢，此为第四次落第。适逢大挑取二等，例补学官，然未实诠。秋，至沂州府，主讲琅琊书院，暇时在境内访碑，先后移至王右军祠。沂州两年，所获新碑拓本甚多，均作跋语，有《沂州石刻题跋》30种。

梁章钜自订年谱。

吴敏树入都试礼部，时梅曾亮倡古文义法于京师，因见知于曾亮，遂有古文名。

林伯桐选授德州学正。

左宗棠在陶家读时论著甚多。

张鉴等呈请查禁淫书。

孙衣言充国子监琉球教习期满，有旨以知县用。

马相伯入塾，随陶姓塾师读《四书》、《五经》，凡七年。同时在家诵习《圣经》，由其母督教。

王鑫开馆授徒，自订《书塾学约八则》，以端品行、正心术为大旨。

英国阿尔赛德女士受东方女子教育协进会派遣在宁波开设女子学塾。

按：是为外国传教士在中国开办之第一所女子学校。

德国传教士郭士立在香港创立汉会（福汉会），旨在向内地散发基督教传教宣传品。

美国传教士麦嘉缔来华传教。

美国人谷玄在澳门设花华圣经书房，利用英人台约尔制造的汉字铅字（"香港字"）经营铅印业务。

王益齐著《毛诗经说》2卷刊行。

黄式三著《论语后案》20卷成书。

宋继穜著《四书经史摘证》7卷刊行。

魏源的《圣武记》始传入日本。

按：《圣武记》刊刻于道光二十二年（1842）。两年后即由日本商人购买运抵长崎，最先输入的四部先后被江户时代掌握政权的幕府老中（总理政务、监督诸侯，地位仅次于将军的幕府最高官员）买去。嘉永三年（1850），由尾张（今爱知县）的鹫津监（毅堂）校订书中的"城守篇"、"水守篇"、"防苗篇"、"军政篇"等，翻刻出版了《圣武记采要》三册。同年，斋藤拙堂以《圣武记附录》为题翻刻出版了第十一至十四卷；添川宽平在《他山之石》卷一、卷二中也摘录了《圣武记》部分内容（参陈其泰《魏源评传》第八章）。

罗泽南始著《姚江学辨》。

按：张昭军《晚清时期儒学的格局与谱系》说："晚清时期，宗理学者为维护程朱道统，传继正学，还撰写了一批学术著作。其中，表彰程朱理学的学术史著作有潘世恩的《正学编》、何桂珍的《续理学正宗》、唐鉴的《国朝学案小识》、王耶的《台学统》、徐定文的《皖学编》、黄嗣东的《濂学编》和《道学渊源录》等；捍卫程朱理学正统地位的辩学著作有方东树的《汉学商兑》、罗泽南的《姚江学辨》、刘廷诏的《理学宗传辨正》等。此外，诸如倭仁的《倭文端公日记》、吴廷栋的《拙修集》等也是当时富有影响

马克思发表《〈黑格尔法哲学批判〉导言》，后又发表《论犹太人问题》。

马克思著《经济学哲学草稿》。又与恩格斯合著《神圣家族》。

恩格斯著《政治经济学批判大纲》。

法国孔德著《实证的精神论》。

德国施蒂纳发表《唯一者及其所有物》。

英国富拉顿发表《通货原理》。

德国李比希著《化学书简》。

德国亨利希·

的理学作品。这些理学著作虽参差不齐，但从不同方面提高了程朱理学的学术地位，壮大了程朱理学的社会声势。"(《史学集刊》2007年第1期)

　　毛际盛著《说文新坿通谊》2卷刊行。

　　包世臣著《安吴四种》36卷刊行。

　　按：即《中衢一勺》、《艺舟双楫》、《齐民四术》和《管情三义》四书的汇编。由于作者的出生地是安徽泾县，秦汉时曾名为安吴，故书名为《安吴四种》。四书先后成书，至是乃刻印为一部书。于咸丰元年(1851)曾重刻二百部，但流传极少。约在同治十一年(1872)，其子包诚在湖北重刻过一次，称湖北注经堂重刻本。光绪十四年(1888年)，又有重校刻本，是为常见本。

　　杨静亭著《都门纪略》刊行。

　　金鳌辑《金陵待征录》10卷刊行。

　　郝懿行著《证俗文》刊行。

　　梁章钜著《称谓拾遗》10卷。

　　林则徐著《衙斋杂录》1卷成书。

　　胡敬著《崇雅堂集》刊行。

　　王蕴香著《海外番夷录》刊行。

　　梁廷枏著《耶稣教人中国说》、《合省国说》、《粤道贡国说》于广东刊行。

　　按：《合省国说》是中国人编写的首部系统的美国通志，书中介绍了哥伦比亚发现美洲的历史，英法等国在美洲的争夺以及美国独立战争等。作者最关注美国政治制度，介绍了总统选举及任期制度，参众两院及司法制度，提出了美国诸种政制是创一开辟未有之局。此三书与作者1846年著的《兰伦偶说》，合刊为《海国四说》。

　　蔡殿齐纂《国朝闺阁诗钞》100卷刊行。

　　魏源于本年编订《古微堂诗稿》4卷，以后增补为10卷；又自订《古微堂文集》14卷成书。

　　翟金生著《泥版试印初编》2册刊行。

　　按：全书用白连史纸印刷，字画清楚，和木活字印本无甚差别，这是迄今所见最早的泥活字印本书籍。

　　林伯桐纂《修本堂丛书》10种刊行。

　　英文《中国丛报》九月由澳门迁至香港出版。

　　钱泳卒(1759—　)。泳初名鹤，字立群，号台仙，江苏金匮人。尝客游毕沅幕中。工诗词、篆、隶，精镌碑版，善于书画。著有《梅花溪诗钞》、《履园丛话》、《履园谭诗》、《兰林集》等。事迹见震钧辑《国朝书人辑略》卷七。

　　吴廷琛卒(1773—　)。廷琛字震南，号棣华，江苏元和人。嘉庆七年一甲一名进士，授翰林院为修撰。九年，提督湖南学政。十五年，出为金华知府。官至云南按察使。晚年归讲正谊书院。著有《归田集》、《池上草堂诗集》。事迹见朱存《赐进士及第四品京堂前云南按察使司棣华吴公墓志铭》(《归田集》附)。

海涅著《德国，一个冬天的童话》。

克雷洛夫卒(1768—　)。俄国寓言作家。

伯特尔·托瓦尔森卒(1770—　)。丹麦新古典主义雕刻家。

李诚卒(1778—)。诚字师林,又字静轩,浙江黄岩人。少时师从泽国戚学标与其父李秉钧学习经学、训诂。嘉庆十八年拔贡,初任云南姚州通判、同知,后任新平、顺宁知县。家有敦说楼,藏书数千卷,为两浙藏书家之一,编有《敦说楼书目》4卷。著有《十三经集解》260卷、《水道提纲补订》28卷、《万山纲目》60卷、《云南水道考》5卷、《微言管窥》30卷、《宦游日记》1卷、《医家指迷》1卷、《敦说楼集》4卷。与修《云南通志》220卷。事迹见《清史列传》卷六八。

谢堃卒(1784—)。堃初名均,字佩禾,号春草词人,江苏甘泉人。一生漂泊困顿,寄人篱下。客山东曲阜最久。著有《春草堂集》38卷、《日损斋诗钞》、《春草堂随笔》等。事迹见《民国甘泉县续志》卷二四。

邹澍卒(1790—)。澍字润安,号闰庵,江苏武进人。通天文、地理、诗文,尤精歧黄。著有《明典》54卷、《本经疏证》12卷、《本经续疏》6卷、《本经序疏要》8卷、《伤寒通解》4卷、《伤寒金匮方解》6卷、《医理摘钞》4卷、《契桅录》4卷、《医经书目》8卷、《医书叙录》1卷、《医经杂说》1卷、《沙溪草堂文集》1卷、《沙溪草堂杂著》1卷、《沙溪草堂诗集》1卷等。事迹见《清史稿》卷五〇二。

按:《清史稿》本传曰:"澍通知天文推步、地理形势沿革,诗古文亦卓然成家,不自表襮。所著书,医家言为多。《伤寒通解》、《伤寒金匮方解》、《医理摘要》、《医经书目》,并不传。所刊行者,《本经疏证》、《续疏证》、《本经序疏要》。谓明潜江刘氏本草述,贯串金、元诸家说,反多牵掣,故所注悉本《伤寒》、《金匮》,疏通证明,而以千金、外台副之。深究仲景制方精意,成一家之言。"

朱大韶卒(1791—)。大韶字虞卿,又字仲钧,江苏娄县人。曾主真儒书院。道光二十四年,补江宁县教谕,未履任而卒。治经宗高邮王氏,以形声训诂引申假借,通古人所阙。尤熟精《三礼》。著有《春秋传礼征》10卷、《实事求是斋经义》2卷。事迹见张衡《春秋传礼征跋》(《春秋传礼征》卷末)。

按:《春秋传礼征》有《适园丛书》本,卷末有张衡跋,曰其"治经宗高邮王氏,以形声训诂引申假借,通古人所阙。尤熟精《三礼》,凡大小典礼,古今传讹者,为之反覆辨证,务要于至确。著《春秋传礼征》10卷,取《春秋》之言《礼》者,合三《传》、经史、《通典》及先儒之说,融合而贯通之。朱兰坡学士推君邃于《三礼》"。

姚配中卒(1792—)。配中字仲虞,安徽旌德人。诸生。为师教授乡里二十余年。嗜好书法。著有《周易参象》14卷、《周易姚氏学》16卷、《周易通论月令》2卷等。事迹见《清史列传》卷六九、李桓《国朝耆献类征初编》卷四二二、震钧辑《国朝书人辑略》卷一〇。

汪文台卒(1796—)。文台字士南,安徽黟县人。与俞正燮同县,相善。著有《论语外传》、《十三经注疏校勘记识语》4卷、《淮南子校勘记》,辑有《七家后汉书》。弟子以程鸿诏、汤球最知名。事迹见《清史稿》卷四八六。

按:《清史稿》本传曰:"宗汉儒,以《论语》邢疏疏略,因取证古义,博采子史笺传,依韩婴《诗传》例作《论语外传》。见阮元《十三经注疏校勘记》,谓有益于后学,然成于众手，时有驳文，别为表识，作《校勘记识语》，寄示阮元，元服其精博，礼聘之。又尝纂辑《七家后汉书》《淮南子校勘记》及《胜稿》，皆行于世。"

汤鹏卒（1801— ）。鹏字海秋，号浮邱子，湖南益阳人。道光二年进士，授礼部主事，兼军机章京。旋补户部主事，转员外郎，改山东道监察御史。著有《浮邱子》6卷、《海秋诗集》26卷等。事迹见《清史稿》卷四八六、《清史列传》卷七三、李桓《国朝耆献类征初编》卷一三八、姚莹《汤海秋传》、王拯《户部江南司郎中汤君行状》、邵懿辰《汤海秋哀辞》（均见《续碑传集》卷二〇）。

按：《清史稿》本传曰："初喜为诗，自上古歌谣至三百篇、汉、魏、六朝、唐，无不形规而神絜之，有诗三千首。……鹏负才气，郁不得施，乃著之言，为《浮邱子》一书。立一意为干，一干而分数支，支之中又有支焉，支干相演，以递于无穷。大抵言军国利病，吏治要最，人事情伪，开张形势，寻蹠要眇，一篇数千言者九十余篇，最四十余万言。每遇人辄曰：'能过我一阅《浮邱子》乎？'其自喜如此。"

钱熙祚卒（约1801— ）。熙祚字雪枝，一字锡之，江苏金山人。官叙选通判。生平好古今秘籍，收藏极多。道光十七年建宗祠堂，堂后建阁以贮书，名曰"守山阁"。楼分四层，聘名士如顾观光、李长龄、张文虎、钱熙泰等人在藏书楼中校勘、抄书。道光中，得张海鹏《墨海金壶》残版，邀约张文虎、顾观光等校订，二十三年，刊行《守山阁丛书》112种652卷，世称善本。又辑刊《珠丛别录》28种87卷；《指海》初集95种141卷、续集49种173卷，由其子钱培让、钱培杰、族侄钱培名续成。著有《守山阁剩稿》1卷。

郭庆藩（ —1896）、马建忠（ —1900）、缪荃孙（ —1919）、吴昌硕（ —1927）、赵尔巽（ —1927）生。

道光二十五年　乙巳　1845年

二月十三日甲辰（3月20日），定同城异县考试章程。

三月，英国丽如银行在香港设立分行，同年又在广州设立分行，是为外人在华开设银行之始。

四月十三日乙巳（5月18日），命直隶、山东、河南各省督抚饬拿"教匪、盗匪"。

二十五日丁巳（5月30日）太和殿传胪，赐一甲萧锦忠、金鹤清、吴福年3人进士及第，二甲钟启峋等98人进士出身，三甲奎章等116人同进士出身。

五月十六日己卯（6月20日），定乡试会试士子夹带惩罚例。

六月初四日甲午（7月8日），清廷准与比利时通商。

二十八日戊午（8月1日），命耆英严拿广州反清三合会、卧龙会。

美国吞并德克萨斯。

英国辉格党人长期执政。

十一月初一日戊午(11月29日),英国驻沪领事巴富尔与苏松太兵备道宫慕久公布《上海租地章程》,规定上海"洋泾浜以北,李家庄以南之地,准租与英国商人,为建筑房舍及居住之用"。

按:此为外国人在中国租界之开端。

十二月十八日乙巳(1846年1月15日),广州民众拒英人入城,捣毁知府衙门。

是年,英国在广州设立柯拜船坞,是为外资在华经营的最早船舶修造业。

美国长老会在宁波开设美华书馆印刷所。

按:此为外国人在中国经营印刷业之始。由传教士柯理负责。其前身是澳门的花华圣经书房。是年迁往宁波,并改名为美华书馆。清咸丰十年(1860)迁至上海。

美国长老会在宁波设立崇信义塾。

按:1867年迁至杭州,易名育英书院,为之江大学前身。

美国圣公会创立学校于上海,即圣约翰书院之前身,是为外国人在华创立教会大学之始。

马克思迁居布鲁塞尔。

英国考古学家奥斯顿·亨利·莱亚德发现并发掘尼尼微城。

德国诺依曼提出关于感应电流的诺依曼定律。

阮元是夏以陆钟辉合刻诗词本寄张文虎,属其校刊,收入《指海》;是秋,为许桂林的《春秋谷梁传时月日书法释例》作序。

按:阮元《春秋谷梁传时月日书法释例序》曰:"余辑《学海堂经解》千数百卷,于《谷梁》学独无专家。道光二十年,见镇江柳氏撰《谷梁传学》,余举善经近孔语特为序之。今读许氏桂林所作《释例》,有引《公羊》互证者,有驳《公羊》而专主者,大旨具见所作总论。末据郑氏《谷梁》善于经之语,以为时月日即善经之一,是亦笃信郑学,不为无根之谭,与柳氏书可相辅而行也。……桂林为余门生汤敦夫所取之士,汤喜其对策。嘉庆壬申冬,余阅兵至海州,曾因凌仲子先生,见所作《宣西通》二卷,已采入《续畴人传》。今又获观词册,他时有刊入《经解续集》者,是则余所深快也。"(《春秋谷梁传时月日书法释例》卷首)

林则徐正月从伊犁起程赴南疆。三月,抵喀喇沙尔与全庆会合,历勘南疆八城垦地。十月,查勘伊拉里克垦地续修水渠工程。十一月,往勘哈密塔尔纳沁垦地。十二月,在哈密奉旨释放,以四、五品京堂回京候补,邓廷桢、姚莹、宗稷辰等写诗祝贺。

魏源补行殿试,中乙巳恩科三甲九十三名进士,以知州用分发江苏。南返中,至曲阜访孔宪彝。八月,任扬州东台府知县,有《寄新化邓显鹤书》,并寄《海国图志》、《圣武志》二书。是年,作《畿辅河渠议》。

曾国藩充会试同考官。五月升授詹事府右春坊庶子,六月转补左庶子。九月升翰林院侍讲学士,十二月补日讲起居注官,又充文渊阁直阁事。是年,自书其书舍曰"求阙斋"。

李鸿章入都会试,受业于曾国藩门下。

唐鉴十一月乞假回湖南,曾国藩校刻其所著《学案小识》。

洪秀全在广东花县撰《原道救世歌》、《原道醒世训》等,利用拜上帝会的宗教形式，从事舆论工作。

邵懿辰充军机章京。

俞樾馆于休宁汪氏家，凡五年。

胡培翚在病中，右手不能握笔，遂以左手著书。

梅曾亮在京师与汤金钊、王拯、邵懿辰、吴嘉宾等讨论古文。林则徐奉恩旨入关，署陕甘总督，作诗贺之。

钱泰吉以修学余资，延管庭芬等人分修《海昌州志》。

姚椿始主本郡景贤书院，以足疾自称蹇道人，或称东佘老民，下帷著书，不接外人。

冯桂芬任国史馆协修、教习庶吉士，参与编纂实录。十月，母谢氏病逝于京师。

郑珍任黎平府古州厅训导，兼掌榕城书院。

郭嵩焘谒唐鉴于京师，见其所著《省身日课》，因与论君子三戒之义。

李善兰馆嘉兴陆费家，交江浙名士张文虎、孙次山、顾观光。冬，以所著《四元解》2卷示顾观光。

戴熙充会试同考官，寻复提督广东学政。

许瀚五月得汉画《伏生授经图》石，后以拓片请阮元审定。是夏，得牟所信，邀往清江浦为潘锡恩增订章学诚未成之《史籍考》。是年秋，离沂州，赴清江浦。

按：牟所曰："印林大弟同年阁下：昨见河宪潘芸阁先生，据云有《史籍考》一书欲发刻，而校正乏人，非吾弟不可，托兄专书相邀。闻吕鹤田同年（自注：清江书院长）云，馆金似不甚丰（自注：至大不过二百之数），尚可有两乾馆便可敷衍。且吾弟所到之处，谁不倾倒！此行似不负人，四五百里之遥，就道不难。若惠然肯来，吾兄弟藉图一聚，亦佳事也。如今年有馆，必不能舍彼而就此，可否辞说明年之局，或延至秋间而至，即或延至冬间而至，虽迟迟尚可及也。望速速明白示一回信，至要，至要。"（此书载《许印林先生吉金考释》。又，牟所，字一樵，山东栖霞人。道光十七年举人，嗜金石，工翰墨，事迹具《栖霞县志》卷七《人物志》，光绪五年刊本。）许瀚与潘锡恩乃旧识，道光十五年潘氏任顺天学政，许瀚中顺天乡试举人，即随潘氏于保定、大名等各地校文。潘氏自著《学诗绪余》稿本，并属许氏校订续补。此番复邀请许瀚肩负增订《史籍考》全责，足证许瀚之学，深得潘氏信赖。

陈澧与邹伯奇订交。

姚燮暮春迁家鄞县甘溪里。初夏，编甲辰以前诗。五月至八月整理《玉枢经》注释稿竣。《洞真玉枢经绎义》一文当亦此年撰。又曾校叶元楷诗文，作《赤堇遗稿题辞》。有编年诗254首（《诗问》卷三至三二）。

何绍基仍寓居北京，供职史馆。九月，刻《使黔草》竣事。为诗集作序者有朱琦、梅曾亮、戴燻孙、苗夔、张穆、邹鸿逵等。

王柏心有诗赠魏源。

王韬应试，以首名入县学，始肆力于诗文。

郁松年以巨资购藏书达十万卷，亲点校，建"宜稼堂"。

梁恭辰本年前后官至温州知府。

张维屏阅魏源寄来《海国图志》初稿，为之作诗题卷端。

王廷弼出资修补北京白云观所藏明版《道藏》。

美国传教士文惠廉由厦门往上海活动。

英国传教士麦克开拉启来华传教。

马克思著《关于费尔巴哈的提纲》。又与恩格斯合著《德意志意识形态》。

恩格斯完成《英国工人阶级状况》。

德国洪堡著《宇宙》。

费尔巴哈著《宗教的本质》。

德国阿尔佩特著《人类史的诸时代》。

程大镛著《读诗考字》2卷、补编1卷由程人鹄修补刊行。

王文源著《春秋列国释略》1卷、《春秋世族辑略》2卷由陈氏敏求轩刊行。

官献瑶著《石溪读周官》6卷刊行。

罗泽南著《读孟子札记》2卷成书。

钱仪吉编《经苑》25种刊行。

按：是书道光、咸丰间又刻于开封大梁书院，故又称《大梁书院经解》。

刘灿著《续广雅》3卷重刊。

汪远孙著《国语校注本三种》刊行，陈奂作序。

按：是书包括《国语三君注辑存》4卷、《国语发正》21卷、《国语考异》4卷。

刘文淇、罗士琳、陈立等纂《旧唐书校勘记》66卷。

敬徵等奉敕纂《仪象考成续编》32卷刊行。

按：《清史稿·时宪志一》曰："二十五年七月，进呈《黄道经纬度表》、《赤道经纬度表》各十三卷，《月五星相距表》一卷，《天汉界度表》四卷，《经星汇考》、《星首步天歌》、《恒星总纪》各一卷，为《仪象考成续编》。"

刘文淇著《扬州水道记》4卷、图1卷刊行。

张穆复审订祁韵士著《藩部要略》18卷，复校《藩部世系表》4卷。

黄本骥著《皇朝经籍志》6卷刊行。

许瀚著《读四库全书提要志疑》成书。

魏源著《海国图志》传入朝鲜。

按：陈其泰说："鸦片战争的爆发，清政府的战败，在朝鲜同样引起了强烈的震撼。他们预感到东北亚地区的国际局势将会日趋复杂和动荡，急于了解外界信息以制定对策。《海国图志》五十卷本刊行后，便有四部通过派往中国的使节传入李氏朝鲜。1845年，朝鲜奏请兼谢恩冬至副使权大肯将《海国图志》一书带回国内，许多朝鲜学者争相阅读，视之为内容丰富、具有权威性、包含近代海外知识的最珍贵书籍，在开港前后一直是最普及的世界地理著作。最早记述此书的朝鲜百科全书式的实学家李圭景接受了《海国图志》中的观点，大胆主张同西南的外国船舶进行通市；当时的青年学者金正喜也多次强调《海国图志》是必读书籍。他深切意识到西洋船只经常出现在朝鲜海域的严重后果，反复强调海防政策应该借鉴《海国图志》。……推介《海国图志》最为得力的是朴珪寿，他在阅读该书后，把其中有关世界形势的内容传授给追随他的青年缙绅，并要求他们悉心领会'以夷制夷'的海防思想和'师夷长技'的近代技术引入观。这些观点通过吴庆锡、刘鸿基，也为朴泳孝、金玉均、洪英植、金允植、俞吉溶等19世纪60年代的开化思想家们所继承。俞吉溶从朴珪寿处获得《海国图志》后，爱不释手；崔汉绮则以之为主要资料，加以增删、补充、整理，编著了有关世界地理知识的专著《地球典要》。"（《魏源评传》第八章）

梁廷枏编著《英吉利国记》成书。

姚燮著《玉枢经义》刊行。

林时益辑《宁都三魏全集》刊行。

李祖陶辑《金元明八大家文选》53卷由泰和孙明等刊行。

按：八大家指元好问、姚燧、吴澄、虞集、宋濂、王守仁、唐顺之、归有光。

许瀚校沈德潜选纂《古诗源》10卷，又抄校《文文山集》、《范忠宣公集》。

孙奇逢著《夏峰集》16卷由大梁书院重刊。

梁章钜著《师友集》10卷、《归田琐记》8卷、《退庵金石书画跋》20卷、《浪迹丛谈》刊行。

陈世镕著《求志居集》36卷、《求志居外集》1卷刊行。

李善兰著《方圆阐幽》成书。

戴煦著《对校简法》2卷成书。

包松溪等辑《瓶花书屋医书》5种刊行。

李锡龄辑《惜阴轩丛书》增刻19种。

《中国之外友》七月二十八日在香港创刊。

按：马克思曾利用该报写有10余篇关于中国问题的通讯。

英国人肖德瑞正月在香港创办《德臣报》。

按：该报由英商德臣参与创办，后归他所有，为香港重要报刊之一。

雷家玮卒（1758— ）。家玮字席珍，雷声澂长子，江西建昌县人。乾隆中曾奉派查办外省各路行宫及堤工等处及滩内盐务、私开官地等事。为"样式雷"第四代传人。

凌扬藻卒（1760— ）。扬藻字誉钊，号药洲，又号药洲花农，广东番禺人。诸生。受知于督举姚文田，与汪大源、何应駧、张业南同为巡抚朱珪所赏识。著有《四书纪疑录》6卷、《春秋咫耷钞》12卷、《药洲花农文略》16卷、《药洲花农诗略》6卷、《药洲花农文略续编》12卷、《蠡勺编》40卷，又选有《国朝岭海诗钞》24卷等。事迹见《清史列传》卷七三、李桓《国朝耆献类征初编》卷四四二。

钱杜卒（1764— ）。杜初名榆，字种庭，更字叔枚，号松壶、壶公、卍居士，浙江仁和人。曾任云南经历、工部主事。晚年归隐西泠。深研书画，亦工诗文。著有《松壶画赘》2卷、《松壶画忆》2卷。事迹见《清史稿》卷五〇四、震钧辑《国朝书人辑略》卷八。

胡敬卒（1769— ）。敬字以庄，号书农，浙江仁和人。少受知于阮元。嘉庆十年进士，改庶吉士，散馆，授翰林院编修。充武英殿、文颖馆纂修官，《全唐文》、《明鉴》总纂官。尝预修《秘殿珠林》、《石渠宝笈三编》。著有《崇雅堂文钞》2卷、《崇雅堂诗钞》10卷、《崇雅堂骈体文钞》4卷、《西清札记》4卷、《国朝院画录》2卷、《颐园题咏》4卷、《定乡杂著》2卷、《南薰殿图像考》2卷等。事迹见《清史列传》卷七三。胡埕编有《书农府君（胡敬）年谱》。

斯特芬斯卒（1773— ）。挪威哲学家。

吴懋清卒(1774—)。懋清字澄观,号回溪,广东吴川人。嘉庆十五年举人。会试不第,馆京师,为颜伯焘、陈昌齐等所推重,名噪一时。著有《尚书解》5卷、《诗经测》9卷、《毛诗复古录》12卷、《论语考》8卷、《诗赋杂文》18卷、《天洞测》1卷等20余种。事迹见《清史列传》卷七三。

陶方琦(—1884)、廖廷相(—1898)、王懿荣(—1900)、许景澄(—1900)、杨隆寿(—1900)、徐建寅(—1901)、诸可宝(—1903)、雷廷昌(—1907)、吴鲁(—1912)生。

道光二十六年 丙午 1846年

美国取加利福尼亚和新墨西哥。获自由通过巴拿马地峡的权利。

英国取消谷物进口税法。

正月十三日己巳(2月8日),道光帝下诏,不许各地官吏再禁天主教。

七月,天地会首领胡有禄在湖南宁远城北柏家坪聚众数千人起义,进攻宁远县城。清军开炮轰击,会众走散,胡有禄退入广西。

是年,以贩运鸦片为主的美商上海旗昌洋行成立,与英商怡和、宝顺号称三大"鸦片大王"。

天主教在澳门、南京、北京设立三个主教区。另在陕西、山西、山东、湖南、江西、云南、香港等设立代牧主教区。

德国雅可比提出求实对称矩阵特征值问题之雅可比方法。

马克思、恩格斯组织共产主义者通讯委员会。

阮元因王植奏,道光帝六月二十九日准其重赴鹿鸣宴,梁章钜、黄征三、张石州、罗士琳等有贺联。是冬,为刘开的《广列女传》作序。除夕前,梁章钜以《师友集》呈阮元索序,阮元欣然为之。

梁章钜以新购《瘗鹤铭》旧拓本呈阮元,阮元鉴定为真旧拓。

魏源致书贺熙龄,寄赠《海国图志》、《圣武记》。夏,以母忧去官,在扬州三次重订《圣武记》。又作《钱漕更弊议》。

林则徐正月从哈密进关,奉旨以三品顶带先行署理陕甘总督。赴凉州驻扎,办理"番务",弹压藏民起义。委旧属黄冕仿照洋式,制造炸弹和陆路炮车。三月,自凉州至西宁。饬令追捕起义藏、汉人民,查办黑错寺杀害土千户杨国成事件。五月,奉旨任陕西巡抚,暂留甘肃会办"番务"。八月,在西安接任陕西巡抚。秋、冬间,处理陕西灾赈,镇压"刀客"、回民的反抗斗争。

姚莹闻林则徐内召,与友人万士淦、宗稷辰、萧元吉以诗贺。

倭仁由王学转向程朱学,使"尊王黜王"思想萌芽。

洪秀全作《百正歌》、《原道觉世训》、《改邪归正》三文,阐述上帝教教义。

曾国藩夏秋间,养病城南报国寺,与同寓刘传莹就汉学、宋学深入研讨,知学须返本务要,执两用中。

按：黎庶昌《曾文正公年谱》卷一是年条曰："夏秋之交,公病肺热僦居城南报国寺,闭门静坐,携金坛段氏所注《说文解字》一书,以供披览。汉阳刘公传莹精考据之学,好为深沉之思,与公尤莫逆。每从于寺舍兀坐,相对竟日。刘公谓近代儒者崇尚考据,敝精神,费日力,而无当于身心,恒以详说反约之旨交相劝勉。……十月,公在寺为诗五首赠刘公,以明其志之所向。公尝谓近世为学者不以身心切近为务,恒视一时之风尚以为程而趋之,不数年风尚稍变,又弃其所业以趋于新。……公与刘公传莹讨论务本之学,而规切友朋,劝戒后进,以此意为兢兢焉。"

邵懿辰升起居注主事。

梅曾亮作《论语说》及《赠李紫藩序》、《阴晋异函序》、《程春海先生集序》、《叶耳山遗稿书后》、《冯孝女墓志书后》、《张端甫文稿序》、《韩若谷先生家传》、《袁宜人家传》、《江亭消夏记》、《朱孺人墓志铭》、《资政大夫户部侍郎总督仓场毛公墓志铭》、《奉政大夫永定河南岸同知冯君墓志铭》、《馆陶县知县张君墓表》、《邹孺人墓表》等文。

刘文淇、刘毓崧父子始为岑建功校勘《舆地纪胜》。

江有诰家失火,著作已镌校及未刻稿悉化为灰烬。

许瀚、包慎言、刘毓崧应河南总督潘锡恩之邀,增订章学诚所纂《史籍考》。

按：是年,许瀚撰有《拟史籍考校例》,于章学诚之原稿繁冗、重复漏略、舛误之处,均有订正。书成,潘骏文(潘锡恩子)称是书"补录存佚之书,视原稿增四之一,详审顿觉改观"(潘骏文《校印乾坤正气集跋》,引自《许瀚年谱》)。

姚燮春夏在家居。入秋后曾游定海。有编年诗186首(《诗问》卷三三至三四)。

何绍基仍居北京,充史馆提调。因馆中进书,皆一、二品大臣传,无三品以下大臣传,虽经清高宗严旨申谕,仍因循不改,乃创拟条例,补办清初以来三品以下各名臣传,商之穆彰阿,坚不应允,愤而辞职。夏间,王梓材校刊《宋元学案》成,为作《重刊宋元学案书后》一文,详叙其事原委。

冯桂芬乞家扶母榇南归,此后两年间,守制在籍。

王韬本年起将梦中所历之境,加以渲染穿插成文,后成《华胥实录》。

杨彝珍主讲湘阴仰高书院。

彭蕴章九月视学福建,途经扬州,拜谒阮元,有诗记之。

潘曾莹充云南乡试考官,阮元有赠诗。

斌良以所著《抱冲斋诗集》寄予阮元,并索序;阮元属刘毓崧代撰。

容闳、黄胜、黄宽3人随马礼逊学堂校长布朗赴美国留学。其经费由香港《德臣报》资助,入麻省芒松学校。

华蘅芳从师习时文,始通算术。

僧达受于是年五月与次年三月,因往返京师,道经清江浦,与许瀚相聚,互示所藏,喜不自胜。

按：许瀚《跋六舟手拓彝器全图》曰："陆友仁《研北杂志》云:京师人家有《绍兴稽古录》二十册,盖当时所藏三代古器,各图其物,以五采饰之。又模其款识而考订之,如《博古图》而加详。余每口其文辄神往,恨不与同时手披而目览之也。丙午之夏,六舟上人过浦,示余手拓彝器全形款识种种,精巧出人意表,如人意中皆就原器拓出,不爽豪发,觉采色模饰之图,又不足系余怀矣。"(载《攀古小庐杂著》卷一二)

英国传教士慕维廉来华传教。

法国蒲鲁东著《贫困的哲学》。

德国费希特著《思辨的神学》。

德国洛采著《人类精神与精神生活》。

英国布罗特著《希腊史》。

顾广誉著《四礼榷疑》8卷。

吕仁杰著《仪礼先易》6卷由师敦书屋刊行。

龚元玠著《十三经客难》由县学文昌祠考棚公局刊行。

宋翔凤辑《四书纂言》37卷刊行。

按:是书包括《大学》1卷、《中庸》2卷、《论语》20卷、《孟子》14卷。光绪壬午(1882),古吴崒嶺山房重刊木活字本作40卷,《大学》2卷,《中庸》4卷。

姚道煇著《四书经义考辨浦存》16卷、首1卷刊行。

杨廷芝著《四书遵朱会通》1卷由清远堂刊行。

朱右曾著《逸周书集训校释》10卷、逸文1卷刊行。

朱右曾著《汲冢纪年存真》2卷、附《周年表》1卷由观砚斋刊行。

郑大邦著《禹贡易解》1卷由梅花书屋刊行。

洪亮吉著《比雅》19卷刊行。

按:是书成于嘉庆八年(1803),是撰者从伊犁赦回后所作,但编次未就,后人依照《尔雅》编排,分19卷,此时洪亮吉已死去37年。全书分释诂、释言、释训、释天、释地、释山、释水、释人、释器、释乐、释舟、释草、释木、释虫、释鱼、释鸟、释兽、释畜等。编次和篇目仿《尔雅》,又略有不同,即将《释天》、《释地》、《释山》、《释水》四篇移在《释亲》之前,又将《释亲》改名为《释人》;将《释丘》并入《释山》,又从《释水》分出《释舟》,并附以"释车"。此书的内容是将古书中有关义类相近的词语的训释比附在一起,故名为《比雅》。《比雅》除收入《洪北江全集》,还有《玲珑山馆丛书》本、《粤雅堂丛书》本,《丛书集成》本即据《粤雅堂丛书》本排印。

魏崧著《四声综辨》刊行。

洪亮吉著《六书转注录》10卷刊行。

黄宗羲、全祖望纂《宋元学案》由王梓材校订后再刻于北京。

唐鉴著《国朝学案小识》14卷、卷首1卷、卷末1卷由曾国藩校订后付梓,并作《书学案小识后》;何桂珍作跋。

按:是书又作《清学案小识》、《学案小识》,旨在宣扬程朱理学,仿《宋元学案》、《明儒学案》体例,将清代诸儒分为传道、翼道、守道三学案,又别设经学、心宗两学案,共载有259人。该书对研究清代前期学术思想有一定参考价值。

钱泰吉等纂《海昌备志》52卷成书。

张穆纂《蒙古游牧记》16卷。

姚莹著《康輶纪行》15卷成书。

按:鸦片战争后,姚莹被发往四川,曾两次奉命入藏,撰写了《康輶纪行》。是书对西藏的历史、地理、政治、宗教以及风俗习惯等做了比较全面的考察,对与西藏毗邻的一些国家以及英、法等国的情况都尽可能地做了介绍,尤其是涉及了英国的政府机构与官员设置情况,对议会制度表现了浓厚的兴趣。该书体现了姚莹经世致用思想与严谨的治学态度。尽管姚莹对西方的认识存在着局限性,但他对西方的了解已经超过了与他同时代的林则徐、魏源、夏燮等人,代表着当时的最高水平(欧阳跃峰等《略论〈康輶纪行〉的成书与基本内容》,《黄山学院学报》2007年第4期)。

梁廷枏著《海国四说》14卷成书。

按:是年正月,作者将所著《耶稣教难入中国说》、《粤道贡图说》、《合省国说》及《兰仑偶说》四书合编为一书,名曰《海国四说》。

黄本骥著《避讳录》5卷、编著《姓氏解纷》10卷刊行。

洪秀全著《原道觉世训》、《百正歌》。

林则徐编《西北水利》。

许楣著《钞币论》刊行,其胞兄许梿为作叙和按语。

按:是书主要针对王鎏《钱币刍言》的观点提出批评。

包世臣著《安吴论书》刊行。

胡天游著《石笥山房文集》6卷、补遗1卷,诗集12卷刊行。

顾广圻著《思适斋文集》由杨芸士编定。

张维屏著《春宴游昌和诗》1卷。

姚燮著《复庄诗问》34卷刊行。

邓显鹤编《圭斋文集》刊行。

许秋垞著《闻见异辞》刊行。

李善兰编著《四元解》成书。

张士保绘编《云台二十八将图》1卷刊行。

张祥河纂《四铜鼓斋论画集》12种刊行,有自序。

麟庆著《河工器具图说》4卷刊行。

毛国翰卒(1772—)。国翰字大宗,号青垣,一作星垣,又号青原,湖南长沙人。工诗,见知县令陈光诏,补县学生。乡试屡黜。湖广总督裕泰招致幕府数年,卒于署。著有《麋园诗钞》8卷、《天显纪事》32卷、《虚受堂集》、《青湘楼传奇》等。事迹见李桓《国朝耆献类征初编》卷四四二。

周际华卒(1773—)。际华初名际岐,字石藩,贵州贵筑人。嘉庆六年进士,授内阁中书。历遵义、都匀两府教授。二十四年,保举知县。道光六年,选知河南辉县。官至泰州知州。著有《大学指掌》1卷、《共城从政录》1卷、《海陵从政录》1卷、《广陵从政录》1卷、《省心录》1卷、《感深知己录》1卷、《家荫堂嘉言》1卷、《家荫堂诗文钞》2卷、《家荫堂尺牍》1卷等。又修有《辉县志》20卷。事迹见《清史稿》卷四七七、李桓《国朝耆献类征初编》卷二四六、方宗诚《周氏两世循吏传》(《续碑传集》卷四二)。

邓廷桢卒(1776—)。廷桢字维周,号嶰筠,晚号妙吉祥室老人,又号刚木老人,江苏江宁人。嘉庆六年进士,选庶吉士,授翰林院编修。曾任湖北按察使、江西布政使、陕西按察使、安徽巡抚、两广总督、闽浙总督等。曾协助林则徐在广东收缴鸦片,整顿海防。绩学好士,幕府多名流,论学不辍,精于音韵之学。著有《诗双声迭韵谱》、《说文解字双声叠韵谱》1卷、《双砚斋诗钞》16卷、《双砚斋词钞》2卷、《双砚斋词话》1卷、《青嶰堂文集》等。事迹见《清史稿》卷三六九、《清史列传》卷三八、李桓《国朝耆献

G. F. 李斯特卒(1789—)。德国经济学家。

类征初编》卷一九九、梅曾亮《陕西巡抚邓公墓志铭》(《续碑传集》卷二三)。

周仪暐卒(1777—)。仪暐字伯恬,江苏阳湖人。嘉庆九年举人,大挑选安徽宣城训导,升陕西山阴县知县。工六朝文辞,少与陆继辂、李兆洛、张琦以文章学识闻名于世。又与庄绶度、赵申嘉、陆容、徐廷华、汪士进、周仪颢号称"毗陵后七子"。著有《夫椒山馆集》22卷、《夫椒山馆诗集》1卷、《夫椒山馆骈文》1卷、《惟洛斋诗钞》1卷。事迹见《清史稿》卷四八六、《清史列传》卷七三、李桓《国朝耆献类征初编》卷二四六。

李宗昉卒(1779—)。宗昉字静远,号芝龄,江苏山阳人。嘉庆七年一甲进士,授编修。历任贵州学政、国子监祭酒、浙江学政、翰林院学士、詹事府詹事、内阁学士兼礼部侍郎衔。道光年间,历任礼部左侍郎、户部左侍郎、工部左侍郎、户部右侍郎、吏部右侍郎。官至礼部尚书兼署兵部尚书。著有《闻妙香室文集》19卷、《闻妙香室诗集》12卷、《黔记》4卷等。事迹见《清史稿》卷三七五。

俞鸿渐卒(1781—)。鸿渐字仪伯,别号三硬芦圩耕叟,浙江德清人。俞樾父。嘉庆二十一年举人。曾为湖南巡抚康兰皋幕僚。又在德清等地设馆授徒。著有《印雪轩诗钞》、《印雪轩文集》、《印雪轩随笔》4卷等。事迹见俞樾《先府君行述》(《宾萌集》卷五)。

臧寿恭卒(1788—)。寿恭原名耀,字眉卿,浙江长兴人。严可均婿。嘉庆十二年举人。通天文数学。著有《左氏春秋经古义》6卷、《南都事略》等。事迹见《清史列传》卷六九。

贺熙龄卒(1788—)。熙龄字光甫,号蔗农,湖南善化人。贺长龄弟。嘉庆十九年进士。由翰林而御史。晚归湖南,主讲城南书院。著有《寒香馆文钞》8卷、《寒香馆诗钞》4卷。又纂《浮梁县志》22卷、《进贤县志》25卷。事迹见李桓《国朝耆献类征初编》卷一三八。

麟庆卒(1791—)。麟庆姓完颜氏,字伯余,一字振祥,又字见亭,别署有凝香室、蓉湖草堂、永保尊彝之室、退思斋、拜石轩、佛寮、云荫堂、近光楼、知止轩、水木清华之馆、流波华馆等,满洲镶黄旗人。嘉庆十四年进士,授内阁中书。历任兵部主事、右春坊右中允、安徽徽州知府、河南按察使、贵州布政使、江南河道总督兼兵部侍郎。著有《鸿雪因缘图记》6卷、《黄运河口古今图说》1卷、《河工器具图说》4卷、《琅环妙境藏书目录》4卷及《凝香室集》、《云荫堂奏稿》等。事迹见《清史稿》卷三八三。

招子庸卒(1793—)。子庸原名为功,字铭山,号明珊居士,广东海南人。嘉庆二十一年中武举人,屡次应考进士均落第,遂与张南山、冯子餐等在广州结集诗社相互唱和,并以广东方言撰《粤讴》1卷。事迹见冼玉清《招子庸研究》、《粤讴与晚清政治》(《冼玉清文集》,中山大学出版社1995年版)。

蒋师轼(—1877)、谭宗浚(—1888)、朱一新(—1894)、唐宗海(—1897)、袁昶(—1900)、周家禄(—1910)、黄嗣东(—1910)、陶浚宣(—1911)、樊增祥(—1931)生。

道光二十七年　丁未　1847年

二月初四日甲寅（3月20日），《中国瑞典挪威五口通商章程》签订。

十八日戊辰（4月3日），英军偷袭虎门。

四月二十五日癸酉（6月7日）太和殿传胪，赐一甲张之万、袁绩懋、庞钟璐3人进士及第，二甲许彭寿等110人进士出身，三甲李森等118人同进士出身。

六月初四日辛亥（7月15日），定翻译进士转入翰詹章程九条。

三十日丁丑（8月10日），礼部奏定旌表建坊章程。

是月，天主教耶稣公会确定在上海徐家汇设立总部，建天主教堂、藏书楼。因占有大片土地，遭民众反抗，酿成晚清首次教案——"徐家汇教案"。

按：后耶稣公会在徐家汇陆续占地一千七百余亩，先后建筑天主堂、修院、徐汇公学、类思小学、藏书楼、天文台、圣心报馆、圣心院、善牧堂等十数个建筑群。

八月初十日丙辰（9月18日），沙皇尼古拉一世任命穆拉维约夫为俄国东西伯利亚总督，入侵中国黑龙江流域。

九月初八日甲申（10月16），因捻党活动地区扩大到曹州、济宁、泰安、兖州、沂州等地，命直隶、山东、河南各省搜捕捻党。

十八日甲午（10月26日），洪秀全、冯云山等率众捣毁象州甘王庙。此后，拜上帝会四处捣毁庙宇偶像。

十月初五日辛亥（11月12日），赐殿试武举一甲李信、姜国仲2人武进士及第，二甲邓凤林等8人武进士出身，三甲杨登魁等58人同武进士出身。

是年，英国丽如银行在中国发行钞票，为外国人在中国最早发行钞票之银行。

阮元八月为阮先辑《扬州北湖续志》作序，又为从弟阮充的《北湖竹枝词》作序。

林则徐正月因病奏请开缺，不许。五月，奉旨调任云贵总督。六月，在昆明就任。九月，赴滇东、滇南校阅十三镇协营，整顿营伍。十二月，受理丁灿庭、杜文秀京控案。

魏源接受陈澧对《海国图志》的批评，并据之屡改其书。历时半载，游历广东、广西、湖南、湖北、江西、安徽、江苏七省，往返八千里，眼界大开，耳目一新。在岭南拜访张维屏，并探讨诗文；在广州拜访时任学海堂学长

美人入墨西哥城。

正义者同盟改组为共产主义者同盟，提出"全世界无产者联合起来"的口号。

德国费希特和乌尔里齐合编《哲学和哲学的批判》杂志。

比利时米凯尔首创"文艺社会学"一词。

英国布尔创立布尔代数。

的陈澧。

洪秀全与洪仁玕三月赴广州晤美国浸礼会教士罗孝全，读《旧约圣经》、《新约圣经》，听受功课，并请求接受洗礼，未获同意，愤而离去；七月赴广西创设拜上帝会，制《天条书》十款。

曾国藩四月考试翰詹，列二等第四名。六月升授内阁学士兼礼部侍郎衔。派为考试汉教习殿试阅卷大臣，取士咸安宫学教习黄文璧等13名，景山官学刘绍先等15名，宗学郭嵩焘等15名，觉罗官学崔斌等38名，八旗学张春第等48名。十月，钦派武会试正总裁，又派殿试阅卷大臣。

曾国藩在京师与莫友芝订交。

曾国荃以府试案首入湘乡县学。

罗泽南设馆刺史左辉春家。是年岁考，被列为一等，补廪膳生。将《常言》改定为《人极衍义》，刘蓉为作序。

郭嵩焘中二甲第三十九名进士，改翰林院庶吉士。

梁章钜在扬州，邀罗士琳、黄奭、严保庸、魏源、毕韫斋等作"挑菜会"。

邵懿辰六月十二日招吴嘉宾、张穆、朱琦、赵伯厚、曾国藩、冯志沂、龙启瑞、刘蕉云、梅曾亮等集于寓舍，纪念黄山谷生日，以诗相唱和。六月二十一日，又招朱琦、曾国藩、周岷帆、龙启瑞、刘蕉云、孙鼎臣、梅曾亮等集于寓舍，纪念欧阳修生日，以"天下文章莫大乎是"为韵作诗。邵懿辰时读《惜抱轩集》，梅曾亮赠诗并与讲论。

梅曾亮作《答王鹏运书》、《田澹斋八十寿序》、《锡山文读序》、《法可庵诗序》、《蒋念亭家传》、《梁味愚先生家传》、《寄斋读书图记》、《光泽县育婴堂记》、《课儿图记》、《王恭人墓志铭》、《陕西巡抚邓公墓志铭》、《貤赠奉直大夫陈府君墓志铭》等文。

何绍基仍居北京，供职史馆，大考二等。每逢三、六、九下直，常至杨尚文春晖园谈诗论画，如是者已六、七年。十月十四日与苗夔、张穆、何秋涛、吕鹤田等拜阎若璩生日于荐雷书屋，作长诗为阎先生寿。

朱次琦、沈桂芬、李宗羲、李鸿章、沈葆桢、何璟、马新贻成进士。

徐树铭中进士，选庶吉士，授翰林院编修。

按：徐树铭字寿蘅，湖南长沙人。《清史稿》本传曰："树铭幼颖异，问学于何桂珍、曾国藩、倭仁、唐鉴诸人。生平无私蓄，惟嗜钟鼎书画，藏书数十万卷，虽耄犹勤学不倦云。"

周悦让中进士，改庶吉士，散馆，授礼部主事。

按：周悦让字孟白，山东莱阳人。曾为郝懿行编辑遗稿，又为吴县潘祖荫编《攀古楼款识》。著有《经通》16卷。

潘世恩充会试正考官。

吴嘉宾以事谪戍军台，越四年始释归。

贺长龄由河南病免归里，复以云南回案落取。

黄冕在南京招饮魏源、汤贻汾。

姚莹在四川蓬州任内，始建玉环书院于州城北。

王韬本年弃八股时文,留心于古文辞,得顾惺之教。

张维屏听松园落成。此后,多居于此。魏源南游至广州,住听松园内,与维屏论文数日,相交甚欢。黄爵滋亦访维屏,互赠诗作。自此年后所作诗后收入《松心诗集·草堂集》。

龙启瑞简湖北学政,著《经籍举要》示学者。

杨彝珍讲学于澧州,结识莫友芝、郑珍。

李魁作《清江图》。

英国传教士伟烈亚力(又译卫礼)来华传教。

英国人威妥玛将魏源《海国图志》中有关日本岛的部分译成英文,在《中国丛报》第十九册上刊载。

美国长老会传教士哈巴安德将其在澳门的寄宿学校迁至广州。

按：此为广州首所基督教寄宿和走读学校。

陈奂著《毛诗说》1卷由武林爱日轩刊行。又著《诗毛氏传疏》30卷由陈氏扫叶山庄刊行。

吴勤邦著《春秋随笔》刊行。

刘沅著《孝经直解》1卷刊行。

包汝翼著《郑本大学中庸说》2卷刊行。

桂馥著《说文解字义证》50卷由杨尚文出资始刊,收入《连筠簃丛书》。

王家督著《入声便记》1卷刊行。

刘文淇、刘毓崧纂《舆地纪胜校勘记》52卷成。

魏源将《海国图志》增补为60卷,刊于扬州。

邓显鹤编成《周子全书》。

俞正燮著《癸巳存稿》刊行。

方东树著《一得拳膺录》。

姚莹著《寸阴丛录》4卷。

梁章钜著《浪迹丛谈》11卷刊行。

吕缉熙编《诸子述醇》26卷刊行。

按：吕缉熙字敬甫,安徽安丰人。另著有《大学约旨》《程子晰疑》《国语存液》等。

翟金生用泥活字印黄爵滋著《仙屏书屋初集诗录》。

俞万春著《荡寇志》70回成书。

喻斯宝始用蒙古语译《红楼梦》,历时六年余。

陈介祺著《斋印集》刊行。

李善兰著《对数探源》成书。

王文选著《医学切要全集》6卷刊行。

吴其濬著《植物名实图考》38卷成书。

黄本骥纂《三长物斋丛书》26种刊行。

伍崇曜纂《岭南遗书》刊成第二至四集。

马克思出版《哲学的贫困——答蒲鲁东先生的〈贫困的哲学〉》。

德国德·摩根著《形式逻辑学》。

法国弥施勒著《法国革命史》。

德国赫尔霍姆茨著《力的守恒》。

日本盐谷宕阴编辑鸦片战争风说书汇编《阿芙蓉汇闻》在日本刊行。

葡萄牙人玛吉士编译的《外国地理备考》在中国刊行。

按：是书乃魏源编纂《海国图志》的主要参考书之一。

D. F. 施特劳斯卒（1808— ）。德国哲学家。著有《耶稣传》等。

门德尔松卒（1809— ）。德国作曲家。

梁德绳（1771— ）。德绳号楚生，晚号古春老人，浙江钱塘人。梁诗正孙女。许宗彦妻。著有《古春轩诗钞》2卷、《古春轩文钞》1卷、《古春轩词钞》1卷等，并续作《再生缘》弹词。事迹见施淑仪《清代闺阁诗人征略》卷七。

林伯桐卒（1778— ）。伯桐字桐君，号月亭，广东番禺人。嘉庆六年举人。道光六年，试礼部归，父已卒，遂不复上公车，一意奉母，教授生徒百余人。粤督阮元、邓廷桢皆敬礼之，元延为学海堂学长，廷桢聘课其二子。二十四年，选授德庆州学正。其交游者有李黼平、张杓、吴兰修、曾钊、梁汉鹏等。著有《毛诗通考》30卷、《毛诗传例》2卷、《毛诗识小》30卷、《易象释例》12卷、《易象雅训》12卷、《三礼注疏考异》20卷、《冠昏丧祭仪考》12卷、《礼记语小》2卷、《左传风俗》20卷、《说文经字本义》20卷、《古音劝学》30卷、《史记蠡测》1卷、《史学蠡测》30卷、《读史可兴录》1卷、《修本堂稿》5卷、《修本堂文集》4卷、《修本堂外集》4卷、《修本堂骈体文钞》2卷、《粤风》4卷、《两粤水经注》4卷、《性理约言》4卷、《古谚笺》11卷、《供冀小言》2卷、《学海堂志》1卷、《日用通考》14卷、《公车见闻录》1卷、《耕话》4卷、《安邑规模》4卷、《月亭诗钞》2卷、《禺阳山馆诗钞》12卷等。事迹见《清史稿》卷四八二、《清史列传》卷六九、李桓《国朝耆献类征初编》卷二五九、张维屏《林伯桐小传》（《续碑传集》卷七七）。

按：《清史稿》本传曰："生平好为考据之学，宗主汉儒，而践履则服膺朱子，无门户之见。……与两弟友爱，教授生徒百于人，咸敦内行，勉实学。粤督阮元、邓廷桢皆敬礼之。元延为学海堂学长，廷桢聘课其二子。""伯桐于诸经无不通，尤深于《毛诗》。谓《传》、《笺》不同者，大抵毛义为长，孔《疏》多以王肃语为毛意，又往往混郑于毛。为《毛诗》学者，当分别观之，庶几不失家法。因考郑《笺》异义，为《毛诗通考》三十卷，又著《毛诗传例》二卷，又缀其碎义琐辞，著《毛诗识小》三十卷，皆极精核。他著有《易象释例》十二卷，《易象雅训》十二卷，《三礼注疏考异》二十卷，《冠昏丧祭仪考》十二卷，《左传风俗》二十卷，《古音劝学》三十卷，《史学蠡测》三十卷，《供冀小言》二卷，《古谚笺》十一卷，《两粤水经注》四卷，《粤风》四卷，《修本堂藁》四卷，《诗文集》二十四卷。"

张澍卒（1781— ）。澍字时霖，又字伯瀹，号介侯，又号介白，甘肃武威人。嘉庆四年进士，改庶吉士。散馆，改知县，初令玉屏，以病归。叙防河劳，选屏山，摄兴文，丁父艰。再起，知永新。署临江通判，坐征解缓，罢官。后补泸溪，复以忧去。晚年主讲兰山书院。著有《说文引经考证》、《养素堂文集》26卷、《养素堂诗集》26卷、《续黔书》8卷、《黔中纪闻》1卷、《西夏姓氏录》1卷等。辑注有《子夏易传》1卷、《世本》5卷、《汉皇德传》1卷、《三辅决录》2卷、《风俗通姓氏篇》2卷、《十三州志》1卷、《三辅旧事》1卷、《三辅故事》1卷、《西河旧事》1卷、《西河记》1卷、《沙州记》1卷、《凉州异物志》1卷、《三秦记》1卷等。事迹见《清史稿》卷四八六、《清史列传》卷七三、钱仪吉《张介侯墓志铭》(《续碑传集》卷七七)。冯国瑞编有《张介侯先生年谱》。

按：《清史稿》本传曰："嘉庆四年，澍年十八，成进士。是科得人最盛，澍选庶吉士，文词博丽。……务博览经史，皆有纂著。游迹半天下，诗文益富。留心关、陇文献，蒐辑刊刻之。纂《五凉旧闻》、《三古人苑》、《续黔书》、《秦音》、《蜀典》，而《姓氏五书》尤为绝学。自著诗文外，又有《诗小序翼》、《说文引经考证》。"

又按：清代对姓氏文化的研究比较重视，私撰的姓氏书较多，如黄本骥《姓氏解纷》、汪辉祖《史姓韵编》、汤云谞《排韵氏族合璧》、高有复《名媛氏族谱》、尹敏《历朝人物氏族汇编》等，大约有40多种。其中，尤以张澍的贡献最大，其《姓氏五书》，包括《姓氏寻源》、《姓氏辨误》、《姓韵》、《辽金元三史同姓名录》、《古今姓氏书目考证》，共计300卷，对后世影响很大。

姚莹之卒(1786—　)。莹之字佑之，号伯山，别号檗山，又号且看山人，安徽桐城人。少受学于姚鼐。道光二年进士，选临漳县知县。后母亲病故，回家守孝，期满改知广东揭阳县，迁连州绥瑶厅同知，主管肇庆府。又由大臣推荐升贵州大定府知府。书学苏轼，而知者甚少。著有《漳水图经》、《绥瑶厅志》、《易录》7卷、《且看山人文集》8卷、《且看山人诗集》10卷等。事迹见《清史稿》卷四七八。

吴其浚卒(1789—　)。其浚字瀹斋，河南固始人。嘉庆二十二年一甲一名进士，授翰林院修撰。道光初，直南书房，督湖北学政，历洗马、鸿胪寺卿、通政司副使，超迁内阁学士。十八年，擢兵部侍郎，督江西学政，调户部。官至湖南巡抚。卒赠太子太保。辑著有《植物名实图考长编》22卷、《植物名实图考》38卷。事迹见《清史稿》卷三八一。

赵庆熺卒(1792—　)。庆熺字秋舲，浙江仁和人。道光二年进士。因病未仕，设馆授徒近二十年。晚年任江西婺源县学教谕。擅散曲，长诗词。著有《金消酒醒曲》1卷、《金消酒醒词》1卷等。

林鹤年(　—1901)、蒋师辙(　—1904)、张百熙(　—1907)、张亨嘉(　—1911)、胡礼垣(　—1916)、谭鑫培(　—1917)生。

道光二十八年　戊申　1848年

二月初一日乙巳(3月5日)，美国以美会传教士柯林斯在福州创办主日学校。

初四日戊申(3月8日)，英国传教士麦都思私自进入江苏青浦县传教，无故殴打中国民众，引发风潮，史称"青浦教案"。

十一月初二日壬申(11月27日)，英国驻沪领事与上海道议定扩大英

1848年革命在欧洲诸国爆发。

《共产党宣言》发表。

英国宪章运动结束。

租界范围。

是年，因徐继畬在《瀛环志略》中赞誉美国政治制度和华盛顿，清廷下令销毁书版。

广州钦州、横山等地天地会联合起义。

法国孔德创建"实证哲学协会"。

阮元二月为蒋宝素的《医略》作序。四月，岑建功刻毕《旧唐书校勘记》即病逝，其子岑溎、从子岑镕欲将岑建功已辑成之《旧唐书逸文》付梓，乞阮元序。阮元勉励二人刻《舆地纪胜》，以成父辈未竟之志。五月，王检心欲修《仪征县志》，求教于阮元。阮元同意担任县志鉴定一职，刘文淇、张安保为总纂。

林则徐在云贵总督任上。二月，自昆明起程，赴大理剿办保山汉族地主武装打劫要犯、屠杀回民事件。三月，途经楚雄，折往云南县，督师镇压弥渡回民起义。四月，审办保山案犯。五月，了结丁灿庭、杜文秀京控案，招复保山回民二百余户。六月，移驻楚雄，处理姚州汉回互斗案。七月，返回昆明。以办理云南"回务"有功，得旨加太子太保，并赏花翎。

胡林翼将左宗棠推荐予林则徐，左宗棠因事未成行。

魏源游南昌。奉命监督挑河。秋游雁荡山，晤梁章钜，请其撰《雁荡诗话》。是年，作《关中形势论》。

曾国藩子纪鸿二月二十四日生。是月，刘传莹移病归籍，曾国藩作文送之。十月，曾国藩闻刘传莹卒于家，设位哭之，为墓志、家传各一篇，刻石寄其家。刘著述无成篇，独于金履祥《孟子集注考证》中搜得朱熹所编《孟子要略》一书，曾乃为校刻行于世。

曾国荃七月科试一等，补廪膳生。

洪秀全赴广州营救冯云山；冯云山在桂平入狱，始创《太平天历》。

杨秀清初托天父"下凡"，萧朝贵初托天兄"下凡"。

张之洞从师胡林翼。

梅曾亮作《徐廉峰尺牍遗稿序》、《刘楚桢诗序》、《何子贞诗序》、《孙秋士诗存序》。

邵懿辰由军机处奏保，以员外升用分刑部；寻补官。

徐有壬迁广东盐运使。

姚燮为编目自记。纪年骈文有《故国学生戎府君墓志铭》。

冯桂芬正月服阕，应两江总督李星沅之聘，主讲金陵惜阴书院。是年冬，与父冯智懋北上京师，仍供职翰林院。

按：惜阴书院由两江总督陶澍于道光十八年所建。书院规模颇大，聘请当时名儒薛时雨为书院山长，挑选优秀学生入学，培育了不少人才。冯桂芬与陶澍有文字之知，故接到李星沅的邀请，即赴书院任职。在担任书院讲席的近一年时间里，他讲究"通经致用之途"，"考镜古今得失，匡时济世，坐言起行"（《显志堂稿》卷二《惜阴书舍戊申课艺序》），影响颇大，听者云集。

何绍基是年仍供职史馆。十二月五日五旬初度，追怀往事，用翁方纲题延年益寿瓦当拓本诗韵，成诗四首，后又再叠韵四首。戴熙为画《瓦寿轩图》，有诗致谢。

张维屏时与温训、谭莹、陈澧等雅集、观游。

姚莹二月初三日卸任篷州知州事。三月，为胡业宏从孙胡虎文所藏《惜抱先生自书诗》跋尾，为沈鹤桥孝廉所藏《彭襄毅自书像赞》作跋。五月抵里。十月初七日，作《桐城烈女三祠堂记》。十二月十七日，作《跋方存之文前集后》。是年，作《方植之〈金刚经解义十种〉书后》，解说方东树佛学之义。

王鑫中秀才，始师从罗泽南，日夜与讲明善复性、修己治人之道。

王作富在四川成都创办志古堂（原名志道堂），刻印书籍。

邓显鹤九月为贺熙龄《寒香馆诗钞》作序。又因重建颜元祠成，作《浯溪颜元祠碑》记其事。

罗惇衍为胡培翚《仪礼正义》作序。

美国监理会派遣传教士戴乐、秦右先后到达上海，建造教堂。

英国传教士艾约瑟来华传教。

意大利传教士晁德莅来华传教。

牟应震著《毛诗名物考》6卷刊行。

彭孚中著《三传异文录》1卷刊行。

关涵著《禹贡指掌》1卷刊行。

徐大绅著《孝经正解》1卷刊行。

朱熹撰，刘传莹辑，曾国藩按《孟子要略》5卷、首1卷由汉阳刘氏刊行。

徐春著《四书私谈》1卷刊行。

梁彣著《四书题说》2卷刊行。

罗泽南始著《西铭讲义》。又著《小学韵语》成书。

王筠著《说文释例》20卷刊行。

陈澧著《汉书地理志水道图说》7卷成书。

岑建功纂《旧唐书逸文》12卷刊行。

徐继畬著《瀛环志略》10卷初刻于福建抚署。

按：作者时任福建巡抚，从道光二十三年（1843）始，向在厦门传教的美国传教士雅裨理借摹世界地图册，同时遍阅西人著述，钩摹地图，易数十稿，最终于1848年成书刊行。本书与魏源的《海国图志》同为中国较早的世界地理志，也是晚清先进人物向西方学习的启蒙读物。康有为曾云，阅读此书后，他才"知万国之故，地球之理"（《康南海自编年谱》）；梁启超中举人后，"从坊间购得《瀛寰志略》读之，始知有五大洲各国"（《三十自述》）。是书自刊行后，翻刻本甚多，有光绪二十四年新化三味书室校刊本、上海老扫叶山房重校订本等。传入日本，产生重大影响。后人多有补正，主要有何秋涛《瀛环志略辨正》、薛福成《续瀛环志略初编》、佚名《瀛环志略续集》等。

美国传教士韦理哲著《地球说略》刊行于宁波。

邓显鹤主纂《宝庆府志》成书。始辑《沅湘耆旧集续集》。

方东树著《考槃集》3卷刊行。

英国J.S.密尔著《政治经济学原理》。

英国麦考莱著《英国史》。

德国B.希尔德·布兰德发表《国民经济学的现在和将来》。

姚柬之著《姚伯山先生全集》26卷刊行。

姚莹等纂《乾坤正气集》101卷刊行。

张廷济著《顺安诗草》8卷刊行。

陈岱著《云石诗存初编》。

梁章钜著《浪迹续谈》8卷刊行。

汤用中著《翼駉稗编》8卷刊行。

曾国藩编《曾氏家训长编》成书。

李善兰著《麟德术解》3卷成书。

吴其濬著《植物名实图考》60卷刊行。

按：是书分两部分，一为《植物名实图考长编》22卷，一为《植物名实图考》38卷。由其同僚陆应谷刻印刊行。此书除是年陆应谷太原府署序刻本外，尚有清光绪六年（1880）山西濬文书局重印本，1919年山西官书局重印本，1919年商务印书馆铅字排印本，1956年商务印书馆校勘重印本，1963年中华书局按商务纸型的重印本。

别林斯基卒（1811— ）。俄国文学批评家、哲学家。

波尔察诺卒（1781— ）。捷克哲学家、数学家、逻辑学家。

夏多勃里昂卒（1768— ）。法国史学家和作家。

英国汉学家巴罗卒（1764— ）。1792年来华，始学汉文，研究中国文学和科学，著有《中国游记》。

张廷济卒（1768— ）。廷济原名汝林，字顺安，号叔未，一字说舟，号竹田，又号海岳庵门下弟子，浙江嘉兴人。嘉庆三年举乡试第一。应礼部试辄踬，遂归隐，以图书金石自娱。建清仪阁，藏庋古器，名被大江南北。精于考证金石。著有《桂馨堂集》，包含《清仪阁所藏古器物文》1卷、《清仪阁金石题识》4卷、《清仪阁古印偶存》、《清仪阁杂咏》1卷、《清仪阁藏器目》1卷、《竹里耆旧诗》1卷、《顺安诗草》8卷、《竹田乐府》1卷等。传世书迹颇富。事迹见《清史稿》卷四八六、《清史列传》卷七三、蔡冠洛《清代七百名人传》第六编。

那札尔卒（1770— ）。全名阿不热依木·那札尔，新疆喀什人。维吾尔族学者、诗人。曾任喀什噶尔最高行政长官祖赫鲁丁的秘书官。著有《爱情长诗集》。

黄安涛卒（1777— ）。安涛字凝舆，号霁青，浙江嘉善人。嘉庆十四年进士，改翰林院庶吉士。散馆，授编修。二十一年，充贵州乡试正考官。充文渊阁校理，修《大清一统志》、《文苑传》等。历官潮州府知府。告归后，主讲鸳湖、安澜书院。以诗酒自娱，间与吴中名士联诗斗酒。著有《真有益斋文编》10卷、《诗娱室诗集》24卷、《息耕草堂诗集》18卷，及《慰托集》16卷等。事迹见《清史列传》卷七三、沈曰富《朝议大夫广东潮州府知府嘉善黄君墓志铭》（《碑传集补》卷二三）。

徐松卒（1781— ）。松字星伯，号孟品，顺天大兴人。嘉庆十年进士，授翰林院编修。简湖南学政，坐事戍伊犁。道光改元，起内阁中书，洊擢郎中，补御史，出知榆林府。精于史事，尤长地理，好钟鼎碑碣文字。著有《徐星伯说文段注札记》1卷、《汉书西域传补注》、《唐两京城坊考》5卷、《唐登科记考》30卷、《宋三司条例考》1卷、《西域水道记》1卷、《新斠注地理志集释》16卷、《长春真人西游记考》2卷、《明氏实录校补》1卷、《东朝崇养录》4卷、《新疆南北路赋》2卷、《星伯先生小集》1卷等。从《永乐大典》辑有《宋会要》500卷、《河南志》3卷等。事迹见《清史稿》卷四八六、《清史列传》卷七三、震钧辑《国朝书人辑略》卷八、《徐松传》(《续碑传集》卷七八)。

按:《清儒学案》卷一四一《星伯学案》曰:"星伯原本经术,精析史事,尤长于地理之学。凡所著述,大都援古证今,得自亲历,与止凭图籍者不同。论者谓开辟新疆天山南北路,视同畿甸,为千古未有之事;其所作,亦千古未有之书。筚路蓝缕,始事艰已。"

贺长龄卒(1785—)。长龄字耦庚,号西涯,晚号耐庵,湖南善化人。嘉庆十三年进士,改庶吉士,散馆,授翰林院编修。二十一年,提督山西学政。道光十六年,任贵州巡抚。任职九年期间,先后在贵阳、铜仁、安顺、石阡等府创办书院,在普定、八寨(丹寨)、邱岱(六枝)、松桃等县举办义学。刊印《钦定春秋左传读本》、《诗书精义汇钞》、《礼记精义钞略》、《左传义法举要》、《日知录》等发给诸生学习。又任江苏布政使等。尝与魏源同辑《皇朝经世文编》120卷。曾纂修《遵义府志》48卷、《贵阳府志》88卷、《兴义府志》74卷、《大定府志》60卷、《安顺府志》54卷。著有《耐庵文集》、《孝经辑注》1卷、《孝经述》1卷、《耐庵奏议存稿》12卷、《江苏海运全案》12卷等。主编《劝学纂言》、《孝经集诠》等。事迹见《清史稿》卷三八〇、《清史列传》卷三八、李桓《国朝耆献类征初编》卷二〇二、蔡冠洛《清代七百名人传》第一编。

汪喜孙卒(1786—)。喜孙字孟慈,号荀叔,江苏江都人。汪中长子。嘉庆十二年举人,以入赀为官,卒于河南怀庆府知府任内。著有《大戴礼记补注》、《丧服答问纪实》、《国朝名臣言行录》、《经师言行录》、《尚友记》、《从政录》、《孤儿编》、《且住庵诗文稿》等。今有杨晋龙主编《汪喜孙著作集》(台湾中国文史哲研究所2003年出版)。事迹见《清史列传》卷六八。

按:《汪喜孙著作集》搜录现存汪喜孙的14种著作及失收之佚文,包括《汪孟慈集》、《抱璞斋时文》、《抱璞斋诗集》、《从政录》、《丧服答问纪实》、《孤儿编》、《尚友记》、《汪氏学行记》、《寿母小记》、《容甫先生年谱》、《汪容甫年表》、《汪荀叔自撰年谱》、《海外墨缘》等13种及《附录》1种。

张声玠卒(1803—)。声玠字奉兹,一字玉夫,号润卿,别署蘅芷庄人,湖南湘潭人。道光十一年举人,七赴会试,皆落第。二十五年,任直隶元氏县知县。擅诗古文,并善词曲。著有《蘅芷庄人随笔》5卷、《蘅芷庄诗集》18卷、《蘅芷庄文集》4卷、《玉田春水轩杂出》9种。事迹见左宗棠《元氏县知县张公墓志铭》(《左文襄公书牍》卷一)。

刘传莹卒(1818—)。传莹字实甫,又字椒云,湖北汉阳人。道光十九年举人,官至国子监学政。著有《刘椒云先生遗集》4卷。事迹见《清史稿》卷四八〇、《清史列传》卷六七、李桓《国朝耆献类征初编》卷一四八、梅曾亮《国子监学政刘君墓表》、曾国藩《国子监学政汉阳刘君墓志铭》、《汉阳刘君家传》、方宗诚《刘椒云传》(均见《刘椒云先生遗集》卷首)。

按:《清史稿》本传曰:"始学考据,杂载于书册之眉,旁求秘本钩校,朱墨并下,达旦不休。其治舆地,以尺纸图一行省所隶之地,墨围界画,仅若牛毛。晨起指诵曰:'此某县也,于汉为某县;此某府某州也,于汉为某郡国。'凡三四日而熟一纸,易他行省亦如之。久之疾作,不良食饮。自以所业者繁杂无当于心,乃发愤叹曰:'凡吾之所为学者何为也哉!舍孝弟取与之不讲,而旁骛琐琐,不亦慎乎!'于是取濂、洛以下切己之说,以意时其离合而反复之。尝语曾国藩曰:'君子之学,务本而已。吾与子敝精神于雠校,费日力于文辞,倖幸于身后不知谁何者之誉。自今以往,可一切罢弃,各敦内行。没齿无闻,誓不复悔。'卒,年三十一。病中为《日记》一编,痛自绳检,遗令处分无憾。国藩尝称其'湛深而敦厚,非其视不视,非其听不听,内志外体一准于法,而所以扩充官骸之用,又将推极知识,博综百氏,以求竟乎其量'。世以为知言。朱子所编《孟子要略》,自来志艺文者皆不著于录。传莹始于金仁山《孟子集注考证》内搜出之,复还其旧。"

左潜(—1874)、曾纪鸿(—1877)、杨月楼(—1890)、王颂蔚(—1896)、张佩纶(—1903)、黄遵宪(—1905)、孙诒让(—1908)、陈宝琛(—1935)生。

道光二十九年　己酉　1849 年

匈牙利独立。
俄国入布达佩斯。

正月二十五日甲午(2月17日),英国香港总督文翰在虎门口外会晤两广总督徐文缙,提出进入广州城之要求,被拒。

二月十一日庚戌(3月5日),葡澳门总督宣布澳门为自由埠,侵占澳门。

三月十四日己卯(4月6日),广州社学群众十万人守卫珠江两岸,港英总督文翰被迫宣布放弃入城要求。

是日,上海道台出示布告,以上海县城与英租界之间约986亩之区域作为法国租界。

三十日乙未(4月22日),清廷命徐广缙等镇压广东阳山、英德等县会党起义。

闰四月,法国天主教耶稣会在上海创设徐家汇圣依纳爵公学。

按:此为天主教在中国创设首所学校,1927年改称徐汇公学。

十月十三日丁丑(11月27日),天地会雷再浩余部李沅发在湖南新宁起义。

英国利文斯通
考察南非的赞比西
河流域。
德国波林道尔
发现炭疽杆菌。

阮元正月为道光《仪征县志》作序;是春,为梁章钜辑《戏彩亭诗事》作序。是年,命刘毓崧代作新刻《舆地纪胜序》。

林则徐一月在云贵总督署招同人作东坡生日会。二月,邀云南巡抚程采和、廖韵楼、保绍庭游万寿寺。接邵懿辰劝其不要引退信,并与之讨论引退之原由。病免。林则徐在云贵总督任上。整顿云南矿厂,主张"招集商民,听其朋资伙办",开采银矿。整顿铜政,维护"放本收铜"政策。云南腾越厅卡外少数民族起义,饬令迤西官兵镇压。因病奏请开缺回乡调治。道光帝下旨准予,乃扶病东归。

洪秀全、冯云山六月建立领导中心,奉上帝为天父,耶稣为天兄,洪秀全为二兄,冯云山行三,杨秀清行四,萧朝贵行五,韦昌辉行六,石达开行七。

魏源与陈澧订交。丁忧期满,任扬州兴化县知县。欲重修《兴化县志》,建书院。奉檄调查下河水利,作《下河水利书》,提出切实可行的治河方策。

曾国藩二月升授礼部右侍郎。九月,兼署兵部右侍郎。派为宗室举人复试阅卷大臣、顺天乡试复试阅卷大臣、顺天武乡试校射大臣。

王闿运肄业于长沙城南书院。

> 按:王闿运字壬秋,号湘绮,湖南湘潭人。《清史稿·王闿运传》曰:"幼好学,质鲁,日诵不能及百言。发愤自责,勉强而行之。昕所习者,不成诵不食;夕所诵者,不得解不寝。于是年十有五明训诂,二十而通章句,二十四而言礼。考三代之制度,详品物之所用。二十八而达《春秋》微言,张《公羊》,申何学,遂通诸经。"

梅曾亮任户部郎中二十年,本年辞官出都,邵懿辰、孔宪彝、曾国藩、边裕礼、秦缃业、冯志沂、何秋涛、黄子寿等为其饯于龙树寺。是年,主讲扬州梅花书院。作《蒋玉峰诗序》、《戴云帆文集序》、《朱少仙诗集序》、《王艺斋家传》、《书李延扬死贼事》、《国子监学正刘君墓表》、《谢封君墓表》、《赠奉政大夫翰林院侍讲海宁州学正朱府君墓志铭》、《貤赠奉直大夫刑部主事冯府君墓志铭》、《唐安人墓表》。

胡林翼充武乡试监试官。

陈澧选授泗源县学训导。

王韬入上海墨林书馆任编辑,与麦都思、艾约瑟等外国传教士共事达十三年之久,翻译著作甚多。

李善兰居嘉兴。夏与钱熙哲寓乐郡幻居庵,从陈奂受经,交孙次山、杨韵、于源、何吕治、朱大令。

左宗棠在长沙设馆授徒。十一月二十一日,与林则徐会见于长沙湘江舟中,彻夜长谈。

何绍基是年春间仍在史馆供职。夏间充广东乡试副考官,张穆集同人饯别于顾祠。南行途中怀念都门好友,成绝句二十五首。在广州至听松园与张维屏相晤。十二月初四日,始回北京复命。

张维屏与梁廷枏等检阅壮勇操练。是年七十寿辰,梅曾亮为其作《张南山七十寿序》。

姚莹正月为潘四农诗集作序。二月作《苏厚子〈望溪先生年谱〉书后》,谈年谱编写。九月初九,作《处士大年君墓碣铭》。十月,作《惜抱先生与管异之书跋》。十二月,作《熊襄愍手书尺牍序》。

容闳自美国芒松学校毕业。

马克思、恩格斯重建共产主义者同盟。

童濂在江都县设局注《南北史》。

俄国传教士孔琪庭（又译孔气、孔琪）来华传教。

德国萨维尼著《现代罗马法体系》。

罗昌鸾著《周易象义串解》6卷刊行。

戴棠著《郑氏爻辰补》6卷、《凡例图》1卷刊行。

吕鹏飞著《周礼补注》6卷由吕氏立诚轩刊行。

牟应震著《毛诗质疑》24卷刊行。

朱鹤龄辑《左氏春秋集说》10卷，附明王樵辑、朱鹤龄参《春秋凡例》2卷刊行。

王曜南著《读礼条考》20卷刊行。

王筠著《禹贡正字》1卷刊行。

段谔廷著《四书字诂》78卷、《群经字诂》72卷刊行。

郝宁愚著《四书说》10卷刊行。

罗泽南著《西铭讲义》成书。

刘维坊著《同音字辨》4卷刊行。

程祖庆编《练川名人画像》4卷刊行。

刘文淇重修《仪征县志》。

邓显鹤纂《宝庆府志》143卷刊行。

邹汉勋纂《大定府志》60卷。

姚莹著《海运纪略后编》2卷。

张穆编《山右碑目》2卷刊行。

林春溥著《开卷偶得》10卷刊行。

梁章钜著《浪迹三谈》6卷成书。

陈澧著《东塾类稿》刊行。

张鹏飞辑《皇朝经世文编补》120卷成书。

王韬著《蘅华馆诗录》成书。

潘德舆著《养一斋诗文集》刊行。

顾千里著《思适斋集》由徐紫珊鸠工开雕，杨文荪作序。

谭献著《化书堂集》3卷刊行。

顾沅纂《今雨集》刊行。

赵庆嬉著《金消酒醒曲》1卷与《金消酒醒词》1卷合刻。

林铖著《西海纪游草》刊行。

按：此为中国最早一本国人游历西方之笔记。

陈森著《品花宝鉴》60回刊行。

按：是书开清代狎邪小说之风，1913年石印本为6卷，改题《燕京评花录》，又一石印本改题《怡情佚史》。此后，一批"狎邪小说"如《花月痕》、《青楼梦》、《海上尘天影》、《海上花列传》、《九尾鱼》、《海上繁华梦》等相继出现，盛行于世。

潘仕成纂《海山仙馆丛书》56种485卷刊行。

按：是书有道光、咸丰间番禺潘氏刊光绪中补刊本。其版片据杨守敬《丛书举要》称："南海潘氏此版尚存广雅书局。"徐珂《清稗类钞·鉴赏》称："禁烟一役，外兵陷粤城,全书板片,均为法人所获。与军用品物,随舶西运,陈列于巴黎博物院。"

许乃钊纂《敏果斋七种》刊行。

马曰璐纂《小玲珑山馆丛书》6种重刻。

沈懋德重纂《昭代丛书》别集 60卷刊行。

孙澍、孙锽纂《古棠书屋丛书》18种刊行。

英国传教士合信著《天文略论》在广州刊行。

美国人哈巴安德著《天文问答》在宁波刊行。

按：《天文略论》和《天文问答》为中国最早介绍西方天文学之著作。

阮元卒(1764—　)。元字伯元,号芸台,江苏仪征人。乾隆五十四年进士,选庶吉士,散馆第一,授翰林院编修。逾年大考,高宗亲擢第一,超擢少詹事。直南书房、懋勤殿,迁詹事。五十八年,督山东学政,任满,调浙江。历兵部、礼部、户部侍郎。卒谥文达。入祀乡贤祠、浙江名宦祠。著有《揅经室一集》14卷、《揅经室二集》8卷、《揅经室三集》5卷、《揅经室四集》13卷、《揅经室续集》11卷、《揅经室再续集》7卷、《揅经室外集》5卷。编有《淮海英灵集》22卷、《广陵诗事》10卷、《两浙轩录》40卷、《补遗》10卷及《经籍籑诂》、《十三经注疏校勘记》、《皇清经解》、《畴人传》、《浙江通志》、《广东通志》、《山左金石志》、《文选楼丛书》等。事迹见《清史稿》卷三六四、《清史列传》卷三六、蔡冠洛《清代七百名人传》第四编、刘毓崧《阮文达公传》、李元度《阮文达公事略》(均见《续碑传集》卷三)。王章涛编有《阮元年谱》。

按：阮氏是著名学者,且官位显赫。其时彦张惠言、陈寿祺、王引之、汤金钊、许宗彦、姚文田、郝懿行悉出其门下,曾在杭州创诂经精舍,在广州设学海堂,多处罗致学人从事刊编书籍,主编《经籍籑诂》、校刊《十三经注疏》,汇刻《皇清经解》,多为学人所取。是清代"文笔论"首倡者,其子阮福及后学李慈铭、刘师培皆为其"文笔论"传人。阮氏位极人臣,以己之地位,倡学术研究,编刻群经。他对经史、小学、天算、舆地、金石、校勘,无不穷极稳徵,为扬州学派巨子。焦循为其姐夫,同郡王念孙、刘文淇皆以学问相切磋。生平研究经学,以戴震一派为楷模,持实事求是的精神,长于归纳。对清末学术产生重大作用。《清史稿》本传曰:"元博学淹通,早被知遇。敕编《石渠宝笈》,校勘《石经》。再入翰林,创编《国史儒林》、《文苑传》,至为浙江巡抚,始手成之。集《四库未收书》一百七十二种,撰提要进御,补中秘之阙。嘉庆四年,偕大学士朱珪典会试,一时朴学高才搜罗殆尽。道光十三年,由云南入觐,特命典试,时称异数。与大学士曹振镛共事意不合,元歉然。以前次得人之盛不可复继,历官所至,振兴文教。在浙江立诂经精舍,祀许慎、郑康成,选高才肄业;在粤立学海堂亦如之,并延揽通儒:造士有家法,人才蔚起。撰《十三经校勘记》、《经籍籑诂》、《皇清经解》百八十余种,专宗汉学,治经者奉为科律。集清代天文、律算诸家作《畴人传》,以章绝学。重修《浙江通志》、《广东通志》,编辑《山左金石志》、《两浙金石志》、《积古斋钟鼎款识》、《两浙輶轩录》、《淮海英灵集》,刊当代名宿著述数十家为《文选楼丛书》。自著曰《揅经室集》。他纪事、谈艺诸编,并为世重。身历乾、嘉文物鼎盛之时,主持风会数十年,海内学者奉为山斗焉。"

梁章钜卒(1775—　)。章钜字闳中,号茝林、茝邻,晚年自号退庵,祖

老约翰·施特劳斯卒(1804—　)。奥地利作曲家。

肖邦卒(1810—　)。波兰作曲家、钢琴家。

裴多菲·山道尔卒(1823—　)。匈牙利诗人。

爱伦·坡卒(1809—　)。美国作家。

籍长乐，后迁居福州。嘉庆七年进士，任礼部主事。二十一年，考选军机京章。道光元年，升为礼部员外郎，任大清通礼馆、内廷方略馆编修。历任湖北荆州知府、江南淮海河务兵备道，以及江苏、山东、江西按察使，江苏、甘肃、直隶布政使。鸦片战争期间，任广西、江苏巡抚，一度兼署两江总督。综览群书，熟于掌故。著有《夏小正经传通释》4卷、《论语集注旁证》20卷、《孟子集注旁证》14卷、《三国志旁证》30卷、《仓颉篇校证》3卷、《清书录》、《金石书画随笔》、《国朝臣工言行记》12卷、《枢垣纪略》16卷、《春曹题名录》6卷、《南省公余录》8卷、《退庵随笔》22卷、《文选旁证》46卷、《沧浪亭志》4卷、《沧浪题咏》2卷、《归田琐记》8卷、《浪迹丛谈》11卷、《浪迹续谈》8卷、《浪迹三谈》6卷、《梁祠辑略》2卷、《楹联丛话》12卷、《楹联续话》4卷、《楹联三话》、《巧对录》4卷、《制艺丛话》24卷、《试律丛话》10卷、《称谓录》32卷、《称谓拾遗》10卷、《退庵随笔》22卷、《东南峤外书画录》20卷、《退庵所藏金石书画题跋》20卷、《藤花吟馆诗抄》10卷、《退庵诗存》24卷、《退庵文存》24卷、《南浦诗话》4卷、《长乐诗话》8卷、《三管诗话》4卷、《东南峤外诗话》20卷、《闽川闺秀诗话》4卷、《玉台新咏读本》10卷等七十余种。辑有《古格言》12卷、《闽文复古编》6卷、《闽文典制钞》4卷、《东南峤外诗文钞》30卷、《闽诗钞》50卷、《三管诗钞》58卷、《三山唱和诗》10卷、《江田梁氏诗存》9卷、《江汉赠言》2卷、《东南棠荫图咏》3卷、《吴中唱和集》8卷、《蔚江别话》4卷、《北行酬唱集》4卷。事迹见《清史列传》卷三八、李桓《国朝耆献类征初编》卷二〇二、蔡冠洛《清代七百名人传》第一编、林则徐《诰授资政大夫兵部侍郎都察院右副都御史江苏巡抚梁公墓志铭》(《碑传集补》卷一四)。

吕飞鹏卒(1777—)。飞鹏字云里，安徽旌德人。从宁国凌廷堪治《礼》，廷堪器之，以为能传其学。山阳汪廷珍视学安徽，喜士通古经义，补其为县学附生。著《周礼补注》6卷、《周礼古今文义证》6卷。事迹见《清史稿》卷四八二、《清史列传》卷六九、梅曾亮《赠翰林院编修吕府君墓志铭》(《碑传集补》卷四〇)。

按：《清史稿》本传曰："飞鹏少读《周礼》，长而癖嗜，廷堪尝著《周官九拜九祭解》、《乡射五物考》，援据《礼经》，疏通证明，足发前人所未发。飞鹏师其意而变通之，成《周礼补注》六卷。其大旨以郑氏为宗，《自序》曰：'汉魏之治《周礼》者，如贾逵、张衡、孙炎、薛综、陈劭、崔灵恩之注，遗文轶事，散见群籍。或与郑义符合，或与郑义乖违，同者可得其会通，异者可博其旨趣。是用广搜众说，补所未备，条系于经文之下，或旁采他经旧注，或兼取近儒经说，要于申明古义而已。'又著《周礼古今文义证》六卷，尝考康成本治《小戴礼》，后以古经校之，取其于义长且顺者为郑氏学。又注小戴所传《礼记》四十九篇，又尝作《毛诗笺》。"

沈维鐈卒(1778—)。维鐈字子彝、鼎甫，号小湖，浙江嘉兴人。嘉庆七年进士，改翰林院庶吉士，散馆，授编修。历司业、洗马，与修《全唐文》、《西巡盛典》、《大清一统志》，纂辑《秘殿珠林》、《石渠宝笈》。道光间，官至工部左侍郎。著有《补读书斋遗稿》。事迹见《清史稿》卷三七六、曾国藩《沈鼎甫侍郎行状》(《续碑传集》卷一〇)。沈宗函编有《沈鼎甫年谱》。

按：《清史稿》本传曰："维鐈学以宋儒为归，谓典章制度与夫声音训诂当宗汉人，而道理则备于程、朱，务为身心有用之学。校勘宋儒诸书以教士，时称其醇谨焉。"

刘鸿翱卒（1779— ）。鸿翱字次白，晚号黄叶老人，山东潍县人。嘉庆四年进士。道光十六年，由兰州道迁陕西按察使。十八年，迁云南布政使。二十五年，擢福建巡抚。著有《绿野斋文集》4卷。

刘灿卒（1780— ）。灿字星若，号南蒲，又号帝臣，浙江镇海人。受知于阮元。嘉庆二十四年优贡生。精于小学。著有《诗古音考》、《小学校误》、《日知录记疑》、《支雅》2卷、《续广雅》3卷等。

胡培翚卒（1782— ）。培翚字载平，一字竹村，安徽绩溪人。幼受学于祖父胡匡衷，及长又师事凌廷堪、汪莱，反对汉、宋门户之争。嘉庆二十四年进士，官内阁中书、户部广东司主事。后主讲钟山、惜阴、娄东、庐州、泾川诸书院，并以引翼后进为己任。著《仪礼正义》40卷、《禘祫问答》、《研六室文钞》、《研六室杂著》等。事迹见《清史稿》卷四八二、《清史列传》卷六九、蔡冠洛《清代七百名人传》第四编。

按：胡氏长于《礼》，以为唐贾公彦疏解《仪礼》多有失误，以东汉郑玄注为依据，采集过去经学家的研究成果，从事《仪礼正义》撰述，未成而卒，由弟子杨大堉续成，凡40卷。《清史稿》本传曰："绩溪胡氏，自明诸生东峰以来，世传经学。培翚涵濡先泽，又学于歙凌廷堪，邃精《三礼》。初著《燕寝考》三卷，王引之见而喜之。既为《仪礼正义》，上推周公、孔子、子夏垂教之旨，发明郑君、贾氏得失，旁逮鸿儒、经生之所议。张皇幽渺，阐扬圣绪，二千余岁绝学也。其旨见与顺德罗惇衍书曰：'培翚撰《正义》，约有四例：一曰疏经以补注，二曰通疏以申注，三曰汇各家之说以附注，四曰采他说以订注，书凡四十卷，至贾氏公彦之疏，或解经而违经旨，或申注而失注意，不可无辨。别为《仪礼贾疏订疑》一书。宫室制度，今以朝制、庙制、寝制为纲，以天子、诸侯、大夫、士为目。学制则分别庠、序馆制则分别公、私，皆先将宫室考定，而以十七篇所行之礼，条系于后，名宫室提纲。陆氏《经典释文》于《仪礼》颇略，拟取各经音义及集释文以后各家音切，挨次补录，名曰《仪礼释文校补》。'培翚覃精是书凡四十余年，晚岁患风痹，犹力疾从事。尚有《士昏礼》、《乡饮酒礼》、《乡射礼》、《燕礼》、《大射仪》五篇未卒业而殁。门人江宁杨大堉从学《礼》，为补成之。他著有《禘祫问答》、《研六室文钞》。"

王赠芳卒（1782— ）。赠芳字曾驰，号霞九，江西庐陵人。嘉庆十六年进士，改翰林院庶吉士，散馆，授编修。历任广西乡试副考官、会试同考官、福建乡试副考官、湖北学政、户科给事中等。诗词、古文皆长。家有藏书五万余卷。著有《毛诗纲领》、《春秋纲领》、《纲鉴要录》、《慎其余斋文集》44卷、《慎其余斋诗集》10卷、《皇华日记》4卷、《湖北表微录》、《书学汇编》等。事迹见《清史列传》卷七三。

吴清皋卒（1786— ）。清皋字鸣九，一字小谷、壶庵，浙江钱塘人。吴锡麒子。嘉庆十八年举人。由内阁中书官至江西南昌知府。参与宣南诗社。著有《壶庵遗诗》2卷及骈体文2卷。事迹见《清史列传》卷七二、李桓《国朝耆献类征初编》卷二四七。

顾夔卒（1790— ）。夔原名恒，字荃士，号卿堂，江苏华亭人。道光六年进士,改庶吉士,散馆,授山西灵石县令。工诗、词。著有《城北草堂诗钞》2卷、《城北草堂诗余》2卷。事迹见《清史列传》卷七六。

俞万春卒(1794—　)。万春字仲华,别号忽来道人,浙江山阴人。诸生。一生未正式任官,长期追随其父在广东的任所。后行医于杭州。常以酒一壶,铁笛一枝,分系牛角,游行于西湖之上,自号黄牛道人。精医道,通兵法。著有小说《荡寇志》及《医学辨症》、《骑射论》、《火器考》等。

张穆卒(1805—　)。穆本名瀛暹,字诵风,一字石洲,亦作石舟、硕州,别署季翘,悝吾,晚号靖阳亭长,山西平定人。道光十一年优贡,次年入都,选官白旗汉教习。十九年应顺天乡试,遭摈斥,不得复应乡试。从此专力于学术。精经史、地理,以文章经济自负。著有《蒙古游牧记》16卷、《延昌地形志》、《顾亭林先生年谱》4卷、《阎潜邱先生年谱》4卷及《㲉斋文集》、《㲉斋诗集》等。事迹见《清史稿》卷四八五、《清史列传》卷七三。

按:《清史稿》本传曰:"(张穆)通训诂、天算、舆地之学。著《蒙古游牧记》,用史志体,韵士《要略》(指祁韵士《西陲要略》)用编年体,论者谓二书足相垺。又以《魏书·地形志》分并建革,一以天平、元象、兴和、武定为限,纯乎东魏之志。其雍、秦诸州地入西魏者,遂脱失踪驳不可读。乃更事排纂,书未成,其友何秋涛为补辑之。"支伟成曰:"张穆……其为学,尤长于地理。所著《蒙古游牧记》十六卷,考据精确,以殚洽称最。而《延昌地形志》,因魏收书乃东魏之志,与北魏无涉,读《水经注》者,偶一援及,辄成歧误,自来志家无此荒谬;为博采旁稽,俾稍还元魏旧观。仅于司州恒朔十二镇三事,几费三载之力,然后得其梗概。……体例用郦注为经,各地家言为纬,考其兴废,订其讹脱。他若古书金石遗文有涉及魏事者,亦详采之。复有总图,有各州郡图,载于每卷之首,不但为元魏一代地理专书,实足释千古之疑,供读《水经》者之门径焉。惜止成十三卷,未卒业。"(《清代朴学大师列传·张穆》)

李锡龄约卒,生年不详。锡龄字孟起,一字孟熙,陕西三原人。道光初,官至内阁中书。喜蓄购古书,收藏之富,甲于一方,所藏达9万余卷,储于"惜阴轩"中,取"珍惜光阴"之意。精于校勘,所收之书,校雠精细。道光中,取所藏精品及稀世罕见之书,刊刻《惜阴轩丛书》,收书34种,303卷;续编1种,21卷,采择遍及四部,但偏重于经学、金石、医学方面。所选都据宋元旧刻与通常流通之本,文字有异同者,订证谬误。

方恮(　—1878)、王仁堪(　—1893)、杨深秀(　—1898)、王鹏运(　—1904)、黄士陵(　—1908)、贺涛(　—1912)、盛宣怀(　—1916)、叶昌炽(　—1917)生。

道光三十年　庚戌　1850年

普鲁士王国颁　　正月十四日丁未(2月25日),道光帝爱新觉罗·旻宁病逝。

二十六日己未(3 月 9 日),爱新觉罗·奕宁即位,以明年为咸丰元年。

二月二十日癸未(4 月 2 日),命修纂《宣宗成皇帝实录》。以大学士穆彰阿为监修总裁官,协办大学士户部尚书祁隽藻、吏部尚书文庆、户部尚书塞尚阿、工部尚书杜受田为总裁官,户部左侍郎阿灵阿、季芝昌、右侍郎福济、兵部左侍郎瑞常、刑部左侍郎周祖培、工部左侍郎翁心存为副总裁官。

四月二十一日癸未(6 月 1 日),咸丰帝引见丁未科散馆人员,授二甲庶吉士沈桂芬、沈葆桢、李鸿章等为编修。又策试贡士邹石麟等 209 人于保和殿。

六月十九日己卯(7 月 27 日),清廷命徐广缙、叶名琛、郑祖琛派兵分路缉捕两广会党。

七月初六日丙申(8 月 13 日),沙俄涅维尔斯科强占中国黑龙江口的庙街,改名为"尼古拉也夫斯克"。

十二月初十日丁卯(1851 年 1 月 11 日),洪秀全在广西桂平金田发动起义,建号太平天国。

十二日己巳(1 月 13 日),咸丰帝以近来邪教流传,蔓延各省,特谕各省督抚会同学政转饬地方官及各学教官,以御纂《性理精义》、《圣谕广训》教授书院(《文宗显皇帝实录》卷二三)。

是年,候补京堂张锡庚请复开博学鸿词科,以储人才。礼部议以非当务之急,遂止(《清史稿·选举志四》)。

布宪法。

奥普签定《阿姆茨条约》。

法国总统路易·波拿巴废止普选权。

美国国会颁布《追捕逃奴法案》。

林则徐自云南引疾还闽,经湖南,晤左宗棠。四月,返福州,与僧人共议驱英事,又亲赴海口察看形势,以谋设防之举。九月,偕林昌彝两度游西湖,欲立湖上诗社。邀同里李彦彬订存《榕亭诗存》。撰《重修福清文庙碑记》、《西北水利》。十一月初五日,奉旨为钦差大臣,带病从福州起程,前往广西镇压天地会起义。十六日至广东潮州,病情恶化,吐泻不止。二十二日,卒于普宁县行馆。

魏源擢高邮知州,次年到任。

曾国藩四月上《应诏陈言疏》。五月,有疏荐李棠阶、吴廷栋、王庆云、严正基、江忠源等 5 人。六月,兼署工部左侍郎,十四日,钦派朝考拔贡阅卷大臣。八月二十一日,钦派考试国子监学正学录阅卷大臣。十月,兼署兵部右侍郎。

按:黎庶昌《曾文正公年谱》道光三十年五月条曰:"十四日,在署考试各省优贡。时奉旨令部院九卿各举贤才,曾国藩疏荐五人,奏称:李棠阶以学政归家,囊橐萧然,品学纯粹,可备讲幄之选;吴廷栋不欺屋漏,才能干济,远识深谋,可当大任;王庆云闳才精识,脚脚踏实,可膺疆圉之寄;严正基洞悉民隐,才能济变;江忠源忠义耿耿,爱民如子。"

俞樾举礼部试,复试一等第一名;殿试二甲,赐进士出身,改翰林院庶吉士;复试题为《澹烟疏雨落花天》,首句云"花落春仍在",为曾国藩所赏,后遂以"春在堂"名其书,以志之知遇。

马克思、恩格斯创办《新莱茵报》、《政治经济评论》。

恩格斯重返曼彻斯特。

德国克劳修斯发现热力学第二定律。

胡林翼委署思南府事,兴学校,捐膏火。

冯桂芬受两江总督陆建瀛聘,赴扬州修《盐法志》,凡两年。

陈澧始与柳兴恩相见,赠以所著《梁大义述》一帙。

刘宝楠移境内白娄村魏凝禅寺三级浮图颂碑于文清书院,与诸汉碑并立。

何绍基三月奉母柩南旋。五月至苏州,又至浙江嘉兴。五月二十三日,舟过携李亭下本觉寺,观苏东坡《三过诗》石刻。冬间,回至长沙。

许乃普应诏上疏,建议正君心,培圣德。

按:《清史稿·许乃普传》曰:"诏求言,乃普疏言:'方今先务,莫急于正君心,培圣德。请敕馆臣合列朝圣训,依类分门,排日进呈,庶政奉以为宗。恩诏各省保举孝廉方正,请敕下各直省学政考核学官,学官得人,所举庶几可恃。刑部于致死胞伯叔及胞兄之案,以事关服制,往往夹签声明,并非有心干犯,巧为开脱。请敕下刑部斟情酌理,俾无枉纵。各省绿营弁兵平时宜加意训练,武职到京,兵部验看时,当令兼演火器。'疏上,得旨:'下所司议奏。'"

黄遵宪由曾祖母口授《千家诗》成诵。

林则徐卒后,张维屏有诗悼之。

鲁一同试礼部报罢,曾国藩为之叹息。

姚莹七月奉陆建瀛之命到扬州参与盐政事务。十月,授湖北盐法道。十二月,作《黄右爰近思录集说序》,挞伐汉学。

罗惇衍应诏陈言,得嘉纳。

按:《清史稿·罗惇衍传》曰:"三十年,文宗即位,应诏陈言,略言:'古帝王治天下,根源祇在一心,要在览载籍,勤省察,居敬穷理,以检摄此心。圣祖仁皇帝御纂《性理精义》,于存养省察、致知力行,以及人伦性命,皆有程途阶级,其论君道,尤极详备。惟在皇上讲习讨论,身体力行。世宗宪皇帝朱批谕旨,于臣工奏摺,指示得失,明见万里。皇上几暇,日阅一二事,凡督抚陈奏,如能深谋远虑,措置得宜,即予以褒答;若有饰诈怀私,亦为之指示,庶大吏皆知警戒。他若《御纂资政要览》、《庭训格言》诸书,皆本心出治,一以贯之。伏原皇上法祖以修己,推而知人安民,皆得其道。'又请谕部院大臣各举所知,备京卿及讲读之任;敕直省督抚、提镇、学政皆得犯颜直谏,指陈利病,无所忌讳,藩臬亦许密封由督抚代为呈奏。疏入,上嘉纳之。"

郁松年广搜图书,建宜稼堂藏之。

林昌彝与温训缔文,仲夏由而南京归。

容闳获美国齐治亚省妇女会资助,入耶鲁大学学习法律。

杨彝珍中进士,钦点翰林院庶吉士。与孙衣言寓所相近,晨夕过从。

孙衣言中进士,选翰林院庶吉士。得祁寯藻、曾国藩赏识。是年作《海客授经图》,征时人题咏,题诗者有邵懿辰、孔宪彝、孔宪庚、彭昱尧、戴絅孙、董澐镜、法良、唐启华、徐子苓、汪晫、王锡振、林鹗、金衍宗、张振夔、徐乃康、徐献廷、戴钧衡等。

缪梓权守绍兴知府,赵之谦入幕府,负责笺牍、奏章等事务,并与当时同在缪府的胡培系、胡澍、王晋玉等人师事于缪梓。

按:胡培系字子继,安徽绩溪人。贡生,官宁国府学教谕。精于《三礼》。著有

《仪礼宫室提纲》、《燕寝考补图》、《大戴礼记笺证》、《皇朝经世文续钞》、《教士迩言》3卷、《小檀栾室笔谈》4卷、《十年读书室文存》、《十年读书室诗存》。

吕贤基应诏上封事，请懋圣学，正人心，育人才，恤民隐，尤被嘉纳。迁鸿胪寺卿（《清史稿·吕贤基传》）。

广东佛山唐姓书商开始铸造锡活字，铸成三套不同字体，扁体、长体大字和长体小字（供正文小注用）共20多万个。次年开始用锡活字印刷马端临《文献通考》348卷，装订成120大册，两年印成。

按：净雨《清代印刷史小纪》称"粤人某氏，始仿铸金属活字，大小凡二各，共计十五万余枚，专印'阖礼'，以印书报，尚感不适也"。

美国长老派教会传教士丁韪良抵香港，又至宁波传教。

美国圣公会传教士裨治文夫人格兰德女士在上海设裨文女校。

成英卿自序《禹贡班义述》。

许致和著《说诗循序》、《学庸总义》1卷刊行。

按：许致和字赓堂，一字肃斋，山东日照人。许瀚父。贡生。幼贫，嗜读。及年长，以课馆为业。

常茂徕著《增订春秋世族源流图考》6卷、《春秋女谱》由怡古堂刊行。

李文炤著《大学讲义》1卷刊行。

王筠著《四书说略》4卷刊行。

夏炘著《述朱质疑》16卷成书。

钱仪吉编纂《经苑》41种，本年刻成25种；又以近三十年之力，基本完成《碑传集》草稿，后经诸可宝校订，黄彭年为之刊行。

庄缃澍辑《五经不二字音韵释文》5卷刊行。

方东树著《汉学商兑刊误补义》1卷刊行。

按：《续修四库全书总目提要》曰："东树刊《汉学商兑》成，其后续有所获，有堪与本条相发明者，应为补入。又有前说偶误，后忽发觉者，应为改正。遂成是书。题道光戊戌，距刊前书时，越七年矣。所持论视前尤悍，如儒之训为需为柔，自是造字本义，乃曰姑阙之，而断以理，可乎？其斥汉学，至比之鸩酒毒脯，食之者必裂肠洞胃，狂吼以死，不思汉学家所考据者典章制度训诂名物也。即不适时用，亦何至有害于人耶？凡不合程、朱者如甘泉、白沙、景逸、念台，皆所痛贬。即素行不背朱子，如黄梨洲、顾亭林者，以其平日未尝言心言性，亦概言之。盖东树记诵本甚该博，佐以褊心粗气，老而益甚，遂至于此。惟中驳吴英及其子至忠所为《四书章句集注定本辨》，谓《定本》并无其书，且所引皆朱子初说，不如今通行本之义周词当，所见甚是。非研讨素深者，不能知之耳。"

王筠著《说文释例》20卷、《说文解字句读》（又称《说文句读》）30卷刊行。

桂馥著《说文解字义证》50卷初刻。

按：王筠称赞桂氏此书"征引虽富，脉络贯通。前说未尽，则以后说补苴之；前说有误，则以后说辨正之。凡所称引，皆有次第，取足达许说而止"（王筠《说文释例·自序》）。因此，《说文解字义证》读起来使人感到"虽繁而寻省易了"（张之洞《说文解字义证·叙》）。

德国费希特著《伦理学体系》。

英国斯宾塞著《社会静力学》。

恩格斯著《德国农民战争》。

马克思著《1848年至1850年的法兰西阶级斗争》。

梁章钜著《三国志旁证》30卷刊行。

罗泽南著《皇舆要览》成书。

徐鼒始著《小腆纪年》（成书后更名为《小腆纪传》）。

程鸿诏著《唐两京城坊考校补记》1卷。

钱谦益著、陈景云注《绛云楼书目注》4卷、补遗1卷刊行。

夏燮著《中西纪事》初稿成。

按：本书根据当时流传的奏稿函札、条约章程等资料，整理自鸦片战争前后至咸丰末年中外关系的史事。

梁廷枏著《夷氛记闻》5卷成于是年前后。

按：是书起于道光初年禁烟运动，叙述英国对华输入鸦片和鸦片战争中历次战役，讫于1849年广州人民坚阻英人入城。除卷四外，皆记粤事。本书所述多为作者目击，史实较翔实，叙述亦简赅有法。原刻本流传极少。1937年孟森将所藏传钞本交北平研究会付印，易名为《夷氛记闻》。

德国传教士郭士立在宁波重刊《古今万国纲鉴》。

张维屏著《松心诗集》22卷刊行。

龚自珍著《无著词》1卷由刘耀椿选编成书。

长篇弹词的主要代表作品《再生缘》续作80回本行世，女作家梁德绳写69至80回，三益堂刊行。

按：是书原为女作家陈端生于乾隆年间所著，至68回未完而卒。初为抄本流传。

张曜孙著《续红楼梦稿》12回成书。

法国人巴赞撰《水浒传摘译》在巴黎《亚洲杂志》发表。

英国传教医师合信的解剖学著作《全体新论》在广州刊行。

按：此为传教士向中国介绍西方医学第一本著作。

黄秩模纂《逊敏堂丛书》85种约本年前后刊行。

伍崇曜纂《岭南遗书》刊成第五集，又始刻《粤雅堂丛书》。

吴省兰纂，钱熙辅增纂《艺海珠尘》10集刊行。

黄奭辑《黄氏逸书考》约于道光末年刊行。

按：收书285种。原名《汉学堂丛书》。1925年江都王鉴据黄氏原刻本，增订补印，改名为《黄氏逸书考》，其《黄氏逸书考序》曰："黄右原先生，世为富商，独娇然以读书稽古为乐，曾辑佚书二百八十余种，工甫竣，值咸丰兵灾避乱乡居，版存萧寺，先生旋捐馆舍。"1934年江都朱长圻再次印行。

刘衡著《六九轩算书》5种附《辑古算经补注》1卷由两淮转运署刊行。

按：《六九轩算书》包括《日晷测算新义》2卷、《勾股尺测新法》1卷、《筹表开诸乘方捷法》2卷、《借根方法浅说》1卷、《四率浅说》1卷。

美国传教士玛高温著《博物通书》在宁波刊行。

按：此为最早向中国介绍电报知识书。

魏源著《圣武记采要》3卷在日本刊行。

德国传教士郭士立译《新约圣经》修订本刊行。

英商奚安门六月二十六日在上海创办《北华捷报》，自任主笔兼发行人。

朱珔卒(1769—)。珔字玉存、兰坡，号兰友，安徽泾县人。嘉庆七年进士，选庶吉士，散馆，授翰林院编修。曾为《明鉴》总纂官。官至赞善，迁侍讲。前后主讲钟山、正谊、紫阳书院垂三十年。曾参加组建宣南诗社。著有《说文假借义证》28卷、《经文广异》12卷、《文选集释》24卷、《崇雅堂传文集》20卷、《小万卷斋诗文集》70卷、及《培凤阁藏书书目》等。辑有《国朝诂经文钞》62卷、《国朝诂经文续钞》62卷、《国朝古文汇钞》272卷。事迹见《清史稿》卷四八二、《清史列传》卷六九、李桓《国朝耆献类征初编》卷一三二。

按：《清史稿》本传曰："珔爱书如命，学有本原。主讲席几三十年，教士以通经学古为先。与桐城姚鼐、阳湖李兆洛并负儒林宿望，盖鼎足而三云。著有《说文假借义证》二十八卷、《经文广异》十二卷、《文选集释》二十四卷、《小万卷斋诗文集》七十卷。辑有《国朝古文汇钞》二百七十二卷，又有《诂经文钞》六十二卷，汇有清诸名家说经之文，依次标题，篇幅完善，尤足为后学津逮云。"

黄钧卒(1775—)。钧字谷原，号香畴、墨华居士、渊阳子，江苏元和人。以议叙官汉阳主簿，施南同知。工画山水花卉。初师黄鼎，继法王原祁。著有《墨华庵吟稿》、《永川县志》等。

卞斌卒(1778—)。斌字叔均，号雅堂，浙江归安人。弱冠以古文受知于阮元。嘉庆六年进士，改刑部主事。历任常州知府、苏州知府、广西左江道、盐法道，擢光禄寺卿。因病辞归，主讲紫阳书院。著有《易经通解》3卷、《易经释义》1卷、《尚书集解》30卷、《论语经说》2卷、《论语小笺》20卷、《乐经补说》2卷、《七经古文考》1卷、《集古文字略》5卷、《说文笺证》20卷、《刻鹄集》3卷、《粤西风物略》2卷、《卞氏宗谱》11卷等。事迹见陈庆镛《诰授通议大夫致仕光禄寺少卿卞君墓志铭》(《续碑传集》卷一六)。

杜煦卒(1780—)。煦字春晖，号尺庄，浙江山阴人。嘉庆十二年举人。博极经史，于阳明、蕺山之学，融会洞彻，而务躬行实践，以合程、朱。曾刻《王子诗帖》、《刘子全书》。改建王门沈忠愍祠，刊刘门《祁忠惠集》。事迹见徐世昌《杜先生煦》(《清儒学案》卷二〇二)。

钱仪吉卒(1783—)。仪吉初名逵吉，改名仪吉，字蔼人，一字新悟，号衎石，一号心壶、星湖，浙江嘉兴人。嘉庆十三年进士，选庶吉士，散馆，授户部主事。累迁至工科给事中。道光十年罢官，三年后讲学广东学海堂。十六年，主讲河南大梁书院。纂《碑传集》120卷，著有《经典证文》、《三国晋南北朝会要》、《衎石斋记事稿》10卷、《衎石斋记事续稿》10卷、《定庐集》4卷、《旅逸小稿》2卷、《闽游集》2卷等。事迹见《清史稿》卷四八六、《清史列传》卷七三、蔡冠洛《清代七百名人传》第四编、苏源生《书先师钱星湖先生事》(《碑传集补》卷一〇)。

按：《清史稿》本传曰："仪吉治经，先求古训，博考众说，一折衷本文大义，不持汉、宋门户。尝著《经典证文》、《说文雅厌》。《雅厌》者，以十九篇之次，写九百四部之文，而以经籍传注推广之。其读史，补晋兵志、朔闰诸表，撰《三国晋南北朝会要》，体例视徐天麟有所出入，不限断以本书。又仿宋杜大珪《名臣碑传琬琰集》，得清臣工文儒等八百于人，辑录之为《碑传集》。后卒于大梁书院。"

巴尔扎克卒(1799—)。法国作家。

威廉·华兹西斯卒(1770—)。英国浪漫主义诗人。

林则徐卒(1785—)。则徐字元抚,又字少穆,晚号竢村老人、竢村退叟、七十二峰退叟,福建侯官人。嘉庆十六年进士,选庶吉士,授翰林院编修。历典江西、云南乡试,分校会试。道光十八年,奉旨以钦差大臣赴粤严禁鸦片,并制定海防策略,主张了解西方,翻译外文书报,主编《四洲志》。二十年,任两广总督。次年,遣戍新疆伊犁。二十六年,放归,任陕甘总督。二十七年,授陕西巡抚。二十八年,调云贵总督。卒赠太子太傅,谥文忠。著有《林文忠公政书》、《信及录》、《云左山房文钞》、《云左山房诗钞》等。今有《林则徐集》。事迹见《清史稿》卷三六九、《清史列传》卷三八、李桓《国朝耆献类征初编》卷二〇三、震钧辑《国朝书人辑略》卷八、蔡冠洛《清代七百名人传》第二编、金安清《林文忠公传》(《续碑传集》卷二四)。

按:《清史稿》本传曰:"则徐才识过人,而待下虚衷,人乐为用,所莅治绩皆卓越。道光之季,东南困于漕运,宣宗密询利弊,疏陈补救本原诸策,上巘辅水利议,文宗欲命筹办而未果。海疆事起,时以英吉利最强为忧,则徐独曰:'为中国患者,其俄罗斯乎!'后其言果验。"

方成珪卒(1785—)。成珪字国宪,号雪斋,浙江瑞安人。嘉庆二十三年举人,官海宁州学正,升宁波府教授。精研小学,尤勤于校雠。官俸所入,悉以购书,家有藏书数万卷。著有《干常侍易注疏证》2卷、《集韵考正》10卷、《字鉴校注》5卷、《韩集笺正》10卷、《宝研斋诗抄》2卷等。事迹见《清史列传》卷六九。

项名达卒(1789—)。名达原名万准,又名年丈,字步莱,号梅侣,浙江仁和人。嘉庆二十一年举人,考授国子监学正。道光六年进士,改官知县,不就,退而专攻算学。与陈杰、戴煦交契最深。著述甚富,有《象数一原》6卷、《勾股六术》等。弟子夏鸾翔最有名。事迹见《清史稿》卷五〇七、《清史列传》卷七三、诸可宝《项名达传》(《碑传集补》卷四二)。

按:《清史稿》本传曰:"名达与乌程陈杰、钱塘戴煦契最深,晚年诣益精进,谓古法无用,不甚涉猎,而专意于平弧三角,与杰意不谋而合。与杰论平三角,名达曰:'平三角二边夹一角,迳求斜角对边,向无其法,窃尝拟而得之,君闻之乎?'杰曰:'未也。'录其法以归。盖以甲乙边自乘与甲丙边自乘相加,得数寄左;乃以半径为一率,甲角余弦为二率,甲乙、甲丙两边相乘倍之为三率,求得四率,与寄左数相减,钝角则相加,平方开之,得数即乙丙边。"

费丹旭卒(1802—)。丹旭字子苕,号晓楼,别号环溪生、三碑乡人、偶翁等,浙江乌程人。能诗文书画,曾流寓江浙、上海等地,以画为生。有《东轩吟诗图》、《姚燮纤绮图像》、《果园感旧图》等传世。著有《依旧草堂遗稿》1卷。事迹见《清史稿》卷五〇四、《清史列传》卷五六、汪曾唯《费丹旭传》(《碑传集补》卷五六)。

按:《清史稿》本传曰:"工写真,如镜取影,无不曲肖。所作士女,娟秀有神,景物布置皆潇洒,近世无出其右者。"

孟毓森卒,生年不详。毓森初名金辉,字玉生、玉笙,号玉箫生,江苏如皋人,移居扬州。布衣。精鉴别,工刻印及四体书。著有《二十四桥草堂集》。事迹见《清画家诗史》卷庚下。

盛昱（　—1899）、皮锡瑞（　—1908）、陆宝忠（　—1908）、瞿鸿禨（　—1918）、沈曾植（　—1922）、曹廷杰（　—1926）、柯劭忞（　—1933）生；傅培基（　—约1888）约生。

清文宗咸丰元年　辛亥　1851年

正月二十四日辛亥(2月24日)，命各省督抚、学政，务将品学兼优，众所推服之人，切实保举，以备录用。

二月二十一日戊寅(3月23日)，洪秀全在武宣东乡称王。太平天国定是日为"登极节"。以杨秀清为左辅正军师，领中军主将；以萧朝贵为右弼又正军师，领前军主将；以冯云山为前导副军师，领后军主将；以韦昌辉为后护又副军师，领右军主将；以石达开领左军主将。

三月初二日己丑(4月3日)，太平军与清军在三里圩大战。

十四日辛丑(4月15日)，礼部奏请以宋臣李纲从祀孔子庙廷。准奏，位在胡安国之次。

按：时福建巡抚徐继畬原奏称李纲所著书有《周易传》、《论语说》二种，曾国藩复查得纲所著《中兴至言》、《建炎类编》、《乘闲志》、《预备志》各书，文渊阁著录者《梁溪集》、《建炎时政记》二种。奉旨准其从祀，在胡安国之次(黎庶昌《曾文正公年谱》)。

五月初十日丙申(6月9日)，太平军与清军在象州大战。

八月二十九日癸未(9月24日)，上海《北华捷报》登载由英、美、法三国联名通告，宣布上海道任命美国人贝莱士为上海港务长，并公布《上海港口章程》，掠取中国港口管理权。

闰八月初一日甲申(9月25日)，罗大纲统领太平军攻克广西永安州城。

九月十四日丙寅(11月6日)，陆建瀛奏请刊刻《性理精义》、《圣谕广训直解》，责成教官慎选朴实生员，每日赴乡宣讲，教官课士及书院授徒均令加试性理一道。同时将钦定《四言韵文》颁给各州县，令塾师详细讲解以正蒙始。

十月二十五日丁未(12月17日)，太平天国在永安封王建制。

按：洪秀全下诏分封五王：杨秀清为东王，九千岁；萧朝贵为西王，八千岁；冯云山为南王，七千岁；韦昌辉为北王，六千岁；石达开为翼王，五千岁。所封王俱受东王节制。同时又颁布称谓、改历法，令人民蓄发、禁私有金银等诏书。

十二月十四日乙未(1852年2月3日)，太平天国颁行《太平新历》。

按：废除清朝旧历，采用阳历，定每年为366天，一年12月，单月31日，双月30

日本萨摩藩在鹿尔岛建立冶炼所。

路易·波拿巴解散法国国民议会。

日,不计朔望,不置闰月,每四十年一斡旋。以太平天国为年号,系以干支,但改"丑"为"好","亥"为"开","卯"为"荣",删去旧历书上吉凶宜忌,祸福休咎之内容。1934年燕京大学《史学年报》第2卷第1期发表谢兴尧《太平天国历法考》一文,可参阅。

曾国藩四月上《敬呈圣德三端预防流弊疏》,语多直切,触怒咸丰。后因军机大臣祁寯藻等求情,始免获罪。六月,兼署刑部左侍郎。八月,钦派顺天乡试搜检大臣。十一月,钦派顺天武乡试大主考,沈兆霖为副主考。

魏源补高邮知州。抵高邮,与林昌彝同宿官廨。有书与包世臣谈诗及史学,包世臣有复书。又与张维屏有诗作往返。

唐鉴五月十八日入都,被召见十余次,时目为极耆儒晚遇之荣。命赏给二品衔,仍留江南主讲书院。

倭仁别京城,远戍新疆。

王闿运、邓辅纶、邓绎、李寿容、龙汝霖等人在湖南结成兰林诗社。

罗泽南馆善化贺长龄宅,以贺氏遗命其子延罗为师。是年始致书曾国藩,称其用人行政议礼汰兵等疏言皆切当。曾氏有《复罗泽南》书,谓其书适与正疏若合符节,万里神交,有不可解者(《曾国藩全集·书信》)。

朱骏声入都,以进呈所著《说文通训定声》,赏加国子监博士衔。

方东树二月应聘主东山书院。

邓显鹤主讲谦溪书院。

梅曾亮仍主梅花书院讲席。作《汤相国八十寿序》、《耻躬堂文集序》、《八角楼诗稿序》、《衡游草序》、《石瑶臣传书后》、《享帚集序》、《征铭录书后》、《朱兰坡先生墓志铭》、《候选布政司理问江府君墓表》、《台州府同知龙君墓志铭》。

姚莹正月奉旨驰驿前往广西,赞理军务。

罗士琳、陈奂、苏源生、顾广誉并举孝廉方正,皆未赴。

何绍基正月十五日,葬母廖夫人于长沙县北元丰坝之回龙坡。旋即回道州原籍,邀集族人重修祠堂,纂辑族谱。重修鹤鸣轩,榜曰"东州草堂"。七月至杭州,憩署于慈仁寺,与六舟上人晨夕谈艺。

徐鼒八月充顺天乡试同考官。是冬,充实录馆纂修官,兼国史馆协修官。

苏源生修文清书院及朱子祠成。

宗稷辰补山东道监察御史,乞病假归。

李善兰与戴煦交,将所著《对数探源》、《弧矢启秘》赠之。

王茂荫九月奏请科举三场策问改为五门发题,并广行保举。

姚燮《今乐府选》拟目编成于此年春夏之际。七月底至八月游苏州,与张鸿卓等为秋禊之会,又有书画家之集会于画禅寺。是年骈文有《吴门秋禊题名记》、《画禅寺雅集记》、《金山石壁记》、《向府君家传》。

汪士铎是年寓江苏铜山知县左清石署中,作《感知己赞》,志其师友99

人,除良师外,所列之益友有杨大堉、方凝、顾逊之、陈宗彝、管嗣复、陈瑒、张宝德、罗士琳、唐鉴、俞正燮、包世臣、何子贞、温葆深、刘文淇、吴廷飏、王翼凤、许瀚、马寿龄、魏源、杨宽、张鑰、徐鼒、汤贻汾、姚璋、姚莹、陈奂、胡肇昕等。

  按:杨大堉字雅轮,安徽绩溪人。诸生。笃学寡交,研究经训。初从元和顾广圻、吴县钮树玉游,后师从胡培翚。胡培翚著《礼记正义》,未竟而卒,大堉补成之。著有《说文重文考》6卷、《五庙考》、《论语正义》、《毛诗补注》、《三礼义疏辨正》。

  邹汉勋、伊乐尧、刘庠举乡试。刘庠官内阁中书,充国史馆校勘官。

  陆建瀛时任两江总督,进呈新刊《御纂性理精义》、《圣谕广训直解》,得朝廷嘉纳。

  贺瑞麟有《上刘霞仙中丞书》,与刘蓉谈自己割弃科举,转修实学的历程。

  按:书曰:"年二十四,始登桐阁先生(即李元春)之门,得闻圣学之大略,窃有意焉,而未知所入。既泛滥于有明以来诸讲学之书,书愈多讲愈烦而心愈无主,乃取《小学》、《近思录》稍稍读之,始微窥其门庭户牖之所在,诸家之说遂屏不事,然尚未离乎科举之业也。至是乃厌弃之,兄弟亲戚大不以为然,朋友书来又多见攻心,又窃疑前辈讲学亦有应举者,此或未害为学,终身穷饿都不计,恐学稍涉偏僻。痛思此理,经七昼夜,知学断当为己,无他计较。闻朋友中如此者,辄往正之,又反复程、朱说科举处,而志乃毅然不可易,然年且二十八矣。"(《清麓文集》卷七)

  郑珍笺注《礼经》,考核文字。

  许瀚校桂馥遗著《历代石经考》,欲与《说文义证》同刻,未果。八月,选授山东滕县训导。

  吴大澂入县学,即慨然有经世之志。

  缪荃孙八岁,读毕《四书》,继读诸经。

  张裕钊中举人。

  按:《清史稿》卷四八六曰:"曾国藩阅卷赏其文,既,来见,曰:'子岂尝习子固文耶?'裕钊私自喜。已而国藩益告以文事利病及唐、宋以来家法,学乃大进,窃前此所为犹凡近,马迁、班固、相如、扬雄之书,无一日不诵习。又精八法,由魏、晋、六朝以上窥汉隶,临池之勤,亦未尝一日辍。国藩既成大功,出其门者多通显。裕钊相从数十年,独以治文为事。国藩为文,义法取桐城,益闳以汉赋之气体,尤善裕钊之文。尝言'吾门人可期有成者,惟张、吴两生',谓裕钊及吴汝纶也。"

  马相伯独自由镇江至上海,入法国天主教会所办徐汇公学,对各种自然科尤其数学特别喜欢,深得教习意籍会士晁德莅欣赏。

  张芾奏请刊刻《邸报》,发交各省,为清廷拒绝。

  美国传教士丁韪良在宁波创两所男塾,会试用拼音法教学拼写汉字。

  美国圣会教士琼司女士在上海虹口设女纪女塾,读《四书》及《圣经》,习纺织、缝纫、烹调,为圣玛利亚女校之前身。

  胡先矩辑《易学提纲》刊行。

  陈世镕著《周易廓》24卷刊行。

  陈奂著《释毛诗音》4卷刊行。

恩格斯发表《德国的革命和反革命》。

法国孔德著《实证的政治体系》。

德国叔本华著《附录和补遗》。

德国E.H.韦伯著《触觉及共同感情论》。

德国瓦格纳著《歌剧与戏剧》。

苗夔著《毛诗韵订》10卷刊行。

胡正心著《四书定本辨正》6卷刊行。

戴清著《戴静斋先生遗书》2卷由仪征刘文淇刻行。

按：是书包括《四书典故考辨》1卷、《群经释地》1卷（含《书经释地》、《诗经释地》、《周礼释地》、《礼记释地》、《春秋三传释地》）及《戴静斋先生传》。

章守待著《四书联珠》刊行。

何桂珍著《补辑朱子大学讲义疏》奏进。

钱仪吉纂《经苑》25种刊行。

彭元瑞著《石经考文提要》13卷刊行。

苗夔著《说文建首字说》1卷刊行。

按：苗夔所著《苗民说文四种》至是年刊毕。

魏源著《说文疑雅》、《转注释例》。

钱绎以其弟钱侗遗稿为基础，著《方言笺疏》13卷成书。

李祖望纂《小学类编》始刊。

迮鹤寿著《韵字急就篇》10卷刊行。

徐鼒编撰《小腆纪年附考》20卷成书。

叶圭绶著《续山东考古录》32卷刊行，卷首有《图考》及《总沿革》1卷。

按：是书详考山东各府、州、县的历史沿革，山水变迁，辨析《水经注》和《大清一统志》中的谬误。作者于道光十九年（1839）至二十八年（1848）间曾在山东实地调查，并遍阅各府、州、县方志，所考甚详。是研究山东历史地理的重要资料。

吴廷康纂《慕陶轩古砖图录》成书。

邓显鹤续修《宝庆府志》157卷。

邹汉勋等纂《安庆府志》54卷首1卷刊行。

鲁一同等纂《邳州志》20卷首1卷刊行。

张维屏等纂《龙门县志》16卷首1卷刊行。

唐鉴著《畿辅水利书》进呈。

叶子佩刊制《万国大地全图》。

魏源著《海国图志》传入日本。

按：是年，《海国图志》60卷本三部首次传入日本。日本政府以书中载有违反基督教法的记事以及写有西国事情、"有违禁之词"而被查禁，送往长崎奉行所（江户幕府下分理某一部门政务的官员）听候处理，照例要呈送老中请求裁决。幕府阁僚得知该书内容后认为对国家有利，于是命令取消禁令。这三部书分别被将军的红叶山文库、昌平阪学问所和老中狩野备前作为御用书买走。1854年，《海国图志》又有十五部传入日本，除七部留作御用外，其余八部允许公开发售。由于该书内容适合当时日本时局的要求，立刻受到各界人士的欢迎，翻译、注解、刊刻《海国图志》成为当时日本思想文化界的一个热点课题。1854—1856年间，翻刻版本竟多达21种（均是部分翻刻），其中有不少日文译本（参陈其泰《魏源评传》第八章）。

方苞著《望溪文集》18卷、集外文10卷以及补遗2卷、年谱2卷由戴钧衡、苏惇元补编刊行。

张鹏飞辑《皇朝经世文编补》120卷刊行。

黄承吉著《梦陔堂全集》汇印刊行。

林昌彝著《射鹰楼诗话》24卷刊行,为家刻本。

按:"射鹰楼"实为"射英楼",即射击英帝国主义之意。林昌彝在《诗话》中解释说:"余家有书屋,东北其户,屋其楼,楼对乌石山积翠石。寺为饥鹰所穴,余目击心伤,思操强弓毒矢射之。"实影射英人在鸦片战争结束后,在乌石山上建楼居住,欲射击之。本书集有林则徐、魏源、张维民、朱琦等人的诗篇。前3卷几乎全为反映鸦片战争的诗歌以及有关鸦片战争的记载。

杭世骏著《杭氏七种》重刊。

包世臣著《安吴四种》重刊。

曾国藩纂《十八家诗钞》成书。

张鹏飞著《皇朝纪世文补编》刊行。

袁仁林著《虚字说》成书。

按:取经史诸子百家文中虚字百余,类聚而条析之,颇有精当之论。《马氏文通》论虚字间采其说。

韩泰华著《玉雨堂书画记》成书。

王士雄选评斐一中著《言臣》一书。又校订魏之秀《续名医类案》中之按语、附方,并加以评注,编为《柳州医话》。

丁取忠著《数学拾遗》1卷成书,邹汉勋作序。

蒋光煦纂《涉闻梓旧》25种114卷刊行。

《太平典制》刊行。

钱培名始辑《小万卷楼丛书》。

法国人巴赞在巴黎《亚洲杂志》上介绍白朴之《梧桐雨》。

王照圆卒(1763—)。照圆字瑞玉,号婉佺,山东福山人。郝懿行妻。博涉经史,当时著书家,有"高邮王父子,栖霞郝夫妇"之目。又与懿行以诗答问,懿行录之为《诗问》7卷,其《尔雅义疏》亦间取照圆说。著有《诗说》1卷、《列女传补注》8卷附《女录》1卷、《女校》1卷、《列仙传校正》2卷及《晒书堂文存》等。事迹见震钧辑《国朝书人辑略》卷一一。

张鉴卒(1768—)。鉴字春冶,号秋水,浙江乌程人。嘉庆九年副贡生。家贫,鬻画自给。阮元抚浙,与同里杨凤苞、施国祁皆被聘为诂经精舍讲席。长古文,精考据。著有《十三经丛说》50卷、《十五经丛说》、《古文尚书脞说》、《诗本事》、《韩诗考逸》、《左传规过比辞》、《丧服古注辑存》、《夏小正集说》、《论语考逸》、《孝经证坠简》、《七纬补辑》、《说文补注》、《六书瘖言》、《假借表释》、《海运刍言》、《西夏纪事本末》36卷、《眉山诗案广证》、《冬青馆甲集》6卷、《冬青馆乙集》8卷、《画媵诗》3卷、《秋水词》2卷、《赏雨茅屋词》2卷、《古宫词》3卷、《詹詹集》8卷、《秋水文丛》50卷、《秋水文丛再编》、《秋水文丛三编》、《秋水文丛四编》、《蝇须馆诗话》50卷、《上林子虚赋郭注辑存》2卷、《楚词释文》17卷、《杭漱录》、《破睡录》1卷、《冬青馆随笔》1卷、《破虱录》1卷、《梦史》1卷等,共300卷,集为《冬青馆》。事迹见《清史稿》卷四八六、《清史列传》卷七三。

A. 斯美塔那卒(1814—)。捷克哲学家。

詹姆斯·F. 库珀卒(1789—)。美国作家。

按：《清史稿》本传曰："巡抚阮元筑诂经精舍西湖，鉴及同里杨凤苞、施国祁肄业其中，皆知名。嘉庆初，副榜贡生。元剿海寇，赈两浙水灾，一资鉴赞画。时方议海运，鉴力主之。以为河运虽安，费钜；海运费省，得其人熟习海道，未尝不安。乃著《海运刍言》，凡料浅占风之法，定盘望星之规，放洋泊舟之处，考之甚悉，侍郎英和亟称其书。道光四年，河决高家堰，漕运阻。英和遂奏行海运，多采用鉴说。卒，年八十三。著《十三经丛说》、《西夏纪事本末》、《眉山诗案广证》。"

方东树卒（1772— ）。东树字植之，安徽桐城人。与梅曾亮、管同、刘开并称"姚门四杰"。曾祖泽，拔贡生，为姚鼐师。东树既承先业，更师事鼐。嘉庆三年，授经陈用光家。二十四年，受阮元之聘，赴粤修《广东通志》。道光元年，主粤东廉州海门书院。三年，主粤东韶州韶阳书院。四年，授经阮元幕。以后又主安徽庐州庐阳书院、亳州泖湖书院、宿松松滋书院。著有《汉学商兑》4卷、《书林扬觯》2卷、《大意尊闻》3卷、《向果微言》3卷、《仪卫堂文集》12卷、《仪卫轩文外集》1卷、《半字集》2卷、《考槃集》3卷、《山天衣闻》1卷、《昭昧詹言》10卷、《续昭昧詹言》8卷、《陶诗附考》1卷等书。事迹见《清史稿》卷四八六、《清史列传》卷六七、蔡冠洛《清代七百名人传》第五编。郑福照编有《方东树年谱》（附《仪卫堂文集》）。

按：《清史稿》本传曰："东树始好文事，专精治之，有独到之识，中岁为义理学，晚躭禅悦，凡三变，皆有论撰。务尽言，惟恐词不达。年八十，卒于祁门东山书院。他所著有《大意尊闻》、《向果微言》、《昭昧詹言》、《仪卫轩集》，凡数十卷。东树博极群书，穷老不遇，传其学宗诚。既殁，宗诚刊布其书，名乃大著。"

邓显鹤卒（1777— ）。显鹤字子立，号湘皋，湖南新化人。少与同里欧阳绍辂以诗相励，游客四方，所至倾动。嘉庆九年举人。后屡试不第，遂厌薄仕进，一以纂著为事，系楚南文献者三十年，学者称湘皋先生。辑著有《易述》8卷、《毛诗表》、《资江耆旧集》64卷、《沅湘耆旧集》157卷、《沅湘耆旧集续编》80卷、《南村草堂文钞》20卷、《南村草堂诗钞》24卷、《楚宝增辑考异》45卷、《武冈志》、《宝庆府志》157卷、《朱子五忠祠传略考证》1卷及《五忠祠续传》1卷、《明季湖南殉节传略》2卷等，共数百卷。事迹见《清史稿》卷四八六、《清史列传》卷七三、曾国藩《邓湘皋先生墓表》、杨彝珍《邓先生传》、刘基定《宁乡训导邓湘皋先生墓表》（均见《续碑传集》卷七八）。

按：曾国藩《邓湘皋先生墓表》曰：邓显鹤"其于湖南文献，搜讨尤勤，如饥渴之于饮食，如有大谴随其后，驱迫而为之者。以为洞庭之南，服岭以北，旁薄清绝，屈原、贾谊伤心之地，通人志士仍世相望，而文字放佚，湮郁不宣，君子惧焉。于是搜访滨资郡县名流佳什，辑《资江耆旧集》六十四卷。东起漓源，西接黔中，北汇于江，全省之方舆略备，巨制零章，甄采略尽，为《沅湘耆旧集》二百卷。遍求周圣楷《楚宝》一书，匡谬拾遗，为《楚宝增辑考异》四十五卷。绘《乡村经纬图》以诏地事。详述永明播越之臣，以旌忠烈。为《宝庆府志》百五十七卷，《武冈州志》三十四卷。衡阳王夫之，明季遗老，国史儒林传列于册首，而邦人罕能举其姓名，乃旁求遗书，得五十余种，为校刊百八十卷。浏阳欧阳文公玄全集久佚，流俗本编次失伦，为覆审补辑若干卷。大儒周子权守邵州，录其微言，副以传谱之属，为《周子遗书》若干卷。所至厘定祀典，褒崇节烈，为《召伯祠从祀诸人录》一卷、《朱子五忠祠传略考证》一卷、《五忠祠续传》一卷、《明季湖南殉节传略》二卷。呜呼,可谓勤矣!"

路德卒(1784—)。德字闰生,陕西周至人。嘉庆十四年进士,改翰林院庶吉士,散馆,授户部主事。十八年,考补军机章京。后历主关中、宏道、象峰、对峰各书院。著有《柽华馆诗文集》、《杂录》10余卷等。事迹见《清史列传》卷六七、《路德传》(《碑传集三编》卷三七)。

按:《清史列传》本传曰:路德"历主关中、宏道、象峰、对峰各书院,教人专以自反身心、讲求实用为主,尤以不外求、不嗜利为治心立身之本。生平研经耽道,不事偏倚"。

强溓卒(1786—)。溓字东渊,号沛崖,江苏溧阳人。嘉庆十五年举人,历官安徽宜城县学教谕。著有《易象肤说》10卷、《诗义质疑》30卷、《经杂考》4卷、《佩雅堂诗钞》2卷等。

陈熙晋卒(1791—)。熙晋原名津,字析木,号西桥,浙江义乌人。嘉庆优贡生。历知贵州知县。官至宜昌知府。家富藏书,长于考据。著有《春秋述义拾遗》8卷、《春秋规过考信》9卷、《古文孝经述义疏证》5卷、《帝王世纪》2卷、《贵州风土记》32卷、《仁怀厅志》20卷、《黔中水道记》4卷、《宋大夫集笺注》3卷、《骆临海集笺注》10卷、《日损斋笔记考证》1卷、《西桥文集》8卷、《征帆集》4卷。事迹见《清史稿》卷四八一、《清史列传》卷六八。

按:《清史稿》本传曰:"熙晋邃于学,积书数万卷,订疑纠谬,务穷竟原委,取裁精审。尝谓杜预解《左氏》有三蔽,刘光伯规之,而书久佚。惟《正义》引一百七十三事,孔颖达皆以为非,乃剌取经史百家及近儒著述,以明刘义。其杜非而刘是者申之,杜是而刘非者释之,杜、刘两说义俱未安,则证诸群言,断以己意,成《春秋规过考信》九卷。又谓《隋·经籍志》载光伯《左氏述义》四十卷,不及《规过》,据孔颖达《序》称习杜义而攻杜氏,疑《规过》即在《述义》中。《旧唐书·经籍志》载《述义》三十七卷,较《隋志》少三卷,而多《规过》三卷,此其证也。《正义》于规杜一百七十三事外,又得一百四十三事,盖皆《述义》之文。其异杜者三十事,驳正甚少。殆唐初奉敕删定,著为令典,党同伐异,势会使然。乃参稽得失,援据群言,成《春秋述义拾遗》八卷。"

张履卒(1792—)。履原名生洲,字渊甫,江苏震泽人。嘉庆二十一年举人,屡试不第。以教习改教谕,选句容。尝受学于张海珊,讲程朱之学。著有《宗法通考》、《丧礼辨误》、《课经偶记》、《积石文稿》18卷、《积石诗存》4卷等。事迹见《清史稿》卷四八五、《清史列传》卷七二、汤纪尚《张学博传》(《续碑传集》卷七一)。

李星沅卒(1797—)。星沅字子湘,号石梧,湖南湘阴人。道光十二年进士,选庶吉士,散馆,授翰林院编修。十五年,督学广东。秩满,授汉中知府。二十二年,擢陕西巡抚,署陕甘总督。二十五年,调江苏巡抚。二十六年,擢云贵总督,兼署云南巡抚。三十年,赴广西平太平天国起事,次年卒于军。谥文恭。著有《李文恭公遗集》46卷。事迹见《清史稿》卷三九三、《清史列传》卷四二、蔡冠洛《清代七百名人传》第一编、李元度《李文恭公别传》(《续碑传集》卷二四)。

德国传教士郭士立卒(1803—)。德国基督教路德会牧师,1826 年在荷兰成为牧师。1827 年到达东南亚,开始学习中国南方方言和马来语,并在华侨中传教。1829 年成为独立传教士。1831 年进入中国境内,积极参加各种宗教活动。在鸦片战争中,曾任英军参谋和翻译以及向导。1834 年任中国益智会秘书,并在 1844 年成立专门培训传道人员的"福汉会"。作有《上帝真教传》、《正教安慰》等,著有《中国史略》、《道光皇帝传》等。

古拉兰萨卒(1820—)。尹湛纳希兄。蒙古族学者。生平不详。曾翻译《水浒传》。作有《太平颂》等诗歌。

汪桂月卒,生年不详。桂月字秀林,安徽宿松人。贡生。道光元年,举孝廉方正。著有《养园随笔》、《亦寄斋文存》。弟子同里石广均传其学。事迹见《清史列传》卷六七。

按:《清史列传》本传曰:"少笃志圣贤之学。事亲曲致敬养,居丧,谢绝僧巫,三年不入内,虽盛夏不脱缞。其学以守身为本,及物为用,而尤以人伦日用切近纤悉为求仁之实际。其言曰:'为子止一亲,为臣止一君,为人止一心,心定静则身安,身镇静则家养。'又曰:'忠孝皆至性,然有性情不可无学问,有学问不可无涵养。'尝玩孟子存心养性之旨,自号曰养园。家贫,授徒四十余年,诱掖恳至,从游者甚众。"

江有诰卒,生年不详。有诰字晋三,号古愚,安徽歙县人。年二十二补博士弟子,不治举业,精研音韵,曾分先秦古韵为 21 部。所著已刻者有《诗经韵读》4 卷、《群经韵读》1 卷、《楚辞韵读》1 卷、《先秦韵读》2 卷、《汉魏韵读》1 卷、《唐韵四声正》1 卷、《谐声表》1 卷、《入声表》1 卷。未刊者尚有《二十一部韵谱》若干卷。晚益深六书,著《说文六书录》、《说文分韵谱》、《说文质疑》、《说文更定部分》、《说文系传订讹》各若干卷。复著《经典正字》、《隶书纠缪》,以祛俗学之误。后人辑有《江氏音学十书》。事迹见《清史稿》卷四八一。

按:《清史稿》本传曰:"江有诰字晋三,歙县人。通音韵之学,得顾炎武、江永两家书,嗜之忘寝食。谓江书能补顾所未及,而分部仍多罅漏,乃析江氏十三部为二十一,与戴震、孔广森多暗合。书成,寄示段玉裁,玉裁深重之,曰:'余与顾氏、孔氏皆一于考古,江氏、戴氏则兼以审音。晋三于前人之说择善而从,无所偏徇,又精于呼等字母,不惟古音大明,亦使今韵分为二百六部者得其剖析之故,韵学于是大备矣。'著有《诗经韵读》、《群经韵读》、《楚辞韵读》、《先秦韵读》、《汉魏韵读》、《唐韵四声正》、《谐声表》、《入声表》、《二十一部韵谱》、《唐韵再正》、《唐韵更定部分》,总名《江氏音学十书》,王念孙父子胥服其精。晚岁著《说文六书录》、《说文分韵谱》。道光末,室灾,焚其稿。"

彭子穆卒,生年不详。子穆字昱尧,又字兰畹,广西平南县人。善古文辞,曾问学于吕璜、梅曾亮。著有《怡云楼稿》。

陈虬(—1903)、汪凤藻(—1918)、王树枬(—1936)生;陈季同(—1907)约生。

咸丰二年　壬子　1852 年

正月十一日壬戌（3月1日），因御史张炜奏请，清廷颁发禁戏令。

二十八日己卯（3月18日），赛尚阿督军炮轰广西永安城。

二月十六日丁酉（4月5日），太平军永安突围，直趋桂林。

二十九日庚戌（4月18日），清军围攻桂林。

三月十五日乙丑（5月3日），伊犁、塔城开埠。

十八日戊辰（5月6日），礼部奏请以宋臣韩琦从祀孔子庙廷。

二十一日辛未（5月9日），咸丰帝下诏求直言。

二十九日己卯（5月17日），咸丰帝下罪己诏。

四月十六日丙申（6月3日），太平军攻占全州。

二十一日辛丑（6月8日），咸丰帝策试天下贡士孙庆咸等239人于保和殿。

二十五日乙巳（6月12日），太平军占领道州。

是日，咸丰帝御太和殿传胪，赐一甲章鋆、杨泗孙、潘祖荫3人进士及第，二甲彭瑞毓等108人进士出身，三甲何桂芳等128人同进士出身。

五月初五日乙卯（6月22日），授一甲一名进士章鋆翰林院修撰，二名进士杨泗孙、三名进士潘祖荫编修。

初七日丁巳（6月24日），引见新科进士，一甲三名进士业经授职外，彭瑞毓等82名俱著改为翰林院庶吉士，郑世恭等72名俱著分部学习，曹翰书等14名俱著以内阁中书用，张启辰等65名俱著交部掣签分发各省以知县即用，户部候补主簿梁元桂著以主事即用，余著归班铨选。

初九日己未（6月26日），安徽徽宁池广太道惠征之女叶赫那拉氏被选进宫，旋由贵人晋封贵妃。

七月二十八日丙子至十月十九日丙申（9月11日至11月30日），太平军围攻湖南长沙。

八月，太平军克复湖南郴州，焚烧孔庙，捣毁孔子木主，扫除孔门"十哲"牌位。

十一月二十九日乙亥（1853年1月8日），清廷任命湖南在籍礼部侍郎曾国藩，帮办本省团练事务。

十二月初四日己卯（1月12日），太平军攻克武昌。

是年，太平天国颁布太平天国重要军律《太平条规》（又称《太平营规》）。

路易·波拿巴称帝。

美国无产者同盟组建。

马克思论述了关于阶级和阶级斗争的理论。

法国博蒙特提出地壳冷缩说。

曾国藩正月兼署吏部左侍郎，上《备陈民间疾苦疏》。七月，任江西乡试正考官。八月，出京。九月，行抵安徽太和县，得到母亲江氏去世讣耗，回家奔丧。十一月，帮同湖南巡抚张亮基办理本省团练。十二月，上《敬陈团练查匪大概规模折》。

罗泽南、罗信南、王鑫赴长沙协助曾国藩训练湘军。

倭仁五月上《敬陈治本疏》，力倡朱子学。

魏源在高邮知州任上，兼署海州分司。

梅曾亮以江南乱，携家避淮上。

何桂珍十二月越职上陈《请特用诸臣疏》，极力推荐唐鉴、倭仁、吴廷栋、曾国藩、李棠阶等人。

按：何桂珍疏曰："今欲求如二人(指韩琦、李纲)者而用之，诚不易得，然即近乎此者而历试焉，未始不可收二人之效。臣观前任太常寺卿唐鉴、现任叶尔羌帮办大臣倭仁、署直隶河间府知府吴廷栋三臣，皆秉性忠贞，见理明决，处危疑而不惧，临利害而不摇。考其生平行，一一不负所学，虽庸俗未测其浅深，而圣明早精其鉴别，若投以艰巨之任，必能尽言竭力，死生以之。倘用之不效，一毫有负于君国，臣甘伏铁钺之诛以谢天下。臣思前任礼部侍郎曾国藩、前任兵科给事中苏廷魁，俱明于大节，胸有经纬，现丁忧在籍，可否饬下湖南、广东抚臣，令驰赴湖北，与钦差大臣徐广缙商办防剿事宜。又前任广西巡抚周之琦、前任太常寺少卿李棠阶告病在籍，二臣皆清刚正直，凤应乡望，可否饬下河南抚臣，或令筹办团练，或令襄理粮台。以上四臣，例应专折奏事，藉以考察军情，俾文武官员各知警惧，不敢欺罔宸聪，庶功罪分明，于军务实有裨益。或谓任人不一，恐事多牵制，则四臣素行固非各执己私而不恤公事之急者，似亦可无深虑。"(《何文贞公遗集》卷一)

李元度隐名上书曾国藩，凡数千言，曾氏韪之，引为规划军务。

俞樾散馆，授翰林院编修，以博物闳览见称于京师名辈。

郭嵩焘避乱山中，读王夫之《礼记章句》，欲取其义旨，与《大学》、《中庸》合为一书，以还《戴记》之旧，成《礼记质疑》。

邹汉勋试礼部报罢，东之淮上，请同郡魏源于高邮，互出所著，相与参订。

陈澧会试落第，来高邮访魏源，魏氏将《禹贡说》稿交他回广东校阅。

姚燮正月至四月在上海。后曾归宁波。八月，游杭州，与陈焕章等在吴山秋宴。九月至年终，皆在上海。此年与蒋敦复等结识。纪年骈文有《吴山抗峰高馆秋谶图序》、《丁宝哀辞》。《苦海航》大约作于此年。

张文虎作《书古文尚书考辨后》。

莫友芝是秋将北行，辞湘川书院讲席。十一月，赴都匀省墓。

周寿昌大考二等，擢侍讲，转侍读，充日讲起居注官。

孙鼎臣擢侍读，充日讲起居注官。

潘祖荫、李鸿藻、倪文蔚、王文韶等四月成进士。

汪曰桢中举，官会稽教谕。

缪荃孙始学作诗。

左宗棠七月从柳庄迁往湘东白水洞以避太平军；应新任湖南巡抚张

亮基之聘，随其入长沙城。十月，太平军从长沙撤围北上。十一月，左筹划镇压浏阳"征义堂"起义。以守长沙有功，保荐同知直隶州知州。

何绍基三月母丧服阕后，曾游安徽黄山、山东德州等地。七月入都，以侍郎张芾保举，咸丰帝召对圆明园。八月初六日，简放四川学政。初九日，咸丰帝复于乾清宫召见，除询问家世外，又复询及经、史、《宋五子书》及《说文》篆、分之学，湖湘被太平军攻破情形与由京入蜀关河道路，亦加垂询。九月二十二日于徐沟县行馆作《村谷论心图记》。由秦入蜀途中，均有诗作。十月十九日，作《拟请用大钱折》，未被采纳。十一月二十日抵达成都，二十二日接印视事，二十四日作《恭报到任日期折》。

马相伯弟马建忠亦入徐汇公学。晁德莅任公学校长。赴南京应江南乡试，因太平天国战争，考试未果。

张维屏日夜披阅顺德龙山乡温子树寄来之四千余份诗卷，辑佳篇警句为"龙山诗会"，入《听松庐诗话》。

杨彝珍授兵部主事。

徐树铭迁中允，简山东学政。

孙衣言散馆，授翰林院编修。

王韬助英人麦都思译《新约圣经》。所作《蒙雅》、《禹贡》、《夷舟监入寇记》成。

李善兰五月至沪，居大境杰阁，朝译《几何》，暮译《重学》。自识王韬、伟烈亚力。赴沪进入英教士开设之墨海书馆，以所著《方圆阐幽》送英教士麦都思阅，得英教士玮烈亚力等赏识，因请为译西方算学天文书。

华蘅芳得《教书九章》、《历算全书》等，始知算学有古今中西之异，遂通几何之学。

容闳归化为美国公民。

贺贻孙著《易触》7卷、《诗触》6卷刊行。

萧寅显著《易象阐微》5卷、《大易图解》1卷刊行。

魏源、邹汉勋合著《尧典释天》。

魏源著《禹贡说》。

李允升著《诗义旁通》12卷刊行。

丁晏著《六艺堂诗礼札记》由杨以增海源阁刊行。

郭嵩焘著《礼记质疑》成书。

沈宝锟著《春秋集说》4卷刊行。

林春溥著《孟子外书补证》成书。

刘沅著《古本大学质言》刊行。

张定鋆著《四书训解参证》12卷、《补遗》4卷、《续补编》4卷刊行。

吴嘉宾著《四书说》6卷刊行。

谭光烈著《四书蠡言》7卷刊行。

姚承舆著《尔雅启蒙》12卷刊行。

马克思发表《路易·波拿巴的雾月十八日》。

德国雅各布·格林和威廉·格林开始编纂《德语大词典》。

英国斯宾塞出版《人口理论》。

郑珍著《巢经巢集经说》1卷及《巢经巢诗钞》9卷刊行,郑氏著《郑子尹遗书》始刊于是年。

李祖望纂《小学类编》6种刊毕。

刘文淇重修《仪征县志》50卷成书。

吴荣光著《历代名人年谱》10卷刊行,陈庆镛作序。

按:是书收集汉高祖刘邦元年(前206)至道光二十三年(1843)中国历史上政治、经济、军事等方面的重要事件及名人数千人,内容分纪年、时事、人物生卒三项。后有李宗颢的补遗本。

魏源补订《海国图志》100卷刊行,有自序。

英国人麦都思和王韬译《新约圣经》刊行。

李兆洛著《养一斋文集》20卷刊行。

莫友芝著《邵亭诗钞》6卷刊行,郑珍为序。莫氏《影山草堂六神》始刊于是年。

姚燮著《苦航海词集》1卷约于是年成书。

蒋宝龄著《墨林今话》刊行。

朱和羹著《临池心解》成书,有自序。

王世雄著《温热经纬》成书。

杨以增纂《海源阁丛书》始刊。

英国传教士伟烈亚力在《北华捷报》发表《中国数学科学札记》一文,在文中详述《通鉴纲目》、《书经》、《周髀》、《九章算术》、《孙子算经》、《数术记遗》、《夏侯阳算经》、《海岛算经》、《五曹算经》、《周髀算经》、《五经算术》、《张丘建算经》、《缉古算经》、《数书九章》、《详解九章算法》、《乘除通变本末》、《弧矢算术》、《测圆海镜》等中国古代典籍和数学著作。

果戈里卒(1809—)。俄国作家。

文鼎卒(1766—)。鼎字学匡,号后山,浙江秀水人。篆刻书画家。收储金石、书、画多上品。著有《五字不损本诗稿》。

姚元之卒(1773—)。元之字伯昂,号荐青,别号五不翁、竹叶亭主,安徽桐城人。早从学姚鼐。嘉庆十年进士,选庶吉士,授翰林院编修,典陕甘乡试。入直南书房。擢侍讲。复以武英殿刊刻圣训有误,仍降编修。十九年,督河南学政,疏禁坊刻类典等书以杜剿袭。道光十三年,授工部侍郎。迭典顺天、江西乡试。督浙江学政,擢左都御史。著有《竹叶亭杂诗稿》、《荐青集》、《竹叶亭杂记》8卷等。事迹见《清史稿》卷三七五、《清史列传》卷四二、震钧《国朝书人辑略》卷八、蔡冠洛《清代七百名人传》第一编。

按:《清史稿》本传曰:"元之学于族祖鼐,文章尔雅,书画并工。习于掌故,馆阁推为祭酒。爱士好事,穆彰阿素重之。后以论洋务不合,乃被黜。"

姚莹卒(1785—)。莹字石甫,号明叔,晚号展和,安徽桐城人。姚鼐侄孙。嘉庆十三年进士,授福建平和知县。迁高邮知州,擢两淮监掣同知,护盐运使。曾任台湾道,击退英军。晚年参与镇压太平天国起义。与管同、梅曾亮、方东树并称"姚门四弟子"。著有《中复堂全集》等。事迹见

《清史稿》卷三八四、《清史列传》卷七三、徐子苓《桐城姚先生墓志铭》、吴嘉宾《姚公传》、徐宗亮《姚公墓表》(均见《续碑传集》卷三五)。

按：《清史稿》本传曰："莹师事从祖鼐，不好经生章句，务通大意，见诸施行。文章善持论，指陈时事利害，慷慨深切。所著《东溟文集》、《奏稿》、《后湘诗集》、《东槎纪略》、《康輶纪行》及杂著诸书，为《中复堂全集》，行于世。"

潘曾沂卒(1792—)。曾沂原名遵祁，字功甫，自号小浮山人、复生居士，江苏吴县人。潘世恩长子。嘉庆二十一年举人，五应礼部试不第。道光元年，援例授内阁中书。长斋礼佛，究心佛典。著有《功甫文集》11卷、《功甫诗集》32卷、《东津馆文集》3卷、《江山风月集》、《船庵集》6卷、《闭门集》6卷、《桐江集》、《放猿集》等。事迹见《清史列传》卷四、冯桂芬《功甫潘先生墓志铭》(《碑传集补》卷一一)。

金应麟卒(1793—)。应麟字亚伯，浙江钱塘人。道光六年进士，授刑部主事。累擢郎中，改御史，迁给事中。与龚自珍友善。著有《豸华堂诗文集》。事迹见《清史稿》卷三七八。

冯云山卒(1815—)。云山原名乙龙，广东花县人。与洪秀全创立拜上帝会，共同制定"十款天条"和各种仪式。参与金田起义，任后军主将，被封南王、七千岁。负责订立《太平军目》、《太平礼制》。事迹见蔡冠洛《清代七百名人传》第六编。

胡焯卒，生年不详。焯字光伯，湖南武陵人。道光二十一年进士，选庶吉士，散馆，授翰林院编修，充国史馆协修。咸丰元年，充实录馆总纂官。次年，充广东乡试主考官。事毕，任广西督学。著有《楚颂斋诗集》8卷、《楚颂斋文稿搜存》、《楚颂斋试帖诗存》等。事迹见《武陵县志·文苑传》、蔡冠洛《清代七百名人传》第六编。

程颂藩(—1888)、朱铭盘(—1893)、郑杲(—1900)、志锐(—1912)、蔡尔康(—1921)、林纾(—1924)、廖平(—1932)、简朝亮(—1933)、陈三立(—1937)生。

咸丰三年　癸丑　1853年

正月初二日丁未(2月9日)，洪秀全弃武昌沿江东下。

二月初十日乙酉(3月19日)，太平军攻克南京。二十日乙未(3月29日)，太平军以南京为都城，改称天京。

按：太平天国定都天京后，设置"镌刻衙"和"刷书衙"，有组织、有计划地大量出版图书。"镌刻衙"，后又称"镌刻营"，内设"典镌刻"官4人。"刷书衙"设于文晶宫后檐，从南京、扬州招聘来的刻字、刻书工人400余人，终日从事印刷图书，专门印发政治性小册子，进行反对封建统治的宣传。如《天父下凡诏书》、《天朝田亩制度》、

富兰克林·皮尔斯选立为美国总统。

克里米亚战争爆发。

美人培里入日本江户湾。

美人取墨西哥

科罗拉多河—希拉河—格兰德河领地。

《太平礼制》、《太平诏书》、《太平天规》、《太平军目》、《英杰归真》、《太平救世歌》、《醒世文》等，大都由洪秀全、杨秀清等亲自执笔，内容有政策、法令和宣传太平天国的军纪、教规、政治观点和革命道理的散文、韵文和问答，在15年内共印发了30余种。

二十二日丁酉(3月31日)，清廷钦差大臣向荣在天京孝陵卫建立"江南大营"。

是日，太平军占领镇江。

二十三日戊戌(4月1日)，太平军占领扬州。

三月初九日癸丑(4月16日)，琦善抵扬州，建立"江北大营"。

十六日庚申(4月23日)，沙皇尼古拉一世下令侵占中国的库页岛。

二十日甲子(4月27日)，英香港总督兼驻华公使文翰访天京，携太平军文书返上海，命英国传教士麦都思译为英文。

二十四戊辰(5月1日)，太平天国允许英国经商。

是月，镇江金宝寺之文宗阁、扬州大观堂之文汇阁藏书因兵祸毁散。

清廷始铸大钱，发行官票山钞。

太平天国设立删书局，删改《四书》、《五经》。

按：张德坚《贼情汇纂》卷二〇曰："贼本欲尽废《六经》、四子书，故严禁不得诵读，教习者与之同罪。癸丑四月杨秀清忽称天父下凡附体，云'天命之谓性，率性之为道，以及事父能竭其力，事君能致其身，此等尚非妖话，未便一概全废。'故令何震川、曾钊扬、卢贤拔等设书局删书，遍出伪示，云俟删定颁行，方准诵习。"卷七又曰："天王诏曰：'咨尔史臣，万样更新，《诗韵》一部，足启文明。今持诏左史右史，将朕发出《诗韵》一部，遵朕所改，将其中一切鬼话妖怪话妖语邪语一概删除净尽，只留真话正话，抄得好好缴进，候朕披阅刊刻。钦此。'"

四月初一日乙亥(5月8日)，李开芳、林凤祥自扬州率领太平军开始北伐。

初七日辛巳(5月14日)，福建小刀会黄威(一作黄位)、黄德美等起义。

十二日丙戌(5月19日)，胡以晃、赖汉英等奉太平天国东王杨秀清命，统帅战船千余，溯江西征。

二十一日乙未(5月28日)，策试天下贡士于保和殿。

二十五日己亥(6月1日)，咸丰帝御太和殿传胪，赐一甲孙如仅、吴凤藻、吕朝瑞3人进士及第，二甲陈兰彬、丁宝桢等107人进士出身，三甲武骊珠等112人同进士出身。

五月十一日乙卯(6月17日)，马克思在《纽约每日论坛报》上发表论述太平天国的论文《中国革命和欧洲革命》。

七月初九日壬子(8月13日)，太平天国首次开科取士。

按：因这次开科取士设在东王府举行，称为"东试"，其试题为"四海之内有东王"，朱世杰取为状元。后各王每年生日皆开科取士，有天试、东试、北试、翼试。至天京事变后，只有天试一种。

二十日癸亥(8月24日)，沙俄强占中国的阔吞屯(今马林斯克)。

是月，太平天国在天京开铸太平天国货币"太平天国圣宝"(又称

"圣钱")。

八月初五日丁丑(9月7日),上海小刀会刘丽川等起义。

十一月初六日丁未(12月6日),法国驻华公使布尔布隆访问天京。

十二月十五日乙酉(1854年1月13日),太平天国在天王府举行"天试",武立勋中状元。同时开女科。

是年,太平天国设育才馆、育才书院。

是年冬,太平军颁布《天朝田亩制度》。

按:《天朝田亩制度》系太平天国施政纲领,是洪秀全建立天国的蓝图,对整个社会的政治生活、经济生活、以至文化生活,都作了具体的规定,核心是:废除土地私有制和其他私有财产,用平均分配土地和产品的办法在个体小生产基础上实现自约自足的平均社会。

曾国藩元月奉旨赴长沙帮办团练,组织湘军,李元度、李续宾、郭嵩焘等协助。二月,上《查办土匪以靖地方折》。三月,上《严办土匪以靖地方折》。八月,离长沙赴衡州练湘军。十一月,建衡州船厂赶造战船。派人赴广东购买洋炮,筹建湘军水师。

按:《清史稿·曾国藩传》曰:"初,国藩欲疏请终制,郭嵩焘曰:'公素具澄清之抱,今不乘时自效,如君父何?且墨绖从戎,古制也。'遂不复辞。取明戚继光遗法,募农民朴实壮健者,朝夕训练之。将领率用诸生,统众数不逾五百,号'湘勇'。"黎庶昌编《曾文正公年谱》曰:"十月初三日,奉上谕:'曾国藩团练乡勇,甚为得力,剿平土匪,业经著有成效。着酌带练勇,驰赴湖北。所需军饷等项,着骆秉章等拨供支。两湖唇齿相依,自应不分畛域,一体统筹也。'"

唐鉴自浙还湘,居于宁乡之善领山,悉心著述。

魏源以《书古微》及《辽史》未定稿予邹汉勋,并促其间道归长沙。提倡练团自保。旋为杨以增劾去官。

李鸿章二月回皖襄办团练。

朱骏声二月始买宅于黟北城外石村,将隐居于此。

按:其自订年谱止于是年,后五年由门人程朝仪据《桃源日记》订补。

陈奂是春避居无锡芙蓉山八字桥东侧,访杏林书屋,有记。

朱次琦二月去襄阳,幡然有南归著述之思。时王筠宰晋乡宁,年已七十,邂逅相遇而订交,朱取以书答之,并言已欲法朱熹纂《国朝名臣言行录》及仿《明儒学案》为一书,名曰《国朝儒学正宗》。

左宗棠正月随张亮基往湖广总督衙门,二十二日,至武昌。六月,与张亮基赴黄州。九月,张亮基调山东巡抚,左宗棠辞归,二十三日,至湘阴。

何绍基正月在成都主持考试,历时三月,方始竣事。四月底出省按试眉州,试毕,始谒三苏祠,有诗纪事。九月,按试忠州。十一月,至万县流杯池,追怀黄庭坚事,有诗,十二月初五日,作《拟请推广捐输并自行续捐折》。

丁晏以团练之役,横被仇诬,羁系扬州七阅月,刘文淇朝夕省视。

英国利文斯通由东向西开始横越中非考察。

俄国赫尔岑在伦敦创立"自由俄国印刷所"。

俄国车尔尼雪夫斯基提出"美是生活"。

陈澧作《说文声表自序》。

冯桂芬因江苏巡抚许乃钊传来特旨，与程庭桂、韩崇、胡清绶等在籍同办团练，抵抗太平军。

徐有壬六月调任湖南布政使。

罗泽南正月赴长沙谒曾国藩。十二月，以平安福功，保升直隶州知州。驻衡州时，修复石彭书院；驻柳州时，修复韩文公鱼亭。

姚燮正月至二月在上海，后归宁波。七、八月间客象山寓王蒔兰家一月，托付历年所撰骈文于王氏，后编为《复庄骈俪文榷》。九月，于鄞县小浃江北浒赁顾氏屋，稍事修葺，名曰"息游园"，自甘溪里迁居于此。

何桂珍四月以记名道府用。六月，充起居注官。

刘熙载以召对称旨，奉命直上书房。久之，文宗嘉其闭户读书，书"性静情逸"四大字赐之。与倭仁相友重，论学则有异同，倭仁宗程朱，刘熙载兼取陆王。

孙衣言始与吴敏树唱和，并以所作诗文稿就正。六月，充实录馆协修，选改纂修，预修《宣宗实录》，而独编《夷务书》，成稿百卷。

倪文蔚散馆，任刑部主事。

陈兰彬、丁宝桢等四月成进士。

张福僖经李善兰荐进入上海墨海书馆。

马相伯始任徐汇公学各班的国文和经学教授助理工作，边学习边教书。

马起升集同人讲学于丽泽精舍，萧穆亦与焉，是为交友、讲学之始。是年，太平军占领安庆及桐城。桐城城内读书老辈多移居乡间，其大家藏书亦多散出。萧穆因之得亲师友，以广见闻，并收得某些图籍。

张维屏与曾国藩互相寄赠诗作。其子祥泰署湖北黄梅县，祥晋授刑科给事中。

林昌彝得赐教授，先后司教建宁、邵武府学。

扬州民间艺匠虞蟾、洪福祥、郑长春、李匡济等应太平天国诏赴天京作壁画。

英国传教士麦都思、理雅各等主编，香港最早中文刊物《遐迩贯珍》半月刊九月在香港创办，由马礼逊教育会主办。

美国传教士嘉约翰来华传教。

英国传教士戴德生来华传教。

英国传教士包尔腾（又译包约翰）来华传教。

马克思发表《强迫移民》。

德国格勒茨著《犹太史》。

法国梯叶里出版《第三等级的形

唐鉴著《读易识》成书，又编次《朱子全集》。

于祉著《三百篇诗评》1卷刊行。

林春溥著《春秋经传比事》22卷及《古书拾遗》4卷刊行。

刘景伯著《春秋析疑》2卷、《春秋提纲》刊行。

胡泉著《大学古本荟参》1卷续1卷刊行。

莎彝尊著《正音咀华》4卷刊行。

魏源著《元史新编》95卷成书。

魏源著《海国图志》又一部传入日本。

苏源生仿陈瑚《圣学入门书》而著《省身录》成书。又著《师友札记》4卷、《贞寿堂赠言》1卷、《记过斋文稿》2卷刊行。

方宗诚始著《俟命录》，著《辅仁录》4卷成书。

宋翔凤编定《过庭录》。

郑珍辑黔北明清诗歌总集《播雅》24卷成书，莫友芝作序。又著《汗简笺正》成书，有题识。

方宗诚自编《柏堂集前编》14卷成书。

汤贻汾著《狮窟集》成书。

俞万春著《荡寇志》(又名《续水浒传》)70回由徐佩珂刊行于南京。

按：作者从道光六年(1826)至二十七年(1847)写成，未待修饰而卒，由其子俞龙光于咸丰元年(1851)修订润色，于本年刊行。

佚名著反映太平天国起义之历史小说《起事来历真传》刊行。

李慈铭始著《越缦堂日记》，后成正编、补编共64册。

按：系按日记述的读书札记，从作者二十岁起直至晚年，中间只有少数间断。书中涉及时事部分，除抄录"邸抄"、"上谕"外，也有作者自己的记述评述，其中保存了不少重要的资料。其读书札记部分，对经、史、小学、地理以及文学作品的一些资料性问题考辨较多，也时有己见，后曾辑为《越缦堂读书记》，有单行本。

秦祖永始著《画学心印》。

任渭长绘《列仙酒牌》48幅由蔡照初刊行。

王士雄编著《潜斋医话》、《潜斋简效方》及《古今医案按选》成。

伍崇曜辑、谭莹编《粤雅堂丛书》开始刊行。

按：是书为清后期的综合性大丛书之一。共收书190种，1289卷，分为三编，每编十集，共三十集。每集中著作，以著者时代先后编次。全书汇编唐、宋、元、明、清著作，如初编经籍有清胡渭《易图明辨》，江永《古韵标准》、《四声切韵表》，钱大昕《声类》；史籍有宋钱易《南部新书》，明《国史经籍志》，清章学诚《文史通义》、《校雠通义》，惠栋《后汉书补注》，翁方纲《经义考补正》，钱谦益《绛云楼书目》，钱曾《述古堂藏书目》；子籍有宋胡宏《胡子知言》、许洞《虎钤经》、李清照《打马图经》，元熊朋来《瑟谱》，清戴震《绪言》、周亮工《字触》；集籍有元房祺《河汾诸老诗集》、揭傒斯《揭文安公文粹》、张宪《玉笥集》，明张岱《陶庵梦忆》，清洪亮吉《北江诗话》、王士祯《五代诗话》、马曰琯《焦山纪游集》、马曰璐《南斋集》。二编经籍有汉郑玄《郑志》，清阮元《诗书古训》、《仪礼石经校勘记》、孙星衍《孙氏周易集解》等；史籍有宋王安石《周官新义》、王尧臣《崇文总目》，清翁方纲《通志堂经解目录》、《米海岳(芾)年谱》、《元遗山先生(好问)年谱》，马曰璐《韩柳年谱》，张穆《顾亭林先生(炎武)年谱》、《阎潜邱先生(若璩)年谱》，钱大昕《疑年录》，全祖望《汉书地理志稽疑》，江藩《国朝汉学师承记》等；子籍有唐释慧苑《华严经音义》，清朗廷极《胜饮编》等；集籍有宋杨亿《西昆酬倡集》，曾慥《乐府雅词》，清阮元《研手经室诗录》等。三编经籍有唐陆德明《孝经今文音义》，宋孙奭《孟子音义》，清洪亮吉《比雅》、张金吾《广释名》等；史籍有唐魏徵《群书治要》，宋包拯《孝肃包公奏议》、杨侃《两汉博闻》，元辛文房《唐才子传》，清郝

式和发展史概论》。

英国哈密顿著《四元法讲义》

德国克尼斯著《从历史方法观点看政治经济学》。

懿行《补宋书刑法志》、《补宋书食货志》等；子籍有唐太宗《帝范》、唐武后《臣轨》，明焦竑《焦氏类林》、文震亨《长物志》等；集籍有宋李之仪《姑溪居士文集》，清武亿《授堂文钞》等。全书均经谭莹校勘，每书卷尾附有题跋，叙述本书源流及作者生平。

胡珽纂《琳琅秘室丛书》。

张福僖与英教士艾约瑟始合译《光论》。

王韬与英国传教士艾约瑟合译《格致西学提要》。

英国传教士伟烈亚力著《数学启蒙》由上海墨海书馆刊行。

乔治·弗·格罗特芬卒(1775—　)。德国古语言学家。

沈道宽卒(1772—　)。道宽字栗仲，浙江鄞县人。嘉庆二十五年进士。署知湖南宁乡县。道光初补酃县，建酃湖书院，与邑人士讲学，时称儒吏。工书画篆刻，又涉猎小学。与邓显鹤、汤鹏合称"湘中三老"。著有《话山草堂遗集》13卷。事迹见《湖南通志》卷一〇八《名宦十七·国朝六》。

罗士琳卒(1774—　)。士琳字茗香，江苏甘泉人。以监生循例贡太学，尝考取天文生。少治经，从其舅秦恩复受举业，已乃弃去，专力步算，博览畴人书，日夕研求数年。咸丰元年，恩诏征举孝廉方正之士，郡县交荐，以老病辞。数学著作辑为《观我生室汇稿》12种。事迹见《清史稿》卷五〇七、《清史列传》卷六九、诸可宝《罗士琳传》(《碑传集补》卷四二)。

按：《清史稿》本传曰："士琳博文强识，兼综百家，于古今算法尤具神解，以朱氏此书(指朱世杰《四元玉鉴》)实集算学大成，思通行发明，乃殚精一纪，步为全草，并有原书于率不通及步算传写之讹，悉为标出，补漏正误，反覆设例，申明疑义，推演订证。就原书三卷二十有四门，广为二十四卷，门各补草。"

姚椿卒(1777—　)。椿字子寿，又字木春，自号樗寮子，又号樗寮病叟、东余老民，自称骞道人，江苏娄县人。父令仪，四川布政使，又屡参戎幕。椿高才博学，幼随父游历诸行省，洞知闾阎疾苦，慨然欲效用于世。师事姚鼐，受古文法。先后主讲河南夷山书院、湖北荆南书院、松江景贤书院。辑有《国朝文录》82卷、《通艺阁诗钞》8卷、《通艺阁诗录》8卷、《通艺阁诗三录》8卷、《晚学斋文集》12卷、《樗寮诗话》3卷、《樗寮文续稿》1卷、《四朝七律偶存》、《七言绝句偶钞》、《国朝诸家七言长句选》等。事迹见《清史稿》卷四八六、《清史列传》卷七三、沈曰富《姚先生行状》(《续碑传集》卷七八)、蔡冠洛《清代七百名人传》第五编。

按：《清史稿》本传曰："以国子监生试京兆，日与洪亮吉、杨芳灿、张问陶辈文酒高会，才名大起。顾试辄不遇。既，又受学于姚鼐，退而发宋贤书读之，屏弃凤习，壹意求道，泊如也。尝得宝应朱泽沄遗著，叹曰：'此真为程、朱之学者！'亲诣其墓拜之，申私淑之礼。道光元年，举孝廉方正，不就。主书院讲席，以实学励诸生。其论文必举桐城所称，曰：'好学深思，心知其意。'又曰：'文之用有四：曰明道，曰记事，曰考古有得，曰言词深美。'其录清代人文八十余卷，一本此旨。"

汤贻汾卒(1778—　)。贻汾字若仪，号雨生、琴隐道人，晚号粥翁，江苏武进人。家贫，以难荫袭世职，授守备，累擢浙江乐清协副将。历官治军捕盗有声。尚气节，工诗画，政绩文章为时重。晚辞官侨居江宁。画与戴熙齐名,并称"汤戴"。著有《琴隐园集》、《画筌析览》等。事迹见《清史稿》卷三九九、震钧《国朝书人辑略》卷九、顾寿桢《汤将军传》、蒋敦复《汤将军行略》、杨象济《书汤雨生将军事》(均见《续碑传集》卷六四)。

刘遵海卒(1779—)。遵海字聿南,河南祥符人。道光二年进士,历任直隶博野、东明、饶阳、元城、丰润等县知县。著有《四书存参》5卷、《经义存参》1卷、《有深致轩文稿》2卷、《骈体文稿》2卷、《歌谣剩稿》1卷、《联语剩稿》1卷、《试帖剩稿》1卷等。事迹见其子刘曾騄编《先观察公年谱》。

马瑞辰卒(1782—)。瑞辰字元伯,一字献生,安徽桐城人。马宗梿子。嘉庆十年进士,选为庶吉士,改主事,官至工部都水司郎中。后遭诬陷被罢职,遣戍黑龙江,未几释归回籍。历主江西白鹿洞书院、山东峄山书院、徽州紫阳书院讲学。著有《毛诗传笺通释》32卷、《辑注蔡邕月令章句》、《崇郑堂诗文集》等。事迹见《清史稿》卷四八二、《清史列传》卷六九。

按:《清史稿》本传曰:"瑞辰勤学著书,耄而不倦。尝谓:'《诗》自齐、鲁、韩三家既亡,说《诗》者以《毛诗》为最古。据郑志《答张逸》云:"注诗宗毛为主,毛义隐略,则更表明。"是郑君大旨,本以述毛,其笺诗改读,非尽易传。而《正义》或误以为毛、郑异义。郑君先从张恭祖受韩,凡笺训异毛者,多本韩说。其《答张逸》亦云:"如有不同,即下己意。"而《正义》又或误合传、笺为一。毛诗用古文,其经字多假借,类皆本于双声、叠韵,而《正义》或有未达。'于是乃撰《毛诗传笺通释》三十二卷,以三家辨其异同,以全经明其义例,以古音、古义证其讹互,以双声、叠韵别其通借。笃守家法,义据通深。同时长洲陈奂著《毛诗传疏》,亦为专门之学。由是治《毛诗》者多推此两家之书。"

杨文荪卒(1782—)。文荪字秀实,号芸生,浙江海宁人。道光七年岁贡。编有《国朝古文汇钞》。著有《两汉会要补遗》、《述郑斋诗》等。事迹见《民国海宁州志稿》卷二九。

曹懋坚卒(1786—)。懋坚字树蕃,号艮甫,江苏吴县人。道光十二年进士,改庶吉士,散馆,授刑部主事,转监察御史,升给事中。咸丰三年,简放湖北盐法道,迁按察使。与朱琦、汤鹏、魏源、姚燮相交。著有《昙云阁诗集》8卷、《昙云阁诗外集》1卷、《昙云阁词钞》1卷、《昙云阁随笔》1卷。事迹见《清史稿》卷四九○。

华湛恩卒(1788—)。湛恩字孟超,号紫屏,别署沐云叟,江苏无锡人。嘉庆贡生,曾官安徽太和县学教谕。喜藏书,博览深究,尤擅史、地之学。著有《后汉三公年表》、《五代春秋志疑》1卷、《锡金志外》5卷、《志疑》、《华氏诗钞》、《黔游集》等。

黄爵滋卒(1793—)。爵滋字德成,号树斋,江西宜黄人。道光三年进士,选庶吉士,散馆,授翰林院编修,迁御史、给事中。历任鸿胪寺卿、刑部右侍郎等。与林则徐、龚自珍等提倡经学,又主张禁止鸦片,抵御外敌。著有《仙屏书屋初集文录》、《仙屏书屋初集诗录》16卷、《仙屏书屋后集诗录》2卷、《海防图表》、《黄少司寇奏疏》。事迹见《清史稿》卷三七八、《清史列传》卷四一、蔡冠洛《清代七百名人传》第五编、孙衣言《光禄大夫前刑部左侍郎黄公行状》(《续碑传集》卷一○)。

刘喜海卒（1794— ）。喜海字吉甫、燕庭，号燕亭，山东诸城人。嘉庆二十一年举人，授兵部员外郎。道光二十七年，调浙江布政使。善于鉴赏金石，尤热衷于朝鲜金石文字的收集。编有《古泉苑》101卷、《苍玉洞宋人题名》1卷、《清爱堂家藏钟鼎彝器款识法帖》1卷、《嘉荫簃论泉截句》1卷、《海东金石存考》、《海东金石苑》、《长安获古编》等。事迹见《清史列传》卷二六。

按：支伟成曰："（刘喜海）独酷嗜金石碑刻款识，纵横满几。道光戊戌，外简福建兴、泉、永道，游长汀，辑《苍玉洞题名》一卷。会丁艰归。起复后，改任陕西延、榆道，擢按察使。当是时，秦中出土古器綦多，爰以大力搜索，先后所得秦诏版凡四，以及唐善业泥造像等，均自来收藏家未经著录者。新莽十布，亦至是始获其全。与鲍康质证考订，成《长安获古编》三卷。丁未，升浙江布政使，以好古为言官弹劾，罣吏议。……公手裒金石文字五千余通，撰《金石苑》数百卷。胸罗卷轴，家承赐书，固已详博过于兰泉。又得舅氏金倩谷佐其校理，益臻精善。复撰《古泉苑》一百一卷，共得泉四千六百有奇，附泉范数十，取现代钱法冠首，次分正用品、伪用品、异品、外国品、厌胜品、杂品六类。惜两书并缘卷帙繁重，兵火后散失无传。今世所传《金石苑》六卷，仅全书之一部，本名《三巴子督古志》，起汉王稚子阙，总四百余石，亦可见其大略矣。而搜录海外金石，成为专书，尤前此所未闻。则取朝鲜碑版，纂辑考释，撰《海东金石苑》八卷。近乌程刘氏始得原稿，加补遗六卷，授诸梓。"（《清代朴学大师列传·刘喜海》）

邹汉勋卒（1805— ）。汉勋字三杰，又字叔绩，湖南新化人。一生致力于舆地学研究。曾与邓显鹤同校《王船山遗书》，参与修《贵阳府志》、《大定府志》、《安顺府志》、《兴义府志》。咸丰元年举人。三年初夏，因胞弟邹汉章随湘军将领江忠源被困江西南昌，遂投笔从役，在江忠源幕参赞军务。是年十二月十六日，太平军攻克安徽庐州，次日，与江忠源被杀于大西门。著有《五均论》2卷、《颛顼历考》2卷、《读书偶识》10卷、《南高平物产记》2卷、《红崖石刻释文》1卷、《学艺斋文》3卷、《学艺斋诗》1卷、《水经移注》等30余种，共460余卷，多毁于战火，后人刊有《邹叔子遗书》七种传世。事迹见《清史稿》卷四八二、《清史列传》卷六九、王闿运《邹汉勋传》（《碑传集三编》卷二九）、李元度《邹叔绩先生事略》（《续碑传集》卷七四）。

按：《清史稿》本传曰："父文苏，岁贡生，以古学教授乡里，辟学舍曰古经堂，与诸生肄士礼其中。其考据典物，力尊汉学，而谈心性则宗朱子。汉勋通《左氏》义，佐伯兄汉纪撰《左氏地图说》，又佐仲兄汉潢撰《群经百物谱》。年十八九，撰《六国春秋》，于天文推步、方舆沿革、六书九数，靡不研究。同县邓显鹤深异之，与修《宝庆府志》。又至黔中修贵阳、大定、兴义、安顺诸郡志。……所著《读书偶识》三十六卷，自言破前人之训故，必求唐以前之训故方敢用；违笺传之事证，必求汉以前之事证方敢从。以汉人去古未远，诸经注皆有师承，故推阐汉学，不遗余力。尤深音均之学，初著《广韵表》十卷，晚为《五均论》，说尤精粹，时以江、戴目之。生平于《易》、《诗》、《礼》、《春秋》、《论语》、《说文》、《水经》皆有撰述，凡二十余种，合二百余卷。同治二年，土匪焚其居，燔焉。今存者《读书偶识》仅八卷，《五均论》二卷，《颛顼历考》二卷，《学艺斋文》三卷，《诗》一卷，《红崖石刻释文》一卷，《南高平黄奭卒(1809—　　)。奭字右原,一字叔度,江苏甘泉人。早年入安定书院习举子业,后师六合朱实发。道光五年,曾随曾燠游。又向阮元、梁章钜问学受教,执弟子礼。平生以辑刊古佚书为业,与山东马国翰齐名。辑有《黄氏逸书考》、《清颂堂丛书》、《知足斋丛书》等,著有《张氏易注》、《端绮集》28卷等。事迹见《清史列传》卷六九、民国《甘泉县续志》卷二三、曹书杰《黄奭及其辑佚活动始末考》(《东北师大学报》1992年第5期)。

徐渭仁卒,生年不详。渭仁字文台,号紫珊,晚号随轩,上海人。精鉴赏,收藏甚富。少时及见梁同书,继与陈鸿寿、张廷济、王学浩为书、画、金石友。辑有《随轩金石文字》、《春晖堂丛书》。

邹鸣鹤卒,生年不详。鸣鹤字钟泉,号松友,江苏无锡人。道光二年进士,以知县用,分发云南。改河南,历任新郑、罗山、光山、祥符等县知县。咸丰元年,授广西巡抚。寻赴江宁襄军务。与太平军作战而死。著有《世忠堂诗文集》、《桂林守城日记》、《道齐正轨》等。事迹见《清史列传》卷四三、薛福成《赠资政大夫前兵部侍郎广西巡抚庄节邹公行状》、侯桢《前广西巡抚兵部侍郎兼都察院右副都御史邹公行状》(均见《续碑传集》卷五五)。

杨亮卒,生年不详。亮字季子,江苏江都人。监生。尝游京师,从徐松受西域舆地之学。著有《蒙古道里考》、《围城日记》、《世泽堂诗文集》等。

程文荣卒,生年不详。文荣字兰川,嘉善人。性嗜金石,家有茹古楼,所藏图籍碑帖甚富。金山钱氏辑刻丛书多种,恒参与校订。咸丰初,官江宁府北捕通判。是年,金陵城陷而殉难。著有《嘉兴金石志》、《江宁金石志补》4卷、《钟鼎款识校误》1卷、《隶续补》1卷、《隶续目次考》1卷、《南村帖考》4卷等。

陈廷焯(　—1892)、陈玉澍(　—1906)、戴鸿慈(　—1910)、于式枚(　—1916)、张謇(　—1926)、钱恂(　—1957)生。

咸丰四年　甲寅　1854年

正月十六日丙辰(2月13日),曾国藩在湘乡练成湘军一万七千多人,发表《讨粤匪檄》,以捍卫名教为旗帜。

按:王定安《湘军记·叙》曰:"原湘军创立之始,由二三儒生被服论道,以忠诚为天下倡,生徒子弟,日观月摩,渐而虾之。于是耕氓市井,皆知重廉耻急王事,以畏

日本《日美和好条约》订立。

难苟活为羞,支敌战死为荣……风气之所趋,不贵而自赴也。"麻天祥等《中国近代学术史》第二章第四节说:"湘军的成功,使曾国藩等人的经世功业达至鼎盛,也使重建内圣外王思想体系的湖湘理学从此流向全国,对近代中国的政治演进和学术发展产生更为广泛的影响。"

二十七日丁卯(2月24日),杨秀清以天父的名义反对洪秀全焚禁儒学和古书。

按:杨秀清曰:"前曾贬一切古书为妖书。但《四书》《十三经》,其中阐发天情性理者甚多,宣明齐家治国孝亲忠君之道亦复不少。故尔东王奏旨,请留其余他书。凡有合于正道忠孝者留之,近乎绮靡怪诞者去之。至若历代史鉴,褒善贬恶,发潜阐幽,启孝子忠臣之志,诛乱臣贼子之心,劝惩分明,大有关人心世道。再者,自朕造成天地以后,所遣降忠良俊杰,皆能顶起纲常,不纯是妖。所以名载简编,不与草木同腐,岂可将书毁弃,使之湮没不彰?今又差尔主天王下凡治世,大整纲常,诛邪留正,正是英雄效命之秋。彼真忠顶天者,亦是欲图名垂千古,留为后人效法。尔众小当细详尔天父意也。"(王庆成编注《天父天兄圣旨》)

三月十六日乙卯至十七日丙辰(4月13日至14日),英新任驻华公使包令、美国公使麦莲先后抵广州,约晤两广总督叶名琛,准备提出修约要求,未果。

四月二十六日甲午(5月22日),美国驻华公使麦莲偕传教士裨治文抵天京访问。

按:裨治文在考察了太平天国的宗教后报导说:"他们也许是名义上的基督教,而其实则是严厉的打破偶像主义者……他们对于天神的观念是极不完善的。虽然他们明显地宣布只有'独一真神',可是《圣经》之灵感,圣父、圣子之同等和其他许多教理之为改正教徒一般地承认为《圣经》所明白启示者,他们完全置若罔闻。真的,他们也有种种方式藉以训导有些教理,然而方式是借用的。在施用时,殊不了解其重要性,所以我相信由他们窜改的赞美歌——竟推崇东王为圣灵——'圣神风'可以清楚看出这一点了。"(转引自罗尔纲《太平天国史》第二册)

三十日戊戌(5月26日),穆拉维约夫下令出征黑龙江。

五月二十一日己未(6月16日),英使包令偕翻译麦华佗自上海访问天京。

是月,清廷以八旗人员仍有专习汉文,于清语、清文全不讲求等情,重申八旗无论何人,均宜练习清文。

是月,太平天国发行"太平天国圣宝"。

六月十一日戊寅(7月5日),英、法、美三国公布《上海英法美租界租地章程》。

是日,广东天地会首领陈开在佛山起义,称红巾军。

十八日乙酉(7月12日),上海新海关成立,由美、英、法三国派员建立外人海关管理委员会。

八月十八日甲寅(10月9日),广西天地会胡有禄、朱洪英攻占灌阳,建号"升平天国"。胡有禄称定南王,朱洪英称镇南王。

是年,上海工部局建立,由金能亨、麦都思等任董事,分设警备、工务、财政税务及上诉、卫生、铨叙、公用、音乐队、交通、学务、华人小学教育、图书馆、宣传等委员会。

曾国藩二月二十五日奉命率师出征太平军。发布《讨粤匪檄》。四月，湘军塔齐布等攻陷湘潭。六月，曾国藩率湘军水师北上，连陷岳州、武昌、汉阳、田家镇。八月督湘军陷武昌、汉阳。十月，奏准统筹王路进兵下游。后曾国藩从岳州退守长沙。嗣兵败靖港。是年赏给二品顶戴，署理湖北巡抚，并加恩赏戴花翎。

魏源侨居兴化，手订生平著述，并专心佛学，会译《无量寿经》、《阿弥陀佛》、《净土四经》，纂《观无量寿佛经》等多种佛经，分别作序，并作总序。《海国图志》十五部再输入日本，日人为之译、训，刊刻者不绝。又增撰《诗古微》。

梅曾亮是秋携家自王墅移居兴化，又移居淮安，至清江馆杨以增官署之清宴园。

倭仁二月以翰林院侍讲候补，在上书房行走。八月，授惇郡王读。

胡林翼六月授四川按察使。八月，调补湖北按察使。

姚燮二月在宁波日湖与友人为兰禊之会。纪年骈文有《元夕金阊城西纪游图卷后序》、《南湖兰禊序》、《为李邑侯作镇海县昭忠祠碑》、《赠中宪大夫故吉安府知府王君墓碑铭》、《史姬汝南君圹志铭》、《授儒林郎议叙布政使司理问厅衔王君状》。

冯桂翻以筹饷、团练等功，被赏五品顶戴，以中允即补。

刘蓉以附生随侍郎曾国藩水军，复湖北武昌府城，叙训导。

罗泽南八月补授浙江江宁绍台道。十月，加按察使衔。十二月，驻军九江，与李续宾游庐山，至莲花峰下，谒濂溪周子墓。

李元度以克复湖潭功，保知县，加内阁中书衔。

邵懿辰以济宁防河无效而罢归。

何桂珍二月授安徽宁池太广道，有进呈训蒙千字文疏。

许瀚丁父忧，居丧期间，为表弟田子郊撰《千字文音汇序》；校海源阁刊本《蔡中郎集》；为丁楸五审定《说文解字韵隶》等。

谭献馆山阴村舍，始学词，旋复弃去。

缪荃孙读毕《五经》，继读《周礼》、《仪礼》。

蒋敦复经英国传教士艾约瑟介绍，与法国支那学者儒连互致书信，向儒连纵论中国文学，并助其翻译《大唐西域记》。

容闳毕业于美国耶鲁大学，获文学学士学位。十月，离美归国。是我国首位毕业于美国一流大学者。

按：容闳回国以后，前后组织了4批共120幼童赴美留学，开创了中国官费留学的先河。在这些留美幼童中，涌现出"中国铁路之父"詹天佑、中华民国第一任国务总理唐绍仪、中国第一位大学校长蔡绍基等历史名人。容闳可谓中国历史上出国留学的开拓者，也是官派留学的首倡者。

何绍基自正月起按试江油、灌县、龙安各地。五月二十四日作《请旨交议整顿考试力除弊窦折》、《请旨更正灌县二郎神庙祀典折》，二十六日

英国焦耳、W.汤姆逊提出气体内能量交换定律。

德国黎曼发展非欧几里德几何学，建立黎曼几何。

德国赫尔姆霍兹提出太阳能源的引力收缩假说。

作《请旨饬裁陋规折》。复于七月出省,举行邛州、雅州府、宁远府岁科并试,九月十七日回至成都。九月二十五日作《请旨饬行速办土司争袭案折》。十一月二十二日作《敬陈地方情形折》。

马相伯诵习法文及拉丁文。曾随其老师参观上海洋行。

萧穆是年读书于左氏宕村,与左庄交好。时从借乡先辈遗书浏览。曾借得刘大櫆评选之《唐宋八家文选》,即手录副本以归。

邓华熙参与广东顺德团练局事务,因筹饷有功,议叙刑部员外郎。

苏六朋绘《吸毒图》4幅成。

颜永京赴美国留学。

威廉·斯波尔在美国出版的首份中文报《金山日新录》在旧金山创刊。

美国传教士创办之《中外新报》半月刊十月在宁波创刊。

英国传教士妥礼尔接任麦都思为《遐迩贯珍》半月刊主笔。《遐迩贯珍》于年末首次刊出"时论",评论清军攻打小刀会事件。

美国传教士倪维思来华传教。

英人赫德四月奉派来华。六月,抵香港,于英驻香港商务监督署受训。八月,赴宁波英领事馆任见习翻译,并系统学习中国语言学字、历史地理知识。

德国阿佩尔特著《归纳法的理论》。 德国谢林著《神话和天启的哲学》(遗稿)。 英国汉密尔顿始撰《形而上学和逻辑学讲义》一书。 德国蒙森著《罗马史》。 德国黎曼著《论存在于几何学的基础的假定》。 英国布尔著《思维规律研究》,创立逻辑代数(布尔代数)。	伊乐尧纂《五经补纲》7种、附2种刊行。 罗泽南著《周易附说》成书。 桂文灿著《孝经集解》1卷刊行。 陈澧始著《汉儒通义》。 刘文淇等编著《杨城殉难录》4卷成书。 邹汉勋等纂《兴义府志》74卷、首1卷刊行。 鲁一同纂《清河县志》24卷、首1卷刊行。 王韬译《旧约》刊行。 钱泰吉著《甘泉乡人稿》24卷刊行。 姚燮著《复庄骈俪文榷》8卷刊行。 张维屏著《松心诗录》10卷由其门人李长荣、沈世良辑成。 哈斯宝以蒙文节译《红楼梦》成,题为《新译红楼梦》。 高继衍著《蝶阶外史》4卷、《蝶阶外史续编》2卷成书。 沈濂著《怀小编》刊行。 王士雄编著《简效方》四集成书。又编著《蓬窗灵验方》成书。 徐然石辑王士雄的《王氏医案三编》成书。 汪莱著《衡斋算学遗书合刻》刊行。 徐绍桢辑著《学寿堂丛书》始刊。 钱培名辑《小万卷楼丛书》17种刊行。

按:钱熙祚校勘《守山阁丛书》及《指海》时,其从弟钱熙经曾协助,书成后,他认

为古今宜刊之书尚有许多，拟继续编辑，但因病未能如愿，遂令其子钱培名编校《小万卷楼丛书》，仍由张文虎、顾观光协助，按《守山阁丛书》体例编辑，至咸丰四年（1854年）因太平天国之役中止，仅得17种。光绪初年重刊时，撤去《续吕氏读诗记》，易以顾观光的《武陵山人杂著》，仍为17种。

日本箕作阮甫、盐谷宕阴训点《翻刻海国图志》刊行于日本。

美国传教士丁韪良著《天道溯源》刊行。

李元春卒（1769— ）。元春字时斋，陕西朝邑人。嘉庆三年举人。道光十六年，任大理寺评事。咸丰三年，加同州衔。曾主讲潼川、华原书院。著有《诸经绪说》、《经传摭余》、《春秋三传注疏说》、《左氏兵法》、《诸史简论》、《诸子杂断》、《图书拣要》、《百里治略》、《循吏传》、《刍荛私语》、《丧礼补议》、《阁居镜语》、《益闻散录》、《学荟性理论》等。辑《关中诗文钞》47卷、《青照楼丛书》三编90余卷。弟子贺瑞麟，能传其学。事迹见《清史列传》卷六七。

谢林卒（1775— ）。德国哲学家。

按：《清史列传》本传曰："其学以诚敬为本，而要于有恒。读书观理以为行之端，处事审理以验知之素，本末兼该，内外交养，一宗程、朱。谓'朱子之学之精，全由与友朋讲论而得。禁伪学，忌讲学，世衰政乱时也。扶衰救乱，还在明正学，此根本事'。谓'阳明《朱子晚年定论》，全是援儒入墨，是己之见，牢不可破。在朱子公心卫道，初无此意。然后来卫朱子者讥陆、王亦太甚'。谓'白沙、甘泉不尽与阳明同而亦相近。高忠宪、顾泾阳、陈及亭、冯少墟不欲与程、朱异而亦有殊，不可不辨'。谓'李二曲亦有争名立名之意。其以文章推山史，以节介推复斋，而云躬行实践，世无其人，则自谓也。是明争名矣。然山史不止文章，复斋不止节介'。山史，王弘撰号；复斋，王建常号也。生平博通经史，深恶支离，著《学术是非论》曰：'学术至今日而愈歧矣，有记诵之学，有词章之学，有良知之学，而又有考据之学，而皆不可语于圣贤义理之学之精。良知之学，窃圣贤之学，而失之过者也；考据之学，袭汉儒之学，而流于凿者也。讲良知者，尊阳明而溺于空虚，势必与佛、老之教等。然陆、王学偏，而行谊事功犹有可取。高明之士窃此，而与朱子为敌，其实荡检逾闲，有不可问者，此真所谓伪学也。务考据者，右汉儒而左朱子。彼谓汉儒近古，其所讲说，皆有传受。夫近孔子而解经者，孰如《春秋》之三《传》？然盟蔑盟昧，其地各异；尹氏君氏，其人云讹。此类疑窦，不可胜数，何论汉儒？吾尝思之，生数千载之下，欲讲明于数千载之前，圣人已远，简编多缺；兼以伪书日出，将一一而考其实，有可据必有不可据者，有可通必有不可通者。不可据，不可通，是终不能考其实也。故断不如朱子说理之为真。嗟乎，朱子岂不知考据者哉？今人好立说以驳朱子，名心胜也。此与讲良知者之意等也。然则儒者果将何所择而守乎？曰：杨墨、佛老吾斥之，记诵、词章、考据吾为之，而一以朱子之明其理而履其事为宗，又不入于良知之家，庶乎与圣学相近矣。'元春有所纂述，皆以扶世教，正人心为己任，不务空言。尝辑张子《释要》、先儒《语录》为《关中道脉书》，增补冯从吾《关学编》，学者宗之。"

潘世恩卒（1770— ）。世恩初名世辅，改名世恩，字槐庭，号芝轩，晚号思补老人，江苏吴县人。乾隆五十八年一甲一名进士，授翰林院修撰。六十年，充武英殿纂修、国史馆协修。嘉庆三年，充武英殿提调，升左春坊左庶子。历任侍讲学士、詹事府詹事、云南学政、内阁学士、礼部右侍郎、户部左侍郎、工部尚书、户部尚书、武英殿总裁、吏部尚书、国史馆正总裁。

道光七年，署工部左侍郎、吏部左侍郎、国史馆副总裁。十四年，为军机大臣行走。二十八年，晋太傅。卒谥文恭。著有《思补斋诗集》6卷、《有真意斋文集》2卷、《思补斋笔记》8卷、《思补斋奏稿偶存》1卷等。事迹见《清史稿》卷三六三、《清史列传》卷四〇、蔡冠洛《清代七百名人传》第一编、冯桂芬《太傅武英殿大学士文恭潘公墓志铭》（《续碑传集》卷三）。潘世恩有《思补老人自订年谱》。

徐同柏卒（1775— ）。同柏原名大椿，字春甫，改字寿臧，号籀庄、少孺，浙江海盐人。贡生。承其舅张廷济指授，精研六书篆籀，广识古文异字。兼工篆刻。著有《从古堂款识学》16卷、《从古堂吟稿》等。事迹见徐士燕编《岁贡士寿臧府君（徐同柏）年谱》。

王筠卒（1784— ）。筠字贯山，号箓友，山东安丘人。道光元年举人，后官山西乡宁县知县。又权徐沟，再权曲沃，二县皆治。专攻文字学。以研究《说文》著名，是清代"说文学"四大家之一。著有《说文释例》20卷、《说文解字句读》30卷、《说文系传校录》30卷、《文字蒙求》4卷、《毛诗重言》1卷（附《毛诗双声叠韵说》1卷）、《夏小正正义》4卷、《弟子职正音》1卷、《正字略》2卷。此外，还有《蛾术编》、《禹贡正字》、《读仪礼郑注句读刊误》、《四书说略》等。事迹见《清史稿》卷四八二、《清史列传》卷六九、蔡冠洛《清代七百名人传》第四编、《王筠传》（《续碑传集》卷七四）。

按：《清史稿》本传曰："筠少喜篆籀，及长，博涉经史，尤长于《说文》。《说文》之学，世推桂、段两家，尝谓：'桂氏专胪古籍，取足达许说而止，不下己意。惟是引据失于限断，且泛及藻缋之词。段氏体大思精，所谓通例，又前人所未知。惟是武断支离，时或不免。'又谓：'文字之奥，无过形、音、义三端。古人之造字也，正名百物，以义为本，而音从之，于是乎有形。后人之识字也，由形以求其音，由音以考其义，而文字之说备。六书以指事、象形为首，而文字之枢机即在乎此。其字之为事，而作者即据事以审字，勿由字以生事。其字之为物，而作者即据物以察字，勿泥字以造物。且勿假他事以成此事之意，勿假他物以为此物之形，而后可与苍颉、籀、斯相质于一堂也。今说文之词，足从口，木从中，乌、鹿足相似从匕，苟非后人所窜乱，则许君之意荒矣。'乃标举分别，疏通证明，著《说文释例》二十卷。释例云者，即许书而释其条例，犹杜元凯之于《春秋》也。又以二徐书多涉草略，加以李焘乱其次第，致分别部居之脉络不可推寻。段玉裁既创为通例，而体裁所拘，未能详备。乃采桂、段诸家之说，著《说文句读》三十卷。句读云者，用张尔岐《仪礼郑注句读》之名，谓汉人经说率名章句，此书疏解许说，无章可言，故曰句读也。筠治《说文》之学垂三十年，其书独辟门径，折衷一是，不依傍于人。论者以为许氏之功臣，桂、段之劲敌。又有《说文系传校录》三十卷，《文字蒙求》四卷。他著有《毛诗重言》一卷，附《毛诗双声叠韵说》一卷、《夏小正正义》四卷、《弟子职正音》一卷、《正字略》二卷、《蛾术编》、《禹贡正字》、《读仪礼郑注句读刊误》、《四书说略》。"

刘文淇卒（1789— ）。文淇字孟瞻，江苏仪征人。幼为舅凌曙喜爱，亲授之学。嘉庆二十四年优贡生。官候选训导。与宝应刘宝楠有"扬州二刘"之目。一生主要以教徒为业，同时为人校勘书籍。著有《左传旧疏考证》80卷、《楚汉诸侯疆域志》3卷、《扬州水道记》4卷图1卷、《舆地纪胜校勘记》52卷、《奇门行军要略》4卷、《读书随笔》20卷、《青溪旧屋文集》

10卷、《青溪旧屋诗》1卷等。在道光年间，替阮元校勘宋元本《镇江府志》，并与子刘毓崧合撰《镇江志校勘记》4卷，与刘毓崧、罗士琳、陈立合撰《旧唐书校勘记》66卷和《舆地纪胜校勘记》52卷；与王检心合编《仪征县志》50卷，又校订朱彬的《礼记训纂》等。事迹见《清史稿》卷四八二、《清史列传》卷六九。

按：《清史稿》本传曰："文淇稍长，即研精古籍，贯串群经。于毛、郑、贾、孔之书及宋、元以来通经解谊，博览冥搜，折衷一是。尤肆力《春秋左氏传》，尝谓《左氏》之义，为杜《注》剥蚀已久，其稍可观览者，皆系袭取旧说。爰辑《左传旧注疏证》一书，先取贾、服、郑三君之注，疏通证明。凡杜氏所排击者纠正之，所剿袭者表明之。其沿用韦氏《国语注》者，亦一一疏记。他如《五经异义》所载《左氏》说，皆本《左氏》先师；《说文》所引《左传》，亦是古文家说；《汉书·五行志》所载刘子骏说，实《左氏》一家之学；经疏、史注、《御览》等书所引《左传》注不载姓名而与杜《注》异者，皆贾、服旧说。凡若此者，皆称为旧注，而加以疏证。其顾、惠补注及近人专释《左氏》之书，说有可采，咸与登列。末始下以己意，定其从违。上稽先秦诸子，下考唐以前史书，旁及杂家笔记、文集，皆取为证佐。期于实事求是，俾《左氏》之大义炳然著明。草创四十年，长编已具，然后依次排比成书，为《左氏旧注疏证》。又谓：'《左传义疏》多袭刘光伯《述议》，《隋经籍志》及《孝经疏》，云述议者，述其义，疏议之。然则光伯本载旧疏，议其得失，其引旧疏，必当录其姓名。孔颖达《左传疏序》祗云据以为本，初非故袭其说。至永徽中诸臣详定，乃将旧注姓氏削去，袭为己语。'因细加剖析，成《左传旧疏考正》八卷。又据《史记·秦楚之际月表》，知项羽曾都江都。核其时势，推见割据之述，成《楚汉诸侯疆域志》三卷。据《左传》、《吴越春秋》、《水经注》等书，谓唐、宋以前扬州地势南高北下，且东西两岸未设堤防，与今运河形势迥不相同，成《扬州水道记》四卷。又《读书随笔》二十卷、《文集》十卷、《诗》一卷。"

曾钊卒（1793— ）。钊字敏修，号冕士，广东南海人。道光五年拔贡，历官合浦教谕、钦州学政。曾应两广总督阮元聘，出任广州学海堂长。笃学好古，精于考据学。藏书尤富。建藏书楼"百城楼"，又名"古榆廖山馆"，所藏亦多宋元古刻及旧抄善本、手校本，历来为藏书家所珍重。曾编有《古谕廖山馆藏书目录》。卒后，藏书被顺德温树梁所得。著有《周易虞氏义笺》7卷、《周礼注疏小笺》4卷、《诗说》2卷、《诗毛郑异同辨》1卷、《毛诗经文定本小序》1卷、《虞书命羲和章解》1卷、《春秋国都爵姓考补》1卷、《论语述解》1卷、《二十部古韵》、《读书杂记》5卷、《百城楼集》10卷、《异物志》、《百城楼文存》等。事迹见《清史稿》卷四八二、《清史列传》卷六九、缪荃孙《曾钊传》（《碑传集补》卷四一）。

按：《清史稿》本传曰："钊笃学好古，读一书必校勘讹字脱文。遇秘本或雇人影写，或怀饼就钞，积七八年，得数万卷。自是研求经义，文字则考之《说文》、《玉篇》，训诂则稽之《方言》、《尔雅》，虽奥晦难通，而因文得义，因义得音，类能以经解经，确有依据。入都时，见武进刘逢禄，逢禄曰：'笃学若冕士，吾道东矣！'"

蒋湘南卒（1795— ）。湘南字子潇，回族，河南固始人。道光十五年中举。二十四年，大挑二等，补虞城教谕。绝意仕进，拒绝任职，专事游幕、讲学，潜心研究经学，先后主讲于关中书院、同州书院，并修纂《蓝田县志》、《经阳县志》、《留坝厅志》、《同州府志》、《夏邑县志》、《鲁山县志》等志书,最后完成《陕西通志》稿。著有《周易郑虞通旨》、《中州河渠书》、《七经楼文钞》6卷、《春晖阁诗钞》6卷、《十四经日记》等。事迹见《清史列传》卷七三、夏寅官《蒋湘南传》(《碑传集补》卷五〇)。

陈世庆卒(1796—)。世庆字聪彝,江西九江人。祖父陈奉兹,为乾隆年间诗人兼古文家。世庆幼承家学,致力于诗文。诸生。著有《九十九峰草堂诗钞》。事迹见《清史列传》卷七二。

吴廷香卒(1805—)。廷香字奉璋,一字兰轩,安徽庐江人。师事方东树,并学文于戴钧衡、方宗诚、马三俊等。咸丰元年,举孝廉方正。三年,太平军攻占安庆,其于籍办团练,任督办。四年,战死。著有《吴征士遗集》2卷。事迹见《清史列传》卷五六、张裕钊《庐江吴征君墓表》(《续碑传集》卷六九)。

马三俊卒(1820—)。三俊字命之,号融斋,安徽桐城人。马瑞辰子。初习陆、王心学,后师从方东树,宗程、朱理学。诗古文词,力追汉魏。咸丰元年,举孝廉方正。以父死于太平起义,四年,率练勇追杀,力战死。著有《马征君遗集》6卷。事迹见《清史列传》卷六九、方宗诚《马征君传》(《续碑传集》卷六九)。

丁立钧(—1903)、陈鼎(—1904)、范当世(—1905)、黄绍箕(—1907)、邹代钧(—1908)、于鬯(—1910)、严复(—1921)、崔适(—1924)、安维峻(—1925)、卢戆章(—1928)、夏震武(—1930)、宋伯鲁(—1931)生。

咸丰五年　乙卯　1855年

日本与俄、法、荷缔约,开埠通商。始占南千岛群岛。设立洋学所、讲武所及海军传习所。

俄国塞瓦斯托波尔陷落。

俄国尼古拉一世卒。

巴黎举行万国博览会。

正月十九日癸未(3月7日),僧格林沁率清军攻陷东连镇,太平军首领林凤祥被俘。

是月,太平天国解散女馆,废除男女隔离制度。

二月初六日己亥(3月23日),咸丰帝御文华殿经筵,直讲官麟魁、赵光进讲《四书》"为君难,为臣不易"。直讲官穆荫、李钧进讲《书经》"慎乃俭德,惟怀永图"。

八月十七日丁未(9月27日),广东天地会陈开、李文茂等攻克广西浔州府,改浔州为秀州,府城为秀京,国号"大成",年号"洪德"。陈开为平浔王,李文茂为平靖王,梁培友为平东王,梁大昌为定北王。

十一月初二日辛酉(12月10日),英国、美国、法国驻沪领事公布《上海港引水章程》。

是年,清廷诏采访才兼文武、胆识出众之士。

按：《清史稿·选举志四》曰："咸丰五年,以各省用兵,诏采访才兼文武、胆识出众之士。御史宗稷辰疏荐湖南左宗棠,浙江姚承舆,江苏周腾虎、管晏,广西唐启华。命各督、抚访察,送京引见。是时海内多故,粤寇纵横。文庆以大学士直枢廷,屡密请破除满、汉畛域,用人不拘资地。谓汉人来自田间,知民疾苦,熟谙情伪,办贼当重用汉人。国藩起乡兵击贼,战失利,谤议纷起。文庆独谓国藩忠诚负时望,终当建非常功,宜专任讨贼。又尝奇林翼才略,林翼以贵州道员留楚带勇剿贼,国藩荐其才堪大用,胜己十倍。一岁间擢湖北巡抚,文庆实中主之。袁甲三督师淮上,骆秉章巡抚湖南,文庆荐其才,请勿他调,以观厥成。时论称之。七年,林翼奏兴国处士万斛泉及其弟子宋鼎、邹金粟,砥砺廉隅,不求仕进,请予奖励。诏赏斛泉等七品冠服有差。时军事方殷,迭饬疆吏及各路统兵大臣奏举将才。林翼举左宗棠,予四品京堂,襄办国藩军务。沈葆桢、刘蓉、张运兰,命国藩、林翼调遣。他如塔齐布、罗泽南、李续宾、李续宜、彭玉麟、杨岳斌等,俱以末弁或诸生,拔自戎行,声绩烂然。曾、胡知人善任,荐贤满天下,卒奏中兴之功。"

曾国藩授湖广总督。二月十二日夜,石达开总攻湘军水营,烧毁湘军战船100余艘。曾国藩座船被俘,文卷册牍俱失,欲策马赴敌以死,罗泽南、刘蓉力劝乃止。

梅曾亮年七十,杨以增为校刊诗文集以为寿。是年作《任节妇传》、《光禄大夫经延讲官礼部尚书李公墓碑》、《太乙舟山房时议序》、《陈淮生时议序》、《叶石农先生教思碑》、《姚姬传先生尺牍序》、《季谐禹先生墓表》。

魏源居苏州,手订生平著述,参禅静坐,谢绝宾客。

程鸿诏倡团练于黟城,曾国藩驻军祁门,招聘入幕。

胡林翼正月补授湖北布政使。署湖北巡抚。奉命兼领水师。

徐有壬二月丁忧回籍。寻命督办浙江湖州团防事务。是年,与吴嘉善结为知己,同治算学。

按：吴嘉善后来回忆道："善于算术,盖尝粗涉其藩,至所谓割圆术者,则董氏、明氏之书不能解也,获交徐君青先生乃稍解之。"(吴嘉善《割圆八线缀术序》,《白芙堂算学丛书》本,同治十二年刊)君青乃徐有壬字。

俞樾七月简任河南学政,以试题怪僻被劾,罢官归,侨居于吴,乃一意治经,日以著作自娱。

朱次琦度岭南归抵家。郑献甫来访,出示所著四策,朱氏为书后。

郑珍十月偕莫友兰、黄彭年邀黄峰山,观阳明先生大小二画像,有诗志之。

刘毓崧是夏应两淮都转郭氏聘,至清江浦维扬道官署,课其子读。

容闳自美归国后,返澳门省母,补习中文。赴香港,习律师无果。是秋任广州美国驻华代理公使伯驾秘书。年底,赴香港高等审判厅任通译。

姚燮重游上海,寓居较久。撰骈文《恤赠员外郎衔光禄寺署正胡君死节事状》、《蒋纯甫芬陀利室词序》、《凌国学家传》、《皇故授中宪大夫晋赠通议大夫徐公碑》。

蒋敦复与姚燮同在上海,姚氏为其《芬陀利室词集》作序。

西班牙盖尔夏设计成喉镜。

美国戴维·休斯发明打家电报机。

何绍基春间出省按试,再经眉州,重谒三苏祠。五月二十四日,回至成都,得知由于四月陈时务十二事,咸丰帝责以肆意妄言,由部议以私罪降调。六月八日,将四川学政印鉴移四川总督黄宗汉,清理解部册卷。

许瀚八月应浙江学政吴式芬邀请,赴杭州,随署校文。未几,吴式芬因病引退。

孙衣言正月读嘉庆重刊本宋胡方平《易学启蒙通释》两卷,与康熙御纂《周易折中》参互校核,旁采众说,手录于每端,间复自为按语,凡数十条,以广朱子、邵子之义(《孙衣言孙诒让父子年谱》)。四月,与殷兆镛、李鸿藻受命在上书房行走。是年,充咸安宫总裁、文渊阁校理。

孙诒让八月从父孙衣言授四子书。

按:《孙衣言孙诒让父子年谱》是年条曰:"时衣言方欲以经制之学,融贯汉宋,通其区畛,而以永嘉儒先治《周官经》特为精详,大抵阐明制度,穷极治本,不徒以释名辨物为事,亦非空谈经世者可比。因于四子书外,先授诒让以此经,藉为研究薛、陈诸家学术之基本。"

马相伯诵读古文,服膺苏辙之文章及襟度。

英国传教士韦廉臣来华传教。

英国传教士杨格非(杨笃信、杨约翰)来华传教。

中英文合刊《东涯新录》在美国旧金山创刊,其中中文部分由留美学生李根主编。

英国斯宾塞著《心理学原理》。

德国毕希纳著《力与物质》。

俄国赫尔岑出版《北斗集》。

俄国车尔尼雪夫斯基著《艺术与现实的美学关系》。

美国海洋学家莫里出版《海洋自然地理》。

美国朗费罗发表长诗《海华沙之歌》。

美国惠特曼著《草叶集》。

张步骞著《易理寻源》3卷刊行。

魏源著《书古微》20卷成书,有自序。

按:魏源《书古微序》曰:"《书古微》为何而作也?所以发明西汉《尚书》今、古文之微言大谊,而辟东汉马、郑古文之凿空无师传也。"

刘宝楠著《论语正义》成书。

刘沅著《四书恒解》刊行。

王兆琛著《正俗备用字解》4卷刊行。

官修《宣宗实录》起修。

魏源著《今古文家法考》、《明代兵食二政录》成。

鲁一同著《右军年谱》1卷刊行。

梅曾亮著《柏枧山房文集》31卷刊行。

林春溥著《竹柏山房十种》刊行。

李慈铭著《松下集》成书。

何绍基著《峨眉瓦屋游草》成书。

周乐清著《补天石传奇》8种重刊。

清河氏梦庄居士著、琅琊先生评点《双英记》(又名《方正合传》)12回刊行。

陈奂著《师友渊源记》成书。

王士雄著、汪曰桢等评注之《温热经纬》刊行。

祁寯藻著《马首农言》1卷刊行。

杨以增纂《海源阁丛书》6种刊毕。

英国传教士合信著《博物新编》3集由上海墨海书馆刊行。又译《物理学提要》刊行。

按：《博物新编》是部综合性科技知识的启蒙读物。王韬《瓮牖余谈》曾说，此书"词简意尽，明白晓畅，讲格致之学者，必当由此入门，奉为圭臬"。徐寿、华蘅芳都研读过此书，徐寿还照书中方法做实验，并且触类旁通，做出了书中没有的实验。

刘沅卒（1768— ）。沅字止唐，号槐轩，四川双流县人。刘咸炘祖父。乾隆五十七年举人。嘉庆十二年迁居成都，讲学以终。著有《四书恒解》、《诗经恒解》、《易经恒解》、《春秋恒解》、《庄子恒解》等，均收入《槐轩全书》。

钱绎卒（1770— ）。绎初名东埔，字以成、子乐，号小庐，可庐次子，江苏嘉定人。钱大昭子、钱侗兄。工书法。著有《方言笺疏》、《尔雅疏证》、《训诂类纂》等。事迹见《清史列传》卷六八。

郭仪霄卒（1775— ）。仪霄字羽可，江西永丰人。嘉庆二十四年举人，官内阁中书。初从张映窗受诗法，后与黄爵滋、潘德舆、吴嵩梁、蒋湘南等相唱酬。著有《诵芬堂文钞》6卷、《诵芬堂诗钞》12卷。事迹见《清史列传》卷七三。

包世臣卒（1775— ）。世臣字慎伯，号倦翁，别署白门倦游阁外史、小倦游阁外史，安徽泾县人。嘉庆十三年举人，大挑以知县发江西新喻。复随明亮征川、楚，发奇谋不见用，遂归，卜居金陵。工书，好兵家言。著有《中衢一勺》3卷、附录4卷、《艺舟双楫》9卷、《管情三义》8卷、《齐民四术》12卷，合称《安吴四种》36卷。又著《小倦游阁文稿》2卷。事迹见《清史稿》卷四八六、《清史列传》卷七三、蔡冠洛《清代七百名人传》第五编、震钧辑《国朝书人辑略》卷八、谢应芝《书安吴包君》（《续碑传集》卷七九）。

按：《清史稿》本传曰："世臣能为大言。其论书法尤精，行草隶书，皆为世所珍贵。"《清儒学案》卷一三六《安吴学案》曰："嘉庆以还，士人始昌言经济之学，期于有裨实用。慎伯于农、礼、刑、兵、河、漕、盐诸政，博访精研，持之有故；而于考据词章，亦能探其源而洞其意，诚可谓豪杰之士矣。"

王汝谦卒（1777— ）。汝谦字六吉，号益斋，河南武陟人。诸生。李棠阶弟子。教授乡里，从游者众。著有《四书记悟》14卷、《尚书管窥》、《孟子论文》、《省过斋文集》等。

陈逢衡卒（1778— ）。逢衡字履长，号穆堂，江苏江都人。陈本礼子。诸生。道光元年举孝廉方正，力辞不就。以"瓠室"藏书十万余卷著称。中年后，在读骚楼邀文人学者研讨诗文。长于考据，尤精古史。著有《逸周书补志》24卷、《竹书纪年集证》50卷、《山海经纂说》8卷、《穆天子传补正》6卷、《博物志疏证》10卷、《读骚楼诗初集》4卷、《读骚楼诗二集》4卷等。事迹见《清史列传》卷六九、金长福《陈征君传》（《碑传集补》卷四八）。

周乐清卒（1785— ）。乐清字安榴，号文泉，别号炼情子，浙江海宁

C. F. 高斯卒（1774— ）。德国数学家、物理学家、天文学家。

克尔恺郭尔卒（1813— ）。丹麦哲学家。

夏洛蒂·勃朗特卒（1816— ）。英国女作家。

人。周嘉猷子。曾任湖南道州州判，协修州志。代理祁阳知县。道光六年任新化知县。八年署黔阳令，十年调麻阳知县。官至莱州府同知。工诗文，精音律，擅词曲。著有《静远草堂诗文集》、《桂枝乐府》、《静远草堂诗话》、《静远草堂麈谈》及《补天石传奇》等。事迹见《民国海宁州志稿》卷二八。

杨以增卒（1787—　）。以增字益之，号至堂，别号东樵，山东聊城人。道光二年进士。初在贵州任荔波县知县、后任松桃直隶厅同知、贵阳府知府。先后调广西左江道、湖北安襄郧荆道、河南开归陈许道任职。后升任两淮盐运使、甘肃按察使、陕西布政使。道光二十九年升为江南河道总督兼漕运总督。卒谥端勤。家有海源阁，藏书数十万卷，大多经过梅曾亮、包世臣、高均儒、吴熙载等文人、鉴赏家的鉴别。辑刊《海源阁丛书》。

按：杨以增为晚清四大藏书家之一，创立海源阁，一生专于书，从清嘉起至民国，传四世百余年。其子杨绍和、其孙杨保彝及族子杨敬夫均为藏书家。

刘宝楠卒（1791—　）。宝楠字楚桢，号念楼，又号秋槎，江苏宝应人。五岁而孤，母氏乔教育以成。从父刘台拱汉学精深，宝楠请业于台拱，以学行闻乡里。为诸生时，与仪征刘文淇齐名，人称"扬州二刘"。道光二十年成进士，授直隶文安县知县。长于经学。著有《论语正义》24卷、《经传小记续》1卷、《汉石例》6卷、《金石例》6卷、《释谷》4卷、《宝应图经》6卷、《胜朝殉扬录》3卷、《文安堤工录》6卷、《念楼集》8卷、《念楼集外集》2卷、《清芬集》10卷、《愈愚录》6卷等。另有稿本《毛诗注疏长编》、《礼记注疏长编》、《论语注》、《论语注疏长编》、《经义旁通》、《郑氏释经例》、《说文杂著长编》等。事迹见《清史稿》卷四八二、《清史列传》卷六九、蔡冠洛《清代七百名人传》第四编、戴望《故三河县知县刘君事状》（《续碑传集》卷七三）。

按：《清史稿》本传曰："宝楠于经，初治毛氏《诗》、郑氏《礼》，后与刘文淇及江都梅植之、泾包慎言、丹徒柳兴恩、句容陈立约各治一经。宝楠发策得《论语》，病皇、邢《疏》芜陋，乃蒐辑汉儒旧说，益以宋人长义，及近世诸家，仿焦循《孟子正义》例，先为长编，次乃荟萃而折衷之，著《论语正义》二十四卷。因官事繁，未卒业，命子恭冕续成之。他著有《释谷》四卷，于豆、麦、麻三种多补正程氏《九谷考》之说。《汉石例》六卷，于碑志体例考证详博。《宝应图经》六卷，《胜朝殉扬录》三卷，《文安堤工录》六卷。"

徐荣卒（1792—　）。荣原名鉴，字铁孙，又字铁生，汉军正黄旗人。嘉庆二十一年举人。道光六年，被阮元聘为学海堂山长。十六年中进士，历任浙江遂昌、嘉兴、临安知县及杭州理事同知。咸丰二年任杭州知府。五年授福建汀漳龙道员。未赴任，与太平军作战而死。著有《大戴礼补注》、《怀古田舍诗钞》33卷、《怀古田舍梅统》13卷、《日新要录》等。事迹见《清史列传》卷七三、陈继聪《徐观察传》（《续碑传集》卷五九）。

侯度卒（1799—　）。度原名廷椿，字子琴，广东番禺人。侯康弟。道光十五年与兄侯康同榜举人。二十四年，大挑一等，试用知县，分发广西，署河池州牧。咸丰初助守桂林，五年以病乞归，甫抵家遽卒。事迹见《清史稿》卷四八二。

按：侯度与侯康兄弟齐名。《清史稿》本传曰："度洽熟经传，尤长《礼》学，时称'二侯'。嘉兴钱仪吉尝称其研核传注，剖析异同，如辨懿伯、惠伯之为父子，三老、五更之为一人。证明郑义，皆有据依。所著书为夷寇所焚，其说经文，刻《学海堂集》中。"

许光治卒（1810—　）。光治字龙华，号羹梅，别号穗嫣，浙江海宁人。一生以授徒为业。精医药、音乐、奇门等，尤爱散曲。著有《校正金石粹编》8卷、《红蝉香馆骈散体文》4卷、《江山风月谱》3卷等。

戴钧衡卒（1814—　）。钧衡字存庄，号蓉州，安徽桐城人。道光二十九年举人。两应会试不第。在京师结识曾国藩、邵懿辰、鲁一同、杨彝珍、吴敏树等人。著有《书传补商》17卷、《书传纂疑》6卷、《味经山馆文钞》4卷、《味经山馆文续钞》3卷、《味经山馆诗钞》6卷、《味经山馆诗续钞》4卷、《味经山馆尺牍》2卷、《公车日记》2卷、《存庄遗集》等。事迹见《清史稿》卷四八六、《清史列传》卷七三、方宗诚《戴存庄权厝志》（《续碑传集》卷七九）。

按：《清史稿》卷四八六曰："自谓生方、姚之乡，不敢不以古文自任。与（苏）惇元重订《望溪集》，增集外文十之四。其后荣成孙葆田更得遗稿若干篇刻之，方氏一家之言备矣。钧衡有经济才，与国藩为友，著《书传补商》，国藩亟称之。"

何桂珍卒（1817—　）。桂珍字丹畦，云南师宗人。道光十八年进士，选庶吉士。散馆，授编修，督贵州学政。入直上书房，授孚郡王读。咸丰三年，出为福建兴泉永道。四年，授安徽徽宁池太广道。卒赠光禄寺卿，谥文贞。与唐鉴、曾国藩为师友，学以宋儒为宗。著有《何文贞公遗书》3种。事迹见《清史稿》卷四〇〇、李元度《何文贞公别传》、倭仁《何丹畦墓表》、曾国藩《何君殉难碑记》、陈继聪《何文贞公传》（均见《续碑传集》卷五八）。

范元亨卒（1819—　）。元亨原名大濡，字直侯，号问园主人，江西德化人。咸丰二年举人，三年入京会试下第，遂绝意仕进。著有《四书注解》、《五经释义》、《红楼梦评批》32卷、《问园诗文集》24卷、《问园词稿》8卷、《秋海棠传奇》16卷等。事迹见高心夔《范元亨传》（《问园遗集》附）。

陈炽（　—1900）、费念慈（　—1905）、萧道管（　—1907）、王锡祺（　—1913）、严遨（　—1918）、刘孚京（　—1920）、郭曾炘（　—1928）、马其昶（　—1930）、徐世昌（　—1939）生。

咸丰六年　丙辰　1856年

正月二十四日壬午（2月29日），广西西林县处死违犯中国法律之法

日本始排印荷

兰书籍。

埃及总督批准法国关于开凿伊士运河的租借条约。

英国至此取全印度。

克里米亚战争结束。

澳大利亚维多利亚殖民地首创无记名投票选举法。

国传教士马顿,史称"马神甫事件"(又称"西林教案")。

> 按：后法国以此为借口发动第二次鸦片战争,订立《天津条约》。

二月初十日戊戌(3月16日),举行仲春经筵,咸丰帝御文华殿。直讲官花沙纳、彭蕴章进讲《中庸》"致中和,天地位焉,万物育焉";直讲官联顺、何彤云进讲《易经》"有孚惠心,勿问元吉"。

二十八日丙辰(4月3日),太平军首次攻破清军"江北大营"。

四月二十一日丁未(5月24日),策试天下贡士马文瑞等260人于保和殿。

二十五日辛亥(5月28日),咸丰帝御太和殿传胪,赐一甲翁同龢、孙毓汶、洪昌燕3人进士及第,二甲谭钟麟等100人进士出身,三甲孙彦等113人同进士出身。

五月初二日戊午(6月4日),授一甲一名进士翁同龢翰林院修撰,二名进士孙毓汶、三名进士洪昌燕编修。

十八日甲戌(6月20日),太平军首次攻破清军"江南大营"。

七月二十三日戊寅(8月23日),命武英殿刊刻《孝经》清文汉字合璧成书,颁行中外,俾各士子讲习有资,用昭法守。

八月初四日戊子(9月2日),韦昌辉杀杨秀清,天京事变发生。

九月初十日甲子(10月8日),"亚罗号事件"发生,英国以此挑起第二次鸦片战争。

> 按：广东水师在珠江检查走私船只"亚罗号",拘捕海盗及水手12人。英广州领事巴夏礼认为该船是英国船,中国无权检查。英国巴麦尊内阁以此事件为借口,遂联合法国发动第二次鸦片战争。

十一月初一日乙卯(11月28日),以《宣宗实录》476卷、《宣宗圣训》130卷成书,监修总裁大学士文庆赏加一级,总裁兵部尚书阿灵阿赏太子少保衔,副总裁周祖培赏太子少保衔,余各升叙有差。

初六日庚申(12月3日),英军再度进攻广州城。

十七日辛未至十八日壬申(12月14至15日),广州民众火烧十三行洋楼。

二十二日丙子(12月19日),湘军攻陷武昌、汉阳。

十二月二十日癸卯(1857年1月15日),马克思在《纽约每日论坛报》发表《英中冲突》一文。

英国珀金从煤焦油中发现第一种合成染料苯胺紫。

英国H.贝塞麦独立发明转炉炼钢法。

法国勒维烈制作天气图,开始天气预报业务。

曾国藩叙左宗棠济饷功,请以郎中分兵部行走。十月,曾国藩在长沙募勇组建吉字营入援江西。

萧穆得见曾国藩及其幕友与宾客。曾国藩指导萧穆专以朝章国故为问学大宗,且为之延誉。萧穆是年受业于朱道文。

> 按：萧穆早年足迹未出乡里,所见只是桐城前辈。自此以后,多见江浙老学者,从之问业,因而途径益宽,见闻益广。

魏源手录《净土四经》。秋游杭州,曾见少年谭献。与何绍基、金安清、戴熙在杭交游。陆心源往谒。《元史新编》脱稿,撰《拟进呈元史新编表》，托浙江巡抚何桂清随奏疏上进其著，未果。

按：净土宗的基本经典是"三经一论"，即《佛说无量寿经》、《佛说观无量寿经》、《佛说阿弥陀经》和《净土论》，魏源在此基础上将华严宗的经典《普贤行愿品》加入三经而成四经一论。是年春，他寄书给湘潭的好友周诒朴，请他刊刻《净土四经》。在《净土四经总叙》中，他自称"菩萨戒弟子魏承贯"，并由衷地赞颂"大矣哉，西方圣人之教"，说明他已笃信佛教。

倭仁二月迁光禄寺卿。八月，擢盛京礼部侍郎，管理宗室觉罗学事务。

祁寯藻以《宣宗实录》、《宣宗圣训》告成，赐食宝俸。

朱骏声升江苏扬州府教授，兼署理黟县教谕。

徐继畬于平遥超山书院设帐授徒。

胡林翼奉旨赏加头品顶戴，并实授湖北巡抚。

吴廷栋升授山东布政使。

姚燮在息游园，作骈文《谢铁卿孝廉诔》、《镇海新建校士馆碑文》、《蓬莱阁雅集图记》、《故国子监生虞君诔》。

张文虎撰《唐十八家文录序》、《华严墨海集序》。

何绍基五月间至江苏兴化，吴云招寓泰州行馆，遍阅所藏古墨。六月，山东巡抚崇恩聘主山东泺源书院。秋间至灵岩访李北海所书寺碑，未得。冬初再访，于鲁班洞中访得半截残石。

冯桂芬五月补右春坊右中允。因江苏巡抚赵德辙以劝捐事挽留，未果行。

刘熙载京察一等，记名以道府用。旋以病乞假，客山东授徒自给。

朱次琦居邑学尊经阁，旧游弟子皆来从学。

陈澧是春应聘纂修《番禺县志》。

张之洞三月赴礼部试，考取觉罗官学教习。

刘恭冕重校其父刘宝楠遗著《论语正义》，并亲自缮录之。

彭蕴章充会试正考官，许乃普为副考官，殷兆镛、潘祖荫、陆增祥、张桐、彭毓瑞、孙衣言、吴凤藻为同考官。

方宗诚在开封，曾向李湘言萧穆年少而文高，学博而识远。

徐䎑编《桐归集》、《桐城文录》，未完成，以托方宗诚。方氏离皖客山东，又以托萧穆。

张维屏秋避英军炮火迁居城西泌冲乡。患渴病。

许瀚自杭州返山东，居沂州，助吴式芬编《捃古录金文》，致力于金文考释。十月，吴式芬卒。

容闳赴上海，于海关翻译处任职，又任某英商公司书记。

黄鸿藻（黄遵宪父）中举人。

缪梓补金衢严道，赵之谦随客衢州、常山官署。

戴望始识姚湛。

朱孔彰年十五，丁父忧，猛志励学。

按：朱孔彰字仲我，号圣和，江苏元和人。朱骏声子。曾主讲淮南蒙城书院，修

德国克雷尼希提出气体分子在相继碰接时作直线运动的假说。

《凤阳府志》、《两淮盐法志》。襄江南编译局，主讲安徽存古学堂。晚年收聘佐修《清史》。著有《说文重文笺》7卷、《说文粹三编》9卷、《说文通训定声续补遗》1卷、《释说文读若例》1卷、《说文讄语》1卷、《九经汉注》、《中兴将帅别传续编》6卷、《女将传赞》、《中山王徐达传》1卷、《三朝闻见录》、《车隐丛谈》6卷、《小桃源笔记》4卷、《圣和老人文集》6卷、《圣和老人诗集》4卷、《林和靖诗集注》4卷等。

  英国传教士理雅各继任《遐迩贯珍》半月刊主笔，旋即停刊。
  美国传教士玛高温始主持《中外新报》，改半月刊为月刊。
  英国传教士伟烈亚力在上海创立文理学会。
  司徒源主编的美国首份中文日报《沙加编度新录》创刊。

德国费希特著《人类学》。

德国洛采著《小宇宙、自然史和人类学史》。

俄国车尔尼雪夫斯基发表《果戈里时期俄国文学概况》。

  郑珍著《仪礼私笺》8卷成书，其子郑知同作序。
  朱彬著《礼记训纂》49卷刊行。
  刘存仁著《诗经口义》2卷刊行。
  赵承恩著《大学问答》1卷刊行。
  郝懿行著《尔雅义疏》20卷刊行。
  清内府刻印《翻译孝经》1卷，《清宣宗圣训》130卷。
  敕纂《道光朝筹办夷务始末》成书。
  陈澧纂《番禺县志》"沿革"、"前事"二门成。
  程鸿诏著《汉校官碑考证记》。
  方宗庆著《辅仁续录》成书，有序。
  蒋敦复、慕维廉合译《大英国志》由墨海书馆刊行。
  陆以湉著《冷庐杂识》8卷成书。
  罗泽南著《小学韵语》1卷首刊。
  按：是为蒙学读本。全书共2944字，系统地论述了小学的意义、任务、规范。罗泽南《小学韵语叙》曰："余道光戊申，课徒左氏芭蕉山房，日与诸生讲《小学》、《大学》之方。诸生以朱子《小学》一编，为人生必读之书，惟语句长短参差不齐，小儿初入学，遽以此授之，往往不能以句，思欲有以便于读而不得。余因为之撮其大要，辑为《韵语》，复取古人注疏附于其下，令其随读随解，诸生乐其诵之易也。方欲锓之木，而粤匪之祸起矣。自戊申以来，迄今九年，一夫倡乱，祸延东南，天下弦诵之声或几乎熄。余以一介书生，倡提义旅，驰驱于吴、楚之间，而其一时同事者，及门之士居多，共患难，一死生，履险蹈危，绝无顾惜，抑何不以利害东其心耶？当天下无事之秋，士人率以文辞相尚，有言及身心性命之学者，人或以为迂。一旦有变，昔之所谓迂者，奋欲起而匡之救之，是殆所谓其愚不可及者与？亦由其义理之说素明于中故也？余自愧德薄，不能以身教人，窃幸克自奋发，不负其平日之所习，尤原其益相策励，日亲当代崇实之儒，拔本塞源，共正天下之学术。学术正，则祸乱有不难削平者，非徒恃乎征战已也。孟子曰：'经正则庶民兴，庶民兴，斯无邪慝矣。'此之谓耳。诸生军务倥偬之余，尤日取此编相为参订，恐因乱而失也。付于攻木氏，余因有感于当世之务，复慨乎其言之。"（《清儒学案》卷一七〇《罗山学案》引）该书除《罗忠节公遗集》收录外，还有《西京清麓丛书续编·养正丛编》、《吉林探源书舫丛书初编》、《东听雨堂刊书·小儿书辑八种》等丛书收录。

  罗泽南著《罗忠节公遗集》始刊。

陈澧始著《学思录》。

姚燮著《复庄骈俪文榷二编》8卷刊行。姚氏著《大梅山馆集》3种至是年刊毕。

张应昌始纂《清诗铎》。

史梦兰著《金史宫词》20卷刊行。

青坡居士辑《西湖遗事》16卷刊行。

任熊绘纂《任渭长四种》于是年至后年间刊行。

庄仲方编、夏鸾翔绘《碧血录》5卷成书。

秦祖永著《画学心印》成，并自序之。

蒋光煦纂《涉闻梓旧》重编本刊行。

汤金钊卒（1772—　）。金钊字敦甫，一字勖之，浙江萧山人。嘉庆四年进士，选庶吉士，散馆，授翰林院编修。十二年，充顺天乡试同考官。次年，入值上书房。历任湖南学政、江苏学政、礼部右侍郎、吏部右侍郎、户部侍郎、上书房总师傅、兵部侍郎等。卒谥文端。著有《寸心知室存稿》6卷。事迹见《清史稿》卷三六四、《清史列传》卷四一、震钧辑《国朝书人辑略》卷八、蔡冠洛《清代七百名人传》第一编、鲁一同《诰授光禄大夫太子太保衔头品顶戴致仕光禄寺卿汤文端公神道碑》（《续碑传集》卷三）。

穆彰阿卒（1782—　）。彰阿字鹤舫，姓郭佳，满洲镶蓝旗人。嘉庆十年进士，选庶吉士，散馆，授翰林院检讨。道光初，历任内务大臣、左都御史、理藩院尚书、漕运总督、工部尚书。七年，授军机大臣，入值南书房。十六年，充上书房总师傅，拜武英殿大学士。咸丰元年被革职。著有《澄怀书屋诗抄》4卷。事迹见《清史稿》卷三六三、《清史列传》卷四〇、蔡冠洛《清代七百名人传》第一编、吴昆田《穆长白师》（《续碑传集》卷三）。

按：《清史稿》本传曰："穆彰阿当国，主和议，为海内所丛诟。上既厌兵，从其策，终道光朝，恩眷不衰。自嘉庆以来，典乡试三，典会试五。凡覆试、殿试、朝考、教习庶吉士散馆考差、大考翰詹，无岁不与衡文之役。国史、玉牒、实录诸馆，皆为总裁。门生故吏遍于中外，知名之士多被援引，一时号曰'穆党'。文宗自在潜邸深恶之，既即位十阅月，特诏数其罪……诏下，天下称快。"

梅曾亮卒（1786—　）。曾亮原名曾荫，改名曾亮，字葛君，一字伯言、伯枧，江苏上元人。母侯芝，曾改订弹词《再生缘》。年十八，入姚鼐主讲之钟山书院，与管同、方东树、姚莹等切磋诗文，称"姚门四弟子"。道光二年进士，用知县，授例改户部郎中。居京师二十余年，与宗稷辰、朱琦、龙启瑞、王拯、邵懿辰辈游处，曾国藩亦起而应之。京师治古文者，皆从梅氏问法。道光二十九年，主讲梅花书院。著有《柏枧山房文集》19卷、《柏枧山房诗集》12卷、《柏枧山房诗续集》2卷等。事迹见《清史稿》卷四八六、《清史列传》卷七三、刘声木《桐城文学渊源考》卷七、蔡冠洛《清代七百名人传》第五编、《梅曾亮传》（《碑传集补》卷四九）。

按：《清史稿》本传曰："少时工骈文。姚鼐主讲钟山书院，曾亮与邑人管同俱出其门，两人交最笃，同肆力古文，鼐称之不容口，名大起。间以规曾亮，曾亮自喜，不

埃蒂耶纳·卡贝卒（1788—　）。法国政治思想家，空想社会主义者。

尼古拉·伊·罗巴切夫斯基卒（1792—　）。俄罗斯数学家。创立非欧几里德几何。

J.-N.-A.梯叶里卒（1795—　）。法国历史学家、作家。

海因里希·海涅卒（1797—　）。德国诗人、思想家。

舒曼卒（1810—　）。德国音乐家。

为动也。久之,读周、秦、太史公书,乃颇寤,一变旧习。义法本桐城,稍参以异己者之长,选声练色,务穷极笔势。……当是时,管同已前逝,曾亮最为大师;而国藩又从唐鉴、倭仁、吴廷栋讲身心克治之学,其于文推挹姚氏尤至。于是士大夫多喜言文术政治,乾、嘉考据之风稍稍衰矣。"

吴式芬卒(1796—　)。式芬字子苾,号诵孙,山东海丰人。道光十五年进士,历任翰林院编修,江西南安府知府,广西、河南按察使,直隶、贵州、陕西布政使,提督浙江学政、内阁学士兼礼部侍郎等职,后赠光禄大夫。长于音韵训诂之学,又精于金石之学。家藏铜器77件、汉封泥300多方及其他古器物若干种。著有《捃古录》20卷、《捃古录金文》3卷。与陈介祺合著《封泥考略》,是为著录封泥之始。事迹见《续碑传集》卷一七。

李文瀚卒(1805—　)。文瀚字云生,号莲舫,别署讯镜词人,安徽宣城人。道光八年举人。六试礼部皆不第。曾在京充觉罗正黄旗教习。十八年,以知县分发陕西,历署乐城、鄠县、岐山诸县。长于戏曲,其著合为《味尘轩四种曲》。另有《味尘轩文集》4卷、《味尘轩诗集》24卷、《味尘轩诗余》2卷、《味尘轩乐府》2卷、《守嘉州纪要》2卷、《鄠县修城记》1卷等。事迹见冯桂芬《四川候补道嘉定府知府李君墓志铭》(《显志堂稿》卷七)。

罗泽南卒(1806—　)。泽南字仲岳,号罗山,湖南湘乡人。诸生,讲学乡里,从游甚众。咸丰元年,举孝廉方正。二年,在籍倡办团练。三年,以劳叙训导,擢知县。曾领湘军于江西、湖北、湖南等地与太平军作战,官至布政使。谥忠节。学宗程、朱理学,自诩服膺王船山学说。著有《罗罗山遗书》,包括《周易附说》1卷、《读孟子札记》2卷、《西铭讲义》1卷、《姚江学辨》2卷、《人极衍义》1卷、《小学韵语》、《皇舆要览》等。事迹见《清史稿》卷四〇七、《清史列传》卷四二、蔡冠洛《清代七百名人传》第二编、曾国藩《罗忠节公神道碑铭》、李元度《罗忠节公别传》(均见《续碑传集》卷五八)。郭嵩焘编有《罗忠节公年谱》(《罗罗山遗书》附)。

按:《清史稿》本传曰:"泽南所著有《小学韵语》、《西铭讲义》、《周易附说》、《人极衍义》、《姚江学辨》、《方舆要览》诸书。体用兼备,一宗程、朱,学者称罗山先生。尝论兵略,谓《大学》首章'知止'数语尽之,《左传》'再衰'、'三竭'之言,其注脚也。弟子从军多成名将,最著者李续宾、李续宜、王珍、刘腾鸿、蒋益澧,皆自有传。其早死兵事名未显者,有钟近衡,少事泽南,以克己自励,日记言动,有过立起自责。泽南语刘蓉曰:'吾门为己之学,锺生其庶几乎!'"罗氏弟子尚有王鑫、刘长佑、易良干、刘腾鸿、杨昌浚、潘鸿焘、李杏春、康景晖、钟近濂、谢邦翰、罗信东、罗镇南、朱宗程、王开仞、罗信北、翁篸登、易良翰、左枢、贺兴范等。《清儒学案》卷一七〇《罗山学案》曰:"自唐确慎提倡理学,湘南学者皆宗紫阳而黜姚江。罗山尤为切实,以醇儒为名将,一时部曲多出讲学生徒,事功虽未竟,意量足与姚江相抗。其论'治军本诸性道义理,不尚权谋',仁者之勇,斯其异于兵家者欤!"

黄兆麟卒(1807—　)。兆麟字叔文,号黻卿,湖南善化人。道光二十年进士,授翰林院编修。二十三年,任顺天乡试同考官。咸丰二年,任福建乡试主考官。官至光禄寺少卿。著有《古橒山房遗稿》3卷。事迹见徐棻《清故诰中宪大夫光禄寺少卿黄公墓志铭》(《古樗山房遗稿》附)。

杨尚文卒(1807—)。尚文字仲华,别字墨林,山西灵石人。与何绍基、陈庆镛、张穆、郑复光等皆有交谊。辑刻《连筠簃丛书》。事迹见何绍基《灵石杨君兄弟墓志铭》(《东洲草堂文钞》卷一七)。

按:何绍基《灵石杨君兄弟墓志铭》曰:"自道光癸卯,余始建顾先生祠于城西慈仁寺之隙地。海内魁儒硕士,治朴学、能文章者先后至都,游集甚盛。为之职志者,则余与张石舟、陈颂南也。墨林虚怀敬友,既遍交一时贤俊。因命子言师事余及颂南、石舟,又学算于郑浣香。子言事兄如事父,其尊师也,侍立隅坐,谨恪而恳。至余直史馆,每三、六、九日下直,出东华门,至所居春晖园。甫入门,则墨林、子言率子侄迎侍左右。出阅古书画,导游果园,酒炙骈进。惟恐其不当意。酒后为杂书,篆分真行,横直大小,尽吾兴而止,乃登车出城去。如是者六、七岁以为常。壬子秋,余使蜀,道出灵石,过其张家庄里居。次日,墨林、子言送我至霍州,依依信宿,怅然别去,遂成永诀矣。家计中落,墨林好事益不衰。刻《连筠簃丛书》十余种,皆发明经史,裨益实用之书。张石舟实为经理。最后刻桂氏《说文义证》,属许印林校雠之。书成而墨林、子言不及见矣。子言肆书学算,皆有门径。恒呐呐然,如一无所知者,受兄之教致然也。"杨尚文弟杨尚志,字子言。

孔宪彝约卒(1808—)。宪彝字叙仲,号绣山,一作秀珊,自号韩斋学人,山东曲阜人。弱冠即以诗名,得盛大士、陈文述等规誉。游京师,又得阮元赏识。道光十七年举人,出黄爵滋门下。曾任内阁中书、实录馆纂修,官至内阁侍读。与王柏心、鲁一同、朱琦、王拯、邵懿辰、曾国藩、边裕礼、孙衣言、孙鼎臣、冯志沂等交往唱酬。著有《对岳楼诗录》10卷、《对岳楼诗续录》4卷,辑《阙里孔氏诗钞》14卷、《曲阜诗钞》8卷、《尺五庄饯春诗荟》1卷。

杨秀清卒(1820—)。秀清原名嗣龙,广西桂平县人。太平天国领袖之一。曾与西王萧朝贵会衔发布《奉天诛妖救世安民谕》、《奉天讨胡檄布四方谕》和《救一切天生天养谕》。其作品收入《天情道理书》。事迹见蔡冠洛《清代七百名人传》第六编。

欧阳勋卒(1827—)。勋字子和,号功甫,湖南湘潭人。欧阳兆熊长子。师事陈溥、郭嵩焘、吴敏树,受古文法。著有《秋声馆遗集》8卷。事迹见吴敏树《欧阳功甫墓志铭》(《碑传集补》卷五〇)。

按:曾国藩曾为其文集撰一名序,即《欧阳生文集序》。

韩邦庆(—1894)、文廷式(—1904)、郑文焯(—1918)、屠寄(—1921)、梁敦彦(—1924)、陈衍(—1937)生。

咸丰七年　丁巳　1857年

二月初四日丙戌(2月27日),举行仲春经筵,咸丰帝御文华殿,直讲义自此始。

英人入波斯湾布什尔港。

美国联邦最高法院驳回黑人德雷德·斯科特要求自由的申诉。

官柏棪、翁心存进讲《论语》"节用而爱人";全庆、杜翰进讲《易经》"乾道变化各正性命,保合太和乃利贞"。

三月十六日戊辰(4月10日),马克思在《纽约每日论坛报》发表《英人在华的残暴行动》一文。17日,恩格斯在《纽约每日论坛报》发表《英人对华的新远征》一文。

五月十一日辛酉(6月2日),石达开带十万多太平军私离天京出走。

八月十一日己未(9月28日),石达开自安庆经建德入江西,开始远征。

十一月二十一日戊戌(1858年1月5日),两广总督叶名琛被英法联军俘虏,后押往印度。

二十五日壬寅(1月9日),占领广州的英法联军成立广州外人委员会。

英国约翰·斯皮克深入东非大湖区考察。

英国惠斯通发明自激电磁铁型发电机。

法国巴斯德证实发酵是微生物的作用。

瑞典阿尔弗雷德·诺贝尔发明气压计。

俄国冯·贝尔创立"贝尔定律",提出河谷发育不对称原理。

俄国赫尔岑创办《钟声》杂志。

曾国藩、曾国荃丁父忧。六月,假满,两次上疏,请求终制。咸丰帝准其继续在乡守制。是年,建"思云馆"。

魏源仍在杭州东园僧舍,三月二十六日卒。

吴廷栋二月至山东布政使任,兼署山东巡抚。是年,有复书方宗诚论学。

李元度七月以力解贵溪城围复原官,加知府衔。

朱骏声四月移居石村,遂号石隐山人,旋入漳溪养病。

冯桂芬被劾在籍劝捐舞弊,奉旨查办。旋得白。

陈澧避乱横村沙金。

朱次琦居九江,自构茅斋,庋书万卷。是岁而后,乡居不入城,学者称九江先生始此。

莫友芝在贵阳府知府刘书年幕。

戴望始读李塨《论语》、《大学》、《中庸》传注及《恕谷集》。是秋,从陈奂受《毛诗》,遂执弟子礼。又从宋翔凤游,治今文。

缪荃孙读《国语》、《国策》、《史》、《汉》、《通鉴》及八家文,始阅《北史》等书。

黎庶昌考取郡庠生,旋补为廪生。

吴式芬次子吴重熹正月至沂州,亲邀许瀚校订其父遗书。重熹为许瀚及门弟子,乃陪瀚过济南,登千佛山后黄石崖,观魏造像。四月,抵海丰,校遗书,计有《捃古录金文》、《陶嘉书屋钟鼎彝器款识目录》、《捃古录》、《金石汇目分编》等。

高均儒据所存许瀚手稿,在清江浦汇刻一册,延丁晏作序,名《攀古小庐文》。

黄宽在英国爱丁堡大学医科毕业后入广州博济医院行医,其为中国首位留英毕业生。

李续宾七月授浙江布政使。

郑献甫自桂林避乱至广州,复避至东莞。

陈世镕至浙访魏源,知已逝,作文吊之。

李善兰正月与英国传教士伟烈亚力序续译《几何原本》后九卷。是年识容闳。

姚燮纪年骈文有《高士青禺子墓碑铭》、《王征君蒲塘生圹志》、《仁和秀才吴生权厝志》。

何绍基六月十二日与林颖叔、宗稷辰等同拜黄庭坚生日,有诗。六月二十四日,与王拯等集慈仁寺同拜欧阳修生日。七月二十九日,与叶名沣等同拜王应麟生日。

孙衣言十二月特除翰林侍讲。充文渊阁直阁事,登阁观览《四库全书》,而于《四库》所著录之温州先哲遗著,特注意检阅。

马相伯得徐汇公学圣学奖赏。

按:"圣学"为研究天主教教义的课程,课本为利玛宾所著《天主宾仪》。又列名于西文奖赏附录。上海法领事聘马相伯秘书,辞未就。

王鹏运随父赴江西建昌任。此前,入王氏家塾读书。

皮锡瑞八岁,始作文。

黄遵宪从师塾习对文。

翟金生翻印明代翟氏宗族家谱,名为《水东翟氏宗谱》,封面上题有"泥聚珍版重印"字样。

美国人赖登主编《剌报》(英文)于十月创刊于香港。

按:是为香港最早英文日报。

英国传教士伟烈亚力主编,王韬参与编务的《六合丛谈》月刊一月二十六日在上海创刊,由墨海书馆印行。

按:此为外资经营的最早采用汉字铅字中文杂志,为上海首份综合性刊物。

英人区约瑟在《六合丛谈》上发表《古罗马风俗礼教》、《和马传》等文。

按:此为将希腊文学介绍到中国之较早文章。

美国传教士祎理哲在华传教。

丁晏著《尚书余论》2卷、《毛诗陆疏校正》(又作《校正陆机毛诗草木鸟兽虫鱼疏》)2卷、《孝经述注》1卷、《北宋张学二体石经记》1卷刊行。

钱绮著《左传札记》7卷刊行。

罗泽南著《西铭讲义》1卷刊行。

陈澧著《燕乐考原笺》。

按:陈澧是书乃匡正凌廷堪《燕乐考原》之谬而著。后改名为《声律通考》。

王筠著《说文系传校录》30卷刊行。

方宗诚续著《俟命录》3卷成,与前著7卷合为10卷。

张维屏《松心文钞》10卷刊行。又著《张南山全集》12种至此刊毕。

许瀚著《攀古小庐文》刊行。

洪秀全著《天父诗》5卷刊行。

丘心如著《笔生花》弹词4卷32回刊行。

俞万春著《荡寇志》重刊,东篱山人作序。

德国海谟著《黑格尔及其时代》。

德国阿佩尔特著《形而上学》。

德国毕希纳著《自然与精神》。

德国·韦伯著《一般世界史》。

英国勃克尔著《英国文明史》。

英国凯恩斯著《经济学的性质及其理论方法》。

俄国К.Д.乌申斯基发表《论公共教育的民族性》。

潘曾莹著《墨缘小识》成书。

李善兰和英国教士伟烈亚力补译《几何原本》成。

戴煦为项名达所著《椭圆求周术》补作《图解》。

英国传教士合信汉译《西学略说》刊行。

东条一堂卒(1778—)。日本哲学家。

柯西卒(1789—)。法国数学家。

奥古斯特·孔德卒(1798—)。法国哲学家。

米·伊·格林卡卒(1804—)。俄国作曲家，俄民族乐派奠基人。

陶梁卒(1772—)。梁字宁求，号凫芗，江苏长洲人。嘉庆十三年进士，选庶吉士，授翰林院编修。纂修《皇清文颖》。历任永定、正定知府，清河道、署按察使、大名知府、湖北荆宜施道、湖南粮储道、湖北汉黄德道、甘肃按察使等，官至礼部侍郎。著有《国朝畿辅诗传》60卷、《国朝词综补遗》20卷、《红豆树馆诗稿》14卷、《红豆树馆词》8卷、《红豆树馆书画记》8卷。事迹见《清史稿》卷四二二。

庄仲方卒(1780—)。仲方字芝阶，浙江秀水人。嘉庆十五年举人，官中书舍人。晚岁居家，筑映雪楼，藏书近5万卷，辑有《宋文范》、《金文雅》、《碧血录》、《古文练要》等。著有《映雪楼文稿》等。

苗夔卒(1783—)。夔字先簏，直隶肃宁人。道光十一年优贡生。与王念孙、王引之父子畅论音学源流，由是誉望日隆。著有《说文声订》2卷、《说文声读表》7卷、《毛诗韵订》10卷、《广雅补说》等。事迹见《清史稿》卷四八二、《清史列传》卷六九、曾国藩《苗先簏墓志铭》(《续碑传集》卷七三)。

按：《清史稿》本传曰："幼即嗜六书形声之学，读许氏《说文》，若有夙悟。已，又得顾炎武《音学五书》，慕之弥笃。曰：'吾守此终身矣！'举道光十一年优贡生，高邮王念孙父子礼先于夔，由是誉望日隆。夔以为许叔重遗书多有为后人妄删或附益者，乃订正《说文》八百余字，为《说文声订》二卷。顾氏《音学》所立古音表十部，宏纲已具，然犹病其太密，而戈、麻既杂西音，不应别立一部。于是并耕、清、青、蒸、登于东、冬，并戈、麻于支、齐，定以七部，隐括群经之韵。字以声从，韵以部分，为《说文声读表》七卷。《诗》自毛《传》、郑《笺》而后，主义理者多，主声均者少，虽有陆元朗《诗经音义》，亦不能专主古音，然古音时有未尽改者。夔治《毛诗》，尤精于谐声之学，尝以齐、鲁、韩三家证毛，而又以许浃长之声读参错其间，采太平戚氏之《汉学谐声》、《诗经正读》，无锡安氏之《均徵》，为《毛诗均订》十卷。"

陆费瑔卒(1784—)。费瑔原名恩鸿，一作恩洪，字玉泉，号春帆，浙江桐乡人。嘉庆十三年副贡生，充国史馆誊录。议叙知县，历官麻城、枣强、清苑等县知县，易州、直隶州知州，正定、保定知府。官至湖南巡抚。著有《真息斋诗钞》4卷。事迹见《清史列传》卷四三。

曾麟书卒(1790—)。麟书字竹亭，湖南湘乡人。曾国藩父。建有利见斋书室，积书数千卷，有家训联语："有诗书，有田园，家风半耕半读，但以箕裘承祖泽；无官守，无言责，时事不闻不问，只将艰巨付儿曹。"其子曾国藩受其熏陶，喜读喜藏。

魏源卒(1794—)。源原名远达，别号良图；字默深，亦作默生，一字汉士，法名承贯，湖南邵阳人。初究王阳明心学。嘉庆十九年入都，先后从胡承珙问汉学，从姚学塽问宋学，又受公羊学于刘逢禄。道光二年，举顺天乡试。五年,为江苏布政使贺长龄编《皇朝经世文编》。九年,入赀为内阁中书舍人。入两江总督陶澍幕,参与筹画改革漕运、盐务、水利诸政之弊。二十一年,入钦差大臣裕谦幕。后受林则徐委托,编撰《海国图志》100卷。二十四年成进士。以知州发江苏,权兴化。补高邮,坐迟误驿递免。副都御史袁甲三奏复其官。主张变法,首倡"师夷长技以制夷"。著有《易庸通义》、《易象微》6卷、《大戴礼记微》5卷、《书古微》20卷、《诗古微》22卷、《论语类篇》、《孟子类篇》、《春秋繁露注》12卷、《公羊古微》、《公羊春秋微》8卷、《孝经集传》、《小学古经》、《大学发微》、《董子春秋发微》12卷、《老子本义》、《孔子年表》、《孟子年表》、《元史新编》95卷、《圣武记》14卷、《古微堂集》20卷、《古微堂内外集》10卷、《清夜斋史集》20卷等。今有《魏源集》。事迹见《清史稿》卷四八六、《清史列传》卷六九,蔡冠洛《清代七百名人传》第四编、魏耆《邵阳魏府君事略》(《魏源集》附录)。黄丽镛编有《魏源年谱》(湖南人民出版社1985年版)。

按:魏氏是晚清启蒙思想家,与龚自珍、林则徐、包世臣为友,属通经致用之今文学派,是中国放眼看世界的先进中国人之一。魏源师友包括庄存与、刘逢禄、李兆洛、贺长龄、陈沆、龚自珍、李星沅、林则徐、徐松、欧阳辂、汤鹏、宋翔凤、陈庚、包世臣、何绍基、姚莹、汤贻芬、许瀚、冯桂芬、陈庆镛、郑聂光、刘熙载、陈世镕、林昌彝、戴望、左宗棠、张维屏、陈澧、王韬、谭献、刘文淇等。

马国翰卒(1794—)。国翰字词溪,号竹吾,山东历城人。师从金宝川、吕心源。道光十二年进士。历任陕西敷城、石泉、云阳知县。二十四年任陕西陇州知州。咸丰三年因病辞官回乡。辑有《玉函山房辑佚书》700多卷,共辑佚书594种。著有《玉函山房诗集》《红藕花轩泉品》、《玉函山房文集》、《月令七十二候诗自注》、《夏小正诗自注》、《目耕帖》31卷等。

按:《清儒学案》卷一九六《马先生国翰》曰:"先生家贫好学,自为秀才时,每见异书,手自抄录。及官县令,廉俸所入,悉以购书,所积至五万七千余种。簿书之暇,殚心搜讨,不遗余力。尝以唐以前书,今遗佚者十之八九,近世学者,每以不见古籍为憾。乃举周、秦以来,以迄唐代诸儒撰述,其名氏篇第,列于史志,及他书可考者,广引博征,自群经注疏、音义,旁及史传、类书,片辞只字,罔弗搜辑,分经史诸子为三编,每书各作序录,冠于篇首,共得五百八十余种,为卷六百有奇,统名曰《玉函山房辑佚书》,刻以行世,津逮后学,良多裨益。"

英国传教士麦都思卒(1796—)。1816年被英国伦敦会派往马六甲。在马六甲学会马来语、汉语和多种中国方言,并协助编辑中文刊物《察世俗每月统记传》。1819年,在马六甲被任命为牧师,在马六甲、槟城和巴达维亚传教,并用雕版法和石印法先后印行30种中文书籍。1843年代表伦敦会到上海,是第一个到上海的外国传教士。同年,与美魏茶、慕维廉、艾约瑟等传教士在上海创建墨海书馆,印刷出版中文书籍。与王韬一起将《圣经》翻译成中文。1848年3月,与雅魏林、慕维廉擅自去青浦传教,与船民发生冲突,引发青浦教案。1854年,当选为工部局第一届董事。1856年,离任回国。卒于伦敦。

苏惇元卒(1801—)。惇元字厚子,号钦斋,安徽桐城人。方东树弟子。咸丰元年举孝廉方正。其学近张履祥,文似方苞。编有《杨园年谱》1卷、《望溪年谱》2卷。著有《四礼从宜》4卷、《逊敏录》4卷、《钦斋文》3卷、《钦斋诗》4卷。事迹见《清史稿》卷四八六、《清史列传》卷六七、方宗诚《苏厚子先生传》(《碑传集补》卷三八)。

> **按**:《清史列传》本传曰:"年三十时,好朱子之学,师事方东树,名其堂曰仪宋。后读桐乡张履祥书,以为得朱子正传,体用兼备,巨细毕举,为撰订《年谱》一卷。又谓:'学不足以修己治人,则为无用之学;文不足以明道析理,则为虚浮之文。有行而无学,其行无本;有学行而无文章,则无以载道而行远。'宋以后,文之纯正者惟方苞,为辑《望溪年谱》二卷。"

沈曰富约卒(1808—)。曰富字沃之,一字南山,江苏吴江人。道光十九年举人。二十七年,与陈克家、陈寿熊师事姚椿。二十九年,奉姚椿命从事《国朝学案》修撰。著有《受恒受渐斋集》12卷。事迹见刘声木《桐城文学渊源考》卷六。

任熊卒(1823—)。熊字渭长,号湘浦,浙江山阴人。能诗词,工画人物花鸟。咸丰元年居镇海姚燮家,为作《大梅山民诗意图》120幅,阅二月余而成,为生平杰作之一。与任薰、任颐合称"三任",加任预也称"四任",又与朱熊、张熊合称"沪上三熊"。著有《任渭长四种》。

于雅乐(—1897)、杨锐(—1898)、刘鹗(—1909)、汤寿潜(—1917)、王舟瑶(—1926)、辜鸿铭(—1928)、宋育仁(—1931)、朱祖谋(—1931)、夏孙桐(—1941)、韩国钧(—1942)、裘廷梁(—1943)生。

咸丰八年　戊午　1858年

《日美友好通商条约》签订。

东印度公司解散。

四月十六日辛酉(5月28日),黑龙江将军奕山与俄国东西伯利亚总督穆拉维约夫签订《中俄瑷珲条约》。

五月初三日丁丑(6月13日),钦差大臣桂良、花沙纳与俄国驻华公使普提雅廷签订《中俄天津条约》。

十六日庚寅(6月26日),钦差大臣桂良、花沙纳与英国全权代表额尔金签订《中英天津条约》。

十七日辛卯(6月27日),钦差大臣桂良、花沙纳与法国全权代表葛罗签订《中法天津条约》。

十八日壬辰(6月28日),钦差大臣桂良、花沙纳与美国驻华公使列卫廉签订《中美天津条约》。

八月初一日癸卯(9月7日),举行仲秋经筵,咸丰帝御文华殿,直讲官肃顺、周祖培进讲《中庸》"凡为天下国家有九经,所以行之者一也";直讲官双福、沈兆霖进讲《易经》"有亲则可久,有功则可大。可久则贤人之德,可大则贤人之业"。

初三日乙巳(9月9日),马克思在《纽约每日论坛报》发表《鸦片贸易史》。

十月初三日乙巳(11月8日),钦差大臣桂良、花沙纳与英国全权代表额尔金在上海签订《中英通商章程善后条约》。

十二月初一日壬寅(1859年1月4日),英军攻三元里牛栏冈,被乡民击退。

曾国藩四月受命赴浙江办理军务。五月,自湘乡抵长沙,与骆秉章、左宗棠等商援浙事宜,又自长沙抵武昌,与胡林翼商军务。六月,受命以援浙之师援福建。十月,受命移师援皖。

李鸿章谒曾国藩于江西建昌府,遂留幕中。

胡林翼三月以调度有功,加太子少保。八月,以丁母忧扶柩归里。

李元度正月捐升道员。正月,以胡林翼疏,调授浙江。八月,命以浙江道员缺出,请旨简放。十月,以宜黄、崇仁失守降补知县。

吴廷栋有与倭仁、曾国藩书,又校阅倭仁日记。是秋,充乡试提调。

祁寯藻是冬向咸丰帝保荐何秋涛与郭嵩焘,郭嵩焘于是年始供职翰林院,数受咸丰帝召见,命入南书房行走。

王茂荫七月奏请重刊魏源《海国图志》,使亲王大臣、宗室八旗以是教学,并请变通考选,先于武备开科取士。

冯桂芬北上京师,因逾期开缺,在京候补年余。作《五十自讼文》。

俞樾仍居吴。是夏,读王念孙、王引之《读书杂志》、《经义述闻》等书,遂有治经之意。

左宗棠经骆秉章保举,加四品卿衔。

何绍基是年仍主讲泺源书院。春末,回济南,收得部分旧碑拓本。

朱琦自北京至济南,晤何绍基。

朱次琦讲学礼山下,远方从学者日至,自是讲学终二十余年不辍。

方宗诚携家入山东,吴廷栋招至署中,与共论学,推为硕果。是年作《读大学中庸笔记叙》。

莫友芝赴京就选知县,兼试春官,郑珍因至贵阳相晤,并以诗送之。

孙衣言六月简放安徽安庆知府。

郑珍应贵阳知府刘氏礼聘,继莫氏授其子读书。

黄彭年为莲池书院作《万卷楼书目序》。

刘毓崧是冬由清江浦移馆东台。

周玉琪约于是年前后主讲城南、求忠书院。

缪荃孙始读《文选》。

魏秀仁主讲成都芙蓉书院。

姚燮纪年文有《周骑尉碑》。

日本福泽谕吉在江户设立兰学塾。

法国A.马里埃特在布拉克创建埃及博物馆(后迁开罗)。

英国约翰·斯皮克行抵东非坦葛尼喀湖,发现并命名为维多利亚湖。

英国查理·达尔文、华莱士分别提出"自然选择"理论。

德国魏尔肖创立细胞病理学理论。

郑观应在香山应童子试，未中，乃奉父命到上海学商。由徐润等介绍，先后在英商宝顺洋行、太古轮船公司任买办。

美国传教士姜别利在华传教。

美国传教士丁韪良任美国驻华公使列卫廉翻译，参与起草《中美天津条约》。

美国传教士创办之华美书馆由宁波迁至上海。

威廉·甘布尔担任美华书馆经营人，开始使用电铸铜模的技术，使印刷进一步发展。

按：该馆用各种外文和满、汉文字出版《圣经》和传教书刊，并刊行商业簿册帐表和学校教科书。同时还出版自然科学书籍。当时，美华书馆出版的书籍，还在《教会新报》上刊登广告，并列书目简介及其价格等。

英国欧文著《新社会观》。

英国斯宾塞著《科学的、政治的、思辨的论文集》。

德国菲舍尔著《艺术中的内容和形式的关系》。

陈奂著《郑氏笺考证》1卷刊行。

俞樾始著《群经平议》、《诸子平议》。

胡泉辑《经说弟子记》4卷、《经说拾余》1卷刊行。

陈澧著《汉儒通义》7卷刊行。

郑珍著《说文逸字》2卷成书，莫友芝为作后序。郑氏又作《说文逸字序目》。

陈澧撰《声律通考》10卷成书，有自序。

徐鼒著《小腆纪年》20卷成，更采旧闻为《小腆纪传》。

刘景伯著《蜀龟鉴》7卷刊行。

王藻等纂《文献征存录》10卷刊行。

何秋涛著《北徼汇编》成书，祁寯藻作序。

按：明年进呈，咸丰帝览之，赐名《朔方备乘》。《清史稿》本传曰，何秋涛"留心经世之务。以俄罗斯与中国壤地连接，宜有专书资考镜，始著《北徼汇编》六卷。后复详订图说，起汉、晋讫道光，增为八十卷。文宗垂览其书，赐名《朔方备乘》"。

《太平礼制续编》刊行。

张廷济著《桂馨堂集》8种刊毕。

张穆著《房斋文集》8卷、《诗集》4卷刊行。

魏秀仁著《花月痕》16卷52回成书，有自序。

王龄编、任熊绘《于越先贤像传赞》2卷刊行。

任熊绘编《高士传图像》3卷、《剑侠传图像》4卷刊行。

陆以湉著《冷庐医话》5卷刊行。

蒋光煦纂《别下斋丛书》27种91卷刊行。

李善兰著《火器真诀》1卷。

王韬与英国传教士艾约瑟合译《格致新学提纲》。

英国传教士伟烈亚力口译，王韬笔述《重学浅说》刊行。

按：此为中国首部介绍西方力学书。

美国传教士丁韪良汉译《圣经·诗篇》成。

英国传教士合信著《妇婴新说》、《内科新说》在上海刊行。

按：是为中国关于儿科、内科的首部医书。

英国传教士慕维廉编《地理全志》刊行。

李善兰与英教士韦廉臣合译英国植物学家林德利所著《植物学基础》，题为《植物》刊行。

按：李善兰与韦廉臣合译《植物学》8卷，由墨海书馆刊行，其中有200多种插图。为我国传播植物学知识的第一部译著。李氏又向墨海书馆提议翻译英国天文学家约翰·赫舍尔著《天文学纲要》与牛顿著《自然哲学的数学原理》，并曾与伟烈亚力译出后书第1卷3册。散失未刊。

俄国斯卡奇科夫在俄国发表《中国人的水师事务》、《北京郊区的乡下游艺》、《北京河沿的城边茶馆》等社会调查论文。

英国人茹兜主编之香港《剌报》增出中文晚报《中外新报》两日刊，旋改为日刊，由伍廷芳主持。1919年停刊。

英国传教士伟烈亚力等主持之《六合丛谈》由上海迁至日本，旋即停刊。

英国传教士伟烈亚力主编的英文《皇家亚细亚文会北中国分会报》在上海创办。

郑用锡卒（1788——　）。用锡字在中，号祉亭，台湾淡水人。道光三年进士。十四年入都供职。十五年补授礼部铸印局员外郎兼仪制司事务。十七年归台，主讲明志书院。二十二年，英军入侵台湾，自募乡勇抗击英军，以功奖加四品衔。著有《北郭园全集》。事迹见朱材哲《祉亭郑君墓志铭》（《北郭园全集》卷首）。

朱骏声卒（1788——　）。骏声小名庆元，字丰芑，号允倩，晚号石隐山人，江苏吴县人。师事钱大昕。嘉庆二十三年举人，官黟县训导。著书甚丰，诸经皆有成稿。著有《周易汇通》8卷、《易郑氏爻辰广义》2卷、《易经互卦厄言》1卷、《易章句异同》1卷、《易消息升降图》2卷、《学易札记》4卷、《逸周书集训校释增校》1卷、《尚书古注便读》4卷、《夏小正补传》1卷、《大戴礼记校正》2卷、《仪礼经注一隅》3卷、《三代礼损益考》1卷、《井田贡税法》1卷、《诗传笺补》12卷、《诗集传改错》4卷、《诗序异同汇参》1卷、《诗地理今释》4卷、《春秋三家异文核》1卷、《春秋乱贼考》1卷、《春秋列女表》1卷、《春秋阙文考》1卷、《春秋地名职官人名考略》2卷、《春秋国名今释》1卷、《春秋经传旁通目》1卷、《左传旁通》10卷、《左传识小录》3卷、《论孟塙解》2卷、《四书确解》2卷、《四书悬解》4卷、《六书假借经征》4卷、《传经表》1卷、《经史答问》4卷、《秦汉郡国考》4卷、《汉书隽语》4卷、《十六国考》2卷、《晋代谢氏世系考》1卷、《徐中山王谱系考》1卷、《朱氏世系考》2卷、《石隐山人自订年谱》1卷、《各府县人物志》20卷、《山名今释》1卷、《小学识余》4卷、《经韵楼说文注商》1卷、《说文引书分录》1卷、《说文通训定声》18卷、《说解商》10卷、《古今韵准》1卷、《古字释义》1卷、《小尔雅约注》1卷、《七经纬韵》1卷、《汪晋三音学十书补订》4卷、《离骚补注》1卷、《天算琐记》4卷、《数度衍约》4卷、《岁星表》1卷、《说业》12

罗伯特·欧文卒（1771——　）。英国空想社会主义者。

安藤广重卒（约1797——　）。日本版画家。

卷、《悬解》4卷、《荀子校正》4卷、《淮南子校正》6卷、《轩岐至理》4卷、《临啸阁笔记》1卷、《传经堂文集》10隽、《临啸阁诗余》4隽等。事迹见《清史稿》卷四八一、《清史列传》卷六九、蔡冠洛《清代七百名人传》第四编、孙诒让《朱博士事略》(《碑传集补》卷四〇)。

按：《清史稿》本传曰："骏声著述甚博，不求知于世，兼长推步，明通象数。尝论《尔雅》太岁在寅，推大昕说，谓其时自以实测之岁星在亥，定太岁在寅，命之曰摄提格以纪年，岁星所合之辰，即为太岁。然岁星阅百四十四年而超一辰，在秦、汉而甲寅之年岁星在丑，太岁应在子。汉诏书以太初元年为摄提格者，因六十纪年之名，历年以次排叙，不能顿超一辰，故仍命以摄提格也。于是后人以寅、卯等为太岁，强以摄提格等为岁阴。其实《尔雅》所云岁阳、岁阴，非如后人说也。他著有《左传旁通》十卷、《左传识小录》三卷、《夏小正补传》一卷、《离骚补注》一卷。"

僧达受卒（1791— ）。俗姓姚，字六舟，又字秋楫，号寒泉，又号际仁，别号流浪僧、南屏退叟、万峰退叟、小绿天庵僧等，浙江海宁人。先后主苏州大雪庵、杭州南屏、海宁白马寺方丈。善草书，工画。阮元抚浙，招至文选楼，誉为"金石僧"。著有《祖庭数典录》1卷、《六书广通》6卷、《两浙金石志补遗》4册未分卷，皆毁于战火。今存《白马庙志》1卷、《小绿天庵吟草》1卷。事迹见《清史稿》卷五〇四、《杭州府志》卷一七一。

按：《清史稿》本传曰："耽翰墨，书得徐渭、陈道复纵逸之致。善别古器。精摹搨，或点缀折枝于其间，多古趣。阮元呼曰'金石僧'。"

田宝臣卒（1792— ）。宝臣字少泉，江苏泰州人。师事魏茂林。年二十八补博士弟子员，屡困场屋。李联琇提学江苏，聘之入幕。著有《小学骈支》8卷。事迹见刘师培《田宝臣传》(《中国近三百年学术史论》)。

陈庆镛卒（1795— ）。庆镛字乾翔，别字颂南，福建晋江人。少从陈寿祺受业于清源书院。道光十二年进士，选庶吉士，散馆，授户部主事，迁员外郎，授监察御史。后奉诏回闽办理团练，镇压天地会林俊起义。卒赠光禄寺卿。精研汉学，而制行则服膺宋儒，文辞朴茂。著有《籀经堂文集》、《三家诗考》、《说文释》、《古籀考》、《齐侯罍铭通释》2卷等。事迹见《清史稿》卷三七八、陈棨仁《陈公墓志铭》(《续碑传集》卷一九)。

钱绮卒（1797— ）。绮字子文，又字映江，江苏元和人。治经宗贾、服注《左传》，著有《左传札记》7卷。另著有《东都事略校记》1卷、《南明书》36卷。

李枝青卒（1799— ）。枝青字兰九、芗园，号西云，福建福安人。六试礼部均不第，道光十五年终以大挑高等。历官余杭、新昌、龙泉、喜兴知县，后署陕西西安知县。擅长书法。著有《西云杂记》、《西云诗钞》、《说文声律》。事迹见戴望《清故浙江同知署西安县知县李君事状》(《续碑传集》卷四四)。

董兆熊卒（1806— ）。兆熊字敦临，一字梦兰，江苏吴江人。诸生，咸丰元年举孝廉方正。辑有《南宋文录》，著有《味无味斋诗钞》。

龙启瑞卒（1814— ）。启瑞字辑五，号翰臣，广西桂林人。道光二十一年进士，授翰林院修撰。二十三年，充顺天乡试同考官。二十四年，充广东乡试副考官。历任湖北学政、侍讲学士、江西学政、江西布政使等。

曾从吕璜习桐城古文，为文本之于方苞、姚鼐。精经义，通声韵。著有《尔雅经注集证》3卷、《古韵通说》20卷、《经德堂文内集》4卷、《经德堂文外集》2卷、《经德堂文别集》2卷、《浣月山房诗内集》3卷、《浣月山房诗外集》1卷、《浣月山房诗别集》1卷、《浣月山房随笔》、《汉南春柳词》1卷、《粤围唱和集》1卷、《诸学精义》、《经籍举要》1卷等。事迹见《清史稿》卷四八二、《清史列传》卷六九、蔡冠洛《清代七百名人传》第四编、缪荃孙《龙启瑞传》（《碑传集补》卷四一）。

按：《清史稿》本传曰："启瑞切劘经义，尤讲求音韵之学，贯穿于顾、江、段、王、孔、张、刘、江诸家之书，而著《古韵通说》二十卷。以为论古韵者，自顾氏以前失之疏，自段氏以后过于密，江氏酌中，亦未为尽善。阳湖张氏分二十一部，言：'凡言古韵者，分之不嫌密，合之不嫌广。惟分之密，其合之也脉络分明，不至因一字而疑各韵可通，亦不至因各韵而疑一字之不可通。'启瑞服膺是言，故其集古韵也，意主于严，而其为通说也，则较之顾氏而尚觉其宽。不拘成说，不执私见，参之古书，以求其是而已。其论本音、论通韵、论转音，皆确有据依，而以论通说总之，故以名其全书焉。他著有《尔雅经注集证》三卷、《经德堂集》十二卷。"

李续宾卒（1818— ）。续宾字迪庵，又字克惠，湖南湘乡人。曾国藩门人。罗泽南讲学里中，折节受书。咸丰初，泽南募乡勇杀贼，续宾奉父命往佐之，从平桂东土匪。三年，援江西，令将右营。泽南每战，续宾皆从。卒赠总督，入祀昭忠祠，立功地建专祠，谥忠武。著有《李忠武奏议》1卷、《李忠武公遗书》。事迹见《清史稿》卷四〇八、《清史列传》卷四三、蔡冠洛《清代七百名人传》第二编、曾国藩《李忠武公神道碑铭》、李元度《李忠武公别传》、方宗诚《记湘乡李公死事》（均见《续碑传集》卷五六）。

袁绩懋卒，生年不详。绩懋字厚安，顺天宛平人，原籍江苏阳湖。道光二十七年以一甲二名中进士，授翰林院编修。改刑部主事。后赴福建，署延建邵道。太平军进攻邵武，城破，战死。谥文节。性通敏，书过目辄成诵，号称淹雅。著有《诸经质疑》12卷、《通鉴正误》10卷、《汉碑篆额考异》2卷、《味梅斋诗草》4卷等。事迹见《清史稿》卷四九〇。

唐国安（ —1913）、袁世凯（ —1916）、沈瑜庆（ —1917）、汪笑侬（ —1918）、易顺鼎（ —1920）、康有为（ —1927）、张森楷（ —1928）、汪大燮（ —1929）、李详（ —1931）、潘飞声（ —1934）、欧阳庚（ —1941）生。

咸丰九年　己未　1859年

四月二十一日辛酉（5月23日），咸丰帝御保和殿，策试天下贡士。

二十五日乙丑（5月27日），咸丰帝御太和殿传胪，赐一甲孙家鼐、孙

苏伊士运河破土动工。

念祖、李文田 3 人进士及第，二甲朱学笃等 86 人进士出身，三甲陈祖襄等 91 人同进士出身。

二十八日戊辰（5 月 30 日），授一甲一名进士孙家鼐翰林院修撰，二名进士孙念祖、三名进士李文田编修。

五月二十五日甲午（6 月 25 日），英法舰队炮轰大沽炮台。

七月十七日乙酉（8 月 15 日），咸丰帝御勤政殿，召见王大臣等，再次宣布惩处科场案有关人犯。

八月初二日己亥（8 月 29 日），咸丰帝御文华殿，举行仲秋经筵。直讲官贾桢、瑞麟进讲《四书》"是故君子先慎乎德"；穆荫、赵光进讲《尚书》"无稽之言勿听，弗询之谋勿庸"。

二十八日乙丑（9 月 24 日），命将上年戊午科顺天乡试监临刑部右侍郎景廉等，外帘监试给事中志文等，内帘监试御史奎斌等，均著降二级留任，贡院门搜检睿亲王仁寿等，专门搜检豫亲王义道等，外场巡察御史征麟等，均著罚俸一年。

九月二十三日己丑（10 月 18 日），天京举行天试，洪仁玕任文衡正总裁。

十月二十二日戊午（11 月 16 日），洪秀全颁《改历诏》，调整天历。

十二月二十二日丁巳（1860 年 1 月 14 日），陈玉成联合征北主将张乐行军败湘军于安徽潜山。

英国利文斯通抵马拉维（尼亚萨）湖。

曾国藩作《圣哲画像记》，图画古圣贤先儒 33 人，略依孔门四科及近世桐城姚氏论学，以义理、考据、词章三者分门依类而图之。李鸿章来谒于建昌，遂留于幕中。

按：《圣哲画像记》所画"圣哲"，按原文顺序分别是：周文王、周公旦、孔丘、孟轲、班固、司马迁、左丘明、庄周、诸葛亮、陆贽、范仲淹、司马光、周敦颐、程颢程颐兄弟、朱熹、张载、韩愈、柳宗元、欧阳修、曾巩、李白、杜甫、苏轼、黄庭坚、许慎、郑玄、杜佑、马端临、顾炎武、秦蕙田、姚鼐、王念孙。

曾国藩五月奏留翰林院编修李鸿章襄办军务。

洪仁玕三月自香港抵天京，被洪秀全封为开朝精忠军师顶天扶朝纲干王，总揽政局。作《资政新篇》。是年，经天王洪秀全旨准颁行，建议在太平天国设新闻馆。

按：《资政新篇》是作者根据自己所接受的西方资本主义思想，向太平天国提出的内政改革的政治纲领，也是太平天国后期重要的革命文献。《资政新篇》的基本内容包括"用人"、"设法"两部分。"用人"认为要使国家强盛，"惟在乎设法用人之得其当耳"，反之，"用人不当，适足以坏法；设法不当，适足以害人"；反对结党营私和贪污腐化等等。"设法"主要论述经济、政治、文教、卫生以及社会等方面的改革。主张学习西方科学技术，发展资本主义经济等等。

吴廷栋于山东藩署，延方宗诚课两孙。是秋，充乡试提调。又辨正方氏《辅仁录》、《志学录》、《俟命录》。

何秋涛服阙入京，咸丰帝览其所著《北徼汇编》，称于制度沿革、山川形势,考据详明,并征学有根抵,因赐名《朔方备乘》。召见后,复命赋"读书破万卷,下笔如有神"诗三章,晋官员外郎、懋勤殿行走。旋复以忧去官。

黄遵宪作《王右军书兰亭序赋》。

何绍基是年仍主讲泺源书院。五月十九日得弟侄书,以长沙城南书院主讲乏人,湘中大吏邀请回湘,迟疑未决。六月十六日,古历下亭落成,陈弼夫招饮,有诗记事。冬间回北京,与祁隽藻等唱酬甚乐。

于荫霖成进士。

王韬上书江苏巡抚徐有壬,提出"和戎"、"海防"、"弭盗"三策。又介绍徐有壬结识墨海书馆西方教士,得以纵谈。

唐廷枢任上海海关总翻译。

郭嵩焘正月奏请立通译学堂。

按:郭嵩焘建议设立专门机构,培养专门人才,悉通外夷情伪。他说:"通市二百余年,交兵议款又二十年,始终无一人通知夷情,熟悉其语言文字者。窃以为今日御夷之窍要,莫切于是。"(《四国新档·英国档》下,台北中央研究院近代史研究所1966年)咸丰九年始,郭嵩焘一再向朝廷提出种种有关建议。翁同龢日记记载:"郭筠仙来,其言欲遍天下皆开煤铁,又欲中国皆铁路。"(《翁文恭公日记》[光绪二年正月十三日]第15册)

石达开正月率军入湖南,左宗棠邹调兵截堵。十一月,因樊燮案,离开湘抚幕府。

马相伯得徐汇公学圣学奖赏,并列名于西文奖赏附录。

张维屏春与陈澧、李长荣、谭莹等饮游唱酬。

莫友芝试春官不售,因试官王拯,谒祁隽藻。旋引见,以知县用。

朱次琦以宗人修《朱氏家谱》,述例授之,并为序。

孙衣言在定远校毕欧阳修《新五代史》,于叙事笔法随加评论,而书于帙尾。三月下旬,获准引疾归休。

按:《孙衣言孙诒让父子年谱》是年条曰:"咸丰戊午仲冬,予自苏州之官安徽,身中无事,取毛刻《五代欧史》读之,手加点定。抵定远军中,复从太湖殷乙亭(广文)借定远校中官书南监本,校其讹字,凡四阅月而毕,而予亦将引疾归矣。定远百里外皆贼,而兵事败坏,无可复为,终日愁坐,而《五代史》皆记乱世之事,读之往往令人废书而叹也。"

武训开始行乞兴学,在山东柳林庄办义塾。

华蘅芳阅《代数拾级》,粗知抛物线之梗概。李善兰以《火器真诀》见示,未能满意,徐寿又为华氏作图,始成《抛物浅说》。

容闳三月由沪出发,从事名茶产区调查。

陈倬中进士,历官户部郎中。

按:陈倬字培之,江苏元和人。陈奂弟子。著有《毄经笔记》、《今韵正义》、《今有古无字》、《汉书人名表》、《文选笔记》、《隐蛛盦诗文集》等。

缪荃孙始读《说文》。

赵之谦、胡澍同中举人,此时二人仍在缪梓府中。

胡林翼时任湖北巡抚,在武昌开设书局。

按:这是我国最早创设的书局。先后刊印《史兵略》、《弟子箴言》、《大清一统舆图》以及《水经注图》等书。

美国印刷技师姜别利在上海美华书馆改进中文活字规格,定出7种标准,奠定中文铅字制度的基础。又创制电镀中文字模,发明元宝式排字架,将中文铅字分成常用、备用和罕用三类,提高铅印书籍的生产效率。

美国监理会传教士林乐知抵上海传教,相继与曾国藩、李鸿章等订交。

美国传教士嘉约翰正月在广州开办博济医院。

美国传教士施约瑟(施若瑟)来华传教。

马克思出版《政治经济学批判》。

达尔文出版《物种起源》。

英国密尔著《自由论》。

英国法拉第著《化学及物理学的实验研究》。

罗泽南著《周易附说》1卷、《读孟子札记》2卷、《人极衍义》1卷刊行。

陈奂著《毛诗传义类》1卷刊行,《陈氏毛诗五种》至是年刊毕。

黄中著《诗传蒙求分韵》刊行。

谭沄著《禹贡图说》1卷、《禹贡章句》4卷刊行。

黄鹤著《四书异同商》刊行。

阮元纂《皇清经解》由劳崇光集资重刊。

郑珍著《说文新附考》成书。

徐鼒著《延平春秋》未成。

张穆著《蒙古游牧记》16卷刊行,祁隽藻作序。

按:祁隽藻《蒙古游牧记序》曰:"海内博学异才之士,尝不乏矣,然其著述卓然不朽者,厥有二端:陈古义之书,则贵乎实事求是;论今事之书,则贵乎经世致用。二者不可得兼。而张子石州《蒙古游牧记》独能兼之。始余校刊先大夫《藩部要略》,延石州覆加校核,石州因言:'自来郡国之志与编年纪事之体相为表里,昔司马子长作《纪》、《传》,而班孟坚创修《地理志》,补龙门之阙,而相得益彰。今《要略》编年书也,穆请为地志,以错综而发明之。'余亟怂恿,俾就其事,杀青未竟,而石州疾卒。以其稿属何愿船比部整理。愿船为补其未备,又十年始克成编。余详为披览,究其终始,见其结构则详而有体也;征引则赡而不秽也;考订则精而不浮,确而有据也。拟诸古人地志,当与郦亭之笺《水经》、赞皇之志《郡县》并驾齐驱,乐史、祝穆以下无论已。虽然,石州之成此编,岂第矜博奥,搜隐僻,成舆地一家言哉?盖尝论之,蒙古舆地,与中国边塞相接,其部族强弱,关系中国盛衰,非若海外荒远之区,可以存而不论也。塞外漠南北之地,唐以前不入版图,史弗能纪。至辽、金、元皆尝郡县其地,乃三史地志,虚存其名,而山川形势,都会厄塞,阙焉无考。是则欲知古事,不外斯编矣。如科尔沁、土默特之拱卫边门,翁牛特、乌珠穆沁之密迩禁地,四子部落环绕云中,鄂尔多斯奄有河套,至于喀尔喀、杜尔伯特、土尔扈特诸部,或跨大漠杭海诸山,或据金山南北,或外接俄罗斯、哈萨克诸国。所居皆天下精兵处,与我西北科布多、塔尔巴哈台诸镇重兵相为首尾,是皆讲经制者所当尽心也。承学之士得此书而研究之,其于中枢典属之政务,思过半矣。然则是书之成,读史者得实事求是之资,临政者收经世致用之益,岂非不朽之盛业哉!因醵金付梓,而序其纲要,以谂观者。"(《蒙古游牧记》卷首)

汪曰桢纂《南浔镇志》40卷首1卷成书。

夏燮修订《中西纪事》为16卷,并刊行。

胡林翼辑《读史兵略》46卷成书。

陈澧纂《朱子劝学语》刊行。

罗泽南著《姚江学辨》2卷刊行。《罗泽南全集》及年谱共7种至是年刊毕。

按:《姚江学辨》从学理上对朱、王之辨作了全面批评。其曰:"朱子以性为有善无恶,阳明以性为无善无恶也。朱子以性为理,心不可谓之性;阳明以心为性,吾心之灵觉即天理也。朱子以仁、义、礼、智为性之本然,阳明以仁、义、礼、智为心之表德也。此本体之所以异也。若夫善念之发,朱子以为率性,阳明则谓心体上著不得些子善念也。好善恶恶,朱子以为皆务决去而求必得之,阳明则谓心之本体本无一物,著意去好善恶恶又是多了这分意思也。万时万物,朱子以其理皆具于心,日用伦常各有当然之则,阳明则以事物为外来之感应,与心体无涉,以事事物物各有定理是为揣摩测度于其外也。此大用之所以异也。"(《姚江学辨》卷二)

顾广誉纂《当湖文案》刊行,自为序。

鲁一同著《鲁氏遗著》4种附2种刊毕。

徐鼒著《未灰斋诗钞》成书。

俞樾著《日损益斋诗钞》10卷、《日损益斋骈俪文钞》刊行。

谭献著《复堂诗》3卷及《词》1卷在闽刊行。

华蘅芳著《抛物浅说》。

按:此为中国首部数学著作。

李善兰、顾观光、张文虎合作刻译《唐学》成。

李善兰与英国传教士伟烈亚力合译美国罗密士著《代微积拾级》18卷成。

按:西方微积分传入中国始于此。

李善兰与英国传教士艾约瑟合译英人威廉·胡威立著《重学》刊行,李氏为序。

按:是书乃中国第一部系统翻译出版的力学著作。

李善兰与英国传教士伟烈亚力合译英国棣么甘著《代数学》13卷成。

按:《代数学》原书是英国数学家棣么甘著的《代数初步》,主要论述初等代数以及指数函数、对数函数和幂级数展开式。是书的翻译,将西方近代的符号数学第一次介绍进中国,在当时产生了巨大影响。

英国约翰·赫歇尔著《谈天》(原名《天文学纲要》)由李善兰与英教士伟烈亚力合译成,在上海刊行。

按:西方天文学系统传入中国始于此。

张维屏卒(1780—)。维屏字子树,一字南山,号松心子,晚号珠海老人,广东番禺人。工诗,嘉庆十二年入都,翁方纲赏异之。与黄培芳、谭敬昭称"粤东三子"。道光二年进士,改官知县,署黄梅。调补广济。丁艰服阕,援例改郡丞,权南康。建太白、东坡祠庐山,暇则集诸生谈艺,以风雅寓规劝焉。未一载,复罢归。筑听松园,颓然不与世事,癖爱松,故号松

亚历山大·冯·洪堡卒(1769—)。德国科学家、地理学家。

亨利·哈勒姆卒(1777—)。英

国历史学家。

华盛顿·欧文卒(1783—)。美国作家。

威廉·H·普列斯科特卒(1796—)。美国历史学家。

托马斯·麦考莱卒(1800—)。英国政论家、历史学家。

亚历克斯·托克维尔卒(1805—)。法国政治学家、历史学家。

吉田松阴卒(1830—)。日本哲学家。

心子。晚年曾任学海堂学长,与林佩桐等七人称"七子诗坛"。辑著有《经典异同》48卷、《国朝诗人征略》、《史镜》、《松心十录》、《松心诗集》、《松心文钞》、《听松庐文钞》、《听松庐诗略》2卷、《珠江集》、《桂游日记》3卷等。事迹见《清史稿》卷四八六、《清史列传》卷七〇、震钧辑《国朝书人辑略》卷九、陈澧《张南山墓志铭》(《续碑传集》卷七九)。

华秋苹卒(1785—)。秋苹名文彬,字伯雅,别号借云馆主人,江苏无锡人。精琵琶,善古琴。吸取南北两派琵琶之长,创立无锡派。编有《南北二派秘本琵琶谱真传》,是中国最早刊行之琵琶谱,对后世琵琶谱记录产生重大作用。著有《秋苹印草》。

钱宝琛卒(1785—)。宝琛字楚玉,一字伯颐,晚号颐寿,又称茧园先生,江苏太仓人。嘉庆二十四年进士,选庶吉士,散馆,授翰林院编修。历任贵州学政、云南按察使、浙江布政使,湖南、江西巡抚。著有《存素堂文稿》4卷、《存素堂诗稿》14卷、《存素堂奏疏》4卷、《壬癸志稿》28卷。事迹见钱宝琛自撰《颐寿老人年谱》。

洪饴孙卒(1804—)。饴孙字子龄,一字芝舲,江苏阳湖人。洪亮吉子。道光十九年举人,官广东镇平知县。工诗,尤工骈体。著有《战国地名备考》、《补梁疆域志》4卷、《淳则斋骈体文》2卷、《齐云山人诗文集》等。事迹见吕培编《洪北江先生年谱》。

文汉光卒(1808—)。汉光原名聚奎,号焕章,更名后,改字斗垣,号钟甫,安徽桐城人。师事戴钧衡,受古文义法。咸丰元年举孝廉方正。著有《文征君遗诗》1卷。

叶名沣卒(1811—)。名沣字润臣,号翰源,湖北汉阳人。潘德舆弟子。道光十七年中举人,历任内阁中书,国史馆、玉牒馆纂修,侍读学士等。著有《敦夙好斋诗初编》12卷、《敦夙好斋诗续编》11卷、《桥西杂记》1卷等。事迹见《清史列传》卷七三、朱琦《叶中宪君传》(《碑传集补》卷五〇)、张星鉴《怀旧记》(《续碑传集》卷七九)。

孙鼎臣卒(1819—)。鼎臣字子余,号芝房,湖南善化人。道光二十五年进士,选庶吉士,散馆,授翰林院编修。二十九年,充贵州乡试正考官。次年,充实录馆纂修。官至翰林院侍读。后专力于学,受梅曾亮影响,变骈文体为桐城文体。著有《苍筤文集》。事迹见《清史列传》卷七三、吴敏树《翰林院侍读孙君墓表》(《续碑传集》卷一八)。

按:《清儒学案》卷一七八《孙先生鼎臣》曰:"先生少习骈丽,及与曾文正、梅柏言游,乃专力古文,益取古今学术政教治乱所由,及盐漕、钱币、河渠、兵制诸大政,考其利害,而察其通变所宜,与其所不可者,为《书论》数十篇。其言明达适治体,屏斥小利,要归大道。"

刘光第(—1898)、何启(—1914)、李葆恂(—1915)、陈黻宸(—1917)、陶鸿庆(—1918)、梁济(—1918)、梁鼎芬(—1919)、况周颐(—1926)、王照(—1933)、荫昌(—1934)、李盛铎(—1935)、孙德谦(—1935)生。

咸丰十年　庚申　1860年

正月，洪秀全封左军主将李世贤为侍王，中军主将杨辅清为辅王。

是月，英法政府决定再派额尔金为特使，率军侵华。

二月初二日丁酉(2月23日)，举行仲春经筵，咸丰帝御文华殿，直讲官肃顺、许乃普进讲《中庸》"夫孝者，善继人之志，善述人之事者也"；文彩、匡源进讲《易经》"后以财成天地之道，辅相天地之宜，以左右民"。

二十七日壬戌(3月19日)，太平军攻克杭州。

三月十八日壬午(4月8日)，杨秀成占领建平后，决定回援天京。

闰三月初二日丙申(4月22日)，英法联军占领舟山。

十六日庚戌(5月6日)，太平军第二次破清军"江南大营"。

二十一日乙卯(5月11日)，太平天国举行天京军事会议，议定先取苏州、常州，然后回师第二次西征。

四月初七日辛未(5月27日)，英军占领大连湾。

十三日丁丑(6月2日)，太平军克苏州，旋建苏福省。

十九日癸未(6月8日)，法军侵占烟台。

二十八日壬辰(6月17日)，咸丰帝御正大光明殿传胪，赐一甲钟骏声、林彭年、欧阳保极等3人进士及第，二甲黎培敬等82人进士出身，三甲崇谦等98人同进士出身。

是月，洪仁玕致书英、法、美驻上海领事，要其严守中立。

是月，苏松太道吴煦和买办杨坊与美国华尔在上海组成洋轮队，以美国人白齐文和法尔斯德为副手。

是月，沙俄占中国港口海参崴，改名符拉迪沃斯托克。

五月初三日丙申(6月21日)，授一甲进士钟骏声为翰林院修撰，一甲二名进士林彭年、一甲三名进士欧阳保极为编修。

初九日壬寅(6月27日)，咸丰帝引见刘秉璋等108名新科进士，各授职有差。

十三日丙午(7月1日)，太平军克松江。

六月十五日丁丑(8月1日)，英法联军由俄国人引路，不战而据北塘。

七月初二日甲午(8月18日)，太平军李秀成部第一次进攻上海。

二十九日辛酉(9月14日)，清廷派怡亲王载垣，兵部尚书穆荫为钦差大臣往通州与英法议和。

八月初四日乙丑(9月18日)，英法联军攻陷通州。

初八日己巳(9月22日)，咸丰帝自北京圆明园逃往热河，行前命恭亲

林肯选立为美国总统。

意大利统一。

首届国际化学家代表大会在德国卡尔斯鲁厄召开。

王奕䜣留京办理与外人议和事宜。

二十二日癸未（10月6日），英法联军火烧圆明园，大掠三日。

二十九日庚寅（10月13日），美国传教士罗孝全抵天京，洪秀全委其为外务丞相。

按：罗氏抵天京后，要求散发《圣经》，建立教会学校。

九月初五日乙未（10月18日）额尔金发动三千五百名英兵，纵火焚毁圆明园。

十一日辛丑（10月24日），钦差大臣奕䜣与英国全权代表额尔金签订《中英北京条约》。

十二日壬寅（10月25日），钦差大臣奕䜣与法国全权代表葛罗签订《中法北京条约》。

按：其时任翻译的法国传教士艾美在条约中擅自增入"并任法国传教士在各省租买田地、建造自便"的字句于中文本中。

十月初二日壬戌（11月14日），钦差大臣奕䜣与俄国驻华公使伊格那提也夫签订《中俄北京条约》。

二十四日甲申（12月6日），太平天国幼主签发《宗教自由诏》，准许各派传教士进入在太平天国境内从事传教。

十二月初三日壬戌（1861年1月13日），奕䜣、桂良、文祥等会奏请于京师设立总理各国事务衙门，并附章程六条。

按：其中第五条建议由广东、上海各派通晓英、佛、米三国文字语言商人，携带各国书籍来京；并于八旗子弟中挑选年在十三、四以下者学习。

初十日己巳（1月20日），清廷正式批准设立"总理各国通商事务衙门"（简称"总理衙门"，或"总署"，并译为"译署"），委派恭亲王奕䜣、大学士桂良、户部左侍郎文祥管理。

按：总理各国事务衙门是专门处理同西洋各国的外交事务与国内各种"洋务"的机构，它的成立，标志着晚清"洋务运动"的正式开始。

十四日癸酉（1月24日），清廷命英国人李泰国为中国海关总税务司。

二十九日戊子（2月8日），英国传教士慕维廉到天京访问。

是年，英法先后占天津紫竹林一带为英法租界。

清廷命军机大臣，由广东、上海二地延聘外国语教师2人，于俄罗斯馆中附课八旗子弟以各国语文。

按：是为学习外国语文运动之始。

英国化学家托马斯·格雷姆创立胶体化学。

比利时勒努瓦制成第一台内燃机。

英国南丁格尔创办世界第一所护士学校。

曾国藩授两江总督兼钦差大臣，督办江南军务。四月，左宗棠来谒，留营中两旬昕夕纵谈东南大局，谋补救之法。十月十八日，又与胡林翼、李续宾商筹北援之策。上疏请求带兵北上扫夷勤王。

左宗棠四月诏以四品宗堂候补，随曾国藩襄办军务。

邵懿辰六月访曾国藩于祁门军次，欲乞师以援两浙不果，遂别去。

吴廷栋九月有与曾国藩及胡林翼书言兵事。

姚燮四月在镇海，以战火迫近，避居象山。当地欧景辰、王蒔兰等倡红犀馆诗社,聘姚燮为祭酒,首聚在八月。冬,再客王氏翠竹轩两月。纪年骈文有《游三庵及支岙山记》、《塔峙游记》、《夏县丞暨妇周孺人哀辞》。纪年诗有《西沪棹歌》120首。

何绍基是年春夏之间,仍主讲泺源书院。

方宗诚八月为吴廷栋编次文集成。吴氏有与方氏书论学。

胡林翼为邑人士聚书,建箴言书院,以课实学。十月,实授湖北巡抚。

张之洞感愤时事作《海水诗》。

倭仁八月署盛京将军。

莫友芝客太湖胡林翼幕,为校刻《读史兵略》。

刘熙载入都补官,受胡林翼延主江议书院。

郑献甫重至广州掌教书院,未几返桂林。

容闳十一月偕英教士杨笃信、艾约瑟自沪往天京。九月,晤洪仁玕,有改善军队、设立学校等七项建议,未被接纳,但授予容闳四等爵位。遂重入宝顺洋行当买办,被聘为驻九江的茶叶经理人。后辞职,独自经营茶叶生意。

洪仁玕在克复苏州府后,致书英教士艾约瑟,邀请他赴苏州相见,并分别致函上海英、美、法领事,要求上海外国军队严守中立。艾约瑟、杨笃信到达苏州,洪仁玕与他们会谈两次。

李善兰应江苏巡抚徐有壬邀,赴苏州入幕,结为算学交。

许瀚主讲日照奎峰书院,课余仍力疾校吴式芬《捃古录》、《金石汇目分编》等书;年底《捃古录》校毕。

瞿秉渊、瞿秉濬八月因兵祸将铁琴铜剑楼藏书运江北。

按: 战后返回常熟。时私家藏书有"南瞿北杨"之说,"北杨"指杨氏海源阁藏书。

方宗诚作《春秋传正谊叙》。

李文田充武英殿纂修。

黎庶昌六月赴武昌,郑珍为序赠行。

皮锡瑞从鲍文浚学。

郑观应从天津回到上海,即被宝顺洋行派管丝楼兼管轮船揽载事宜。从此开始买办生涯。

陈澧为郑献甫《补学轩文集》作序。

王韬陪同传教士艾约瑟、杨格非赴苏州与太平军将领李秀成谈判,在苏州停留七日。

吴汝纶作《左忠毅公画像记》。

陈孚恩时任吏部尚书,十月初七日奏荐同属吴嘉善参与办理洋务。

按: 吴嘉善乃翰林学士中第一个自习外文的学者,故陈孚恩特予推荐。陈氏曰:"翰林院编修吴嘉善,能识夷字,且通晓各国文义,据江苏臬司汤云松言之甚详,明春办理夷务若有此人,则汉奸不能从中播弄,且使外夷知我朝文学之臣有通知四夷事者,可否明降谕旨,令来京供职,并传谕汤云松催其迅速来京,因汤云松与吴嘉善同系南丰人,知其现在何处也。"吴嘉善在京师任职期间(1852—1854),因"忧世变日亟,非知彼知己无以御侮自强,因从英法教士习语文,能读英法二国原本书,博通西洋史地及数理之学"(吴宗慈《吴嘉善刘孚翊合传》,《江西通志稿》第70册)。虽不能"出口",却可"成章",他还撰写了一部翻译词典《翻译小补》,以后成为当时学习外文的必读书。是时,吴嘉善正与家人躲避战火,未赴京。

马相伯亲见李秀成驻军徐家汇,清早祈祷。

邓华熙任京师巡防处办事员,条陈抗敌方略数千言,擢为刑部郎中。

英国传教士慕维廉十二月至天京,晤洪仁玕,谈传教。

英国大英圣书公会代表卫义廉开始在华中、华南、华北各地巡回传教,历时数年,行经十余省。

美国传教士丁韪良回国休假。

美国传教士范约翰(樊汉)来华传教。

普鲁士著名地质地理学家李希霍芬等来华考察。

美国公理会传教士畏三卫提议,利用中国赔款创办美华书院。

按:此为传教士首次提出利用退款兴学方案,曾得当时美国总统支持,因美国国务院阻挠未果。

德国费舍出版《康德生平及其理论基础》

英国孟塞尔著《形而上学,一名意识的哲学》

英国德·摩根著《逻辑学体系试论》。

瑞士雅各布·布克哈特出版《意大利文艺复兴时期的文化》。

德国费希纳发表《心理物理学纲要》。

俄国К.Д.乌申斯基发表《师范学堂草案》。

俄国车尔尼雪夫斯基发表《哲学中的人本主义》。

徐维则著《易卦变图说》1卷刊行。

刘崇庆著《禹贡集注》1卷刊行。

方宗诚作《春秋传正谊叙》。

黄式三作《知非子传》。

张亨钘著《韵学辨中备》5卷刊行。

陈澧著《声律通考》10卷刊行。

何秋涛进呈所纂《北徼汇编》,赐名《朔方备乘》,并刊行。

夏燮著《中西纪事》改订为24卷刊行,署名江上蹇叟。

按:刊行后因触犯洋人,受清政府查禁,被毁板,至同治十年(1871)才又重新刊刻印行。

太平天国出版《开国精忠军师干王洪宝制》、《天父天兄天王太平天国己未九年会试题》等。

陈澧纂《朱子语类日钞》5卷刊行,又著《默记》1卷成书。

曾国藩纂《经史百家杂钞》26卷。

吴廷栋著《拙修集》10卷,由方宗诚编次成书。

姚燮著《西沪棹歌》120首。

姚燮著《读红楼梦纲领》成书。

王筠著《王菉友九种》刊行。

按:是书包括《夏小正正义》1卷、《弟子职正音》1卷、《毛诗重言》1卷、《毛诗双声迭韵说》1卷、《菉友蛾术篇》2卷、《禹贡正字》1卷、《正字略定本》1卷、《四书说略》4卷、《菉友肊说》1卷。

黄元御著《黄氏医书八种》刊行。

余治编成新作皮黄戏曲《庶几堂今乐》40种。

李善兰是年后相继著《椭圆正术解》2卷、《椭圆新术》1卷、《椭圆拾遗》3卷、《水器真诀》1卷、《天算或问》成。

宋翔凤卒(1776—　)。翔凤字虞廷,一字于庭,江苏长洲人。庄述祖甥。嘉庆五年举人,授湖南新宁县知县。官至湖南宝庆府同知。通训诂名物,精于经学。著有《尚书略说》1卷、《尚书谱》1卷、《周易考异》2卷、《尔雅释服》1卷、《小尔雅训纂》6卷、《论语说义》10卷、《论语郑注》2卷、《大学古义说》2卷、《孟子赵注补正》6卷、《孟子刘熙注》1卷、《四书释地辨证》2卷、《卦气解》1卷、《五经要义》1卷、《五经通义》1卷、《帝王世纪考异》1卷、《过庭录》16卷、《香草词》2卷、《洞箫词》1卷、《碧云盦词》2卷等。事迹见《清史稿》卷四八二、《清史列传》卷六九、蔡冠洛《清代七百名人传》第四编。

按:《清史稿》本传曰,宋翔凤乃"庄述祖之甥。述祖有'刘甥可师,宋甥可友'之语,刘谓逢禄,宋谓翔凤也。翔凤通训诂名物,志在西汉家法,微言大义,得庄氏之真传"。

黄濬卒(1779—　)。濬字睿人,号壶舟生,别号古樵道人、四素老人,浙江太平县人。道光二年进士。历任江西萍乡、雩都、临川、东乡、赣县、彭泽诸县知县。后被诬入狱,谪戍新疆乌鲁木齐。释归后,主讲黄岩萃华书院、太平宗文书院、鹤鸣书院。著有《萍乡县志》16卷、《壶舟诗存》14卷、《壶舟文存》2卷、《三所录异》1卷、《琼曼笔谈》1卷、《音韵集》1卷、《东还纪程》2卷、《倚剑诗谭》1卷、《悔初录》1卷等。辑有《国朝闺秀摘珠》1卷、《国朝闺秀摘珠续录》1卷。事迹见王棻《黄濬传》(《柔桥文钞》卷一四)。

赵之琛卒(1781—　)。之琛字次闲,号献父、献甫、宝月山人,浙江钱塘人。布衣终生,擅长金石文字,晚年信佛,常写佛像。书法篆、隶、行、楷自成一格。篆刻师从陈豫钟,取黄易、奚冈、陈鸿寿等各家之长,集浙派之大成。为西泠八家之一。曾为阮元摹刊《积古斋钟鼎款识》。著有《补罗迦室集》、《补罗迦室印谱》。事迹见《清画家诗史》卷己下。

顾翰卒(1783—　)。翰字木天,号兼塘,一作简塘,江苏无锡人。嘉庆十五年举人,官国子监教习。道光初改县令,历任安徽宣城、泾县知县。晚年主讲无锡东林书院。著有《拜石山房诗》4卷、《拜石山房词》4卷、《绿秋草堂词》1卷。事迹见《无锡县志·文苑传》。

陆嵩卒(1791—　)。嵩原名介眉,字希孙,自号方山,江苏吴县人。以经学受知于江苏学政陈用光、汤金钊。道光五年为拔贡。十八年选授江苏镇江训导,讲学宝晋书院。著有《新旧唐书参考》、《蒙谈》、《杜诗一得》、《玉溪生诗解》、《苏诗注集成》、《说诗琐言》、《意苕山馆诗稿》16卷、《意苕山馆古文》2卷等。事迹见《清史列传》卷七三、陆懋修《先考方山府君行状》(《意苕山馆诗稿》附录)。

马钊卒(1799—　)。钊字远林,号燕郊,江苏长洲人。陈奂弟子。道光二十四年举人。曾研究三角函数。著有《集韵校勘记》16卷。

徐有壬卒(1800—　)。有壬字君青,又字钧卿,浙江乌程人。八岁解勾股术,父死,依叔父于京师,师事姚学塽。道光九年进士,授户部主事,

叔本华卒(1788—　)。德国哲学家。

王十岚笃好卒(1790—　)。日本测量学家。

鲍耶·亚诺什卒(1802—　)。匈牙利数学家。非欧几何体系创立者之一。

洊升郎中。出为四川成绵龙道,署按察使。官至江苏巡抚。太平天国破苏州时自杀。精历算。著作汇为《务民义斋算学》7种,包括《割圜密率》3卷、《椭圆正术》1卷、《弧三角拾遗》1卷、《朔食九服里差》3卷、《用表推日食三差捷法》1卷、《截球解义》1卷附《椭圜求周术》1卷、《表简法》1卷。事迹见《清史稿》卷三九五、《清史列传》卷四三、蔡冠洛《清代七百名人传》第二编。

戴熙卒(1801—)。熙字醇士,自号鹿床,浙江钱塘人。戴煦兄。画与汤贻汾齐名,并称"汤戴"。道光十二年进士,选庶吉士,授翰林院编修。大考二等,擢赞善,迁中允。十八年,入直南书房。督广东学政,任满,请终养。二十五年,服阕,未补官,复督广东学政,累迁内阁学士。二十八年,授兵部侍郎,仍直南书房。是年,太平军攻杭州,投井而死。谥文节。著有《尚书沿革表》1卷、《书三考》4卷、《习苦斋画絮》10卷、《习苦斋诗文集》12卷、《古泉丛话》4卷等。事迹见《清史稿》卷三九九、《清史列传》卷四一、邵懿辰《戴文节公行状》(《续碑传集》卷五四)。

戴煦卒(1805—)。煦初名邦棣,字鄂士,号鹤墅,又号仲乙,浙江钱塘人。戴熙弟。道光六年受知于浙江学使朱士彦,补博士弟子员。是年,太平军攻杭州,投井而死。精算学。与项名达同时研究三角函数的幂级数展开式和椭圆求周等问题,并代项氏续成遗著。著有《庄子内篇顺文》1卷、《陶渊明集注》10卷、《对数简法》2卷、《续对数简法》1卷、《外切密率》4卷、《假数测圆》1卷、《求表捷术》、《四元玉鉴细草》、《鹤墅诗文草》、《戴氏泉谱》、《船机图说》、《音分音义》2卷、《汲斋剩稿》等。事迹见《清史列传》卷七三、曹籀《戴鹤墅传》(《碑传集补》卷三二)、诸可宝《戴煦传》(《碑传集补》卷四二)。

张金镛卒(1805—)。金镛原名敦瞿,字良辅,一作良甫,又字鉴伯,号海门,一号忍庵,浙江平湖人。师事徐熊飞,受古文法。道光二十一年进士,改庶吉士,散馆,授编修。官至翰林院侍讲。工词善文。著有《躬厚堂全集》等。事迹见刘声木《桐城文学渊源考》卷四。

陈寿熊卒(1812—)。寿熊字献清,一字子松,江苏吴江人。诸生。师事姚椿,又与顾广誉为友。学本程、朱,兼综汉、宋。尤精研《易经》。著有《周易集义》、《周易正义举正》、《周易本义笺读》、《读易汉学私记》2卷、《读易启蒙私记》、《诗说参同契注》、《考工记释》、《静远堂集》等。事迹见《清史列传》卷六七、方宗诚《陈献清传》(《续碑传集》卷七一)。

蒋光煦卒(1813—)。光煦字日甫、爱荀,号雅山、生沐、放庵居士,浙江海宁人。少孤,及长,豪饮好客,兴趣广泛,音律、博弈、杂艺无不爱好。后专意收藏古籍名刻及金石书画,每遇善本,不惜千金购买。积有古书十万卷。著有《东湖丛记》,先后辑刻《别下斋丛书》和《涉闻梓旧》两种丛书。

张二奎卒(1814—)。二奎原名士元,号子英,河北衡水人,一说浙江人。道光时任都水司经丞,因酷爱京剧,被上司撤职。24岁开始下海,创立了奎派。与程长庚、余三胜并称"老生三鼎甲"。著有皮黄剧本《琼林宴》等。

钱松卒(1818—)。松字叔盖,号耐青、铁庐,别号未道士、西郭外史,浙江钱塘人。善鼓琴,工篆、隶,精铁笔,藏古碑旧拓皆有题跋。为"西泠八家"之一。著有《未虚室印谱》4卷等。

韩应陛卒,生年不详。应陛字对虞,江苏娄县人。曾从同里姚椿游,得桐城古文义法。道光二十四年举人,官内阁中书舍人。专心时务,为文古简,译有算学、重学。家藏图书金石甚富。著有《读有用书斋杂著》等。事迹见《清史稿》卷五〇七。

按：韩氏为江南著名藏书家,清代黄丕烈、汪士钟诸家善本,其所得颇多,收有黄氏批校之书六十余种。命其书斋曰"读有用书斋",编有书目数种,以《云间韩氏藏书书目》、《西吴韩氏书目》等为有名。《清史稿》本传曰："少好读周、秦诸子,为文古质简奥,非时俗所尚。既而从同里姚椿游,得望溪、惜抱相传古文义法。西人所创点、线、面、体之学,为几何原本,凡十五卷,明万历间利译止前六卷。咸丰初,英人伟烈亚力续译后九卷,海宁李壬叔写而传之。应陛反覆审订,授之剞劂,亚力以为泰西旧本弗及也。外若新译重、气、声、光诸学,应陛推极其致,往往为西人所未及云。"

江标(—1899)、汪桂芬(—1906)、汪康年(—1911)、陈范(—1913)、俞明震(—1918)、谭人凤(—1920)、严修(—1929)、程德全(—1930)、张锡纯(—1933)、郑孝胥(—1938)、汪康年(—1938)生。

咸丰十一年　辛酉　1861年

正月二十七日丙辰(3月8日),洪秀全颁诏,改太平天国为上帝天国,旋又改为天父天兄天王太平天国。

是月,广西壮族天地会起义军吴凌云在太平府称王,建立延陵国。

二月十五日壬申(3月25日)起,外国公使先后驻节北京。

五月初五日壬辰(6月12日),贵阳教案发生。

二十三日庚戌(6月30日),英国人赫德代办总税务司。

六月初七日甲子(7月14日),李秀成退出湖北,太平军第二次西征失败。

七月十六日壬寅(8月21日),咸丰帝诏立长子载淳为皇太子,命怡亲王载垣、郑亲王端华、协办大学士户部尚书肃顺、御前大臣景寿及军机大臣穆荫、匡源、杜翰、焦祐瀛等8人为"赞襄政务王大臣"。

十七日癸卯(8月22日),咸丰帝死于热河承德避暑山庄。

八月初一日丁巳(9月5日),曾国荃率领湘军攻陷安庆。洪秀全因安

美国南北战争爆发。

意大利王国成立。

俄国1861年改革始。

庆失守,将洪仁玕、陈玉成革联,并开始大封诸王。

> 按:至同治三年(1864)止,太平天国封王达 2700 多人。

初十日丙寅(9月14日),御史董元醇初六日上疏奏请皇太后垂帘听政,那拉氏要辅政大臣照办,是日,肃顺以本朝无太后垂帘故事,令军机处拟旨驳还。

九月初一日丙戌(10月4日),大学士桂良、贾桢、官文、周祖培等遵旨拟崇上两宫皇太后徽号为慈安皇太后、慈禧皇太后。

初四日己丑(10月7日),慈禧解除载垣等人所掌的禁卫兵权,又与僧格林沁等联络欲发动政变。

十八日癸卯(10月21日),两宫太后以载淳名义于热河行宫命醇郡王奕譞缮就谕旨一道,将载垣等3人解任,以备到京即发,载垣等八大臣不知。

二十三日戊申(10月26日),咸丰帝梓宫由热河山庄起行,两宫皇太后携幼帝载淳由间道返京,命载垣、端华随行,肃顺护梓宫行。

二十八日癸丑(10月31日),胜保奏请皇太后亲理大政。

二十九日甲寅(11月1日),两宫皇太后、载淳抵京,还宫。

三十日乙卯(11月2日),"祺祥政变"(即辛酉政变)发生。慈禧太后发布在热河预先拟定之上谕,宣布载垣、端华、肃顺等人之罪,命即行解任。景寿、穆荫、匡源、杜翰、焦祐瀛退出军机处。

是日,据贾桢、周祖培、沈兆霖、赵光等奏请皇太后亲操政权及胜保奏请皇太后亲理大政并另简近支亲王辅政各一折,命王大臣、大学士、六部、九卿、翰、詹、科、道妥议奏闻。

十月初一日丙辰(11月3日),命查抄肃顺家。授恭亲王奕訢为议政王,在军机处行走。命大学士桂良、尚书沈兆霖、侍郎宝鋆在军机大臣上行走,鸿胪寺少卿曹毓英在军机大臣上学习行走,侍郎文祥仍在军机大臣上行走。

初九日甲子(11月11日),载淳即位,以明年为同治元年。

十五日庚午(11月17日),同治帝命南书房、上书房、翰林院,将历代帝王政治及前史垂帘事迹,汇纂成书进呈。

十八日癸酉(11月20日),清廷命曾国藩统辖江苏、安徽、江西、浙江四省军务。

十一月初一日乙酉(12月2日),慈安皇太后、慈禧皇太后于养心殿垂帘听政。

十三日丁酉(12月14日),清廷命各省学官、书院宣讲《钦定黜异端以崇正学四言韵文》。

二十八日壬子(12月29日),太平军占杭州,文澜阁、汪氏振绮堂,孙氏寿松堂藏书因兵火被毁。

是月,曾国藩设立安庆军械所,制造洋枪洋炮,征聘徐寿、华蘅芳等科学家入所,为官办新式军事工业之始。

十二月初二日乙卯(1862年1月1日),汉口开埠。

初四日丁巳(1月3日),由英参赞巴夏礼与清苏松太道吴煦等议定之中外会防局在上海成立。

初八日辛酉(1月7日),李秀成分兵五路开始第二次进军上海。

是月,英、美、法三国擅自在宁波城外划定外国租界。

是年,英国在上海创立汇川银行。

曾国藩八月二十三日有《复陈购买外洋船炮折》。九月,奉命统辖苏、皖、浙、赣四省军务。十月,创设安庆内军械所。又派遣幕僚莫子偲采访遗书,着手组织人员创建金陵官书局。

按:1864年在冶成山创立,后改名江南官书局。该局以经史为先,亦出子集与医药之书,有书目可查者,出书凡62种。

曾国藩奉命视师江皖,程鸿诏被邀请担任其幕僚,治事随征。是年作《经史百家简编序》。

左宗棠三月败太平军李贤部于乐平。四月,授太常寺卿。五月,任太常寺卿,奉命入浙,六月,至皖南婺源。十二月,擢为浙江巡抚。

洪仁玕是春发表《英杰归真》一文,对太平天国部分典章制度作解释。其时兼任文衡正总裁,提议改革太平天国的考试制度,拟订《钦定士阶条例》,于本年经天王核准后发表,将太平天国原行的三级考试制改为五级考试制。

倭仁十月出使朝鲜。

陈澧作《孝经纪事自序》。

容闳致书曾国藩幕僚,希请引见。

吴廷栋有与曾国藩、方宗诚书论学。

程鸿诏以《夏小正集说》存本,请正于曾国藩,并商订此书体例。

胡林翼七月以策划督剿功,赏太子太保。

李元度五月以连复通城、崇阳、蒲圻、通山等地,命赏还按察使原衔。寻再加布政使。

李鸿章奉命帮办安徽团练,仿照湘军营制组成淮军。

俞樾避地上虞,始得《学海堂经解》半部读之。

冯桂芬七月应江苏巡抚薛焕聘,主持上海敬业书院。

张之洞三月归南皮,嗣赴任邱,为献县刘书年教其仲子。

王先谦赴安徽安庆任长江水师向导营书记,数月后辞归。

许瀚十月因捻军越日照县境,遂登山避难。家中藏书及桂馥《说文解字义证》板片,皆毁于兵火。所携吴式芬遗书底本散弃崖谷间,经多方访购,历年余,始尽得之。

缪荃孙寓淮安,无力从师,自携《随园诗话》、《吴会英才集》、洪黄两家诗集选,辄仿为之。

谭献至厦门,始交戴望。

马克思8月开始写作《资本论》。

英国A.坎宁安发现印度那烂陀佛寺遗址。

法国巴斯德确立发酵生源说。

德国舒尔兹发现原生质为生命之物质基础,创立原生质学说。

郑观应撰《救时揭要》。

伍廷芳毕业于香港圣保罗书院。

莫友芝入安庆曾国藩幕。

郑珍避乱东城,主讲湘川书院。是年作《跋张迁碑》、《驳朱竹坨孔子门人考》。

李善兰、华蘅芳、王韬、徐寿、管嗣复、吴嘉善、张鸣珂等在上海往来密切。

按：吴嘉善后来为华蘅芳《行素轩算稿》作序时回顾说："因事至沪上,遂得晤壬叔并识华君若汀,三人相与谈算,辄竟日不休。当其时壬叔学已大成,又及译西书,见阅盖广。余与华君则仅通成法,未能出新意也。"(《行素轩算稿》卷首,光绪八年刻本)

华蘅芳随曾国藩至安庆军,领金陵军械所事,与徐寿同绘图式,自造黄鹄轮船。

吴嘉善是冬至湖南长沙,结识丁取忠,两人共同研究数学。

按：丁取忠说："咸丰辛酉岁与南丰吴子登先生游,尽举生平疑义往返研究,先生不以予不敏,随笔剖示,文之成帙。"(《算学初集十七种》序)出于感激和敬佩之情,同时为了推广、普及数学,丁取忠将吴氏"随笔剖示"之帙收集刊成《算学初集十七种》,于同治二年(1863)刊刻出版。

谭莹参与纂修《续南海志》、《广州府志》。

王韬上书曾国藩,极言"贼可破状"。由上海墨海书局返苏州。三月,曾陪同英国传教士艾约瑟访金陵,会晤太平天国干王洪仁玕、忠王李秀成。四、五月间,又随英国驻华海军提督何伯、参赞巴夏礼溯长江而上,经天京时,得洪仁玕子会见。

蒋春霖约在本年入乔松年、金安清幕。

姚燮红犀馆诗社辍于六月,归鄞县。九月,《夏小正求是》手录完稿,《词学标准》亦辑校于此月。冬,《复庄骈俪文榷二编》在象山刻,旋毁于火。

八指头陀始就塾师授《论语》,因贫未终篇。

何绍基二月回到长沙,主讲城南书院。八月二十六日,闻胡林翼病逝于武昌,挽之以诗。九月,有诗寄怀左宗棠。十二月十九日,苏东坡冥诞,有诗柬罗汝怀。

颜永京毕业于美国俄亥俄州甘比尔镇建阳学院。

英人茹兜主编之香港商业性中文杂志《香港新报》创刊。

英商庇克乌得接办《北华捷报》后,于十一月下旬增刊中文版《上海新报》。

按：此为上海最早的中文报纸,初为周刊,1862年5月7日改为周二、四、六、刊出,所载太平军等枪队战讯及传教士在太平天国的见闻引人注意,1870年3月24日开始用新闻版式,对中国报纸产生影响。历任主编有伍德、傅兰雅、林乐知等外人。

英国传教士理雅各将《论语》、《大学》、《中庸》译成英文,编《中国经典》第一卷。

美国传教士罗孝全被任命为"太平天国洋务丞相"。十二月，因与洪仁玕失和而离天京。

美国传教士薛承恩来华传教。

英国圣公会传教士傅兰雅抵中国香港传教，任圣保罗书院院长。

英国传教士雅魏林至京，担任英国驻华使馆医生，随后开办诊所，即北京首家基督教会医院。

英国传教士艾约瑟访问天京，随罗孝全在天京布道。

程庭桂著《春秋希通》1卷刊行。

阮元纂《皇清经解》1400卷由广东学海堂补刊。

姚燮著《夏小正求是》4卷成书。

缪阗著《律吕通今图说》刊行。

苏源生著《大学臆说》2卷成书，方宗诚作序。

徐鼒著《读书杂识》14卷刊行。

徐鼒著《徐氏本支世系谱》1卷刊行。

程鸿诏著《汉校官碑后记》。

康发祥著《三国志补义》刊行，有自序。

《大美联邦志略》由上海墨海书馆以铅活字印刷（续刻）。

冯桂芬十一月著《校邠庐抗议》2卷成书，有自序。

按：冯桂芬《校邠庐抗议》成书后，欲请曾国藩写序。曾氏收到书稿抄本，"粗读数篇，虽多难见之施行，然自是名儒之论"（《曾国藩日记》是年条）。又有《复冯官允书》，谓读《校邠庐抗议》，尤如聆听叶适、马端临议论，"是以通难解之结，释古今之纷"（《校邠庐抗议》卷首）。冯桂芬《序》曰："桂芬读书十年，在外涉猎于艰难情伪者三十年，间有私议，不能无参以杂家，佐以私臆，甚且羼以夷说，而要以不畔于三代圣人之法为宗旨。志此者有年，一官无言责，怀欲陈之，而未有路。乃者乡居，偶一好事，创大小户均赋之议，辄中金壬所忌，因宜绝口不挂时政。重以衰病逡巡，无用世之望，惧道泯没，爰以避地暇日，笔之于书，凡为篇四十，旧作附者又二，用后汉赵壹传语名曰'抗议'，即位卑言高之意。明知有不能行者，有不可行者，夫不能行则非言者之过。而千虑一得，多言或中，又何至无一可行！存之以质同志云尔。"（《校邠庐抗议》卷首）

徐鼒著《未灰斋文集》8卷、《补集》1卷刊行。

杜文澜纂《古谣谚》100卷及《词律校勘记》2卷刊行。

敕纂《钦定四言韵文》刊行。

西湖散人著《红楼梦影》24回成书。

梁恭辰著《池上草堂笔记》6卷刊行。

龚自珍著《定盦词》5卷由其子龚橙手校成书，并为之跋。

孔广陶著《岳雪楼书画录》成书。

王士雄著《饮食谱》2卷成书。

杜民纂《曼陀罗华阁丛书》始刊于是年。

英国斯宾塞出版《教育论》。

俄国托斯妥耶夫斯基著《被侮辱的与被损害的》。

F.卡尔·冯·萨维尼卒（1779— ）。德国法学家。

列列维尔卒（1786— ）。波兰历史学家。

P.J.萨法里克卒（1795— ）。斯洛伐克语言学家、考古学家。

伊丽莎白·芭蕾特·勃朗宁卒（1806— ）。英国诗人。

塔拉斯·谢甫琴科卒（1814— ）。乌克兰诗人。

尼·亚·杜勃罗留波夫卒（1836— ）。俄国文学批评家、哲学家。

林春溥卒（1775— ）。春溥字立源，号鉴塘，福建闽县人。嘉庆七年进士，选翰林院庶吉士，派习国书（满文）。十年，散馆考试，钦取翻译第一名，授翰林院编修。道光元年，充文渊阁校利。乞归，不复出。始受聘为南浦书院、鹅湖书院讲席，后主讲福州鳌峰书院十九年。林则徐、郭尚先皆拜他为师。其于《六经》、《四书》俱有纂述，而以先秦史传考订见长。其著作汇为《竹柏山房十五种》，包括《开辟传疑》2卷、《古史纪年》14卷、《古史考年异同表》2卷、《武王克殷日记》1卷、《灭国五十考》1卷、《春秋经传比事》22卷、《战国纪年》6卷、《竹书纪年补证》4卷、《孔孟年表》2卷、《孔子世家补订》1卷、《孟子外书补证》1卷、《孟子列传纂》1卷、《四书拾遗》5卷、《古书拾遗》4卷、《开卷偶得》10卷等。另有《罗源县志》30卷、《宜略识字》2卷、《识字续编》1卷、《论世约编》7卷、《闲居杂录》2卷等。事迹见《清史列传》卷六九。

唐鉴卒（1778— ）。鉴字镜海，湖南善化人。嘉庆十四年进士，改翰林院庶吉士。十六年，授检讨。二十三年，授浙江道监察御史。诸城刘镮之荐鉴出知广西平乐府，擢安徽宁池太广道。调江安粮道，擢山西按察使。迁贵州，擢浙江布政使，调江宁，内召为太常寺卿。致仕南归后，主讲金陵书院。卒谥确慎。倭仁、曾国藩、吴廷栋、窦垿、何桂珍、吕贤基皆从其考问学业。著有《读易反身录》、《读礼小事记》、《国朝学案小识》15卷、《唐确慎公集》10卷、《朱子年谱考异》、《四砭斋省身日课》、《畿辅水利备览》等书。事迹见《清史稿》卷四八〇、《清史列传》卷六七、《国朝先正事略》卷三一、曾国藩《皇清诰授通奉大夫二品衔太常寺卿谥确慎唐公墓志铭》（《唐确慎公集》卷首）。

按：《清史列传》曰："生平学宗朱子，笃信谨守，无稍依违。及再官京师，倡导正学。蒙古倭仁、湘乡曾国藩、六安吴廷栋、旌德吕贤基、昆明何桂珍、罗平窦垿，皆从鉴问。鉴尝语倭仁曰：'学以居敬穷理为宗，此外皆邪径也。'又曰：'人知天之与我者，至尊且贵；则我重物轻，便有不淫、不移、不屈气象。'倭仁悚然。语国藩曰：'读书有心得，不必轻言著述。'又曰：'经济之学，即在义理内。'又曰：'检摄于外，祗有整齐严肃四字；持守于内，祗有主一无适四字。'国藩谨志其言。鉴以有明王学讲良知，矜捷获，足乱圣道藩篱。著《国朝学案小识》十五卷。以陆陇其、张履祥、陆世仪、张伯行四人为传道，余为翼道、守道，而以张沐等为心宗，于孙奇逢亦致不满。国藩、桂珍及垿皆为后跋，后贤基复取其书进呈御览，皆推服甚至。"

梁廷枏卒（1796— ）。廷枏字章冉，号藤花亭主人，广东顺德人。道光十四年副贡，任澄海县训导。道光十五年入广东海防书局。十九年任广州越华书院监院，支持林则徐禁烟。咸丰元年荐赏内阁中书加侍读衔。工诗文，善绘画，留意地方史及外国志，好金石戏曲。著有《论语古解》10卷、《南越五主传》3卷、《南汉书》18卷、《南汉书考异》18卷、《南汉书丛录》2卷、《南汉文字略》4卷、《夷氛记闻》5卷、《粤道贡国说》6卷、《海国四说》、《粤海关志》、《广东海防汇览》、《耶苏教难入中国说》1卷、《兰仑偶说》4卷、《合众国说》4卷、《碑文摘奇》1卷、《金石称例》4卷、《兰亭考》2卷、《澄海训士录》4卷、《东行日记》1卷、《东坡事类》22卷、《书画跋》4卷、

《镜谱》8卷、《曲话》5卷,以及《圆香梦》、《江梅梦》、《昙花梦》、《断缘梦》杂剧四种,合称《藤花亭四梦》。著作汇为《藤花亭十七种》。事迹见《清史列传》卷七三、汪兆镛《梁廷枏传》(《碑传集三编》卷三八)。

美国传教士裨治文卒(1801—)。美国基督教美部会(后改称公理会)教士。1829年9月接受美部会的聘请,为该会派赴中国的第一位美国传教士。1830年至广州,向英国伦敦会的马礼逊学习汉语文。1832年5月创办英文月刊《中国丛报》(又译作《中国文库》)。1838年,在新加坡出版《美理哥国志略》。1844年,修订后改名为《亚美利格合省国志略》,于香港出版第二版。1861年,在上海出版该书第三版《联邦志略》。1847年以后移居上海,参加《圣经》翻译工作。

按:梁启超将其书收入《西学书目表》,列为了解西方史地的必读书。梁廷枏依据《亚美利格合省国志略》撰写中国第一部美国史地著作《合省国说》。

朱琦卒(1803—)。琦字濂甫,号伯韩,广西桂林人。学宗程、朱,诗古文皆有法。道光十五年进士,选庶吉士,授翰林院编修。迁御史。咸丰初,归里办团练。卒赠太常寺卿。著有《怡志堂诗文集》、《台垣奏议》。事迹见《清史稿》卷三七八、《清史列传》卷七三、方宗诚《朱伯韩先生传》(《续碑传集》卷七九)。

邵懿辰卒(1810—)。懿辰字位西,浙江仁和人。道光十一年举人,授内阁中书。久官京师,因究悉朝章国故,与曾国藩、梅曾亮、朱次琦数辈游处,文益茂美。洊升刑部员外郎,入直军机处。著有《尚书通义》2卷、《尚书传授同异考》1卷、《礼经通论》1卷、《孝经通论》、《位西遗稿》1卷、《半岩庐遗集》等。编有《四库简明目录标注》20卷。事迹见《清史稿》卷四八○、《清史列传》卷六七、曾国藩《邵位西墓志铭》(《续碑传集》卷五四)。

按:《清史稿》本传曰:"性峭直,能文章,以名节自厉。于近儒尤慕方苞、李光地之学。道光十一年举人,授内阁中书。久官京师,因究悉朝章国故,与曾国藩、梅曾亮、朱次琦数辈游处,文益茂美。折节造请高才秀士,有不可,面折之。不为朋党,志量恒在天下。……咸丰四年,坐无效镌职。既罢归,则大覃思经籍,著《尚书通义》、《礼经通论》、《孝经通论》,颇采汉学考据家言,而要以大义为归。"

刘书年卒(1811—)。书年字仙石,河北献县人。曾国藩弟子。道光二十五年进士,改翰林院庶吉士,散馆,授编修。出为贵阳知府。所为《经说》数十条,为1卷。诗文杂著各数十百首,藏于家。今有《刘贵阳遗稿》。事迹见张之洞《刘贵阳墓碑》(《刘贵阳遗稿》附)。

胡林翼卒(1812—)。林翼字贶生,号润芝,湖南善化人。胡达源子。道光十年娶两江总督陶澍之女陶静娟为妻。十六年成进士,选庶吉士,授翰林院编修。历任四川按察使、湖北布政使、湖北巡抚等。与曾国藩并称"曾胡"。卒谥文忠。著有《读史兵略》46卷、《胡文忠公遗集》86卷等。事迹见《清史稿》卷四○六、《清史列传》卷四二、蔡冠洛《清代七百名人传》第二编、李元度《胡文忠公别传》(《续碑传集》卷二五)。

按:《清史稿》本传曰:"林翼貌英伟,目岩岩,威棱慑人。……驭将以诚,因材而造就之，多以功名显。察吏严而不没一善，手书褒美，受者荣于荐剡，故文武皆乐为之用。士有志节才名不乐仕进者，千里招致，于武昌立宝善堂居之，以示坊表。尝曰：'国之需才，犹鱼之需水，鸟之需林，人之需气，草木之需土。得之则生，不得则死。才者无求于天下，天下当自求之。'荐举不尽相识，无一失人。曾国藩称其荐贤满天下，非虚语。尝自以闻道晚，刻自绳检，歉然常若不足。家有田数百亩，初筮仕，誓先墓，不以官俸自益。父著弟子箴言行世，承其志为箴言书院，教人务实学。病革，曰：'吾死，诸君赗吾，惟修书院，无赠吾家。'所著《读史兵略》、《奏议》、《书牍》，皆经世精言。"

杨衢云（ —1901）、端方（ —1911）、詹天佑（ —1919）、岑春煊（ —1933）、蔡廷干（ —1935）、徐绍桢（ —1936）、梁如浩（ —1941）生。

清穆宗同治元年　壬戌　1862年

越南开始沦为法国殖民地。

俾斯麦出任普鲁士首相。

美国林肯政府颁布《解放黑奴宣言》。

正月初十日癸巳（2月8日），清廷批准上海会防局成立。

十四日丁酉（2月12日），太平军陈得才、赖文光、梁成富、蓝成春奉陈玉成命远征西北。

二十四日丁未（2月22日），道员李鸿章募集淮勇抵安庆。

二十七日庚戌（2月25日），英法军及洋枪队袭击太平军于上海浦江高桥。

二月十六日己巳（3月16日），清廷将华尔洋枪队改名为"常胜军"。

十七日庚午（3月17日），南昌教案发生。

二十七日庚辰（3月27日），美商上海轮船公司成立。

按：因系旗昌洋行创办，故称"旗昌轮船公司"，以长江航运为经营重点，是上海港首家外商轮船公司。

二十八日辛巳（3月28日），上海会防局雇用英轮7艘至安庆接运淮军。

三月初六日戊子（4月4日），奕䜣等具"清饬各省保护教士"书，提议对外国教士加以保护。

是月初，顺天府尹蒋琦龄上《中兴十二策疏》，主张昌明正学，一以程、朱为归。

按：蒋琦龄在《中兴十二策疏》中主张敦崇正学，重用倭仁，其曰："欲正人心，厚风俗以图太平，非崇正学以兴教化不能也。则曷不仰法圣祖，提倡宗风，退孔、郑而进程、朱，贱考据而崇理学？今世之能为宋学者，如倭仁、李棠阶，已为硕果之余，宜隆以师儒之任，责以教胄之事。"（朱克敬《儒林琐记·雨窗消意录》，岳麓书社1983年版）

是月下旬,谕曰:"我朝崇儒重道,正学昌明,士子循诵习传,咸知宗尚程、朱,以阐圣教。惟沿习既久,或徒骛道学之虚名,而于天理民彝之实际,未能研求,势且误入歧途,于风俗人心,大有关系。各直省学政等躬司牖迪,凡校阅试艺,固宜恪遵功令,悉以程、朱讲义为宗,尤应将《性理》诸书随时阐扬,使躬列胶庠者,咸知探濂、洛、关、闽之渊源,以格致诚正为本务,身体力行,务求实践,不徒以空语灵明,流为伪学。"(《穆宗毅皇帝实录》卷二二)

四月初三日乙卯(5月1日),英法军及"常胜军"攻陷嘉定。

五月初三日甲申(5月30日),曾国荃率湘军进逼天京。

是月,英法军攻陷宁波,天一阁藏书大量失散。

七月二十五日丙午(8月20日),大学士贾桢等奏,嗣后俄国文字,即归并英、法、美三学,由总理各国事务衙门随时酌核办理。

二十九日庚戌(8月24日),奕䜣、文祥、桂良联合具名奏请设同文馆,学习外国语言文字,并奏《同文馆章程》。

按:《清史稿·选举志二》曰:"京师同文馆之设,从总理各国事务衙门之请,始于同治元年。"该馆为培养翻译人员的"洋务学堂",先后开设英文、法文、俄文、德文、日文、天文、算学等班。初仅挑选十三四岁以下之八旗子弟入学,后兼收年岁较长之满汉科举出身人员。教师多为外国人。美国传教士丁韪良总管教务近30年。光绪二十八年(1902)并入京师大学堂。同文馆除教学之外,也从事翻译活动。所译书籍涉及国际公法、外交、世界史、数学、化学、物理学、生物学等各个方面。据统计,30多年中,翻译出版著作200多部。主要翻译人员有丁韪良、德贞、骆三畏、毕利干等。

闰八月二十四日甲辰(10月17日),总理各国事务衙门奏准以三角龙旗为官船标志。

九月二十六日乙亥(11月17日),清廷命选派都司以下武弁在上海、宁波学习外国兵法及各项火器制造术。

十一月二十六日甲戌(1863年1月15日),李鸿章与英军提督士迪佛立订立《会同管带"常胜军"条约》。

二十七日乙亥(1月16日),总税务司李泰国代表清廷与英国海军军官阿思本订立《协定十三条》,成立"中英舰队"。

十二月十三日庚寅(1月31日),谕曰:"近来国子监专以文艺课士,该祭酒等既以是为去取,而士子亦复以是为工拙,于造就人才之道何裨焉?著嗣后于应课诗文外,兼课策论,以经、史、《性理》诸书命题,用觇实学。并著该祭酒等督饬各堂助教、学正、学录,分日讲说,奖励精勤,惩戒游惰,黜华崇实,以端趋向。"(《穆宗毅皇帝实录》卷五二)

二十六日癸未(2月13日),清廷命李鸿章署理江苏巡抚办理通商大臣事务钦差大臣。

是年,谕廷臣曰:"上年屡降旨令保举人才,各督、抚已将政绩卓著人员登诸荐牍。在京如大学士周祖培,大学士衔祁寯藻、翁心存,协办大学士倭仁,侍郎宋晋、王茂荫,科道高延祜、薛春黎、郭祥瑞等,各有荐举。人臣以人事君,不必俟有明诏,始可敷陈。其各胪列事实,秉公保奏。"复屡谕曾国藩保荐督抚大员。国藩言："封疆将帅,惟天子举措之。四方多故,疆臣既有征伐之权,不当更分黜陟之柄,宜防外重内轻之渐,兼杜植私树党之端。"帝优诏褒答(《清史稿·选举志四》)。

法国朱格拉提出平均长度为10年左右的经济周期"朱格拉周期"。

英国詹·麦克斯韦尔提出位移电流概念,以完成电流闭合性。

法国德罗夏提出近代四冲程内燃机工作原理。

德国尤利乌斯·萨克斯证实植物淀粉产生于光合作用。

比利时勒努比制成首辆内燃机车。

俄国安·格·鲁宾斯坦创办圣彼得堡音乐学院。

俄国车尔尼雪夫斯基7月7日被逮捕,遭流放。

曾国藩正月为协办大学士。四月,疏劾李元度,有旨即行革职,免其治罪,仍交左宗棠委用。五月,率湘军驻扎雨花台。九月,为死于战乱而未及安葬的桐城儒生方东树、戴钧衡等6人立石修墓,妥为安葬。十一月至十二月,与李秀成部战。是年,因华蘅芳、徐寿、李善兰相助,创建安庆机器局,即安庆内军械所。

钱泰吉是春大病几殆,至夏始愈。以子奉曾国藩命襄理戎幕至安庆,迎其就养,乃居城西。其地为谈艺荟萃之所,钱氏大乐之。

李鸿章二月募练淮军成。三月,署江苏巡抚。

冯桂芬入李鸿章幕。

按:是年三月初十日,李鸿章率领的淮军乘冯桂芬等上海官绅雇来的英国轮船来到上海。冯桂芬迎上码头,立刻被延入李鸿章幕府。从此,李鸿章嘴不离"老前辈"三字,冯桂芬"佐戎羽扇,指顾规划",将其《校邠庐抗议》书中的"自强理论",逐一通过李鸿章而全力施行。十二年后冯桂芬病逝,李鸿章亲撰《三品衔詹事府右春坊中允冯君墓志铭》,情真意切:"君于学无所不窥,而期于实用,天下大计,无日不往来于胸中……鸿章附骥尾而彰,不敢掠为己有。"冯桂芬因此被称为"赫然中兴名臣之师"(《显志堂稿》卷首)。

倭仁正月充翰林院掌院学士。二月,充会试正考官。六月,以工部尚书协办大学士。闰八月,复授文渊阁大学士。十一月,充经筵讲官。同事人为祁寯藻、翁心存、李鸿藻、翁同龢、徐桐。是年,于荫霖从倭仁问学。

按:是年前后,倭仁、李棠阶、吴廷栋等理学名儒及爱好理学的同治帝的其他几位师傅如李鸿藻、徐桐、翁同龢等同时荣登权要,这在晚清政治史上尚属首次,在理学发展史上也不多见。

倭仁将前所辑帝王事迹及古今臣之奏议有裨治道者,重加精择,附以按语进呈,赐名《启心金鉴》。

吴廷栋正月授山东按察使。曾有《与曾涤生先生书》,乞曾国藩上疏推荐倭仁为帝师。又有《与方存之学博书》,与方宗诚论倭仁乃帝师最佳人选。

按:《与方存之学博书》曰:"某窃谓,用人行政要以君心为本,欲格君心而培养元德,要以师傅为第一义。非第一人不足以当斯任,因非徒资质之美、不愧正人君子遂能有济也。盖此乃根本之地,不容稍有夹杂,即师傅之学问心性不容稍有假借,庶不致别留病根。惟艮峰先生之学以诚为本,工夫一以慎独为归,其积诚必足以格正君心,而杜渐防微必能预绝非几,而且力破功利之渐。其用处必不至或滋流弊。……舍其人其学不足当师傅之任也。故此日之中兴,直当以艮峰先生决之,使得膺斯任,培养君德十年,何难重睹盛治。"(《拙修集》卷九)

方宗诚南下欲投奔曾国藩,因故逗留于河南巡抚严树森幕府,遂代其草拟《应诏陈言疏》,推荐倭仁任同治帝师傅。又有《上曾节帅书》,鼓动曾国藩举荐倭仁为帝师。

按：《应诏陈言疏》曰："左都御史倭仁，学正养和，人伦表率。自幼笃志力行，即以慎独诚意为宗。……实可胜师傅之任。夫流俗之病在以圣人之道为迂腐，抑思二帝三王之道行于时而天下治，孔、孟、程、朱之道不行于时而天下乱，然则圣人之道乃救时良策，非迂论也。救时不本于圣道，则皆杂霸权谋，虽补苴于目前，流弊究不可殚述。倭仁之学虽不敢言及孔、孟、程、朱，然能诵其言，守其法，躬行实践，忠君爱国，著有明效。若用为师傅，日为我皇上开陈善道，则以聪明睿智之资，日闻乎古圣先贤之训，涵濡既久，心体力行，扩而充之，则二帝三王之治不难见于今日矣。"(《柏堂集续编》卷二一)

李棠阶授大理寺卿，连擢礼部侍郎、左都御史、署户部尚书。

洪仁玕解除外交事务，天王令由章王林绍璋接管。

李善兰赴安庆入曾国藩幕。

曾国荃正月授浙江按察使，又迁江苏布政使。

郭嵩焘特授苏松粮储道，擢两淮盐运使，署广东巡抚。

俞樾避乱自沪至津，仍事著述。

左宗棠军三月败太平军李世贤于清湖。十月，上书清廷，主张对中外混合军稍加裁抑，予以限制。

黄彭年应召入四川总督骆秉章幕，由何秋涛代署莲池书院院长。

祁寯藻正月抵京，命与倭仁、李鸿藻等同直弘德殿侍读，遂进呈陈弘谋《大学衍义辑要》等书。是年，复命以大学士衔授礼部尚书。

何绍基是年仍主讲长沙城南书院。正月二十五日至永州，与知府杨翰谈《中兴颂碑》，有诗。八月十四日过旷寄园，有诗赠胡恕堂。

陈澧是冬重修学海堂成。

缪荃孙肄业于丽正书院，院长丁晏教以读经，先究小学。又从常熟张敬堂学骈文。

华蘅芳为曾国藩保荐召至安庆府，又有徐寿同荐，在曾氏幕中从事军工，识容闳、李善兰。

徐寿、徐建寅父子及华蘅芳等于安庆军械所内试制成中国国第一台蒸汽机，并翻译西书。

王韬因上书太平天国苏福省长官论进取上海事，遭通缉，流亡香港。入英华书院，协助院长英译《四书》、《五经》。

黎庶昌以廪贡生应求言诏，上书论时政万余言，得曾国藩信任，名列"曾门四弟子"。特旨以知县发江苏，交曾国藩差委。

黄遵宪始作诗，与同里姑夫张心谷、从兄黄锡璋被誉为里中三才子。

林昌彝游广州，续成论诗之作《海天琴思录》及《续录》。

林纾开始跟随薛则柯学习欧阳修古文和杜甫诗。

八指头陀丧父，弟以幼依族父，衣食无所得，乃为农家牧牛。

马相伯入耶稣会，同时入新成立的徐家汇耶稣会初学院为修士。

萧穆是年夏以事至开封，识孙宇农、李濬。李濬为萧穆之《敬孚类稿》作序。

王士雄迁居上海，时值霍乱大流行，遂刊行《重订伤寒论》，以应急需。

颜永京自美国回国,在上海英国领事馆任译员,旋加入同文书局,后改任上海租界工部局通事。

吴大澂方为诸生,入都应京兆试。上书言:"致治之本,在兴俭举廉,不言理财而财自裕。若专务掊克,罔恤民艰,其国必敝。"(《清史稿·吴大澂传》)

徐澍琳任同文馆汉文教习。

赵之谦九月为篆刻家钱松之子钱式作《篆书绎山碑册》。

游百川中进士,改庶吉士,散馆,授编修。

曹镜功、艾作林主持湖南官书局。

按:其刻书以《王船山遗书》和《曾国藩全集》为起端,校勘认真,书品雅秀,颇受读者欢迎。光绪间书局附于思贤讲舍,因而改名思贤书局。

英国传教士包尔腾应聘任同文馆英文教习。

美国传教士狄考文来华传教。

法国传教士谭微道来华传教。

美国传教士丁韪良再度来华,至上海传教。

美国人庞培烈来华考察地质,后撰《中国·蒙古及日本之地质研究》,提出中国的主要地质构成线为东北——西南走向,命名为"震旦上升系统"。

英国斯宾塞著《综合哲学体系》。

法国雨果《悲惨世界》出版。

俄国屠格涅夫《父与子》出版。

丁晏著《周易述传》2卷、《续录》1卷刊行。

潘克溥著《诗经说铃》12卷刊行。

汪烜著《乐经律吕通解》5卷刊行。

黄之晋著《四书说剩》1卷刊行。

陈乔枞辑《今文尚书经说考》成,有自序。

按:此书为继其父陈寿祺未成之业,辑集古书中保存的有关《今文尚书》解说。吴汝纶《答陈朴园论尚书手札》曰:"大著《今文尚书考》,扶千秋之微学,罗百氏之旧闻,世业远媲乎向、歆,专家近掩乎孙、段。自枚赜古文专行于世,即马、郑遗说亦就散亡,若欧阳、夏侯之学,则更废坠失传,莫可考引。是以我朝朴学诸公,得汉人片言,宝若彝鼎,而三家之学,绝无有寻其坠绪者。阁下独旁搜远绍,辑成《欧阳夏侯遗说考》,洵为前哲所未逮。"(《清儒学案》卷一八九《挚甫学案》引)

张星鉴著《国朝经学名儒记》成。

官修《治平宝鉴》成,《文宗实录》始修。又命辑《咸丰朝筹办夷务始末》。

顾广誉增补《顾氏族谱》成书,有序。

黄彭年著《贤母录》成书,郑珍为序。

汪曰桢纂《南浔镇志》40卷、首1卷刊行。

《太平天国》铜版刊行。

按:书中记叙自1837年洪秀全病中异梦,至1847年洪秀全与冯云山捣毁广西象州甘王庙的历史。为现在仅存的一部记述洪秀全等早年历史的重要文献。

俞樾著《诸子平议》。

姚燮著《今乐考证》12卷约于是年成书。

按：是为戏曲、音乐论著，共载作品512家。每一作家名下，列其作品，后附作家小传，考证戏曲、曲艺、舞蹈、工尺谱、乐器的来历。作者从道光二十三年(1843)开始写作，完稿后生前未刊行，今存手抄本、1933年北京大学据原稿的影印本、《中国古典戏曲论著集成》本。

陈澧著《省身录》刊行，方宗诚为之校订，并作序。

唐廷枢以广东方言著《英译集全》，附有《买办问答》1卷。

袁枚著《随园三十种》重刊。

夏炘著《景紫堂全书》汇印刊行。

郭嵩焘著《养知书屋诗集》15卷成书。

郑旭旦辑《天籁集》刊行。

按：是为中国第一部民间儿歌集。

悟痴生辑《广天籁集》1卷由芝秀轩刊行。

彭光苏著《小谟觞馆全集》26卷刊行。

俞樾著《儿笘录》4卷成书。

俞樾著《世室重屋明堂考》刊行。

朱士瑞著《强识编》刊行。

陈文田著《晚晴轩诗存》刊行。

林昌彝著《海天琴思录》、《续录》。

无名氏著《莲子瓶演义传》23回刊行。

吴嘉善、丁取忠纂《吴氏丁氏算书十七种》刊行，丁取忠作序。

徐有壬著《割圆八线缀术》3卷由吴嘉善整理刊行。

徐寿译著《汽机发轫》成书。

丁晏著《颐志斋丛书》21种汇印刊行。

胡凤丹始辑《金华丛书》。

美国传教士丁韪良译《万国公法》成书。

英人麦嘉湖主编之《中外杂志》在上海创刊。

按：该刊兼刊宗教、科学、文学等内容。

周之琦卒(1782—)。之琦字雅圭，号退庵，河南祥符人。嘉庆十三年进士，授翰林院编修。官至广西巡抚。著有《心目斋词集》，编有《心目斋十六家词录》。

张祥河卒(1785—)。祥河字诗龄，又字元卿，江苏娄县人。嘉庆二十五年进士，以内阁中书用。道光三年，在京师加入宣南诗社。四年补官，充军机章京，迁户部主事。历任山东督粮道、河南按察使、广西布政使、陕西巡抚、内阁学士、礼部侍郎等。官至太子太保。卒谥温和。著有《小重山房诗初稿》24卷、《小重山房诗续录》13卷、《诗舲诗录》6卷、《诗舲诗续》2卷等。事迹见《清史稿》卷四二一、《清史列传》卷四六、震钧《国朝书人辑略》卷九、《张祥河传》(《碑传集三编》卷四)。

许椿卒(1787—)。椿字叔夏，号珊林、乐恬散人，室名红竹草堂、古韵阁、行吾素斋,浙江海宁人。道光十三年进士。历官直隶知县、山东平度知州。致力于文字之学,研治《说文解字》颇有创获。亦熟谙钟鼎文字,以六书名其家,兼善篆隶书。为谭献所推,自称私淑弟子。著有《古均阁文》1卷、《古均阁诗》1卷、《读说文记》1卷、《说文解字统笺》、《洗冤录详义》1卷首1卷、《洗冤录摭遗》2卷、《洗冤录补》1卷、《古均阁宝刻录》、《刑部比照加减成案》32卷、《刑部比照加减成案续编》32卷、《海宁许公名宦乡贤轶事》1卷、《古均阁遗著》。事迹见《海宁州志稿》卷二八、《许府君家传》(《续碑传集》卷七九)。

  伊乐尧卒(1789—)。乐尧字遇羹,浙江钱塘人。咸丰元年举人。学术宗尚与郝懿辰同。值寇乱,犹商证经义危城中。城破,殉节死。著有《五经补纲》、《孝经指解说注》、《孝经辨异》等。事迹见《清史稿》卷四八〇、《清史列传》卷六七、方宗诚《伊孝廉传》(《续碑传集》卷七一)。

  黄式三卒(1789—)。式三字薇香,号儆居,浙江定海人。道光十二年岁贡生。终生治学,博览经史诸子百家,斟酌今古,于学不拘门户。治《易》,治《春秋》,而尤长《三礼》。著有《易释》、《书启蒙》4卷、《春秋释》2卷、《论语后案》20卷、《诗丛说》1卷、《诗序说通》2卷、《诗传笺考》2卷、《周季编略》9卷、《儆居集经说》4卷、《黄氏塾课》3卷、《古体诗》1卷、《炳烛录》2卷等。事迹见《清史稿》卷四八二、《清史列传》卷六九、李桓《国朝耆献类征初编》卷四〇四、蔡冠洛《清代七百名人传》第四编、谭廷献《黄先生传》、施补华《定海黄先生别传》(均见《续碑传集》卷七三)。

  翁心存卒(1791—)。心存字二铭,号邃庵,江苏常熟人。翁同龢父。道光二年进士,选庶吉士,散馆,授翰林院编修。五年,充福建乡试正考官。九年,入值上书房,充日讲起居注官。历任国子监祭酒、大理寺少卿、工部尚书、武英殿总裁、国史馆总裁、翰林院掌院学士、上书房总师傅等。为咸丰、同治帝师。卒谥文端。著有《知止斋诗集》16卷。事迹见《清史稿》卷三八五、《清史列传》卷四五、蔡冠洛《清代七百名人传》第一编、陈澧《体仁阁大学士赠太保翁文端公神道碑铭》、杨彝珍《体仁阁大学士翁文端公神道碑铭》、孙衣言《体仁阁大学士赠太保文端翁公墓志铭》(均见《续碑传集》卷四)。

  季锡畴卒(1791—)。锡畴字范卿,号菘耘,江苏太仓人。诸生。受业于李兆洛。晚年馆常熟瞿氏,为其藏书作跋尾,成藏书志。著有《复编铁琴铜剑楼藏书目录》24卷、《菘耘文钞》4卷。

  彭蕴章卒(1792—)。蕴章字琮达、咏莪,号小园,江苏吴县人。道光十五年进士,授工部都水司主事,仍留直军机处。累迁郎中,历鸿胪寺少卿、光禄寺少卿、顺天府丞、通政司副使、宗人府丞。督福建学政,迁左副都御史。官至大学士、军机大臣。卒谥文敬。著有《彭文敬公全集》44卷等。事迹见《清史稿》卷三八五、《清史列传》卷四五、蔡冠洛《清代七百名人传》第一编、董沛《彭文敬公传》(《续碑传集》卷四)。彭蕴章有《彭文敬自订年谱》。

凌堃卒(1796—)。堃字厚堃,又字仲讷,浙江乌程人。道光二十一年举人。晚选授金华教谕。与俞正燮交,同研推步算术,为林则徐所称道。著有《尚书述》、《周易翼学》、《春秋理辩》、《医宗宝笈》1卷等。事迹见《清史列传》卷六九、戴望《凌教谕墓志铭》(《碑传集三编》卷二九)。

王旭高卒(1798—)。旭高名泰林,字以行,晚号退思居士,江苏无锡人。从舅父高锦亭学医多年,尽得其传。著有《王旭高医书六种》,包括《退思集类方歌诀》、《医方证治汇编歌诀》、《医方歌括》、《薛氏湿热论歌诀》、《增订医方歌诀》、《西溪书屋夜话录》。

顾观光卒(1799—)。观光字宾王,号尚之,江苏金山人。太学生,三试不售,遂无志科举,承世业为医。同里钱氏多藏书,恒假读之。博通经、传、史、子、百家,尤究极天文历算,因端竟委,能抉其所以然,而摘其不尽然。时复蹈瑕抵隙,蒐补其未备。曾补订李锐、戴煦、李善兰等数学见解。著有《七国地理考》7卷、《国策编年考》1卷、《禹贡读本》1卷、《古韵》22卷、《九数存古》9卷、《九数外录》、《伤寒杂病论补注》、《武陵山人遗书》等。又有《周髀算经》、《列女传》、《吴越春秋》、《华阳国志》校勘记各1卷。事迹见《清史稿》卷五〇七、《清史列传》卷六九、诸可宝《顾观光传》(《碑传集补》卷四二)。

沈兆霖卒(1801—)。兆霖字尺生,号朗亭,浙江钱塘人。道光十六年进士,选庶吉士,散馆,授翰林院编修。历任国子监司业、内阁学士、吏部侍郎、户部尚书。卒赠太子太保,谥文忠。著有《韵辨附文》5卷、《沈文忠公集》10卷。事迹见《清史稿》卷四二一、《清史列传》卷四七、蔡冠洛《清代七百名人传》第一编。沈兆霖有《沈文忠公自订年谱》。

法国人加略才卒(1810—)。原籍意大利。1836年来华,作有《中国的叛乱:从开始到夺取南京》,编有《汉语百科辞典》。

周沐润约卒(1810—)。沐润字文之,号柯亭,别号樗寮、樗庵,河南祥符人。道光十六年进士。历任吴江、嘉定、上海等地知县。官至常州知府。著有《柯亭子文集》8卷、《柯亭子骈体文集》6卷、《柯亭子诗三集》3卷、《柯亭子诗集》4卷、《复素堂文续集》5卷、《复素堂文初集》8卷、《环斋文集》4卷、《环斋诗集》2卷、《养生四印斋文集》6卷、《养生四印斋文三集》6卷、《养生四印斋诗集》26卷等。

徐鼒卒(1810—)。鼒字彝舟,号亦才,江苏六合人。道光二十五年进士,改翰林院庶吉士。散馆,授检讨,充实录馆协修。历官福建延平府知府,卒于官。博学通经史,撰述颇富。著有《周易旧注》、《礼记汇解》、《月令旧解异同》、《四书广义》、《补毛诗》、《老子校勘记》、《庄子校勘记》、《淮南子校勘记》、《楚辞校注》、《尔雅注疏》、《小腆纪年附考》20卷、《小腆纪传》65卷、《明史艺文志补遗》、《读书杂识》14卷、《说文引经考》、《度支辑略》、《延平春秋》、《未灰斋文集》8卷、《未灰斋外集》1卷、《未灰斋诗钞》4卷等。事迹见《清史列传》卷七三、夏寅官《徐鼒传》(《碑传集补》卷二四)。

程庆余卒(1820—)。庆余字善夫,又名可大,号心斋,室名艺海楼,浙江乌程人。所著《经籍志》等四书均未成,又治数学天文及金石。著有《三山志》等。

张道卒(1821—)。道原名炳杰,字伯几,号少南,别号劫海逸叟,浙江钱塘人。诸生。博学多才,诗、文、词、曲、书、画皆工。著有《旧唐书疑义勘同》、《字典补遗》、《唐浙中长官考》、《定乡小识》、《鱼浦草堂诗集》4卷、《南翁文集》3卷、《雪烦丛识》2卷、《鸥巢闲笔》3卷、《鸥巢诗话》2卷等。事迹见谭献《张道传》(《复堂文集》卷二)。

何秋涛卒(1824—)。秋涛字愿船,福建光泽人。道光二十四年进士。官至刑部主事。曾主讲保定莲池书院。精舆地之学。著有《篆隶源流》、《朔方备乘》80卷、《王会篇笺释》3卷、《校正元圣武亲征录》1卷、《一镫精舍甲部稿》8卷等。并整理张穆的《蒙古游牧记》。事迹见《清史稿》卷四八五、蔡冠洛《清代七百名人传》第四编、黄彭年《刑部员外郎何君墓表》(《续碑传集》卷二〇)。

张福僖卒,生年不详。福僖字南坪,浙江乌程人。陈杰弟子。与李善兰友善,助徐有壬,校刻项名达书。著有《慧星考略》。事迹见《清史稿》卷五〇七《畴人传二》。

陈世镕卒,生年不详。世镕字大冶,号雪庐,一号雪楼,安徽怀宁人。道光十五年进士,官甘肃古浪知县。著有《周易廓》24卷、《求志居集》36卷、《求志居外集》1卷、《求志居时文》1卷等。事迹见震钧辑《国朝书人辑略》卷八。

宋恕(—1910)、唐宗海(—1918)、唐绍仪(—1938)、姚永朴(—1939)、吴仰曾(—?)生。

同治二年 癸亥 1863年

美国国家科学院成立。
全德工人联合会成立。
普鲁士政府颁布《出版法》。
葛底斯堡会战,美国南军败。
俄国颁布高等院校章程《大学条例》。

正月二十二日己巳(3月11日),江苏巡抚李鸿章奏请设广方言馆于上海、广州,不以八旗子弟为限;课程于外国语外,兼及经、史、小学、算学等。

按:《清史稿·选举志二》曰:"上海广方言馆,创设于同治二年。江苏巡抚李鸿章言:'京师同文馆之设,实为良法。惟洋人总汇地,以上海、广东两口为最。拟仿照同文馆例,于上海添设外国语言文字学馆,选近郡年十四岁以下资禀颖悟、根器端静之文童,聘西人教习,并聘内地品学兼优之举、贡生员,课以经、史、文艺。学成送本省督、抚考验,作为该县附学生。其候补、佐杂等官,年少聪慧者,许入馆一体学习,学成酌给升途。三五年后,有此一种读书明理之人,精通番语,凡通商、督、抚衙署及海关监督,应设翻译官承办洋务者,即于馆中遴选派充。庶关税、军需可期核实;无赖通事,亦稍敛迹。且能尽阅西人未译专书,探赜索隐,一切轮船、火器等巧技,由渐通晓,于自强之道,不无裨助。'上谕广州将军查照办理。"

二月初十日丙戌(3月28日),上海广方言馆设立,聘英国传教士傅兰雅、美国传教士林乐知教之。

按:任命冯桂芬为上海广方言馆监院,其拟定《上海初次议设学习外国语言文字同文馆试办章程十二条》。

三月初六日壬子(4月23日),京师同文馆添设法文馆、俄文馆,由法人司默灵、俄人柏林任教习,张旭升任法文馆汉教习,杨亦铭任俄文馆汉教习。

十九日乙丑(5月6日),总理各国事务衙门奕䜣等奏请补充同文馆法文、俄文教习,制订各国教习和汉文教习章程。

五月,上海道台承认美租界的范围,位于苏州河北岸,面积约为七千八百五十六亩作为美租界。

八月初九日癸未(9月21日),上海美、英租界正式合并,改称"公共租界"。

九月,太平天国西北远征军攻克陕西汉中。

十月初五日戊寅(11月15日),英国人赫德被正式任命为中国海关总税务司。

十二月,李鸿章命英人马格里成立苏州西洋炮局,为淮军供应军火。

曾国藩邀容闳赴安庆,商办江南制造局事宜。九月,容闳受委派赴美购买机器。

按:容闳《西学东渐记》十三章曰:"余见文正时为一八六三年。……数日后,总督果遣人召予。此次谈论中,总督询予曰:'若以为今日欲为中国谋最有益最重要之事业,当从何处着手?'总督此问,范围至广,颇耐吾人寻味;设予非于数夕前与友谈论,知有建立机器厂之议者,予此时必以教育计画为答,而命之为最有益最重要之事矣。今既明知总督有建立机器厂之意,且以予今日所处之地位,与总督初无旧交,不过承友人介绍而来,此与予个人营业时,情势略有不同。若贸然提议予之教育计画,以嫌冒昧;况予对于予之朋友,尤当以恪守忠信为惟一之天职,予胸中既有成竹,故对于此重大问题,不至举止失措。以予先期预备答辞,能恰合总督之意见,欲实行时即可实行也。于是予乃将教育计画暂束之高阁,而以机器厂为前提。予对总督之言,与前夕对友所言者略同,大致谓应先立一母厂,再由母厂以造出其他各种机器厂,予所注意之机器厂,非专为制造枪炮者,乃能造成制枪炮之各种机器者也。枪炮之各部,配合至为复杂,而以今日之时势言之,枪炮之于中国,较他物尤为重要。故于此三致意焉。总督闻言谓予曰:'此事予不甚了了,徐、华二君研此有素,若其先与二君详细讨论,后再妥筹办法可耳!'……自予与曾督第二次晤谈,一星期而有委任状,命予购办机器,另有一官札,授予以五品军功,军功为虚衔,得戴蓝翎,盖国家用此以此赏从军有功之人,为文职所无,文职官赏戴花翎,必以上谕颁赐,大员不得随意赏其僚属。又有公文二通,命予持以领款,款银共六万八千两,半领于上海道,半领于广东藩司。余筹备既毕,乃禀辞曾督,别诸友而首途。"

曾国藩十一月应邓显鹤之子邓瑶请,穷三昼夜之力,撰成《邓湘皋先

英国亨利·克利夫顿·索比发现钢的微观结构,带来冶金学发展,后称"索式体"。

法国比埃尔·埃米尔·马丁在西门子工序的基础上发明炼钢平炉。

意大利赛奇和英国哈金斯由恒星和星云的光谱分析,研究其化学组成,证实天体化学构成之同一性。

德国F.赖希和T.里希特发现铟。

德国赫尔霍姆茨提出乐音和谐理论。

生墓表》。

李鸿章时任江苏巡抚,一月二十二日奏请仿北京同文馆例设立广方言馆于上海、广州。九月,为先行设立上海洋炮局,从广东催调丁日昌来沪专办军火制造。丁日昌在上海识容闳。

李善兰五月将张世贵、张文虎引荐至曾国藩幕中,得曾氏所器赏。时李氏与在安庆的华蘅芳、徐寿、莫友芝、方余城、钱泰吉等相从甚密。

左宗棠三月授闽浙总督。

曾国荃复任浙江巡抚。

郭嵩焘署粤抚,聘邹伯奇测绘广东沿海地图。

胡林翼在湖北巡抚任内曾聘邹世治、晏顾镇编制《大清一统舆图》,稿甫成而卒,由严树森继请汪士铎等修订,是为以新法绘制舆图之始。

洪仁玕受顾命,扶幼主。天历十一月,奉命出京,催兵解围,到彤阳县、常州府、湖州府等处,各处军队以天京缺粮,多不应命。

李棠阶正月调补工部尚书,兼署礼部尚书,充实录馆正总裁。三月,充会试正考官。

杨文会经理曾国藩创办的谷米局,偶得《金刚经》一卷,怀归展读,觉其微妙;后又读马鸣《大乘起信论》,有所悟,乃一意搜求佛经,从此入道学佛。

张之洞、黄俨芳、李端棻等四月成进士。

孙诒让补学官弟子,始注经史小学。

祁寯藻荐郑珍于朝,终未出。

贝青乔应直隶总督刘长佑之聘北上,卒于途中。

廖寿恒成进士,改翰林院庶吉士。

林纾仍从薛则柯读欧阳修文和杜甫诗。

八指头陀塾师周云帆为之教读,读山则为师洒扫炊杂。

何绍基是年仍主讲城南书院,寓居化龙池。二月初自长沙起程,重作粤东之游。三月二十四日安集半帆亭,门人与会者有何梅士等24人,为赋长诗。后数日,陈澧等招集学海堂拜阮元木主。

吴廷栋批杨仲乾《传习承拙语》。是年,连迁大理寺卿、刑部右侍郎、署户部左侍郎等职。

康有为从番禺简凤仪受学,读《大学》、《中庸》、《论语》并朱注《孝经》。

缪焕章自四川派人来扬州,命其子缪荃孙率全家入蜀。

萧穆曾往见曾国藩于安庆。是年,萧穆致书向汪士铎请教。

按:姚永朴《萧敬孚先生传》曰:"少谒曾文正公于安庆。文正语人曰:'异日缵其邑先正遗绪者,必此人也。'"时陈艾(字虎臣)、方宗诚皆在曾幕。萧穆常至方寓,与陈亦有往还。钱泰吉以上年冬来寓安庆。是年春,萧穆见之于城西寓所。钱泰吉当时年已八十,而雠校经籍,日有定程。治一书必贯首尾,朱墨交错,点勘至数十周不倦。一书所阅宋元以来版本至数十种,皆蝇头细楷标录于本书上下。萧穆从钱的实践中学得读书治学方法,且行之终身。

朱兰以太常寺卿督安徽,补行咸丰三年、四年、六年、七年岁科试。萧穆应试，以第二名取入桐城县学。

曹佩珂任同文馆汉文教习。

吴嘉善是夏离长沙赴广州，结识邹伯奇、夏鸾翔，共同研究数学，相得益彰。

赵之谦、胡澍赴京参加春季会试。在京城，赵之谦与嗜好金石的沈树镛、魏锡曾等切磋艺事。

美国传教士丁韪良五月奉派赴北京任教。八九月间向总署进呈《万国公法》。

美国传教士狄考文来华至山东登州传教。

李泰国与英国阿思本订立"中英舰队"协定，李氏擅自设计清国国旗与船旗，为中国酝酿国旗之始。

法国汉学家鲍提埃作《乾隆宫苑圆明园游记》，是为圆明园遭劫后，外国人所写的第一种游记。

林昌彝著《诗玉尺》2卷刊行。

贺长龄著《孝经述》1卷刊行。

傅寿彤著《古韵类表》9卷、《孔庭后裔》5卷刊行。

李慈铭始著《孟学斋日记》。

李扬华著《四书备检》20卷刊行。

胡泽顺著《四书一得录》2卷刊行。

邹世治、晏顾镇编制，李廷箫、汪士铎修订《大清一统舆图》31卷成书。

按：胡林翼在湖北巡抚任时，曾聘邹世治、晏顾镇编制《大清一统舆图》，稿甫成而卒，后由严树森继请李廷箫、汪士铎等修订。是为以新法绘制舆图之始。

清内府刻印《清宣宗圣训》130卷、《文宗御制诗文词集》10卷。

莫友芝著《唐写本说文解字本部笺异》1卷刊行。

缪荃孙著《萍心集》成书。

许瀚校注《杜诗通解提要》成。

姚鼐著《惜抱轩全集》88卷刻印。

按：是书包括文集、诗集、《法帖题跋》、《左传补注》、《国语补注》、《公羊传补注》、《谷梁补注》、《九经说》等。

江湜著《伏敔堂诗录》15卷、《续录》4卷本年刊毕。

林昌彝著《衣讔山房诗集》8卷、外集1卷、赋钞1卷刊行。

恽敬著《大云山房文稿》11卷约在此时刻印。

丁丙纂《当归草堂丛书》始刊。

钟谦钧是年前后辑成《小学汇函》14种。

伍崇曜纂《岭南遗书》第七集刊行，全书60种243卷至是刊毕。

桂超万卒(1784—)。超万字丹盟，安徽贵池人。道光十三年进士。任江苏阳湖代理知县时，即受时任江苏巡抚的林则徐赏识。十六年任直隶栾城知县时，劝课农桑，后左宗棠曾上奏朝廷加以表彰。二十一年，在

英国密尔著《功利主义》。

德国卡里埃著《在与文化发展的关系上的艺术》。

英国托·赫胥黎著《人类在自然界中的位置》。

俄国谢切诺夫出版《大脑反射》，认为一切意识活动皆为神经反射活动。

雅各布·格林卒(1785—)。德国作家，语言学家。

W. M. 萨克雷卒（1811— ）。英国作家。

丰润任上，抗击英军入侵。后官扬州、苏州知府。著有《惇裕堂文集》4卷、《宦游纪略》6卷、《养浩斋诗稿》9卷、《养浩斋续稿》5卷、《梅村山水记》1卷等。事迹见《清史稿》卷四七八、《清史列传》卷七六、蔡冠洛《清代七百名人传》第一编。

黎恺卒（1785— ）。恺字雪楼，一字迪九，晚号拙叟，贵州遵义人。嘉庆十九年进士，任浙江桐乡知县。调归安知县。后历任云南平夷、新平、沅江、大姚、云州等州县，官终东川府巧家厅同知。著有《四书纂义》、《读史纪要》、《蛉石斋诗文集》等。

陈奂卒（1786— ）。奂字倬云、硕甫，号师竹，又号南园老人，江苏长洲人。诸生。咸丰元年举孝廉方正。从段玉裁、王念孙、王引之、郝懿行习文字学。家居授徒，从游者数十人。同郡管庆祺、丁士涵、马钊、费锷，德清戴望，其尤著者。著有《诗毛氏传疏》30卷、《毛诗说》1卷、《毛诗音》4卷、《诗语助义》3卷、《公羊逸礼考征》1卷、《师友渊源记》1卷、《禘郊或问》、《宋本集韵校勘记》、《郑氏笺考证》1卷、《三百堂文集》等。事迹见《清史稿》卷四八二、《清史列传》卷六九、蔡冠洛《清代七百名人传》第五编、震钧《国朝书人辑略》卷九、戴望《孝廉方正陈先生行状》、张星鉴《陈硕甫先生传》、杨岘《陈先生述》（均见《续碑传集》卷七四）。

按：《清史稿》本传曰："奂始从吴江沅治古学，金坛段玉裁寓吴，与沅祖声善。尝曰：'我作《六书音韵表》，惟江氏祖孙知之，余鲜有知者。'奂尽一昼夜探其梗概。沅尝假玉裁《经韵楼集》，奂窃视之，加朱墨。后玉裁见之，称其学识出孔、贾上，由是奂受学玉裁。高邮王念孙暨子引之、栖霞郝懿行、绩溪胡培翚、泾胡承珙、临海金鹗，咸与缔交。奂尝言大毛公诂训传言简意赅，遂殚精竭虑，专攻《毛传》。以《毛传》一切礼数名物，自汉以来无人称引，韬晦不彰，乃博征古书，发明其义。大抵用西汉以前旧说，而与东汉人说诗者不苟同。又以毛氏之学，源出《荀子》，而善承毛氏者，惟郑仲师、许叔重两家，故于《周礼注》、《说文解字》多所取说，著《诗毛氏传疏》三十卷。又以疏中称引，博广难明，更举条例，立表示图，为《毛诗说》一卷。准以古音，依四始，为《毛诗音》四卷。仿《尔雅》例，编《毛传》为《义类》十九篇一卷。以郑多本三家诗，与毛异，为《郑氏笺考证》一卷。又有《诗语助义》三十卷，《公羊逸礼考征》一卷，《师友渊源记》一卷，《禘郊或问》、《宋本集韵校勘记》，各若干卷。其论《尚书大传》与《毛传》同条共贯，论《春秋》之学，从《公羊》以知例，治《谷梁》以明礼。《谷梁》文句极简，必得治礼数十年而后可明其要义。论《释名》与《毛传》、《说文》多不合，然可以讨汉、宋说经家之源流。其论丁度《集韵》云：'《集韵》总字，具见类篇，先以《类篇》校《集韵》，再参之《释文》、《说文》、《玉篇》、《广韵》、《博雅》，则校雠之功过半矣。'又云：'陆氏《释文》宋本，当于《集韵》求之。今《尚书》释文，经开宝中陈谔等删改之本，《集韵》则未经删改者也。'于子书中尤好《管子》，尝令其弟子元和丁士涵为《管子案》四卷。"

钱泰吉卒（1791— ）。泰吉字辅宜，号警石，又号深庐，浙江嘉兴人。与兄钱仪吉称为"嘉兴二石"。以廪贡生得海宁州学训导。咸丰三年，主讲安澜书院。与莫友芝、张文亮、孙衣言、方宗诚等交往密切。著有《曝书杂志》、《甘泉乡人稿》24卷、《甘泉乡人余稿》2卷、《更生斋文》、《学职禾人考》等。事迹见《清史稿》卷四八六、《清史列传》卷七三、曾国藩《钱君墓表》(《续碑传集》卷七九)。

　　按：《清史稿》本传曰：钱泰吉"与仪吉以学行相磨，远近盛称'嘉兴二石'。为诗文原本情性，读其辞，知其于孝友最深也。以廪贡生得海宁州学训导。居间务读书，自经史百氏下逮唐、宋以来诗文集，靡不博校。以其学语诸生，诸生之贤且文者大附。尝修学宫，以费所美修《海昌备志》。既又得民间节孝行者千余事为旌之，曰：'吾职也。'再三请，必得乃已。为训导几三十年，不以枝官自放旷。粤寇陷浙，往依曾国藩，卒于安庆"。

　　鲁一同卒(1805—　)。一同字兰岑，一字通甫，江苏山阴人。道光十五年举人，得毛岳生赏识。两试礼部不第。与同乡潘德舆有师友之谊，又向梅曾亮学古文辞。林则徐任湖广总督时，请他入幕，因亲老而未成行。又受曾国藩的赏识。精古文。著有《通甫类稿》4卷、《通甫类稿续编》2卷、《通甫诗存》4卷、《通甫诗存之余》2卷、《邳州志》20卷、《清河县志》24卷、《右军年谱》1卷、《白耷山人年谱》1卷等。事迹见《清史稿》卷四八六、《清史列传》卷七三、吴昆田《鲁通甫传》、汤纪尚《鲁通甫先生传》(《续碑传集》卷七九)。

　　按：《清史稿》本传曰："善属文，师事潘德舆。道光十五年举人。时承平久，一同独深忧，谓：'今天下多不激之气，积而不化之习；在位者贪不去之身，陈说者务不骇之论。风烈不纪，一旦有缓急，莫可倚仗。'既，再试不第，益研精于学。凡田赋、兵戎诸大政，及河道迁变、地形险要，悉得其机牙。为文务切世情，古茂峻厉，有杜牧、尹洙之风。漕督周天爵见之，曰：'天下大材也，岂直文字哉！'曾国藩尤叹异之。"

　　贝青乔卒(1810—　)。青乔字子木，号无咎，又号木居士，江苏长洲人。诸生。曾入江苏巡抚林则徐署中任事。著有《半行庵诗存稿》8卷、《咄咄吟》2卷、《苗俗记》等。

　　伍崇曜卒(1810—　)。崇曜原名元薇，字紫垣，一字良辅，广东南海人。咸丰间，办理畿辅振捐，赐举人。先后被授予候补郎中、候选道，加布政使、荣禄大夫等职衔。喜搜藏古籍和刻书，有"远爱楼"藏书楼。刊有《粤雅堂丛书》、《岭南遗书》、《刻岭南耆旧遗诗》等。

　　徐仁铸(　—1900)、郑士良(　—1901)、夏曾佑(　—1924)、周桂笙(　—1926)、陈庆年(　—1929)、王式通(　—1931)、钱单士厘(　—1945)生。

同治三年　甲子　1864年

正月二十一日癸亥(2月28日)，湘军攻陷天京要塞天保城。

二十三日乙丑(3月1日)，"常胜军"攻陷江苏宜兴。

二十四日丙寅(3月2日)，曾国荃率湘军进逼天京太平门及神策门

日本幕府讨伐长州藩。

林肯再度选立

为美国总统。

普鲁士取石勒苏益格和荷尔斯泰因。

国际工人协会（第一国际）成立。

国际红十字会成立。

外,天京被合围。

二月二十四日己未(3月31日),法国洋枪队与左宗棠军攻陷杭州。

四月初三日癸酉(5月8日),曾国藩设安庆书局,刊《四书》《五经》。

十五日乙酉(5月20日),英国议会辩论对太平天国政策,首相巴麦尊为主镇压,而议员白士德、赛克斯、立德尔等反对。

二十七日丁酉(6月1日),洪秀全服毒自尽。

五月二十日己未(6月23日),广东设立广方言馆,又称广州同文馆。

按：去年,上海设立广方言馆。至是,又有谕曰:"李鸿章另折奏,请饬广东仿照同文馆设立学馆,学习外国语言文字等语,已谕令广州将军等查照办理。惟该馆学生专习外国语言文字,不准西人藉端影射,将天主教暗中传习。该抚仍当随时稽察,毋令滋弊。"(《筹办夷务始末》同治朝卷一四)

三十日己巳(7月3日),湘军攻占天京地保城。

六月十六日乙酉(7月19日),湘军曾国荃部攻陷天京,太平天国失败。

按：梁启超《中国近三百年学术史》(四)曰:"咸丰、同治二十多年间,算是清代最大的厄运。洪、杨之乱,痛毒全国。跟着捻匪回匪苗匪,还有北方英、法联军之难,到处风声鹤唳,惨目伤心。政治上生计上所生的变动不用说了,学术上也受非常坏的影响。因为文化中心在江、皖、浙,而江、皖、浙糜烂最甚。公私藏书,荡然无存。未刻的著述稿本,散亡的更不少。许多耆宿学者,遭难凋落。后辈在教育年龄,也多半失学,所谓'乾嘉诸老的风流文采',到这会只成为'望古遥集'的资料。考证学术已在落潮的时代,到这会更不绝如缕了。当洪、杨乱事前后,思想界引出三条新路。其一,宋学复兴。……其二,西学之讲求。……其三,排满思想之引动。"

七月初五日癸卯(8月6日),英国在香港创设汇丰银行。

初六日甲辰(8月7日),李秀成在南京写供状后被杀。

八月二十一日己丑(9月21日),清廷准曾国藩奏请,重修江宁书院,补行乡试。

九月初七日乙巳(10月7日),清廷钦差勘办西北界事宜大臣明谊与俄国全权大臣扎哈罗夫、巴布科夫签订《中俄勘分西北界约记》于塔尔巴哈台。

二十二日庚申(10月22日),清廷饬修曲阜孔庙及各省学宫。

英国麦克斯韦提出麦克斯韦方程组。

英国纽兰兹提出化学元素八音律分类法。

法国巴斯德提出"生源说",确立消毒灭菌法。

曾国藩因江浙藏书遭兵劫多有毁损,遂定刊书章程,即于安庆设局,刊刻各种经史。又自安庆移节江宁,创设金陵官书局。六月,湘军攻陷天京,以平定太平天国功封一等侯爵,寻封毅勇侯。曾国荃以攻克天京首功封一等伯爵,寻封威毅伯。八月十五日,奏准裁撤湘军25000人。十月,行辕移驻安陵。十二月,主持修复江南贡院,补行江南乡试,会考江南优贡。

按：金陵官书局,后改名为江南官书局。黎庶昌《曾文正公年谱》曰:"四月初三日,设立书局,定刊书章程。江南、浙江自宋以来,为文学之邦,士绅家多藏书,其镂板甚精致,经兵燹后,书籍荡然。公招徕剞劂之工,在安庆设局,以次刊刻经史各种,延请绩学之士汪士铎、莫友芝、刘毓松、张文虎等分任校勘。"

洪仁玕为幼天王军师，与黄文金等议定，放弃湖州，南走江西建昌、抚州会侍王李世贤、康王汪海洋等军，西上湖北，会扶王陈得才大军，据荆、襄，以图中原。旋与幼天王相失，与昭王黄文英被执。十一月二十三日就义于南昌府。

左宗棠授太子少保衔，赏穿黄马褂。九月，左调各军入杭州城，受封为一等伯爵。仿造轮船，试行于西湖。

何绍基是年仍主讲城南书院。春间，与王敬一、黄海华、胡恕堂、唐荫云为五老消寒会，并预其他文宴。秋间，吴敏树从岳阳来信，寄来吕仙亭游宴诗，为次韵和答，十月下旬城南书院收课后，即买舟作金陵之游，有《金陵杂述四十绝句》组诗。

冯桂芬是秋至苏州，协助地方修建苏州试院。

郭嵩焘是秋出任广东巡抚，先后筹建舆图局和同文馆，并与当地学者有密切的联系。吴嘉善与之是故交，曾多次被邀请校阅当地书院学生考卷。是年五月二十日，广州同文馆开馆，吴嘉善由郭嵩焘和时任两广总督的毛鸿宾推荐任同文馆总教习。

吴廷栋有复曾国藩书论学。是年，有《金陵告捷请加敬惧疏》，得朝廷表彰。

莫友芝正月致书郑珍，言曾国藩极思一见郑氏。

李善兰至金陵，晤曾国藩，请其助印《则古昔斋算学》13种。与张文虎同寓飞霞阁书局。

程鸿诏是夏在曾国藩幕。

盛宣怀入李鸿章幕。

王先谦在湖北提督梁洪胜营充幕僚。是年乡试中举人。

刘熙载征为国子监司业，迁右中允。八月，督学广东，作惩忿、窒欲、迁善、改过四箴以训士。

李文田十月充实录馆纂修官。十二月，命署日讲起居注官。

周寿昌大考二等，迁庶学，充实录馆纂修官。

皮锡瑞肄业于城南书院，时何绍基为书院山长。

华蘅芳在曾国藩所设法南机器局供职，与徐寿分门笔译，自任算术地质类。

谈广枬、汤森为广州同文馆教习兼馆长，美国人谭顺为西文教习。

容闳是春抵纽约，会哈司金选定工厂，签订承造机器合同。

方宗诚撰《读易笔记叙》。

缪荃孙在成都先后从阳湖汤成彦、双流宋宝栻研究文史，始为考订之学；又师从李仲约学版本目录之学。

蒋敦复入苏州太兵备道丁日昌幕，为姚燮撰墓志铭。

黄遵宪年十七，始读经，《人境庐诗草》存诗起自本年。

吴汝纶举乡试。

陈作霖中举人，以后三应礼部试不中。是年，肄业于钟山书院。

按：陈作霖字雨生，号伯雨，别号雨叟、可园、冶麓、重光耄道人，江苏江宁人。著有《金陵通传》45卷、《金陵通纪》40卷、《可园文存》16卷、《可园诗存》28卷、《可园词存》4卷、《可园诗话》8卷、《寿藻堂诗集》6卷、《寿藻堂文集》2卷、《炳烛里谈》3卷、《养和轩笔记》2卷等。

林纾根据薛则柯的建议，又从朱韦如学习制举文。当时，王灼三亦从朱韦如读书，二人交为好友。从本年起，校阅残烂古书，至二十岁时，校阅不下二千多卷。

陈澧作《与胡伯蓟书》，自道著《学思录》之用意。

马相伯在初学院初学期满，开始研究中国文学及拉丁文学。

萧穆于安庆见莫友芝。莫友芝曾以所藏清初学者孙奇逢手稿示之。时又于桐城周家得见左光斗尺牍，亦为作跋。

夏鸾翔五月卒于广州旅舍，吴嘉善极为痛惜，收集夏氏的数学研究遗稿《少广缒凿》、《洞方术图解》、《致曲术》、《致曲图解》、《万象一原》托付邹伯奇刻之以传。

陈蔼亭、伍廷芳在香港创办《华字日报》。

英国人奚安门创办之《北华捷报》周刊《字林西报》扩充为正式日报，原《北华捷报》遂为副刊。

按：李德尔、壁克、禆治文、巴尔福等曾任编辑。1951年3月31日停刊。

美国传教士丁韪良得赫德赞助，创办教会学校崇实馆。

美国传教士狄考文在山东登州创立文会馆，编译教科书，以天文数理据多，其中有介绍光学知识的《光学揭要》等。又在山东登州创办蒙养学堂，为齐鲁大学前身。

英国传教士禆治文夫人格兰德在北京设立贝女学堂。

英人茹兜主编之《德臣报》约于是年增出中文版《华字日报》。陈蔼亭任主笔，伍廷芳等助之。

英公使威妥玛约于是年前后试译英诗人朗费罗《人生颂》，嗣由董恂再将译诗改写为七绝9首，英语诗歌汉译始于此。

英国传教士雅魏林回国，医学博士德贞接替他主持北京基督教会医院。

法国J.梅叶出版《遗书》。

德国海克尔著《作为宗教和科学之间的纽带的一元论》。

德国费希特著《心理学》。

英国斯宾塞著《心理学原理》。

欧阳厚均著《易鉴》38卷刊行。

林昌彝著《三礼通释》280卷在广州刊行，有郭嵩焘、毛鸿宾分别作序。

尹继美著《诗地理考略》2卷刊行。

吴棠著《读诗一得》1卷刊行。

凌扬藻著《四书纪疑录》6卷刊行。

汪献玗著《禹贡锥指节要》1卷刊行。

贺松龄著《六书原始》15卷刊行。

史梦兰著《叠雅》13卷刊行。

傅寿彤著《古音类表》9卷刊行。

鲍康著《皇朝谥法考》5卷成书。

按：鲍康字子年，安徽歙县人。以内阁中书，官至四川夔州知府。嗜泉币，收藏甚富。著有《泉说》1卷、《续泉说》1卷、《海东金石苑》1卷、《论泉绝句》1卷等。

李元度始著《国朝先正事略》。

王柏心纂《续修东湖县志》30卷、首1卷，续补艺文1卷刊行。

邹世治、晏顾镇纂《大清一统舆图》刊行。

赵之谦著《补寰宇访碑录》成书，以补孙星衍之书。

李佐贤著《古泉汇》64卷刊行。

按：此书集录东周至明各代的钱币共五千零三枚，为清代所著钱谱中最为完善的一部。

陶煦著《租核》成书。

按：是书包括《重租论》、《重租申言》、《减租琐议》三部分，其中的《重租论》于同治三年（1864）前已写出，确切年代不详。《租核》是研究清末的农业史、租佃关系和地租思想的一部重要文献。

丁韪良汉译惠顿著《万国公法》由同文馆刊行。

按：此为国际公法介绍到中国之始，也是同文馆首部刊行的著作。此后，在丁韪良主持下，同文馆先后翻译出版的法律著作有《星轺指掌》4卷、《公法便览》6卷、《公法会通》10卷、《中国古代万国公法》、《陆地战役选》、《新加坡律例》等。《万国公法》的出版，引起了当时学者对国际法的重视和学习，曹廷杰还逐条注释《万国公法》，成《万国公法释义》一书，并上《呈送万国公法释义禀文》，主张利用公法来防止战争、防止侵略（《曹廷杰集》下）。

黄彭年纂《枫林黄氏家集》5种刊行。

缪荃孙著《巴歔集》1卷成。

蒋超伯著《通斋全集》刊行。

张文虎著《索笑词》成书。

徐永年著《新增门纪略》成书。

秦祖承著《桐阴论画》成书。

吴尚先著《理瀹骈文》成书。

按：初名《外治医说》。据《日华子》释："医者理也，药者瀹也"，故名《理瀹骈文》。是一本关于外治法的参考书。现存有同治三年（1864）本、光绪六年（1880）补刻膏方本、光绪七年广州爱育堂重刊本等。1955年人民卫生出版社影印出版。

徐大椿著《徐灵胎十二种全集》刊行。

李惺卒（1787— ）。惺字伯子，号西沤，又号老学究、拙修老人、清微道人、复知居士，学者称西沤先生，四川垫江人。嘉庆二十二年进士，选庶吉士，散馆，授翰林院检讨。迁国子监司业、詹事府左春坊左赞善。道光十二年丁父丧归，遂不复出。主讲眉泸、剑潼诸州郡及锦江书院三十年。著有《老学究语》1卷、《拙修录》、《药言剩稿》、《蠹余四种》等。事迹见《清史列传》卷七三、黄彭年《西沤先生墓志铭》（《碑传集补》卷八）。

严廷中卒（1795— ）。廷中字石卿，号秋槎，别号岩泉山人、红豆道人，云南宜良人。诸生。乡试屡不售。道光元年，任山东莱阳姜山县丞。历任文登、蓬莱、诸城、福山知县。归里后主讲云南雉山书院。长

乌克·斯·卡拉季奇卒（1787— ）。塞尔维亚语言学家，塞民间文学创始人。

F. G. W. 斯特鲁维卒（1793— ）。俄国天文学家。

纳萨尼尔·霍桑卒（1804— ）。美国作家。

乔治·布尔卒（1815— ）。英国数学家,逻辑学家。

古文,善词曲。著有《岩泉山人词稿》1卷、《红蕉吟馆诗集》2卷、《红蕉吟馆诗余》1卷、《药栏诗话》3卷及《秋声谱》、《铅山梦》、《河楼絮别》杂剧等。

彭洋中卒（1803— ）。洋中字彦深,一字晓杭,湖南湘乡人。道光八年举人,七试春闱不售。曾为邵阳校官十七年。后随四川总督骆秉章入蜀,督办军械,加道台衔。同治三年,署理潼川知府。著有《古香山馆文集》16卷、《古香山馆诗存》4卷。

吴嘉宾卒（1803— ）。嘉宾字子序,江西南丰人。师从梅曾亮,受古文法。道光十八年进士,改翰林院庶吉士。散馆,授编修。坐事落职,戍军台。咸丰间,以内阁中书治乡兵,御太平军。为学主陆、王学派,反对将程、朱理学与陆、王学派对立。著有《周易说》14卷、《尚书说》4卷、《诗说》4卷、《仪礼说》2卷、《礼记说》2卷、《丧服会通说》4卷、《四书说》6卷、《求自得之室文钞》12卷、《尚絅庐诗钞》2卷等。事迹见《清史稿》卷四八〇、《清史列传》卷六七。

按：《清史稿》本传曰："嘉宾学宗阳明,而治经字疏句释以求据依,非专言心学者,其要归在潜心独悟,力求自得。尤长于礼,成《礼说》二卷,《自序》云：'《小戴记》四十九篇,列于学宫。其高者盖七十子之微言,下者乃诸博士所摭拾耳。宋以来取《大学》、《中庸》与《论》、《孟》列为四书,世无异议；则多闻择善,固有不必尽同者。余独以《礼运》、《内则》、《乐记》、《孔子闲居》、《表记》诸篇,为古之遗言,备录其文,以资讲肆。其余论说多者亦全录之,否则著吾说所以与郑君别者,以备异同焉。《易》曰'知崇礼卑',又曰'谦以制礼'。夫礼者,自卑而尊人。古之制礼者上也,上之人能自卑,天下谁敢不为礼者。先王之礼,行于父子兄弟夫妇养生送死之间,而谨于东西出入升降辞让哭泣辟踊之节,使人明乎吾之喜怒哀乐,莫敢逾夫亲疏贵贱长幼男女之分；而其至约者,则在于安定其志气而已,故曰礼、乐不可斯须去身。乐者动于内者也,礼者动于外者也。夫礼、乐不外乎吾身之自动,而奚以求诸千载而上不可究诘之名物象数也乎？'其大旨盖如此。"

黄燮清卒（1805— ）。燮清原名宪清,字韵甫,号韵珊,又号吟香诗舫主人、茧情生、两园主人,浙江海盐人。道光十五年举人,后七应会试不第。以实录馆誊录用为湖北知县,因病未赴任。擅长词曲。早年作有传奇《帝女花》、《桃溪雪》、《茂陵弦》、《凌波影》、《脊令原》、《鸳鸯镜》、《居官鉴》,合称《倚晴楼七种曲》。另有传奇《玉台秋》、《绛绡记》。著有《国人词综续编》24卷、《倚晴楼诗集》12卷、《倚晴楼诗续集》4卷、《倚晴楼诗馀》4卷等。事迹见《清史列传》卷七三。陆萼庭编有《黄燮清年谱》。

姚燮卒（1805— ）。燮字梅伯,号野桥,一作野樵,晚号复庄,别署大梅山民、大某、上湖生、二石生、复道人等,浙江镇海人。道光十四年举人。三应会试不中,十八年以誊录例选候补知县。二十四年,会试再报罢,遂绝意仕进。著有《夏小正求是》4卷、《玉枢经钥》24卷、《复庄诗问》34卷、《复庄骈俪文榷》8卷、《疏影楼词》、《今乐考证》12卷、《红楼梦类索》3卷及《褪红衫》、《梅沁春》、《苦梅航》等剧。辑有《皇朝骈文类苑》14卷、《国朝骈体正宗评本》12卷、《蛟川诗系》32卷、《玉笛楼词学标准》14卷、《今乐府选》约 500 卷等。事迹见《清史列传》卷七三、徐时栋《姚梅伯传》、张培基《姚梅伯传》、蒋敦复《例授文林郎即选知县姚君墓志铭》（均见《大梅山馆集》附）、董沛《姚复庄先生墓表》（《续碑传集》卷八一）。

郑珍卒（1806—　）。珍字子尹，自号紫翁，又号巢经巢主、子午山孩，晚号小礼堂主人、五尺道人，别署且同亭长，贵州遵义人。道光五年拔贡生。十七年举人，以大挑二等选荔波县训导。咸丰五年，叛苗犯荔波，知县蒋嘉榖病，珍率兵拒战，卒完其城。苗退，告归。同治二年，大学士祁俊藻荐于朝，特旨以知县分发江苏补用，卒不出。著有《仪礼私笺》8 卷、《周礼轮舆私笺》3 卷、《说文逸字》2 卷、《郑学录》、《说文新附考》6 卷、《巢经巢文集》4 卷、《巢经巢诗钞前集》9 卷、《巢经巢诗钞后集》6 卷、《巢经巢诗钞外集》1 卷等。事迹见《清史稿》卷四八二、《清史列传》卷六九、蔡冠洛《清代七百名人传》第四编、黎庶昌《郑征君墓表》（《续碑传集》卷七四）。赵恺编有《郑子尹先生年谱》（《巢经巢全集》附录）。

按：《清史稿》本传曰："珍初受知于歙县程恩泽，乃益进求诸声音文字之原，与古宫室冠服之制。方是时，海内之士，崇尚考据，珍师承其说，实事求是，不立异，不苟同。复从莫与俦游，益得与闻国朝六七钜儒宗旨。于经最深《三礼》，谓：'小学有三：曰形，曰声，曰义。形则三代文体之正，具在说文。若《历代钟鼎款识》及《汗简》、《古文四声韵》所收奇字，既不尽可识，亦多伪造，不合六书，不可以为常也。声则昆山顾氏《音学五书》，推证古音，信而有征，昭若发蒙，诚百世不祧之祖。义则凡字书、韵书、训诂之书，浩如烟海，而欲通经训，莫详于段玉裁《说文注》，邵晋涵、郝懿行《尔雅疏》及王念孙《广雅疏证》，贯串博衍，超越前古，是皆小学全体大用。'其读《礼经》，恒苦乾、嘉以还积渐生弊，号宗高密，又多出新义，未见有胜，说愈繁而事愈芜。故言《三礼》，墨守司农，不敢苟有出入。至于诸经，率依古注为多。又以余力旁通子史，类能提要钩玄。《仪礼》十七篇皆有发明，半未脱稿，所成《仪礼私笺》，仅有《士昏》、《公食》、《大夫丧服》、《士丧》四篇，凡八卷；而《丧服》一篇，反覆寻绎，用力尤深。又以《周礼考工记轮舆》，郑注精微，自贾疏以来，不得正解，说者日益支蔓，成《轮舆私笺》三卷。尤长《说文》之学，所著《说文逸字》二卷、《附录》一卷，《说文新附考》六卷，皆见称于时。他著有《凫氏图说》、《深衣考》、《汗简笺正》、《说隶》等书。又有《巢经巢经说》、《诗钞》、《文钞》、《明鹿忠节公无欲斋诗注》。"

洪秀全卒（1814—　）。秀全原名洪仁坤、洪火秀，广东花县人。道光二十三年创立"拜上帝会"，其后写有《原道救世训》、《原道醒世训》、《原道觉世训》等著作，为太平天国起义作好思想舆论准备。咸丰元年，领导金田起义，建立太平天国，自称天王。事迹见《清史稿》卷四七五、蔡冠洛《清代七百名人传》第六编。

按：《清史稿》本传曰："论曰：秀全以匹夫倡革命，改元易服，建号定都，立国逾十余年，用兵至十余省，南北交争，隐然敌国。当时竭天下之力，始克平之，而元气遂已伤矣。中国危亡，实兆于此。成则王，败则寇，故不必以一时之是非论定焉。唯初起必托言上帝，设会传教，假'天父'之号，应'红羊'之谶，名不正则言不顺，世多疑之；而攻城略地，杀戮太过，又严种族之见，人心不属。此其所以败欤？"

劳格卒（1819—　）。格字季言，浙江仁和人。父劳经元对唐代的典章制度素有研究，二兄劳权精通校雠学。幼承庭训，通晓史学，熟悉唐代典故,尤精校勘。家内藏书丰富,藏书室曰"丹铅精舍"。著有《唐尚书省郎官石柱题名考》24卷、《唐御史台精舍题名考》3卷、《文苑英华辨证拾遗》、《晋书校勘记》3卷等,并续完父亲未竟的《唐折冲府考》。卒后,友人丁葆书为之编辑遗著,又得《读书杂识》12卷。

洪仁玕卒(1822—)。仁玕字益谦,一作谦益,号吉甫,广东花县人。洪秀全族弟。道光二十三年,任乡村塾师,与冯云山等成为"拜上帝会"信徒。参加太平天国起义,总理朝政。同治三年,兵败被捕。次年冬在江西南昌就义。著有《资政新篇》、《英杰归真》、《军次实录》、《诛妖檄文》及《自述》等。今有《洪仁玕选集》。事迹见蔡冠洛《清代七百名人传》第六编。

夏鸾翔卒(1823—)。鸾翔字紫笙,浙江钱塘人。诸生。以输饷议叙,得詹事府主簿。为项名达入室弟子。讲究曲线诸术,洞悉圆出于方之理。汇通各法,推演以尽其变。著有《岭南集》、《春晖山房诗集》、《洞方术图解》2卷、《致曲术图解》2卷等。事迹见《清史稿》卷五〇七、《清史列传》卷七三、诸可宝《夏鸾翔传》(《碑传集补》卷四二)。

按:夏氏为项名达门生,与戴煦、邹伯奇以数学交,对数学造诣极深。《清史稿》本传曰:夏鸾翔"因方积之较而悟求求弦矢之术,骎骎乎驾西人而上之,然微分所弃之常数,犹方积之方与隅也。所求之变数,犹两廉递加之较也。其术施之曲线,无所不通,鸾翔犹待逐类立术,是则不能不让西人以独步。然西法开方,自三次式以上,皆枝枝节节为之,不及中法之一贯。鸾翔又于中法外独创捷术,非西人所能望其项背云"。

姚谌卒(1835—)。谌字子展,浙江归安人。诸生。致力于研究《说文解字》,曾向同郡周学汝、程大可请益,又从陈奂、宋翔凤问汉儒家法。咸丰九年成举人,越岁,赴会试,因世乱未能达。归与赵忠节治乡兵,年甫三十而卒。著述零落,仅存《景詹暗遗文》2卷。事迹见戴望《举人姚君行状》(《续碑传集》卷七五)。

按:姚谌《景詹暗遗文自序》曰:"余年十三四即学为诗古文,是时独学亡友,冥然无所得。甲寅以后,始弃举业,治经史,旁及九流、百家之学,然役于人事,志一而力不专。辛酉春,自删次所作诗文为四卷,又别录二卷,皆浅薄无足览观。噫!余幼苟得师友之助,所就岂止是乎?犹幸知择术,自拔于俗学,尤其难若是。世不乏才者,其锢于俗亦已矣,况下此乎?古教士务育才,而今务锢之。锢之诚非也,抑士鲜自振者,亦其才弗古如与?然陋如余得自拔,何也?其庸非幸与?咸丰十一年岁次辛酉,姚谌拙民氏自序。"(《景詹暗遗文》卷首)

傅维森(—1902)、李希圣(—1905)、丘逢甲(—1912)、梁诚(—1917)、叶德辉(—1927)生。

同治四年 乙丑 1865年

美国废除黑人　　三月初八日癸卯(4月3日),英国香港汇丰银行在上海开设分行。

是月,中亚浩罕国军事头目阿古柏入侵新疆。

四月初九日癸酉(5月3日),清廷再次申谕各省宣讲世宗宪皇帝《圣谕广训》。

> 按:谕曰:"著顺天府五城及各督抚大吏,严饬所属地方官,选择乡约,于每月朔望,齐赴公所,敬将《圣谕广训》各条,剀切宣示。其距城较远各乡,即著该地方官选择品行端正绅耆,设立公所,按期宣讲,仍由该地方官随时考察,毋得日久玩生。……倘有地方州县及各学教官,虚应故事,奉行不力者,即由该管督抚、学政据实参处,以维风化而振愚蒙。"(《穆宗毅皇帝实录》卷一三五)

二十九日癸巳(5月23日),清廷命曾国藩赴山东围攻捻军。

七月十九日辛巳(9月8日),四川酉阳县民众殴毙法国传教士玛弼乐,引发"酉阳教案"。

八月初一日癸巳(9月20日),曾国藩、李鸿章在上海设立江南机器制造总局。

九月初七日己巳(10月26日),清廷允准招商办云南铜矿。

十一月初五日丙寅(12月22日),奕䜣等因同治元年奏定同文馆学习外语章程六条有其未尽之处,因再拟章程六条。

十二月初七日戊戌(1866年1月23日),太平军赖文光部攻克湖北黄陂,进逼汉口。

是年,颁布上谕,以"古今治乱得失之源,圣贤身心性命之学,莫备于经,君临天下者,所当朝夕讲求",令倭仁、贾桢等选派翰林,择《四书》、《五经》中切要之言,仿照《大学衍义》体例,衍为讲义(《穆宗毅皇帝实录》卷一〇二)。

曾国藩正月始建钟山、尊经两书院,收养八百孤寒子弟。选汉唐以来各臣奏疏17首,编《鸣原堂论文》。是夏北上,薛福成于宝应舟中上曾氏万言书,遂延之入幕。四月接奉廷寄,爵加称"毅勇"。是月下旬,受命为钦差大臣,赴山东督师"剿捻"。十月,将金陵制造局迁上海虹口,与李鸿章原设的炮局及购自美国人的铁厂合并,再加容闳购回的百多部机器,建成江南制造总局。十二月,核定长江水师永远章程及营制营规。

李鸿章以曾国藩赴山东平捻,署理两江总督,委英人马格里在南京雨花台筹建金陵制造局。

张之洞时为翰林院编修,提倡风雅,大会天下名流于北京城南陶然亭,与会者有无锡秦炳文,南海桂文灿、谭宗浚,元和陈倬,绩溪胡澍,会稽赵之谦、李慈铭、吴赓扬,湘潭王闿运,遂溪陈乔森,黄岩王咏霓,钱塘张预,朝邑阎乃竑,福山王懿荣,瑞安孙诒让,洪洞董文焕;杨守敬以为迹近标榜,不赴。

冯桂芬七月三十日接到赴京上谕,以病不克就道。

唐仁寿至金陵,在李鸿章幕参与校《史记》,时张文虎亦在书局,始与相识,欢好故交。

容闳在美国。是春,所购机器运回国内,与华蘅芳至徐州拜谒曾国

奴隶制度。

林肯卒。南北战争结束。

马克思提出"消灭雇佣劳动制度!"的口号。

英国麦克斯韦推断电磁波的存在。

奥地利植物学家孟德尔通过豌豆杂交实验,发现孟德尔遗传定律。

德国物理学家克劳修斯提出"熵"增大原理。

德国派克尔人工合成第一个热塑性塑料塞璐璐。

藩，特授五品实官。同年在上海高昌庙设机器厂，为江南制造总局。又劝曾国藩设兵工学校。译地文学和契约论等。

  按：曾国藩在奏折中对容闳褒奖曰："容闳熟悉泰西各国语言文字，往来花旗最久，颇有胆识，臣于同治二年十月拨给银两，饬令前往西洋，采办铁厂机器。四年十月回营，所购机器一百数十种，均交上海制造局收存备用。查该员不避险阻，涉历重洋，为时逾两年之久，计程越四万里而遥，实与古人出使绝域，其难相等，应予奖励，以昭激劝。"(《曾国藩全集·奏稿九》)

俞樾自天津浮海南归，至吴下，应聘主讲紫阳书院。是年，始以"春在"名其堂，有《春在堂记》。任浙江官书局总办。

张文虎代曾国藩为李善兰《几何原本》后九卷撰序。

左宗棠因功赏戴双眼花翎。

何绍基是年仍主讲长沙城南书院。春初至苏州，晤李鸿章，有诗。闰五月回长沙。冬间有怀吴敏树诗。十月十二日约黄海华等在家作消寒第一会。十一月冬至节，与罗汝怀、李元度等雅集于旷寄园，有诗。

王先谦成进士，改翰林庶吉士，散馆授编修。

吴汝纶中进士。萧穆曾偕其见曾国藩。

汪鸣銮、唐景崧等四月成进士。

  按：《清史稿》本传曰："汪鸣銮，字柳门，浙江钱塘人。少劬学。同治四年，成进士，选庶吉士，授编修。迁司业，益覃研经学，谓：'圣道垂诸六经，经学非训诂不明，训诂非文字不著。'治经当从许书入手，尝疏请以许慎从祀文庙。历督陕甘、江西、山东、广东学政，典河南、江西、山东乡试，颇重实学，号得士。"

华蘅芳、徐寿在内军械所制成"黄鹄"号木壳轮船，为国人设制首艘轮船。

丁日昌时任苏松太兵备道，在上海设立龙门书院。先后任山长者有顾广誉、刘熙载等。

林纾仍从朱韦如学习制举文。

陈作霖三月肄业于惜阴书院，应叶晋卿聘，任其子家庭教师。自此馆叶宅六年，塾中多藏书，得以恣意涉猎。

孙衣言十月应浙江巡抚马谷山聘，主讲杭州紫阳书院。

吴桐云以所著《读易随笔》和《孝经古今文传注辑论》二书寄孙衣言索序。

孙诒让始治金石文字之学。

康有为祖父康赞修授徒于广州市学官孝弟祠，学徒近百人，康有为从往受学。

黄遵宪十月与叶氏成婚，时太平天国康王汪海洋破嘉应州，十一月携家避难至潮州，有《潮州行》诸诗记其事。

赵之谦会试落榜，是秋离京城，始撰《国朝汉学师承续记》，其材料大多得自于胡澍。

胡澍五月离京，赵之谦为其作楷书《心成颂轴》，并与潘祖荫、翁同龢、沈树镛、李文田一起为其饯行。

杨守敬会试不售，四月考取景山官学，为汉文教习。

马相伯始习哲学。

丁汝梅、王钟麟任同文馆汉文教习。

马新贻时任浙江巡抚，创设浙江官书局。

  按：俞樾曾任书局总办，先后担任过校勘的有黄以周、王诒寿、杨文莹、董慎行等。宣统元年（1909），并入浙江省图书馆，易名为官书印行所。浙江官书局是晚清地方书局中开设时间最长的一个书局。该书局刊行的书籍，不仅数量多，而且质量尤佳，如《小学考》、《郑氏佚书》、《二十二子》、《十三经古注》、《续资治通鉴》、《十通》、《玉海》以及一些西北地理书籍等。凡刻经部约20种，史部53种，子部33种，集部四、五十种，共计200多种。至1935年止，该局自己所刻、所卖、受赠、代人寄存品书刻板片凡16.3万片，其中自刻12.2万余片。其书籍来源，除其本局藏有的丁氏八千卷楼善本书室等著名藏书家所珍藏的善本书作底本外，还经常派人到私人藏书家中访求。刻印《二十二子》时，总办俞樾亲自出外求访，选用了许多名家的校本和明代"世德堂"刻本作为底本，问世后，海内同赞为"善本"。

美国传教士丁韪良二月任同文馆英文教习。其汉译的《万国公法》由日本幕府开成所训点翻印。

英国威妥玛将《新议略论》呈交总理各国事务衙门。

美国地质学家庞培烈著《中国蒙古及日本之地质研究》，提出震旦上升之系统学说。

英人查美司主编之《中外纪闻七日录》周刊在广州创刊。

英国传教士戴德生创立中华内地会。

英人赫德十一月呈递《局外旁观论》于总理各国事务衙门。其中要求清政府学习水陆舟车，工织器具、军火兵法等西艺西技。

英国传教士傅兰雅在上海创设英华书馆，教授英文，并任首任校长。

美国传教士富善来华传教。

德国传教士花之安来华传教。

方宗诚著《书传补义》3卷、《读论孟笔记》3卷、《读论孟补记》2卷刊行。

刘恭冕写定《论语正义》。

孙湘著《春秋列国世家便览》1卷刊行。

周之翰著《禹贡图说》4卷刊行。

王夫之著《张子正蒙注》刊行。

郑珍著《郑学录》4卷刊行。

郝懿行著《尔雅义疏》20卷刊行。

  按：《续修四库全书总目提要》曰："清郝懿行撰。尝曰邵氏《正义》搜辑较广，然声音训诂之原尚多壅阏，故鲜发明。今余作《义疏》，于字佚声转处词繁不杀，殆欲明其所以然。然言之既多，有所得必有所失矣。又曰：余田居多载，遇草木虫鱼有弗知者，必询其名，详察其形，考之古书以征其然否。今兹《疏》中，其异于旧说者，皆经目验，非凭胸臆。此余之书所以别于邵氏也。胡氏培翚谓于故训同异，名物疑似，必详加辨断，故所造较邵氏为深。宋氏翔凤谓学者治经必先明古字古音，先生《义疏》最

英国斯特林出版《黑格尔的秘密》。

德国李普曼出版《康德及其后继者》。

德国杜林著《自然辩证法》。

德国福格特发表《人及其在自然界中的地位、公开演讲集》。

后成书,其时南北学者知求于古字古言,于是通贯融会,谐声转注假借,引端竟委,触类旁通,豁然尽见。且荟萃古今,一字之异,一义之偏,罔不搜罗,分别是非,必及根原。阮文达刊入《皇清经解》,后沔阳陆氏单行其书,皆据节本,未为全书。或云删去之文出高邮王石渠之手,或谓钱塘严厚民所节。咸丰乙卯,嘉兴高伯平得厚民子鹤山所抄足本,校阮、陆两本,多四之一。杨至堂属仁和胡珽校刊于吴门,未几为粤贼所毁。同治乙丑,其孙联薇重刻焉。郝胜于邵,久有定论。"

郑晓如辑《夏时考训蒙》1卷刊行。

林庆炳著《说文字辨》14卷刊行,有陈澧序及自序。

王筠著《说文释例》、《说文句读》2书由其子交礼部呈进。

史梦兰纂《异号类编》20卷刊行。

何秋涛纂《北徼汇编》19种刊行。

邵懿辰著《邵位西遗文》刊行。

徐继畬纂《五台新志》4卷、首1卷成。

鲁一同纂《清河县志附编》2卷刊行。

苏源生纂《鄢陵文献志》40卷、补遗1卷刊行。

陈澧编制《广东图》成,以之呈进。

汤鹏著《浮邱子》12卷刊行。

孙诒让增订《广韵姓氏刊误》2卷。

孙诒让著《白虎通校补》1卷,有自序。

按:孙诒让《自序》曰:"同治甲子冬,余侍家大人自皖归里,道杭州,购得旧刻《白虎通》,乃十卷本也。余喜其分卷与宋人著述者同,既抵家,乃即家中所有之本校之,凡得数百条。今年夏,仲叔自吴门归,又为携卢君抱经校本来,乃知此本即元大德本也。卢君所校精博,自谓于元明以来讹谬之相沿者几十去八九,殆非虚语。然其校刻时尚未得十卷本,故仍从明人四卷之本,后得此本及小字本,则刻已将成,乃校其同异为补遗,然不尽详,于元本之异同,多有未经采入者。今秋,余肆经之暇,乃重取藏本以校其字,又取唐宋人书所引用,异同为卢君所遗者,凡得若干条。惟元本与俗本皆误,卢君据他书订正而明著旧本如是者不录。又元本偏旁多误体俗体,或不合六书,至于不可胜校,今亦从略。余则虽明知元本之脱误,及古书所引虽无关大义而有一二字异者,亦从录入,以广其异。盖古书流传既久,讹误必不能尽,故今补校,宁详毋略,从卢氏意也。所得同异既多,乃仿梁耀北《吕子校补》例,录为斯帙,名之曰《白虎通校补》,期以补卢君之阙。自愧荒陋,不逮卢君远甚,特以元刻流传绝少,故欲与天下之读此书者,共悉其详,而某亦与进其愚者之一得,后之校刻此书者,或有所取乎?"(《孙衣言孙诒让父子年谱》)

王夫之著《船山遗书》54种260卷于金陵书局重刊,曾国藩作序。

按:曾国藩《船山遗书序》曰:"王船山先生遗书,同治四年十月刻竣,凡三百二十二卷。国藩校阅者,《礼记章句》四十九卷,《张子正蒙注》九卷,《读通鉴论》三十卷,《宋论》十五卷,《四书》、《易》、《诗》、《春秋》诸经稗疏考异十四卷,订正讹脱百七十余事。军中鲜暇,不克细细全编,乃为序曰:昔仲尼好语求仁,而推言执礼。孟氏亦仁礼并称,盖圣王所以平物我之情,而息天下之争,内之莫大于仁,外之莫急于礼。自孔孟在时,老庄已鄙弃礼教。杨墨之指不同,而同于贼仁。厥后众流歧出,载籍焚烧,微言中绝,人纪紊焉。汉儒掇拾遗经,小戴氏乃作记,以存礼于什一。又千余年,宋儒远承坠绪,横渠张氏乃作《正蒙》,以讨论为仁之方。船山先生注《正蒙》数万言,注《礼记》数十万言,幽以究民物之同原,显以纲维万事,弭世乱于未形。其于古昔明体达用,盈科后进之旨,往往近之。先生名夫之,字而农,以崇祯十五年举于乡。目睹是时朝政,刻核无亲,而士大夫又驰骛声气,东林、复社之徒,树党代仇,颓俗日蔽。故其书中黜申韩之术,嫉朋党之风,长言三叹而未有已。既一仕桂藩,为行人司。知事终不可为,乃匿迹永、郴、衡、邵之间,终老于湘西之石船山。圣清大定,访求隐逸。鸿博之士,次第登进。虽顾亭林、李二曲辈之艰贞,征聘尚不绝于庐。独先生深闭固藏,追焉无与。平生痛诋党人标谤之习,不欲身隐而文著,来反唇之讪笑。用是,其身长邈,其名寂寂,其学亦竟不显于世。荒山敝榻,终岁矻矻,以求所谓育物之六,经邦之礼。穷探极论,千变而不离其宗;旷百世不见知,而无所于悔。先生没后,巨儒迭兴,或攻良知捷获之说,或辨易图之凿,或详考名物、训诂、音韵,正《诗集传》之疏,或修补《三礼》时享之仪,号为卓绝。先生皆已发之于前,与后贤若合符契。虽其著述太繁,醇驳互见,然固可谓博文约礼,命世独立之君子已。道光十九年,先生裔孙世全始刊刻百五十卷。新化邓显鹤湘皋实主其事。湘潭欧阳兆熊晓晴赞成之。咸丰四年,寇犯湘潭,板毁于火。同治初元,吾弟国荃乃谋重刻,而增益百七十二卷,仍以欧阳君董其役。南汇张文虎啸山、仪征刘毓崧伯山等,分任校雠。庀局于安庆,蒇事于金陵。先生之书,于是粗备。后之学者,有能秉心敬恕,综贯本末,将亦不释乎此也。"(《曾国藩文集》)

何栻著《悔余庵集》3 种刊行。

谭献著《复堂类集》11 卷刊行,又著《半厂丛书初编》始刊于是。

管庭芬著《别下斋书画录》成书,有自序。

严蘅著《女世说》刊行。

陈念祖著《南雅堂医书全集》16 种刊行。

吴蔚文辑类书《古学记问录》15 卷成书。

高继衍卒(1797—)。继衍字寄泉,直隶迁安人。嘉庆二十三年举人,授栾城教谕。以军功擢广东博茂场盐大使。与边裕礼、华长卿称"畿南三才子"。著有《养渊堂古文》1 卷、《养渊堂骈体文》2 卷、《培根堂诗钞》12 卷、《铸铁砚斋诗》2 卷、《铸铁砚斋诗续编》2 卷、《海天琴趣词》1 卷、《蝶阶外史》4 卷、《蝶阶外史续编》2 卷、《味经斋制艺》1 卷等。

王茂荫卒(1798—)。茂荫字子怀,一字椿年,安徽歙县人。道光十二年进士,授户部主事,升员外郎。咸丰元年,迁御史。任陕西道监察御史,奏议发行限量的丝织钞币,以解决财政困难。马克思在《资本论》第一卷中曾提及王氏主张发行可兑换钞币事。著有《王侍郎奏议》10 卷。事迹见《清史稿》卷四二二。

李棠阶卒(1798—)。棠阶字树南,号文园,又号强斋,河南沁阳人。道光二年进士,改翰林院庶吉士,散馆,授编修。历任侍读、太常寺少卿、工部尚书、礼部尚书、军机大臣、户部尚书等职。晚年主讲河朔书院。卒赠太子太保,谥文清。善书法。著有《古本大学集解》1 卷、《丧气十戒》1 卷、《凭良心录》1 卷、《李文清公遗书》8 卷、《志节编》2 卷、《强斋日记》16 卷、《李文清公遗文》1 卷、《李文清公诗集》1 卷、《李文清公遗书》8 卷。事迹见《清史稿》卷三九一、《清史列传》卷四七、《李文清公行实》(《续碑传集》卷一二)。

汤姆森卒(1788—)。丹麦考古学家。

蒲鲁东卒(1809—)。法国经济学家和社会学家。

按：《清史稿》本传曰："棠阶初入翰林，即潜心理学，尝手钞汤斌遗书以自勖。会通程、朱、陆、王学说，无所偏主，要以克己复礼，身体实行为归。日记自省，毕生不懈。"《清儒学案》卷一六二《强斋学案》曰："先生之学，以治心克己为本，居敬穷理，一守程、朱之法。教人力求实践，兼取陆、王，不分门户，而志行敦笃。常以师心自用为戒。"

陆以湉卒（1801— ）。以湉字定圃，字敬安，浙江桐乡人。道光十六年进士，授知县。后改授教职，任浙江台州教授、杭州教授。以母老请归后，曾主持分水近圣书院以及杭州紫阳书院讲席。著有《冷庐医话》、《再续名医类案》，另有《冷庐诗话》、《冷庐杂识》、《苏庐偶笔》、《吴下汇谈》。

窦垿卒（1804— ）。垿字子坫，一字子州，号兰泉，云南罗平人。祖籍江南泰州，明朝游宦来滇。道光九年进士，授吏部主事。历任郎中、监察御史。与倭仁、吴廷栋、曾国藩、何桂珍友善，以道义相切劘。著有《铢寸录》4卷、《四余录》、《多识录》、《游艺录》、《待焚录》、《示儿录》、《熙朝人鉴》及词联1卷。事迹见《清史列传》卷六七。

邓瑶卒（1811— ）。瑶字伯昭，一字小芸，亦作小耘，湖南新化人。邓显鹤子。道光十七年拔贡生。三十年，谒选得麻阳县教谕。丁母忧归，主讲濂溪书院。著有《双梧山馆文集》25卷、《潞河纪程》1卷、《北归纪程》1卷、《蜀游日记》1卷。事迹见徐世昌《邓先生瑶》（《清儒学案》卷一六七）。

谭嗣同（ —1898）、寿富（ —1900）、陶邵学（ —1908）、黄宗仰（ —1921）、曹元忠（ —1923）、沈宗畸（ —1926）、段祺瑞（ —1936）、章钰（ —1937）、杨钟羲（ —1940）、吴稚晖（ —1953）、唐文治（ —1954）、黄宾虹（ —1955）生。

同治五年　丙寅　1866年

日本幕府将军德川庆喜即位。

美国国会规定凡出生在美国的人皆为美国公民。

奥地利退出德意志邦联。北德意志联邦成立。

威尼斯归意大利。

第一条成功横越大西洋的永久性海底电缆敷设。

二月初七日丁酉（3月23日），总税务司赫德告假回英国，建议总理衙门派同文馆学生随同赴泰西游历。清廷派斌春与同文馆学生凤仪、德明、彦慧3人随赫德离沪，先后至法、英、瑞士、俄、普等国考察。

按：此为同文馆学生游历外国之始。

是月，总税务司赫德的《局外旁观论》和署理英国驻华公使威妥玛的《新议论略》，同时递交总理各国事务衙门，命交各地督抚详慎筹划。湖广总督官文、江西巡抚刘坤一、两广总督瑞麟和广东巡抚蒋益澧、闽浙总督左宗棠等，均表示不满或反对。

五月十三日辛未（6月25日），左宗棠奏请在福州马尾设船政局制造船舰，以沈葆桢为总司船政，聘法人日意格为监督。

按：其中船政学堂，亦名求是堂艺局，为中国最早之海军学校。次年一月开学。

《清史稿·选举志二》曰："福建船厂,同治五年,左宗棠督闽时奏设,并设随厂学堂。分前、后二堂。前堂习法文,练习造船之术;后堂习英文,练习驾驶之术。课程除造船、驾驶应习常课外,兼习策论,令读圣谕广训、孝经以明义理。首总船政者为沈葆桢,规画闳远,尤重视学堂。十二年,奏陈船工善后事宜:'请选派前、后堂生分赴英、法,学习制造驾驶之方,及推陈出新、练兵制胜之理。学生有天资杰出,能习矿学、化学及交涉、公法等事,均可随宜肄业。'寻葆桢任南南洋大臣。光绪二年,奏派华、洋监督,订定章程。船政学堂成就之人材,实为中国海军人材之嚆矢。学堂设于马尾,故清季海军将领,亦以闽人为最多。"

七月初十日丙寅(8月19日),福建船政局正式设立。

八月二十四日庚戌(10月2日),谕军机大臣等:"前据郭嵩焘奏,南海生员邹伯奇,木讷简古,专精数学,海宁生员李善兰,淹通算术,尤精西法,宜并置之同文馆,以资讨论各等语。该生员等既通西法,自可有裨实用。著瑞麟、蒋益澧、马新贻迅将邹伯奇、李善兰咨送来京,前赴总理各国事务衙门,听候该管王大臣试验,再行奏请给予官职,以资差委。"(《筹办夷务始末》同治朝卷四四)

二十八日甲寅(10月6日),总理各国事务衙门奕䜣等奏请天津设军火制造局。

十一月初五日庚申(12月11日),总理各国事务衙门奕䜣奏请京师同文馆添设天文算学院。

按:奕䜣奏曰:"查臣衙门于同治元年七月间,设立同文馆,延聘英、法、俄三国教师,分馆教习。各馆学生,系由八旗咨取年在十四岁内外。迄今几及五载,各馆学生于洋文洋话,尚能领略;惟年幼学浅,于汉文文义,尚难贯串。现仍督令该学生等,将洋文翻译汉文,以冀精进。只以功力分用,速效难期,若再令讲求天文、算术等事,转恐博而不专。因思洋人制造机器、火器等件,以及行船、行军,无一不自天文、算学中来。现在上海、浙江等处,讲求轮船各项,若不从根本上用著实功夫,即学习皮毛,仍无裨于实用。臣等公同商酌,现拟添设一馆,招取满汉举人及恩、拔、岁、副、优贡,汉文业已通顺,年在二十以外者,取具同乡京官印结或本旗图片,赴臣衙门考试,并准令前项正途出身五品以下满汉京外各官,少年聪慧,愿入馆学习者,呈明分别出具本旗图片及同乡官印结,一体与考,由臣等录取后,即延聘西人在馆教习,务期天文、算学,均能洞彻根源,斯道成于上,即艺成于下,数年以后,必有成效。至现在已设之三馆,仍查照办理。诚以进取之途,一经推广,必有奇技异能之士出乎其中。华人之智巧聪明不在西人以下,举凡推算格致之理,制器尚象之法,钩河摘洛之方,倘能专精务实,尽得其妙,则中国自强之道在此矣。"(《筹办夷务始末》同治朝卷四六)

十二月二十三日戊申(1867年1月28日),总理各国事务衙门奕䜣上奏新订同文馆学习天文、算学章程六条。

按:《同文馆学习天文算学章程》第一条规定:"请专取正途人员以资肄习也。查天文、算术,义蕴精深,非夙知勤学用心之人,难以渐窥底蕴,与专习外洋语言文字之学生不同。前议专取举人,恩、拔、副、岁、优贡,及由此项出身人员,今拟推广,凡翰林院庶吉士、编修、检讨,并五品以下由进士出身之京外各官,俾充其选。缘该员等研经有素,善用心思,致力果专,程功自易。服官者由京外各衙门保送,未仕者取其同乡京官印结及本旗图片,经赴臣衙门具呈,由臣衙门定期试以策论等项,考取送馆学习。其各省保送人员,程途远近不齐,难以久候,应俟咨送到时,陆续考试,以免耽延。至京外各衙门咨送此项人员,务须择其年在三十以内者,方可咨送。如有平日讲求天文、算学,自愿来馆学习,籍资印证以精其业者,其年岁亦可不拘。"(《筹办夷务始末》同治朝卷四六)此条规定,在朝廷引起了轩然大波,保守派与洋务派展开了激烈争辩。

  又按:在中国传统教育根深蒂固的形势下,京师同文馆在教学制度和教学方法等方面进行了改革,在办学目的、方向和体制上冲破了传统教育的藩篱,使西方新的教学方法最终得到了官方的基本认同,在中国教育近代化的历程中有着不可低估的作用和意义,成为中国教育近代化的先导。首先,京师同文馆在中国最早采用了班级授课制。京师同文馆在丁题良任总教习时推行了班级授课制,这是中国教育史上的重要改革。其次,授课方式的多元化。京师同文馆比较重视学生的积极性和直观演示、实验、实习等新的教学手段,并倡导学以致用,把书本知识与社会实践联系起来。馆中英文馆、俄文馆、德文馆、东文馆、天文算学馆等,学生可根据兴趣选择一馆一艺专攻。第三,其考核制度也区别于专以作八股文章定优劣的旧式考核制度。为了检查课堂教学效果,京师同文馆实施月课、季考、岁试三种考试形式。第四,京师同文馆的教学始终和实践联系在一起,这一有机的结合也构成了京师同文馆教学的另一特色。第五,循序渐进是重要的教育原则和教学方法。第六,在学校管理制度上,改变了旧的师生关系和管理方式(参见雷钧《京师同文馆对我国教育近代化的意义及其启示》,《现代教育科学》2002年第7期)。

英国罗伯特·怀特恩德研制成第一枚鱼雷。

德国西门子发明将机械能转化为电能的发动机。

德国海克尔发表重演论(生物发生律)。

  曾国藩年初在邹县谒孟子庙,又谒孔庙。六月谒曾子庙。以平捻无效,年底,回两江总督任,招莫友芝、张文虎、刘寿曾、戴望、刘恭冕等人于金陵书局为之校勘经籍。是年作《衡阳彭氏谱序》。

  左宗棠二月从广东回到福州。三月,设正谊书局于福州。五月,上奏清廷要求试造轮船。七月,与日意格至福州罗星塔,选择马尾山下为造船厂厂址。九月,调任陕甘总督,奏请沈葆桢出主船政。

  李鸿章十月代曾国藩为钦差大臣节制湘淮各军。

  容闳受命曾国藩、李鸿章,于江南制造局内设立机械学堂。

  冯桂芬参与续修《苏州府志》。

  邹伯奇、李善兰以郭嵩焘奏荐召赴京师同文馆差委。李氏以得曾国藩资助全力筹刻数学著作而未赴。

  郭嵩焘二月弃官归隐,在家闲居八年,主讲长沙城南、恩贤书院。上书清廷,召精算述之邹伯奇、李善兰到同文馆任职。

  李善兰收曾国藩邮寄三百金为其刻算书,被郭嵩焘荐至同文馆算学科。

  刘熙载引疾归,主讲上海龙门书院,凡十四年。

  蒋益澧六月在浙江布政使任上重建诂经精舍,俞樾为之记。

  周寿昌大考二等,迁庶子,充实录馆纂修总校。

  刘庠丁父忧归,自此以后,遂不复仕。

  何绍基是年仍主讲长沙城南书院。正月初四日,作诗赠曹颖生。黄南坡新辟菜圃,为题"寒畦"二字。四月,罗汝怀出示陶澍用李义山《韩碑》诗韵所题《麓山寺碑》诗,依韵继作一篇。为邓传密题《石交图》,叙述两家世谊。作诗送杨翰回辰沅道任。杨彝珍自常德来长沙，相聚甚欢。

杨文会在南京创设金陵刻经处。时与河北正定的王梅叔、湖南邵阳的魏刚已、长沙的曹镜初、江苏阳湖的赵惠甫、武进的刘开生、广东岭南的张浦斋等交往，互相讨论，深究佛教渊源流派，学业大进。

按：金陵刻经处为中国首家由私人创办之集收藏、雕刻、印制、流通及研究于一体的佛经出版机构。

马相伯仍在耶稣会学习经院哲学。

萧穆在江宁，复见莫友芝，常往就教。得观孙星衍手校《水经注》。

严复考入福建船政学堂。

孙衣言致书浙江巡抚马新贻，建议续修《浙江通志》。

杨守敬师从潘孺初，始为金石之学。

张积中讲学山东黄崖，山东巡抚阎敬铭率兵进剿，积中举山自焚，死者数千人。

按：张积中乃太谷学派周太公的大弟子。阎敬铭谓张积中与捻军勾结，阴谋起义，故灭之。

汤普生主编的《汉口时报》于年初在汉口创刊。

法国人日意格、德克碑十一月应聘任福建船政局副监督。

美国传教士金楷理来华传教。

郑珍著《仪礼私笺》8卷刊行。《郑子遗书》5种至是刊毕。

刘宝楠著《论语正义》24卷刊行，其子刘恭冕作《论语正义后序》。

缪荃孙著《音调定程》刊行。

郝懿行著《竹书纪年校正》14卷刊行。

张文虎著《校刊史记集解索引正义札记》5卷刊行。

李元度著《国朝先正事略》60卷刊行，有自序。

按：李元度《国朝先正事略序》曰："我国家列圣相承，重熙累洽，炳焉与三代同风。二百余年，名卿钜儒、鸿达魁垒之士，应运而起者，不可殚数。其讦谟政绩，具在国史，类非草野之士所能窥。而其遗文佚事，嘉言懿行，往往散见于诸家文集中，特未有荟萃成书，以备掌故，而为征文考献之助耳。元度山居多暇，阅本朝人文集，遇伟人事迹，辄手录之。积久，成《先正事略》六十卷，分《名臣》、《名儒》、《经学》、《文苑》、《遗逸》、《循良》、《孝义》七门，人为一传，计五百人，附见者六百一十人，亦当世得失之林也。"（《清儒学案》卷一七八《李先生元度》引）

敕纂《文宗皇帝实录》、《圣训》成书。

《太平天国革命亲历记》由英国伦敦出版公司刊行。

按：是书原名《太平天国：太平天国革命的历史、包括作者亲身经历的叙述》。1915年商务印书馆曾出版孟宪承的节译本，名《太平天国外纪》。1961年中华书局出版全译本。原书作者曾在太平军任职，对太平天国表示同情，抨击英国干涉政策。

黄炳垕著《黄梨洲年谱》3卷成书。

王柏心纂《宜昌府志》16卷、首1卷，《当阳县志》18卷、首1卷刊行。

张琴修、范泰衡等纂《增修万县志》36卷、首1卷刊行。

法国P.拉鲁斯首次编纂出版《19世纪国际大词典》。

德国朗格著《唯物史论及现代对其意义的批判》。

英国孟塞尔著《受制约事物的哲学》。

按：范泰衡字宗山，四川隆昌人。道光十四年举人，以大挑二等，选万县训导。另著有《读周易记》6卷、《读尚书记》1卷、《读孝经记》1卷、《读大学中庸记》2卷、《读论语记》2卷、《读孟子记》2卷。事迹见《清史列传》卷六七。

邵廷烈编《七省沿海全图》由但培良重刻。

《天朝则例》刊行。

按：是为记载太平天国典制的专书。

张伯行辑、杨浚重纂《正谊堂全书》63种刊行。

黄炳堃著《测地志要》4卷刊行。

俞樾著《宾萌前集》3卷、《宾萌外集》3卷由杜文澜刻成。

方宗诚纂《陆象山节要》成书。

李颙著《李二曲先生全集》4种刊行。

姚鼐著《惜抱轩全集》10种由省心阁刊行。

姚莹辑《乾坤正气集》重刊。

贝青乔著《半行庵诗存稿》8卷刊行。

吴嘉宾著《尚絅庐诗存》和《求自得之室文钞》由吴嘉善、吴嘉仪在广州刊刻，并请郭嵩焘和陈澧分别作序。

郑绩著《梦幻居画学简明》成书。

徐朝俊著《高厚蒙求》9种重刊。

按：是书包括《天学入门》、《海域大观》、《中星表》、《天地图仪》、《自鸣钟表图说》等9种。《自鸣钟表图说》为今所见中国第一本造钟专著；《海域大观》简要介绍了全球各大洲及各大洋概况，可称是简明世界地理。

杨文会重刊《净土四经》。

李善兰与英国传教士艾约瑟合译英人威廉·胡威立著《重学》由张文虎复勘，金陵书局刊行。

美国传教士高第丕夫人编著《造洋饭书》由美华书馆刊行。

按：是书乃较早介绍西方饮食烹饪技术的专书。

吉村秋阳卒（1791— ）。日本哲学家。

伯恩哈德·黎曼卒（1826— ）。德国数学家。

许乃普卒（1787— ）。乃普字季鸿，一字滇生，号养园，别号观奕道人，浙江钱塘人。嘉庆二十五年一甲二名进士，授翰林院编修。道光三年，直南书房。四年，大考二等，擢洗马。五年，督贵州学政，任满回京，仍直南书房，累迁侍读。十三年，复以大考二等擢侍讲学士，督江西学政，三迁内阁学士。十八年，擢刑部侍郎，罢直南书房，专治部事。调吏部，又调户部。二十一年，擢兵部尚书。二十五年，坐事镌五级，补太常寺少卿，迁光禄寺卿。官至吏部尚书。卒谥文恪。著有《堪喜斋集》。事迹见《清史稿》卷四二一、《清史列传》卷四七。

彭泰来卒（1790— ）。泰来字子大，号春洲，广东高要人。嘉庆十八年拔贡生，屡试不售。工诗文，擅长书法、篆刻。著有《读史儶笔》6卷、《高要金石略》4卷、《诗义堂集》2卷、《诗义堂后集》2卷、《昨梦斋文集》4卷、《南雪草堂诗抄》3卷、《端人集》4卷。事迹见《清史稿》卷四八六、《清史列传》卷七二、陈旦《彭春洲先生墓表》（《诗义堂后集》附）。李光廷编有

《彭春洲先生诗谱》。

祁寯藻卒(1793—)。寯藻字叔颖,一字淳甫,避讳改实甫,号春圃,晚号观斋,山西寿阳人。祁韵士子。嘉庆十九年进士,改庶吉士,散馆,授翰林院编修。曾任国子监祭酒、户部右侍郎、兵部尚书、户部尚书、体仁阁大学士、礼部尚书等。卒谥文端。其视学吴中时,获景宋抄本《说文系传》,锓诸版,于是小徐书始行于世。著有《馒㝃亭集》32卷、《馒㝃亭后集》12卷、《勤学斋笔记》等。事迹见《清史稿》卷三八五、《清史列传》卷四六、蔡冠洛《清代七百名人传》第四编、秦缃业《祁文端公神道碑铭》(《续碑传集》卷四)。

按:《清史稿》本传曰:"寯藻提倡朴学,延纳寒素,士林归之。疏言:'通经之学,义理与训诂不可偏重。后学不察,以训诂专属汉儒,义理专属宋儒,使画分界限,学术日歧。'因举素所知寒士端木埰、郑珍、莫友芝、阎汝弼、王轩、杨宝臣,经明行修,堪资器使。又疏言:'军兴以来,不讲吏治,请下中外大臣,保举循吏及伏处潜修之士,以备任用。'自举原任同知刘大绅、按察使李文耕、大顺广道刘煦,请宣付史馆入《循吏传》。"

许瀚卒(1797—)。瀚字印林,室名攀古小庐,山东日照人。许致和子。嘉庆二十年,补州学生员,以专精许、郑,受知于学政王引之。曾充《康熙字典》校录,书成,叙得六品州同衔。道光十一年,应浙江学政何凌汉聘,在杭州学署校影宋本《说文解字》30卷,抄校《说文校本》、《五音韵校本》,助严可均校《全上古三代秦汉三国文》等。十三年正月,何凌汉奉调回京为吏部右侍郎,仍从新任学政陈用光校文。十五年成举人,选滕县训导。一生致力于学问,研究考据之学,搜辑金石碑版不遗余力。所与交游者,有何绍基、龚自珍、张穆、丁晏等。著有《攀古小庐杂著》、《攀古小庐文补遗》。今有《攀古小庐全集》。事迹见《清史稿》卷四八一、《清史列传》卷六九、杨彝《许印林先生传》(《续碑传集》卷七九)。袁行云编有《许瀚年谱》。

按:《清史稿》本传曰:"博综经史及金石文字,训诂尤深。至校勘宋、元、明本书籍,精审不减黄丕烈、顾广圻。晚年为灵石杨氏校刊桂馥《说文义证》于清河,甫成而板毁于捻寇,并所藏经籍金石俱尽,遂把郁而殁,年七十。他著有《韩诗外传勘误》、《攀古小庐文》。"

顾广誉卒(1799—)。广誉字惟康,一作维康,号访溪,浙江平湖人。优贡生,举咸丰元年孝廉方正,未廷试。慕其乡张履祥、陆陇其之为人,刻意厉行。其治经一依程端礼《读书分年日程》遗法。主讲上海龙门书院近四十年。著有《学诗平说》30卷、《四礼权疑》8卷、《乡党图考补正》4卷、《悔过斋文稿》7卷、《悔过斋文续稿》7卷。辑有《当湖文系》。事迹见《清史稿》卷四八六、《清史列传》卷六七、刘声木《桐城文学渊源考》卷六。

按:《清史列传》本传曰:"时兢尚汉学,广誉独以程、朱居敬穷理为本,以之自勉,即以之勉人。与同里方垧为道义交,常挈家就垧白华书舍,朝夕讲论。垧因出所为《生斋日识》以相质证。及垧殁,奔护其丧,复为醵金刻其遗书。吴县吴钟骏两督浙学,重其学行,与钱塘伊乐尧并目为浙士之冠。晚肆力于儒先疏义,而精力尤萃于

《诗》,著《学诗平说》三十卷,以毛、郑、陆、孔、朱、吕为主,参之以欧阳、苏、李、范、严诸儒之说,复博采宋、元、明、国朝诸家,择其合于经者取之,违者去之。说似可通而实非正义者辨之,用以窥寻四始六义之本。"

雷景修卒(1803—)。景修字先文,号白璧(一说为字白璧,号先文),又号鸣远,江西建昌县人。"样式雷"第五代传人。其父雷家玺曾承办乾隆五十七年万寿山、玉泉山、香山园林、承德避暑山庄和昌陵等工程。景修年十六起,即跟随其父在圆明园样式房学习世传差务。曾为咸丰帝修建定陵,又在同治时期重修圆明园时。其保存的"样式雷图档",是中国建筑史上的国宝。

按:2007年6月20日,联合国教科文组织公布,"样式雷图档"入选"世界记忆遗产名录"。中国目前入选"世界记忆遗产名录"的尚有清代内阁秘本档中有关十七世纪在华西洋传教士活动的档案、中国传统音乐录音档案、东巴古籍文献、清代科举大金榜。

江湜卒(1818—)。湜字持正,一字弢叔,别署龙湫院行者,江苏长洲人。道光二十三年贡生,次年游山东学使殷述斋幕。二十七年,从福建学政彭蕴章入闽襄校。后彭蕴章为大学士,助其捐官,循例得从九品县尉,候补浙江。曾任温州长林场盐大使。著有《伏敔堂诗录》15卷等。

胡盍朋卒(1826—)。盍朋字子寿,号小樵亭主人,别号勿疑轩主人,江苏沭阳人。屡试下第,以教馆为生。工诗善赋,兼擅词曲。著有《白榆堂诗》、《白榆堂赋》、《十国宫词》及传奇《海滨梦》、《汨罗沙》、《鹤相知》、《中庭笑》等。事迹见吴绍矩《胡子寿先生事略》(《汨罗沙》卷首)。

禹之谟(—1907)、张鹤龄(—1908)、吴沃尧(—1910)、蒋黼(—1911)、王仁俊(—1913)、姚永概(—1923)、孙中山(—1925)、蒋智由(—1929)、曾广钧(—1929)、张相文(—1933)、孙雄(—1935)、罗振玉(—1940)、龚丽正(—1941)、钟荣光(—1942)、伍光建(—1943)、李敏修(—1943)、张元济(—1959)生。

同治六年　丁卯　1867年

日本幕府统治终结。

奥匈帝国建立。

正月二十一日丙子(2月25日),清廷以李鸿章为湖广总督,仍督办"剿捻"事宜。

是日,总理各国事务衙门呈准徐继畬为总管同文馆事务大臣。

按:谕曰:"总理各国事务衙门奏请派员充总管新设同文馆事务大臣等语。太仆寺卿徐继畬,老成望重,足为士林矜式,著仍在总理各国事务衙门行走,充总管同文馆事务大臣。惟寺务恐难兼顾,著开太仆寺卿缺,以专责成,而资表率。"(《筹办夷务始末》同治朝卷四七)

二十九日甲申(3月5日),掌山东道监察御史张盛藻上奏,反对正途科甲人员学习天文、算术。疏被驳回。

按:张盛藻奏曰:"近见邸钞,总理各国事务衙门请设同文馆,专用正途科甲人员学习天文算术,以为制造轮船、洋枪之用,胪列六条,意在专讲习,勤考课;又恐人之不乐从也,乃厚给廪饩,优与奖叙,以鼓舞之,其诱掖奖劝用心苦矣。臣愚以为朝廷命官必用科甲正途者,为其读孔、孟之书,学尧、舜之道,明体达用,规模宏远也,何必令其习为机巧,专明制造轮船、洋枪之理乎?若以自强而论,则朝廷之强莫如整纪纲,明政刑,严赏罚,求贤养民,练兵筹饷诸大端。臣民之强则惟气节一端耳。朝廷能养臣民之气节,是以遇有灾患之来,天下臣民莫不同仇敌忾,赴汤蹈火而不辞,以之御灾而灾可平,以之御寇而寇可灭,皆数百年深仁厚泽以尧、舜、孔、孟之道为教育以培养之也。若令正途科甲人员习为机巧之事,又藉升途、银两以诱之,是重名利而轻气节,无气节安望其有事功哉?臣以为设立专馆,只宜责成钦天监衙门考取年少颖悟之天文生、算学生,送馆学习,俾西法与中法互相考验。至轮船、洋枪,则宜工部遴选精巧工匠或军营武弁之有心计者,令其专心演习,传受其法,不必用科甲正途官员肄习其事,以养士气而专责成。"下谕曰:"前据总理各国事务衙门奏请设同文馆,专用正途科甲人员学习天文、算术,并拟定章程六条呈览,当经降旨依议。兹据张盛藻奏,科甲正途读书学道,何必令其习为机巧,于士习人心大有关系等语。朝廷设立同文馆,取用正途学习,原以天文算学为儒者所当知,不得目为机巧。正途人员用心较精,则学习自易,亦于读书学道无所偏废。是以派令徐继畬总管其事,以专责成。不过借西法以印证中法,并非舍圣道而入歧途,何至有碍于人心士习耶!该御史请饬廷臣妥议之处,著毋庸议。"(《筹办夷务始末》同治朝卷四七)

二月十五日己亥(3月20日),大学士倭仁上奏反对科甲正途官员习天文、算学,为张盛藻辩护。

按:倭仁上奏为张盛藻辩护说:"窃闻立国之道,尚礼义不尚权谋;根本之图,在人心不在技艺。今求之一艺之末,而又奉夷人为师,无论夷人诡谲未必传其精巧,即使教者诚教,学者诚学,所成就者不过术数之士,古今来未闻有恃术数而能起衰振弱者也。天下之大,不患无才,如以天文、算学必须讲习,博采旁求,必有精其术者,何必夷人,何必师事夷人?"同时,认为拜夷人为师后患无穷,"正气为之不伸,邪氛因而弥炽,数年以后,不尽驱中国之众咸归于夷不止"(《筹办夷务始末》同治朝卷四七)。

三月初二日丙辰(4月6日),奕䜣上奏驳斥倭仁的"礼义制敌论",强调设立天文、算学馆,目的在于徐图自强。

按:奕䜣奏曰:"臣等查阅倭仁所奏,陈义甚高,持论甚正,臣等未曾经理洋务之前,所见亦复如此,而今日不敢专恃此说者,实有不得已之苦衷,请为我皇太后皇上详陈之:……臣等复与曾国藩、李鸿章、左宗棠、英桂、郭嵩焘、蒋益澧等往返函商,佥谓制造巧法,必由算学入手,其议论皆精凿有据。左宗棠先行倡首,在闽省设立艺局、船厂,奏交前江西抚臣沈葆桢督办。臣等详加体察,此举实属有益,因而奏请开设天文算学馆,以为制造轮船、各机器张本,并非空讲孤虚,侈谈术数,为此不急之务。又恐学习之人不加拣择,或为洋人引诱误入歧途,有如倭仁所虑者,故议定考试必须正途人员,诚以读书明理之士,存心正大,而今日之局,又学士大夫所痛心疾首者,必能卧薪尝胆,共深刻励,以求自强,实际与泛泛悠悠漠不相关者不同。倭仁谓夷为吾仇,自必亦有卧薪尝胆之志。然试问所为卧薪尝胆者,姑为其名乎?抑将求其实乎?如谓当求其实,试问当求之愚贱之人乎?抑当求之士大夫乎?此臣衙门所以有招考正途之请也。今阅倭仁所奏，似以此举断不可行。该大学士久著理学盛名，此论出而学士大夫从而和之者必众，臣等向来筹办洋务，总期集思广益，于时事有裨，从不敢稍存回护。惟是倭仁此奏，不特学者从此裹足不前，尤恐中外实心任事不尚空言者亦将为之心灰而气沮，则臣等与各疆臣谋之数载者，势且堕之崇朝，所系实非浅鲜！……该大学士既以此举为窒碍，自必别有良图，如果实有妙策，可以制外国而不为外国所制，臣等自当追随该大学士之后，竭其樗昧，悉心商办，用示和衷共济，上慰宸廑。如别无良策，仅以忠信为甲胄，礼义为干橹等词，谓可折冲樽俎，足以制敌之命，臣等实未敢信。所有现议开办同文馆事宜，是否可行，伏祈圣明独断，训示遵行。"(《筹办夷务始末》同治朝卷四八)

初八日壬戌（4月12日），大学士倭仁上奏反驳奕䜣等人。

按：倭仁奏曰："伏思是非者不易之理，好恶者天下之公。前因同文馆延聘夷人教习正途一事，上亏国体，下失人心，是以罄竭愚诚，直言无隐。固非争以意气之私也。今阅总理衙门所奏，大率谓忠信礼义之空言无当于制胜自强之实政，奴才愚见窃谓不然。夫欲求制胜必求之忠信之人，欲谋自强必谋之礼义之士，固不待智者而后知矣。今以诵习诗书者为奉夷为师，其志行已可概见，无论所学必不能精，即使能精，又安望其存心正大、尽力报国乎？恐不为夷人用者鲜矣。且夷人机心最重，狡诈多端，今欲习其秘术以制彼死命，彼纵阳为指授，安知不另有诡谋？奴才所虑堕其术中者，实非过计耳。……总之，夷人教习算法一事，若王大臣等果有把握使算法必能精通，机器必能巧制，中国读书之人必不为该夷所用，该夷丑类必为中国所歼，则上可纾宵旰之忧劳，下可伸臣民之义愤，岂不甚善。如或不然，则未收实效，先失人心，又不如不行之为愈耳。战胜在朝廷，用人行政，有关圣贤体要者，既已切实讲求，自强之道，何以逾此，更不必多此一举，转致于人才政体两无裨益也。"(《筹办夷务始末》同治朝卷四八)

十九日癸酉（4月23日），总理各国事务奕䜣等上奏反驳倭仁。

按：奕䜣在奏中有言："当御史张盛藻条奏此事，明奉谕旨之后，臣衙门投考者尚不乏人；自倭仁倡议以来，京师各省士大夫聚党私议，约法阻拦，甚且以无稽谣言煽惑人心，臣衙门遂无复有投考者。是臣等未有失人心之道，人心之失倡浮言者失之也。因思法令之行，原冀乐从，今人心既为浮言所摇，臣等无从勉强，拟就现在投考者择期考选，取中者入馆研究，仍时加察核，倘有弊端，即奏请裁撤。"又曰："今浮言既出，念所期已属无望。惟查倭仁原奏内称'天下之大，不患无才，如以天文、算学必须讲习，博采旁求，必有精其术者，何必夷人？'据此是内外臣工先后二十余年所求而弗获者，倭仁耳目中竟有其人，不胜欣幸！相应请旨饬下倭仁，酌保数员；各即请择地另设一馆，由倭仁督饬，以观厥成。若能如此办理，更属两得之道，裨益非浅。彼时臣衙门原请奏办之件，即行次第裁撤。倭仁公忠体国，自必实心保举，断不致因恐误保获咎，仍请如前降旨旁求，仅博延览之虚名全无究竟之实效。是否有当，理合附片密陈。"(《筹办夷务始末》同治朝卷四八)

是日，谕曰："总理各国事务衙门奏，遵议大学士倭仁奏同文馆招考天文算学请罢前议一折。同文馆招考天文算学，既经左宗棠等历次陈奏，该管王大臣悉心计议，意见相同，不可再涉游移，即著就现在投考人员，送馆攻习。至倭仁原奏内称'天下之大，不患无才，如以天文、算学必须讲习，博采旁求，必有精其术者'。该大学士自必确有所知，著即酌保数员，另行择地设馆，由倭仁督饬讲求，与同文馆招考各员互相砥砺，共收实效。该

管王大臣等并该大学士,均当实心经理,志在必成,不可视为具文。"(《筹办夷务始末》同治朝卷四八)

二十一日乙亥(4月25日),大学士倭仁上奏,不愿另行设馆培养天文、算学人才。

按:倭仁奏曰:"窃奴才前以夷人教习正途,有妨政体,故力陈其不可,所以尽当言之分,非争意气之私也。……至折内所陈,原谓立国之道当以礼义人心为本,未有专恃术数而能起衰振弱者。天文算学只为末议,既不讲习,于国家大计亦无所损,并非谓欲求自强必须讲明算法也。今同文馆既经特设不能中止,则奴才前奏已无足论,应请不必另行设馆、由奴才督饬办理;况奴才并无精于天文算学之人,不敢妄保。"(《筹办夷务始末》同治朝卷四八)

是日,谕曰:"倭仁现在既无堪保之人,仍著随时留心,一俟咨访有人,即行保奏,设馆教习,以收实效。"(《筹办夷务始末》同治朝卷四八)

二十七日辛巳(5月1日),通政使司通政使于凌辰上奏,谓天文算学馆之争会引发朋党之争。

是月,三口通商大臣崇厚在天津创立天津机器制造局,由丹麦驻天津领事密妥士任总管。

五月十二日甲子(6月13日),美国军航侵入台湾。

二十二日甲戌(6月23日),候选直隶知州杨廷熙上《奏请撤销同文馆》,列举同文馆十大罪状。

按:杨廷熙奏曰:"兹于同文馆之设,创制非宜,谨请收回成命,以杜乱萌,而端风教,弭天变而顺人心。若事在必行,恐失信于外洋,又生衅隙,仰恳将翰林、进士科甲有职事官员撤消,惟招取曾经学过天文算数者考录送馆,与西人互相印证。如此既无失信于外夷,亦可无伤风化也。再,同文馆三字系宋代狱名,考《宋史》蔡京等当权,残害忠良,排斥正士,有异己者即下同文馆狱。是同文馆之名,非美名也,今复袭之,而令翰林、进士、五项正途相聚其中,既失考据而又非嘉予士林之盛举矣。"(《筹办夷务始末》同治朝卷四九)

二十九日辛巳(6月30日),上谕对杨廷熙严加训斥,认为其"谓'天文算学,疆臣行之则可,皇上行之则不可'。普天之下,孰非朝廷号令所及,岂有疆臣可行而朝廷不可行之理!又谓'事在必行,恳请将翰林、进士科甲有职事官员撤消',尤属谬妄"。并慰留恭亲王、宝鋆,勉以不避嫌怨,勿因浮言推诿。

按:谕曰:"前因天时亢旱,诏求直言,原冀于国计民生有所裨益。兹据都察院代奏候选直隶知州杨廷熙奏请撤消同文馆以弭天变一折,呶呶数千言,甚属荒谬!同文馆之设,历有年所。本年增习天文算学,以裨实用,历经御史张盛藻、大学士倭仁先后请罢前议,因其见识拘迂,迭经明白宣示。兹据该知州所陈十条,不过摭拾陈言,希图自炫,原可置之不论,惟有关于风俗人心者甚大,不得不再行明示。杨廷熙因同文馆之设,并诋及各部院大臣。试思杨廷熙以知州微员,痛诋在京王大臣,是何居心!且谓'天文算学,疆臣行之则可,皇上行之则不可。'普天之下,孰非朝廷号令所及,岂有疆臣可行而朝廷不可行之理!又谓'事在必行,恳请将翰林、进士科甲有职事官员撤消',尤属谬妄。国家设立科目,原以登进人才,以备任使。曾国藩、李鸿章等均系翰林出身,于奉旨交办中外交涉事件,从无推诿,岂翰林之职专在词赋,其国家政务概可置之不问乎？至所称'西教本不行于中国，而总理衙门请铃上导之使行'，及'专擅挟持，启皇上以拒谏饰非之渐'等语，更为肆口诋诬，情尤可恶！推原其故，总由倭仁自派总理各国事务衙门行走后，种种推托所致。杨廷熙此折，如系倭仁授意，殊失大臣之体，其心固不可问；即未与闻，而党援门户之风，从此而开，于世道人心大有关系。该大学士与国家休戚相关，不应坚执己见，著于假满后，即到总理各国事务衙门之任，会同该管王大臣等和衷商酌，共济时艰，毋蹈处士虚声，有负朝廷恩遇。至杨廷熙草莽无知，当此求言之际，朝廷宽大，姑不深责。恭亲王、宝鋆请将杨廷熙所奏十条派大臣核议，并请将该王大臣及现任各大臣均暂开总理衙门差使听候查办，自系为杨廷熙折内有'专擅挟持'等语。当此时事多艰，该王大臣等不避嫌怨，力任其难，岂可顾惜浮言，稍涉推诿，所请著毋庸议。"（《筹办夷务始末》同治朝卷四九）。

又按：针对同文馆是否招收科甲正途人员学习天文算学的问题，洋务派与保守派展开了第一次争论。论战虽以保守派的失败而告一段落，但却使天文算学馆招考正途出身人员入馆学习的计划严重受挫。先是招生不足，后是学了半年毫无成效而被淘汰，最后只剩 10 名学员，只好与原在同文馆学习外国语言文字的八旗学生合并。至此，所谓天文算学馆已经名存实亡。

十月二十六日乙巳（11 月 21 日），清廷派美国卸任公使蒲安臣为出使美、英、法、普、俄等国大臣，由志刚、孙家谷陪同。

按：《清史稿·交聘年表一》曰："同治中，志刚、孙家谷之出，是为中国遣专使之始。"

十二月十六日乙未（1868 年 1 月 10 日），太平天国遵王赖文光在撰述太平天国兴亡史的《自述》后殉难。

是冬，上海江南制造局设翻译馆，专门翻译西方各国自然科学书籍。

按：当时译书较多的洋务派机构，首推江南制造局的翻译馆。江南制造局创设于同治四年（1865）。制造局设翻译馆译西书则始于同治六年（1867），由徐寿主其事，分设翻译格致、化学、制造类书的提调 1 人，口译 2 人，笔述 3 人，校对图画 4 人。据《瀛儒杂志》说："口译之西士，则有傅兰雅、林乐知、金楷理诸人，笔受者则为华若汀（蘅芳）、徐雪村（寿）诸人，自象纬、舆图、格致、器节、兵法、医术，罔不搜罗毕备，诚为集西学之大观。"先后聘请从事翻译的西人，除上述几名外，著名的还有伟烈亚力和玛高温；华人除华、徐外，还有李善兰、徐建寅、徐元益、贾步伟等。翻译馆建立次年（1868）即译成书 4 种。据傅兰雅《江南制造局翻译西书事略》载，其译介的书籍包括以下各类：算学、测量、汽机、化学、地理、地学、天文、行船、博物学、医学、工艺、水陆兵法、年表、新闻纸、造船、国史、交涉公法、零件等，大多是有裨益制造之书。所译刊的书籍总数，据不完全统计，约 180 余种（参见刘大椿《新学苦旅——科学·社会·文化的大撞击》，江西高校出版社 1995 年版）。

英国威廉·汤姆逊发明波纹收报机。

法国莫尼埃发明钢筋混凝土。

德国尼古劳斯·奥托和欧根·

曾国藩二月自徐州回抵江宁，获知校刊《史记》未竟，命张文虎与唐仁寿同校。三月，在江南制造总局下设造船所试制船舰。同时拟设译书馆。四月，命为大学士，仍留两江总督任。五月，会同李鸿章将江南制造总局由虹口迁高昌庙，征地扩迁，规制大增。六月，补授体仁阁大学士。

李鸿章正月任湖广总督。

左宗棠以钦差大臣督办陕甘军务。

左宗棠十二月于福州船厂内开设船政学堂，招收十六岁以下学生，学习法文、英文以及制造轮船、驾驶技术，并译刊西书。

张之洞六月充浙江乡试副考官，所取有袁昶、许景澄、陶模、孙诒让、谭献等，皆朴学之士。八月，简放湖北学政。

冯桂芬以苏、松、太三属办团练及善后之功，经李鸿章保奏，被赏加四品卿衔。

何绍基是年仍主讲长沙城南书院。十一月《东洲草堂诗钞》刻竟，为作小序，附于诗钞叙文之末。

李善兰奉诏入都，任同文馆天文算学馆总教习。九月自序《则古昔斋算学》13种，召莫友芝为该书署检。

汪凤藻入京师同文馆，后充英文副教习。

陈澧掌教于方睿颐所创设之菊坡精舍。

严复仍用应试时的名宗光，字又陵，进福州船政学堂学习。

沈葆桢受命为总理船政大臣。

按：《清史稿·沈葆桢传》曰："初，左宗棠创议于福州马尾山麓濒江设船厂，未及兴工，宗棠调陕甘，疏言非葆桢莫能任。葆桢释服，始出任事。造船坞及机器诸厂，聘洋员日意格、德克碑为监督。月由海关拨经费五万两，期以五年告成。附设艺童学堂，预募水勇习练驾驶。事皆创立，船材来自外国，煤炭亦购诸南洋，采办尤易侵渔。葆桢坚明约束，一无瞻徇。布政使周开锡为提调，延平知府李庆霖佐局事，皆为总督所不喜，龃龉欲去之，葆桢疏争得留，藩署吏玩抗，以军法斩之，众咸惊服。"

李文田五月充四川乡试副考官。

薛福成、缪荃孙、陶方琦、董沛等举乡试。

丁日昌由江苏布政使升任江苏巡抚，容闳闻讯即到苏州谒见，提出派遣幼童赴美国留学教育计划。

按：丁氏对容闳的计划大为赞许，并初步商定：向美国派出留学生初次定为120名，作为试派。此120人又分为四批，逐年递派，每年派遣30人。年龄为十二至十四岁，留学期限为十五年，在美国受完普通教育和专门教育，使之成为具有自然科学或法律等专门知识人才。设学监2人管理，经费由上海海关从税收款项中提成拨给。丁日昌请容闳将这一计划写成奏议文稿，由他送给总理事务大臣文祥。同时，丁日昌又请文祥具名上奏，请朝廷重视。但因文祥不久病逝而未果。

丁日昌奏请在国外设立正式公使馆。

姚振宗奉父命重订家藏书目，始为目录考证之学。

王韬是冬随香港英华书院院长理雅各赴欧，旅居三年，始治西国史地之学。

马谷山四月奏设浙江书局于杭州，聘孙衣言、薛慰农为总办，以主持其事，议订章程十二条，集剞劂民百十人，以写刊经史兼及子集。于是谭仲修、高均儒、李慈铭、张景祁为总校，胡凤锦、陆元鼎、汪鸣皋、张预、王麟书、张鸣珂、沈景修为分校。

鲍源深时任江苏学政，是年奏议清政府创设书局，刊刻典籍。

按：鲍源深疏曰："近年各省因经兵燹，书多散佚，臣视学江苏，按试所经，留心

朗根发明四冲程内燃机。

瑞典诺贝尔发明安全烈性炸药，首获专利权。

挪威古德贝格、伐格提出化学反应速度与反应物浓度成正比的质量作用定律和可逆反应与化学平衡概念。

访察,如江苏松、常、镇、扬诸府,向称人文极盛之地,学校中旧藏书籍荡然无存,藩署旧有恭刊钦定经史诸书,版片亦均毁挫,民间藏书之家,卷帙悉成灰烬。乱后虽偶有书肆所刻经书,俱系删节之本,简陋不堪。士子有志读书,无从购觅。"浙江巡抚马新贻亦上书曰:"欲兴文教必先讲求实学,不但整顿书院,并需广集群书。浙省自遭兵燹,从前尊经阁、文渊阁所存书籍均多毁失,士大夫家藏旧本,连年转徙,亦成乌有。军务肃清之后,省城书院如敷文、崇文、紫阳、孝廉堂、诂经精舍均已先后兴复,举行月课,惟书籍一项,经前兼署抚臣左宗棠饬刊《四书》、《五经》读本一部,余尚未备。士子虽欲讲求,无书可读。而坊肆寥寥,断简残篇,难资考究,无以嘉惠士林,自应在省设局重刊,以兴文教。"(陈弢编《同治中兴京外奏议约编》,上海书店1985年影印)

张文虎作《孟东野诗录序》。

林纾到台湾省父。随父在台湾经商,做记账等事。

辜鸿铭是年前后随布朗夫妇前往英国苏格兰,进入苏格兰公学接受教育,开始他在欧洲十一年的游学生涯。

谭献中举,官含山知县。

吴昌莹至广东,始撰《经词衍释》。

黄遵宪始忙于科举之途。是春,应试院,入州学。夏,至广州应本省乡试,未售。

郑观应投资于华洋合营的公正轮船公司,并被推为董事。

马相伯在耶稣会学习神学。

萧穆是春客于和州知府游智开署,代作《陈廷桂(《历阳典录》作者)传》。是年,再应江南乡试,复被摈。在江宁,再见曾国藩,谈及刘大櫆《历朝诗约选》。

何森荣任同文馆汉文教习。

英该传教士伟烈亚力在上海创办《远东释疑》季刊。后易名为《中国评论》。

美国传教士丁韪良任同文馆万国公法教习。

美国传教士刘海澜来华传教。

马克思《资本论》第1卷出版。
《思辨哲学》杂志创办。

戴醇著《周易经传通解》15卷刊行。

萧光远著《毛诗异同》4卷、附1卷刊行。

邓翔著《诗经绎参》4卷刊行。

赵培桂著《春秋集传辨异》12卷刊行,有自序。

单为鏓著《读春秋三传札记》2卷刊行。

敕修《御纂七经》由浙江官书局重刊。

杨懋建著《禹贡新图说》2卷刊行。

魏源著《禹贡说》2卷刊行。

张先振著《禹贡水道便览》1卷刊行。

俞樾著《群经平议》35卷再刊行。

按:俞氏承王念孙父子之治学方法,校正《易》、《书》、《诗》、《周礼》、《仪礼》等句读,审晖字义,分析其特殊文法与修辞。其中论《考工记》世室,明堂之制,驳正郑玄

《注》文，可补戴震《考工记图》之不足。俞樾《群经平议序》曰："同治建元之岁，由海道至天津，寓于津者三载，而《群经平议》三十五卷乃始告成。念少年精力为举业所耗，通籍后又居馆职，习诗赋，至中岁以后，始退而研经，所谓困而学之者，非欤？庸足以知圣人之微言大义乎？虽然，本朝经学之盛，自汉以来未之有也。余幸生诸老先生之后，与闻绪论，粗识门户，尝试以为治经之道大要有三：正句读，审字音，通古文假借。得此三者以治经，则思过半矣。……三者之中，通假借为尤要。诸老先生，惟高邮王氏父子发明故训，是正文字，至为精审。所著《经义述闻》，用汉儒'读为'、'读曰'之例者居半焉。或者病其改易经文，所谓焦明已翔乎寥廓，罗者犹视乎薮泽矣。余之此书，窃附王氏《经义述闻》之后，虽学术浅薄，傥亦有一二言之幸中者乎？以其书成最先，故列为匧书第一。"

敕纂《文宗实录》及《文宗圣训》成。

贾桢等编纂《咸丰朝筹办夷务始末》80卷刊行。

李桓始纂《国朝耆献类征初编》。

王闿运纂《桂阳直隶州志》27卷、首1卷刊行。

杨守敬著《激素飞清阁评碑记》4卷成书，有自序。

按：杨守敬《自序》曰："金石之学，以考证文字为上，玩其书法次之。顾淹雅之士，未暇论及点画，而染翰之家，又或专注集帖，不复上窥汉魏。"

英国传教士伟烈亚力著《中国文献录》在上海刊行。

按：是书介绍了二千多部包括古典文学、数学、医学和科学技术等方面的中国古典文献。

方宗诚纂《陆象山节要》刊行，有自序。

戴望著《墨子校记》成书。

苏时学著《墨子刊误》刊行。

刘熙载著《持志塾言》2卷成书。

程鸿诏始著《迎霱笔记》。

姚莹著《中复堂全集》9种、附年谱刊行。

张维屏著《听松庐诗略》2卷由陈澧编辑成书。

李善兰著《则古昔斋算学》13种刊行。

宗稷辰卒（1792— ）。稷辰原名续辰，又名龙辰，字涤甫，一作迪甫，号涤楼，浙江会稽人。师事李宗传。道光元年举人，授内阁中书，充军机章京。迁起居注主事，再迁户部员外郎。咸丰元年，迁御史。同治六年，引疾归。曾主湖南群玉、濂溪、虎溪书院。晚年主蕺山书院。著有《躬耻斋文钞》20卷、《躬耻斋文钞后编》5卷、《躬耻斋诗集》28卷、《四书体味录》20卷等。事迹见《清史稿》卷四二三、《清史列传》卷六七、王柏心《诰授中议大夫盐使衔山东通省运河兵备道崇祀乡贤涤甫宗先生墓志铭》（《碑传集补》卷一七）。

按：《清史稿》本传曰："稷辰事母孝。为学宗王守仁、刘宗周。罢官后，主余姚龙山书院、山阴蕺山书院。官京朝，请祀总兵葛云飞本籍；官山东，请修方孝孺祠，并刻《正学集》；其振励风教多类此。"《清史列传》本传曰："稷辰潜心理学，遍览诸儒书，其书以和同朱、陆为宗。……归后，主蕺山书院，发明刘宗周慎独宗旨，救王学流弊。

又以尹和靖、朱子先后至越,特于家塾为四贤义学,躬亲指授,成就者众。顺天府尹蒋琦龄尝特疏称大学士倭仁及稷辰,为近时理学中硕果,推崇甚至。"

骆秉章卒(1793—)。秉章原名俊,以字行,改字籥门,广东花县人。道光十二年进士,选庶吉士,授翰林院编修。迁御史。历任给事中、鸿胪寺少卿、奉天府丞兼学政、湖南巡抚、四川总督。镇压太平军,杀石达开。著有《骆文忠公奏稿》10卷。事迹见《清史稿》卷四〇六、《清史列传》卷四五、苏廷魁《光禄大夫太子太傅协办大学士四川总督世袭一等轻骑都尉骆文忠公神道碑铭》、李元度《骆文忠公别传》(均见《续碑传集》卷五)。

蒋敦复卒(1808—)。敦复原名尔锷,字纯甫,亦作纯父,又字克父,一字子文、超存,号剑人,自号江东剑、江东老剑、丽农山人、老太仓等,江苏宝山人。诸生。五赴乡试,皆落第。由王韬荐为英国传教士慕维廉司笔札以谋生。曾参与修《大英国志》、《上海县志》。工词。著有《啸古堂文集》8卷、《啸古堂诗集》11卷、《芬陀利室词集》5卷等。事迹见滕固编《蒋剑人年谱》(《图书馆学季刊》1932年第2期)。

王士雄卒(1808—)。士雄字孟英,号梦隐(一作梦影),又号潜斋,别号半痴山人、睡乡散人、随息居隐士、海昌野云氏(又作野云氏),祖籍浙江海宁,迁居钱塘。曾祖王学权、祖父王国祥、父亲王升皆业医。著作汇为《潜斋医学丛书十四种》。其所评注之书,有《女科辑要》、《言医选评》、《古今医案选》等,另有《鸡鸣录》、《圣济方选》、《舌辨》、《柳州医话注》、《愿体医话评注》等。事迹见《清史稿》卷五〇二、蔡冠洛《清代七百名人传》第四编。

按:《清史稿》本传曰:"咸丰中,杭州陷,转徙上海。时吴、越避寇者麇集,疫疠大作,士雄疗治,多全活。旧著《霍乱论》,致慎于温补,至是重订刊行,医者奉为圭臬。又著《温热经纬》,以轩、岐、仲景之文为经,叶、薛诸家之辨为纬,大意同章楠注释。兼采昔贤诸说,择善而从,胜楠书。所著凡数种,以二者为精详。"

冯志沂卒(1814—)。志沂字鲁川,山西代县人。道光十六年进士,授刑部主事,擢升郎中。二十一年,因朱琦引见,拜梅曾亮习古文,并得其家法。与张穆、朱琦、曾国藩唱和。著有《微尚斋诗文集》8卷。事迹见《清史列传》卷七三、《冯志沂传》(《续碑传集》卷三七)。

陈式金卒(1817—)。式金字以和,号寄舫,江苏江阴人。能诗善画,雅好收藏书画碑帖。编有《易画轩赠诗文汇编》3卷,著有《适园自娱草》2卷。事迹见季念诒《陈寄舫司马传》(《适园自娱草》卷首)。

刘毓崧卒(1818—)。毓崧字伯山,一字松崖,江苏仪征人。刘文淇子。道光二十年举优贡生。承其父业,续治《左传》,兼通经史,凡所寓目,悉留于心,或广坐道其原委,闻者私校原书,不讹一字。其居曾国藩幕中最久,任金陵书局主持人,校勘《王船山遗书》,用力独勤。又替杜文澜辑《古谣言》100卷,有补于艺林。其子刘寿曾也为游幕校书为生。著有《周易旧疏考证》1卷、《通义堂文集》16卷、《通义堂诗集》1卷、《通义堂笔记》16卷、《经传通义》10卷、《诸子通义》4卷、《王船山年谱》2卷、《彭城献征录》10卷等。事迹见《清史稿》四八二、《清史列传》卷六九、程畹《刘先生家传》(《续碑传集》卷七四)。

按：《清史稿》本传曰："从父受经，长益致力于学。以文淇故，治《左氏》缵述先业，成《春秋左氏传大义》二卷。以文淇考证《左传旧疏》，因承其义例，著《周易》、《尚书》、《毛诗》、《礼记旧疏考正》各一卷。又谓六艺未兴之先，学各有官，惟史官之立为最古。不独史家各体各类并支裔之小说家出于史官，即经、子、集三部及后世之幕客书吏，渊源所仿，亦出于史官。班氏之志艺文，论述史官，尚未发斯旨。其叙九流，以明诸子所出之官，必有所授，而其中仍有分省失当者。既析九流中小说家流归入史官，又辨道家非专出于史官，改为出于医官。又增益者凡三家：曰名家，出于司士之官；兵家，出于司马之官；艺术家，出于考工之官：统为十一家。博稽载籍，穷极根要，成《史乘》、《诸子通义》各四卷。又《经传通义》十卷，《王船山年谱》二卷，《彭城献征录》十卷，《旧德录》一卷，《通义堂笔记》十六卷，《文集》十六卷，《诗集》一卷。"

康广仁（ —1898）、唐才常（ —1900）、李宝嘉（ —1906）、赵熙（ —1948）生。

同治七年　戊辰　1868年

三月，清廷发布禁毁传奇小说通谕，禁书达269种。

四月十五日癸巳（5月7日），江苏巡抚丁日昌颁布告示，曰："淫词小说，向干例禁；乃近来书贾射利，往往镂板流传，扬波扇焰，《水浒》、《西厢》等书，几于家置一编，人怀一箧。原其著造之始，大率少年浮薄，以绮腻为风流；乡曲武豪，借放纵为任侠；而愚民鲜识，遂以犯上作乱之事，视为寻常。地方官漠不经心，方以为盗案奸情，纷歧迭出。殊不知忠孝廉节之事，千百人教之而未见为功，奸盗诈伪之书，一二人导之而立萌其祸，风俗与人心，相为表里。近来兵戈浩劫，未尝非此等逾闲荡检之说默酿其殃。"又曰："惟是尊崇正学，尤须力黜邪言，合亟将应禁书目，粘单札饬。札到该司，即于现在书局，附设销毁淫词小说局，略筹经费，俾可永远经理。并严饬府县，明定限制，谕令各书铺，将已刷陈本，及未印板片，一律赴局呈缴，由局汇齐，分别给价，即由该局亲督销毁；……此系为风俗人心起见，切勿视为迂阔之言。并由司通饬外府县，一律严禁。本部院将以办理此事之认真与否，辨守令之优绌焉。"（《中国近代小说编年》是年条引）

五月二十三日己亥（7月12日），总理衙门奏准：上海方言馆学生严良勋、席淦、汪凤藻、汪远焜、王文秀等经详加考，分别给予内阁中书、国子监学正等职衔。

六月初九日乙卯（7月28日），清廷办理中外交涉事务大臣志刚、孙家谷与美国驻华公使蒲安臣订立《中美续增条约》（即《蒲安臣条约》）。

按：在《浦安臣条约》中，有"中国入美国的大小官学，可享受最惠国人民待遇"

日本明治维新始。

西班牙人废女王伊莎贝拉二世。

的条款。这种在教育交流方面的最惠国待遇,为容闳向美派遣留学生计划的实现创造了有利条件。

七月初五日庚辰(8月22日),英国内地会传教士戴德生在扬州强行租屋,开设教堂,激起民愤,引发扬州教案。

九月初二日丙子(10月17日),江南制造局添设译学馆。

> **按**:《清史稿·选举志二》曰:"先是同文馆并入大学堂,设英、法、俄、德、日本五国语文专科,后由大学分出,名译学馆。仍设英、法、俄、日本文各一科,无论习何国文,皆须习普通及专门学。普通科目:人伦道德、中国文学、历史、地理、算学、博物、物理及化学、图画、体操。专门科目:交涉、理财、教育。五年毕业。进士馆令新进士用翰林部属、中书者,入馆肄业,讲求实用之学。课目:史学、地理、教育、法学、理财、交涉、兵政、农政、工政、商政、格致。得选习农、工、商、兵之一科或两科。西文、东文、算学、体操为随意科。三年毕业。"

十一月十四日丁亥(12月27日),由赫德制定的《中国引水总章》正式公布。

> **按**:直到1933年,国民政府颁布了《引水管理暂行章程》,《中国引水总章》才正式废止。"这份章程不仅在长达六十多年里决定了中国引航业的基本框架和运行机制,而且对近现代中国的航运经济、港口发展、军事、国防和外交,都产生过深远的影响"(参李恭忠《〈中国引水总章〉及其在近代中国的影响》,《历史档案》2000年第3期)。

是月,上海设立会审公廨。

英国洛基尔发现太阳中层大气色球层及太阳氦元素。

英国珀金从煤焦油中首次人工合成香料豆香素。

法国詹森使用分光镜,首次在非日食时间观察到日珥。

奥地利波尔茨曼提出平衡态气体分子的能量分布定律。

曾国藩是夏授武英殿大学士。七月,调任直隶总督。十一月,自金陵抵京觐见。

徐寿奉曾国藩命主持之江南制造局翻译馆九月正式开馆。华蘅芳、徐建寅、赵元益、李凤苞、钟天纬及英美传教士傅兰雅、伟烈亚力、林乐知、玛高温、金楷理等应聘入馆。

张裕钊是冬与莫友芝自金陵偕送曾国藩于邗上,返过维扬,登焦山,道丹徒至吴门,意甚相得。

黄遵宪作《杂感》诗,提出"我手写我口,古岂能拘牵"的创作主张,开后来诗界革命之先声。

左宗棠因平捻军有功,晋升太子太保衔。八月,至北京入觐。

李鸿章以平捻军,加太子太保衔,以湖广总督协办大学士。

俞樾主讲诂经精舍,欲使肄业于是者,讲求古言古制,由训诂而名物,而义理,以通圣人之遗经。

何绍基是年仍主讲城南书院。元旦作诗三首,用以感事述怀。

倭仁六月充国史馆总裁。

王先谦四月散馆,授翰林院编修。

吴廷栋致仕,居江宁。是年,批阅《王船山遗书》、方潜《毋不敬斋全书》,复自订正《拙修集》。

康有为从祖赞修于连州官舍,学习文史典籍。阅读邸报,研习史学及名人传记,渐知朝廷政事。

萧穆是春至安庆,客皖抚英翰幕。时徐宗亮亦在幕中,为英翰校刊《刘海峰集》。是年,交刘宝楠子刘恭冕。由刘处得观宝楠所撰《宝应图经》,并为作跋。又于刘处借读王懋竑《读书记疑》,谓其中微言奥论,考订群书字句谬误,皆确有根据,开高邮王氏父子先声,拟请有力者刊行之。

莫友芝正月应丁日昌聘,为江苏书局校刻《资治通鉴》,有题识。

廖寿恒散馆,授翰林院编修。

汪凤藻入京师同文馆肄业。

容闳奏陈派幼童出洋留学未果。

王韬应邀以华语在牛津大学讲授孔子学说。

华蘅芳六月始在翻译馆译书。

严复在福州船政学堂肄业。

孙诒让二月应礼部试,不第。是秋,侍父孙衣言官江宁布政使,居瞻园。

洪钧、吴大澂、陈宝琛、何如璋、陶模、许景澄等四月成进士。

缪荃孙赴京参加会试,落第回蜀。八月,入四川总督吴棠幕,在成都书局校刻《朱子全书》。

杨守敬三月会试,仍不售。从潘孺初临摹郑文公碑。因陈荔秋推荐,入崇文书局任事。

周玉琪主讲岳麓书院。

朱一新就读浙江金华丽正书院。

陈作霖入"吾知斋"从汪士铎学习古文,并与崔澄、汪宗沂、朱孔彰等人同学。

郑观应离开宝顺,自己经营商务。

吴嘉善是年底离开广州,陈澧为他作序饯行。时江南开算学书院,总督曾国藩、巡抚丁日昌请吴嘉善及南海邹伯奇掌教,邹氏病不能往,吴嘉善往就之。

按:陈澧《送吴子登太史序》曰:"南丰吴子登编修精算学,客粤东。粤东议开同文馆,巡抚郭公曰是当兼算学,请吴君掌教,既开馆,而算学之说不果行;顺德黎召民欲开算学书院,请吴君掌教,又不果行;江南开算学书院,总督中堂曾公、巡抚丁公请吴君及南海邹特夫掌教,邹君病不能往,吴君往就之。"(《东塾集》卷三)

程鸿诏离开曾国藩幕府,辞请归里。旋被招入湖广总督李鸿章府,成为其幕僚。

八指头陀为生活所逼,投湘阴法华寺出家,礼东林长老为师。师赐名敬安,字寄禅。冬,诣南岳祝圣寺,从贤楷律师受具足戒。

法国传教士韩伯禄来华传教。

美国人蒲安臣二月经上海赴美。五月,蒲氏在纽约作讲演,谓中国正在采用西方学术,已入进步之途。

英国传教士麦嘉湖主编之《中外杂志》停刊。

美国传教士林乐知主编之《中国教会新报》周刊九月五日在上海创

刊,慕维廉、艾约瑟等助之。

按：是报1874年更名为《万国公报》,1907年停刊。它是传教士关注中国问题并发表看法的重要场所,也是传播西学的主要媒体。

普鲁士地质地理学家李希霍芬再度来华,在山东、河北、山西等十四省区考察,历时四年。

英国传教士伟烈亚力与英国伦敦会驻中国华中区传教士杨格非一同考察湖北、四川、陕西等地。伟烈亚力撰有《湖北四川陕西三省行程记》报告考察结果,发表于《亚洲文会北中国支会简报》。

英国传教士傅兰雅受江南制造局委托,向英国订购西书150种,后聘于译馆译书,为译西书最多之人。

美国传教士嘉约翰编辑之《广州新报》于本年出版,为用汉字介绍西医之最早刊物。

法国韩德在上海创立以收藏动植物标本为主的博物院。

日本福泽谕吉著《穷理图解》。

日本神田孝平著《荷兰政典》。

德国海克尔著《自然创造史》。

赫尔姆霍茨著《几何学的事实基础》。

勃拉姆斯完成《德意志安魂曲》。

唐学谦著《易古兴钞》12卷刊行。

钱仪吉纂《经苑》25种重刊。

郑珍著《周礼轮舆私笺》3卷、《考工轮舆私笺》2卷、附图1卷刊行。

刘开著《论语补注》2卷重刊。

薛福成著《中兴叙略》上下篇成。

王柏心纂《续辑汉阳县志》28卷刊行。

丁日昌纂《牧令全书》刊行。

刘衡纂《读律心得》由崇文书局刊行。

刘衡辑《刘帘舫先生吏治三书》由江苏书局刊行。

按：刘衡字蕴声,一字切堂,号帘舫,江西南丰人。《清史稿·刘衡传》曰："同治初,四川学政杨秉璋疏陈衡循绩,并上遗书。穆宗谕曰:'刘衡历任广东、四川守令,所至循声卓著。去官四十余年,至今民间称道弗衰。所著《庸吏庸言》、《蜀僚问答》、《读律心得》等书,尤为洞悉闾阎休戚,于兴利除弊之道,筹画详备,洵无愧循良之吏。将历任政绩宣付史馆,编入《循吏传》,以资观感。'衡所著书,皆阅历有得之言,当世论治者,与汪辉祖《学治臆说》诸书同奉为圭臬。其后有徐栋著《牧令》诸书,亦并称焉。"

陈澧著《切韵考》5卷刊行。又著《字体辨误》1卷成书。

俞樾著《古书疑义举例》7卷成书。

按：俞樾《古书疑义举例序》曰："夫自周秦两汉,至于今远矣,执今人寻行数墨之文法,而以读周秦两汉之书,譬如犹执山野之夫,而与言甘泉建章之巨丽也!夫自大小篆而隶书、而真书,自竹简而缣素、而纸,其为变也屡矣。执今日传刻之书,而以为是古人之真本。譬如闻人言笋可食,归而煎其箦也!嗟夫,此古书疑义所以日滋也欤?窃不自揆,刺取九经诸子为古书疑例七卷。使童蒙之子,习知其例,有所据依。或亦读书之一助乎?若夫大雅君子,固无取乎此。俞樾记。"是书的续作和增补之书,计有刘师培《古书疑义举例补》1卷、杨树达《古书疑义举例续补》2卷、马叙伦《古书疑义举例校录》、姚维锐《古书疑义举例增补》1卷,1956年中华书局将此五书合刊为《古书疑义举例五种》。

李祖陶纂《国朝文录续编》49 卷附 1 卷刊行。

黄宗羲著《南雷文约》4 卷刊行。

苏源生辑《记过斋藏书》7 种刊毕。

龚自珍著《定盦文集》3 卷、《定盦续集》4 卷、《定盦文集补》9 卷由曹籀校订、吴煦刊行。

方东树著《仪卫轩文集》12 卷、《仪卫轩诗集》5 卷刊行。

俞樾著《春在堂诗编》8 卷刊行，又编次蒋敦复《啸古堂文稿》成书。

缪荃孙著《北马南船集》成书。

童岳荐著《调鼎集》10 卷成书。

按：是书原名《北砚食单》、《童氏食规》，《调鼎集》为后世人所题。原书"不著撰者姓名"，据后世人研究，部分卷文作者为清童岳荐。童岳荐字北砚，浙江会稽人。

顾之逵纂《艺苑捃华》48 种刊行。

黄元御著《黄氏医书八种》重刊。

王宏翰著《医学原始》刊行。

按：王宏翰被认为是"清初积极接受西医的第一人"（赵洪钧《近代中西医论争史》，安徽科技出版社 1989 年版）。

佚名纂《医学便览》7 种刊行。

陈仅卒(1787—)。仅字余山，号渔珊，浙江鄞县人。嘉庆十八年举人。历官陕西安康、紫阳县知县、宁陕厅同知。著有《群经质》2 卷、《诗诵》5 卷、《王深宁年谱》1 卷、《文莫书屋詹詹言》2 卷、《继雅堂诗集》34 卷、《竹林答问》1 卷及《南山保甲书》、《济荒必备》等。

叶廷琯卒(1791—)。廷琯字调生，一字苕生，号十如居士，别号龙威邻隐、蜕翁，江苏吴县人。诸生。同治初举孝廉方正，辞不就。著有《楙花庵诗》2 卷、《鸥陂渔话》6 卷、《石林诗话拾遗附录》2 卷、《吹网录》6 卷、《游石公山记》1 卷等。

吴存义卒(1802—)。存义字和甫，江苏泰兴人。道光十八年进士，改庶吉士，散馆，授翰林院编修。二十二年，充云南学政。咸丰五年，充云南乡试正考官，留任学政。同治三年，以户部侍郎简放浙江学政，调吏部左侍郎。著有《榴石山房遗稿》10 卷。事迹见《清史稿》卷四二二、谭献《诰授资政大夫封光禄大夫吏部左侍郎吴公行状》(《续碑传集》卷一二)。

陈乔枞卒(1808—)。乔枞字朴园，一字树兹，福建侯官人。陈寿祺长子。道光五年举人，七赴会试不第。二十四年，以大挑知县分发江西。历官分宜、弋阳、德化、南城诸县，署袁州、临江、抚州知府。传其父辑佚之学，辑撰多种。著有《鲁齐韩毛四家诗异文考》5 卷、《毛诗郑笺改字说》4 卷、《礼堂经说》2 卷、《礼记郑读考》6 卷、《鲁诗遗说考》6 卷、《齐诗遗说考》4 卷、《韩诗遗说考》6 卷、《齐诗翼氏学疏证》2 卷、《诗纬集证》4 卷、《今文尚书经说考》34 卷、《欧阳夏侯经说考》1 卷。辑著汇为《小嫏嬛馆丛书》。事迹见《清史稿》卷四八二、《清史列传》卷六九、蔡冠洛《清

布歇·德·彼尔特卒(1788—)。法国考古学家。

G. 罗西尼卒(1792—)。意大利歌剧作曲家。

让一巴蒂斯特一莱昂傅科卒(1819—)。法国物理学家。

代七百名人传》第四编、谢章铤《左海后人朴园陈先生墓志铭》（《续碑传集》卷七四）。

按：《清史稿》本传曰："初，寿祺以郑注《礼记》多改读，又尝钩考齐、鲁、韩三家诗佚文、佚义与毛氏异同者，辑而未就。病革，谓乔枞曰：'尔好汉学，治经知师法，他日能成吾志，九原无憾矣！'乔枞乃绅绎旧闻，勒为定本，成《礼记郑读考》六卷，《三家诗遗说考》十五卷。又著《齐诗翼氏学疏证》二卷，《诗纬集证》四卷。谓齐诗之学，宗旨有三：曰四始，曰五际，曰六情。皆以明天地阴阳终始之理，考人事盛衰得失之原，言王道治乱安危之故。齐先亡，最为寡证，独翼奉存其百一，且其说多出诗纬，察躔象，推历数，徵休咎，盖齐学所本也。诗纬亡而齐诗遂为绝学矣。又著《今文尚书经说考》三十四卷，《欧阳夏侯经说考》一卷。谓：'二十九篇今文具存，十六篇既无今文可考，遂莫能尽通其义。凡古文《易》、《书》、《诗》、《礼》、《论语》、《孝经》所以传，悉由今文为之先驱，今文所无辄废。向微伏生，则万古长夜矣。欧阳、大小夏侯各守师法，苟能得其单辞片义，以寻千百年不传之绪，则今文之维持圣经于不坠者，岂浅鲜哉！'又有《诗经四家异文考》五卷，《毛诗郑笺改字说》四卷，《礼堂经说》二卷，最后为《尚书说》。时宿学渐芜，考据家为世訾謷，独湘乡曾国藩见其书以为可传。自元和惠氏、高邮王氏外，惟乔枞能修世业，张大其家法。"

蒋春霖卒（1818— ）。春霖字鹿潭，江苏江阴人。咸丰元年，权东台富安场盐大使。工词。著有《水云楼词》2 卷、《水云楼词续》1 卷、《水云楼剩稿》1 卷等。事迹见《清史稿》卷四八九、金武祥《蒋君春霖传》（《续碑传集》卷八〇）。

丁惠康（　—1909）、吴芝瑛（　—1933）、章炳麟（　—1936）、蔡元培（　—1940）、俞陛云（　—1950）生。

同治八年　己巳　1869 年

苏伊士运河开通。

尤利塞斯·S. 格兰特选立为美国总统。

横越北美大陆的首条铁路通车。

维也纳歌剧院建成。

美国自然历史博物馆在纽约创建。

罗马天主教会《永恒牧人宪章》通过。

三月十六日戊子（4 月 27 日），中俄改订《陆路通商章程》。

五月初五日丙子（6 月 14 日），贵州遵义民众摧毁教会礼拜堂、学堂、医馆等，引发遵义教案。

八月十九日戊午（9 月 24 日），英、俄、德、美、法五国公使在北京订立《上海公共租界土地章程》、《法租界市政组织法》。

九月十九日丁亥（10 月 23 日），中英签订《中英新定条约十六款》、《新修条约善后章程十款》。

三十日戊戌（11 月 3 日），安徽安庆武举王奎甲率众拆毁英、法教士公寓，引发安庆教案。

十月，上海广方言馆并入江南制造总局。

是年，江宁、苏州、武昌相继设立官书局。

曾国藩任直隶总督,元月二十五日抵京。二十六、二十七、二十八日连续三次入朝,受到两宫太后、同治帝的接见。八月,作《劝学篇示直隶士子》,提出儒学有义理、考据、经济、辞章四科,唯义理为治学根本。九月,作《湘乡昭忠祠碑记》、《唐确慎公墓志铭》。十月,作《罗忠节公神道碑》。

李鸿章一月任湖广总督。

左宗棠十月任陕甘总督。

张之洞于湖北建经心书院。

王先谦五月充国史馆协修。

冯桂芬受江苏巡抚丁日昌聘,总纂《苏州府志》。

张裕钊至吴门访莫友芝,又相与泛舟遍览灵岩石楼石壁之胜,至天平山而还。

孙衣言在金陵,得苏源生书与所著《记过斋藏书》五种以及门人王心所著《言行略》,属为墓志铭。

何绍基是年因病辞去城南书院讲席,冬间薄游皖城。

康有为在连州官舍与诸生论文谈事,博览群书,时作诗文,然不喜八股制艺。

宋恕始入塾,未及一年,能背诵《易》、《诗》、《书》、《孝经》、《论语》、《孟子》及《大学》、《中庸》全文,《左传》半部,唐、宋八大家文数十篇,唐诗数百首,学作律诗短句。

陈澧邀廖廷相馆于识月轩。

李文田十月迁翰林院侍讲。

缪荃孙任职于成都书局。

朱一新在杭州诂经精舍肄业。

章浚任余杭县学训导,兼杭州诂经精舍监院。

八指头陀赴衡阳岐山仁瑞寺首参恒志来和尚,随众参禅,并充苦行僧职。

美国传教士谢卫楼来华传教。

美国传教士林乐知十二月在《教会新报》发表《消灭明教论》,认为儒教伦常观与基督教义吻合。

美国传教士丁韪良经总税务司赫德推荐,任京师同文馆总教习,直至光绪二十年。

按:顾长声《从马礼逊到司徒雷登——来华新教传教士评传》说:"丁韪良上任之后,对同文馆的学制进行了一些改革,分成五年制和八年制两种,后者是在一八七六年获得总理衙门批准的。五年制课程不包括外语,主要学习数学、格致和国际法等课程。八年制在头三年几乎全部学习外语,后五年才学习格致、数学和国际法等课程。……同文馆在丁韪良的主持下,培养出一批翻译和外交官。洋务派中的要员如户部尚书董恂、刑部尚书谭廷襄等,都是同文馆的毕业生。同文馆还翻译出版了一批西学书籍。"(上海人民出版社1985年版)

英国赫胥黎提出"不可知论"一词。

德国海克尔创立生态学的概念。

英国安德鲁斯研究液化二氧化碳时,发现临界温度现象。

英国巴肯绘制全球等压线图。

英国格拉姆发明直流发电机。

法国拜特洛证实化学热效应恒定定律。

德国希托夫发现阴极射线之主要性质。

德国格雷贝、利伯曼从煤焦油中人工合成第一种天然染料茜素。

瑞士米歇尔首次分离出去氧核糖核酸(DNA)。

俄国门捷列夫正式公布化学元素周期表。

| 德国毕希纳著《人及其在自然中的地位》。 | 王韬著《周易注释》、《礼记集释》。 |

德国毕希纳著《人及其在自然中的地位》。

德国费尔巴哈发表《幸福论》。

德国狄慈根发表哲学著作《人脑活动的本质》。

英国赫胥黎著《科学教育》。

俄国列夫·托尔斯泰著成《战争与和平》。

王韬著《周易注释》、《礼记集释》。

杨守敬著《论语事实录》1卷刊行。又著《小学记录》成书。

李塨著《春秋传注》4卷刊行。

按：《续修四库全书总目提要》曰："毛奇龄说经诸书，好逞臆见，惟所作《春秋传》，事理平允，典礼该洽。又排比经文，标识端委，为《春秋条贯篇》。塨尝从奇龄游，故是书多取其说。"

章邦元著《读左条辨》2卷成书。

袁秉亮辑《四书条辨》6卷刊行。

冯世瀛著《雪樵经解》33卷刊行。

吴树声著《歌麻古韵考》4卷刊行。

李光延著《汉西域图考》刊行。

按：是书详考汉时西域各国的地位及其沿革，附有清《新疆军台道里表》及《佛国记》、《大唐西域记》和《西使记》的录节，卷首并有《地球全图》和《汉西域图》。

徐鼒著《小腆纪传》65卷由其子徐承礼编定。

孙夏锋著《畿辅人物考》8卷刊行。

杨希闵等纂《长乐县志》20卷、首1卷刊行。

孙诒让始著《温州经籍志》。

冯桂芬纂《苏州府志》。

戴望著《颜氏学记》成书。

张伯行纂《唐宋八大家文钞》19卷刊行。又纂《正谊堂全书》续刻5种始刊于是。

恽敬著《大云山房文稿》4集11卷重刊。

蒋湘南著《七经楼文钞》6卷、《春晖阁诗钞》6卷刊行。

张际亮著《思伯子堂诗集》32卷刊行。

张应昌纂《国朝诗铎》26卷刊行。

按：是书编选始于咸丰六年（1856），完成于同治八年（1869），十余年间屡增屡删。所选诗人起自清初，包括明末遗民；下迄于同治年间，凡诗人911家，诗歌二千余首。

江顺怡著《读红楼梦杂记》1卷刊行。

吴敏树著《桦湖文录》自刊。

曾元琳著《酞玉山馆今体诗钞》刊行。

董祐诚著《董方立遗书》8种刊行。

胡凤丹纂《金华丛书》始刊。

按：所收以乡邦著作为限，共70种，其中以宋、元、明人著作为多。至1908年出齐。1924年，其子胡宗懋又纂《续金华丛书》60种，以补前辑之未备。

阿尔方斯·德·拉马丁卒（1790— ）。法国浪漫主义诗人，历史学家。

丁善庆卒（1790— ）。善庆字伊辅，号自庵，亦号养斋，祖籍湖南衡阳，生于长沙，长于北京。道光二年进士，改翰林院庶吉士，散馆，授编修。八年，充贵州乡试正考官。十一年，充广东乡试正考官。十六年，任广西学政，升侍讲学士。二十六年，聘为岳麓书院山长，连续任职达二十二年

同治八年 己巳 1869年

之久。弟子著录者数百人,曾国荃、刘长佑出其门下。著有《左氏兵论》、《岳麓续志》及有关诗文、奏稿和书法。事迹见《清史列传》卷六七、曾国藩《丁君墓志铭》(《续碑传集》卷一八)。

方潜卒(1805—)。潜原名士超,字鲁生,安徽桐城人。尝与霍山吴廷栋、大学士倭仁往复论学。著有《毋不敬斋全书》3卷。事迹见《清史列传》卷六七。

陈立卒(1809—)。立字卓人,又字默斋,江苏句容人。少客扬州,师江都梅植之,受诗、古文辞;师江都凌曙、仪征刘文淇,受《公羊春秋》、许氏《说文》、郑氏《礼》,而于《公羊》致力尤深。道光二十一年进士,二十四年,补应殿试。选翰林院庶吉士。散馆,改刑部主事,升郎中,授云南曲靖府知府。著有《公羊义疏》76卷、《尔雅旧注》2卷、《白虎通疏证》12卷、《说文谐声孳生述》3卷、《旧唐书校勘记》、《句溪杂著》6卷等。事迹见《清史稿》卷四八二、《清史列传》卷六九、《曲靖府知府陈君墓志铭》(《续碑传集》卷七四)。

按:《清史稿》本传曰:"文淇尝谓汉儒之学,经唐人作疏,其义益晦。徐彦之疏《公羊》,空言无当。近人如曲阜孔氏、武进刘氏,谨守何氏之说,详义例而略典礼、训诂。立乃博稽载籍,凡唐以前《公羊》古义及国朝诸儒说《公羊》者,左右采获,择精语详。草创三十年,长编甫具。南归后,乃整齐排比,融会贯通,成《公羊义疏》七十六卷。初治《公羊》也,因及汉儒说经师法,谓莫备于《白虎通》。先为疏证,以条举旧闻、畅隐扶微为主,而不事辨驳,成《白虎通疏证》十二卷。幼受《尔雅》,因取唐人《五经正义》中所引犍为舍人、樊光、刘歆、李巡、孙炎五家悉甄录之。谓郭注中精言妙谛,大率胎此。附以郭音义及顾、沈、施、谢诸家切释,成《尔雅旧注》二卷。又以古韵之学敝蚀已久,而声音之原,起于文字,说文谐声,即韵母也。因推广归安姚氏《说文声系》之例,剌取许书中谐声之文,部分而缀叙之。以象形、指事、会意为母,以谐声为子,其子之所谐,又即各缀于子下。其分部则兼取顾、江、戴、孔、王、段、刘、许诸家,精研而审核之,订为二十部,成《说文谐声孳生述》三卷。其文渊雅典硕,大抵考订服制典礼及声音训诂为多,成《句溪杂著》六卷。"

许宗衡卒(1811—)。宗衡字海秋,江苏上元人。咸丰二年进士,改庶吉士,任中书,迁起居注主事。著有《玉井山馆文略》5卷、《玉井山馆文续》3卷、《玉井山馆诗余》1卷等。事迹见《江宁府志·许宗衡传》。

邹伯奇卒(1819—)。伯奇字一鄂,一字特夫,广东南海人。长于数学、天文、地理。所著《格补术》阐述显微镜、望远镜、眼镜等光学仪器的原理。研制成功中国第一架摄影器——照相机,并撰有《摄影之器记》一文。著有《邹征君遗书》及《邹征君存稿》。事迹见《清史稿》卷五〇奇、《清史列传》卷六九、诸可宝《邹伯奇传》(《碑传集三编》卷四二)。

按:《清史稿》本传曰:"聪敏绝世,覃思声音、文字、度数之源。尤精天文历算,能荟萃中、西之说而贯通之。静极生明,多具神解。……又谓向来注经者,于算学不尽精通,故解《三礼》制度多疏失,因作《深衣考》,以订江永之谬。作《戈戟考》,以指程瑶田之疏。以《文选·景福殿赋》'阳马承阿'证古宫室阿栋之制。以体积论楠氏为量,以重心论悬磬之形,皆绘图立说,援引详明。又尝谓《群经注疏》引算术未能简

赫克托尔·柏辽兹卒(1803—)。法国作曲家。

琼斯卒(1819—)。英国宪章运动领袖和诗人。

要,甄鸾《五经算术》既多疏略,王伯厚《六经天文篇》博引传注,亦无辨证。因即经义中有关于天文、算术,为先儒所未发,或发而未阐明者,随时录出,成《学计一得》二卷。"

高均儒卒,生年不详。均儒字伯平,浙江秀水人。廪贡生。性狷介,严取与之节。治经专《三礼》,主郑氏说,故自号郑斋。尤服膺宋儒,见文士荡行检者则绝之如仇,人苦其难近。咸丰间,客游江、淮,为杨以增、吴棠校刻旧籍,省勘精细。晚主杭州东城讲舍,以实学课士。著有《续东轩诗集》。事迹见《清史稿》卷四八〇。

陈千秋（ —1895)、黄人（ —1913)、吴保初（ —1913)、桂念祖（ —1915)、潘月樵（ —1928)、徐珂（ —1928)、梁士诒（ —1933)、陈少白（ —1934)、孟森（ —1937)生。

同治九年　庚午　1870 年

日本近代哲学始。

普法战争爆发。法兰西第三共和国成立。

德意志统一。

罗马归意大利。

经济学的奥地利学派创立。

美国纽约大都会艺术博物馆、波士顿艺术博物馆创立。

法国拜特洛从乙炔、乙醇、乙酸中制得苯、苯酚萘。

五月二十三日戊子(6月21日),天津教案发生,民众殴毙法领事丰大业,焚毁教堂多处。

六月初三日戊戌(7月1日),清廷派奎昌赴塔尔巴哈台与俄使勘办立界。

十月二十日壬子(11月12日),清廷改三口通商大臣为北洋通商大臣。

十一月十六日丁未(1871年1月6日),清军攻陷陕甘回民起义据点金积堡。

曾国藩奉命前往办理天津教案。六月十三日抵津,随即发布《谕天津士民》告示。十六日,将天津道员周家勋、知府张光藻,知县刘杰革职。二十三日,奏请将张光藻、刘杰交刑部治罪。七月,两江总督马新贻遇刺身亡。初三日,清廷命曾国藩回任两江总督,由李鸿章任直隶总督,并复查教案。九月二十三日,曾国藩由津启入京,二十五日抵都门。二十六、二十七日连续两次入朝。十月初九日再次入朝。闰月二十日抵金陵。十一月初三日,六十大寿,御赐"勋高柱石"匾额。二十四日,作《家训日课》四条:一曰慎读则心安,二曰主敬则身强,三曰求仁则人说,四曰习劳则神钦。是月,充办理通商事务大臣。是年,曾国藩作《重编茗柯文编序》。

李鸿章七月接任直隶总督,兼北洋大臣。八月,调两江总督。十月,接办天津军火机器总局,改称天津机器制造局。是年,荐奏冯桂芬平居讲学著书,岿然为东南耆宿,请破格优奖。

容闳为李鸿章、曾国藩、丁日昌做翻译,参与处理天津教案,向曾国藩、李鸿章建议派遣幼童赴美留学。并商定派送出洋人数、设立预备学校、经费、出洋年限四事。集资设中美印务总局。

> **按**:曾国藩于奏折中有详陈:"上半年在天津办理洋务,前任江苏巡抚丁日昌,奉旨来津会办,屡与臣商议,拟选聪颖幼童送赴泰西各国书院学习军政、船政、步算、制造诸学……使西方人擅长之技,中国皆能谙悉,然后可以图自强。"(《筹办夷务始末》同治朝卷八二)曾国藩与丁日昌联衔入奏,提请朝廷采择实行,终于引起朝廷重视。

倭仁七月充顺天乡试正考官。八月,管理国子监事。

张之洞九月卸湖北学政任回京,曾国藩与人书谓其在湖北亦惬人望。是年,张氏在京与潘祖荫、王懿荣、吴大澂、陈宝琛诸人订交。

王先谦典云南考试副考官。

李文田五月充浙江乡试副考官。旋又提督江西学政。

冯桂芬因李鸿章保奏,被赏加三品卿衔。

何绍基正月寓苏州金狮桥巷。春间,江苏巡抚丁日昌有赠花手札,作诗奉谢。立夏后三日,为潘玉泉题竟宁雁足灯款识拓本,详叙原委。五月,曾国藩及丁日昌延请其至扬州书局校刊《十三经注疏》。闰十月杭州重修岳王庙,作《重摹御书岳祠扁额记》。是年,浙江巡抚杨昌浚亦聘其主孝廉堂讲席。

康有为七月随祖赞修归广州。九月,从陈蓉生学八股文于广州西门外第三甫桃源。

萧穆时馆于皖抚英翰幕中。是年,安徽将修通志,各州县开始修志,与马起升总理桐城志稿。

洪钧、廖寿恒、黄体芳分别充湖北、湖南、福建等省学政。

沈葆桢奏请开算学一科,指出船炮之巧拙,以算学为根本。是年,丁父忧,仍请终制,暂解事,服阕始出。

> **按**:《清史稿·沈葆桢传》曰:"当其居忧,内阁学士宋晋疏请暂停船工,诏下酌议。葆桢上疏,略谓:'自强之道,与好大喜功不同,不可以浮言摇动。且洋员合同不能废,机厂经营不可弃。不特不能即时裁撤,五年期满,亦不可停。'推论利害切至,诏嘉纳之。"

缪荃孙闰十月北上应试,始为金石之学。

陶方琦往访谭献与论群经九流,并旁及文辞正文。

沈祖懋、严辰等16人上书浙江学使徐树铭,请求将张履祥从祀文庙。

> **按**:《光绪桐乡县志》卷一三《人物上》曰:"方今粤逆倡乱至十数载,始仗天威一旦扫荡,而人民荼毒已不堪言。推原其故,皆由乡无正人君子讲明正学,化导愚顽,而异端之教从而簧鼓,故民之稍有聪明才力者,不安于凿井耕田,而犯上作乱,至于此极。若得如杨园先生之安贫乐道,纂明圣教者,以为表率,移风易俗,左券可操。倘蒙奏恩请施,准其从祀,俾天下咸知一介儒生暗修尔室,生虽未沾一命之荣,而数百年后尚得仰邀旷典,俎豆千秋,则草野之间,抱负非常而为有司所遗者,皆将不攻乎异端而惟潜修之是尚,斯于今日风俗人心大有裨益。"

丁丙赴四明山搜求《四库全书》遗书。

唐廷枢与徐润等集资创办上海第一家医院仁济医院。

王韬由欧洲返国，居香港。著述立说，办报纸，宣传变法自强。

辜鸿铭随布朗到德国，在布朗柏林家中学习德文，读《浮士德》和莎士比亚戏剧，又学习数学等自然科学。

按：辜鸿铭先后在柏林大学和莱比锡大学读书。在柏林获哲学博士，在莱比锡获土木工程学位。

华蘅芳与杨兆鋆、江蘅游。

马相伯通过耶稣会通考，成绩"特优"，获神学博士学位，并祝圣为司铎。始在安徽宁国、江苏徐州等地传教，得父同意，出家财数百金抚恤百姓，后为教会以违规禁止，并令其反省，与教会渐有矛盾。入南京圣玛丽住院，随兰廷玉神父进修科学。

宋恕九岁，始学为功令文。诵《春秋》、《左传》、《公羊传》、《谷梁传》，举其是非谬于圣人者数十事。

王鹏运从江西回桂林参加乡试，以监生中第二十八名举人。

黄庭坚六月在广州应乡试未中。因天津教案事，大量阅读《万国公报》及江南制造局翻译之书籍。

朱一新、黄以周、王鹏运举乡试。

张森楷赴重庆应童子试，考中甲第一名。

柯绍忞中举人。

按：柯绍忞字凤孙，又字凤笙，晚号蓼园，山东胶州人。1914年应聘任清史馆总纂。1925年任东方文化事业总委员会委员长，主持修纂《四库全书提要》。1927年，所著《春秋谷梁传注》15卷刊行。另著有《新元史考证》、《译史补》等。

梅毓中举人。

按：《清史稿·梅毓传》曰："梅毓，字延祖，江都人。同治九年举人，候选教谕。著有《谷梁正义长编》一卷。"

赵铭中举人，官直隶候补知府。

按：赵铭字新又，号桐孙，浙江秀水人。著《左传质疑》，李慈铭为之序，推许甚至。又著有《读左传余论》、《琴鹤山房集》、《梅花洲笔记》等。

颜永京正式任牧师，在武昌筹建文华学堂。后扩充为文体书院。

美国传教士金楷理入江南制造局任翻译。

英国传教士李提摩太正月来华传教，结识李鸿章、丁宝桢、曾国荃，建议开矿山、办教育。

法国传教士顾赛芬来华传教。

美国传教士费启鸿来华传教。

美国传教士李承恩来华传教。

美国传教士武林吉来华传教。

美国传教士李安德来华传教。

英国传教士傅兰雅为江南制造局译馆订购第三批西书40种。

英商开利创办别发印书馆于上海，印刷及出售西书，总公司设在香港。

同治九年　庚午　1870年

沈彦渠著《禹贡正诠》4卷刊行。

陈澧著《切韵考通论》1卷刊行。

潘逢禧著《正音通俗表》1卷刊行。

朱骏声著《说文通训定声》18卷刊行。

李元度著《楚疆三文忠公传》刊行。

李鸿章重刻《历代地理志韵编今释》，并作序。

陆心源等纂《湖州府志》96卷、首1卷成书。

俞樾等纂《续天津县志》20卷、首1卷刊行。

李兆洛著《李氏五种》由李鸿章刊行。

王韬著《法国志略》24卷成书。又始编《普法战纪》。

贺瑞麟著《女儿经》1卷刊行。贺氏纂《女学七种》始刊于是。

俞樾著《诸子平议》35卷刊行。

马国翰著《玉函山房目耕帖》31卷刊行。

汤斌著《汤文正公全集》4种刊行。

张履祥著《张杨园先生集》16种刊行。

胡凤丹纂《六朝四家全集》、《唐四家诗集》刊行。

魏源著《古微堂诗集》10卷刊行。

贺贻孙著《水田居存诗》3卷刊行，又著《水田居全集》7种附1种至是年刊毕。

皮锡瑞始为《古今体诗编年》。

俞樾著《春在堂词录》3卷成书。

段永源著《信征全集》32卷刊行。

德国谢夫勒著《资本主义与社会主义》。

德国哈特曼发表《无意识的哲学》。

法国泰纳出版《论知识》。

俄国巴枯宁著《上帝和国家》、《国家制度和无政府状态》。

意大利阿斯科里出版《语言学教程》。

法国儒勒·凡尔纳著成小说《海底两万里》。

吴振棫卒（1792—　）。振棫字宜甫，号仲云，晚号再翁，浙江钱塘人。嘉庆十九年进士，改庶吉士，散馆，授翰林院编修。二十四年，充贵州乡试副考官。道光元年，充实录馆纂修。历任云南大理知府、山东登州知府、沂州知府、济南知府、安徽凤阳知府、安庆知府、陕西巡抚、四川总督、云贵总督等。著有《花宜馆诗抄》16卷、《花宜馆诗续抄》1卷、《花宜馆文略》1卷、《养吉斋丛录》22卷等。事迹见《清史稿》卷四二四、《清史列传》卷四八、缪荃孙《光禄大夫云贵总督吴公神道碑》（《碑传集补》卷一四）。

陈森卒（1796—　）。森字少逸，号采玉山人，江苏常州人。因仕途失意，流寓京城。著有狭邪小说《品花宝鉴》等。

许楣卒（1797—　）。楣字金门，号辛木，浙江海宁人。货币理论家，反对王鎏的废银和发行不兑现纸币之主张，著有《钞币论》。

吴熙载卒（1799—　）。熙载原名廷扬，字熙载，避同治帝之讳，五十岁后更字让之、攘之，号让翁、晚学居士、方竹丈人、言庵、言甫等，江苏仪征人。包世臣弟子。工四体书，篆刻学邓石如。著有《师慎轩印谱》、《通鉴地理今释稿》16卷等。事迹见《清史稿》卷五〇三、震钧辑《国朝书人辑略》卷一〇。

亚历山大·大仲马卒（1802—　）。法国作家。

普罗斯佩·梅里美卒（1803—　）。法国历史学家，喜剧家，考古学家，小说家。

亚·伊·赫尔岑卒（1812—　）。俄国诗人，哲学家。

查理·狄更斯卒（1812—　）。英国小说家。

茹尔·龚古尔卒（1830—　）。法国作家。

按：《清史稿》本传曰："熙载为诸生，博学多能，从包世臣学书。世臣创明北朝书派，溯源穷流，为一家之学。其笔法兼采同时黄乙生、王良士、吴育、朱昂之、邓石如诸人之说。执笔，食指高钩，大指加食指、中指之间，中指内钩，小指贴名指外拒，管向左迤，后稍偃，若指鼻准。运锋，使笔毫平铺纸上，笔笔断而后起。结字计白当黑，使左右牝牡相得，自谓合古人八法、九宫之旨。熙载恪守师法，世臣真、行、藁草无不工，嗜篆、分而未致力，熙载篆、分功力尤深。复纵笔作画，亦有士气。"

黄辅辰卒（1802— ）。辅辰字琴坞，贵州贵筑人。黄彭年父。道光十五年进士，补吏部文选司主事。三十年，迁考功司郎中。咸丰三年，以知府分发山西，两署冀宁道。后入四川总督骆秉章幕。同治五年，调陕西凤邠道。著有《小西山房文集》、《营田辑要内编》3卷、《营田辑要外编》1卷、《劝谕牧令文》1卷等。事迹见《清史稿》卷四三四、《清史列传》卷七六。

苏源生卒（1808— ）。源生字泉沂，号菊村，河南鄢陵人。道光二十年中副榜。曾游大梁书院，拜嘉兴钱仪吉为师，喜读程朱理学。咸丰元年，诏举孝廉方正，辞不就。后主讲文清书院十五年。著有《大学臆说》2卷、《师友札记》4卷等。辑有《中州学案》、《中州文征》54卷、《鄢陵文献志》40卷、《记过斋藏书》7种等。事迹见《清史列传》卷六七、方宗诚《苏菊村传》、孙衣言《苏菊村墓表》（均见《续碑传集》卷七一）。

戢翼翚（ —1910）、欧榘甲（ —1910）、胡思敬（ —1922）、杭辛斋（ —1924）、熊希龄（ —1937）、李光炯（ —1941）、丁开雄（ —1945）生。

同治十年　辛未　1871年

日本废藩置县。

德意志帝国成立。

巴黎公社失败。

二月二十九日己丑（4月18日），上海至香港间海底电线建成。
按：丹商大北电报公司由香港设水线到上海，中国始有国际电报。

五月初六日乙未（6月23日），清廷未准左宗棠禁绝回民新教之请。

初九日戊戌（6月26日），曾国藩、李鸿章联名上奏，拟选聪颖幼童送赴泰西各国书院学习军政、船政、步算、制造诸学，约计十余年，业成而归，使西人擅长之技，中国皆能谙悉，然后可以渐图自强。而挑选幼童不分满汉子弟，俱以年十二岁至二十岁为率收录入局。最后是九岁至十五岁的幼童成行赴美留学。

十四日癸卯（7月1日），沙俄伊宁远征军长官科尔帕柯夫斯基率俄军占领新疆绥定。

十七日丙午（7月4日），沙俄宣布永久占领伊犁。

六月十一日庚午（7月28日），清廷又一次发布禁毁小说书报之上谕。
按：谕曰："御史刘瑞祺奏请饬销毁小说书版一折。坊本小说，例禁綦严，近来各省书肆，竟敢违禁刊刻，公然售卖，于风俗人心，殊有关系，亟应严行查禁。著各省督抚府尹饬属查明应禁各书，严切晓示，将书版全行收毁，不准再行编造刊印，亦不得任听吏胥借端搜查，致涉骚扰。"（《中国近代小说编年》是年条引）

二十七日丙戌（8月13日），福建古田民众拆毁英国教堂。

七月十七日乙巳（9月1日），总理衙门《致各国大臣书》提出，近年传教士流弊不可胜言，教案频生，传教者和习教者常不遵从居住国之法律风俗，特定章程八章，规定传教士必须按指定地点传教，并服从中国法律。

十九日丁未（9月3日），曾国藩、李鸿章奏请派翰林学士陈兰彬、容闳带学生出国留学。

二十九日丁巳（9月13日），《中日修好条规》十八条和《通商章程》三十三款议定。

是年，同文馆增设德文馆，设医学、生理学讲座。聘请英国医学博士德贞为第一任生理学教习，任教长达二十三年。

按：德贞在同文馆开设生理学讲座，被认为是中国官方正式接受西医知识的开端。

美国监理会在苏州设立存养书院。

按：光绪五年（1879）迁至天赐庄，改名为博习书院，为东吴大学前身。

曾国藩、李鸿章联名向总理衙门专奏《拟选子弟出洋学艺折》，论派幼童出洋肄业之重要。并上《幼童赴泰西肄业章程》。十一月，李鸿章接美使复函，欢迎中国幼童赴美肄业。是年，曾国藩作《江宁府学碑记》、《湖南文征序》。

按：黎庶昌《曾文正公年谱》曰："七月初三日，公与李公鸿章会奏派委刑部主事陈兰彬、江苏同知容闳选带聪颖子弟，前赴泰西各国肄习技艺。从前斌椿、志刚、孙家谷等奉命游历海外，亲见各国军政船政，皆视为身心性命之学，中国当师仿其意，精通其法。查照美国新立和约，拟先赴美国学习，计其程途，由东北太平洋乘坐轮船，径达美国，月余可到。已饬陈兰彬、容闳二员酌议章程，所需经费，请饬下江海关于洋税项下按年指拨，勿使缺乏。并请饬下总理衙门，将该员所议章程酌核。"

张之洞五月与潘祖荫宴客于龙树寺，名士毕集。六月，有诗送王闿运归湘潭。

张履祥是年获准从祀文庙。

徐寿主持之江南制造局翻译馆开始刊印西书。

莫友芝往求文宗、文汇两阁书于扬州里下河，至兴化病殁。

李善兰加内阁侍读衔。

黄彭年应李鸿章聘修，居莲池书院。

方东树任枣强县令，凡九年。

严复在福州船政学堂毕业，考列最优等，派登建威练习舰实习。经过新加坡、槟榔屿及我国辽东湾、直隶湾等地。同去的毕业同学有刘步蟾、林泰曾、何心川、叶祖珪、蒋超英、方伯谦、林承谟、沈有恒、林永升、邱宝仁、郑溥泉、叶伯鋆、黄建勋、许寿山、陈毓淞、柴卓群、陈锦荣等18人。

英国斯万开始生产使用照相底片。

德国沃格尔由太阳东西两边光谱线位移，测定太阳自转速度。

德国海因里希·谢里曼开始发掘特洛伊古城（ —1882年）。

法国鲍狄埃创作《国际歌》。

李慈铭删孙莲士诗文,并撰序。

张謇始攻桐城派古文与宋儒著作。

王韬与黄平甫集股购入香港英华书院的印刷厂,改为中华印务总局。

何绍基正月仍寓苏州。初九日,赵静山邀至湖南会馆观剧。谷雨节后作王蓬心画卷题记。有诗示扬州书局诸人,主张先刊行经籍,后印史籍及诸子百家书。曾国藩至扬州阅兵,见校刻《十三经注疏》,甚喜。

容闳在沪设留美预备学堂。

孙诒让是春北上应礼部试。四月,观翰林院所藏《四库全书》数种,皆乡邦文献著作,旋返江宁。

康有为还银塘乡。读书于叔祖康国器所筑澹如楼及二万卷藏书楼中。是年始就童子试,不售。

黄遵宪参加岁试,中第一名,补廪膳生。

张佩纶、瞿鸿禨、廖寿丰、劳乃宣、唐景崇、丁振铎等三月成进士。

按:唐景崇字春卿,广西灌阳人。由侍读四迁至内阁学士。光绪二十年,典试广东。明年,主会试。历兵部、礼部侍郎,权左都御史,出督浙江学政。升学部尚书,改为内阁学务大臣,兼弼德院顾问大臣。辛亥革命后称病引退。1914年任袁世凯参政院参议。生平喜治史,著有《唐书注》50卷,1936年铅印本只10卷。《清史稿》本传曰:"景崇博览群书,通天文算术,尤喜治史。自为编修时,取《新唐书》为作注,大例有三:曰纠缪,曰补阙,曰疏解,甄采书逾数百种。家故贫,得秘籍精本,辄典质购之。殚精毕世,唯缺地理志内羁縻州及艺文志,余均脱稿。"

王鹏运上京应进士试,不第,自此滞留京师。

区谔良被同治帝赐二甲进士出身,并钦点为翰林院庶吉士。

缪荃孙再次参加会试,房师杨蓉浦力荐,仍落第。回蜀后,入川东道姚觐元幕。姚氏酷爱金石,与荃孙成莫逆之交。

杨守敬第四次赴京会试,仍不中。

马相伯返徐家汇,任徐汇公学校长。

萧穆是年仍任总桐城县志稿事。

黄道平时在江南制造局当差,获悉朝廷招考"留美幼童",遂先送年十五的儿子黄仲良作为第一批官费生出洋。两年后,又送年十四的儿子黄季良赴美留学。

杨文会泛舟游历苏、浙诸省,遍访师友,获益匪浅。

伟烈亚力创设亚洲文公北中国支会图书馆。

美国传教士文惠廉在武昌设立文化学堂。

按:光绪十七年(1891)易名为文化书院,为华中大学前身。

英国传教士甘为霖来华传教。

马克思出版《法兰西内战》。

德国杜林著《国民经济学与社

张应誉著《笃志斋周易解》3卷、《笃志斋经解》5卷、《笃志斋春秋解》2卷刊行。

郑观应著《易言》成书。

苏惇元著《四礼从宜》4卷刊行。

同治十年　辛未　1871年

吴树声著《诗小学》30卷附补1卷刊行。

戴望著《注论语》20卷刊行。

按：该书以公羊家的观点来阐释《论语》，重在宣究孔子素王之事，改周命之制。陈其泰说是书"多属牵强比附，于公羊理无所发明，更做不到注入新的时代意义"（《清代公羊学》）。

丁守存著《四书虚字讲义》1卷刊行。

王汝谦著《四书记悟》14卷刊行。

曾世仪著《孝经集义》2卷刊行。

沈炳震校订补《二十一史四谱》刊行。

六承如编《历代纪年编》3卷成书。

按：是书纪事自汉武帝建元元年（公元前140年）起，至是年止。上卷列举汉以下各朝年号，对各朝割据政权和国外交趾、新罗、日本所立年号，也都采入，分年排列。凡同时存在的政权，均于同一年中分格列入。建元元年以前则列为补编。下卷以年号的末一字依韵编列，下注某一年号属何朝何帝。

李祖陶纂《史论五种》刊行。

吴坤修纂《大清律例根源》124卷成书。

黄彭年等纂《畿辅通志》300卷、首1卷成书。

史澄纂《番禺县志》55卷刊刻。

俞樾、方宗诚纂《上海县志》32卷、首1卷、末1卷，附《补遗》、《叙录》刊行；又著《第一楼丛书》刊行。

程鸿诏等纂《黟县三志》16卷、首1卷、末1卷刊行。

吴振棫著《养吉斋丛录》22卷、余录10卷刊行。

孙星衍纂《孙吴司马兵法》重刊。

罗振玉著《重校订纪元编》3卷。

夏燮著《中西纪事》重刊。

王韬编译《普法战纪》14卷成书，自为序。

按：《普法战纪》是第一部由中国人编译的欧洲战争史，书中详细地介绍了普鲁士帝国与法国之间战争发生的原因、经过、议和与善后事宜。

张履祥编《重订杨园先生全集》19种附年谱刊行。

蒋士铨著《蒋氏四种》重刊。

佚名著《辟邪纪实》重刊。

吴廷栋著《拙修集》10卷及所校《理学宗传辨正》刊行。

按：《理学宗传辨正》16卷，由河南永城学者刘廷诏编纂，约成于道咸之际。是书为批驳孙奇逢的《理学宗传》而作，作者在序中说："顾học无二致，学只一途，理学之所宗所传而不取极于一正，恐其以异学乱正学，而宗失其宗，传失其传，裂道术二之也。是安可以不辨乎？"所以，作者对《理学宗传》做了大调整，建立了一个"醇正"的程、朱理学正宗体系。倭仁在《校订理学宗传辨正叙》中，称赞此书"统绪分明，厘然不紊，可谓取向端而取舍审矣"（《理学宗传辨正》卷首）。同治间，倭仁请吴廷栋校订此书，吴廷栋将此书视若己出，与罗泽南的《姚江学辨》一并编入他个人文集。在倭仁、吴廷栋等人的推崇下，《理学宗传辨正》与《汉学商兑》、《姚江学辨》一起产生了较大影响。方宗诚《校刊汉学商兑叙》曰："永城刘虞卿先生著《理学宗传辨正》一书以

会主义的批判的历史》。

法国单纳著《英国文学史》。

奥地利C.门格尔发表《国民经济学原理》。

英国杰文斯著《政治经济学理论》。

英国查理·达尔文著成《人类的由来及性选择》。

美国L.H.摩尔根发表《人类家庭的血亲和姻亲制度》。

英国E.B.泰勒著《原始文化》。

比利时格特勒出版《人体测量学》。

明辨陆、王心学之非,桐城方植之先生著《汉学商兑》一书以明辨近世宗主汉学之失,二书贯串群言,折衷至是",皆有功于圣学昌明(《柏堂集余编》卷三)。

  李佐贤著《书画鉴影》24 卷成书。

  马国翰纂《玉函山房辑佚书》由济南皇华馆补刻。

  江南制造局翻译出版该馆最早的译著《运规约旨》和《开煤要法》。

  丁取忠著《粟布演草》2 卷成书。

  按:《清史稿·丁取忠传》曰:"自序曰:'道光壬辰,余始习算,友人罗寅交学博洪宾以难题见询,久无以应。同治初元,始获交南丰吴君子登太史,驭以开屡乘方法,余始通其术,然未悉其立法之根也。后吴君游岭表,余推之他题,及辗转相求,仍多窒碍。又函询李君壬叔,蒙示以廉法表及求总率二术,而其理始显。后吴君又示以指数表及开方式表,李君复为之图解以阐其义。由是三事互求,理归一贯。余因取数题详为演草,并捷法图解,都为一卷。质之南海邹君特夫,君复为增订开屡乘方法,并另设题演草,补所未备。即算家至精之理,如圆内容各等边形,皆可借发商生息以明之,诚快事也!'"

  美国人嘉约翰编译《西医略说》、《割症全书》等刊行。

  徐寿与英国传教士傅兰雅合译《化学鉴原》6 卷由江南制造局刊行。

  按:是为中国最先系统介绍西方化学的著作。

裴提斯卒(1784—)。比利时音乐学家。

查尔斯·巴贝奇卒(1792—)。英国数学家,发明家。现代自动计算机创始人。

威廉·魏特林卒(1808—)。德国哲学家。

乌申斯基卒(1824—)。俄国教育学家。

  夏炘卒(1789—)。炘字欣伯(一作心伯),安徽当涂人。夏銮长子。道光五年举人,任武英殿校录。后任吴江、婺源教谕18 年。咸丰初年,曾在婺源倡办团练,后擢颍州府教授,保升内阁中书,四品卿衔。长于《诗经》、《礼经》,对义理、训诂、名物、说文、小学均能博考精研,著作颇富。著有《学礼管释》18 卷、《檀弓辨诬》3 卷、《易君子以录》2 卷、《述朱质疑》16 卷、《朱子诗集传校勘记》1 卷、《诗章句考》1 卷、《诗乐存亡谱》1 卷、《谈诗札记》8 卷、《三纲制服尊尊述义》3 卷、《学制统述》2 卷、《六书转注说》2 卷、《古韵表集说》2 卷、《汉唐诸儒与闻录》6 卷、《评谟成竹》1 卷、《息游咏歌》1 卷、《贾长沙政事疏考补》1 卷、《陶主敬先生年谱》1 卷等,汇为《景紫堂全书》17 种81 卷刊行。事迹见《清史列传》卷六七。

  按:《清史列传》本传曰:"炘为学,兼综汉宋,长《诗》《礼》二经,而尤深于朱子之书,义理、训诂、名物、制度、说文、小学,皆能博考精研,深造自得。其所撰著,以辅翼世教为心。桐城方宗诚尝称其《檀弓辨诬》三卷,有功孔子;《述朱质疑》十六卷,有功朱子。《三纲制服尊尊述义》三卷,实于古圣制礼以维系纲常之意,有所发明。晚岁,潜心玩《易》,著《易君子以录》二卷。"

  谭莹卒(1800—)。莹字兆仁,号玉生,广东南海人。道光二十四年,举于乡,官化州训导。久之,迁琼州教授,加中书衔。少与侯康等交莫逆,晚岁陈澧与之齐名。曾主持学海堂达三十年之久。好搜集秘籍。著有《乐志堂诗文集》等。事迹见《清史稿》卷四八六、《清史列传》卷七三、《谭莹传》(《续碑传集》卷八〇)。

  按:《清史稿》本传曰:"弱冠应县试,总督阮元游山寺,见莹题壁诗,惊赏,告县令曰:'邑有才人,勿失之!'令问姓名,不答。已而得所为赋以告元,元曰:'是矣。'逾年,元开学海堂课士,以莹及侯康、仪克中、熊景星、黄子高为学长。莹性强记,述往事,虽久远,时日不失。博考粤中文献,友人伍崇曜富于赀,为汇刻之,曰《岭南遗书》五十九种,曰《粤十三家集》,曰《楚南耆旧遗诗》,益扩之为《粤雅堂丛书》。莹为学长三十年,英彦多出其门。"

美国传教士罗孝全卒(1802—)。1821年加入浸礼会,1833年成为牧师,1835年组成"罗孝全基金与中国传教会"。1837年受派至澳门传教。1842年出席香港《圣经》翻译会议。1844年到广州传教,建立教堂。1847年,与洪秀全相识。1851年成为独立传教士。1860年至南京,曾任太平天国洪仁玕助手,协理外交。

倭仁卒(1804—)。仁姓乌齐格里氏,字艮斋,蒙古正红旗人。师从唐鉴。道光九年进士,选庶吉士,授编修。历中允、侍讲、侍读、庶子、侍讲学士、侍读学士。二十二年,擢詹事。二十四年,迁大理寺卿。官至文渊阁大学士、文华殿大学士。卒赠太保,入祀贤良祠,谥文端。著有《倭文端公遗书》13卷。事迹见《清史稿》卷三九一、《清史列传》卷四六、蔡冠洛《清代七百名人传》第一编、匡辅之《倭文端公别传》(《续碑传集》卷五)。

按:《清史稿》本传曰:"初,曾国藩官京师,与倭仁、李棠阶、吴廷栋、何桂珍、窦垿讲求宋儒之学。其后国藩出平大难,为中兴名臣冠;倭仁作帝师,正色不阿;棠阶、廷栋亦卓然有以自见焉。倭仁著有《遗书》十三卷。"

石玉昆卒(1810—)。玉昆字振之,号问竹主人,天津人。满族。在北京以说书为业,曾自编自演《龙图公案》(即《包公案》)闻名京师。善讲忠烈侠义传,后人据其讲稿编成小说《三侠五义》、《七侠五义》等。

莫友芝卒(1811—)。友芝字子偲,号郘亭,晚号眲叟,贵州独山人。莫与俦子。道光十一年举人,屡应礼部试不中。入曾国藩幕。咸丰时,尝选取县令,弃去。后聘为金陵书局校勘,其著为校勘学者所重。与郑珍齐名,世称"郑莫"。著有《黔诗纪略》33卷、《韵学源流》、《遵义府志》48卷、《声韵考略》4卷、《唐写本说文木部笺异》1卷、《宋元旧本书经眼录》3卷、《郘亭知见传本书目》16卷、《郘亭诗钞》6卷、《郘亭遗诗》8卷、《郘亭遗文》8卷、《过庭碎录》12卷、《梁石记》1卷、《影山草堂六种》30卷、《樗茧谱注》2卷、《郘亭经说》、《资治通鉴索隐》、《旧本未见书经眼录》、《书画经眼录》、《影山词》等。事迹见《清史稿》卷四八六、《清史列传》卷六九、蔡冠洛《清代七百名人传》第五编、曾国藩《教授莫君墓表》、张裕钊《莫子偲墓志铭》(均见《续碑传集》卷七九)。

按:贵州独山莫氏,一门三杰,均为学人兼藏书家。莫友芝所藏,以唐代写本《说文》本部及宋版《范香溪集》为珍,并为丁日昌编撰《抒静斋藏书纪要》2卷。友芝从弟莫祥芝亦喜书,从郁松年之宜稼堂得书甚多。其子莫堂精版本目录学,收明刊本,旧抄旧校及清代精刻本为特色,撰有《文渊楼藏书目录》。

杨守仁(—1911)、**夏瑞芳**(—1914)、**杨昌济**(—1920)、**李家驹**(—1938)、**欧阳竟无**(—1943)生。

同治十一年　壬申　1872 年

<small>日本改行公历。

德国、俄罗斯和奥地利组建"三皇同盟"。

日本东京国立科学博物馆、帝国图书馆创建。

莫斯科历史博物馆创立。

美国纽约布鲁克林大桥竣工。</small>

四月初九日壬戌（5 月 15 日），日本续派使臣柳原前光会见李鸿章，要求改换正约。

十三日丙寅（5 月 19 日），清廷署伊犁将军荣全与沙俄代表谈判交换伊犁问题。

五月初三日丙戌（6 月 8 日），沙俄特使柯尔巴斯与阿古柏订立《俄阿商务条约》。

十三日丙申（7 月 18 日），俄使佯允交还伊犁，要求修改塔尔巴哈台所定边界，并要开放乌鲁木齐、哈密等六城为商埠。

六月，大学士宋晋上奏攻击洋务派官员的造船计划，要求太后降旨，停止造船。李鸿章、左宗棠、沈葆桢挺身谏诤。

七月初八日庚寅（8 月 11 日），中国首批官费留学生吴仰曾、谭耀勋等 30 人赴美国，陈兰彬、容闳为领队。

按：这批赴美幼童学成归国后，均颇有成就。如梁敦彦、吴仲贤、梁丕旭成为著名外交家；张康仁成为美国著名律师，为旅美华侨合法权益做出许多贡献；杨兆楠、黄季良、薛有福、邝咏钟等在抗法战争中英勇牺牲；陈金揆、沈寿昌、黄祖莲在甲午海战中壮烈牺牲；吴应科获"巴图鲁"赐封后升任舰队司令、徐振鹏升至海军次长；唐国安曾任清华学堂校长、蔡绍基任北洋大学校长、林联辉任北洋医院院长、周寿臣与方伯梁合作创办唐山铁路学堂（今西南交大）；梁金荣、程大业等是中国邮电事业的奠基人；詹天佑、罗国瑞、钟文耀、黄仲良、邝景扬、卢祖华等是中国铁路的先驱。

十一月二十三日甲辰（12 月 23 日），李鸿章奏请在上海试办轮船招商局。

按：这是中国首家自办轮船航运公司，为官督商办性质，李氏派富商朱其昂、朱其诏兄弟在上海洋泾浜永安街设局招股，定名为轮船招商局，从事客运和漕运业务。

十二月初九日己未至十一日辛酉（1873 年 1 月 7 日至 9 日），清军在大理镇压回民起义。

<small>德国亨莱茵制成带内燃机的飞艇。

美国爱迪生发明二重发报机。

美国乔治·威斯汀豪斯改进铁路自动空气制动器。</small>

曾国藩正月访吴廷栋宅，畅谈学业，语及邸钞倭仁遗疏，因感昔年故交零落殆尽，黯然别去。二月二十七日，与李鸿章上奏：促请尽快落实派遣留学生一事，并提出在美国设立"中国留学生事务所"，推荐陈兰彬、容闳为正副委员常驻美国管理；在上海设立幼童出洋肄业局，荐举刘翰清总理沪局选送事宜。三月一日，时发脚麻之症，舌蹇不能语。十二日逝世。是月，清廷闻讣，辍朝三日。追赠太傅，谥文正。六月二十五日，灵柩运抵长沙。七月十九日，葬于长沙南门外之金盆岭。

按：奉上谕："大学士两江总督曾国藩，学问纯粹，器识深宏，秉性忠诚，持躬清正。由翰林蒙宣宗成皇帝特达之知，洊升卿贰。咸丰年间，创立楚军，剿办粤匪，转战数省，迭著勋劳。文宗显皇帝优加擢用，补授两江总督，命为钦差大臣，督办军务。朕御极后，简任纶扉，深资倚任。东南底定，厥功最多，江宁之捷，特加恩赏给一等毅勇侯，世袭罔替，并赏戴双眼花翎。历任兼圻，于地方利病尽心筹画。老成硕望，实为股肱心臂之臣。方冀克享遐龄，长承恩眷，兹闻溘逝，震悼良深！曾国藩著追赠太傅，照大学士例赐恤，赏银三千两治丧，由江宁藩库给发。赐祭一坛，派穆腾阿前往致祭，加恩予谥文正，入祀京师昭忠祠、贤良祠，并于湖南原籍、江宁省城建立专祠。其生平政迹事实，宣付史馆。任内一切处分，悉予开复。应得恤典，该衙门察例具奏。"（黎庶昌《曾文正公年谱》）

唐廷枢以盛宣怀荐举接办轮船招商局，因入李鸿章幕。

张之洞正月独游仁慈寺，谒顾亭林先生祠。

王先谦六月补国史馆纂修。

俞樾自钱塘江逆流上至福宁。

谭嗣同和长兄谭嗣贻、仲兄谭嗣襄在北京宣武城南拜韩荪农先生读书。

左宗棠七月从安定入驻兰州。不久，刊发《学治要言》。年底，设甘肃制造总局于兰州。

何绍基是年仍主扬州书局及兼主孝廉堂讲席。

严复被改派在"扬武"舰实习，巡历黄海及日本各地。时日本也初创海军，"扬武"舰到长崎、横滨等地，聚观者数万人。

戴望十月贻书陈澧，并寄去所著《论语注》就正。

黄遵宪参加拔贡生考试，取中。主考官是周朗山，有《和周朗山》诗。

马相伯继任上海徐汇公学校长。

陈兰彬、容闳七月率詹天佑等30名幼童自上海启行赴美留学。薛福成有赠言。

康有为在乡从杨学华受业。再试童子试不售，于是专督责为八股小题文，也仿学时文。

萧穆入上海制造总局。夏，编写姚鼐《惜抱轩尺牍》，又以刘大櫆与姚鼐之手札附后。冬，校阅制造局所刊各书，住广方言馆中。是年，曾至扬州，往访何绍基。

刘熙载时为上海龙门书院山长，曾往上海制造局访萧穆。自是七、八年间，常相过从，交谊至厚。

施补华与高仲沄同访萧穆。

宋恕暮春从父游瑞安，岳父孙锵鸣先教纵目古今书。本年，诵屈原、贾谊、鲍照、江淹诸赋，诵《通鉴纲目》，举其是非未合于情理之公者数大端。

郑观应因生祥茶栈停业，任扬州宝记盐务总理。

陈介祺得高要何昆玉、番禺潘有为、汉阳叶志铣等人印二千七百余方，并益以东武李璋煜、海丰吴式芬、归安吴云、吴县吴大澂、利津李佐贤、歙县鲍康之藏印，由其次子陈厚滋和何昆玉共同编次钤拓成谱，名《士钟山房印举》。

孙衣言正月补授江宁盐巡道。

吴仰曾进入哥伦比亚大学矿冶系深造。

欧阳庚年十四，考取官费留美幼童肄业生，七月初九日作为第一批留美学生经沪赴美，在纽约市曼哈顿入西海文小学、纽海文中学及耶鲁大学就读。

张康仁年十三，考取官费留美幼童肄业生，进入康涅狄格州哈特福德市公立高中学习。

沈葆桢先后造成兵舰二十艘，分布各海口。寻以匠徒艺成，议酌改船式，督令自造，不用洋员监督。

文廷式肄业于菊坡精舍，从陈澧学。

何启赴英国留学，先后入帕尔玛学校、阿伯丁大学和林肯法律学院学习。

陈虬始建兰心书院。

许拙学在浙江瑞安创心兰书社。

荫昌入读京师同文馆德语班。

蔡元培入家塾读书，习《百家姓》、《千字文》、《神童诗》等。

美国传教士丁韪良主编之《中西见闻录》月刊七月在北京创刊，杂录各国新闻、天文、地理、格致之学。同月，丁氏并参与创办在华实用知识传播会。

美国传教士柯林斯受路透社派遣来沪建立远东分社，为外国在华设通讯分支机构之始。首次采用该社电讯稿的是《字林西报》。

美国传教士明恩溥（明恩普）来华传教。

普鲁士地质学家李希霍芬在华历时四年，考察十四省区毕，返国后著《中国》5大卷。

英商美查三月在上海创办《申报》，为中国历史最久之报纸。六月四日发表《戏园琐谈》，为中国报纸首篇剧评。十月十一日附出刊物《瀛环琐记》，内容以小说、译文、史传为主，是中国最早文学期刊。是年开始连载《谈瀛小录》、《一睡七十年》、《乃苏国奇闻》等小说。

按：该报初始主笔为蒋芷湘。1913年由史量才接办，成为著名大报。1949年停刊。

德国尼采著《悲剧的诞生》。

德国施特劳斯著《旧信仰和新信仰》。

日本福泽谕吉著《劝学篇》。

王劼著《尚书后案驳正》2卷刊行。

孙诒让始著《周礼正义》、《古籀拾遗》。

徐时栋著《尚书逸汤誓考》6卷由城西草堂刊行。

毛士著《春秋三传驳语》10卷刊行。

耿介著《孝经易知》1卷重刊。

俞廷镳著《四书评本》19卷刊行。

程鸿诏著《夏小正集说》4卷刊行。

敕编《御纂七经》由江西书局重刊。

丁宝桢等编《十三经读本附校刊记》由山东书局刊行。

戴望著《管子校正》24卷刊行。

按：一名《管子正误》。

李兆洛著《历史舆地沿革图》刊行。

奕䜣等奉敕修纂《剿平粤匪方略》422卷、敕纂《剿平捻匪方略》320卷刊行。

按：《剿平粤匪方略》系清政府镇压太平天国的有关奏报、上谕等档案资料长编，起于道光三十年五月（1850年6月），止于同治五年二月（1866年3月），为研究清朝镇压太平天国的重要资料。

李富孙等纂《鹤征录》、《鹤征后录》刊行。

冯桂芬纂《苏州府志》150卷、首3卷成书。

龙文彬纂《武邑县志》10卷、首1卷刊行。

王柏心纂《监利县志》12卷、首1卷刊行。

杨守敬著《望堂金石文字》始刊。

俞樾著《闽行日记》1卷成书。

厉伯符补编、马徵麟补正《历代沿革图》在金陵刊行。

张德容辑《二铭草堂金石聚》由二铭草堂刊行。

潘祖荫著《攀古楼彝器款识》成书。

余恩荣著《藏拙轩珍赏目》成书，有自序。

德国传教士花之安著《德国学校论略》、《西国学校》。

按：为中国较早介绍西方教育之书。

全祖望著《鲒埼亭集》38卷、附《经史问答》10卷、《外编》10卷、《年谱》1卷重刊。

包世臣著《安吴四种》重刊。

易顺鼎著《眉心金悔存稿》2卷刊行。

汪均金著《十二砚斋三种》约于是年刊行。

程鸿诏著《有恒心斋前集》30卷约于是年前后刊行。

王先谦著《汉铙歌释文笺正》刊行。

方士淦著《啖蔗轩全集》由两淮运署刊行。

李赓芸著《炳烛编》由吴县潘氏滂喜斋刊行。

鸳湖逸史（一说即为马永清）撰弹词《十五贯》8集16卷16回由废闲堂印行。

蠡勺居士译英国小说《昕夕闲谈》上正2卷50回成，连载于《瀛寰琐记》，有译者序。

按：此为中国较早的由英文译成中文白话的外国小说。

英国斯威夫特小说《格列佛游记》节译刊载于四月十五至十八日的《申报》，题为《谈瀛小录》。

美国欧文小说《瑞普·凡温克尔》汉译刊载于四月二十二日的《申

德国策勒著《莱布尼茨以后的哲学史》。

英国达尔文著《人和动物的表情》。

报》,题为《一睡七十年》。

法国儒莲译《西厢记:16幕喜剧》在日内瓦刊行。

许豫和著《许氏幼科七种》始刊。

丁取忠纂《白芙堂算学丛书》始刊。

按:是年,丁取忠以胡林翼所赠买书钱,将《吴氏丁氏算书十七种》再次刊刻出版,并增补吴嘉善未刊著述4种,扩充为《算书二十一种》,收入《白芙堂算学丛书》刊行。吴嘉善作序曰:"算学之至今日可谓盛矣。古义既彰,新法日出,前此所未尝有也。余与长沙丁君果臣皆无他嗜好,而甚癖于此。既忘其癖更欲以癖导人,尝相与语,以为近时津逮初学之书,苦无善本。梅穆公所增删之《算法统宗》今亦不传,因商権述此,取其浅近易晓者,以为升高行远之助云。"(《算书二十一种》卷首)

邹伯奇著《邹征君遗书》8种附2种刊行。

李善兰著《考数根四法》1卷约于是年成书。

华蘅芳与英国传教士傅兰雅合译《代数术》刊行。

徐寿、傅兰雅合译《化学原鉴》重刊。

路德维希·费尔巴哈卒(1804—)。德国哲学家。

林召棠卒(1786—)。召棠字爱封,号芾南,广东吴川县人。道光三年状元及第,授翰林院修撰。十一年,任陕甘正主考官。次年辞归。道光十三年,应两广总督卢厚生之邀,主讲肇庆府端溪书院。卒谥文恭。著有《心亭亭居诗集》、《心亭亭居文存》、《心亭亭居笔记》等。

郑献甫卒(1801—)。献甫字小谷,自号识字耕田夫,广西象州人。道光十五年进士,授刑部主事。次年乞养归,不复出。历掌象州、庆远、桂林等地书院讲席。著有《四书翼注论文》12卷、《愚一录》12卷、《补学轩文集》6卷、《补学轩诗集》8卷、《续刊补学轩诗集》12卷、《补学轩文集续编》6卷、《补学轩文集外编》4卷、《家藏书目解题》4卷等。事迹见《清史列传》卷七三、陈澧《象州郑君传》(《续碑传集》卷七九)。

曾国藩卒(1811—)。国藩初名居武,又名子城,字伯涵,号涤生,湖南湘乡人。道光十八年进士,改庶吉士,散馆,授翰林院检讨。从唐鉴、倭仁读《朱子全书》。受戴钧衡启发,喜桐城派古文。二十三年,以翰林院侍讲任四川乡试正考官。二十六年,升礼部右侍郎兼署兵部右侍郎。咸丰二年,署吏部左侍郎,任江西乡试正考官。三年,奉旨在湖南办团练,后扩编为湘军。四年,率湘军镇压太平军。十年,赏加兵部尚书衔,署理两江总督、直隶总督,以钦差大臣督办江南军务。同治三年,赏加太子太保,封一等侯爵。四年,奉旨镇压捻军。与李鸿章在上海创办江南制造局,兴办军工。六年,授体仁阁大学士。七年,授武英殿大学士,直隶总督。九年,调天津处理教案。九月,调两江总督。卒赠太傅,谥文正,祀京师昭忠、贤良祠,各省建立专祠。著有《曾文正公家书》、《曾文正公全集》。编有《十八家诗钞》28卷、《经史百家简编》2卷、《经史百家杂钞》26卷。事迹见《清史稿》卷四〇五、《清史列传》卷四五、蔡冠洛《清代七百名人传》第二编、李鸿章《皇清诰授光禄大夫赠太傅武英殿大学士两江总督一等毅勇侯曾文正公神道碑》、郭嵩焘《曾文正公墓志铭》、朱孔彰《曾文正公别传》(均见《续碑传集》卷五）。黎庶昌、曹耀湘编有《曾文正公年谱》。

按：曾氏之学既承桐城姚鼐遗绪，尤得乡先辈唐鉴熏陶，且不拘门户，多方采获，终能由博返约，自成一家。他对汉学中人所擅长的"博核考辨"不一概抹煞，认为为学须破畛域，提倡调和汉宋，会通汉宋学术，以转移风俗，陶铸人才为己任，主张经世济民。钱穆曾赞其学"只眼独具"，"兼采当时汉学家，故家长处，以补理学家枯杭狭隘之病，其气象之阔大，包蕴之宏丰，更非镜海诸人徒为传道、翼道之辨者所及"，"平正通达、宽闳博实，有清二百余年，因亦少见其匹矣"（《中国近三百年学术史》）。曾国藩幕僚中学者极多，包括李元度、刘蓉、王闿运、方宗诚、邓辅纪、朱孔彰、华蘅芳、刘毓崧、孙衣言、李善兰、杜文澜、吴汝纶、汪士铎、张文虎、张裕钊、陈兰彬、陈宝箴、邵懿辰、莫友芝、徐寿、徐建寅、容闳、黎庶昌、薛福成等。《清儒学案》卷一七七《湘乡学案上》曰："有清中叶，汉学盛而宋学衰。湘乡力挽其弊，以宋儒程、朱之学为根本，兼研训诂名物典章，于汉学家言，亦穷其赜而撷其精，致诸实用。乘时得位，戡定大乱，光佐中兴，其勋业所就，视明之王文成超越倍蓰。真儒实效，盖间气所钟也。"又曰："先生经济本于学问，每建一议，策于受事之始，及其成功，一如所言。求才若渴，加以陶镕，中兴名臣将帅，泰半出于所荐拔而造就之。服膺儒先，躬行实践，省察克治，首重不欺。论学兼取汉、宋之长，要之致用。发为文章，起衰载道。所仰止者，自文、周、孔、孟以后，兼取道德、政事、辞章，下逮近儒顾氏炎武、秦氏蕙田、姚氏鼐、王氏念孙，凡三十有四人，图其象而为之记，以示为学宗旨。"

薛寿卒（1812—　）。寿字介伯，晚字砎伯，江苏江都人。诸生。任淮南书局、经心书院治经课士。专力《说文解字》，于音韵尤有深造。著有《读经札记》2卷、《续文选古字通》、《学诂斋文集》2卷、《学诂斋诗集》2卷。事迹见《清史列传》卷六九、刘寿曾《薛先生家传》（《续碑传集》卷七九）。

胡澍卒（1825—　）。澍字荄甫，又字甘伯，号石生，安徽绩溪人。咸丰九年举人，官户部郎中。后弃仕从医。工篆书，能画梅。著有《黄帝内经素问校义》，又校刊《孔子编年》等。事迹见胡培系《户部郎中胡君荄甫事状》（《续碑传集》卷七九）。

沈荩（　—1903）、樊锥（　—1906）、张春帆（　—1935）、曾朴（　—1935）、谢缵泰（　—1937）、傅增湘（　—1950）、张澜（　—1955）、蒋维乔（　—1958）生。

同治十二年　癸酉　1873年

四月二十五日癸酉（5月21日），江西瑞昌士民拆毁美国教堂。

五月十八日乙未（6月12日），第二批官费留学生蔡廷干、梁敦彦、唐国安、温秉忠等30人赴美。

六月初五日壬子（6月29日），清皇帝在接见外国使节时，始采用西方礼节。

世界性资本主义经济危机爆发。

维也纳世界博览会举行。

十月初一日丙子(11月20日),法军侵略军占领安南河内。

十一月初二日丁未(12月21日),刘永福率"黑旗军"与法军在河内激战。

十二月十九日癸巳(1874年2月5日),英政府背着清政府和阿古柏签订《通商条约》。

是年,京师同文馆设印书处。

轮船招商局派唐廷枢为总办,徐润、朱其昂、盛宣怀为会办,先后在汉口、九江、镇江设立栈房、码头,在广州、香港、汕头和长崎、横滨、吕宋、新加坡等处设分局,开辟沿江沿海及国外航线。

<small>英国史密斯发现硒的内光电效应。

德国林迪发明压缩氨冷冻装置。

美国丹纳发展"地槽"理论。</small>

左宗棠十月以陕甘平,授陕甘总督协办大学士。

张文虎以衰老辞金陵书局事,自金陵归里。唐仁寿怅然惜别,岁中以书信往返。是年,作《书戴氏注论说后》。

俞樾构室三十余楹并亭园而居之,有记。

张之洞六月充四川乡试副文官,出闱后,奉旨简放四川学政。

王先谦十一月补功臣馆纂修。

容闳是春为将美国制造之火炮输入中国,返国谒见李鸿章,后购50尊。

沈葆桢十一月奏请派福建船政学堂学生分赴英、法两国学习制造驾驶,嗣以台湾事起,未果。

萧穆仍在上海制造总局,住广方言馆。携古书抄、校本数笥,与赵元益等互相交换阅读,且作抄校。

按:安徽博物馆藏有萧穆札记数册,即读书而随手札录者。萧穆在上海,俸入甚薄,但节衣缩食,用以购书。

何绍基是年寓居苏州,七月二十日逝世。

薛福成作《选举论》上下篇。

廖寿恒充国史馆纂修。

孙诒让是春得刘宝楠所录《大戴礼记旧校》,手录藏之。

张德彝撰《随使法国纪》,载有作者目睹之普法战争和巴黎公社之情形。

艾小梅六月于汉口创办《昭文新报》,国人独立自办报纸始此。

吴大澂八月简放陕甘学政。

华蘅芳、徐寿、徐建寅任江南制造局提调,华氏补序《地学浅释》38卷,又序《防海新论》18卷。

辜鸿铭复回英国,先在牛津大学学哲学。后入爱丁堡大学文学院,师从卡莱尔,专修英国文学,兼修拉丁文、希腊文、数学、形上学、道德哲学、自然哲学、修辞学等。

李文田四月转侍读学士。

黄遵宪七月以拔贡生资格再应广东乡试,未中式。

刘光第从管兆辛先生读书里中。

郑观应参与创办太古洋行轮船公司。

康有为移学于灵洲山之象台乡。中岁复归银塘乡。因厌弃八股文而受到诸叔伯诘责。

马相伯率公学学生应童子试。

林昌彝为王韬《瓮牖余谈》作序。

缪荃孙第三次参加会试,仍然落第。是年,得张之洞赏识。

宋恕赋《述怀》古体长句,自期姜尚、齐桓、诸葛,欲为贤相。拟撰《诸葛讨曹檄》。

何金声、杜棠任同文馆汉文教习。

施补华为萧穆文集作序。

蔡廷干在上海预备学校毕业,被选派为第二批三十名幼童赴美留学。

唐国安被选派为第二批留美幼童生赴美留学。先入读不列颠中学,六年毕业后考上耶鲁大学法律系,因清政府中止留学政策,于1881年辍学回国。

王承荣由法归国,与王斌制造中国首台电报机。

八指头陀岐山参禅,补作《祝发示弟》诗。

英国福赛思第二次进入中国新疆作考古调查。

韦廉臣著《格物探原》在《教公新报》和《万国公报》上连载,为介绍西方科学且影响较大之书。

美国传教士香便文来华传教。

尹继美著《诗管见》7卷刊行。

张承华著《三颂考》3卷刊行。

张应昌著《春秋属辞辨例编》60卷刊行。

《袖珍十三经注疏》由稽古楼刊行。

王贞著《小尔雅补义》1卷刊行。

钟谦钧纂《古经解汇函》23种126卷由粤东书局刊行。

纳兰性德纂《通志堂经解》由粤东书局重刊。

阮元编《经籍籑诂》有淮南书局补刻本。

黎永椿著《说文通检》刊行,陈澧为订《凡例》,并序之。

钟谦钧纂《小学汇函》14种136卷刊行。

佚名纂《纪事本末五种》始刊,次年刊毕。

夏燮撰《明通鉴》90卷、《前编》4卷、《附编》6卷由江西宜黄官署刊刻。

按:编者以二十年精力旁搜博采,搜集野史多至数百种,立说不完全根据《明史》,并别撰考异,分注正文之下。内容比《明纪》为详。尚有史料参考价值。但编者未看到全部《明实录》,又轻信野史中无稽之谈,取材上尚多问题。

何绍基、丁晏等纂《重修山阴县志》21卷、图1卷刊行。

史梦兰纂《迁安县志》18卷、首1卷、末1卷刊行。

英国谬勒著《宗教学导论》。

德国杜林著《国民经济学和社会经济教程》。

英国麦克斯韦《电学和磁学论》出版。

雨果撰成小说《九三年》。

挪威易性创作大型十幕剧《皇帝与加利利人》。

江南制造局翻译馆辑编《西国近事汇编》刊行。

按：该刊内容译自欧洲各国，旨在为官绅、士大夫提供西方社会政治、经济、科学讯息，原名为《西国近事》。

王韬编译《普法战纪》14卷由中华印务总局刊行。

郑观应著《救世揭要》24篇木刻行世。

按：是后来所作《易言》和《盛世危言》的初本。

李佐贤、鲍康辑《续泉汇》16卷刊行。

贺瑞麟纂《养蒙书》九种刊行，又纂《四忠集》刊行。

丁日昌纂《牧令全书》4种、附1种由羊城书局重刊。

薛福成编次《曾文正公奏疏》成，并为之序。

曾国藩著《鸣原堂论文》2卷刊行，《曾文正公全集》始刊于是年。

曾国藩著《曾文正公文钞》刊行。

陈鸿墀纂《全唐文纪事》122卷刊行。

黄燮清著《国朝词综续编》24卷刊行。

莫友芝著《宋元旧本书经眼录》3卷、附录2卷刊行。

刘熙载著《艺概》6卷刊行。

按：是书分为文概、诗概、赋概、词曲概、书概、经义概，主要论述文艺各门类的性质特点、艺术技巧以及体制流变等，也对重要作家作品进行评论。有同治刻本，辑入《古桐书屋六种》。

李玉棻著《瓯钵罗空书画过目考》成书，有自序。

杨岘著《迟鸿轩所见书画录》成书。

仲云涧著《红楼梦传奇》插图刊行。

黄钧宰著《金壶七墨》6种18卷刊行。

德国传教士花之安著《泰西学校论略》刊行，李善兰作序。

徐大椿著《徐氏医书六种》由湖北崇文书局重刊。

华蘅芳译《金石识别》由江南制造局刊行。

按：西方矿物学传入我国始于此。

英国医生德贞编译《脱影奇观》刊行。

按：是书乃中国最早出版的西方摄影术专书。

尤利图斯·冯·李比希卒（1803— ）。德国化学家。

J. S. 密尔卒（1806— ）。英国哲学家、经济学家、逻辑学家。

马修·F.莫里卒（1806— ）。美国水文学家，海洋学创始人之一。

吴廷栋卒（1793— ）。廷栋字彦甫，号竹如，晚自号拙修老人，安徽霍山人。道光五年拔贡，历任刑部主事、员外郎、郎中、直隶知府、天津河间兵备道、直隶按察使、山东布政使、大理寺卿，官至刑部侍郎。与倭仁最相契。校订《理学宗传辨正》8卷，著有《拙修集》10卷、《拙修集续编》4卷、《拙修集补编》1卷等。事迹见《清史稿》卷三九一、方宗诚《光禄大夫刑部右侍郎吴公神道碑铭》(《续碑传集》卷一二)。

按：《清史稿》本传曰："廷栋少好宋儒之学，入官益植节厉行，謇謇自靖。……因询廷栋读何书，廷栋以程、朱对。上曰：'学程、朱者每多迂拘。'对曰：'此不善学之过。程、朱以明德为体，新民为用，天下未有有体而无用者。皇上读书穷理，以裕知人之识；清心寡欲，以养坐照之明。寤寐求贤，内外得人，天下何忧不治？'上题之。"

徐继畬卒(1795—)。继畬字健男，一字牧田，号松龛，山西五台人。道光六年进士，选庶吉士，授翰林院编修，迁陕西监察御史。历任广东按察使、福建布政使、广西巡抚、太仆寺少卿、同文馆事务大臣等。咸丰六年，被平遥超山书院聘为山长。撰有《禁鸦片论》，主张禁绝鸦片，抵御外敌。著有《瀛环志略》、《退密斋时文》、《退密斋时文补编》、《古诗源批注》、《松龛先生全集》、等。事迹见《清史稿》卷四二二。方闻编有《清徐松龛先生继畬年谱》。

按：徐氏为外交家和地理学家。其在广东、福建为官多年，与外国传教士多有接触，使眼界拓展，了然于世界大势。其地理专著认为欧洲之扩张已打破过去"求疏通而不得"的世界格局，印度和南洋已成为列强觊觎中国之据点，号召国人奋起迎接西方的挑战。《清史稿》本传曰："继畬父润第，治陆王之学。继畬承其教，务博览，通时事。在闽、粤久，熟外情，务持重，以恩信约束。在官廉谨。罢归，主平遥书院以自给。"

何绍基卒(1799—)。绍基字子贞，号东洲，晚号猨叟，湖南道州人。承家学，少有名。阮元、程恩泽颇器赏之。道光十六年进士，选庶吉士，授翰林院编修。历典福建、贵州、广东乡试，均称得人。咸丰二年，简四川学政。曾历主山东泺源、长沙城南书院，教授生徒，勖以实学。同治八年，应聘主持扬州书局校勘《十三经注疏》，兼浙江孝廉堂讲席。著有《说文段注驳正》4卷、《水经注刊误》、《惜道味斋经说》8卷、《东洲诗文集》40卷等。事迹见《清史稿》卷四八六、《清史列传》卷七三、熊少牧《道州何君墓志铭》(《碑传集补》卷九)、林昌彝《何绍基小传》(《续碑传集》卷一八)。

按：《清史稿》本传曰："绍基通经史，精律算。尝据《大戴记》考证《礼经》，贯通制度，颇精切。又为《水经注刊误》。于《说文》考订尤深。诗类黄庭坚。嗜金石，精书法。初学颜真卿，遍临汉、魏各碑至百十过。运肘敛指，心摹手追，遂自成一家，世皆重之。"诗与郑珍齐名。《清儒学案》卷一七八《何先生绍基》曰："生平于经史、《说文》、考订之学，嗜之最深，旁及律算、金石、图刻，博综覃思，实事求是。其书法卓然成家，一时纸贵，海外亦知其名。又通知掌故，为国史馆提调时，拟遵纯庙谕旨，纂集三品以下名臣列传，条例已具，为政府所尼，论者惜之。全榭山更订梨洲《宋元学案》，属草仅存，先生仰承父志，助王騰轩补辑校正，成书百卷，倾赀刊之，以传于世。"

王柏心卒(1799—)。柏心字子寿，号筠亭，湖北监利人。道光二十四年进士，授刑部主事。与黄彭年交游。是年卒于荆南讲舍。著《枢言》2卷、《导江三议》1卷、《子寿诗钞》、《螺洲近稿诗》等，合为《百柱堂全集》53卷。事迹见《清史列传》卷七三、郭嵩焘《王子寿先生墓志铭》(《续碑传集》卷八〇)。

徐时栋卒(1814—)。时栋字定宇，一字同叔，号柳泉，浙江鄞县人。道光二十六年举人，纳资为内阁中书。两赴会试不第，遂闭门读书。有烟屿藏书楼，藏书六万卷。著有《尚书逸汤誓考》6卷、《吕氏春秋杂记》10卷、《烟屿楼文集》40卷、《烟屿楼诗集》18卷、《烟屿楼读书志》16卷、《烟屿楼笔记》8卷。事迹见董沛《徐先生墓表》(《续碑传集》卷八〇)。

吴敏树卒(1805—)。敏树字本深，号南屏，又号柈湖渔叟、乐生翁，湖南巴陵人。学者称南屏先生。幼从孙万伟、秦维城学。道光十二年举人。以大挑选浏阳训导，旋自免去。曾国藩请其入幕，婉辞。著有《周易注义补象》、《国风原指》、《春秋三传义求》、《大学中庸考义》、《论语考异》、《孟子考义》、《孝经章句》、《史记别录》2卷、《桦湖文录》12卷、《桦湖诗录》8卷、《鹤茗诗钞》1卷等。事迹见《清史稿》卷四八六、《清史列传》卷七三、郭嵩焘《吴君墓表》、杜贵墀《吴先生传》(均见《续碑传集》卷八〇)。

按：《清史稿》本传曰："敏树生而好学，为文章力求岸异，刮去世俗之见。道光十二年，举于乡。时梅曾亮倡古文义法京师，传其师姚氏学说。敏树起湖湘，不与当世士接手，录明昆山归氏文成册。既，入都，与曾亮语合。于是京师盛传敏树能古文。曾国藩官京师，与敏树交最笃，既出治军，欲使参幕事，辞不赴。"

刘蓉卒(1816—)。蓉字孟容，号霞仙，湖南湘乡人。诸生。少有志节，与曾国藩、罗泽南讲学。军事起，佐泽南治团练。咸丰四年，从国藩军中，既克武昌，转战江西。五年，泽南由江西回援湖北，蓉从之，领左营。后骆秉章督师四川，聘其参军事。著有《思辨录疑义》2卷、《养晦堂诗文集》12卷、《刘中丞奏议》20卷等。事迹见《清史稿》卷四二五、《清史列传》卷四九、蔡冠洛《清代七百名人传》第二编、郭嵩焘《陕西巡抚刘公墓志铭》(《续碑传集》卷二七)。

按：《清儒学案》卷一七八《刘先生蓉》曰："少负奇气，能文，不事科举，与曾文正公、罗忠节公力求程、朱之学，尤务通知古今因革、损益、得失、利病，与其风俗、人才所以盛衰，慨然有志于三代。思一用其学术，以兴起教化，维持天下之弊，不乐贬道以求仕进。"

何栻卒(1816—)。栻字廉昉，号悔余，江苏江阴人。道光进士，授编修，官至吉安知府。诗才绝艳，书法亦佳，工于楹对。著有《悔余庵诗稿》13卷、《悔余庵文稿》9卷、《悔余庵尺牍》3卷、《悔余庵乐府》4卷、《悔余庵集事楹联》2卷等，合称《悔余庵全集》。

戴望卒(1837—)。望字子高，浙江德清人。师程大可，友丁宝书、施补华。诸生。始好词章，继读博野颜元书，为颜氏学。后谒长洲陈奂，通声音训诂。复从宋翔凤授《公羊春秋》，遂通《公羊》之学。著有《论语戴氏注》20卷，用公羊家法演刘逢禄《论语述何》之微言。另著有《管子校正》24卷、《颜氏学记》10卷、《谪麟堂遗集》4卷。事迹见《清史稿》卷四八二、《清史列传》卷六九、施补华《戴子高墓表》(《碑传集三编》卷三二)、张星鉴《戴子高传》(《续碑传集》卷七五)。

按：刘师培《戴望传》曰："自西汉经师以经术饰吏治，致政学合一，西京以降，旧制久湮，晚近诸儒，振兹遗绪。其能特立成一家言者，一为实用学，颜习斋、李刚主启之；一为微言大义学，庄方耕、刘申受启之。然仅得汉学之一体，惟先生独窥其全。故自先生之学行，而治经之儒得以窥六艺家法，不复以章句、名物为学，凡经义晦蚀者，皆一一发其指趣，不可谓非先生学派启之也。况复明华夏之防，……蛰居雠诵，不欲以曲学进身，亮节高风，上跻颜李，岂若近儒诂麟经者，饰大同之说，以逞其曲学阿时之技哉！"(章太炎、刘师培《中国近三百年学术史论》)

徐锡麟(—1907)、黄世仲(—1912)、宁调元(—1913)、谢洪赉

（　—1916）、狄葆贤（　—1921）、梁启超（　—1929）、古应芬（　—1931）、杜亚泉（　—1933）、黄节（　—1935）、徐自华（　—1935）、恽铁樵（　—1935）、曾孝谷（　—1937）、高步瀛（　—1940）、王季烈（　—1952）、冒广生（　—1959）生。

同治十三年　甲戌　1874年

正月二十七日辛未（3月15日），法国与越南订立《越法媾和同盟条约》，越南成为法国的保护国。

二月十八日辛卯（4月4日），日本政府成立台湾事务局，任命大隈重信为长官，在长崎设立侵台军基地；又以陆军中将西乡从道为台湾事务都督，发兵数千，欲从台南端入侵台湾。

三月十八日庚申（5月3日），上海民众反对法国侵占四明公所斗争爆发。

二十三日乙丑（5月8日），大隈重信、西乡从道和前美驻厦门领事李仙得指挥日军在台湾南部踉桥巷山登陆，台湾民众奋起抗击。

二十九日辛未（5月14日），沈葆桢以巡阅为名前往台湾察看海防。

四月初八日庚辰（5月23日），左宗棠率军西进，逼使沙俄交还伊犁。

十八日庚寅（6月2日），日军分三路进攻台湾。

九月二十二日辛酉（10月31日），总理衙门与日本特使大久保利通在北京签订《中日北京专约》三款及《会议凭单》。

二十七日丙寅（11月5日），总理衙门奏陈筹办海防。

十月初九日戊寅（11月17日），中国第三批官费留学生唐绍仪、梁如浩、周寿臣、薛有福、周万鹏、朱宝奎、袁长坤等30人赴美，由祁兆熙带领。

十一月初二日辛丑（12月10日），李鸿章上《筹议海防折》，力陈轮船、制器、铁路、电报、阵兵诸事，在所必办。

按：李鸿章《筹议海防折》曰："用人最是急务，储才尤为远图。洋人入中国已三十余年，驻京已十余年，以兵协我，殆无虚岁，而求练达兵略精通洋法者恒不数觏，由于不学之过，下不学由于上不教也。军务肃清以后，文武两途，仍舍章句弓马未由进身，而以章句弓马施于洋务，隔膜太甚，是以沈葆桢前有请设算学科之奏，丁日昌前有武试改枪炮之奏，皆格于部议不行。而所用非所学，人才何由而出？近时拘谨之儒，多以交涉洋务为浼人之具，取巧之士又以引避洋务为自便之图。若非朝廷力开风气，破拘挛之故习，求制胜之实济，天下危局，终不可支。日后乏才，且有甚于今日者。以中国之大，而无自强自立之时，非惟可忧，抑亦可耻。臣愚以为科目即不能骤变，时文即不能遽废，而小楷试帖，太蹈虚饰，甚非作洋人才之道。似应于考试功令稍加变通，另开洋务进取一格，以资造就。现在京师既设同文馆，江省亦选幼童出洋

荷兰灭亚齐。

德国国会通过关于批准未来7年军事费用的《七年法》。

俄国民粹派发起"到民间去"的运动，遭沙皇镇压。

学习,似已辟西学门径,而士大夫趋向犹未尽属者何哉?以用人进取之途全不在此故也。拟请嗣后凡有海防省分,均宜设立洋学局,择通晓时务大员主持其事。分为格致、测算、舆图、火轮、机器、兵法、炮法、化学、电气学数门,此皆有切于民生日用军器制作之原。外国以之黜陟人才,故心思出而不穷。华人聪明才力,本无不逮西人之处,但未得其法,未入其门,盖无以鼓励作新之耳。如有志趣思议,于各种略通一二者,选收入局,延西人之博学而精者为之师友,按照所学浅深,酌给薪水,俾得研究精明,再试以事,或分派船厂炮局,或充补防营员弁,如有成效,分别文武,照军务保举章程,奏奖升阶,授以滨海沿江实缺,与正途出身无异。若始勤终怠,立予罢革。其京城同文馆、上海广方言馆习算学生,及出洋子弟学成回国,皆可分调入局教习,并酌量派往各机器局、各兵船差遣。如此多方诱掖,劝惩兼施,就所学以课所事,即使十人中得一成就,已多一人之用,百人中得十成就。已多十人之用,二十年后制器、驶船自强之功效见矣。……中国在五大洲中,自古称最强大,今乃小邦所轻视。练兵、制器、购船诸事,师彼之长,去我之短,及今为之,而已迟矣。若再因循不办,或旋作旋辍,后患殆不忍言。若不稍变成法,于洋务开用人之途,使人人皆能通晓,将来即有防海完全之策,数十年后主持乏人,亦必名存实亡,渐归颓废。唯有中外一心,坚持必办,力排浮议,以成格为万不可泥,以风气为万不可不开,勿急近功,勿惜重费,精心果力,历久不懈,百折不回,庶几军实渐强,人才渐进,制造渐精,由能守而能战,转贫弱而为富强。"(中国史学会主编《洋务运动》第 1 册)

十二月初五日癸酉(1875 年 1 月 12 日),同治帝载淳病死。慈禧太后以载湉入继大统,改元光绪。

初八日丙子(1 月 15 日),慈禧太后再度宣告垂帘听政。

张之洞商于四川总督吴棠,在成都设立尊经书院。五月,按试眉州,修苏文忠公祠。张之洞对廖平很为赏识,院试录取为第一,补县学生。

按:尊经书院以张之洞提出的"中学为体,西学为用"、"通经致用"为办学方针,不课制艺,专习儒典。来书院学习的生员很多,张之洞《尊经书院记》甚至有"全蜀学生三万人"之说。隗瀛涛主编《四川近代史稿》说:"尊经书院从 1875 年建立到 1902 年改为四川省城高等学堂的 29 年期间,培养了许多优秀人才,对四川乃至全国都产生了重要影响,其中著名的有:为维新变法而英勇献身的'戊戌六君子'之一的杨锐;出任英法领事馆参赞、力主新学的四川维新派核心人物宋育仁;博综古今、离经叛道,学凡六变的经学大师廖平;才思敏捷、遐迩闻名的四川维新宣传家吴之英;海内书法名家顾印愚;清代四川仅有的状元骆成骧;领导群众发动保路运动的蒲殿俊、罗纶、张澜;为建立民国舍身杀敌的同盟会员彭家珍;功绩卓著、从资产阶级民主革命走上共产主义道路的老革命家吴玉章;宣传新文化、'只手打孔家店'的吴虞。此外,岳森、刘子雄、胡从简、刘洙源、杜翰藩、方鹤斋、黄芝、谢无量、林思进、傅增湘、刘咸荥、徐炯、夏之扬等一批四川知识界的名流都曾受业于尊经书院。"除上列名单外,还有尹昌衡、张森楷、颜楷、邵从恩等,也是尊经书院培养出来的著名人才。

又按:张之洞《创建尊经书院记》曰:"同治十三年四月,兴文薛侍郎偕通省荐绅先生十五人,投牒于总督学政,请建书院,以通经学古课蜀士。光绪元年春,书院成,择诸生百人,肄业其中。督部盱眙吴公与薛侍郎使之洞议其章程,事属草创,未能画一,有所商略,或未施行。比之洞将受代,始草具其稿,商榷定议。诸生屡以记为请,曰:'若石三年矣。'乃进诸生而语之曰:'奚以记为哉? 诸荐绅之公牒,吴公之奏牍,

---

德国阿贝提出显微镜理论。

荷兰范霍夫、法国勒贝尔提出碳原子价键空间结构学说。

奥地利比尔罗特发现链球菌和葡萄球菌。

爱迪生发明四重发报机。

缘起备具,是即记矣,不劳复出也。若夫建置书院之本义,与学术教条之大端,愿得与诸生说之。'"(《清儒学案》卷一八七《南皮学案上》引)

缪荃孙应四川学政张之洞邀,为成都尊经书院开列书目,参与编纂《书目答问》,列举古籍二千余种,末附《国朝著述诸家姓名略》,以介绍清人学术流别。

李鸿章十一月奏筹海防六条,内有变通考试、设立洋学局等事。十二日,奏请为冯桂芬建专祠。

左宗棠正月刊发《种棉十要》和《棉书》。七月,被晋升为东阁大学士,留督陕、甘。清廷以景谦为钦差大臣,督办新疆军务,金顺为帮办大臣。左贻书张曜,嘱其兴屯。八月,清廷命左为督办粮饷转运,袁保恒副之。

刘坤一十二月署两江总督。

沈葆桢率淮勇七千人赴台御敌。沈命严复随"扬武"舰渡台,测量台东莱苏屿各海口。又受命兼办各国通商事务。

王鹏运以内阁中书分发到阁行走,不久,补授内阁中书。

萧穆曾往苏州,访刘履芬、薛福成于江苏书局。借孙星衍校《水经注》,归录副本,并作记。

按:刘履芬为贵池人,即刘世珩之父。父子均好刻书。

容闳五月在上海创设《汇报》,延英人葛理为主笔。七月二十五日,赴秘鲁调查华工受虐情形,有推切尔牧师同行。在美国筹设中国留学事务局。丁日昌推荐翰林学士陈兰彬为正监督,容闳为副监督。

陈兰彬奉命赴古巴调查华工问题,然后回国。在美国的留学事务局由容闳负责。

杨守敬、谭献、李慈铭、袁昶等相会京都,互有唱酬。

黄遵宪慕陶渊明高风,筑"人境庐",成《人境庐杂诗》10首。春夏之交,至京师应廷试,仍未中式。寓嘉应会馆,得乡先辈何如璋、邓承修推重。

王先谦校士,得缪荃孙、李慈铭、朱一新等19人。

张百熙、屠仁守等四月成进士。

孙诒让三月校读《论语正义》,有所疑义,至书刘恭冕,专承奉质。

谭嗣同父谭继洵以进士官户部员外郎,全家迁往库堆胡同浏阳会馆。七月中,谭嗣同与仲兄谭嗣襄共拜欧阳中鹄为师,刻苦攻读。

李善兰在京同文馆,升户部主事。

曹廷杰由禀生考取汉誊录,咨送国史馆当差,议叙双月选用州判。

郑观应被太古轮船公司聘为总理兼管帐房、栈房等事,签订三年雇佣合同。

康有为居乡,好为纵横之文。始见《瀛环志略》、《地球图》等图书,初识国际形势。

马相伯任耶稣会初学院院长兼徐汇公学校长。仍努力于数学研究,译著《度数大全》等数理书百余卷,未能印行,后大多散佚。

张謇问学于张裕钊。

马其昶因吴汝纶介绍，谒凤池书院山长张裕钊。

  按：马其昶字通伯，晚号抱润翁，安徽桐城人。光绪间曾任学部主事、京师大学堂教习。辛亥革命后，为安徽高等学堂校长、参政院参政、清史馆总纂，并主讲庐江、潜川书院。是桐城派末期的代表人物。著作有《毛诗学》、《抱润轩文集》等。

贺瑞麟以吴大澂荐，奉旨加国子监学正衔。

陈炽赴京朝考获一等第四名，钦点七品小京官，签分户部山东清吏司。

陈廷焯始习填词。

宋恕诵《战国策》、《史记》，慕兵家、纵横家言，赞赏侠烈家行。

陈作霖正月二十一日应江宁府学教授赵彦修之约，与唐仁寿、刘寿曾等人于飞霞阁借白居易生日作文会。是年有《整顿金陵善后事宜议》，建议维风俗、兴水利、修志乘、惩刁猾四事。

莫祥芝时任上元知县，与江宁知县甘绍盘在南京金沙井开设志局，开修《上江两县志》，以汪士铎为总纂，陈作霖、秦际唐、刘寿曾等 8 人为分纂。

吴嘉善在南京为顾观光《算剩初编》作序。

陆润庠中一甲一名进士，授修撰。

夏震武中进士。

张景祁中进士，改庶吉士，充武英殿协修、国史馆协修。

李寅补殿试，改庶吉士，散馆，授编修。

  按：李寅字敬恒，陕西咸阳人。与刘古愚善，常切磋学术。《清儒学案》卷一九一《李先生寅》曰："论学以心得为主，不欺为用，破除门户之见。其大端近象山、阳明，而不改程、朱规模。"

八指头陀自岐山去湘阴法华寺，从本师东林老僧。

陈其元作《日本近事记》，鼓吹"征日论"。

王韬于十二月十八日在香港创设《循环日报》。

  按：是为首份宣传变法的报刊。

美国传教士林乐知将《教会新报》易名为《万国公报》。

  按：《万国公报》与《教公新报》相比，内容有重大变化，减少了教义宣传，增加了各国地理、历史、政治、科学、工业诸方面文字。

英国传教士傅兰雅与徐寿、唐景星等在上海筹备创办格致书院，成立筹备委员会，公推英国驻沪领事麦华陀、美国旗昌洋行商人兼植物学家福勃士、英国传教士伟烈亚力、轮船招商局总办唐廷枢和傅兰雅 5 人为筹备委员，后又增加徐寿、徐建寅。

  按：上海格致书院两年后（1876 年）正式创立，是为五口开埠后在华西洋教士早期的文化教育事业，对于中国西式教育体制、经营方式、教材编排、教授方法、科技知识、以及科学辞汇之传译，均具启发开创作用，实为中国教育西化形式之前驱。王尔敏著有《上海格致书院志略》（香港中文大学出版社 1980 年版），对书院情况有详细介绍和评价。

黄守平著《易象集解》10卷刊行。

王宝仁著《周官参证》2卷由旧香居重刊。

陈迁鹤著《毛诗国风绎》1卷刊行。

王景贤著《论语述注》16卷刊行。

刘传莹辑、曾国藩加按语之《孟子要略》5卷重刊。

王宝仁著《夏小正训解》4卷、《夏小正考异》1卷、《夏小正通论》1卷重刊。

温飏著《古本大学解》2卷刊行。

吴国濂著《四书质疑》8卷刊行。

沈兆霖著《韵辨附文》5卷刊行。

严可均、姚文田著《说文校议》15卷刊行。

蒋国祥等纂《南唐书合刻》补刊。

黄式三著《周季编略》9卷成书。

王士铎纂《续纂江宁府志》15卷成书。

按：该志续姚鼐所纂之《嘉庆江宁府志》。有光绪七年(1881)刊本和光绪十年(1884)重印本。

董沛等纂《鄞县志》75卷成书。

李元度等纂《平江县志》35卷、首2卷、末1卷刊行。

彭玉麟纂《衡阳县志》12卷刊行。

方宗诚纂《枣强县志补正》5卷成。

胡凤丹纂《鹦鹉州小志》4卷、首1卷刊行。

沈梦兰著《五省沟洫图说》刊行，薛福成作序。

钱坫著、徐松集释《新校注地理志集释》16卷初刻成。

邹伯奇著《墨子经说》刊行。

张文虎著《墨子随笔》刊行。

曾国藩纂《经史百家简编》2卷、《十八家诗钞》28卷，著《曾文正公诗集》编年本4卷、《文集》4卷刊行。

彭兆孙著、孙元培等注《小谟觞馆全集》刊行。

张文虎著《舒艺室随笔》6卷刊行。张氏著《覆瓿集》始刊于是。

刘熙载著《古桐书屋六种》刊行。

姚燮著《复庄骈俪文榷二编》重刊。

朱翊清著《埋忧集》10卷、续集2卷刊行。

王韬著《瓮牖余谈》成。

按：王韬在《瓮牖余谈》中较早介绍了英国思想家培根的情况："倍根，英国大臣也。生于明嘉靖四十年，少具奇慧，聪警罕俦。既长，于格致之学心有所得。生平著述甚夥。其为学也，不敢以古人之言为尽善，而务在自有所发明。其立言也，不欲取法于古人，而务极乎一己所独创。其言古来载籍乃糟粕耳，深信胶守则聪明为其所囿，于是澄思渺虑，独察事物以极其理，务期于世有实济、于人有厚益。"并指出培根"生平为人，交友则忘恩，秉政则受赂，其人固碌碌无足取也"。又论其《新工具》曰："盖明泰昌元年，倍根初著《格物穷理新法》，前此无有人言之者。其言务在实事求

英国T. H. 格林发表《休谟哲学导论》。

英国约翰·理查·格林出版《英国人民简史》。

是,必考物以合理,不造理以合物。……其所著之书,则后二百五十年之《洪范》也。西国谈格物致知之学者,咸奉其书为指归。"并称"英国自巨绅显宦,下逮细民,共习倍根之书,然皆钦其学而薄其行,殆爱而知其恶者钦?言固不必以人废,而公是非百世不能掩焉"。

蠡勺居士译英国小说《昕夕闲谈》由《申报》印行线装铅印单行本,章回形式,计3册,上卷30回,下卷24回。

孔宪兰编《圣迹图》刊行。

沈全鳌著《沈氏尊生书》由湖北崇文书局重刊。

梅文鼎著《梅氏丛书辑要》重刊。

李善兰约于是年后不久著《级数勾股》2卷成。

徐建寅增订,李善兰、伟烈亚力合译《谈天》由江南制造局刊行。

弗朗索瓦—皮埃尔—圭劳姆·基佐卒(1787—　)。法国政治家,历史学家。

张应昌卒(1790—　)。应昌字仲甫,号寄庵,祖籍钱塘,生于归安。嘉庆十五年举人,任内阁中书。道光初年,曾参与编修《仁宗实录》。旋因病辞职返乡,闭门不出,专以著作,致力于《春秋》之学,历经30余年,完成《春秋属辞辨例编》60卷。曾协助黄燮清搜集考证资料,编纂《国朝词综续编》。另著有《国朝正气集》、《国朝诗铎》26卷、《南北朝史识小录补正》28卷、《烟波渔唱》4卷、《彝寿轩诗钞》12卷、《寄庵杂著》2卷等。事迹见《清史列传》卷六九。

马复初卒(1794—　)。复初名德新,以字行,云南太和人。回族。幼承家学,习读阿拉伯文和波斯文。壮游秦川,得"陕学"传授,为周良隽晚年弟子之一。道光二十一年赴麦加朝觐,历时八年。返回云南后,设帐讲学。咸丰六年,组织滇东南回民起义反清。同治元年降清,被赐二品伯克、诰授荣禄大夫、署理云贵总督、滇南回回总掌教。是年,被云贵巡抚岑毓英杀害。著译有《四典要会》、《大化总归》、《性命宗旨》、《祝天大赞》、《道行究竟》、《据理质证》、《醒迷要道》、《醒世箴》、《天方蒙引歌》、《朝觐途记》等,并整理伊斯兰教著作《真诠要录》、《指南要言》、《天方性理注释》、《至圣实录实训》等。

余治卒(1809—　)。治字翼廷,号莲村,别号晦斋、寄云山人等,江苏无锡人。曾五应乡试不中,遂绝意仕进。同治五年,充广方言馆监督。是第一个大量创作皮黄剧本的文人剧作家,并组织成立童伶戏班。著有《得一录》8卷、《尊小学斋诗文集》6卷及《英雄谱》、《岳侯训子》、《海烈妇记》、《后劝农》、《活佛图》、《同胞案》等皮黄剧本三十余种。事迹见俞樾《例授承德郎候选训导加光禄寺署正衔余君墓志铭》、彭慰高《梁溪余君墓表》、吴师澄编《余孝惠先生年谱》(《尊小学斋诗文集》附录)。

冯桂芬卒(1809—　)。桂芬字林一,号景亭,自称邓尉山人,江苏吴县人。道光二十年一甲二名进士,授翰林院编修。充广西乡试正考官,丁母忧。服阕,文宗御极,用大臣荐召见。旋丁父忧,服甫阕而金陵陷。诏募贲团练于乡,以克复松江府诸城功晋五品衔,擢右中允。赴京,期年告归。同治元年,以治团功加四品衔。曾先后主讲南京惜阴书院、上海敬业书院、苏州紫阳书院和正谊书院。著有《说文解字段注考证》15卷、《说文解字韵谱补正》、《说文部首歌》、《校邠庐抗议》2卷、《显志堂集》12卷、《弧矢算术细草图解》、《西算新法直解》、《道光甲辰元赤道恒星图》、《李氏恒星图中星表》、《惜阴书舍课艺》2卷、《正谊书院课艺》、《显志堂制艺》、《显志堂稿外集》等。事迹见《清史稿》卷四八六、《清史列传》卷七三、蔡冠洛《清代七百名人传》第四编、李鸿章《三品衔詹事府右春坊中允冯君墓志铭》(《李鸿章全集》第九册)、左宗棠《中允冯君景亭家传》(《续碑传集》卷一八)。

按：《清史稿》本传曰："桂芬少工骈体文,中年后乃肆力古文辞。于书无所不窥,尤留意天文、地舆、兵刑、盐铁、河漕诸政。初佐某邑令治钱谷,以事不合拂衣去,入两江总督陶澍幕。自未仕时已名重大江南北。及粤贼陷苏州,避居上海。时大学士曾国藩治军皖疆。苏州士大夫推钱鼎铭持书乞援,陈沪城危状,及用兵机宜,累数千言,其稿,桂芬所手创也。国藩读之感动,乃遣李鸿章率师东下。既解沪上围,进克苏州,皆辟以为助。桂芬立会防局,调和中外杂处者。设广方言馆,求博通西学之才,储以济变。……桂芬性恬澹,服官仅十年,然家居遇事奋发,不避劳怨。凡浚河、建学、积谷诸举,条议皆出其手。先后主讲金陵、上海、苏州诸书院,与后进论学,昕夕忘倦。精研书数,尝以意造定向尺及反罗经,以步田绘图。又以江南清丈用部颁五尺步弓,田多溢额,乃考会典定用旧行六尺步弓量旧田,新颁者量新涨沙田。"

罗惇衍卒(1814—)。惇衍字星斋,号椒生,广东顺德人。道光十五年进士,选庶吉士,授编修。十七年,督四川学政。二十三年,擢侍讲。累迁侍读学士,转通政副使、太仆寺卿。二十六年,督安徽学政,迁通政使。官至户部尚书。其学宗宋儒,立朝正色,抗论时事,章凡数十上,无所顾避。著有《孔子集语》、《庸言》、《百法百戒》、《集义编》、《集义斋咏史诗钞》60卷。事迹见《清史稿》卷四二一、蔡冠洛《清代七百名人传》第一编。

魏秀仁卒(1819—)。秀仁字子安,一字子敦,又字伯肫,号眠鹤山人、眠鹤主人、咄咄道人、不悔道人,福建侯官人。道光二十六年举人。屡赴礼部试,皆不第,遂绝意进取。后主讲于陕西渭南、四川成都等地书院,曾任成都芙蓉书院院长。著有邪狭小说《花月痕》等。另著有《石经考》、《咄咄录》、《蹇蹇录》、《陔南山馆文集》、《碧花凝唾集》等30多部书稿,但多未刊行。事迹见曾宪辉编《魏秀仁年谱》(《明清小说研究》1988年第4期)。

程鸿诏卒(1823—)。鸿诏字伯敷,安徽黟县人。师事汪文台、俞正燮。道光二十九举人,历官山东候补道。先后入曾国藩、李鸿章幕府。又应安徽巡抚英翰聘,修《安徽通志》,充总纂。著有《论语异义》4卷、《夏小正集说》4卷、《有恒心斋文集》11卷、《有恒心斋诗集》7卷、《有恒心斋骈文》6卷、《有恒心斋词》3卷、《有恒心斋曲》1卷、《有恒心斋外集》3卷、《唐两京城坊考校补记》1卷等。事迹见朱师辙《黟三先生传·程鸿诏》(《碑传集补》卷五〇)。

蒋益澧卒(1825—)。益澧字芗泉,湖南湘乡人。咸丰初年加入湘军,为曾国藩帮办亲兵营;四年起改隶于罗泽南部,于江西、湖北镇压太平军,立战功升任知府;七年应广西巡抚骆秉章之召,于广西镇压农民起事,授广西布政使;随后改调浙江隶左宗棠部。同治三年,为浙江巡抚,任内减税、轻漕运、修水利、兴学校、重铸杭州岳王庙秦桧像，浙江为之一新。五年，改升任广东巡抚，任内关注洋务，建造船厂。事迹见《清史稿》卷四〇八。

左潜卒(1848—　)。潜字壬叟，湖南湘阴人。左宗棠从子。补县学生。于诗、古文辞无不深造，尤明算理。长沙丁取忠引为忘年交。早卒，士林惜之。尝增订徐有壬《割圜缀术》，著《缀术补草》4卷；又有《缀术释明》2卷。事迹见《清史稿》卷五〇七。

苏舆(　—1914)、黄兴(　—1916)、李涵秋(　—1923)、林白水(　—1926)、成兆才(　—1929)、陈去病(　—1933)、张尔田(　—1945)、丁福保(　—1952)、丁惟汾(　—1954)、夏仁虎(　—1963)生。

顾　问（按姓氏笔画）
甘　阳　朱杰人　朱维铮　刘小枫　刘跃进　安平秋　李学勤　杨　忠
束景南　张涌泉　黄灵庚　常元敬　崔富章　章培恒　詹福瑞

主　编
　　梅新林　俞樟华

总策划
　　倪为国

编　委（按姓氏笔画）
　　王德华　毛　策　叶志衡　包礼祥　宋清秀　邱江宁　陈玉兰　陈年福
　　陈国灿　林家骊　胡吉省　姚成荣　倪为国　曾礼军

清德宗光绪元年　乙亥　1875 年

正月十六日甲寅(2月21日)，英人马嘉理带领武装"探路队"由缅甸入云南，在永昌地方挑衅，为民众杀死，史称"马嘉理事件"。

二十日戊午(2月25日)，光绪帝即位。

按：梁启超《中国近三百年学术史》(四)曰："同治朝十三年间，为恢复秩序耗尽精力，所以文化方面无什么特色可说。光绪初年，一口气喘过来了，各种学问，都渐有向荣气象。清朝正统学派——即考证学，当然也继续工作。但普通经学、史学的考证，多已被前人做尽，因此他们要走偏锋，为局部的研究。其时最流行的有几种学问：一、金石学；二、元史及西北地理学；三、诸子学。这都是从汉学家门庭孳衍出来。同时因曾文正提倡桐城古文，也有些宋学先生出来点缀点缀。当时所谓旧学的形势，大略如此。"

三十日戊辰(3月7日)，日意格赴欧洲购置船厂设备，沈葆桢奏请派魏瀚、刘步蟾等5人随行赴英法等国参观。

按：刘步蟾等人是福建造船厂的学生，此次赴法国学习船政，是中国正式派送留学生赴欧之始。

二月十二日庚辰(3月19日)，英使威妥玛正式向总署提出六项要求，就"马嘉理事件"与清廷交涉。

三月二十八日乙丑(5月3日)，清廷任命左宗棠以钦差大臣督办新疆军务。

四月十二日戊寅(5月16日)，直隶总督李鸿章奏请选派工部主事区谔良为留学事务局委员。

二十六日壬辰(5月30日)，清廷派李鸿章督办北洋海防，沈葆桢督办南洋海防。

八月初一日乙丑(8月30日)，清廷命兵部侍郎郭嵩焘为出使英国钦差大臣。

按：《清史稿·交聘年表一》曰："光绪建元，郭嵩焘、陈兰彬诸人分使英、美，是为中国遣驻使之始。其时以使俄者兼德、奥，使英者兼法、义、比，使美者兼日斯巴尼亚、秘鲁，而日本无附近之国，则特置使。甲午以后，增置渐多，迄于宣统，俄、英、法、德、和、比、义、奥、日本皆特置使，日斯巴尼亚则改以法使兼，秘鲁、墨西哥、古巴则以美使兼。韩国置使旋废。有约之国，惟葡萄牙、瑞典、那威、丹马诸国无驻使，有事则以就近驻使任之。国际交涉，大至和战之重，细至节文之末，为使者罔弗与闻，关国家休戚者固至重也。"

二十一日乙酉(9月20日)，日本出兵入侵朝鲜。

九月十六日己酉(10月14日)，中国第四批官费留学生梁诚、陶廷赓、吴焕荣等40人赴美，由新任留学事务局监督区谔良带领，朝廷委令他会

法国议会通过第三共和国宪法。

德国社会主义工人党通过《哥达纲领》。

同原派委员容闳常年驻美国,经理幼童肄业各事。

十月初四日丁卯(11月1日),福建延平民众拆毁美教士住宅,引发延平教案。

十一日甲戌(11月8日),清廷批准山东巡抚丁宝桢在烟台、威海卫、登州府筑炮台,在济南建立山东机器局。

按:《清史稿·兵志十一》曰:"山东巡抚丁宝桢疏言:'今在山东省城创立机器制造局,不用外洋工匠一人,局基设在泺口,自春及秋,将机器厂、生铁厂、熟铁厂、木样厂、绘图房,及物料库、工料库大小十余座,一律告成。其火药各厂,如提硝房、蒸硫房、焙炭房、碾炭房、碾硫房、碾硝房、合药房、碾药房、碎药房、压药房、成粒房、筛药房、光药房、烘药房、装箱房,亦次第告竣。其各厂烟筒,高自四十尺至九十尺不等,凡大小十余座。所买外洋机器,次第运取。俟机件煤炭各种备全,厂局告成,不逾一年,即可开工。将来如格林炮、克鲁伯炮、林明登枪、马梯尼枪,均可自造,不至受制于人,并可接济各省,由水路转运。即使洋商闭关,不虞坐困也。'"

十一月十四日丁未(12月11日),清廷任命容闳为出使美国、秘鲁等国钦差大臣。

是年,恭亲王奕䜣之子贝勒创设赏心悦目票房,鼓、溜、彩三者全备,誉为"京中第一票"。

英国托马斯发明碱性底吹转炉炼钢法。

法国布瓦博德朗发现镓,首次证实门捷列夫预言。

德国斯特劳伯格首次描述细胞染色体。

德国文克勒用铂石棉催化制造硫酸。

奥地利修斯发表《阿尔卑斯山脉的成因》,以收缩说观点说明褶皱山脉之形成。

意大利保罗创剖腹产手术。

李鸿章被任命为文华殿大学士,即首席大学士;十月,奏上海机器局已译出西书四十余种。

薛福成四月应诏上《治平六策》及《海防密议十条》,论整顿内政、效法西方以自强。是年,复入李鸿章幕,前后达十年之久。

王先谦五月充实录馆协修。六月,简放江西恩科乡试正考官。

李善兰在京同文馆,张之洞编《书目答问》,与梅文鼎、罗士琳名列"算学家"条。

容闳十二月与留学事务局监督陈兰彬同派为中国驻美、秘、西公使,兼管留学生事务。

沈葆桢四月任两江总督,兼办理通商事务大臣。

丁日昌八月受命督办福建船政。是年,协助李鸿章与威妥玛谈判。

黄遵宪客居天津,又随父往烟台等地,与丁日昌往来。

廖寿恒提督河南学政,擢侍讲学士。

孙衣言八月升授湖北布政使。

孙诒让授刑部主事。

刘熙载致书陈澧,劝将《东塾读书记》已成者先刻。

任颐、虚谷、吴昌硕等名画家均在上海从事绘事。

伍绍棠为杭世骏《三国志补注》作跋。

周寿昌迁内阁学士。

谭继洵升户部郎中,派往北通州监督坐粮厅。谭嗣同随父至任所,但时常返北京。

丘逢甲随父迁往彰化新伯公刘氏家塾设教处就读,间佐课童,继续与吕氏兄弟交往。

康有为居广州，在祖父督责下专学八股。

马相伯调徐家汇筹办天文台。

宋恕读王阳明的《王文成公全集》。

八指头陀是春住湘阴祖寺。夏秋离开湖南，东游吴越，参大定密源禅师。

杨锐入尊经书院肄业。同学有张祥龄、严遨、廖平、宋育仁、吴之英等。

郑文焯应顺天天乡恩科中举。

易顺鼎中举。冬，北上应礼部试。

梁诚考取第四批留美学生，前往美国菲力学院就读。

黄以恭中举人。

按：黄以恭字质庭，浙江定海人。黄式三从子。著有《尚书启蒙疏》28卷、《读诗管见》12卷。

安维峻中举人，见赏于左宗棠。

按：安维峻字晓峰，陕西秦安人。官至给事中。著有《四书讲义》等。

美国传教士林知乐任上海机器局总纂，译泰西书报。六月，在《万国公报》发表《译民主国与各国章程及会议堂解》，介绍西方议会制度。又在该报发表《中西关系略论》，提倡中西自由通商有益论。

英国传教士鲍康宁来华传教。

美国传教士潘慎文来华传教。

美国传教士范约翰主编的《小孩月报》四月发刊，附有插图。

方宗诚著《诗传补义》3卷刊行。又著《柏堂经说》及《柏堂遗书》始刊于是年。

杨恩寿著《小序韵语》刊行。

萧光远著《禹贡拣注》2卷刊行。

姚舜牧著《孝经疑问》1卷刊行。

杨希闵著《四书改错平》14卷刊行。

德国传教士花之安著《儒学汇纂》成书。

段长基纂《二十四史五表》重刊。

敕修《穆宗实录》成书。

清内府铅印《历朝圣训》762卷、《七省方略》1116卷。

魏源著《海国图志》重刊，左宗棠为序。

按：左宗棠在序中第一次明确将洋务事业与"师夷长技"思想联系在一起。他说："同光间福建设局造轮船，陇中用华匠制枪炮，其长亦差与西人等。艺事，末也，有迹可寻，有数可推，因者易于创也。器之精光淬历愈出，人之心思专一则灵，久者进于渐也。此魏子所谓师其长技以制之也。"(《海国图志》卷首)

朱纪荣纂《金石三例再续编》2种、附2种刊行。

孙诒让著《六历甄微》5卷成书。

德国阿尔伯特·谢夫勒著《社会的构造和生命》。

德国冯特著《生理学的心理学纲要》。

英国杰文斯著《科学原理》。

陈澧著《东塾读书记》12卷刊行。

张之洞著《书目答问》5卷成书。

按：是为张之洞任四川学政时编撰的一部导读书目，是了解中国传统学术典籍的入门书。缪荃孙曾参与其事。收书2200余种，分经、史、子、集四部。另有"丛书目"列举丛书总名100余种，又有"别录目"精选读物70余种。次年(1876)初刻(川本)，光绪五年(1879)有贵阳精刻本。1930年，范希曾以在江苏国学图书馆工作之便，研读古籍，搜集大量有关资料，对《书目答问》进行补正，成《书目答问补正》，于1931年出版。《补正》纠正了原书的一些错误，补充了原书遗漏的版本和新版本，增补了一批新书。

湖北崇文书局纂《百子全书》刊行。

按：又名《子书百家》。

浙江书局纂《二十二子》始刊。

许梿编选《六朝文絜》由黎经诂笺注刊行。

周济编《宋四家词选》刊行。

按：是书选录宋词人51家，以周邦彦、辛弃疾、吴文英、王沂孙4家为主，其他各家分别附属于后。本书自序，对词的"寄托"问题提出了独到的见解，是常州派词论的重要作品。

张金吾编《金文最》120卷刊行。

薛熙编选《明文存》100卷由江苏书局刊行。

盛昱辑选《八旗文经》56卷刊行，附杨钟羲著《叙录》1卷。

按：此书选录满洲、蒙古、汉军八旗人所作古文辞赋，197家，650篇，有些罕见的资料借以保存。有光绪间刻本。

戴名世著《南山集》16卷以木活字刊行。

按：此集清代列为禁书。后人假托宋潜虚(一作戴潜虚)之名刻行，又名《潜虚先生集》，有道光年间戴钧衡序，无刻书年月。

姜宸英著《姜先生全集》33卷刻印，凡《湛园未定稿》10卷、《西溟文钞》4卷、《湛园题跋》1卷、《苇间诗集》5卷、《湛园诗稿》3卷、《诗词拾遗》1卷。

戴望著《谪麟堂遗集》由赵之谦辑刻刊行。

许瀚著《攀古小庐杂著》由杨铎刊行。

莫友芝著《邵亭遗诗》8卷刊行，莫氏著《影山草堂六种》约至是年刊毕。

东壁山房主人编次《今古奇文》(一名《古今奇闻》)刊行。

吴敬梓著《儒林外史》补刻成60回石印本，末4回亦为他人所补。

王韬著《遁窟谰言》12卷成书。

潘纶恩著《道听途说》12卷成书。

夏昌祺著《雪窗新语》2卷刊行。

方浚颐著《梦园书画录》成书，有自序。

汪鋆著《十二砚斋金石过眼录》成书。

潘祖荫辑《功顺堂丛书》成18种。

按：是辑者继《滂喜斋丛书》后编印，搜集范围和体例也相类似。其中有沈钦韩、王绍兰的几种经说、潘柽章的《国史考异》等著作。

伍崇曜纂《粤雅堂丛书》30集208种1289卷刊毕。

董金鉴重印《琳琅秘室丛书》42集，吴门书坊印日本《佚序丛书》全集，均为木活字版。

梁章钜著《二思堂丛书》6种刊行。

祝韵梅纂《寿世汇编》5种刊行。

顾观光著《顾氏推步简法三种》刊行。

华蘅芳与英国传教士傅兰雅合译《微积溯源》刊行。

徐寿与傅兰雅合译《化学鉴原续编》刊行。

丁晏卒(1794—)。晏字俭卿，号石亭、柘堂、淮亭，别号石亭居士、颐志老人，江苏山阳人。少好治经，阮元为漕督，以汉易十五家发策，晏条对万余言，精奥为当世冠。道光元年举人，先后主讲阜宁观海、盐城表海、淮关文津等书院。咸丰三年，在淮安主持团练，旋以事为人所劾，奉旨遣戍黑龙江，缴费免行。十年，捻军扰淮安北关，晏号召团练，分布要隘，城以获全。十一年，以团练大臣晏端书荐，叙前守城绩，由侍读衔内阁中书加三品衔。著有《颐志斋丛书》21种，包括《尚书余论》2卷、《禹贡集释》3卷、《毛郑诗释》4卷、《诗考补注》2卷《补遗》1卷、《三礼释注》8卷、《周易述传》2卷、《孝经述注》1卷、《颐志斋集》16卷、《颐志斋四谱》4卷、《曹集铨评》10卷等。辑有《山阳诗征》24卷、《咏淮诗钞》；编有《山阳县志》21卷、《淮安艺文志》10卷。事迹见《清史稿》卷四八二、《清史列传》卷六九、《丁晏传》(《续碑传集》卷七四)。

按：《清史稿》本传曰："晏以顾炎武云梅赜伪古文雅密非赜所能为，考之《家语后序》及释文、正义，而断为王肃伪作。盖肃雅才博学，好作伪以难郑君。郑君之学昌明于汉，肃为《古文孔传》以驾其上，后儒误信之。近世惠栋、王鸣盛颇疑肃作而未能畅其旨，特著论申辨之，撰《尚书馀论》二卷。又以胡渭《禹贡锥指》能知伪古文，而不能信好古学，踵谬沿讹，自逞臆见。后之学者，何所取正？既为正误以匡其失，复采获古文，甄录旧说，砭俗订讹，断以己意。期于发挥经文，无取泥古。引用前人说，各系姓氏于下，辑《禹贡集释》三卷。生平笃好郑学，于《诗笺》、《礼注》研讨尤深。以毛公之学，得圣贤之正传，其所称道，与周、秦诸子相出入。康成申畅毛义，修敬作笺。孔疏不能寻绎，误谓破字改毛。援引疏漏，多失郑旨。因博稽互考，证之故书雅记，义若合符，撰《毛郑诗释》四卷。康成诗谱，宋欧阳氏补亡，今通志堂刊本讹脱踳驳。爰据正义排比重编，撰《郑氏诗谱考正》一卷。以康成兼采三家诗，王应麟有《三家诗考》，附刊《玉海》之后，舛谬错出，世无善本。乃蒐采原书，校雠是正，撰《诗考补注》二卷，《补遗》一卷。……然晏治经学不掊击宋儒，尝谓汉学、宋学之分，门户之见也。汉儒正其诂，诂正而义以显；宋儒析其理，理明而诂以精：二者不可偏废。其于《易》，述程子之传，撰《周易述传》二卷；于《孝经》，集唐玄宗、宋司马光、范祖禹之注，撰《孝经述注》一卷。"

瞿镛卒(1794—)。镛字子雍，江苏常熟人。瞿绍基子。尤爱金石文字，承父志搜罗不懈，在收古器中得铁琴铜剑各一，以此命名新建藏书楼名。并撰《铁琴铜剑藏书楼书目》。其楼三代传人瞿秉渊、瞿秉清并护

赖尔卒(1797—)。英国地质学家。

乔治·芬利卒(1799—)。英国历史学家。

汉斯·克·安徒生卒(1805—)。丹麦童话作家。

阿·康·托尔斯泰卒(1817—)。俄国作家。

弗里德里希·阿尔伯特·朗格卒(1828—)。德国哲学家。

乔治·比才卒(1838—)。法国作曲家。

马尔科维奇卒(1846—)。塞尔维亚思想家。

守家藏,多所补益。

夏燮卒(1800—)。燮字嗛甫,又字季理,号谢山居士,别号江上蹇叟,安徽当涂人。道光举人。官至知县。长文史,通音韵。著有《述韵》10卷、《明通鉴》100卷、《校汉书八表》8卷、《中西纪事》24卷、《五服释例》、《粤氛纪事》等。

周玉麒卒(1804—)。玉麒字韩城,湖南长沙人。历任监察御史、鸿胪寺卿、太常寺卿等职。督理浙江学政。咸丰八年,相继聘主城南书院、求实书院。同治七年,聘为岳麓书院院长,历任五年。著有《思谷堂诗赋》等。

乔松年卒(1815—)。松年字健侯,号鹤侪,山西徐沟人。道光十五年进士,授工部主事,迁员外郎、郎中。同治二年,任安徽巡抚。五年,调陕西巡抚。官至东河总督。卒赠太子少保,谥勤恪。著有《论语浅解》4卷、《萝藦亭文钞》1卷、《萝藦亭遗诗》4卷、《萝藦亭札记》8卷等。事迹见《清史稿》卷四二五、方浚颐《太子少保东河总督乔公墓志铭》(《续碑传集》卷二七)。

蒋曰豫卒(1830—)。曰豫字侑石,江苏常州人。纳粟得知县,分发直隶。咸丰中,署鸡泽。同治中,历署元氏知县、蔚州知州。长于训诂,书兼篆隶。晚佐黄彭年修《畿辅通志》。著有《诗经异文》、《问奇室集》、《滂喜斋学录》11卷。事迹见黄彭年《常州二子传》(《碑传集补》卷五一)。

杨绍和卒(1832—)。绍和字彦合,号勰卿,山东聊城人。杨以增子。同治四年进士,擢右赞善转侍讲,任翰林院编修。家有藏书楼"海源阁"、"宋存书室"、"四经四史之斋"等,藏书几十万卷。与梅曾亮、包世臣友善,通经学词术。著有《楹书隅录》10卷。

林旭(—1898)、陈天华(—1905)、秋瑾(—1907)、徐念慈(—1908)、麦孟华(—1915)、陈家鼎(—1928)、杨度(—1931)、诸宗元(—1932)、夏敬观(—1953)、沈钧儒(—1963)生。

光绪二年　丙子　1876年

《朝日修好条约》签定。

维多利亚女王兼称印度女皇。

土耳其人废苏丹阿卜杜勒·阿齐兹。颁布宪法。

正月初七日己亥(2月1日),湖北孝感县乡民与英国传教士发生冲突。

三月初七日己亥(4月1日),丁日昌在福州设电气学塾。

按:此为清人设立最早之技术学校之一。

十三日乙巳(4月7日),四川江北陈子春率众拆毁教堂、医馆十余处,引发川东教案。

二十一日癸丑(4月15日),李鸿章派淮军将领卞长胜等7人赴德国学习军事,为中国军官留学之始。

按:《清史稿·兵志十一》曰:"光绪二年,李鸿章、沈葆桢、丁日昌疏请选派制造学生十四人,制造艺徒四人,由出洋监督带赴法国学习制造。此项学生,既宜另延学堂教习课读,以培植根本,又宜赴厂习艺,以明理法,俾兼程并进,以收速效,备他日监工之选。其艺徒学成后,可备分厂监工之选。凡所习之艺,均须新巧,勿循旧式。如有他厂新式机器,及炮台、兵船、营垒、矿厂,应行考订之处,由监督酌带生徒前往学习。"

四月二十五日丙戌(5月18日),太和殿传胪,授一甲曹鸿勋、王赓荣、冯文蔚分为翰林院修撰、编修,赐进士及第;二甲吴树梅、戴鸿慈、缪荃孙等156人赐进士出身;三甲何德溱等165人赐同进士出身。

闰五月初九日己巳(6月30日),英商在上海筑吴淞铁路通车。

二十九日己丑(7月20日),左宗棠克复乌鲁木齐。

六月初八日戊戌(7月28日),清廷派李鸿章与英国公使谈判"马嘉理案"。

七月二十六日甲申(9月13日),李鸿章与英使威妥玛签订中英《烟台条约》。

十一月二十九日丙戌(1877年1月13日),李鸿章、沈葆桢上《闽厂学生出洋学习折》,选派福州船政学生30名,分赴英、法学习驾驶、制造,学期三年,以李凤苞、日意格分别为华、洋监督。

十二月初二日戊子(1月15日),清廷派船政学堂学生马建忠、严复等30人赴英、法习海军。

是月,沙俄特使库罗巴金与阿古柏背着中国政府签订《俄阿边界条约》。

是年,清廷决定在美国设立公使馆,任命陈兰彬为公使、容闳为副使。

按:据容闳《西学东渐记》,1876年,陈兰彬以全权公使之资格重履美土,随行僚属吴嘉善任留学生监督,上言:"学生在美国,专好学美国人为运动游戏之事,读书时少,而游戏时多。或且效美人入各种秘密社会,此种社会,有为宗教者,有为政治者,要皆有不正当之行为。坐是之故,学生绝无敬师之礼,对于新监督之训言,若东风之过耳。""此等学生,若更令其久居美国,必致全失其爱国之心。他日纵能学成回国,非特无益于国家,亦且有害于社会。"

基督教青年会传入中国,并在上海设立第一个青年会。

按:基督教青年会由英国青年商人乔治·威廉于1844年在伦敦创立。1910年确定以上海为该会的全国中心。1912年定总部名称为中华基督教青年会全国协会,简称青年会。

美国费城举办世界博览会,巴西、加拿大、法国、德国、英国、日本、葡萄牙、西班牙、瑞典、突尼斯、土耳其、奥地利、比利时、荷兰、意大利、挪威、埃及、丹麦、瑞士、墨西哥、委内瑞拉、俄国、智利、秘鲁、阿根廷、中国、澳大利亚、希腊、玻利维亚、尼加拉瓜、哥伦比亚、利比里亚、厄瓜多尔、危地马拉、洪都拉斯等国家接受邀请。中国的"留美幼童"出现在世界博览会的现场,并得到美国总统格兰特接见。康涅狄格州教育局将"留美幼童"的

第一国际宣告解散。

"考察与开发中非国际协会"成立。

美国费城世界博览会举行。

英文作业作为教育成果放在展台上。

> **按**：在博览会的总展览厅中，中国设有展室，陈列许多古色古香的橱柜，放置着绸缎、象牙雕刻、银器、景泰蓝、漆器、镜屏、瓷器、字画等。中国团赴费城参展的中国工商代表李主事后写有《环游地球新录》，李鸿章亲自作序。

恩格斯提出"劳动创造人本身"的论断。

德国 N. A. 奥托制成第一台四冲程汽油内燃机。

德国冯·林德发明氨冷冻机。

德罗伯特·科赫首次发现炭疽杆菌，并证明微生物与疾病有关。

奥地利波尔茨曼提出气体分子输送过程的积分微分方程。

美国贝尔发明电磁式电话，获电话机专利权。

李鸿章在烟台与有关官员制定出国培训计划和章程。

黄遵宪在烟台谒李鸿章，抵掌论当世事务，被李氏誉为"霸才"。是年八月，中式顺天乡试第141名举人，并入赀以五品衔拣选知县用，又入赀为道员。十二月，何如璋出使日本，奏其充参赞。

> **按**：黄遵宪《李肃毅侯挽诗》自注曰："光绪丙子，余初谒公，公语郑玉轩星使，许以霸才。"(《人境庐诗草》)

张之洞十二月充文渊阁校理。是年，以学识超拔，选廖平入尊经书院肄业。是年，作《尊经书院记》。

王先谦二月补国史馆总纂。三月，派文渊阁校理。六月，简放浙江乡试副考官。十二月，补实录馆纂修，兼充总校。

翁同龢受命入毓庆宫行走，始为光绪帝讲读功课。

李善兰十月升员外郎。

郭嵩焘九月自北京南下。十月，自上海起程出使英国，马格里、黎庶昌、李凤苞偕行，刘孚京至京师送行。十二月，抵伦敦。

> **按**：《清史稿·郭嵩焘传》曰："光绪元年，授福建按察使，未上，命直总署。擢兵部侍郎、出使英国大臣，兼使法。英人马加理入滇边遇害，嵩焘疏劾岑毓英，意在朝廷自罢其职，藉箝外人口也。而一时士论大哗，谓嵩焘媚外。嵩焘言既不用，英使威妥玛出都，邦交几裂。嵩焘又欲以身任之，上言：'交涉之方，不外理、势。势者人与我共，可者与，不可者拒。理者所以自处。势足而理直，固不可违；势不足而别无可恃，尤恃理以折。'因条列四事以进。而郎中刘锡鸿者，方谋随嵩焘出使，虑疏上触忌，遏之，比嵩焘觉，始补上，而事已无及。既莅英，锡鸿为副使，益事事龃龉之，嵩焘不能堪，乞病归，主讲城南书院。"

黎庶昌任出使英国大臣郭嵩焘参赞。

皮锡瑞北上应顺天乡试，不第南归。

张謇应淮军吴长庆邀入幕，开始从政生涯。

容闳在美被耶鲁大学授予法学博士学位。九月二十一日，作为驻美公使向美总统呈交国书。

> **按**：自1870年至本年，容氏致力于留学事务所工作。以后则专心于公使馆之职务。

詹天佑由美国纽哈芬之海滨易生学校引入山庄高级中学肄业。

张百熙散馆，授翰林院编修。

王韬是春辞去《循环日报》编纂之职。

何如璋以侍读衔任驻日副使，十一月抵东京。黄遵宪应何如璋荐举，充驻日使馆参赞随往。

缪荃孙第四次进京应试，中进士，改翰林院庶吉士。

袁昶、徐致靖、朱一新、陶方琦等四月成进士。

谭嗣同姐嗣淑、母徐五缘、长兄嗣贻均受白喉传染身亡。谭嗣同亦受传染，昏死三日，后渐病愈，其父因此为他取字"复生"。

林纾在好友王灼三家教书。

章炳麟在家从外祖父朱有虔读经。

按：章炳麟《民国光复》曰："余成童时，尝闻外祖父朱左卿先生言：清初王船山尝云：'国之变革不足患，而胡人入主中原则可耻。'排满之思想，遂酝酿于胸中。及读《东华录》至曾静案，以为吕留良议论不谬。余遂时发狂论曰：'明亡于满清，不如亡于李自成。李自成非异族也。'"（《章太炎先生讲演录》）

曾国荃抚晋，议修《山西通志》，延王轩为总纂，兼主晋阳书院讲席。

按：王轩字霞举，山西洪洞县人。同治元年进士。主讲宏运书院十年。著有《算学三书》、《㯶经庐文集》、《㯶经庐诗集初稿》、《㯶经庐诗集续稿》等。

康有为应乡试不售，始从广东著名学者朱次琦学于九江礼山草堂。日读宋儒书及经说、小学、史学、掌故词章。

按：康有为《与刑部沈子培书》曰："将近冠年，从九江朱先生游，乃知学术之大，于是约己肆学，始研经穷史，及为骈散文词，博采众涉，渔猎不休。如是者六七年，二十四、五乃翻然于记诵之学近于搜闻，乃弃小学、考据、诗词、骈体不为。于是内返之躬行心得，外求之经纬世务，研辨宋、元以来诸儒义理之说，及古今掌故之得失，以及外夷政事、学术之异，乐律、天文、算术之琐，深思造化之故，而悟天地人物生生之理及治教之宜，阳阖阴辟，变化错综，独立远游。至乙酉（1885）之年而学大定，不复有进矣。"（《康有为全集》第1卷）

梁启超随父读完《五经》。

马相伯调南京，专译数学教材。旋退出耶稣会，离宁赴沪。曾致函文成章神父允许自己领受圣体。任山东布政使余紫垣幕僚。

刘熙载作自传《崖子传》。

蔡尔康因多次应试未能中举，遂入《申报》馆工作。

陈炽从广东返回南昌，忧慨时事，博览算学及化学、天文、军事、海防之书。

国英在北京创办共读楼。

按：是楼为中国早期的私人图书馆之一。国英字鼎臣，姓索卓络，满族，隶镶白旗。道光二十年（1840）官内阁中书，历官至广东盐运使。有憾于藏书家的秘不示人，而寒士又苦于无力买书，乃筑楼贮藏历年购置的书籍，对外开放，"与人共读"，且定有借阅条规。刻有《共读楼书目》行世。

章邦元评阅《资治通鉴纲目》。

冯煦光创办求志书院，置经学、史学、掌故、算学。

陈廷焯遇庄棫，词学大进。

萧穆秋交袁昶。

许珏因薛福保之荐入山东巡抚丁宝桢幕。

刘寿曾举乡试。

廖平再应科试，正场题"狂"字，他以"用犬"之义解释《论语》"狂狷"之文，以优等食廪饩，调成都尊经书院肄业深造。

孙诒让以新校定本《竹轩杂著》6卷、《横塘集》20卷,编入《永嘉丛书》,属孙月樵刻行。

刘鹗是秋至南京应乡试,落第,返回淮安。又至扬州谒太谷学派李光昕,从其学。

按:李光昕字晴峰,学者称龙川夫子,江苏仪征人。与同里张积中、汪全泰、江西陈一泉、福建韩仰谕同为太谷学派周太谷的高足弟子。

杨文会应曹镜初之约,赴湖南讨论刻经事宜。

张森楷赴重庆应乡试,得四川学政张之洞赏识。

八指头陀是冬驻宁波,从吕文舟、胡鲁封、徐酡仙、与了法师等人游,结社吟唱。

沈饱山是冬在沪创办文学月刊《侯鲭新录》。

日本佛教真宗大谷派东本愿寺的谷了然和小栗栖香顶来上海建立寺院。

英国传教士仲钧安来华传教。

美国传教士林乐知主编之《万国公报》增出科学期刊《益智新录》。

英国传教士傅兰雅主持之《中西闻见录》改名为《格致汇编》。清廷授其三品衔,金楷理四品衔,林乐知五品衔。是年,格致书院正式创立,傅兰雅任监督,徐寿主管院务。

英商美查创办《申报》三月专为民间增出二日刊《民报》,是为中国第一份最早使用标点符号的白话报。

日本福泽谕吉出版《文明论概略》。

英国布拉德雷著《伦理学研究》。

丹麦霍夫丁著《伦理学基础》。

美国马克·吐温撰成《汤姆·宇亚历险记》。

相永清著《易经指掌》4卷刊行。

方宗诚著《书传补义》3卷重刊。

彭迁道著《春秋质疑》2卷刊行。

钟文烝著《春秋谷梁经传补注》24卷刊行。

汪文台著《十三经注疏校勘记识语》4卷刊行。

按:《续修四库全书总目提要》曰:"是书因阮元《十三经注疏校勘记》意有未安,别为表识。卷尾自跋,有阮宫保位尊地隔,既无由就正之语。盖其时阮元尚存也。"

叶蕙心著《尔雅古注斠》3卷刊行。

刘文淇著《楚汉诸侯疆域考》3卷刊行。

方宗诚纂《枣强县志补正》5卷刊行。

官修《清漕运全书》96卷成。

黎庶昌著《曾文正公年谱》12卷刊行。又著《奉使伦敦记》。

郭嵩焘著《使西纪程》成书。

按:郭嵩焘把使英途中见闻逐日详记,辑为《使西纪程》一书,寄给总理衙门刊刻,一时激起满朝士大夫公愤,要求将其撤职查办。翰林院编修何金寿参劾他"有二心于英国,想对英国称臣";结果此书被清廷申斥毁版,严禁流行。梁启超在《五十年中国进化概论》中说:"光绪二年,有位出使英国大臣郭嵩焘,做了一部游记。里头有一段,大概说,现在的夷狄和从前不同,他们也有二千年的文明。嗳哟!可了不得。这部书传到北京,把满朝士大夫的公愤都激起来了,人人唾骂,闹到奉旨毁板,才算完事。"

张之洞著《书目答问》5卷刊行。

陈澧作《与精舍诸生论学手书》21条，又作《菊坡精舍记》。

姚觐元辑小学书为《姚氏丛刻》3种刊行。

王闿运编《唐诗选》7卷刊行。

明焦循著《焦氏丛书》10种重刊。

曾国藩辑著《经史百家杂钞》26卷、《曾文正公奏稿》36卷、《曾文正公书札》前27卷、《曾文正公批牍》6卷、《曾文正公杂著》2卷、《求阙斋读书录》10卷、分体《曾文正公诗文集》各3卷刊行。又王启原纂《求阙斋日记类钞》2卷刊行。

张文虎纂《金山姚氏二先生集》刊行。

盛宣怀著《三公奏议》刊行。

冯桂芬著《显志堂稿》刊行。

林则徐著《林文忠公政书》31卷、《畿辅水利议》1卷刊行，《林文忠公遗集》始刊于是年。

王韬著《尺牍》8卷刊行。

万树著《词律》20卷由杜文澜校勘刊行。

无名氏撰《红楼梦偶说》行世。

小蓬莱馆纂《绣像四游合传》刊行。

黄士珣编、费丹旭绘《东轩吟社画像记传》由振绮堂刊行。

陈允升著《纫斋画滕》成书。

吴谦等纂《御纂医宗宝鉴》由江西书局重刊。

顾太清卒(1799—)。太清名春，字子春，号太清，原姓西林觉罗氏，满洲镶蓝旗人。著名女词人，后人以与纳兰性德并举。著有《天游阁集》、《东海渔歌》。

林昌彝卒(1803—)。昌彝字惠常、芗溪，自号茶叟、五虎山人，福建侯合人。入鳌峰书院，师事陈寿祺。潜研经学，尤精《三礼》。道光十九年举人，八上公车不售。咸丰二年进所著《三礼通释》280卷于礼部。同治五年，郭嵩焘延授馆。著有《小石渠阁经说》、《平夷十六策》、《射鹰楼诗话》24卷、《海天琴思录》8卷、《海天琴思续录》8卷、《小石渠阁文集》6卷、《敦旧集》80卷、《诗人存知诗录》30卷等。事迹见《清史列传》卷七三。

杨德亨卒(1805—)。德亨字仲乾，安徽石埭人。贡生。初喜王阳明书，著《读阳明拙语》数卷。以乱故，复求体用之学。曾国藩闻其贤，屡招致之。吴廷栋致仕居江宁，朝夕请益，尽弃所学。著有《尚志居集》4卷、《尚志居集补遗》1卷、《尚志居读书记》4卷。事迹见《清史列传》卷六七。

王拯卒(1815—)。拯原名锡振，字定甫，号少鹤，又号龙壁山人，广西马平人。道光二十一年进士，授户部主事，充军机章京。官至通政司通

F. 帕拉茨基卒(1798—)。捷克历史学家，政治活动家。

米哈伊尔·亚历山大·巴枯宁卒(1814—)。俄国无政府主义的代表人物之一。

乔治·史密斯卒(1840—)。英国亚述学家。

政使。师事梅曾亮,与龙启瑞、朱琦、邵懿辰、冯志沂等往来密切。著有《渝斋文钞》、《龙璧山房文集》5卷、《龙璧山房诗草》14卷、《茂林秋雨词》4卷、《归方评点史记合笔》6卷等。事迹见《清史稿》卷四二三、《清史列传》卷七三。

吴棠卒(约1816—)。棠字仲宣,安徽盱眙人。道光十五年举人,大挑知县,分南河,补桃源。调清河,署邳州。官至四川总督。卒谥勤惠。曾合刊《韩诗外传》赵、周二校注本为一书,号称为"善本"。著有《望三益斋存稿》、《读诗一得》1卷等。事迹见《清史稿》卷四二五、《清史列传》卷五三、蔡冠洛《清代七百名人传》第一编、吴昆田《四川总督吴公事略》、黄云鹤《吴勤惠公传》(均见《续碑传集》卷二六)。

雷思起卒(1826—)。思起字永荣,号禹门,江西建昌县人。雷景修第三子。同治四年,以监生赏盐大使衔,为定陵工程出力。同治十三年,因园庭工程进呈图样,与子雷廷昌被同治皇帝召见五次。是"样式雷"第六代传人。

黄钧宰约卒(1826—)。钧宰原名振钧,字宰平,改名钧宰,字仲衡,别字子河,号天河生,又署钵池山农,江苏山阳人。道光二十九年拔贡,出任奉贤训导。屡试不第,以校官终。著有《金壶七墨》、《比玉楼遗稿》、《比玉楼传奇》4种及《比玉楼闲话》、《国朝名人可法录》等。事迹见《民国续纂山阳县志》卷一三。

唐仁寿卒(1829—)。仁寿字端甫,号镜香,浙江海宁人。诸生。家饶于财,购书累数万卷,多秘笈珍本。曾国藩招致金陵书局,与张文虎同校《史记》。生平所为书皆未就,独有诗若干卷藏于家。曾参与修纂《上江两县志》。事迹见张裕钊《唐端甫墓志》、张文虎《唐端甫别传》(均见《碑传集三编》卷三二)。

徐子苓卒,生年不详。子苓字西叔,一字毅甫,号南阳,晚号龙泉老牧,安徽合肥人。师事姚莹、刘庄年,受古文法。道光十五年举人。曾为和州学正,主讲夏邱书院。其古文为曾国藩赏识,诗为谭献称道。兼通医、卜、相人之术。著有《敦艮吉斋诗存》2卷、《敦艮吉斋文钞》4卷。事迹见马其昶《龙泉老牧传》(《续碑传集》卷八一)、刘声木《桐城文学渊源考》卷四。

陈衡恪(—1923)、林长民(—1925)、范源廉(—1927)、姚华(—1930)、蒲殿俊(—1934)、陆士谔(—1943)、张伯苓(—1951)、居正(—1951)、包公毅(—1973)生。

光绪三年　丁丑　1877年

日本"西南战　　二月十八日甲寅(4月11日),宜昌、芜湖、温州、北海开埠。

三月初三日己未(4月16日),左宗棠部克复达板城。

是月底,丁日昌与沈葆桢、吴赞成、李鸿章等洋务派官员联名具奏,福建马尾船政学堂第一批学生严复、刘步蟾等35人乘济安号轮船出发到英国、法国留学。其中多数学生进入英国伦敦格林威治皇家海军学院。

按:是为晚清赴欧洲留学的第一批学生。

四月初十日乙未(5月22日),阿古柏败走,于库尔勒服毒自杀。

二十五日庚戌(6月6日),太和殿传胪,授一甲王仁堪、余联沅、朱赓扬分别为翰林院修撰、编修,赐进士及第;二甲孙宗锡等132人赐进士出身;三甲吴郁生等194人赐同进士出身。

是月,基督教在华传教士首次大会召开,林乐知等发起成立基督教学校教科书编纂委员会。

按:中国"教科书"名称自此始。1890年,该委员会改组为"中华基督教教育会"。该委员会所编教科书有:算学、历史、地理、宗教、伦理等科,供教会学校使用。

五月初五日己未(6月15日),上海有线电报告成。

六月十一日乙未(7月21日),翰林院编修何金寿奏劾驻英使臣郭嵩焘,谓其著书《使西纪程》有二心于英国。命毁其书版,并传旨申饬郭嵩焘。

八月,瑞典开整理万国刑罚监牢会,使臣爱达华照会驻英使臣郭嵩焘,请中国派员入会。嵩焘以闻,许之。

九月十三日乙丑(10月19日),直隶总督李鸿章等奏请增加"留美幼童"经费。

是月,清廷收复喀喇沙尔、库尔勒城、复拜城、阿克苏、乌什等城。

十一月,清廷收复喀什噶尔、叶尔羌城、英吉沙尔,阿古柏余部逃入俄境。

十二月,清军收复除伊犁外全部新疆领土。

是年,湖南巡抚王文韶疏言:"近年上海、天津、江宁均有制造局,滨海固宜筹备,而内地亦应讲求。湘省一年以来,先建厂,次制器,仿造洋式,规模粗具。后膛枪及开花炮子,试演均能如法,与购自外洋者并无区别。以后随时添造,自数千斤以至万斤大炮,或钢或铜,均可自造。湘省向产煤铁,攸县、安化各处所产之铁,与洋铁一律受钻。火药一项,督匠精造,与洋火药不相上下。自光绪元年五月开办,至二年十月,共用二万二千余两。以后每月以三千两为度。请援津、沪二局成案,专摺奏销。"(《清史稿·兵志十一》)

张之洞五月充教习庶吉士。是年,保送张森楷入成都尊经书院深造。

李鸿章、唐廷枢八月设开平矿务局,是为中国最早用机器采矿之大型煤矿。

王先谦八月奏派纂修《穆宗圣训》。

郭嵩焘四月在英奏陈四洋传教本末,请饬总署与各国公使妥议,预防

争"起。

日本东京帝国大学创立。

俄土战争起。

美国矿工和铁路工人大罢工。

法国E.德·萨尔泽克首次发掘不达米亚古拉格什城遗址。

德国伯格曼发明开乘清毒法。

意大利乔·塞阿帕雷里提出火星表面有"人工运河"的假说。

俄国贝汉诺夫提出大陆飘移假说。

美国费雷尔提出大气环流理论。

美国爱迪生发明留声机。

流弊。同月，致书李鸿章，请速办铁路电报，以树富强之本。又常与严复分析中西学术及政制之异同。

伍廷芳以郭嵩焘请，充出使英国三等参赞。

严复三月随华监督李凤苞，洋监督日意格，随员马建忠，文案陈季同，翻译罗丰禄，制造学郑清濂、罗臻禄、李寿田、吴德章、梁炳年、陈林璋、池贞铨、杨廉臣、林日章、张金生、林怡游、林庆升，驾驶学生刘步蟾、林泰曾、蒋超英、方伯谦、何心川、林永升、叶祖珪、萨镇冰、黄建勋、江懋祉、林颖启等乘坐马尾自造"济安"轮船赴香港转欧洲留学。五月抵达英国。抵英次日，郭嵩焘在公使馆中设宴，为李凤苞等洗尘。

按：是为福州船政学堂派遣的第一批出洋留学生，严复是其中之一，从此开始接触西方的自然科学和社会科学。这些学生在郭嵩焘的安排下，一部分被派至英国舰队中，另一部分则考入皇家海军学院学习。

刘坤一倡议于广州筹建西学馆。

容闳在美国哈特福德城主持建成中国留学事务局大楼。

缪荃孙初见俞樾于曲园。四月，散馆，任翰林院编修。是年，以千金购得汤文瑞家藏书，又以千金购韩小亭家碑帖四大箱。

孙衣言二月调江宁布政使。

孙诒让第四次试礼部不第。

盛昱、樊增祥、董沛等四月成进士。董沛以知县分发江西，以会稽赵之谦荐充《江西通志》协修一年。

皮锡瑞是春侍父赴宣平县住，重修宣平县志，父命任甄辑之役，并命代拟凡例。

梁鼎芬始从陈澧受业。

沈曾植至粤，谒陈澧，论学甚契。

庄棫访谭献于安庆，语穷三昼夜。

黄遵宪十月二十二日与驻日大使何如璋及译员等30余人同登海安兵轮，由上海至日本长崎，任驻日大使参赞，十一月二十四日随何如璋赴东京皇宫拜见天皇，递呈国书。是年始作《日本杂事诗》。

按：中日自魏晋隋唐交往以来，此为第一次建立正式外交关系。

王韬四月赴日本，侨居江户疗养。建议于浙、闽、粤三海口专设学塾，培养舵师舟长。

韩小窗在沈阳组织芝兰诗社，创作子弟书、近体诗谜、诗歌。

丘逢甲赴台南应童子试，作《穷经致用赋》及诗、词各一首，受闽抚兼学台丁日昌注意，命其属对并作《全台利弊论》，受丁赏识，特赠"东宁才子"印一方，以资鼓励。是科院试获全台第一，由此闻名全台。

辜鸿铭四月以优异成绩获爱丁堡大学文学硕士学位。旋赴德国莱比锡大学，改习工程。

按：据陈章《一代奇才辜鸿铭》，辜氏在这一段时间，获得文、哲、理、工、神等多个学位。毕业后，又赴法国巴黎大学读过一段时间，从一个老教授那里接触到《易经》，这位教授鼓励他回国后进行对《易经》的研究。这成了他号称"汉滨读易者"、

"读易老人"的最初原因,也是他日后英译儒家经典的最初原因。又曾到罗马短期学习。

孙中山在村塾继续读儒书。

谭继洵调任甘肃巩秦阶道,加二品衔。上任前,带谭嗣同回湖南浏阳为夫人徐五缘修墓。谭嗣同和唐才常结为好友,共事欧阳中鹄门下求学。

八指头陀住宁波。秋,在阿育王寺佛舍利塔前烧二指并剜臂肉燃灯供佛,自此号"八指头陀"。

郑观应与太古轮船公司签订的三年雇佣合同期满,因工作出色,又续订五年雇佣合同。与经元善、谢家福、严作霖等办筹赈公所,赈济山西灾荒。

康有为继续从朱次琦受学。六月,祖赞修遇难死。

按:康有为《我史》曰:"邑有大儒朱九江先生,讳次琦,号子襄者,先祖之畏友,频称之者,乃请从之学。先生硕德高行,博极群书,其品诣学术,在涑水、东莱之间,与国朝亭林、船山为近,而德器过之。尝为襄陵知县百九十日,惠政大行,县人祀焉。弃官归,讲学于邑之礼山,三十年累召不出,以讲学躬行,荐授五品卿。先生壁立万仞,而其学平实敦大,皆出躬行之余。以末世俗污,特重气节,而主济人经世,不为无用之空谈高论。其教学者之恒言,则曰'四行五学'。四行者:敦行孝弟,崇尚名节,变化气质,检摄威仪。五学则经学、文学、掌故之学、性理之学、词章之学也。先生动止有法,进退有度,强记博闻,每议一事,论一学,贯串今古,能举其词,发先圣大道之本,举修己爱人之义,扫去汉宋之门户,而归宗于孔子。于时捧手受教,乃如旅人之得宿,盲者之睹明,乃洗心绝欲,一意归依,以圣贤为必可期,以群树为三十岁前必可尽读,以一身为必能有立,以天下为必可为。从此谢绝科举之文,士芥富贵之事,超然立于群伦之表,与古贤豪君子为群。信乎大贤之能起人也,藉非生近其时,居近其地,乌能早亲炙之哉?既从先生学,未明而起,夜分乃寝,日读宋儒书及经说、小学、史学、掌故词章,兼综而并骛,日读书以寸记。甫入学舍,先生试《五代史史裁论》,乃考群书,以《史通》体为之,得二十余页。先生睹之,谓谈博雅洽,此是著成一书,非复一文矣。乃知著书之不难,古人去我不远,益自得自信。于时读钱辛楣《全集》、赵瓯北《廿二史札记》、《日知录》、《困学纪闻》,遂觉浩然通辟,议论宏起。又未尝学骈文,读《史通》爱其文体,试为之,先生遂许可。又自以为文章易作,遁峭不难。盖余家小有藏书,久好涉猎,读书甚多,但无门径,及一闻先生之说,与同学简君竹君名朝亮、胡君少恺名景棠,日上下其议论,即涣然融释贯串,而畴昔杂博之学,皆为有用,于是偶然自负于众以不朽之业。"

梁启超由祖父与母亲课读《四子书》、《诗经》。

马相伯调山东机械局总办。

刘鸿锡出使德国,荫昌以三等翻译官被派往德国使馆,并学习陆军。

萧穆曾为冯竹儒校刊《三唐人集》。是年作《记旧抄本吕和叔文集》。

宋恕夏四月赴郡城应试。

倪文蔚任荆州知府,延杨守敬修府志。

蔡尔康参与在英国出版、由《申报》在上海发行的《寰瀛画报》的中文说明编撰工作。

英国传教士傅兰雅任"益智会"董事,主持为在华教会学校编写教科书。

美国传教士林乐知创刊《大同公报》。

英国人威廉·法拉蒙德取代巴尔福任《上海锦囊与中国钞报》发行人。

美国传教士梅子明(梅威良)来华传教。

德国传教士费理饬来华传教。

俄国米海洛夫斯基著《英雄与群氓》。

法国戈比诺出版《文艺复兴时期的历史事件》。

英国斯宾塞著《社会学原理》。

美国 L. H. 摩尔根发表《古代社会》。

方宗诚著《读易笔记》2卷及《读宋鉴论》3卷刊行。又辑《志学录》8卷刊行,有自序。又著《俟命录》10卷刊行。

按:《续修四库全书总目提要》谓《读易笔记》曰:"宗诚盖致力于理学,以程、朱为依归者。故其《读易笔记》,专明义理,纯以程《传》及朱子《本义》为宗。"

徐梅著《周易究》4卷刊行。

乔松年辑《泛引易纬》刊行。

顾广誉著《学诗详说》30卷、《学诗正诂》5卷刊行。

萧开运著《大学集要》1卷、《中庸集要》1卷刊行。

朱右曾著《逸周书集训校释》10卷由崇文书局刊行。

张楚钟著《四书理话》4卷刊行。

刘鑫耀著《常华馆经说》1卷刊行。

吴昌莹著《经词衍释》10卷补遗1卷刊行。

彭良敞集注《经韵集字析解》2卷刊行。

方堃著《禹贡水道考异》10卷刊行。

孙诒让著《温州经籍志》33卷成书。

江标著《黄荛圃先生年谱》2卷成。

王定安据曾国藩言行著《求阙斋弟子记》32卷刊行。

黄以周纂《定海县志》30卷首1卷成。

史梦兰纂《抚宁县志》16卷首1卷刊行。

黄遵宪始著《日本国志》。

美国传教士丁韪良与同文馆汪凤藻等4人合译《公法便览》刊行。

丁丙纂《武林掌故丛编》始刊。

王锡祺纂《小方壶斋舆地丛钞》编刻成书,12帙,补编12帙,再补编12帙。

按:该丛书收录清代地理著作1400余种,包括地理总论、各省形势、旅行纪程、山水游记、风土物产著述,兼及少数民族风俗生活及欧美各国见闻。多数出于作者亲身经历,内容较为翔实。

杨守敬辑《楷法溯源》刊行。

按:《楷法溯源·凡例》曰:"同治乙丑,敬于杜门,因遂溪陈君一山(乔森)谒文昌潘孺初先生,始为金石之学。先生故精笔法,敬亦竭力助搜讨,每得一碑,先生为点其精要,以为是皆古人精意所留。光绪丙子,敬南归,遂以墨本付敬,端居多暇,乃以先生所点出者,仿翟氏《隶篇》之例,成为此书。先生博学多通,精义卓识,罕有伦四;敬每劝其著书,顾以老病谢。此区区者,乌足以传先生?付托非人,良用愧恧!是书初名《今隶篇》,观者颇以为骇,因念《晋书·卫恒传》,已有楷法之称,故定今名。"

　　浙江书局纂《二十二子》刊毕。
　　孙诒让始著《墨子间诂》。
　　黄承吉著《增注字诂、义府合按》刊行。
　　夏献云纂《屈贾文合编》刊行。
　　何如璋著《使东述略》。
　　李颙著《李二曲先生全集》4种重刊。
　　赵翼著《瓯北全集》172卷重刊。
　　俞樾著《曲园杂纂》50卷成书。
　　林则徐著《林文忠公遗集》4种刊毕。
　　陈锦著《橘荫轩全集》刊行。
　　顾广誉著《平阳顾氏遗书》5种刊行。
　　徐鼒著《敝帚斋遗书》3种及年谱刊行。
　　乔松年著《乔勤恪公全集》4种刊行。
　　李瀚章编辑《曾文正公全集》169卷刊行。
　按:是书始刊于本年,另有光绪二十八年(1902)耕余书屋石印本、民国四年(1915)铅印本、民国二十一年(1932)上海扫叶房石印本、民国二十四年(1935)上海东方书局铅印本。1974年,台北文海出版社收入《近代中国史料丛刊续编》。
　　曾国藩著《曾文正公书札》28卷至33卷续刊毕。
　　刘熙载著《四句集》成书,有自序,后更名《昨非集》。
　　洪亮吉著《卷施阁文》甲集10卷、《更生斋文》甲集4卷、《附鲒轩诗》8卷、《更生斋诗余》2卷、《拟两晋南北史乐府》2卷、《北江诗话》2卷、《晓读书斋录》8卷、《汉魏音》4卷与吕培等著《洪北江先生年谱》1卷刊行。
　按:洪氏著《洪北江全集》授经堂刊本始刊于是年。
　　护花主人王希廉评点《红楼梦》120回本由翰苑楼刊行。
　　邹弢著《浇愁集》8卷成书。
　　陆长春著《香饮楼宾谈》2卷刊行。
　　丁取忠纂《白芙堂算学丛书》23种刊毕。
　按:是书包括自元至清前期的古人著作6种,当时人著作8种,丁取忠和他学生的著作8种,以及外国人著作1种。是书刊行以后,风行海内,成为畴人家必读之本,影响颇大。
　　华蘅芳与英国传教士傅兰雅合译《三角数理》成书。
　　朱纪荣纂《槐庐丛书》始刊。

　　熊少牧卒(1793—)。少牧字书年,号雨胪,湖南长沙人。道光十六年进士,官内阁中书。工诗及骈文。著有《读书延年堂诗集》30卷、《读书延年堂诗续集》12卷、《读书延年堂文集》10卷、《读书延年堂文续集》2卷、《读书延年堂骈体文》2卷、《读书延年堂词》1卷、《读书延年堂赋》1

L.-A.梯也尔卒(1797—)。法国政治家、历史学家。

勒威耶卒(1811

一——)。法国天文学家。

卷。事迹见李元度《五品衔候选内阁中书熊雨胪先生墓志铭》(《碑传集补》卷五〇)。

汪昉卒(1799——)。昉字叔明,一作菽民,号啜菽老人,江苏常州人。道光二十四年举人,官至山东莱州府同知。善画山水,尤精鉴赏。著有《梦衲庵集》。

李佐贤卒(1806——)。佐贤字仲敏,号竹朋,山东利津人。道光十五年进士,改庶吉士,散馆,授翰林院编修。官至汀州知府。与鲍康、刘喜海、陈介祺、吴式芬、吕佺孙等结为金石之盟,对所得古币、金石书画,以实物或拓片相投赠。家藏金石文物有刀布2000多品,拓本5000多纸,及三代铜器48件。编著有《古泉汇》64卷、《续古泉汇》14卷补遗2卷、《书画鉴影》24卷、《石泉书屋类稿》8卷、《石泉书屋藏器目》1卷等,尤以《古泉汇》著称于世。

丁取忠卒(1812——)。取忠字肃存,号果臣,又号云梧,湖南长沙人。道光十七年,入长沙城南书院学习,与邹汉勋、李锡藩同学,常互相切磋数学。咸丰十年,应湖北巡抚胡林翼之邀,至武昌校改各类图书。同治四年,又至上海曾国藩开设的江南制造局,参与翻译西文科学著作,并代为李善兰校勘《则古昔斋算学》丛书中的《天算或问》一书。著有《数学拾遗》1卷、《舆地经纬度里表》1卷、《粟布演草》2卷,辑有《白芙堂算学丛书》23种。事迹见《清史稿》卷五〇七、李锡藩《丁取忠传》(《碑传集补》卷四二)。

按:《清儒学案》卷一六八《云梧学案》曰:"云梧独学无师,深造自得,其校订天元诸书,及为四元演草,皆以开径涂、便来学为主旨。所刻丛书,甄采尤精,审有功于畴人家不尠。"

钟文烝卒(1818——)。文烝字朝美,又字伯嬿,一字殿才,号子勤,浙江嘉善人。道光二十六年举人,候选知县。曾删定阮福《孝经义疏补》9卷。著有《谷梁补注》24卷、《新定鲁论语》、《论语序详正》1卷等。事迹见《清史稿》卷四八二、《清史列传》卷六九、《钟文烝传》(《碑传集补》卷四一)。

按:钟氏《谷梁补注》,兼采汉、宋学,对范宁《春秋谷梁传集解》加以补充,为清代学者注《谷梁传》较完备的一种。《清史稿》本传曰:"于学无所不通,而其全力尤在《春秋》。因沉潜反覆三十余年,成《谷梁经传补注》二十四卷。其书网罗众家,折衷一是。其未经人道者,自比于梅鷟之辨伪书、陈第之谈古韵,略引其绪,以待后贤。文烝兼究宋、元诸儒书,书中若释禘祫、祖祢谥法以及心志不通、仁不胜道、以道受命等,皆能提要挈纲,实事求是。"

董文涣卒(1833——)。文涣原名文焕,字尧章,号研秋,一号研樵,亦作岘樵,山西洪洞人。咸丰六年进士,改庶吉士,散馆,授翰林院检讨,充武英殿、国史馆协修。著有《声调四谱图说》12卷、《集韵编雅》10卷、《岘樵山房诗集》12卷、《岘樵山房文集》、《藐姑射山房诗集》2卷、《孟郊诗评点》2卷等。

蒋师轼卒(1846——)。师轼字幼瞻,江苏上元人。蒋师辙兄。得江宁知府涂宗瀛赏识,补县学生。光绪元年举人。著有《三经草堂诗抄》4

卷、《治学近求》、《渔石楼札记》。

曾纪鸿卒(1848—)。纪鸿字栗诚，湖南湘乡人。曾国藩幼子。从丁取忠习数学。同治十一年恩赏举人。是年会试未第而卒。著有《对数详解》5卷、《环率考真图解》。后者曾计算圆周率至100位数码。事迹见《清史稿》卷五〇七。

按：《清史稿》本传曰："纪鸿少年好学，与兄纪泽并精算术，尤神明于西人代数术。锐思勇进，创立新法，同辈多心折焉。谓大衍求一术亦可以代数推求，依题演之，理正相通，撰《对数详解》五卷，始明代数之理，为不知代数者开其先路。中言对数之理，末言对数之用，明作书之本意。其于常对、讷对，辨析分明。先求得各真数之讷对，复以对数根乘之，即为常对数。级数朗然，有条不紊，虽初学循序渐进，无不可相说以解焉。"

尹耕云卒，生年不详。耕云字瞻甫，号杏农，江苏桃源人。道光三十年进士，授礼部主事，分值孔子庙。咸丰五年，入僧格林沁幕，参赞军务。历任湖广道监察御史、河陕汝道员等。著有《周易辑说》4卷、《大学绪言》2卷、《心白日斋集》6卷、《豫军纪略》12卷等。事迹见《清史稿》卷四二三、吴昆田《河陕汝道尹君墓表》(《续碑传集》卷三七)。

秦力山（ —1906)、高旭（ —1925)、王国维（ —1927)、杨小楼(—1938)、经亨颐(—1938)、蔡东藩(—1945)、张相(—1945)、高剑父(—1951)、章鸿钊(—1951)、邓实(—1951)、陈景韩(—1965)生。

光绪四年　戊寅　1878年

四月初四日癸未(5月5日)，沈葆桢奏停止武科。命传旨申饬。

五月二十二日辛未(6月22日)，清廷派吏部左侍郎崇厚为出使俄国大臣，谈判索还伊犁问题。

六月二十五日癸卯(7月24日)，李鸿章在天津设立开平矿务局，开采唐山、开滦煤矿；矿务局设翻译处，介绍外国采矿资料。

七月二十七日乙亥(8月25日)，清廷召回郭嵩焘、刘锡鸿，派曾纪泽、李凤苞为驻英、德公使。

按：刘锡鸿乃郭嵩焘副手，但对郭嵩焘在英国的言行颇多不满，他弹劾郭嵩焘的最大"罪状"有三：披外国人的衣物、向其他国君主起立致敬、听音乐会时效仿洋人索取节目单。刘锡鸿指责郭嵩焘的"罪状"，其实都合乎国际礼仪。由于守旧势力过于强大，从朝廷到京师大夫对郭嵩焘一片唾骂指责之声，他只得在任期未满(仅仅一年零七个月)之时，奏请因病销差，清廷立即同意，并派曾纪泽接任。

九月初十日丙辰(10月5日)，彭启智呈禀南北洋大臣，请准设立上海

日本大久保利通被暗杀。

柏林会议缔结《柏林和约》。

俾斯麦政府通过《非常法》。

俄军逼临君士坦丁堡。

机器织布局。

英国戴维·休斯发明传声器。
德国科赫提出各种传染病均由病原菌引起的理论。

李鸿章九月于天津晤曾纪泽。是年,李氏至黄彭年重掌之莲池书院主讲,又置书二万卷,以供阅览,远近来学者日众。

李鸿章饬郑观应赴津襄办堤工赈务。郑以忙于太古轮船公司和筹赈公所等事务,辞而未就。

左宗棠正月再次奏请将新疆改设行省。七月,奏准在兰州创设机器织呢局。十月,上奏新疆善后方略,第三次请将新疆建为行省。

郭嵩焘二月自伦敦抵巴黎,兼任出使法国大臣。七月,召回国。序余苹皋《史书纲领》。

曾纪泽继为出使英法大臣。十月,自上海启程赴英,十二月,抵巴黎。

李凤苞七月为出使德国大臣,徐建寅为参赞,并赴英、法考察。

詹天佑进入耶鲁大学犀飞利工程学院学习土木及铁路工程。

孙中山四月初一日第一次离家,随母从香港乘轮船赴檀香山,就读于教会学校。六月,到孙眉在茂宜岛茄荷蕾埠开设的商店当店员。旋入盘河学校补习算术等科。

黄遵宪在日本广交日本学人,向石川英推荐《红楼梦》。又读卢梭、孟德斯鸠著作。

按:黄遵宪有致梁启超信,谓:"仆初抵日本,所与之游者多旧学,多安井息轩之门。明治十二三年时,民权之说极盛,初闻颇惊怪,既而取卢梭、孟德斯鸠之说读之,心志为之一变,以谓太平世必在民主,然无一人可与言也。"(1902年8月4日《新民丛报》第13号)

盛宣怀以湖北开采煤铁总局名义,买得大冶铁矿山。

郑观应与徐润、盛宣怀等人办义赈公所。是年,与经元善、谢家福结为义兄弟。

严复在英留学,曾参观英国法院。

薛福成上《创开中国铁路议》。

康有为继续从朱次琦学。攻《周礼》、《仪礼》、《尔雅》、《说文》、《水经》之学,并诵《楚辞》、《汉书》、《文选》及杜甫诗、徐陵、庾信文。

徐桐五月为礼部尚书。

陈兰彬赴美就任公使职,吴嘉善为随员。

沈葆桢奏请停止武科以节经费。

张焕纶在上海创办正蒙书院。

按:为国人自办新式小学之始,其中设游戏一课,为中国新式学校实施体育之先声。

丁日昌因病乞休归广东丰顺,曾贻书招丘逢甲就学潮州,因丁病卒未果。

林纾弟林秉耀病死于台湾。林纾闻讯,立即奔丧至台湾,并以其长子为秉耀承嗣。

辜鸿铭是年前后结束留学生活,返回槟榔屿。不久即奉派往新加坡海峡殖民政府辅政司工作。在此三年。

谭嗣同是夏随父由浏阳出发往兰州任所。

八指头陀住宁波。全年往返于天童山、三茅山、伏龙山、镇海、余姚等地，遍参诸寺。

刘光第应童子度，县令新城锡邕奇其才，拔置案首，厚遇之。

王之春访问日本。

按：王之春字芍棠，一作爵棠，湖南清泉人。著有《国朝柔远记》、《防海纪略》、《使俄草》、《椒生随笔》、《椒生诗草》、《椒生缦草》、《船山公年谱》等。

马相伯交卸山东机械局差事，奉李鸿章命，调查山东矿务。

宋恕识瑞安金晦，始知有颜元、顾炎武之学。

杨文会随曾纪泽出使英、法，考察西洋政教、生产，同时精究天文、测绘、显微学等。

顾仁荣、贺之升、翟汝弼、张金兰任同文馆汉文教习。

梁济任愿学堂义塾教师。

蔡尔康离开《申报》。

颜永京至上海协办圣约翰书院。后任院长，主持教务达八年之久。

赫德派德璀琳以天津为中心，在天津、北京、营口、烟台、上海五处试办邮政，成立海关邮政办事处，又发行大龙邮票。

英国传教士甘淋来华传教。

胡泽漳著《易学一得录》4卷刊行。

范泰衡著《读周易记》6卷刊行。

方宗诚著《礼记集说补义》1卷、《春秋传正谊》4卷及《读史杂记》、《读诸子诸儒书杂记》1卷、《论文章本原》3卷刊行。又作《柏堂读书笔记叙》。

史致准著《尚书绎闻》1卷刊行。

黄以周著《礼书通故》100卷成书。

按：是书采集汉唐至清关于礼制之解说，考释中国古代礼制、学制、封国、职官、田赋、乐律、刑法、名物、占卜等，纠正许多旧法谬误。俞樾曾为其撰序。梁启超《中国近三百年学术史》曰："儆季（黄以周）为薇香（式三）之子，传其家学，博而能精；又成书最晚（草创于咸丰庚申，告成于光绪戊寅），先辈所搜辑所考证，供给他以较丰富的资料。所以这部书可谓为集清代礼学之大成。"

徐鹿苹著《增订禹贡注读》1卷刊行。

洪亮吉著《春秋左传诂》20卷、《六书转注录》10卷重刊。

沈辉宗著《大学参证》2卷、《中庸参证》2卷、《中庸心悟》1卷刊行。

朱亦栋著《十三经札记》22卷刊行。

魏源著《书古微》12卷刊行，又著《古微堂集》10卷刊行。

郑珍著《说文新附考》6卷刊行。

陈衍著《说文举要》7卷成。

钮树玉著《说文解字校录》30卷约刊于是年。

卢见曾辑、王芑孙校《金石三例》刊行。

恩格斯出版《反杜林论》。

德国文德尔班著《近代哲学史》。

日本植木枝盛著《开明新论》。

瑞士索绪尔发表《印欧语的原始系统》，被誉为"历史语言学中杰出的篇章"。

乾隆官修《辽金元三史国语解》46卷由江苏书局重刊。

杨希阁著《豫章先贤九家年谱》、《四朝先贤六家年谱》刊行。

杨守敬等合编《历代地理引革总图》。

洪亮吉著《补三国疆域志》2卷、《补东晋疆域志》4卷、《补十六国疆域志》16卷刊行。又著《更生斋文》由授经堂续刊，《附鲒轩外集唐宋小乐府》1卷刊行。

何绍基等纂《重修安徽通志》350卷、补遗10卷刊行。

张文虎等纂《重修奉贤县志》20卷首1卷刊行。

鹭江寄迹人译纂《俄国志略》。

英国传教士艾约翰著《中国的宗教》成书。

胡培翚著《研六宝文钞》10卷重刊。

郑献甫著《愚一录》12卷刊行。

邹汉勋著《学餐斋遗书》5种刊行。

李兆洛著《李氏五种》、《养一斋文集》20卷、《诗集》4卷及《赋》、《诗余》各1卷重刊。

谭献纂《箧中词》成。

王韬在日本著《扶桑游记》。

王之春著《读瀛录》。

李世忠辑《梨园集成》刊行。

俞樾著《耳邮》4卷成书，署"羊朱翁"。

俞达著《青楼梦》64回成书。

过路人编定《何典》10回由上海申报馆刊行。

按：原题"缠夹二先生评"。后有1894年上海晋记书庄石印本，10卷，不分回。这是一部用方言谚语写成的，带有讽刺而又流于油滑的小说。

费黄、文康著《儿女英雄传》41回由聚珍堂木版刊行。

按：是书又名《儿女英雄评话》、《金玉缘》，原书53回，刊行时删为41回，作者署"燕北闲人"。

华蘅芳与英国传教士傅兰雅合译《三角代数》刊行。

钱培名纂《小万卷楼丛书》18种68卷重刊。

潘祖荫纂《谤喜斋丛书》57种约于是年前后刊毕。

黄本骥纂《三民物斋丛书》26种刊行。

葛元熙纂《学古斋金石丛书》始刊。

刘绎卒（1797— ）。绎字瞻岩，江西永丰人。道光十五年一甲一名进士，授翰林院修撰，入直南书房。十七年，提督山东学政。以亲老乞归里。主讲鹭洲书院。著有《存吾春斋文钞》12卷、《存吾春斋诗钞》13卷、《崇正黜邪论》1卷等。事迹见《清史列传》卷六七。

费伯雄卒（1800— ）。伯雄字晋卿，江苏武进人。生于医学世家，以擅长治疗虚劳驰誉江南。著有《医醇剩义》4卷、《医方论》4卷、《怪疾奇方》、《费批医学心语》、《费氏食养三种》（《食鉴本草》、《本草饮食谱》、《食养疗法》)等。事迹见《清史稿》卷五〇二。

按:《清史稿》本传曰:"伯雄所著,详于杂病,略于伤寒,与(陆)懋修、(邹)澍宗旨并不同。清末江南诸医,以伯雄为最著。"

苏廷魁卒(1800—)。廷魁字赓堂,一字德辅,广东高要人。道光十五年进士,选庶吉士,散馆,授翰林院编修。二十二年,迁御史。鸦片战争时,上疏请修筑虎门炮台以抗击英军。咸丰初,疏劾军机大臣赛思阿任用私亲,遭斥。官至河东总督。著有《守柔斋诗钞》8卷、《守柔斋文钞》4卷、《守柔斋行河草》2卷。事迹见《清史稿》卷三七八。

薛于瑛卒(1807—)。于瑛字贵之,号仁斋,山西芮城人。十六岁中秀才。十八岁其父去世,遵父遗嘱,苦读经书,绝意仕途。二十三岁时,始设教乡里。先后执教于东关、王窑、汉渡村南沟之求仁精舍、上阳归儒书院,还曾赴河南灵宝及陕西等地任教。光绪元年,应山西巡抚邀,赴省城讲学。山西学使谢维藩以究心正学荐,恩赐国子监学正衔。著有《小学浅解》、《大学圣经讲义》、《小学心术条讲义》、《必有事编》、《豫养编》、《为己图解》、《告君录》、《仁斋遗集》等。事迹见《清史列传》卷六七。

潘曾莹卒(1808—)。曾莹字申甫,别字星斋,江苏吴县人。潘世恩仲子。道光二十一年进士,改庶吉士,散馆,授翰林院编修。官至工部左侍郎。学有要柢,尤长于史学。工书、画。著有《赐锦堂经进文稿》1卷、《小鸥波馆文钞》2卷、《小鸥波馆诗钞》12卷、《小鸥波馆词钞》、《小鸥波馆题画诗》4卷、《小鸥波馆画品》1卷、《小鸥波馆画识》3卷等。事迹见吴汝纶《前工部侍郎潘公神道碑》、俞樾《吏部左侍郎潘公墓志铭》(均见《续碑传集》卷一一)。

李联琇卒(1820—)。联琇字季莹,号小湖,别号好云楼主人,江西临川人。道光二十五年进士,选翰林院庶吉士,散馆,授编修。三十年,充国史馆协修。官至江苏学政。曾受曾国藩之聘,主讲钟山、惜阴书院。著有《采风札记》6卷、《好云楼初集》28卷、《好云楼二集》16卷等。事迹见《清史列传》卷六九、汪士铎《大理寺卿李公墓志铭》(《续碑传集》卷一七)。

杨象济卒(1825—)。象济字利叔,号汲庵,浙江秀水人。少与陈寿熊、沈曰富、顾广誉游。自谓私淑姚鼐、蒋士铨。曾入张亮基、丁日昌幕。著有《汲庵诗存》4卷、《汲庵文存》6卷、《菰芦笔记》3卷等。事迹见谭献《杨象济传》(《续碑传集》卷八一)。

庄棫卒(1830—)。棫一名忠棫,字希祖,号中白,别号蒿庵,江苏丹徒人。校书于淮南、江宁各书局,经史词学皆精,与谭献齐名。著有《周易通义》16卷、《远遗堂文集》8卷、《东庄读诗记》1卷、《蒿庵遗稿》12卷等。事迹见谭献《庄棫传》(《续碑传集》卷八一)。

方恮卒(1849—)。恮字子谨,一字退斋,江苏常州人。博览群籍,于诗古文辞,旁及书画、金石、摹印之属,无不工习。著有《广韵分母表》9卷、《读通鉴杂记》2卷、《同文考异》3卷、《说文字原表》1卷、《历代建置表》1卷、《历代兵事表》2卷。另有《历代武功图要》、《汉石存佚考》二种,均属稿未竟。事迹见方恒《先兄子谨事状》(《续碑传集》卷八〇)。

吴樾(—1905)、陶成章(—1912)、陈其美(—1916)、夏月润(—1932)、连横(—1936)、胡朴安(—1947)、刘揆一(—1950)、黄炎培(—1965)生。

光绪五年　己卯　1879 年

日本灭琉球王国。

英人入祖鲁王国。

《奥德密约》签订。

新托马斯主义形成。

第一个水电厂在美国威斯康辛建立。

五月,唐山胥各庄运煤铁路兴工,为国人自办铁路之始。

六月初五日丁未(7月23日),贵州候补道罗应旒奏请改京师太学及省直书院为经世学院,令举贡生员有心经世之学者以充学生。

七月二十二日甲午(9月8日),广州将军长善奏请于广州原设同文馆内添设法、布(普鲁士)二馆。

八月十七日戊午(10月2日),崇厚擅自与俄国订立《交收伊犁条约》(又称《里瓦几亚条约》)。

九月二十日庚寅(11月3日),李鸿章、沈葆桢以闽厂应用新式机器需要监工人才,奏请续派学生出洋赴英、法就学。命何璟等查照出洋章程,接续遴才,派赴英、法各国就学,以冀人才日盛,缓急有资。

十二月初五日甲辰(1880年1月16日),司经局洗马张之洞奏请严惩崇厚,早筹御侮。

江南制造局翻译馆开始至今年,刊印书籍售出83454本,地图4774张。

法国空想社会主义者布朗基创办《非上帝、非大人先生报》。

德国W.冯特创立世界上第一所心理学实验室。

瑞典汉森发现麻风杆菌。

美国比尔德提出病名"神经衰弱症"。

爱迪生发明真空碳丝电灯泡。

李鸿章、沈葆桢十月奏准接续遴派福州船政局前后学堂学生赴英法就学。

李鸿章在大沽北塘海口炮台设制到天津的电报。

按:《清史稿·盛宣怀传》曰:"光绪五年,署天津道。时鸿章督畿辅,方乡新政,以铁路、电报事专属宣怀。宣怀以英、丹所设水陆线渐侵内地,乃集赀设津沪陆线,建电报学堂,并援万国公例与争,始克严定条款。会订水线相接合同,于是与轮船招商同为商办两大局。"

张之洞二月补国子监司业。九月,转司经局洗马。

丁日昌闰三月充总理各国事务大臣。

刘坤一十一月调任两江总督,兼充办理通商事务大臣。

郭嵩焘七月乞辞兵部侍郎归休。撰《罪言存略》。

王先谦五月升翰林院侍讲,充日讲起居注官。七月,转翰林院侍读。九月,条陈洋务事宜,请审敌情、振士气、筹经费、备船械。

严复在留学期间学习成绩优良,故未毕业被清政府调回,福州船政大臣吴赞诚聘他为福州船政后学堂教习。

黎庶昌闰三月赴巴黎代表中国出席营造巴拿马运河国际会议。

黄遵宪在驻日参赞任内，始与在日本养病的王韬订交。是年，为日本友人石川鸿斋作《日本文章轨范序》。收集日本的新政旧闻，作《日本杂事诗》154首，诗成后送交总理各国事务衙门，又于七月由同文馆聚珍板印行。

缪荃孙十月应张之洞聘，参修《顺天府志》，负责其中地理、经济、官吏、文学、寺院、碑铭诸编。是年，充顺天乡试同考官。

按：《顺天府志》由万青黎、周家楣修，张之洞、缪荃孙等编纂。从光绪五年（1879）四月开局，至光绪十一年（1885）告竣。全书130卷，是一部记述清末京师顺天府辖区情况最完整最丰富的地方志。朱一新应邀参与纂修，负责街道和胡同部分，以后成《京师坊巷志》一书。

孙诒让以永嘉重修县志，聘为协纂。

区谔良时任留学事务局委员，因行为不检点，被奏调返华，由容增祥继任，但容增祥仅任事一个月，即丁忧回籍，副使容闳兼摄局务。因陈兰彬推荐，翰林院编修吴嘉善为第四任中国留学事务局（又称出洋肄业局）委员。

按：吴嘉善认为，留美学生"离经叛道"，幼童们都已经美国化，丧失独立民族资格，继续完成学业对中国将是极大的危害。故力主裁撤中国留学事务局，召回全体学生，并自带数十名幼童回国。而负责中国出洋留学的大臣李鸿章优柔寡断，中国第一批留美幼童的求学命运危在旦夕。此时，容闳立刻向推切尔牧师求助。推切尔牧师等人首先联络美国几所著名大学的校长，联名致信清廷的总理各国事务衙门，要求收回成命。著名文学家马克·吐温和推切尔牧师还赶到纽约见美国前总统格兰特，请求他的帮助。1881年，格兰特写信给李鸿章，请求保留留学事务局。3月10日，容闳告诉推切尔牧师，留学事务局暂时维持现状。7月，留学事务局被撤销，留美学生分三批撤回。9月26日，最后一批留美幼童离开哈特福德回国。

张百熙提督山东学政。

皮锡瑞是秋应乡试不第，友人王德基举乡试北上，以诗送之。是年，始治经于杭州。

李善兰夏加四品衔。

孙中山是秋入火奴鲁鲁英基督教监理会主办的意奥兰尼学校读书。

康有为入西樵山，居白云洞，专学道教、佛教经典。与翰林院编修张鼎华交。十一月，初游香港，始知西人治国有法度，开始购读西学之书。

按：梁启超《南海康先生传》曰："先生又宗教家也。吾中国非宗教之国，故数千年来，无一宗教家。先生幼受孔学，及屏居西樵，潜心佛藏，大澈大悟；出游后，又读耶氏之书，故宗教思想特盛，常毅然以绍述诸圣普度众生为己任。先生之言宗教也，主信仰自由，不专崇一家，排斥外道，常持三圣一体诸教平等之论。然以为生于中国，当先救中国；欲救中国，不可不因中国人之历史习惯而利导之。又以为中国人公德缺乏，团体散涣，将不可以立于大地；欲从而统一之，非择一举国人所同戴而诚服者，则不足以结合其感情，而光大其本性。于是乎以孔教复原为第一着手。……先生于佛教，尤为受用者也。先生由阳明学以入佛学，故最得力于禅宗，而以华严宗为归宿焉。其为学也，即心是佛，无得无证，以故不歆净土，不畏地狱。非惟不畏也，又常住地狱，非惟常住也，又常乐地狱，所谓历无量劫行菩萨行是也。是故日以救国救民为事,以为舍此外更无佛法。然其所以立于五浊扰扰之界而不为所动者,有一术焉,曰常惺惺,曰不昧因果。故每遇横逆困苦之境,辄自提醒曰:吾发愿固当如是,吾本弃乐而就苦,本舍净土而住地狱,本为众生迷惑烦恼,故入此世以拯之。吾但当愍众生之未觉,吾但当求法之精进,吾何为瞋恚? 吾何为退转? 以此自课,神明俱泰,勇猛益加。先生之修养,实在于是,先生之受用,实在于是。先生于耶教,亦独有所见,以为耶教言灵魂界之事,其圆满不如佛;言人间世之事,其精备不如孔子。然其所长者,在直捷,在专纯,单标一义,深切著明。曰人类同胞也,曰人类平等也,皆上原于真理,而下切于实用,于救众生最有效焉,佛氏所谓不二法门也。虽然,先生之布教于中国也,专以孔教,不以佛、耶,非有所吐弃,实民俗历史之关系,不得不然也。"(《饮冰室文集》之六)

辜鸿铭是年左右与途经新加坡回国的改良派人士马建忠相会,得闻中国文化。在马建忠的劝说下,遂辞去殖民政府职务,返回槟城,闭门攻读中国书籍。

谭嗣同在兰州开始学诗,常外出考察。夏,动身返湖南;秋,至长沙;冬,往浏阳。

况周颐举乡试,援例授内阁中书,与王鹏运同官。

黄炳垕任宁波辨志精舍天文算学斋教习。

林纾以文名受到福建督学孙诒经的赏识,入县学读书。

刘光第应督学试,发出复落。

郑观应辞上海机器织布局襄办,得李鸿章批准。彭汝琮揽办的织布局失败。

韩国钧本年应科试,取列二等,江南乡试,中第九十六名举人。

廖平中乡试第二十四名举人。

戈鲲化赴美国哈佛大学任教。

按:此为中国赴美国任教第一人。

宋恕游杭州,著论悲岳飞拘牵世义,不自取中原慰父老,徒死狱吏手。

八指头陀是春住跨塘禅院,遍游天童寺、茅山寺、阿育王寺,航海到普陀。

安维峻以刑部主事用,是秋,充文武乡试受卷官。

刘寿曾为孙诒让作《温州经籍志序》。

蔡元培受业于同县秀才王懋修约四年,学作八股文,尊崇宋儒。

胡礼垣任《循环日报》翻译员。

徐建寅增译李善兰译《谈天》一书,介绍欧美天文学界发现之海王星、土星光环、月球表层知识。

谭鑫培首次至上海献艺。

日本栗本锄云联合日本各界发起邀请王韬赴日讲学。

按:栗本锄云曾在日本《报知新闻》上撰文评价王韬编译的《普法战纪》,又应日本陆军省之请,为《普法战纪》作评注,1878年在日本翻刻。

李木火于二月创办《汇报》,为天主教在中国的重要刊物。

爱尔兰传教士欧礼斐来华传教。

美国传教士施若瑟将雅各、广恩两教会学堂合并创办圣约翰书院于上海。

按：圣约翰书院初期设西学、国学和神学三门，用国语和上海方言授课，1881年学校的英语教师卜舫济牧师开始完全用英语授课，这是中国首个全英语授课的学校。1886年，卜舫济出任校长，长达五十二年，对圣约翰书院的发展起到很大的影响。1892年起，学校正式开设大学课程。1896年，学校形成文理科、医科、神学科及预科的教学格局，为上海唯一的高等学府。1905年，学校成为正式的大学，并在美国华盛顿州注册，大学设文学院、理学院、医学院、神学院四所大学学院以及一所附属预科学校，成为获得美国政府认可的在华教会学校。中华人民共和国建国前，中国共有14所教会大学，分别是燕京大学、齐鲁大学、东吴大学、圣约翰大学、之江大学、华西协和大学、华中大学、金陵大学、华南女子文理学院、湘雅医科大学、金陵女子文理学院、沪江大学、岭南大学、协和大学等。

英国人乐凯三月在上海创办英文版《文汇晚报》，始用煤气引擎转轮印刷机。

英国人美查创办点石斋石印书局，聘邱子昂为石印技师，用轮转石印机印刷《圣谕详解》等书。

按：其印刷厂设在上海南京路泥城桥堍，发行所设在抛球场（今上海河南路）。该书局在告白中说："本分局专办一切石印经史子集，以及中外舆图、西文书籍、名人碑帖、画谱、楹联、册页，花色齐全，价目克己。同赐顾，请认抛球场南首三层楼红墙洋房可也，此布。"由于石印成本低，出书快，在印刷事业上是一显著进步。

沈梦兰著《孟子学》1卷刊行。

洪亮吉著《传经表》2卷、《通经表》2卷刊行。又著《乾隆府厅州县图志》50卷、《比雅》10卷刊行，《洪北江全集》23卷刊毕。

颜元著《四存编》11卷刊行。

按：是书包括《存性编》、《存学编》、《存治编》、《存人编》四种，是颜元的主要著作之一。他的学说对当时社会产生过广泛影响。到民国时期，时为大总统的徐世昌提倡颜李之学，倡立四存学会，成立四存中学，编辑有《四存月刊》，征求颜李遗著，并将颜李从祀孔庙，一时之间颜李之学风靡海内。《四存编》后被收入《颜习斋遗书》、《畿辅丛书》和《颜李丛书》。

方宗诚著《春秋集义》12卷成。又著《读学庸笔记》2卷刊行。

袁自超著《禹贡翼传便蒙》1卷刊行。

唐圻著《大学总论》1卷、《中庸总论》1卷刊行。

佘一元著《潜沧四书解》1卷刊行。

郑献甫著《四书翼注论文》12卷刊行。

张维屏辑《经字异同》48卷刊行。

吕世宜著《古今文字通释》14卷刊行。

王念孙著《广雅疏证》10卷由淮南书局重刊。

方成珪著《集韵考正》10卷由同邑孙诒让校勘刊行。

按：《续修四库全书总目提要》曰："成珪字雪斋，瑞安人。精校勘之学，储藏数万卷，皆手自点勘。所校书有《困学纪闻》、《唐摭言》、《韩昌黎集笺正》等多种，俱以

美国H.乔治著《进步与贫困》。

德国奥·倍倍尔著《妇女和社会主义》。

精湛称于世。常得汪小米校本《集韵》，内多附严厚民语，乃据宋椠本雠对。惜止半部，未睹其全。后又假得吴殳方、陈颂南用毛斧季影抄宋板同校本，重加研讨，以曹栋亭藏本，遍校群书，成《考正》十卷。夫《集韵》虽修于宋人，而赅博无有及之者。顾其书元明之季，不甚显。顾炎武作《音论》，遂疑其不存。清康熙间，朱彝尊始从汲古阁毛氏得景宋本，属曹寅椠于扬州，而雠校殊略，文字互讹，浸失本真。乾嘉以降，治学之士，率多涉及。若余萧客、段玉裁、钮非石、严厚民、陈奂、汪小米、陈颂南，皆有校本，然皆未刊行，善否殊未可知。惟方氏书，至孙诒让，始为之刊行。今观其书，……既录段、严、汪、陈四家校本，又以《山海经》、《尔雅》、《方言》、《广雅》、《经典释文》、《玉篇》、《广韵》、《篇韵》诸书，悉心对核，察异形于点画，辨殊声于翻纽。订谬补缺，条举件系，非徒刊补曹本之讹夺，实能举景祐修定之误。其校雠之精，深足为丁氏之功臣云尔。"

　　杨守敬、饶敦秩合编《历代舆地沿革险要图》1卷由东湖饶氏家刻行，继与其门人熊会贞合编成《历代地志疆域》等图36册、《水经注图》4册。

　　按：饶敦秩《历代舆地沿革险要图书后》曰："敦秩弱冠读乙部书，苦于地理不知其乡，又今古异名，尤费稽考。后得顾氏《方舆纪要》读之，叹为绝作，其历代州域形势，尤得要领，惜其无图，思欲补之，而见闻寡陋，未遑丹铅。去岁与杨君惺吾论及此，出旧稿一帙，云系十年前与归善邓君承修所同撰者，其中自正史而外，有历代割据及十六国等图，较江阴六氏沿革图为翔实，而梁、陈、周、齐四代仍缺焉。余以为此不可不补也，乃延惺吾至余家，与之钩稽排比而成之。又推广于东晋、东西魏、五代、宋南渡，及历代四裔诸图，合之前稿，共得六十九篇，略著其说于图隙，使读者易于省察。其于关塞险要，尤兢兢致意，虽地无常险，今古情殊，鉴往事之得失，知将来之利弊，此区区与惺吾辑录之意，不第以考古为读史在助也。光绪五年己卯（1879）夏五月，东湖饶敦秩书后。"

　　孙葆田著《孟子编略》6卷成。

　　丁宝桢纂《资治通鉴纲目四编合刻》始刊。

　　王先谦纂《乾隆东华续录》150卷、《嘉庆东华续录》50卷刊行。

　　敕修《穆宗实录》378卷、《清穆宗圣训》160卷成书。

　　王之春著《国朝柔远记》20卷刊行。

　　按：是书又名《国朝通商始末记》、《中外通商始末记》。彭玉麟、谭钧培、卫荣光、俞樾、李元度等人先后为之作序。

　　陆心源著《三续疑年录》10卷附补遗刊行。

　　缪荃孙等纂《昌平州志》18卷成书。与修《顺天府志·沿革表》4卷成书。

　　史梦兰纂《永平府志》72卷首末各1卷刊行。

　　俞樾等纂《川沙厅志》14卷首末各1卷、《镇海县志》40卷刊行。

　　张文虎等纂《南汇县志》22卷首末各1卷刊行。

　　刘恭冕等纂《潜江县志续》20卷首1卷刊行。

　　汪曰桢等纂《乌程县志》36卷成书。

　　陈澧修《香山县志》成书，并为之序。又修《广州府志》成书。

　　张之洞著《书目答问》定本由贵州王秉恩刊行。

　　郭嵩焘著《罪言有略》成书，并作小引。

倪模著《古今钱略》由杨守敬刊行。

按：孙诒让《古今钱略叙》曰："望江倪迂存先生，为乾嘉间名儒，生平精鉴金石，而藏古泉尤富，又得江秋史、瞿木夫、翁宜泉、严铁桥诸老相与商榷，遍得其拓本加以考释，勒成《古今钱略》三十四卷。其书所收，不及李氏《古泉汇》之富，而援据详博殆过之。卷首备列国朝钱法，于金布令甲，综辑无遗。历朝钱制诸篇，则又博征前代法制因革，旁及于飞钱、会子之属，而考订文字，多列前人辨证同异，使览者得以审其是非，皆足补诸家图谱之缺略，信不刊之作也。"（《孙衣言孙诒让父子年谱》引）

云间不羁生著《词媛姓氏录》约成书该年。

陈澧自订《东塾读书记》15卷刊行。

按：此书创始为咸丰六年，初为《学思录》，后改名《东塾读书记》，是陈氏晚年读书札记。原拟撰述25卷，至是亲订15卷付刊。余稿本10卷，遗命名为《东塾杂俎》。

张文虎著《舒艺室杂著》甲乙编4卷及《舒艺室续笔》1卷刊行。

俞樾著《俞楼杂纂》50卷成书。

薛福成著《筹洋刍议》14篇成书。

佚名纂《初唐四杰集》由淮南书局重刊。

姚鼐著《惜抱轩遗书》3种由桐城徐宗亮刊行。

曾国藩著《曾文正公家书》10卷、《家训》2卷刊行。《曾文正公全集》15种至是刊毕。

董沛著《六一山房诗集续集》10卷刊行。

黄遵宪著《日本杂事诗》2卷由同文馆刊行。

戴莲芬著《鹂砭轩质言》4卷成书。

许奉恩著《里乘》10卷刊行。

改琦著《红楼梦图咏》刊行。

侠义小说的代表作《三侠五义》（原名《忠烈侠义传》）120回由北京聚珍堂活字印行。

按：这是无名氏根据单弦艺人石玉昆的唱本《龙图公案》笔录，稍加改编而成章回小说《龙图耳录》，再改编成是书，故署名"石玉昆述"。是书及后来出现的《彭公集》，大开了侠义公案小说之风。后有1882年活字本、1883年文雅斋复本及24卷本、亚东图书馆排印本。

朱之椿辑医书《保赤汇编》7种刊行。

华蘅芳与英国传教士傅兰雅合译《代数难题解法》刊行。

陆心源纂《十万卷楼丛书初编》16种汇编刊行。

王灏辑《畿辅丛书》173种1530卷刊行。

德国传教士花之安著《中国宗教学导论》成书。又在《万国公报》连载《自西徂东》。

按：是为晚清影响最大之西书。

徐灏卒（1810— ）。灏字子远，自号灵洲山人，广东番禺人。咸丰七年，入按察使周起滨幕。同治四年，广西巡抚张凯嵩邀其入幕，改官同知，加知府衔。后署柳州府通判、陆川县知县、庆远知府。精研经训，通音律、

谢·米·索洛维约夫卒（1820— ）。俄国历史学家。

詹姆斯·麦克斯韦卒(1831—)。英国物理学家。

数学。著有《通介堂经说》37卷、《说文部首考》、《象形文释》、《说文注笺》29卷、《乐律考》2卷、《通介堂文集》2卷、《算学提纲》、《九数比例》、《重修名法指掌图》4卷、《蚕桑谱》2卷、《洞渊余录》2卷、《灵洲山人诗录》6卷等。事迹见《徐灏传》(《碑传集三编》卷三九)。

吴可读卒(1812—)。可读字柳堂,甘肃皋兰人。性颖悟,善诗文。道光十五年考中举人,官伏羌(今甘肃甘谷)训导,主讲朱圉书院近十五年。三十年成进士,授刑部主事,晋员外郎,十年职未动。咸丰十一年,丁母忧,归讲兰山书院。同治四年春再入都,补原官。十一年补河南道监察御史。十三年返里重讲兰山书院。光绪二年起用为吏部主事。五年以死谏慈禧为太皇太后而废垂帘听政殉国。著有《携雪堂诗文集》4卷、《吴柳堂奏疏》1卷。事迹见《清史稿》卷四四五。

钱振伦卒(1816—)。振伦原名福元,字仓仙,后字楞仙,浙江归安人。翁心存女婿,翁同龢姊夫。道光十八年二甲进士,改庶吉士,授翰林院编修。二十四年,充四川乡试正考官。升国子监司业。三十年,丁母忧回籍,终制不出。先后任扬州梅花书院、清河崇实书院山长。著有《示朴斋文集》、《鲍参军集注》6卷、《樊南文集补编笺注》14卷。

沈葆桢卒(1820—)。葆桢字幼丹,福建侯官人。道光二十七年进士,选庶吉士,授编修。迁御史,数上疏论兵事,为文宗所知。咸丰五年,出为江西九江知府。从曾国藩管营务。六年,署广信府。历任江西巡抚、福建船政大臣、两江总督兼南洋通商大臣等。卒赠太子太保,谥文肃。著有《沈文肃公政书》12卷、《夜识斋剩稿》、《船司空雅集录》。事迹见《清史稿》卷四一三、《清史列传》卷五三、蔡冠洛《清代七百名人传》第一编。

刘履芬卒(1827—)。履芬字彦清,号泖生,浙江江山人。迁居苏州,受学王汝玉。曾入漕河总督吴盱眙幕,参与镇压捻军。同治七年,苏州设书局,应巡抚丁丰顺聘,校勘书籍。光绪五年,任代理嘉定知县。骈文、诗词皆工。著有《红梅阁遗集》8卷等。事迹见高心夔《代理江苏嘉定县刘君墓志铭》(《续碑传集》卷四五)、傅怀祖《代理嘉定县刘君泖生传》、刘毓家《嘉定县知县世父彦清府君行述》(均见《红梅阁遗集》附)。

胡石庵(—1926)、曾志忞(—1929)、田桐(—1930)、胡汉民(—1936)、陈蝶仙(—1940)、陈独秀(—1942)、伍连德(—1960)、章宗祥(—1962)、于右任(—1964)、李根源(—1965)生。

光绪六年 庚辰 1880年

詹姆斯·A.

正月二十九日丁酉(3月9日),日本成立最早研究中国问题之团体——兴亚会。

四月二十五日壬戌（6月2日），太和殿传胪，授一甲黄思永、曹诒孙、谭鑫振翰林院修撰、编修，赐进士及第；二甲戴彬元、庞鸿书、王懿荣、志锐、安维峻、杨崇伊、于式枚等133人赐进士出身；三甲封祝唐等194人赐同进士出身。

六月二十六日壬戌（8月1日），曾纪泽抵俄京圣彼得堡，与俄谈判，不承认《里瓦几亚条约》。

七月初六日壬申（8月11日），左宗棠奉调入京，清廷对俄妥协。

十四日庚辰（8月19日），李鸿章奏请在天津设立北洋水师学堂，次年落成。

按：《清史稿·选举志二》曰："天津水师学堂，光绪八年，北洋大臣李鸿章奏设。次年招取学生，入堂肄业。分驾驶、管轮两科。教授用英文，兼习操法，及读经、国文等科。优者遣派出洋留学，以资深造。厥后海军诸将帅由此毕业者甚夥。"

八月十五日辛亥（9月19日），李鸿章奏请设南北洋电报，获准在天津设立电报总局，盛宣怀任总办。

十一月十六日庚辰（12月17日），江南道监察御史李士彬呈递奏折，严词指责福建船政局和出洋留学事务局。命李鸿章、刘坤一、陈兰彬查明洋局劣员，分别参撤，将该学生严加管束，如有私自入教者，即行撤回，仍妥定章程，免滋流弊。

十二月初一日甲午（12月31日），李鸿章奏请兴建铁路。

按：是年底，淮系将领刘传铭奉诏进京筹议抗俄军务，遂上《筹造铁路以图自强折》。谕令李鸿章、刘坤一悉心筹商妥议具奏。翰林院侍读学士张家骧立即上疏反对，其言得到御史屠仁守、顺天府府丞王家璧、翰林院侍读周德润等人的附和。李鸿章随即请薛福成代拟《特妥筹铁路事宜折》，支持刘传铭的建议，并请任命刘传铭督办铁路公司事宜。接着，通政司参议刘锡鸿又上疏提出不能修筑铁路的25条意见。于是，在明年正月十六日上谕称：刘传铭所奏，著毋庸议。洋务派虽然在论战中受挫，但是中国修筑的第一条铁路——唐山至胥各庄的铁路，还是于次年建成了。为避免顽固派的反对，李鸿章在上奏时故意将它说成是"马路"。

李鸿章创设天津电报学堂。又于天津筹设北洋水师学堂，道员吴赞诚任总办（校长），严复应聘为总教习，始用严复名，改字几道。自此严氏任职于该学堂达二十年之久。

按：严璩《侯官严先生年谱》曰："庚辰，府君二十八岁。直督李文忠公经营北洋海军，特调府君至津，以为水师学堂总教习，盖即今教务长也。而以吴观察仲翔为总办。是时，府君仅积资保至都司武阶。当日官场习惯，不得不以一道员为一局所之长，而该学堂之组织及教授法，实由府君一人主之。"（《严复集》附）

张之洞三月授翰林院侍讲。五月，转翰林院侍读。七月，充日讲起居注官。是年，与李鸿章等倡建畿辅先哲祠。

按：《清史稿》本传曰："六年，授侍讲，再迁庶子。复论纪泽定约执成见，但论界务，不争商务，并附陈设防、练兵之策。疏凡七八上。往者词臣率雍容养望，自之洞喜言事，同时宝廷、陈宝琛、张佩纶辈崛起，纠弹时政，号为清流。"

加菲尔德选立为美国总统。

法国居里兄弟发现晶体压电效应。

英国J.文恩创造了逻辑图解方法。

法国巴斯德发明鸡霍乱疫苗。

德国阿道夫·拜耳首次合成靛蓝。

德国赫普制取三硝基甲苯。

德国J.M.施

莱耶公布"国际语"。

俄国生理学家伊·彼·巴甫洛夫在狗身上进行条件反射实验。

德国艾伯特发现伤寒杆菌。

荷兰洛伦兹始发展介质的分子论,推出折射率和介质密度间的关系。

爱迪生发明白炽灯泡。

王先谦四月升国子监祭酒。

王闿运应四川总督丁宝桢聘,任成都尊经书院院长。廖平、戴光、胡从简等师之,被称高第弟子,与杨锐等齐名。

按:钱基博说:"五十年来学风之变,其机发自湘之王闿运,由湘而蜀(廖氏),由蜀而粤(康有为、梁启超),而皖(胡适、陈独秀),以汇合于蜀(吴虞)。"(《现代中国文学史·自序》修订版)

又按:胡从简字敬亭,四川新津人。先肄业锦江书院,张之洞督学四川,选为尊经书院上舍生。王闿运至,拔为斋长。著有《礼经考》、《礼经释例》、《周礼句读》、《大戴礼记笺》、《读礼管窥》等。

李善兰正月晤李慈铭。暂入上海江南制造局译书。

黄遵宪为日本友人浅田栗园《仙桃集》及城井锦原《明治名家诗选》作序。

曾纪泽六月自伦敦起程赴俄,任出使俄国钦差大臣。

杨守敬二月在黄家驹馆中,潜心编《集帖目录》。三月参加会试,仍不中。四月,应出使日本大臣何如璋之邀,充出使日本随员,东渡日本,日游市上,搜求古书。

按:《清史稿》卷四八六曰:"杨守敬,字惺吾,宜都人。为文不足跻裕钊,而其学通博。精舆地,用力于水经尤勤。通训诂,考证金石文字。能书,摹钟鼎至精。工俪体,为箴铭之属,古奥耸拔,文如其人。以举人官黄冈教谕,加中书衔。尝游日本,搜古籍,多得唐、宋善本,辛苦积赀,藏书数十万卷,为鄂学灵光者垂二十年。卒,年七十有七。著有《水经注图》、《水经注要删》、《隋书地理志考证》、《日本访书志》、《晦明轩稿》、《邻苏老人题跋》、《望堂金石集》等。"

徐桐充国史馆正总裁。

吴嘉善四月一日向全体留美学生发布《谕示》,要求学生在学习外国功夫的同时,不忘本国规矩,要努力温习《四书》。《谕示》的英文本曾在美国报纸发表,发表时的题目是《中国留学事务委员致中国学生的公开信》。在发布《谕示》的同时,吴嘉善又发布留学事务局的新守则,要求停止美国地理、钢琴演奏、英诗写作等课程。

按:《谕示》有中英文文本,其曰:"谕告诸生等知悉:我国家作育人才,不惜巨帑,送尔等。尔父母亦不耽溺爱,令尔等离家前来。无非期望尔等学业有成,上可报国临民,下可光宗耀祖,为尔等终身之计。试思中国人家子弟,若万千,若千万,岂易得此美遇?既可学新奇学问,又不用毫末钱财,又早已顶带荣身,又将来回中国后,功名超进,种种好处,不可言宣。但要思出洋本意,是令尔等学外国功夫,不是令尔等忘本国规矩。是以功夫要上等学习,规矩要不可变更。若尔等不上等学习,将来考试,岂能争先胜人?若任意将规矩变更,将来到家,如何处群和众?尔等既在外国学馆,功夫有洋师指授,不虑开悟无方。惟到局时候甚少,规矩日久生疏,深恐渐渐濡莫抛。是以谕示尔等,要将前后思量,立定主意。究竟在外国日少,居中国日长。莫待彼时改变不来,后悔莫及也。至洋文汉文,更要融会贯通,方为有用。否则不但洋人会汉文到中国者不少,即中国人在外国通洋话者亦多。何以国家又令尔等出洋肄业?反复思维,其理易晓矣。现已一面将汉洋文字会通之法,纂习一书,以便印出后,发为尔等程式。尔等当先于学中完毕功课之时,少歇息后,抽出闲谈及作无益诸事工夫，即将《四书》温习，或相互讲论。日计不足，月计有余。总之洋文汉文，事同一理。最是虚字难明，如有未解之字，或此句有，别句亦有，当即摘出记录，以便到局请问，或随时写信求益不可，自能旁引曲征，令尔等明白晓悟也。诸生其熟思紧记，以期学业日长，义理日明，为中国有用人材，不胜厚望焉。特谕。"（钱钢、胡劲草著《留美幼童》第三章引，文汇出版社2004年版）

  张謇随吴长庆入京陛见，得以在京结交袁昶等名士。

  陈澧以足疾致跛，总督张树声设局纂史志，聘任纂修事。

  刘鹗去扬州第三次谒见太谷学派李龙川，同时拜从人有毛庆藩。

  方东树由枣强县任告归，买宅安庆，从事著述。

  康有为居乡授诸弟康有铭、康有溥、康有需等读经，从事经籍及公羊学的研究。著《何氏纠缪》，批判东汉今文经学家何休。既而认为批判不当，焚稿。

  谭嗣同在浏阳拜涂启先为师，并从欧阳中鹄、涂启先开始学习算学等自然科学。

  章炳麟从朱有虔读经四年，稍知经训。是年，朱有虔返归海盐老家，章炳麟自此由父亲章浚督教，课以律诗及科举文字。

  郑观应是年有《复盛宫保论创设医院书》，明确提出"中西医合璧"一词。

  按：是年，郑观应致信盛宣怀，讨论创设上海医学院之事。他在信中说："中外医理各有所长"，"互相参考，弃短取长，中西合璧。"强调"中西合璧，必能打破中西界限，彼此发明，实于医学大有裨益。"（《郑观应集》）因此，郑观应被认为是改良派知识分子中最早提倡中西医合璧思想的先驱。

  丘逢甲随父迁往彰化翁子社（今台中丰原市翁子里）丘氏家塾教读。

  张滋昉聘在日本兴亚会附设中国语学校任教。

  八指头陀住宁波旅泊庵。五月作《嚼梅吟自叙》。

  刘光第是年入学。母命携弟刘光筑留学成都锦江书院，与同学宜宾杜惺斋订交。

  戴恒、龚寿图、蔡峒青、郑观应等接办上海机器织布局。戴恒任总办。十一月，李鸿章札委郑观应为会办。戴去职后，龚寿图任官总办，郑观应升任商总办。

  经元善在上海设协赈公所，郑观应参预办理。

  罗振玉初学制印，购汉私印一，为有印癖之始。

  韩国钧三月赴京会试落第。六月从海道南归，入房师如皋县知事刘梅荪幕任教读。

  丁丙与谭钟麟谇重建文澜阁事，议定由丁丙、邹在寅总其事。

  萧穆曾至江宁，省视汪士铎。又往上海龙门书院，访刘熙载。十二月，藏书尽焚。此后，又继续搜求，所藏竟逾其旧。

  廖平肄业尊经书院，专治《谷梁春秋》。是春赴礼部试，不第。在京，尝以《易》例请业张之洞。

  宋恕从岳父孙锵鸣、伯岳父孙衣言学。岳父手授《颜氏学记》。

龙文彬乞假归，主讲友教、经训、鹭洲、章山、秀水、联珠、莲州各书院。

陈作霖应江宁知府蒋启勋聘，任《续纂江宁府志》分纂，在汪士铎主持下，负责军志1卷、先正传3卷、孝友传1卷、仕绩传1卷。

黄兴廉任同文馆汉文教习。

夏震武授工部营缮司主事。

黄思承、沈曾植、梁鼎芬、黄绍箕、王颂蔚等四月成进士。

安维峻中进士，选庶吉士。

志锐中进士，选庶吉士，散馆，授翰林院编修。

于式枚中进士，选庶吉士，散馆，授兵部主事。充李鸿章幕僚多年，奏牍多出其手。

郭曾炘中进士，选庶吉士，散馆，授礼部主事。

郑杲中进士，授刑部主事。

黄节始受书。

英国传教士班为兰来华传教。

德国约瑟夫·狄慈根著《关于逻辑学的书简》。

德国R.瓦格纳著《艺术与宗教》。

恩格斯著《社会主义从空想到科学的发展》。

德国W.冯特著《逻辑学》。

庄棫著《周易通义》16卷刊行。

宋世著《周礼故书疏证》6卷、《仪礼古今文疏证》2卷辑为《确山所著书》刊行。

刘士毅著《春秋疑义录》2卷重刊。

廖平著《谷梁先师遗说考》4卷。

陈继揆著《读风臆补》2卷刊行。

尹继美著《诗名物考略》2卷刊行。

刘士毅著《读诗日录》13卷刊行。

谭沄著《孟子辨证》2卷刊行。

康有为著《何氏纠缪》。

阮元编《经籍籑诂》由淮南书局重刻。

俞樾著《茶香室经说》16卷成书，又始著《茶香室丛钞》。

郦珩著《切音捷诀》1卷、《切音便读》1卷刊行。

阮元著《畴人传》46卷有张寿荣花雨楼刊《秋校根斋丛书》本。

缪荃孙著《五代史方镇年表》10卷成。

刘坤一修，刘绎、赵之谦纂《江西通志》180成书。

郭嵩焘纂《湘阴县图志》34卷成书，自为序。

贺瑞麟纂《三原县新志》8卷刊行。

杨深秀纂《闻喜县志补》4卷续4卷刊行。

孙诒让著《温州古甓记》1卷成书。

倪荣桂纂《中西星要》5种重刊。

朱克昌编《历代边事汇钞》、《历代边事续钞》刊行。

王锡祺纂《小方壶斋舆地丛钞》53种刊行。

谭献著《批校墨子》成书。

郑观应著《易言》36篇刊行，后改名为《盛世危言》。

方宗诚著《柏堂集》前编14卷、次编13卷刊行。

苏源生著《记过斋赠言》1卷刊行。

按：苏氏著《记过斋藏书》7种至是刊毕。

王韬著《扶桑游记》3卷刊行。

董沛纂《清江两浙輶轩录》。

李元度著《天岳山房文钞》40卷刊行。

刘履芳著《古红梅阁集》8卷刊行。

邹汉勋著《读书偶识》10卷附1卷刊行。

李世忠编《梨园集成》18卷刊行。

宣鼎著《夜雨秋灯录续录》8卷由申报馆刊行。

谢堃著《书画所见录》成书。

瑶华仙馆绘编《瑶华仙馆酒牌》刊行。

俄国瓦西里耶夫著《中国文学史纲要》在俄国刊行。

按：是为世界上第一本中国文学通史。

华蘅芳译《决疑数学》10卷成书。

江南制造局译刊《电学全书》。

徐寿与英国传教士傅兰雅合译的《照相略法》在《格致汇编》第九卷至十二卷连载，后改名《色相留真》刊行。

赵之谦纂《仰视千七百二十九鹤斋丛书》第1集12种刊行。

余治编《庶几堂今乐》初集、二集至本年始由苏州得见斋书坊刊行。

柳兴恩卒（1795—　）。兴恩原名兴宗，字宝叔，一字宾叔，江苏丹徒人。道光十二年举人。受业于仪征阮元。先治毛诗，后专《谷梁传》。著有《毛诗注疏纠补》30卷、《谷梁春秋大义述》30卷、《周易卦气补》4卷、《虞氏易象考》2卷、《尚书篇目考》2卷、《仪礼释宫考辨》2卷、《续王应麟诗地理考》2卷、《群经异义》4卷、《刘向年谱》2卷、《史记校勘记》、《汉书校勘记》、《南齐书校勘记》、《说文解字校勘记》、《宿壹斋诗文集》。其弟柳荣宗亦精小学，著有《说文引经考异》16卷。事迹见《清史稿》卷四八二、《清史列传》卷六九、《柳兴恩传》(《续碑传集》卷七四)。

按：《清史稿》本传曰："初治《毛诗》，以毛公师荀卿，荀卿师谷梁，《谷梁春秋》千古绝学，(阮)元刻《皇清经解》，《公羊》、《左氏》俱有专家，而《谷梁》缺焉。乃发愤沉思，成《谷梁春秋大义述》三十卷，以郑《六艺论》云'谷梁子善于经'，遂专从善经入手，而善经则以属辞比事为据，事与辞则以《春秋》日月等名例定之。其书凡例，谓圣经既以《春秋》定名，而无事犹必举四时之首月。后儒谓日月非经之大例，未为通论。《谷梁》日月之例，泥则难通，比则易见。与其议传而转谓经误，不若信经而并存传说。述《日月例》第一。谓《春秋》治乱于已然，《礼》乃防乱于未然。谷梁亲受子夏，其中典礼犹与《论语》夏时周冕相表里。述《礼例》第二。谓《谷梁》之经与《左氏》、《公羊》异者以百数，《汉书·儒林传》云：'《谷梁》鲁学，《公羊》乃齐学也。'此或由齐、鲁异读，音转而字亦分。述《异文》第三。谓谷梁亲受子夏，故传中用孔子、孟子说，

居斯塔夫·福楼拜卒(1821—　)。法国现实主义作家。

其他暗合者更多。述《古训》第四。谓自汉以来,《谷梁》师授鲜有专家,要不得摈诸师说之外。述《师说》第五。谓汉儒师说之可见者,惟尹更始、刘向二家,然搜获寥寥。其说已亡,而名仅存者,自汉以后并治三传者亦收录焉。述《经师》第六。谓《谷梁》久属孤经,兹于所见载籍之涉《谷梁》者,循次摘录,附以论断,并著本经废兴源流。述《长编》第七。番禺陈澧尝为《谷梁笺》及《条例》,未成,后见兴恩书,叹其精博,遂出其说备采,不复作。"

管庭芬卒(1797—)。庭芬字培兰,号芷湘,一作芷香,晚号芷翁,浙江海宁人。诸生。善画山水,精鉴赏,长于校勘。著有《天竺山志稿》12卷、《兰絮话腴》4卷、《海隅遗珠录》4卷、《越游小录》1卷、《漷阴志略》1卷及《履霜杂录》、《待清书屋杂钞》、《渟溪老屋自娱集》、《海昌经籍著录考》等。又辑《花近楼丛书》。

罗汝怀卒(1804—)。汝怀字研生,湖南湘潭人。道光十七年拔贡。选授芷江县学训导,改选龙山县学训导,皆不赴。治学力辟汉宋学门户之见,专事六艺故训、地理沿革、古今山水源流、历代法制等求实之学。著有《十三经字原》、《周易训诂大谊》、《毛诗古音疏证》、《禹贡义笺》、《古今水道表》、《六书统考》、《绿漪草堂文集》34卷、《绿漪草堂诗集》20卷等,编《湖南文征》190卷、《褒忠录》84卷。事迹见郭嵩焘《罗研生墓志铭》(《碑传集补》卷五〇)。

刘存仁卒(1805—)。存仁字炯甫,晚号蘧园,福建闽县人。道光二十九年举人。咸丰元年举孝廉方正。曾为林则徐记室。又师事陈寿祺、高树然,与张际亮、林昌彝、叶修昌、林寿图有诗酒之交。著有《诗经口义》2卷、《劝学刍言》4卷、《屺云楼诗初集》8卷、《屺云楼诗二集》4卷、《屺云楼诗三集》12卷、《屺云楼诗话》6卷、《笃旧集》18卷、《影春园词》1卷等。

程长庚卒(1811—)。长庚名椿,谱名程闻檄,一名闻翰,字玉山,一作玉珊,号荣椿,乳名长庚,堂号四箴,安徽潜山人。其父程祥桂乃道光年间三庆班掌班人。幼年在徽班(三庆班)坐科,道光二年随父北上入京,始以《文昭关》、《战长沙》的演出崭露头角,后为三庆班老生首席演员。同治、光绪年间,任三庆班主。曾任"精忠庙"庙首,三庆、春台、四喜三班总管。有徽班领袖、京剧鼻祖之誉。代表剧目有《文昭关》、《捉放曹》、《战长沙》、《华容道》、《战太平》、《群英会》、《取成都》、《龙虎斗》、《镇潭州》、《八大锤》、《战樊城》、《鱼肠剑》、《取南郡》、《让成都》、《举鼎观画》、《状元谱》、《法门寺》、《安五路》、《天水关》和昆曲《钗训大审》等。

刘恭冕卒(1821—)。恭冕字公俛,江苏宝应人。刘宝楠子。光绪五年举人。守家学,通经训,入安徽学政朱兰幕,为校李贻德《春秋贾服注辑述》,移补百数十事。后主讲湖北经心书院,敦品饬行,崇尚朴学。幼习《毛诗》,晚年治《公羊春秋》,发明"新周"之义,辟何劭公之谬说,同时通儒皆韪之。其父著《论语正义》,因病而停笔,由他继续写定。著有《何休注训论语述》1卷、《广经室文钞》、《黄冈县志》24卷。事迹见《清史稿》卷四

八二、《清史列传》卷六九。

王钟声（　—1911）、王钟麒（　—1914）、刘大白（　—1932）、史量才（　—1934）、秦毓鎏（　—1937）、李叔同（　—1942）、柳诒徵（　—1956）、李剑农（　—1963）、叶恭绰（　—1968）、陈垣（　—1971）生。

光绪七年　辛巳　1881 年

正月二十二日乙酉（2月20日），李鸿章致电给在美国的陈兰彬，谓留学事务局委员吴嘉善"何以遽带二三十幼童回华？已发电劝止。乞与商经理完结。恐彼未可久留，又无妥人往替，如真无功效，弗如及早撤局省费。请速筹定勿辞"（《李文忠公全书》卷一）。

按：几天后，李鸿章接到美国的大学校长和前总统格兰特的两封来信，劝其保留留学事务局，故对是否裁撤留学事务局深为犹豫。而吴嘉善在春节后，即私自决定自带二三十名留美幼童回国，被李鸿章复电制止。

二十六日己丑（2月24日），钦差大臣曾纪泽与沙俄订立《中俄伊犁条约》，收回伊犁。

是日，李鸿章致电陈兰彬：格兰特来函，幼童在美颇有进益，如修路、开矿、筑炮台、制机器各艺，可期学成，若裁撤极为可惜（《李文忠公全书》卷一）。

二月初六日戊戌（3月5日），陈兰彬遵旨复奏，认为应将幼童全部召回，并提议将各学生撤回内地，严加甄别，择稍有器识者分派需用各衙门，充当翻译通事，俾之学习政事威仪，其次者令在天津、上海各处机器、水雷等局专习一艺。

按：留学事务局委员吴嘉善去年年底即赴华盛顿向陈兰彬告状，认为"外洋风俗，流弊多端，各学生腹少儒书，德性未坚，尚未究彼技能，实易沾其恶习，即使竭力整饬，亦觉防范难周，极应将局裁撤。惟裁撤人多，又虑有不愿回华者，中途脱逃，别生枝节"云云，陈兰彬认为："臣当语以拟何办法，总宜咨呈南北洋大臣酌夺。嗣经迭次函牍询问，尚未据吴嘉善复有定章。臣窃惟吴嘉善身膺局务，既有此议，诚恐将来利少弊多，则照其所言，将各学生撤回内地，严加甄别，择稍有器识者分派需用各衙门，充当翻译通事，俾之学习政事威仪，其次者令在天津、上海各处机器、水雷等局专习一艺。各学生肄业多年，洋文固已谙通，制造亦当涉猎，由此积累，存乎其人，亦不在久处外洋方能精进。至所虑中途疏脱一节，即责成该总办督同教习各员，亲行管带回华交代，自免意外之虞"（《光绪七年二月初六日出使美日秘国大臣陈兰彬折》，中国史学会主编《洋务运动》第2册）。

二十日壬子（3月19日），陈兰彬致电李鸿章："日前复奏，已言裁撤，此局应由中堂奏明。倾接电示，知子登又有变计，应否撤局，自由尊裁。

法国人寇突尼斯。

德、奥、俄结成第二次"三皇同盟"。

美国总统加菲尔德卒，副总统阿瑟继任。

惟兰彬弗能经理，万乞鉴原。莼甫如何，由其自报。"(《李文忠公全书》卷一)

三十日壬戌(3月29日)，李鸿章致函总理各国事务衙门，建议留学事务局的人员可酌裁省费。

> **按**：李鸿章《论出洋肄业学生分别撤留》曰："查学生出洋肄业，原所以储异日之用。从前曾文正公创办之初，奏派陈荔秋、容莼甫为正副总办，盖以莼甫熟谙西事，才干较优；荔秋老成端谨，中学较深，欲使相济为功也。既而荔秋因古巴华佣一案调回中国，旋与莼甫同充驻美公使，其肄业局总办则区员外谔良与莼甫同任之；幼童附入书院等事，由莼甫一手经理。比区君调回，继之者为容主事增祥，不久丁忧，又继之者为吴子登编修，乃莼甫所推荐，而荔秋所奏调者也。迩年以来，颇有议莼甫偏重西学，致幼童中学荒疏者，鸿章尝寓书诫勉，不啻至再至三。往岁荔秋出洋，曾与面商，请其照料局务，荔秋亦慨然允许。而前年子登到局后，叠函称局务流弊孔多，亟宜裁撤，是以鸿章累次函告荔秋、子登会商莼甫妥筹应留应撤，或半留半撤之法。嗣荔秋等皆有来函，似其意见甚相龃龉，故商办未能就绪。鸿章平心察之，学生大半粤产，早岁出洋，其沾染洋习或所难免；子登绳之过严，致滋龃龉，遂以为悉数可撤，未免近于固执。后次来信，则谓学生之习气过深与资性顽钝者可撤回华，其已入大书院者满期已近，成材较速，可交使署兼管。其总办教习翻译等员，一概可裁，尚系审时度势之言。莼甫久管此局，以谓体面攸关，其不愿裁撤，自在意中；然阅其致子登函内，有分数年裁撤之说，尚非不可以理喻者。荔秋与莼甫抵牾已久，且其素性拘谨畏事，恐管理幼童与莼甫交涉更多，或被掣肘，故坚持全裁之议。彼其所虑，固非无因。然荔秋与莼甫均系原带幼童出洋之人，均不能置身事外。子登续拟半撤之法，既不尽弃前功虚縻帑项，亦可出之以渐，免贻口实。且其意谓得使署照料，呼应较灵，亦系实情。查各国出洋肄业生徒，多由公使兼理，本属责无可贷。刻下驻美人员资望权位皆推荔秋为最优，敝处相隔数万里，局务利弊究难悉其底蕴，孰撤孰留，非由荔秋等就近察办不可。正在踌躇间，适接美前总统格兰德及驻京公使安吉立来信，安使信内并钞寄美国各书院总教习等公函，皆谓学生颇有长进，半途中辍殊属可惜，且于美国颜面有损。鸿章因思前此幼童出洋之时，钧署暨敝处曾函托美使镂斐迪照料，该国君臣喜中国振奋有为，遇事每能帮助；今无端全撤，美廷必滋疑骇；况十年以来用费已数十万，一旦付之东流，亦非政体。若照子登后议，将已入大书院者留美卒业，其余或选聪颖端悫可成材者酌留若干，此外逐渐撤回。若使署可以兼顾，其肄业局总办、教习、翻译人等亦可酌裁省费。但必通盘核算，先将经费划清，究竟节省若干，日后每岁应用若干，庶免更滋弊混。敝处已发电信并续钞格兰德及安使来函，谆致荔秋、子登就此与莼甫会商妥办。今省荔秋上钧署书意，自尚未接敝处最后一函。荔秋所深虑者在莼甫暗中阻挠，然闻莼甫有愿接子登交代之说。昨接上海寄到二月十二日荔秋来电云：'顷接电示，知子登又有变计，应否撤局，自由尊裁。惟兰彬弗能经理，万乞鉴原。莼甫如何，由其自报'等语。是此事并未与莼甫妥商，莼甫亦无另报，鸿章实系无从捉摸。可否请由尊处函致驻美正副使，属其和衷商榷，会同子登经理，则荔秋未便推诿，莼甫未能显违，而子登亦必乐从，诸务当可顺手。荔秋迭函称年老多病，期满在迩，求退甚切。傥因使事较烦不能兼顾，将来似可交副使兼管；但此时必需荔秋综其大纲，既觉切实可靠，亦事势不得不然。敝处仍当随时函告荔秋、莼甫、子登，劝令销融意见，尽心公务，以收实效。"(《李文忠公全书》卷一二)

四月十九日庚戌(5月16日)，李鸿章致电陈兰彬，令选择二十名颖悟纯净，尚未入大书院的幼童，立刻到各处电报馆学习电学，准备两个月后回国供差，为刚开通的天津至上海电报线工程工作(《李文忠公全书》卷一《寄陈使》)。

二十三日甲寅(5月20日)，清廷颁布开平矿务局章程。

五月十二日癸酉(6月8日)，总理各国事务衙门奏请将出洋学生一律调回，从之。

按：奏曰："臣等查该学生以童稚之年，远适异国，路歧丝染，未免见异思迁，惟恃管带者督率有方，始能去其所短，取其所长，为陶铸人材之地。若如陈兰彬所称，是外洋之长技尚未周知，彼族之浇风早经习染，已大失该局之初心。四月二十六日，李鸿章来咨，现调出洋学生二十名赴沪听候分派，是亦不撤而撤之意。臣等以为与其逐渐撤还，莫若概行停止，较为直截。相应饬下南北洋大臣，趁各局用人之际，将出洋学生一律调回。一面妥订章程，责成该局亲自管带各童回华，庶免任意逗留，别生枝节。至诸生肄业既久，于原定章程九门当亦渐通门径，回华后察其造诣浅深，分配各处，庶无失材器使之意。局中一切经费，即自裁撤之日，逐款划清，不准再有虚糜，并咨报臣衙门备案，以重帑项。"(中国史学会主编《洋务运动》第2册)

十三日甲戌(6月9日)，唐山胥各庄煤运铁路通车，"中国火箭号"车头首次行驶。

六月初一日辛卯(6月26日)，吴大澂奏请在吉林设立机器局，制造新式枪械子弹，从之。

七月，清廷解散在美国的留学事务局，分批撤回留美学生。

八月，英商在上海创办自来水公司。

十月十六日乙亥(12月7日)，浙江杭州修复文澜阁，著南书房翰林书写"文澜阁"匾额颁发，并颁给《剿平粤匪方略》一部。主事丁申赏加四品顶戴，以示奖励。

十一月初四日壬辰(12月24日)，我国第一条电报线——上海至天津的陆路电线通电。

按：《清史稿·邦交志七》曰："光绪七年十月，督办中国电报事宜盛宣怀与丹总办大北电报公司恒宁生会订收递电报合同。先是同治十年，丹国大北公司海线，由香港、厦门迤逦至上海，一通新嘉坡、槟榔屿以达欧洲，名为南线，一通海参崴，由俄国亚洲旱线以达欧洲，名为北线，此皆水线也。至同治十二年，又擅在上海至吴淞设有旱线。至是中国甫设电局。"

十七日乙巳(1882年1月16日)，《申报》首用国内电讯。

二十四日壬子(2月12日)，明发上谕，命将顺天府尹游百川呈进之前户部主事郝懿行所著《春秋比》、《春秋说略》、《尔雅义疏》、《山海经笺疏》各书留览。

李鸿章正月电止幼童回国。二月，覆总署，商在美肄业学生分别撤留。十月，奏请续选学生出洋。是年，天津北洋水师学堂正式成立。又于天津设立医学馆。

按：传教医师马根济治愈李鸿章夫人的沉疴，促成他创建医学校。是年，他聘用马根济建立中国第一所官办医学校——北洋医学堂。

L. 戴维斯夫妇在英国建立巴利盛典协会，推动了欧美的佛学研究。

埃及埃米尔·布鲁格施—贝在

"国王谷",获古木乃伊40余具。

法国彭加勒开创微分方程定性定理。

法国巴斯德发明传染病预防接种法。

西门子建立第一个电力公共交通系统。

李鸿章是秋在直隶总督署会见分配到天津的"留美幼童"唐绍仪、梁诚等人。

按：在回国的94名"留美幼童"中，有70名被李鸿章接收到北洋水师。

容闳三月十日致信推切尔牧师，谓因美国总统格兰特的干预，留学事务局得以保存；七月九日又致信推切尔牧师，谓昨天收到国内电报，留学事务局被正式撤销。八月二十一日晚，推切尔牧师在避难山教堂为即将离开的中国幼童举行告别晚会。

吴嘉善任留学事务局委员，自美国回国后，十月一十六日，李鸿章奏请赏加四品顶戴。奏折称吴氏"博通中西学术，物望素孚，此次远涉重洋，襄办使事，综理局务，均能认真核实，劳瘁不辞"（李鸿章《吴嘉善请奖折》，《李文忠公奏稿》卷四二）。

陈宝琛八月条陈洋务，请选择每科进士游历各国，参合中西律意，编订章程。

张之洞二月补翰林院侍讲学士。五月，擢内阁学士兼礼部侍郎衔。十一月，授山西巡抚，始悟祖宗成法无力救治弊政，乃转而追求西学新知。是年，湖广总督李瀚章聘为湖北通志局总纂，张氏荐门人樊增祥自代。

郭嵩焘三月二十六日在长沙开设思贤讲舍，议定学规10条。开馆时又亲率诸生至船山先生祠行礼。

黄体芳迁内阁学士，督江苏学政。

按：黄体芳为江苏学政后，崇经术，倡实学，创办南菁书院，风气为之一变。1904年5月27日《申报》发表《书肆慨言》，其中说："从前士人所研考，书贾所贩售，大抵制艺试帖居多。城市乡村之塾案，有《十三经注疏》与马、班、范、陈之史暨《东华录》、《经世文编》者，百无一二，书肆之架，亦不多观焉。自瑞安黄淑兰学士、长沙王益吾祭酒先后督学江苏，以经史掌故提倡，多士向之。百无一二者，至是竟十有二三，阅者众售者多印者亦众，而风气为之一变。自江太史标、徐编修仁铸先后督学湖南，以西学取士，沪上洋务诸书遂不翼而飞于三湘七泽间，书贾操奇计赢，利占三倍，而风气又为之一变。"

丁丙修复杭州文澜阁，将所搜集抄补之《四库全书》重新回藏原处。

黄遵宪在日本参赞任内，为日人安井息轩的《读书余适》撰序。日本书法家成濑大域为黄遵宪"人境庐"门楣署额。

谭嗣同在浏阳较多地钻研中国古典著作，并学习考据笺注、金石刻镂、诗古文辞等专门知识。

孙中山继续在意奥兰尼学校肄业。目睹国内外的不同情景，遂萌发改造祖国之愿望。

左宗棠至北京，入值军机，任总理衙门大臣，管理兵部事务。九月，出任两江总督兼南洋通商大臣。

罗振玉三月返里，赴绍兴应童子试，入县学第七名。在杭州谒郡庠，手拓堂壁阮元所摹天一阁石鼓文，摩挲西湖诸山石刻，为癖金石刻铭之始。得识前辈学人桐城吴康甫、乌程汪曰桢，吴康甫贻以古琴拓本四纸；汪曰桢呼与谈学，奖惜备至，以手纂《荔墙丛刻》为赠。

康有为读书乡园，精研唐宋史及宋儒之书，积劳患病。

辜鸿铭作《中国学》一文，匿名刊载于十月三十一日上海《华北日报》。

按：此文对19世纪以来西方的汉学研究的种种错误及影响作了批评，形成了辜氏以后汉学的雏形。

辜鸿铭参加英国一探险队，任翻译，随队入广州，拟往缅甸曼德拉。到达云南时，辜氏感觉前路困难重重，便辞去探险队事，转往香港居留读书，往来于香港、上海之间。

林纾与陈衍结交。

按：陈衍字叔伊，号石遗，福建侯官人。与林纾同为壬午年举人，后来官至学部主事。著有《石遗室诗集》、《石遗室诗话》、《石遗室丛书》，并编有《近代诗抄》。二人一生交往很多，林纾卒后，陈衍撰有《林纾传》。

陈炽应刺史韩聪甫之请，为乡贤罗有高文集作《尊闻居士集跋》。是年，因事赴南昌，首次接触西学。

萧穆是秋为唐炯购得影宋本《毛诗要义》，复由莫仲武处借旧抄本对校。

马相伯随黎庶昌出使日本，任使馆参赞。本年末或次年初，受李鸿章派遣，代替幼弟马建忠赴朝鲜任国王的新政顾问。

黎庶昌自英伦归，升道贯。三月，命充出使日本大臣。是冬，东渡日本赴任，见杨守敬所撰《日本访书缘起条例》，遂起刻《古逸丛书》之念。

按：《日本访书缘起条例》曰："余生僻陬，家鲜藏书，目录之学，素无渊源。庚辰东来日本，念欧阳公百篇尚存之语，颇有搜罗放佚之志；茫然无津涯，未知佚而存者为何本？乃日游市上。凡板已毁坏者皆购之，不一年，遂有三万余卷，其中虽无秦火不焚之籍，实有裔然（裔，音习，裔然，日本僧名，宋咸平中，以《郑元注孝经》来献）未献之书。因以诸家谱录参互考订，凡有异同及罕见者，皆甄录之。夫以其所不见，遂谓人之所不见，此辽豕所以贻讥，然亦粗有秘文坠简，经余表章而出者，不可谓非采风之一助也。"（引自《杨守敬学术年谱》）

劳乃宣申详总理各国事务衙门，奏准设立直隶官书局于保定，指派孙家鼐总理其事。

按：光绪末年又在天津、北京设立分点。但由于经费困难，总理各国事务衙门咨行各省督抚并转各书局，将各自刻印的书籍转交上海招商局，再转运直隶官书局，作为寄售。私家刻书，也承揽代销，卖后再付款。

宋恕称半园小主人。

严复在北洋水师学堂总教习任，初读斯宾塞的《群学肄言》。

王鹏运刻《双白词》、李清照《漱玉词》并作跋。

袁世凯入淮军吴长庆幕，得识张謇，并从习诗文。

蔡廷干自美国回国后，分配到大沽水雷学堂学习。

詹天佑毕业于美国耶鲁大学，获土木工科学士学位。

欧阳庚与詹天佑同在九年内完成十六年之课程，于是年自美国毕业回国。

按：欧阳庚的堂兄欧阳明时任清廷驻美旧金山总领事，曾把他招到旧金山领事馆见习，后来就由欧阳庚接任总领事，任职二十多年。

张康仁时为耶鲁大学法律系一年级学生，因清廷撤回留美学生而回国，旋由其兄资助，重回耶鲁大学继续学业。

谭耀勋未遵旨与其他"留美幼童"回国，而在"留美幼童"集体凑钱帮助下逃跑，继续耶鲁大学的学业。同时出逃的"留美幼童"尚有容闳的侄子容揆。

梁如浩自美国留学回国，任天津西局兵工厂绘图员。

梁诚尚未毕业即自美国召回国。先在总理衙门任职，旋随张荫桓公使赴美，任使馆参赞，从此开始外交官生涯。

吴仰曾、邝荣光、陈荣贵、陆锡贵、唐国安、梁普照、邝景扬7名回国的"留美幼童"被分配到开平矿务局的铁路学堂。

梁敦彦与其他留美学生归国时，途经旧金山，与当地奥克兰棒球队进行比赛，大获全胜。回国后，遂在自己家里建立中国第一个网球会，多次举办网球比赛。

按：梁敦彦是把西方体育引进中国的第一人。

郑叔问与寓苏州日僧小泉蒙长老订交，改《补梅书屋诗稿》为《瘦碧庵诗稿》。

刘光第补廪膳生员。

马建忠建议在广州、福州、上海、天津等处设立水师小学。

卢戆章致力于切音字研制。

吴研人在广东佛山书院肄业。

安维峻主讲陕西味经书院。

左宝贵在沈阳设立同善堂。

八指头陀的《嚼梅吟》诗集在宁波刊刻，四明诸诗人多为之题跋。

宁波籍女性金雅妹在美国传教士麦加梯的协助下，进入美国女子医科大学留学。

黄素娥任上海圣玛利亚女校校长。

英国传教士李提摩太回国，提请教会当局多派博学人士来华兴办教育，在中国十八省省城各设高等师范学校一所。

美国传教士林乐知提请设立教会大学，在上海创办中西书院。为沪江大学之前身。

美国传教士狄考文以《学校振兴论》一文向清政府提出教育改革建议。

美国传教士怀恩光来华传教。

美国传教士库思非来华传教。

美国传教士贾腓力来华传教。

薛有礼主办新加坡《叻报》创刊。

按：是为南洋地区最早、时间最长之华侨报，至1932年停办。

德国尼采著《黎明》。

德国卡尔·戈

谢珍著《易学赘言》2卷刊行。

迟德成著《诗经音律续编》8卷刊行。

光绪七年　辛巳　1881年

廖平始注《谷梁春秋》。

潘维城著《论语古注集笺》10卷由江苏书局刊行。

按：潘维城字阆如，江苏吴县人。曾受业于李锐。《清儒学案》卷二〇〇《潘先生维城》曰："得闻经师绪论，谓'《论语》为何晏所乱，而何氏所采孔安国《注》，多与《说文》不合，知其为伪。惟郑康成兼通古今文，集诸儒之大成'。乃纯去孔、何，搜辑郑《注》，又采汉、魏古义及近儒之说，仿阮文达《经郛》之意，为《论语古注集笺》十卷，又为《论语考》一卷附之。尝著《鲁诗述故》、《群经索隐》、《说文索隐》、《寿花庐偶录草》各二卷，《述故》已轶，余未写定。又尝以《左氏传》杜氏多窃古注为己说，而自为说则多谬，亦欲纂辑诸家说作笺，命子锡爵为之，未成。"

丁午著《经说》2卷刊行。

芮城著《大学讲义》1卷刊行。

方宗诚著《周子通书讲义》1卷成书。

袁昶增订《经籍举要》成书。

龙启瑞著《尔雅经注集证》3卷刊行。

按：《续修四库全书总目提要》曰："清季为《尔雅》学者，笺疏文义以邵晋涵《正义》、郝懿行《义疏》为尤精。订正文字以卢文弨《释文考证》、阮文达《校勘记》为最备。启瑞博采诸家，复参己见，意在发疑正读，于句读及近鄙别字，务求谠正。凡所易知及无关小学者，皆不复录。是书成于湖北学署，就正于潘克溥泽农，多所折衷。……正误析疑，明辨以晰。初学者得此书，《尔雅》不苦其难读矣。"

吴大澂著《说文古籀补》14卷，后又增《补遗》及《附录》1卷。

按：是书收录钟鼎、石鼓、陶器、玺印、货币文字3500余，又后增补1200余，依据《说文》部次排列，认为《说文》所录古籀未备，据金石文以补之；有疑者，列入附录。是根据古文字以订正《说文》的创始之作。参照该书体例续补者，丁佛言有《说文古籀补》，强运开有《说文古籀三补》。

张行孚著《汲古阁说文解字校记》1卷由淮南书局刊行。

许槤著《读说文杂识》1卷刊行。

王闿运著《湘军志》16篇刊行，旋毁版。

赵之谦等纂《江西通志》180卷首5卷刊行。

汪曰桢等纂《乌程县志》36卷刊行。

缪荃孙始纂《续碑传集》，历三十年成86卷。

按：继《碑传集》辑录道光、咸丰、同治、光绪4朝人物传记。共计收入111人，引用文章作者359家，志书16种。

黄彭年著《俄罗斯全图杂说》。

陈澧自订《东塾读书记》西汉部分1卷。

汪瑔著《随山馆丛稿》成书，有自序。

方宗诚著《柏堂集》续编22卷、后编22卷刊行。

饶玉成辑《皇朝经世文续编》104卷成书。

杨希闵纂《台湾杂咏合刻》3种刊行。

陈衍始著《元诗纪事》，又为孙雄《四朝诗史》作序。

夏敬渠著《野叟曝言》20卷刊行。

邹弢著《三借庐笔谈》成书。

德克发表《德国文学史概况》。

英国·坎宁安发表《英国工商业发展史》。

张文虎著《舒艺室诗存》7卷、《索笑词》2卷刊行。

潘锦绘编《三国画像》2卷由桐荫馆刊行。

葛金烺著《爱日吟庐书画录》成书,有自序。

杜瑞联著《古芬阁书画记》成书。

罗定昌著《中西医粹》(又称《脏腑图说症治要言合璧》)成书。

李调元纂《函海》163种始刊,次年刊毕。

托马斯·卡莱尔卒(1795—)。英国历史学家、作家、哲学家。

洛采卒(1817—)。唯心主义德国哲学家。

L.H.摩尔根卒(1818—)。美国民族学家、原始社会历史学家。

奥古斯特·马里埃特卒(1821—)。法国考古学家。

Ф·М.陀思妥耶夫斯基卒(1821—)。俄国作家。

约翰·麦克伦南卒(1827—)。英国人种学家。

М.П.穆索尔斯基卒(1839—)。俄国作曲家。

汤球卒(1804—)。球字伯玗,安徽黟县人。师从俞正燮、汪文台。同治六年,举孝廉方正。鉴于北魏崔鸿所撰《十六国春秋》早在北宋时散失,乃取明代何镗《汉魏丛书》中收录的原《十六国春秋》为底本,汇集散见于群书中的有关史料,写成《十六国春秋辑补》100卷,补辑《年表》1卷,《校定纂录》10卷。此外,还辑有《两晋诏钞》等19种,《太康地记》、《邺中记》、《林邑记》等地理专著3种,《晋诸公别传》、袁宏《名士传》、郭颁《世语》、裴启《语林》、《山公启事》言论集5种。事迹见《清史稿》卷四八六。

按:《清史稿》本传曰:"少耽经史,从正燮、文台游,传其考据之学。通历算星纬,耻以艺名。尝辑郑康成逸书九种、刘熙《孟子注》、刘珍等《东观汉记》、皇甫谧《帝王世纪》、谯周《古史考》、《傅子》、伏侯《古今注》。球读史用力于《晋书》尤深,广蒐载籍,补晋史之阙,成书数种。"

华长卿卒(1805—)。长卿原名长懋,字枚宗,号梅庄,晚号米斋老人,天津人。道光十一年举人。咸丰三年,任奉天开源训导。精小学、经学。与边裕礼、高继珩称"畿南三才子"。著有《说文正形表》、《说雅》、《石鼓文存》2卷、《时还读我书文钞》、《梅庄诗钞》等。事迹见《清史列传》卷六九。

黄文琛约卒(1805—)。文琛字海华,晚号瓮叟,湖北汉阳人。道光五年举人。授国子监学官。二十三年,改官湖南,任武陵县令、常德、湘潭郡丞。咸丰元年迁宝庆知府。同治七年代永州知府。著有《后永州集》8卷、《思贻堂书简》8卷、《思贻堂诗草》12卷、《思贻堂诗续存》8卷、《思贻堂诗三集》4卷、《玩灵集》4卷等。

朱次琦卒(1807—)。次琦字子襄,号稚圭,人称"九江先生",广东南海人。诸生,受知于阮元、翁心存。道光初,阮元创学海堂,授为都讲。二十七年中进士,分发山西。归里后,讲学南海九江乡礼山草堂近三十年,康有为、简朝亮等均其高足弟子。著有《国朝名臣言行录》、《国朝学案》、《五史实征录》、《晋乘》、《国朝逸民传》、《性学源流》、《蒙古闻见》等书。疾革,尽焚之,仅存手辑《朱氏传芳集》5卷,撰定《南海九江朱氏家谱》12卷、《大雅堂诗集》1卷、《燔馀集》1卷、《囊中集》2卷。事迹见《清史稿》卷四八〇、《清史列传》卷七六、蔡冠洛《清代七百名人传》第四编、缪荃孙《朱次琦传》(《碑传集补》卷三八)、简朝亮《朱九江先生传》(《碑传集三编》卷三三)。简朝亮编有《清朱九江先生次琦年谱》。

按:《清史稿》本传曰:"次琦生平论学,平实敦大。尝论:'汉之学,郑康成集之;宋之学,朱子集之。朱子又即汉学而精之者也。宋末以来,杀身成仁之士,远轶前古,皆朱子力也。然而攻之者互起,有明姚江之学,以致良知为宗,则攻朱子以格物;乾隆中叶至于今日,天下之学,以考据为宗,则攻朱子以空疏。一朱子也,攻之者又矛盾。乌乎!古之言异学也,畔之于道外,而孔子之道隐;今之言汉学、宋学者咻之于道中,而孔子之道歧。果其修行读书蕲之于古之实学,无汉学,无宋学也。'凡示生徒修行之实四:曰敦行孝弟,曰崇尚气节,曰变化气质,曰检摄威仪;读书之实五:曰经学,曰史学,曰掌故之学,曰性理之学,曰词章之学。一时咸推为人伦师表云。"

杨沂孙卒(1813—)。沂孙字咏春,号子舆,晚署濠叟,江苏常熟人。道光二十三年举人。官至安徽凤阳知府。少时从李兆洛学诸子,精于《管子》、《庄子》。擅书法,尤爱"篆籀之学",初学邓石如,后吸取金文、石鼓文、汉碑篆书等书体笔法,久而有独到之处。著有《说文解字问讹》、《管子今编》、《庄子近读》、《观濠居士集》、《在昔篇》等。事迹见《清史稿》卷五〇三。

按:《清史稿》本传曰:"少学于李兆洛,治周、秦诸子。耽书法,尤致力于篆、籀,著《文字解说问讹》,欲补苴段玉裁、王筠所未备。又考上古迄史籀、李斯,折衷于许慎,作《在昔篇》。篆、隶宗石如,而多自得。尝曰:'吾书篆、籀,颉顽邓氏,得意处或过之;分、隶则不能及也。'"

刘熙载卒(1813—)。熙载字伯简,号融斋,晚号寤崖子,江苏兴化人。道光二十四年进士,改翰林院庶吉士,散馆,授编修。咸丰三年,命值上书房。同治三年,补国子监司业。督广东学政。五年,引疾归。晚年主讲上海龙门书院达十四年之久。著有《艺概》6卷、《说文叠韵》2卷、《说文双声》2卷、《四音定切》4卷、《昨非集》4卷、《持志塾言》2卷等。弟子有费崇朱、章末、陈维祺等。事迹见《清史稿》卷四八〇、《清史列传》卷六七、蔡冠洛《清代七百名人传》第四编、俞樾《左春坊左中允刘君墓碑》(《续碑传集》卷一八)、萧穆《刘融斋中允别传》(《续碑传集》卷七五)。

按:《清史稿》本传曰:"与大学士倭仁以操尚相友重,论学则有异同。倭仁宗程、朱,熙载则兼取陆、王,以慎独主敬为宗,而不喜《学蔀通辨》以下掊击已甚之谈。文宗尝问所养,对以闭户读书。御书'性静情逸'四大字赐之。……熙载治经,无汉、宋门户之见。其论格物,兼取郑义。论《毛诗》古韵,不废吴棫叶音。读《尔雅》释诂至'卬、吾、台、予',以为四字能摄一切之音。以推开齐合撮,无不如矢贯的。又论六书中较难知者莫如谐声,叠韵双声,皆谐声也。许叔重时虽未有叠韵双声之名,然河、可叠韵也;江、工双声也。孙炎以下切音,下一字为韵,取叠韵,上一字为母,取双声,盖开自许氏。又作天元正负歌,以明加减乘除相消开方诸法。生平于六经子史及仙释家言靡不通晓,而一以躬行为重。尝戒学者曰:'真博必约,真约必博。'又曰:'才出于学,器出于养。'又曰:'学必尽人道而已。士人所处无论穷达,当以正人心,维世道为己任,不可自待菲薄。'平居尝以'志士不忘在沟壑'、'遯世不见知而不悔'二语自励。自少至老,未尝作一妄语。表里浑然,夷险一节。主讲上海龙门书院十四年,以正学教弟子,有胡安定风。著《持志塾言》二卷,笃近切实,足为学者法程。"

汪曰桢卒(1813—)。曰桢字刚木,号谢城,又号薪甫,浙江乌程人。咸丰四年举人,官会稽县学教谕。与李善兰友善。曾修撰《乌程县志》、《南浔镇志》等志书。编有《二十四史日月考》50卷,并附《古今推步诸术考》2卷、《甲子纪元表》1卷。著有《四声切误表补正》5卷、《随山宇方钞》1卷、《荔墙词》1卷、《历代长述辑要》10卷、《古今朔闰考》、《授时术诸应定率表》、《古今诸术考》、《玉鉴堂诗集》等20余种,大多汇集在其所刊《荔墙丛刻》中。事迹见《清史列传》卷七三、诸可宝《汪曰桢传》(《碑传集补》卷四三)。

  按:《清儒学案》卷一七六《汪先生曰桢》曰:"及长,博通群书,尝以婺源江氏永所著《四声切韵表》有功于音学者甚钜,第牵引古音,强配入声,未免启后学之疑。且有字之音,亦多漏略。因就原书以古今音分类者,删并画一,复补所未备者千余字,为《四声切韵表补正》五卷。尤精算学,初撰《二十四史日月考》,各就当时行用本法推算,详列朔闰月建大小,以及二十四气,为书五十卷。"

  李祖望卒(1814—)。祖望字宾嵎,江苏江都人。邃于经史、金石、小学,工画山水。著有《小学类编》、《说文重文考》、《唐石经笺异》、《江苏碑目纪略》、《锲不舍斋诗文集》,皆未刊行。事迹见《李祖望传》(《碑传集补》卷四一)。

  杜文澜卒(1815—)。文澜字小舫,浙江秀水人。官至江苏道员,署两淮盐运使。有干才,为曾国藩所称。著有《曼陀罗华阁琐记》、《平定粤寇纪略》18卷、《采香词》2卷、《词律校勘记》等。编有《古谣谚》100卷、《江南北大营纪事本末》2卷、《曼陀罗华阁丛书》16种148卷。事迹见俞樾《江苏候补道杜君墓志铭》(《续碑传集》卷三八)。

  王诒寿卒(1830—)。诒寿字眉子,又字眉叔,号笙月,浙江山阴人。候选训导。曾任杭州书局校理,与谭献、王书麟交游最契。著有《缦雅堂文》8卷、《笙月词》2卷。事迹见谭献《王诒寿传》(《续碑传集》卷八一)。

  薛福保卒(1840—)。福保字季怀,号端季,江苏无锡人。薛福成胞弟。咸丰六年,从李联琇受古文。同治四年,随薛福成入曾国藩幕。六年,中副榜。旋由曾国藩推荐,入山东巡抚阎敬铭幕。光绪二年,随四川总督丁宝桢入川任事。七年,以知府留四川。著有《青萍轩文录》2卷、《青萍轩诗录》1卷等。事迹见刘声木《桐城文学渊源考》卷四。

  秦宝玑卒(1842—)。宝玑又作宝瓛,字瑶田,一字姚臣,号潜叔,江苏无锡人。师事从祖秦缃业,受古文法,并协助秦缃业修《无锡金匮县志》。光绪七年,张树声延聘入粤东幕府,纂修历代史志。精《三礼》,亦治天文、地理、经纬之学。著有《俟实斋文稿》2卷、《霜杰斋诗》2卷。事迹见刘声木《桐城文学渊源考》卷七。

  赵声(—1911)、徐一冰(—1922)、陈焕章(—1933)、鲁迅(—1936)、马君武(—1940)、朱少屏(—1942)、王宠惠(—1958)、刘承干(—1963)、李石曾(—1973)、李煜瀛(—1973)、章士钊(—1973)生。

光绪八年　壬午　1882 年

二月十六日壬申(4月3日),御史陈启泰奏,上海《申报》捏造事端,眩惑视听,藐视纪纲,亟应严行禁革。命两江总督左宗棠酌情办理。

三月初六日壬辰(4月23日),李鸿章奏请设立机器织布局。从之。

六月初九日癸亥(7月23日),朝鲜发生政变,史称"壬午政变"。

三十日甲申(8月13日),提督吴长庆率兵六营东渡朝鲜。

八月二十日癸酉(10月1日),中朝签订《水陆通商章程》。

九月十八日辛丑(10月29日),清廷与沙俄签订《中俄伊犁界约》。

十月二十九日壬午(12月9日),中俄订立《喀什噶尔界约》。

十一月十一日癸巳(12月20日),李鸿章与法国驻华公使在上海签订备忘录,拟定越南事宜三条。

十二月初十日壬戌(1883年1月18日),清廷命设沪粤沿海电线。

是年,美国教会办的山东登州文会馆设立大学部,为中国首所教会大学。

张之洞为山西巡抚,创令德堂,选通省高才生入堂肄业,治经史之学。四月,举荐张佩纶、吴大澂、陈宝琛、陶模、薛福成等。

李鸿章奏于上海设立电报学堂。是年,召伍廷芳入幕。

按:《清史稿·盛宣怀传》曰:"八年,英、法、德、美议立万国电报公司,增造自沪至香港水线,垄利权。宣怀复劝集华商自设缘海各口陆线,以绝觊觎。"

郭嵩焘销毁《湘军志》。

左宗棠正月出江宁阅兵。二月,巡视江北水利工程。七月,五次奏请将新疆建省。

张謇与袁世凯随淮军吴长庆入朝鲜平"壬午政变"。张氏以拟《朝鲜善后六章》等得清流派潘祖荫、翁同龢赏识。

俞樾十月始停止作文三年。冬,日本学人以其国诗集一百七十余家寄俞樾,请为选定。

康有为六月赴京应顺天乡试不售,在京游国子监,观石鼓,购碑刻,讲金石之学。归途经上海,大购介绍西方的书籍,自是大讲西学。

按:梁启超《南海康先生传》曰:"其时西学初输入中国,举国学者莫或过问。先生僻处乡邑,亦未获从事也。及道香港、上海……乃悉购江南制造局及西教会所译出各书尽读之。彼时所译者,皆初级普通学及工艺、兵法、医学之书,否则耶稣教典论疏耳,于政治哲学,毫无所及。"(《饮冰室文集》之六)

黄彭年授湖北安襄郧荆道,驻襄阳,课试鹿门书院,捐室署书万余卷,

《朝美修好通商条约》签订。

日本大隈重信、犬养毅建立宪政改进党。

德奥意"三国同盟"建立。

美国国会通过《排斥华工法》。

英人尽有埃及。

法国通过强迫教育法。

德国罗伯特·科赫发现结核杆菌。

定学规，延名师，设斋长。

孙中山七月二十七日在意奥兰尼学校毕业。秋，入火奴鲁鲁美基督教公理会设立的奥河厚书院（高级中学）读书。

黄遵宪正月离日本，赴美国旧金山总领事任。日本学人冈千仞等人为其饯行。

> 按：《清史稿·黄遵宪传》曰："旋移旧金山总领事。美吏尝藉口卫生，逮华侨满狱。遵宪径诣狱中，令从者度其容积，曰：'此处卫生，顾右于侨居耶？'美吏谢，遽释之。"

杨深秀应张之洞聘为令德堂襄校。

翁同龢十一月为军机大臣上行走。

黄体芳、张百熙、陈宝琛八月分别任江苏、山东、江西省学政。

刘熙载奉特旨入《儒林传》，有品学纯粹、以身为教之褒。

缪荃孙十二月充国史馆协修。

王闿运四月代丁宝桢拟陈天下大计，提出经营西藏、通印度。

宋恕与陈虬为布衣交，结社讲学，号曰求志学社。

丁丙、丁申兄弟补抄文澜阁《四库全书》于四月全部告竣，历时六载，补抄书籍凡2174种。

郑叔问从湖北李复天讨论古音，于乐纪多有发明，后称"律博士"。

梁启超初次参加童子试。赴广州应试途中，吟诗被誉为神童。

皮锡瑞、朱孔彰、端方等中举人。

郑孝胥举福建正科乡试第一，同榜有陈衍、林纾。

> 按：《清史稿》卷四八六曰："林纾，字琴南，号畏庐，闽县人。光绪八年举人。少孤，事母至孝。幼嗜读，家贫，不能藏书。尝得《史》、《汉》残本，穷日夕读之，因悟文法，后遂以文名。壮渡海游台湾，归客杭州，主东城讲舍。入京，就五城学堂聘，复主国学。礼部侍郎郭曾炘以经济特科荐，辞不应。"

> 又按：主持福建科举考试的是清镶蓝旗第五族宗室宝廷。宝廷很看重林纾，令其子与林纾为友。1900年庚子事件中，八国联军入侵北京，以后林纾著小说《京华碧血录》影射其事。

刘光第四川乡试中式举人。是年冬北上应会试。

朱孝臧、冯煦、陈三立、刘孚京中举人。

> 按：冯煦字梦华，号蒿庵，晚号蒿叟，江苏金坛人。成孺弟子。著有《蒿庵类稿》32卷、《蒿庵类稿续编》3卷、《蒿庵随笔》4卷、《蒿叟随笔》5卷、《蒿庵奏稿》4卷、《蒿庵论词》1卷等。事迹见《清史稿》卷四四九。

林纾与李宗言、陈衍、高凤岐、周长庚等19人，组成福州支社（诗社）。诗社每月活动数次，专赋七律互相唱和。

> 按：李宗言字畲曾，闽县人，与林纾同为壬午科的举人，后官至江西广信府知府、安徽候补道等。高凤岐字啸桐，福建长乐人，与林纾同为壬午举人。官至广西梧州府知府。高凤岐二弟高而谦字子益，三弟高凤谦字梦旦，皆林纾挚友。

章炳麟读蒋良骐《东华录》，识戴名世、吕留良、曾静等文字狱，始有逐满之志。

罗振玉赴浙应乡试，途经扬州购石刻拓本十余纸，为收藏墓志之始。

始读《皇清经解》，稍知读书门径。始治金石文字之学，赁碑校勘《金石萃编》。

黎庶昌在日本东京上野公园精养轩举行重阳诗会。

杨守敬在日本继续访书，以古钱、古印与日本人交换古书。又得日人森立之《经籍访古志》抄本，乃按目索之，其能购者，不惜重金。

按：《杨守敬学术年谱》是年条曰："先是，杨守敬初到日本访书，游于市上见书店中的书有所未见者，虽不能购买，而潜心赏识之。杨守敬由国内带到日本的汉、魏、六朝（吴、东晋、宋、齐、梁、陈）碑版拓本一万三千余册，又有汉印六十余方，古钱无数。因此他认为'幸所携汉、魏、六朝碑版亦多日本人未见，又古钱、古印为日本人所美'，于是'以有易无，遂盈筐箧'。……杨守敬于碑学，考订源流，拓本真伪，知清代嘉庆、道光前，书法崇尚法帖，自阮元倡为南北书派论，遂称碑学为北派，帖学为南派。杨守敬继包世臣之论，大倡北碑，其在日本，一时崇尚碑刻风气大盛，日本人称为'杨守敬旋风'。"

谭嗣同是春由浏阳动身往甘肃。秋，至兰州。冬，返浏阳。

丘逢甲补廪膳，巡台闽抚岑毓英特予接见。

陈虬、金晦、许启畴、陈黻宸等布衣学者结求志社于瑞安，宋恕亦曾从游，但未列名为社友。

何启回香港做律师，连任三届立法局议员。

黄仲良进入美国宾州伯利恒的利哈伊大学学习，是年作为"留美幼童"被召回，被派在天津机器东局任翻译和图算学堂教习，其弟黄季良等16名幼童被分到福州，成为船政学堂第八期驾驶班学员。

按：在16名幼童中，包括詹天佑、欧阳庚等5名耶鲁大学学生，薛有福、邝咏钟等5名麻省理工学院学生，吴应科、苏锐钊等2名萨瑞莱尔理工学院的学生。

吴仰曾作为"留美幼童"被召回，在直隶省任道员，办理开平矿务兼办京张铁路煤矿。

按：吴仰曾被誉为中国机械采矿业的开山鼻祖。

陈庆年补县学生员，是秋应乡试，与沈曾植交游。

徐鸿复、徐雨之等十二月二十三日在上海集股设立同文书局，购置机器，影印古籍。

按：影印图书有《古今图书集成》、《康熙字典》、《二十四史》、《佩文斋书画谱》、《通鉴辑览》、殿本《子史精华》、《篆文六经》、《四书》及《茜窗小品画谱》、《快云堂法书》等字画碑帖，与当时英商美查主办的点石斋并驾齐驱。后徐雨之又别设铅印书局"广百宋斋"。

凌佩卿等人创办上海鸿文书局，主要石印出版经史子集及旧小说。

美国传教士李佳白来华至烟台传教。一手持《圣经》，一手举《四书》，以儒学附会洋教。

美国传教士孙乐文来华传教。

英国传教士纪立生来华传教。

美国传教士柏乐文来华传教。

美国传教士丁家立来华传教。

英国传教士苏慧廉来华传教。

尼采著《快乐的科学》。

日本加藤弘之发表《人权新论》。

德国 R. 格奈斯特编著《英国宪法史》。

德国 T. H. 格林的遗著《伦理学》发表，主张国家干预经济生活。

郝懿行著《易说》12 卷、《书说》2 卷、《诗说》2 卷、《诗说拾遗》1 卷、《诗问》7 卷、《礼记笺》49 卷刊行。

陈懋侯著《周易明报》3 卷刊行。

黎惠谦著《毛诗笺注举要》12 卷刊行。

方宗诚著《春秋集义》12 卷、《孝经章义》1 卷刊行，方氏著《柏堂经说》9 种至是刊毕。方氏又注《说诗章义》3 卷、《陶诗真诠》1 卷刊行，方氏《柏堂读书笔记》七种至是刊毕。

廖平著《谷梁集解纠谬》2 卷。

按：蒙文通《议蜀学》曰："廖氏之学，其要在《礼经》，其精在《春秋》，不循昔贤之旧轨，其于顾氏，固各张其帜以相抗者也。世之儒者矜言许、郑氏学，然徒守《说文》、《礼注》耳。廖氏本《五经异义》以考两汉师说，剖析今、古家法，皎如列星，此独非许、郑之学乎？"又说："惟廖氏之学既明，则后之学者可以出幽谷、迁乔木，于择术诚不可不审。寻廖氏之学，则能周知后郑之殊乎贾、马，而贾、马之别乎刘歆，刘歆之别乎董、伏、二戴，汉儒说经分合同异之故，可得而言。"又说："自廖平之说出，能寻其义以明今文者，唯皮鹿门（锡瑞）；能寻其义言古文者，唯刘申叔（师培）。"（见《经史抉原》）

朱骏声著《夏小正补传》2 卷、《小尔雅约注》1 卷刊行。

王庭植著《四书疑言》10 卷刊行。

桂含章著《四书益智录》20 卷刊行。

吴昔巢著《禹贡选注》1 卷刊行。

雷浚著《说文引经例辨》3 卷刊行。

陈澧著《切韵考》6 卷《外篇》3 卷刊行，陈氏著《番禺陈氏东塾书》约至是刊毕。

陈乔枞著《小嫏嬛馆丛书》12 种 74 卷刊行。

按：是书包括《毛诗郑笺改字说》4 卷、《韩诗遗说考》5 卷、《齐诗翼氏学疏证》2 卷、《诗经四家异文考》5 卷、《齐诗遗说考》4 卷、《诗纬集证》4 卷、《鲁诗遗说考》6 卷、《今文尚书经说考》32 卷、《今文尚书叙录》1 卷、《礼堂经说》2 卷、《礼记郑读考》6 卷、《礼堂遗集》3 卷。

周寿昌著《汉书注校补》成。又著《三国志注证遗》4 卷、《五代史注纂注补续》1 卷刊行。

按：周寿昌《三国志注证遗自序》曰："我朝史馆宏开，人精乙部，方闻博雅之儒，背项相望。二百年来，如长洲何氏焯、陈氏景云，仁和杭氏世骏、赵氏一清，嘉定王氏鸣盛、钱氏大昕、大昭，阳湖赵氏翼、洪氏亮吉、饴孙，吴江潘氏眉，吴沈氏钦韩，番禺侯氏康，于此书纠勘纂补，皆有专书。而长乐梁氏章钜，汇辑各家之书，依篇附类，复取宋、元、明暨我朝各名家及其同时师友撰著，有一二语订明此书者，皆搜采甄择，成《三国志旁证》一书。几于网无脱鳞，仓无遗粒，诚读此书者之浩观而极愉者也。寿昌幼学读史，治此书最先，排日辑录不下数千条。迨壮岁，流览稍广，始目瞿心瞥，觉所言者多前人所有，而前人所有，多吾言所未及，于是毅然芟刈，仅存百一。迩来取视，又去其复袭若干条，惟留《旁证》所未及者约四卷，名曰《三国志注证遗》。"（《三国志注证遗》卷首）

汪文台纂《七家后汉书》刊行。

按：在范晔著成《后汉书》之前，三国吴谢承著有《后汉书》、晋薛莹著有《后汉书》、晋司马彪著有《续汉书》、晋华峤著有《汉后书》（或作《后汉书》）、晋谢沈与袁崧都著有《后汉书》，今都已散佚。清姚之骃把以上7家连同《东观汉记》的佚文，辑成《后汉书补逸》。此外章宗源等人也都有辑本。最后由汪文台合汇编成《七家后汉书》，是年刊行。

阮元监修《广东通志》334卷初刊。

嵇璜等修《清朝通志》126卷武英殿版刊行。

按：原名《皇朝通志》。乾隆三通馆总裁大学士嵇璜，经筵讲官、吏部尚书、管理国子监事务刘墉，兵部尚书王杰，户部尚书曹文埴，三通馆总理、仪亲王永璇，大学士庆桂，戴衢亨，户部侍郎英和、陈希曾共同主持编纂，《清朝通志》记事始于太祖建国止于乾隆五十年（1785）。其所录氏族、文书、七音、校雠、图谱、昆虫草木，为《通典》、《通考》所不载，有其独特之处。

姚振宗纂《湖北通志·艺文志》成书。

孙诒让纂《永嘉县志》38卷、首1卷成。

陆心源纂《归安县志》52卷、首1卷刊行。

刘恭冕纂《黄冈县志》24卷、首1卷刊行。

张謇著《壬午东征事略》成。

杨守敬编《寰宇贞石图》石印成书。

姚觐元著《清代禁毁书目》（补遗）成书。

陆心源十万卷镂刻印《皕宋楼藏书志》120卷、《续志》4卷。

按：是为陆氏与其门人李宗莲合编的藏书目录，收录陆氏所藏宋、元、明三代旧刻精钞并为世所罕见者600余种。每书除记书名、卷数、刻版及撰人姓名外，并录书中序跋，间录藏书印记；宋、元两代刊本则备载行款缺笔，以便考核；《四库全书总目》未著录之书，更附以题词。叶德辉《书林清话》卷一〇曰："藏书固贵宋元本以资校勘，而亦何必虚伪。如近人陆心源之以皕宋名楼，自夸有宋本书二百也。然析《百川学海》之各种，强以单本名之，取材亦似太易。况其中有明仿宋本，有明初刻似宋本，有误元刻为辽金本，有宋板明南监印本，存真去伪，合计不过十之二三。自欺欺人，毋乃不可。至宜都杨守敬，本以贩鬻射利为事，故所刻《留真谱》及所著《日本访书志》，大都原翻杂出，鱼目混珠。盖彼将欲售其欺，必先有此二书，使人取证。其用心固巧而作伪益拙矣。"

方宗诚著《志学续录》，有自序。

姚振宗著《师石山房书录》31卷成。

范寅纂《越谚》3卷、《腾语》2卷刊行。

储欣纂《唐宋十大家全集录》由江苏书局刊行。

王先谦编《续古文辞类纂》28卷刊于湖南，有自序。

按：王先谦《续古文辞类纂序》曰："自桐城方望溪氏以古文专家之学主张，后进海峰承之，遗风遂衍。姚惜抱禀其师传，覃心冥追，益以所自得，推究阃奥，开设门庸，天下翕然，号为正宗。承学之士，如蓬从风，如川赴壑，寻声企景，项领相望。百余年来，转相传述，遍于东南，由其道而名于文苑者，以数十计。呜呼，何其盛也！自圣清宰世，用正学风厉薄海，耆硕辈出，讲明心性，恢张义理。厥后鸿生钜儒，逞志浩博，钻研训诂，繁引曲证，立汉学之名，诋斥宋儒言义理者。惜抱自守孤芳，以义理、考据、词章三者不可一阙,义理为干,而后文有所附,考据有所归,故其为文,源流兼赅,粹然一出于醇雅。当时相授受者,特其门弟子数辈,然卒流风余韵,沾被百年,成就远大。逐末者不闳,而知道者常胜,讵不信欤？道光末造,士多高语周、秦、汉、魏,薄清淡简朴之文为不足为。梅郎中、曾文正之伦,相与修道立教,惜抱遗绪赖以不坠。逮粤寇肇乱,祸延海内,文物荡尽,人士流徙,展转至今,困犹未苏。京师首善之区,人文之所萃集,求如昔日梅、曾诸老声气冥合,箫管翕鸣,邈然不可复得。而况山陬海澨,夆陋寡俦,有志之士生于其间,谁与被濯而振起之乎？观于学术盛衰升降之源,岂非有心世道君子责也？惜抱《古文辞类纂》开示准的,赖此编存,学者犹知遵守。余辄师其意,推求义法渊源,采自乾隆迄咸丰间,得三十九人,论其得失,区别义类,窃附于姚氏之书,亦当世著作之林也。后有君子以览观焉。"(《清儒学案》卷一九〇《葵园学案》引)

饶玉成著《皇朝经世文续集》刊行。

李扶九等选编《古文笔法》20卷刊行。

朱骏声著《朱氏群书》6种刊行。

李堂防著《李文清公遗书》4种、《附录》1种刊行。

席启寓纂《唐诗百名家全集》重刊。

谭献纂《箧中词》6卷续4卷刊行。

王墀编绘《红楼梦图咏》由点石斋石印书局刊行。

顾文彬著《过云楼书画记》成书,有自序。

华蘅芳著《行素轩算稿》6种刊行。

孙衣言纂《永嘉丛书》13种约至是刊毕。

嘉约翰译《西医内科全书》在中国刊行。

路易·勃朗卒(1811—)。法国空想社会主义者。

查理·达尔文卒(1809—)。英国博物学家。

特奥多尔·施万卒(1810—)。德国生理学家。

拉尔夫·爱默生卒(1830—)。美国作家、诗人、思想家。

杰文斯卒(1835—)。英国逻辑学家。

T. H. 格林卒(1836—)。英国哲学家。

晏端书卒(1800—)。端书字彤甫,号云巢,江苏仪征人。道光十八年进士,授翰林院编修。历任湖州知府、浙江按察使。咸丰间充督办江北团练大臣。同治间署两广总督、兼署广东巡抚。曾主讲梅花书院达十八年之久。著有《粤游纪程》、《使滇纪程》等。事迹见《清史列传》卷五五。

吴昆田卒(1808—)。昆田原名大田,改名昆田,字云圃,号稼轩,江苏清河人。潘德舆弟子。道光十四年举人,授中书舍人。咸丰八年,任刑部河南司郎中。晚年主讲淮安府奎文、崇实书院。著有《漱六山房全集》13卷,合著《清河县志》、《淮安府志》。事迹见《清史稿》卷四八六、高延第《刑部员外郎吴君稼轩墓志铭》、黄云鹄《吴稼轩墓表》(均见《碑传集补》卷一一)。

李善兰卒(1810—)。善兰字壬叔,号秋纫,浙江海宁人。补诸生。曾从陈奂受经。道光二十五年起,在嘉兴执教期间,精研数学,陆续撰写《对数探原》、《四元解》等。迁居上海后,结识伟烈亚力、艾约瑟和韦廉臣,从此与他们合作,翻译多种西方自然科学著作。同治七年,经郭嵩焘推荐,入北京同文馆,充任算学总教习。又在江南制造局翻译馆,与伟烈亚力将古希腊数学名著《欧几里得几何原本》7至15卷译成中文,定名《续几何原本》(前6卷早由明代科学家徐光启译出,取名为《几何原本》)。同时合译《代微积拾级》18卷、《谈天》18卷。与艾约瑟合译《圆锥曲线说》3卷、《重学》12卷。与韦廉臣合译《植物学》8卷。著有《则古昔斋算学》24

卷。事迹见《清史稿》卷五〇七、《清史列传》卷六九、蔡冠洛《清代七百名人传》第四编、诸可宝《李善兰传》(《碑传集补》卷四三)。

按：《清史稿》本传曰："从陈奂受经，于算术好之独深。十岁即通九章，后得《测圆海镜》、《勾股割圜记》，学益进。……并时明算如钱塘戴煦，南汇张文虎，乌程徐有壬，汪曰桢，归安张福僖，皆相友善。咸丰初，客上海，识英吉利伟烈亚力、艾约瑟、韦廉臣三人。伟烈亚力精天算，通华言。善兰以欧几里《几何原本》十三卷，续二卷，明时译得六卷，因与伟烈亚力同译后九卷，西士精通几何者鲜，其第十卷尤玄奥，未易解，讹夺甚多，善兰笔受时，辄以意匡补。译成，伟烈亚力叹曰：'西士他日欲得善本，当求诸中国也！'……善兰聪强绝人，其于算，能执理之至简，驭数至繁，故衍之无不可通之数，抉之即无不可穷之理。所著《则古昔斋算学》，详《艺文志》。世谓梅文鼎悟借根之出天元，善兰能变四元而为代数，盖梅氏后一人云。"

陈澧卒(1810—)。澧字兰甫，别署东塾，广东番禺人。曾先后向张维屏学诗，向侯康学史，向梁汉鹏学数学。道光十二年举人，六应会试不第，授河源县学训导。后为广州学海堂学长数十年。晚年主讲菊坡精舍。为学力倡调和汉学、宋学，反对门户之见。著有《声律通考》10卷、《切韵考》6卷、《说文声表》17卷、《汉志水道图说》7卷、《汉儒通义》7卷、《水经注提纲》40卷、《水经注西南诸水考》3卷、《三统术详说》3卷、《弧三角平视法》1卷、《琴律谱》1卷、《申范》1卷、《摹印述》1卷、《东塾读书记》21卷、《东塾集》6卷、《忆江南馆词》等。事迹见《清史稿》卷四八二、《清史列传》卷六九、蔡冠洛《清代七百名人传》第四编、《陈澧传》(《碑传集三编》卷三二)。

按：《清史稿》本传曰："澧九岁能文，复问诗学于张维屏，问经学于侯康。凡天文、地理、乐律、算术、篆隶无不研究。中年读诸经注疏、子、史及朱子书，日有课程。初著《声律通考》十卷，谓：'《周礼》六律、六同皆文之以五声，《礼记》五声、六律、十二管还相为宫，今之俗乐有七声而无十二律，有七调而无十二宫，有工尺字谱而不知宫、商、角、徵、羽。惧古乐之遂绝，乃考古今声律为一书。'又《切韵考》六卷、《外篇》三卷，谓：'孙叔然、陆法言之学存于《广韵》，宜明其法，而不惑于沙门之说。'又《汉志水道图说》七卷，谓地理之学，当自水道始，知汉水道则可考汉郡县。其于汉学、宋学能会其通，谓：'汉儒言义理，无异于宋儒，宋儒轻蔑汉儒者非也。近儒尊汉儒而不讲义理，亦非也。'著《汉儒通义》七卷。晚年寻求大义及经学源流正变得失所在而论赞之，外及九流诸子、两汉以后学术，为《东塾读书记》二十一卷。"

陆增祥卒(1816—)。增祥字魁仲，号星农，江苏太仓人。道光三十年一甲一名进士，授翰林院修撰。咸丰三年，以团练助攻刘丽川起义军，事平诏加五品衔，以赞善即补。六年，充会试同考官，历充国史馆、功臣馆、方略馆纂修，起居注协修，文渊阁校理等。光绪二年，补辰永沅靖道。曾踵王昶《金石萃编》成《金石补正》130卷。又著《砖录》1卷。其订正金石款识名物，何绍基服其精。另著有《元金石偶存》1卷、《吴氏筠清馆金石记目》6卷、《篆墨述诂》24卷、《红鳞鱼室诗存》2卷等。事迹见《清史稿》卷四八六、《清史列传》卷七三、俞樾《布政使衔湖南辰永沅靖兵备道翰林院修撰陆君墓志铭》(《续碑传集》卷三八)。

郭嵩焘卒(1823—)。嵩焘原名先梓，字仲毅，号意诚，晚号樗叟，湖南湘阴人。郭嵩焘弟。年十九肄业于岳麓书院。道光二十四年举人,参张亮基戎幕,与左宗棠俱。又从曾国藩东征。由国子监助教历加四品卿。有《云卧山庄诗集》20卷、《云卧山庄尺牍》8卷等。事迹见《清史稿》卷四四六、《清史列传》卷七三、王先谦《三品顶戴四品京堂郭公神道碑铭》、郭嵩焘《仲弟崑叟家传》(均见《续碑传集》卷一七)。

丁日昌卒(1823—)。日昌字禹生,又作雨生,广东丰德人。咸丰九年,任江西万安知县,旋入曾国藩幕府。同治二年,被李鸿章调往上海,筹办军事工业。光绪元年,任福建巡抚,兼督办船政大臣。后为会办南洋海防,兼总理各国事务大臣。家富藏书。著有《抚吴公牍》、《百兰山馆古今体诗》、《百兰山馆词》、《治家格言》、《枪炮操法图说》等。事迹见《清史稿》卷四四八、《清史列传》卷五五、李文田《总督衔原任福建巡抚丁公行状》(《碑传集三编》卷一四)。

按:丁氏为清廷要员,也为藏书家,其官游所至,搜罗古刻善本不遗余力。时值太平天国之后,江浙一带旧藏书者有散出,丁氏居官又富资,大力收购,所获甚多。丁氏藏书室名,初为"实事求是斋",再易名"读五千卷室",三更名"持静斋",晚居家定名为"百兰山馆"。其卒后,有人编为《持静斋书目》4卷和《续增书目》1卷,江标别刊《持静斋宋元版钞本书目》1卷。

刘寿曾卒(1839—)。寿曾字恭甫,又字芝云,江苏仪征人。刘文淇孙,刘毓崧子。同治三年、光绪二年两中副榜。刘毓崧主金陵书局,为曾国藩所重。毓崧卒后,招寿曾入局中,所刊群籍,多为校定。少工文章,唯念《左氏疏义》三世之学,未有成书,锐志研纂。著有《春秋五十凡例表》、《读左劄记》、《南史校义集评》、《昏礼重别论》、《对驳义》2卷、《传雅堂集》、《芝云杂记》、《临川答问》1卷等。事迹见《清史稿》卷四八二、《清史列传》卷六九、孙诒让《刘恭甫墓表》(《碑传集三编》卷三三)、刘恭冕《刘君恭甫家传》、汪士铎《副榜贡生候选知县刘君墓志铭》(均见《续碑传集》卷七五)。

宋教仁(—1913)、曾鲲化(—1915)、蔡锷(—1916)、蒋尊簋(—1931)、杨明斋(—1931)、蒋方震(—1938)、张继(—1947)、冯自由(—1958)、马寅初(—1982)生。

光绪九年　癸未　1883年

《保护工业产权巴黎公约》签订。

法国尽有突尼斯。

马克思主义开

二月十九日庚午(3月27日),法军攻陷越南南足。礼部奏越南王阮福请求援助。

二十三日甲戌(3月31日),中英订立上海至香港电报办法合同。

三月初二日壬午(4月8日),刘永福带领黑旗军往越南山西,助越抗法。

四月十三日癸亥(5月19日),刘永福率领黑旗军在越抗法取得纸桥大捷。

二十五日乙亥(5月31日),太和殿传胪,授一甲陈冕、寿耆、管廷献为翰林院修撰、编修,赐进士及第;二甲朱祖谋、汪凤藻等124人赐进士出身;三甲叶大焯等180人赐同进士出身。

五月初二日辛巳(6月6日),法国公使来中国重开谈判。

七月二十三日辛丑(8月25日),法、越签订《顺化条约》。

八月初一日戊申(9月1日),法军与刘永福军、越南军激战于丹凤。

初三日庚戌(9月3日),都察院奏请续修《大清会典》。

十三日庚申(9月13日),中俄订立塔尔巴哈台北段牌标记。

九月初三日庚辰(10月3日),中俄签订《中俄塔尔巴哈台西南界约》。

二十三日庚子(10月23日),中法谈判终止。

十月十八日乙丑(11月17日),法国内阁通知曾纪泽,决定以武力取安南北圻。

十一月,中法战争爆发。

李鸿章回籍营葬毕,仍回北洋大臣、直隶总督任。

张之洞四月设洋务局,延访人才。六月,以库款清查将竣,命清源局续修,以明职守。是年,筹推广兴学办法凡千条。

孙中山七月自檀香山归国,是秋,捣毁村庙的神像。十一月,至香港,入英基督教圣公会所办之拔萃书室学习。年底,在香港和陆皓东等由美公理会传教士喜嘉理行洗礼,加入基督教。

缪荃孙三月奏派国史儒林、文苑、循良、孝友、隐逸五传纂修。

康有为读《东华录》及西方声、光、化、电、重学及各国史志等,并购得《万国公报》。是年,在广东发起成立不缠足会。

俞樾夏为日人选定诗集40集,补遗4卷,为日本选诗总集之始。

梁鼎芬散馆,授编修。中法战时,疏劾李鸿章。

陈宝琛二月为内阁学士。

黄遵宪在美国旧金山领事馆总领事任上,作《朝鲜叹》。

王韬在香港倡"储材",书院要既讲"文学",又讲艺学,注重舆图、格致、天算、律例之学。

谭嗣同是春往兰州。

朱一新八月二十二日上《请速定大计以奢危局疏》,请求抗阻法军侵越。

黎庶昌在日本公使馆举行重阳酒宴。

郑观应偕同唐廷枢与怡和、太古轮船公司再次签订为期六年的齐价合同。六月,奉前两江总督左宗棠札委,招股襄办上海至汉口电线事宜。九月,中法战争即开,郑观应奉命购机械兼探军情。十一月,接替徐润任

始在俄国传播。

英国哈德费尔德制得锰刚,并正式引入"合金钢"一词。

美国C.S.皮尔士在《约翰·霍普金斯大学逻辑研究》中引入Σ和Ц。

俄国梅契尼科夫发现吞噬细胞现象。

轮船招商局总办。

罗振玉辗转购得淮安古冢新出古镜一，为搜集古文物之始。冬，始识翰苑世家，纵谈金石考订之学，订忘年交。

章炳麟受父命赴县应童子试，因患癫痫症未考成，此后即放弃科举。始治经术，浏览《史记》、《汉书》、《老子》、《庄子》。

黄彭年是夏始宦湖北按察使，治馆于黄鹤山麓，课僚属学律。复寄书八千余卷与鹿门书院，题其讲艺之堂为观略堂。

黄体芳在江苏学政任上，仿诂经精舍创办南菁书院，聘张文虎主之。

陈衍、郑孝胥讨论诗艺，首次揭橥"同光体"口号。

按：同光指同治、光绪两个年号。光绪九年至十二年间，郑孝胥、陈衍开始标榜此诗派之名。开派诗人尚有沈曾植、陈三立等。同光体诗派至1937年告终结。

曹廷杰离开国史馆，投效吉林边防，由吉林将军派往三姓靖边军后路营中，办理边务文案。

萧穆代唐炯作序。夏，于上海吴申甫书坊得《贾阆仙集》旧抄本，乃卢文弨手校。因并冯班、何焯两家批校共录一册，并作跋文。

梁启超读张之洞《輶轩语》及《书目答问》。

杨守敬部选为黄冈县教谕，驻日本公使黎庶昌以公文咨鄂督涂宗瀛，告之杨守敬在日本有经手事情不能回国，教谕一职请委人代署。

按：杨守敬是时在协助黎庶昌刻印《古逸丛书》。《杨守敬学术年谱》是年条曰："是年，杨守敬仍经理刻书事。日本刻书手争自琢磨，不肯草率，尤以木村嘉平为最精，每一字有修改补刻至数次者，刻本《谷梁传》一部尤无一笔异形。杨守敬说，他的刻本传至苏州，尚书潘祖荫、李鸿裔见之，惊叹欲绝，谓宋以来所未见，国朝诸家仿刻不足言也。而日本人亦服杨守敬鉴别之精。"

刘光第试礼部、登进士，授刑部主事。居京师以日常读书阅世所得，成《都门偶学记》1卷。

廖平是春赴京师会试，不第。谒山西巡抚张之洞于太原，张之洞以治小学相勖。是年说经始分今古。

严修、汪凤藻等四月成进士。

朱祖谋中进士，改庶吉士，散馆，授翰林院编修。

蒯光典中进士，授检讨。

沈家本中进士，留刑部补官。

按：《清史稿》本传曰："沈家本，字子惇，浙江归安人。少读书，好深湛之思，于周官多创获。初援例以郎中分刑部，博稽掌故，多所纂述。光绪九年，成进士，仍留部。补官后，充主稿，兼秋审处。自此遂专心法律之学，为尚书潘祖荫所称赏。"

韩国钧本年参加会试又落第，随刘梅荪调任甘泉，任教读。

林纾是春到北京参加礼部试，不第而归。

孙诒让是春应礼部试，复报罢。

梁如浩任中国德籍顾问穆麟德随员，赴朝鲜筹设海关。

郑杲始与桐城马其昶订交。

八指头陀春住天童，习定玲珑岩。明州知府宗湘文请为仗锡山寺住持,坚辞。

陈承绂在南雁荡东洞重建宋陈贵一会文书院,宋恕嘉其意,为撰《重建会文书院序》。

吴沃尧赴上海,在江南制造局任抄写员。

蔡尔康进《字林沪报》,任主笔。

按:蔡尔康将小说《野叟曝言》排成书版形式,每日随报附送,是为中国报纸连载长篇小说之始。

郭曾炘上疏力赞以明儒黄宗羲、顾炎武、王夫之从祀孔庙。

按:《清史稿·礼志三》曰:"御史赵启霖请以王夫之、黄宗羲、顾炎武从祀。下部议。先是署礼部侍郎郭嵩焘、湖北学政孔祥霖请夫之从祀,江西学政陈宝琛请宗羲、炎武从祀,并被驳。至是部议谓:'三人生当明季,毅然以穷经为天下倡,德性问学,尊道并行,第夫之《黄书》、《原极》诸篇,托旨《春秋》;宗羲《明夷待访录》、《原君》、《原臣》诸篇,取义《孟子》,似近偏激。惟炎武醇乎其醇,应允炎武从祀,夫之、宗羲候裁定。'帝命并祀之。"

张康仁自耶鲁大学毕业,随后进入哥伦比亚大学法学院攻读法律学位。

谭耀勋自耶鲁大学毕业,进入纽约中国总领事馆工作。是秋,因肺病客死他乡。

安维峻授翰林院编修。

蔡元培中秀才,始自由阅读。除补读《仪礼》、《周礼》、《公羊传》、《谷梁传》、《大戴礼记》等经典外,又涉猎考据辞章之书。

茅彬、谢元祖任同文馆汉文教习。

秋瑾居闽,始读书。

祝大椿在上海设立源昌机器五金厂。

四川民间雕塑家黎广修率徒5人为云南明芒竹寺塑五百罗汉像,历七年而告成。

美国传教士林乐知因专心筹办中西书院,其主编之《万国公报》停刊。

美国传教士柏尔根来华传教。

法国传教士蔡尚质,号思达来华传教。

美国传教士聂会东来华传教。

美国教会医师蓝华德、柏乐文在苏州创立第一所教会医院。

徐玮文著《说诗解颐》2卷刊行。

《篆文六经四书》由上海同文书局据康熙本影印重刊。

黄式三著《论语后案》20卷由浙江书局刊行。

张瑛著《论孟书法》2卷、附《读四书》1卷刊行。

张恩霨著《中庸阐要》1卷刊行。

徐绍桢著《四书质疑》19卷刊行,有自序。

按:《续修四库全书总目提要》曰:"盖随手札记之作。书中多纠正朱注之误,有朱注本不误,而攻者以为误,则为证而伸之。所采诸家之说,大率精审;其自出己见

恩格斯发表《马克思墓前的讲话》。

德国狄尔泰著《精神科学序论》。

德国尼采著《扎拉图斯特拉如是说》。

英国布拉德雷

著《逻辑学原理》。
　　日本植木枝盛著《天赋人权论》。
　　德国奥·倍倍尔著《基督教和社会主义》。
　　俄国普列汉诺夫著《社会主义和政治斗争》及《我们的意见分歧》。
　　奥地利C.门格尔发表《关于社会科学,特别是政治经济学方法的研究》。
　　日本有贺长雄出版《社会学》,创立日本社会学。
　　德国数学家、集论创始人格奥尔格·康托尔的著作《集论的基础》出版。
　　奥地利恩斯特·马赫发表《力学科学》。

者,亦多新义。"

阮元编《经籍籑诂》有点石斋石印缩印本。

谢庭兰著《经说丛抄》4卷刊行。

廖平始著《今古学考》。

按：廖平《今古学考》卷下曰："予创为今古二派,以复西京之旧,欲集同人之力,统著《十八经注疏》(《今文尚书》、《齐诗》、《鲁诗》、《韩诗》、《戴礼》、《仪礼记》、《公羊》、《谷梁》、《孝经》、《论语》。《古文尚书》、《周官》、《毛诗》、《左传》、《仪礼经》、《孝经》、《论语》、《戴礼》。《易》学不在此数),以成蜀学。见成《谷梁》一种。……因旧欲约友人分经合作,故先作《十八经注疏凡例》。"(《廖平选集》上册)

高翔麟著《说文经典字释》1卷刊行。

陈衍著《说文辨证》14卷成书。

马寿龄著《说文段注撰要》9卷刊行。

张炳翔纂《许学丛书》第1集始刊,次年刊毕。

龙启瑞著《古韵通说》20卷由四川尊经书局重刊。

劳乃宣著《等韵一得》3卷、补编1卷成书。

周寿昌著《恩益堂史学三种》始刊。

钱仪吉著《三国志证闻》3卷由汤纪尚校订,江苏书局刊行。

按：朱之榛《三国志证闻跋》曰："右《三国志证闻》三卷,嘉兴钱衎石先生撰。考陈《志》一书,官刊而外,以明冯祭酒本为最善。是书则先生于纂述《会要》时,旁罗义门何氏、西溟姜氏、少章陈氏、立侯李氏、堇浦杭氏、东潜赵氏、辛楣钱氏、颐谷孙氏之说,雠勘积谬,为《证闻》三卷,见所著《会要序例》。然世未见传本。岁癸未冬,之榛从其子姓求《会要》手稿,累累数十册,以书阙大半,未易订补,仍归之。惟于丛稿中搜获此本,细检首尾完具,第字迹纷挐,苦难识别。乃嘱汤君纪尚寻其涂乙,拾其衍挩,凡一载余,始成完书。以授官局,仿汲古阁本刻之。按是书兼订陈《志》、裴《注》之失,凡文字之传讹,注解之舛误,一一析而辨之。斟酌群言,不掠人美,而初无凌驾前贤之意。则不独为《国志》功臣,抑亦见先生之勤业,锲而不舍,用底于成,不尤斐然有劝学之思乎？刻既成,遂志缘起如此。"

秦缃业纂《续资治通鉴长编补遗》60卷刊行。

李桓纂《国朝耆献类征初编》720卷成。

按：是书所收人物传记,自清太祖时起,至道光末年止,卷帙浩繁,人数逾万。惟传文必先采清国史馆本传,然后再及私家记载,在资料上虽有其局限性,但仍有一定参考价值。

张寿荣著《八史经籍志》刊行。

杨希闵纂《十五家年谱丛书》刊行。

徐继畬纂修《五台新志》4卷、首1卷刊行。

冯桂芬著《校邠庐抗议》由天津广仁堂刊行。

按：是为《校邠庐抗议》最早刻本。

姚文栋编《日本地理兵要》由总理衙门刊行。

姚文栋译《琉球地理志》。

薛福成著《越南考》上中下3篇。

李蕊纂《兵镜类编》40卷刊行。

光绪九年 癸未 1883年

丁丙纂《西湖集览》20种刊行。又纂《西泠五布衣遗著》刊毕。

王先谦校刊《魏郑公谏录校注》5卷、《魏郑公谏续录》2卷、《魏文贞公故事拾遗》3卷、《魏文贞公年谱》1卷,并著《新旧唐书合注魏徵列传》1卷成,有自序及郭嵩焘序。

王韬著《弢园文录外编》8卷于香港刊行。

俞樾编《诂经精舍文集》五集成书。

陈田始纂《明诗纪事》,历十七年告成。

李仁元著《寿观斋诗》由王闿运刊行。

张士珩为其师汪梅村校刊《悔翁笔记》6卷、《诗钞》15卷、《补遗》1卷、《诗余》5卷。

俞达著《艳异新编》5卷刊行。

日本矢野龙溪的政治小说《经国美谈》开始发表,对中国日后留日学生界颇有影响。

蒋光煦辑《斠补隅录》由蒋氏别下斋刊行。

吴谦等纂《御纂医宗金鉴》由扫叶山房重刊。

藩蔚辑《韡园医学六种》由江西书局刊行。

顾观光著《武陵山人遗书》10种刊行。

徐寿译德国伏累森纽斯著《化学考质》刊行。又译《化学求数》、《制火药法》刊行。

姚觐元纂《咫进斋丛书》38种93卷刊行。

潘祖荫纂《滂喜斋丛书》54种95卷刊行。

马国翰纂《玉函山房辑佚书》刊行。

陈介祺辑《十钟山房印举》成书。

美国传教士嘉约翰编译《内科全书》刊行。

吴云卒(1811—)。云字少甫,号平斋,晚号退楼,浙江归安人。道光诸生。屡试不售。援例任常熟通判,历知宝山、镇江,擢苏州知府。嗜金石。著有《古官私印考》27卷、《虢季子白盘考》1卷、《华山碑考》1卷、《汉建安弩机考》1卷、《温虞恭公碑考》1卷、《两罍轩尺牍》、《两罍轩彝器图释》12卷、《二百兰亭斋金石记》、《焦山志》16卷等。事迹见俞樾《江苏候补道吴君墓志铭》(《续碑传集》卷三八)。

方玉润卒(1811—)。玉润字友石,又字黝石,别号鸿濛子、鸿濛室主人,云南石屏人。道光十二年中秀才。凡十二次应乡试皆落榜。曾入王锦棠、李孟群、曾国藩幕参与对太平军作战。官至陇州州判。著有《诗经原始》18卷、《鸿濛室文集》2卷、《鸿濛室诗抄》10卷、《星烈日记汇要》40卷、《风雨怀人集》等。

成孺卒(1816—)。孺原名蓉镜,字芙卿,后改名孺,江苏宝应人。性至孝,父殁,事母垂六十年,起居饮食之节,有礼经所未尝言,而以积诚通之者。早邃经学,旁及象纬、舆地、声韵、字诂,靡不贯彻。于金石审定

卡尔·马克思卒(1818—)。

理查·瓦格纳卒(1813—)。德国作曲家、音乐戏剧家。

伊·谢·屠格涅夫卒(1818—)。俄国作家。

爱德华·马奈卒(1832—)。法国画家。

尤精确。久之，寝馈儒先诸书，益有所得。取紫阳日用自警诗，以"味真腴"颜其居，自号曰心巢。著有《周易释爻例》、《禹贡班义述》3卷、《尚书历谱》2卷、《太初历谱》1卷、《春秋日南至谱》1卷、《春秋世族谱拾遗》1卷、《论语论仁释》1卷、《明明德解义》1卷、《太极衍义》1卷、《诗声类表》1卷、《切韵表》5卷、《经史骈枝》、《郑志考证》1卷、《我师录》1卷、《困勉记》、《必自录》2卷、《庸德录》2卷、《东山政教录》3卷、《国朝学案备忘录》1卷、《国朝师儒论略》1卷、《经义骈枝》4卷、《五经算术》2卷、《步算释例》6卷、《三统算补衍》1卷、《推步迪蒙记》1卷、《宋书州郡志校记》1卷、《唐诗可兴集》6卷、《宝应儒林事略》1卷、《宝应文苑事略》1卷、《成氏先德传》1卷、《紫阳学则》2卷、《心巢困勉记》1卷、《长沙校经堂学程》1卷、《释名补证》1卷、《大清儒学案目录》1卷、《文苑事略》1卷、《宝应儒林》1卷、《可兴集》6卷等多种。事迹见《清史稿》卷四八〇、《清史列传》卷六七、冯煦《成先生行状》(《碑传集补》卷三八)。

按：《清史稿》本传曰："孺于汉、宋两家，实事求是，不为门户之见。尝曰：'为己，则治宋学真儒也，治汉学亦真儒；为人，则治汉学伪儒也，治宋学亦伪儒。'又曰：'义理，《论语》所谓识大是也；考证，识小是也：莫不有圣人之道焉。事父事君，识大也；多识鸟兽草木之名，识小也：皆诗教所不废，然不可无本末轻重之差。'湖南学政朱逌然延主校经堂，孺立学程，设'博文'、'约礼'两斋，湘中士大夫争自兴于学。著有《禹贡班义述》三卷，据地志解《禹贡》，于今、古文之同异及郑注与班偶殊者，一一辨证。即有不合，亦不曲护其非。《尚书历谱》二卷，以殷历校殷、周历校周，从违以经为断。又考太初历即三统，为《太初历谱》一卷，《春秋日南至谱》一卷。又有《切韵表》五卷，二百有六表，分二呼而经以四等，纬以三十六母，审辨音声，不容出入。晚年著述，一以朱子为宗。所编《我师录》、《困勉记》、《必自录》、《庸德录》、《东山政教录》，又有《国朝学案备忘录》一卷，《国朝师儒论略》一卷，《经义骈枝》四卷，《五经算术》二卷，《步算释例》六卷，《文录》九卷。"

邵亨豫卒（1818— ）。亨豫字子立，一字汴生，江苏常熟人。道光三十年进士。咸丰二年，授翰林院编修。次年，授实录馆协修。四年，补授实录馆纂修，充国史馆协修。八年，充河南乡试正考官，安徽学政。同治二年，授国子监祭酒。光绪六年，充会试复试阅卷大臣、庶吉士散馆阅卷大臣。著有《愿学堂诗存》22卷。事迹见俞樾《诰授光禄大夫头品顶戴吏部左侍郎邵公墓志铭》(《续碑传集》卷一三)。

秦缃业卒（1813— ）。缃业字应华，号澹如，江苏无锡人。师事梅曾亮，宗桐城义法。道光二十六年副贡，屡试不利。先充史馆誊录，旋援例改浙江同知，官至浙江盐运使。善书画。著有《虹桥老屋遗稿》。事迹见孙衣言《秦君澹如墓志铭》(《碑传集补》卷一七)、刘声木《桐城文学渊源考》卷七。

高心夔卒（1835— ）。心夔原名梦汉，字伯足，又字陶堂，号碧湄、东蠡，江西湖口人。曾入肃顺幕，与同幕王闿运相契。咸丰十年进士，诠选知县。光绪初，以直隶知州分发江苏，署吴县县令。著有《陶堂志微录》5卷、《陶堂遗文》1卷。事迹见朱之榛《高先生事状》、汤纪尚《高陶堂先生传》(均见《续碑传集》卷八〇)。

陈撷芬(　—1923)、汪精卫(　—1944)、陈树人(　—1948)、江亢虎(　—1954)、马一浮(　—1967)生。

光绪十年　甲申　1884年

二月初八日甲寅(3月5日),张佩纶奏陈武科举改试洋枪。

二十九日乙亥(3月26日),清廷将徐延旭、唐炯革职拿问,命潘鼎新赴广西办理越地军务。

三月十三日戊子(4月8日),慈禧太后黜军机大臣恭亲王奕䜣、翁同龢、李鸿藻、景廉、宝鋆,以礼亲王世铎、尚书额勒和布、阎敬铭、张之万、孙毓汶为军机大臣。

十七日壬辰(4月12日),清廷命贝勒奕劻主持总理各国事务衙门。

二十日乙未(4月15日),法军占领越南红河三角洲。

二十五日庚子(4月20日),清廷命李鸿章与法国议和。

四月初四日戊申(4月28日),清廷命曾纪泽毋庸兼驻法国,暂以驻德使臣李凤苞兼署驻法使臣,以示求和诚意。

初六日庚戌(4月30日),诏御前军机总署王大臣、大学士、六部、九卿、翰詹科道,议中法越南事。

初十日甲寅(5月4日),清廷命李鸿章办理中法和议,须承认越为我属,不互市,不赔偿,维护刘永福。

十七日辛酉(5月11日),北洋大臣李鸿章与法国代表福禄诺签订《中法会议简明条款》于天津。

五月初十日甲申(6月3日),《中俄续勘喀什噶尔界约》签订。

十三日丁亥(6月6日),法越签订第二次《顺化条约》,越南成为法国的殖民地。

是月,詹事府左中允崔国因上《设议院讲洋务二条请实力实行片》,未果。

闰五月初一日甲辰(6月23日),法军进犯越南谅山,被守军击败。

初二日乙巳(6月24日),徐承祖上奏建议改进出洋学习事宜,在京师添设轮船水师衙站,并于该衙门设立水师总学堂。

是日,刘铭传奏请总理衙门与北洋大臣开设译局,译刻西洋实用书籍。

十七日庚申(7月9日),潘衍桐奏请仿照翻译例,分开艺学科。

二十日癸亥(7月12日),法驻京代理公使谢满禄向清廷提出最后通牒,要求赔款、撤兵。

格罗弗·克利夫兰选立为美国总统。

法国尽有越南、柬埔寨。

本初子午线确定。

二十三日丙寅(7月15日),法国远征舰队以"游历"为名,强行驶入福建水师基地马尾军港。

六月十一日癸未(8月1日),方汝绍请开医科。

十五日丁亥(8月5日),法国海军炮击台湾基隆。

七月初三日乙巳(8月23日),马尾海战爆发。是日,张之洞在黄埔设水鱼雷局。

初六日戊申(8月26日),清廷对法宣战,起用冯子材、王德榜抗击法军。

十九日辛酉(9月8日),清廷授大学士左宗棠为钦差大臣督办福建军务,穆善图、杨昌浚帮办,张佩纶会办兼署船政大臣。

八月二十日辛卯(10月8日),马尾之战大捷,法军进攻台湾计划失败。

二十六日丁酉(10月14日),清廷命总署,知照各出洋大使择西洋各书及地图等汇刻。

九月三十日辛未(11月17日),新疆置为行省。

十月初一日壬申(11月18日),清廷任命刘锦棠为甘肃、新疆巡抚,仍以钦差大臣督办新疆事宜。

十七日戊子(12月4日),朝鲜开化党金玉均等发动政变,史称"甲申政变"。

十一月二十四日甲子(1885年1月9日),朝日签订《京城条约》,朝鲜对日本谢罪、赔偿、惩凶。

是年,以外衅迭启,时事日艰。谕大学士、六部、九卿、直省将军、督、抚:"无论文武两途,有体用赅备,谋勇俱优,或谙习吏治兵事,熟悉中外交涉,或善制船械,精通算术,或饶有机智,饶勇善战,或谙谏水师及沿海情形者,广为访求,具实陈奏。"(《清史稿·选举志四》)

奥地利F.维塞尔使用"边际效用"概念。

德国冯特创办心理学杂志《哲学研究》。

德国阿图尔·尼古拉尔发现破伤风杆菌。

李鸿章五月偕张之洞、吴大澂、张佩纶出洋巡阅旅顺、登川、威海卫一带。

张之洞任两广总督,将广州原习洋文、算学之实学馆改为博学馆。詹天佑应聘为教习。

王闿运离蜀返湘,舟中抄《楚辞新注》,点《宋史》。六月至成都,刻《礼经笺》。

张祥龄六月荐廖平掌尊经书院,王闿运不许。

左宗棠十月以钦差大臣到福州督办军务,林纾、周辛仲向其控告何如璋贻误军机之罪。

黄遵宪在美国考察政治,目睹两党竞选,大失所望,始转向君主立宪政体主张,有《纪事》诗。

李慈铭、盛昱、沈曾植、王鹏运、黄绍箕等中秋会饮于北京陶然亭,论说王霸。

严复在北洋水师学堂总教习任。十二月二十五日，清廷以北洋水师学堂办有成效，予总教习都司严复、游击卞长胜、学生伍光鉴和王学廉等奖叙有差。

朱一新四月十八日与同事二人上《和议未可深恃疏》，建议加强海防。九月初七又单独上《敬陈管见疏》，提出加强防务、抵抗入侵之策略。

章炳麟浏览周、秦和汉代典籍，研读《昭明文选》《说文解字》，自是绝意废制义不为。

薛福成晋升宁绍道台，值中法战事，协助提督欧阳利见筹备海防。

黎庶昌丁忧回国。

王韬因丁日昌、马建忠、盛宣怀等人斡旋，得李鸿章默许，清廷终释"投纾之疑"，三月携全家自香港回上海，自此结束二十三年的流亡生涯，更号淞北逸民。

翁同龢三月革职留用。

按：《清史稿·翁同龢传》曰："十月，又奉朱谕：'翁同龢授读以来，辅导无方，往往巧藉事端，刺探朕意。至甲午年中东之役，信口侈陈，任意怂恿。办理诸务，种种乖谬，以致不可收拾。今春力陈变法，滥保非人，罪无可逭。事后追维，深堪痛恨！前令其开缺回籍，实不足以蔽辜，翁同龢著革职，永不叙用，交地方官严加管束。'"

杨锐以张之洞招办奏牍文字，佐幕府。

缪荃孙九月充国史馆儒林、文苑、循良、孝友、隐逸五传总纂。

陶方琦督学湖北，姚振宗与之订交，并应陶氏聘分纂《湖北通志·艺文志》。

康有为十月以粤城戒严，还乡居澹如楼，探索救世之道，兼攻算学。

孙中山四月转入香港英国当局所办的域多利书院读书。十一月，接孙眉函召，在香港辍学再赴檀香山。后到茄荷蕾埠商店当店员。

谭嗣同往新疆巡抚刘锦棠幕府，刘大奇其才，准备向朝廷推荐，但刘以养亲去官，不果。返兰州，专心学作文章。撰《治言》一文。

丘逢甲因战火燃及台湾，法军陷基隆、据澎湖，痛感国家民族之患，乃益加留心中外事故及西方文化，慨然有维新之志。

林纾作诗百余首，皆伤时感乱之作。诗稿今已不存。

容揆毕业于耶鲁雪菲尔德理工学院。

李恩富在传教士的帮助下再次返回美国，重新进入耶鲁大学学习。

按：李恩富是两年前从美国撤回的"留美幼童"，回国前已是耶鲁大学一年级学生。

黄宗仰因愤世疾时而削发为僧。

钱恂为薛福成门人。后受薛福成之命，整理宁波天一阁存书。

刘铭传奏请总理衙门与北洋大臣开设译局，译刻外洋实用之书。

杨汝澍赴闽侦事，在上海至香港船上得识辜鸿铭，荐于张之洞，从此入张之洞幕府，任张氏洋文案，兼管税务方面督办行政等事。

郑观应二月十三日辞去招商局织布局职务，从上海乘轮赴粤。奉彭玉麟札委，代替王之春总办湘军营务处事宜。八月，两广总督张之洞和彭玉麟会同广东巡抚倪文蔚札委郑观应赴香港租船、购运军械输援台事宜。

王懿荣二月奏请以古本《尚书》附入《十三经注疏》,与今本《尚书》并行。

按:《清史列传》曰:"略谓:'伏查前山东督粮道孙星衍撰《尚书今古文注疏》三十卷,搜辑前汉古今文及各家古注之仅存者,编辑成书;又采前人传记之涉《书》义者,备疏其下,不逞私臆,最称矜慎。所录古文为真古文,所采古注为真古注,就今本区别言之,犹两《唐书》、两《五代史》之当分称新、旧,不得不以古文之名名之。伏请法高宗纯皇帝以《旧唐书》、《旧五代史》附入《二十四史》并行之意,敕下武英殿及今补刊群书板叶之时,行文江苏学臣,征取其书,刊附《十三经》之内,使与今本《尚书》并行。并请特旨通饬各省督抚、学政,凡遇大小考试命题,《尚书》一经,准其两本并行,颁为功令,用资久远,以存二帝、三王遗书逸文之真,以见我皇上法祖同天之美。'"

曹廷杰公余暇日留心边事,开始搜集、调查有关东北历史和地理资料,着手撰写《东北边防辑要》和《古迹考》二书。

吴趼人在江南制造局作抄写事务,时有怀才不遇之叹。

八指头陀三游雪窦,曾去南京。回天童,与日本和尚冈千仞游玲珑岩。

刘光第是年春赴成都,归,主讲赵化镇文昌书院。

马建忠为招商局会办,并派遣马相伯前往国内主要分局检查财务。马相伯作《改革招商局建议》。

韩国钧随刘梅荪调任赴六合,任教读。

萧穆是夏五月至天津,复访游智开于固安县南关之永定河道署中。又跋《桂苑笔耕集》,盖由作者崔致远为朝鲜人之故。

宋恕复应陈承绂邀,并按孙衣言教导,改撰《重建会文书院记》。

按:宋恕本年另有撰文多篇:《酌桓赘般解》、《文翁出行县从学官诸生使传教令出入闾阎赋》、《老子韩非同传论》、《重建会文书院记》。《文翁赋》提出"易吏以儒,习儒以吏",《同传论》斥申韩,赞老庄,论证苏轼轻罪古人之非。

黄炎培开始随母识字。后两叔父教读《大学》、《中庸》、《论语》、《孟子》。

王鹏运十月服满返京,会朱祖谋。

梁启超补博士弟子员。祖父及父亲授唐诗和《史记》。

按:梁启超《三十自述》曰:"十二岁应试学院,补博士弟子员。日治帖括,虽心不慊之,然不知天地间于帖括外更有所谓学也。辄埋头钻研,故颇喜词章,王父、父日以课之,故至今《史记》之文,能成诵八九。父执有爱其慧者,赠以《汉书》一,姚氏《古文辞类纂》一,则大喜,读之卒业焉。"(《饮冰室合集》文集之十一)

盛宣怀署天津海关道。

杨守敬四月从日本归国,赴黄冈教谕任。

欧阳庚应驻美国旧金山总领事欧阳明函召,赴美担任见习领事。

杨小楼师从杨隆寿、姚增禄习京剧。

蔡元培在当地书塾任教,设馆教书两年。

陈孝基任同文馆汉文教习。

蔡廷干在北洋舰队实习期间，向担任舰队教习的英国海军军官学习航海课程，毕业后被派往福建水师当士官。

许景澄出使德国，荫昌又被派去柏林，入德国军事学校学习军事操作技术，毕业后奉派押运地雷返国，交给北洋新军，曾介绍聘用德武官修筑旅顺炮台。

福州女性柯金英由美国传教士资助，到美国费城女子医科大学学习。

裴子周在成都陈御街开设"绿野山房"书店。

英商美查为配合《申报》新闻，三月在上海创办《点石斋画报》，由吴嘉猷、金蟾香等主持。

英国传教士库寿龄来华传教。

丁显著《尚书异字同声考》1卷刊行。

徐玮文著《说诗解颐续》1卷刊行。

韩荥重订《批点春秋左传纲目句解》6卷刊行。

徐绍桢著《孝经质疑》1卷刊行。

赵长庚著《孝经读本》1卷、《孝经存解》1卷、《孝经存解阐要》1卷、《孝经存解析疑》1卷、《读孝经刊误问答》1卷刊行。

廖平著《谷梁春秋经传古义疏》11卷，有自序。

按：廖平《自序》曰："甲申初秋，偶读《王制》，恍有顿悟，于是向之疑者尽释，而信者愈坚，蒙瞀一新，豁然自达，乃取旧稿重录之。"

廖平著《公羊何氏解诂十论》。

康有为著《礼运注》1卷成书，有自叙。

按：钱穆《中国近三百年学术史》曰："至是而《语》、《孟》、《学》、《庸》各有新注，然其所大书特题者，则不在《四书》，而在《礼运》。又为《礼运注》而序之，曰：……读至《礼运》，乃浩然而叹曰：'孔子三世之变，大道之真，在是矣。大同、小康之道，发之明而别之精，古今进化之故，神圣悯世之深，在是矣。相时而推施，并行而不悖，时圣之变通尽利，在是矣。……'其推尊《礼运》者如此。何以独尊《礼运》？则为其言大同。长素又言之曰：吾中二千来，凡汉、唐、宋、明，不别其治乱兴衰，总皆小康之世也。……今者中国已小康矣，而不求进化，泥守旧方，是失孔子之意，而大悖其道也，甚非所以安天下、乐群生也，甚非所以崇孔子、同大地也。……小康隐指专制政体等而言，大同隐指立宪政体等而言。是长素其时尚主追步西化，而不过以复昌孔教为之门面，故为此大同小康、三世之说相附会。大抵言《公羊》改制在前，言《礼运》大同在后。言《公羊》改制，终不脱廖季平牢笼；言《礼运》大同，乃始见为自辟之天地，宜乎长素之必篝火狐鸣为神怪也。"

袁钧纂《郑氏逸书》23种刊行。

按：袁钧字秉国，一字陶轩，号西庐，浙江鄞县人。《清儒学案》卷二〇二《袁先生钧》曰："早岁丧父，执经于秀水郑赞善虎文，五载学成。既补诸生，为学使阮文达元所激赏，招致幕中。后主讲稽山书院，人共式之。生平于康成一家之学研究最深，尝搜集郑氏佚书二十三种，重加编订，世称善本。尤留意四明掌故，随见即录，辑有《四明书画记》、《四明文征》、《四明诗汇》、《四明近体乐府》诸书。工诗古文词，著有《琉璃居稿》六卷、《瞻衮堂集》十一卷。"

恩格斯出版《家庭、私有制、和国家的起源》。

德国弗莱格出版《数论的基础》。

英国经济学家汤因比著《英国产业革命》。

奥地利门格尔发表《德国国民经济中历史主义的谬误》。

雷浚著《雷刻四种》6卷刊行。

按：是书包括雷浚《说文引经例辨》3卷、《说文外编补遗》1卷，顾广圻《重刻说文辨疑》1卷，刘延禧《刘氏碎金》1卷。

张行孚著《说文楬原》2卷刊行。

徐绍桢、龚嘉相著《韵义便考》6卷刊行。

任大椿辑、王念孙校《小学钩沉》38种重刊。

雷浚编《说文外编》刊行。

黄彭年等纂《畿辅通志》300卷、首1卷刊行。

唐鉴著《国朝学案小识》15卷刊行。

王先谦著《续东华录》419卷。

罗振玉始纂《淮安金石仅存录》。又著《读碑小笺》1卷、《存拙斋札疏》1卷。

方宗诚著《周子通书讲义》1卷、《志学录续录》3卷刊行。

薛福成著《筹洋刍议》1卷刊行，有自序。

按：薛福成《筹洋刍议序》曰："光绪五年，日本兵船入琉球，以其王归，遂灭琉球。是时，日本势益张，而西洋德意志诸国，方议修约事，议久不协。俄罗斯踞我伊犁，索重赂，议者尤汹汹。余愚以谓应之得其道，敌虽强不足虑；不得其道，无事而有事，后患且不可言。窃不自揆，网罗见闻，略抒胸臆，笔之于书，得《筹洋刍议》十四篇。"

薛福成著《庸庵全集十种》47卷陆续刊出。

按：是书至1898年刊毕，包括《文编》、《续编》、《外编》、《海外文编》、《筹洋刍议》、《浙东筹防录》、《出使奏疏》、《出使公牍》、《出使四国日记》、《日记续刻》等10种。为研究改良思想、洋务运动和对外关系的重要资料。

冯桂芬著《校邠庐抗议》由其子冯芳植在江西刊行，称豫章本。

张树声著《敦怀堂洋务丛钞》刊行。

德国传教士花之安著《自西徂东》刊行。

敕编《天禄琳琅书目前后编》30卷刊行。

姚觐元纂《清代禁毁书目四种》刊行。

丁韪良著《中国古代万国公法》刊行。

揉云馆印行《申江名胜图说》。

按：是书为最早的刻版图册。

段玉裁著《经韵楼集》12卷重刊。

钱大昕著《潜研堂全书》重刊。

厉鹗著《樊榭山房全集》37种刊行。

何桂珍著《何文贞公遗书》3种刊行。

郝懿行著《晒书堂文集》12卷、《外集》2卷、《别集》1卷、《笔记》2卷、《笔录》6卷、《正俗文》19卷刊行。

方宗诚著《柏堂集外编》12卷刊行。

王韬著《淞隐漫录》12卷刊行。

陈季同译《中国故事》在法国巴黎卡尔曼出版社出版。

按：陈季同将《聊斋志异》中的《王桂庵》、《白秋练》、《青梅》、《香玉》、《辛十四娘》等26篇故事翻译成法文，取名《中国故事》出版，是《聊斋志异》最早的法文译者。

黄丕烈著《士礼居藏书题跋记》6卷刊行。

陆懋修著《世补斋医书》刊行。

唐宗海著《血证论》8卷刊行。

按：是书乃研究血证的重要文献，也是一部较好的临床参考书。

杨乘六纂《医宗己任编》由有鸿斋重刊。

黎庶昌辑《古逸丛书》26种刊行，督印百部。

按：光绪七年，黎氏出使日本，在日本搜访国内亡佚的中国古书残本，由杨守敬校辑，陆续影印。《古逸丛书》初版为黎氏日本东京使署影刊本，美浓纸本，后版运回国内，存江苏书局（今藏于江苏广陵古籍刻书社）。《杨守敬学术年谱》是年条曰："在日本刻《古逸丛书》的经过，黎庶昌当年奏云：'刻书虽非使臣所及，而日本同文之国，崇尚汉学，千有余年，坠简佚文，往往而有。臣自八年春间，访获佚书古本多种，即命随员杨守敬经纪刊刻，题为《古逸丛书》，其中颇有十余种可补《四库》著录之遗。本年秋间，一律完竣，除将板片运交苏州书局，作为官物，听人刊印外，理合附片具陈。再此次刻资，系由经费存息及臣薪俸所余项下取给，亦有长崎广商钟仕良、何献墀捐助之款，概未动支公项，合并陈明。'《古逸丛书》由黎庶昌作序。序云：'予使日本之明年，得古书若干种，谋次第播行，属杨君惺吾任校刻。唯夫古书之仅存，兵燹腐蚀之无常，其势不日趋散亡不止，学士大夫，虽痛之而无术以免，唯好之而即求，求之而即传，差足救敝于后。予非苟为其难也，古书之流遗，何幸复见于异邦，而自予得之，且以付刊焉。予亦不自知所以然，庸讵知非天之有意斯文，而启予赞其始也。予患不学久矣，今天假此使事岁月，俾得从事读书，不可谓非厚幸。子曰：好古敏以求之，请自兹始。书成，将敛其版，运致之官局，以与学者共之。虽然，卷帙之重，而课成于再期，校雠之繁，而委积于一人，或不免抵牾滋多，而简陋如予，又不能精勘误失，使读者快焉，其力仅足存此书而已。古书之不亡，古人之精神自寄之，岂予所能增重，而独至搜辑之责，似若有默以畀予者，固不敢不勉也。书凡二百卷，二十六种，刻随所获，概还其真，无复伦次，经始于壬午，告成于甲申，以其多古本逸编，遂命之曰《古逸丛书》，而别条叙目如左。光绪十年岁在甲申七月，遵义黎庶昌序。'"民国期间，商务印书馆张元济等仿该书体例，纂《续古逸丛书》，收书达47种。

王懿荣辑《天壤阁丛书》约于是年前后刊毕。

陆心源辑《湖州丛书》12种约于是年前后刊行。

比利时人阿理嗣著《中国音乐》在中国刊行。

上海同文书局四月提出股印《古今图书集成》和《二十四史》。

按：所谓股印即后来的预约出书。该书局《股印古今图书集成启》称，"以招印一千五百股为额"，每部360两（银），凡认股者，先交半价银180两，"一俟目录告成之日，再登《申报》通知在股诸君来取目录，好将所余半价缴足。本局并发分次取书单三十二纸（张）以后各典续出，随出随取"。该局用扁体三号字排印，历时四年完成，全书分订1628册，共印1500部。该局股印《二十四史》亦刊登类似启事，预约印行。

雷以諴卒（1806— ）。以諴字春霆，一字鹤泉，湖北咸宁人。道光三年进士，授刑部主事。升郎中，迁御史，授内阁侍读学士。咸丰初，官太常

F.-A.-M.米涅卒（1796— ）。

法国历史学家。

E. 兰罗特卒(1802—)。芬兰民俗学家、语言学家。

约翰·古斯塔夫·德罗伊森卒(1808—)。德国历史学家。"希腊化"名词首创者。

阿尔维迪卒(1810—)。阿根廷思想家和社会活动家。

B. 斯美塔那卒(1824—)。捷克作曲家,捷克近代民族乐派创始人。

寺少卿、左副都御史。同治元年休致。主讲河东江汉书院。著有《大学解》、《读经传杂记》、《雨香书屋诗钞》;又与人合修《盛京通志》48卷。事迹见《清史稿》卷四二二、《清史列传》卷五三。

郭柏荫卒(1807—)。柏荫字弥广,号远堂,福建侯官县人。道光十二年进士,授翰林院庶吉士,擢编修。十七年,任浙江道监察御史。翌年,转山西道。十九年,巡视西城,转京畿道,升刑部给事中、甘肃甘凉道。二十三年后回乡,历主清源、紫阳、鳌峰等书院。又奉命办理本省团练,升员外郎,后升郎中。同治元年,往安庆大营,协助曾国藩抵抗太平军,升江苏粮储道,又升按察使。同治五年,任江苏布政使,代理巡抚。翌年冬,经曾国藩推荐,升广西巡抚,改调湖北,署理湖广总督,代理巡抚。九年,复署湖广总督。光绪元年,回福州。再主鳌峰书院讲席,倡修火灾后孔庙,集资修建明伦堂、崇圣祠,增置文庙乐器、祭器。著有《天开图画楼文稿》4卷、《嘐嘐言》6卷、《续嘐嘐言》4卷、《变雅断章演义》1卷、《石泉集》4卷等。事迹见《清史稿》卷四二六、《清史列传》卷五五。

美国传教士卫三畏卒(1812—)。1933年,受美国教会派遣来中国传教,在广州参与《中国丛报》的编印出版工作。1855年起,先后任美国驻华使馆秘书、代办、代理公使等。1877年,辞职回国。曾任美国东方学会圣经公会会长。著有《中国总论》,是为美国第一部汉学著作。又有《中国地志》、《中国历史》等,编有《汉英拼音字典》。

陈介祺卒(1813—)。介祺字寿卿,号簠斋、伯潜,晚号海滨病史等,山东潍县人。道光二十五年进士,授翰林院编修。好收藏古物,有先秦古玺、汉印万余,筑万印楼藏之。又精于鉴别,注重铭刻文字,擅长墨拓技术,有较多精拓本传世。编著有《簠斋印集》、《簠斋吉金录》8卷、《簠斋金石文字考释》1卷、《簠斋尺牍》12册、《簠斋藏古目》1卷、《东武刘氏款识》1卷、《簠斋藏陶》、《十钟山房印举》、《传古别录》1卷等。又与吴式芬合著《封泥考略》10卷。事迹见《清史稿》卷三六五、支伟成《陈介祺传》(《碑传集补》卷九)。

按:《清史稿》本传曰:"介祺绩学好古,所藏钟鼎、彝器、金石,为近代之冠。"支伟成《陈介祺传》曰:"陈介祺字寿卿,号簠斋,山东潍县人。由进士授翰林院编修。家故饶于资,通籍后即绝意仕进。素嗜金石之学,收藏甲海内,筑簠斋以珍弆之,凡彝器至数百件。尤著者为'毛公鼎',文几七百余字,推天下金器之冠。三代陶器亦数百件,周印百数十事,汉魏印万余,秦诏版十余,魏造像数百区,从来赏鉴家所未有也!同时若潘文勤公、王文敏公、吴子苾阁学、清卿中丞、刘燕庭方伯、鲍子年舍人、李竹明太守,并皆不足方驾。而复于三代文字确有心得。"

周寿昌卒(1814—)。寿昌字应甫,一字荇农,晚号自奄,湖南长沙人。师事梅曾亮,受古文法。道光二十五年进士,选庶吉士,授翰林院编修。咸丰初,荐擢至侍读。同治五年,充实录馆纂修总校。光绪二年,迁内阁学士,兼礼部侍郎。著有《前汉书注校补》50卷、《后汉书注补正》8卷、《三国志注证遗》4卷、《五代史注纂注补续》1卷、《思益堂古诗》2卷、《思益堂骈文》2卷、《思益堂诗集》20卷、《思益堂日札》60卷等。事迹见

《清史稿》卷四八六、《清史列传》卷七三、周礼昌《诰授光禄大夫内阁学士兼礼部侍郎衔周公荇农府君行状》(《续碑传集》卷八〇)。

按：《清史稿》本传曰："寿昌精核强记，虽宦达，勤学过诸生。笃嗜班固书，涂染无隙纸，成《汉书注校补》五十卷，易稿十有七。又有《后汉注补正》、《三国志注证遗》、《思益堂集》。"

徐寿卒(1818—)。寿字雪村，江苏无锡人。咸丰十一年，入曾国藩幕。同治五年，被派赴上海襄办江南制造局。十三年，与英国传教士傅兰雅等创设上海格致书院，进行化学实验演示，传播科学知识。所译西方著作，计有《西艺知新》及《续编》，《化学鉴原》及《续编》、《补编》，《化学考质》，《化学求数》，《物体遇热改易说》，《汽机发轫》，《营阵揭要》，《测地绘图》，《宝藏兴焉》，《法律医学》等十余种。事迹见《清史稿》卷五〇五、程培芳《徐雪村先生传》、华世芳《记徐雪村先生轶事》、钱基博《徐寿传》(均见《碑传集三编》卷四二)。

按：《清史稿》本传曰："道、咸间，东南兵事起，遂弃举业，专研博物格致之学。时泰西学术流传中国者，尚未昌明，试验诸器绝鲜。寿与金匮华蘅芳讨论搜求，始得十一，苦心研索，每以意求之，而得其真。尝购三棱玻璃不可得，磨水晶印章成三角形，验得光分七色。知枪弹之行抛物线，疑其仰攻俯击有异，设远近多靶以测之，其成学之艰类此。久之，于西学具窥见原委，尤精制器。咸丰十一年，从大学士曾国藩军，先后于安庆、江宁设机器局，皆预其事。寿与蘅芳及吴嘉廉、龚芸棠试造木质轮船，推求动理，测算汽机，蘅芳之力为多；造器置机，皆出寿手制，不假西人，数年而成。长五十余尺，每一时能行四十余里，名之曰黄鹄。国藩激赏之，招入幕府，以奇才异能荐。既而设制造局于上海，百事草创，寿于船炮枪弹，多所发明。自制强水棉花药、汞爆药。创议翻译西书，以求制造根本。于是聘西士伟力亚利、傅兰雅、林乐知、金楷理等，寿与同志华蘅芳、李凤苞、王德均、赵元益孳孳研究，先后成书数百种。寿所译述者，曰《西艺知新》及《续编》，《化学鉴原》及《续编》、《补编》，《化学考质》，《化学求数》，《物体遇热改易说》，《汽机发轫》，《营阵揭要》，《测地绘图》，《宝藏兴焉》。法律、医学，刊行者凡十三种，《西艺知新》、《化学鉴原》二书，尤称善本。同治末，与傅兰雅设格致书院于上海，风气渐开，成就甚众，寿名益播。山东、四川仿设机器局，争延聘寿主其事，以译书事尤急，皆谢不往，而使其子建寅、华封代行。大冶煤铁矿、开平煤矿、漠河金矿经始之际，寿皆为擘画规制。购器选匠，资其力焉。无锡产桑宜蚕，西商购茧夺民利，寿考求烘茧法，倡设烘灶，及机器缫丝法，育蚕者利骤增。"

张树声卒(1824—)。树声字振轩，安徽合肥人。曾随李鸿章镇压太平军，历任山西巡抚、漕运总督、两江总督、江苏巡抚、两广总督等。谥靖达。著有《张靖达公奏议》。事迹见《清史稿》卷四四七、《清史列传》卷五四、吴汝纶《张靖达公神道碑》(《续碑传集》卷二八)。

按：张树声是洋务派的代表人物之一，他在《遗折》中曰："夫西人立国自有本末。虽礼乐教化远逊中华，然驯致富强具有体用。育才于学堂，论政于议院，君民一体，上下一心，务实而戒虚，谋定而后动，此其体也。轮船、大炮、洋枪、水雷、铁路、电线，此其用也。中国遗其体而求其用，无论竭蹶步趋常不相及；就令铁舰成行，铁路四达，果足恃欤？福州马江之役，聚兵船与敌相持，彼此皆木壳船也，一旦炮发，我船尽毁，此亦已事之鉴矣。"因此，他希望朝廷能"通筹全局，取琴瑟不调甚者而改弦更张之。圣人万物为师,采西人之体以行其用"(《近代中国史料丛刊》第222辑)。

秦祖永卒(1825—)。祖永字逸芬,号楞烟外史,江苏无锡人。诸生,官广东碧甲场盐大使。著有《画学心印》8卷、《桐阴论画》3卷、《续》1卷、《画诀》1卷。

周星誉卒(1826—)。星誉原名誉芬,字叔云,号鸥公,又号芝苓,浙江山阴人。道光三十年进士,选翰林院庶吉士。家居九年,于浙东创益社。复官后,由翰林院编修、日讲起居注,擢江南道监察御史。官终两广盐运使兼署广东按察使。著有《传忠堂古文》、《东鸥草堂词》、《鸥堂剩稿》、《鸥堂日记》等。事迹见金武祥《二品顶戴两广盐运使周公传》(《续碑传集》卷八〇)。

赵之谦卒(1829—)。之谦字益甫,号冷君,改字㧑叔,号悲庵,晚号无闷,浙江会稽人。咸丰九年举人,五应礼部试不中。以誊录劳叙官,分发江西。先后任鄱阳、奉新、南城知县。书画刻石,卓绝一时。篆刻初师丁敬,后学邓石如。著有《秦汉印存》、《二金蝶堂印谱》、《补寰宇访碑录》、《六朝别字记》、《梅庵集》、《张忠烈公年谱》1卷、《勇卢闲话》1卷等。事迹见程秉钊《清故江西知县会稽赵君墓志铭》、叶昌炽《赵之谦益甫事实》(均见《碑传集补》卷二五)。

陶方琦卒(1845—)。方琦字子珍,浙江会稽人。李慈铭弟子。光绪二年进士,选庶吉士,授翰林院编修。督学湖南。治文字学。著有《淮南许注异同诂》、《汉孳室文钞》等。事迹见《清史稿》卷四八六、谭献《陶编修家传》(《续碑传集》卷八一)。

按:《清史稿》本传曰:"方琦学有本末,汲汲于古,述造无间岁时。治《易》郑注,《诗》鲁故,《尔雅》汉注,又习《大戴礼记》。其治淮南王书,力以推究经训,蒐采许注,拾补高诱。再三属草,矻矻十年,实事求是。有《淮南许注异同诂》、《许君年表》、《汉孳室文钞》、《骈文》、《诗词》。"

俞达卒,生年不详。达又名宗骏,字吟香,号慕真山人、花下解人,江苏长洲人。曾做过州县小官,后悠然家居。家道中落,晚景凄凉。著有《吴中考古录》、《醉红轩诗稿》、《醉红轩笔话》及狭邪小说《青楼梦》等。

刘道一(—1906)、欧阳钜源(—1907)、刘复基(—1911)、张榕(—1912)、刘思复(—1915)、苏曼殊(—1918)、刘师培(—1919)、傅熊湘(—1931)、吴梅(—1939)、王蕴章(—1942)、吕思勉(—1957)、谢无量(—1965)、张默君(—1965)、马叙伦(—1970)生。

光绪十一年 乙酉 1885年

日本废太政

二月初六日丙子(3月22日),清廷派李鸿章与法使议条约。

初八日戊寅(3月24日),冯子材等大破法军于镇南关。

十六日丙戌(4月1日),法舰攻踞澎湖。

十九日己丑(4月4日),清廷谈判专使、中国海关驻伦敦办事处税务司英人金登干与法国外交部政务司司长毕乐在巴黎签订《中法议和草约》。

三月初四日癸卯(4月18日),李鸿章与日本全权大臣伊藤博文在天津签订中日《朝鲜撤兵条约》(又称《天津条约》)。

四月二十七日乙未(6月9日),李鸿章与法国公使巴德诺在天津签订《中法新约》(又称《中法会订越南条约十款》、《李巴条约》)。

五月二十一日己未(7月3日),在德国订购的定远、镇远两舰抵华。

六月初七日甲戌(7月18日),中英签订《烟台条约续增专条》。

九月初五日庚子(10月12日),清廷将福建省台湾府改为台湾省,刘铭传任第一任台湾巡抚。

初六日辛丑(10月13日),清廷设立总理海军事务衙门,北洋大臣李鸿章为会办。

二十三日戊午(10月30日),任命袁世凯为驻朝鲜总理交涉通商事宜大臣,梁如浩为幕僚。

十一月二十七日辛酉(1886年1月1日),英印度总督宣布将缅甸并于印度。

李鸿章时任直隶总督,创办天津武备学堂,聘德国军官教授,学习西洋行军新法,为清末首所新式陆军学校。

按:《清史稿·选举志二》曰:"鸿章又于光绪十一年奏设天津武备学堂,规制略仿西国陆军学堂。挑选营中精健聪颖、略通文义之弁目,入堂肄业。文员原习武事者,一并录取。其课程一面研究西洋行军新法,如后膛各种枪炮,土木营垒及布阵分合攻守各术。一面赴营实习,演试枪炮阵势及造筑台垒。惟学生系挑选弁目,虽聘用德国教员,不能直接听讲,仍用翻译,展转教授,与水师学堂注重外国文者不同。初制,学习一年后,考试及格学生,发回各营,由统领量材授事。其后逐渐延长年限,选募良家年幼子弟肄业。迨庚子之变,学堂适当战区,全校沦为灰烬矣。"

王先谦督江苏学政。任内延揽文人,在江阴南菁书院开设书局,校刻《皇清经解续编》,成书1430卷;又刻有《南菁书院丛书》。其间,还疏请筹办东三省边防,罢三海工程,弹劾徐之铭、李莲英等。

黄遵宪驻美国旧金山总领事任满归国,辞新任驻美、秘公使张荫桓及两广总督张之洞聘,专心著述《日本国志》。是年,自刊《日本杂事诗》,首有重刊自序,末附日人石川英跋文。

孙中山四月自檀香山经日本回国。八月,去香港域多利书院复学。

谭嗣同将心得笔记逐步辑为《石菊影庐笔识》。作有《浏阳谭氏谱》等。

袁世凯由李鸿章举荐,任"驻扎朝鲜总理交涉通商事宜"之代表。唐绍仪协助袁世凯办理海关税务,并任袁世凯的书记官。

官制。

印度国民大会党建立。

俄国第一次大规模的工人罢工。

日本中江兆民使用来自德语"asthetik"的"美学"一词。

德国T.李普斯提出美学中的"移情说"。

印度诗人泰戈尔之父D.泰戈尔创办和平村。

奥地利马赫提出"思维经济原则"和"要素说"。

德国H.艾宾浩斯公布遗忘曲线——艾宾浩斯遗忘曲线。

德国欧利希发现大肠杆菌。

德国恩斯特·冯·贝格曼进行无菌手术。

德国H.R.赫

兹发现无线电波并测量其波长和速度。

袁世凯十二月在天津小站训练"新式陆军",请荫昌推荐军事人材,荫昌推荐在武备学堂毕业的学生冯国璋、段祺瑞、梁华殿和王士珍。

严复请假回福建应乡试。落第,仍回原职。

梁鼎芬六月以弹劾李鸿章获直言名声,嗣赴惠州主讲丰湖书院。

黄彭年调陕西按察使,权布政使。创博学斋,延宿儒主讲席,购补关中书院书籍。

潘祖荫奏请黄宗羲、顾炎武从祀文庙,未准。

孙诒让官刑部主事,与诸家商讨金石文字之学。

朱一新是秋被简放湖北乡试副考官,参与选拔人才。生员周树模策论中有触犯时忌之语,仍荐拔其中举人。是年冬,任陕西道监察御史。

杨锐、张謇中顺天乡试。张謇列第二名,时称"南元",声名渐著。

王韬在沪创办活字印书馆,名"弢园书局"。

陈炽时在户部山东司任职,有《上李鸿章书》,提出处理朝鲜问题的建议(《陈炽集》)。

文廷式从广东经上海入京,广交文人学士,识郑孝胥、盛昱、袁昶、沈曾植、张謇、陈炽、沈曾桐、张孝谦、杨锐等。

刘光第在京供职。公余,全力研读《二十四史》、《资治通鉴》及古人今人政书。

郑观应正月从广州抵达香港。太古洋行借口要郑观应赔偿他保荐的太古洋行总买办杨桂轩亏欠四万余元,将其拘留于香港。

罗振玉继续赁碑,与兄罗振鋆共同校读。是年校正《寰宇访碑录》300余则。

康有为习数学,是年作《诸天讲》,赞哥白尼"日心说"与牛顿天体力学。

梁启超与陈千秋同学于学海堂,始治段、王训诂之学,大好之,渐有弃帖括之志。

按:梁启超《三十自述》曰:"其年秋,始交陈通甫。通甫时亦肄业学海堂,以高才生闻。既而通甫相语曰:'吾闻南海康先生上书请变法,不达,新从京师归,吾往谒焉。其学乃为吾与自所未梦及,吾与子今得师矣。'于是乃因通甫修弟子礼事南海先生。时余以少年科第,且于时流所推重之训诂、词章学,颇有所知,辄沾沾自喜。先生乃以大海潮音,作狮子吼,取其所挟持之数百年无用旧学更端驳诘,悉举而摧陷廓清之。自辰入见,及戌始退,冷水浇背,当头一棒,一旦尽失其故垒,惘惘然不知所从事,且惊且喜,且怨且艾,且疑且惧,与通甫联床竟夕不能寐。明日再谒,请为学方针。先生乃教以陆、王心学,而并及史学、西学之梗概。自是决然舍去旧学,自退出学海堂,而间日请业南海之门,生平知有学自兹始。"(《饮冰室合集》文集之十一)

荫昌出任北洋武备学堂翻译教习,又以候选知府任提调,继补道员,升至武备学堂总办。

辜鸿铭至武昌,协助湖广总督张之洞筹建湖北枪炮厂,并兼任武昌自强学堂讲习。在朱一新、梁鼎芬、沈曾植等影响与指导下，开始钻研儒家经典，博览经史子集，研究中国儒家传统。

丘逢甲是秋赴福州乡试，未售。

林纾本年曾随谢章铤学习经学，系统地钻研汉宋两代的儒学经典。

章炳麟初读唐人《九经义疏》。又得长兄指点说经门径，研读顾炎武《音学五书》、王引之《经义述闻》、郝懿行《尔雅义疏》。自此一意治经，文必法古。

按：梁启超《中国近三百年学术史》（四）曰：章炳麟"本是考证学出身，又是浙人，受浙东学派黄梨洲、全谢山等影响甚深，专提倡种族革命，同时也想把考证学引到新方向"。

刘鹗去扬州，从李龙川受学。

欧阳庚晋升为驻美国总领事。此后历任驻温哥华、驻巴拿马总领事。

曾朴师从潘子昭，研究课艺，私下又笃好文艺。

八指头陀住南岳。春回湘潭石潭。

马相伯受台湾巡抚刘铭传之邀赴台。途经香港至广州，向两广总督张之洞献策，开九龙商埠，未得采纳。抵台后建议刘铭传借款开发经济，又未见用。

萧穆是冬作《重刊况太守集序》。

按：况太守即明代著名清官况钟。此集校刊，萧穆实司其事。

陈虬和陈黻宸等合创瑞安利济医院，并与许启畴、金晦、宋恕等讲求经世之学。作有《重游南雁记》。

詹天佑在广州博学院采用西方测绘方法绘成中国沿海形势图。

彭祖贤时任湖北巡抚，主修《湖北通志》，聘杨守敬撰"沿革"一门。

王鹏运春升内阁侍读。秋，有书寄唐景崧。

郑孝胥赴天津入李鸿章幕，筹办洋务。

陈衍入台湾巡抚刘铭传幕。

安维峻充顺天乡试同考官。

邹代钧经两江总督曾国荃推荐，随太常寺卿刘瑞芬出使英、俄。

许珏随出使美、西、秘大臣张荫桓驻外。

杨钟羲中举人，出翁同龢、潘祖荫门下。

屠寄中举人，入都会试，不售。

梁济中举人，任慈幼堂义塾司事。

江仁葆任同文馆汉文教习。

蔡廷干参与中法之战。

金雅妹以美国女子医科大学全校第一的成绩毕业，成为中国女性第一个大学毕业生。

丁韪良、毕利干、华必东三位外国人被清廷授予三品衔和四品衔，均为同文馆教习。

美国传教士方伟廉来华传教。

美国传教士满乐道来华传教。

| 德国马克思《资本论》第 2 卷出版。

英国 B. 鲍桑葵发表《知识与实在》。

尼采著《善恶的彼岸》。

俄国克鲁泡特金著《一个革命家的回忆》。

文天骏著《周易或问》6 卷刊行。

辛本棨、王殿黻著《序卦分宫图》1 卷刊行。

胡廷绶著《尚书今古文五藏说》1 卷刊行。

陈仅著《诗诵》5 卷刊行。

汪中著《春秋列国官名异同考》刊行。

廖平著《谷梁经传章句疏》凡例 41 条,又著《公羊何氏解诂续十论》。

廖平编《谷梁春秋内外编目录》37 种 50 卷。

姜国伊著《春秋传义》12 卷刊行。

李文沂著《经字正蒙》8 卷刊行。

陈宗起著《养志居仅存稿经说》8 卷、《经遗说》1 卷刊行。

李桢著《说文逸字辨证》2 卷刊行。

傅云龙著《说文古语考补正》2 卷由秋红余籀室刊行。

张炳翔辑《许学丛书》第 2 集 5 种刊行。

顾炎武著《音学五书》由四明观稼楼与湘阴郭氏重刊,顾氏《亭林遗书补遗》刊行。

阮元著《儒林传稿》4 卷刊行。

钱仪吉等著《三国志证闻》2 卷刊行。

张鉴著《西夏纪事本末》36 卷刊行,徐郙作叙。

按:徐郙《叙》曰:"先生是书,网罗旧闻,荟萃群说。端委详明,同袁机仲之作;义例精密,过章茂深之编。文质一贯,不蹈于空疏;褒贬得中,不邻于僭妄。此则知几通识,未由吹索毛癜;季绪轶才,不复掎撼利病者矣。"(《西夏纪事本末》卷首)

张之洞、缪荃孙总纂《顺天府志》(光绪)成书。

曾国荃、郭嵩焘等纂《湖南通志》288 卷、首 8 卷、末 19 卷刊行。

黄以周纂《定海县志》30 卷、首 1 卷刊行。

徐锡麟等纂《丹阳县志》36 卷、首 1 卷刊行。

罗振玉著《金石萃编校字记》1 卷、《寰宇访碑录校议》1 卷(后改名《补寰宇访碑录刊谬》刊于《行素草堂金石丛书》第 24 集)。

吴大澂著《恒轩所见所藏吉金录》刊行,有自序。

按:吴大澂《自序》曰:"余弱冠喜习绘事,不能工。洎官翰林,好古吉金文字,有所见,辄手摹之,或图其形,存于筐。"

朱纪荣纂《金石三例续编》汇印刊行。朱氏纂《行素堂金石丛书》始刊于是年。

曹廷杰著《东北边防辑要》和《古迹考》成初稿。

按:曹廷杰曾自撰《东北边防辑要序》曰:"咸丰八年,刑部主事何秋涛进呈所纂书籍八十卷,文宗显皇帝垂览,赐名《朔方备乘》。其书于中俄交界及俄国古今疆域,无不条分缕晰,诚如圣谕所谓'制度沿革,山川形势,考据详明'者也。顾其时东南多事,俄人乘隙窥我东北,尚有康熙二十八年尼布楚城定议界碑,足严中俄之限,故其书于东北边界特由安巴格尔必齐河源外兴安岭东抵海,凡中俄分属山河,不惮详述。今则疆界已殊,情形不同矣。奉天、吉林、黑龙江三省皆有边防要图,廷杰不揣谫陋,参考群书,即其有关于时务者辑为若干篇,凡所依据,或因文义不便称引,遂从减省,其附己意以为说为考者,则以廷杰谨案别之,非敢掠美也,但期便于观览,有裨实用耳。若夫北徼全境事迹,则《朔方备乘》全书具在,兹固无庸置议矣。光绪十一年岁在乙酉莫春之初,楚北曹廷杰序于吉林防次。"(《东北边防辑要》卷首)是书多取材于《开国方略》、《大清一统志》、《皇朝通典》、《圣武记》及《方舆纪要》、《朔方备乘》、《登坛必究》诸书。但此时尚未比次排类,绘图贴说,及至光绪十二年自西伯利亚调查归来后,始缮写成册,并增加《征索伦》、《平罗刹》两篇,辑为19篇。此书于光绪十三年润色后,收入《东三省舆地图说》中。

曹廷杰著《西伯利东偏纪要》成书。

无名氏著《山东军兴纪略》22卷刊行。

林则徐著《林文忠公政书》37卷刊行。

按:是书包括林氏在各地巡抚、总督和钦差大臣任内的奏稿。其中湖广、使粤、两广任内禁烟抗英奏稿,为鸦片战争的重要史料。

王肇镕著《铜刻小记》刊行。

冯桂芬著《校邠庐逸笺》4卷由上海点斋石印刊行。

英国传教士傅兰雅口译、应祖锡笔述《佐治刍言》由江南制造局刊行。

康有为始著《人类公理》。

陈炽著《庸书》内外二篇成。

狄考文、邹立文合译《形学备旨》十讲。

按:是书系山东登州文会馆教科书。

汪瑔著《随山馆全集》7种约于是年前后刊行。

谭献著《复堂集》文4卷、词3卷刊行。

丁丙纂《西泠词萃》始刊。

杨恩寿著《眼福编》成书,自为序。

祝韵梅著《寿世簠编》5种重刊。

王之春著《蠡测卮言》成书。

沈宜著《读书杂辨》刊行。

张文虎著《儒林外史评》上下卷由宝文阁刊印。

无名氏著《左文襄公征西演义》32回刊行。

章寿康辑《式训堂丛书》约于是年刊毕。

梅文鼎著《梅勿奄先生历算全书》28种由上海敦怀书屋重刊。

孙星衍纂《平津馆丛书》38种影印重刊。

张文虎卒(1808—)。文虎字孟彪,又字啸山,自号天目山樵,江苏南汇人。诸生。同治年间,入曾国藩幕。保以训导选用。同治五年,为金陵书局校《史记三家注》。光绪初,援例加州判衔。曾为釜山钱熙祚校《守山阁丛书》、《指海》、《珠丛别录》,为钱熙辅校《续辑艺海珠尘》等。著有《春秋朔阁考》、《古今乐律考》、《校刊史记集解索引正义札记》5卷、《舒艺室随笔》6卷、《舒艺室续笔》1卷、《舒艺室馀笔》3卷、《舒艺室杂著甲编》2卷、《舒艺室杂著乙编》2卷、《舒艺室賸稿》1卷、《舒艺室诗存》7卷、《鼠壤余蔬》1卷、《尺牍偶存》1卷、《尺牍诗存》7卷、《索笑

马米阿尼卒(1799—)。意大利作家、哲学家。

维克多·雨果卒(1802—)。法国小说家、戏剧家、诗人和政治活动家。

词》2卷、《牧笛余声》1卷、《湖楼校书记》1卷、《西泠续记》1卷、《莲龛寻梦记》1卷、《梦因录》1卷、《怀旧杂记》3卷等。事迹见《清史稿》卷四八二、《清史列传》卷七三、缪荃孙《州判衔候选训导张先生墓志铭》(《续碑传集》卷七五)。

按：《清史稿》本传曰："尝读元和惠氏、歙江氏、休宁戴氏、嘉定钱氏诸家书，慨然叹为学自有本，则取汉、唐、宋注疏、经说，由形声以通其字，由训诂以会其义，由度数名物以辨其制作，由语言事迹以窥古圣贤精义，旁及子史，莫不考其源流同异。精天算，尤长校勘。同治五年，两江书局开，文虎为校《史记三注》，成《札记》五卷，最称精善。"

左宗棠卒（1812— ）。宗棠字季高，湖南湘阴人。道光十二年举人，三试礼部不第，遂绝意仕进，究心舆地、兵法。咸丰元年太平天国起义后，先后入湖南巡抚张亮基、骆秉章幕，后随钦差大臣、两江总督曾国藩襄办军务。镇压太平天国后，倡议减兵并饷，加给练兵。同治五年，上疏奏请设局监造轮船，并创办求是堂艺局（又称船政学堂），培养造船技术和海军人才。又创办兰州制造局（又称甘肃制造局）、甘肃织呢总局（又称兰州机器织呢局）。光绪元年，奉命督办新疆军务。七年，至北京，任军机大臣兼在总理衙门行走，管理兵部事务。同年夏，调两江总督兼南洋通商大臣。九年，奉召入京，再任军机大臣。著有《楚军营制》、《左文襄公全集》134卷。事迹见《清史稿》卷四一二、《清史列传》卷五一、蔡冠洛《清代七百名人传》第二编、吴汝纶《左文襄公神道碑》(《续碑传集》卷六)。罗正韵编有《左文襄公年谱》。

按：《清史稿》本传曰："宗棠为人多智略，内行甚笃，刚峻自天性。穆宗尝戒其偏衷。始未出，与国藩、林翼交，气陵二人出其上。中兴诸将帅，大率国藩所荐起，虽贵，皆尊事国藩。宗棠独与抗行，不少屈，趣舍时合时不合。国藩以学问自敛抑，议外交常持和节；宗棠锋颖凛凛向敌矣，士论以此益附之。然好自矜伐，故出其门者，成德达材不及国藩之盛云。"

俄国人杂哈劳卒（1814— ）。1851年被俄国外交部委任为亚洲司翻译，直接参与当时俄中西北通商谈判，并随后出任伊犁首任俄国领事、总领事。同治初，以俄国"钦差分界全权大臣"的身份参与中俄勘分西北界约谈判，签订《中俄勘分西北界约记》。编著有《满俄大辞典》、《满语语法》、《中国西部疆域记述》、《中国户口历史概览》。

按：《满俄大辞典》、《满语语法》曾获俄国地理学会的君士坦丁奖。

金和卒（1818— ）。和字弓叔，号亚匏，江苏上元人。少工诗古文辞，为文不合程式，仅为增生。流离浙江、安徽、广东，寄幕为生。著有《秋蟪吟馆诗钞》6卷、《来云阁文钞》1卷。事迹见《清史稿》卷四九三、束允泰《金文学小传》(《碑传集补》卷五一)。

张岳龄卒（1818— ）。岳龄字南瞻，一字子衡，自号铁瓶道人，湖南平江人。张瓒昭子。少就读于长沙城南书院。道光二十九年拔贡。咸丰二年投笔从戎。入胡林翼幕。又得湖南巡抚骆秉章、江西巡抚沈葆桢器重。光绪元年，授福建按察使。著有《铁瓶诗钞》9卷、《铁瓶东游草》1卷、

《铁瓶杂存》2卷。事迹见李先恕《清授荣禄大夫福建按察使张公子衡别传》(《铁瓶诗钞》卷首)。

吴嘉善卒(1820—)。嘉善字子登,号竹言,江西南丰县人。咸丰二年恩科进士一甲第十一名,选翰林院庶吉士,散馆,授翰林院编修。与徐有壬同治算学。同治改元,避粤匪乱游长沙,识丁取忠。逾年,客广州,因邹伯奇又识钱塘夏鸾翔。三人志同道合,相得益彰。光绪五年,奉使法兰西,驻巴黎。晚年出使西班牙,任出洋肄业局委员,在管理留美幼童期间与容闳发生冲突,被容闳指摘为"留学界之大敌",因而在留学教育史上留下百年骂名。著有《翻译小补》、《算书二十一种》。事迹见《清史稿》卷五〇七。

按:高红成《吴嘉善与洋务教育革新》说:"吴嘉善是洋务运动时期新式学堂教育和留学教育革新的积极反应者和参与者,是集编修、算学、洋文于一身的综合型人才。其著作《算书二十一种》是一部融入他研究心得的为数学初学者精心编排的参考书。留美幼童中途撤回的全部责任不能由吴嘉善一人承担,容闳对他的指摘有失公允。'狂士'王韬曾心悦诚服地赞他'古之所罕,今乃仅见,求之翰林,岂可多得'的人才。诸可宝称赞说:'吴编修以文字侍从之班,精研数理,博通中西,然后假持节凌绝域,美哉使乎,不愧皇华之选矣!'"(《中国科技史杂志》2007年第1期)

李鸿裔卒(1831—)。鸿裔字眉商,号香严,晚号苏邻,湖南中江人。曾国藩弟子。咸丰元年举人,入赀为兵部主事。官至江苏按察使。家有藏书数万卷,益蓄三代彝器、金石、书画以自娱。又工书法,能古文,身后多不传。传者有诗2卷。事迹见黎庶昌《李鸿裔墓志铭》(《续碑传集》卷三七)。

邹容(—1905)、陈伯平(—1907)、蒋翊武(—1913)、陆镜若(—1915)、朱执信(—1920)、杨树达(—1955)、周作人(—1967)、熊十力(—1968)生。

光绪十二年　丙戌　1886年

二月,"重庆教案"发生。

三月二十二日乙卯(4月25日),李鸿章与法驻华公使戈可当在天津签订中法《越南边界通商章程》。

四月二十五日戊子(5月28日),太和殿传胪,授一甲赵以炯、邹福保、冯煦为翰林院修撰、编修,赐进士及第;二甲彭述、徐世昌等130人赐进士出身;三甲王文毓等186人赐同进士出身。

是月,罗马教廷与清廷决定互派使节。

英国灭缅甸王国。

美国通过《总统继任法》。

美国"五一"工人大罢工。

美国纽约自由女神像落成。

六月初三日乙丑(7月4日),中俄《珲春界约》签订。

初十日壬申(7月11日),慈禧太后颁布"懿旨",宣布明年"归政"。

二十三日乙酉(7月24日),中英签订《中英缅甸条约》。

八月初五日乙丑(9月2日),慈禧太后下"懿旨":允醇亲王奕譞奏请,于光绪亲政后,再"训教"数年。

初六日丙寅(9月3日),命续修《大清会典》。以大学士额勒和布、阎敬铭、恩承及协办大学士张之万为会典馆总裁官,户部尚书翁同龢、工部尚书潘祖荫等为副总裁官。

十二月二十八日丙戌(1887年1月21日),清廷命李鸿章派员速往黑龙江勘办漠河金矿。

是年,英、美基督教(新教)传教士在上海创立"基督教及普通学识传布会",为英、美、加拿大等国不同教派传教士的国际性组织,亦为外国传教士、领事和商人组成的出版机构。

按:该会由1884年设立的"同文书会"改组而成。1894年改名"广学会"。中国海关总税务司赫德任第一任董事长,传教士韦廉臣、李提摩太先后任总干事,主要成员有慕维廉、艾约瑟、林乐知、丁韪良、李佳白等。用汉文著书,标榜以西国之学,广中国之学,以西国之新学,广中国之旧学,先后编辑出版有关神道、哲理、法律、政治、教育、实业、天文、地理、博物、理化等多方面的书籍2000多种。还办有《万国公报》(原名《中国教会新报》)、《中西教会报》、《大同报》、《成童画报》等10多种中文报刊,宣传宗教、西学,鼓吹改良,给维新派以很大影响。该会还在北京、奉天、西安、南京、烟台等地设专门机构,进行会务活动。

德国萨穆埃尔·菲舍尔在柏林创建菲舍尔出版社。

英国瑞利提出地震波的弹性表面理论。

德国弗伦克尔发现肺炎球菌。

法国H.穆瓦桑首次以电解法制得氟。

美国查·霍尔和法国的赫洛特独立发现现代工业制铝法。

美国马·莫西根据6000次深渊记录绘成大西洋海深图。

张之洞三月在广州设广雅书局,搜罗经学通人著述,陆续刊行,命门人缪荃孙在京访求应刻之书。又创办广东水师陆学堂,致电驻德使臣李凤苞、徐景澄,在德国选军官来广州任军事教官。

黄遵宪居家闭门编纂《日本国志》。张荫桓命其仍充旧金山总领事,张之洞命其为巡察南洋诸岛之行,均一一推辞。

王闿运是春归湖南湘潭,不再至蜀,尊经书院山长由锦江书院山长伍沼龄兼代。

王闿运在长沙创立碧湖诗社,任社长。致书郭嵩焘,辞主讲思贤讲舍之荐。

按:以碧湖诗社诗人为代表的诗派,称汉魏六朝诗派。代表人物有王闿运、邓辅纶、陈锐、程颂万、高心夔等人。王闿运作诗提倡摹拟,平生致力于追摹汉魏六朝的诗篇。邓辅纶早年即与王闿运结识,互相唱和,其诗亦多拟古之作。陈衍说:"湘绮五言古沉酣于汉魏六朝者至深,杂之古人集中直莫能辨","盖其墨守古法,不随时代风气为转移,虽明之前后七子无以过之也"(《近代诗钞》)。

孙中山是夏入美基督教长老会所办的广州博济医院附设南华医学堂读书。

郑士良由德国教会所设礼贤学校转到南华医学校就读,与孙中山同学。

康有为春间居广州,请张鼎华向两广总督张之洞建议开局译西书。张氏拟聘康有为、文廷式为书局董事,不果。

翁同龢由工部尚书改任户部尚书。

谭嗣同作第一篇政论《治言》。

李文田补翰林院侍读学士。

曾纪泽离英归国,行前,得参赞马格里协助,用英文撰写《中国先睡后醒论》。

易顺鼎在苏州与郑文焯诸名士创立吴社联吟。

王韬是秋应上海格致书院中西董事唐廷枢、傅兰雅之邀,出任上海格致书院院长,直至1897年逝世为止。其主持书院期间,每年春、夏、秋、冬四季皆开展课士(有奖征文)活动,并将优秀课卷汇集刊行,名《格致书院课艺》,每年一卷。

朱一新六月上《敬陈海军事宜疏》,提议将胶州建成海军基地;闽粤添置水陆学堂,训练储备人才,未被采纳。八月十四日,上《豫防宦寺流弊疏》,疏入,慈禧震怒。八月二十七日,又上《明白回奏疏》作辩解。降为六部主事候补,遂以母亲患病为由请准回乡。

刘铭传在台湾兴建台北到基隆的铁路。

马相伯代表马建忠与美商旗昌洋行谈判,正式收回招商局的主权。

廖平主讲井研来凤书院。是年提出用礼制区别经学中的古文经学和今文经学。

按:廖平治经,前后经历六次变化,其经学一变谓之"平分今古",即正确地分辨今古文经,并给予它们以平等的待遇。廖平提出的今文经学与古文经学相区分的根本在礼制的平分古今之论,解决了一两千年来悬而未决的重大问题。在清代学术界,与阎若璩考辨伪《古文尚书》、顾炎武发明古音韵并列,被誉为三大发明之一,具有极高的学术价值。廖平的"平分今古"说,均见于1886年著的《今古学考》。廖平经学二变谓之"尊古抑古"。代表作是1888年著的《知圣篇》和《辟刘篇》。廖平经学三变是分大小两统。所谓大小统,是指统辖治理面积的大小而言的。他认为《王制》遍说群经,所讲的疆域方三千里,只局限于中国,不能包举世界;而《周礼》则土圭万里,于制为大。所以,他把《周礼》作为"大统",《王制》作为"小统"。廖平经学四变分人学天学。认为孔学之中,不仅有治中国和治世界的小学之学,即"人学",而且有治天仙鬼神和未来世界的"天学"。廖平经学五变为天人大小。代表作是《五变记》,在书中把六经中的《礼》、《春秋》、《尚书》作为人学三经,《诗》、《易》、《乐》作为天学三经。廖平经学六变是用《黄帝内经》"五运六气"的理论来阐发《诗》、《易》的天学哲理(参见姜林祥《中国儒学史·廖平的儒学研究》)。关于廖平经学六变的时间,各家稍有不同,黄开国《廖平经学六变时间考》认为,从1885年到1932年这47年的时间里,其经学第一变的时间起于1885年,止于1887年,约两年半;经学第二变的时间起于1887年,止于1897年,约十年半;经学第三变的时间始于1897年,止于1906年,约九年;经学第四变的时间始于1906年,止于1918年,约十三年;经学第五变的时间始于1918年,止于1921年,约三年;经学第六变的时间起于1921年,止于1932年,约十一年时间(《成都大学学报》1987年第1期)。

梁鼎芬于丰湖书院建楼,集书三万卷。

容闳的美籍夫人去世,遗有二子。

吴仰曾赴英国皇家矿冶学院深造。

陈炽参加军机章京考试,名列八人之首,任户部额外司员。是年,与郑孝胥、文廷式等在义胜居聚会。

章炳麟得《学海堂经解》,以两岁绌览卒业。

孙诒让始离京南归。

郑观应闲居广东,访罗浮山道人。对盛宣怀委派他办理滇南电务表示感谢。

按:此后五年间,基本上住在澳门过着隐居的生活,他集中精力将《易言》扩写,著成《盛世危言》。

马君武被祖母送至桂林盐道街关帝庙汤荫翘先生馆读书。

梁启超就学于佛山陈梅坪先生。

韩国钧因刘梅荪返广东,受聘为六合书院掌故。本年会试仍落第。

宋恕撰《力说示春如弟》,鼓励三弟勤奋学习。

王鹏运与同官好友端木埰、许玉琢、况周颐唱酬,《袖墨集》所录词作始于本年。

柯绍忞、徐世昌、宋伯鲁等四月成进士。

按:徐世昌字卜五,又字菊人,号菊存,别号东海、水竹村人、石门山人,天津人。历任翰林院编修、国史馆协修、国子监司业等。民国三年(1914)被袁世凯任命为国务卿。段祺瑞执政时,一度任北洋政府总统。编著有《清儒学案》、《大清畿辅先哲传》、《历代吏治举要》、《天津徐氏家谱》、《水竹村人集》、《退耕堂集》等。

贺涛中进士,授刑部主事。

按:《清史稿》卷四八六曰:"涛,字松坡,武强人。光绪十二年进士,官刑部主事。以目疾去官。初,汝纶牧深州,见涛所为《反离骚》,大奇之,遂尽授以所学,复使受学于张裕钊。涛谨守两家师说,于姚鼐义理、考据、词章三者不可偏废之说,尤必以词章为贯澈始终,日与学者讨论义法不厌。与同年生刘孚京俱治古文,涛言宜先以八家立门户,而上窥秦、汉;孚京言宜先以秦、汉为根柢,而下揽八家,其门径大略相同。涛有《文集》四卷。"

刘孚京中进士,任刑部主事。

冯煦中一甲三名进士,授编修。

王树枬中进士,由知县起家,累官至新疆布政使。

按:王树枬字晋卿,直隶新城人。王振纲子。少时肄业莲池书院,得黄彭年激赏。平生著述甚富,有《周易释贞》1卷、《费氏古易订文》12卷、《尚书商谊》3卷、《焦易说诗》4卷、《尔雅说诗》22卷、《尔雅订经》25卷、《尔雅郭注佚存补订》20卷、《广雅补疏》4卷、《说文建首字义》5卷、《学记笺证》4卷、《左氏春秋经传义疏》150卷、《新疆图志》116卷、《新城县志》若干卷、《冀县志》20卷、《天元草》5卷、《十月之交日食天元草》2卷、《庄子大同注》22卷、《离骚注》1卷、《陶庐文集》20卷、《陶庐内集》3卷、《陶庐外篇》1卷、《陶庐骈文》1卷、《文莫室诗集》8卷、《陶庐诗续集》12卷等。

吴庆坻中进士,改庶吉士,散馆,授编修。

按:吴庆坻字子修,一字敬强,浙江钱塘人。历官湖南提学使、四川学政、湖南学政等。著有《蕉廊脞录》8卷、《辛亥殉难记》8卷、《补松庐文录》8卷、《补松庐诗录》6卷、《悔余生诗》5卷等。

刘岳云中进士。

按：刘岳云字佛青，号震庵，江苏宝应人。官至浙江绍兴知府。著有《尊经书院讲义》2卷、《算学十三种》20卷、《农曹案汇》16卷、《矿政辑略》16卷、《矿政辑略后编》16卷、《光绪会计表》4卷、《格物中法》24卷、《食旧德斋杂著》等。

杨守敬赴京会试，又不中。四月即归，乃与熊会贞共同起草《隋书地理志考证》。自是绝意科名，专心著述。

安维峻充国史馆协修。

蔡元培在同乡徐氏古越藏书楼校订刻书约四年，因得以博览群书。

陈庆年肄业于南菁书院，又与唐文治、章琴若、赵剑秋、孙师郑等同学，并为王先谦、黄以周所器重。

张康仁自哥伦比亚大学法学院毕业。

杨文会随刘芝田出使英国，考察英国政治、制治诸学，探究列强立国之原。在伦敦结识正在牛津大学留学学习梵文的日本静土真宗大谷派学僧南条文雄，此后三十年，一直书信不断。

八指头陀住南岳。六月十五日，受邀参加王闿运集诸名士所开之碧湖诗社。九月，复至长沙，赴王闿运、郭嵩焘招集之碧浪湖重阳会。

美国传教士丁家立脱离美国基督教公理会，以学者身份赴天津，任美驻天津领事馆秘书。旋于英租界文玻路办天津中西书院，自任院长。

按：此为外国人在华创办的首家带宗教色彩的教育机构。

英国传教士李提摩太为主笔的《天津时报》创刊。

美国传教士卜舫济来华传教。后任圣约翰大学校长。

美国传教士万应远来华传教。

何其杰著《周易经典证略》10卷、卷末1卷刊行。

唐守诚著《周易新解》6卷刊行。

罗振玉著《毛诗草木鸟兽鱼虫疏新证》2卷刊行。

张承华著《中庸补释》1卷、《中庸臆解》1卷刊行。

廖平著《公羊解诂商榷》2卷、《古纬汇编补注》6卷。

廖平著《今古学考》2卷由成都尊经书局刊行。又著《十八经注疏凡例》、《经学初程》、《左传古义凡例》1卷、《何氏公羊解诂三十论》3卷刊行。

按：蒙文通说："廖师之论清代经学，别之曰顺康派、雍乾派、嘉道派、咸同派。刘氏（师培）之论清代经学，则别之曰怀疑派、征实派、丛缀派、虚诬派。刘、廖之见不同，故抑扬有异，谥名遂殊，然于内容之分析则无大异。"（见廖幼平编《廖季平年谱》，巴蜀书社1985年版）廖平是晚清今古文学之争论的始作俑者，钱穆《两汉经学今古文平议自序》说："清季今文学大师凡两人，曰廖季平与康有为。康著《新学伪经考》，专主刘歆伪造古文经之说，而廖季平之《今古学考》，剖决益细，谓前汉今文经学十四博士，家法相传，道一风同。其与古文对立，皆一一追溯之于战国先秦，遂若汉代经学之今古文分野，已远起于战国间。"（《两汉经学今古文平议》卷首）钱穆所举廖、康

恩格斯发表《路德维希·费尔巴哈和德国古典哲学的终结》。

日本中江兆民著《理学钩玄》。

二人,而康学实出于廖。李学勤《清代学术的几个问题》说:"廖平认为,汉代有今文、古文两派;西汉时期今文经学盛行,到东汉则古文经学代兴;东汉末年郑玄调和今古,两派界限才归于泯灭;研究汉代经学,不可不知今文、古文两派的划分,以及其斗争、消长的历史。廖氏的这种观点,经康有为的《新学伪经考》、《孔子改制考》二书的流行,在社会上得到广泛流传,长期以来,已经成为经学史上的常识,而且还渗透到学术史、思想史、文化史等领域中去。"(《中国学术》2001年第2期)

汪科爵著《远春楼读经笔存》2卷刊行。

刘传莹著《汉魏石经考》刊行。

戴煦著《音分古义》2卷、附1卷刊行。

杨晨始辑《三国会要》,历五年告成。

杨守敬著《隋书地理志考证》初稿成。

章邦元评阅《资治通鉴纲目》毕,著《读通鉴纲目记》20卷成书。

王闿运著《湘军志》16卷重刊。

官修《大清会典》100卷、事例1220卷、图74册成。

诸可宝辑《畴人传三编》7卷成书。

按:是书继阮元《畴人传》、罗士琳《续畴人传》而作,从康熙至道光二十五年为"续补遗",从道光末至光绪初为"后续补",网罗清代畴人掌故,于算家所述尤详,共得125人,论者以为无愧于正、续二传。

薛福成著《浙东筹防录》4卷刊行。

张之洞、缪荃孙纂《顺天府志》130卷、附录1卷刊行。

缪荃孙等纂《昌平州志》18卷刊行。

郑珍著《亲属记》2卷刊行。

陆心源辑《金石学录补》4卷刊行,有自序二篇。

按:李遇孙编有《金石学录》4卷,其兄李富孙在序中曰:"爰自三代以来至汉、魏、六朝、唐、宋、元、明以及本朝诸家,凡为金石之学者,得四百余人,并有著述以传于世,即志一隅说一事,无不备见于录,亦已综览而无遗漏焉。"李书刊行后,增补者众,陆心源是其中之一。其《自序二》曰:"光绪五年之夏,余端居无事,辑《金石学录补》二卷,以补李金澜氏之缺。自汉至今凡得一百七十人。今复搜采群书,证以闻见,又得一百六十余人,重加编次,定为四卷。""合之李氏原书,都得八百余人,古今言金石者略备于斯矣。"以后褚德彝又有《金石学录续补》2卷。

黄沛翘著《西藏图文》8卷、首1卷刊行。

沈家本著《刺字集》刊行。

严复著《严复集》始刊。

按:《严复集》编者因过去旧有的严复刊本皆收录不全,故而在诸如《侯官严氏丛刻》、《严侯官文集》、《严侯官全集》、《严几道诗文抄》等基础上,广罗遗篇,编汇而成。

方宗诚著《柏堂集余编》8卷、《补存》3卷及《辅仁录》4卷刊行。

按:方氏《柏堂遗书》至是刊毕。

江藩著《江氏丛书》7种补刊。

谭献辑《合肥三家诗录》2卷刊行。

龚自珍著《定盦文集补编》4卷由傅怀祖校订、朱之榛刊行。

丁丙辑《西泠词萃》6种刊毕。

王鹏运等词人编辑合集《薇省同声集》成书。

马如飞著《马如飞先生南词小引》2卷由酣春楼主校刊刊行。

吴大澂始著《愙斋集古录》。

陈季同著《中国戏剧》在法国刊行。

  按：是书系介绍中国戏剧的法文读物。

俞礼著《听雨楼画谱》成书。

陆懋修著《世补斋医书》由山东书局重刊。

董毓琦著《星算补遗》续刊。

康有为著《康子内外篇》、《教学通议》、《民功篇》成书。

劳乃宣著《矩斋筹算六种》始刊。

王锡祺辑《小方壶斋丛书》始刊。

日本岸国华辑《吟香阁丛书》6册铜版雕刻本刊行。

美国医生洪士提反译《万国药方》由美华书馆刊行。

  按：是为西洋医药传入中国最早的译本。该书委托杜炳记石印书局代印，文字用中英文排版后打样落石，器图照像落石，故本书扉页后特印有"工程浩大，装潢精巧"字样。

美国杜步西著《中国的三教》在中国刊行。

吴尚先卒（1806— ）。尚光名樽，字安业，又字尚先，别号潜玉居士，浙江钱塘人。少时从父吴笏庵寄居扬州，开始学医。著有《理沦骈文》等。

陆懋修卒（1818— ）。懋修字九芝，又字勉旃，江苏元和人。先世以儒显，皆通医。懋修为诸生，世其学。咸丰中，转徙上海，遂以医名。著有《世补斋医书》、《内经运气病释》9卷、《内经运气表》1卷、《内经难字》1卷。事迹见《清史稿》卷五〇二。

  按：《清史稿》本传曰："先世以儒显，皆通医。懋修为诸生，世其学。咸丰中，粤匪扰江南，转徙上海，遂以医名。研精素问，著《内经运气病释》。后益博通汉以后书，恪守仲景家法，于有清一代医家，悉举其得失。所取法在柯琴、尤怡两家，谓得仲景意较多。吴中叶桂名最盛，传最广，懋修谓桂医案出门弟子，不尽可信。所传《温病证治》，亦门人笔述。"

丁宝桢卒（1820— ）。宝桢字稚璜，贵州平远人。咸丰三年进士，选庶吉士，授编修。同治六年任山东巡抚，镇压捻军。八年，以诛慈禧太后宠信太监安德海而名噪一时。光绪元年，在济南创办山东机器局。次年，调四川总督，创办四川机器局。卒赠太子太保，谥文诚。著有《丁文诚公奏议》26卷、《十五弗斋诗存》1卷、《十五弗斋文存》1卷。事迹见《清史稿》卷四四七、《清史列传》卷五四、蔡冠洛《清代七百名人传》第一编、赵国华《丁文诚公墓志铭》、薛福成《书太监安德海伏法事》（均见《续碑传集》卷二八）。唐炯编有《丁文诚公年谱》（《成山庐稿》卷一二）。

郁松年卒（1820— ）。松年字万枝，号康峰，上海人。先世营沙船业致富，家中藏书，尽收艺芸书舍、水月亭小读书堆、五砚楼诸家旧藏，全国

利奥波德·冯·兰克卒（1795— ）。德国历史学家。

罗摩克里希纳卒（1836— ）。印度印度教改革家。

精华尽聚于沪渎,积书数十万卷,且手校选孤本刻成《宜稼堂丛书》,附以校勘记。其中以魏了翁《毛诗要义》38卷,为宋本之冠。卒后,为丁日昌所得,也有归于杨氏海源阁与陆心源者。

桂文灿卒(1826—)。文灿字子白,广东南海人。道光二十九年举人。光绪九年,选湖北郧县知县,善治狱,以积劳卒于任。治经学不分汉宋。著有《四书集注笺》4卷、《易大义补》1卷、《书古今文注》2卷、《禹贡川泽考》4卷、《毛诗释地》6卷、《毛诗传假借考》1卷、《毛诗郑读考》1卷、《诗古今文注》2卷、《诗笺礼注异义考》1卷、《周礼通释》6卷、《春秋左传集注》1卷、《春秋列国疆域考》1卷图1卷、《三疾评》3卷、《论语皇疏考证》10卷、《重辑江氏论语集解》2卷、《孝经集证》4卷、《孝经集解》1卷、《孟子赵注考证》1卷、《群经补证》6卷、《经学辑要》1卷、《经学博采录》12卷、《群经舆地表》1卷、《朱子述郑录》2卷、《说文部首句读》1卷、《子思子集解》1卷、《弟子职解诂》1卷、《周髀算经考》1卷、《广东图说》90卷、《四海记》1卷、《海国表》1卷、《海防要览》2卷、《掌故纪闻》2卷、《牧令刍言》2卷、《疑狱纪闻》1卷、《潜心堂文集》12卷等。事迹见《清史稿》卷四八二、《清史列传》卷六九、《桂文灿传》(《续碑传集》卷七五)。

按:《清史稿》本传曰:"文灿守阮元遗言,谓:'周公尚文,范之以礼;尼山论道,教之以孝。苟博文而不能约礼,明辨而不能笃行,非圣人之学也。郑君、朱子皆大儒,其行同,其学亦同。'因著《朱子述郑录》二卷。他著《四书集注笺》四卷,《毛诗释地》六卷,《周礼通释》六卷,《经学博采录》十二卷。"

章耒卒(1832—)。耒字韵之,号次柯,娄县人。刘熙载弟子。同治十二年拔贡,铨选教谕。著有《春秋内外传筮辞考证》及《国朝学略》。

按:《清儒学案》卷一七九《章先生耒》曰:"先生学问渊博,于书无所不窥,凡天文、历算、舆地、兵防,下至医卜、壬遁家言,胥潜心研究,而尤笃好性理训诂之学。及从融斋游,学益纯粹。以唐确慎《学案小识》为太简,撰《国朝学略》若干卷,一以《宋元学案》《明儒学案》为宗。"

黄侃(—1935)、何海鸣(—1936)、夏丏尊(—1946)、沈兼士(—1947)、柳亚子(—1958)、张东荪(—1973)生。

光绪十三年　丁亥　1887年

法人组建印度支那联邦。

正月二十四日壬子(2月16日),清廷命李鸿章购置机器,于天津鼓铸制钱。

按:光绪十五年(1889)五月机器钱厂试铸,为中国机器铸币之始。

三月初二日庚寅(3月26日),《中葡草约》签订。

四月二十六日癸未(5月18日),清廷批准总理衙门奏订的出洋游历人员章程十四条。

二十八日乙酉(5月20日),准将明习算学人员量予科甲出身。

五月初六日壬戌(6月26日),中法《续议界务专条》在北京签订。

八月二十三日丁未(10月9日),福建台湾水底电线建成。

十月十七日庚子(12月1日),总理衙门大臣奕劻与葡萄牙代表罗纱签订《中葡北京条约》,澳门割让给葡萄牙。

按:1928年中国政府宣布此约作废。

十二月初五日戊午(1888年1月17日),李鸿章开办黑龙江漠河金矿。

十五日戊辰(1月27日),北京专门培养八旗海军之水师水堂在昆明湖开学。

张之洞上《创建广雅书院奏折》,于闰四月奏准兴建,明年开馆。八月,请就原博学馆改设为广东水陆师学堂,以吴仲翔总办学堂事务。

王闿运离京,经保定至天津,居李鸿章督署,旋返长沙。六月,应郭嵩焘之请,代主讲思贤讲舍。九月,往衡山东洲书院,修书巡抚卞宝第,为己辨诬。

孙诒让致书王闿运,论《尚书·大麓》文。

孙中山正月转学至香港立法局议员何启创办的西医书院。与教务长英人康德黎关系甚密。

章炳麟读《明季稗史》及全祖望著作,排满思想始盛,奋然欲为浙父老雪耻。

康有为游香港。继续编著《人类公理》和《康子内外篇》,兼涉西学,从事中国上古史研究。是年,提议修改《五礼通考》。

梁启超就学于广州学海堂,同时在石星巢处受业。

廖平至成都尊经书院阅卷,与山长伍肇龄商议设分教,不考课,以著书代季课,并加膏火。六月,作《王制周礼凡例》、《孝经凡例》,又改订《两戴记分撰凡例》。

黄遵宪五月著成《日本国志》,誊清四份,内存外,送总理各国事务衙门、李鸿章、张之洞各一份。

华蘅芳离开江南制造局翻译馆,赴天津武备学堂任教习。又与英国传教士傅兰雅共译《合数术》,劳乃宣以书示林绍清。

梁鼎芬三月以张之洞门人杨锐引荐,聘为肇庆端溪书院山长。

朱一新八月应张之洞聘,赴粤主端溪书院讲席两年,并编纂《德庆州志》。

黄彭年擢江苏布政使,建学古堂以课士,设学治馆以课吏。

刘铭传三月在台湾创办中西学堂。

刘锦棠在新疆设立俄文学馆。

刘鹗抵沪,设石昌书局石印局。

德国J.狄慈根用"辩证唯物主义"概念表达马克思主义世界观。

法国安德烈·安托万在巴黎开办"自由剧院"。

德国魏克塞姆德发现脑膜炎球菌。

奥地利汉恩发表气象图集、包括全球等温线图,等压线图、年总雨量图等。

瑞典阿累尼乌斯提出电解质的电离理论。

按：是为中国民营第一家石印书局。

李盛铎三月在上海创办蜚英馆石印局。

徐树兰在绍兴创办中西学堂。

何启倡议在香港创办之雅丽氏医院竣工。医院附设有西医书院。

曹廷杰二月自京回至吉林，任边务文案会办，旋复任边务文案总理。

唐景崧是年任台湾兵备道，见丘逢甲《台湾竹枝词》百首，推崇备至，遂罗为门生，入幕佐治。丘逢甲在唐府饱览官方典册文书及许多西方译著，习知中西时事，学识大进。因作《中国学西法得失利弊论》，受唐氏赏识。

丘逢甲应府试，作《何以安置余勇》，获第一名。

马相伯由法国回国。

韩国钧任六合书院掌教兼任六合县知事。秋，黄河决堤郑州，遂潜心阅读胡渭所著《禹贡锥指》，开始研究黄河变迁史，自绘沿革图。

林旭先后就学于福州名儒陈幼莲、杨用霖。

马君武继续从汤荫翘先生读书。

李光炯参加乡试后，闻同乡吴汝纶主讲保定莲池书院，毅然放弃科举业，负笈受教，深得吴汝纶器重。

孙锵鸣夏四月掌教上海龙门书院。秋七月，兼任金陵钟山书院掌教，宋恕随至南京襄校课卷。八月十六日以后，复随孙锵鸣离宁回沪，继续襄校龙门课卷。

张焕纶创办梅溪书院，著有《教时刍言》，宋恕为写《书后》，提出三始——欲兴兵农礼乐之学必自废时文始，欲化文武旗汉之域必自改官制始，欲通君臣官民之气必自开议院始。

杨守敬四月为《欧阳修文集》作跋。

王鹏运刻《稼轩词》、《山中白云词》并作跋。

郑士良是秋以后辍学返乡，在淡水圩开设药房，暗中联络会党，为日后起事做准备。

张謇五月赴开封府任，八月，协助孙云锦查黄河水灾，草拟《疏塞大纲》。

翁同龢受命筹措堵塞黄河决口的工程巨款，陈炽十月呈送议河说帖于翁氏，陈述治河建议，得翁氏称赞。

洪钧出使俄、德、奥、荷四国。

刘瑞芬出使英、法、意、比四国。

李兴锐出使日本。

黎庶昌七月再次充出使日本大臣，徐承祖、姚文栋随行。

曾纪泽所撰英文《中国先睡后醒论》发表于伦敦《亚洲评论季刊》1月号上。2月，香港《德臣西字报》转载刊发了全文。

按：是文后被译成法、德文转载于各国报纸。是年4月，何启撰写英文评论文章《书曾袭侯中国先睡后醒论后》，胡礼垣将其译为中文，后收入《新政真诠》合集中，改为《曾论书后》,并附曾文。

傅云龙、程绍祖、顾厚五月分赴东西洋游历考察。

姚文栋由日本调欧洲,随出使俄、德、奥、荷大臣洪钧出使欧洲两年。期间译有《泰西政要》、《国别地理》、《海西文编》等有关欧洲地理、政治的著作8种。

谢缵泰随父至香港,肄业于皇仁学院。

潘飞声应聘赴德国柏林讲授汉语言文学。

李恩富毕业于耶鲁大学。

程登甲任同文馆汉文教习。

英国传教士卜道成来华传教。

美国传教士方法敛来华传教。

美国传教士都春圃来华传教。

美国传教士美在中来华传教。

美国传教士力为廉来华传教。

美国传教士麦美德来华传教。

日本宫岛咏土到保定莲池书院师从张裕钊,至光绪二十二年(1894)归国。

郭师古著《毛诗均谱》12卷刊行。

张澍著《读诗钞说》4卷刊行。

朱纪荣辑《朱氏经学丛书初编》13种刊毕。

皮锡瑞始著《尚书大传笺》。

按:后改名《尚书左传疏正》,于光绪三十三年刊行。

王辂著《大学讲语》1卷、《中庸讲语》1卷、《论语类解》2卷、《孟子类解》11卷刊行。

马国翰著《大学解》1卷刊行。

姜国伊著《中庸古本述注》1卷刊行。

梁章钜著《夏小正经传通释》1卷刊行。

胡元玉著《郑许字义异同评》2卷刊行。

张炳翔编《许学丛书》第3集14种56卷、附录4卷刊行。

徐寿基著《经义悬解》5卷刊行。

罗振玉辑《俗说》1卷,又辑《皇甫士安〈高士传〉辑本》1卷。

狄子奇著《孔孟编年》8卷由浙江书局重刊。

丁宝桢辑《资治通鉴纲目四编合刻》刊毕。

广雅书局辑《纪事本末汇刻》8种始刊。

龙文彬辑《明会要》80卷刊行。

按:分帝系、礼、乐等15门,子目498事。分目列举史实,兼及琐言故事,可以作为检索明代制度资料的工具书。至于探索典章制度,其价值不及明代官修的《明会典》。

留云居士辑《明季稗史》16种27卷刊行。

意大利拉布里奥拉发表《历史哲学问题》。

德国考茨基出版《马克思的经济学说》。

波兰L.L.柴门霍夫出版《国际语》,首创世界语。

德国理查德·戴德金发表《什么是有理数?》。

徐鼒著《小腆纪传》65卷由其子徐承礼刊行，徐承祖作跋。

按：徐鼒《小腆纪传》生前未完稿。其病革时，检《小腆纪传》稿一大篚，付其子徐承礼，嘱其勉力完成其未竟之事业。承礼将遗稿厘次缮定，得65卷；又撰《纪传补遗》5卷、《考异》1卷，于本年在金陵刊行。

曹廷杰著《东三省舆图说》刊行。

按：曹廷杰于光绪十一年（1885）奉命考查吉林、黑龙江两省与俄罗斯边界，绘成简明图说。后又补加说明，并附以作者关于东三省的条陈16条，收入《皇朝藩属舆地丛书》，末附有作者光绪二十一年写的《查看俄员勘办铁路禀》。

张金吾著《爱日精庐藏书志》36卷、续4卷由吴县徐氏木活字印行。

黄遵宪著《日本国志》40卷成书，薛福成作序。

按：是书分12类，即《国统志》、《邻交志》、《天文志》、《地理志》、《职官志》、《食货志》、《兵志》、《刑法志》、《学术志》、《礼俗志》、《物产志》、《工艺志》。在《学术志》中，黄遵宪提出语言与文字合一问题，欲创造一种新文体。光绪二十三年（1897）严复、夏曾佑著《国闻报附印说部缘起》，二十四年（1898）裘廷梁著《论白话为维新之本》，皆为黄说之补充、发展。

李恩富著《我在中国的童年故事》由美国波士顿LOTHROP公司出版。

王树枏著《墨子校注补正》刊行。

吴汝纶著《考定墨子经下篇》刊行。

卢文弨著《群书十补》由上海蜚英馆刊行。

刘熙载著《古桐书屋续刻三种》刊行。

胡绍煐著《文选笺证》32卷刊行。

薛福成著《庸庵文编》4卷刊行，黎庶昌为序。

缪荃孙著《秋窗集》1卷成书。

陆学钦著《蕴真居诗集》、《蕴真居诗馀》刊行。

陈作霖编《金陵诗征》成书。

王韬著《淞隐漫录》在《申报》发行之《画报》中连载毕。又著《松滨琐话》12卷。

按：《淞隐漫录》又名《后聊斋志异图说》、《绘图后聊斋志异》，自1884年始在《画报》刊载，每期一篇，配图一幅，历时三年余。《淞隐漫录》的体裁和题材都仿照蒲松龄《聊斋志异》，但取材范围较广，包括多篇关于日本艺妓和欧洲美女的故事。后由点石斋结集成书，石印刊行。

任颐绘《六法大观》2册刊行。

英国传教士傅兰雅著《天文须知》刊行。

江南制造局译刊《西药大成》10卷。

项名达著《下学庵算书三种》刊行。

徐朝俊著《高厚蒙求》由上海同文馆重刊。

冯煦辑《蒙香宝丛书》4种刊行。

毕沅辑《经训堂丛书》21种由上海大同书局影印重刊。

黄丕烈辑《士礼居丛书》19种附4种由上海蜚英馆影印重刊。

英国传教士伟烈亚力卒(1815—)。英国伦敦传道会传教士。1847年来华，在上海协助麦都思管理伦敦传道会设于上海的印刷局墨海书馆，并翻译《马太福音》和《马可福音》。1857年创办上海第一份中文月刊《六合丛谈》，自任主编。同年10月又与裨治文、艾约瑟等传教士发起成立上海文理学会，任秘书。后改名亚洲文会北中国支会。1858年底，赴南京考察太平天国。自1863年始，成为英国慈善机构圣经会代理人。曾主编《教务杂志》，与李善兰合译《几何原本》、《代数学》等。著有《中国研究录》、《中国文献纪略》、《在华新教传教士纪念录》等。

傅寿彤卒(1818—)。寿彤字青余，晚号澹叟，贵州贵筑人。咸丰三年进士，改庶吉士。六年，授翰林院检讨。光绪元年，擢河南按察使，旋调署河南布政使。平生笃守王阳明知行合一之学，究心于天人性命之旨。著有《孝经述》1卷、《古音类表》9卷、《孔庭学裔》5卷、《汴城筹防备览》4卷、《澹勤室诗》6卷等。事迹见朱启钤《清故资政大夫河南按察使傅公传略》(《澹勤室诗》卷末)。

李元度卒(1821—)。元度字次青，一字笏庭，自号天岳山樵，晚更号超然老人，湖南平江人。道光二十三年举人。选授黔阳教谕。曾国藩在籍治团练，上书数千言言兵事，国藩壮之，招入幕。官至贵州布政使。辑著有《国朝先正事略》60卷、《平江县志》56卷、《平江十三君子事略》2卷、《十忠祠纪略》2卷、《南岳志》26卷、《天岳山馆文钞》60卷等。未刊者尚有《四书广义》64卷、《国朝彤史略》10卷、《名贤遗事录》2卷、《国朝先正文略》200卷、《安贫录》4卷、《古文话》64卷、《天岳山馆诗集》12卷、《四六文》2卷等。事迹见《清史稿》卷四三二、《清史列传》卷七六、蔡冠洛《清代七百名人传》第一编、王先谦《诰授光禄大夫贵州布政使李公神道碑》(《续碑传集》卷三九)。

丁申卒(1824—)。申字竹舟，浙江钱塘人。丁丙兄。诸生，候选主事。与其弟丁丙为清末四大藏书家之一。其一生功绩有二，一为收拾文澜阁战火残余并恢复原状，二为充实所藏四十万卷书于八千卷楼。丁氏兄弟于咸丰十一年太平军陷杭州后，不避艰险，每夕返往撷拾文澜阁中散出《四库全书》残编八百余捆，8689册，后又自出资购得300册；另发起补抄所佚《四库总书》，自同治元年至七年共抄补缺891种和全缺2174种，耗工本费51000多缗，使《四库全书》原貌重现。著有《武林藏书录》3卷，编有《杭郡诗三辑》。

李凤苞卒(1834—)。凤苞字海宾，号丹崖，江苏崇明人。少聪慧，究心历算之学，精测绘。丁日昌抚吴，知其才，资以赀为道员。历办江南制造局、吴淞炮台工程局，绘地球全图，并译西洋诸书。丁日昌为福建船政大臣，调充总考工。光绪四年，任德国公使，旋兼任驻奥、意、荷三国公使。后发往直隶交李鸿章差遣，令总办营务处，兼管水师学堂。著有《四裔编年表》、《西国政闻汇编》、《文藻斋诗文集》、《使德日记》1卷等。其他音韵、地理、数学，皆有论著，未成。事迹见《清史稿》卷四四六。

F. T. 菲舍尔卒(1807—)。德国文学批评家、美学家。

约翰·雅各布·巴霍芬卒(1815—)。瑞士法学家、民族学家。

欧仁·鲍狄埃卒(1816—)。法国诗人。

林觉民（ —1911）、周实（ —1911）、詹大悲（ —1927）、丁文江（ —1936）、钱玄同（ —1939）、叶楚伧（ —1946）、冯承钧（ —1946）、金毓黻（ —1962）、汪辟疆（ —1966）、张君劢（ —1969）生。

光绪十四年　戊子　1888 年

本杰明·哈里森选立为美国总统。

德意志帝国威廉一世卒，腓特烈三世即位，寻卒。威廉二世即位。

第一次国际妇女代表大会在华盛顿召开。

日本公布市、町、村制。

巴西废除奴隶制。

《关于苏伊士运河自由航行的公约》签订。

二月二十五日丁未（4月6日），慈禧太后允总理海军事务衙门奏请英、德承造战舰来华，拟明年编立海军第一支。

是月，慈禧太后挪用建设海军经费修筑颐和园。

按：《清史稿·王仁堪传》曰："其请罢颐和园工程，谓：'工费指明不动正款，夫出之筦库，何非小民膏血？计臣可执未动正款之说以告朝廷，朝廷何能执未动正款之说以谢天下？'言尤切直。"

五月十五日丙寅（6月24日），明发上谕，表彰在籍绅士陆心源捐献家藏旧书2400余卷于国子监。其子陆树藩、陆树屏均赏给国子监学政衔。

六月，"北洋铁路"（天津——唐山）通车。

按：《清史稿·张之洞传》曰："会海军衙门奏请修京通铁路，台谏争陈铁路之害，请停办。翁同龢等请试修边地，便用兵；徐会沣请改修德州济宁路，利漕运。之洞议曰：'修路之利，以通土货、厚民生为最大，征兵、转饷次之。今宜自京外卢沟桥起，经河南以达湖北汉口镇。此幹路枢纽，中国大利所萃也。河北路成，则三晋之辙接于井陉，关陇之骖交于洛口；自河以南，则东引淮、吴，南通湘、蜀，万里声息，刻期可通。其便利有数端：内处腹地，无虑引敌，利一；原野广漠，坟庐易避，利二；厂盛站多，役夫贾客可舍旧图新，利三；以一路控八九省之衢，人货辐辏，足裕饷源，利四；近畿有事，淮、楚精兵崇朝可集，利五；太原旺煤铁，运行便则开采必多，利六；海上用兵，漕运无梗，利七。有此七利，分段分年成之。北路责之直隶总督，南路责之湖广总督，副以河南巡抚。'得旨报可，遂有移楚之命。"

十一月十五日壬戌（12月17日），北洋海军成军。以丁汝昌为提督，林泰曾为左翼总兵，刘步蟾为右翼总兵，有战舰25艘。

按：李鸿章主持制定的《北洋海军章程》第五款《学生招考例》规定学生在堂四年应习功课有：英国语言文字、地舆图说、算学至开平立诸方、《几何原本》前六卷、代数、平弧三角法、驾驶诸法、测量天象推算经纬度诸法、重学、化学格致。

十二月十九日丙申（1889年1月20日），黄河决口合龙。

是年，清廷实行西学与中学同考的"戊子乡试"，总理衙门开算学科，取中举人1名。

恩格斯提出"现实主义的真实性问题"是艺术家

李鸿章于天津总医院设西医学堂，聘英人为教习。

按：中国官办医科大学始于此。

张之洞五月行广雅书院开馆礼。七月在广州筹划建立枪炮厂。十一月，令潮州府修韩文公祠，建金山书院藏书楼；令雷、琼道修苏文忠公祠。是年，设银元局于广东，铸造银币。

康有为十月在京应顺天乡试不售，十二月十日以布衣身份向光绪帝上《为国势危蹙祖陵奇变请下诏罪己及时图治折》（即《上清帝第一书》），提出变成法、通下情、慎左右三点建议，未达。尝三诣徐桐门，不见，斥为狂生。又上书翁同龢求见，被拒。盛昱以康氏封奏交翁同龢，由国子监代递，翁以其太忤直，不允。

康有为居北京宣武门外南海会馆，从事金石碑版学研究，尽观京师藏家之金石几数千种。

黎庶昌出使日本。校印《白氏文集》，多与萧穆相商，校勘亦委之萧穆。

萧穆是冬往日本访书，住使馆中。从黎庶昌借观所得抄本《善邻国宝记》，并作跋。又于馆员某君处见其所得大字本朱熹《四书集注》，审定为清初高丽翻刻，但版式确仿宋刊原式，亦为作《记》。又得日本旧刊《论语集解》及《孟子》赵注。又得日本旧抄本《大日本史》；又得日本旧刊《春秋经传集解》，并考定其所据必为北宋精本。一再作《记》，写其考校所得。又于使馆随员刘庆汾案头，见日本老儒冈田篁所藏日本旧抄本郑成功遗迹碑、铭、碑阴记及传，中多异闻逸事。归途过长崎，访冈田，借抄之，并作《记》。年底回国。

黄以周主讲南菁书院，始与缪荃孙相识，共事凡二载。是年，以荐赐内阁中书衔。

王闿运仍主讲思贤学舍，修成《湘潭县志》。

黄遵宪离开梅县北上，抵沪，携《日本国志》进京，未获重视。

孙中山八月在香港西医书院应第一学年考试，获全年级第三名。

严复赴北京应顺天乡试，又落第。

薛福成作《宁波府学记》，又作《全氏七校水经注序》。

梁鼎芬率端溪书院诸生并入广雅书院，仍为山长。朱一新随之主讲广雅书院。

张佩纶以马尾战败革职充军至是获释，入李鸿章幕。

詹天佑应天津铁路公司聘任工程师，詹氏从事铁路工程始此。

罗振玉始与阳邱于订交，研讨词章金石书画。得阮吾山的《风雅蒙求》稿，以示路山夫与邱于蕃，路、邱各作序、跋，醵金刻行之，为谋传前人遗著之始。应试仍落第，于是不再应试。

梁启超入学海堂为正班生。同时又是菊坡精舍、粤秀书院、粤华书院的院外生。结识麦孟华、曾刚甫。

谭献始号半厂居士，以为学问、游迹、仕官、文辞率止于半，以识内愧之意。

张康仁五月十七日被接受进纽约州律师协会，并得到律师开业执照，成为美国华人第一个正式律师。

进行艺术创作的客观依据。

法国狄盖特为《国际歌》谱曲。

法国巴斯德在巴黎成立巴斯德研究所。

美国贝卡提出"感冒"的名称。

德国奥斯特·瓦尔德提出弱酸的稀释定律。

德国瓦尔代耶发现染色体。

德国奥贝尔贝克提出大气环流理论。

德国 H.R. 赫兹用实验证实麦克斯韦的电磁波理论。

李文田充江南乡试正考官,拔姚永概为第一。

张百熙充四川乡试正考官。

陈少白是秋考入美国传教士在广州创立之格致书院。

吴趼人在江南制造局自制小轮船。

况周颐入京,倡词学重、拙之说。

希元于四月在珲春设立俄文书院。

屠寄入两广总督张之洞幕,任广东舆图局总纂,主修《广东舆地图》,并在广雅书局与缪荃孙等整理《宋会要》稿本。

孙衣言、孙诒让父子在瑞安建"玉梅楼",藏书八、九万卷。

陆心源在浙江归安建"皕宋楼",藏书万卷。四月,捐书150种2400余卷并附以所刻丛书300余卷于国子监,五月受清廷表彰。

> 按:叶德辉《书林清话》卷一〇《经解单行本之不易得》曰:"藏书大非易事,往往有近时人所刻书,或僻在远方,书坊无从购买;或其板为子孙保守,罕见印行。吾尝欲遍购前续两《经解》中之单行书,远如新安江永之经学各种,近如遵义郑珍所著遗书。求之二十余年,至今尚有缺者。可知藏书一道,纵财力雄富,非一骤可以成功。往者觅张惠言《仪礼图》、王鸣盛《周礼田赋说》、金榜《礼笺》等书,久而始获之,其难遇如此。每笑藏书家尊尚宋元,卑视明刻,殊不知百年以内之善本,亦寥落如景星。皕宋千元,断非人人所敢居矣。"

丁丙在杭州建嘉惠堂、八千卷楼。

廖平仍为尊经书院襄校,是冬赴京会试,荐吴之英代任尊经书院襄校。张之洞电召赴广州,命纂《左传疏》,以配国朝十三经疏。

杨守敬在湖北黄州筑邻苏园以藏书,自号邻苏老人。

武训在山东堂邑创办崇贤义塾。

唐才常自此后四年间先后肄业于长沙校经书院、岳麓书院。

林纾读书于福州龙潭精舍,每日与徐祖莆讲诵程朱理学。

> 按:徐祖莆字书樵,多次应试,皆不第,遂隐居教士。林纾此时能在龙潭精舍教书,因为一年之后,他在龙潭精舍建浩然堂等,且浩然堂是由他的学生命名。既能在龙潭精舍建房,又有学生,在此处教书也有可能。林纾在《畏庐文集·浩然堂记》中说他"读书龙潭精舍",可能指教书之余的读书活动。

马君武继续从汤荫翘先生读书。本年已经阅读《水浒》、《三国演义》、《今古奇观》、《聊斋志异》等。

韩国钧秋辞去六合书院掌教职,入昭文县知事徐树钊幕任教读。

陈三立、罗顺循将八指头陀同治十二年至光绪十四年作品删定,编成诗集5卷刊刻,王闿运作序。

宋恕冬随岳父自沪归浙江瑞安。

姚文栋与日本诗人在东京举行修禊诗会,诗集编为《墨江修禊诗》。

丘逢甲是秋再赴福州乡试,中式,榜列第二十八名。

章炳麟读经训,旁理诸子史传,始有著述之志。

李叔同师天津常云庄学古文、书法。

张謇三月长赣榆选青书院,兼修县志。

刘鹗因石昌书局停办,返回淮安。

朱祖谋充江西乡试同考官。

顾沄应邀赴日作绘画样式数种,名曰南画样式。

李古渔与日本画家林濑及小山合作绘《东海缘墨图卷》。

周仪典任同文馆汉文教习。

金雅妹回国,在教会协助下,在厦门、成都行医。

法国工程师参照巴黎圣母院设计,石匠蔡孝主持施工的广州石室(圣心大教堂)历时二年告竣。

印度陆军情报员鲍尔从新疆买到11页桦皮手稿,后由赫伦勒辨认为婆罗门字母书写之梵文手稿。

英国传教士郭崇礼来华传教。

美国传教士何德兰来华传教。

加拿大传教士季理斐来华传教。

美国傅罗在南京创办汇文书院,福开森任院长。后并入金陵大学。

美国哈巴在广州创设格致书院,为岭南大学前身。

英国人安·美查和弗·美查兄弟在上海集资设"图书集成印书局",用铅活字翻印《古今图书集成》1500部,每部1620册,另目录8册。

德国传教士花之安、阿查立等与辜鸿铭讨论汉学。阿查立与辜鸿铭都不满意在西方影响最大的理雅格所译的"中国经典",阿鼓励辜氏重新翻译(辜氏《论语》英译序言)。辜氏即计划翻译《论语》。

庞大堃著《易例辑略》5卷由南菁书院刊行。

陈懋侯著《知非斋易释》3卷、《知非斋易注》3卷刊行。

刘毓崧著《周易旧疏考证》1卷刊行。

蒋湘南著《卦气表》1卷刊行。

廖平著《公羊补义》11卷,潘祖荫作序;又著《辟刘编》1卷、《周礼删刘》1卷、《知圣编》1卷,附《孔子作六艺考》1卷。

按:廖氏经学二变始此。攻击刘向、刘歆,尊今抑古。康有为的《新学伪经考》和《孔子改制考》就是在廖平这两篇文章影响下而作的。皮锡瑞说:"梁卓如送来《新学伪经考》,又从黄麓泉假廖季平《古学考》、《王制订》、《群经凡例》、《经话甲编》,康学出于廖,今观其书,可以考其源流矣。"(《师伏堂未刊日记》,《湖南历史资料》1958年第4期)章炳麟《清故龙安府学教授廖君墓志铭》曰:"君之学凡六变,其后三变杂取梵书及医经形法诸家,往往出儒术外,其第三年最可观,以为《周礼》、《王制》大小异治,而康氏所受于君者,特其二变也。"(《太炎文录续编》卷五下)

江藩著《经解入门》8卷刊行。

敕编《御纂七经》由户部重刊。

黄式三著《书启蒙》4卷刊行。

陈玉树著《毛诗翼文笺》10卷刊行。

易佩绅著《诗义择从》4卷刊行。

日本福泽谕吉著《实业论》。

丁显著《毛诗翼字同声考》1卷刊行。

阮元编《经籍籑诂》有鸿文书局(鸿宝斋)石印本。

王先谦辑《皇清经解续编》1430卷由南菁书院刊行。

按：原名《续皇清经解》，又名《南菁书院经解》、《续清经解》。王先谦任南菁书院山长时，集私资刻印此书，由王先慎负责编辑，叶维乾等监刻，于光绪十年(1884)开始，至十四年成书。是书仿阮元《皇清经解》体例，搜集乾嘉以后经学著作及乾隆之前阮辑《经解》之所遗者，包括《易》、《书》、《诗》、《春秋》、《三礼》、《论语》、《孟子》、《孝经》、《小学》等经的注释与考订，收作者凡157家，书209种。

钟谦均辑《古经解汇函》23种126卷由上海蜚英馆石印重刊。

洪良品著《龙岗山人古文尚书四种》刊行。

袁钧辑郑玄经学著作为《郑氏逸书》23种重刊。

赵贤纂《五经汇解》270卷刊行。

豫师著《汉学尚兑赘言》4卷刊行。

按：《续修四库全书总目提要》曰："大旨以东树所辨虽是，惟徒争论于文字之间，以讼止讼，仍是空谈，不知圣贤道理。苟能实力行习，功夫进一层，识解高一层，自可走到圣贤路上云云。豫师亦素究宋儒之学，主实践，记诵之博，不如东树，而于理学，所得较深。书中推阐东树之说而亦间揭其失。"

张鸣珂著《说文佚字考》4卷刊行。

王绍兰著《说文段注订补》14卷刊行。

按：《续修四库全书总目提要》曰："古之治《说文解字》者，多不能通其条贯，考其文理，核其讹字。金坛段氏为注三十篇，包孕闳富，最为颛家。惟勇于删改，是其大失。阮文达称为文字之指归，肆经之津筏。又谓其知者千虑必有一失。书成之时，年已七十。校雠多属之门下士，往往不检本书，未免有误，钮、徐诸家昌言排击。冯桂芬《段注考正》，持论平实。绍兰是书有订有补，体例略同。"

胡垣著《古今中外音韵通例》刊行。

黄式三著《史说》5卷刊行。

胡元常辑《校刊资治通鉴全书》8种刊行。

朱纪荣等辑《历朝纪事本末》9种刊行。

缪荃孙纂《儒林五传》稿本成，又辑《续经世文编》80卷成书。

王先谦纂《道光东华续录》60卷刊行。

徐松著《登科记考》30卷刊行。

钱恂著《中外交涉类要表》成。

李兆洛著《李氏五种》由上海扫叶山房石印重刊。

郑文焯著《清朝著述未刊书目》印行。

秦荣光著《补晋书艺文志》。

王闿运修《湘潭县志》成书。

阎敬铭辑《有诸己斋格言丛书》18种刊行。

陆心源辑《千甓亭砖录续录》4卷刊行。

江标辑《汇刻书目三种》始刊。

张士俊辑《泽存堂五种》由上海蜚英馆影印重刊。

邵作舟著《邵氏危言》刊行。

陆心源辑《唐文拾遗》72卷、《唐文续拾》16卷及《目录》8卷刊行。

葛士浚辑《皇朝经世文续编》120卷刊行，俞樾作序。

按：俞樾《皇朝经世文续编序》曰："《皇朝经世文编》数十年来风行海内，凡讲求经济者无不奉此书为矩矱，几于家有其书。"(《皇朝经世文续编》卷首)

黎庶昌辑《黎氏家集》12种附4种于日本使署刊行。

黄式三著《儆居遗书》11种刊行。

周寿昌著《周自庵先生诗文集》由王先谦刊行。

王鹏运辑《四印斋所刻词》20种、附《四印斋汇刻宋元三十家词》刊行。

郑文焯著《瘦碧词》2卷刊行，俞樾等为之叙。

陈三立、罗顺循校刊《八指头陀诗集》5卷。

魏秀仁著《花月痕》16卷初刊，坊间石印本有改名为《花月姻缘》。

俞达著《青楼梦》64回本由文魁堂刊小本行世，后有上海申报馆排印本。

蜚英馆出版董恂所著《还读我书室主人评儿女英雄传》41回，每回前有绘图。

张赤山译《伊索寓言》70则由天津时报馆线装刊行，题为《海图妙喻》。

按：《伊索寓言》汉译始此。

慕维廉、沈毓桂译《格致新机》(即培根《新工具》)由广学会刊行。

按：《新工具》是培根所著《学术的伟大复兴》一书的第二部分，它集中表现培根的世界观和方法论。《新工具》的中文译名有《格物穷理新法》(王韬)、《论新器》(钟天纬)、《格致新机》(沈毓桂)、《致知新器》(严复)、《新机论》(鲁迅)、《新具经》(章士钊)、《新工具》(沈因明、许宝骙)等。

梅文鼎著《梅氏丛书辑要》由上海龙文书局石印重刊。

丁取忠辑《白芙堂算学丛书》由上海龙文书局石印重刊。

朱纪荣辑《行素堂金石丛书》16种刊毕。

胡珽辑、董金鉴校《琳琅秘室丛书》由会稽董氏取斯堂本活字排印重刊。

王先谦、缪荃孙辑《南菁书院丛书》8集由菁南书院刊行。

按：是丛书包括于鬯撰《说文职墨》、戴望撰《论语注》、丁晏撰《易林释文》、成孺撰《郑志考证》、黄宗羲撰《深衣考》、俞樾撰《群经胜义》、范本礼撰《吴疆域图说》、陈玉澍撰《毛诗异文笺》、方申撰《诸家易象别录》、成蓉镜撰《宋州郡志校勘记》、方申撰《周易卦象集证》、庞大堃撰《易例辑略》、方申撰《周易互体详述》、丁晏撰《投壶考原》、成蓉镜撰《史汉骈枝》、钱塘撰《律吕古谊》、丁晏辑《仪礼抉微》、方申撰《方氏易学五书》、茹敦和撰《周易二闾记》、徐孚吉撰《尔雅诂》、徐松撰《登科记考》、江衡撰《句股演代》、成蓉镜撰《駉思室答问》、卢仝辑《春秋摘微》、成蓉镜撰《春秋世族谱拾遗》、成蓉镜撰《汉太初历考》、邵瑛撰《刘炫规杜持平》、成蓉镜撰《心巢文录》、蔡邕撰《蔡氏月令》、成蓉镜撰《推步迪蒙记》、谢钟英撰《补水经注洛水泾水武陵五溪考》、胡玉缙撰《说文旧音补注改错》、成蓉镜撰《三统术补衍》、成孺撰《释名补证》、姚鼐撰《国语补注》、姚鼐撰《谷梁传补注》、姚鼐撰《公羊传补注》、姚鼐撰《左传补注》、程之骥撰《开方用表简术》、方申撰《周易卦变举要》、方申撰《虞氏易象汇编》、诸可宝撰

《畴人传三编》、刘安撰《淮南万毕术》、焦循撰《陆氏草本鸟兽虫鱼疏疏》、江承之撰《安甫遗学》等。

马修·阿诺德卒（1822— ）。英国诗人和评论家。

J. 狄慈根卒（1828— ）。德国社会主义著作家、哲学家。

N. 凯马尔卒（1840— ）。土耳其散文作家、诗人。

方宗诚卒（1818— ）。宗诚字存之，号柏堂，别号毛溪居士、西眉山人，安徽桐城人。方东树从弟。少师许玉峰，习程、朱之学。二十岁后，师事方东树，又从刘开商榷古今。曾入曾国藩幕。创办敬仪书院，文宗桐城派。著有《春秋集义》12卷、《周子通书讲义》1卷、《思辨录记疑》2卷、《柏堂集前编》14卷、《柏堂集次编》13卷、《柏堂集续编》22卷、《柏堂集后编》22卷、《志学录》8卷、《志学续录》3卷、《辅仁录》4卷、《读书笔记》13卷、《宦游随笔》2卷等。事迹见《清史稿》卷四八六、《清史列传》卷六七、孙葆田《桐城方先生墓志铭》（《碑传集三编》卷三二）。

按：《清史稿》本传曰："宗诚能古文，熟于儒家性理之言，欲合文与道为一。咸丰时寇乱，转徙不废学，益留心兵事吏治。著《俟命录》，以究天时人事致乱之原，大要归于植纲常、明正学，志量恢如也。山东布政使吴廷栋见之，聘为子师。倭仁、曾国藩皆因廷栋以知宗诚。倭仁为师傅，写其书数十则，进御经筵。国藩督直隶，奏以自随。令枣强十余年，设乡塾，创敬义书院，刻邑先正遗著，举孝子、悌弟、节妇，建义仓，积谷万石，皆前此未有也。国藩去，李鸿章继任，亦不以属吏待之，有请辄施行。"

谭宗浚卒（1846— ）。宗浚字叔裕，广东海南人。谭莹子。同治十三年一甲二名进士，授翰林院编修。光绪二年，督学四川，又充江南副考官。历充国史馆协修、纂修、总纂，掌修《儒林》、《文苑》两传。十一年，出为云南粮储道。再权按察使，引疾归。著有《希古堂文集》12卷、《荔村草堂诗钞》11卷、《于滇集》1卷。事迹见《清史稿》卷四八六、《清史列传》卷七三、唐文治《云南粮储道署按察使谭叔裕先生墓碑》、马其昶《云南粮储道谭君墓表》（均见《碑传集补》卷一九）。

傅培基约卒（约1850— ）。培基字笃初，一字念堂，号小樵，云南昆明人。同治十三年进士，授刑部主事。光绪十年改授县令，分发直隶，补南皮县令。历任高阳、沙河、邢台县令。著有《在官法宪录》8卷、《笃初文稿》36卷、《知白斋吟草》20卷、《白雪阳春集》4卷、《小樵日记》3卷。事迹见《民国昆明县志》卷二。

程颂藩卒（1852— ）。颂藩字翰伯，号叶庵，湖南宁乡人。潜心宋儒义理之学，尤精研《三礼》，兼通音韵训诂。同治三年拔贡，次年朝考，得授七品小京官，分户部。后南归，与皮锡瑞、欧阳中鹄等切磋经学。著有《程翰伯先生遗集》10卷。事迹见程颂万《程翰伯先生行状》（《碑传集三编》卷三九）。

汪优游（ —1937）、张季鸾（ —1941）生。

光绪十五年　己丑　1889年

正月十四日庚申（2月13日），翰林院掌院学士麟书代奏编修丁立钧《敬陈管见》一折，反对举办洋务，请饬李鸿章斥马建忠、张佩纶等人。

二十七日癸酉（2月26日），光绪帝行婚典。

二月初三日己卯（3月4日），光绪帝亲政，慈禧太后归政。

四月二十五日庚子（5月24日），太和殿传胪，授一甲张建勋、李盛铎、刘世安分别为翰林院修撰、编修，赐进士及第；二甲杜本棠、叶昌炽、陈三立、丘逢甲等132人赐进士出身；三甲孙廷翰等196人赐同进士出身。

六月十八日壬辰（7月15日），翰林院掌院学士徐桐、编修王懿荣呈请续修《四库全书》。

七月二十八日壬申（8月24日），云南蒙自开埠。

八月初一日甲戌（8月26日），清廷派李鸿章、张之洞会同海军衙门筹办卢沟桥至汉口铁路。

是年，广学会举办有奖征文活动，并在科学考试地分送西学读物。

张之洞二月令建北江书院。三月，改定粤秀、越华两书院章程。五月，修曲江张文献公祠。七月，以主办芦汉铁路，调任湖广总督。十一月，奏陈西学确实有用，除算学外，尚有矿学、化学、电学、植物学、公法学五种，皆是以自强而裨交涉。张之洞移督湖广，辜鸿铭奉调随节赴鄂。始建汉阳铁厂。

按：张之洞在水陆师学堂内增设矿学、化学、电学、植物学、公法学五个学科，称之为洋务五学。洋务五学的开设，体现了张之洞拟将教育引向专业化发展的趋势，为后来开办各类专业学堂开了先河。

梁鼎芬以张之洞调鄂，送至焦山，长歌而别。

李鸿章委严复为北洋水师学堂会办。严复捐同知，在海军保奖案内得保免选"同知"，以"知府"选用。再去北京应顺天乡试，又落第。

吴汝纶始主讲保定莲池书院，从此执教多年，弟子甚众。

按：《清史稿·吴汝纶传》曰："鸿章素重其人，延主莲池讲席。其为教，一主乎文，以为：'文者，天地之至精至粹，吾国所独优。语其实用，则欧、美新学尚焉。博物格致机械之用，必取资于彼，得其长乃能共竞。旧法完且好，吾犹将革新之，况其窳败不可复用。'其勤勤导诱后生，常以是为说。"

康有为上书曾纪泽，谓："今天下之精于西人政学，而又近当轴者，舍公其谁？"春夏间居北京南海会馆，环顾清代学术界研究金石的不乏其人，而探讨书法理论的寥若晨星，遂撰《广艺舟双楫》，意在"广"包世臣的《艺

日本颁布宪法。

第二国际建立。

德国李斯特提出"应罚的是行为者，而不是行为"的著名论断。

奥地利经济学家维塞尔创立了"归属"原理。

德国爱尔斯特和盖德尔引入光电子概念。

法国古斯塔夫·艾菲尔为巴黎世界博览会建造铁塔（艾菲尔铁塔）。

瑞典阿累尼乌斯提出化学反应速度与温度关系式。

美国杜顿提出地壳均衡说。

舟双楫》的书论部分，在书法上提出"尊魏卑唐"的理论。八月，出京返粤，晤廖平。从沈子丰得廖平所著《今古学考》，引为知己。

王闿运二月点校《元史》毕，选定《诗补笺》。三月，游湘北，抵汉口，遇出使英法归来之薛福成。

沈曾植充总理各国事务衙门俄国股章京，见康有为返粤，乃戒其气质之偏，而启之以中和，康以书谢之。

薛福成充任出使英、法、意、比四国大臣，次年抵欧。

黄遵宪在京师结识文廷式、袁昶、沈曾植、丘逢甲、梁鼎芬等人。是冬，得袁昶举荐，随薛福成出使，任驻英国二等参赞，袁昶作十绝句送行。因德、法瘟疫正盛，李鸿章奏请，获准次年启程。

王先谦卸江苏学政任，回长沙定居。

曾纪泽二月受命与徐用仪管理同文馆事务。

徐桐以吏部尚书协办大学士充会典馆正总裁，内阁中书杨锐与修会典。

缪荃孙因与国史馆总裁徐桐意见不一，被人视为恃才独断，藐视前辈，乃辞职，应聘主讲南菁书院。

黎庶昌在日本红叶馆举行重阳登高酒会。

王懿荣时任翰林院编修，五月呈请重开四库馆，续修《四库全书》。

按：当时喻长霖、孙同康等亦有续修《四库全书》之议。

李文田正月升詹事府少詹事。六月，充浙江乡试正考官。

谭嗣同春抵兰州。即与仲兄谭嗣襄往北京应试，不中。拜刘人熙为师，始读《船山遗书》、《宋元学案》等书，广事浏览，探讨中国哲学思想发展。

谭继洵十二月被任命为湖北巡抚。

俞樾删改石玉昆著《三侠五义》为《七侠五义》。

李端棻五月为广东乡试正考官。梁启超年仅十七，考中举人第八名，李氏嘉其才，以堂妹李蕙仙妻之。另一位考官是王仁堪。

廖平成进士，朝考三等，钦点即用知县。以高堂亲老，不欲远出省外为由，请改教职，部铨龙安府教授。六月，应张之洞召赴广州。至天津，谒王闿运，商谈今古学。七月，见俞樾于苏州。至广州居广雅书院。

陈三立中进士，官吏部主事。

杨深秀中进士，授刑部主事。

丘逢甲是春二月首赴京会试，中第八十一名贡士；续应殿试，中三甲第九十六名进士，钦点工部虞衡司主事。到署未几，以亲老告归弃职返台，沿途游历沪滨等地。寓京期间，结识黄遵宪、温仲和等人，遍游京师，见闻益广。返台后，往台南谒唐景崧，婉拒唐氏劝其出仕之邀，旋归彰化奉亲。

杨钟羲中进士，改庶吉士，散馆，授翰林院编修。

曾广钧中进士，改庶吉士，散馆，授翰林院编修。

江标中进士，授翰林院编修。

法伟堂中进士，官青州府教授。

按：法伟堂字小山，山东胶州人。《清史稿·法伟堂传》曰："精研音韵之学，考订陆德明《经典释文》，多前人所未发。"

王继香中进士，授翰林院编修。

按：王继香字子献，浙江会稽人。李慈铭弟子。潜心考订，尤精金石之学。著作皆未刊行。

蔡元培应浙江乡试，中举人。

张謇正月会试不中。九月始与汤寿潜结交。

汪康年、陈虬举浙江乡试。

林纾本年又到北京，参加礼部试，仍不第。

韩国钧本年会试又落第，参加大挑一等，复挑河工，分配到东河。十二月，至开封，入河南学使吴树棻幕。

刘鹗在河道总督吴大澂特保下以道员任用，让于长兄刘梦熊。后吴氏任其为提调官，参与绘测《豫直鲁三省黄河图》。

萧穆为黎庶昌校刊《续古文辞类纂》，每日亲自督工刊修。是年三月作《跋黄梨洲先生集外文》，言及曾为蒯光典校刊《亭林全集》。函劝李宗煝刊印朱熹原本《周易本义》。

罗振玉校《陈书》。

杨守敬与丁栋臣共同编写《汉地图》，未完成；又增订《隋书地理志考证》稿。

李济良、冯景谦在广州设培正书院。

孙中山夏在香港西医书院应第二学年考试，成绩列全级之冠。

严修充会典馆详校官。

丁汝昌在威海卫等设水师学堂。

宋恕是春在浙江瑞安录孙衣言评李白、杜甫、韩愈、欧阳修、王安石、苏轼、陆游、元好问诸家古诗语。七月，与陈虬等参加己丑恩科浙江乡试，遂滞居七宝寺僧舍，学《大方广佛华严经合论》三十本及《大宝积经》等佛书多卷，自称"常惺子"。初识夏曾佑，始与贵林、王谨微等交往，作《援溺说》、《大公说》以赠。十月，致书张士珩，求为两广总督李瀚章幕僚。

屠仁守始主讲山西令德堂。

陈少白受洗礼入基督教。是年，始识孙中山，并经孙引荐，于年底入孙中山就读之香港西医书院，嗣又结拜为兄弟。

陈炽任户部主事。在京师结识黄遵宪。

文廷式考取内阁中书首名。十一月与郑文焯、王闿运游苏州，并与郑文焯、张子宓、易顺鼎等结词社于壶园。

陈虬中举后入都，宋恕在杭作《燕都篇》送行。

王鹏运刻冯延巳《阳春集》、史邦彦《梅溪词》、贺铸《东山寓声乐府》、沈义父《乐府指迷》并作跋。

况周颐抵京，与王鹏运相交。

郑孝胥考取内阁中书，始供职于北京。

蔡廷干以都司衔补用守备升署北洋海军鱼雷左一营都司、委带左队一号鱼雷艇。

王裕宸任同文馆汉文教习。

叶成忠创办澄衷中学。

按：《清史稿·叶成忠传》曰："叶成忠，字澄衷，浙江镇海人。世为农。六岁而孤，母洪抚以长。为农家佣，苦主妇苛，去之上海，棹扁舟江上，就来舶鬻杂具。西人有遗革囊路侧者，成忠守伺而还之，酬以金不受，乃为之延誉，多购其物，因渐有所蓄。西人制物以机器，凡杂具以铜铁及他金类造者，设肆以鬻，谓之五金。成忠肆虹口，数年业大盛，乃分肆遍通商诸埠。就上海、汉口设厂，缫丝、造火柴，赀益丰。乃置祠田，兴义塾，设医局。会朝议重学校，成忠出赀四十万建澄衷学堂，规制宏备，生徒景从。制字课图说、修身、舆地诸书，诸校用之，以为善本。又建怀德堂，佣于所设肆者死，育其孤，恤其嫠，困乏者岁时存问，毋俾冻馁。乡人为之谚曰：'依澄衷，不忧穷。'"

八指头陀为衡阳大罗汉寺住持。曾与俞恪士、陈三立、曾重伯、吴雁舟等畅游金陵，称"白门佳会"。

李涵秋在汉口主持《公论报》，并着手撰写《广陵潮》。

林乐知主编《万国公报》一月复刊，由周刊改为月报，为广学会的宣传刊物。

美国传教士林乐知主编的《万国公报》复刊，由同文书会发行。

法国沙畹来华，任职于法国公使馆，从事汉译工作。

俄国雅德林采夫受沙俄考古学会东西伯利亚分会委托，组建探险队远征西伯利亚。在蒙古鄂尔浑河流域和硕柴达木湖畔发现突厥阙特勤碑、毗伽可汗碑和九姓回鹘可汗碑。因碑文颇似北欧古代民族使用的Runic（鲁尼文），所以雅德林采夫在报告中称之为"鲁尼文"。后经丹麦语言学家汤姆森解读，这些文字乃是突厥文。由于鲁尼文的名字业已约定成俗，故学界目前通称为"突厥鲁尼文"。

德国柯亨著《康德美学的建立》。

德国 E. B. 恩斯特出版《史学方法论》。

德国达恩霍夫出版《班图语音学概要》。

段复昌著《周易补注》41卷刊行。

张丙嘉著《占易秘解》1卷、《周易卦象》6卷刊行。

强汝询著《春秋测义》35卷刊行。

陈熙晋著《春秋左氏传述义拾遗》8卷由广雅书局刊行。

廖平著《春秋古经左氏说汉义补证》12卷、《左传汉义补证》12卷。

吕鸣谦著《孝经养正》1卷刊行。

林庆炳著《四书注解撮要》2卷刊行。

郭阶著《学庸识小》1卷、《大学古本释》1卷刊行。

王先谦辑《皇清经解续编》1430卷由上海蜚英馆重刊。

钟谦钧等辑《古经解汇函》23种126卷由湘南书局重刊。

王韬著《经学辑存》3种刊行，黎庶昌作序。王氏又著《西图新说》。

又译《西国天然学源流》。

按：《经学辑存》包括《春秋日食辨正》、《春秋朔闰日至考》、《春秋朔至表》3种。

左绍佐编《经心书院经解》2卷刊行。

王廷鼎著《字义镜新》1卷刊行。

姚振宗著《后汉艺文志》4卷成书。又著《三国艺文志》。

洪钧始著《元史译文证补》。

王定安著《湘军记》20卷刊行。

宋恕著《印欧学政》2卷。

张之洞著《粤海图说》成书。

傅云龙著《游历日本图经》30卷。

翟中溶著《集古宸印改证》1卷、附《符文》1卷刊行。

吴大澂著《古玉图考》刊行。

王懿荣著《汉石存目》成。

谭嗣同著《创经衍葛》6卷及《兵制论》。

张謇辑《志例》，著《棉谱》。

黎庶昌辑《续古文辞类纂》28卷成书。又辑《国朝十家四六文钞》10卷刊行。

陆陇其著《三鱼堂文集》重刊。

方东树著《半字集》2卷、《考槃集》3卷及郑福照编《方植之先生年谱》刊行。

按：方氏著《方植之全集》始刊于是。

俞樾著《春在堂全书》重订本188种刊行。

马国翰著《玉函山房全集》12种刊行。

薛福成著《庸庵文编续集》2卷刊行。

李慈铭著《越缦堂日记》成书。

康有为著《广艺舟双楫》成书。

王韬著《弢园尺牍续钞》4卷刊行。

无名氏撰《忠烈小五义传》124回本由北京文光楼刊行。后申报馆有排印本。

张振鋆著《述古斋幼科新书》3种刊行。

江南制造局译刊《内科理法》成书。

钱熙祚辑《守山阁丛书》110种由上海鸿文书局影印重刊。

李盛铎辑《木犀轩丛书》27种、《续刻》6种刊毕。

徐乃昌辑《识学斋丛书》始刊。

丁丙辑《武林往哲遗著》始刊。

美国海文著，颜永京译《心灵学》由益智书会刊行。

按：此为中国所译首部心理学著作。清廷1902年颁布的《钦定学堂章程》和1903年颁布的《奏定学堂章程》中，才明确规定设立心理学课程的重要性。

蜚英馆刊行《兰闺清玩》、《正续资治通鉴》、《三希堂法帖》、《说文解字》。

汪士铎卒(1814—)。士铎原名鏊,字振庵,别字晋侯、梅村,号悔翁,江苏江宁人。道光二十年举人。从胡培翚、任泰游。与杨大堉同精《三礼》,时称"汪杨"。曾协助魏源编辑《海国图志》。入胡林翼幕。光绪十一年,授国子监助教衔。著有《南北史补志》30卷表1卷、《水经注图》2卷、《汉志释地略》1卷、《汉志志疑》1卷、《乙丙日记》、《汪梅村先生文集》13卷、《悔翁笔记》6卷、《悔庵诗钞》15卷等。纂修《江宁府志》15卷、《上江两县志》29卷。事迹见缪荃孙《汪士铎传》(《续碑传集》卷七四)。

柯蘅卒(1821—)。蘅字佩韦,室名春雨堂、旧雨草堂,山东胶县人。从陈寿祺受汉学。著有《汉书七表校补》20卷、《声诗阐微》2卷、《旧雨草堂诗集》4卷、《春雨堂诗选》1卷等。事迹见《清史稿》卷四八二、《清史列传》卷六九。

卢胜奎卒(1822—)。胜奎别号卢台子,胜奎乃艺名,江西人(一说安徽人)。京剧演员。加入三庆班。工老生,为"同光十三绝"之一。擅长演诸葛亮,人称"活诸葛"。著有《三国志》等30余种剧本。

夏献云卒(1824—)。献云字㐅臣,号小润,又号芝岑,江西新建人。道光二十九年拔贡,朝考以七品京官入校道光实录。咸丰四年充军机章京。历任主事、员外郎、郎中、方略馆协修、纂修、收掌官。官至湖南按察使。著有《清啸阁诗集》16卷等。事迹见倪文蔚《署湖南按察使粮储道夏君传》(《碑传集三编》卷一九)。

英国牧师毕尔卒(1825—)。曾任驻华海军牧师。通中国佛学。著有《法显宋云游记》、《汉文佛典纪要》、《中国的佛教》等。

李大钊(—1927)、僧太虚(—1947)、杜国庠(—1961)、欧阳予倩(—1962)生。

德国阿·里敕尔卒(1822—)。新教信义家,神学家,自由主义神学创始人之一。

尼·加·车尔尼雪夫斯基卒(1828—)。俄国唯物主义哲学家、文学批评家、作家。

法国F·库朗热卒(1830—)。历史学家。

巴西巴雷托卒(1839—)。唯物主义哲学家,法学家。

光绪十六年　庚寅　1890年

二月二十六日丙申(3月16日),詹事府詹事志锐奏准出使美、俄、英、法、德五大臣每届酌带同文馆学生二名出洋专习语言。

二十七日丁酉(3月17日),清廷驻藏帮办大臣升泰与英国印度总督兰斯顿在加尔各答签订《中英会议藏印条约》。

闰二月初二日壬寅(3月24日),张之洞奏请将其在广东筹设之织布纺纱官局机器迁湖北武昌,设湖北织布局。

十一日辛亥(3月31日),中英签订《烟台续增条约》。

二十三日癸亥(4月12日),中法订立《会勘广东越南第一图立石界约》。

日本首届议会开幕。

英德划定两国在东非和西非的势力范围。

美国国会通过《谢尔曼反托拉斯法》。

四月二十五日甲子(6月12日),太和殿传胪,授一甲吴鲁、文廷式、吴荫培为翰林院修撰、编修,赐进士及第;二甲萧大猷、夏曾佑等136人赐进士出身;三甲王肇敏等187人赐同进士出身。

五月二十三日辛卯(7月9日),山东巡抚张曜奏,现当恭修《大清会典》,《山东通志》亦当及时重修,以备考证。从之。

六月二十三日辛酉(8月8日),四川大足县余栋臣等反洋教,率众起义。

九月,吴兆泰奏请停止颐和园工程。

按:《清史稿》本传曰:"吴兆泰,字星阶,籍麻城。与仁守友善,互相厉以道义。光绪二年进士,阅十年,以编修考授御史。时国防废弛,海军尤不振,朝廷乃移其费修颐和园。兆泰上疏力争,略谓:'畿辅奇灾,嗷鸿遍野,僵仆载涂,此正朝廷减膳彻乐之时,非土木兴作之日。乞罢园工,以慰民望,以光继列祖列宗俭德。'太后怒,罢其官。归里后,历主龙泉、经心书院讲席,充学务公所议长。宣统二年卒。"

十一月,张之洞创办的湖北一大东铁厂(汉阳钢铁厂之前身)及湖北枪炮厂(汉阳岳工厂)成立,为晚清自办钢铁工业之始。

是年,基督教传教士全国大会决议将学校教科书委员会改组为中华教育会。

张之洞四月创建两湖书院,课程分经、史、理、文、算、经济六课。后改为经、史、地舆、算学四门。书院采用积分法。十月,修襄阳鹿门书院。十一月,设学治馆。是年,在汉阳设汉阳铁政局。

梁鼎芬应张之洞聘,任两湖书院史斋分教、监督等职。

汪康年应张之洞招,至鄂课其孙,旋任自强书院编辑,又充两湖书院分教。

谭献应张之洞聘,至江夏主经心书院。

谭嗣同随父谭继洵赴湖北巡抚任,与张之洞幕僚汪康年、缪荃孙、黄绍箕、钱恂、杨锐、陈三立、杨守敬、辜鸿铭诸名士交游。初见张之洞。

王先谦代替郭嵩焘主讲湖南思贤讲舍,并在讲舍设局刻书。

黄遵宪正月十六日由嘉应州抵香港,登舟与薛福成同赴英、法、意、比,任参赞。二月十八日抵法国巴黎,三月四日抵英国伦敦,十七日向女皇维多利亚递交国书。在英任参赞时,撰《今别离》四首,删定《日本杂事诗》。自是年始,自辑诗稿,斟酌删定,荟萃成编。

康有为是春居广州安徽会馆。曾去广雅书局拜会廖平,读其《今古学考》,深受启发,更加坚定利用今文经学"微言大义"变法的信念。既而移居云衢书屋。四月,陈千秋来从学,告以孔子改制之意,仁道合群之原,破弃考据旧学之无用,人自猿猴变出等观点。十月,教冬课于广府学宫孝弟祠,有学生20余人。是年专意著述,撰成《婆罗门教考》、《王制义证》、《王制伪证》、《毛诗伪证》、《周礼伪证》、《说文伪证》、《尔雅伪证》等。

梁启超入京会试不售,归道上海,从坊间购徐继畬《瀛寰志略》读之,始知有五大洲各国,且见上海制造局译刊各书。秋,与陈千秋交,闻康有

英国斯通将带有最小电荷的粒子称作"电子"。

德国科赫发现结核菌素。

瑞士布吕纳克提出气候变化35年周期说。

为从京师归，相偕趋谒，遂退出学海堂，执贽于康有为门下，从学凡三年。是年，初识汪康年。

皮锡瑞主扬州龙潭书院讲席。旋应江西学使龙湛霖之招，游南昌。

章炳麟父章浚病逝，遗命以深衣敛。章炳麟离家赴杭州，进入诂经精舍从俞樾受业，并就高学治问经，就谭献问文辞法度。同学中以杨誉龙最相知。是年，求《通典》读之，后循诵七八过。

按：章炳麟《俞先生传》曰："先是浙江治朴学者，本之金鹗、沈涛，其他多凌杂汉、宋。邵懿辰起，益夸严。先生教于诂经精舍，学者向方，始屯固不陵节。同县戴望，以丈人事先生，尝受学长洲陈奂，后依宋翔凤，引《公羊》致之《论语》。先生亦次何邵公《论语义》一卷。始先生废，初见翔凤，翔凤言《说文》'始一终亥'即《归藏经》，先生不省。然治《春秋》颇右公羊氏，盖得之翔凤云。为学无常师，左右采获，深疾守家法违实录者。说经好改字，末年自敕为《经说》十六卷，多与前异。"（《章太炎全集》）

孙中山夏在香港西医书院第三学年学习结束。与已退职的香山县籍洋务派官僚郑藻如通讯，主张效法西方，进行改良。课余常往来于广州、澳门等地，发表反清言论，与陈少白、尤列、杨鹤龄等经常聚谈反清抱负。是年有《致郑藻如书》，提出兴农桑、禁鸦片、设学校三点建议。

朱一新移任广州广雅书院山长。在广州与康有为时相过从，每辩论自晚达旦。其遗著中有多封致康有为书信，对他的学说提出批评与劝诫，明确反对康有为援儒入墨（或称阳儒明墨），用夷变夏之主张。

黄以周升用教授，补处州府教授。

刘光第在京供职。

罗振玉始校雠李兆洛《纪元编》，订正百数十处，别为《异考》1卷。

按：以后递有增订，1925年东方学会刊印。

李鸿章委严复为北洋水师学堂总办（校长）。

薛福成在驻英、法、意、比大臣任，许珏为参赞。是年作《观巴黎油画记》。

黎庶昌在日本红叶馆举行曲水之宴。为日本长尾镇太郎作《儒学本论序》。

王韬是年在《万国公报》上重刊《英欲中国富强》、《英重防俄》、《原道》、《原人》等文。

曾国荃在南京奏设江南水师学堂。

陈炽有《上陈宝箴书》，建议在东三省早建铁路，以利边防。

徐勤九月谒康有为，为弟子。

李文田四月升为内阁学士，十一月，擢礼部左侍郎。

李慈铭补山西道监察御史。

丘逢甲应唐景崧之聘，任台南崇文书院主讲，同时兼任台湾府衡文书院及嘉义罗山书院主讲。

刘坤一为两江总督兼南洋大臣。

吴仰曾自英国皇家矿冶学院毕业，回国后任开平矿务局副局长。

萧穆是春在上海，致书汪士铎，以其年已八十有八，欲为刊其《胡文忠公抚鄂记》。秋七月,至江宁,汪士铎已于十日前逝世,萧穆为作传。

> 按:此书评议得失,涉及若干时人,故当时久不敢出。萧穆以其事关掌故,故望其早日刊行。据邓之诚《骨董琐记》,此书稿后归清华大学图书馆。

曾朴应县试,中首名。应府试,中次名。

陈虬谒山东巡抚张曜,入谈经世。

廖平由广州经上海至苏州访张祥龄,至武昌谒张之洞,并将所著《春秋古经左氏说汉义补证》、《左传汉义补证》两稿上张之洞。五月,改订《群经凡例》中《公羊补证凡例》24条。

宋恕三月初八日见俞樾于杭州孤山。四月初五,呈帖俞氏,始拜为师。俞樾生日,为文祝寿,与宗源瀚有唱和。二十八日,持俞氏介绍信离杭赴鄂,欲谒湖广总督张之洞,通报不纳。至八月初五,赖王咏霓沟通,始得谒见。在武昌曾访晤谭献、张裕钊和汪康年。九月初七日回瑞安,王咏霓差人送来钦差四国大臣许景澄札文—委宋氏为出使随员,因病请假。

> 按:《清史稿·宗源瀚传》曰:"宗源瀚,字湘文,江苏上元人。少佐幕,洊保至知府。光绪初,官浙江,历署衢州、湖州、嘉兴府事。……源瀚优文学,尤精舆地,所绘《浙江舆图》世称之。"

许景澄七月二十五日出使俄国。

钱恂以直隶候补县丞随薛福成出使英国、法国、意大利、比利时。回国后,为张之洞帮办洋务。

严修充各直省乡试试卷磨勘官。

王鹏运为《碧瀣词》作跋。

陈作霖任文正书院讲习。

樊增祥、沈曾植、黄体芳、盛昱、王懿荣诸人在京师唱和,盛况空前。

夏曾佑中进士,官礼部主事。

文廷式中进士。

林纾二月在北京参加礼部试,又不第而归。

叶昌炽成进士。

> 按:《清史稿·叶昌炽传》曰:"叶昌炽,字鞠裳,元和人。光绪十六年进士,选庶吉士,授编修。累至侍讲,督甘肃学政,边地朴陋,昌炽校阅尽职。以裁缺归,著书终老。国变后五年,卒。著有《藏书纪事诗》六卷,《语石》十卷,《邠州大佛寺题刻考》二卷,均考订精确。"

董康四月成进士。

吴鲁殿试一甲一名大魁,改官翰林院修撰。

蔡元培赴京参加会试,考中为贡士,未及参加庚寅科殿试。是秋,应上虞县志局之聘,任总纂。因所订条例为分纂反对,旋辞职。

谭鑫培被选入宫中戏台升平署,得慈禧太后赏识,赏四品顶戴。

吴嘉猷八月在上海创办《飞影阁画报》。

易顺鼎总理,刘鹗主持之《豫直鲁三省黄河图》撰绘毕。

詹天佑首次采用压汽沉箱法修建滦河大桥成功。

八指头陀为大罗汉寺住持。

回族学者马安礼以诗经体汉译埃及著名诗人蒲绥里之赞美诗篇,与阿拉伯原文一并于成都刊行。

杨文会内弟苏少坡随使节东渡日本,遂致信南条文雄,欲购中国佛典佚书,并开列求购书单。南条文雄陆续从日本、朝鲜收集到五代后失传的佛教经论注疏和著作300余种,部分由东京书肆径寄南京杨文会处,其他由苏少坡转送。

> 按:杨文会《与日本南条文雄书》曰:"南条上人法鉴,前由苏君递到五月二十日赐函,承赠经籍八十六本,并东海君四本,有知名者,有未知名者,一旦得之,喜出望外,珍重顶受,不啻百朋之赐也。""比年以来,承代购经籍千有余册,上自梁隋,以至唐宋,并贵国著述,罗列满架,诚千载一时也。非阁下及东海君大力经营,何能裒集法宝如此之宏广耶?""前明刻书本,藏经正藏之外有续藏三千余卷,其板毁于兵燹矣。此次弟等募刻藏经,拟将贵国传来之本,择其精要,刊入续藏,以为永远流传之计。区区鄙悃,未知能否如愿,全仗护法天龙神力默佑也。"(《杨仁山集》)陈继东《清末日本传来佛教典籍考》说:"东海玄虎、町田久成、赤松连城以及岛田蕃根都是因南条的关系,先后参与了为杨文会寄书的事业,或者代购,或者赠与,或者借贷,或者抄录,同时也托请杨文会代为搜购日本所无典籍。由于有了他们的努力,大批佛书得以重返中国,刺激了中国学者研读佛典的兴趣,清末佛教才有了复兴之势。"(《原学》第5辑,中国广播电视出版社1996年版)

欧阳竟无考中秀才,进入南昌经训书院学习经史百家,兼攻天文历算。

美国传教士裴义理来华传教。

英国传教士李提摩太由李鸿章委派任天津《时报》主笔。

法国沙畹所译《史记封禅书译注》发表于《东方学会杂志》,以后将陆续发表之译文结集出版。

美国传教士林乐知、海淑德筹设中西学塾于上海。

> 按:此为中西女子中学前身。

英国传教士傅兰雅主编之《格致汇编》停刊。

日本人松野平三郎在上海创办《上海新报》,为国内最早出版之日文报低。

日本人荒尾精在上海设立日清贸研究所。

瑞典人斯文·赫定首次进入新疆喀什。

> 按:后于1894—1896年、1898年两次进入新疆,发现楼兰古城。

芬兰乌戈尔协会派海开勒组建芬兰考察队到回鹘故都,将九姓回鹘可汗碑编为1号石,将阙特勤碑编为2号石。

> 按:伽伯棱茨和法国汉学家德微理亚对芬兰考察队拍摄的九姓回鹘可汗碑汉文残石进行分析讨论,写成《1890年芬兰考察队鄂尔浑河碑铭考古记》,由芬兰乌戈尔协会1892年出版。

英国W.莫里斯著《乌有乡消息》。

孔广林著《孔丛伯说经五稿》及辑郑玄著作为《通德遗书所见录》18种由山东书局刊行。

朱骏声著《春秋平议》1卷刊行。

罗振玉著《毛郑诗校议》1卷刊行。

崔睒著《论语参注》20卷刊行。

潘衍桐辑《朱子论语集注训诂考》2卷刊行。

郭嵩焘著《礼记质疑》49卷、《中庸章句质疑》2卷由思贤讲舍刊行，有自序。

按：《续修四库全书总目提要》曰：《中庸章句质疑》"是书首有王先谦序，并嵩焘自序。嵩焘以为《中庸》一书，汉以来儒者多明其义，而其辨之明而析之精者，始自朱子。朱子阐发疏通之，其功尤深。惟求之过密，析之过纷，不免有憾。是书要旨谓全书以慎独为主，以知仁勇三达德为纲，以至诚为归宿。……嵩焘自称沉潜反复，十载于兹。宜其灼然有得，不同肤泛也"。

顾炎武著《音学五书》由思贤讲舍重刊。

陈衍著《考工记辨证》3卷、《补疏》1卷。

孙诒让改《商周金识拾遗》为《古籀拾遗》3卷重校刊行。

按：林钧《石庐金石书志》卷一九曰："孙君研经博学，以经训考释金文，析其形声，明其通段。凡薛尚功、阮文达、吴荣光之书，具有纠正。"唐兰《古文字学导论》（增订本）说："他所著的《古籀拾遗》、《古籀余论》，扫除往时金文家随便推测的习气，而完全用分析偏旁的方法。后来又做《契文举例》和《名原》二书，虽则因甲骨材料那时所出不多，不免错误。但他所悬的'以商周文字展转变易之迹，上推书契之初轨'的鹄的，却颇有一部分的成功。"又说："孙诒让是最能用偏旁分析法的。我们去翻开他的书来看，每一个所释的字，都是精密地分析过的。他的方法是把已认识的古文字分析做若干单体——就是偏旁，再把每一个单体的各种不同的形式集合起来，看它们的变化，等到遇见大众所不认识的字，也只要把来分析做若干单体，假使各个单体都认识了，再合起来认识那一个字，这种方法，虽未必便能认识难字，但由此认识的字，大抵总是颠扑不破的。孙氏所释的文字，在我们现代的眼光看来，当然有很多不满意的地方，这是不足为病的。他的最大的功绩，就是遗给我们这精密的方法。有了这种方法，我们才能把难认的字，由神话的解释里救出来，还归到文字学里。"所以说，"古文字的研究，到孙诒让才纳入正规，他的精于分析偏旁，和科学方法已很接近了。"

夏燮著《校汉书八表》8卷刊行。

林国赞著《三国志裴注述》2卷成书。

章邦元著《读通鉴纲目札记》20卷刊行。

王先谦纂《咸丰东华续录》100卷、《同治东华续录》100卷是年前后刊行。

李桓辑《国朝耆献类征初编》720卷、《国朝闺媛类征》12卷刊行。

清内府始刻印《古今图书集成》1万卷、《目录》20卷、《考证》24卷；《宗室王公世职章京爵秩袭次全表》10卷；《三省黄河图》（不分卷）；《大清会典》100卷、《事例》1220卷、图270卷；《新军训练操法》8卷；《海军章程》2卷；《式章服图》1卷；《钦定书经图说》50卷。至1906年刻竣。

王庆云著《熙朝纪政》6卷由龙璋家刊。

按：本书又改名为《石渠纪余》。

陈兰彬等纂《高州府志》54卷、首1卷、末1卷刊行。

德国阿芬那留斯著《纯粹经验批判》。

美国A.T.马汉出版《制海权对历史的影响；1660—1783》

英国马歇尔著《经济学原理》。

英国S.J.G.弗雷泽著《金枝》。

杨晨纂《宝兴县志》26卷、首1卷刊行。

甘熙著《白下琐言》10卷由其孙婿傅绳祖刊行。

马建忠著《富民说》。

王韬增订《法国志略》为24卷成书。

汤寿潜著《危言》4卷成书。

按：是书阐述作者改良主张，提出精减冗员，改革科举，推广学校，开发矿藏，修筑铁路，兴修水利，加强海军防务等建议。

陆心源著《吴兴金石记》16卷、《仪顾堂题跋》16卷刊行。

刘延禧著《刘氏碎金》1卷刊行。

陆陇其著《陆子全书》18种刊行。

左宗棠著《左文襄公奏稿》64卷刊行。

按：左氏《左文襄公全集》约始刊于是。

俞樾著《右台仙馆笔记》16卷成书。

曾朴著《执丹璱语》2卷、《未理集》成书。

刘毓崧著《通义堂集》2卷刊行。

王先谦辑孙鼎臣、周寿昌等6人词为《六家词钞》6卷成书。

王韬重订《蘅华馆诗录》。

毛国翰著《糜园诗钞》8卷刊行。

王鹏运著《袖墨集》刊行。

李锐著《李氏遗书》11种由上海醉六堂重刊。

鲍廷爵辑《后知不足斋丛书》47种约于是年刊毕。

袁昶辑《渐西村汇刻》约于是年前后始刊。

王韬辑刻《西学辑存》6种。

按：是书包括《西学原始考》、《重学浅说》、《光学图说》、《西国天学源流》、《泰西著述考》、《华英通商事略》。

英国传教士李提摩太著《时事新论》。

按：该书为其任《时报》主笔时每日所著之论文汇编而成。

海因里希·谢德曼卒（1822—　）。德国考古学家。古希腊迈锡尼文化的发现者。

凡·高卒（1853—　）。荷兰画家。

何兆瀛卒（1809—　）。兆瀛字通甫，江苏上元人。何汝霖子。道光二十六年举人。同治六年，由给谏出为浙江杭州湖道。与梅曾亮、张际亮、朱琦、汤鹏、冯志沂等交往密切。著有《老学后庵自订诗二集》6卷、《老学后庵文集》、《老学后庵自订词》2卷、《老学后庵忆语》等。事迹见何汝霖编《知所止斋自订年谱》。

翁大年卒（1811—　）。大年初名鸿，字叔钧，号陶斋，江苏吴江人。翁广平子。工书，行、楷学翁方纲。笃嗜金石考据，刻印工秀有法，与曹世模同工异曲。著有《古兵符考》8卷、《古官印志》8卷、《泥封考》2卷、《陶斋金石考》2卷、《陶斋印谱》2卷、《瞿氏印考辨证》1卷、《秦汉印型》、《旧馆坛碑考》2卷等。

彭玉麟卒（1816—　）。玉麟字雪琴，湖南衡阳人。诸生。咸丰三年，随曾国藩创办湘军水师。参与镇压太平天国。同治三年，加太子少保衔。

官至兵部尚书。生平奏牍皆手裁,每出,为世传诵。善画梅,诗书皆超俗。卒谥刚直。著有《彭刚直公诗集》8卷。事迹见《清史稿》卷四一〇、《清史列传》卷五八、蔡冠洛《清代七百名人传》第二编、王闿运《衡阳彭公行状》、俞樾《彭刚直公神道碑》(均见《续碑传集》卷一四)。

李榕卒(1818—)。榕原名甲先,字申夫,号六容,四川剑州人。曾国藩弟子。咸丰二年进士,改庶吉士,散馆,授礼部主事。入曾国藩幕府,参与机务。官至湖南布政司、江宁盐运使。后主讲兼山书院和江油的匡山书院、登龙书院。著有《十三峰书屋全集》。

倪文蔚卒(1823—)。文蔚字豹臣,安徽望江人。咸丰二年进士,改庶吉士,散馆。以主事参曾国藩军幕,官至河南巡抚。工画山水。著有《禹贡说》1卷、《两疆勉斋诗文集》等。与吴大澂合著《黄河全图》5卷。事迹见《清史列传》卷五九、《倪文蔚传》(《碑传集三编》卷一七)。

按:《清儒学案》卷二〇〇《倪先生文蔚》曰:"先生为诸生时,颇研究经学,而于地理尤详加考订。所著《禹贡说》,王益吾祭酒尝刻入《皇清经解续编》中云。"

胡凤丹卒(1823—)。凤丹字齐飞,号月樵,浙江永康人。同治五年夏,游历湖北江夏,侨居正觉寺西。次年,学政鲍源深奏议创设书局,湖广总督李瀚章以胡凤丹喜藏书,遂邀其创办崇文书局,领补用道衔,为书局督校。著有《退补斋集》、《黄鹄山志》12卷、《大别山志》10卷、《鹦鹉洲小志》4卷及《桃花园志》、《退补斋诗钞》、《永康十孝廉诗钞》等。事迹见胡宗廉等撰《显考月樵府君行述》。

曾国荃卒(1824—)。国荃字沅浦,湖南湘乡人。曾国藩弟。咸丰二年,举优贡。同治元年,授浙江按察使,迁江苏布政使。四年,起授山西巡抚,辞不就。调湖北巡抚,命帮办军务。光绪元年,授陕西巡抚,迁河东河道总督。二年,复调山西巡抚。十年,署礼部尚书,调署两江总督兼通商大臣,寻实授。卒赠太傅,特谥忠襄。事迹见《清史稿》卷四一三、《清史列传》卷五九、蔡冠洛《清代七百名人传》第二编、朱孔彰《曾忠襄公别传》(《续碑传集》卷三〇)。

孙诒经卒(1826—)。诒经字子授,浙江钱塘人。咸丰十年进士,选庶吉士。参宁绍台道张景渠军,平浙东有功,还授检讨。以倭仁荐,入直南书房。同治四年,擢司业。十年,迁侍讲、侍读学士。光绪十一年,入直毓庆宫。卒谥文恪。事迹见《清史稿》卷四四一、《清史列传》卷五八、鲁燮尧《诰授光禄大夫户部左侍郎孙公神道碑》(《碑传集三编》卷五)、谭廷献《户部左侍郎孙公墓志铭》(《续碑传集》卷一三)。

按:《清史稿》本传曰:"诒经持躬清正,思以儒术救时敝。不阿权要,为同列所忌,卒不得行其志。先后数司文柄,深恶末学骩骳积习,摈之惟恐不遑,所得多知名士。生平论学不分汉、宋,谓经学即理学。又曰:'学所以厉行也,博学而薄行,学奚足尚?'一时为学者所宗。"

英国传教士韦廉臣卒(1829—)。1855年来华传教,曾任在华基督教学校教科书委员会委员,在上海创设同文书会,为教会在华最大出版机构。著有《格物探原》、《治国要务》等。

潘祖荫卒(1830—)。祖荫字在镛,号伯寅,江苏吴县人。潘世恩孙。咸丰二年一甲三名进士,授翰林院编修。迁侍读,入直南书房,充日讲起居注官。累迁侍读学士,除大理寺少卿。官至太子太保。卒赠太子太傅,谥文勤。家富图籍,藏书印名"分廛百宋"、"移架千元"。工诗、词、精楷书,尤喜校雠。辑著有《功顺堂丛书》、《滂喜斋丛书》、《东海金石录》、《奉輶日记》、《四本堂文集》2 卷、《癸酉消夏南苑唱和集》1 卷等。事迹见《清史稿》卷四四一、《清史列传》卷五八、蔡冠洛《清代七百名人传》第四编、李慈铭《工部尚书兼顺天府尹潘文勤公墓志铭》(《碑传集补》卷四)。

按:潘氏为吴县著名藏书家,自潘奕隽至潘承弼累六世近二百人。其中潘祖荫最为著名,曾延聘叶昌炽编撰《滂嘉斋藏书记》3 卷,著录珍本 135 部,又编藏书目和宋元善本书目。《清史稿》本传曰:"祖荫嗜学,通经史,好收藏,储金石甚富。先后数掌文衡,典会试二、乡试三,所得多真士。时与翁同龢并称翁潘云。"

施补华卒(1835—)。补华字均甫,浙江乌程人。咸丰十年,参与抵抗太平军。同治九年举人,因浙江巡抚杨昌濬荐,入陇西左宗棠幕。光绪十二年,山东巡抚张勤果聘其总理营务。著有《泽雅堂文集》8 卷、《泽雅堂诗集》6 卷等。事迹见杨岘《山东候补道施君墓志铭》(《续碑传集》卷三九)。

曾纪泽卒(1839—)。纪泽字劼刚,湖南湘乡人。曾国藩长子。同治九年以荫补户部员外郎。光绪四年,充出使英法大臣,补太常寺少卿,转大理寺。六年,代替崇厚为使俄大臣。七年,迁宗人府府丞、左副都御史。十年,晋兵部侍郎。十一年,转入总理各国事务衙门。调户部,兼署刑部、吏部侍郎。卒加太子少保,谥惠敏。著有《群经臆说》、《曾惠敏公全集》等。事迹见《清史稿》卷四四六、《清史列传》卷五八、蔡冠洛《清代七百名人传》第一编、俞樾《曾惠敏公墓志铭》(《续碑传集》卷一六)。

按:《清儒学案》卷一七七《曾先生纪泽》曰:"先生少秉庭训,究心经史,喜读《庄子》、《离骚》,所为诗文,卓然成家,兼通小学音律,旁涉篆刻、丹青、骑射。从文正军中久,战守形势,咸得其要领。同治以来,中外之事益繁,先生精习泰西语言文字,讲论天算之学,访求制器之法,于海外诸洲地形国俗,如指诸掌。"

宝廷卒(1840—)。姓爱新觉罗氏,字竹坡,号偶斋,别号奇奇子,满族镶黄旗。同治七年进士,选庶吉士,散馆,授翰林院编修。官至礼部侍郎,后被罢官。与张佩纶、黄体芳、何金寿称"清流四谏",主张改革政治。著有《尚书持平》、《偶斋诗草内集》、《偶斋诗草外集》。事迹见《清史稿》卷四四四。

杨月楼卒(1848—)。月楼原名久昌,艺名玉楼,改月楼,安徽怀宁人。师从张二奎,工老生,兼武生。在京曾继程长庚为三庆班主。光绪十四年,被选入清宫升平署。

朱克敬卒,生年不详。克敬字香荪,号瞑庵,别署餐霞翁、牛应之,甘肃皋兰人。援例捐小官,补湖南龙山县典史。著有《瞑庵诗录》、《瞑庵学诗》、《瞑庵丛稿》、《瞑庵杂识》、《瞑庵二识》、《万国总说》、《儒林附记》、《儒林琐记》、《鹂言内篇》、《鹂言外篇》等。

梅光迪（ —1945）、汪东（ —1963）、陈寅恪（ —1969）生。

光绪十七年　辛卯　1891年

正月二十五日庚寅（3月5日），光绪帝诏见各国使臣于紫光阁。

三月，江苏扬州会党发布揭帖，约期拆毁教堂，引发扬州教案。

四月初五日戊戌（5月12日），安徽芜湖民众因教会拐迷幼童，群起焚毁教堂，引发芜湖教案。

二十五日戊午（6月1日），江苏丹阳民众焚毁教堂，引发丹阳教案。

二十九日壬戌（6月5日），湖北广济县民众焚毁武穴教堂，引发武穴教案。

六月初四日丙申（7月9日），丁日昌率北洋舰队访问日本。

七月二十九日辛卯（9月2日），湖北宜昌民众焚毁法国及英、美教堂，引发宜昌教案。

八月，清廷颁发《劝善要言》。

十月初十日辛丑（11月11日），热河金丹道起义。

十一月十三日癸酉（12月13日），同文馆教习为光绪帝讲外语。

是年，上海道唐松岩设华新织布新局。

张之洞于正月创设方言商务学堂，又设湖北舆地总局，以邹代钧为总纂，教授学生测绘，分四路，期以三年竣事。是年，始辑刊湖北历代名贤著述。

张之洞往访并宴请俄储内戚希腊世子10余人，辜鸿铭任翻译。

李鸿章二月十七日奉派会同张曜第一次校阅北洋海军，三月十三日受命督办关东铁路一切事宜。

孙葆田六月应张之洞聘，任山东书局校订。是年，校订朱熹《周易本义》成，有跋。

王先谦二月由思贤讲舍移主城南书院讲席。

康有为始开万木草堂于广州长兴里，聚徒讲学，订立学规，自任总教授、总监督。二月作有《长兴学记》。四月，在陈千秋、梁启超协助下，刻成《新学伪经考》。又作《门人陈千秋、曹泰、梁启超、韩文举、徐勤、梁朝杰、陈和泽、林奎、王觉任、麦孟华初来草堂问学，示诸子》诗。

梁启超就学于康有为万木草堂，协助校勘《新学伪经考》，并分任《孔子改制考》编纂。十月，入京与李蕙仙完婚。结识康广仁、夏曾佑、曹泰、麦孟华、韩文举、徐勤、王觉任、梁朝杰等。

德奥意"三国同盟"续约。

法俄缔结互相援助协议。

荷兰尤金·布杜瓦首次发现直立猿人（爪哇人）化石。

德国阿·维尔纳提出分子结构的配位学说。

按：梁启超《三十自述》曰："辛卯余年十九，南海先生始讲学广东省城长兴里之万木草堂，徇通甫与余之请也。先生为讲中国数千年来学术源流，历史政治沿革得失，取万国以比例推断之。余与诸同学日札记其讲义，一生学问之得力，皆在此年。先生又常为语佛学之精奥博大，余凤根浅薄，不能多所受。先生时方著《公理通》、《大同学》等书，每与通甫商榷，辨析入微，余辄侍末席，有听受，无问难，盖知其美而不能通其故也。先生著《新学伪经考》，从事校勘。著《孔子改制考》，从事分纂。日课则《宋元明儒学案》、《二十四史》、《文献通考》等。而草堂颇有藏书，得恣涉猎，学稍进矣。"（《饮冰室合集》文集之十一）

黄以周以学政瞿鸿禨荐保中书衔。

黄遵宪在伦敦，八月调任驻新加坡首任总领事，十月初抵达新加坡，前领事左子兴创"图南社"，遵宪为作《图南社序》。十二月二十七日，父鸿藻殁，乞假回嘉应治丧。

孙中山七月在香港西医书院应第四学年考试，成绩列全级第一名，课余写稿投港、沪各报刊，鼓吹改造中国政治。

章炳麟本年始分别古今师说。以二三年时间考释周、秦诸子，逐渐写成《膏兰室札记》稿本4卷。

按：在《膏兰室札记》中，作者引用西书来诠释先秦诸子，开风气之先。

唐景崧六月升署台湾布政使，赴台北履新。在台南、台北署内设"澄怀园诗文酒会"和"牡丹诗社"，定名同人刊物为《诗畸》。

邵友濂是秋接任台抚，旋将省会迁往台北。

黎庶昌是春自日本归，萧穆与之相见于上海，谈论古书。黎以在日所得宋元旧刊本，辑为《古逸丛书》。作《跋孙莘老春秋经解》一文，辨王安石未尝以《春秋》为"断烂朝报"。是秋，为陈衍作《八家四大文补注序》。

郑孝胥东渡日本，任驻日使馆秘书。

曾朴居北京其父寓所，潜心元史、西北地理及金石考古之学。

谭嗣同在武昌，由王夫之的哲学思想进而研究张载的哲学思想。秋，往长沙，游衡岳。冬，返武昌。撰《张子正蒙参两篇补注》。

陈炽任户部四川司员外郎兼值军机章京汉头班。有《上陈宝箴书》，要求改订税则，收回国家自主之权，以兴商务（《陈炽集》）。又上书翁同龢论筹饷问题，但翁氏认为"言绝大，恐难行"（《翁同龢日记》五）。

林纾为《福州支社诗拾》撰序文。

张伯苓以优异成绩考入天津北洋水师学堂学习航海，学制四年。

丘逢甲仍主讲崇文、衡文、罗山各书院。

马君武从李久叔先生读书。李氏乃临桂县秀才，君武祖母异妹之子。读的是《小题正鹄》。

八指头陀任大罗汉寺住持。三月至岐山，与诸僧结期坐禅，作《岐山中兴恒志来和尚道状》。

陶成章在本村陶氏义学任塾师，执教三年，鄙制艺。

郑观应奉李鸿章札委为开平煤矿局粤局总办。

罗振玉因山东河患，撰《治河论》，驳不与河争地说，与丹徒刘鹗《治河七说》宗旨多符,二人订交。

辜鸿铭用英文在上海《字林西报》发表专论,谴责在华传教士假借不平等条约特权在中国土地上的种种不法行为。文章被英国《泰晤士报》摘要转载。

贺瑞麟以柯逢时荐,奉旨加五品衔。

张謇至东台校县试卷,修《东台县志》,著《周易音训句读》。

陈千秋访曹泰,后引曹氏谒康有为。

宋恕十一月十五日抵沪,住出使英国随员赵元益公馆内。阅读《北江诗话》、《石洲诗话》、惠栋《感应篇注》、《明诗综》、《恽子居集》、包世臣《安吴四种》、《三代因革论》、《龚定庵集》、《王遵岩集》、李祖陶《国朝文录》等书多种,做过大量摘记。

萧穆冬十二月读《六字课言》,留有题款。

皮锡瑞主讲南昌经训书院,欧阳竟无从其研读经史,勤治考据,学益精进。

廖平仍任成都尊经书院襄校,六月赴龙安府教授任。增补《公羊补证凡例》10条。是年始专治《诗经》、《周易》。

王韬是年在《万国公报》重刊《原才》、《原土》、《办理洋务在得人》、《洋务上》、《洋务下》、《变法自强上》、《变法自强下》、《设官泰西上》、《设官泰西下》、《遣使》、《除弊》等文。

吴鲁任安徽学政。

王仁堪出任江苏镇江知府。

按:《清史稿·王仁堪传》曰:"十七年,出为江苏镇江知府。甫下车,丹阳教案起,由于教堂发见孩尸。仁堪亲验孩尸七十余具,陈于总督刘坤一曰:'名为天主教堂,不应有死孩骨。即兼育婴局,不应无活婴儿。传教约本无准外国人育婴之条,教士于约外兼办育婴,不遵奏行章程,使地方官得司稽察,祸由自召。请曲贷愚民之罪,以安众心;别给抚恤之费,以赡彼族。'坤一迁之,卒定犯罪军流有差。时外使屡责保护教堂,仁堪请奏定专律,谓:'条约无若何惩办明文,每出一事,任意要挟。宜明定焚毁教堂,作何赔偿;杀伤教士,作何论抵;以及口角斗殴等事,有定律可遵。人心既平,讹言自息。'英人梅生为匪首李鸿购军火,事觉,领事坐梅生罪仅监禁,仁堪上书总理各国事务衙门论之。又洋人忻爱珩遍谒守令,募捐义学,无游历护照。仁堪请关道送领事查办,复议无照私入内地,应按中国律法科罪。虽皆未果行,时论韪之。"

劳保胜、武子韬在广州创办《岭南日报》。

蔡尔康辞去《沪报》主笔职务。

夏日崟、陈启浚任同文馆汉文教习。

成兆才从莲花落艺人金开福学艺,并参与"二合班"演出。

姚文栋自欧洲回国,奉委调查印度、缅甸商务,查勘滇缅界址和考察滇缅防务。在云南三年间,撰成《云南勘界筹边记》等书。

俄国学者柯赫在《俄国皇家地理学会杂志》第5卷首次刊布雅德林采夫带回圣彼得堡的九姓回鹘可汗碑残石,认为碑文提到的伊难主见于《新唐书·回鹘传》，并指出碑文提到安史之乱的史思明等。

按：从时间看，柯赫应是最早研究九姓回鹘可汗碑的西方学者。

沙俄圣彼得堡皇家科学院派院士拉德洛夫组建俄国鄂尔浑河考察队，他们在九姓回鹘可汗碑所在地制作九姓回鹘可汗碑和其他突厥碑铭的拓本，并发现新的残石。

按：西方考察队刊布的突厥碑铭中，尤芬兰刊本最为清晰，而以俄国刊本所刊碑铭最全，所以目前学界普遍使用俄国刊本。

美国传教士林乐知主编之《教会新闻》增出《中西教会报》，专载宗教，旋停刊。

英国传教士李提摩太以韦廉臣卒，继任同文书会总干事。

美国传教士文惠廉在武昌创办的文氏学堂改称为武昌文华书院，设天文、地理、西洋史、数学、物理、化学、体育等课程，兼习《四书》、《五经》。

德国文德尔班著《哲学史》。

恩格斯著《德国的社会主义》。

邵宝华著《周易引端》4卷刊行。

胡薇元著《霜箓亭易说》1卷刊行。

王树枬著《费氏古易订文》12卷刊行。

武士选著《尚书因文》6卷刊行。

王闿运著《谷梁申义》1卷刊行。

陈矩著《孟子外书补注》4卷刊行。

廖平著《中和解》2卷。

王鎏著《四书地理考》15卷刊行。

阮元辑《皇清经解》190卷本由上海鸿宝斋石印刊行。

李辅耀编《读礼丛钞》16种16卷刊行。

孙雄著《师郑堂经说》3卷刊行。

胡元玉编《授经簃课集》1卷、著《雅学考》1卷刊行。

潘衍桐著《尔雅正郭》3卷、《浙士解经录》1卷刊行。

蔡启盛著《馀烬经窥》16卷刊行。

郭嵩焘著《订正朱子家礼》5卷刊行。

方东树著《汉学商兑》3卷、《书林扬觯》2卷刊行。

康有为著《新学伪经考》14卷刊行，有自序。

按：是书继承廖平《今古学考》的论点，托古改制，谓东汉以来，经学多出于刘歆伪造，刘氏身为新臣，系新莽一朝之学，与孔子无涉，目的是为变法维新作舆论准备。作者在第十四卷《刘向经说足证伪经考》中说："汉大儒领袖当时，传书今日者，自史迁外，董仲舒、刘向而已。孔子改制，统于春秋；仲舒传《公羊》，向传《谷梁》，皆博极群书，兼通六艺，得孔子之学者也。然考孔子真经之学，必自董子为入门，考刘歆伪经之学，必以刘向为亲证，二子者各有宜焉。"又说："盖人以为《七略》出于刘向而信之，不知其尽出于歆也；又以为《别录》出于刘向而信之，不知其亦伪于歆也。然歆之作伪，自龚胜、公孙禄以来，人多疑之，但不知其偏伪群经；故东汉校书高才莫不尊信，终以托于中秘，莫得而攻焉。"这段文字说明刘歆之伪经为什么这么多年没有被攻破的原因。《新学伪经考》刊行后，不仅顽固派和洋务派对它大加攻击、诋毁，而且一些同情、支持维新变法的人也对"伪经改制"表示不满。像翁同龢、文廷式、陈宝箴、黄遵宪、何启、胡礼垣、严复、唐才常等,都对康氏的"伪经改制"或不敢苟同,或提出批评。戊戌变法失败后,清政府又于1898、1900年两次下令查禁、销毁《新学伪经考》。此外,康书是否抄袭廖平的《今古学考》,也有不同意见,是一桩学术公案。

又按：梁启超《清代学术概论》二十三《康有为是今文学运动的中心》说："有为最初所著书曰《新学伪经考》。'伪经'者,谓《周礼》、《逸礼》、《左传》及《诗》之毛传,凡西汉末刘歆所力争立博士者。'新学'者,谓新莽之学。时清儒诵法许、郑者,自号曰'汉学'。有为以为此新代之学,非汉代之学,故更其名焉。《新学伪经考》之要点：一、西汉经学,并无所谓古文者,凡古文皆刘歆伪作。二、秦焚书,并未厄及《六经》,汉十四博士所传,皆孔门足本,并无残缺。三、孔子时所用字,即秦汉间篆书,即以'文'论,亦绝无今古之目。四、刘歆欲弥缝其作伪之迹,故校中秘书时,于一切古书多所羼乱。五、刘歆所以作伪经之故,因欲佐莽篡汉,先谋湮乱孔子之微言大义。诸所主张,是否悉当,且勿论,要之此说一出,而所生影响有二：第一,清学正统派之立脚点,根本摇动；第二,一切古书,皆须从新检查估价。此实思想界之一大飓风也。有为弟子有陈千秋、梁启超者,并夙治考证学,陈尤精洽；未有为说,则尽弃其学而学焉。《伪经考》之著,二人者多所参与,亦时时病其师之武断,然卒莫能夺也。实则此书大体皆精当,其可议处乃在小节目。乃至谓《史记》、《楚辞》经刘歆羼入者数十条,出土之钟鼎彝器,皆刘歆私铸埋藏以欺后世。此实为事理之万不可通者,而有为必力持之。实则其主张之要点,并不必借重于此等枝词强辩而始成立,而有为以好博好异之故,往往不惜抹杀证据或曲解证据,以犯科学家之大忌,此其所短也。有为之为人,万事纯任主观,自信力极强,而持之极毅。其对于客观的事实,或竟蔑视,或必欲强之以从我。其在事业上也有然,其在学问上也亦有然；其所以自成家数、崛起一时者以此,其所以不能立健实之基础者亦以此；读《新学伪经考》而可见也。《新学伪经考》出甫一年,遭清廷之忌,毁其板,传习颇稀。其后有崔适者,著《史记探原》、《春秋复始》二书,皆引申有为之说,益加精密,今文派之后劲也。"

康有为著《人类公理》、《长兴学记》1卷成书。

庄世骥著《急就章考异》1卷由广雅书局刊行。

杨廷瑞著《说文正俗》1卷刊行。

吴锦章著《六书类纂》9卷刊行。

姚振宗著《汉书艺文志拾补》6卷成书。

周寿昌著《三国志注证遗》4卷由广雅书局刊行。

王先谦校刊《水经注》40卷成。

王锡祺辑《小方壶斋舆地丛钞》由上海茗易堂刊行。

罗振玉著《眼学偶得》1卷、《干禄字书笺证》1卷、《梁陈北齐后周隋五史校议》5卷成。辑《淮阴金石仅存录》1卷、《附录》1卷、《遗补》1卷。又著《面诚精舍杂文甲编》1卷。

陆心源著《千甓亭古砖图释》20卷、《穰梨馆过眼录》40卷、《续录》16卷刊行。

薛福成自编《出使四国日记》6卷成书。

张之洞始辑《夷务类要》,分疆域、官制、学校、礼俗等十二门。

孙诒让著《宋政和体礼器文字考》成书。

王之春著《国朝柔远记》重刊。

清内府刻印《世祖劝善要言》1卷。

王先谦著《荀子集解》20卷刊行,自为序。校刊《世说新语》成。

郭嵩焘著《养知书屋遗集》由王先谦校勘刊行。

韩国钧著《随轺日记》1卷成书。

骆秉章著《骆文忠公奏稿》10卷刊行。

杨守敬辑《补严铁桥古文存》20卷刊行,有自序。

黄遵宪著《人境庐诗草》初成,六月在伦敦作自序,主张革新诗歌。

按:《人境庐诗草自序》曰:"余年十五六,即学为诗。后以奔走四方,东西南北,驰驱少暇,几几束之高阁。然以笃好深嗜之故,亦每以余事及之,虽一行作吏,未遽废也。士生古人之后,古人之诗,号专门名家者,无虑百数十家。欲弃去古人之糟粕,而不为古人所束缚,诚戛戛乎其难。虽然,仆尝以为诗之外有事,诗之中有人;今之世异于古,今之人亦何必与古人同?尝于胸中设一诗境:一曰复古人比兴之体;一曰以单行之神,运排偶之体;一曰取《离骚》乐府之神理,而不袭其貌;一曰用古文家伸缩离合之法以入诗。其取材也,自群经、三史,逮于周、秦诸子之书,许、郑诸家之注,凡事名物名切于今者,皆采取而假借之。其述事也,举今日之官书会典、方言俗谚,以及古人未有之物,未辟之境,耳目所历,皆笔而书之。其炼格也,自曹、鲍、陶、谢、李、杜、韩、苏,讫于晚近小家,不名一格,不专一体,要不失乎为我之诗。诚如是,未必遽跻古人,其亦足以自立矣。然余固有志焉而未能逮也。《诗》有之曰:'虽不能至,心向往之。'聊书于此,以俟他日。"(《人境庐诗草笺注》卷首)

潘衍桐辑《輶轩续录》54卷、《补遗》6卷刊行。

董沛辑《四明诗略》成书。

方东树著《昭昧詹言》10卷刊行。

按:是为诗论专著,作者以桐城文派的眼光评诗,颇有影响。

陈廷焯著《白雨斋词话》成书。

薛福成著《庸庵笔记》6卷刊行。

新编《前明正德白牡丹传》46回本由上海博古斋刊行小本行世。

无名氏撰《续小五义》124回本由北京文光楼刊印。

陈烺著《玉狮堂十种曲》。

按:该书为传奇剧本集。包括《仙缘记》、《海虬记》、《蜀锦袍》、《燕子楼》、《梅喜缘》、《同亭宴》、《回流记》、《海雪吟》、《负薪记》、《错姻缘》10个作品。前4种也称《玉狮堂四种曲》。

赵尚辅辑《湖北丛书》31种290卷刊行。

程承培辑《六体斋医书》10种由广州儒雅堂重刊。

杨乘六辑《医宗己任编》4种重刊。

华蘅芳与玛高温合译《化学鉴原补编》刊行。

乔治·班克洛夫特卒(1800—)。美国历史学家。

H. K. B. 毛奇卒(1800—)。德

郭嵩焘卒(1818—)。嵩焘字伯琛,号筠仙,别署玉池山农,晚号玉池老人,湖南湘阴人。稍长,游学湖南岳麓书院,与曾国藩、刘蓉等友善,以文字相切磋。道光二十七年进士,选庶吉士,遭忧归。咸丰二年,协同曾国藩办团练。七年,授翰林院编修,入直上书房。九年,随僧格林沁办

理天津海防。同治改元,起授苏松粮储道,迁两淮盐运使。明年,署广东巡抚。光绪元年,授福建按察使,未上,命直总署。擢兵部侍郎、出使英国大臣,兼使法国。回国后主张学习西方科技,整顿内务,兴办铁路矿务等。著有《礼记质疑》49卷、《大学中庸质疑》3卷、《周易释例》4卷、《毛诗余义》2卷、《史记札记》、《订正家礼》6卷、《绥边征实》24卷、《养知书屋文集》28卷、《养知书屋诗集》15卷、《养知书屋奏疏》12卷、《郭嵩焘日记》等。事迹见《清史稿》卷四四六、王先谦《兵部左侍郎郭公神道碑》、缪荃孙《书郭筠仙侍郎事》(均见《续碑传集》卷一五)。

国军事理论家。

赫尔曼·麦尔维尔卒(1819—)。美国作家。

按：《清儒学案》卷一八二《养知学案》曰："养知始宗晦庵,后致力于考据训诂。其治经先玩本文,采汉、宋诸说以求义之可通。博学慎思,归于至当,初不囿于一家之言,故能温故而知新,明体以达用。"

黄彭年卒(1823—)。彭年字子寿,号陶楼,晚号更生,贵州贵筑县人。黄辅辰子。道光二十七年进士,改翰林院庶吉士,散馆,授编修。咸丰初年,随父在籍办团练。同治初年,入川督骆秉章幕,又参加镇压太平天国石达开部。后陕西巡抚刘蓉聘其主讲关中书院,久之,李鸿章聘其修《畿辅通志》300卷,并主讲莲池书院。光绪八年升按察使。十一年,调陕西按察使、署布政使。又迁江苏布政使。十六年,调湖北布政使,总督张之洞倚重之。著有《三省边防考略》、《金沙江考略》、《历代关隘津梁考存》、《铜运考略》、《陶楼诗文集》、《紫泥日记》等。事迹见《清史稿》卷四三四、《清史列传》卷七六、姚永概《黄子寿先生墓表》(《碑传集补》卷一七)。

柏景伟卒(1830—)。景伟字子俊,号忍庵,晚号沣西老农,陕西长安人。咸丰五年举人。大挑授定边县训导。同治六年,入钦差大臣左宗棠幕,参与军事。遂提出于乡镇筑堡寨以保百姓安居,设里局以减民众力役,迁徙回民,开科取士等16项要务,多被左氏采纳。左氏保举其为知县,分陕西省补用,并加州同衔。后主讲关中、泾干、味经各书院。著有《沣西先生遗集》6卷和《沣西草堂集》。事迹见《清史列传》卷六七。

按：《清史列传》本传曰："景伟少刻苦于学。既归,主泾干、味经、关中各书院,思造士以济时艰。创立求友斋,令以经史、道学、政事、天文、地舆、掌故、算法、时务分门肄习,造就甚众。其为学似陈同甫、王伯厚,而实以刘念台慎独实践为的。尝谓：'圣贤之学,以恕为本,以强为用。强恕而行,则望于入者薄,而责于己者厚。'又谓：'同此性命,同此身心,同此伦常,同此国家天下,道未尝异,学何可异？凡分门别户者,非道学之初意也。故理一分殊之旨,与立人极主静体认天理之言,学者不以为异;而其所持究未尝同。然则主敬穷理,致良知,先立乎其大之数,说者得其所以同,亦何害为异乎？'其大旨如此。"

杨恩寿卒(1835—)。恩寿字鹤俦,号逢海,一作朋海,别署蓬道人,湖南长沙人。同治九年举人。候补知府。以戏曲理论见长。著有《词余丛话》3卷、《续词余丛话》3卷、《坦园六种曲》、《坦园全集》等。

何如璋卒(1838—)。如璋字子峨,广东大埔人。同治七年进士,改庶吉士,散馆,授翰林院编修。曾任驻日公使,聘黄遵宪为参赞。回国后任督办福建船政大臣。晚年主讲韩山书院。著有《使东述略》、《管子析疑》36卷、《何少詹文钞》3卷、《袖海楼诗草》等。事迹见《清史稿》卷四四四、温廷敬《清詹事府少詹事何公传》(《碑传集补》卷一三)、吴道镕《出使日本大臣何公家传》(《碑传集三编》卷一七)。

英国传教士甘为霖卒(1841—)。英国长老会教士。1891年来台湾传教，创办训瞽堂，从事盲人教育。在台湾44年，是台湾盲人教育的开山祖。编著有《荷兰统治下的台湾》、《厦门音新字典》等。

宝鋆卒，生年不详。姓索绰络氏，字佩蘅，满族，满洲镶白旗人。道光十八年进士，授礼部主事。历任侍读学士、内阁学士、礼部侍郎、户部侍郎、内务府总管大臣、总理各国事务大臣、翰林院掌院学士、体仁阁大学士等。卒谥文靖。著有《佩蘅诗钞》12卷、《文靖公遗集》12卷。事迹见《清史稿》卷三八六、匡辅之《宝文靖公别传》(《续碑传集》卷七)。

汪瑔卒，生年不详。瑔字芙生，一字越人，号无闻子，浙江山阴人。幼随父宦广东，寄籍番禺，历佐郡县幕。著有《随山馆集》18卷、《无闻子》1卷、《松烟小录》6卷、《旅谭》5卷、《尺牍》2卷。

李桓卒，生年不详。桓字叔虎，号黻堂，湖南湘阴人。历官江西布政使，署巡抚。著有《宝韦斋类稿》。辑有《国朝耆献类征初编》720卷、《国朝闺媛类征》12卷等。事迹见谭廷献《前江西布政使李公碑铭》(《续碑传集》卷三八)

秦焕卒，生年不详。焕字文伯，江苏淮阴人。咸丰十年进士，授户部主事。同治元年，襄助晏端办理军务。历任桂林知府、梧州知府、广西盐法道、广西按察使等。著有《剑虹居文集》、《剑虹居诗集》、《剑虹居制义续刻》、《榕城课士草》等。

戴季陶(—1949)、胡适(—1962)、孙科(—1973)生。

光绪十八年　壬辰　1892年

法俄同盟组建。

正月初八日己巳(2月6日)，清廷设会典开馆，续修《大清会典》正式启动。

十九日己卯(2月17日)，江西在籍候补主事龙文彬进呈所著《明会典》，得旨留览。

四月二十五日癸丑(5月21日)，清廷令禁印"排外"刊物。

五月初一日戊午(5月26日)，太和殿传胪，授一甲刘福姚、吴士鉴、陈伯陶分别为翰林院修撰、编修，赐进士及第；二甲恽毓嘉、汤寿潜、张元济、蔡元培、刘可毅等136人赐进士出身；三甲饶宝书、蒋廷黻等182人赐同进士出身。

是月，瑞典国教士梅宝善、乐传道二人往麻城县宋埠传教，被殴致毙，上海瑞典总领事柏固闻，赴鄂见张之洞，要求四事：一、办犯；一、抚恤；一、参麻城县知县；一、宋埠设教堂。时犯已缉获，张之洞允办犯、抚恤，而参麻城县则不许，谓麻城县事前力阻，事后即获正犯，未便参劾。至开教堂，宋埠民情正愤，改在汉口武穴觅一地建堂，柏固亦不允。久之，始议定绞犯二名，给两教士各一万五千元，失物诸项一万五千元，期二十月后再往传教（《清史稿·邦交志七》）。

七月初四日己丑（8月25日），中俄订立接连陆路电线约款。

十月初二日丙辰（11月20日），武昌织布局开织。

十五日己巳（12月3日），新疆巡抚陶模奏设俄文馆。

十一月十八日壬寅（1893年1月5日），从刑部请，命将张之洞所议《惩治会匪章程》颁行各省。

是年，清廷颁布国籍法。

张之洞八月与李鸿章会奏已故湖北布政使黄彭年政迹孝行，请付史馆列《循吏孝友传》。

皮锡瑞始存日记；始应聘主讲南昌经训书院。与刘廷式论学。

孙中山七月毕业于香港西医书院，成绩为全校之冠，获医科硕士学位。秋，在澳门镜湖医院当西医师。十二月，在澳门开设中西药局。

孙中山欲拜会在万木草堂讲学的康有为，康有为要求孙中山先具门生帖拜师乃可，二人遂未能相见。

康有为移讲堂于广州卫边街邝氏祠，学者达40余人，用孔子生二千四百四十三纪年。撰《魏晋六朝诸儒杜撰典故考》、《史记书目考》、《孟子大义考》、《墨子经上注》、《国语原本》等，并选拔学生协助编纂《孔子改制考》。

按：康有为《我史》曰："是时，所编辑之书甚多，而《孔子改制考》体裁博大，选同学高才助编纂焉。以孔子所制之礼，与三代旧制不同，更与刘歆伪礼相反，古今淆乱，莫得折衷，考者甚难，乃刺取古今礼说，立例以括之：一、孔子定说。以《春秋》公羊、董氏《繁露》、《礼王制》、《论语》、《孟子》、《荀子》为主。次、三统说。孔子每立一制，皆有三统，若建子建寅建丑，尚白尚黑尚赤，鸡鸣平旦日午为朔，托之夏殷周者，制虽异而同为孔子之正说，皆可从也。三、曰存旧。周初遗制，诸国旧俗，皆杂见于诸子，而《管子》最多，刘歆所采以为礼者，然可以考旧制，故次焉。四、曰辟伪。刘歆伪撰《周礼》、《左传》，及诸古文经之说，向来窜乱于诸经中者，辞而辟之。五、曰传谬。自刘歆以后，诸儒展转附会讹传者。是书体裁博大，自丙戌年与陈庆笙议修改《五礼通考》，始属稿，及己丑在京师，既谢国事，又为之。"

梁启超二月入京会试。夏，南归，购江南制造局所译诸书，广事浏览。闰六月初一日，致书张之洞幕僚汪康年，介绍康有为弟康广仁往谒。十二月，复致书汪康年，请张之洞于南北衡途成一大铁路，而令商民于各省校筑。是年，始识夏曾佑。

按：梁启超在闰六月初一日《致汪穰卿同年书》中，提出以修筑铁路来开拓国人

恩格斯用"历史唯物主义"阐释科学的社会历史观。

奥地利弗洛伊德创立"自由联想法"。

法国彭家勒提出自守函数论。

英国罗斯发现疟疾由疟原虫传播。

眼界之主张,其曰:"铁路既兴之后,耳目一新,故见廓清,人人有海若望洋之思,恍然知经国之道所在,则不待大声疾呼,自能变易,则必无讪排,必无阻挠,然后余事可以徐举,而大局可以有为。铁路以开风气,又以通利源。风气开则可为之势也,利源通则可为之资也。"(丁文江、赵丰田《梁启超年谱长编》)

谭嗣同于武昌巡抚署内博览清人著述,尤喜焦循关于易学和数学著作。

唐才堂正月应四川学政瞿鸿禨聘,课其子女。

黄遵宪治丧毕,五月返回新加坡任总领事,照会英方,严查华商船只被劫掠,保护华人利益。

华蘅芳七月主讲武昌两湖书院。

卢戆章仿照拉丁字母笔形,创造出中国切音新字字母,揭开汉字改革与汉字拼音运动之序幕。

> 按:是为第一个汉语拼音方案。该方案采用罗马字基本笔画构字,共有55个字母,其中拼厦门音者36个,拼漳州音加2个,拼泉州音加7个,另有10个拼写其他方音。切音新字采用了声韵双拼形式,韵母在左,声母在右,外加鼻音符号和声调符号(《民国学案》第四卷《卢戆章学案》)。

曾朴恪于父命入京会试,有意弄污试卷,借此抵制。

薛福成作《古多龙鬼野兽说》、《天堂地狱说》、《西人七日礼拜说》,奏进。

詹天佑设计滦河铁路桥。

丘逢甲继续主讲各书院。是年自编《柏庄诗草》,收入二月至八月所作近体诗二百余首。是年,《台湾通志》总局正式开设,被聘为采访师,负责采访、补辑乡土故实。

刘光第在京供职。公退之暇,颇留意古文之学,以为其学可以经世致用,非寻常词章可比。

郑观应在《易言》基础上,检所著论洋务五十篇稿,请郑藻如、陈炽等为之参校,并定名为《盛世危言》刊行,暮春在广州居易山房作自序。十二月二十二日,向盛宣怀提出《整顿招商局十条》,谈开源节流之法。

陈炽是秋因父亲病逝,请假回籍营葬,曾致书陈三立,请其为父亲撰墓志铭。

罗振玉始治谱系目录之学。

韩国钧本年由河东道总督许仙屏考核,改分河南归地方候补。

萧穆夏六月与章善庆于上海安康里展玩明天顺得《欧阳文忠公集》,以为绍熙、庆元刻本既不可得见,读欧集,自当以此本为准。秋九月,至绍兴,访知府周星诒。

> 按:《皖志列传稿》载:萧穆与祥符周星诒、大兴傅以礼、瑞安孙诒让交久而挚。孙诒让刻《札迻》及《周书补》,皆由萧穆为之校雠。

宋恕因出国未成,留沪起草《上李中堂书》并撰写《卑议》初稿,欲谒见李鸿章。端午节前抵天津,向李鸿章建议易服更制,被李嘉为"海内奇才",派任水师学堂汉文教习。

按：《卑议》初稿十万言，后缮删为三万字。其《自叙》详述生平，痛贬宋学，进取之志溢于言表。其《上李书》署名宋存礼，强调"西之政学，渐闻于东，斯乃世运之转机，民生之大幸。"提出"易服更制，一切从西，策之上也。参用西法，徐俟默移，策之中也。不肯变通，但责今实，策之下也。"其具体纲领则是："更官制，设议院，改试令，必自易西服始。"（《宋恕集》）

杨度捐监生。春，两晤张謇，知张氏亦拟著《子通》。二月十一日，始识陈浚卿。

严复以道员选用，分发直隶。

王鹏运作《桂隐诗存跋》。刻《东山寓声乐府补钞》、白朴《天籁集》、《南宋四名臣词》并作跋。

章炳麟肄业于杭州诂经精舍。

廖平应嘉定知府罗以礼聘，主讲九峰书院。诸生中从游最久者，有李光珠、黄熔、帅镇华、胡翼、季邦俊等。

王韬是年在《万国公报》上重刊《禁鸦片》、《平贼议》、《兴利》、《强弱论》、《答强弱论》、《择友论》、《敦本》、《洋泾滨海市说》、《肃官方》、《拟上当事书》；首刊《救时刍议上》、《救时刍议下》、《论宜兴制造以广贸易》、《论宜得人以理财》、《论川东设立洋务学堂》等文。

陈虬撰《救时要义》，倡会议制度。

林纾是春在北京参加礼部试，不第而归。秋，在其读书之所龙潭精舍后园开始筑浩然堂，以供奉孟子。

按："浩然堂"系林纾弟子曹于南取孟子"吾善养吾浩然之气"意而命名。次年春，浩然堂筑成，又在其左建醒楼，其右建风篁馆，其北建填词亭。

张元济中进士，旋授翰林院庶常馆庶吉士。

蔡元培入京补行殿试，被录为二甲第三十四名进士，授翰林院庶吉士。

张鹤龄中进士，改翰林院庶吉士，散馆，用户部主事。

赵熙中进士，改翰林院庶吉士。

夏孙桐中进士，改翰林院庶吉士。散馆，授编修。

宋书升中进士，改翰林院庶吉士。

按：宋书升，字晋之，山东潍县人。《清史稿·宋书升传》曰："居十年，殚心经术。《易》、《书》、《诗》均有撰述，尤精推步之学。"《清儒学案》卷一九四《宋先生书升》曰："先生为学，初事考据词章，中年亟思著述，不持汉、宋门户，于经史百家，山经地志，医卜星历，罔不钻研。论学以经术为根底，而不专重小学，治经尤深于《易》。"著有《夏小正释义》、《黄帝以来甲子纪元表》、《周易要义》、《周礼明堂考》、《孟氏易考证》、《尚书要义》、《诗略说附古韵微》《论语义证》、《春秋分类考》、《二十四史正讹》等。

屠寄中进士，改翰林院庶吉士。

按：屠寄字敬山，号结一宧主人，江苏武进人。辛亥革命后，任国史馆总纂。长于史地之学，尤专于蒙古史。积数十年精力，采集旧籍及外文史料，成《蒙兀儿史记》160卷。另著有《黑龙江驿程日记》、《结一宧骈体文》、《结一宧诗》等。

李敏修中进士，授刑部主事。

周学海中进士,授内阁中书。

> **按**:周学海字澂之,安徽建德人。官至浙江候补道。《清史稿·周学海传》曰:"潜心医学,论脉尤详,著《脉义简摩》、《脉简补义》、《诊家直诀》、《辨脉平脉章句》。引申旧说,参以实验,多心得之言。博览群籍,实事求是,不取依托附会。慕宋人之善悟,故于史堪、张元素、刘完素、滑寿及近世叶桂诸家书,皆有评注。自言于清一代名医,服膺张璐、叶桂两家。证治每取璐说,盖其学颇与相近。宦游江、淮间,时为人疗治,常病不异人,遇疑难,辄有奇效。刻古医书十二种,所据多宋、元旧椠藏家秘笈,校勘精审,世称善本云。"

唐文治中进士,分派户部江西司主事。主考官翁同龢延请其为家庭教师。

林颐山中进士,分发江苏知县。

> **按**:林颐山字晋霞,浙江慈溪人。俞樾弟子。王先谦督学江苏,曾延其佐辑《皇清经解续编》。又主讲南菁书院。宣统初年,任礼学馆纂修。著有《经述》3卷、《经解续编著录》、《群经音疏补证》、《水经注笺疏》等。

林国赓中进士,改翰林院庶吉士,散馆,授吏部主事。

> **按**:林国赓字歔伯,广东番禺人。肄业学海堂,从陈澧受经学。又为广雅书院史学分校,主讲端溪书院。著有《元史地理今释》、《近鉴斋经说》、《读陶集札记》、《鞫录荟读书记》等。

汪康年入京会试中式,未应殿试,仍返鄂。

安维峻主讲陕西五原书院。

韩邦庆二月在上海创办吴语文学半月刊《海上奇书》,由上海点石斋书局出版,为中国最早之图文并茂的文学刊物。

杨衢云、谢缵泰在香港设立辅仁文社,以开通民智和反清为宗旨。

李葆恂入东河总督许振祎幕,助施政治河。

> **按**:李葆恂字叔默,一字文石,号猛庵,晚号兔翁,辽宁义州人。著有《猛庵文略》2卷、《偶园读书志》2卷、《猛庵杂著》2卷、《旧学庵笔记》1卷、《击楫集》1卷、《读画诗》2卷、《然犀录》10卷、《三邕翠墨簃题跋》4卷、《红螺山馆诗钞》2卷、《津步联吟集》1卷等。

八指头陀任大罗汉寺住持。二月至南岳清凉寺,谢却太守招住上封寺。冬,昭陵道俗请主狮子峰龙华讲席,高山寺僧请为住持,均辞却。

英国传教士李提摩太主持之上海同文书会改组为广学会,赫德任总经理,李氏任总干事。英国传教士慕维廉、艾约瑟、美国传教士林乐知、丁韪良、李佳白、德国传教士花之安等参与其事。是年,开始大量译介西书。

日人宫崎寅藏是夏首次来华考察。

拉德洛夫出版俄国鄂尔浑河考察队报告《蒙古古物图志》。书中刊布九姓回鹘可汗碑残石及其他突厥碑铭的拓本和照片。

俄国克鲁泡特金著《互助论》。
英国斯宾塞著《伦理学原理》。

佘德楷著《易翼贯解》7卷刊行。

孙诒让著《尚书骈枝》成书。

皮锡瑞始著《古文尚书疏证辨正》。

谢庭兰著《古文尚书辨》8卷刊行。

廖平著《杜氏左传释例辨正》4卷、《左氏集解辨正》2卷、《五十凡驳证》1卷、《五十凡补证》2卷、《左氏补例》1卷、《三传事礼例折中表》3卷、《春秋图表》2卷。

曹元弼著《礼经校释》22卷刊行。

按：曹元弼另著有《礼经学》7卷。

陈衍著《礼记辨证》5卷成书。

顾成章著《论语发疑》4卷刊行。

杨亶骅著《中庸本解》2卷刊行。

查体仁著《大学俗语》5卷、《中庸俗语》8卷刊行。

沈练著《禹贡因》1卷刊行。

康有为始著《孔子改制考》。

陈虬著《治平通议》8卷成书。

宋恕著《六斋卑议》成书。

陈大文著《经义质疑》刊行。

林庆炳著《群经音辨》2卷刊行。

顾成章著《西崖经说》1卷刊行。

顾震福著《隶经杂著甲编》2卷刊行。

凌忠照、张绍铭编《学海堂经解缩本编目》16卷刊行。

朱一新著《无邪堂答问》5卷成书，有自叙。

按：是年秋，朱一新应广雅书院师生之请，将过去三年回答诸生所问的内容，加以整理和补充，编为5卷，刻印成《无邪堂答问》一书。无邪堂是广雅书院讲堂，由张之洞命名并题匾，堂名源于《论语·为政》："《诗》三百，一言以蔽之，曰思无邪。"《无邪堂答问》是朱一新平生最重要的著作之一。《无邪堂答问自叙》曰："无邪堂者，南皮张孝达尚书督粤时，辟广雅书院以课士，而因以名其堂者也。己丑孟冬，余自端溪移主斯院，院规先读书而后考艺，重实行而屏华士，仿古专家之学，分经、史、理、文四者，延四分校主之，而院长受其成焉。诸生人赋以日记册，记质疑问难之语于其中，而院长以次答焉。顾迫于时日，诸生未及遍观也。今年春，分校马君贞榆偕其弟子龙君，约游西樵。三人者，身中无事，纵谈旧闻，连日夕不辍。语次遂及诸生学业，马君谓余，盍作一书以导之？余感其言，而意以为学之成就，视乎其时，非其时而语焉，莫之应也。若辨章学术，以端诸生之趋向，则不佞与有责焉。乃简旧所为答问之辞，辑其稍完整者，而益其所未备，厘为五卷，庸示诸生。"（《清儒学案》卷一八五《朱先生一新》引）

沈乘麐著《韵学骊珠》2卷重刊。

时庸劢著《声谱》2卷、《声说》2卷刊行。

顾振福辑《小学钩沉续编》48种附1种刊行。

王树枬著《尔雅郭注佚存补订》20卷刊行。

卢戆章著《一目了然初阶》刊行（又名《中国切音新字厦腔》），有自序。

按：此为中国最早倡导拼音文字之论著。其《自序》论汉字改革与强国富民之关系，曰："窃谓国之富强，基于格致；格致之兴，基于男妇老幼皆好学识理。其所以能好学识理者，基于切音为字，则字母与切法习完，凡字无师能自读；基于字话一律，则读于口遂达于心；又基于字画简易，则易于习认，亦即易于著笔，省费十余载之光

德国李凯尔特著《先验哲学导论认识的对象》。

美国罗伊斯著《现代哲学的精神》。

德国马克斯·韦伯著《易北河以东德国农业工人的状况》。

英国鲍桑葵著《美学史》。

瑞士湖沼学奠基人A·福雷尔发表论著《日内瓦湖》。

阴,将此光阴专攻于算学、格致、化学,以及种种之实学,何患国不富强也哉?"(《民国学案》第四卷《卢戆章学案》引)

皮锡瑞辑所得《释名补注》,寄王先谦,始作《释京》一篇。

姚振宗著《汉书艺文志条理》8卷、叙录1卷成书。

罗振玉著《新唐书世系表考证》1卷、《唐书艺文志校议》2卷、《三国志证闻校记》3卷、《元和姓纂校勘记》2卷、《佚文》1卷成书。

曾朴辑成《羌无集》,又撰《补后汉书艺文志》1卷、《考证》10卷。

朱纪荣辑《金石全例》汇印刊行。

缪荃孙著《金石分地编》成书。

曾国荃等修《山西通志》(光绪)184卷初刊。

张之洞辑《夷务类要》初稿成。

冯桂芬著《校邠庐抗议》由潘氏敏德堂刻行。

郑观应著《盛世危言》初刊,5卷,有自序及郑藻如序。

按:是书卷数因版本差异而不同,有5卷本、14卷本、8卷本三种。《盛世危言》的书名及内容编排曾屡经改动。最初原名《救时揭要》,于同治十二年(1873)出版;后来增订成上下本三十六篇,改名《易言》,于光绪六年(1880)出版。光绪十八年(1892)复经增补修改,始定名《盛世危言》出版。后又一再增订印行。郑藻如《序》曰:"尝读史盱衡千古,穷究得失盛衰之故。方其厝火未燃,履霜始至,未尝无人焉,识微于未著,见机于将蒙,不惮大声疾呼,痛哭流涕而言之。乃旁观辄病其狂瞽,以为忧盛危明之太过。洎乎朕兆既见,补救无从,则始叹惜为前知之言,未能见用,亦复何及!此吾宗陶斋观察《盛世危言》所由作也。陶斋于余,谊同宗,生同里闬,幼读书知大义,恒以帖括为耻,乃弃去学陶朱术,比同客淞滨,昕夕过从,结为道义交,约以有过相规,有善相辅,沆瀣诚相得也。陶斋乃出其枕秘数册,就正于余。阅之,皆纵论中外情势,商榷古今利弊,旁搜远绍,网罗无遗,有当世贤豪欲言而不知所以言,循谨巽柔之辈知言而不敢尽其所以言者,真所谓大言炎炎,小儒见而咋舌者也。余时适奉调权津关榷政,旋被出使美、日、秘三国之命,草草劳人,久无以报。既瓜代移疾归,养疴田间,人事稍暇,乃出其书悉心正订,间亦参以鄙见,陶斋颇折衷相许。阅既竟,乃璧还原本,并劝其早付手民,出以问世。夫盛衰倚伏之机,即天人相通之故,懦夫俗士往往蒙昧其本原,相与粉饰而委顺之,乃无由收人定胜天之功效,皆坐其不能见机于早也。惟然,而陶斋之书之切直,洞中夫时局之隐微,斯不啻李将军射虎之矢,靡坚不摧,若采而见诸施行,则女娲氏补天之石,不是过也。方今运会中兴,圣明在上,镜外以治中,准今而合古,必能容长沙之忠直,采《治安》之谠论。若能由此书引绪而伸之,触类而长之,人事既工,天心弥眷,安见此日忧危之语,非即后日喜起之先声?则此书实太平之嚆矢,抑亦盛世所亟宜上闻者也。余故乐为之序,而推衍其著书之旨,以广当世士夫之意云。光绪纪元壬辰八月中秋节,同宗兄郑藻如识。"(《盛世危言》卷首)

洪钧著《元史译文证补》30卷约于是年成书。

王先谦著《水经注合笺》40卷成书。

谭献著《董子》16卷成书。

叶德辉辑《鹖子》2卷。

袁枚著《随园三十八种》由勤裕堂排印重刊。

周济著《求志堂存篆编》5种刊行。

左宗棠著《左文襄公书牍》26卷、《左文襄公批札》7卷及《左文襄公文集》5卷、《诗集》1卷刊行。《左文襄公全集》6种至是刊毕。

胡元玉编《东山书院课集》1卷刊行。

金和著《来云阁诗稿》6卷刊行。

陈廷焯著《白雨斋词话》8卷刊行。

陆心源著《仪顾堂题跋续跋》16卷刊行。

徐乃昌辑《积学斋丛书》20种约于是年前后刊毕。

陆心源辑《十万卷楼丛书》第3编汇印刊行,全书至是刊毕。

王灏辑《畿辅丛书》173种1530卷刊行。

汪莱著《衡斋算学遗书合刻》2种重刊。

邹立文与美国传教士狄考文编著《笔算数学》刊行。

吴谦等辑《御纂医宗金鉴》由上海图书集成局刊行。

王士雄著《潜斋医书五种》刊行。

朱沛文著《华洋脏腑图像约纂》刊行。

张振鋆辑《述古斋幼科新书》由上海思求阙斋重刊。

唐宗海著《中西汇通医经精义》成书。

英国传教士李提摩太著《七国新学备要》成书。

董恂卒(1807—)。恂原名醇,后避同治帝讳改恂,字忱甫,号醞卿,又号还读我书室主人,江苏泉水人。道光进士。曾任职总理各国事务衙门,作为全权大臣,与比利时、英国、俄国、美国等国签订通商条约。同治、光绪间官至户部尚书。有评《儿女英雄传》文。著有《楚漕工程》16卷、《江北运程》40卷、《随轺载笔七种》、《甘棠小志》、《荻芬书屋文稿》以及《手订年谱》等近百卷。

王熙震卒(1814—)。熙震字晓风,一字惕庵,四川阆中人。道光十七年考选户曹,初任饭银、现审两处总办,后任宝钞局总办。官至宜昌知府。辞归后,主讲锦屏书院。著有《大戴礼记注》40卷、《后汉书义证》、《惕庵读书志》、《惕庵文集》等。

端木埰卒(1816—)。埰字子畴,江苏江宁人。道光二十六年,以优行贡录用知县,未谒选。因祁隽藻荐,擢内阁中书。光绪十二年,充会典馆总纂。著有《读史法戒录》4卷、《经史粹言》4卷、《金陵文征小传汇刊》2卷、《有不为斋集》6卷、《离骚启蒙》1卷等。事迹见陈作霖《端木侍读传》(《续碑传集》卷二〇)。

阎敬铭卒(1817—)。敬铭字丹初,陕西朝邑人。道光二十五年进士,选庶吉士,散馆,改户部主事。咸丰九年,湖北巡抚胡林翼奏调赴鄂,总司粮台营务。累迁郎中,擢四品京堂。授湖北按察使。同治元年,署布政使。官至山东巡抚。卒赠太子少保,谥文介。辑有《有诸己斋格言丛书》18种等。事迹见《清史稿》卷四三八、《清史列传》卷五八、蔡冠洛《清

西门子卒(1816—)。德国发明家,科学家。

瓦尔特·惠特曼卒(1819—)。美国诗人。

爱德华·奥·弗里曼卒(1823—)。英国历史学家。

J·E·瑞南卒(1823—)。法国语言学家,历史学家。

卡尔·肖莱马卒(1834—)。德国化学家。

植木枝盛卒(1857—)。日本哲学家。

代七百名人传》第一编。

余焕文卒(1825—)。焕文字伟斋,四川巴州人。咸丰二年举于乡,以父病不与会试。十年,中进士,授礼部主事。告归,杜门养母教子。骆秉庄延至署,欲奏辟之,不可,就请督办川北团练。刘蓉抚陕,奏请调其自助,辞之再四,不允,母感其意,命之行。陕乱平,归,筑室山中,聚书数万卷。累主讲宕渠书院、龙山书院。光绪十六年,川督刘秉璋疏荐其卓行,特赏四品卿衔。著有《大中讲义》2卷、《两汉读史论断》2卷、《梦传文钞》8卷、《日记杂录》2卷、《鞭心录》4卷。事迹见《清史列传》卷六七。

按:《清史列传》本传曰:"其学始务博览,三史外,如《通鉴》、《五礼》、《国朝掌故》诸编,下逮顾炎武、王夫之、黄宗羲各集,无不提要钩玄,附以己意,著之简端。晚益嗜宋五子之学,以慎独主敬为体,穷理致知为用。尝图五子像于斋中,颜之曰'默养吾诚',而取程子活泼泼地、谢良佐常惺惺法书楹以自励。读王守仁集,谓知行合一,即《文言》知至至之、知终终之义也。读《李容集》,谓返观内照之说,直认本体,而悔过自新,切实可师,无异程、朱也。"

唐廷枢卒(1832—)。廷枢字景星,又字镜如,广东香山人。曾就学香港马礼逊教育会学堂、英国教会学堂。先后任海关总翻译、英商怡和洋行总买办、轮船招商局总办等。参与创办上海格致书院、襄助上海英华书馆。著有《英译集全》等。

尹湛纳希卒(1837—)。汉名宝衡山,字润亭,蒙古族。幼承家学,终身未入仕途,潜心研究学问。精通蒙、汉、满、藏四种语言。曾继其父撰《大元勃兴青史演义》120回,叙成吉思汗建国以来之故事。又著有《一层楼》、《泣红亭》等小说。

宦懋庸卒(1842—)。懋庸字伯铭,号莘斋,别号碧山野史,贵州遵义人。师事孙衣言,受古文法。同治五年,随表兄官之浙江江山、桐乡、昌化,读书署中,聚书万余卷。光绪元年,至上海,从莫善征课读。著有《莘斋文钞》4卷、《莘斋诗钞》7卷、《备忘录》8卷等。事迹见刘声木《桐城文学渊源考》卷七。

陈廷焯卒(1853—)。廷焯字亦峰,江苏丹徒人。光绪十四年举人。次年应礼部试,落榜而归。一生治诗词,亦潜心医道。为常州词派后期词论家。著有《白雨斋词话》10卷、《白雨斋词存》4卷、《白雨斋诗集》8卷等。

潘蔚卒,生年不详。蔚字伟如,号韡园居士,江苏娄县人。曾任江西巡抚。辑有《韡园医学六种》等。

张彭春(—1957)生。

光绪十九年　癸巳　1893年

美国灭夏威夷王国。

正月初一日乙酉(2月17日),以明年慈禧太后六旬庆辰,诏示本年举行癸巳恩科乡试,明年举行甲午恩科会试。

五月初三日甲申(6月17日),中日订交邮政协定。

八月初二日辛亥(9月11日),溥良奏请修复镇江金山文宗祠。

是月,清廷解除华侨海禁,听任出洋经商,回国治生。

十月二十八日丙子(12月5日),清廷参将何长荣与英国政务司保尔签订《中英会议藏英条款》于大吉岭。

是月,林绍年奏科场舞弊。

十一月十二日庚寅(12月19日),李鸿章于天津总医院附设西医学堂,培养军医人材。

按:是为中国自设医学之始。

张之洞五月命荆宜施道修江陵张文忠公墓。十二月,就原方言商务学堂改办自强学堂,分方言、算学、格致、商务四科。后算学科改在两湖书院讲习,格致、商务两科停办,仅留方言一科,凡英文、法文、俄文、德文四门,故又称方言学堂。是年,在武昌设立织布、纺纱、制麻、缫丝局。

按:《清史稿·选举志二》曰:"至湖北自强学堂,亦之洞创设。初分方言、格致、算学、商务四门。惟方言一斋,住堂肄业,余三斋按月考课。其后算学改归两湖书院教授,格致、商务停课,本堂专课方言,以为西学梯阶。方言分英、法、德、俄四门,亦类似同文馆之学堂也。"

李鸿章因上海机器织布局被焚,十一月初四日派其子李经述赴上海筹划恢复织布局。

康有为主讲之万木草堂增至百余人。秋,康氏与麦孟华同科中举。冬,迁万木草堂于府学宫仰孝祠,并正式挂起"万木草堂"的匾额。以梁启超、陈千秋为学长。是年作《孟子为公羊学考》、《论语为公羊学考》等。

按:康有为《我史》曰:"仍讲学于卫边街,……学者来日众,于时曹泰精思妙悟,徐勤坚苦强毅,以进于成。是岁以梁卓如与陈礼吉充学长焉。旦昼讲学,夕则编书,诸子亦编书焉,书题甚多。撰《三世演孔图》未成。八月,三叔父玉如公卒。著《孟子为公羊学考》、《论语为公羊学考》。"

梁启超是冬讲学于广东东莞,阐发《公羊传》大同义理,与万木草堂弟子韩云台合教。撰《读书分月课程》以训门人。

黄遵宪仍任新加坡领事。请薛福成向朝廷奏开海禁。

孙中山是春遭到澳门葡萄牙殖民主义者的忌恨和刁难,不发给行医执照,被迫改赴广州行医。在广州和石岐开设东西药局,对贫民一概施医赠药。

孙中山、郑士良、尤列、陆皓东、魏友琴、程璧光等在广州南园广雅书局内的抗风轩聚会,倡议组建一个以"驱除鞑虏,恢复华夏"为宗旨的革命团体——兴汉会,由于参加人数少而未果。

谭嗣同是春赴芜湖,旋返武昌。夏,往北京,道经上海,与英国传教士傅兰雅相识,接触西方自然科学等书。

王闿运校改《礼经笺》,始选唐诗排律,十一月抵长沙。

丹麦V. L. P.汤姆森解读突厥文成功。

美国弗雷德里克·杰克逊·特纳开创"边疆学派"。

德国R. 狄塞尔始制狄塞尔内燃机。

德国弗伦克尔用伤寒菌实现人工免疫。

美国亨利·福特制成第一辆电火花点火单缸汽油机汽车。

严复回福建应乡试,又落第。

刘光第在京供职。少交游,避酬应,惟与吏部郎中王抡三甚相得,朝夕过从,谈学论世。而抡三锐志于学,光第许为豪杰之士,至是病故,为文祭之,并表其墓。

郑观应乘江裕轮溯江西上,稽查长江招商局各分局利弊。此行作有《长江日记》。

罗振玉馆山阳邱崧生家。送弟罗振常赴绍兴应试,识越中名宿李慈铭,相与论学。

溥良八月奏请修复镇江金山文宗阁。

文廷式特派充江南乡试副考官。

蔡元培七月抵广州小住,与朱一新等往返。

林旭由金陵返里,领乡荐第一,入都与诸名士交。

黄兴入长沙城南书院肄业。

经元善在上海创设经正书院。

韩国钧任河南乡试同考官,开始研究泰西政治。

林旭随岳父沈瑜庆游武昌,遍识陈宝箴、陈三立、梁鼎芬、蒯光典、屠寄诸人。是春,由鄂回闽,应侯官童子试。

宋恕六月初五日寄《卑议》稿呈正俞樾,俞氏为写《书后》。

黄庆澄访日,途中始撰《东游日记》。

钱恂以盐运使衔分省补用知府,出任湖北自强学堂首任提调、武备学堂提调。任湖北自强学堂提调期间,协助总办蔡锡勇为学堂聘请师资、制定章程、筹措经费、建筑校舍、管理师生、编订教材、组织教学。

王鹏运七月十三日升江西道监察御史。

蔡尔康参与筹建《新闻报》,担任第一任主编,因与董事会意见不合,半年后即退出新闻报馆。

陈万章入万木草堂,师从康有为。

杨昌济入长沙城南书院学习。

徐锡麟入蕺山书院肄业。

容揆开始供职于中国驻美国公使馆,直至1943年去世。

廖平正月辞尊经书院襄校,荐岳森继任。是冬,尊经书院襄校吴之英、岳森均去职,川督仍札委廖平继任。是年,改订三传旧稿《谷梁古义疏》。

杨守敬四月十一日在武昌梁鼎芬家谈戴震、赵一清两家校本《水经注》,十二日、十三日又有两书给梁鼎芬再论此事,并涉及全祖望《水经注》校本问题。

马君武由十二表舅陈智捷介绍,到西门街张善庭家从伍连城先生读书。

八指头陀住南岳,为上封寺住持。

蒋方震在塾学完《左传》、《礼记》、《周易》。与同里张宗祥相识,成莫逆之交。

　　按：蒋方震字百里，号澹宁，浙江海宁人。著有《蒋百里全集》。

杨度始游京师。

王国维三月赴杭州应乡试不中，肄业于杭州崇文书院。

杨锐中举人。

文聘珍任同文馆汉文教习。

日本宗方小太郎二月在汉口创办《汉报》，为日人在中国出版之最早中文日报。

中英商人丹福士等合办之《新闻报》正月在上海创刊，丹福士为总董，延蔡尔康为主笔。

德国驻华公使班德离华。

　　按：班氏是汉学家，光绪元年（1875）来华。著有《中国姑娘和妇女类型素描》、《中国的哲学和官方的儒教》。

俄驻华公使喀西厄伯爵将拉德洛夫的《蒙古古物图志》送至清政府总理各国事务衙门，请求考释和林三唐碑（阙特勤碑、毗伽可汗碑和九姓回鹘爱登里罗汨没蜜施合毗伽可汗圣文神武碑）。为此，沈曾植分别为和林三唐碑作跋。此时，志文贞刚就任乌里雅苏台参赞大臣（1893—1910年在任），他在原碑所在地拓印了一份阙特勤碑拓本赠与妹夫国子监祭酒盛昱。盛昱和沈曾植相继为这套阙特勤碑拓本作跋。

美国传教士芳泰瑞来华传教。

皮锡瑞著《古文尚书疏证辨正》成。又著《经训书院自课文》3卷刊行。

吴光耀著《古文尚书正辞》33卷刊行。

廖平著《郝氏春秋非左辨正》2卷、《生行谱》2卷、《卑大小释例》2卷、《贞悔释例》2卷。

方苞著《方氏左传评点》2卷刊行。

刘霁先著《字湖轩读左比事》、《字湖轩左纬》3卷刊行。

顾震福著《韩诗遗说续考》4卷刊行。

李次山著《诗韵字声通证》7卷刊行。

汪大均著《传经表补正》13卷、《经传建立博士表》1卷辑为《愈妄阙斋所著书》刊行。

黄以周著《礼书通故》100卷刊行。

时庸勋著《听古楼声学十书》二种4卷刊行。

周寿昌著《汉书注校补》56卷刊行。

李有棠辑《辽史纪事本末》40卷、《金史纪事本末》52卷刊行。

钱仪吉辑《碑传集》120卷由黄彭年重加编订由江苏书局刊行。

罗振玉著《再续寰宇访碑录》2卷。又校订长兄罗佩南著《碑别字》5卷。

郑观应将《盛世危言》5卷本87篇增订为14卷200篇。陈炽是年有

英国布拉德雷著《现象与实在》。

英国赫胥黎著《进化论与伦理学》。

法国涂尔干著《社会分工论》。

序,倡言改革。

按：陈炽《序》曰："香山郑陶斋观察著《危言》八卷,吴瀚涛大令以示余。读既竟,爰缀言于简端:西人之通中国也,天为之也,天与中国以复古之机,维新之治,大一统之端倪也。识微见远之君子,观于火器、轮舟、电报、铁路四事而知之矣。……囊拟作《庸书》内外篇,博考旁征,发明此义,薄书鲜暇,卒卒未果。陶斋观察资兼人之禀,负经世之才,综贯中西,权量今古,所著《危言》八卷,淹雅翔实,先得我心。世有此书,而余亦可以无作矣。……癸巳七月瑞金陈炽叙。"(《盛世危言》卷首)

鸿文书局辑《二十五子汇函》刊行。

孙诒让著《墨子间诂》15卷成书,有自序。又著《札迻》12卷成书。

按：孙诒让《墨子间诂自序》曰："汉晋以降,其学几绝,而书仅存,然治之者殊少,故脱误尤不校,而古字古言,转多沿习未改,非精究形声通假之原,无由通其读也。旧有孟胜乐台注,今久不传,近代镇洋毕尚书沅始为之注,藤县苏孝廉时学,复刊其误,创通涂径,多所提正。余昔事仇览,旁搣众家,择善而从,于毕本外,又获见明吴宽写本,顾千里校道藏本,用相勘核,别为写定。复以王观察念孙、尚书引之父子,洪州倅颐煊,及年丈俞编修樾,亡友戴茂才望所校,参综考读。窃谓《非儒》以前诸篇,谊指详焯,毕、王诸家校训略备,然亦不无遗失。《经说》、《兵法》诸篇,文尤奥衍凌杂。检揽旧校,疑滞殊众,研核有年,用思略尽,谨依经谊字例,为之诠释。至于订补《经说》上下篇旁行句读,正《兵法》诸篇之讹文错简,尤私心所窃自喜。以为不缪者,辄就毕本,更为增定,用遗来学。昔许叔重注《淮南王书》,题曰《鸿烈间诂》(据宋椠本《淮南子》及晁公武《读书志》)。间者发其疑忤,诂者正其训释。今于字义多遵许学,故遂用题署。亦以两汉经儒本说经家法,笺释诸子,固后学所睎慕,而不能逮者也。"梁启超《中国近三百年学术史》曰："盖自此书出,然后《墨子》人人可读,现代墨学复活,全由此书导之,古今注《墨子》者,固莫能过此书。"晚清研究《墨子》的著作尚有王闿运的《墨子注》,吴汝纶的《墨子点勘》,曹耀湘的《墨子笺》,孙人和的《墨子六辩疑》,刘师培的《墨子拾补》,陶鸿庆的《读墨子札记》,张纯一的《墨子集解》等。

叶德祥辑《玄中记》2卷。

陈虬著《治平通议》刊行。

陈炽著《庸书》成书,宋育仁作序。

按：宋育仁序曰："陈次亮农部,湛深经世之学,既稽于古,知其本源,久直枢垣,明当世之事,周咨博采,遍历沿海大埠,至香港、澳门,又旁考西书,至于輶轩译语,镜机甄微,感念时变,乃探综古今中外全局,发愤著《庸书》内外百篇。"(《庸书》卷首)

英国传教士艾约翰著《中国的佛教》成书。

章炳麟著《膏兰室札记》4册成书。

王鹏运汇刻《宋元三十一家词》并作跋。

张文虎著《怀旧杂记》3卷刊行。

按：张氏著《覆瓿集》13种至是刊毕。

唐景崧著《得一山房四种》刊行。

樊增祥著《樊山集》续集25种刊行。

黎庶昌著《拙遵园丛稿》6卷刊行。

姚元之著《竹叶亭杂记》8卷初刊。

谭嗣同著《远遗堂集外文续编》成书。

丁宝桢著《丁文诚公奏议》26卷刊行。

按：丁氏著《丁文诚公遗集》始刊于是。

唐景崧著《请缨日记》8卷由台湾布政使署刊行。

薛福成自编出使以来文字为《庸庵子外编》4卷，自序于英伦使馆，邮寄友人为之刊行。

曾纪泽著《曾惠敏公全集》17卷刻成。

戴熙著《习苦斋画絮》刊行。

康有为著《广艺舟双辑》（又名《书院》）刊行。

商务印书馆的编译所编撰《最新国文教科书》第一册刊行。

按：该馆以后陆续出版了算术、历史、地理等教科书。商务印书院成为全国最著名的教科书出版社。南洋书局出版的《蒙学课本》、文明书局出版的《蒙学读本》等教科书逐渐被淘汰。

陆心源辑《宋诗纪事补遗》100卷、《小传补正》4卷刊行。陆氏著《潜园总集》17种约至是刊毕。

黄奭辑《汉学堂丛书》经书85种，律书56种，子史74种刊行，刘富曾作《汉学堂丛书跋》。

徐友兰辑《绍兴先正遗书》4集15种刊毕。

清廷令上海同文书局照《古今图书集成》初刊铜活字原式石印100部，书后附尤松琴《考证》24卷。

华蘅芳著《行素轩算稿》重刊。

徐大椿著《徐氏医书八种》由上海图书集成局刊行。

郑观应著《中外卫生要旨》刊行。

按：是书选辑中外养生及卫生之说而成，书中记载了当时最先进的卫生概念。

华蘅芳、玛高温合译英国地质学家赖尔（即雷侠儿）的《地质学原理》，名为《地学浅释》38卷，由江南制造局刊行。

按：是书最早将自然进化论观念引进了中国。梁启超《读西学书法》说："人日居天地间而不知天地作何状，是谓大陋，故《谈天》、《地学浅释》二书不可不急读。二书原本固为博大精深之作，即译笔之雅洁，亦群书中所罕见也。"

雷浚卒（1814— ）。浚字深之，号甘溪、寓楼，江苏吴县人。同治八年为监生，九年任县学训导。光绪十五年，应江苏布政使黄彭年之聘，任学古堂主讲。十九年，议叙加同知衔。邃于经学，尤精小学。著有《说文外编》16卷、《说文引经例辨》3卷、《韵府钩沉》5卷、《睡余偶笔》2卷、《道福堂诗集》4卷等。事迹见邵曾鉴《雷先生传》、杨岘《雷先生墓志铭》（《说文引经例辨》卷首）。

龙文彬卒（1821— ）。文彬字筠圃，江西永新人。同治四年进士，授吏部主事。光绪元年，充校《穆宗实录》。六年，乞假归。主讲友教、经训、鹭洲、章山、秀水、联珠、莲洲等书院。著有《周易绎说》4卷、《明会要》80卷、《明纪事乐府》300首、《永怀堂诗文钞》10卷等。事迹见《清史列传》卷六七。

弗朗西斯·帕克曼卒（1823— ）。美国历史学家。

让－马丁·夏尔科卒（1825— ）。法国精神病学家。

H. A. 泰纳卒（1828— ）。法国文艺理论家、孔德实证哲学的继承人之一。

西蒙士卒（1840— ）。英国

文学史家。

彼·伊·柴可夫斯基卒（1840— ）。俄国作曲家。

盖·德·莫泊桑卒（1850— ）。法国批判现实主义作家。

贺瑞麟卒（1824— ）。瑞麟字角生，陕西三原人。师从李元春。同治九年创立正谊书院，主讲二十年。学兼体用，精研程、朱之道，集理学之大成。与山西芮城薛于瑛、朝邑杨树椿并称"关中三学正"。同治十三年，学政吴大澂疏荐，加国子监学正衔。光绪十七年，督学柯逢时复以经明行修荐，加五品衔。著有《五子信好录》、《读朱录要》、《养蒙书》、《四忠集》、《三原县新志》8卷、《清麓文钞》23卷等。事迹见《清史列传》卷六七。

按：《清史列传》本传曰："同治元年，关中乱，避地绛州，颠沛之中，仍与于瑛、树椿讲学不辍。乱定归里，知县余赓飏请主学古书院。手定《学要》六则：曰审途，以严义利之辨；曰立志，以大明新之规；曰居敬，以密存养之功；曰穷理，以究是非之极；曰反身，以致克复之实；曰明统，以正道学之宗。……晚辟清麓精舍于泾阳之清凉原，来学者益众。生平以倡复横渠礼教为己任，或延讲古礼，不远千里。"

邓辅纶卒（1828— ）。辅纶字弥之，湖南武冈人。邓厚甫长子。肄业于长沙城南书院，邓显鹤、左宗棠叹为异才。道光二十九年拔贡，咸丰元年中乡试副榜，官浙江候补道。好为韵语，为湘湖派重要学人。著有《白香亭诗文集》。事迹见王闿运《邓弥之墓志铭》（《碑传集补》卷五一）。

洪钧卒（1839— ）。钧字陶士，号文卿，江苏吴县人。同治七年一甲一名进士，授修撰。出督湖北学政，历典陕西、山东乡试。迁侍读，视学江西。光绪七年，历迁内阁学士。十三年出使俄、德、奥、比四国大臣，晋兵部左侍郎。十六年回国，次年以兵部侍郎兼总理各国事务衙门大臣。著作有《中俄交界图》、《元史译文证补》30卷等。事迹见《清史稿》卷四四六、《清史列传》卷五八、蔡冠洛《清代七百名人传》第一编。

王仁堪卒（1849— ）。仁堪字可庄，又字忍庵，号公定，福建闽县人。光绪三年状元，授翰林院修撰。历任武英殿协修、山西学政、会典馆总纂、苏州知府等。著有《王苏州遗书》。事迹见《清史稿》卷四七九、《清史列传》卷七七、《江苏苏州府知府王仁堪传》（《碑传集三编》卷二三）。王孝缉等编有《王苏州年谱》（《王苏州遗书》卷首）。

朱铭盘卒（1852— ）。铭盘字俶侗、日新，号曼君，江苏泰兴人。光绪八年举人。叙知州。师从张裕钊。其学长于史，兼工诗古文。著有《两晋会要》100卷、《宋会要》、《齐会要》、《朝鲜长编》40卷及《桂之华轩诗文集》。事迹见《清史稿》卷四八六。

吴嘉猷卒，生年不详。嘉猷字友如，江苏元和人。曾在苏州阊门城内西街云空阁裱画店当学徒。喜绘画，工于人物肖像。得画家张志瀛指导。曾应征至北京为宫廷作画，画有《中兴功臣图》。返上海后入点石斋书局，为主要画师。1884年申报馆创办《点石斋画报》，以其为主编、主绘。1890年，另创《飞影阁画报》；又创《飞影阁画册》。著有《吴友如画宝》12集。

赖学海卒，生年不详。学海字汇川，号虚州，广东顺德人。终身布衣，曾游幕江苏、浙江、江西。著有《读史解颐》8卷、《读书小见》2卷、《西游漫解》4卷、《述异志》8卷、《虚舟诗草》12卷等。

汤用彤（ —1964）、梁漱溟（ —1988）生。

光绪二十年　甲午　1894 年

正月初三日辛巳(1月8日),朝鲜东学党在全罗道古阜郡拒纳附加税起义。　　　　　　　　　　　　　　　　　　　　　　　　日本寇朝鲜。

二十四日壬寅(3月1日),中英《续议滇缅界务、商务条款》签订。

二月初八日乙卯(3月14日),清驻美公使杨儒与美国国务卿葛礼山在华盛顿签订《中美华工条约》。

四月二十五日辛未(5月29日),太和殿传胪,授一甲张謇、尹铭绶、郑沅分别为翰林院修撰、编修,赐进士及第;二甲吴筠孙、梁士诒、熊希龄等130人赐进士出身;三甲朱绍文等178人赐同进士出身。

二十九日乙亥(6月2日),日本内阁决定出兵朝鲜。

五月初一日丁丑(6月4日),李鸿章接朝鲜政府正式请求"速为代戡"电报。

初三日己卯(6月6日),李鸿章派淮军将领、直隶提督叶志超和太原镇总兵聂士成率部驰赴朝鲜。

初七日癸未(6月10日),以方略馆纂辑《平定陕甘新疆回匪方略》320卷、《平定云南回匪方略》50卷、《平定贵州苗匪纪略》40卷皆全书告竣,诏予出力各员一律奖叙。

六月初四日己酉(7月6日),清廷请求各国干涉,强迫日本从朝鲜撤兵。

初十日乙卯(7月12日),清廷命户部尚书翁同龢、礼部尚书李鸿藻参与枢机。

二十一日丙寅(7月23日),日军占领朝鲜王宫,劫持国王,组织傀儡政府。

二十三日戊辰(7月25日),日舰偷袭北洋海军,中日甲午战争爆发。

二十四日己巳(7月26日),刘永福黑旗军前往台湾,加强防务。

七月初一日乙亥(8月1日),中日同时宣战。

初四日戊寅(8月4日),清廷因余联沅、安维峻参劾,命两广总督销毁康有为《新学伪经考》。

按：谕曰："有人奏,广东南海县举人康祖诒,刊有《新学伪经考》一书,诋毁前人,煽惑后进,于士习文教,大有关系,请饬严禁等语。著李瀚章查明,如果康祖诒所刊《新学伪经考》一书,实系离经畔道,即行销毁,以崇正学而端士习。原片著钞给阅看,将此谕令知之。"寻两广总督李瀚章奏,查明《新学伪经考》,乃辨刘歆之增窜圣经,以尊孔子,并非离经,既经奏参,即饬其自行抽毁,报闻(《清德宗皇帝实录》卷三四四)。

二十六日庚子(8月26日),日朝签订《日韩同盟条约》。

八月十八日壬戌(9月17日),北洋海军与日本舰队在黄海激战。

九月二十二日乙未(10月20日),日军攻占朝鲜义洲。

十月二十五日戊辰(11月22日),日军攻占旅顺。

十一月初七日己卯(12月3日),慈禧六旬庆典,清廷发行9种票面之纪念邮票。

按:是为中国发行纪念邮票之始。

十七日己丑(12月13日),日军攻占海城。

二十四日丙申(12月20日),清廷派户部左侍郎张荫桓、湖南巡抚邵友濂为全权大臣,赴日议和。"留美幼童"梁诚为随员。

是日,孙中山在檀香山建立兴中会,通过《兴中会宣言》,制定《兴中会章程》。

按:《兴中会章程》曰:"本会之设,专为联络中外有志华人,讲求富强之学,以振兴中华,维持团体起见。盖中国今日,政治日非,纲维日坏,强邻轻侮百姓。其原因皆由众心不一,只图目前之私,不顾长久大局。不思中国一旦为人分裂,则子子孙孙世为奴隶,身家性命,且不保乎!急莫急于此,私莫私于此;而举国愦愦,无人悟之,无人挽之,此祸岂能幸免。倘不及早维持,乘时发奋,则数千年声名文物之邦,累世代冠裳礼义之族,从以沦亡,由兹泯灭,是谁之咎?识时贤者,能无责乎?故特联络四方贤才志士,切实讲求当今富国强兵之学,化民成俗之经,力为推广,晓谕愚蒙,务使举国之人皆能通晓。联智愚为一心,合遐迩为一德,群策群力,投大遗艰,则中国虽危,庶可挽救。所谓'民为邦本,本固邦宁'也。"又曰:"本会拟办之事,务须利国益民者方能行之。如设报馆以开风气,立学校以育人材,兴大利以厚民生,除积弊以培国脉等事,皆当惟力是视,逐渐举行,以期上匡国家以臻隆治,下维黎庶以绝苛残,必使吾中国四百兆生民各得其所,方为满志。倘有藉端舞弊,结党行私,或畛域互分,彼此歧视,皆非本会志向,宜痛绝之,以昭大公而杜流弊。"(《孙中山全集》第1卷)

十二月初二日甲辰(12月28日),清廷授湘军首领、两江总督刘坤一为钦差大臣,节制山海关内外各军。

二十一日癸亥(1895年1月16日),清廷命四川提督宋庆、湖南巡抚吴大澂帮办刘坤一军务。

二十八日庚午(1月23日),清廷命云贵总督王文韶充帮办北洋事务大臣。

是年,清廷查点紫禁城所藏《永乐大典》,发现遗失甚多,所存仅800余册。

德国曼利哈发明自动手枪。

德国生理学家马克斯·鲁布纳发现生物能量守衡定律。

张之洞十月奏设湖北纺纱厂和湖北缫丝厂。由湖广总督调署两江总督,兼南洋通商大臣。冬,奏调驻新加坡总领事黄遵宪归国驻江宁洋务局总务,以与法国领事交涉江南五省教案。

张之洞延沈瑜庆为督署总文案兼总筹防局营务处。林旭与柯逢时、袁昶、梁鼎芬、黄遵宪、郑孝胥、叶大庄、陈书、李次玉等皆从沈瑜庆于筹防局,同居金陵幕府,北洋海军部分将领亦依沈至金陵。

康有为与梁启超二月入京会试。又往游广西桂林,撰《分日读书课程表》及《桂学答问》批评古文经学,宣传孔子改制学说,并列举西学书目,作为指导学生阅读中西书籍门径的学术著作。

梁启超二月入京,十月返粤。与汪康年、夏曾佑交往密切。是年,结识张謇。

梁鼎芬应张之洞聘,移主南京钟山书院讲席。

李鸿章以甲午战争期间与军机处、总理衙门、驻外公使及海陆军统领的来往电文给予美传教士林乐知。

按:这些电文以后被编入《中东战纪本末》续编第二、三卷,题名《东征电报》。

李鸿章主办的纶章造纸厂在上海建成投产,是中国第一座用机器生产新闻纸的造纸厂。

李鸿章在直隶创办河北书院,分经史斋与治事斋。治事斋设有西洋算学、方言、格致、律法、制造、商务、水陆兵法、舆地测绘等。四月初三日,第二次校阅北洋海军。十月二十七日,以与日军战败革职留任。

李鸿章创办天津储药施医总医院,天津西医医学馆同时并入该院,成为天津储药施医总医院附设的西医学堂。该学堂的一切费用都从清政府的海防经费中拨付,目的在于专门为清政府培养军医人才。

按:是为当时中国第一所自主创办的西医医院。李鸿章是年奏称:"臣查西洋各国行军,以医官为最要,而救治伤科,直起沉痾,西医尤独擅专长,其学以考求经络,辨别药性为始基,以察脏腑之运行,练临症之法理为进步。其究以调内科之精微,平诸家之同异为极功,非专门名家,历经考试,该国家未能给凭诊治。北洋创办海军之初,雇募洋医分派各舰,为费不赀,是兴建西医学堂,造就人材实为当务之急。"(《李文忠公全集·奏稿》)由马根济的学生林联辉担任该学堂校长,聘请英国医官欧士敦等担任学校的教师,并按照当时西方医学院的标准来设置医学课程。

孙中山正月携《上李鸿章书》从家乡翠亨村回到广州,请陈少白对信做修改。二月,偕陆皓东赴上海,走访郑观应,并结识王韬,找寻投书李鸿章的门径。六月,抵天津,上书李鸿章,条陈变法自强的主张。李鸿章在芦台督师,未加理睬。十月,从上海经日本抵檀香山,以海外为基地,在华侨中宣传革命,开展反清斗争。十一月二十四日,在檀香山创立兴中会,有《兴中会章程》,与会者有何宽、李昌、邓荫南、宋居仁等20余人。

翁同龢五月读康有为《新学伪经考》,访康,未见。六月,命与李鸿藻参与枢机。

容闳于甲日战争后上书张之洞,主张速向英商借一千五百万元,购铁甲三、四艘,顾用外兵5000人,由太平洋袭击日本。此议未采纳。

王先谦任岳麓书院山长,迄光绪二十九年冬,为岳麓书院最后一届山长。

黄遵宪三月将《日本国志》寄巴黎请薛福成作序。十二月奉调回国,任江宁洋务局总办。

薛福成正月与英外相续订滇缅界商务条款,开云南蛮允为商埠。五

法国 A.-E.-J. 耶尔森发现鼠疫杆菌。

月,经新加坡回国,黄遵宪设筵招待。

王闿运八月点校《八代文粹》。十二月,东下欲游说湘军将领,冀其力战致死以雪国耻。与李鸿章谈中日战事。与张之洞谈时政。

章炳麟作《独居记》,后改名《明烛》,收入《訄书》。是年结交夏曾佑。

袁世凯奉召自朝鲜回京,梁如浩随袁归国,委为关内铁路运输处处长,后升北宁铁路总办。

文廷式四月大考翰詹,光绪帝亲擢一等第一名,升授翰林院侍读学士,兼日讲起居注官。七月,与张謇先后往谒翁同龢。又与翰林院丁立钧等35人联衔奏参李鸿章。

汪康年入京应殿试,谒翁同龢,旋出京返鄂;议设中国公会,并至沪与诸名流集议变法自强。

皮锡瑞入都应礼部试,得《新学伪经考》。与文廷式、杨锐、张謇、孙诒让聚宴。

李慈铭将日记70余册交沈曾植,请为刊刻。

蔡元培是春由广东回绍兴,转往北京,应散馆考试,被授翰林院编修。秋,始涉猎译自外国文之书报刊物,并留意世界事物。冬,在李慈铭京寓中任塾师,课其子。李氏病卒,为其校遗著《越缦堂日记》。

罗振玉于秋冬间在淮安与刘鹗相见,因政见相合,被邀至丹徒刘家任塾师。是年撰《新出北宋石经礼记中庸残石跋》。

徐致靖、严修八月分任浙江、贵州学政。

沈曾植与盛昱、黄绍箕因安维峻劾康有为,营救康代。后康氏中式进士,然未得元,沈氏劝其折节往谒座师。

郑观应介绍孙中山给盛宣怀,请盛转荐于李鸿章,并请李鸿章在总理衙门为孙中山办理游学泰西的护照。

王韬因郑观应介绍,识孙中山,为其《上李鸿章书》润色。

萧穆是夏至芜湖,访袁昶于芜湖海关道署。袁欲刊行古人及近人著作中之有益于经世实用之书十数种。先选定西清《黑龙江外纪》及萨英额《吉林外纪》二书,为之校刊,并为作《跋》。

缪荃孙参加大考,原列三等第一名,徐桐等奉命复阅,认为他题词有笔误,改为三等第一百二十三名,遂辞官南归。至江宁谒两江总督张之洞,聘其修《湖北通志》。

陈炽是秋上书刘坤一,陈言军国大计。

宋育仁正月持所作《时务论》往谒翁同龢。是年,任出使英、法、意、比四国公使参赞,考察西方政治、文教及社会习俗。

王照与徐世昌等在京师合办八旗奉直第一号小学堂。

唐才常入两湖书院肄业。

林旭试礼部不售,乃发愤为歌诗。

丘逢甲继续主讲各书院,兼任《台湾通志》采访师。九月,奉旨许督办团练。十一月,团练改称义军,自任全台义军统领,设司令部于台中柏庄,祭旗誓师，驻防台中，兼任筹饷。

邵友濂十月内调，唐景崧升署台抚。

况周颐愤于日本入侵，作词多首。

郑孝胥卸日本神户大阪总领事职，归国。

谭嗣同春、夏在武昌读书。秋，往湖南，至长沙，抵浏阳。致书欧阳中鹄，提议于浏阳设立算术格致馆。冬返湖北，作《三十自纪》。

张伯苓在北洋水师实习，随北洋水师参加黄海战役。

陶成章本年与堂兄陶成玉同在本村陶氏义塾任塾师，于教学之余，习作艺文，揣摩八股，由陶成玉修润。

孙家鼐在中日战事中，赞同李鸿章议。

蒋方震借阅《申报》，首次接触新思想。

刘师培实习诗赋，曾作《水仙花赋》。

刘光第在京供职。中日战争起，他条呈其重且大者呈堂官代奏，遏于堂官不得上；又怂恿相识之御史言之，诸人亦不肯。

蔡尔康接替沈毓桂为《万国公报》华文主笔。

辜鸿铭上书张之洞，力言不可模仿西人，重申《春秋》尊王大义。

王懿荣七月由翰林院日讲起居注官为国子监祭酒。

宋恕二月初一起草《条陈水师学堂事宜禀》。五月二十日，致书张謇，谈及著《子通》事。九月十七日，开始代孙锵鸣阅上海求志书院癸巳冬卷，并代由本年秋季史、掌二斋课题。二十日，王修植来拜访。十月，撰《筹边三策》。十一月初四日，辞差南归。整理《六字课斋津谈》。

志锐上疏万言筹战守之策，并自请募勇设防。受命赴热合练兵。旋因其妹瑾妃、珍妃被贬为贵人，遂被降为乌里雅苏台参赞大臣。

欧阳竟无因甲午战争失败受到刺激，以为理学空疏，汉学死滞，均无补于救世济民，遂转向陆、王。

张謇二月中一甲一名进士，授翰林院修撰。九月，疏劾李鸿章不备，败和局。父丧南归。

王照、熊希龄、李家驹等四月成进士。

按：王照字小航，号水东，直隶宁河人。曾任礼部主事。曾仿照日本假名，取汉字偏旁或部分笔画，拟定"官话拼音字母"。1913年任读音统一会副会长。著有《小航文存》4卷、《水东集》9卷、《读左随笔》1卷、《三体石经时代辨误》2卷等。

江春霖中进士，选庶吉士，授检讨。

孙雄中进士。早年曾从黄元同习《礼记》，服膺许慎、郑玄和惠栋、戴震之学。

冒广生中举人，考官黄叔颂赏其才，选为婿，人称"文字姻缘"。

李瑞清中进士，选翰林院庶吉士。

按：李瑞清字仲麟，号梅盦，又号梅痴，晚号清道人，江西临川人。《清史稿》卷四八六曰："自是为道士装，隐沪上，匿姓名，自署曰清道人，鬻书画以自活。瑞清诗宗汉、魏，下涉陶、谢。书各体皆备，尤好篆隶。尝谓作篆必目无二李，神游三代乃佳。"著有《清道人遗集》4卷。

曹元忠中举人，会试不第，张之洞保试经济特科，未售。

高步瀛中举人。

何启、胡礼垣作《中国宜改革新政论议》。是年，胡礼垣游日本，一度代理中国驻神户领事。

杨度八月应顺天乡试，中式第五十五名举人。

严修八月任贵州学政。

韩国钧十二月奉命代理南阳府镇平县知事。

周寿臣任天津轮船招商局总办。

蔡廷干参与黄海海战，受伤被俘，后被押送至大阪囚禁。

按：《马关条约》签定后，蔡廷干与所有被俘遣返官兵均受革职遣散处分。

马建忠是年上《拟设翻译书院议》，建议设立翻译书院，未被采纳。

按：马建忠说："今之译者，大抵于外国之语言，或稍涉其藩篱，而其文字之微辞奥旨，与夫各国之古文词者，率茫然而未识其名称；或仅通外国文字语言，而汉文则粗陋鄙俚，未窥门径；使之从事译书，阅者展卷未终，触人欲呕。又或请西人之稍通华语者为之口述，而旁听者乃为仿佛摹写其词中所达之意，其未能达者，则又参以己意而武断其间。盖通洋文者不达汉文，通汉文者不达洋文，亦何怪夫所译之书皆驳杂迁讹，为天下识者所鄙夷而讪笑也。"《拟设翻译书院议》一文还对翻译书院的宗旨、学习内容、选拔学员条件、聘请师资标准和译书重点均作了说明，这对当时设立外国语学校、翻译西书乃至翻译事业的发展均有一定的倡导和促进作用（孟昭毅等主编《中国翻译文学史》第二章）。

廖平为古学考，有致康有为信。

廖平门人汪兆麒以县丞分发湖北，廖平因以所著《左传汉义补证》稿全部，《尚书》稿数篇，命兆麒赍呈张之洞。

杨守敬始以《隋书地理志考证》写净本付梓。五月为陈三立作《十三行跋》。

林旭首次进京，应本年恩科会试。落第，回鄂。

安维峻连上六十余疏，弹劾李鸿章误国卖国，被革职。人以"铁汉"目之。

姚文栋在甲午战争后，奉两江总督张之洞之命，至台湾助唐景崧成立的"台湾民主共和国"以抗日。

赵熙授翰林院国史馆编修。

唐文治上《请挽大局以维国运折》，提出变革主张，深得翁同龢、沈曾植欣赏。

杜亚泉肄业于杭州崇文书院。

王国维始知新学。

按：王国维《三十自序一》说："未几而有甲午之役，始知世尚有所谓新学者，家贫不能以赀供游学，居恒怏怏。"（《王国维年谱新编》）

詹天佑被选为英国土木工程学会会员，该学会之有中国会员始此。

谢缵泰设计中国首架飞艇"中国号"，1899年告竣。

曹泰九月为研究道学和佛学，入广东罗浮山访道人。

按：曹泰为康有为十大弟子之一。其治学兴趣在"魂学"。著有《佛教平等》、

《万国公政说》等。

杨文会与李提摩太合作,将《大乘起信论》译成英文,刊布欧洲。是年,日本净土真宗本愿寺在南京特设东文学堂,讲经论佛,杨文会亲撰祝文。此后,他与日本真宗学僧北方心泉、小粟栖、后藤葆真等人就净土法门理论进行论辩,函牍往来,促进中日两国佛教间的学术交流。

八指头陀为上封寺住持。二月初,游长沙浩园,于碧湖赋诗。夏大旱,奉湖南巡抚吴大澂令往黑龙潭求雨,愿以死解民忧。冬,上封寺退院入大善寺。

汪笑侬是年前后正式开始伶界生涯。

成兆才随二合、庆顺、义顺、义合等莲花落班至天津演出。

美国传教士李佳白赴北京,创设高贤堂。每逢礼拜,站立街头,邀民入教。又上书清廷,请以讲农政、尚工艺、通商贾为养民之要,以畏天命、正人心、端学术为教民之本。

美国传教士万卓志来华传教。

美国传教士经熙仪来华传教。

英国人裴令汉三月在天津创办英文《京津泰晤士报》。

法国人顾拜旦在国际奥林匹克运动委员会成立伊始任主席,致书李鸿章,邀中国参加1896年首届奥运会。后中国未参加。

加拿大传教医师马林将美国亨利·乔治著《进步与贫困》中的部分章节节译为《以地租征税论》、《再论以地征租之利》等,分别发表在《万国公报》第71期和第102期。

按:以后又与李玉书合作,以《富民策》、《各家富国策辨》、《地工本三说》、《论地租归公之益》等为题,译出《进步与贫困》中有关土地、劳力、资本和地税归公等章节,发表在《万国公报》第114期、第121期、第122期、第124期、第125期。

皮锡瑞著《九经笺说》、《今文尚书考证》、《孝经吉义》成书;始著《史记引尚书考》。

孙诒让著《周礼三家佚注》1卷刊行。

廖平著《春秋经传汇解》4卷、《春秋比事》4卷、《诗图表》2卷、《王制订本要注》4卷;又命门人季邦俊编《春秋日月时例表》5卷。

吴懋清著《毛诗复古录》12卷首1卷由广州学署刊行。

黄云鹄著《群经引诗大旨》6卷刊行。

谢庭兰著《读尚书隅见》10卷刊行。

王肇晋、王用诰著《论语经正录》20卷刊行。

刘绍攽著《四书凝道录》19卷刊行。

胡垣著《四书通叙次》1卷、《四书通疑似》1卷刊行。

李辀著《大学注释》1卷、《中庸注释》1卷刊行。

朱骏声著《经史答问》4卷刊行。

阮元纂《经籍籑诂》有点石斋石印本。

徐灏著《说文解字注笺》28卷刊行。

恩格斯刊印马克思《资本论》第3卷。

恩格斯写作《法德农民问题》。

列宁出版《什么是"人民之友"以及他们如何攻击社会民主主义者》。

俄国普列汉诺夫著《无政府主义和社会主义》。

德国文德尔班著《历史与自然科学》。

俄国D. B.司徒卢威发表《俄国经济发展问题评述》。

郭庆藩著《说文经字正谊》4卷刊行。

> 按：《续修四库全书总目提要》曰："是书以福州陈寿祺《说文经字考》，虽可补嘉定钱大昕之阙，而时有涉浅易之处，又阙其所不当略者，因博采诸儒训诂，反复更订，逐字详释，不独有裨于小学，亦足以羽翼经传。……然全书精核者为多。盖庆藩嗜古好学，又能深通六书训诂之谊，能集诸家所长，而考证其得失，颇有订讹正误之功，非钞撮蹈袭者比也。书成于光绪二十年，后于《辨证》二年，盖所以补《辨证》之未备，可见其钻仰之勤矣。"

吴锦章著《字学寻原》3卷刊行。

王锡祺辑《小方壶斋舆地丛钞补编》由上海茗易堂刊行。

郭庆藩著《庄子集释》24卷刊行。

孙诒让著《墨子间诂》属吴门梓人毛翼庭以聚珍版印行300册，所著《札迻》12卷亦刊行。

康有为著《桂学答问》1卷。

王文韵辑《牧民宝鉴》7种刊行。

岳森著《癸甲襄校录》5卷由尊经书局刊行。

> 按：岳森字林宗，四川南江人。拔贡生，考取景山官学教习，未及叙官而殁。王闿运弟子。另著有《考工记考证》、《说文举例》、《蜀汉地志》。

方东树著《考槃集文录》12卷刊行。

> 按：方氏著《方植之全集》13种及《年谱》至是刊毕。

薛福成著《出使奏疏》2卷刊行。

沈敦和著《日本师船考》由江南水师学堂刊行。

> 按：这是甲午战争前中国研究日本海军之重要著作。

雷浚著《道福堂诗集》4卷刊行。

丁宝桢著《丁文诚公遗集》2种刊毕。

陈作霖编《金陵续诗征》成书。

杨绍和著《楹书隅录》10卷、《楹书隅录续编》4卷刊行。

陈廷焯著《白雨斋词话》8卷初刊。

谭嗣同著《秋雨年华之馆丛脞书》和《莽苍苍斋诗》。

韩邦庆著《海上花列传》64回刊行。

梅痴生著《玉燕姻缘全传》77回成书。

英国传教士李提摩太译《百年一觉》由上海广学会刊行。

吴大澂著《权衡度量实验考》。

张璐等著《张氏医书七种》由上海图书集成局重刊。

罗定昌著《中西医粹》4种刊行。

汪康年辑《振绮堂丛书》第二集12种刊行。

《古今图书集成》第三次由上海同文书局承办，印成影印本100部。

美国传教士赫士与朱葆琛合译《光学揭要》刊行。

J. V. 杜罗伊卒(1811—)。法

涂宗瀛卒(1812—)。宗瀛号朗轩，安徽六安人。初从廷栋讲学，为刊遗集，以理学称。以举人铨江苏知县。曾国藩督两江，檄主军糈，累保

授江宁知府。同治九年,擢苏松太道。明年,迁湖南按察使。光绪三年,拜广西巡抚。苗、瑶、倮儸獷悍梗化,檄所属广建学塾,刊《孝经》、小学诸书,使之诵习;又自撰歌词以劝诫之。七年,调湖南巡抚。事迹见《清史稿》卷四四八。

孙衣言卒(1815—)。衣言字劭闻,号琴西,一作勤西,晚号逊学叟、逊学老人,浙江瑞安人。道光三十年进士,选翰林院庶吉士。咸丰初,授编修,入值上书房。同治四年,主讲杭州紫阳书院,与钱泰吉游。十一年,授安徽按察使。十三年,署布政使衔。光绪元年,授湖北布政使。次年,调江宁布政使。五年,召为太仆寺卿。曾建玉海藏书楼。著有《逊学斋文钞》12卷、《逊学斋文续抄》5卷、《逊学斋诗抄》10卷、《逊学斋诗续抄》5卷。事迹见姚永朴《孙太仆家传》(《碑传集补》卷七)。

刘赶三卒(1817—)。赶三名宝山,字韵卿,号兰轩,直隶天津人。初为天津群雅轩票房票友,学张二奎演老生。后至北京,拜郝兰田为师,学老生、老旦及丑角戏,以丑角戏为本工。擅长演《请医》、《绒花记》、《拾玉镯》、《普球山》、《探亲》、《思志诚》等戏,尤其擅演丑婆子。弟子有罗寿山等。

张裕钊卒(1823—)。裕钊字濂卿,一作廉卿,号濂亭,湖北武昌人。曾入曾国藩幕,与黎庶昌、吴汝纶、薛福成称曾门四弟子。咸丰元年举人,考授内阁中书。中年以后,主讲金陵文正、江汉、经心、鹿门及保定莲池书院。晚客西安将军所。著有《今文尚书考纪》、《左氏服贾注考证》、《濂亭文集》8卷、《濂亭遗文》5卷、《濂亭遗诗》2卷等。事迹见《清史稿》卷四八六、蔡冠洛《清代七百名人传》第五编、夏寅官《张裕钊传》(《碑传集补》卷五二)。

按:《清史稿》本传曰:"裕钊文字渊懿,历主江宁、湖北、直隶、陕西各书院,成就后学甚众。尝言:'文以意为主,而辞欲能副其意,气欲能举其辞。譬之车然,意为之御,辞为之载,而气则所以行也。欲学古人之文,其始在因声以求气,得其气,则意与辞往往因之而益显,而法不外是矣。'世以为知言。"

李慈铭卒(1830—)。慈铭原名模,字式侯,改名慈铭,字㤅伯,号莼客,别署霞川花隐生、花隐生,晚号越缦老人,浙江会稽人。诸生,入赀为户部郎中。至都,即以诗文名于时。大学士周祖培、尚书潘祖荫引为上客。光绪六年进士,补户部江南司资郎。十六年,补山西道监察御史。遇事建言,不避权贵。大臣则纠孙毓汶、孙楫,疆臣则纠德馨、沈秉成、裕宽,数上疏,均不报。著有《十三经古今文义汇正》、《说文举要》、《音字古今要略》、《越缦经说》、《后汉书集解》、《北史补传》、《历史论赞补正》、《历代史剩》、《闰史》、《唐代官制杂钞》、《宋代官制杂钞》、《元代重儒考》、《明谥法考》、《南渡事略》、《国朝经儒经籍考》、《军兴以来忠节小传》、《绍兴府志》、《会稽新志》、《越缦堂读书录》、《越缦笔记》、《湖塘林馆骈体文钞》2卷、《越缦堂文集》10卷、《越缦堂诗初集》10卷、《越缦堂诗续集》10卷、《越缦堂词录》2卷、《白华绛跗阁诗》10卷、《越缦堂读史札记》30卷、《越缦堂日记》、《柯山漫录》、《孟学斋古文内外篇》等。事迹见《清史稿》卷四八六、蔡冠洛《清代七百名人传》第五编、平步青《掌山西道监察御史督理街道李君莼客传》(《碑传集补》卷一〇)。

国历史学家。

詹姆斯·安·弗劳德卒(1818—)。英国历史学家。

安东·鲁宾斯坦卒(1829—)。俄国作曲家,钢琴家。

皮尔逊卒(1830—)。英国历史学家。

海因里希·鲁道夫·赫兹卒(1857—)。德国物理学家。

按:《清史稿》本传曰:"慈铭为文沉博绝丽,诗尤工,自成一家。性狷介,又口多雌黄。服其学者好之,憎其口者恶之。日有课记,每读一书,必求其所蓄之深浅,致力之先后,而评骘之,务得其当,后进翕然大服。著有《越缦堂文》十卷,《白华绛跗阁诗》十卷,《词》二卷,又日记数十册。弟子著录数百人,同邑陶方琦为最。"

陆心源卒(1834—)。心源字刚父,号存斋,晚号潜园老人,浙江归安人。与同郡姚宗谌、戴望、施补华、俞刚、黄宗羲、凌霞以古学相切劚,时有七子之目。咸丰九年举人。官至福建盐运使。生平酷爱异书,收藏多宋、元善本。构建皕宋楼、守先阁、仪顺堂、十万卷楼等,聚书15万卷。死后其子将书出售给日本静嘉堂文库。著作有《群书校补》100卷、《宋史翼》40卷、《金石粹编续》200卷、《金石学补录》4卷、《穰梨馆过眼录》40卷、《唐文拾遗》80卷、《唐文续拾》16卷、《宋诗记事补遗》100卷、《小传补正》4卷、《元党人传》、《仪顾堂文集》20卷、《仪顾堂题跋》16卷、《仪顾堂续跋》16卷、《皕宋楼藏书志》120卷、《续志》4卷、《吴兴金石记》16卷、《吴兴诗存》40卷、《归安县志》48卷、《三续疑年录》10卷等,合署为《潜园总集》940卷。事迹见《清史稿》卷四八六、蔡冠洛《清代七百名人传》第四编、缪荃孙《二品顶戴记名简放道员前广东高廉兵备道陆公神道碑铭》(《碑传集补》卷一九)。

薛福成卒(1838—)。福成字叔耘,号庸庵,江苏无锡人。曾门四弟子之一。以副贡生参曾国藩戎幕,积劳至直隶州知州。十年,授宁绍台道。十四年,除湖南按察使。十五年,改三品京堂,出使英、法、意、比四国大臣,历光禄、太常、大理寺卿,留使如故。著有《庸庵文编》4卷、《续编》2卷、《外编》4卷、《海外文编》4卷、《筹洋刍议》1卷、《浙东筹防录》4卷、《出使日记》16卷、《出使奏疏》2卷、《出使公牍》4卷、《庸庵随笔》10卷,汇为《庸庵全集十种》。又有《幕府古文书牍》、《东西洋地志》诸稿,藏于家。事迹见《清史稿》卷四四六、《清史列传》卷五八、蔡冠洛《清代七百名人传》第一编、夏寅官《薛福成传》(《碑传集补》卷一三)。

按:《清史稿》本传曰:"福成好为古文辞,演迤平易,曲尽事理,尤长于论事纪载。著有《庸庵文编》、《笔记》、《海外文编》、《出使英法义比日记》、《浙东筹防录》。"《清儒学案》卷一七七《薛先生福成》曰:"先生之学,初私淑阳明,以收敛身心为主。自师事文正,学识日充,凡历史、掌故、山川、险要以至兵机、天文、阴阳、奇遁之书,靡不钩稽讲贯,洞然于心。治古文不拘宗派,要以畅达真挚为主。"

朱一新卒(1846—)。一新字蓉生,号鼎甫,浙江义乌人。肄业于诂经精舍。光绪二年进士,改庶吉士,散馆,授翰林院编修。十一年,任湖北乡试副考官,转陕西监察御史。应张之洞聘,主肇庆端溪书院、广州广雅书院。著有《汉书管见》4卷、《京师坊巷志》2卷、《佩弦斋诗文存》8卷、《无邪堂答问》5卷、《诗古文词杂著》8卷等。另有康有为编《朱一新论学文存》行世。事迹见《清史稿》卷四四五、《清史列传》卷六九、蔡冠洛《清代七百名人传》第四编、金武祥《陕西道监察御史朱君传》(《续碑传集》卷一九)。

按:《清史稿》本传曰:"张之洞督粤,建广雅书院,延为主讲。一新博极群书,洞知两汉及宋、明诸儒家法,务通经以致用。诸生有聪颖尚新奇者,必导而返诸笃实正韩邦庆卒(1856—)。邦庆初名三庆,改名邦庆,又名奇,字子云,号太仙,又号花也怜侬,亦署太一山人,江苏华亭人。屡应乡试,皆不第。寓居上海,卖文为生。光绪十八年,创办纯文学杂志《海上奇书》。著有《太仙漫稿》及狭邪小说《海上花列传》。

胡先骕(—1968)、吴宓(—1978)生。

光绪二十一年　乙未　1895年

正月初七日己卯(2月1日),日本全权代表伊藤博文、陆奥宗光借口中国代表张荫桓、邵友濂全权不足,拒绝谈判。

朝鲜爆发"乙未之变"。

十八日庚寅(2月12日),北洋水师在威海卫全军覆没。提督丁汝昌拒降自杀。

十九日辛卯(2月13日),清廷命李鸿章为全权大臣,与日本议和。伍廷芳、罗丰禄、马建忠为参事官,"留美幼童"林联辉为随行医生。

二十七日己亥(2月21日),孙中山在香港成立兴中会总部。

三月二十三日甲午(4月17日),李鸿章在日本签订中日《马关条约》,台湾和辽东半岛割让给日本。

按:《马关条约》是自第一次鸦片战争以来中国割地赔款最多、丧权辱国最为严重的不平等条约。

二十八日己亥(4月22日),梁启超等联合上书反对签订《马关条约》。

二十九日庚子(4月23日),俄国、德国、法国驻日公使照会日本,要求日本放弃辽东半岛。

四月初八日己酉(5月2日),康有为联合18省举人1300人上书光绪帝,反对签订《马关条约》,史称"公车上书"。

按:郑大华《晚清思想史》第四章《救亡呼唤变法》说:"上书虽因投降派和顽固派的破坏而流产,没有转呈到光绪帝手中,亦未能阻止《马关条约》的签订,但大批举人的这次上书请愿,则创'清朝二百余年未有之大举',标志着早期维新思潮与爱国救亡运动相联系,发展成了维新变法思潮,并产生了广泛的影响。上书被广泛传抄印刷,流传很广,人们从中'亦渐知天下大局之事,各省蒙昧启辟,实起点于斯'。此后,社会上要求维新变法的呼声日渐高涨,康有为亦从此确立了维新变法运动领袖的地位。"

二十四日乙丑(5月18日),清廷命李经方为特派全权委员,与日商办交割台湾事件。

二十五日丙寅(5月19日),太和殿传胪,授一甲骆成骧、喻长霖、王龙文分别为翰林院修撰、编修,赐进士及第;二甲萧荣爵、康有为等100人赐进士出身;三甲文同书等179人赐同进士出身。

二十七日戊辰(5月21日),台湾士绅丘逢甲等以全体居民之名义,发布《台湾民主国独立宣言》。台湾民主国在台北宣告正式成立,推唐景崧为总统,国号"永清",以蓝地黄虎图案为国旗。

五月初五日乙亥(5月28日),四川成都民众因端午节与英、美传教士冲突,引发成都教案。

二十五日乙未(6月17日),日本于台北设立台湾总督府。

闰五月十四日甲寅(7月6日),清廷与沙俄订立《四厘借款合同》。

按:该借款为俄、法合借,故称"俄法借款"。是为甲午战争后,清政府大借外款之始。

六月十一日庚辰(8月1日),福建古田县民众焚毁教堂,引发古田教案。

二十日己丑(8月10日),总理各国事务衙门奏设东(日)文学堂。

二十七日丙申(8月17日),康有为、梁启超等在北京组织强学会,参与及赞助者有翁同龢、孙家鼐、李鸿藻、张之洞、王文韶、宋庆、聂士成、袁世凯、文廷式、杨锐、徐世昌等。

八月二十四日壬辰(10月12日),英国传教士李提摩太晤翁同龢,提出对中国实施国际共管之"新政策"。

是月,命福建、两广督抚招来华侨创办各省船械机器局。

九月二十一日戊午(11月7日),陆皓东、丘四、朱贵全被清廷杀害,兴中会广州起义失败。

十月二十二日己丑(12月8日),袁世凯在天津小站督练"新建陆军"。时张之洞在南京练"自强新军"。

十一月十八日甲寅(1896年1月2日),康有为在上海创办《强学报》,以孔子生辰纪年。

是月,北京、上海等地强学会相继被清廷查封。

十二月初六日壬申(1月20日),谕曰:"御史杨崇伊奏,京官创设强学书院,植党营私,请旨严禁一折,据称近来台馆诸臣,于后孙公园赁屋,创立强学书院,专门贩卖西学书籍,并钞录各馆新闻报,刊印《中外纪闻》,按户销售。犹复藉口公费,函索外省大员,以毁誉为要挟,请饬严禁等语。著都察院查明封禁,原折钞给阅看,将此谕令知之。"(《清德宗皇帝实录》卷三八一)。

按:梁启超《戊戌政变记》曰:"此会所办之事为五大端:一译东西文书籍,二刊布新报,三开大图书馆,四设博物仪器院,五建立政治学校。我国之有协会、有书社,自此始也。"(中国史学会主编《戊戌变法》第一册)

初九日乙亥(1月23日),御史陈其璋奏请整顿同文馆,命该衙门议奏。

按:陈其璋奏曰:"伏思都中同文馆,为讲求西学而设,学生不下百余人,岁费亦需巨万两,而所学者只算术、天文及格国语言文字。在外洋只称为小中学塾,不得称为大学堂。且自始至终,虽亦逐渐加巧,仍属有名无实。门类不分,精粗不辨,欲不为外洋所窃笑也难矣!计自开馆以来,已历三十余年,问有造诣精纯,洞悉时务,卓为有用之才乎？所请之洋教师，果确知其教法精通，名望出众，为西国上等人乎？授受之法，固不甚精，而近年来情弊之多，尤非初设馆时可比。向章有月考，有季考，立法尚严，今则洋教师视为具文，并不悉心考校，甚至瞻徇情面，考列等第，不尽足凭，但论情谊之浅深，不论课艺之优劣。学生等平时在馆，亦多任意酣嬉，年少气浮，从不潜心学习。间有聪颖异人者，亦只剽窃皮毛，资为谈剧。及至三年大考，则又于洋教师处先行馈赠，故作殷勤，交通名条，希图优等。总其事者不精于此，其能不受人欺朦乎？方今时局多艰，作育人才，尤为急务，可否请旨饬下总理各国事务衙门，将同文馆认真整顿，仿照外洋初等、中学、上学办法，限以年岁为度，由粗及精，以次递进，倘年岁逾限，而技艺未精，语言文字尚未熟悉者，立即撤回，不准徇情留馆，虚縻膏火经费。近闻新换之洋教师，甚属认真，有令学生加进功夫，另添门类之意。应即令教师另订章程，于天文、算学、语言文字之外，择西学中之最要者，添设门类，俾学生等日求精进，逐渐加功，庶经费不致虚縻，而人才可冀蔚起矣。"（《皇朝蓄艾文编》卷一四）

十九日乙酉（2月2日），张之洞奏设南京陆军学堂并附设铁路学堂。

二十二日戊子（2月5日），总理各国事务衙门有《奏覆书局有益人才请饬筹议以裨时局折》。

二十四日庚寅（2月7日），总理各国事务衙门奏派学生出洋片。

按：奏曰："近来交涉日繁，需材益众，臣衙门同文馆延请各国教习，俾该学生学习语言文字。溯自开馆以来，学有成就者尚不乏人，第恐限于见闻，未能曲尽其妙。臣等公同斟酌，拟于英法俄德四使馆，各拨学生四名，分往学习语言文字算法，以三年为期，责成出使大臣，严为稽核。"（朱有瓛《中国近代学制史料》第一辑上册）

是年，命访求奇才异能，精天文、地舆、算法、格致、制造学者。

孙中山一月由檀香山到香港，与郑士良、陆皓东、陈少白等人商议，联合革命志士，扩大兴中会组织。二月二十一日，在香港成立兴中会总机关。并修订《兴中会章程》。二月下旬后，偕陆皓东、郑士良等到广州，建立兴中会分会，积极准备反清武装起义。十月，举行广州起义，因谋事不密而失败，陆皓东、朱贵全、丘四等殉难。脱险后，被清廷通缉，经香港逃亡日本。十一月中旬，在横滨成立兴中会分会。随后前往檀香山。是月，断发弦，改服装。

按：孙中山在海外流亡，先后去过日本、美国、英国。在英国曾被清驻英公使馆诱捕，经英国友人营救才化险为夷，事后作有《伦敦蒙难记》。

孙中山在广州创办农学会，曾邀康有为、陈千秋、梁启超等人加入，康有为未同意。

孙中山至美国檀香山时，以孙逸仙的名字进行登记，并请在旧金山当总领事的欧阳庚为其作保。欧阳庚不仅为其作保，还将表弟廖仲恺介绍给孙中山做助手。事后清廷追查此事，欧阳庚以不知道孙逸仙即是孙文加以掩饰。

按：1902年，清廷派钦差梁诚来处理此案，梁诚本是欧阳庚同学之子，他们几经磋商，终于谈妥：把保孙逸仙入美国一事说成是洪门大哥所办，与欧阳庚无关；作为交换条件，则把追回庚子赔款，办清华学堂之事算在梁诚的份上。这样，梁诚在清廷

法国彭加勒提出同调概念，开创代数拓扑学。

德国威廉·康拉德·伦琴发现X射线（伦琴射线）。

德国奥斯特瓦尔德提出"唯能论"。

荷兰洛伦兹创立运动物体的电磁光学研究。

中保欧阳庚无事,也得到了建立清华学堂的一功,而欧阳庚则无过也无功。

　　康有为与其弟康广仁在广东提倡不缠足,进而创立"粤中不缠足会",由康有为女儿康同微、康同璧参加主持,现身说法,宣讲女子缠足之害和不缠足之好处。

　　康有为正月在广西桂林景风阁讲学。二月,返粤,偕梁启超、麦孟华等入京会试。四月,有《上清帝第二书》,请求拒和、迁都、练兵、变法,即"公车上书"。同月,成第八名进士,授工部主事,正考官为徐桐,副考官为李文田。五月初五日,被引见,授工部虞衡司主事,迄未到职。二十九日,有《上清帝第三书》,提出变法的具体步骤,以及自强雪耻四策:富国、养民、教士、练兵。光绪帝阅后表示赞许。闰五月初八日,有《上清帝第四书》,正式提出"设议院以通下情"的政治主张,被阻未达。

　　按:康有为在"公车上书"中,曾建言立"道学"一科,以挽救"人心之坏",抵御"异教"的诱惑。他说:"然近日风俗人心之坏,更宜讲求挽救之方。盖风俗弊坏,由于无教。士人不励廉耻,而欺诈巧滑之风成;大臣托于畏谨,而苟且废弛之弊作。而《六经》为有用之书,孔子为经世之学,鲜有负荷宣扬,于是外夷邪教得起而煽惑吾民。直省之间,拜堂棋布,而吾每县仅有孔子一庙,岂不可痛哉!今宜亟立道学一科,其有讲学大儒,发明孔子之道者,不论资格,并加征礼,量授国子之官,或备学政之选。其举人愿入道学科者,得为州、县教官。其诸生愿入道学科者,为讲学生,皆分到乡落,讲明孔子之道,厚筹经费,且令各善堂助之。并令乡落淫祠,悉改为孔子庙,其各善堂、会馆俱令独祀孔子,庶以化导愚民,扶圣教而塞异端。其道学科有高才硕学,欲传孔子之道于外国者,明诏奖励,赏给国子监、翰林院官衔,助以经费,令所在使臣领事保护,予以凭照,令资游历。若在外国建有学堂,聚徒千人,确有明效,给以世爵。余皆投牒学政,以通语言、文字、测绘、算法为及格,悉给前例。若南洋一带,吾民数百万,久隔圣化,徒为异教诱惑,将沦左衽,皆宜每岛派设教官,立孔子庙,多领讲学生分为教化。将来圣教施于蛮貊,用夏蛮夷,在此一举。且借传教为游历,可调夷情,可扬国声,莫不尊亲,尤为大义矣。"(谢遐龄编选《变法以致太平:康有为文选》,上海远东出版社1997年版。)

　　康有为、梁启超、陈炽等六月在北京创办《万国公报》双日刊,因与上海《万国公报》同名,自十一月第40期始改名《中外纪闻》。由梁启超、麦孟华等编撰,旨在广开知识,宣传变法,日送千份予朝宦贵人。十二月,遭封禁。

　　按:梁启超在给夏穗卿的信中曾指出:"弟在此新交陈君次亮炽,此君由西学入,气魄绝伦,能任事,甚聪明,与之言,无不悬解,洵异才也。"(丁文江等编《梁启超年谱长编》)

　　康有为、梁启超与支持变法的翰林院侍读学士文廷式等七月在北京发起成立强学会,以《中外纪闻》为会刊,附设强学书局,梁启超、汪大燮任主笔。举户部郎中陈炽为提调,梁启超为书记,会员有杨锐、沈曾植、江标、袁世凯、徐世昌、丁立钧、王鹏运等数十人,得翁同龢、孙家鼐支持。袁世凯捐银五百两为经费。张之洞、刘坤一、王文韶等各捐银五千两,李鸿章欲捐二千两并申请入会遭拒。李鸿章侄、曾纪泽子、翁同龢侄孙皆与之。十一月,正式开办。十二月,为御史杨崇伊所劾,请饬严禁。北京强学会被取缔。张之洞随即查封上海强学会,《强学报》被停办。

按：梁启超《莅北京大学校欢迎会演说辞》论述强学会的性质和成立沿革情形曰："时在乙未之岁,鄙人与诸先辈,感国事之危殆,非兴学不足以救亡,乃共谋设立学校,以输入欧、美之学术于国中。惟当时社会嫉新学如仇,一言办学,即视同叛逆,迫害无所不至,是以诸先辈不能公然设立正式之学校,而组织一强学会,备置图书仪器,邀人来观,冀输入世界之智识于我国民,且于讲学之外,谋政治之改革,盖强学会之性质,实兼学校与政党而一之焉。在今日固视为幼稚之团体,然在当时风气未开之际,有闻强学会之名者,莫不惊骇而疑有非常之举。此幼稚之强学会,遂能战胜数千年旧习惯,而一新当时耳目,具革新中国社会之功,实亦不可轻视之也。……迄乙未之末,为步军统领所封禁,所有书籍仪器,尽括而去,其中至可感慨者,为一世界地图,盖当购此图时,曾在京师费一二月之久,遍求而不得,后辗转托人,始从上海购来。图至之后,会中人视同拱璧,日出求人来观,偶得一人来观,即欣喜无量,乃此图当时封禁,亦被步军统领衙门抄去,今不知辗转落在何处矣。及至戊戌之岁,朝政大有革(新)之望,孙寿州先生本强学会会员,与同人谋,请之枢府,将所查抄强学会之书籍仪器发出,改为官书局,嗣后此官书局即改为大学校,故言及鄙人与大学校之关系,则以大学校之前身为官书局,官书局之前身为强学会,则鄙人固可为有关系之人。"(《饮冰室合集》文集之二十九)

康有为九月离京南下上海,与黄遵宪纵谈天下事。十月,抵江宁,说张之洞开强学会上海分会,张氏颇以此自任,并允提供经费,惟劝其弃孔子改制之说。同月,偕张之洞幕僚梁鼎芬自江宁抵沪,发起成立强学会上海分会。梁鼎芬奉张之洞命,电约张謇入会,江浙名士陈三立、汪康年、黄遵宪、章炳麟等皆与之,列名会籍尚有黄体芳、屠仁守、黄绍箕、蒯光典、张謇、邹代钧、志钧、龙泽厚等人。十一月,发刊《强学报》,徐勤任主笔。

康有为、梁启超等创办的强学会中设有"书藏",陈列图书,供众阅览。"书藏"的主要任务是启迪民智,开放对象为一般民众,已具有中国现代图书馆的雏形。

梁启超在京始交陈炽、谭嗣同、杨锐、张元济、夏曾佑等。五月,晤翁同龢。九月,为李提摩太文案。是年,会试再次不售,主考官为徐桐,副考官是李文田、唐景崇。是年,拟辑印《经世文新编》,未果。

按：《任公先生大事记》曰："乙未会试,副总裁李文田,得先生卷大赏之,其后以额满落第。或曰正总裁徐桐疑为康南海卷,故抑之,不知确否。李题其卷末曰:还君明珠双泪垂,恨不相逢未嫁时。先生极敢之。翌年李归道山,先生挽之。"(《梁启超年谱长编》)

张之洞正月采访两江忠义669人,奏请旌表。十月,于江宁晤康有为,荐汪康年主上海强学会,并派幕僚梁鼎芬、黄绍箕随往。十一月,以《强学报》用孔子纪年,不悦,电属勿办。是月,奏请编练自强军,又奏请修筑沪宁路及举办邮政。十二月,创设储才学堂、陆军学堂、铁路学堂。是年,先后奏荐于荫霖、陈宝琛、梁鼎芬、赵尔巽、袁世凯、黄体芳、孙葆田、黎庶昌、黄遵宪、袁昶等,并召容闳从美国归国。

按：《清史稿·张之洞传》曰："二十一年,中东事棘,代刘坤一督两江,至则巡阅江防,购新出后膛炮,改筑西式炮台,设专将专兵领之。募德人教练,名曰'江南自强军'。采东西规制,广立武备、农工商、铁路、方言、军医诸学堂。"

陈宝箴八月被任命为湖南巡抚,江标为学政。两人在湖南积极推行新政。

按:陈寅恪《戊戌政变与先祖先君之关系》论述陈宝箴的变法宗旨曰:"盖先祖以为中国之大,非一时能悉改变,故欲先以湘省为全国之模楷,至若全国改革,则必以中央政府为领导。当时中央政权实属于那拉后,如那拉后不欲变更旧制,光绪帝既无权力,更激起母子间之冲突,大局遂不可收拾矣。"(《陈寅恪史学论文选集》,上海古籍出版社1992年版)谭嗣同《与徐仁铸书》说:"方江学政之至也,谤者颇众。及命题喜牵涉洋务,所取之文,又专尚世俗所谓怪诞者拔为前茅,士论益哗。至横造蜚语,箍构震撼,而江学政持之愈力,非周知四国之士,屏其弗录,苟周知四国,或能算学、方言一技矣,文即至不通,亦然首举之。士之终莫能恫喝,而己之得失切也,乃相率尽弃其俗学,虚其心以勉为精实,冀投学政之所好,不知不觉,轩然簌然,变为一新。虽在僻乡,而愚昧瞀虚骄之论,亦殆几绝矣。"(《谭嗣同全集》)

汪康年以张之洞荐,与康有为自江宁移家迁沪。

严复作《论世变之亟》、《原强》、《辟韩》、《救亡决论》等政论,刊载于天津《直报》,鼓吹变法维新和救亡图存。并翻译赫胥黎《天演论》。

按:这四篇文章是严复一生中所写的最重要的论文,是他的代表作。第二年梁启超在上海办《时务报》时,又将《原强》、《辟韩》等文重登。

又按:严璩《侯官严先生年谱》曰:"自去年(1894)夏间中东构衅,海军既衄,旅顺、大连湾、威海卫以次失守。至是年,和议始成,府君大受刺激。自是专致力于翻译著述。先从事于赫胥黎之《天演论》,未数月而脱稿。桐城吴丈汝纶,时为保定莲池书院掌教,过津来访,读而奇之。为序,劝付剞劂行世。"蔡元培在1923年写的《五十年来中国之哲学》中说:"五十年来,介绍西洋哲学的,要推侯官严复为第一。"(《蔡元培全集》第四卷)贺麟在1945年写的《当代中国哲学》中说:"谈到介绍西方哲学,大家都公认严几道是留学生中与中国思想界发生关系的第一人。"(辽宁教育出版社1989年版)

谭嗣同是春在武昌与唐才常、刘淞芙等研究学问,交流维新变法思想。九月由武昌往浏阳,与欧阳中鹄商讨组织算学社,以育人才。十月因科举考试事北上至北京,始交梁启超、黄遵宪、严复、徐致靖、文廷式、翁同龢诸人。又自称康有为私淑弟子。十月下旬由湖南至武昌,草拟《浏阳算学馆章程》。十月在湖北办李玉成诈骗案,得罪权贵。

袁世凯六月谒翁同龢。在此前后频访康有为、梁启超,称康为大哥,并主动为康递呈万言书于荣禄。

容闳由美国回国,向张之洞建议变法自强。

翁同龢二月约汤寿潜谈时文,盛称汤氏所著《危言》一书。三月,将陈炽所著《庸书》呈光绪帝御览。七月,授命管理同文馆事务。

黄遵宪在南京参加沈葆桢公祭。四月,中日《马关条约》签订后,愤于国事,作诗数首。六月,赴湖北办理教案。九月,在上海与陈衍相识,又与康有为朝夕过从,畅谈变法大事。

陈三立四月为黄遵宪《人境庐诗草》作跋。九月,在上海与黄遵宪会晤。

陈炽以服阕返京复官，仍供职户部兼任军纪章京。在京结识康有为、梁启超等维新人士。五月，应诏《上清帝万言书》（原名《中倭苟且行成，后忧方大，敬陈管见呈》），提出七项革新主张：下诏求言、阜财裕国、分途育才、改制边防、教民习战、筑路通商、变法宜民。七月，任北京强学会提调。九月，为英国传教士李提摩太起草《新政策》，并将定稿呈送翁同龢，再转给光绪帝阅览，后在《万国公报》上发表。是冬，京师强学书局开局，以"总董"、"正董"身份总摄局务，多次赴书局集众议事。将所撰《茶务条陈》呈请翁同龢代上朝廷。

按：陈炽的《上清帝万言书》与张百熙、胡燏棻、徐桐、康有为等9个奏折被光绪帝留用，后发给大臣，要他们"悉心妥筹，酌度办法"（《光绪朝东华录》四）。刘坤一在八月初七日的《遵议廷臣条陈时务折》中曾说："至陈炽所奏分途防边之说，将来察看情形别筹方略"、"西学诸书，应照陈炽所请，广为翻译，颁发各省书院，掌教于诸生经义外，不令学习八股、试帖、词赋，而令其各就资性所近，兼习西学。"（《刘坤一遗集》卷二四）

王闿运补作《驿程诗纪》。

盛宣怀七月奏《拟设天津中西学堂章程禀》，在天津创办中西学堂，分头等和二等学堂，以伍廷芳为头等学堂总办，蔡绍基为二等学堂总办。

按：《清史稿·选举志二》曰："先是光绪二十一年，津海关道盛宣怀于天津创设头、二等学堂。头等学堂课程四年，等一年习竣，欲专习一门者，得察学生资质酌定。专门凡五：一工程学，二电学，三矿务学，四机器学，五律例学。二等学堂课程四年，按班次递升，习满升入头等。意谓二等拟外国小学，头等拟外国大学。因初设，采通融求速办法。教员既苦乏才，学生亦难精择，无甚成效。"头等学堂由二品衔候选伍廷芳任总理，二等学堂由蔡绍基任总理，聘美国传教士丁家立为总教习。头等学堂和二等学堂分别是中国新式大学和中学的雏形，也是最早按分级设学模式建立的学堂。

沈曾植十一月游说翁同龢开学堂设银行。

文廷式构怨慈禧太后、李鸿章，盛昱劝其暂避，乃乞假南归。秋，复入都，发起强学会，有副董之名。

张百熙授侍讲，旋转侍读，充文渊阁校理。

孙家鼐代强学会备馆舍，列名强学会。

张謇总办通海团练，后列名上海强学会。十二月，应张之洞之聘，主江宁文正书院。又命潘华茂等创办通海纱丝厂。是年，代张之洞作《代鄂督条陈立国自强疏》。

孙诒让在瑞安发起兴儒会。是年，创办瑞安算学书院，有《创办瑞安算学书院向府县申请立案文》。

黄体芳自开封来金陵，主讲文正书院。上海强学会成立，与子黄绍箕皆列名会籍。

曹廷杰九月奉调到吉林，听候吉林将军恩铭差遣。

林纾秋应福建省兴化府知府张僖之聘，赴兴化校阅试卷，居住天兴化城西的"梅花诗境"（花园名）中，校卷之余，常与张僖谈论中国古文。

陈衍与林纾、高凤岐、卓孝复等联名上书督察院，反对割让台湾、澎湖和辽东。

丘逢甲联合官绅，倡立"台湾民主国"，拥唐景崧为总统，自任全台义军统领，以蓝地黄虎为国旗，改年号"永清"，以示台湾永属中国。

辜鸿铭潜心儒经研究和翻译，始译《论语》为英文。

按：《清史稿》卷四八六曰："幼学于英国，为博士。遍游德、法、意、奥诸邦，通其政艺。年三十始返而求中国学术，穷四子、五经之奥，兼涉群籍。爽然曰：'道在是矣！'乃译四子书，述《春秋》大义及礼制诸书。西人见之，始叹中国学理之精，争起传译。"

张伯苓二月因北洋水师覆没，满怀激愤返师归来。九月，北洋水师学堂第五届毕业。

黄炎培在姑夫沈毓庆家获读英人赫胥黎著、严复翻译的《天演论》，自是始知有西学。

按：沈毓庆，川沙人，清末举人，授职内阁中书，收藏金石之富甲于江南。

马君武继续在陈家读书。

刘光第在京供职。是时，威海卫失守，编修黄仲韬上章力谏主战，光第则谓以此次所用之谋臣战将，虽力言战，亦必亡国。不知用人，则和战皆为自败之道。

罗振玉研读江南制造局译籍，始有以西人学术为中学之助的思想。邑中拟开西学书院，聘任教授舆地、财务（又聘刘渭清教授算学、外语），因无从筹费而止，仅设一算学义塾。是年致书友人徐维则、蔡元培，谋设学堂。是年收诸城尹彭寿所寄王懿荣《汉石存目》。

杨度二月在京师参加会试，落第。三月二十八日，与任锡纯等数十名湖南应试举人联名上书，请拒绝与日本议和。秋末，离京返湘潭，始师事王闿运。

按：杨度至1902年留学日本前，一直在王闿运门下求学。

缪荃孙被张之洞聘为南京钟山书院院长，兼领常州龙成书院院长之职。

黄节受业于同县名儒简朝亮。

按：简朝亮字季纪，号竹居，广东顺德人。朱次琦弟子。中年后在乡设读书草堂讲学。著有《尚书集注述疏》35卷、《论语集注补正述疏》10卷、《孝经集注述疏》1卷、《礼记子思子言郑注补正》、《读书堂集》、《读书草堂明诗》等。

陈天华随父到新化县城居住，因族人资助入资江书院就学。

廖平是冬辞九峰书院山长。

钟荣光参加孙中山发动的广州起义，负责筹饷工作。

叶德辉校刊《山海经图赞》等。

萧穆在江宁校刊《历朝诗约选》。又晤何维朴（何绍基子），谈及何绍基在史馆时所纂之《高宗政要》。

按：吴汝纶等集资刊刻刘大櫆之《历朝诗约选》，推萧穆总司其事。所集之资不足，萧穆乃以己所珍藏之宋本《孔子家语》典当于刘世珩，得资以完成之。至光绪二十三年刻成。

莫祥芝刻宋本《张乖崖集》，萧穆助其校勘，据孙星衍藏影宋本校改数十处。

林旭三月复入京，二上公车。既而上书失败，会度复落第，乃以举人身份上赀为内阁候补中书。

宋恕与杨凌霄、康有为、梁启超、郑观应、汪康年、容闳、黄遵宪，以及胡庸、钱恂、孙宝琦、孙宝瑄、姚寿祺、俞明震、王万怀、叶尔恺、麦孟华、陈三立、连聪肃、吴德潇、吴樵、刘淞芙、陈昌绅、汤寿潜、何廷光、叶瀚、黄体芳、黄绍箕等交往密切。曾应孙宝琦兄弟之托，代拟《光绪皇帝罪己诏》。

麦孟华赴京应春官试，与梁启超同寓，相与规划救国政略。

王鹏运七月参加北京强学会。

王懿荣上奏皇帝，请求回山东老家操办团练。

胡燏棻十一月受命督办津芦铁路。

八指头陀为大善寺住持。春，拟出国，未果。秋，大善寺退院，去宁乡沩山密印寺礼拜祖席。冬，与诸诗社人士集长沙浩园，十二月于上林寺为易佩绅寿。

陶成章本年至绍兴县东湖通艺义学教书。

蒋方震仍从倪师学习，并读新学书籍。

刘师培自幼从母学，后从塾师，读《四书》、《五经》。

王文韶十二月十三日奏改天津机器局为北洋机器局。

宋育仁入强学会，鼓吹托古改制、君主立宪、变法自强。

谢缵泰加入兴中会，筹划广州起义，负责对外交涉，事败留港，督办善后。

丁福保在江阴南菁书院肄业，受教于王先谦，得其器重。

杨彝珍特召入都，与曾国藩、吴敏树、孙鼎臣等皆有往来。

按：《清史稿》卷四八六曰："杨彝珍，字性农，武陵人。父丕复，举人，官石门训导，著《历代舆地沿革》。彝珍，道光末进士，选庶吉士，改兵部主事。与曾国藩、左宗棠往还，好奔走声气。重宴鹿鸣，赏四品卿。年九十余，卒。有《移芝室集》。"

汪仲虎等江苏举人发动公车上书，唐文治为代拟《上察院呈》，反对和约。

朱存理、黄启蓉任同文馆汉文教习。

喻长霖殿试一甲第二名榜眼，授翰林院编修，兼国史馆协修、武英殿纂修。

按：喻长霖字志韶，又字子韶，号潜浦，室名裕岱馆、惺誤斋，浙江黄岩人。少从母舅王棻学。著有《惺誤斋初稿》10卷、《台州府志》。

曾朴于冬北上，入同文馆习法文。

经元善五月在沪创办经正女学，分中、西两种课程，为中国办女学之始。

杜亚泉应岁试，考经解，取全郡榜首。因甲午战争刺激，改习数学，研读李善兰、华蘅芳之书。

项藻馨七月在杭州办《杭州白话报》。

钟天纬在上海设三等学堂,以语体编写课本。

赵熙主持重庆府考,主讲于荣县凤鸣书院。

夏敬观入南昌经训书院,从皮锡瑞治经学。

蒋维乔考入江阴南菁书院。

王宠惠考入盛宣怀创办的天津中西学堂(后改为北洋大学)头等学堂法律系。

刘春堂作《莲池书院碑铭》,记载河北莲池书院与晚清北学盛衰概况。

陈蝶仙任杭州《大观报》主编,并著《潇湘影弹词》。

邱光普制订宁波邱兴龙画工行会"行例"12条。

按:邱兴龙为宁波著名画工,其子邱光普继父业创画会。

胡思敬中进士,改翰林院庶吉士。散馆,授吏部主事。

袁宝璜中进士,官刑部主事。

按:袁宝璜字竭禹,元和人。《清史稿》卷四八六曰:"通经、小学,兼及算术。著书亦未成而卒。"

吴梅始习举子业,师事荥阳潘霞客。

谢洪赉在苏州巴芬学院毕业后,任教于上海荣华学院。

胡礼垣回香港,研究法律、哲学。

冒广生试礼部报罢,遂与俞樾、孙诒让游,结为忘年交。又从吴汝纶、萧穆学古文。

成兆才至丰润赵小斋班与乐亭崔家班搭班,成为彩扮莲花落职业艺人。

瑞典人斯文·赫定是年春、冬两次入新疆丝绸之路地区盗掘文物。

惠志道、李提摩太、李佳白、林乐知等外国传教士20多人要求清政府删去《海国图志》、《清朝续经世文编》中"谤教"之文。

美国传教士丁家立任天津中西学堂总教习。

英国传教士傅兰雅五月初二日在《申报》刊登《求著时新小说启》。

按:《求著时新小说启》曰:"窃以感动人心,变易风俗,莫如小说。推行广速,传之不久,辄能家喻户晓,气习不难为之一变。今中华积弊最重大者,计有三端:一雅片,一时文,一缠足。若不设法更改,终非富强之兆。兹欲请中华人士愿本国兴盛者,撰著新趣小说,合显此三事之大害,并袪各弊之妙法,立案演说,结构成篇,贯穿为部。使人阅之心为感动,力为革除。辞句以浅明为要,语意以趣雅为宗。虽妇人幼子,皆能得而明之。述事务取近今易有,切莫抄袭旧套。立意毋尚希奇古怪,免使骇目惊心。限七月底满期收齐,细心评取。"(《中国近代小说编年》引)

英国人立德夫人在上海组织中国妇女天足会。

俄国拉德洛夫出版《蒙古古代突厥碑铭》第三册,以清驻俄公使许景澄的名义刊布九姓回鹘可汗碑汉碑录文。

日本人鸟居龙藏受东京帝国大学人类学教育研究室派遣,进入中国辽东半岛作人类学和考古学调查。

按:后于1905年、1908年二赴辽东半岛。

彭申甫著《易经图说辩正》2卷、《易经解注传义辩正》44卷刊行。

李锐著《周易虞氏略例》1卷刊行。

汪绂著《春秋集传》16卷、《孝经章句》1卷、《孝经或问》1卷刊行。

皮锡瑞著《尚书大传笺》重加疏注,易名为《大传疏证》。又著《古文尚书冤词平议》、《孝经郑注疏》2卷刊行。著《史记引尚书考》6卷成书。

按:皮锡瑞《古文尚书冤词平议序》曰:"毛大可检讨《古文尚书冤词》八卷,世传为驳《尚书古文疏证》而作。予观其书,亦不尽然。有明一代,专以宋学取士,其于宋儒之说,如删《孝经》,改《大学》,去《诗国风》,皆奉为科律,莫敢异议。独检讨起而争之,在当时实能言人所不敢言,不可谓非豪杰之士。惟检讨之才,长于辨驳,务与朱子立异,而意见偏宕,遂有信所不当信,疑所不当疑者。朱子信《仪礼》是也,检讨因其为朱子所信,乃谓《三礼》之中,《仪礼》最下,所订《丧礼》,肆意抨击。朱子疑《古文尚书》亦是也,检讨因其为朱子所疑,乃大声疾呼,为古文鸣冤,横暴先儒,痛诋同时攻驳古文之人,以曲护黎丘之鬼,皆由意见偏宕使之然也。夫《古文尚书》并非由朱子始疑之,检讨欲为平反,意必据有铁案,乃其所执为左证者,惟《隋书·经籍志》。《隋志》,唐初人作,其时崇信伪孔,立学官,作义赞,史官所采,皆左袒伪学之徒。检讨乃据一家之言,偏断两造之狱,岂能反《南山》不移之案,以鸣千载不白之冤乎?《尚书》一经,自东汉古文汨之于前,东晋古文假之于后,宋以来又各创异说,迄今纷纷,莫衷一是。或据宋儒之说,以驳东晋古文,或据东晋古文,以驳宋儒之说,或据东汉古文,以驳东晋古文及宋儒说,未有能守西汉今文之学,以决是非、正得失者。矧在明末,经义湮晦,以阎征君之精核,攻古文犹用宋儒之说,其余郝、梅诸君所批驳,多不得要领。伪古文虽当罪,而罪之不得当,宜检讨为之负罪而称冤也。检讨是书,其佳处在不用宋儒新说,如武王封康叔,周公留后之类;其弊则在专信伪孔,并伏《传》、《史记》亦加訾议,与《疏证》互有得失,其是非可对勘而明。予于《疏证》既为辨正,乃于是疏更作平议,冀以持两家之平焉。"(《清儒学案》卷一九三《鹿门学案》)

郑士范著《漆沮通考》6卷刊行。

黄以周著《尚书讲义》1卷刊行。

郭梦星著《尚书小札》2卷刊行。

廖平著《尚书记传释》10卷、《尚书王鲁考》2卷、《洪范释例》2卷、《百篇序正误》1卷。

汪绂著《六礼或问》12卷刊行。

钱馥著《经典释文考证札记》1卷刊行。

杨树椿著《读书随笔》2卷、《读诗集传随笔》1卷刊行。

许克勤著《经谊杂识》1卷刊行。

按:许克勤字勉夫,浙江海宁人。黄彭年弟子。另著有《读周易日记》1卷。

郭庆藩著《说文经字考辨证》4卷刊行。

吴大澂著《说文古籀补》14卷补遗1卷于湘中重刊。

朱珔著《说文假借义证》28卷刊行。

王金城著《转注本义考》刊行。

曾朴著《补后汉书艺文志》1卷并考10卷刊行。

杨守敬著《隋书地理志考证》刊行,有跋。

黄遵宪著《日本国志》40卷由羊城富文斋初刻。卷首有李鸿章《禀

马克思的《1848年至1850年的法兰西阶级斗争》在柏林出版。

德国保尔·拉法格出版《财产及其起源》。

意大利拉布里奥拉著《唯物史观试论》。

尼采著《权力意志》。

日本高山樗牛著《论道德的理想》。

俄国普列汉诺夫以别尔托夫的笔名著《论一元论历史观的发展》。

法国涂尔干著《社会学方法原理》。

奥地利S.弗洛伊德著成《癔病研究》。

俄国齐奥尔科夫斯基出版《关于地球与天空的梦想》。

批》、张之洞《咨文》、薛福成《序》。

按：梁启超《中国近三百年学术史》曰："黄公度之《日本国志》四十卷,在旧体史中实为创作。"于沛说："这是中国人所写的第一部日本通志,40卷,200余万言。为撰写此书,黄遵宪参考了200余种图书,历时八九年。该书介绍了日本自建国至明治时期的数千年的历史进程,特别是明治维新时期以来的历史,详细介绍了明治维新以来在政治、经济、学术、教育、文化、民情、工业、商业、军事、外交等各个方面的深刻变化。由于这部著作编撰的原则是从借鉴的目的出发,能够通今致用,效法自强,所以有意识地做到厚今薄古,详近略远,对日本学习西方,实行社会变革的内容的介绍,尤其详尽,突出宣传维新观点,所以在戊戌变法时期广泛流传,对变法维新的社会思潮有一定的推动作用。"(《近代早期中国对世界历史的认识》,《北方论丛》2008年第1期)

康有为始著《日本书目志》。

张之洞属李提摩太译英人麦恳西著《十九世纪史》为《泰西新史揽要》24卷由广学会刊行。又著《湖北舆地图说》8册进呈。

唐景崧、蒋师辙、薛绍元纂《台湾通志》(光绪)成书。

姚雨芗纂、胡仰山增修《大清律例新增统纂集成》40卷刊行。

无名氏著《刘大将军台战实记》2集刊行。

《刘渊亭大帅大事记》由务实斋石印；寰宇义民编《刘大将军平倭战纪》石印。

思恢复生著《中倭战争始末记》4卷由上海书局石印。

文昭拙编《地球万国舆图》刊行。

宋育仁著《泰西各国采风记》由袖海山房石印刊行。

寄啸山房主人陈耀卿编辑《时事新闻》6卷刊印。

吴式芬著《捃古录金文》家刻本刊行。

严复译《天演论》初稿成,有陕西昧经售书处最初刻本。

按：吴汝纶《天演论序》曰："严子几道既译英人赫胥黎所著《天演论》,以示汝纶。曰：'为我序之。'天演者,西国格物家言也。其学以天择、物竞二义,综万汇之本原,考动植之蕃耗,言治者取焉。因物变递嬗,深研乎质力聚散之几,推极乎古今万国盛衰兴坏之由,而大归以任天为治。赫胥黎氏起而尽变故说,以为天不可独任,要贵以人持天。以人持天,必究极乎天赋之能,使人治日即乎新,而后其国永存,而种族赖以不坠,是之谓与天争胜。而人之争天而胜天者,又皆天事之所苞。是故天行人治,同归天演。其为书奥赜纵横,博涉乎希腊、竺乾斯多噶、婆罗门、释迦诸学,审同析异而取其衷,吾国之所创闻也。凡赫胥氏之道具如此。斯以信美矣。抑汝纶之深有取于是书,则又以严子之雄于文,以为赫胥氏之指趣,得严子乃益明。自吾国之译西书,未有能及严子者也。凡吾圣贤之教,上者道胜而文至,其次道稍歧矣,而文犹足以久。独文之不足,斯其道不能以徒存。六艺尚已,晚周以来,诸子各自名家,其文多可喜。其大要有集录之书,有自著之言。集录者,篇各为义,不相统贯,原于《诗》、《书》者也。自著者,建立一干,枝叶扶疏,原于《易》、《春秋》者也。汉之士争以撰著相高,其尤者,《太史公书》,继《春秋》而作,人治以著。扬子《太玄》,拟《易》为之,天行以阐。是皆所为一干而枝叶扶疏也。及唐中叶,而韩退之氏出,源本《诗》、《书》,一变而为集录之体,宋以来宗之。是故汉氏多撰著之编,唐、宋多集录之文,其大略也。集录既多，而向之所为撰著之体不复多见。间一有之，其文采不足以自发，知言者摈焉弗列也。独近世所传西人书，率皆一干而众枝，有合于汉氏之撰著。又惜吾国之译言者，大氐侏陋不文，不足传载其义。夫撰著之与集录，其体虽变，其要于文之能工，一而已。今议者谓西人之学多吾所未闻，欲沦民智，莫善于译书。吾则以谓今西书之流入吾国，适当吾文学靡敝之时，士大夫相矜尚以为学者，时文耳，公牍耳，说部耳。舍此三者，几无所为书。而是三者，固不足与于文学之事。今西书虽多新学，顾吾之士，以其时文、公牍、说部之词译而传之，有识者方鄙夷而不之顾，民智之沦何由？此无他，文不足焉故也。文如几道，可与言译书矣。往者释氏之入中国，中学未衰也，能者笔受，前后相望。顾其文自为一类，不与中国同。今赫胥氏之道，未知于释氏何如？然欲侪其书于太史氏、扬氏之列，吾知其难也。即欲侪之唐、宋作者，吾亦知其难也。严子一文之，而其书乃骎骎与晚周诸子相上下，然则文顾不重耶？抑严子之译是书，不惟自传其文而已。盖谓赫胥氏以人持天，以人治之日新，卫其种族之说，其义富，其辞危，使读焉者怵焉知变，于国论殆有助乎？是旨也，予又惑焉。凡为书，必与其时之学者相入，而后其效明，今学者方以时文、公牍、说部为学，而严子乃欲进之以可久之词，与晚周诸子相上下之书，吾俱其傃驰而不相入也。虽然，严子之意盖将有待也。待而得其人，则吾民之智沦矣。是又赫胥氏以人治归天演之一义也欤？"（《严复集》附）梁启超《清代学术概论》（二十九）曰："戊戌政变，继以庚子拳祸，清室衰微益暴露。青年学子，相率求学海外，而日本以接境故，赴者尤众。壬寅、癸卯间，译述之业特盛，定期出版之杂志不下数十种。日本每一新书出，译者动数家。新思想之输入，如火如荼矣。然皆所谓'梁启超式'的输入，无组织，无选择，本末不具，派别不明，惟以多为贵，而社会亦欢迎之。……时独有侯官严复，先后译赫胥黎《天演论》，斯密亚丹《原富》，穆勒约翰《名学》、《群己权界论》，孟德斯鸠《法意》，斯宾塞《群学肄言》等数种，皆名著也。虽半属旧籍，去时势颇远，然西洋留学生与本国思想界发生关系者，复其首也。"

叶德辉辑许慎著《淮南鸿烈间诂》2卷刊行。

按：叶氏著《观古堂所著书》始刊于是。

朱起凤始编《辞通》。

按：是书至1918年成初稿，初名《蠡测编》，后改名《读书通》。因联系不到出版书店遂带回乡间，重阅古今甲乙各部，将其中可以通假的辞类，随手摘录，积六七年之力，又成续编48卷，且每条详加按语，说明其通、同、误、变之故。"精审盖十百于初稿矣"（宋云彬《辞通》跋）。先后30余年，成书凡300万言。于1934年8月由上海开明书店正式出版。与《辞海》、《辞源》为鼎足三巨著。

陈宏谋辑《五种遗规》由浙江书局重刊。

江标辑《唐人五十家小集》及《宋元名家词》15种刊行。

胡元玉编《研经书院课集》1卷刊行。

黎庶昌辑《续古文辞类纂》28卷刊行。

皮锡瑞著《师伏堂骈文》2卷刊行。

薛福成著《庸庵海外文编》4卷刊行。

孔广德辑《普天忠愤集》14卷成书。

徐乃昌辑《小檀栾宝汇录闺秀词》始刊。

王鹏运著《味梨集》刊行。

罗振玉著《面城精舍杂文乙编》1卷成书。

陈烺著《读画辑略》成书。

祝韵梅辑《寿世汇编》5 种由汝阳联吟禅重刊。

王锡祺辑《小方壶斋丛书》4 集刊毕。

江标辑《灵鹣阁丛书》始刊。

盛宣怀辑《常州先哲遗书》始刊。

叶德辉辑《观古堂书目丛刻》15 种始刊。

李芳园著《南北派十三套大曲琵琶新谱》成书。

《中国教育指南》由中国教育会刊行。

日人浮田和民著《帝国主义》译为中文。

黎床旧主著《刘大帅百战百胜图说》(连环画)由赐书堂石印。

江南制造局译刊《产科》成。

H. C. 罗林生卒(1810—)。英国亚述学家。

海因里希·冯·西贝尔卒(1817—)。德国历史学家。

威妥玛卒(1818—)。英国汉语言学家。

弗里德里希·恩格斯卒(1820—)。

托马斯·赫胥黎卒(1825—)。英国博物学家。

何塞·马蒂卒(1853—)。古巴民族英雄,独立战争的领袖,诗人。

英国人威妥玛卒(1818—)。1841 年来华。1843 年任香港英国殖民当局翻译。1847 年任英国驻华商务监督署汉文副使。1853 年任英国驻上海副领事。1854 年任上海海关第一任外国税务司,次年辞职。1855 年任驻华公使馆汉文正使。1858 年任英国全权专使额尔金的翻译,参与中英《天津条约》、《北京条约》的签订活动。1861 年任英国驻华使馆参赞,1871 年升任驻华公使,1876 年借马嘉理案强迫清政府签订《烟台条约》。曾撰《新议略论》呈总理各国事务衙门。1883 年退职回国。1888 年剑桥大学首任汉语教授。在华期间曾编汉语课本《语言自迩集》,创立用拉丁字母拼写汉字,称"威妥玛法"。1958 年,我国现代汉语拼音方案颁布后,部分老字号、驰名品牌仍沿用威妥玛式拼音。

蒋光焴卒(1825—)。光焴字寅昉,蒋光煦从弟,浙江海宁人。其为藏书,从游曾国藩、袁芳瑛、钱警石、俞樾等,互为传抄,积书十数万卷,以"衍芬草堂"和"西涧草堂"著名。

董沛卒(1828—)。沛字孟如,号觉轩,浙江鄞县人。光绪三年进士,以知县分发江西,充《江西通志》协辑官。历任清江、东乡、建昌、上饶知县。十一年以疾乞归。筑六一山房,藏书五万卷。曾主讲崇实书院、辨志书院。著有《韩诗笺》6 卷、《竹书纪年拾遗》6 卷、《唐书方镇表考证》20 卷、《明州系年录》7 卷、《两浙令长考》3 卷、《六一山房诗集》20 卷、《甲丁乡试同年录》3 卷、《甬上宋明诗略》16 卷、《甬上诗话》16 卷、《吴平赘言》8 卷、《汝东判语》6 卷、《南屏赘语》8 卷、《晦暗斋笔语》6 卷等。又主修《鄞县志》75 卷、《慈溪县志》56 卷。事迹见董缙祺《知州衔封朝议大夫江西建昌知县董府君行状》(《续碑传集》卷八一)。

平步青卒(1832—)。步青一名庸,字景荪,号栋山、栋山樵、侣霞、霞外,别署三壶佚史,浙江山阴人。同治元年进士,六年,授江西粮道。七年,署布政使。十一年,署按察使。后归隐。其著作汇为《香雪崦丛书》。事迹见《碑传集补卷首·作者纪略》。

李文田卒(1834—)。文田字仲约,号若农,一作芍农,广东顺德人。

咸丰九年一甲三名进士，授翰林院编修。入直南书房，充日讲起居注官。同治五年，大考，晋中允。九年，督江西学政。累迁侍读学士。数迁至礼部侍郎，充经筵讲官。卒谥文诚。治史专宗郑樵、王应麟。著有《元史地名考》10卷、《元秘史注》15卷、《耶律楚材西游录注》2卷、《元亲征录注》、《朔方备乘札记》、《和林金石考》1卷、《宗伯诗文集》等。事迹见《清史稿》卷四四一、《清史列传》卷五八、蔡冠洛《清代七百名人传》第一编。

刘铭传卒（1836—　）。铭传字省三，安徽合肥人。早年在籍办团练。同治元年，李鸿章募淮军援江苏，铭传率练勇从至上海，号铭字营。后为湘军主力之一。光绪十年，受命以巡抚衔督办台湾军务，抗击法军入侵。次年为台湾首任巡抚。致力开发台湾。著有《大潜山房诗稿》、《刘壮肃公奏议》。事迹见《清史稿》卷四一六、蔡冠洛《清代七百名人传》第二编、陈三立《兵部尚书衔台湾巡抚一等男爵刘壮肃公神道碑》（《碑传集三编》卷一四）、马其昶《赠太子太保兵部尚书衔福建台湾巡抚一等男爵刘壮肃公神道碑铭》、程先甲《刘壮肃公家传》（均见《续碑传集》卷三一）。

汪之昌卒（1837—　）。之昌字振民，新阳人。同治六年副贡。光绪中，黄彭年创设学古堂于吴中，聘其为斋长，与诸生讲解切磋，多所造就。著有《孟子镏熙注辑补》1卷、《青学斋集》36卷、《裕后录》2卷等。

陈千秋卒（1869—　）。千秋字通甫，又字礼吉，号随生，广东南海人。曾入学海堂，谙历朝掌故，精考据典章之学。光绪十七年，入万木草堂，受业于康有为，号称长兴里十大弟子之一。曾任万木草堂学长，并协助康编撰《新学伪经考》等书，讨论《大同书》有关问题。是年，因协助康有为办理西樵乡同人团练局操劳过度而病故。著《广经传释词》。

马骏（　—1928）、徐悲鸿（　—1953）、张恨水（　—1967）、周瘦鹃（　—1968）、林语堂（　—1976）生。

光绪二十二年　丙申　1896年

正月，总理各国事务衙门奏请将原维新派政治团体强学书局正式改为官书局，隶属总理衙门，命孙家鼐为管理大臣。

按：中央设置的直隶官书局，管理大臣由朝廷直接任命，孙家鼐负责。局里设有藏书院、刊书处、游艺院以及学堂。刊书处是真正的出版机构，内设稽查诸员、综理诸员，翻译、抄写书籍，典收文簿、登记帐目及工匠制造。光绪二十四年（1898），官书局归并京师大学堂管辖。并入大学堂后，又作了调整，内分提调、总管、校对、司事、书手、工匠等。官书局开办章程规定：所办事宜为藏书籍、刊书籍、备仪器、广教肆、筹经费、分职掌、刊印信七项；不得议论时政，臧否人物和挟嫌妄议。全局分学务、选书、局务、报务四门。曾译刻各国有关律例、公法、商务、农务、制造、测算、武

英德矛盾日趋尖锐。

埃塞俄比亚王国败意大利人。

备、工程等各种书籍。刊行《官书局报》、《官书局汇报》。延请通晓中西学之人为教习，讲授各种西学。

二月初七日壬申（3月20日），清廷设立大清邮政，命赫德任总邮政司。

初十日乙亥（3月23日），中、英、德订立《英德借款详细章程》。

按：是年，清廷开始筹借第二期对日赔款。经过争夺，英德集团压倒俄法集团，取得列强对中国的第二次借款权。是日，由赫德代表总理衙门，与英国汇丰银行、德国德华银行在北京签订《英德洋款合同》（又称《英德借款详细章程》）。共十八款。规定：借款总额为一千六百万英镑（合银一亿两）；以九四折扣交付，年息五厘，限三十六年还清，不得提前或一次还清；以海关收入作担保；偿还期限内，中国海关总税务司职位必须由英国人充任，从而使英国获得控制中国海关行政36年的保证。

二月十六日辛卯（3月8日），清廷以文廷式遇事生非，语多狂妄，命革职，永不叙用，并逐回江西原籍。

是月，清廷派唐宝锷等13名学生赴日，为官派留学生赴日留学之始。

四月初一日丙寅（5月13日），新建陆军行营武备学堂开学。

二十二日丁亥（6月3日），清廷特使李鸿章与俄国外交大臣罗拔诺夫、财政大臣维特签订《中俄密约》于莫斯科。

五月初一日乙未（6月11日），清廷命所有官书局译印各报，著自五月初一日起，每五日汇订一册，即按逢五逢十期封送军机处呈递。

初二日丙申（6月12日），刑部左侍郎李端棻奏《请推广学校疏》，省府州县皆设学堂，京师设大学堂。又请各省设藏书楼，办报馆。

按：《请推广学校疏》曰："夫二十年来，都中设同文馆，各省立实学馆、广方言馆、水师武备学堂、自强学堂，皆合中外学术相与讲习，所在皆有。而臣顾谓教之之道未尽，何也？诸学皆徒习西学、西语、西文，而于治国之道，富强之原，一切要书，多未肆及，其未尽一也。格致制造诸学，非终身执业，聚众讲求，不能致精。今除湖北学堂外，其余诸馆，学业不分斋院，生徒不重专门，其未尽二也。诸学或非试验测绘不能精，或非游历察勘不能确。今之诸馆，未备器图，未遣游历，则日求之于故纸堆中，终成空谈，自无实用，其未尽三也。利禄之路，不出斯途。俊慧子弟，率从事帖括，以取富贵；及既得科第，遂与学绝，终为弃材。今诸馆所教，率自成童以下，苟逾弱冠，即已通籍；虽或向学，欲从末出，其未尽四也。巨厦非一木所能支，横流非独柱所能砥，天下之大，事变之亟，必求多士，始济艰难。今十八行省只有数馆，每馆生徒只有数十，士之欲学者，或以地僻而不能达，或以额外而不能容，即使在馆学徒一人有一人之用，尚于治天下之才万不足一，况于功课不精，成就无几，其未尽五也。此诸馆所以设立二十余年，而国家不有一收奇才异能之用者，惟此之故。"（中国史学会主编《戊戌变法》第二册）《清史稿·李端棻传》曰："维时康有为上书请变法，兼及兴学。二十二年，端棻遂疏请立京师大学，凡各省府、州、县遍设学堂，分斋讲习；并建藏书楼、仪器院、译书局，广立报馆，选派游历生。"

初五日己亥（6月15日），江苏徐州府所属砀山大刀会起义，焚毁教堂，引发徐州教案。

六月二十日甲申（7月30日），谕曰："创设西学堂，请饬议定章程，下总理各国事务衙门议。"寻奏："查川督原奏西学堂生徒，如学有成就，或准作监生,入场乡试,或给予从九衔,其教习及监堂各员,若办有成效,酌量保奖等语。核与广东同文馆、新疆俄文馆章程,尚属相符,拟请准如所奏办理。其学业出众各生,并准照案保府经历县丞官阶,以示优异。至派令学生出洋一节,应由出使大臣,酌量奏调,其余一切章程,均以广东、新疆为式。从之。"(《清德宗皇帝实录》卷三九二)

是月,胡聘之、钱骏祥上《请变通书院章程折》。

八月初二日甲子(9月8日),中、俄《东省铁路公司合同》签订。

三十日壬辰(10月6日),江西巡抚德寿奏,酌裁友教书院童卷,移设算科,招生学习,如有新法明通,畅达时务者,咨送总理各国事务衙门考试,以备器使。报闻(《清德宗皇帝实录》卷三九四)。

九月十四日丙午(10月20日),清廷设立铁路总公司,盛宣怀以四品京堂候补督办铁路总公司事务。

十五日丁未(10月21日),中、俄《北京新约》签订。

二十六日戊午(11月1日),候补四品京堂盛宣怀奏陈自强大计,请开设银行。著军机大臣、总理衙门、户部妥议具奏。

是月,孙家鼐上《遵议复开办京师大学堂折》。

十二月,总理衙门奏请申明条约,诫外国传教士勿得遇事生风,挟持地方官,袒护无赖教民。

是月,命许景澄总办黑龙江、吉林交界铁路公司事宜。

是年,上海同文书会正式启用"广学会"名称。

总理各国事务衙门颁行《农学会章程》,命名学堂翻译外洋农学书籍。

康有为移学舍于广州府学宫万木草堂,讲学以孔学、佛学、宋明理学为体,以史学、西学为用。七月,因梁启超介绍,获读严复译《天演论》,以为眼中未见此等人。乃始以西洋进化论与经今文学糅合于著述之中。是年续成《孔子改制考》、《春秋董氏学》、《春秋学》、《日本变政记》等。

康有为九月至南京,拜会时任两江总督的张之洞,讨论成立强学会计划,张氏表示支持。但当谈及"伪经改制"时,双方发生争执。张氏要康有为"勿言此学",后又派梁鼎芬专程规劝,但康有为不肯答允。故在南京设立强学会之计划因此告吹。

谭嗣同春继续往来于湖南、湖北办赈灾事务。又拟在湖南创立强学分会,未成。筹办《湘学报》。二月中旬从武昌出发,往上海,购西书,访英国传教士傅兰雅,开始北游访学。五月至北京,拜谒翁同龢,遍访传教士和名士,探求变法维新之理。六月离京南下至上海,访傅兰雅未见,得《治心免病法》一书。七月到南京作候补知府。是冬,在南京始著《仁学》。

谭嗣同是春在京城结识吴雁舟、夏曾佑、吴季清等佛学名宿,由此而倾心于佛学;是年夏,在南京认识佛学家杨文会居士,从其学佛。

按:谭嗣同曾有《金陵听说法诗》四首,记载这次聚会。其中序曰:"吴雁舟先生嘉瑞为余学佛第一导师,杨仁山先生为第二导师,乃大会于金陵,说甚深微妙之义,

法国亨利·贝克勒尔发现铀放射性。

意大利欧根·迪德里希斯在弗罗伦萨创建出版社。

得未曾有。"(《谭嗣同全集》)谭嗣同学佛时间虽晚,然其以发宏愿,以精进心而后来居上,虽然从杨文会学佛,总计不会一年有余,而能遍览三藏,尤其于法相、华严二宗最有心得。杨文会弟子,一代佛学宗师欧阳渐在回忆其师的文章中,列举杨文会门下有大成就的佛学弟子,裒然首座者正是谭嗣同:"唯居士之规模弘广,故门下多材。谭嗣同善华严,桂伯华善密宗,黎端甫善三论,而唯识法相之学有章太炎、孙少侯、梅撷芸、李证刚、蒯若木、欧阳渐等,亦云伙矣。"(欧阳渐《杨仁山居士传》,石峻等编《中国佛教思想资料选编》第三卷四册,中华书局1990年版)

孙中山春在檀香山《檀山新报》馆据点以联络同志,并组织兴中会员进行军事操练。六至九月,从檀香山到美国、英国,向华侨宣传革命。在旧金山设立兴中会分会。十月十一日,在伦敦被清驻英使馆绑架,羁囚12天,由康德黎等营救脱险。冬,为披露被绑架事件的真相,始撰《伦敦蒙难记》。

梁启超三月至上海,始交黄遵宪。七月,与黄遵宪、汪康年等在上海创办《时务报》。汪康年任经理,梁启超为主笔,马相伯、马建忠、严复、容闳等为撰稿人,张坤德任英文翻译,郭家骥任法文翻译,古城贞吉任日文翻译,黄春芳任掌管银钱及印书事务的理事。梁氏从马建忠学拉丁文。十二月,与汪康年邀章炳麟来《时务报》任撰述,梁、章订交,数月之间,《时务报》风靡海内,销行至万余份。又将严复的《原强》、《辟韩》等文在《时务报》上重新发表,张之洞曾命屠守仁作《辟韩驳议》(明年改为《辨辟韩书》亦刊于《时务报》)加以反驳。

按:梁启超《三十自述》曰:"三月去京师,至上海,始交公度。七月《时务报》开,余专任撰述之役,报馆生涯自兹始。"(《饮冰室合集》文集之十一)《梁启超年谱长编》是年条引汪颂谷《任公事略》曰:"丙申七月,创设《时务报》馆。是年吾国尚止有日报无杂志,有之,则为广学会月出一册之《万国公报》。时承中日战役之后,钱塘汪穰卿进士与任公议,谓非创一杂志,广译五洲近事,详录各省新政,博搜交涉要案,俾阅者周知全球大势,熟悉本国近状,不足以开民智而雪国耻。于是有《时务报》之设。汪君经理馆事,任公则主撰述。"梁启超《与严幼陵先生书》谈到严复对他思想的影响时说:"天下之爱我者,舍父师之外,无如严先生;天下之知我而能教我者,舍父师之外,无如严先生。"(《饮冰室合集》文集之一)

梁启超撰《变法通议》,始连载于《时务报》。

按:是文乃梁启超进行维新变法的纲领性文章,提出"夫变者,古今之公理也",对以后维新派的政治运动有指导作用。梁启超《清代学术概论》曰:"其后启超等之运动,益带政治的色彩。启超创一旬刊杂志于上海曰《时务报》,自著《变法通议》,批评秕政,而救弊之法,归于废科举兴学校,亦时时发'民权论',但微引其绪未敢昌言。"梁启超在文中,还从开民智的角度论述推广白话、俗语的重要性。当时,陈荣衮亦作有《俗语说》一文,强调俗话对开民智的重要意义。

梁启超作《学校总论》,批评洋务派办的学堂,如同文馆、广方言馆、水师学堂、武备学堂等等,一无所成,究其原因,端在不懂得师范教育之重要:"师范学堂不立,教习非人"(舒新城《中国近代教育史资料》下册)。又作《论师范》一文,认为日本明治兴学,师范学校先行,"师范学校立,而群学之基悉定"。"故欲革旧习,兴智学,必以立师范学堂为第一义"。他强调,居今日而言变法,绝不能先立大学堂,而必自小学堂始,自京师及省府州县皆设小学,而辅之以师范学堂。以师范学堂的学生充小学教习。"三年之后,其可以中教习之选者,每县必有一人。于是荟而大试之,择其尤异者为大学堂、中学堂总教习,其稍次者为分教习,或小学堂教习。……十年之间,奇才异能,遍行省矣。不由此道,时曰无本,本之既拔,而日灌溉其枝叶以求华实,时曰下愚"(朱有瓛《中国近代学制史料》第1辑下册)。

严复助张元济在北京办通艺学堂,设英文、算学等课程,提倡新学。教英文的严君藩乃严复侄儿,学堂名称亦为严复所取。夏,译英人赫胥黎的《进化与伦理》(即《天演论》),以课学子。十月,将所著《原强》、《辟韩》及《天演论》初译稿寄梁启超。

康广仁、徐勤等在香港筹办《知新报》,邀梁启超前往商办报事宜。十月,梁氏与麦孟华由沪抵粤。旋以湘广总督张之洞召,从粤至武昌。张欲留梁任事,梁以沪上实不能离,鄂事实无可办辞。

张之洞正月选派学生40人赴英、法、德肄业;创办蚕桑学堂,后由两江总督改任湖广总督。七月,创办武备学堂。张之洞趋向于康、梁维新,要辜鸿铭广译西报有关中国的论说及西方的社会制度等内容供其参考。

辜鸿铭作《上湖广总督张书》,指出西方开报馆立议院之弊端,以儒家的"尊王之旨"和"义利之辨",反对康有为、梁启超的改良维新。并继而撰《西洋礼制考略》、《西洋官制考略》、《西洋议院考略》等文,向张之洞施加保守主义影响。

李鸿章正月为钦差头等出使大臣,赴俄国贺加冕,并往德、法、英、美诸国递交国书,于式枚充随员。九月十五日,奉命在总理各国事务衙门行走。

盛宣怀创办之南洋公学四月在上海徐家汇镇北正式成立,何嗣焜任总理,张焕纶为总教习;附设译书院,聘张元济为译书院院长。

按:此为国人在沪创立首所大学。学校设四院:师范院,为我国第一所新型师范学校;外院,为师范院附属小学,分国文、算学、舆地、史学、体育五科;中院,为中学性质学堂;上院,为大学性质学堂。1921年,与唐山工业专门学校、北京邮电学校、交通传习所合并,改名交通大学。

黄遵宪九月奉特旨召见,问以变法事宜,旋以翁同龢荐,任湖南长宝盐法道,并署理湖南按察使。

按:黄遵宪到湖南任职后,积极支持陈宝箴实行新政,在戊戌维新运动中发挥着重要作用。傅斯年在1943年写的《跋人境庐诗草》一文中,曾给予高度评价,其曰:"戊戌维新,盖两事合为一流,旋致骈戮朝士之大祸者也。其一为湘抚陈右铭、伯严父子之办巡警学校诸新政,视曾、左、李之徒能制造有过之矣,而亦卑之无甚高论者也。又其一为康有为之侈谈明治,彼得,欲一举而得政权,自保国会与夫离间人之母子下手者也。由今思之,康亦妄矣。而致他人之愤事。若二者之中有一脉之连,即黄公度也。公度为右铭所知赏,而与伯严先生交尤密,故湘政实佐之。更与梁卓如善,故介之入湘。然则公度所系于一时之变者,涉乎机发,遑论康之论日本维新实辗转得之于公度者乎?公度见识,卓越侪辈,当时士大夫不鄙视洋务者已绝少矣,而其久浮海外,沉于下寮,鉴观形势,探索政教,有真知如公度者,盖一世所希也。其《日本国志》成于甲午之前,今五十余年矣,不闻有书可代之也。"(《傅斯年全集》第七册,台北联经出版事业公司1980年版)

孙家鼐一月奉命管理官书局事务。九月有《遵议开办京师大学堂折》,主张应以"中学为主,西学为辅;中学为体,西学为用",是为中体西用说首见于奏折。十月,任礼部尚书。

按: 孙家鼐《遵议开办京师大学堂折》曰:"中国五千年来,圣神相继,政教昌明,决不能如日本之舍己芸人,尽弃其学而学西法。今中国京师创立大学堂,自应以中学为主,西学为辅,中学为体,西学为用。中学有未备者,以西学辅之,中学有失传者,以西学还之。以中学包罗西学,不能以西学凌驾中学,此是立学宗旨。"(中国史学会主编《戊戌变法》第二册)从此,中体西用成为晚清新政的理论指导。以后,张之洞在理论说有进一步阐发,在实践上有积极的推进。

容闳倡议在北京设立国家银行。

按: 清廷后设大清银行。

梁鼎芬随张之洞返鄂充幕僚,并任两湖书院监督。

王先谦时任岳麓书院院长,看到"士子读书,期于致用。近日文人,往往拘守帖括,罕能留意时务"(王先谦《购〈时务报〉以给诸生公阅手谕》,《时务报》光绪二十三年正月18册),于是与城南、求忠两院长共同商定,购买全国影响最大的《时务报》送至书院,让士子得以浏览通知时事,并发布《谕岳麓诸生》手谕,称:"近今上海刻有《时务报》,议论精审,体裁雅饬,并随时恭录谕旨暨奏疏、西报尤切要者,询足开广见闻,启发志意,为目前不可不看之书。"同时制定阅报规定,以保证每个书院士子都能读到。

杨锐以一二密札递张之洞,密陈京中宫闱禁事、朝政动态、官吏黜陟。在京师"代派"《时务报》。

郑观应四月任张之洞创办之汉阳铁厂总办,在厂内创设一所上午读书,下午入厂学习机器之大学堂,开后来职工大学之先声。

张謇二月主持江宁文正书院,拟增设西学堂。又应兼安徽巡抚沈秉成之聘,任安庆经古书院院长。三月,与刘坤一议办通州纱厂。

张元济得张荫桓、严复等协助在京创办西学堂,张之洞、王文韶等皆有赞助。是年冬,改称通艺学堂,倡习西学,有英文、数学等课程。学生四、五十名。

黄绍箕由里返京,充会典馆提调。

文廷式年初与张元济、黄绍箕、陈炽、汪大燮、徐世昌、沈曾植等人频频聚会于陶然亭,议论朝政。三月,与陈炽、李盛铎被御史杨崇伊弹劾,文廷式被革职回籍,陈炽未追究。夏,在沪晤梁启超、麦孟华、汪康年等。

罗振玉至上海,读中西农书,与蒋黻创立农学社,农学社延藤田剑峰译农书。设农报馆,出版《农学报》,译各国农学书籍、杂志。初为半月刊,后改为旬刊。

李端棻五月初二日在刑部左侍郎任上《请推广学校折》,率先奏请立京师大学堂、于省府州县皆设学堂,并设藏书楼、仪器院、译书局,广立报馆,选派游历。七月,总署议复,奉旨依议。

> 按:《请推广学校折》略曰:一曰设藏书楼;二曰创仪器院;三曰开译书局;四曰广立报馆;五曰选派游历(见中国史学会主编《戊戌变法》第二册)。

张百熙充日讲起居注官,擢国子监祭酒。

黄绍箕由里抵京,充会典馆提调。

况周颐、王鹏运、缪荃孙等在京约为咫村词社,朱祖谋应王鹏运等邀入社,始弃诗作词。

王文韶奏办天津武备学堂,由袁世凯主持。又奏设北洋大学堂、铁路学堂、育才馆、俄文馆。严复任俄文馆总办,夏曾佑任育才馆总办。

江标在湖南学政任上助巡抚陈宝箴规划湖南新政,并筹办《湘学新报》。

华蘅芬任常州龙城书院院长,兼江阴南菁书院院长。

邓华熙八月任安徽巡抚,推行改革,因改革区域以皖江地区为主,故史称"皖江变法"。是年底,有《筹议添设学堂酌拟切实办理折》,奏请设立新式学堂。

孙诒让二月在温州创设学计馆,专治算学。

邹代钧在陈三立、汪康年、吴德潇等维新派人士的赞助下,独资在武昌巡道岭创办中国第一个地理学会——舆地学会。后张之洞开译书局,仍留代钧负责海国地图的编辑。

宋伯鲁十一月疏陈八股取士之弊,乡会试第三场及名次考试策题宜专以天算地舆、筹办海防、条约章法、工艺制造等为务。

丘逢甲夏在淡定村草创"心太平草庐"。五月,赴广州,结识粤抚许振炜、菊坡书院山长梁居实等,遍游省垣及潮、嘉、香港诸名胜。是年,以部将吴汤兴、姜绍祖、丘国霖、徐骧等壮烈殉国,具文湖广总督张之洞请崞表彰,不报。

严修在贵阳将南书院改办经世学堂,首开贵州新学风。

陈宝琛在福州创办东文学堂。

陈璧、林纾在福州设苍霞精舍,后易名中西学堂。

曾朴著《补汉书艺文志》10卷赠翁同龢。夏末,应总理各国事务衙门试,未取而南归。

廖寿丰任浙江巡抚。

于式枚加入保国会。

陈炽升户部福建司郎中,仍兼任军纪章京。七月《时务报》在上海创办,与李岳瑞同为京师代收捐款者。八月,受郑观应之托,将其所著《盛世危言》增订版10本送交盛宣怀。十月,分别以"瑶林馆主"和"京师来稿"之名在《时务报》上发表《中日之战六国皆失算论》和《铸银条陈》两文。是年,有《条陈养民事宜折》,认为农政之要,应以开渠种树为先。

胡孚宸奏请将强学书局改为官书局,选刻中西图书,译印洋报。旋派孙家鼐为管理书局大臣。

宋育仁在重庆设商务局,办实业公司,倡蜀学会,主办《渝报》,编印《蜀学丛书》。

林纾春三月撰《梅花诗境记》。

马君武继续在陈家读书,基本上把藏书读完。康有为弟子龙泽厚等告以康有为读书法。

蒋方震课余与张宗祥一起,逐日去双山书院看新书,钻研时事及"新学"。

刘光第是年自武平出粤东,登罗浮、粤秀;北经两湖,在武昌与张之洞谈时事;七月返京。

谭人凤受到变法维新运动的影响,创办福田小学堂,聘请同乡维新志士邹代藩等担任教员。

杨度继续治经史。

廖平正月聚徒讲学于嘉定水西门,从游者有李光珠、帅镇华等九峰书院门人。是年始治《周易》。

唐文治考取总理各国事务衙门章京,致力阅读各国条约事务,评点《万国公法》。

马相伯教授梁启超等学习拉丁文。

韩国钧本年任祥符县职。卸祥符县任,调任怀庆府武陟县知事。

萧穆在江宁,曾与缪荃孙等泛舟秦淮。谈及《永乐大典》,萧穆作文记之。又言《四库全书》底本,多为翰林院中人零星窃去。

林旭南下依岳父沈瑜庆。

刘坤一六月檄沈瑜庆筹皖北督销局,驻正阳,林旭随侍。驻正阳后,沈瑜庆、陈书每日课林一诗。

宋恕正月应海宁崇正讲舍聘,阅时务卷。十一日,见李鸿章于天后宫侧行馆。六月初三日,孙宝琦招往天津育才馆教习汉文,宋恕推荐陈黻宸,后由蒋观云应招。是月,应盛宣怀之邀,参与制定天津北洋西学学堂章程。八月,应陈昌绅之请,代拟《请广学校折》。是年,结识谭嗣同、徐建寅、华蘅芳、朱祖谋、曾广钧、田合通、吴嘉瑞、章炳麟、马建良等人。其中,与谭嗣同最为相契,又曾和谭嗣同、梁启超、孙宝瑄等7人摄影于光绘楼,称之为《竹林图》。

钟天纬等创议组织申江雅集,宋恕曾受托代拟《章程》,因意见分歧,久未能定。

沈毓桂于本年四月《万国公报》发表《救时策》一文,最早使用"中学为体,西学为用"。

按:沈毓桂,曾用名沈寿康,号赘翁,江苏吴县人。沈氏说:"夫中西学问,本自互有得失。为华人计,宜以中学为体,西学为用。"次年8月,孙家鼐在《议复开办京师大学堂折》中,首次引用该词,其曰:"今中国京师创办大学堂"

吴保初于京师见梁启超,以为奇才,致书孙家鼐,荐梁启超至自强书局任事。

刘岳云任成都尊经书院山长。

陈少白始识日人宫崎寅藏。

汪康年作《论中国参用民权之利益》，刊载于《时务报》。

汪康年拟订《中国学会章程》，建议清廷颁行，以便提倡"布衣议论国是"。又撰《中国自强策》。

马建忠作《拟设翻译书院》一文。

陈虬十二月创《利济学堂报》于温州，倡"寓教于医"。

李叔同师天津名士赵元礼学诗词，又随书印家唐静岩习篆治印。

王鹏运举咫村词社，邀刚入京做官的朱祖谋入社。是春，上《请暂缓园居疏》，几乎罹祸。

邹代钧创设地图公会，刊印各国地图。后又在武昌设舆地学会，先后出版676种。

吴大澂自叙《愙斋集古录》。

陈独秀参加县府院试，中秀才第一名。

丁福保中秀才。

洪锡礽任同文馆汉文教习。

蒋维乔考入江苏常州致用中学。

八指头陀为沩山密印寺住持。

李宝嘉赴上海创办《指南报》。

胡璋在上海创办《苏报》。

钟荣光加入兴中会，在广州创设《博闻报》、《安雅报》，宣传革命。

伍连德赴英习医。

柯金英回国，主办福州孺医院。

美国传教士穆德十二月在上海召集学塾幼徒会首次全国会议，成立基督教学塾幼徒会，决定用中、英文出版《学塾月刊》。

美国传教士潘慎文在中国教育会二次年会上提出用各种方法掌握中国的教育改革运动。

美国传教士文乃史来华传教。

英国传教士傅兰雅离华。

按：傅氏1861年来华，曾在江南制造局任职28年，与徐寿、华蘅芳合作，从事译述达129种。

英国传教士李提摩太一月以翁同龢来访，与长谈，纵论富民强国之道以及耶稣教事。旋离京。

日本人田中正太郎于六月在台北首次发现石器。

荷兰莱顿大学汉学教授施古德受俄国拉德洛夫的委托，系统研究九姓回鹘可汗碑，初步确定汉碑部分的行数和每行的字数，并将碑文译成德文。

皮锡瑞著《尚书大传疏证》7卷、《古文尚书冤词平议》2卷刊行。又著

日本高山樗牛

著《论道德理想》。

德国巴尔特发表《黑格尔的历史哲学和黑格尔派》。

法国柏格森著《物质与记忆》。

挪威奥尔斯著《道德的自律》。

英国霍布豪斯著《知识论》。

意大利拉布里奥拉著《关于历史唯物主义》。

德国桑巴特著《19世纪的社会主义和社会运动》。

奥地利西奥多·赫茨尔《犹太人国家》出版。

英国斯宾塞著《社会学原理》。

《郑志疏证》8卷、《郑记考证》1卷成书。

按：皮氏著《师伏堂丛书》与《皮氏经学丛书》始刊于是。

孙诒让著《逸周书校补》成书。

王闿运著《周礼笺》6卷、《礼经笺》17卷、《礼记笺》46卷刊行。王氏著《湘绮楼全书》始刊于是。

章炳麟著《春秋左传读》9卷成书。

按：章炳麟《春秋左传读叙录·序》曰：是书"初名《杂记》，以所见辄录，不随经文编次，效臧氏《经义杂记》而为之也。后更曰《读》，取发疑正读为义也"（《章太炎全集》第2集）。

康有为著《春秋董氏学》、《春秋学》成书。

廖平著《论语汇考》6卷、《论语辑证》4卷、《论语微言集证》4卷、《经话甲集》2卷。

徐天璋著《四书笺疑疏证》8卷刊行。

韩浚著《大中遵注集解》4卷刊行。

王先谦撰《释名疏证补》刊行。

留云居士辑《明季稗史汇编》16种由上海图书集成局排印重刊。

阮元著《畴人传》46卷由上海玑衡堂刊行。

美国传教士林乐知著译、蔡尔康纂辑《中东战纪本末》初编8卷由上海广学会刊行。

按：记述甲午中日战争始末及各种论点，戊戌前后对士人产生重大影响。

王炳耀辑《中日战辑》由上海书局刊行，其弟王炳堃作序。

丁丙著《善本书室藏书志》。

华蘅芳著《近代畴人著述记》1卷刊行。

梁启超著《西学书目表》1卷刊行。又作《西书提要》，连载于《湘学报》。

按：是为中国首份完整的西书书目，梳理了西学在华的传播情况。梁启超《西学书目表序例》曰："今以西人声、光、电、化、农、矿、工、商诸学，与吾中国考据、词章、贴括、家言相较，其所知之简与繁相去几何矣。兵志曰：知彼知己，百战百胜。人方日日营伺吾侧纤细曲折，虚实毕见。而我犹称然自大，偃然高卧，非直不能知敌，亦且昧于自知，生见侵陵，固其宜也。故国家欲自强，以多译西书为本；学者欲自立，以多读西书为功。此三百种者，择其精要而读之，于世界蓄变之迹，国土迁异之原，可以粗有所闻矣。……译出各书，都为三类：一曰学，二曰政，三曰教。今除教类之出不录外，自余诸书分为三卷。上卷为西学诸书。……中卷为两政诸书。……下卷为杂类诸书。明季国初补艾、南、汤诸君，心明历见擢用。其所著书见于天学汇函，新法算书者百数十种。又制造局、益智书会等处译印未成之书百余种。通商以来，中国人著书言外事，其切实可读者，亦略有数十种。掇拾荟萃，名为附卷。"（《饮冰室合集》文集之一）

美国传教士林乐知译日本森有礼辑《美国诸名流振兴文学成法》为《文学兴国策》2卷成，自为序，并由广学会刊行。

陈炽著《庸书》刊行。

陈炽译英国亚当·斯密著《国富策》，以"通正斋生"之名在《时务报》

第15册刊载,名《重译富国策》。

　　按:亚当·斯密,今译为法思德。梁启超在光绪二十三年(1897)《论译书》一文说:"通商以后,西来孔道,为我国大漏卮。华商之不敌洋商也,洋商有学,而华商无学也。彼中富国学之书(日本名为经济书),皆合地球万国之民情物产,而盈许消息之。至其转运之法,销售之法,孜孜讨论,精益求精。今中国欲与泰西争利,非尽通其学不可,故商务书当广译(旧译有《富国策》、《富国养民策》、《保富述要》等书,《佐治刍言》下卷亦言此学)……其或佳书旧有译本,而译文佶屈为病,不可读者,当取原书重译之。……如同文馆旧译之《富国策》,而《时务报》有重译之本……视原书晓畅数倍,亦一道也。"(《饮冰室合集》文集之一)

　　陈炽著《续富国策》4卷刊行,有自序。

　　按:陈炽序曰:"《续富国策》何为而作也？曰:为救中国之贫弱而作也。"是书分《农书》16篇、《矿书》12篇、《工书》14篇、《商书》18篇,共60篇,内容涉及农、林、牧、渔、水利等方面,从中可见作者对农业问题的高度重视。

　　严复译《天演论》定稿,自为序。

　　按:《天演论自序》曰:"英国名学家穆勒约翰有言:欲考一国之文字语言,而能见其理极,非谙晓数国之言语文字者不能也。斯言也,吾始疑之,乃今深喻笃信,而叹其说之无以易也。岂徒言语文字之散者而已,即至大义微言,古之人殚毕生之精力,以从事于一学,当其有得,藏之一心,则为理;动之口舌,著之简策,则为词,固皆有其所以得此理之由,亦有其所以载焉以传之故。呜呼,岂偶然哉！……大抵古书难读,中国为尤。二千年来,士徇利禄,守阙残,无独辟之虑,是以生今日者,乃转于西学得识古之用焉。此可与知者道,难与不知者言也。风气渐通,士知弇陋为耻,西学之事,问涂日多。然亦有一二巨子,訑然谓彼之所精,不外象数形下之末;彼之所务,不越功利之间。逞臆为谈,不谙其实。讨论国闻,审敌自镜之道,又断断乎不如是也。赫胥黎氏此书之旨,本以救斯宾塞尔任天为治之末流。其中所论,与吾古人有甚合者。且于自强保种之事,反复三致意焉。夏日如年,聊为迻译。有以多符空言,无裨实政相稽者,则固不佞所不恤也。光绪丙申重九严复序。"(《天演论》卷首)

　　冯桂芬著《校邠庐抗议》有丰城余氏刻本、文瑞楼石印本、聚丰坊校刻本。

　　鸿文书局出版石印的《西学富强丛书》全套48册刊行。

　　按:是为评述西方自然科学、社会科学的启蒙读物。

　　梁启超是年作有《论中国宜讲求法律之学》、《古议院考》、《论中国积弱由于防弊》、《论报馆有益于国事》、《论加税》、《上南皮张尚书书》、《与严幼陵先生书》、《与碎佛书》、《与吴季清书》、《三先生传》、《记江西康女士》、《戒缠足会叙》、《西学书目表序例》、《西学书目表后序》、《西书提要农学总序》、《农会报序》、《适可斋记言记行序》、《沈氏音书序》、《地名韵语序》等。

　　黄以周著《子思子集解》7卷成书。

　　王先谦著《韩非子集解》20卷成书,有自序。

　　缪荃孙辑《辽文存》6卷、附《辽艺文志》、《辽金石目》各1卷由来青阁刊行。

　　按:《辽文存》是辽代诗文总集。辽朝书禁颇严,故著作书籍等传世者极少,亡国后典籍又多佚散。在缪荃孙之前,曾有韩小亭搜辑过辽代诗文,但亦已散亡。光绪中叶，缪荃孙总修《顺天府志》，有饱览历代典籍表志实录以及碑幢文物等的机缘，遂潜心甄采有辽一代之诗文，得200余篇，编辑成《辽文存》一书，补足了辽代无诗文总集之缺憾，为研究辽代历史与文学提供了较全面的资料。其编纂体例，因袭《文选》以来之各代诗文总集，以文体为类，分诗（谣谚附）、诏令、策问、文、表、奏疏、铭、记、序、书、碑、墓志、塔记、幢记、杂著等十六类。并作有《辽艺文志》1卷、《辽金石目》1卷附录其后。以后王仁俊又辑有《辽文萃》，凡100余篇。

杭世骏著《道古堂外集》14种由钱塘汪大钧重刊。

易顺鼎辑《琴志楼丛书》43种约于是年前后刊毕。

朱一新遗著《拙庵丛稿》5种由其弟朱怀新编纂刻印。

陈作霖、秦际唐编《国朝金陵文征》成书。

徐乃昌辑《小檀栾室汇刻闺秀词》10集附《闺秀词钞》16卷、《补遗》1卷刊毕。

刘鹗著《芬陀利室诗稿》成书。

况周颐辑《粤西词见》2卷附《玉楳后词》1卷刊行。况氏《蕙风丛书》始刊于是。

张坤德编译英国作家柯南道尔著侦探小说《福尔摩斯侦探案》始载于《时务报》第六册。

殷溎深订谱《昆曲粹存》成书。

于茹川著《绣像第六奇书玉瓶梅》10回刊行。

钟祖劳著《招隐居传奇》于重庆刻印、木刻本，系以吸食鸦片为题材的16出剧本，署名落落居士。

蔡锡勇著《传音快字》1卷成书。

按：是为中国最早关于速记术的专著，以拼音字母作速记符号，以北京音为标准。

意大利驻北京使馆华文参赞卫太尔辑《北京歌唱》刊行。

按：每首先列原文，次附英文注释、英文译文。

王士雄著《潜斋医书五种》由上海图书集成局重刊。

李锡龄辑《惜阴轩丛书》在长沙重刊。

易之瀚辑《四元释例》1卷由上海鸿宝斋书局刊行。

按：易之瀚字浩川，江苏扬州人。与罗士琳同治算学。事迹见《清史稿》卷五〇七。

测海山房主人辑《测海山房中西算学丛刻初编》27种由上海玑衡堂刊行。

李善兰著《则古昔斋算学》13种由上海积山书局石印重刊。

按：《则古昔斋算学》收录作者二十余年来的各种天算著作，计有《方圆阐幽》1卷、《弧矢启秘》2卷、《对数探源》2卷、《垛积比类》4卷、《四元解》2卷、《麟德术解》3卷、《椭圆正术解》2卷、《椭圆新术》1卷、《椭圆拾遗》3卷、《火器真诀》1卷、《对数尖锥变法释》1卷、《级数回求》1卷、《天算或问》1卷。

华蘅芳著《行素轩算稿》6种由上海文瑞楼石印重刊。

按：是书包括《开方别术》1卷、《数根术解》1卷、《开方古义》2卷、《积较术》3卷、《学算笔谈》6卷（后续6卷）、《算草丛存》4卷（后续4卷）。

李善兰与英教士伟烈亚力合译《谈天》18 卷附表 1 卷、华蘅芳与教士金楷理合译《测候丛谈》4 卷，辑为《天学大成》2 种刊行。

清内府刻印《真西山心政二经》2 卷、《钦定王元㡫承华事略补图》6 卷、《养正图解》（不分卷）。

王琦辑《医林指月》12 种由上海图书集成局重刊。

按：是书首刊于乾隆三十二年（1767），共辑集宋、元、明、清时医著 12 种，包括《医学真传》、《质疑录》、《医家心法》、《易氏医案》、《芷园臆草存案》、《伤寒金镜录》、《痎疟论疏》（附《痎疟疏方》）、《达生篇》、《扁鹊心书》、《本草崇原》、《侣山堂类辨》、《学古诊则》。每书后均附王琦跋文，简述作者生平及医著内容。现存多种清刻本。

孙中山译英国柯士宾著《赤十字会救伤第一法》成书。

美国乌特亨利著、英国传教士傅兰雅译《治心免病法》由上海格致书室刊行。

英国传教士雅魏林卒（1811—　）。基督教英国伦敦会传教士。1843 年抵达上海传教，并行医治病，擅长眼科。1844 年在上海老城大东门外开设上海第一家西式医院——中国医馆。1848 年与麦都思、慕维廉等三人违反规定到青浦传教，酿成青浦教案。

杨岘卒（1819—　）。岘字见山，一字季仇，号庸斋，祖籍江苏无锡，迁浙江归安。道光十八年，始尽心力治经。咸丰五年举人。屡试不第。同治十年，补直隶州知府。精于论诗。著有《迟鸿轩诗弃》4 卷、《迟鸿轩文弃》2 卷、《迟鸿轩诗续》1 卷、《迟鸿轩文续》1 卷、《迟鸿轩诗补遗》、《迟鸿轩文补遗》、《迟鸿轩所见书画录》等。

武训卒（1838—　）。训生前无名字，人称武七，山东堂邑人。以行乞兴学而知名。清廷封其为"义学正"，赐"乐善好施"匾，未受。事迹见《清史稿》卷四九九、《记武训》（《碑传集补》卷五五）。

任颐卒（1840—　）。颐初名润，字伯年，一字次远，号小楼，亦作晓楼，浙江山阴人。少随父学画，十四岁到上海，在扇庄当学徒，后以卖画为生。师从任熊、任薰。善画人物花卉。与任熊、任薰合称"三任"。代表作品如《三友图》、《沙馥小像》、《仲英小像》等，可谓神形毕露。

郭庆藩卒（1844—　）。庆藩原名立垍，字孟纯，自号子瀞，湖南湘阴人。郭崑焘子。早年屡试不第，援例得任通判。官至浙江知府。著有《许书转注说例》1 卷、《说文经字考辨证》4 卷、《说文答问疏证补谊》8 卷、《说文经字正谊》4 卷、《合校方言》4 卷、《庄子集释》24 卷、《泊然庵文集》2 卷、《十二梅花书屋诗集》6 卷、《瀞园賸稿》2 卷等。

王颂蔚卒（1848—　）。颂蔚初名叔炳，字芾卿，号蒿隐，江苏长洲人。光绪六年进士，选庶吉士。吴县潘祖荫、常熟翁同龢皆称其才。散馆，改官户部，补军机章京。光绪十八年，试御史第一，军机处奏留。曾建六一山房藏书。又协助冯桂芬修《苏州府志》，为常熟瞿氏校定《铁琴铜剑楼书目》。著有《古书经眼录》1 卷、《明史考证捃逸》42 卷等。事迹见《清史稿》卷四八六、叶昌炽《清授资政大夫三品衔军机章京户部湖广司郎中王君墓

H. R. 斯陀卒（1811—　）。美国女作家。

埃德蒙·德·龚古尔卒（1822—　）。法国作家、历史学家。

海因里希·特赖奇克卒（1834—　）。德国历史学家。

阿芬那留斯卒（1843—　）。德国哲学家。

志铭》(《碑传集补》卷一二)。

按：《清史稿》卷四八六曰："暇辄从事著述。尝于方略馆故纸堆中见殿板初印《明史》残本，眉上黏有黄签，审为乾隆朝拟撰考证未竟之本。因多方搜求，逐条厘订，芟其繁冗，采其精要，成《明史考证捃逸》四十余卷。"

僧虚谷卒，生年不详。俗姓朱，名怀仁，出家为僧后，名虚白，字虚谷，号紫阳山人，安徽新安人。画为任颐等所推重。著有《虚谷和尚诗录》等。

郁达夫（ —1945）、傅斯年（ —1950）、陆丹林（ —1972）、沈雁冰（ —1981）、胡愈之（ —1986)生。

光绪二十三年　丁酉　1897年

朝鲜称"大韩帝国"。

希土战争爆发。

正月初三日癸巳(2月4日)，中英订立《西江通商专约》及《滇缅重定界约专条》。

二十八日戊午(3月1日)，张之洞奏设湖北武备学堂。

二月初三日壬戌(3月5日)，日本在苏州设立日租界。

三月初七日丙寅(4月8日)，盛宣怀在上海开办南洋公学，分为上院、中院、外院及师范院。

按：《清史稿·选举志二》曰："二十三年，宣怀又于上海创设南洋公学，如津学制而损益之，经费取给招商、电报两局捐助。奏明办理，因名公学。分四院：曰师范院，曰外院，曰中院，曰上院。外院即附属小学，为师范生练习之所。中、上院即二等、头等学堂，寓中学堂、高等学堂之意。课程大体分中文、英文两部，而注重法政、经济。上院毕业生，择尤异者咨送出洋，就学于各国大学。意谓内国大学猝难设置，以公学为豫备学校，而以外国大学为最高学府。论者谓中国教育有系统之组织，此其见端焉。后改归邮传部管辖，定名高等实业学堂。其课程性质，非复设立之初旨。此第一期无系统教育之大略也。"

四月二十六日乙酉(5月27日)，盛宣怀与比利时银行代表在武昌签订《芦汉铁路借款合同》。

是日，盛宣怀开办中国通商银行上海总行。

按：是为最早设立的中国银行。

七月二十三日庚戌(8月20日)，兴浙会在杭州成立。

八月初十日丁卯(9月6日)，中俄签订《陆线续约》。

十月初七日癸亥(11月1日)，山东曹州巨野张家庄雷协身等在大刀会领导下毁教堂，引发"巨野教案"（又称"曹州教案"），德国借口强占胶州湾。

十一月二十二日丁未(12月15日)，沙俄舰队强占旅顺、大连。

十二月十三日戊辰(1月5日)，康有为在京成立粤学会。

是月,命各省地方官切实保护各国教会。

是年,上海创立国内最早之文摘刊物《集成报》。

北京通艺学堂设图书馆,并制定会章12条。

> 按:这是目前中国有据可查的最早使用"图书馆"这个名称和制定章程的图书馆。

湖北维新团体质学会在武昌成立,学会宗旨是意在劝学,务崇质实,拟分经学、史学、法律、方言、算学、图学、天文学、地学、农学、矿学、工学、商学、兵学、格致学等14科,前六科为兼习之学,后八科为专门之学,并拟编印学报,译著书籍等。

康有为正月抵桂林,函梁启超,商在桂设学、译书、办报、筑路诸事。二三月间,与唐景崧、岑春煊等在桂林发起成立圣学会,创刊《广仁报》,开设广仁学堂。六月,返广州讲学。八月十三日,有《请禁妇女裹足折》。冬,赴京有《上清帝第五书》,建议光绪帝利用胶州事变,下发愤之诏,采法日、俄,以定国是。十二月,在北京南海馆开粤学会,又筹设经济学会。是年,尝晤文廷式于沪,文氏授以密札数通,为康潜结内廷作先客。

英国J.J.汤姆逊发现电子。

德国古尔马赫·罗森弗尔德始创X线诊断法。

> 按:康有为的《上清帝第五书》,因工部尚书松桂不肯代呈而未能到达光绪帝之手,但《湘报》第16号以"南海康工部有为条陈胶事折"为题全文刊载,谭嗣同写有案语:"此南海先生第五次上书也……言人所不敢言;其心为支那四万万人请命,其疏为国朝二百六十年所无。"此后,总理衙门五大臣传见康有为,代光绪帝询问变法事宜。因光绪帝命康有为"条陈所见",所以,次年一月二十九日,康有为上《请大誓臣工开制度新政局折》(即《上清帝第六书》)。

康广仁、徐勤、何廷光、何树龄等在澳门筹办之《知新报》五日刊正式创刊。

> 按:后改为旬刊,复改为半月刊。

孙中山一月至七月在伦敦英国博物院的图书室读书,并考察英国社会政治风俗。是春,复函英国剑桥大学中文教授翟理斯,应其所请写有自传。三月,在伦敦《双周论坛》发表《中国的现在和未来》一文,揭露清朝的黑暗统治,宣传从根本上改造中国的革命主张。八至九月,到达日本横滨、东京,结识日人宫崎寅藏、犬养毅等。

梁启超正月返上海时务报馆。二月,致书张之洞,劝就两湖书院规模提倡政法之学。三月,致书夏曾佑,论及治佛学事。又与严复书信往还讨论保教问题。六月,与谭嗣同、汪康年、麦孟华、康广仁等在上海成立不缠足会。九、十月间,在上海集股创办大同译书局,由康广仁任经理。十月,以湖南巡抚陈宝箴、学政江标等邀,及与汪康年龃龉加剧,赴湖南时务学堂任中文总教习。是冬,经谭嗣同引见,始交唐才常。

> 按:梁启超《大同译书局叙例》曰:"首译各变法之事,及将变未变之际一切情形之书,以备今日取法。译学堂各种功课,以便诵读。译宪法书,以明立国之本。译章程书,以资办事之用。译商务书,以兴中国商学,挽回利权。"(《饮冰室合集》第1册)自1898年至1903年间,梁启超译介了卢梭、孟德斯鸠、培根、笛卡儿、达尔文、康德、

斯宾塞、亚里士多德、福泽谕吉、加藤弘之等的思想及学说,译著有《霍布斯学案》、《斯片挪莎学案》、《卢梭学案》、《近世文明初祖二大家之学说》、《天演学初祖达尔文之学说及其传略》、《法理学家孟德斯鸠之学说》、《乐利主义泰斗边沁之学说》、《亚里士多德之政治学说》、《近世第一大哲康德之学说》等。郑振铎《梁任公先生》说:"国内大多数人略略能够知道培根、笛卡尔、孟德斯鸠、卢梭诸人的学说一斋的,却不是严复几个翻译原作者,而是由于再三重译或重述的梁任公先生。"(夏晓虹《追忆梁启超》引,中国广播电视出版社1996年)

又按:梁启超受康有为影响,原先主张保教,曾在《复友人论保教书》中,公开提出设立保教大会。以后听从黄遵宪、严复"教不可保"之说后,逐渐改变态度,发展到反对保教,与康有为发生矛盾。是年,他在《与严幼陵先生书》中说:"来书又谓教不可保,而亦不必保,又曰保教而进,则又非所保之本教矣。读至此,则据案狂叫语人曰:不意数千年闷葫芦,被此老一言揭破,不服先生之能言,而服先生之敢言之也。"(《饮冰室合集》文集之一)

谭嗣同、唐才常得陈宝箴、黄遵宪、江标之助,九月在长沙创办时务学堂,陈宝箴为撰《湖南时务学堂缘起》。聘梁启超为中文总教习,谭嗣同、唐才常、韩文举、叶觉同、欧榘甲为中文分教习,熊希龄为提调,李维格为外文总教习。梁启超亲定《湖南时务学堂学约》十章:一曰立志,要求学生以天下为己任,为救亡而献身;二曰养心,要求破苦乐,破生死,破毁誉,威武不屈,富贵不淫,贫贱不移;三曰治身,忠信笃敬;四曰读书,要求上下千古,纵横中外之学;五曰穷理,注重思考和观察;六曰学文;七曰乐群;八曰摄生,锻炼身体;九曰经世,探究富强之道;十曰传授,宣扬孔子精神(《饮冰室合集》第1册);并将时务学堂功课分为普通学和专门学两种,前者包括经学、诸子学、公理学和中外史志及粗浅的格算诸学,后者包括公法学、掌故学、格算学等。

按:熊希龄《上陈右铭中丞书》曰:"查去年初立学堂,延聘梁卓如为教习,发端于公度(黄遵宪)观察,江建霞(江标)、邹沅帆及龄与伯严(陈三立)皆赞成之,继则张雨珊、王益吾(王先谦)师亦称美焉。"(中国史学会主编《戊戌变法》第二册)是年八月,熊希龄《致汪康年书》曰:"湘学堂中文教习无人,初各绅议只立分教,而缓立总教,及公度到湘,力言总教无逾于梁卓如者,龄等谓'卓如乃报馆大局所关,穰兄岂肯轻放?'公度曰:'无妨也,卓如在报馆作文,每册不过一篇,如来湘中,尚可按期寄文,于报馆并无所损。而在湘则兼受其益。'龄等闻此言,无不大喜过望,咸云'求之不可得'也。遂决聘卓如矣。"(《汪康年师友书札》第三册)

又按:梁启超等在讲学中,宣传康有为孔子改制学说,重印《长兴学记》,撰写《读春秋界说》等,公开提倡民权思想。故王先谦、叶德辉指责梁启超"丧心病狂"(《湖南时务学堂课艺批》叶德辉按语,中国史学会主编《戊戌变法》第二册)。梁启超《清代学术概论》曰:"已而嗣同与遵宪、熊希龄等,设时务学堂于长沙,聘启超主将席,唐才常等为助教。启超至,以《公羊》、《孟子》教,课以札记,学生仅四十人,而李炳寰、林圭、蔡锷称高才生焉。启超每日在讲堂四小时,夜则批答诸生札记,每条或至千言,往往彻夜不寐。所言皆当时一派之民乐论,又多言清代故实,胪举失政,盛倡革命。其论学术,则自荀卿以下汉、唐、宋、明、清学者,掊击无完肤。时学生皆住舍,不与外通,堂内空气日日激变,外间莫或知之,及年假,诸生归省,出札记示亲友,全湘大哗。先是嗣同、才常等设南学会聚讲,又设《湘报》(日刊)、《湘学报》(旬刊),

所言虽不如学堂中激烈,实阴相策应,又窃印《明夷待访录》、《扬州十日记》等书,加以案语,秘密分布,传播革命思想,信奉者日众,于是湖南新旧派大哄。"又于《时务学堂札记残卷序》曰:"令诸生作札记,师长则批答而指导之,发还札记时,师生相与坐论。时吾侪方醉心民权革命,旦夕以此相鼓吹,札记及批语中,盖屡宣其微言。湘中一二老宿,睹而大哗,群起挤之。新旧之哄,起于湘而波动于京师,御史某刺录札记全稿中触犯清廷忌讳者百余条,进呈严劾。戊戌党祸之构成,此实一重要原因也。"(《饮冰室合集》文集之三七)

谭嗣同、唐才常、江标等三月在长沙创刊《湘学新报》旬刊,江标、黄遵宪等挂名督办,唐才常、蔡钟濬、杨毓麟等负责。内容分史学、时务、舆地、算学、商学、交涉六门,向湖南士绅系统地讲求中西有用诸学,宣传维新派的政治主张。

谭嗣同与杨文会四月在南京创设金陵测量学会。

陈宝箴、谭嗣同、唐才常、黄遵宪、熊希龄等是冬在长沙筹设南学会。

唐才常等人在湖南发起成立群萌学会,谭嗣同有《群萌学会叙》。

按:谭嗣同《群萌学会叙》曰:"然而湖南省会,既大张新学,有若南学会,有若校经学会,有若时务学堂,有若武备学堂,有若方言学堂,有若课吏馆,有若保卫局,有若机器制造公司,有若旬报馆,有若日报馆,有若各书院之改课,骎骎乎文化日辟矣。"(《谭嗣同全集》下册)

黄遵宪因翁同龢荐,六月离京赴湖南盐法道任,在湘力助陈宝箴、江标举办新政。

按:黄遵宪晚年致梁启超信曰:"(吾)志在变法、在民权,谓非宰相不可,为宰相又必乘时之会,得君之专而后可也。既而游欧洲、历南洋,又四五年,归见当道者之顽固如此,吾民之聋聩如此,又欲以先知先觉为己任,借报纸以启发之,以拯救之。而伯严苦劝之作官,既而幸识公,则驰告伯严曰:'吾所谓以言救世之责,今悉卸其肩于某君矣!'"(郑海麟、张伟雄编《黄遵宪文集》,日本京都中文出版社1991年版)所谓"以言救世之责"者,指光绪二十二年、二十三年间,黄遵宪在上海以书招梁启超共谋创办《时务报》之事;所谓"伯严苦劝之作官",指陈三立劝黄遵宪至湖南任长宝监法道兼署按察使事。

蔡锷考入长沙时务学堂肄业。

严复、夏曾佑、王修植、杭辛斋等十月在天津创办日报《国闻报》,严复任主编,夏曾佑作《本馆附印说部缘起》,提出翻译外国小说之动议。十一月起,每旬增刊《国闻汇编》,由夏曾佑主持。与上海《时务报》南北相呼应。

按:《国闻报》于1898年2月15日旬刊停办,戊戌政变后日报转售日本人。

严复所译《天演论》分期在《国闻报》上连载。

按:《国闻报》创刊时就开始连载严复翻译的《天演论》,对清末民初的中国思想界影响甚大,汉民《述侯官严氏最近政见》一文说"中国民气为之一变"(《民报》1906年第2号)。

严复是年至光绪二十五年(1899),连续发表《中俄交谊论》等文,呼吁联俄。

张之洞三月饬湖北各道州县购阅《湘学新报》。八月,杨锐欲说徐桐疏荐张入京,中阻未果。是年,张之洞六十寿诞,孙诒让作《张广雅尚书六秩寿序》。

章炳麟是春在上海时务报馆,因阅西报,知伦敦使馆有捕孙中山事。又与宋恕相得,宋氏亦以谭嗣同《仁学》见示。三月,因与主笔梁启超观点相抵忤,辞离时务报馆返杭。十三日,与友人吴仲华被康有为弟子梁作霖聚众殴打。五月,与宋恕、陈虬等在杭州发起成立兴浙会,制定《兴浙会章程》,作《兴浙会序》。七月,与宋恕、陈虬等在杭州创刊《经世报》旬刊,上海设分馆。八月,与王斯源、王仁俊等在上海创刊《实学报》旬刊,王仁俊任总经理,章氏为总撰述。十月,陶湘、董康、赵元益、恽积勋等在上海发起成立译书公会,发刊《译书公会报》,章炳麟、杨模任总主笔。

按:章炳麟与康有为、梁启超等人的分歧,其在《太炎先生自订年谱》中说:"春时在上海,梁卓如等倡言孔教,余甚非之。或言康有为字长素,自谓长于素王,其弟子或称超回、轶赐,狂悖滋甚。余拟以向栩,其徒大愠。会平阳宋恕平子来,与语,甚相得。平子以浏阳谭嗣同所著《仁学》见示,余怪其杂糅,不甚许也。平子因问:'君读佛典否?'余言:'穗卿尝劝购览,略涉《法华》、《华严》、《涅槃》诸经,不能深也。'平子言:'何不取三论读之?'读之,亦不甚好。时余所操儒术,以孙卿为宗,不喜持空论言捷径者。偶得《大乘起信论》,一见心悟,常讽诵之。时新学勃兴,为政论者辄以算术物理与政事并为一谈。余每立异,谓技与政非一术,卓如辈本未涉此,而好援其术语以附政论,余以为科举新样耳。唯平子与乐清陈黻宸介石持论稍实,然好言永嘉遗学,见事颇易。余所持论不出《通典》、《通考》、《资治通鉴》诸书,归宿则在孙卿、韩非。康氏之门,又多持《明夷待访录》,余常持船山《黄书》相角,以为不去满洲,则改政变法为虚语。宗旨渐分,然康门亦或谯言革命,逾四年始判殊云。"

章炳麟四月二十日致书谭献,详述与康氏门人分裂经过,并言"《新学伪经考》,前已有驳议数十条,近杜门谢客,将次第续成之。《墨子间诂》,新义纷纶,仍能平实,实近世奇作"。

按:章炳麟《致谭献书》说:"麟自与梁、麦诸子相遇,论及学派,辄如冰炭。仲华亦假馆沪上,每有论议,常与康学抵牾,惜其才气太弱,学识未富,失据败绩,时亦有之。卓如门人梁作霖者,至斥以陋儒,诋以狗曲,面斥之云狗狗。麟虽未遭謑诟,亦不远于辕固之遇黄生。康党诸大贤,以长素为教皇,又目为南海圣人,谓不及十年,当有符命,其人目光炯炯如岩下电,此病狂语,不值一笑。而好之者乃如蛣蜣转丸,则不得不大声疾呼,直攻其妄。尝谓邓析、少正卯、卢杞、吕惠卿辈,咄此康瓠,皆未能为之奴隶。若钟伯敬、李卓吾,狂悖恣肆,造言不经,乃真似之。私议及此,属垣漏言,康党衔次骨矣。会谭复笙来自江南,以卓如文比贾生,以麟文比相如,未称麦君,麦忮忌甚。三月十三日,康党麇至,攘臂大哄,梁作霖复欲往殴仲华,昌言于众曰:昔在粤中,有某孝廉诋諆康氏,于广坐殴之,今复殴彼二人者,足以自信其学矣。噫嘻!长素有是数子,其果如仲尼得由,恶言不入于耳邪?遂与仲华先后归杭州,避蛊毒也。《新学伪经考》,前已有驳议数十条,近杜门谢客,将次第续成之。《墨子间诂》,新义纷纶,仍能平实,实近世奇作,麟顷已购一通,前携至鄂中者,望将书价径寄报馆可也。"(《章太炎生平与学术自述》)

徐仁铸八月命充湖南学政,以代江标。九月,觐见光绪帝,以湘变法颇盛,谕以考政之余,兼采留心事务之士。十二月,赴湘就任。

按：徐仁铸乃谭嗣同之友，亦赞成变法维新，因此，湖南学政虽易人，省政方针并无改变，反较以前更为积极。陈三立《巡抚先府君行状》曰："当是时，江君标为学政，徐君仁铸继之，黄遵宪来任监法道，署按察使，皆以变法开新为己任。"（《散原精舍文集》卷五）

罗振玉刻行无名氏撰《黔蜀种鸦片法》1卷，作跋斥广种鸦片可挽利权之说，提出官绅协办，逐步将烟田改桑田，同时立茧厂，发展织造。与蒋伯联名致函南通张謇，谈为农学社物色开垦、试种人才，及为杭州蚕局请教习事。四月，与蒋黻创设之农务会发刊我国第一份农学刊物《农学报》半月刊，梁启超为序。

按：董作宾《罗雪堂先生传略》曰："是时先生年少气盛，视天下事无不可为，耻以经生自牖，乃留意时务。好读杜佑《通典》、顾炎武《日知录》；间阅兵家言及防河书。继思若世不我用，宜立一业以资事畜。三十后，遂有学农之志。读农家言，既服习《齐民术》《农政全书》、《授时通考》等，又读西洋农书译本，惟憾其语焉不详，乃拟创农学社，以资逢译西洋农书。戊戌春，与蒋伯斧创农学社于上海。先后历十年，所译农书百余种。岁庚子，鄂督张文襄以所设农务局未臻理想，亟欲改革，曾邀先生往总理农务，后以人事故，未克舒展抱负。"（罗振玉著《雪堂自述》附）

王闿运作《七夕词》，抨击康有为、梁启超及陈宝箴、江标。

麦孟华上书护孔子。六月，与梁启超、汪康年、龙泽厚在上海成立不缠足会。

陈炽以瑶林馆主之名在《时务报》第18册上发表《俄人国势酷类强秦论》，从十个方面将秦与俄国对比，呼吁前事之不忘，后事之师也，前车之已覆，后车之鉴也（《陈炽集》）。又于二月在《时务报》发表《贵私贵虚论》，批评封建君主专制。五月，在《知新报》第20册上发表《美德宜竭力保大局说》。六月，在《知新报》第23册上发表《英日宜竭力保中说》。七月，因参与纂修《平定陕甘新疆回匪方略》、《平定贵州苗匪纪略》等书有功受褒奖。九月，在《农会报》第9册上发表《论农会书》，从发展商品经济和养民的角度强调发展农业生产的重要性。是月，黄遵宪入京，曾劝其少谈民权。

张百熙六月充江西乡试正考考官，旋命提督广东学政。

王先谦七月在岳麓书院颁布《月课改章手谕》及《新定译学会课程》，改革内容涉及教学内容、教学模式、考试、招生、师资、教学设施等多个方面。是年，识时务学堂总教习梁启超。

按：王先谦《月课改章手谕》、《新定译学会课程》的实施，标志着中国传统书院的转变。对此，皮锡瑞在1897年9月的日记中称赞道："岳麓师课已改，不用时文，课经史兼算学。此风既动，当有闻之而兴起者。"（皮锡瑞《师伏堂未刊日记》（1897-1898年），《湖南历史资料》1958年第4期）

曾广钧为黄遵宪《人境庐诗草》作序，黄遵宪作《酬曾重伯编修》诗，谓"废君一月官书力，读我连篇新派诗"，"新派诗"之名自此始。

吴稚晖任天津北洋学堂教习。

胡璋是夏在上海创刊《苏报》，延吴稚晖为主笔。十二月，吴氏在京晤康有为，与论当除八股、鸦片、小脚三害。

恽彦彬时任广东学政，十二月奏请将朱一新宣付史馆立传并赏卿衔。

廖寿丰四月在浙江巡抚任上创办求是书院，宋恕任汉文总教习，是为浙江大学之前身。

邓华熙有《安徽省建立求是学堂用过银数先行具陈片》，汇报筹款办学情形。

李岳瑞与宋伯鲁等十二月在北京发起成立关西学会。

按：该会成员主要为在京师的陕西籍官员。后为壮大声势，宣传维新变法，改关西学会为关学会，又称陕学会。会员于会中质疑辨难，交流读书心得。其会规为：治经义，以经术言变法；治国文，研究文字、语言、格致、测算，了解欧、日情况。每周聚会一次。四个月后，与粤学会、闽学会、蜀学会合并为保国会。

经元善在上海倡办女学堂，梁启超为作启。

黄绍箕是秋典湖北乡试。

严修十一月在贵州学政任上奏请开经济特科，分内政、外交、理财、经武、格物、考工六类，以收实用。

按：《清史稿·选举志四》曰："洎光绪中叶，外侮孔棘，海内皇皇，昌言变法。二十四年，贵州学政严修请设经济特科，下总理各国事务衙门会礼部核议。八月，慈禧皇太后临朝训政，以经济特科易滋流弊，罢之。"

魏光焘十一月在陕西巡抚任上奏改泾阳格致实用书院为崇实书院，分致道、学古、求志、兴艺四斋。旋又于省城创设格致学堂，名曰游艺学堂。

王修植任天津北洋学堂总办。

沈家本由天津知府调为保定知府。

连横由圣约翰大学返台湾。

刘光蕡自陕西咸阳二次致书梁启超，以织局、书院两义为富教之本。得梁复书，并赠以康有为著《长兴学记》、《新学伪经考》、《四上书记》及梁自著《西学书目表》。

张謇长文正书院。三月至武昌，与张之洞议纱厂事。定《厂约》。

李宝嘉在上海创办《游戏报》，令读者耳目一新，《寓言》、《采风》等十余家同类报刊相继而起。

吴沃尧在上海任《字林沪报》副刊《消闲报》主笔。

宋育仁等主办《渝报》旬刊十月在重庆创刊，任总理。

陈少白向宫崎寅藏介绍孙中山以英文所著《伦敦蒙难记》。

汪康年、叶瀚、曾广铨等在上海创设蒙学公会。十月，发刊我国第一份儿童报刊《蒙学报》，梁启超为叙。

裘廷梁七月至上海，拜会《时务报》总经理汪康年，建议增办一份文意较浅的报纸。

章伯初、章仲和等主编的《演义白话报》十一月七日创刊于上海。

按：是为一种用白话文编写的文艺性小报。该刊第一号《白话报小引》云："中国人要想发奋立志，不吃人亏，必须讲究外洋情形、天下大势，必须看报。要想看报，必须从白话起头,方才明明白白"这就明确地把白话文的改革同国家的奋发图强联系起来。

陈虬在温州创办《利济学堂报》。

章钰、张一麐、孔昭晋等七月在苏州成立苏学会。

夏瑞芳、鲍咸恩、鲍咸昌、高凤池4人二月合股,在上海创设商务印书馆,开办印刷所。

按:该馆初创时设印刷所,以印刷商业用名片、广告、簿记、帐册之类为主,故名。1900年后致力于出版图书。1902年成立编译所,聘张元济为所长,开始编印中小学、师范、女校等各类学校教科书,并编辑政治、法律与其它各种参考图书、杂志,拥有设备齐全、技术先进的印刷所。张元济长期主持商务馆工作,并聘蔡元培任编译所所长。该馆是中国历史最久、规模最大的出版机构。

董康、赵元益集资万金主持开设译书公会于上海新马路。《译书公会章程》称,会中延聘总经理1人,协理1人,英文翻译3人,法文翻译2人,德、俄、日文翻译各1人,西文总校1人,中文总校1人,复校1人,初校3人,写字4人。

林纾为苍霞精舍之中学堂汉文总教习,讲授《毛诗》、《史记》,五天上一次课。是夏,新丧偶。王寿昌便邀请林纾翻译法国作家小仲马的《巴黎茶花女遗事》,由王寿昌口述,林纾笔录。

按:是为林纾以独特方式走上翻译道路之始,也是中国系统地翻译外国文学名著之始。关于《巴黎茶花女遗事》的译书时间有三种说法:阿英在《关于〈巴黎茶花女遗事〉》一文中,引林纾《译林叙》,认订译于1898年;又引林纾《迦茵小传》题词叙,认订为1989年夏。杨荫深在《中国文学家列传》中,说译于林纾新丧偶后,其时当在1897年。钱钟书在《林纾的翻译》的有关注释中,引黄濬《花随人圣摭忆》中语,说"事在光绪丙申、丁酉间"。编者认为,《译林叙》并未确切说明译于1898年,应以译于1897年夏为宜。

吴梅是年每作文,尝请同窗潘养纯捉刀。

张伯苓随同济舰到威海卫,办理威海卫的接收和转租手续。

丘逢甲春应潮州知府李士彬之聘,主讲韩山书院,介绍东西方文明,被顽固势力目为异端。年终,愤而辞去。

马君武继续在桂林苦读。是年,康有为到桂林讲学。君武常与康的弟子龙泽厚、况仕任、龙应中前去听讲,并在桂林《广仁报》发表文章。受康有为《大同书》的影响,改名为同,字君武。

陈虬为胡道南所创《经世报》撰叙,又撰文多篇。

陈独秀参加江南乡试,未中。岁末撰成《扬子江形势略论》。冬与高晓岚结婚。入求是书院。

蒋方震习《十三经》毕,所作诗文,颇有文采。与张宗祥同受乡里耆宿重视,目为才子。

陈去病在同里与金松岑、蔡冶民等组织雪耻学社。

苏曼殊在沪师从西班牙人罗弼·庄湘博士学习英文。

刘光第在京供职。是年春,川东南大饥,光第与同乡京官合力筹措,公私共得银二十万两有奇,汇川作赈。评《毛诗》、《史记》、《杜诗》完。与梁启超订交。

郑观应向盛宣怀献"治安五策"的长歌:一、兴学校;二、振兴农工商;三、练将才;四、制军器;五、定宪法。

蔡元培继续在翰林院供职。广泛阅读新学,是冬,拟设东文书馆,译介日文译本之西学。

杨度与夏寿田等到衡阳东州石鼓书院治学。

章钰等七月设苏学会,倡以中学为主,西学为辅,中学为体,西学为用。

黄节离简岸草堂,入广州花埭之云林寺读书。

赵熙主讲于东川书院,曾请其门生日本人成田安辉讲授日语,开书院之新风。

韩国钧因武陟县濒临黄河、沁河,每逢水患,肥土皆变为沙石田,为筹改良之法,呈请地方政府拨款。卸武陟县任,回开封府待命。

林旭于沪上结识梁启超。又与汪康年等维新人士为往密切。参与《求是》创刊活动。九月初,由沪进京,准备应戊戌科会试。在京,结识张元济。十二月,组建闽学会。

宋恕是年新结识的维新名士和各界名流先后有欧阳柱、薛华培、狄葆贤、孙多鑫、龙泽厚、蒋黻、龙研仙、喻兆蕃等。三月间认识日僧松林孝纯,陆续借读《八宗纲要》及《教行信证》,又借《佛说大观》,并到本愿寺观日本全藏佛经。

宋恕与孙宝瑄交往频繁,孙氏日记记录宋恕言行廿余次,如九月十五日,谈及儒家宗旨有二:尊尧舜以明君宜以公举,称汤武以明臣可废君。十一月十九日,谈及汉学之兴和文字狱有关。十一月二十七日,曾批驳康有为《新学伪经考》之误,并谈到《儒法辨》、《儒兵辨》、《儒道辨》、《儒侠辨》。

孙诒让致信汪康年,吁请朝廷早日变法。

罗意辰任同文馆汉文教习。

杨树达考入湖南时务学堂,从梁启超学《孟子》、《公羊传》等。

王鹏运代康有为上措辞激烈的奏章。

李伯元在上海发起成立艺文社。

麦孟华作《民议》连载于《时务报》。

徐勤作《中国无害论》刊载于《时务报》。又作《地球大势公论》刊载于《知新报》。

王国维九月赴杭州再次参加乡试,不中。年底,与同乡张英甫等谋创海宁师范学堂,并上呈筹款缘由,未果。

陈垣应顺天乡试,未中。

李叔同入天津县学学习。

丁福保应举未中。

桂念祖中举人。经狄葆贤介绍，于上海识梁启超。从梁启超、康有为言变法。

廖寿丰、林启等创办的求是书院，五月二十一日在杭州开学。廖寿丰有《奏为浙江省城专设书院兼课中西实学恭折》，并制定《求是书院章程》。

陈季同、陈寿彭、洪述祖等集资创办《求是杂志》，林旭推荐陈衍任主笔。

龙泽厚在上海组织医学善会。

八旨头陀为沩山密印寺住持。

马相伯通过沈则恭神父的斡旋，与教会建立融洽关系。并将大部分家产捐给教会，以作与办教育之用。撰《尺算征用》，介绍西方计算尺。

日本海军少佐松枝新一领其国战舰来游长江，到武昌，往访辜鸿铭，辜氏作《赠日本国海军少佐松枝新一氏序》。

日本宫崎寅藏是夏得犬养毅资助，偕平山冈再次来华考察。

英国人赫德十二月来晤翁同龢，与论中国之危，及因循不能自强。

美国传教士葛赉恩来华传教。

美国传教士路思义来华传教。

美国传教士柏高德来华传教。

加拿大传教士怀履光来华传教。

德国传教士薛田资在华传教。

德国传教士卫礼贤（尉礼贤）来华传教。

美国传教士李佳白等二月在北京发起成立称尚贤堂。

美国监理公会设立中西书院于苏州，是为东吴大学之前身。

美国传教士丁韪良年初重返中国，旋主编《尚贤堂月报》。在北京创办《新学月报》。

美国传教士林乐知主编之《万国公报》停刊。辑《善后之宏规》等。

匈牙利地质调查以所长洛克奇来华抵敦煌考察，叹莫高窟为世界奇观。

俄国汉学家瓦西里耶夫刊布清总理各国事务衙门对和林三碑的释文，也即所谓"总理衙门书"。

英国莫理循以伦敦《泰晤士报》记者身份来华，报道中国事件，并收购巨量有关中国的中西文图书。

陈衍著《尚书举要》7卷成书。

皮锡瑞著《今文尚书考证》30卷刊行，王先谦为序。又著《圣证论补评》2卷成书。

陶鸿庆著《读礼志疑》5卷成书。

按：陶鸿庆字瓌石，号艮斋，江苏盐城人。另著有《左传别疏》2卷、《读通鉴札记》12卷、《读诸子札记》25卷。今有陈引驰编校的《陶鸿庆学术论著》，浙江人民出版社1998年版。

德国巴尔特著《作为社会学的历史哲学》。

德国阿佩尔特著《希腊哲学史论集》。

美国詹姆斯著《信仰的意志》。

德国梅林著《德国社会民主主义的历史》。

法国涂尔干著《自杀论》。

德国李普斯著《空间美学》。

俄国巴甫洛夫《消化腺机能讲义》出版。

梁启超著《读春秋界说》、《读孟子界说》成书。

徐勤著《春秋中国夷狄辨》3卷由上海大同译书局刊行。

胡清瑞著《大学原文集解》1卷、《中庸原文集解》刊行。

胡绍勋著《四书拾义》5卷由吟经楼刊行。

文藻翔著《律吕新书浅释》1卷刊行。

杨誉龙著《素行室经说》2卷刊行。

王棻编《九峰精舍壬辰集》1卷、《九峰精舍辛卯集》5卷、《九峰精舍自课文》2卷刊行。

廖平著《左氏三十论》、《续三十论》2卷；辑《纵横辑佚》2卷。

廖平著《四益馆经学丛书》5种由尊经书院刊行。

按：是书集中了廖平的经学思想观点。对于廖平在中国学术史上的地位，侯堮《廖季平先生评传》说："先生在中国经学史上，既具有相当地位，而在晚清思想史上，亦握有严重转掇之革命力量。由先生而康南海而梁新会而崔觯甫，迄至今日如疑古玄同、马幼渔、顾颉刚诸先生，均能倡言古文学之作伪，更扩大而为辨伪之新运动。近日《辨伪丛刊》照耀人目，凡中国向来今文学家未做完之余沥，一跃而为新史界所喷喷鼓吹之新问题。前喝后于，当者披靡。回忆四十年来之中国思想界，类似霹雳一声者为康南海之《孔子改制考》、《新学伪经考》等等，而廖先生则此霹雳前之特异的电子。……吾人于今日审查中国学术思想之进步如何？除东西舶来品而外，要不能不归功于贞下起元，曙光焕发之廖先生！……廖先生崛起，著成《今古学考》、《古学考》、《知圣篇》、《四益经话》等书，遂将三千年来之孔子，及数千年之经学，与经学所产生之思想言论，根本改造，发前人所未发……此一切一切皆形成空前之结论，又皆导源于廖先生经学革命之功。"（《大公报》1932年8月1日《文学副刊》）

康有为著《孔子改制考》21卷刊行。

康有为著《春秋董氏学》8卷由上海大同译书局刊行。

按：是书后又由广州演孔书局于光绪二十四年重刊，收入《万木草堂丛书》。

廖平著《古学考》1卷、《经语》甲编2卷、乙编1卷由尊经书局刊行。

杜贵墀著《汉律辑证》6卷成书，有自序。

按：是书辑录汉代律令二百五十余条。卷首有序，论述了法律的起始及汉律的源流。清末的薛允升、张鹏一和杜氏都辑证汉律，但杜氏所辑是书，考证清晰，被清朝修订法律馆所重视。

姚振宗著《隋书经籍志考证》52卷成书。

按：关于《隋书·经籍志》的考证研究，清代以来有十家之多，如章学诚、章宗源、姚振宗、张鹏一等人都有著作传世，其中以张鹏一《隋书经籍志补书目》及章宗源《隋书经籍志考证》较有影响。

洪钧著《元史译文证补》30卷刊行。

缪荃孙辑《续碑传集》稿本成。

叶德辉校《瓯钵罗宝书画过目考》4卷。

文廷式著《闻尘偶记》成书。

薛福成著《出使四国日记》遗稿由子薛莹中编为《出使四国日记续刻》10卷成书，有附识。

杞庐主人辑《时务通考》31卷成书。

美国传教士林乐知著译、蔡尔康纂辑《中东战纪本末》续编,并附林乐知译《文学兴国策》刊行。

董康、赵元益创办之译书公会是年译刊英文著作《交涉纪事本末》、《中日媾兵记》、《西事纪原》、《泰西志林》、《拿破仑失国记》、《威灵吞大事记》、《五洲舆地图考》、法文著作《东游随笔》、《五洲通志》等成。

姚锡光著《东方兵事纪略》成书。

江标著《宋元行格表》2卷成书。

康有为著《日本书目志》15卷由上海大同译书局刊行,有自序。

按:是书分生理、理学、宗教、图史、政治、法律、农业、工业、商业、教育、文学、文字语言、美术、小说、兵书十五门,收日本书籍一万种之多。其《自序》曰:"夫中国今日不变法日新,不可;稍变而不尽变,不可;尽变而不兴农、工、商、矿之学,不可;欲开农、工、商、矿之学,非令士人通物理不可。凡此诸学,中国皆无其书,必待士人之识泰西文字,然后学之。泰西文字非七年不可通,士人安得尽人通其学?不待识泰西文字而通其学,非译书不可。译书非二十行省并兴不可。即二十行省尽兴而译之矣,译人有人矣,而吾国岌岌,安得此从容之岁月?然则法终不能变,而国终不可强也。……日本变法,二十年而大成。吾民与地十倍之,可不及十年而成之矣。迩者购铁舰、枪炮,筑营垒,以万万计,而挫于区区之日本。公卿士夫恐惧震动,几不成国。若夫一铁舰之费数百万矣,一克虏伯炮之微,费数万金矣。夫以数万金可译书以开四万万人之智,以为百度之本,自强之谋,而不为,而徒为购一二炮,以为贵敌藉寇之资,其为智愚何如也?呜呼!日人之祸,吾自戊子上书言之,曲突徙薪,不达而归。欲结会以译日书久矣,而力薄不能成也。呜呼!使吾会成,日书尽译,上之公卿,散之天下,岂有割台之事乎?故今日其可以布衣而存国也。然今不早图,又将为台湾之续矣。吾译书之会,不知何日成也。窃悯夫公卿忧国者,为力至易,取效至捷,而不知为之也。购求日本书至多,为撰提要,欲吾人共通之。因《汉志》之例,撮其精要,剪其无用,先著简明之目,以待忧国者求焉。"(《日本书目志》卷首)

瞿镛著《铁琴铜剑楼藏书目》24卷刊行。

姚钧光著《东方兵事记略》刊行。

按:是书有木刻、石印两种。全书号称6卷,前5卷为正文,第6卷名为图表,实则仅存名目,没有内容。

谭嗣同著《仁学》2卷50篇成书。

按:《仁学》是谭嗣同的重要哲学著作,他杂糅儒、释、道、墨各家和西方自然科学、社会政治经济学说,形成自己独特的哲学体系。他认为"仁为天地万物之源",提出要变法,要冲决一切网罗:"初当冲决利禄之网罗,次冲决俗学若考据、若词章之网罗,次冲决全球群学之网罗,次冲决君主之网罗,次冲决伦常之网罗,次冲决天之网罗,次冲决全球群教之网罗,终将冲决佛法之网罗"(《仁学自叙》)。戊戌政变后,梁启超在日本将其中一部分发表于1899年的《清议报》上,后来正式刊印成书。

梁启超辑《西政丛书》32种由慎记书庄刊行,自为序。

按:为当时论西洋政事最切要之书。

自强学斋主人编《自强学斋治平十议》成书。

按:是书收录陈炽《庸书》与冯桂芬、马建忠、陈虬、薛福成、宋育仁、许楣、王守基等人论新政变法的著作。

梁启超是年撰《说群序》、《论君政民政相嬗之理》、《论中国之将强》、

《治始于道路说》、《倡设女学堂启》、《试办不缠足会简明章程》、《湖南时务学堂学约》、《记东侠》、《记尚贤堂》、《记自强军》、《万木草堂小学学记》、《史记货殖列传今义》、《经世文新编序》、《春秋中国夷狄辨序》、《日本国志后序》、《中国工艺商业考提要》、《读日本书目志书后》、《萃报叙》、《蒙学报演义报合叙》、《大同译书局叙例》、《蚕务条陈叙》、《续译列国岁计政要叙》、《新学伪经考叙》、《西政丛书叙》、《南学会叙》、《知耻学会叙》、《医学善会序》、《知新报叙例》、《读春秋界说》等。

章炳麟是年在《时务报》发表《论亚洲宜自为唇齿》、《论学会大有益于黄人亟宜保护》；在《经世报》发表《变法箴言》、《平等难》、《读管子书后》、《东方盛衰论》；在《实学报》发表《后圣》、《儒道》、《儒兵》、《儒法》、《儒墨》、《儒侠》、《异术》、《重设海军议》；在《译书公会报》发表《译书公会叙》、《论民数聚增》等文。

叶昌炽编撰《藏书纪事诗》刻印（江标辑《灵鹣阁丛书》6卷本）。

按：是书为记载历史上藏书家事迹的专著，起于五代末期，讫于清代末期，计收集有关人物739人，并将记述一人或相关数人的有关资料各用一首叶氏自作的七言绝句统缀起来，间附叶氏按语。另有宣统元年（1909）叶氏家刻7卷本。

浙江书局辑《子书二十二种》由上海图书集成书局刊行。

求是斋主人辑《时务经世分类文编》32卷成书。

甘韩辑《皇朝经世文新增时务洋务续编》（又名《皇朝经世文三编增附时务洋务》）48卷成书。

盛康辑《皇朝经世文续编》120卷由思补楼刊行。

按：体例同《皇朝经世文编》，辑录道光、咸丰、同治、光绪间奏稿、论文而成。次年，葛士濬编同名著作120卷，上海文盛书局刊行，内容体例与前书相近，流传较广。

陈忠倚辑《皇朝经世文三编》80卷刊行。

按：本书继《皇朝经世文编》、《皇朝经世文续编》辑成，体例沿袭二书，除学术、治体、吏政、户政、礼政、兵政、刑政、工政等类外，又增加洋务篇目。次年补订重印。

孙诒让始校顾炎武著《顾亭林诗集》，写为1卷。

龚自珍著《龚定盦全集》由粤东万木书堂刊行。

朱轼著《朱文端公藏书》13种重刊。

汪绂著《汪双池先生丛书》20种汇印刊行。

李文田著《顺德李氏遗书》4种刊行。

朱次琦著《朱九江先生文集》由简朝亮编次成书，并为之序。

谭嗣同著《廖天一阁文》2卷、《莽苍苍斋诗》2卷、《远遗堂集外文》初编1卷、续编1卷、《石菊影庐笔识》2卷，辑为《东海褰冥氏三十以前旧学四种》于宣陵刊行。又编订《秋雨年华之馆丛脞书》1卷成。

林纾著《闽中新乐府》由魏瀚在福州用活字版印行。

陈作霖编《国朝金陵词征》成书。

王鹏运著《鹜翁集》刊行。

丁善长绘编《历代画像传》4卷刊行。

杨宝镛著《书画考略》成书。

张作楠著《翠微山房数学》12种由上海鸿宝斋石印重刊。

按：张作楠字丹邨，浙江金华人。由处州府学教授，历阳湖县太仓州，升徐州知府。后辞归。精历算之学。是书包括《揣籥小录》1卷、《揣籥续录》3卷、《弧三角举隅》1卷、《弧角设如》3卷、《新测中星图表》1卷、《金华晷景表》2卷、《金华更漏中星表》3卷、《恒星图表》1卷、《八线类编》3卷、《八线对数类编》2卷、《高弧细草》1卷、《仓田通法》14卷。

丁取忠辑《白芙堂算学丛书》23种由上海文澜书局石印重刊。

江标辑《灵鹣阁丛书》6集56种刊毕。

王锡祺辑《小方壶斋舆地丛钞》再补编由上海茗易堂刊行。

丁丙辑《武林经哲遗著》56种毕刊。

陈懋治、杜嗣程、沈庆鸿等编《蒙学课本》3册。

按：因是年上海南洋公学外院成立而编，是国人自编的教科书，体例略仿英、美等国课本，文言文编写，印刷用铅字，无插图。随后无锡三等学堂、上海澄衷蒙学堂也编辑了部分教科书。

张之万卒(1811—)。之万字子青，号銮坡，直隶南皮人。道光二十七年，以一甲一名进士授修撰。咸丰二年，出督河南学政。同治元年，偕太常寺卿许彭寿等，汇辑前代帝王及垂帘事迹可法戒者呈上，赐名《治平宝鉴》。擢礼部侍郎，兼署工部。官至协办大学士。卒赠太傅，谥文达。善画，与戴熙齐名。著有《张文达公遗集》。事迹见《清史稿》卷四三八、《清史列传》卷五八。

英国传教士理雅各卒(1815—)。生于苏格兰。先毕业于阿伯丁大学，后进海贝利神学院学习。1839年受伦敦布道会的派遣去马六甲任英华书院院长。1844年随该院迁香港，继续主持院务。曾与洪仁玕在伦敦会(香港)共事三年。从1841年起从事中国语言和文化的研究，先后翻译《四书》、《诗经》、《书经》、《春秋左氏传》，并写有长序和注释；还著有《孔子的生平和学说》、《孟子的生平和学说》及《中国人关于鬼神的观念》等书；尤其对《四书》、《五经》的英译，被视为西方标准译本。他在香港居留达三十余年，致力于建立教会和培养传教人员。1876年聘为牛津大学首位中国学讲座教授，直到去世。

李鸿藻卒(1820—)。鸿藻字寄云，号兰孙，河北高阳人。咸丰二年进士，选庶吉士，授编修。典山西乡试，督河南学政。十一年，诏授大阿哥读。同治元年，擢侍讲。累迁内阁学士。署户部左侍郎。四年，命直军机。五年，授礼部右侍郎。光绪二年，命兼总理各国事务衙门。充乡试、会试、殿试等阅卷大臣。卒谥文正，赠太子太傅。事迹见《清史稿》卷四三六、《清史列传》卷五七、蔡冠洛《清代七百名人传》第一编。

洪良品卒(1827—)。良品字右臣，别号龙冈山人，湖北黄冈人。洪钧子。同治七年进士，改庶吉士，散馆，授翰林院编修。十年，任山西乡试正考官。光绪十一年，充顺天乡试同考官。著有《龙岗山人古文尚书四种》、《古文孝经荟解》8卷、《孔子家语验诬记》2卷、《新学伪经考商正》2

雅格布·布克哈特卒(1818—)。瑞士文化艺术史家。

西周卒(1829—)。日本哲学家。

尤利乌斯·萨克斯卒(1832—)。德国植物学家。

约翰尼斯·勃拉姆斯卒(1833—)。德国作曲家、钢琴家。

阿尔封斯·都德卒(1840—)。法国作家。

卷、《龙冈山人文抄》10卷、《龙冈山人诗抄》18卷、《龙冈山人古今体诗》2卷等。事迹见刘光第《户科给事中洪公墓志铭》(《碑传集补》卷一〇)。

按：洪氏著书40余种，曾撰《新学伪经考商正》驳难康有为。其说大抵重复前人陈说，声称《伪古文尚书》不伪，因其说迂腐，连信古文经学者也几乎无人道及。

叶衍兰卒(1823—)。衍兰字南雪，号兰台，广东番禺人。咸丰六年进士，选庶吉士，散馆，授户部主事。后归，主越华书院，教授生徒。好考古掌故之学，工书画文词，精鉴赏。著有《秋梦庵词》2卷、续词1卷等。事迹见《叶衍兰传》(《碑传集三编》卷三九)。

王韬卒(1828—)。韬初名王利宾，字兰瀛，改名王瀚，字懒今，字紫诠、兰卿，号仲弢、天南遁叟、甫里逸民、淞北逸民、欧西富公、弢园老民、蘅华馆主、玉鲍生、尊闻阁王，外号长毛状元，江苏长洲人。道光二十五年考取秀才。二十九年应英国传教士麦都士之邀，到上海墨海书馆工作，先后与伟烈亚力、艾约瑟等传教士翻译出版《华英通商事略》、《重学浅说》、《光学图说》、《西国天学源流》等书。同治元年因化名黄畹上书太平天国被发现，清廷下令逮捕，在英国驻沪领事帮助下逃亡香港。应邀协助英华书院院长理雅各将《十三经》译为英文。六年冬至七年春漫游法、英、苏格兰等国。曾在香港创办《循环日报》，在上海主持格致书院，提倡西学，宣传变法。著有《春秋左氏传集释》60卷、《春秋朔闰考》3卷、《春秋日食辨正》1卷、《皇清经解札记》24卷、《瀛壖杂志》6卷、《台事窃愤录》3卷、《普法战纪》14卷、《法志》8卷、《俄志》8卷、《美志》8卷、《西事凡》16卷、《西溟补乘》36卷、《瓮牖余谈》12卷、《火器说略》3卷、《乘桴漫记》1卷、《扶桑游记》3卷、《海陬冶游录》7卷、《花国剧谈》2卷、《老饕赘语》16卷、《遁窟谰言》12卷、《蘅华馆诗录》8卷、《弢园诗文集》、《弢园文录》8卷、《弢园文录外编》12卷、《弢园尺牍》12卷、《弢园尺牍续钞》4卷、《西学原始考》、《淞滨琐话》、《漫游随录图记》、《淞隐漫录》16卷等40余种。事迹见王韬《弢园老民自传》(江苏人民出版社1999年版)、蔡冠洛《清代七百名人传》第五编。王汉章编有《天南遁叟年谱》。

钱保塘卒(1832—)。保塘字铁江，号蔺伯，浙江海宁人。咸丰九年举人。年三十六，奉诏赴四川主尊经书院。后辞职归乡开馆授学，潜心诗书。光绪五年，再赴四川任清远县县令。八年调任定远知县，十四年补大足县令。著有《春秋疑年录》1卷、《帝王世纪续补》1卷、《钱氏考古录》12卷、《历代名人生卒录》8卷、《光绪舆地韵编》1卷、《涪州石鱼题名记》1卷、《乾道临安志札记》1卷、《吴越杂事诗录》2卷、《辨名小记》1卷、《清风室文钞》12卷、《清风室诗钞》5卷；辑有《字林考逸》8卷等。

黎庶昌卒(1837—)。庶昌字莼斋，贵州遵义人。初学于郑珍、莫友芝，后以曾国藩为师，为曾门四弟子之一。历署吴江、青浦诸邑。光绪二年，郭嵩焘出使英国，调充参赞。七年，命充出使日本大臣。在日本搜罗宋、元旧籍，与杨守敬共同刻成《古逸丛书》26种。十七年，除川东道。著有《拙尊园丛稿》6卷、《曾文正公年谱》12卷、《黎氏家谱》1卷、《奉使英伦记》1卷、《使东奏议》2卷、《使东文牍》2卷、《丁亥入都纪程》2卷、《西洋杂志》8卷、《拙尊园画存录》1卷等。编有《续古文辞类纂》28卷、《日东文宴集》等。事迹见《清史稿》卷四四六、蔡冠洛《清代七百名人传》第五编、夏寅官《黎庶昌传》、叶昌炽《黎庶昌莼斋事实》(均见《碑传集补》卷一九)。

唐宗海卒(1846—)。宗海字容川,四川彭县人。光绪十五年进士,授礼部主事。精医道。著有《中西汇通医经精义》、《伤寒论浅注补正》、《金匮要略浅注补正》、《本草问答》、《血证论》等,合称《中西汇通医书五种》。其中《血证论》对血证颇多阐发。为早期试图汇通中西医学的代表人物之一。

法国人于雅乐卒(1857—)。1880年来华。曾任汉口副领事。曾将李渔的《比目鱼》小说用法文缩译,发表在巴黎出版的《亚洲杂志》第8卷上。著有《汉语会话教科书》、《福摩萨的历史》等。

王德钟(—1927)、徐志摩(—1931)、林庚白(—1941)、顾明道(—1944)、王统照(—1957)、潘天寿(—1971)、成仿吾(—1984)、朱光潜(—1986)生。

光绪二十四年　戊戌　1898年

正月初三日丁亥(1月24日),光绪帝命李鸿章等延康有为至总理衙门询问变法事宜。总理衙门大臣李鸿章、翁同龢、荣禄、廖寿恒、张荫桓晤康有为"问话"。

初四日戊子(1月25日),因翁同龢荐,光绪帝谕康有为具折上陈,谕总署自后康有为如有条陈,即日呈递,不许阻隔。并谕总署呈送康有为所著《日本变政考》、《俄罗斯大彼得变政记》诸书。

初六日庚寅(1月27日),从贵州学政严修奏,设立经济特科,以内政、外交、理财、格物、考工、经武之学取士录用,命中外保荐堪与特科者。

按：总理衙门会同礼部奏设经济特科时,正式把内政、外交、理财、经武、格物、考工并于科举考试的正科之中,从中可见当时人对学术分科已经不同于传统的学术分类,体现出一种新的学术分类思想。

初八日壬辰(1月29日),康有为第六次上《应诏统筹全局折》。

是日,高燮曾上《请设武备特科折》。

二十九日癸丑(2月19日),因荣禄、高燮曾、胡燏棻先后奏设武备特科,命各省武乡试,自光绪二十六年始会试,自二十七年始童试,自下科始一律改试枪炮。

是日,康有为代御史陈其璋拟奏《请将译印各国图书颁给各学各

菲律宾独立。
俄国社会民主工党成立。
美西战争。西班牙败。

馆片》。

> **按**：康有为奏曰："臣窃见京朝百司人员，数千百数，不乏才俊聪明之士，而语及泰西政教、中外交涉掌故，多有茫然者。固风气未开，亦实无书可读，美才坐废，殊可惜也。侧闻总署译印各书，为书不少，皆士大夫所未得见者，虽准售卖，无从探悉，而只高阁深藏，殊失译印之本意。自设官书局以后，群情向慕，而事归大臣管辖，体制森严，亦难借读。地僻一隅，又难奔走。臣愚以为，欲人才之多所成就，则当广设学堂，虑学堂之难于遍开，则当广散图籍。况京师为人才荟萃之地，百僚即将来办事之人，尤宜扩充其识见心胸，储为大用。拟请旨饬下总署，将已经译印之各种图书，于京师八旗官学、各省省馆，各颁给一份。其未译者，速令陆续译出；未印者，即速交官书局速印，每出一册，均行颁给一份。俾闲散各僚，分向各学、各馆就近披览，互相切磋，以广见闻，以资造就。无形之益，所关至大。"（孔祥吉编著《康有为变法奏章辑考》）

二月初一日乙卯（2月21日），南学会在湖南长沙成立。

初八日壬戌（2月28日），康有为第七次上书光绪帝。

是日，康有为代山东道监察御史宋伯鲁拟奏《请设议政处疏》、《总署官书局时务书，请饬发翰林院片》。

初九日癸亥（3月1日），中、英、德《英德续借款合同》在北京签订。

十四日戊辰（3月6日），中、德《胶澳租界条约》签订。

十六日庚午（3月8日），康有为代御史陈其璋拟奏《统筹全局，请再向美国借款，以相牵制而策富强折》。

十七日辛未（3月9日），康有为代山东道监察御史宋伯鲁拟奏《为蹙地侵权，国势危急，请统筹全局，派员往美集大公司折》。

二十日甲戌（3月12日），康有为奏《译纂〈俄彼得变政记〉成书呈请代奏折》。

二十七日辛巳（3月19日），康有为奏《为胁割旅大，覆亡在即，乞密联英日，坚拒勿许折》。

是月，光绪帝命翁同龢进黄遵宪所著《日本国志》。

三月初四日丁亥（3月25日），康有为代御史陈其璋拟奏《俄患孔亟，所请宜坚持勿允，谨陈三策以资抵御折》。

初五日戊子（3月26日），康有为率公车百余人上书，请以旅大与诸国，联英拒俄。

初六日己丑（3月27日），《中俄会订条约》签订，旅顺、大连租借给俄国。

二十日癸卯（4月10日），康有为奏《进呈〈日本变政考〉等书，乞采鉴变法以御侮图存折》、《请照经济科例，推行生童岁试片》。

二十二日乙巳（4月12日），康有为与御史李盛铎等发起成立以"保国、保种、保教"为宗旨的保国会。保国会员遍布全国17省，多为公车举人。此后，保滇会、保浙会、保川会等相继成立。

三月二十六日己酉（4月16日），张之洞奏准于武昌设立农务工艺学堂及劝工劝商公所。

闰三月十七日庚午(5月7日),中俄签订《续订旅大租地条约》。

二十七日庚辰(5月17日),御史黄桂鋆上疏参劾保浙会、保滇会、保川会。

是月,张之洞创立湖北方言学堂,为武汉大学前身。

四月初七日己丑(5月26日),御史潘庆澜上疏弹劾保国会,指责康有为。

十三日乙未(6月1日),康有为、梁启超代山东道监察御史杨深秀拟奏《请定国是,明赏罚,以正趋向而振国祚折》。

是日,康有为代杨深秀拟奏《请斟酌列代旧制,正定四书文体折》、《请议游学日本章程片》、《请派近支王公游历片》、《请筹款译书片》。

按:《请筹款译书片》曰:"道光后,大地交通,诸国竞长,议者已议师夷之长技而制之。考泰西学校选举,专以开新为义,合十六国人士所讲求,五百年君相所鼓励,政治、学术、理财、练兵、农工商矿,一切技艺,日出精新,皆有专门之书,每门卷盈千百。美国养兵二万,而顷与西班牙开仗旬日,辄已大胜。盖泰西所以横行四海,掩袭大地者,不在力而在智。吾自交涉以来,同光以前,中外议臣,亦未尝不言变法,而都其所见,率皆在筑炮台,购兵舰,买枪炮,练洋操而已,尚未知讲求学校也。甲午军兴之后,渐知泰西所以富强,在于有学,于是议臣始言学。当今直省督抚,亦纷纷渐知立学堂矣。然学堂以何物教之,尚未计及也。学堂仅教诸生童幼习西国文字语言,五六年后始能通其文字语言,尚未通其政学,则又待之十年后矣。今世变甚急,朝不及夕,岂能从容待之十年乎?其不在学堂中之人士,及任官之士夫,尤今日所倚而用之者,乃无从得地球掌故物理、泰西政俗、经济农工商矿各学,而考求之。臣以为言学堂而不言译书,亦无从收变法之效也。同治时大学士曾国藩,先识远见,开制造局,首译西书,而奉行者不通本原,徒译兵学医学之书,而政治经济之本,乃不得一二。然且泰西文义迥异,译者极难,越月逾岁乃成一种,故开局至今数十年,得书不满百种,以是而言变法,是终不得其法也。臣愚窃考日本变法,已尽译泰西精要之书,且其文字与我同,但文法稍有颠倒,学之数月而可大通,人人可为译书之用矣。若少提数万金,多养通才,则一岁月间,可得数十种。若筹款愈多,养士愈众,则数年间,将泰西、日本各学精要之书,可尽译之,而天下人士及任官者,咸大通其故,以之措政皆有条不紊,而人才不可胜用矣。国家虽贫,而岁糜闲款,不知几许,若一铁舰一克房伯炮之费,动需百数十万矣。若能省一炮之费,以举译书之事,而尽智我民,其费至简,其事至微,其效至速,其功至大,未有过于此者。若承采择,乞饬下总理各国事务衙门议行,或年拨数万金试办。"(孔祥吉编著《康有为变法奏章辑考》)

十七日己亥(6月5日),康有为代御史陈其璋拟奏《为筹款维艰,请约开铁路口岸藉增关税折》、《请加税撤厘片》。

十八日庚子(6月6日),康有为代江南道监察御史李盛铎拟奏《时务需才,请开馆译书折》。

按:奏曰:"臣愚以为既尚新学,不如多译西书,使就华文习之,尚可不忘其本,且免蹈从前出洋学生之弊,通西语而不通华文也。查现译之书,仅同文馆暨江南制造局刊印之数十种,且皆二十年前之陈编,在我方目为新奇,在彼或以成嚆矢,仅袭皮毛而未窥闻奥,殊未足餍阅者之心。拟请特旨开馆专办译书事务,遴调精通西文之翻译数员,广购西书,分门别类,甄择精要,译出印行,以宏智学。至日本明治以来,所译西书极多,由东译华,较译之西文尤为便捷。应请饬下出使大臣,访查日本所译西书，全数购寄，以便译印。并咨访中外人员中之通达时务、学问优赡者，酌调数员，专司润色，务期文义敷畅，俾得开卷了然。俟届三年，译成之书逾二千卷以上，酌予保奖，以示鼓励。"（孔祥吉编著《康有为变法奏章辑考》）

二十日壬寅（6月8日），康有为代翰林院侍读学士徐致靖拟奏《请明定国是折》。

按：《请明定国是折》曰："胶事已来，新政无一举动，学堂特科等事，未见举办，有若空文。天下咸窃窃然疑皇上仍以守旧为是也。于是有司不能定政事之趋向，庶士不能审学术之宗旨，天下摇摇莫定，恀恀无之，臣实疑之。……今自中日议和以来，朝旨命开学堂，而京师至今尚无片瓦，外省所设，亦复寥寥，闽、粤督抚且置之不理矣。朝旨命开商务局，而各省尚未通行，已革广西巡抚史念祖过阁诏书，至藩臬不知有是举矣。朝旨命修武备，而粤督谭钟麟乃反废张之洞经营百万金之水师学堂、鱼雷学堂，且废鱼雷轮船坐令生锈矣。朝旨许三场对策用时务，而乡会考官见有涉时务者摈不取矣。其他朝旨命裁兵练筑路开矿，亦已不惮烦言，而乃无一切实遵办者，此无他，盖朝廷于是非赏罚之间，尚非深切著明，见诸实事，是以沮新者辄借口于旧之可遵，趋避多方，终无成议也。臣愚以为皇上如谓寄今时之政仍当循旧，则宜将一切总署、使臣、学堂、商务、洋操、船政、制造、方言、铁路、电线尽罢废之。明谕内外臣工，恪守旧章，实力整顿，无挠于强敌，无眩于他途，有开新为说者罪无赦。若皇上审敌量时，以为必当变法，亦请特颁明诏，一切新政，立见施行，求可求成，风行雷动，其有旧习仍沿，阻挠观望者亦罪无赦。如此则国是画一，天下臣民咸晓然于圣意所在，有所适从，不再如前之游移莫定，两无所成矣。"（孔祥吉编著《康有为变法奏章辑考》）

二十一日癸卯（6月9日），李鸿章与英驻华公使窦纳乐在北京签订《展拓香港界址专条》。

二十三日乙巳（6月11日），光绪帝颁布"定国是诏"，百日维新开始。

按：诏曰："数年以来，中外臣工，讲求时务，多主变法自强。迩者诏书数下，如开特科、裁冗兵、改武科制度、立大小学堂，皆经再三审定，筹之至熟，甫议施行。惟是风气尚未大开，论说莫衷一是，或托于老成忧国，以为旧章必应墨守，新法必当摈除，众喙哓哓，空言无补。试问今日时局如此，国势如此，若仍以不练之兵，有限之饷，士无实学，工无良师，强弱相形，贫富悬绝，岂真能制梃以挞坚甲利兵乎？朕维国是不定，则号令不行，极其流弊，必至门户纷争，互相水火，徒蹈宋、明积习，于时政毫无裨益。即以中国大经大法而论，五帝三王，不相沿袭，譬之冬裘夏葛，势不两存。用特明白宣示，嗣后中外大小诸臣，自王公以及士庶，各宜努力向上，发愤为雄，以圣贤义理之学植其根本，又须博采西学之切于时务者实力讲求，以救空疏迂谬之弊。专心致志，精益求精，毋徒袭其皮毛，毋竞腾其口说，总期化无用为有用，以成通经济变之才。京师大学堂为各行省之倡，尤应首先举办，著军机大臣、总理各国事务王大臣会同妥速议奏，所有翰林院编检、各部院司员、大门侍卫、候补候选道府州县以下官、大员子弟、八旗世职、各省武职后裔，其愿入学堂者，均准入学肄业，以期人才辈出，共济时艰，不得敷衍因循，徇私援引，致负朝廷谆谆告诫之至意，将此通谕知之。"（中国史学会主编《戊戌变法》第二册）

又按：《清史稿·文悌传》曰："光绪二十四年，变法诏下，礼部主事王照应诏上言，尚书许应骙不为代奏。御史宋伯鲁、杨深秀联名劾以守旧迂谬，阻挠新政，谕应骙明白回奏，覆奏称珍惜名器，物色通才，并辞连工部主事康有为，请罢斥驱逐。奏上,以抑格言路,首违诏旨,礼部尚书、侍郎皆革职,赏照四品京堂。"

是日,谕各直省督抚保荐使才以通各国。

二十四日丙午(6月12日),诏选宗室王公游历各国。

是日,赐夏同龢等348人进士及第、出身各有有差。

二十五日丁未(6月13日),康有为、梁启超代翰林院侍读学士徐致靖拟奏《国是既定,用人宜先,谨保维新救时之才,请特旨委任折》,康有为、张元济著于二十八日预备召见。黄遵宪、谭嗣同等著该督抚送部引见。广东举人梁启超著总署查看具奏。

按：奏曰："臣窃见工部主事康有为,忠肝热血,硕学通才,明历代因革之得失,知万国强弱之本原,当二十年前,即倡论变法。其所著述有《彼得变政记》、《日本变政记》等书,善能借鉴外邦,取资法戒。其所论变法,皆有下手处。某事宜急,某事宜缓,先后次第,条理粲然。按日程功,确有把握。其才略足以肩艰巨,其忠诚可以托重任,并世人才,实罕其比。若皇上置诸左右以备顾问,与之讨论新政,议先后缓急之序,以立措施之准,必能有条不紊,切实可行,宏济时艰,易若反掌。湖南盐法长宝道黄遵宪,历充出使日本、英、美各国参赞官,游海外二十年,于各国政治之本原,无不穷究。器识远大,办事精细。其所言必求可行,其所行必求有效。近在湖南办理时务学堂、课吏馆、保卫局等事,规模宏远,成效已著。若能进诸政府,参赞庶务,或畀以疆寄,资其扬历,必能不负主知,有补大局。江苏候补知府谭嗣同,天才卓荦,学识绝伦。忠于爱国,勇于任事。不避艰险,不畏谤疑。内可以为论思之官,外可以备折冲之选。刑部主事张元济,现充总理衙门章京,熟于治法,留心学校,办事切实,劳苦不辞。在京师创设通艺学堂,集京官大员子弟讲求实学,日见精详。若使之肩任艰大,筹划新政,必能胜任愉快,有所裨益。广东举人梁启超,英才亮拔,志虑精纯,学贯天人,识周中外。其所著《变法通议》及《时务报》诸论说,风行海内外,如日本、南洋岛及泰西诸国,并皆推服。湖南抚臣陈宝箴聘请主讲时务学堂,订立学规,切实有用。若蒙皇上召置左右,以备论思,与讲新政;或置诸大学堂,令之课士;或开译书局,令之译书,必能措施裕如,成效神速。"(孔祥吉编著《康有为变法奏章辑考》)

二十六日戊申(6月14日),御史宋伯鲁奏经济特科请分别处理,下所司知之。

二十七日己酉(6月15日),慈禧太后斥黜协办大学士、户部尚书翁同龢等,逐回原籍。以荣禄为署直隶总督。

二十八日庚戌(6月16日),光绪帝召见工部主事康有为、张元济,任命康氏为总理衙门章京上行走,并许其专折奏事。

二十九日辛亥(6月17日),康有为代掌山东道监察御史宋伯鲁拟奏《变法先后有序乞速奋乾断以救艰危折》、《请改八股为策论折》、《请将铁路官本岁息缴充学堂经费片》。

五月初一日癸丑(6月19日),命将官书局译印各报每五日汇订一册,送军机处呈递。

是日,康有为奏《为恭谢天恩,请御门誓众,开制度局,以统筹大局折》、《请商定教案法律,厘正科举文体,听天下乡邑增设文庙,并呈〈孔子改制考〉折》。

按：康有为在第二份奏折中说："查泰西传教，皆有教会，创自嘉庆元年，今遂遍于大地。今其来者，皆其会中人派遣而来，并非其国所派，但其国家任其保护耳。其教会中，有总理，有委员，有入议院者，略如我礼部。领学政教官，下统举人诸生，但听教民所推举，与我稍异耳。今若定律，必先去其国力，乃可免其要挟，莫若直与其教会交，吾亦设一教会以当之，与为交涉，与定和约，与定教律，亦在于变法也。吾举国皆在孔子教中，何待设教会？然圣像之毁，可为寒心，非合众聚讲，不能得力。窃谓我列圣以来，尊崇先圣孔子，过绝前代，世袭上公，礼待优隆。若皇上通变酌时，令衍圣公开孔教会，自王公士庶，有志负荷者，皆听入会，而以衍圣公为总理，听会中士庶学行最高者为督办，稍次者多人为会办，各省府县，皆听其推举学行之士为分办，藉其名于衍圣公。衍圣公上之朝，人士既众，集款自厚。听衍圣公与会中办事人，选举学术精深、通达中外之士为委员，令彼教总监督委选人员，同立两教和约，同定两教法律。若杀其教民，毁其礼堂拜，酌其轻重，或偿命、偿款，皆有一定之法。彼若犯我教刑律，同之。有事会审，如上海租界会审之例。其天主教自护最严，尤不可归法国主持，彼自有教皇作主。一切监督，皆命自教皇。教皇无兵无舰，易与交涉，宜由衍圣公派人驻扎彼国，直与其教皇定约、定律，尤宜措词。教律既定，从此教案皆有定式，小之无轻重失宜之患，大之无借端割地之害，其于存亡大计，实非小补。教会之名，略如外国教部之例，其于礼部则如军机处之与内阁，总署之如理藩院，虽稍听民举，仍总于衍圣公，则亦如官书局之领，以大臣亦何嫌何疑焉？虽然，外侮之来，亦有所自。"（转引自黄明同、吴熙钊《康有为早期遗稿述评》）

初二日甲寅（6月20日），康有为代御史宋伯鲁、杨深秀拟奏《礼臣守旧迂谬，阻挠新政，请立赐降斥折》，参礼部尚书许应骙守旧迂谬，阻挠新政。著许应骙按照所参奏各节，明白回奏。

初三日乙卯（6月21日），陕甘总督陶模奏变通武科并于沿江沿海各省兼设水师学堂，下所司速议。

初四日丙辰（6月22日），授荣禄为文渊阁大学士。

是日，许应骙按照被参各节逐一陈明，以其并无阻挠等情，免议。

是日，康有为代翰林院侍读学士徐致靖拟奏《请废八股以育人才折》、《嗣后用人行政一切请明宣片》。

初五日丁巳（6月23日），授吏部尚书孙家鼐为协办大学士。以王文韶为户部尚书在军机大臣上行走，并在总理各国事务衙门行走。实授荣禄为直隶总督兼北洋大臣。

是日，诏自下科为始，乡会试及生童岁科各试，一律改试策论。

按：谕内阁："我朝沿宋明旧制，以《四书》文取士。康熙年间，曾经停止八股，改试策论，未久旋复旧制，一时文运昌明，儒生稽古穷经，类能推究本原，阐明义理，制科所得，实不乏通经致用之才。乃近来风尚日漓，文体日敝，试场献艺，大都循题敷衍，于经义罕有发明，而谫陋空疏者，每获滥竽充选，若不因时通变，何以励实学而拔真才？著自下科为始，乡会试及生童岁科各试，向用《四书》文者，一律改试策论，其如何分场命题考试，一切详细章程，该部即妥议具奏。此次特降谕旨，实因时文积弊太深，不得不改弦更张，以破拘墟之习，至于士子为学，自当以四子六经为根底，策论与制义，殊流同源，仍不外通经史以达时务，总期体用兼备，人皆勉为通儒，毋得竞呈博辩，复蹈空言，致负朝廷破格求才至意。"（《清德宗皇帝实录》卷四一九）

初八日庚申（6月26日），康有为奏《请以爵赏奖励新艺新法新书新器新学,设立特许专卖,以励人才而开民智折》。

初十日壬戌(6月28日),准总理衙门奏请,将广东举人梁启超在上海所设译书局改为官督商办,月拨二千两翻译外洋书籍,先译各国政法史传诸门,徐及医农工矿等学。

是日,谕军机大臣等:京师大学堂,指日开办,亦应设立译书局,以开风气,如何筹款兴办之处,著总理各国事务王大臣,一并妥拟详细章程,迅速具奏(《清德宗皇帝实录》卷四一九)。

是日,康有为代山东道监察御史杨深秀拟奏《请御门誓众,更始庶政折》、《请惩阻挠新政片》。

十二日甲子(6月30日),康有为代御史宋伯鲁拟奏《请将经济岁举归并正科并各省岁科试迅即改试策论折》,从之。

按:奏曰:"臣窃维中国人才衰弱之由,皆缘中西两学不能会通之故,故由科举出身者,于西学辄无所闻知,由学堂出身者,于中学亦茫然不解。夫中学体也,西学用也,无体不立,无用不行,二者相需,缺一不可。今世之学者,非偏于此即偏于彼,徒相水火,难成通才,推原其故,殆颇由取士之法歧而二之也。臣以为未有不通经史而可以言经济者,亦未有不达时务而可谓之正学者。教之之法既无偏畸,则取之之方当无异致,似宜将正科与经济岁举合并为一,皆试策论。论则试经义,附以掌故;策则试时务,兼及专门。泯中西之界限,化新旧之门户,庶体用并举,人多通才。且并两科为一科,省却无数繁费。"(孔祥吉编著《康有为变法奏章辑考》)

是日,谕曰:御史李盛铎奏,谨拟京师大学堂办法一折,著总理各国事务王大臣,归入大学堂未尽事宜,一并议奏(《清德宗皇帝实录》卷四一九)。

十三日乙丑(7月1日),大足教案再次发生。

是日,总理衙门大臣奕劻与英国驻华公使窦纳乐签订《订租威海卫专条》。

十五日丁卯(7月3日),因御史王鹏运奏请,诏开京师大学堂,派孙家鼐管理。

按:《清德宗皇帝实录》卷四一九曰:"谕内阁:军机大臣会同总理各国事务衙门王大臣奏,遵旨筹办京师大学堂,并拟详细章程缮单呈览一折,京师大学堂为各行省之倡,必须规模宏远,始足以隆观听而育人材。现据该王大臣详拟章程,参用泰西学规,纲举目张,尚属周备,即著照所议办理,派孙家鼐管理大学堂事务;办事各员,由该大臣慎选奏派。至总教习综司功课,尤须选择学贯中外之士,奏请简派。其分教习各员,亦一体精选,中西并用。所需兴办经费,及常年用款,著户部分别筹拨。所有原设官书局,及新设之译书局,均著并入大学堂,由管学大臣督率办理。此次设立大学堂,为广育人材,讲求时务起见,该大臣务当督饬教习等,按照奏定课程,认真训迪,日起有功,用副朝廷振兴实学至意。"《清史稿·选举志二》曰:"自甲午一役,丧师辱国,列强群起,攘夺权利,国势益岌岌。朝野志士,恍然于乡者变法之不得其本。侍郎李端棻、主事康有为等,均条议推广学堂。光绪二十四年,德宗谕曰:'迩者诏书数下,开特科,改武科制度,立大、小学堂。惟风气尚未大开,论说莫衷一是。国是不定,则号令不行。特明白宣示中外,自王公至士庶,各宜努力发愤,以圣贤义理之学植其根本,博采西学切于时务者,实力讲求,以救空疏迂谬之弊。京师大学为各省倡,应首先举办。凡翰林编、检、部、院司员,各门侍卫,候补、候选道、府、州、县以下各官,大员子弟,八旗世职,各省武职后裔,均准入学肄业,以期人材辈出,共济时艰。'下军机大臣、总理各国事务王、大臣,妥议奏闻。寻议覆筹办京师大学堂。拟定章程,要端凡四:一宽筹经费,二宏建学舍,三慎选管学大臣,四简派总教习。诏如所拟。命孙家鼐管理大学堂事务,经费由户部筹拨。"

是日,光绪帝召见梁启超,命进所著《变法通议》,赏六品衔,令办理译书局事务。

十六日戊辰(7月4日),派奕劻、许应骙迅速办理建设京师大学堂工程事务。

是日,诏地方官振兴农业,著刘坤一咨送上海农学会章程于总署,并令各省学堂广译外洋农务诸书。

十七日己巳(7月5日),奖赏士民著作新书及创作新法,制成新器,准其专利售卖。有能独立创建学堂,开辟地利,兴造枪炮厂者,给予特赏。

按:"谕内阁:自古致治之道,必以开物成务为先,近来各国通商,工艺繁兴,风气日辟,中国地大物博,聪明才力,不乏杰出之英,祇以囿于旧习,未能自出新奇。现在振兴庶务,富强至计,首在鼓励人才。各省士民著有新书,及创行新法,制成新器,果系堪资实用者,允宜悬赏以为之劝,或量其材能,试以实职,或锡之章服,表以殊荣。所制之器,颁给执照,酌定年限,准其专利售卖。其有能独力创建学堂,开辟地利,兴造枪炮各厂,有裨于经国远猷,殖民大计,并著照军功之例,给予特赏,以昭激励。其如何详定章程之处,著总理各国事务衙门,即行妥议具奏。"(《清德宗皇帝实录》卷四二〇)

十八日庚午(7月6日),命拔贡朝考复试两场题目,均改为论策各一道。

是日,命嗣后一切考试,毋庸五言八韵诗。

是日,大理寺少卿盛宣怀奏,就南洋公学内设立译书院,选师范生翻译东西洋书。得旨,著照所拟办理(《清德宗皇帝实录》卷四二〇)。

二十日壬申(7月8日),御史文悌疏劾康有为、宋伯鲁、杨深秀等。责以受人唆使,结党攻讦,不胜御史之任,令回原衙门行走(《清德宗皇帝实录》卷四二〇)。

二十二日甲戌(7月10日),康有为奏《请改直省书院为中学堂,乡邑淫祠为小学堂,令小民六岁皆入学折》,诏命改各省书院为兼习中西学之学校,民间祠庙不在祀典者,由地方官晓谕改为学堂。

按:此为庙产兴学运动,影响中国教育近半个世纪。《清史稿·选举志二》曰:"五月,又谕各直省督、抚,将各省府、厅、州、县大小书院,一律改为兼习中、西学之学校,其阶级,以省会之大书院为高等学,郡城之书院为中学,州、县之书院为小学。颁给京师大学章程,令仿照办理。各书院经费,悉数提作学堂经费。绅民如能捐建学堂,或广为劝募,准奏请给奖。有独立措捐钜款者,予以破格之赏。民间祠庙不在祀典者,一律改为学堂,以节糜费而隆教育。是时管学大臣之权限,不专管理京师大学堂,并节制各省所设之学堂。实以大学校长兼全国教育部长之职权。又以同文馆及北洋学堂多以西人为总教习,于中学不免偏枯。且外国文不止一国,学科各有专门,非一西人所能胜任。必择学贯中、西,能见其大之中国学者,为总教习,破格录用,有选派分教习之权。盖以管学大臣必大学士或尚书充任,而总教习则不拘资格,可延揽新进之人才也。学生分两班,已治普通学卒业者为头班,现治普通学者为二班,犹是南洋公学之旧法。课程分普通、专门两类。普通学,学生必须通习;专门学,人各占一门或二门。普通学科目为经学,理学,掌故学,诸子学,初级算学,初级格致学,初级政治学,初级地理学,文学,体操学,语言文字学。专门学科目为高等算学,高等格致学,高等政治学、法律属之,高等地理学、测绘属之,农学,矿学,工程学,商学,兵学,卫生学、医学属之。考验学生,用积分法。学生月给膏火银两有差。上海设编译局,各学科除外国文外,均读编译课本。筹办大学章程之概要如此。"

二十四日丙子(7月12日),允盛宣怀奏请,免南洋公学诸生岁科,俾得专心新学,并设译书院翻译新书。

是日,通谕各省督抚,妥为保护各国传教士,以期民教相安。

是日,颁布振兴工艺给奖章程十二款。

是日,总理各国事务衙门大臣上《遵旨议覆创新器著新书办学堂赏劝章程折》。

二十五日丁丑(7月13日),总署会同礼部奏遵议拟就经济特科章程六条。

是日,诏举经济特科。命各省长官各举所知保荐人才,于三个月内送京,然后定期举行。

二十六日戊寅(7月14日),谕奖进工商业以保利权,并饬各地方官保护商务,勿使倒闭。

二十九日辛巳(7月17日),准孙家鼐奏刷印冯桂芬《校邠庐抗议》颁行之请,命直隶总督荣禄迅印《校邠庐抗议》1000部,送交军机处。

按:孙家鼐《请饬刷印校邠庐抗议颁行疏》曰:"臣昔侍从书斋,曾以原任詹事府中允冯桂芬《校邠庐抗议》一书进呈,又以安徽青阳县知县汤寿潜《危言》进呈,又以候选道郑观应《盛世危言》进呈,其书皆主变法,臣亦欲皇上留心阅看,采择施行。……岁月蹉跎,延至今日,事变愈急,补救益难,然即今为之,犹愈于不为也。臣观冯桂芬、汤寿潜、郑观应三人之书,以冯桂芬为精密,然其中有不可行者。其书板在天津广仁堂,拟请饬下直隶总督刷印一二千部,交军机处,再请皇上发交部院卿寺堂司各官,发到后,限十日,令堂司各官,将其书中某条可行,某条不可行,一一签出,或各注简明论说,由各堂官送还军机处,择其签出可行之多者,由军机大臣进呈御览,请旨施行。如此,则变法宜民,出于公论,庶几人情大顺,下令如流水之源也。且堂司各官签出之论说,皇上亦可借此以考其人之识见,尤为观人之一法。"(中国史学会主编《戊戌变法》第二册)

是日,康有为代御史宋伯鲁奏《请将上海时务报改为官报,进呈御览,并颁发各省官署学堂折》,命孙家鼐酌核妥议,奏明办理。

按:奏曰:"臣窃考之,报馆之益,盖有四端:首列论说,指陈时事,常足以匡政府所不逮,备朝廷之采择,其善一也;胪陈各省利弊民隐,得以上达,其善二也;翻译万国近事,藉鉴敌情,知己知彼,其善三也;或每日一出,或间日一出,或旬日一出,所载皆新近之事,其善四也。故德相俾士麦之言曰,与其阅奏疏不如阅报,奏疏多拘忌而报皆征实也;与其阅书不如阅报,书乃陈迹而报皆新事也。此报馆与民智国运相关之大原也。……臣窃见广东举人梁启超,尝在上海设一时务报局,一依西报体例,议论明达,翻译详博。其中论说皆按切时势,参酌中外,切实可行;所译西报,所言各国阴谋,及我国如何预备之法,详言兵制学校农矿工商各政,条理粲然,前后迭经两江总督刘坤一、湖广总督张之洞、山西巡抚胡聘之、湖南巡抚陈宝箴、浙江巡抚廖寿丰、安徽巡抚邓华熙、江苏学政龙湛深、贵州学政严修、江西布政使翁曾桂等通札各属及书院诸生,悉行阅看,或令自行购买,或由善后局拨款购送。两年以来,民间风气大开,通达时务之才渐渐间出,惟《时务报》之功为最多,此天下之公言也。闻自去岁九月,该举人应陈宝箴之聘为湖南学堂总教习,未遑兼顾,局中办事人办理不善,致经费不继,主笔告退,将就废歇,良可惋惜。臣恭读邸钞,该举人既蒙皇上破格召见,并著办理译书局事务,准其来往京沪,臣以为译书译报事本一贯,其关系之重,二者不容偏畸,其措办之力,一身似可兼任。拟请明降谕旨,将上海《时务报》改为时务官报,责成该举人督同向来主笔人等实力办理,无得诿卸苟且塞责。其中论说翻译各件,仍照旧核实,无得瞻顾忌讳。每出报一本,皆先进呈御览,然后印行。仍请旨饬各省督抚通札所属文武实缺候补各员一律购阅。依张之洞所定原例,其报费先由各善后局垫出,令各员随后归还。其京官及各学堂诸生,亦皆须购阅,以增闻见。"(孔祥吉编著《康有为变法奏章辑考》)

是日,协办大学士孙家鼐奏,译书局编纂各书,宜进呈钦定,再行颁发,并将悖谬之书,严行禁止。

是月,梁启超等上《公车上书请变通科举折》。

六月初一日癸未(7月19日),公布科举章程,乡会试仍为三场:一试历史、政治;二试时务;三试《四书》、《五经》。岁科亦以此例推之。

按:"谕内阁:张之洞、陈宝箴奏,请饬妥议科举新章,并酌改考试诗赋小楷之法一折。乡会试改试策论,前据礼部详拟分场命题各章程,已依议行。兹据该督等奏称,宜合科举经济学堂为一事,求才不厌多门,而学术仍归一是。拟为先博后约,随场去取之法,将三场先后之序互易等语。朕详加披阅,所奏各节,剀切周详,颇中肯綮,著照所拟,乡会试仍定为三场:第一场试中国史事、国朝政治论五道;第二场试时务策五道,专问五洲各国之政,专门之艺;第三场试《四书》义两篇,《五经》义一篇。首场按中额十倍录取,二场三倍录取,取者始准试次场,每场发榜一次,三场完毕,如额取中。其学政岁科两考生童,亦以此例推之,先试经古一场,专以史论、时务策命题,正场试以《四书》义经义各一篇。礼部即通行各省一体遵照。朝廷于科举一事,斟酌至再,不厌求详,典试诸臣,务当仰体此意,精心衡校,以期遴选真才。至词章楷法,虽馆阁撰拟应奉文字,未可尽废,如需用此项人员,自当先期特降谕旨考试,偶一举行,不为常例。嗣后一切考试,均以讲求实学实政为主,不得凭楷法之优劣为高下,以励硕学而黜浮华,其未尽事宜,仍著该部,随时妥酌具奏。"(《清德宗皇帝实录》卷四二一)

是日,康有为奏请十八省各开商务局,并荐经元善、严作霖为总办,龙泽厚副之。

初二日甲申(7月20日),命修葺京师地安门内马神庙空间府第,作为京师大学堂开办之所。

初三日乙酉(7月21日),谕变通科举。嗣后一经殿试,即可量为授职,并停止朝考一场,取士以讲求实学实政为主,不凭楷法。

初四日丙戌(7月22日),御史郑思赞奏请停止捐纳一折,命礼部妥议。

初六日戊子(7月24日),命签注冯桂芬《校邠庐抗议》。

按：谕曰："俟书（指《校邠庐抗议》）到后，颁发各衙门，悉心核看，逐条签出，各注简明论说，分别可行不可行，限十日内咨送军机处，汇核进呈，以备采择。"（《清德宗皇帝实录》卷四二一）梁启超对《上谕》第96条加按语说："《校邠庐抗议》一书，虽于开新条理未尽周备，而于除旧弊之法，言之甚详，亦我国政论之稍佳者也。上命群臣签注之，盖借此以验臣下之才识何如，并博采众论之意也。"（中国史学会主编《戊戌变法》第二册）

是日，御史张承缨奏请于京师五城添设小学堂、中学堂，命孙家鼐酌核办理。

初七日己丑（7月25日），命将张之洞所著《劝学篇》颁发各省督抚学政各一部，俾得广为刊布流传。

初八日庚寅（7月26日），改《时务报》为官办，派康有为督办其事。并著津、沪、湖北、广东凡有报章各地，督抚咨送当地报纸于都察院及大学堂，许其实言，不必忌讳（《清德宗皇帝实录》卷四二一）。

初十日壬辰（7月28日），著荣禄会同张之洞督率盛宣怀筹办芦汉铁路。

十一日癸巳（7月29日），命各省兴办中学堂、小学堂，培养人才。

十二日甲午（7月30日），谕开经济特科，严禁滥保，不得瞻徇情面。

是日，命刘坤一、张之洞等速饬黄遵宪、谭嗣同二员来京，送部引见。

十三日乙未（7月31日），康有为奏《为恭谢天恩条陈办报事宜折》，并附《请定中国报律片》。

十四日丙申（8月1日），冯桂芬的《校邠庐抗议》发各衙门加签。

十五日丁酉（8月2日），命王文韶、张荫桓主持矿务铁路总局事务。

是日，谕军机大臣等：出国游学，西洋不如东洋。东洋路近费省，文字相近，易于通晓，且一切西书均经日本择要翻译。著即拟订章程，咨催各省迅即选定学生陆续咨送；各部院如有讲求时务愿往游学人员，亦一并咨送，均毋延缓（《德宗景皇帝实录》卷四二二）。

命各省督抚认真劝导绅民，发展农政工艺，并优奖创新法者。

十七日己亥（8月4日），命京城广办小学堂，俾举、贡、生、监等入学深造，以备升入大学堂。

十八日庚子（8月5日），谭继洵奏请变通科举，陈宝箴奏请厘定学术二折，命军机处详拟说帖呈进。

十九日辛丑（8月6日），谕英、美、日本各埠华侨创立学堂，著出使大臣劝办。

二十二日甲辰（8月9日），孙家鼐奏准《京师大学堂章程》，派丁韪良任西学总教习，赏给二品顶戴。

按：吴汝纶曾反对设立京师大学堂总教习一职。他在是年《与李季高》书中说："又，诏中有所谓总教习者，须兼通中西之才，此等人目前无有，若必求其人，必至鱼目充珍珠。且此等议论，必谓以中学为主，主中学，势必不能更深入西学；若深入西学，亦决不能再精中学，既不能兼长，何能立之分教习之上，而美其名为总教习哉！鄙意不立总教习。"（《吴汝纶尺牍》）

二十三日乙巳(8月10日),王文韶、张荫桓奉旨筹议铁路、开矿及增设学堂事。

二十四日丙午(8月11日),湖南盐法长宝道黄遵宪,著开缺以二品京堂候补,充出使日本公使,命迅来京。

二十六日戊申(8月13日),康有为上《为万寿大庆,乞复祖制,行恩惠,宽妇女裹足,以保民保国折》,请禁天下妇女缠足,并请奖励各省不缠足会,令各督抚等推行。

是日,康有为奏《为万寿庆辰,乞许士民庆祝,并刊贴新政诏书,嘉惠士农工商折》。

二十七日己酉(8月14日),翰林侍读学士徐致靖奏请开编书局一折,命孙家鼐酌核具奏。

二十九日辛亥(8月16日),命设立译书局,派梁启超办理译书局事务。

按:"谕内阁:孙家鼐奏,举人梁启超恭拟译书局章程,并沥陈开办情形,据呈代奏一折。译书局事务,前经派令梁启超办理,现在京师设立大学堂,为各国观瞻所系,应需功课书籍,尤应速行编译,以便肄习。该举人所拟章程十条,均尚切实,即著依议行。此事创办伊始,应先为经久之计,必须宽筹经费,方不至草率迁就,致隘规模。现在购置机器,及中外书籍,所费不赀,所请开办经费银一万两,尚恐不足以资恢扩,著再加给银一万两,俾得措置裕如。其常年用项,亦应宽为核计。著于原定每月经费一千两外,再行增给每月二千两,以备博选通才,益宏搜讨。以上各款,均由户部即行筹拨。以后自七月初一日起,每月应领经费,并著豫先发给,毋稍迟延。其大学堂及时务官报局,亟应迅速开办,所需经费,如有不敷,准由孙家鼐一并随时具奏。至大学堂借拨公所,迭经谕令内务府,克日修葺移交,即著赶紧督催,先将办理情形,即日覆奏。国家昌明政教,不惜多发帑金。该大臣等务当督催在事人员,认真筹办,务令经费绰有余裕,庶几茂矩宏规,推之弥广,用副朝廷实事求是至意。"(《德宗景皇帝实录》卷四二二)

七月初二日癸丑(8月18日),命各省督抚就学堂中挑选聪颖学生,有志深造者,派赴日本游学。

是日,康有为奏《请开农学堂地质局,以兴农殖民,而富国本折》。

初三日甲寅(8月19日),废朝考之制,使天下翕然向风,讲求经济。

是日,康有为代内阁学士阔普通武拟奏《变法自强宜仿泰西设议院折》。

初五日丙辰(8月21日),京师设立农工商总局,派直隶霸昌道端方及候补道徐建寅、吴懋鼎等为督理,准其随时具奏。

是日,命各驻外使节劝华侨创办学堂,兼译中西文字,译成由总理各国事务衙门呈览。

初六日丁巳(8月22日),谕军机大臣等,《劝学篇》一书,著总理衙门排印300部,内《明纲》一篇,自"议婚有限"至"皆不为婚"二十一字,注语自"七等"至"无为婚者"三十四字,著删去,余俱照原文排印(《德宗景皇帝实录》卷四二三)。

初九日庚申(8月25日),御史杨福臻奏武科章程宜合学堂营制科举为一事,著兵部妥议。

初十日辛酉(8月26日),准梁启超设立编译学堂于上海,并予学生出身,所编译之书籍报纸一律免税。

是日,谕内阁:"近来朝廷整顿庶务,如学堂、商务、铁路、矿务一切新政,迭经谕令各将军、督抚切实筹办,并令将办理情形,先行具奏。该将军、督抚等,自应仰体朝廷孜孜求治之意,内外一心,迅速办理,方为不负委任。乃各省积习相沿,因循玩愒,虽经严旨敦迫,犹复意存观望。即如刘坤一、谭钟麟总督两江、两广地方,于本年五六月间谕令筹办之事,并无一字覆奏,迨经电旨催问,刘坤一则藉口部文未到,一电塞责。谭钟麟且并电旨未覆,置若罔闻。该督等皆受恩深重,久膺疆寄之人,泄沓如此,朕复何望?倘再藉词宕延,定必予以严惩。直隶距京咫尺,荣禄于奉旨交办各件,尤当上紧赶办,陆续奏陈,其余各省督抚,亦当振刷精神,一体从速筹办,毋得迟玩,至于咎戾。"(《德宗景皇帝实录》卷四二三)

按:梁启超按:"自四月以来,明诏累下,举行新政,责成督抚,而除湖南巡抚陈宝箴外,寡有能奉行诏书者。上虽谆谕至于三令五申,仍复藐为具文,此先帝时之所无,观历朝圣训可见也。然上虽盛怒,数四严责,终不能去一人,或惩一人者,以督抚皆西后所用,皇上无用舍之权。故督抚皆藐视之,而不奉维新之令也。由是以观,自光绪纪元二十四年中,一切用人行政,于皇上无预可见矣;凡割地赔款,输与利权之事,于皇上无预可见矣;凡贪风陋政,于皇上无预可见矣;自今年四月下诏定国是以来,始为皇上之政。然大举之事,若开制度局、派新政使等事,皆不能行,欲去守旧袤谬之臣不能去,欲用开新通达之才不能用。则此三月之中,虽圣政维新,然能行皇上之意,以成新政之规模条理者,盖千万而不得一可见矣。若令上有全权,用人行政,岂其若是!此谕虽明责谭、刘,实则深恶荣禄,而宣其罪,责其奉旨交办之件,而置之不顾,并不奏陈。荣禄之目无皇上,等诸儿戏,视王言如土苴刍狗,束阁不顾明矣。上深怒而不敢显词责之,上则牵谭、刘而云直隶距京师咫尺,下则引各督抚而云迟玩干咎,盖皆为荣禄说法也。不恶而严,溢于意表。荣禄于是畏皇上英明,恐不自保矣。先是荣禄出督抚直隶,沥陈地方办事情形,上折于西后,而不上折于皇上,皇上有电旨申饬之。已而荣禄保荐三十余人,皇上无一召见,无一拔用者。皇上于四五品小臣所荐,犹赐召见,而于荣禄独尔者,盖深恶其平日之跋扈也。至明发此谕,荣禄自知不保,而篡废之事益亟矣。此谕于改革困难情形,及政变原因,甚有关系,不可忽诸。"(中国史学会主编《戊戌变法》第二册《上谕》)

十一日壬戌(8月27日),徐致祥奏岁科两试,请照会试新章分场去取一折,著礼部议奏。

是日,谕内阁:"御史王培佑奏,变法自强,当除蒙蔽锢习一折。现因时事艰难,朝廷振兴庶务,力图自强,尤赖枢廷及各部院大臣共笃棐忱,竭力匡赞,以期挽救颓风,庶事可渐臻治理。乃诸臣中,恪共官守者,固亦有人,而狃于积习不知振作者,尤难悉数。即如部院堂官,本应常川进署,不得无故请假,议奏事件,不准延阁逾限,皆经再三训诫,而犹阳奉阴违;似此蒙蔽因循，国事何所倚赖？用特重加申儆，凡在廷大小臣工，务当洗心革面，力任其艰，于应办各事，明定限期，不准稍涉迟玩。倘仍畏难苟且，自便身图，经朕觉察，定必严加惩处，毋谓宽典可屡邀也。"(《德宗景皇帝实录》卷四二四)

十二日癸亥(8月28日)，诏刘坤一、张之洞试办商会于上海、汉口。

是日，谕军机大臣等："电寄谭钟麟等，前有旨饬令各省开办学堂，复经降旨电催，已据各省陆续奏报开办，而广东迄无只字覆奏，岂藉口于部文未到耶？著谭钟麟、许振祎立即妥筹开办，并将办理情形，即日电奏，毋再任意迟延干咎。"(《德宗景皇帝实录》卷四二四)

十三日甲子(8月29日)，陈宝箴、王锡蕃奏保通达时务人才，陈宝琛、杨锐、刘光第、严复、林旭等传旨预备召见。

是日，谕内阁："少詹事王锡蕃奏，请饬各省设立商会，于上海设总商会等语，现在讲求商务，业于京师设立农工商总局，并谕令刘坤一、张之洞先就上海、汉口试办商务局，拟定办法奏闻，现尚未奏到。商会即商务之一端，著刘坤一等归案迅速妥筹具奏。其沿江沿海商贾辐辏之区，应由各该督抚一体查明办理。所有一切开办事宜，并著总理各国事务王大臣，咨商各督抚，详订章程，妥为筹办。"(《德宗景皇帝实录》卷四二四)

是日，康有为奏《恭谢天恩并陈编纂群书以助变法，请及时发愤速筹全局折》、《为厘定官制分别官差，以高秩优耆旧，以差使任贤能折》。

十四日乙丑(8月30日)，命各直省督抚饬地方官劝办农业，并严禁胥吏扰民，以澄清吏治。

十五日丙寅(8月31日)，修曲阜文庙成。

十六日丁卯(9月1日)，谕曰："电寄谭钟麟等，前经降旨催办各省学堂，据谭钟麟、德寿电覆，均尚无切实办法。著该督抚，振刷精神，确筹开办事宜，认真举办，总期多设小学堂，以广作育，不准敷衍延宕。仍将筹办情形，即行电奏。"(《德宗景皇帝实录》卷四二四)

十九日庚午(9月4日)，礼部尚书怀塔布、许应骙等，以阻格主事王照条陈事务罪革职。

二十日辛未(9月5日)，命江苏候补知府谭嗣同、候补侍读杨锐、刑部候补主事刘光第、内阁候补中书林旭，均著赏加四品卿衔，在军机处章京上行走，参预新政事宜。

二十一日壬申(9月6日)，谕军机大臣等："侍讲恽毓鼎奏，请于京师设立武备大学堂，简派大员督办一折，著孙家鼐妥议具奏。"(《德宗景皇帝实录》卷四二五)

二十二日癸酉(9月7日)，诏各省督抚访查通达时务、勤政爱民之能员，随时保送引见，以便录用。

二十三日甲戌(9月8日)，孙家鼐请设医学堂，命归京师大学堂兼辖，并详议办法。

是日，谕军机大臣等："电寄陈宝箴，翰林院侍读学士陈兆文奏，湖南在籍举人王闿运,才兼体用于中西法政之要,靡不周通,请特旨召对等语,著陈宝箴,令其来省察看,该举人品学年力是否堪起用,迅速电奏。"(《德宗景皇帝实录》卷四二五)

二十四日乙亥(9月9日),以都察院左都御史徐树铭为国史馆副总裁,吏部左侍郎徐用仪为会典馆副总裁;赏翰林院编修江标,以四品京堂候补;江苏候补同知郑孝胥以道员候补,均派在总理各国事务衙门章京上行走。

二十五日丙子(9月10日),命翰林院检讨宋育仁、云南补用道韩铣等办理四川矿务、商务。

二十六日丁丑(9月11日),谕曰:"南书房翰林陆润庠奏,请设馆编纂洋务巨帙;日讲起居注官黄思永奏,请设集贤院分科简练各一折,均著孙家鼐核议具奏。"寻奏:"遵查编纂洋务巨帙,现已由出使大臣于各使馆内就近编译,较为便捷,似可毋庸另行设局。至黄思永所请改设集贤院,现裁汰各衙门,业已规复,应毋庸议。"从之(《德宗景皇帝实录》卷四二五)。

是日,康有为代礼部右侍郎徐致靖拟奏《边患日亟,宜练重兵,密保统兵大员折》。

二十七日戊寅(9月12日),诏准侍读学士瑞洵奏请于京师筹设报馆。

是日,命京师及各通商口岸广设邮政分局,以广流通。

谕曰:"瞿鸿禨奏,江阴南菁书院,遵改学堂,并将沙田试办农学一折。江阴南菁书院,经前学政黄体芳创设,考课通省举、贡、生、监,现既改为学堂,著准其照省会学堂之例,作为高等学堂,以资鼓舞。该书院原有自管沙田一项,据称参用西法,树艺五谷果蔬棉麻等项,将未经围佃之地,先行试办,如有实效,再行推广等语。学堂农会,相辅而行,洵为一举两得之道。该学政此奏,具见筹画精详,留心时务,即著照议认真办理,务收实效,毋托空言。"(《德宗景皇帝实录》卷四二五)

又谕:"日讲起居注官黄思永奏,筹款试办速成学堂一折。京师大小学堂,业经先后降旨,谕令孙家鼐及五城御史,分别举办。兹据奏称,小学堂收效尚缓,大学堂事属创举,开办不易,欲速不能,请自行筹款,设立速成学堂,以期收效等语。用意殊属可嘉,著即准如所请,筹款试办,以为之倡。果有成效,再行扩充,并当予以奖励。著俟开办后,察看情形,随时具奏。"(《德宗景皇帝实录》卷四二五)

是日,陈宝箴上《变通武科章程折》。

二十八日己卯(9月13日),谕各官民一律得应诏言事。

是日,康有为代御史宋伯鲁拟奏《参谭钟麟折》,乞严惩斥革。又有《请仿西法修路片》。

二十九日庚辰(9月14日),光绪帝赐康有为及杨锐密诏,谕以政变危机,令速筹良策。

按:赐杨锐密诏曰:"近来朕仰窥皇太后圣意,不愿将法尽变,并不欲将此辈老谬昏庸之大臣罢黜,而登用英勇通达之人,令其议政,以为恐失人心。虽经朕屡次降旨整饬,而并且有随时几谏之事。但圣意坚定,终恐无济于事。即如十九日之硃谕,皇太后已以为过重,故不得不徐留之,此近来实在为难之情形也。朕亦岂不知中国积弱不振,至于贴危,皆由此辈所误,但必欲朕一早痛切降旨,将旧法尽变而尽黜此辈昏庸之人,则朕之权力,实有未足。果使如此,则朕位且不能保,何况其他?今朕问汝,可有何良策,俾旧法可以渐变,将老谬昏庸之大臣尽行罢黜,而登进英勇通达之人,令其议政?使中国转危为安,化弱为强,而又不致有拂圣意。尔等与林旭、谭嗣同、刘光第及诸同志等妥速筹商,密缮封奏,由军机大臣代递,候朕熟思审处,再行办理。朕实不胜紧急翘盼之至。"又赐康有为密诏曰:"朕惟时局艰难,非变法不足以救中国,非去守旧衰谬之大臣,而用通达英勇之士,不能变法。而皇太后不以为然,朕屡次几谏,太后更怒。今朕位几不保,汝康有为、杨锐、林旭、谭嗣同、刘光第等,可妥速密筹,设法相救。朕十分焦灼,不胜企望之至。"(《宾退随笔》,《戊戌变法》第二册引)

是日,命陈宝箴坚持定见,举办新政,勿为浮言所动,稍有游移。

是日,康有为代御史杨深秀拟奏《裁缺诸大僚擢用宜缓,特保诸新进甄别宜严折》。

是月,依康有为奏请,命各省府州县设立农务学堂。

八月初一日壬午(9月16日),光绪帝召见袁世凯。

按:谕内阁:"现在练兵紧要,直隶按察使袁世凯办事勤奋,校练认真,著开缺以侍郎候补,责成专办练兵事务,所有应办事宜,著随时具奏。当此时局艰难,修明武备,实为第一要务。袁世凯惟当勉益加勉,切实讲求训练,俾成劲旅,用副朝廷整顿戎行之至意。"(《德宗景皇帝实录》卷四二六)

初二日癸未(9月17日),光绪帝命康有为迅速出京,赴上海督办官报局。

按:谕内阁:"工部主事康有为,前命其督办官报局,此时闻尚未出京,实堪诧异。朕深念时艰,思得通达时务之人,与商治法。闻康有为素日讲求,是以召见一次,令其督办官报。诚以报馆为开民智之本,职任不为不重,现筹有的款,著康有为迅速前往上海,毋得迁延观望。"(《德宗景皇帝实录》卷四二六)赐康有为诏曰:"朕今命汝督办官报,实有不得已之苦衷,非楮墨所能罄也。汝可迅速出外,不可迟延。汝一片忠爱热肠,朕所深悉。其爱惜身体,善自调摄,将来更效驰驱,共建大业,朕有厚望焉。"特谕。此诏由林旭带出,即康有为之所谓衣带诏也(《宾退随笔》,《戊戌变法》第二册引)。

是日,杨崇伊等至颐和园上封事于慈禧太后,请太后"训政"。

初三日甲申(9月18日),谭嗣同夜访袁世凯,欲借袁兵力保光绪以胁慈禧太后。袁氏佯应允。

初四日乙酉(9月19日),慈禧太后自颐和园还宫。

是日,杨锐等呈请于京师设立蜀官学堂,专教京员子弟及留京举贡生监,传旨嘉奖。

初五日丙戌(9月20日),袁世凯向荣禄告密。荣禄自天津入北京。

初六日丁亥(9月21日),慈禧太后再出训政,幽禁光绪帝,废除新政,捕杀维新党人。戊戌变法运动失败。

按：谕内阁："现在国事艰难，庶务待理，朕勤劳宵旰，日综万几，兢业之余，时虞丛脞。恭溯同治年间以来，……慈禧皇太后两次垂帘听政，办理朝政，宏济时艰，无不尽美尽善。因念宗社为重，再三吁恳慈恩训政，仰蒙俯如所请，此乃天下臣民之福。由今日始，在便殿办事，本月初八日，朕率王大臣在勤政殿行礼，一切应行礼节，著各该衙门敬谨豫备。"(《德宗景皇帝实录》卷四二六)

是日，谕军机大臣等："工部候补主事康有为，结党营私，莠言乱政。屡经被人参奏，著革职。并其弟康广仁，均著步军统领衙门，拏交刑部，按律治罪。"(《德宗景皇帝实录》卷四二六)

初七日戊子(9月22日)，谕曰："电寄荣禄，工部候补主事康有为，现经降旨革职拿办。兹据步军统领衙门奏称，该革员业已出京，难免不由天津航海脱逃。著荣禄于火车到处，及塘沽一带，严密查拿，并著李希杰、蔡钧、明保，于轮船到时，立即捕获，毋任避匿租界为要。"(《德宗景皇帝实录》卷四二六)

初九日庚寅(9月24日)，命将张荫桓、徐致靖、杨深秀、杨锐、林旭、谭嗣同、刘光第先行革职，交步军统领衙门，拿解刑部治罪。

初十日辛卯(9月25日)，命刘坤一捉拿已革职之翰林院侍读学士文廷式。

十一日壬辰(9月26日)，命废除新政，停办《时务报》，保留京师大学堂。

按：谕内阁："朝廷振兴庶务，一切新政，原为当此时局，冀为国家图富强，为吾民筹生计，并非好为变法，弃旧如遗，此朕不得已之苦衷，当为天下臣民所共谅。乃体察近日民情，颇觉惶惑，总缘有司奉行不善，未能仰体朕意，以致无识之徒，妄为揣测，议论纷腾。即如裁并官缺一事，本为淘汰冗员，而外间不察，遂有以大更制度为请者；举此类推，将以讹传讹，伊于胡底。若不开诚宣示，诚恐骨动浮言，民气因之不靖，殊失朕力图自强之本意。所有现行新政中裁撤之詹事府等衙门，原议将应办之事，分别归并，以省繁冗。现在详察情形，此减彼增，转多周折，不若悉仍其旧。著将詹事府、通政司、大理寺、光禄寺、太仆寺、鸿胪寺等衙门，照常设立，毋庸裁并。其各省应行裁并局所冗员，仍著各督抚，认真裁汰。至开办时务官报，及准令士民上书，原以寓明目达聪之用。惟现在朝廷广开言路，内外臣工，条陈时政者，言苟可采，无不立见施行，而疏章竞进，辄多撫饰浮词，雷同附和，甚至语涉荒诞，殊多庞杂。嗣后凡有言责之员，自当各抒谠论，以达民隐而宣国是；其余不应奏事人员，概不准擅递封章，以符定制。时务官报，无裨治体，徒惑人心，并著即行裁撤。大学堂为培植人才之地，除京师及各省会业已次第兴办外，其各府州县议设之小学堂，著该地方官斟酌情形，听民自便。其各省祠庙不在祀典者，苟非淫祀，著一仍其旧，毋庸改为学堂，致于民情不便。此外业经议行及现在交议各事，如通商、惠工、重农、育才，以及修武备，浚利源，实系有关国计民生者，即当切实次第举行；其无裨时政而有碍治体者，均毋庸置议。著六部及总理各国事务衙门，详加核议，据实奏明，分别办理。方今时势艰难，一切兴革事宜，总须斟酌尽善，期于毫无流弊。朕执两用中，不存成见，尔大小臣工等，务当善体朕心，共矢公忠，实事求是，以副朝廷励精图治，不厌求详之至意。将此通谕知之。"(《德宗景皇帝实录》卷四二七)

十三日甲午(9月28日)，谕军机大臣等："康广仁、杨深秀、杨锐、林

旭、谭嗣同、刘光第等,大逆不道,著即处斩,派刚毅监视,步军统领衙门派兵弹压。"(《德宗景皇帝实录》卷四二七)

十四日乙未(9月29日),公布康有为"罪状",命严查康有为及梁启超等。

> **按**:硃笔谕:"近因时事多艰,朝廷孜孜求治,力求变法自强。凡所设施,无非为宗社生民之计。朕忧勤宵旰,每切兢兢,乃不意主事康有为首倡邪说,惑世诬民,而宵小之徒,群相附和,乘变法之际,隐行其乱法之谋,包藏祸心,潜图不轨。前日竟有纠约乱党谋图颐和园,劫制皇太后,陷害朕躬之事。幸经觉察,立破奸谋。又闻该乱党私立保国会,言保中国不保大清,其悖逆情形,实堪发指。朕恭奉慈闱,力崇孝治,此中外臣民之所共知。康有为学术乖僻,其平日著作,无非离经畔道,非圣无法之言。前因其讲求时务,令在总理各国事务衙门章京上行走,旋令赴上海办官报局,乃竟逗留辇下,构煽阴谋,若非仰赖祖宗默佑,洞烛几先,其事何堪设想?康有为实为叛逆之首,现已在逃,著各直省督抚,一体严密查拿,极刑惩治。举人梁启超与康有为狼狈为奸,所著文字,语多狂谬,著一并严拿惩办。康有为之弟康广仁,及御史杨深秀,军机章京谭嗣同、林旭、杨锐、刘光第等,实系与康有为结党,隐图煽惑。杨锐等每于召见时,欺蒙狂悖,密保匪人,实属同恶相济,罪大恶极。前经将各该犯革职拿交刑部讯究,旋有人奏,稽延日久,恐有中变。朕熟思审处,该犯等情节较重,难逃法网,傥语多牵涉,恐致株连,是以未俟覆奏,于昨日谕令将该犯等即行正法。此事为非常之变,附和奸党,均已明正典刑。康有为首创逆谋,恶贯满盈,谅亦难逃显戮。现在罪案已定,允宜宣示天下,俾众咸知。"(《德宗景皇帝实录》卷四二七)

是日,命将张荫桓发配新疆,将徐致靖交刑部永远监禁,将徐仁铸革职,永不叙用。

十六日丁酉(10月1日),谕内阁:"已革工部主事康有为,学术乖谬,大悖圣教,其所著作,无非惑世诬民、离经畔道之言。著将该革员所有书籍版片,由地方官严查销毁,以息邪说而正人心。"(《德宗景皇帝实录》卷四二七)

是日,又谕:"电寄谭钟麟,已革工部主事康有为,已革举人梁启超,情罪重大,现饬革职拿问,所有该革员等原籍财产,著谭钟麟督饬该地方官,迅速严密查抄。该家属例应缘坐,著一并严拿到案,一面根究康有为、梁启超下落,一面悬赏购缉,克日电奏。"(《德宗景皇帝实录》卷四二七)

十七日戊戌(10月2日),裁缺湖北巡抚谭继洵,著毋庸来京,即行回籍。

二十一日壬寅(10月6日),命查禁湖南学会,陈宝箴、陈三立、江标、熊希龄等革职,永不叙用。

> **按**:南学会共有1200人,为当时全国最大之学会,以谭嗣同、唐才常等人主办,得陈宝箴、江标支持。戊戌期间,湖南之所以能聚集众多的变法维新志士,与陈三立的活动交游有关。胡思敬《戊戌履霜录》曰:"三立交游最广,与黄遵宪、江标、熊希龄善,因希龄获交梁启超,朝旨谓其招引奸邪,盖谓是也。"(中国史学会主编《戊戌变法》第四册)梁启超曰:"湖南以守旧闻于天下,然中国首讲西学者,为魏源氏、郭嵩焘

氏、曾纪泽氏,皆湖南人,故湖南实维新之区也……虽然,他省无真守旧之人,亦无真维新之人。湖南则真守旧之人固多,而真维新之人亦不少。"(梁启超《戊戌政变记》"湖南广东情形",中华书局1954年版)

二十三日甲辰(10月8日),命撤销吴懋鼎三品卿衔,不再管理农工商务总局事务;命将詹事府少詹事王锡蕃、工部员外郎李岳瑞、刑部主事张元济革职,永不叙用。

是日,谕曰:"张百熙保送康有为使才,实属荒谬,著交部严加议处。"命革职留任(《德宗景皇帝实录》卷四二八)。

二十四日乙巳(10月9日),命查禁报馆,严拿主笔。

按:是日,慈禧太后下令在全国各地查封维新派报刊,并以"肆口逞说,捏造谣言,惑世诬民,罔知顾忌"等罪名(《德宗景皇帝实录》卷四二八),大肆逮捕维新派报刊主笔。一些参与或支持维新派办报的官吏,亦被陆续革职、判刑。在顽固势力的疯狂围剿下,维新党人的办报活动被迫移至国外。历时三年的第一次办报热潮就这样被镇压了。资产阶级维新派的办报活动虽然遭受严重挫折,但在中国资产阶级民主革命运动中却众生了深刻的影响。第一,办报活动促成了近代中国第一次思想解放热潮。第二,近代资产阶级第一次把报纸作为政治斗争的工具。第三,打破了几千年封建统治者的言禁。第四,传播了西方科学文化,开拓了民智。(参见陈虹娓《论近代中国的第一次办报热潮》,《长白学刊》1993年第4期)

是日,命嗣后乡试、会试及岁考、科考等,悉照旧制,仍以《四书》文试帖经文策问等项,分别考试;停止经济特科考试;撤销京师农工商总局。

二十五日丙午(10月10日),中英《关内外铁路借款合同》在北京签订。

十月二十一日辛丑(12月4日),硃笔谕内阁:"翁同龢授读以来,辅导无方,从未将经史大义,剀切敷陈,但以怡情适性之书画古玩等物,不时陈说,往往巧借事端,刺探朕意。自甲午年中东之役,主战主和,甚至议及迁避,信口侈陈,任意恣惑,办理诸务,种种乖谬,以致不可收拾。今春力陈变法,密保康有为,谓其才胜伊百倍,意在举国以听。朕以时局艰难,亟图自强,于变法一事,不惮屈己以从。乃康有为乘变法之际,阴行其悖逆之谋,是翁同龢滥保匪人,已属罪无可逭,其余陈奏重大事件,朕间有驳诘,翁同龢辄怫然不悦。恫喝要挟,无所不至,词色甚为狂悖。其任性跋扈情形,事后追维,殊堪痛恨。前令其开缺回籍,实不足以蔽辜。翁同龢著即行革职,永不叙用,交地方官严加管束,不准滋生事端,以为大臣居心险诈者戒。"(《德宗景皇帝实录》卷四三二)

二十二日壬寅(12月5日),谕军机大臣等:"逆匪康有为等,煽乱远遁,朝廷宽大为怀,不肯概行株连。惟近闻该逆等仍复往来各处,结党蓄谋,肆意簧鼓,为人心风俗之害,未便任其幸逃法网。著沿江沿海各督抚,随时严密查拿,毋稍松劲。康有为、梁启超、王照等,罪大恶极,均应按名弋获,朝廷不惜破格之赏,以待有功,其胆敢附和邪说,显与该逆等结为党

与之徒，一经访拿确实，亦应一并严拿惩办，以遏乱萌而肃法纪。将此由六百里各密谕知之。"（《德宗景皇帝实录》卷四三二）

是日，又谕："电寄李盛铎，闻康有为、梁启超、王照诸逆，现在遁迹日本，有无其事，该逆等日久稽诛，虑有后患。如果实在日本，应即妥为设法密速办理，总期不动声色，不露形迹，豫杜日人藉口，斯为妥善。果能得手，朝廷亦不惜重赏也。该大臣世受国恩，明敏练事，尚其妥筹密复，以慰廑系。将此电谕知之。"（《德宗景皇帝实录》卷四三二）

十一月十六日乙丑（12月28日），谕内阁："昨据两广总督谭钟麟在康有为本籍抄出'逆党'来往信函多件，并石印呈览。查阅原信，悖逆之词，连篇累牍，甚至称谭嗣同为伯理玺之选，谓本朝为不足辅，各函不用光绪年号，但以孔子后几千几百几十年，大书特书，迹其种种狂悖情形，实为乱臣贼子之尤。其信件往还，牵涉多人，朝廷政存宽大，不欲深究株连，已将原信悉数焚毁矣。前因康有为首倡邪说，互相煽惑，不得不明揭其罪，以遏乱萌。嗣闻无知之徒，浮议纷纭，有谓该逆仅止意在变法者，试证以抄出函件，当知康有为大逆不道，确凿可据。凡属本朝臣子，以及食毛践土之伦，应晓然于大义之所在，毋为该逆邪说所惑，以定国是而靖人心。将此通谕知之。"（《德宗景皇帝实录》卷四三四）

二十一日庚午（1899年1月2日），湖北工艺学堂设立。

十二月十九日戊戌（1月30日），刘坤一奏设"江宁工艺大学堂"。

康有为正月与总署大臣李鸿章、翁同龢、廖寿恒、张荫桓等论变法；二十九日，有《上清帝第六书》（即《外衅危迫分割洊至急宜及时发愤大誓臣工开制度新政局革旧图新以存国祚折》），提出变法三策："一曰大誓群臣，以革旧维新，而采天下舆论，取万国之良法；二曰开制度局于宫中，征天下通才二十人为参与，将一切政事制度从新商定；三曰设待诏所，许天下人上书。"（《康有为政论集》上册）二月，上清帝第七书（即《译纂俄彼得变政记成书可考由弱致强之故折》）。是时前后，受命呈所著《俄大彼得变政记》、《日本变政考》。三月，与御史李盛铎等在北京成立保国会，在保国会第一次集会上演讲，并作《保国会序》，会上通过其起草的《保国会章程》，以保国、保种、保教为宗旨，梁启超、林旭、宋伯鲁、杨锐、刘光第、徐仁铸、麦孟华、李岳瑞、陈虬、傅增湘等186人均列名。四月，以徐致靖等保荐，光绪帝召见于颐和园仁寿殿，命在总理各国事务衙门章京上行走。五月，又准其专折奏事；进呈《波兰分灭记》、《法国变政考》、《列国比较表》等。六月，上海《时务报》改为官报，命出京督办其事。八月，政变作，以"结党营私、莠言乱政"罪革职，被通缉。旋得英人相助，经天津逃亡香港。九月，自香港赴日本。十月一日，清廷命将康有为所有书籍版片，由地方官严查销毁。十月七日，万木草堂被封，焚毁藏书三百余箱。在日本，开始编著《我史》（即《康南海自编年谱》），记叙其前半生的受教、师从、学养、交谊、学术、讲学、政见及社会活动。

按：保国会制订了《保国会章程》30款。主要内容有：(1)以国地日割，国权日削，国民日困，思维持振救，故创斯会而冀保全；(2)以保国家之政权土地不丧失，保民族种类之自立，保圣教之不失；(3)讲求变法，研究外文，谋求经济实效，以助政府治国；(4)北京、上海设总会，各省府县设分会；公举总理、值理、常议员、备议员及董事主持会务。并详细订立了会议、会员则例。(《康有为政论集》上册)

康有为有《请断发易服改元折》，要求剪掉发辫，改穿西服；主张改用孔子纪年，并在上海《强学报》上首次采用"孔子卒后二千三百七十三年"的纪年方式。

康有为六月上《请尊孔圣为国教立教部教会以孔子纪年而废淫祀折》。

文悌上《严劾康有为折》。

按：《清史稿》本传曰："文悌以言官为人指使，党庇报复，紊乱台谏，遂上疏言：'康有为向不相识，忽踵门求谒，送以所著书籍，阅其著作，以变法为宗。而尤堪骇诧者，托辞孔子改制，谓孔子作《春秋》西狩获麟为受命之符，以《春秋》变周为孔子当一代王者。明似推崇孔子，实则自申其改制之义。乃知康有为之学术，正如《汉书》严助所谓以《春秋》为苏秦纵横者耳。及聆其谈治术，则专主西学，以师法日本为良策。如近来《时务》、《知新》等报所论，尊侠力，伸民权，兴党会，改制度，甚则欲去拜跪之礼仪，废满、汉之文字，平君臣之尊卑，改男女之外内，直似只须中国一变而为外洋政教风俗，即可立致富强，而不知其势，小则群起斗争，立可召乱；大则各便私利，卖国何难？曾以此言戒劝康有为，乃不思省改，且更私聚数百人，在辇毂之下，立为保国会，日执途人而号之曰：'中国必亡，必亡！'以致士夫惶骇，庶众摇惑。设使四民解体，大盗生心，藉此以集聚匪徒，招诱党羽，因而犯上作乱，未知康有为又何以善其后？曾令其将忠君爱国合为一事，勿徒欲保中国而置我大清于度外，康有为亦似悔之。又曾手书御史名单一纸，欲臣倡首鼓动众人伏阙痛哭，力请变法。当告以言官结党为国朝大禁，此事万不可为。以康有为一人在京城任意妄为，遍结言官，把持国事，已足骇人听闻；而宋伯鲁、杨深秀身为台谏，公然联名庇党，证参朝廷大臣，此风何可长也！伏思国家变法，原为整顿国事，非欲败坏国事。譬如屋宇年久失修，自应招工依法改造，若任三五喜事之徒曳之倾倒，而曰非此不能从速，恐梁栋毁折，且将伤人。康有为之变法，何以异是？此所以不敢已于言也。'疏上，斥回原衙门行走。"

曾廉六月《应诏上封事》，认为康有为著作对皇权有危害。

按：曾廉说：康有为"其字则曰长素。长素者，谓其长于素王也。臣观其所作《新学伪经考》、《孔子改制考》诸书，熸乱圣言，参杂邪说，至上孔子以神圣明王传世教主徽号。盖康有为尝主泰西民权平等之说，意将以孔子为摩西，而己为耶稣；大有教皇中国之意，而特假孔子大圣借宾定主，以风示天下。姑平白诬圣造此为名，其处心积虑，非寻常富贵之足以厌以欲也。康有为之书，亦咸同后经生著作之体例，前列经史子旧说，而后附以己意。盖浅陋迂谬之经生，而出之以诡诞，加之以悖逆，浸假而大其权位，则邪说狂煽，必率天下而为无父无君之行，臣不知其置于皇上于何地也？"(中国史学会主编《戊戌变法》第二册)

梁启超在《时务报》馆期间，与经理汪康年有矛盾，汪康年又与黄遵宪有矛盾，故是年二月二十一日致书汪康年，辞《时务报》笔政，《时务报》从此不再刊发其文章。

按：梁启超光绪二十四年六月二十四日作《创办时务报源委记》曰："当开办之

始,公度恐穰卿应酬太繁,不能兼办全局之事,因推铁樵为坐办。时铁樵方由蜀至湘,公度屡函电促之。又开办时所出公启内办事规条第九款云:本报除任报馆办事各人外,另举总董四人,所有办事条规,应由总董拟定,交馆中照行云云。自丙申秋至丁酉夏,公度屡申此议,谓当举总董。以此两事之故,穰卿深衔公度,在沪日日向同人诋排之,日遍腾书各省同志,攻击无所不至,以至各同志中,有生平极敬公度,转而为极恶公度者。至去年八月,公度赴湘任,道经上海,因力持董事之议,几于翻脸,始勉强举数人;然此后遇事,未尝一公商如故也。"又于致汪康年书曰:"穰兄鉴:得与公度、伯严、沅帆书,悉一是。弟文虽劣下,而作文亦尚非难事,所以屡愆期无以应命者,窃以为汪氏一人一家所开之生意,每月以百数十元雇我作若干文字,实所不甘耳!既如此,便当早思辞职。到湘后,即以此狷狭之意陈于黄、陈、熊、谭诸君子之前,咸以为此究是大局之事,非一人一家之事,宁少安毋躁。数月以后,同心协力,必求所以整顿尽善之法,是以迁延及于今日。今我兄来湘,与诸君子会议,必有所以保全大局不致为外人所笑者。今以公论言之,销报至万份,而犹不免亏空,固不得不思变计;以弟私意言之,同为经理之人,同居董事之列,而去年一年报馆新来之人,六七未尝一告,乃至曾敬贻定两年合同,必不许弟略知消息。且以此市恩于重伯,是弟在报馆为雇工人久矣!而公等在上海歌筵舞座中,日日以排挤侮弄谣诼挖苦南海先生为事。南海固不知有何仇于公等,是亦狗彘之不如矣!此等责弟有意见,诚不敢避也。要以此事,一言以蔽之,非兄辞则弟辞,非弟辞则兄辞耳。"(均《梁启超年谱长编》)

梁启超三月初六日在京联合两广、云贵、山陕、浙江等地应试举人,上书都察院,力陈旅顺、大连不可割给俄国。闰三月,德人毁山东即墨文庙之事传入京师,又与麦孟华等12人发表公启,联合八百余名举人上书要求保护孔教,严查毁像之人。四月初,又联合百余名举人上书都察使,请明诏停止八股试帖,推行经制六科。四月,以徐致靖保荐,命总署查看具奏。六月,得光绪帝召见,赏六品衔,办理上海译书局事务,进呈译书局章程十条。七月,经孙家鼐代奏,准于上海设立编译学堂。八月初六日,政变作,被通缉,避入日本使馆,经天津逃亡日本。九月,抵东京。十一月十一日,在日本横滨创刊《清议报》旬刊,麦孟华等佐之。

按:梁启超《清议报叙例》谓该报的宗旨是:"一、维持支那之清议,激发国民之正气;二、增长支那人之学识;三、交通支那、日本两国之声气;四、发明东亚学术以保存亚粹。"其性质是:"联合同志,共兴《清议报》,为国民之耳目,作维新之喉舌。"(《饮冰室合集》文集之三)

梁启超流亡日本,作《去国行》,刊载于《亚东时报》。又作《译印政治小说序》,刊载于是年十一月十一日《清议报》,提倡小说应成为推动政治进步之手段,开后来小说界革命之先声。

按:梁启超《译印政治小说序》曰:"在昔欧洲各国变革之始,其魁儒硕学,仁人志士,往往以其身之经历,及胸中所怀,政治之议论,一寄之于小说……往往每一书出,而全国之议论为之一变。彼美、英、德、法、奥、意、日本各给政界之日进,则政治小说为功最高焉。"

梁启超在日本创造快捷学习日文方法——和文汉读法。

按:梁启超《论学日本文之益》曰:"日本文汉字居十之七八,其专用假名,不用汉字者,惟脉络词及语助词等耳。其文法常以实字在句首,虚字在句末。通其例而

颠倒读之,将其脉络词、语助词之通行者,标而出之,习视之而熟记之,则已可读书而无窒阂矣。"(《饮冰室合集》文集之四)

梁启超撰《戊戌政变记》,连载于《清议报》,次年复以单行本刊行。又撰《戊戌政变纪事本末》成,见《清议报》第 21 卷。又撰《变法通议》,连载于《清议报》;其《輶轩今语》由湖南学政颁示学宫。

按:《戊戌政变记》是系统记述戊戌变法的重要著作,一共五篇,分别记述改革实情、废立始末、政变之前的事情、政变情状以及为殉难的戊戌六君子作传。陈寅恪《读吴其昌撰梁启超传书后》曰:"此记先生作于情感愤激之时,所言不尽实录……故此传中关于戊戌政变之记述,犹有待于他日之考订增改者也。"(《寒柳堂集》,上海古籍出版社 1980 年版)

徐致靖四月奏请速定国是。又疏荐工部主事康有为、刑部主事张元济、湖南盐法长宝道黄遵宪、江苏知府谭嗣同、广东举人梁启超,特予召见。五月,疏请废八股以育人才。六月,奏请开编书局。七月,擢礼部侍郎;由康有为代拟,上折密保袁世凯。政变被捕,定永远监禁。子徐仁铸革职永不叙用。

按:《清史稿·徐致靖传》曰:"致靖尝忧外患日迫,思所以为献纳计。子仁铸,时以编修督湘学,倡新学,书告致靖举康有为。致靖遂上言:'国是未定,请申乾断示从违。'籍以觇上意。未几,诏果求通才,于是致靖奏有为堪大用,并及梁启超、黄遵宪等。又连上书请废制艺,改试策论,省冗官,酌置散卿。复以边患棘,宜练重兵,力荐袁世凯主军事。上皆然其言,敕依行。"

又按:废除八股,改革科举,是当时的强烈呼声。康有为亦有《请废八股试帖楷法试士改用策论折》、《请废八股以育人才折》、《请饬各省改书院淫祠为学堂折》。

谭嗣同、唐才常、熊希龄等去年筹办的南学会,得陈宝箴、黄遵宪襄助,正月正式成立于湖南长沙,并发布《南学会大概章程》,规定南学会成员分三种:一是议事会友,由谭嗣同、唐才常、熊希龄等负责;二是讲论会友,学会每七日集会讲学一次,以皮锡瑞主讲学术,黄遵宪主讲政教,谭嗣同主讲天文,邹沅帆主讲舆地;三是通讯会友。凡各府县士绅及一般群众,如对新学新政有疑问,均可随时函询或提示质疑。开讲之日,陈宝箴、徐仁铸、谭嗣同、黄遵宪、皮锡瑞等 200 余人皆与会,陈宝箴发表演说,梁启超为作《南学会叙》。

按:南学会是由维新派在湖南创建的政治团体,由谭嗣同、唐才常等发起,得到湖南巡抚陈宝箴和署湖南按察使黄遵宪等的支持。1895 年中日甲午战争后,谭嗣同等思保湖南的独立,使南中国可以不亡,遂组织该会,于长沙设总会,各府厅州县设分会。主要活动是讲演,它既与时务学堂相表里,又有《湘报》配合宣传,思想甚为活跃,影响也相当广泛,对促进湖南推行新政,转变社会风气,起了重要作用。南学会先后发布的三个章程,即《南学会大概章程十二条》、《南学会总会章程二十八条》、《南学会入会章程十二条》。南学会在长沙成立后,湖南各府县州纷纷响应,竞相成立各色学会。较著名的有长沙的"湖南不缠足总会"、"延年会"、"积益学会"、"学战会"、"公法学会"、"法律学会",浏阳的"群萌学会",衡州的"任学会",郴州的"舆算学会"、龙南的"致用学会"、常德的"明达学会"等等。梁启超在《戊戌政变记》"湖南广东情形"中论及南学会的宗旨时说:"设会之意,将会南部诸省志士,联为一气,相与讲爱国之理，求救亡之法，而先从湖南一省做起，实兼学会与地方议会之规模。"

皮锡瑞任胡南南学会学长，主讲学术。二月开讲《论立学会讲学宗旨》。至政变前，多次演讲，轰动士林。四月，赴江西主经训书院。政变后，交地方官管束，杜门著述。

谭嗣同二月十五日与唐才常、熊希龄等在长沙创办日刊《湘报》。三月，与唐才常、黄遵宪等发起湖南不缠足会，刊布《湖南不缠足会章程》，编印《戒缠足歌》。四月，以徐致靖保荐，送部引见。又与熊希龄等在湖南长沙倡立延年会。七月，与林旭、杨锐、刘光第同赏四品卿衔。八月，被捕死难。死前，作《绝命书》，一遗康有为，一遗梁启超。

黄遵宪四月以徐致靖保荐，送部引见。六月以三品京堂充出使日本国大臣，七月至上海待命出发，因病延搁，而戊戌政变起，有谓康有为、梁启超潜匿遵宪处，遂致祸。后得日本前相伊藤博文及袁昶等营救，乃放归。有《纪事》《放归》《到家》《感事》等八诗以志。

孙中山是春在东京进行革命活动，并赴长崎、神户、马关等地吸收一些华侨参加兴中会。是夏，移居横滨。六月，会晤菲律宾起义军代表彭西，声援菲律宾民族解放斗争。秋至冬，和亡命日本的梁启超就联合反清问题，进行多次会谈。是冬，清政府分别由驻日公使李盛铎通过日本人士、驻美公使伍廷芳通过孙眉、两广督署通过绅商刘学询，以高官厚禄诱孙中山归顺，均遭然断拒绝。

孙中山以英文所著《伦敦蒙难记》由日人宫崎寅藏译为日文，连载于日本《九州日报》，题为《清国革命党领袖孙逸仙幽囚录》，最早向日本介绍孙中山及其反清革命活动。

章炳麟正月谒见谭献；上书李鸿章，要求联合日本以阻遏俄、英、德、法势力的扩张。是春，抵武昌，谒张之洞，嘱主编《正学报》，因不赞成张之洞"中学为体，西学为用"主张而被逐离鄂。七月，至沪任职于汪康年之《昌言报》，任主笔，发表《商鞅》、《弭兵难》、《书汉以来革政之狱》等文。九月，携家南渡，宋恕等促其避地台湾。十月，因被清廷列名通缉，离沪抵台北，任《台湾日日新报》记者。

按：章炳麟《艾如张、董逃歌序》回顾与张之洞的争论说："是时，青岛、旅顺既割，天下土崩。……张之洞始为《劝学篇》以激忠爱，摧横议，就余咨度。退则语人：'……古之谟训，上思利民，忠也；朋友善道，忠也；憔悴事君，忠也。今二者不举，徒以效忠征求氓庶！且乌桓遗裔，蹂躏吾族几三百年，窝毛饮血，视民如雏兔。今九世之仇纵不能复，乃欲责其忠爱？忠爱则易耳，其俟诸革命以后。'闻者皆怒，辫发上指栋。或檄之张之洞。之洞使钱恂问故，且曰：'足下言《春秋》主弑君，又称先皇帝讳，于经云何？'应之曰：'《春秋》称国弑君者，君恶甚。《春秋》三家所同也。清文帝名皇太极，其子孙不为隐。当复为其子孙讳耶？'之洞谢余。"（《章太炎全集》第4集）章炳麟又在《康有为复书识语》中说："曩客鄂中，时番禺梁鼎芬、吴王仁俊、秀水朱克柔皆在幕府，人谓其与余同术，亦未甚分泾渭也。既数子者，或谈许、郑，或述关、洛，正经兴庶，举以自任，聆其言论，洋洋满耳。及叩其指归，商卷逡巡，卒成乡愿，则始欲割席矣。嗣数子以康氏异同就余评骘，并其大义亦加诋毁。余则抗唇力争，声震廊庑。举室愕眙,谓余变故,而余故未尝变也。及革政难起,而前此自任正学之数公者,乃皆垂头塌翼,丧其所守,非直不能建明高义,并其夙所诵差,若云阳尊阴卑、子当制母者,亦若瞠焉忘之。呜呼!……今之自任正学而终于脂韦突梯者,吾见其若是矣。"(《台湾日日新报》1899年1月13日)

张之洞是春与幕僚梁鼎芬、王仁俊、陈衍等筹设《正学报》。二月,以新创刊之《湘报》议论偏激文,致电陈宝箴、黄遵宪制止发行。闰三月,以徐桐奏保,入京觐见。又奏湖北自强学堂改课英、法、俄、德、日五国方言,并将两湖、经心两书院改照学堂办法。四月,荐举人才,以门生黄绍箕为冠。六月,与陈宝箴奏定变通科举章程。该年派留学生二十多人赴日本学习陆军。

按:张之洞在《两湖经心书院改照学堂办法片》中,拟议"两书院分习之大旨,皆以中学为体,西学为用"(《张文襄公全集》卷三七),正式表达对中体西用论的信奉。接着,著成《劝学篇》,对中体西用理论作完整论述。

张之洞发表《劝学篇》,主张"中学为体,新学为用","中学治身心,西学应世事",系统阐释和发挥"中体西用"的理论。

按:张之洞在书中提出的具体主张是:"中学为内学,西学为外学,中学治身心,西学应世事,不必尽索之于经文,而必无悖于经义。"张之洞幕僚辜鸿铭《张文襄公幕府纪闻》曰:"文襄之效西法,非慕欧化也;文襄之图富强,志不在富强也。盖欲借富强以保中国,保中国即所以保名教。"(《辜鸿铭文集》上册,海南出版社1996年版)梁启超《清代学术概论》曰:"甲午丧师,举国震动,年少气盛之士,疾首扼腕言维新变法,而疆吏若李鸿章、张之洞辈,亦稍稍和之。而其流行语,则有所谓'中学为体,西学为用'者,张之洞最乐道之,而举国以为至言。盖当时之人,绝不承认欧美人除能制造能测量能驾驶能操练之外,更有其他学问,而在译出西书中求之,亦确无他种学问可见。康有为、梁启超、谭嗣同辈,即生育于此种'学问饥荒'之环境中,冥思枯索,欲以构成一种'不中不西即中即西'之新学派,而已为时代所不容。盖固有之旧思想,既深根固蒂,而外来之新思想,又来源浅觳,汲而易竭,其支绌灭裂,固宜然矣。"

张之洞作《学术》诗:"理乱寻源学术乖,父雠子劫有由来。刘郎不叹多葵麦,只恨荆榛满路栽。"其自注曰:"二十年来,都下经学讲《公羊》,文章讲龚定庵,经济讲王安石,皆余出都以后风气也。遂有今日,伤哉!"(《张文襄公全集》卷二二七)

陈衍正月应张之洞之聘赴武昌,留鄂办理新政一切笔墨,暂任官报局总编纂。三月入都应试,作《戊戌法榷议十条》,提倡维新。戊戌政变后,入参张之洞幕府,筹办《商务报》。

严复正月上万言书言变法。三月,将创办的《国闻报》售与日本人。七月,以顺天府尹胡燏棻、詹事府詹事王锡蕃等保荐,被光绪帝召见,询办理海军、开设学堂及变法事,并命将其发表在《国闻报》上的《拟上皇帝书》缮写进呈,但未及进而政变作。八月,在京讲演西学源流旨趣及中西政教大原。十月,与王修植均被参劾。十一月,《国闻报》停刊。是年,作《戊戌八月感事》诗。

按:王锡蕃《奏保人才折》曰:"北洋水师学堂总办候选道严复,本船政驾驶学生,出洋学习,于西国典章名理之学,俱能探本溯源,精心研究,中学亦通贯群籍,著述甚富,水师情形,尤其所熟知专习,久在北洋供差,奉公之外,闭户寡合,其立品尤为高卓。"(中国史学会主编《戊戌变法》第二册)

严复译《天演论》毕,作《译例言》长文,提出"信、达、雅"的翻译标准。又作《论择才之难》,论翻译者须有广博的专业知识。

  按:《译例言》说:"译事三难:信、达、雅。求其信,已大难矣! 顾信矣,不达,虽译,犹不译也,则达尚焉。……此在译者将全文神理,融会于心,则下笔抒词,自善互备。至原文辞理本深,难于共喻,则当前后引衬,以显其意。凡此经营,皆以为达;为达,即所以为信也。《易》曰:'修辞立诚。'子曰:'词达而已。'又曰:'言之无文,行之不远。'三者乃文章正规,亦即为译事楷模。故信、达而外,求其尔雅。"(见《天演论》卷首)

陈宝箴二月奏陈设立时务学堂及武务学堂情形。六月,保荐陈宝琛、杨锐、黄英采、刘光第、杨枢、王秉恩、欧阳霖、恽祖祁、杜俞、徐家幹、柯逢时、左孝同、徐绍垣、林启、有泰、凤全等17人。八月,电总署,请召张之洞入都,赞助新政。寻革职,永不叙用。

陈宝箴在康有为《孔子改制考》刊行后,即上《奏厘正学术造就人才折》,认为孔子改制之说伤理而害道,建议将《孔子改制考》一书版本自行销毁。翁同龢亦因此书认为康有为居心叵测,从此不与康有为往来。

  按:陈宝箴《奏厘正学术造就人才折》曰:"臣尝闻工部主事康有为之为人,博学多材,盛名几遍天下,誉之者有人,毁之者尤有人……臣以为士有负俗之累而成功名,亦有高世之行而弋虚誉,毁誉不足定人,古今一致。近来屡传康有为在京呈请代奏折稿,识略既多超卓,议论亦颇宏通,于古今治乱之原,中西政教之大,类能苦心探讨,阐发详尽,而意气激昂慷慨,为人所不肯为,言人所不敢言,似不可谓非一时奇士。意其所以召毁之由,或即其生平才性之纵横、志气之激烈有以致之。及徐考其所以然,则皆由于康有为平日所著《孔子改制考》一书。此书大指推本《春秋公羊传》及董仲舒《春秋繁露》……征引西汉以前诸子百家,旁搜曲证,济之以才辩,以自成其一家之言。其失尚不过穿凿附会,而会当中弱西强,黔首坐困,意有所激,统为偏宕之辞,遂不觉其伤理而害道。其徒和之,持之愈坚,失之愈远,嚣然自命,号为康学,而民权平等之说炽矣。甚或逞其横议,几若不知有君臣父子之大防。《改制》一篇,遂为举世所忿疾,指斥尤厉害者疑为孟氏之辟杨墨,而康有为首为众射之的。……有独至之气者,必有过人之长,我皇上陶铸群伦,兼收博采。康有为可用之才,敢言之气,已邀圣明洞鉴。当此百度维新,力图自强之际,千人之诺诺,不如一士之谔谔,谓宜比之狂简,造就可裁成之。可否特降谕旨,饬下康有为即将所著《孔子改制考》一书版本自行销毁,既因以止误息争,亦藉可知非进德。"(中国史学会主编《戊戌变法》第二册)

黄桂鋆、黄均隆上疏弹劾陈宝箴创办时务学堂事。

  按:黄桂鋆曰:"湖南巡抚陈宝箴,惑于黄遵宪、熊希龄之言,聘该员(指康有为)门人梁启超等,充时务学堂教习。其所著学约,及批签文件,语多悖逆。"(《戊戌变法档案史料》,中华书局1958年版)黄均隆曰:"陈宝箴开时务学堂,黄遵宪援引梁启超等为教习,著为学约界说诸篇,大抵皆非圣无法之言,湘人惑之。……此皆由陈宝箴听信其子吏部主事陈三立,招引奸邪,及学政江标、徐仁铸,庇护康、梁所致。"又曰:"陈宝箴信任梁启超、黄遵宪、熊希龄等,在湖南创立时务学堂、南学会、保卫局,伤风败俗,流毒地方,屡保康有为、杨锐、刘光第等,其称康有为至有千人诺诺,不如一士

谔谔等语。旋闻前数日内，又电保谭嗣同等，今逆党已明正典刑，陈宝箴应如何惩治之处，出自圣裁。"（同上）

王先谦时任岳麓书院院长。二月，列名南学会。后见宣讲民权，闻之骇俗。四月，与叶德辉、宾凤阳等士绅向湖南巡抚陈宝箴递交《湘绅公呈》，要求整顿时务学堂，摈退中文总教习梁启超和唐才常等人，订立《湘省学约》，制定正心术、尊圣教、辟异端等条规。书上，陈宝箴未采纳。

胡石庵在京与谭嗣同研读《天演论》，参与戊戌变法。失败后潜返武昌，入经心书院。

李端棻密荐康有为及谭嗣同堪大用。又以各衙门则例，语涉纷歧，疏请删订。六月奏准著各省督抚就各省在籍绅士中选拔品学兼优、能孚众望诸人督办各中小学堂事务。七月，署礼部尚书。八月，以滥保康有为、谭嗣同，命即革职，发往新疆。

按：谕内阁："李端棻奏滥保匪人自请惩治一折，该尚书受恩深重，竟将大逆不道之康有为等滥行保荐，并于召对时，一再面陈。今据事后检举，实属有意取巧，未便以寻常滥保之例，稍从末减。礼部尚书李端棻，著即行革职，发往新疆，交地方官严加管束，以示儆惩。"（《德宗景皇帝实录》卷四二七）

刘光第三月列名保国会。七月，以陈宝箴荐，召见，参与新政，在军机与谭嗣同同班。政变作，被捕死难。

康广仁是春伴梁启超入都，深以康有为规模太广、志气太锐、包揽太多、举行太大为虑。四月，在上海倡设女学会，创立女学堂。八月，被捕死难。

林旭正月开"闽学会"，师事康有为。七月以荐入朝，召见。八月死难。

杨锐二月开"蜀学会"，三月列名保国会，参与新政，欲与川籍京官创设蜀学堂，兼习中西学业。六月，陈宝箴疏荐杨锐。六月二十日与谭、刘、林同参新政。八月死难。

杨深秀四月奏请定国是。又奏请整定文体；议游学日本章程；开局译日本书。五月，与御史宋伯鲁合劾礼部尚书许应骙等守旧迂谬，阻挠新政。政变起，不避难危，奏请太后速撤帘归政，被捕死难。

翁同龢正月力陈宜破格用人，保那桐、端方，并以康有为变法之言入奏。寻光绪帝索观黄遵宪所著《日本国志》，以两部进御。四月，拟变法谕旨；与光绪帝论国是，谓西法不可不讲，圣贤义理之学尤不可忘，为慈禧太后所忌，著即开缺回籍。十月，命革职永不叙用，交地方官严加管束，即以诗书自遣。为避祸，乃改缮《日记》。

宋伯鲁二月奏请设议政处，并令翰林读洋书。四月，奏请废八股。五月，奏请将上海《时务报》改为官报，移设京师，责成梁启超督同主笔人等实力办理。七月，由都察院奏保召见，密陈拔通才以济时难，开懋政殿以行新政；举黄遵宪、梁启超等人为懋政殿人选。八月，疏荐马建忠，请破格拔擢，责以办理交涉。旋革御史职，永不叙用，乃仓促携眷避沪，易始为赵，庇于英领事。

容闳赴沪转京,会康有为。后维新失败,赴上海转香港。

孙家鼐五月为协办大学士,疏请将康有为书中凡有孔子改制称王等字样,明降谕旨,饬令删除;诏派管理京师大学堂事务,并节制各省所设学堂,所有原设官书向局及新设译书局均并入,由管学大臣督率办理;又奏准《京师大学堂章程》和委丁韪良任总教习。奏准将冯桂芬《校邠庐抗议》一书刷印一千部送军机处。六月,奏上京师大学堂章程及梁启超所拟译书局章程。七月,奏请派大学堂办事人员赴日本察学务。

袁世凯二月二次谒翁同龢论时局。六月,翁同龢逐回原籍,过天津,袁派员持函携礼慰问。八月,因康有为请徐致靖奏荐,三次受光绪帝召见,擢为侍郎。

张謇闰三月入都,补散馆试,谒翁同龢。四月,说翁同龢开农学会,并为拟大学堂办法。旋孙家鼐奏派为大学堂教习,辞之。六月,离京南下。

陈鼎对冯桂芬《校邠庐抗议》提出的所有问题详加批注,编为《校邠庐抗议别论》,于是年七月初上呈朝廷。初十日,谕命再呈送一部给军机处,以备呈览。

黄绍箕授翰林诗读。四月张之洞荐举人才,首列黄氏。六月,进呈张之洞《劝学篇》,又注《校邠庐抗议》,与孙家鼐议调汪康年来京办《时务报》。政变后,派大学堂总办。

张元济四月以徐致靖密荐,光绪帝召见。五月,孙家鼐拟派充京师大学堂总办,极辞之。七月,上疏请设议政局,融满汉之见。八月,延严复至通艺学堂讲西学门径功用;劝康有为出京回籍韬晦,到粤去办学堂,菟罗才智,俟风气大开,新进盈廷,人才蔚起,再图出山,则变法之事不难迎刃而解,未为属纳。旋革刑部主事职永不叙用。遂出京赴沪,入上海南洋公学,任译书院院长。

俞樾七月辞去杭州诂经精舍讲席,前后在职计31年。

廖寿恒奉命在军机大臣上学习行走。正月,问康有为变法事。

李盛铎三月与康有为发起成立保国会,又奏请饬各省限六个月内一律兴办学堂。四月,奏时务需才,请开馆译书,以宏造就。八月,以出使日本大臣黄遵宪免职,派以四品京堂候补继任。

许景澄五月任京师大学堂总教习。

严修正月请准开经济特科。在天津设立严氏私塾严馆,倡为新式教育,聘张伯苓任教。夏,保荐康有为应经济特科,又奏保使才。八月,以滥保康有为革职留任。

王照六月上疏请专设学部。八月,逃亡日本;在日谓康有为刊布所谓密诏乃康伪作,遂使康、梁发生龃龉。

王文韶是春创办畿辅学堂。闰三月,奉谕饬查天津《国闻报》,奏明道员严复被参各节,查无实事。五月,为户部尚书,在军机大臣、总理各国事务衙门行走,命筹设铁路矿务专门学堂。

梁鼎芬秉张之洞旨任《昌言报》主笔,助汪康年与康有为争。政变后闻杨锐、刘光第被杀,以为系为"谭、林二逆"所累。

唐才常二月主编《湘报》。八月,应谭嗣同电召,欲赴京,中途闻政变,乃折回湖南,往上海,旋复游香港、新加坡。《湘报》停刊。

江标是春以湘学任满至沪入日人创办之亚细亚协会,又拟在苏州创设一大学堂。时江西议设务实学堂,请主讲席。七月,以道员候补,派在总署章京上行走。八月,革职永不叙用。

罗振玉创东文学社于上海,举私债充校费。聘藤田剑峰为教务,邱崧生为校务。湖南巡抚陈宝箴举其应经济特科;端方以书问兴农之方,从此订交。始识祥符周星诒、嘉兴沈曾植、海宁王国维。

王国维是春由同乡许同蔺推荐,抵上海代许同蔺任《时务报》书记。五月,入罗振玉新创办之东文学社肄业,始受知于罗振玉,并开始接触康德、叔本华哲学。戊戌变法失败,《时务报》遭关闭,罗振玉引之入东文学社,负责庶务。

按:王国维《三十自序一》说:"正月,始至上海,主时务报馆,任书记校雠之役。二月而上虞罗君振玉等私立之东文学社成,请于馆主汪康年,日以午后三小时往学焉,汪君许之,然馆事颇剧,无自习之暇,故半年中之进步,不如同学诸子远甚。"(《王国维年谱新编》)

蔡元培仍任职于翰林院。三月,始习日文。九月,以清廷改革无望,携眷出都,经上海、杭州,返抵绍兴。冬,任绍兴中西学堂监督,为其从事新式学校教育之始。

沈曾植四月寓上海,晤文廷式。五月,应张之洞聘,主武昌两湖书院史席。旋又应陈宝箴之约,未往而政变作。

文廷式四月与张之洞、费念慈等共游焦山,宿仰止轩,观明代杨继盛手卷。八月,被劾不思悔过,命密拿押解来京,乃匿迹湘潭,旋又避走日本。

汪康年三月以《时务报》每月只出三册,与曾广铨、汪大钧等议增《时务日报》。七月,改《时务报》为《昌言报》,《时务日报》亦同时改为《中外日报》。

杨度初春在长沙湖南时务学堂与梁启超辩论《春秋公羊传》,各主师说,有异同。春至夏,与同学夏寿田赴京参加会试,又落第。

麦孟华三月与梁启超约同两广、云贵、浙江等公车,力陈旅大之不可割。旋又列名保国会。政变后,出亡日本。

邓华熙创办之安徽求是学堂五月在安庆开学,邓华熙兼任总办,姚仲实等为教习。九月,又筹建安徽武备学堂,有《设立武备学堂筹办情形折》。

林纾是春二月在北京李宣龚寓所会见林旭。

朱开甲等创办之《格致新闻》旬刊三月在上海发刊,后与《益闻录》合并,改名《格致新闻汇报》。

裘廷梁、裘毓芳五月在无锡发起成立白话学会,创办《无锡白话报》。

按:《无锡白话报》是中国第一份白话报,旋改为《中国官音白话报》半月刊。历时四个月,是一份与百日维新相始终的报纸。此后,北京、上海、四川、香港、广东、湖南、湖北、云南、河北、山东、山西、江西、浙江、安徽、沈阳、哈尔滨、吉林、天津、伊犁、西藏等省市都办有白话报。

裘廷梁在上海《苏报》发表《论白话为维新之本》,首次使用"白话文"概念,明确提出"崇白话而废文言"的主张。

> 按:此文先在《苏报》发表,又在《无锡白话报》上重刊,后再被《清议报全编》卷二十六转载,故流布很广,影响极大。

欧榘甲于政变后在日本助编《清议报》,与杨衢云、尤列往返,乃言"自由"、"革命",其师康有为读之大怒,致书督责,勒令赴美国,主持保皇全机关报《女兴日报》。

廖平与宋育仁、杨道南、吴之英等人闰三月在成都创办《蜀学报》半月刊,宣传变法维新思想。宋氏任总理,廖平任总纂。八月政变后,廖氏被劾逞臆说经,革职交地方官管束。

熊希龄参与谭嗣同、唐才常三月在长沙创刊《湘报》事宜。

辜鸿铭与罗振玉缔交。

黄兴由城南书院选调长沙湘水校经堂,复调武昌两湖书院深造。在两湖书院期间,课余阅读西洋革命史及卢梭《民约论》诸书。

郑观应上书孙家鼐,请亟变法自强。孙家鼐也曾将《盛世危言》推荐给光绪帝。政变前即随逃离北京的梁启超到上海。

杨守敬是春对已刻成之《隋书地理志考证》进行复审,对其删补校勘,欲重新刻印。

张伯苓自北洋水师学堂毕业后曾在同济轮上服务三年,目睹当时清政府政治腐败、国势阽危,深感欲救中国,非造就人才不可;欲造就新人才,非兴办教育不可。遂决心弃武从文,教育救国。是年十一月,应天津名绅严修延聘,在严馆授西学,在教授英语、算学、理化诸科的同时,又增加"操身"课程,即最早的体育课。

丘逢甲是春主讲潮阳东山书院。冬,因黄遵宪参与变法被黜归里,特赶往梅州探慰。是年,与王晓沧唱和诗甚多,部分辑成《金城唱和集》刊布。

八指头陀住湘阴神鼎山。二月,曾在长沙为巡抚陈宝箴诵经。叶德辉将其光绪十五年至二十四年作品编成卷六至卷十,为之续刻,半年而就。

余绍宋居衢州,继续从王耀周先生读书。

蒋方震是春考中秀才。是秋至上海,进新创办的经济学堂,学习法语、数学等。

苏曼殊是春随表兄林紫垣东渡日本横滨,寓林家。入由华侨创办的大同学校乙级班习中文。时校长为徐勤,同学有张文渭、苏维翰、冯自由、郑贯一诸人。

谭人凤参加以维新为宗旨的不缠足会,并任新化分会董事。

黄节居云林寺读书,母卒。

邹容参加巴县童子试,愤而罢考。至日本驻重庆领事馆学习英、日语。

陈天华入新化实学堂,写《述志》。是年,所作《公恳示禁幼女缠足禀》在《湘报》发表。

唐文治代沈曾植拟《谨陈管见以固人心折》。

马相伯上书请设译学馆于上海,并呈请徐家汇耶稣会诸司铎襄理校务。

韩国钧三月任河南铸钱局总办兼官钱局帮办。十一月,河南巡抚刘树堂进见慈禧太后及光绪帝,当问及河南有政绩之官员时,刘荐举韩氏,奉旨送部引见。

萧穆作《宿松县志附记》及《记乾隆亳州志》等文。

宋恕三月二十三日见《孔子改制考》,始服康有为能"师圣",而前疑冰释。闰三月十五日,日僧松林孝纯偕森井国雄来访。十九日,森井偕小田桐勇辅来访。四月十一日,日本诗人山根虎臣介绍安藤虎男来访。次日,又识牧卷次郎和河本矶平。九月十七日,安藤介访森泰二郎。向日人借阅《松阴幽室文稿》、《禅宗报》、《阳明学报》、《哲学杂志》、《教育学》、《唐窥基注因明论》、《明治新史》、《鸥梦新志》等书报,并寄书俞樾介绍日人河本矶平、山根虎臣、安藤虎男、牧卷次郎前往晋谒。六月二十六日,谭嗣同应召入京参政前,曾赴沪向宋恕等辞行,且访谋天下事。及六君子死难,宋恕作《哭六烈士》七律四首,首哭谭氏。

孙诒让听闻应试公车将有上书举动,再次致信汪康年,请求代列名姓于其中。

李叔同同情戊戌变法。变法失败,携眷迁上海,入"城南文社"。与许幻园、袁希濂、蔡小香、张小楼号称"天涯五友"。

叶德辉九月将自己及他人攻击维新派文章、书信辑成《翼教丛编》,假苏舆名义发行。又作《今语译》,以斥梁启超《輶轩今语》。

王鹏运正月上《请开办京师大学堂折》。三月,代康有为上《请改律例折》。郑文焯入京会试,被王氏强邀入咫村词社。该社社友有王鹏运、朱祖谋、况周颐、郑文焯、缪荃孙、宋有仁等。前四者被后世称为"清末四大家"。八月,政变起,上疏请端学术以正人心,诋康有为藉以自保。

冒广生与康有为、梁启超、林旭、徐珂、狄楚青、潘飞声等维新人士往来密切,参与公车上书,列名保国会。是年,应经济特科,因策论中引卢梭《民约论》而落榜。

徐勤是春以康有为派为横滨大同学校校长,以立志、读书、命群、尊经、保国五条为办学纲领。是年,在东京列名发起成立东亚会。

按:大同学校由邝汝磐、冯镜如倡议举办。

姚文栋在戊戌变法时,被光绪皇帝选为"懋勤殿十友",名列第五。

杨儒出使美、西、秘三国,许珏为参赞,上奏《请修改税则片》,主张进口关税由中国自主。

陈去病在江苏故里发起成立雪耻会，以响应维新运动。随母学《毛诗》郑笺、《尔雅》、《说文解字》诸书。

朱祖谋、夏孙桐充会试同考官。

王中隽任同文馆汉文教习。

傅增湘四月成进士。

王式通中进士，用主事签分刑部，主稿云南司。

俞陛云以一甲三名进士及第，授翰林院编修。

李稷勋中二甲一名进士，改庶吉士，授编修。

> 按：《清史稿》卷四八六曰："精衡鉴，重实学，颇得知名士。累官邮传部参议，总川汉路事。博学善古文，尝受诗法于王闿运，而不囿师说。专步趋唐贤，意致深婉，得风人之遗。慈铭尝称赏之。有《觉盦诗录》四卷。"

陈宝琛在福州开设东文学堂。

杨昌济参加南学会、不缠足会。

张元济是年底至上海，任南洋公学译书院院长，与商务印书馆创办人夏瑞芳相识。

吴稚晖任上海南洋公学学长。

陈独秀入杭州求是书院读书，后因散布反清言论被除名。

陈家鼎入武昌两湖书院，与黄兴同学。

丁福保再入南菁书院，随华蘅芳、华世芳兄弟学习数学。

杜亚泉应蔡元培之聘，任绍兴中西学堂算学教员。

姚锡光赴日本考察教育。

钱恂任湖北留日学生监督。

罗普赴日本入东京早稻田专门学校学习，易服披发，自号"披发生"。是年，协助梁启超编辑《清议报》。

桂伯华代梁启超任长沙时务学堂讲席。未及赴而政变作，遂匿于乡。旋至金陵，依杨文会学佛，与黎端甫、欧阳竟无、李证刚并称杨门四弟子。在金陵时，以《大乘起信论》、《楞严经》二书赠欧阳竟无，欧阳竟无开始接受佛教义理。

马一浮奉父命赴绍兴县城应县试，同考者有周树人、周作人等，考后揭榜，名列第一。

俞复、丁宝书、吴稚晖等在无锡开办三等学堂，诸人分任教职，每日编国文1课，令学生抄读。

> 按：经过5年而成7编，名曰《蒙学读本》。前3编为初小国文，多为浅近事物，以引起儿童兴趣，第四编专重德育，第五编专重智育，多采自古代诸子寓言。第六编为叙事文，除一、二十篇选自《史记》、《通鉴》外，其余都是自撰的。第七编选诸子及唐宋名家的议论文。1902年由文明书局印行，为楷书石印，附有图画，形式内容比较美观，盛行一时，不及三年，已重印十余版。

陈树人、高剑父从居廉习画。

王钟声离国赴德国得来伯的西西大学留学。

张君劢考入上海江南制造局所附广方言馆，习英文及数理化。

钟荣光任教于广州格致书院。

徐鸿复、徐润等创办之同文石印局停办。

冯镜如、何澄一在上海创立广智书局。

赵三多、阎书勤所率义和拳十月在山东冠县竖起"助清灭洋"旗帜。

晏阳初入塾馆启蒙,慈父授以《三字经》、《孟子》、《论语》、《中庸》、《大学》、《诗》、《书》等。

吴沃尧主编之《采风报》五月在上海创刊。

黎季斐在广州创办《岭学报》。

朱开军三月在上海创办《格致新报》。

邹弢在上海采用有奖销售办法创设《趣报》。

康同薇、李蕙仙等任主笔的《女学报》七月二十四日创刊于上海。

吴怀疚创设务本女学,是为华人自办女学之始。

沈和卿等发起成立中国女学会于上海,设私塾于上海城南高昌乡桂墅里,由经元善任总理。

按:是为中国第一所自办新式女校。

柯金英出席伦敦世界妇女协会,成为中国第一位国际会议的女性代表。

美国传教士林乐知正月返回美国。

英国传教士李提摩太编译《论生利分利之别》、《续论生利分利之别》发表。

按:此二文为较早之经济学译作。

叶德辉编撰《三家诗补遗》、《郋园书札》、《长兴学记驳义》成书。

曹元弼著《孝经六艺大道录》1卷刊行。

汪宗沂著《孝经十八章辑传》1卷刊行。

辜鸿铭英译《论语》刊行,名为《孔子的讲学与格言》,副题《一部引用歌德和其它西方学者的言论参证注解的特别译文》。

按:是为中国人首次将儒家经典译介给西方的学者,奠定其在中国文化史上汉译英先驱的地位。日本前内阁总理伊藤博文来华,在武昌与张之洞相会,辜氏以英译《论语》相赠,并对其揶揄孔子之教加以批评。

阮元著《宋本十三经注疏并经典释文校勘记》由苏州官书坊刊行。

朱镇著《禹贡正解》刊行。

张之洞著《经学明例》。又著《劝学篇》2卷24篇刊行。

皮锡瑞著《六艺论疏证》1卷、《鲁礼禘祫义疏证》1卷刊行。

廖平著《易经古本》1卷、《尚书备解》4卷、《容经解》1卷、《记传汇纂》4卷、《三德考》4卷、《九锡九命表》1卷、《祆教折中》3卷,辑《孝经辑说》1卷。

王伊辑《四书论》刊行。

白作霖著《质盦经说》1卷刊行。

胡嗣运著《读经指迷》2卷刊行。

印度辨喜在喜马拉雅山麓创立"不二书院",宣传和研究印度吠檀多哲学。

美国詹姆斯在《信仰意志》一书中,把社会历史归结为伟人的创造。

德国罗伯特·科尔德威开始挖掘巴比伦城。

俄国斯坦尼斯拉夫斯基创建"莫斯科艺术家剧院"。

法国居里夫妇发现放射性元素钋、镭。

王士濂著《经说管窥》1卷刊行。

宋绵初著《飓园经说》3卷刊行。

王兆芳著《才兹经说》1卷刊行。

康有为著《孔子改制考》21卷由上海大同译书局刊刻。

按：是书根据《公羊》"三世"学说，认为孔子"作六经"，是改"乱世之制"，尧、舜等都是孔子改制假托的圣王。他企图借用孔子名义，托古改制，改变中国的封建专制（"乱世"）为君主立宪（"升平世"），以渐至于"大同"（"太平世"），为其资产阶级改良主义的政治目的服务。这是康有为关于维新变法的一部理论著作。梁启超《清代学术概论》（二十三）曰："有为第二部著述，曰《孔子改制考》。其第三部著述，曰《大同书》。若以《新学伪经考》比飓风，则此二书者，其火山大喷火也，其大地震也。有为之治《公羊》也，不断断于其书法义例之小节，专求其微言大义，即何休所谓非常异义可怪之论者。定《春秋》为孔子改制创作之书，谓文字不过其符号，如电报之密码，如乐谱之音符，非口授不能明。又不惟《春秋》而已，凡六经皆孔子所作，昔人言孔子删述者误也。孔子盖自立一宗旨而凭之以进古人去取古籍。孔子改制，恒托于古。尧舜者，孔子所托也，其人有无不可知；即有，亦至寻常；经典中尧舜之盛德大业，皆孔子理想上所构成也。又不惟孔子而已，周秦诸子罔不改制，罔不托古。老子之托黄帝，墨子之托大禹，许行之托神农，是也。近人祖述何休以治《公羊》者，若刘逢禄、龚自珍、陈立辈，皆言改制，而有为之说，实与彼异。有为所谓改制者，则一种政治革命、社会改造之意味也，故喜言'通三统'。'三统'者，谓夏、商、周三代不同，当随时因革也。喜言'张三世'。'三世'者，谓据乱世、升平世、太平世，愈改而愈进也。有为政治上'变法维新'之主张，实本于此。有为谓孔子之改制，上掩百世，下掩百世，故尊之为教主；误认欧洲之尊景教为治强之本，故恒欲侪孔子于基督，乃杂引谶纬之言以实之；于是有为心目中之孔子，又带有'神秘性'矣。《孔子改制考》之内容，大略如此；其所及于思想界之影响，可得言焉：一、教人读古书，不当求诸章句训诂名物制度之末，当求其义理。所谓义理者，又非言心言性，乃在古人创法立制之精意。于是汉学、宋学，皆所吐弃，为学界别辟一新殖民地。二、语孔子之所以为大，在于建设新学派（创教），鼓舞人创作精神。三、《伪经考》既以诸经中一大部分为刘歆所伪托，《改制考》复以真经之全部分为孔子托古之作，则数千年来共认为神圣不可侵犯之经典，根本发生疑问，引起学者怀疑批评的态度。四、虽极力推挹孔子，然既谓孔子之创学派与诸子之创学派，同一动机，同一目的，同一手段，则已夷孔子于诸子之列。所谓'别黑白定一尊'之观念，全然解放，导人以比较的研究。"是书的主要版本有1920年万木草堂古刻本和1958年北京中华书局版。

梁启超著《读春秋界说》、《读孟子界说》单行本在长沙刊行。

梁启超是年作的重要论文有《公车上书请变通科举折》、《万木草堂书藏征捐国书启》、《保国会演说词》、《清议报叙例》、《仁学序》、《俄土战纪叙》、《译印政治小说序》、《纪年公理》、《说动》、《论湖南应办之事》等。

劳乃宣著《京音简字述略》1卷、《等韵一得》2卷、《等韵一得补篇》1卷刊行。

日本中江笃介汉译《民约译解》第一卷，题名《民约通义》由上海同文书局刊行。

严复译英国斯宾塞著《群学肄言》首二篇成；译英国亚当·斯密著《原

富》5册成，寄次吴汝纶请为校阅。

严复译英国赫胥黎著《天演论》修订本由湖南沔阳卢氏慎始斋木刻正式刊行。旋由侯官嗜奇精舍石印重刊，吴汝纶为序。

按：严复翻译《天演论》，把达尔文的进化论学说比较系统地介绍到中国来，为维新变法提供了理论上的支持，对维新变法思潮的发展起了积极的推动作用，影响十分巨大。康有为、梁启超、谭嗣同等都接受它的思想影响。胡适在《四十自述》中说："《天演论》出版之后，不上几年，便风行到全国，竟做了中学生的读物了。读这书的人，很少能了解赫胥黎在科学史和思想史上的贡献。他们能了解的只是那'优胜劣败'的公式在国际政治上的意义。……几年之中，这种思想像野火一样，延烧着许多少年人的心。'天演'、'物竞'、'淘汰'、'天择'等等术语，都渐渐成了报纸文章的熟语，渐渐成了一班爱国志士的口头禅。还有许多人爱用这种名词做自己或儿女的名字。"胡适亦改名胡适，字适之，取"适者生存"之意。

廖平著《王制集说》、《地球新义》、《皇帝疆域图》成书。

朱孔彰著《中兴将帅别传》30卷刊行。

韩国钧著《铸钱述略》1卷。

黄钟峻辑《畴人传四编》11卷、附录1卷成书。

按：是书收后续补遗247人，附见28人，西洋99人，附见54人，另附录中西历代名媛8人，共计436人。至此，《畴人传》全部修成。初编由阮元撰辑，46卷；续编由罗士琳撰辑，6卷；三编由诸可宝撰辑，7卷。《畴人传》从初编到四编完成，历时100余年，体例大体一致，每人一传，首先介绍生平事迹；再阐述创作发明；篇末有"论"，分析各家的流变得失。除此之外，清末华世芳撰有《近代畴人著述记》，作为附录收入《畴人传三编》。其后严敦杰又撰有《浙江畴人别记》和《蜀中畴人传》，钱宝琮撰有《浙江畴人著述记》等。

薛福成著《出使四国日记续刻》10卷刊行。

蔡元培译《俄土战史》成书。

倚剑生辑《中外大事汇纪》成书。

李兆洛著《李氏五种》由上海扫叶山房石印重刊。

苏舆辑《翼教丛编》6卷刊行。

按：《翼教丛编》汇辑朱一新、张之洞、叶德辉、王先谦等人反对维新变法的论说、奏折、书牍而成。以护翼正统名教，故名。卷首有辑者自序，以为自甲午以来，言禁稍弛，于是"英奇奋兴而倾险淫诐之徒杂附其间，邪说横溢，人心浮动"。其中康有为为其"祸肇"，梁启超张扬其说，一时间"衣冠之伦罔顾名义，奉为教宗，主张变法，牵傅时务，浅识被其蛊惑，奸衷利其阴谋"。撰者本着"明教正学为义至"的意旨，将正教讨伐逆贼的篇章汇为一编，以"使后之论人者鉴"。卷一载朱一新答康有为五篇，洪康品答梁启超一篇。卷二载安维峻《请毁禁新学伪经考折》、许应骙《明白回奏折》、文悌《严劾康有为折》等。卷三张之洞的《教忠》、《明纲》等篇，与王仁俊《实学平议》、叶德辉《明教》等篇。卷四载叶德辉五篇。卷五载《逐乱民樊锥告白》及《学约》等四篇文章。卷六载张之洞、梁鼎芬、王先谦、宾凤阳、叶德辉、王猷的书信。

陈衍著《戊戌变法榷议》成书。

冯桂芬著《校邠庐抗议》有其孙冯世澂家刻本、北洋石印官书局印本、上海石印本。

佚名著《清日战争实纪》15卷刊行。

王尚德重绘《历代舆地沿革险要图》由上海铎纪书局石印出版。

瞿镛著《铁琴铜剑楼藏书目录》24卷由瞿氏家塾重刊。

按：瞿氏藏书早在瞿绍基时即开始编目，至瞿镛时成《铁琴铜剑楼藏书目录》草稿，卒后其子秉渊、秉濬聘请太仓季锡畴、常熟王振声，校雠旧稿，增补新目，于咸丰中付梓，已成经部7卷，旋因战祸被毁。战乱后，其子再以原稿录副，聘请苏州的管礼耕、王嵩隐、叶昌炽继事校订，于在光绪五年定稿。本目共著录图书1194种，凡26260余卷。

又按：《清史稿》卷四八六曰："管礼耕，字申季。岁贡生。父庆祺，从陈奂游。礼耕笃守家学，尤长训诂。尝言唐以正义立学官，汉、魏、六朝遗说，积久泰半阙不完。凡所考见，独存释文，而今本踳驳非其旧，思综稽群籍为校证，未及半而卒。"

梁启超辑《中西学门径七种》由上海大同书局石印刊行，有自序。

汤觉顿译日文著作《英人强卖鸦片记》2册由上海大同译书局石印。

马建忠著《马氏文通》前6卷由商务印书馆刊行。

按：是书以典范的文言文为研究对象，从经、史、子、集中选出七八千句古汉语例句，以拉丁文语法为理论参照，对其中的虚词、实词及句法进行较为系统而深入的研究。它是中国第一部完整、系统的汉语语法著作，不但开辟了中国语法学的新纪元，也标志着中国现代语言学的开始。有关《马氏文通》的研究资料，可参阅刘尚慈编的《马氏文通研究资料》（中华书局1987年版）。

廖平著《荀子经说新解》10卷、《诸子凡例》2卷、《老子新义》2卷、《庄子新义》4卷、《公孙龙子求原记》1卷、《名家辑补》4卷、《致用初阶》1卷。

王仁俊辑作《辽文萃》14卷成书。

按：作者以先秦至明代唯五代及辽无诗文总集，遂以汇编辽代诗文为己任，于是年辑成该书。后见缪荃孙辑《辽文存》，乃搜阙补遗，凡缪书已收录者则皆去，最后辑缪氏未收之文105篇为5卷，并附《作者考》、《逸目考》各1卷。

麦仲华辑《皇朝经世文新编》33卷成书。

按：是书完全打破《皇朝经世文编》以来的编纂纲目体系，将所有文章直接分成通论、君德、官制、法律、学校、国用、农政、矿政、工艺、商政、币制、税则、邮运、兵政、交涉、外史、会党、民政、教宗、学术、杂纂等二十一门编排，着意体现其"新"之特色。同时大量收入维新派关于变法和新学的言论，仅康有为、梁启超两人的文章便多达80余篇。

陈忠倚辑《皇朝经世文三编》80卷由上海龙文书局石印。

王夫之著《王船山四种》（又名《船山经世文钞》）刊行。

黄遵宪自刊《日本杂事诗》于长沙。

按：康有为《日本杂事诗序》曰："吾友嘉应黄观察公度，壮使日本，写《日本杂事诗》，……如游扶桑之都，迈武门之酷炎，美维新之昌图，嘉高、蒲之秀烈，庶王、朱之令谟。其于民俗、物产、国政、人才，了如豁如，如家人子之自道其家人生产也。黄子文而思，通以瑟，周以大地，略佐使轺，求百国之宝书，罗午旁魄，其故至博以滋；而日本同文，而讲其沿革、政教、学俗，以成其《国志》，而笔吾国人，用意尤深，宜其达政专对绰绰也。《杂事诗》者，亦黄子威凤之一羽而已。方今日本新强，争我于东方，考东国之故者，其事至急。诵是诗也，不出户牖，不泛海槎，有若臧旻之画、张骞之凿矣。……"

况周颐辑《薇省词钞》10卷、附录1卷刊行。

陈作霖著《养和轩笔记》2卷成书。

袁昶辑《渐西村汇刻》44种刊毕。

盛宣怀辑《常州先哲遗书》刊毕。

龚自珍著《龚定盦全集》由浙江宝晋斋石印刊行。

强汝询著《求益斋读书记》6卷刊行。

胡传钊著《盾墨留芳》8卷刊行。

薛福成著《庸庵全集十种》46卷刊成。又著《出使公牍》10卷刊行。

章炳麟、曾广铨合译《斯宾塞尔全集》，连载于《昌言报》第一至第六册、第八册。

孙玉声始著《海上繁华梦》，署名"警梦痴仙"，共3集，初集30回，二集30回，3集40回。

沈祖芬译英国狄福著《鲁滨孙飘流记》成书，题为《绝岛飘流记》，署名跛少年。

梁启超译日本柴四郎著政治小说《佳人奇遇》成。

按：梁启超在流亡日本途中，日舰长将日本柴四郎所著政治小说《佳人奇遇》相赠，遂加以翻译，并于本年十二月起连载于《清议报》，至1900年底才载完。梁氏从事翻译始此。

谢洪赉译《华英初阶》、《华英进阶》由商务印书馆刊行。

按：是书附有汉英对照。商务印书馆还编译出版《华英国学文编》1、2两册。

杨晨辑《续台州丛书》10种刊行。

雷丰辑《医学三书》由上海丛易堂重刊。

李善兰译《代数学》由其弟子程英重刊，王同愈、张世准分别作序，程英作跋。

华蘅芳著《行素轩笔谈》8种由浙西玑衡堂石印刊行。

史梦兰卒（1813— ）。梦兰字香崖，号砚农，直隶乐亭人。道光五年，从毕雪堂学诗古文词。二十年，举于乡，选山东朝城知县。同治八年，入曾国藩幕。后应李鸿章聘，修《畿辅通志》。著有《异号类编》、《舆地韵编》、《尔尔书屋文钞》2卷、《古今谣谚补注》2卷、《古今风谣拾遗》4卷、《古今谚拾遗》6卷、《全史宫词》20卷等。事迹见《清史列传》卷七三、徐世昌《史梦兰传》（《碑传集补》卷五〇）。

金安清卒（1816— ）。安清字眉生，一作梅生，号傥斋，浙江嘉善人。曾入林则徐、曾国藩幕。官至湖北督粮道。著有《宫同苏馆全集》82卷。事迹见《清朝野史大观》卷七《清人逸事》。

廖廷相卒（1845— ）。廷相字泽群，广东南海人。师从陈澧。光绪二年进士，官编修。以亲丧归，遂不出。历主羊城书院及学海堂、菊坡精舍、广雅书院。著有《礼表》10卷、《周官六联表》4卷。

杨深秀卒（1849— ）。深秀原名毓秀，字漪村，又字漪春，山西闻喜人。少颖敏，谙中西算术。同治初，以举人入赀为刑部员外郎。光绪八

美国黑人社会学者W. E.杜波依斯出版《费城黑人社会研究》。

法国作家左拉发表《我控诉》。

法国C.朗格卢瓦出版《史学导论》。

意大利拉布里奥拉著《社会主义与哲学》。

俄国普列汉诺夫著《论个人在历史上的作用问题》。

日本高山樗牛著《世界文明史》。

德国桑巴特著《产业劳动及其组织》。

英国华莱士著《自然科学与伦理学》。

俄国托尔斯泰著《艺术论》。

英国怀特海著《普遍代数论》。

年,山西巡抚张之洞创办令德堂,聘为山长。十五年中进士。曾任刑部主事、郎中、山东道监察御史等。戊戌政变时,与谭嗣同等6人同时被害,是戊戌死难六君子之一。著有《杨漪村侍御奏稿》、《雪虚声堂诗钞》。事迹见《清史稿》卷四六四、蔡冠洛《清代七百名人传》第六编、梁启超《杨深秀传》、胡思敬《杨深秀传》(均见《碑传集补》卷一〇)。

杨锐卒(1857—)。锐初字退之,改字叔峤,又字纯叔,四川绵竹人。张之洞弟子。光绪元年入尊经书院肄业。张之洞任两广总督,招之办奏牍文字。十一年中顺天乡试举人。十五年,授内阁中书。戊戌变法时,以陈宝箴密荐,加四品卿衔充军机章京,与谭嗣同、刘光第等参与新政。政变起,与谭嗣同等同时遇难。著有《说经堂诗草》2卷等。事迹见《清史稿》卷四六四、蔡冠洛《清代七百名人传》第六编、梁启超《杨锐传》、高楷《刘杨合传》、黄尚毅《杨叔峤先生事略》(均见《碑传集补》卷一二)。

刘光第卒(1859—)。光第字斐村,四川富顺人。光绪九年进士,授刑部主事。二十四年春,参加保国会。百日维新时,经湖南巡抚陈宝箴推荐,受命为四品卿衔军机章京,参与新政。戊戌政变起,与谭嗣同等被捕遇难。著有《衷圣斋文集》、《介白堂诗集》。事迹见《清史稿》卷四六四。

谭嗣同卒(1865—)。嗣同字复生,号壮飞,别署东海褰冥氏,湖南浏阳人。少倜傥有大志,为文奇肆。其学以日新为主,视伦常旧说若无足措意者。游新疆刘锦棠幕,以同知入赀为知府,铨江苏。陈宝箴抚湖南,嗣同还乡佐新政。梁启超倡办南学会,嗣同为之长。光绪二十四年,召入都,擢四品卿、军机章京。戊戌政变起,被捕遇死难。著作汇为《谭嗣同全集》。事迹见《清史稿》卷四六四、蔡冠洛《清代七百名人传》第六编。邓潭洲著有《谭嗣同传论》(上海人民出版社1981年版),李喜所著有《谭嗣同评传》(河南教育出版社1986年版)。

按：梁启超《清代学术概论》(二十七)曰:"晚清思想界有一彗星,曰浏阳谭嗣同。嗣同幼好为骈体文,缘是以窥今文学,其诗有'汪(中)魏(源)龚(自珍)王(运)始是才'之语,可见其向往所自。又好王夫之之学,喜谈名理。自交梁启超后,其学一变。自从杨文会闻佛法,其学又一变。尝自衰其少作诗文刻之,题曰《东海褰冥氏三十以前旧学》,始此后不复事此矣。其所谓新学之著作,则有《仁学》,亦题曰'台湾人所著书',盖中多讥切清廷,假台人抒愤也。书成,自藏其稿,而写一副本畀其友梁启超;启超在日本印布也,始传于世。……嗣同幼治算学,颇深造,亦尝尽读所谓格致类之译书,将当时所能有之科学知识,尽量应用。又治佛学之唯识宗、华严宗,用以为思想之基础,而通之以科学。又用今文学家太平、大同之义,以为世法之极轨,而通之于佛教。嗣同之书,盖取资于此三部分,而组织之以立己之意见。其驳杂幼稚之论甚多,固无庸讳,其尽脱旧思想之束缚,戛戛独造,则前清一代,未有其比也。"

康广仁卒(1867—)。广仁名有溥,字广仁,以字行,号幼博,一号大中,又号大庵,广东南海人。康有为弟。光绪二十一年,助康有为在广东提倡妇女不缠足。二十三年,在澳门办《知新报》,并经理大同译书局。百日维新时,参与新政。戊戌政变起,被捕遇害。著有《康幼博茂才遗稿》。

事迹见《清史稿》卷四六四。

林旭卒(1875—　)。旭字暾谷,号晚翠,福建侯官人。光绪举人。曾任内阁中书。师从康有为,协助其组织保国会。百日维新时,任四品卿衔军机章京,参与新政。戊戌政变起,被捕遇难。著有《晚翠轩诗集》1卷。事迹见《清史稿》卷四六四、梁启超《林旭传》、陈衍《林旭传》(《碑传集补》卷一二)。

吴绮缘(　—1949)、郑振铎(　—1958)、翦伯赞(　—1968)、沈禹钟(　—1971)、丰子恺(　—1975)生。

光绪二十五年　己亥　1899年

正月二十一日己巳(3月2日),湖广总督张之洞等奏,遵旨裁撤湖南南学会,销毁会中各书,并撤保卫局。

二月,朱红灯、心诚和尚率领义和拳众在山东恩县、平原一带起义,提出"兴清灭洋"口号。

三月十九日丙寅(4月28日),中日《租借福州口条约》在福州签订。

二十八日乙亥(5月7日),中俄《勘分旅大租界专条》、《辽东半岛租地专条》签订。

五月十四日庚申(6月21日),总理衙门奏遵议遴选生徒游学日本事宜片。

七月,谕旨出洋学生分入各国农工商等学堂。

八月初二日丁丑(9月6日),美国国务卿海约翰分别向英、俄、德、日、意、法等提出对华"门户开放"政策的照会。

九月二十四日己巳(10月28日),谕军机大臣等:"电寄刘坤一等,本日据李盛铎电称,康有为由加拿大乘音勃来司奥夫恩地而轮船,昨午至横滨,经日政府查知,不准登岸。该船旋即开赴神户、长崎、上海、香港等埠。该逆此来,尤极诡秘,不知其用意所在等语。康逆踪迹飘忽靡常,著该督等遴派妥员,严密侦探,于所到口岸务即不动声色,设法捕拿,期于必得,倘经弋获,必予重赏,慎勿任其潜逃,肆行诡谲,是为至要。"(《清德宗皇帝实录》卷四五一)

十月十四日戊子(11月16日),中法《广州湾租界条约》签订。

十一月十八日壬戌(12月20日),清廷悬赏缉拿康有为、梁启超。

按:谕内阁:"世道人心之患,莫患于是非顺逆之不明,是以古圣贤有伪辩之诛,有横议之戒,为其惑世诬民也。朕自冲龄,入承大统,笃荷皇太后恩勤教育,垂三十年。自甲午以来,时事艰难,益贫益弱,宵旰焦思,恐负慈闱付托之重,思缵列圣神武之谟,每冀得人以资振作。而翁同龢极荐康有为,并有'其才胜臣百倍'之

英人尽有苏丹。

美国窥菲律宾。

英法划分苏丹和赤道非洲的势力范围。

第一次海牙和平会议。

美国提出对华贸易的"门户开放"政策。

英国对南非布尔人发动了战争。

语。孰意康有为密纠邪党,阴构逆谋,几陷朕躬于不孝;并倡为保中国不保大清之谋,遂有改君主为民主之计,经朕觉察,亟请圣慈训政,乃得转危为安。而康逆及其死党梁启超先已逋逃,稽诛海外,犹复肆为簧鼓,刊布流言,其意在荧惑众听,离间宫廷。迨谭钟麟查抄康逆等往来信函,有谭嗣同堪备'伯里玺'之选,是其种种逆谋,殊堪发指。凡我中外臣民,愤其狂悖者固多,而受其欺愚者,千百中不无一二,不但不识是非,兼亦不明顺逆,所当切戒而明示之也。自去秋训政以来,上下一心,宫府一体,勤求治理,绝无异同。而康逆等犹维新守旧之论,煽惑狂躁喜事之徒,殊不知我朝圣圣相承,祖法昭垂,永宜遵守;且朕躬图治之意,但孜孜于强兵富国为急,今慈圣垂训之言,仍谆谆于保境交邻为念。兹特明申诰谕,坦示朕心,凡我臣民,勿得轻听流言,妄生揣测。傥再构煽邪说,群相附和,去顺效逆,邦有常刑。至康有为、梁启超大逆不道,网漏吞舟,果尔稽诛,是无天理。近闻该逆等狼心未改,仍在沿海一带,倏来倏往。著海疆各督抚懔遵前旨,悬赏购线,无论绅商士民,有能将康有为、梁启超严密缉拿到案者,定必加以破格之赏,务使逆徒明正典刑,以申国宪。即使实难生获,但能设法致死,确有证据,亦必一体从优给赏。总之,邪说难煽,而忠臣孝子必不忍;宪典虽宽,而乱臣贼子决不能贷。将此通谕知之。"(《清德宗皇帝实录》卷四五五)

十二月二十四日丁酉(1900年1月24日),慈禧太后立端王载漪子为大阿哥(皇储),谋废光绪帝,史称"己亥建储"。

是年,河南安阳小屯村发现殷墟甲骨文。

按:甲骨文与敦煌藏经洞、内阁大库档案、汉晋木简并称晚清史学的"四大发现"。樊少泉《最近二十年间中国旧学之进步》曰:"殷商文字,昔人惟于古彝器中见,然其数颇少。光绪戊戌、己亥间,河南安阳县西北五里之小屯,洹水崖岸为水所啮,土人得龟甲牛骨,上有古文字。其地数十亩,洹水三周环之,《史记·项羽本纪》所谓'洹水南,殷虚上'者也。估客携甲骨至京师,为福山王文敏公懿荣所得。庚子秋,文敏殉国难,其所藏悉归丹徒刘铁云氏鹗。而洹水之虚,土人于农隙掘地,岁皆有得,亦归刘氏。光宣间所出,则大半归于上虞罗叔言氏振玉。文敏所藏凡千余片,刘氏所藏三千余片,罗氏所藏二三万片,其余散在诸家者亦当以万计;而驻彰德之某国牧师,所藏亦且近万片。其拓墨影印成书者,有刘氏之《铁云藏龟》十册(光绪壬寅、癸卯间印),罗氏之《殷虚书契前编》八卷(甲寅印)、《后编》二卷(丙辰印)、《殷虚书契菁华》一卷(甲寅印)、《铁云藏龟之余》一卷(同上)。后英人哈同氏复得刘氏所藏之一部八百片,印行《戢寿堂所藏殷虚文字》一卷(丁卯印,大都在《铁云藏龟》之外)。甲骨所刻,皆殷王室所卜祭祀、征伐、行幸、田猎之事,故殷先公先王及土地之名,所见甚众。又其文字之数,比彝器尤多且古,故裨益于文字学者尤大。惟事类多同,故文字亦有重复。刘氏所印,未及编类,但取文字精者印之。罗氏则分别部居,取其重复,故其选印者实所藏二三万片中之精粹也。此殷虚文字,其始发见,虽在二十年以前,然其大半则出于前此十年中。此近时最古且最大之发见也。"(章太炎、刘师培《中国近三百年学术史论》附录)

美国戴维斯创立地貌循环说。

英国卢瑟福发现放射性辐射中的2种成分:α射线和

康有为一月与梁启超、王照等在日本东京明夷馆望阙行礼。二月,离日游美洲。三月,抵加拿大。四月,往伦敦。闰四月,复返加拿大。六月,在加拿大与侨商李福基、冯秀石、冯俊卿、徐为经、骆月湖、刘康恒等集议创立保商会,旋易名"保救大清光绪皇帝会"(又称"保救大清皇帝公司"),

简称保皇会,自任会长,梁启超、徐勤任副会长,撰写《保救大清皇帝公司帝例》及《保皇会歌五章》、《爱国歌》和《爱国短歌行》,以保救光绪,反对慈禧,忠君爱国,抵制革命为宗旨。总部设于澳门,以澳门《知新报》与横滨《清议报》为喉舌,鼓吹君主立宪。九月,返香港。十一月,离港赴新加坡。

梁启超二月往日本箱根习静读书。三月,于其主编之《清议报》撰文,倡学日文。六月,与韩文举、欧榘甲、麦仲华等同结义于日本。夏秋间,与孙中山来往日密。七月,与华侨曾卓轩、郑席儒等在东京创办高等大同学校。八月,在神户创办同文学校。发起于横滨举行祭六君子仪式,作《祭六君子文》,刊载于《清议报》。十一月十七日,应美洲华侨之邀,离日赴美国檀香山。

梁启超是年始在《清议报》上发表《瓜分危言》、《各国宪法异同论》、《商会议》、《论近世国民竞争之大势及中国前途》、《读春秋界说》、《读孟子界说》、《蒙的斯鸠之学说》等文。又作《变法通议》在《清议报》连载毕。作《自由书》,始连载于《清议报》。又译德国伯伦知理著《国家论》,连载于《清议报》,始署"饮冰室主人"。又作《二十一世纪太平洋歌》等诗,"任公"一号始闻于世。又作粤剧《班定远平西域》成。

按:《蒙的斯鸠之学说》一文,是最早介绍法国十八世纪著名思想家孟德斯鸠学说的文章,发表在是年12月13日的《清议报》。

梁启超十二月二十五日在东京至夏威夷途中,因受日译英语"革命"一词启发,在所作《夏威夷游记》,首次提出"文界革命"与"诗界革命"口号。

按:梁启超在文中说:"予虽不能诗,然尝好论诗。以为诗之境界,被千年来鹦鹉名士(予尝戏名辞章家为鹦鹉名士,自觉过于尖刻)占尽矣。虽有佳章佳句,一读之,似在某集中曾相见者,是最可恨也。故今日不作诗则已,若作诗,必为诗界之哥仑布、玛赛郎然后可……欲为诗界之哥仑布、玛赛郎,不可不备三长。第一要新意境,第二要新语句,而又须以古人之风格入之,然后成其为诗。……若三者具备,则可以为二十世纪支那之诗王矣!……时彦中能为诗人之诗,而锐意欲造新国者,莫如黄公度。其集中有《今别离》四首,及《吴太夫人寿诗》等,皆纯以欧洲意境行之,然新语句尚少,盖由新语句与古风格常相背驰。公度重风格者,故勉避之也,夏穗卿、谭复生,皆善选新语句。其语句则经子涩语、佛典语、欧洲语杂用,颇错落可喜,然已不备诗家之资格。……复生本甚能诗者,然三十年以后,鄙其前所作为旧学。晚年屡有所为,皆用此新体,甚自喜之,然已渐成七字句之语录,不甚肖诗矣。……吾论诗宗旨大略如此。然以上所举诸家,皆片鳞只甲,未能确然成一家言,且其所谓欧洲意境语句,多物质上琐碎粗疏者,于精神思想上未有之也。虽然,即以学界论之,欧洲之真精神真思想尚且未输入中国,况于诗界乎?此固不足怪也。吾虽不能诗,惟新竭力输入欧洲之精神思想,以供来者之诗料,可乎?要之,支那非有诗界革命,则诗运殆将绝。虽然,诗运无绝之时也。今日者革命之机渐熟,而哥仑布、玛赛郎之出世必不远矣。上所举者,皆其革命军月晕础润之徵也,夫诗又其小焉者也。"该文在谈及有关日本政论家德富苏峰著作的读后感时说:"其文雄放隽快,善以欧西文思入日本文,实为文界别开一生面者,余甚爱之。中国若有文界革命,当亦不可不起点于是也。"十九世纪末,二十世纪初的"诗界革命"、"文界革命"和"小说界革命",称为

β射线。

德国惕勒提出解释双键反应能力的余价学说。

当时文学"三大革命",其口号都是梁启超提出来的。以后的"五四"时期的文学革命,就是对"三大革命"的继承和发展。

梁启超与罗普等13人上康有为书,劝其与孙中山合作,认为"国事败坏至此,非庶政公开,改造共和政体,不能挽救危局"(冯自由《康门十三太保与革命党》,《革命逸史》第二集),被康有为的其他门徒骂为"逆徒"。康有为得信大怒,严令梁启超赴檀香山办理保皇会事宜。梁启超遵命前往,行前,孙中山作书为其介绍檀香山兴中会同志。

按:罗普名孝高,广东顺德人。曾在长兴学舍和万木草堂师事康有为,是康有为的得意门生之一。

梁启超一月二日将谭嗣同所著《仁学》在日本横滨《清议报》第二册上连载,《仁学》首次面世。

孙中山春至夏在日本东京、横滨、长崎等地,做各种联络和策动工作,准备再次武装起义。夏秋之交,与梁启超等在横滨继续就合作反清问题进行多次会谈。秋,派陈少白去香港筹办《中国日报》。又命郑士良等在香港设立联络会党的机关,与广东三合会取得联系。是冬,亲绘的《支那现势地图》付印。

徐勤七月任东京高等大同学校校长。时兴中会派人访梁启超商两党合作事,徐与麦孟华致函康有为告变,谓梁渐入行者圈套,非速解救不可。又致书日人宫崎寅藏,攻讦孙中山。

李鸿章十一月署理两广总督。

章炳麟是春居台湾。四月,始留意明季诗文。五月,离台赴日,往访梁启超,并于梁处识孙中山。七月,离日返上海,识唐才常。八月,回浙任诚正学堂汉文教习。冬,再至沪,任《亚东时报》编撰。又与经元善、叶翰、唐才常、蔡元培、黄炎培等上海绅商千二百人联电总署议废立。是年,撮合梁启超、汪康年解嫌归好。

章炳麟五月在《清议报》发表《答学究》,专门驳斥所谓康有为"泄密谋以速主祸,非忠也;讦宫闱以崇幸直,非恕也"等攻击康有为的论调。十月,又在《五洲时事汇报》上发表《翼教丛编书后》,指出中国学者之疑经,不始于康有为;诋其说经而并及其行事,此一孔之儒之迂论。又作《儒术真论》,刊载于《清议报》。

按:章炳麟《翼教丛编书后》为批判王先谦门人苏舆所编《翼教丛编》而作,其曰:"是书驳康氏经说,未尝不中窾要,而必牵涉政变以为言,则自成其癃痼而已。且中国学者之疑经,亦不始康氏也。非直不始康氏,亦不始东壁、申受、默深、于廷也。王充之《问孔》、刘知几之《惑经》、程氏之颠倒《大学》、元晦之不信《孝经》、王柏之删《毛诗》、蔡沈之削《书序》,是皆汉唐所奉为正经者,而捍然拉杂刊除之。其在后世,亦不餍人心。夫二王、刘、蔡无论矣,程朱则以理学为闳挥者,方俯首鞠躬之不暇,不罪程朱,而独罪康氏,其偏枯不已甚乎?今康氏经说诸书,诚往往有误,其误则等于杨涟尔。苟执是非以相争,亦奚不可,而必藉权奸之伪词以为柄,则何异逆阉之陷东林乎?吾惧《翼教丛编》方为《三朝要案》之续矣。"(姜玢编《革故鼎新的哲理——章太炎文选》,上海远东出版社1996年版)

章炳麟十一月作《今古文辨义》,刊载于《亚东时报》,就廖平著《群经凡例》、《经诂》、《古学考》等书加以辨诘。

按:《今古文辨义》曰:"自刘申受、宋于庭、魏默深、龚璱人辈诋斥古文,学者更相仿效,而近世井研廖平始有专书,以发挥其义。大抵采摭四人,参以心得。四人者,于《毛诗》、《周礼》、《逸礼》、《古文尚书》、《左传》,率攻击如仇雠,廖氏则于四知借加驳斥,而独尊左氏,谓不传《春秋》,正群经之总传,斯其异也。其《群经凡例》、《经诂》、《古学考》等书,虽所见多偏庆激诡,亦由意有不了,迫于愤悱之余,而以是为强解,非夫故为却偃以衒新奇者。余是以因通人之蔽而为剖释焉。"(《章太炎学术年谱》引)

章炳麟作《祭维新六贤文》,刊载于《清议报》。

严复续译《原富》四册,仍寄吴汝纶。吴不识外文,更不懂社会科学,只就严复的译文的技巧吹捧一番而已。始译英人约翰·穆勒的《自由论》,严复回避"自由"两字,改为《群己权界论》。

张之洞一月遵旨裁撤南学会,销毁会中各书;电总署请与日外部蹉商,将康有为、梁启超、王照速遣出境。二月,电请上海日本总领事小田切禁止《清议报》。三月,赞助于汉口创办《商务报》。十一月,设农务局。

杨守敬因张之洞邀请,任两湖书院地理教习。

黄遵宪在家闲居,有《己亥杂诗》89首,《续怀人诗》24首。

蔡元培于绍兴中西学堂原有英、法语外,增设日语,聘请日人驻教。嗣因新旧派之争,愤辞学堂监督职。旋应聘为嵊县剡山书院院长。是年,蔡氏始兼学英文。

蔡锷是夏接梁启超函,东渡日本,入东京高等大同学校习政治哲学,经沈云翔引见,得识孙中山。

秦力山是秋以梁启超召,自费赴日留学,就读于东京高等大同学校。十二月,离日归国,至汉口创立富有山堂。

唐才常一月返湘,旋往上海,任日人乙未会创办之《亚东时报》主编。秋,经香港、南洋,重赴日本。冬,复返沪。

孙家鼐六月愤慈禧太后谋废光绪帝,以病辞管理京师大学堂事务大臣职。命以总教习许景澄暂代。

杨守敬应张之洞聘,任两湖书院暨勤成、荐古二学堂教习。

皮锡瑞正月以曾主讲南学会,宣讲平权民主,被驱逐回籍,由地方官严加管束。其主讲经训书院,至是已七年,及门弟子甚盛。

按:正月二十五日,谕军机大臣等:"有人奏,湖南举人皮锡瑞品行卑污,学术乖谬,前主讲江西经训书院,自号经师,倡为邪说。去年该举人回湖南主讲南学会,与梁启超、熊希龄等宣演平权民主之说,明目张胆,侮乱经常,自知不容于乡,仍潜投江西,钻营讲席等语。举人皮锡瑞离经畔道,于康有为之学,心悦诚服,若令流毒江西、湖南两省,必致贻害无穷。著松寿严饬地方各员,确查该举人现在江西何处,迅速驱逐回籍,到籍后,即由俞廉三饬令地方官严加管束,毋任滋生事端。"(《清德宗皇帝实录》卷四三八)

杨衢云四月由冯镜如引见,与梁启超晤于横滨,商两党合作,仍不果。

十二月，自日本抵香港，请辞兴中会长职，荐孙中山自代。

王懿荣是秋从山东潍县古董商人范维卿购得甲骨十二片，鉴定所刻为古代文字，甲骨文由是重见于世。后经罗振玉寻访，知甲骨系出自河南安阳殷墟。

王国维在东文学社任学监，旋被免职，始兼授英文及数理化各科。从日本教员田冈文集中，始知汗德（即康德）、叔本华，并萌研治西洋哲学之念。是年，河南安阳小屯发现殷商甲骨文。代罗振玉为日人那珂通世所撰、东文学社影印之《支那通史》撰序、为日人桑原骘藏《东洋史要》撰序。

陈少白与孙中山等筹办之兴中会机关报《中国日报》十二月在香港创刊，兼出《中国旬报》，陈少白任社长兼总编，首次采用短行横排之新排版法。

按：《中国日报》是为资产阶级革命派主办的第一份报纸。1905年成为同盟会机关报。陈少白、冯自由、谢英伯等先后任主编。1911年9月馆址迁广州，1913年二次革命失败后，被军阀龙济光封闭。

王鹏运与朱祖谋一起四校《梦窗词》，并举校梦龛词社。校勘《梦窗集》刻成，有信及书寄郑文焯。

麦孟华十二月以梁启超赴美，主持《清议报》事务。

文廷式与日人宫崎寅藏等会于沪上。

林纾正月回闽县移家至杭州，在杭州东城讲舍教书。

萧穆时与日本学者岛田重礼等交流文化、考论学术，时有书札往来。三月，作《跋程伯敷〈武昌管君传〉》，详考管氏与王源关系。七月，至苏州，访晤江标、费念慈。费氏富有藏书，招萧穆与周星诒、查燕孙、章寿康、章钰同观所藏宋元刊本十余种。

丘逢甲仍主讲潮阳东山书院，兼任澄海景韩书院主讲。冬，辞去东山、景韩两书院教席，在潮州（后迁汕头）独立创办新式"岭东同文学堂"，聘日人熊泽为教授，灌输维新学术。

苏曼殊继续求学于日本横滨大同学校。

廖平署射洪县训导。是年增补《公羊春秋补证凡例》10条。

王襄与孟定生在天津始购藏甲骨。

道人王元禄首次发现敦煌莫高窟石室藏经。

陈衍与沈曾植在张之洞幕中，陈揭橥诗论"三元说"。

曾朴与邑中徐念慈等创办中西学社。

刘坤一奏设"江宁工艺大学堂"。

刘学洵赴日本考察商务。

张元济出任南洋公学译书院主事。后曾兼任公学总理。

杨度继续从王闿运在东州石鼓书院治学。

王均卿、沈知芳、刘师培在上海创立国学扶轮社，编印古今小说多种。次年盘给商务印书馆。

黄槐森在桂林开设体用学堂。任命唐景崧为校长。马君武前往投考,名列前茅。

八指头陀住湘阴神鼎山。三月赴长沙浩园雅集赋诗。夏,主席万福禅林,曾揭湘阴屈子祠。

宋恕致书在台湾的章炳麟,自言潜心禅学。二月下旬,致书俞樾,认为史为经子之案,经子为史之断,舍案评断,万无是处。四月十四日,在亚东时报馆识唐才常。十一月下旬,汪康年送《正气会章程》来,请宋恕入会,宋氏婉却之。是年,与日人井手三郎、中西重太郎、林安繁、佐原笃介、松本龟太郎、铃木信太郎和著名诗人本田种竹等仍有密切交往。

何启、胡礼垣撰《劝学篇书后》,驳张之洞《劝学篇》,倡天赋人权,评析民权原理。

鲁迅参加李伯元主编《游戏报》征诗,名列前十名。

刘鹗居北京,参与"河南福公司"路矿事。

蔡元培在绍兴中西学堂增设日语课。因支持新派,遭到旧派忌恨,愤而辞职,被聘为嵊县剡山书院院长。是年,翻译日文《生理学》,兼学英文。

宋教仁三月入桃源漳江书院,从山长黄彝寿、主讲瞿方梅攻读,致力于经史舆地掌故之学。

蒋方震初春应聘赴硖石西郊伊桥,为孙氏塾师。

黄节居云林寺读书。

蒲殿俊在四川广安城北创设紫金精舍,教经史、时务、舆地及博物知识,聘张澜等任教。

吴梅再应童子试,提复被斥。此后,即注力于诗古文词。

韩国钧奉任归德府永城县知事。

俞陛云入国史馆。

马一浮游学上海,习英文、法文、拉丁文。

熊十力长兄仲甫送其至父亲友人何柽先生处就读,仅半年而出走。

钟荣光加入基督教。

章宗祥赴日本留学。

吴沃尧识周桂笙,渐为至交。

柳亚子读完五经,正式作文。

黄炎培应松江府试,中第一秀才。

马叙伦进入杭州养正书塾,师从夏曾佑。

余绍宋居衢州,是年岁试,府试第五名、县试第三名。

朱凤衔在上海创办《中外大事报》旬刊。

陈撷芬冬在上海创办《女报》。

柯金英负责主持福州可爱医院,行医之外,也担负培养西医人材之责。

英国传教士傅兰雅定居美国,清廷为表彰其译书贡献,颁三等三宝星。

加拿大传教士毕启来华传教。

美国传教士高厚德来华传教。

基督教北美长老会女医生富玛利创办广东女子医学校，是为我国历史上第一所专门女子医学校。

瑞典人斯文·海定第三次进入塔克拉玛干，发现楼兰城，并劫掠大量文物。

美国传教士林乐知重抵上海。

美国传教士文怀恩在华传教。

日本人佐原笃介九月五日于上海创办半月刊《五洲时事汇报》。

按：此刊设有论说、谕折、五洲近事等栏目，倾向维新变法，曾刊有《圣躬康泰》、《政变余谈》、《国子锁闻》、《论中国人所以守旧之故》以及《维新三杰事略》译文等。

德国E·伯恩施坦出版《社会主义的前途和社会民主党的任务》。

美国杜威著《学校与社会》。

英国鲍桑葵著《国家哲学》。

德国李凯尔特著《文化科学与自然科学》。

列宁出版《俄国资本主义的发展》。

德国罗莎·卢森堡出版《社会改良还是革命》。

德国H.S.张伯伦发表《19世纪的基础》。

德国考茨基著《土地问题》。

德国海克尔著《宇宙之谜》。

德国西尔伯特出版《几何学基础》。

列夫·托尔斯泰著成《复活》。

皮锡瑞著《尚书中侯疏证》1卷、《六艺论疏证》1卷、《郑志疏证》8卷、《鲁礼禘祫义疏证》1卷、《礼记笺说》2卷刊行。著《驳五经异义疏证》10卷成书。又始著《汉碑引经考》。

龙起涛著《毛诗补正》25卷刊行。

李慎儒著《禹贡易知编》12卷刊行。

孙诒让著《周礼正义》86卷成书，有自序。

按：是书发挥郑玄《周礼注》，并补正贾公彦《周礼正义》之缺欠，是解释《周礼》较完备之书。从草创到定稿，凡二十余年。成书后，又经友人黄绍箕、费念慈襄助校勘，至光绪二十九年（1903）二月，樊棻谋以《周礼正义》铸铅版。光绪三十一年（1905）夏，《周礼正义》86卷遂得刊成问世。梁启超《中国近三百年学术史》称此书是"清代经学家最后的一部书，也是最好的一部书"。又说："诒让则有醇无疵，得此后殿，清学有光矣。"（《清代学术概论》二）吴士鉴《奏请将孙诒让事迹宣付史馆立传折》曰："诒让之学，淹贯中西，博综今古，而尤以通经致用为急，以为《周官》一经，乃政教所自出，先圣经世大法，节目至为精详。……爱博稽制度典章，阐明微言大义，采汉唐以来迄于乾嘉诸儒学说，参互证绎，以发郑注之渊奥，纠贾疏之阙遗，成《周礼正义》八十六卷。至是而官礼之阃意眇旨，皆可措之施行矣。论者谓二百余年研经之士，未尝有此巨作也。"（转引自《中国近代学术史》第二章）

廖平著《周礼郑注商榷》2卷、《周官大统义证》6卷、《官礼验推补证》1卷、《四代无沿革考》2卷、《王道三统礼制循环表》2卷、《古制佚存》4卷、《大共图考》2卷、《山海经补毕》4卷、《翻译名义》3卷。

顾淳著《声韵转逐略》1卷刊行。

叶德辉编撰《汉律疏证》、《昆仑集》、《康女郎鱼玄机诗》。

昆冈、徐桐、刚毅、孙家鼐等奉敕修《大清会典》100卷、《光绪会典事例》1220卷成书。

佚名辑《史学丛书》43种由上海文澜书局石印刊行。

梁启超著《戊戌政变记》由《清议报》出版单行本。

按：是书乃研究戊戌变法运动的第一部著作，颇受学者重视。

梁启超是年作的重要论文尚有《论中国人种之将来》、《论支那宗教改革》、《国民十大元气论》、《爱国论》、《论商业会议所之益》、《论内地杂居与商务关系》、《亡羊录》(一名《丙申以来外交史》)、《论中国与欧洲国体异同》、《论支那独立之实力与日本东方政策》、《日本横滨中国大同学校缘起》、《论学日本文之益》等。

英国传教士李提摩太节译、中国人蔡尔康撰文的《大同学》前半部由广学会的《万国公报》是年第二、三、四月号连载。

按：此文乃英国哲学家颉德《社会进化》一书的节译，其中首次提及马克思，并引用《资本论》若干观点，此为马克思学说首次传入中国。

丁丙辑《武林往哲遗著后编》始刊，次年刊毕。又著《善本书室藏书志》40卷及《八千卷楼书目》刊行。

徐维则著《东西学书录》4卷刊行。

樊炳清译日本桑原骘藏的《东洋史要》四册刊行，王国维作序。

薛福成编译《英法意比志译略》由子莹中刊行。

马建忠著《马氏文通》后4卷印行。

按：初版名《文通》。是书第一次全面地论述和建立了汉语语法体系，奠定了我国语法学的基础。

严复始译英国约翰·穆勒著《群己权界说》即《自由论》。

陈衍译《商业博物志》成书。

徐绍桢辑著《学寿堂全书》12种刊毕。

陈田辑《明诗纪事》197卷成书。

黄炳垕著《留书种阁集》9种刊毕。

陈去病始编著《松陵文集》。

黄遵宪作《乙亥杂诗》89首、《乙亥续怀人诗》24首。

俞樾著《春在堂随笔》10卷成书。

按：主要记载杭州等地的名胜古迹、文物掌故和作者交游的人物以及诗文、小学的评订。后附《小浮梅闲话》1卷，多考证小说、戏曲的本事。

康有为著《广艺舟双楫》6卷刊行，有自序。

毓俊著《友松吟馆诗钞》刊行。

女弹词作家程惠英撰成弹词《凤双飞》52卷52回，历时二十载，三易其稿，成书百万余字。本年有瑞芝室主人序，1923年上海江左书林石印。

林纾、王寿昌合译法国小仲马著《巴黎茶花女遗事》由福州索隐书屋首次刊行。

朱芝轩的《三国志》连环画由文益书局出版，是为第一部石印连环画。

梁启超译日本矢野龙溪政治小说《经国美谈》刊行。

英国传教士傅兰雅、王季烈合译美国莫尔澄、汉莫尔合著的《通物电光》由江南制造局刊行。

按：是书专门介绍1895年发现之X射线。王季烈字君九，江苏苏州人。光绪三十年进士，历任京师译学馆监督、学部专门司司长。

张璐等著《张氏医书七种》由浙江书局重刊。

佚名辑《中外医书八种合刻》始由成都正字山房刊行。

罗伯特·本生卒(1811—)。德国化学家。

小约翰·施特劳斯卒(1825—)。奥地利作曲家。

英国传教士湛约翰卒(1825—)。1852年6月到香港,主理英华书院。1859年,赴广州设立会堂,居广州十余年。1897年返回香港。在港期间,曾为《中外新闻七日录》之主笔。著有《英粤字典》、《中国文字之结构》、《康熙字典撮要》、《中华源流》、《上帝总论》、《宗主诗章》、《天镜衡人》、《正名要论》、《纠幻首集》、《世俗清明祭墓论》、《城隍非神论》,并译有《老子》。

朱偁卒(1826—)。偁原名琛,字觉未,号梦庐,别署鸳湖散人、玉溪外史、玉溪钓者、鸳湖画史、胥山樵叟,浙江嘉兴人。工花鸟,初学张熊。后改师王礼。著有《知鱼堂画录》。

王棻卒(1828—)。棻字子庄,浙江黄岩人。师事孙衣言。同治六年举人。历主清献、文达、正学、宗文、中山、东山、肄经、经训、九峰诸书院讲席。著有《台学统一》100卷、《曲礼异义》4卷、《经说偶存》4卷、《六书古训》64卷、《史记补正》3卷、《汉书补正》3卷、《重订历代帝王年表》15卷、《明年表》1卷、《大统平议》4卷、《明大礼驳议》2卷、《中外和战议》16卷、《杜清献年谱》1卷、《台献疑年录》1卷、《永嘉县志》、《青田县志》、《黄岩县志》、《柔桥文钞》16卷、《柔桥诗集》8卷、《柔桥初稿》17卷、《柔桥续集》11卷、《柔桥三集》14卷等。事迹见王舟瑶《王子庄先生传》(《碑传集三编》卷四三)。

按:《清儒学案》卷一九二《王先生棻》曰:"其论学不立门户,以为古今学术大别有四:曰性理,曰经济,曰训诂,曰词章。而其归有三:性理者志于立德者也,经济者志于立功者也,训诂、词章者志于立言者也。四者皆有用,但当辨其真伪,不当互相是非。其说经,以经证经,不偏于汉、宋;为文章,不事雕琢,而持论明通,援证详塙。"

黄以周卒(1828—)。以周字元同,号儆季,浙江定海人。黄式三子。同治九年举人,曾任内阁中书、处州府教授等。熟习古礼。著有《礼书通故》100卷、《经训比义》3卷、《古文世本》、《子思子辑解》7卷、《黄帝内经集注》等。事迹见《清史稿》卷四八二、《清史列传》卷六九、蔡冠洛《清代七百名人传》第四编、章炳麟《黄先生传》(《碑传集三编》卷三四)、缪荃孙《中书衔处州府学教授黄先生墓志铭》(《续碑传集》卷七五)。

按:《清史稿》本传曰:"以周笃守家学,以为三代下之经学,汉郑君、宋朱子为最。而汉学、宋学之流弊,乖离圣经,尚不合于郑、朱,何论孔、孟?有清讲学之风,倡自顾亭林。顾氏尝云:'经学即是理学。'乃体顾氏之训,上追孔、孟之遗言,于《易》、《诗》、《春秋》皆有著述,而《三礼》尤为宗主。所著《礼书通故》百卷,列五十目,古先王礼制备焉。又以孟子学孔子,由博反约,而未尝亲炙孔圣。其间有子思子,综七十子之前闻,承孔圣以启孟子,乃著《子思子辑解》七卷。而举子思所述夫子之教,必始于《诗》、《书》,而终于《礼》、《乐》,及所明仁义为利之说,谓其传授之大恉,是深信博文约礼之经学,为行义之正轨,而求孟子学孔圣之师承,以子思为枢轴。暮年多疾,因曰:'加我数年,《子思子辑解》成,斯无憾!'既,书成而疾瘥,更号哉生。江苏学政黄体芳建南菁讲舍于江阴,延之主讲。以周教以博文约礼、实事求是,道高而不立门户。宗源瀚建辨志精舍于宁波,请以周定其名义规制,而专课经学,著录弟子千余人。"

丁丙卒(1832—)。丙字松存,别字松生,号嘉鱼,晚号松存,浙江钱塘人。幼沉毅好学,继祖父志,设嘉惠堂,藏书数十万卷,有八千卷楼,终日抄补校订,故颇多善本。曾辑校《武林掌故丛编》、《武林往哲遗著》、《西泠词萃》、《西泠五布衣遗著》、《善本书室藏书志》等。又创为《杭城坊巷志》、《府仁钱三学志》等。著有《读礼私记》、《礼经集解》、《九思居经说》、《二十四史刻本同异考》、《松梦寮集》、《说文部目详考》、《西溪诗集》、《三塘渔唱》、《北郭诗帐》等。事迹见俞樾《丁君松生家传》(《续碑传集》卷八一)。

黄体芳卒(1832—)。体芳字漱兰,浙江瑞安人。同治二年进士,选庶吉士,散馆,授翰林院编修。日探讨掌故,慨然有经世志。累迁侍读学士,频上书言时政得失。光绪七年,迁内阁学士,督江苏学政。明年,授兵部左侍郎。中法事起,建索还琉球、经画越南议。十一年,劾李鸿章治兵无效,请敕曾纪泽遄归练师,忤旨,左迁通政使。两署左副都御史,奏言自强之本在内治,又历陈中外交涉得失,后卒如所言。曾创南菁书院,主讲金陵文正书院。参与强学会。著有《漱兰诗存》。事迹见《清史稿》卷四四四。

德国传教士花之安卒(1839—)。1865年代表礼贤会到香港,后在广东内地传教。1880年与礼贤会脱离关系,独立传教。1885年加入同善会。翌年赴上海。1898年德国占领青岛后,移居青岛。对中国植物学有研究。著有《儒学汇纂》、《中国宗教学导论》、《中国史编年手册》等。

盛昱卒(1850—)。昱字伯熙,又作伯希、伯羲、伯兮,一字伯蕴,号韵莳,满洲镶白旗人。光绪三年进士,改庶吉士,散馆,授翰林院编修。益厉学,讨测经史、舆地及本朝掌故,皆能详其沿革。累迁右庶子,充日讲起居注官。官至国子监祭酒。数劾大臣,与张之洞、张佩纶等被目为清流。与王懿荣同以精鉴赏名于时。与缪荃孙、沈曾植号"谈故三友"。诗与宝廷齐名。著有《郁华阁遗集》4卷、《意园文略》2卷、《蒙古世系谱》,辑有《雪屐寻碑录》、《郁华阁金文》等。事迹见《清史稿》卷四四四、杨钟羲《意园事略》(《续碑传集》卷一七)。

江标卒(1860—)。标字建霞,号萱圃、师许,江苏元和人。光绪十二年,从叶昌炽学文字学。十五年成进士。授翰林院编修。二十年,任湖南学政,提倡新学。曾与黄遵宪、谭嗣同等创办南学会、《湘学新报》、保卫局、浏阳算学社。精研许学,嗜鼎彝文字,好宋元书版。尝刻《灵鹣阁丛书》、《唐贤小集五十家》。著有《红蕉词》1卷、《黄荛圃年谱》1卷。事迹见胡思敬《江标传》(《碑传集补》卷九)。

方濬益卒,生年不详。濬益字子听,一作子聪,号伯裕,安徽定远人。咸丰十一年进士,选翰林院庶吉士,官江苏金山知县。善画花卉,书法六朝,藏弄金石甚富,又工刻印。著有《缀遗斋器款识考释》30卷。该书体例略仿阮元《积古斋钟鼎彝器款识》,著录商、周青铜器铭文一千余器,摹写精善。其中重要铭文,附有考释,颇有精到之处。事迹见《安徽通志稿·人物传》。

闻一多(—1946)、老舍(—1966)、潘光旦(—1967)、田汉(—1968)、郑天挺(—1981)、张大千(—1983)生。

光绪二十六年　庚子　1900年

德国民法典开始实行。德国议会通过第二次扩建海军方案。

英议会批准澳州联邦宪法。

美国国务卿海约翰重申中国"门户开放"政策。

正月十五日戊午（2月14日），命闽、浙、粤各省严缉康有为、梁启超，并命毁其所著书籍，购阅其报章者并罪之（《清德宗皇帝实录》卷四五八）。

是月，翰林院侍讲学士陈秉和弹劾陈鼎批注冯桂芬《校邠庐抗议》事，命永远监禁在省，不许与地方人往来交接。

二月初二日甲戌（3月2日），直隶总督发出从严惩办义和团之告示。

二十一日癸巳（3月21日），中德订立《胶洲铁路章程》。

三月初七日己酉（4月6日），英、美、德、法四国驻华公使照会总理衙门，限清廷两个月内剿灭义和团，否则出兵代剿。

十三日乙卯（4月12日），山东部分义和团主力转入直隶境内。

二十日壬戌（4月19日），清廷命袁世凯将山东原有勇营镇压山东义和团。

五月初四日甲辰（5月31日），英、美、法、俄、日、意水兵337人进入北京外国使馆区。

十四日甲寅（6月10日），英国海军中将摩尔率八国联军二千多人，从天津向北京进攻。

十七日丁巳至十八日戊午（6月13至14日），义和团在北京、天津焚毁教堂。

十九日己未（6月15日），张之洞、刘坤一力主"速剿"义和团。

二十五日乙丑（6月21日），清廷颁发向各国宣战谕旨。

是日，刘坤一、张之洞授权盛宣怀、余联沅与上海各国领事会商制订《东南互保章程》。

按：《东南互保章程》共九款：一、上海租界归各国共同保护，长江及苏杭内地均归各督抚保护，两不相扰，以保全中外商民人命产业为主。二、上海租界共同保护章程，已另立条款。三、长江及苏杭内地各国商民教士产业，均归南洋大臣刘、两湖总督张，允认真切实保护，并移知各省督抚及严饬各该文武官员一律认真保证。现已出示禁止谣言，严拿匪徒。四、长江内地中国兵力已足使地方安静，各口岸已有的外国兵轮者仍照常停泊，惟须约束人等水手不可登岸。五、各国以后如不待中国督抚商允，竟至多派兵轮驶入长江等处，以致百姓怀疑，借端启衅，毁坏洋商教士的人命产业，事后中国不认赔偿。六、吴淞及长江各炮台，各国兵轮不可近台停泊，及紧对炮台之处，兵轮水手不可在炮台附近地方练操，彼此免致误犯。七、上海制造局、火药局一带，各国允兵勿往游弋驻泊，及派洋兵巡捕前往，以期各不相扰。此军火专为防剿长江内地土匪，保护中外商民之用，设有督巡提用，各国毋庸惊疑。八、内地如有各国洋教士及游历洋人，遇偏僻未经设防地方，切勿冒险前往。九、凡租界内一切设法防护之事,均须安静办理,切勿张皇,以摇人心。(《义和团档案史料》上册)此后,两广总督李鸿章、山东巡抚袁世凯、浙江巡抚刘树棠、闽浙总督许应骙等,都先后对"东南互保"表示支持。

六月十八日戊子(7月14日),八国联军攻占天津。

七月初五日甲辰(7月30日),在天津成立临时政府,即"天津都统衙门"。

十五日甲寅(8月9日),秦力山自立军在大通起事,旋败。

二十日己未(8月14日),八国联军侵入北京。北京失陷。

闰八月初七日丙午(9月30日),湖广总督张之洞等奏,"康党谋逆,创设自立会、自立军,勾结长江、两湖会匪,同时作乱。散放富有票,暗寓富有四海之意;在上海开富有山,以康有为为正龙头,梁启超为副龙头,自称新造自立之国,不认满洲为国家,在汉口先期破获,渠魁唐才常等伏诛,现派营四路剿捕解散"。命严加缉拿(《清德宗皇帝实录》卷四七〇)。

九月初四日壬申(10月26日),慈禧太后等逃至西安。

十七日乙酉(11月8日),中俄《奉天交地暂且章程》签订。

十一月初三日辛未(12月24日),外交团提出《议和大纲》十二条。

十五日癸未(1901年1月5日),八国联军设立管理北京委员会。

二十四日壬辰(1月14日),命醇亲王载沣为头等专使大臣,出使德国,前内阁侍读学士张翼、副都统荫昌随同前往,参赞一切。

十二月初十日丁未(1月29日),慈禧太后、光绪帝在西安行在颁发"预约变法"上谕。

按:上谕提出"世有万古不易之常经,无一成不变之治法","盖不易者三纲五常,昭然如日星之照世;而可变者令甲令乙,不妨如琴瑟之改弦"(《清德宗皇帝实录》卷四七六)。

十三日庚戌(2月1日),清廷严禁仇教集会。

孙中山六月先后到香港、西贡、新加坡等地,组织武装起义。同时,偕宫崎寅藏等人拟同李鸿章商谈"合作",欲运动李鸿章在华南独立。七月,偕宫崎寅藏等离香港赴日本,寻求后援。八月,在日本东京创办青山革命军事学校,修改兴中会誓词。九月,由日本抵台湾。在台北建立起义指挥中心。十月,命郑士良等惠州三洲田起义。

康有为正月自香港抵新加坡,正式接受英国政府保护。旋与梁启超资助唐才常设立自立会,组织自立军,撰拟《告全国民众书》和《告各省督抚书》,起兵勤王。三月,日人宫崎寅藏来晤,再谈两党合作,仍不果。九月八日,在澳门《知新报》发表《上李鸿章书》,劝李鸿章"勿与保皇会人为难"。九月,致书张之洞,指责张之洞镇压自立军起义是"背主事仇"。

梁启超二月自檀香山致书时在新加坡之康有为,述筹款情形及今后行动计划,并谓已入三合会。三月,致信孙中山,表示不再进行革命排满,而代之以勤王救主,并批评孙中山发动多次革命起义都未能成功。七月,返沪居十日,以汉口事败,乃往新加坡晤康有为。八月,应澳洲保皇会邀,

《火星报》在莱比锡正式出版。

英国考古学家阿瑟·伊文思开始发掘希腊克里特岛古米诺斯文化遗址。

遗传规律的意义被确认。

红血球类型被发现。

英国拉摩提出物质中电子"以太"结构理论及电子中运动电子在磁场中运动理论。

德国物理学家马克斯·普朗克创

立了量子论。

巴甫洛夫提出条件反射学说。

德国德鲁提出有关金属电、热性质的自由电子理论。

荷兰 H. 德弗里斯等人重新发现孟德尔遗传原理，开始现代遗传学研究。

为澳洲之游。

梁启超作《自由书》继续连载于《清议报》。又作《少年中国说》，刊载于《清议报》。

徐勤三月受梁启超命自南洋归粤商起事。未几，梁复请其归澳主持全局。

李鸿章由两广总督调补直隶总督，兼充北洋大臣。他乘"平安"号到达香港，即拜会各国驻香港的领事和香港总督卜力。

按：李鸿章出发时，签署一封联名电报。这是一个呈给慈禧的奏折，在奏折上签名的官员包括在《东南互保章程》上签名的所有南方大员：两江总督刘坤一、湖广总督张之洞、闽浙总督许应骙、四川总督奎俊、福州将军善联、大理寺卿盛宣怀、浙江巡抚刘树棠、安徽巡抚王之春。同时，北方的山东巡抚袁世凯和陕西巡抚端方也在奏折上签名。奏折向朝廷提出四点政治要求：一、请明降谕旨，饬各省将军督抚仍照约保护各省洋商教士，以示虽已开战，其不与战事者皆为国家所保护。益彰圣明如天之仁。且中国官员商民在外国者尤多，保全尤广。二、请明降谕旨，将德使被戕事切实惋惜，并致国书于德王，以便别国排解，并请致英、法两国，以见中国意在敦睦，一视同仁。三、请明降谕旨，饬顺天府尹、直隶总督，查明除因战事外，此次匪乱被害之洋人教士等，所有损失人命财产，开具清单，请旨抚恤，以示朝廷不肯延及无辜之恩义。不待外人启口，将来所省极多。四、请明降谕旨，饬直隶境内督抚统兵大员，如有乱匪乱兵，实系扰害良民，焚杀劫掠，饬其相机力办，一面奏闻。从来安内乃可攘外，必先令京畿安谧，民心乃固，必先纪律严肃，兵气乃扬（《清季外交史料》卷一四三）。

李鸿章数聘黄遵宪任设巡警、开矿事宜，皆不就。再三函促，仅参谒而旋返。

容闳三月于香港晤杨衢云。在上海被推为中国议会会长，起草英文《对外宣言》。以自立军起事败，张之洞指名通缉，流亡香港，于船上遇孙中山，邀至日本停留数日，晤宫崎寅藏等。

严复三月十八日有《致章枚叔》书，谓章炳麟前后所赐《訄书》及《儒术真论》已拜读，乃不可多得之书；四月避地上海。七月，在上海的维新人士八十余人在英租界张园（一说在愚园新厅）开"中国国会"，被推为副会长。又开"名学会"，讲演西方逻辑学。闰八月，与上海救济善会主办人陆树德同去北京，救济京、津难民。长子严璩从英回国。

按：严复开"名学会"，为开通风气之举，此后，关于逻辑学译述相继而来，此为中国继广学会译《辨学启蒙》大规模学习逻辑学之始。嗣后，代表性译著有田吴炤译《论理学纲要》（1902），杨荫杭编《名学教科书》（1902），王国维译《辨学》（1903），梁启超撰《墨子之论理学》（1900），严复编译《穆勒名学》（1905），章炳麟撰《原名》（1909），韩述祖著《论理学》（1909），蒋维乔编《论理学教科书》（1912）、张子和著《新论理学》（1914）、樊炳清《论理学要领》（1914）、姚建《论理学》、章士钊著《逻辑指要》（1917）、胡适著《中国名学史》（1917）等十余部。从严复开始到 1917 年胡适完成《中国名学史》，20 余年间中国逻辑学兴起之迅速，几成显学。

章炳麟年初因被列名各省寓沪绅商反对立大阿哥及废黜光绪帝的通电，又一次被缉捕。五月，因八国联军进北京，刘坤一、张之洞等商定"东南互保",遂致书李鸿章、刘坤一,策动他们据两广、两江独立。七月,参与唐才常在上海张园召集的中国国会,推容闳、严复为正副会长。因不满唐才常等既排满又勤王之主张,愤然退会。八月初三日,剪去长辫,作《解辫发说》。八月初八日,致书孙中山,认为廓清华夏,非其莫属。孙中山将其信与《解辫发说》发表在香港《中国旬报》。旋自立军起义失败,章炳麟被指名追捕,乃避祸归里。

按:中国国会决定:"一、不认通匪矫诏之伪政府;二、联络外文;三、平内乱;四、保全中国自由;五、推广支那未来之文明进步。"(见孙宝瑄《忘山庐日记》庚子七月初一日)章炳麟则提出,把中国国会的宗旨定为"为拯救支那,不为拯救建房;为振起汉族,不为振起东朝;为保全兆民,不为保全孤偾"(《解辫发说》,《章太炎全集》第3集)。他的建议未被采纳,遂愤然宣布退出中国国会。

张之洞八月撰文劝诫上海国会党人及出洋学生。

唐才常正月与沈荩、林圭在上海发起成立正气会,后改名为自立会。组织东文译社。三月,主编之《亚东时报》停刊。七月,发起召开中国国会,自任总干事,容闳为会长,严复为副会长。设立自立会,组建自立军,欲以武力恢复光绪帝政权。八月二十一日在汉口发动自立军"勤王"起义,事泄被张之洞捕杀。

刘鹗发现殷墟甲骨文。

罗振玉是春作《置杖录》。五月,为魏氏碑录编次目录。秋从上海至武汉,应张之洞邀,总理湖北农务局兼农务学堂监督。稍后,招毕业于东文学社的王国维、樊少泉任日籍教习译员。是年,在刘鹗处见临淄新出封泥,劝其拓附于《铁云藏印》之后。

王国维毕业于罗振玉创办之上海东文学社,返里,自习英文。秋,返沪,罗振玉请其译编《农学报》,自谓译才不如沈纮而荐其任之,自己则协助译日本农事指导。是年底,由罗氏资助,东渡日本东京物理学校习数理。是年撰《欧罗巴通史序》,译《势力不灭论》、《农事会要》。

林纾客居杭州时,曾研读《史记》,在归有光校订过的《史记》刻本上仔细加以标点,又以两年之力,笺识其上过半。当时杭州知府林启曾拟刻板印行,后因发生庚子事件,林启亦下世,事未果。

林纾客居杭州时,林万里、汪叔明二人创办《白话日报》,林纾为该报作《白话道情》,颇风行一时。

叶德辉因唐才常事败,搜寻"逆迹",上书湘抚俞兼三,又辑《觉迷要录》、《典社质疑》等。

孙德谦与郑文焯、吴昌硕、朱祖谋等交游颇密。

缪荃孙为钱塘丁立诚作《八千卷楼藏书志序》,介绍丁氏八千卷楼藏书特点。

蔡元培始着意研究日本教育,将日本自大学校至幼稚园各科课程详加抄列分析。

麦孟华四五月间代徐勤为大同学校校长。

秦力山七月率自立军前军于安徽大通起事败,旋赴新加坡晤康有为,以康拥资自肥,接济失期,遂宣布与之绝交,愤然东渡日本,任《清议报》助理编辑。秋、冬间,相继介绍章炳麟、张继与孙中山订交。

沈曾植主张"东南互保"。

胡石庵助唐才常在汉口组织自立军,任参谋,事泄被捕。获释后投保定徐锦帆部任教官。

文廷式是春应日本同文会邀,赴日游历,结交宫崎寅藏。三月,自日返沪,参与唐才常之自立会及七月发起之中国国会。事败,屏居沪渎。

孙家鼐授礼部尚书,后迁体仁阁大学士。

蔡锷有感于唐才常自立军起事败,决意投笔从戎,改名艮寅为锷,重赴日本,入成城学校习军事。王照诡称赵姓,潜迹津保一带,创制《官话合声字母》方案。

吴樾抵上海,欲进广方言馆肄业,旋以该馆专习外文,与己志趣不合,离沪北上。

梁鼎芬首倡呈进万物之议,张之洞再荐任安襄郧邢道按察使。

辜鸿铭参与策划东南互保,并赴上海与英国总领事谈判。同时,辜鸿铭针对义和团事件,撰写一系列英文专论,分别刊载于横滨《日本邮报》和上海《字林西报》。又撰《尊王篇释疑解祸论》,分析义和团运动的原因,为慈禧太后作辩护,归责任于康有为。是年,又在武昌设立义塾,以儒家之言训蒙童稚,编辑《蒙养弦歌》,收集五、七言古诗乐府百首,自费刊行作为教材。

辜鸿铭七月奉命将张之洞、刘坤一联署致各国列强的信函译成英文,写成《我们愿意为君主去死,皇太后啊! 中国人民对皇太后及其政权真实感情的陈述》一文。

丘逢甲结识康有为、唐才常。赴南洋各埠查访侨情,经香港晤日人平山周。在新加坡与容闳、丘菽园晤。冬访黄遵宪于人境庐,互相唱和。

马君武离桂林经广州到新加坡谒见康有为,行弟子礼。康有为在新加坡活动,重整维新变法,拥立光绪皇帝。君武受命回桂林策应广州迟进弥、武汉唐才常起事。唐才常举事失败,君武隐居桂林。是年,入广州法国教会所办丕崇书院学法文。

八指头陀为湘阴万福禅林住持。往来长沙、湘阴间。

陶成章本年曾北游。

按:《行述》:"庚子义和团之乱,先生即欲刺杀西太后,亲赴奉天,并游历蒙古东西盟,察看地势,以为进行之计。"《浙案纪略》:"庚子,入满洲"。

余绍宋居衢州,自此后三年中均在家设馆教书,学生有徐仲宣等人。

熊十力少慕陈同甫,继喜陈白沙,又读格致启蒙书,读之狂喜,遂视六经诸子为粪土。

陆懋勋任求是书院总理,陈仲恕任监院(教务长)。

蒋方震去桐乡谒见方雨亭。方氏劝其弃科举,讲实学。旋考入杭州太守林迪臣所办新式学校——求是书院。又与敖嘉熊等组织"浙会",研究时事，举行讲演。

苏曼殊春升入大同学校甲级班。

夏寿田应诏赴西安行在，杨度有赠诗。

荫昌调至山东佐赞军务，在山东巡抚袁世凯麾下任副都统，参与对义和团的镇压；三月二十二日，受袁世凯委派，与华德铁路公司总办锡巴乐、德军军官布德乐议订铁路章程二十八条，是日正式签定，同时与德国山东矿务公司总办米海里等签订《山东华德矿务公司章程》；是年冬，又随清廷全权大臣李鸿章赴京与各国议和，和议成，得优赏。

陈天华入长沙岳麓书院就读。

吴宓八月三日随嗣父母由陕抵沪，寓居上海姑丈陈伯澜家。自此从陈伯澜学诗，深得教益。是年，陈伯澜为吴宓改名陀曼（以其弟妹皆以曼名），取佛语"天雨曼陀罗"、"曼陀花作吉祥云"意，表字雨僧，亦作雨生。

按：陈伯澜，陕西三原人，曾受业于关中大儒刘光蕡，后在广东为粤督幕府，问学于康有为，著有《审安斋诗集》等。

韩国钧正月卸永城县任。五月，拟由天津进京进见两宫，适逢义和团在天津与英、俄、日等国侵略军作战，乃由直隶静海县半道返回。十月二日，奉任卫辉府浚县知事。

冒广生过上海谒见萧穆。

萧穆至苏州访友。曹元忠、莫棠等得从论学。

王鹏运与避难来其四印斋寓所的朱祖谋、刘伯崇唱和，撰成《庚子秋词》并付梓。作《自叙》述其经过。

何启由香港总督卜力授意，草拟《治平章程》，建议兴中会与两广总督李鸿章合作，搞两广"独立"。

魏炳荣等人合伙开设广益书室，出版科举考试论以及童蒙读物如《三字经》、《百家姓》等。

按：1904年改名为广益书局，经理魏炳荣。胡怀琛等曾被聘为编辑主任。出版经史子集和通俗小说等石印本，向小城镇和农村推销。

陈荣衮在是年一月一日的《知新报》上发表《论报章宜改用浅说》，提倡改文言为浅说。他指出："今夫文言之祸亡中国，其一端矣。中国四万万之人之中，试问能文言者几何？""大抵变法以开民智为先，开民智莫如改革文言。不改文言，则四万九千九百分之人，日居于黑暗世界之中，是谓陆沉；若改文言，则四万九千九百分之人，日嬉游于琉璃世界中，是谓不夜。"

吴鲁充军务处总办，典试云南，留任学政。

谢洪赉兼任上海商务印书馆编译工作，大量翻译大、中学生读物。

夏孙桐任四川乡试副考官。

袁显仁、王心臧、李荫浓师从廖平，至射洪受业。

王宠惠以第一名优等生毕业于天津中西学堂（后改为北洋大学）头等学堂，在南洋公学任教。

陈家鼎参与唐才常自立军起义。八月，避祸回湖南故里。

杨树达入求实书院肄业,从其父杨孝秩学郝懿行《尔雅义疏》、王念孙《广雅疏证》,有志于训诂之学。

杨廷栋译《民约论》在《译书汇编》第一、二、四、九期上连载。

周逵在日本东京高等大同学校留学,是年将《经国美谈》译成汉语,陆续连载在1900年2月20日至1901年1月11日的《清议报》上。

烽朗在《开智录》第四期上发表《题经国美谈前编十一首》诗。

戢翼翚、杨廷栋、杨荫杭、雷奋等留日学生十二月六日在东京发起创刊《译书汇编》,胡英敏编辑,是为中国留日学生最早之刊物,主要译编欧美各国的政治、经济、法律等著作。1903年3月13日停刊,旋改名《政法学报》。

陈范购办《苏报》。

杜亚泉主办之《亚泉杂志》十月在上海创刊,是为我国第一份自然科学杂志。1901年6月9日停刊。

陈少白、冯自由、谢英伯、史坚如、郑士良等正月在香港创办《中国日报》。

冯自由、郑贯一、冯斯栾于十一月在日本横滨创办《开智录》半月刊。

黄宗仰、高邑之、李叔同三月在上海组织上海画公会。

李宝嘉四月在上海创立海上文社刊物《海上文社日报》。

连横在台南创办《台南日报》。

沈翔云在东京倡议成立励志会。

按:该会以联络感情、策励志节为宗旨,这留日学生中首个爱国团体。

张竹君在广州开办医院。

王圆箓道士在打扫敦煌莫高窟的石窟时,意外发现藏经洞(今编号17),尘封700余年的5万多卷六朝、隋、唐、宋代的文献书卷重现于世。

朱锦章受上海商务印书馆委派,到成都青石桥北街开办成都商务印书馆,任经理。

日人冈鹿门弟子馆森鸿三月来沪,因章炳麟介绍访识宋恕。馆森鸿携来日本先儒书多种,如照井螳斋《论语解》、《聱牙子存稿》、鹏斋《大学私衡》、公干《仁说三书》、仁斋《论语古义》、《语孟字义》等。

法国孟德斯鸠《万法精理》的部分章节在《译书汇编》第一、二、三期上连载。

英国教士李提摩太正月助经元善由上海逃往澳门。春,赴美出席环球基督教会议,预言中国不久将有变乱发生,请各传教机构采取统一行动,设法弭止。在纽约召开的基督教普世宗教大会上对"宗教性"进行重新界立,批评"神圣的"与"世俗的"错误区分。

美国教士李佳白以义和团起,化装潜行,将尚贤堂由京迁沪。

英国人乐开凯将《文汇报》改为有限公司,在香港注册,自任公司总董兼主笔。

匈牙利人斯坦因由印度进入中国,次年四月盗走大量文物。

日本人山田良政受日本东亚同文会派遣五月在南京创办同文书院。翌年迁上海，专门招收日人以培养精通中国经济、语言之专门人才。

美国人哈巴将广州格致书院迁澳门，改名岭南学堂。1904年又迁回广州。

刘溎著《读左比事》12卷刊行。

廖平著《三家诗辨正》1卷、《诗文辞逆志表》2卷、《诗纬古义疏证》8卷、《诗纬经证》2卷、《乐纬经证》1卷、《皇帝王伯优劣表》1卷、《皇帝王伯统辖表》1卷、《皇帝三统五瑞表》2卷、《董子九皇五帝二王升降考》2卷、《四益馆史论》2卷、《博士会典》10卷、《海外通典》10卷；又编定《四益馆经学目录》1卷。又命门人贺龙骧编纂《廖氏经学丛书百种解题》4卷。

杜贵墀著《典礼质疑》6卷刊行。

按：杜贵墀字吉阶，别字仲丹，湖南岳州人。《续修四库全书总目提要》曰："是书考辨古礼，颇多新说。……前人已及者，引而申之；未及者，补而正之。又若今有其事，古无其礼者，则参考其近事，权衡其轻重，而比附之。要皆本前人之成说以为断，绝无门户之私。置其非而存其是，亦未始非一家之学也。"

丁显著《群经异字同声考》5卷刊行。

丁显辑《双声诗选》1卷、《音韵指迷》1卷、《丁氏声鉴》1卷、《谐声谱》2卷刊行。

严复译英国约翰·穆勒著《群己权界论》（即《自由论》）成。

严复译英国亚当·斯密著《原富》又名《富国论》又续成5册，并寄请吴汝纶作序，全书译稿至是告成。

按：《原富》，今译作《论国家的财富的性质和原因》，是英国经济学家亚当·斯密所著的一本重要的经济学经典。

严复始译法国孟德斯鸠著《法意》、英国约翰·穆勒著《名学》。

郑观应修订《盛世危言》为8卷200篇。

王先谦著《汉书补注》100卷由王氏虚受堂刊行。

杨守敬著《汉书地理志补校》和《晦明轩稿》由熊会贞协助刻行。

杨晨辑《三国会要》22卷由江苏书局刊行。

皮锡瑞著《读通鉴史评》1卷成书。

陈运溶辑著《太平寰宇记拾遗》7卷、《辨伪》6卷刊行。

丁丙辑《武林掌故丛编》26集刊毕。

孙文川辑《金陵南朝佛寺志》由陈作霖整理刊行。

美国传教士林乐知著译、蔡尔康纂辑《中东战纪本末》三编4卷成。

吴汝纶著《深州风土记》22卷刊行。

洪兴全著《中东大战演义》4册，33回本，由香港中华印务总局刊行。

按：本书描绘了台湾军民与日本侵略者奋战的情况等。洪兴全为太平天国洪仁玕之子。据阿英《甲午中日战争文学书录》称，"此书理应为反满之作，乃结束处竟有拥清之嫌，很出意外。"本书后有上海石印本。

罗振玉著《农事私议》1卷、《置杖录》1卷成。

德国胡塞尔著《逻辑研究》。

英国罗素著《莱布尼茨的哲学》。

英国布拉德雷发表《批判历史学的前程》。

德国W.冯特著《民族心理学》。

英国席勒著《美育书简》，主张通过美育变革社会，解放人类。

章炳麟著《訄书》40篇、补佚2篇正月首次在苏州刊行。

按：章氏此书写成后，经过多次修订，有各种不同版本，如1900年上海刻本，增补附录二篇；1901年手改本，上海图书馆藏；1904年4月东京翔鸾社修订本、是年10月东京翔鸾社句读本；1906年7月东京翔鸾社章氏校勘本、是年9月东京翔鸾社无句读本。1958年上海古典文学出版社排印本等。

李祖陶辑《国朝文录》由上海扫叶山房重刊。

陆世仪著《陆桴亭先生遗书》22种刊行。

王先谦著《虚受堂文集》15卷由门人苏舆等刊行。王氏又辑《律赋类纂》14卷刊行。

王闿运著《湘绮楼文集》8卷刊行。

王鹏运著《校梦龛集》及《庚子秋词》刊行。

韩国钧著《北行日记》1卷。

陈作霖、秦际唐辑《金陵词选》刊行。

陈蝶仙著《泪珠缘》16册，32回，由杭州大观报馆刊行。署名天虚我生。

按：陈蝶仙为鸳鸯蝴蝶派代表作家之一，是书为作者少年得意之作，亦是鸳鸯蝴蝶派小说之滥觞。

周桂笙译阿拉伯文学作品《一千零一夜》名《天方夜谭》由上海清华书局穿版，收于《新庵谐译初稿》卷一，《一千零一夜》汉译始此。

劳乃宣著《矩斋算学六种》附1种刊毕。

柯逢时辑《大观本草》由杨守敬校勘刊行。

王照编《官话合音字母》在日本刊行。

徐以甡著《东西学书录》4卷、附录2卷刊行。

按：其中顾燮光补阙300余种，于1902年10月增版。

陈衍译《货币制度论》、《商业经济学》成。

唐宝锷、戢翼翚等编日语教科书《东语正规》刊行。

拉甫罗夫卒（1823— ）。俄国哲学家、社会学家。

威廉·李卜克内西卒（1826— ）。德国社会主义者。

F. 尼采卒（1844— ）。德国哲学家。

奥斯卡·王尔德卒（1856— ）。爱尔兰作家、诗人、戏剧家。

大西祝卒（1864— ）。日本

徐桐卒（1819— ）。桐字豫如，号荫轩，汉军正蓝旗人。道光三十年进士，选庶吉士，授翰林院编修。咸丰十年，特赏检讨，协修文宗实录。同治初，命在上书房行走，入直弘德殿，累迁侍讲学士。光绪初，授礼部尚书，加太子少保。历充翰林院掌院学士、上书房总师傅。十五年，以吏部尚书协办大学士，晋太子太保。二十二年，拜体仁阁大学士。标榜程朱理学，仇视西学。八国联军攻陷北京时，惭愤自杀。事迹见《清史稿》卷四六五、《清史列传》卷六三、蔡冠洛《清代七百名人传》第一编。

法国传教士谭微道卒（1826— ）。法国传教士，著名博物学家。1862年来华，1873年在武夷山进行大规模的生物考察和标本的采集，并将这些标本运回法国，至今仍在巴黎自然博物馆中收藏。又在中国设立首个自然博物馆。著有《中国的鸟类》。

徐用仪卒（1826— ）。用仪字吉甫，号筱云，浙江海盐人。咸丰九年举人。同治元年为军机章京。次年任总理各国事务衙门行走。光绪三年为太仆寺少卿,迁大理寺卿。二十年,任军机大臣。二十四年,奉命再任总理各国事务衙门行走,并任会典馆副总裁。后擢升兵部尚书。著有《海盐县志》、《竹隐庐诗存》等。事迹见《清史稿》卷四六六、《清史列传》卷六三、蔡冠洛《清代七百名人传》第一编、《徐用仪传》(《碑传集三编》卷六)。哲学家。

屠仁守卒(1829—)。仁守字梅君,湖北孝感人。同治十三年进士,选庶吉士,授翰林院编修。光绪中,转御史。年轻时即研究西学,光绪二年,被派赴法国留学并任清史馆翻译。撰《适可斋记言记行》,主张废除厘金,调整进出口税率,振兴工商业。事迹见《清史稿》卷四四五。

陈宝箴卒(1831—)。宝箴字右铭,江西义宁人。少负志节,诗文皆有法度,为曾国藩所器。以举人随父伟琳治乡团,御粤寇。曾任河北道、浙江按察使,官至湖南巡抚。推行新政,创办时务学堂、武备学堂、南学会、算学会等。事迹见《清史稿》卷四六四、陈三立《原任兵部侍郎都察院右副都御史巡抚先府君行状》(《散原精舍文集》卷五)、范肯堂《湖南巡抚义宁陈公墓志铭》(《续碑传集》卷三〇)。

按:《清史稿》本传曰:"湘俗故闇僿,宝箴思以一隅致富强,为东南倡,先后设电信,置小轮,建制造枪弹厂,又立保卫局、南学会、时务学堂。延梁启超主湘学,湘俗大变。又疏请厘正学术及练兵、筹款诸大端,上皆嘉纳,敕令持定见,毋为浮言动,并特旨褒励之。……会康有为言事数见效。宝箴素慕曾、胡荐士,因上言杨锐、刘光第、谭嗣同、林旭佐新政。上方诏求通变才,遽擢京卿,参新政,于是四人上书论时事无顾忌。宝箴又言四人虽才,恐资望轻,视事过易,原得厚重大臣如之洞者领之。疏上而太后已出训政,诛四京卿,罪及举主,宝箴去官,其子主事三立亦革职,并毁湘学所著《学约》、《界说》、《札记》、《答问》诸书。"陈寅恪《读吴其昌撰梁启超传书后》曰:"当时之言变法者,盖有不同之二源,未可混一论之也。咸丰之世,先祖(指陈宝箴)亦应进士举,居京师。亲见圆明园干霄之火,痛哭南归。其后治军治民,益知中国旧法之不可不变。后交湘阴郭筠仙侍郎嵩焘,极相倾服,许为孤忠闳识。先君(指陈三立)亦从郭公论文论学,而郭公者,亦颂美西法,当时士大夫目为汉奸国贼,群欲得杀之而甘心者也。至南海康先生治今文公羊之学,附会孔子改制以言变法。其与历验世务欲借镜西国以变神州旧法者,本自不同。故先祖先君见义乌朱鼎甫先生一新《无邪堂答问》驳斥南海公羊春秋之说,深以为然。据是可知余家之主变法,其思想源流之所在矣。"(《寒柳堂集》,上海古籍出版社1980年版)

张荫桓卒(1837—)。荫桓字樵野,广东南海人。纳赀为知县,铨山东。巡抚阎敬铭、丁宝桢先后器异之,数荐至道员,光绪二年,权登莱青道。八年,任按察使,入总理各国事务衙门任职。十一年,出任驻美国、西班牙、秘鲁三国公使。十六年,回国,任总理衙门大臣。戊戌政变后,流放新疆。著有《三洲日记》、《铁画楼诗文集》6卷、《铁画楼诗文续集》2卷。事迹见《清史稿》卷四四二、张祖廉《户部侍郎张公神道碑铭》(《碑传集补》卷六)。

马建忠卒(1844—)。建忠字叔眉,江苏丹徒人。马相伯弟。早年热衷西学,曾进入天主教耶稣会在上海设立的初学院和大学院当修士,学习拉丁文、法文、英文和希腊文。光绪二年,赴法国留学,在巴黎政治学院学习交涉、律例等,同时兼任中国驻法大使馆翻译。六年,回国,入李鸿章幕府，协办洋务。著有《马氏文通》、《适可斋记言记行》等。事迹见《清史稿》卷四四六。

按：《清史稿》本传曰："少好学，通经史。愤外患日深，乃专究西学，派赴西洋各国使馆学习洋务。历上书言借款、造路、创设海军、通商、开矿、兴学、储材，北洋大臣李鸿章颇称赏之，所议多采行。……建忠博学，善古文辞；尤精欧文，自英、法现行文字以至希腊、拉丁古文，无不兼通。以泰西各国皆有学文程式之书，中文经籍虽皆有规矩隐寓其中，特无有为之比儗而揭示之，遂使学者论文困于句解，知其然而不能知其所以然。乃发愤创为文通一书，因西文已有之规矩，于经籍中求其所同所不同者，曲证繁引，以确知中文义例之所在，务令学者明所区别，而后施之于文，各得其当，不唯执笔学为古文词有左宜右有之妙，即学泰西古今一切文学，亦不难精求而会通焉。书出，学者皆称其精，推为古今特创之作。又著有《适可斋记言》、《记行》等书。"

王懿荣卒（1845— ）。懿荣字正儒，一字廉生，山东福山人。少劬学，不屑治经生艺，以议叙铨户部主事。光绪六年成进士，选庶吉士，授翰林院编修。以翰林擢侍读，官至国子监祭酒。泛涉书史，嗜金石，翁同龢、潘祖荫并称其博学。甲骨文的发现者。与钱币名家鲍康、李佐贤、杨继震、潘祖荫、胡义赞、吴大澄及刘鹗、罗振玉诸人多有过从。著有《汉石存目》2卷、《古泉选》、《南北朝存石目》8卷、《福山金石志》、《天壤阁杂记》1卷等。《清史稿》卷四六八、《清史列传》卷六五、孙葆田《国子监祭酒王文敏公神道碑铭》（《碑传集三编》卷〇）。

许景澄卒（1845— ）。景澄字竹篔，浙江嘉兴人。同治七年进士，选庶吉士，授编修。光绪十年至十三年，任驻法、德、意、荷、奥、比六国公使。十六年至二十一年，任驻俄、德、奥、荷四国公使。二十二年，代表清政府与华俄道胜银行总办罗启泰在柏林签订《中俄合办东省铁路公司合同》。二十四年，任总理各国事务衙门大臣兼工部左侍郎。后与袁昶同时以"主和"罪被慈禧太后处死。遗著有《许文肃公遗稿》、《许竹篔先生出使函稿》、《许文肃公外集》等。事迹见《清史稿》卷四六六、《清史列传》卷六三、蔡冠洛《清代七百名人传》第一编、《许景澄传》（《碑传集三编》卷六）。

杨隆寿卒（1845— ）。隆寿一作荣寿，一名全，字显庭，艺名双全，安徽桐城人。梅兰芳外祖父。自幼入双奎班习武生。出科后专演猴戏，有"杨猴子"之称。光绪八年，创办小荣椿科班。十九年，又与刘吉庆、张云贵等创办小天仙科班。擅长编剧，撰有《陈塘关》、《九花天》、《双心斗》、《火云洞》、《三侠五义》等剧。

袁昶卒（1846— ）。昶原名振蟾，改名昶，字爽秋，号重黎，晚号芳郭钝叟、钝椎、渐西村人，浙江桐庐人。师从刘熙载，肄业于上海龙门书院。同治八年，应聘为杭州书院总校。光绪二年进士，授户部主事，九年，由户部主事调任总理各国事务衙门章京。十八年，以员外郎出任徽宁池太广道。二十四年，任江宁布政使。后任光禄寺卿、太常寺卿。又好刻书。后与许景澄同时以"主和"罪被慈禧太后处死。后追谥忠节。著有《渐西村人诗初集》10卷、《安般簃集》11卷、《安般簃集诗续》7卷、《于湖小集》7卷、《于湖文录》9卷、《乱中日记残稿》、《袁太常奏稿》等。尝慨士人鲜实学,乃辑农桑、兵、医、舆地、治术、掌故诸书,刊为《渐西村汇刻》,萧穆曾为之校勘。事迹见《清史稿》卷四六六、《清史列传》卷六三、谭献《太常寺卿袁公墓碑》(《续碑传集》卷七一)。

郑杲卒(1852—)。杲字东甫(一作东父),河北迁安人。光绪五年,举山东乡试第一,明年成进士,授刑部主事。以母忧归,主讲洙源书院。服阕,迁员外。著有《郑东甫遗书》。事迹见《清史稿》卷四八二、马其昶《郑东父传》(《续碑传集》卷七五)。

按:《清史稿》本传曰:"肆力于学,以读经为正课,旁及朝章国故,矻矻终日,视仕进泊如也。尝谓:'治经在信古传,经者渊海,传其航也。汉代诸儒,主乎此者不能通乎彼;唐、宋而降,能观其通矣,乃举古说而悉排之,惟断以己意。若是者,皆非善治经者也。'……杲之学深于《春秋》,其言曰:'左氏明鲁史旧章,二传则孔、孟推广新意,口授传指。公羊明鲁道者也,穀梁明王道者也,左氏则备载当时行用之道。当时行用之道,霸道也。所以必明鲁道者,为人子孙,道在法其祖也。穀梁则损益四代之趣咸在焉。惟圣人蹶起在帝位者,乃能用之也。'其为说兼综三传,而尤致严于事天、事君、事亲之辨。谓:'《春秋》首致谨于元年正月,正月者,正即位也。正月谨始也,必能为父之子,然后能为天之子矣。春秋之有三正,由其有天、君、父之三命也。春者天也,王者君也,正月者父也,将以备责三正,而单举正月,何也?事天、事君,皆以事亲为始也。'凡杲所论著如此。"

陈炽卒(1855—)。炽原名克昌,改名炽,字家瑶,号次亮,又号用絜,称瑶林馆主、通正斋生,江西瑞金人。光绪八年举人。历任户部员外郎、军机处章京、户部郎中等。二十一年,与康有为在北京组织强学会,任提调,主张学习西方,实行君主立宪。曾首译英国亚当·斯密所著《富国论》。著有《庸书》、《续富国策》等。事迹见《陈炽传》、《陈农部传》(均见《陈炽集》附录)。赵树贵编有《陈炽年谱简编》。

徐仁铸卒(1863—)。仁铸字研甫,号缦愔,江苏宜兴人。光绪十五年进士,改庶吉士,授翰林院编修。二十三年,视学湖南,时遇梁启超、谭嗣同在长沙鼓吹新学,遂与二人相识后结交甚深,并作《輶轩今语》,阐述维新变法之意,但遭湖南顽固派叶德辉、王先谦等攻击。请其父徐致靖推荐康有为、梁启超、张元济、黄遵宪、谭嗣同于光绪帝,以仲其志。戊戌变政后被革职。著有《涵斋楼遗稿》。事迹见胡思敬《徐仁铸传》(《碑传集补》卷九)。

寿富卒(1865—)。字伯弗,号菊客,满洲镶蓝旗人。受业于张佩纶及张之洞。光绪十七年,与康有为等在北京倡立知耻学会,作《知耻学会后叙》。二十四年中进士。充京师大学堂分教习,赴日本考察教育。是年八国联军陷北京,拒降自缢。著有《日本风土志》4卷等。事迹见《清史稿》卷二五五、林纾《赠光禄寺卿翰林院庶吉士宗室寿富公行状》(《碑传集补》卷三三)。

唐才常卒(1867—)。才常字黻丞,一字伯平,号佛尘,别号洴澼子,湖南浏阳人。贡生出身。早年就读于长沙校经书院、岳麓书院及武昌两湖书院。与谭嗣同齐名,称"浏阳二生",是两湖学堂高材生。曾与谭嗣同先后编《湘学报》《湘报》，办时务学堂、南学会，提倡新学。戊戌政变起，逃亡日本，与康有为、梁启超、孙中山等人接触。光绪二十五年，与康有为、梁启超商议在长江两岸各省起兵"勤王"。是年春回国，在上海主持《亚东时报》，组织正气会。后被两广总督张之洞逮捕杀害。著有《觉颠冥斋内言》4卷。今有《唐才常集》3卷。事迹见《清史稿》卷四六四、蔡冠洛《清代七百名人传》第六编、康有为《唐烈士才常墓志铭》（《唐才常集》附录）、萧汝霖《唐才常传》（《碑传集补》卷五七）。唐才贡编有《唐才常烈士年谱》。

于方舟（—1928）、黄孝纾（—1964）、马师曾（—1964）、曹聚仁（—1972）、尚小云（—1976）、阿英（—1977）、吕振羽（—1980）生。

光绪二十七年　辛丑　1901年

英国女王维多利亚卒。

澳大利亚联邦成立。

美国第25任总统威廉·麦金莱卒，西奥多·罗斯福接任。

美与英签订《海约翰—潘塞福条约》。

二月初十日丙午（3月29日），命宗人府八旗都统遴选八旗子弟赴各国游学。

三月初三日己巳（4月21日），清廷成立督办政务处，作为主持"变法"机构。派奕劻、李鸿章、荣禄、王文韶、昆冈、鹿传霖等6人为督办政务大臣。

是月，命各省惩办不能切实保护教士教民之地方官。

四月，复开经济特科。命整顿翰林院，编检以上各官均课以政治学。

按：《清史稿·选举志四》曰："二十七年，皇太后诏举经济特科，命各部、院堂官及各省督、抚、学政保荐，有志虑忠纯、规模阅远、学问渊通、洞达中外时务者，悉心延揽。并下政务大臣拟定考试事宜。"

是月，议定庚子各给赔款为45000万两。

五月二十七日辛卯（7月12日），张之洞、刘坤一提出"江楚会奏变法三疏"，为清末新政纲领性文件。

六月初九日癸卯（7月24日），改总理各国事务衙门为外务部。

是月，义和团余众起义，提出"反清灭洋"口号。

七月十六日己卯（8月29日），诏自明年始罢时文诗帖，废八股文，以经义、时务、策论试士，停止武科。

二十五日戊子（9月7日），清廷全权代表奕劻、李鸿章与英国、美国、俄国、德国、日本、澳大利亚、法国、意大利、西班亚、荷兰、比利时等国公使在北京签订《辛丑条约》。

二十九日壬辰（9月11日），命各省建立武备学堂。

八月初二日乙未（9月14日），清廷下兴学诏，京师大学堂应切实整顿，各省书院均于省城改设大学堂，各府厅直隶州均设中学堂，各州县均改设小学堂,并多设蒙养学堂。

按:"兴学诏书"的颁布,拉开了晚清十年间教育立法活动的序幕。

初四日丁酉(9月16日),命各省选派学生出洋留学。学成,分别赏给进士、举人各项出身。

二十四日丁巳(10月6日),慈禧太后自西安启程返京。

是月,两江总督刘坤一、湖广总督张之洞会奏变法,议兴学堂,先行设局编译教科书。

按:局设于江宁,初名江鄂书局,后改江楚书局。是月开局。刘世珩为总办,缪荃孙为总纂,陈作霖、姚佩珩、陈汝恭、柳诒徵等为分纂。罗振玉、刘大猷、王国维在上海翻译日本书籍。另由陈季同、陈庆年先后主译西书,介绍日本、埃及、英国等方面的情况。江楚书局颇具特色,在清末官书局中独树一帜,蜚声全国。

九月二十七日己丑(11月7日),袁世凯署理直隶总督兼北洋大臣。

按:袁世凯出任北洋大臣后,保奏因"甲午战事"被革黜的海陆官员,绝大部分用来充任新军(小站练兵)的骨干。蔡廷干经唐绍仪推荐,收入袁氏幕府,日见重用。

十月二十五日丁巳(12月5日),政务处、礼部会奏兴学事宜,并奏定《学堂选举鼓励章程》。学堂卒业考试合格者,给予贡生、举人、进士等名称。

十一月初一日癸亥(12月11日),政务处、礼部奏请变通科举,废八股,改试策论,并拟定章程十三条。

二十八日庚寅(1902年1月7日),慈禧太后一行回京。

按:《清史稿·选举志二》曰:"辛丑,两宫回銮。以创痛钜深,力求改革。十二月,谕曰:'兴学育才,实为当今急务。京师首善之区,尤宜加意作育,以树风声。前建大学,应切实举办。派张百熙为管学大臣,责成经理,务期端正趋乡,造就通才。其裁定章程,妥议具奏。'旋谕将同文馆并入大学堂,毋庸隶外务部。"

十二月初一日癸巳(1月10日),清廷派张百熙为京师大学堂管学大臣,并著裁定章程具奏。

初二日甲午(1月11日),命将京师同文馆归并于京师大学堂。

初九日辛丑(1月18日),各国驻华使节受到慈禧太后接见,此为慈禧在召见外国使节中首次撤帘露面。

二十三日乙卯(2月1日),清廷准满汉通婚。

是月,外务部有《奏议复派赴出洋游学办法章程折》。

是年,日本东京成立中国留学生会馆。

孙中山旅居日本横滨。是春,在横滨赞助留日粤籍学生郑贯一、冯自由等组织的广东独立协会。六月,为秦力山、沈云翔、戢元丞等在东京创办《国民报》月刊捐助出版费一千元。

按:该刊为中国留学生中革命报刊的先驱。

康有为避居新加坡槟榔屿,撰写《中庸注》、《春秋笔削大义微言考》、《孟子微》等。

梁启超游澳洲半年。四月,复返日本。因李鸿章卒,十月著《李鸿章》

荷兰德·弗里斯提出突变学说。

瑞士自然主义者弗朗索瓦·阿方斯·福雷尔发表《湖沼学手册》,创立了湖沼学。

德国 W. 奥斯

特瓦尔德确认催化剂在理论和实践中的重要性。

德国威廉·迈巴赫为戴姆勒汽车制造厂设计"梅塞德斯"汽车。

德国 E. A. 德马尔赛发现化学元素铕。

传记成,又名《中国四十年来大事记》。十一月,《清议报》因毁于火灾而停刊,遂拟改办《新民丛报》。十二月,作《南海康先生传》。是年,在上海创办广智书局。始用笔名"饮冰室"。

按:梁启超《清议报一百册祝辞并论报馆之责任及本馆之经历》认为《清议报》的内容有四个特点:"一曰倡民权,始终抱定此义为独一无二之宗旨";"二曰衍哲理,读东西诸硕学之书,务衍其学说,以输入于中国,虽不敢自谓有所得,而得寸则贡寸焉,得尺则贡尺焉";"三曰明朝局","发微阐幽,得其真相,指斥权奸,一无假借";"四曰厉国耻,务使吾国民知我国在世界上之位置,知东西列强待我之政策,鉴观既往,熟察现在,以图将来,内其国而外诸邦,一以天演学、物竞天择、优胜劣败之公例,疾呼而棒喝之,以冀同胞之一悟"。"此四者,实惟我《清议报》之脉络、之神髓,一言以蔽之曰:广民智,振民气而已。"(《饮冰室合集》文集之六)

梁启超作《中国史叙论》,刊载于 1901 年 9 月 3 日、13 日《清议报》。指责中国原有史书以一朝为一史,只见君主,不见国民,虽名为史,实是一人一家之谱牒。

梁启超作《自由书》继续连载于《清议报》。又作《国家思想变迁异同论》、《霍布士学案》、《斯片挪莎学案》、《卢梭学案》、《中国各报存佚表》等刊载于《清议报》。

黄遵宪在家修家谱。作《梅水诗传序》。五月,致书梁启超,称赞《新民丛报》。九月,与梁启超书,商讨办《国学报》事。十一月,又致书梁氏,抨击曾国藩"事事皆不可师"。写定《人境庐诗草》。

章炳麟正月赴沪,宋恕等来相见慰问。旋应聘赴苏州东吴大学任教,往谒俞樾,俞斥以不忠不孝,非人类也。章作《谢本师》驳之,并与之绝。是夏,为驳斥梁启超《积弱溯源论》,撰《正仇满论》,刊于东京《国民报》。七月,赴苏州至东吴大学任教,继续宣传革命。于东吴大学出《李自成胡林翼论》试题而遭通缉,再次亡命日本。是年,又作《儒术稽古录》、《征信论》、《秦献记》等文。

按:章炳麟《正仇满论》的发表,揭开了以后革命派与保皇派论战的序幕。

袁世凯九月署直隶总督,兼北洋通商大臣。十月,在济南试办大学堂,以美国人赫斯为总教习。是为我国第一所省立大学堂。十二月,命参与政务处,办理新政。提出新政条陈,其中有慎号令、教官吏、崇实学、增实科、开民智、重游历、定使例、辨名实、裕度支、修武备十条。

按:《清史稿·选举志二》曰:"逮二十七年,学校渐有复兴之议。其首倡者,则山东巡抚袁世凯也。初,世凯奏陈东省开办大学堂章程,有旨饬下各省仿办,令政务处会同礼部妥议选举鼓励章程。寻议言:'东西各国学堂,皆系小学、中学、大学以次递升,毕业后始予出身,拟请按照办理。小学毕业生考试合格,选入中学堂。毕业考试合格,再选入大学堂。毕业考试合格,发给凭照。督、抚、学政,按其功课,严密局试。优者分别等第,咨送京师大学堂覆试,作为举人、贡生。其贡生留下届应考,原应乡试者听。举人积有成数,由京师大学堂严加考试,优者分别等第,咨送礼部。简派大臣考试,候旨钦定,作为进士,一体殿试,酌加擢用,优予官阶。查世凯办法,以通省学堂一时未能遍举,先于省城建立学堂,分斋督课,其备斋、正斋,即隐寓小学、中学之规制。既经谕令各省仿办,应酌照将来选举章程,用资鼓励。'报可。所议混合科举、学制为一事,谓之学堂选举鼓励章程,各省多未及实行而罢。"

吴汝纶仍掌教直隶莲池书院,本乡吴樾抵保定,获吴氏赏识。

张百熙十二月以吏部尚书充京师大学堂管学大臣。

张之洞三月奏保梁鼎芬等9人。四月,奏请议改科举,讲求实学。五月,与刘坤一上奏《江楚会奏三折》,请设文武学堂,酌改文科,停署武科,奖励游学,整顿中法,采用西法。七月,于督署设学务处。十月,派罗振玉、刘鸿烈(两湖书院监院)等赴日本考察教育,购译教科书。十二月,奏荐李盛铎、伍廷芳、汪凤藻、王先谦、沈曾植、陈宝琛等。是年,议改两湖书院为湖北高等学堂。

张之洞聘缪荃孙主持江楚会办编译局,并派陈庆年为其助手。陈氏又推荐柳诒徵参与其事,缪荃孙与柳诒徵遂结为知交。

盛宣怀七月进呈南洋公学新译各书,并拟推广翻译。十二月,奏于上海设商务学堂。又奏准在上海创办东文学堂。

孙诒让代盛宣怀撰《变法条议》40条,内容包括朝议、重禄、达情、广学、通艺、博议、观新、矿政、考工、保商、同货等,提出废除跪拜旧仪、裁撤冗滥官职、废除庵寺、改革宫政、允许臣民直接面君进言、广立学堂、开设议院、训练民兵、添设警察、重用乡董、实行预算决算、开采矿产、保护工商等变法主张。

刘坤一偕张之洞于七月十二日奏《变通政治人才为先折》,建以设文武学堂、酌改文科、停罢武试、奖励游学四条。十九日再奏《遵议变法谨拟整顿中法十二折》,二十日又奏《谨拟采用西法十一折》。史称《江楚会奏变法三疏》,为清末新政纲领性文件。

罗振玉四月与王国维等在上海发起创办《教育世界》,初为旬刊,后改为半月刊。十一月初四日,率两湖书院师生数人往日本考察教育。在日本识河井荃庐、日下部鸣鹤等学者,纵谈金石之学。

按:《教育世界》乃最早的教育专业杂志,王国维所译日本立花铣三郎著的《教育学》,是中国学者翻译的第一部外国教育学著作。罗振玉回国后,在《教育世界》发表大量介绍日本教育的文章,对当时清政府和各地教育改革都有积极影响。

王国维随罗振玉赴湖北农学校任译员。秋,得罗资助,东渡日本入东京物理学校就读。是年作《崇正讲舍碑记略》,提出教育的美善与系统问题。又译《教育学》、《算术条目及教授法》。

蔡元培八月应上海澄衷学堂监督刘葆良之邀,到澄衷学堂代理监督,刘葆良又介绍其任南洋公学特班总教习。十月作《学堂教科论》。十一月,与张元济在上海创办《外交报》。

按:蔡元培撰《学堂教科论》,参照日人井上甫水的方式,将学科分为有形理学、无形理学和道学三大类,与梁启超《西学书目表序例》里将西学分为"学"、"政"、"教"三大类相近(《蔡元培全集》第1卷)。蔡元培这一学科观念,大概即是他1917年为北大提出"学改制"的思想基础,蔡氏明言:"治学者可谓之'大学',治术者可谓之'高等专门学校',两者有性质之差别。"(《读周春岳君〈大学改制之商榷〉》,《蔡元培全集》第3卷)。当时,据(日本式)西学分类来规范中国学术的尝试,颇为流行。1905年刘师培作《周末学术总序》,就是依西学分类,分出心理学史、伦理学史、论理学史、社会学史、宗教学史、政法学史、计学(今称经济学)史、兵学史、教育学史、理科学史、哲理学史、术数学史、文字学史、工艺学史、法律学史、文章学史等。(刘师培《周末学术史序》,原刊《国粹学报》1905年第1期,收入《刘申叔先生遗书》,江苏古籍出版社1997年影印)

严复为《中庸注》、《孟子微》等作序,提倡尊孔。

严复赴天津主持开平矿务局事。致信吴汝纶,请其为《原富》作序。张元济、郑孝胥作《中西编年、地名、人名、物义诸表》,附在《原富》译本后。

林纾由杭州迁家至北京,担任金台书院讲席。又受五城学堂聘,为总教习,授修身、国文等课,始识吴汝纶并师事之,与吴汝纶畅谈《史记》。六月,礼部侍郎郭曾炘荐其应经济特科,坚辞不赴试。

秦力山辞离《清议报》。五月,与沈翔云、杨廷栋、张继、冯自由等在东京创办《国民报》,秦任总编辑。八月,因资金不济而停刊。

于荫霖正月由湖南巡抚调任湖北巡抚。是年尝与孙葆田同客南阳,朝夕论学。

梁鼎芬八月以张之洞荐召见,以知府发湖北,创办府、道两级师范学堂,并捐俸一万开办省级师范学堂。

欧阳庚时任旧金山总领事,与美国总统罗斯福商定庚子赔款用于教育经费和留美学生基金。

按:当时美国政府正讨论庚子赔款问题。欧阳庚利用其弟欧阳祺与罗斯福总统系哈佛大学同学之关系,直接与罗斯福总统交往联系庚子退款事宜。为了中美邦交,罗斯福总统有意退还这笔赔款,但又担心这笔款子到不了国家政府手中。欧阳庚为了振兴中国的文化教育,就与罗斯福总统商议:指定庚子赔款作为教育经费及中国留美学生基金。后来就用这笔款子建立了清华学堂,并派遣幼童赴美留学。

沈曾植是春二次致书张之洞,称颂张氏及论戊戌失败之因。

徐建寅二月在汉阳炼钢厂以试验无烟火药,机器炸裂死难。

邹容七月赴成都参加官费留日学习考试,已取中,但被川督奎俊除名。九月,自川抵上海,入江南制造局附设广方言馆补习日语,准备自费留日,书《有感》诗。

容闳赴台湾游历。

曾朴家居疗养,研究法国文学。

刘鹗先后购得殷墟甲骨五千片。

唐文治随那桐出使日本,作《奉使日本记》;又随载振出使英、法、比、日四国,代载振作《英轺日记》。

冒鹤亭在苏州,问学于俞樾。

王文韶充国史馆正总裁。

李宝嘉谢绝经济特科保荐,不愿应召求官。

劳乃宣、廖寿丰十一月将杭州求是书院改为浙江大学堂,高梦旦为总教习。

钟观光、林木林、虞含章在上海设科学仪器馆,自制理化器械,并译刊科学图书。

辜鸿铭曾间接地参与辛丑条约签订某些谈判事务。

丘逢甲春赴汕头正式创办岭东同文学堂，自任监督，以欧西新法教育青年。

张伯苓受津绅王奎章之请，至王馆教授西学，有学生6人。

梁诚奉命作为以醇亲王载沣为专使的首席随员赴德国"谢罪"。

吴梅以第一名补长洲县学生员。春，师潘霞客卒；友潘养纯亦去世，作《哀养纯》诗悼之。

陈独秀赴日自费留学，进东京学校（早稻田大学前身）。

黄炎培考入上海南洋公学特班，选读外交科，受知于中文总教习蔡元培，同学中有邵力子、李叔同、谢无量、汤尔和等。

马君武元月赴上海法国人办的震旦学院学习法文，并开始翻译《法兰西革命史》、《代数学》。冬，赴日本京都帝国大学读化学，经汤觉顿介绍，识梁启超。

马一浮在上海与谢无量、马君武等创办《二十世纪翻译世界杂志》，向国人译介西方文化。刊物辟有《哲学史》、《哲学泛论》、《社会学》、《宗教进化论》、《政治学史》、《法律泛论》、《最新经济学》、《教育史》、《海上大冒险谭》、《地球之最要新闻》等栏目，月出一册，共出六册，后以马一浮赴美留学而停刊。

杨荫杭译日本加藤弘之的《物竞论》，在《译书汇编》第四、五、八期连载。

八指头陀夏为长沙上林寺住持。九月于碧湖参加展重阳会。十月去谷山扫本师东林和尚墓。

陶成章又至北京，欲手刃慈禧太后，南返时旅费缺乏，徒步而行。

熊十力继续游学乡间，读王夫之、顾炎武、黄宗羲书。结识浠水何炳藜及其弟子王汉、何自新。读新书报，日聚高谈，非尧舜、薄周孔，立志革新政治。

蒋方震三月东渡日本。先入清华学校学习日文及一般课程。后入成城学校（初级武校）。在成城学校，结识同学蔡锷，又经蔡锷介绍，事梁启超为师。又结识同学蒋尊簋、高尔登。

宋恕正月晤孙宝瑄，与其纵谈日本明治维新经验。又曾述及袁世凯为甲午之战祸首，论变政必先安顿仰赖旧政为生之人。五月，到杭州，任求是书院汉文总教习，教授高材生许寿裳、李炳章、施霖、戴克敦、沈祖绵、张德骧和史久光等13人。夏秋间，细读《陆象山集》，摘录精语数万言。九月间，求是书院因罪辫文案发生风潮。劳乃宣继任总理，宋恕因宗旨不合而辞职。

徐锡麟任教于浙江绍兴府算学堂。

刘师培补县学生员，应府试。冒鹤亭判卷，刘师培以诗文冠场。

苏曼殊因具绘事天赋，除求学于大同外，兼任该校美术课教师。秋，入选梁启超举办的夜间中文班深造。

杨度与人辩论贾谊、屈原优劣问题，折服其师。九月间，与同学数人商议，拟集资四百金，为其师王闿运新盖"湘绮楼"。明年，新楼建成。

黄节在广州，与杨渐逵、黄汉纯、欧阳日瑚、李蕴石、谢英伯、何锡朋等税舍于广州河南龙溪首约，创"群学书社"。旋迁至海幢寺之园照堂，易名"南武公学会"，设中外时报杂志，供人阅览。

陈天华入长沙求实书院学习，以文章闻名于世。

王宠惠东渡日本，研究法政问题。

马相伯主持徐家汇天文台事务。翻译《圣经》。

吴宓是年随嗣父母由沪回陕。在嗣母严慈管教下，已读《史鉴节要便读》、《唐诗别裁》等书。

韩国钧七月卸浚县任，以道员身份在原省待命。十月，两宫回京，在河南举行祭路神仪式，韩氏被委任为行宫宫门听差。十一月，会同河南按察使钟筱舫查勘河北各县，开辟两宫回京行经之道，又奉命解除行宫陈设，到北京宁寿宫交纳。

萧穆代滁州李氏校刊《古文辞类纂》成，复代李承渊作校勘记，又代作序。

廖平是年在安岳凤山书院，复兼任嘉定九峰书院山长，往来两地。

李叔同入上海南洋公学，读经济特科。受业于蔡元培，与邵力子、黄炎培等同学。

王鹏运于上年十二月始，与郑文焯、南禅等14人唱和。元日作《春蛰吟》题记。

陈作霖被编译官书局聘为分纂，先后纂成《孝弟图说》100条、《礼经初编》2册、《江宁地形考》1册、《江宁先正言行录》4卷、《格言类证》4卷，编《古文初编》4卷等。是年，任县学堂正教习。

杨明斋是春赴俄国，十月革命前，加入布尔什维克党。

何熙年等约集同志，租借姚家口民房18间，开办藏书楼，并上书安徽巡抚王之春，请准予立案，是为皖省藏书楼。

李端棻自新疆赦归，主讲贵州经世学堂。

李敏修在河南汲县创办经正书舍，收藏图书数十万。

欧榘甲于辛、壬间在美国旧金山创《大同时文》，其文后由《清议报》汇辑为单行本，即《新广东》。

黄宗仰以《辛丑条约》为国耻，绘《庚子纪念图》成，并广征友朋诗文刊行。

丁福保赴上海从赵元益学医。是年，考入东文学堂，学习日语。

赵熙主讲于川南经纬学堂，除设经史科目外，尚设有日语、地理、算学，并聘日籍教师授课。

张鹤龄任京师大学堂总教习。

喻长霖钦命顺天乡试同考官。

夏孙桐任广东乡试副考官。

宋教仁奉母命应县试,获中,补博士弟子员。

吴稚晖是春留学日本,入东京高等师范。

曾志忞赴日留学。

高步瀛任畿辅大学堂教习。

陈垣考取秀才。

徐珂任职上海商务印书馆,为《辞源》编辑。

按:徐珂初字仲玉,改字仲可,一作中可,浙江余杭人。师事谭献。光绪十五年举人。数应会试不第,考授内阁中书。曾入袁世凯幕。又参加南社。著有《清稗类钞》48卷、《大受堂札记》5卷、《晚清祸乱稗史》、《近词丛话》、《清代词学概论》、《清词选集评》、《历代词选集评》、《真如室诗》、《纯飞馆词》、《小自立斋文》等。

许珏上《奏请试办国债并加洋药税厘呈请代奏折》和《办理国债请从广东试行片》。

江亢虎东渡日本考察政治。回国后任袁世凯北洋编译局总办和《北洋官报》总纂。

陈蝶仙在杭州创设萃利公司,经营文具纸张、化学仪器、留声机、无声影片等。

成兆才与王荣、金鸽子等由唐山进入天津,在法租界演出。

梁济奉敕预修皇史成书。

魏易、林长民等主编之《译林》正月在上海创刊,林纾监译。出至第12册即停刊。

蔡尔康是冬脱离《万国公报》,仍担任广学会记室。

李宝嘉年初将《游戏报》售出。四月,在上海另创《世界繁华报》。

吴沃尧在上海创办《寓言报》。

黄中慧主编《京话报》在北京创刊。

沈翔云等在东京创立倡导推翻清政府之刊物《国民报》。秦力山任主编,沈翔云、戢翼翚、杨廷栋、王宪惠、张继等任编辑、撰稿。

钟寅、汪嶔、陈叔通、孙翼中、林獬等在杭州创办《杭州白话报》旬刊。

包公毅在上海创刊《苏州白话报》,内容以政论、新闻为主。文字深入浅出,简明扼要,深受欢迎。

包友樵主编的《春江风月报》九月创办。

蒋智由、赵祖德在上海创办《选报》。

杨小楼入宝胜和班演出,崭露头角。

英国传教士傅兰雅伴9名清廷选派留学生至美国伯克利大学。

美国作家马克·吐温在二月发表之《给坐在黑暗中的人》中揭露美传教士在中国的种种暴行。

斯坦因在被荒废1600多年的尼雅遗址发掘40余枚汉文简牍和524枚佉卢文木牍,佉卢文木牍的封泥上印有汉文篆字和希腊神像。斯坦因将这批资料委托法国学者沙畹研究,1907年沙畹正式公布了这批资料。

按:樊少泉《最近二十年间中国旧学之进步》曰:"汉晋木简,此实英印度政府官吏匈牙利人斯坦因博士之所发掘也。博士于光绪壬寅、癸卯间,曾游我国新疆天山南路。于和阗之南,发掘古寺废址,得唐以前遗物甚夥;复于尼雅河之下流,获魏晋间人所书木简约四十枚,博士所著《于阗之故迹》中,曾揭其影本,法国沙畹教授为之笺释;又于丁未、戊申间,复游新疆全土及甘肃西部,于敦煌西北长城遗址,发掘两汉人所书木简约近千枚;复于尼雅河下流故址,得后汉人所书木简十余枚;于罗布淖尔东北海头故城,得魏晋间木简百余枚;皆当时公牍文字及屯戍簿籍。其后日本大谷伯爵光瑞前后所派遣之西域探险队,仅于吐鲁番侧近,得魏晋间木简三四枚而已。故木简之发见,殆可谓斯氏一人之功。斯氏戊申年所得之木简,沙畹教授复为之考释,影印成书。罗君(罗振玉)复与海宁王静安氏国维重加考订,于甲寅之春,印以行世为《流沙坠简》三卷、《考释》三卷、《补遗》一卷、《附录》二卷。"(章太炎、刘师培《中国近三百年学术史论》附录)

瑞典人斯文·赫定三月发掘楼兰古城遗址,发现120多枚汉文简牍和36张汉文文书和大量去卢文木简。斯文·赫定发现的所有文书,1920年由德国学者孔拉第公布。

按:楼兰古国在西汉元凤四年改名鄯善国,鄯善国东汉时吞并了邻居精绝国(即为斯坦因所发现的尼雅遗址)。在沙漠中沉寂了一千多年的古代王国被发现,世界为之轰动。

美国传教士林乐知将上海中西书院与苏州中西书院合并而成立之东吴大学二月在苏州开学。

日本中岛真雄等在北京创办《燕京时报》,后易名《顺天时报》。1930年3月26日停刊。

日本中岛裁之在北京开设东文学社。

美国传教士魏馥兰来华传教。

比利时梅特林克发表哲学著作《蜜蜂的生活》。

德国李普曼著《先验哲学的精神》。

德国倭铿著《宗教的真理内容》。

英国霍布豪斯著《精神的发展》。

日本幸德秋水著《20世纪的怪物帝国主义》。

德国伯恩斯坦著《科学社会主义怎样才可能》。

英国G.E.戴维斯出版《化学工程手册》。

康有为著《春秋笔削大义微言考》成书,有自序。

按:康有为《序》曰:"宅神州之中,绵二千年之邈暧,合万百亿兆之矜缨,咸奉孔子为国教。诵其遗书,尊之信之,垂为科举,习之传之。然言孔子之道,则若指天而谈空,苍苍不得其正色,浑浑不得其际极。或割大圆,得锐角以自珍;或游沙漠,迷方向而失道。所号称巨子元儒,皆不出是矣。夫孔子之道,广矣、邈矣、奥矣;其条理密矣、繁矣。又多不言之教,无声无臭,宜无得而称焉。……天未丧斯文,膺予小子,隐明得悟,笔削微言大义于二千载之下,既著《伪经考》而别其真赝,又著《改制考》而发明圣作。因推公、谷、董、何之口说,而知微言大义之所存;又考不修《春秋》之原文,而知笔削政本之所托。先圣太平之大道,隐而复明,暗而复彰。撰始于广州之草堂,纂注于桂林之风洞。戊戌蒙难,遗稿略存,东走日本,抱以从事。己亥之春,游欧美不能携焉,存于《清议报》中。九月渡太平洋而东归,二十二日过横滨,而《清议报》火,稿从焚焉。孔子生二千四百五十年,岁在庚子,康有为避地槟榔屿,刺客载途,中国大乱,蒙难晦明,幽居深念,喟然曰:昔孔子厄陈、蔡作《春秋》,今《春秋》灭于伪《左》,孔道晦于中国,太平绝于人望,炱炱殆矣。吾虽当厄,恐予身不存,先圣太平之大道不著,不揣孤陋,再写旧闻。因旧传凡得一十一卷,岂有所明,亦庶几孔子太平之仁术、大同之公理不坠于地。中国得奉以进化,大地得增其文明,亦后之君子所不罪欤?其诸君子亦乐道之耶!"(康有为《我史》引)

乔松年著《孝经援神契》1卷刊行。

康有为著《中庸注》成书,有自序。

按：康有为《中庸注序》曰："孔子生二千四百五十一年，康有为避地于槟榔屿英总督署之大庇阁。蒙难艰贞，俯地仰天，乃以其暇绎思故记。瞯然念孔子之教论，莫精于子思《中庸》一篇。此书自《汉艺文志》既别为篇，梁武帝曾为之注，而朱子注之，辑为《四书》，元明至今，立于学官，益光大矣。恨大义未光，微言不著。予小子既推知孔子改制之盛德大仁，昔讲学广州，尝为之注。戊戌遭没，稿多散佚，吾既流亡，不知所届。逡巡退思，此篇系孔子之大道，关生民之大泽，而晦冥不发，遂虑掩先圣之隐光，而失后学之正路，不敢自隐，因润色夙昔所论，思写付于世，而序之曰：……圣道不明，为害滋大，予因此惧。幸仲尼祖述尧舜之旨，犹存大义；子思昭明祖德之说，尚有遗言。敢据兹义，推阐明之，庶几孔子之大道复明，而三重之圣德乃久。此区区之意，其诸后圣复起，亦不惑于予言乎？"（康有为《我史》引）

康有为著《孟子微》成书，有自序。

按：康有为《序》曰："盖颜子早殁，而孔子微言大义不能尽传矣。荀卿传《礼》、孟子传《诗》、《书》及《春秋》。礼者，防检于外，行于当时，故仅有小康、据乱世之制，而大同以时未可，盖难言之。《春秋》本仁，上本天心，下贱人事，故兼乱据、升平、太平三世之制。子游受孔子大同之道，传之子思，而孟子受业于子思之门，深得孔子《春秋》之学而神明之，故论人性则主善而本仁，始于孝弟，终于推民物；论修学则养气而知言，始于资深逢源，终于塞天地；论治法则本于不恶之仁，推心于亲。亲仁民爱物，法乎尧舜之平世。……孔子之道之大，博深高远，当时弟子已难尽传，子贡已谓得见宫庙之美，百官之富者寡矣。数千年之后学，而欲知孔子之道，其益难窥万一，不待言也。虽然，天不可知，欲知天者莫若假器于浑仪；孔子不可知，欲知孔子者莫若假途于孟子。盖孟子之言孔道，如导水之有支派脉络也，如伐木之有干枝叶卉也，其本末至明，条理至详。通乎孟子，其于孔子之道，得门而入，可次第升堂而入室矣。虽未登天阓而入地隧乎，亦庶几见百官之车服礼器焉，至易至简，未有过之。吾以信孟子者知孔子，惜乎数千年注者虽多，未有以发明之，不揣愚谬，探原分条，引而伸之，表其微言大义，不循七篇之旧。盖以便学者之求道也，非敢乱经也。若有得于此，则七篇具在，学者熟读精思焉，不尤居安而资深乎！"（康有为《我史》引）

廖平著《春秋图表》2卷刊行。又著《周礼新义》、《诸子宗旨》2卷。

邹寿祺著《朋寿堂经说》6卷刊行。

万中立辑《汉熹平石经遗字》1卷刊行。

杨荫杭译日本加藤弘之的《物竞论》由译书汇编社出版单行本。

广雅书局辑《纪事本末汇编》8种刊毕。

梁启超著《李鸿章》（又名《中国四十年来大事记》）由《新民丛报》社刊行。

王先谦著《日本源流考》22卷成书，有自序。

杨守敬著《日本访书志》16卷刊行，有自序。又刻《留真谱》成。

按：杨守敬《日本访书志自序》曰："光绪庚辰之夏，守敬应大埔何公使如璋之召，赴日本充当随员。于其书肆颇得旧本。旋交其国医员森立之，见所著《经籍访古志》，遂按录索之。会遵义黎公使庶昌接任，议刻《古逸丛书》，嘱守敬极力搜访。而藏在其好古家者，不可以金币得。属有天幸，守敬所携古金石文字，乃多日本所未见者，彼此交易。于是其国著录之书麋集于箧中。每得一书，即略为考其原委，别纸记之。久之，得廿余册，拟归后与同人互相考证，为之提要。暨归，赴黄冈教官任，同好者绝3其人,此稿遂束高阁。而远方泥古之士,尝以书来索观其目,因检旧稿,涂乙不易辨。时守敬又就馆省垣,原书多藏黄州,未能一一整理,乃先以字画清晰者付书手录之,厘为十六卷。见闻之疏陋,体例之舛错,皆所不免。又其中不尽罕见之书,而惊人秘笈尚多未录出者。良以精力衰颓,襄助无人,致斯缺憾。倘天假之年,或当并出所得异本,尽以告世人也。辛丑四月,宜都杨守敬自记于两湖书院之东分教堂。"

梁启勋译日本松平康国著《世界近代史》成书,有梁启超按语。

麦孟华译日本山本利喜雅著《俄罗斯史》及日本松平康国著《英国宪法史》成书。

罗伯雅译美国威尔逊著《历史哲学》成书。

陈衍译《商业开化史》、《商业地理》及《银行论》成书。

陈衍著《货币论》,译日本《商律》。

叶德辉辑《瑞应图记》1卷。

张相文编著《初等地理教科书》、《中等地理教科书》先后成书。

按:中国编纂地理教科书始于此。

辜鸿铭著《尊王篇——一个中国人对义和团运动和欧洲文明的看法》(直译作《总督衙门来书》)在上海刊行。

张謇著《变法平议》成书。

蒋楷著《平原拳匪记》刊行。

按:是书记平原义和拳事。蒋楷为平原县令,是书为义和拳发起最初的官方记载。

侨析生、缙云氏合编《京津拳匪纪略》8卷及前后编2卷由香港书局石印。

北平东交民巷一教民头领著《庚子北京事变迹纪略》刊印。

章炳麟著《七略别录佚名征》1卷成书,自为序。

严复译英国亚当·斯密著《原富》首2篇交南洋公学译书院刊行。

冯自由译、章炳麟校《政治学》上集《国家编》由广智书局刊行。

汤寿潜著《宪法古义》成书。

俞樾著《经义塾钞》刊行。

邵之棠辑《皇朝经世文统编》107卷成书。

求自强斋主人辑《皇朝经济文编》128卷成书。

宜今室主人辑《皇朝经济文新编》61卷成书。

按:是书编者在序中称"宜今室主人特辑经济文新编,专以讲求经济为宗旨",故将"学术"一门完全删去。

王先谦辑《骈文类纂》44卷成书。

蒙古族人延清著《庚子部门纪事诗》初印,原题《巴里客馀生草》,重印时始改题是名。

按:补编刊于1911年。分书虞口、鸿毛、蛇足、鲂尾、豹皮、狐腋6集,补编题为《鸡肋集》,共收诗400多首,均为庚子围城中所作,故当时被称为"诗史"。

李宝嘉始著《庚子国变弹词》逐回初刊于《世界繁华报》,每天数行,逐日发表,凡两年而毕。

　　按:是书有1935年上海良友图书公司重排袖珍精装本。是书为纪录庚子事变最有成就的文学著作。

　　英国人赫德著《这些从秦国来——中国问题论文集》。

　　英国人翟理斯著《中国文学史》在英国伦敦刊行。

　　按:是为外国学者所作之第一部中国文学史专著。

　　李宝嘉始著《官场现形记》,以后成60回。

　　按:后数回由其友人茂苑惜秋生(欧阳巨源)续完成第五编。1909年崇善堂石印出版的本子,为较早的全本。

　　梁启超译日本柴四郎小说《佳人奇遇》由广智书局刊行。

　　按:《佳人奇遇》是梁启超译印政治小说理论的第一次具体实践,并就此拉开了晚清政治小说翻译的序幕。

　　林纾、魏易合译美国斯陀夫人著《汤姆叔叔的小屋》题为《黑奴吁天录》由商务印书馆刊行。

　　费伯雄著《费伯雄先生医书》4种附2种刊行。

　　江南制造局自是年迄光绪二十九年译刊《物理学》上中下3册成。

　　汪郁年、戴昌熙主编《励学译编》在苏州刊行。

　　广雅书局辑《广雅书局丛书》经史子集四部刊毕。

　　缪荃孙辑《云自在龛丛书》5集刊毕。

　　孙锵鸣卒(1817—　)。锵鸣字韶甫,号渠田,浙江瑞安人。道光二十一年进士,选庶吉士,散馆,授翰林院编修。二十九年,典试广西,留督学。咸丰三年,奉命办团练,迁侍讲学士。同治二年被免职。先后主讲苏州正谊书院,金陵钟山、惜阴书院,上海龙门、求是书院。著有《吕氏春秋高注补正》、《读书随笔》、《东瓯大事记》等,总题曰《止庵遗书》。事迹见缪荃孙《清故侍郎衔翰林院侍读学士孙先生墓碑》(《碑传集补》卷九)。

　　薛允升卒(1820—　)。允升字克猷,号云阶,陕西长安人。咸丰六年进士,授刑部主事。累迁郎中,出知江西饶州府。光绪三年,授四川成绵龙茂道,调署建昌。明年,迁山西按察使。历任山西按察使、山东布政使、刑部侍郎、刑部尚书等。著有《汉律辑存》6卷、《汉律决事比》4卷、《唐明律合编》40卷、《服制备考》4卷、《读例存疑》54卷等。事迹见《清史稿》卷四四二。

　　李鸿章卒(1823—　)。鸿章字少荃,安徽合肥人。道光二十七年进士,改庶吉士,授翰林院编修。从曾国藩游,讲求经世之学。历任江苏巡抚、湖广总督、直隶总督兼北洋通商事务大臣、武英殿大学士、文华殿大学士。卒谥文忠。著有《李文忠公全集》。今有安徽教育出版社出版的《李鸿章全集》。事迹见《清史稿》卷四一一、《清史列传》卷五八、蔡冠洛《清代七百名人传》第一编、梁启超《李鸿章传》、吴汝纶《太子太傅肃毅伯文华殿大学士直隶总督赠太傅一等侯李文忠公神道碑》、朱孔彰《李公鸿章别传》

　　威尔第卒(1813—　)。意大利歌剧作家。

　　威廉·斯塔布士卒(1825—　)。英国历史学家。

　　福泽瑜吉卒(1835—　)。日本启蒙思想家、教育家。

　　中江兆民卒(1847—　)。日本哲学家、社会活动家。

(均见《续碑传集》卷七)。

  按：《清史稿》本传曰："鸿章持国事，力排众议。在畿疆三十年，晏然无事。独究讨外国政学、法制、兵备、财用、工商、艺业。闻欧美出一新器，必百方营购以备不虞。尝设广方言馆、机器制造局、轮船招商局；开磁州、开平煤铁矿、漠河金矿；广建铁路、电线及织布局、医学堂；购铁甲兵舰；筑大沽、旅顺、威海船炮台垒；遴武弁送德国学水陆军械技艺；筹通商日本，派员往驻；创设公司船赴英贸易。凡所营造，皆前此所未有也。"

  谭继洵卒（1823— ）。继洵字敬甫，湖南省浏阳县人。谭嗣同父。咸丰九年成进士。历官甘肃布政使、湖北巡抚、署湖广总督，诰授光禄大夫、户部员外郎、户部郎中。光绪三年，由谭钟麟荐于左宗棠，得由京官外放，补授甘肃巩秦阶道。后擢甘肃按察使、布政使。光绪十五年，升任湖北巡抚。戊戌政变发生后，谭嗣同遇害，遂被连坐革职，勒令回籍，交地方官管束。

  刘庠卒（1824— ）。庠字慈民，号纯叟，江西南丰人。刘衡孙。幼从父刘良驹读书京师，执经于曾国藩之门。咸丰元年顺天乡试举人，官内阁中书，充国史馆、方略馆校对，父殁，不复仕。历主徐州龙云书院、海州敦善书院、清江浦崇实书院，先后三十余年。尝手写《十三经》，自号写十三经老人。著有《俭德堂易说》、《俭德堂文集》、《紫芝丹荔山房诗集》、《读史随笔》、《说文蒙求》、《说文谐声表》、《后汉郡国职官表》、《唐藩镇名氏表》、《通鉴校勘记》、《班许水道类记》、《意林补》、《文选小学汉魏音补辑》、《俭德堂读书随笔》等十余种。事迹见《清史列传》卷六九。

  美国传教士嘉约翰卒（1824— ）。美国长老会教徒，1853年来到中国传教，1854年到广州开始以行医传教。1856年回国。1859年再返回广州，创办中国最早的教会医院博济医院。在医院内设立"博济医校"，成为中国最早的教会医科学校。1868年，编辑出版发行中文的《广州新报》，宣传医疗卫生知识。1880年，又编辑出版中国第一份西医杂志《西医新报》。1898年，又在广州建立第一所精神病医院。致力于编译西医、西药书籍，在中国推广西医知识。一生共编译各种西医著述凡34种，几乎涵盖西医的所有方面，堪称在中国传播西医西药的奠基人。

  任其昌卒（1831— ）。其昌字士言，甘肃秦州人。同治四年进士，授户部候补主事。十二年归里，主讲天水书院、陇南书院。精《三礼》之学，长于考订史实。著有《秦州新志》、《蒲城县志》、《敦素堂文集》8卷、《敦素堂诗集》8卷等。事迹见《清史列传》卷七三、王权《任君墓表》（《碑传集补》卷一一）。

  谭献卒（1832— ）。献名廷献，字涤生，更名后字仲修，号复堂，自号半厂居士，浙江仁和人。俞樾弟子。同治六年举人。次年会试报罢，选署秀水教谕。十二年，纳资得县令，历官安徽歙县、全椒、合肥、宿松、含山诸县。光绪十六年，张之洞延主湖北经心书院。著有《复堂类稿》21卷、《复堂词话》1卷、《复堂日记》等。辑有《箧中词》。事迹见《清史稿》卷四八六、夏寅官《谭献传》（《碑传集补》卷五一）。

按：《清史稿》本传曰："少负志节，通知时事。国家政制典礼，能讲求其义。治经必求西汉诸儒微言大义，不屑屑章句。读书日有程课，凡所论著，隐栝于所为日记。文导源汉、魏，诗优柔善入，恻然动人。又工词，与慈铭友善，相唱和。官安徽，知歙、全椒、合肥、宿松诸县。晚告归，贫甚。张之洞延主经心书院，年余谢归，卒于家。"

廖寿丰卒（1836— ）。寿丰字谷士，江苏嘉定人。廖寿恒兄。同治十年进士，累官浙江巡抚，提倡新政甚力。曾奏设求是书院，创办浙江武备学堂。

英国传教士德贞卒（1837— ）。英国伦敦会传教医生。1862年来华，曾任北京英国教会医院院长。著有《中俄政教志略》、《土地问题：中国农民所有权之教训》等。

徐建寅卒（1845— ）。建寅字仲虎，江苏无锡人。徐寿子。曾随父赴曾国藩军，协助其父造汽船。同治十三年，调赴天津制造局，制造强水。光绪元年，辅助山东巡抚丁宝桢创办山东机器局。又因丁宝桢荐，受命赴西洋各国考察。旋授德国参赞。十年回国，命以知府，发直隶。十二年，两江总督曾国荃调会办金陵机器局。寻擢道员。二十一年冬，受命查验天津、威海船械。次年，充福建船政提调。二十四年，充农工商务大臣。是年，因制造火药失事被炸死。赠内阁学士。译有《西洋切要书》、《德国议院章程》数十种。著有《造船全书》、《兵法新书》、《测地捷法》、《欧游杂录》等，辑有《德国合盟纪事本末》。事迹见《清史稿》卷五〇五。

林鹤年卒（1847— ）。鹤年字谦章，别字铁林，号氅云，晚号怡园老人，福建安溪人。光绪八年举人。九年授国史馆誊录。十八年东渡台湾。入唐景崧幕，参赞军机。曾与唐景崧、丘逢甲等在台北结牡丹诗社。与黄遵宪、丘逢甲并称晚清闽粤诗坛三大家。二十一年居厦门，主讲东亚书院。著有《福雅堂诗钞》16卷。事迹见吴鲁《林氅云先生家传》（《福雅堂诗钞》卷首）。

杨衢云卒（1861— ）。衢云原名飞鸿，字肇春，福建海澄人。光绪十八年，与谢缵泰等在香港组织辅仁文社。二十一年，加入香港兴中会总部，任会长。是年，被清政府派人刺死。

郑士良卒（1863— ）。士良原名振华，字安医，号弼医，广东归善人。曾加入兴中会，与孙中山等谋划广州起义。事败，流亡日本。光绪二十六年，奉孙中山之命，组织惠州三洲田起义。是年，被清吏毒死在香港。

蒋光慈（ —1931）、马连良（ —1966）、王芸生（ —1966）、王亚南（ —1969）、唐兰（ —1979）生。

光绪二十八年　壬寅　1902年

《英日同盟条约》签订。

美参院再次通过排华法案。

英布战争结束。

正月初六日丁卯(2月13日)，管学大臣张百熙奏陈筹办京师大学堂情形。

二月初二日癸巳(3月11日)，谕曰："中国律例，自汉唐以来，代有增改。我朝《大清律例》一书，折衷至当，备极精详。惟是为治之道，尤贵因时制宜。今昔形势不同，非参酌适中，不能推行尽善。况近来地利日兴，商务日广，如矿律、路律、商律等类，皆应妥议专条。著名出使大臣，查取各国通行律例，咨送外务部。并著责成袁世凯、刘坤一、张之洞，慎选熟悉中西律例者，保送数员来京，听候简派，开馆编纂，请旨审定颁发。总期切实平允，中外通行，用示通变宜民之至意。将此各谕令知之。"(《德宗景皇帝实录》卷四九三)

三月初一日辛酉(4月8日)，中俄签订《交收东三省条约》。

十九日己卯(4月26日)，章炳麟、秦力山在东京发起"支那亡国二百四十二周年纪念会"，纪念南明永历帝覆亡二百四十二周年。

是月，禁妇人缠足。

五月十七日丙子(6月22日)，中英订立《上海会审公廨合同》。

七月十二日庚午(8月15日)，张百熙奏呈所议学堂章程，史称"壬寅学制"。

按：《清史稿·选举志二》曰："七月，百熙遵拟学堂章程，疏言：'古今中外，学术不同，其所以致用则一。欧、美、日本诸邦现行制度，颇与中国古昔盛时良法相同。礼记载家有塾，党有庠，州有序，国有学。比之各国，则国学即大学，家塾、党庠、州序即蒙学、小学、中学。等级盖甚分明。周以前选举、学校合而为一，汉以后专重选举，及隋设进士科以来，士皆殚精神于诗、赋、策、论，所谓学校，名存而已。今日而议振兴教育，必以真能复学校之旧为第一要图。虽中外政教风气原本不同，然其条目秩序之至赜而不可乱，不必尽泥其迹，不能不兼取其长。谨上溯古制，参考列邦，拟定京师大学暨各省高等学、中学、小学、蒙学章程，候钦定颁行各省，核实兴办。凡名是实非之学堂及庸滥充数之教习，一律从严整顿。'诏下各省督抚，按照规条实力奉行。是为钦定学堂章程。教育之有系统自此始。"

十三日辛未(8月16日)，各国议定中国关税税率。

八月初四日辛卯(9月5日)，中英订立增改通商行船条约及中英续订内港行轮修改章程。

按：在《通商行船条约》中，有一款曰："中国深欲整顿本国律例，以期与各国律例，改同一律，英国允愿尽力协助，以成此举。一俟查悉中国律例情形，及其审判办法，及一切相关事宜，皆臻妥善，英国即允弃其治外法权。"台湾学者廖与人认为，这是中国企图取消不平等条约之最初表示,亦系准备建立新的司法制度之首次宣布,为中国司法史上划时代之重要文献(廖与人编著《中华民国现行司法制度》上)。

九月初四日辛酉(10月5日),命各省督抚筹款选派学生赴西洋游学。

十六日癸酉(10月17日),命各省仿袁世凯定警务章程,为中国警察制度推广之始。

十月十七日癸卯(11月16日),上海南洋公学学潮发生。

是日,中国教育会受南洋公学退学学生要求,在上海开办爱国学社。

十一月初二日戊午(12月1日),命自明年会试始,凡一甲授职修撰、编修,二、三甲改庶吉士,用部属中书者,皆令入京师大学堂分门肄业。

十八日甲戌(12月17日),京师大学堂开学。

按:《清史稿·选举志二》曰:"京师大学堂分大学院、大学专门分科、大学豫备科。附设者,仕学、师范两馆。大学院主研究,不讲授,不立课程。专门分科凡七:曰政治科,曰文学科,曰格致科,曰农业科,曰工艺科,曰商务科,曰医术科。政治科分目二:政治,法律。文学科分目七:经学,史学,理学,诸子,掌故,词章,外国语言文字。格致科分目六:天文,地质,高等算学,化学,物理,动植物。农业科分目四:农艺,农业化学,林学,兽医。工艺科分目八:土木,机器,造船,造兵器,电气,建筑,应用化学,采矿冶金。商务科分目六:簿记,产业制造,商业语言,商法,商业史,商业地理。医术科分目二:医学,药学。豫备科分政、艺两科。政科课目:伦理,经学,诸子,词章,算学,中外史,中外舆地,外国文,物理,名学,法学,理财,体操。艺科课目:伦理,中外史,外国文,算学,物理,化学,动植物,地质及矿产,图画,体操。为入专理某科便利计,得增减若干科目。各三年卒业。仕学馆课目:算学,博物,物理,外国文,舆地,史学,掌故,理财,交涉,法律,政治。师范馆课目:伦理,经学,教育,习字,作文,算学,中外史,中外舆地,博物,物理,化学,外国文,图画,体操。"

是月,京师同文馆改为翻译科,由速成、预备两科中择其年少质敏,洋文已有门径者入学。

十二月初七日癸巳(1903年1月5日),清廷决定参加在美国圣路易城举行之国际博览会,派溥伦为正监督。

是年,京师大学堂设编书处,编纂小学各级教科书。

孙中山三月自横滨到东京,参加章炳麟等倡议举行的"支那亡国二百四十二周年纪念会",因日本政府阻挠纪念会未开成。返横滨后,仍补行纪念会。九月,应宫崎寅藏之请,作《三十三年落花梦序》。冬,自日本到香港,旋赴越南河内,在华侨中宣传革命,建立兴中会分会。

张之洞四月改两湖书院为两湖大学堂,创建师范学堂、高等普通小学堂,手工艺学堂添设工厂。改经心书院为勤成学堂。五月,创办湖北省城警察,选派黄兴等师范生30人及警察弁目20人赴日留学。六月,为督办通商大臣。九月,奏保经济特科人才杨守敬等。旋接署两江总督。十二月,保荐经济特科人才缪荃孙、张謇、孙诒让、罗振玉等。是年底,与湖北巡抚端方有《筹定学堂规范次第兴办折》。

按:张之洞的奏折,可以补充张百熙所拟《壬寅学制》的不足,故张百熙对张之洞的奏折给予了充分的肯定,他说:"该督疏陈湖北学堂章程,其中足补臣百熙奏进

英国W.贝利斯和E.斯塔林首次发现、命名激素,并阐明其作用。

德国尤·伯恩斯坦提出细胞电位理论,说明生物现象。

德国弗里本发现放射线能引起癌肿。

章程所不及者,当即一律照改,奏明在案。学堂为当今第一要务,张之洞为当今第一通晓学务之人,湖北所办学堂,颇有成效,此中利弊,阅历最深。"(璩鑫圭《学制演变——中国近代教育史资料汇编》)

康有为隐居于印度北部山城大吉岭,潜心著述,修改《大同书》,历时四个多月,写成第三稿。是年有《复美洲华侨论中国只可行君主立宪不可行革命书》、《与同学诸子梁启超等论印度亡国由于各省自立书》,宣称中国只能行君主立宪,不可行革命。

梁启超正月在日本横滨创刊《新民丛报》,自任主编,蒋智由、马君武、麦孟华、徐勤、欧榘甲等撰稿。十一月,在横滨创办《新小说》月刊,罗普协助。

按:《新小说》是中国第一种新型的小说刊物,梁启超在创刊号上发表《论小说与群治之关系》,强调"欲新一国之民,不可不先新一国之小说。故欲新道德,必新小说;欲新宗教,必新小说;欲新政治,必新小说;欲新风俗,必新小说;欲新学艺,必新小说;乃至欲新人心,欲新人格,必新小说。何以故?小说有不可思议之力支配人道故"。"故今日欲改良群治,必自小说界革命始;欲新民,必自新小说始。"(《新小说》1902年第1期)梁启超《清代学术概论》曰:"自是启超复专以宣传为业,为《新民丛报》、《新小说》等诸杂志,畅其旨义,国人竞喜读之,清廷虽严禁不能遏。每一册出,内地翻刻本辄十数。二十年来学子之思想,颇蒙其影响。"

梁启超作《新史学》,刊载于《新民丛报》,与上年所作《中国史叙论》,同为梁氏拟著《中国通史》之准备。作《意大利建国三杰传》、《匈牙利爱国者噶苏士传》、《近世第一女杰罗兰夫人传》等刊载于《新民丛报》。

按:梁启超在《新史学》一文,呼吁"史界革命",认为"史界革命不起,则吾国遂不可救。悠悠万事,惟此最大"(《饮冰室合集》文集之九)。邓实在是年8月18日的《政艺通报》发表《史学通论》,亦曰:"中国史界革命之风潮不起,则中国无史矣。无史则无国。"

梁启超撰《自由书》,改由《新民丛报》继续连载。又撰《新民说》,始刊载于《新民丛报》。又作《论中国学术思想变迁之大势》、《论希腊古代学术》、《近世文明初祖二大家学说》、《天演初祖达尔文学说及其传略》、《进化论革命者颉德之学说》、《论宗教与哲学之长短得失》、《论佛教与群治关系》等文刊载于《新民丛报》。

按:《论中国学术思想变迁之大势》一文中将中国学术史划分为八个时代:"一胚胎时代,春秋以前也;二全盛时代,春秋及战国是也;三儒学统一时代,两汉是也;四老学时代,魏晋是也;五佛学时代,南北朝隋唐是也;六儒佛混合时代,宋元明是也;七衰落时代,近二百五十年是也;八复兴时代,今日是也。"(《饮冰室合集》文集之七)继之在《清代学术概论》中进而提出"自秦以后,确能成为时代思潮者,则汉之经学,隋唐之佛学,宋及明之理学,清之考据学,四者而已。"基于时代与个人的双重原因,梁氏抛弃了长期以来以儒家为正统、以纯儒为正统的"道统"说与"学统"说,力图以融通古今、中西的崭新的学术史观,还原于中国学术原生状态与内在逻辑,这的确是一个重大突破。今天,当"先秦诸子学——两汉经学——魏晋玄学——隋唐佛学——宋明理学——清代朴学——近代新学"已成为概括中国学术史流变的通行公式时,尤其不能遗忘梁氏的创辟之功。胡适《四十自述》曰:"我个人受了梁先生无穷的恩惠。现在追想起来,有两点最分明。第一是他的《新民说》,第二是他的《中国学术思想变迁之大势》。""《新民说》诸篇给我开辟了一个新世界,使我彻底相信中国之外还有很高等的民族,很高等的文化。《中国学术思想变迁之大势》也给我开辟了一个新世界,使我知道《四书》、《五经》之外,中国还有学术思想。"又说他最爱读《论中国学术思想变迁之大势》,因为"这是第一次用历史眼光来整理中国旧学术思想,第一次给我们一个'学术史'的见解"。

梁启超二月八日发表《论学术之势力左右世界》,认为左右世界的最大势力是智慧和学术。

按:梁启超在文中说:"亘万古,衰九垓,自天地初辟以迄今日,凡我人类所牺息之世界,于其中而求一势力之最广被而最经久者,何物乎?将以威力乎?亚历山大之狮吼于西方,成吉思汗之龙腾于东土,吾未见其流风余烈,至今有存焉者也。将以权术乎?梅特涅执牛耳于奥大利,拿破仑第三弄政柄于法兰西,当其盛也,炙手可势,威震环瀛,一败之后,其政策亦随身名而灭矣。然则天地间独一无二之大势力,何在乎?曰智慧而已矣,学术而已矣。今且勿论远者,请以近世史中文明进化之迹,略举而证明之。凡稍治史学者,度无不知近世文明先导之两原因,即十字军之东征与希腊古学复兴是也。夫十字军之东征也,前后凡七役,亘二百年(起一千〇九十六年,迄一千二百七十年),卒无成功。乃其所获者不在此而在彼。以此役之故,而欧人得与他种民族相接近,传习其学艺,增长其智识,盖数学、天文学、理化学、动物学、医学、地理学等,皆至是而始成立焉;而拉丁文学、宗教裁判等,亦因之而起。此其远因也。中世末叶,罗马教皇之权日盛,哲学区域,为安士林(Anselm,罗马教之神甫也)派所垄断,及十字军罢役以后,西欧与希腊、亚剌伯诸邦,来往日便,乃大从事于希腊语言文字之学,不用翻译,而能读亚里士多德诸贤之书,思想大开,一时学者不复为宗教迷信所束缚,卒有路得新教之起,全欧精神,为之一变。此其近因也。其间因求得印书之法,而文明普遍之途开;求得航海之法,而世界环游之业成。凡我等今日所衣所食、所用所乘、所闻所见,一切利用前民之事物,安有不自学术来者耶?此犹曰其普通者,请举一二人之力左右世界者,而条论之。"文章接着论述了歌白尼之天文学,倍根、笛卡儿之哲学,孟德斯鸠之《万法精理》,卢梭之倡天赋人权,富兰克今之电学,瓦特之汽机学,亚丹·斯密之理财学,伯伦知理之国家学,达尔文之进化论,以及奈端之创重学,嘉列、怀黎之制排气器,连挪士之开植物学,康德之开纯全哲学,皮里士利之化学,边沁之功利主义,黑拔之教育学,仙士门、喀谟德之倡人群主义及群学,约翰弥勒之论理学、政治学、女权论,斯宾塞之群学等,认为他们对世界贡献之大,是无与伦比的。"亦有不必自出新说,而以其诚恳之气,清高之思,美妙之文,能运他国文明新思想,移植于本国,以造福于其同胞,此其势力,亦复有伟大而不可思议者。……日本人之知有西学,自福泽始也;其维新改革之事业,亦顾问于福泽者十而六七也。托尔斯泰,生于地球第一专制之国,而大倡人类同胞兼爱平等主义,其所论盖别有心得,非尽凭借东欧诸贤之说者焉。其所著书,大率皆小说,思想高彻,文笔豪宕,故俄国全国之学界,为之一变。近年以来,各地学生咸不满于专制之政,屡屡结集,有所要求,政府捕之、锢之、放之、逐之,而不能禁,皆托尔斯泰之精神所鼓铸者也。由此观之,福禄特尔之在法兰西,福泽谕吉之在日本,托尔斯泰之在俄罗斯,皆必不可少之人也。苟无此人,则其国或不得进步,即进步亦未必如是其骤也。然则如此等人者,其于世界之关系何如也!吾欲敬告我国学者曰:公等皆有左右世界之力,而不用之何也?公等即不能为倍根、笛卡儿、达尔文,岂不能为福禄特尔、福泽谕吉、托尔斯泰?即不能左右世界,岂不能左右一国?苟能左右我国者,是所以使我

国左右世界也。"(《饮冰室合集》文集之六十)

梁启超三月十日发表《史学之界说》，认为"欲创新史学，不可不先明史学之界说；欲知史学之界说，不可不先明历史之范围"(《饮冰室全集》文集之九)。

梁启超因反对保教主张，与康有为发生误会。是年四月有《与夫子大人书》，详加解释。另作有《保教非所以尊孔论》。

按：梁启超说："至于保教一事，弟子亦实见保之之无谓。先生谓巴拏马、星加坡各埠今方兴起，而弟子摧其萌蘖。今所欲办者，如巴、星各埠所办，果有益于事否乎？他地吾不敢知，横滨一埠则戊己庚辛四年皆庆诞，每年费二千余金，试问于孔教有何影响？于大局有何关系？徒为虚文浪费金钱而已。诚不如以之投诸学校之为妙矣。今星加坡集捐二十余万，建一孔子庙，弟子闻之实深惜之。窃谓此等款项，若以投之他种公共事业，无论何事，皆胜多多矣。至先生谓各国皆以保教，而教强国强。以弟子观之，则正相反。保教而教强，固有之矣，然教强非国之利也。欧洲拉丁民族保教力最强，而人皆退化，国皆日衰，西班牙、葡萄牙、意大利是也。条顿民族如英、美、德各国，皆政教分离，而国乃强。今欧洲之言保教者，皆下愚之人耳，或凭借教令为衣食者耳。实则耶教今日亦何尝能强，其渐灭可立而待矣。哲学家攻之，格致学家攻之，身无完肤，屡变其说，以趋时势，仅延残喘，穷遁狼狈之状，可笑已甚，我何必更尤而效之。且弟子实见夫欧洲所以有今日者，皆由脱教主之羁轭得来，盖非是则思想不自由，而民智终不得开也。倍根、笛卡儿、赫胥黎、达尔文、斯宾塞等，轰轰大名，皆以攻耶苏教著也，而其大有造于欧洲，实亦不可诬也。弟子以为欲救今日之中国，莫急于以新学说变其思想（欧洲之兴全在此），然初时不可不有所破坏。孔学之不适于新世界者多矣，而更提倡保之，是北行南辕也。先生所示自由服从二义，弟子以为行事当兼二者，而思想则惟有自由耳。思想不自由，民智更无进步之望矣。先生谓弟子故为立异，以避服从之义，实则不然也，其有所见，自认为如此，然后有利益于国民，则固不可为违心之论也。故先生以其所见之谬而教诲之，则弟子所乐受，而相与明辨，若谓有心立异，则不敢受也。弟子意欲以抉破罗网，造出新思想自任，故极思冲决此范围，明知非中正之言，然今后必有起而矫之者，矫之而适得其正，则道进矣。即如日本当明治初元，亦以破坏为事，至近年然后保存国粹之议起。国粹说在今日固大善，然使二十年前而昌之，则民智终不可得而开而已。此意弟子怀之已数年，前在庇能时与先生言之，先生所面责者，当时虽无以难，而此志今不能改也。……至谓弟子从耶教，实则不然。耶教之不宜今日也尤甚，孔教且不欲保，何况于耶？请先生勿过虑也。"(《梁启超年谱长编》第三册)从1902年之后，梁启超在孔教问题上完全和康有为分道扬镳，他自言："启超自三十（1902年）以后，已绝口不谈伪经，亦不甚谈改制。而其师康有为大倡设孔教会定国教祀天配孔诸义，国中附和不乏。启超不谓然，屡起而驳之。"(同上)

又按：梁启超《保教非所以尊孔论》说："至倡保教之议者，其所蔽有数端：一曰不知孔子之真相，二曰不知宗教之界说，三曰不知今后宗教势力之迁移，四曰不知列国政治与宗教之关系。今试一一条论之。"他认为孔子是哲学家、教育家、政治家，而不是宗教家，所以保孔教则成其无目标的运动。"孔子者哲学家、经世家、教育家，而非宗教家也。西人常以孔子与梭格拉底并称，而不以之与释迦、耶稣、摩诃末并称，诚得其真也。夫不为宗教家，何损于孔子！孔子曰：'未能事人，焉能事鬼；未知生，焉知死。''子不语怪力乱神。'盖孔子立教之根柢，全与西方教主不同。吾非必欲抑群教以扬孔子,但孔教虽能有他教之势力,而亦不至有他教之流弊也。然则以吾中国人物论之,若张道陵(即今所谓张天师之初祖也),可谓之宗教家;若袁了凡(专提倡《太上感应篇》、《文昌帝君阴骘文》者),可谓之宗教家。(宗教有大小,有善恶。埃及之拜物教,波斯之拜火教,可谓之宗教,则张、袁不可不谓之宗教。)而孔子则不可谓之宗教家。宗教之性质,如是如是。持保教论者,辄欲设教会,立教堂,定礼拜之仪式,著信仰之规条,事事摹仿佛、耶,惟恐不肖。此靡论其不能成也,即使能之,而诬孔子不已甚耶!孔子未尝如耶稣之自号化身帝子,孔子未尝如佛之自称统属天龙,孔子未尝使人于吾言之外皆不可信,于吾教之外皆不可从。孔子,人也,先圣也,先师也,非天也,非鬼也,非神也。强孔子以学佛、耶,以是云保,则所保者必非孔教矣。无他,误解宗教之界说,而艳美人以忘我本来也。"(《饮冰室合集》文集之九)

再按:梁启超《清代学术概论》二十六《梁启超与康有为的分歧》曰:"启超既日倡革命排满共和之论,而其师康有为深不谓然,屡责备之,继以婉劝,两年间函札数万言。启超亦不慊于当时革命家之所为,惩羹而吹齑,持论稍变矣。然其保守性与进取性常交战于胸中,随感情而发,所执往往前后矛盾,尝自言曰:'不惜以今日之我,难昔日之我。'世多以此为诟病,而其言论之效力亦往往相消,盖生性之弱点然矣。启超自三十以后,已绝口不谈'伪经',亦不甚谈'改制'。而其师康有为大倡设孔教会定国教祀天配孔诸义,国中附和不乏。启超不谓然,屡起而驳之。……中国思想之痼疾,确在'好依傍'与'名实混淆'。若援佛入儒也,若好造伪书也,皆原本于此等精神。以清儒论,颜元几于墨矣,而必自谓出孔子;戴震全属西洋思想,而必自谓出孔子;康有为之大同,空前创获,而必自谓出孔子。及至孔子之改制,何为必托古?诸子何为皆托古?则亦依傍、混淆也已。此病根不拔,则思想终无独立自由之望。启超盖于此三致意焉。然持论既屡与其师不合,康、梁学派遂分。……启超与康有为最相反之一点,有为太有成见,启超太无成见。其应事也有然,去治学也亦有然。有为常言:'吾学三十岁已成,此后不复有进,亦不必求进。'启超不然,常自觉其学未成,且忧其不成,数十年日在旁皇求索中。故有为之学,在今日可以定论;启超之学,则未能论定。然启超以太无成见之故,往往徇物而夺其守,其创造力不逮有为,殆可断言矣。"

梁启超作《三十自述》,介绍自己三十年的生平与学术。

黄遵宪十一月有《与饮冰室主人书》,与梁启超论《新小说报》及梁氏《新中国未来记》。

黄遵宪有《与严复书》,提出创造新语言文体问题。

按:黄遵宪在信中说:"今日已为二十世纪之世界矣,东西文明,两相接合,而译书一事,以通彼我之怀,阐新旧之学,实为要务。公于学界中又为第一流人物,一言而为天下法则,实众人之所归望者也。仆不自揣,窃亦有所求于公:第一为造新字……第二为变文体。……公以为文界无革命,弟以为无革命而有维新。如《四十二章经》,旧体也,自鸠摩罗什辈出,而内典别成文体,佛教益行矣。本朝之文书,元明以后之演义,皆旧体所无也,而人人遵用之而乐观之。文字一道,至于人人遵用之乐观之,足矣。凡仆所言,皆公所优为,但未知公肯降心以从、降格以求之否?"(《黄遵宪集》下卷)

严复译《原富》首二篇发表后,梁启超即在《新民丛报》第二期加以推荐,同时对其摹仿先秦文体的翻译风格提出批评;严复随后在《新民丛报》第七期上发表《与〈新民丛报〉论译〈原富〉书》,与梁启超进行论辩。

章炳麟正月为避恩铭等人追捕，东渡日本。三月十九日，乃明崇祯皇帝在北京煤山上吊而死二百四十二年，故与孙中山、秦力山等人在东京发起召开"支那亡国二百四十二周年纪念会"，以被日警所阻，遂改在横滨举行。孙中山任纪念会主席，章炳麟宣读《中夏亡国二百四十二年纪念会书》。六月，章氏归国，由沪返杭，删定《訄书》重刻本。七月，有《致梁启超书》，赞同梁氏提出的破除以帝王为中心的旧史体系纂修《中国通史》的主张。

章炳麟是年在《新民丛报》第13号发表《章太炎来简》，认为新的中国通史，"一方以发明社会政治进化衰微之原理为主"，"一方以鼓舞民气、启导方来为主"。

章炳麟是年至次年撰写《清儒》论文，对清代学术流派及其演变作概括总结。

黄兴是春被选为赴日学习速成师范的官费留学生。六月，抵东京，入弘文学院速成师范科学习。十二月十四日，与杨守仁、陈天华、杨度等创办《游学译编》，宣传民主政治和反清革命思想。

杨度正月二十五日访王闿运，问王霸之别及今日夷务应付之方。二月二十六日，再访王闿运。四月，抵日本东京，入弘文学院。九月二十日，赴湖南速成师范生结业会，听弘文学院院长嘉纳治五郎演讲中国教育问题。十月初一日，为日本教育家伊泽二所著《日本学制大纲》作后序。九月中旬，离东京归国，抵上海。为创办《游学译编》事，禀苏松太兵备道袁树勋，获准立案。十月十五日，《游学译编》在日本东京创刊，杨度预先为之所作《叙》文揭载该刊。十一月二十六日，访王闿运，述日本所学。

蔡元培三月与叶翰、蒋智由、黄宗仰、黄炎培等在上海发起成立中国教育会，被选为会长，下设教育、出版、实业三部。七月，游历日本，适遇吴稚晖率留学生与清廷驻日公使发生冲突，被勒令回国，遂伴吴稚晖等由日本返回上海。十月，发起创设爱国学社，以接纳南洋公学退学学生，任总理，吴稚晖为学监。冬，又与蒋智由、黄宗仰等在上海创设美国女学，推蒋智由为总理，旋以蒋往日本，由蔡元培继任。是年，兼任商务印书馆设编译所所长。

按：中国教育会于1907年停止活动。

张百熙初奏《筹办京师大学堂情形疏》，建议先开预备速成两科，预备科分政科、艺科，速成科分为仕学、师范两馆。同时兼添设讲舍，附设编译书局，广购书籍图器。同年七月，奏准所拟各级学堂章程六件：《京师大学堂章程》、《考选入学章程》、《高等学堂章程》、《中学堂章程》、《蒙学堂章程》，统称《钦定学堂章程》。

按：《钦定学堂章程》是我国第一次以政府名义规定的完整学制。《清史稿·选举志二》曰："二十八年正月，百熙奏《筹办大学堂情形豫定办法》一条，言：'各国学制，幼童于蒙学卒业后入小学，三年卒业升中学，又三年升高等学，又三年升大学。以中国准之，小学即县学堂，中学即府学堂，高等学即省学堂。目前无应入大学肄业之学生，通融办法，惟有暂时不设专门，先设立一高等学为大学豫备科。分政、艺二科，以经史、政治、法律、通商、理财等事隶政科，以声、光、电、化、农、工、医、算等事隶艺科。查京外学堂，办有成效者，以湖北自强学堂、上海南洋公学为最。此外如京师同文馆，上海广方言馆，广东时敏、浙江求是等学堂，开办皆在数年以上，不乏合格之才。更由各省督、抚、学政考取府、州、县高材生，咨送来京，覆试如格，入堂肆业。三年卒业，及格者升大学正科。不及格者，分别留学、撤退。大学豫科与各省省学堂卒业生程度相同，由管学大臣考验合格，请旨赏给举人。正科卒业，考验合格，请旨赏给进士。惟国家需材孔亟，欲收急效而少弃才，则有速成教员一法。于预备科外设速成科，分二门：曰仕学馆，曰师范馆。凡京员五品以下、八品以上，外官道员以下、教职以上，皆许考入仕学馆。举、贡、生、监，皆许考入师范馆。仕学三年卒业，择尤保奖。师范三年卒业，择优异者带领引见。生准作贡生，贡生准作举人，举人准作进士，分别给予准作小学、中学教员文凭。盖豫科生必龀年岁最富、学术稍精者，再加练习，储为真正合格之才。速成生则取更事较多、立志猛进者，取其听从速化之效。至增建校舍，附设译局，广购书籍、仪器，尤以宽筹经费为根原。经费分两项：一，华俄道胜银行存款之息金，全数拨归大学堂；一，请饬各省筹助经费，每年大省二万金，中省一万金，小省五千金，常年拨解京师。'从之。"

张百熙聘吴汝纶为京师大学堂总教习，于式报为总办，李家驹为副总办。李希圣为编译馆编局总纂，严复为编译局总办，林纾、曾宗巩、魏易和严复的长子严璩为副手。邹代钧为舆地编纂处总纂。十一月，京师大学堂正式开办。先为速成科，分仕学馆及师范馆。

按：《清史稿·选举志二》曰："先是百熙招致海内名流，任大学堂各职。吴汝纶为总教习，赴日本参观学校。适留日学生迭起风潮，诼谣繁兴，党争日甚。二十九年正月，命荣庆会同百熙管理大学堂事宜。二人学术思想，既各不同，用人行政，意见尤多歧异。时鄂督张之洞入觐。之洞负海内重望，于川、晋、粤、鄂，曾创设书院及学堂。著《劝学篇》，传诵一时；尤抱整饬学务之素志。闰五月，荣庆约同百熙奏请添派之洞会商学务，诏饬之洞会同管学大臣釐定一切学堂章程，期推行无弊。"

张百熙鉴于教习人才的缺乏，选派四十余人赴欧美日本留学，各省派官费留学生由此开始。

王式通因张百熙奏，充编书局纂修，提调京师大学堂，兼办学务处，举经济特科，不就。

吴汝纶在五月十六日《答张小浦观察》书中，举荐伍光建任京师大学堂总教习。

按：吴汝纶说："如伍光建者，西学既高，汉文亦极研习，皆胜某十倍，举以自代，不为失举。"（《吴汝纶尺牍》）

吴汝纶七月携李光炯等赴日本考察教育四个月，归国后致书张百熙请推行王照拼音方案。又撰《东游丛录》一书。其弟子又编成《东游日报译编》一书。

按：《清史稿》卷四八六曰：吴汝纶"尝乐与西士游，而日本之慕文章者，亦踔海来请业。会朝旨开大学堂于京师，管学大臣张百熙奏荐汝纶加五品卿衔总教务，辞不获，则请赴日本考学制。既至其国，上自君、相及教育名家，妇孺学子，皆备礼接款，求请题咏，更番踵至。旋返国，先乞假省墓，兴办本邑小学堂。规制粗立，遽以疾卒，年六十四"。

袁世凯二月从随营学堂中一次选拔55人派赴日本陆军学堂习军

事。四月,在保定府设立直隶学校司,作为督办全省教育的最高行政机关,下设专门教育、普通教育、编译3处,饬令各州县设立劝学所、宣讲处、阅报所,置劝学总董1人,劝学员数人,办理地方学务。聘请日本东京音乐学校校长兼东京高等师范学校教授渡边龙圣为学校司顾问。又将畿辅大学堂改建为直隶高等学堂。七月,创设师范学堂,各府设中学堂,州县设高等小学堂,村镇设初等小学堂。又创办巡警学堂,为中国警察学校之始。

刘坤一、张之洞二月奉旨会奏保荐伍廷芳、沈家本、沈曾植3人修订法律。旋又与袁世凯等3人会奏请于京师设仕学院。

按:《清史稿·沈曾植传》曰:"居刑曹十八年,专研古今律令书,由大明律、宋律统、唐律上溯汉、魏,于是有《汉律辑补》、《晋书刑法志补》之作。曾植为学兼综汉、宋,而尤深于史事掌故,后专治辽、金、元三史,及西北舆地、南洋贸迁沿革。"

罗振玉正月自日本返沪,清缮考察笔记为《扶桑两月记》1卷。为江鄂会奏拟学制稿,会奏受阻,辞江楚编译局职。三月应苏抚恩寿招,赴苏州订中学堂课程。应盛宣怀聘,赴上海南洋公学虹口东文科任监督,藤田剑峰为总教习。得宋马和之《唐风图》,因名所居为"唐风楼"。

王国维在日本东京物理学校孜孜而学,是夏,因病回国。始读社会学、心理学、论理学(即逻辑学)、哲学等书,尤关注人生问题。夏,张謇在通州创办通州师范学堂,欲聘一心理学、哲学、伦理学教员。经罗振玉推荐,王国维应其一年之聘。是年译《教育学教科书》。

按:王国维《三十自序一》说:"留东京四五月而病作,遂以是夏归国。自是以后,遂为独学之时代矣。体素羸弱,性复忧郁,人生问题,日往复于吾前。自是始从事于哲学,而此时为余读书之指导者,亦即藤田君也。"又说:"春,始读翻尔彭之《社会学》,及文之《名学》、海甫定《心理学》之半。而所购哲学之书亦至,于是暂辍心理学而读巴尔善之《哲学概论》,特尔彭之《哲学史》,当时之读此等书,固与前日之读英文读本之道无异。幸而已得读日文,则与日文之此类书参照而观之,遂得通其大略。"(《王国维年谱新编》)

张元济正月在上海创办《外交报》,发表《外交报叙例》,揭橥"文明排外"宗旨。编辑是马裕藻。又应夏瑞芳之邀,入商务印书馆工作,并设立编译所,聘蔡元培为编译所所长。与汪康年、梁启超、蔡元培相约从马相伯习拉丁文。其《答友人问学堂事书》发表于上海《教育世界》第20号。时严复发表《与外交报主人论教育书》,与张氏展开商榷。是年起先后主持并参与编校最新教科书多种,并约请高梦旦、蒋维乔、夏曾佑、杜亚泉、伍光建等编撰。

张謇创办通州师范学堂,分本科、速成、讲习三科。

按:中国民办之自立师范学校始此。

端方九月署理湖广总督,嗣于省城城关内外设小学堂60所,各道府设立师范学堂,并创立第一个公共图书馆。

缪荃孙七月任由钟山书院改为高等学堂的总教习,并主持高等学堂兼中山学堂事。是年,赴日本考察办学事宜,并留心查阅我国典籍。

杨守敬任勤成学堂总教长。

林纾、魏易等在严复主持之译局供职。三月为严复译《尊疑译书图》，林纾撰《尊疑译书图记》。

刘鹗在家与罗振玉讨论甲骨墨本，叹为汉以来小学家所不得见之文字，乃劝刘氏拓印成书，为罗氏与甲骨学发生关系之始。

廖平代理安岳教谕，五月为绥定府教授。

马叙伦获留学日本名额，因当局发现其有革命倾向而被取消。是年在《新世界学报》第一期发表《史学总论》，认为"史学，群学也，名学也，战术学也，种种社会之学，皆于史乎门键而户钥之者也"。

容闳四月以一再遭通缉，被迫离香港第六次赴美，定居于美国东岸哈德福特城。

汤寿潜六月与张謇、张美翊、张元济、赵凤昌连日商谈，策划说服清廷赞成立宪。

梁如浩受清廷委派，由八国联军手中接收关外铁路。

朱执信在广州发起组织"群智社"，集资购阅新学书报。

秦力山是冬自日本归国，在上海参与国内首家革命报刊《大陆》月刊编务，旋又另创《少年中国报》。

按：《大陆》杂志是年12月创刊于上海，初为月刊，两年后改为半月刊。戢元丞、秦力山、杨廷栋、雷奋编辑。1906年1月停刊。

柳亚子赴吴江应童子试，始识陈去病。又以龚自珍、梁启超为两尊偶像，并因读汉译卢梭著作《民约论》，遂更名人权，字亚卢。作《郑成功传》，刊载于次年日本东京出版之《江苏》杂志。

吴樾考入保定高等师范，始读邹容《革命军》，又常阅《清议报》，崇拜康梁。

汪希颜时在南京江南陆师学堂任职，三月致书其弟，论《新民丛报》的作用。

按：汪氏说："其宗旨在提倡一国之文明，其体例则组织学界之条理，中外双钩于笔底，古今一冶于胸中。吾谓学游六年，不如读此报一年；读书十卷，不如读此报一卷。此报一出，而一切之日报、旬报、月报，皆可废矣。何则？他报之能开风气者，……而究未有本天演之公例，辟人群之义务，洞环球之全局，激教育之根源如《新民丛报》者。凡兹所言，弟未之见，亦难深信，兄已屡读而亦不能殚述，故虽价目不廉，兄既自购一份，又为吾弟另办一份，负欠典衣，在所不顾，而此报终不可不阅也。"（汪原放《回忆亚东图书馆》，上海学林出版社1983年）

吴士鉴时任江西学政，是年在南昌岁试，所拔取者，皆平日研求时务之士。

按：吴士鉴以新学取士，甚至影响到新学书报在南昌的销售。1902年7月17日《大公报》发表《书报畅销》一文说：上年所办的广智书庄，"今年逐渐改良，凡上海新出之书，无一不备，其价之廉，较之官场所办之嘉惠书庄尚远过之，以故远近人士争往购取。近更得吴宗师以开通风气为己任，所出之题如希腊学派论、英日同盟法俄同盟究竟论，皆非常看新书新报者不能措手，故书报之销尤为踊跃。"

王舟瑶受聘为京师大学堂师范馆教习。

喻长霖任宗室觉罗八旗第六学堂提调、译学馆伦理教习。

魏光焘任云贵总督，聘李瑞清主书院讲席。

谢缵泰与李纪堂、洪福全谋占广州，宣布共和，未果。

伍连德毕业于剑桥大学意曼纽学院，获医学博士、法学博士学位。

岑春煊奏准筹办农村学堂，为中国最早之农村学校。

秦毓鎏、叶澜、张继、陈独秀、周宏业、冯自由、张肇桐冬季在东京组织留日学生成立第一个具有革命倾向的中国青年会。

蒙古罗布桑却丹应理藩院试，以精通蒙、汉、满、藏文获"四种语言固师"。

王鹏运南归经过开封、商丘、徐州、淮安、南京、镇江等地。秋，到达上海，晤沈增植、朱祖谋。将自己删定的《半塘词稿》交朱祖谋刊行。

萧穆是年因上海制造局总办易人，新任总办因萧穆不事逢迎，撤其聘任。

魏光焘新任两江总督，至上海拜见萧穆。

宋恕三月九日写定《外舅孙止庵师学行略述》。四月初九日，偕陈黻宸、黄群及马叙伦等离杭赴沪。五、六月间，与林文潜等在孙诒让支持下发起组织瑞安演说会。是年，在杭交往密切者有陈黻宸、陈汉第、陈叔通、汪希、潘鸿、高凤谦以及求是书院、养正学塾高材生多人。

吴梅是秋往金陵应江南补行庚子、辛丑并科乡试。

黄炎培秋应江南乡试，中举人。冬，南洋公学特班解散，乃返故里川沙，约集张访梅等，呈准两江总督张之洞将川沙原观澜书院改为川沙小学堂。

宋教仁秋赴武昌投考文普通学堂，以第一名被录取。

丘逢甲仍任岭东同文学堂监督。秋，兼任学堂管理。

叶楚伧参加乡试、县试、府试，均名列前茅。院试时，因清政府改革学制而未如愿。

马君武在日本横滨大同学校寄宿，担任《新民丛报》撰稿员，并译达尔文《物种原始》数章，在该报发表。春间，作诗《壬寅春送梁任父之美洲》赠之梁启超赴美洲，并代理《新民丛报》主编。

蒋方震由杭州太守林迪臣推荐留学，却未得"官费"资格。在日本靠翻译、写作为生，常为中国留日学生所办《译书汇编》（后改名为《政法学报》）译稿。是秋，参与发起组织浙江同乡会，并草拟会章。当选为干事之一，负责筹办《浙江潮》杂志。年终，与汪精卫、胡汉民等当选为中国留日学生会干事。参加梁启超在横滨创办的《新民丛报》编辑工作。

蔡锷以"奋翮生"笔名，撰写《军国民篇》在《新民丛报》上连载。

陈去病参加蔡元培组织的中国教育会，并在同里建支部。代售《新民丛报》。

苏曼殊年初与苏维翰赴东京筹议升学。旋转入早稻田大学高等预科中国留学生部。秋冬间,由冯自由介绍加入"青年会",识叶澜、秦毓鎏、张继、陈独秀、吴绾章等人。是年,参与兴中会活动,并结识廖仲恺、何香凝、黎仲实、朱执信等。

黄节是秋赴洛阳应顺天乡试,于对策中力陈同仇御侮之主张,同考官袁季九深赏识之,联络十八房同考官合力推荐,遭主考陆润庠阻抑,落第。旋至上海,与同学邓实创办《政艺通报》,介绍西方文明,宣传强国思想。

韩国钧奉旨以道员归河南补用。三月,到开封任河北矿务局总办交涉局会办。

叶昌炽时任甘肃提学使,从敦煌知县手中得到数件敦煌写卷和绢画,立即建议甘肃省藩台将敦煌经卷上调兰州保管。但此项建议因运费无着落而作罢。

陈天华十一月由长宝道保送应考,录取省城师范馆。

夏丏尊进上海新式学校中西书院初等科学习。半年后因家贫辍学。

王宠惠自东京转学至美国加利福尼亚州州立大学及耶鲁大学学习法律。

辜鸿铭在武昌张之洞举行的慈禧万寿庆典上,看到军界学界唱《爱国歌》,遂作《爱民歌》:"天子万年,百姓花钱;万寿无疆,百姓遭殃。"座客哗然(《洪宪纪事诗三种》)。

马相伯作《开铁路以图自强论》,谓洗刷国耻,努力自强,必以开铁路为枢纽。

李叔同罢课,从上海南洋公学退学,转入蔡元培教育学会所设立的爱国学社读书,并参加《苏报》的编辑工作。

俞明震任江南陆师学堂总办。

夏敬观入张之洞幕。

朱福诜时任侍讲学士,曾向朝廷提出立宪之建议。

谢无量至杭州文澜阁借阅《四库全书》,学问大进。

陶成章在北京。夏季,东渡日本,旅居东京,偶于书肆中见有所谓《催眠术自在》者,奇其名称,购归读之。读竟,益奇其说,复多购他种,自习研究,稍有领悟。

邹容抵达日本东京,入同文书院学习。

陈寅恪随长兄陈衡恪赴日本留学。陈衡恪攻博物学。

陈家鼎东渡日本,入早稻田大学攻读法律。

高步瀛赴日本留学,肄业于宏文师范学院。

汪大燮十月由外务部员外郎充日本游学生总监督。

戴季陶入成都留日预备学校学习日文。

鲁迅、陈树人等是年先后东渡日本求学。

江亢虎赴日本留学。

李煜瀛赴法国留学。

王蕴章中举人,在无锡任英语教职。

许珏以候补道四品卿衔出任驻意大利出使大臣。

俞陛云任四川乡试副考官。

杨斯盛出资兴建广明小学。

按:《清史稿·杨斯盛传》曰:"光绪二十八年,诏废科举,设学校,出赀建广明小学、师范传习所。越三年,又建浦东中、小学,青墩小学,凡糜金十八万有奇。上海业土木者以万计,众议立公所,设义学,斯盛已病,力赞其成,事立举。"

沈宗畸寓居南京,与夏仁虎、丁传靖交往。

张君劢应宝山县县试,中秀才。

蒋维乔赴上海加入中国教育会,与蔡元培成莫逆。

丁文江留学日本,但未正式进学校学习,主要在留学生中从事政治活动,曾任留学生杂志《江苏》总编辑。

邓实主编《政艺通报》在上海创刊,并以年度分类集为《政艺丛书》。

杜亚泉一月在上海创办《中外算报》。

梁济赞助彭诒孙在京创办《启蒙画报》。是年,应经济特科。

姚文栋督办山西大学堂。

曾志忞与沈心工等在日本发起音乐讲习会。

戢翼翚与日本下田歌子在上海创立作新社。

陈撷芳在上海创办《女学报》月刊,因随《苏报》发行,亦称《女苏报》,约在1904年停刊。

陈蝶仙创办石印局,旋毁于一炬。继而创办图书馆,组织文学社团饱目社。

黄吉安应邀参加"戏曲改良公会",专门从事改良川剧剧本的创作与整理。所著剧本世称"黄本"。

按:黄吉安,名云瑞,以字行,晚号余僧,湖北江夏人。一生著有川剧剧本80余种,四川扬琴剧本20余种。四川人民出版社1960年出版《黄吉安剧本选》。

陆世芬设立教科书译辑社,编译中小学教材。

王云瑞在北京创文奎堂(书店)。

夏颂莱在上海创立开明书店。

俞复、廉泉、丁宝书等在上海创办文明书局,俞复任经理。

按:书业开办后,俞复从无锡招聘绘画人员吴观岱、许文熊、赵鸿雪3人。其中赵鸿雪为我国自制印刷铜版的第一人。书局以发行教科书为主,以及社会科学书籍和文艺书籍,引进日本印刷技术刊行大量的笔记。该局出版的教科书,分"蒙学"与"高小"两种,总称"科学全书"。蒙学有陆基的《经训修身》,庄俞的《初级蒙学修身教科书》等;高小教科书有陈懋治的《中国历史》,秦瑞的《西洋历史》等,其中,《蒙学读本》质量较高,影响也大;笔记有《说库》、《清代笔记丛刊》等。1932年并入中华书局。

美洲华侨叶恩向清政府赴英特使载振上书,提出设议院、立宪法之要求。

美国传教士高智来华传教。

英国传教士李提摩太入太原,任山西大学堂西学斋总理,总教习为传教士郭崇礼。

按：是为以教案赔款办学之始。

天主教徒英华五月在天津创办《大公报》。

英美传教士在上海创办之英文报《东亚杂志》一月发刊。

德国人戈伦维德尔率领德国首次远征队进入中国新疆劫掠文物。

日本人伊东忠太在华北地区作古建筑和云岗石窟调查。

日本僧太谷派弟子二人在塔克拉马干等处劫掠文物。

法国格林维特尔首次率法国考察队抵新疆活动。

匈牙利地质调查所所长洛克奇在汉堡第13届国际东方学者会议上作关于敦煌佛教艺术之学术报告，引起世界学术界之关注。

按：会上，英籍匈牙利人斯坦因报告了他在过去两年中亚探险的经过和成果。会议决定成立国际中亚及远东探险协会总会，鼓励各国组织探险队对此区域各地探险。冷落多年的敦煌再次热闹起来，西方探险家接踵而至。

日本净土宗主教大谷先瑞是年始多次偕弟子进入新疆古丝绸之路地区探险，获得许多佛经、壁画及其他文物。

英国驻梧州领事坎贝尔仔细考察并记述鄂尔浑碑铭。

法国旅行家兼作家拉考斯特少校实地考察九姓回鹘可汗碑，在当地拓工的帮助下，拓制一套九姓回鹘可汗碑拓本。并将一块粟特文残石盗回巴黎。

孙诒让将《变法条议》改为《周礼政要》4卷刊行，并作序。

按：孙诒让在《周礼正义》和《周礼政要》二书中，将欧美富强之术与《周礼》政教相提并论，因而在当时遭到一些学者的指责。其友人张謇则对孙诒让陶熔古今、甄综中外的学术努力与政治用心加以表彰，其曰："征君当文字弛禁、海通国创、世变学纷之会，慨然欲通古于今，汇外于中，以一尊而容异。以为《周官》乃先王政教所自立，自古文今文之相主奴，刘歆、苏绰、李林甫、王安石之假名制，皆足湮塞古义，迷瞽后学。于是博甄汉唐以来诸儒旧诂，绎疏证通，抉郑之奥，禅贾之疏，成《周礼正义》八十六卷。又据《周礼》合于远西政治者，类区科例，论说征引，推勘富强所由，如合符契，成《周礼政要》四卷。韪哉！君所谓协群理之公，通万事之变，无新故，无中外也。"（《张季子九录·文录》卷一五《孙征君墓表》）

桑宣著《补春秋僖公事阙书》1卷刊行。

康有为著《论语注》成书，有自序。

按：康有为《序》曰："《论语》二十篇，记孔门师弟之言行，而曾子后学辑之。郑玄以为仲弓、子游、子夏等撰定，则不然。夷考其书，称诸弟子或字或名，惟曾子称子，且特叙曾子启手足事，盖出于曾子门人弟子后学所纂辑也。……故夫《论语》之学，实曾学也，不足以尽孔子之学也。盖当其时，《六经》之口说犹传，《论语》不过附传记之末，不足大彰孔道也。然而孔门之圣师若弟子之言论行事，藉以考其大略。司马迁撰述《仲尼弟子列传》，其所据引，不能外《论语》。凡人道所以修身待人，天下国家之义，择精语详，他传记无能比焉。其流传，自西汉，天下世讽之甚久远，多孔子雅言，为《六经》附庸，亦相辅助焉。不幸而刘歆篡圣，作伪经以夺真经，公、谷《春秋》，焦、京《易说》既亡，而今学遂尽，诸家遂掩灭，太平、大同、阴阳之说皆没，于是孔子大道扫地尽矣。宋贤复出求道，推求遗经，而大义微言无所得，仅获《论语》为孔子

列宁著《怎么办》。

美国J. W.吉布斯出版《自然哲学讲演录》。

意大利克罗齐的《精神哲学》问世。

德国威廉·李卜克内西遗著《英国价值学说史》出版。

德国桑巴特著《现代资本主义》。

英国经济学家霍布森发表《帝国主义论》。

法国彭加勒著《科学与假设》。

言行所在，遂以为孔学之全，乃大发明之，翼以《大学》、《中庸》、《孟子》，号为四子书，拔在《六经》之上，立于学官，日以试士。盖千年来，自学子束发诵读，至于天下推施奉行，皆奉《论语》为孔教大宗正统，以代《六经》，而曾子守约之儒学，于是极盛矣。……盖千年以来，实为曾、朱二圣之范围焉。惜口说既去，无所凭藉，上蔽于守约之曾学，下蔽于杂伪之刘说，于大同神明仁命之微义，皆未有发焉。昔尝为注，经戊戌之难而微矣，避地多暇，不揣愚昧，谬复修之。僻陋在夷，无从博征，以包、周为今学，多采录之，以存其旧。朱子循文衍说，无须改作者，亦复录之。郑玄本有今学，其合者亦多节取，后儒雅正精确者，亦皆采焉。其经文以鲁《论》为正，其引证以今学为主，正伪古之谬，发大同之渐，其诸本文字不同，折衷于石经。其众石经不同者依汉，无则从唐，或从多数。虽不敢谓尽得其真，然于孔学之大，人道之切，亦庶有小补云尔。"（康有为《我史》引）

康有为著《大学注》成书，有自序。

按：康有为《序》曰："善乎！庄生之善言孔子也。曰：内圣外王之道，暗而不明，郁而不发，而道术遂为天下裂。故推孔子为神明圣王，明乎本数，系于末度，内外精粗，其运无乎不在。若夫内圣外王，条理毕具，言简而意赅者，求之孔氏之遗书，其惟《大学》乎？明德为始，则先不欺以修身；新民为终，则絜矩以平天下。精粹微远，深博切明，未有比焉。是篇存于《戴记》，朱子以为曾子所作，误分经传。夫《诗》、《书》、《礼》、《乐》、《易》、《春秋》，孔子圣作，乃名为经，余虽《论语》，只为传。《礼记》则为记为义，况一篇中岂能自为经传乎？篇中仅一指曾子，亦无曾子所作之据。惟记皆孔门弟子后学传孔子之口说，孔子之微言大义实传焉。朱子特选《中庸》与此篇，诚为精要。惟朱子未明孔子三世之义，则于孔子太平之道，暗而未明，郁而不发。方今大地逮通，据乱之义，尤所以推行也。不量愚薄，更为笺注，其旧文错简，亦窃正焉。戊戌之难，旧注尽失，遘亡多暇，补写旧义，僻在绝国，文献无征，聊复发明，庶几孔子内圣外王之道，太平之理，复得光于天下云尔。"（康有为《我史》引）

廖平著《孔经哲学发微》成，又著《知圣篇》2卷、《知圣续篇》1卷刊行。

雷廷珍著《经义正衡叙录》2卷刊行。

洪兆云著《禹贡汇解》6卷刊行。

刘心源著《奇觚室吉金文述》20卷成书。

日人宫崎寅藏著《三十三年之梦》在日本刊行，孙中山为序。

德国传教士花之安著《中国史编年手册》刊行。

王树枏著《欧洲列国战事本末》32卷、《欧洲族类源流略》5卷刊行。

王先谦著《日本源流考》22卷刊行。

屠成立著《寻常小学妖怪学教科书》刊行。

韩国钧著《中国师船表》、《中国新学学人姓名表》。

作新社译《万国历史》刊行。

康有为著《大同书》初成。

按：是书于光绪十年即开始构思、写作，初稿名为《人类公理》。至是初成，后又屡加增补，民国二年（1913），在《不忍》杂志上发表甲、乙两部。民国八年（1919），上海长兴书局出版单行本，冠以《大同书》之名。其《自序》曰："此书有甲、乙、丙、丁、戊、己、庚、辛、壬、癸十部，今先印甲、乙两部……余则尚有待也。"民国二十四年（1935），全书由其弟子钱定安校订，由中华书局出版。

又按：梁启超《清代学术概论》（二十四）曰："有为以《春秋》'三世'之义说《礼

运》,谓'升平世'为'小康','太平世'为'大同'……谓此为孔子之理想的社会制度,谓《春秋》所谓'太平世'者即此,乃衍其条理为书,略如左:一、无国家,全世界置一总政府,分若干区域。二、总政府及区政府皆由民选。三、无家族,男女同栖不得愈一年,届期须易人。四、妇女有身者入胎教院,儿童出胎者入育婴院。五、儿童按年入蒙养院,及各级学校。六、成年后由政府指派分任农工等生产事业。七、病则入养病院,老则入养老院。八、胎教、育婴、蒙养、养病、养老诸院,为各区最高之设备,入者得最高之享乐。九、成年男女,例须以若干年服役于此诸院,若今世之兵役然。十、设公共宿舍、公共食堂,有等差,各以其劳作所入自由享用。十一、警惰为最严之刑罚。十二、学术上有新发明者,及在胎教等五院有特别劳绩者,得殊奖。十三、死则火葬,火葬场比邻为肥料工厂。《大同书》之条理略如是。全书数十万言,于人生苦乐之根原,善恶之标准,言之极详辩,然后说明其立法之理由。其最要关键,在毁灭家族。……有为虽著此书,然秘不以示人,亦从不以此义教学者,谓今方为'据乱'之世,只能言小康,不能言大同,言则陷天下于洪水猛兽。其弟子最初得读此书者,惟陈千秋、梁启超,读则大乐,锐意欲宣传其一部分。有为弗善也,而亦不能禁其所为,后此万木草堂学徒多言大同矣。而有为始终谓当以小康义救今世,对于政治问题,对于社会道德问题,皆以维持旧状为职志。自发明一种新理想,自认为至善至美,然不愿其实现,且竭全力以抗之遏之;人类秉性之奇诡,度无以过是者。有为当中日战役后,纠合青年学子数千人上书言时事,所谓'公车上书'者是也。中国之有'群众的政治运动',实自此始。然有为既欲实行其小康主义的政治,不能无所求于人,终莫之能用,屡遭窜逐。而后辈多不喜其所为,相与诋诃之。有为亦果于自信,而轻视后辈,益为顽旧之态以相角。今老矣,殆不复与世相闻问,遂使国中有一大思想家,而国人不蒙其泽,悲夫!启超屡请印布其《大同书》,久不许,卒乃印诸《不忍》杂志中,仅三之一。杂志停版,竟不继印。"

　　康有为著《南海最近政见书》刊行。

　　按:是书包括《复美洲华侨论中国只可行君主立宪不可行革命论》与《与同学诸子梁启超等论印度之国由于各省自立书》两篇论文。

　　章炳麟著《訄书》修订重刊。

　　叶德辉辑校《观古堂所著书》、《观古堂书目丛刻》等多种。又校《说文段注》三种。又辑《观古堂汇刻书》2集刊行。

　　章炳麟译日本岸本能武太著《社会学》由上海广智书局刊行,有自序。

　　杨廷栋根据日文转译法国卢梭的《民约论》,题为《路索民约论》由上海文明书局刊行,书前附有《路索小传》和杨廷栋写的《初刻民约论记》。

　　马君武译英国斯宾塞著《女权篇》、达尔文著《物竞篇》、《天择篇》、约翰·穆勒著《自由原理》,辑为《少年中国新丛书》刊行。

　　严复译英国亚当·斯密著《原富》由上海南洋公学译书院刊行。

　　杨荫杭译日本加藤弘之的《物竞论》由上海作新译书局再版。

　　杨荫杭据日文西方逻辑学著作编译的《名学》由东京日新丛编社刊行。

　　按:是年,此书又以《名学教科书》为题,由上海文明书局再版。

　　上海广智书局辑刊《教育丛书》。

陈独秀编《小学万国地理新编》由上海商务印书馆刊行。

田吴炤译日本十眇弥著《论理学纲要》成书。

汪荣宝译日本高山林次郎著《论理学》在《译书汇编》刊行。

林祖同译日本清野勉著《论理学达旨》成书。

商务印书馆译日本松平君平《新闻学》中译本刊行。

按：此为中国译出首部新闻学专著。

顾厚焜编《新政应试必读》6卷由求己斋刊行。

何良栋辑《皇朝经世文四编》52卷成书。

储桂山辑《皇朝经世文续新编》20卷成书。

甘韩、杨凤藻辑《皇朝经世文新编续集》21卷成书。

阙铸辑《皇朝新政文编》26卷。

按：是书又名《皇朝经世文五编》，分二十五门，其中第一门的名称是"政治"，是为晚清经世文编中第一次出现以"政治"为名的纲目。此编尚保留了"学术"一门。

求是斋校辑《皇朝经世文编五集》成书。

按：编者在《例言》中说："是编取近来中西名人新著言西事之书，为《富国策》、《富强策》、《庸书》、《危言》等书二十余种，并各国日报论说，采摭奏议、策论，以及算学、舆地。凡有关世道者，搜集靡遗，谅留心经世之务者先睹为快也。是书所辑皆近译新政切要之书，或海内名人新著罕见之本。"

蔡元培辑《文卷》3卷由商务印书馆刊行。

樊增祥著《樊山集续集》25种刊行。

梁启超著《饮冰室文集》由何擎一编次刊行，有自序。

按：梁启超《序》曰："擎一编余数年来所为文，将汇而布之。余曰：恶恶可！吾辈之为文，岂其欲藏之名山，俟诸百世之后也。应乎时势，发其胸中所欲言；然时势逝而不留者也，转瞬之间，悉为刍狗。况今日天下大局日接日急，如转巨石于危崖，变迁之速，匪翼可喻，今日一年之变，率视前此一世纪犹或过之。故今之为文，只能以被之报章，供一岁数月之道铎而已，过其时，则以覆瓿焉可也。虽泰西鸿哲之著述，皆当以此法读之，而况乎末学肤受如鄙人者。偶有论述，不过演师友之口说，拾西哲之余唾，寄他人之脑之舌于我笔端而已。而世之君子，或奖借之，谬以厕于作者之林，非直鄙人之惭，抑亦一国之耻也。昔扬子云每著一篇，悔其少作。若鄙人者，无藏山传后之志，行吾心之所安，固靡所云悔。虽然，以吾数年来之思想，已不知变化流转几许次，每每数月前之文，阅数月后读之，已自觉期期以为不可，况乃丙申、丁酉间之作，至今偶一检视，辄欲作呕，否亦汗流浃背矣。一二年后视今日之文，亦当若是，乌可复以此戋戋者为梨枣劫也。擎一曰：'虽然，先生之文公于世者，抑已大半矣，纵自以为不可，而此物之存在人间者，亦既不可得削，不可得洒，而其言亦皆适于彼时势之言也。中国之进步亦缓矣，先生所谓刍狗者，岂遂不足以为此数年之用，而零篇断简，散见报纸，或欲求而未得见，或既见而不获存，国民以此相憾者亦多矣。先生之所以委身于文界，欲普及思想，为国民前途有所尽也。使天下学者多憾，天柱等实尸其咎矣，亦岂先生之志哉！'余重违其言，且自念再录此以比较数年来思想之进退，用此自鞭策，计亦良得，遂领焉。擎一乞自序，草此归之。西哲恒言谬见者真理之母也。是编或亦可为他日新学界真理之母乎，吾以是解嘲。"（《饮冰室文集》卷首）

梁启超著《饮冰室诗话》始连载于《新民丛报》。

王先谦著《虚受堂诗集》15卷,由门人苏舆刊行,有苏氏序。

龚自珍著《定庵全集》由文汇书局石印刊行。

李宝嘉著《庚子国变弹词》44回刊行。

林纾译《伊索寓言》新译本刊行,遂成为是书之定名。

周逵译《经国美谈》由广智书局刊行。

梁启超译日本柴四郎小说《佳人奇遇》收入商务印书馆"说部丛书"刊行。

沈祖芬译英国狄福著《鲁滨孙飘流记》为《绝岛飘流记》,由杭州惠兰学堂刊印、上海开明书店发行。

周桂笙译法国鲍福著侦探小说《毒蛇圈》等刊载于《新小说》杂志。

按:是为最先尝试以白话直译的译作,对当时小说翻译界颇有影响。

何琪译述《妖怪百谈》由商务印书馆刊行。

赵必振译日本幸德秋水《二十世纪之怪物帝国主义》成书。

梁启超是年发表介绍西方学术思想的文章有《亚里斯多德之政治学》、《进化论革命者颉德之学说》、《乐利主义泰斗边沁之学说》、《法理学大家孟德斯鸠之学说》、《天演学初祖达尔文之学说及其传略》、《近世文明初祖二大家之学说》、《论希腊古代学术》、《论泰西学术思想变迁之大势》等。

缪荃孙辑《东仓书库丛刻初编》11种刊毕。

刘世珩辑《聚学轩丛书》5集刊毕。

杨守敬著《丛书举要》20卷成书。

潘祖同卒(1829—)。祖同字桐生,号琴谱,江苏吴县人。潘世恩孙。初以祖荫得主簿,旋赐举人。考授国子监学政。祖父逝世,得赐进士出身。授翰林院庶吉士,充国史馆协修。著有《竹山草堂文剩》1卷、《竹山草堂诗稿》2卷、《竹山草堂诗补》1卷、《竹山草堂词稿》1卷。事迹见《清史列传》卷四〇。

刘坤一卒(1830—)。坤一字岘庄,湖南新宁人。廪生。咸丰五年,领团练从官军克茶陵、郴州、桂阳、宜章,叙功以教谕即选。曾任江西巡抚、两江总督、两广总督。光绪二十七年,与张之洞三上变法条陈,提出育才兴学,整顿朝政,兼采西学,多为朝廷采用。著有《刘坤一遗集》。事迹见《清史稿》卷四一三、《清史列传》卷五九、蔡冠洛《清代七百名人传》第一编、朱孔彰《刘忠诚公坤一别传》(《续碑传集》卷三一)。

按:《清史稿》本传曰:"张之洞疏陈坤一居官廉静宽厚,不求赫赫之名,而身际艰危,维持大局,毅然担当,从不推诿,其忠定明决,能断大事,有古名臣风。世以所言为允。"

沈善登卒(1830—)。善登字谷成(亦作谷臣、谷人),号未还道人、豫斋,浙江桐乡人。钟文烝弟子。同治三年,助其父江苏知县沈宝禾在苏州进行测绘地图的舆图工作。六年,与弟沈善经同举于乡。七年成进士,改翰林院庶吉士。不图仕进,寓居苏州读书著述、拜佛、游学访友,并兼顾

J. E. 阿克顿卒(1834—)。英国历史学家。

爱米尔·左拉卒(1840—)。法国文学家。

G. R. 罗纳德卒(1842—),印度哲学家、经济学家,国民经济学派奠基人。

维韦卡南达卒(1863—),印度社会活动家、印度教改革家、哲学家。

高山樗牛卒(1871—)。日本评论家。

舆图及公益诸事。晚年应聘桐溪书院山长及德清县仙潭书院山长,从事教学约 20 年。精佛典和《周易》。著有《需时眇言》10 卷、《论余适济编》、《经正民兴说》、《报恩论》4 卷,合刊为《沈谷成易学》。另有《沈氏改正揲蓍法》。

华蘅芳卒(1833—)。蘅芳字若汀,江苏金匮人。道光二十四年举人。官江西永新知县。擢知府,辞归,不复出。自幼对自然科学有浓厚兴趣。精研数学,旁通地质、矿物等学。同治初,参与筹划创设江南制造局,又在局内设翻译馆,翻译数学、地质等书。并在上海格致书院、湖北自强学堂、两湖书院先后主讲达二十年,造就众多数学人才。著有《抛物浅说》、《代数术》、《三角数理》、《微积溯源》、《行素轩算学》6 种 23 卷。译有《代数术》、《微积溯源》、《三角数理》、《合数术》、《决疑数学》等西方科技书籍 12 种共 160 余卷。又与美国传教医师玛高温翻译《金石识别》、《地学浅识》、《测候丛谈》、《防海新论》等书。事迹见《清史稿》卷五〇七、蔡冠洛《清代七百名人传》第四编、钱基博《华蘅芳传》(《碑传集补》卷四三)。

吴大澂卒(1835—)。大澂初名大淳,避清穆宗讳改名,字止敬,又字清卿,号恒轩,又别号白云山樵、愙斋、郑盦、白云病叟,江苏吴县人。同治六年进士,授翰林院编修。历任陕甘学政,河南、河北道员,太仆寺卿,太常寺卿,通政使,左都御史,广东、湖南巡抚等官。精金石,涉舆地,善制印。善画山水、花卉,书法精于篆书。著有《字说》、《权衡度量实验考》、《古玉图考》、《愙斋集古录》、《愙斋集古录释文剩稿》、《说文古籀补》14 卷、《恒轩所见所藏吉金录》、《十六金符斋印存》、《愙斋专瓦录》、《千錀斋古錀选》等。事迹见《清史稿》卷四五〇、俞樾《前湖南巡抚吴君墓志铭》(《续碑传集》卷三二)。

按:《清史稿》本传曰:"大澂善篆籀,罢官后,贫甚,售书画、古铜器自给。著有《古籀补》、《古玉图考》、《权衡度量考》、《恒轩吉金录》、《愙斋诗文集》。"《清儒学案》卷一七三《吴先生大澂》曰:"先生长文学,通训诂,酷嗜金石,有所见,辄手摹之,或图其形,存箧司,积久得百数十器,编《恒轩吉金录》。又尽取潘氏暨潍县陈氏、福山王氏诸家,合己所旧藏拓本,考而释之,都十四卷,仿宋欧阳公例,名曰《愙斋集古录》。"

陶模卒(1835—)。模字子方,又字方之,浙江秀水人。同治七年进士,改庶吉士。散馆,授甘肃文县知县,调皋兰。迁秦州直隶州。历署兰州府、兰州道、按察使,调直隶按察使、陕西布政使、护理陕西巡抚。光绪十七年,授甘肃新疆巡抚。官边陲二十年,善政颇多。二十六年,调两广总督。卒赠太子少保,谥勤肃。事迹见《清史稿》卷四四七、《清史列传》卷六一、蔡冠洛《清代七百名人传》第二编。

按:《清史稿》本传曰:"模自为诸生,食贫力学,与平湖优贡生顾广誉、震泽诸生陈寿熊、吴江举人沈曰富以道义相勖。既通籍,大学士阎敬铭、总督杨昌浚皆尝论荐,不以告模,模亦不谢也。"

徐树兰卒(1837—)。树兰字仲凡,号检庵,浙江绍兴人。光绪二年举人,授兵部郎中,以输资为候选知府,被用为道花翎盐运使。二十二年,与罗振玉等在上海创办农学会及《农学报》。二十三年,创办中西学堂,聘请中西教习,礼访督课,开译学、算学、化学等课,培养人才较多。又创办绍兴古越藏书楼,藏书7万余卷。编有《古越藏书楼书目》。

按:古越藏书楼于光绪三十年正式向外开放,这标志着中国私人藏书楼向公共图书馆的过渡,也标志着中国图书馆的诞生。

丁树诚卒(1837—)。树诚字治棠,四川合州人。同治十二年入成都锦江书院,光绪二年,张之洞以高才生选调入尊经书院。受知于书院山长王闿运。曾历主瑞山书院、合宗书院。著有《经史说略》20卷、《丁治棠纪行四种》、《仕隐斋文集》20卷、《仪陇集》4卷等,统名《仕隐斋丛著》。事迹见刘放皆《丁文简先生传略》(《丁治棠纪行四种》附录)。

赵元益卒(1840—)。元益字静函,江苏昆山人。同治八年,应聘为江南制造局翻译,与英国传教士傅兰雅译合译《儒门医学》、《西药大成》、《西药大成补编》、《法律医学》、《冶金录》;与金楷理合译《行军指要》。光绪中举人,会试毕,随薛福成出使英、法等国。归国后,复入翻译馆译书。二十三年,与董康等人创立上海"译书公会",同年与吴仲韬创立"医学善会"。家富藏书,选其善本,辑为《高斋丛刊》。著有《篆文诗韵》。译有《行军指要》、《测绘海图》、《测绘算器图说》、《小学校新律》、《数学理》、《儒门医学》、《西药大成》、《内科理法》、《法律医学》、《济急法》、《保全生命论》、《西国地理志》诸书。事迹见《表兄赵静函小传》(《碑传集补》卷四三)。

傅维森卒(1864—)。维森字君宝,号志丹,祖籍河北南宫,迁居广东番禺。光绪九年府试第一,得两广总督张之洞赏识,选入广雅书院肄业,问学于梁鼎芬、朱鼎父。二十一年中进士,改翰林院庶吉士。二十二年丁外艰,遂不复出。应聘主端溪书院山长。著有《缺斋遗稿》3卷。事迹见汪兆镛《傅维森传》(《缺斋遗稿》卷首)。

柔石(—1931)、王昆仑(—1985)生。

光绪二十九年　癸卯　1903年

正月初八日甲子(2月5日),张之洞奏设三江师范学堂,后改名为两江师范学堂,是为中央大学之前身。

是月,京师大学堂增设进士馆,令新进士皆入馆肄业。命荣庆、张百熙管理大学堂事宜。

二月十一日丙申(3月9日),张之洞有致管理大学堂大臣张百熙书。

十三日戊戌(3月11日),直隶总督袁世凯、署理两江总督张之洞奏请递减科举中额数。命政务处会同礼部议奏。

按:《奏请递减科举折》略曰:"其患之深切著名,足以为学校之的而阻碍之者,

美人获巴拿马运河。

美人入多米尼加。

俄国社会民主党分裂为布尔什维克派和孟什维克派。

实莫甚于科举。盖学校所以培才,科举所以抡才;使科举与学校一贯,则学校将不劝自兴;使学校与科举分途,则学校终有名无实。何者?利禄之途,众所争趋,繁重之业,人所畏阻。学校之成期有定,必累年而后成材;科举之诡弊相仍,可侥幸而期获售。虽废去八股试帖,改试策论经义,然文字终凭一日之长,空言究非实诣可比。……是科举一日不废,即学校一日不能大兴;将士子永远无实在之学问,国家永远无救时之人才;中国永远不能进于富强,即永远不能争衡于各国,臣等诚私心痛之。在臣等亦非不知科目取士,垂数百年,一旦废之,士子必多觖望。然时艰至此,稍有人心者,皆当顾念大局,以其迁就庸滥空疏之士子,何如造就明体达用之人材。且圣朝亦尝毅然罢武科矣,停捐纳矣。于人情并无不顺,而天下群颂圣明。况科举之为害,关系尤重。今纵不能骤废,亦当酌量变通,为分科递减之一法。"(《光绪政要》卷二九)

三月,命袁世凯、伍廷芳先订商法,以备开办商务。

四月初一日乙酉(4月27日),上海各界民众与爱国学社师生在张园召集拒俄大会,要求沙俄军队撤出东北。

初三日丁亥(4月29日),中国留日学生五百余人在东京召开大会,会后成立拒俄义勇队。

初四日戊子(4月30日),京师大学堂学生召开拒俄大会。

十五日己亥(5月11日),黄兴、陈天华将义勇队改组为军民国教育会。

五月,张之洞、盛宣怀成立沪宁铁路筹借英款契约。

闰五月初三日丙戌(6月27日),管学大臣张百熙、荣庆有请派重臣会商学务折。清廷命张之洞会同张百熙、荣庆,重新厘订学堂章程。

初五日戊子(6月29日),"苏报案"发生,章炳麟被捕,邹容投狱。《苏报》和爱国学社被正式查封。

按:是年,邹容、章炳麟写有《革命军》和《驳康有为论革命书》。《苏报》连续发表《读革命军》、《序革命军》、《介绍革命军》等文章,并报道各地学生爱国运动。因此,清廷照会上海租界当局,以"劝动天下造反"、"大逆不道"罪名将章炳麟等逮捕。邹容激于义愤,自动投案。7月7日,《苏报》被封。章炳麟、邹容逮捕后,两江总督要求将他们引渡至南京审讯,签署逮捕令的美国驻沪总领事亦赞成引渡,俄、法驻沪总领事表示支持,但他们的态度受到租界外文报纸的批评。英国、意大利、日本则不赞成引渡。于是决定,由英、美、日驻沪领事与清廷派官吏组成会审公廨,派员在租界内审理。对于如何判决,各国意见不一,章炳麟则上法庭进行坚决斗争。当时社会反响也非常强烈。7月24日《江苏》杂志发表《祝苏报馆之封禁》,称此乃清廷"与我全国国民下宣战书"。8月21日上海《字林西报》发表《革命魂》,说:"攻《苏报》者,非指为叛逆,即讥为疯狂,而不知人苟有心,真理不灭。《苏报》诸君子,发为议论,著于报端,而千万人观之,则其舆论之表同情者,极不乏人。使以《苏报》诸人加以极刑,是适令中国之有志者愤激而图举义也。"孙宝瑄在日记中亦感叹道:"余杭章炳麟,一布衣耳。而政府疆臣至以全力与之争讼,控于上海会审公堂。清政府延讼师,章亦延讼师,两造对质。无论胜负如何,本朝数百年幽隐不可告人事,必被章宣播无遗。盖讼词一出,俄顷腾走五洲,满人之丑无可掩矣,章虽败亦何恨?……今章炳麟亦以一人与一政府为敌,且能任意侮辱之,使不复得伸眉吐气,炳麟虽败亦豪哉!"(《忘山庐日记》癸卯六月初八日)1904年5月,章、邹分别被判处监禁三年和二年。1905

年，邹容被折磨致死。1906年，章太炎刑满释放。经过此事，《革命军》销行更广，革命风潮日盛。章炳麟曰："癸卯，三十六岁。蔡孑民等在上海设爱国学社，张溥泉、邹蔚丹自日本归，章行严自南京来，相见甚欢，皆与余结为兄弟。时蔚丹作《革命军》，余为序而刻之。余又作《驳康有为书》，痛斥保皇之非，行严又主《苏报》社，亦发挥革命，《驳康有完书》中有'载湉小丑，不辨菽麦'之语，于是清两江总督派员来查，遂成大狱。余与邹蔚丹被捕。余在巡捕房与中山书尊称之为总统。溥泉为余送去。遂下狱三年。"（《章太炎生平与学术自述》）

又按：日本烟山专太郎《苏报事件》评论清廷逮捕章炳麟、邹容的原因说："陈范、章炳麟、邹容等夙在上海英租界中组织苏报馆之新闻社，频鼓吹革命主义，对于满清政府，主张兴起第二之长发军。章炳麟著书与康有为相抗，邹容又公刊《革命军》，痛排现政府，目皇帝为鼠贼。……此种革新党鼓造，支那少年之新知识极其郁勃，倘豪杰之士一旦蹶起，掀翻自由之旗，则四方爱国之士必猛然相向，共与推倒现时之政府，有断然也。政府亟欲抑制此运动之机，乃一著手，使上海道捕此等鼓吹革命主义者。"（《国民日报》1903年10月10日）

十五日戊戌（7月9日），诏举经济特科。

按：《清史稿·选举志四》曰："二十九年，政务处议定考试之制，如廷试例，于保和殿天子亲策之。凡试二日，首场入选者，始许应覆试，均试论一、策一。简大臣考校，取一等袁家榖、张一麐、方履中、陶炯照、徐沅、胡玉缙、秦锡镇、俞陛云、袁励准等九人，二等冯善徵、罗良鉴、秦树声、魏家骅、吴锺善、钱鏐、萧应椿、梁焕奎、蔡宝善、张孝谦、端绪、麦鸿钧、许岳锺、张通谟、杨道霖、张祖廉、吴烈、陈曾寿等十八人。"

七月，设立商部，撤换路矿总局，以路矿事务归并商部。颁布经济法规，保护工商业。

八月十六日丁卯（10月6日），湖广总督张之洞奏定《出洋学生约束章程》、《奖励章程》、《自行酌办立案章程》。

十九日庚午（10月9日），清廷命各沿海沿江督抚严密查拿爱国学社"不逞之徒"，并督饬整顿学堂条规。

九月二十九日己酉（11月17日），北京译学馆开馆。

十月二十二日壬申（12月10日），英印政府入侵中国西藏地区。

是月，清廷与美国政府签订了《中美续议通商行船条约》，该条约第11条的小标题《出版工作》，即"版权"。

二十四日甲戌（12月12日），清廷以离经叛道，行检不修罪革廖平职，销毁其著述。

十一月二十五日乙巳（1904年1月12日），清廷兴修京师观象台。

二十六日丙午（1月13日），清廷颁布《重订学堂章程》（《癸卯学制》），命在全国推行。

按：又称《奏定学堂章程》，是由国家颁布的第一个在全国范围内推行的系统学制。因光绪二十九年为癸卯年，故又称"癸卯学制"。由管学大臣张之洞、张百熙、荣禄拟订。包括《学务纲要》、《蒙养院章程及家庭教育法章程》、《初等小学堂章程》、《中学堂章程》、《高等学堂章程》、《大学堂章程》（附《通儒院章程》）、《初级师范学堂章程》、《优级师范学堂章程》、《初等农、工、商实业学堂章程》（附《实业补习普通学校及艺徒学堂各章程》）、《中等农、工、商实业学堂章程》、《高等农、工、商实业学堂章程》、《实业教员讲习所章程》、《实业学堂通则》、《译学馆章程》、《进士馆章程》、《任用教员章程》、《各学堂奖励章程》、《各学堂管理通则》等。这一学制突出体现了"中学为体,西学为用"的思想,对以后学制的组织形式影响颇大。其施行至1911年辛亥革命止。《清史稿·选举志二》曰:"十一月,百熙、荣庆、之洞会奏重订学堂章程,言:'各省初办学堂,难得深通教育理法之人。学生率取诸原业科举之士,未经小学陶镕而来,言论行为,不免轶于范围之外。此次奉谕会商厘定,详细推求,倍加审慎。博考外国各项学堂课程门目,参酌变通,择其宜者用之,其于中国不相宜者缺之,科目名称不可解者改之,过涉繁重者减之。无论何等学堂,均以忠孝为本,以中国经史之学为基,俾学生心术壹归于纯正。而后以西学瀹其智识,练其艺能,务期他日成材,各适实用。拟成初等小学、高等小学、中学、高等学各章程,大学附通儒院章程。原章有蒙学名目,所列实即外国初等小学之事。外国蒙养院,一名幼稚园,参酌其意,订为蒙养院章程及家庭教育法。此原章所有,而增补其缺略者也。办理学堂,首重师范。原订师范馆章程,系仅就京城情形试办,尚属简略。另拟初级、优级师范学堂章程,并任用教员章程,京城师范馆改照优级师范办理。此外仕学馆属暂设,不在各学堂统系之内,原章应暂仍旧。译学馆即方言学堂;进士馆系奉特旨,令新进士概入学堂肄业,课程与各学堂不同,并酌定章程课目。又国民生计,莫要于农、工、商实业,兴办实业学堂,有百益而无一弊,另拟初等、中等、高等农、工、商实业学堂章程,附实业补习普通学堂、艺徒学堂、实业教员讲习所各章程。此原章未及,而别加编订者也。又中国礼教政俗与各国不同,少年初学,胸无定识,嗳杂浮嚣,在所不免。规范不容不肃,稽察不容不严。特订立规条,申明禁令,为学堂管理通则。并将设学宗旨、立法要义,总括发明,为学务纲要。果能按照现定章程认真举办,民智可开,国力可富,人才可成,不致别生流弊。至学生毕业考试,升级、入学考试及奖励录用之法,亦经详定专章,伏候裁定。'又奏:'奉旨兴办学堂,两年有余。至今各省未能多设者,经费难筹也。经费所以不能捐集者,科举未停,天下士林谓朝廷之意并未专重学堂也。科举不变通裁减,人情不免观望,绅富孰肯筹捐?经费断不能筹,学堂断不能多。入学堂者,恃有科举一途为退步,不肯专心乡学,且不肯恪守学规。况科举文字多剽窃,学堂功课务实修;科举止凭一日之短长,学堂必尽累年之研究;科举但取词章,学堂并重行检。彼此相衡,难易迥别。人情莫不避难就易,当此时势阽危,除兴学外,更无养才济时之术。或虑停罢科举,士人竞谈西学,而中学无人肯讲。现拟章程,于中学尤为注重。凡中国向有之经学、史学、文学、理学,无不包举靡遗。科举所讲习者,学堂无不优为;学堂所兼通者,科举皆所未备。是取材于科举,不如取材于学堂,彰彰明矣。或又虑学堂虽重积分法,分数定自教员,保无以爱憎而意为增损。不知功课优绌,当堂考验。教员即欲违众徇私,而公论可凭,万难掩饰。臣等尚恐偶有此弊,故于中学考试,归学政主持,督同道、府办理。高等学毕业,请简放主考,会同督、抚、学政考试。大学毕业,请简放总裁,会同学务大臣考试。不专凭本学堂所定分数。凡科举抡才之法,已括诸学堂奖励之中,实将科举、学堂合并为一。就事理论,必须科举立时停罢,学堂办法方有起色,经费方可设筹。惟此时各省学堂,未能遍设,已设学堂,办理未尽合法,不欲遽议停罢科举。然使一无举动,天下未见朝廷有递减以至停罢之明文,实不足风示海内士民,收振兴学堂之效。请查照臣之洞会同袁世凯原奏分科递减之法,明降谕旨,从下届丙午科起,每科递减中额三分之一。一面照现定各学堂章程,从师范入手,责成各省实力举行,至第三届壬子科应减尽时,尚有十年。计京、外开办学堂,已逾十年以外,人才应已辈出。天下士心专注学堂,筹措经费必立见踊跃。人人争自濯磨,相率入学堂,求实在有用之学,气象一新,人才自奋。转弱为强,实基于此。'诏悉如所请。是为颁布奏定章程之期,时科举未全废止也。"

二十七日丁未(1月14日),清廷改管学大臣为学务大臣,命大学士孙家鼐充学务大臣。

按:《清史稿·选举志二》曰:"是时学务之组织,尚有一重要之变更,则专设总理学务大臣也。二十九年,之洞言:'管学大臣既管京城大学堂,又管外省各学堂事务。当此经营创始,条绪万端,专任犹虞不给,兼综更恐难周。请于京师专设总理学务大臣,统辖全国学务。另设总监督一员,专管京师大学堂事务,受总理学务大臣节制考核,俾有专责。'诏允改管学大臣为学务大臣,并加派孙家鼐为学务大臣,命大理寺少卿张亨嘉充大学堂总监督。"

是月,设立练兵处,以徐世昌为提调,段祺瑞为军令司正使,王士珍为军学司正使。

十二月二十日己巳(2月5日),日舰袭击沙俄占领下的旅顺口。争夺中国东北之日俄战争爆发。

二十五日甲戌(2月10日),清廷外务部宣布,在日俄战争中,中国严守中立。

三十日己卯(2月15日),华兴会在湖南长沙成立,黄兴为会长,宋教仁、刘揆一、秦毓鎏为副会长,陈天华、张继、杨守仁等皆与之。

是年,开办红十字会。

《新白话报》、《绍兴白话报》、《俚语日报》、《经世文潮》创刊。

孙中山是春化名杜嘉偌,漫游越南、暹罗等地。七月底,抵日本横滨。八月,在东京青山练兵场附近创设革命军事学校,训练干部。入学誓词是"驱除鞑虏,恢复中华,创立民国,平均地权"。九月下旬,为扫除保皇邪说和规复革命机关,离日本赴檀香山。十一月,撰《支那保全分割合论》一文,发表于东京《江苏》杂志。十二月,改组《檀山新报》,亲撰《敬告同乡书》等文,与保皇党展开论战。

廖仲恺、何香凝夫妇和马君武等九月访问孙中山,孙中山嘱廖仲恺在留学生中物色志士,结为团体,以任国事。

康有为五月经缅甸、越南、暹罗等,九月,返香港,运动会党。撰《官制议》,主张实行立法、行政、司法三权分立,开议院,设立法制局,建立文官制度。

黄世仲撰文驳康有为《论革命书》。参与创办《世界公益报》、《广东报》、《有所谓报》。

梁启超正月应美洲保皇会之邀,游历美洲。二月,抵加拿大,致书蒋智由,请蒋维持《新民丛报》和爱国学社事。三月十五日有《与勉兄书》,与徐君勉谈和康有为发生误会之因。四月,抵纽约,旋由纽约至哈佛,往谒容闳长谈。十月,返抵日本横滨。游历美洲归来,尽弃先前革命排满之说,言论大变。

按:梁启超于1903年和1904年之间,先后发表《敬告我国民》、《论俄罗斯虚无

德国李希霍芬提出东亚地体构造理论。

俄国巴甫洛夫致力于高级神经活动的研究。

丹麦威廉·约翰逊提出遗传学的"纯系学说"。

瑞典弗列斯特荷姆建立线性积分议程基本理论。

挪威沃洛特提出岩浆的溶液理论。

美国莱特兄弟设计制造以内燃机为动力的有人驾驶飞机。

党》、《新大陆游记》、《中国历史上革命之研究》等文章，认为中国不必进行革命。又在《新民丛报》上连续发表《论中国今日万不能行共和制之理由》、《申论种族革命与政治革命之得失》、《答某报第四号对于本报之驳论》等文章，并出版题为《中国存亡一大问题》的论文集，鼓吹改良，反对革命。因此成为革命派最主要的论敌。

梁启超仿照诗话、文话的体例，在《新小说》上开设"小说丛话"专栏，以新的文艺理论评述古今小说。是年，发表《新中国未来记》（未完），创作《侠情记传奇》（未完）。又作《自由书》、《新民说》，继续连载于《新民丛报》。

荣禄卒，梁启超有《呜呼荣禄》，载《新民丛报》第29号。

邹容一月二十九日在东京留学生新年团拜会上发表反清演说。三月三十一日，剪去留日学生监督姚文甫发辫。开始撰写《革命军》。四月初，回上海，二十八日，在上海爱国学社联合上海各界于张园召开的拒俄大会上发表演说。六月，协助章士钊对《苏报》进行大改良。

章炳麟是春应蔡元培之邀，赴上海爱国学社任国文教员，参加中国教育会活动。四、五月间，为邹容《革命军》作序。同时发表《驳康有为论革命书》，批驳康有为的《答南北美洲诸华商论中国只可行立宪不可行革命书》。

> 按：章炳麟《革命军序》曰："蜀邹容为《革命军》方二万言，示余曰：'欲以立懦夫，定民志，故辞多恣肆，无所回避。然得无恶其不文耶！'余曰：凡事之败，在有其唱者，而莫与为和；其攻击者，且千百辈。故仇敌之空言，足以膡吾实事。夫中国吞噬于逆胡二百六十年。宰割之酷，诈暴之工，人人所身受，当无不昌言革命。然自乾隆以往，尚有吕留良、曾静、齐周华等，持正义以振聋俗。自尔遂寂泊无所闻。吾观洪氏之举义师，起而与为敌者，曾、李则柔煦小人。左宗棠喜功名，乐战事，徒欲为人策使，顾不问其趣非曲直，斯固无足论者。乃如罗、彭、邵、刘之伦，皆笃行有道士也。其所操持，不洛闽而金溪、余姚；衡阳之黄书，日在几阁。孝弟之行，华戎之辨，仇国之痛，作乱犯上之戒，宜一切习闻之。卒其行事，乃相紾戾如彼。材者张其角牙以覆宗国，其次即以身家殉满州，乐文采者则相与鼓吹之，无他，悖德逆伦，并为一谈，牢不可破。故虽有衡阳之书，而视之若无见也。然则洪氏之败，不尽由计划失所，正以空言足与为难耳。今者风俗臭味少变更矣。然其痛心疾首，恳恳必以逐满为职志者，虑不数人。数人者，文墨议论，又往往务为蕴藉，不欲以跳踉搏跃言之。虽余亦不免也。嗟夫！世皆嚚昧而不知话言。主文讽切，勿为动容。不震以雷霆之声，其能化者几何！异时义师再举，其必膡于众口之不俚，既可知矣。今容为是书，一以叫啕恣言，发其惭恚。虽嚚昧若罗、彭诸子，诵之犹当流汗祇悔。以是为义师先声，庶几民无异志，而材士亦知所返乎！若夫屠沽负贩之徒，利其径直易和，而能恢发智识，则其所化远矣。籍非不文，何以致是也？抑吾闻之，同族相代，谓之革命；异族攘窃，谓之灭亡；改制同族，谓之革命；驱除异族，谓之光复。今中国既已灭亡于逆胡，所当谋者光复民，非革命云尔。容之署斯名何哉？谅以其所规划，不仅驱除异族而已。虽政教、学术、礼俗、材性，犹有当革命者焉，故大言之曰'革命'也。共和二千七百四十四年四月余杭章炳麟序。"（《章太炎政论选集》上册）

张之洞于江宁创建之三江师范学堂正月开学，后改为两江师范学堂，为前南京中央大学之前身。二月，交卸两江总督任。十一月，奏请专设学务大臣,奖励职官游历游学、并酌定新进士入馆办法。

张之洞、端方是秋在武汉创设省立幼稚园,开我国设立幼稚园之先河。

端方是年在湖广总督任上,先后派选81名学生官费赴日留学,居全国之首。

张之洞和端方九月二十六日合词保举经济特科人员16名,杨守敬名居第一。

黄兴正月与杨守仁等在日本东京创刊《游学译编》,并与湘籍留日学生数人发起组织湖南编译社。四月,发起创立"军国民教育会"。五月,自日抵沪,晤《苏报》主笔章士钊;应聘回长沙主持明德学堂速成师范班。闰五月,途经武汉,在两湖书院作排满演说,散发邹容的《革命军》、陈天华的《猛回头》二书四千余册。武昌知府梁鼎芬承张之洞意将其驱逐出境。

黄遵宪邀地方绅士设立嘉应兴学会议所,自任会长,创办师范学堂、学会。是年有《与丘菽园书》,总结其一生对于革新诗歌的看法。

按：黄遵宪在书中曰："思少日喜为诗,谬有别创诗界之论,然才力薄弱,终不克自践其言,譬之西半球新国,弟不过独立风雪中清教徒之一人耳,若华盛顿、哲非逊、富兰克林,不能不属于诸君子也。诗虽小道,然欧洲诗人鼓吹文明之笔,竟有左右世界之力。仆老且病,无能为役矣。执事其有意乎？"(《小说月报》第八卷第一号)黄遵宪"别创诗界"之论,与梁启超的"诗界革命",有异曲同工之妙。

袁世凯正月与张之洞会奏请递减科举,以兴学校。四月,改天津中西学堂为北洋大学堂。是年,奏请普及游学,先后派选60名学生官费赴日留学,居全国第二。又分别派直隶省学校司督办胡景桂、直隶省学校司参议丁惟鲁、直隶省学校司随办高淑琦、补用同知晏宗慈等分三批赴日考察教育。

袁世凯撤除提督学政,改设提学司,下分总务、专门、实业、普通、图书、会计6科,分掌教育行政事务,并规定各州县设县视学1人,兼任州县内学务总董。

张百熙正月受命会同刑部尚书荣庆管理大学堂事宜。九月,充政务处。十一月,奏准选派师范学生赴东西洋各国留学。是年,奏设教习进士馆。

按：京师大学堂派遣的第一批47名留学生是从师范速成科和译学馆的学生中挑选的。派往日本的31名学生为：余棨昌、曾仪进、黄德章、史锡绰、屠振鹏、朱献文、范熙壬、张耀曾、杜福垣、唐演、冯祖荀、景定成、陈发檀、吴宗栻、钟赓言、王桐龄、王舜臣、朱炳文、刘成志、顾德邻、苏振潼、朱深、成觐、周宣、何培琛、黄艺锡、刘冕执、席聘臣、蒋履曾、王曾宪、陈治安,定于1903年内起程。派往西洋的16人为：余同奎、何育杰、周典、潘承福、孙昌烜、薛序镛、林行规、陈祖良、华南圭、邓寿佶、程经邦、左承诒、范绍濂、刘光谦、魏渤、柏山,定于1904年起程(张百熙等《奏派学生赴东西洋各国游学折》,见《光绪朝东华录》第5册,中华书局1958年版)。

刘师培春赴京会试,未中。归途过上海,得识章炳麟、蔡元培及其他爱国学社诸人。九月,经王郁人介绍,结识白话道人林獬,离家出走到上海,广结名流,如陈独秀、谢无量、章士钊等。冬,改名光汉,字无畏,号左庵,主持上海数报笔政。

> **按**:刘师培《刘师培与端方书》自述其十九岁时思想变化之原因说:"师培淮南下士,束发受书,勉承先业,略窥治经家法,旁及训诂典章之学,意欲董理故籍,疏通诠明,以步戴、段、阮、王之后。适时值艰虞,革命之说播于申江,揭民族主义为标,托言光复旧物。师培年未逾冠,不察其诬,窃以中外华夷之辨默合于麟经。又嗜读明季佚史,以国朝入关之初行军或流于惨酷,辄废书兴叹,私蓄排满之心。此虽由于《苏报》之刺激,然亦以家庭多难,泯其乐生之念,欲借此以祈遄死也。"(《建国月刊》第二十卷第4期)

刘师培是年撰《中国文字流弊论》,认为汉字在数千年的流传中产生不少弊病:一、"字形递变,而旧意不可考也";二、"一字数意,而丐词生也";三、"假借多,而本意失也";四、"由数字一意也";五、"由点划之繁也"。究其根源,乃是由于"中国所习之文,以典雅为主,而世俗之语直以浅陋斥之"。于是,他提出革除这些弊端的两种方法:"一曰宜用俗语","二曰造新字"。也就是运用白话进行写作,"词取达意而止,使文体平易近人,智愚悉解"(《左盦外集》卷六)。

张謇四月赴日本考察教育。六月,离日归国。是年,创办通州女子师范学校。又创办翰墨林印书馆。

> **按**:此后,张氏又办女子师范学校、幼稚园、中小学和多所职业学校。1920年将纺织、农业、医学合并为南通大学,并设图书馆、博物馆、气象台、盲哑学校、伶工学校、剧场、公园、医院,资助设立吴淞船商学校,吴淞中国公学、复旦学院、龙门师范、南京高师等。

王闿运八月应聘为江西大学堂总教习。

王先谦三月任湖南师范学堂馆长,取每日讲义,次第门类刊为学报,并自为序。

罗振玉十月应粤督岑春煊聘,充两粤教育顾问。粤书价廉,尽薪金所得购南海孔氏岳雪楼藏书,为毕生藏书之始。影印《郑庵所藏封泥》(后知非郑庵藏,是潍坊郭民所藏,收入《齐鲁封泥集存》)为最早著录封泥的专书。

王国维三月应聘至通州师范学堂任教,致力于康德、叔本华哲学研究。是年发表《哲学辩惑》一文,用全新的知识对西方自然科学中"纯粹科学"与"实用于人者"、自然科学与社会科学、诸科学与哲学之间的关系做系统阐释。又作《论教育之宗旨》,提出德、智、体、美"四育并举"的观点。又作《叔本华像赞》、《汗德像赞》。

> **按**:王国维《静庵文集自序》曰:"余之研究哲学,始于辛、壬之间。癸卯春,始读康德之《纯理批评》,苦其全不解,读几半而辍。嗣读叔本华之书而大好之。自癸卯之夏,以至甲辰之冬,皆与叔本华为伴侣之时代也。其所尤惬心者,则在叔本华之知识论,康德之说,得因以上窥。然于其人生哲学,观其观察之精锐与议论之犀利,亦未尝不心怡神释也。"(《观堂别集》卷四)

缪荃孙正月以江南高等学堂总教习的身份,奉两江总督张之洞之命,与提调徐乃昌、江南高等学堂分教习柳诒徵、王英良、侯建伯、张小楼、孙湘蔼、舒伯勤等赴日本考察教育,并将考察所得汇成《日游汇编》。

按:缪荃孙《日游汇编序》曰:"近数十年,取法于泰西,观型于瀛东,而日本以同文接壤,变法自强,革故鼎新之迹尚可追寻,帆形轮声,往游日众,记载亦日出。上虞罗叔蕴(振玉)有《扶桑两月记》,安徽李荫柏(宗棠)有《考察日本学校记》,南海关颖人(庚麟)等有《参观学校图记》,宁乡陶槊林(森甲)有《日本学校章程汇编》,桐城吴汝纶有《东游丛录》,各学规模无不详矣。然荃孙东游时,南皮师嘱之曰,考学校者固当考其规制之所存,尤当观其精神之所寄,精神有不贯,规制亦徒存耳。然则求学于他国,固当先取吾国所当效法者,尤当先取吾国近今所能效法者,毋好奇毋躐等,循循善诱,以底于成,庶有益乎!"(朱有瓛《中国近代学制史料》第二辑上册)

缪荃孙三月自日本考察回国,即着手定课程,编课本,访聘教员。清廷特授其四品衔,以示嘉奖。

马君武等正月在日本东京中国留日学生新年团拜会上演讲,大倡排满主义。七月,考入日本京都大学,学工艺化学。九月,由日本人宫崎寅藏引见孙中山,受到器重。是年,在《新民丛报》发表《唯心派钜子黑智儿之学说》、《弥勒约翰之学说》、《圣西门之生活及学说》、《论赋税》等。

陶成章、鲁迅、许寿裳、经亨颐等浙江绍兴籍留日学生27人正月在京召开同乡恳亲会,发出《绍兴同乡公函》,鼓励乡人愤思奋发,更新国政。

陈天华二月获官费赴日留学,入东京弘文院师范科肄业。四月二十九日,参与留日学生召开的拒俄大会。三十日,参加留日学生抗俄久勇队本部工作。五月十一日,与黄兴等在东京建立"军国民教育会"。二十四日,作《敬告湖南人》在《苏报》发表,号召群起抗俄救亡。五月三十日,支持邹容组织的中国学生同盟会。六月十四日,所作《复湖南同学诸君书》在《苏报》上刊登。

章士钊五月任上海《苏报》主笔,以刊载章炳麟作《驳康有为论革命书》、《读革命军》、《介绍革命军》等文,报馆被封。六月,又与张继等在上海创刊《国民日日报》,附刊《黑暗世界》。陈独秀、何梅士、谢晓石、苏曼殊等为《国民日日报》编辑、撰稿。是年十二月停刊。

按:1904年10月,东大陆图书译印局出版《国民日日报汇编》四册。

张继、邹容、陈独秀因在日本惩处湖北留学生监督姚文甫,剪其辫子示众,为清公使及日本外务省所迫,遂离日返沪,得章炳麟迎接。章炳麟与张继、邹容及从南京来的章士钊日日相聚,约定四人当为兄弟,戮力中原;陈独秀则返回安徽,在安庆发起组织安徽爱国会,从事反清活动。后遭清政府通缉,被迫逃往上海,参加《国民日日报》编辑工作。

蔡元培所作《释仇满》发表于《苏报》四月十一日、十二日。是月,与章炳麟、吴稚晖等爱国学社教员及学生在上海张园举行演说会。嗣后学社组织义勇队(旋改为军国民教育会)以响应留日学生抗俄运动,进行军事训练。五月,中国教育学会改选,为副会长,黄宗仰为会长,旋以中国教育会与爱国学社发生内讧,愤而辞职。六月,自沪赴青岛,并辞上海商务印书馆编译所所长及爱国女学总理职;是冬,复还沪,时往探视因《苏报》案入狱的章炳麟、邹容。又在沪发起成立对俄同志会,创刊《俄事警闻》

日报。

蒋维乔应蔡元培之邀,参加爱国学社,并担任义务教员。

宋教仁是春赴武昌,入文普通学堂肄业,同学有曾毅、田桐、欧阳瑞骅等,开始密谋革命。秋,与黄兴结识。因谈革命为清吏所忌,离鄂赴湘。十一月四日在长沙西区保甲局巷彭渊恂家参加黄兴召集的华兴会筹备会议。

张元济为商务印书馆编译所所长,以日本明治三十七年教科书为蓝本,开始编辑国文、历史、地理等小学教科书。

杨度正月二十四日在欢送湖南第二批赴日留学生宴会上发表演说,希望留学诸君竭其材力聪明,讲求科学,以新吾中国,救吾中国,主张科学之中,以自然科学为要。五月,由署四川总督锡良保荐,应诏入京参加经济特科正场考试,获一等第二名。闰五月二十七日,参加经济特科复试。七月初因避"名捕之祸",东渡日本,仍入弘文学院。是秋,在日本横滨结交梁启超,作《湖南少年歌》等文,刊于梁氏主编之《新民丛报》。又结交孙中山,与冯自由、刘成禺、马君武、程家柽等人经常往来于东京、横滨间,并同孙中山讨论救国大计。

吴逢甲具折奏参梁士诒、杨度等18人为革命党,又有两江总督魏光焘两次电奏,历陈一等杨度等10人与上海革命党同一气,因而西太后有查拿梁士诒、杨度之口谕。

裕德、张英麟、徐会沣、张之洞、张仁辅、戴鸿慈、熙瑛、李昭炜为经济特科阅卷大臣。

黄炎培二月受聘任川沙小学堂总理(校长)。又与兄黄洪培在家创办开群女学,并在该校兼课。六月二十六日,乘西伯利亚轮亡命日本。在东京结交刘季平、杨白民等。

林纾在教书之余,任职京师大学堂译书局。其职名为笔述。

蒋方震与汪精卫、胡汉民数次主持大会,决议成立拒俄义勇队(后改名为"军国民教育会"),签名参加者近二百人;并派汤尔和、钮永建为代表,回国向北洋大臣袁世凯请愿,反对出东北。

　　按:这是中国有组织学生运动的开始。

蒋方震与孙翼中、马君武、王嘉榘等二月在东京创办《浙江潮》月刊。蒋方震为作"发刊词";又以飞生、余一等笔名,在《浙江潮》发表《国魂篇》、《民族主义论》等长篇连载论文,鼓吹民主革命,提倡民族精神。其主编《浙江潮》到第五期。第六期起,由许寿裳接编。

陈去病正月与高剑父等赴日留学,遂结识孙中山、黄兴等革命者,还加入留学生组成的拒俄义勇队。成为《江苏》主要撰稿人,发表《革命其可免乎》一文,宣传反清革命主张。夏秋间,离日归国,任教于上海爱国女学,在上海参与反清行动。

苏曼殊是春入日本军事学校成城学校陆军专业。三月,参加拒俄义勇队。五月十一日,参加由"学生军"改名的"军国民教育会"。因生活陷入困境而回国。在苏州吴中公学社短期任教。识包公毅、祝心渊、朱梁任、王公之、蓝志先等。其间绘制充满反清意识的《儿童扑满图》。旋赴上海任《国民日日报》翻译,与陈独秀、章士钊、何梅士共事。十一月中旬,离开上海,抵香港,寓《中国日报》社。

萧穆秋至南昌,访知府沈曾植。沈出观徐元文《感蝗赋》卷子。萧穆连作四跋,对清初史事,多所考订,复为"三徐"辨诬。又作《跋萧尺木山水卷》。

汤寿潜六月初与张謇、张美翊等商议策划推动清廷政治改革事宜。五日,由宁波人张美翊以学生身份向军机大臣兼外务部尚书瞿鸿禨寄呈说帖,建言"改定宪政"。

  按:经汤寿潜等的策动,瞿鸿禨的立宪态度转趋积极,他面奏派员出洋考察政治,并自请亲赴欧美。瞿鸿禨是深受慈禧信赖的军机大臣,他的态度转为积极,对慈禧作出遣使出洋考察政治的决策有重要影响。

吴稚晖闰五月以《苏报》案离沪避祸赴英。

徐锡麟赴日本,游东京,参与营救章炳麟活动。归国后在故里东浦创建热诚蒙学,提倡军训。又在绍兴设立特别书局,宣传革命排满。

吴樾是夏返里度假,路经上海,探望被捕下狱之章炳麟、邹容,并与陈独秀、张继长谈。又先后购阅《礉言》、《革命军》、《仁学》、《嘉定屠城记》、《扬州十日记》、《大革命家孙逸仙》、《警世钟》、《黄帝魂》等,始弃康梁之说,转向反清排满。是冬,在保定两江会馆创立两江公学。是年,与蔡元培、陈天华书信往返,并在上海与秋瑾联络,又创办《直隶白话报》。

钱玄同始读邹容《革命军》、章炳麟《驳康有为革命书》,遂剪去辫子。

柳亚子是春经陈去病介绍加入中国教育会。旋又赴上海,入爱国学社肄业,始识章炳麟、邹容、蔡元培、吴稚晖等,并以作《柳人权本纪》获章氏赏识。

高旭、高增、高燮等在淞江组织觉民社,创办《觉民》杂志,鼓吹反清革命。

邹代钧任《钦定书经图说》纂修兼校对官,书成,开任分省补用直隶州知州。

荣庆九月为政务处大臣。闰五月,与张之洞、戴鸿慈等派经济特科阅卷大臣。十二月,为军机大臣。

梁士诒被袁世凯聘为北洋编书局总办。

廖平兼任绥定府中学堂监督。十月以离经叛道,行为不检,革四川绥定府教授职,交地方官严加管束,并销毁著刊各书。

辜鸿铭奉特旨入都陛见,与梁敦彦随节北上。是年,英译《中庸》在《日本邮报》上连载。

徐勤是秋来沪视察广智书局,旋赴日。十一月,自日返港。

胡峻奉四川总督岑春煊之命,以翰林院编修、四川高等学堂监督的身份率团赴日本考察学务,并购置应用仪器、图书,聘请日本教习。

秋瑾入京，与吴芝瑛比邻，二人相善。后义结金兰，又助秋瑾东渡日本。

李光炯应湖南巡抚赵尔巽之约，赴湖南任高等学堂历史教习。

马相伯于上海徐家汇创立之震旦大学二月开学，自任总教习，各科教职皆由法教会委派教士担任。

陈范五月聘爱国学社成员章士钊为《苏报》主笔，介绍邹容《革命军》，选载章炳麟《驳康有为论革命书》，鼓吹反清革命。七月，《苏报》被查封后，逃往日本。

胡元倓、龙璋二月在长沙创办明德学堂。

赵熙返京，任国史馆协修、纂修。

钟佩萸在上海创办文化女学塾。

胡彬夏等于四月在东京发起成立我国第一个妇女团体共爱会。

李宝嘉四月应聘为商务印书馆主编《绣像小说》半月刊，以稗国利民、开化下愚为宗旨。

丁初我、曾朴主编之《女子世界》十一月在上海创刊。

林獬主编之《中国白话报》是冬在上海创刊，初为半月刊，第13期始改为旬刊。次年十月停刊。

秦毓鎏、黄宗仰、张肇桐在东京创办《江苏》月刊。1904年3月17日停刊。

李书诚、蓝天蔚、刘成禺等创办之《湖北学生界》月刊在东京创刊。

吴梅再赴金陵应江南乡试，以书"羽"字不中程被绌。后赴上海，于东文学社习日文。作《海上卧病》诗。改定《血花飞》传奇，黄振元作序。

丘逢甲仍任"岭东同文学堂"监督兼管理。是年冬，辞去"岭东同文学堂"职，赴广州谋向省垣发展新式教育，鼓励新进青年东渡日本留学。

晏阳初在父亲的鼓励下，离家远赴保宁府入"中国内地会"创立的西学堂求学。

叶楚伧以优异成绩考入上海南洋公学。在南洋公学仅一学期，即转入浙西名镇南浔庞青主办的浔溪公学。因卷入学潮，被迫返回吴县。

八指头陀为天童寺住持。五月赴上海，又从俞恪士招去南京后湖，与名士相互唱酬。后由南京回天童，请玉泉祖印法师讲《楞严经》。

陶成章正月十三日有《致陶汉超书》，劝勉学问。二月十二日，又有《致陶汉超书》，告以日本留学，经费不易，官费决难久留，况来人愈多，流品愈杂，留学生之前途，将来恐不堪设想。并告清华学校章程。

余绍宋曾任龙游新学堂学长，为期半年。发现《康熙龙游县志》舛讹很多，于是成《旧志订伪》一篇。

熊十力投武昌凯字营第三十一标当兵。

杜亚泉将其所办的亚泉学校（已改称为普通学书室）并入商务印书馆，自任商务编辑所博物理化学部主任，负责编辑科学教科书。自此在商务任职达二十八年之久。

韩国钧仍任河北矿务局总办，由浚县道口镇移驻内县清华镇。十月，道清铁路建成，为抚院奏保上司。十二月，任河北蚕桑实业中学总办，于河内县李凹种湖桑二万余株。是年作《十九省筹还赔款表》。

宋恕是春在温州受公益学校聘约，主该校总教席。五月二十六日，东渡日本长崎。

谭人凤在新化县城文场内创办群治小学堂，自任校长。

张相文受聘为江苏寿州阜丰及淮安阜财两商业学校校长。

戴季陶考入客籍学堂。

杨守敬在武昌建观海堂藏书楼。

杨廷栋在《政艺通报》第2号发表《政治学大家卢梭传》。

曾鲲化在《政艺通报》第9号上发表《中国历史出世辞》，提出新史学的神圣职责。

王鹏运执教于扬州东关街仪董学堂。

汪大燮是年起历任外务部参议、驻英公使、外务部右侍郎，授考察宪政大臣。

张榕入北京译学馆。

章宗祥自日本回国，在北京京师大学堂任教。后任法律馆纂修、法制院副使。

俞明震赴上海参与查办《苏报》案。

丁福保受聘为京师大学堂译学馆算学及生理学教习。

王式通补刑部山东司主事，充修订法律馆纂修，与伍廷芳参照中外制度法律，拟就改革新律。

杨昌济留学日本，先后入宏文学院、东京高等师范学校学习，参加组织中国学会。

陈衍任两湖师范学堂国文兼伦理学教授，又兼方言学堂国文教授。因张之洞等荐，进京应经济特科考试，因违式被黜。回武昌，应聘武昌府立师范学堂教授。

夏丏尊在浙江绍兴府学堂肄业半年。

张澜赴日本留学。

张君劢入上海震旦学院学习。

谢无量因《苏报》案起，逃亡日本。

郑贯公、崔通约、谭民三等在香港创刊《世界公益报》。

虞和钦、王本祥主编的《科学世界》三月二十九日创办于上海，是为我国最早的自然科学专门杂志之一。

王照在北京裱表胡同设立官话字母义塾，为国人自办最早之推广拼音文字的学校。嗣又创办拼音官话书报社与《拼音官话报》。

敖嘉熊、田月斧、褚辅成在浙江嘉兴成立竞争体育会。

孙雄受张之洞之聘为京师大学堂文科监督。

马一浮应清政府驻美使馆聘，赴美国圣路易斯留学生监督公署任中文文牍。曾以英文翻译《法国革命党史》、《日耳曼之社会主义史》、《露西亚之虚无主义史》等著作。

冯承钧是年起留学比利时、法国。

按：冯承钧字子衡，湖北江夏人。1914年起，曾执教于北京大学、北京师范大学。著有《元代白话碑》、《中国南洋交通史》，译著有《史地丛考》、《西域南海史考证译丛》等。

汪孟邹创办芜湖科学图书社。出版《安徽俗话报》，陈独秀为主编。又发行《革命军》、《苏报》、《复报》等书刊。

蔡绍基任北洋大学帮办，后为总办，是"留美幼童"中出现的第一位大学校长。

林祝三自欧洲携带影片放映机在北京打磨厂天乐茶园放映电影，为国人自运外国影片在国内放映之始。

西班牙人雷斯玛在上海同安茶居、青莲阁茶院放电影。

法国传教士柏永年来华传教。

美国传教士晏文士来华传教。

美国传教士罗嘉礼来华传教。

英国传教士李提摩太、敦崇礼四月以山西大学堂西学斋创办有成效，给予优奖。

日本人伊东忠太在华北地区对古代建筑及山西大同云冈石窟作考古调查。

美国传教士方法敛、英国传教士库寿龄为上海亚洲学会博物馆购得甲骨四百片。

美国杜威出版《逻辑理论研究》。

英国席勒发表《人本主义》。

法国柏格森著《形而上学导言》。

意大利秦梯利著《观念论的复兴》。

日本幸德秋水著《社会主义神髓》。

法国保尔·拉法格著《美国托拉斯及其经济、社会和政治意义》。

奥地利维塔塞克著《一般美学纲要》。

俄国齐奥尔科

于鬯著《香草校易》5卷、《香草校书》60卷刊行。

王闿运著《尚书笺》30卷、《尔雅解集》19卷刊行。

廖平著《公羊春秋经传验推补证》11卷刊行。

彭梦日著《谷梁范注阙地释》2卷刊行。

蔡启盛著《经窥续》8卷刊行。

阎镇珩著《六典通考》200卷刊行，有自序。

按：阎镇珩《六典通考序》曰："往予客浙幕，读秦氏《五礼通考》，甚伟其通博，亦颇疑其采取之杂，议论之歧，使观者茫洋无端，易于恍惚而失所守。又以为五礼者，特六典之一端，于经旨未为完具，遂慨然有志于是书之作。戊子归，经始草创，中间因于目疾，远游咸秦，辍业者三四寒暑，至于今，积十有三年，稿完而刻亦竣。穷居僻陋，藏籍寡鲜，又无良师友以为之助，浅识謏闻，知不免博雅君子之讥。然先王之大经大法粗存梗概，异日有愿治之主，节取而参酌之，或者于世道兴废治乱不无涓埃之裨补焉。此其私心所冀幸于万一，而不敢援以自信者也。"

罗振玉著《梁陈北齐后周隋五史校议》5卷刊行。

陈去病辑《扬州十日记》、《嘉定屠城记》等为《陆沉丛书》。

谷应泰著《明史纪事本末》20卷。

按：本书出于清代官修《明史》以前，多据私家野史，所纪成祖设立三卫、进军漠北以及沿海倭寇、议复河套等事，较《明史》为详，且多有出入。

柳亚子著《中国灭亡小史》1卷成书。又作《夏内史（完淳）传略》。

刘师培著《中国民族志》《攘书》刊行，署名光汉子。

曾鲲化著《中国历史》刊行。

按：曾鲲化，字博九，湖南新化县人。早年赴日留学，回国后，从事铁路的管理研究、政务及管理教育工作，曾任晚清邮传部司员、中华民国交通部统计科长、北京铁路局局长、路政司司长，北京铁路管理学校统计学教授，是中国铁路管理科学的开创者和奠基人。著有《中国铁路现势通论》《中国铁路史》等专著。

刘鹗纂《铁云藏龟》6卷石印刊行，有自序及罗振玉、吴昌绶序。

按：王懿荣死后，其收集的1500片甲骨多数为刘鹗收藏。刘鹗在罗振玉的帮助下，编印了《铁云藏龟》6卷，拓印甲骨1058片，是为第一部著录甲骨文的著作。后从刘氏旧藏选编成书者，有罗振玉《铁云藏龟之余》、叶玉森《铁云藏龟拾遗》、李旦丘《铁云藏龟零拾》等。刘鹗《自序》曰："龟板己亥岁出土在河南汤阴县属之古牖里城，传闻土人见地坟起，掘之，得骨片，与泥相黏结成团，浸水中或数日、或月余始渐离晰，然后置诸盆盎以水荡涤之，约两三月文字方得毕现。同时所出并有牛胫骨，颇坚致，龟板一种色黄者稍坚，色白略用力即碎，不易拓也。既出土后，为山左贾人所得，咸宝藏之，冀获善价。庚子岁，有范姓客挟百余片走京师，福山王文敏公懿荣见之狂喜，以厚值留之，后有潍县赵君执斋得数百片，亦售归文敏。未几义和拳乱起，文敏遂殉难。壬寅年其喆嗣翰甫观察售所藏清公凤责，龟板最后出，计千余片，予悉得之。定海方君药雨又得范姓所藏三百余片，亦以归予。赵执斋又为予奔走齐鲁赵魏之郊凡一年，前后收得三千余片，总计予之所藏约过五千片。己亥一坑所出虽不敢云尽在于此，其遗亦仅矣。毛锥之前为漆书，漆书之前为刀笔。……盖汉人犹得见古漆书，若刀笔无有见者矣。是以许叔重于古籀文必资山川所出之彝鼎。不意二千余年后，转得目睹殷人刀笔文字，非大幸与！以六书之恉推求钟鼎多不合，再以钟鼎体势推求龟板之文又多不合，盖去上古愈远文字愈难推求耳。……龟板牛骨两种，牛骨居十之一二，初本分别拓之，后因衰治淆乱，遂不及厘正，然不举其概，恐阅者病焉，其五十一至六十，此十叶中五十六、七、八皆牛骨，余悉龟板。以此类推可知矣。龟板文字极浅细，又脆薄易碎，拓墨极难，友人闻予获此异品，多向索拓本，苦无以应，然斯宝三代真古文，亟当广谋其传，故竭半载之力精拓千片付诸石印，以公同好。任是役者直隶王瑞卿也。光绪癸卯九月既望丹徒刘铁云识。"（《铁云藏龟》卷首）吴昌绶《铁云藏龟序》曰："铁云先生获古龟甲刻文逾五千片，精择千品，纂为一编，以印本见饷。昔之称古文字者，彝鼎之外，泉币印而已。至如潍县陈编修之陶器，海丰吴阁学之泥封，皆出自近五十年，其数并累至千百，所谓今人眼福突过前贤也。乃兹龟甲古文，又别辟一蹊径，菹蕴既久，地不爱宝，一旦披豁呈露，以供好古耆奇者之探索，文敏导其前马，先生备其大观。"（《铁云藏龟》卷首）

端方著《匋斋藏器目》成书。

杨守敬著《壬癸金石跋》成书。

按：杨守敬《自序》曰："余少好金石文字，每有所得，必为之考证，积久成数百篇，又玩其书法，成《平碑帖记》四册，庚辰携之东渡日本，竟并失之。归后为黄冈教官，同好者绝无其人，以是兴致索然，所有拓本，具庋阁不复理。光绪壬寅，今陶斋制府巡抚吾楚，间以所藏嘱余题识，不免见猎心喜。两年间，合自藏本，又得数十篇，老

夫斯基著《利用喷气工具研究宇宙空间》。

英国B.罗素出版《数学原理》。

年日月,不欲轻弃,乃即存稿付之梓人,题曰《壬癸金石跋》,以志吾两年摩挲故纸之迹,若以概两家所藏,则九牛一毛也。"(《杨守敬学术年谱》)

孙诒让著《古籀余论》2卷成书。

《中国邮政地图》刊行。

按：凡铁路、轮船、民船及电报局等,均有标志。多次改用重编,颇为实用。

李宝瓒著《遗箧录》8卷。

按：是为著录钱币专著。其后又著《续遗箧录》4卷、《补遗》1卷,于1926年由晚红轩写刻。

谭波岸著《绘图识字实在易》由彪蒙书室刊行。

按：该书室又出版《四书新体速成读本》,首创白话文译经,为清政府所禁。

陈楷著《续无鬼论》成书。

邹代钧著《中外舆地全图》、《皇朝直省图》由舆地学会刊行。

叶瀚译德国布勒志著《世界通史》刊行。

梁启勋译述日本松平康国著《世界近代史》刊行。

商务印书馆译刊《世界文明史》。

史悠明等译英国爱特华斯著《鸦片战争史》在上海刊行。

夏清馥译《印度灭亡战史》由上海群谊译社刊行。

林长民译日本斋藤河县著《西方东侵史》由闽学会刊行。

日本奥田竹松著、留日爱国学生组织青年会编辑部编译《佛兰西革命史》由上海明权社刊行。

赵天骥译《法国革命战史》由上海广智书局刊行。

人演社社员译《佛国革命战史》由上海文明书局刊行。

日本浅野正恭著、叶人禄译《日清海战史》由开明书店刊行。

章宗元译《美史记事本末》刊行。

日本羽化生著、留日学生译《美国独立战史》由商务印书馆刊行。

戢翼翚译俄国普希金著《俄国情义》由大同书局刊行。

按：是书又称《斯密士玛丽传》或《花心蝶梦录》,为中国最早的俄罗斯名著译本。

邹容著《革命军》由柳亚子、蔡元培、张继以及黄宗仰等人筹资,由上海大同译书局刊行,章炳麟作序。

按：署名"革命军马前卒邹容",章炳麟作序。全书分"绪论"、"革命之原因"、"革命之教育"、"革命必剖清人种"、"革命必先去奴隶之根性"、"革命独立之大义"和"结论"等8章。末页附刊刘伯温的《烧饼歌》。全书共2万余字。该书以满腔的革命激情颂扬革命,号召推翻清朝的封建专制统治,建立"中华共和国"。该书刊行后,轰动中外,各地竞相翻印,或称《革命先锋》,或称《图存篇》,或称《救世真言》,或称《光复论》,或与《扬州十日记》合刊,或与章炳麟的《驳康有为论革命书》并列,而简称《章邹合刻》,销售逾百十万册,是辛亥革命时期出版的革命书籍中销售量最大的一本。

陈天华著《猛回头》、《警世钟》在日本东京刊行。

按：陈天华在两书中以激昂的爱国热情和对帝国主义的深刻仇恨,用通俗流畅的文字写出民族危机和亡国沉痛,呼吁人们警醒,反对帝国主义,推翻"洋人的朝廷",建立民主共和。指出清政府"名存实亡",替洋人做"守土官长",认为保皇派鼓吹的"维新"、"立宪"是自欺欺人的鬼话。《猛回头》共4章,书面印有黄帝像。《警世钟》全书两万多字。两书一再重刊,同邹容《革命军》一样,被争相传诵,影响很大。

范迪吉译《普通百科全书》100册刊行。

荷兰人迪哥罗特著《中国的宗教教派和教派迫害问题》刊行。

章炳麟著《驳康有为论革命书》刊行。

蔡元培译德国科培著《哲学要领》由商务印书馆刊行。

麦鼎华译《人群进化论》成书。

康有为著《官制议》成书。

王国维译《西洋论理学史要》。

小颦女士译《法兰西人权宣言》、《玛志尼少年意大利章程》由支那翻译社刊行。

马君武译英国约翰·穆勒的《自由原理》为《弥勒约翰自由原理》,由译书汇编社刊行。

达识译社译日本幸德秋水著《社会主义神髓》由《浙江潮》编辑所刊行。

赵必振译日本福井准造著《近世社会主义》由广智书局刊行。

按:是为我国早期系统介绍马克思主义学说之译著。蔡元培1920年在为李季所译《社会主义史》一书所写的序中,谈到早期马克思主义在中国早期传播时指出:"西洋社会主义,二十年前,才输入中国。一方面是留日学生从日本间接输入的,译有《近世社会主义》等书,一方面是留德学生从德国直接输入的,载在《新世纪》月刊上。"(《蔡元培全集》三)

张相文根据日文本翻译法国孟德斯鸠的《法意》,取名《万法精理》,由上海文明书局刊行。

严复译英国甄克思著《社会通诠》由商务印书馆刊行。

严复译英国斯宾塞著《群学肄言》由上海文明书局刊行。译英国约翰·穆勒的《自由原理》为《群己权界论》,由上海商务印书馆刊行。

按:《群学肄言》原名《社会学研究法》,用进化论的观点研究社会问题,严复主办《国闻报》发表部分译文(第一篇为《砭愚篇》)。通常学界视该著译作的发表,为社会学由西方传入中国之标志。

马君武译达尔文《物种原始》第三、四章刊行。1919年重译全书刊行。

章士钊与金天翮等译日本宫崎寅藏著作《三十三年之梦》,题为《大革命家孙逸仙》,与章氏著《沈荩》辑为《荡虏丛书》由支那第一荡虏社刊行。章炳麟为《大革命家孙逸仙》题辞,为《沈荩》作序。章士钊又作《苏报案纪事》成。

上海商务印书馆、日本东京译书汇编社分别辑《传记丛书》。

张謇著《东游日记》刊行。

梁启超著《意大利建国三杰传》由上海广智书局刊行。

上海广智书局编译的《加里波的传》由上海广智书局刊行。

丁锦译,日本福山义春著《华盛顿传》由上海文明书局刊行。

黄藻编《黄帝魂》刊行,署为"皇帝子孙之多数人撰述,黄帝子孙之一个人编辑"。

按：是书乃收集清季报刊中有关反清的革命论著而成,包含《天智录》的《义和团有功于中国说》(即《义和团与中国之关系》)、《国民报》的《正仇满论》、《苏报》的《驳〈革命驳议〉》、《国民日报》的《黄帝纪年说》等文。

通雅斋同人编《新学书目提要》刊行。

张继译日本烟山专太郎著《无政府主义》在上海刊行。

张之洞、张百熙、荣庆撰《学务纲要》刊行。

鸿文书局出版石印《曾文正公全集》48 册。

丁宝轩辑《皇朝蓄艾文编》80 卷成书。

佚名著公案小说《施公案》经反复续补增为 528 回。

商务印书馆始辑刊大型世界小说丛书《说部丛书》,迄 1924 年毕。

夏曾佑著《小说原理》成书,又著《庄谐选录》刊行。

刘熙载著《艺概》重刊。

曾志忞在《江苏》杂志上连续发表编译的《乐理大意》和《歌唱及教授法》。

李宝嘉著《文明小史》发表于是年《绣像小说》。

李宝嘉著《官场现形记》、吴沃尧著《二十年目睹之怪现状》、刘鹗著《老残游记》、金天翮著《孽海花》第一、二回始分别连载于《世界繁华报》、《新小说》、《绣像小说》、《江苏杂志》,被称为晚清四大谴责小说。

按：《孽海花》后由曾朴续写成书。

吴沃尧著《痛史》始连载于《新小说》。

奚若译《天方夜谭》由《绣像小说》陆续刊载,自本年第 11 期起,至 1905 年第 55 期止。

按：是书乃从英译《阿拉伯之夜》转译而来。1906 年由商务印书馆刊行,书名为《天方夜谈》,即今《一千零一夜》。奚若的译本只选择了其中的 50 个故事,是该书在我国最早的文言译本。

林纾、魏易合译英国兰姆姊弟编《莎士比亚故事集》为《吟边燕语》成书,次年刊行。

按：我国最早介绍莎士比亚的是梁启超,最早把"Shakespeare"译为"莎士比亚"的也是梁启超,以后此译名一直为人所普遍采用。

苏曼殊译,陈独秀校改法国雨果著《悲惨世界》在上海《国民日报》是年 10 月 8 日至 12 月 3 日逐日连载,署为"法国大文豪嚣俄著,中国苏子谷译"。

鲁迅于是年及次年译法国凡尔纳著科幻小说《月界旅行》、《地底旅行》及《北极探险记》成书。

杨德森译科幻小说《梦游二十一世纪》由商务印书馆刊行。

海天独啸子译日本押川春浪著科幻小说《云中飞艇》刊行。

梁启超译《世界末日记》和《十五小豪杰》(与罗孝高合译)新小说。

苦学生译日本教育小说《苦学生》由作新社刊行。

光绪二十九年 癸卯 1903年

独立苍茫子译政治小说《游侠风云录》由民权社刊行。

博文居士译《伊娑菩喻言》即《伊索寓言》新译本由香港文裕堂刊行，书前有《序》及《小引》。

犹太遗民万古恨著，震旦女士自由花译《自由结婚》2卷刊行。作者其实是张肇桐。

吴谦等辑《御纂医宗金鉴》由上海经香阁石印重刊。

叶德辉辑《双楳景闇丛书》始刊。

叶德辉辑《素女经》、《玉房秘诀》、《万卷堂书目》成书。

杨文会著《佛教初学课本》成书。

徐乃昌辑《随庵徐氏丛书》始刊。

林纾与魏易合译《民种学》、《布匿第二战记》由京师大学堂官书局刊行。

谢章铤卒(1820—)。章铤字枚如，自号药阶退叟，福建长乐人。光绪三年进士。先后主讲陕西同州、丰登书院。八年，江西学政陈宝琛聘其主讲漳州书院、白鹿洞书院。十三年，荐补侍郎衔内阁中书，归闽主致用书院山长，凡二十余年，弟子数百人，著名者有陈寿祺等。著有《毛诗注疏考异》、《稗贩杂录》4卷、《课余偶录》4卷、《课余续录》5卷等，汇为《赌棋山庄集》68卷。事迹见陈昌强编《谢章铤年谱简编》(《闽江学院学报》2009年第1期)。

陈卿云卒(1822—)。卿云字瑞虞，又字仙楼，江西上高人。同治十年进士，授翰林院编修。历任詹事府右赞善、右中允、翰林院侍讲、扬州知府。编著有《左传读本》、《史记备选》、《汉魏六朝文选》、《补唐文粹》、《续宋文鉴》、《汉魏六朝唐宋诗选》、《崇正遗稿》1卷。

廖寿恒卒(1839—)。寿恒字仲山，号柳斋，嘉定人。廖寿丰弟。同治二年进士，授编修。出督湖南学政。光绪二年，再擢侍讲。历任湖南学政、国史馆纂修、侍读学士。光绪十年，署刑部左侍郎，在总理各国事务衙门行走。又在军机大臣上学习行走。"戊戌变法"期间，曾助康有为向光绪帝送书递折，传达光绪帝的"上谕"。且助孙家鼐延请康有为任京师大学堂总教习，促进变法。事迹见《清史稿》卷四三九、《清史列传》卷六一。

吴汝纶卒(1840—)。汝纶字挚甫，一作至父，安徽桐城人。同治四年进士，授内阁中书。曾国藩奇其文，留佐幕府，久乃益奇之，尝以汉祢衡相拟。旋调直隶，参李鸿章幕。时中外大政常决于国藩、鸿章二人，其奏疏多出汝纶手。光绪二十八年，张百熙荐充京师大学堂总教习，未就任，赴日本考察教育。与张裕钊、黎庶昌、薛福成并称曾门四弟子。曾主讲保定莲池书院十数年。吴门弟子众多，著名者有马其昶、贺涛、姚永朴、姚永概、唐文治等。著有《桐城吴先生全书》。事迹见《清史稿》卷四八六、蔡冠洛《清代七百名人传》第五编、马其昶《吴先生墓志铭》(《续碑传集》卷八一)、

赫伯特·斯宾塞卒(1820—)。英国哲学家，社会学家。

特奥多尔·蒙森卒(1817—)。德国历史学家。

路易吉·克里摩拿卒(1830—)。意大利数学家。

J. A.惠斯勒卒(1834—)。美国画家。

保罗·高更卒(1848—)。法国印象派画家。

李景濂《吴挚甫先生传》(《吴汝纶全集》附)。

按:《清史稿》本传曰:"汝纶为学,由训诂以通文辞,无古今,无中外,唯是之求。自群经子史、周、秦故籍,以下逮近世方、姚诸文集,无不博求慎取,穷其原而竟其委。于经,则《易》、《书》、《诗》、《礼》、《左氏》、《谷梁》、四子书,旁及小学音韵,各有诠释。于史,则《史记》、《汉书》、《三国志》、《新五代史》、《资治通鉴》、《国语》、《国策》皆有点校,尤邃于《史记》,尽发太史公立言微旨。于子,则《老》、《庄》、《荀》、《韩》、《管》、《墨》、《吕览》、《淮南》、《法言》、《太玄》各有评骘,而最取其精者。于集,则《楚辞》、《文选》,汉魏以来各大家诗文皆有点勘之本。凡所启发,皆能得其深微,整齐百代,别白高下,而一以贯之。尽取古人不传之蕴,昭然揭示,俾学者易于研求;且以识夫作文之轨范,虽万变不穷,而千载如出一辙。其论文,尝谓:'千秋盖世之勋业皆寻常耳,独文章之事,纬地经天,代不数人,人不数篇,唯此为难。'又谓:'中国之文,非徒习其字形而已,缀字为文,而气行乎其间,寄声音神采于文外。虽古之圣贤豪杰去吾世逸矣,一涉其书,而其人之精神意气若俨立乎吾目中。'务欲因声求气,凡所为抗坠、诎折、断续、敛侈、缓急、长短、伸缩、抑扬、顿挫之节,一循乎机势之自然,以渐于精微奥窔之域。乃有以化裁而致于用,悉举学问与事业合而为一;而尤以瀹民智自强亟时病为兢兢云。著有《易说》二卷、写定《尚书》一卷、《尚书故》三卷、《夏小正私笺》一卷、《文集》四卷、《诗集》一卷、《深州风土记》二十二卷,及点勘诸书,皆行于世。"《清儒学案》卷一八九《挚甫学案》曰:"自望溪倡古文义法,刘、姚继之,桐城一派,遂为海内正宗,绵延二百年,而挚甫为之殿。海通以来,中国屡受外侮,识时之士,知非变法不足以图强。挚甫尤喜言西学,异乎拘墟守旧者也。"

荷兰汉学家施古德卒(1840—)。一译希勒格。1858年来华,后任荷兰莱登大学汉文教授,曾与法国汉学家高第合编《通报》。著有《中国娼妓考》等。

唐景崧卒(1841—)。景崧字维卿,又作薇卿,号南注生,广西灌阳人。同治四年进士,选庶吉士,改吏部主事。光绪八年,法越事起,自请出关赴越南招刘永福黑旗军。次年,抵越南保胜,劝刘永福内附。以功赏四品卿衔。同治十年,中法战争爆发,张之洞令其募勇入关,编立四营,号景字军,入越参加抗法斗争。光绪十七年,迁布政使。二十年,署理台湾巡抚。二十一年四月,清政府与日本签订《马关条约》,割让台湾与日本。五月二十三日,台湾士绅丘逢甲等以全体居民的名义,发布《台湾民主国独立宣言》。二十五日,台湾民主国在台北宣告正式成立,推唐景崧为总统,国号"永清"。事败,至厦门,后隐居桂林。著有《请缨日记》10卷、《旗亭杂剧》等。事迹见《清史稿》卷四六三。

刘光蕡卒(1843—)。光蕡字焕塘,号古愚,自号瞽鱼,陕西咸阳人。光绪元年举人,赴礼部试不第,遂绝意仕进。曾主讲泾阳、关中、泾干、味经、崇实等书院达三十年之久。在任山长期间,既教授《朱子语类》、《资治通鉴》、《五礼通考》、《四书》、《五经》等儒家著作,又刊刻《梅氏筹算》、《平三角举要》等科技书籍,令诸生学习自然科学知识。著有《尚书微》1卷、《大学本义》1卷、《论语时习录》5卷、《孝经本义》1卷、《学记臆解》1卷、《孟子性善备万物图说》1卷、《管子小匡篇节评》1卷、《荀子议兵篇节评》1

卷、《史记货殖列传注》1卷、《史记太史公自序注》1卷、《前汉书食货志注》1卷、《前汉书艺文志注》1卷、《古诗十九首注》1卷、《陶渊明闲情赋注》1卷、《改设学堂私议》1卷、《修齐直指评》1卷、《陕甘味经书院志》1卷等，门人集为《烟霞草堂文集》、《烟霞草堂遗书》，后合辑为《刘古愚先生遗书》。事迹见陈三立《刘古愚先生传》、陈澹然《关中陈古愚先生墓表》(均见《碑传集补》卷五二)。

按：《清儒学案》卷一九一《古愚学案》曰："清季士夫，恫于内忧外患，知非仅治考据词章者所能挽救，乃思以经世厉天下。古愚讲学关中，本诸良知，导之经术，欲使官吏兵农工商各明其学，以捍国家。自谓今日讲学，宜粗浅不宜精深，可见其宗旨已。……赴春官不第，乃退居教授数十年，终其身。先交咸阳李寅、长安柏景伟，究心汉、宋儒之说。尤取阳明本诸良知者，归于经世，务通经致用，灌输新学、新法、新器以救之。以此为学，亦以此为教。历主泾阳、泾干、味经、崇实诸书院。其法分课编日程，躬与切摩。门弟子千数百人，成就者众。关中学风，廓然一变。复创义塾于咸阳、醴泉、扶风，导之科学。"

诸可宝卒(1845—)。可宝字迟菊，字璞斋，浙江钱塘人。同治六年举人，官江苏知县。善书法，工山水。著有《江苏省全舆图》、《璞斋集》等。辑有《畴人传三编》7卷。

张佩纶卒(1848—)。佩纶字幼樵、绳庵，号篑斋，又号言如、赞思，直隶丰润人。同治十年进士，改庶吉士，散馆，授翰林院编修。光绪元年，擢侍讲，日讲起居注官。曾受命在总理各国事务衙门行走。入李鸿章幕，庚子议和，鸿章荐其谙交涉，诏以佐办和约。既成，擢四五品京堂。著有《谷梁起废疾补笺》2卷、《管子学》24卷、《涧于集》20卷、《涧于日记》等。事迹见《清史稿》卷四四四、陈宝琛《清故通议大夫四五品京堂张君墓志铭》、劳乃宣《有清通议大夫四五品京堂前翰林院侍讲张君墓表》(均见《碑传集补》卷五)。

陈虬卒(1851—)。虬原名国珍，字庆宋，号子珊，后改字志三，号蛰庐，别名皋牢子、志山，浙江乐清人。举人出身，多次赴省乡试，都未录取。中日甲午战争后，以公车入京，与康有为、梁启超等交往，参加康有为发起的保国会等变法活动。后在温州业医，设学堂、办报馆等。著有《治平通议》等。后人辑有《陈虬集》。事迹见刘久安《陈蛰庐先生行述》(《陈虬集》附录)。

丁立钧卒(1854—)。立钧字叔衡，江苏丹徒人。光绪六年进士，官至山东知府。晚得风疾，能以左手作书画，世颇珍之。曾主讲南菁书院。

沈荩卒(1872—)。荩原名克诚，字愚溪，湖南善化人。早年留学日本。光绪二十六年，与唐才常在上海组织正气会，旋改自立会，任干事。二十九年，在报上披露《中俄密约》，激起全国人民对清政府的义愤，引发拒俄运动。旋被清廷杖杀。事迹见章士钊著传记《沈荩》。

华岗(—1972)、冯雪峰(—1976)生。

光绪三十年　甲辰　1904 年

日俄战争爆发。

《日韩议定书》签订。

西奥多·罗斯福选立为美国总统。

法国与西班牙缔结瓜分摩洛哥的秘密协定。

正月，开放奉天及安东为商埠。

五月初八日丙戌(6月21日)，清廷特赦戊戌党籍，除康有为、梁启超外，其余各员均宽免。已革职者开复原衔，通缉监禁及交地方官管束者一律开释。

十八日丙申(7月1日)，长沙正式升为商埠。

二十三日辛丑(7月6日)，英军攻陷西藏江孜。

六月十六日癸亥(7月28日)，大清官报设立。

二十二日己巳(8月3日)，英军占领拉萨。

七月十六日壬辰(8月26日)，派载泽、戴鸿慈、徐世昌、端方出洋考察政治。

二十八日甲辰(9月7日)，英军逼西藏地方官签订《拉萨条约》。

按：清政府不承认《拉萨条约》，俄国也表示强烈不满。于是英国不得不与中国重开谈判。外务部右侍郎唐绍仪作为"大清国大皇帝特派钦差全权大臣"，奉命赴印度，和英国谈判西藏问题。

九月十五日庚寅(10月23日)，黄兴筹划长沙起义，事泄失败。

二十四日己亥(11月1日)，载泽、绍英出洋考察前，在北京火车站被革命党人吴樾施放炸弹炸伤。

十月，龚宝铨、蔡元培等在上海成立资产阶级革命团体光复会。又称复古会。

是月，清廷加入海牙国际仲裁裁判同盟。

十一月，黄兴、程潜等在东京组织革命同志会。

十二月初八日壬子(1905年1月13日)，美国第三次提出对中国"门户开放"政策，照会各国。

是日，张之洞奏请设立总理学务大臣。

初九日癸丑(1月14日)，列宁在《前进报》上发表《旅顺口的陷落》一文。

是月，国学保存会在上海成立。

按：何卓恩在《国学保存会与中国传统学术的革故鼎新》(《华中师范大学学报》2003年第3期)一文中指出，考察晚清时期长江流域的学术流变，国学保存会应是一个值得特别关注的个案。国学保存会在维新势力着力推动引进西学、实现近代中国学术转型的情境下，另辟蹊径，通过倡导古学复兴，借鉴新知以反省和颠覆日趋萎缩的旧式传统学术，再造新式国学，着力从中国传统内部推进中国学术的现代转型。无论其直接动机和最后成绩如何，这一努力在中国学术现代转型过程中无疑具有范式多样化的意义。

是冬,河南安阳小屯村民于村北地中大肆挖掘甲骨。

是年,我国第一个幼儿教育法规《奏定蒙养院章程及家庭教育法章程》订立。

商部奏设实业学堂。户部创办会计学馆,停办京师大学堂编译局。

孙中山一月在檀香山加入致公堂(即洪门),并接受"洪棍"(元帅)之职。在《檀山新报》上发表《驳保皇报》一文,批驳保皇党谬论。四月,离檀香山抵美国旧金山。旋改组《大同日报》,与改良派展开论战。五至九月,为美洲致公堂重订章程要义,对其进行整顿改造。十月,在纽约报纸上发表《中国问题之真解决》,认为欲改变"彼主我奴"之地位,必须进行反满革命(《孙中山全集》卷一)。十二月,离纽约赴英国伦敦。是年,孙中山作《警告同乡书》,号召划清革命与保皇之界限。

康有为正月与梁启超、徐勤等赴香港,主持召开保皇会。三月二十二日,自香港启行,经安南、暹罗,五月到槟榔屿,二十六日乘船渡印度洋入地中海。历时半年,先后游历意大利、瑞士、奥地利、匈牙利、德国、法国、丹麦、挪威、瑞典、比利时、荷兰、英国等国。十一月重返加拿大。自喻为厨师,要烹调世界各国的名点佳馔,请同胞游而览之。

梁启超二月自港来沪,与狄楚青、罗孝高筹划开办《时报》各事。三月,复返日本。七八月间,与蒋智由有开设军事教育秘重机关之议。十月,致书康有为,与康氏着意谋刺发生歧见。

梁启超作《子墨子学说》、《墨子之论理学》等文章,刊载于《新民丛报》。又作《自由书》、《新民说》,继续连载于《新民丛报》。

按:梁启超两篇论《墨子》的文章,尝试用西方社会科学方法来阐释墨学,把墨学研究推向了新阶段。此后出现的研究墨学著作有胡兆鸾《墨子尚书古义》、刘师培《墨子拾补》、尹桐阳《墨子新释》(1914)、杨嘉《墨子间诂校勘》(1921)、张纯一《墨子间诂笺》(1922)、陈诒仲《墨子正义》、李笠《定本墨子间诂校补》(1925)、刘昶《续墨子间诂》(1925)、支伟成《墨子综释》(1925)、高岳岱《新式标点墨子注》(1925)、陈柱《定本墨子刊误补正》(1926)、陶鸿庆《读墨子札记》(1927)、许啸天《标点墨子》、朱公振《墨子读本》(1930)等。

黄兴是春赴湘谋划起义,设爱国协会于上海,作为华兴会的外围组织。又辞明德学堂教职,在长沙创办革命机关"科学补习所"等。九月,以事败逃往上海,与宋教仁、陈天华、杨守仁、张继等相会,旋与宋教仁等再度亡命日本。

章炳麟由上海会审公廨改判为监禁三年,邹容监禁二年,罚做苦工,期满逐出租界。章氏在狱中绝食抗议,坚持七天,后改事裁缝役作,并获准阅读《瑜珈师地论》、《因明入正理论》、《成唯识论》等佛教书籍。

袁世凯二月奏于天津设军医、马医、军械、经理四所专门学堂。

张之洞正月拜孙夏峰祠。四月奉旨兼署湖北巡抚。六月,改两湖高等学堂为两湖师范学堂,设敬节学堂、育婴学堂、蒙养院;议设存古学堂。

俄国波格丹诺夫创立"经验一元论"。

法国J.饶勒斯在巴黎创办《人道报》。

英国的W.F.皮特里发现西奈铭文。

荷兰洛伦兹提出著名的"洛伦兹变换",以解释电磁作用。

英国约翰·弗莱明发明热电子二极真空管。

法国彭加勒提出电动力学的相对性原理。

七月，选畿辅学生200人就学湖北各学堂。在武昌创办学堂应用图书馆。

端方四月署江苏巡抚，于苏州设立江苏师范学堂、江苏高等师范学堂、实业学堂等，并派大批学生出洋留学。又与张謇、汤寿潜等江浙名士游处。是年，始留意搜览宪政之书。

黄遵宪在故里创立嘉应犹兴会，为讲习新学之所，选派子弟门人赴日本留学。七月四日有《与饮冰室主人书》。

柳亚子因蔡元培助，得以探视狱中之章炳麟。因一次获准探视一人，未能会见邹容，引为终生憾事。秋，加入上海国学保存会与国粹学社。是年，始读毕夏完淳、顾炎武、张煌言诸家诗集。与陈去病、汪笑侬等创办《二十世纪大舞台》，并作发刊词，是为中国首份戏剧专门杂志。仅出2期即被封禁。

陈去病二月在江苏吴江县周庄创办东江国民学校，以保存国粹、阐发旧学、养成武健之风为宗旨。秋，因经费不济停办，至上海任《警钟日报》编辑。参加光复会。与蔡元培一起办《俄事警闻》杂志。又参与创办《二十世界大舞台》杂志，倡戏剧改革，主张戏剧宣传革命。并以万福华枪击王之春事著成《金谷香》剧本。

严复辞京师大学堂译局总办职、返上海。冬，为开平矿务局诉讼交涉，应约去英国。

宋教仁二月十五日在长沙参加华兴会正式成立会，被举为副会长。春，与胡瑛赴鄂，设华兴会湖北支部于武昌。七月三日，与湖北进步学生吕大森、刘静庵、曹亚伯、张难先、胡瑛等在武昌成立科学补习所，任文书，吕大森为所长，胡瑛为总干事。十二月五日由上海东渡日本。

陈天华在长沙参加华兴会成立大会，担任运动军队工作，并为《俚语报》撰写文章。春，清政府封闭《俚语报》，被迫东渡日本，入东京法政大学肄业。是夏，再度回国，赴江西运动军队。九月，华兴会准备发动的长沙起义事泄失败。陈天华、黄兴等逃往上海。后再次东渡日本。经徐佛苏等介绍，与梁启超往来，拟归国上书请愿立宪，因宋教仁、黄兴等劝阻作罢。

张謇为湖广总督张之洞、两江总督魏光焘起草立宪奏稿。六月，以译刊《日本宪法》等书分送显要人士，并秘密送入内廷十二册。

蔡元培二月改对俄同志会为争存会，改《俄事警闻》为《警钟日报》，自任主编，刘师培任副主编。是春，中国教育会召开大会，复推为会长。七月，辞《警钟日报》主编。暑期后，又任爱国女学总理，约龚宝铨等为教员，鼓动女子暗杀。十一月，与龚宝铨、陶成章联合绍兴商学两界志士及各属会党首领在上海成立光复会，任会长。嗣后章炳麟、徐锡麟、秋瑾、刘师培等先后入会。

秋瑾五月改男装，抵日本东京留学，先入"日语讲习所"肄业半年。夏秋间，参与创办中国最早提倡普通话之组织"演说练习会"。八月，该会创刊《中国白话报》月刊，是时前后，尝专程往横滨，加入冯自由等奉孙中山命组织之"三合会",被授为"白扇",为留学生加入秘密会党之嚆矢。冬,毕业于日语讲习所,报名入东京青山实践女校速成师范科。是年,又与陈撷芬等改组留日女生成立之"共爱会"为"实行共爱会",推陈撷芬为会长。

刘师培参加开封会试。临行前,作《留别扬州人士书》,呼吁创办新式学堂、鼓励出洋留学。落第后回扬州,创办师范学会和协助扬州乡人出洋留学社,发表《论留学生之非叛逆》,支持学生运动;又作《黄帝纪年论》,提出以黄帝纪年取代封建帝王纪年。

刘师培四月二十六日在《警钟日报》上发表《论白话报与中国前途之关系》,其曰:"近岁发来,中国之热心教育者,渐知言文不合一之弊,乃创为白话报之体,以启发愚蒙。"又曰:"中国自古以来,言文不能合一,与欧洲十六世纪以前同。欲救其弊,非用白话未由,故白话报之创兴,乃中国言文合一之渐也。""故就文字进化之公理言,则中国自近代以还,必经白话盛行之一阶级,此又可预测者也。"

刘师培在《中国白话报》上发表白话文章《做百姓的事业》及《论激烈的好处》,署名"激烈派第一人",强调"激烈有三大好处":一是无所顾忌,二是实行破坏;三是鼓动人民。又在《中国白话报》第13期上发表《讲教育普及的法子》,提出一些普及教育的设想。又作《中国革命家陈涉传》,在《中国白话报》上连载。

刘师培是秋由蔡元培介绍,加入光复会。与万福华在上海谋划并参加行刺前广西巡抚王之春(粤汉铁路"华美合办"倡议者)行动,未成,被拘留一日,而万福华被监禁十年。当时黄兴、林少泉、章士钊、张继、薛大可、彭义民、徐佛苏、郭人漳等13人等均被捕,因罪证不足,不久释放。

苏曼殊自上海赴暹罗,从乔悉磨习梵文,应聘于曼谷青年会。赴锡兰,应聘于菩提寺。六月,经广州赴长沙,应秦毓鎏之邀,受聘于湖南实业学堂,与张继、杨性恂、杨笃生、黄兴同事,参与华兴会机密事务。

杨度春末与蔡锷、周家树、范源濂、杨守仁等人被湖南留日学生推举,任中国留日学生会馆"评议员"。三月二十二日,转入东京法政大学速成科学习,与汪精卫、熊范舆同班。夏,取得有关外国公司投资粤汉铁路的文件,寄交梁启超,刊于上海《时报》,始为粤汉铁路废约自办造舆论。十月,被留日学界推为总代表,归沪参加争取粤汉铁路废约自办活动,并在沪加入华兴会外围组织"爱国协会"。十月初一日,出席黄兴在上海召集的华兴会会员会议。十月初三日,分别致电湘省官绅和鄂督张之洞,反对所谓"以美接美"和"华美合办"粤汉铁路的新建议,仍争废约自办。十月二十九日,与杨守仁离沪赴日本横滨,在船上遇宋教仁。十一月下旬,以诗三章示梁启超,后刊登于《新民丛报》。

罗振玉是春离粤归沪,被端方聘为江苏教育顾问。十一月,在苏州创江苏师范学堂,任监督,聘王国维来校任教。学堂分讲习科、速成科。

王国维代罗振玉为《教育世界》主编,进行刊物改革,并在该杂志上《红楼梦评论》一文。

按：王国维《红楼梦评论》在《教育世界》六至八月连载。是文系运用西方哲理来分析中国小说的代表之作。《静安文集自序》曰："去夏，所作《红楼梦评论》，其立论虽全在叔氏之立脚地，然于第四章内已提出绝大之疑问。旋悟叔氏之说，半出于其主观的气质，而无关于客观的知识。此意于《叔本华及尼采》一文中始畅发之。"（《观堂别集》卷四）萧艾《王国维评传》说："在《红楼梦评论》之前或稍后一段时期，《红楼梦》研究者为数纵多，却谁也没有认真地以文学的观点给予评价。而王国维的《红楼梦评论》就这样做了，因此我们说它突过了前人，成为《红楼梦》研究史上的一块里程碑。"

韩国钧因福公司采矿合同原定怀庆地区，但英方漫无限制开采，并欲占彰德地区矿产，为保护国家产权，立即议定福公司采矿区域，限定以红黄两线为界。因交涉得体，得到上司奏保，奉旨嘉奖。

梁敦彦出任天津海关道台。在天津整顿北洋大学，并鼓励该校学生赴美留学。又兼任京奉铁路总办。举荐詹天佑主持修筑北京到张家口的铁路。詹天佑时在广州黄埔海军学堂任教。

张伯苓五月偕严修第一次东渡日本，参观早稻田大学、高等师范、高等工业学校、女子大学、小学等，考察日本教育，并购置理化仪器多种。八月八日归国。九月一日，与严修商议成立中学堂事。十月十六日，在合并严、王两馆的基础上，创办中学，定名"私立中学堂"。张伯苓任监督。年终改称"私立敬业中学堂"。又设师范班，以严、王两馆年长学优者陶孟如、时子周等充任师范生，半教半读，张伯苓教授英、算、史地、体育诸科。

按：严修字范孙，号梦扶，别号偍属生，天津人。历任翰林院编修，学部侍郎，贵州学政等。在贵州时曾捐资办学，并奏请朝廷，要求废除科举，开办经济特科。戊戌变法失败后，辞职回乡，在天津大力兴办教育。先在家中兴办严氏家塾，聘请张伯苓任教，并与张伯苓一起出国考察，回国后创办了私立敬业学堂（即南开中学的前身），以后又开办南开大学。重视女子教育，创办严氏女塾，后更名严氏女学、严氏女中，1923年改名南开女中。他从日本考察回来后，被启用为直隶学校司，在他任期一年中，要求每个府县必须设立一座学堂，同时设立一座师范学校。他主持建立了天津模范小学、天河师范、北洋师范、女子师范、高等法政等校。

黄宗仰自日返沪，继续讲道兴学。嗣为犹太人哈同帮助设计营造上海最大的私人花园哈同花园，并为之命名为"爱俪园"。又应哈同夫妇之请，主持园中特辟之"频伽精舍"。

廖平五月聚徒讲学于四川井研高洞寺。

丘逢甲四月由广州返回镇平。是年夏，在乡设"自强社课"，辅导族中子弟补习文化；在县城倡办"初级师范传习所"，大力培训小学师资。是年冬，在东山、员山创办两家族学堂，以始祖讳"创兆"名校。是年，收谢逸桥为门生。

陈三立与李有棻共同创办江西铁路公司，兴建南浔铁路，先后任该公司协理、总理、名誉总理等职。

马君武与谢无量、王毓仁等游扬州，写《偕谢无量游扬州》、《西湖》、《杭州拜岳武穆墓》等诗。春，回日本，继续在京都大学学习。

张元济在商务印书馆辟新楼藏书，后定名"涵芬楼"。由蔡元培中介，购入绍兴徐氏熔经铸史斋藏书五十余橱。曾选编部分古书,编印为《涵芬楼秘籍》。是年,组织编写我国第一部小学教科书《最新教科书》出版,以后又编高小、中学教科书,在中国现代教育史上具有草创意义。

按:涵芬楼本是商务印书馆为便于编辑,设以收藏善本用的藏本楼,当时主持编务的张元济在1904年设立藏书室,后因善本增多,需要管理,遂于1909年"设图书馆,名为'涵芬楼'"(《商务印书馆百年大事记》)。1924年3月,涵芬楼新建馆落成,改名东方图书馆。至1932年藏书达50余万册,图片、照片5000余张,地方志的收藏居当时全国之首,"一·二八"事变,东方图书馆被焚。

八指头陀为天童寺住持。九月过杭州,筹办僧学堂,与松风等陪日本伊藤贤道法师泛舟西湖。冬,病居山寺,报纸谣其已航海诣东京皈依日本佛教,作诗嗤之。

按:八指头陀等人在杭州拟议设立佛教总公所及民、僧小学堂,这是目前所见文献中记载中国僧人最早的自行开办学堂活动。

陶成章二月任云和先志学堂教习。秋,在上海与蔡元培等商议响应黄兴湘鄂两省同时并举事。

蒋方震得梁启超相助,由盛京将军赵尔巽出面保荐,入日本陆军士官学校步兵科学习。与同期蔡锷、张孝准并称为"中国士官三杰"。同学尚有李烈钧、张澜、许崇智、高尔登等。

陈仲恕到日本,入东京法学院肄业。常与蒋方震往来。

宋恕初夏读李延寿《南史》,补摘范缜《神灭论》。六月初十日,从陈黻宸处借书,录《订孔》、《儒法》、《学蛊》、《王学》、《颜学》、《清儒》、《杂志》等多条。同时阅陈著《史学讲义》及梁启超《新大陆游记》。八月,读班固《汉书》、李延寿《北史》及陶宗仪《辍耕录》。是年,又曾读《亭林诗集》6卷,作《亭林先生集外诗》摘录及《黄氏日抄·古今纪要遗编》摘录。

刘鹗应《日日新闻》主笔征稿,续写《老残游记》至20卷。

汪笑侬依据《波兰衰亡史》改编为剧本,刊载于《安徽白话报》。

陈家鼎经黄兴介绍,加入华兴会。

姚华中进士,授工部虞衡司主事。

按:姚华字一鄂,号重光,一作崇光;晚年改字茫父,号弗堂,贵州贵筑人。清末留学日本,习法政。1914年任北京女子师范学校校长。先后执教于京师五城学堂、清华学堂、朝阳大学等。与周大烈、陈衡恪、梁启超、王梦白、陈师曾、梅兰芳、程砚秋等交往密切。门人辑其遗著《弗堂类稿》31卷。

蒲殿俊、苏舆、沈钧儒、陈毅等五月成最后一科进士。

按:陈毅字诒重,号郋庐,湖南湘乡人。历官邮传部参议。著有《墨子注疏》、《荀子集解补》、《晋书地理志补注》、《魏书官氏志疏证》、《隋书经籍志补遗》、《十六国杂事诗》、《郋庐诗文集》。

刘道一参加华兴会及长沙起义,旋留学日本,与秋瑾等组织十人会。

王鹏运五月过江访郑文焯,与况周颐相会于吴皋。

熊十力与何自新批评武昌不易发动革命之说。

谭人凤夏得知华兴会准备发动起义,便结盟洪门会党,经新化、宝庆一带进行联络，准备响应。

张君劢自震旦学院退学，考入南京高等学校。因参与上海学生为响应留日学生的爱国行动而组织的义勇队，被学校除名。旋赴湖南，先后在长沙明德学校和常德师范学堂任教。

朱祖谋任广东学政。

穆藕初、马相伯组织沪学会，倡尚武精神。

马一浮离美转赴日本留学，未进学校。只是向日本友人乌泻隆三学习日文与德文。从美国到日本时，曾带回两部马克思《资本论》。一部英译本，赠友人谢无量；一部德文版，自己阅读并带回中国，最早把马克思《资本论》引进中国。

按：中国最早翻译《资本论》的是陈豹隐。1930年，他在日本独自译成《资本论》第一卷第一编，主题为"商品与货币"，并作为《资本论》的第一分册出版。以后潘冬舟、侯外庐、郭大力、王亚南等人在陈豹隐的工作基础上继续努力，终于完成3卷本的《资本论》翻译。

安维峻主讲南安书院。

晏阳初在西学堂接受基督教洗礼。

叶楚伧入江苏提学使在苏州办的以维新教育为目的的苏州高等学堂学习。

杨枢正月于出使日本大臣任上奏请添派武科学生来日，送入陆军各学校肄业。

孙宝琦时任驻法公使，是年上书政务处，要求仿效日本及英、德之制，定为立宪政体之国。

李根源赴日本留学，入东京振武学校学习。

陈焕章入美国库克学校学英语。

陈寅恪自日本回国考取官费留日，初入日本庆应大学，后入东京帝国大学财商系。

丁惟汾考取山东官派留学生，赴日本留学，入明治大学经纬学院法学系专攻法律。

古应芬留学日本东京法政大学。

刘思复留学日本。

江亢虎自日本辍学回国，任刑部主事、京师大学堂日文教习。

丁文江改赴英国留学。

魏渤入圣彼得堡大学法政科学习。

柏山入圣彼得堡大学法政科学习。

李光炯所创办旅湘公学堂，终因环境所迫，是年秋由湖南迁往芜湖，改名"安徽公学"。与邓绳侯先后担任该校学监。

张森楷在四川合川创办合川中学堂，后又于大河坝创办实业中学堂，并任校长。

史量才在上海创办女子蚕桑学校。

按：史量才名家修，以字行，江苏青浦人。1912年任《申报》总经理，1927年买下《时事新报》,1932年创办《申报月刊》,次年编印《申报年鉴》,成为上海报业巨头。1934年被国民党特务暗杀。

张相文辞淮安阜财商业学校校长之职,受聘为广州两广师范讲习所,任地理教员。

于右任肄业于上海震旦学院。后与师友创办复旦公学、中国公学。

李剑农进入湖南中路师范史地科,专攻历史。

戴季陶在客籍学堂抨击学堂监督品评课艺不公,被开除学籍。

祝鼎、周承德等8人联名呈请筹办浙江海宁州图书馆。

沈宗畸入北京,与袁祖光、金绶熙学诗。

丁开雄因日俄战争爆发,潜赴关外,联络志士,创抗俄铁血会,袭击俄军。

张榕在兴京海龙一带组织关东独立自卫军。

李伯东等在云南成立誓死会。

刘静庵、张难先、曹亚伯六月在武昌成立科学实习所,后易名日知会。

丁仁、叶为铭、吴潮、王褆、吴隐等于十月在浙江杭州发起成立西泠印社,推吴昌硕为社长,以保存金石,研究印学为宗旨。

程子仪在广州组织天演公司,并创立广州首所粤剧学校。

曾志忞在东京成立亚雅音乐会,内分声乐、军乐两种,专门研习音乐。

叶青善等在北京创办京剧科班富连成社。

按：富连成社是中国京剧史上规模最大、历时最长、培养专业人才最多的一所京剧科班。1948年停办。

梅兰芳于七月始在北京登台演出。

骆侠挺主持广州中兴通讯社始发稿,为国人自办首家通讯社。

谢洪赉任中华基督教青年会总干事和出版部主任、中国联合出版社总编辑。

陈垣在广州参与创办《时事画报》。

杜亚泉主编之《东方杂志》月刊正月在上海创刊,后改为半月刊,由商务印书馆出版。

狄葆贤五月在上海创办《时报》,罗普任《时报》主笔。其文学副刊开报纸文学副刊之先河。后又创办《小说时报》、《妇女时报》、《佛学时报》和有正书局。

陈景韩任上海《时报》主笔之一,首创"时评"专栏,以笔名"冷",排日发表短评。又创"教育"、"实业"、"妇女"、"儿童"、"图画"、"文艺"等周刊。均为各报所仿效。

彭翼仲、杭辛斋于十二月在北京创办《中华报》。

陈仲逸主编《广东杂志》三月创刊。

按：该刊主编除陈氏外,后由杜亚泉、钱智修、胡愈之、李圣五担任。

陈独秀在安徽芜湖创刊《安徽白话报》。作《论戏曲》刊载于改报。

张恭五月在金华创办《萃新报》。

宗龙、刘昌明在东京创办《海外丛学录》。

陈景韩、龚子英等任主编的《新新小说》九月创刊于上海。

曾朴、丁芝孙、徐念慈等在上海创办《小说林》，曾朴为总理，至1908年停刊。

周雪樵等在上海创办《医学报》，创立医学研究会。

英国循道会传教士高葆真主编《大同报》二月二十九日于上海创刊。

按：此刊为广学会在上海主办的中文刊物，初为周刊，1915年1月起改为月刊。

德国人李谷克于八月二次率德国远征队到新疆劫掠文物。

美国方法敛、库寿龄等传教士在山东潍县、青岛等地搜购甲骨。

美国传教士庄才伟来华传教。

列宁著作《进一步，退两步》出版。

德国文德尔班著《意志自由》。

奥地利阿德勒著《科学论争中的因果性和目的性》。

法国李特著《消费合作社》。

德国马克斯·韦伯著成《新教伦理与资本主义精神》。

德国希法亭发表《庞巴维克的马克思批判》。

王先谦著《尚书孔传参正》36卷、序例1卷、异同表1卷刊行。

张谐之著《尚书古文辨惑》22卷刊行。

孙诒让重新校定《周礼》和《墨子间诂》。

马其昶著《中庸篇义》1卷由集虚草堂刊行。

皮锡瑞著《汉书引经考》6卷、附《汉碑引经考》1卷刊行。皮氏著《师优堂咏史》1卷、《词》1卷、《诗草》6卷刊行。

薛允升著《读例存疑》54卷初刊。

饶炯著《文字存真》1卷由达古轩刊行。

孙楷著《秦会要》26卷成书。

按：本书分世系、礼、乐、舆服、学校、历数、职官、民政、食货、兵、刑法、方域、四裔等14门，辑录古书所载秦代典章制度。原书流传不广，遗漏错误亦多。近人乃重加增订，逐条修正，称《秦会要订补》，并酌收近人所撰论文，作为附录。

杨守敬刻《前汉地图》成。

张鹏一纂《隋书经籍志补书目》刊行。

陈去病著《清秘史》2卷成书，柳亚子为作序。

陈作霖著《金陵通传》45卷、《金陵通传补遗》4卷合刊。

杨守敬与熊会贞合撰《水经注疏》80卷成书，有《凡例》25条。

按：是书对郦道元《水经注》征引事实皆一一考证，注明出典，在疏理《水经》和《水经注》方面取得了空前的成绩。次年，他们又利用《水经注疏》的成果，编图稿80卷，成《水经图注》，沿用至今。杨守敬在《邻苏老人年谱》中曰："郦氏《水经注》沉霾千载，至明代朱谋㙔乃为之笺。然独辟蚕丛，始导先路。国朝全谢山（祖望）为七校，遗书未刊。同时赵诚夫（一清）有注释，亦未即镌板。至乾隆间，戴东原（震）入四库馆，始云以《永乐大典》本校刊，辨明《经》、《注》混淆，删正四五千字，海内学者翕然从之。至嘉庆间，赵氏刻本出，而所校乃与戴氏十同八九，赵氏未见《大典》本，安得与戴氏悉同？而其所据订正者，一一皆出原书，其非蹈袭他人可知。全氏之书又最后出，多与赵同，两人生前互相推挹，其从同不足怪；而亦间有与戴氏特出之见合者，未必非校刻者之所为，或遽嗤为伪作，亦过也。余研寻有年，乃知戴之袭赵，证据确凿，百喙不能为之解。至郦氏之闳奥，诸家多有未窥，间有郦氏不误，诸家改订反误者。国初刘继庄（献廷）拟为《水经注疏》而未成。道光间沈文起（钦韩）亦有此作，未付刊。余乃与岜芝发愤为之，疏厘为八十卷，凡郦氏所引之典，皆标所出，批于书眉行间，凡八部皆满。孺初先生尝题于初稿云……此先生己卯冬叙语，爱我之深，不觉推

之逾量,至此二十余年,先生墓木已拱,而吾书方成,过情之誉,何堪告人!期许之私,聊以志知己云耳!"(《杨守敬学术年谱》)

  杨守敬辑《古泉薮》16册成书,有自序。

  按:杨守敬《自序》曰:"同治、光绪间,余屡至京师,有宝坻李宝台者,须眉皓然,尝以古泉粘本册求售,亦不尽罕见之品。问之光州胡石查义赞,乃知其人往来于刘燕庭、叶东卿、陈寿卿、鲍子年、李竹朋诸家,凡所藏铜器,无不倩其手拓者,供主人之外,每卷其赢余以归。今诸家星散,宝台无所事事,故常持拓片以易米。然至精至希之品,终爱不忍割。余尝至其家,矮屋如舟,床几凌杂,无非拓本。然指名索之,枝吾不遽允。光绪己卯冬,余复入都,则宝台已下世。其女婿沈某开一骨董店,问其拓本,则鼎彝之属皆已售尽,唯古泉拓本存焉。乃倾囊以购之,计宝台自十余岁至七十余岁,家人父子无日不拓泉,故能积如斯之多。尝得'小泉直一'一窖,故人亦谓之'小泉李'云。庚辰之春,余携之东渡日本,乃使儿子必钧发箧检理屡月,差有次第。其中有一品仅拓二三十分者,有一品拓至一二百分者,尤以'半两'为最夥,想宝台藏此钱独多也。除其至多者,约得二十部,未及粘贴,拟归后重理之。荏苒二十余年,儿子必钧亦物故五年。今夏由黄州移之来鄂,则鼠啮蠹蚀又多倒乱。因念此身日月已迈,一旦填沟壑,更无从飘败中收拾此长物者。是宝台一生精血由我而竟失之,九泉有知,能无负负?乃倩工依《泉汇》粘贴之,亦间以所藏异品及日本、朝鲜古泉附入其中,每部装为十二册。虽视《泉汇》稍俭,而无一伪品,亦可谓集古泉之大观矣。惟余老耄颓唐,未能一一校理,差谬之讥知所不免,后之得此书者,其鉴此苦衷哉!"(《杨守敬学术年谱》)

  刘鹗《铁云泥封》1卷由有正书局石印;《铁云藏陶》4册由抱残守缺斋石印。

  按:刘鹗《铁云藏陶·自叙》曰:"己亥岁,汤阴出土古龟甲盈万,予既精拓千品,付诸石印,以公同好。又以近年出土陶器,多三代之古文,品驾彝鼎而上。古者昆吾作陶;虞舜陶于河滨;阏父作周陶正,武王赖其利器用也,以太姒妻其子而封之陈,可见陶之为器虽微,而古人作之正者,皆圣贤之资,宜其文字之足重也。海内名家尚未显诸著录,于是选择敝藏,属直隶张茂细心精拓,得五百余片,更益以陈寿卿拓本七十余纸,并付石印,是抱残守缺斋三代文字之二。世之闳博君子,欲考篆籀之原者,庶有取焉。计海内收藏家所得必数倍于此,吾其为之嚆矢也夫。光绪甲辰正月,丹徒刘铁云识。"

  孙诒让著《契文举例》2卷成书,有自序。

  按:孙诒让《契文举例序》曰:"蒙治古文大篆之学四十年,所见彝器款识愈二千种,大抵皆出周以后。赏鉴家所揭櫫为商器者,率臆定不能确信。每憾未获见真商时文字,顷始得此册(指《铁云藏龟》),不意衰年睹兹奇迹,爱玩不已,辄穷两月力校读之,以前后复缠者参互审绎,乃略通其文字,大致与金文相近,篆画尤简消,形声多不具。"孙诒让据刘鹗《铁云藏龟》公布的1058片甲骨写成第一部甲骨学研究著作《契文举例》,为后来的甲骨分类研究开创了门径,奠定了良好的基础。此后,罗振玉、王国维致力于甲骨文字的考释,认出485字,作为学者研究对象的甲骨学终于形成。是书于1917年印入《吉石庵丛书》,共2卷,分日月、贞卜、卜事、卜人、官氏、方国、典礼、文字、杂例10类。

  徐树兰编《古越藏书楼书目》刊行。

  按:是书无论在分类、编目或书目体系、类目名称上都有创新,其打破四部分类法,而将所有藏书分为学、政二大部,对后来的图书分类起了很大的推动作用;在编目方法上,则著录详明,有分析、互著、参见,充分展示了馆藏书目。

江人度著《书目答问笺补》刊行。

刘成禺著《太平天国战史》在东京刊行,孙中山序。

薛蛰龙译《波兰衰亡史》由上海镜今书局刊行,柳亚子作序。

金一(天翮)编《自由血》刊行。

按:金一(天翮),又名金松岑,号鹤舫,笔名麒麟、爱自由者、天放楼主人,江苏常熟人。1903年加入爱国学社,与邹容、章炳麟、蔡元培一起为推翻满清王朝奔走呼号,以文学鼓吹革命。1903至1904年间著有鼓吹女界革命的《女界钟》,编有鼓吹民族革命思想的《新中国唱歌》,译有《文界之大魔王摆伦》、《三十三年落花梦》等,著有《天放楼文集》、《天放楼诗集》等。又是小说《孽海花》的创意及首五回初稿的原作者。

陶成章著《中国民族权力消长史》在东京刊行。

萨端译《社会进化论》成书。

冯桂芬著《校邠庐抗议》有甘肃官书局刻本。

陈冷译《虚无党》刊行。

王国维是年撰《孔子之美育主义》、《就伦理学上之二元论》(后易名为《论性》)、《尼采之教育观》、《叔本华之遗传说》、《教育偶感二则》、《汗德之哲学说》、《叔本华之哲学及其教育学说》、《国朝汉学派戴阮二家之哲学说》、《书叔本华遗传说后》、《叔本华与尼采》、《释理》等文。

梁启超著《中国之武士道》、《中国国债史》由广智书局刊行。

章炳麟重订《訄书》由日本东京翔鸾社出版。

陈天华著《猛回头》、《醒世钟》在上海刊行。

严复译法国孟德斯鸠著《法意》前3册由商务印书馆刊行。

张謇刻《日本宪法》。

曾志忞从日文转译英国人编著的《乐典教科书》,并由上海广智书局发行。又在《新民丛报》发表《音乐教育论》。

按:《乐典教科书》是中国最早出版的一本比较完备的、系统介绍西方音乐体系的乐理教科书,书前有梁启超所撰叙。《音乐教育论》是中国最早一篇系统倡导并阐述近代音乐教育的论文。

刘师培编《国文典问答》由上海开明书店印行。

按:该书提出三大改革措施:一、宜有俗语。二、造新字。三、改用拼音,统一国语。

陈庆年著《中国历史教科书》刊行。

姚祖义著《最新中国历史教科书》由商务印书馆刊行。

夏曾佑著《最新中学中国历史教科书》由商务印书馆刊行。

按:是书为应商务印书馆之约而著,后改名为《中国古代史》,是最早用章节体编纂中国历史的著作,开风气之先。1933年,商务印书馆将它列入《大学丛书》再版。

蒋维乔等编辑的《最新初小国文教科书》刊行。

按:光绪二十八年(1902),商务印书馆聘请蔡元培为所长,委任蒋维乔等人为编辑,着手编译《初小国文》。书未编成,次年"苏报案"发生,蔡元培为报馆所牵连避往青岛,以后由张元济兼任编译所长,延聘高梦旦、蒋维乔、庄俞、徐隽等人为编辑员,招请日本人长尾太郎、加藤驹二等为顾问。依照日本编纂方法,先搜集坊间所有的蒙学课本,进行研究分析,再拟订编写体例。在编写过程中,字斟句酌,每编一课,须经以一致同意才可定稿。直至是年初,《最新初小国文教科书》第1册编成。至1906年,第2册至第10册分别出版。

　　李刚己著《教务纪略》4卷刊行。

　　按：叙述天主教和基督教在华的传教活动,分教派、传教、教规、条约、章程、成案、杂录等类,为中国教案资料。

　　钱单士厘著《癸卯旅行记》由日本同文印刷舍排印。

　　按：单士厘字受兹,浙江萧山人。钱恂妻。钱恂先后出任清政府驻日本和欧洲各国使节。光绪二十五年(1899),士厘以外交使节夫人的身份,随钱恂旅居日本。光绪二十九年(1903),离日本赴俄。后又遍历德、法、英、意、比等国,以及埃及、希腊等国的古都。于宣统元年(1909)冬回国。其分别将所见所闻撰成《癸卯旅行记》、《归潜记》。以后又著有《清闺秀艺文略》5卷、《受兹室诗稿》、《家政学》、《家之育儿简谈》、《正始再续集》等。

　　王闿运著《墨子注》7卷刊行。

　　曹耀湘著《墨子笺》15卷由江西官书局刊行。

　　林传甲著《中国文学史》刊行。

　　按：是为中国人自著较早的文学史。

　　吴汝纶著《桐城吴先生全书》2种刊行。

　　龚自珍著《龚定盦全集》由四川官书局刊行。

　　曾朴始著《孽海花》。

　　吴沃尧著《九命奇冤》始连载于《新小说》。

　　蔡元培著《新年梦》刊载于《俄事警闻》。

　　柳亚子著《松陵新女儿传奇》刊载于《女子世界》,又与陶亚魂合译《泰西五十故事》,由镜今书局刊行。

　　林纾译、魏易口述英国哈葛德著《迦茵小传》成书。

　　林纾、魏易合译英国兰姆姊弟著《莎士比亚故事集》刊行,题为《英国诗人吟边燕语集》。

　　苏曼殊译,陈独秀校改法国雨果著《悲惨世界》以《惨世界》为名由镜今书局刊行,署名苏子谷、陈由己同译。

　　奚若译英国柯南道尔著《福尔摩斯再生案》4册由小说林社刊行。

　　顾燮光在徐以愻《东西学书录》基础上著为《译书经眼录》,共8卷,分25类。

　　按：是书收录光绪二十八年(1902)至三十年(1904)各种译书533种,其中日文321种,英文55种,美文32种,法文15种,俄文4种,其他文种81种。

　　严复著《英文汉诂》由商务印书馆刊行。

　　按：是为中国第一本用新式标点符号的汉字铅印横排本书籍。书后贴有严氏"版权证",是作家将自己的"著作权印花"贴于出版物上的首次应用。

　　朱纪荣辑《校经山房丛书》据式训堂丛书本重编刊行。

　　按：是书包括《续后汉书》42卷、《义例》1卷、《音义》4卷,宋代萧常撰;附《礼记》

1卷,清代郁松年撰。《续后汉书》90卷,元代郝经撰,元代苟宗道注;附《札记》四卷,清代郁松年撰。《数书九章》18卷,宋代秦九韶撰;附《札记》4卷,清代宋景昌撰。《详解九章算术》1卷,《纂类》1卷,宋代杨辉撰;附《札记》1卷,清代宋景昌撰。《杨辉算法》6卷,宋代杨辉撰;附《札记》1卷,清代宋景昌撰。《剡源集》30卷,元代戴表元撰;附《札记》1卷,清代郁松年撰。《清容居士集》50卷,元代袁桷撰;附《札记》1卷,清代郁松年撰。

安托宁·德沃夏克卒(1841—)。捷克作曲家。

米海洛夫斯基卒(1842—)。俄国社会学家、政论家、自由民粹派的主要代表。

拉布利奥拉卒(1843—)。著名意大利哲学家。

塔尔德卒(1843—)。法国社会学家。

弗雷德里希·拉采尔卒(1844—)。德国地理学家、人种学家。

安·帕·契诃夫卒(1860—)。俄国小说家和戏剧家。

居廉卒(1828—)。廉字士刚,号古泉,自号隔山老人、隔山樵子,广东番禺人。居巢弟。善画花卉、翎毛、草虫及人物。长指头画,尝作《二十四番花信图》。

翁同龢卒(1830—)。同龢字声甫,一字瓶生,号叔平,又号瓶笙、松禅,晚号瓶庵居士、松禅老人,江苏常熟人。咸丰六年一甲一名进士,授修撰。八年,典试陕甘,旋授陕西学政。同治元年,擢赞善。典山西试。光绪帝师傅。历任刑部、工部、户部尚书、军机大臣、总理各国事务衙门大臣。戊戌政变后被革职,永不叙用。著有《翁文恭公日记》、《瓶庐诗稿》8卷、《瓶庐文稿》20卷、《东堂书目》等。事迹见《清史稿》卷四三六、《清史列传》卷六三、蔡冠洛《清代七百名人传》第一编、孙雄《户部尚书协办大学士翁文恭别传》(《碑传集三编》卷二)。

按:《清史稿》本传曰:"同龢久侍讲帏,参机务,遇事专断。与左右时有争执,群责恬权。晚遭谗沮,几获不测,遂斥逐以终。著有《瓶庐诗稿》八卷、《文稿》二十卷。其书法自成一家,尤为世所宗云。"

徐宗亮卒(1834—)。宗亮字晦闻,号荛岑,安徽桐城人。姚永概岳父。先后居胡林翼、李鸿章等湘淮军幕。与文汉光、萧穆交最密。著有《天津府志》54卷、《沧州志》40卷、《通商约章类纂》35卷、《黑龙江述略》6卷、《桐城先正事略》、《善思斋文钞》9卷、《善思斋文续钞》4卷、《善思斋诗钞》7卷、《善思斋诗续钞》2卷、《善思斋词》2卷等。事迹见刘声木《桐城文学渊源考》卷一〇、姚永概《徐荛岑先生墓志铭》(《碑传集补》卷五二)。

萧穆卒(1835—)。穆字敬甫,一作敬孚,安徽桐城人。同治三年、四年,两应江南乡试,皆不售。九年,馆于安徽巡抚英翰幕中。十二年,供职上海广方言馆。光绪十四年,赴日本购书,所得颇多孤本和善本。校印书籍数十种,精于考据。著有《敬孚类稿》16卷。事迹见《清史稿》卷四八六、陈衍《萧穆传》、姚永朴《萧敬孚先生传》(均见《碑传集补》卷五二)。

按:《清史稿》本传曰:"其学博综群籍,喜谈掌故,于顾炎武、全祖望诸家之书尤熟。复多见旧椠,考其异同,朱墨杂下。遇孤本多方劝刻,所校印凡百余种。有《敬孚类稿》十六卷。"

于荫霖卒(1838—)。荫霖字次堂,又字樾亭,吉林人。咸丰九年进士,改庶吉士,授编修。从大学士倭仁问学。历官湖北荆宜施道,广东按察使,安徽布政使,湖北、河南巡抚。与修《穆宗皇帝实录》。著有《奏议》10卷、《诗存》1卷、《悚斋日记》8卷。事迹见《清史稿》卷四四八。

按:《清史稿》本传曰:"荫霖晚岁益潜心儒先性理书,虽已贵,服食不改儒素,朱子书不离案侧,时皆称之。"

秦荣光卒(1841—)。荣光初名载瞻,号月汀,改名荣光,字炳如,上海人。光绪二十年贡生。曾任县学训导。创办三林书院和两所义塾。著有《养真堂诗抄》2卷、《养真堂诗抄外编》1卷、《养真堂文抄》2卷及《上海县竹枝词》、《补晋书艺文志》。事迹见秦锡田编《(显考)温毅府君年谱》。

李圭卒(1842—)。圭字小池,江苏南京人。曾受聘任宁波海关副税务司霍搏逊的文牍。光绪二年,赫德委派他前往美国费城参加美国建国100周年博览会,回国后撰成《环游地球新录》,书中对美国邮政有详尽记述,并建议开办中国邮政。其见解得李鸿章赞许,并亲自为其作序。十一年,在葛显礼主持下,他将英文《香港邮政指南》译成汉语,同时又拟《译拟邮政局寄信条规》,对十几种邮件的规格、特征、资费等有详细规定。著有《思痛录》、《金陵兵事汇录》等。

王彦威卒(1843—)。浙江黄岩人。同治九年举人。历任工部衡司主事,营缮司员外郎,军机章京,江南道监察御史,太常少卿。光绪十二年,为军机处汉官领班章京。辑有《筹办夷务始末记》182卷、《西巡大事记》12卷。著有《清朝大典》、《黎庵丛稿》以及《清朝掌故》、《枢垣笔记》、《史汉校勘记》、《秋灯课诗屋图》、《黎庵丛稿》等。

蒋师辙卒(1847—)。师辙字绍由,一字遁庵,号颖香,江苏上元人。光绪十七年举顺天乡试副榜。曾主讲驹阳书院。二十四年,始援例为安徽知府。二十九年,授无为州知州,卒于任所。著有《清溪诗选》2卷、《清溪词钞》1卷。事迹见邓嘉缉《蒋绍由墓志铭》(《续碑传集》卷四五)。

王鹏运卒(1849—)。鹏运字幼霞,一作佑遐,号半塘老人,又号鹜翁,广西临桂人。同治九年举人。曾任内阁中书、侍读、礼科掌印给事中。光绪二十四年,疏请开办京师大学堂。晚居扬州,主仪董学堂。毕生致力于词。著有《半塘词稿》、《袖墨集》1卷、《虫秋词》1卷、《味梨集》1卷、《鹜翁集》1卷、《蜩知集》1卷、《校梦龛集》1卷、《庚子秋词》1卷、《春蛰吟》1卷及《四印斋所刻词》等。辑有《四印斋宋元三十一家词》、《梦窗甲乙丙丁稿》、《草窗词》、《樵歌》。事迹见蔡冠洛《清代七百名人传》第五编、况周颐《礼科掌印给事中王鹏运传》(《碑传集补》卷一〇)。

陈鼎卒(1854—)。鼎字刚侯,号伯商,湖南衡山人,侨居江苏常州。光绪六年进士,官翰林院编修。曾充光绪十五年浙江乡试副主考官,汪康年出其门下。二十四年,撰《校邠庐抗议别论》。二十六年,遭弹劾,被判永远监禁。二十九年,大赦时获释。另著有《黝曜室诗存》、《东林列传》24卷、《留溪外传》18卷、《竹谱》1卷等。

文廷式卒(1856—)。廷式字道希,号芸阁,晚号纯常子、叔子、芗德、葆岩、匡庐山人等,江西萍乡人。光绪十六年进士。授翰林院编修、国史馆协修、会典馆纂修。官至翰林院侍读学士。曾与康有为、陈炽等在北京组织强学会。戊戌政变后,东渡日本。著有《闻尘偶记》、《文道希先生遗诗》1卷、《云起轩词钞》1卷、《纯常子枝语》40卷等。事迹见胡思敬《文傅抱石（　—1965）生。

光绪三十一年　乙巳　1905 年

日俄海军对马海峡决战，俄人败。

《日韩保护条约》签订。

印度民族解放运动自此始。

法国国会通过政教分离法案。

第一次摩洛哥危机爆发。

俄国《国家杜马章程》和《国家杜马选举法》公布。

全俄政治总罢工举行。

挪威独立。

二月二十三日丙寅（3月28日），清廷设立贵胄学校。

是月，中英双方在加尔各答就西藏问题举行谈判。

按：唐绍仪在谈判中，采取清朝外交史上罕见的强硬态度，重申中国对《拉萨条约》的立场，坚持英国必须承认中国对西藏的主权，提出废除《拉萨条约》，由中英两国重新订约。在会谈陷入僵局时，他断然中断谈判回国，决不在声称中国对西藏只有"宗主权"的条约上签字。

三月，废除凌迟、枭首、戮尸三重刑。

四月初五日丁未（5月8日），清廷查禁《浙江潮》、《新民丛报》、《新小说》等书刊。

按：王国维《论近年之学术界》曰："庚辛以还，各种杂志接踵而起。其执笔者，非喜事之学生，则亡命之逋臣也。此等杂志，本不知学问为何物，而但有政治上之目的。虽时有学术上之议论，不但剽窃灭裂而已。如《新民丛报》中之汗德哲学，其纰缪十且八九也。其稍有一顾之价值者，则《浙江潮》中某氏之《续无鬼论》。作者忘其科学家之本分而阑入形而上学。"（《王国维遗书》第五册，上海古籍出版社1983年版）

六月十四日丙辰（7月16日），清廷派镇国公载泽、户部侍郎戴鸿慈、兵部侍郎徐世昌、湖南巡抚端方等，随带人员，出洋考察日本、英国、法国、美国、德国、意大利政治，历时半年。

按：在"五大臣"的随员中，有两位"留美幼童"温秉忠和唐元湛。考察团离开天津，原"留美幼童"梁敦彦、梁如浩为之饯行；途经日本，原"留美幼童"、现驻横滨总领事吴仲贤专门迎送；登陆旧金山时，恭候并陪同他们在美国全部行程的是原"留美幼童"欧阳庚；途径芝加哥时，原"留美幼童"、现驻美公使梁诚派来一等翻译官容揆前来欢迎，容揆也是"留美幼童"。

二十六日戊辰（7月28日），加派商部右丞绍英随同出洋考察。

二十八日庚午（7月30日），孙中山在日本联合兴中会、光复会、华兴会等团体七十余人召开同盟会筹备会。

是月，考试留学生，赐金邦平等进士、举人出身。

七月二十日辛卯（8月20日），中国同盟会在东京成立。

八月初四日甲辰（9月2日），袁世凯、张之洞等递呈《请废科举折》。清廷决定自丙午科为始，所有乡、会试一律停止，各省岁科考试亦即停止。

按：《清史稿·选举志二》曰："迨三十一年，世凯、之洞会奏：'科举一日不停，士人有侥幸得第之心，以分其砥砺实修之志。民间相率观望，私立学堂绝少。如再迟十年甫停科举,学堂有迁延之势,人才非急切可求。必须二十余年后,始得多士之用。拟请宸衷独断,立罢科举。饬下各省督、抚、学政,学堂未办者,从速提倡;已办者,极力扩充。学生之良莠,办学人员之功过,认真考察,不得稍辞其责。'遂诏自丙午科始,停止各省乡、会试及岁、科试。寻谕各省学政专司考校学堂事务。于是沿袭千余年之科举制度,根本划除。嗣后学校日渐推广,学术思想因之变迁,此其大关键也。"

又按:是年,袁世凯、端方、张之洞在《立停科举推广学校折并妥筹办法折》中指出:"根据现在未破情形,实同一刻千金,科举一日不停,世人皆有侥幸得第之心,不能专心一致砥砺新学,民间更是相率观望,而且,私立学堂极少,公家则力有限,不可能普及学堂,相继采取渐进方式,新式学堂就没有大兴的希望。""就目前而论,纵使科举立停,学堂遍设,亦必须十数年后人才始盛,如再迟至十年普停科举,学堂有迁延之势,人才非急切可成,又必须二十年后,始得多士之用。强邻环伺,岂能我待?""学堂最为新政大端,学堂对开通民智、普及教育、培养合格国民有根本的作用。因此,科举不停,学校不广,士心不能坚定,民智不能大开,故欲推广学校,必自先停科举始。"(唐良炎等编《中国近代教育史资料汇编——学制演变》,上海教育出版社1991年版)

是月,开放湘潭、常德为商埠。

九月初四日甲戌(10月2日),京(北京)张(张家口)铁路开工,詹天佑任总工程师。

按:是为中国第一条自行修建的铁路。

十四日甲申(10月12日),山西学政宝熙请设学部。

十七日丁亥(10月15日),沈家本等奏请派员赴日本考察法律。

按:沈家本等奏曰:"臣等奉名修订法律,固以明定法权、推行无阻为指归,尤以参酌东西择善而从为目的。是以自上年四月开馆议论,自德、法、日、俄各国刑律,均经陆续译齐,并以英、美两国向无刑法专书,大半散见他籍,亦经依次搜讨,编译成书。惟立邦之法制,虽知其大凡,而刑政之执行,尤资于试验。考查日本改律之始,屡遣人分赴法、英、德诸邦,采取西欧法界精理,输入东瀛,然后荟萃众长,编成全典。举凡诉讼之法,裁判之方,与夫监狱之规则刑制,莫不灿然大备。用能使外国旅居之人,咸愿受其约束,而法权得以独伸。致推原致此之由,实得力于遣员调查居多。我国与日本相距甚近,同洲同文,取资尤易为力,亟应遴派专员前往调查,借得与彼都人士接洽研求。至诉讼裁判之法,必亲赴其法衙狱舍,细心参考,方能穷其底蕴。将来新律告成,办理乃有把握。然非得有学有识通达中外之员,不能胜任。"(《沈家本年谱初编》)

是月,设立巡警部。

十月初六日乙巳(11月2日),日本政府文部省公布《关于准许清国人入学之公私立学校之规程》。

按:十月初六日,日本政府文部省应清政府所请,颁布《关于准许清国人入学之公私立学校之规程》(即《取缔规则》),引起中国留学生公愤。中国留日学生会馆总干事杨度等即拜会清廷驻日公使杨枢,提出反对理由,请求公使进行特别交涉;又召集各省同乡会责任人举行多次评议会议,收集整理反对《取缔规则》之意见。十一月初一日,杨度以留学生总会干事长名义率总会全体干事、各省分会长联名向杨枢递交《学生公禀》,请求对日交涉,改正文部省所颁规则中第九、第十条之不善之处。此

《公禀》呈递后，引起留学生中激烈派的不满。

二十二日辛酉(11月18日)，清廷命政务处王大臣等筹定立宪大纲。

三十日己巳(11月26日)，中国同盟会机关报《民报》在日本东京创刊，发刊词中揭橥三民主义。

按：孙中山在《民报》发刊词中，将中国同盟会规定的"驱除鞑虏，恢复中华，创立民国，平均地权"的宗旨，概括为"民族、民权、民生"三大主义，简称三民主义。

是月，弛剃发之禁。严禁革命排满之说。

十一月初八日丁丑(12月4日)，中国留日学生抗议日本文部省颁布《关于清国入学之公私立学校章程》，即《清国留学生取缔规则》，实行总罢课。

初十日己卯(12月6日)，清廷设立学部，裁国子监，并入学部。以荣庆为尚书，熙瑛、严修为侍郎。

按：《清史稿·选举志二》曰："三十一年，诏以各省学堂次第兴办，必须有总汇之区，以资董率而专责成。特设学部，命荣庆为尚书，熙瑛、严修为侍郎。裁国子监，归并学部。明年，学部奏请宣示教育宗旨，略言：'今中国振兴学务，宜注重普通教育，令全国之民无人不学。尤以明定宗旨，宣示天下，为握要之图。中国政教所固有，亟宜发明以距异说者有二：曰忠君，曰尊孔。中国民质所最缺，亟宜箴砭以图振起者有三：曰尚公，曰尚武，曰尚实。'上谕照所陈各节通饬遵行。"又曰："学部设立后，于各项学堂章程多所更正。其要者，如改订考试办法，详定师范奖励义务，变通中、小学课程，中学分文科、实科之类，然大致不外修正科目，确定限制，其宏纲细目，不能出奏定章程之范围。所增定者，则女学堂章程也。先是学部官制已将女学列入职掌。三十三年，奏定女子师范、女子小学章程，以裨补家计，有益家庭教育为要旨。师范科目：修身、教育、国文、历史、地理、算学、格致、图画、家事、裁缝、手艺、音乐、体操。四年毕业。音乐得随意学习。小学分两等，高等科目：修身、国文、算术、中国历史、地理、格致、图画、女红、体操，得酌加音乐，为随意科。初等科目：修身、国文、算术、女红、体操，得酌加音乐、图画二随意科。均四年毕业。其授业钟点，较男子小学减少，与男子小学分别设立，不得混合。宣统三年。奏设中央教育会议，以讨论教育应行改进事宜及推行方法。则根据学部原奏，拟设高等教育会议所之规定行之。此为第二期有系统之教育制度也。"

又按：清政府颁布商部、巡警部与学部共同拟订的《大清印刷物专律》内分"大纲"、"印刷人等"、"记载物件等"、"毁谤"、"教唆"、"时限"等6章，合计41款。《大清印刷物专律》规定凡印刷物中有怨恨、侮慢皇帝、皇族和政府，或煽动"愚民"违背典章国制者，处10年以下徒刑或课以5000元以下的罚款。

二十六日乙未(12月22日)，清廷外务部总理大臣奕劻等与日本外务相小村寿太郎等在北京签订《中日会议东三省事宜条约》。

是月，出使美国大臣梁诚、新任英国大臣汪大燮与前出任英国大臣张德彝、前出使法国大臣孙宝琦、新任出使比利时大臣杨兆鋆、前出使德国大臣荫昌、新任出使大臣刘式训、新任出使德国大臣杨晟入奏，呼吁尽快立宪。

是年，商部奏设高等实业学堂；选派实业学生30人赴日本学习农业。

商务印书馆设京华印书局于北京，始用雕刻铜版。

上海书业商会成立，会员以出版商为限，为最早的书业团体组织。

日本东西女学附设中国女子留学速成师范学堂，实践女学附设中国女子留学师范工艺速成科，是为女子留学之始。

日本在大连创办《满洲日报》。

是年，《安徽俗话报》、《扬子江白话报》、《白话日报》、《山东白话报》、《湖州白话报》、《白话杂志》、《江西白话报》、《初学白话报》、《第一晋话报》创刊。

孙中山是春自美洲抵英国，晤严复于伦敦，发生争论。七月十九日，从欧抵日，经宫崎寅藏介绍，初晤黄兴于东京凤乐园，决定联合兴中、华兴诸会，建立统一的全国性政党。又会宋教仁、陈天华等于《二十世纪之支那》社。七月三十日，邀约各省有志革命的留学生和旅日华侨共七十余人，在东京召开中国同盟会筹备会议，黄兴、陈天华等人参加，确立同盟会宗旨。八月十三日，留日学生、爱国华侨1300多人开会欢迎孙中山，孙中山作长篇演说，号召到会者摒弃改良主义道路，采取革命手段，推翻清政府，建立民主共和国。陈天华为之写有《记东京留日学生欢迎孙君逸仙事》一文。八月二十日，中国同盟会在日本东京召开正式成立大会，通过章程，确定"驱除鞑虏，恢复中华，创立民国，平均地权"十六字纲领为同盟会宗旨。孙中山被推举为总理。九月，委派冯自由、李自重2人赴香港、广州、澳门联络同志，接收会员。十月，自横滨赴越南筹款。在西贡成立同盟会分会。同盟会接收《二十世纪之支那》杂志，改名《民报》，作为机关报，孙中山为作《发刊词》，首次公开提出"民族"、"民权"、"民生"三大主义。胡汉民、张继、陶成章、章炳麟等先后任主编，宋教仁、陈天华、朱执信等为主要撰稿人。是冬，孙中山领导革命派与保皇派之《新民丛报》进行大论战。

黄兴、宋教仁、陈天华等五月在日本东京创刊《二十世纪之支那》月刊。六月，华兴会领导人聚谈于黄兴寓所，商议加入孙中山所倡议之革命团体。

宋教仁一月三日在越州馆召集《二十世纪之支那》杂志发起人会议，被举为暂行经理人。十五日，拟定《中国新纪年》一书目录，以中国纪年托始于黄帝即位元年癸亥为正。二月二日，入东京顺天学校，习日语。六月十二日，报名入法政大学，兼在工艺学堂教授汉语。八月十四日，得补官费留学。九月十日，被湖南西路同乡会选举为中国留学生总会馆评议员。十一月二日，与胡瑛等组织联合会，领导中国留日学生反对日本政府颁布《清国留学生取缔规则》。

张之洞二月改武昌高等学堂为武昌师范高等学堂。三月，订立学院章程。五月，招集湖北留日学生于湖北洋务局附设路矿学堂。八月，设郡师范学堂。

端方任湖南巡抚半年内，饬各属设立小学堂38所；派官绅赴日游历

爱因斯坦创立狭义相对论。

考察,首派20名女子赴日学习速成师范;拨款兴建湖南图书馆;设立罪犯传习所;设立警察学校,又于各衙门、学堂、防营及绅商铺户安装电话。七月,入京召见,主力行宪政。

袁世凯正月从北洋速成学堂考取一百名加授师范课程,名陆军师范学堂。七月,与端方发电约张之洞会奏立停科举,推广学校,并筹新旧递嬗办法。是年在天津设立工艺总局,附设工业学堂考工厂及教育品陈列所。

按：教育品陈列所罗列中外各种教科书、仪器、标本、模型,设立藏书室,这是比较早的专业图书馆。

张百熙四月授户部尚书。十一月,奏请先设法政科、文学科、格致科、工科,以备大学堂预科学生及各省高等学生毕业后升入。

汪精卫在是年《民报》第2号发表《民族的国民》,对梁启超提出的国民程度不够、民权不能骤然发生,因而不能实行民主共和的说法进行反驳;又在《民报》第4号发表《驳〈新民丛报〉最近之非革命论》,批评梁启超的开明专制论。

梁启超主张开明专制,在日本以《新民丛报》与《民报》论战。作有《答某报第四号对于新民丛报之驳论》、《驳某报之土地国有论》、《开明专制论》等。

按：1905—1907年,革命派与立宪派各据《新民丛报》、《民报》就"种族革命"、"政治革命"与"社会革命"等问题展开激烈论战。其中,关于"种族革命"与"政治革命"的论战主要是在汪精卫和梁启超之间展开,双方结论虽多有歧异,但所本原理多不出当时日本知识界所传播的政治学的有关内容。"种族革命"是革命、立宪两派论战的焦点之一,论战的主角汪精卫、梁启超关于种族革命辩论的要点大体是:1.就民族复仇而言,种族革命是否具有正当性;2.种族革命是否会导致国家分裂与列强干涉;3.满族是否已经同化于汉族;4.中国是否已亡国于满人;5.就种族革命与政治革命的关系而言,种族革命与政治革命孰轻孰重,种族革命是否为政治革命的必要手段。这些既是双方辩论的重点,也是彼此分歧之关键所在。如果说种族革命之争的重心在于种族革命对于政治革命是否必要,则双方争论的另一个焦点便是政治革命本身,即关于君主立宪与共和立宪的优劣是非问题。争论起于梁启超自新大陆归来后由倾向革命到否定革命、由赞成共和到非议共和的态度转变。先是梁启超在《政治学大家伯伦知理之学说》中据伯伦知理和波伦哈克学说反对共和,继而汪精卫在《民族的国民》中驳其"学不知家数,而但震于一二人之私说,自惊自怪,徒自苦耳",提出种族革命实行共和之论。梁启超接着在《开明专制论》中对孙中山、陈天华和汪精卫的观点进行驳斥,主张行开明专制以为君主立宪之预备。随后,汪精卫又撰《驳〈新民丛报〉最近之非革命论》,一方面驳斥梁启超的开明专制论,一方面为革命共和与孙中山的"约法论"辩护。而梁启超则以《答某报第四号对于〈新民丛报〉之驳论》进行还击。双方你来我往,就进行暴力革命、实行共和还是通过开明专制进而立宪孰是孰非等一系列重大问题展开辩论(参见孙宏云《汪精卫、梁启超"革命"论战的政治学背景》,《历史研究》2004年第5期)。

梁启超所著《李鸿章》传记由留俄之张庆桐与俄人合译为俄文,有张氏序。所撰《自由书》在《新民丛报》上连载毕。又作《祖国大航海家郑和传》、《中国殖民八大伟人传》、《俄罗斯革命之影响》、《世界将来大势论》、《文字狱与文明国》、《历史上中国民族之观察》等，刊载于《新民丛报》。

黄遵宪一月十八日有《与饮冰室主人书》，谓梁启超所惠《中国之武士道》和《中国国债史》已捧读，"此二书均救世良药，然更望公降心抑志，编定小学教科书，以惠我中国，牖我小民也"(《梁启超年谱长编》)。是年，因参与变法被黜归故里。

按：梁启超《饮冰室诗话》曰："二月二十八日忽得噩电，嘉应黄公度先生遵宪既归道山。呜呼痛哉！今日时局，遽失斯人，普天同恨，非特鄙人私痛云尔。吾友某君，尝论先生云：有加富尔之才，乃仅于诗界辟一新国土。天乎人乎，深知先生者，必能信此言之非阿好也。先生治事，文理密察之才，以吾所见国人多矣，未有一能比也。天祸中国，蹉跎之数十年，抑亦甚矣，乃更于其存亡绝续之顷，遽夺斯人，呜呼，何一酷至此极耶！先生著述百余万言，其数年来与鄙人通信，则亦十数。壬寅本报中所载师友论学笺，题东海公、法时尚任斋主人、水苍雁红馆主人者，皆先生之文也。其他述作，或演国学，或箴时局，一皆经世大业，不朽盛事，鄙人屡请布之，先生以未编定，不之许也。呜呼，先生所以贻中国者，乃仅此区区而已耶！"宣统元年，梁启超又为黄遵宪作《嘉应黄先生墓志铭》一篇。

康有为二月十二日自温哥华南游美国，在各地向华侨演讲，鼓舞众人加入保皇会。在美国会晤容闳。撰写《物质救国论》，认为欧美崛起在于讲求物质之学，方今为竞新之世，有物质学者生，无物质学者死，中国乃数千年之文明古国，然偏重于道德、哲学，最缺物质之学，今日欲救中国，专从事于物质学足矣，进而提出"科学实为救国之第一事"，宁百事不办，此必不可缺，开"物质救国"、"科学救国"之先声(蒋贵麟编《康南海先生遗著汇刊》第15集)。

严复在《中外日报》发表《论国家于未立宪以前有抗议行必宜行之要政》，认为从专制到立宪乃是"天演"规律。十月，应上海青年政治专科补习班之请，演讲政治学，次年以《政治讲义》为题出版。

邓实、刘师培、章炳麟、黄节、陈去病、马叙伦、罗振玉、王国维、王闿运、廖平、孙诒让、柳亚子、张謇、郑孝胥、马其昶、诸宗元等在上海成立国学保存会，创刊《国粹学报》，以保种、爱国、存学为宗旨，阐发学术传统，宣传反清思想。邓实任主编，撰稿人有章炳麟、刘师培、黄节、陈去病、马叙伦、王国维、李详等。1912年停刊。是年，国学保存会藏书楼在上海建立。

按：国学保存会的会员主要有：广东邓实、黄节、卢爵勋、蔡哲夫4人，江苏刘师培、陈去病、恽蔎民、高天梅、朱少屏、王毓仁、沈屋庐、柳亚子、吴一青9人，浙江许宗元、马叙伦、陆绍明3人，江西文公达、张桂辛、胡薛宾3人，安徽黄宾虹、胡朴安2人，湖北黄侃1人，广西马君武1人。《国粹学报》第一期发表发刊词说："学术所以观会通也。前哲有言，执古之道以御今之有；睹住(往)轨知来辙……无如近世以来，学鲜实用。自考据之风炽，学者祖述许郑，以汉学相高尚。其善者确能推阐遗经抉发闺奥。及陋者为之，则摭细微，剿袭成说，丛脞无用。而一二宋儒学者，又复空言心性，禅寂清谈；固陋寡闻，闭聪塞明。学术湮没，谁之咎欤。通海以来，泰西学术输入中邦，震旦文明，不绝一线。无识陋儒，或扬西抑中，视旧籍如苴土。夫天下之理，究则必通。士生今日，不能借西籍证明中学而徒炫种之长，是犹有良田而不知辟，徒咎年凶,有甘泉而不知疏,徒虞水竭。有是理哉……[因办本报],以求学术会通之旨,使东土光明,广照大千神州旧学,不远而复,是则下士区区保种、爱国、存学之志也。"在创刊号的《略例》中,有一条讲栏目:"本报共分七门",开始时具体是:"社说、政论、史篇、学篇、文篇、丛谈、撰录。"另有"附录"。

林纾撰序送行毕业生,勉励学生要肆力学问。七月,撰《撒克逊劫后英雄略序》和《斐州烟水愁城录序》。

按:迄至本年,林纾译讫的外国小说已二十余种。本年出版的有九种:《迦茵小传》、《埃及金塔剖尸记》、《英孝子火山报仇录》、《拿破仑本纪》、《鬼山狼侠传》、《撒克逊劫后英雄略》、《美州童子万里寻亲记》、《斐州烟水愁城录》、《玉雪留痕》。林译小说的大批出版,不仅使国人借此了解到西方文学,而且在思想界引起波动。

蔡元培等创办之《警钟日报》因鼓吹革命二月被封。四月,邹容病死狱中,蔡元培与中国教育会同人在愚园举行追悼大会,筹办丧事。夏,中国教育会重行选举,仍为会长。秋,秘密加入同盟会,任上海分会会长,与黄兴在上海试制用于暗杀之炸药。

章炳麟在狱中研读《瑜加师地论》等佛学著作,潜心佛学,思想变化。因邹容在狱中暴卒,章氏狱中境遇引起舆论关注,经各方调护,章氏改任炊务。是年,《国粹学报》第三号发表《章太炎读佛典杂记》三则;十月二十六日,有《致黄宗仰论佛学书》。

刘师培任《国粹学报》主笔。该刊第1期发表《周末学术史序》,系统总结我国古代学术史的发展,《论古学出于史官》则对中国文学的起源作新的探讨。后《警钟日报》因抨击清政府外交上的失败引起德国领事馆的注意,报馆横遭查封。经理李春波事先离上海,发行人戴普鹤监禁一年半,校对胡少卿监禁半年。刘师培系主笔,被通缉。化名金少甫,逃往浙江温州,隐藏在平湖大侠敖嘉熊家,助理温台处兴中会馆事。《南北学派不同论》在《国粹学报》上连载,提出"学以地殊"的学术观点。

按:《周末学术史序》曰:"予束发受学,喜读周秦典籍,于学派源流反复论次,拟著一书,题曰《周末学术史》,采集诸家之言,依类排列,较前儒学案之例稍别矣。"《周末学术史》分心理学史、伦理学史、论理学史、社会学史、宗教学史、政法学史、计学史、兵学史、教育学史、理科学史、哲理学史、术数学史、文字学史、工艺学史、法律学史、文章学史等16门类,系统介绍春秋战国时期各种思想、学说、流派及其演变的来龙去脉。《南北学派不同论》包括《南北诸子学不同论》、《南北经学不同论》、《南北理学不同论》、《南北考证学不同论》、《南北文学不同论》,对传统各个领域的学术因地域关系而形成的具有地域色彩的南北学术的分合流变作了系统的考察。以后梁启超、冯友兰、陈寅恪、谭其骧等学者对此都有专论,可见刘氏"学以地殊"的学术命题,在学术史上曾颇有影响。

刘师培的《中国文字改良论》在《广益丛报》上发表,阐发汉字改良主张。又撰《古学原始论》,发表于《国粹学报》第4期;《古学起源论》发表在《国粹学报》第8期;《群经大义相通论》发表在《国粹学报》第11期,文章从群经的思想、理论出发,论证《公羊传》、《谷梁传》、《诗经》、《荀子》、《左传》之间在思想和义例上的相通之处。

陈独秀被聘到安徽公学任教,与柏文蔚等创立岳王会,组织领导安徽地区反清爱国运动。

马君武继续在日本京都大学读书。八月，出席在东京成立的中国同盟会成立大会，被推举为秘书长。又与宋教仁、陈天华等起草会章及文告，并担任机关报《民报》主笔。是年，在《民报》上发表《甘必大传》、《帝民说》，积极倡导民主共和。编印《新文学》刊物，并将拜伦诗歌《哀希腊》翻译发表。

按：《哀希腊》是英国诗人拜伦的代表作，马君武用七言古诗体翻译此诗。他在《译诗题记》中写道："梁启超曾译其二章于《新小说》。梁氏非知英文者，赖其徒罗昌口述之。予以乙巳冬归沪，一省慈母。雪深风急，茅屋一椽，间取裴伦诗读之，随笔移译，遂尽全章。呜呼？裴伦《哀希腊》，今吾方自哀之不暇尔。"（《马君武集》）

徐锡麟、陶成章创办之绍兴大通师范学堂八月开学；冬，二人再赴日本，拟习陆军，未果。

按：八月二十五日（9月23日），大通师范学堂在绍兴创办，设体育专修科，陶成章参与筹划，还亲至杭州学务处递禀，并为厘定规约数条：凡本学堂毕业者，即受本学校办事人之节制，本学校学生咸为光复会会友，于是大通学校遂为草泽英雄聚会之渊薮矣。《陶成章行述》曰："先生偕宝铨、徐锡麟至绍兴创办大通师范学堂。因温州人之冲突，会馆不能成立。先生乃引吕逢樵、赵卓等，先后而至绍兴。"十二月，与徐锡麟等再至东京，求入联队军事，皆不成。

秋瑾二月自回归国后经陶成章介绍，赴沪爱国女社与蔡元培晤。四月，赴绍兴，晤徐锡麟，加入光复会。六月，重返日本，入青山实践女子学校。七月，加入同盟会，任评议部评议员与浙江主盟人。十二月，复自日归国。

陶成章正月在东京与魏兰晤，又与黄兴、蒋智由、陈威、陈毅、秋瑾、彭金门等商议办法，约陈大齐在东京学习催眠术，以为立会联络之信用。夏归国，设讲习所于上海，讲催眠术，并著《催眠术讲义》。

按：《催眠术讲义》弁言写于六月。自称：光绪二十八年夏，在日本开始学催眠术。"去岁，复因事游东京，与彼国精斯道者日夕讨论，且从之学，观其实验，益有心得。归国以来，旅居海上，诸友均知予之习斯道也，咸为咨问，通学所诸执事，且邀余居讲席。余因各国研究斯道，日有进步，且于教育、医道，均有莫大之利益，遂不辞而主讲。讲毕，即以讲义付印，以公同好，更欲使世之起怀疑者，俾得了然于人心作用之原理云尔。"《催眠术讲义》凡十一章，第一章《诠言》第一节《命名》谓："催眠学者，一灵妙不可思议之学科也，居心理学中之一部，其组织研究之方法，与各科学同。其源流肇自太古，宗教家所借以成立者也。其原理至近世大明，学者研究日众，其效用亦愈著，遂呈今日之盛况，组成一专门之学科。"

杨度是春作《粤汉铁路议》，先连载于《新民丛报》，后由该报社出版单行本。二月，由东京寄函御史黄昌年，称赞其参劾奸邪，力争废约的举动，并邮呈《粤汉铁路议》五部，以备采择。四月初四日，赴湖南同乡会在东京帝国教育会内召开的第二次选举会，选举刘耕石为同乡会长。五月初五日，湖南留日学生开同乡大会，到会者三百余人，杨度任主席，并演讲道德二字之义。六月下旬，在东京富士见困寓所与孙中山辩论中国革命问题数次，不愿与孙中山合作，但将华兴会领导人黄兴介绍给孙中山，促成孙、黄合作。八月,当选为中国留日学生总会干事长。

陈天华一月在梁启超影响下,散布《救亡意见书》。一月二十七日至二月二日,经宋教仁、黄兴等劝说,陈天华放弃《救亡意见书》的主张。

陈天华在《民报》第一号中发表《丑哉·金邦平》、《记东京留日学生欢迎孙君逸仙事》、《周君辛铄事略》、《论中国宜创民主政体》、《中国岂分省之日耶》、《中国革命史纲》诸文。十月,写有《国民必读》。十二月初七日晚,为反对日本政府颁发取缔中国留学生规则,写有《绝命书》,于次日凌晨,在东京大森海湾投海殉国。

按:自陈天华在《论中国宜创民主政体》一文对无政府主义提出批评之后,叶夏声亦在《民报》第七号发表《无政府党与革命党之说明》,指出同盟会所主张的政治革命与无政府主义主张存在着根本区别。廖仲恺在《民报》第九号上发表《无政府主义与社会主义》的译文,对同盟会所主张的社会主义与无政府主义作了划界。铁铮(雷铁崖)在《民报》第十七号发表《政府说》,批判无政府主义者对国家的错误认识。

黄炎培继续在广明小学和广明师范讲习所任教。秋,经蔡元培介绍加入中国同盟会。后蔡元培准备赴德留学,继蔡任同盟会上海干事一职。与张謇、沈恩孚、袁希涛、姚文楠、杨廷栋等组织江苏学务总会(次年改称江苏教育总会),被推为调查干事,负责实地调查全省学务,解决各地纠纷;后又被推举为常任调查干事。

苏曼殊六月以前仍执教于长沙。暑假,赴上海,旋至杭州。与刘季平由杭州至南京,任教于陆军小学。识钟海航、柏文蔚、石丹生、戴鸿渠,并与陆达权、陆灵素交往。参与筹建江南书报社,拜会陈散原、陈衡恪。与伍仲文切磋佛学。秋后,至杭州寓白云庵。

谭人凤正月偕新化会党首领周叔川由隆回赴辰州、沅州,下堂德,联络会党。五月底,应广西随营学堂总办蔡锷和广西警察随营学堂总办曾叔式之电邀,带领三个学生赴广西,联络会党和同乡俊彦。十月下旬,宝庆会党举事,谭人凤由桂返湘襄助。

马相伯因反对外籍教士强迫学生守教规,率学生退出震旦学院,在吴淞另创复旦公学,任第一任校长。但并未抽回在震旦的资金。丹阳设商会,被推为名誉会长。

严复协助马相伯创办复旦公学,后任第二任校长。

陈去病因《警钟日报》刊文揭露铁良南下搜刮民脂,激怒朝廷,遭查禁,《二十世纪大舞台》被查封,旋去苏州和镇江任教。后在浙江南浔浔溪女校结识秋瑾、徐自华。

张謇在江苏通州创办我国第一个博物馆——通州博物苑。又陆续创办图书馆、育哑学校、更俗剧场、伶工学社等。是年,任江苏学务总会会长。

按:张謇在赴日本考察后,曾上书建议清政府在京师设立合博物馆、图书馆为一体之帝室博览馆,在《上学部请设博览馆议》中说:"窃维东西各邦,其开化后于我国,而近今以来,政举事理,且骎骎为文明之先导矣。掸考其故,实本于教育之普及,学校之勃兴。然以少数之学校,授学有秩序,毕业有程限,其所养成之人材,岂能蔚为通儒,尊其绝学?盖有图书馆、博物院以为学校之后盾,使承学之彦,有所参考,有所实验,得以综合古今,搜讨而研究之耳。"(曹从坡、杨桐编《张謇全集》卷四,江苏古籍出版社1994年版)但其建议未被采纳。于是以私人之力,在其家乡建立通州博物馆。目的一是保护文物,二是辅益教育。

罗振玉十一月因父丧辞江苏师范学堂监督职,王国维亦辞职,赋闲家中。

王国维致力于研读康德学说及西方哲学。

按:王国维《三十自序一》说:"至二十九岁,更返而读汗德之书,则非复前日之窒碍矣!嗣是于汗德之《纯理批评》外,兼及其伦理学及美学。"《三十自序二》说:"余疲于哲学有日矣。哲学上之说,大都可爱者不可信,可信者不可爱。余知真理,而余又爱其谬误。伟大之形而上学,高严之伦理学,与纯粹之美学,此吾人所酷嗜也。然求其可信者,则宁在知识论上之实证论,伦理学上之快乐论,与美学上之经验论。知其可信而不能爱,觉其可爱而不能信。此近二三年中最大之烦闷,而近日之嗜好所以渐由哲学而移于文学,而欲于其中求直接之慰藉者也。"又说:"以余之力,加之以学问,以研究哲学史,或可操成功之券。然为哲学家,则不能;为学者史,则又不喜,此亦疲于哲学之一原因也。"(《王国维年谱新编》)

韩国钧九月三十日偕同乡李勖初赴日本考察,经长崎、神户抵东京,参观学校、工厂企业,考察蚕桑、稻麦栽培、农业试验场、商业等。

宋恕抵济南,受山东巡抚杨士骧礼待。除代杨氏拟《请复州郡中正及掾属佐理折》外,本年先后拟有《阅报总分所章程》、《分课办事纲要》、《阅报室简明章程》等。又推荐汤寿潜、蔡元培、孙诒让、陈黻宸、吴保初、丁惠康、陈三立、潘鸿、严复、陶浚宣、俞明震、王咏霓、钱恂等14人以充国文学堂监督之选。邀严复与张翼同去伦敦办理开平煤矿合资事。

汤寿潜等发动旅沪浙江同乡抵制英美侵夺苏杭甬铁路修筑权,倡议集股自办全浙铁路。七月,在上海成立"浙江全省铁路公司",授汤寿潜为四品京卿,总理全浙铁路事宜。

张元济十二月开复已革刑部主事原官,分任纂修学校教科书。是年,尝任商务印书馆经理。

皮锡瑞六月再次应聘为京师大学讲席,仍不赴。

梁如浩派驻荷兰,后纳资捐升候补道。

廖仲恺将美国亨利·乔治的《进步与贫困》部分章节译成中文,发表在《民报》第一号上。亨利·乔治的经济观点开始在中国知识界流传。

李光炯在安徽公学增设速成师范学校,多方延揽名师来校任教或讲学。如刘师培、陈独秀、苏曼殊、柏文蔚、陶成章、谢无量、周震麟、江彤侯、俞子夷等均在该校供职。

熊十力冬由行伍考入湖北新军特别学堂仁字斋,在学堂中揭露清吏,联络队伍,传播革命。参加梁耀汉组织的群学社。

蒋方震以步兵科第一名毕业,成绩卓异,列为第三期士官生冠军,由天皇赐指挥刀。于是,朝野哗然,便设置种种限制,自第四期起,中、日学生分别编队,以防中国人再夺冠军。士官学校毕业后,方震以少尉资格回近卫步兵第一联队,任见习排长。后又入经理(后勤)学校实习。

李昙、高旭、高天梅等八月在东京创刊《醒狮》月刊,撰稿人有马君武、李叔同、陈去病、柳亚子、宋教仁等。

李叔同组创"沪学会",开办补习学校。同年母亲病逝,扶柩回津,实行丧事改革,易名哀,字哀公,又名息霜。秋,东渡日本留学。在日本为《醒狮》杂志撰写《图画修得法》、《水彩画法说略》。

梁诚得知庚子赔款超过应付数额后,立即向美国当局提出退款要求。

柳亚子是夏赴上海,入中国教育会所办之通学所,从陶成章学催眠术。秋,返里,创办油印周刊《自治报》,与田桐任主编。1907年10月2日停刊。

邓实在《国粹学报》第四、五号发表《国学今论》,评述清代学术的发展变化。

按:邓实《国学今论》曰:"神州学术至于本朝,凡三变矣。顺、康之世,明季遗儒越在草莽,开门讲学,惩明儒之空疏无用,其读书以大义为先,惟求经世,不分汉、宋,此一变也;乾、嘉之世,考据之风盛行,学者治经,以实事求是为鹄,钻研训诂,谨守家法,是曰汉学,方(苞)、姚(姬传)之徒,治古文辞,自谓因文见道,尸程、朱之传,是曰宋学,治汉学者诋宋,治宋学者亦诋汉,此再变也;道、咸之世,常州学派兴,专治今文,上追西汉,标微言大义之学,以为名高,此三变也。呜呼,神州学术之变久矣。……本朝学术,实以经学为最盛,而其余诸学皆由经学而出。学者穷经必先识字,故有训诂之学;识字必先审音,故有音韵之学;今本经文,其字体、音义与古本不合,故有校勘之学;校理经文,近世字书不足据,则必求之汉以上之文字,故有金石之学。又以诸子之书,时足证明经义,于是由经学而兼及子学;以经之传授源流详于史,于是由经学而兼及史学;以释经必明古地理,于是由经学而兼及地理学;以历法出于古经,于是由经学而兼及天文学;以古人习经先学书计,于是由经学而兼及算学。是故经学者,本朝一代学术之宗主,而训诂、声音、金石、校勘、子、史、地理、天文、算学,皆经学之支流余裔也。"(章太炎、刘师培《中国近三百年学术史论》附录)

劳乃宣以王照所创官话字母原方案为基础,再拟成宁音谱与吴音谱。

黄绍箕六月咨请学务大臣,准在初等小学堂章程中规定之历史、舆地、格致之科,采入乡土教材。

孙诒让等二月在温州创办瑞平化学学堂。

吴沃尧应聘至汉口任英商英文《楚报新辟》中文版编辑。夏秋间,为配合反美华工禁约运动而辞职返沪。

唐国安与颜惠庆为上海《南方报》开辟英文版,常在社评中抨击由外国人控制的屡次损害中国人利益的上海工部局,被誉为用英文自办日报的先驱,保障国权的楷模。

陈曾佑是年奏请变通学堂毕业奖励出身事宜。

曾朴正月在上海就原有小说林社扩大经营,发刊《小说林》月刊。徐念慈应聘为编辑,开始译著生涯。识精通法文的陈季同。

马君武八月第一批加入同盟会,与黄兴、陈天华等人共同起草同盟会章程,并成为《民报》的主要撰稿人之一。年底回国,任上海公学总教习,积极宣传革命。

汪优游在上海民立中学就读，于校外组织我国第一个学生业余剧团文友会。

詹天佑任京张铁路总工程师。

按：詹天佑在1906年10月24日致信给在美国读书时的"家长"诺索布夫人说："……我很幸运被任命现在的工作。中国已渐觉醒，而且急需铁路，现在全国各地都征求中国工程师。中国要用自己的资金来建筑中国自己的铁路。好像我成为中国最佳的工程师，因此全体中国人和外国人都密切注意着我的工作。如果我失败，不仅是我个人的不幸，也为全体中国工程师和所有中国人的不幸，因为中国工程师们将来不会再被人们信赖，在我受命此工作前，记事出任之后，许多外国人公开宣称中国工程师绝不可能担当如此艰世的重任，因为要开山凿石，并且修建极长的隧道，但我将全力以赴，至今已修成一段，特附上剪报一份，使您知道当年在纽黑文在您的监护下的一位中国幼童，现在已完成和将来继续要完成的任务，他早期的教育完全受惠于您！"（引自钱钢、胡劲草著《留美幼童》，文汇出版社2004年版）

张庆桐十一月留俄，将与俄人威西纳合译之《李鸿章》一书分赠内外权要、报界及诗文巨子，因得与托尔斯泰通讯交往，又拟译托氏著作，未果。

刘鹗在上海组织大成公司。

马一浮与谢无量结伴回国，住镇江焦山海西庵，继续从事西学研究。以英文翻译西班牙名著《唐吉诃德》，题为《稽先生传》登于上海《独立周报》。以日文翻译意大利麦伽费尔所著的《政治罪恶论》，登于革命派机关报《民报》。

蒋智由翻译的《维朗氏诗学论》在《新民丛报》第三年第二十二号起连载。

按：维朗为法国学者，日本学者中江笃介曾将其美学著作 *L'Esthetigue* 译成日文。蒋氏取其关于诗学者译述之，以供我国文艺界之参观。

胡适在沪始阅严复译《天演论》、《群己权界论》诸书。

连横任《福建日日新报》编辑。

周馥创办金陵简字学堂。

张默君加入同盟会。后又加入南社。

伍廷芳五月奏请设立京师法律学堂，后经孙家鼐议准先办速成科。

沈家本三月十三日上《奏请先将律例内应删各条分次开单进呈折》，二十日，又上《删除律例内重法折》，光绪帝同意将凌迟、枭首、戮尸、缘坐、刺字等刑法取消。

黄世仲加入同盟会，先后任香港分会交际员、庶务员。

韩国金于霖九月来谒俞樾于春在堂，出示所著诗文集，俞氏为作序报之。

丘逢甲是春办创兆学堂，并正式开学。三月，黄遵宪病逝，亲往吊唁。

辜鸿铭被两江总督周馥和张之洞荐为上海黄浦江浚治局中方总办，在职三年。

陈家鼎结识孙中山，加入中国同盟会。是年十月，奉孙中山、黄兴之命潜回湖南，协助禹之谟组建同盟会湖南分会，设立办事处。

周寿臣与"留美幼童"方伯梁创办山海关内外路矿学堂（今西南交通大学前身），自任总办，方伯梁为监督。

张榕因炸出国考察宪政五大臣而被捕。

丁开雄组织华北救命军，旋改革命铁血会。

钱恂为赴东西洋考察宪政大臣参赞官。

丁福保自北京回无锡，组织译书公会，旋解散。

柳诒徵是秋辞江楚编译局职，就江南高等学堂教习，教授国文、伦理、历史。

陈作霖任由崇文经塾改建的崇粹学堂堂长。

八指头陀为天童寺住持。

夏曾佑在天童寺为僧众开讲《禅林宝训》。

陆士谔曾从清代名医唐纯斋学医，是年来沪行医谋生，同时撰写医书和小说。

陈垣在广州参加反美拒约运动。

丁惟汾入同盟会，被举为山东分会主盟人，与蒋洗凡在东京创办《晨钟》周刊。

曹元忠任玉牒馆校对，后任学部图书馆纂修，掌教北洋师范学堂。

吕思勉在常州私立溪山小学堂执教。

王宠惠加入同盟会，并参与筹款和发展会员。

徐勤在香港创办《商报》。

郑贯公六月在香港创办《唯一趣报有所谓》，文字通俗，言论激烈。

吴樾一月在保定创刊《直隶白话报》。

黄节八月在广州创办《美禁华工拒约报》。

蔡钧在上海创办中国自办首份外文报纸《南方报》。

徐锡麟所创绍兴大通学堂开学，设体操专修科。

李登辉八月在上海发起寰球中国学生会。

吴稚晖在法国加入中国同盟会。

孟森自日本回国，随郑孝胥至广西龙江兵备道参与戎机，继任《东方杂志》编辑。

宁调元、古应芬、刘思复、刘复基、刘道一、李根源在日本加入同盟会。

沈钧儒赴日本留学，入东京法政大学速成科学习。

戴季陶是秋赴日本留学，初入师范学校。

董康赴日本调查法制刑政。

沈兼士自费赴日本留学，入东京物理学校

杨树达留学日本，入东京宏文学院大塚分校。

汪东赴日本留学，先入陆军预科成城学校，毕业于早稻田大学。

张东荪由官派留学日本，入东京帝国大学哲学系，与蓝公武、冯世德等同学。

陈寅恪是冬因病自日本回国。

夏丏尊赴日本留学，入东京宏文学院补习。

雷铁崖在日本创办《鹃声》杂志。

张季鸾留学日本，主编《夏声》杂志。

高剑父在日本习画，加入同盟会。

卢辉祖创办科学仪器馆。

任景丰创办之北京丰泰照相馆拍摄戏曲片《定军山》、《长坂坡》，为中国自拍电影之始。

艾庭晰著《艾氏易解》6卷刊行。

孙诒让著《周礼正义》86卷铅排刊行。

姚永朴著《尚书谊略》28卷、《叙录》1卷刊行。

  按：姚永朴字仲实，晚号蜕私老人，安徽桐城人。所著尚有《蜕私轩易说》、《蜕私轩诗学》、《论语解注合编》、《十三经举要》、《群经考略》、《史事举要》、《诸子考略》、《群儒考略》、《历代圣哲学粹》、《文学研究法》、《史学研究法》、《惜抱轩诗训纂》、《旧闻随笔》、《蜕私轩诗文集》等。

宋育仁著《经术公理学》4卷刊行。

祁永膺著《勉勉锄室经说》4卷刊行。

柳诒徵著《历代史略》6卷刊行。

魏源著《元史新编》95卷由邵阳魏慎微堂刊行。

杨守敬著《集帖目录》16卷成书。

梁启超著《节本明儒学案》、《德育鉴》由新民社刊行。

梁启超著《越南亡国史》、《越南小志》成书。

蔡锷始著《越南重塞图说》、《桂边要塞图说》。

杨守敬著《水经注疏要删》40卷、补遗1卷、《水经注图》40卷、补1卷杨氏观海堂刊行。

  按：杨守敬《水经注疏要删自序》曰："自全、赵、戴校订《水经注》之后，群情翕然，谓无遗蕴，虽有相袭之争，却无雌黄之议。余寻绎有年，颇觉三家皆有得失，非唯脉水之功未至，即考古之力亦疏，往往以修洁之质而漫施手浣者，亦有明明斑疵，而失之眉睫者，乃与门人熊君会贞，发愤为《水经注》疏，稿成八十卷，凡郦氏所引之书，皆著其出典，所叙之水，皆详其迁流。简牒既繁，镌板匪易，而日月已迈，恐一旦填沟壑。熊君寒士，力亦未能传此书。易世之后，稿为后人所得，又增一赵、戴之争，则余与熊君之志湮矣。因先刻其图，又即疏中之最有关系者，刺出为《要删》，其卷页悉依长沙王氏刊本，以便校勘。大抵考古者为多，以实证无可假借也；其脉水者为略，以文繁非全疏不明也。赵之袭戴在身后，一二小节，臧获隐匿，何得归狱主人。戴之袭赵在当躬，千百宿赃，质证昭然，不得为攘夺者曲护。谢山七校，用力至勤，精华已见赵书中，间有赵氏所不取者，终非浅涉可及。朱笺多挂荆棘，所以来诚甫之白眼，但独辟蚕丛，何必不为五丁之先导。孙校蹉驳，此事本非当家，而名震一代，不嫌为耳食者针膏肓。其他未有专书，而于此注表异同者，亦间为论断。张汤据案，未免过酷，然当众家攘臂之间，亦似不得谈笑以解纷也。"（《杨守敬学术年谱》）

英国索尔兹伯里主持编成《英国法大全》。

德国耶路撒冷著《批判的观念与逻辑学》。

德国李普斯著《内容与对象》。

奥地利马赫著《认识与谬误》。

意大利克罗齐著《作为纯粹概念科学的逻辑学》。

德国狄尔泰著《黑格尔的青年时代》。

俄国克鲁泡特金著《俄国文学中的理想和现实》。

德国考茨基编辑马克思遗稿《剩余价值论》（《资本论》第4卷）。

俄国列宁发表《社会民主党在民主革命中的两种策略》。

法国比奈与西蒙设计出儿童智力测验量表《比奈—西蒙智慧量表》。

邝荣光编制《直隶省地质图》、《直隶省矿产图》成书。

《庚子剿办涞水拳匪始末禀信摘要》刊行。

按：书中叙述了义和团起事动机，拆毁铁路与抵抗官兵的英勇斗争，是一部歌颂义和团的书籍。

李秋著《拳祸记》3册由土山湾印书馆刊印，附插图。

按：1909年有增补本。上册别题《拳匪祸国记》，下册别题《拳匪祸教记》，补编实为下册增订本。

刘铎编《地图分编》成书。

康有为著《物质救国论》，又著《罗马四论》，梁启超作识言。

徐渭臣译述《哲学妖怪百谈》、《续哲学妖怪百谈》由文明书局刊行。

孙诒让著《名原》2卷成书。

按：其《名原叙》曰："今略掇金文、龟甲文与《说文》古籀，互相勘校，揭其歧异，以箸省变之原。而会最比属，以寻古文、大小篆沿革之大例。"作者以甲骨文考证古文字，为现代古文字学之奠基之作。

吴樾著《暗杀时代》成书。

秦力山著《革命箴言》，又名《说革命》。

严复译《天演论》由商务印书馆重刊。译《法意》第4册由商务印书馆刊行。译《穆勒名学》由金陵金粟斋木刻刊行。著《评点老子道德经钞》在东京刊行。又著《政治讲义》成书。

按：商务印书馆出版《严译名著丛刊》时，对《天演论》中的各种名词的英文名和严译以后的通用的译名，作了解释或介绍，极大地方便了读者的阅读和理解，促进了该书的流传。所以，商务印书馆本《天演论》，是当时销量最大的版本，至1921年，就已发行了20版。

高步瀛、陈宝泉编《民教相安》刊行。

黄绍箕著《中国教育史》成书。

魏恭允著《江南制造局记》刊行。

按：是为中国首部企业史专著。

马其昶著《庄子古义》刊行。

徐念慈著《新法螺先生谭》刊行。

黄宗羲著《黄梨洲遗书》8种由杭州群学社石印刊行。

谭嗣同等著《戊戌六君子遗集》刊行。

李叔同著《国学唱歌集》在沪刊行。

国学保存会辑《国粹丛书》始刊。

李鸿章著《李文忠公全集》165卷刊行。

王国维著《静庵文集》1卷、《静庵诗稿》1卷铅排刊行。

王国维是年撰《周秦诸子之名学》、《子思之学说》、《孟子之学说》、《荀子之学说》、《论近年之学术界》、《论新学语之输入》、《论哲学家及美术家之天职》、《论平凡之教育主义》、《静庵文集自序》。

按：其《论平凡之教育主义》一文，反对所谓的"平凡教育主义"，提出"专门教育"、"普通教育"、"精英教育"之概念，认为"初等、中等、高等之教育，三者当并行而不当偏废"(姚淦铭、王燕编《王国维文集》第3卷,中国文史出版社1997年版)王国维曾曰:"余疲于哲学有日矣。哲学上之说,大都可爱者不可信,可信者不可爱。余知真理,而余又甚爱谬误伟大之形而上学,尊严之伦理学与纯粹之美学。此吾人之所酷嗜也。然求其可信者,则宁在知识上之实证论,伦理学上之快乐论,与美学上之经验论,知其可信而不能爱,觉其可爱而不能信,此近二三年最大之烦闷,而近日之嗜好,所以渐由哲学而移于文学。"(《静安文集·自序二》)

陈衍著《石遗室诗集》6卷、补遗1卷刊行。

杨守敬重校《古诗辑存》,并作序。

刘师培著《文说》成书。

俞镜秋著《倚香阁诗钞》刊行。

黄小配著《洪秀全演义》始连载于《有所谓报》与《少年报》。

李宝嘉著《官场现形记》成书。

曾朴著《孽海花》初刊,共成24回,刊行第一、二卷20回本。

按:该书是晚清小说中的一部杰作。后于1928年由真美善书店刊行,最后订正15卷30回本。

吴沃尧著《恨海》刊行。著《新石头记》连载于《南方报》。又编译科幻小说《电术奇谈》24回,刊载于《新小说》。

徐念慈译日本押川春浪著科幻小说《新舞台》成书,署名东海觉我。

林纾、曾宗巩译英国笛福著《鲁滨孙飘流记》由商务印书馆刊行。

林纾译英国司各特著《撒克逊劫后英雄略》(今译为《艾凡赫》)由商务印书馆刊行。

林纾译英国哈葛德著《迦茵小说》全译本由商务印书馆刊行。

包公毅译法国雨果著《狭血奴》由小说林社刊行。

无名氏著《苦社会》48回由上海图书集成局刊行。

《女子初小国文》、《女子高小国文》、《修身教科书》刊行。

曾志忞编印出版袖珍《音乐全书》,包括《乐典大意》、《唱歌教授法》、《风琴练习法》。又在《醒狮》杂志上发表了《和声略意》,是中国人论述西洋和声学知识的第一篇文章。

陈念祖著《医书五十种》由上海商务印书馆刊行。

吴仰曾译《化学新编》由上海美华书馆刊行。

谭钟麟卒(1822—)。钟麟字崇德,湖南茶陵人。咸丰六年进士,授翰林院编修。同治年间,先后任江南道监察御史、杭州知府、河南按察使、陕西布政使等职。光绪元年后,历任陕西、浙江巡抚,陕甘、闽浙、两广总督等职。曾兴办义学、设立书局、重建文渊阁等。卒谥文勤。事迹见蔡冠洛《清代七百名人传》第一编、王闿运《太子少保谥文勤谭公碑》(《碑传集三编》卷一五)。

英国传教士艾约瑟卒(1823—)。1848年来华,1861年在天津传教,1863年在北京传教,1872年在京主编《中国见闻录》。曾与王韬合译《重学浅说》、《光学图说》、《格致新学提纲》、《西国天学源流》、《中西通书》

儒勒·凡尔纳卒(1828—)。法国科幻小说家。

李希霍芬卒(1833—)。德国地貌学家。

等;与李善兰、伟烈亚力、韦廉臣合译《谈天》、《代数学》、《代微积拾级》、《圆锥曲线说》、《重学》、《植物学》等。又译《希腊罗马史》。著《中国的宗教》、《鸦片史》等。

李有棠卒(1837—)。有棠字芾生,江西萍乡人。曾任峡江县儒学训导,官至内阁中书。著有《辽史纪事本末》40卷、《金史纪事本末》52卷。

汪宗沂卒(1837—)。宗沂字仲伊,又字咏春,号弢庐,安徽歙县人。师事李联琇。又受考据之学于刘毓崧,受义理之学于方宗诚。光绪六年进士,分任山西任知县,辞官归里。曾国藩任两江总督时,延其任忠义局编纂。后入李鸿章直隶总督幕。辞归后主讲安庆敬敷书院、芜湖中江书院、歙县紫阳书院。著有《周易学统》9卷、《周易乾坤谊》1卷、《诗经读本》3卷、《孟子释疑》1卷、《尚书今古辑佚》6卷、《十翼逸文》1卷、《逸斋论曲》1卷、《汉魏三调乐府诗谱》1卷、《金元十五调南北曲谱》1卷、《旋宫四十九谱》1卷、《黄海前游集》1卷等。事迹见刘师培《汪仲伊先生传》(《碑传集三编》卷三三)。

徐友兰卒(1842—)。友兰字佩之,号督蓓,浙江绍兴人。为徐树兰之堂兄弟。性好藏书,建铸学斋,熔经铸史斋,述史楼,择精要刻《绍兴先正遗书》4卷,聘蔡元培为之校勘。其藏书后归沈知芳粹芬阁和商务印书馆涵芬楼。

黄遵宪卒(1848—)。遵宪字公度,自号人境庐主人、东海公等,广东嘉应人。黄鸿藻子。光绪二年举人。四年应聘为驻日使馆参赞。八年春,调驻美国旧金山总领事。十五年转任驻英二等参赞。十七年秋,任驻新加坡总领事。二十年回国,任江宁洋务局总办,负责处理江西等五省教案。同年参加强学会。二十三年,改任湖南长宝盐法道,署理按察使,协助巡抚陈宝箴推行新政,设保卫局,与梁启超、谭嗣同等筹办时务学堂、南学会、湖南不缠足会,支持新政。政变起,被免职。著有《日本国志》40卷、《人境庐诗草》11卷等。事迹见《清史稿》卷四六四、梁启超《嘉应黄先生墓志铭》(《碑传集补》卷一三)。钱仲联编有《黄公度先生年谱》。

按:吴宓说:"昔梁任公尝推黄公度、夏穗卿、蒋观云为近世诗界三杰。细按之,蒋君殊平庸,夏君无史学家,惟黄先生可当此名,实则黄公度先生乃近世中国第一诗人。"(《空轩诗话》)

范当世卒(1854—)。当世初名铸,字桐生,后易名当世,字无错,号肯堂,江苏南通人。师事张裕钊。吴汝纶主冀州,邀其讲学于保定莲池书院。又入李鸿章幕,以诗文课其子。著有《范伯子诗文集》29卷。事迹见《清史稿》卷四八六、姚永概《范肯堂墓志铭》(《碑传集三编》卷三九)。

费念慈卒(1855—)。念慈字屺怀,号西蠡,江苏武进人。光绪十五年进士,改庶吉士,散馆,授翰林院编修。十七年,任浙江乡试副考官。工诗善书、精鉴赏。著有《归牧集》。

李希圣卒(1864—)。希圣字亦园,一作亦元,湖南湘潭人。光绪十八年进士,官刑部主事。尝为张百熙草拟办学章程奏议。二十八年,任京师大学堂提调。著有《光绪会计录》、《庚子传信录》、《庚子国变记》。事迹见《清史稿》卷四八六、成本璞《李先生墓表》(《碑传集补》卷一二)。

按：《清史稿》本传曰："嗜学，初治训诂，通《周官》、《春秋》、《谷梁》，史习《新旧唐书》，文法《骚》、《选》，诗多凄艳，似玉谿。好读书，通古今治法，慨然有经世之志。尝纂《光绪会计录》以总综财赋。又草律例损益议，张百熙等皆极重之。"

吴樾卒(1878—)。樾原名梦霞，字孟侠，安徽枞阳人。光绪二十八年，由堂叔吴汝纶推荐入保定高等学堂就读，后由蔡元培介绍加入光复会。光绪三十一年，因暗杀出洋考察五大臣而死。著有《吴樾遗书》。

陈天华卒(1875—)。天华字星台，号思黄，湖南新化人。曾读于资江书院与新化实学堂。光绪二十九年，留学日本，参与组织拒俄义勇队，与杨笃生等人编《湖南游学译编》、《新湖南》等革命书刊，并作《猛回头》、《警世钟》、《狮子吼》等。三十年，回国，与黄兴、宋教仁等在长沙组织华兴会，办《二十世纪之支那》杂志，为同盟会撰《革命方略》，策划武装起义，事败再渡日本。是年十一月十二日，为抗议日本颁布《取缔清韩留日学生规则》，蹈海自杀。著有《陈天华集》。

邹容卒(1885—)。容原名绍陶，一名桂文，字蔚丹，一作威丹，四川巴县人。光绪二十八年，自费留学日本，入东京同文书院，参加留日学生爱国运动。回国后，参加爱国学社，组织中国学生同盟会。《苏报》案起，被捕，死于狱中。著有《革命军》。今人周永林辑有《邹容文集》。事迹见蔡冠洛《清代七百名人传》第六编、章炳麟《赠大将军邹容墓表》(《革命军》附录)。

郭大力(—1976)生。

光绪三十二年　丙午　1906年

正月二十八日丙申(2月21日)，慈禧太后谕学部实兴女学。

二十九日丁酉(2月22日)，第二次南昌教案发生。

是月，中国加入万国邮政同盟。

闰二月，学部奏准本部官制。

按：《清史稿·选举志二》曰："寻奏定学部官制，于本部各司、科分掌教育行政事务外，设编译图书局、调查学制局、京师督学局。又拟设高等教育会议所，属学部长官监督。其议员选派部员，及直辖学堂、各省中等以上学堂监督，暨京、外官绅，学识宏通，于教育素有经验者充任。又拟设教育研究所，延聘精通教育之员，定期讲演，以训练本部员司焉。"

三月初一日戊辰(3月25日)，学部奉旨公布由严修拟定的《学部奏请宣示教育宗旨折》，以忠君、尊孔、尚公、尚武、尚实为全国教育宗旨。

俄国社会民主工党制定布尔什维克的土地纲领。

按：此为第一次以国家文告的形式确认国民教育和普及教育的概念。《清史稿·选举志二》曰："学部奏请宣示教育宗旨，略言：'今中国振兴学务，宜注重普通教育，令全国之民无人不学。尤以明定宗旨，宣示天下，为握要之图。中国政教所固有，亟宜发明以距异说者有二：曰忠君，曰尊孔。中国民质所最缺，亟宜箴砭以图振起者有三：曰尚公，曰尚武，曰尚实。'上谕照所陈各节通饬遵行。"

二十三日庚寅（4月16日），京汉铁路通车。

四月初二日己亥（4月25日），清廷裁撤各省学政，改设提学使司提学使。设立学务公所，延聘学务议绅，管理学务。

是日，沈家本、伍廷芳上《虚拟死罪改为流徙折》、《伪造外国银币拟请设立专条折》、《进呈诉讼律拟请先行试办折》。

初四日（4月27日），中英在北京重开谈判。清廷在英国方面有所让步的条件下，与英国签订《中英续订藏印条约》，西藏的主权得以维护。

二十二日己未（5月15日），学部奏定劝学所章程。在各府、厅、州、县普遍设立劝学所，以劝学所为地方教育管理机关。1923年改为教育局。

按：劝学所的设立，是为地方教育行政机关设立之始。《清史稿·选举志二》曰："劝学所之设，创始于直隶学务处。时严修任学务处督办，提倡小学教育，设劝学所，为厅、州、县行政机关。仿警察分区办法，采日本地方教育行政及学校管理法，订定章程，颇著成效。三十二年，学部奏定劝学所章程，通行全国，即修呈订原章也。劝学所由地方官监督，设总董一员，以县视学兼充，综核各学区事务。区设劝学员一人，任一学区内劝学之责，以劝募学生多寡，定劝学员成绩之优劣。其章程内推广学务一条，规定办法凡五：曰劝学，曰兴学，曰筹款，曰开风气，曰去阻力。又奏定各省教育会章程，省会设立者为总会，府、州、县设立者为分会，以补助教育行政，与学务公所、劝学所相辅而行。皆普及教育切要之图也。"

闰四月初一日丁卯（5月23日），学部奏准，将各省贡院改设学堂。停止科举考试。

按：《清史稿·选举志一》曰："光绪末，科举废，丙午并停岁、科试。天下生员无所托业，乃议广用途，许考各部院誊录。并于考优年，令州县官、教官会保申送督、抚、学政，考取文理畅达、事理明晰者，大省百名，中省七十名，小省五十名，咨部以巡检、典史分别注选，或分发试用。各省学政改司，考校学堂。未几学政裁，教官停选。在职者，凡生员考职、孝廉方正各事属之，俸满用知县，或以直州同、盐库大使用。儒学虽不废，名存实亡，非一日矣。"

十六日壬午（6月7日），日本设立南满铁道株式会社于东京，支社设于大连。

二十二日戊子（6月13日），北京贵胄学堂开学。冯国璋充贵胄学堂总办。

五月，学部通令举办实业学堂。

按：《清史稿·选举志二》曰："实业学堂之种类，曰实业教员讲习所，曰高等农、工、商实业学堂，曰中等农、工、商实业学堂，曰初等农、工、商实业学堂，及高等、中等、初等商船学堂，曰实业补习普通学堂，曰艺徒学堂。实业教员讲习所，以备教成各项实业学堂之教习。分农、商、工三种，农业、商业教员讲习所，除人伦道德、英语、教育、教授法、体操为共同学科外，农业课算学及测量气象、农业汎论、农业化学、农具、土壤、肥料、耕种、畜产、园艺、昆虫、兽医、水产、森林、农产制造、农业理财实习；商业课应用化学、应用物理、商业作文、商业算术、商业地理、商业历史、簿记、商品、商业理财、商业实践。均二年毕业。工业教员讲习所，置完全科及简易科。完全科凡六：曰金工科、木工科、染织科、窑业科、应用化学科、工业图样科。除人伦道德、算学、物理、化学、图画、工业理财、工业卫生、机器制图实习、英语、教育、教授法、体操为共同学科外，金工科课无机化学、应用力学、工场用具及制造法、电气工业大意、发动机。木工科课无机化学、应用力学、工场用具及制造法、构造用材料、家具及建筑流派、房屋构造、卫生、建筑制图及意匠。染织科课一切器用化学、应用机器、定性分析、工业分析、染色配色、机织及意匠。窑业科课一切应用化学、应用机器、定性分析、工业分析、窑业品制造。应用化学科课一切应用化学、机器、电铸及电矿。工业图样科课图样、材料。均三年毕业。简易科分金工、木工、染色、机织、陶器、漆工六科。课目较略。一年毕业。高等实业学堂程度视高等学堂，分豫科、本科。豫科授以各科普通基本功课。一年毕业。高等农业本科凡三：曰农学科，曰林学科，曰兽医学科。高等工业分科十三：曰应用化学科，曰染色科，曰机织科，曰建筑科，曰窑业科，曰机器科，曰电器科，曰电气化学科，曰土木科，曰矿业科，曰造船科，曰漆工科，曰图稿绘画科，各授以本科原理、原则、应用方法及补助科目，多者至三十余门，得斟酌地方情形，择合宜数科设之。均三年毕业。中等实业学堂程度视中学堂，亦分豫科、本科，课目较高等为略。初等实业学堂程度视高等小学堂，分普通、实习两种科目。均三年毕业。商船学堂亦分三等，以授航海机关之学术及驾运商船之知识技术。五年或三年毕业。实业补习普通学堂，以简易教法授实业必须之知识技能，并补习小学科目。艺徒学堂，授平等程度之工筑技术，俾成良善工匠，均可于中、小学堂便宜附设。"

六月，清学部于四译馆旧址后院设立编译图书局，派吴嘉谷为局长，制定编译章程9条。

按：其编辑大意，大半仿照文明书局及商务印书馆教科书体例，是为我国部编教科书之始。8、9月间，清学部始选择各种民众读物，通行各省宣讲所进行宣讲，开展通俗教育，其选择目标是"首定宗旨以端人心，次启知识以振精神，用收实效而杜歧趋"。并定宣讲办法6条，如"宣讲用书重在启发"，"各省如有新出宣讲善本，应令随时呈送本部(学部)以备采择"。当时经学部审定的书有《圣谕广训》、《人谱类证》、《善正遗规》、《训俗遗规》、《劝学编》、《国民必读》、《民教相安》、《警察白话》、《欧美教育观》、《儿童教育鉴》、《儿童修身之感情》、《蒙师箴》等。清政府发布《学部第一次审定教科书凡例》。学部公布第一批审定初等小学暂用书目102册。

七月十三日戊申(9月1日)，慈禧太后令预备"仿行宪政"。

按：慈禧太后《仿行立宪上谕》曰："我朝自开国以来，列圣相承，漠烈昭垂，无不因时损益，着为宪典。现在各国交通，政治法度，皆有彼此相因之势，而我国政令积久相仍，日处陆险，忧患迫切，非广求智识，更订法制，上无以承祖宗缔造之心，下无以慰臣庶治平之望，是以前派大臣分赴各国考察政治。现载泽等回国陈奏，皆以国势不振，实由于上下相暌，内外隔阂，官不知所以保民，民不知所以卫国。而各国所以富强者，实由于实行宪法，取决公论，君民一体，呼吸相通，博采众长，明定权限，以及筹备财用，经画政务，无不公之于黎庶。又兼各国相师，变通尽利，政通民和有由来矣。时处今日，惟有及时详晰甄核，仿行宪政，大权统于朝廷，庶政公诸舆论，以立国家万年有道之基。但目前规制未备，民智未开，若操切从事，涂饰空文，何以对国民荫昭大信。故廓清积弊，明定责成，必从官制入手，亟应先将官制分别议定,次第更张,并将各项法律详慎厘订,而又广兴教育,清理财务,整饬武备,普设巡警,使绅民明悉国政,以预备立宪之基础。著内外臣工,切实振兴,力求成效,俟数年后规模初具,查看情形,参用各国成法,妥议立宪实行期限,再行宣布天下,视进步之迟速,定期限之远近。著各省将军、督抚晓谕士庶人等发愤为学,各明忠君爱国之义,合群进化之理,勿以私见害公益,勿以小忿败大谋,尊崇秩序,保守平和,以豫储立宪国民之资格,有厚望焉。"(《大清德宗景皇帝实录》卷五六二)预备立宪上谕发布的当天,远在日本的梁启超就致信蒋观云说:"今夕见号外,知立宪明诏已颁,从此政治革命问题,可告一段落。此后所当研究者,即在此过渡时代之条理何如。"(丁文江、赵丰田编《梁启超年谱长编》第365页)据张玉法《清季的立宪团体》一书统计,从1906年至1908年间,以预备立宪为目的而组成的社会团体达51个之多。影响较大的有上海的预备立宪公会、政闻社、宪政讲习会等。

十四日己酉(9月2日),清廷颁布改革官制的上谕,著派载泽、世续、那桐、荣庆、载振、奎俊、铁良、张百熙、戴鸿慈、葛宝华、徐世昌、陆润庠、寿耆、袁世凯公共编纂。并派端方、张之洞、升允、锡良、周馥、岑春煊选派司道大员,来京随同参议。并著派庆亲王奕劻、孙家鼐、瞿鸿禨总司核定,候旨遵行,以昭郑重。又刑部著改为法部,专任司法,大理寺著改为大理院,专掌审判等因。

是月,学部颁布《奏定各省教育会章程》;发布新闻条例。

八月十五日己卯(10月2日),学部奏定《考验游学毕业生章程》。

> **按**:《清史稿·选举志二》曰:"学部奏定,自本年始,每年八月举行一次。并为综核名实起见,妥议考验章程。将学成试验与入官试验分为两事,酌照分科大学及高等学毕业章程,会同钦派大臣,按所习学科分门考试。酌拟等第,候钦定分别奖给进士、举人等出身。仍将某科字样加于进士等名目之上,以为表识。考试分两场:第一场就所习学科择要命题;第二场试中国文、外国文,罢廷试。"

十八日壬午(10月5日),学部定外人在内设立学堂,无庸立案。

九月二十一日乙卯(11月7日),颁布《宣示预备立宪先行厘定官制谕》。

> **按**:《清史稿·选举志八》曰:"诏曰:'考察政治大臣载泽等回国陈奏,国势不振,由于上下相睽,内外隔阂;而各国所以富强,在实行宪法,取决公论。今日惟有仿行宪政,大权统于朝廷,庶政公诸舆论,廓清积弊,明定责成,以豫备立宪基础。俟规模初具,妥议立宪实行期限。各省将军、督、抚晓谕士庶人等,各明忠君爱国之义,合群进化之理,尊崇秩序,保守和平,豫备立宪国民之资格。'九月,庆亲王奕劻等遵旨核议厘定官制,以'立宪国官制,立法、行政、司法三权并峙,各有专属,相辅而行。立法当属议院,今日尚难实行。请暂设资政院,以为豫备'。诏如所议。"

二十三日丁巳(11月9日),清廷改督办政务处为会议政务处。

十月初六日己巳(11月21日),清廷定严禁鸦片章程。

十九日壬午(12月4日),同盟会发动萍乡、浏阳、醴陵地区会党和矿工武装起义。

十一月初一日甲午(12月16日),上海设立"预备立宪公会",推郑孝胥为会长,张謇、汤寿潜为副会长。

二十九日壬戌(1907年1月13日),武汉"日知会"遭破坏,张之洞逮捕刘静庵、朱自龙、胡瑛、李亚东、季雨霖、张难先等9人。

是月,清廷将兵部改为陆军部兼管海军事务,以铁良为尚书,荫昌为陆军部右侍郎。

十二月二十五日丁亥(2月7日),命各省封禁烟馆。

是月,法部编成《大理院审判编制法》,经核准颁行。又批复《大理院奏请厘定审判权限折》,同意将原有审判体制改为乡谳局、地方审判厅、高等审判厅和大理院四级。

是年,英教会在北京创办协和医学校,旋由英、美医务人员合办。

美教会在上海创办沪江大学。

美国雅礼会于湖南长沙创办长沙雅礼医院。

美国伊利诺大学校长詹姆斯向总统罗斯福建议,利用"庚子赔款"把中国留学生引向美国,以便在精神上、知识上得心应手地支配未来的中国领袖。美国传教士明恩溥进谒罗斯福,力陈以庚款办学,培植中国留学生。

康有为正月游墨西哥与欧洲。十二月在纽约《中国维新报》发表《布告百七十余埠会众丁未新年元旦举大庆典告藏保皇会改为国民宪政会文》,通知各地保皇会于1907年元旦改称国民宪政会,作为推动宪政的团体。撰《法国革命论》(即《法国大革命记》),反对中国进行革命。

孙中山二月自西贡抵新加坡,建立同盟会分会。三至六月,先往欧洲,次由欧洲经南洋到日本,后由日本再赴南洋,进行革命活动。七至九月,先自吉隆坡抵芙蓉,与当地华侨座谈,揭露清政府的假立宪骗局。旋赴槟榔屿建立同盟会分会。秋至冬,与黄兴、章炳麟等制订同盟会《革命方略》,包括《军政府宣言》、《军政府与各国民军之条件》、《招军章程》、《招降清朝兵勇条件》、《略地规则》、《对外宣言》、《招降满洲将士布告》、《扫除满洲租税厘捐布告》等8个文件,备各地革命党人武装起义时应用。十二月,在东京锦辉馆举行的《民报》创刊周年庆祝大会上,发表系统阐述三民主义思想的演说。

按:孙氏在演说中首次提出"五权宪法"之理论。同年,在《三民主义·民权主义》中,进一步号召用"五权宪法"组织政府。

章炳麟五月初八日出狱,当晚即随专程从东京来沪迎接的同盟会总部代表龚练百、仇式匡、邓家彦乘轮东渡日本。十六日,由孙中山主盟,孙毓筠介绍,加入同盟会,接任同盟会机关报《民报》总编辑和发行人。五月二十四日,同盟会总部在东京锦辉馆举行盛大欢迎会及创刊周年大会,章炳麟发表长篇演说。七月,建立国学振起社,举办国学讲习会,作《论语言文字之学》、《论文学》、《论诸子学》等讲演。十月,再访孙中山,共商革命方略。是年,章氏研习道佛及西方哲学与语言文字,多有创获。

德国哈尔托格斯开始系统研究多个自变量的复变函数理论。德国普朗克发展波尔茨曼统计,确定热力学几率和"绝对熵"表达式。

意大利C.戈尔吉、西班牙拉蒙-哈尔第一次详细描述神经元结构。

俄国马尔科夫首次提出"马尔科夫链"的数学模型。

俄国茹科夫斯基、德国库塔分别提出飞机翼举力的环流理论。

按：鲁迅《关于太炎先生二三事》说：章炳麟"七被追捕，三入牢狱，而革命之志，终不屈挠者，并世亦无第二人"(《鲁迅全集》第6集)。在《东京留学生欢迎会演说辞》中，章炳麟专门谈到国粹问题，他说："次说国粹。为什提倡国粹？不是要人尊信孔教，只是要人爱惜我们汉种的历史。这个历史，是就广义说的，其中可以分为三项：一是语言文字，二是典章制度，三是人物事迹。近来有一种欧化主义的人，总说中国人比西洋人所差甚远。所以自甘暴弃，说中国必定灭亡，黄种必定剿绝。因为他们不晓得中国的长处，见得别无可爱，就把爱国爱种之心，一日衰薄一日。若他晓得，我想就是全无心肝的人，那爱国爱种的心，必定风发泉涌，不可遏抑的……照前所说，若要增进爱国的热肠，一切功业学问上的人物，须选择几个出来，时常放在心里。这是最紧要的。就是没有相干的人，古事古迹，都可以动人爱国的心思。当初顾亭林要想排斥满洲，却无兵力，就到各处去访那古碑古碣传示后人，也是此意。"(转引自汤志钧编《章太炎年谱长编》，中华书局1979年版)

章炳麟是年在《民报》发表《演说录》、《俱分进化论》、《无神论》、《革命之道德》、《建立宗教论》、《人无我论》、《军人贵贱论》等文。又作《文学论略》、《诸子学略说》、《论语言文字之学》连载于《国粹学报》第24、25期。又作《洪秀全演义序》。其中《无神论》赞扬斯宾诺莎的泛神论，批评康德的不可知论为千虑一失；《建立宗教论》赞同康德的十二范畴说和时空说，批评康德的物自体说。

按：章炳麟《论语言文字之学》主张将传统的"小学"发展成为一门独立的语言文字之学，以摆脱经学的附庸地位。他说："合此三者(指以研究字形为主的文字学、以研究字义为主的训诂学、以研究字音为主的声韵学)，乃成语言文字之学。"又说："然犹名小学，则以袭用古称，便于指示。其实当名语言文字之学，方为确切。此种学问，仅艺文志附入六艺。今日言小学者皆似以此为经学之附属品。实则小学之用，非专以通经而已。"

梁启超在《新民丛报》鼓吹立宪，反对暴力革命，章炳麟在《民报》撰文予以批驳。

宋教仁十一月告章炳麟，梁启超托人请《民报》以后和平发言，不互相攻击，章氏谓可以许其调和，孙中山等不以为然。

梁启超是春拟游历欧洲，未果。二月，始以文字交徐佛苏。十月，与蒋智由、杨度、熊希龄、徐佛苏等商组机关，以推进宪政。十一月，致书康有为，报告组织新党计划。

梁启超与《民报》就立宪共和、改良革命、土地国有问题进行激烈战。四月致函徐佛苏，重申其有关主张外，同意徐氏停止论战建议。十一月，孙中山表示拒绝。同月，曾两次致函康有为，建议改保皇会为国民宪政会。八月曾同麦孟华等人组织新会国文学会，自社长。欲与杨度、徐佛苏、蒋智由等筹建政党，因杨徐意见不合而未果。撰《暴动与外国干涉》、《申论种族革命与政治革命之得失》等政治论文多篇》。代草《考察各国宪政报告》，清御前会议通过。

梁启超著《开明专制论》连载于《新民丛报》，其中第八章第一节《论今日中国万不能行共和制之理由》与《申论种族革命与政治革命之得失》(《新民丛报》1906年2月第76号)合印为《中国存亡之一大问题》单行本刊行。《民报》第3期发刊"号外"予以反驳。梁启超有《杂答某报》发表于《新民丛报》第85、86号(1906年7月)。

按：《民报》4月28日"号外"发表《〈民报〉与〈新民丛报〉辩驳之纲领》，与《新民丛报》展开大辩论。文章将革命与改良派的分歧归纳为十二个问题：即：一、《民报》主共和，《新民丛报》主专制；二、《民报》望国民之民权立宪，《新民丛报》望政府以开明专制；三、《民报》以政府恶劣，故望国民之革命，《新民丛报》以国民恶劣，故望政府以专制；四、《民报》望国民以民权立宪，故鼓吹教育与革命，以求达其目的，《新民丛报》望政府以开明专制，不知如何方副其希望；五、《民报》主张政治革命，同时主张种族革命，《新民丛报》主张开明专制，同时主张政治革命；六、《民报》以为国民革命自颠覆专制而观则为政治革命，自驱逐异族而观则为种族革命，《新民丛报》以为种族革命与政治革命不能相容；七、《民报》以为政治革命必须实力，《新民丛报》以为政治革命只须要求；八、《民报》以为革命事业专主实力，不取要求，《新民丛报》以为要求不遂，继以惩警；九、《新民丛报》以为惩警之法在不纳租税与暗杀，《民报》以为不纳租税与暗杀不过革命实力之一端，革命须有全副事业；十、《新民丛报》诋毁革命，而鼓吹虚无党，《民报》以为凡虚无党皆以革命为宗旨，非仅刺客以为事；十一、《民报》以为革命所以求共和，《新民丛报》以为革命反以得专制；十二、《民报》鉴于世界前途，知社会问题必须解决，故提倡社会主义，《新民丛报》以为社会主义不过煽动乞丐流民之具。该文并郑重宣布："本报以为中国存亡诚一大问题，然使如《新民丛报》所云，则可以立亡中国。故自第四期以下，分类辩驳，期与我国民解决此大问题。"于是，从第4期起，《民报》发表了大量批驳改良派的文章，双方论战由是全面展开(参见《晚清思想史》第六章《民主革命与君主立宪思潮的兴衰》)。

汪精卫在是年《民报》第5号发表《希望满洲立宪者盍听诸》，认为"种族问题未解决则政治问题必无由解决也"，"故欲为政治革命者须同时为种族革命，盖因异族压制而主张民族主义，因实行民族主义而为种族革命，此一定之原因结果之关系也。而种界不革命则政界亦终于不变。"而"今日中国之种族现象乃满族压制汉族，而此两族利害相反，不能并存，故政治现象亦无改良之望，不解决种族问题不能解决政治问题也"，"中国不为种族革命则不能立宪"。

徐佛苏在七月二十一日出版的《新民丛报》第83号上发表《劝告停止驳论意见书》，建议《民报》与《新民丛报》停止互相攻讦。梁启超欲经徐佛苏的调停，使革命党不再反对他的温和主张，但《民报》第9号、第10号分别发表汪精卫的《答佛公》和弹佛(汪东)的《驳佛公劝告停止驳论意见书》，拒绝徐佛苏的调停。

袁世凯五月在天津创办北洋讲武堂，又奏请开办保定军官学堂。六月，奏陈预备立宪。七月，抵北京，参与考察政治大臣会议立宪事宜。八月，编制《立宪纲要》。十二月，奏陈大计，有限制学生出洋、宗德国学派、申明国家主义等议。

张之洞五月开办印刷局。七月，会两湖新选补州县官出洋游历考察。十一月，以梁鼎芬奏请兴办曲阜学堂，命与湖北提学使黄绍箕等悉心筹划办理。是年，在日本东京创办湖北铁路学堂。

张謇六月在沪晤端方、戴鸿慈，并为起草《为立宪致各督抚电》。十二月十六日，与郑孝胥、汤寿潜、王清穆、周廷弼等联合江、浙、闽绅商200余人，成立"预备立宪公会"，推郑孝胥为会长，张謇、汤寿潜为副会长，以"发愤为学、合群进化"为宗旨，敦促清廷早日立宪。是年，发起创办中国图书公司。

蔡元培是春返里，出任绍兴学务公所总理，旋返上海。五月，与中国教育会会员迎章炳麟出狱，举行欢迎会。同月，在邹容墓碑落成典礼上致词。秋，赴京，应聘为北京译学馆教习，讲授国文及西洋史。

严复以马相伯离国去日，乃接任复旦公学第二任校长，仅数月即辞职。是年，应安徽巡抚聘为安徽高等学堂监督，曾演讲中国局势和立宪实质；又曾赴京任考试游学毕业生同考官，总裁为外部尚书唐绍仪。

刘师培与宁调元、诸贞壮、马君武、柳亚子等订交于上海。又应陈独秀、洪泽丞邀请，赴安徽公学、皖江中学、赭山中学任教，在课堂上大讲反清革命。此时，陈独秀、柏文蔚、陶成章、张通典、谢无量、江彤侯、周震麟等人仍在校任教。

罗振玉奉调学部参事，入京，建议仿效欧美、日本图书馆的形式开设"京师图书馆"。辞江苏师范学堂监督职，《农学报》、《教育世界》停刊。九月赴直隶、山西视察学务。学部讨论国学存废，力争保存国子监。始名所居为"玉简斋"。

王国维是春随罗振玉进京，暂住罗家。二月，在《教育杂志》发表《奏定经学科大学文学科大学章程书后》一文，主张中西文化融合，各取其长。八月，其父王乃誉病故，奔丧归里，并为之守制。十一月，同邑学子推举其出任海宁劝学所学务总董，坚辞不就。

柳亚子是春赴上海入钟氏创办之理化速成科习实用化学，谋制造炸弹，实行暗杀，以病中辍。思赴日本学陆军，亦不果行。留沪与高旭等游处，并应邀至健行公学任教国文，遂与马君武、苏曼殊、黄节、邓实等订交。五月，加入同盟会。于吴淞口外海船中谒孙中山，复以蔡元培介绍，加入光复会。是年，始改字亚子。

林纾八月受京师大学堂校长李家驹之聘，担任该校预科和师范馆的经学教员。同时，仍继续在五城学堂任总教习。在担任预科和师范馆经学教员时，取孙奇峰《理学宗传》中诸理学家语录，诠释讲解。如此三年，遂编成《修身讲义》2卷，1916年由商务馆印行。本年，在北京会见桐城派古文家马其昶。

陶成章三、四月拟闭歇大通学校，未果，设体操班。九月十三日，在《复报》第七号发表《云间俞君小传》。十一月二十日，加入同盟会，任留日会员中浙江分会长。十二月，返国，谋袭南京，计不得行。

鲁迅七月自日本仙台医专返东京，始弃医从文。

  按：鲁迅《呐喊·自序》说："凡是愚弱的国民，即使体格如何健全，如何茁壮，也只能做毫无意义的示众的材料和看客，病死多少是不必以为不幸的。所以我们的第一要著，是在改变他们的精神。而善于改变精神的是，我那时以为当然要推文艺，于是想提倡文艺运动了。"

沈曾植四月简放安徽提学使,留署两江按察使。八月,始赴新任,随赴日本考察学务,事毕返皖。

沈家本任署大理院正卿,负责筹设大理院。四月,与伍廷芳奏请试办刑事民事诉讼法。

杨守敬五月被选为安徽霍山县知县,坚辞不就。张之洞劝其赴任,未允。是年,重新校订《历代沿革险要图》和《春秋地图》两稿。

刘静庵在湖北武昌正式建立日知会,孙武、张先等百余人入会。

辜鸿铭所著英文著作《然则治之,知之:日俄战争之道德因素》和《尊王篇》两书二月由俄国驻沪总领事勒罗江斯基转送给俄国作家托尔斯泰,托氏收到之后,以自己著作的英译本回赠,于九月写有《致一个中国人的信》给辜氏。九月八日,又将所译《中庸》、《大学》寄赠给托尔斯泰。在上海拜见盛宣怀,赠以英译《中庸》。

丘逢甲春夏因镇平初级师范传习所结业,改办镇平县立中学堂;又于员山创兆学堂附设师范传习所。夏,应两广总督岑春煊之聘,赴广州任两广学务公所议绅兼任惠、潮、嘉视学员,旋任广府中学堂监督。广东总教育会成立,被公举为正会长。

黄炎培受杨斯盛委托,创办浦东中学于浦东六里桥。任浦东中学校长。以"勤、朴、诚"三字为校训,是上海地区创办最早的新式中学堂之一。

马君武继续在东京大学读书。在《民报》上连续刊出一些介绍马克思主义的文章。如第二、三号上,《德意志革命家小传》,介绍马克思传略;翻译摘要《共产党宣言》纲领部分。第四号,刊登《欧美社会革命运动之种类及评述》,介绍社会主义学说。第十四号,刊载被流放西伯利亚的俄国革命党员照片。夏,日本文部省遣送中国留学生。君武担任回国生纠察队。回国后创办中国公学,担任总教习,兼理化教授。创作《华族祖国歌》、《中国公学校歌》、《贱如蚁》等诗。

蒋方震是春自日本回国,半年后又赴德国。在德军第七军当实习连长。同时在德留学的有石陶钧、顾孟余等。

陈去病应徽州府中学堂之聘,途经芜湖,由刘师培介绍加入同盟会。抵校后为纪念黄宗羲,与教员黄宾虹等组织"黄社"。九月,在江上为张煌言作就义二百二十六周年祭。是年资助秋瑾在沪创办《中国女报》,与柳亚子在沪创办《复报》。

按:秋瑾为《中国女报》主编兼发行,陈伯平编辑。只出二期,是年三月因经费支绌停刊。

苏曼殊早春再赴长沙任教于明德学堂。夏,应刘师培之邀赴芜湖皖江中学任教,识邓绳侯、江彤侯、陶成章、龚宝铨、张通典等。并加入光复会。是年,自习梵文。

张元济由外交部奏调开办储才馆,派充提调。在京数月内为学部、外务部草拟各类章程、办法十余件。八月派赴西洋考察学制,并往南洋察阅华侨兴学情形。年底被选为预备立宪公会副会长。

谭人凤十月初十日偕谢介僧等到东京。十二月初二日,参加《民报》创刊周年纪念大会。并由黄兴介绍加入中国同盟会。旋奉黄兴之命,偕周震麟、洪春台、何弼虞、胡瑛等归国谋划起义。

熊希龄上年十二月二十七日随载泽等五大臣考察各国宪政,经过日本,特商请杨度代写关于东西洋各国宪政情况的文章,作为将来考察宪政报告的蓝本,杨度允承。随后,杨度转请梁启超协助,梁亦应允。夏,杨度为五大臣代撰《中国宪政大纲应吸收东西各国之所长》和《实施宪政程序》两文。八月,杨度纳赀捐候补郎中。十月,为联合组织宪政党事,与熊希龄赴神户,同梁启超达成初步协议。新组织名为宪政会,拟先在东京行结党礼后,即设本部于上海,以杨度任干事长。后因内部人事纠纷,联合组党告吹。

马相伯因留日学生为抗议日本政府取缔令,发动学潮,奉派赴日安抚学生,以"爱国不忘读书,读书不忘爱国"的名言,被张之洞誉为"中国第一位演说家"(据实藤惠秀《中国人留学日本史》)。应两江总督之邀,赴南京讲演君主民主政制之得失及宪法之真精神。

戴鸿慈、端方七月二十一日从日本、欧美考察宪政回到上海,汤寿潜与张謇、赵凤昌等先后四次谒见,极力劝其速奏立宪,不可再推宕。

唐绍仪参与在北京举行的中英谈判。是年,被清廷任命为会办税务大臣,以取代英籍总税务司赫德。

唐文治署理农工商部尚书。

梁如浩负责修筑京汉铁路支线(由高碑店至梁格庄)。

秦力山是春再赴缅甸筹办中华义学,与当地华侨领袖发起了云南干崖创办民族学堂。七月,任仰光调查会月刊总编辑。

邓实在《国粹学报》第三、四、五、十三号发表《明末四先生学说》,评论顾炎武、黄宗羲、王夫之、颜元之学术成就。

朱执信作《德意志社会革命家小传》,刊载于《民报》第二、三号。是年,翻译《共产党宣言》。

按:是文第一次比较系统地介绍马克思、恩格斯生平及其学说,并摘译《共产党宣言》、《资本论》片断,使马克思学说在中国得以传播。朱执信是我国最早翻译《共产党宣言》与《资本论》的学者之一。

梁漱溟考入顺天中学堂,学习国文、英文及数理化各科。

高旭在上海创办健行公学。曾以一夜之功伪造石达开遗诗刊行,引起强烈反响。是年,任同盟会江苏分会会长。

李家驹正月以四品京堂候补,充京师大学堂总监督。

喻长霖任浙江两级师范学堂监督。

陆宝忠正月任礼部尚书,九月,厘定官制。

刘鹗是年春、秋两次赴日游历。

汪优游等组织开明演剧会,赴上海、无锡、苏州等地演出,组织文友会。

王钟声毕业于德国得来伯的西大学,获学士学位。归国后,先后在湖南、广西任教。

郑观应为广东商办粤汉铁路有限公司总办。

吴宓考入陕西三原县宏道高等学堂中学部,身体羸弱,但读书仍不稍废。

蒯光典奉命出国任欧洲留学生监督,端方任两江总督,创办"江楚编译官书局",缪荃孙任总纂,聘李详为帮总督纂,直至1909年。

余绍宋居江山,江山文溪书院初改立中学堂时,先生讲学于此,与马叙伦等人共事。不久因慈禧太后肖像案离开学校去日本留学。到日本后先入交通学校学习铁道专业,不久即转入东京法政大学研读法律。

刘静庵、何自新等二月在武昌成立革命团体日知会。

熊十力加入日知会,同时又加入同盟会。二至五月,发起组织并主持黄冈军学界讲习社。是夏,肄业于陆军特别学堂,提出联合荆、襄、巴、蜀及河南秘密会党与洪门哥老会发难,光复中原的主张。事泄,遭通缉。

吴鲁赴日本考察学制,继奉署吉林提学使,振兴学务,改革教育。

赵炳麟有《请定教育宗旨折》,主张尊孔。

马一浮转向研究国学。寄居杭州外西湖广化寺,广读文澜阁《四库全书》。

卢戆章进呈《中国切音字母》,请颁定京音官话,以统一天下语言,被学部所批驳。

王舟瑶受命为两广师范学堂监督。

按:王舟瑶字星垣、玫伯,号默庵,浙江黄岩人。曾家乡清献书院、九峰精舍、杭州诂精舍学习,受业于王棻、俞樾门下,光绪十五年举人,后荐举经济特科。先在九峰精舍、清献书院、东湖书院、文达书院执教,后随沈曾植督学福建。戊戌变法后任上海南洋大学特班生教员。著有《郑注禹贡引地理志释》、《周官孟子异义疏证》、《谷梁逸礼考证》、《中国学术史》、《经学讲义》、《中国通史讲义》、《光绪台州府志稿》、《光绪黄岩县志稿》、《台州文征》、《默庵集》、《默庵诗序》等。

黄绍箕四月任湖北省提学使。

陈独秀再度留学日本。

姚宏业、孙镜清在上海创立中国公学。

夏曾佑四月随载泽等赴日考察,历时两月回国,任泗洲知府,充两江总督署文案。是年为《东方杂志》撰《刊印宪政初纲缘起》,为朝廷立宪制造舆论。

钱玄同九月赴日本入早稻田习师范。

王宠惠获美国耶鲁大学法学博士学位,转欧洲研究法律,在德国被选为柏林比较法学会会员,在英国考取律师资格。

蒲殿俊约集川省留日学生组成"川汉铁路改进会",自任正干事,发刊《川汉铁路改进会报告》月刊。

八指头陀为天童寺住持。四月为宁波师范、育德学堂师生作祝词。

丁开雄加入同盟会。

于右任去日本，访孙中山，入同盟会，被委为长江大都督。

王式通擢安徽司员外郎，提调法律学堂。

许珏回国，仍以道员衔赴广东候补。上疏反对君主立宪，被目为"疯狂"。

刘道一回国策动湘军与会党武装起义。事泄被捕，英勇就义。

张鹤龄授奉天提学使，兴办学校。

桂念祖因沈曾植资助，赴日本留学，研求梵文精义。

丁文江考入英国剑桥大学，因经济原因，是年底即辍学。

于式枚任广东提学使，广西京官联名上奏荐其兼任广西铁路公司总理，规划建筑广西境内铁路。

吴芝瑛为庚子赔款倡募女子国民捐，并书《小万柳堂帖》售以充捐款。

欧阳竟无因生母逝世，悲痛中倍感人生无常，遂皈依佛法，以求究竟解脱。

周桂笙发起组织译书交通公会，于是日作《译书交通公会序》。

  按：该会设上海泥城桥《月月小说》社内，以《月月小说》报为机关报。以交换知识，广通声气，维持公益为宗旨。

梁鼎芬入觐，劾奕劻及袁世凯。诏诃责，引疾退。

张君劢受宝山县公派，赴日本留学，原定进日本高师理化部学习理化，而他考入早稻田大学经济科。半年后，宝山县停止公费，于是以为《新民丛报》撰稿维持生活。是年在该报发表译作《约翰穆勒议院政治论》。

高步瀛任学部图书局编纂，兼顺天府学务总处董理，旋补学部主事，参与审定中小学教科书。

张相文受聘为江苏淮阴江北师范学堂教务长。

吴梅著《风洞》传奇经曾孟朴推荐于徐念慈，由小说林社出版。作《暖香楼》（后改名《湘真阁》）。《奢摩他室曲话》亦作于是年。

戴鸿慈等进呈《欧美政治要义》。

锡良奏设藏文学堂。

胡汉民在四月五日《民报》发表《民报六大主义》，阐述同盟会政纲。

李剑农加入中国同盟会。

蒋智由在《新民丛报》第四年第四号上发表《冷的文章热的文章》一文，较为全面地论述这两类文章的理论基础和相互交融等问题。

  按：蒋智由认为"冷的文章"与"热的文章"的不同特点是："热的文章，其激刺也强，其兴奋也易，读之使人哀，使人怒，使人勇敢，此热的文章之效也。冷的文章，其思虑也周，其条理也密，读之使人疑，使人断，使人智慧，此冷的文章之效也。"

光益在《新民丛报》发表日本学者八木光贯《国家主义教育》的翻译稿，系统介绍国家主义的起源、发展和变迁。

刘显志在《中国新报》第六期发表《论中国教育之主义》。

宋恕是春编辑山东《学务杂志》，撰《学务杂志凡例及叙》。六月十九日，学务处分六课，宋恕复以议员兼任专门课员。

李叔同是春主编《音乐小杂志》出版。七月，入东京上野美术专门学校，学习西洋绘画。冬，与曾孝谷、吴我尊、欧阳予倩、陆镜若等组织"春柳社"，演出《茶花女》等剧。参加日本诗人的"随鸥诗社"，并在社刊《随鸥集》上发表诗作。后又入东京音乐学校学习音乐。

曾孝谷赴日本留学，在上野美术专门学校习西洋油画，与李叔同同班学习。

按：曾孝谷字延年，号存吴，四川成都人。1912年回国，参加任天知主持的进化团，在上海新新舞台演出。是我国早期话剧创始人之一。

陈发檀由东京第一高等学校一部英语、法科毕业后，升入东京帝国大学法科大学政治学专业学习。

钟赓言由东京第一高等学校一部英语、法科毕业，升入东京帝国大学法科大学政治学专业选科。

汪康年在北京创刊《京报》。谢无量七月赴京任《京报》主笔。

刘思复在香港编辑《东方报》。

宁调元在上海主编《洞庭波》杂志，宣传革命。寻避居日本。

王钟麒赴上海任《申报》笔政，加入国学保存会，并在该会所办《国粹学报》发表反清文章。

刘复基自日本回湖南长沙，设立中外各报代派所，销售《民报》，鼓动学潮。后在上海创办《竞业旬报》，宣传革命。

李根源被推为云南留日学生同乡会会长，并任《云南》杂志社经理。

按：李根源、赵伸十月十五日在东京创办《云南》杂志社，初为月刊，后改双月刊，后与《滇话报》合并。

张一鹏三月在东京创刊《法政杂志》。

黄人主笔之《雁来红丛报》四月创刊于苏州，以选载前贤未刊及不经见文学名著为其主要内容。

孙瑞主编《卫生学报》半月刊在上海创刊。

田桐、柳亚子五月在上海创办《复报》。

刘炳堂在五月创立《北京画报》上专司绘图。

陆费逵主编上海书业商会出版之《图书月报》。

按：此为中国最早之图书专业刊物。

警僧编《新世界小说社报》月刊于七月创刊于上海，其译作以英国为多。

徐勤于九月在广州创办《国事日报》。

傅熊湘与陈家鼎、杨守仁、仇式匡、宁调元等在上海创办《洞庭波》，二期后易名《中央丛报》，后又易名《汉帜》。又与胡适、丁洪海等编辑《竞业旬报》，抨击清廷，鼓吹革命。是年，傅熊湘加入同盟会。

按：胡适曾在《四十自述》中说："这几十期的《竞业旬报》，不但给了我一个发表思想和整理思想的机会，还给了我一年多作白话文的训练……我知道这一年多的训练给了我自己绝大的好处。白话文从此成了我的一种工具。七八年之后，这件工具使我能够在中国文学革命的运动里做一个开路的工人。"

又按：《竞业旬报》第一期曾发表署名"大武"的文章《论学官话的好处》，主张"要救中国，先要联合中国的人心，要联合中国的人心，先要统一中国的语言。……中国全国通行官话，只须摹仿北京官话，自成一种普通国语"。

蓝公武、张东荪等于十一月在日本东京发起组织爱智会，创办学术月刊《教育》，以介绍和讨论哲学、伦理学问题为重心。

庄景仲在上海创办《预备立宪官话报》。

日本人宫崎寅藏在日本创《革命评论》半月刊，与章炳麟主编《民报》相呼应。

杨度主编之《中国新报》月刊十二月在日本东京创刊。

徐勤在新加坡创办《南洋总汇报》。

李宝嘉主编之晚清四大小说杂志之一《绣像小说》停刊。

吴沃尧、周桂笙等主编之《月月小说》九月在上海创刊。1908年底停刊。创刊号发表"译书交通公会序"。译书交通公会是早期翻译工作者协会组织。

汤仕龙、孟森、孟昭常等在东京创立法政学交通社，刊出《法政学交通社》月刊，以研究法政学理为宗旨。

王照在保定创办拼音官话书报社，出版《拼音官话报》。

杨芝堂、沈习之在汉口创刊大型日报《中西报》。

张静江、李煜瀛、吴稚晖、李石曾、褚民谊等五月在巴黎创办《新世纪》周刊，宣传无政府主义。同月，李石曾又在巴黎创办《世界》画报。李煜瀛是年参加同盟会。

按：张静江、吴稚晖、李石曾、褚民谊等人是巴黎无政府主义派别的代表，因为出版《新世纪》周刊，故被称为"新世纪派"。

英国传教士巴慕德来华传教。

美国传教士马守真来华传教。

美年国传教士方法敛作《中国原始文字考》，刊载于美国匹兹堡《喀尼各博物院报告》第4卷。

法国人伯希和率远征队抵喀什，随后在新疆地区考古发掘劫掠文物。

斯坦因在尼雅、楼兰、米兰、敦煌探险，获得汉晋简牍数百枚。这批资料，连同他在敦煌莫高窟从王圆箓道士手中骗得大批古文书，于1913年由沙畹公布。

日本东京帝国大学关野贞来华考察河南巩县和洛阳龙门的石窟、陕西汉唐陵墓、山东汉画像石。

意大利拉布里奥拉出版《反对泰勒所宣布的"回到康德那里去"的口号》。

德国考茨基著《伦理学和唯物史观》。

辜鸿铭英译《中庸》在上海刊行，英文书名改为"*The Universal Order or Conduct of Life*"。英译《大学》(*The Great Learning or Higher Education*)基本告成，并在青岛印成一小册。

皮锡瑞著《经学历史》1卷成书。

王闿运著《周易说》11卷、《诗经补笺》20卷刊行。

杨守敬著《禹贡本义》1卷刊行，有自序。

曾廉著《禹贡九州今地考》2卷刊行。

廖平著《拟大统春秋条例》1卷、《皇帝大同学革弊兴利百目》1卷刊行。

廖平著《四益馆经学四变记》由弟子郑可经编成。

廖平著《尚书周礼说集证凡例》、《大学平天下章说》、《乐经说》、《楚辞新解》。

李铭汉著《续通鉴纪事本末》110卷刊行。

按：是书据毕沅《续资治通鉴》编纂，分110事，以继袁枢《通鉴纪事本末》。

陆心源著《宋史翼》40卷刊行。

按：作者以《宋史》遗漏尚多，乃据宋代诸史籍、诸家文集、杂著、年谱、氏族谱、地方志等，增补列传781人，附传64人，每传均注明资料来源，足补《宋史》之缺。

曾廉著《元史考订》4卷刊行。

罗振玉著《唐风楼金石文字跋尾》1卷成书。

夏曾佑著《最新中学历史教科书》3册刊行，嗣后一再重版。

效董生著《南昌教案纪略》上册石印，下册似未出。

按：记大令江召棠为拳民杀害事。体裁似小说非小说，书署日本恪藤氏著，豫章效董生订，显然为假托。是书一名《新出南昌大教案纪略》。

沈镕编《地球全图》刊行。

刘师培著《中国民约精义》、《古政原论》刊行。

严复译法国孟德斯鸠著《法意》第5册，著《政治讲义》由上海商务印书馆刊行。

按：严复在《政治讲义》中，对"学"与"术"曾有论述，其曰："是故取古人谈治之书，以科学正法眼藏观之，大抵可称为术，不足称学。诸公应知学术二者之异。学者，即物而穷理，即前所谓知物者也。术者，设事而知方，即前所谓问宜如何也。然不知术之不良，皆由学之不明之故；而学之既明之后，将术之良者自呈。此一切科学所以大裨人事也。今吾所讲者，乃政治之学，非为政之术，故其途径，与古人言治不可混同。"

端方主持译刊《欧美政治要义》、《列国政要》、《列国政要续编》三书进呈。

蔡元培译日本井上圆了著《妖怪学讲义总论》由商务印书馆刊行。

袁世凯编刊《立宪纲要》。

梁启超著《中国法理学发达史论》成书。

汤祖武译《论理论学解剖图说》成书。

章炳麟著《国学讲习会略说》、《国学振起社讲义》由日本东京秀光社刊行。

蒋智由著《中国人种考》刊行。

梁启勋、程斗译美国佛兰斯士专逊著《世界著名暗杀案》为《血史》，又上海广智书局刊行。

成都二仙庵住持阎永和、新津彭翰然重刻彭求定辑《道藏辑要》，井研贺龙骧参与校订，并增刻《道藏辑要续编》。

按：是为二仙庵版本，是现通行本，共245册，所收道书已增至287种，其中新增道书114种。1986年巴蜀书社又重印出版。

上海世界书局辑刊《佛学丛刊》，迄1931年毕。

朱文熊著《江苏新字母》成书。

按：是书将汉语分为"国文"（文言文）、"普通话"和"俗语"（方言）三部分，不仅较早提出"普通话"的名称，而且明确地给"普通话"下了定义："各省通行之话。"朱文熊《江苏新字母·自序》曰："余学普通话（各省通行之话），虽不甚悉，然余学此时所发之音，及余所闻各省人之发音，此字母均能拼之，无不肖者。"因此，朱文熊被认为是汉语文字改革的先驱。

苏曼殊著《梵文典》成书，章炳麟、刘师培为作序。

陶成章著《催眠术讲义》由商务印书馆刊行。

顾炎武著《顾亭林先生遗书》10种刊行。

彭兆孙著《小谟觞馆全集》4种重刊。

马其昶著《屈赋微》刊行。

王国维著《人间词甲稿》刊行。

按：王国维《三十自序二》说："近年嗜好之移于文学，亦有由焉，则填词之成功是也。余之于词，虽所作尚不及百阕，然自宋以后，除一二人外，尚未有能及余者，则平日之所自信也。虽比之五代、北宋之大词人，余愧有不如，然此词人，亦未始无不及余之处。因词之成功，而有志于戏曲，此亦近日之奢愿也。"又说："然词之于戏曲，一抒情，一叙事，其性质既异，其难易又殊。又何敢因前者之成功，而遽冀后者乎？但余所以有志于戏曲者，又自有故。吾中国立学之最不振者，莫若戏曲。元之杂剧，明之传奇，存于今日者，尚以百数。其中之文字，虽有佳者，然其理想及结构，虽欲不谓至幼稚，至拙劣，不可得也。国朝之作者，虽略有进步，然比诸西洋之名剧，相去尚不能以道里计。此余所以自忘其不敏，而独有志乎是也。"（《王国维年谱新编》）

王国维是年撰《教育小言十二则》、《教育家之希尔列尔（即席勒）传》、《德国哲学大家汗德传》、《墨子之学说》、《老子之学说》、《汗德之伦理学及宗教论》、《原命》、《去毒篇（鸦片烟之根本治疗法及将来教育上之注意）》、《孟子之伦理思想一斑》、《列子之学说》、《纪言》、《论普及教育之根本办法（条陈学部）》、《教育小言十则》、《文学小言十七则》、《屈子文学之精神》等文。

张玉霖辑《一百二十家谜抄》10卷。

按：是书收谜10万多条，为我国收抄灯谜最多的书。

沈心工编《学校唱歌集》三集。

金一编《新中国唱歌》二册。

苏绍柄编《小钟集》4册刊行。

按：本书以曾铸在1905年抵制美货运动的稿件为主，并搜集各方有关函电编纂而成。内容有苛禁缘起、开会抵制、上海和各地来往函电、上海商界和美国领事的谈判经过、正告沪埠美商、实行不用美货等部分。为1905年反美爱国运动的历史资料。商务印书馆开始刊行《说部丛书》第一、二、三集。

吴沃尧重编《九命奇冤》3册36回由广智书局刊行。

吴沃尧著《二十年目睹之怪现状》第1册刊行。

张春帆著《九尾鱼》12集192回由点石斋刊行。

按：为鸳鸯蝴蝶派的代表作之一。

李宝嘉著《官场现形记》由世界繁华报馆分12册刊行。

陆士谔以"沁梅子"为名，出版小说《精禽填海记》。

林纾、魏易译《蛇女士传》由商务印书馆刊行。

林纾译《洪罕女郎传》刊行。

鸳水不因人译《深浅印》由小说林社刊行。

马汝贤译《黄金胄》由小说林社刊行。

黄小配著《洪秀全演义》64回本由香港《中国日报》刊行，章炳麟为序。

周作人将雨果《悲惨世界》译为《哀史》（又称《孤儿记》）由小说林社刊行，署名平云。

林纾节译英国斯威夫特著《海外轩渠录》（即《格列佛游记》）、译美国欧文著《旅行述异》等小说刊行。

徐乃昌辑《徐氏丛书》10种刊毕。

吴仰曾译著《照相新编》2卷成书，陈昭常作序。

张长林卒（1826— ）。长林字明山，后以字行，时人称"泥人张"，河北滦州人。自幼随父亲从事泥塑制作，练就一手绝技。"泥人张"彩塑用色简雅明快，用料讲究，所捏的泥人历经久远，不燥不裂，栩栩如生，在国际上享有盛誉。日本芦屋市有座中国艺术馆为"天津泥人张彩塑"建立陈列专室，展出彩塑作品58件。

易佩绅卒（1826— ）。佩绅字笏山，一字子笏，号健斋，人称函楼先生，湖南龙阳人。咸丰八年举人。十一年从军川陕间，积功授知府。光绪二年授贵州贵东道员。十年，以援台湾去。十三年任江苏布政使。尝从郭嵩焘、王闿运游，诗学随园。著有《老子解》2卷、《通鉴触绪》13卷、《诗义择从》4卷、《函楼文抄》9卷、《函楼诗抄》16卷、《函楼词抄》4卷。

高桐轩卒（1835— ）。桐轩原名荫章，天津杨柳青人。曾供奉清廷如意馆，归里后专事年画创作，并利用西洋颜料和石印技术。著有《墨余索录》。

姚振宗卒（1842— ）。振宗字海搓，浙江山阴人。专治目录学。家富藏书，其"师石山房"藏书超过6万卷。编有《汲古阁刊书目》2卷、《百宋一廛书录》、《湖北艺文志》。辑有《七略别录佚文》、《汉书艺文志条理》10卷、《汉书艺文志拾补》6卷、《后汉艺文志》4卷、《三国艺文志》4卷、《隋书经籍志考证》52卷、《七略佚文》1卷，汇为《快阁师石山房丛书》。事迹见《清史稿》卷四八五。

按：《清史稿》本传曰："著《汉艺文志》、《隋经籍志考证》，能订宗源之失。又补《后汉》、《三国》两《艺文志》。目录之学，卓然大宗。论者谓足绍二章之传。"

陈玉澍卒（1853— ）。玉澍原名玉树，字惕庵，后更名玉澍，江苏盐城人。光绪十二年肄业南菁书院，师从黄以周。二十三年，应知县刘崇照

亨里克·易卜生卒（1828— ）。挪威戏剧家，诗人。

保罗·塞尚卒（1839— ）。法国画家。

塞谬尔·P.兰利卒（1834— ）。美国天文学家，物理学家、航空先驱者。

爱德华·冯·哈特曼卒（1842— ）。德国哲学家。

阿尔贝·索雷尔卒（1842— ）。法国历史学家。

福雷德里克·W.梅特兰卒（1850— ）。英国法学家、法制史学家。

皮埃尔·居里卒（1859— ）。法国物理学家。

之聘,纂修《盐城县志》。二十五年,主讲尚志书院。二十八年,主讲县学堂。三十年,应两江总督周玉山聘,任三江师范教务长。曾用统计学方法探索《尔雅》训诂,总结为四十五例,著有《尔雅释例》5卷。又著有《毛诗异文笺》10卷、《卜子年谱》2卷、《民权释惑》2卷、《教育刍言》3卷、《后乐堂集》25卷等。事迹见李详《大挑教谕拣选知县陈君墓志铭》(《续碑传集》卷七五)、陈钟凡《惕庵府君行述》(《碑传集三编》卷三五)。

汪桂芬卒(1860—)。桂芬名谦,字艳秋,号美仙,北京人。九岁从陈兰笙习京剧。十八岁改为程长庚操琴。光绪八年,搭春台班,创"汪派",有"长庚再世"之誉,与孙菊仙、谭鑫培并称为"新三鼎甲"。二十八年,被选入清廷升平署。代表作有《取成都》、《战长沙》、《龙虎斗》等。

李宝嘉卒(1867—)。宝嘉字伯元,号南亭亭长,江苏上元人。曾主编《指南报》、《游戏报》、《海上繁华报》等。编辑《绣像小说》半月刊。著有《官场现形记》、《文明小史》、《海天鸿雪记》、《繁华梦》、《活地狱》、《李莲英》等。事迹见李锡奇《李伯元生平事迹大略》(《雨花》1957年第4期)。

樊锥卒(1872—)。锥字一鼎,一字春徐,一作春渠,湖南邵阳人。受知于学使张亨嘉,为县学生。旋就读于长沙城南书院。甲午战争后,与同里石秉钧等以新学相砥砺,时称"樊石"。光绪二十四年,上书湖南巡抚陈宝箴,请开拓用才之术;又助谭嗣同、唐才常组织南学会,办《湘报》。任邵阳南学会会长。二十六年,参与自立军起事。二十九年,《苏报》案起,赴日本入成城学校习军事。与陈天华、马君武等奔走革命,又刊行《游学译编》,创办湖南编译社。著有《樊锥集》。事迹见石建勋《樊锥传略》(《樊锥集》附录)

秦力山卒(1877—)。力山原名鼎彝,字力山,别号遁公、巩黄,湖南善化人。光绪十三年,入湖南时务学堂,师事谭嗣同,加入南学会。后主《清议报》、《国民报》笔政。二十八年,与章炳麟等发起"支那亡国二百四十二年纪念会"。冬自日本归国,在上海参与《大陆》月刊编务,旋又另创《少年中国报》。是年入云南从事反清活动,积劳成疾,染病而卒。其著文,今人辑为《秦力山集》。

刘道一卒(1884—)。道一字炳生,号锄非,湖南衡山人。早年就读于湘潭美国教会学校。光绪三十年在长沙参加华兴会,联络会党准备起义。旋留学日本,入东京清华学校(一说为正则英语学校)。留日期间,参与冯自由等在横宾所组的"三点会"(或称洪门天地会),任"草鞋"(即将军)。三十一年,加入同盟会成立,担任书记、干事等职。三十二年秋回国,与蔡绍南等领导起义,被清廷逮捕,壮烈牺牲。著有《衡山正气集》。

胡燏棻卒,生年不详。燏棻字芸楣,亦作云眉,安徽泗州人。同治十三年进士,选庶吉士。后捐纳为道员,补天津道。光绪十七年,出任广西按察使。二十年,中日甲午战争爆发,受命留驻天津办理东征粮台。旋奉命在天津马厂主持新式练兵,成十营,号"定武军"。次年,上疏条列开铁路、造钞币、制机器、开矿产、折南漕、减兵额、创邮政、练陆军、整海军、设学堂等十事。旋调任芦津铁路督办,又授顺天府尹,迁总理各国事务大臣。二十六年,始历任关内外铁路会办,刑部、礼部、邮传部侍郎。事迹见《清史稿》卷四四二。

何干之(　—1969)生。

光绪三十三年　丁未　1907年

正月初一日癸巳(2月13日),康有为将保皇会改作"国民宪政会"。

二十日壬子(3月4日),日本政府应清廷之请,迫令孙中山离境。

二十四日丙辰(3月8日),学部拟订《女子师范学堂章程》、《女子小学堂章程》。

按:《女子小学堂章程》和《女子师范学堂章程》的颁布,这是我国女子教育在学制上取得合法地位的开始。

三月十一日壬寅(4月23日),清廷设立官报局。

按:《东华续录》卷二〇五载"奏设印刷官报局片"称,"欲开民智而正民心,自非办理官报不可",提出"凡一切立法行政之上谕及内外臣工折件电奏并咨牍章程等类,除军机、外交秘密不宣外,所有军机处发钞暨各衙门随时咨送事件,依类分门,悉心选录,取东西各官报敏速精确之意。先办日报一种:一俟钞送日多,流行浸广,再行查照前次奏案,择其尤要,编辑月报,一体印行,以期周备"。"得旨,如议所行。"

安徽巡抚冯煦奏采访皖省遗书,以备图书馆之用,是为主张省图书馆收藏地方文献之始。

五月二十六日丙辰(7月6日),徐锡麟发动安庆起义,旋失败。

是月,江苏举行出洋留学考试,允许女生应考,是为官费女生留学西洋之始。

六月十四日癸酉(7月23日),张之洞奏设湖北存古学堂,设经学、史学、词章、博贤四门课程,倡尊古读经。

是月,设礼乐馆,制订学礼、军礼、宾礼,并定民间丧祭婚冠器物舆服。

七月初五日甲午(8月13日),清廷改考察政治馆为宪政编查馆。

按:《清史稿·选举志八》曰:谕曰:"立宪政体,取决公论,中国上、下议院未能成立,亟宜设资政院,以立议院基础。派溥伦、孙家鼐为资政院总裁,妥拟院章,请旨施行。"寻谕:"各省应有采取舆论之所,俾指陈通省利病,筹计地方治安,并为资政院储才之阶。各省督、抚于省会速设谘议局,慎选公正明达官绅,创办其事。由各属合格绅民,公举贤能为议员。断不可使品行悖谬、营私武断之人滥厕其间。凡地方应兴应革事宜,议员公同集议,候本省大吏裁夺施行。将来资政院选举议员,由该局公推递升。"

二十三日壬子(8月31日),英俄签订《西藏协定》。

《日韩新协约》签订。

俄国召开第二届国家杜马。寻解散。第三届国家杜马召开。

第二次世界和平大会。

英、法、俄三国协约最后形成。

是月,共进会在日本东京成立,张伯祥为会长。

八月初二日辛酉(9月9日),清廷再派外务部侍郎汪大燮、学部侍郎达寿、邮传部侍郎于式枚,分充出使英、日、德,考察宪政。

> **按**:《清史稿·于式枚传》曰:"当是时,政潮激烈,有诏预备立宪,举朝竞言西法,无敢持异议者。于是式枚奉命出使德国,充考察宪政大臣。濒行,疏言:'宪政必以本国为根据,采取他国以辅益之,在求其实,不徒震其名。我朝道监百王,科条详备,行政皆守部章,风闻亦许言事,刑赏予夺,曾不自私。有大政事、大兴革,内则集廷臣之议,外或待疆吏之章。勤求民隐,博采公论,与立宪之制无不符合。上有教诫无约誓,下有遵守无要求。至日久官吏失职,或有奉行之不善,海国开通,又有事例之所无,自可因时损益,并非变法更张。惟人心趣向各异,告以尧、舜、周、孔之孔,则以为不足法;告以英、德、法、美之制度,而日本所模仿者,则心悦诚服,以为当行。考日本维新之初,即宣言立宪之意。后十四年,始发布开设国会之敕谕,二十年乃颁行宪法。盖预备详密迟慎如此。今横议者自谓国民,聚众者辄云团体,数年之中,内治外交,用人行政,皆有干预之想。动以立宪为词,纷驰电函,上渎宸虑。盖以立宪为新奇可喜,不知吾国所自有。其关于学术者,固贻讥荒陋,以立宪为即可施行,不审东洋之近事。关于政术者,尤有害治安。惟在朝廷本一定之指归,齐万众之心志,循序渐进。先设京师议院以定从违,举办地方自治以植根本,尤要在广兴教育,储备人才。凡与宪政相辅而行者,均当先事绸缪者也。臣前随李鸿章至柏林,略观大概。今承特简,谨当参合中、西同异,归极于皇朝典章,庶言皆有本而事属可行。是臣区区之至原。'"

九月初三日辛卯(10月9日),清廷命礼部及修订法律大臣议定满汉通行礼制刑律(除宗室外)。

初五日癸巳(10月11日),命沈家本、俞廉三、英瑞充修订法律大臣。

> **按**:修订法律馆为适应各地方推行四级审判之需要,在暂定施行于京师地区的《大理院审判编制法》的基础上,编成《法院编制法》奏呈。沈家本有《修订法律大臣沈家本奏酌拟法院编制法缮单呈览折》。

十一日己亥(10月17日),清廷命各省筹设咨议局。

二十二日庚戌(10月28日),外务部、学部制定《贵胄游学章程》。

二十八日丙辰(11月8日),江苏、浙江、安徽发生收回筑路权群众爱国运动。

是月,清廷外务省照会日本当局,要求日本政府查禁在日出版的《民报》、《洞庭波》、《天义报》、《复报》等刊物及一些书籍。

十月二十七日乙酉(12月2日),广西镇南关起义失败。

十一月十九日丙午(12月23日),清廷严禁各省绅商士庶干预政事,命宪政编查馆会同民政部拟定关于政事结社条规。

二十一日戊申(12月25日),清廷命学部严申学堂禁令定章,不准学生干预国家政治、联名聚众立会、演说等。

二十二日己酉(12月26),清廷诏禁京师聚众开会、演说等事。

十二月初十日丁卯(1908年1月13日),中、英、德《天津浦口铁路借款合同》签订。

十三日庚午(1月16日),清廷颁布报律。

是年，清廷学部奏请增设"满蒙文学"门。又颁布教育官制章程及法令。

　　按：学部奏请片全文如下："查《奏定大学堂章程》内，文学科大学分九门，凡中外史学、地理学、中国文学，及英、法、俄、德、日本文学，无不分门研习，独于满蒙文学仅注于地理学门中国方言之下，殊觉缺而不备，拟请文学科大学增设满蒙文学一门，列于中国文学之门，务使满蒙文字流传以及山川疆域风俗土宜，讲习愈精，搜讨靡遗，庶考古者得实事求是之资，临政者收经世致用之效，其详细科目，应由臣部妥定，再行奏请颁行，谨附片具陈。"（朱有瓛《中国近代学制史料》第二辑上册）

　　学部宪政编查馆会奏游学毕业廷试录用章程，仍暂照三十一年成案。于钦派大臣会同学部考试请予出身后，廷试一次，分别授职。廷试用经义、科学、论、说各一，其医、工、格致、农等科大学及各项高等实业学堂毕业者，免试经义。时游学日本、欧、美毕业回国者，络绎不绝，岁举行考验以为常，终清世不废（《清史稿·选举志二》）。

　　梁诚借美国总统罗斯福参加洁姆司博览会之际，当面向罗斯福提出庚子退款要求，得到罗斯福的应允。随后，梁诚反复与美国政府谈判，核实退款金额。经过努力，美国终于退回多收的2792万美元。

　　孙中山正月被日本政府驱逐出境，与胡汉民、汪精卫等离东京赴安南。行前以二千元留为《民报》经费，遭章炳麟等非议，孙、章冲突开始。七月，同盟会之机关报《中兴日报》在新加坡创刊。十二月，台湾同盟会会员罗福星晤孙中山，陈抗日复台大计。是年，孙中山与黄兴又因党旗发生争执。

　　康有为正月改组保皇会为国民宪政会，嗣在美洲运动党事，筹措经费。其门人陈焕章七月在纽约发起昌教会，旨欲昌明孔教。是年，拟发《海外亚美欧非澳五洲二百埠中华宪政会侨民公上请愿书》，向清廷提出：一、立开国会以实行立宪；二、尽裁阉宦；三、尽除满、汉之名籍，而定国名曰中华；四、营新都于江南；五、裁去元、明监抚二制；六、经营辽、蒙、回、藏、新疆；七、速成海军以卫海疆；八、举国民为兵，御强敌而振救中国；九、中原多开制铁枪炮之厂，漠北广阔牧马之场（《康有为政论集》上册）。

　　梁启超一月请徐佛苏、蒋智由出面与宋教仁、章炳麟晤商，不再论战，章炳麟欲许其调停，但孙中山、胡汉民、黄兴皆反对。九月与徐佛苏、蒋智由、麦孟华及留日学生张君劢等组织之政闻社在东京锦辉馆召开成立大会，日人犬养毅、大隈重信等莅会演说。同月，在上海创办机关报《政论》月刊，蒋智由主编，马相伯为总务员，撰稿人有黄可权、麦孟华等。梁启超发表《政闻社宣言》书，提出四条主义：一、实行国会制度，建立责任政府；二、厘订法律，巩固司法权之独立；三、确立地方自治，正中央地方之权限；四、慎重外交，保持对等权利（中国近代史资料丛刊《辛亥革命》第四册）。是年作有《现政府与革命党》、《再驳某报之土地国有论》、《政治与人民》、《政治上之监督机关》、《社会主义论序》等文。

　　按：梁启超在《新民丛报》第89号发表《社会主义论序》曰："凡员颅方趾以生于

德国寇贝证明复变函数论的黎曼共形映照定理。

德国埃·费歇证明蛋白质系由简单氨基酸相连而成，并首次人工合成多肽。

俄国罗申克、英国坎·斯文顿分别独立提出用阴极天线接收无线电传像原理，是为近代电视技术之理论基础。

今日者,皆以国家一分子之资格,而兼有世界人类一分子之资格者也。惟其有国家一分子之资格,故不可不研求国家之性质,与夫本国之情状,而思对于国家以有所自尽;惟其有世界人类一分子之资格,故不可不研求世界之大问题及其大势之所趋向,而思所以应之。抑世界之大问题及其大势所趋向,又不徒影响于世界上之个人也,而实大影响于世界上之各国,故以国家一分子之资格,愈不可以不知世界。今我国人于世界的知识之缺乏,即我国不能竞胜于世界之一大原因也。世界之问题亦多矣,而最大者宜莫如经济问题;经济问题之内容亦多矣,而今日世界各国之最苦于解决者,尤莫如其中之分配问题。坐是之故,而有所谓社会主义者兴。社会主义,虽不敢谓为世界唯一之大问题,要之为世界数大问题中之一而占极重要之位置者也。此问题之发生,与国富之膨胀为正比例。我国今当产业萎靡时代,尚未有容此问题发生之余地。虽然,为国民者,不能以今日国家之现象自安,明也。但使我国家既进步而得驰骋于世界竞争之林,则夫今日世界各国之大问题,自无一不相随以移植于我国,又势所必至也。然则社会主义一问题,无论以世界人类分子之资格,或以中国国民分子之资格,而皆不容以对岸火灾视之,抑章章矣。但其为物也,条理复杂,含义奥衍,非稍通经济原理者,莫能深知其意;又其立论基础,在于事实,而此事实为欧美各国之现象,我国不甚经见,国人索解愈难。故各国言此之书,虽充栋汗牛,而我国人若无闻见。近则一二野心家,思假为煽动之具,即亦往往齿及,然未经研究,于其性质全不明了,益以生国人之迷惑。予既尝著论,斥妄显真,且斟吾国现在将来所宜采择之方针,以为国人告,具见前报。虽然,此乃我国适用社会主义之研究,而非社会主义其物之研究也。未知社会主义为何物,而欲论我国宜如何以适用之,其以喻天下亦艰矣。吴君仲遥鉴此缺点,乃广搜群籍,覃精匝月,成此论以见贻,匪直名家学说,采择毕包,且往往能以研究所心得者,推补而批判之。东籍中关于此主义之述著,犹罕其比。信哉,其为世界知识之馈贫粮哉!仲遥为亡友铁樵之弟,学能世其家,即此鳞爪,可概厥余。"

汪精卫在《民报》第6号发表《再驳新民丛报之政治革命论》,反驳梁启超所谓种族革命乃属无的放矢,实无必要的观点,认为"盖本报之论种族革命有二原因,一为社会上之原因,即复仇是已;一为政治上之原因,即民族与政治互相关系是已"。又在《民报》第13号发表《研究民族与政治关系之资料》一文,继续与梁启超辩论。

黄兴与孙中山、章炳麟等二月制订同盟会《革命方略》。在讨论国旗图式时,与孙发生分歧。孙主张用兴中会青天白日旗,以示纪念先烈;黄兴提议用"井"字旗,以示平均地权之意。五月,应孙中山函召,赴河内筹划南方边境起义。九月,参与领导广东防城起义。十二月,参与领导广西镇南关起义。

章炳麟正月晤孙中山。同月,《大江七日刊》出版,章氏为撰发刊辞。三月,与日本幸德秋水、保什等倡导组织亚洲和亲会,起草《亚洲和亲会约章》。五月,以孙中山潮、惠起义失败及《民报》经费问题,发起倒孙风潮,欲改选黄兴为总理代替孙中山,遭黄兴等反对而未果。

章炳麟撰《春秋左氏读叙录》在《国粹学报》上刊毕,作《讨满洲檄文》、《国家论》、《中华民国解》、《五无论》、《定复仇之是非》等文刊于《民报》。又作《邹容传》,刊载于东京《革命评论》。

章炳麟三月在《民报》第12号上发表《社会通诠商兑》,详论民族主义的时代特征和社会本质,批评严复所译英国甄克思《社会通诠》一书。

按:《社会通诠商兑》说:"英人甄克思著《社会通诠》,侯官严复译述著录。其所言不尽关微旨,特分图腾社会、宗法社会、军国社会为三大形式而已。甄氏之意,在援据历史,得其指归。然所征乃止赤、黑野人之近事,与欧、美、亚西古今之成迹,其自天山以东,中国、日本、蒙古、满洲之法,不及致详,盖未尽经验之能事者。严氏皮傅其说,以民族主义与宗法社会比而同之。今之政客,疾首于神州之光复,则谓排满者亦宗法社会之事,于是非固无取,于利害则断其无幸。夫学者宁不知甄氏之书,卑无高论,未极考察之智,而又非能尽排比之愚,固不足以悬断齐州之事,如严氏者,又非察于人事者耶?人心所震矜者,往往以门户标榜为准,习闻其说以为神圣,而自蔽其智能,以世俗之顶礼严氏者多,故政客得利用其说以愚天下。"

章炳麟所撰《新方言》,自本年秋季起在《国粹学报》连载,至1908年载完,然后出单行本。本年有与黄侃书两通,专论治方言。《再与黄侃书》论列方言六例:一曰一字二音,莫知谁正;二曰一语二字,相近相乱;三曰就声为训,皮傅失根;四曰余音重语,迷误语根;五曰音训互异,凌杂难晓;六曰总别不同,假借相贸(《章太炎学术年谱》)。

陶成章三月与章炳麟、张继、刘师培、何震、苏曼殊、吕剑秋、陶铸等在日本发起"亚洲和亲会"。章炳麟任会长。中国、日本、越南会员近百人。九月十一日,蒋智由、梁启超等在东京设立政闻社,拥护君主立宪,陶成章与张继等率众反对。十二月二十九日,在《河南》第二期发表《春秋列国国际法与近世国际法异同论》,署名"起东",旋在光绪三十四年二月三日续载。

刘师培所作江苏、江宁、安徽乡土历史、地理教科书第一册(计六种)由上海国学保存会印行。后因赴日本,未能续写。

刘师培偕妻亡命日本,任《民报》撰述。四月,与钱玄同、黄侃等人订交。在日本东京创刊我国第一份无政府主义刊物《天义报》半月刊。七月,与张继等在东京组织"社会主义讲习会"。在日本东京主持社会主义讲习会首次集会,并发表讲演,认为无政府主义易行于中国,与排满革命是一致的。以后在讲习会第二次集会上作《中国民生问题》及《宪政之病民》演说,在讲习会第三次集会上作《中国财政制度之变迁》演说,在讲习会第四次集会上又作演讲。何震、张继、章炳麟、景定成、潘怪汉、汪公权、南桂馨、陶成章等先后作过演讲。

按:《天义报》主编是何震,主要撰稿人有刘师培、陆恢权、志达、畏公、民鸣等。初为女子复权会机关刊物。至1908年3月停刊。《天义报》的出版,实际上是刘师培、章炳麟等与同盟会决裂分裂的标志。

刘师培撰《普告汉人》一文发表于《民报》临时增刊《天讨》上,署名豕韦之裔。《尔雅虫名今释》在《国粹学报》上连载。《辩满人非中国之臣民》一文在《民报》第14期上发表。《悲佃篇》发表于《民报》第15号上,署名韦裔。《废兵废财论》发表于《天义报》第2卷上。《人类均力说》发表于《天义报》第3卷。《无政府主义之平等观》、论新政为病民之根》在《天义报》上发表。《古书疑义举例补》连载于《国粹学报》。

刘师培、章炳麟、鲁夕卿、胡展堂、宋教仁及日本内田良平、青藤幸七郎、和田三郎、宫崎滔天等在东京设宴为孙中山送行。刘师培提议改组同盟会东京本部，因庶务干事刘揆一坚决反对，未成。

刘师培返回国内，与柳亚子、陈巢南、高天梅、黄晦闻、朱少屏、张聘斋、邓秋枚、杨笃生酝酿成立南社。章炳麟五次致书，托他们找端方，为其赴印度学佛筹谋路费。端方以章炳麟去鼓浪屿学佛为条件。刘师培作《上端方书》，提出十条"弭乱之策"，镇压革命党人。

刘师培在《民报》上发表《清儒得失论》，对清代学术进行全面评价。

按：刘师培对晚清学术思想史有比较系统的总结，他的《国学发微》《周末学术史》《两汉学术发微论》《汉宋学术异同论》《清儒得失论》《南北学派不同论》《经学教科书》和《中国中古文学史》等论文，大致勾勒出一部中国学术史，且方法令人耳目一新。

袁世凯六月奏事机危迫，请赶紧实行预备立宪，历陈昭大信、举人才、振国势、融满汉以及普及教育等十事。又奏请简派大臣分赴日、德各国，会同使臣，考察宪法。七月，授军机大臣。是年，先后派选近百名学生赴日习军事。

张之洞五月就经心书院旧址改建存古学堂，倡尊古读经，又于附近设外国语言学堂，准自行学习。六月，充体仁阁大学士，仍留湖广总督任。七月，授军机大臣；保荐梁鼎芬、杨守敬等。八月，奉旨管理学部事务。九月，任军机大臣。辜鸿铭随之入京，任外务部员外郎。

杨守敬为存古学堂总教。礼部侍郎陈宝琛举荐杨守敬为礼部顾问官。

端方时任两江总督，在江南挑选出国留学生，胡敦复等青年被选中。端方命其秘书温秉忠护送赴美。

按：温秉忠乃第二批"留美幼童"，曾就读于麻省伍斯特技术学院。他利用赴美的机会，将其两个外甥女带到美国，她们是十四岁的宋庆龄和九岁的宋美龄。

端方五奏准在南京设立暨南学堂，专招爪哇华侨子弟免费入学，又与美国三大学协议免费教育。七月，奏请仿日本颁布宪法大纲和皇室典范。是年，与张謇、郑孝胥、汤寿潜等江浙名士日益密切，并先后招熊希龄、曾朴入幕。又创办与北洋大学堂并立之南洋大学堂；设立官立粹敏第一女学堂，并拨巨款资助严复任监督之复旦公学与郑孝胥任监督之中国公学；筹建江南图书馆，以缪荃孙为总办。

缪荃孙七月应两江总督端方之聘，创办江南图书馆，任总办。

按：当时，钱塘丁氏因家道中落，后裔丁立诚将"八千卷楼"善本书卖给日本崎岳的"静嘉堂文库"。缪荃孙得两江总督端方支持，急筹巨款亲赴杭州与议，将已卖出之藏书全部赎买回来，运至南京，建"陶风楼"藏之。1910年10月始定名为江南图书馆，后改为江南图书局、江苏省立图书馆、江苏省第一图书馆、第四中山大学图书馆、江苏大学国学图书馆、中央大学国学图书馆等。1929年10月4日，名为江苏省立国学图书馆。

蔡元培五月在京等候派遣留学，旋为驻德使馆职员经西伯利亚赴德。在柏林习德语，编译书籍。

张謇、王先谦五月以学部奏派为江苏、湖南省学务公所议长。

王先谦因总督陈夔龙、巡抚岑春蓂将其所著书进呈，赏内阁学士衔。

沈家本等九月派充修订法律大臣。

按：《清史稿·张曾㪺传》曰："三十三年，颁下法律大臣沈家本试行诉讼法，曾㪺言：'中国礼教功用远在法律上，是以尊亲之义，载于礼经。汉儒说论语，亦谓纲常为在所因，此各省所同，浙不能异者也。浙西枭匪出没，浙东寇盗潜滋。治乱国用重典，犹惧不胜，骤改从轻，何以为治？此他省或可行，而浙独难行者也。'于是逐条驳议之。"

秋瑾创办之《中国女报》正月停刊。同月，接任绍兴大通学堂督办，旋又在绍兴设立大通体育会，拟招收女生习军事，组织女国民军。后改为招收金华、处州、绍兴三府会党骨干习军事。六月，被捕死难。曾朴等联名抗议。

按：《清史稿·张曾㪺传》曰："是年秋瑾案起。秋瑾者，浙江女生言革命者也，留学日本，归为绍兴大通学校教师，阴谋乱。曾易夂遣兵至校捕之，得其左验，论重辟，党人大哗。"

秋瑾遇难，吴芝瑛为之作传，并与徐自华葬秋瑾于西泠桥畔，亲书墓表。

杨度正月在东京创刊《中国新报》，任总编撰员。五月十五日，发表《大同报题辞》，祝贺清宗室恒均十丰创办之《大同报》在东京发刊。十二月二十七日，与方表、陆鸿逵、杨德邻等在东京组织"政俗调查会"，自任会长。

按：六月下旬，"政俗调查会"改名"宪政讲习会"，以设立民选议院为立宪运动的中心目标。后又改名"宪政公会"，以杨度为常务委员长。

杨度十二月初联络湘绅廖名缙、龙绂瑞、黄忠绩等人，在长沙成立宪政讲习会湖南支部（旋改名"湖南宪政公会"），以湖南全省士民之名义发起入都请愿，要求设立民选议院。并将所拟《湖南全体人民民选议院请愿书》初稿，请王闿运改定。

林纾正月因大学堂师范馆毕业生将离校，绘图记其事，并撰文勉励学生。六月十九日作《爱国二童子传·达旨》，提倡实业救国，主张建立"立宪之政体"，并把自己翻译外国文学比作救国的一种实业。是年，应张菊生、高梦旦的要求，开始编选《中国国文读本》。

按：《中国国文读本》共10卷，第一、二卷为清朝文（本年选讫）；第三、四、五卷，为明、元、宋朝文；第六、七卷，为唐朝文；第八卷为六朝文；第九、十卷为周、秦、汉、魏文。全书是一个比较系统的中国古文选读本。林纾不仅精选篇目，而且逐篇详加评语。从次年（1908）四月开始，至宣统二年（1910）末，各卷陆续由商务馆出版。

罗振玉视察河南、山东、江西、安徽四省学务。应答张之洞在湖广设存古学堂事，提出在各省设国学馆，内分图书馆、博物馆、研究所三部。学部考试留学生，出任考官。冬，于厂肆购古俑二，引起对出土明器之重视。

始校唐昭陵碑。

> **按**：董作宾《罗雪堂先生传略》曰："中州墟墓间所出明器，土人以为不祥之物而弃之。故世无知者。光绪丁未，估人偶携土俑为玩具，先生见而购焉；复录唐要令所载明器之目授之，令凡遇此类物，不可毁弃。翌年，遂充斥都市，关、豫诸地亦有至者。初所见为唐代物，寻见六朝两汉者。先生据此研究，撰《古明器图录》一书，遂启日后古明器研究之风气。"（罗振玉《雪堂自述》附）

王国维四月自海宁返京，住罗振玉家。经罗振玉引荐，得识学部尚书兼军机大臣荣禄，甚为其赏识，未几，得在学部总务司行走，任学部图书编译局编译，主编译及审定教科书等事。六月，发表《三十自序二》，言其由哲学转向文学，并有志于戏曲之研究。是年，撰《教育小言十三则》、《人间嗜好之研究》、《三十自序一、二》、《论小学校唱歌科之材料》、《教育小言十则》、《书辜氏汤生英译〈中庸〉后》、《孔子之学说》等文。

> **按**：《清史稿·忠义传十》曰：王国维"少以文名。年弱冠，适时论谋变法自强，即习东文，兼欧洲英、德各国文，并至日本求学。通农学及哲学、心理、论理等学。调学部，充图书馆、编译名词馆协修。辛亥后，携家东渡，乃专研国学。谓：'尼山之学在信古，今人则信今而疑古，变本加厉，横流不返。'遂专以反经信古为己任。著述甚多，撷其精粹为《观堂集林》二十卷。返国十年，以教授自给。壬戌冬，前陕甘总督升允荐入南书房，食五品俸，屡言事，皆褒许。甲子冬，遇变，国维誓死殉。驾移天津，丁卯春夏间，时局益危，国维悲愤不自制，于五月初三日，自沉于颐和园之昆明湖。家人于衣带中得遗墨，自明死志，曰'五十之年，祇欠一死！经此世变，义无再辱'云云。谥忠悫。海内外人士，知与不知，莫不重之"。

严复因安徽巡抚恩铭被徐锡麟刺死，辞高等学堂监督职，回北京。

丘逢甲仍任两广学务公所议绅兼惠、潮、嘉视学员、广府中学堂监督及广东总教育会会长。

苏曼殊赴日本，住东京《民报》社，与章炳麟、陈独秀过从甚密。其间译《梵文典》，自撰序言，章炳麟、刘师培、陈独秀、何震均有序。发表绘画《猎胡图》、《岳鄂王游池翠微亭图》、《徐中山王莫愁湖泛舟图》、《陈元孝题奇石壁图》、《太平天国翼王夜啸图》于《民报》增刊《天讨》。与章炳麟、张继、刘师培、陈独秀等人发起旨在"反对帝国主义，而自保其邦族"的国际组织"亚洲和亲会"，识陶冶公、吕夏诸人。

苏曼殊是夏与鲁迅、周作人、陈师曾、许寿裳、袁文薮等筹办《新生》。初秋，抵上海寓国学保存会藏书楼，与陈去病、诸宗元、刘季平、高旭、朱少屏、黄节、邓实交往，并为藏书楼捐款。

鲁迅在日本东京与许寿裳、周作人等研讨文艺，筹备出版文艺杂志；是年发表《人之历史》，以达尔文学说阐述人类起源。又作《摩罗诗力说》，始刊载于《河南》杂志第二期和第三期。

张元济当选商务印书馆董事，辞外务部、邮传部公职。

谭人凤重赴东京，插入法政学校五期班，学习法政知识和革命理论。

陈去病三月在苏州偕高旭等凭吊明代抗清英雄张国维祠。四月，在上海主持国学保存会，参与编辑《国粹学报》。冬，与高旭、柳亚子、黄节、邓实、杨守仁及刘师培夫妇在上海愚园集会,酝酿成立南社,借文学鼓吹革命。

戴鸿慈任法部尚书。二月,致书梁启超,请解释法部与大理院权限及开办地方审判办法。

孙诒让十一月被推为浙江首届教育会会长。

梁鼎芬九月上书朝廷,言挽回时局,莫亟于禁贿赂,绝请托,并弹劾奕劻、袁世凯等夤缘比附,贪私误国,朝廷以其有意沽名为借口,将其免官。

汤寿潜有《为宪政维新沥陈管见事》,提出立宪的四项主张,敦请政府仿照西法,真心实意实行立宪,不要借立宪罔民误国。同时,与郑孝胥等人两次电请清廷要求速开国会。

梁敦彦奉诏出任驻美、墨西哥及秘鲁公使,辞行时,被慈禧太后升任为外务部右丞。是时,美国耶鲁大学来电授与他名誉法学博士学位。在美国接受学位时,与美国西点军校洽商,推翻1881年美国政府反对留学生入其军校的决定,每年选送两名中国留学生到西点军校深造。是年,广东成立"地方自治研究社",公推唐绍仪、梁敦彦为名誉社长。

唐绍仪、梁敦彦、梁如浩、蔡绍基、周寿臣等"留美幼童"在天津设"广东会馆"。

梁如浩先后任奉锦山海关道兼关内外铁路总办、天津海关监督、牛庄海关道、天津海关道、上海海关道。

周万鹏被派出席在葡萄牙举行的万国电约公会。

唐文治应邀出任上海实业学校监督,历时十四年。

劳乃宣在王照所创官话字母基础上,增加宁、吴、闽、广音若干,成《简字全谱》。

陆心源皕宋楼、十万卷楼、守先阁等处藏书以十万元售于日本岩琦氏静嘉堂,藏于东京静嘉堂文库。

李大钊是夏考入天津北洋政法专门学校学习。

徐锡麟案起,陈独秀在芜湖的革命活动被人告发,被迫第三次东渡日本,入正则英语学校学习。

黄炎培被人密告于两江总督端方,端方令提学使毛庆藩彻查其革命党嫌疑。

吴梅二月十五日作《奢摩他室曲话序》。《暖香楼》在《小说林》第一期刊出。《奢摩他室曲话》在《小说林》第二、三、四、六、八、九期刊出。作《轩亭秋》杂剧,并在《小说林》第六期刊出楔子。柳亚子等在上海结神交社,应邀赴之。

叶楚伧在苏州高等学堂学业已满,时逢在广东汕头主《中华新报》笔政的同乡陈去病因病辞职,并力举叶楚伧自代,在柳亚子等相助下,赴汕头任职。

马君武被两江总督端方购捕甚急,从友人之劝,赴德国入柏林工业大学学冶金。出国前写有《去国辞》。旅途中写《自上海至马赛途中得诗十首》《别巴黎友人》《别英伦》等诗。在巴黎留学生刊物发表译诗《缝衣歌》(英国胡德作),此译诗后又在国内《繁华报》《神州日报》等刊物转载。

按:李思纯《仙河集自序》说:"近人译诗有三式:一曰马君武式,以格律谨严之近体译之,如马式译嚣俄(今译雨果)诗曰:'此是青年红叶书,而今重展泪盈裾'是也;二曰苏玄瑛式,以格律较疏之古体译之,如苏氏所为《文学因缘》《汉英三昧集》是也;三曰胡适式,则以白话直译,尽驰格律是也。"(转引自陈子展《中国近代文学之变迁》,上海书店1982年版)

梁漱溟读梁启超主编的《新民丛报》(1902—1904年,六册)与《新小说》(月刊),深受影响。又读梁启超的《德育鉴》,开始关心人生问题与社会问题。

马相伯为英华政论文选《也是集》作序,强调立宪是"国民权利"。年末,应梁启超之邀,东渡日本,就任立宪团体政闻社总务员,提出"神我宪政说",主张用基督教学做中国宪法的基础。

宋恕三月初八到济南,筹办山东编译局,并任该局代理性的坐办兼编审,刘彤儒、孙大鹏等为编译员。从事编译中小学教科书并编辑《山东学报》。先后完成《学务编年纪要》《经济学教科书》《伦理学教科书》《古诗歌读本》《修身教科书》《教育学》等书的编写。

焦达峰、张百祥、邓文辉、孙武等在日本东京发起成立共进会。张百祥为总理,下设内政、外交、交通、军务、参谋、财政、党务、文牍等部。

喻长霖十二月赴日本考察学务,回国后,旋奉派充光绪实录馆纂修。

蒋方震在德国研究军事,一面又广泛涉猎文学名著。

陆宝忠正月充国史馆副总裁。

黄节四月自沪南归,甫抵家门,次子授华殇。主讲广州南武公学。

陈焕章考入美国哥伦比亚大学政治经济系,后被纽约华侨公举为"中华公所所长"。

吕思勉是年起在苏州东吴大学、南通国文专科学校从事历史、国文教学。

钱恂以江苏省补用知府出任荷兰大臣。

唐国安调到北京,任外务部司员,兼职京奉铁路。

古应芬自日本回国,任广东法政学堂编纂、广东咨议局书记长。

胡朴安至上海,任《国粹学报》编辑。

徐念慈在《小说林》杂志上发表《小说林缘起》,运用黑格尔的理论来分析中国小说。

沈钧儒自日本回天津,从事立宪运动。旋至京办报,数月后返回浙江。

史量才参加江浙绅商拒款保路运动,被选为江苏铁路公司董事。

梁士诒任交通银行帮理、铁路总局局长。

王式通补大理院推事,用御史记名,总办法律馆,充礼部力学馆顾问。

安维峻由礼部奏充礼学馆顾问、学部奏充学会与议官。

夏敬观任江苏省参议,署理江苏提学使,兼任上海复旦公学、中国公学监督。

傅熊湘返回湖南，任教萍乡中学、渌江中学、明德学堂。是年，加入南社。

李瑞清任江宁提学使，兼两江优级师范学堂监督。

谭人凤入东京法政学校肄业。

张君劢在日本参与梁启超组建的政闻社，任评议员。旋受政闻社委派，回国从事立宪活动。后又返回东京，继续其学业。

杜国庠获杜氏大宗祠与邑同善祠的列学津贴，东渡日本入早稻田大学普通科学习。

陈衍入京，在学部总务司审定科兼参事厅行走，兼京师达学堂经学教习，又兼礼部礼学馆纂修。

杨文会在南京创设佛教学校祇洹精舍。

按："祇洹精舍"的创办，在中国佛教史上具有重要意义。它一方面培养了一批佛教学者，另一方面又开各地举办佛教学院的风气之先。

欧阳竟无专程赴南京，正式师从杨文会学佛。是年秋，受命东渡日本，寻求佛典。旋任教两广优级师范。

晏阳初步行至成都，入美国"美以美会"设立的美华高等学习肄习八年。喜户外运动，担任棒球投球手，八面威风。

刘希平赴日本留学，结识陈独秀。

朱献文以通晓法律被法律馆自日本调用回国任职，因遭学部反对，后返回日本继续学习。

范熙壬被法律馆自日本调用回国任职，因遭学部反对，后返回日本继续学习。

夏丏尊在日本东京高等工业学校学习，因未领到官费，辍学回国。

史锡绰由日本东京第一高等学校升入东京帝国大学理科大学理论物理专业学习。

张耀曾由东京第一高等学校升入东京帝国大学法科大学政治学专业学习。

朱深由东京第一高等学校升入东京帝国大学法科法律学专业，兼修德国法。1912年毕业。

余棨昌由东京第一高等学校升入东京帝国大学法科，学习法律学兼修德国法。

陈治安由东京第一高等学校英语、法科毕业后，入东京帝国大学法科大学政治学专业学习。

陈焕章九月在美国纽约成立昌教会，以昌明孔教为宗旨。

曹惠祥、李景镐在巴黎成立中国化学会巴黎支部。

丁惟汾自日本回国，任山东法政专门学校校长。

张相文应傅增湘聘，任天津北洋女子高等学校教务长，旋任校长。

张伯苓时任天津第一私立中学校长，十月二十四日，在第五届联合运动会闭幕典礼上发表题为《雅典的奥运会》的演说,介绍古代奥运会的历史与现代奥林匹克运动复兴的过程。并建议为中国参加奥运会做准备。

俞同奎十二月与留欧同学李景镐、吴匡时等联合在巴黎发起成立"中国化学会欧洲支会",这是我国最早的一个化学学术团体,俞同奎历任临时书记、会长、评议员。

戴季陶转入东京日本大学法科学习。

陈寅恪插班考入上海复旦公学。

吴玉章十二月在日本东京创《四川》杂志。

宾步程等欧归国人士在上海创《理工》月刊。

陈蝶仙在上海创办著作林社,发刊《著作林》文艺杂志。

陈楚楠、张永福八月在新加坡创办《中兴日报》,胡汉民、汪精卫、田桐、居正等先后为主笔,撰稿者有黄兴、张继、陶成章等。

于右任、杨守仁等二月在上海创办《神州日报》,于右任任社长。

王钟麒自是年起,先后助革命党人于右任创办《神州日报》、《民呼报》、《民立报》,成为于右任得力助手之一。

汪康年创办之《京报》七月被封。是年,又创办《刍言报》三日刊。

陈志群、吴芝瑛、陈伯平、徐寄尘等将《中国女报》与《新女子世界》合而为一,易名《神州女报》在上海刊行。1912年停刊。

但焘正月在日本东京创刊《汉风》月刊。

曾朴、徐念慈、黄人于正月在上海创《小说林》杂志。

夏重民三月在日本东京创办《大江七日报》。

刘积学等在日本东京创办《河南》杂志。

黄世仲五月在香港创办《少年报》。

卢靖时任直隶提学使,十一月捐银五千两,建直隶省城图书馆,购置书籍器具等,委托学务公所张秀儒筹办其事。

金雅妹在天津设立医科学校,专事培养中国西医人才。

杨小楼被选入清宫升平署。

曾志忞、高砚耘、冯西雄春在上海开音乐讲习会。

李叔同、曾孝谷、欧阳予倩等组织之春柳社六月在东京演出《黑奴吁天录》,引起强烈反响。

王钟声在马伯相等赞助下,在上海创立春阳社,是为国内第一个职业化新剧剧团。九月,在国内首次演出《黑奴呼天录》。十月,创办通鉴学校,为我国创设专业性戏剧学校之始。

徐一冰自日本大森体育学校毕业归国后,在上海创办我国第一所体育专门学校中国体操学校。

美国传教士林乐知主编之《万国公报》十二月停刊。

按:《万国以报》于1889年2月复刊后至此最后停刊,共刊出227期。该刊多载时事论文、中外重大政治法令、国际条约,兼及教案,于中日战争、维新变法、义和团运动所载甚详,"中东战纪"影响尤巨,颇有史料价值。

法人伯希和再次来华至西北考古发掘,获得大量敦煌文物。伯氏助手、摄影师努哀脱拍下数百幅千佛洞重要文物照片。回国途径北京,罗振玉、王国维、董康、蒋黼等前往观看,始目睹敦煌文物。

英籍匈牙利人斯坦因第二次中亚探险时走访莫高窟,拍摄洞窟壁画。从王圆箓道士手中骗购出自藏经洞的敦煌写本24箱、绢画和丝织品等5箱,并将所得全部交与法国沙畹博士代为考释。

按：樊少泉《最近二十年间中国旧学之进步》曰："敦煌千佛洞石室所藏古写书。石室之开,盖在光绪己亥、庚子之际,然至光绪季年,尚未大显。至戊申岁,斯坦因博士与法国伯希和先后至此,得六朝及隋唐人所写卷子本书各数千卷,及古梵文、古波斯文及突厥回鹘诸古国文字无算,始为我国人所知。其留在石室者尚近万卷,后取归学部所立之京师图书馆。前后复经盗窃,散归私家者亦数千卷。其中佛典居百之九五。其四部书为我国宋以后所久佚者:经部则有未经天宝改字之《古文尚书孔氏传》及陆氏《尚书释文》、糜信《春秋谷梁传解释》、邓氏《论语注》、陆法言《切韵》;史部则有孔衍《春秋后语》、唐时西州沙州诸图经、慧超《往五天竺国传》(以上并伯氏所得);子部则有《老子化胡经》(英法俱有之)、《摩尼教经》(京师图书馆藏一卷、法国一卷、英国亦有残卷,书于佛经之背)、《景教经》(德化李氏藏《志玄安乐经》、《宣元至本经》各一卷、日本富冈氏藏《台神论》一卷、法国国民图书馆藏《景教三威蒙度赞》一卷);集部则有《云谣集杂曲子》及唐人通俗诗小说各若干种(《云谣集》藏伦敦博物馆,通俗诗及小说英法皆有之,德化李氏亦藏有二种);而已逸四部书之不重要者及大藏经论尚不在此数。皆宋元以后所未见也。己酉冬日,罗叔言氏即就伯氏所寄之影本,写为《敦煌石室遗书》,排印行世。越一年,复印行其影本为《石室秘宝》十五种。又十一年癸巳,复刊行《鸣沙石室逸书》十八种。又五年戊午,刊行《鸣沙石室古籍丛残》三十种,及《鸣沙石室佚书续编》四种。又四年辛酉,伯氏复以陆法言《切韵》三种影本寄罗君,未及精印,王静安君先临写一本,石印以行世。故巴黎所藏要书,略皆印行。又京师图书馆所藏《摩尼教经》一卷,罗君亦于辛亥印入《国学丛刊》。其余敦煌佛典及内阁大库书,具在学部图书馆目录。又近时所出金石器物,罗君复拟一一为之结集。其书虽仅成一半,然不可谓非空前绝后之一大事业。"(章太炎、刘师培《中国近三百年学术史论》附录)

俄人科兹洛佐夫率探险队至甘肃黑水古城考古发掘,发现南宋平阳姬家雕印之我国现存最早的木版年画之一《四美人图》。

日人伊东忠太等人分别在中国南部和山东等地考查发掘古代文物。

法国沙畹赴北方考古,时有俄人阿列克提议翻译中国历代正史,以沙畹为主任,事未果。

俄人克柳林主编之俄文报刊《九级浪》八月十四日创刊于哈尔滨。

按：此刊无中文刊名,直译《暴风雪》,出至11月即告停刊,被并入《新生活报》。

德国汉学家欧特曼受派至北京主持中德学校,旋任青岛中德学校教员、青岛德华特别高等学校讲师。

英人努哀脱将所拍摄之数百幅千佛洞重要文物照片,辑为摄影集6卷刊行。

德人宝隆在上海创办同济德文医学校。后更名同济医工学堂,是为同济大学的前身。

美国传教士司徒华伦来华传教。

意大利克罗齐著《黑格尔哲学中的活东西和死东西》。

法国柏格森著《创造进化论》。

美国詹姆斯著《实用主义》提出"真理就是有用,有用就是真理"的公式。

德国李卜克内西著《军国主义和反军国主义》。

俄国列宁著《社会民主党在1905年—1907年俄国第一次俄国第一次革命中的土地纲领》。

荷兰卢伊特森·E. J. 布劳维发表数学论文《论数学基础》。

德国卡尔·埃里希·科伦斯发表论著《根据高级植物的最新实验确定种属遗传》。

高赓恩著《周易大象应大学说》1卷刊行。

陈寿熊著《陈氏易说》4卷、附录1卷刊行。

廖平著《左氏春秋杜注集解辨正》2卷刊行。又著《会典经证》4卷、《伦理约编》1卷成。

姜郁嵩著《孟子说》7卷刊行。

潘任辑《孝经集注》1卷刊行。

皮锡瑞著《书学通论》、《三礼通论》、《春秋通论》刊行。又著《经学通论》5卷成书。

皮锡瑞著《经学历史》1卷初刊。

胡嗣运著《书经问答》8卷刊行。

陈兆奎著《王志》2卷刊行。

陈文新著《养气斋稽经文》1卷刊行。

刘德熏、郭斌、司克熙、周珍、王镇南合译美国巴遮斯《政治学及比较宪法论》由法制经济社刊行。

刘莹泽、朱学曾、董荣光重译美国巴遮斯《政治学与比较宪法》刊行。

徐绍桢著《六书辨》1卷刊行。

戴姜福著《华字原》1卷刊行。

劳乃宣著《简字全谱》1卷、《合声简字谱》刊行。

杨恭恒著《客话本字》1卷成书。

按：是为第一部客家方言专著。民国初,罗蔼其著有《客方言》12卷。

张荫棠译刊《训俗浅言》、《藏俗改良》二书。

杨守敬著《三国郡县表补正》及《三国地图》刊行。

陈去病著《明遗民录》。

陈作霖著《金陵通纪》40卷刊行。

杨复、胡焕合编《浙江藏书楼书目》,分甲乙两编,甲编为古籍,乙编为新书。

罗振玉著《唐风楼藏墓志目录》1卷。

震钧辑《国朝书人辑略》11卷成。

叶德辉辑《观古堂所刊书》刊毕。

章士钊纂《中等国文典》刊行。

苏同著《无耻奴》由开明书店刊行。

按：此书部分述及甲午中日战争,主要是说明平壤之败,一是由于内部倾轧,二是由于一个幕府汉奸的阴谋。

南洋公学译书院译《新译日本法规大全》由商务印书馆刊行,载泽、戴鸿慈、吕海寰、沈家本、袁世凯、端方、岑春煊、盛宣怀、张元济、大隈重信、织田万、高田早苗为之作序。

按：张元济《日本法规大全序》曰："我国变法不能无所师求,师莫若日本。法律之学,探本穷原,非一朝夕之事,欲亟得师,莫若多译东文书,先条件而后理论。"(《日

本法规大全》卷首)

钱恂等纂《日本法规约字》成书。

按：是书专门就商务印书馆刊行之《新译日本法规大全》中的名词加以解释。

梁启超著《国文语原辞》成书。

严复译《法意》第6册由商务印书馆刊行。

蜀魂译马克思、恩格斯《共产党宣言》成，收于社会主义研究所刊行之《社会主义丛书》。

按：是为《共产党宣言》在我国的最早译本。

孙诒让重定《墨子间诂》15卷、《目录》1卷、《附录》1卷、《后语》2卷成书。

按：是夏，孙诒让重新校理《墨子间诂》，为最后写定本，复自记于旧序后曰："此书写定于壬辰、癸巳间，逮甲午夏，属吴门梓人毛翼庭以聚珍版印成三百部，质之通学，颇以为不谬，然多苦其奥衍，浏览率不能终卷。惟吾友黄仲弢学士为详校一过，举正十余事，多精确，亦今之张伯松矣。余亦自续勘，得剩义逾百事。有前误读误释，覆勘始觉之者，咸随时移录别册存之。此书最难读者，莫如《经说》四篇，余前以未见皋文先生《经说解》为憾。一日，得如皋冒鹤亭孝廉广生书云：武进金湜生运判吾祥藏有先生手稿本，急属鹤亭驰书求假录。金君得书，则自校写一本寄赠，得之惊喜累日。余前补定《经下》篇句读，颇自矜为创获，不意张先生已先我得之。其解善谈名理，虽校雠未审，不免望文生义之失，然固有精论，足补正余书之缺误者，金、冒两君惠我为不浅矣。既又从姻戚张文伯孝廉之纲许假得阳湖杨君葆彝《经说校注》，亦间有可取，因与张解并删简补录入册。凡余旧说，与两家有暗合者，皆改从之。盖深喜一得之愚，与前贤冥符遥契，固不敢攘善也。窃谓先秦古子，谊旨深远，如登岳观海，莫能穷其涯涘。毕、王、张、苏诸家于此书研校亦良勤矣，然其偶有不照，为后人所匡正者，不可偻指数。余幸生诸贤之后，得据彼成说以推其未竟之绪。然此书甫成，已有旋觉其误者，则其不自觉而待补正于后人，殆必有倍蓰于是者，其敢傲然以自足耶？甲辰春，取旧写别册散入各卷，增定为此本，并识之，以见疏陋之咎无可自掩，且以希望于后之能校读是书者。光绪丁未四月。"(《孙衣言孙诒让父子年谱》)

吴昌绶著《宋元词集现存卷目》刊行。

王国维著《人间词乙稿》刊行。

王国维著《人间词话》64则刊行。

按：嗣后有人辑有《人间词话删稿》、《人间诗话附录》。论词以"境界"说为中心，论述了关于艺术特征和创作方法的许多问题。以"能写真景物，真感情"，作为"有境界"的"最上"之作。提倡"不隔"，要求言情必沁人心脾，写景必豁人耳目。至其所谓"真感情"，是指先验的"赤子之心"。作者最为欣赏李煜的词，认为最能体现这种"真感情"。他的美学思想受西方叔本华等人影响颇深，对当时文学界颇有影响。

王先谦著《虚受堂书札》2卷刊行。

按：王氏著《王葵园四种》始刊于是，迄1921年刊毕。

况周颐著《笔记五种》刊行。

王闿运著《湘绮楼诗集》14卷刊行。

叶德辉编校《双楳景暗丛书》、《乾嘉诗坛点将录》。

秋瑾著《秋女士诗集》由王芷馥编次刊行，章炳麟为序。

陈作霖著《可园文存》16卷刊行。

王闿运著《湘绮楼诗文集》22卷初刊。

《近世界六十名人》由世界社刊行。

按：该书是在法国巴黎印成后运回国内发行的，为道林纸8开胶版印本。其中有马克思1875年在英国伦敦拍摄的肖像，当时译为"马格斯"，为国内最早印行的马克思像。

鸿文书局刊行《秋风秋雨》。

按：是为有关秋瑾案文献的总集。

重编初小《简明国文》、《简明修身教科书》各8册发行，与《最新国文教科书》相辅而行。

观我斋主人著《罂粟花》25回由东方活版部刊行。

按：是为记载鸦片战争全史的小说。所述史事，始于康熙年间，讫于道光，详述通商原委，故又题《通商原委》。

高尔基著，吴梼译《忧患余生》在《东方杂志》第四年第一期刊载。

按：这是我国最早翻译的高尔基小说。

吴沃尧著《上海游骖录》，连载于《月月小说》。

黄世仲著《廿载繁华梦》刊行。

林纾译英国司各特著《十字军英雄记》、《剑底鸳鸯》小说刊行。

林纾、魏易译《神枢鬼藏录》、《金风铁雨录》、《大食故宫余载》、《滑稽外史》、《花因》、《双孝子中喋血酬恩记》、《爱国二童子传》、《孝女耐儿传》小说刊行。又译美国欧文的《见闻杂记》为《拊掌录》由商务印书馆刊行。

抱器宝主人译法国大仲马著《基督山恩仇记》2册由香港中国日报社刊行。

吴梼从日文转译俄国莱蒙托夫著《银纽碑》，与契诃夫著《黑衣教士》一起辑为《袖珍小说丛书》刊行。

法国大仲马著，伍光建译《侠隐记》（今译《三个火枪手》）由商务印书馆刊行。

按：是为中国白话翻译小说之滥觞。胡适《论短篇小说》说："吾以为近年译西洋小说，当以君朔（即伍光建）所译诸书为第一。君朔所用白话，全非抄袭旧小说的白话，乃是一种特创的白话，最能传达原书的神气。其价值高出林纾百倍。"（《胡适译短篇小说》）

周作人译《红星佚史》由商务印书馆刊行。

麦梅生与德人叶道胜牧师合译俄国托尔斯泰著《托氏宗教小说》由香港礼贤会刊行。

何震辑《曼殊画谱》。

吴嘉善著《翻译小补》由上海商务印书馆刊行。

王国维译丹麦海甫定著《心理学概论》成书。

按：是为西方心理学在中国的第一部译著。

张璐等著《张氏医书七种》由上海书局重刊。

徐大椿著《徐灵胎医学全书》前后集 16 种刊行。

国学保存会辑《国粹丛编》12 种刊行。

按：所刊 12 种书是：《李氏（贽）焚书》、《张苍水全书》、《刘继庄广阳杂记》、《顾亭林肇域志》、《颜氏学记》、《颜习斋年谱》、《吕晚村文集》、《戴褐夫文集》、《李刚主年谱》、《李刚主瘳忘编》、《王昆绳平书》、《全谢山〔编〕续耆旧集》。是年正月第 26 期《国粹学报》有《国粹丛编》出版广告。其曰："本会搜罗佚书遗籍，刊为《国粹丛书》，以发扬幽微。现在已出版二十九种。惟本会经费有限，故每遇重要大部之书，辄无力刊行，坐使珍要巨籍不能早日出版，以贡献于社会。同人每引为咎心。今自丁未年正月起，重定办法，凡大部重要之籍，皆分期出书，每月一册每册八十页内容。书计十二种，颜曰《国粹丛编》，每年十二册。其余小本密要之书，仍照旧刊为《国粹丛书》单行本随时出版发行。如此则巨编小帙皆可陆续刊成，而古人之幽光伟著无隐而勿彰者矣。"

俞樾卒（1821—　）。樾字荫甫，号曲园，浙江德清人。道光三十年进士，改庶吉士，散馆，任翰林院编修。咸丰五年，任河南学政。学以高邮王氏为宗，曾主办浙江书局，讲学杭州诂经精舍三十余年。游其门者，若戴望、黄以周、朱一新、施补华、王诒寿、冯一梅、吴庆坻、吴承志、袁昶等，咸有声于时。所著《群经平议》35 卷、《诸子平议》35 卷、《古书疑义举例》7 卷、《春在堂诗编》20 卷、《春在堂杂文》37 卷、《春在堂尺牍》6 卷、《春在堂词录》3 卷、《春在堂随笔》10 卷、《右台仙馆笔记》16 卷、《茶香室经钞》16 卷、《茶香室丛钞》等，合称《春在堂全书》464 卷。事迹见《清史稿》卷四八二、蔡冠洛《清代七百名人传》第四编、震钧《国朝书人辑略》卷一〇、缪荃孙《清诰授奉直大夫诰封资政大夫重宴鹿鸣翰林院编修俞先生行状》（《续碑传集》卷七五）。

开尔文（威廉·汤姆生）卒（1824—　）。英国物理学家。

季·伊·门捷列夫卒（1834—　）。俄国化学家。

按：俞氏为学宗高邮王氏父子，以正句读，审字义、明通假见称。其《群经平议》等书与王氏父子所著有相似之处，或受其启发，其辨析疑难学句，不乏独到之处。其说经好改字，辨体形，识通假均为其所长，章炳麟受业其门下。《清史稿》本传曰："生平专意著述，先后著书，卷帙繁富，而《群经平议》、《诸子平议》、《古书疑义举例》三书，尤能确守家法，有功经籍。其治经以高邮王念孙，引之父子为宗。谓治经之道，大要在正句读，审字义，通古文假借，三者之中，通假借为尤要。王氏父子所著《经义述闻》，用汉儒'读为'、'读曰'之例者居半，发明故训，是正文字，至为精审。因著《群经平议》，以附《述闻》之后。其《诸子平议》，则仿王氏《读书杂志》而作，校误文，明古义，所得视群经为多。又取九经、诸子举例八十有八，每一条各举数事以见例，使读者习知其例，有所据依，为读古书之一助。樾于诸经皆有纂述，而《易》学为深，所著《易贯》，专发明圣人观象系辞之义。《玩易》五篇，则自出新意，不拘泥先儒之说。复作《艮宦易说》、《卦气值日考》、《续考》、《邵易补原》、《易穷通变化论》、《互体方位说》，皆足证一家之学。晚年所著《茶香室经说》，义多精确。古文不拘宗派，渊然有经籍之光。所作诗，温和典雅，近白居易。工篆、隶。同时如大学士曾国藩、李鸿章，尚书彭玉麟、徐树铭、潘祖荫，咸倾心纳交。日本文士有来执业门下者。"

李端棻卒（1833—　）。端棻字苾园，贵州贵筑人。同治二年进士，选庶吉士，授编修，为大学士倭仁、尚书罗敦衍所器。十年，出督云南学政。

历任学政、内阁学士、刑部侍郎等。光绪二十二年,上疏奏请设立京师大学堂。建藏书楼、仪器院、译书局,开报馆,派游学。戊戌政变起,被革职流放新疆。后赦归,主讲贵州经世学堂。事迹见《清史稿》卷四六四。秋阳著有《李端棻传》(贵州民族出版社2000年版)。

美国传教士林乐知卒(1836——　)。1858年毕业于佐治亚州的爱慕兰学院,同年加入美国监理会。1859年12月启程来华,1860年到上海。1864年至1883年任上海广方言馆教习。曾在江南制造局译书三百九十多部,创办苏州博习书院、上海中西书院、中西女塾。主编《教会新报》(后易名《万国公报》)。译著有《中国在国际间地位》、《中东战纪本末》、《文学兴国策》、《中西关系略论》等。

按:顾长声《从马礼逊到司徒雷登——来华新教传教士评传》说:"林乐知是美国传教士,他在中国以主编《教会新报》和《万国公报》而著名,与中国近代报刊史、近代思想史和近代教育史,都有密切关系。"

雷廷昌卒(1845——　)。样式雷第七代传人。曾与父亲雷思起先后为咸丰、同治、光绪三位皇帝和慈禧太后等兴建陵寝。同治十三年,清廷有修复圆明园之议,雷思起、雷廷昌父子进呈园庭工程图样,五次被召见。雷廷昌曾设计修建东陵普祥峪慈安太后和普陀峪慈禧太后陵寝工程。其后,扩建三海工程、重修颐和园和庆典工程先后踵兴不断,他均躬与其役。"样式雷"声名至其父子两代而更加彰显,为朝廷内外所重。

按:"样式雷"自雷发达、雷金玉、雷声澂、雷家玮、雷家玺、雷家瑞、雷景修、雷思起和雷廷昌一家七代人,在长达二百六十多年的时间内,连续在宫廷担任样式房头目。经雷氏家族设计、承办的大型工程有:故宫三大殿、颐和园、万寿山、玉泉山、香山园庭、热河避暑山庄、昌陵、圆明园东路工程、定陵、惠陵、隆恩殿等建筑。因此,样式雷名声大噪,至雷思起、雷廷昌时,愈益彰盛。

张百熙卒(1847——　)。百熙字埜秋,一作冶秋,号潜斋,湖南长沙人。同治十三年进士,改翰林院庶吉士。光绪二年散馆,授编修。其后先后任山东乡试副考官、山东学政、四川乡试正考官、日讲起居注官、国子监祭酒、江西乡试正考官、广东学政、内阁学士兼礼部侍郎、礼部右侍郎、都察院左都御史、工部尚书、吏部尚书、京师大学堂管学大臣、户部尚书、邮传部尚书等职。曾提倡废科举、兴学校。曾主持京师大学堂、创医学、译学馆、实业馆。卒,赠太子少保,谥文达。著有《张百熙奏议》4卷、《退思轩诗集》6卷、《补遗》1卷。事迹见《清史稿》卷四四三、《清史列传》卷六一、蔡冠洛《清代七百名人传》第一编。

按:《清史稿》本传曰:"京师之有大学堂也,始于中日战后。侍郎李端棻奏请立学,中旨报可,而枢府厌言新政,请缓行。迨戊戌,乃奉严旨,促拟学章,命孙家鼐为管学大臣。及政变,惟大学以萌芽早得不废。许景澄继管学,坐论义和团被诛。两宫西幸,百熙诣行在,以人望被斯任,于是海内欣然望兴学矣。百熙奏加冀州知州吴汝纶五品卿衔,总教大学。汝纶辞不应,百熙具衣冠拜之,汝纶请赴日本察视学务。大学教职员皆自聘,又薪金优厚,忌嫉者众,蜚语浸闻。汝纶返返国,未至京,卒;而百熙所倚以办学者,门人沈兆祉亦受谮构。大学既负时谤,言官奏称本朝定制,部官大率满、汉相维,请更设满大臣主教事,乃增命荣庆为管学大臣。旋别设学务处,以张亨嘉为大学总监督,百熙权益分。始议分建七科大学,又选派诸生游学东西洋。荣庆意不谓可,而百熙持之坚,亲至站送诸生登车。各省之派官费生自此始。值张之洞入觐,命改定学章,及还镇,复命家鼐为管学大臣。凡三管学,百熙位第三矣。百熙拟建分科大学,以绌于赀而止,惟创医学及译学馆、实业馆,遽谢学务。赏黄马褂、紫禁城骑马。后历礼部、户部、邮传部尚书,政务、学务、编纂官制诸大臣。"

陈季同卒(约1851—　)。季同字敬如(一作镜如),号三乘槎客,福建侯官人。同治五年,考入福州船政局附设的求是堂艺局前学堂学习,学堂用法语教学。光绪元年毕业,被船政局录用。同年,随法国人日意格到英法各国参观学习,二年底回国,任教师。三年,随李凤苞率领的首批官派留欧生出国,入法国政治学堂学"公法律例"。后任外交使节,十七年归国。通数国语言,尤精法语。在法国,曾用法文出版《中国人自画像》、《中国戏剧》、《中国故事》、《中国人的快乐》、《黄衫客传奇》、《我的祖国》等著作和译作。

黄绍箕卒(1854—　)。绍箕字仲弢,号鲜庵,浙江瑞安人。黄体芳子。光绪六年进士,改庶吉士,散馆,授翰林院编修。充武英殿纂修。入张之洞幕,师事之。《马关条约》签订时,尝与文廷式等上书抗议。二十一年,参与制定上海强学会章程。二十四年,授翰林院侍读。戊戌政变后,擢左春坊左庶子。京师立大学堂,充总办,出为湖北提学使。三十二年,赴日本考察教育,究心东西邦学制,手订章条。迁侍读学士。历充编书局、译书局监督。著有《鲜庵遗文》1卷。事迹见《清史稿》卷四四四。

萧道管卒(1855—　)。道管字君珮,一字道安,福建侯官人。陈衍妻。工诗文,善书法。著有《说文重文管见》1卷、《列女传集解》10卷、《萧闲堂札记》4卷、《然脂新话》3卷、《道安室杂文》1卷、《戴花平安室遗词》1卷、《萧闲堂遗诗》1卷。事迹见陈衍《先室人行述》(《碑传集三编》卷五〇)。

徐锡麟卒(1873—　)。锡麟字伯荪,号光汉子,浙江山阴人。年少勤学,尤精算术。光绪三十年加入光复会。翌年,与陶成章等创办大通学堂。三十二年,捐资入官,得道员衔,分发安庆。准备与秋瑾等发动皖浙起义,事败被害。事迹见蔡冠洛《清代七百名人传》第六编、章炳麟《徐锡麟陈伯平马宗汉传》(《碑传集补》卷五七)。

秋瑾卒(1875—　)。瑾字璇卿,号竞雄,别署鉴湖女侠、汉侠女儿,浙江山阴人。光绪三十年留学日本。同年创办《白话报》。次年加入光复会和同盟会。三十二年回国,次年在上海创办《中国女报》。后与徐锡麟等准备起义,事败被杀。著有《秋瑾集》。事迹见蔡冠洛《清代七百名人传》第六编、徐自华《鉴湖女侠秋君墓表》(《碑传集补》卷五七)。郭延礼编有《秋瑾年谱》。

欧阳钜源卒(1884—　)。钜源原名淦,字钜源,一作巨元,别署茂苑惜秋生,又署惜秋生等,江苏苏州人。曾助李宝嘉办《绣像小说》,也从事小说、戏曲创作。著有《负曝闲谈》30回。

陈伯平卒(1885—　)。伯平原名师礼,又名渊,字墨峰,又字伯平,以字行,别署白萍、光复子、挽澜女士等,浙江会稽人。光绪二十四年就读于福建武备学堂。二十七年，入福建蒙学新舍。是年，返回绍兴，入石门县学堂肄业。三十一年，入绍兴大通师范学堂，得徐锡麟器重。次年正月，随徐锡麟、马宗汉至日本。六月，赴上海，与秋瑾、尹锐志等组织锐进学社。后协助秋瑾创办《中国女报》，任主笔。在参与徐锡麟安庆起义中殉难。著有《法国女英雄弹词》和小说《女英雄独立传》等。事迹见陶成章《陈伯平传》（《浙案纪略》中卷）。

金仲华（ —1968）、齐燕铭（ —1978）生。

光绪三十四年　戊申　1908年

保加利亚王国独立。

奥匈帝国吞并波斯尼亚—黑塞哥维那。

正月十六日壬寅（2月17日），清廷颁布银行通行则例、储蓄银行则例。

是月，发布集会结社条例。

二月二十五日辛巳（3月27日），黄兴组织钦州、廉州、上思起义。

三月二十七日壬子（4月27日），农工部奏准，于京师创办自来水公司。

四月初一日乙卯（4月30日），黄明堂、王和顺发起云南河口起义。

五月初八日壬辰（6月6日），粤省绅商派代表赴京呈递国会请愿书。国会请愿运动开始。

是月，改京师大学堂优级师范科为京师优级师范学堂，奏派陈问咸为监督。

按：京师优级师范学堂的设立，是中国高等师范学校独立设置的开始。十月，京师优级师范学堂举行开学典礼，学部大臣张之洞及左侍郎严修、右侍郎宝熙等均出席。张之洞发示训辞："师范教育，是为一切教育发源处，而京师优级师范，为全国教育之标准。故京师师范，若众星之拱北斗，而北斗光细，则众星带不辨其为北斗矣。是以京师师范关系重大，惟望诸君子善体此义，勉学勿怠。膺此重寄，期为他日之一师表云。"（《京师优级师范学堂毕业礼》，朱有瓛《中国近代学制史料》第二辑下册）1924年，京师优级师范学堂改为北京师范大学。

西藏设汉文传习所及陆军小学堂，蒙古设蒙古小学堂。

六月初六日庚申（7月4日），学部奏准，于京师设立女子师范学堂。派傅增湘为总理。

初十日甲子（7月8日），由溥伦、孙家鼐等会同军机处拟订资政院院章成。

二十四日戊寅（7月22日），宪政编查馆、资政院会奏《各省咨议局章程及议员选举章程》。命各省一年内设立咨议局。

按：《清史稿·选举志八》曰："是月，宪政编查馆会同资政院拟订各省谘议局章程,并议员选举章程。奏言:'立宪政体之要义,在予人民以与闻政事之权,而使为行政官吏之监察。东、西立宪各国,虽国体不同,法制各异,无不设立议院,使人民选举议员,代表舆论。是以上下之情通,睽隔之弊少。中国向无议院之说,今议倡设,人多视为创举。不知虞廷之明目达聪,大禹之建鞀设铎,洪范之谋及庶人,周官之询于外朝,古昔盛时,无不广采舆论,以为行政之准则,特未有议院之制度耳。今将创设议院,若不严定规则,事为之制,曲为之防,流弊不可胜言。中国地大民众,分省而治。各省之政,主于督、抚,与各国地方之治直接国都者不同。而郡县之制,异于封建,督、抚事事受命于朝廷,亦与各国联邦之各为法制者不同。谘议局为地方自治与中央集权之枢纽,必使下足衷集一省之舆论,上仍无妨国家统一之大权。此日各省谘议局办法,必须与异日京师议院办法有相成而无相悖。谨仰体圣训,博考各国立法之意,兼采外省所拟章程,参伍折衷,拟订各省谘议局章程,别为选举章程一百十五条,候钦定颁行。'诏饬各督、抚迅速举办,实力奉行,限一年内一律办齐。并谕曰:'朝廷轸念民依,使国民与闻政事。先于各省设谘议局,以资历练。凡我士庶,当共体时艰,同摅忠爱。于地方应兴应革之利弊,切实指陈。于国民应尽之义务,应循之秩序,竭诚践守。各督、抚当本集思广益之怀,行好恶同民之政,虚衷审察,惟善是从。至选举议员,尤宜督率有司,认真监督,精择慎选。宪政编查馆、资政院迅将君主立宪大纲,暨议院选举各法,择要编辑。并将议院未开以前应筹备各事,分期拟议具奏。俟亲裁后,即将开设议院年限,钦定宣布。'"

二十七日辛巳(7月25日),法部主事陈景仁奏请定三年内开国会,并革侍郎于式枚之职以谢天下。清廷将陈景仁革职看管。

按:《清史稿·于式枚传》曰:"时新党要求实行立宪,召集国会日亟。式枚上言:'臣遍考东西历史,参校同异,大抵中法皆定自上而下奉行,西法则定自下而上遵守。惟日本宪法,则纂自日臣伊藤博文,虽西国之名词,仍东洋之性质。其采取则普鲁士为多,其本原则德君臣所定,名为钦定宪法。夫国所以立曰政,政所以行曰权,权所归即利所在。定于一则无非分之想,散于众则有竞进之心。行之而善,则为日本之维新;行之不善,则为法国之革命。法国当屡世苛虐之后,民困已深,欲以立宪救亡,而适促其乱。日本当尊王倾幕之时,本由民力,故以立宪为报,而犹缓其期。中国名义最重,政治最宽,国体尊严,人情安习,既无法国之怨毒,又非日本之改造。皇上俯顺舆情,迭降谕旨,分定年期,自宜互相奋勉,静待推行。岂容欲速等于取偿,求治同于论价?至敢言监督朝廷,推倒政府,煽动浮言,几同乱党。欲图补救之策,惟在朝廷举错一秉至公,不稍予以指摘之端,自无从为煽惑之计。至东南各省疆吏,当慎择有风力、知大体者镇慑之。当十年预备之期,为大局安危所系。日皇所谓组织权限,为朕亲裁,德相所谓法定于君,非民可解。故必正名定分,然后措正施行。臣滥膺考察,断不敢附会时趋,贻误国家,得罪名教。'章下所司。寻调吏部侍郎。上海政闻社法部主事陈景仁等电请定三年内开国会,罢式枚谢天下,严旨申饬,褫景仁职。"

是月,资政院奏言:"立宪国之有议院,所以代表民情,议员多由人民公举。凡立法及豫算、决算,必经议院协赞,方足启国人信服之心。《大学》云:'民之所好好之,民之所恶恶之。'《孟子》云:'所欲与聚,所恶勿施。'又云:'乐以天下,忧以天下。'皆此理也。昔先哲王致万民于外朝,而询国危国迁,实开各国议院之先声。日本豫备立宪,于明治四年设左、右院,七年开地方会议,八年立元老院,二十三年遂颁宪法而开国会。所以筹立议院之基者至详且备。谨旁考各国成规，撰以中国情势，酌拟院章目次，凡十章。先拟就总纲、选举二章呈览。"报可(《清史稿·选举志八》)。

七月十五日戊戌(8月11日)[...]代表赴京请愿。

十七日庚子(8月13日)[...]清廷命各省查禁政闻社，捉拿社员。

十九日壬寅(8月15日)[...]学部奏准，明年开办分科大学，设经学、法政、文学、医科、格致、农科、[...]科、商科八科。又令各省，限两年内，每府设中等实业学堂一所，每州县[...]初等实业学堂一所。

八月初一日甲寅(8月[...]日)，宪政编查馆、资政院王大臣奕劻、溥伦等进呈宪法、议院选举各[...]，及议院未开以前逐年应行筹备事宜。

按：《清史稿·选举志八》[...]："八月，宪政编查馆、资政院会奏遵拟宪法议院选举法纲要，暨议院未开以前逐[...]筹备事宜。自本年起，分九年筹备。其关于选举议员者，第一年各省筹办谘议局，[...]年举行谘议局选举，各省一律成立，颁布资政院章程，举行资政院选举。第三年[...]资政院议员举行开院。第九年始宣布宪法，颁布议院法，暨上、下议院议员选举法[...]上、下议员议员选举。谕令京、外各衙门依限举办。"

二十七日庚辰(9月22日)，清廷颁布《钦定[...]纲》，定预备立宪期限为九年。

按：是为清政府颁布的中国历史上第一部宪法性文件。共计23条，[...]上大权"和"臣民权利义务"两部分构成。《钦定宪法大纲》内容：一、大清皇帝统治[...]国万世一系，永永尊戴。二、君上神圣尊严，不可侵犯。三、钦定颁行法律及发交议案之权。凡法律虽经议院议决，未奉诏令批准颁布者，不能见诸施行。四、召集、开闭、停展及解散议院之权。解散之时，即令国民重行选举新议员，其被解散之旧员，即与齐民无异，倘有抗违，量其情节以相当之法律处治。五、设官制禄及黜陟百司之权。用人之权，操之君上，而大臣辅弼之，议院不得干预。六、统率陆海军及编定军制之权。君上调遣全国军队，制定常备兵额，得以全权执行。凡一切军事，皆非议员所得干预。七、宣战、讲和、订立条约及派遣使臣与认受使臣之权。国交之事，由君上亲裁，不付议院议决。八、宣告戒严之权。当紧急时，得以诏令限制臣民之自由。九、爵赏及恩赦之权。恩出自君上，非臣下所得擅专。十、总揽司法权。委任审判衙门，遵钦定法律行之，不以诏令随时更改。司法之权，操诸君上，审判官由本君上委任，代行司法，不以诏令随时更改者，案件关系至重，故必以已经钦定法律为准，免涉分歧。十一、发命令及使发命令之权。惟已定之法律，非交议院协赞奏经钦定时，不以命令更改废止。法律为君上实行司法权之用，命令为君上实行行政权之用，两权分立，故不以命令改废法律。十二、在议院闭会时，遇有紧急之事，得发代法律之诏令，并得以诏令筹措必需之财用。惟至次年会期，须交议院协议。十三、皇室经费，应由君上制定常额，自国库提支，议院不得置议。十四、皇室大典，应由君上督率皇族及特派大臣议定，议院不得干预。附"臣民权利义务"(其细目当于宪法起草时酌定)：一、臣民中有合于法律命令所定资格者，得为文武官吏及议员。二、臣民于法律范围以内，所有言论、著作、出版及集会、结社等事，均准其自由。三、臣民非按照法律所定，不加以逮捕、监禁、处罚。四、臣民可以请法官审判其呈诉之案件。五、臣民应专受法律所定审判衙门之审判。六、臣民之财产及居住，无故不加侵扰。七、臣民按照法律所定，有纳税、当兵之义务。八、臣民现完之赋税，非经新定法律更改，悉仍照旧输纳。九、臣民有遵守国家法律之义务（许崇德主编《中国宪法参考资料选编》）。

九月二十日壬寅（10月14日），达赖喇嘛于仁寿殿觐见。

十月初十日壬戌（11月3日），清廷加封十三世达赖喇嘛"诚顺赞化西天大善自在佛"。

是月，清廷电政局襄办周万鹏与日本外务省次官石井菊次郎、政务局长仓知铁吉在日本东京签订有关双方联合安装中国辽东半岛南部"关东省"某处至山东烟台之间海中电报线及有关中国东北南满铁路境外电报线管理的条约。

二十一日癸酉（11月14日），光绪帝逝于瀛台涵元殿。以溥仪为嗣皇帝，载沣以摄政王监国。

二十二日甲戌（11月15日），慈禧太后病逝。

三十日壬午（11月19日），安庆熊成基起义，旋失败。

十一月初九日辛卯（12月2日），宣统帝溥仪即位，定明年为宣统元年。

初十日壬辰（12月3日），清廷宣布立宪预备，仍以宣统八年（1916）为限。

十二月初十日辛酉（1909年1月1日），清廷颁布调查户口章程。

十八日庚午（1月9日），学部奏《编国民必读课本简易识字课本大概情形折》。

按：学部奏编《国民必读》、《简易识字课本》获准。陈宝泉等编《国民必读课本》2种，高步瀛等编《简易识字课本》3种，平远编《国民必读经证释义》，张景山编《识字教授书》等，但书未成。是为正式民众读物之始。

二十七日戊寅（1月18日），清廷颁布城镇乡地方自治章程。

是年，浙江举行出洋留学考试，允许女生应考。

御史俾寿请特开制科，政务处大臣议以"孝廉方正、直言极谏两科，皆无实际，惟博学鸿词科，康熙、乾隆间两次举行，得人称盛。际兹文学渐微，保存国粹，实为今日急务。应下学部筹议"。时方诏各省征召耆儒硕彦。湖南举人王闿运被荐，授翰林检讨。两江、安徽相继荐举王耕心、孙葆田、程朝仪、吴传绮、姚永朴、姚永概、冯澂等。部议以诸人覃研经史，合于词科之选，俟章程议定，陈请举行。未几，德宗崩，遂寝（《清史稿·选举志四》）。

新疆、甘肃出土大批汉晋木简。

按：董作宾《罗雪堂先生传略》曰："光绪戊申，西陲出汉晋古简千余，为斯坦因所得。斯氏请法儒沙畹教授为之改证，书成寄先生。先生乃分为三类与王静安氏任改证，先生撰《小学术数方技书》、《简牍遗文》各一卷；王氏成《屯戍丛残改释》，合而成《流沙坠简》三卷。是书行世，影响于学术界甚大。"（罗振玉《雪堂自述》附）

美国国会参、众两院联合决议，同意"退还"庚子赔款半数，作为中国派学生赴美该留学之用，并在北京开设预备学校（即清华学校）。

按：对于美国要退回的庚子赔款，徐世昌主张用于开发东北，袁世凯主张用于实业，而梁敦彦主张办学堂，并与美国公使柔克义谈判达成协议，除一部分退款用作送中国留美先修班外，还用此款开办清华大学。清政府自1909年起每年派遣赴美留学生100名。1923年起，英国、法国、日本、意大利、比利时、荷兰等国相继仿效，利用退还庚款在中国举办各类学校。

德国闵可夫斯基提出狭义相对论的四维空间形式表示法。

德国普朗克提出的动是统一定义，奠定相对论性力学，肯定质能关系普遍成立。

德国弗里茨·哈伯完成氨合成法。

孙中山三月离河内，经西贡往新加坡筹款。四月，派人在仰光建立同盟会分会。七月，为日人池亨吉所著《支那革命实见记》作序。秋，在新加坡设立同盟会南洋支部，统一领导南洋各埠同盟会分会及通信处。九至十月，在新加坡《中兴日报》连续发表批判保皇党。十二月，离槟榔屿，再赴欧美各国筹款。

康有为撰写《人境庐诗序》、《梁启超写南海先生诗集序》、《朱九江先生佚文序》。是冬，撰《金主币救国论》，认为中国不变银主币为金主币，必将被各国吸尽血膏而民困财枯。

梁启超组织之政闻社本部正月返上海，由总务员马相伯及徐佛苏主持。夏，致书康有为，商办《大江日报》、法政大学及暑期法政讲习班诸事。七月，清廷令查禁政闻社。十月，《新民丛报》停刊，共出96期。秋冬间，与康有为积极从事倒袁世凯运动。是年，作有《中国国会制度私议》、《中国古代币材考》等文。

袁世凯十一月加太子太保衔。十二月，革军机大臣、外务部尚书职，命开缺回籍，至车站送行者仅杨度、严修数人，袁氏不胜感慨。

张之洞六月仍管理学部事务，兼充督办粤汉铁路大臣。十一月，赏太子太保衔。十二月，任兼办鄂境川汉铁路大臣。是年，与端方商购常塾瞿氏铁琴铜剑楼藏书备京师图书馆储藏，未果。

端方九月奏准于江宁省城创立图书馆。十一月，奏于江宁省城开设南洋第一次劝业会，自任会长，郑孝胥为副会长。是年，又创办两江法政学堂、南洋高等商业学堂。

按：江南图书馆建立后，缪荃孙编有《江南图书馆善本书目》，开公共图书馆编写善本书目之先。

章炳麟复任《民报》总编辑兼社长，发表《驳中国用万国新语说》，与巴黎《新世纪》编撰者就汉语言文字改革问题展开论战。

按：《新世纪》系留法中国学生持无政府主义政见者主撰的刊物，是年配合世界语的宣传，力倡废除汉字汉语。该刊主持人是吴稚晖。章氏作《驳中国用万国新语说》，力辟吴稚晖指责汉字汉语"野蛮"、"低效率"，是科学进化与世界大同的障碍说法之无据，力辩"人事有不齐，故言语文字也不可齐"。《驳中国用万国新语说》曰："巴黎留学生相集作《新世纪》，谓中国当废汉文，而用万国新语。盖季世学者，好尚奇觚，震慑于白人侈大之言，外务名誉，不暇问其中失所在，非独万国新语一端而已。其所执守，以象形字为未开化人所用，合音字为既开化人所用。且谓汉文纷杂，非有准则，不能视形而知其字，故当以万国新语代之。……必欲尽废汉文，而用万国新语者，其谬则有二事：一、若欲统一语言，故尽用其语者，欧洲诸族，因与原语无大差违，习之自为径易。其在汉土，排列先后之异，纽母繁简之殊，韵部多寡之分，器物有无之别，两相径庭。此其荦荦大者，强为转变，欲其调达如簧，固不能矣。乃夫丘里之言,偏冒众有,人情互异,虽欲转变无由。杜尔斯兑氏言:中国'道'字,他方任用何文,皆不能译。夫不能译者,非绝无拟议之词也。要之,封域大小,意趣浅深,必不能以密切。猥用彼语以相比况,将何以宣达职志,条鬯性情?二、若谓象形不便,故但用其音者,文明野蛮,吾所不论,然言语文字者,所以为别,声繁则易为别而为优,声简则难为别而为劣……(汉语)计纽及韵,可得五十余字,其视万国新语以二十八字母含孕诸声者,繁简相去,至悬远也。"(《章太炎学术年谱》)

章炳麟五月复书孙诒让,请劝刘师培弗争意气,勉治经术。又在《民报》刊载《博征海内方言告白》。六月,江西留日学生在日创刊《江西》杂志,首有章氏题字。八月,撰《庱宪废疾》六条,批评《钦定宪法大纲》。是年三月至十月,在日为许寿裳、朱宗莱、朱希祖、鲁迅、周作人、黄侃、钱玄同、钱家治等讲授《说文解字》、《尔雅义疏》、《广雅疏证》及《六书音韵表》、《四声切韵表》等书。于弟子中最推黄侃。

按:许寿裳《纪念先师章太炎先生》曰:"先师讲段氏《说文解字注》、郝氏《尔雅义疏》等,精力过人,逐字讲解,滔滔不绝,或则阐明语原,或则推见本字,或则旁证以各处方言,以故新谊创见层出不穷。即有时随便谈天,亦复诙谐间作,妙语解颐。自八时至正午,历四小时毫无休息,真所谓默而识之,学而不厌,诲人不倦。其《新方言》及《小学答问》二书,皆于此时著成。即其体大思精之《文始》,初稿亦权舆于此。……凡所诠释,形、音、义三皆得俞脉,豁然贯通。此先师语言文字学之成就,所以超轶清代诸儒。"(《制言》第25期)

章炳麟在《民报》第十九号上发表《与马良书》,痛斥立宪派;在第二十一号上发表《排满平议》、《驳神我宪政说》;在第二十四号上发表《代议然否论》,批判清政府的假立宪,批判议会制度。

章炳麟撰《新方言》在《国粹学报》上刊毕。又作《古双声说》、《梵文典序》及《孙诒让传》、《俞先生传》等刊载于《国粹学报》。

章炳麟主持的《民报》十月二十日被日本政府下令封禁,当即写有抗议书。二十四日,日本高桥孝之助欲收购《民报》。二十五日,与黄兴、宋教仁等商议,决定将《民报》社迁往他国,并起诉日本当局。十一月二十六日,东京地方法院开庭审讯《民报》,章氏在法庭作辩护。十二月十二日,东京地方法院宣判禁止《民报》出版,章氏被罚款115日元。

王先谦六月以进呈所著《尚书孔传参正》、《汉书补注》、《荀子集解》、《日本源流考》,赏给内阁学士衔。

王闿运三月以湛深学术赐检讨。

刘师培主持《天义报》,一月十五日发表民鸣译恩格斯《〈共产党宣言〉1888年英文版序言》,并为译文作《跋》。三月十二日,社会主义讲习会(此时已改名"齐民社")集会,为该刊作《发刊词》。

刘师培在日本与章炳麟同宅而居,彼此生隙,遂与章炳麟绝交。苏曼殊从中说合,刘氏又迁怒于苏曼殊。

刘师培四月十八日在齐民社为抵制日货运动集会上发表讲演。二十五日,指使他人伪造《炳麟启事》,刊于上海《神州日报》,启事称"闭门却扫,研精释典,不日即延高僧剃度,超出凡尘"。五月三日,章炳麟致函孙诒让,请其调解与刘师培矛盾,书未至而孙氏已故。章炳麟在《民报》第21期上发表《特别广告》,声称四月二十五日有一方名印失窃,并否认《炳麟启事》出其手笔。

刘师培将《天义报》半月刊停刊,改出《衡报》,托名在澳门出版。十月,《衡报》出至十一号被日本政府查禁。十一月,刘师培、何震、汪公权回国。

按:至此,以社会主义讲习会和《天义报》半月刊为依托的东京无政府主义派别不复存在。

苏曼殊译歌德《题〈沙恭达罗〉》和拜伦《星耶峰耶俱无生》,撰《文学因缘》序言。与章炳麟合撰《儆告十方佛弟子启》、《告宰官白衣启》,欲入真宗大学师从南条博士,未果。九月十三日,应杨文会邀,抵南京祗洹精舍任金陵梵文学堂英文教师,与李世由、陈三立同事。与夏曾佑会晤。

郑孝胥等主持之预备立宪公会二月创刊《预备立宪公会报》。五月二十九日,预备立宪公会致电宪政编查馆要求速开国会,以两年为限,汤寿潜在电文中增加"时不待我,敌不待我"八字。

汤寿潜与张謇等人以预备立宪公会名义,电邀全国各省立宪团体,采取统一步调,赴京请愿,以敦促清廷早日召开国会,并派人赴各省联络发动。七月二十八日,各地代表聚集杭州开会,会上推举叶景葵、邵义等为赴京请愿代表,通过由汤寿潜主稿的《国会请愿书》。请愿书由归安籍前吏部侍郎朱祖谋领衔、全省8000多绅民签名,要求速开国会。

杨度二月初十日在长沙英文专科学校演说德育问题。与久通公司经理人梁焕奎兄弟在长沙组设湖南华昌炼矿公司,经湖南巡抚部院批准立案。三月二十日,因张之洞、袁世凯联名奏保,谕著四品京堂候补,在宪政编查馆行走。嗣又由袁世凯荐至颐和园为西太后及皇族亲贵讲授立宪。

杨度五月下旬联络清宗室在京成立宪政公会北京支部。七月初六日,赞助湖南廖名缙、易宗夔等四位来京请愿代表,于是日向都察院递进第二次请愿国会书。八月,以宪政公会常务委员长名义,公开发表《布告宪政公会文》,解释上月清廷颁布的《钦定宪法大纲》和《九年预备事宜年表》。

罗振玉相继任殿试襄校官、学部考试襄校官。冬,奏属参事官。是年,始访知甲骨确切出土地是河南安阳小屯村。又言于张之洞,保存内阁大库档案。成《俑庐日札》(刊《国萃学报》第五卷1—10号),录近三年金石见闻。

按:董作宾《罗雪堂先生传略》曰:"戊申冬,清德宗即位,令内阁于大库阁检回初时摄政典礼旧档,阁臣检之不得,因奏库中无用旧档太多,请焚毁,得旨允行。翰苑诸臣,因至大库求其本人及清代名人试策,偶于残策中得宋人玉牒写本残页宁海章梫以此影印分呈张文襄及荣庆,先生因知大库藏书尚多,力请文襄整理保存归学部;允之,文襄具奏,奏中且言片纸只字不得遗弃。委刘启瑞、曹元中二人同整理,并面谕先生时至内阁相助。至是大库所存无数重要史稿,经先生悉力以争,得免毁灭。后十年,又几有造纸之厄,先生复购存之,乃得留于今世。"(罗振玉《雪堂自述》附)

王国维五月校《片玉词》。八月，撰《词录》及《词录序例》，搜集词目，自宋迄元，存佚并录，且作考订。撰《词林万选跋》。十一月，在《国粹学报》刊出《人间词话》前21则，提出"境界"说。手录明抄本《录鬼簿》，并作《跋》。作《古代名家画册叙》。十二月，撰《曲品新传奇品跋》。

盛宣怀合并大冶铁山、汉阳制铁厂、萍乡煤矿，组织汉冶萍厂矿公司。

严复应学部尚书荣庆聘，为审定名词馆总纂，在职凡三年。女学生吕碧城请讲名学，严复把英人耶方斯的《名学浅说》边译边讲，两个月成书出版。是年评点王安石诗。

陶成章是春作函介绍王文庆入浙，至各府联络，并改名何志善，偕张伟文赴青岛，与商起予、臧辉熙、吕建侯、刘冠三等组织震旦公学，仿照大通学堂办法，功课专尚武备。

陶成章八月赴南洋群岛筹划经费，改名唐继高，携带章炳麟所印《民报》股票数百张前往。抵新加坡后，参加与保皇会所办《南洋总汇新报》的论战。是年作《浙案纪略》。

陶成章于《民报》第十八号起，即刊录《桑忞遗征》，以宋、明忠臣义士之事迹鼓吹排满。至二十三号，共辑有《钱谦益致瞿文忠公蜡丸书》、《陈鉴哭卧子陈公文》、《刘均杨娥传》、《陈卧子报夏文忠公书》、《陈卧子徐公靖公殉节书卷序》、《陈卧子袁烈妇传》、《陈卧子玄丝传》、《陈卧子皇明殉节光禄大夫太子太保吏部尚书虞求徐公行状》、《夏存古大哀赋》。

陈去病正月于杭州会葬秋瑾于西湖岳飞墓东侧，建议组织"秋社"，作《秋社启》。旋赴绍兴府学堂任教，联络越中革命党人组织"匡社"。四月赴杭州，祭扫张煌言墓。六月，与徐自华等人发起于西湖举行秋瑾遇难周年祭。又南下广东，主汕头《中华新报》笔政，旋赴香港会革命党人组织起义。

黄明堂、王和顺、关仁甫等在云南河口发动起义。谭人凤割须改装，前往参加，至，则起义又失败。黄兴、谭人凤、胡汉民、汪精卫、田桐、刘揆一等遭清廷通缉。

孙家鼐改武英殿大学士、政务大臣，任资政院总裁。

孙诒让卒后，翰林院侍读吴士鉴奏准，事迹宣付史馆，列入《儒林传》。章炳麟是冬为孙诒让作别传。

陈三立与汤寿潜共同发起组织中国商办铁路公司。曾撰文发表于八月初五日《神州日报》，鼓吹提倡佛教。

于式枚五月以考察宪政大臣奏宪法自在中国，不须求之外洋。九月，奏考察德国宪法成立情形及普鲁士宪法解释评要。时新党要求实行立宪，召集国会日亟。式枚上言反对。上海政闻社法部主事陈景仁等电请定三年内开国会，罢于式枚以谢天下，陈景仁被褫职。

蔡元培是秋迁往莱比锡，进莱比锡大学习哲学、心理学、文明史、文学史、美术史等。

徐世昌五月奏于奉天设立讲武堂、宪兵学堂。八月，奏准设立吉林实业学堂及法政学堂。

鲁迅在《河南》杂志第五期发表《科学史教篇》，认为社会的改革和进步，实则多缘科学之进步。又作《文化偏至论》。是年，在日本东京开始编译《域外小说集》。

伍连德归国任天津陆军学校副监督，继以四个月防御东北鼠疫成功，获俄国沙皇和法国总统勋章。

杨王鹏、钟琦等十一月将六月成立的湖北军队同盟会改组为群治学社，以研究学识，讲求自治，促睡狮之猛醒，挽既倒之狂澜为宗旨。

劳乃宣四月以四品京师堂候补在宪政编查馆行走。五月向慈禧建议推广简字（汉语拼音字母），八月进呈《简字谱录》。

按：劳乃宣《进呈简字谱录折》曰："是故今日欲救中国，非教育普及不可；欲教育普及，非有易识之字不可；欲为易识之字，非拼音之法不可。"（劳乃宣《合声简字》，文字改革出版社1958年版）

张伯苓八月作为直隶代表赴美国参加世界第四次渔业大会，会后顺路考察欧美教育发展情况。其时，英国伦敦正举行第四届奥运会，张伯苓成为亲临现场观摩奥运会的第一个中国人。

按：1912年，张伯苓发起组织远东业余运动协会和远东运动会，从而与国际奥委会发生了最早联系。1932年7月，第十届奥运会在美国洛杉矶举行，因南京政府不派代表团参加，张伯苓遂以中华全国体育协进会的名义出面筹款，资助中国运动员刘长春和教练宋君复与会。

梅贻琦、张彭春、喻传鉴等32人毕业于张伯苓创办的南开中学。是该中学第一届毕业生。

辜鸿铭撰《上德宗景皇帝条陈时事书》，全面阐述保守主张。旋晋升外务部郎中，擢左丞。

黄炎培继任浦江中学校长。浦东中学校董杨斯盛病逝。临殁，捐基金十二万两给浦东中学。撰《杨斯盛先生言行记》，送各报馆及有关各县修志局。

李家驹二月为考察宪政大臣。

马君武考入德国柏林工业大学，学习冶金专业。利用课余时间译书寄回上海中华书局出版，有《平面几何学》、《矿物学》等。

张元济是年起组织编校《辞源》，历时八年而竣事。

按：在张元济主持下，商务印书馆编辑出版了一大批工具书。1915年，中国第一部新式辞书《辞源》问世，开创了中国现代工具书的出版先河。

喻长霖六月任京师大学堂庶务提调。

蒲殿俊是秋离日归国，任司法部主事兼宪政编查馆行走。

钱玄同在日以从章炳麟问学，始识鲁迅、周作人等。

傅增湘六月任京师女子师范学堂总理。九月，为直隶提学使。

梁如浩授外务部右参议，复迁升外务部右丞兼署奉天左参赞。

唐绍仪为大清赴美专使兼考察财政大臣。

沈增植正月为安徽提学使。

马一浮移居杭州永福寺研究诗词曲赋，作有《元钟继先录鬼簿跋》、《曲苑珠英序》和自撰曲《清冷序》，以"圣湖居士"笔名登于《民报》。

黄宗仰始延揽人才在上海犹太人哈同花园频伽精舍校刊《大藏经》，历五年告成。

梁漱溟结识郭人麟。

黄节是春在粤，二月过番禺新汀屈大均故里，作诗以吊之。受聘于两广优级师范，主讲国学。七月，赴沪，旋游杭州西湖，谒张煌言墓，吊岳飞坟。

韩国钧因闽浙制军松寿荐举，奉旨送部引见两宫。由广东启程，抵京，慈禧、光绪先后亡故，未果。

熊十力返回黄冈，改名周定中，在百福寺白石书院孔庙教书，旋又至马鞍山的黄龙岩教书。

夏曾佑署理安徽广德知州。因立宪不成，遂致力于佛学研究，与沈增植、张尔田等谈禅论佛，终日不倦。

李光炯应云贵总督李经羲之聘，赴云南参其幕府，主持教育。在云南期间，实施实业教育，设立矿校，全省男女学校一律增开蚕桑课，兴办师范学校，选拔贤能教师留学深造等，皆有益于云南之教育与政治。

八指头陀为天童寺住持。年初在宁波筹办僧教育会，被推为会长，首先在宁波创办僧众小学、民众小学，为中国佛教办学之始。

欧阳竟无进入南京祇洹精舍专习唯识之学。精舍旋因经费不继停办，遂回乡与友人李证刚等创办农场，又大病濒死。于是决心舍身为法，再赴金陵，依止杨文会，自此终身从事佛学研究及弘法事业。

马相伯因政闻社返回上海，不久解散。返回徐家汇，但常应社会各界邀请，外出演说。

吴梅冬作《北泾种树行》诗及《六也曲谱叙》。

邹代钧编绘《江苏全省舆图》，甫脱稿，即病逝于武昌。

丁惟汾被选为第一届国会众议员。

蒋方震仍在德国学习军事。

钱恂改为出使意大利大臣。

张榕越狱，逃亡日本，易名黄仁葆，加入同盟会。

杨树达考入东京第一高等学校预科。

张季鸾回国，执教关中高等学堂。

胡尔霖是年有《拟上学部条陈》，建议普及农村教育。

王式通充学部咨议官。

章鸿钊入东京帝国大学理学院，专攻地质。回国后，任南京临时政府实业部矿政司地质科科长。

丁福保赴上海任自新医院监院。

陈垣等创建广州光华医学院，并在医学院学习。是年暑假，与苏曼殊兄苏墨斋第一次东渡日本寻访古代医书。

按：陈垣在医学院学习期间，在该院《医学卫生报》发表了《张仲景像题词》、《说诊脉》、《王勋臣像题词》、《说肾》、《孔子之卫生学》、《为虎列拉答读者问》、《论江督考试医生》、《长命术》、《日本德川季世之医事教育》、《黄绰卿像题词》、《跋阮元引痘诗》、《牛痘入中国考略》、《洗冤录略史》、《释医院》、《肺痨病传染之古说》等医学论文。

何海鸣由詹大悲推荐，任汉口绅商所办军事补习学校国文教员和军操教习。十一月，加入群治学社。

黄宾虹与邓实等于上海创办神州国光社，原以影印金石书画册籍为业，曾设分局于北京海王村公园，专售珂罗版影印书画册籍。

俞同奎主持中国化学会欧洲支会第一次年会于七月二十七日在伦敦召开。会议决定出版中国化学会欧洲支会季报，编辑英华、法华、德华词典，讨论编译化学教科书、振兴国内化学事业诸问题。

黄德章自日本留学归国，参加归国留学生考试，列最优等，赐法科进士，廷试中名列第一，授翰林院编修。

朱献文参加归国留学生考试，列最优等，赐法科进士，廷试中列一等，授翰林院检讨。

屠振鹏由东京第一高等学校升入东京帝国大学法科大学政治学专业学习。

冯祖荀由东京第一高等学校升入京都帝国大学工科大学学习。

景定成由东京第一高等学校升入东京帝国大学理科大学化学专业学习，在日本创办《晋乘》。

王桐龄由东京第一高等学校升入东京帝国大学文科大学史学科，获文学学士学位。

吴宗栻由东京第一高等学校升入东京帝国大学农科大学农艺化学专业选科，1912年毕业。

王舜臣由东京第一高等学校升入东京帝国大学农科大学农学专业选科，1912年毕业。

朱炳文入东京帝国大学农科大学农艺化学专业选科。

顾德邻参加学部举办的留学生考试，列最优等，赐法科进士。在第二届廷试留学毕业生中列一等，以主事按所学科目分部录用。

苏振潼由东京第一高等学校升入东京帝国大学理科大学理论物理专业，回国后曾任北京大学物理系讲师。

成巂入东京帝国大学农科大学农艺化学专业选科，1912年毕业。

黄艺锡由东京第一高等学校升入东京帝国大学农科大学农艺化学专业选科。

席聘臣由东京第一高等学校第一部毕业后入京都帝国大学政治学专业学习。

王曾宪由东京第一高等学校升入东京帝国大学医科大学医学专业本科。

施恩曦由东京第一高等学校升入东京帝国大学工科大学土木工程专

业。1912年毕业,于留学生甄别考试中获工科甲等。

丁文江报考英国伦敦大学医科,未录取。后考入格拉斯哥大学,主修动物学、地质学。

梁诚率领广东地方自治研究社社员进京请愿,要求及早立宪。

夏丏尊应聘为浙江两级师范学堂通译助教。

吴鲁调学部丞参,充图书馆总校。

按：吴鲁字肃堂,号且园,晚号老迟,又号白华庵主,福建晋江人。著有《读王文成经济集书后》6卷、《兵学经学史学讲义》6卷、《蒙学初编》2卷、《正气研斋文集》4卷、《正气研斋诗集》1卷、《正气研斋杂录》2卷等。

曾志忞从日归国,在上海创办贫儿院,任院长,内设音乐部,以推行音乐教育。

金毓黻考入奉天省立中学堂。

徐念慈作《丁未年小说界发行调查表》,刊载于《小说林》,列出是年出版小说计120种,其中翻译小说80种,以英国最多,美国次之。

叶楚伧任《中华新报》主笔。该报由谢逸桥、谢良牧兄弟创办,社长为梁千仞,经理为陈迪予,总编为林一厂。

沈宗畸与金绥熙、延清、陈霞章等在北京组织文学团体著涒吟社,并主编该社机关刊物《国学粹编》。

孙雄入著涒吟社与漫社,参与编辑《国学萃编》杂志。

邓实主编《神州国光集》双月刊在上海创刊,以表扬国光、提倡美术为宗旨。

安维峻充《甘肃通志》总纂。

区凤墀、李维桢、尹文楷、林紫虬在香港创办以介绍外国侦探小说为主张的《新小说丛》月刊。

汪惕予主编《医学世界》七月在上海问世。

李铎、李燮枢九月发起《安徽白话报》在上海创刊。

高语罕、朱蕴山协助革命党人韩衍创办《安徽通俗公报》。朱蕴山是年加入同盟会。

陆镜若在春柳社改编并主演话剧《热血》。

刘复基赴湖北汉口,任《商务报》会计兼发行。

吴沃尧、周桂笙主办之晚清四大小说杂志之一《月月小说》停刊。

曾朴创办之《小说林》停刊。共出12期。

刘大白参与创办《绍兴公报》。

江西留日学生在东京创办《江西》杂志。

王钟声五月率春阳社剧班赴京,尝与著名京剧演员杨小楼、梅兰芳等同台演出。

沈缦云、潘月樵、夏月润、夏月珊等京剧演员六月集资创建我国第一个新式剧场上海新舞台。

胡佩珍一月在杭州创办富华工艺学堂。

李根源六月在日本东京成立大森体育会,以培养反清军事人才。

徐一冰、徐傅霖二月在上海创办中国体操学堂。

汤剑娥在上海创办中国女子体操学堂。

姚文栋创办江苏省第一图书馆。

俄国科兹洛夫十二月率远征队在戈壁发现古城喀喇库图,又在考察西夏古都黑城时发现2枚简牍,劫走古文献十箱。1923年发表考察报告。

日本大谷探险队第二次考察中亚。次年,桔瑞超在楼兰遗址海头故城中,发现了著名的"李柏文书"和5枚晋代木牍。

按：李柏是十六国时期前凉的西域长史,他在328年到海头后,写信给焉耆等国国王,安抚高昌诸国并商讨对付西晋戊巳校尉赵贞,"文书"即是信函的草稿。1915年,桔瑞超公布此魏晋简牍。

德国理查德·冯·韦特施泰因发表《植物分类学手册》。

德国闵科夫斯基完成论著《空间和时间》。

意大利克罗齐著《实践哲学、经济和伦理》。

俄国普列汉诺夫著《马克思主义的根本问题》。

列宁撰成《唯物主义和经验批判主义》和《马克思主义和修正主义》。

法国安托万·梅耶发表《印欧语系方言》。

法国彭加勒著《科学与方法》。

奥地利维塔塞克著《心理学概论》。

德国卡尔·艾伯哈特·格贝尔发表《植物实验形态学引论》。

德国马克斯·鲁布纳发表《生命及其成长和营养的关系》。

杨家洙著《西楼易说》18卷光绪间刊行。

何西夏著《周易本意》5卷光绪间刊行。

陈寿熊著《读易汉学私记》1卷光绪间刊行。

赵新著《还砚斋易汉学拟旨》1卷光绪间刊行。

何毓福著《易镜》11卷、附《易学管窥》2卷光绪间刊行。

沈善登著《需时眇言》10卷光绪间刊行。

谢若潮著《心易溯源》24卷光绪间刊行。

阎汝弼著《周易爻征广义》6卷光绪间刊行。

黄以周著《周易注疏剩本》1卷、《周易故训订上经》1卷光绪间由唐文治刊行。

关棠著《读易札记》光绪间刊行。

杨以迥著《周易臆解》6卷光绪间刊行。

汪宗沂著《周易学统》8卷光绪间刊行。

任启运著《尚书约注》4卷光绪间刊行。

邵懿辰著《尚书通义》2卷、《尚书传授同异考》1卷光绪间刊行。

丁宝桢著《刊定尚书古今文注》20卷光绪间刊行。

余宏淦著《读尚书日记》1卷光绪间刊行。

孙诒让著《尚书骈枝》光绪间刊行。

于鬯著《香草校尚书》4卷、《香草校诗》8卷光绪间刊行。

侯桢著《禹贡古今注通释》6卷光绪间重刊。

陈保真著《读诗商》27卷光绪间刊行。

汪基著《周礼约编》6卷光绪间重刊。

刘沅著《周官恒解》6卷、《仪礼恒解》4卷光绪间刊行。

潘任著《周礼札记》1卷光绪间刊行。

凌曙著《仪礼礼服通释》6卷光绪间刊行。

黄元善著《仪礼纂要》1卷光绪间刊行。

杭世骏著《续礼记集说》100卷光绪间由浙江书局刊行。

丁晏著《礼记释注》4卷光绪间刊行。

张官德著《礼记约选》6卷光绪间刊行。

叶大庄著《礼记审议》2卷光绪间刊行。

罗以智著《七十二候表》1卷光绪间刊行。

皮锡瑞著《王制笺》1卷刊行。

按：皮氏所著《师伏堂丛书》16种至是刊毕。

廖平著《左氏春秋古经说》11卷刊行。

王闿运著《春秋公羊传笺》11卷刊行。

万斛泉著《春秋四传诂经》15卷刊行。

按：万斛泉字清轩，湖北兴国人。《清儒学案》卷二〇六《万先生斛泉》曰："束发受书，即鄙夷帖括，于身心性命之学，心向往之。得程氏《读书分年日程》，笃信谨守，以朱子《小学》、《近思录》为宗，精研《大学衍义》及《性理》诸书。……先生行谊与东汉独行为近，其所学则一以程、朱为归，践履笃实，一一可见诸行事。崇正学，辟异端，辨别疑似，剖析几微。著有《春秋四传诂经》、《通鉴纲目前编辨误》、《正编正误补》、《童蒙须知》、《韵语》，又《尉山堂稿》十四卷。"

王代丰著《春秋例表》38卷刊行。

于鬯著《香草校春秋左传》6卷、《香草校孟子》1卷光绪间刊行。

张宪和著《公羊臆》2卷、《读公羊注记疑》3卷光绪间刊行。

胡嗣运著《枕斋萨诗经问答》8卷刊行。

王荫祜著《尚诗征名》2卷刊行。

严可均辑《孝经郑注》1卷光绪间由章氏式训堂刊行。

曹若梬著《古文孝经直解》光绪间刊行。

孙传澂著《孝经旁训》1卷光绪间由芸居楼刊行。

翁方纲著《论语附记》2卷光绪间由定州王氏刊行。

张恩霨著《论语论略》1卷、《孟子论略》1卷光绪间刊行。

胡德纯著《大学质语》1卷、《中庸质语》1卷光绪间刊行。

王廷植著《大学还旧》1卷光绪间刊行。

华承彦著《学庸述易》1卷光绪间刊行。

辜鸿铭译《中庸》被收入《东方智慧丛书》在伦敦重印。

叶秉纯著《四书征引录》光绪间刊行。

李滋然著《四书朱子集注古义笺》6卷光绪间刊行。

黄嗣东辑《道学渊源录》100卷由凤山学舍刊行。

按：陈三立《靖道府君墓志铭》曰："自变法之议起，新说溢言亦日滋蔓，后生学子剽袭口语，恣为披猖。君痛中国人伦道法之懿刮扫且绝，往官陕时故辑有《濂学编》，至是益广罗三代以来迄于今兹圣哲儒者之说，部列条举，为《道学渊源录》一百卷，于疾病呻吟中昕夕搜订，复下己意为序表。君盖私冀以所为书稍饷来者，渐渍人心，系挽什于千百，虽势格时迕，取骂讥笑，侮厌憎而不悔。"（《道学渊源录》卷首，民国十九年铅印本）

洪恩波著《圣门名字纂诂》2卷光绪间刊行

承培元著《广说文答问疏证》8卷光绪间由广雅书局刊行。

何其杰著《说文字原引》1卷光绪间刊行。

费廷璜著《读说文玉篇日记》1卷光绪间刊行。

胡常德著《读说文日记》1卷光绪间由雷氏学古堂刊行。

郑知同著《说文逸字附录》1卷光绪间刊行。

按：郑知同字伯更，贵州遵义人。郑珍子。《清儒学案》卷一六九《郑先生知同》曰："先生绍述先业，益畅其支，谓《说文》本篆，皆大篆之未经变乱者，但以秦法书之，非小篆也。其言为自来治《说文》者所未发。在蜀中为彦侍先人文僖公文田订补《说文考异牉成》，平生撰述，斯为巨编。在粤中整比《巢经遗稿》，成《亲属记》、《汗简笺正》二书。其自著有《说文本经答问》二卷、《说文浅说》一卷、《屈庐诗集》四卷。又有《说文商义》、《说文讹字》、《说文述许经义》、《慎思录》、《愈愚录》、《隶释订文》、《楚辞通释解诂》，多未定稿。"

冯世征著《读段注说文解字日记》1卷光绪间由长沙叶氏古堂刊行。

吴善述著《六书约言》2卷光绪间刊行。

李贞编《六书系韵》24卷、《检字》2卷光绪间刊行。

陈劢著《翰苑分书释字百韵》1卷光绪间刊行。

杨维增著《字义声韵辨异》5卷光绪间刊行。

清国史馆编《史馆正字考》1卷光绪间刊行。

钟祖绶著《文字通释》4卷刊行。

陆尔奎、傅运森、蔡文森等主编之《辞源》开始编纂。

按：1915年商务印书馆出版。1931年出版续编，1939年出版正续编合订本。1949年出版简编本。为中国现代大型语文辞书，开创了中国新式辞书之先河。

章炳麟撰《新方言》在日本铅印出版。

按：《新方言》以当时的活方言为对象，收集方言词语八百余条，按词义分作释词、释言、释亲属、释形体、释宫、释器、释天、释地、释植物、释动物十类，即为十卷。第十一卷为音表，包括古音韵母二十三部表和古音声母二十一组表。是书又有宣统元年(1909)文学会社石印本、浙江图书馆校刊《章氏丛书》本等。

徐念慈著《中国历史讲义》刊行。

潘博著《中国名相传》刊行。

杨守敬辑《汉书二十四家遗注》成书。

梁启超著《王荆公》由广智书局刊行。又手写《南海先生集》前4卷成书。

罗振玉著《昭陵碑录》3卷、《附录》1卷，及《戊申碑录》12卷、《俑庐日札》1卷。

端方撰《匋斋吉金录》8卷成书并石印刊行。

按：端氏此书在编辑、绘图等方面，得到义州李葆恂、即墨黄君渡、丹徒陈庆年、管琳、歙县黄廷荣、三河郝万亮等人的帮助。

王先谦著《自定年谱》刊行。

连横始著《台湾通史》，历十年告成。

叶德辉刻《刻本考证》1卷。

胡思敬辑《问影楼舆地丛书》第1集15种44卷仿聚珍版铅印本

刊行。

震钧辑《国朝书人辑略》11卷刊行。

陈作霖著《金陵物产风土志》成书。

邹代钧著《五洲总图》由亚新地学社刊行。

王襄著《簠室古匋》影印刊行。

叶昌炽撰《语石》10卷刊行。

按：是书叙述碑刻制度、书法、演变、文字内容、摹拓技术、收藏源流和其他有关石刻的遗闻逸事，共484条，为通论古代石刻的重要著作。后柯昌泗著《语石异同评》，对此书多所补正。

严复译英国耶方斯著《名学浅说》成书。

王国维译著《辨学》（即逻辑学）刊行。

沈彭年著《乐理概论》成书。

王国维辑《唐五代二十家词》成。又著《曲录》成书。

王国维著《人间词话》始刊载于《国粹学报》。

邓实辑《明代名人尺牍》7种由上海国学保存会景印刊行。

叶德辉著《观古堂所著书》2集20种刊毕。

张鸣珂著《寒松阁谈艺琐录》6卷，有自序。

殷溎深稿，张怡庵校订的昆曲谱《六也曲谱》共198出成书。

陆士谔以"沁梅子"为名，出版小说《鬼国史》。

按：陆士谔名守先，以字行，江苏青浦人。著有医书《医学南针》、《陆评王氏医案》、《陆评瘟病条辨》等；著有小说《十尾龟》、《女界风流史》、《官场怪现状》、《最近上海秘密史》、《续孽海花》、《六路财神》、《女子骗术奇谈》、《清史演义》、《清朝开国演义》、《雍正游侠传》、《八大剑侠》等30余种；又著有科幻小说《新中国》、《新上海》、《新三国》、《新水浒》等。

林纾译英国司蒂文生著《新天方夜谭》由商务印书馆刊行。

林纾译英国狄更斯著《块肉余生述》（今译《大卫·科波菲尔》）由商务印书馆刊行。

林纾、魏易译日本德富芦花著《不如归》由商务印书馆刊行。

曾朴译法国大仲马著《马哥王后佚史》3册由新世界小说社刊行，署名东亚病夫。

苏曼殊译印度瞿沙著《娑罗海滨遁迹记》小说，刊载于东京《民报》。

郭文英绘图画书《三国志》由文益书局出版。

清末民初《社会新剧》剧本《潘烈士投海》4卷2册由改良戏曲社出版，署白云词人编。

天宝宫人作《孽海花剧本》由《月月小说》发表，为同名小说改编成十折戏文。

陈念祖著《陈修园廿三种》医书刊行。

唐宗海著《中西汇通医书五种》刊行。

丁福保主编《丁氏医学丛书》由上海文明书局刊行。

沈宗畸辑《晨风阁丛书第一集》始刊。

董康辑《诵芬室丛刊》始刊,迄1925年毕。

孙毓修等著《少年丛书》由上海商务印书馆刊行。

颜骏人主编《英华大辞典》由商务印书馆刊行。

按:是书为中国最早出版的审定术语汇编。

约翰·伊文思卒(1823—)。英国古文物专家、古钱学家,史前考古学创始人。

亨利·贝克勒尔卒(1852—)。法国物理学家。

张鸣珂卒(1829—)。鸣珂字玉珊,号公束,晚号窳翁、寒松老人,浙江嘉兴人。咸丰十一年拔贡。同治间任江西新建知县。又任江西德化、德兴知县。工诗词,擅书法。著有《疑年赓录》2卷、《寒松阁诗集》4卷、《寒松阁词》、《寒松阁骈体文》、《寒松阁谈艺琐录》6卷、《说文佚字考》4卷等。事迹见李桓《国朝耆献类征初编》卷四○八。

王文韶卒(1830—)。文韶字夔石,浙江仁和人。咸丰二年进士,铨户部主事。累迁郎中,出为湖北安襄郧荆道。左宗棠、李鸿章皆荐其才。擢按察使,迁湖南布政使。同治十年,署巡抚。历任湖南巡抚、云贵总督、直隶总督、北洋大臣、户部尚书、体仁阁大学士、国史馆正总裁、文渊阁大学士等。卒赠太保,谥文勤。纂修《续云南通志稿》194卷。著有《王文勤公全集》、《王文韶日记》等。事迹见《清史稿》卷四三七、《清史列传》卷六四、《王文韶传》(《碑传集三编》卷二)。

美国传教士狄考文卒(1836—)。美国宾夕法尼亚人。基督教北长老会传教士。1863年底来华,1864年1月到登州传教,开办蒙养学堂。1876年改称文会馆,由小学升为中学。1881年开设大学预科。1904年迁潍县,与英国浸礼会在青州办的广德书院大学部合并,改称广文学堂。1890年基督教来华传教士第二次全国代表大会推选他为"中华教育会"首任会长。1895年辞去文会馆校长职务。是年卒于青岛。编著有《笔算数学》、《代数备要》、《官话课本》,均为当时颇具影响之教科书。

德国传教士艾德卒(1838—)。1862年来华。著有《客家人的历史》、《佛教演讲录》、《风水:中国自然科学的萌芽》等。

英国人卜士礼卒(1844—)。长期客居中国,在英国驻北京公使馆任医师。对中国史、美术,尤其是陶瓷颇有研究。著有《中国美术》、《中国瓷器》等。

孙诒让卒(1848—)。诒让又名德涵,字仲容(一作仲颂),晚号籀庼,浙江瑞安人。同治六年举人。任刑部主事,旋去职。曾在乡兴办地方教育,与黄绍箕、宋恕、杨景澄等在瑞安创办算学书院、化学学堂、蚕学馆、博物讲习所、天算学社、农学会等。晚年任浙江教育会会长。研究古籍古字,专事著述。著有《广韵姓氏刊误》2卷、《白虎通校补》1卷、《六历甄微》5卷、《温州经籍志》33卷、《温州古甓记》1卷、《古籀拾遗》3卷、《周礼疏》、《周礼正义》86卷、《札迻》12卷、《墨子间诂》15卷、《周礼三家佚注》1卷、《逸周书补》、《大戴礼记补》、《周礼政要》2卷、《九旗古义述人》、《古籀余论》2卷、《契文举例》2卷、《名原》2卷、《学务平议》、《学务枝议》、《尚书骈枝》、《籀庼述林》14卷等20余种。草创未就者尚有《经迻》、《四部别录》、

《汉石记》《古文大小篆沿革表》等多种。今有张宪文编《孙诒让遗文辑存》。事迹见《清史稿》卷四八二、蔡冠洛《清代七百名人传》第四编、张謇《孙征君墓表》(《张季子九录·文录》卷一五)、章炳麟《孙诒让传》、朱孔彰《孙征君诒让事略》(均见《碑传集补》卷四一)。朱芳圃编有《孙诒让年谱》。

按：《清史稿》本传曰："初读《汉学师承记》及《皇清经解》，渐窥通儒治经、史、小学家法。谓古子、群经，有三代文字之通假，有秦、汉篆隶之变迁，有魏、晋正草之混淆，有六朝、唐人俗书之流失，有宋、元、明校雠之屡改。匡违捃佚，必有谊据，先成《礼迻》十二卷。又著《周礼正义》八十六卷，以为：'有清经术昌明，于诸经均有新疏，《周礼》以周公致太平之书，而秦、汉以来诸儒不能融会贯通。盖通经皆实事、实字，天地、山川之大，城郭、宫室、衣服制度之精，酒浆、醯醢之细，郑注简奥，贾疏疏略。读者难于深究，而通之于治，尤多谬鳌。刘歆、苏绰之于新、周，王安石之于宋，胶柱鼓瑟，一溃不振，遂为此经诟病。诒让乃以《尔雅》《说文》正其训诂，以《礼经》《大小戴记》证其制度。研覃廿载，蕈草屡易，遂博采汉、唐以来迄乾、嘉诸经儒旧说，参互绎证，以发郑注之渊奥，裨贾疏之遗阙。其于古制，疏通证明，较之旧疏，实为淹贯。而注有违牾，辄为匡纠。凡所发正数十百事，匪敢坏疏不破注家法，于康成不曲从杜、郑之意，实亦无诤。而以国家之富强，从政教入，则无论新旧学均可折衷于是书。'识者韪之。"

黄士陵卒(1849—)。士陵字牧甫，又作穆父，别号倦叟、黟山人，安徽黟县人。早年在江西谋生，后在广州以刻印为业。光绪十一年，到北京国子监肄业，与盛昱、王懿荣、吴大澂等相交，并研究金石学。著有《黟山人牧甫印集》等。

陆宝忠卒(1850—)。宝忠字伯葵，江苏太仓人。光绪二年进士，改翰林院庶吉士。三年散馆，授编修。十一年，提督湖南学政。十五年，充顺天乡试同考官。十七年，命在南书房行走。二十年，补侍讲学士。二十一年，充日讲起居注官。二十二年，授詹事府少詹事。二十三年，充山东乡试正考官，提督浙江学政。二十六年，提督顺天学政。疏请整顿教育，广设学堂。三十一年，疏请设立文部，管理京师大学堂、译学馆以下各省学堂，并对学堂设置、教程、教材、考试等有详细论述。同时奏请广设师范学堂，并制订礼优教师的规定等。官至礼部尚书。谥文慎。著有《校经堂二集》。事迹见吴士鉴《陆宝忠墓志铭》、《清代七百名人传》第一编。陆宝忠自订、陆宗彝续订有《陆文慎公(宝忠)年谱》。

皮锡瑞卒(1850—)。锡瑞字鹿门，一字麓云，学者称师伏先生，湖南善化人。光绪八年举人。三应礼部试，皆报罢，遂潜心讲学著述。历主桂阳龙潭书院、南昌经训书院。光绪二十四年春，任湖南南学会会长，主讲学术，融会中西，宣传变法图强，遭王先谦、叶德辉排斥。戊戌政变后，被革去举人身份，逐回原籍，交长沙地方官严加管束三年，遂杜门著述。晚年历任湖南高等师范馆、中路师范学堂、长沙府中学堂讲席，及学务公所图书课长、长沙定王台图书馆纂修。著有《经学历史》《五经通论》5卷、《尚书大传疏证》7卷、《古文尚书疏证辨正》1卷、《今文尚书考证》30卷、《古文尚书冤词平议》2卷、《尚书中候疏证》1卷、《史记引尚书考》6

卷、《礼记浅说》2卷、《王制笺》1卷、《师赏春秋讲义》2卷、《左传浅说》2卷、《孝经郑注疏》2卷、《六艺论疏证》1卷、《郑志疏证》8卷附《郑记考证》及《答临孝存周礼难疏证》、《三疾疏证》1卷、《圣证论补评》2卷、《师伏堂笔记》3卷、《师伏堂咏史》1卷、《师伏堂词》1卷等，辑为《师伏堂丛书》16种及《皮氏八种》。事迹见周予同《皮锡瑞传略》(《周予同经学史论选集》)。皮名振编有《皮鹿门年谱》。

按：章炳麟在《说林》(下)对清代汉学治学方法和晚清经学家俞樾、黄以周、孙诒让、皮锡瑞、王先谦、王闿运、廖平等人的治经特点有简要概括，其曰："昔吴棻有言：今之学者，非特可以经义治狱，乃亦可以狱法治经。棻，一金华之末师耳，心知其意，发言卓特。近世经师，皆取是为法。审名实，一也；重左证，二也；戒妄牵，三也；守凡例，四也；断情感，五也；汰华辞，六也。六者不具，而能成经师者，天下无有。学者往往崇尊其师，而江、戴之徒，义有未安，弹射纠发，虽师亦无所避。苏州惠学，此风少衰。常州庄、刘之遗绪，不稽情伪，惟朋党比周是务。以戴学为权度，而辨其等差，吾生所见，凡有五第：研精故训而不支，博考事实而不乱，文理密察，发前修所未见，每下一义，泰山不移，若德清俞先生、定海黄以周、瑞安孙诒让，此其上也。守一家之学，为之疏通证明，文句隐没，钩深而致之显，上比伯渊，下规凤喈，若善化皮锡瑞，此其次也。已无心得，亦无以发前人隐义，而通知法式，能辨真妄，比辑章句，秩如有条，不滥以俗儒狂夫之说，若长沙王先谦，此其次也。高论西汉而谬于实证，侈谈大义而杂以夸言，务为华妙，以悦文人，相其文质，不出辞人说经之域，若丹徒庄忠棫、湘潭王闿运，又其次也。归命素王，以其言为无不苞络，未来之事，如占蓍龟，瀛海之大，如观掌上；其说经也，略法今文，而不通其条贯，一字之近于译文者，以为重宝，使经典为图书符命，若井研廖平，又其次也。"(《太炎文录初编》文录卷一，见《章太炎全集》四)

又按：《清儒学案》卷一九三《鹿门学案》曰："幼工词章，博闻强记，淡于荣利，研精汉儒经训之学，宏通详密，多所发明。光绪末年，主讲江西经训书院。其教人大旨：一当知经为孔子所定，孔子以前不得有经；二当知汉初去古未远，以为孔子作经，说必有据；三当知后汉古文说出，乃尊周公以抑孔子；四当知晋、宋以下，专信古文《尚书》、《毛诗》、《周官》、《左传》，而大义微言不彰；五当知宋、元经学虽衰，而不信古文诸书，亦有特见；六当知国朝经学复盛，乾、嘉以后，治今文者尤能窥见圣经微旨。执此六义，以治诸经，乃知孔子以万世师表之尊，正以其有万世不易之经。经之大义微言，亦甚易明。治经者当先去其支离琐细，而用汉人存大体、玩经文之法，勉为通经致用之材，斯不至博而寡要，迂而无用矣。江西学者闻风而起，成材甚多。"

邹代钧卒(1854—)。代钧字沅帆，又字甄伯，湖南新化人。光绪五年补县博士弟子员。光绪十一年秋，以随员身份出访英、俄，归国后，充会典馆纂修。二十二年，在湖北武昌创立舆地学会，从事地图译绘工作。精地理之学，尝刻《中国外舆地全图》。主持《湘学报》舆地部分。著有《西征纪程》4卷、《湖北地记》24卷、《朝鲜地记》2卷、《五洲城镇表》2卷、《五洲疆域汇编》32卷、《西图译略》12卷、《英国大地志》、《中国海岸记》等。事迹见邹永修《邹征君传》(《碑传集补》卷四三)、徐世昌《邹先生代钧》(《清儒学案》卷一六七)。

陶邵学卒(1865—)。邵学字子政，号颐巢，广东番禺人。光绪二十年进士,以内阁中书用。乞归,主讲星岩书院。后为肇庆中学堂监督。著有《续汉书刊误》2卷、《补后汉书食货刑法志》2卷、《颐巢类稿》3卷等。事迹见吴道镕《内阁中书陶君墓碣铭》(《碑传集三编》卷四〇)。

张鹤龄卒(1866—)。鹤龄字通莱,又字长孺,号筱圃,江苏阳湖人。光绪十八年进士。历任户部主事、道员、京师大学堂总教习、奉天提学使等。著有《变法经纬理论》、《居易堂残稿》1卷。事迹见谭延闿《奉天学使阳湖张公墓志铭》(《碑传集补》卷二〇)。

徐念慈卒(1875—)。念慈字彦士,别号觉我,亦署东海觉我,江苏常熟人。光绪二十七年,与丁祖荫等组织教学同盟会,尤为振兴女子教育事业而奔走。三十年,创建竞化女子学堂,自任教务主任。三十一年,任江苏教育总会干事。与曾朴创办《小说林》社,任主编。在《小说林》杂志发表论文《小说林缘起》、《余之小说观》。译著有《莫儿多群岛记》、《新舞台》、《黑行星》、《新法螺先生谭》等。

孙冶方(—1983)生。

清逊帝宣统元年　己酉　1909年

正月十一日壬辰(2月1日),第二次万国禁烟会议在上海召开。两江总督端方代表中国参加会议。

二十七日戊申(2月17日),清廷命各省于年内成立咨议局,筹办各州县地方自治,设立自治研究所,依限开办资政院。

是日,学部拟定《京师及各省图书馆通行章程》20条。

按：3月11日,山东提学使罗正钧奏准创设山东图书馆。3至4月,吉林图书馆经吉林提学使曹广桢奏准设立,附设于学务公所内。4月28日,浙江巡抚曾韫奏请扩充浙江藏书楼为浙江图书馆,并将浙江官书局并入,获准。

二月十五日乙丑(3月6日),清廷下诏实行预备立宪,维新图治。

闰二月十八日戊戌(4月8日),清廷设立贵胄法政学堂。

三月二十六日乙亥(5月15日),学部奏准变通初等小学堂章程、变通中学堂课程,分文科、实科。

按：学部奏准变通中学堂课程,分为文科、实科。其文科课程以读经讲经、中国文学、外国语、历史、地理为主课,而以修身、算学、博物、理化、法制理财、图画、体操为通习;实科以外国语、算学、物理、化学、博物为主课,而以修身、读经讲经、中国文学、历史、地理、图画、手工、法制理财、体操为通习。主课各门授课时刻较多,通习各门较少,皆以五年毕业(朱有瓛《中国近代学制史料》第二辑上册)。

四月十二日庚寅(5月30日),商办江苏铁路沪嘉线告成。

五月二十三日辛未(7月10日),清廷从外务部、学部奏,以美国"减

土耳其人废苏丹哈米德二世。

收"庚款选派学生赴美留学,先在京师设立游美学务处,并附设游美肄业馆一所。

是月,皇帝自为海陆军大元帅。

六月十五日壬辰(7月31日),学部奏订《增修考试毕业游学生章程》。

是月,命统一军政。

七月初八日乙卯(8月23日),资政院奏续拟院章,改订第二章目次为议员,专详议员资格、额数、分类、任期,而另定选举详细章程,以免混淆,从之。

按:《清史稿·选举志八》曰:"院章规定资政院议员资格,由下列各项人员年满三十岁以上者选充。一、宗室王、公世爵;二、满、汉世爵;三、外藩王、公世爵;四、宗室、觉罗;五、各部、院四品以下、七品以上官,惟审判、检察、巡警官不与;六、硕学通儒;七、纳税多额人;八、各省谘议局议员。定额:宗室王、公世爵十六人,满、汉世爵十二人,外藩王、公世爵十四人,宗室、觉罗六人,各部、院官三十二人,硕学通儒十人,纳税多额者十人。各省谘议局议员一百人。类别为钦选、互选。宗室王、公世爵,满、汉世爵,外藩王、公世爵,宗室、觉罗,各部、院官,硕学通儒,纳税多额者,钦选。各省谘议局议员互选。任期三年,任满一律改选。"

二十五日壬申(9月9日),学部奏建京师图书馆,并给热河文津阁《四库全书》。

按:清学部奏请筹建京师图书馆,要求将文津阁《四库全书》及避暑山庄各殿座陈设书籍一并交京师图书馆存储;京师图书馆地址议定在德胜门内净业湖暨汇通祠一带建设。同年,学部奏准派缪荃孙、徐坊为正副监督。1910年开始筹办。学部发出"行陕甘总督请饬查检齐千佛洞书籍解部并造象古碑勿令外人购买电",并把劫余的8679卷运到北京,庋藏学部图书馆,1929年移交北平图书馆。

八月十一日丁亥(9月24日),詹天佑主持修建京张铁路竣工。

是日,江苏巡抚端方奏开办简易识字学塾。

十五日辛卯(9月28日),外务部奏准,建游美肄业馆于清华园。建成后易名为清华学校(清华大学前身)。

九月初一日丁未(10月14日),各省咨议局宣布成立。

十三日己未(10月26日),清廷颁布资政院议员选举章程。

按:《清史稿·选举志八》曰:"九月,资政院会奏资政院议员选举章程,疏言:'资政院议员选任之法,大别为钦选、互选二者,各有取义。而钦选议员名位有崇卑,人数有多寡,当因宜定制,取便推行。宗室王、公世爵,满、汉世爵及外藩王、公世爵,阶级既高,计数较少,应开列全单,恭候简命。宗室、觉罗,各部、院官及纳税多额者,合格人数,与议员定额比例,多少悬殊。考外国上院制,敕任议员多经互选。拟略师其意,于钦选之前,举行互选。各照定额,增列多名。好恶既卜诸舆情,用舍仍归于宸断。其硕学通儒,资格确定较难,人数调查不易,互选势所难行。拟略仿从前保荐鸿博之例,宽取严用,以搜访之任,寄诸庶官。抉择之权,授诸学部。仍宽定开列名数,冀不失钦选之本旨。以上各项,略采各国上院办法,为建设上议院之基础。而资政院兼有下院性质,不能无民选议员,与钦选相对待。特以谘议局为资政院半数议员之互选机关,谘议局议员本由各省合格绅民複选而来,则谘议局公推递升之资政院议员,即不啻人民间接所选举。公推递升之标准,不能不以得票多寡为衡。但监督权属于督、抚，非经覆定，不令滥厕是选。既与钦选大权示有区别，自与下院要义不相背驰。'诏如所议行。"

十月十五日辛卯（11月27日），十六省代表在上海召开咨议局联合大会，决定组织代表团赴京请愿，要求缩短立宪年限，速开国会和设立责任内阁。

十一月初七日癸丑（12月19日），民政部奏订府、厅、州、县地方自治章程和选举章程。

十六日壬戌（12月28日），清廷公布法院编制法。

是日，候补四品京堂劳乃宣奏请推行官话字母。

按：是时，资政院议员江谦正式提出把官话定名为"国语"，被采纳。

十九日乙丑（12月31日），"国会请愿同志会"在上海成立，发表通电，创办《国民公报》，请求速开国会。

二十五日辛未（1910年1月6日），美国国务卿诺克斯照会中、日、英、俄、德各国，提出东北诸铁路中立案。

二十九日乙亥（1月10日），学部奏，京师大学堂筹设经、法政、文、格致、农、工、商、医八科，除医科因监督屈永秋未曾到堂暂缓外，其它七科均可先行开办。

是月，学部公布《简易识字学塾章程》。

按：《章程》规定："简易识字学塾专为年长失学及贫寒子弟无力就学者而设。其课程专教部颁《简易识字课本》、《国民必读课本》，并酌授浅易算术（珠算或笔算）。教授二书完毕，即准作为毕业。"（朱有瓛《中国近代学制史料》第二辑上册）

十二月初七日壬午（1月17日），清廷赏给游学专门列入一等之詹天佑等工科进士，严复、辜鸿铭、伍光建等文科进士，张康仁等法科进士，授二等之刘冠雄等工科举人。

十六日辛卯（1月26日），各省咨议局代表孙洪伊等向都察院请愿速开国会。

二十日乙未（1月30日），都察院代递孙洪伊等各省咨议局议员请速开国会一折，清廷命仍俟九年预备完全再行降旨。

是日，清廷从宪政编查馆之请，命京外各衙门一律设立宪政筹备处。

是日，诏准黎大均等呈请商办鄂境粤汉、川汉铁路。

是年，河南安阳小屯村张家地中出土大批甲骨。

河南提学司公布《详定改良私塾章程》。

清廷设立蒙藏编译局，编译蒙藏文课本。五月出版第一本由札松山编的《蒙文字姆》。

孙中山四月由新加坡赴欧。六月，经法国抵伦敦。九月，自伦敦赴美国。因章炳麟发表《伪〈民报〉检举状》相攻讦事，曾二次致函在伦敦之吴稚晖，说明与章炳麟、陶成章龃龉因由，请吴氏为长文一篇，加以公道之评判，并嘱他将刘师培发露章炳麟同谋通奸之笔迹照片寄上，遂有第二次"倒孙运动"。又由《新世纪》用"同人"字样，致函美洲各地华侨报纸，澄清

德国希尔伯特解决数证的华林问题。

德国盖革、英国马斯登首次观测α粒子束透过金属

薄膜后在各方向的散射分布情况。

德国奥斯特瓦尔德发明硝酸的工业制法氨氧化法。

俄国谢·别列捷夫首次人工合成橡胶。

爱因斯坦提出光量子的动量公式。

丹麦塞雷森和德国哈伯引入PH表示酸度。

丹麦威·约翰逊首次提出基因为遗传单位的概念。

陶成章之攻击。十、十一月，复三次致书于吴稚晖，请于《新世纪》再作澄清和评论。

按：是年11月30日的新加坡《中兴报》转载了香港《中国日报》的《为章炳麟叛党事答复投书诸君》文章，指控章炳麟为"中国革命党人之罪人，《民报》之罪人"。五项指控的内容包括：一、"章与梁启超同办《时务报》以来，与保皇党之关系未尝断绝。"《民报》与《新民丛报》笔战之时，"章以与梁启超交厚故，未有一文之助力"。二、"章炳麟以其一知半解、干燥无味之佛学论，占据《民报》全册之大部，一若以《民报》为其私有佛学之机关报者。"三、"章炳麟创为《无神论》，以排斥耶稣之道，以致内外同志多疑《民报》为排斥耶稣之机关报，摇惑人心，莫此为甚。"四、"章炳麟以个人私怨，竟借《民报》为攻城之具，日向《新世纪》宣战，……伤害同志之感情，徒贻外人之笑柄。"五、"《民报》出版以来，日政府绝不干涉，乃章炳麟倡言恢复台湾、朝鲜之义，又鼓吹暗杀，以挑动日人之恶感情，遂故有停止发行之命令。使章当日立论如第12号以前，则《民报》至今犹存也。"（参见姜义华《章炳麟评传·革命家章炳麟》）

宋教仁十二月十二日随黄兴在京都和宫崎寅藏、程家柽共商革命方略。是月，与黄兴返东京。

黄兴九月分别致书孙中山及巴黎《新世纪》社，抨击章炳麟"倒孙"行为。

康有为之保皇会在海外运动开放党禁，未果。

梁启超拟着手整顿广智书局。六月，政闻社成员张君劢等数人于日本东京成立咨议局事务调查会。八月，发刊《宪政杂志》。十二月，各省咨议局代表在京组成"速开国会同志会"，梁启超派徐佛苏从中联络鼓励，政闻社与国内立宪团体发生关系始于此。是年，撰《财政原论》《论各国干涉中国财政之动机》《嘉应黄先生墓志铭》等。

汪精卫九月从南洋至东京，秘密筹备《民报》复刊，自行编辑出版《民报》第25号、第26号。章炳麟撰《伪民报检举状》，斥汪精卫，词连孙中山，并将文章印成传单，向美洲、南洋等地散发。因此，章炳麟、陶成章与孙中山、黄兴双方在报刊上互相攻讦，导致同盟会组织逐步分裂。

陶成章正月初二日自槟榔屿到暹罗，因在南洋筹款得不到当地同盟会组织支持，对孙中山发动攻击，同时筹备重组光复会。是春，自南洋返回上海，刘师培与两江督标中军军率官兵在各码头侦捕，未果。八月，向同盟会总部提交《宣布孙文南洋一部之罪状致同盟总会书》，要求罢免孙中山同盟会总理职务，被黄兴拒绝。

章炳麟春夏间拟学梵文。八月，与陶成章在南洋再次发起倒孙中山风潮。九月有《致国粹学报社书》，论治小学与诸子之门径。九、十月间作《原经》《原儒》《原名》《毛诗正韵序》等文，刊载于《国粹学报》。又撰《庄子解诂》分期刊载于《国粹学报》。是年，有书致刘师培，谓彼此学术索同，盖乃千载一遇，并劝刘师培迷途知返，脱离端方。

张之洞二月充德宗实录馆总裁官，命总司核定进呈讲义。

刘师培、何震夫妇由日本至上海后，将章炳麟托其运动端方筹款办《民报》的五封信拍成照片，广为传布。孙中山、黄兴利用刘师培此信，诬指章炳麟为清廷奸细，出卖革命。

刘师培是夏列席光复会成员陈其美、张恭、王金发等密议江浙起义。会后，密报端方，张恭被捕。王金发亡命香港。

刘师培入端方幕府，为端方考定金石，章炳麟有函劝告，未听。入幕后，任两江督辕文案兼三江师范学堂教习。又上书端方，奏设两江存古学堂于南京朝天宫，培训国学教员，未果。五月二十七日，《新世纪》发表《续暗杀进步》，揭露刘师培变节卖友事。十二月，所作《转注说》发表于《国粹学报》第60期。

苏曼殊年初自沪赴日本东京，与龚宝铨、罗黑芷、沈兼士同寓智度寺。后转与章炳麟、黄侃同居。春夏间，与章炳麟、周作人、鲁迅交往，欲译印度长诗《云使》，未果。与陈独秀、章炳麟、桂伯华筹议建"梵文书藏"。七月下旬，返上海，途中撰《潮音·自序》。是秋，经陶成章介绍，赴印尼爪哇任爪哇中华学校英文教员。

谭人凤十月偕黄兴、刘揆一联名致函李燮和等，逐条为孙中山辩诬，以促南洋诸人之反省。谭人凤又专函陶成章，劝其顾全大局。

容闳在美国与孙中山第二次会晤，开始脱离康、梁而转向革命派，旋函促同情中国革新之美国军事家荷马李支持中国革命，并与荷氏拟定《中国红龙计划》，促成孙中山与荷氏等会谈。

张謇四月为江苏谘议局研究会会长。八月，为江苏谘议局议长。十月，联络十六省谘议局代表会于上海，发起国会请愿运动，决定成立国会请愿同志会。

袁世凯被摄政王逼退回河南项城隐居，请人拍摄"蓑笠垂钓图"，送上海《东方杂志》登载，以示寄情山水，不问政治。蔡廷干与袁世凯同时隐退。

端方从张謇议，筹建南洋工科大学；创设之江南图书馆正式开馆。五月，由两江总督调任直隶总督，兼北洋大臣。十月，值慈禧安葬，端方仿欧美人风俗沿途拍照，以恣意任性、不知大体罪被革职。

端方以所得金石文字增多，三月邀杨守敬再赴金陵为之整理撰跋。

曾朴入端方幕，任财政文案。

陈宝琛二月受命总理礼学馆。四月，与严修、唐景崇、沈家本、严复等64人充宪政编查馆一二等谘议官。十二月，与伍光建等赏文科进士出身。

孙家鼐八月奏《元史新编》毋庸列入正史。

缪荃孙七月以学部奏充京师帝国图书馆监督，以老病力辞，未准。

罗振玉因清政府将焚内阁大库旧档，请张之洞奏准保存。

按：宣统嗣位后，内阁大库险遭焚毁，罗振玉上下周旋，才使十几万斤的档案和典籍免遭火难。搬运出来后，部分档案却被历史博物馆以"烂字纸"及该馆"绌于经费"为由，出卖给同懋增纸店作"还魂纸"。罗振玉得知后，许以三倍价钱买下所有档案，才使这批档案得以保存。

罗振玉闰二月任京师大学堂农科监督，在西直门外钓鱼台建农校及实验场，至宣统三年（1911）秋落成。三月，奉命赴日本考察农学，聘技师，访录秘籍。拜会日本学者菊池大麓、内藤虎次郎、桑原骘藏、狩野直喜、富冈谦藏等。返京,会晤法国大学教授伯希和,始见敦煌古卷轴,遂请学部或大学抢救回余下的部分。是年作文有《敦煌本西州图经残卷跋》、《慧超往天竺国传残卷跋》、《摩尼教经残卷跋》、《西夏姓氏录跋》、《货布文字考跋》。

按：法国汉学家伯希和五月在北京为法国远东学院购书,其间在六国饭店举办敦煌写本展览,从而引起罗振玉、王仁俊、蒋黼等京师学者的注意。遂请学部加以收购。八月,学部致电陕甘总督,令饬查检齐敦煌文书并造像古碑,勿令外人购买。董作宾《罗雪堂先生传略》曰："清光绪三十三年,英人斯坦因不顾法令,盗窃敦煌千佛洞大量古物返国,计写本二十四箱,重要器物五箱。法人伯希和亦取得写本十余箧,计六七千卷。宣统初,伯希和赁宅于京师苏州胡同,将启行返国,其所得敦煌鸣沙石室古卷已先运归,而以尚存于行箧者求教于先生。伯氏出示唐人写本及石刻,先生诧为奇宝。伯氏告之石室尚存卷轴约八千,以佛经为多,宜早购致京师。先生乃电请陕甘总督毛宝英谋之,惟以甘肃贫瘠,恐难如愿。又请太学出金,然总监督亦谓无款。先生以为农科可节省充之,即其薪俸亦愿捐出,终购得八千卷。伯氏归国时,先生据其所得敦煌书目,择其尤者摄影,先后编成《鸣沙石室佚书》、《古籍丛残》。继又选印德人所得西陲古壁书,成《高昌壁书菁华》。日人大谷伯西陲古物,先生亦据其高昌墓碑撰成《高昌麴氏系谱》,于是西陲古物乃得流传。"(罗振玉《雪堂自述》附)

王国维一月作《罗懋登注拜月亭跋》。三月作《雍熙乐府跋》。三四月间,前后作《梅苑跋》、《碧鸡漫志跋》、《蜕岩词跋》,辑校《聊复集》并作《跋》。四五月间,作《赤城词跋》、《南唐二主词补遗及校勘记》、《宁极斋乐府跋》、《欧梦词跋》、《花溪志跋》。六月,作《乐章集跋》、《跋吴起敌秦挂帅印杂居》。九月,从《梅苑》中录得《孤雁儿》并序,补入《漱玉词》,并对原附《易安居士事辑》之讹进行辨误。十月二十八日,与罗振玉、蒋黼、董康访法国汉学家伯希和。二十九日,学部奏设编定名词馆,任名词馆协修。十一月,作《宋大曲考》、《录曲余谈》、《曲调源流表》。是年,经罗振玉引见,先后结识缪荃孙、柯绍忞。

严复任学部审定名词馆总纂,并兼任宪政编查馆二等谘议官、财政部清理财政处谘议官、币制局谘议福建省顾问官等。是秋,筹办海军大臣载洵赴欧考察海军,邀严复同去,称病辞。

于式枚从德国考察回国。二月进呈《普鲁士宪法释注》。五月,奏各省谘访局章程权限与普鲁士地方议会制度不符;又奏陈普鲁士议院制度。张之洞奏荐于式枚堪大用,复任为吏部侍郎,不久转学部侍郎,总理礼学馆事,修订法律大臣,国史馆副总裁。

陈去病作《垂虹亭长传》以自见。十一月十三日与柳亚子、高天梅等19人聚会于苏州虎丘张国维祠,正式成立南社,与高旭分别被推选为文选、诗选编辑员。十二月,创刊《南社丛刊》。是年作《南社诗文词选序》、《南社雅集小启》。

按：南社的主要作家有柳亚子、陈去病、高旭、苏曼殊、马君武、宁调元、周实、吴梅、黄节等。

林纾是年兼高等实业学堂、闽学堂(旅京福建人所办)讲席。

张相文、白毓昆、陶懋立、韩怀礼、张伯苓等七月在天津发起成立中国地学会,创刊《地学杂志》,张相文为会长。

按:是为中国第一个地理学术团体。1912年改选蔡元培为总裁,章鸿钊为干事长。

詹天佑十二月赏工科进士出身。是年,被选为美国土木工程学会会员,为中国工程师加入该学会之第一人。其主持修筑的京张铁路竣工。

丘逢甲仍任两广学务公所议绅等职。八月,广东咨议局成立,当选为副议长,旋安插革命党人古应芬、邹鲁到局任职。又受聘任两广总督公署议绅及两广方言学堂监督,旋聘朱执信、邹鲁、丘复等到堂任教。十一月,偕陈炯明等3人赴上海参加十六省咨议局代表会议。

辜鸿铭八月代表中国文艺界人士,撰写中英文祝寿词,通电祝贺俄国作家托尔斯泰八十寿辰。

吴梅八月赴开封,任河道曹载安幕,临行作《赴豫别家人》诗。柳亚子结南社,应邀入盟。

张伯苓自编、自导、自演的新剧《用非所学》在南开中学堂第一次公演。十月,全国第一届运动会在南京举行,张伯苓率南开学生3人参赛,并任总裁判。是年,张伯苓在西沽公理会教堂受洗为基督教徒。

柳亚子是春在故里创设分湖文社,闻刘师培夫妇失节,诗以惜之。七月,去上海,始识赵声。十月,参与创立南社,为书记员。

于右任三月在上海创刊《民呼日报》。六月,被封禁。八月,改《民呼日报》为《民吁日报》,十月,又被封禁,判令永久停刊。撰稿人有范鸿仙、周锡三、吴宗慈、戴季陶等。

冯煦任安徽巡抚,沈曾植为布政使,仿照苏州成例创办存古学堂,聘朱孔彰掌教,选拔各县高材生百余人入学,以经史词章为教学内容。

李家驹五月奏陈立宪官制。八月进呈《日本皇室制度考》、《日本司法制度考》、《日本自治制度通释》、《日本官规通释》、《日本行政裁判制通释》等。

黄炎培当选为谘议局议员及常驻议员。

叶楚伧加入盟同盟会。七月,作《吴友如真迹画集》序。

马君武继续在柏林工业大学学习。是年译拜伦《哀希腊》诗成。

八指头陀为天童寺住持。秋赴上海会晤陈三立。

蒋方震因学习军事出色,得德国兴登堡元帅赏识,亲自召见谈话,并合影留念。

汪大燮闰二月奏纂英国宪政书籍十四种。

汤寿潜六月为云南按察使。十月,充江西提学使。十月十六日,上奏《为国势危迫敬陈存亡大计》,再次呼吁提前速开国会。是年,辞浙江省咨议局议员。

成兆才等在唐山组成庆春班,借鉴河北梆子与京剧唱腔、伴奏、表演程式及脚色行当,全面改造莲花落,创造平腔梆子戏,又称唐山落子,为日后评剧艺术之产生奠定基础。庆春班后改称警世戏社。

胡思敬八月十三日奏劾杨度,请饬下湖南巡抚密捕解京,审拟定罪。折上,留中未发。

杨度九月初十日在华昌公司款待其师王闿运。二十二日,与王闿运等讨论地方自治问题。

黄节春于香港舟中加入中国同盟会。归广州,与崔式骅、任元熙等诗酒唱酬。

沈家本兼任资政院副总裁,仍日与馆员商订诸法草案。

按:《清史稿·沈家本传》曰:"自各国互市以来,内地许传教,而中外用律轻重悬殊,民、教日龃龉。官畏事则务抑民,民不能堪,则激而一逞,往往焚戮成巨祸。家本以谓治今日之民,当令官吏普通法律。然中律不变而欲收回领事审判权,终不可得。会变法议起,袁世凯奏设修订法律馆,命家本偕伍廷芳总其事;别设法律学堂,毕业者近千人,一时称盛。补大理寺卿,旋改法部侍郎,充修订法律大臣。宣统元年,兼资政院副总裁,仍日与馆员商订诸法草案,先后告成,未尝以事繁自解。其所著书,有《读律校勘记》、《秋谳须知》、《刑案汇览》、《刺字集》、《律例偶笺》、《历代刑官考》、《历代刑法考》、《汉律摭遗》、《明大诰竣令考》、《明律目笺》,他所著非刑律者又二十余种,都二百余卷。"

吴昌硕等创办上海豫园书画善会,钱慧安为会长。

梁敦彦升任为外务尚书,并兼会办税务大臣。

陆尔奎在《教育杂志》第五期发表《论简易识字宜先定为义务教育》。

席裕福接盘英商申报馆全部产业。

张人骏五月调任两江总督,改"江楚编译官书局"为"江苏通志局",聘李详、况周颐为分纂。

丁福保应两江总督端方在南京举行的"南洋医科考试",取得"最优等开业证书",随即任考察日本医学专员。

陈作霖受聘任江苏通志局总校兼编纂,完成《江苏兵事纪略》、《古迹志》、《先贤传》、《烈女传》、《杂人传》的撰写。

周万鹏任职电报总局兼上海分局总办。

包公毅译《馨儿就学记》在《教育杂志》第一年第1期至第13期连载。

夏震武被选为浙江教育总会会长,浙江两级师范学堂监督。主张尊孔读经,鄙视科学,受到鲁迅等人反对,学生亦相继罢课。遂辞职离校,转任北京京师大学堂教席。

按:夏震武,又名震川,字伯定,号涤庵,浙江富阳人。时张之洞讲西学,倡洋务,震武以为乃"用夷乱夏",力加非议。戊戌政变时,又曾上疏请"立诛"康有为、梁启超。后又连上数折,弹劾王文韶、盛宣怀、翁同龢、张荫桓等大臣表里为奸,挟外洋以胁朝廷。晚年在故里聚徒讲学,以孔、孟、程、朱之道为开下倡,慕名从学之士甚众。著有《人道大义录》、《灵峰先生集》等十余种。

夏孙桐任湖州知府。旋调杭州知府。

按:夏孙桐字闰枝,又字悔生,晚号闰庵,江苏江阴人。辛亥革命后寄居上海,应聘入清史馆修《清史稿》,曾撰有《清史列传画一书法凡例》、《清史循吏传编辑大意》等。后又应徐世昌聘,参与编辑《晚晴簃诗汇》和《清儒学案》。著有《观所尚斋文存》7卷、《观所尚斋文存补遗》1卷、《观所尚斋诗存》2卷、《观所尚斋诗存补遗》1卷等。

梁济任京师高等实业学堂斋务提调。

柳诒徵任江苏镇江府中学堂监督。

沈钧儒参与组织立宪国民社,任浙江两级师范学堂监督,是冬,任浙江咨议局副议长。

曹元忠迁内阁侍读学士,尝代拟宣统皇帝登位诏,钦选资政院议员。

按:曹元忠字夔一,又作揆一,号君直,别署凌波居士,江苏吴县人。少师管礼耕,治经史、训诂。后入江苏学政黄体芳创办的南菁书院,从黄以周受《三礼》之学,又从缪荃孙受校雠目录之学。辛亥革命后,居家不出。著有《笺经堂遗集》20卷等。

郭曾炘充实录馆副总裁。

唐国安七月由外交部候补主事充任游美学务处会办。

谢无量因法部左丞乔树楠、四川高等学堂总理周紫廷推荐,任四川存古学堂监督,兼任四川高等学堂讲习。

按:辛亥革命后,存古学堂改名国学院,谢无量任院长。

陈独秀任杭州陆军小学历史、地理教员,借《铁云藏龟》研究甲骨文。

马叙伦任教于杭州两级师范学堂。是冬,加入柳亚子创立的诗社。

张君劢与吴贯因等六月在东京成立咨议局事务调查会,八月创办《宪政新志》。

程朝仪主讲安徽存古学堂。

按:程朝仪字仲威,号抑斋,安徽黟县人。朱骏声弟子。著有《四书改错改》40卷、《颜学辨》8卷、《读论语识喜录》4卷、《论孟杂说辨》4卷、《俞氏论孟平议重订》2卷、《朱子说经引用说文考》1卷、《通训拾遗》1卷、《抑斋札记》2卷、《槐窗随笔》2卷、《思辨质疑》1卷、《抑斋賸稿》10卷、《逸士吟》1卷等。

吴宓、吴文豹等创办《陕西杂志》,由西安公益书局印行,稿成三期,因经费不足只出版一期,吴宓在该刊发表了反映日俄战争的小说《军国民》第一回。

陆费逵在《教育杂志》创刊号发表《普通教育应当采用俗体字》,提倡使用简体字。又在《教育杂志》第一年第八期发表《小学堂章程改正私议》。

僧太虚与僧栖云同赴南京祇洹精舍师从杨文会学佛法。

何炳元在《医学丛编》初集刊载《论中国急宜开医智》一文,倡导西医科学为保种之根本:"欲强国,必先强种;欲强种,必先讲卫生;欲讲卫生,必先明生理;欲明生理,必先兴医学;欲兴医学,必先开医智。"

汪辟疆入京师大学堂,攻中国文史。

按:汪辟疆原名国垣,字辟疆,后以字为名,一字笠云,号方湖,别号展庵,江西彭泽人。1912年毕业于京师大学堂,至上海,得陈三立奖掖,又结识邵力子、于右任、叶楚伧、苏曼殊、张继等。1922年在江西心远大学任教,主讲目录学及唐代文学。1946年应聘任国史馆纂修。1947年兼任《国史馆馆刊》主编。1950年后在南京大学任教。著有《光宣诗坛点将录》、《近代诗派与地域》、《近代诗人小传》、《唐人小说考证》《中国诗歌史》《太平广记引用书目考证》6卷等。程千帆编有《汪辟疆文集》。

冯如在美国驾驶自制飞机上天。

唐演参加学部举行的留学生考试,列优等,赐法政科举人。廷试优等,以内阁中书补用。

刘成志在第三届廷试游学毕业生中,列优等,授法政科举人。

刘冕执自东京帝国大学毕业归国,在学部举办的留学生考试中列最优等,赐法政科进士。廷试二等,授翰林院庶吉士。

潘承福参加学部举行的留学生考试,列优等,廷试优等,赐商科举人,以主事补用。

戴季陶自日本回国,被江苏巡抚瑞澂委以江苏地方自治研究所主任教官。后弃职赴上海办报,先后任《中外日报》新闻记者与《天铎报》新闻编辑员、总编。

杨昌济经章士钊、杨守仁举荐,应欧洲留学生监督蒯光典之召,赴苏格兰,入厄北淀大学学习哲学和伦理学。

按：杨昌济一名怀中,字华生,湖南长沙人。1912年毕业于厄北淀大学,赴德国考察教育。1914年与黎锦熙、徐特立等组织宏文编译社。1917年任湖南商专教务主任。1918年任北京大学教授,介绍毛泽东进北大图书馆工作。著有《论语类钞》、《达化斋日记》、《杨昌济文集》。

陈寅恪自复旦公学毕业,赴德国柏林大学留学。

杨树达毕业于东京第一高等学校,入京都第三高等学校。

蒋翊武参加群学社,后改振武学社、文学社,任社长。

胡景伊任总办,李根源任监督的云南讲武堂在昆明成立。

陈子光、梁培基、郑豪在广州发起光华医社。

胡石庵在汉口创办《扬子江小说报》,任主笔。

广仁山、来寿臣在北京创办《燕都时事画报》。

焦达峰在日本创刊《湘路警钟》,次月更名《湘路危言》。

欧阳予倩等在日本演出第二个大型剧目《热血》。

詹大悲接办《商务报》,何海鸣任编辑。

陈景韩任主编的《小说时报》在上海创刊,以刊载翻译小说为主。

高燮组织寒隐社,自撰《寒隐社小启》。是年,参加南社。

梁纪佩在广州组织悟群著书社。

李盛铎、王侃叔在比利时创办远东通讯社。

唐钟元、陈智伟等倡议募款筹建广西图书馆。

按：1911年馆舍落成开放,定名广西图书馆,1919年改称广西省立第二师范附属图书馆。1928年10月10日更名为广西省立第一图书馆。1937年3月与广西省政府图书馆合并,称广西省政府图书馆。

罗正钧时任山东提学使,三月十一日奏准设立山东图书馆,馆内附设山东金石保存所。

按：1915年改为山东省公立图书馆,1929年改名为山东省立图书馆。1935年10月,新馆奎虚书藏竣工。1948年9月,由中国人民解放军济南军管会文教部接管，仍名山东省立图书馆。

徐世昌时任东三省总督，是年奏设陆海军图书馆。

沈曾桐时任广东提学使，奏请就张之洞所办广雅书局内设立藏书楼，将原广雅书院一部分藏书和广雅书局全部藏书公开阅览，内分藏书楼、藏版楼2部。

按：1912年6月改名为广东省图书馆，1917年改称广东省立图书馆。1933年停办，将馆藏图书5.3万余册移交广州市市立中山图书馆和广雅中学民众图书馆，1941年3月在闽北曲江复馆。

日国人高部道平来华传授日本围棋。

日本学者林泰辅开始研究甲骨文，为日本人首位甲骨文学者。

法国人威尔茨在青岛购买甲骨711片。

俄国人鄂登堡率领之考察远征队至中蒙接壤地区作考古发掘。

英国人马士回国。

按：马士1874年来华，在海关任职。所著《中朝制度考》、《中华帝国对外关系史》、《东印度公司对华贸易史》等，被视为西方研究中国晚清史的权威著作。

清学部图书馆编《钦定七经纲领》1卷刊行。

叶绳翥著《孝经孝翔学》1卷刊行。

韩晋昌著《读经志疑》1卷刊行。

皮锡瑞著《师赏春秋讲义》刊行。

按：系其子集皮锡瑞晚年在湖南高等学堂等校讲义排印成书。

廖平著《尊孔篇》1卷刊行。

章炳麟著《小学答问》2卷由钱玄同写刻刊行。

杨守敬著《水经注疏要删补遗》40卷及《续补》刊行。

按：杨守敬《水经注疏要删补遗序》曰："《水经注疏要删》初成，长沙王祭酒见之，致函愿出钱刻全书，而吾书实未编就。缘稿录狱书眉，凡十余部，排纂为难。而助我者唯熊会贞一人，又兼校刻历史舆图，不觉荏苒数年。今春忽得头晕之症，日者言禄命之将尽，惧生存不及杀青也。又即前编之未尽，及近日所得者，摘出为要删续编。自今以往，当屏除一切，如天之福，再得春秋数周，当底于成。吁！七十老翁，精殆力竭，乃欲负重行远，其不至有颠蹶者鲜矣。悲夫！"(《杨守敬学术年谱》)

文廷式著《续晋书艺文志》印行，为湖南木活字本。

朱寿朋纂《光绪朝东华录》64册由上海集成图书公司铅排刊行。

按：是书一名《东华续录》，系朱寿朋仿照蒋良骥、王先谦等所编《东华录》体例，收录光绪朝有关朝章国典、兵政大礼与列传等材料辑成的一部编年体资料长编。起自同治十三年十二月(1875)，讫于光绪三十四年九月(1908)，凡34年，220卷，有重要的史料价值。

沈桐生辑，董沅、董润校《光绪政要》34卷由上海崇义堂刊行。

按：是书据光绪朝谕旨、奏疏、官书、报章及私家著作编纂而成。始于光绪元年(1875)，讫于光绪三十四年(1908)，凡内政、外交诸大事，均按月排比。

敕修《德宗实录》，阅11年成书。

清廷始铅印《钦定现行刑律按语》2卷、《钦定大清现行刑律》36卷，至

法国拉法格发表《思想起源论》。

德国倭铿著《现代精神潮流》。

美国詹姆斯著《真理的意义》。

德国杜里舒著《有机体的哲学》。

德国卡尔·汉珀出版《萨利安和斯陶芬时代的德国皇帝史》。

德国卡尔·兰普雷希特发表史著《德意志史》。

英国康韦·劳埃德·摩尔根发表《本能与习性》。

德国非利克斯·克莱因发表《用高等数学的观点解释基础数学》。

1911 印竣。

  王先谦著《五洲地理志略》36 卷成书。

  王崧纂《云南备征志》21 卷重刊。

  金炳麟、王以铨辑《中国女史》成书。

  王闿运著《湘军志》16 卷重刊。

  罗振玉成《扶桑再游记》1 卷。

  吴士鉴著《西洋历史讲义》成书。

  汪荣宝著《本朝历史讲义》刊行。

  罗振玉著《唐折冲府考补》1 卷、《隋唐兵符图录》1 卷成书。

  罗振玉辑《敦煌石室遗书》13 种由诵芬室排印刊行,附斯坦因《流沙访古记》(王国维译)。

  罗振玉撰《敦煌石室书目及发现之原始》,载是年《东方杂志》第六卷第 9 期;《莫高窟石室秘录》,载《东方杂志》第六卷第 10、11 期。

  罗振玉校古写本《尚书》、《周书》,成《校勘记》1 卷;校录《沙州志》残卷,附《校录札记》1 卷;得日本林泰辅寄赠《清国河南汤阴发现了龟甲兽骨》,始着手作答,写成《殷商卜贞文字考》1 卷。

  按：《殷商卜贞文字考》是年石印出版,后又加以补充,写成《殷墟书契考释》(1914 年王国维写印本,1925 年增订为 3 卷,东方学会石印)。本书对于甲骨文的研究有一定贡献。

  王仁俊辑《敦煌石室真迹录》6 卷、附 1 卷石印刊行。

  端方著《匋斋藏石记》44 卷、《藏博记》2 卷石印刊行。

  庞元济著《虚斋名画录》16 卷刊行。

  王国维译《世界图书馆小史》刊行。

  孙毓修著《图书馆》,连载于《教育杂志》。

  按：美国杜威图书十进分类法介绍至中国始此。

  谢荫昌译日本广野周二郎著《图书馆教育》。

  按：是为中国最早之图书馆学书籍。

  邓实辑《风雨楼秘笈留真》始刊。

  曾国藩著《曾文正公手书日记》40 册刊行。

  《湘路危言》由留日湖南同乡会刊行,8 万言,铅印 1 册,非卖品。

  按：本书名为保路运动,实即攻击清政府及其官吏,其中《张之洞死后之湖南》及《留东湖南同乡会致曾广书》二文尤为激烈。后《磨剑室藏革命文库目录》、阿英《辛亥革命书征》、冯自由《辛亥前海内外革命书报一览》均未著录,可见当时已属罕见之本。

  钱恂著《意大利宪法疏证》成。

  严复译孟德斯鸠著《法意》第 7 册由商务印书馆刊行,全书 7 册至是刊毕。又译耶方斯著《名学浅说》由商务印书馆刊行。

  容闳自传《西学东渐记》由纽约亨利·霍尔特图书公司出版。

  按：原书用英文写成,书名《我在中国和美国的生活》,共 22 章。自道光八年(1828)写到光绪二十七年(1901),自述其经历太平天国运动、洋务运动、戊戌变法和从事教育、政治、经济等活动。1915年，商务印书馆出版徐凤石、恽铁樵节译本，始改名为《西学东渐记》。

梁启超著《管子传》成书，有自序。

王先谦著《庄子集解》8卷刊行，有自序。

王国维校《南唐二主词》；辑《后村别词补遗》1卷，并作跋；修订《曲录》6卷；撰《戏曲考源》1卷、《优语录》1卷、《唐宋大曲考》、《录鬼簿校注》、《曲调源流表》等刊载于《国粹学报》、《国学丛刊》。

王国维校《寿域词》，作校记、跋；校《石林词》；校补《放翁词》；校《片玉集》，并作跋。

沈粹芬、黄人、王文濡辑《清文汇》200卷成书。

按：原名《国朝文汇》，由于"国朝"已成历史，故后人改称今名。收清文1300余家，10000余篇，其中有若干流传较少的作品。编者自谓旨在反映一代之政教风尚、学术思想，所录不名一家，不拘一格。选录虽未尽当，但取材较富，有一定参考价值。《清文汇》于清光绪三十四年(1908)开始编集，至宣统元年(1909)成书。有上海国学扶轮社印本。

马其昶著《抱润轩文集》10卷刊行。

刘坤一著《刘忠诚公遗集》66卷刊行。

张之洞选师友遗诗为《思旧集》由官书局刊行。又手定《广雅堂诗集》。

俞思源著《春水船诗钞》刊行。

苏曼殊译《拜伦诗选》刊行，自为序。

胡赞采著《蠡测偶记》刊行。

吴沃尧著《近十年目睹之怪现状》即《最近社会龌龊史》20回，著小说集《趼人十三种》刊行。

黄小配著《宦海升沉录》刊行。

鲁迅、周作人合译《域外小说集》第1集、第2集在日本刊行。

包公毅译俄国契诃夫著《六号室》小说成，有《小说时报》本。

彭养鸥著《黑籍冤魂》由上海改良小说社刊行。

张春帆著《宦海》20回由环球社刊行。

陆士谔著《新三国》30回、吴沃尧著《新石头记》40回、婆语著《新花月痕》14回、冶逸著《新七侠五义》24回、煮梦著《新西游记》30回由改良小说社刊行。

听涛室主人搜集昆曲剧本汇编《异同录》成书。

黄元御著《黄氏医书八种》由上海江左书林石印重刊。

沈金鳌著《沈氏尊生书》5种石印重刊。

张锡纯著《医学衷中参西录》刊行。

上海学部图书馆辑刊《元健斋数学丛书》。

国学保存会辑《国粹丛书》3集49种刊毕。

按：《国粹保存会国粹丛书广告》曰："近顷东文翻译之书盛行，短书小册，充塞于市。其书每多东涂西抹，至无可观。学者购一书，不能得一书之益。其一时风潮所煽，致使吾国古籍，虽极重要、极通行者，任购一种，反不可得。近日西方学者，方谓二十世纪之世，当以研求东洋二古学为急务（一中国学，一印度学），至设东方博学会，以搜求汉文典籍。本会有鉴于此，以研究国学保存国粹为宗旨，志在搜罗遗籍，或版已久佚者，或未曾刊行者，皆择其至精至要，无愧国粹，切于时用者，审定印行。汇为《国粹丛书》一大部，分作三集。今先将征采所得者，陆续付印行世。有宝国学，好古敏求之君子，当亦乐乎此也。"（转引自汪家熔《辛亥革命前国粹派的出版活动》，《出版科学》2004年第6期）

沈宗畸辑《晨风阁丛书》22种刊行。

W. T. 哈里斯卒(1835—)。美国哲学家。

吉尔卒(1850—)。瑞士哲学家。

H. 艾宾浩斯卒(1850—)。德国心理学家。

孙家鼐卒(1829—)。家鼐字燮臣，号蛰生、澹静老人，安徽寿州人。咸丰九年一甲一名进士，授翰林院修撰。同治七年，奉旨在上书房行走。光绪四年，命在毓庆宫行走，与尚书翁同龢授上读。累迁内阁学士，擢工部侍郎。历任工部、户部、吏部、礼部等部尚书。光绪二十四年，任管理京师大学堂事务大臣、协办大学士，创办京师大学堂。戊戌变法失败后，以病为由辞去官职。二十九年，任学务大臣，参与"新政"。三十三年，任武英殿大学士，为资政院两总裁之一。三十四年赏太子太傅。卒谥文正。事迹见《清史稿》卷四四三、《清史列传》卷六四。

按：《清史稿》本传曰："孙家鼐，字燮臣，安徽寿州人。咸丰九年一甲一名进士，授修撰。历侍读，入直上书房。光绪四年，命在毓庆宫行走，与尚书翁同龢授上读。累迁内阁学士，擢工部侍郎。江西学政陈宝琛疏请以先儒黄宗羲、顾炎武从祀文庙，议者多以为未可，家鼐与潘祖荫、翁同龢、孙诒经等再请，始议准。十六年，授都察院左都御史、工部尚书，兼顺天府尹。二十年，中日事起，朝议主战，家鼐力言衅不可启。二十四年，以吏部尚书协办大学士。命为管学大臣。时方议变法，废科举，兴学校，设报编书，皆特交核覆，家鼐一裁以正。尝疏谓：'国家广集卿士以资议政，听言固不厌求详，然执两用中，精择审处，尤赖圣知。'其所建议，类能持大体。及议废立，家鼐独持不可。旋以病乞罢。二十六年，乘舆西狩，召赴行在，起礼部尚书。还京，拜体仁阁大学士。历转东阁、文渊阁，晋武英殿。充学务大臣，裁度规章，折衷中外，严定宗旨，一以敦行实学为主，学风为之一靖。议改官制，命与庆亲王奕劻、军机大臣瞿鸿禨总司核定。御史赵启霖劾奕劻及其子贝子载振受贿纳优，命醇亲王载沣与家鼐往按，启霖坐污蔑亲贵褫职，而载振寻亦乞罢兼官。资政院立，命贝子溥伦及家鼐为总裁，一持正议不阿。时诏诸臣轮班进讲，家鼐撰尚书四子书讲义以进。三十四年二月，以乡举重逢，赏太子太傅。历蒙赐"寿"，颁赏御书及诸珍品，赐紫缰，紫禁城内坐二人暖轮，恩遇优渥。宣统元年，再疏乞病，温诏慰留。寻卒，年八十有二，赠太傅，谥文正。家鼐简约敛退，生平无疾言遽色。虽贵，与诸生钧礼。闭门斋居，杂宾远迹，推避权势若怯。尝督湖北学政，典山西试，再典顺天试，总裁会试，屡充阅卷大臣，独无所私。拔一卷厕二甲，同列意不可，即屏退之，其让不喜竞类此。器量尤广，庚子，外人请惩祸首戮大臣，编修刘廷琛谓失国体，责宰辅不能争，家鼐揖而引过。其后诏举御史。家鼐独保廷琛，谓曩以大义见责，知忠鲠必不负国，世皆称之。"

张之洞卒(1837—)。之洞字孝达，又字香涛、香岩，号壶公，又号无竞居士，直隶南皮人。同治二年进士，廷对策不循常式，用一甲三名授编修。六年，充浙江乡试副考官，旋督湖北学政。十二年，典试四川，就授学政。光绪初，擢司业，再迁洗马。曾任翰林院侍讲学士、山西巡抚、湖广总督、两江总督、体仁阁大学士、军机大臣等。自光绪十五年起,力办洋务,先后开办广东水师学堂、矿物局、汉阳铁厂、湖北枪炮局等。卒谥文襄。著有《张文襄公全集》。事迹见《清史稿》卷四三七、《清史列传》卷六四、蔡冠洛《清代七百名人传》第一编、陈宝箴《清诰授光禄大夫体仁阁大学士赠太保张文襄公墓志铭》、陈衍《张相国传》(均见《碑传集补》卷二)。许同莘编有《张文襄公年谱》(上海商务印书馆1947年版),冯天瑜、何小明著有《张之洞评传》(南京大学出版社1991年版)。

按:《抱冰堂弟子记》曰:张之洞"经学,受于吕文节公贤基;史学、经济之学,受于韩果靖公超;小学,受于刘仙石观察书年;古文学,受于从舅朱伯韩观察琦。学术兼宗汉宋,于两汉经师、国朝经学诸大师及宋明诸大儒,皆所宗仰信从。汉学师其翔实,而遗其细碎;宋学师其笃谨,而戒其骄妄空疏,故教士无偏倚之弊。平生学术,最恶公羊之学,每与学人言,必力诋之,四十年前已然,谓为乱臣贼子之资。至光绪中年,果有奸人演公羊之说以煽乱,至今为梗。最恶六朝文字,谓南北朝乃兵戈分裂、道丧文敝之世,效之何为?凡文章本无根柢,词华而号称六朝骈体,以纤仄拗涩,字句虽凑成篇者,必黜之。书法不谙笔势,结字而隶楷杂糅,假托包派者亦然。谓此辈诡异险怪,欺世乱俗,习为愁惨之象,举世无宁宇矣。果不数年,而大乱迭起,士大夫始悟此论之识微见远也"(《张文襄公全集》卷二二八)。《清儒学案》卷一八七《南皮学案》曰:"清季政治为新旧递嬗之际,亦新旧交争之际,学术同然,新机不可不启,旧统不可不存,乃克变而不失其正。文襄身体力行,语长心重,合汉、宋、中、西,以求体用兼备之学。规模闳远,轨辙可循,虽时势所趋,未必尽如其志,守先待后者,所当奉为龟鉴也。"

英国人巴尔福卒(1846—)。同治九年,到上海经营丝茶,后从事新闻工作。十二年起,先后主编英文《晚报》、《晋源报》和《华洋通闻》。十三年,出版报刊文集《远东浪游》。光绪五年,应聘去北京同文馆讲课。七至十一年,任《字林西报》总主笔。后曾在京师大学堂任教。曾将《道德经》、《南华经》译成英文出版。

刘鹗卒(1857—)。鹗原名孟鹏,字云抟,改名鹗,字铁云,又字公约,别署洪都百炼生,江苏丹徒人。通算学、乐律、医学、治河等,又信仰泰州学派,喜金石碑版,为中国最早的甲骨文收藏者之一。所著《铁云藏龟》是中国第一部甲骨文字著录书。所著《老残游记》,是晚清谴责小说代表作之一。另著有《黄河七说》、《弧角三术》。事迹见蒋逸雪编《刘铁云年谱》(《扬州师范学院学报》1959年第3期)。

丁惠康卒(1868—)。惠康字叔雅,号惺庵,广东丰顺人。丁日昌第三子。与陈三立、吴保初、谭嗣同并称清末"四公子"。能诗善书,精于金石书画之鉴别。著有《丁征君遗集》。事迹见陈衍《丁叔雅征君行状》、姚梓芳《丁惠康传》(均见《碑传集补》卷五二)。

殷夫(—1931)、吴晗(—1969)、袁枚之(—1978)生。

宣统二年 庚戌 1910年

日本灭李氏朝鲜。

葡萄牙共和国成立。

国际心理分析协会在德国纽伦堡成立。

正月初三日戊申（2月12日），同盟会会员倪映典发动广州新军起义，战死。

十一日丙辰（2月20日），顺天府奏筹设顺属简易识字学塾办理情形。

十五日庚申（2月24日），贵州巡抚庞鸿书奏设简易识字学塾办理情形。

十八日癸亥（2月27日），清廷颁布中国红十字会试办章程，命盛宣怀充红十字会会长。

二月十四日戊子（3月24日），邮传部批准湖北设立商办粤汉、川汉铁路公司。

二十一日乙未（3月31日），汪精卫、黄树中、喻培伦等谋炸摄政王载沣事泄。后汪、黄被捕入狱。

是月，颁布《大清著作权律》。

按：该书分5章55款。规定：著作权为著作人终身所有，如著作人身亡，由其承继人继续享受至30年。照片著作权有10年，未著姓名的著作，与以官署、学堂、公司、局所、寺院、会所名义发表的著作，其著作权均专有至30年。凡经呈报注册的著作，他人不得翻印仿制，或者以各种假冒方法侵犯著作人权利。

清廷颁布《法院编制法》。

三月初四日戊申至初六日庚戌（4月13—15日），湖南长沙发生抢米风潮，焚毁外国教堂及学校。

是月，山东巡抚孙宝琦奏保护海源阁藏书。

四月初一日甲戌（5月9日），清廷命资政院于本年九月一日开院，并公布钦定宗室王公世爵各部院官及硕学通儒议员88人名单。

十四日丁亥（5月22日），颁布币制则例。

十五日戊子（5月23日），清廷与英、德、法、美四国银行在巴黎达成铁路借款协议。

是月，学部奏准派编修缪荃孙任京师图书馆正监督。

五月二十一日癸亥（6月27日），都察院代递咨议局议员孙洪伊等第二次呈请速开国会，清廷发布上谕，宣布俟九年筹备完全，再行降旨定期召集国会。

六月二十二日甲午（7月28日），学部公布通行京外学务酌定方法并改良私塾章程。

九月初一日辛丑（10月3日），清廷成立资政院，行开院礼。

十六日丙辰（10月18日），第一次全国运动会在上海开幕。

十八日戊午(10月22日),资政院接受孙洪伊等第三次速开国会的上书。

二十二日壬戌(10月26日),资政院通过奏请速开国会。

十月初三日癸酉(11月4日),清廷宣布缩短预备立宪期,改于宣统五年实行开设议院,并预行厘定官制,组织内阁,编纂宪法。

是日,颁布《令民政部及各省督抚解散请开国会之代表谕》。

二十九日己亥(11月30日),宪政编查馆大臣奕劻等奏考核京外各衙门第三年第一次筹备宪政情形。

十二月初二日壬申(1911年1月2日),奉天、直隶、四川等省学生散发传单,停学罢课,要求速开国会。清廷命学部、各省督抚严行禁止,随时弹压。

二十五日乙未(1月25日),颁布《新刑律总则》及暂行章程。

二十六日丙申(1月26日),学部奏改订劝学所章程。

二十九日己亥(1月29日),颁布新修订之报律。

是月,改订中学章程,分为文、实两科。

是年,教育法令研究会有《研究各学堂奖励章程》报告。

孙中山正月自纽约抵旧金山。二月,自旧金山往檀香山,寻成立同盟会分会。四月,接黄兴书,论革命计划。六月,自日本至新加坡。十月,与黄兴、胡汉民会于南洋槟榔屿,谋再在广州举事。十二月,在纽约筹款。

黄兴一月在《日华新报》发表《章炳麟背叛革命党人之铁证》,斥章炳麟为清廷特务、革命党之叛徒、是疯子。二月到香港参与领导广州新军起义。十一月十三日,参加英属槟榔屿会议,决定再次组织广州起义。不久,去南洋募款。

宋教仁六月拟与孙中山商议整顿同盟会事,未果。秋,与谭人凤、林时爽、邹永成等谋组中部同盟会,在长江流域起义,并提出上、中、下革命三策。十二月三十一日离日归国。

谭人凤奉黄兴之命,由东京至广州参加新军起义。事败后,又返回东京。五月上旬,召集在东京的十一省区同盟会分会长会议,研究改良同盟会问题。九月,至香港,取得黄兴对组织中部同盟会的同意和支持。然后到南方支部晤胡汉民,胡氏反对组织中部同盟会,谭、胡二人发生争辩,不欢而散。

康有为和梁启超主持、何国桢编辑之立宪派报刊《国风报》正月在上海创刊,自任总撰稿,何国桢为发行人。十一月,又发起成立国民常识学会,并向商务印书馆张元济接洽印刷事,后未果。《国风报》1911年7月停刊。

孙洪伊一月二十六日带领"请愿国会代表团"33人向都察院呈递请愿书,要求朝廷缩短立宪筹备期,清廷拒绝代表团的请求,仍然坚持原定九年期限,循次筹备。孙洪伊等即商议发动第二次请愿运动,并组织"请

英国索迪等提出同位素假说,后又提出放射元素位移法则,放射化学始为独立学科。

德国施坦尼茨开创现代抽象代数。

德国夏奈、威耳森等首次测定恒星温度。

美国托·摩尔根研究果蝇的体性遗传。

愿即开国会同志会"，总部设于北京，各省设立分会。为配合请愿运动，梁启超先后在其主编的《国风报》上发表《立宪九年筹备案恭跋》、《宪政浅说》、《中国国会制度私议》、《论请愿国会当与请愿政府并行》、《论政府阻挠国会之非》等文。六月十六日，请愿代表80余人前往都察院，呈递不同社会团体的10份请愿书，仍为清廷所拒绝。第二次国会请愿运动再次失败。孙洪伊又复电各省，准备第三次请愿，誓死不懈。八月十五日，请愿国会代表团召开评议会，决定将第三次请愿时间从原定的宣统三年二月提前到本年九月间资政院开会期间进行。

章炳麟正月在日本东京发起重建光复会总部，自任会长，陶成章为副会长。同月，在东京创办《教育今语杂志》，以保存国故，振兴学艺，提倡平民普及教育为宗旨。并在该杂志上发表《中国文化的根源与近代学术的发达》。又与黄侃在日本创刊《学林》杂志，在该杂志上发表《文始》、《五朝学》、《封建考》、《信史》、《思乡愿》、《秦政记》、《秦献记》、《医术平议》等文。

章炳麟作《驳皮锡瑞三书》，刊载于《国粹学报》，批驳皮锡瑞所撰《王制笺》、《经学历史》、《春秋讲义》三书。是为古今文经学的一次重要论争。

　　按：章炳麟的《驳皮锡瑞三书》，即《孔子作易驳议》、《孔子制礼驳议》、《王制驳议》。其曰："善化皮锡瑞尝就《孝经》郑注为之义疏，虽多持纬候，扶微继绝，余甚多之。其后为《王制笺》、《经学历史》、《春秋讲义》三书，乃大诬谬。《王制笺》者，以为素王改制之书，说已荒忽。然《王制》法品，尽古今夷夏不可行，咎在博士，非专在锡瑞也。《经学历史》钞疏原委，顾妄以己意裁断，疑《易》、《礼》皆孔子所为，愚诬滋甚！及为《春秋讲义》，又不能守今文师说，糅杂三传，施之评论，上非讲疏，下殊语录，盖牧竖所不道。又其持论多以《四库提要》为衡。《提要》者，盖于近世书目略为完具，非复《别录》、《七略》之俦也。其序多两可，不足以明古今是非。锡瑞为之怔惑，兹亦异矣！"（章太炎、刘师培《中国近三百年学术史论》）。

严复正月与伍光建等充海军筹办事务处顾问官。四月，与吴士鉴、劳乃宣、陈宝琛等10人以"硕学通儒"资格充资政院议员。是年，又与张元济、夏曾佑等创办师范讲习社。

林纾正月因京师大学堂开始分科，不再在预科和师范馆讲课，改教大学经文科。二月，监察御史江春霖因七次上疏，弹劾庆新王老奸误国，被清廷斥退，遂辞官。林纾特意绘《梅阳归隐图》，并作序送行。四月，自选历年所作古文共109篇，题名《畏庐文集》，由商务馆印行。

刘师培撰有《贾子新书校补》、《左氏学行于西汉考》、《史记述尧典考》，在《国粹学报》上发表。是春，随端方至天津，任直隶督辕文案、学部谘议官等职。其妻何震经南桂馨介绍，在阎锡山家任家庭教师。五月，校《晏子春秋》。是秋，拜徐绍桢为师，学六历。

苏曼殊任教爪哇中华学校，结识黄水淇、张云雷、丁嵘、魏兰、沈均业，其中大都为光复会中坚。十月，欲译印度名剧《沙恭达罗》，未果。

罗振玉正月补刊《二李唱和集》中阙页并改正误字，作跋。五月取付石印，为考证甲骨文字之始。整理所得甲骨，拟为《殷虚书契前编》，考释为《殷虚书契后编》。秋，辑录昭陵新出碑为《昭陵碑录补遗》。创办《国学丛刊》，一年成有六编。是年，遣友祝继先等至安阳收购甲骨。充学部考试提调官。作文有《说文二徐笺异序》、《善业泥跋》。

王国维二月校《录鬼簿》。录《能改斋漫录》记杜安世一则，作《寿域词》补跋。三月读《元曲选》，并以《雍熙乐府》校之，作《元曲选跋》。六月，译作《世界图书馆小史》始陆续刊出。九月，作《续墨客挥犀跋》、《盛明杂剧跋》、《录鬼簿》补跋。将已刊《人间词话》64则进行修订，并加附记。十二月，草《清真先生遗事》、《古剧脚色考》。

欧阳庚因1908年墨西哥革命时杀害华侨一事，作为清廷特使赴墨西哥索赔。罗振玉、王国维委托他查证华侨中有无殷人东迁的痕迹，并由摄政王载沣批准。

叶德辉、王先谦四月以挟私酿乱罪给予惩处。

缪荃孙九月离南京，赴京任京师图书馆馆长。组织编写《京师图书馆目录》和《清学部图书馆方志目》，后者为目前所见最早的方志目录。

杨守敬受聘为湖北通志局协纂，张仲炘任总纂。

辜鸿铭正月为纪念张之洞，撰写《清流传》（英文名《中国牛津运动故事》）在上海发表。是秋，又撷拾在张之洞幕府的见闻，成《张文襄幕府纪闻》一书，署名"汉滨读易者"。后又将此书译为英文，发表于《皇家亚洲学会华北分会季刊》。辞去外务部职，移居上海任南洋公学教务长。与胡荣铭等五月在保定正式成立共和会，推举胡荣铭、林伯衡、熊得山等7人为干事，胡荣铭为干事长。

按：德国著名汉学家传教士卫礼贤根据辜氏《尊王篇》和《清流传》而编译的德文《为中国反对欧洲观念而辩护：批判论文》一书，在德国出版，深受德国新康德主义者欢迎，并成为哥廷根大学哲学系学生必读书。

柳亚子三月与陈去病、高旭等在杭州举行南社第二次集会。七月，与黄宾虹、包公毅、林獬等在上海举行南社第三次集会。是年，主编《南社丛刻》首集出版。

盛宣怀正月任中国红十字会会长，九月以捐资筹建上海图书馆，赏御书匾额。十二月，任邮传部尚书。

按：上海图书馆原名"愚斋"，入藏各类图书10万册，后缪荃孙编成《愚斋图书馆藏书目录》。

沈家本支持和推动的北京法学会成立，是为中国第一个全国性的法学学术团体，沈家本被推选为首任会长。明年五月，法学会创办了刊物《法学会杂志》。

柯绍忞四月以各部院衙门官资格充资政院议员，八月，以大学经科监督暂署总监督。

杨度正月初一日致书邮传部，陈述官商合办粤汉铁路之策。二月中旬，因资政院行将召集，宪政编查馆电催入京，始离湘北上。三月初四日，公布《致湖南铁路拒款代表书》。十月初三日，奏请立即召开国会，并驳斥所谓宪法、内阁没有预备在先，故国会不能过速的言论。其折留中。十一月初一日，资政院开第二十一次会议，始议《新刑律》。杨度作为《新刑律》

起草者之一,以政府特派员身份到院演说大清刑律不能不改良之理由,及为《新刑律》拟订宗旨。十一月初四日,资政院续议《新刑律》,杨度到院发表《论国家主义与家族主义之区别》的演说。十一月下旬,专折入奏,请赦用梁启超,以俾宪政。其折留中,乃自行刊入《帝国日报》。

傅增湘等十一月以筹备宪政出力诏嘉奖。

唐景崇二月为学部尚书。

按:《清史稿》本传曰:"宣统元年,戴鸿慈卒,遗疏荐景崇堪大用。二年,擢学部尚书。明年,诏设内阁,改学务大臣。是时学说纷歧,景崇力谋沟通新旧,慎择教科书。兼任弼德院顾问大臣。"

严修三月因病开缺学部侍郎,以李家驹为右侍郎。

梁敦彦以特使身份出使美国和德国协商与中国联盟之事。

按:在此期间,辛亥革命爆发。梁敦彦作为清政府的外务大臣不便回国,便留在欧洲,遍游西欧各国,考察各国政治经济及文化。1914年,梁敦彦回国任徐世昌内阁交通总长,总管全国的铁路、轮船、电报及电话。

李家驹十二月进呈《日本祖说制度考》、《会计制度考》。

刘锦藻十一月以进呈所纂《皇朝续文献通考》,赏给内阁侍读学士衔。

张君劢等游学毕业生九月赏给各科进士出身。

张元济二至十一月游历欧美,考察文化教育。十月下旬,在巴黎曾访问汉学家沙畹。

汤寿潜四月游历广东,对广东各界发表请开国会的演说,再次论及君主立宪制度的益处,希望广东各界发扬三元里人民斗争精神,再接再厉,再次发动国会请愿运动(《汤蛰仙学使游历粤省演说词》,《时报》1910年4月25日)。八月,被清廷革除全浙铁路公司总理职,不准干预路政。

钱玄同四月间离日归国,任浙江嘉兴、海宁等中国国文教员。

沈颐在《教育杂志》第十二期发表《论改良私塾》一文。

胡适赴美留学,入康奈尔大学农科,后转入文科。

梁漱溟读《立宪派与革命派之论战》一书,热心于政治改造。结识甄元熙,在其影响下,由主张立宪转向革命。

三多是年实授蒙古库伦办事大臣。任职期间,曾拓印许多突厥碑铭,单阙特勤碑拓本就多达200多份。在拓本题跋中自称"库伦使者"。

按:王国维认为,三多拓印的一块汉文残石,为西方考察队遗漏。三多卸任时还为阙特勤碑建过碑亭。沈曾植、罗振玉和陆和九都得到过三多拓印的九姓回鹘可汗碑。罗振玉利用三多拓本而写成《九姓回鹘可汗碑校补》,王国维据三多拓本写有《九姓回鹘可汗碑跋》。

欧阳予倩等在上海组成新剧同志会,演出《家庭恩怨记》、《猛回头》、《热血》、《社会钟》等话剧。

李叔同毕业于日本东京上野美术学校,归国初任天津直隶模范工业学堂美术教习。

李详应安徽布政使沈曾植聘,至苏州存古学堂任教习,讲授史学及文选学。

劳乃宣在十一月资政院讨论杨度报告新刑律有用国家主义立法宗旨，批判封建家族主义原则时，竭力反对。

吴梅始任存古学堂检察官，居可园。是春，作《雷峰塔传奇跋》。是夏，作《仓桥记游诗》。与朱古微、郑叔问过往甚密。《霜猋词录》自是年始存稿。

叶楚伧在广东汕头设立俱乐部，组成反清组织"诗钟社"。又加入南社。

马君武继续在柏林工业大学学习。作诗《劳登谷寄柳人权》、《寄南社同人》，和寄给高旭的《变雅楼三十年诗征题词》等诗，加入南社。

余绍宋自日本回国居北京，归国后以法律科举人授外部主事。

陈去病在浙江高等学校任教。八月，在苏州高等学堂任教。

金绍城由美国至欧洲考察司法监狱审判制度，曾在巴黎访问汉学家沙畹，并得其所赠著作及石印画册。

陈衡恪自日本回国，在江苏南通师范学校任教，与吴昌硕过从甚密，得其指点。

马其昶应学部召，赴京编纂《礼记节本》，成，授学部主事。

马相伯重任复旦公学校长。夏，震旦学院行暑假礼，出席演说，反复推论古之学者为己，今之学者为人之义。十月，资政院行开院礼，列名于江苏省议局推选的民选议员名单上。

温世霖以全国学界同志会会长的名义，通电各省学校罢课，要求速开国会。

汪大燮任邮传部侍郎，旋任驻日公使。

吴宓赴西安应考，以优异成绩考取"留美第二格学生"。暑假，作剧本《陕西梦传奇》。秋，毕业于三原宏道高等学堂中学部。十一月，由陕西提学使护送到北京，到京后即剪去辫子。

庄俞在《教育杂志》第三期发表《论简易识字学塾》。

曾朴纳捐知府，分发浙江候补，前后任发审委员、宁波清理绿营官地局会办。

韩国钧正月兼任葫芦岛商埠督办。六月，与日本人大仓喜八郎签订合办本溪湖矿约事。与郑孝胥、汤寿潜论移民开垦事。

马一浮撰《诸子会归总目例序》。

黄节在广州参加南社。

王钟麒由朱少屏、柳亚子介绍加入南社。

按：王钟麒字毓仁，一作郁仁，号无生，别署天僇、天僇生、僇民、大哀、蹈海子、一尘不染等，江苏扬州人。1912年9月，与章士钊创办《独立周报》。著述宏富，主要有《三国史略》、《晋初史略》、《太平天国革命史》、《中日战争》、《世界史》、《本国地理》、《世界地理》、《三国志选注》、《天僇生诗钞》、《玉环外史》、《恨海鹃声谱》、《述庵秘录》、《述庵读书志》、《文坛挥麈录》等。

陆镜若在上海与王钟声合作，在味莼园演出新剧三周。

陈垣在广州光华医学院毕业留校任教，讲授生理学和解剖学。

喻长霖任京师女子师范学堂总理(校长)。

余棨昌自日本毕业归国,获法学学士学位。

唐文治发起成立各省教育总会联合会。

八指头陀为天童寺住持,兼住宁郡西河营之观音寺。八月至南京,与俞恪士、陈三立等交游。

杨文会创办佛学研究会于金陵刻经处,自任会长,成员有欧阳竟无、狄楚青、欧阳柱、梅撷芸、梅斐漪、蒯若木、李证刚、余同伯、陈义等人。

江亢虎在比利时撰《无家庭主义意见书》,宣传无政府主义。

宁调元在北京任《帝国日报》总编辑。曾加入南社。

刘复基谋刺立宪派杨度被捕,获释后投笔从戎,入湖北新军。

席聘臣自日本毕业归国,参加学部举办的留学生考试中列最优等,赐法政科进士。廷试二等,授翰林院庶吉士。

蒋履曾自日本京都帝国大学医科大学毕业归国,参加学部举办的留学生考试,列优等,赐医科举人。任京师大学堂卫生官,1912年离职。

俞同奎参加学部举办的留学生考试,列最优等,赐格致科进士,廷试一等,授翰林院编修。回京师大学堂任理科教习。

何育杰自英国留学毕业,参加学部举办的留学生考试中列最优等,受赐格致科进士。廷试一等,授翰林院编修。

陈祖良自法国留学毕业,在学部举办的留学生考试中列最优等,赐工科进士。廷试一等,授翰林院编修。

柏山自俄国留学毕业,参加学部举办的留学生考试,列中等,赐法政科举人。

李宝焌发表中国首篇航空学术论文《研究飞行报告》,又与刘佐成试制飞机。

胡石庵在汉口独资创办大成汉记印刷公司,编印白话小说、报纸多种,并秘密翻印《猛回头》、《革命军》等革命书籍。

常春元、张耀芬任正、副会长的中国铁路研究会在日本东京成立。五月出版《铁路界》。

李剑农留学日本,进入早稻田大学学习政治经济学。同时参加同盟会活动,与孙中山、黄兴、宋教仁、章炳麟等交往。

邓实、黄节等创办之《国粹学报》十二月停刊。

汤寿潜在上海创刊《天铎报》,并附画刊。

于右任在上海创办《民立报》。于右任为社长,编辑与撰稿人有宋教仁、范光启、景耀月、章士钊、叶楚伧、张季鸾等。1913年12月9日停刊。

按:张季鸾名炽章,笔名一苇、榆民等,以字行,陕西榆林人。1912年与于右任在上海创设民立图书公司,1913年创办北京《民立报》兼上海《民立报》通信,1915年任上海《民信日报》总编辑,1919年任政学会机关报《中华新报》总编辑,1926年任《大公报》总编辑。

徐佛苏主持之国会请愿同志会机关刊物《国民公报》七月在北京创刊。

蒲殿俊是夏在四川成立国会请愿同志会。七月，创刊《蜀报》，自任社长。

陈其美在上海创刊《中国公报》发行。三月又创《民声丛报》。主要撰稿有雷铁崖、林白水。

按：雷铁崖，原名昭性，字泽皆，后改詟皆，入同盟会后署名铁崖，四川自贡人。曾介绍王云五、杨杏佛、胡适之入同盟会，并任孙中山临时大总统秘书。另还创办《鹃声》、《四川》等革命刊物，在海外主持《光华日报》，宣传革命。

邵笠农等在北京创办《简字报》。

黄德钧、黄警群在广州创办《保国粹》旬刊。

王蕴章应上海商务印书馆之聘，赴沪创办《小说月报》，与恽铁樵共任主编。同年加入南社。

杨王鹏等八月将群治学社改组为振武学社。后詹大悲、何海鸣、蒋翊武、刘复基等以振武学社已经暴露，遂改名文学社，十二月在汉口召开成立大会，选举蒋翊武为会长，王宪章为副会长。同时创办文学社机关报《大江报》。

丁福保发起中西医学研究会，出版《中西医学报》。

按：丁福保字仲祜，号畴隐居士，别署济阳破衲，江苏无锡人。1912年创设医学书局，先后编印《汉魏六朝名家集初刻》、《全汉三国晋南北朝诗》、《历代诗话续编》、《清诗话》等。其撰写或注释、编纂的著作有《佛学指南》、《佛学初阶》、《金刚经》、《六祖坛经》、《佛学大辞典》、《一切经音义汇编》、《道藏精华录》、《老子道德经笺注》、《说文解字诂林》、《说文解字诂林补遗》、《六书正义》、《说文钥》、《古钱大辞典》、《古泉学纲要》等。

颜惠庆任英文《北京日报》主笔。

陈衍、赵熙在北京创立诗社。

任天知在上海成立职业新剧团进化团，并赴南京、武汉等市做旅行演出。

陈曾佑时任甘肃省提学使，是年在省城兰州创建图书馆。

按：该图书馆于1916年5月正式开办，定名为甘肃公立图书馆。1932年5月改名为甘肃省立图书馆。1949年10月，与国立兰州图书馆合并为兰州人民图书馆。

美国传教士赖德烈来华传教。

加拿大传教士明义士来华传教。

美国人韦棣华女士筹办的武昌文华公书林正式成立。

按：是为中国近代较早开办的公共图书馆，附设于文华大学，将中西文图书采用开架形式，公开陈列，凡武汉三镇各机关、各界人士皆可自由借阅。

日本人滨田耕作在旅顺刁家屯等地调查发掘汉墓。

日本人桔瑞超与吉川小一郎等至敦煌，获敦煌石窟一批写本文书。

加拿大传教士季理斐主持之英文刊物《中国基督教年鉴》在上海创刊。

按：季理斐为加拿大长老会传教士、广学会编辑。此刊由基督教教会组织广学会主办季刊，于研究各地教会活动情况以及许多统计材料，颇有参考价值。

比利时传教士贾鸣远等于内蒙古萨拉齐县境内设廿四顷地传教先生训练所。

按：此为天主教比利时圣母圣心会设于西南蒙古教区比较重要的神圣人员的培训机构，专门培养中国的传教人员。

德国希法亭出版《金融资本论》。

瑞士奥古斯特·福雷尔发表《昆虫的交配》。

奥地利弗洛伊德发表论著《论心理分析》。

章世臣著《周易人事疏证》刊行。

熊罗宿著《明堂图说》1卷刊行。

翟师彝著《孟子札记》4卷刊行。

章钧著《大学补遗》1卷刊行。

苏舆注《春秋繁露义证》17卷由长沙王先谦刊行。

按：该书正文前有其师王先谦所作之序和自序及例言，还有董子年表和《春秋繁露》考证，考证后附目录和正文。

周嵩年著《中国史研究法》刊行。

崔适著《史记探源》成书。

刘锦藻纂《皇朝续文献通改》320卷成书。

林纾著《评选船山史论》2卷由商务印书馆出版。

缪荃孙辑《续碑传集》86卷由江楚编译书局刊行。

韩国钧辑《东三省交涉要览》成书。

日人鸟居龙藏著《南满州调查报告》刊行。

王先谦辑《五州地理志略》刊行。

窦镇著《清朝书画家录》4卷成书。

杨守敬著《望堂金石二集》刊行，又著《三续寰宇访碑录》16卷、《古地志》32卷成书。

罗振玉以《国学丛刊》刊印《殷墟书契》，共3册，石印。

按：刘鹗死后，罗振玉得刘所藏大半甲骨，后派北京琉璃厂和山东的古董商人到河南替他收买甲骨，以后又派其弟罗振常、妻弟兆昌到安阳去搜集，所藏至数万片。本书就是在此基础上编印的。不久，清政府被推翻，罗以满清遗老自命，逃亡日本，再从所藏甲骨文字中选择精美者，辑录《殷墟书契前编》8卷，影印本，1910年初版，1932年重版，次序略有更正。

罗振玉著《殷商贞卜文字考》1卷、《雪堂金石跋尾》4卷刊行；辑《玉简楼丛书》22种刊行。

按：《殷商贞卜文字考》首先考定甲骨出土地安阳小屯为殷墟，并正确判明甲骨属于殷王室之遗物，认为"其文字虽简略，然可证史家之违失，考小学之源流，求古代之卜法"（《殷商贞卜文字考序》）。

罗振玉著《罄室所藏钤印》8册刊行。

按：罗振玉陆续刊行的印谱著作尚有：1915年钤印《赫连泉馆古印存》、《续存》1卷；1916年钤印《凝清室古官印存》2卷，石印《隋唐以来官印集存》1卷、《补遗》1卷、《附录》1卷（《楚雨楼丛书》）；1923年《贞松堂唐宋以来官印集存》1卷（玺印本）；1925年由东方学会铅印《玺印姓氏徵》2卷、附《检姓》；1927年石印《西夏官印集存》1卷。1929年石印《玺印姓氏补正》1卷（《辽居杂著》石印本）。

庐彤编《中国历史战争形势全图》由武昌同伦学社刊行。

陶成章著《浙案纪略》在日本初版刊行，仅有列传部分和《教会源流考》。

按：是书后于1916年由魏兰整理重印，共3卷。上卷为光复会革命斗争的纪事本末，中卷为光复会党人列传，下卷为光复会文告及清政府镇压革命的档案资料。另附《教会源流考》，为研究光复会历史的重要资料。

钱单士厘著《归潜记》成。

章炳麟著《国故论衡》3卷由日本秀光社刊行。

按：是书分上中下三卷，分别论述语言，音韵问题，文学问题，诸子学，凡七万余言。《国故论衡》收入《章氏丛书》第十三至十五册，有浙江图书馆刊本。另有一九四〇年印制华西大学丛书本《国故论衡疏证》。

蔡元培著《中国伦理学史》由商务印书馆刊行。

蔡元培由日文转译德国泡尔生著《伦理学原理》由商务印书馆刊行。

王国维译《教育心理学》由学部图书编译局排印刊行。

梁启超是年作的重要论文尚有《发行公债整理官钞推行国币说帖》、《论国民宜亟求财政常识》、《各省滥铸铜元小史》、《论中国国民生计之危机》、《公债政策之先决问题》、《地方财政先决问题》、《论地方税与国税之关系》、《国民筹还国债问题》、《再论筹还国债会》、《偿还国债意见书》、《论直隶湖北安徽之地方公债》、《论币制颁定之迟速系国家之存亡》、《格里森货币原则说略》、《敬告国中之谈实业者》、《节省政费问题》、《说常识》、《说政策》、《为国有期限问题敬告国人》、《论请愿国会当与请愿政府并行》、《国会与义务》、《责任内阁与政治家》、《官制与官规》、《外官制私议》、《中国外交方针私议》、《国会开会期与会计年度开始期》、《读日本大隈伯爵开国五十年史书后》、《改盐法议》、《中国国会制度私议》、《现今全世界第一大事》、《英国政界剧争记》、《国风报叙例》、《读农工商部筹借劝业富签公债折书后》、《谘议局权限职务十论》、《西藏战乱问题》、《新军滋事感言》、《军机大臣署名与立宪国之国务大臣副署》、《驭藏政策之昨今》、《湘乱感言》、《读度支部奏报各省财政折书后》、《读度支部奏定试办豫算大概情形摺及册式书后》、《国会期限问题》、《锦爱铁路问题》、《满洲铁路中立问题》、《台谏近事感言》、《米禁危言》、《读币制则例及度支部筹办诸折书后》、《论政府阻挠国会之非》、《资政院章程质疑》、《葡萄牙革命之原因及其将来》、《中国最近市面恐慌之原因》、《读十月初三日：上谕感言》、《评一万万圆之新外债》、《论资政院之天职》、《亘古未闻之豫算案》、《评新官制之副大臣》、《朱谕与立宪政体》、《评资政院》、《将来百论》、《改用太阳历法议》、《说国风上》、《说国风中》、《说国风下》等。

章炳麟修订《齐物论释》成书。

孙德谦著《诸子通考》刊行。

吴汝纶点勘《桐城吴先生点勘诸子七种》刊行。

孙诒让著《墨子间诂》由永嘉王子祥校刊刊行，王氏又别著《墨商》3卷。

沈粹芳、黄人等辑《国朝文汇》甲乙丙丁4集200卷由国学扶轮社石印刊行。

龚自珍著《龚定盦别集》1卷、《龚定盦诗集定本》2卷、《龚定盦词定本》1卷、《龚定盦集外未刻诗》1卷、《龚定盦集外未刻词》1卷由邓实编辑刊行。

吴曾祺辑《涵芬楼古今文钞》100册成书。

坐春书塾辑《宋代五十六家诗集》由北京龙文阁石印刊行。

沈曾植辑《西江诗派韩饶二集》刊行。

孙雄辑《道咸同光四朝诗史》中集8卷成书。

屈大均著《翁山诗补》19卷刊行。

章炳麟著《章太炎文钞》4卷由国学扶轮社刊行。

陈三立著《散原精舍诗》5卷由上海商务印书馆铅排刊行。

缪荃孙编次《东坡七集》成。又辑《藕香零拾七十九种》刊毕。

宋育仁著《哀怨集》刊行。

王国维著《人间词话》定稿。又著《古剧脚色考》成书。

刘师培著《左庵集》8卷、《白虎通义校补》2卷成书。

林纾著《畏庐文集》由商务印书馆刊行。

吴梅辑《奢摩他室曲丛》第一集刊行。

按：本集收吴梅村《临春阁》、《通天台》与自著《暖香楼》。

汪康年辑《振绮堂丛书》初集22种刊行。

邓实辑《风雨楼丛书》始刊，次年刊毕。

叶德辉著《书林清话》10卷刊行。

按：是书为一部以笔记体裁介绍中国古代书籍版本知识的著作。包括历代刻书款式、装订种类、工料比较、印刷程序以及鉴别、保存方法等。并叙述了雕版、活字的发展史实。对宋代以来的著名刻本和刻书、抄书、藏书的掌故均有叙及。是书1920年重刊。未成之余稿由其侄于1923年刊为《书林余话》2卷。

刘锦藻纂《皇朝续文献通考》成书。

蒋瑞藻始作《小说考证》正编10卷、续编5卷，另有附录及拾遗。

按：是书曾刊于上海《神州日报》，后由商务印书馆印行。其辑录有关中国古典小说、戏曲的作品本事、作家事迹等资料400余则，名为"小说考证"，而又兼收戏曲等资料。

周桂笙译法国左拉著《新厂丛谈》由群学社刊行。

林纾等译英国哈葛德著《三千年艳尸记》由商务印书馆刊行。

包公毅译法国艾克多·马洛的《苦儿流浪记》为《孤雏感遇记》，连载于《教育杂志》第二年第1期至第10期。直到1915年3月19日由商务印书馆初版时才正式题名《苦儿流浪记》。

英国白克浩司与濮兰德合撰《慈禧外纪》成书。

列夫·托尔斯泰卒（1828— ）。俄国作家、剧作家。

濮文暹卒（1830— ）。文暹初名守照，字青士，晚号瘦梅子，江苏溧水人。同治四年进士，授刑部主事。光绪九年简放潼关道，未至任，补授南阳府知府。晚年守制家居，当道延为府学堂总教习。著有《见在龛诗文集》、《石话杂记》等。事迹见陈作霖《钦加三品衔河南升用道南阳府知府濮公行状》(《碑传集补》卷二五)。

孙葆田卒(1840—)。葆田字佩南,山东荣成人。同治十三年进士,授刑部主事。光绪八年,改任知县铨授安徽宿松。十一年,分校江南乡试,调署合肥知县。后历主山东尚志书院、河南开封大梁书院。山东巡抚李秉衡上疏陈其学行,赐予五品卿衔。曾两度总纂《山东通志》,成书百余卷。著有《孟子编略》5卷、《校经室文集》6卷、《校经室文集补遗》1卷等。事迹见《清史稿》卷四七九、姚永朴《孙佩南大令》(《碑传集补》卷二六)。

按:《清史稿》本传曰:"葆田故从武昌张裕钊受古文法,治经,实事求是,不薄宋儒。历主山东、河南书院,学者奉为大师。巡抚张曜疏陈其学行,赐五品卿衔。中外大臣迭荐之,诏征,不出。"

周家禄卒(1846—)。家禄字彦升,一字惠修,晚号奥簃老人,江苏海门人。同治九年优行贡生,授江浦县训导,历署丹徒、镇洋、荆溪、奉贤训导。后游于夏子松、吴长庆、张绍臣、陆宝忠、卞诵臣、张筱帆、张之洞、袁世凯幕中,中间曾主师山书院、白华书塾、湖北武备学堂、南洋公学讲席。著有《三礼字义疏证》、《谷梁传通解》、《经史诗笺字义疏证》、《三国志校勘记》、《晋书校勘记》、《海门厅图志》、《国朝艺文备志》、《朝鲜国王世系表》、《朝鲜载记备编》、《反切古义》、《公法通义》、《寿恺堂诗文集》等。事迹见顾锡爵《海门周府君墓志铭》(《碑传集补》卷五二)。

黄嗣东卒(1846—)。嗣东字小鲁,湖北汉阳人。同治十二年拔贡,官刑部郎中,出为陕西候补道。历任凤邠盐法道、陕安兵备道。辑有《濂学编》6卷、《道学渊源录》100卷。事迹见陈三立《靖道府君墓志铭》(《道学渊源录》卷首)。

戴鸿慈卒(1853—)。鸿慈字光儒,号少怀,晚号毅庵,广东南海人。光绪二年进士,授翰林院编修,后历任礼部、户部侍郎,法部尚书,经筵讲官,参预政务大臣,礼部尚书,协办大学士,军机大臣,太子少保等职。三十一年,出使美国、英国、法国、德国和丹麦、瑞士、荷兰、比利时、意大利等国考察政治。著有《戴鸿慈出使九国日记》。事迹见《清史稿》卷四三九、《清史列传》卷六四、蔡冠洛《清代七百名人传》第一编、《军机大臣法部尚书协办大学士戴文诚公传》(《碑传集三编》卷三)。

于鬯卒(1854—)。鬯字体尊,号香草,江苏南汇人。黄彭年弟子。光绪二十二年拔贡,未仕。又师事张文虎和钟文烝。著有《香草校书》60卷、《周易读异》、《尚书读异》、《仪礼读异》、《卦气直日考》、《殇服》、《夏小正塾本》、《新定鲁论语疏正》、《史记散笔》、《古女考》、《种树琐闻》、《香草随笔》、《香草谈文》、《花烛闲读》、《楚词新志》、《澧溪文集》和《闲书四种》等。

宋恕卒(1862—)。恕初名存礼,字燕生,后名衡,字平子,别号六斋,自署不党山人,浙江平阳人。光绪八年,与陈虬、陈黻辰结求志学社,

瓦尔拉卒(1834—)。法国经济学家。

马克·吐温卒(1835—)。美国作家。

威廉·詹姆斯卒(1842—)。美国心理学家、哲学家、实用主义创始人之一。

波温卒(1847—)。唯心主义美国哲学家,人格主义的创始人。

欧·亨利卒(1862—)。美国作家。

后三人同倡维新，称"浙东三杰"。肄业诂经精舍，师从俞樾。十六年，上书张之洞，请变法。十八年，上书李鸿章，任北洋水师学堂汉文总教习。后任教上海龙门书院、金陵钟山书院。主张实行汉语拼音。二十三年，任杭州求是书院汉文总教习。著有《六斋卑议》、《六斋无韵文集》。今有《宋恕集》。事迹见马叙伦《召试经济特科平阳宋君别传》(《天马文存》卷二)、陈诗《宋征君事略》(《碑传集补》卷五二)。胡殊生编有《宋恕年谱》(《宋恕集》附)。

按：章炳麟《瑞安孙先生伤辞》曰："炳麟始交平阳宋恕平子，平子者，与瑞安孙先生为姻，因是通于先生。……而平子疏通知远，学兼内外，治释典，喜《宝积经》。炳麟少治经，交平子，始知佛藏。平子麻衣垢面，五六月著绵鞋，疾趣世之士如仇雠。外恭谨，恂恂如鄙人。夸者多举平子为笑，平子无愠色。及与人言学术，刚棱四注，谈者皆披靡。炳麟以先生学术问平子，平子勿深喜，然不能非间也。……平子虽周谨，顾内挚深，与人言，辄云'皇帝圣明'，今且用满洲文署其诗。炳麟素知平子性奇傀而畏祸，以此自盖，非有媚胡及用世意。谈言微中，亦咢咢见锋刃。世无知平子者，遂令朱张阳狂，示亲昵于裔夷，冀脱祸难，虽少戆，要之，世人负平子深矣！其言内典，始治《宝积经》，最后乃一意治《瑜伽》。炳麟自被系，专修无著世亲之说，比出狱，世无应者。闻平子治《瑜伽》，窃自喜，以为梵方之学，知微者莫如平子，视天台、华严诸家深远。"(《章太炎生平与学术自述》)

吴沃尧卒(1866—　)。沃尧又名宝震，字小允，改字茧人，后改趼人，自号我佛山人，别署茧叟等，广东南海人。幼从冯竹昆受业。又入佛山书院肄业。光绪九年，赴沪谋事。曾入江南制造军械局为书记，任《字林沪报》副刊《消闲报》编辑，历主《采风报》、《奇新报》、《寓言报》笔政。又赴武汉编《汉口日报》、任美商英文《楚报》中文版编辑。三十二年，应聘任《月月小说》总撰述。著有《九命奇冤》、《二十年目睹之怪现状》、《恨海》、《痛史》、《两晋演义》、《新石头记》、《近十年之怪现状》、《糊涂世界》、《发财秘诀》等小说。事迹见王俊年编《吴趼人年谱》(《中国近代文学研究》第二、第三辑)。

欧榘甲卒(1870—　)。榘甲字云樵，广东惠阳人。康有为门生。曾主《知新报》、《时务报》笔政，协助梁启超办《清议报》。光绪三十二年，得南洋华侨资助，创办光祖学堂，践行教育救国思想。

戢翼翚卒(1870—　)。翼翚字元丞，湖北房州人。光绪二十二年留学日本。二十六年，参加东京留学界组织励志会。又在日本组织译书汇编社，出版《译书汇编》。二十七年，与秦力山等在东京刊发《国民报》。二十八年，在上海组织出版《大陆报》。又与日本著名女教育家下田歌子合作，在上海开办作新社，专门出版由日文翻译的洋装书。与唐宝锷合著《东语正规》，译著有《万国宪法比较》等。

艾思奇(　—1966)、**金焰**(　—1983)、**华罗庚**(　—1985)生。

宣统三年　辛亥　1911年

三月初五日癸卯(4月3日),颁布尽忠节、守礼节、尚武勇、崇信义、敦朴素、重廉耻六条训谕军人。

十一日己酉(4月9日),命将游美肄业馆改名清华学堂,订立章程,先行开学。

十八日丙辰(4月16日),从邮传部奏,于上海吴淞创办商船学校。

二十九日丁卯(4月27日),同盟会在广州举行武装起义,史称黄花岗起义。

四月初一日己巳(4月29日),全国各省教育总会联合会在上海召开第一次会议,讨论有关实施军国民教育、统一国语方法、推行义务教育、改良小学教育等方案。会议决定请停止毕业奖励案,内容包括:实官奖励立即停止;废进士、举人、优、拔、岁贡、廪、增、附生等名称;大学堂毕业称学士,其他各学堂毕业均称毕业生,并另颁学位章程(朱有瓛《中国近代学制史料》第二辑上册)。

初十日戊寅(5月8日),诏废内阁、军机处及会议政务处,颁布新内阁官制,设立责任内阁,以奕劻为内阁总理大臣。

十一日己卯(5月9日),宣布铁路国有政策。

是日,中英签订禁烟条约。

二十二日庚寅(5月20日),邮传部大臣盛宣怀与英、法、德、美四国银行团在北京订立《湖北湖南两省境内粤汉铁路、湖北省境内川汉铁路借款合同》。

五月初四日辛丑(5月31日),学部奏准设立中央教育会,并公布中央教育会章程十四条。

十九日丙辰(6月15日),外蒙活佛哲布尊丹巴呼图成图召集蒙古王公于库伦密议独立。

二十一日戊午(6月17日),川汉铁路股东代表在成都开会,成立四川保路同志会。推举立宪党人蒲殿俊为会长、罗纶为副会长。

二十四日辛酉(6月20日),学部奏准《中央教育会会议规则》,并派张謇为会长,张元济、傅增湘为副会长。

按:是年,清廷学部召开中央教育会议,通过《统一国语办法案》,建议在京师成立"国语调查总会",各省设立分会,进行语词、语法、音韵的调查;根据调查的结果,审定国语标准,编辑国语课本、国语辞典和方言对照表等。又提出语音以京音为主,而调整四声,不废入声;语词以官话为主,而择其正当雅训者(参见《倪海曙语文论集》)。

第二次摩洛哥危机爆发。

意土战争爆发。土耳其军队惨败。

二十七日甲子(6月23日),颁布内阁属官官制、法制院官制。

是月,上海道发布通令,禁止书商铺私自翻印东文学社出版的图书,违者一经告发,即提案究罚。

六月二十五日辛卯(7月20日),礼部改设典礼院。

闰六月初六日壬寅(7月31日),宋教仁、陈其美、谭人凤等在上海成立中国同盟会中部总会,并在南京、安徽、湖北、湖南等地设立分会。

二十五日辛酉(8月19日),清廷设内阁官报,以公布法律命令。

七月初一日丙寅(8月24日),《申报》创刊《自由谈》副刊。

十五日庚辰(9月7日),四川总督赵尔丰镇压保路运动,屠杀请愿民众,酿成成都血案。旋四川保路同志军起义。

十七日壬午(9月9日),学部会奏酌拟停止各学堂实官奖励并定毕业名称。

按:梁启超对奖励学堂出身有批评,其《初归国演说辞》曰:"前清学制之弊,至今犹令人痛恨不已,其误国最甚者,莫如奖励出身之制。以官制为学生受学之报酬,遂使学生以得官为求学之目的,以求学为得官之手段。其在学校之日,希望者,为毕业之分数与得官之等差,及毕业以后,即抛弃学业而勉力作官矣。即海外之留学生……毕业以后,足迹甫履中国,亦即染此学风,抛弃其数年克苦所得之学问,而努力作官矣。故中国兴学十余年,不仅学问不发达,而通国学生,且不知学问为何物,前清学制之害,庸可胜言也。"(《饮冰室合集》之文集卷二九)

是日,学部奏停止各省高等、中等学堂毕业复试,将高等统归学部管辖,中等统归各省管辖。

二十四日己丑(9月16日),文学社、共进会联合会议,筹划起义,成立湖北革命军总指挥部,推蒋翊武为总指挥,孙武为参谋长。

八月十三日丁未(10月4日),清廷定国歌。

十九日癸丑(10月10日),武昌起义爆发。

二十日甲寅(10月11日),湖北军政府成立,改国号为中华民国。

二十六日庚申(10月17日),湖北军政府颁布《中华民国军政府条例》。

九月初一日乙丑(10月22日),长沙光复。

初二日丙寅(10月23日),湖南军政府成立。

十一日乙亥(11月1日),内阁总理大臣奕劻辞职,皇族内阁被取消,袁世凯任内阁总理大臣。

按:袁世凯被启用为总理大臣后,立即奏委蔡廷干为海军部军制司司长补授海军正参(海军参军长),又授予三品京堂候补并加二品衔,任袁氏的海军副官,专责协助袁氏一切外事活动。

十三日丁丑(11月3日),清廷颁布《宪法重大信条十九条》,宣布实行责任内阁制,将立法权移交国会。

按:第一条:大清帝国之皇统万世不易。第二条:皇帝神圣不可侵犯。第三条:皇帝之权以宪法规定者为限。第四条:皇帝继承之顺序,于宪法规定之。第五条:宪法由资政院起草议决,皇帝颁行之。第六条:宪法改正提案之权属于国会。第七条:

上院议员由国民于法定特别资格中公选之。第八条：总理大臣由国会公选，皇帝任命之；其他国务大臣由总理大臣推举，皇帝任命之；皇族不得为总理大臣、其他国务大臣，并各省行政长官。第九条：总理大臣受国会之弹劾时，非解散国会即内阁总理辞职，但一次内阁不得为两次国会之解散。第十条：皇帝直接统率海陆军，但对内使用时，须依国会议决之特别条件。第十一条：不得以命令代法律；除紧急命令外，以执行法律及法律所委任者为限。第十二条：国际条约，非经国会之议决，不得缔结，但宣战、媾和，不在国会开会期内，由国会追认之。第十三条：官制、官规以法律定之。第十四条：本年度之预算，未经国会议决，不得适用前年度预算；又预算案内规定之岁出，预算案所无者，不得为非常财政之处分。第十五条：皇室经费之制定及增减，依国会之议决。第十六条：皇室大典不得与宪法相抵触。第十七条：国务裁判机关由两院组织之。第十八条：国会之议决事项皇帝颁布之。第十九条：第八、第九、第十、第十二、第十三、第十四、第十五、第十八各条，国会未开以前，资政院适用之。（许崇德主编《中国宪法参考资料选编》）

二十五日己丑（11月15日），独立各省代表在上海开各省都督代表会议，决定推武昌军政府为中央军政府，以鄂军都督执行中央政务。

二十六日庚寅（11月16日），袁世凯入京就任总理大臣，组成内阁。

十月十六日庚戌（12月6日），监国摄政王载沣引咎辞职。

二十八日壬戌（12月18日），"南北和谈"在上海开始。伍廷芳代表革命军，唐绍仪代表袁世凯。

十一月初十日癸酉（12月29日），南京召开十七省代表会议，选举孙中山为中华民国临时大总统。

十三日丙子（1912年1月1日），孙中山在南京就任中华民国临时大总统，宣告中华民国成立。议决改用阳历，定是日为民国元年1月1日。

十五日戊寅（1月3日），十七省代表选举黎元洪为中华民国临时副总统。

十二月初二日乙未（1月20日），南京临时政府向袁世凯正式提出清帝退位优待条件。

初四日丁酉（1月22日），孙中山提出辞临时总统五项条件，电告袁世凯，并在各报发表。

初八日辛丑（1月26日），袁世凯授意段祺瑞、姜桂题等47名北洋将领，通电拥护共和并奏请清帝退位。

初十日癸卯（1月28日），南京临时参议院成立，林森、王正廷为正副议长。

十二日乙巳（1月30日），中华民国实业协会在南京成立，李四光、万葆元为正副会长，马君武为名誉会长。

十八日辛亥（2月5日），大清银行改为中国银行。

二十五日戊午（2月12日），清帝下诏退位。

二十六日己未（2月13日），袁世凯通电赞成共和。孙中山向参议院辞临时大总统职，推荐袁世凯继任临时大总统。

是年，清学部致函京师图书馆，应奥地利要求为庆祝奥皇帝八十寿辰,拟选择数种敦煌石室经卷,送奥地利京城特设实业手艺博物院展览。

南京临时政府教育部发布《普通教育暂行办法》,规定一律禁用清学部颁行的教科书。

商务印书馆参加德国特莱斯登万国博览会,得最优等金牌;又参加意国万国博览会,得金牌及最优等奖。

美国 H. 宾诺姆在秘鲁库斯科西北发现古印加人马丘比丘遗址。

英国卢瑟福通过 α 粒子散射实验,首先发现原子核之存在,并提出核型原子模型。

爱因斯坦提出球形粒子流体力学的粘度公式。

荷兰卡茂林·翁纳斯发现汞、铅、锡等金属超导电现象。

挪威探险家阿蒙森12月5日到达南极。

德国弗兰茨·普费姆菲尔德主编出版《行动》杂志。

孙中山正月自纽约抵旧金山,旋赴加拿大继续筹款。五月,复自纽约抵旧金山,命同盟会员均加入致公党。出席同盟会芝加哥分会会议,设立革命公司,作有《革命公司缘起》。十一月,自欧洲至香港,胡汉民由广州来迎,旋往上海,胡汉民等同行;上海各界举行欢迎孙中山大会。同月,就任中华民国临时大总统,胡汉民为秘书员。十二月,辞临时大总统职。

黄兴正月十八日抵香港,成立统筹部,任正部长,筹划广州起义。二月四日,委谭人凤为统筹部物派员,令其回两湖,策应广州起义。三月以黄花岗起义失败,还香港。八月,自香港致书上海同盟会中部总会商筹款。九月,自香港赴上海。旋偕宋教仁等抵武昌,任战时总司令官。十月,以主取南京与主守武昌之谭人凤等发生分歧,辞职,离武昌东去上海,留沪各省代表举为大元帅,继以武昌与江浙将领及章炳麟等反对,改选为副元帅,寻辞职。十一月,任国民临时政府陆军总长。

黄兴十月十九日电复汪精卫,请转告杨度,袁世凯若能迅速推倒清政府,即推举他为中华民国大统领一位。杨度将此意转陈袁世凯,袁即加派杨度为议和代表,南下赴沪。

宋教仁正月抵上海,任《民立报》主笔。四月中旬,赴香港参加筹备广州起义(黄花岗之役),接替陈炯明任统筹部编制课长。三月三十日由香港抵广州参加起义,闻败,即返香港。旋回上海,仍任《民立报》主笔。闰六月六日与谭人凤、陈其美等各省代表 29 人,在湖州会馆召开中国同盟会中部总会正式成立会,当选为总务干事,分掌文事部,起草总会章程、总务会暂行章程及分会章程。八月二十三日,在《民立报》发表《交战时之中立论》,在舆论上对武昌起义进行声援。九月二十日,陪同黎元洪与袁世凯所派代表蔡廷干、刘承恩谈判议和条件,坚持民主共和,反对君主立宪。三十日,以湖南都督府代表名义,在上海参加各省都督府代表联合会。十月十九日,被委任为江苏都督。

谭人凤应黄兴电邀正月至香港,共商广州起义事。旋抵上海,向宋教仁等传达黄兴同意组织中部同盟会的意见,以响应广州。后抵武汉,召集党人孙武、杨时杰、杨玉如、居正等,请他们加入中部同盟会,以便响应广州。又抵长沙,召集党人曾杰、邹永成、刘承烈等开会,研究响应广州起义事。

谭人凤任中部同盟会总会交通干事。大会通过由谭人凤起草的《中国同盟会中部总会成立宣言》。闰六月初八日,中部总会干事会推举谭人凤为总务会议长。谭人凤发布《讨伐满清布告》。十月底,谭人凤同刘揆一联合湖北部分革命党人,致电在沪的其他省部分革命党人于右任、章炳麟等,速来鄂组建中央临时政府。

袁世凯八月为湖广总督。九月,授钦差大臣,旋授内阁总理大臣,命入京组阁,严修、唐景崇、沈家本、张謇、杨度、梁启超等入阁。十月,委唐绍仪为全权代表,严修为参赞,与民军议和。十二月,选为临时大总统。

梁启超二月自日抵台湾,考察财政并筹款。九月,任袁世凯内阁司法副大臣。十月,致电袁世凯,劝立国会,定国体。

徐佛苏五月致书梁启超,报告宪友会成立经过及接办《国民公报》诸事。宪友会总部设北京,推雷奋、徐佛苏、孙洪伊为常务干事。各省设支部,成员多为立宪派知名人士。

康有为五月抵日本。九月,密致书徐勤,以为革命党必不成,中国必亡。是年,作有《共和救国论》、《救亡论》、《共和政体论》等,认为共和政体不适合中国国情。

张謇五月北上,途中过彰德,晤袁世凯,与论时事;在京谒摄政王,旋充中央教育会会长,副会长为张元济、傅增湘。九月为江苏临时议会议长。旋与汤寿潜、梁鼎芬、柯绍忞等为各省宣慰使,宣布朝廷实行改革政治宗旨。十月,与伍廷芳劝摄政王赞成共和政体;袁世凯内阁成立,为农工商大臣。十一月,任南京临时政府实业总长,次长为自德归国之马君武。

章炳麟因武昌起义爆发,中断在东京的讲学。九月初五日,以中国革命本部名义在东京发布《中国革命宣言书》,又起草《致留日满洲学生书》。十月二十六日、二十八、三十一日,在《光华日报》连载《诛政党》一文,逐一评点康有为、梁启超、张謇、杨度、蒋智由、严复、马良、陈景仁、汤化龙、汤寿潜、林长民、郑孝胥等人。十一月,中华民国联合会在上海召开成立大会,被选为会长,程德全任副会长,与程德全、赵凤昌、张謇、唐文治、陈三立等共同起草该会章程;又创刊《大共和日报》,自任社长。

按:孙中山1923年10月10日《在广州国民党党务会议的讲话》说:"'革命军起,革命党消'说倡自热心赞助革命之官僚某君(指张謇),如本党党员黄克强、宋渔父、章太炎等,咸起而和之,当时几视为天经地义。自改组国民党,本党完全变为政党,革命精神遂以消失。"(《孙中山全集》第8卷)

蔡元培十一月离德归国,在沪与黄兴、张謇、汤寿潜、章炳麟等参加筹建中华民国各省代表会议。旋任中华民国临时政府教育总长。

伍廷芳九月被各省都督代表会议推为外交代表。十月,与张謇等来京,与廷臣计议共和政体能否行之中国;旋代表革命军参加南北议和。十一月,任南京临时政府司法总长。

蔡锷九月通电各省,主选派代表集合武昌,筹议统一组织,规划国体政体。十月,复通电迅速组成中央政府,定国名为"中华民国"。

严复被清政府授予海军部一等参谋官。武昌起义后,先后与袁世凯、黎元洪见面商谈国事。

陈其美在上海成立同盟会外围组织中国国民总会,推举沈缦云为会长。后与国民党合并。

王宠惠回国，被沪军都督陈其美聘为顾问，并参与南北谈判，任南方代表伍廷芳的参赞。

汤寿潜因责任内阁大半是皇族成员，五月与张謇、沈曾植、赵凤昌等联名致电摄政王，要求改组"皇族内阁"，重用汉大臣之有学问阅历者，未被采纳。

> **按**：汤寿潜原名震，字蛰先，浙江萧山人。中华民国临时政府成立，孙中山任命汤寿潜为交通部长，未任。改任赴南洋劝募公债总理，向在南洋各地华侨募款。1917年6月病故于萧山临浦。著有《危言》4卷、《尔雅小辨》20卷、《说文贯》2卷、《理财百策》2卷、《三通考辑要》30卷及《文集》数卷。

林冠慈、陈敬岳两位同盟会会员闰六月十九日在广州炸伤广东水师提督李准。

张澜、谢无量参加四川保路运动。

张森楷参加四川保路同志会，任总干事。

张榕在奉天成立联合急进会，任会长。

辜鸿铭于九月四日写信给《字林西报》，阻止刊登有关武昌起义和排满的文章。

> **按**：这封信登出后，各报转载，舆论哗然。南洋公学学生包围而诘责之，辜辞职（一说被学生驱逐，此从蔡元培《辛亥那一年》说）。

陶成章正月至南洋。三月，重至泗水，与张云雷、沈钧业两人联络志士蒋开远、蒋以芳、蒋报和及书报社社员王少文等。六月底回国，与锐志、维峻姊妹在上海组织锐进学社，发刊《锐进学报》。闰六月，又与陶文波等再往南洋，赴各岛组织光复分会。

丘逢甲因父丘龙章正月病逝，返乡料理丧事并编辑《岭云海日楼诗抄》。三月，返抵省垣，适逢黄花岗起义失败，尽力营救革命党人。九月十八日，配合革命党人促成广东和平独立，被举为军政府教育部部长。十一月，以广东代表资格，赴南京出席独立各省组建临时中央政府会议。

黄炎培被推为代表，至苏州，劝程德全起义。时程已先宣布江苏独立，乃被留都督府办公，参与起草新官制，被任命为民政司总务科长兼教育科长。

赵尔巽在转任湖广、四川总督后，调回奉天任东三省总督。调留德学生蒋方震回任新军督练公所总参议。陈仲恕仍在其幕府。

蒋方震破格以二品顶戴派往奉天任用。十月，武昌起义胜利，各省纷纷宣告独立，蔡锷出任云南都督。遂在奉天与蓝天蔚、吴景濂等策动东三省响应，未果。此时，蒋尊簋将任浙江都督，聘其为督署总参议。

梁如浩在辛亥革命前夕，任袁世凯内阁邮传部副大臣。武昌起义后，广东独立，都督胡汉民任其为军政府交通部部长。

胡思敬就杨度力保梁启超事，再次递折弹劾。

阮忠枢八月二十三日持奕劻亲笔信至彰德，请袁世凯出任湖广总督。杨度劝袁氏不要应命，袁氏乃以足疾未愈谢绝。

张君劢五月被清廷授予翰林院庶吉士。十月武昌起义后，回宝山县任县议会议长，发起成立神州大学和国民协会。

马叙伦是夏游日本，在东京由章炳麟介绍加入同盟会。武昌起义后，与沈钧儒、蔡元培在浙江发动起义，助办民团。革命党人控制浙江后，任都督汤寿潜的秘书。旋离职，赴上海任《大共和日报》主笔。

黄节闰六月十七日与梁鼎芬、姚筠、李启隆、沈泽棠、汪兆铨、温肃等人，于广州南园抗风轩重开后南园诗社。武昌起义后，致书梁鼎芬，劝其不可留恋清室，应拥护革命。九月十九日，广东光复，胡汉民出任广东都督，聘其任广东高等学堂监督，并请其代拟《改元剪辫文告》、《誓师北伐文》。

詹大悲正月筹资接办《大江白话报》，改名《大江报》。湖北振武学社改组为文学社，确定《大江报》为该社机关报。蒋翊为文学社社长，詹大悲为文书部长，刘复基为评议部长，邹毓霖为会计兼庶务。

黄侃以"奇谈"笔名在《大江报》发表《大乱者救中国之妙药也》，何海鸣六月在《大江报》发表《亡中国者和平也》一文，《大江报》因此被查封，詹大悲、何海鸣等入狱。八月，武昌起义爆发，何海鸣因得出狱。旋改组《公论报》为《新汉报》，任经理。

按：何海鸣名时俊，海鸣乃笔名，别署一雁、孤雁、衡阳一雁、余行乐、行乐、求幸福斋主等，原籍湖南衡阳，生于广东九龙。此后又创办《爱国日报》、《爱国晚报》、《民权报》等。著有《中国工兵政策》、《学校军事教育》、《求幸福斋丛话》、《求幸福斋随笔》、《何海鸣说集》、《海鸣小说集》等。

熊十力参与黄冈光复，出任秘书，不久即赴武昌任湖北都督府参谋。

唐景崇任学务大臣。

陈宝琛五月为山西巡抚。六月，派充宣统皇帝师傅。

劳乃宣十月为京师大学堂总监督，兼学部副大臣。

伍连德在沈阳主持万国防疫会议，被推为大会主席及万国防疫会会长。

王式通署总检察厅，擢大理院少卿。

按：王式通原名仪通，字志盦，号书衡，山西汾阳人，祖籍浙江山阴。晚年曾预修《国史》、《清史》、《四库书目》，又从徐世昌撰辑《清儒学案》、《清诗汇》等。著有《志盦遗稿》11卷、《弭兵古义》4卷等。

张謇六月因调查农垦事过奉天，与韩国钧商谈国内财政问题。

郭曾炘因礼部改典礼院，授副掌院学士。

梁士诒任袁世凯内阁邮传部大臣。

曾朴被选为江苏省临时议会议员。

沈钧儒任浙江都督府警察局长，后改任教育司司长。

沈增植在里筹划民团。

黄世仲任民团局局长。

罗振玉从收集的殷墟甲骨2万枚中，精选3000余片编成《殷墟书契前编》20卷，刊于《国学丛刊》1—3卷。嘱弟罗振常赴河南访殷墟遗物，后振常著成《洹洛访古游记》（1936年上海隐庐石印本）记其所历。增补《傅青主先生年谱》。冬，举家赴日本。是年作文有《敦煌本论语郑注子路篇残卷跋》、《波斯教残经跋》、《玄真一本际经跋》。

按：罗振玉字叔蕴，一字叔言，号雪堂，又号贞松老人，江苏淮安人，祖籍浙江上虞。他在语言文字方面的贡献主要体现在甲骨文的收集研究、铜器铭文的编纂印行、简牍碑刻等古文字资料的搜罗与刊布等方面。在甲骨文研究者中，与郭沫若（字鼎堂）、董作宾（字彦堂）、王国维（号观堂）并称"甲骨四堂"，是甲骨学的奠基者。

王国维一月为《百川学海》本《晁氏客语》题跋。二月为罗振玉创办之《国学丛刊》作《序》，提出"学无新旧、无中西、无有用无用"之说。校《梦溪笔谈》、《容斋随笔》。三月校《酒边集》、《宾退录》，并分别作跋。校《大唐六典》，并作跋。是春，撰《隋唐兵符图录附说》，此为其治古器物学之始（1917年又订正之，成《隋虎符跋》、《伪周二虎符跋》）。七月见唐写本《太公家教》，作跋。又将近几年所作校书题跋集成《庚辛之间读书记》。十二月，随罗振玉流亡日本，寓居京都，侨居日本达五年之久。尽弃文学，专习经、史、小学。

按：王国维字伯隅、静安，号观堂、永观，浙江海宁人。是年，他携生平著述62种，随罗振玉逃居日本京都，从此以前清遗民处世。1923年由蒙古贵族、大学士升允举荐，与罗振玉、杨宗义、袁励准等应召任清逊帝溥仪"南书房行走"。1924年，冯玉祥发动"北京政变"，驱逐溥仪出宫。王国维愤而与罗振玉等前清遗老相约投金水河殉清，因阻于家人而未果。1925年，王国维受聘任清华研究院导师，教授《古史新证》、《尚书》、《说文》等，与梁启超、陈寅恪、赵元任、李济被称为"五星聚奎"的清华五大导师。1927年6月，国民革命军北上时，王国维留下遗书，投颐和园昆明湖自尽。所著编为《观堂集林》、《海宁王静安先生遗书》等。事迹见《清史稿》卷五〇一。

又按：王国维在《国学丛刊序》中提出了"学术三无"说的观点，并作了详细阐述，其曰："学之义不明于天下久矣。今之言学者，有新旧之争，有中西之争，有有用之学与无用之学之争。余正告天下曰：学无新旧也，无中西也，无有用无用也。凡立此名者，均不学之徒。即学焉，而未尝知学者也。学之义广矣。古人所谓学，兼知行言之。今专以知言，则学有三大类：曰科学也，史学也，文学也。凡记述事物，而求其原因，定其理法者，谓之科学；求事物变迁之迹，而明其因果者，谓之史学；至出入二者间，而兼有玩物适情之效者，谓之文学。然各科学，有各科学之沿革。而史学又有史学之科学（如刘知幾《史通》之类）。若夫文学，则有文学之学（如《文心雕龙》之类）焉，有文学之史（如各史文苑传）焉。而科学、史学之杰作，亦即文学之杰作。故三者非截然有疆界，而学术之蕃变，书籍之浩瀚，得以此三者括之焉。凡事物必尽其真，而道理必求其是，此科学之所有事也。而欲求知识之真与道理之是者，不可不知事物道理之所以存在之由，与其变迁之故，此史学之所有事也。若夫知识、道理之不能表以议论，而但可表以情感者，与夫不能求诸实地，而但可求诸想象者，此则文学之所有事。古今东西之为学，均不能出此三者。惟一国之民，性质有所毗，境遇有所限，故或长于此学而短于彼学。承学之子，资力有偏颇，岁月有涯涘，故不能不主此学，而从彼学。且于一学之中，又择其一部而从事焉。此不独治一学当如是，自学问之性质言之，亦固宜然。然为一学，无不有待于一切他学，亦无不有造于一切他学。故是丹而非素，主入而奴出，昔之学者或有之，今日之真知学、真为学者，可信其无是也。夫然，故吾所谓学无新旧，无中西，无有用、无用之说，可得而详焉。何以言学无新旧也？夫天下之事物，自科学上观之，与自史学上观之，其立论各不同。自科学上观之，则事物必尽其真，而道理必求其是。凡吾智之不能通而吾心之所不能安者，虽圣贤言之有所不信焉。虽圣贤行之有所不慊焉。何则？圣贤所以别真伪也，真伪非由圣贤出也。所以明是非也，是非非由圣贤立也。自史学上观之，则不独事理之真与是者，足资研究而已，即今日所视为不真之学说，不是之制度风俗，必有所以成立之由，与其所以适于一时之故。其因存于邃古，而其果及于方来，故材料之足资参考者，虽至纤悉，不敢弃焉。故物理学之历史，谬说居其半焉。哲学之历史，空想居其半焉。制度、风俗之历史，弁髦居其半焉。而史学家弗弃也。此二学之异也。然治科学者，必有待于史学上之材料。而治史学者，亦不可无科学上之知识。今之君子，非一切蔑古，即一切尚古。蔑古者，出于科学上之见地，而不知有史学。尚古者，出于史学上之见地，而不知有科学。即为调停之说者，亦未能知取舍之所以然，此所以有古今新旧之说也。何以言学无中西也？世界学问，不出科学、史学、文学。故中国之学，西国类皆有之。西国之学，我国亦类皆有之。所异者，广狭、疏密耳。即从俗说而姑存中学、西学之名，则夫虑西学之盛之妨中学，与虑中学之盛之妨西学者，均不根之说也。中国今日，实无学之患，而非中学、西学偏重之患。京师号学问渊薮，而通达诚笃之旧学家，屈十指以计之，不能满也。其治西学者，不过为羔雁禽犊之资，其能贯串精博，终身以之如旧学家者，更难举其一二。风会否塞，习尚荒落，非一日矣。余谓中、西二学，盛则俱盛，衰则俱衰。风气既开，互相推助。且居今日之世，讲今日之学，未有西学不兴，而中学能兴者；亦未有中学不兴，而西学能兴者。特余所谓中学，非世之君子所谓中学；所谓西学，非今日学校所授之西学而已。治《毛诗》《尔雅》者，不能不通天文博物诸学；而治博物学者，苟质以《诗》《骚》草木之名状而不知焉，则于此学固未为善。必如西人之推算日食，证梁虞剧、唐一行之说，以明《竹书纪年》之非伪，由《大唐西域记》以发见释迦之支墓，斯为得矣。故一学既兴，他学自从之，此由学问之事，本无中、西，彼鰓鰓焉虑二者之不能并立者，真不知世间有学问事者矣。顾新旧、中西之争，世之通人率知其不然，惟有用、无用之论，则比前二说为有力。余谓凡学皆无用也，皆有用也。欧洲近世农、工、商业之进步，固由于物理、化学之兴。然物理、化学高深普遍之部，与蒸气、电信有何关系乎？动植物之学，所关于树艺、畜牧者几何？天文之学所关于航海、授时者几何？心理社会之学，其得应用于政治、教育者亦尠。以科学而犹若是，而况于史学、文学乎？然自他面言之，则一切艺术，悉由一切学问出。古人所谓不学无术，非虚语也。夫天下之事物，非由全不足以知曲，非致曲不足以知全。虽一物之解释，一事之决断，非深知宇宙人生之真相者，不能为也。而欲知宇宙、人生者，虽宇宙中之一现象，历史上之一事实，亦未始无所贡献。故深湛幽渺之思，学者有所不避焉；迂远繁琐之讥，学者有所不辞焉。事物无大小，无远近，苟思之得其真，纪之得其实，极其会归，皆有裨于人。类之生存福祉，己不竟其绪，他人当能竟之；今不获其用，后世当能用之，此非苟且玩愒之徒所与知也。学问之所以为古今、中西所崇敬者，实由于此。凡生民之先觉，政治教育之指导，利用厚生之渊源，胥由此出，非徒一国之名誉与光辉而已。世之君子可谓知有用之用，而不知无用之用者矣。以上三说，其理至浅，其事至明，此在他国所不必言，而世之君子犹或疑之，不意至今日而犹使余为此哓哓也。适同人将刊行《国学杂志》，敢以此言序其端。此志之刊，虽以中学为主，然不敢蹈世人之争论，此则同人所自信，而亦不能不自白于天下者也。"（《观堂别集》卷四）

  刘师培正月写成《楚辞考异》。二月二十日，《周书略说》一文在《国粹学报》上发表。四月，写成《〈群书治要〉引贾子〈新书〉校文》。六月，将《逸周书补释》最后删改完,定名《周书补正》6卷。七月,随端方途次夔州,作《悲秋词》。十月七日,端方被部将杀于四川资州,刘师培被四川军政府资州军政分府拘留。弟子刘文典请章炳麟致电四川都督释放刘师培。十月十一日,章炳麟在《民国报》上发表《宣言》。十一月七日,章炳麟、蔡元培电请孙中山,请其出面保释刘师培。

钱玄同向崔适请业,执弟子礼。二月,在崔适处得读康有为《新学伪经考》,始专宗今文。

苏曼殊英译《燕子笺》脱稿,托西班牙人罗弼·庄湘之女带往西班牙马德里谋求出版。是年,在泗水《汉文新报》发表其成名作《断鸿零雁记》。

吴梅是春作《红楼梦散套跋》,又作《双泪碑》传奇。是冬,作《紫钗记跋》,并题二绝句于其后。是年尚有《可园闲吟柬孙伯南宗弼》、《一夜》、《赠傅钝根》诸诗,又作套曲[越调小桃红]《题徐寄尘自华西泠悲秋图》。

周仲穆作《与姚凤石书》、《答〈国粹学报〉胡仲明书》等,率先对南社及《国粹学报》的保守复古倾向提出批评。

李剑农在武昌起义爆发后,放弃学业,回国参加革命活动,撰有《武汉革命始末记》,于武昌起义四十天后在上海《民国报》第一号上发表。

庄俞在《教育杂志》第三年第二期发表《论学部之改良小学章程》。

何劲在《教育杂志》第三年第五期发表《说两等小学读经讲经之害》。

李叔同二月任上海城东女学教员,开创中国自办女学社立国画、音乐课之先例。

张伯苓为营救革命党人温世霖而去直隶督署,为之剖辩,未果。三月,当选天津基督教育会董事长。是年,受聘兼任北京清华学校教务长,半年后辞职返津。

陈独秀利用杭州陆军小学堂教员身份,暗中进行排满活动。

唐国安二月兼任清华学堂副监督。

按:唐国安于1912年4月任清华学堂监督。10月,清华学堂改名为清华学校,任第一任校长。

晏阳初夏秋之际经姚牧师介绍结识青年传教士、英国人史梯瓦特,全力帮助其在成都设立辅仁学社。七月,四川发起保路运动,各学堂宣布放假,遂返抵故乡,应聘到巴中中学教英文。

梁漱溟在顺天中学堂毕业。经甄元熙介绍,参加京津同盟会。

按:梁漱溟原名焕鼎,字寿铭、萧名、漱溟,后以其字行世,祖籍广西桂林,出生于北京。1917年至1924年任北京大学印度哲学讲师。1925年任山东省立六中高中部主任。1931年在邹平创办山东乡村建设研究院。1939年发起组织"统一建国同志会",1941年该会改组为"中国民主政团同盟",任中央常务兼同盟刊物《光明报》社长。1950年后任全国政协常委、中国孔子研究会顾问、中国文化书院院务委员会主席等职。著有《梁漱溟全集》。是现代新儒家的早期代表人物之一,有"中国最后一位儒家"之称。

王钟声六月以演出《秋瑾》、《徐锡麟》、《官场现形记》等反清新戏,以聚赌罪名被解回浙江原籍,交地方官严加管束。

蔡东藩是夏至上海，友人邵希雍荐其为上海会文堂书局编写《中等新论说文范》，并于当年出版。

按：邵希雍原编有《高等小学论说文范》，1912年初，邵希雍去世，会文堂书局请蔡东藩修订其书，并于当年秋完成。于是，会文堂书局约请蔡东藩撰写中国历朝通俗演义，陆续完成《清史通俗演义》100回、《元史通俗演义》60回、《明史通俗演义》100回、《民国通俗演义》120回、《宋史通俗演义》100回、《唐史通俗演义》100回、《五代史通俗演义》60回、《南北史通俗演义》100回、《两晋通俗演义》100回、《前汉通俗演义》100回、《后汉通俗演义》100回，共11部。1935年5月，会文堂书局又将许廑父续写的《民国通俗演义》40回加入，总其名曰《历朝通俗演义》。

江亢虎闰六月在上海组织"社会主义研究会"，十一月改组为中国社会党。又办《社会星》杂志。

张东荪自日本回国，以"圣心"笔名发表《论现今国民道德堕落之原因及其治法》。

廖平任《铁路月刊》主笔，鼓吹"破约保路"。四川军政府成立，受聘任枢密院院长。

按：廖平原名登廷，字旭陔，又作勖斋；后改名平，字季平，晚年号六译，四川井研县人。其经学思想，先后经过六变，故自号六译老人。参见廖平著《经学四变记》及弟子黄镕、柏毓东分别撰写的《五变记笺述》和《六变记》。所著辑为《四益馆经学丛书》。

欧阳竟无主持金陵刻经处，设立佛学研究部。

按：是年，杨文会以金陵刻经处编校、刻印事业嘱欧阳竟无等人。时值辛亥革命军攻打南京，欧阳竟无坚守刻经处四十余日，保全经版。1912年，欧阳竟无与李证刚、桂伯华等发起成立佛教会，激励僧徒自救，主张政教分离，然因宗旨不能实现而解散。此后，欧阳竟无不再过问外事，埋首佛典，从事佛法研究、佛典整理、佛教教育等事业，对中国佛学的振兴与发展有重要贡献。

八指头陀为天童寺住持，兼住宁郡观音寺。初春到杭州，小住白衣寺。

柳亚子正月与陈去病、高旭等在上海举行南社第四次集会，刊行《南社社友通讯录》。七月，在上海愚园举行第五次集会，高旭、宋教仁等莅会；在上海创办《铁笔报》。八月，刊行《南社社友第二次通讯录》。九月，创办《南社》杂志。十二月，任总统府秘书，旋因病辞职返沪，进《天铎报》为主笔。

冯煦、樊增祥、沈曾植、梁鼎芬等在上海结超社、逸社。

林纾是春与樊增祥、罗惇曧等结为诗社。

陈衍、林纾、郑孝胥等同光体诗人在京结为诗社，经常诗酒宴集。

鲁迅等二月在绍兴成立越社，陈去病为作序。

杨实公、毛诵芬二月在广州成立展民通讯社。

马相伯主持复旦校务。

唐文治任由邮传部高等实业学堂改名之南洋大学校长。

丁惟汾年初自日本回国，在山东济南法政学堂任教，旋为校长。

吴宓考取清华留学美预备学堂第二名，同学有吴芳吉、梅光迪、汤用彤、刘朴、刘永济、洪深、陈达等20余人，吴宓任班长、室长。十月，清华学堂解散，吴宓赴上海，依姑丈陈伯澜居，并学诗。

戴季陶是春被清朝地方官以诽谤朝政罪通缉，遂逃亡日本。旋转赴南洋槟榔屿，加入同盟会，编辑《光华报》。武昌起义爆发后，回上海参与创办《民权报》。

陈焕章在美国哥伦比亚大学撰毕业论文《孔子及其学派之经济主义》，获哲学博士学位，成为获得进士、博士两个称谓的首位华人。旋赴欧洲及东南宣传孔教。识柏林大学卫礼贤。

按：其论文当年即收入由哥伦比亚大学政治学教师编辑的"历史、经济和公共法律研究"丛书，是中国学者在西方刊行的第一部中国经济思想名著，也是国人在西方刊行的各种经济学科论著中的最早一部名著。其译为中文，题名《孔门理财学》。

吴稚晖十一月自法国回国，抵上海。

梁诚时任驻德国公使，得知留学生因辛亥革命爆发而导致接济中断的消息，即以使馆产业抵押借款维持，直至问题妥善解决才离任返国。

丁文江自英国格拉斯哥大学毕业，获动物学和地质学双学位。四月回国，开始进行地理地质考察。九月至京参加游学毕业生考试，获格致科进士。

马君武在德国柏林工业大学毕业，获工学博士学位。冬，归国。正值武昌起义，立即投身革命，负责起草临时政府组织法。

按：马君武在留德期间，翻译出版的作品有：拜伦的《哀希腊》、雪莱的《自由歌》、德国席勒的《强盗》、俄国托尔斯泰的《心狱》、歌德的《少年维特之烦恼》等。自然科学方面有：《矿物学》、郎诺希金《机械学》、杜勃尔《立体几何学》、阮氏《化学原理及有机化学》等。

钟赓言自日本毕业归国，参加学部举行的留学生考试，列最优等，赐法科进士。

朱炳文自日本毕业回国，参加留学生甄拔考试，获农科超等。

黄艺锡自日本毕业归国，参加学部举行的留学生考试，列优等，赐农科举人。

周典参加学部举行的留学生考试，列最优等，赐商科进士，任京师大学堂高等科教员。

华南圭自法国留学毕业，参加学部举行的游学生考试，获最优等，赐工科进士。

魏渤自俄国留学毕业，参加学部举办的留学生考试，列中等，赐法政科举人。

朱友渔毕业于美国哥伦比亚大学，获社会学系博士学位。

陈寅恪入瑞士苏黎士大学学习。

杨树达在武昌起义后，自日本回国，在长沙各校教授中国文法与英文。

陆费逵创办中华书局。

张元济等人在上海设立法政杂志社,并创刊《法政杂志》,陶保霖任主编。六月,作出选印古籍丛书之决策。八月,在北京发起成立中国教育会,被举为中国教育会会长。

按:张元济自1915年开始筹备,1919年至1937年动用国内外50余家公私藏书影印出版《四部丛刊》、《续古逸丛书》、百衲本《二十四史》3种丛书共610种近2万卷,开创了古籍丛书翻刻、影印的新阶段。

叶楚伧担任《中华新报》报纸实务工作。四月,偕姚雨平、谢星桥由香港至南洋各地筹划钱财以资助革命。五月,粤都督张鸣岐欲查封《中华新报》。《中华新报》改名《新中华报》,经汕头美国领事馆注册,重新出版。九月,撰"新七杀碑"发表于《新中华报》,以声援四川保路运动。

陈去病与张默君、傅熊湘在苏州创办《大汉报》,欢呼辛亥革命,鼓动除恶务尽。赴浙江主政《越铎日报》。傅熊湘随后返回湖南主办《长沙日报》,兼执教省师范学校。

按:张默君,女,名昭汉,以字行,又字漱芳,别署大雄、涵秋、墨君、穆素等,湖南湘乡人。1912年在上海倡组女子北伐队,又创神州女界协济社和神州女学校,发刊《神州女报》。1918年赴欧美考察教育。1920年回国后,任江苏省立第一女子师范学校校长。

康仲荦、梁慎余、陈垣在广州创刊《南风报》。

陈垣与康仲荦等创办《震旦日报》,担任该报副刊《鸡鸣录》主编。

陈范任上海《太平洋报》编辑,北京《民主报》主笔。

程家柽等创办《北京国风日报》。

陈耿夫、李孟哲、黄霄九等在广州创办《人权报》。

田桐、景定成、续西峰、井勿幕等在北京刊行《北京国光新闻》。

汪诒年为经理的《时事新报》五月创刊于上海。1949年停刊。

陈景韩兼任《妇女时报》主编。

邓实、胡朴实、李剑农创刊《国民报》在上海发行。

李煜瀛、赵铁桥十二月在天津创办《民意报》。

唐群英在日本东京编辑发行《留日女学生杂志》。

英国传教士修中诚来华传教。

日本人桔瑞超在敦煌千佛洞盗买600份经卷。

阎宝森著《禹贡今注》1卷刊行。

刘鑫耀《尚书大传礼证》5卷刊行。

蓝光策著《春秋公法比义发微》6卷刊行。

萨玉衡辑《赵氏孟子章指复编》1卷刊行。

安维峻著《四书讲义》4卷刊行。

蒋楷著《经义亭疑》3卷刊行。

皮锡瑞著《经学史讲义》刊行。

吴曾祺著《国语韦解补正》21卷刊行。

丁谦著《晋释法显佛国记地理考证》刊行。

日本幸德秋水在狱中著《基督抹杀论》。

德国金克尔著《观念论与实在论》。

列宁著《哲学笔记》。

德国贡多尔夫发表《莎士比亚和德意志精神》。

英国霍布豪斯著《自由主义》，主张国家干预经济。

曾廉著《元书》103卷刊行。

张尔田著《史微》8卷刊行。

按：张尔田一名采田，字孟劬，号遁庵、遁庵居士，浙江钱塘人。1914年参修《清史稿》。另著有《清朝后妃传稿》2卷、《玉溪生年谱全笺》4卷等。

陈湖逸士辑《荆驼逸史》由中国图书馆重刊。

沈家本著《历代刑法考》78卷成书。

杨守敬、熊会贞等编绘《历代舆地沿革险要图》358卷全部刊行。

袁大化修《新疆图志》116卷成书。

邵懿辰著《四库简明目录标注》20卷刊行，邵氏著《半岩庐所著书》始刊于是，1931年刊毕。

刘彦著《鸦片战争史》刊行。

刘映岗著《中国货币沿革史》刊行。

顾鸣凤著《泰西人物志》刊行。

钱茂著《历代都江堰功小传》刊行。

窦镇辑《国朝书画家笔录》刊行，自为序。

马其昶著《桐城耆旧传》12卷刊行。

吴稚晖译《荒古原人史》刊行。

蔡锷辑曾国藩、胡林翼治兵语录为《曾胡治兵语录》成书，并附以按语。

徐世昌著《东三省政略》刊行。

罗振玉编《敦煌石室书目》刊行。

康有为著、麦仲华编《戊戌奏稿》在日本横滨铅印出版，由上海广智书局发行。徐勤作序。

按：是书内收康氏戊戌时撰写的奏议20篇，存目13篇，并将呈编书5篇序文附刊于后，共计25篇。在重刊时有修改现象，但基本保持原貌。麦仲华《南海先生戊戌奏稿凡例》曰："戊戌数月间，先生手撰奏折都六十三首。一代变法之大略在焉。亦有代作者，戊戌抄没，多所散佚，即篇目亦不能忆。内子同薇文僴，先生女也，累年搜辑，钞存得二十篇。迟迟久待，终无由搜全，惧久而弥佚，先印之以应天下之望，余俟搜得，陆续补印。"

梁启超是年作《新中国建设问题》、《中国前途之希望与国民责任》、《国会与义务》、《责任内阁释义》、《学与术》、《中俄交涉与时局之危机》、《为筹制宣统四年预算案事敬告部臣及疆吏》、《论政府违法借债之罪》、《为川汉铁路事敬告全蜀父老》、《论边防铁路》、《收回干线铁路问题》、《侥幸与秩序》、《对外与对内》、《政党与政治上之信条》、《立宪国诏旨之种类及其在国法上之地位》、《敬告国人之误解宪政者》、《与上海某某等报馆主笔书》、《北京调查户口之报告·时事杂感》、《俄国与达赖喇嘛·时事杂感》、《我政府之对俄政策·时事杂感》、《俄国之第二次哀的美敦书·时事杂感》、《英美与英日·时事杂感》、《呜呼一万万圆之新外债·时事杂感》、《粤乱感言》、《违制论》、《国民破产之噩兆》、《利用外资与消费外资之辨》等文。

按：《学与术》曰："近世泰西学问大盛，学者始将学与术之分野，厘然画出，各勤厥职以前民用。试语其概要，则学也者，观察事物而发明其真理者也；术也者，取所发明之真理而致诸用者也。例如以石投水则沉，投以木则浮。观察此事实，以证明水之有浮力，此物理也；应用此真理以驾驶船舶，则航海术也。研究人体之组织，辨别各器官之机能，此生物学也。应用此真理以治疗疾病，则医术也。学与术之区分及其相互关系，凡百皆准此。善夫生计学大家倭儿格之言，曰：科学（英 Science，德 Wissenschaft）也者，以研索事物原因结果之关系为职志者也。事物之是非良否非所问，彼其所务者，则是一结果以探索所由来，就一原因以推理所究极而已。术（英 Art，德 Kunst）则反是。或有所欲焉者而欲致之，或有所恶焉者而欲避之，乃研究致之避之之策以何为适当，而利用科学上所发明之原理原则以施之于实际者也。由此言之，学者术之体，术者学之用。二者如辅车相依而不可离，学而不足以应用于术者，无益之学也。术而不以科学上之真理为基础者，欺世误人之术也。"（《饮冰室文集》之二十五）是文是最早对学与术关系问题进行阐述的文章。

梁章钜著《梁氏笔记》3 种由上海扫叶山房石印刊行。

丁福保辑《汉魏六朝名家集初刻》刊行。

张慎仪编《方言别录》4 卷刊行，有自序。

按：清杭世骏著《续方言》，以钩沉唐宋以前古书中的方言资料，张氏很是推崇，遂师其意，编《方言别录》，以辑唐以后各类著述中的方言资料。

育文书局辑《子书二十八种》石印刊行。

傅山著《霜红龛集》40 卷附录 3 卷、年谱 1 卷由丁宝铨编校刊行，年谱为缪荃孙应约而作。

吴伟业著《梅村家藏稿》58 卷补 1 卷由武进董氏刻印。

黄宗羲著《南雷文定前集》、《后集》、《三集》、《四集》及《馀集》由耕宗堂、邓氏风雨楼印行。

王闿运辑著《湘绮楼丛书》18 种刊毕。

陈作霖著《炳烛里谈》成书。

黄遵宪著《人境庐诗草》11 卷刊行。

按：是书收入黄遵宪编年诗 640 余首；另有附录 3 卷，卷一为《日本杂诗》，卷二为《清史稿》本传及梁启超《嘉应黄先生墓志铭》，卷三为年谱。是书有清宣统三年（1911）嘉应黄氏日本铅印 11 卷本，遵宪孙能立于民国二十年再版；另有钱仲联笺注本，于民国二十五年（1936）由上海商务印书馆铅印出版，共 14 卷（包括诗话 2 卷、年谱 1 卷），古典文学出版社于 1959 年据此详加校正再版。

孙雄辑《道咸同光四朝诗史》2 集 8 卷刊行。

陈衍补订郑杰原辑《闽诗录》甲集 6 卷、乙集 4 卷、丙集 23 卷、丁集 1 卷、戊集 7 卷刊行。

吴昌绶辑、陶湘续辑《景刊宋金元明本词四十种》始刊。迄 1923 年刊毕。

况周颐著《蕙风词话》5 卷刊行。

莲塘居士（陈世熙）辑《唐人说荟》由上海天宝书局石印重刊。

康有为著《南海先生诗集》是年前后在日本影印。

按：此书有梁启超写印本及崔斯哲写印本两种。梁写本为 4 卷，收至康有为戊戌政变后逃亡日本时期之作品为止,清末在日本影印。崔本15卷,为完本,有1937年影印本。

王国维著《宋元戏曲考》成书。

按:是书以后改名《宋元戏曲史》,是中国第一部研究戏曲发展史的专著。梁启超《中国近三百年学术史》(十五)曰:"最近则有王静安国维著《宋元戏曲史》,实空前创作,虽体例尚有可议处,然为史界增重既无量矣。"

叶德辉辑《唐开元小说六种》刊行。

静观子以秋瑾事著小说《六月霜》刊行。

包公毅译英国莎士比亚剧本《女律师》成,原刊于《女学生》第2期,后复出单行本。

叶德辉著《石林遗事》、《游艺卮言》成书。

叶德辉辑《双楳景暗丛书》16种刊毕。

丁福保辑《丁氏医学丛书》刊毕。

沈宗畸辑《晨风阁丛书第一集》刊毕。

杨宗稷编《琴学丛书》成书。

邓实、黄宾虹编《美术丛书》四十辑刊行。

苏蔓殊著《潮音》在东京刊行。

张元济辑《海盐张氏涉园丛刻》线装8册刊行。

狄尔泰卒(1833—)。德国哲学家。

瓦奥克柳切夫斯基卒(1841—)。俄国历史学家。

阿梅吉诺卒(1854—)。阿根廷哲学家,古生物学家。

比奈卒(1857—)。法国心理学家。

古斯塔夫·马勒卒(1860—)。奥地利指挥家、作曲家。

幸德秋水卒(1871—)。日本社会主义活动家。

杨文会卒(1837—)。文会字仁山,安徽石棣人。年二十六学佛,先后出使英、日搜寻佛经,结识日本佛教学者南条文雄。又与李提摩太将《大乘起信论》译成英文。同治五年,在南京创立金陵刻经处。光绪三十三年,在南京创办佛教学堂"祇洹精舍",自编课本,招生教习佛典和梵文、英文,培养佛教人才。晚年广事搜求,刊布佛像佛经,曾编刻《大藏辑要》2000卷。宣统二年,任佛学研究会会长。著作汇为《杨仁山居士遗著》10册。欧阳竟无、李证刚、章炳麟、谭嗣同、桂伯华均为其弟子。事迹见蔡冠洛《清代七百名人传》第四编。

按:梁启超《清代学术概论》(三十)曰:"石埭杨文会,少曾佐曾国藩幕府,复随曾纪泽使英,凤栖心内典,学问博而道行高。晚年息影金陵,专以刻经弘法为事。至宣统三年武汉革命之前一日圆寂。文会深通法相、华严两宗,而以净土教学者。学者渐敬信之。谭嗣同从之游一年,本其所得以著《仁学》,尤常鞭策其友梁启超。启超不能深造,顾亦好焉,其所著论,往往推挹佛教。康有为本好言宗教,往往以己意进退佛说。章炳麟亦好法相宗,有著述。故晚清所谓新学家者,殆无一不与佛学有关系,而凡有真信仰者率皈依文会。"

徐润卒(1838—)。润字润立,号雨生,别号愚斋,广东香山人。同治十二年,被李鸿章派为轮船招商局会办。光绪八年,在上海创办同文书局,石印《二十四史》及《古今图书集成》等。事迹见其自编《徐愚斋自叙年谱》。

李杕卒(1840—)。杕字问渔,别署大木斋主,上海人。报人,神父。曾任《汇报》、《益闻报》、《圣心报》等天主教报主编,译书刊凡57种。

陶浚宣卒(1846—)。浚宣字心云，号稷山，浙江会稽人。李慈铭弟子。光绪二年举人。王先谦视学江苏时，曾受聘佐其辑《东华录》。张之洞督两广时，曾聘其主讲广雅书院。后辞归，建东湖书院，宣统元年改为法政学堂。博通经史，深于金石碑版之学。著有《稷山文存》、《修初堂集》、《通艺堂诗录》、《稷山论书诗》等。

张亨嘉卒(1847—)。亨嘉字燮均，又字铁君，福建侯官人。光绪九年进士，改庶吉士，散馆，授翰林院编修。十二年，督湖南学政。十九年，充广西乡试正考官。后入值南书房，升国子监司业。历任浙江学政、京师大学堂总监督、玉牒馆副总裁等。著有《张文厚公文集》4卷、《张文厚公赋抄》2卷等。事迹见吴曾祺《清光禄大夫经讲筵官南书房翰林礼部左侍郎张文厚公墓志铭》、陈衍《礼部左侍郎张公行状》(均见《碑传集补》卷六)。

汪康年卒(1860—)。康年初名灏年，字梁卿，改名康年，字穰卿，一字毅伯，晚号恢伯，浙江钱塘人。光绪十八年进士。曾入张之洞幕，充两湖书院史学斋分教习。光绪二十一年，参加强学会。次年，与黄遵宪等在上海创办《时务报》，任经理，聘梁启超为总撰述，宣传变法维新。三十年，任内阁中书。后办《京报》、《刍言报》。著有《汪穰卿遗著》8卷、《汪穰卿笔记》。事迹见林纾《汪穰卿先生墓志铭》、唐文治《同年汪穰卿先生传》(《碑传集补》卷五二)。汪诒年编有《汪穰卿先生年谱》(《汪穰卿遗著》卷首)。

端方卒(1861—)。字午桥，号匋斋，满洲正白旗人。由荫生中举人，入赀为员外郎，迁郎中。光绪二十四年，出为直隶霸昌道。除陕西按察使，晋布政使，护巡抚。两宫西幸，迎驾设行在。调河南布政使，擢湖北巡抚。二十八年，摄湖广总督。三十年，调江苏，摄两江总督。寻调湖南。三十二年，移督两江，设学堂，办警察，造兵舰，练陆军，定长江巡缉章程。与荣庆、那桐被称为北京旗下三才子。笃嗜金石书画，家藏古彝器600余种，最著名者为铜楙禁，以及《毛公鼎》、《克鼎》等。著有《端忠敏公奏稿》、《匋斋藏石记》6卷、《匋斋藏瓦》6卷、《匋斋藏匋》10卷、《匋斋藏印》10卷、《匋斋吉金录》10卷、《匋斋吉金续录》4卷、《匋斋藏器目》、《匋斋集金录》8卷等。事迹见《清史稿》卷四六九、蔡冠洛《清代七百名人传》第三编。

按：《清史稿》本传曰："端方性通侻，不拘小节。笃嗜金石书画，尤好客，建节江、鄂，燕集无虚日，一时文采几上希毕、阮云。"

蒋黼卒(1866—)。黼字伯斧，江苏吴县人。曾与罗振玉、徐树兰、朱祖荣等在上海组织务农会，出版《农学报》，译刊农学书。又与罗振玉校录《敦煌石室遗书》。

杨守仁卒(1871—)。守仁原名毓麟，字笃生，湖南新化人。光绪二十四年进士，任湖南时务学堂教席。光绪二十八年，留学日本，先后与黄兴、陈天华等发刊《游学译编》。后加入同盟会。三十三年，与于右任等创办《神州日报》，任总撰述。黄花岗起义失败后，赴利物浦投海自沉。著有《新湖南》。

王钟声卒(1880—)。钟声原名希普，艺名钟声，浙江上虞人。曾留学德国。回国后在湖南、广西任教，参加同盟会。光绪三十三年，在马相伯等的赞助下，建立话剧团体春阳社，演出《黑奴吁天录》，为中国早期话剧创始人之一。

赵声卒(1881—　)。声原名毓声，字伯先，别号雄愁子，江苏丹徒人。光绪秀才。毕业于江南陆师学堂。光绪三十二年，参加同盟会。黄花岗起义失败后，忧愤成疾。事迹见蔡冠洛《清代七百名人传》第六编。

刘复基卒(1884—　)。复基一名汝夔，字尧澂，湖南常德人。光绪三十年，参与黄兴领导的长沙起义，后败走日本。在日本加入同盟会。三十三年回国，在长沙设中西报代派所，暗中从事革命活动。三十五年，在汉口创办《商务报》。后加入革命团体群治学社、振武学社。振武学社改组为文学社，被选为评议部长。武昌起义前夕，事泄被捕，次日遇害。

周实卒(1887—　)。实原名桂生，字剑灵，改名实，字实丹，号无尽，江苏淮安人。光绪三十年，入南京初级师范学堂。三十三年，入南京两江师范学堂。宣统元年，入南社。又与阮式等创立南社之支社——淮海社。武昌起义时，被县令姚荣泽杀害。著有《周实烈士遗集》、《无尽庵诗话》等。事迹见柳亚子《周烈士实丹传》(《无尽庵遗集》卷首)。

林觉民卒(1887—　)。觉民字意同，号抖飞，又号天外生，福建闽侯人。光绪三十三年，赴日本留学，入庆应大学文科，专攻哲学。与林文、林尹民同居一室，时人称为"三林"。宣统三年春，得黄兴、赵声之招，归国策划起义。被捕后从容就义。刑前所写《与妻书》，感人至深。事迹见尚秉和《林觉民传》(《碑传集补》卷五七)。

金山(　—1982)、季羡林(　—2009)生。

征引及主要参考文献

古 代 文 献

《阿文成公(桂)年谱》	清·那彦成编,卢荫溥增修	清嘉庆十八年刻本
《白耷山人(阎尔梅)年谱》	清·鲁一同编	民国十一年铅印本
《拜经堂文集》	清·臧庸著	1930年上元宗氏影印汉阳叶氏旧藏写本
《宝纶堂文钞》	清·齐召南著	清嘉庆二年刊本
《抱经堂文集》	清·卢文弨著	中华书局1990年版
《碑传集》	清·钱仪吉撰,靳斯标点	中华书局1993年4月版
《碑传集补》	近·闵尔昌编	《清代碑传全集》本,上海古籍出版社1987年版
《北京图书馆藏珍本年谱丛刊》		北京图书馆出版社1997年版
《炳烛室杂文》	清·江藩著	《丛书集成》本
《病榻梦痕录》、《梦痕余录》	清·汪辉祖编,汪继坊等补编	清光绪间江苏书局刻本
《蔡元培全集》	近·蔡元培著	中华书局1984年版
《曹剑亭(锡宝)先生自撰年谱》	清·曹锡宝编	清光绪二十三年印书公会铅印本
《曹廷杰集》	近·曹廷杰著	中华书局出版
《曹学士(仁虎)年谱》	清·王鸿逵编	清嘉庆间次欧山馆兰丝栏抄本
《查继佐年谱》	清·沈起撰	中华书局1992年版
《茶余客话》	阮葵生著	中华书局1958年点校本
《陈独漉(恭尹)先生年谱》	温肃编	民国八年广东刻《陈独漉先生集》本
《陈句山(兆仑)先生年谱》	清·陈玉绳编	清嘉庆十二年刻《紫竹山房诗文集》本
《陈可斋(大受)先生年谱》	清·陈辉祖等编	清刻本
《陈恪勤公(鹏年)年谱》	清·唐祖价编	清道光间刻本
《陈乾初(确)先生年谱》	清·吴骞编	民国四年上虞罗氏铅印本
《陈虬集》	近·陈虬著	浙江人民出版社1992年版
《程山谢明学(文洊)先生年谱》	清·谢鸣谦编	清刻本

书名	作者	版本
《澄怀园文存》	清·张廷玉著	清光绪十七年重刊本
《澄怀主人（张廷玉）年谱》	清·张廷玉编	清光绪六年张绍文庞山刻本
《池北偶谈》	清·王士禛著	中华书局1982年点校本
《畴人传》	清·阮元主编	商务印书馆1955年版
《初堂遗稿》	清·洪榜著	梅铃书院刊《二洪遗稿》本
《春融堂集》	清·王昶著	清嘉庆十二年刻本
《慈溪裘蔗村太史（琏）年谱》	清·裘姚崇编	清道光十九奚疑斋木活字本
《从政录》	清·汪喜孙	《江都汪氏丛书》本
《崔东壁遗书》	清·崔述	上海古籍出版社1983年版
《戴东原（震）先生年谱》	清·段玉裁编	清乾隆五十七年重刻本
《戴可亭相国夫子（均元）年谱》	清·汤金钊等编	清道光间家刻本
《戴震文集》	清·戴震著	中华书局1980年版
《憺园全集》	清·徐乾学著	清光绪九年金吴澜重刊本
《道古堂文集》	清·杭世骏著	清光绪十四年刊本
《德星堂文集》	清·许汝霖著	清刊本
《雕菰楼集》	清·焦循著	道光四年阮氏刻本
《定盦（龚自珍）先生年谱》	清·吴昌绶编	清光绪三十四年仁和吴氏双照楼刻本
《东溟文集》	清·姚莹著	清同治六年《中复堂全集》本
《读史方舆纪要》	清·顾祖禹著	中华书局1955年重排本
《段玉裁经韵楼遗文辑存》	陈鸿森辑	1999年稿本
《鄂尔泰年谱》	清·鄂容安等撰，李致忠点校	中华书局1993年9月版
《二林居集》	清·彭绍升著	清光绪七年重刊本
《范忠贞（承谟）年谱》	清·柯汝霖编	清光绪五年当湖柯氏扫石山房刻本
《贩书偶记》	清·孙殿起著	上海古籍出版社1982年版
《方苞集》	清·方苞著	上海古籍出版社1983年版
《方望溪（苞）先生年谱》	清·苏惇元编	民国间上海商务印书馆影印本
《方仪卫（东树）先生年谱》	清·郑福照编	清同治七年刻《仪卫轩文集》本
《费燕峰（密）先生年谱》	费天修编	扬州古籍书店朱丝栏抄本
《冯柳东（登府）先生年谱》	史诠编	民国间抄本
《复初斋文集》	清·翁方纲著	清道光二十六年刊本
《傅青主（山）先生年谱》	清·丁宝铨编	清宣统三年山阳丁氏刻本
《陔余丛考》	清·赵翼著	中华书局1963年排印本
《高凤翰诗集笺注》	清·高凤翰著，孙龙骅笺注	北京师范大学出版社1993年版
《公他（傅山）先生年谱》	清·张廷鉴编	民国间朱丝栏抄本
《宫傅杨果勇侯自编年谱》	清·杨芳编	清道光二十年南海傅祥麟宝和堂刻本
《龚自珍全集》	清·龚自珍著	上海古籍出版社1999年版
《辜鸿铭文集》	近·辜鸿铭著	海南出版社1996年版
《古今图书集成》	清·陈梦雷、蒋廷锡编	中华书局1985年影印本
《古文辞类纂》	清·姚鼐纂	中国书店1986年影印本

《顾千里(广圻)先生年谱》	(日)神田喜一郎编,孙世伟译	民国十五年大东书局铅印
《顾千里先生年谱》	清·赵怡琛编	民国年间昆山赵怡琛刻《对树书屋丛刻》本
《顾亭林(炎武)先生年谱》	清·吴映奎重辑、车持谦增纂	清道光十九年上元车氏刻本
《顾亭林先生年谱》	清·张穆编	清道光二十四年刻本
《广明儒理学备考》	清·范鄗鼎著	清文渊阁《四库全书》本
《归玄恭(庄)先生年谱》	清·归曾祁编	民国七年蓝阁稿本
《归玄恭先生年谱》	清·赵经达编	民国十四年昆山赵氏刻《又满楼丛书》本
《归愚文钞》	清·沈德潜著	清乾隆间刊本
《癸巳类稿》	清·俞正燮著	清道光间刊本
《国朝汉学师承记》	清·江藩著	中华书局1982年点校本
《国朝画征录》	清·张庚著	清乾隆四年自刊本
《国朝耆献类征初编》	清·李恒编著	清光绪间刻本
《国朝诗别裁集》	清·沈德潜著	中华书局1979年版
《国朝诗人征略》	清·张维屏著	清道光十年刊本
《国朝书画家笔录》	清·窦镇著	《江氏聚珍版丛书二集》本
《国朝书人辑略》	清·震均著	清光绪三十四年金陵刊巾箱本
《国朝先正事略》	清·李元度编著	岳麓书社1991年点校本
《国朝学案小识》	清·唐鉴编著	世界书局1936年版
《果堂集》	清·沈彤著	清乾隆间刻本
《寒松老人年谱》	清·魏象枢口授,魏学诚等录	清乾隆六年寒松堂刻本
《寒松堂集》	清·魏象枢著	清道光二十三年刊本
《汉学商兑》	清·方东树著	清光绪十七年刊本
《何绍基诗文集》	清·何绍基著	岳麓书社1992年版
《荷屋府君年谱》	清·吴荣光编,吴尚忠、吴尚志补编	清道光间刻本
《洪北江(亮吉)先生年谱》	清·吕培等编	清光绪间授经堂刻《洪北江遗集》本
《洪亮吉集》	清·洪亮吉著	中华书局2001年版
《洪仁玕集》	近·洪仁玕著	上海人民出版社1978年版
《侯方域年谱》	清·侯洵编	共读楼乌丝栏抄本
《华野郭公(琇)年谱》	清·郭廷翼编	清道光二十一年吴江柳氏胜溪堂刻本
《皇朝蓄艾文编》	近·于宝轩辑	上海官书局1903年版
《皇清经解》	清·阮元	清道光九年学海堂刊本
《皇清经解续编》	清·王先谦	清光绪十四年南菁书院刊本
《黄丕烈年谱》	清·江标撰,王大隆补	中华书局1988年2月版
《黄荛圃先生年谱补》	清·王大隆编	中华书局1988年版
《黄侍郎公(叔琳)年谱》	清·顾镇编	清乾隆间吴门穆六展局刻本
《黄仲则(景仁)先生年谱》	清·毛庆善、季锡畴编	清咸丰八年家刻《两当轩集》本
《黄宗羲年谱》	清·黄炳垕撰,王政尧点校	中华书局1993年12月版
《黄宗羲全集》	清·黄宗羲著,沈善洪	浙江古籍出版社1988年版

		主编
《悔庵(尤侗)年谱》	清·尤侗编	清康熙间刻《西堂余集》本
《悔庵学文》	清·严元照著	清光绪间湖州陆氏刻本
《纪晓岚文集》	清·纪晓岚著	河北教育出版社1995年版
《检讨公(夏之蓉)年谱》	清·夏味堂编	清刻本
《简庄文钞》	清·陈鱣著	清光绪十四年刊本
《江冷阁文集》	清·冷士嵋著	清文渊阁《四库全书》本
《江慎修(永)先生年谱》	清·江锦波、汪世重编	民国十二年中华书局铅印本
《江子屏(藩)先生年谱》	清·闵尔昌编	民国十六年江都闵氏刻本
《焦理堂(循)先生年谱》	清·闵尔昌编	民国十六江都闵氏刻本
《孑民自述》	近·蔡元培著	江苏人民出版社1999年版
《鲒埼亭集外编》	清·全祖望著	清嘉庆十六年刊本
《介山自订年谱》	清·王又朴编	清乾隆间刻本
《经笥堂文钞》	清·雷鋐著	清嘉庆十六年刊本
《经学历史》	清·皮锡瑞著	中华书局1959年点校本
《经韵楼丛书》	清·段玉裁	清道光间金坛段氏刊本
《经韵楼文集补编》	清·段玉裁著,刘盼遂编	《段王学五种》本
《敬亭公自订年谱》	清·沈起元编,沈宗约补编	清道光二十七年刻本
《敬亭自记年谱》	清·王祖肃编	清乾隆间刻本
《瞿木夫先生自订年谱》	清·瞿中溶编	民国间南林刘氏刻《嘉业堂丛书》本
《觉生自订年谱》	清·鲍桂星编	清同治间刻本
《康有为全集》	清·康有为著	上海古籍出版社1990年版
《困学纪闻笺》	清·阎若璩著	清嘉庆十二年刊本
《琅嬛文集》	明·张岱著	岳麓书社1985年版
《李鸿章传》	近·梁启超著	海南出版社1993年版
《李厪园(李确)先生年谱》	罗继祖编	民国二十一年石印本
《李恕谷(塨)先生年谱》	清·刘调赞编,恽鹤生订,李锴重订	清道光十五年蠡吾李诰刻本
《厉樊榭(鹗)先生年谱》	清·朱文藻编,缪荃孙重订	民国吴兴刘氏刻《嘉业堂丛书》本
《莲洋吴征君(雯)年谱》	清·翁方纲编	清乾隆二十九年刻《莲洋集》本
《梁文定公自订年谱》	清·梁国治编,梁承云等补编	清抄本
《聊斋志异》	清·蒲松龄著	岳麓书社1988年点校本
《廖平选集》	近·廖平著	巴蜀书社1998年版
《廖燕全集》	清·廖燕著,林子雄点校	上海古籍出版社2005年版
《凌次仲(廷堪)先生年谱》	清·张其锦编	民国二十四年安徽丛书处影印本
《刘端临先生遗书》	清·刘台拱著	清道光十四年世德堂刊本
《刘光第集》	近·刘光第著	中华书局1986年版
《刘坤一遗集》	清·刘坤一著	中华书局1959年版
《刘礼部集》	清·刘逢禄著	清道光十年刊本
《刘孟瞻(文淇)先生年谱》	(日)小泽文四郎编	民国二十八年北平文思楼铅印本

《刘申叔先生遗书》	近·刘师培著	江苏古籍出版社1997年影印
《鲁山木先生文集》	清·鲁九皋著	清道光十一年陈用光刻本
《陆陇其年谱》	清·吴光酉、郭麟等撰,褚家伟、张文玲点校	中华书局1993年9月版
《陆子年谱》	清·张师载编	清乾隆间刻本
《闾邱先生自订年谱》	清·顾嗣立编	民国二十五年铅印《丙子丛书》本
《茂园自撰年谱》	清·康基田编,康亮钧补编	清道光七年兴县康亮钧刻本
《冒巢民(襄)先生年谱》	清·冒广生编	清光绪二十二年如皋冒氏刻《冒氏丛书》本
《梅庵自编年谱》	清·铁保编,瑞元、瑞恩续编	清道光间刻本
《孟邻堂文钞》	清·杨椿著	清嘉庆二十五年刊本
《勉行堂文集》	清·程晋芳著	清嘉庆二十五年刊本
《明季北略》	清·计六奇著	中华书局1984年版
《明季南略》	清·计六奇著	中华书局1984年版
《明名臣言行录》	清·徐开任著	清文渊阁《四库全书》本
《明儒理学备考》	清·范鄗鼎著	清文渊阁《四库全书》本
《明儒学案》	清·黄宗羲著	中华书局1985年点校本
《明史》	清·张廷玉等纂	中华书局1974年点校本
《明史纪事本末》	清·谷应泰著	中华书局1977年点校本
《明通鉴》	清·夏燮著	中华书局1959年点校本
《明文海》	清·黄宗羲编	中华书局1987年影印本
《明夷待访录》	清·黄宗羲著	北京古籍出版社1955年点校本
《茗柯文编》	清·张惠言著	上海古籍出版社1984年版
《牧庵居士自叙年谱略》	清·赵怀玉编	清道光间刻《亦有生斋文集》本
《牧斋有学集》	清·钱谦益著	上海古籍出版社1996年点校本
《穆堂初稿》	清·李绂著	清道光十一年重刊本
《南涧文集》	清·李文藻著	《功顺堂丛书》本
《南江文钞》	清·邵晋涵著	清道光十二年刊本
《南雷文定》	清·黄宗羲著	《黄宗羲全集》本,浙江古籍出版社1985年版
《南山(戴名世)先生年谱》	清·戴钧衡编	清光绪间刻《南山集》本
《南厓府君(朱珪)年谱》	清·朱锡经编	清嘉庆间刻本
《南畇老人自订年谱》	清·彭定求编,彭祖贤续编	清光绪七年彭祖贤刻《南畇诗秘》本
《廿二史考异》	清·钱大昕著	中华书局1985年版
《廿二史札记》	清·赵翼著	中华书局1984年版
《瓯北(赵翼)先生年谱》	清·佚名编	清光绪间重刻《瓯北全集》本
《彭春洲(泰来)先生诗谱》	清·李光廷编	清同治间刻《诗义堂后集》本
《彭湘涵(兆荪)先生年谱》	清·缪朝荃编	清光绪元年东仓书库刻本
《丕烈黄荛圃先生年谱》	清·江标编	清光绪二十三年元和江氏长沙使院刻本
《朴学斋文录》	清·宋翔凤	清咸丰间刊本
《钱牧斋先生年谱》	金鹤翀编	民国二十一年铅印本
《钱南园(沣)先生年谱》	清·方树梅编	民国十八晋宁方氏南荔草堂刻本

书名	作者	版本
《钱辛楣(大昕)先生年谱》	清·钱大昕编,钱庆曾注	清咸丰间刻本
《潜庵(汤斌)先生年谱》	清·王廷灿编	清康熙四十二年爱日堂刻《汤子遗书》本
《潜丘札记》	清·阎若璩著	清文渊阁《四库全书》本
《潜研堂集》	清·钱大昕著	上海古籍出版社1989年版
《切问斋集》	清·陆燿著	清光绪十八年江苏书局重刊本
《青溪文集》	清·程廷祚著	清道光间刊本
《清稗类钞》	清·徐珂编撰	中华书局1984年12月版
《清朝通典》	清·嵇璜等	清光绪二十七年上海图书集成局铅印本
《清朝文献通考》	清·嵇璜等	1927年上海图书集成局铅印本
《清大司马蓟门唐公(执玉)年谱》	清·唐鼎元编	民国间毗陵唐氏刻本
《清代禁毁书目》	清·姚觐元著	商务印书馆1959年排印本
《清德宗皇帝实录》	清·陈宝琛等纂修	清历朝实录本
《清秘述闻》	清·法式善	中华书局1982年版
《清容居士(蒋士铨)行年录》	清·蒋士铨编,蒋立仁补编	清刻本
《清儒学案》	近·徐世昌编	中华书局2008年版
《秋室集》	清·杨凤苞著	清光绪间湖州陆氏刻本
《全上古三代秦汉三国六朝文》	清·严可均	中华书局1958年影印本
《全谢山(祖望)先生年谱》	清·董秉纯编	清同治十一年刻本
《全祖望集汇校集注》	清·全祖望著、朱铸禹整理	上海古籍出版社2000年版
《荛圃藏书题跋》	清·黄丕烈著	上海远东出版社1999年版
《日沧自编年谱》	清·吕璜编	清道光二十一年桂林蒋存远堂刻《吕月沧集》本
《日知录》	清·顾炎武著	上海古籍出版社1984年影印本
《容甫(中)先生年谱》	清·汪喜孙编	民国十四年影印《江都汪氏丛书》本
《榕村(李光地)谱录合考》	清·李清馥编	清道光六年刻本
《阮元年谱》	清·张鑑等撰,黄爱平点校	中华书局1995年11月版
《三松自订年谱》	清·潘奕隽编	清道光十年家刻本
《三鱼堂文集》	清·陆陇其著	清光绪十六年刊《陆子全书》本
《邵二云(晋涵)先生年谱》	清·黄云眉编	民国二十二年南京金陵大学铅印本
《申凫盟(涵光)先生年谱略》	清·申涵煜、申涵盼编	清康熙十六年刻本
《沈端恪公(近思)年谱》	清·沈日富编	清光绪间刻《沈端恪公遗书》本
《沈归愚自订年谱》	清·沈德潜编	清乾隆二十九年教忠堂刻本
《省身录》	清·王恕编	清宣统元年金陵铅印本
《施愚山(闰章)先生年谱》	清·施念曾编	清末活字本
《十国春秋》	清·吴任臣著	中华书局1983年版
《十七史商榷》	清·王鸣盛著	商务印书馆1959年排印本
《石府君(泰吉)年谱》	清·钱应溥编	清同治三年刻本
《石涛上人(朱若极)年谱》	清·傅抱石编	民国三十七年京沪周刊社铅印本

《石隐山人自订年谱》	清·朱骏声编，程朝仪续编，朱师辙补注	民国十八年铅印本
《时庵自撰年谱》	清·蒋元益编	清乾隆间刻本
《书林清话》	清·叶德辉著	上海古籍出版社1957年点校本
《书目答问补正》	清·张之洞、范希曾著	上海古籍出版社1983年版
《书目答问笺疏》	清·张之洞撰、范希曾补、毋苟先生笺	上海古籍出版社2001年版
《书农府君(胡敬)年谱》	清·胡埕编	清道光间仁和胡氏刻本
《述庵(王昶)先生年谱》	清·严荣编	清嘉庆十二年刻《春荣堂集》本
《述古堂书目》	清·钱曾著	清文渊阁《四库全书》本
《双池(汪绂)先生年谱》	清·余龙光编	清同治五年婺源余氏刻本
《双池文集》	清·汪绂著	道光十四年一经堂刊本
《思补老人自订年谱》	清·潘世恩编	清同治二年吴门潘仪凤刻本
《思复堂文集》	清·邵廷采著	浙江古籍出版社1987年版
《思适斋集》	清·顾广圻著	清道光二十九年上海徐氏校刻本
《思益堂集》	清·周寿昌著	清光绪十四年刻本
《四库全书总目》	清·永瑢等撰	中华书局1987年7月版
《松崖文钞》	清·惠栋著	《聚学轩丛书》本
《宋诗钞》	清·吴之振等	上海三联书店1988年影印本
《宋恕集》	近·宋恕著	中华书局1993年版
《随园(袁枚)先生年谱》	清·方濬师编	清同治十年肇罗追署刻本
《岁贡士寿臧府君(徐同柏)年谱》	清·徐士燕编	民国间南林刘承干刻本
《遂初堂文集》	清·潘耒著	清康熙四十九年江苏刻本
《遂宁张文端公(鹏翮)年谱》	清·张知铨编	清光绪八年张知铨刻《张文端公全集》本
《孙渊如(星衍)先生年谱》	清·张绍南编	清光绪二十四年家刻本
《孙渊如先生全集》	清·孙星衍著	清光绪十二年长沙王氏刊本
《太鹤山人(端木国瑚)年谱》	清·端栢录编，陈谧补编	民国二十三年瑞安林氏铅印本
《汤文正公(斌)年谱定本》	清·杨椿编	清乾隆八年重刻本
《汤贞愍公(贻汾)年谱》	清·陈韬编	民国二十二年铅印本
《弢园老民自传》	近·王韬著	江苏人民出版社1999年版
《陶文毅公(澍)年谱》	清·王焕鏞编	民国间油印本
《陶园(张九钺)年谱》	清·张家栻编	清咸丰四年刻《紫岘山人集》本
《铁桥漫稿》	清·严可均著	清道光十八年家刻本
《通艺录》	清·程瑶田著	1933年《安徽丛书》影印本
《桐阴论画》	清·秦祖永著	清光绪六年刊本
《退庵自订年谱》	清·梁章钜编	清光绪元年福州梁氏浙江书局刻《二思堂丛书》本
《晚闻居士遗集》	清·王宗炎著	清道光十一年杭州爱日轩刻本
《晚学集》	清·桂馥著	《丛书集成初编》本
《万季野(斯同)先生系年》	清·王焕镳编	民国三十三年张芝联绿格抄本

要录》		
《汪穰卿遗著》	近·汪康年	民国刊本
《汪中集》	清·汪中著,王清信等点校	台湾中研院文哲所2000年版
《王伯申(引之)先生年谱》	清·闵尔昌编	《高邮王氏父子年谱》本
《王国维遗书》	近·王国维著	上海古籍出版社1983年版
《王石臞(念孙)先生年谱》	清·闵尔昌编	民国间刻《高邮王氏父子年谱》本
《王石臞先生遗文》	清·王念孙著	江苏古籍出版社2000年版
《王士禛年谱》	清·王士禛撰,孙言诚点校	中华书局1992年版
《王文端公(杰)年谱》	清·阮元编	清嘉庆间刻《葆淳阁集》本
《王文简公文集》	清·王引之著	江苏古籍出版社2000年版
《王文靖公(熙)年谱》	清·王熙编	民国间抄本
《忘山庐日记》	近·孙宝瑄著	上海古籍出版社1983年版
《味经斋遗书》	清·庄存与著	清道光间刊本
《魏源集》	清·魏源著	中华书局1976年版
《魏贞庵(裔介)先生年谱》	清·魏荔彤编	清光绪五年定州王氏刻《畿辅丛书》本
《文端公(钱陈群)年谱》	清·钱仪吉编,钱志澄增订	清光绪二十年刻本
《文廷式集》	近·文廷式著	中华书局1993年版
《文贞公(李光地)年谱》	清·李清植编	清道光五年刻本
《翁文恭公日记》	清·翁同龢著	上海商务印书馆1925年影印
《瓮牖余谈》	近·王韬著	岳麓书社1988年版
《我史》	近·康有为著	江苏人民出版社1999年版
《吴白华自订年谱》	清·吴省钦编,吴敬枢续编	清嘉庆十五年石经堂刻《白华后稿》本
《吴梅村(伟业)先生年谱》	清·顾师轼编	清光绪三年大仓吴氏重刻本
《吴汝纶尺牍》	清·吴汝纶著	黄山书社1990年版
《吴汝纶全集》	清·吴汝纶著	黄山书社2002年版
《吴山夫(玉搢)先生年谱》	清·丁晏编	民国四年上虞罗氏铅印《雪堂丛刻》本
《梧门(法式善)先生年谱》	清·阮元编	清嘉庆二十一年刻《存素堂诗续集》本
《武进李(兆洛)先生年谱》	清·蒋彤编	民国间南林刘氏刻《嘉业堂丛书》本
《西庄始存稿》	清·王鸣盛	清乾隆三十年刻本
《惜抱轩诗文集》	清·姚鼐	上海古籍出版社1992年版
《先伯石州公(张穆)年谱》	清·张继文编	民国十年石印本
《先府君北湖公(张朝晋)年谱》	清·张京颜编	清乾隆间海宁张氏写刻本
《先公田间府君(钱橙之)年谱》	清·钱撝禄编	清宣统三年铅印《国粹学报》本
《先河南公(周启运)年谱》	清·周廷冕编	清光绪四年临桂赁庐刻本
《先考穉威府君(胡天游)年谱纪略》	清·胡元琢编	清咸丰二年山阴胡氏刻本
《先水部公(惟枚)年谱》	清·许世杰编	清乾隆间刻本

《先文端公自订年谱》	清·汤金钊编	清咸丰六年刻《寸心知室存稿》本
《先文恭公(陈宏谋)年谱》	清·陈钟珂编	清刻本
《香树斋文集》	清·钱陈群著	清乾隆刻本
《小腆纪年》	清·徐鼒著	中华书局1957年点校本
《校经叟自订年谱》	清·李富孙编	清道光二十四年家刻本
《校礼堂文集》	清·凌廷堪著	中华书局1998年版
《杏庄府君自叙年谱》	清·左辅编,左昂等续编	清宣统二年木活字本
《休复居文集》	清·毛岳生	清道光二十四年嘉定黄氏刊本
《徐闇公(孚远)先生年谱》	陈乃乾、陈洙编	民国十五年金山姚氏刻本
《徐俟斋(枋)先生年谱》	罗振玉编	民国八年上海聚珍仿宋印书局铅印本
《许顺庵老人自述年谱》	清·许嘉猷编	清道光间家刻本
《续碑传集》	近·缪荃孙编	上海古籍出版社《清代碑传全集》1987年版
《续四库提要三种》	清·胡玉缙著	上海书店出版社2002年8月版
《续修文清公(汪琬)年谱》	清·汪敬源编	民国间抄本
《雪堂自述》	近·罗振玉著	江苏人民出版社1999年版
《雅雨堂文集》	清·卢见曾著	清道光二十年刊本
《言旧录》	清·张金吾编	民国间南林刘氏刻《嘉业堂丛书》本
《阎潜邱(若璩)先生年谱》	清·张穆编	清道光二十七年寿阳祁氏刻本
《阎若璩年谱》	清·张穆撰	中华书局1994年6月版
《揅经室集》	清·阮元著	清道光间《文选楼丛书》本
《颜习斋(元)先生年谱》	清·李塨编	清康熙四十六年刻本
《颜习斋先生年谱节本》	清·瞿世英编	民国十八年铅印本
《颜元年谱》	清·李塨撰、王源订,陈祖武点校	中华书局1992年1月版
《弇山毕公(沅)年谱》	清·史善长编	清同治十一年镇海毕长庆刻本
《扬州画舫录》	清·李斗著	《清代史料笔记丛书》本,中华书局1960年版
《杨仁山集》	近·杨文会著	中国社会科学出版社1995年版
《杨蓉裳(芳灿)先生年谱》	清·杨芳灿编,余一鳌续编	清光绪五年上饶卢氏刻本
《杨园先生全集》	清·张履祥著	清同治十年刻本
《养一斋文集》	清·李兆洛著	清光绪四年重刊本
《尧峰文钞》	清·汪琬著	清文渊阁《四库全书》本
《姚石甫(莹)先生年谱》	清·姚濬昌编	清同治六年桐城姚氏安福县重刻《中复堂全集》本
《姚惜抱(鼐)先生年谱》	清·郑福照编	清同治七年桐城姚濬昌刻本
《依归草二刻》	清·张符骧	清康熙刻本
《仪卫轩文集》	清·方东树著	清同治七年刻本
《蚁园自记年谱》	清·吴绍诗编	清乾隆间刻本
《因寄轩文集》	清·管同著	清光绪五年重刊本
《尹健余(会一)先生年谱》	清·尹嘉铨编,吕炽订正	清光绪五年定州王氏谦德堂刻本
《庸闲笔记》	清·陈其元著	中华书局1997年版
《永历实录》	清·王夫之著	北京古籍出版社2002年版
《永宇溪庄识阅历》	清·赵廷栋编	清乾隆间刻《永宇溪庄识略》本

《柚堂文存》	清·盛百二著	上海古籍书店影印本
《有竹居集》	清·任兆麟著	清道光六年刊本
《俞理初(正燮)先生年谱》	清·王立中编,蔡元培补订	民国间安徽丛书编印处铅印本
《渔洋山人自撰年谱》	清·王士禛编,惠栋注补	清刻本
《愚谷文存》	清·吴骞著	《拜经楼丛书》本
《严修年谱》	严修自订,高凌云补,严仁曾增编	齐鲁书社1990年版
《颜习斋先生年谱节本》	瞿世英编	民国十八年铅印本
《袁枚全集》	清·袁枚著	浙江古籍出版社1993年版
《援堂文钞》	清·武亿著	《丛书集成》本
《越缦堂日记》	清·李慈铭著	商务印书馆1959年版
《恽子居(敬)著作年表》	清·陈莲青编	清嘉庆二十年武宁卢旬宜南昌刻本
《韵补正》	清·顾炎武著	中华书局1985年版
《曾国藩年谱》	近·黎庶昌编	岳麓书社1986年版
《曾国藩文集》	清·曾国藩著	岳麓书社1985年版
《张船善(问陶)先生年谱》	清·王世芬编	民国十三年江都于氏刻本
《张亨甫(际亮)先生年谱》	清·李云浩编	清同治六年刻《张亨甫全集》本
《张介侯(澍)先生年谱》	冯国瑞编	民国二十四年铅印《慰景庐丛刻》本
《张南山(维屏)先生年谱摄略》	清·金青茅编	清咸丰间刻本
《张清恪公(伯行)年谱》	清·张师栻、张师载编	清乾隆间刻《正谊堂集》本
《张廷玉年谱》	清·张廷玉撰,戴鸿义点校	中华书局1992年12月版
《张文襄公全集》	清·张之洞著	中国书店1990年影印本
《张文贞公(玉书)年谱》	清·丁传靖编	清光绪三十一年刻本
《张杨园(履祥)先生年谱》	清·姚夏编,陈梓补订	清道光十四年平湖沈氏补读书斋刻本
《张杨园先生年谱》	清·苏惇元编	清道光间刻本
《张之洞全集》	清·张之洞著	河北人民出版社1998年版
《章实斋(学诚)先生年谱》	清·赵誉船编	民国间上海真美书社石印本
《章氏遗书》	清·章学诚著	文物出版社1985年版
《章太炎全集》	近·章炳麟著	上海人民出版社1985年版
《章太炎政论选集》	近·章炳麟著	中华书局1977年版
《昭代名人尺牍小传》	清·吴修	台北明文书局1985年版
《赵瓯北全集》	清·赵翼著	光绪三年四川官印刷局刊本
《赵执信年谱》	清·李森文著	齐鲁书社1988年8月版
《珍艺宦文钞》	清·庄述祖著	道光间刊《珍艺宦遗书》本
《征君孙(奇逢)先生年谱》	清·汤斌等编	清康熙间刻本
《郑观应集》	近·郑观应著	上海人民出版社1982年版
《郑观应集》	近·郑观应著	上海人民出版社1982年版
《郑堂读书记》	清·周中孚著	商务印书馆1959年版
《知足斋文集》	清·朱珪著	《畿辅丛书》本
《周甲录》	清·姚培谦编	清乾隆间刻《松桂读书堂集》本

《周栎园(亮工)先生年谱》	清·周在浚编	民国间朱丝栏抄本
《周慕溪(嘉猷)年谱》	清·邵甲名编	清刻《雪卧山房集》本
《朱柏庐(用纯)先生编年毋欺录》	清·朱用纯编,金吴澜补编,李祖荣校辑	清光绪六年刻本
《朱笥河(筠)先生年谱》	清·罗继祖编	民国二十年上虞罗氏铅印本
《朱笥河集》	清·朱筠著	清嘉庆二十年家刻本
《朱文端公(轼)年谱》	清·朱翰编,朱舲补编	清光绪十年津河广仁堂刻本
《朱竹垞(彝尊)先生年谱》	清·杨谦编	清刻《曝书亭集诗注》本
《尊道(陆世仪)先生年谱》	清·凌锡祺编	清光绪二十五年刻《陆子遗书》本
《左海文集》	清·陈寿祺著	清嘉庆间刊本

近现代著作

《八指头陀诗文集》	梅季编	岳麓书社1984年版
《百年之功——中国近代大学校长的教育家精神》	周川、黄旭主编	福建教育出版社1994年版
《包慎伯(世臣)先生年谱》	胡韫玉编	民国十二年安吴胡氏铅印《朴学斋丛刊》本
《碑传集三编》	汪兆镛编	《清代碑传全集》本，上海古籍出版社1987年版
《变法以致太平:康有为文选》	谢遐龄编选	上海远东出版社1997年版
《蔡元培年谱》	高平叔编著	中华书局1980年版
《曹廷杰集》	丛佩远、赵鸣岐编	中华书局1985年版
《查慎行年谱》	陈敬璋撰	中华书局1992年版
《陈独秀年谱》	王光远编	重庆出版社1987年版
《程易畴(瑶田)先生年谱》	罗继祖编	民国二十三年库籍整理处石印本
《传教士与近代中国》	顾长声著	上海人民出版社1985年版
《传统佛教与中国近代化》	邓子美著	华东师范大学出版社1994年版
《船山师友记》	罗正钧纂	岳麓书社1982年版
《春秋学史》	赵伯雄著	山东教育出版社2004年版
《从马礼逊到司徒雷登——来华新教传教士评传》	顾长声著	上海人民出版社1985年版
《岱玖公(庄有可)年谱》	庄俞编	民国二十四年铅印本
《戴震生平与作品考论》	蔡锦芳著	广西师范大学出版社2006年版
《当代新儒学引论》	颜炳罡著	北京图书馆出版社1998年版
《段玉裁先生年谱》	刘盼遂编	民国二十五年北屏来薰阁书店铅印本
《二十世纪初中国政治改革风潮》	侯宜杰	人民出版社1993年第1版
《二十世纪中国学术要籍大辞典》	名誉主编任继愈	中共中央党校出版社1993年版
《方以智年谱》	任道斌编著	安徽教育出版社1983年版
《冯桂芬评传》	熊月之著	南京大学出版社2004年版
《改琦年谱》	何延喆著	天津人民美术出版社1998年版
《革故鼎新的哲理——章太炎文选》	姜玢编	上海远东出版社1996年版
《辜鸿铭评传》	孔庆茂著	百花洲出版社出版1996年版
《古今典籍聚散考》	陈登原著	上海古籍出版社2005年版
《古文字学导论》(增订本)	唐兰著	齐鲁书社1981年版
《顾颉刚书话》	顾颉刚著	浙江人民出版社1999年版
《顾炎武年谱》	周可真著	苏州大学出版社1998年版
《广清碑传集》	钱仲联主编	苏州大学出版社1999年版
《龚自珍年谱》	郭延礼著	齐鲁书社1987年版
《国际汉学著作提要》	李学勤主编	江西教育出版社1996年版
《国外出版中国近现代史书目》	杨诗浩、韩荣芳编	上海人民出版社1989年版

《国学与汉学——近代中外学界交往录》	桑兵著	浙江人民出版社 1999 年版
《国语集解》	徐元诰著	中华书局 2002 年版
《寒柳堂集》	陈寅恪著	上海古籍出版社 1980 年版
《汉籍外译史》	马祖毅、任荣珍著	湖北教育出版社 1997 年版
《弘一大师》	中国佛教协会编	文物出版社 1984 年版
《洪亮吉评传》	陈金陵著	中国人民大学出版社 1995 年版
《洪昇年谱》	章培恒著	上海古籍出版社 1979 年版
《胡适年谱》	曹伯言、季维龙编著	安徽教育出版社 1986 年版
《胡适译短篇小说》	胡适著	岳麓书社 1987 年版
《华侨华人侨务大辞典》	庄炎林、伍杰主编	山东友谊出版社 1997 年版
《黄节诗集》	马以君编	中国人民大学出版社 1989 年版
《黄兴年谱》	毛注青编	湖南人民出版社 1980 年版
《黄宗羲年谱》	徐定宝主编	华东师范大学出版社 1995 年 8 月版
《黄宗羲评传》	徐定宝著	南京大学出版社 2002 年版
《黄宗羲全集》	沈善洪主编	浙江古籍出版社 1988 年版
《黄遵宪传》	麦若鹏著	古典文学出版社 1957 年版
《回忆亚东图书馆》	汪原放著	上海学林出版社 1983 年版
《基督教与近代中国社会》	顾卫民著	上海人民出版社 1996 年版
《纪晓岚年谱》	贺治起、吴庆荣编	书目文献出版社 1993 年版
《甲骨学百年大事记》(1899—1999)	朱颜民等著	百花文艺出版社 2001 年版
《简明中国古籍辞典》	吴枫主编	吉林文史出版社 1987 年版
《江藩与汉学师承记研究》	漆永祥著	上海古籍出版社 2006 年版
《江浙藏书家史略》	吴晗著	中华书局 1881 年版
《焦循儒学思想与易学研究》	陈居渊著	齐鲁书社 2000 年版
《鲒埼亭文集选注》	黄云眉选注	齐鲁书社 1982 年版
《近百年湖南学风、湘学略》	钱基博,李肖聃著	岳麓书社 1985 年版
《近代出版家张元济》(增订版)	王绍曾著	商务印书馆 1995 年版
《近代经学与政治》	汤志钧著	中华书局 1989 年版
《近代思想启蒙先锋康有为》	宋德华著	广东人民出版社 2005 年版
《近代外国在华文化机构综录》	郭卫东主编	上海人民出版社 1993 年版
《近代中国百年史辞典》	李华兴主编	浙江人民出版社 1987 年版
《近代中国科学家》	沈渭滨主编	上海人民出版社 1988 年版
《近代中国社会文化变迁录》	刘志琴主编	浙江人民出版社 1998 年版
《近代中国史事日志》	郭廷以编著	中华书局 1987 年版
《近代中日文化交流史》	王晓秋著	中华书局 2000 年版
《近代中日文学交流史稿》	王晓平著	湖南文艺出版社 1987 年版
《近三百年人物年谱知见录》	来新夏著	上海人民出版社 1983 年版
《经史抉原》	蒙文通著	巴蜀书社 1995 年版
《康门弟子述略》	陈汉才编著	广东高等教育出版社 1991 年版
《康南海先生遗著汇刊》	蒋贵麟编	台湾宏业书局有限公司 1976 年版
《康熙大帝全传》	孟昭信著	吉林文史出版社 1987 年版
《康熙起居注》	中国第一历史档案馆整理	中华书局 1984 年版

《康雍乾三帝评议》	左步青选编	紫禁城出版社1986年版
《康有为》	马洪林著	上海人民出版社1986年版
《康有为变法奏章辑考》	孔祥吉编著	北京图书馆出版社2008年版
《康有为评传》	董士伟著	百花洲出版社1994年版
《康有为早期遗稿述评》	黄明同、吴熙钊著	中山大学出版社1988年版
《康有为政论集》	汤志钧编	中华书局1981年版
《孔子文化大典》	孔范今、桑思奋等主编	中国书店1994年版
《李端棻传》	秋阳著	贵州民族出版社2000年版
《李叔同集》	周冲选编	沈阳出版社1998年版
《历代妇女著作考》	胡文楷编著	上海古籍出版社1985年7月版
《历代人物年里碑传综表》	姜亮夫编	中华书局1959年版
《梁启超论清学史二种》	朱维铮校注	复旦大学出版社1985年版
《梁启超年谱长编》	丁文江、赵丰田编	上海人民出版社1983年版
《梁启超评传》	吴廷嘉、沈大德著	百花洲出版社1996版
《梁启超学术思想评传》	陈鹏鸣著	北京图书馆出版社1999年版
《梁启超与中国近代思想》	(美)约瑟夫·阿·勒文森著,刘伟等译	四川人民出版社1986年版
《两汉经学今古文平议》	钱穆著	商务印书馆2001年版
《两浙著述考》	宋慈抱原著,项士元审订	浙江人民出版社1985年版
《聊斋志异资料汇编》	朱一玄编	南开大学出版社2002年版
《廖季平年谱》	廖幼平编	巴蜀书社1985年出版
《林则徐传》	杨国桢著	人民出版社1981年版
《林则徐年谱》	来新夏编著	上海人民出版社1985年版
《刘智及其伊斯兰思想研究》	梁向明著	兰州大学出版社2004年版
《留美幼童》	钱钢、胡劲草著	文汇出版社2004年版
《柳如是别传》	陈寅恪著	生活·读书·新知三联书店2001年版
《柳无忌年谱》	叶雪芬编	社会科学文献出版社1992年版
《鲁迅年谱》	复旦大学等三校编写组	安徽人民出版社1979年版
《鲁迅全集》	鲁迅著	人民出版社1973年版
《吕留良年谱长编》	卞僧慧著	中华书局2003年版
《论戴震与章学诚》	余时英著	生活·读书·新知三联书店2000年版
《罗泽南理学思想研究》	张晨怡著	三秦出版社2007年版
《马君武集》	莫世洋编	华中师范大学出版社1991年版
《马相伯集》	朱维铮主编	复旦大学出版社1996年版
《马叙伦年谱》	马以君主编	中山大学出版社1994年版
《马寅初传》	杨建业著	中国青年出版社1986年版
《民国人物传》(第一卷)	李新、孙思白主编	中华书局1978年版
《民国人物传》(第二卷)	李新、孙思白主编	中华书局1980年版

《民国人物传》(第三卷)	宗志文、朱信泉主编	中华书局1981年版
《民国人物传》(第四卷)	朱信泉、严如平主编	中华书局1984年版
《民国人物传》(第五卷)	严如平、宗志文主编	中华书局1986年版
《民国人物传》(第六卷)	宗志文、严如平主编	中华书局1987年版
《民国人物传》(第七卷)	朱信泉、宗志文主编	中华书局1993年版
《民国人物传》(第九卷)	严如平、宗志文主编	中华书局1997年版
《民国时期总书目》(1911—1949)		书目文献出版社1986年版
《民国学案》	张岂之主编	湖南教育出版社2005年版
《明清传教士与欧洲汉学》	张国刚等著	中国社会科学出版社2001年版
《明清江南私人刻书史略》	叶树声、余敏辉著	安徽大学出版社2000年版
《明清江苏文人年表》	张慧剑编著	上海古籍出版社1986年版
《明清进士题名碑录索引》(下)	朱保炯、谢沛霖编	上海古籍出版社1980年版
《明清之际中西关系史》	张维华著	齐鲁书社1987年版
《南社丛谈》	郑逸梅著	上海人民出版社1981年版
《南社史长编》	杨天石、王学庄编著	中国人民大学出版社1995年版
《倪海曙语文论集》	倪海曙著	上海教育出版社1991年版
《欧阳竟无评传》	徐清祥、王国炎著	百花洲文艺出版社1995年版
《蒲松龄年谱》	路大荒著	齐鲁书社1980年版
《千古文字狱》(清代纪实)	杨凤城等著	南海出版公司1992年版
《乾嘉学派研究》	陈祖武、朱彤窗著	河北人民出版社2005年版
《乾嘉学术编年》	陈祖武、朱彤窗著	河北人民出版社2005年版
《乾嘉学术十论》	刘墨著	生活·读书·新知三联书店2006年版
《乾隆帝及其时代》	戴逸著	中国人民大学出版社1992年版
《清朝续文献通考》	刘锦藻编	浙江古籍出版社2000年版
《清初士人与西学》	徐海松著	东方出版社2000年版
《清初学术思辨录》	陈祖武著	中国社会科学出版社1992年版
《清初浙东学派论丛》	方祖猷著	台北万卷楼图书有限公司1996年版
《清代八卦教》	马西沙著	中国人民大学出版社1989年版
《清代公羊学》	陈其泰著	东方出版社1997年版
《清代皇帝传略》	左步青主编	紫禁城出版社1991年版
《清代经部序跋选》	王达津主编	天津古籍出版社1991年版
《清代名人千家著作举要》	盛代儒编著	华夏出版社1992年版
《清代朴学大师列传》	支伟成著	岳麓书社1998年版
《清代七百名人传》	蔡冠洛编著	北京中国书店1984年版
《清代全史》	李洵、薛虹等著	辽宁人民出版社1991年版
《清代人物大事纪年》	朱彭寿编著	北京图书馆出版社2005年版
《清代史部序跋选》	杨翼骧、孙香兰主编	天津古籍出版社1992年版
《清代通史》	萧一山著	中华书局1986年版
《清代学术辞典》	赵永纪主编	学苑出版社2004年版
《清代学术概论》	梁启超著	上海古籍出版社1998年版
《清代学术思想的变迁与文学》	马积高著	湖南出版社1996年版
《清代学术探研录》	王俊义著	中国社会科学出版社2002年版

书名	作者	出版信息
《清华人文学科年谱》	齐家莹编撰	清华大学出版社1999年版
《清华人物志》(第二辑)	清华大学校史研究室编	清华大学出版社1992年版
《清鉴纲目》	印鸾章著	岳麓书社1987年版
《清历朝实录》		中华书局1986年版
《清末大事编年》	吴铁峰著	湖南大学出版社1996年版
《清末新知识界的社团与活动》	桑兵著	上海三联书店1995年版
《清人别集总目》	李灵年、杨忠主编	安徽教育出版社2000年版
《清人别名字号索引》	王德毅著	台湾新文丰出版公司1985年版
《清人室名别称字号索引》	杨廷福、杨同甫著	上海古籍出版社1988年版
《清人文集别录》	张舜徽著	中华书局1980年版
《清儒学案新编》	杨向奎编	齐鲁书社1985年版
《清儒传略》	严文郁编	台湾商务印书馆1999年版
《清儒学记》	张舜徽著	齐鲁书社1991年版
《清实录教育科学文化史料辑要》	铁玉钦主编	辽沈书社1991年版
《清史》	郑天挺主编	天津人民出版社1989年版
《清史编年》	李文海主编	中国人民大学出版社2000年版
《清史稿》	赵尔巽等撰	中华书局1977年版
《清史列传》	王钟翰点校	中华书局1987年版
《清通鉴》	戴逸、李文海主编	山西人民出版社版2000年版
《清通鉴》	章开沅主编	岳麓书社2000年版
《清中前期西洋天主教在华活动档案史料》		中华书局2003年版
《秋瑾年谱》	郭延礼著	齐鲁书社1983年版
《全榭山先生年谱》	蒋天枢著	上海商务印书馆1932年版
《人境庐诗草笺注》	钱仲联注	古典文学出版社1957年版
《儒林琐记》	朱克敬著	岳麓书社1983年版
《阮元年谱》	张鉴等撰,黄爱平点校	中华书局1995年版
《阮元年谱》	王章涛著	黄山书社2003年版
《阮元思想研究》	李成良著	四川人民出版社1997年版
《上海近代佛教简史》	游有维著	华东师范大学出版社1988年版
《尚书学史》	刘起釪著	中华书局1989年版
《少年时代》	郭沫若著	人民文学出版社1982年版
《邵二云(晋涵)先生年谱》	黄云眉编	民国二十二年南京金陵大学铅印本
《邵念鲁年谱》	姚名达著	商务印书馆1828年版
《石涛上人(朱若极)年谱》	傅抱石编	民国三十七年京沪周刊社铅印本
《世纪学人自述》(1—6卷)	高增德、丁东编	北京十月文艺出版社2000年版
《书目答问补正》	范希曾编	上海古籍出版社1983年版
《四川近代史稿》	隗瀛涛主编	四川人民出版社1990年版
《四川近现代人物传》(第一辑)	任一民主编	四川省社会科学院出版社1985年版
《四库全书答问》	任松如著	巴蜀书社1988年版
《四库全书大辞典》	杨家骆著	北京中国书店1987年版
《四库全书荟要纂修考》	吴哲夫著	台湾国立故宫博物院1976年版

书名	著者	出版信息
《四库全书总目学术思想研究》	张传峰著	学林出版社2007年版
《四库全书纂修研究》	黄爱平著	中国人民大学出版社1989年版
《四库提要辨证》	余嘉锡著	中华书局1980年版
《四十自述》	胡适	海天出版社1992年版
《岁贡士寿臧府君(徐同柏)年谱》	徐士燕编	民国间南林刘承干刻本
《沈家本年谱初编》	张国华、李贵连编	北京大学出版社1989年版
《孙衣言、孙诒让父子年谱》	孙延钊等编	上海社会科学院出版社2003年版
《太平天国史》	罗尔纲著	中华书局1991年版
《谭嗣同评传》	李喜所著	河南教育出版社1986年版
《谭嗣同思想研究》	徐义君著	湖南人民出版社1981年版
《汤贞愍公(贻汾)年谱》	陈韬编	民国二十二年铅印本
《陶成章集》	汤志钧编	中华书局1986年版
《天父天兄圣旨》	王庆成编注	辽宁人民出版社1998年版
《铁云先生年谱长编》	刘蕙荪著	齐鲁书社1982年版
《同治中兴京外奏议约编》	陈弢编	上海书店1985年影印
《桐城古文学派小史》	魏际昌著	河北教育出版社1988年版
《桐城派研究》	周中明著	辽宁大学出版社1999年版
《桐城三祖年谱》	孟醒仁著	安徽大学出版社2002年版
《晚清保宁思想的原型:倭仁研究》	李细珠著	社会科学文献出版社
《晚清民初的理学与经学》	张昭军著	商务印书馆2007年版
《晚清思想史》	郑大华著	湖南师范大学出版社2005年版
《晚清文艺报刊述略》	阿英编	古典出版社1958年版
《晚清政治思想研究》	(日)小野川秀美著,林明德等译	台北时报出版公司1982年版
《万年少(寿祺)先生年谱》	罗振玉编	民国八年上虞罗氏铅印本
《汪康年师友书札》	上海图书馆编	上海古籍出版社1986年版
《汪尧峰(琬)先生年谱》	赵经达编	民国十四昆山赵氏刻《又满楼丛书》本
《王夫之学行系年》	刘春建著	中州古籍出版社1989年版
《王国维年谱》	陈鸿祥著	齐鲁书社1991年版
《王国维年谱长编》	袁英光、刘寅生编	天津人民出版社1990年版
《王国维年谱新编》	孙敦恒编	中国文史出版社1991年版
《王国维文集》	姚淦铭、王燕编	中国文史出版社1997年版
《王鹏运及其词》	谭志峰编	漓江出版社1991年版
《魏源年谱》	黄丽镛编	湖南人民出版社1985年版
《魏源评传》	陈其泰著	南京大学出版社2005年版
《魏源师友录》	李伯荣著	岳麓书社1982年版。
《魏源思想研究》	杨慎之、黄丽镛著	湖南人民出版社1987年版
《魏源与西学东渐》	彭大成、韩秀珍著	湖南师范大学出版社2005年版
《文化视野下的四库全书总目》	周积明著	广西人民出版社1991年版
《文献家通考》	郑伟章著	中华书局1999年版
《翁同龢》	谢俊美著	上海人民出版社1987年版
《瓮牖余谈》	王韬著	岳麓书社1988年版

书名	作者	版本
《无尽庵遗集》	周实著	民国元年刊本
《吴嘉纪年谱》	蔡观明编	1964年油印本
《吴趼人年谱》	王俊年编	中山大学出版社1998年版
《吴敬梓年谱》	胡适编	民国二十年上海亚东图书馆铅印《文木山房集》本
《五千年中外文化交流史》	李喜所主编	世界知识出版社2002年1月版
《戊戌变法》	中国史学会主编	上海人民出版社1957年版
《戊戌变法档案史料》		中华书局1958年版
《戊戌变法人物传稿》	汤志钧著	中华书局1982年版
《戊戌变法史论》	汤志钧著	上海三联书店1995年版
《西行漫记》	（美）斯诺著，董乐山译	上海三联书店1979年版
《西洋风:西洋发明在中国》	刘善龄著	上海古籍出版社1999年版
《现代中国社会科学名家》	刘启林主编	社会科学文献出版社1989年版
《现代中国思想家》		台湾巨人出版社会民国六十七年版
《冼玉清文集》	冼玉清著	中山大学出版社1995年版
《新闻研究资料丛刊》	中国社科院新闻研究所新闻研究资料编辑室编	新华出版社1981年版
《新学苦旅——科学·社会·文化的大撞击》	刘大椿著	江西高校出版社1995年版
《新中国名人录》	京声、溪泉编撰	江西人民出版社1987年版
《许瀚年谱》	袁行云著	齐鲁书社1983年版
《续修四库全书总目提要》（经部）	中国科学院图书馆整理	中华书局1993年版
《续修文清公(汪琬)年谱》	汪敬源编	民国间抄本
《学人游幕与清代学术》	尚小明著	社会科学文献出版社1999年版
《学术大师治学录》	中国社科院科研局编	中国社会科学出版社1999年版
《学制演变——中国近代教育史资料汇编》	璩鑫圭编	上海教育出版社1991年版
《寻求近代富国之道的思想先驱:陈炽研究》	张登德著	齐鲁书社2005年版
《俞曲园先生年谱》	徐澂辑	江苏省立苏州图书馆1940年版
《严复》	王栻、俞政著	江苏古籍出版社1984年版
《严复传》	王栻著	上海人民出版社1957年版
《严复思想研究》	董小燕著	浙江大学出版社2006年版
《严复学术思想评传》	马勇著	北京图书馆出版社2001年版
《严复学术思想研究》	张志建著	商务印书馆国际有限公司1995年版
《颜李学派的程廷祚》	胡适编	民国二十五年国立北京大学影印本
《扬州八怪年谱》	胡艺等著	江苏美术出版社1993年5月版
《杨度集》	刘晴波主编	湖南人民出版社1986年出版
《杨守敬学术年谱》	杨世灿等纂	湖北人民出版社2004年版
《1840年前的中国基督教》	孙尚扬、钟明旦著	学苑出版社2004年版
《洋务运动新论》	徐泰来著	湖南人民出版社1986年版

书名	作者	出版信息
《姚燮评传》	洪克夷著	浙江古籍出版社 1987 年版
《一代名臣魏象枢》	安俊杰主编	百花文艺出版社 2000 年版
《易庐易学书目》	卢松安编	齐鲁书社 1999 年版
《易学大辞典》	张其成主编	华夏出版社 1992 年版
《影响中国近代社会的一百种译作》	邹振环著	中国对外翻译出版公司 1996 年版
《雍正传》	冯尔康著	人民出版社 1985 年版
《雍正御批》	中仁主编	中国华侨出版社 1999 年版
《余绍宋先生年表》	余子安编	团结出版社 1989 年版
《张伯苓传》	郑致光主编	天津人民出版社 1989 年版
《张謇传》	章开沅著	中华工商联合出版社 2000 年版
《张謇全集》	曹从坡、杨桐编	江苏古籍出版社 1994 年版
《张维屏诗文选》	黄刚选注	华东师范大学出版社 1992 年版
《张问陶年谱》	胡传淮著	巴蜀书社 2000 年版
《张元济年谱》	张树年主编	商务印书馆 1991 年版
《章炳麟》	熊月之著	上海人民出版社 1982 年版
《章炳麟年谱长编》	汤志钧编	中华书局 1979 年版
《章炳麟评传》	姜义华著	南京大学出版社 2002 年版
《章太炎年谱长编》	汤志钧编	中华书局 1979 年版
《章太炎学术年谱》	姚奠中、董国炎著	山西古籍出版社 1996 年版
《章太炎学术史论集》	傅杰编	中国社会科学出版社 1997 年版
《章学诚评传》	仓修良、叶建华著	南京大学出版社 1996 年版
《郑观应传》	夏东元著	华东师范大学出版社 1985 年版
《郑振铎年谱》	陈福康编	书目文献出版社 1988 年版
《中国编辑史》	姚福申著	复旦大学出版社 1990 年版
《中国藏书家辞典》	李玉安、陈传艺著	河北教育出版社 1989 年版
《中国藏书家考略》	杨立诚、金步瀛编，俞运之校补	上海古籍出版社 1987 年版
《中国藏书楼》	任继愈主编	辽宁人民出版社 2000 年版
《中国出版史料补编》	张静庐辑注	中华书局 1957 年版
《中国丛书综录》	上海图书馆编	上海古籍出版社 1982 年版
《中国大百科全书》		中国大百科全书出版社 1986 年版
《中国大书典》	黄卓越、桑思奋主编	中国书店 1994 年
《中国当代著名经济学家》（第一集）	孙连成、林圃主编	四川人民出版社 1985 年版
《中国地方志联合目录》	中国科学院北京天文台主编	中华书局 1985 年版
《中国地理学家》	翟忠义编著	山东教育出版社 1989 年版
《中国二十世纪纪事本末》	朱汉国、周鸿主编	山东人民出版社 2000 年版
《中国翻译史》	马祖毅著	湖北教育出版社 1999 年版
《中国翻译文学史》	孟昭毅、李载道主编	北京大学出版社 2005 年版
《中国佛教人名大辞典》	震华法师著	上海辞书出版社 1999 年版
《中国佛教思想资料选编》	石峻等编	中华书局 1990 年版
《中国古代藏书与近代图书馆史料》（春秋到五四前后）	李希泌、张椒华编	中华书局 1982 年版

书名	编著者	出版社/版本
《中国古代语言学家评传》	吉常宏、王佩增编	山东教育出版社 1992 年版
《中国教育家评传》	沈灌祥、毛礼锐主编	上海教育出版社 1989 年版
《中国近代报刊史》	方汉奇著	山西人民出版社 1981 年版
《中国近代出版史料》(初编、二编)	张静庐辑注	中华书局 1957 年版
《中国近代教育大事记》	陈学恂主编	上海教育出版社 1981 年版
《中国近代教育家》	罗炳之著	湖北人民出版社 1958 年版
《中国近代教育史资料》	舒新城编	人民教育出版社 1980 年版
《中国近代教育史资料汇编—学制演变》	唐良炎等编	上海教育出版社 1991 年版
《中国近代文学发展史》	管林、钟贤培主编	中国文联出版公司 1991 年版
《中国近代文学史事编年》	郑方译编	吉林人民出版社 1983 年版
《中国近代文学之变迁》	陈子展著	上海书店 1982 年版
《中国近代小说编年》	陈大康著	华东师范大学出版社 2002 年版
《中国近代学术史》	麻天祥等著	湖南师范大学出版社 2001 年版
《中国近代学制史料》	朱有瓛编	华东师范大学出版社 1987 年版
《中国近三百年学术史》	梁启超著	上海三联书店 2006 年版
《中国近三百年学术史》	钱穆著	中华书局 1986 年版
《中国近三百年学术史论》	章太炎、刘师培等撰，徐亮工编校	上海古籍出版社 2006 年版
《中国近现代教育家传》	陈景磐主编	北京师范大学出版社 1987 年版
《中国近现代史大事记》(1840—1980)		知识出版社 1982 年版
《中国经学史》	吴雁南、秦学颀、李禹阶主编	福建人民出版社 2001 年版
《中国科学技术史稿》	杜石然等编著	科学出版社 1985 年版
《中国礼仪之争西文文献一百篇》		上海古籍出版社 2001 年
《中国历代名人大辞典》	南京大学历史系编	江西人民出版社 1982 年版
《中国历代人名大辞典》	张㧑之、沈起炜、刘德重主编	上海古籍出版社 1999 年版
《中国历代著名文学家评传》(六卷)		山东教育出版社 1985 年版
《中国历史大事编年》	张习孔、田珏主编	北京出版社 1987 年版
《中国历史大事年表》	冯君实主编	辽宁人民出版社 1985 年版
《中国历史年表》	柏杨著	台湾星光出版社 1997 年 12 月版
《中国民主革命时期人物简介》	张敏孝主编	辽宁大学历史系函授部 1981 年刊行
《中国年谱辞典》	黄秀文主编	百家出版社 1997 年版
《中国人名大辞典》	臧励和等编	上海书店 1984 年版
《中国儒家学术思想史》	刘蔚华、赵宗正主编	山东教育出版社 1996 年版
《中国儒教史》	李申著	上海人民出版社 1999 年版
《中国儒学》	庞朴主编	东方出版社 1997 年 1 月版
《中国儒学史》	赵吉惠、郭厚安等主编	中州古籍出版社 1991 年版
《中国儒学史》(明清卷)	苗润田著	广东教育出版社 1998 年版
《中国社会科学家自述》	国务院学位委员办公室编	上海教育出版社 1997 年版
《中国史学家评传》	陈清泉等编	中州古籍出版社 1985 年版

书名	作者	出版信息
《中国书文化要览》	施金炎、施文岚编著	湖南教育出版社1997年版
《中国书院辞典》	季啸风主编	浙江教育出版社1996年版
《中国通史》(清代部分)	白寿彝总主编	上海人民出版社1996年版
《中国文化史年表》	虞云国、周育民等编	上海辞书出版社1990年版
《中国文学家大辞典》	谭正璧编	上海书店1985年版
《中国文学家大辞典》(近代卷)	梁淑安主编	中华书局1997年版
《中国文学家大辞典》(清代卷)	钱钟联主编	中华书局出版社1896年版
《中国现代出版史料》(甲编、乙编、丁编)	张静庐辑注	中华书局1957年版
《中国现代教育大事记》	中央教育科学研究所编	教育科学出版社1988年版
《中国现代教育史》	周予同著	福建教育出版社2007年版
《中国现代社会科学家传略》	晋阳学刊编辑部编	山西人民出版社1982—1988年版
《中国现代学术经典·刘师培卷》	刘师培著	河北教育出版社1996年版
《中国现代哲学人物》	李振霞、傅云龙主编	中共中央党校出版社1991年版
《中国宪法参考资料选编》	许崇德主编	中国人民大学出版社1990年版
《中国小说叙事模式的转变》	陈平原著	上海人民出版社1988年版
《中国新闻事业编年史》	方汉奇主编	福建人民出版社2000年版
《中国新闻业史》(古代至一九四九年)	梁家禄等著	广西人民出版社1984年版
《中国学术名著大词典》	吴士余、刘凌主编	汉语大词典出版社2000年版
《中国学术思想编年》(明清卷)	陈国庆、刘莹著	陕西师范大学出版社2006年版
《中国语文现代化百年记事》(1892—1995)	费锦昌主编	语文出版社1997年版
《中国语文学家辞典》	陈高春编著	河南人民出版社1986年版
《中国著名藏书家传略》	郑伟章、李万健著	书目文献出版社1986年版
《中华民国现行司法制度》	廖与人编著	黎明文化事业公司1982年版
《中华文化通志》	萧克主编	上海人民出版社1998年版
《中华文化通志·清代文化志》	陈祖武、汪学群著	上海人民出版社1998年版
《中华文化通志·史学志》	瞿林东著	上海人民出版社1998年
《中外图书交流史》	彭斐章主编	湖南教育出版社1998年版
《周易辞典》	张善文编著	上海古籍出版社1992年版
《周予同经学史论选集》	周予同著	上海人民出版社1983年版
《追忆梁启超》	夏晓虹	中国广播电视出版社1996年
《邹容陈天华评传》		河南教育出版社1986年版
《纂修四库全书档案》	张书才主编	上海古籍出版社1997年7月版
《左宗棠评传》	杨东梁著	湖南人民出版社1985年版

论 文 部 分

标题	作者	出处
《爱国的历史学家谈迁》	吴晗	《新观察》1959年第15期
《"拜上帝会"子虚乌有考》	杨宗亮	《历史研究》1955年第1期
《毕沅史学成就述略》	郭友亮	《商丘师范学院学报》2008年第5期
《蔡元培与中国文化教育近代化》	孙延波	《潍坊学院学报》2003年第1期
《陈宝箴、黄遵宪的交谊与湖南新政》	郑海麟	《文史知识》2008年第6、7期
《陈宏谋与考据》	刘乃和	《北京师范大学学报》1962年第2期
《陈寿祺学术年表》	林东进	《闽江学院学报》2009年第1期
《传教士在华的宣传活动与科举制度的解体——以广学会和〈万国公报〉为例》	杨奎松	《徐州师范大学学报》2005年第4期
《春秋公羊"三世说":独树一帜的历史哲学》	陈其泰	《史学史研究》2007年第2期
《从孙奇逢到颜习斋》	李之鉴	《商丘师范学院学报》1997年第1期
《道光咸丰年间的经世实学》	冯天瑜	《历史研究》1987年第4期
《段玉裁和他的说文解字注》	殷孟伦	《中国语言》1961年第8期
《龚自珍哲学随行的近代特色》	肖剑平	《衡阳师范学院学报》2007年第5期
《〈癸卯学制〉百年简论》	刘虹	《河北师范大学学报》2004年第1期
《顾炎武的经学批评》	周文玫	《齐鲁学刊》1995年第1期
《顾炎武与昆山徐氏兄弟》	戈春源	《苏州大学学报》1994年第2期
《顾炎武与乾嘉学派》	魏长宝	《江汉论坛》2000年第3期
《顾炎武著书考略》	曹之	《江西图书馆学刊》1997年第2期
《国学保存会与中国传统学术的革故鼎新》	何卓恩	《华中师范大学学报》2003年第3期
《汉宋学术异同论总序》	刘光汉	《国粹学报》1905年第6期
《汉宋义理学异同论》	刘光汉	《国粹学报》1905年第6期
《汉宋章句学异同论》	刘光汉	《国粹学报》1905年第6期
《〈汉学师承记〉与〈汉学商兑〉》	黄爱平	《中国文化研究》1996年第4期
《合作与歧异:容闳与曾国藩关系探微——以晚清幼童出洋留学为中心》	杨锦銮	《兰州学刊》2007年第8期
《黄宗羲史学初探》	赵连稳	《齐鲁学刊》1997年第1期
《惠栋易学著述考》	漆永祥	《周易研究》2004年第3期
《近代早期中国对世界历史的认识》	于沛	《北方论丛》2008年第1期
《京师大学堂派遣首批留学生考》	冯立升、牛亚华	《历史档案》2007年第3期
《京师同文馆对我国教育近代化的意义及其启示》	雷钧	《现代教育科学》》2002年第7期
《京师同文馆增设天文算学馆评析》	林健、顾卫星	《苏州大学学报2008年第2期
《康门维新弟子人才思想特点评析》	王海虹	《淮南师范学院学报》2007年第7期
《康熙皇帝与自然科学》	汪茂和	《南开学报》1980年第3期
《课程与权力——以京师大学堂(1898—1911)课程运营为个案》	鲍嵘	《浙江师范大学学报》2005年第4期
《李伯元生平事迹大略》	李锡奇	《雨花》1957年第4期
《林旭行实系年》	方金川编	《福建师范大学学报》1991年第3期

《刘铁云年谱》	蒋逸雪编	《扬州师范学院学报》1959年第3期
《略论明末清初学风的特点》	谢国桢	《四川大学学报》1963年第2期
《略论阮元的书法理论与碑学派的兴起》	王雪玲	《渭南师专学报》1995年第3期
《略论中国近代教育的先驱张之洞》	聂蒲生	《贵州大学学报》2008年第1期
《略谈顾炎武在历史文献学方面的贡献》	崔文印	《史学史研究》1997年第3期
《论顾炎武的〈日知录〉》	刘毓璜	《南京大学学报》1963年第3、4期
《论顾炎武之经学思想》	魏长宝	《孔子研究》2000年第4期
《论黄宗羲的史学思想及其影响》	楼毅生	《河北学刊》1995年第6期
《论黄宗羲〈明夷待访录〉的民主启蒙思想》	林永先	《烟台师范学院学报》1997年第4期
《论黄宗羲史学思想的学术渊源》	王记录	《河南师范大学学报》1999年第1期
《论近代中国的第一次办报热潮》	陈虹娓	《长白学刊》1993年第4期
《论京师大学堂师范馆》	郑师渠	《北京师范大学学报》2002年第5期
《论清代的文字狱》	孔立	《中国史研究》1979年第3期
《论清代今文经学的创立复兴及其思想特点》	李军	《管子学刊》1998年第2期
《论清代今文经学的历史作用》	童铁松	《东北师范大学学报》2001年第1期
《论清代考据学之学术规范》	郭康松	《清史研究》1999年第3期
《论清代史馆修史、幕府修史及私家修史的互动》	王记录	《史学史研究》2007年第2期
《论清代学者臧庸的学术成就》	吴明霞	《中国典籍与文化》2000年第4期
《论清代游幕学人的撰著及其影响》	尚小明	《北京师范大学学报》1999年第5期
《论清代浙东学派的历史地位》	孙善根	《浙江学刊》1996年第2期
《论孙奇逢的学术思想》	孙聚友	《齐鲁学刊》2000年第1期
《论汤鹏的经世致用思想》	郑坤芳	《徐州师范大学学报》2008年第1期
《论西学东渐对中国社会产生的影响》	杨荣	《淮南师范学院学报》2007年第6期
《论张之洞对中国近代教育的贡献》	刘凝凡	《重庆三峡学院学报》2008年第2期
《论章太炎对乾嘉学派的继承与超越》	崇小云	《淮南师范学院学报》2007年第7期
《马君武与近代诗歌翻译》	郭小转	《石河子大学学报》2008年第2期
《马骕与清代的史学和考据学》	商庆夫、陈虎	《东岳论丛》1997年第3期
《明末四先生学说》	邓实	《国粹学报》1906年第16期
《明儒王船山黄梨洲顾亭林从祀孔庙论》	黄节	《国粹学报》1933年第9期
《纳兰成德在辑编〈通志堂经解〉中的作用》	张一民	《满族研究》2005年第3期
《南北学派不同论》	刘光汉	《国粹学报》1905年第7期
《评明清之际三大进步思想家王夫之黄宗羲顾炎武》	萧任武	《文史哲》1975年第1期
《钱大昕历史考证方法述论》	魏鸿	《史学史研究》1998年第4期
《乾隆皇帝与四库全书》	王渭清	《上海师范大学学报》1980年第3期
《清代边塞诗人夏之璜及其〈塞外橐中集〉》	丘良任	《内蒙古大学学报》1985年第2期
《清代编四库全书引发的大焚书》	宋运料	《华夏文化》1997年第3期
《清代公羊学的奠基人——刘逢禄》	郑任钊	《湖南大学学报》2008年第2期
《清代古文字学家阮元》	林海俊	《扬州大学学报》1998年第5期
《清代国子监行政官员选用制度述评》	郗鹏、李新	《北方论丛》2008年第2期
《清代汉学的发展阶段与流派演变》	黄爱平	《中国文化研究》2001年第1期

篇名	作者	出处
《清代汉学与宋学关系辨析》	暴鸿昌	《史学集刊》1997年第2期
《清代徽籍藏书家鲍廷博》	张健、汪慧兰	《安徽师范大学学报》2001年第2期
《清代经今文学的复兴》	汤志钧	《中国史研究》1980年第2期
《清代考据孟学的演变与成就》	王雪梅	《青岛大学师范学院学报》2008年第1期
《清代明史史料学》	姜胜利	《史学史研究》1996年第3期
《清代目录学成就浅述》	来新夏	《历史研究》1981年第2期
《清代乾嘉史家史学批评方法论的八个问题》	罗炳良	《河北学刊》1999年第2期
《清代实录馆考述》	王清政	《江汉论坛》1999年第2期
《清代文字狱》	赵志毅	《东南文化》1997年第3期
《清代文字狱新论》	喻大华	《辽宁师范大学学报》1996年第1期
《清代小学的发展和成就》	时建国	《图书与情报》1998年第2期
《清代学术的几个问题》	李学勤	《中国学术》2001年第2期
《清代学术思想特色简论》	王俊义、黄爱平	《中国社会科学院研究生院学报》1994年第4期
《清代扬州学者方志学成就简论》	许卫平	《扬州大学学报》2000年第4期
《清代浙东学术概说》	诸焕灿	《宁波教育学院学报》1999年第1期
《清代著名校勘学家顾广圻》	丁宏宣	《图书与情报》1999年第1期
《清末"新绅士——立宪派"略论》	纪欣	《江汉大学学报》2008年第2期
《清末官绅赴日教育考察的兴起与发展》	王少芳	《邢台学院学报》2008年第1期
《清末科举制革废与近代教育主体意识的诞生》	姜朝晖	《德州学院学报》2008年第3期
《清末台州三名彦与京师大学堂》	楼波	《台州学院学报》2003年第4期
《清末新政的新式学堂与教育近代化》	张汝	《乐山师范学院学报》2002年第1期
《清末与民国时期的司法独立研究》	郭志祥	《环球法律评论》2002年春、夏季号
《清儒》	章炳麟	周予同主编《中国历史文选》(下册),中华书局1962年版
《清廷建筑世家"样式雷"》	龚玉	《人民日报(海外版)》2005年6月27日
《儒学的衍变和清代士风》	杨国强	《史林》1995年第1期
《阮元编刻书籍考略》	陈东辉	《古籍整理研究学刊》1997年第3期
《阮元创设诂经精舍考略》	陈东辉	《中国文化研究》1997年第4期
《阮元的学术渊源和宗旨》	余新华	《中国人民大学学报》1998年第3期
《阮元督粤幕府考论》	李炳泉	《烟台师范学院学报》2001年第4期
《阮元实学思想丛论》	彭林	《清史研究》1999年第3期
《阮元与十三经注疏》	陈东辉	《扬州大学学报》1997年第4期
《沈家本——我国法制现代化之父》	黄辞嘉	《博通古今学贯中西的法学家》,陕西人民出版社1992年版
《师伏堂未刊日记》	皮锡瑞	《湖南历史资料》1958年第4期
《试论清代史学的经世思想》	马格侠	《天水行政学院学报》2000年第4期
《试论清代学者崔述的学术命运》	赵文红、王清泉	《楚雄师专学报》2001年第2期
《试论阮元对广东文化发展的贡献》	关汉华	《广东社会科学》1996年第6期

《试论阮元在训诂学上的贡献》	陈东辉	《古籍整理研究学刊》1996年第6期
《试论孙奇逢的理学思想》	王俊才	《河北学刊》1995年第5期
《试析清代考据学中以子证经、史的方法》	刘仲华	《清史研究》2001年第1期
《〈史籍考〉编纂始末辨析》	林存阳	《故宫博物院院刊》2006年第1期
《宋元学案的编纂和刊印》	陈金生	《中国哲学》1979年第1期
《苏曼殊年谱》	马以君编	《佛山师专学报》1985年第1—6期
《谈乾嘉学派》	杨向奎	《新建设》1964年第7期
《外国传教士早期在华办报特征》	周辉湘	《衡阳师范学院学报》2007年第5期
《晚清贵胄留学兴起原因探析》	王秀丽	《青岛大学师范学院学报》2008年第1期
《晚清时期儒学的格局与谱系》	张昭军	《史学集刊》2007年第1期
《晚清知识分子的悲剧——从陈鼎和他的〈校邠庐抗议别论〉谈起》	孔祥吉	《历史研究》1996年第6期
《晚清至五四时期出国留学潮的特点及影响》	马红霞等	《江苏大学学报》2008年第2期
《汪精卫、梁启超"革命"论战的政治学背景》	孙宏云	《历史研究》2004年第5期
《汪士铎经世思想探略》	张艳	《安庆师范学院学报》2008年第5期
《王夫之对周易思想的继承与创新》	吴乃恭	《东北师范大学学报》1995年第3期
《王夫之易学中的实有思想与清初务实学风》	汪学群	《周易研究》2000年第3期
《王夫之与中国古代哲学的发展》	胡发贵	《学海》1998年第3期
《王闿运的复古思想与文学自觉》	景献力	《安徽师范大学学报》2008年第1期
《王鸣盛和他的〈十七史商榷〉》	柴德赓	《光明日报》1965年5月19日
《王任叔传略》	王欣荣	《浙江师范大学学报》1985年2期
《王先谦的教育近代化实践》	谢丰	《船山学刊2006年第3期
《为何研究科学,如何研究科学》	翁文灏	《科学》1925年第1期
《文献学家萧穆年谱》	吴孟复编	《安徽师范大学学报》1988年第4期
《吴嘉善与洋务教育革新》	高红成	《中国科技史杂志》2007年第1期
《吴敬梓与程廷祚》	朱泽吉	《河北师院学报》1979年第4期
《谢章铤年谱简编》	陈昌强	《闽江学院学报》2009年第1期
《辛亥革命前国粹派的出版活动》	汪家熔	《出版科学》2004年第6期
《辛亥革命时期孙中山的民族统一思想》	邓辉	《中南民族学院学报》1996年第2期
《辛亥革命时期汤寿潜几个问题的探讨》	陶水木	《民国档案》2005年第1期
《新发现戴震〈江慎修先生七十寿序〉佚文一篇》	漆永祥	《中国典籍与文化》2005年第1期
《〈新民丛报〉与西方近代学术的译介和传播》	杨庆芳、刘兰肖	《出版发行研究》2006年第6期
《学科规训本土化与中国近代学术转型》	李金奇	《黄冈师范学院学报》2006年第1期
《阎若璩的治学精神及其学术成就》	李春光	《辽宁大学学报》2000年第5期
《颜习斋与孙夏峰学派》	嵇文甫	《郑州大学学报》1962年第1期
《颜元的为学求知思想》	康玉良	《中国青年政治学院学报》1997年第1期
《颜元实学思想浅说》	雷树德	《湘潭师范学院学报》1996年第2期

《扬州前哲画像记》	刘光汉	《国粹学报》1905年第9期
《远航与开拓:晚清幼童留美计划探析》	曹金祥	《学术论坛》2007年第12期
《张謇的文化观及其博物馆事业》	陈卫平	《南通大学学报》2008年第1期
《章学诚与浙东史学》	仓修良	《中国史研究》1981年第1期
《赵翼及其史学著作》	雷大受	《北京师范学院学报》1980年第3期
《中国近代学术研究职业化进程研究》	卢勇	《求索》2007年第6期
《中国现代文学史的另一种编写方法——致节公同志》	茅盾	《社会科学战线》1980年第2期

人 物 索 引
（按笔画排）

二 画

丁一焘 687
丁凡 1192
丁士可 703,708
丁士涵 1508
丁大椿 1369
丁子复 239,323,1078,1147,1278
丁飞鹗 1388
丁云锦 996,998
丁仁 1881
丁元正 673,682
丁午 1617
丁开雄 1550,1881,1900,1916
丁文江 1664,1694,1720,1846,
　1880,1908,1916,1953,2000
丁斗柄 159
丁日昌（字禹生，又作雨生）
　1267, 1356, 1506, 1511, 1518,
　1533, 1537, 1539, 1540, 1543,
　1547, 1555, 1564, 1567, 1569,
　1576, 1580, 1581, 1587, 1588,
　1594, 1597, 1598, 1628, 1637,
　1658,1663,1685,1975
丁世璪 1235
丁丙（字松存，别字松生，号嘉
　鱼，晚号松存） 562,1292,
　1324, 1507, 1547, 1590, 1607,
　1614, 1622, 1633, 1649, 1657,
　1663, 1666, 1675, 1740, 1757,
　1805,1806,1815
丁发棠 335

丁弘海 97
丁永琪 661
丁申（字竹舟） 526,783,1273,
　1613,1622,1663
丁立诚 1811,1928
丁立钧（字叔衡） 1456,1671,
　1710,1720,1873
丁传（字希曾，号鲁斋） 1036
丁传经 1078,1147
丁守存 1337,1553
丁庆善 1263
丁廷彦 725
丁廷烺 637
丁有煜 696,723
丁汝昌 1664,1673,1717
丁汝恭 1254
丁汝梅 1519
丁汝嘉 1270
丁芝孙 1882
丁观堂 1185
丁观鹏 701
丁佛言 1617
丁克振 1278
丁初我 1864
丁宏度（字临甫、子临，别号舆
　舍） 137
丁序贤 733
丁应松 563
丁应鼎 555
丁应銮 1185
丁时需 440
丁步坤 375

丁灿庭 1407,1412
丁芮模 1236
丁芸 1045
丁佩 44
丁取忠（字肃存，号果臣，又号
　云梧） 178,1187,1433,1492,
　1501, 1554, 1560, 1574, 1591,
　1592,1593,1651,1669,1757
丁宗洛 1285,1296,1308
丁宜曾 733
丁宝书 1566,1790,1846
丁宝桢（字稚璜） 1244,1442,
　1444, 1548, 1559, 1576, 1583,
　1602, 1606, 1620, 1622, 1657,
　1661,1705,1714,1817,1833,1954
丁宝铨 256,2003
丁峕 170
丁杰（原名锦鸿，字小山、升衢，
　号小山、小雅） 619,874,923,
　936,954,1035,1037,1056,1091,
　1114,1157,1208,1229
丁林声 272
丁炜 310
丁玭 599
丁采芝 1315
丁亮 84
丁思孔 254
丁拱辰 1376
丁映奎 964,1059
丁显 1639,1668,1815
丁树诚（字治棠） 1353,1853
丁荣表 1191
丁荣祚 979,996,998

丁健　702

丁家立　1623,1655,1723,1726

丁振铎　1552

丁晏（字俭卿，号石亭、柘堂、淮亭，别号石亭居士、颐志老人）　757,847,1062,1173,1182,1188,1212,1221,1234,1238,1239,1247,1256,1263,1276,1284,1290,1296,1307,1308,1312,1327,1331,1342,1349,1360,1364,1439,1443,1468,1469,1499,1500,1501,1527,1563,1579,1669,1955

丁浩　1355

丁涟　667,738

丁珝（字羽玉，号觉民）　248

丁珠　1192

丁堂　1191

丁惟汾　1574,1900,1933,1951,1999

丁惟鲁　1859

丁授经　1078,1147

丁续曾　457

丁鹿寿　1314,1331

丁善庆（字伊辅，号自庵，亦号养斋）　1030,1256,1295,1313,1327,1343,1347,1544

丁堦　998

丁嵘　1978

丁惠康（字叔雅，号惺庵）　1542,1897,1975

丁敬（字敬身，号龙泓山人，又号钝丁、砚林、梅农、孤云、石叟、身翁、丁居士、玉几翁、玩茶叟、研林外史、胜息老人）　345,578,596,647,653,794,1156,1201,1644

丁琳　1319

丁葆书　1516

丁裕彦　1319,1338,1381

丁谦　784,2001

丁雄飞　41,49,51

丁鼎　326

丁皞　210

丁椒五　1451

丁楚琮　348

丁溶　1134,1389

丁猷骏　1161

丁福宝　697

丁福保（字仲祜，号畴隐居士，别署济阳破衲）　817,1249,1279,1574,1725,1739,1752,1790,1826,1865,1900,1951,1957,1968,1983,2003,2004

丁裔沆　392

丁韪良　1379,1425,1431,1453,1474,1486,1497,1500,1501,1507,1512,1513,1519,1534,1543,1558,1590,1640,1647,1652,1696,1753,1769,1786

丁履恒（字若士、道久，晚号东心）　818,1001,1010,1159,1289,1323

丁履泰　1096

丁履端　1100

丁澎（字飞涛，号药园）　73,147,173,221,246,275

丁蕙（字澹园）　126,309,364

丁鹤　631

丁凝　596

丁繁培　1185,1278

丁繁滋　1107

丁瀚　1155

丁耀亢（字西生，号野鹤、紫阳道人、木鸡道人）　60,140

丁麟兆　1281

二鬲　402,413

八指头陀　1492,1499,1506,1539,1543,1563,1570,1577,1584,1589,1595,1600,1607,1616,1630,1638,1647,1655,1666,1674,1679,1686,1696,1702,1713,1725,1739,1753,1788,1803,1812,1825,1864,1879,1900,1915,1951,1967,1982,1999

刁包（字蒙吉，号用六居士）　25,29,90,94,109,110,140,234,257,394,1388

刁思卓　1080

力为廉　1661

十眇弥　1850

卜纳爵　326

卜弥格（字致远）　33,44,49,59,65,71,86

卜俊民　437,438

卜素履　61

卜舫济　1601,1655

卜维吉　896,905,917,918,920,928,930,932,943,945,948,950,959,960

卜舜年（字孟硕）　8

卜道成　1661

卜颜喀　39

三　画

万一鬴　191

万士淦　1402

万中立　1829

万友正　876

万世俊　80

万民钦　385

万任　212,311

万兆龙　336

万光泰（字循初、柘坡）　442,592,596,680,690,698,777,1054

万光烈　244

万光谦　674

万在衡　1185,1221

万年观　264

万年茂（字少怀）　598,634,642

万年淳　1265,1270

万廷兰（字芝堂，号梅皋）　481,707,771,1044,1059,1136,1155,1156

万廷芮　1059

万廷洛　506

万廷潘　1059

万邦苍　597

万邦荣　596,599,637

万邦维　169

万寿祺（字年少、介若、内景）　5,13,18,26,36,41,45,49,1272

万希槐（字蔚亭）　1128,1235

万应远　1655

万来英　756

万言（字贞一，号管村）　93,125,131,180,208,215,217,223,270,401,638

万运树　976

万里　1424,1430

万其渊　287

万卓志　1713

万定思　527

万承风　930,979,996,998,1015,1215

万承纪　1142

万承芩　503

万承苍　444,654,1265

万承绍　1089

万承苓　595

万承勋　386

万松龄　592,595,605,607

万法周　1297

万经（字授一，号九沙）　86,385,394,431,451,463,492,539,546,560,571,595,638,812,829

万青藜　1392

万侯　687

万俊　1236

万咸燕　137,649

万树（字红友、花农）　122,178,236,265,273,281,292,460,1585

万相宾　1106

万重篔　1302

万泰（字履安，晚号梅庵）　4,73,330,338

万斛泉（字清轩）　1457,1955

万绳祜　486

万斯大（字充宗，号跛翁，学者称褐夫先生）　109,115,131,195,196,217,219,220,226,233,235,241,243,249,253,282,382,474,546,638,712,721,750,1029,1072,1243

万斯同（字季野，学者称石园先生）　93,115,120,131,144,182,190,202,204,208,209,217,232,249,251,253,277,282,295,297,302,318,333,344,346,350,362,366,371,378,382,397,440,451,462,505,572,638,639,689,902,1194,1214,1215,1302

万斯年（字祖绳，号澹庵）　330,401

万斯选（字公择）　109,110,115,131,217,338,394,677

万葆元　1991

万超　1354

万愫　336

万福华　1876,1877

万锦前　856

万橚　695

三宝　309,349,350,622,827,834,835,836,837,838,839,840,849,851,853,858,859,860,861,862,863,865,873,877,878,879,880,881,887,891,892,893,895,896,898,900,906,909,967,1803

三泰　532,581

三都　40,42,47

上官有仪　578

上官铉　246

上官章（字暗然）　533

下田歌子　1846,1988

义隐　1447

习全史　64

习寯　474,576

于卜熊　694

于万培　868

于大猷　724

于广　420,1096,1125,1748

于元煜　90

于公胤　167

于开泰　566,569

于文骏　724

于方舟　1820

于右任　1604,1881,1916,1934,1967,1969,1982,1993,2005

于光华（字惺介）　781,812,903

于庆元　1349

于式枚　1449,1605,1608,1735,1737,1916,1924,1943,1949,1966

于成龙（字北溟，别号于山，谥清端）　158,218,235,245,246,254,257,258,328,374,378,551,584,601

于执中　642

于克襄　1313

于肖龙　115,133

于辰　3,569

于国柱　57

于始瞻　751

于学　305,1592

于宗瑛　1083

于定保　1179

于尚龄　1264

于朋举　30

于枋　512,695

于祉　1444

于茹川　1742

于荫霖（字次堂，又字樾亭）　1358,1479,1498,1721,1824,1886

于觉世（字子先，号赤山、铁樵山人）　171,313

于凌辰　1531

于振　501,503,513,532,592,595,1362

于栻　595

于继先　470

于邲（字体尊，号香草）　1456,1669,1866,1954,1955,1987

于敏中（字叔子、重棠，号耐圃，谥文襄）　456,605,607,653,670,681,706,767,800,812,819,833,835,836,838,841,848,849,854,855,856,857,861,864,869,871,876,878,879,880,887,888,893,897,903,906,909,910,915,916,942,966,988,999,1083,1136

于梓　483,595

于鸿渐　27

于琨　341

于琳(字贞瑕) 222
于谦益 1117
于鼎 901,920,928,932,933,941,
  942,943,945,948,950,957,958,
  960,970,971,972
于源 1417
于煌 844,845
于睿明 169
于蔚华 1256
于霈 660
于鳌图 1127,1156,1179
凡尔纳 1870
千兆 310
卫三畏 1326,1642
卫义廉 1486
卫元爵 169
卫太尔 1742
卫方济 278,434
卫台揆 391
卫礼贤(尉礼贤) 1753,1979,
  2000
卫立组 491
卫立鼎 220
卫匡国(字济泰) 5,11,33,53,
  60,71,72,79,95,98
卫廷璞 559
卫衰 724
卫周祚(字文锡,号闻石) 55,
  57,75,81,87,89,92,108,124,
  155,185,584
卫学诗 779
卫昌绩 403,518
卫既齐(字伯严) 16,109,168,
  319,375,636,830
卫胤嘉 159
卫荣光 1602
卫哲治 681
卫绪焕 1344
卫道凝 1191
卫蒿 232
卫嘉禄 326
卫赞 506
大久保利通 1567
大仓喜八郎 1981

大谷先瑞 1847
大隈重信 1567,1925,1936
小马礼逊 1376,1381
小田切 1801
小田桐勇 1789
小彻辰萨囊台吉 100
小泉蒙 1616
小粟栖 1713
山本利喜 1830
山田良政 1815
山根虎臣 1789
干特(字达士,号存庵) 461
广仁山 1970
广玉 1192
广野周二郎 1972
广善 1015,1112
广裕 1285
弓翊清 1349
才住 385
门可荣 169
门应兆 874,941,942,943
门度 350
马一浮 1635,1790,1803,1825,
  1865,1880,1899,1915,1951,1981
马一庵 472
马九功 1356
马人龙 856
马三俊(字命之,号融斋)
  1244,1456
马士 1971
马士图 1173,1205
马士英 2,4,12,14,15,20,60,111
马士俊 93,298
马士琪 471
马士琼 168
马士鹭 84
马大士 83
马子鹭 322
马之迅 57
马之起 453
马之骥 254
马之骊 146
马云举 33

马从凯 1300
马允刚 1183,1185
马元 495
马元驭 307
马元锡 416
马壬玉 564
马天保 1139
马天选 254
马孔彰 158
马文楹 149
马文瑞 1462
马文麟 422
马方伸 168
马日炳 476
马日琯(字秋玉,号嶰谷) 292,
  607,614,646,651,667,682,721,
  734,740,752,836,1445
马日璐 595,598,607,614,646,
  653,734,759,836,1419,1445
马丕基 1096
马世永 432
马世杰 53
马世英 327
马世俊(字章民,号甸丞,一作
  甸臣) 53,123,147,312,341
马世焕 583
马世禄 255
马叶曾 30,56
马尔汉 171,366,412,551
马尔恂 322
马尔浑 402
马尔笃 32
马尔都 38
马尔堪 124
马平泉(名时芳,字诚之,号平
  泉) 772
马礼逊 1052,1154,1160,1165,
  1177, 1183, 1189, 1193, 1197,
  1200, 1204, 1207, 1213, 1220,
  1226, 1234, 1237, 1239, 1248,
  1259, 1263, 1266, 1290, 1307,
  1319, 1321, 1326, 1328, 1330,
  1334, 1335, 1342, 1360, 1361,
  1368, 1379, 1381, 1385, 1403,

1444,1495,1700
马仲俊 245
马会伯 365
马光 196
马光远 158
马光裕(字绳治,号玉筍,别号止斋) 41,154
马光蟾 1291
马地臣 1290,1329
马如龙 212,272,318
马守真 1918
马安礼 1680
马师曾 1820
马廷俊 976
马有章 1109
马朴臣(字相和、春迟,号渔山) 249,595,619,721,725
马权 800
马汝为 385
马汝舟 1135
马汝贤 1921
马汝骁 170
马百龄 1356
马芝秀 402
马西塔 38
马负图(字伯河、肇易,号一庵) 162,229
马齐 171,286,412,473,492,552
马位 626
马佐 158
马克思 1401,1442,1462,1468,1473,1521,1805,1869,1880,1913,1914,1937,1938
马君武 1620,1654,1660,1666,1686,1702,1724,1738,1751,1802,1812,1825,1836,1844,1849,1857,1861,1862,1864,1869,1878,1893,1895,1898,1912,1913,1922,1931,1932,1950,1966,1967,1981,1991,1993,2000
马宏琦 532
马寿龄 1431,1632
马时芳 1215,1292,1332,1352

马步蟾 1244
马沅 1393
马犹龙 950,959,960,968,970,972
马玙 415
马良 1993
马良史 97
马良宇 1225
马连良 1833
马钊(字远林,号燕郊) 1102,1487,1508
马其昶(字通伯,晚号抱润翁) 393,448,1461,1570,1586,1630,1670,1731,1819,1871,1882,1893,1902,1912,1920,1973,1981,2002
马国贤 408,426,454,457,505,663
马国桢 327
马国翰(字词溪,号竹吾) 593,1062,1297,1319,1449,1471,1549,1554,1633,1661,1675
马备 90
马学易 1317
马学赐 1075
马宗梿(字器之,号鲁陈) 1111,1122,1208,1447
马建良 1738
马建忠(字叔眉) 1397,1439,1581,1588,1600,1615,1616,1637,1638,1653,1671,1682,1712,1717,1734,1739,1755,1785,1794,1805,1817
马念祖 1319
马昌 381
马明心 635
马林 1713
马注(字文炳,号仲修) 246,435
马直 994
马秉德 213
马金门 503,532,540
马鸣銮 166
马俊 460

马俊良(字嵰山) 769,1060
马受曾 548
马叙伦 1540,1644,1803,1843,1844,1893,1915,1969,1988,1995
马复初(名德新,以字行) 1062,1572
马宥 298
马彦彪 1253
马恂 168
马相伯 1373,1394,1431,1439,1444,1452,1458,1469,1479,1486,1499,1512,1519,1525,1534,1548,1552,1557,1563,1569,1577,1583,1589,1595,1615,1638,1647,1653,1660,1734,1738,1753,1789,1817,1826,1842,1845,1864,1880,1896,1912,1914,1925,1932,1946,1951,1981,1999,2006
马秋药 1088
马胤锡 32
马荣祖(字力本) 275,596,693,710,772
马俶 689
马倚元 1240
马振飞 80
马晋允 82,862
马晋元 76
马格 649
马格里 1505,1517,1582,1653
马海 69
马涧 302
马烨曾 57,210
马珩 470
马益 420
马诺瑟 326
马起升 1444,1547
马载锡 32
马逢元 87
马顿 1462
马骏 1731
马寅初 1628
马崇诏 116
马得祯 311

马惟敏 423
马教思(字临公,号严冲) 207,210
马淑援 167
马章玉 327
马绪 1192
马维岳 1002
马维翰(字默临、默麟,号侣仙) 331,632
马象麟 171
马骕(字宛斯、聪御) 72,75,82,90,126,137,145,146,164,174,315,396,403,495,496,660,1142,1191,1320
马惠 1083
马揭 1044
马敦仁 1154
马湘 635
马裕藻 1842
马赓良(字震卿) 742
马道亨 976
马道畊 446
马嗣煜 237,257
马愈隆 511
马新贻 1408,1519,1523,1534,1546
马瑞辰(字元伯,一字献生) 956,1140,1330,1338,1447
马福安 1282,1294
马稑 400
马腾霄 27
马锦 1272
马魁选 83
马嘉理 1575,1581,1730
马璨 737
马履云 59
马履泰 996,998,1060
马徵麟 1559
马德达 381
马德进 381
马德旺 693
马德迪 381
马德滋 1212
马慧姿 649

马慧裕 1136,1149
马璇图 1227
马聪咸 1208
马豫 403
马镇 169
马駧 731,1029
马儒翰 1381
马儒骥 221
马羲则 78
马翱飞(字震卿) 1351
马璐 191
马襄 534
与了法师 1584
中江笃介 1792,1899
中西重太郎 1803
中岛真雄 1828
中岛裁之 1828
中福 415,1353
丰大业 1546
丰子恺 1797
丰升额 849,873,887
丰绅济伦 1094
丰绅殷德 1179
丹布 165
丹岱 242,260
丹福士 1703
乌尔恭 1343
乌尔恭阿 1315
乌尔恭额 1359
乌竹芳 1314
乌居龙藏 1984
乌泻隆三 1880
乌特亨利 1743
乌赫 261
书图 775,868
书恕 165
书麟 972,979,980,982,983,988,989,999,1006,1007,1024
五哥 334
五格 649
五泰 901,921,942,979,997
五斯瑛 585
井上甫水 1823

井上圆了 1919
井勿幕 2001
井手三郎 1803
亢得时 38,69,83
亢憬 845
仁寿 1586
仁斋 1597,1814
仇兆鳌(字沧柱,自号章溪老叟) 27,115,131,180,190,262,278,302,310,319,327,334,355,368,386,390,397,421,447,472
仇式匡 1909,1917
仇汝瑚 1019,1028
仇昌祚 232,357
仇宪稷 18
仇翊道 398
介孝瑸 366
介孝璇 470
介福 569,699,719,762
仓圣脉 893,896,898,901,905,907,908,917,918,919,920,921,928,930,932,942,943,945,948,949,958,959,960,968,984,1023
仓知铁吉 1945
允祥 551,578
允禄 442,444,558,568,576,580,607,633,652,668,679,695,764
允禧 605
元成 189,1149
元克冲 784
公干 1814
公吞珠 467
公图海 551
公福 743
公赖塔 551
六承如 1140,1378,1553
内田良平 1928
内图 124
内藤虎次郎 549,1116,1966
冈千仞 1622,1638
冈田篁 1665
凤仪 1522
凤应韶(字德隆) 1177

凤韶 1248
区凤墀 1953
区启科 1185
区谔良 1552,1575,1599
区遇 421
区简臣 171
升泰 1676
卞长胜 1581,1637
卞永宁 189
卞永誉(字令之,号仙客) 16,
　236,328,348,410,441
卞宝第 1659
卞诵臣 1987
卞萃文 1270
卞斌(字叔均,号雅堂) 904,
　1361,1427
卞颖 169
双庆 569
双福 1473
孔万林 826
孔广义 1300
孔广林(字丛伯,号赘翁) 855,
　1192,1198,1680
孔广陶 1493
孔广棣 737,745
孔广荣 561
孔广森(字众仲、㧑约,号顨轩)
　10,145,253,675,677,692,713,
　753,819,891,900,901,924,953,
　963,967,993,1042,1058,1060,
　1086, 1124, 1181, 1183, 1184,
　1190, 1191, 1198, 1208, 1221,
　1229,1230,1297,1303,1304,1436
孔广廉 1042,1058,1184
孔广谱 583
孔广德 1729
孔允钰 2,17
孔允植 2,8
孔元体 280
孔弘宪 57
孔传庆 1285
孔传诗 559
孔传金 1154
孔传游 1263

孔传薪 1166
孔兴纲 162
孔兴诱 147
孔兴泰 490
孔兴浙 695
孔兴琏 272
孔兴釪 144
孔兴燮 34,81
孔自来 33
孔自洙 90
孔尚任(字聘之、季重,号东塘、
　岸堂,自称云亭山人) 28,
　203,232,244,252,270,278,286,
　287,289,296,303,309,330,337,
　353,363,366,377,395,415,416,
　420,440,460,478,484
孔尚先 350
孔俄岱 278
孔宪兰 1572
孔宪庚 1375,1424
孔宪彝(字叙仲,号绣山,一作
　秀珊,自号韩斋学人) 1163,
　1345,1367,1398,1417,1424,1467
孔昭晋 1751
孔衍倬 695
孔衍珅 336
孔继 1342
孔继序 1149
孔继杆 1135
孔继汾 980
孔继涵(字体生) 424,626,774,
　819,888,900,915,967,1229
孔维龙 797
孔琪庭(孔气、孔琪) 1418
孔鹏 470
孔毓玑 487,506
孔毓圻 376,429
孔毓秀 998
孔毓埏 301
孔毓琼 352
孔毓麟 34

四　画

尤列 1678,1701,1788
尤何 244
尤应运 287
尤侗(字展成、同人,号悔庵、艮
　斋,晚号西堂老人) 13,30,
　33, 42, 59, 65, 76, 97, 104, 111,
　116,132,160,165,181,205,207,
　208, 210, 213, 217, 225, 236, 246,
　255, 273, 299, 303, 305, 315, 348,
　368,393
尤怡(字在泾、饮鹤,号拙吾,又
　号饲鹤山人) 34,112.549,
　626,689,1657
尤拔世 805
尤松琴 1705
尤珍(字谨庸、慧珠,号沧湄)
　25,233,454,490
尤逊恭 1302
尤乘(字生州,别号无求子)
　128
尤淑孝 786
尤稚章 121
尹士朝 116
尹文楷 1953
尹世阿 1326
尹任 158,529
尹会一(字元孚,号健余) 99,
　166,291,315,381,413,419,464,
　474,512,525,532,557,571,576,
　583,607,617,623,629,634,637,
　642,645,649,655,661,665,670,
　681,683,685,688,693,907,929
尹壮图 924,942,943,945,996,
　1102,1277
尹足法 158
尹佩珩 1277
尹侃 715
尹所遴 158
尹昌衡 1568
尹英图 996,998
尹济源 1246

尹晔（字芝仙，号袖花老人） 320
尹桐阳 1875
尹泰 242,286,291,302,349,510, 543,566,581,823
尹继美 1512,1563,1608
尹继善（字元长，号望山，谥文端） 349,503,518,552,596, 601,621,651,692,705,736,753, 755,768,778,786,789,790,791, 795,796,800,811,823,886,955
尹耕云（字瞻甫，号杏农） 1593
尹敏 1411
尹焕 673
尹铭绶 1707
尹彭寿 1724
尹湛纳希（汉名宝衡山，字润亭） 1353,1436,1700
尹幡然 156
尹德 551
尹德咏 464
巴山 22
巴丹益喜 619,927
巴尔克 1374
巴尼珲 1173
巴布科夫 1510
巴多明 326,531,546,638
巴克什达海 551
巴麦尊 1366,1373,1462,1510
巴罗 1414
巴哈纳 56,61,75,185,230
巴树毅 1194
巴夏礼 1462,1491,1492
巴泰 124,136,157,180
巴富尔 1398
巴新 797
巴慕德 1918
巴遮斯 1936
巴德诺 1645
巴赞 1426,1433
开利 1548
开泰 512,540,557
心光 931

戈伦维德尔 1847
戈印清 1153
戈守智（字达夫，号汉溪） 696, 993
戈宙襄 1043,1292
戈英 83
戈标 170
戈涛 583,741,889
戈载（字顺卿） 1250
戈煮 771
戈源 851,860,971
戈鲲化 1600
戈懋伦 438
戈襄 1056
扎哈罗夫 1510
支本 1051
支金 1051
文乃史 1739
文大漳 445
文之勇 224
文从简（字彦可，号枕烟老人） 27,128,375
文公达 1893
文天骏 1648
文宁 1049,1199
文汉光（原名聚奎，号焕章，更名后，改字斗垣，号钟甫） 1163,1367,1482,1886
文兆奭 746
文兴贵 568
文同书 1717
文师大 660
文庆 1366,1367,1423,1457,1462
文廷式（字道希，号芸阁，晚号纯常子、叔子、芗德、葆岩、匡庐山人） 1467,1558,1646, 1653,1654,1672,1673,1677, 1679,1689,1702,1710,1718, 1720,1722,1723,1732,1736, 1745,1754,1775,1787,1802, 1812,1887,1941,1971
文廷杰 1256,1270
文成章 1583
文孚 552,1238,1239,1253,1281, 1294

文应熊（字梦叶，号平人，别号抱愧子） 713
文志鲸 309,437,438
文怀恩 1804
文秀 1325
文运升 1249
文国绣 479
文岱 366,469,504
文秉 6
文俊 750
文映朝 138
文昭（字子晋，号紫幢居士） 494
文昭拙 1728
文柟（字曲辕，号溉庵、慨庵，私谥端文先生） 128
文炳 435,519,521,1264
文祖尧 162
文倬天 196
文悌 1766,1779,1793
文海 1271
文祥 1343,1484,1490,1497,1533
文康 1337,1596
文彩 1483
文揆（字宾日，号古香、洗心子） 375
文绶 887
文惠廉 1368,1400,1552,1688
文超灵 298
文鼎（字学匡，号后山） 165, 178,210,799,1440
文嗣馨 1035
文聘珍 1703
文震亨（字启美） 14
文震孟 6,14
文翰 1416,1442
文衡 358,431,1098,1478,1491, 1684
文曙 630
文藻翔 1754
方士庶（字洵远，号环山） 324, 704,1149

方士淦 1559
方士谟 527
方大川 918,950,957,958,959,960,970,972
方中通（字位伯,号陪翁,学者称继善先生） 32,82,175,290,346,359,490
方为霖 1240
方元启 152
方元音 939
方凤 758
方孔炤（字潜夫,号鹿湖） 60,860
方引彦 803
方文（字尔止,号嵞山、一耒,别号淮西） 41,140
方世举（字扶南,晚年自号息翁） 186,422,444,597,721,759
方东树（字植之） 832,884,1026,1050,1087,1100,1111,1140,1147,1152,1176,1183,1207,1208,1212,1225,1227,1233,1245,1262,1268,1269,1270,1274,1277,1282,1283,1289,1291,1294,1297,1300,1312,1313,1317,1325,1329,1336,1342,1346,1348,1354,1357,1360,1362,1367,1394,1409,1413,1425,1430,1434,1440,1456,1465,1471,1472,1498,1541,1551,1607,1670,1675,1688,1690,1714
方以智（字密之,号曼公、药地,又称浮山愚者） 4,23,29,31,32,36,41,44,48,54,62,65,82,88,91,99,104,111,121,126,133,149,154,156,224,329,359
方可发 599
方弘履 631
方正玉 351,430,431,436,442
方正澍 983,984,1010,1026,1042
方玉润（字友石,又字黝石,别号鸿濛子、鸿濛室主人） 1181,1347,1633
方申（字端斋） 1093,1343,1347,1355,1372,1669
方立经 775,887
方亦临 87
方伟廉 1647
方传贵 1186
方兆及 61
方同煦 1283
方廷瑚 1147
方式济 983
方成珪（字国宪,号雪斋） 987,1428,1601
方成培 794
方汝绍 1636
方舟 196,334
方观旭（字升斋） 1147,1176
方观承 349,552,596,702,732,794,805,808
方贞观 215,595,1332
方迈（字子向、日斯） 326,466
方严翼 548
方伯 483,1090,1642
方伯梁 1556,1900
方伯谦 1551,1588
方伸 210
方体 1027,1035
方余城 1506
方孝标（原名玄成,号楼冈、楼江） 223,235,430,436,442,449
方求义 694
方犹 42,61,69
方芬 945
方辛元 595
方辰 346,366
方还 401
方叔裔 167
方坰（字思臧,号子春） 1047,1290,1307,1312,1321,1334,1350,1527
方学成 636
方宗诚（字存之,号柏堂,别号毛溪居士、西眉山人） 1231,1273,1347,1367,1405,1415,1445,1456,1461,1463,1468,1469,1472,1473,1477,1478,1485,1486,1488,1491,1493,1495,1498,1501,1502,1506,1508,1511,1519,1526,1535,1550,1553,1554,1561,1564,1571,1577,1584,1590,1595,1601,1609,1617,1624,1625,1640,1656,1670,1904
方岱 311
方建钟 998
方承保 1028
方法敛 1661,1866,1882,1918
方泽 867
方炜 867,917,920,945,950,972,979
方苞（字灵皋,号望溪） 134,154,166,184,196,253,270,277,278,281,283,296,308,309,310,317,325,329,330,334,340,343,346,350,355,356,361,364,366,379,385,390,394,403,409,418,430,431,433,436,439,442,444,445,455,459,464,469,472,473,477,479,483,488,490,492,497,502,509,521,525,532,533,535,539,550,552,556,557,562,565,567,568,572,573,574,581,583,584,591,592,593,595,596,597,600,603,604,606,615,620,621,622,623,629,633,635,641,644,646,662,665,666,667,670,683,685,686,689,705,708,719,741,765,766,797,811,831,847,915,966,1004,1005,1067,1139,1170,1186,1208,1250,1313,1432,1472,1477,1495,1703
方表 1929
方金彪 1321
方雨亭 1812
方铨（字子谨,一字退斋） 1422,1597
方拱乾 55,56,61,69,111,969
方政益（字惠孚） 468,521
方矩 550,714,776,784,815,1021,1046
方朔 330
方桂 745,771

方浚颐 1578,1580
方起谦 1078
方都泰 170
方都秦 255
方堃 1249,1590
方崇鼎 1264
方悬成 30,55,58,70,76
方章钺 69
方绩(字展卿) 1291,1346
方绪 998
方维仪(字仲贤) 133
方维甸 896,917
方象瑛 126,170,196,207,281,373
方象璜 170
方辅 1020
方景濂 493
方晴江 1212
方朝 401
方榮如(字若文,号朴山) 403,417,466,692,739
方湛 254
方登峄 436,442
方程培 889
方韩 189
方鲁山 1538
方鼎 793
方殿元(字蒙章) 110,401
方溥 1109
方瑚 1114
方输 1162
方嘉发 709
方暨谟 571
方熊 1357
方睿颐 1533
方错 1347
方履中 1855
方履籛(字彦闻) 1277,1296,1302,1309,1317
方嶟 637
方禨 235
方觐 397,420
方颢恺 1314

方鹤鸣 596
方鹤斋 1568
方凝 1431
方懋朝 1148
方懋禄 702
方懋嗣 1148
方戴杨 608
方潗益(字子听,一作子聪,号伯裕) 1807
方薰(字兰士、兰坻,号兰生、樗庵,别号长青,晚号懒儒) 605,651,927,1068,1091,1101,1127
方馥 132
方灏 704
日下部鸣鹤 1823
木庵性瑫 257
殳文耀 1147
比丘林 1322
毛一骢 596
毛九瑞 171
毛士 1558
毛大瀛 1010
毛之玉 552
毛元策 64
毛凤五 1148
毛凤仪 928
毛升芳 207,264
毛天骐 96
毛文垄 171
毛文铨 377
毛文强 198,470
毛世卿 709
毛先舒(字稚黄,又名骥,字驰黄) 41,147,213,246,265,273,275,291,417,466,480
毛如石 93
毛如诜 681
毛师柱 162
毛庆善 924,967
毛庆藩 1607,1931
毛圻 856
毛张健 817

毛纶 213
毛邑 648
毛际可(字会侯,号鹤舫) 75,191,205,238,243,246,286,291,298,361,417,466,480,490,1067
毛际盛(字清士) 1036,1395
毛国翰(字大宗,号青垣,一作星垣,又号青原) 832,1405,1682
毛奇龄(原名甡,又名初晴,字大可,齐于) 6,33,36,58,78,88,96,115,125,133,145,158,202,203,207,208,211,225,226,241,243,248,249,253,255,261,263,273,274,288,291,301,303,308,312,315,318,323,325,326,340,346,348,350,351,354,355,357,360,361,364,367,371,386,394,398,400,403,404,413,417,424,435,438,443,462,465,466,471,480,484,487,493,556,572,573,587,616,631,723,747,753,804,814,817,821,909,949,952,1071,1108,1128,1209,1544
毛宗岗(字序始,号子庵) 213,366,370
毛岳生(字生甫) 1038,1050,1140,1207,1283,1318,1325,1327,1331,1349,1350,1353,1360,1377,1378,1509
毛念恃 121,127,661
毛鸣岐 133
毛栋 494
毛诵芬 1999
毛原 322
毛峻德 636
毛扆(字斧季) 88,156,325,426,448,1107
毛振翮 1035
毛晋(字子晋,号潜在,原名凤苞,字子久) 30,33,64,70,84,85,86,448,811,1003,1088
毛泰征 310
毛赞 739
毛乾乾(初名惕,字用九,号心

易,别号匡山隐者) 50,423,490
毛维锜 717
毛鸿宾 1511,1512
毛谟 1214,1246
毛辉凤 1277
毛辉祖 743
毛遇顺 1176,1183
毛鹃 351
毛鼎亨 1174
毛赘 775
毛德琦(字心斋) 361,453,483
毛德聪 962
毛燧传 954,1179
毛翼庭 1714,1937
水佳胤(字启明,号若水) 38
牛一象 168
牛士瞻 975
牛天枢 310
牛天宿 191
牛兆捷 229
牛夬 170
牛纽 144,189,216,218,231,232,240,250
牛运震(字阶平,号空山,又号真谷,人称空山先生) 407,569,584,592,596,602,670,708,716,722,723,729,731,737,745,754,1036,1098,1107,1112,1127,1228
牛述贤 1205
牛金星 1
牛稔文 920,928,932,942,943,945,948,950,957,958,959,960,968,970
牛鉴 1379,1380
牛翰垣 440
犬养毅 1745,1753,1925
王一贞 460
王一纯 1109
王一较 169
王一骥 18,38
王一夔 520
王乃斌 1292

王乃誉 1912
王九龄 233,261,340,350,365
王人雄 751
王又旦(字幼华,号黄湄) 21,109,150,151,228,275,353
王又华 213
王又朴(字介山) 227,230,503,694,729,765,772,808
王又曾(字受铭,号榖原) 407,701,714,732,738,777,793,869,1054
王又槐 1036
王万怀 1725
王万鉴 171
王三省 242
王三锡 351
王于玉 76
王千仞 874,1042
王士元 97
王士升 1272
王士仪 366,427
王士正 853
王士让 596,1254
王士俊 379,486,557,570,571,576,580,585,595,596
王士珍 1646,1857
王士祜(字子侧、叔子,号东亭) 230
王士美 168
王士禄(字伯受,号西樵、负苓子) 89,160,174,205,214,230,472
王士雄(字孟英,号梦隐,一作梦影),又号潜斋,别号半痴山人、睡乡散人、随息居隐士、海昌野云氏,又作野云氏) 668,817,903,1163,1357,1433,1445,1452,1458,1493,1499,1536,1699,1742
王士鹄(字志千,号太液) 330
王士禛(改名士正、士祯,字子真,又字贻上,号阮亭,又自号渔洋山人,谥文简) 27,33,42,51,58,71,88,89,94,97,

101,109,116,126,130,137,139,150,172,173,174,177,179,183,199,203,208,209,214,217,228,230,240,248,254,255,257,258,267,281,283,289,296,300,303,307,309,311,312,313,314,317,323,330,334,336,338,340,342,346,348,353,354,361,363,365,368,370,371,372,377,378,387,390,392,394,395,396,399,406,415,423,424,427,434,435,441,454,456,461,472,479,496,657,665,678,682,685,710,746,752,754,765,830,1149,1209
王士濂 1791
王士鎤 385
王士骥 18
王士麟 90
王大同 1198
王大年 571
王大经(字伦表,号石袍、待庵居士、庐阜逸史) 321,1221,1264
王大信 764
王大基 245
王大骐 272
王子兴 1136
王子音 1074,1088,1149
王子祥 1985
王子接(字晋三) 564,668
王广心 104,244
王广荫 1261,1263
王飞藻 876
王中 825,826
王中地 957,959,970,972,997,1023
王中隽 1790
王丹墀 1148
王为壤 446
王之卫 666
王之正 661,693,694
王之田 347
王之佐 121,169,1315
王之征 394

王之枢　262,391,396,409,439,456,457,469
王之俊　1185
王之春(字芍棠,一作爵棠)　321,556,1384,1595,1596,1602,1637,1649,1690,1810,1876,1877
王之宾　183,244
王之浚　403
王之绩　328
王之道　1271
王之鈇(字左仗,号郎川)　578
王之锐(字仲颖,号退庵)　309,329,407,477,622,685
王之熊　272
王之骥　422
王云万　856
王云龙　64
王云铭　532
王云翔　617
王云瑞　1846
王云锦　463,1312
王五鼎　264
王仁　1109,1147
王仁俊　132,953,1297,1528,1742,1748,1782,1783,1793,1966,1972
王仁堪(字可庄,又字忍庵,号公定)　1422,1587,1672,1687,1706
王今远　673
王介　1249
王介石　254
王允中　901,943,957,979
王允成　872
王允浩　693
王允琳　166
王允谦　644
王允猷　366
王元　596,976
王元文　779,1186
王元臣　244
王元启(字宋贤,号惺斋)　323,456,493,546,659,701,721,729,774,806,992,1186

王元芳　596
王元复(字能愚)　587
王元音　681
王元浩　531
王元烜　221
王元弼　255
王元敬　725
王元曦　42
王元镶　32
王公之　1863
王公选　18
王公楷　167
王六吉　244
王凤九　1179
王凤文　954
王凤仪　1020
王凤生(号竹屿)　877,1271,1334,1364
王凤采　311
王凤翔　177
王劝　169
王化泰(字省庵)　237,257,400
王化鹤　189
王升　1536
王升元　1277
王友亮　1022,1088,1173,1197
王双白　108
王壬　655
王天民　52
王天庆　615
王天秀　807
王天禄　948,950,957,958,959,960,968,970,971,972,979,1023
王天壁　169
王太岳(字基平,号芥子)　497,641,811,877,879,887,892,894,941,943,977,986
王夫之(字而农,号姜斋,人称船山先生)　4,11,18,22,26,29,32,36,41,51,57,59,64,70,75,78,88,97,99,103,104,109,115,117,120,121,132,136,138,139,146,149,151,156,166,175,177,180,188,189,196,202,204,

213,216,224,227,235,241,242,254,263,269,271,273,276,279,285,289,294,297,304,305,317,318,320,344,422,556,1197,1363,1383,1434,1438,1519,1520,1631,1686,1700,1794,1796,1825,1914
王少文　1994
王尹方　166,208,270
王开仍　1466
王开沃　1036,1075
王开泰　366
王开琸　1321
王引之(字伯申,号曼卿,谥文简)　433,799,865,890,952,961,990,1001,1026,1028,1044,1050,1051,1056,1064,1081,1088,1094,1095,1096,1098,1110,1111,1117,1124,1133,1136,1137,1139,1140,1152,1158,1171,1172,1175,1182,1188,1195,1202,1208,1211,1215,1219,1220,1226,1229,1232,1234,1235,1238,1245,1247,1253,1254,1261,1262,1269,1274,1281,1283,1288,1289,1290,1294,1306,1308,1312,1315,1317,1322,1329,1332,1333,1336,1393,1419,1421,1470,1473,1508,1527,1647
王心　1543
王心敬(字尔缉,号丰川)　66,101,167,234,263,400,451,466,550,617,696,1173
王心臧　1813
王文充　569
王文庆　1949
王文秀　1537
王文治(字禹卿,号梦楼)　416,556,725,737,762,763,773,778,803,820,1051,1067,1120,1314
王文奎　28,32,35
王文诰　380,846,1206,1236
王文选　1409
王文清(字廷鉴、九溪)　324,

512,592,596,674,678,681,745,
784,829,966
王文焘　1361
王文禄　668
王文源　1400
王文毓　1651
王文韶（字夔石）　1311,1438,
1587, 1708, 1718, 1720, 1725,
1736, 1737, 1764, 1769, 1770,
1786,1820,1824,1958,1968
王文潮　1148
王文璇　552
王文震　603,606,607
王文濡　1973
王斗枢　221
王方岐　352,357
王方濂　1320
王无咎　18,28,55,56,57,210
王日丹　756
王日藻　276
王曰高　76,116
王曰温　126
王曰翼　182
王丕振　127
王丕烈　532
王世业　577
王世功　61
王世全　1363
王世臣　427,493
王世枢　595
王世沿　771
王世保　438
王世勋（字凌衢）　796
王世胤　37
王世贵　446
王世琛　437,518
王世雄　1440
王业洵　677
王业隆　72
王仕倧　661
王代丰　1955
王以中　1051
王以昌　569

王以衔　1062,1246
王以铨　1972
王兰生（字振声、坦斋）　224,
309,354,355,385,405,442,444,
445,477,486,503,518,525,528,
532,539,546,558,562,583,592,
596,611,741,1344
王功成　432
王史直　441,1370
王四服　400
王圣端　58
王尔扬　893,894
王尔烈　818,921,932,996
王尔禄　48
王尔鉴　771
王弘任　440
王弘祚（字懋自,号玉铭、思斋）
55,69,74,75,87,123,178
王弘撰（一作宏撰,字无异、文
修,号山史,谥端简）　36,82,
103,120,132,164,195,198,200,
209,225,232,235,249,296,303,
381,411,1453
王必昌　667,708
王本祥　1865
王本智　793
王正功（字拙余、莪山）　794
王正廷　1991
王正茂　845
王正祥　266,273
王正常　1020,1082,1166
王民皞　171
王永吉　39,55,57,873,969
王永名　280
王永年　64
王永命　24,168,205
王永康　88
王永祺　772
王汉　229,1825
王玉汝　78
王玉树（字松亭）　1113,1349
王玉铉　110
王玉麟　90
王用佐　244

王用肃　78
王用诰　1713
王用宾　1283
王申伯　1162
王石华　1113
王礼　483,1806
王立夫　562
王立礼　793
王节(字贞明,号惕斋)　91
王让　1291
王训　101
王驭超　1228
王龙文　1717
王乔年　1042
王乔林　503
王亚南　1833,1880
王仲智　891
王仲愚　605,892,956
王仲澍　1275
王仲儒　369,922,929
王伊　1791
王会汾　596
王会隆　534
王伟　624
王伟任　558
王传　504
王兆凤　403
王兆杏　1264
王兆芳　1792
王兆松　1325
王兆泰　867
王兆符（字龙篆、隆川）　230,
509,667,689
王兆琛　1458
王兆鳌　440
王先谦（字益吾,号葵园）　355,
1083, 1109, 1208, 1240, 1377,
1384, 1491, 1511, 1518, 1538,
1543, 1547, 1557, 1559, 1562,
1569, 1576, 1582, 1587, 1598,
1602, 1606, 1625, 1628, 1633,
1640, 1645, 1655, 1663, 1668,
1669, 1672, 1674, 1677, 1681,
1682, 1685, 1689, 1690, 1691,

1696,1698,1709,1725,1736,
1740,1741,1746,1749,1753,
1785,1793,1800,1815,1816,
1819,1823,1829,1830,1848,
1851,1860,1882,1929,1937,
1947,1956,1959,1960,1971,
1972,1973,1979,1984,2005
王先慎 1668
王光承 16,198
王光谟 227
王光燮 731
王兴尧 1113
王兴吾 532
王协梦 1331
王吉人 76,139,438
王吉臣 116
王吉相(字天如,号古幽病夫)
　189,237,257,400
王同春 49
王同愈 1795
王在璋 803
王好音 1191
王如玖 655
王如珪 681
王存成 1319
王孙锡 1277
王宇泰 57
王守才 165,232
王守仁 14,20,49,63,65,86,109,
　121,127,131,157,171,184,186,
　190,223,227,234,240,263,266,
　284,294,318,322,333,381,399,
　474,481,512,515,603,697,699,
　1118,1150,1401,1535,1700
王守矩 681
王守基 1755
王安国(字书成,号春圃) 339,
　511,512,569,576,607,669,685,
　691,709,737,747,1322
王安国(字磐石,号康侯) 425
王安恭 1082
王安泰 397
王尧衢(字翼云) 564
王巡泰(字岱宗) 901,939,955

王巩 242
王师泰 709
王师麟 1265
王庆云 1347,1423,1681
王庆长 928,932,941,942,943,
　945,948,950,957,958,959,960,
　968,970,972
王庆熙 1066
王延年 596,707
王延聘 255
王延襃 27
王廷伟 1185,1205
王廷抡 554
王廷灿 279,283,610
王廷诠 442
王廷宣 724
王廷栋 732
王廷谋 272
王廷鸿 552
王廷弼 1400
王廷曾 319,363
王廷植 1955
王廷琬 512
王廷鼎 1675
王廷献 427
王廷赞 548,908
王廷璧 284,1057
王廷藩 245
王式丹 270,383,385,432,441
王式通(原名仪通,字志盦,号
　书衡) 1509,1790,1841,1865,
　1916,1932,1951,1995
王成有 1197
王扬昌 76,165
王旭高(名泰林,字以行,晚号
　退思居士) 1093,1503
王有庆 1291
王有嘉 667
王汝谦(字六吉,号益斋)
　1459,1553
王汝楫 1296
王汝嘉 867,909,921,943,948
王汝壁 1197

王汝翰 212
王汝霖 146
王纪 42
王纪昭 954
王聿修(字念祖,号孝山) 419,
　845,1012
王舟瑶 1472,1806,1844,1915
王芑孙(字念丰,号德甫,又号
　惕甫、铁夫) 736,807,1010,
　1035, 1041, 1050, 1051, 1073,
　1089, 1097, 1117, 1127, 1148,
　1156, 1176, 1197, 1206, 1212,
　1219,1223,1595
王芝藻(字淇瞻) 51,191,351
王行九 560
王行俭 1058
王观 996,998
王观潮 1314
王贞 1563
王贞仪(字德卿) 809,1045,
　1083,1085
王迈 385
王邦光 616,642
王邦采 489,494
王邦畿 401
王伯麟 661
王佐 151,470,1191
王佐挥 11
王佑 703
王体言 49
王余佑(字介祺、申之) 109,
　257,342,394
王余英 1214,1227
王作人 596
王作富 1413
王作楫 115
王作霖 750,763,775
王金吉 244
王克生 18,244
王克刚 465
王克巩 80
王克庄 386
王克宏 486
王克昌 399,410,985

王克淳 771
王初桐（初名丕烈，字于阳，号耿仲，又号竹所、罐塾山人） 556,843,1053,1083,1154,1172,1192,1251
王启允 170
王启辅 159
王启聪 1126
王均卿 1802
王坛 337
王奂 97
王奂曾 674
王孚镛 1113
王孝廉 1295
王宏 44,288
王宏翰（字惠源） 290,312,337,353,354,1541
王宏翼 158
王寿同（字子兰） 1393
王寿昌（字养斋，号眉仙） 1292,1333,1751,1805
王希圣 386
王希伊 914
王希曾 444
王希琮 1249
王希舜 341
王希廉 1591
王应亨 964
王应采 690
王应奎 530,631,681,746,751,752
王应统 285
王应珮 554
王应绥 1289
王志旦 120,381
王志坚 19
王志沂 1291
王怀孟 1258
王抃（字清尹、怿民、鹤尹，别号巢松） 248,322,357
王抡三 1702
王时来 465

王时宪 421,433
王时炯 440,534
王时敏（字逊之，号烟客、偶谐道人、西田主人、归村老农、西庐老人） 42,133,176,197,222,299,307,322,353,461,471,476
王时鸿 397,438
王时翔 667,676
王材成 351
王杞薰 1109
王来遴 1185,1227
王步青（字罕皆，号益山） 162,472,503,660,704,710,829
王沄 1126
王沆 908
王沛思 210,340
王灼 962,975,1162,1223
王灼三 1512,1583
王秀楚 9
王系 596
王纬 608,717
王纯 1147
王纲（字燕友，号思龄） 140,425
王纶部 227
王良弼 661
王良毅 616
王芥园 569
王芷 440
王芷馥 1937
王芸生 1833
王芹 654
王苇 1075
王补之 305,1084
王言纪 1308
王诒寿（字眉自） 1311,1519,1620,1939
王轩（字霞举） 1527,1583
王运元 445
王运升 159
王运恒 212
王进宝 551

王远伊 116
王际三 76
王际华（字秋水，号白斋，谥文庄） 658,659,677,777,805,833,835,836,841,848,849,850,853,861,871,877,903,942
王际有 145
王陆禔 808
王佩兰 1127
王佶 1262
王侃叔 1970
王其华 730,758
王典 311
王凯亭 793
王劼 1558
王周士 887
王命岳 58,75,128,255
王和顺 1942,1949
王咏霓 1517,1679,1897
王国安 124,208,231,585
王国玮 49
王国栋 445,503,525,538,551,929
王国泰 183,191
王国祥 1536
王国祯 69
王国梁 242
王国维（字伯隅、静安，号观堂、永观） 710,812,815,889,1359,1593,1703,1712,1752,1787,1802,1805,1810,1811,1821,1823,1842,1860,1869,1877,1878,1883,1884,1888,1893,1897,1902,1903,1912,1920,1930,1935,1937,1938,1949,1957,1966,1972,1973,1979,1980,1985,1986,1996,2004
王国琳 1149
王国鼎 82
王图 671
王图宁 327
王图炳 437,438,469,513,566
王坦（字吉途） 503,555
王坦修（字中履，号正亭） 658,

867,932,941,942,945,950,957,
958,959,960,970,971,972,1167

王垂绮 716

王奇勋 545

王季烈 1567,1805

王学权 1200,1536

王学浩（字孟养，号椒畦） 726,
991,1051,1097,1285,1322,1449

王学海 932,943,984

王学廉 1637

王宗尧 110

王宗灿 552

王宗炎（字以除，号穀塍） 736,
923,1082,1110,1111,1283,1286,
1300,1312,1315,1320

王宗诚 1022,1027,1289

王宗熙 1235

王宗稷 363

王定九 791

王定安 1449,1590,1675

王定乾 580

王宜亨 177

王宝仁（字研云） 222,1060,
1191,1343,1356,1571

王宝序 888

王宠惠 1620,1726,1813,1826,
1845,1900,1915,1994

王尚概 1355

王尚德 1794

王居正 717

王居建 385

王岱 242,272,674

王庚 1331

王建中 563

王建常（原名建侯，字仲复，号
复斋） 237,288,337,553,1453

王建衡 378,379

王念孙（字怀祖，号石臞） 658,
692,727,737,747,769,784,791,
796,800,811,816,819,828,843,
846,865,890,891,911,912,923,
935,943,961,965,968,970,972,
973,978,991,1004,1009,1011,
1017,1026,1034,1050,1061,

1067, 1075, 1094, 1095, 1096,
1110, 1117, 1122, 1124, 1125,
1131, 1132, 1140, 1142, 1145,
1147, 1152, 1158, 1159, 1160,
1164, 1169, 1170, 1172, 1175,
1180, 1182, 1183, 1185, 1196,
1197, 1202, 1206, 1208, 1211,
1219, 1220, 1221, 1225, 1226,
1229, 1232, 1235, 1245, 1254,
1257, 1261, 1262, 1274, 1282,
1289, 1295, 1302, 1306, 1309,
1312, 1315, 1317, 1321, 1322,
1323, 1332, 1333, 1334, 1419,
1436, 1470, 1473, 1478, 1508,
1515,1534,1601,1640,1814,1939

王所举 1285

王所善 221

王所锡 400

王承尧 532

王承祜 210

王承荣 1563

王承烈（字逊功，号复庵） 101,
123,421,550

王承爔 738,786

王攽 120

王昆仑 1853

王昊（字维夏） 215,248,322,
387

王昌年 1106

王明德 177

王昕 84

王昙（字仲瞿） 767,1060,1064,
1164,1176,1211,1223

王服经 1158

王杰（字伟人，号惺园，别号葆
堂、葆淳，谥文端） 515,552,
767,773,784,811,812,816,819,
867,874,882,887,893,896,898,
900,910,912,917,918,919,920,
924,928,932,935,942,948,955,
971, 973, 983, 995, 997, 1002,
1015, 1019, 1023, 1026, 1030,
1032, 1035, 1050, 1053, 1073,
1094, 1095, 1102, 1104, 1110,
1118, 1144, 1150, 1151, 1197,

1202,1205,1206,1230,1269,1625

王枚 465

王果 1331

王枟 426

王武 233

王河 578,596,601

王治 649

王法初 974

王泙 596

王泽 1097,1197,1362

王泽长 357

王泽弘（字涓来，号昊庐） 58,
76,399

王泽洪 152

王炘（字济似，号晓岩、茨庵）
162,489

王玮 624,671,869

王画一 104

王秉刚 1185

王秉坤 61

王秉恩 1165,1602,1784

王秉煌 470

王秉韬 816,926,985

王绂 252

王绅 233,1099

王绍兰（字畹馨，号南陔，晚年
自号思惟居士） 767,1051,
1206,1305,1331,1339,1579,1668

王绍基 1336

王绍隆 30

王绍曾 682,1325

王者臣 309

王者辅 649,666,746

王育 162

王英良 1860

王苹 174,471,846

王茂荫（字子怀，一字椿年）
1093,1430,1473,1497,1521

王茂源 1178

王表 168

王贯三 357

王述曾 1147

王郁人 1859

王采珍 716
王金发 1965
王金臣 409
王金英 803,856
王金城 1727
王驹 298
王鸣昌 894
王鸣盛（字凤喈，号礼堂，又号西庄，晚年改号西沚居士） 253,347,356,497,562,569,628,653,660,665,670,691,692,714,717,719,720,728,737,744,746,754,755,762,776,778,793,798,803,810,820,828,875,888,900,901,902,911,913,924,925,974,983,1001,1002,1003,1005,1012,1013, 1026, 1041, 1049, 1050, 1056, 1063, 1064, 1065, 1067, 1075, 1084, 1106, 1155, 1174, 1200, 1204, 1242, 1243, 1265, 1302,1579,1666
王临 110
王临元 171
王侯聘 146
王俊 404,687,1988
王保训 1154
王俞巽 191
王修植 1711,1747,1750,1783
王养粹 394
王前 475
王前驱 341
王前席 226
王勋 1227
王勋臣 1235
王南国 91
王受 972,979,996
王垒 1309
王垲 1285
王城 1075
王复（字敦初、秋塍） 683,829,962,983,1076,1081,1093,1119,1190
王复礼（号草堂） 333,340,350,378,409,411

王复宗 244
王奎甲 1542
王奎章 1825
王奕仁 444,517
王奕清 309,397,410,443,445,460,596,611
王奕曾 235
王宪正 1356
王宪成 1356
王封溁 76,241,242,317
王庭（字言远、迈人） 265,289,328
王庭植 1624
王彦威 1391,1887
王思任（字季重，号谑庵） 19
王思轼 233,270,317,426
王恒 751,780,1010,1028
王恪（初名虑，字愚千） 479,785
王恺 1326
王拯（原名锡振，字定甫，号少鹤，又号龙璧山人） 1208, 1210, 1303, 1380, 1386, 1393, 1397, 1399, 1465, 1467, 1469, 1479,1585
王政 158,1205
王星麟 279
王春煦 861,932,942,943,944,945,957,958,970,971,979
王昶（字德甫，号述庵，又称兰泉先生） 147,461,515,532,540,549,552,629,633,647,653,656,670,676,677,684,691,692,715,717,720,721,728,737,744,747,749,752,754,755,756,762,768,773,776,778,782,784,786,791,800,805,806,808,812,828,832,843,874,883,887,890,900,901,903,911,916,939,940,951,962, 967, 986, 987, 992, 1003, 1005, 1010, 1019, 1026, 1041, 1043, 1047, 1049, 1050, 1051, 1056, 1057, 1059, 1060, 1072, 1084, 1095, 1097, 1103, 1104, 1107, 1109, 1113, 1117, 1119, 1126, 1127, 1134, 1137, 1143, 1147, 1149, 1150, 1151, 1155, 1162, 1180, 1192, 1197, 1210, 1278,1292,1345,1389,1627

王显文 1235
王显绪 784
王显曾 1036
王柏心（字子寿，号筼亭） 1102, 1399, 1467, 1513, 1525, 1535,1540,1559,1565
王柔 132
王标 1215
王栋 1003
王树实 1148
王树枏（字晋卿） 1436,1654,1688,1697,1848
王树勋 1166
王树棠 1235
王洁（字汲公，别字洧盘） 315
王济 239
王炯 739
王炳文 926
王炳昆 18,38
王炳堃 1740
王炳耀 1740
王珍 159,1466
王珏 280
王相 479,1309,1511
王祖庚 596,687
王祖武 996,998,1116
王祖肃 793,1044
王祖晋 722
王祚永 158
王禹书 368
王禹功 1174
王禹甸 1263
王禹锡 116
王笃 1347
王统照 1759
王胤芳 168
王荣 1827
王荣先 327
王荣陛 1302
王荫祜 1955

王衍庆 1160
王衍梅 1147,1197
王觉任 1685
王诰 350,1066
王诵芬 764,803
王追骐 83
王钟声（原名希普，艺名钟声）
    1611,1790,1915,1934,1953,
    1981,1998,2005
王钟灵 76
王钟庞 61
王钟钫 1191
王钟健 907,917,950,996
王钟泰 896,908,917,920,928,
    943,950
王钟麒（字毓仁，一作郁仁，号
    无生，别署天僇、天僇生、僇
    民、大哀、蹈海子、一尘不染）
    1610,1917,1934,1981
王钦 801,1258
王钦命 553,560
王钦豫 14
王钧 595
王闻远 386,1064
王闿运（字纫秋，号湘绮）
    1324,1417,1430,1448,1517,
    1535,1551,1561,1585,1606,
    1617,1622,1633,1634,1636,
    1652,1655,1656,1659,1665,
    1666,1668,1672,1683,1688,
    1701,1704,1706,1710,1714,
    1723,1724,1740,1749,1773,
    1790,1816,1826,1840,1853,
    1860,1866,1885,1893,1903,
    1918,1921,1929,1937,1938,
    1945,1947,1955,1960,1968,
    1972,2003
王陟 1192,1206
王倩 1173
王原（本名原深，字令贻，号学
    庵，晚号西亭）21,270,302,
    359,549
王原祁（字茂京，号麓台、石师
    道人）144,197,307,334,397,
    413,432,447,461,476,608,664,
    813,1051,1323,1427
王哲生 233
王唐珠 746
王圆箓 1814,1918,1935
王家奋 876
王家贤 151
王家驹 807,1135
王家相 1186,1249
王家宾 896,920,928,930,932,
    945,998
王家祯 23
王家督 1409
王宸（字子凝，号蓬心）1051,
    1197
王宽 144
王宽兹 155
王宾 489,724
王峻（字次山，号艮斋）337,
    339,451,512,644,675,681,684,
    702,704,705,717,1063,1085,
    1129
王恕（字中安、瑟斋，学者称楼
    山先生）167,190,230,238,
    486,629,631,812
王恩九 1355
王恩训 403
王恩注 1321
王恩轼 366
王恭先 272
王振孙 170
王振声 1794
王振纲（字重三）1353,1654
王振钟 1356
王效通 177
王晋玉 1424
王晓沧 1788
王晞骏 807
王桐龄 1859,1952
王桢 334,609
王泰云 1214
王泰征 117
王泰牲 512
王浤 424
王浩 1241
王浩冲 169
王涛 662
王烜 666
王特选 470
王珽 392
王皋 373
王益齐 1394
王益朋 58
王积熙 781
王紘 413,595,596
王素行 322
王继文 310
王继先 232
王继祖 732
王继香（字子献）1673
王翃（字介人）50
王致诚 608,648,675,789
王荺兰 1444,1484
王赟 415
王起鹏 596,1019
王铭 541,578,1661
王逢五 191
王逢源 1178
王钺（字仲威，号任庵）139,
    373,387
王铎（字觉斯，号嵩樵、痴庵）
    12,18,21,28,29,38,45,98,626,
    873
王陶 1136
王顼龄（字颛士、容士，号瑁湖，
    晚号松乔老人，谥文恭）
    189,207,210,242,296,351,438,
    443,444,456,464,485,486,488,
    499,500,520,553,586,604
王颂蔚（初名叔炳，字芾卿，号
    蒿隐）623,1280,1416,1608,
    1743
王偁（字晓堂，号鹊华馆主人）
    143,961,1044,1077,1315
王勋（初名世约，字次童，晚号
    灌亭）83,124,173
王埴 347
王培佑 1771
王培宗 432

王基 533,953	王维文 386	王敬一 1511
王基巩 280	王维明 33	王敬之 1348
王基昌 158	王维屏 1066,1277	王敬铭 397,443,445
王堉时 1202	王维珍 144,331	王斌 168,169,1563
王崇礼 774	王维新 84	王斯源 1748
王崇曾 183	王维潍 476	王晫（原名棐,字丹麓,号木庵、松溪子） 27,77,91,176,212,246,262,342,357,370
王崇简（字敬哉） 29,37,76,89,95,98,116,191,192,205,298,313	王维德（字洪绪、林洪,号林屋山人、定定子,人称林屋先生） 141,421,632,689	
王崇熙 1262	王绶 405,410	王景升 245
王崧（字乐山） 1097,1156,1314,1338,1972	王绶长 994	王景阳 159
	王萌 197	王景贤 1571
王康 649	王紫绪 869,954	王景淳 1391
王惟询 1245	王谋文 816	王景曾 244,366,421,463,498
王捷南 1190,1254	王辅臣 175,998,1016	王曾宪 1859,1952
王掞 144,252,271,333,351,434,443,450,463,473,546	王辅铭 650	王曾祥 781
	王逸明 1013	王曾禄 514
王敏 120	王铭 1292,1315	王朝式 65
王敔（字虎止） 120,556,1363	王铮 1315	王朝佐 220
王敕 687	王随悦 656	王朝渠 1028,1105
王敛福 486,671,708	王鸿兴 887	王朝桨 1120
王晦 438	王鸿荐 554	王朝爵 975
王梓材 659,1284,1348,1355,1356,1403,1404	王鸿绪（初名度心,字季友,号俨斋、横云山人） 16,45,139,163,165,166,181,208,216,217,228,230,231,232,241,242,250,259,260,261,286,295,296,301,302,323,332,333,361,362,371,372,382,384,385,392,420,449,451,453,457,473,480,485,488,505,508,517,533,620,626,860,1002	王棠 470,564
王梦白 233,1879		王森文 1205,1221
王梦尧 474		王植（字槐三,号憨思） 304,486,487,532,559,584,636,667,687,1300,1342,1347,1402
王梦旭 438		
王梦庚 1214,1302		王琛 454
王梦弼 708		王琦 542,752,758,765,804,1743
王检 569		王琬 791
王检心 1412,1455		王琴堂 1392
王棻（字子庄） 1299,1487,1725,1754,1806,1915	王傅 309	王瑛曾 786
	王博 681	王粤麟 751
王淑 686	王博厚 558	王紫绶 18,38
王淳 1240	王善 626	王翊 733
王淳中 80	王善楠 698	王翚（字石谷,号耕烟散人、乌目山人、清晖主人） 42,156,157,166,172,176,189,195,197,221,228,232,273,299,307,461,471,476,1345
王清 30,61,107,141	王喆生 266	
王清任（字勋臣） 809,1310,1316	王尊光 95	
	王循礼 1183	
王清贤 298	王揄善 279	
王清彦 183,303	王揆（字端士,号芝廛） 248,299,322	王联陛 1330
王清穆 1912		王舜民 158
王琦 404,559		王舜年 18,57,210
王章 159,381	王敬 120	王舜臣 1859,1952

王萱龄 1247
王裕宸 1674
王裕疆 1355
王谟（字仁圃、汝麋） 403,532,560,901,953,1036,1091,1184,1222,1297
王谦 264
王谦吉 91
王谦言 398,446
王谦益 775
王赐均 962
王赐魁 221
王赓言（字赞虞、箕山） 1241
王赓荣 1581
王遐春 1173
王遐龄 1160
王道 101,674
王道光 168
王道成 673
王道亨 1012
王雅 169,1174
王鹄 1362,1367
王鼎 103,552,1021,1136,1253,1281,1294,1374,1392
王鼎相 245
王鼎冕 166
王鼎镇 84
王亶望 834,839,891,892,895,905,907,908,916
王嗣衍 464
王嗣皋 171
王嗣槐（字仲昭，号桂山） 203,211,417
王嗣奭（字右仲，号于越） 27
王嵩 617
王嵩柱 878
王嵩隐 1794
王慎旃 875
王撼（字虹友，号汲园） 188,248,322,353
王新 1321
王新命 203,230,317,360
王椿 715,816

王椿林 1285
王楚书 272
王楚堂 1362
王楠 493
王楷 746
王楷修 739
王概（初名丐，字东郭、安节） 16,213,228,244,296,346,373,399,428,564,758,1228
王槐 1236
王殿 779,1153
王殿元 279
王殿金 1161
王殿戬 1648
王毂 72
王源（字昆绳、或庵） 28,99,131,166,191,217,248,257,261,277,295,302,309,315,334,344,350,366,385,390,391,394,401,409,410,414,429,431,472,509,573,689,1315,1802
王溥 298,486,1124
王煦 913,1106,1162,1239,1303,1345
王照（字小航，号水东） 595,958,959,960,968,972,1482,1710,1711,1762,1772,1777,1778,1786,1798,1801,1812,1816,1841,1865,1898,1918,1931
王照圆（字瑞玉，号婉信） 782,1142,1175,1205,1234,1433
王猷 444,587,708,1793
王猷定 41,49,101,246,1067
王瑜 1179
王瑞 189
王瑞龙 1109
王瑞国（字子彦，号书城） 91,197
王畹 341,649
王福清 867,972,979
王筠（字贯山，号菉友） 831,965,978,1004,1091,1206,1289,1327,1332,1349,1354,1357,1386,1413,1418,1425,1443,1454,1469,1486,1520,1619

王聘珍 1034,1035,1154,1159,1160,1165,1183,1229
王腾蛟 596
王蓍 373,428
王蓬心 1552
王裔 14
王誉命 171
王誉昌 236
王谨微 1673
王鉴（字玄照、元照、圆照，号湘碧、染香居士） 197,307,471,476,1426
王锡（字百朋） 348,465
王锡九 1325
王锡卣 272
王锡极 440
王锡典 737
王锡命 244
王锡朋（字樵慵） 1374
王锡侯 449,820,882,883,890,891,892,893,894,895
王锡阐（字寅旭，号晓庵） 36,41,105,106,178,179,222,228,232,239,303,407,884,1231,1250
王锡祺 1461,1590,1608,1657,1689,1714,1730,1757
王锡韩（字季侯，号云岩） 206
王锡龄 1149
王锡璁 914
王锡璋 569
王锡蕃 583,1772,1777,1783
王锡藩 583
王锦 786,1066
王锦芳 1277
王雍 336
王颐修 139
王魁儒 1011
王鹏 515,980,996,998
王鹏运（字幼霞，一作佑遐，号半塘老人，又号骛翁） 1422,1469,1548,1552,1569,1600,1615,1636,1638,1647,1654,1657,1660,1669,1673,1674,1679,1682,1695,1702,1704,

1720,1725,1729,1737,1739,
1752,1756,1765,1789,1802,
1813,1816,1826,1844,1865,
1879,1887

王鹏翼 440

王龄 1474

王嘉孝 336

王嘉曾 798,892,918,919,943

王嘉禄 1176,1372

王嘉谟 440

王嘉榘 1864

王嘉猷 902

王戬 428

王模 934

王毓仁 1878,1893

王毓昊 1174

王毓芳 1277

王毓贤 312

王毓蓍 677

王毓德 460

王演 169

王潢 41,62

王熊飞 702

王熙（字子撰、一作子雍、胥庭，号慕斋，谥文靖） 23,30,48,
52,55,58,61,70,74,75,76,82,
88,89,148,173,231,232,250,
258,259,260,270,285,286,301,
302,349,350,360,371,387,410,
551,969

王熙如 69

王熙年 998

王熙震（字晓风，一字惕庵）
1201,1699

王璸 896,907,917,920,928,932,
942,943,948,950,958,959,972

王端（字子方，号任庵） 258,
378

王端履 1078,1147

王肇宗 1301

王肇栋 327

王肇晋 1713

王肇基 700,705

王肇敏 1677

王肇镕 1649

王蔚宗 1206

王禔 1881

王鈋 258

王霆 985

王韬（初名王利宾，字兰瀛，改名王瀚，字懒今，字紫诠、兰卿，号仲弢、天南遁叟、甫里逸民、淞北逸民、欧西富公、弢园老民、蘅华馆主、玉鲍生、尊闻阁王，外号长毛状元） 1299,1379,1385,1399,
1403,1409,1417,1418,1439,
1440,1446,1452,1459,1469,
1471,1474,1479,1485,1492,
1499,1533,1536,1539,1544,
1548,1549,1552,1553,1563,
1564,1570,1571,1578,1582,
1585,1588,1596,1599,1600,
1609,1629,1633,1637,1640,
1646,1651,1653,1662,1669,
1674,1675,1678,1682,1687,
1695,1709,1710,1758,1903

王鼏修 53

王魍 42

王墀 1205,1626

王增 818,921,928,932,942,943,
945,971,979,1066,1075

王履泰 807

王徵（字良甫，号葵心，别号了一道人） 49

王德让 716

王德明 53

王德茂 1290

王德修 667

王德钟 1759

王德浩 1185

王德基 1599

王德瑛 1326,1338

王德榜 1636

王慧 416

王憕 793,816

王撰（字异公，号随庵） 248,
322,424

王敷政 165

王敷贲 671

王澄魁 341

王澍（字若霖，号虚舟、竹云）
134,438,464,486,525,539,555,
626,689,808,822

王瑾 1228

王璋 475,687

王畿 14,65,121,132,137,474

王箴传 564,635,638,709

王箴舆（字敬倚，号孟亭） 438,
526,754

王蕴香 1383,1395

王蕴章 1644,1845,1983

王豫（字敬所，号立甫） 359,
619,1038,1146,1147,1158,1215,
1228,1251,1270

王豫嘉 93

王遵训 76

王遵宸 438

王镇南 1936

王镐 702

王鹤 220

王凝命 183,245

王燕绪 896,898,905,907,908,
909,917,918,919,920,928,930,
932,933,942,943,945,948,949,
951,957,970,971,972,984,996,
998,1000,1023

王犟 350

王穆 459,470,475

王翰 286,667,1186

王融 64,460

王赠芳（字曾驰，号霞九） 956,
1421

王鑫 1394,1413,1438,1466

王镛 470

王霖 379,595,1277

王徽 49

王懋竑（字予中，一作与中，号白田） 10,134,346,356,357,
367,385,409,463,473,486,502,
512,552,635,638,639,670,709,
710,791,828,855,1181,1332,
1539

王曙 605
王爕 1191
王翼凤 1431
王襄 1802,1957
王曜升 248,322
王曜南 1418
王璧 245
王鎏（初名仲鎏，字子兼，一字亮生） 185,994,1296,1315,1332,1351,1390,1405,1549,1688
王攀桂 156
王瀚 648,1758
王缵 422
王藻 595,596,744,1326,1372,1474
王蘅 1277
王瓒 474
王耀周 1788
王耀祖 176
王夔龙 577
王灏 120,716,1603,1699
王灏儒 97
王露 365,366
王懿 168,286,473
王懿修 796,996,998,1153,1165
王懿荣（字正儒，一字廉生） 1402,1517,1547,1605,1638,1641,1671,1672,1675,1679,1711,1724,1725,1802,1807,1818,1867,1959
王麟生 1197
王麟征 732
王鑲堂 1326
瓦尔达 366
瓦西里耶夫 1368,1609,1753
计六奇（字用宾，号天节子，别号九峰居士） 1,121,151
计东（字甫草，号改亭） 30,33,37,71,118,146,175,193,314,328,1067
计南阳 205
计楠 1167,1199
贝和诺 473
贝青乔（字子木，号无咎，又号木居士） 1174,1506,1509,1526
贝莱士 1429
车万育 109,298,337
车云龙 1148
车文 595
车旡咎 587
车克 55,56
车酉 1205,1258
车松 421
车持谦 1361
车鼎丰 562
车鼎贲 562
车鼎晋 350
车腾芳 596
邓九龄 381
邓士宪 1338
邓士锦 595
邓之诚 143,172,248,249,291,383,399,1679
邓云龙 1235
邓元昌 1250
邓凤林 1407
邓化日 169
邓天栋 272
邓文泮 996,998
邓文亮 783
邓文修 372
邓文辉 1932
邓文熊 1035
邓文蔚 289
邓斗光 90
邓兰 716
邓必安 816
邓永芳 90,121
邓汉仪（字孝威，号旧山、旧山农、钵叟） 197,244,299
邓石如（初名琰，字顽伯，号完白山人） 651,983,1010,1035,1145,1549,1619,1644
邓立诚 1195
邓传 103,1524
邓传安 1270
邓光仁 985
邓光钤 1161
邓再馨 996,998
邓华熙 1288,1452,1486,1737,1750,1768,1787
邓庆恩 1300
邓廷桢（字维周，号嶰筠，晚号妙吉祥室老人，又号刚木老人） 877,1097,1111,1241,1258,1262,1274,1276,1291,1299,1301,1336,1343,1354,1359,1362,1365,1366,1367,1374,1387,1393,1398,1405,1410
邓廷彩 1226
邓廷喆 554
邓廷辑 926
邓作梅 915
邓启元 532
邓寿佶 1859
邓希曾 985
邓志谟 273
邓时敏 812
邓来祚 775
邓纯（字粹如） 1247
邓轩 1195
邓钊 685
邓其文 327
邓国蕃 678
邓奉时 1214
邓实（字秋枚，别署枚子、野残、鸡鸣、风雨楼主） 149,1593,1836,1845,1846,1893,1898,1912,1914,1930,1931,1952,1953,1957,1972,1982,1986,2001,2004
邓尚谦 1177
邓性 158
邓林尹 121
邓泽如 1946
邓牧 596
邓秉恒 101,226
邓咸齐 262
邓宪璋 182

邓显鹍（字子振，号云渠） 848，1378

邓显鹤（字子立，号湘皋） 321，891，1050，1060，1097，1100，1133，1203，1220，1226，1243，1275，1282，1283，1289，1302，1309，1345，1360，1362，1363，1368，1370，1378，1383，1386，1388，1392，1405，1409，1413，1418，1430，1432，1434，1446，1448，1505，1521，1522，1706

邓秋枚 1928

邓荫南 1709

邓钟岳 485

邓钟麟 58，70，76

邓钦桢 151

邓家彦 1909

邓常 816

邓梦琴 964，985

邓淳 1225

邓绳侯 1880，1913

邓辅纶（字弥之） 1299，1430，1652，1706

邓翔 1534

邓嗣禹 227

邓献璋 596

邓锡爵 709

邓瑶（字伯昭，一字小芸，亦作小耘） 1181，1505，1522

邓粹 1235

邓肇嘉 1343

邓蔡友 421

邓霂 439

长寿 426，438，464

长尾太郎 1885

长尾镇太郎 1678

长闱 996

长旺 1246

长海（字汇川） 200，658，1298

长鼎 426

长龄 552，1056，1260，1261，1342

长麟 1000，1025，1033，1139

韦之瑗 769，792

韦玉振 898

韦光黻 1372

韦协梦 980

韦成贤 18

韦昌辉（原名志正） 1267，1417，1429，1462

韦理哲 1413

韦棣华 1983

韦谦恒 628，777，852，859，862，863，864，872，879，921，941，942，979，983，996，1008，1023

韦廉臣 1379，1385，1458，1475，1563，1626，1627，1652，1683，1688，1904

世臣 532，576，873，1325，1459，1549

世铎 1635

世续 1908

世禄 444

五 画

丘心如 1469

丘四 1718，1719

丘石常 122

丘龙章 1994

丘兆熊 623

丘有璇 169

丘志广 528

丘国霖 1737

丘性善 432

丘复 1967

丘菽园 1812

丘景云 867

丛克敬 268

丛澍 334

东荫商 97

乐开凯 1814

乐玉声 386

乐传道 1693

乐安成 280

乐寿彭 964

乐凯 1601

乐明绍 1185

付绶 1245

仝轨 336

令狐亦岱 791，803

仪克中 1225，1282，1555

兰廷玉 1548

兰茂 105，427

兰斯顿 1676

冉棠 716

冉觐祖（字永光，号蟫庵） 103，166，284，304，309，354，358，400，476，477，490，491，521，603

冯一梅 1939

冯大奇 280

冯子材 1636，1645

冯子食 1406

冯中存 660

冯之国 116

冯之基 1225

冯云山（原名乙龙） 1210，1386，1392，1407，1412，1417，1429，1441，1500，1516

冯云杏 1309

冯云骕 189，286，361

冯云程 237，257

冯云鹏 1257

冯云鹓 1257，1321，1380

冯元仲 650

冯元钦 569

冯元溥 595

冯元骧 49

冯太初 39

冯文止 816

冯文可 97

冯文显 145

冯文蔚 1581

冯王孙 906，907

冯世征 1956

冯世德 1900

冯世澂 1793

冯世瀛 1544

冯可参 169

冯圣泽 158
冯生桐 907
冯兆章 380
冯光宿 655
冯光熊 1032,1040,1048
冯协一（字躬暨，号退庵） 98,340,611
冯协桐 1198
冯同宪 422
冯如 1970
冯守礼 397
冯廷丞 854,883,1116
冯廷华 1147
冯廷櫆 203,233
冯成修（字逊求） 623
冯旭 37
冯汝轼 438
冯竹儒 1589
冯自由 1628,1788,1800,1802,1814,1821,1824,1830,1844,1845,1862,1876,1891,1922,1972
冯至 991
冯行 807
冯行贤 209
冯西雄 1934
冯达道 64
冯启蓁 1233
冯应龙 590
冯应榴（字贻曾，号星实，晚号踵息居士） 380,632,769,846,944,1053,1108,1113
冯志沂（字鲁川） 1201,1208,1375,1392,1408,1417,1467,1536,1586,1682
冯志章 405
冯秀石 1798
冯苏 244
冯辰 440,572,1344
冯运栋 673
冯其世 121
冯卓怀 1380
冯咏 486
冯国相 551

冯国璋 1646,1906
冯宗仪 302
冯宗城 963
冯庚 431
冯念祖 346
冯承钧（字子衡） 1664,1866
冯承辉（字少梅，又字少糜，号伯承，别号老糜、眉道人、梅花画隐） 1093,1176,1183,1212,1270,1283,1373
冯昌奕 235
冯武 228,410
冯秉正（字端友） 386,438,611,657,683,966
冯经（字雁山） 815
冯金伯（字冶亭、墨香，号南岑） 867,1036,1060,1143,1315
冯俊卿 1798
冯厚 611
冯奕宿 724
冯津（字云槎） 1272
冯祖荀 1859,1952
冯祖悦 756
冯振鸿 786
冯晟 980
冯栻 486
冯桂芬（字林一，号景亭，自称邓尉山人） 980,1169,1318,1354,1365,1367,1379,1386,1392,1393,1399,1403,1412,1424,1441,1444,1454,1463,1466,1468,1471,1473,1491,1493,1498,1505,1511,1517,1524,1533,1543,1544,1546,1547,1559,1569,1572,1585,1632,1640,1649,1668,1698,1741,1743,1755,1767,1768,1769,1786,1793,1808,1884
冯泰运 227
冯浩（字养吾，号孟亭） 85,481,678,781,793,926,987,1113,1114,1117,1197
冯班（字定远，号钝吟老人） 133,153,210,211,228,392,410,

486,781,1630
冯继照 1361
冯起凤 1021
冯起炎 958,962
冯勖 207
冯培 451,933,942,945,1109,1117,1127
冯培元 1391
冯敏昌（字伯求，号鱼山） 676,848,855,867,901,943,968,972,979,1028,1151,1197,1229
冯梦龙（字犹龙、耳犹，号翔甫，别署龙子犹、顾曲散人、墨憨斋主人） 19,362
冯渠 685,739
冯铨（字振鹭） 2,9,10,11,12,14,16,21,28,29,56,57,61,63,161,210,873,1015,1016
冯雪峰 1873
冯鸿模 554
冯善徵 1855
冯斯栾 1814
冯景（字山公、少渠，私谥文介先生） 46,211,246,251,283,317,358,462,737,1045,1067,1070,1673
冯智戆 1412
冯甦（字再来，号蒿庵） 100,323
冯登府（字柳东，号云伯、勺园） 916,967,1087,1107,1167,1177,1190,1206,1213,1221,1236,1238,1241,1250,1257,1262,1276,1290,1296,1301,1303,1306,1308,1312,1314,1316,1327,1330,1332,1342,1343,1348,1369,1372,1390
冯皓 444
冯禽 665
冯舒（字己苍，号默庵） 24,31,392,781
冯谦 486
冯赓飏 1247
冯集梧 936,1043,1082,1090,1112,1113,1178

冯鼎高 1036
冯嗣京 84
冯殿士 1117
冯源济 58,70,76,211
冯煦(字梦华,号蒿庵,晚号蒿叟) 1391,1622,1634,1651,1654,1662,1923,1967,1999
冯煦光 1583
冯瑞 262
冯樾 168
冯濂(字周溪) 102,587
冯赞勋 1313
冯镜如 1789,1791,1801
冯懋华 503
冯懋柱 453
冯馨 1205
加略才 1503
加藤弘之 1746,1825,1829,1849
加藤驹二 1885
包元辰 61
包公毅 1586,1827,1863,1903,1968,1973,1979,1982,1986,2004
包友樵 1827
包世臣(字慎伯,号倦翁,别署白门倦游阁外史、小倦游阁外史) 330,509,870,1042,1057,1080,1114,1118,1120,1124,1133,1140,1159,1161,1172,1183,1203,1226,1233,1241,1254,1272,1283,1288,1289,1303,1309,1316,1325,1336,1370,1386,1395,1405,1430,1431,1433,1459,1460,1471,1549,1550,1559,1580,1623,1671,1687
包世荣(字季怀) 978,1288,1295
包令 1450
包尔图 404
包尔赓 104
包尔腾 1444,1500
包字 1185
包汝翼 1409
包松溪 1401

包诚 1395
包咸 475
包祚永 532
包桂 644,661
包彬 559
包贲 249
包景维 1374
包慎言 1026,1099,1289,1295,1300,1390,1403,1460
包鹮 84
北方心泉 1713
占楂 165
卡莱尔 1562
卢九云 769
卢士杰 204
卢元伟 1225
卢元昌(字文子,号观堂) 235,893,894
卢凤芩 1314
卢文弨(初名嗣宗,字绍弓,一作召弓,号矶渔,又号抱经) 133,473,562,569,603,628,677,685,686,691,700,703,706,718,720,736,737,741,744,749,756,763,768,779,784,791,796,808,811,816,828,829,843,855,865,886,887,891,900,911,912,923,935,951,952,954,962,973,976,983,984,990,992,1001,1002,1003,1010,1018,1019,1020,1026,1027,1028,1034,1036,1043,1050,1054,1057,1058,1064,1065,1067,1068,1072,1075,1091,1104,1157,1180,1183,1205,1208,1229,1237,1269,1340,1389,1617,1630,1662
卢见曾(字抱经,自号雅雨山人) 133,307,390,486,518,552,558,576,583,598,606,622,628,647,653,659,667,671,701,710,715,720,721,722,723,729,730,731,732,735,737,740,744,745,746,750,752,763,765,772,805,806,808,843,1050,1144,1298,1595

卢世昌 758,1142
卢仝 1669
卢生薰 503
卢传标 264
卢兆唐 30
卢兆鳌 1120,1295,1330
卢兴祖 119
卢存心(字敬甫) 449,595,1053
卢廷俊 554
卢伯蕃 550
卢址 887
卢志逊 319
卢灿 227
卢纮 110
卢轩(字六以) 368,397,420,447
卢坤 1326,1330,1331,1335,1338,1344
卢学俊 204
卢建其 939
卢建河 1125
卢承琰 427,432
卢昆銮 1275
卢明楷(字端臣,号钝斋) 383,798
卢秉纯 552,563
卢询 409,500
卢贤拔 1442
卢前骥 169
卢宣旬 1202
卢彦 61
卢标 1321
卢炳涛 1148
卢祖华 1556
卢胜奎(别号卢台子) 1260,1676
卢荫溥(字南石,谥文肃) 552,979,1192,1194,1253,1362,1363
卢衍仁 924
卢宸征 352
卢振先 415
卢浙(字让澜,号容荨) 767,1042,1262,1310

卢高 42

卢乾元 83

卢崇兴 104

卢崧 756,793,876,1003

卢梭 1594,1745,1746,1788,1789,1837,1843,1849

卢弼 169

卢湛 101

卢焯(字光植,号汉亭) 331,580,610,804

卢琦 126,208,252

卢綖 245

卢辉祖 1901

卢遂 901,930,932,933,943

卢照 210

卢絋 104

卢锡晋 441

卢靖 1934

卢端黼 1344

卢豪然 610

卢镐 728,735

卢震(字亨一) 124,213,382

卢爵勋 1893

卢燿 1185

卢戆章 1456,1616,1694,1697,1915

厉守谦 849

厉伯符 1559

厉荃 877

厉煌 444

厉鹗(字太鸿,号樊榭) 324,451,466,468,482,486,489,492,494,506,542,549,562,583,584,592,596,625,643,646,649,655,667,670,682,690,703,712,734,808,903,940,993,1027,1045,1230,1297,1341,1640

古之雄 998

古今誉 465

古应芬 1567,1880,1900,1932,1967

古拉兰萨 1244,1436

古城贞吉 1734

古禄 9

台约尔 1355,1381,1394

史久光 1825

史大成(字及超,号立庵) 55,70,76,148,150,165,238

史元善 903

史凤辉 595

史戈源 860

史可法(字宪之,号道邻,谥忠靖) 2,4,5,9,12,15,217,329,795,855,1325

史左 244

史本 694

史申 286

史申义 287

史传远 876

史观 1249

史克信 1051

史坚如 1814

史孝咸(字子虚) 65,85,86

史应贵 746

史进爵 635,681,746

史周沅 765

史学镒 87

史尚节 403

史飏廷 168

史鸣皋 758,816

史奕昂 883

史彪古 42

史标(字显臣) 65,329

史树骏 171

史津 1191

史炳 1191,1277

史荣 755

史贻直(字儆弦,号铁崖,谥文靖) 239,366,499,500,501,510,511,512,513,530,552,557,595,596,658,687,727,758,782,882

史流芳 335

史流馨 716

史珥 189,764,807

史继佚 74,80

史致光 995,996,998,1017

史致俨 1096,1244,1245,1275

史致准 1595

史调 703

史起贤 310

史彩 244

史悠明 1868

史梦兰(字香崖,号砚农) 1195,1465,1512,1520,1563,1590,1602,1795

史梦琦 878

史梦蛟 1136

史梯瓦特 1998

史琏 327

史善长 653,677,691,707,729,886,900,912,1004,1010,1026,1042,1051,1063,1078,1082,1084,1143,1197

史萼 1020

史量才 1558,1611,1880,1932

史鉴 309,368

史锡绰 1859,1933

史鹏 78

史谱 1342

史奭 80

史德溥 645

史澄 1553

史褒 1012,1263

史震林(字公度,号梧冈、瓠冈居士) 331,546,569,607,610,729,804,915

史鹤龄 126,150,157

史燧 53

史赞明 381

史夔 233,270,296,432,463

叶人禄 1868

叶万(字石君,号潜夫) 267

叶士宽 559,820

叶大庄 1708,1955

叶大烜 1629

叶子佩 1432

叶子循 49

叶为铭 1881

叶之纯 1148

叶书绅 791
叶元垲 1327
叶元堦 1327
叶元楷 1399
叶凤毛 1327
叶凤池 1327
叶友柏 254
叶天培 877
叶心朝 446
叶方恒 166
叶方模 1302
叶方蔼（字子吉，号讱庵，谥文敏） 30,80,82,94,157,164,165,182,191,195,201,202,206,207,208,209,210,215,216,217,231,239,284,313,323,449
叶长 474
叶长扬 595,661,665,681,724
叶世侗 36
叶世倬 1185,1332
叶兰 896,917,918,919,928,930,932,933,943,945,948,950,957,958,959,960,968,970,972,1011,1023
叶尔恺 1725
叶玉森 1867
叶申万 1139,1225,1226
叶申芗 1297
叶仰高 746
叶先登 42,145,280
叶名沣（字润臣，号翰源） 1181,1469,1482
叶名琛 1336,1423,1450,1468
叶向高 159,863,872
叶圭绶 1432
叶廷 1263
叶廷甲（字保堂，号云樵） 726,1161,1322
叶廷芳 1258,1285
叶廷推 775,936
叶廷琯（字调生，一字苕生，号十如居士，别号龙威邻隐、蜕翁） 1038,1541
叶成忠（字澄衷） 1674

叶成格 38,39,55,56
叶舟 104
叶芝 868
叶西亭 1290
叶伯寅 132
叶伯銮 1551
叶体仁 775
叶应震 781
叶志铣 1557
叶志超 1707
叶时茂 778
叶沄 398
叶酉（字书山） 321,596,597,615,623
叶佩荪（字丹颖） 556,970,974,977,1172
叶和侃 816
叶承 694
叶承立 701,746
叶承点 595
叶承桃 120
叶昌炽（字鞠裳） 1280,1281,1422,1644,1671,1679,1684,1743,1756,1759,1794,1807,1845,1957
叶秉纯 1955
叶绍本 1156,1321
叶绍袁（字仲韶，别号天寥） 28
叶绍楏 980,1146
叶英 737
叶轮 1331
叶青善 1881
叶鸣銮 264
叶修昌 1611
叶奕苍 209,225
叶奕苞（字九来） 221,232,284,1184
叶封（字井叔，号慕庐、退翁） 82,110,172,275,283
叶庭秀 677
叶映榴 93,244,662
叶树廉 99
叶树德 30
叶祖珪 1551,1588

叶荣梓 596
叶荣澹 1240
叶衍兰（字南雪，号兰台） 1267,1758
叶觉同 1746
叶重熙 659
叶钟进 1315
叶钧 1119
叶唐封 1360
叶恩 1846
叶恭绰 1611
叶振甲 265
叶晋卿 1518
叶桂（字天士、香岩，晚号上津老人、南阳先生） 129,218,515,564,668,787,798,817,1345,1657,1696
叶涞 460
叶继武 36
叶继雯 1023,1286
叶载文 1277
叶堂（字广平） 1021,1045
叶梦龙 1308
叶梦华 1225
叶梦珠（字滨江，号梅亭） 288,326
叶焘 281
叶矫然 203,965
叶绳翥 1971
叶维庚（字贡三，号两垞） 848,1135,1298
叶维乾 1668
叶燮 878,898,905,943,945
叶铭 758,793
叶敦艮 677
叶景葵 1948
叶淳 286
叶湜 268
叶谦 291
叶道胜 1938
叶楚伦 1844,1931
叶楚槐 69
叶献伦 159

叶腾骧 1363

叶蓁 1113

叶蕙凤 596

叶德辉（字奂彬，一作焕彬，号直山，一号郋园） 7,86,219,422,1516,1625,1666,1698,1724,1729,1730,1746,1754,1785,1788,1789,1791,1793,1804,1811,1819,1830,1849,1871,1936,1937,1956,1957,1959,1979,1986,2004

叶澜 1844,1845

叶蕙心 1584

叶燕 1228

叶翰 1750,1800,1840,1868

叶燮（字星期，号巳畦） 144,181,185,189,196,221,254,263,270,273,296,303,355,377,387,813,817

叶瀚 1725

司各特 1903,1938

司廷干 998

司廷栋 998

司克熙 1936

司徒华伦 1936

司徒源 1464

司能任 1113

司默灵 1505

宁世簪 262

宁尔讲 83

宁弘舒 97

宁完我（字公甫） 9,16,21,28,32,35,38,39,50,51,53,118,551

宁完福 158

宁时文 547,559

宁林 159

宁养气 227

宁调元 1566,1900,1912,1917,1966,1982

宁维邦 245

宁维垣 237,257,400

宁楷 1082

对哈纳（谥文端） 186

对喀纳 55,129,630

尼札里 1377

左元镇 1135

左方海 975

左必蕃 430,431

左廷宾 1283

左臣黄 244

左孝同 1784

左良玉 12,147

左周 942,982,996

左国桢 84

左宗棠（字季高） 521,584,1164,1187,1325,1364,1367,1368,1376,1380,1386,1394,1412,1415,1417,1423,1438,1443,1457,1462,1471,1473,1479,1484,1491,1492,1498,1499,1506,1507,1510,1511,1518,1522,1523,1524,1529,1530,1532,1533,1534,1538,1543,1550,1556,1557,1562,1567,1569,1573,1574,1575,1577,1581,1587,1594,1605,1614,1621,1628,1629,1636,1650,1682,1684,1691,1699,1706,1725,1832,1858,1958

左宝贵 1616

左承业 644,1330

左承诒 1859

左拉 1986

左昂 1265

左枢 1466

左绍佐 1675

左修绪 924

左修晶 685

左眉 577,1362

左宰 625

左辅 807,1135,1228,1259,1265,1429

左敬祖 30,39,56

左朝第 1208

左辉春 1408

左毓铎 1344

左潜（字壬叟） 1416,1574

巨兆文 645

布达礼 124

布彦达赉 1094

布彦泰 1386,1392

布朗 1360,1361,1381,1403,1534,1548

布勒志 1868

布隆 1443

布舒 150

布颜 70,82,103

布颜图 631

帅仍祖 454

帅方蔚 1281,1283

帅我（字备皆，号简斋） 586

帅念祖 504,634,645,718

帅承瀛 1070,1199

帅镇华 1695,1738

帅颜保 124,126

平一贯 386

平山周 1812

平世增 914

平廷鼎 272

平观澜 939

平步青（一名庸，字景荪，号栋山、栋山樵、侣霞、霞外、别署三壶佚史） 1324,1715,1730

平远 81,980,1945

平恕 826,867,878,892,928,932,943,945,996,1044,1109

平遇 363

弗·美查 1667

弗兰克林 1337

弘昼 558,568,674

弘晌 864

弘瞻 752

归允肃 207,210,233,242,259,1143

归圣脉 255

归庄（一名祚明，字尔礼、玄恭，号恒轩，改名祚明，称圆照、归藏、归妹、归乎来、元功、园功、悬弓、尔礼、普明头陀） 4,11,22,36,41,48,49,51,58,63,69,70,82,93,109,111,115,120,

人 物 索 引　2061

122,153,156,160,162,173,284
归昌世(字文休,号假庵)　19
本田种竹　1803
札松山　1963
札萨礼　208,212
正昂　73,555
永忠(字良辅、敬轩,号㬢仙)
　1055
永保　973,983,990,1043,1131,
　1406
永贵　671
永泰　482,644,724,750
永珹　849
永清　997
永铭　1285
永禄　695
永瑆　806,920,942,971
永福　962
永瑢　840,848,849,851,852,860,
　862,942,947,948,967,970,971,
　979,981,989,990,994,995,997,
　998,999,1006
永德　979
永慧祥　1105
永璇　906,910,931,932,942,949,
　958,969,971,973,979,989,996,
　999,1000,1625
汉莫尔　1805
玄水杲　68,69
玉广　997
玉庆　1244
玉林琇　68,69,82,89
玉保　979
玉鼎柱　646
玉麟　552,1064,1116,1294,1300
甘士瑛　601
甘山　876
甘为霖　1552,1692
甘文凤　1183
甘文林　746
甘文焜　107
甘文蔚　681
甘禾　596
甘立猷　957,970,971,979,996

甘会昌　1128
甘庆　1185
甘庆增　1185,1192
甘扬声　1172,1362
甘汝来　527,591,592,595,620,
　621
甘志道　695
甘京(字健斋)　77,134,229,275
甘国垓　310
甘国堉　392,405
甘国墀　361
甘定遇　775
甘绍盘　1570
甘家斌　1338
甘淋　1595
甘琮　347
甘韩　1756,1850
甘福(字德基,号梦六)　809,
　1333
甘熙　1369,1682
田乃亩　82
田乃理　109
田万选　1332
田士麟　717
田子郊　1451
田广运　397
田中正太郎　1739
田从典　355,485,486,494,498,
　501
田六善　129,186,279
田尹衡　918,920,932,943,948,
　950,957,960
田文瑄　980
田文镜　502,523,525,534,537,
　546,550,570,585,697,735
田月斧　1865
田长文　479
田长盛　336
田世容　520
田兰芳(字梁紫,号簧山,私谥
　诚确先生)　42,284,320,374,
　781
田本沛　44

田本胰　1327
田汉　1807
田合通　1738
田同之(字在田、彦威)　281,
　482,644
田吕叶　601
田成玉　166
田而穟　379
田启光　124
田吴炤　1810,1850
田国辅　159
田宝臣(字少泉)　1047,1476
田实发　554,631
田实秬　644
田易　584
田茂建　732
田茂遇　205
田俊民　69
田显吉　168
田种玉　58,82,124
田荃　596
田逢吉　124
田恩远　169
田　桐　1604,1862,1898,1917,
　1934,1949,2001
田起莘　941,942
田逢吉　58,70,76,124,141,148
田彬　750
田耕　69,73
田敬宗　19
田朝鼎　674
田畯　420
田雯(字子纶、纶霞,号山姜子、
　蒙斋)　109,174,233,243,275,
　278,289,305,346,349,357,393,
　460,482,636
田瑗　563
田解　897
田嘉谷　438,585
田榕　746
田肇丽　460
田需　210,270
田樟　265

田懋 731
田麟 76,124
申支 1215
申发祥 739
申伯 405
申甫 596
申良翰 171
申佳胤（字孔嘉、井眉，号凫盟） 8
申奇彩 310
申明伦 310
申涵光（字孚孟，号凫盟） 13, 70,88,95,103,105,120,127,128, 133,142,196,199,256,338
申涵芬 93
申涵盼 8,105,124,191,199
申涵煜（字观仲，号鹤盟） 8, 199,338
申毓 427
申瑶 1330
白乃心 83,281
白乃贞 42,55,61,97
白士德 1510
白子云 438
白为玑 168
白允廉 56
白凤山 1094
白凤池 1139
白文灿 57
白长庚 494
白玉楷 1320
白龙跃 91
白成格 89
白汝梅 89
白色纯 38,39,66,70,82
白衣保 579
白齐文 1483
白作霖 1791
白克浩司 1986
白奂彩（字含贞，号泊如） 237,257
白胤谦 97,105,111,147
白晋（字明远） 135,278,288, 303,310,326,352,408,413,555, 638
白象颢 84
白斑 431
白琬如 159
白毓昆 1967
白镕 1246,1282,1325
白璟 939
白瀛 513
皮锡瑞（字鹿门，一字麓云，学者称师伏先生） 355,692, 953,1091,1225,1429,1469,1485, 1511, 1549, 1582, 1588, 1599, 1622, 1661, 1667, 1670, 1678, 1687, 1693, 1696, 1698, 1703, 1710, 1713, 1726, 1727, 1729, 1739, 1749, 1753, 1781, 1782, 1791, 1801, 1804, 1815, 1882, 1897, 1918, 1936, 1955, 1959, 1960,1971,1978,2001
矢野龙溪 1631,1805
石广均（字方墀） 1283,1436
石丹生 1896
石云根 400
石井菊次郎 1945
石文成 732
石台 1134,1277
石玉昆（字振之，号问竹主人） 1174,1555,1603,1672
石申 18,76,82
石光祖 169
石光玺 601
石达开 1417,1429,1457,1468, 1479,1536,1691,1914
石作瑞 1010
石应璋 952
石其灏 666
石卓槐 919
石图 9,55,56
石承藻 1158
石杰 644
石养源 952
石星巢 1659
石钧 1067
石家绍 1285
石涛（名若极，法名道济，字石涛，号苦瓜和尚） 37,144, 147,176,189,218,236,252,266, 278,309,342,355,361,380,416, 478,718,
石陶钧 1913
石颂功 183
石高嵩 169
石崇先 738,756
石梁 636,992,1004
石清 494
石维昆 18
石鸿襄 907,908,920,928,930, 943,999
石琢堂 1256
石韫玉（字执知，号琢堂） 451, 742,1023,1026,1041,1042,1045, 1067, 1074, 1080, 1088, 1151, 1197, 1262, 1271, 1284, 1296, 1339,1342,1352
石瑶灿 687
立汝誉 957
立德夫人 1726
立德尔 1510
艾小梅 1562
艾元征 18,75,76,82,89
艾元复 84
艾以清 1221
艾约瑟 1385,1413,1417,1446, 1451, 1471, 1474, 1481, 1485, 1492, 1493, 1526, 1540, 1626, 1627,1652,1663,1696,1758,1903
艾约翰 1596,1704
艾作林 1500
艾启蒙 660,789,1201
艾吾鼎 98
艾若瑟 408,484
艾茂 812
艾南英（字千子） 19,33,291, 363,470,586
艾庭晰 1901
艾思奇 1988
艾儒略（字思及） 31,53,137

边之钥 220
边廷英 1343,1376
边寿民（原名维祺，字寿民，更字颐公，号渐僧，又号苇间居士，晚又号绰翁） 259,711
边连宝 596,889
边浴礼 1393
边继登 139
边憬 341
边镛 816
邝世培 196
邝永锴 786
邝汝磐 1789
邝咏钟 1556,1623
邝荣光 1616,1902
邝景扬 1556,1616
邝露（字湛若） 34,560
龙万育 1065,1263,1314
龙大渊 915
龙之珠 37
龙云锷 430
龙升 221
龙文彬（字筠圃） 1252,1559,1608,1661,1692,1705
龙光甸 1337
龙华民（字精华） 53
龙廷标 616
龙廷槐 996,998
龙汝言 1195,1215,1345
龙体刚 893
龙启瑞（字辑五，号翰臣） 1201, 1208, 1375, 1386, 1393, 1408, 1409, 1465, 1476, 1477, 1585,1617,1632
龙应中 1751
龙灿 326
龙图跃 440
龙居泾 825
龙泽厚 1721, 1738, 1749, 1751, 1752,1753,1768
龙柏 1068
龙研仙 1752
龙起涛 1804

龙湛霖 1678
龙翔 1221
龙璋 1681,1864
龙燮 170,207

六 画

乔于泂 740
乔亿 703,1012
乔大椿 803
乔己百 394
乔仅 599
乔世臣 486
乔弘德 357
乔光烈 717,756
乔廷英 962
乔廷桂 29
乔有豫 1302,1309
乔汲 635
乔迈（字子卓） 173
乔时适 438
乔学君 444
乔承宠 326
乔松年（字健侯，号鹤侪） 1210,1492,1580,1590,1591,1828
乔治·懿律 1365
乔映伍 18
乔树楠 1969
乔晋芳 1335,1336
乔莱（字子静、石林） 118,126, 173,207,211,259,261,262,283, 339,424
乔载由 1302
乔崇烈 403
乔湴 1264
乔煌 1083
乔腾凤（字遥集） 341,369
乔履言 630
乔履信 616
仲于陛 17,34
仲云涧 1564

仲见龙 1024
仲弘道（字开一） 159,204,312
仲沈珠 49
仲恒 213
仲是保 611,617
仲钧安 1584
仲振履 1176,1178
仲绳 1024
任于峤 121
任士谦 1320
任大椿（字幼植、子田） 253, 347,619,727,784,800,810,811, 817,828,835,843,854,890,891, 911,942,954,963,978,991,1003, 1011, 1022, 1082, 1122, 1145, 1175,1222,1297,1640
任中宜 398,426,460,695
任中柱 458
任之鼎 265
任元熙 1968
任内 51,70
任天知 1917,1983
任兰枝（字香谷、随斋） 200, 445,504,550,551,566,567,569, 581,595,621,668
任兆麟（原名廷麟，字文田） 657,668,875,904,965,991,1002, 1003, 1011, 1012, 1020, 1029, 1050,1067,1172,1236,1282
任先觉 168
任在陛 127
任宅心 99
任玑 170
任克溥 69,110
任启运（字翼圣，学者称钓台先生） 148, 274, 475, 502, 547, 566,569,647,657,658,825,829, 1134,1222,1954
任均 1369
任宏业 464
任寿世 1277
任应烈 552
任辰旦（字千之，号待庵） 274
任际虞 474

任陈晋(字似武,号后山、以斋)　623
任其昌(字士言)　1317,1832
任周鼎　101
任昌期　327
任果　856
任治民　61
任垫　336
任树森(字芗圃)　1351
任洵　483
任相　780
任钟麟　116
任唐臣　69,93
任钰　1309
任焕　440
任绳隗　1292
任维初　94
任衔蕙　996,998,1135
任敦元　1088
任景丰　1901
任道斌　82,154
任源祥(初名元祥,字王谷,号善权子,学者称息斋先生)　192,667
任瑗(字恕庵,号东涧)　331,592,596,857,1092
任锡纯　1724
任颐(初名润,字伯年,一字次远,号小楼,亦作晓楼)　1373,1472,1576,1662,1743,1744
任毓茂　527
任熊(字渭长,号湘浦)　1267,1465,1472,1474,1743
任端书　605
任履素　716
任德成(字象先)　259,831
任璇　210,336
任镇　1099,1105,1307
伊东忠太　1847,1866,1935
伊乐尧(字遇夔)　1022,1431,1452,1502,1527
伊尔哈　124
伊尔敦　474,540,595

伊汤安　1106,1113
伊应鼎　759
伊把汉　254
伊灵阿　665
伊苏　1238
伊里布　1338,1373,1374,1379
伊侃　739
伊图　9,32,38,39,89,270
伊昌阿　997
伊秉绶(字组似,号墨卿)　726,767,811,1019,1072,1073,1097,1113,1119,1139,1147,1152,1153,1165,1182,1197,1199,1209,1292
伊格那提也夫　1484
伊桑阿(谥文端)　176,285,294,302,349,388,552,982
伊泰　385
伊都立　500,503,510
伊勒图　552,849
伊喇喀　165
伊朝栋(初名恒瓒,字用侯,号云林)　550,811,1156
伊辟　58
伊龄阿　921,935,939,947,1048
伊藤贤道　1879
伍三秀　159
伍士琱　624
伍元薇　1370
伍仲文　1896
伍光建　1528,1841,1842,1938,1963,1965,1978
伍光鉴　1637
伍廷芳　1384,1475,1492,1512,1588,1621,1717,1723,1782,1823,1842,1854,1865,1899,1906,1968,1991,1993,1994
伍成礼　69
伍声俪　1285
伍连城　1702
伍连德　1604,1739,1844,1950,1995
伍拉纳　1024,1040
伍绍诗　1218

伍绍棠　1576
伍青莲　465
伍翀　644
伍崇曜(原名元薇,字紫垣,一字良辅)　1174,1228,1257,1315,1320,1409,1426,1445,1507,1509,1555,1579
伍鼎臣　1264
伍嘉猷　1302
伍德　1492
伏累森纽斯　1633
伟烈亚力　1385,1409,1439,1440,1446,1464,1469,1470,1474,1475,1481,1489,1532,1534,1535,1538,1540,1552,1570,1572,1626,1627,1663,1743,1758,1904
伦可大　272
伦品单　780
兆元　1265
兆惠　552,748,755
光朝魁　1314
光聪谐　1233,1255,1346
全庆　1392,1398,1468
全国用　83
全祖望(字绍衣,号谢山,亦自署鲒埼亭长、双韭氏、双韭山民、孤山社小泉翁、勾曲山人、子全子,学者称谢山先生)　113,125,131,133,143,161,162,176,209,223,237,256,274,277,282,300,325,344,346,364,382,399,400,401,455,466,474,482,492,497,502,505,519,525,527,535,539,546,549,552,562,569,584,592,593,595,597,603,604,606,607,614,619,634,636,638,646,649,656,659,661,670,677,683,684,688,689,691,695,697,698,700,706,709,712,715,721,724,725,728,734,735,784,791,808,876,1013,1071,1135,1136,1179,1277,1355,1404,1445,1559,1659,1702,1886
全崇相　633

全渊 633
全德 921,957,999,1024,1026
全藻 728
关上进 486
关仁甫 1949
关天申 1053
关天培 1359,1365,1373
关宁 245
关必登 415
关永清 182
关廷牧 914
关学优 1113
关独可 237,257
关涵 1413
关野贞 1918
关棠 1954
关槐 877,878,918,958,968,971,979,983,1023
关漱 458
关额 1126
关鳞如 352
兴泰 590
农起 932,945,972
列卫廉 1472,1474
刘一明(道号吾元子,别号素朴散人) 752,1097,1177,1236
刘一峰 637
刘一衡 1099
刘丁(字先庚) 321
刘乃大 184,629
刘九华 1078,1148
刘人熙 1672
刘人睿 996,998
刘于义 438,504,584,585
刘凡 335
刘士夫 693
刘士铭 571
刘士骐 272
刘士缙 667
刘士煌 1027
刘士毅 1608
刘士璋 1106
刘士瀛 1308

刘士骥 271
刘士麟 368
刘大正 673
刘大白 1611,1953
刘大观 1191,1197,1206
刘大绅(字寄庵) 676,1297,1527
刘大量 465
刘大毂 420
刘大猷 1821
刘大櫆(字才甫、耕南,号海峰) 359,438,525,539,546,592,595,596,615,641,693,776,779,784,791,819,821,824,887,915,977,1076,1115,1167,1186,1207,1208,1334,1452,1534,1557,1724
刘子壮(字克猷,号稚川) 29,46,273,1139
刘子章 340
刘子敬 1307
刘子雄 1568
刘广聪 311
刘飞熊 661
刘之协 1010
刘之源 220
刘书年(字仙石) 1181,1468,1491,1495
刘云彪 1094
刘五龙 221,255
刘五教 595
刘从龙 170
刘允元 326
刘允恭 264,507
刘元龙(字凝焉) 439
刘元勋 83
刘元炳 569
刘元善 666
刘元琬 90
刘元熙 1185
刘元燮 552
刘凤诰(字丞牧,号金门) 772,1015,1019,1032,1124,1152,1164,1191,1205,1296,1309,1311
刘化鹏 1126

刘升 1080
刘友生 198
刘天维 170
刘孔怀(字友生,号果庵) 52,99
刘孔昭 569
刘开(字东明、方来、明东,号孟塗) 978,1050,1147,1196,1201,1208,1238,1273,1277,1286,1402,1434,1540,1670
刘开生 1525
刘心源 1848
刘文友 427
刘文龙 577
刘文如 1225,1227
刘文运 1172
刘文典 1325,1998
刘文表 702
刘文淇(字孟瞻) 1022,1080,1118,1133,1147,1159,1226,1234,1238,1239,1248,1262,1269,1289,1293,1295,1300,1305,1312,1329,1336,1346,1348,1354,1355,1359,1360,1366,1373,1374,1375,1380,1381,1386,1388,1390,1391,1400,1403,1409,1412,1418,1419,1431,1432,1440,1443,1452,1454,1460,1471,1536,1545,1584,1628
刘文确 751
刘文蔚 956,1115,1116
刘文德 72
刘斗 271
刘方璿 1058,1097,1172
刘曰圭 310
刘长佑 1506,1545
刘长灵 758,953
刘长庚 1221
刘长城 763,842
刘长祐 1466
刘丕谟 474
刘世宁 739
刘世安 1671

刘世臣 460
刘世明 57
刘世祚 19
刘世珩 34,1569,1724,1821,1851
刘世基 596
刘世喜 820
刘世澍 595
刘丙 1178
刘业勤 914
刘东宁 532
刘以贵(字沧岚) 287,347,352,370,440
刘召村 526
刘可聘 244
刘可毅 1692
刘台拱(字端临) 705,727,784,791,828,843,855,911,912,935,936,974,978,983,1009,1026,1035,1044,1056,1061,1072,1079,1080,1093,1106,1110,1117,1124,1140,1145,1148,1149,1152,1158,1180,1183,1211,1229,1248,1332,1460
刘尔怡 326
刘尔楫 146
刘帅陆 1310
刘平骄 1165
刘正宗 41,47,56,61,81,88,89
刘永安 1127
刘永治 120
刘永济 2000
刘永祚 751
刘永祯 270
刘永福 1562,1628,1629,1635,1707,1872
刘永锡 248
刘氾 12,41
刘汉中 466
刘汉客 84
刘汉昭 1258
刘汉卿(字上于,号依思) 306
刘汉黎 84
刘玉瑗 803
刘玉瓒 116

刘玉麟 596,1044
刘申 1019
刘企采 1096
刘伟 262
刘传莹(字实甫,又字椒云) 1231,1360,1374,1402,1412,1413,1415,1571,1656
刘传铭 1346,1605
刘兆龙 90
刘先衡 220
刘光斗 1295,1330
刘光宿 139
刘光第(字斐村) 1319,1338,1482,1563,1595,1600,1607,1616,1622,1630,1638,1646,1678,1694,1702,1711,1724,1738,1751,1758,1772,1774,1775,1776,1778,1782,1784,1785,1787,1796,1817
刘光筑 1607
刘光谦 1859
刘光辉 1099
刘光鼎 1089
刘光蕡(字焕塘,号古愚,自号瞽鱼) 876,1391,1750,1872
刘兴汉 159
刘再向 739
刘华东 1225
刘回义 59
刘在屿 1234
刘如汉 83,135
刘如宴 475
刘如基 1053
刘存仁(字炯甫,晚号蘧园) 1146,1464,1610
刘存孺 120
刘宇昌 1256
刘守成 671,673
刘安国 168
刘尧枝 177
刘师峻 158
刘师恕 366,463
刘师培 96,253,393,398,411,657,727,760,828,1064,1419,1476,1540,1566,1644,1704,1711,1725,1798,1802,1823,1824,1825,1828,1859,1860,1867,1875,1876,1877,1884,1893,1894,1897,1898,1903,1904,1912,1913,1919,1920,1927,1928,1930,1931,1935,1947,1948,1963,1964,1965,1967,1978,1986,1997,1998
刘师翱 596
刘庆广 1105
刘庆汾 1665
刘庆远 19
刘延泰 518
刘延禧 1640,1682
刘廷升 1330
刘廷式 1693
刘廷玑 305,335,392
刘廷诏 1394,1553
刘廷栋 654,655
刘廷桂 69
刘廷槐 1289,1309
刘廷耀 265
刘式训 1890
刘式典 1197
刘成志 1859,1970
刘成禺 1862,1864,1884
刘执玉(字复燕) 803
刘有庆 1299
刘有成 357
刘朴 2000
刘权之(字云房) 619,887,900,935,942,945,948,979,1023,1033,1039,1104,1124,1229
刘汋(字伯绳) 112,198,876
刘汝薯 968,970,971,979
刘自洁 444,596
刘自唐 440
刘自烨 90
刘自烶 254,255
刘芝田 1655
刘西野 615
刘邦柄 1185

刘邦瑞 554
刘齐(字言洁) 270,334,472
刘丽川 1443,1627
刘伯川 732
刘伯崇 1813
刘伯梁 732
刘佐临 146
刘佑 72,95,159,169
刘体仁(字公㶏) 120,128,144,199
刘余祐 26,29
刘作垣 844
刘作樑 151
刘作霖 265
刘启江 740
刘启泰 171
刘吴龙 503,513,596,640
刘圻 385
刘坚(字青城,号曲江) 637,682,994
刘坛 1214
刘声 191
刘孚京 1461,1582,1622,1654
刘寿曾(字恭甫,又字芝云) 1269,1365,1524,1536,1561,1570,1583,1600,1628
刘希平 1933
刘希周 807
刘应 278,288,915
刘应祁 168,255
刘应举 298
刘应秋 288,341
刘应荐 649
刘应期 677
刘彤儒 1932
刘志盛 321
刘抃 280
刘时远 489
刘来南 1338
刘步蟾 1551,1575,1587,1588,1664
刘沄 571
刘沅(字止唐,号槐轩) 809,1296,1409,1439,1458,1459,1954
刘沆 673
刘沛先 116,460
刘灿(字星若,号南蒲,又号帝臣) 474,927,1236,1400,1421
刘纯炜 838,864
刘纯德 84
刘纶 436,552,592,594,596,665,700,755,800,804,810,819,826,833,835,841,847,942
刘良驹 1832
刘良璧 599,608,644
刘芙初 1171
刘芬 996,998
刘芳 440,645,751
刘芳永 319
刘芳喆(字宣人,号拙翁) 93,158,217,259,378,467
刘芳躅 58,70,76,123,124,131
刘补山 615
刘诏升 1002
刘运驸 474
刘运惇 561
刘近鲁 70,188
刘闳儒 264
刘典 1368
刘国南 943
刘国玺 287
刘国儒 303,327
刘国黻 233
刘坤 262,996
刘坤一(字岘庄) 1311,1522,1569,1588,1598,1605,1608,1678,1687,1708,1710,1720,1721,1723,1736,1738,1766,1768,1769,1771,1772,1775,1778,1797,1802,1808,1810,1811,1812,1820,1821,1823,1834,1842,1851,1973
刘始兴 595
刘始萻 82
刘季平 1862,1896,1930
刘学礼 445
刘学询 1782
刘学厚 1240
刘学祖 566,569
刘宗礼 826
刘宗周(字起东,号念白、克念子,谥忠介) 4,7,11,14,15,23,30,41,48,51,52,65,85,112,120,121,122,131,132,176,179,190,198,205,223,274,291,334,343,353,435,515,638,639,868,872,873,1044,1535
刘宗枢 421,432
刘宗泗(字恭叔) 399,410,732
刘宗贤 493
刘宗洙 732
刘宗源 70
刘定京 702
刘宝树(字幼度,号鹤汀) 891,1363
刘宝楠(字楚桢,号念楼,又号秋槎) 692,1038,1080,1128,1147,1153,1166,1220,1226,1255,1264,1295,1300,1309,1312,1319,1336,1342,1359,1362,1363,1367,1388,1390,1424,1454,1458,1460,1525,1539,1562,1610
刘岩 270,346,385,436,463
刘岱 812
刘岱闻 693
刘岳云(字佛青,号震庵) 1655,1739
刘征廉 168
刘承干 1165
刘承来 381
刘承美 1326
刘承恩 1992
刘承烈 1992
刘承谦 1291
刘昆 151
刘旿 159
刘昌明 1881
刘杰 1546
刘松 1010
刘松龄 664,695,706,764

刘果实 210,259

刘泌 444

刘法忠 120

刘泽芳 18

刘泽溥 64,126

刘炎 75

刘炘 996,998

刘秉仁 57

刘秉权 124

刘秉恬 912,917,933,973,981,983,985

刘秉璋 1483,1700

刘组曾 771

刘绍先 1408

刘绍攽(字继贡,号九畹) 256,611,963,1344,1713

刘绎(字瞻岩) 1086,1141,1335,1336,1347,1596,1608

刘绎祖 182

刘若武 132

刘若金(字云密,自号蠡园逸叟) 117,306

刘茂林 112

刘虎文 1301

刘金江 654

刘青芝(字芳草,号实夫,晚号江村山人) 186,532,560,618,623,631,733

刘青莲(字华岳、藕船) 631,732,734

刘青震 427,470

刘青霞 732

刘青藜 403,427,428

刘鸣玉 956

刘鸣鹤 596

刘亮 560

刘俊声 279

刘俨 327

刘冠三 1949

刘冠雄 1963

刘厚滋 1314

刘咸荣 1568

刘垲 1028

刘城(字伯宗、存宗) 34

刘复 83,532

刘复基(一名汝夔,字尧澂) 1644,1900,1917,1953,1982,1983,1995,2006

刘复鼎 83

刘奎(字文甫) 161

刘带蕙 264

刘庠(字慈民,号纯叟) 1273,1431,1832

刘彦 2002

刘思肯 294

刘思复 1644,1880,1900,1917

刘恒祥 144

刘恬 708

刘星 254

刘星炜 676,706,750,763,800,813,1069,1230

刘映岗 2002

刘映璧 953

刘春堂 1726

刘显世 90

刘显功 352

刘显第 145

刘显绩 46,88

刘树堂 1789

刘洙源 1568

刘炯 1205

刘炳 145,775

刘炳堂 1917

刘炽 629

刘省过 826

刘祖任 385

刘祖宪 1291

刘祚全 182

刘祚远 58

刘禹甸 221

刘统 109,709,775,1235

刘统勋(字延清,号尔钝,谥文正) 365,512,552,569,576,596,633,665,670,678,684,699,700,707,738,743,744,755,767,768,778,783,790,791,800,818,819,820,833,835,836,837,838,841,847,855,916,942,1005,1144

刘胤德 168

刘荣玠 1285

刘荪芳 90

刘荫枢(字相斗,号乔南,晚号秉烛子) 457,508

刘原道 1003

刘家传 1249

刘宽 363

刘峨 899,973,981,982,988,990,1000

刘恩沛 540

刘恭冕(字公俛) 1252,1463,1519,1524,1525,1538,1569,1602,1610,1625,1628

刘校之 942,945,979

刘桓 97

刘浚 84,1136

刘海澜 1534

刘珙 701

刘珠 717

刘珩 1330

刘积学 1934

刘继 722,724

刘耕石 1895

刘莹泽 1936

刘调赞 572,1344

刘赶三(名宝山,字韵卿,号兰轩) 1715

刘起凡 204

刘起振 590

刘逢禄(字申受) 96,243,692,877,1013,1074,1105,1134,1141,1164,1166,1184,1195,1196,1220,1227,1229,1232,1239,1248,1255,1262,1270,1274,1282,1304,1308,1309,1455,1470,1471,1566,1792

刘铎 1902

刘骏名 146

刘高培 667

刘冕执 1859,1970

刘埥 771

刘埙 571

刘崇元　520
刘崇文　394
刘崇庆　1486
刘崧龄　444
刘庶　513
刘康成　453
刘康恒　1798
刘彬士　1109,1245
刘彬华　1225,1249,1264
刘捷(字月三)　334,431,472
刘敕忠　221
刘梁嵩　133,158
刘梅　235,578
刘梅荪　1607,1630,1638,1654
刘梦骐　665
刘梦魁　667
刘梦鹏　1012
刘梦熊　1673
刘涵　262,460
刘淇　427,432,994
刘淞芙　1722,1725
刘深　204
刘淳　943,1327
刘清江　1392
刘清泰　9,28,32,38,39,41
刘焕　336
刘硕辅　1348
刘绳武　1264,1265
刘维世　335,341
刘维仲　1307
刘维坊　1418
刘维桢　159
刘维谦　1045
刘萧　464
刘象明　84
刘象贤　169
刘跃云　795,999,1062
刘辅廷　1314
刘铭传(字省三)　1635,1637,
　　1645,1647,1653,1659,1731
刘鸿声　272
刘鸿烈　1823
刘鸿锡　1589

刘鸿翱(字次白,晚号黄叶老
　　人)　917,1297,1421
刘喜海(字吉甫、燕庭,号燕亭)
　　1062,1160,1314,1319,1321,
　　1448,1592
刘堪　994
刘富曾　1165,1705
刘揆一　1598,1857,1928,1949,
　　1965
刘敬与　610
刘敬舆　503
刘斐常　1270
刘斯组(字斗田)　595,596,666
刘斯誉　1314
刘景伯　1444,1474
刘景岳　918,928,930,950,1023
刘智(字介廉,号一斋)　92,
　　392,428,515,555,556,904,946
刘曾　1307
刘曾璇　1361
刘朝英　453
刘棨　415
刘椿　144
刘渭清　1724
刘湄　996
刘湘　513
刘湘煃(字允恭)　490,541,546,
　　562,673,681,708,912
刘湛　327
刘然　425
刘登科　191
刘翔仪　534
刘联声　465
刘葆良　1823
刘蛟　438
刘谦　456,467,631
刘谦吉　184
刘辉祖　308,346
刘遇恩　1244
刘道一(字炳生,号锄非)
　　1644,1879,1900,1916,1922
刘道著　146
刘雯旷　83

刘嗣孔　681
刘嗣美　30
刘嗣绾　1050,1196,1246
刘慥　660,793
刘暲泽　596
刘暲潭　642
刘楷　275
刘殿衡　389
刘源长(字介祉)　184,197
刘源涞　554
刘源渌(字昆石,号直斋)　367,
　　369,370,372,809
刘源溥　235,932,943,949,950,
　　957,958,960,968,970,972,984,
　　1023
刘溱　1815
刘照　695
刘献　800
刘献廷(字继庄、君贤,别号广
　　阳子)　28,88,95,120,210,
　　217,270,277,294,295,302,303,
　　308,317,319,344,429,709,759
刘瑜　264
刘瑞芬　1647,1660
刘福姚　1692
刘腾鸿　1466
刘蒸雯　636
刘蓉(字孟容,号霞仙)　1218,
　　1329,1347,1408,1431,1451,
　　1457,1466,1561,1566,1690,
　　1691,1700
刘蓟　648
刘蓟植　558,608
刘鉴元　1330
刘锡五　979,996,998
刘锡鸿　1582,1593,1605
刘锦棠　1636,1637,1659,1796
刘魁　1109
刘墉(字崇如,号石庵,又号木
　　庵、青演、香岩、日观峰道人、
　　长脚石庵,谥文清)　491,
　　552,642,701,737,768,801,855,
　　872,875,883,887,896,932,942,
　　952,961,962,971,982,984,988,

989,991,996,997,998,1007,1015,1019,1030,1032,1035,1041,1048,1078,1079,1095,1111,1120,1144,1197,1286,1371,1625

刘榛（字山蔚，号董园） 307

刘毓秀 1149

刘毓崧（字伯山，一字松崖） 304,321,1026,1231,1363,1375,1381,1403,1409,1416,1419,1455,1457,1473,1536,1561,1628,1667,1682,1904

刘熙贞 377

刘熙载（字伯简，号融斋，晚号寤崖子） 1195,1393,1444,1463,1471,1485,1511,1518,1524,1535,1557,1564,1571,1576,1583,1591,1607,1619,1622,1658,1662,1818,1870

刘肇国 9,17,28,30

刘肇虞 786

刘霁先 1703

刘静庵 1876,1881,1909,1913,1915

刘鹗（原名孟鹏，字云抟，改名鹗，字铁云，又字公约，别署洪都百炼生） 1472,1584,1607,1647,1659,1667,1673,1679,1686,1710,1742,1803,1811,1818,1824,1843,1867,1870,1879,1883,1899,1914,1975,1984

刘㠐 635

刘履芬（字彦清，号泖生） 1294,1569,1604

刘履恂 1250

刘履泰 169

刘德弘 196

刘德芳 264,391

刘德昌 398

刘德铨 1213,1291

刘德尊 815

刘德新 213

刘德熏 1936

刘潜 87

刘潜柱 202

刘潮 1136

刘璜 484

刘蕉云 1408

刘蕴德 287

刘遴 920

刘遵海（字聿南） 917,1447

刘醇骥（字千里，号廓庵） 185,312,392

刘震 363,803

刘震宇 714

刘凝 264,471

刘燧 57

刘翰周 1106

刘翰清 1556

刘衡（字蕴声，一字切堂，号帘舫） 178,1156,1181,1301,1344,1426,1540,1832

刘霖 914

刘翼张 213

刘㦬 1235

刘瀚芳 97,255

刘藻 592

刘霖 127

刘瓒 577,693,724

刘耀椿 1285,1426

刘馨 212

刘灏 286,317,463

刘镶 400

刘鑫耀 1590,2001

刚林 9,10,12,16,21,28,32,34,35

刚毅 449,1776,1804

匡文昱 1319

匡兰馨 73

匡源 1489,1490

华大琰 177

华广生 1136

华允诚（字汝立，号凤超、豫如） 27

华文彬 1228

华长卿（原名长懋，字枚宗，号梅庄，晚号米斋老人） 1146,1618

华世芳 1643,1790,1793

华尔 1483,1496

华玉淳（字师道，号澹园） 577

华庆远 139

华西植 702

华岗 1873

华希闵 786

华希闵（字豫原） 472,595,604,644,666,702,786

华纲 740

华学泉（字天沐，号霞峰） 16,481

华岫云 787

华承彦 1955

华罗庚 1988

华南圭 1859,2000

华度 631

华显 340

华秋苹（名文彬，字伯雅，别号借云馆主人） 987,1482

华夏 677,1566,1701,1811

华善 89,1734

华嵒（原字德嵩，改字秋岳，号新罗山人、布衣生、戎衣生、小东门客、东园生、南阳山中樵者、野夫、太素道人、竹间老人） 239,307,598,607,653,742

华㝹亨 1331

华湛恩（字孟超，号紫屏，别署沐云叟） 1014,1221,1362,1370,1388,1447

华琳 1387

华瑞潢 1109

华蘅芳（字若汀） 178,490,1329,1403,1439,1459,1479,1481,1490,1492,1498,1499,1506,1511,1517,1518,1538,1539,1548,1560,1561,1562,1564,1579,1591,1596,1603,1609,1626,1643,1659,1690,1694,1705,1725,1738,1739,1740,1742,1743,1790,1795,1852

印光任 623,703
印宪曾 699
危元福 1020
危龙光 77,275
合 信 1313,1419,1426,1459,1470,1474
吉川小一郎 1983
吉必兆 244
吉钟颖 1258
吉祥 254
吉得 1297
吉德明 1174
同济 1336
同麟 1244
后藤葆真 1713
向大观 151
向日贞 445
向古 127
向宗乾 985
向总一 665
向荣 1429,1442
向淮 1221
向德星 666
向瀗（字荆山，号惕斋） 239,560
吕士雄 266,460
吕士鶤 297,319
吕大森 1876
吕子珏 1276
吕飞鹏（字云里） 891,1420
吕中 124
吕仁杰 1404
吕元音 400
吕元灏 1075
吕化龙 177
吕天芹 793
吕文光 765
吕文舟 1584
吕世庆 875
吕世芳 1343
吕世宜 1601
吕弘浩 336
吕正音 739

吕民服 309
吕申 394
吕龙光 1253
吕伊 751
吕兆璜 146
吕光复 996,998
吕光润 104
吕夷钟 273
吕廷铨 432
吕阳（字全五） 27,85,179
吕应周 1112
吕应奎 278,289
吕佺孙 1362,1592
吕和钟 432
吕肃高 674
吕贤基（字鹤田） 1336,1337,1393,1425,1494
吕鸣谦 1674
吕临 785
吕剑秋 1927
吕宣忠 23
吕宣曾 687,771,797,985
吕宫（字长音、苍忱，号金门） 21,55,112,452,969
吕思勉 1644,1900,1932
吕星垣 804,854,1127,1197
吕显功 998
吕显祖 76
吕柱石 1171
吕柳文 303,310
吕炽 532,683,688
吕祖望 42
吕夏 1930
吕振 346
吕海寰 1936
吕留良（初名光轮，字用晦、长生，号晚村） 5,13,23,27,36,41,48,58,62,71,82,88,94,99,103,106,108,115,120,125,126,137,143,152,156,164,179,180,195,202,204,216,221,241,248,249,253,271,322,472,484,520,538,543,544,545,550,551,557,561,562,581,633,768,799,859,

862,879,893,894,899,1024,1583,1622,1858
吕培 1168,1482,1591
吕基贤 1026,1099
吕崇烈 105
吕淙 914
吕章成 93
吕黄中 538
吕曾栴 151
吕朝瑞 1442
吕缉熙（字敬甫） 1409
吕葆中 143,404,551,562
吕谦恒（字天益） 420,586
吕鼎祚 666
吕瑞麟 558
吕愿良 5
吕碧城 1949
吕肇堂 1204,1234,1239
吕履恒 342,379,417
吕德芝 765
吕德润 998
吕毅中 538,551,562
吕澄 295,302
吕璜（字礼北，号月沧，别号南郭老民） 76,179,211,891,1176,1208,1297,1356,1363,1436,1477
吕鹤田 1399,1408
吕燕昭 1178
吕缵 30
吕缵先 926
吕缵祖 16,98
吕耀初 1343
吕耀曾 578,595,601
吕懿历 538
吕麟 1109
多山 1306
多尔济 539,580
多尔衮 1,2,5,10,32,34,35,38,122,891
多弘馨 158
多时珍 584
多奇 242,252,261

多泽厚 985
多诺 124,148,163
多象谦 16,18
孙人龙 552,685
孙万伟 1566
孙义 1326
孙义钧 1289
孙士杰 438
孙士毅（字治智，号补山，谥文靖） 484,769,773,829,918,919,920,925,926,928,941,942,971,989,998,1023,1024,1058,1076
孙大焜 1331
孙大鹏 1932
孙子昶 278
孙广生 673
孙弓安 247,305
孙中山 1528,1589,1594,1599,1614,1622,1629,1637,1645,1652,1659,1665,1673,1678,1686,1693,1701,1708,1709,1710,1717,1719,1724,1733,1734,1743,1745,1748,1750,1782,1799,1800,1801,1802,1809,1810,1811,1812,1820,1821,1833,1835,1840,1848,1857,1861,1862,1875,1876,1884,1888,1890,1891,1892,1895,1900,1909,1910,1912,1916,1923,1925,1926,1928,1946,1963,1964,1965,1977,1982,1983,1991,1992,1993,1994,1998
孙中佩 350
孙中翘 440
孙之騄（字子骏） 587,1191
孙云球（字文玉，号泗滨） 102
孙亢宗 465
孙从添 267,758
孙元相 739
孙元培 1571
孙元衡 342
孙凤立 11
孙凤鸣 992

孙凤起 1078
孙天民 654
孙天寅 596
孙文川 1815
孙见龙 443,444,596
孙丕承 27
孙世昌 245,1141,1246
孙世榕 1296
孙东旸 1148
孙乐文 1623
孙代芳 1338
孙冯翼 1119,1120
孙发曾 631
孙可训 177
孙尔修 1291
孙尔准 1029,1165,1269,1302
孙弘喆 64
孙永清（字宏度，别字春台，号契斋） 565,1029
孙永清 928,982,989
孙玉声 1795
孙玉庭 901,930,932,933,948,958,970,971,979,1199
孙用克 562
孙立勋 109
孙让 1235
孙乔年 1276
孙乔龄 1096
孙仰曾 836,837,849,891
孙伟男 508
孙传澂 1955
孙光祀 58
孙同元 1078,1147,1362
孙同康 1672
孙在丰（字屺瞻） 8,148,225,231,241,242,250,252,259,270,286,300
孙多鑫 1752
孙如仅 1442
孙如金 1218
孙宇农 1499
孙师郑 1655

孙庆咸 1437
孙廷元 1391
孙廷召 980
孙廷芝 1313
孙廷铨（初名廷铉，字枚先、道相，号沚亭，谥文定） 32,37,44,74,75,76,82,109,122,179
孙廷翰 1671
孙成 235,254
孙成名 97
孙成彦 1274
孙次山 1399,1417
孙汝霖 1301
孙自式 28
孙芑 427
孙衣言（字劭闻，号琴西，一作勤西，晚号逊学叟、逊学老） 978,1210,1360,1376,1394,1424,1439,1444,1447,1458,1463,1467,1469,1473,1479,1502,1508,1518,1520,1533,1539,1543,1550,1558,1561,1576,1588,1603,1607,1626,1634,1638,1666,1673,1700,1715,1806,1937
孙观 1356
孙克绪 427
孙冶方 1961
孙均 1215
孙均铨 1271
孙孝芬 649
孙希旦 605,893,942,943,944,950,957,960,970,971,978
孙志祖（字贻穀，或作颐谷，号约斋） 605,796,1020,1051,1053,1090,1100,1111,1115,1237,1345,1356
孙抡元 1139
孙沐 363
孙诏 438
孙诒让（又名德涵，字仲容，一作仲颂，晚号籒庼） 10,253,784,1416,1458,1476,1479,1506,1517,1518,1520,1525,1533,

1539,1544,1552,1558,1562,
1569,1576,1577,1584,1588,
1590,1591,1599,1600,1601,
1602,1603,1608,1625,1628,
1630,1646,1654,1659,1666,
1681,1689,1694,1696,1704,
1710,1713,1714,1723,1726,
1737,1740,1748,1752,1756,
1789,1804,1823,1835,1844,
1847,1868,1882,1883,1893,
1897,1898,1901,1902,1931,
1937,1947,1949,1954,1958,
1959,1960,1985

孙诒年　596
孙诒经（字子授）　1288,1600,
　1683,1974
孙辰东　826,932
孙事伦　1148
孙卓　210
孙叔谦　671
孙和相　724,810,820
孙国瑜　487
孙奇逢（字启泰，号钟元、岁寒
　老人，人称夏峰先生）　4,10,
　11,18,24,27,29,30,32,41,48,
　51,70,72,82,83,88,90,94,95,
　96,99,100,103,104,109,114,
　120,121,127,133,137,138,140,
　144,149,155,156,160,162,164,
　165,166,175,183,184,199,203,
　206,222,227,248,251,256,257,
　258,266,283,292,304,314,321,
　324,338,342,363,369,374,381,
　385,386,399,400,481,487,490,
　491,671,863,1181,1294,1401,
　1494,1512,1553
孙季咸　953
孙学恒　1172
孙宗岱　19
孙宗夏　568
孙宗溥　605
孙宗锡　1587
孙宗彝（字孝则，号虞桥）　160,
　170,218,247,305
孙宝琦　1725,1738,1880,1890,
　1976
孙宝瑄　1725,1738,1752,1811,
　1825,1854
孙居湜　327
孙岱　1050,1161
孙岳颁　233,259,261,262
孙念祖　1300,1478
孙承泽（字耳伯，号北海、退谷）
　24,44,78,85,91,100,109,120,
　126,142,145,166,191,192,313,
　410,645
孙承祖　1258
孙承恩　74,75
孙昌烔　1859
孙昌鉴　518
孙明　1401
孙枝蔚（字豹人，号溉堂）　197,
　202,255,282
孙治　147,255,275
孙炎　356,460,475,686,965,
　1420,1545,1619
孙绍元　998
孙绍均　1109
孙经世　1089,1254,1387
孙若群　110
孙茂橿　1356
孙度　1114
孙彦　1462
孙思克　551
孙星衍（字伯渊，号渊如）　141,
　145,355,434,562,692,719,754,
　784,819,828,829,854,855,887,
　924,935,940,941,951,953,954,
　962,964,966,975,976,977,983,
　985,986,990,992,995,996,998,
　1001,1008,1009,1012,1019,
　1020,1027,1035,1042,1043,
　1051,1058,1060,1061,1063,
　1064,1065,1067,1071,1073,
　1079,1083,1084,1087,1088,
　1090,1091,1095,1101,1102,
　1103,1104,1108,1109,1112,
　1115,1117,1118,1119,1120,
　1122,1126,1133,1140,1147,
　1148,1149,1150,1151,1153,
　1152,1153,1154,1155,1162,
　1164,1166,1167,1173,1175,
　1183,1185,1186,1190,1192,
　1195,1197,1198,1202,1204,
　1205,1211,1212,1214,1221,
　1225,1226,1227,1228,1229,
　1230,1233,1237,1252,1266,
　1271,1278,1292,1298,1324,
　1326,1328,1329,1340,1371,
　1372,1389,1445,1513,1525,
　1553,1569,1638,1649,1725
孙昭德　1148
孙柱　493,522
孙树新　1112
孙洙　436,786,904,1188
孙洤（字静紫，号担峰）　371
孙洪伊　1963,1976,1977,1978,
　1993
孙济　1309
孙眉　1594,1637,1782
孙祜　657
孙科　1692
孙胤光　104
孙衍　465
孙倪城　552
孙原湘（字子潇，号心青）　767,
　1093,1107,1140,1160,1183,
　1197,1226,1267,1280,1303,1357
孙夏锋　1544
孙家谷　1532,1537,1551
孙家贤　996,998
孙家鼐（字燮臣，号蛰生、澹静
　老人）　1305,1477,1478,1718,
　1720,1723,1731,1733,1736,
　1737,1738,1764,1765,1766,
　1767,1768,1769,1770,1772,
　1773,1780,1786,1788,1801,
　1804,1812,1857,1871,1899,
　1908,1923,1940,1942,1949,
　1965,1974
孙振宗　176
孙珮　160,170,310
孙真儒　1214
孙能宽　493,514
孙致弥　268,286,397

孙起峘 1106
孙起端 1232
孙铎 844
孙培曾 1112,1120
孙堂 1097,1204
孙淦 363
孙焘 1134
孙爽 36,37
孙球 920,928,943,945,948,950,958,970,996,1023
孙菊仙 1379,1922
孙祜 607
孙跃 351
孙铤 1249
孙银槎 422,1100,1136
孙鸿淦 554
孙博雅(字君侨) 258
孙巽 807
孙景烈(字孟扬、兢若,号西峰,学者称西峰先生) 237,257,407,693,771,812,888,901,955,1144,1315
孙曾美 1147
孙朝盛 867
孙棻 169
孙湘 1519
孙翔林 1355
孙葆元 1300
孙葆田(字佩南) 1373,1461,1602,1670,1685,1687,1721,1818,1824,1945,1987
孙谦 264,764
孙超宗 534
孙雄 1528,1617,1688,1711,1865,1886,1953,1986,2003
孙鼎臣(字子余,号芝房) 1164,1237,1408,1438,1467,1482,1682,1725
孙楷 1882
孙溶 917,918,935,943,945,948,949,958,959,960,968,984,996,1023
孙瑞 1917
孙锦 548

孙鹏 101
孙嘉淦(字锡公,号懿斋,谥文定) 249,445,531,550,557,562,581,595,597,605,606,607,621,633,640,649,669,670,693,699,700,701,706,713,715,718,719,722,774
孙嘉绩 11,18
孙毓汶 1462,1635,1715
孙毓修 1065,1958,1972
孙毓浍 1391
孙蔚 1135
孙绳祖 440
孙锴 1344
孙锵鸣(字韶甫,号渠田) 1224,1557,1607,1660,1711,1831
孙德润 1241
孙德谦 1482,1811,1985
孙潜夫 677
孙澍 1419
孙璋 571
孙蕙 280
孙蕴韬 169
孙鋐 289
孙衡 980,996,998
孙鋗 1419
孙镛 635
孙镜清 1915
孙默(字无言,号桴菴) 197,205
孙懋 590
孙懋赏 272
孙翼飞 682
孙翼中 1827,1864
孙襄 2
孙勷 262,676
孙缵绪 132
孙灏 78,552,570,585
孙钁 636,1283
孙麟贵 255
宇文昭懋 1082
宇都宫太郎
安·美查 1667

安九埏 100
安井息轩 1594,1614
安文思 5,27,59,107,108,113,114,130,137,237
安世鼎 103,563
安可愿 97
安尔恭 722
安在甲 445
安圻 347,366
安念祖 1362
安歧 644
安绍杰 1059
安洪德 629,671,716
安珠护 69
安致远 357,370,422,441
安焕 30
安盛额 943
安维峻(字晓峰) 1456,1577,1600,1605,1608,1616,1631,1647,1655,1696,1707,1708,1710,1712,1793,1880,1932,1953,2001
安褚库 242,261
安锡祚 83
安德义 773
安德海 1657
安箴 262
安藤虎男 1789
巩建丰 445,504
巩敬绪 716
师范(字端人,号荔扉,又号金华山樵) 1155,1161,1179
师懋学 381
年希尧(字允恭) 427,476,500,517,619,742
年法尧 475
年羹尧 219,366,383,516,517,522,546,619
庄大中 631,667
庄大椿 687
庄才伟 1882
庄允堡 69
庄凤苞 1073
庄方耕 1262,1274,1290,1566

庄世骥 1689

庄令舆 403

庄仲方（字芝阶） 927,1344,
1465,1470

庄存与（字方耕,号养恬） 253,
481,658,659,665,706,715,737,
748,806,818,819,829,855,942,
943,945,985,1002,1011,1013,
1029,1052,1069,1104,1111,
1125,1217,1254,1259,1290,
1294,1298,1304,1355,1471

庄延裕 210

庄廷璋 272

庄廷鑨（字子襄、子相、子美）
59,61,92,102,106

庄成 746

庄有可（亦名献可,字大久,号
岱玖,别号慕良） 658,1027,
1259

庄有信 701

庄有恭 620,662,736,778,789

庄行恭 737

庄论 445

庄问生 28

庄亨阳（字元仲,号复斋） 275,
470,477,603,606,658,669,1215

庄同生 98

庄咏 1387

庄承篯 932,942,943,945,979

庄炘（字景炎、似撰,号虚庵）
588,966,992,1229

庄述祖（字葆琛,学者称珍艺先
生） 145,698,923,962,976,
1013,1074,1159,1164,1197,
1198,1217,1223,1298,1304,
1323,1343,1350,1369,1487

庄俞 1259,1846,1885,1981,1998

庄恒（原名应期,改名恒,字五
侯,号声鹤） 38

庄柱 532

庄洞生 46

庄泰弘 64,90,177

庄起俦 20,1249,1302

庄通敏 867,892,920,932,933,
943,945,948,950,957,958,959,
960,968,970,971,972,994,1023,
1031

庄培因 719

庄清度 438

庄绳武 1135

庄绶甲（字卿珊） 858,1013,
1164,1294,1295,1298,1357

庄逵吉（字伯鸿） 767,1194

庄景仲 1918

庄朝生 30

庄械（字希祖,号中白,别号蒿
庵） 1311,1583,1588,1597

庄缙度 1406

庄楷 397,444

庄缤澍 1425

庄瑶 1387

庄肇奎 758

庆桂 835,841,887,982,1094,
1095,1123,1178,1625

庆霖 1178,1533

延丰 1109,1244

戍树闳 563

戎英 840,841

成书 842

成文 458,749

成文运 410

成王佐 280

成永健 403

成田安辉 1752

成龙 257,795

成仿吾 1759

成兆才 1574,1687,1713,1726,
1827,1967

成兆豫 702

成师吕 602

成汝舟 769

成克巩（字子固,号青坛） 9,
17,38,39,47,55,56,74,76,82,
88,89,92,97,196,312,969

成启洸 1126

成其范 168,285

成英卿 1424

成亮 30

成城 764,1825,1862,1900,1922

成格 1342,1568

成隽 1859,1952

成康保 425

成策 1000,1023

成履泰 936

成孺（原名蓉镜,字芙卿,后改
名孺） 1218,1622,1633,1669

成瓘（箬园） 1344

托时 579

托律 1281

托津 552,1238,1256,1268,1282

扬开沅 403

扬琨 569

扬熙 61

曲合德 1160

曲震 298

朱一凤 420

朱一是 72,256

朱一深 769

朱一慊 1271

朱一新（字蓉生,号鼎甫）
1406,1539,1543,1548,1569,
1583,1599,1629,1637,1646,
1647,1653,1659,1665,1678,
1697,1702,1716,1742,1750,
1793,1939

朱人凤 1258,1262

朱士华 255

朱士达 1302

朱士彦（字休承,号泳斋,谥文
定） 870,1116,1118,1140,
1141,1153,1164,1188,1246,
1256,1261,1300,1307,1318,
1354,1358,1488

朱士尊 151

朱士瑞（字铨甫） 1247,1501

朱大令 1417

朱大源 1226

朱大韶（字虞卿） 1226,1234,
1396

朱子虚 191

朱马泰 211,242,262

朱为弼（字右甫,号茮堂） 825,

1078,1114,1117,1133,1136,1137,1140,1147,1164,1220,1226,1233,1246,1312,1318,1336,1354,1371
朱之佐 124,242
朱之佑 83
朱之俊 9,63
朱之弼 108,230
朱之椿 1603
朱之瑜(字鲁屿,号舜水) 12,23,82,97,115,236,255,415
朱之锡 18,28,61
朱之榛 1632,1634,1656
朱书 334,362,369,385,397,430,431,536,617,689,855
朱云龙 1065
朱云映 427
朱云铎 1261
朱云骏 822,869
朱云锦 1249
朱允显 40,42,46
朱元 1074
朱元丰 694
朱元英(字师晦) 391,392,420
朱元理 1285
朱凤台 44
朱凤英 552
朱凤标 1319
朱凤衔 1803
朱升 171
朱升元 793
朱友渔 2000
朱壬 1114,1147
朱壬林 1255
朱天保 445
朱孔彰(字仲我,号圣和) 1384,1463,1539,1560,1561,1622,1683,1793,1831,1851,1959
朱孔镜 1327
朱少屏 1620,1893,1928,1930,1981
朱开甲 1787
朱开军 1791
朱文佩 807

朱文治 1088,1197
朱文炘(字慎甫) 1005,1364
朱文鼎 994
朱文熊 1920
朱文翰 998,1035,1126,1135
朱文爵 226
朱文藻(字映漘,号朗斋) 564,588,712,843,857,951,1114,1117,1142,1143,1150,1200
朱文镳 431
朱方旦 230
朱方增(字虹舫) 1215,1274,1309,1311
朱方蔼 1029
朱曰佩 1381
朱长哙 372
朱长泰 37
朱韦如 1512,1518
朱世纬 158
朱世杰 1359,1442
朱世熙 93,124,242
朱世德 872
朱仕琇(字斐瞻,号梅崖) 408,462,653,678,701,753,756,758,766,767,811,876,912,927,1061,1250
朱仕遇 503
朱兰 1506
朱兰泰 716
朱卉 674,696
朱古微 1981
朱可衬 64
朱齐 772
朱尔迈(字人远,别号日观子) 330
朱弘祚 159
朱玉 554
朱用纯(字致一,号柏庐) 12,78,202,209,235,271,290,515
朱训诰 83
朱亦栋 1595
朱仲福 302,308
朱休度(字介裴,号梓庐) 565,

1054,1083,1186
朱兆甲 1275
朱兆梓 264
朱光 158
朱光潜 1759
朱存 1395
朱存孝 934
朱存理 1725
朱年翁 181
朱庆椿 1361
朱廷梅 176
朱廷植 146
朱廷琦 549
朱廷献 310
朱廷模 926,985
朱廷璟 30
朱成阿 746
朱执信 1651,1843,1845,1891,1914,1967
朱有虔 1583,1607
朱有基 1261
朱有斐 732
朱次琦(字子襄,号稚圭,人称九江先生) 1157,1176,1269,1300,1319,1325,1336,1368,1408,1443,1457,1463,1468,1473,1479,1495,1583,1589,1594,1618,1724
朱江 351
朱祁之 25
朱纪荣 1186,1369,1577,1591,1648,1661,1668,1669,1698,1885
朱纫兰 992
朱羽采 562
朱羽南(名尚云,字槐里,别号羽南) 140
朱臣 61
朱自龙 1909
朱衣点 151,227
朱阳 297,418,419,726,775
朱亨衍 709
朱克生(字国桢、念义,号秋崖) 215
朱克昌 1608

朱克敬（字香孙，号瞑庵，别署餐霞翁、餐霞馆、牛应之） 1496,1684
朱删 233
朱启昆 350,451,463
朱孝纯（字子颖） 588,706,756,856,874,1028,1115
朱宏绪 264
朱寿朋 1971
朱希祖 1947
朱怀新 1742
朱扶上 80
朱攸 867,907,932,942,943,950,957,958,959,960,970,971,972,979,996
朱沛霖 1204
朱秀 667
朱纯嘏 447
朱纶 421
朱良裘 512,576
朱芷年 562
朱闲圣 623
朱际昌 579
朱依炅 996,998
朱依真 1120
朱依鲁 928,946,970,971
朱兖 271
朱其诏 1556
朱其昂 1556,1562
朱其荣 1325
朱典 144,242
朱和羹 1440
朱国治 94
朱国源 549
朱奇政 386
朱奇珍 446
朱学笃 1478
朱学海 1330
朱学曾 1936
朱宗文 44
朱宗洛 715
朱宗莱 1947
朱宗程 1466

朱宝奎 1567
朱实发 1272,1449
朱帘 926
朱建寅 69
朱弦 213
朱怡滋 1192
朱承命 170
朱承宠 1049
朱承煦 876
朱昂之（字青立，号津里） 1550
朱昆玉 1285
朱昆田（字文盎） 46,364,365,661
朱昌祚 677
朱昌颐 807,1281,1283
朱明魁 97
朱明镐（字丰芑） 45
朱昕 914
朱枫（字近漪，号青岑） 758
朱泮功 569
朱泽沄（字湘陶，号止泉） 123,469,474,475,479,482,483,493,519,539,546,552,559,564,626,709,791,1265,1446
朱炘 898,918,920,928,932,943
朱炜 1338
朱秉鉴 1178
朱绂 30,867,948,950,957,958,959,960,968,970,971,972,979,996
朱绍文 702,1707
朱若功 520
朱若烜 793
朱英炽 83,90
朱茂时（字子葵） 236
朱茂晖（字子若） 185
朱茂暚 228
朱茂曙（字子蘅） 105
朱质园 1189
朱采治 635
朱阜 285
朱青选 420
朱临 36

朱勋楣 1171,1246
朱厚章 596
朱奎扬 624
朱庭菜 1258
朱思藻 736
朱春生 1278
朱标 404
朱栋 1091,1135
朱洪 568
朱洪英 1450
朱炳文 1859,1952,2000
朱炳诏 386
朱炳南 1277
朱祖恪 1221
朱祖荣 2005
朱秋崖 1041
朱耷（字雪个，号人屋、书平、八大山人） 27,48,95,122,252,278,355,361,399
朱胤哲 53
朱荃 592,596,605,607,691
朱贵全 1718,1719
朱钟 985
朱铃 896,898,907,908,909,917,918,919,920,928,930,932,933,943,945,948,949,951,957,970,971,972,984,999,1000,1023
朱音恬 681
朱埕 405
朱宬 902
朱振采（字冕玉，号铁梅） 1189
朱振基 533,544,545
朱晋麟 1277
朱桂孙 424
朱桓（字勖为） 354,569,782
朱浩 1227
朱珏（字玉存、兰坡，号兰友） 451,814,1118,1133,1153,1195,1225,1238,1246,1247,1256,1345,1350,1357,1360,1427,1727
朱珪（字石君，号南厓，谥文正） 552,560,678,696,701,706,744,755,762,810,867,875,896,898,900,905,909,912,919,920,928,

932,935,940,955,973,978,983,
990,993,1023,1024,1026,1032,
1040, 1049, 1050, 1055, 1057,
1058, 1067, 1071, 1079, 1087,
1094, 1095, 1096, 1097, 1099,
1102, 1104, 1108, 1111, 1122,
1123, 1124, 1131, 1133, 1136,
1140, 1143, 1144, 1145, 1150,
1156, 1163, 1168, 1229, 1288,
1325,1334,1401,1419

朱轼（字若瞻，号可亭，谥文端）
101,119,334,420,438,468,474,
479,492,498,500,501,502,510,
511,512,513,518,519,520,521,
522,525,532,539,541,550,552,
557,581,588,590,591,592,594,
595,599,603,604,608,611,630,
689,718,748,857,1756

朱轼之　525,1147

朱载震　336

朱轺　546,681

朱都纳　270,302

朱陵　512

朱骏声（小名庆元，字丰芑，号允倩，晚号石隐山人）　965,
1014, 1105, 1117, 1133, 1206,
1226, 1233, 1246, 1249, 1255,
1270, 1295, 1312, 1326, 1327,
1343, 1346, 1349, 1430, 1443,
1463, 1468, 1475, 1549, 1624,
1626,1680,1713,1969

朱偁（原名琛，字觉未，号梦庐，别署鸳湖散人、玉溪外史、玉溪钓者、鸳湖画史、胥山樵叟）　1288,1806

朱偓　1240

朱基　797

朱堂　702

朱寅赞　1161

朱崧　702

朱彩　372

朱彬（字武曹、郁甫）　253,719,
828,855,1064,1145,1254,1257,
1294,1312,1320,1332,1455,1464

朱旋　470

朱梁任　1863

朱棨元　806

朱深　1859,1933

朱淳　1299,1300

朱渌　1220,1296

朱理　995,996,998,1049

朱绪曾（字述之）　1256,1370

朱续孜　1161

朱续志　648,666

朱续晫　569

朱绮　1109

朱维高　183,245

朱维辟　775

朱维熊　298

朱绶（字仲环，又字仲洁，号酉生）　1022,1269,1331,1372

朱翊清　1571

朱谋㙔　156,1882

朱谌　577

朱谏　1327

朱象贤（号清溪）　494

朱象斑　1249

朱象鼎　427

朱辅　1199

朱铭盘（字俶儞、日新，号曼君）　1441,1706

朱鸿（字仪可，号筼麓）　1118

朱鸿瞻　392

朱彭（字亦篯，号青湖）　560,
1073,1129,1136

朱敦修　649

朱景英　746,1126

朱曾煜　486

朱棨　1158,1227

朱湛侯　62

朱琦（字濂甫，号伯韩）　265,
427,1130,1208,1283,1336,1360,
1375, 1380, 1386, 1387, 1392,
1393, 1399, 1408, 1433, 1447,
1465, 1467, 1473, 1482, 1492,
1495,1536,1586,1682

朱琰　752,821,857

朱葆琛　1714

朱董祥　182

朱赓扬　1587

朱超　596,1066

朱超玫　781

朱辉珏　334

朱道文　1462

朱鼎父　1853

朱鼎延　55

朱鼎臣　1191

朱嵩龄　798

朱椿年　1331

朱楣　1264

朱源淳　623

朱溶若　215

朱满　1275

朱煌　57,617,1338

朱煜　758

朱献文　1859,1933,1952

朱瑞椿　1048

朱福诜　1845

朱筠　435,550,665,720,721,732,
744,755,760,761,790,791,795,
798,800,806,815,819,827,828,
829,832,833,837,838,839,842,
843,845,854,855,869,883,884,
885,901,904,911,923,927,935,
939, 940, 941, 943, 956, 1050,
1061, 1101, 1116, 1145, 1150,
1157,1206,1229,1328

朱粲英　570

朱蓝　1300

朱谨　357,421

朱锟　270

朱锡川　815

朱锡庚　1079,1087,1122,1206

朱锡縠　1326

朱锦　81,83,104,1308

朱锦章　1814

朱靖　1156

朱颖　856

朱鹏　87

朱嘉征（字岷左，号止溪）　256

朱搴　352

朱熊　1472

朱翠涛 188,276
朱肇济 571
朱肇基 746
朱蔼 1283
朱裴修 37
朱履贞 1107
朱嶟 1342
朱德华 1320
朱德芬 48
朱樟 585
朱樟田 409
朱潮远(字卓月) 111
朱澍 1235
朱璇 1011
朱璋 458
朱稻孙(字稼翁,号芋陂,晚号娱村) 239,424,593,596,721,731,744,766,808
朱蕴山 1953
朱镇 1791
朱鹤龄(字长儒,号愚庵) 5,19,36,51,84,115,146,152,166,216,220,247,287,356,781,1209,1418
朱冀 77,405
朱凝道 722
朱璘 310,336,357,743,818,860,861
朱镜蓉 1327,1349
朱霖 264,715
朱懋文 13
朱懋延 1313
朱懋德 563
朱曙荪 445,504
朱燨 830
朱襄 366
朱霞 758
朱霞山 562
朱彝尊(字锡鬯,号竹垞、小长芦钓师、金凤亭长) 13,14,33,63,76,77,88,105,109,116,120,122,126,128,131,142,147,150,154,160,173,175,177,188,189,195,198,202,204,206,207,208,209,212,225,228,232,235,236,241,251,255,256,261,266,267,271,273,275,279,283,286,296,298,303,308,311,313,315,318,323,327,338,339,346,350,354,356,361,362,363,364,368,371,373,377,380,392,394,398,406,413,418,420,422,424,434,438,454,455,466,528,529,549,556,559,572,604,625,631,662,674,721,731,766,808,838,855,878,888,903,1035,1067,1089,1100,1157,1221,1230,1236,1602

朱黼 255
朱瓒 630
朱夔 479
朴怀玉 171
朴怀宝 309
朴怀德 272
杂哈劳 1650
权汝骏 171
毕一谦 644
毕力克图 165
毕士俊 159
毕方济(字今梁) 31
毕世持 203
毕尔 1676
毕立克图 38
毕光尧 1314
毕亨 1153
毕利干 1497,1647
毕启 1803
毕怀图 1088
毕沅(字纕蘅,号秋帆,自号灵岩老人) 145,556,653,677,691,707,729,744,755,762,765,781,784,786,800,812,819,829,849,865,874,882,886,887,896,900,912,922,924,928,931,934,935,936,937,939,946,951,952,954,962,964,965,966,972,974,975,976,982,983,984,990,991,1000,1001,1004,1005,1008,1009,1010,1017,1018,1019,1020,1024,1025,1026,1028,1035,1041,1042,1043,1044,1048,1050,1051,1056,1057,1058,1061,1062,1063,1064,1065,1070,1078,1079,1082,1084,1086,1087,1088,1092,1093,1099,1101,1112,1115,1122,1128,1135,1197,1278,1395,1662,1919

毕际有(字载绩) 271,296
毕学源 1174,1325
毕宪曾 1105
毕振姬(字亮四,号王孙、颉云) 18,229,586
毕宿焘 751
毕盛赞 158
毕琪光 289
毕简 1204
毕韫斋 1359,1392,1408
毕懋康(字孟侯,号东郊) 7
毕懋第 159
江九逵 171
江人度 1884
江士韶 23,162
江大键 1003,1135
江广达 805,880
江为龙 415
江云霆 1044
江亢虎 1635,1827,1845,1880,1982,1999
江仁葆 1647
江世春 745
江尔维 1277
江永(字慎修) 178,182,190,230,253,488,490,507,594,614,615,629,631,633,635,639,641,643,692,693,701,709,714,738,746,751,754,758,759,764,773,776,781,796,812,819,821,824,843,888,889,890,941,1012,1021,1043,1046,1115,1128,1152,1154,1171,1200,1436,1445,1545
江安 1225
江廷球 1240
江有良 261
江有诰(字晋三,号古愚)

1182,1197,1208,1220,1236,
1240,1245,1315,1347,1403,1436
江启澄 903
江声（字鲸涛、叔沄，号艮庭）
356,491,532,692,728,753,754,
769,773,801,844,901,924,925,
965,1010,1018,1020,1026,1049,
1067,1073,1096,1101,1200,
1204,1246,1315,1340,1357
江孝绪 392
江应昌 159
江彤侯 1897,1912,1913
江沅（字子兰，号铁君） 805,
1171,1179,1188,1196,1233,
1238,1246,1269,1313,1357,1508
江远青 1321
江国栋 470
江国霖 1353
江尚质 289,298
江忠源 1393,1423,1448
江承之 1265,1670
江练 1296
江绍远 868
江青 1283
江临泰 1259
江南龄 139
江恂 780,1054
江映鲲 170
江春霖 1711,1978
江昱 407,660,744,775,780,830,
870,1054
江标（字建霞，号萱圃、师许）
1280,1489,1590,1628,1668,
1673,1720,1722,1729,1730,
1737,1745,1746,1747,1748,
1749,1755,1756,1757,1773,
1776,1784,1787,1802,1807
江济 458
江顺怡 1544
江振基 730
江浚源 1099
江浩然 422,775
江留篇 357
江皋 170
江乾达 975

江球 309,419
江琏 950
江景瑞 379
江湜（字持正，一字弢叔，别署
龙湫院行者） 1231,1507,
1528
江登云 868
江谦 1963
江筠（字震沧） 773
江锦波 714,776
江榕 1228
江熙龙 159
江德量（字量殊） 713,828,918,
979,1054,1279
江衡 1669
江壎 791
江懋祉 1588
江濬源（字岷雨，号介亭） 579,
1163
江藩（字子屏，号郑堂，晚号节
甫，又自署江水松、竹西词
客、辟支迦罗居士、炳烛老
人） 96,164,176,299,323,382,
423,497,548,639,692,728,757,
772,776,788,806,829,875,901,
902,904,912,924,935,941,955,
973,974,978,985,991,1002,
1019,1029,1035,1041,1049,
1050,1056,1057,1058,1064,
1065,1073,1075,1078,1097,
1101,1112,1126,1128,1133,
1140,1147,1153,1165,1168,
1169,1171,1172,1173,1177,
1182,1186,1188,1192,1195,
1212,1219,1225,1226,1227,
1233,1238,1246,1248,1250,
1257,1258,1262,1269,1283,
1302,1310,1313,1320,1326,
1377,1383,1445,1656,1667
江藻 298
江蘅 1548
江蘩 242,378
池贞铨 1588
池亨吉 1946
汤大绅 640

汤大奎 542,927,993
汤大宾 758
汤大骆 438
汤中 549
汤之孙 703
汤之旭（字孟升） 403,500
汤之锜（字世调） 238
汤云松 1485
汤云浩 1411
汤化龙 1993
汤文瑞 1588
汤仕龙 1918
汤右曾（字西崖） 66,286,309,
346,371,377,384,397,419,437,
438,443,444,448,457,486,496,
661,782
汤尔和 1825,1862
汤用中 1414
汤用彤 1706
汤礼祥 1114,1148
汤传楹（字子翰、卿谋） 8
汤传槼 357
汤存馨 1290
汤成彦 1511
汤执中 765
汤纪尚 1316,1352,1435,1509,
1632,1634
汤寿潜（原名震，字蛰先）
1472,1673,1682,1692,1722,
1725,1767,1830,1843,1863,
1876,1897,1909,1912,1914,
1928,1931,1948,1949,1967,
1980,1981,1982,1993,1994,1995
汤志钧 1013,1910
汤秀琦（号弓庵） 42
汤运泰 1198,1239
汤其仁 77,275
汤姆森 1674
汤承诺 126
汤若苟 1302
汤若望（字道未） 2,5,11,13,
14,17,27,33,37,43,49,53,59,
66,69,71,77,85,89,95,98,107,
108,113,114,122,130,135,136,

201,222,291,326,664
汤金钊（字敦甫，一字勖之）
　599,832,1094,1097,1141,1212,
　1246,1252,1256,1281,1300,
　1329,1333,1336,1390,1399,
　1419,1465,1487
汤修业　161,205,229
汤剑娥　1954
汤垣　898,930,932,945,1023
汤祖武　1919
汤荫翘　1654,1660,1666
汤觉顿　1794,1825
汤诰　162
汤贻汾（字若仪，号雨生、琴隐道人，晚号粥翁）　904,1137,
　1408,1431,1445,1446,1488
汤准（字稚平）　374,504
汤原振　254
汤容煟　1083
汤调鼎　33
汤球　1138,1396,1618
汤储璠　1246
汤斌（字孔伯，号潜庵）　5,30,
　41,42,57,59,65,72,120,121,
　126,132,137,144,166,175,184,
　185,193,195,202,206,207,210,
　225,231,232,234,241,242,250,
　251,258,261,268,269,271,276,
　277,279,283,284,285,291,294,
　299,301,310,312,314,322,324,
　332,352,356,363,374,375,378,
　381,386,419,449,456,466,474,
　481,490,504,521,549,551,610,
　635,638,675,698,767,929,1067,
　1262,1522,1549
汤斯质　101
汤普生　1525
汤森　1511
汤登泗　793
汤椿年　520
汤聘　168
汤锡蕃　1147
汤鹏（字海秋，号浮邱子）
　1116,1256,1357,1359,1380,
　1392,1393,1397,1447,1471,
　1520,1682
汤毓倬　1020
汤濩　41,490
汤燧　1078,1148
汤藩　998
汤蠖　1446
牟应震（字寅同，号卢坡）　962,
　1161,1413,1418
牟国珑　410
牟国镇　262,264
牟所　1399
牟易裕　1146
牟庭　1067
牟适　84
百龄　867,941,942,979,1212
祁土贡　1386
祁永膺　1901
祁充格　9,10,17,21,28,32,35,38
祁兆熙　1567
祁彻白　55,56
祁坤（字广生，号愧庵）　117
祁彪佳（字虎子、幼文、宏吉）
　15,65,435,677
祁隽藻（字叔颖，一字淳甫，避讳改实甫，号春圃，晚号观斋）　1055,1343,1345,1347,
　1371,1376,1423,1424,1430,
　1458,1463,1473,1474,1479,
　1480,1497,1498,1499,1506,
　1527,1699
祁韵士（字鹤皋、谐庭）　577,
　705,901,935,960,968,970,971,
　972,979,1041,1133,1149,1154,
　1155,1160,1161,1183,1185,
　1192,1195,1199,1209,1344,
　1360,1400,1527
竹全仁　489
米元侗　70
米汉雯　166,207,261,270,276,
　278
米乔龄　1189
米伶　1169,1189,1204,1213,
　1220,1234
米思翰　552
米嘉绩　694
米璁　89
约翰·赫舍　1475
纪大奎（字向辰、慎斋）　669,
　1002,1162,1191,1215,1264,1278
纪元　288,1314
纪圣训　64
纪弘谟　158,220
纪立生　1623
纪在谱　903
纪汝伦　1042
纪国珍　90
纪昀（字晓岚、春帆，自号石云，谥文达）　515,552,583,615,
　628,642,653,670,685,696,701,
　708,720,721,727,728,737,744,
　747,755,759,762,768,772,773,
　775,778,784,787,789,790,796,
　797,800,803,805,811,815,819,
　828,833,835,839,840,849,854,
　863,867,874,883,884,892,904,
　906,911,918,919,920,922,925,
　926,928,929,931,933,940,942,
　948,949,951,953,955,956,961,
　962,969,971,973,981,996,998,
　999,1000,1005,1007,1008,1009,
　1010,1016,1020,1021,1023,
　1026,1030,1031,1033,1034,
　1036,1039,1040,1041,1042,
　1045,1046,1047,1052,1053,
　1055,1058,1060,1062,1067,
　1070,1091,1093,1094,1095,
　1116,1118,1123,1124,1140,
　1144,1179,1181,1185,1197,
　1205,1229,1331
纪咸　608
纪映钟（字伯紫，号憨叟，自称钟山遗老）　147,154
纪昭　583,670,685,744
纪树馨　1185
纪容舒（字迟叟）　268,444,552,
　670,671,787
纪振边　71
纪振疆　165
纪珩　1147

纪黄中 786	许日藻 506	许良谟 1066
纪曾荫 976	许王猷 540,547	许谷 366
纪磊 1125	许风 80	许远基 667
羊拱辰 1176	许世亨 552	许佩璜 596
羊焕然 512	许仙屏 1694	许国棠 426
羊琦 91	许代岳 169	许国璠 221
羊璘 90	许玉琢 1654	许坤 108,113
羽化生 1868	许乔林（字贞仲，号石华） 1315,1344	许奉恩 1603
老舍 1807		许学范 1051
色卜星额 1198	许兆椿 867,941,942,943,945,950,957,958,959,960,968,970,971,972,979,1181	许宗元 1893
色尔图 386,469		许宗彦（字积卿、周生、固卿） 809,991,1041,1083,1096,1098,1106,1118,1125,1129,1133,1153,1161,1197,1207,1231,1236,1410,1419
色通额 552,576		
色勒布 261	许兆熊 1092,1222	
西乡从道 1567	许光治（字龙华，号羹梅，别号穗） 1174,1461	
西成 595,1180		
西库 385	许光基 1003	许宗衡（字海秋） 1181,1545
西周生 489	许全学 305	许宝善（字教愚，号穆堂） 560,822,971,1020,1045,1053,1058,1127,1129
西清 1172	许协 1276	
西琳 538,545	许同蔺 1787	
观保 662,767,773,818	许如兰 791,867,912	许岳锺 1855
观剧道人 1370	许孙荃 144,269	许承宣 189,240
讷尔经额 1341	许延邵 287	许承家 262
许乃安 1319	许成斌 1109	许拙学 1558
许乃钊 1247,1419,1444	许旭 248,322,373	许昂霄 626,889
许乃济 1148,1225,1255,1342,1343	许汝龙 233	许松年 1277
	许汝霖 176,270,330,383,434	许玠 483
许乃普（字季鸿，一字滇生，号养园，别号观奕道人） 1005,1237,1238,1350,1424,1463,1483,1526	许自俊 254	许秉简 888
	许行健 681	许绍宗（字迪光，一字莲舫） 904,1243
	许伯政（字惠堂、石云） 596,641,693	
许乃赓 1148		许勉燉 634,655,693
许三礼（字典三，号酉三） 95,137,175,176,183,188,202,294,296,302,314,378,394	许克勤（字勉夫） 1727	许庭梧 1126
	许启畴 1623,1647	许显祖 506
	许均 474	许珏 1391,1583,1647,1678,1789,1827,1846,1916
许士彩 716	许寿山 1551	
许之渐 108	许寿裳 1825,1861,1862,1930,1947	许祖京 878
许之豫 413,422		许秋垞 1405
许之獬 121	许希孔 552	许贺来 262
许允芳 80	许应骙 1762,1764,1766,1772,1785,1793,1809	许重炎 740,765
许元仲 1109		许钟德 555
许元基 666	许来音 182	许宰 673
许幻园 1789	许沄 1194	许容 583,601
许文熊 1846	许灿 812	许振炜 1737
	许纳陛 245	许振祎 1307,1696,1772
		许晋 716

许桂林（字同叔、月南，号北堂，又号月岚、月岩、栖云野客） 692,904,1212,1239,1248,1252,1292,1398
许珩（字楚生） 1225
许致和（字赓堂，一字肃斋） 1425,1527
许起凤 785,903
许培荣 555
许崇智 1879
许崇楷 820
许梦麒 454
许椿（字叔夏，号珊林、乐恬散人） 1005,1109,1149,1278,1289,1325,1405,1501,1578
许清奇 732
许烺 901,907,932,950,970,971
许维梃 336
许茭 716
许隆远 440
许鸿盘 1263
许鸿磐 1133
许鸿磬（字渐逵，号云峤，别号雪帆、六观楼主人） 936
许彭寿 1407,1757
许景澄（字竹篔） 1402,1533,1539,1639,1679,1726,1733,1786,1801,1818,1940
许械 1617
许湄 422
许焜 27,162
许煇（字纯也） 503
许瑁 233
许琰 578
许琳 350,758
许琼 1271
许遂 596
许遇 350
许集 569
许鼎（字玉峰） 956,1347,1384
许嗣隆 233,328
许楣（字金门，号辛木） 1086,1325,1351,1405,1549,1755
许源 1185

许锦春 1296
许鹏 87
许锵 596
许瑊（字珊林，号叔夏） 1325
许豫和 1560
许镇 438
许儒龙 596
许瀚（字印林，室名攀古小庐） 1026,1086,1099,1282,1289,1294,1295,1325,1326,1330,1338,1342,1343,1347,1354,1359,1368,1376,1380,1381,1387,1394,1399,1400,1401,1403,1405,1425,1431,1451,1458,1463,1468,1469,1471,1485,1491,1507,1527,1534,1578
许缵曾（字孝修、孝达，号鹤沙，别号悟西） 30,136,370
许耀祖 796
许夔 1271
许夔臣 1136
达尔文 1745,1793,1837,1838,1844,1849,1869,1930
达尔布 58
达寿 1924
达杨阿 61
达灵阿 797
达苏喀 286
达哈他 124,276
达哈塔 148,242,261
达洪阿 1367,1376
达都 148
达椿 763,906,919,920,932,942,943,1015,1109
达麟图 646
过元旼 1089
迈拉逊 849
迈柱 570
邢云路 53,167
邢仕诚 159
邢志南 179
邢昉（字孟贞、石湖） 50,703
邢秉诚 488

邢思镐 1213
邢琮 43
邢澍（字雨民，号佺山） 1027,1110,1142,1173
邢衡 162
那丹诛 1306
那尔泰 596
那札尔 818,1414
那礼善 869
那苏图 552,607,633
那彦成 1032,1053,1094,1123,1141,1192,1244,1287,1331
那桐 1824,1908,2005
那清安 1141,1255,1313,1318
邬世文 1204
邬作霖 69
邬承业 694
邬鸿逵 1399
邬棠 391
邬赫 242,252
闫中宽 402
阮大铖（字集之，号圆海、石巢） 4,11,12,13,15,20,22,65
阮允实 1109
阮元（字伯元，号芸台） 144,178,243,253,466,692,727,735,789,816,828,831,887,888,901,923,925,935,951,963,974,978,983,991,994,1001,1002,1003,1012,1019,1021,1026,1027,1032,1033,1035,1041,1042,1049,1050,1052,1053,1056,1058,1060,1062,1063,1064,1065,1066,1067,1069,1071,1072,1073,1074,1075,1076,1078,1079,1080,1081,1082,1086,10867,1088,1089,1090,1091,1094,1095,1096,1097,1098,1099,1100,1103,1104,1106,1107,1108,1109,1110,1111,1112,1114,1115,1117,1118,1119,1122,1123,1124,1125,1127,1131,1132,1133,1135,1136,1137,1139,1140,

1141，1142，1143，1144，1145，1146，1147，1148，1149，1150，1151，1152，1153，1154，1155，1157，1158，1159，1160，1161，1162，1163，1164，1165，1166，1167，1168，1169，1170，1172，1174，1175，1176，1177，1180，1181，1182，1185，1188，1190，1192，1195，1196，1197，1199，1200，1201，1202，1203，1204，1205，1208，1210，1211，1213，1214，1215，1217，1218，1219，1220，1222，1223，1224，1225，1226，1227，1229，1230，1232，1233，1234，1235，1236，1238，1239，1241，1242，1243，1245，1248，1250，1254，1257，1258，1259，1261，1265，1268，1269，1270，1271，1272，1273，1274，1276，1277，1278，1279，1282，1283，1288，1289，1292，1294，1298，1301，1303，1305，1306，1310，1313，1316，1317，1320，1321，1325，1326，1327，1328，1329，1330，1331，1332，1333，1334，1336，1337，1338，1339，1340，1342，1343，1346，1352，1354，1356，1359，1362，1363，1366，1369，1370，1371，1372，1374，1375，1376，1380，1382，1383，1385，1389，1392，1393，1396，1397，1398，1399，1401，1402，1403，1407，1410，1412，1416，1419，1421，1427，1433，1434，1445，1449，1455，1460，1467，1476，1480，1487，1493，1506，1554，1563，1565，1579，1584，1608，1609，1614，1618，1623，1625，1632，1648，1656，1658，1668，1688，1713，1740，1791，1793，1807，1952

阮升基 1082

阮文藻 1277

阮尔询 233

阮充 1407

阮先 1407

阮式 2006

阮亨 1158，1241，1367，1380

阮吾山 1665

阮学浚 569

阮学浩 552

阮学溥 1214

阮学濬 646

阮忠枢 1994

阮恩海 1332

阮培元 816

阮常生 1143，1158

阮景咸 665，673

阮葵生（字宝诚、安甫，号吾山） 382，537，779，800，995，997，998，1021

阮福（字赐卿，号喜斋） 1233，1259，1270，1276，1277，1296，1301，1419，1592，1628

阮署 875

阮禧 183

阮懋 642

阳文烛 133

阳玛诺（字演西） 53，85，423

阳邱于 1665

阳浩然 975

阴丰润 1325

阴应节 69

阴承方（字静夫） 766，767

齐大勇 551

齐什 175

齐从龙 1300

齐世南（字英风，号孙圃） 769

齐以治 272

齐兰保 103

齐召南（字次凤，号琼台，晚号息园） 190，253，274，356，388，546，569，592，595，596，622，647，653，670，672，677，678，718，739，771，774，792，800，808，868，875，888，1210，1270，1278

齐苏勒 551

齐周华 697，735，799，800，805，1858

齐彦槐（字梦树，号梅麓，又号萌三） 858，1378

齐祖望（字望子，号勉庵） 144，245

齐倬 876

齐格 165，1555

齐翀 964

齐捷 404

齐推 110

齐蓝布 141

齐燕铭 1942

齐赞宸 245

七　画

严一青 1113

严万里 1053

严允肇 246

严元照（字修能，号悔庵） 691，848，1068，1076，1086，1114，1115，1117，1125，1132，1147，1153，1164，1179，1213，1218，1224，1374

严文在 474

严文典 780

严长明（字冬友、道甫） 560，633，707，715，721，750，765，773，781，784，800，808，829，869，887，889，912，914，924，935，951，954，966，975，983，991，1004，1063

严可均（字景文，号铁桥，室名四录堂、九曜斋） 759，777，784，953，1091，1105，1108，1110，1125，1134，1154，1155，1162，1198，1202，1204，1211，1220，1226，1228，1233，1296，1297，1325，1327，1329，1354，1357，1389，1406，1527，1571，1955

严尔谌 1066

严正身 716

严正基 1423

严正榘 124

严民法 503

严在昌 654

严如煜（字炳文，号乐园） 761，

1099,1198,1258,1287
严廷中（字石卿，号秋槎，别号岩泉山人、红豆道人） 1069,1513
严有禧（初名绳德，榜姓戴，字厚载，号韦川） 631,710
严而舒 177
严观（字子进） 868,889,911,1025,1042,1051,1082,1135,1176,1388
严作霖 1589,1768
严克嶟 666
严君藩 1735
严我斯 107,148,211,216,242,312
严沆（字子餐） 206
严沆 58,72,173,374
严良勋 1537
严辰 1547
严宗溥 366
严宗嘉 554
严杰（字厚民，号鸥盟） 782,816,1049,1078,1110,1147,1148,1158,1182,1274,1276,1282,1336,1389
严经世 170
严保庸 1408
严修（字范孙，号梦扶，别号偃扇生） 1489,1630,1673,1679,1710,1712,1737,1750,1759,1768,1786,1788,1878,1890,1905,1906,1942,1946,1965,1980,1993
严复 1456,1525,1533,1539,1551,1557,1569,1581,1587,1588,1594,1598,1605,1615,1637,1646,1656,1662,1665,1669,1671,1678,1689,1695,1702,1722,1724,1728,1729,1733,1734,1735,1736,1737,1741,1745,1746,1747,1772,1783,1784,1786,1792,1793,1801,1805,1810,1811,1815,1824,1830,1839,1841,1842,1843,1849,1869,1876,1884,1885,1891,1893,1896,1897,1899,1902,1912,1919,1927,1928,1930,1937,1949,1957,1963,1965,1966,1972,1978,1979,1993
严思位 421
严思浚 780
严树基 552
严树森 1498,1506,1507
严洁 708,772
严济明 171
严荣 1150,1155
严衍（字永思、午庭，号拙道人） 14,1204
严泰 301
严烺 1221,1321
严绳孙（字荪友，晚号藕荡渔人） 51,207,208,225,242,252,267,364,382
严鸿逵 271,538,543,544,562
严彭年 695
严敬 341
严曾业 326
严曾榘 109
严赓臣 538
严遂成 339,596,750
严鲁矩 268
严殿传 1070
严源焘 512
严瑞龙 474
严福 901,932,942,943,950,957,958,960,970,971,972,996,1015,1362
严福基 1362
严虞惇（字宝成，号思庵） 34,302,346,350,448,671
严遨 1461,1577
严蔚 1002
严濂曾 326
严璲 552
严璥 1605,1722,1810,1841
严蘅 1521
亨利·乔治 1713,1897
伯兴 950,951

伯希和 1918,1935,1966
伯驾 1330,1337,1354,1367,1457
伯麟 1253
但传熺 1344
但明伦 1245
但培良 1526
但焘 1934
佐原笃介 1803,1804
何一杰 104
何人龙 445
何三复 132
何士祁 1344
何士锦 110
何大璋 771
何子贞 1431
何子员 1380
何子祥 750
何干之 1923
何云龙 701
何元 1285
何元泽 998
何元派 998
何元浩 998
何元锡 1078,1109,1112,1142,1143,1153,1233
何公祖 120
何化南 758
何天祥 724
何天衢 994
何太清 1171
何心川 1551,1588
何文芳 1263
何文明 1227
何文焕 817,1120
何文耀 855
何长荣 1701
何世 420
何世仁（字元长） 713,1151
何乐善 781
何以烈 696
何兰汀 1078,1147
何可宪 220
何尔宽 1042

何尔彬 170
何玉梁 503
何龙文 309
何传瑶 1351
何兆瀛(字通甫) 1169,1682
何光晟 924
何名隽 191
何吕治 1417
何如伟 272
何如璋(字子峩) 1358,1539,
　1569,1582,1588,1591,1606,
　1636,1691
何守奇 1265
何廷光 1725,1745
何廷理 998
何廷韬 116
何廷赞 998
何托 165
何汝霖(字商隐) 4,76,88,179,
　1682
何自新 1825,1879,1915
何西夏 1954
何劲 1998
何启 1482,1558,1623,1659,
　1660,1689,1712,1803,1813
何宏仁 677
何应仕 39
何应松 1264
何应驹 1198
何应騊 1401
何应鳌 438
何彤云 1462
何志 265
何志善 1949
何怀道 1302
何良栋 1850
何良楝 1292
何芬 453
何苏 1205
何远 681
何际美 327
何其仁 1365
何其伟 1176

何其杰 1274,1655,1956
何其章 1176
何国宗(字翰如) 438,442,444,
　469,503,526,607,613,685,706,
　764,791,799
何国柱 437
何国桢 1977
何宗彦 878
何宗美 36
何宗国 749
何岳钟 1270
何府 1261
何昆玉 1557,1558
何明礼 793
何林 120
何治运 1153,1235
何泌 996
何泽 769
何绍基(字子贞,号东洲,晚号
　蝯叟) 1102,1330,1343,1346,
　1354,1359,1360,1366,1368,
　1371,1375,1380,1386,1392,
　1393,1399,1403,1408,1412,
　1417,1424,1430,1439,1443,
　1451,1458,1462,1463,1467,
　1469,1471,1473,1479,1485,
　1492,1499,1506,1511,1518,
　1524,1527,1533,1538,1543,
　1547,1552,1557,1562,1563,
　1565,1596,1627,1724
何育杰 1859,1982
何诣得 276
何采 30,61
何金吉 816
何金声 1563
何金寿 1584,1587,1684
何亮工 80
何亮公 442
何俊 1299
何保 1355
何养源 1375
何冠英 1343
何宪古 642
何思华 272

何思钧 893,896,898,901,905,
　908,909,917,918,919,920,928,
　930,932,933,942,943,945,948,
　949,958,959,960,968,984,1023
何显祖 158,341
何柏如 97
何柽 1803
何栋如 862
何树滋 991,1075
何树龄 1745
何炳 80
何炳元 1969
何炳奎 739
何炳藜 1825
何秋涛(字愿船) 1273,1277,
　1361,1393,1408,1413,1417,
　1422,1473,1474,1478,1486,
　1499,1504,1520,1648
何荇芳 1189,1191
何凌汉(字云门,一字仙槎)
　659,832,1139,1355,1360,1366,
　1368,1371,1527
何宽 1709
何斋圣 563
何朗 486
何栻(字廉昉,号梅余) 1218,
　1521,1566
何桂芳 1437
何桂珍(字丹畦) 1164,1224,
　1231,1300,1355,1374,1380,
　1394,1404,1408,1432,1438,
　1444,1451,1461,1494,1522,
　1555,1640
何桂清 1336,1463
何海鸣(名时俊,海鸣乃笔名,
　别署一雁、孤雁、衡阳一雁、
　余行乐、行乐、求幸福斋主)
　1658,1952,1970,1983,1995
何润 90
何耿绳 1302
何起瀛 1147
何培琛 1859
何寅斗 1265
何梅士 1506,1861,1863

何梦华　1111,1148
何梦瑶（字报之，号西池，晚年自称研农）　324,552,655,765,775,779,788,1250
何梦篆　596,702
何深　554
何维朴　1724
何鄂聊　1326
何弼虞　1914
何惺（字君慄，号象山）　214
何朝宗　326
何森荣　1534
何焯（字屺瞻，号茶仙，学者称义门先生）　45,98,218,251,252,262,270,277,296,298,303,306,334,362,371,372,376,383,385,394,397,407,409,426,444,451,458,477,486,491,494,496,497,522,626,636,675,701,709,752,754,762,781,811,1035,1277,1331,1339,1630
何琪　803,1851
何裕城　973,988,990,1000,1006
何辉宁　1206
何道生　1051,1073,1197
何道冲　996,998,1051
何铿　73
何雄齐　602
何鼎　311
何嗣焜　1735
何愚　1205,1248
何源洙　666
何焜　552,825,826,827,836,837,838,840,849,851
何腾三　438
何腾蛟　18,323,470
何锡朋　1826
何锡爵　326
何毓福　1954
何熙年　1826
何增元　1246
何德兰　1667
何德溱　1581
何澄一　1791

何擎一　1850
何璘　694
何彝光　327
何藩　127
佘一元　1601
佘华瑞（字胐生，号西麓）　578,583,595
佘艳雪　210
佘履度　169
佘德楷　1696
余一元　145
余三奇　254,255
余三胜　1489
余为霖　263
余元遴（字秀书）　509,904,1337
余心孺　379
余文仪　856
余世堂　554
余司仁　76
余本敦　1096,1231
余正健　350,397
余龙光（字蘜山）　615,1337
余光祖　534
余光璧　681
余同伯　1982
余同奎　1859
余庆长（字庚耦，号元亭）　515,1107
余廷兰　127
余廷志　116
余廷灿（字卿雯，号存吾）　320,509,588,769,1093
余廷恺　1264
余成教（字道夫）　1215
余宏淦　1954
余应祥　642
余志明　52
余怀（字澹心，号无怀、曼翁、鬘持老人）　6,33,94,120,152,184,195,197,286,303,342,344,1004,1404
余芳　974
余国柱　233,260,270,601

余治（字翼廷，号莲村，别号晦斋、寄云山人）　1169,1377,1572,1609
余绍元　1270
余绍宋　1788,1803,1812,1864,1915,1981
余绍祉（字子畴，号大疑）　1332
余苹皋　1594
余保纯　1373,1374
余恂　42,227
余栋　532
余栋臣　1677
余炳虎　1191
余炳捷　1338
余祖训　409
余倬　1225
余恩荣　1559
余恭　170
余泰来　233
余豹明　768
余焕文（字伟斋）　1281,1700
余萧客（字仲林，号古农）　550,569,692,752,753,754,757,774,778,807,810,814,875,901,904,1065,1091,1297,1310,1331,1345,1369,1602
余象斗　280
余荣昌　1859,1933,1982
余湛　233
余紫垣　1583
余缙　84,363
余联沅　1587,1707,1808
余赓颺　1706
余集（字蓉裳，号秋室）　619,835,838,841,867,883,932,979,1161,1197,1266
余楷　1264
余照　1107
余腾蛟　595,768
余锡修　244
余鹏举　1120
余鹏翀　736,956
余潮　695
余霖（字师愚）　161

余瀚 1264	努哀脱 1935	吴三畏 108
佛兰斯士专逊 1919	努赫 335,350	吴三桂 1,76,93,99,164,174,
佛尼埒 551	励守谦 862,883,892,896,898,	175,182,199,200,201,202,213,
佛伦 211	917,928,930,932,933,942,943,	234,269,320,436,743,893,988,
佟世男 289,471	945,948,950,957,958,959,960,	1016
佟世南（一作世男，字梅岑） 204,205	970,971,972,979	吴士功 569
	励廷仪 366,385,403,463,469,	吴士玉 397,403,485,503,511
佟世荫 577	473,492,493,499,503,530,537	吴士坚（字中确，号二涪，又号少谷，晚号悟因居士） 658,1242
佟世恩 373	励杜讷 252,268,286,301,551,638	
佟世雍 272	励宗万 486,532,593,595,662	吴士进 739
佟世燕 245	劳之辨 109,373	吴士信 553
佟企圣 177	劳世沅 654,661	吴士珣 552
佟庆年 52	劳史（字麟书，号余山，学者称余山先生） 61,150,420,449,822,1053	吴士望 139
佟有年 110		吴士淳 914
佟希尧 83		吴士鸿 1172
佟国才 139	劳必达 485,559	吴士鉴 1692,1804,1843,1949,1959,1972,1978
佟国弘 177	劳光泰 1344	
佟国维 377,481	劳孝舆（字巨峰、阮斋） 570,596,788	吴士骥 244
佟国瑞 341		吴大木 1148
佟昌年 37,352	劳宗发 673	吴大勋 800
佟法海 468	劳权 1515	吴大受 451,503,656
佟保 552	劳经元 1515	吴大澂（初名大淳，避清穆宗讳改名，字止敬，又字清卿，号恒轩，又别号白云山樵、愙斋、郑龛、白云病叟） 1431,1500,1539,1547,1557,1562,1570,1613,1617,1621,1636,1648,1657,1673,1675,1683,1706,1708,1713,1714,1727,1739,1852,1959
佟景文（字质夫，号敬堂，又号艾生） 1111	劳经原 1213	
	劳经武 661	
佟朝 1161	劳保胜 1687	
佟赋伟 319	劳树棠 1143	
佟镇 453	劳格（字季言） 1065,1199,1237,1515	
克柳林 1935		
况仕任 1751	劳逢源 1237,1296	
况周颐 1482,1600,1654,1666,1674,1711,1737,1742,1789,1795,1879,1887,1937,1968,2003	劳崇光 1301,1480	
	劳清 227	吴大澄 1818
	劳敦樟 796	吴大镕 265
冷士嵋（字又湄，号秋江） 348,428	劳潼（字润芝） 730,1059,1116	吴子云 235
	却朱嘉措 574,1038	吴子登 1492,1539,1612
冷文炜 984	却英多吉 179	吴小巘 1182,1274
冷玉光 1271	吴一圣 134	吴山凤 764,792
初之朴 984	吴一青 1893	吴山高 1240
初尚龄 1236	吴一嵩 763	吴山尊 1051,1183,1197,1340
初彭龄 979,996,1253	吴一蜚 233,265,280	吴山嘉 1308
利圣学 326	吴一德 1109	吴干将 341
利类思（字再可） 5,27,59,107,108,113,114,130,137,181,239	吴一璜 660	吴广成（字西斋） 1276
	吴九龄 780,816	吴才老 70,93,844
别尔门脱 733	吴人杰 1205	吴中奇 84,90

人物索引

吴中最　702
吴中衡　578
吴丹　157
吴为龙（字思云、汝纳）　359
吴为相　246
吴之元　170
吴之申　878
吴之荣　61,92,102,106
吴之振（字孟举,号橙斋、黄叶村农）　62,89,103,108,115,152,221,248,270,325,337,472
吴之琉　465
吴之谟　84
吴之瑜　262
吴云（字少甫,号平斋,晚号退楼）　1168,1181,1342,1463,1557,1633
吴从信　694
吴从谦　104
吴允嘉（字志上、州来,号石仓）　526
吴允璘　115
吴元龙　109,200,207
吴元安　592
吴元庆　1126
吴元栋　1113
吴元音　649
吴元锦　505
吴元馨　152
吴公亮　1265
吴六鳌　902
吴凤藻　1442,1463
吴升　1222
吴历（字渔山,号墨井道人、桃溪居士）　82,120,133,172,178,197,226,228,232,287,307,325,350,372,392,416,476
吴友闻　158
吴友篯　1285
吴孔嘉（字元会,别号天石）　24,128
吴开圻　285
吴引年　1078,1147

吴文世　962,968
吴文园　1089
吴文林　1214
吴文炎　350
吴文炘　681
吴文炜　244
吴文健　1078,1147
吴文豹　1969
吴文鼎　1283
吴文溥（字博如,号澹川）　1054,1113,1114,1148
吴方培　996
吴日彩　521
吴曰慎（字徽仲）　234,253,310,407
吴殳（一名乔,字修龄,别号沧尘子）　53,101,139,199,228,273,308,343
吴王坦　596
吴见思（字齐贤）　160
吴长元　1011,1114
吴长庆　1582,1607,1615,1621,1987
吴世尚　534
吴世忠　788
吴世杰（字万子）　342
吴世英　72,78
吴世骏　1109
吴世宣　1284
吴世焘　286,334,463
吴东发（字侃叔,号耕庐,又号芸父）　676,1078,1130,1147
吴仪洛　772,798
吴兰　1338
吴兰友　69
吴兰孙　1012,1240
吴兰修　34,1151,1225,1248,1250,1272,1274,1282,1294,1306,1331,1338,1345,1410
吴兰庭（字胥石、虚若,号镇南、千一叟）　556,819,855,902,1087,1114,1126
吴占魁　1301
吴发祥　400

吴可读（字柳堂）　584,1187,1604
吴台硕（字位三）　318,322
吴宁　738,977
吴尔　347
吴尔尧　62,115,152
吴弘安　42
吴本立　144,846
吴本植　76,124,165
吴正　559
吴正治（字当世,号赓庵）　27,30,36,157,186,188,207,225,232,250,260,270,301,313
吴永芳　464,489
吴永绪　262
吴玉纶　851,930,1067
吴玉树　1155
吴玉章　1508,1934
吴玉搢（字藉五,号山夫,晚号顿研、钝根）　354,468,502,512,617,644,665,667,715,808,847
吴玉墀　836,837,849
吴申甫　1630
吴石华　1276
吴龙见　596
吴乔龄　621,622,739,765
吴仰曾　1504,1556,1558,1616,1623,1654,1678,1903,1921
吴仲华　1748
吴仲贤　1556,1888
吴任臣（字志伊、尔器,初字征鸣,号托园、征鸿）　41,138,157,203,204,207,208,210,211,232,241,270,300,378,394,417,418,1011,1135
吴休之　25
吴会川　739
吴伟业（字骏公,号梅村）　33,48,49,50,55,56,61,63,71,91,111,133,152,161,173,176,205,288,322,373,676,810,869,873,2003
吴传绮　1945

吴传觐 458
吴兆宜 856
吴兆松(字苍虬、敬堂) 429,1029
吴兆泰(字星阶) 1677
吴兆雯 512
吴兆骞(字汉槎) 30,69,76,202,225,258,267,455
吴兆麟 993
吴光(字与严) 143
吴光升 786
吴光廷 867
吴光酉 322,470,520,1240
吴光耀 1703
吴关杰 403
吴兴俦 78
吴兴祖 242
吴兴祚 203,233,481
吴农祥(字庆百、庆伯,号星叟) 203,211,417
吴冲 445
吴华孙 552
吴华金 1109
吴同瑄 1109
吴名凤 1264
吴在礼 326
吴存义(字和甫) 1122,1541
吴存礼 352,432,492
吴巩 1214,1227
吴师道 1328
吴师澄 1572
吴师瑗 610
吴庄 280
吴庆云 687
吴庆坻 1654,1939
吴庆锡 1400
吴廷华(字中林,号东壁) 239,253,451,606,624,649,661,734,745
吴廷侃 1109
吴廷飏 1431
吴廷栋(字彦甫,号竹如,晚自号拙修老人) 1055,1164,1231,1300,1368,1374,1380,1394,1423,1438,1463,1466,1468,1473,1478,1484,1485,1486,1491,1494,1498,1506,1511,1522,1538,1545,1553,1555,1556,1564,1585,1670
吴廷珍 1174
吴廷选 996,1051
吴廷香(字奉璋,一字兰轩) 1145,1456
吴廷桉 403
吴廷桢 360,385,397,413
吴廷康 1432
吴廷琛(字震南,号棣华) 848,1116,1395
吴式芬(字子苾,号诵孙) 1078,1458,1463,1466,1468,1485,1491,1557,1592,1642,1728
吴成勋 1147
吴有性(字又可) 161
吴朴 289
吴汝为 72
吴汝纶(字挚甫,一作至父) 1373,1431,1485,1500,1511,1518,1561,1570,1597,1643,1650,1660,1662,1671,1704,1715,1724,1726,1728,1769,1793,1801,1815,1823,1824,1831,1841,1861,1871,1885,1904,1905,1940,1985
吴汤兴 1737
吴百朋 147,275
吴自肃 310,440
吴自高 657
吴自牧 103
吴芝瑛 1542,1864,1916,1929,1934
吴观岱 1846
吴贞度 58
吴达阐 58
吴达善 552,886
吴邦庆(字霁峰) 1271,1272,1315
吴邦豸 9
吴邦瑷 506

吴阶(字次升,晚号礼石) 748,1251
吴作哲 964
吴克元 914
吴克勤 1078,1147
吴启元 470
吴启昆 486
吴启昌 1278
吴启新 254
吴均 160,1360
吴坛 902
吴孝显 998
吴孝铭 1245
吴孝登 445
吴寿昌 878,892,908,920,945,948,950,959,979,1023
吴应文 24
吴应龙 512
吴应枚 512,547,563
吴应科 1556,1623
吴应桢 458
吴应棻 457,595,596
吴应逵 1225,1282,1285,1294
吴应箕(字次尾) 4,12,15,65,154
吴应霞 941,942,984
吴志忠 1177,1308
吴志伊 232,621
吴志绾 807
吴志鸿 700
吴怀疚 1791
吴步韩 779
吴沃尧(名宝震,又名沃尧,字小允,改字茧人,后改趼人,自号我佛山人,别署茧叟) 1528,1631,1750,1791,1803,1827,1870,1885,1898,1903,1918,1920,1938,1953,1973,1988
吴甫生 334
吴甸华 908,909,918,920,932,968,1023,1184
吴纯夫 1285
吴纶彰 1321
吴芳吉 1999

吴谷　610
吴运光　158
吴远　109
吴钊　503
吴陈琰　341,397
吴佩兰　1285
吴其贞　410
吴其均　1344
吴其沆　4
吴其浚（字瀹斋）　1022,1218,1342,1347,1409,1411,1414
吴其琰　709
吴典　126,896,928,932,941,942,945,948,950,957,959,960,970,971,972
吴卓信（字璇儒，号立峰）　736,1267
吴国对　170
吴国用　78
吴国珏　160
吴国缙　91
吴坤元（字璞玉、至士）　214
吴坤安　1076
吴坤修　1553
吴坦　1246
吴孟坚　305
吴季清　1733
吴学山　687
吴学濂　649
吴学瀚　569
吴宓　1717,1813,1826,1904,1915,1969,1981,1999,2000
吴宗丰　350
吴宗汉　36
吴宗沛　36
吴宗泌　36
吴宗栻　1859,1952
吴宗慈　1486,1967
吴宗潜　36
吴定（字殿麟，号淡泉）　658,915,1046,1115,1167,1173,1287
吴宜燮　775
吴宝谟　1235

吴尚先（名樽，字安业，又字尚先，别号潜玉居士）　1151,1513,1657
吴居嚣　924
吴建勋　1314
吴征士　856
吴忠浩　974,976
吴性诚　1197,1204
吴承志　1939
吴拉岱　261
吴昆田（原名大田，改名昆田，字云圃，号稼轩）　1163,1465,1509,1586,1593,1626
吴昌宗　925
吴昌祚　102,479,526
吴昌荫　272
吴昌莹　1089,1534,1590
吴昌硕　45,1397,1576,1811,1881,1968,1981
吴昌绶　1085,1378,1867,1937,2003
吴明炫　71
吴明烜　108,130,135,136,291
吴易（原名翘，字楚侯、素友、素侯）　20,45
吴易峰　730,771
吴昔巢　1624
吴杰　1148,1196,1256,1327
吴炎（字赤溟，号赤民）　27,30,41,52,59,103,106
吴炜　61,483
吴秉正　479
吴秉芳　405
吴绂　488,629
吴绍　896
吴绍泽　714,2021
吴绍灿　898,905,908,909,917,996,1023
吴绍诗　876
吴绍昱　932,943,950,960,972
吴绍浣　948
吴绍矩　1528
吴肃公（字雨若，号晴岩、逸鸿）　116,363,378
吴育（字山子）　1277,1325,1331,1550
吴苑（字楞香，号鳞潭、北黔山人）　233,270,296,305,324,370
吴若准　1326
吴英　1177,1227,1425
吴茂育　567
吴虎炳　881,883,900
吴贤湘　1199
吴贯因　1969
吴迪化　146
吴郁生　1587
吴金寿　1315
吴非　297
吴鸣捷　1326
吴鸣清　1296
吴亮中　37
吴俊　152,451,898,920,930,1222
吴保初　1546,1738,1897,1975
吴信中　1158,1215
吴修（字子修，号思亭）　313,509,789,1184,1272,1286,1293
吴南杰　280
吴垚　279
吴垣　262,920,950,982,996
吴彦芳　84
吴恒宣　867
吴拜　540,576,596
吴挺之　170
吴映白　746
吴映奎　237,1301,1361
吴昺　308,309,397
吴柯　421
吴树臣　272
吴树声　1544,1553
吴树梅　1581
吴树萱　931,951,957,959,1120
吴树棻　1673
吴炳（字石渠，号粲花主人）　21,489,797,812
吴炳文　963
吴珂　36

吴珂鸣　74,76
吴相　385
吴省兰（字泉之）　451,619,879,893,921,928,941,942,943,944,950,957,958,968,970,971,972,979,984,1020,1028,1053,1094,1144,1174,1426
吴省钦（字充之、冲之，号白华）　550,747,779,888,965,1048,1053,1076,1129,1173
吴祖修　569
吴祖锡　12
吴秋　788
吴统持　98
吴美秀　272
吴胜兆　22
吴脉鬯（字灌先）　83,150,154
吴荣光（字殿垣，一字伯荣，号荷屋，别号可庵，晚号石云山人、拜经老人，室名筠清馆、绿伽南馆）　848,1096,1164,1219,1251,1258,1308,1313,1314,1320,1321,1336,1341,1342,1376,1390,1440,1681
吴荫培　1677
吴荫暄　998
吴重光　975
吴重熹　1468
吴钟峦（字峦稚、峻伯、稚善，学者称霞舟先生）　37
吴钟骏　1319,1347,1527
吴钧　808
吴乘权（字子舆，号楚材）　61,203,233,327,342,432,481
吴凌云　1105,1489
吴家祯　39
吴家骐　474,504,595
吴宸梧　563
吴宾彦　357
吴峻　876
吴峻基　1109
吴振臣　488
吴振棫（字宜甫，号仲云，晚号再翁）　1047,1240,1549,1553

吴晋　1315
吴晟　233
吴栻　1240
吴格塞　124
吴桓　1172
吴泰　133
吴泰来　717,935,939,951,953,954,966,983,1003,1005,1155
吴浩（字养斋）　792
吴涛　474
吴涟　385
吴烈　1855
吴烜　998
吴珣　750
吴素贵　162
吴绥　37
吴莘　1380
吴调元　72
吴调侯　327,342
吴起九　624
吴起潜　1321
吴逢甲　1335,1862
吴逢原　152
吴钺　1300
吴高增　780
吴培源　637
吴堂　1089,1161
吴康甫　1614
吴敏树（字本深，号南屏，又号桦湖渔叟、乐生翁）　1146,1319,1394,1444,1461,1467,1482,1511,1518,1544,1565,1725
吴晗　1975
吴梅　266,1644,1726,1751,1803,1825,1844,1864,1916,1931,1951,1966,1967,1981,1986,1998
吴梅修　1225
吴梼　1938
吴菜　687
吴涵　233,270,286,383,384,386,391
吴淇（字伯其，号冉渠）　186
吴淦　1066

吴清皋（字鸣九，一字小谷、壶庵）　994,1246,1421
吴清鹏　807,1218,1246
吴烺　700,707,714,794,795,798,800,808,912
吴焕荣　1575
吴盛藻　159
吴绮（字园次，号听翁，人称红豆词人）　52,65,116,181,241,273,278,336,337
吴绮缘　1797
吴绳年　765
吴维哲　168
吴维骏　80
吴绥诏　762
吴绾章　1845
吴翊　302
吴翌凤（字伊仲，号枚庵）　786,1053,1120,1199,1221,1332
吴辅宏　876
吴逸　747
吴铠　1348
吴隆元（字炳仪，号易斋）　334,512
吴隆誉　816
吴隐　1881
吴骐（字日千，号铠龙、九峰遗黎）　162,344
吴鸿　699
吴善述　1956
吴喇岱　242
吴喇禅　69
吴堦　1172
吴尊夔　998
吴敬生　299
吴敬枢　1129
吴敬梓（字敏轩、文木，号粒民，又号秦淮寓客，晚号文木老人）　375,552,569,583,597,598,637,660,688,693,694,707,726,732,1127,1578
吴敬舆　979
吴敬羲　1302

吴斯洺 611
吴景旭（字又旦、旦生，号仁山） 345
吴景果 397
吴景濂 1994
吴曾贯 1147
吴曾祺 1106,1986,2001,2005
吴棐龙 867
吴棠（字仲宣） 1218,1512,1539,1546,1568,1586
吴森 976
吴游龙 169
吴湘皋 390,518,695
吴焯（字尺凫，号绣谷） 193,506,558,573
吴琯 1041
吴瑛 554
吴葆晋 1367
吴裕亿 1126
吴裕垂 1284
吴裕德 918,920,930,932,941,942,943,944,949,957,959,983,996,1000,1023
吴谦（字六吉） 112,329,688,711,1585,1633,1699,1871
吴超 566
吴遐龄 1292
吴道伟 191
吴道谦 214
吴道新 205,228
吴道镕 1692,1961
吴锐 595
吴雁舟 1674,1733
吴雯 209,656,856
吴鲁（字肃堂，号且园，晚号老迟，又号白华庵主） 1402,1677,1679,1687,1813,1833,1915,1953
吴鹄 1251
吴鼎（字尊彝，号易堂） 606,654,684,691,699,700
吴鼎臣 1096
吴鼎飏 980
吴鼎雯 932,942,943,945,958,979
吴鼎新 902
吴勤邦 1409
吴嗣范 902
吴嗣富 807
吴嗣爵 849
吴嵩 221,337
吴嵩梁（字兰雪、子山，号石溪老渔） 799,1050,1142,1195,1197,1215,1229,1246,1294,1317,1333,1377,1388,1459
吴嵰 1352,1368
吴慈鹤（字韵皋，号巢松） 904,1173,1233,1287
吴慎 732
吴慎先 25
吴椿 1133,1246,1300,1342
吴楚椿 888
吴溢 84
吴溶 595,671,724
吴煊 1004,1050
吴煦 1483,1491,1541
吴照 1043,1050
吴瑞焉 409
吴福年 1397
吴稚晖 1245,1522,1749,1790,1827,1840,1861,1863,1900,1918,1946,1963,1964,2000,2002
吴筠孙 1707
吴简民 558
吴蒲 1028
吴虞 1568,1606
吴锡龄 861,932,933,945
吴锡麒（字圣征，号穀人） 669,807,867,901,911,932,943,944,950,957,958,959,970,971,972,999,1027,1035,1064,1101,1147,1188,1216,1230,1421
吴锡麟 943,973,1000,1057,1064,1073,1080,1133,1162,1183,1189,1197
吴锦章 1689,1714
吴颖 53,97
吴颖芳 383,841,940

吴蔚 670
吴蔚文 1521
吴骞（字槎客，号愚谷，别号兔床、漫叟、海槎、桃溪客、墨阳小隐） 198,315,356,574,682,974,992,1003,1027,1043,1045,1065,1091,1092,1120,1127,1155,1183,1184,1191,1193,1222
吴鹏翱 1161,1235
吴嘉仪 1526
吴嘉纪（字宾贤，号野人） 82,181,213,258,263
吴嘉谷 1907
吴嘉洤 1372
吴嘉宾（字子序） 1130,1208,1342,1344,1354,1380,1399,1408,1439,1441,1514,1526
吴嘉淦 1250
吴嘉善（字子登，号竹言） 1244,1457,1485,1486,1492,1501,1507,1511,1512,1526,1539,1560,1570,1581,1594,1599,1606,1611,1614,1651,1938
吴嘉猷（字友如） 1639,1679,1706
吴嘉瑞 1738
吴墉 1264
吴慕增 980
吴毓钧 1307
吴熊光 1080,1135
吴熙载（原名廷扬，字熙载，更字让之、攘之，号让翁，晚学居士、方竹丈人、言庵、言甫） 1102,1336,1460,1549
吴璥（字鞠通） 668,755,1091,1186,1315,1345
吴碧峰 934
吴端升 486
吴篪 1227
吴肇元 867
吴蔚光（字执虚，号竹桥，晚号湖田外史） 651,1130,1267
吴蔼 1256
吴锺善 1855

吴韬 648
吴鹗峙 649
吴䎃 606
吴履泰 552
吴德征 1343,1356
吴德信(字成友) 404
吴德润 671,709
吴德旋(字仲伦) 805,952,983,1051,1128,1153,1207,1223,1265,1272,1315,1317,1325,1343,1344,1371
吴德章 1588
吴德潇 1725,1737
吴遑 73
吴潮 1881
吴璋 552,1326
吴璜 889
吴蕃昌(字仲木) 4,48,65,179,198
吴觐光 559
吴镇 461,670,780,983,1035,1179
吴镐 1184
吴震方 210,380,392,471,759
吴震生(字长公,号可堂) 345,813
吴鲫棣 1256
吴蕭(字及之、山尊,号抑庵) 736,1050,1096,1159,1171,1195,1226,1230,1251,1323
吴冀成 960
吴樵 1725
吴樾(原名梦霞,字孟侠) 1598,1812,1823,1843,1863,1874,1900,1902,1905
吴澓 350
吴璥 979,1265,1273
吴衡照(字夏治,号子律) 1223,1228
吴赞诚 1599,1605
吴辙 327
吴镛 779,803
吴徽叙 1235
吴懋 30

吴懋清(字澄观,号回溪) 858,1402,1713
吴懋谦 60
吴懋鼎 1770,1777
吴襄 98,397,444,504,526,587
吴瞻泰(字东岩) 398
吴瞻淇 385
吴鳌 797
吴颢(字仰颢,号洛波、退庵) 756,1107
吴骥 312
吴瓖 996
吴麟 595
吴麟徵(字圣生、来玉,号磊斋,谥忠肃) 7,465,677
员家驹 844
坎贝尔 1847
妥礼尔 1452
宋于庭 984,1801
宋士吉 116
宋士庄 654
宋士宗(字司秩) 596,599
宋大业 262,309,317
宋大樽(字左彝,一字茗香) 1090
宋广业 465
宋之盛(字未有,称白石先生) 99,134,229,599
宋之绳(字其武,号柴雪) 30,55,56,61,69,76,140,213,969,985
宋书升(字晋之) 1695
宋云会 608
宋仁溥 952
宋凤翼 1120
宋世 1608
宋世荦(字卣勋,号确山) 794,1010,1052,1196,1227,1235,1251
宋可发 84
宋永清 426
宋玉朗 427
宋生 470
宋名立 642,649
宋在诗 486,769,793

宋如辰 262
宋如林 1227,1271
宋如柏 443
宋如楠 1258
宋庆 1708,1718
宋庆长 774
宋廷佐 527
宋廷旃 547
宋成绥 876
宋权 21,28,29,32,873
宋至 346,385,397
宋邦绥 694,805,1053
宋伯鲁 1456,1654,1737,1750,1760,1762,1763,1764,1765,1766,1767,1773,1778,1779,1785
宋作宾 221
宋君荣(字奇英) 493,529,531,760,817
宋圻 954
宋希肃 24
宋应星(字长庚) 91
宋怀金 458
宋杞 18
宋良翰 227
宋苍霖 319
宋足发 649
宋际 774
宋其沅 1245
宋国荣 91
宋宗元(字悫庭) 803
宋宝棫 1511
宋实颖(字既庭,号湘尹) 299,399
宋居仁 1709
宋庚 1227,1277
宋枋远 928,932,943,945
宋玮 475
宋绍业 465
宋育仁 1472,1568,1577,1704,1710,1725,1728,1738,1750,1755,1773,1788,1901,1986
宋若水 808
宋鸣珂 1197

宋鸣琦　998,1126,1326
宋俊　446
宋保　887,1127
宋咸熙　1078,1087,1119,1147
宋宣　786
宋思楷　1135
宋恂　724
宋祖墀　255
宋荦（字牧仲，号漫堂、西陂、绵津山人）　42,109,117,160,236,256,257,266,275,311,327,336,337,347,348,360,380,396,414,428,433,434,441,448,497,834,846,950,1356
宋宾王（字蔚如）　493,540,546,607,659,1035,1220
宋恕（初名存礼，字燕生，后名衡，字平子，别号六斋，自署不党山人）　1504,1543,1548,1557,1563,1570,1577,1589,1595,1600,1607,1615,1622,1623,1631,1638,1647,1654,1660,1666,1673,1675,1679,1687,1694,1697,1702,1711,1725,1738,1748,1750,1752,1782,1789,1803,1814,1822,1825,1844,1865,1879,1897,1916,1932,1958,1987,1988
宋恭贻　374
宋振麟　237,257,323,703
宋晋　1497,1547,1556
宋桂　998
宋润　1221
宋继稑　1394
宋起凤　90,254
宋载　666,687
宋敏求　210,309,570,585,874,912,976,983,1001
宋敏学　272
宋教仁　1628,1803,1827,1844,1857,1862,1875,1876,1877,1891,1895,1896,1898,1905,1910,1925,1928,1947,1964,1977,1982,1990,1992,1999
宋曹（字彬臣、邠臣，自号射陵逸史、耕海潜夫、汤村长史）　373,374
宋梅　807
宋焕　737
宋维孜　583
宋绵　667
宋绵初（字守端，号瓞园）　887,1792
宋铣　841,878
宋铨　771
宋弼（字仲良，号蒙泉）　158,388,701,808,809
宋惠绥　756
宋景关　746
宋景昌　1140,1378,1886
宋景愈　326
宋朝楠　286
宋湘（字焕襄，号芷湾）　683,1096,1097,1197,1286
宋琬（字玉叔，号荔裳、漫人、无今）　18,23,36,45,76,88,89,94,99,101,103,104,109,150,156,173,205,214,248,275,432,472,798
宋缙　1205
宋翔凤（字虞廷，一字于庭）　692,877,965,1013,1098,1105,1154,1176,1179,1180,1217,1239,1254,1257,1369,1404,1445,1468,1471,1487,1516,1566,1678
宋葆淳（字帅初，号芝山）　1083,1212,1236,1279
宋荦　344
宋谦　51,1240
宋嗣京　272
宋嗣炎　196
宋楚望　722
宋楠　569
宋溶修　816
宋照　474,595
宋献策　1
宋筠　420,596,601
宋肆樟　272
宋鉴（字元衡，号半塘）　356,678
宋锦　563,717
宋徵舆（字直方、辕文）　104,129
宋徵璧　44
宋德宜（字右之，号蓼天，谥文恪）　58,76,124,137,148,150,187,206,210,251,260,270,283,313
宋瑾　350
宋镕　920,942,950,957,959,970
宋衡　262,402
宋骧　170
宋灏　1285
寿耆　1629,1908
寿致润　404
寿富（字伯茀，号菊客）　1522,1819
岑观澜　1067
岑宜栋　730
岑建功　1382,1403,1412,1413
岑春煊　1496,1745,1844,1860,1863,1908,1913,1936
岑振祖　1067
岑淦　1412
岑毓英　1572,1582,1623
岑镕　1412
岛田重礼　1802
希元　1664,1666
希福　1,36,38,39,225
希福纳　261
庐彤　1984
库寿龄　1639,1866,1882
库罗巴金　1581
库思非　1616
库勒纳　176,189,215,216,218,270,285,286,302,308
应士龙　745
应丹诏　1173
应公　553,1380
应先烈　1191
应祖锡　1649
应德广　724

应撝谦（字嗣寅，号潜斋） 10, 12,26,33,41,58,64,97,99,103, 138,166,175,200,202,217,219, 223,225,233,249,281,322,358, 400,433,1181
应潜斋 1188
张一炜 171
张一谔 212
张一魁 71,78,158
张一鹏 1917
张一麐 1751
张一麟 1855
张乃史 724
张乃孚 1020
张九华 902
张九征（字湘晓） 41,177,200, 254
张九钺（字度西，号紫岘，又号陶园，别号梅花梦叟） 491, 803,1128,1206
张九镡 751,957,959,960,970, 971,972,979
张二奎（原名士元，号子） 1201,1488,1684,1715
张人龙 1112
张人骏 1968
张力行 926
张又李 655
张万寿 264
张万青 739
张万选 27
张万清 1094
张三异 171
张三俊 169
张三省 53
张习孔 97
张士元（字翰先，号鲈江） 736, 987,1173,1273
张士任 159
张士灿 654
张士凯 861
张士范 914
张士保 1405
张士骃 366

张士浩 405,422
张士珩 1633,1673
张士琏 547,554
张士琦 386
张士甄 30,55,61,87,259
张大千 1807
张大成 127
张大有 334
张大酉 479
张大凯 1240
张大受 394,397,421,520,813
张大鼎 1075
张大猷 22
张大镛 127,1321,1345,1356
张子和 1810
张子宓 1673
张小楼 1789,1860
张丑 410
张中正 980
张丰玉 101
张丹 147,246,275
张为仪 569
张之万（字子青，号銮坡） 1181,1407,1635,1652,1757
张之屏 1096
张之洞（字孝达，又字香涛、香岩，号壶公，又号无竞居士） 1050,1109,1157,1165,1353, 1375,1376,1412,1425,1463, 1485,1491,1495,1506,1517, 1533,1543,1547,1551,1557, 1562,1563,1568,1569,1576, 1578,1582,1584,1585,1587, 1598,1599,1602,1605,1606, 1607,1614,1621,1622,1629, 1630,1636,1637,1645,1646, 1647,1648,1652,1653,1656, 1659,1664,1666,1671,1672, 1675,1676,1677,1679,1685, 1689,1691,1693,1697,1698, 1701,1708,1709,1710,1711, 1712,1716,1718,1719,1720, 1721,1722,1723,1724,1728, 1733,1734,1735,1736,1737, 1738,1744,1745,1747,1748,

1750,1760,1761,1762,1768, 1769,1772,1782,1783,1784, 1786,1787,1791,1793,1796, 1797,1801,1802,1803,1807, 1808,1809,1810,1811,1812, 1819,1820,1821,1823,1824, 1832,1833,1834,1835,1836, 1841,1842,1844,1845,1851, 1853,1854,1855,1858,1859, 1860,1862,1863,1865,1870, 1872,1874,1875,1876,1877, 1888,1889,1891,1892,1899, 1908,1909,1911,1913,1914, 1923,1928,1929,1941,1942, 1946,1948,1964,1965,1966, 1968,1971,1973,1974,1975, 1979,1987,1988,2005
张书绅 422,688
张书勋 795,943
张予介 702
张云亭 1253
张云章（字汉瞻） 313,322,367, 472,521,528
张云雷 1978,1994
张云璈（字仲雅，号复丁老人） 497,815,1107,1137,1227,1315, 1345,1356
张云翮 440
张云翼 201,202,559
张仁浃 679
张仁辅 1862
张仁榘 1355
张仁熙（字长人，号藕湾） 147, 312,392
张从龙 1261
张允观 681
张允垂 1315
张允昌 80
张元 461,596,808
张元功 962
张元臣 350,430
张元芝 685
张元怀 445
张元咎 559
张元英 1065

张元济 182,1528,1641,1692,1695,1721,1735,1736,1747,1751,1752,1763,1777,1781,1786,1790,1802,1819,1823,1824,1842,1843,1862,1878,1879,1885,1897,1913,1930,1936,1950,1977,1978,1980,1989,1993,2001,2004

张元钰 569
张元鉴 617
张无锡 969
张六图 764
张凤仪 142,548
张凤孙 596,707,811,812,816
张凤羽 90
张凤翥 746
张友宓 303
张天如 660,673,745,780
张天枢 998
张天泽 681
张天馥 202
张太虚 580
张开东 771
张开福 1362
张心至 1113
张心谷 1499
张心镜 953
张文旦 152
张文伦 793
张文光 67
张文明 18
张文英 534
张文范 159
张文虎（字孟彪，又字啸山，自号天目山樵） 1163,1262,1318,1330,1360,1369,1384,1385,1386,1397,1398,1399,1438,1453,1463,1481,1506,1510,1511,1513,1517,1518,1521,1524,1525,1526,1532,1534,1561,1562,1571,1585,1586,1596,1602,1603,1618,1627,1630,1649,1704,1987
张文郁（字太素） 60

张文炳（字明德） 170,347,505,519
张文豹 305
张文焕 308
张文渭 1788
张文瑞 656
张文鉴 1143
张文嘉（字仲嘉） 205
张文熙 100
张斗 169
张方佳 642
张日星 121,280
张长林（字明山，时人称泥人张） 1288,1921
张长庚 55,56,61
张风（字大风，号升州道士、上元老人） 12,27,52,91,102
张世芳 693
张世宝 829
张世贵 1506
张世准 1795
张世绥 319,335
张丙宿 357
张丙嘉 1674
张丙震 918,1125
张东荪 1658,1900,1918,1999
张乐行 1478
张仪朝 482
张兰皋（原名一是，字天随） 655,686
张兰清 569
张古余 1153
张召南 213
张可久 57
张可元 245
张可立 254
张史笔 751
张右栻 381
张四科 744,759
张四教 289
张圣业 341
张圣功 803
张圣训 512,608

张圣范 562
张尔介 220
张尔田（一名采田，字孟劬，号遁庵、遁庵居士） 1574,1951,2002
张尔岐（字稷若，号蒿庵居士） 32,52,69,99,120,127,139,144,147,180,198,199,232,253,641,648,745,754,846,1029,1454
张尔素 18
张尔琪 1355
张尔谦 629
张弘映 630
张弘斌 280
张必刚 939
张本 1361
张本枝 1141,1246
张正 327
张正瑷 547
张永贵 808
张永福 1934
张永清 1155
张永祺 61
张永瑷 759
张永曙 432
张汉 445,470,541,592,595,605,607
张汉芳 816
张玉书（字素存，号润甫，谥文贞） 41,93,94,103,109,124,145,188,207,216,217,225,232,235,240,241,277,286,302,303,307,312,315,325,333,337,346,348,349,377,387,392,396,405,429,434,435,449,456,463,465,551,1045,1139
张玉霖 1920
张石州 1402
张石舟 710,1467
张用星 1235
张立本 1078,1148,1215
张仲炘 1979
张仲芳 1020
张仲馨 80

张伊　1271
张伟　1249
张伟文　1949
张传晊　583
张伦　446
张伦至　422,426
张先甲　1191
张先振　1534
张先跻　552
张光启　75
张光豸　210
张光祖　84,326
张光藻　1546
张冲斗　171
张匡学　677,1082
张华　111,661
张吉安　1097,1142,1197,1264
张因　1143
张在田　1134,1191
张在浚　623
张如岩　805
张如锦　372
张存仁　10
张守光　285
张安世　750
张安保　1412
张师诚　1153,1165,1171,1275
张师栻　444,521,625
张师载　322,444,518,521,625,661
张庆桐　1892,1899
张庆源　1012
张延绪　518
张延福　666,724
张廷玉（字衡臣，号研斋，谥文和）　163,184,203,211,225,241,302,303,309,346,351,355,366,383,385,390,403,409,418,431,438,444,447,455,457,463,468,473,480,486,492,500,501,502,510,511,512,518,521,524,532,534,539,546,551,552,557,558,566,567,568,574,575,576,579,580,581,582,583,588,591,592,594,596,604,605,606,607,612,615,620,621,623,624,633,641,643,644,656,664,666,669,672,674,677,682,685,691,693,727,733,735,861,868,915,916
张廷芳　984
张廷枢　233,309,351,378,404,419,430,443,444,479,498,538
张廷采　876
张廷奏　596
张廷济　809,1088,1148,1229,1319,1362,1414,1449,1454,1474
张廷相（字仪原名汝林，字顺安，号叔未，一字说舟，号竹田，又号海岳庵门下弟子九）　460
张廷钦　1197
张廷珩　503
张廷球　617
张廷琛　634
张廷槐　596,1296,1320
张廷瑑　503,532,595,597
张廷瑞　805
张廷锦　974
张廷璐　474,503,594,596,630,634
张廷鹭　871
张廷瓒　210,340
张式道　1370
张成义　677
张成孙（字彦惟）　1159,1233,1344,1346,1370
张成信　998
张成遇　366
张成善　1294
张成德　793
张执中　571
张扬彩　245
张收缨　1344
张旭　438,1109,1927
张旭升　1505
张毕宿　221
张汗　18
张汝房　1148
张汝润　673
张汝霖　120,659,703,714
张江　460,503,541
张百祥　1932
张百撰　1365
张百熙（字埜秋，一作冶秋，号潜斋）　1411,1569,1582,1599,1622,1666,1723,1737,1749,1777,1821,1823,1834,1835,1840,1841,1853,1854,1855,1859,1870,1871,1892,1904,1905,1908,1940
张竹君　1814
张竹坡（名道深，字自得，号竹坡）　320,342
张考　503
张自勋（字不兢）　34,414
张自烈（字尔公，号芑山）　33,34,465,895
张自超（字彝叹）　334,431,472,689
张行孚　1617,1640
张西堂　321
张许　1106
张访梅　1844
张贞（字起元，号杞园）　298,353,405,422,441
张贞生（字幹臣，号箕山）　76,82,148,186,205
张邦　1106
张邦伸　903,1135
张问行　169
张问达（字天民）　212
张问明　168
张问政　563
张问陶（字仲冶，号船山）　789,1010,1019,1023,1026,1035,1051,1057,1064,1071,1072,1073,1080,1083,1088,1097,1105,1111,1125,1140,1141,1164,1171,1183,1189,1197,1201,1221,1446
张齐曾　1086
张亨釪　1486

张亨嘉(字燮均,又字铁君)
  1411,1857,1922,1941,2005
张伯行(字孝先,号恕斋,晚号
  敬庵,谥清恪) 38,96,137,
  156,165,166,176,181,195,202,
  227,232,234,262,266,296,304,
  309,317,346,354,366,371,372,
  385,391,397,403,406,408,409,
  414,415,420,421,426,427,430,
  431,432,438,440,444,451,452,
  454,456,458,459,463,468,477,
  482,484,485,486,489,490,498,
  499,501,502,506,508,509,512,
  514,515,518,520,521,528,556,
  573,598,617,618,625,644,654,
  663,703,704,870,929,1050,
  1164,1494,1526,1544
张伯苓 1586,1686,1711,1724,
  1751,1786,1788,1825,1878,
  1933,1950,1967,1998
张伯祥 1924
张伯魁 1112,1166
张位 584,968,972,979
张佑 1321
张作舟 421
张作砺 90
张作楠(字丹邨、让之) 178,
  1159,1250,1299,1757
张克壮 110
张克明 750
张克家 145
张克巍 210
张利贞 1291
张君劢 1664,1790,1846,1865,
  1880,1916,1925,1933,1964,
  1969,1980,1995
张君宾 939
张启辰 1437
张园真 289
张圻 750
张圻隆 169
张均 1220
张均衡 1343
张声远 235,246,289
张声玠 1130,1415

张孝达 1697
张孝时 309
张孝准 1879
张孝谦 1646,1855
张孝龄 1235
张宏远 661
张宏敏 397,595
张宏猷 30
张宏燧 1142
张寿峒 309
张寿荣 1276,1608,1632
张希良 262,278,286,342
张希缙 1191
张应平 415
张应时 1236
张应诏 513
张应辰 1205
张应昌(字仲甫,号寄庵)
  1030,1465,1544,1563,1572
张应绍 264
张应星 465,520
张应桂 42
张应造 458
张应绶 421
张应煜 677
张应誉 1552
张应鳌 677
张彤 1154
张志达 771
张志奇 624,746
张志栋 166
张志谦 1117
张志超 925
张志聪(字隐庵) 8,52,91,105,
  109,128,147,160,342,495
张志瀛 1706
张怀泗 1221
张怀渭 1205
张怀路 1024
张我朴 69
张我观 793
张扶翼 120,121
张杉 466

张杏滨 798
张杓(字磬泉) 1160,1282,1410
张来求 503
张步骞 1458
张步瀛(字翰仙) 310
张沆 1331
张沐(字仲诚,号起庵,称上蔡
  夫子) 94,99,166,218,284,
  310,341,358,367,374,381,394,
  490,1494
张灿 474,899
张灿然 76
张秀儒 1934
张纯 347
张纯一 1704,1875
张纯儒 196
张良赞 1347
张花甲 730
张苌 1431,1439
张赤山 1669
张迎煦 1109
张运白 1079
张运兰 1457,1484
张运昭 1331
张进 640,1085
张远(字尔可) 265,324,327,
  399
张远览(字伟瞻,号梧冈) 537,
  1128
张连登 422
张邵振 398
张际亮(字亨浦,号松寥山人、
  华胥大夫) 408,1102,1254,
  1321,1323,1336,1342,1368,
  1375,1387,1391,1393,1544,
  1610,1682
张京颜 726
张佩纶(字幼樵、绳庵,号黄斋,
  又号言如、赞思) 1416,1552,
  1605,1621,1635,1636,1637,
  1665,1671,1684,1807,1819,1873
张佩芬(字薪圃,号卜山,初名
  泇芳,字公路) 565,1054
张佩芳 815,821,1028

张佳晟 398	张宝德 1431	张炜 104,474,1437
张其文 422	张实斗 171	张玢 420
张其昺 964	张宠俊 28	张玮 83
张其珍 168	张尚元 398	张秉政 280
张其维 610	张尚贤 93	张秉钧 1292
张其善 159	张尚缓 286	张绅 1327
张其锦 1064,1168,1182,1186,1192	张尚瑗(字宏蘧、损持) 270,287,432,446,902	张绍 394
张其毓 57	张尚鉴 998	张绍仁 1197
张国彦 75	张岱(字宗子、石公,号陶庵、蝶庵) 19,52,182,256,1445	张绍玒 1271
张国栋 1256		张绍臣 1987
张国钧 1277	张岳崧(字子骏,号觉庵、指山,又号己巳探花) 848,1163,1225,1255,1384	张绍南 1230
张国常 584		张绍铭 1697
张国维(字九一、其四,号玉笥) 12,20,1930,1966	张岳龄(字南瞻,一字子衡,自号铁瓶道人) 1231,1650	张经 280
张图南 1003		张经田(字壶山) 980,996,998,1049,1222
张坤 980	张庚(原名焘,字浦山,又字公之于,号瓜田逸史,晚号弥伽居士) 161,230,542,586,592,596,626,694,696,734,741,744,746	张罗哲 115,257,394
张坤德 1734,1742		张肯堂 10
张坦 205,212,583,602		张若 902
张坦让 493		张若木 1220
张坦熊 563		张若采 1097
张奇抱 177,262	张建勋 1671	张若涵 503,552,557
张奇勋 133,151,235	张弨(字力臣,号亟斋) 128,137,176,189,232,303,305,338	张若骕 1161
张季长 502		张若淮 835,841,848,852
张季鸾(名炽章,笔名一苇、榆民等,以字行) 1670,1901,1951,1982	张怡(初名鹿征,一名遗,字自怡,号瑶星) 296,343	张若筠(字竹邻) 588,1093
		张若澄 685
	张怡庵 1957	张若震 575
张学礼 100	张所志 141	张若霭 566,567,583,597,622,647,653,659,662
张宗苍 701,808	张承先 954,1154	
张宗法(字师右,号未了翁) 765	张承华 1563,1655	张英(字敦复、梦敦,号乐圃,谥文端) 51,126,164,165,178,194,195,203,215,217,225,233,234,235,269,270,276,278,286,288,293,302,303,306,308,331,332,340,349,350,351,353,361,371,396,418,428,456,551,733
	张承宠 1135	
张宗柟 765	张承烈 237,257,400	
张宗说 569	张承谟 667	
张宗泰(字登封,号筠岩) 698,1191,1235,1322	张承缨 1769	
	张明先 262,346	
张宗祥 64,182,1702,1738,1751	张明叙 548	张英甫 1752
张宗轼 1028	张明荐 69	张英奇 142
张宗商 793	张明焜 221	张英举 1221
张宗裕 1291	张杰 745,1238	张英麟 1862
张宗櫹 915	张松孙 985,992,1003	张茂 1883
张官五 1028	张松龄 58	张茂节 159,263
张官德 1955	张枋 715,717,751	张茂稷(字子芸,号芸圃) 249
张定鋆 1439	张枚 520	张范 596,1035
		张范东 1291

张虎拜 918,920,943,948,950,959,972,996
张表 30
张诗 373
张诚（字实斋） 278,288,294,297,303,306,310,411,413
张诩 1154
张述辕 460
张采（字受先,号南郭） 28,49
张金友 446
张金兰 1595
张金生 1588
张金吾（字慎旃,号月霄） 219,1005,1082,1159,1199,1228,1234,1235,1239,1241,1266,1280,1281,1284,1286,1292,1297,1305,1445,1578,1662
张金城 926
张金镕 1271
张金镛（原名敦瞿,字良辅,一作良甫,又字鉴伯,号海门,一号忍庵） 1146,1488
张青 1221
张青峰 1171
张鸣岐 1336,2001
张鸣珂（字玉珊,号公束,晚号窳翁、寒松老人） 220,587,1305,1492,1533,1668,1957,1958
张鸣钧 458
张鸣铎 876
张亮基 1438,1443,1597,1628,1650
张俊哲 84
张勇 201,551
张勋 730
张南山 1406
张南英 764
张南煐 703
张厚郿 1185
张叙（字滨璜、宾王、凤冈） 307,596,707,738,870
张复 286
张奎华 133
张奎祥 636

张姚成 996,998
张宪和 1955
张带 1335
张度 985,1291
张彦士 59
张彦绅 379
张彦曾 1026
张思齐 170,218,235
张思明 278
张思勉 751
张恨水 1731
张拜莼 1367
张施仁 797
张晒 728
张星法 326
张星焕 1285
张星鉴 1482,1500,1508,1566
张映斗 569
张映玑 1109
张映辰 569
张映宿 1271
张映窗 1459
张春帆 1561,1921,1973
张春第 1408
张春源 1189
张昺 309,322
张显相 1247,1338
张柱 1191
张树 1370
张树声（字振轩） 1273,1607,1620,1640,1643
张树槐 998
张树绩 1370
张树绩 1042
张洗易 262,280
张洞 724
张洞宸 159
张洪任 38,208
张洲 823,986,1053
张济世 769
张炳翔 1632,1648,1661
张炤美 559,687
张珍 445

张皇辅 272,541
张相 1593
张相文 214,1528,1830,1865,1869,1881,1916,1933,1967
张矩 1213
张祖年 465
张祖廉 1817,1855
张禹玉 233,340
张笃庆 174
张笃行 27
张美如 584
张美翊 1843,1863
张荃 665
张荣 484
张荣德 97
张荩 78,244
张荫桓（字樵野） 1353,1616,1645,1647,1652,1708,1717,1736,1759,1769,1770,1775,1776,1778,1817,1968
张荫棠 1936
张重润 84,169
张钝 903
张钟秀 775,868
张钧 1206
张钫 465
张倬 538,1137,1186
张埙（字商言、商贤,号瘦铜,又号吟乡,别号石公山人、小茅山人） 203,381,765,914,942,950,957,1022
张夏 121,234,254,294,319,334,400,401
张家玉 22,323
张家驹 867
张家栻 1128
张家缙 1291
张家骧 1605
张峻迹 272
张恩霨 1631,1955
张恭 1447,1881,1965
张振义 595
张振先 170

张振鋆 1675,1699
张振夔 1285,1424
张振麟 463
张晋 69
张晋生 571
张晓山 1177
张桂芳 279
张桂辛 1893
张泰开 727,762,856
张泰交 406,863
张泰来(字扶长) 311
张泰基 511,512
张浦斋 1525
张浩 427
张海 673,687,695,724
张海珊 1315,1435
张海鹏(字若云,号子瑜) 736,1143,1162,1217,1222,1266,1305,1397
张涛 793
张润 1184
张烈(字武承,号孜堂) 144,207,208,226,227,232,234,241,261,267,279,322,521
张珥 237,400
张珩 628,707
张珽 158,667
张祥云 1067,1126
张祥河(字诗龄,又字元卿) 987,1246,1295,1405,1501
张祥晋 1347
张积中 1525,1584
张素 571
张素仁 171
张继 1628,1812,1824,1827,1844,1845,1857,1861,1863,1868,1870,1875,1877,1891,1927,1930,1934,1969
张继宗 208,463
张翀 341
张耕(字芸心) 1286
张能照 896,901,909,917,958,960,979
张起贵 272

张起鸿 394
张起鹍 255
张起麟 420
张载华 889
张辂 808
张通典 1912,1913
张通谟 1855
张逢尧 665
张逢欢 151
张逢宸 64
张钺 681,687
张难先 1876,1881,1909
张顾鉴 1080
张乾元 532,661
张埔春 1326
张寅威 427
张崇兰 811
张崇朴 654,673
张康仁 1556,1558,1616,1631,1655,1665,1963
张彬 571
张悫 41
张悬锡 55,56,57,61
张敏树 1154
张望 1179
张梦征 474
张梦喈 732
张梦祺 1355
张梦蓉 1337
张欲翕 156
张淑孔 280
张淑木 756
张淑载 624
张淑渠 816
张深 1321,1361
张淳 438,867,1033
张渊懿 205
张焕 446,751
张焕纶 1594,1660,1735
张焘 769,918,919,920,921,930,942,943,948,950,957,958,959,968,970,971,972,979,984,1033,1161,1170

张盖 199
张盛铭 465
张盛藻 1529,1530,1531
张章 608
张符升 665
张符骧(字良御,号海房) 48,248,363,486,536
张绰 608
张维房 305
张维屏(字子树,一字南山,号松心子,晚号珠海老人) 927,1255,1272,1282,1289,1306,1309,1340,1343,1347,1362,1369,1370,1374,1375,1380,1383,1387,1388,1393,1400,1405,1407,1409,1410,1413,1417,1424,1426,1430,1432,1439,1444,1452,1463,1469,1471,1479,1481,1535,1601,1627
张维祺 935,1020
张维翰 1099
张菊生 1929
张营堠 1135
张谐之 1882
张象文 420
张象灿 168
张象津 1302,1344
张象蒲 366
张象魏 797
张跃鳞 1149
张辅 272
张逸少 334,397,463
张铨 1336
张鸿 1285
张鸿卓 1430
张鸿烈 207
张善庭 1702
张喆 183
张富业 1235
张尊德 139
张嵋 280
张彭春 1700,1950
张惠言(字皋文) 10,96,253,692,772,912,962,983,991,1045,

1051,1057,1080,1083,1094,
1095,1096,1105,1107,1111,
1122,1125,1127,1141,1159,
1162,1167,1181,1186,1197,
1223,1229,1248,1250,1288,
1304,1317,1323,1328,1332,
1334,1339,1346,1371,1378,
1419,1666

张敦仁（字古余,一作古愚）
726,867,1114,1131,1148,1155,
1204,1211,1332,1340

张敬礼　1117
张敬堂　1499
张景山　1945
张景祁　1533,1570
张景星　595,666,758,772,1335
张曾庆　309
张曾扬　1058
张曾炳　905,907,918,920,928,
932,933,943,945
张曾敏　1012
张曾敞　791
张朝午　451
张朝晋（字莘皋,晚号北湖）
163,726
张朝琮　391,432
张朝瑞　44
张森（字玉标）　374,375
张森楷　1477,1548,1568,1584,
1587,1880,1994
张湄　569,1271
张焜　132
张煐　1126
张琦（初名翊,字翰风,号宛邻）
240,327,789,1010,1083,1162,
1205,1206,1300,1301,1309,
1310,1325,1328,1406
张琮　341,479
张琰　637
张琳　470
张琴　1066,1347,1525
张琴堂　1281
张琼英　1271
张瑛　1631

张登　133,1186,1322
张登高　673
张紫岘　1020
张缙　444,538
张缙彦　52,89,306,352,873
张翔凤　309
张翕　104,110
张联元　445,493,1139
张联第　27
张联箕　158
张董达　763
张裕钊（字濂卿,一作濂卿,号
濂亭）　1267,1431,1456,1538,
1543,1555,1561,1570,1586,
1654,1661,1679,1706,1715,
1871,1904,1987
张谦宜（字稚松）　752
张谦泰　994
张赓谟　746
张超凡　875
张遂辰　289
张遇春　1357
张遐龄　816
张道（原名炳杰,字伯几,号少
南,别号劫海逸叟）　1252,
1504
张道南　888
张道浞　30
张道超　1356
张雄图　596,674
张集　240,251
张集馨　1337,1347
张鼎华　1599,1653
张鼎廷　49
张鼎新　84
张嗣衍　758
张嵩嵒　95
张廉　1235
张慎　305
张慎为　30
张慎仪　912,2003
张慎发　167
张慎言（字金铭,号藐姑）　14

张慎和　901,905,920,928,932,
943,948,970,972
张摺　1010,1099
张新标　200
张椕　464
张楚钟　1590
张楣　644
张楷　271,489,1028
张殿华　1392
张殿桂　440
张殿珠　168
张潜（字尚若）　42,172,206
张溥　16,28,49,54,161,625,996,
998
张溥泉　1855
张煌言（字玄著,号苍水）　12,
36,41,48,51,70,109,113,1876,
1913,1949,1951
张照（初名默,字得天、长卿、天
瓶居士,谥文敏）　45,315,
420,509,510,518,525,568,580,
583,597,598,607,617,626,629,
633,634,642,652,656,662,664,
753,755,846,941,942,969
张献忠　3,5,323,374
张瑷　244,308,309,376,569
张瑞　1148
张瑞征　42
张甄陶（字希周,号惕庵）　596,
659,707
张福永　440
张福昶　541,577
张福谦　1191
张福僖（字南坪）　1360,1444,
1446,1504,1627
张筱帆　1987
张简庵　1188
张聘　992
张聘三　1264
张聘斋　1928
张蓉镜　1178
张鉴（字春冶,号秋水）　809,
1078,1109,1114,1132,1139,
1147,1152,1164,1175,1188,

1343,1374,1376,1394,1433,1648
张锡九 1265
张锡纯 1489,1973
张锡庚 1342,1423
张锡恈 73
张锡驹 441
张锡縠 1249
张锦传 596
张锦芳 848,1151
张锦珩 1096
张雍敬 325,490
张靖 57
张鹏一 1754,1882
张鹏飞 1418,1432,1433
张鹏冲 532
张鹏举 394
张鹏展 1285
张鹏翀（字天扇，号南华） 292,664
张鹏翎 167
张鹏翮（字运青，号宽宇，谥文端） 31,144,242,264,289,305,308,310,363,365,371,398,430,431,466,473,485,492,498,517,520,551,644
张鹏翼（字萤子，晚号警庵） 460,461,1325
张僖 1723
张嘉 18
张嘉谷 915
张嘉和 871
张嘉玲（字佩葱） 179
张嘉禄 1277
张嘉颖 465
张戬 171
张暧 104
张榕 1644,1865,1881,1900,1951,1994
张榕端 189,317,348,454
张毓瑞 363
张毓碧 348
张漪 1199
张熉 1360
张熊 1472,1806

张熙 538,543,545,581,582
张熙先 1161
张璨光 273
张睿 666
张端 9,38,39,47,311
张粹 1198
张𩴴 1296
张肇桐 1844,1864,1871
张肇基 998
张肇煐 1162
张蔚 426
张蔼生 357
张静江 1918
张鼐 893
张塈 168
张履（原名生洲，字渊甫） 1047,1279,1287,1323,1435
张履祥（字考夫、渊甫，别号念芝，学者称杨园先生） 4,11,19,24,29,41,48,57,76,78,88,93,104,120,121,126,128,137,145,151,156,167,176,179,198,239,407,503,726,760,761,954,1149,1164,1311,1312,1351,1472,1494,1527,1547,1549,1551,1553
张履程 1134
张德地 571
张德坚 1442
张德纯 454
张德标 1161
张德容 1559
张德桂 334
张德泰 636
张德盛 514
张德尊 1265
张德源 793
张德彝 1562,1890
张德骧 1825
张慧 322,1147
张遹 170
张潜（字上岩） 30
张潮 270,320,342,348,357,360,369,372,410,1328

张澍（字时霖，又字伯瀹，号介侯，又号介白） 584,941,1096,1135,1185,1227,1228,1251,1259,1302,1331,1349,1410,1411,1661
张澜 1561,1568,1803,1865,1879,1994
张璇 30,1028
张稷谟 287
张聪贤 1205
张聪咸（字阮林、小阮，号傅岩） 967,1166,1174,1175,1196,1198,1201,1275
张豫章 285,287,422,423
张鹤龄（字通莱，又字长孺，号筱圃） 1528,1695,1826,1916,1961
张熷 573,992
张燕昌（字芑堂，号文鱼，又号金粟山人） 619,821,1073,1148,1201,1229
张璘 132
张璞 19
张璟 167
张穆（本名瀛暹，字诵风，一字石洲，亦作石舟、硕州，别署季翘、惺吾，晚号靖阳亭长） 201,217,237,394,709,815,1054,1145,1277,1282,1289,1318,1326,1344,1345,1347,1375,1376,1385,1386,1388,1392,1393,1399,1400,1404,1408,1417,1418,1422,1445,1467,1474,1480,1504,1527,1536
张穆（字穆之，号铁桥） 290
张羲年 852
张諴 1028
张鑰 1431
张镜心（字孝仲、晦臣，号湛虚） 65,172,363
张镠（字子贞，又字紫贞，号老姜、井南居士） 1252
张镠（字紫峰） 654
张霖 245,422

张默君（名昭汉，以字行，又字
　　漱芳，别署大雄、涵秋、墨君、
　　穆素）　1644,1899,2001
张徽谟　221
张懋建　596,694
张懋诚　500
张懋能　403
张濬生　400
张燮（字子和，号茪友）　651,
　　1093,1185
张璐（字路玉，自号石顽老人）
　　329
张璐　306,328,329,342,1186,
　　1696,1714,1805,1938
张翼　1809,1897
张翼儒　869
张薰　648
张謇　1449，1552，1570，1582，
　　1607，1615，1621，1625，1646，
　　1660，1666，1673，1675，1687，
　　1695，1707，1709，1710，1711，
　　1721，1723，1736，1749，1750，
　　1786，1830，1835，1842，1843，
　　1847，1860，1863，1869，1876，
　　1884，1893，1896，1909，1911，
　　1912，1914，1928，1929，1948，
　　1959,1965,1989,1993,1994,1995
张曜　1569,1677,1679,1685,1987
张曜孙　1310,1426
张瀚　479
张瓒　171,279
张瓒昭　1301,1650
张耀芬　1982
张耀曾　610,1859,1933
张耀璧　745,751,764
张鳞　1097，1204，1215，1234，
　　1263,1282
张鳞甲　458,649
张灏　532
彻中　327
彻纲　327
志刚　1532,1537,1551
志钧　1721
志锐　1441,1605,1608,1676,1711

怀应聘　328
怀沅　980
怀荫布　780
怀恩光　1616
怀渊中　458
怀塔布　1772
怀履光　1753
折遇兰　780
改琦（字伯蕴，号香白，又号七
　　芗，别号玉壶外史、玉壶山
　　人、玉壶仙叟、横池渔父、听
　　雨词人、雪巷主、百蕴生、改
　　伯子、漆翁）　307,848,1074,
　　1097，1111，1118，1125，1133，
　　1148，1153，1160，1171，1176，
　　1183，1197，1204，1212，1215，
　　1247，1250，1256，1259，1263，
　　1270，1272，1275，1283，1289，
　　1295,1297,1298,1603
时子周　1878
时龙光　1139
时式敷　1285
时来敏　196
时宝臣　1302
时钧辙　569
时庸勋　1703
时庸励　1697
时铭（字佩西，号香雪）　799,
　　1166,1293
旷敏本　514,541,780,793
旷楚贤　979
李一　962
李一培　667
李一鹏　422
李上林　69
李久叔　1686
李于垣　1172
李卫（字又玠）　275,524,525,
　　538,550,551,558,575,577,584,
　　585,596,619
李士元　474
李士杞　385
李士珆　341
李士桢　278

李士彬　1605,1751
李士淳　438
李士蛟　59
李士琎　237,400
李士模　90,220
李士智　616
李士琎（字文伯）　237,400
李士璜　245
李大升　59,69
李大本　674
李大成　265
李大钊　1676,1931
李大捷　554
李大章　168,297
李子实　100
李广滋　1291
李中　190,420
李中白　28,84
李中节　99,341
李中素　278
李中培　1387
李中梓（字士材，号念莪）　60,
　　128
李中简　879,1114
李为栋　634
李为霖　83
李之兰　636
李之杜　666
李之芳（字邺园，谥文襄）　53,
　　166,216,337,551
李之栋　167
李之素　190
李之峥　518
李之藻　2,32,50,496
李书古　1205
李书阿　1253
李书诚　1864
李云　1264
李云龙　189,730,739,1094
李云沾　201
李云骐　630
李云景　159
李五悖　583

李仁山 660
李仁元 1633
李允升 1439
李允性 722
李元(字太初,号浑斋) 985,1058,1127
李元升 554
李元正 444,786
李元让 242
李元奋 913
李元直 718,774
李元亮 552
李元度(字次青,一字笏庭,自号天岳山樵,晚更号超然老人) 249,1201,1252,1293,1387,1419,1435,1438,1443,1448,1451,1461,1466,1468,1473,1477,1491,1495,1498,1513,1518,1525,1536,1549,1561,1571,1592,1602,1609,1663
李元春(字时斋) 337,814,957,959,1338,1339,1431,1453,1706
李元桂 189
李元振 252,259
李元鼎 39
李元震 151
李六谦 245
李凤岐 458
李凤和 1238
李凤苞(字海宾,号丹崖) 1335,1538,1581,1582,1588,1593,1594,1635,1643,1652,1663,1941
李凤翥 350,426
李化楠 955
李升阶 764
李友洙 793
李友棠 835,841,848,849,852,882
李友榕 1235
李天一 942
李天龙 474
李天旭 673
李天秀 569,1003

李天坦 998
李天宠 458
李天根(原名大本,自号云墟散人) 680
李天祥 385
李天培 352
李天维 562
李天植(字因仲,号蠹园居士,后更名确,字潜夫,号龙湫山人) 99,160,796
李天琰 724
李天馥 76,124,189,202,207,230,260,281,286,312,317,349,360
李开叶 486
李开芳 1442
李开泰 263
李文田(字仲约,号若农,一作芍农) 1335,1478,1485,1511,1518,1533,1543,1547,1562,1628,1653,1666,1672,1678,1720,1721,1730,1756
李文龙 707
李文沂 1648
李文茂 1456
李文柱 569
李文炤 162,469,587,617,1425
李文浩 242
李文耕(字心田,号复斋、垦石) 777,1357,1362,1527
李文渊(字静叔) 379,797
李文琰 738
李文锐 458
李文煌 42
李文献 218,255
李文瀚(字云生,号莲舫,别署讯镜词人) 1145,1466
李文藻 370,441,556,750,755,763,778,786,796,811,845,848,855,867,904
李文耀 694,775
李斗 598,786,1066,1078,1359
李方谷 1105
李方湛 1147

李方蓁 235
李方榕 715
李方膺(字虬仲,号晴江、秋池) 345,571,598,623,630,670,693,733,742
李日芃 43
李日更 404
李曰栋 336
李曰珊 617
李月枝 483
李木天 308
李木火 1600
李长庚 168,705
李长荣 1452,1479
李长森 969,1049
李长龄 1397
李丕先 170
李丕垣 470
李丕煜 483
李世由 1948
李世孝 426
李世芳 1185
李世忠 1596,1609
李世昌 121,169,182
李世杰 791,910,911,924,944,950,987,1000
李世治 49
李世贤 1483,1499,1511
李世保 803
李世溁 427
李世熊(字元仲,号愧庵,自号寒支道人) 255,273,353,392,862
李世锡 371
李东绍 740
李东圉 1052
李仙根 133,148,150,165,184
李仙得 1567
李以琰 644
李仪古 30,55
李兰 474
李兰英 386
李兰梓 440

李发长 109
李发甲 464
李古渔 1667
李可采 527
李台 996,1113
李叶 166
李四光 1991
李圣五 1881
李圣年 703
李宁仲 139
李平 83,124
李弘文 442
李弘志 649
李旦丘 1867
李本 297,941
李本定 116
李本洁 688
李本榇 769
李本涵 286
李正曜 649
李永书 648,756
李永寿 555
李永庚 166
李永锡 793
李玉（字玄玉、元玉，号苏门啸侣、一笠庵主人） 31,49,53,60,153
李玉书 1713
李玉成 1722
李玉菜 1564
李玉章 913
李玉铭 1347
李玉鋐 476
李生光（字闇章，自号汾曲逸民） 200,378,401
李用粹（字修之，号惺庵） 281
李白玉 1117
李石曾 1620,1918
李立 58
李㓜 775
李龙川 1607,1647
李龙官 702
李亚东 1909

李仲伟 379
李仲约 1511
李仲极 432
李仲良 679,740
李仲昭 1116
李仿梧 1319
李传甲 159
李传熊 996,998
李传燮 972
李兆星 64
李兆洛（字申耆，晚号养一老人） 244,711,814,991,1010,1019,1051,1074,1085,1118,1119,1140,1147,1159,1198,1206,1209,1220,1227,1233,1235,1240,1248,1249,1250,1255,1258,1259,1262,1267,1270,1278,1285,1293,1298,1303,1304,1305,1314,1318,1320,1325,1326,1330,1331,1338,1340,1345,1347,1349,1350,1353,1356,1357,1359,1360,1362,1365,1367,1374,1377,1406,1427,1440,1471,1502,1549,1559,1596,1619,1668,1678,1793
李先枝 486,532
李先荣 272,1082
李先复 443
李先恕 1651
李光云 979,996,998,1094
李光甲 797
李光先 1240
李光地（字晋卿，号榕村、厚庵，谥文贞） 76,90,96,117,120,122,144,149,155,156,157,165,175,181,190,191,195,201,217,219,237,252,253,255,261,263,269,170,271,275,285,287,294,304,307,308,309,317,318,325,329,332,333,334,340,346,347,354,355,357,360,363,365,366,367,371,376,377,378,384,385,390,395,396,397,403,405,407,409,411,414,419,420,427,428,

429,431,438,439,444,445,447,449,457,458,459,468,469,470,472,473,477,478,490,495,506,508,519,528,533,534,535,536,547,551,573,579,586,602,603,637,658,662,689,740,741,753,766,873,929,1050,1085,1139,1277,1313,1344,1495
李光廷 1526
李光国 596
李光坡（字耜卿、茂夫，号皋轩） 38,403,413,477,508,520,801
李光昕（字晴峰） 1584
李光泗 771
李光型（字仪卿） 477,566,595
李光昭 687,1225
李光炯 1550,1660,1841,1864,1880,1897,1951
李光祚 608,717
李光珠 1695,1738
李光第 128
李光暎（字子中） 549
李光琼 1100
李光墺（字广卿） 477,486
李兴元 90
李兴祖 236,257
李兴锐 1660
李再灏 1321
李刚己 1885
李匡济 1444
李华之 473
李合天 32
李合和 1198
李吉 235
李同 1285
李同亨 84
李同声 397,420
李向阳 52
李向明 120
李因（字今是、今生，号是庵、龛山逸史） 267
李因笃（字天生、子德，号中南山人） 103,115,120,126,131,136,183,200,201,202,207,208,

232,251,256,261,279,296,299,
323,338,381,385,394,399,400,
466,1309
李因培 616,677,759
李在文 1198
李在兹 341
李圭(字小池) 1384,1582,1887
李如圭 679,1033,1134,1214
李如柏 732
李如桐 1002
李如枚 996
李如筠 996,998
李如瑶 559
李如璐 438
李如璧 936
李守谦 212
李安邦 1300
李安德 1548
李尧观 1356
李尧栋 867,917,932,941,942,
950,979,996,1170,1197
李师舒 1120
李庄 816
李庆元 1338
李庆来(字章有,号鹿籽) 809,
1224
李庆祖 167
李庆荣 982,989,998
李庆霖 1533
李延显 221
李廷友 623,631
李廷扬 1109
李廷机 244
李廷芳 953
李廷荣 244
李廷钦 996,998
李廷宰 326,480
李廷敬 867,901,1019,1110
李廷棨 1356
李廷辉 1099
李廷箫 1507
李廷璧 1331
李式圃 1296

李式穀(字海瓠) 1308
李成林 272
李成栋 121,126
李成桂 764
李成渠 716
李成鹏 764
李扬华 1507
李早荣 888,1019
李有基 936
李有棠(字苆生) 1353,1703,
1904
李有棻 1878
李次山 1703
李次玉 1708
李汝珍(字松石) 782,1010,
1143,1173,1199,1250,1311
李汝相 440
李汝琬 773
李百川 786,1370
李约 1221
李自成 1,5,7,8,52,88,89,192,
323,988,1583,1822
李自明 1065
李自洁 745
李自重 1891
李芝兰 44
李观我 280
李观瀛 583
李贞 1956
李贞吉 51
李阳械 996,998
李亨特 1044
李伯元 1752,1803
李伯东 1881
李佐贤(字仲敏,号竹朋)
1151,1330,1513,1554,1557,
1564,1592,1818
李体天 32
李作宝 563
李克钿 1221
李克敬 359,458
李君珍 615
李含章 127

李启隆 1995
李呈祥 37,38,39,55
李孚青 210,346
李宏湑 763,786,793
李寿田 1588
李寿昌 1186
李寿容 1430
李寿瀚 602
李希文 137
李希圣(字亦园,一作亦元)
1516,1841,1904
李希杰 1775
李希贤 746,756
李希泉 1275
李希梅 109
李希霍芬 1486,1540,1558,
1857,1903
李希稷 596
李应机 585
李应弦 615
李应荐 208
李应绶 470,480
李应曾 1204
李应鹰 189,270
李彤 996,998
李彷梧 1348
李志沆 474
李志鲁 845
李志德 900
李我郊 310
李扶九 1626
李抡元 146
李时亨 100
李时茂 64
李杕(字问渔,别署大木斋主)
1373,2004
李来泰 207
李来章(名灼然,字来章,号礼
山) 54,284,413,415,490
李汪度 743,816,906,918,919,
920,928,942
李沄 1185
李沛霖 567

李灼(字松亭) 703
李秀生 673
李肖筠 998
李良年(原名法远,又名兆潢,字符曾、武曾,号秋锦) 156,164,295,302,339,348,424,572,1067
李芳华(字实庵) 546
李芳园 795,1730
李芳辰 341
李芳春 78,84
李苏 470
李言 87
李证刚 1734,1790,1951,1982,1999,2004
李谷克 1882
李迎畯 39
李进光 168
李闲 1319
李际期 19,55
李陈玉 160
李京 158,471
李佳白 1623,1652,1696,1713,1726,1753,1814
李侍尧 827,839,849,851,852,859,863,864,865,883,887,891,892,897,905,907,909,918,999,1006
李其昌 756,765,786,1285
李其旋 554
李其馨 1338
李卓揆 695
李叔同 1611,1666,1739,1752,1789,1814,1825,1826,1845,1898,1902,1917,1934,1980,1998
李周南 1241
李周望 193,350,499,503
李味庄 1133
李国英 551
李国相 241,624
李国翰 551
李国麒 1012
李图南(字开士) 193,350,565
李奇玉(字元美,号荆阳) 7

李奉翰 856
李孟炳 825
李孟哲 2001
李孟群 1633
李孟醇 825
李学裕 532,547,583
李宗 732,1246
李宗孔 138,202,256
李宗文 478
李宗礼 1136
李宗言 974,1622
李宗昉(字静远,号芝龄) 917,1116,1141,1255,1281,1300,1360,1406
李宗传 1535
李宗信 974
李宗莲 1625
李宗煝 1673
李宗潮 596
李宗瀚 1226
李宗羲 1408
李宗颢 1440
李宝中 1240
李宝焌 1982
李宝琮 1277
李宝福 975
李宝嘉(字伯元,号南亭亭长) 1537,1739,1750,1814,1824,1827,1830,1831,1851,1864,1870,1903,1918,1921,1922,1941
李宝瓒 1868
李实 322
李实秀 84
李实賫 532
李尚忠 779
李尚斌 244
李居一 168
李居颐 610
李岩 917,928,930,932,948,950,958,970,972
李岳瑞 1737,1750,1777,1778,1785
李庚生 1189
李建泰 9,10,12,873,1016

李奉翰 856
李录予 144,165,182,208,402,404
李征临 503
李承邺 929,972
李承绂 352
李承恩 1548
李承烈 1339
李承渊 1826
李承焕 722
李承霖 1365
李拔 667,724,758
李昌 1709
李昌宗 109
李昌垣 28,61
李昌祚 42,133
李明 278,288,348,373
李明天 32
李明彻 1225
李明性(字洞初,号晦夫) 248,394
李昙 1898
李杰超 681
李松泰 616
李松龄 521
李林 350,623,869
李林松 1198,1264,1357
李林茂 72
李枝青(字兰九、芗园,号西云) 1102,1476
李枟 327
李治灏 751
李法孟 724
李炘 1112,1191,1220,1221
李玠 144,241,403
李玫 504
李直 532
李秉 630
李秉钧 1396
李秉衡 1987
李绂(字巨来,号穆堂) 174,233,252,270,296,321,353,357,371,420,447,451,457,468,473,477,482,485,486,498,499,502,

512,518,523,525,532,546,556,
563,564,569,579,581,590,593,
595,597,631,633,634,650,656,
674,689,697,708,709,735,774,
805,1005,1067

李绅 1227

李绅文 402

李绍周 350

李绍祖 1205

李绍莲 415

李绍韩 100

李绍膺 559

李经 924

李经方 1717

李经世（字函子） 358,381

李经邦 171,665

李经述 1701

李经羲 1951

李若龙 583

李若星 84

李若格 84

李若琛 18

李若琳 3,8,9,26,29,67

李英 84

李茂林 830

李诚（字师林，又字静轩） 904,
1189,1291,1338,1396

李详 1045,1477,1893,1915,
1922,1968,1980

李贤经 552

李质颖 835,836,838,839,850,
864,877,881,882,908,920

李迪 601

李述武 1020

李采 996,998

李皋 144

李保泰（字景三，号啬生） 645,
923,1106,1126,1172,1178,1193

李信 1407

李俨 490,751

李修易 1241

李修卿 569

李剑农 1611,1881,1916,1982,
1998,2001

李南晖 716,820,869

李厚望 1355

李叙采 5

李品芳 1326,1347

李复天 1622

李复庆 1301

李复泌 233,259

李复修 160

李威（字畏吾、述堂，号凤冈）
867,901

李宣范 1325

李宣龚 1787

李宪噩 1197

李封 989,996,998

李带双 902

李彦彬 1423

李彦章 1196,1246,1370

李思豫 475

李恒受 36

李拱辰 1174

李星沅（字子湘，号石梧）
1086,1234,1412,1435,1471

李春波 1894

李春耀 595

李昭治 489

李昭炜 1862

李昭美 1253

李显光 437

李显忠 182

李柏（字雪木，自称白山逸人，
晚号太白山人） 337,338,
381,385,399,400,1954

李栋 671,739

李栋绵 778

李树德 1356

李洧德 644

李洄 474

李浃 195

李浈 624

李济良 1673

李炳文 671

李炳彦 1276

李炳章 1825

李相清 1281

李祐之 101

李祖白 107,108,113,114,136

李祖陶（字钦之，号迈堂）
1142,1248,1320,1338,1350,
1362,1401,1541,1553,1687,1816

李祖望（字宾嵎） 1201,1432,
1440,1620,1640

李秋 1902

李茹旻（一名茹冈，字覆如，号
鹭洲） 86,579,746

李荃 908,917,918,920,928,930,
932,933,941,942,943,945,948,
950,957,958,959,960,968,970,
972

李荣陛（字奠基，号厚冈） 779

李荫枢 1285

李荫浓 1813

李荫椿 855

李觉楒 1214

李贻德（字天彝，号次白） 967,
1091,1324,1610

李重华（字实君，号玉洲） 239,
512,726

李钟伦（字世德） 107,325,334,
407,477,478,490

李钟侨（字世邠，号抑亭） 301,
438,525,541,565

李钟泗（字滨石） 1056,1169,
1383

李钟峨 403

李钟莪 504

李钦文 470,483

李钧进 1456

李钧简（字秉和） 1177

李俊 722,756

李倬 561

李倬云 453

李准 1994

李凌汉 171

李卿云 901

李家驹 1555,1711,1841,1912,
1914,1950,1967,1980

李恩富 1637,1661,1662

李振文 756
李振郿 69,73
李振宗 255
李振宜 171
李振钧 1299,1300
李振堃 1337
李振庸 1276
李振裕 144,169,208,252,273,297,302,360,375
李晋埩 980
李晚芳 1003
李根 471,1458
李根云 474,487
李根茂 305,336
李根源 1604,1880,1900,1917,1954,1970
李桂玉 1376
李桂明 127
李桂林 1205
李桐 503
李桓(字叔虎,号黻堂) 8,14,27,34,45,50,54,65,73,79,85,86,98,105,112,113,117,118,119,122,123,128,129,134,140,141,147,148,153,154,161,172,173,174,179,180,185,186,192,193,197,198,199,205,206,214,215,222,223,224,228,229,230,237,238,239,246,247,248,249,256,257,258,267,273,274,275,281,282,283,284,290,291,292,299,300,306,307,312,313,314,315,318,320,321,322,323,324,329,330,331,337,338,339,343,344,348,349,353,358,359,364,369,370,371,373,374,375,381,382,383,387,388,393,394,395,400,401,406,407,411,417,418,419,423,424,425,428,429,434,435,441,448,449,454,455,461,462,466,472,477,478,481,484,490,491,495,496,497,507,508,509,520,521,522,528,535,536,549,550,556,564,565,573,574,579,586,587,603,604,611,618,619,626,632,637,638,639,645,650,651,657,658,662,663,664,668,669,675,676,682,683,698,704,705,711,712,717,718,726,733,734,736,741,742,747,748,753,754,760,761,765,766,772,776,777,781,782,787,788,794,798,799,804,808,809,813,814,818,822,823,824,831,832,847,848,857,858,870,877,890,904,915,916,917,927,940,941,955,956,966,967,977,978,986,987,993,994,1004,1005,1013,1014,1021,1022,1029,1037,1046,1047,1054,1060,1061,1062,1068,1069,1076,1077,1084,1085,1086,1092,1093,1101,1102,1107,1114,1115,1120,1121,1128,1129,1130,1137,1138,1144,1145,1150,1151,1156,1157,1163,1167,1168,1169,1174,1179,1180,1186,1187,1193,1194,1200,1201,1207,1208,1209,1210,1215,1216,1217,1218,1223,1224,1229,1230,1231,1242,1243,1251,1252,1260,1266,1267,1272,1273,1278,1279,1280,1286,1287,1288,1292,1293,1297,1303,1304,1310,1311,1316,1317,1322,1323,1328,1333,1334,1339,1340,1341,1345,1352,1353,1357,1363,1364,1371,1377,1378,1389,1390,1391,1396,1397,1401,1405,1406,1410,1415,1420,1421,1427,1428,1502,1535,1632,1681,1692,1958
李桢 203,1648
李泰交 964
李泰来 41
李泰国 1484,1497,1507
李流芳 19
李浩 1255
李涛 142,189,208,352
李炳 673
李烈钧 1879
李珪 942
李牲麟 350
李益阳 157,168
李祥光 69
李紘 595,642
李素珠 1285
李继圣 702
李继峤 976
李继唐 483
李继烈 327
李莅平 740
李莪 784
李菀 315
李莲 636
李莳 793
李衷灿 363
李调元(字雨村、羹堂,号童山,又号蠢翁、醒园、赞庵、鹤洲、卧雪老人、童山老人、铁员外) 579,779,855,876,902,925,927,939,951,955,965,977,1067,1068,1114,1120,1121,1167,1278,1297,1618
李贽 122,154,870,893,894
李载阳 939
李鞘 1713
李逢祥 104
李铉 470
李铎 294,311,1953
李高魁 1277
李勋 1897
李培茂 170
李培真 18
李培绪 1277
李培谦 1285
李基和 166
李基益 327
李基熙 1205
李堂 385,722
李堂防 1626
李寅(字东崖) 391
李寅(字敬恒) 1570,1873

李惇(字成裕、孝臣) 579,727,
　828,843,890,923,978,1229,
　1282,1301
李敏修 1528,1695,1826
李敏第 552
李梅宾 486,534,624
李梦辰 100
李梦庚 144
李梦昺 366
李梦鸾 272
李梦雷 648,649
李梦熊 474
李梦箕(字季豹) 565
李涵元 1277
李涵秋 1574,1674
李淮 503
李淳 992
李清(字心冰,号映碧) 12,51,
　58,111,145,176,196,202,208,
　215,224,246,367,368,673,994,
　995
李清植(字立侯,号穆亭) 307,
　477,478,502,512,541,552,658,
　740,1277,1306
李清鋐 104
李清馥(字根侯) 478,740
李清藻 595
李渔(字笠翁、谪凡,号觉世稗
　官) 12,71,78,97,104,111,
　122,128,133,138,146,152,160,
　176,177,205,213,222,555,656,
　1060,1759
李焕文 170
李焕斗 169,264
李焕章 158,191,199
李盛铎 1482,1660,1671,1675,
　1736,1760,1761,1765,1778,
　1782,1786,1797,1823,1970
李章典 1148
李章堉 797
李符 572
李符清 1099,1149
李续宾(字迪庵,又字克惠)
　1231,1443,1451,1457,1466,
　1468,1477,1484
李绳远(字斯年,号寻壑) 339,
　417
李维枫 47
李维峤 681
李维桢 1953
李维格 1746
李维钰 876
李维翰 368,460
李绶 899,907,933,942,943,945,
　971,996,1015,1053
李菶 1142
李象元 309
李象先 198
李辅中 45
李辅耀 1688
李铠(字公凯) 95,207,378,394
李铨 305,427
李铭汉 1919
李鸿宾 1225,1232,1282
李鸿章(字少荃) 1050,1241,
　1267,1398,1408,1423,1443,
　1473,1478,1480,1491,1496,
　1497,1498,1504,1505,1506,
　1510,1511,1517,1518,1524,
　1528,1529,1531,1532,1533,
　1538,1539,1543,1546,1547,
　1548,1549,1550,1551,1556,
　1557,1560,1562,1567,1569,
　1573,1575,1576,1581,1582,
　1587,1588,1593,1594,1595,
　1598,1599,1600,1605,1607,
　1608,1611,1612,1613,1614,
　1615,1621,1628,1629,1635,
　1636,1637,1643,1644,1645,
　1646,1647,1651,1652,1658,
　1659,1663,1664,1665,1670,
　1671,1672,1678,1680,1685,
　1686,1691,1693,1694,1701,
　1707,1708,1709,1710,1711,
　1712,1713,1717,1720,1723,
　1727,1731,1732,1735,1738,
　1759,1762,1778,1782,1783,
　1795,1800,1807,1809,1810,
　1811,1813,1817,1818,1820,
　1821,1829,1831,1871,1873,
　1886,1887,1892,1899,1902,
　1904,1924,1939,1958,1988,2004
李鸿楷 775
李鸿藻(字寄云,号兰孙)
　1244,1438,1458,1498,1499,
　1635,1707,1709,1718,1757
李善兰(字壬叔,号秋纫) 178,
　490,1174,1385,1399,1401,1405,
　1409,1414,1417,1430,1439,
　1444,1469,1470,1474,1475,
　1479,1481,1485,1486,1492,
　1498,1499,1504,1506,1511,
　1518,1523,1524,1526,1532,
　1533,1535,1551,1560,1561,
　1564,1569,1572,1576,1582,
　1592,1599,1600,1606,1619,
　1626,1627,1663,1725,1742,
　1743,1795,1904
李喆 432
李富孙(字既汸,一字芗汲,晚
　号校经叟) 422,704,789,
　1027,1042,1045,1065,1082,
　1109,1111,1114,1119,1147,
　1156,1178,1191,1199,1228,
　1235,1258,1338,1348,1389,
　1559,1656
李巽占 1073,1148
李御 235
李惠吉 1314
李惠适 763
李惺(字伯子,号西沤,又号老
　学究、拙修老人、清微道人、
　复知居士,学者称西沤先生)
　1005,1513
李掌圆 403
李敬 1314
李斯义 286
李斯佺 244,336
李斯咏 896,907,908,917,919,
　928,930,932,941,942,943,945,
　948,950,957,958,959,960,968,
　970,972,1023
李景峄 1191
李景昌 1263

李景镐　1933,1934
李朝事　146
李朝柱　464,487
李朝鼎　262
李朝夔　1278
李棣　366
李棠　109,129,177,489,631,751,1020
李棠阶（字树南,号文园,又号强斋）　1093,1111,1423,1438,1459,1496,1498,1499,1506,1521,1555
李棠馥　105
李森　687,1407
李森文　657
李植　319
李温皋　379
李湖　552,832,840,851,894,899,907,909,929,930
李湘　341
李湧　732
李滋　71,319
李滋然　1955
李焜　1036,1042
李琬　590,739,779
李琼州　548
李琰　213,501
李琼林　1126
李畴　746,775
李登明　739,740
李登辉　1900
李登瀛　327,340,354,985
李联琇（字季莹,号小湖,别号好云楼主人）　1244,1354,1476,1597,1620,1904
李联榜　1368
李舜臣　624
李菘（字啸村）　715,721,735,808
李葆贞　27
李葆恂（字叔默,一字文石,号猛庵,晚号凫翁）　1482,1696,1956
李谟　746

李赓芸（字生甫,号许斋）　726,1026,1154,1197,1211,1220,1223,1289,1559
李超　159
李超孙　1111,1338
李超海　810
李辉光　1296
李遇孙（字庆伯,号金澜,又号懒道人）　1111,1147,1258,1271,1326,1331,1656
李遇时　264,602
李道平（字遵王,号远山、蒲眠）　1330,1381
李道光　127
李道南　923
李道泰　183
李锐（字尚之,号四香）　178,490,809,1034,1049,1063,1064,1072,1095,1096,1103,1104,1109,1118,1139,1153,1169,1174,1211,1222,1224,1265,1617,1682,1727
李集（字绎刍,号敬堂,晚号六忍老人）　1082,1149,1178
李雯　72,129,162,435
李鼎元　893,958,959,960,970,971,972,1097,1100,1167,1197
李鼎玉　78
李鼎征　477,490
李鼎新　95
李嗣泌　264
李塨（字刚主,号恕谷）　49,73,86,96,202,209,212,216,232,241,261,277,279,294,297,302,333,340,346,350,354,357,360,366,367,371,372,376,385,390,393,394,398,399,403,410,414,429,435,443,451,466,473,479,482,502,512,519,526,528,532,534,553,562,572,634,689,817,1284,1468,1544
李嵩阳　84
李愈　366
李愈昌　319
李慈铭（原名模,字式侯,改名慈铭,字悫伯,号莼客,别署霞川花隐生、花隐生,晚号越缦老人）　413,823,853,1036,1044,1052,1120,1276,1311,1419,1445,1458,1507,1517,1533,1548,1552,1569,1606,1636,1644,1673,1675,1678,1684,1702,1710,1715,2005
李慎儒　1804
李暄亨　334
李楘　896,918,920,928,932,933,945
李楠　187,208,303,365,367
李楷　97,127,366
李殿邦　262
李殿祯　381
李源　195
李源长　571
李溥　74
李煌　1246
李煜　80,151,1937
李煜瀛　1620,1845,1918,2001
李煦　271,443,660,673,1227
李瑄　326
李瑜　1134
李瑞元　1197
李瑞征　109,303
李瑞清（字仲麟,号梅盦,又号梅痴,晚号清道人）　1711,1844,1933
李福基　1798
李福源　1361
李简身　159
李腾华　1278
李腾渊　750
李腾蛟（字力负,号咸斋）　134,214,230,1349
李蓉镜　1300
李锡书（字鉴宣,号见庵）　414,1105,1142
李锡龄　1120,1370,1401,1422,1742
李锡藩　1592

李锦　456,458
李锦源　1291
李雍熙（字淦秋）　133,387
李魁　1409
李魁春（字元英，晚号筠叟）　197
李鹏鸣　84
李嘉祐　1249
李嘉端　1300
李嘘云　37
李榕（原名甲先，字申夫，号六容）　649,717,1231,1683
李毓昌　159
李漖　159
李潢（字云门）　819,970,971,979,1030,1070,1094,1180,1241,1321,1384
李毅　1073,1148
李瑶　1302,1321
李端　503
李端棻（字苾园）　1329,1506,1672,1732,1736,1765,1785,1826,1939,1940
李肇林　97
李肇梅　623
李锴（字铁军，号眉山，又号豸青山人、幽求子、焦明子）　207,275,553,592,595,596,660,734,760,867
李奭棠　9,16,37,42
李嶟瑞　298
李德　695,771,1338
李德生　1338
李德淦　1149
李德耀　254
李慧　758
李暲　97
李樟　422
李澄中（字渭清，号渔村、雷田）　207,300,305,370
李瑾　145,563,661,724
李璋　540
李璋煜　1289,1557
李璜　347,996

李稷勋　1790
李蕃　169,476
李蕊　1632
李蕙仙　1672,1685,1791
李蕡　169
李蕴石　1826
李豫德　1323
李遵唐　784,785,797
李镕　867,920,941,942,943,945,948,950,957,959,960,968,970,971,972,979,984
李颙（字中孚，号二曲）　5,10,13,18,23,26,29,41,63,70,83,103,109,115,120,131,136,138,143,149,150,152,162,164,175,181,184,189,190,195,198,200,202,209,232,234,237,238,257,263,269,304,310,321,336,337,338,378,381,384,386,390,399,400,410,411,472,490,491,617,618,986,1181,1526,1591
李縈　244
李燕生　309
李燧升　69
李翰　791
李薛　366
李衡　745
李衡山　1381
李辙　661
李辙通　1126
李霖臣　440
李徽　503,588,589
李憨　262
李憼仁　548
李憼泗　610
李濬　1463,1499
李燮和　1965
李燮枢　1953
李簧　979
李翼圣　548
李襄猷　196
李鍼　486
李曜　347
李藩　649

李蟠　349,350,360,364
李馥先　90
李馥蒸　121
李瀚　1049
李瀚章　1591,1614,1673,1683,1707
李瀛　398
李鬻（字景霱，号垣园，谥文勤）　18,46,51,55,56,57,58,61,70,73,74,75,76,87,107,124,130,148,155,157,165,186,200,203,216,231,232,250,258,301,969
李骥元　996,1197
李黼平（字绣子、贞甫）　818,1140,1156,1323,1410
李瓉　336
李鳞　661
李馨　133,703
李灏　596
李骦　406,905
李麟洲　717
李麟祥　177
李鱓（字复堂，号宗扬，又号懊道人、墨磨人、木头老人）　275,615,622,629,733,737,776
李杏春　1466
杜士晋　121
杜之丛　310
杜之昂　326,363
杜允中　53
杜友李　1189
杜文秀　1407,1412
杜文澜（字小舫）　1210,1493,1526,1536,1561,1585,1620
杜以宽　1331
杜本棠　1671
杜民　1493
杜甲　764
杜阡　1338
杜亚泉　1567,1712,1725,1790,1814,1842,1846,1864,1881
杜兆基　942
杜光德　1066
杜汝用　90

杜冷额　124,165
杜岕(字苍略,号些山)　330
杜李　336
杜步西　1657
杜灿然　97
杜纲　1045,1053
杜芳　85
杜诏(字紫纶)　123,397,438,476,548,553,595,604
杜国庠　1676,1933
杜宗岳　1381
杜昆　732
杜昌丁　746
杜果　235
杜枢　642,737
杜绍先　465
杜若拙　785
杜茂才　1149
杜诠　506
杜俞　1784
杜养性　159
杜勃尔　2000
杜南棠　998
杜受田　1261,1423
杜彦士　1254
杜贵墀　1566,1754,1815
杜乘时　1020
杜晋卿　132
杜鸿　820
杜棠　1563
杜森　170
杜琮　1020
杜登虎　368
杜登春　310
杜紫纶　530
杜觉　38
杜谧　569
杜越(字君异,号紫峰)　177,200,236
杜嗣程　1757
杜煦　927,1427
杜瑜　80

杜瑞联　1618
杜福垣　1859
杜毓秀　245
杜瑾　554
杜蕙　1045
杜翰　1468,1489,1490
杜翰藩　1568
杜臻　144,150,182,231,233,254,296,331,337
杜錡　706
杜濬(原名绍先,字于皇,号茶村、西止、半翁)　109,202,281,330
杜薰　513
杜藻　474
杜灏　745
杜灏文　486
杜曦　372
束存敬　84
束图南　336
来尔绳(字木臣)　226
来汝缘　1285
来寿臣　1970
来衮　21,32
来蕃　466
杨一昆　1142
杨九有　176
杨九思　171
杨九鼎　159
杨九畹　1232
杨二酉　569,640
杨人杰　708
杨人模　1051
杨万春　467
杨万程　385
杨义　57
杨于文　426
杨于位　716
杨于果(字硕亭,晚号审岩)　658,1179
杨于宸　272
杨于鼎　311
杨士炌　42

杨士雄　170
杨士鉴　512
杨士锦　1296
杨士徽　397,438
杨士骧　1897
杨大昆　636,745
杨大堉(字雅轮)　1421,1431,1676
杨大猷　661
杨大鹏　210
杨大鹤(字九皋,号芝田)　462
杨大鲲　80,83
杨子涵　1154
杨小楼　1593,1638,1827,1934,1953
杨飞熊　475
杨中讷(字尚木,号晚研)　175,309,1114
杨之骈　489
杨之徐　347
杨书　446
杨元锡　1135,1172
杨凤风　458
杨凤苞(字傅九,号秋室,又号西园老人、小玲珑山樵、采兰女史)　726,1078,1147,1217,1218,1233,1302,1433,1434
杨凤藻　1850
杨天锡　168
杨尤奇　366
杨开沅　397
杨开基　322,703,1240
杨引祚　159
杨文会(字仁山)　1353,1506,1525,1526,1552,1584,1595,1655,1680,1713,1733,1734,1739,1747,1790,1796,1871,1933,1948,1951,1969,1982,1999,2004
杨文荪(字秀实,号芸生)　956,1418,1447
杨文峰　1044
杨文莹　1519
杨文铎　340

杨文乾 479
杨文植 739
杨文骢(字龙友) 20
杨文灏 702
杨方达(字符苍、扶苍) 351,
　448,609
杨方晃 610
杨方泰 559
杨无咎(字震百,号易亭、小宛、
　正孝先生) 515
杨日升 169
杨月楼(原名久昌,艺名玉楼,
　改月楼) 1416,1684
杨木植 518
杨王鹏 1950,1983
杨长世 245
杨长森 939
杨丕复(字愚斋) 1153
杨世达 617
杨世求 162
杨世纶 928,932,933,945,950,
　958,968,970,1023
杨世芳 483
杨世昌 661
杨东里 350
杨仙球 126
杨令琢 812
杨以迥 1954
杨以增(字益之,号至堂,别号
　东樵) 1005,1257,1270,1345,
　1387,1439,1440,1443,1451,
　1457,1459,1460,1546,1580
杨四重 8
杨尔式 746
杨尔淑 109,189,259
杨尔嘉 109
杨尔德 473,474
杨巨源 1337
杨必达 64
杨正中 76,144,148,150,165,195
杨正笥 554
杨永宁 42,61,93,158
杨永言 4

杨永斌 596
杨玉生 750
杨玉先 648
杨玉如 1992
杨生芝 132
杨用㵲 1309
杨用霖 1660
杨甲仁 400
杨白民 1862
杨讱 1271
杨乔 702
杨交泰 170
杨亦铭 1505
杨仲兴 666
杨仲震 661
杨任仁 620
杨伦(字西木) 676,854,936,
　983,994,1036,1045,1130
杨兆李 1212
杨兆皋 80
杨兆鲁 177
杨兆楠 1556
杨兆鋆 1548,1890
杨光先(字长公) 85,89,107,
　108,114,115,117,119,123,130,
　135,136,141,193,237,274,291,
　1073,1096
杨光祚 227
杨光辅 1097
杨同宪 218
杨名时(字宾实、赓斋,号凝斋,
　谥文定) 92,308,309,366,
　384,396,427,439,444,451,457,
　477,479,518,525,526,532,551,
　581,584,592,598,600,603,622,
　669,689,711,753,1059,1322
杨名远 24
杨名飏 1308
杨名宣 598
杨如樟 196
杨守仁(原名毓麟,字笃生)
　1555,1840,1857,1859,1875,
　1877,1917,1931,1934,1970,2005
杨守敬 677,1258,1365,1418,

　1517,1519,1525,1535,1539,
　1544,1552,1559,1569,1589,
　1590,1596,1602,1603,1606,
　1615,1623,1625,1630,1638,
　1641,1647,1655,1656,1660,
　1666,1673,1677,1690,1702,
　1712,1727,1758,1788,1801,
　1815,1816,1829,1830,1835,
　1843,1851,1859,1865,1867,
　1868,1882,1883,1901,1903,
　1913,1918,1928,1936,1956,
　1965,1971,1979,1984,2002
杨守智 781
杨屾 284,518,546,632,634,645,
　675,876,986
杨庆 138,146
杨庆征 319
杨庆琛 1226,1254
杨延亮 1291
杨廷 1258
杨廷为 702
杨廷芝 1357,1404
杨廷钊 775
杨廷枢 4,15,16,515
杨廷英 596
杨廷栋 552,624,1814,1824,
　1827,1843,1849,1865,1896
杨廷望 310,432
杨廷理 1183
杨廷琚 489
杨廷瑞 1689
杨廷筠 2
杨廷熙 1531,1532
杨廷撰 1309
杨廷璋 743,805,807
杨廷蕴 121
杨旬瑛 30
杨汝谷 566,595
杨汝挺 171
杨汝楫 303,326,377
杨汝澍 1637
杨芊 673
杨芝堂 1918
杨行健 71

杨丽中 1066	杨陆荣(字采南,号潭西) 470,483,489,494,859	杨注 279
杨佐龙 541		杨炎 926
杨体乾 559	杨凯 575	杨知新 1147
杨作枚(字学山) 426,431,458,490,506	杨周宪 221	杨秉初 1073,1114,1148
	杨周冕 797	杨绍文 1265,1269
杨作桢 189	杨国钧 426	杨绍先 42
杨克茂 458	杨国桢 1238,1313	杨绍和(字彦合,号勰卿) 1324,1460,1580,1714
杨呈藻 90	杨国泰 1285	
杨坊 1483	杨国瓒 695	杨若椿 559
杨孝秩 1814	杨奇烈 90	杨英灿 1185
杨寿楠 896,920,932	杨奇膺 1044	杨茂论 746
杨岘(字见山,一字季仇,号庸斋) 509,1237,1371,1389,1508,1564,1684,1705,1743	杨学光 1271	杨迦怿 1191,1314
	杨学华 1557	杨述曾(字二思,号企山) 359,591,595,640,706,755,800,804
	杨学颜 1277	
杨希闵 1544,1577,1617,1632	杨宗仁 551	杨金声 19
杨希阁 1596	杨宗昌 110	杨亮 1449
杨希震 264	杨宗秉 674	杨保彝 1460
杨应芹 641,890	杨宗稷 2004	杨勋 1357
杨应琚 673	杨宗羲 1996	杨受廷 1135
杨时杰 1992	杨宜崙 964,1191	杨复 672,679,736,1033,1936
杨时宪 264	杨宝臣 1527	杨复吉(字列侯、列欧,号梦兰) 347,676,1027,1053,1058,1162,1242,1328
杨杏佛 1983	杨宝镛 1756	
杨毒 99	杨实公 1999	
杨沂孙(字咏春,号子舆,晚署濠叟) 1195,1619	杨尚文(字仲华,别字墨林) 1157,1388,1408,1409,1467	杨奕绅 346
		杨度 1580,1695,1703,1712,1724,1738,1752,1787,1802,1813,1826,1840,1862,1877,1889,1895,1910,1914,1918,1929,1946,1948,1968,1979,1980,1981,1982,1992,1993,1994
杨秀 552	杨尚志(字子言) 1467	
杨秀成 1483	杨岳斌 1457	
杨秀拔 1277	杨庚 1161	
杨秀清(原名嗣龙) 1244,1412,1417,1429,1442,1450,1462,1467	杨建章 673	
	杨录之 1232	杨度汪 592,594,595
杨纯 578	杨性恂 1877	杨庭望 287
杨纯伯 635	杨昌济(一名怀中,字华生) 1555,1702,1790,1865,1970	杨彦青 1135
杨纯道 1099		杨思圣(字犹龙,号雪樵) 18,56,57,113,210
杨芬 310	杨昌浚 1466,1547,1636,1684,1852	
杨芳灿(字才叔、香叔,号蓉裳) 726,854,954,1051,1067,1089,1143,1156,1159,1165,1197,1204,1214,1217,1446		杨显德 264
	杨昌绪 1109	杨柏年 939
	杨昌霖 835,838,841,862,901,1266	杨柱朝 264,602
		杨树达 433,1089,1540,1651,1752,1814,1900,1951,1970,2000
杨芸士 1405	杨明斋 1628,1826	
杨言 571	杨枢 1784,1880,1889	杨树椿 1706,1727
杨运昌 18	杨河 739	杨炤(字明远,号潜夫) 320,945,948,949
杨际昌 758,1228	杨泗 1053	
杨际春 146	杨泗孙 1437	

杨炳 503,557	杨浣雨 926	1281,1447,1597
杨炳南 1240	杨烟昭 705	杨辅清 1483
杨炳燿 483	杨素蕴 160	杨隆寿(一作荣寿,一名全,字
杨祖宪 1314	杨继芳 84,105	显庭,艺名双全) 1402,1638,
杨祖楫 397,438	杨继经 72	1818
杨笃生 319,409,1877,1905,1928	杨继熊 1066	杨鸿观 775
杨笃信 1458,1485	杨致道 1185	杨厥美 104
杨胪赐 503	杨通睿 170	杨善庆 731
杨荔农 1392	杨逢泰 659	杨喜荣 746
杨荣绪 1282	杨铎 1368,1578	杨揆 1051,1197
杨荫杭 1810,1814,1825,1829,	杨崇 661,667	杨敬夫 1460
1849	杨崇伊 1605,1718,1720,1736,	杨敬儒 264,333
杨衍嗣 811	1774	杨斯盛 1846,1913,1950
杨钟宝 1163	杨彬 405	杨景仁 1250,1271
杨钟岳 109,255	杨得秀 381	杨景枫 1212
杨钟羲 1522,1578,1647,1672,	杨惟中 778	杨景素 858,863,872,881,887,
1807	杨晨 1656,1682,1795,1815	897,898,905,910
杨䋻 189,386,404	杨梦琰 486	杨景曾 695,1136
杨乘六 1310,1641,1690	杨梦璋 1109	杨景澄 1958
杨凌霄 1725	杨梦鲤 72	杨朝麟 386
杨家洙 1954	杨棻 681	杨登魁 1407
杨宸 816	杨淮震 727	杨董俊 474
杨容盛 372	杨深秀(原名毓秀,字漪村,又	杨谦 103,120,402,422,424
杨宽 310,1431	字漪春) 1422,1608,1622,	杨超曾 458,595
杨宾(字可师,号耕夫、大瓢山	1672,1761,1762,1764,1765,	杨辉斗 176
人) 34,300,383,416	1766,1774,1775,1776,1779,	杨遇升 1300
杨恩 288	1785,1795	杨遇春 552
杨恩寿(字鹤俦,号逢海,一作	杨淳 78	杨道 116
朋海,别署蓬道) 1341,1577,	杨渐逵 1826	杨道声 335
1649,1691	杨焕斌 57	杨道南 1788
杨恭恒 1936	杨绪 385,431,484	杨道霖 1855
杨振铎 758	杨绳武(字文叔,号䎷庵) 444,	杨锐(初字退之,改字叔峤,又
杨振藻 245	448,608,633,670	字纯叔) 1472,1568,1577,
杨晋(字子鹤) 176	杨维乔 83	1606,1637,1646,1659,1672,
杨晟 1890	杨维孝 265	1677,1703,1710,1718,1720,
杨格非(杨笃信、杨约翰)	杨维桢 423,933	1721,1736,1747,1772,1773,
1458,1485,1540	杨维增 1956	1774,1775,1776,1778,1782,
杨桂轩 1646	杨维翰 1326	1784,1785,1787,1796,1817
杨桂森 1173,1177,1338	杨绵祚 709	杨亶骅 1697
杨桑阿 816	杨绿绶 421	杨嗣奇 368
杨浚 521,1309	杨萃 168	杨嗣曾 838,1308
杨浚重 1526	杨谐 397	杨嗣璟 532,575
杨浣 158	杨象济(字利叔,号汲庵)	杨廉 196
		杨廉臣 1588

杨慎　111,121,154,434,494,504,527,540,571,601,671,821,1066,1191
杨揞　1051
杨新日　264,319
杨椿（字农先）　193,262,283,404,458,462,474,475,502,526,552,553,576,583,598,629,644,649,655,671,686,706,707,717,804,1057,1060
杨楚枝　793
杨殿梓　992
杨溯洢　1319
杨煜曾　595,596
杨瑀　41,99,143,216,232
杨福臻　1771
杨蓉浦　1552
杨誉龙　1678,1754
杨锡绂　659,746,796,808
杨锡龄　1271
杨锡麟　667
杨雍　210,262
杨雍建　81,87,206,210,211,218
杨韵　1417
杨魁　872,873,877,878,879,880,882,883,894,898,899,905,906,907,908,910
杨魁甲　486
杨鹏翮　950,951
杨毓麟　1747
杨漱　244
杨煇　127
杨端　534
杨端本　264,740
杨静亭　1395
杨铋　596
杨鼐　39,80,272
杨履基（初名开基,字履德,号铁斋）　449,870
杨德亨（字仲乾）　1146,1585
杨德邻　1929
杨德容　1075
杨德森　1870
杨德麟　797

杨慧　1285
杨撝秀　440
杨潮观　442,708,730,763,787,829,856,924,1013,1051
杨澜　1226,1309
杨蕉雨　1307
杨遵　53
杨霈　1361
杨颙　334
杨鹤龄　1678
杨儒　1707,1789
杨燝　191
杨燝南　155
杨翰　1499,1525
杨懋建　1534
杨懋修　1121
杨懋珩　896,898,907,908,909,917,918,919,920,928,930,932,933,943,945,948,1023
杨霞　168
杨彝　41,49,1527
杨彝珍（字性农）　1157,1280,1403,1409,1424,1434,1439,1461,1502,1525,1725
杨璿　427,986
杨蟠　480,1148
杨缵绪　486,693
杨藻凤　90
杨警斋　1189
杨鑣　227
杨護　1264
杨衢云（原名飞鸿,字肇春）　1496,1696,1788,1801,1810,1833
步翔　812
汪人宪　980
汪于雍　636
汪士汉　132,133,644,1137,1162
汪士进　1406
汪士侃　1198
汪士钟（字阆源）　1235,1254,1489
汪士铎（原名鏊,字振庵,别字晋侯、梅村,号悔翁）　1201,1367,1430,1506,1507,1510,

1539,1561,1570,1597,1607,1608,1628,1676,1678,1679
汪士慎（字近人,号巢林）　275,564,578,623,653,656,670,715,718,760
汪士锽　592,596
汪士韶　49,322
汪士璜　547
汪士鋐（原名僎,字文升、若谷,号退谷、秋泉）　45,79,346,349,350,390,396,409,426,455,480,509,626,688,766
汪大丰　1109
汪大任　764
汪大经　751,823
汪大钧　1742,1787
汪大源　1401
汪大燮　1477,1720,1736,1845,1865,1890,1924,1967,1981
汪中（字容甫）　145,658,692,714,727,756,784,819,824,828,829,831,843,854,855,869,874,890,911,913,924,973,978,983,1010,1018,1019,1026,1034,1044,1054,1057,1059,1061,1069,1106,1116,1120,1124,1176,1182,1196,1202,1258,1264,1265,1294,1306,1332,1415,1648
汪为龙　432
汪为熹　480
汪之昌（字振民）　1353,1731
汪之珩　798,922
汪之章　221
汪云任　1235
汪云铭　1028
汪元仕　453
汪元采　571
汪元亮（字明之,一字竹香）　778
汪元綱　379
汪凤藻　1436,1533,1537,1539,1590,1629,1630,1823
汪文台（字士南）　1078,1396,1573,1584,1618,1624,1625

汪文彪 702
汪文炯 385
汪文泰 1376
汪文焕 1109
汪文煜 279
汪文麟 655
汪日赞 920,928,943,945,950
汪曰桢（字刚木，号谢城，又号薪甫） 275,1195,1438,1458,1480,1500,1602,1614,1617,1619,1620,1627
汪世重 776
汪世琳 722
汪东 1685,1900,1911
汪以诚 888,1020
汪台 595
汪尔敬 254
汪本直 926
汪正叔 25
汪正泽 685
汪永安 204
汪永瑞 168
汪永锡 719,942,943,945
汪永聪 793
汪由敦（字师茗，号谨堂，谥文端） 324,425,472,512,532,552,558,562,597,633,641,657,669,672,675,677,685,691,700,723,729,733,737,744,748,753,903
汪立名 386,466
汪龙（字叔辰、蛰泉） 645,991,1012,1182,1266
汪仲虎 1725
汪仲洋 1376
汪价 91
汪份 61,101,277,303,378,385,431,491,509,521,689,704
汪优游 1670,1899,1914
汪兆柯 1277
汪兆铨 1995
汪光爔（字晋蕃，号芝泉） 794,1157
汪全泰 1197,1246,1584

汪全德 1197
汪农 994
汪匡鼎 288,1320
汪如洋 918,943,970,979
汪如藻 835,849,883,892,930,979
汪守和 1070
汪师韩（字抒怀，号韩门） 322,411,569,577,610,647,752,808,1345,1356
汪廷玙 676,706,826,942
汪廷珍（字玉粲，号瑟庵，谥文端） 552,748,1015,1032,1148,1165,1186,1213,1214,1222,1237,1255,1261,1262,1268,1271,1272,1281,1292,1420
汪廷霖 661
汪有典 505,775
汪兆麒 1712
汪汝瑮 836,837,849
汪汲 1060,1076,1091
汪邦宪 793
汪邦彦 526
汪丽日 146
汪佑（字启我，号星溪） 25,378
汪克淑 121
汪启淑（字慎义，号秀峰） 710,747,794,836,837,846,849,1021,1045
汪坚 661,673
汪希 1844
汪希颜 1843
汪应绶 1058
汪应铨 473,721
汪志伊（字稼门） 651,1111,1141,1149,1173,1212,1230
汪沆 395,596,624,670,739,771,774,792,902,977,992
汪芳藻 595
汪虬 264
汪谷 1076
汪运正 666
汪远孙（字久也，号小米，又号借闲漫士） 1022,1106,1258,

1327,1341,1400
汪际炎 146
汪叔明 1811
汪和鼎 1186
汪国 1156
汪孟邹 1866
汪学金（字敬箴，号杏江，晚号静厓） 683,909,920,930,931,932,941,942,945,948,950,957,958,960,968,970,971,972,1113,1138
汪宗沂（字仲伊，又字咏春，号弢庐） 1353,1539,1791,1904,1954
汪宗鲁 177
汪尚友 1348
汪昂（字切庵） 236,337,344
汪昉（字叔明、菽民，号啜菽老人） 1102,1592
汪昌序 1370
汪枫 99
汪泽延 280
汪绂（初名汪烜，字灿人，号双池） 212,324,361,390,444,458,464,468,474,479,493,505,533,540,555,558,563,570,577,594,595,599,609,614,615,633,649,693,716,723,738,745,752,758,760,843,904,941,1135,1387,1727,1756
汪绎 325,365,366
汪绎辰 731
汪鸣相 1325
汪鸣皋 1533
汪鸣瑞 386
汪鸣銮（字柳门） 1518
汪俊 397
汪剑谭 1088,1097,1189
汪受祺 458
汪宪（字千陂，号鱼亭） 491,824
汪封渭 1261
汪彦博 996,998
汪思迴 751

汪思蔚　1109

汪映极　244

汪昶　943,960,970

汪洪度　368

汪炯　1109

汪炼南　42

汪祚　584,595

汪科爵　1656

汪荣宝　1850,1972

汪侠　334,397,509

汪倬　420

汪家禧（字汉郊，自号东里生）　870,1147,1153,1218

汪晋征　210,327

汪晋蕃　1078

汪桂月（字秀林）　1247,1283,1436

汪桂芬（名谦，字艳秋，号美仙）　1489,1922

汪梧凤　522,701,706,714,765,769,776,815,819,824,1021,1046

汪泰来　397

汪浩　446

汪砢玉　410

汪笑侬　1477,1713,1876,1879

汪继培　784,1147,1199

汪继壕　1074

汪能肃　1361

汪莱（字孝婴，号衡斋）　727,809,1146,1194,1332,1421,1452,1699

汪莹　1327

汪铉　255

汪基　1954

汪康年（初名灏年，字梁卿，改名康年，字穰卿，一字毅伯，晚号恢伯）　1489,1673,1677,1678,1679,1693,1696,1709,1710,1714,1721,1722,1725,1734,1736,1737,1739,1745,1746,1749,1750,1752,1779,1780,1782,1786,1787,1789,1800,1803,1842,1887,1917,1934,1986,2005

汪惕予　1953

汪惟宪（字子宜、积山，号水莲）　239,645,846

汪梅村　1633,1676

汪梅鼎　1051,1178

汪鸿　1204,1289

汪善培　1109

汪喜孙（字孟慈，号荀叔）　824,913,994,1056,1061,1076,1125,1147,1176,1182,1196,1240,1255,1264,1269,1294,1306,1319,1329,1330,1342,1346,1370,1375,1380,1387,1415

汪钦　1827

汪援甲　595

汪景祺　517,523,524,525,589

汪棣　808

汪森（字晋贤，号碧巢）　50,311,410,528

汪滋畹　1134

汪琬（字苕文、液仙、钝庵，自号尧峰，学者尊称为钝翁）　30,54,58,72,85,128,144,145,157,160,177,191,193,199,200,205,207,208,209,214,216,219,221,225,239,246,263,284,286,299,305,311,314,323,327,331,336,368,381,394,416,418,423,424,438,454,466,509,631,766,1067

汪缙（大绅，号爱庐）　522,796,916,1046,1077,1092,1246

汪葆泰　1291

汪越（字季超、师退）　397,493,527

汪辉祖（字焕曾，号龙庄，晚号归庐）　556,665,796,800,811,867,963,986,991,1003,1043,1060,1066,1070,1073,1074,1089,1104,1106,1112,1119,1156,1157,1411,1540

汪嗣圣　584

汪楫（字次舟、一作舟次，号悔斋）　82,109,122,144,181,189,197,207,208,235,297,300

汪源泽　272

汪溥勋　74

汪溶日　336

汪照（原名景龙，字少山）　1134

汪献玗　1512

汪璨（字芙生，一字越人，号无闻子）　1617,1649,1692

汪筠　183,314,637

汪简心　312

汪辟疆（原名国垣，字辟疆，后以字为名，一字笠云，号方湖，别号展庵）　1664,1969,1970

汪鉴　449

汪锡魁　928,932,942,943

汪滢　334,397,463

汪端（字允庄，号小韫）　1055,1240,1358

汪端光　828,1064

汪精卫　1635,1844,1862,1877,1892,1911,1925,1926,1934,1949,1964,1976,1992

汪肇龙　714,769,776,815,1021,1046

汪肇衍　109

汪履之　808

汪德容　512

汪德钺（字崇义、锐斋、三药）　683,1163,1179,1320

汪潜　78

汪鋆　1578

汪镐京（字宗周、快士，号西谷、红术轩主人）　348,382

汪鹤孙　166

汪璲　234

汪薇　262

汪铺　861,909,920,943,948,950,957,958,959,968,970,971,972,979,1023

汪霖　517

汪霙　207,391

汪壎　644

汪懋麟（字季角，号蛟门、觉堂）　109,126,176,205,208,209,215,225,228,263,275,292

汪爌　265
汪霦　207,396,403,444
汪耀麟　466
汪灏　203,262,278,383,385,397,411,416,431,436,442,775
沈一揆　189
沈三曾　189
沈上墉　208
沈习之　1918
沈士则　282
沈士亨　1109
沈士秀　84,116
沈士柱　4,15
沈大中　95,687
沈大成（字学子，号沃田）　238,371,513,721,737,740,744,762,772,787,808,817,823
沈中行　758
沈之本　964,1191
沈书山　1035,1041
沈云　1344
沈云尊　1106
沈云翔　1801,1821
沈仁敷　246
沈从龙　213
沈允怀　562
沈元佐　464
沈元沧（字麟洲，号东隅）　123,573
沈元寅　739
沈凤辉　943,968,970,972,996
沈天甫　124
沈心　629
沈心工　1846,1920
沈文伟　1297
沈文豪　503
沈斗山　562
沈无咎　363
沈曰富（字沃之，一字南山）　536,1163,1414,1446,1472,1597,1852
沈世良　1452
沈世奕　58,70,76

沈世屏　438
沈丙　998
沈业富　790,791,843,1017
沈乐善　1099,1149
沈以栻　368
沈可培　1205
沈尔振　1147
沈玉麟　1319
沈生遴　709
沈龙翔　534
沈会霖　121
沈传桂　1372
沈兆行　18
沈兆霖（字尺生，号朗亭）　1116,1430,1473,1490,1503,1571
沈光邦　659
沈光厚　775
沈光裕　98
沈光瑀　158
沈全鳌　1572
沈冰壶　143,596
沈则恭　1753
沈华　563,577
沈印城　166
沈名荪　364,365,433
沈在宽　538,543,562
沈孙琏　867,918,919,920,950,996
沈尧咨　631
沈师孟　503
沈庆鸿　1757
沈廷文　285,287
沈廷励　189
沈廷芳（本姓徐，字椒园、畹叔）　383,449,454,535,539,574,576,583,592,595,606,615,623,670,675,682,685,689,698,712,725,729,734,746,758,759,767,773,777,779,781,792,806,807,808,817,820,831,1067
沈廷枚　1285
沈廷标　737
沈成之　562
沈成国　739,780

沈成濯　897,899
沈旭初　189
沈有恒　1551
沈竹　458
沈自南（字留侯）　101,123
沈自炳　45
沈自晋（字伯明，号西来、长康、鞠通生）　12,24,59,117
沈齐礼　569
沈伯棠　1296
沈初（字景初，号萃岩、云椒）　588,773,777,856,872,929,930,932,942,943,957,971,990,1030,1032,1053,1060,1067,1074,1080,1094,1101,1132
沈启亮　246,554
沈启震　1002,1113
沈均业　1978
沈均安　739
沈寿民（字眉生、耕岩）　185,337
沈寿昌　1556
沈彤（字冠云，号果堂，私谥文孝先生）　253,292,347,418,497,502,509,521,540,592,595,596,606,615,631,642,643,648,673,677,679,683,684,688,692,694,701,712,715,720,1029
沈志仁　1220
沈忱（字遐心，号雁宕山樵）　148
沈怀枫　984
沈时宜　420
沈李龙（字云将）　312
沈玘　227
沈纮　1811
沈赤然（初名玉辉，字韫山，号梅村）　664,1162,1185,1216
沈辰（字潜庵）　1083
沈辰垣　254,262,390,396,410
沈近思（字位山，号闇斋、俟斋），谥端恪　155,322,359,366,403,444,482,511,512,521,525,530,531,532,536,550

沈进(初名叙,字山子) 315
沈远标 1205
沈佳(字昭嗣,号复斋) 295,302,376,474
沈叔埏(字剑舟、埴为,号双湖) 605,1130
沈和卿 1791
沈国模(字求如) 65,86,153,179,329
沈学渊 1205
沈学廉 1245
沈宗敬 286,287,494
沈宗畸 1522,1846,1881,1953,1957,1974,2004
沈宗骞 555,939
沈宜 1649
沈宝禾 1851
沈宝锟 1439
沈岸登 572
沈念兹 1003
沈承烈 474
沈昀(原名兰生,字朗思、甸华) 223,287,677
沈昌宇 550,552
沈明扬 185
沈林友 562
沈河斗 1078,1148
沈泽棠 1995
沈知芳 1802,1904
沈秉成 1715,1736
沈练 1697
沈绍祖 687
沈金鳌 473,846,857,877,1973
沈青 1066
沈青崖 585,610,679
沈飔 996
沈饱山 1584
沈俨 617,673,1066
沈受弘 399
沈垚(字子敦,号敦三) 1093,1296,1325,1336,1339,1372,1388
沈复 1162
沈奕琛 191

沈屋庐 1893
沈彦渠 1549
沈恺曾 233,333
沈昭兴 1205
沈树本(字厚余,号操堂) 155,438,650
沈树声 963
沈树德 596
沈树镛 1507,1518
沈炳巽(字泽旃) 691
沈炳谦 596
沈炳震(字寅驭,号东圃) 206,514,570,583,584,592,596,600,611,1553
沈独立 144
沈祖孝 36
沈祖芬 1851
沈祖芳 1795
沈祖绵 1825
沈祖懋 1547
沈禹钟 1797
沈荀蔚 116
沈荃 57,70,88,89,90,165,189,210,214,216,217,287,307,319
沈荣仁 503
沈荣英 907
沈垚(原名克诚,字愚溪) 1561,1811,1869,1873
沈虹 596
沈钟 631,746
沈钦韩(字文起,号小宛) 870,1192,1248,1258,1262,1369,1303,1323
沈钦裴 1250,1303
沈钧儒 1580,1879,1900,1932,1969,1995
沈乘麐 1697
沈兼士 1658,1900,1965
沈家本(字子惇) 1373,1630,1656,1750,1842,1889,1899,1906,1913,1924,1929,1936,1965,1968,1979,1993,2002
沈宸 1147
沈展才 661

沈峻 1028
沈恕 1173,1297
沈恩孚 1896
沈振嗣 76
沈栻 699
沈桂芬(字经笙) 1356,1408,1423
沈桐生 1971
沈涛(原名尔岐,字西雝,号匏庐) 1171
沈涛 687,1171,1208,1248,1382,1678
沈珩(字昭子,号耿岩、稼村) 107,207,344
沈皋日 572
沈继贤 457,554,559
沈莲生 1290
沈起(字仲方) 197,229
沈起元(字子太,号敬亭) 268,486,722,723,725,781,782
沈起凤 213,806,1036,1045
沈逢舜 660
沈钱鉴 1205
沈寅 779
沈惟彰 146
沈梦兰(字古春) 962,1184,1213,1571,1601
沈萊 146
沈涵 189,208,317,432,443
沈淑(字季和,号立夫、颐斋) 359,503,519,533,548,556
沈淮 1348
沈清世 245
沈清瑞(初名南沅,字吉人,号芷生,别署太瘦生) 755,1038
沈清藻 861,930,932,933,943
沈渊 440
沈渊懿 541
沈维材 717
沈维基 775,821
沈维鐈(字子彝、鼎甫,号小湖) 904,1118,1212,1215,1256,1295,1319,1420

沈蒇 72
沈铨（字南苹） 558,569,759,767
沈铭彝 1326
沈鹿鸣 803
沈善经 1851
沈善富（字既堂） 721
沈善登（字谷成） 1311,1851,1954
沈堡 660
沈彭年 1957
沈惠候 562
沈敦和 1714
沈景澜 569
沈曾桐 1646,1971
沈曾植 1429,1588,1608,1623,1630,1636,1646,1647,1672,1679,1703,1710,1712,1720,1723,1736,1787,1789,1802,1807,1812,1823,1824,1842,1863,1913,1915,1916,1967,1980,1986,1994,1999
沈朝初 210
沈焯 1171
沈琮 1235
沈琯 460
沈琳 767
沈登伍 1290
沈翔云 1814,1824,1827
沈联芳 1126
沈葆桢（字幼丹） 1244,1408,1423,1457,1522,1523,1524,1529,1533,1547,1556,1558,1562,1567,1569,1575,1576,1581,1587,1593,1594,1598,1604,1650,1722
沈裕 534
沈谦（字去衿，号东江，别号研雪子） 58,147,275
沈辉宗 1595
沈道宽（字栗仲） 832,1446
沈锐 1314
沈雁冰 1744
沈雄（字偶僧） 197,265,289,298
沈慈 1173
沈源 607,657
沈煜 1314
沈瑜庆 1477,1702,1708,1738
沈筠 207
沈锡三 926
沈颐 1980
沈鹏举 80
沈嘉客 369
沈嘉辙 506
沈嘉麟 474
沈毓庆 1724
沈毓荪 1119,1148
沈毓桂（曾用名沈寿康，号赘翁） 1669,1711,1738
沈粹芬 1973
沈粹芳 1985
沈缦云 1953,1993
沈鼐修 440
沈德潜（字确士，号归愚） 105,174,233,337,355,387,435,451,466,471,480,492,520,557,560,583,592,596,604,607,608,611,617,622,625,631,641,647,653,659,661,665,668,670,676,678,679,685,691,694,700,703,707,717,722,744,746,754,758,765,768,769,771,773,778,779,781,791,793,797,803,806,810,812,813,825,847,857,865,872,873,877,879,896,897,898,899,900,1012,1076,1084,1085,1401
沈慰祖 552
沈樗庄 803
沈潜 372,591,635,661,671
沈澄 404
沈澜 596,716,898
沈磊 4,179
沈豫 1276,1319,1338,1348,1355
沈镐 460
沈镕 1106,1919
沈震世 577
沈鹤桥 1413
沈濂 1452
沈镛 479
沈懋价 427
沈懋德 1207,1328,1332,1419
沈翼天 956
沈翼机 532,585,601
沈鍊 725,921
沈颢（字朗倩，号石天） 98
沈藻 357
沈巍 1255
沈璜 1192
沈麟 288
沈麟趾 152,244
沙木 1207
沙汝洛 268
沙张白（原名一卿，字介臣，号定峰） 126,162,314
沙金 1468
沙畹 1674,1680,1827,1828,1918,1935,1945,1980,1981
沙澄 18,46,48,55,74,76
灵桂 1353
狄亿 309
狄子奇（字未颖，一字惺庵） 1275,1308,1343,1661
狄兰标 763,765
狄如焕 939
狄考文 1379,1500,1507,1512,1616,1649,1699,1958
狄贻孙 438
狄葆贤 1567,1752,1753,1881
狄楚青 1789,1875,1982
玛吉士 1382,1410
玛高温 1426,1464,1532,1538,1690,1705,1852
玛弼乐 1517
秀宁 1199,1225
纳兰性德（原名成德，字容若，号楞伽山人） 61,150,178,188,197,202,204,218,219,225,252,267,313,1055,1563,1585
纳延泰 700
纳哈出赖 165

纳桑阿 124
肖清泰(字庆澜,号春溪,自署紫泉花愚、紫泉菊士) 1265
肖德瑞 1401
肖震 89
芮永肩 979
芮城 475,1617
芮复光 163
芮泰元 750
花之安 1365,1519,1559,1564,1577,1603,1640,1667,1696,1807,1848
花沙纳 1376,1462,1472,1473
花铣三郎 1823
芳泰瑞 1703
苍柱 242
苏习礼 505
苏士俊 644
苏之芬 548
苏元璞 65
苏元璐 1277
苏六朋 1452
苏双翔 1331
苏少坡 1680
苏文枢 84
苏方阿 1295
苏日增 460
苏尔纳 856
苏尔德 830,870
苏弘谟 44
苏本眉 49
苏玄瑛 1932
苏兆登 1094,1096
苏同 1936
苏廷魁(字赓堂,一字德辅) 1108,1393,1438,1536,1597
苏观生 10
苏努 207,285
苏库 458
苏彤绍 445
苏纳 83,89
苏纳海 28,32,38,70,89
苏良嗣 264

苏芳阿 1349
苏佳嗣 264
苏其照 673
苏昌 706,799
苏秉国 1213
苏绍柄 1920
苏绍轼 121
苏青鳌 867,932,942,943,945,968,970,971
苏鸣鹤 1227
苏信德 1296
苏宣化 83,165
苏振潼 1859,1952
苏珥 595,788
苏勒通阿 1198
苏惇元(字厚子,号钦斋) 179,689,1116,1342,1348,1432,1471,1552
苏曼殊 1644,1751,1788,1802,1813,1825,1844,1861,1862,1870,1877,1885,1896,1897,1912,1913,1920,1927,1930,1947,1948,1951,1957,1965,1966,1969,1973,1978,1998
苏渊 168
苏维纲 888
苏维翰 1788,1844
苏铣 72
苏崌 171
苏敬衡 1343
苏禄穆 38
苏遇龙 773,775
苏锐钊 1623
苏鲁木 103
苏源生(字泉沂,号菊村) 1163,1427,1430,1445,1493,1520,1541,1543,1550,1609
苏毓眉 177
苏舆(字厚康,一字厚庵) 1205,1574,1789,1793,1800,1816,1851,1879,1984
苏墨斋 1951
苏履吉 1239,1314,1331
苏慧廉 1624

苏霍祚 132
苏懿谐 1247
言九经 1148
言如泗 785,1066
言尚炜 1126
言朝标 1197
谷了然 1584
谷玄 1394
谷应泰(字赓虞,号霖仓) 23,63,70,77,78,88,306,312,988,1866
谷际岐(字西阿) 632,867,901,1216
贡楚克扎布 1123
贡震 764
辛从益 1003,1023,1103,1139,1256,1257,1263
辛本荣 1648
辛昌五 569
辛绍业 1073,1177,1229
辛敬可 702,715
运昌 942,1194
连斗山 855
连肖先 485
连国柱 183
连桂 963,975
连横 1598,1750,1814,1899,1956
连聪肃 1725
迟进弥 1812
迟维城 355
迟煓 264
迟德成 1616
邱于蕃 1665
邱大英 821
邱子昂 1601
邱云 76,179
邱元遂 678
邱升 286
邱天英 305,479
邱心如 1250
邱文恺 996,998
邱仰文 349,889,890
邱光普 1726

邱兴龙 1726
邱回 394
邱廷瀠 901,918,919,928,942,
    948,957,958,960,970,971,972,
    979,996
邱纪 459,487
邱玖华 569
邱良骥 445
邱轩昂 661
邱宝仁 1551
邱尚志 421
邱性善 528
邱迥 596
邱庭 950
邱庭澍 996,998
邱钟仁（字近夫） 203
邱家炜 1387
邱峨 797
邱桂山 896,920,932,943,957,
    970,972,997,1044
邱浚 222,234,409,894
邱埰 998
邱崧生 1702,1787
邱维屏（字邦士） 214,230,480,
    861
邱象升（字曙戒，号南斋） 58,
    300
邱象随（字季贞，号西轩） 207,
    251,375
邱象豫 244
邱锦 715
邱嘉穗（字实亭） 377
邱衡 61
邱赞恩 1825
邵一仁 57
邵力子 1825,1826,1969
邵义 1948
邵士 177
邵大业 673,811
邵之棠 1830
邵从恩 1568
邵元长（字长孺） 65,179
邵凤翔 61

邵友濂 1686,1708,1711,1717
邵文卿 442
邵长蘅（字子湘，号青门山人）
    54,205,224,230,295,302,311,
    325,328,342,348,363,380,394,
    399,433,846
邵世昌 732
邵世培 1256
邵以发 235
邵扑元 116
邵玉清 968,996,998,1015
邵甲名 1078
邵龙元 319
邵光印 77
邵光胤 72
邵向荣 708
邵廷采（字允斯，号念鲁） 14,
    28,76,82,86,99,109,125,137,
    150,165,176,241,294,298,309,
    310,334,352,360,362,366,378,
    399,427,432,435,441,466,1077
邵廷烈 1328,1362,1526
邵灯（初名燠，字时若，改今名，
    字无尽，一字薪传） 146,155
邵自昌 893,1067
邵贞显 86
邵齐焘（字荀慈） 478,641,653,
    706,737,753,798,813
邵齐然 641,914
邵亨豫（字子立，一字汴生）
    1231,1634
邵吴远 207,241,242
邵希雍 1999
邵应龙 751
邵志纯 1073,1086,1114
邵志望 970,1002
邵时英 127
邵玘 798
邵远平（初名吴远，字戒三、吕
    璜，号戒庵） 109,207,211,
    280,326,362
邵陆 821,856
邵咏 1285
邵坡 442

邵宝华 1688
邵岷 596
邵昂霄 596
邵秉华 1087,1109,1127,1133
邵秉忠 168
邵保初 1078,1109,1147
邵保和 1147
邵奕孝 1023
邵晋涵（字与桐、二云，号南江）
    435,651,692,790,800,810,811,
    816,818,819,828,830,835,838,
    841,842,843,854,865,867,868,
    886,888,900,903,921,923,928,
    932,939,942,943,945,961,973,
    976,983,984,991,992,996,1009,
    1011, 1019, 1025, 1026, 1032,
    1037, 1042, 1043, 1044, 1051,
    1063, 1064, 1070, 1077, 1087,
    1108, 1122, 1128, 1133, 1145,
    1197, 1229, 1249, 1257, 1266,
    1269, 1310, 1321, 1332, 1370,
    1515,1617
邵泰 486
邵起新 403
邵基 486,569,588,592,594
邵堂 1309
邵笠农 1983
邵曾可（字子唯，号鲁公） 86
邵棠 1142
邵湘 486
邵瑛（字桐南、瑶圃） 968,1213,
    1215,1669
邵翔 1227
邵遐龄 780
邵嗣尧 335
邵瑞彭 132
邵锦江 421
邵潜（字潜夫，自号五岳外臣）
    117
邵穆布 347,391,402
邵骥 1148
邵夔 98
邵懿辰（字位西） 1053,1174,
    1191, 1208, 1313, 1374, 1375,

1380,1386,1393,1397,1399,
1403,1408,1412,1416,1417,
1424,1451,1461,1465,1467,
1484,1488,1492,1495,1520,
1561,1586,1678,1954,2002
邱兰标　695
邹一桂(字原褒,号小山,又号
　二知、让卿)　275,532,583,
　664,691,696,706,740,831
邹士璁　286
邹山　327
邹山立　1263,1285
邹云城　739
邹升恒　569
邹文江　108
邹文郁　151
邹方锷　775
邹世治　1506,1507,1513
邹世楠　486
邹代钧(字沅帆,又字甄伯)
　1456,1647,1685,1721,1737,
　1739,1841,1863,1868,1951,
　1957,1960
邹代藩　1738
邹只谟(字讦士,号程村)　116,
　141
邹永成　1977,1992
邹汉勋(字三杰,又字叔绩)
　1145,1258,1328,1362,1368,
　1378,1418,1431,1432,1433,
　1438,1439,1443,1448,1452,
　1592,1596,1609
邹汉章　1448
邹石麟　1423
邹立文　1649,1699
邹亦孝　743
邹在寅　1607
邹廷机　479
邹廷模　695
邹式金(字仲愔,号木石)　176
邹汝鲁　529
邹汝模　420
邹伯奇(字一鄂,一字特夫)
　178,1237,1399,1506,1507,1512,

1516,1523,1524,1539,1545,
1560,1571,1651
邹启孟　453
邹寿祺　1829
邹应元　715,786
邹尚易　792
邹弢　1591,1617,1791
邹忠倚　39
邹金生　668
邹鸣鹤(字钟泉,号松友)　1449
邹奕凤　403
邹奕孝(字念乔,号锡麓)　918,
　919,943,950,958,968,994,1010,
　1026,1054
邹度珙　76,82
邹炳泰(字仲文,号晓屏)　639,
　829,867,892,921,928,932,943,
　1083,1100,1278
邹家燮　1109
邹容(原名绍陶,一名桂文,字
　蔚丹,一作威丹)　1651,1789,
　1824,1843,1845,1854,1855,
　1858,1859,1861,1863,1864,
　1868,1869,1875,1876,1884,
　1894,1905,1912,1926
邹章周　235,289
邹景文　1221
邹期桢　144
邹登恒　474
邹鲁　1967
邹溶　336
邹珵　554
邹福保　1651
邹锡畴　803
邹毓祚　159
邹毓霖　1995
邹漪　212
邹澍(字润安,号闰庵)　1030,
　1396
邹儒　642,679,687
邹璟　1296
邹勤　171
闵大夏　1027
闵从隆　765

闵廷楷　1357
闵齐伋　7,97
闵声(字毅夫,号雪襄,原名中
　正)　222
闵明我　126,150,174,274,664
闵奕仕　255
闵思毅　968,970,972,996
闵昭明　7
闵钺　101,221
闵惇大　867,943,958,959,960,
　970,971,972
闵鉴　793,939
闵燮　204
阿山　225,242,261,262,349,350,
　351,551,567
阿什坦(字金龙)　503
阿什垣(字海龙,一作金龙)
　258
阿兰泰　231,232,302,349,350,
　365,551
阿古柏　1517,1556,1562,1587
阿尔三　35
阿尔纳　551
阿尔赛　385,513,647
阿尔赛德　1394
阿列克　1935
阿克当阿　1173
阿克敦(字冲和、立恒,号恒岩,
　谥文勤)　268,420,469,473,
　485,486,492,499,503,510,522,
　658,747,943,1215
阿应麟　1285
阿沙　569
阿灵阿　1423,1462
阿进泰　350,385
阿里衮　552
阿弥达　953,960
阿旺赤烈嘉措　292,619
阿肃　861,945,995,997,1015
阿英　1751,1815,1820,1972
阿金　309,351
阿哈达　218,241,242,250,301
阿思本　1497,1507

阿思哈 124,803
阿查立 1667
阿桂 552,806,849,880,881,883,
　887,891,898,913,914,919,920,
　921,938,942,956,971,981,989,
　1005,1015,1023,1025,1031,
　1033,1039,1043,1049,1102,
　1192,1272
阿珥赛 350,432
阿理嗣 1641
阿锡台 334
阿锡鼐 500
陆士谔（名守先，以字行）
　1586,1900,1921,1957,1973
陆士楷 104,400
陆广森 648
陆飞 876,964
陆丹林 1744
陆仁虎 1166
陆元辅（字翼王，人称菊隐先
　生）23,26,142,162,175,209,
　225,233,302,313
陆元鋐 1173
陆凤藻（字丹庪） 1136
陆心源（字刚父，号存斋，晚号
　潜园老人） 682,1199,1292,
　1335,1343,1462,1549,1602,
　1603,1625,1641,1656,1658,
　1664,1666,1668,1669,1682,
　1689,1699,1705,1716,1919,1931
陆文焕 183
陆长春 1591
陆世仪（字道威，号刚斋、桴亭，
　私谥尊道先生） 12,23,26,
　27,30,48,49,51,59,62,70,75,
　77,88,93,96,115,116,120,121,
　126,127,156,161,162,185,205,
　229,234,322,354,454,472,521,
　1164,1494,1816
陆以庄 1256,1281
陆以湉（字定圃，字敬安）
　1116,1343,1464,1474,1522
陆北甲 169
陆尔奎 1956,1968

陆汉赤 750
陆玉琮 681
陆生楠 544,545
陆礼征 352
陆立 830
陆龙腾 171
陆仲达 1221
陆光旭 230
陆冰修 120
陆向荣 1238,1249,1264
陆如赘 87
陆宇燡 291
陆尧春 1078,1147,1277
陆师 475
陆庆臻 289
陆廷灿（字秩昭） 392,476,578,
　586
陆廷贵 998
陆成本 1239
陆次云 205,209,218,243,255
陆观潜 821
陆达权 1896
陆邦烈 466
陆伯焜 944,979,996
陆位时 19
陆体元 817
陆圻（字丽京、景宣，号讲山）
　41,102,147,173,275,373
陆应几 453
陆应谷 1414
陆时化（字润之，号听松） 515,
　876,887,916,1021
陆求可（字咸一） 184,228
陆灵素 1896
陆纶 571,724,746
陆良瑜 812
陆陇其（初名龙其，字稼书，学
　者称当湖先生，谥清献） 10,
　23,63,71,90,96,144,151,156,
　157,161,171,176,181,202,209,
　212,219,220,225,226,227,241,
　243,249,251,261,263,271,279,
　281,286,297,302,304,308,313,
　317,318,322,335,352,370,373,

　375,378,386,387,400,401,415,
　461,472,493,512,521,528,549,
　697,703,766,792,857,870,1067,
　1149, 1164, 1181, 1200, 1231,
　1311, 1312, 1351, 1361, 1376,
　1494,1527,1675,1682
陆学钦 1662
陆宗楷 569,795,800,902
陆宝忠（字伯葵） 1429,1914,
　1932,1959,1987
陆建瀛 1257,1424,1429,1431
陆枚 596
陆秉鉴 385
陆绍闳 357
陆绍明 1893
陆绍琦 420
陆肯堂 260,286
陆茂腾 352
陆奎勋（字聚侯，号星坡、陆堂）
　107,322,482,486,585,599,618,
　631,650,870
陆恢权 1927
陆昶 846
陆显仁 859,860
陆树芝（字见廷、次山） 1075
陆树屏 1664
陆树德 1810
陆树藩 1664
陆洽原 380
陆祖珍 210
陆祖锡 596
陆祚藩 166
陆荣矩 595
陆费逵 1917,1969,2000
陆费墀（原名恩鸿，一作恩洪，
　字玉泉，号春帆） 978,1470
陆费墀（字丹叔，号颐斋，晚号
　吴泾灌叟） 560,791,795,796,
　811,815,843,852,868,874,876,
　883,892,896,903,917,918,919,
　920,924,925,926,942,949,968,
　971, 996, 997, 998, 999, 1000,
　1007,1009,1016,1024,1030,1058
陆贻吉 69

陆贻典　85,88,103,177,448
陆钟辉　646,650,1398
陆卿鹄　143
陆宸征　470
陆容　1406
陆戾箴　196
陆振基　1097
陆桂馨　596
陆润庠　1570,1773,1845,1908
陆烈　665
陆烜　812
陆秩　620
陆继辂（字祁孙、修平）　832,1010,1050,1090,1093,1105,1172,1191,1194,1216,1220,1240,1241,1250,1262,1266,1271,1334,1345,1406
陆继萼　1003
陆培　373
陆基　1846
陆寅（字冠周）　287
陆捷　210
陆梦龙　869
陆符　73
陆维垣　1003
陆铭一　724
陆堦（字梯霞）　373
陆朝玑　548
陆湄　255
陆湘　928,930,932,933,943,948,950,996,1049
陆焯　765
陆琰　898,899
陆登选　446
陆皓东　1629,1701,1709,1718,1719
陆萊（原名世枋，字次友，号乂山、宜山、雅坪）　207,273,298,364
陆遇霖　335
陆嵩（原名介眉，字希孙，自号方山）　18,1038,1368,1487
陆新　1109
陆献　1339

陆瑷　878
陆福宜　584
陆蓉　834,1082
陆锡贵　1616
陆锡熊（字健男，号耳山）　579,708,755,769,773,779,784,791,800,806,815,819,833,835,839,843,854,877,883,892,919,920,925,926,928,929,931,942,948,949,952,953,971,990,992,996,999,1000,1012,1017,1022,1023,1033,1039,1041,1046,1058,1173
陆嘉淑（字孝可、冰修，号射山、辛斋）　233,300,1327
陆嘉颖　569,793
陆箕永　397,489
陆舆　210
陆增祥（字魁仲，号星农）　1218,1463,1627
陆履敬　110
陆镛　671
陆镜若　1651,1917,1953,1981
陆懋廷　76,82
陆懋修（字九芝，又字勉旃）　1231,1487,1641,1657
陆懋勋　1812
陆燿　509,615,869,875,876,877,890,901,972,981,986,1045
陆瀚　1173
陆耀遹（字绍闻，号劲文）　825,1010,1227,1235,1246,1330,1345
陆麟书　247
陈一泗　1126
陈一泉　1584
陈一津　1178,1326
陈一揆　264
陈一策　596
陈一魁　168
陈九昌　541
陈九畴　152,264
陈九鼎　780
陈九龄（字希江）　598
陈万全　996,998
陈万青　930,942,944,979,996

陈万章　1702
陈万策（字对初）　129,309,354,385,407,474,490,525,579
陈三立　1441,1622,1630,1666,1669,1671,1672,1674,1677,1694,1702,1712,1721,1722,1725,1731,1737,1746,1747,1749,1776,1784,1817,1873,1878,1897,1948,1949,1955,1967,1969,1975,1982,1986,1987,1993
陈三恪　811,855
陈义　1982
陈于廷　65,953
陈于宣　745,985
陈千秋（字通甫，又字礼吉，号随生）　1546,1646,1677,1685,1687,1689,1701,1719,1731,1849
陈士京（字齐莫、佛庄）　85
陈士性　167
陈士林　1003
陈士珂（字琢轩）　1227
陈士桢　1326
陈士纯　1042
陈士铎　280
陈士隽　701
陈士斌　348
陈士雅　996,998
陈士璠　592,596
陈大文　1086,1697
陈大可　808
陈大廷　109
陈大吕　773
陈大齐　1895
陈大玠　640
陈大经　132
陈大受　552,569,676,705
陈大美　400
陈大章（字仲夔，号雨山）　86,286,287,445,536
陈大琰　596
陈大辇　421,464
陈大昀　706
陈大魁　1232

陈子升（字乔生） 173
陈子龙（字卧子，号大樽） 5,
    12,13,15,16,22,25,45,54,129,
    162,282,299,435,625,1126
陈子光 1970
陈子壮 22,173,323
陈子芝 170
陈子达 42
陈子春 1580
陈中 552
陈中荣 569
陈丹荩 101
陈为光 708
陈之兰 716
陈之纲 998
陈之驹 1285
陈之珍 583
陈之埙（字伯吹、孟朴，号朴庵）
    246
陈之铨 800
陈之鹃 820
陈之遴（字素庵） 39,56,122,
    123,969
陈之鋐 394
陈之骥 1326
陈之骥 1221
陈书 1708,1738
陈书始 25
陈云 1048
陈云龙 914
陈云客 687
陈云章 1271
陈云煌 687,1192
陈云模 1192
陈五典 146,159
陈仁 569
陈仪（字余山，号渔珊） 1005,
    1541,1648
陈介祺（字寿卿，号簠斋、伯潜，
    晚号海滨病史） 1195,1330,
    1409,1466,1557,1592,1633,1642
陈从潮 964,1107
陈允升 1585

陈允恭 334
陈允锡 97
陈元 83,377
陈元才 642
陈元龙（字广陵，号乾斋，谥文
    简） 46,262,270,295,296,317,
    386,406,426,469,471,479,486,
    491,546,602,603
陈元芳 1106
陈元京 1053
陈元犀 1179
陈元煦 1270
陈元模 460
陈元赟（字义都，号既白山人、
    瀛壶逸史） 82,153
陈元麟 460,695
陈公定 176
陈凤廷 1221
陈凤举 1106
陈凤翔 1074
陈化 1277
陈化龙 996,998
陈天华（字星台，号思黄）
    1580,1724,1789,1813,1826,
    1840,1845,1854,1857,1859,
    1861,1863,1868,1875,1876,
    1884,1891,1892,1895,1896,
    1898,1905,1922,2005
陈天佑 1044
陈天栋 242
陈天清（字如水） 299
陈天植 145,220,271
陈天爵 1271,1285
陈少白 1546,1666,1673,1678,
    1709,1719,1739,1750,1800,
    1802,1814
陈开 1450,1456
陈开基 762
陈开虞 133
陈心炳 1235
陈文 728
陈文田 1501
陈文达 483
陈文枢 901,920,928,930,932,
    943

陈文述（原名文杰，字隽甫，号
    云伯，别号退庵、颐道居士、
    玉清散吏、莲可居士、碧城外
    史、陈团扇、团扇诗人） 825,
    1105,1114,1143,1147,1149,
    1183,1186,1189,1197,1223,
    1236,1260,1278,1292,1317,
    1390,1467
陈文湛 1148
陈文谟 27
陈文新 1936
陈文瑞 1136
陈文焘 1325
陈文衡 1309
陈文蘅 1283
陈木 918,928,932,933,942,943,
    948,950,957,958,959,960,970,
    972,984,1000,1023
陈王谟 397,438
陈长镇 595
陈友绂 1631
陈世仁（字元之，号焕吾） 193,
    458,497
陈世元 808,877
陈世龙 596
陈世庆（字聪彝） 1078,1456
陈世和 788
陈世贤 596
陈世保 445
陈世科 686
陈世倌 385,451,463,588,595,
    701,706,718,719
陈世俸 681
陈世莲 532
陈世盛 758
陈世熙 2003
陈世镕（字大冶，号雪庐，一号
    雪楼） 1291,1401,1431,1469,
    1471,1504
陈仕林 1120
陈以恂 168
陈仪（字子翙，号一吾） 148,
    456,458,584,631,645
陈兰彬 1442,1444,1551,1556,

1557, 1561, 1569, 1575, 1576,
1581, 1594, 1599, 1605, 1611,
1612, 1613, 1681
陈兰森(字松山,号鋉卿) 744,
811, 1020
陈兰滋 1331
陈加儒 716
陈劢 1956
陈去病 1574, 1751, 1790, 1805,
1843, 1844, 1862, 1863, 1866,
1876, 1882, 1893, 1896, 1898,
1913, 1930, 1931, 1936, 1949,
1966, 1979, 1981, 1999, 2001
陈发檀 1859, 1917
陈幼莲 1660
陈必元 660
陈本 227, 968
陈本礼(字嘉会,号素村) 626,
1162, 1173, 1179, 1185, 1186,
1220, 1229, 1459
陈本忠 878
陈本淦 1361
陈永图 1205
陈永清 687
陈永虞 560
陈汉章 708, 1100
陈汉第 1844
陈玉成 1478, 1490, 1496
陈玉垣 1135
陈玉绳 823, 1067
陈玉铭 1246
陈玉澍(原名玉树,字惕庵,后更名玉澍) 1449, 1669, 1921
陈玉瑾(字赓明,号椒峰) 126,
254, 341, 364, 395
陈玉麟 470
陈用光(字硕士、实思) 649,
809, 1087, 1111, 1153, 1159, 1178,
1195, 1197, 1208, 1216, 1226,
1233, 1246, 1251, 1255, 1262,
1269, 1275, 1287, 1289, 1295,
1305, 1318, 1325, 1339, 1340,
1371, 1434, 1487, 1527
陈用敷 1006, 1025, 1032, 1040,
1048

陈田 1633, 1805
陈白沙 535, 766, 1812
陈石麟 1149, 1223
陈立(字卓人,又字默斋) 692,
1169, 1289, 1295, 1303, 1304,
1320, 1400, 1455, 1460, 1545, 1792
陈立勋 1197
陈艾 1506
陈龙正(字惕龙,号龙致、发蛟、几亭) 14, 862
陈乔枞(字朴园,一字树兹)
692, 1163, 1275, 1355, 1369, 1381,
1500, 1541, 1624
陈仲恕 1812, 1879, 1994
陈仲逸 1881
陈份 617
陈会 421
陈伟 191
陈传经 1114, 1148
陈伦炯(字资斋) 553
陈兆文 1772
陈兆奎 1936
陈兆崙(字星斋,号句山) 371,
592, 596, 606, 633, 637, 706, 715,
741, 776, 823, 1237
陈兆骐 1236
陈兆熊 1233
陈光诏 1221, 1405
陈光陛 573
陈光岳 1109
陈兴宗 1117
陈兴祚 685, 687
陈冰壑 215
陈华国 548
陈同甫 275, 1691, 1812
陈名世 1331
陈名夏(字百史) 13, 26, 29, 48,
51, 53, 56, 273
陈向敏 88
陈壮复 350
陈壮履 377, 385, 463
陈如稷 271
陈守创 334, 596
陈安兆 743

陈尧年 677
陈尧道 205
陈师俭 532
陈师曾 506, 1879, 1930
陈师道 535
陈师濂 1076, 1235
陈庆门 559, 635, 644
陈庆升 736
陈庆年 1509, 1623, 1655, 1821,
1823, 1884, 1956
陈庆槐 1088, 1197
陈庆镛(字乾翔,别字颂南)
1069, 1359, 1392, 1393, 1427,
1440, 1467, 1471, 1476
陈延缙 245
陈廷会(字际叔,号瞻云) 147,
215
陈廷庆(字兆同,号古华、桂堂,
别号非翁、耕石书佣、米舫逸
史) 726, 998, 1111, 1194
陈廷枚 765
陈廷枢 44, 377
陈廷柱 665, 793
陈廷桂 1036, 1062, 1064, 1186,
1534
陈廷钰 1191, 1240
陈廷铨 5
陈廷敬(初名敬,字子端、小舫,
号说岩、午亭,谥文贞) 51,
75, 89, 94, 124, 137, 150, 157, 163,
181, 188, 193, 194, 195, 196, 202,
203, 225, 228, 230, 231, 232, 257,
260, 268, 269, 270, 276, 282, 286,
289, 302, 303, 307, 310, 314, 322,
334, 346, 351, 361, 380, 383, 384,
385, 401, 402, 405, 424, 425, 431,
434, 441, 449, 454, 456, 460, 463,
465, 535, 575, 638, 1067
陈廷焯(字亦峰) 1449, 1570,
1583, 1690, 1699, 1700, 1714
陈廷焞 1285
陈廷策 310
陈廷瑶 1141
陈廷藩 415

陈式(字二如,号问斋) 235
陈式金(字以和,号寄舫) 1224,1536
陈成水 334
陈权 585
陈此和 1185
陈汝咸(字华学、悔庐,号心斋) 79,241,309,368,455
陈汝秋 1192
陈汝恭 1821
陈汝弼 340
陈至言 350,397,423,1192
陈芝光 506
陈芝图 956
陈行忠 44
陈观 969
陈观国 1172
陈讷 708
陈许庭 98
陈论 109,208,366
陈贞慧(字定生,号雪岑) 4,27,42,54,65,154,238,329
陈达 2000
陈达纶 84
陈迁鹤(字声士,号介石) 262,455,1571
陈邦直 458
陈邦贤 1331
陈邦彦 22,323,349,385,410,411,451,463,662,743
陈邦桢 132
陈邦寄 245
陈邦简 59
陈邦器 264
陈问咸 1942
陈齐实 503
陈伯平(原名师礼,又名渊,字墨峰,又字伯平,以字行,别署白萍、光复子、挽澜女士) 1651,1913,1934,1941
陈伯陶 1692
陈伯嘉 168
陈伯澜 1813,2000

陈似源 420
陈作霖(字雨生,号伯雨,别号雨叟、可园、冶麓、重光耄道人) 1511,1512,1518,1539,1570,1608,1662,1679,1699,1714,1742,1756,1795,1815,1816,1821,1826,1882,1900,1936,1938,1957,1968,1987,2003
陈克广 415
陈克峻 226
陈克恕(字休行,号目耕,又号吟香、健清、妙果山人) 639,1167
陈克绪 1276
陈克绳 667
陈冷 1875,1884
陈初哲 810,878,892,928,945
陈启泰 1621
陈启浚 1687
陈启源(字长发,别号见桃居士) 70,115,247,279,300,1190
陈启禧 170
陈均 403,1234,1240
陈奂(字倬云、硕甫,号师竹,又号南园老人) 10,692,994,1171,1183,1184,1197,1206,1208,1220,1225,1226,1233,1234,1237,1257,1261,1269,1274,1289,1308,1312,1320,1330,1333,1347,1360,1369,1400,1409,1417,1430,1431,1443,1447,1458,1468,1474,1479,1480,1487,1508,1516,1566,1602,1626,1627,1678,1794
陈孚恩 1485,1486
陈孝基 1638
陈宏绪(字士业,号石庄) 104,117,118,281
陈宏谋(字汝咨,号榕门,谥文恭) 349,502,503,518,546,552,568,600,602,618,626,636,644,650,693,704,746,768,784,790,791,796,800,803,823,886,955,1020,1336,1351,1387,1729

陈寿彭 1753
陈寿祺(字恭甫、苇仁,号左海,晚自号隐屏山人) 315,353,408,573,637,692,825,1002,1049,1091,1094,1096,1109,1117,1124,1126,1133,1138,1140,1145,1146,1150,1153,1163,1164,1165,1170,1172,1179,1180,1183,1184,1188,1190,1203,1209,1212,1231,1234,1236,1242,1254,1264,1269,1275,1282,1286,1292,1302,1306,1308,1312,1332,1333,1391,1419,1476,1500,1541,1585,1610,1676,1714,1871
陈寿熊(字献清,一字子松) 1187,1472,1488,1597,1852,1936,1954
陈希芳 541,553
陈希曾 1048,1199,1625
陈希濂 1091
陈应富 167
陈张翼 636,666
陈志仪 686,693,695,716
陈志纪 83
陈志群 1934
陈忱 36
陈我义 702
陈时 470,926
陈时懋 170
陈沆(本名学濂,字太初,号秋舫) 987,1232,1233,1245,1254,1288,1471
陈甫 1148,1260
陈良玉 83,84
陈良弼 516
陈芳绩(字亮工) 18,57,127,175
陈虬(原名国珍,字庆宋,号子珊,后改字志三,号蛰庐,别名皋牢子、志山) 1436,1558,1622,1623,1647,1673,1679,1695,1697,1704,1739,1748,1751,1755,1778,1873,1987
陈诒厚 1185

陈赤衷（字夔献，号环村） 131, 213, 276, 282
陈运溶 1815
陈还 460
陈阿平 460
陈际泰 19, 715, 863, 1020
陈际新（字舜五） 599, 942, 950
陈其元 598, 1570
陈其美 1598, 1965, 1982, 1983, 1990, 1992, 1993, 1994
陈其嵩 532
陈其幹 1105
陈其璋 1718, 1759, 1760, 1761
陈其凝 685
陈具庆 9, 16, 21
陈典 422
陈叔通 1827, 1844
陈和泽 1685
陈国珍 84
陈国玺 867
陈国儒 139
陈坦 156, 432, 998
陈奇典 793
陈奉兹 1079, 1087, 1456
陈奉敕 109
陈季同（字敬如，一作镜如，号三乘槎客） 1436, 1588, 1640, 1641, 1657, 1753, 1821, 1898, 1941
陈学海 505, 506
陈宗石 279
陈宗泗 428
陈宗英 1242
陈宗起 1648
陈宗琛 139
陈宗彝 1321, 1344, 1377, 1431
陈官俊 552
陈宝泉 1126, 1902, 1945
陈宝琛 1416, 1539, 1547, 1605, 1614, 1621, 1622, 1629, 1631, 1721, 1737, 1772, 1784, 1790, 1823, 1871, 1873, 1928, 1965, 1974, 1978, 1995
陈宝箴（字右铭） 1317, 1561, 1689, 1702, 1722, 1735, 1737, 1745, 1746, 1747, 1749, 1763, 1768, 1769, 1771, 1772, 1773, 1774, 1776, 1781, 1783, 1784, 1785, 1787, 1788, 1796, 1817, 1904, 1922, 1975
陈尚隆 514
陈岱 1414
陈庚 1377, 1471
陈庚焕（字道南、道由、道献，号惕园、惕斋、易堂） 748, 1242
陈建 25, 381, 654, 697, 818, 861, 863, 865, 871, 1294
陈建勋 1178
陈忠倚 1292, 1756, 1794
陈念祖（字修园，号慎修） 515, 719, 1114, 1128, 1137, 1162, 1179, 1241, 1267, 1521, 1903, 1957
陈性 1362
陈庚铭 24
陈所性 83
陈承绂 1638
陈承曾 818
陈昌齐（字宾臣、观楼） 651, 892, 909, 918, 920, 932, 933, 943, 945, 948, 950, 957, 958, 959, 960, 968, 970, 971, 972, 979, 984, 996, 1178, 1185, 1225, 1232, 1235, 1241, 1258, 1402
陈昌言 305, 610
陈昌图 1036
陈昌绅 1725, 1738
陈明义 1010
陈明善 812
陈昙（字仲卿，号邝斋） 1297
陈杰（字静庵） 1360, 1428, 1504
陈林璋 1588
陈枫崖 615
陈治安 352, 1859, 1933
陈治昌 1326
陈治滋 444
陈治策 340
陈法（字定斋） 445, 710, 718, 774
陈法禹 78
陈炎宗 717
陈炜 1135
陈秉和 1808
陈秉直 52
陈秉谦 170
陈经（字景辰，号墨庄） 794, 1192, 1224
陈若沂 366
陈若霖 408, 996, 998, 1153
陈范 1489, 1814, 1855, 1864, 2001
陈诗（字观民，号愚谷，别号大桴山人） 683, 1053, 1057, 1135, 1191, 1236, 1286, 1988
陈诗庭（字令华、莲夫，号妙士） 1096, 1109
陈诚 737
陈诜 175
陈迪予 1953
陈述芹 1240
陈金俊 731
陈金城 1254
陈金珏 357
陈金揆 1556
陈鸣岗 483
陈亮世 552
陈保真 1954
陈养元 446
陈冠世 642
陈剑铛 1338
陈南贤 245
陈厚滋 1558
陈厚耀（字泗源，号曙峰） 28, 350, 420, 426, 437, 442, 444, 469, 473, 479, 490, 495, 564, 638
陈受培 1161
陈垣 68, 476, 1165, 1611, 1752, 1827, 1881, 1900, 1951, 1952, 1981, 2001
陈复正（字飞霞） 696
陈奕禧（字谦六，号子文、香泉） 28, 172, 175, 353, 382, 425, 427
陈威 1895
陈宪祖 391
陈庭学 1206

陈思震 665
陈恂 159,334,464
陈春 1236
陈春华 1154
陈春英 445
陈昭常 1921
陈昭谋 1240
陈昴 467
陈昶 980
陈柱 1314,1875
陈柿祚 218
陈栋 179
陈树人 1635,1790,1845
陈树兰 1326
陈树华（字芳林） 816,1054
陈树芝 559
陈树萱 595
陈树德 1067,1161
陈洪书 820
陈洪淡 595
陈洪绶（字章侯，号老莲，幼名莲子，又名胥岸） 14,18,31,33,45,312,677,1298
陈洪畴 171
陈济生 36,41,124,130
陈炯明 1967,1992
陈炳德 1161
陈炽（原名克昌，改名炽，字家瑶，号次亮，又号用絜，称瑶林馆主、通正斋生） 1461,1570,1583,1615,1646,1649,1654,1660,1673,1678,1686,1694,1703,1704,1710,1720,1721,1722,1723,1736,1737,1740,1741,1749,1755,1819,1887
陈独秀 1604,1606,1739,1751,1790,1825,1844,1845,1850,1860,1861,1863,1866,1870,1881,1885,1894,1897,1912,1915,1930,1931,1933,1965,1969,1998
陈珏 554
陈矩 1688
陈祖良 1859,1982

陈祖范（字亦韩，号见复） 193,451,502,557,559,622,684,691,699,700,704,717,720,723,786,825,1046
陈祖徇 562
陈祖襄 1478
陈祚明 105,191,422
陈秋水 1048
陈科銲 867
陈笃 887
陈荣杰 724
陈荣贵 1616
陈荣衮 1734,1813
陈荩谟 290
陈衍（字叔伊，号石遗） 1467,1595,1615,1617,1622,1630,1632,1647,1652,1681,1686,1697,1722,1724,1753,1783,1793,1797,1802,1805,1816,1830,1865,1886,1903,1933,1941,1975,1983,1999,2003,2005
陈觉林 1338
陈贻青 1042
陈贻德 1160
陈钟炅 962,963
陈钟珂 823
陈钟理 746
陈钟豫 1148
陈钟麟 1339
陈钥 1214
陈钧 159,623,1296
陈食花 158
陈倓 566
陈倬（字培之） 1479,1517
陈卿云（字瑞虞，又字仙楼） 1260,1871
陈哲 245,617,648
陈家鼎 1580,1790,1813,1845,1879,1900,1917
陈徐基 385
陈恩德 1277
陈恭 116
陈恭尹（字元孝，初号半峰，晚号独漉） 289,346,349,350,

370,401,536
陈振鹭 1073
陈振藻 765
陈栻 1271
陈泰 39
陈浚卿 1695
陈浩 512
陈浮梅 1173
陈海六 788
陈烈 1063,1309
陈珙繁 1126
陈皋 808
陈绣卿 166
陈继昌 1237,1238,1370
陈继善 596
陈继揆 1608
陈继聪 1460,1461
陈耿夫 2001
陈莫凝 552
陈莱孝 926
陈衷赤 52
陈訏（字言扬，号宋斋） 34,175,327,471,494,496,564
陈调元 159
陈起凤 43
陈轼 254
陈逢衡（字履长，号穆堂） 904,1191,1276,1314,1459
陈隽 1337
陈隽卿 1159
陈颂第 1296
陈预 1221
陈冕 1629
陈寅亮 245,327
陈寅恪 20,113,1685,1722,1781,1817,1845,1880,1894,1901,1934,1970,1996,2000
陈崇本 901,917,921,941,942,979,996
陈巢南 1928
陈常夏 93
陈彩 42
陈得才 1496,1511

陈梅坪　1654
陈梓（字俯恭，又字古铭，或古民，号一斋）　179，249，579，734，760，1204，1206，1331
陈梦文　571
陈梦舟　133
陈梦杜　415
陈梦林　470，521
陈梦雷（字则震、省斋）　38，144，165，175，181，203，217，232，254，327，335，355，364，373，396，406，477，492，498，502，522，528，538，542，637
陈欲达　245，289
陈湨子　281
陈淑思　44
陈淦　918
陈淮　1040，1048
陈淯　235
陈淳　298，469，512
陈烺　1690，1730
陈焕章　1438，1620，1880，1925，1932，1933，2000
陈章　734，744，808，1588
陈第　115，237，487，821，1091，1128，1592
陈绰（字文裕）　493
陈绳　596
陈维中　183
陈维岳（字纬云）　307
陈维崧（字其年，号迦陵）　76，109，120，141，152，162，173，181，191，195，202，203，204，205，207，208，211，225，238，267，281，284，298，307，336，394，417，424，455，753，1060，1067
陈维嵋（字半雪、文鹭）　162
陈维祺　1619
陈谋　780
陈象枢（字驭南）　349，718
陈铣　405
陈银　427
陈随贞　420
陈鸿　1246

陈鸿寿（字子恭，号曼生，别号恭寿、曼龚、梦间、夹谷亭长、种榆仙客）　809，1109，1111，1114，1118，1147，1191，1204，1260，1390，1449，1487
陈鸿宾　701
陈鸿绩　207
陈鸿墀　1319，1564
陈鸿豫　1226
陈黄中（字和叔，自号东庄谷叟）　395，557，592，596，680，702，723，725，729，731，754，777
陈善　645，1112，1332，1339
陈善言　667
陈弼夫　1479
陈揆（字子准）　1275，1280，1281
陈散原　1896
陈敬　76
陈敬廷　176
陈敬岳　1994
陈敬璋　535，1090
陈斌　1090，1096，1156
陈景云（字少章、少彰，私谥文道先生）　148，386，398，497，534，557，673，675，725，754，777，1043，1331，1426
陈景仁　83，1943，1949，1993
陈景元　1298
陈景沛　1142
陈景良　980
陈景忠　595
陈景亮　1326
陈景埙　856
陈景韩　1003，1593，1881，1882，1970，2001
陈智伟　1970
陈智捷　1702
陈曾　233
陈曾佑　1898，1983
陈曾寿　1855
陈朝书　962
陈朝栋　693
陈朝础　850

陈朝羲　954
陈棐　245
陈森（字少逸，号采玉山人）　1078，1418，1549
陈湖逸士　2002
陈焯　235，245，254，555，954，955，1109
陈焱　687
陈琛　144
陈琦　845，1012
陈琮　973，1207
陈瑄　460
陈登龙　1155
陈登科　61
陈确（初名道永，字非玄；明亡后改名，字乾初）　11，13，14，23，29，33，48，49，57，59，72，78，103，120，144，188，194，198，677，1090
陈紫芝　210
陈联璧　169
陈舜明　483
陈舜咨　540
陈舜锡　367，372
陈葵　1276
陈谟　559，648
陈谦　19，175，440
陈超曾　1096
陈辉璧　272，336
陈遇夫（字廷际）　453
陈道（字绍洙）　649，705，775
陈鼎（刚侯，号伯商）　15，134，249，357，1456，1786，1808，1887
陈嗣龙　810，979，996，998
陈嵩庆　1147，1199
陈愘（字元熙）　110
陈楠　676
陈楷礼　1191
陈殿阶　1302
陈溥　185，479，1467
陈溯潢　80
陈煜　1049
陈煦　994

陈献可　554
陈璲（字聘侯，一字恬生）
　　1096，1106
陈玚　1431
陈瑚（字言夏，号确庵、无闷道人，学者称安道先生）　4，12，19，23，24，26，30，32，36，43，48，50，51，58，62，63，72，78，82，85，88，91，162，185，271，322，353，476，1445
陈瑜　1126
陈綗　286
陈虞昭　797
陈裔虞　780
陈锡　545
陈锡辂　577，617，631，724
陈锡嘏　115，180，189，201，208，284
陈锦　1591
陈锦荣　1551
陈锳　775，779，793
陈鹏年（字北溟，号沧州，谥恪勤）　107，308，358，363，477，494，509，521，644，689，775
陈鹏程　244
陈僖　151
陈嘉谷　654
陈嘉郎　667
陈嘉树　1253，1256
陈嘉祚　1204
陈嘉基　348
陈嘉绥　322
陈嘉谟　1232
陈嘉猷　165
陈埔　901，932，943，1298
陈摹生　1547
陈榕　1191
陈毓升　779，803
陈毓淞　1551
陈潢（字天一，号省斋）　150，202，252，278，286，292，311，357
陈熙　1125，1239，1307
陈熙晋（原名津，字析木，号西桥）　1038，1435，1674

陈瑸　366，440，474，551，793
陈端生（字云贞）　705，1077，1426
陈肇奎　460，464
陈肇辂　984
陈蔼亭　1512
陈裴之　1210，1358
陈銮　1237，1238，1255，1295
陈锷　765
陈霁学　1302
陈韶　1285
陈鹗荐　366
陈增德　1214
陈履中（字质夫，号雁桥）　331，766
陈履长　693
陈履和　1087，1160，1216，1221，1258，1270，1272
陈德华　511，512，547，621
陈德沛　1191
陈德敏　357
陈撰（字楞山，号玉几山人）　206，351，464，468，595，670，734，735，744，753，808
陈撷芬　1635，1803，1877
陈撷芳　1846
陈毅（字诒重，号郇庐）　1879，1895
陈毅（字直方，号古渔）　798
陈璋　334，397，421，463
陈璜　72，127，1227，1266
陈蝶仙　1604，1726，1816，1827，1846，1934
陈觐光　746
陈豫朋　334
陈豫钟（字浚仪，号秋堂）　777，1151，1487
陈鋐（字宏猷）　127，635
陈鹤（字鹤龄、馥初，号稽亭）　748，1073，1143，1176，1180
陈鹤龄　792
陈儒　878
陈澧（字兰甫，别署东塾）　759，1128，1174，1270，1275，1282，1289，1295，1318，1319，1330，1347，1352，1368，1370，1375，1381，1392，1393，1399，1407，1408，1413，1417，1418，1424，1438，1444，1452，1463，1464，1465，1468，1469，1471，1474，1479，1481，1482，1485，1486，1491，1499，1501，1502，1506，1512，1520，1526，1533，1535，1539，1540，1543，1549，1554，1557，1558，1560，1563，1576，1578，1585，1588，1602，1603，1607，1610，1617，1624，1627，1696，1795

陈增　1057
陈璟　512
陈翰　1285
陈衡恪　1586，1845，1879，1896，1981
陈懋治　1757，1846
陈懋侯　1624，1667
陈懋龄（字勉甫）　474，1083
陈燮　1185
陈翼　198
陈霞章　1953
陈黻宸　1482，1623，1647，1738，1748，1844，1879，1897
陈燨　18，28，55，57，210
陈璧　57，1737
陈鏦　271
陈黼宸　540
陈曦　830，1142
陈耀卿　1728
陈耀振　779
陈骧　1271
陈夔龙　1929
陈鳣（字仲鱼，号简庄、河庄）　300，682，719，953，985，1017，1028，1035，1041，1051，1058，1065，1073，1078，1082，1086，1088，1090，1096，1110，1140，1143，1148，1153，1156，1173，1191，1199，1200，1222，1248，1348
陈懿典（字孟常）　73
陈麟　348

陈麟诗 629
麦汝梓 159
麦伽费尔 1899
麦克开拉启 1400
麦孟华 1580,1665,1685,1701,
 1720,1725,1735,1736,1745,
 1749,1752,1778,1780,1787,
 1800,1802,1811,1830,1836,
 1910,1925
麦沾恩 1213
麦美德 1661
麦恳西 1728
麦莲 1450
麦都思 1204,1248,1297,1357,
 1385,1387,1411,1417,1439,
 1440,1442,1444,1450,1452,
 1471,1663,1743
麦梅生 1938
麦鸿钧 1855
麦鼎华 1869
麦嘉湖 1501,1539
麦嘉缔 1394

八　画

佶山 996
依清阿 996
侨析生 1830
冼国干 326
凯音布 1306
函可 5,13,22,27,33,42,86,863,
 864
卓天柱 942,947
卓孝复 1724
卓秉恬 1141,1246,1337,1342,
 1347
卓道异 640
卓彝 56
单为鏓 1534
单乔年 385
单光国 939
单此藩 415

单作哲 687,709
单国骥 152
单若鲁 18,38,42,48,124
单铎 694
单登龙 57
单履中 673
单履咸 673
周一宽 159
周一锦 169
周乃祺 894
周二学(字幼闻,号药坡) 578
周人龙 673
周卜世 326
周万鹏 1567,1931,1945,1968
周三进 279
周上治(字绥玉,号铁餐) 382
周于仁 489,631
周于礼(字亦园,号立崖) 484,
 851,904
周于智 708
周士仪 151,235
周士佃 366
周士宏 370
周士诚 765
周士俊 170
周大成 1321
周大沅 984
周大枢 596,1259
周大律 667
周大烈 1829
周大璋 630,741
周大儒 1020
周子洁 108
周广业(字勤补,号耕崖) 356,
 556,830,869,937,985,992,1092
周中孚(字信之,号郑堂) 809,
 1036,1078,1099,1147,1245,
 1301,1309,1316
周之 685
周之文 235
周之桢 1185,1255
周之琦(字雅圭,号退庵) 956,
 1159,1199,1246,1438,1501

周之瑚 666
周之翰 1519
周之骙 1126
周之璠 677
周之麟 83,141,259
周书 1119
周云凤 1276
周云帆 1506
周云炽 1147
周元良 996,998
周元理 827,837,839,849,850,
 880,881,887,896
周凤池 1314
周凤来 421
周天任 440
周天成 124,554
周天度 817
周天柱 867
周天祐 438
周天福 659
周天德 170
周天爵 1301,1509
周开麒 1261,1263
周文 1178,1361,1381
周文元 440
周文煊 287
周文濂 159
周方炯 797,803
周日泗 170
周长发 512,592,596,598,640,
 641
周长庚 1622
周丕显 381
周世金 372
周世恩 716
周世泰 998
周世樟(字章成) 253
周乐清(字安榴,号文泉,别号
 炼情子) 987,1303,1458,1459
周仕议 1142
周仕魁 722
周令树 149
周以勋 1089

周仪典 1667
周仪暐(字伯恬) 891,1406
周仪颢 1406
周古 1214
周召(字公佑,号拙庵) 183
周本荫 1197
周正峰 569
周永年(字书昌,自称林汲山人) 556,722,819,835,838,841,846,854,865,867,883,888,902,912,921,933,942,1021,1034,1036,1037,1266
周永基 1290
周玉山 1922
周玉章 596
周玉琪 1473,1539
周玉衡 227
周玉麒(字韩城) 1138,1580
周立爱 702
周训成 83
周龙甲 139
周龙官 532
周仲穆 1998
周伟业 1185
周兆基 996,1049,1165,1199
周兆棠 1276
周兴岱 928,941,942,943,945,979,983,1049
周兴峰 1296
周再勋 84
周吉士 512
周在浚(字雪客、龙客,号梨庄) 162,183,220,251,326,894
周壮雷 272
周师望 242
周师濂 1147
周庆曾 200,207
周廷安 1226
周廷采 784,1035
周廷桂 146
周廷弼 1912
周廷森 998
周廷燮 512

周扬俊 214
周有声 1049
周有德 38
周汝舟 595
周汝登 14,65,121,184,190
周玑 1010,1011
周自超 1282
周邦倚 1177
周邦彬 158,166
周体元 183
周体观 132
周体现 30
周作人 1270,1651,1790,1921,1930,1938,1947,1950,1965,1973
周作楫 1306
周克友 183
周克开 883
周启 442
周启先 476
周启运 1283
周启郕 127
周启隽 22,56
周员理 827
周孝埙(初名兰颖,字愚初,自号逋梅) 782,1328
周宏业 1844
周寿臣 1556,1567,1712,1900,1931
周寿昌(字应甫,一字荇农,晚号自奄) 710,1201,1313,1393,1438,1511,1524,1576,1624,1632,1642,1669,1682,1689,1703
周志让 763
周志焕 204
周来邰 644
周步骧 1277
周沐润(字文之,号柯亭,别号橒寮、橒庵) 1174,1503
周沟 673
周沣 699
周灿(字绀林,号星公) 36,83,173

周系英 1227,1244,1246,1252,1253
周纶 228
周良隽 1572
周芬斗 671
周诒朴 1463
周辛仲 1636
周邵莲 1074
周际华(初名际岐,字石藩) 848,1338,1376,1405
周际虞 775
周京 595,688
周其悫 1325
周典 1859,2000
周凯 1321,1334,1344
周叔川 1896
周国颐 1344
周季琬 42
周学元 962
周学健 503,596,615,665,718
周学浚 1391
周学海(字澂之) 1696
周学曾 1302
周宗臣 272
周宗岐 901
周宗建 871,872
周宗濂 1258
周实(原名桂生,字剑灵,改名实,字实丹,号无尽) 1664,1966,2006
周尚质 740
周尚亲 887
周岩 1235
周岷帆 1408
周建鼎 104
周忠 336
周承权 280
周承德 1881
周昂 1011,1012
周昌 166
周明新 69
周治平 1147
周绍龙 532

周绍濂 1161
周茂兰(字子佩,号芸斋) 274
周茂源(字宿来,号釜山) 30,162,228,344
周范 30
周范莲 552
周郁宾 1205
周金然 233,265,270,292,296,361
周金简 438
周亮工(字元亮、缄斋、陶庵,号栎园) 12,24,33,76,82,94,101,128,137,162,172,183,1445
周俊升 245
周勉 407,1240
周南 19
周厚堉 839,849
周厚辕 867,970,971,972,979,984
周品金 974
周城(号石匏) 559
周奕封 42
周宣 1859
周宣武 674
周宣猷(字辰远,号雪舫) 315,704,739
周怒涛 1927
周思仁 739
周星诒 1694,1787,1802
周星垣 1525
周星誉(原名誉芬,字叔云,号鸥公,又号芝芩) 1288,1644
周春(字芑兮,号松霭,晚号虚谷居士) 300,356,550,680,721,740,746,1020,1060,1074,1204,1207
周树 552
周树模 1646
周树槐 1277
周洙 159
周济(字保绪、介存,号味斋,晚号止庵) 941,1140,1245,1265,1296,1320,1321,1325,1356,1364,1386,1578,1699

周炳 1302
周炳中 843,974
周珍 1936
周祖荣 532
周祖培 1255,1347,1423,1462,1472,1490,1497,1715
周祜 169
周统 318
周诰 1147,1256
周贻徽 1268
周钟 5,49,871
周钟泰 1142,1264
周钟瑄 470
周钦 595,1176
周香严 1096
周准 722
周卿 460
周原辕 942
周家驹 1135
周家勋 1546
周家楣 1599
周家树 1877
周家祯 244
周家琰 791
周家禄(字彦升,一字惠修,晚号奥篴老人) 1406,1987
周宸藻 58
周容(字鄮山、茂山,号躄翁、躄堂) 215
周徐彩 480
周悦让(字孟白) 1408
周振声 280
周振采 596
周朗山 1557
周栻 1314
周桂笙 1509,1803,1816,1851,1916,1918,1953,1986
周海蓬 1012
周玺 1331
周祥发 134
周祥珏 668
周继芳 116
周莲 740,1183

周起渭 334,438,463
周起滨 1603
周轼 1142
周钺 534
周颂 784
周颂孙 170
周馀庆 1381
周埰 1053
周彬 438
周惕 96,309,331,639,720
周梁 322,352
周梦龙 800
周清原 147,207,402
周清源 409,439,1192
周渔 83
周硕勋 775
周章焕 687
周维祺 998
周维新 1366
周维翰 109
周萃元 1075
周象明(字悬著) 315,468
周逵 1814,1851
周雪樵 1882
周彭年 674
周敬舆 562
周斯才 1155
周斯盛 255,578
周景柱 756
周景柽 724
周景桂 694
周景福 1080
周曾发 30
周棨 939
周森 1109
周植 694,902
周琛 1112
周琰 596,687
周琳 1136
周琼 901,917,932,957,970,971,972,979,996,999
周紫廷 1969
周翔千 855

周联奎 1147
周谟 868,1148
周超 488
周道 1171
周道新 334
周铿声 936
周韩瑞 169,205
周鲁封 494
周嵩年 1984
周廉 407,1240
周榘 677,808,855,875
周煊 72
周煌 607,730,745,789,898,918,919,928,930,932,942,943,945,987
周瑞图 1355
周稚圭 1171
周箅(初名筠,字公贞、青士) 283,315
周腾虎 1457
周蒲壁 233
周谨 673
周鉴 962
周锡三 1967
周锡瓒 1050,1056,1079,1085,1174,1175,1184
周嘉谟 764
周嘉猷(字顺斯,号纪堂,又号慕蕤、两朎) 190,705,743,937,953,1078,1460
周墉 1344
周模 514
周毓麟 327,1285
周瘦鹃 1731
周肇(字子俶) 248,322,373
周蔼联 1196,1246
周增 1307
周履祥 1291
周澄 1020
周篆(字籀书,号草亭) 80,407,1240
周鋐 920,928,932,942,943,945,948,950,957,958,968,970,972,984

周镐 705,917,1222
周震荣 556,886,914,1001,1046,1229
周震麟 1897,1912,1914
周鹤 422
周鹤立 1149
周儒 707
周儒倡 707
周燸 159
周镎元 446
周霖 69
周懋相 893
周戴锜 424
周翼 465
周彝 57,350,393
周馥 1899,1908
周焘 550
周繻 322
周鐈 127
周馨北 1239
呼延华国 780
和宁 1135,1252
和田三郎 1928
和珅(原名善保,字致斋) 887,910,920,928,931,942,956,958,968,969,970,971,981,988,995,996,997,998,999,1000,1006,1007,1027,1032,1039,1048,1064,1073,1094,1095,1102,1230,1322,1323
和盐鼎 298
和起 552
和瑛(原名和宁,字润平,号太庵) 819,1051,1205,1226,1252
和羹 97,288
国英 1583
国泰 826,882,891,900,907,920,922,929,1102
国琏 540,547
图尔哈图 76
图示宸 55
图明阿 930,931
图思德 826,832,840,862,892,894,895,896,898,900,910

图海(字麟洲) 9,38,69,75,108,124,130,134,141,148,155,157,165,230
图敏 867
图理琛 1251
奇丰额 973,1040,1049
奉宽 552,706,826
孟文升 97
孟长醇 264
孟正气 326
孟乔芳 551
孟安世 327
孟色立 165
孟贞仁 17,34
孟希圣 97
孟宗舜 137
孟定生 1802
孟明辅 39
孟河(字介石) 528
孟金章 577
孟亮揆 144,208,268,270,276,638
孟俊 84,90
孟昭常 1918
孟衍泗 791
孟闻玺 2
孟振生 1330
孟振祖 319
孟涛 649
孟班 438
孟称舜(字子若、子塞、子适) 60,61
孟常裕 415
孟森 1426,1546,1900,1918
孟超然(字朝举,号瓶庵) 408,560,763,791,806,903,1002,1085,1203,1330
孟毓森(初名金辉,字玉生、玉笙,号玉箫生) 1428
孟德斯鸠 1594,1729,1745,1746,1799,1814,1815,1837,1851,1869,1884,1919,1972
孟额图 242
孟鏐 352

孟麟 1326
季开生（字天中，号冠月） 30，86
季芝昌 1319,1358,1423
季邦俊 1695,1713
季芷 167
季学锦 909,918,919,920,942,943,945,948,950,957,958,959,960,968,970,971,972,979,1023
季雨霖 1909
季振宜（字诜兮，号沧苇） 23,126,128,180
季婴 64
季理斐 1667,1983
季羡林 2006
季锡畴（字范卿，号菘耘） 924,967,1038,1502,1794
季璟文 583
宗书 80
宗元鼎（字定九，号梅岑、小香居士） 244,358
宗元豫（字子发，晚号半石） 348
宗方小太郎 1703
宗让修 272
宗守 1058
宗谊（字在公，号正庵） 291
宗湘文 1630
宗琮 221
宗源瀚（字湘文） 1679,1806
宗稷辰（原名续辰，又名龙辰，字涤甫，一作迪甫，号涤楼） 1047,1246,1251,1294,1300,1352,1360,1398,1402,1430,1457,1465,1469,1535
宗霈 1221
官保 849,850
官禄 420
官献瑶（字瑜卿） 603,606,622,669,689,876,1400
官德 773
定长 783
宝廷（字竹坡，号偶斋，别号奇奇子） 1373,1605,1622,1684,1807
宝珣 1291
宝琳 1291
宝鼎望 326,440
宝龄 1283
宝熙 1889,1942
宝鋆（字佩蘅） 1490,1532,1635,1692
尚九仙 64
尚小云 1820
尚天成 177
尚安 911,919
尚廷枫 595
尚彤庭 404
尚其志 245
尚居易 402
尚崇年 245
尚崇霓 352
尚新民 168
尚镕（字乔客、宛甫） 1310,1313,1315,1346
居巢（字梅生，一字巢父，号梅巢） 1181,1886
居廉（字士刚，号古泉，自号隔山老人、隔山樵子） 1299,1790,1886
屈大均（初名绍隆，或称邵龙，字介子，号翁山） 63,115,120,203,241,349,368,369,370,401,852,859,860,861,862,872,894,899,1951,1986
屈为鼎 970
屈成霖（字起商） 249,661,798
屈启贤 649
屈运隆 264
屈学洙 577
屈宜伸 730
屈复 134,466,546,595,597,617,625,641,644,649
屈振奇 146
屈逸乘 159
屈曾发 831,846
屈琚 169
屈翔 104
屈超乘 146
岳之岭 159
岳甘 165
岳礼 623
岳宏誉 254
岳冠华 563
岳度 334
岳思泰 124
岳映斗 38
岳钟琪 537,538,545,1250
岳浚 548
岳森（字林宗） 1568,1702,1714
岳端 348
岳震川 1206
岳濬 569,596
岸本能武太 1849
岸国华 1657
巫宜福 1309
巫慧 717
幸超士 724
幸德秋水 1851,1869,1926
庞大堃（字子方） 1234,1667,1669
庞元济 1972
庞太朴 78
庞文寿 1380
庞屿 553
庞玮 104
庞垲 207,259
庞钟璐 1407
庞培烈 1500,1519
庞鸿书 1605,1976
庞锡纶 1198
征瑞 989,997
忠琏 771
怡良 1366,1373
房万达 33
房明畴 562
房星著 265
房循矱 220
房裔兰 548
承光 998
承培元 1140,1378,1955

押川春浪　1870,1903
拉布敦　552
拉考斯特　1847
拉昌阿　793
拉都立　334
拉锡　425,471
拉德洛夫　1688,1696,1703,
　　1726,1739
拖必泰　58
招子庸（原名为功，字铭山，号
　　明珊居士）　1055,1406
旺日暲　964
昆冈　1804,1820
昌天锦　479
昌格　350
昌龄　503,576
明义士　1983
明兴　946,948,972,979,980,983,
　　990,1000
明安图（字静庵）　324,437,599,
　　607,706,755,764,782,857
明保　1775
明恩溥（明恩普）　1558,1909
明泰　932,998
明珠　124,148,150,194,216,219,
　　231,232,250,252,259,260,267,
　　270,301,417,517,637,638,826,
　　827,860,916,980
明谊　1510
明新　599
明福　1080
明德　1078,1242
易之瀚（字浩川）　1742
易文炳　985
易良干　1466
易良翰　1466
易佩绅（字笏山，一字子笏，号
　　健斋，人称函楼先生）　1288,
　　1667,1725,1921
易学实　101,160,255
易宗涒　596
易宗瀛　595
易宗夔　1948
易昌　1112

易顺鼎　1477,1559,1577,1653,
　　1673,1679,1742
易准　374
易谐　808
易简　438
易禧　1225
杭云龙　465
杭允景　244
杭世拯　63
杭世骏（字大宗，号堇浦，自号
　　秦亭老民）　349,378,392,394,
　　454,462,490,492,508,521,534,
　　536,557,564,583,584,592,594,
　　595,596,611,619,626,629,633,
　　641,642,647,663,667,674,700,
　　706,707,708,734,742,778,794,
　　796,803,809,811,813,815,846,
　　847,876,912,977,993,1012,
　　1028,1035,1230,1237,1353,
　　1433,1576,1742,1954,2003
杭世馨　702
杭齐苏　18
杭辛斋　1550,1747,1881
杭奇　61
杭宜禄　404
杭奕禄　550,557,598
松平君平　1850
松平康国　1830,1868
松安　1285
松年　1283
松寿　503,1801,1951
松林孝纯　1752,1789
松枝新一　1753
松野平三郎　1680
松筠（字湘浦，谥文清）　726,
　　1019,1051,1095,1100,1118,
　　1176,1183,1212,1234,1244,
　　1245,1249,1253,1255,1265,
　　1269,1275,1281,1289,1295,
　　1313,1339
林一厂　1953
林一铭　1302
林万里　1811
林子兰　139

林子卿　227
林为辑　1003
林之翰　507
林云汉　285
林云京　30
林云铭（字西仲）　77,213,235,
　　246,289,352,656
林允楫　265
林元之　521
林元英　1291
林凤仪　1221
林天宏　1058
林少泉　1877
林文英　286
林文懋　548
林木林　1824
林长民　1586,1827,1868,1993
林长存　159
林世炳　327
林乐知　1379,1480,1492,1505,
　　1532,1538,1539,1543,1570,
　　1584,1587,1590,1616,1631,
　　1643,1652,1674,1680,1688,
　　1696,1709,1726,1740,1753,
　　1755,1791,1804,1815,1828,
　　1934,1940
林令旭（字豫仲、晴江）　206,
　　552,651
林以采　177
林古度（字茂之，号那子）　64,
　　122
林召棠（字爱封，号芇南）　994,
　　1261,1263,1560
林弘化　167
林本裕　305
林正清　624
林永升　1551,1588
林白水　1574,1885,1983
林乔蕃　493
林传甲　1885
林光棣　1234,1285,1296,1308
林则徐（字元抚，又字少穆，晚
　　号竢村老人、竢村退叟、七十
　　二峰退叟）　408,987,1010,

1080,1088,1133,1141,1153,
1159,1165,1171,1176,1183,
1188,1195,1203,1211,1212,
1220,1226,1233,1238,1246,
1254,1262,1269,1275,1282,
1289,1292,1294,1295,1300,
1306,1312,1313,1318,1324,
1325,1329,1336,1337,1342,
1343,1345,1346,1347,1351,
1354,1356,1358,1359,1365,
1366,1367,1368,1369,1373,
1374,1376,1377,1380,1386,
1387,1392,1395,1398,1399,
1402,1405,1407,1412,1416,
1417,1420,1423,1424,1428,
1433,1447,1471,1494,1503,
1507,1509,1585,1591,1610,
1649,1795

林圭 1746,1811
林如峣 272
林安繁 1803
林尧英 95,110,275
林庆升 1588
林庆炳 1520,1674,1697
林廷选 486
林成栋 1148
林旭(字暾谷,号晚翠) 1580,
1660,1702,1708,1710,1712,
1725,1738,1752,1753,1772,
1774,1775,1776,1778,1782,
1785,1787,1789,1797,1817
林有席 780,876,902
林有彬 780
林汝谟 1361
林芃 146
林行规 1859
林邦珹 888
林伯桐(字桐君,号月亭) 904,
1112,1238,1282,1290,1294,
1356,1361,1394,1395,1410
林伯衡 1979
林启 1753,1784,1811
林启亨 540
林寿图 1610
林时元 777

林时春 1191
林时益(本姓朱,字确斋) 206,
230,1349,1401
林时爽 1977
林汪远 319
林纾(字琴南,号畏庐) 1441,
1499,1506,1512,1518,1534,
1583,1594,1600,1615,1622,
1630,1636,1637,1647,1666,
1673,1679,1686,1695,1723,
1724,1737,1738,1751,1756,
1787,1802,1805,1811,1819,
1824,1827,1831,1841,1843,
1851,1862,1870,1871,1885,
1894,1903,1912,1921,1929,
1938,1957,1967,1978,1984,
1986,1999,2005
林芳淳 1277
林谷 635
林赤章(字霞起) 461
林佩桐 1482
林佩琴 1363
林估(字吉人,号鹿原) 162,
311,314,335,399,416,438,494
林侗(字同人,号来斋) 213,
335,454
林国桂 244
林国赓(字敷伯) 1696
林国赞 1681
林学易 1027
林庚白 1759
林怡游 1588
林承谟 1551
林昂 438
林昌彝(字惠常、芗溪,自号茶
叟、五虎山人) 1130,1387,
1393,1423,1424,1430,1433,
1444,1471,1499,1501,1507,
1512,1563,1565,1585,1610
林明伦(字穆安,一字穆庵)
509,748
林杭 255
林枝春 408,605
林环昌 78
林知乐 1577

林秉耀 1594
林绍龙 1116
林绍年 1701
林绍清 1659
林绍璋 1499
林育兰 244
林虎榜 758
林诜孕 245
林迪光 513
林迪臣 1812,1844
林采 372
林冠慈 1994
林咸吉 702
林思进 1568
林春芳 146
林春浦 1330
林春祺 1247
林春溥(字立源,号鉴塘) 190,
870,1118,1191,1198,1213,1214,
1239,1246,1258,1284,1314,
1338,1348,1356,1369,1418,
1439,1444,1458,1494
林祖同 1850
林祖望 385
林祝三 1866
林荔 975
林觉民(字意同,号抖飞,又号
天外生) 1664,2006
林语堂 1731
林钟龄 660
林宾日(原名天翰,字孟养,号
旸谷) 690,1010,1080,1118,
1165,1292
林泰辅 1971,1972
林泰曾 1551,1588,1664
林泰雯 1277
林起龙 82
林逢泰 196
林得震 1309
林梦阳 1204
林涵春 289
林淳 1222
林清 1187,1230

林爽文 991,993	林翼向 739	欧阳瑞华 1862
林绪光 623	林麟煌 398	欧阳辑端 1264
林铖 480,1418	果齐斯欢 1253	欧阳鹤鸣 976
林鸿 649,1392	欧文 1361,1559,1921,1938	欧阳霖 241,1784
林鸿年 1342,1343	欧礼斐 1600	欧阳璐 807
林鸿瑛 903	欧阳中鹄 1569,1589,1607,1670,1711,1722	欧特曼 1935
林彭年 1483	欧阳予倩 1676,1917,1934,1970,1980	欧景辰 1484
林斌 807	欧阳文学 888	欧槊甲(字云樵) 1550,1746,1788,1826,1836,1988
林景拔 438	欧阳斗照 121	武亿(字虚谷、授堂) 244,664,796,923,983,1008,1009,1012,1020,1026,1028,1052,1053,1067,1075,1076,1081,1082,1093,1097,1099,1101,1102,1113,1197,1387,1446
林森 1991	欧阳日珊 1826	
林焜熿 1344	欧阳主生 90	
林琦 309	欧阳正焕 739,745,746	
林紫虬 1953	欧阳龙 686	
林紫垣 1788	欧阳兆熊 1368,1521	武士选 1688
林缙光 1258	欧阳羽文 171	武子韬 1687
林联桂(初名家桂,字道子,又字辛生) 858,1265,1320,1340	欧阳达 740	武开吉 1126
	欧阳齐 350	武占熊 1172
林联辉 1556,1709,1717	欧阳庚 1477,1558,1615,1623,1638,1647,1719,1720,1824,1888,1979	武训(人称武七) 1358,1479,1666,1743
林谦光 305		
林辉万 1002		武全文 83
林愈蕃 846	欧阳明 1615,1638	武廷适 391
林槐 244	欧阳俊 1313	武次韶 1264
林源 781	欧阳保极 1483	武国枢 440
林锡龄 1338	欧阳勋(字子和,号功甫) 1294,1467	武国栋 279
林颐山(字晋霞) 1696		武念祖 1271
林颖启 1588	欧阳厚均 1096,1221,1226,1512	武昌国 771
林颖叔 1469	欧阳星 888	武林吉 1548
林模(字靖若,号国木) 315	欧阳柱 1752,1982	武骊珠 1442
林增志 19	欧阳泉 1309	武维宁 233
林德利 1475	欧阳炳章 1211	武维绪 527
林德镛 485	欧阳钜源(原名淦,字钜源,一作巨元,别署茂苑惜秋生,又署惜秋生) 1644,1941	武穆淳 1113,1182
林澍 432		武穆醇 1300
林澍蕃 854		武攀龙 78
林澜(字观子,学者称莱庵先生) 314,315	欧阳辂(初名绍洛,字念祖,一字涧东,一作磵东) 805,1377,1471	河井荃庐 1842
		河本矶平 1789
林璁 532		法伟堂(字小山) 1673
林鹤年(字谦章,别字铁林,号氅云,晚号怡园老人) 1411,1833	欧阳竟无 1555,1680,1687,1711,1790,1916,1933,1951,1982,1999,2004	法式善(原名运昌,字开文,号时帆) 718,923,996,998,1009,1051,1073,1088,1096,1099,1102,1114,1130,1135,1155,1156,1163,1168,1194,1197,1199,1214,1221,1292,1377
林瀚 1667		
林獬 1827,1859,1864,1979	欧阳焯 127	
林薄封 552	欧阳祺 1824	
林璐 494	欧阳联 708	

法良　366,1424
法坤宏　365,370,794,856,986,1092
法若真　18,28,38
法海　334,366,468,522
法敏　548
泡尔生　1985
浅野正恭　1868
牧可登　503,525
牧卷次郎　1789
畅体元　104
畅俊　673
练恕（字伯颖）　1356
织田万　1936
经元善　1589,1594,1607,1702,1725,1750,1768,1791,1800,1814
经亨颐　1593,1861
经起鹏　84
经熙仪　1713
罗人龙　280
罗人琮　111,264
罗万选　898,918,928,932,943,945,950,957,958,959,960,968,970,972
罗万藻　19,111
罗士琳（字茗香）　178,190,490,858,1099,1224,1252,1267,1289,1294,1295,1321,1332,1359,1369,1376,1382,1388,1400,1402,1408,1430,1431,1446,1455,1576,1656,1742,1793
罗士毅　100
罗丰禄　1588,1717
罗为孝　926
罗为赓　170
罗元琦　926
罗凤藻　1263
罗升棓　1263
罗天尺　788
罗天桂　1235
罗文俊　1253,1256,1368
罗文思　681,686,751,793
罗文藻（字汝鼎，号我存，教名额我略）　166,253,287,313

罗日璧　1347
罗王宾　489
罗以礼　1695
罗以桂　739
罗以智　1361,1955
罗布桑却丹　1844
罗正钧　1961,1970
罗吉善　996
罗守昌　139
罗廷玉　1189
罗有高　199,481,588,744,796,819,887,901,916,927,1046,1092,1310,1615
罗汝怀（字研生）　1138,1492,1518,1524,1610
罗丽　425
罗伯济　1355
罗伯雅　1830
罗孝全　1347,1368,1408,1484,1493,1555
罗应旒　1598
罗时暄　765
罗纶　361,379,1568,1989
罗良鉴　1855
罗良鹏　244
罗典（字徽五，号慎斋）　481,701,801,952,1088,1163
罗国瑞　1556
罗学鹏　1221
罗宗琏　1291
罗宗瀛　1344
罗定昌　1714
罗宝昌　1618
罗承顺　272
罗拔诺夫　1732
罗昌鸾　1418
罗泽南（字仲岳，号罗山）　1151,1368,1369,1375,1387,1393,1394,1400,1408,1413,1418,1426,1430,1438,1444,1451,1452,1457,1464,1466,1469,1477,1480,1481,1553,1566,1573
罗秉义　460

罗秉伦　166
罗绅　751
罗信东　1466
罗信北　1466
罗修源　901,909,920,942,943,948,950,957,958,959,960,968,970,971,972,979,996
罗宪汶　9,23
罗星　1285
罗洪钰　791
罗美（字澹生，号东逸）　184
罗顺循　1666,1669
罗悖矗　1999
罗振玉（字叔蕴，一字叔言，号雪堂，又号贞松老人）　45,256,337,1143,1257,1528,1553,1607,1614,1622,1630,1640,1646,1648,1655,1661,1665,1673,1678,1681,1686,1689,1694,1698,1702,1703,1710,1724,1729,1736,1749,1787,1788,1802,1811,1815,1818,1821,1823,1828,1835,1842,1843,1852,1860,1866,1867,1877,1883,1893,1897,1912,1919,1929,1930,1935,1936,1945,1948,1956,1965,1966,1972,1978,1979,1980,1984,1995,1996,2002,2005
罗振常　1702,1984,1995
罗振鋆　1646
罗继谟　83
罗惇衍（字星斋，号椒生）　1201,1347,1413,1421,1424,1573
罗敏　103
罗淇　208
罗清山　533
罗焕章　554
罗博　169
罗弼·庄湘　1751,1998
罗惠恩　1099
罗斯福　1824,1909,1925
罗普　1790,1800,1836,1881
罗景泐　319

罗琳之 1235	英翰 1539,1547,1573,1886	范约翰(樊汉) 1486,1577
罗黑芷 1965	范士楫 44	范西屏 818
罗意辰 1752	范士龄 1284	范启源 666
罗愚 1100	范士瑾 289	范孝曾 924
罗惇 667	范之焕 170	范希曾 1578
罗新彝 446	范从律 569	范志嘉 946
罗源汉 569	范元亨(原名大濡,字直侯,号问园主人) 1237,1461	范时纪 745
罗瑄 120		范时绎 533
罗福星 1925	范凤翼(字异羽,号真隐) 60	范时绶 714
罗聘(字遯夫,号两峰,别号花之寺僧、金牛山人、衣云道人、蓼州渔父) 574,651,756,775,829,927,1051,1058,1075,1101,1197	范文安 1089	范来宗 901,918,919,928,943,957,958,972,979,996,1183,1189
	范文程(字宪斗,号辉岳,谥文肃) 9,10,12,16,17,21,22,28,38,39,43,118,122,455,551,873,929	范周 57,210
		范建忠 1105
		范承勋(字苏公,号眉山) 297,310,319,455
罗锦森 980,996	范风仁 36	范承谟(字觐公,号螺山、蒙谷,谥忠贞) 61,124,126,193,380
罗魁 72,237,257	范仕义 1283,1348	
罗嘉礼 1866	范令誉 421	
罗察 349,350,372	范尔梅 104	范昉 559
罗德昆 1331	范必英(原名云威,字秋涛,号伏庵、杜圻山人) 200,207,322,323	范明征(字仲亮) 211
罗镇南 1466		范明道 57
罗臻禄 1588		范绍泗 1198
罗鳌 800,803	范正脉 30	范绍濂 1859
耶方斯 1949,1957,1972	范正辂 280	范育蕃 168
肫图 643	范永盛 280	范迪告 1869
苗于京 758	范永祺(字凤颔,号我亭) 537,1069	范金然 1109
苗国琮 511		范勋 235,319,488
苗夔(字先簏) 759,967,1091,1282,1295,1307,1312,1325,1362,1376,1381,1386,1392,1399,1408,1432,1470	范玉衡 1066	范咸(字贞吉,号九池) 503,504,673,746
	范兆芝 291	
	范光文 30	范炳士 1163
	范光阳 125,180,285,286	范畏斋 710
苦学生 1870	范光宗 286	范家相(字左南,号蘅洲,室名古趣亭、环渌轩) 615,721,764,814,856
英华 1847	范光曦 72	
英秀 1302	范印心(字正其) 133,134	
英和(幼名石桐,字树琴,一字定圃,号煦斋,晚号脋叟) 825,1051,1118,1123,1139,1192,1197,1199,1211,1215,1220,1243,1244,1249,1256,1257,1269,1281,1321,1351,1371,1434,1625	范安治 585,708	范泰恒 1167
	范廷元 30,55,61	范泰衡(字宗山) 1361,1525,1526,1595
	范廷凤 169	
	范廷杰 975	范衷 818,920,932,942,943,945,979,996
	范廷谋 469,479,542	
	范廷魁 58	范起凤 898
英廉 552,834,835,838,841,848,849,850,855,878,879,887,918,919,921,929,942,943,944,950,951	范当世(初名铸,字桐生,后易名当世,字无错,号肯堂) 1456,1904	范逢恩 996,998
		范郭鼎 126
		范寅 1625
	范玑 1068	范崇楷 1178

范清旷 673	迪哥罗特 1869	郑之任 637
范绳祖 78	迮云龙 596	郑之侨 438,648,649,780
范维卿 1802	迮朗(字万川) 1068,1083,1167	郑之谌 93
范鸿仙 1967	迮鹤寿(字兰宫,号青崖) 692, 848,1184,1309,1346,1432	郑元庆(字子余、芷畦) 92, 347,352,372,391,424,519,556, 893
范景文(字梦章,号思仁) 7, 47,1277	郁之章 196	
范景福 1125,1126,1147	郁文初 71	郑凤仪 1148
范棠 1183	郁永河 19	郑天挺 1807
范械士 706,736	郁禾(字计登) 206	郑文炳(慕斯) 521
范森 739	郁达夫 1744	郑文埠 1668
范琥 341	郁松年(字万枝,号康峰) 1244,1377,1399,1424,1555, 1657,1886	郑文焯 1467,1577,1653,1669, 1673,1789,1802,1811,1826,1879
范鄗鼎(一作镐鼎,字彪西,学者称娄山先生) 121,200, 203,219,227,253,269,277,286, 288,294,302,318,322,334,335, 347,378,385,400,425	郁法 162	郑方坤(字则厚,号荔乡) 174, 283,331,353,365,393,504,554, 573,618,619,682,690,712
	郁荻 454	
	郁逢庆 410	郑方城 649
范源濂 1877	郁植 162	郑日奎 83
范溥 520	郅介 440	郑王臣(字慎人、兰陔) 803
范照藜 1119	郎天祚 163	郑王选 661
范毓洣 1134	郎文勋(字书常) 433	郑见龙 694
范熙壬 1859,1933	郎世宁(字若瑟) 459,507,515, 531,542,607,646,648,654,671, 701,775,789,798,961,991	郑长庆 595
范锴 1339		郑长春 1444
范镐 279		郑长瑞 702
范凝鼎 716	郎廷佐 9,69,70,742	郑世恭 1437
范鲲 179	郎廷泰 264	郑世逢 297
范懋柱 837,849	郎廷桩 398	郑仔 875
范翼 400	郎星 151	郑兰芳 1225
范鏊 907,918,920,928,930,932, 943,1026	郎诺希金 2000	郑功勋 255
	郎球 39	郑占春 410
范骧 64,102,256	郎遂 265	郑必阳 785
茅元铭 867,979,996,1015	郎遂锋 1148	郑用锡(字在中,号祉亭) 1014,1475
茅兆儒 204,235	郑一松 913,1003	
茅成凤 363	郑义门 198,624	郑立功 167
茅应奎 797	郑士良(原名振华,字安医,号弼医) 1509,1652,1660,1701, 1719,1800,1809,1814,1833	郑乔迁 1332
茅星来(字岂宿,号钝叟,又号具茨山人) 206,488,683,1067		郑交泰 763,807,856
		郑亦邹(字仲居) 408,458,863
茅彬 1631	郑士范 617,1348,1727	郑任钥 403
茅逸 956	郑大邦 1404	郑优 1285
茆泮林(字雩水) 1265,1296, 1332,1380,1383	郑大纲 168	郑兆珩 1225
	郑大进 771,899,905,906,907, 929,934,942	郑光民 182
茆荐馨(字楚畹,号一峰) 210, 230		郑光策 408
	郑大琮 1285	郑兴祖 120
茆溪森 68,69,89	郑为龙 385	郑吉士 438,489
诚端 1306	郑为光 83	

郑存仁 1185	郑念荣 816	郑祖琛 1330,1423
郑师成 816	郑性 167,470,505,646	郑重 139,285
郑廷松 1331	郑昆瑛 262,317	郑兼才 1149,1154,1249
郑廷桂 1207	郑昌龄 636	郑席儒 1799
郑廷珠 796	郑杰 2003	郑振铎 1746,1797
郑廷瑾 460	郑杲（字东甫） 1441,1608, 1630,1819	郑振藻 326
郑成中 775	郑武 342	郑晓如 1520
郑成功 18,32,41,93,99,1665, 1843	郑牧 456,714,776,824,1021, 1046	郑海生 716
郑旭旦 1501	郑玫 426,427,459	郑聂光 1471
郑有四 137	郑环 1120,1126,1191	郑起泓 327
郑有成 110	郑知同（字伯更） 1464,1956	郑轼 289
郑江（字玑尺,号筠谷） 239, 474,663	郑秉恬 1253,1256	郑逢元 171
郑羽逵 475	郑绍淳 655	郑高华 975
郑观应 1379,1384,1474,1485, 1492,1534,1539,1553,1557, 1563,1564,1569,1589,1594, 1600,1607,1609,1629,1637, 1638,1646,1654,1686,1694, 1698,1702,1703,1705,1709, 1710,1725,1736,1737,1752, 1767,1788,1915	郑绍曾 1189,1235	郑高萃 811
	郑绍谦 1347	郑培椿 1338
	郑虎文 456,795,814,824,829, 843,847,977,1121	郑基 779
	郑贯一 1788,1814,1821	郑梁（字禹梅,号香眉、寒村、半 人、半生） 105,120,126,131, 220,249,265,286,287,334,340, 351,448
	郑贯公 1865,1900	
	郑采宣 797	
郑贞华 1387	郑勋 448,1073,1148,1162	郑清濂 1588
郑迈 424	郑垲 1136,1161	郑绩 1526
郑孝胥 1489,1622,1630,1646, 1647,1654,1674,1686,1708, 1711,1773,1824,1893,1900, 1912,1928,1931,1946,1948, 1981,1993,1999	郑复光（字浣香,又字元甫） 1345,1376,1383,1388,1467	郑绪章 1171
		郑绿勋 221
	郑思赞 1768	郑钛 264
	郑炳 732	郑善征 1285
	郑炳文 1116	郑善述 453
郑宏纲 1357	郑炳然 1198	郑喜 474
郑库讷 38	郑珍（字子尹,自号紫翁,又号 巢经巢主、子午山孩,晚号小 礼堂主人、五尺道人,别署且 同亭长） 244,1151,1226, 1262,1282,1295,1327,1329, 1336,1351,1354,1376,1377, 1399,1409,1431,1440,1445, 1457,1464,1473,1474,1480, 1485,1492,1500,1506,1511, 1515,1519,1525,1527,1540, 1555,1565,1595,1656,1666, 1758,1956	郑禅宝 557
郑沄 914,976,985		郑谦 1205,1263
郑沅 1707		郑赓唐 24
郑玛诺 174		郑鼎勋 548
郑际唐 996,1023		郑廉 374,460
郑际泰 189		郑愫 298
郑其储 438		郑槐 994
郑叔问 1616,1622,1981		郑溥泉 1551
郑国祠 791		郑献甫（字小谷,自号识字耕田 夫） 1116,1457,1468,1485, 1560,1596,1601
郑国鸿（字雪堂） 1374		
郑国楹 1185	郑相如 716,1327	郑瑞云 1153
郑宗垣 1356	郑祖球 1250	郑瑞国 189
郑居中 964		郑福照 1207,1434,1675
		郑辟疆 645

郑锡元 65
郑锡官 1226
郑端 83,243,295
郑豪 1970
郑鼐 245
郑敷教(字士敬,号桐庵) 185,253
郑澍若 369
郑璇 992
郑通玄 52
郑甄 1153
郑駰 421
郑燮(字克柔,号板桥) 331,474,539,549,597,622,634,650,651,670,688,715,730,733,737,752,756,772,794,808
郑簠(字汝器,号谷口) 188,225,296,330
郑藻如 1678,1694,1698
郑灏 1148
郑灏若 1225
郑燽 716
金一(天翮,又名金松岑,号鹤舫,笔名麒麟、爱自由者、天放楼主人) 1884,1920
金一凤 272,479
金于霖 1899
金士升 77
金士松 763,942,1030,1032,1053,1070,1073
金大起 183
金子尚 562
金广义 998
金门诏(字轶东、易东,号东山) 163,596,704
金之俊(字岂凡,号息斋) 26,29,31,47,55,56,57,75,79,95,98,122,146,147,210,273,782,873,969,1015
金介复 549
金从善 897
金元钰(字坚斋) 1156
金天定 355
金天翮 1869,1870

金文淳 596
金曰追(字对扬,号璞园) 253,888,900,1002,1011
金世纯 336
金世昌 616
金世德 169
金以成 474
金以报 1148
金以埈 336
金圣叹(原名采,字若采,改名人瑞,字圣叹) 65,82,84,94,98,270
金左泉 1309
金幼孜 980
金弘勋 702
金汉鼎 66
金仲华 1942
金兆燕 693,752,808,952,958,960,968,972
金先声 104,177
金光祖 183
金光悌 905,928,932,943,945,948,959,960,968,970,972,984
金光绥 476
金农(字寿门、司农、吉金,号冬心、稽留山民、曲江外史、昔耶居士、百二砚田富翁、荆蛮民) 284,409,451,464,466,468,476,502,512,569,571,596,598,629,647,651,670,678,685,693,696,715,717,718,722,730,733,734,744,756,763,772,775,788,808,1101
金安清(字眉生,一作梅生,号倪斋) 1218,1428,1462,1492,1795
金安澜 1300
金廷标 701
金廷栋 1147,1161
金廷烈 786
金廷献 440
金式玉 1162,1265
金芝原 980
金邦平 1888,1896

金吴澜 290,813
金声(字正希、子骏,号赤壁) 15,191
金完城 36
金宏 278
金应琦 996
金应璜 980
金应麟(字亚伯) 1055,1441
金志章 696,751
金甫 207
金和(字弓叔,号亚匏) 1231,1650,1699
金国钧 1353
金学诗 807,907,917,920
金学超 793
金宝树 1353
金居敬 268
金忠济 745,758
金忠淳 869,903
金明源 1028
金松岑 1751
金秉祚 687
金绅 730,756
金绍城 1981
金茂和 585
金诚 708
金鸣凤 245
金俊明(字孝章,初名衮,字九章,号耿庵、不寐道人) 72,99,185,320
金洪铨 651
金炯 244
金炳麟 1972
金相 512,532
金祖彭 168
金荣 435,586
金衍绪 1147
金顺 1569
金恭 1228
金海 1109
金烈 758
金牲 383,640,706,955,1069
金皋 1361

金皋谢 398

金能亨 1450

金铉 435,474,677

金晦 1595,1623,1647

金淮 1198

金绥熙 1881,1953

金鸽子 1827

金鸿 661

金堡（字道隐、卫公、澹归，别号冰还道人、舵石翁） 103,223,863,865,872

金敞（字廓明） 245,309

金焜 595

金焰 1988

金雅妹 1616,1647,1667,1934

金鼎寿 1291

金楷理 1525,1532,1538,1548,1584,1643,1743,1853

金楹 369

金榘 369

金简 812,835,840,841,848,849,850,856,874,942,944,971,1023,1032,1060,1062

金虞 595

金鉴 595,616

金锡鬯（字莤穀） 1160,1273,1319

金锡龄 1272,1282,1361

金嘉琰 716,926

金榜（字辅之、蘂中中，号檠斋） 253,588,692,714,773,776,791,806,815,816,824,826,828,829,874,890,928,935,943,1021,1046,1058,1089,1115,1157,1183,1200,1228,1666

金毓奇 1120

金毓黻 368,600,1664,1953

金鋠 571

金鹗（字风荐，号诚斋） 253,825,1147,1226,1237,1508,1678

金德瑛（字汝白、慕斋，号桧门） 375,590,592,596,743,763,776,

金德辉 1234

金德嘉（字会公，号豫斋） 231,233,270,371,392,411,480

金德舆（字鹤年，号云庄，又号鄂岩、少权、仲权） 698,1029,1108

金潮 309,322

金鋐 42,61,76,254,287,596

金镇 177,264

金鹤清 1397

金镛 235

金镜 18,30,171

金檀（字星轺） 480,542

金闇敞 369

金鳌（原名登瀛，字晓六，一字伟军） 751,1370,1395

金蟾香 1639

雨果 1870,1885,1903,1921,1932

青藤幸七郎 1928

鱼翼 681

九 画

侯于唐 42

侯元棐 170

侯元瀚 1265

侯凤苞 1149

侯天章 623

侯开国 322

侯文邦 171

侯文灿 175,281

侯文焯 445

侯方域（字朝宗，号雪苑） 4,13,27,36,42,54,64,65,154,307,311,314,329,336,337,1067

侯长熺 1082

侯世忠 245

侯芝（字香叶，自称香叶阁主人） 809,1192,1250,1272,1297,1311,1465

侯来旌 486

侯凯 1126

侯国栋 667

侯建伯 1860

侯昊 64

侯绍岐 139

侯肩复 673

侯度（字子琴，原名廷椿） 458,1102,1460

侯树屏 90

侯洵 54

侯荣圭 158

侯钤 1158,1235

侯桐 1347

侯铃 1221

侯康（原名廷楷，字君谟） 190,926,1093,1282,1348,1352,1460,1554,1555,1627

侯康民 145

侯维泰 168

侯绶 182

侯铨 226,373

侯登岸 1291

侯谨度 964

侯锡乐 686

侯肇元 1221

俎夏鼎 554

保宁 896,990,1104

保尔 1701

保良 503

保定纬 898,899

保培基 717

俞万春（字仲华，别号忽来道人） 1062,1286,1409,1422,1445,1469

俞大猷 233,826,941,942,943,945,979

俞子夷 1897

俞云耕 746

俞允撰 191

俞元祺 486

俞长民 65

俞长侯 818

俞长城 262,278

俞长策 397,403,421

俞尔昌 784

俞正峰　1167
俞正燮（字理初）　519,537,870,
　　1042, 1087, 1111, 1118, 1133,
　　1147, 1153, 1184, 1211, 1226,
　　1239, 1246, 1255, 1282, 1318,
　　1320, 1325, 1326, 1336, 1338,
　　1343, 1344, 1347, 1349, 1354,
　　1360, 1371, 1372, 1388, 1396,
　　1409,1431,1503,1573,1618
俞礼　1657
俞兆晟　403,513,551,569
俞兆鲁　268
俞光晟　403
俞廷抡　979,996
俞廷柏　1088
俞廷瑞　203
俞廷镳　1558
俞有斐　158
俞汝言（字右吉，号浙川老民）
　　189,214,751
俞达（名宗骏，字吟香，号慕真
　　山人、花下解人）　1596,1633,
　　1644,1669
俞克振　1277
俞君祺　778
俞沛　413,1109
俞良杰　1343
俞宝华　1114
俞昌会　1382
俞明震　1489,1725,1845,1865,
　　1897
俞杭　1109
俞茂鲲　535
俞复　1790,1846
俞思谦　939
俞思源　1973
俞恪士　1674,1864,1982
俞荔　687
俞逊　1190
俞陛云　1542,1790,1803,1846,
　　1855
俞兼三　1811
俞卿　464,469,480,493
俞振奇　80

俞铎　42
俞梅　385,463
俞鸿图　438,530,562
俞鸿渐（字仪伯，别号三硬芦圩
　　耕叟）　1406
俞鸿德　595
俞鸿馨　486
俞森（号存斋）　305
俞廉三　1801,1924
俞鋕　1345
俞嶙　171
俞震　903
俞樾（字荫甫，号曲园）　132,
　　451,965,1089,1090,1199,1252,
　　1331, 1336, 1347, 1367, 1370,
　　1399, 1406, 1423, 1438, 1457,
　　1473, 1474, 1481, 1491, 1499,
　　1500, 1501, 1518, 1519, 1524,
　　1526, 1534, 1535, 1538, 1540,
　　1541, 1549, 1553, 1557, 1559,
　　1562, 1572, 1588, 1591, 1595,
　　1596, 1597, 1602, 1603, 1608,
　　1619, 1620, 1621, 1627, 1629,
　　1633, 1634, 1669, 1672, 1675,
　　1678, 1679, 1682, 1683, 1684,
　　1696, 1702, 1726, 1730, 1786,
　　1789, 1803, 1805, 1807, 1822,
　　1824, 1830, 1832, 1852, 1899,
　　1915,1939,1960,1988
俞翱华　1148
俞镜秋　1903
修中诚　2001
冒广生　329,1567,1711,1726,
　　1789,1813
冒春荣　758
冒起宗（字宗起、琮应，号嵩少）
　　53,329
冒鹤亭　1824,1825,1937
冒襄（字辟疆，号巢民）　13,54,
　　65,76,103,172,246,270,314,329
涂振楚　635
南光国　326
南怀仁（字敦伯、勋卿，谥勤敏）
　　71,83,89,108,113,114,130,135,

　　136,137,144,155,156,160,166,
　　174, 178, 181, 189, 201, 205, 212,
　　226, 233, 241, 276, 278, 291, 292,
　　308, 418, 425, 467, 555, 652, 664,
　　711
南条文雄　1655,1680,2004
南弥德　1174
南昌龄　596
南宫秀　701
南洙源　171
南济汉　985,1214
南桂馨　1927,1978
南禅　1826
南鼎甫（号六如老人）　258
南鹏　167
咱雅班第达　6,33,101
哈巴　1667,1815
哈巴安德　1409,1419
哈世屯　552
哈世泰　61
哈同　1798,1878,1951
哈达　189
哈达清格　845
哈葛德　1885,1903,1986
奎昌　1546
奎林　552,887
奎俊　1810,1824,1908
奎章　1397
奎照　1246,1253,1261
契诃夫　1938,1973
奕山（字静轩）　1030,1374,1472
奕劻　1635, 1659, 1765, 1766,
　　1820, 1890, 1908, 1944, 1974,
　　1977,1989,1990
奕绍　1282,1342
奕经　1281,1379
奕颢　1306
奕譞　1490,1652
奕䜣（号乐道堂主人，绰号鬼子
　　六）　1324, 1484, 1496, 1497,
　　1505, 1517, 1523, 1529, 1530,
　　1559,1635
姚三辰　444,525,595
姚士林　648

姚士晋(字伯康,更名康,号休那) 49
姚士蕺 286
姚大宁 1109
姚大源 956
姚子庄 183
姚之骃(字鲁斯) 411,445,486,1115,1625
姚之琅 666,673,732
姚元之(字伯昂,号荐青,别号五不翁、竹叶亭主) 848,1141,1183,1196,1197,1234,1440,1704
姚孔振 569
姚孔硕 792
姚文田(字秋农,谥文僖) 755,759,1094,1096,1105,1110,1136,1147,1153,1164,1170,1172,1173,1184,1185,1188,1196,1197,1215,1220,1228,1233,1248,1250,1262,1273,1275,1279,1288,1293,1389,1401,1419,1571
姚文光 233,739
姚文甫 1858,1861
姚文栋 1632,1660,1661,1666,1687,1712,1789,1846,1954
姚文起 1020
姚文焱 235
姚文然(字若侯,号龙怀) 163,206,228,551
姚文楠 1896
姚文燕 137,170
姚文燮(字经三,号羹湖、听翁、黄蘗山樵) 121,151,330
姚世荣 486
姚世琰 405
姚世铼 595
姚东升 1220
姚东明 424
姚令仪 1020
姚尔申 284
姚本 30
姚永朴 1504,1506,1715,1871,1886,1901,1945,1987
姚永概 1528,1666,1691,1871,1886,1904,1945
姚立德 615,849
姚仲实 1787
姚兴滇 616
姚华(字一鄂,号重光,一作崇光;晚年改字茫父,号弗堂) 1586,1879
姚廷杰 357
姚廷谦 528
姚阶 1090
姚启元 244
姚启圣 103
姚宏业 1915
姚宏绪(号听岩) 309,334,426,504,602,650,662
姚寿祺 1725
姚时亮 170
姚步莱 1275
姚际恒(字立方、善夫,号首源) 25,325,346,350,362,363,394,398,461,462,1347
姚佩珩 1821
姚其章 69
姚典 57
姚学甲 816,820,975
姚学瑛 816,820
姚学塽(字晋堂、镜塘) 799,1073,1159,1195,1287,1292,1470
姚宗京 244
姚宝煃 1178
姚承舆 1439,1457
姚炜琛 1262
姚经 1109
姚肃规 280
姚范(字南青,号姜坞) 383,438,615,641,653,659,822,824,1186,1236,1325,1344
姚雨平 2001
姚雨苓 1728
姚思 37
姚拱宸 1355
姚春木 1307
姚柬之(字佑之,号伯山,别号檗山,又号且看山人) 994,1348,1411,1414
姚祖义 1884
姚祖恩 1290
姚荣泽 2006
姚荣誉(字子誉,号松柏心道人) 1310
姚钦明 30
姚原沨 220
姚夏 179,717,1331
姚振宗(字海搓) 1384,1533,1625,1637,1675,1689,1698,1754,1921
姚晏 1173
姚莹(字石甫,号明叔,晚号展和) 807,854,917,987,1147,1159,1171,1186,1196,1199,1207,1208,1220,1245,1275,1280,1283,1303,1318,1325,1327,1329,1336,1344,1347,1364,1367,1374,1375,1376,1380,1386,1387,1391,1393,1397,1398,1402,1404,1408,1409,1413,1414,1417,1418,1424,1430,1431,1440,1465,1471,1526,1535,1586
姚配中(字仲虞) 1047,1396
姚培谦(字平山,号鲈香居士、鲈香老人) 85,331,484,514,520,525,542,631,648,666,709,758,772,775,781,793,798
姚堃(字子方、廉山) 799,1259
姚梁 878
姚淳焘 254
姚琅 245
姚萧规 252
姚循义 649
姚景图 168
姚景衡 1302
姚湛 1463
姚琨 596
姚舜牧 1577
姚道辉 1404

姚椿（字子寿，又字木春，自号樗寮子，又号樗寮病叟、东余老民，自称蹇道人） 891, 1097, 1140, 1197, 1203, 1208, 1218, 1245, 1252, 1262, 1269, 1312, 1314, 1338, 1343, 1344, 1354, 1371, 1375, 1378, 1399, 1446,1472,1488,1489

姚瑚 179,760

姚筠 1995

姚锡光 1755,1790

姚颐 795

姚鼐（字姬传、梦穀,人称惜抱先生） 174,560,615,706,715, 728,749,778,791,804,806,808, 815,819,835,843,854,874,884, 887,914,915,924,940,943,963, 964,993,1005,1019,1021,1026, 1043, 1050, 1058, 1061, 1074, 1080, 1081, 1084, 1089, 1090, 1097, 1107, 1110, 1111, 1113, 1120, 1121, 1122, 1140, 1144, 1147, 1151, 1152, 1153, 1155, 1163, 1164, 1166, 1167, 1170, 1176, 1178, 1183, 1188, 1200, 1203, 1207, 1208, 1227, 1240, 1250, 1251, 1269, 1273, 1278, 1287, 1292, 1304, 1316, 1318, 1340, 1371, 1378, 1411, 1427, 1434, 1440, 1446, 1465, 1477, 1478, 1507, 1526, 1557, 1561, 1571,1597,1603,1654,1669

姚德闻 273

姚德基 271

姚樟 1147

姚璋 1431

姚觐元 1173,1552,1585,1625, 1633,1640

姚衡 1136

姚燮（字梅伯，号野桥，一作野樵，晚号复庄，别署大梅山民、大某、上湖生、二石生、复道人） 1146,1327,1329,1336, 1367, 1375, 1380, 1386, 1393, 1399, 1401, 1403, 1404, 1412, 1428, 1430, 1438, 1440, 1444, 1447, 1451, 1452, 1457, 1458, 1463, 1465, 1469, 1472, 1473, 1484, 1485, 1486, 1492, 1493, 1501,1511,1514,1571

姚璨 512

姚夔 254

姜士崙 716

姜山 751

姜元吉 1226

姜元衡 55,61,130,131

姜日章（字旦童） 471

姜宁 1147

姜任修 486,521

姜兆冲 952,1167

姜兆锡（字上均） 123,145,303, 475,577,597,600,630,662

姜廷枚 520

姜别利 1474,1480

姜坚 1255

姜希辙 122,125

姜辰熙 794

姜际龙 176

姜国仲 1407

姜国伊 1648,1661

姜国霖 370

姜图南 30,80

姜承烈 298

姜承基 336

姜绍书 31

姜绍祖 1737

姜郁嵩 1936

姜垓（字如须，私谥贞文先生） 50

姜炤 167

姜炳璋（字石贞，号白岩） 722, 758,774,807

姜顺 739

姜顺龙 623

姜顺鲛 661

姜宸英（字西溟,号湛园） 45, 120, 162, 176, 177, 208, 215, 217, 255, 267, 270, 284, 295, 302, 303, 304,311,317,325,346,348,350, 359,360,361,364,394,429,448, 509,549,626,689,1067,1578

姜恭寿 725

姜晟 995, 998, 999, 1032, 1040, 1048,1063,1088,1287

姜桂题 1991

姜皋 1176,1183,1212,1331,1370

姜埰（字如农,自号敬亭山人、宣州老兵） 173

姜恒 167

姜焯 493

姜遂登 1147

姜遵惠 309

姜橚 378

威尔茨 1971

威尔逊 1830

威西纳 1899

威妥玛 1376, 1409, 1512, 1519, 1522,1575,1576,1581,1582,1730

威廉·法拉蒙德 1590

娄一均 465

娄云 1320

娄肇龙 146

宣世涛 985

宣佐 431

宣洪猷 72

宣鼎 213,1609

宧儒章 756

宧懋庸（字伯铭,号莘斋,别号碧山野史） 1384,1700

宪德折 568

宫岛咏士 1661

宫崎寅藏 1696, 1739, 1745, 1750, 1753, 1782, 1800, 1802, 1809, 1810, 1812, 1835, 1848, 1861,1869,1891,1918,1964

宫崎滔天 1928

宫梦仁（字定山） 254,379

宫鸿历 397,403

宫锡祚 1309

宫慕久 1398

宫懋让 786

宫懋言 475

宫懋谅 397

封导源 1205
封祝唐 1605
封荣九 473
封濬（字禹成，号位斋） 77,192,275
彦慧 1522
思恢复生 1728
思格色 286
思絜 513
恒贵 996
恒悟 1302
恒德 512
恪藤氏 1919
恽日初（字仲升，号逊庵） 12,30,51,52,99,112,131,150,162,205,677
恽寿平（初名格，字寿平、正叔，号南田、云溪外史、白云外史、东园客、草衣生） 156,157,195,197,221,228,236,270,307,476,740,1049
恽秉怡 1259
恽南田 178,183,1315
恽彦彬 1750
恽祖祁 1784
恽珠（字星联，号珍浦，晚号蓉湖道人） 1315
恽铁樵 1567,1973
恽蔽民 1893
恽敬（字子居，号简堂） 205,307,748,916,962,1010,1122,1168,1173,1186,1196,1206,1215,1223,1334,1378,1507,1544
恽毓鼎 1772
恽毓嘉 1692
恽鹤生（字皋闻） 394,451,482,563,804,1344
战效曾 876
拜礼 242
拜伦 1895,1948,1967,1973,2000
拜斯呼朗 527
施子由 562
施云锦 402,404

施化远 104
施天裔 548
施文燽 812
施世纶（字文贤） 265,497
施光辂 878
施廷灿 756
施廷枢 702,746
施约瑟（施若瑟） 1480
施何牧（字赞虞，号一山） 116
施应心 1148
施补华（字均甫） 1341,1502,1557,1563,1566,1684,1716,1939
施闰章（字尚白，号愚山、蠖斋） 13,23,30,34,36,63,76,89,90,91,99,105,111,115,120,133,144,145,150,164,165,173,174,181,191,202,203,207,208,210,214,225,241,242,246,248,275,284,378,394,395,416,423,461,466,472,490,678,1067
施国祁（字非熊，号北研） 698,1147,1178,1259,1272,1291,1372,1433,1434
施定庵 429
施念曾 248,596,623,624,674
施若霖 1309
施诚 830,914
施奕簪 655
施彦士（字朴斋、楚珍） 870,1213,1235,1320,1330,1341
施晋 1205
施培应 930,943,950,957,958,970,971,972,979
施彬 1078,1148
施淑仪 1085,1410
施琅 497,551
施鸿 227
施敬 673
施朝干 996,998,1022
施谦 661
施雯 772
施慎（又名绍闇，字襄夏） 818
施源 980
施端教（字匪莪） 178

施履亨 998
施璜（字虹玉，号诚斋） 234,378,407,425,506
施震铨 286
施諲 36
施霖 1825
星安 270,302
春山 438,540,595
昭梿（号汲修主人，又号檀樽主人） 524,877,1311
是镜（原名铸，字仲明，号诚斋） 331,714,813
柏山 1859,1880,1982
柏乐文 1623,1631
柏尔根 1631
柏永年 1866
柏应理（号信未） 63,102,226,273,281,322
柏林 1505
柏高德 1753
柏景伟（字子俊，号忍庵，晚号沣西老农） 1311,1691,1873
柏葰 1467
柏谦 552
柔石 1853
柔克义 1946
查一飞 1148
查士标（字二瞻，号梅壑散人） 166,278,358,461
查小山 1051,1197
查为仁（字心谷，号莲坡） 331,442,682,690,955,1297
查日昌 442
查世柱 825
查布海 16,21,22,28,30,32,35,66,70
查旦 369
查汉 58
查礼 467,756,831,955
查光 1246
查体仁 1697
查岐昌 724
查昇 34,287,360,366,385,573

查祥　474,595
查继佐（字伊璜，号与斋，人称东山先生、朴园先生）　6,12,23,33,37,42,43,51,59,102,103,110,116,126,182,197,300
查继超　213
查耕　1109
查培继（字王望，号如圃）　213
查彬　1370
查望洋　1271
查理·义律　1365
查赉　350
查善长　996,998
查弼纳　450,469,504,552
查揆　1127,1147,1339
查道生　87
查嗣庭　403,498,503,523,524,525,530,532,535,589
查嗣韩　285,287
查嗣瑮　175,346,366,530
查慎行（初名嗣琏，字夏重、悔余，号初白、查田、他山）　34,58,82,96,132,150,175,211,218,225,232,252,273,278,295,296,302,303,306,319,325,334,352,354,359,365,366,373,377,379,385,387,390,392,396,403,413,420,431,438,444,468,474,479,480,482,483,513,525,530,532,535,549,689,772,831,846,889,1230
查锡韩　569
查遴　563
查燕孙　1802
查穆素　38
柯士宾　1743
柯尔巴斯　1556
柯汝锷（字伯善）　1228
柯汝霖　193
柯孝达　1148
柯昌泗　1957
柯林斯　1411,1558
柯绍忞（字凤孙，又字凤笙，晚号蓼园）　1548,1654,1966,1979,1993
柯金英　1639,1739,1791,1803
柯南道尔　1742,1885
柯奎　92
柯振岳　1186
柯逢时　1687,1706,1708,1784,1816
柯理　1398
柯维桢　204
柯琼璜　1338
柯琴（字韵伯）　139,178,1657
柯翘　1235
柯煜（字南陔，号实庵，或作石庵）　123,570,595,604,650,682
柯赫　1687,1688
柯蘅（字佩韦，室名春雨堂、旧雨草堂）　1252,1254,1676
柳之元　319
柳文重　303
柳正芳　386,480
柳亚子　1658,1803,1843,1863,1867,1868,1876,1882,1884,1885,1893,1898,1912,1913,1917,1928,1930,1931,1966,1967,1969,1979,1981,1999,2006
柳兴宗　692,1295
柳兴恩（原名兴宗，字宝叔，一字宾叔）　1069,1289,1319,1366,1424,1460,1609
柳如是（本姓杨，名爱；改姓柳，名隐；又改名是，字如是，号河东君、蘼芜君）　12,20,113
柳廷芳　1315
柳迈祖　998
柳诒徵　505,518,1068,1611,1821,1823,1860,1900,1901,1969
柳树芳　1368
柳荣宗　1609
柳原前光　1556
柳敬亭（本姓曹，原名永昌，字葵宇）　12,23,91,144,147
段一騠　631
段中律　954
段文华　352
段长基　1221,1577
段永源　1549
段玉裁（字若膺，号懋堂）　244,377,588,622,628,641,670,675,692,720,721,727,728,737,744,759,763,769,778,791,795,798,800,805,810,816,819,828,843,853,855,865,869,874,875,876,883,884,888,889,890,891,900,911,923,935,965,973,974,983,990,992,1001,1009,1011,1017,1019,1020,1026,1034,1035,1041,1044,1049,1050,1051,1052,1056,1059,1063,1064,1068,1072,1073,1075,1076,1079,1081,1082,1087,1088,1089,1091,1095,1097,1104,1105,1106,1109,1110,1111,1117,1120,1124,1125,1131,1132,1133,1134,1140,1145,1147,1148,1152,1153,1155,1156,1159,1164,1167,1170,1171,1175,1177,1180,1182,1183,1185,1188,1192,1196,1197,1198,1202,1204,1206,1208,1213,1222,1227,1248,1266,1292,1304,1306,1315,1323,1331,1334,1358,1378,1389,1436,1454,1508,1515,1602,1619,1640
段汝霖　702
段补圣　84
段昌绪　743
段昕　413,559
段绍章　1099
段复昌　1674
段拱新　427
段荣勋　1356
段梧生　596
段彩　746
段梦日　758
段章　159
段谔廷　1418
段朝端　338,847

段琪 800
段祺瑞 1522,1646,1654,1857,1991
段鼎臣 170
段献生 513
段嘉谟(字襄亭) 1258
段谳生 513
洛克奇 1753,1847
津拜 61
洪人驿 1080
洪士提反 1657
洪仁玕(字益谦,一作谦益,号吉甫) 1260,1381,1386,1408,1478,1483,1485,1486,1490,1491,1492,1493,1499,1506,1511,1516,1555,1757,1815
洪见清 37
洪世泽 592,596,605,607
洪占铨 1133,1141,1246
洪尼喀 242
洪龙见 169
洪兆云 1848
洪先寿 1135
洪先焘 1258
洪兴全 1815
洪名 425
洪朴(字素人,号伯初) 791,1027
洪秀全(原名洪仁坤、洪火秀) 1201,1300,1321,1343,1381,1384,1386,1392,1398,1402,1405,1407,1408,1412,1417,1423,,1424,1429,1441,1442,1443,1450,1469,1478,1483,1484,1489,1500,1510,1515,1516,1555,1903,1910,1921
洪良品(字右臣,别号龙冈山人) 288,1668,1757
洪际清 1227
洪其绅 959,970,971,972,979,1239
洪坤煊 1210
洪孟赞 159
洪宗训 1227

洪承畴 3,9,10,12,22,28,29,32,38,39,795,873,892,893,1015,1016
洪昇(字昉思,号稗畦) 16,132,156,182,183,205,213,251,273,278,289,296,309,340,346,371,387,390,395,478
洪昌燕 1462
洪泮洙 159
洪泽丞 1912
洪炜 255,772
洪若皋 171,244
洪若翰 278,288,324
洪述祖 1753
洪饴孙(字孟慈、祐甫) 190,848,1010,1088,1135,1148,1168,1182,1195,1218,1258
洪亮吉(字君直、稚存,号北江) 243,669,693,701,721,737,750,753,756,773,784,811,813,815,817,819,828,829,843,847,854,867,874,887,890,900,902,911,923,924,926,935,937,951,953,954,963,964,966,967,973,974,975,976,983,984,985,991,992,1001,1003,1008,1009,1019,1020,1022,1023,1026,1034,1035,1041,1050,1052,1057,1059,1063,1066,1067,1071,1072,1073,1077,1079,1080,1084,1087,1089,1095,1096,1097,1100,1104,1106,1110,1117,1119,1124,1126,1133,1140,1147,1148,1149,1151,1154,1167,1197,1205,1218,1229,1266,1292,1304,1404,1445,1446,1482,1591,1595,1596,1601
洪品良 1294
洪春台 1914
洪济 80,159
洪钟 751
洪钧(字陶士,号文卿) 1365,1539,1547,1660,1661,1675,1698,1706,1754,1757
洪恩波 1955

洪桐生 1189
洪梧(字桐生、植垣) 791,1027,1057,1154,1188,1204
洪莹 1163
洪康品 1793
洪晨孚 404
洪深 2000
洪符孙 1168,1326,1338
洪朝元 702
洪福祥 1444
洪腾蛟(字鳞雨) 693
洪锡光 1264
洪锡礽 1739
洪颐煊(字旌贤,号筠轩,晚号倦舫老人) 347,784,794,953,1078,1103,1106,1108,1110,1119,1135,1147,1148,1149,1178,1184,1191,1210,1214,1226,1234,1258,1265,1269,1290,1297,1308,1328,1343
洪榜(字汝登、初堂) 791,806,885,890,1021,1027,1046
洪肇楙 661
洪銮 868
洪蕙 1120
洪震煊(字百里) 818,1078,1110,1147,1188,1210,1239
洪璟 139,367
洪齮孙(字子龄,一字芝舲) 926,1138,1168,1482
济尔哈朗 1
狩野直喜 1966
独立苍茫子 1871
畏三卫 1486
皇甫如森 1221
皇甫枢 975
相永清 1584
祖之望 950,960,970,1178
祖文谟 144,242
祖永杰 30
祖泽潜 176
祖植桐 169
祖肇庆 279
祖德宏 599

祖德源 649
祝万祉 168
祝大椿 1631
祝元敏 341
祝心渊 1863
祝文郁 255
祝文彦 170
祝圣培 255
祝甘来 132
祝庆蕃 1255
祝孝凭 1096
祝孝承 994,1049
祝宏 559
祝应瑞 808
祝旸 758
祝复礼 716
祝洤（字贻孙） 179,375,598,761
祝继先 1979
祝垫 948,960,970,971,979,996,998
祝淮 1277,1296
祝添寿 44
祝渊 11,179,677
祝维浩 596
祝鼎 1881
祝雷声 254
祝韵梅 1579,1649,1730
祝德风 1109
祝德麟 914,979,989,996,999
祝翼机 403
禹之谟（字稽亭） 1528,1900
禹之鼎（字上吉，号慎斋） 25,176,189,225,228,236,273,348,350,373,441,466
禹殿鳌 616,631,654,655
秋瑾（字璇卿，号竞雄，别署鉴湖女侠、汉侠女儿） 1580,1631,1863,1864,1876,1879,1895,1896,1913,1929,1937,1938,1941,1942,1949,1998,2004
科尔帕柯夫斯基 1550
科尔昆 55,75
科兹洛夫 1954

科兹洛佐夫 1935
科培 1869
美在中 1661
胜保 1490
胡又兰 994
胡士著 109,261
胡士震 778,898,905,930,932,943,945
胡士懿 53
胡中藻 663,726,727,728,772
胡之骏 18
胡之富 1165,1185
胡之鍈 1302
胡书源 739
胡予翼 976
胡予襄 898,920,928,930,932,941,942,943,945,948,950,957,958,959,960,968,970,972,1023
胡云客 311
胡仁乐 595
胡仁济 432
胡从中 264
胡从简 1568,1606
胡允庆 245
胡元发 687
胡元玉 1661,1688,1699,1729
胡元吉 844
胡元杰 962
胡元俊 1864
胡元朗 624
胡元常 1668
胡元焕 1319
胡元煐 1361
胡元琢 751,753
胡公著 145
胡凤丹（字齐飞，号月樵） 1501,1544,1549,1571,1683
胡升猷 259
胡天游（一名骙，字稚威，号云持，初姓方，名游） 349,592,595,596,753,764,1070,1090,1405
胡少卿 1894

胡开益 1148
胡文学 99,177
胡文英（字质余，号绳崖） 710,733,974,991,992,1011
胡文烨 43
胡文铨 830,902
胡方（字大灵，学者称金竹先生） 54,535,536,1184
胡长宁 1220
胡长龄 1015,1090,1124
胡世安 19,21,57,70,72,76,82,89,95,96,98
胡世芳 231
胡世定 52,59,64
胡世按 9
胡世琦（字玮臣，号玉樵） 870,1196,1238,1304
胡业宏 1413
胡以晃 1442
胡以梅（字甓亭） 460
胡以温 30
胡尔霖 1951
胡巨山 1027
胡必达 901
胡必选 170,245
胡必蕃 167,245
胡正仁 1325
胡正心 1432
胡正楷 1205
胡永昌 183
胡永禔 254
胡汉民 1604,1844,1862,1891,1916,1925,1934,1946,1949,1977,1992,1994,1995
胡玉缙 223,413,560,594,672,808,823,846,868,1014,1035,1042,1044,1052,1053,1082,1091,1136,1155,1162,1191,1214,1227,1236,1239,1248,1276,1305,1314,1328,1345,1356,1357,1669,1855
胡石庵 1604,1785,1812,1970,1982
胡礼垣 1411,1600,1660,1689,

1712,1726,1803	胡启植 816	胡枢 151
胡礼箴 1361	胡孚宸 1737	胡泽顺 1348,1507
胡立铸 738	胡寿芝(字七因) 1149	胡泽漳 1595
胡亦常 651,848	胡志熊 1053	胡秉虔(字伯敬,号春乔) 1094,1096,1288
胡仰山 1728	胡良弼 121	
胡任舆 331	胡佩珍 1953	胡绍勋 1754
胡传钊 1795	胡其焕 716	胡绍泉 540
胡兆龙 18,46,55,56,57,58,61,70,76,82,969	胡其毅 166	胡绍煐 1662
	胡具庆(字余也,号俟斋) 292,671	胡绍鼎 719,758,1020
胡先矩 1431		胡英敏 1814
胡先骕 1717	胡国佐 169	胡虎文 1413
胡光北(字楚良,号学山,又号学山老樵) 761,1345	胡国英 1245	胡金题 1147
	胡国器 78	胡鸣玉 307,596,626
胡光祖 975	胡季堂 827,894,971,1094	胡勋裕 1235
胡光涛 503	胡宗绪 552,553,915	胡南藩 740
胡光莹 1319	胡宗鼎 110	胡垣 1668,1713
胡光琦 992	胡宗简 1271	胡彦升(字国贤,一字竹轩) 552,771,821,869
胡光瓒 1247	胡宗懋 1544	
胡全才 21,23	胡官清 1302	胡彦颖 458
胡匡宪(字懋中,号绳轩) 651,1121,1288	胡定 569,695,716,719	胡思敬 1550,1726,1776,1796,1807,1819,1887,1956,1968,1994
	胡宝琏 768	
胡匡衷(字寅臣,号朴斋) 253,347,692,1121,1213,1233,1288,1421	胡岳 72	胡泉 1444,1474
	胡岳立 90	胡炳 1291
	胡建伟 797,821	胡祚远 357
胡华训 709	胡承珙(字景孟,号墨庄) 692,877,965,1171,1195,1196,1199,1212,1227,1233,1234,1246,1269,1285,1289,1304,1318,1319,1324,1327,1330,1347,1350,1470,1508	胡禹谟 541
胡吉豫 298		胡统虞(字孝绪) 9,23,28,30,38,39,45
胡向华 146		
胡在恪 265		胡胤铨 167
胡安 445		胡荣 896,905,907,908,909,917,950,979,996
胡师龙 57		
胡廷绶 1648	胡承诺(字君信,号东轲、石庄老人) 44,58,228,312,1350	胡荣铭 1979
胡廷槐 756,914	胡承谋 624	胡适 726,1116,1216,1606,1692,1793,1810,1836,1899,1917,1932,1938,1980,1983
胡有禄 1402,1450	胡承谱(字韵中,号元峰) 1114	
胡朴安 1598,1893,1932	胡承禧 421	
胡权 252	胡承灏 476	胡钧 1277
胡汝任 432	胡林翼(字岘生,号润芸) 1164,1187,1343,1360,1364,1366,1367,1375,1412,1417,1424,1451,1457,1463,1473,1480,1481,1484,1485,1491,1492,1495,1506,1507,1560,1592,1650,1676,1699,1822,1886,2002	胡香山 503
胡纪勋 994		胡家祺 939
胡达源(字清甫) 1232,1233,1247,1295,1495		胡展堂 1928
		胡峻 1863
胡邦盛 667		胡恕堂 1499,1511
胡作柄 480,483		胡格 631
胡作梅 233,278,432		胡浚 595,650
胡启甲 191		胡浚源 1215

胡润 309
胡珽 1446,1520,1669
胡盉朋（字子寿，号小樵亭主人，别号勿疑轩主人） 1288，1528
胡积堂 1362
胡积善 630
胡虔 1002,1010,1025,1026,1035,1057,1064,1065,1070,1079,1086,1090,1095,1105,1112,1113,1120,1208,1360
胡钰 980,996,998
胡高望 767,906,918,919,928,932,942,969,995,997,998,999,1015
胡培系（字子继） 1424,1561
胡培翚（字载平，一字竹村） 10,253,692,956,1057,1196,1198,1233,1261,1266,1279,1282,1287,1290,1295,1303,1312,1318,1324,1349,1350,1354,1360,1399,1413,1421,1431,1508,1596,1676
胡密色 61,144,148,150,165
胡崇伦 132
胡常德 1956
胡庸 1725
胡彬夏 1864
胡悉宁 69,169
胡敏 901,920,943,945,948,950,957,958,959,960,968,970
胡淦 649
胡清绶 1444
胡清瑞 1754
胡焕 1936
胡理 32
胡章 1027,1028
胡绳祖 169,245
胡维翰 227
胡鈇 785
胡奠域 774
胡就臣 245
胡敦复 1928
胡敬（字以庄，号书农） 134，814,1109,1140,1147,1197,1215,1321,1341,1395,1401
胡景桂 1859
胡朝宾 64
胡期恒 397
胡期颐 595
胡棠 1004
胡渭（初名渭生，字朏明，号东樵） 5,6,10,95,96,202,241,247,278,295,297,302,303,325,346,351,359,360,366,378,384,391,394,404,421,448,454,466,549,556,577,623,639,709,713,716,741,754,790,869,890,1061,1071,1157,1181,1445,1579,1660
胡焯（字光伯） 1441
胡瑛 1876,1891,1909,1914
胡缙 1147
胡翘元 837
胡蛟龄 503,601
胡裕世 244
胡量 1002
胡鲁封 1584
胡鼎 327
胡瑄（字保林，号励斋） 30,139
胡嗣运 1791,1936,1955
胡嗣超 1347
胡愈之 1744,1881
胡煦（字沧晓，号紫弦，谥文良） 61,427,438,514,537,540,547,603,827,831
胡瑃 1227
胡简敬 58,177,225,252,260
胡聘之 1733,1768
胡裘錞 808
胡韫玉 1288
胡傅 1225
胡熙 1326
胡端书 1296
胡肇昕 1431
胡蔚 771
胡蔚先 341
胡儁年 1109

胡德纯 1955
胡德铨 491,877
胡德琳 687,793,845,846,855,888,902
胡澍（字荄甫，又字甘伯，号石生） 1281,1424,1479,1507,1518,1561
胡璋 1739,1749
胡醇元 527
胡整 738
胡燏棻（字芸楣，亦作云眉） 1723,1725,1759,1783,1922
胡璘 410
胡薇元 1688
胡薛宾 1893
胡赞采 1973
胡翼 737,793,1695
胡瀛 474
胡麟征 309
胥绳武 976
茹伦常 1100
茹金 1330
茹玺 629
茹兜 1475,1492,1512
茹棻 968,969
茹敦和（字逊来，号三樵） 484,540,616,1037,1669
荀国梁 187
荆山 450
荆如棠 785
荆其惇 84
荆泽永 695
荆柯 139
荒尾精 1680
荣全 1556
荣禄 1352,1509,1572,1651,1722,1759,1763,1764,1767,1769,1771,1774,1775,1820,1855,1858,1930
荫昌 1482,1558,1589,1639,1646,1809,1813,1890,1909
祎理哲 1469
要多 425
觉和托 432

贵中孚　779,946,1142
贵庆　1306
贵林　1673
费士玑　1063,1174
费丹旭（字子苕,号晓楼,别号环溪生、三碑乡人、偶翁）　1122,1275,1330,1428,1585
费之逵　189,259
费元龙　693
费元衡　521
费汉源　1045
费廷珍　773,785
费廷璜　1956
费扬古　551
费有容　1165
费伯雄（字晋卿）　1108,1596,1831
费启鸿　1548
费孝昌　951,980
费宏灏（号愚轩）　541
费定原　562
费念慈（字屺怀,号西蠡）　1461,1787,1802,1804,1904
费经虞（字仲若）　153
费英东　482
费映奎　649
费振勋（字策云、鹤江,晚自号蒙士）　619,968,979,980,1049,1215,1216
费密（字此度,号燕峰、卷隐）　59,75,82,94,99,104,121,165,166,177,202,203,212,233,234,243,271,280,287,288,298,310,326,346,347,351,362,367,374,378
费崇朱　1619
费淳　963,1048,1124
费理饬　1590
费晴湖　1045
费锡章（字焕槎、西墉,号绣公,一字德庵）　1224
费锡璜（字滋衡）　113,346,347,362,411
费锷　1508

贺之升　1595
贺元士　341
贺友范　167
贺长龄（字耦庚,号西涯,晚号耐庵）　987,1159,1164,1171,1212,1233,1238,1246,1257,1275,1282,1286,1289,1291,1300,1307,1341,1363,1406,1408,1415,1430,1471,1507
贺世骏　769,780
贺世盛　1006
贺兴范　1375,1466
贺行素（字居易、希白）　118
贺应旌　244
贺沈采　695
贺奇　146
贺松龄　1512
贺贻孙　703,1439,1549
贺宽　97
贺振能　280
贺泰　48
贺涛（字松坡）　1422,1654,1871
贺祥　1075
贺祥珠　695
贺基昌　158
贺清泰　816,1174,1201
贺朝冕　791
贺登选　52
贺瑞麟（字角生）　1273,1431,1453,1549,1564,1570,1608,1687,1706
贺熙龄（字光甫,号蔗农）　1014,1264,1368,1402,1406,1413
贺裳　1236
贺藕耕　1171
赵一清（字诚夫,号东潜）　436,677,709,721,724,725,808,992,1060,1164,1702
赵又昂　264
赵三长　64
赵三多　1791
赵于京　355,372,404
赵士弘　83
赵士完　93

赵士英　403
赵士春　927
赵士麟（字麟伯,号玉峰,学者称启南先生）　166,168,248,262,266,331,337,344,348,364,431,585
赵大生　104
赵大玠　264
赵大鲸（字横山,号学斋）　275,512,690
赵山　286
赵之垣　595
赵之珩　84,170
赵之符　83
赵之琛（字次闲,号献父、献甫、宝月山人）　941,1487
赵之谦（字益甫,号冷君,改字㧑叔,号悲庵,晚号无闷）　1305,1424,1463,1479,1500,1507,1513,1517,1518,1578,1588,1608,1609,1617,1644
赵之璇　47
赵之璧　805
赵允怀（字孝存、闾乡）　1047,1303,1365
赵元礼　1739
赵元龙　12
赵元益（字静函）　1373,1538,1562,1643,1687,1748,1751,1755,1826,1853
赵凤诏　352
赵凤昌　1636,1843,1914,1993,1994
赵凤翔　322
赵友烺　756
赵天骥　1868
赵少娥　1275
赵尺璧　318
赵开元　629,673
赵开心　51
赵文在　1221
赵文哲　717,779,805,806,1005,1085
赵文起　830

人 物 索 引　　2161

赵文熙　144
赵文楷　1070
赵日冕　42
赵长庚　1639
赵长龄　1319
赵世安　280
赵世迥　855
赵世震　280
赵以炯　1651
赵发轫　661
赵古农　1225
赵圣功　998
赵宁　280
赵宁静　595,717
赵尔孙　334
赵尔巽　1397,1721,1864,1879,1994
赵弁　439
赵弘仪　673
赵弘任　453
赵弘恩　578
赵弘燮　457
赵必振　1851,1869
赵本植　716,769,771
赵正池　998
赵民洽　758
赵永吉　64
赵永孝　596
赵玉蟾　1271
赵由仁　764
赵申乔（字慎旃）　8,413,430,431,436,437,449,473,484,551
赵申嘉　1406
赵节　559
赵任之　1285
赵兆麟　43
赵先甲　1075
赵先第　797
赵光　1456,1478,1490
赵光荣　469
赵吉士（字天羽，号恒夫）　240,334,406
赵同敦　610

赵向奎　504
赵在翰　1132,1166
赵如桓　363
赵庆嬉（字秋舲）　1047,1411,1418
赵庆麟　998
赵廷机　272
赵廷臣　76,77,246
赵廷栋　152,365,533,637,696,757,793,846
赵廷健　764
赵廷宾　769
赵成　717
赵执信（字伸符，号秋谷，晚号饴山老人）　58,102,153,182,203,208,210,211,225,252,262,269,270,289,296,311,317,325,340,346,350,366,368,371,377,392,394,422,423,433,434,435,444,480,486,502,534,564,569,611,617,650,657,665,721,856,1066
赵朴　1185
赵汝为　1154
赵自中　1285
赵亨钤　1265
赵伯厚　1408
赵伸　1917
赵佑（字启人，号鹿泉）　537,706,762,851,855,913,923,998,1004,1019,1087,1107
赵作舟　210
赵作霖　262,661
赵克勤　779
赵启霖　1631,1974
赵声（原名毓声，字伯先，别号雄愁子）　1620,1967,2006
赵宏灿　413,426
赵宏恩　570,596,601
赵宏煜　438
赵希璜　991,1099,1197
赵志本　667
赵志纯　1148
赵怀于　610

赵怀玉（字亿孙，号味辛）　661,676,750,784,791,843,854,923,950,960,962,968,970,972,976,993,1026,1027,1064,1072,1073,1097,1108,1125,1147,1153,1155,1162,1168,1188,1196,1197,1203,1209,1217,1229,1257,1266,1267
赵怀锷　1213
赵来鸣　97
赵沁　746
赵灿　254
赵灿英（字殿飏）　304
赵甸　677
赵良生　352,363
赵良栋　551
赵良墅　554
赵良澍　1166
赵运熙　132
赵西　666
赵味辛　1111
赵国宣　341,1192
赵国琳　59
赵国麟　483,596,601,620,621,669
赵坦（字宽夫，号石侣）　190,526,794,1078,1129,1147,1160,1298
赵孟升　527
赵孟连　1247
赵学敏（字依吉，号恕轩）　481,725,740,759,765,794,817,1144
赵宜霖　1227
赵尚辅　1690
赵征介　385
赵承恩　1464
赵昌祚　90
赵昕　168
赵炎　82
赵知希　534,1107
赵秉丽　1275
赵秉渊　898,928,930,948,950,957
赵绍祖（字绳伯，号琴士）　713,

1076,1107,1114,1191,1235,
1321,1328,1332
赵绍箕(字宁拙,号拙庵) 177
赵肃 465
赵贤 1668
赵贯台 52,53
赵青藜 590,597,598,954
赵俊 1240
赵俊烈 127
赵信 506,584,596
赵剑秋 1655
赵南星 14,234,312,872
赵城 458
赵宪 584
赵星 644
赵春沂 1147
赵昱(原名殿昂,字功千,号谷
林) 301,433,506,573,595,
634,674,676
赵昶 169
赵洵 1074,1154
赵济美 83
赵炳 1245
赵炳然 1191
赵炳麟 1915
赵祖德 1827
赵衍 191,297
赵音 421
赵宸黼 350
赵宾 197,1243
赵振祚 451
赵晃 512
赵晋 385,430,431,523,1074
赵泰甡 341
赵泰监 385
赵琪 305
赵祥星 73,204
赵笏 486
赵继序(字芝川) 635,739,1134
赵继鼎 9,39
赵铁桥 2001
赵培桂 1534
赵培基 158

赵培梓 427
赵梅 1277
赵淳 602,739
赵理之 53
赵绳祖 1321
赵逵 62
赵铭(字新,号桐孙) 1548
赵鸿雪 1846
赵弼 158
赵御众(字宽夫) 218,363
赵惠甫 1525
赵敬襄 1094,1096,1277,1285,
1296
赵琦美 137,677
赵嗣晋 379
赵慎畛(字遵路,号笛楼) 735,
772,1228,1280
赵新 1954
赵殿成(字武韩,号松谷) 249,
542,602,742
赵殿最 576,595
赵溶 156
赵裔昌 191
赵辑宁 794
赵锡书 1314
赵锡蒲 779,1160
赵颐 665
赵熊诏 419,421,438,463
赵 熙 1537,1695,1712,1726,
1752,1826,1864,1983
赵端 235,264
赵舆恺 1044
赵静山 1552
赵增 151,1148
赵德 336
赵德林 1331
赵德辙 1463
赵稷思 1154
赵蕙茅 132
赵震 487,758
赵震阳 127
赵璘 687
赵錧 217

赵镛 1283
赵霖 991
赵懋本 563
赵懋曜 1277
赵擢彤 1205
赵燮元 1240
赵翼(字云崧、耘松,号瓯北)
537,562,615,628,633,653,659,
684,691,694,744,755,767,769,
773,778,796,800,806,807,829,
902,923,973,974,983,987,990,
1008,1026,1028,1035,1036,
1041,1043,1065,1074,1106,
1110,1113,1120,1147,1159,
1164,1170,1183,1185,1189,
1197,1200,1591
赵魏(字恪生,号晋斋) 669,
1109,1142,1148,1238,1278
赵攀龙 795
赵曦明(初名大润,易名肃,晚
更名曦明,字敬夫) 828,829
赵瓒 569,636
郜坦 660
郜焕之 158
郜焕元 197
郜煜(字光庭) 577
郝万亮 1956
郝士钧 286
郝大成 709
郝之芳 527
郝文灿 218,334,345
郝玉麟 559,568,610
郝廷松 775
郝应第 59
郝杰 2
郝贤荫 553
郝浴(字冰涤、雪海,号复阳)
76,182,231,248
郝惟训 69
郝惟讷 74,107,210
郝敏安 1109
郝硕 882,891,895,899,905,909,
919,920,928,930,931,934,947
郝鸿图 97

郝联苏　1257
郝联薇　1257
郝献年　90
郝懿行（字恂九，号兰皋）　692，748，926，1011，1028，1029，1042，1058，1091，1094，1096，1113，1126，1135，1141，1161，1166，1175，1192，1205，1225，1234，1238，1257，1279，1283，1290，1395，1408，1419，1433，1446，1464，1508，1515，1519，1525，1613，1617，1624，1640，1647，1814
郲珩　1608
钟人文　722，724，737
钟大受　1075
钟大源　1147
钟凤腾　962
钟天纬　1538，1669，1726，1738
钟文英　554
钟文奎　518
钟文烝（字朝美，又字伯嬓，一字殿才，号子勤）　692，1231，1584，1592，1851，1987
钟文耀　1556
钟光斗　127
钟光序　661
钟廷瑛　1113
钟启峋　1397
钟沛　724
钟苇　479
钟运泰　146，311
钟近濂　1466
钟近衡　1466
钟佩英　1864
钟和梅　739
钟国义　170
钟学渠　1290
钟定　310，311
钟昌　1282
钟英　1205
钟保　575，596
钟俞　36
钟狮　596
钟祖芬　1742

钟祖绶　1956
钟荣光　1528，1724，1739，1791，1803
钟音　791，827，834，836，838，839，840，849，851，859，860，862，863，881，887，892，894
钟朗　83
钟海航　1896
钟莪　654
钟莲　1066
钟骏声　1483
钟寅　1827
钟章元　1296
钟琦　1950
钟谦钧　1507，1563，1674
钟赓华　797
钟赓言　1859，1917，2000
钟赓起　914
钟筱舫　1826
钟嘉禧　487
钟锷　158
钟衡　552
钟褒（字保其）　1133
钟銮（字金若、文若）　345，346
钟麟书　83，775
钦善　1097，1176，1183，1212，1241
钮永建　1862
钮廷彩　489
钮树玉（字蓝田，晚字迎石，自号匪石山人）　767，1051，1057，1065，1080，1088，1091，1097，1104，1113，1176，1186，1190，1206，1208，1211，1234，1238，1265，1269，1293，1331，1431，1595
钮荣　426
钮格　37
钮琇（初名泌，字书城，号玉樵）　105，218，246，306，363，380，395
钮福保　1353
闻一多　398，1807
闻人经　1148
闻人侅　797，799
闻人熙　1256

闻元炅　470
闻元晟　595
闻在上　254，295
闻性道　272
闻棠（字静儒）　365，690
项一经　150
项世荣　585
项圣谟（字孔彰，号易庵、胥山樵、莲塘居士、松涛散仙）　79
项龙章　279
项名达（原名万准，又名年丈，字步莱，号梅侣）　490，1022，1212，1283，1315，1321，1388，1428，1470，1488，1504，1516，1662
项廷纪　1339
项怀述　926，927
项绍芳　69
项淳　1028，1156
项维正　527
项鸿祚（原名继章，改名廷纪，字莲生）　1093，1341
项斯勤　97
项景襄　58，70，76，165，176，187，195，202，211
项嘉　76
项埔　1109，1153
项蕙　319
项藻馨　1726
饶一辛（字治人）　526，596
饶允坡　596
饶玉成　1291，1617，1626
饶宇栻　42
饶庆捷　901，945，957，979
饶佺　780
饶学曙　699
饶宝书　1692
饶昌胤　116
饶鸣镐　569
饶炯　1882
饶梦铭　913，914
饶敦秩　1602
香便文　1563
骆大俊　694

骆云 235
骆月湖 1798
骆仲麟 150
骆成骧 1568,1717
骆时玖 693
骆侠挺 1881
骆秉章（原名俊，以字行，改字籥门） 1055,1443,1457,1473,1499,1514,1536,1550,1566,1573,1650,1690,1691
骆钟麟 83,143,238,400
骆维恭 158
骆愉 989,990
骆腾凤（字鸣冈） 825,1384

十　画

倚剑生 1793
倪大临 830
倪元璐（字玉汝，号鸿宝、园客，谥文贞） 7,47,54,406
倪文蔚（字豹臣） 1267,1438,1444,1589,1638,1676,1683
倪长犀 165
倪玉华 1286
倪用宾 94
倪企望 1113
倪会鼎（字子新，晚号无功） 406
倪传 170
倪光祚 440
倪光璐 872
倪师孟 673
倪观正 1212
倪观湖 99,489
倪伯醇 203
倪灿（字闇公） 196,207,208,217,244,283,298,610,926
倪秀 1181
倪国琏 552,624,630
倪承茂 596

倪承宽 719,896,905,908,909,918,919,920,928,932,942,943
倪明进 1296
倪杰 1300
倪思宽 1127
倪思淳 996,998
倪映典 1976
倪炳 808
倪荣桂 1128,1608
倪涛 631
倪淑则 322
倪维思 1452
倪绶 1078,1147
倪象占 887
倪巽生 104
倪赐 1044
倪满 450
倪模（字迂存，号韭瓶） 698,1249,1279,1282,1603
倪璠（字鲁玉） 281,376,397
倪璐 765
倪藻垣 661
倭什布 758,902,953,1125
倭什讷 1342
倭仁（字艮斋） 1138,1164,1231,1300,1337,1355,1374,1380,1394,1402,1408,1430,1438,1444,1451,1461,1463,1466,1473,1485,1491,1494,1496,1497,1498,1499,1517,1522,1529,1530,1531,1532,1536,1538,1545,1547,1553,1555,1556,1560,1564,1619,1670,1683,1886,1939
倭赫臣 242
党丕禄 97
党以让 58,70,76
党成（字宪公，自号冰蘖居士） 320,378,401
党行义 1314
党阿赖 413
党居易 157,169
党金衡 1296,1321
党崇雅 26,29,873,969

党湛 237,400
凌之调 595
凌元驹 732
凌如焕 458,540,567
凌廷堪（字次仲，号仲子） 10,253,727,748,867,875,890,935,952,962,973,974,983,991,1001,1002,1008,1009,1010,1026,1042,1050,1057,1058,1061,1064,1065,1067,1074,1078,1095,1097,1106,1107,1111,1117,1119,1124,1126,1128,1133,1134,1136,1147,1148,1153,1158,1159,1160,1164,1166,1168,1172,1179,1182,1183,1186,1192,1229,1256,1283,1352,1420,1421,1469
凌扬藻（字誉钊，号药洲，又号药洲花农） 767,1401,1512
凌汝亨 7
凌汝绵 964
凌克贞（字渝安） 4,179
凌寿祺 1291
凌坮 1191
凌忠照 1697
凌绍雯 285,286,309,391,463
凌鱼 732,856,914
凌鸣阶 1148
凌家瑞 37
凌泰封 1218
凌堃（字厚堃，又字仲讷） 1078,1213,1503
凌铭麟（字天石） 227
凌森美 479
凌椿 1283
凌嘉印（字文衡） 282,358
凌德纯 1302
凌霄（号芝泉） 1241
凌濛初（字玄房，号初成，别号即空观主人） 7
凌曙（字晓楼、子升） 253,692,870,1056,1057,1133,1154,1161,1204,1225,1226,1234,1247,

1248,1289,1303,1373,1454,
1545,1954
凌瀛初 7
卿祖培(字锡祚) 987,1118,
1212,1219,1226,1260
卿悦 474
卿彬(字雅林) 676,1194,1260
原衷戴 532
原集凤 875
叟塞 38,39
哥利支 1354
唐一麟 679
唐大烈(字立三,号笠山) 1045
唐才常(字黻丞,一字伯平,号
佛尘,别号洴澼子) 1537,
1589, 1666, 1689, 1710, 1722,
1745, 1746, 1747, 1776, 1781,
1782, 1785, 1787, 1788, 1800,
1801, 1803, 1809, 1811, 1812,
1813,1819,1820,1873,1922
唐仁 1302
唐仁寿(字端甫,号镜香)
1305,1517,1532,1562,1570,1586
唐仁埴 1010
唐元湛 1888
唐凤德 1240
唐凤翱 327
唐开陶 446,488
唐文治 1522, 1655, 1670, 1696,
1712, 1725, 1738, 1789, 1824,
1871, 1914, 1931, 1954, 1982,
1993,1999,2005
唐文绚 169
唐文藻 1234,1235
唐乐宇 878
唐兰 1681,1833
唐古特 425,1173
唐四表 166
唐仲冕(字六枳,号陶山) 719,
1051, 1082, 1104, 1113, 1171,
1178,1203,1206,1258,1292
唐伊盛 1135
唐传铨 540
唐光云 708

唐孙华(字实君,号东江、息庐
老人) 253,295,302,333,359,
507,549
唐孙镐 550
唐宇昭(一名禹昭,字云客,号
半园) 161
唐宇霈 845
唐守诚 1655
唐廷对 254
唐廷伯 254
唐廷枢(字景星,又字镜如)
1324, 1479, 1501, 1548, 1557,
1562,1570,1587,1629,1653,1700
唐廷梁 732
唐执玉 531,570,584
唐作砺 1356
唐克恕 120
唐启华 1424,1457
唐圻 1601
唐孝本 540,608
唐张友 1185
唐志契(字敷五、元生) 38
唐纯斋 1900
唐进贤 569
唐侍陛 1020
唐国安 1477, 1556, 1561, 1563,
1616,1898,1932,1969,1998
唐学谦 1540
唐宗尧 352
唐宗海(字容川) 1310,1406,
1504,1641,1699,1759,1957
唐宝锷 1732,1816,1988
唐尚信 484
唐岱(字毓东) 461,607,608,
654,657,701
唐建中 444
唐杰 1361,1381
唐秉刚 629,673
唐绍仪 1451, 1504, 1567, 1614,
1645, 1821, 1874, 1888, 1912,
1914,1931,1950,1991,1993
唐绍祖 420
唐英(字俊公、叔子,晚号蜗寄
老人) 239,525,540,650,717,

742
唐咨伯 264
唐炯 1615,1630,1635,1657
唐祖价 509,775
唐祖樾 1205
唐荫云 1511
唐钟元 1970
唐晟 1166
唐继祖 486
唐寅清 83
唐梦赉(字济武、豹喦) 30,
221,280,319,353,358
唐敬一 168
唐景崇(字春卿) 1552,1721,
1965,1980,1993,1995
唐景崧(字维卿,又作薇卿,号
南注生) 1379, 1518, 1647,
1660, 1672, 1678, 1686, 1704,
1705, 1711, 1712, 1718, 1724,
1728,1745,1802,1833,1872
唐朝彝 126
唐赓尧 73
唐暄 514
唐椿 553
唐甄(原名大陶,字铸万,号圃
亭) 70,210,212,217,227,325,
386,393
唐群英 2001
唐虞世 27
唐鉴(字镜海) 258, 259, 435,
603, 618, 713, 761, 904, 1164,
1226, 1231, 1276, 1311, 1355,
1374, 1380, 1387, 1394, 1398,
1399, 1404, 1408, 1430, 1431,
1432, 1438, 1443, 1444, 1466,
1494,1555,1560,1561,1640
唐锡铎 1256
唐演 1859,1970
唐端笏 120,156,188
唐静岩 1739
唐瑾 73
唐燏 681
唐懋淳 139
唐麟翔 440

夏力恕　486,570,682,688,725
夏大霖（字用雨，号梅皋）　656
夏子松　1987
夏子龄　1342
夏丏尊　1658,1845,1865,1901,1933,1953
夏之扬　1568
夏之蓉　359,592,595,723,732,820,822,830,869,963,964,986,1191
夏之潢　808
夏之翰　596,702
夏云　101
夏仁虎　1574,1846
夏允彝（字彝仲）　13,15,25,162
夏开衡　474
夏文炳　475
夏文臻　1283
夏日盏　1687
夏月珊　1953
夏月润　1598,1953
夏立中　486
夏兆丰　624,631
夏同善　451
夏同龢　1763
夏孙桐（字闰枝，又字悔生，晚号闰庵）　1472,1695,1790,1813,1826,1968
夏廷芝　569
夏汝弼　22,26,224
夏完淳（原名复，字存古，号小隐、灵胥，谥节愍）　5,22,23,25,1028,1155,1876
夏寿田　1752,1787,1813
夏应元　189
夏应铨　855
夏沅　126
夏诏新　758
夏味堂（字遂园）　869,986,1154,1236
夏宗澜　439,603,606
夏定域　454
夏昌言　1235

夏昌祺　1578
夏枟　531
夏治源　549
夏炘（字欣伯）　635,760,1022,1327,1425,1501,1554
夏玮　171
夏秉衡　682
夏侯显　1355
夏修恕　1133,1246,1282,1301
夏封泰　774
夏显煜　151,191,379
夏洪基　1302
夏炯　1332
夏荃（字退庵）　536,1388
夏荣　475
夏重民　1934
夏颂莱　1846
夏冕　559
夏崑　1368
夏梦鲤　1296
夏清馥　1868
夏鸾翔（字紫笙）　1267,1428,1465,1507,1512,1516,1651
夏敬观　1580,1726,1845,1932
夏敬渠　401,598,625,915,992,1004,1617
夏曾佑　1509,1662,1673,1677,1679,1685,1693,1709,1710,1721,1733,1737,1745,1747,1803,1842,1870,1884,1900,1915,1919,1948,1951,1978
夏植亨　1277
夏策谦　595
夏慎枢　438
夏献云（字乔臣，号小润，又号芝岑）　1273,1591,1676
夏瑞芳　1555,1751,1790,1842
夏锡畴（字用九，号西墅）　565,1092
夏睿　1176
夏銮（字德音，号朗斋）　767,1303,1554
夏敷九　18,38
夏璇　1183

夏震武（又名震川，字伯定，号涤庵）　1456,1570,1608,1968
夏璲　602
夏燮（字嗛甫，又字季理，号谢山居士，别号江上蹇叟）　1108,1405,1426,1481,1486,1553,1563,1580,1681
夏瓒　465
夏麟奇　124
奚冈（字纯章，号铁生，别号蒙泉外史、有蒙道士、蝶野子、鹤渚生、散木居士，人呼奚九）　651,669,1073,1101,1130,1487
奚安门　1426,1512
奚禄诒　264
奚源　595
姬之篁　145,357
姬守礼　1261
姬均　1204
姬肇燕　432
容安　1331
容闳　1299,1361,1368,1381,1403,1417,1424,1439,1451,1457,1463,1469,1479,1485,1491,1499,1505,1506,1511,1517,1518,1524,1533,1538,1539,1547,1551,1552,1556,1557,1561,1562,1569,1576,1581,1582,1588,1599,1614,1616,1651,1654,1709,1721,1722,1725,1734,1736,1786,1810,1811,1812,1824,1843,1857,1893,1965,1972
容揆　1616,1637,1702,1888
容增祥　1599
宾凤阳　1785,1793
宾杜惺　1607
宾步程　1934
峻德　595
席世臣　994,1065,1090,1099
席永恂　226,322,792
席存泰　1172
席庆年　1028

席芭修 803
席启寓(字文夏,号治斋) 361,379,1626
席芬 739
席佩兰 1303
席奉乾 812
席绍葆 793
席特库 141
席密图 165,297
席淦 1537
席裕福 1968
席煜 1109
席聘臣 1859,1952,1982
席缵 779
徐一冰 1620,1934,1954
徐乃昌 132,912,1675,1699,1729,1742,1860,1871,1921
徐三俊 554,571
徐上瀛 172
徐士俊(字三友,号野君) 228
徐士鹭 421
徐大酉 1148
徐大坤 616
徐大枚 474
徐大绅 1413
徐大椿(原名大业,字灵胎,号洄溪老人) 331,534,602,626,637,642,657,682,694,747,759,765,787,822,1513,1564,1705,1939
徐大榕 998,1042
徐子苓(字西叔,一字毅甫,号南阳,晚号龙泉老牧) 1424,1441,1586
徐子室 31,37
徐广缙 1416,1423,1438
徐为经 1798
徐之凯 363
徐之铭 1645
徐之霖 372
徐书受 854,1197
徐云祥 185
徐云瑞 438

徐仁铸(字研甫,号缦愔) 1509,1722,1748,1749,1776,1778,1781,1784,1819
徐元文(字公肃,号立斋) 59,82,98,131,137,144,148,150,164,176,180,182,187,207,208,209,211,215,216,225,248,251,266,270,277,285,286,292,293,294,297,302,308,313,315,316,343,401,456,505,1863
徐元正 262,309,384,409,421
徐元达 171
徐元灿 415
徐元勋 629
徐元禹 415
徐元润 1370
徐元梅 1126
徐元梦(字善长,号蝶园,谥文定) 61,166,252,268,276,286,436,437,451,467,468,472,477,498,500,502,580,582,588,589,592,594,595,607,612,621,637,638
徐元粲 58
徐凤石 1973
徐凤池 409
徐凤喈 1270
徐化民 52,171,265
徐化成 146
徐午 1059
徐友兰(字佩之,号督蓓) 1384,1705,1904
徐双桂 1249
徐天柱 810
徐天璋 1740
徐天麒 512
徐开任 221,863
徐开熙 83
徐心田 1161
徐心启 548
徐文范(字仲圃、虹坡) 574,1020,1041,1129,1130
徐文驹 314,364,1067
徐文贲 1205

徐文缙 1416
徐文锦 875
徐文靖(字容尊,号位山) 129,439,502,505,520,592,595,656,694,700,716,731,740,741,1191
徐文璧 1127
徐文藻 1343
徐方高 673
徐日升(字寅公) 157,166,297,310,418,452,664
徐日暄 286
徐曰明 771
徐世沐(字尔翰,号青牧、青麓) 162,322,472
徐世昌(字卜五,又字菊人,号菊存,别号东海、水竹村人、石门山人) 126,136,153,398,401,424,449,587,675,683,689,718,728,735,760,782,809,820,925,1013,1275,1286,1322,1427,1461,1522,1601,1651,1654,1710,1718,1720,1736,1795,1857,1874,1888,1908,1945,1949,1969,1971,1980,1995,2002
徐世荫 44
徐世溥 37,43,145
徐东升 1343
徐以升 503
徐以观 914
徐以垣 1134
徐以烜 552
徐以悫 1816,1885
徐兰英 786
徐发 265
徐可先 59,204
徐必达 59,487,906
徐必远 30,37,737
徐必邃 189
徐必藻 1265
徐本 474,525,552,575,576,582,595,609,621,682
徐本仙 553,595
徐正恩 695
徐永年 1513

徐永芝　326
徐永宣　346
徐用仪（字吉甫，号筱云）　1288,1672,1773,1816,1817
徐用锡（初名杏，字坛长、鲁南，号画堂）　309,350,354,407,420,444,458,477,573,574,603
徐用熙　1277
徐立纲　901,905,906,907,932,943,950,953,958,959,968,972,1017,1023
徐乔林　1235
徐亚尊　1927
徐仲宣　1812
徐会云　1249
徐会沣　1664,1862
徐传诗（字韵岑）　1100
徐兴华　668
徐同功　151
徐同伦　158
徐同柏（原名大椿，字春甫，改字寿臧，号籀庄、少孺）　870,1354,1454
徐向忠　702
徐如澍　901,979,996,1271
徐年　1212
徐延熙　512
徐延翰　1235
徐廷华　1406
徐廷寿　84
徐廷芳　781
徐廷玺　242,301,308,317
徐廷槐　586,595
徐廷鎏　1319
徐成贞　553
徐成栋　493
徐扞　121
徐旭旦（字浴咸，号西泠）　86,392,411,441,484
徐有壬（字君青，又字钧卿）　178,1108,1300,1337,1412,1444,1457,1479,1485,1487,1501,1504,1574,1627,1651
徐汝瓒　732

徐江　1285,1296
徐玑　159,578
徐自华　1567,1896,1929,1941,1949
徐观海　793,1240
徐达源　1107,1142
徐佑彦　1066
徐佛苏　1876,1877,1910,1911,1925,1946,1964,1982,1993
徐作肃　42
徐克范　493
徐吴锦　61
徐坚（字孝先，号友竹）　442,710,773,966,1091
徐孚远（字闇公，晚号复斋）　16,37,118,185,282
徐宏业　115
徐寿（字雪村）　1231,1459,1479,1492,1498,1499,1501,1506,1511,1518,1532,1538,1551,1554,1560,1561,1562,1570,1579,1584,1609,1633,1643,1739,1833
徐寿基　1661
徐应龙　668
徐志晋　980,996,998
徐志鼎　926,1099
徐志摩　1759
徐怀仁　424
徐怀祖（字燕公）　341,342,899
徐时泰　534
徐时作　649,725,758
徐时栋（字定宇，一字同叔，号柳泉）　1201,1515,1558,1565
徐杞　438
徐步云　805,928,930,943
徐沁　197,1331
徐沅　1855
徐芳声　677
徐芳桂　686
徐连　1258
徐邻唐（字迩黄）　42,374
徐陈谟　1197,1205
徐京　1100

徐京陛　221
徐佩珂　1445
徐依　438
徐卓　1178
徐国相　254,601
徐国楠　1194
徐夜（初名元善，字长公，嵇庵、东痴）　75,174,247,311
徐孟深　272
徐孟湖　171
徐学柄　458
徐宗亮（字晦闻）　448,1335,1441,1539,1603,1886
徐宗乾（字树人）　1257,1302,1338,1368,1380,1387
徐宝善　1246
徐岱　287,336
徐建寅（字仲虎）　1402,1499,1532,1538,1561,1562,1570,1572,1594,1600,1738,1770,1824,1833
徐念祖　270,334
徐念慈（字彦士，别号觉我，亦署东海觉我）　1580,1802,1882,1898,1902,1903,1916,1932,1934,1953,1956,1961
徐承礼　1544,1662
徐承庆（字梦祥，自号谢山）　991,1206
徐承祖　1635,1660,1662
徐昂发（字大临）　346
徐松（字星伯，号孟品）　156,941,1043,1139,1140,1165,1172,1176,1199,1209,1244,1249,1263,1300,1301,1329,1359,1361,1388,1414,1415,1449,1471,1571,1668,1669
徐枋（字昭法，号俟斋、秦余山人）　12,59,88,99,103,108,120,165,189,217,255,290,320,331,337,418,515
徐林鸿　203,211,417
徐果行　1113
徐枝芳　405

徐波(字元叹) 105
徐炎 1044
徐玮文 1631,1639
徐秉义(字彦和,号果亭) 163,
　166,235,333,335,351,365,371,
　434,456,1302
徐秉之 204
徐秉敬 930,950,958,960,970,
　972
徐绍垣 1784
徐绍桢 1452,1496,1631,1639,
　1640,1805,1936
徐绍基 1242,1249
徐若阶 642,649
徐述夔(原名赓雅,字孝文)
　536,812,813,896,897,898,899,
　900,906,907,1024
徐郎斋 1011
徐金位 724
徐雨之 1623
徐俊 494
徐保 1302
徐养忠 1059
徐养原(字新田,号饴庵) 755,
　1147,1161,1263,1279
徐养浩 521
徐养灏 1147
徐咸清(字仲山) 301
徐品山 1113,1235
徐复(字心仲) 1056,1057,1065
徐奕溥 1264
徐宪威 260
徐庭垣 362
徐彦 1545
徐思谏 1285
徐恪 603
徐政 90
徐春 1413
徐昱 90
徐柯 320
徐栋 1356,1540
徐树兰(字仲凡,号检庵)
　1353,1660,1852,1883,1904,2005
徐树本 350

徐树谷 235,301,302
徐树钊 1666
徐树庸 352
徐树铭(字寿蘅) 1408,1439,
　1547,1773,1939
徐洹瀛 583
徐炯 235,1568
徐炯文 540,541,631
徐珂(初字仲玉,改字仲可,一
　作中可) 138,1418,1546,
　1789,1827
徐珏 953
徐祖巩 1264
徐祖昌 608
徐祖莆 1666
徐荀龙 629
徐荣(原名鉴,字铁孙,又字铁
　生) 1047,1282,1294,1367,
　1460
徐浩武 93,124
徐郦 1648
徐食田 897,898,899
徐首发 897,899
徐香祖 1285
徐倬(字方虎,号苹村) 165,
　166,262,325,403,405,431,447
徐准宜 1194
徐家荄 305
徐家榦 1784
徐恕 403,764
徐振鹏 1556
徐晟(字祯起、损之、曾铭,号秦
　台樵史) 248
徐桐(字豫如,号荫轩) 1237,
　1498,1594,1606,1665,1671,
　1672,1710,1720,1721,1723,
　1747,1783,1804,1816
徐流谦 445
徐浩 410,716,889
徐润(字润立,号雨生,别号愚
　斋) 781,1358,1474,1548,
　1562,1594,1629,1638,1791,2004
徐润第(字广轩) 1257
徐继曾 159

徐继畬(字健男,一字牧田,号
　松龛) 1069,1257,1283,1412,
　1413,1429,1463,1520,1528,
　1529,1565,1632,1677
徐能容 404
徐致觉 30
徐致祥 1771
徐致靖 1391,1583,1710,1722,
　1762,1763,1764,1770,1773,
　1775,1776,1778,1780,1781,
　1782,1786,1819
徐起元 26,29
徐起渭 1247
徐逢吉 578
徐逢盛 1331
徐釚(字电发,号拙存、虹亭、竹
　庄、枫江渔父) 13,37,137,
　172,174,178,181,202,204,205,
　207,208,218,225,233,258,263,
　289,300,328,342,399,418
徐铎(字令民) 331,619,753
徐陶璋 456
徐隽 1885
徐骏 444,551
徐乾学(字原一,号健庵) 33,
　144,149,156,165,175,176,188,
　195,205,209,216,217,218,219,
　224,225,228,231,232,238,241,
　242,246,251,253,255,259,260,
　261,265,266,267,268,269,270,
　274,276,277,279,282,283,285,
　286,292,294,295,296,297,301,
　302,307,308,313,315,316,320,
　332,333,335,337,338,339,344,
　347,353,356,359,394,411,429,
　434,438,449,454,456,472,491,
　508,517,528,549,551,638,715,
　838,860,916,980,1050,1055
徐堂 1321
徐寄尘 1934,1998
徐寅亮 1096
徐崧约 188
徐彬(字忠可) 153
徐梁栋 569
徐梅 1590

徐梦陈 1125	徐酡仙 1584	徐樾 1036
徐涵 1162	徐颐 1139,1208,1246	徐臻 76
徐淮 221	徐鼎(字峙东,一字实夫,号雪桥) 820,1135	徐鲲 1078,1147
徐清选 1277		徐懋德(字卓贤) 292,464,513, 607,651
徐焕龙 357	徐鼎亨 820	
徐焕然 581	徐勤 1678,1685,1701,1721, 1735,1745,1752,1754,1788, 1789,1799,1800,1810,1811, 1836,1863,1875,1900,1917, 1918,1993,2002	徐瀚 1245
徐绩 826,827,837,839,849,859, 870		徐瀛 1320
		徐霭 245
徐维则 1486,1724,1805		徐骧 1737
徐绶 563		徐夔典 1336
徐铣 617	徐嵩 1044	徐灏(字子远,自号灵洲山人) 1174,1603,1604,1713
徐雪村 1532,1643	徐筠 778	
徐鸿复 1623,1638,1791	徐锡龄 1241	恩丕 413
徐鸿懿 985	徐锡麟(字伯荪,号光汉子) 1566,1648,1702,1825,1863, 1876,1895,1900,1923,1930, 1931,1941,1942,1998	恩成 1291
徐鹿苹 1595		恩格斯 1468,1914,1937,1947
徐傅霖 1954		恩格德 39,55
徐储 751	徐嘉炎(字胜力,号华隐) 207, 208,226,261,268,270,271,276, 346,363,388,394,638	恩理格 89,174,189,253
徐善(字敬可,号蘁谷、泠然子) 189,210,263,302,303,323,424		恩铭 1723,1840,1930
		恭泰 979,995,996
徐善建(字孝标) 322	徐嘉宾 518	悟痴生 1501
徐啃凤 152,272	徐嘉霖 232,272	效董生 1919
徐悲鸿 1731	徐熊飞(字渭扬,号雪庐、白皓山人) 1103,1143,1147,1215, 1340,1488	敖启潜 673
徐敦蕃 552		敖嘉熊 1812,1865,1894
徐斌 420		斋藤河县 1868
徐斐然(字凤辉,号敬斋) 1067	徐瑶 357	晁子管 366
徐景曾 552,694	徐璈(字六骧,号樗亭) 917, 1196,1275,1308,1378	晁俊秀 991
徐景澄 1652		晁德莊 1431,1439
徐景熹 702,745	徐聚伦 474	晁德莅 1413
徐朝俊(字恕堂) 1076,1155, 1163,1167,1526,1662	徐肇伊 280	晋承桂 64
	徐蒲 1361	晋昌 1231,1268
徐渭仁(字文台,号紫珊,晚号随轩) 1449	徐增 122	晋显卿 279
	徐德城 1338	晋淑君 64
徐渭臣 1902	徐德泰 520	晏允恭 347
徐湘潭 1296,1339	徐毅 738	晏文士 1866
徐然石 1452	徐潮 166,208,268,276,331,391, 402,403,412,433,551,638	晏阳初 1791,1864,1880,1933, 1998
徐琪 494		
徐登瀛 252	徐澍琳 1500	晏启镇 1507
徐紫珊 1418	徐鋐 1344	晏宗慈 1859
徐缄 466	徐镇 876	晏顾镇 1506,1513
徐缙 1228,1309	徐鼒(字彝舟,号亦才) 11, 1174,1376,1426,1430,1431, 1432,1463,1474,1480,1481, 1493,1503,1544,1591,1662	晏善澄 1178
徐葆光(字亮直,号澄斋) 438, 488		晏斯盛(字一斋) 486,503,558, 644,647,713
徐超 400		晏端书(字彤甫,号云巢)

1108,1579,1626
朗廷极 1445
柴文卿 171
柴四郎 1795,1831,1851
柴华 666
柴应辰 158,212
柴卓群 1551
柴绍炳（字虎臣，号省轩） 147,213,275,520,821
柴经国 168
柴桢 800
柴㩦 732
柴模 931,948,950,951,957,958,972
栗引之 146
栗尔璋 458
栗本锄云 1600
栗国柱 998
栗郢 1296
栗毓美 1295
根特 551
格兰特 1581,1599,1611,1614
格兰德 1425,1512,1612
格尔古德 141,165,216,584
格林维特尔 1847
格桑嘉措 419,748
桂文灿（字子白） 1288,1452,1517,1658
桂伯华 1734,1790,1965,1999,2004
桂含章 1624
桂良 1472,1473,1484,1490,1497
桂芳 459,1199
桂念祖 1546,1753,1916
桂敬顺 780
桂超万（字丹盟） 978,1291,1296,1507
桂殿芳 1275
桂馥（字冬卉，号未谷） 605,903,955,965,986,1023,1027,1037,1060,1073,1075,1091,1120,1132,1144,1192,1197,1206,1229,1289,1387,1409,1425,1431,1491,1527

桑戈 350
桑宜 1847
桑结嘉错 50,401
桑原骘藏 1802,1805,1966
桑调元（字伊佐，号弢甫，别号独往生、五岳诗人） 345,420,449,566,595,632,667,703,710,725,732,740,817,822
桔瑞超 1954,1983,2001
桦色 464
殷元福（字梦五） 102,334,521
殷夫 1975
殷廷琯 132
殷观光 76
殷寿彭 1365
殷宝山 897,898,899
殷岳 199
殷秉埔 1387
殷绍伊 1176
殷特布 426
殷铎泽（字觉斯） 102,308,310,348
殷铭 168
殷道正 255
殷瑞 1183,1212
浦起龙（字二田，晚号三山伧父） 215,514,655,708,775,803
浦镗（字金堂，号声之，一号秋稼） 935
浦霖 982,989,999,1024,1031,1048
浮田和民 1730
海天独啸子 1870
海开勒 1680
海成 827,832,838,839,840,851,853,858,860,861,862,864,872,873,878,880,881,882,968
海约翰 1797
海甫定 1842,1938
海宝 334,386,488
海忠 1314
海淑德 1680

海富润 904,946
海龄 1255
涂天相 385,503,576,595
涂日焕 996,1023
涂长发 1106
涂光范 655
涂启先 1607
涂宗瀛（号朗轩） 1187,1592,1630,1714
涂拔尤 101
涂逢豫 792
涂逢震 620
涂梁 984
涂跃龙 897
涂鸿仪 1326
涂景祚 170
涂谦 1303
涂瑞 425,857
涅维尔斯科 1423
烟山专太郎 1855,1870
爱必达 688
爱星阿 71,551
爱特华斯 1868
特登额 1306
特默德 347,366
班为兰 1608
班布尔善 124,125
班衣锦 221
班迪 165
班第 242,539,561,669,748
班禅四世 102
留云居士 1661,1740
留保（字松裔） 486,503,525,540
盐谷宕阴 1410,1453
祥庆 942,943,979
祥保 1392
秦力山（原名鼎彝，字力山，别号遁公、巩黄） 1593,1801,1809,1811,1821,1824,1827,1834,1840,1843,1902,1914,1922,1988

秦万寿 1296
秦士望 634,665
秦大士 706,779
秦大成 777
秦广之 80
秦云爽(字开地) 96,273
秦仁 624
秦凤仪 64
秦开元 1330
秦世科 120
秦业 302
秦右 1413
秦正高 1313
秦永清 534
秦立 1142
秦兆鲸 1044
秦扩 379
秦有容 168
秦达湿 988
秦伯龙 540
秦沅 1235
秦沆 1235
秦际唐 1570,1742,1816
秦宗尧 49
秦宗游 210
秦宝玑(又作宝瑊,字瑶田,一字姚臣,号潜叔) 1384,1620
秦承业 930,979,996,998,1015
秦承恩 855,990,1024,1032,1040,1048,1199
秦松林 58
秦松龄(字汉石、次椒,号留仙、对岩、苍岘山人) 58,193,207,208,225,242,267,367,455
秦林 438
秦武域(字于镐,号紫峰) 1020
秦武棫 867
秦泾 596
秦绍襄 167
秦勇均 620
秦树声 1855
秦泉 878,918,919,920,928,932,933,943,945,950,958,960,970,
971,979,996
秦炯 311
秦祖永(字逸芬,号楞烟外史) 7,1281,1445,1465,1644
秦祖承 1513
秦笃辉 1290
秦荣光(初名载瞻,号月汀,改名荣光,字炳如) 1379,1668,1887
秦钟英 1232
秦恩复(字近光,号敦夫) 767,784,996,998,1002,1020,1140,1142,1146,1159,1188,1199,1215,1236,1245,1282,1303,1336,1340,1359,1389,1446
秦寅 470
秦焕(字文伯) 1692
秦维岳 584,1234
秦维城 1566
秦湘 1185
秦缃业(字应华,号澹如) 1195,1417,1527,1620,1632,1634
秦舒 826
秦道然(字雒生,号南沙,或作南河,又号泉南) 79,420,469,675
秦雄褒 702
秦嗣美 352
秦瑞 1846
秦鉴 1089,1099,1100,1273
秦锡镇 1855
秦靖然 438
秦嘉系 64
秦嘉谟 1184,1214
秦毓琦 204
秦毓鎏 1611,1844,1845,1857,1864,1877
秦熙祚 280
秦潮 979,1049
秦蕙田(字树峰,号味经,谥文恭) 253,335,347,383,455,557,597,603,606,633,675,708,715,720,721,723,727,729,760,761,762,769,778,779,781,784,788,803,808,810,847,1087,1478
秦凝奎 336
秦镛 1082
秦黉 869
秦懋绅 595,673
秦燮 563
秦襄 694
秦藩信 124
秦瀛(字凌沧、小岘,晚号遂庵) 651,809,875,942,943,968,970,996,1051,1069,1073,1082,1107,1108,1150,1154,1156,1168,1180,1191,1197,1203,1223,1224,1251,1271,1292,1348
秦鐄 706
秦躍龙 540
积善 706
素尔纳 887
素博通额 1245
索尔敏 979
索拜 165
索柱 540,561,569
索泰 403
索诺和 317
索诺穆 38,39,55
索额图 136,157,165,216,332,517
翁大中 377
翁大年(初名鸿,字叔钧,号陶斋) 767,1362,1682
翁广平(字海琛,号海村,又号莺渔翁) 767,843,1120,1234,1247,1383
翁之润 422
翁介眉 228
翁元圻(字载青,自号凤西) 767,1003,1246,1277,1352
翁心存(字二铭,号邃庵) 451,1038,1256,1423,1468,1497,1498,1502,1604,1618
翁方纲(字正三,号覃溪,晚号苏斋) 219,362,574,626,641,656,701,706,728,752,755,763,

773,779,784,786,791,793,808,
815,822,829,835,839,843,845,
854,855,865,866,867,874,875,
883,884,887,903,904,911,912,
915,923,935,936,939,943,952,
954,961,962,965,967,973,977,
990,992,993,1001,1002,1019,
1021,1022,1023,1033,1034,
1035,1041,1043,1045,1051,
1053,1067,1068,1072,1088,
1089,1090,1097,1110,1113,
1121,1124,1126,1133,1149,
1152,1153,1154,1155,1156,
1157,1163,1164,1169,1170,
1182,1192,1196,1197,1199,
1205,1206,1209,1220,1221,
1222,1228,1229,1234,1249,
1272,1331,1344,1412,1445,
1481,1682,1955

翁兆行 479

翁同书 1367

翁同龢（字声甫，一字瓶生，号
叔平，又号瓶笙、松禅，晚号
瓶庵居士、松禅老人） 1311,
1462,1479,1498,1502,1518,
1582,1604,1621,1622,1635,
1637,1647,1652,1653,1660,
1664,1665,1684,1686,1689,
1696,1707,1709,1710,1712,
1718,1720,1721,1722,1723,
1733,1735,1737,1739,1743,
1747,1753,1759,1760,1763,
1777,1778,1784,1785,1786,
1797,1886,1968,1974

翁名濂 1073,1148

翁运标 642

翁叔元（字宝林、静乡，号铁庵）
88,189,203,208,241,278,286,
317,352,375,491

翁英 242

翁树培（字宜泉） 794,996,998,
1033,1169,1229,1279

翁荃 431

翁嵩年 105

翁照 596

翁笕登 1466

翁藻 616

耆英 1379,1384,1385,1391,1397

耿介（初名冲壁，字介石，号逸
庵） 42,166,195,203,206,268,
276,283,284,290,291,310,324,
358,381,419,422,476,490,491,
638,1558

耿文岱 220

耿文明 262

耿古德 385

耿兴宗 1348

耿华国（字首岳，自号首阳子）
122

耿极 138,487

耿念劬 146

耿贤举 596

耿举贤 644

耿帝德 51

耿昭需 636

耿省修 1285

耿紘祚 352

耿继志 254

耿维祜 1227

耿喻 280

耿锡胤 151

耿愿鲁 144,182

耿履端 1264

耿燿 51

聂士成 1707,1718

聂元善 724

聂会东 1631

聂师焕 732

聂当世 170

聂位中 569

聂宪 644

聂煮 731

聂铣敏 1247

聂镐敏 1239,1283

能图 38,39,41,55,56,75,87

荷马李 1965

莎彝尊 1445

莫子偲 1491,1555

莫与及 438

莫与俦（字犹人，一字杰夫，号
寿民） 782,1094,1096,1262,
1377,1515,1555

莫之翰 357

莫友仁 287

莫友芝（字子偲，号邵亭，晚号
耳耳叟） 244,1043,1181,
1262,1295,1313,1354,1360,
1369,1376,1377,1408,1409,
1438,1440,1445,1468,1473,
1474,1479,1485,1492,1506,
1507,1508,1510,1511,1512,
1524,1525,1527,1533,1538,
1539,1543,1551,1555,1561,
1564,1578,1758

莫乐洪 58

莫尔淮 183

莫尔澄 1805

莫仲武 1615

莫宏勋 484

莫里普 318

莫晋（字锡三，号实斋） 1062,
1169,1227,1249,1288

莫玺章 1066

莫祥芝 1555,1570,1725

莫堂 1555

莫理循 1753

莫善征 1700

莫棠 1813

莫琛 196

莫舜芳 348

莫溥 785

莫瞻菉 867,905,909,920,945,
950,957,959,968,970,971,979,
996,997,1032

莱蒙托夫 1938

莽色 144,150

莽依图 551

衷以埙 1214

衷光烈 146

袁于令（原名晋，字令昭、蕴玉，
号幔亭歌者、幔亭仙史、吉衣
道人、白宾） 178

袁士龙 490

袁大化 2002
袁大选 548
袁中立 739
袁仁林(字振千) 427,563,667,1433
袁元 139,176
袁凤孙 1191
袁天秩 19
袁天锡 998
袁文观 784,793
袁文邵 896,905,920,928,932,943,948,950,958,959
袁文焕 445,785
袁文揆 1069,1120
袁文薮 1930
袁日省 1083
袁长坤 1567
袁世凯 1477,1552,1615,1621,1645,1646,1654,1710,1718,1720,1721,1722,1737,1774,1781,1786,1808,1809,1810,1813,1821,1822,1825,1827,1834,1835,1841,1842,1853,1854,1856,1859,1862,1863,1875,1888,1889,1892,1908,1911,1916,1919,1928,1931,1936,1945,1946,1948,1965,1968,1987,1990,1991,1992,1993,1994,1995
袁玉麟 1343
袁甲三 1457,1471
袁名曜 1214
袁守侗 552,806,862,864,878,887,922,928,931
袁廷梼 789,1085,1174
袁成烈 1227
袁有龙 245
袁汝琦 555,946
袁自超 1601
袁佑(字杜少,号霁轩) 207,359
袁励准 1855,1996
袁均 953,1086
袁希涛 1896

袁希濂 1789
袁良 405
袁良怡 341
袁芳瑛 1730
袁国梓 235
袁季九 1845
袁学谟 563
袁定远 410
袁宝璜(字揭禹) 1726
袁尚衷 151
袁枚(字子才,号简斋,又号随园老人) 467,532,596,603,604,608,619,622,642,663,677,681,693,729,733,742,808,809,812,813,815,823,835,847,854,857,867,869,915,939,952,955,977,987,990,1028,1045,1046,1051,1057,1064,1067,1076,1084,1088,1197,1200,1230,1271,1501,1698
袁牧之 1975
袁秉亮 1544
袁英 73
袁俊 1361
袁保恒 1569
袁彪 781
袁拱 233
袁昶(原名振蟾,改名昶,字爽秋,号重黎,晚号芳郭钝叟、钝椎、渐西村人) 1406,1533,1569,1583,1607,1617,1646,1672,1682,1708,1710,1721,1782,1795,1818,1939
袁显仁 1813
袁栋 725
袁树 1197
袁树勋 1840
袁炳修 701
袁祖光 1881
袁钟麟 334
袁钧(字秉国,一字陶轩,号西庐) 1026,1073,1114,1148,1297,1639,1668
袁家毂 1855

袁株 256
袁继梓 145
袁通 1277
袁敏 1070,1160
袁敏升 1343
袁章华 1308
袁绩懋(字厚安) 1477
袁铣 1231
袁斯恭 272
袁景格 779
袁景辂 803
袁朝选 280
袁筠 1082
袁锵珩 158
袁德辉 1367
袁镐 1067
袁鲲化 252
袁懋功 13,55,57
袁懋芹 183
袁襜如 18
袁缵懋 1407
袁曦业 1309
诸九鼎 147
诸世器 856
诸可宝(字迟菊,字璞斋) 1099,1402,1425,1428,1446,1488,1503,1516,1545,1620,1627,1651,1656,1669,1793,1873
诸巨鼎 246
诸自谷 1120
诸贞壮 1912
诸宗元 1580,1893,1930
诸定远 109
诸重光 762
诸雅六 62
诸嗣郢 139
诸锦(字襄七,号草庐) 145,275,512,592,595,633,670,716,738,813,993
诸嘉乐 1078,1147
诸豫 30,61,69
诸豫宗 1309
诸燮 893,894

诺克斯 1963	贾锬 930	郭石渠 532
谈九乾 288	贾雏英 305	郭让杰 998
谈广枏 1511	贾德辅 998	郭伦 723
谈有典 739,780	贾醇庵 319	郭兆奎 731
谈迁（原名以训,字仲木,号射父,明亡后改名迁,字孺木,号观若） 4,6,13,18,19,22,49,53,64,79,98,182,194	贾攀鳞 78	郭在迓 960,968,972,979
	贾瀛 746	郭存庄 751
	载沣 1809,1825,1945,1974,1976,1979,1991	郭孙顺 438
		郭守邦 289
谈祖绶 998	载泽 1874,1888,1907,1908,1914,1915,1936	郭尧京 90
谈泰 911,990,1060,1076,1095,1109,1169		郭师古 1661
	载垣 1483,1489,1490	郭庆藩（原名立埧,字孟纯,自号子瀞） 1397,1714,1727,1743
谈起行 661,694	载振 1824,1846,1908,1974	
谈諟曾 661	通雅斋同人 1870	
贾从哲 75	逢泰 366,500,504,510,540	郭廷祚 157
贾允升 1246,1281	郭一豪 427	郭廷选 746
贾文召 1028	郭一鹗 30	郭廷弼 104
贾弘文 196,244	郭人漳 1877	郭廷赓 1265
贾汉复 90,127,146,432,585	郭人麟 1951	郭廷翼 564
贾田祖（字稻孙,号礼耕） 456,828,890,978	郭于蕃 350	郭阶 1674
	郭士立（郭实腊） 1307,1313,1326,1332,1370,1381,1394,1426,1436	郭坛 1191
贾切 807		郭志邃 184
贾兆凤 193,432		郭杞 366
贾存仁 869	郭士衡 17	郭束 596
贾扩基 519	郭大力 1880,1905	郭灿 716
贾有福 254	郭大至 981	郭纳爵（字德旌） 102,123,349
贾声槐 1191,1330	郭大定 1065	郭迓禧 71
贾芳林 1313	郭大经 1321	郭还阳 4
贾西 661	郭元凯 778	郭国琦 263
贾国维 404,432,463	郭元釪（字于宫,号双村） 373,397,433,497	郭宗昌（字允伯） 44,886
贾构 985,1149		郭尚先（字兰开,号兰石） 987,1324,1494
贾鸣远 1984	郭六宰 769	
贾待旌 90	郭天锡 84	郭建文 687
贾待聘 235	郭文英 1957	郭建章 182
贾荣 145	郭文炳 297,298	郭治化 76
贾振裘 127	郭文祥 159	郭经 695
贾晖 352	郭长发 848,892,943	郭若绎 158
贾桢 1281,1283,1478,1490,1497,1517,1535	郭世昌 95	郭茂泰 265
	郭仪霄（字羽可） 870,1459	郭采 156
贾润 190	郭四海 141,165,189	郭金台（字幼隗,本姓陈,名湜,字子原） 110,192
贾甡 445	郭四维 43	
贾铉 340	郭弘 177	郭金诚 261
贾棠 405	郭正嘉 793	郭金璧 262
贾腓力 1616	郭永缙 739	郭金鑫 84

郭南英 1154
郭彦俊 204
郭彦博 636
郭指南 97,171
郭显贤 90,554
郭柏荫（字弥广，号远堂） 1157,1642
郭祚炽 862,896,918,919,932,943,945,948,950,957,958,959,960,968,970,972,1023,1227
郭科 55,89
郭钦华（字张虚，号东海渔人） 1328
郭家骥 1734
郭晋 137,918,948,950,958,959,960,970,972,1066
郭桓 737
郭浚 69
郭衷恒 889
郭起元 673
郭都贤（字天门） 156
郭崇礼 1667,1846
郭崑焘（原名先梓，字仲毅，号意诚，晚号檠叟） 1267,1408,1627,1743
郭彬图 1253
郭梦星 1727
郭棻（字芝仙，号快庵、快圃） 42,61,158,193,196,220,242,252,260,270,306,584
郭琇 254,264,295,296,564,826,860
郭维 671
郭维莞 445
郭萃 1204
郭谏 76
郭善邻（字畏斋，号春山） 8,508
郭彭龄（字商山） 54,496
郭斌 1936
郭曾炘 1461,1608,1622,1631,1824,1969,1995
郭棣 988
郭程先 166

郭联 212
郭赓武 780
郭遇熙 71,347,427
郭嵩焘（字伯琛，号筠仙，别署玉池山农，晚号玉池老人） 1231,1329,1347,1368,1393,1399,1408,1438,1439,1443,1466,1467,1473,1479,1499,1501,1506,1511,1512,1523,1524,1526,1529,1560,1565,1566,1575,1582,1584,1585,1587,1588,1593,1594,1598,1602,1608,1610,1614,1621,1626,1628,1631,1633,1648,1652,1655,1659,1677,1678,1681,1688,1690,1691,1758,1776,1921
郭楷 1089
郭殿邦 280
郭锡恩 1319
郭锳 422
郭毓秀 244
郭熙 673
郭履恒 914
郭磊 724
郭徽祚 379
郭麐（字祥伯，号频伽居士，晚号复庵） 805,1026,1050,1100,1110,1114,1132,1136,1153,1156,1163,1178,1215,1228,1236,1241,1247,1265,1272,1316,1321
郭巍 280
都世告 1002
都春圃 1661
钱九韶（字太和，号南浔） 565,1076
钱人麟 716,732
钱万选 391
钱士升（字抑之，号御冷、塞庵） 44
钱士馨 52
钱大昕（字晓征，号辛楣、竹汀） 156,190,331,382,448,451,542,562,615,622,638,639,641,653,666,670,684,685,691,692,698,700,705,706,707,714,716,717,720,723,725,727,728,733,737,743,744,749,754,755,762,773,776,778,788,790,799,800,805,807,809,810,815,816,817,818,822,828,829,848,853,865,870,874,875,886,887,888,889,890,900,902,904,911,922,925,926,935,936,939,940,952,954,961,973,974,983,990,992,1000,1001,1002,1003,1004,1005,1011,1013,1017,1019,1020,1026,1029,1033,1034,1035,1036,1042,1043,1045,1049,1050,1051,1054,1056,1058,1063,1064,1067,1072,1074,1076,1077,1078,1079,1082,1084,1085,1086,1088,1089,1090,1095,1096,1098,1099,1100,1103,1104,1105,1106,1109,1110,1111,1112,1114,1117,1119,1120,1123,1124,1126,1128,1129,1130,1131,1132,1136,1137,1142,1143,1145,1148,1149,1154,1155,1174,1180,1183,1184,1188,1193,1200,1208,1210,1214,1222,1223,1229,1237,1243,1279,1292,1305,1323,1334,1353,1363,1370,1383,1389,1445,1475,1640,1714
钱大昭（字晦之、竹庐） 190,658,888,911,955,1011,1026,1036,1052,1073,1082,1086,1110,1126,1142,1143,1160,1190,1193,1200,1210,1229,1273,1459
钱大琴 845
钱大镛 328
钱中谐 207,259
钱之青 681
钱仁荣 1114
钱元昌 571,681
钱升 654
钱天树 1134,1204

钱开仕 980
钱开宗 42,69
钱见龙 289
钱世清 61
钱世锡 930,932,943,957,968,979
钱东垣(字既勤,号亦轩) 1043,1052,1088,1100,1273
钱东塾 1049
钱东壁 1049,1137
钱以垲 361,363,427,489,513,531
钱仪吉(初名逵吉,改名仪吉,字蔼人,一字新悟,号衎石,一号心壶、星湖) 219,381,857,926,967,1013,1109,1147,1159,1171,1195,1233,1246,1264,1273,1279,1284,1321,1325,1331,1349,1400,1411,1425,1427,1432,1461,1508,1540,1550,1632,1648,1703
钱本诚(字青伊) 331,532,569,639
钱正振 780
钱民(字子仁) 181
钱永 319
钱永祺 220
钱玄同 1664,1863,1915,1927,1947,1950,1971,1980,1998
钱兆沆 427
钱兆鹏 1142,1228
钱兆澧 479
钱光 445
钱师光 1370
钱庆曾 1017,1137,1314
钱廷献 438
钱廷熊 724
钱式 1500
钱汝诚 706,769,872,879,896,898,908,942
钱汝霖(初名青,字云士、云耜,号商隐,学者称紫云先生) 299
钱江 204

钱邦芑(字开少) 45,146,168,172
钱邦寅(字驭少,号铁斝) 248
钱伯坰(字鲁斯,号野子、仆射小樵) 619,1151,1186,1334
钱佃 1302
钱启文 204
钱吴 353
钱志彤 460
钱时雍 939,992
钱杜(初名榆,字种庭,更字叔枚,号松壶、壶公、卍居士) 651,1186,1204,1310,1401
钱沣(字东注、约甫,号南园) 632,819,829,923,1069,1102,1197
钱灿如 442
钱秀昌(名文彦,号松溪) 1162
钱纶 84
钱良择(字玉友,号木庵) 289,392,781
钱陆灿(字湘灵,号圆沙) 110,122,140,162,245,247,357,358
钱陈群(字主敬,号香树、柘南居士,谥文端) 275,397,486,552,576,598,604,642,659,669,670,691,693,701,703,753,758,773,786,810,813,832,857,882
钱佳 637
钱侗(字赵堂、同人) 904,1052,1099,1100,1117,1119,1143,1159,1210,1273,1297,1432,1459
钱单士厘(单士厘) 1509,1885,1985
钱国寿 151
钱坫(字献之,号十兰) 244,639,828,829,868,875,900,924,926,935,937,939,951,954,966,975,983,992,1043,1076,1078,1082,1088,1089,1119,1124,1151,1155,1248,1278,1571
钱奇才 264
钱学彬 1113
钱宝甫 343,1336

钱宝琛(字楚玉,一字伯颐,晚号颐叟,又称茧园先生) 987,1354,1482
钱松(字叔盖,号耐青、铁庐,别号未道士、西郭外史) 1231,1489,1500
钱林(原名福林,字东生、志枚,号金粟) 777,875,1147,1159,1212,1233,1295,1298
钱枚 772,1096
钱泳(初名鹤,字立群,号台仙) 111,761,1042,1357,1395
钱秉镫 164
钱绎(初名东埔,字以成、子乐,号小庐,可庐次子) 818,912,1273,1432,1459
钱肃乐(字希声、虞孙,号止亭,谥忠介) 28,113,656
钱肃润 36,110,122,139,310
钱茂 2002
钱金甫 207,270
钱保塘(字铁江,号蔺伯) 1324,1758
钱受祺 171
钱威 69
钱思元 1126
钱恂 1449,1637,1668,1677,1679,1702,1725,1782,1790,1885,1897,1900,1932,1937,1951,1972
钱恒 583
钱昱 1391
钱树本 1318
钱树立 1318
钱树堂 1318
钱洪甫 171
钱荣世 397,403
钱重 36
钱家治 1947
钱振伦(原名福元,字仑仙,后字楞仙) 1218,1604
钱晋锡 245,377
钱栻 979
钱泰吉(字辅宜,号警石,又号

深庐） 682,726,1038,1147,
　　1222,1284,1289,1309,1331,
　　1343,1357,1360,1390,1399,
　　1404,1452,1498,1506,1508,
　　1509,1715
钱载（字坤一，号箨石，又号瓠
　　尊、壶尊，晚号万松居士）
　　199,419,592,596,628,706,777,
　　808,854,865,906,918,919,924,
　　932,943,945,1053,1183,1197,
　　1229
钱骏祥　1733
钱培让　1388,1397
钱培名　391,1397,1433,1452,
　　1453,1596
钱培杰　1397
钱基　693
钱寅　4,179
钱彩　255
钱绮（字子文，又字映江）
　　1086,1469,1476
钱维乔　626,1011
钱维城（字宗磐、稼轩，号茶山）
　　484,658,659,664,677,719,753,
　　793,812,831
钱喜选　272
钱戩曾　636
钱斌　596
钱景星　1126
钱智修　1881
钱曾（字遵王，号也是翁、贯花
　　道人、述古主人）　30,99,126,
　　128,137,139,232,303,375,527,
　　1445
钱荣　930,936,972,996,1015,
　　1237
钱椒　1356
钱綖　114
钱谦益（字受之，号牧斋、蒙叟、
　　东涧遗老）　4,12,18,19,23,
　　25,26,27,30,31,32,33,37,44,
　　50,51,58,63,75,85,86,94,97,
　　106,108,109,111,113,128,139,
　　153,171,173,255,353,357,358,
　　375,380,476,768,769,810,813,
　　836,841,862,872,873,892,893,
　　894,899,1015,1445,1949
钱鼎铭　1573
钱塘（字学渊、禹美，号溉亭）
　　588,874,923,978,983,1014,
　　1020,1028,1029,1096,1151,
　　1157,1229,1296,1669
钱楷　1015,1019,1088,1377
钱瑞征（字鹤庵、野鹤）　380
钱福昌　1300,1347
钱路加　98
钱漳　1225
钱潢（又名虚白，字天来）　417
钱熙彦　1318
钱熙祚（字雪枝，一字锡之）
　　1088,1116,1318,1327,1330,
　　1351,1386,1388,1397,1452,
　　1649,1675
钱熙哲　1417
钱熙载　1318
钱熙辅　1318,1426,1649
钱聚仁　299,1291
钱肇修　366
钱肇然　1044
钱谱　1236
钱墀　1314
钱德苍（字沛思，号镜心居士）
　　787,817
钱德明（字若瑟）　817,977,1054
钱慧安　1968
钱澄之（字饮光，初名秉镫，字
　　幼光，号田间）　12,30,32,36,
　　44,70,75,96,156,175,276,289,
　　297,303,305,317,329,394
钱豫章　998
钱鋆　732
钱鹤年　1227
钱樾（字黼棠）　651,901,920,
　　942,945,948,950,960,968,970,
　　971,972,996,1015,1123,1208
钱霑　475
钱襄　1321
钱馥　1067,1075,1727
钱警石　1730
钱镠　1855
钱良择　289,392,781
铁良　1896,1908,1909
铁图　421
铁范金　350
铁保（字冶亭、梅庵）　713,829,
　　1015,1030,1041,1048,1051,
　　1057,1080,1087,1125,1131,
　　1134,1135,1136,1139,1141,
　　1143,1197,1259,1272
铃木虎雄　161
铃木信太郎　1803
陶士偰　503
陶大眉　1239
陶仁明　402
陶元淳（字紫笥）　21,209,286,
　　295,302,359,491,549
陶元藻（字龙溪，号篁村）　467,
　　793,803,1053,1068,1114
陶公绪　156
陶文波　1994
陶文彬　427
陶方琦（字子珍）　1402,1533,
　　1547,1583,1637,1644,1716
陶正中　503
陶正祥　844
陶正靖　552,660
陶用曙　145
陶亚魂　1885
陶尧文　1154
陶尧臣　1285
陶廷琡　1198
陶廷赓　1575
陶成　421,460,563
陶成玉　1711
陶成章　1598,1686,1711,1725,
　　1812,1825,1845,1861,1864,
　　1876,1879,1884,1891,1895,
　　1897,1898,1912,1913,1920,
　　1927,1934,1941,1942,1949,
　　1963,1964,1965,1976,1978,
　　1985,1994
陶汝鼐（字仲调、燮友，别号密

庵,更号忍头陀,复改鞠延,字忍草,号署石溪农) 78,246,905
陶自悦 405
陶贞一 438
陶冶公 1930
陶邵学(字子政,号颐巢) 1522,1960
陶国干 1051
陶孟如 1878
陶季 215
陶宗仪 19,172,645,821,1879
陶定山 1078,1147
陶定申 1166
陶性坚 1338
陶易 771,779,844,867,897,898,935
陶绍侃 1205
陶金谐 738,775
陶保霖 2001
陶南望(字逊亭) 696
陶奕曾 771
陶恪 363
陶炯照 1855
陶桄 1367
陶浚宣(字心云,号稷山) 1406,1897,2005
陶望龄 14
陶梁(字宁求,号凫芗) 832,1143,1470
陶鸿庆 1482,1704,1753,1875
陶敦和 791
陶敬 280
陶湘 1748,2003
陶越(字艾村) 133,1315,1316
陶铸 1927
陶煊 899
陶煦 1513
陶甄夫 482
陶赖 498,538
陶颖发 310
陶模(字子方,又字方之) 1341,1533,1539,1621,1693,1764,1772,1852
陶奭龄 14,65,85
陶樑(字凫乡) 1117,1344
陶澍(字子霖,号云汀,晚号髯樵,又号桃花渔者,谥文毅) 552,917,1050,1118,1133,1164,1171,1173,1178,1195,1234,1246,1274,1275,1276,1276,1282,1289,1292,1299,1302,1307,1312,1328,1336,1341,1342,1354,1363,1367,1412,1471,1495,1573
陶蕴辉 1148
陶懋立 1967
陶彝 460
陶燿 170
顾一麒 1114
顾九苞 619,819,828,887,911,941,978,1014
顾九锡(字临邠) 133
顾人骥 739
顾八代 270,551,929
顾士行 295,302
顾士荣 631
顾大申 144
顾子瀛 1176,1183
顾广圻(字千里,号涧薲、思适居士) 682,692,784,799,1026,1041,1049,1050,1064,1065,1068,1072,1078,1091,1095,1096,1104,1109,1110,1112,1118,1124,1125,1126,1133,1140,1142,1143,1148,1152,1154,1155,1156,1159,1160,1166,1167,1170,1175,1183,1190,1195,1212,1215,1220,1226,1227,1233,1236,1238,1245,1254,1258,1262,1264,1276,1278,1282,1286,1292,1296,1303,1307,1325,1340,1405,1431,1527,1640
顾广誉(字惟康,一作维康,号访溪) 1102,1312,1314,1331,1404,1430,1481,1488,1500,1518,1527,1590,1591,1597,1852
顾之逵(字抱冲、抱盅) 718,1057,1064,1072,1073,1085,1541
顾五达 420
顾仁荣 1595
顾元熙 1245
顾凤毛 777,1002,1014,1056
顾天挺 204
顾天锡(字重光) 105
顾太清(名春,字子春,号太清) 1102,1585
顾开陆 403
顾文彬 1626
顾日新 1228
顾世澄(又名澄,字练江,号静斋) 765
顾仔 474
顾仪 286,1111
顾用辑 245
顾龙振 758
顾仲 358
顾光旭 869,1075
顾列星 1156
顾印愚 1568
顾如华 114
顾尧峰 1191
顾师轼 48,161,816
顾廷纶 1078,1147
顾成天(字良哉,号小崖) 155,550,552,557,711
顾成章 1697
顾旭明 732
顾有孝(字茂伦,自号雪滩钓叟、雪滩头陀) 41,72,299,300
顾朱(字自公) 123
顾汝敬 779
顾芝 800
顾观光(字宾王,号尚之) 132,1102,1318,1330,1397,1399,1453,1481,1503,1570,1579,1633
顾贞立(原名文婉,字碧汾,自号避秦人) 363
顾贞观(字远平、梁汾,号华峰)

51,188,197,204,225,246,252,
267,341,347,363,454
顾齐弘　230
顾声雷　914
顾岑　867
顾我鲁　730,779
顾我锜（字湘南,号帆川）　604
顾时鸿　793
顾汧　166,262,268,301,341,433
顾沄　1109,1667
顾沅　369,1284,1301,1308,1418
顾芳宗　287
顾诒禄　684,717,771,803,808
顾陈垿（字玉亭,一作玉婷,别号宾阳子）　206,458,507,596,675,676
顾图河　397
顾孟余　1913
顾学汲　1109
顾学潮　856
顾宗泰　803,970,996
顾明道　1759
顾易　549,564
顾杲　4,11,12,15,65
顾果庭　1090
顾枢（字庸庵、所止）　134,341
顾泾　341
顾炎武（原名绛,字宁人,号亭林）　4,11,13,18,22,29,32,36,41,42,47,50,51,52,57,58,62,69,70,75,79,81,83,88,93,96,97,99,100,102,103,106,109,114,115,120,121,122,125,127,128,130,131,132,136,142,143,144,145,146,149,150,152,154,156,162,164,167,172,175,177,180,181,188,195,198,199,201,204,208,209,212,213,216,220,221,224,232,237,247,249,255,256,282,300,312,317,320,321,323,325,337,338,340,341,346,347,353,356,361,367,378,381,394,407,411,418,424,454,466,477,482,487,502,504,533,536,560,584,612,704,709,712,729,735,754,759,763,781,796,804,814,821,823,888,889,890,1012,1041,1061,1064,1066,1067,1075,1079,1091,1100,1118,1125,1128,1134,1149,1161,1176,1197,1227,1247,1273,1315,1326,1331,1337,1388,1436,1470,1478,1579,1595,1602,1631,1646,1647,1648,1653,1681,1700,1749,1756,1825,1876,1886,1914,1920,1974

顾秉直　403
顾苓　113,233
顾茂伦　36
顾郑纶　1114
顾鸣凤　2002
顾修　1091,1100,1113
顾厚　1661
顾厚焜　1850
顾咸正　22
顾咸泰　191
顾复　320
顾奎光　682,703,732,786
顾奕芬　271
顾宪成　38,116,121,134,184,190,246,322,341,352
顾拜旦　1713
顾柔谦（初名柔谦,字刚中,更名隐,字耕石）　118,223
顾栋高（字震沧,又字复初,号左畬）　32,126,190,193,215,352,448,464,469,481,486,496,525,557,570,572,584,585,592,596,665,667,680,681,683,684,689,691,699,700,706,708,720,723,744,749,759,760,790,825,1135,1243
顾祖禹（字复初,号景范）　37,83,99,118,121,165,176,188,217,223,225,227,249,261,270,277,278,282,295,302,333,344,359,367,394,454,506,546,549,650,694,709,1153,1177,1318,1371

顾祖镇　474,568,576,581
顾衍生　1361
顾逊之　1431
顾宸（字修远,号荃宜）　104,140,144,179,787
顾峻德　101
顾悦履　403,419
顾振福　1697
顾浩　1126
顾海　503
顾涞初　168
顾皋　1109,1212,1215,1244,1253,1255,1289
顾耿臣　121
顾纯（字希翰、吴羹,号南雅,晚号息庐）　794,1106,1133,1141,1246,1321,1323
顾豹文　280
顾赘　512
顾起元　33
顾钰　996,998
顾培（字昀滋）　299,309,344
顾梦游　88,91
顾梦麟（字麟士,号织帘）　41,49
顾淳　1804
顾盛　1391
顾鸿声　1176,1183,1212
顾弼　746
顾悝　1409
顾景星（字黄公、赤方,号黄公）　265,283,312,392,471
顾智　273
顾楗　694,732
顾渭　1291
顾湄　91,161,248,322,373
顾琮（字用方）　95,268,431,488,596,601,607,610,726
顾琳　585
顾登　702
顾禄（字铁卿,别号茶磨山人）　1357
顾嗣立（字侠君）　137,141,289,327,346,352,353,362,363,386,392,397,399,438,460,483,497,

703,813,1090
顾锡(字养吾,号紫槎) 1156
顾锡畀 702
顾靖远 476
顾鹏 397
顾蔼吉(字南原) 476
顾赛芬 1548
顾德邻 1859,1952
顾德昌 1198
顾镇(字备九、佩九,号古湫、虞东) 484,717,741,791,807,1012,1046,1351
顾震福 1697,1703
顾翰(字木天,号蒹塘,一作简塘) 967,1205,1332,1487
顾燮光 1816,1885
顾镡 210
顾彝 701
顾瀛 548
顾藻 189,278,349
顾櫰三 926
顾夔(原名恒,字荃士,号卿堂) 1030,1183,1212,1270,1421
高人龙 286
高卫官 189
高士奇(字澹人,号江村) 16,194,217,227,241,242,243,250,256,261,263,268,270,276,286,288,294,295,296,304,305,323,328,332,333,348,385,395,396,410,494,517,638,682,751,860,916
高士铎 336
高士魁 1300
高士麟 139,212
高大成 797
高山 503
高山林次郎 1850
高不骞(字查客,晚号小湖) 206,397,787
高中 930,932,933,943,945
高元贞 446
高凤池 1751
高凤岐 1622,1724

高凤谦 1622,1844
高凤翰(字西园,号南村,晚号南阜山人、归云老人) 249,371,431,513,532,539,552,564,578,586,598,606,615,622,628,631,651,678
高天梅 1865,1893,1898,1928,1966
高天爵 170
高心夔(原名梦汉,字伯足,又字陶堂,号碧湄、东蠡) 1341,1461,1604,1634,1652
高斗枢 29
高斗魁(字旦中,号鼓峰) 29,32,103,108,131,143
高世书 1271
高世荣 636
高世栻(字士宗) 342
高世泰(字汇旃) 25,134,162,205,234,401,407,472
高以本 1271
高去奢 10,11
高尔俨 39
高尔基 1938
高尔登 1825,1879
高必大 100,182
高必腾 213
高汇旃 472
高田早苗 1936
高石铭 1638
高龙光 203,264
高仲沄 1557
高兆 133,192,289
高兆煌 816
高光夔 30
高宅揆 352,644
高守谦 1174,1283
高师孔 527
高廷法 1235
高成美 264
高旭 1593,1863,1898,1912,1914,1930,1966,1979,1981,1999
高有复 1411
高而谦 1622

高自位 681
高观鲤 724
高严 262
高佑釲 326
高克藩 327
高启桂 351
高均儒(字伯平) 1460,1468,1533,1546
高层云(字二鲍,号稷范、菰村) 270,307
高岗 169
高应龙 1051
高材 84
高步瀛 1567,1712,1827,1845,1902,1916,1945
高辛允 74
高邑之 1814
高侃 109
高其伟 366
高其名 816
高其佩(字韦之,号且园、南村) 162,542,579,822
高其倬 334,537,596
高咏 133,207
高国楹 661
高国柟 169
高学治 1678
高学濂 1302
高岳 532
高承埏(字寓公、泽外) 24
高昊 1149
高杰 4
高杲 1314
高治清 944
高泽生 1285
高泽叙 746
高秉(字青畴,号泽公) 822,863
高秉钧 632
高绍烈 470
高若岐 559
高若瀛 903

高茂选 469
高临渊 1174
高举 1059
高伲 9
高剑父 1593,1790,1862,1901
高厚德 1804
高垲(字子高,号爽泉) 814,1363
高拱 894
高拱乾 170,347
高昱 1075
高显 158
高树勋 1263
高砚耘 1934
高秋月 298
高荀侨 458
高语罕 1953
高适 1070
高钟 1107
高首标 64,289
高晓岚 1751
高朕 189
高朗亭 858
高桂 78
高桐轩(原名荫章) 1341,1921
高桥孝之助 1947
高珣 1172
高珩(字葱佩,号念东,别署紫霞道人) 9,30,39,353,358,793
高积 795
高继允 792
高继衍(字寄泉) 1086,1452,1521,1618
高载 1360
高部道平 1971
高培 182
高基 182
高寅 101
高崇基 953
高崇瑚 1171,1176,1183
高崇瑞 1171,1176,1183
高崧 1296

高得贵 177
高梦旦 1824,1842,1885,1929
高淑琦 1859
高理文 1382
高第丕 1526
高维新 421
高菖生 425
高辅辰 90
高惺 84
高晫 171
高景 649
高景之 146
高智 1846
高械生 957,972,979
高植 673,732
高琦 701
高登先 152
高登科 785,797
高翔(字凤岗,号樨堂,又号西唐,一作西堂) 292,569,607,678,718
高翔鸾 97
高翔麟 1357,1632
高联捷 121
高葆真 1882
高赓恩 1936
高遐昌 363
高塘 914
高愈(字紫超) 10,299,352,481,1181
高慎思 755
高搏九 64
高殿鳌 1070
高煜 1381
高裔 189,278
高鉁 427
高鉴傲 661
高锡爵 280
高魁标 427
高熊征 386,859,860
高舆 366
高銊 319
高鹗(字兰墅,号红楼外史) 755,1010,1062,1064,1111,1155,1197,1209,1231
高增 1863
高澍然(字雨农) 1118,1334
高璇 552
高璜 144
高翱 121
高镗复 421
高燮 1863,1970
高燮曾 1759
高曜 262
高攀云 480
高攀龙 28,38,116,134,140,157,234,243,263,304,309,322,352,515,560,823
高攀柱 1214
高攀桂 1161,1204
高攀嵩 403
高瀛洲 876
高鐈 18

十一画

勒什布 473,479
勒尔谨 827,848,852,861,863,892,899,916,917,928
勒备 165
勒保 989,999,1024,1031,1039,1048
勒殷山 1227
商显仁 69
商起予 1949
商盘(字宝意,号苍雨) 375,552,804,831,977
商裔 686
堵允锡 11,323
堵胤锡(字锡君、仲缄,号牧游,谥文忠) 18,26,31
堵巏 110
密妥士 1531
寇哲 121
寇赉言 979,1003

屠之申 1234
屠仁守（字梅君） 1305,1569,
　1605,1673,1721,1817
屠本仁 1113,1142
屠用谦 486,518,602
屠守仁 1734
屠安世（字子威） 76
屠安道 179
屠成立 1848
屠孝义 459
屠寿征 158
屠直 182
屠绅（字贤书、笏岩） 658,1053,
　1107,1116,1197
屠英 1262,1326
屠述濂 976,1028
屠洞 444
屠倬（字孟昭，号琴邬，晚年号
　潜园老人） 941,1136,1148,
　1183,1197,1199,1246,1299
屠振鹏 1859,1952
屠寄（字敬山，号结一宧主人）
　1165,1467,1647,1666,1695,1702
屠景云 998
屠琴隝 1171
屠楷 563
屠嘉正 558
屠粹忠 256
屠德修 798
崇厚 1531,1593,1598,1684
崇谦 1483
崔乃镛 486,585
崔万烜 694
崔子忠 45
崔之英 42
崔允贞 168
崔允昭 1285
崔龙见 1059
崔华（字连生，号西岳） 264,
　330
崔如岳 207,259
崔廷珍 946
崔式骅 1968

崔旭 1166,1197
崔纪（原名珺，字君玉，后改今
　名，字南有，号虞村，又号定
　轩） 331,474,487,532,547,
　597,635,653,659,693,698
崔迈（字德皋，号薜岩） 773
崔启元 168
崔应阶 298,666
崔应榴 1147
崔志元 1309
崔连魁 1281
崔邑俊 623,667
崔国因 1635
崔学古 254,363
崔秉镜 177
崔绎 844
崔若泰 109
崔述（字武承，号东壁） 632,
　659,773,963,974,1011,1028,
　1065,1082,1087,1119,1124,
　1141,1148,1160,1203,1216,
　1221,1255,1258,1270,1272,1347
崔俊 191
崔昭 577
崔适 1456,1689,1984,1998
崔振声 61
崔皋宣 341
崔致远 83,623,1638
崔通约 1865
崔冕 105
崔淇 681
崔维华 254
崔维雅 84,222,231
崔铣 446
崔弼 1225
崔斌 1408
崔景仪 996,998,1049
崔暕 1681
崔錡 221
崔锡 771
崔蔚林（字夏章，号定斋） 76,
　82,165,208,211,216,217,240,
　250,260,292
崔赫 470

崔澄 1539
崔鹤龄 475
崔懋 297,326
崔璨 421
崔翼周 1285
崔瀛 167
巢可托 404
常大升 554
常大忠 110,120,363
常丹葵 985
常生 404
常在 265,336
常安（字履坦） 596,631,648,
　673,674,676
常庆 1221,1285
常居仁 18
常明 242,1105,1214
常秉彝 84
常茂徕 1425
常鸣盛 1070
常保 242,503
常保住 532,576
常星景 104
常春 442
常春元 1982
常钧 768
常绳愆 583
常维桢 244
常循 896,905,907,917,920,932,
　942,943,950,957,958,959,960,
　968,970,972,984,1023
常琬 583,709
常鼐 35,70,76,141,148
常增 1276
常德 391,856,952,1781
康乃心（字孟谋，号太乙） 386,
　405,411
康广仁（名有溥，字广仁，以字
　行，号幼博，一号大中，又号
　大庵） 1537,1685,1693,1720,
　1735,1745,1775,1776,1785,1796
康五端 532,540
康仪钧 909,943,945,950,957,

958,959,968,970
康发祥 1493
康弘祥 235
康仲荦 2001
康伟然(字中江) 534
康同微 1720
康同璧 1720
康吕赐(字复斋,号一峰,自号南阿山人) 100
康如琏 235,327,368
康有为 51,542,1379,1413,1477,1506,1518,1538,1543,1547,1552,1557,1563,1569,1577,1583,1589,1594,1599,1606,1607,1608,1615,1618,1621,1629,1637,1639,1646,1649,1653,1655,1656,1657,1659,1665,1667,1671,1672,1675,1677,1678,1685,1687,1688,1689,1693,1697,1701,1702,1705,1707,1709,1710,1712,1714,1716,1717,1718,1719,1720,1721,1722,1723,1725,1728,1731,1732,1733,1735,1738,1740,1744,1745,1746,1748,1749,1750,1751,1752,1753,1754,1755,1758,1759,1760,1761,1762,1763,1764,1765,1766,1767,1768,1769,1770,1772,1773,1774,1775,1776,1777,1778,1779,1781,1782,1783,1784,1785,1786,1788,1789,1792,1793,1794,1796,1797,1798,1800,1801,1805,1808,1809,1811,1812,1813,1817,1819,1820,1821,1828,1829,1836,1838,1839,1847,1848,1849,1854,1855,1857,1858,1861,1863,1864,1868,1869,1871,1873,1874,1875,1887,1893,1902,1909,1910,1923,1925,1946,1964,1968,1977,1988,1993,1998,2002,2003,2004
康行僴 386

康忱 474
康纪钧 996,998
康国器 1552
康绍镛 1240,1245,1250
康亮钧 1291
康海 771
康基田 660,815,901,1112,1125,1141,1172,1267,1291
康基渊 796,803
康赐吕 237
康锡侯 716
康德黎 1659,1733,1734
康赞修 1518
庸爱 242
戚一燮 305
戚人镜(原名士镜,字仲兰,号蓉台、鉴堂) 978,1311
戚延裔 254,341
戚学标(字翰芳,号鹤泉) 645,923,992,1020,1052,1099,1107,1112,1127,1136,1141,1178,1278,1396
戚发言 631
戚嗣曾 1321
戚麟祥 420,485,500
推切尔 1569,1599,1614
曹一士(字谞廷、谞庭,号济寰,别号沔浦生) 206,509,552,589,604
曹九锡 115
曹人杰 1264
曹三才 346
曹于南 1695
曹之升 1065,1089,1192
曹之璜 264
曹仁虎 560,691,717,773,779,784,971,979,1005,1085
曹元忠(字夔一,又作揆一,号君直,别署凌波居士) 1522,1712,1813,1900,1969
曹元弼 1697,1791
曹友夏 458
曹天瑾 739
曹文斑 244

曹文埴 762,883,908,910,919,920,921,928,930,932,933,942,943,944,945,971,981,1062,1069
曹文深 1099
曹文植 1625
曹日玮 333
曹加缙 577
曹尔成 176
曹尔坊 33
曹尔堪(字子顾,号顾庵) 42,61,89,214
曹本荣(字欣木,号厚庵) 30,36,42,43,48,55,56,58,61,63,67,69,70,71,76,94,118,185,425
曹汉 80
曹生泰 777
曹申吉 58,70,76,133,171
曹禾 109,162,207,225,242,270,275,368,515
曹立身 812
曹亚伯 1876,1881
曹传 513
曹兴隆 169
曹同春 298
曹如琯 421
曹守谦 410
曹尽 901
曹师圣 739
曹师曾 1271,1309
曹廷杰 1429,1513,1569,1630,1638,1648,1649,1660,1662,1723
曹廷枢 595
曹执衡 167
曹有光 132
曹贞吉(字升六、升阶,号实庵) 109,174,273,275,281,359
曹达 751
曹邦 158
曹抡彬 421,571,624
曹抡翰 624
曹秀生 820
曹秀先(字恒所、冰持,号地山,谥文恪) 419,595,695,706,835,841,848,851,918,919,942,

977
曹芸缃 1227
曹诒孙 1605
曹京 807
曹佩珂 1507
曹咏祖 706
曹坦 996,998
曹垂璨(字天琪,号录岩) 290
曹学闵 481,783,854,883,1004
曹学佺(字能始,号石仓,谥忠节) 24,153,1037
曹学诗 354,546,708,847
曹宗柱 322
曹宗载 1185
曹尚絅 657
曹昌 1227
曹河昆 739
曹秉仁 636
曹秉让 1161
曹秉铎 616
曹若栴 1955
曹鸣 438
曹养恒 170,460
曹宣光 110
曹封祖 151
曹春晓 1308
曹钥 730
曹首望 61
曹家玉 1221
曹宾 595
曹振镛(字丽笙、怿嘉,谥文正) 552,736,936,996,998,1041,1087,1124,1129,1133,1153,1159,1171,1176,1196,1199,1220,1225,1238,1246,1253,1260,1268,1281,1294,1300,1325,1336,1339,1419
曹晃 268
曹晟 1382
曹梧冈 1377
曹泰 1685,1687,1701,1712
曹流湛 1235
曹玺 103
曹笏重 1355

曹素功(原名圣臣,一作孺昌,字昌言,一作荩庵,号素功) 299
曹载安 1967
曹基 439
曹寅(字子清,号荔轩、楝亭) 79,203,267,303,320,330,334,360,390,398,406,420,422,430,441,442,782,1602
曹梦鹤 1166
曹涵 486,644
曹续祖(字子成,号陶庵) 51,319,378,401
曹维城 384
曹维祺 751
曹袭先 694
曹雪芹(名霑,字梦阮,号芹溪居士) 441,725,782
曹鸿勋 1581
曹惠祥 1933
曹斯栋 682
曹焯 90
曹联桂 1335,1336
曹鼎元 171
曹鼎望 83,319
曹鼎新 221
曹楸坚 1326
曹源邦 667
曹源郊 474
曹溶(字秋岳、洁躬,号倦圃,别号金陀老圃) 5,23,133,200,208,215,256,265,266,424,549,1315,1316
曹鉴伦 210,296,421
曹鉴临 444
曹锡龄(字受之,号定轩) 632,901,907,909,932,942,945,948,950,957,958,959,968,970,971,972,996,1192,1241
曹颖生 1524
曹鹏翙 358,661,666,730,781
曹毓英 1490
曹熙衡 116
曹聚仁 1820

曹聚昆 786
曹膏 845
曹履泰 1325
曹德赞 1285
曹蕴锦 571
曹頖 533
曹翰书 1437
曹镜功 1500
曹镜初 1525,1584
曹懋坚(字树蕃,号艮甫) 994,1447
曹懋极 152
曹擢新 1319
曹耀湘 1561,1704,1885
曹镰 1314
梁三川 934
梁上国(字斯仪、九山) 683,893,901,1109,1208
梁千仞 1953
梁士诒 1546,1707,1862,1863,1932,1995
梁士彦 1161
梁大昌 1456
梁大鲲 636
梁弓 210
梁中孚 1276
梁之栋 127,280
梁之鲲 27
梁元桂 1437
梁凤翔 341
梁化凤 312
梁文 536
梁文山 569
梁文煊 483
梁长吉 404
梁丕旭 1556
梁以樟(字公狄,别号鹪林) 99,118,315,429
梁发开 1177
梁弘勋 716
梁永祚 432
梁永康 1314
梁汉鹏 1410,1627

梁玉绳(字曜北,自号清白士)
    658,784,797,963,991,1002,
    1010,1012,1014,1020,1053,
    1054,1074,1090,1107,1164,
    1191,1192,1237
梁份(字质人) 82,166,193,
    217,288,296,317,335,350,386,
    409,549,705
梁华殿 1646
梁同书(字元颖,号山舟,自署
    不翁、新吾长翁) 509,703,
    706,737,744,803,1014,1130,
    1183,1197,1205,1207,1221,1449
梁同新 1343
梁如浩 1496,1567,1616,1630,
    1645,1710,1843,1888,1897,
    1914,1931,1950,1994
梁延年 204,227
梁廷佐 305
梁廷枏(字章冉,号藤花亭主
    人) 1078,1263,1265,1278,
    1282,1301,1323,1326,1328,
    1356,1374,1395,1400,1404,
    1417,1426,1494,1495
梁成富 1496
梁机 486,595
梁纪佩 1970
梁舟 176
梁观我 634
梁作文 763
梁作则 745
梁作霖 1748
梁启让 1154
梁启勋 1830,1868,1919
梁启超 50,53,94,95,100,106,
    150,154,167,178,179,184,190,
    203,207,226,236,238,243,288,
    303,317,344,346,347,351,382,
    394,442,449,454,460,462,490,
    544,593,621,635,639,677,680,
    725,759,784,890,926,965,1026,
    1042,1043,1074,1080,1089,
    1105,1106,1112,1116,1128,
    1177,1184,1189,1208,1216,
    1270,1290,1297,1310,1318,
    1320,1376,1378,1379,1413,
    1495,1510,1567,1575,1583,
    1584,1589,1594,1595,1599,
    1606,1621,1622,1630,1638,
    1646,1647,1654,1659,1665,
    1672,1677,1685,1686,1689,
    1693,1694,1701,1704,1705,
    1709,1717,1718,1719,1720,
    1721,1722,1723,1725,1728,
    1729,1733,1734,1735,1736,
    1738,1740,1741,1745,1746,
    1747,1748,1749,1750,1752,
    1753,1754,1755,1761,1763,
    1765,1766,1767,1768,1769,
    1770,1771,1776,1777,1778,
    1779,1780,1781,1783,1784,
    1785,1786,1787,1788,1789,
    1790,1792,1793,1794,1795,
    1796,1797,1798,1799,1800,
    1801,1802,1804,1805,1808,
    1809,1810,1817,1819,1820,
    1821,1822,1823,1825,1829,
    1830,1831,1836,1837,1838,
    1839,1840,1842,1843,1844,
    1848,1849,1850,1851,1857,
    1858,1859,1862,1869,1870,
    1873,1874,1875,1876,1877,
    1879,1884,1892,1893,1894,
    1895,1896,1901,1902,1904,
    1908,1910,1911,1914,1919,
    1925,1926,1927,1931,1932,
    1933,1937,1946,1956,1964,
    1968,1973,1977,1978,1980,
    1985,1988,1990,1993,1994,
    1996,2002,2003,2004,2005
梁彣 1413
梁志恪 764
梁杨谦 402
梁进德 1239,1367
梁佩兰(字芝五,号药亭) 71,
    228,286,287,349,350,370,399,
    401,536
梁国治(字阶平,号瑶峰,又号
    丰山,谥文定) 509,642,676,
    678,706,721,737,773,811,877,
    881,886,887,897,902,910,921,
    923,932,938,942,956,971,993
梁国标 319
梁奇 116
梁宗典 171
梁宝绳 994
梁居实 1737
梁建 319
梁承云 994
梁易简 666
梁泽 479
梁炜中 1088
梁绍壬 1047,1349
梁绍光 171
梁肯堂 1024,1032,1040,1049,
    1071
梁诗正(字养仲,号芗林) 354,
    550,552,562,576,656,662,669,
    672,675,677,688,695,696,697,
    698,700,702,716,773,775,782,
    1207,1237,1410
梁诚 1516,1575,1577,1614,
    1616,1708,1719,1825,1888,
    1890,1898,1925,1953,2000
梁金 1075,1114
梁金荣 1556
梁鸣冈 953
梁栋 681,758,1779
梁洪胜 1511
梁济 1482,1595,1647,1827,
    1846,1969
梁炳年 1588
梁祖恩 1078,1148
梁禹甸 132
梁恭辰 1388,1399,1493
梁栖鸾 1276
梁继世 558
梁通洛 438
梁培友 1456
梁培基 1970
梁梦剑 405
梁清标(字玉立、苍岩,号蕉林、
    棠村) 39,70,123,157,174,
    205,248,286,302,313
梁清宽 16,18,28,55,56
梁焕奎 1855,1948

梁章钜（字闳中，号茝林、茝邻，晚年自号退庵） 408,509,870,991,1010,1051,1107,1118,1164,1172,1173,1179,1195,1212,1215,1226,1246,1258,1264,1269,1272,1273,1275,1293,1296,1306,1307,1327,1331,1336,1338,1343,1345,1348,1351,1356,1359,1363,1367,1370,1372,1375,1380,1383,1394,1395,1401,1402,1408,1409,1412,1414,1416,1418,1419,1426,1449,1579,1661,2003

梁维本 13,18

梁维枢（字慎可，别号西韩） 53,102

梁鸿翥 370

梁善长 724

梁敦彦 1467,1556,1561,1616,1863,1878,1888,1931,1946,1968,1980

梁普照 1616

梁景阳 996,998

梁景程 642

梁朝杰 1685

梁棠荫 366

梁淳 336

梁登胤 171

梁鼎芬 1482,1588,1608,1629,1646,1647,1653,1659,1665,1671,1672,1677,1702,1708,1709,1721,1733,1736,1782,1783,1786,1793,1812,1823,1824,1853,1859,1911,1916,1928,1931,1993,1995,1999

梁慎余 2001

梁溥 673

梁锡玙 321,606,684,691,699,700,707

梁雉翔 168

梁嘉瑜 724

梁漱溟（原名焕鼎，字寿铭、萧名、漱溟，后以字行） 1706,1914,1932,1951,1980,1998

梁碧海 255

梁舆 1321

梁翯 409

梁履绳（字处素，号夬庵） 683,1020,1054,1284,1341

梁德绳（号楚生，晚号古春老人） 825,1240,1410,1426

梁鋐 58

梁儒 72

梁澶 821

梁耀汉 1897

梁巘 509,808,1207

梅大鹤 1277

梅子明（梅威良） 1590

梅之珩 262,463

梅云程 730

梅文鼎（字定九，号勿庵） 85,99,101,105,117,139,149,160,165,175,176,178,182,202,205,210,221,222,224,242,249,256,270,286,288,290,294,302,303,306,308,309,312,320,325,328,355,361,363,369,376,380,385,387,395,396,403,407,426,428,431,437,451,458,471,474,477,482,489,490,495,506,507,579,714,772,776,781,782,884,890,912,1002,1061,1572,1576,1627,1649,1669

梅文鼏 782

梅兰芳 1818,1879,1881,1953

梅可荐 84

梅立本 743

梅光迪 1685,1999

梅冲 1206,1213

梅廷对 444,708

梅廷驯 636

梅廷谟 554

梅宝善 1693

梅尚志 998

梅峄 1277

梅枚 596

梅茂南 1301

梅奕绍 661

梅春 1176,1183,1212,1352

梅眉季 27

梅荔 347

梅贻琦 1950

梅盐臣 470

梅清（字润公、远公，号瞿山） 71,144,211,232,244,282,299,311,320,353

梅斐漪 1982

梅曾亮（原名曾荫，改名曾亮，字葛君，一字伯言、伯枧） 994,1050,1133,1140,1166,1195,1202,1208,1245,1254,1297,1312,1333,1342,1360,1367,1374,1375,1380,1386,1387,1393,1394,1399,1403,1406,1408,1412,1415,1417,1420,1430,1434,1436,1438,1440,1451,1457,1458,1460,1465,1482,1495,1509,1514,1536,1566,1580,1586,1634,1642,1682

梅植之（字蕴生，自号稽庵） 1056,1062,1289,1390,1392,1460,1545

梅鼎臣 1285

梅毓（字延祖） 1548

梅毂成（字玉汝，号循斋，谥文穆） 230,355,403,437,442,444,447,451,456,458,546,583,607,613,622,685,701,707,715,741,772,781,782

梅撷芸 1734,1982

梅膺祚 197,465

梦吉 892,942,996,998

淑宝 832

清恺 1172

清桂 1142

清野勉 1850

琅玕 989,996,997,999,1006,1007,1016,1023

理雅各 1385,1387,1444,1464,1492,1533,1757,1758

盛大士（字子履，号逸云，又号兰畦道人、兰簃外史） 825,1105,1259,1284,1314,1326,

1345,1363,1467
盛大谟 550,786
盛大器 1191
盛元珍 584
盛世佐(字庸三) 253,478,672,
　736,1141
盛世琦 1112
盛乐 595
盛民誉 169
盛百二(字秦川) 199,716,737,
　742,846,902,915
盛际斯(字成十) 61,92,549
盛枫 424
盛宣怀 1422,1511,1557,1562,
　1585, 1594, 1598, 1605, 1607,
　1613, 1621, 1637, 1638, 1654,
　1694, 1710, 1723, 1726, 1730,
　1733, 1735, 1737, 1738, 1744,
　1752, 1766, 1767, 1769, 1795,
　1808, 1810, 1823, 1842, 1854,
　1913, 1936, 1949, 1968, 1976,
　1979,1989
盛度 366
盛昱(字伯熙,又作伯希、伯羲、
　伯兮,一字伯蕴,号韵莳)
　1429, 1578, 1588, 1636, 1646,
　1665, 1679, 1703, 1710, 1723,
　1807,1959
盛逢润 570
盛康 1291,1756
盛惇崇 932,943,945
盛符升(字珍示,号诚斋) 284,
　368,369
盛绳祖 1044
盛敬 23,162
盛朝组 84
盛熙祚 559,571,624
盛增粲 427
硕代 38
祭何·尤马托夫 730
章士凤 601
章士钊 1620,1669,1810,1858,
　1859, 1860, 1861, 1863, 1864,
　1869, 1873, 1877, 1936, 1970,
　1981,1982

章大来 466
章云鹭 82,108,109
章允奇 158
章世臣 1984
章世法 466
章弘 415
章正宸 677
章兆瑞 170
章兆蕙 127
章华绂 1110,1283,1307,1320
章守待 1432
章廷圭 585
章廷枫 1154
章廷彦 489
章有谟 120,180
章枺(字韵之,号次柯) 1324,
　1619,1658
章贞用 73
章邦元 1544,1583,1656,1681
章寿康 1649,1802
章旷 18,224
章沅 1300
章纬 268
章迎煦 1148
章国佐 170
章国禄 559
章学诚(字实斋,号少岩) 131,
　243,244,435,441,577,619,642,
　701,763,773,778,781,784,785,
　790,791,793,795,798,800,806,
　810,819,830,841,842,845,854,
　856,865,868,874,886,888,900,
　902,911,913,914,916,923,935,
　940,941,951,961,973,975,983,
　993,1001,1004,1008,1009,1010,
　1017, 1018, 1020, 1022, 1025,
　1026, 1028, 1034, 1037, 1041,
　1043, 1044, 1046, 1057, 1058,
　1063, 1067, 1070, 1071, 1074,
　1075, 1077, 1079, 1083, 1086,
　1087, 1089, 1090, 1095, 1099,
　1104, 1110, 1113, 1115, 1116,
　1216, 1283, 1286, 1307, 1320,
　1399,1403,1405,1445,1754
章宗元 1868

章宗祥 1604,1803,1865
章宗源(字逢之) 713,1009,
　1091,1108,1149,1297,1625,1754
章宗瀛 901,920,942,943,950,
　957,958,959,960,968,970,971,
　972,979,1023
章宝传 892
章承茂 793
章明德 677
章经 227
章复旦 1314
章恺 658,1106
章昱 687
章炳麟 128,304,317,321,754,
　759,884,890,1519,1542,1583,
　1607, 1622, 1630, 1637, 1647,
　1654, 1659, 1666, 1667, 1678,
　1686, 1695, 1704, 1710, 1721,
　1734, 1738, 1740, 1748, 1756,
　1782, 1795, 1800, 1801, 1803,
　1806, 1810, 1811, 1812, 1814,
　1816, 1822, 1830, 1834, 1835,
　1840, 1849, 1854, 1855, 1858,
　1859, 1861, 1863, 1864, 1868,
　1869, 1875, 1876, 1884, 1891,
　1893, 1894, 1905, 1909, 1910,
　1912, 1918, 1919, 1920, 1921,
　1922, 1925, 1926, 1927, 1928,
　1930, 1937, 1939, 1941, 1946,
　1947, 1948, 1949, 1950, 1956,
　1959, 1960, 1963, 1964, 1965,
　1971, 1976, 1977, 1978, 1982,
　1985, 1986, 1988, 1992, 1993,
　1995,1998,2004
章烁 629
章胡森 1262
章钥 666
章钧 1289,1984
章振萼 352
章浚 1543,1607,1678
章起龙 681
章起鸿 280
章辂 1075
章钰 1522,1751,1752,1802
章鸿 1285

章鸿钊 1593,1951,1967	萧大经 1125	萧瑞苞 341
章善庆 1694	萧大猷 1677	萧腾麟 758
章曾印 440	萧子石 120	萧锦忠 1397
章朝栻 1142,1161	萧云从(原名龙,字尺木,号默思,又号无闷道人、钟山老人) 14,27,105,109,165,172,954	萧韵 170
章朝敕 1337		萧榕年 936
章焞 440		萧肇极 560
章琦 629	萧元吉 1356,1402	萧韶鸣 1290
章琴若 1655	萧凤翥 1235	萧奭 708
章道基 1109	萧开运 1590	萧蕴枢 90
章楠 668,1536	萧文蔚 280	萧儒林 954
章煦 958,959,968	萧令裕 1274,1326	萧穆(字敬甫,一作敬孚) 448,
章瑞钟 739	萧正模 408,420,521	759,1085,1088,1341,1444,1452,
章腾龙 1173	萧永藻 450	1462, 1463, 1499, 1506, 1512,
章嘉若必多吉 473,993	萧企昭(字文超) 141,266,425	1518, 1525, 1534, 1538, 1547,
章履成 352,440	萧光远 1534,1577	1552, 1557, 1562, 1563, 1569,
章銮 1437	萧兴会 888	1583, 1589, 1607, 1615, 1619,
章穆 1266	萧应植 803,844,856	1630, 1638, 1647, 1665, 1673,
章藻功 336,346,385	萧应锐 1002	1678, 1679, 1686, 1687, 1694,
章镳 642,701,784,793	萧应椿 1855	1710, 1724, 1725, 1726, 1738,
符元嘉 584	萧来鸾 110	1789, 1802, 1813, 1819, 1826,
符永培 1161	萧纲 527	1844,1863,1886
符执桓 170	萧良城 1347	萧徽生 212
符鸿 1240,1309	萧际韶 942	萧麟趾 648,661
符曾 292,339,506,584,595,645,734	萧昙 1221	萨布素 339
	萧该 1079	萨玉衡 1254,2001
笪重光(字在莘,号江上外史、郁冈扫叶道人,人称笪江上;晚年改名传光、蟾光,亦署逸光,号奉真、始青道人) 157,221,228,321,1137	萧鱼会 1154	萨龙光(字露萧) 998,1156
	萧鸣凤 220	萨纶锡 458
	萧亮 101	萨秉阿 1307
	萧思浚 1002	萨英额 1710
	萧荣爵 1717	萨哈布 458
笪蟾光(原名重光,字在辛,号君宣、郁冈真隐扫叶道人) 152	萧坰 256	萨载 552,835,836,837,838,839,
	萧家芝 78,90	840,848,850,851,853,859,862,
续西峰 2001	萧家蕙 327	864,871,883,887,897,898,899,
绰克托 887	萧宸捷 474	905,907,908,910,922,933,936,
维特 1732	萧晓亭 1345	946,961
绵恺 1282,1346	萧朗峰 1271	萨彬图 998
菊池大麓 1966	萧寅显 1439	萨敏 996,998
菩萨保 1238	萧惟豫 76,82	萨提 996,998
萧九成 867,896,932,948,968,979,996	萧朝贵 1412,1417,1429,1467	萨端 1884
	萧琯 1344	萨镇冰 1588
萧士熙 151	萧道管(字君珮,一字道安) 1461,1941	虚谷 668,1008,1101,1576
萧大成 464		辅广 297,533
		鄂尔奇 438,531,543,550,551,561,566,567

鄂尔泰（字毅庵） 200,503,518,
　　539,562,566,568,575,580,581,
　　582,583,588,589,590,591,592,
　　594,597,598,601,604,606,607,
　　609,614,616,621,622,624,626,
　　636,637,640,641,644,647,652,
　　656,662,663,674,685,688,711,
　　727,823,916
鄂伦 566,569
鄂弥达 608,609
鄂容安 566,569,663,676,714,
　　727
鄂起 996
鄂敏 552
鄂弼 552
鄂登堡 1971
鄂辉 552
鄂穆图（字麟阁、遇尧） 102
铭惠 1319
银文灿 69
阎大镛 768
阎书勤 1791
阎介年 596
阎允吉 245
阎世绳 189
阎尔梅（字用卿，号古古、白耷
　　山人） 5,12,23,26,36,41,58,
　　63,70,82,94,97,109,115,120,
　　126,132,149,150,165,174,183,
　　214
阎永和 1919
阎永龄 168
阎甲胤 168
阎兴邦 310
阎廷佶 608
阎式镶 596
阎当 326,555
阎汝弼 1527,1954
阎圻 420
阎良弼 381
阎咏 252,357,384,391,420,660
阎奇英 157
阎奉恩 30
阎学林 660

阎学夏 1166
阎宝森 2001
阎洞 94
阎若琛 51,76
阎若璩（字百诗，号潜邱） 10,
　　32,36,51,58,76,88,94,99,103,
　　120,122,126,131,154,156,164,
　　182,196,202,209,216,225,226,
　　232,241,243,249,251,252,256,
　　261,263,269,277,285,288,295,
　　297,302,311,323,325,333,334,
　　335,339,340,343,346,347,350,
　　351,353,355,356,357,359,360,
　　362,367,376,384,390,394,404,
　　424,448,454,462,466,504,549,
　　618,636,638,639,648,650,660,
　　678,704,709,728,729,737,754,
　　766,844,890,925,1003,1061,
　　1066,1070,1092,1145,1181,
　　1209,1248,1273,1277,1338,
　　1408,1653
阎举 84
阎珰 64
阎铣 693
阎循观（字伊高、怀廷） 370,
　　515,654,809,846,1092
阎愉 366
阎敬铭（字丹初） 1224,1525,
　　1620,1635,1652,1668,1699,
　　1817,1852
阎登云 1185
阎源清 667
阎锡山 1978
阎锡爵 309,397
阎肇娘 1240
阎锌 829
阎镇珩 1866
阎擢 400
隆文 268,552
隆科多 492,498,499,501,510,
　　517,523,538
隆恩 1348
隋人鹏 532,563,580
雪莱 2000
颜君德 57

鹿师祖 722
鹿廷瑛 242,264
鹿迈祖 552
鹿耿 540,547
麻永年 773
麻廷璥 746
麻勒吉 39,55,56,58,61,70,109,
　　259,969
麻禄 38
黄一贞 272
黄一桂 1225
黄乙生 1203,1550
黄九叙 867
黄人 1546,1917,1934,1973,1985
黄义尊 1059
黄士龙 280
黄士杰 533
黄士壎 166,270
黄士珣 1585
黄士陵（字牧甫，又作穆父，别
　　号倦叟、黟山人） 1422,1959
黄大本 739
黄大成 470
黄子云（字士龙，号野鸿） 610,
　　611
黄子高 1282,1555
黄与坚（字庭表，号忍庵） 82,
　　207,248,270,322,323,373
黄中 80,204,1480
黄中民 1315
黄中理 334
黄中慧 1827
黄之孝 432
黄之征 624
黄之晋 1500
黄之隽（字石牧，号瘖堂） 134,
　　486,504,570,585,592,595,596,
　　601,634,651,674,682
黄之锡 381
黄之壁 305
黄云史 159
黄云鹄 1626,1713
黄仁勇 1070

黄元同 1711
黄元治 336,350
黄元炜 887
黄元复 1271
黄元铎 503
黄元基 786
黄元善 1954
黄元御 717,1486,1541,1973
黄元衡 30,130
黄公辅（字振玺,号春溥） 85
黄六鸿 296
黄印 709
黄天策 596,716
黄开运 158
黄文旸 605,924,935,939,952,
　1050,1097,1127,1133
黄文炜 610
黄文英 1511
黄文金 1511
黄文莲 717,764,1003,1005
黄文焕（字维章） 77,112,399
黄文理 732,786
黄文琛（字海华,晚号瓮叟）
　1146,1618
黄文燮 1265
黄文璧 1408
黄方远 1166
黄日应 170
黄水淇 1978
黄艺锡 1859,1952,2000
黄丕烈（字绍武,号荛圃、复翁）
　100,682,782,1010,1019,1027,
　1035,1041,1051,1057,1063,
　1064,1065,1068,1072,1073,
　1078,1079,1080,1082,1085,
　1087,1088,1093,1095,1096,
　1097,1104,1105,1106,1107,
　1110,1111,1112,1118,1124,
　1125,1126,1128,1134,1135,
　1139,1140,1143,1148,1153,
　1159,1160,1165,1166,1171,
　1173,1174,1176,1183,1189,
　1196,1197,1203,1212,1214,
　1220,1222,1223,1226,1227,
　1228,1234,1235,1238,1246,
　1248,1256,1262,1266,1269,
　1275,1278,1280,1325,1340,
　1489,1527,1641,1662
黄世仲 1566,1857,1899,1934,
　1938,1995
黄世成 595,694,739
黄以周（字元同,号儆季） 253,
　347,1299,1519,1548,1590,1595,
　1648,1655,1665,1678,1686,
　1703,1727,1741,1806,1921,
　1939,1954,1960,1969
黄以恭（字质庭） 1577
黄仪（字六鸿） 225,251,277,
　295,302,344,359,394,454,549
黄发 998
黄可润 673,746,751
黄可缙 24
黄平甫 1552
黄必庆 1380
黄本田 795
黄本讷 381
黄本诚 876
黄本骐 1205,1264
黄本骥 1239,1247,1296,1302,
　1400,1405,1409,1411,1596
黄正色 84
黄永年（字静山,号松甫） 365,
　596,650,705,717
黄永纶 1271
黄汉纯 1826
黄玉衡 807,1340
黄玉蟾 1308
黄生（字扶孟） 101,273,1366,
　1748
黄立干 687
黄立世 903
黄节 1258,1567,1608,1724,
　1752,1788,1803,1826,1845,
　1893,1900,1912,1930,1932,
　1951,1966,1968,1981,1982,1995
黄龙眉 334,397
黄仲良 1552,1556,1623
黄仲韬 1724
黄任 746,780
黄任恒 1321
黄伉 168
黄兆熊 687
黄兆麟（字叔文,号㪍卿）
　1157,1466
黄光璨 586
黄兴 1574,1702,1788,1790,
　1835,1840,1854,1857,1859,
　1861,1862,1874,1875,1876,
　1877,1879,1891,1894,1895,
　1896,1898,1900,1905,1909,
　1914,1925,1926,1934,1942,
　1947,1949,1964,1965,1977,
　1982,1992,1993,2005,2006
黄兴礼 648
黄兴廉 1608
黄华璧 1291
黄吉安 1846
黄吉芬 914
黄向坚 59
黄在中 599,602
黄守平 1571
黄安涛（字凝舆,号霁青） 891,
　1163,1196,1234,1246,1291,1414
黄师正 41
黄庆澄 1702
黄廷荣 1956
黄廷桂 552,568,571,582,692,
　753,886,907
黄廷钰 465
黄廷鉴 127,1218,1280,1305,
　1314,1331,1345
黄式三（字薇香,号儆居）
　1022,1319,1343,1394,1486,
　1502,1571,1577,1631,1667,
　1668,1669,1806
黄成章 479
黄执中 254
黄有恒 939
黄机 55,56,58,61,76,87,113,
　124,148,230,232
黄汝成 1102,1326,1331,1338,
　1344,1353,1357

黄汝铨 446
黄百家(字主一) 133,180,208,216,246,277,294,295,302,382,490,659,1355
黄礽绪 123
黄芝 1568
黄邦宁 816
黄位斗 1338
黄体芳(字漱兰) 1324,1547,1614,1622,1630,1679,1684,1721,1723,1725,1773,1806,1807,1941,1969
黄体德 751
黄作宾 962
黄克显 739
黄启祚 326
黄启蓉 1725
黄均隆 1784
黄孝纾 1820
黄宏 654
黄寿龄 849,850,859,867,950,958,968,996
黄岗竹 703
黄应昀 1285
黄应桂 1240
黄应培 1235,1271
黄志清 326
黄志璋 264,298
黄志遴 18,28,38,57,210
黄怀祖 687
黄时沛 1089
黄沁 73
黄沛 1240
黄沛翘 1656
黄秀 486,602
黄良栋 878
黄补庵 562
黄轩 233,818,892,928,979
黄运启 116
黄钊 1321,1340
黄佳色 255
黄佾 856
黄侃 1089,1331,1658,1893,1927,1947,1965,1978,1995
黄其炳 558
黄凯 1290,1361
黄凯钧(字南重,号退庵) 1186
黄叔灿 793
黄叔显 763
黄叔颂 1711
黄叔琳(字昆圃) 145,163,308,309,340,397,420,427,479,492,502,560,578,603,645,673,691,700,703,708,741
黄叔璥(字玉圃,自号笃斋) 123,493,636,645,724,1309
黄周星(字景明,号景虞,别号九烟、笑苍道人) 165,223
黄咏 678
黄国显 807
黄国彝 227
黄图昌 298,341
黄图珌(字容之,号蕉窗居士) 662
黄季良 1552,1556,1623
黄学懃 298
黄宗汉 1336,1458
黄宗仰 1522,1637,1814,1826,1840,1861,1864,1868,1878,1894,1951
黄宗会(字泽望,号缩斋) 82,88,106,677
黄宗杰 795
黄宗炎(字晦术、立溪,人称立溪先生、鹧鸪先生) 32,106,115,274,367,677
黄宗羲(字太冲,号南雷,人称梨洲先生) 4,11,14,18,22,24,28,29,30,32,36,43,49,50,51,59,62,65,73,78,79,88,90,91,93,94,95,96,97,103,104,106,108,109,110,112,113,115,120,121,124,125,126,131,132,133,136,143,146,147,160,162,164,167,175,177,178,180,183,184,185,188,190,194,195,196,198,201,202,205,208,209,210,213,215,216,220,221,222,224,232,235,241,243,246,249,256,261,267,274,276,277,279,282,284,285,288,289,294,300,302,304,314,317,318,319,320,321,327,330,334,338,339,340,343,367,382,385,394,399,3400,401,435,441,448,455,462,474,482,496,505,513,535,549,624,638,646,659,660,661,677,682,721,735,771,804,814,868,1223,1227,1240,1355,1404,1540,1631,1646,1669,1700,1716,1825,1902,1913,1914,1974,2003
黄宜中 694
黄居中 78
黄建中 253,902
黄建勋 1551,1588
黄征义 1161
黄性时 1221
黄承吉(字谦牧,号春谷) 825,1056,1146,1262,1336,1380,1383,1388,1433,1591
黄承琏 244
黄拔萃 1171
黄昌年 1895
黄昌褆 928
黄明立 27
黄明堂 1942,1949
黄明懿 654
黄易(字大易、小松,号秋盦) 651,658,991,1075,1121,1229,1487
黄枢 80
黄泌 844
黄泳 636
黄泽 132,453,935
黄炎 702
黄炎培 1598,1638,1724,1800,1803,1825,1826,1840,1844,1862,1896,1913,1931,1950,1967,1994
黄秉哲 1119
黄绍芳 1343
黄绍箕(字仲弢,号鲜庵) 1456,1608,1636,1677,1710,

1721, 1723, 1725, 1736, 1737, 1750, 1783, 1786, 1804, 1842, 1898,1902,1911,1915,1941,1958
黄育梗 1347
黄若香 139
黄英采 1784
黄茂 1141,1246
黄贯 1361
黄郁章 1271
黄金台 1126
黄金声 1240,1264
黄鸣杰 1096
黄俞邰 27
黄俨芳 1506
黄勋 722
黄南春 616
黄垣 673
黄复生 167
黄威 1442
黄宣 422
黄宪臣 1221
黄宫绣 696,812
黄彦博 109
黄思永 1605,1773
黄思承 1608
黄思彦 1154
黄思藻 1271
黄恬 1178
黄恺 1053
黄挺华 289
黄春芳 1734
黄树中 1976
黄洪培 1862
黄炳 469,474,1526
黄炳垕 216,302,343,1525,1600, 1805
黄研北 1283
黄祐（字启彬，号宁拙、素堂） 375,503,575,788
黄祖文 631
黄祖莲 1556
黄胜 1361,1381,1385,1403

黄胪登 158
黄钟灵 1204
黄钟骏 1099
黄钤 954
黄钧（字谷原，号香畴、墨华居士、渊阳子） 870,1066,1427
黄钧宰（原名振钧，字宰平，改名钧宰，字仲衡，别字子河，号天河生，又署钵池山农） 1288,1564,1586
黄阁 386
黄陞 84
黄家舒（字汉臣） 140
黄家鼎 132
黄家瑞 45
黄家遴 244,252
黄容 368,386
黄宽 130, 446, 739, 1381, 1403, 1468
黄宾虹 1522, 1893, 1913, 1952, 1979,2004
黄恩锡 771
黄振元 1864
黄晟（字晓峰） 328,703
黄桂 170
黄桂林 779
黄桂鋆 1761,1784
黄泰 1338
黄浚 470,1264
黄海 630
黄海华 1511,1518
黄海涛 1291
黄涛 773
黄涛楫 595
黄烈 1178
黄珽玉（字方亭） 1136
黄秩模 1426
黄素娥 1616
黄衮 636
黄载 71
黄钰 678,687
黄钺（字左田，一字左君，晚自号盲左） 183, 552, 698, 1027,

1068, 1097, 1171, 1189, 1196, 1206,1215,1244,1258,1315,1377
黄骏昌 805
黄冕 1364,1367,1402,1408
黄商衡（字景淑） 200,472,639
黄培 130
黄培芳（字子实、香石，号粤岳山人） 1173,1282,1296,1340, 1481
黄培杰 1320
黄培彝 177
黄崇兰 1127
黄崇光 1240
黄彬 479
黄惟桂 245
黄晦闻 1928
黄梦麟 317,721
黄检 840,841,905
黄淳耀（字蕴生，号陶庵，私谥贞文） 15,313,474
黄焕彰 486
黄笙 1258
黄翊圣 167
黄辅辰（字琴坞） 1122,1550, 1691
黄铣 1154
黄鸿中 474,513
黄鸿藻 1463,1904
黄媛贞（字皆德） 236
黄尊素 124,209,343
黄彭年（字子寿，号陶楼，晚号更生） 1109,1267,1380,1425, 1457, 1473, 1499, 1500, 1504, 1513, 1550, 1551, 1553, 1565, 1580, 1594, 1617, 1621, 1630, 1640, 1646, 1654, 1659, 1691, 1693,1703,1705,1727,1731,1987
黄惠 746,775
黄敬玑 181
黄斌卿 236
黄斐 144
黄景仁（字汉镛、仲则，号鹿菲子） 690, 737, 811, 813, 815,

819,829,854,867,875,911,923,
935,965,966,967,1022,1266
黄景曾 954
黄朝绶 1240
黄湘 649
黄登谷 687
黄登贤 849
黄超 1148
黄越 421
黄道平 1552
黄道周(字幼平、细遵,号石斋,
　谥忠烈) 7,10,12,19,20,134,
　188,277,297,326,329,334,406,
　455,696,795,860,861,862,872,
　873,987,1286,1334
黄道煟 925
黄鼎 43,461,704,1427
黄勤 381
黄嗣东(字小鲁) 1394,1406,
　1955,1987
黄慎(字躬懋、恭懋、恭寿,号瘿
　瓢) 284,733,737,772,817
黄慎修 1300
黄楷 203
黄槐森 1802
黄源德 805
黄煇 1075
黄群 1844
黄虞 280
黄虞夏 583
黄虞稷(字愈邰、一作俞邰,号
　楮园) 26,48,51,164,208,
　209,215,225,251,295,298,302,
　315,359,549,633
黄誉 1127
黄鉴 368
黄锡光 1277,1499
黄靖世 629
黄靖图 1291
黄模(字相圃) 1230
黄毓祺(字介之,号大愚) 31
黄熔 1695
黄熙 77,275
黄锷 635,649

黄奭(字右原,一字叔度) 953,
　1169,1248,1388,1408,1426,
　1449,1705
黄德厚 732
黄德星 671,793
黄德美 1442
黄德钧 1983
黄德基 1053
黄德章 1859,1952
黄德巽 476
黄澍 465
黄璋 1057
黄遵宪(字公度,自号人境庐主
　人、东海公) 1416,1424,
　1463,1469,1479,1499,1511,
　1518,1534,1538,1552,1557,
　1562,1569,1576,1582,1588,
　1590,1594,1599,1603,1606,
　1614,1622,1629,1636,1645,
　1652,1659,1662,1665,1672,
　1673,1677,1686,1689,1690,
　1691,1694,1701,1708,1709,
　1710,1721,1722,1725,1727,
　1728,1734,1735,1746,1747,
　1749,1760,1763,1769,1770,
　1776,1779,1781,1782,1783,
　1784,1785,1786,1788,1794,
　1801,1805,1807,1810,1812,
　1819,1822,1833,1839,1859,
　1876,1893,1899,1904,2003,2005
黄镇 494
黄鹤 1480
黄鹤雯 939
黄鹤龄 964
黄凝道 666
黄璟 1285,1314
黄檗 52,77,257
黄濬(字睿人,号壶舟生,别号
　古樵道人、四素老人) 917,
　1309,1487,1751
黄燮清(原名宪清,字韵甫,号
　韵珊,又号吟香诗舫主人、茧
　情生、两园主人) 1146,1332,
　1514,1564,1572
黄爵滋(字德成,号树斋)

1055, 1262, 1295, 1300, 1306,
1318, 1321, 1325, 1336, 1342,
1347, 1354, 1360, 1409, 1447,
1459,1467
黄彝 1265
黄彝寿 1803
黄旛绰 1236
黄旗 586
黄簪世 793
黄瀚 1383
黄藻 1870
黄警群 1983
龚士卨 1302
龚士燕(字武任) 126,137,162
龚大万 896,979
龚子英 1882
龚元玠(字鸣玉,号畏斋) 596,
　722,1403
龚文辉 1237
龚必第 42
龚正 596
龚玉麟 1172
龚立海 1135
龚传绅 1036
龚传黻 1184
龚协 980
龚导江 377,820
龚廷历(字玉成) 43
龚廷煌 1320
龚百药 399
龚自珍(又名巩祚,字瑟人,号
　定盦) 692,1013,1047,1052,
　1124, 1147, 1152, 1159, 1164,
　1170, 1175, 1182, 1185, 1188,
　1195, 1211, 1213, 1215, 1219,
　1224, 1226, 1228, 1232, 1233,
　1234, 1238, 1241, 1245, 1254,
　1262, 1263, 1265, 1269, 1274,
　1282, 1289, 1294, 1295, 1300,
　1306, 1318, 1320, 1326, 1336,
　1342, 1343, 1346, 1354, 1355,
　1359, 1362, 1367, 1370, 1375,
　1377, 1378, 1380, 1383, 1426,
　1441, 1447, 1471, 1493, 1527,
　1541, 1656, 1756, 1792, 1795,

1843,1851,1885,1986
龚丽正（字赐谷，又字赐泉，号
　闇斋）　692,1073,1182,1204,
　1208,1212,1220,1377,1528
龚寿图　1607
龚佳育（字祖赐、介岑）　267
龚宝铨　1874,1876,1913,1965
龚松林　642,648,661,673
龚绂　213
龚练百　1909
龚贤（又名岂贤，字半千，号半
　亩、野遗、柴丈人）　60,101,
　109,115,236,241,266,278,287,
　296,299
龚质生　319
龚勋　69
龚继荣　1261
龚调元　1109
龚起翚　157,159
龚逢烈　169
龚铎　334,464,473
龚骏声　415
龚章　166,183,276
龚绳正　1291
龚维琳　1341
龚骖文　996,998
龚嵘　264
龚景瀚　1044,1059,1085,1286
龚翔麟（字天石，号蘅圃）　79,
　572
龚遇遥　255
龚道江　815
龚鼎孳（字孝升，号芝麓，谥端
　毅）　5,9,10,55,57,95,98,99,
　111,115,133,141,144,163,173,
　873,892,1015
龚新　559
龚嘉相　1640
龚罂　595
龚凝祚　1148
龚橙　1493

十二画

傅山（初名鼎臣，字青竹、青主、
　公之它（一作公他），号朱衣
　道人）　4,45,51,57,63,82,89,
　99,103,115,132,149,150,156,
　174,202,210,229,232,256,257,
　280,320,394,400,626,2003
傅为詝　569
傅云龙　1648,1661,1675
傅仁宇　6
傅天宠　336
傅天祥　336
傅以礼　1694
傅以渐（字于磐，号星岩）　16,
　18,38,48,55,56,61,63,67,71,
　73,77,78,118,969
傅以新　264
傅兰雅　1379,1385,1492,1493,
　1505,1519,1532,1538,1540,
　1548,1554,1560,1570,1579,
　1584,1590,1591,1596,1603,
　1609,1643,1649,1653,1659,
　1662,1680,1701,1726,1733,
　1739,1743,1803,1805,1827,1853
傅圣　740
傅尔英　649
傅尔泰　793
傅尔德　758
傅弘烈　552
傅玉书　1089
傅玉露　585,596
傅光遇　341
傅廷俊　170
傅廷献　37
傅汎际（字体斋）　50
傅汝桂　1277
傅而保　379
傅达礼　148,149,150,155,163,
　165,171,175,180,412,415
傅伸　309
傅作霖　18,292,706,713,755
傅寿彤（字青余，晚号澹叟）
　1231,1507,1512,1663
傅应奎　975,1002,1058
傅怀祖　1604,1656
傅运森　1956
傅国栋　6
傅学灝　599,1078,1147
傅承湘　1165
傅抱石　478,1888
傅绅　432
傅罗　1667
傅迪吉　1258
傅修　1058
傅南宫　177
傅恒　552,647,669,677,681,685,
　690,698,700,702,730,731,750,
　755,768,790,795,800,806,807,
　814,821,829
傅星　167
傅炯　677
傅眉　89
傅宸（字兰生、彤臣，号丽农）
　257
傅晋贤　1088
傅继祖　242,309,331,371
傅莲苏　89,256
傅起儒　281
傅培基（字笃初，一字念堂，号
　小樵）　1429,1670
傅寅　218,716
傅敏　350
傅涵　595
傅淑和　1080
傅清　552
傅绳祖　1682
傅维垸　271
傅维森（字君宝，号志丹）
　1516,1853
傅维澍　758
傅维鳞（原名维桢，字掌雷，号
　歉斋）　18,128,251,315
傅鸿邻　84
傅弼　271
傅斯年　1735,1744

傅朝佑　878
傅森　334,371,1080
傅腊塔　165,208,233,242,302,309,394,551
傅椿　681
傅腾蛟　624
傅熊湘　1644,1917,1933,2001
傅鼐　590,630,1154,1287
傅增湘　1561,1568,1778,1790,1933,1942,1950,1980,1989,1993
傅德宜　856
傅豫　707
傅鹤祥　264
储大文（字六雅，号画山，别号樊桐逸士）　119,359,486,528,556,577,578,650
储方庆（字广期，号遯庵）　249,650
储日升　739
储在文　397,420,467
储旱　739
储国钧　808
储欣（字同人）　262,306,357,406,407,617,650,1067,1625
储香岩　1097
储振　126,252
储晋观　512,569
储桂山　1850
储起纶　616
储梦熊　1109
储嘉珩　1126
博山　457
博文居士　1871
博启图　1246,1261
博际　242,278,302
博卿额　827
喀宁阿　922,929
喀尔吉善　552,707
喀尔钦　503
喀尔喀　100,287,308,309,415,507,508,646,1209,1480
喀西厄　1703
喀恺　55

喀拜　349,350
善贵　1344
善聪　851
喇沙里　124,144,149,150,164,182,187,194,207
喇萨图　421
喇萨理　413
喜常　998
喜嘉理　1629
喻士藩　1232
喻文鏊（字冶存）　1272,1286
喻长霖（字志韶，又字子韶，号潜浦，室名裕岱馆、惺諟斋）　1672,1717,1725,1826,1844,1914,1932,1950,1982
喻传鉴　1950
喻兆蕃　1752
喻成龙　226
喻国人　70
喻昌（号嘉言）　78,112,139,153,329
喻春林　1161
喻培伦　1976
喻斯宝　1409
喻端士　1020
塔克兴阿　998
奥田竹松　1868
奥立芬　1329
富冈谦藏　1966
富宁安　551
富尔泰　207
富申　717
富成　1238,1295
富玛利　1804
富纲　910,917,921,930
富炎泰　941,942,949,996,998
富俊　552,926,1158,1197,1318
富勒浑　743,919,946,951,968,982
富敏　552
富鸿业　76,82,176
富善　1519
富魁　532

嵇永仁（字留山、匡侯，别号抱犊山农）　193
嵇宗孟　200
嵇承志　908,917,919,928,932,958,968,972
嵇承谦　862
嵇曾筠（字松友，号礼斋）　148,403,469,502,585,595,596,626
嵇璜（字尚佐、黼廷，晚号拙修，谥文敏）　436,552,597,675,801,852,854,861,867,898,909,912,919,920,924,929,932,933,934,935,942,943,945,971,984,995,1015,1041,1060,1102,1625
强汝询　1674,1795
强濂（字东渊，号沛崖）　994,1435
弼礼克图　38
彭人杰　1089
彭人檀　1258
彭义民　1877
彭士望（字达生，号躬庵）　12,77,82,94,166,217,230,247,344,549,1349
彭大寿（字松友）　306
彭子穆（字昱尧，又字兰畹）　1436
彭之凤　76,95
彭元统　867,921
彭元瑞（字掌仍、辑五，号芸楣，谥文勤）　552,560,682,744,779,819,844,867,887,924,942,960,971,977,990,996,997,1002,1007,1016,1019,1023,1027,1032,1041,1053,1055,1064,1065,1083,1094,1095,1098,1104,1106,1109,1110,1123,1124,1129,1205,1206,1257,1288,1296,1432
彭方周　793
彭世德　1258
彭以懋　1019
彭宁求　233,317
彭永和　925
彭玉雯（字云墀）　1349

彭玉麟（字雪琴） 1218,1457,
　1571,1602,1637,1682,1939
彭田桥 1197
彭甲声 571
彭任（字逊士，号中叔） 229,
　230,417,1349
彭会淇 189,365,397,402
彭兆荪（字湘涵、甘亭） 753,
　809,954,1004,1050,1064,1090,
　1100, 1110, 1117, 1133, 1167,
　1171, 1183, 1203, 1220, 1238,
　1245,1252
彭兆逵 440
彭先龙 795
彭光荪 1501
彭孙贻 77,97,133,171,172
彭孙适 270
彭孙遹（字骏孙，号羡门、金粟
　山人） 207,208,270,285,286,
　296,302,370,650
彭廷训 403
彭廷梅 688
彭旭 53
彭汝琮 1600
彭而述 84
彭西 1782
彭迁道 1584
彭阯 534
彭作邦 1343
彭作籍 1347
彭启丰 451,530,532,536,547,
　690,698,766,782,791,822,823,
　831,865
彭启智 1593
彭孚中 1413
彭希周 341
彭希濂 998
彭时捷 773
彭良弼 1042,1075
彭良敞 1590
彭良裔 1285
彭良骞 719
彭诒孙 1846
彭始抟 286,430,432

彭始超 336
彭学曾 348,357,470
彭定求（字勤止、南畇，号访濂）
　16,58,187,188,262,266,270,
　284,290,313,342,398,422,454,
　473,481,1297
彭居仁 732
彭绍升（字允初，别号尺木居
　士、二林居士，自号知归子，
　更名际清） 65,140,229,284,
　424,449,477,484,560,632,705,
　729,750,782,791,806,846,869,
　875,884,886,915,916,927,1046,
　1077,1092,1310,1919
彭述 1651
彭金门 1895
彭养鸥 1973
彭树葵 615
彭洋中（字彦深，一字晓杭）
　1130,1514
彭珑（字云客，号一庵，自称信
　好老人） 299,378
彭祖贤 422,481,1647
彭科 722,738
彭衍堂 1309
彭钦 409
彭家屏 743
彭家珍 1568
彭家桂 1003
彭峨 1088
彭悦桂 844
彭桂 200
彭泰来（字子大，号春洲）
　1030,1526
彭浚 1139,1245,1306
彭载义 1283
彭康 341,1192
彭梦日 1866
彭渊恂 1862
彭绩 1250
彭维新 403,513,540
彭暎 1291
彭期生 677

彭煋基 1198
彭殿元 286
彭滨 513
彭瑞毓 1437
彭锡三 1290
彭鹏（字奋斯，号古愚） 193,
　333,334,348,365,395
彭端淑（字仪一、乐斋） 521,
　569
彭蓥 984
彭履坦 1270
彭蕴灿 1277
彭蕴章（琮达、咏莪，号小园）
　1047, 1306, 1372, 1403, 1462,
　1463,1502,1528
彭遵泗 771
彭镗 326
彭翼仲 1881
彭翼辰 151
惠士奇（字天牧、仲孺，晚号半
　农居士，学者称红豆先生）
　155,190,233,253,309,331,371,
　420,444,458,474,475,477,482,
　525,532,536,594,606,614,630,
　639,676,712,753,788,912,1089,
　1243
惠志道 1726
惠周惕（原名恕，字元龙，号研
　溪，一作砚溪） 109,137,209,
　210,233,243,296,309,314,331,
　394
惠思诚 400
惠栋（字定宇，号松崖） 10,
　220,253,331,347,354,356,357,
　451,452,588,598,623,639,648,
　655,671,677,678,684,692,712,
　715,720,721,723,728,737,740,
　744,746,750,753,754,756,757,
　760,790,808,811,814,817,843,
　844,855,867,890,904,912,925,
　973,1011,1021,1042,1061,1071,
　1081, 1084, 1091, 1101, 1126,
　1133, 1150, 1157, 1172, 1181,
　1184, 1205, 1257, 1258, 1297,
　1310,1353,1445,1579,1687,1711

惠龄　997,1025
惠麓酒民　1012
惠竈嗣　400
戢翼翚（字元丞）　1550,1814,1816,1827,1846,1868,1988
揆叙　219,350,384,386,388,391,437,443,447,450,457
揭暄（字子宣，号纬纷，别号半斋）　82,343,490
敦崇礼　453,1866
敦稗　464
敬文　1271
敬徵　1381,1400
斯文·赫定　1680,1726
斯卡奇科夫　1475
斯陀夫人　1831
斯坦因　1814,1827,1828,1847,1918,1935,1945,1966,1972
斯威夫特　1559,1921
斯宾诺莎　1910
斯宾塞　1615,1729,1741,1746,1792,1795,1837,1838,1849,1869
普希金　1868
景日昣　377
景份　554
景考祥　444
景寿　1489,1490
景纶　1221
景定成　1859,1927,1952,2001
景象元　630
景谦　1569
景廉　1478,1635
景耀月　1982
智凤矞　30
智天豹　907
曾一受　764
曾万芳　120
曾大升　289
曾大观　1094
曾广钧　1528,1672,1738,1749
曾广铨　1750,1787,1795
曾丰　569
曾元迈　474

曾元海　1256
曾元弼　953
曾元琳　1544
曾凤翔　800
曾曰都　77,275
曾曰瑛　660,685,709
曾王孙　218,229,272
曾长源　756
曾世仪　1552
曾以信　57
曾仪进　1859
曾可求　170
曾光亨　778
曾刚甫　1665
曾华盖　245
曾安世　229
曾廷枚（字升三、修吉，号香墅）　579,1004,1215
曾廷枟　901
曾朴　1561,1647,1679,1682,1686,1694,1698,1725,1727,1737,1802,1824,1864,1870,1882,1885,1898,1903,1928,1929,1934,1953,1957,1961,1965,1981,1995
曾纪泽（字劼刚）　1365,1368,1593,1594,1595,1605,1606,1611,1629,1635,1653,1660,1671,1672,1684,1705,1720,1777,1807,2004
曾纪鸿（字栗诚）　1416,1593
曾孝谷（字延年，号存吴）　1567,1917,1934
曾畁　120
曾志忞　1604,1827,1846,1881,1884,1903,1934,1953
曾灿（本名传灿，字青藜，号止山）　230,300,1349
曾灿奎　1338
曾钊（字敏修，号冕士）　1055,1192,1225,1246,1275,1282,1290,1294,1361,1410,1455
曾钊扬　1442
曾佳　562

曾典学　159
曾卓轩　1799
曾叔式　1896
曾国荃（字沅浦）　59,317,1273,1363,1368,1375,1393,1408,1412,1468,1489,1497,1499,1506,1509,1510,1545,1548,1583,1647,1648,1678,1683,1698,1833
曾国藩（初名居武，又名子城，字伯涵，号涤生）　59,178,304,1050,1122,1172,1181,1208,1231,1283,1300,1307,1312,1329,1336,1337,1342,1347,1354,1355,1360,1363,1368,1374,1375,1377,1380,1386,1393,1398,1402,1404,1408,1412,1413,1414,1415,1416,1417,1420,1423,1424,1429,1430,1431,1433,1434,1437,1438,1443,1444,1449,1450,1451,1457,1461,1462,1465,1466,1467,1468,1470,1473,1477,1478,1480,1484,1486,1490,1491,1492,1493,1494,1495,1496,1498,1499,1500,1505,1506,1508,1509,1510,1511,1517,1518,1520,1521,1522,1524,1529,1531,1532,1534,1536,1538,1539,1542,1543,1545,1546,1547,1550,1551,1552,1555,1556,1557,1560,1561,1564,1566,1571,1573,1585,1586,1590,1591,1592,1593,1597,1603,1604,1620,1628,1633,1642,1643,1649,1650,1651,1663,1670,1682,1683,1684,1690,1714,1715,1716,1725,1730,1758,1761,1795,1817,1822,1831,1832,1833,1871,1904,1939,1972,2002,2004
曾宗孔　97
曾宗巩　1841,1903
曾杰　1992

曾诚 1314	温代 195	焦廷琥（字虎玉） 1051,1073, 1139
曾冠英 1205	温训 1318,1361,1413,1424	焦达峰 1932,1970
曾受一（字正万） 796,807,1135	温仲和 1672	焦陈锡 739
曾炳 233	温汝适（字步容，号簀坡） 736, 867,918,920,930,996,1197, 1215,1251	焦征 1276
曾省 44		焦祈年 503
曾重伯 1674		焦秉贞 348
曾钧 687	温汝能 1142,1149,1197	焦复亨 44
曾闻达 2,17,34	温达 346,350,404,408,415,462	焦奎儒 121
曾倬 440	温纯 1148	焦映汉 405,426
曾晖春 1271	温承恭 1185	焦祐瀛 1489,1490
曾浚哲 1066	温秉忠 1561,1888,1928	焦袁熹（字广期，自号南浦） 92,322,362,444,453,472,584, 586,1136
曾钰 1178,1221	温肃 1995	
曾寅 166	温飏 1571	
曾萼 797	温树梁 1455	焦循（字理堂、里堂，晚号里堂 老人） 96,150,178,347,356, 638,692,727,782,828,924,978, 1002, 1014, 1028, 1049, 1050, 1051, 1056, 1064, 1065, 1067, 1072, 1073, 1078, 1083, 1094, 1098, 1100, 1109, 1112, 1114, 1117, 1119, 1124, 1125, 1128, 1133, 1134, 1143, 1145, 1146, 1147, 1148, 1150, 1152, 1157, 1161, 1164, 1169, 1172, 1189, 1194, 1195, 1199, 1202, 1204, 1211, 1213, 1220, 1226, 1228, 1235, 1236, 1239, 1242, 1271, 1276, 1283, 1383, 1419, 1460, 1585,1670,1694
曾鼎 1200	温恭 1338	
曾廉 1779,1919,2002	温常绶（字印侯，号少华） 574, 909,943,968,970,971,972,996, 1085	
曾谨 421		
曾锡麟 1271		
曾静 248,538,543,544,545,550, 581,582,1583,1622,1858	温清 875	
	温敞 235	
曾德昭 14,79	温葆深 1431	
曾毅 1862	温睿临（字邻翼、令贻，号哂园） 397,1217,1302	
曾璋 681		
曾燠（字庶蕃，号宾谷） 767, 807, 843, 936, 970, 1042, 1050, 1079, 1110, 1118, 1133, 1136, 1143, 1149, 1153, 1184, 1230, 1236,1255,1256,1283,1316,1449	温肇桐 222,776	
	温德嘉 398	
	游凤藻 1191	
	游百川 1500,1613	
	游际盛 1321	
曾璨 401	游宗亨 479	
曾鲲化（字博九） 1628,1865, 1867	游昌灼 1184	焦毓瑞 30
	游法珠 702	焦懋熙 667
曾鲸（字波臣） 34	游绍安 648	琦善 1366,1373,1442
曾麟书（字竹亭） 1030,1470	游智开 1534,1638	琳宁 1039
朝庭苞 42	游端友 939	琼司 1431
棣么甘 1481	游瀛洲 235	疏筐 1263
森井国雄 1789	焦之序 398	登德 492,501,504
森泰二郎 1789	焦五斗 678,808	禄康 1139
渥赫 35,89	焦长发 876	禅代 55,56,58,61
温一贞 555	焦世官 1302	禅拜 340
温之诚 1099	焦以厚 995,998	禅塔海 165
温日鉴（字铁华、霁华） 1343	焦以敬 566,569,586,709	程人鹄 1400
温世霖 1981,1998	焦如蕙 655	程万善 49

程三光 1253
程士范 816
程大中(字拳时,号是庵) 745
程大业 1556
程大夏 235
程大镛 1400
程子仪 1881
程川(字郎渠,号春昙) 519,596
程之芳 341
程之骥 1669
程云 554,780
程仁圻 486
程允基 399
程元章 518,543,567,596
程凤文 624
程化鹏 784
程文荣(字兰川) 1449
程文彝 109
程斗 1919
程长庚(名椿,谱名程闻檄,一名闻翰,字玉山,一作玉珊,号荣椿,乳名长庚,堂号四箴) 1181,1489,1610,1684,1922
程世英 235
程世淳 878
程仪千 322,453
程可则 39,71,88,89,214,401
程正性 182,352
程正揆(初名正葵,字端伯,号鞠陵、清溪道人) 192
程正儒 336
程永培 1060
程立本 773
程伟元(字小泉) 1036,1045,1231
程兆恒 1349
程先贞 109,142,168,180
程光巨 512
程同文(原名拱,字春庐,号密斋) 1262,1267
程名世 794

程在嵘 876
程师恭(字蜀才、叔才) 336
程庆余(字善夫,又名可大,号心斋) 1244,1504
程延祀 141
程廷济 964
程廷祚(初名默,字启生,号绵庄,晚号青溪居士) 315,357,394,397,482,505,512,541,557,583,592,596,629,634,648,677,695,701,702,708,716,729,731,737,744,745,750,769,794,796,804,808,977,1170,1349
程廷柣 793
程旭 867
程汝翼 1184
程问源 1309
程余庆 745
程含章(字象坤,号月川) 777,1323
程启朱 84,258
程寿龄 1019
程应熊 121
程志隆 764
程攸熙 1154
程沐 666
程良玉 110
程良受 237,257
程芳朝 21
程近仁 577,602
程邑 42
程际泰 724
程际盛(原名琰,字焕若,号东冶) 626,843,856,912,915,923,1028,1075,1076
程国仁 1094,1175
程国观 1264
程国栋 610,643,673
程国彭 224,564,587
程宗昌 141
程定谟 1362
程岷 1109
程承培 1690
程昌期(字兰翘,号阶平) 718,918,960,970,971,979,996,1015,1069

程明远 554
程明諲 945,946
程林 172
程枚 924
程秉恺 280
程绍明 53
程绍祖 1661
程经邦 1859
程英 1795
程采和 1416
程鸣 464
程封 110,171,1215
程庭桂 451,1444,1493
程待聘 159
程恂 512,592,596,629
程树榴 908
程洪 320
程祖庆 1418
程祖洛 1338
程钟彦 569
程哲 427
程家子 1238
程家柽 1862,1964,2001
程恩泽(字云芬,号春海、梅春) 987,1133,1176,1245,1246,1256,1262,1275,1282,1283,1295,1300,1308,1312,1318,1323,1326,1329,1336,1342,1346,1347,1352,1515,1565
程晋芳(初名廷鐄,字鱼门,号蕺园) 88,478,677,706,707,715,726,729,737,749,755,773,775,779,784,791,795,796,798,801,804,817,819,829,831,835,843,844,854,865,875,876,883,887,889,911,913,921,923,932,936,942,973,977,1022,1037,1063,1145,1196,1229,1241,1310
程泰 998
程浚 305
程素期 341
程继凤 869

程翅　421
程起凤　132
程逢仪　405
程颂藩（字翰伯，号叶庵）　1441,1670
程釜　648,665,666,667,689
程梦星（字午桥、伍乔，号香溪，又号茗柯、杏溪）　85,215,438,548,571,649,734,781
程焕　1003
程盛修　552,593
程秸　80
程维伊　158
程维岳　913
程维祉　341
程鸿诏（字伯敷）　1267,1396,1426,1457,1464,1491,1493,1511,1535,1539,1553,1559,1573
程惠英　1805
程敦　1004
程景伊（字聘三，号莘田、云塘，谥文恭）　442,849,852,878,879,883,887,896,898,905,906,910,912,918,919,927,930,932,942
程朝仪（字仲威，号抑斋）　1443,1945,1969
程棣　36
程登甲　1661
程裕昌　176
程雄　256
程嗣立　345,644
程楸采　1366
程榆　1120
程溥　272
程蓝玉　1109
程嘉谟　970,972,984,996,1023
程瑶田（字易田，号让堂）　253,347,522,684,706,714,768,776,784,815,828,865,874,890,915,1021,1046,1073,1076,1078,1079,1105,1109,1117,1124,1128,1139,1157,1162,1200,1243,1255,1309,1334,1545
程肇丰　975
程德全　1489,1993,1994
程德炯　914
程德润　1255
程禧　867
程穆衡（字惟淳，号迓亭）　383,1060
程赞宁　1187
程遂（字穆倩、朽民，号垢区、青溪、垢道人、野全道者、江东布衣）　71,144,211,232,296,312
程憨　280
程璧光　1701
程瀚　1196
童人杰　1147
童申祉　171
童宗沛　1302
童岳荐　1541
童炜　244
童养性（字迈公，号毓初）　162
童珖起　1148
童能灵（字龙俦，号寒泉）　249,663
童钰　491,784,914
童槐　1148
童潜　994
童璜　1147
童濂　1418
童翼驹　1003
策凌　552
缙云氏　1830
联顺　1342,1462
舒大成　438
舒元烺　820
舒化民　1338
舒友亮　702
舒华　541
舒成龙　724
舒伯勤　1861
舒位（字立人，号铁云）　794,901,962,974,1002,1010,1064,1153,1159,1176,1188,1199,1203,1210,1252
舒启　786
舒其绅　764,914
舒其琰　327
舒岱　998
舒明　512
舒思砚　778
舒铬　372
舒常　920,921,928,933,934,961,972,981,982
舒梦兰　1192
舒梦龄　1296
舒喜　291,566
舒敬　778
舒鹏翱　440
舒赫德　552,613,651,700,800,839,841,848,849,850,852,856,859,862,864,870,871,878,887,916,942
舒懋官　1235,1277
舜拜　278
落琦　1271
葛万里　111
葛士浚　1291,1669,1756
葛之莫　245
葛云飞（字鹏起，号雨田）　1374,1535
葛元昶　1361
葛元熙　1596
葛凤喈　1240
葛天申　715
葛天策　170
葛汉忠　91
葛礼山　1707
葛芝（原名云芝，字瑞五）　205,284
葛其仁　1353,1361
葛宝华　1908
葛征奇　267
葛炜　1099
葛罗　1472,1484
葛金烺　1618
葛亮臣　483

葛思泰 233,242,270
葛显礼 1887
葛荃 666
葛晨 902
葛清 975
葛翊宸 72
葛赍恩 1753
葛朝（字易初、束士,自号惕夫,又号醉仙） 927,1299
葛德新 985
葛震（字勇之,号星岩） 331
葛曙 660,666
董卜年 1290
董卫国 39
董士锡（字晋卿、损甫） 956,1080,1141,1265,1295,1317,1320,1334
董小宛 13
董丰垣（字菊町） 701,775
董之辅 246
董允瑶 115,195
董元俊 169
董元度 744,750,808
董元真 1074
董元醇 1490
董化星 912
董友筠 730
董文涣（原名文焕,字尧章,号研秋,一号研樵,亦作岘樵） 1329,1517,1592
董文骥 88
董日甲 1154
董世宁 764
董以宁（字文友,号宛斋） 140
董尔基 49
董正 284,341,474,702,926
董正国（字次欧、南冈） 474
董永 141
董永艾 368
董用栋 549
董兆熊（字敦临,一字梦） 1151,1476
董兴国 541

董兴祚 305,366
董吕音 562
董朱英 751
董权文 659
董汝成 1271
董色 58
董色起 138
董讷 165,208,216,217,252,259,260,691
董达存 388
董邦达（字孚存,号东山） 365,472,552,569,615,642,662,664,670,699,715,721,723,737,762,813,1229
董含（字阆石,号榕庵） 204
董宏 438
董应举 871
董时升 168
董沅 1971
董沛（字孟如,号觉轩） 1299,1502,1515,1533,1565,1571,1588,1603,1609,1690,1730
董玘 366
董纳 195,285
董良材 888
董诏 985,1227
董国兴 141
董国华 451,1195,1246
董学礼 459,465
董承熙 1296
董昌玙 1141
董昌国 124,242
董枢 1012
董秉纯 478,597,728,735,791,867,1013,1136
董秉忠 254
董绍美 506
董金鉴 1579,1669
董俞（字苍水、樗亭） 292
董剑锷 291
董思诚 1235,1337
董思恭 486
董恂（原名醇,改名恂,字忱甫,号醌卿,又号还读我书室主

人） 1157,1512,1543,1669,1699
董标 677
董树堂 1319
董祐诚（初名曾臣,字立方） 178,244,1038,1159,1235,1236,1250,1267,1372,1544
董笃行 18
董荣光 1936
董诰（字雅伦、西京,号蔗林,谥文恭） 552,777,778,881,896,898,905,913,919,920,928,930,932,933,942,943,971,997,1032,1035,1053,1073,1094,1095,1102,1111,1123,1133,1159,1162,1165,1173,1176,1195,1199,1212,1229,1273,1297
董说（字若雨,号俟庵、月函、鹧鸪生） 42,63,65,265,274
董钦德 177,244
董柴 1028
董桂敷（字宗邺） 1141
董泰 385
董浩 632,888,911
董润 1971
董基诚（字子诜,号玉椒） 1005,1372
董康 1679,1748,1751,1755,1853,1900,1935,1958,1966
董敏善 1290
董教增 995,996,1164
董梦曾 780
董淳 1214
董维祺 453
董鸿图 475
董喆 183
董斯张 416
董曾臣 1205
董朝 793
董朝仪 98
董琴涵 1171
董粤固 80
董联毂 968,970,972

董谦吉 169
董慎行 1519
董新策 366,422
董椿 941,942,1005,1007
董玚 294,677
董鹏翱 1161
董榕多 740
董毓琦 1657
董阎 110,166
董毅 1083,1309
董儒 264
董麒 366
蒋一批 634
蒋一鉴 1330
蒋乙经 1291
蒋士昌 127
蒋士铨（字心余，又字清容、苕生，号藏园） 522,670,725,744,749,765,773,796,822,828,829,830,831,846,855,856,911,935,939,987,1022,1183,1200,1221,1553,1597
蒋士麒 1325
蒋大庆 1302
蒋大纶 985
蒋仁（原名泰，字阶平，号山堂，别号吉罗居士、女牀山民） 651,1069
蒋仁锡 346
蒋允焄 654,784
蒋元 179
蒋元龙（字乾九、云卿，号春雨） 588,1101
蒋元益 419,451,1012,1013
蒋元溥 1325,1375
蒋友仁 648,654,660,671,749,764,771,844,858
蒋开远 1994
蒋方正 1331
蒋方增 1258
蒋方震（字百里，号澹宁） 1628,1702,1703,1711,1725,1738,1751,1788,1803,1812,1825,1844,1862,1864,1879,1897,1913,1932,1951,1967,1994
蒋日莱 786
蒋日纶 1109
蒋曰豫（字侑石） 1311,1580
蒋以芳 1994
蒋弘道 83,165,195,216,252
蒋弘毅 377
蒋永修 238
蒋立镛 1174
蒋伊（字渭公，号莘田） 242,252,265,280,284,425
蒋兆甲 914
蒋光祖 617,624,732
蒋光弼 1185
蒋光焴（字寅昉） 1281,1730
蒋光越 992
蒋光慈 1833
蒋光煦（字日甫、爱荀、号雅山、生沐、放庵居士） 132,1195,1348,1433,1465,1474,1488,1633,1730
蒋师轼（字幼瞻） 1406,1592
蒋师辙（字绍由，一字遁庵，号颖香） 1411,1592,1728,1887
蒋师爚（字慕刘、晦之，号东桥） 651,1093
蒋廷恩 1233
蒋廷铨 280
蒋廷锡（字扬孙，号西谷、西君、南沙，谥文肃） 134,346,380,383,385,392,403,463,468,478,485,486,494,502,503,510,512,525,528,537,539,542,545,546,550,551,552,557,563,564,664,772,1049
蒋廷镛 745
蒋廷黻 1692
蒋旭 357
蒋有道 732,807
蒋观云 1738,1904,1908
蒋启扬 1285
蒋启勋 1608
蒋应泰 78,159
蒋报和 1994
蒋攸铦 996,998,1165,1202,1281
蒋汾功（字东委） 504
蒋灿 336
蒋纲 404
蒋良骐（字千之、嬴川） 509,791,998,1021,1622
蒋芷湘 1558
蒋和 992,994,1011,1045,1053
蒋国桢 422
蒋国祥 1571
蒋学元 415
蒋学镛 728,735,1073
蒋宗恺 1171
蒋宗海（字星岩，号春农，别署归求老人，学者称春农先生） 707,807,1142
蒋宝龄（字子延，号琴东逸史） 941,1160,1259,1295,1360,1367,1372,1440
蒋尚德 648
蒋林 458
蒋果 654
蒋枢 466,484
蒋若渊 630
蒋诗 1274
蒋鸣龙 177
蒋鸣珂 977
蒋叙伦 1271
蒋垣 649
蒋彪 326
蒋春霖（字鹿潭） 1231,1492,1542
蒋显捷 37
蒋洗凡 1900
蒋治秀 444
蒋炯 1114,1147,1321
蒋绘 83
蒋胤修 221
蒋重光 607,803
蒋家驹（字千里） 303
蒋恭棐（字维御，一字迪吉） 307,486,670,726
蒋振芳 264

蒋振鹭 512
蒋涟 420,463,518,525,596
蒋珣(字少泉) 1088
蒋益澧(字芗泉) 1281,1466,1522,1523,1524,1529,1573
蒋继轼(字蜀瞻,号西圃,别号拜集老人) 444,548
蒋起龙 415
蒋基 1036,1075
蒋寅斗 661
蒋梦兰 1249
蒋深(字树存,号绣谷、苏斋) 121,134,476,493,611
蒋清 31
蒋维乔 1561,1726,1739,1842,1846,1862,1884,1885
蒋维齐 1810
蒋维钧 702
蒋维植 767
蒋绶 751
蒋翊武 1651,1970,1983,1990
蒋翎 1173,1995
蒋骐昌 975
蒋鸿翩 542
蒋尊篯 1628,1825,1994
蒋敦复(原名尔锷,字纯甫,亦作纯父,又字克父,一字子文、超存,号剑人,自号江东剑、江东老剑、丽农山人、老太仓) 1163,1313,1368,1375,1438,1447,1451,1457,1464,1511,1515,1536,1541
蒋普 355
蒋景祁 238,262,357
蒋智由 1528,1827,1836,1840,1857,1875,1895,1899,1910,1916,1919,1925,1927,1993
蒋曾莹 849
蒋曾燸 1277
蒋湘南(字子潇) 1069,1337,1343,1361,1455,1459,1544,1667
蒋焜 319
蒋琛 548
蒋谢庭 942

蒋赐荣 834,838
蒋超 21
蒋超伯 1513
蒋超英 1551,1588
蒋楚珍 196
蒋楷 1830,2001
蒋溥(字质甫、恒轩,谥文恪) 419,545,552,583,633,669,675,676,678,686,707,723,748,762,772
蒋肇 385
蒋肇塈 784
蒋蔚 596
蒋赫德(本名原悔) 9,16,21,22,28,30,31,32,38,39,66,76,147,969
蒋履曾 1859,1982
蒋澜 876
蒋鹤鸣 487
蒋衡(又名振生,字湘帆、拙存,号江南拙叟、函潭老布衣) 162,509,525,635,650,651,1032,1034,1257
蒋镛 1320
蒋擢 386
蒋戬(字伯斧) 1528,1736,1749,1752,1935,1966,2005
蒋骥(字涑塍) 447,489,534,644
蒋麒昌 1058
裕恩 1282
裕谦 1373,1374
裕德 1862
谢卫楼 1543
谢介僧 1914
谢从云 103
谢允文 347
谢允潢 58
谢元祖 1631
谢元淮 1344
谢元震 167
谢天锦 673
谢文洊(字秋水,号约斋、顾庵) 58,77,99,115,229,275

谢文荣 980
谢无量 1568,1644,1825,1845,1860,1865,1878,1880,1897,1899,1912,1917,1969,1994
谢王宠 404,540
谢丕绩 1296
谢兰生(字佩士,号澧浦,又号里甫,别号理道人) 767,1225,1316
谢圣纶 771,781
谢正爵 336
谢生晋 887
谢仲坛 649,666
谢兆昌 126
谢光辅 1225
谢兴峣 1283
谢向亭 1171
谢廷玑 245
谢廷瑞 220
谢扬镇 994
谢有申 1330
谢汝霖 379
谢江 1147
谢邦基 1226
谢邦翰 1466
谢阶树(字子玉,又字欣植,号向亭) 917,1158,1195,1246,1287
谢齐韶 1240
谢体仁 1348,1360
谢启光 26
谢启昆(字蕴山,号苏潭) 243,300,612,763,769,815,819,829,855,874,897,900,1001,1002,1020,1026,1035,1050,1057,1058,1059,1065,1066,1072,1079,1086,1087,1089,1095,1099,1105,1112,1113,1120,1121,1214,1377
谢希闵 1235
谢沄 1249
谢良牧 1953
谢陈常 262,309

谢国杰 167
谢学崇 1141,1246
谢定 769
谢宝树 666
谢念功 1282
谢承 446,1115,1625
谢旻 563
谢朋庚 512
谢若潮 1954
谢英伯 1802,1814,1826
谢金章 80
谢金銮(字退谷,号巨廷) 748,1154,1166,1242,1331
谢鸣盛 793
谢鸣谦 229,793
谢俨 348
谢冠 740
谢客家 739
谢庭兰 678,1632,1696,1713
谢庭瑜 605,735
谢庭薰 812,1012
谢星桥 2001
谢洪赍 1566,1726,1795,1813,1881
谢济世(字石霖,号梅庄) 301,438,524,543,544,545,581,588,600,607,615,633,640,718,735,743,772,774,805
谢珍 1616
谢皇锡 27
谢荫昌 1972
谢重华 1205
谢重拔 427
谢重辉 109,275
谢钟英 1669
谢钟龄 666,667
谢钟瑾 1126
谢香开 1161
谢家禾(字和甫,一字谷堂) 1319
谢家宝 121
谢家彦 1275
谢家福 1589,1594

谢宸荃 169
谢恭铭 980,996,998
谢振定(字一斋,号芗泉) 718,996,998,1019,1073,1168
谢晓石 1861
谢泰定(字时望,晚号天愚山人) 128
谢泰宸 992
谢起龙(字天愚) 123,570,579
谢高清 1240
谢堃(初名均,字佩禾,号春草词人) 978,1370,1395,1609
谢崇俊 1240
谢惟杰 1178
谢梦粥 336
谢淮 1147
谢清问 998
谢章铤(字枚如,自号药阶退叟) 1244,1647,1871
谢逸桥 1878,1953
谢景卿(字芸隐) 1083,1127
谢景乾 1368
谢智涵 1205
谢登隽 943,984,1023
谢道承 486,610
谢集成 1276,1307
谢鼎元 78
谢蓬升 255
谢谨 687
谢锡伯 661
谢锡蕃 139
谢墉(字昆城,号金圃、东墅) 481,698,701,707,784,874,906,918,919,923,928,930,932,942,945,974,996,1015,1018,1020,1026,1068,1321
谢肇淛 1271
谢增 1221
谢履忠 385
谢履厚 420
谢震(原名在震,字旬男) 794,1138
谢潘 402

谢攀云 1082,1191
谢缵泰 1561,1661,1696,1712,1725,1833,1844
辜鸿铭(名汤生,字鸿铭,又号立诚,自称慵人) 1472,1534,1548,1562,1588,1594,1600,1615,1636,1637,1646,1667,1671,1677,1685,1687,1711,1724,1735,1753,1783,1788,1791,1812,1825,1830,1845,1863,1899,1913,1918,1928,1950,1955,1963,1967,1979,1994
铿特 55,56,61
锁青缙 49
雅尔江阿 450
雅尔图 627
雅尔哈善 648,681
雅布兰 89
雅德 922,926,971,980,982
雅德林采夫 1674,1687
雅魏林 1387,1471,1493,1512,1743
韩三异 440,489
韩上桂(字孟郁,号月峰) 7
韩卫勋 1225
韩士修 166
韩大信 1245
韩子厚 132
韩小窗 1588
韩云台 1701
韩从正 456
韩允恭 403
韩允嘉 159
韩凤声 404
韩天笃 506
韩孔当(字仁父,号遗韩) 65,150,153
韩戈济 583
韩文绮 1253
韩文焜 168
韩文煜 220
韩仪 666
韩亦诗 608
韩仰谕 1584

韩光愈 420
韩尽光 182
韩师愈 271
韩廷苢 150
韩当（字仁父，号遗韩） 86，109，435
韩竹 166
韩邦庆（初名三庆，改名邦庆，又名奇，字子云，号太仙，又号花也怜侬，亦署太一山人） 1467，1696，1714，1717
韩伯禄 1539
韩佑 336，391
韩佑唐 336
韩作栋 265，284
韩孝基 366，451
韩应恒 171
韩应陛（字对虞） 1489
韩怀礼 1967
韩际飞 1285
韩国英 869
韩国钧 1472，1577，1600，1607，1630，1638，1654，1660，1666，1673，1690，1694，1702，1712，1738，1752，1789，1793，1803，1813，1816，1826，1845，1848，1865，1878，1897，1951，1981，1984，1995
韩国瓒 601
韩定仁 649
韩怡 1191
韩松 1020
韩玫 1276
韩诗 61
韩述祖 1810
韩奕 432
韩宣 232
韩彦曾 451，552，764
韩思圣 541
韩是升 1097，1197
韩荪农 1557
韩晋昌 1971
韩桐 693
韩泰华 1433

韩浚 1740
韩继文 44，84
韩莱曾 779
韩崇 1444
韩梦周（字公复，号理堂） 370，556，654，809，811，847，857，986，1046，1092
韩菼（字元少，号慕庐，谥文懿） 156，163，164，165，181，195，201，202，218，233，252，259，262，267，278，302，304，315，323，329，332，333，334，338，340，349，351，366，375，377，378，386，387，394，401，431，479，1139，1639
韩铣 1773
韩封 1285
韩揆策 80
韩曾 595
韩瑛 446
韩遇春 366
韩雄允 58
韩鼎 554
韩鼎业 88
韩鼎晋 767，1261，1316
韩献 221
韩锡胙 587，787
韩德 1540
韩德荣 676
韩慧基 534
韩藻 1036
韩镠 272
韩夔典 785
颉德 1805
鲁一同（字兰岑，一字通甫） 214，1146，1238，1337，1364，1424，1432，1452，1458，1461，1465，1467，1481，1509，1520
鲁一贞（字亮侪） 460
鲁九皋（原名仕骥，字絜非，号山木） 565，819，1061，1332
鲁夕卿 1928
鲁之裕 631，919
鲁之璠 666
鲁凤辉 1205

鲁孔皋 1278
鲁日满（字谦受） 193
鲁仕骥 776，858，927，986
鲁立 438
鲁仲贤 634，642
鲁廷琰 601
鲁迅 825，1620，1669，1803，1845，1861，1870，1910，1912，1930，1947，1950，1965，1968，1973，1999
鲁寿崧 1338
鲁杰 139
鲁松峰 1065
鲁河 777
鲁笔 797
鲁骏 1310
鲁铨 1147，1205
鲁鸿 765
鲁曾煜 162，557，559，624，674，702，723
鲁超 227
鲁鼎梅 654，665，667，708
鲁瑗 262，309
鲁德升 233
鲁德昭 60
鲁麟 310
黑噶 595
黑德 61

十三画

塞尔赫 547
塞色黑 124，186，195
塞尚阿 1423
塞都 457
塞梭 38
塞楞额 504
嵩山 1161
嵩寿 576，619，706
嵩祝 492
嵩贵 803，851，893，995，997
嵩椿 1022

廉泉 1846
楚士元 739
楚大德 775
楚维宁 941,942
楼上层 1114
楼步云 1234
楼绳 958
楼锡裘 1073
溥伦 1835,1923,1942,1944,1974
溥良 1701,1702
满乐道 1647
满达海 1
满岱 708
满保（字九如、凫山、凫川） 174,334,361,426,522
满笃 366
满辟 404
满德坤 1109
滨田耕 1983
瑚图礼 996,998,1032
瑚图理 1062
瑞征 1214
瑞保 901,921,941,942,979,995,998
瑞洵 1773
瑞常 1423
甄元熙 1980,1998
甄尔节 554
甄汝舟 661
甄克思 1869,1927
甄松年 778,932,943,950,957,958,959,960,968,970,972
甄昭 350
福山义春 1869
福井准造 1869
福文高 1174
福申 1361
福安隆 833
福成 1253
福克精额 996,1039
福明 844
福泽谕吉 1746,1837
福勃士 1570

福济 1423
福高文 1270
福崧 957,969,972,979,982,1024
福康安 552,887,907,916,971,1024
福敏 493,510,511,512,517,552,582,588,594,605,621
福隆 830
福善 187,551
福喜 646
福彭 566,568,588
福赛思 1563
窦士范 59
窦大任 297
窦元调 615
窦光鼐（字调元，号东皋） 484,706,839,851,855,918,919,920,942,943,945,971,973,996,1062,1064,1069
窦汝翼 996
窦克勤（字敏修、艮斋，号静庵） 50,166,284,286,291,378,401,418,489,490,726
窦启瑛 458
窦忻 1028
窦纳乐 1762,1765
窦谷邃 673
窦垿（字子坫，一字子州，号兰泉） 1138,1164,1231,1300,1380,1494,1522,1555
窦容恂 377
窦容邃（字闻子，号樗邨） 249,610,726
窦欲峻 1270
窦景燕 1166
窦镇 1984,2002
窦彝常 453
简凤仪 1506
简廷佐 438
简朝亮（字季纪，号竹居） 1441,1618,1724,1756
蒙之鸿 120
蒙正发 188,224
蒯光典（字礼卿） 1673,1702,

1721,1915,1970
蒯若木 1734,1982
蒲又洪 739
蒲安臣 1532,1537,1539
蒲松龄（字留仙、剑臣，别号柳泉居士，世称聊斋先生） 76,109,144,165,213,271,296,377,438,444,461,703,798,1662
蒲绥里 1680
蒲殿俊 1568,1586,1803,1879,1915,1950,1983,1989
蓝三祝 479
蓝子鉴 170
蓝山 780
蓝公武 1900,1918
蓝天蔚 1864,1994
蓝光策 2001
蓝华德 1631
蓝孙璇 702
蓝廷珍 494
蓝成春 1496
蓝应桂 902
蓝应袭 702
蓝应裕 272
蓝志先 1863
蓝奋兴 168
蓝庚生 265
蓝浦 1207
蓝润 57,210
蓝滋 18
蓝瑛（字田叔，号东郭老农、石头陀、西湖外史） 112,466
蓝鼎元（字玉霖、云锦，号鹿洲） 224,355,408,455,494,503,505,514,518,521,532,539,541,547,548,564,573
虞含章 1824
虞际昌 357
虞和钦 1865
虞学灏 701,708
虞鸣球 793
虞树宝 1225
虞黄昊 147,275
虞衡宝 980

虞蟾 1444
裘元复 998
裘元善 1195
裘曰修(字叔度,号漫士、诺泉,谥文达) 442,596,622,662,727,737,795,833,835,841,848,857,942
裘廷梁 1472,1662,1750,1787,1788
裘行恕 1227
裘君弘(字任远) 392
裘陈佩 362
裘秉钫 104
裘姚崇 549,1362
裘思录 552
裘树荣 578
裘琏(字殷玉,号蔗村、废我子,称横山先生) 8,295,302,355,420,458,475,549
裘肇煦 552
裘增寿 980
裨治文 1307,1319,1326,1329,1337,1342,1357,1377,1425,1450,1495,1512,1663
褚人获 985
褚广镆 264
褚世暄 541
褚民谊 1918
褚光镆 168
褚华 1193,1351
褚廷璋(字左峨,号筠心) 827,931,979,981,1085
褚库巴图鲁 551
褚彦昭 1185
褚峻(字千峰) 602,661
褚寅亮(字搢升、鹤侣) 253,462,583,684,700,701,707,714,800,867,875,974,1029
褚菊书 595
褚辅成 1865
褚德彝 1656
褚磐 368
解元才 33

解含章 596
解震泰 474
詹大悲 1664,1952,1970,1983,1995
詹广誉 629
詹天佑 1451,1496,1556,1557,1582,1594,1615,1623,1636,1646,1647,1665,1679,1694,1712,1878,1889,1899,1962,1963,1967
詹兆泰 245
詹有望 80
詹姆斯 1909
詹明章(字峨士) 408,426,484,521
詹养沉 83,139
詹相廷 254
詹铨吉 421
詹槐芬 305
詹锡龄 1276
詹霸 9
赖于宣 326,357
赖为舟 1307
赖文光 1496,1517,1532
赖以平 1289
赖以邠 213
赖尔 1705
赖汉英 1442
赖其煐 1254
赖学海(字汇川,号虚州) 1706
赖泌 413
赖勋 1277
赖相栋 1265
赖能发 694
赖衮 9
赖都 377,458,518
赖朝侣 1258
赖德烈 1983
赖翰颙 569,694
路大荒 461
路山夫 1665
路仍起 420
路元升 233,751

路世美 30
路光岱 303
路邵 1019
路泽浓 120,232
路思义 1753
路顺德 1314
路振飞 10
路跻垣 326
路德(字闰生) 978,1165,1435,1436
路遴 104
路鐏 1149
鄢翔 1263
鄢翼明 121
锡良 1862,1908,1916
锡林 996
阙铸 1850
雷士伶 779
雷士俊(字伯吁) 134
雷丰 1795
雷天铎 474
雷以諴(字春霆,一字鹤泉) 1151,1641
雷发达(字明所) 330,1940
雷可升 1302
雷正 630
雷民望 159
雷伊 780
雷廷昌 1402,1586,1940
雷廷珍 1848
雷声 1178
雷声澂 1401,1940
雷孝思 326,355,408,413,432,438,459,555,657
雷宏宇 717
雷应元 110
雷时行 1295
雷汾清 975,976
雷纯 898,905,920,932,943,945,948,950,957,959,960,968,970,1023
雷际泰 1106
雷学海 1178

雷学淇（字介庵、瞻叔） 1161,
　1172,1191,1196,1263,1301
雷学淦　1271,1309
雷法馨　1119
雷畅　559,701
雷经　61
雷金玉　1940
雷思起（字永荣，号禹门）
　1288,1586,1940
雷家玮（字席珍）　755,1401,
　1940
雷家玺　1528,1940
雷家瑞　1940
雷浚（字深之，号甘溪、寓楼）
　1201,1624,1640,1705,1714
雷铁崖（原名昭性，字泽皆，后
　改詟皆）　1896,1901,1983
雷维霈　998
雷御龙　386
雷斯玛　1866
雷景修（字先文，号白璧，又号
　鸣）　1130,1528,1586,1940
雷琳　798
雷鋐（字贯一）　179,354,408,
　420,461,472,503,565,569,574,
　583,597,598,607,625,647,650,
　661,663,689,706,710,726,729,
　744,766,767,916,927,1085,
　1112,1156
雷震声　69
雷懋德　985,992
靖道谟　486,595,601,603,631,
　636,687
靳文谟　289
靳治荆　281,289,305
靳柱明　336
靳树春　648
靳荣藩　730,856,869,889
靳渊然　954
靳辅（字紫垣，谥文襄）　42,
　137,150,195,202,225,231,240,
　286,292,298,308,317,323,357,
　551,1273
魁奈因　800

鲍乃迪　1368
鲍士恭　836,837,849,1066
鲍之钟　750,896,920,928,932
鲍天钟　235
鲍开　438
鲍文浚　1485
鲍文逵　1183,1197
鲍尔　1667
鲍廷博（字以文，号渌饮，别号
　通介叟、得闲居士）　133,
　542,836,843,857,865,911,924,
　986,1065,1088,1091,1170,1171,
　1176,1183,1189,1200,1218,
　1234,1266
鲍廷爵　1682
鲍成龙　569
鲍自清　583
鲍作雨　1285
鲍孜　151
鲍志周　634
鲍承燾　1348
鲍易　265
鲍勋茂　1257
鲍咸昌　1751
鲍咸恩　1751
鲍复相　262
鲍复泰　244
鲍桂征　1348
鲍桂星（字双五、觉生）　789,
　1096,1134,1159,1162,1171,
　1246,1269,1287
鲍泰圻　1297
鲍皋　808
鲍康（字子年）　1448,1512,
　1513,1558,1564,1592,1818
鲍康宁　1577
鲍梓（字敬亭）　583
鲍提埃　1507
鲍超　1484
鲍源深　1533,1683
鲍福　1851
鲍鉁（字西冈、冠亭，号辛浦，别
　号待翁、若吃虚翁、羼提庵

　主、一旅亭长、心隐山人）
　307,683
鹏斋　1814
龄椿　1256
龄福　951

十四画

僧今释　793
僧太虚　1676,1969
僧木陈忞（俗姓林，名莅，讳道
　忞，号木陈、山翁）　82,89,180
僧见月（俗姓许，名冲宵，后更
　名真元，号还极）　177,214
僧东皋（俗姓蒋，名兴俦，字心
　越）　344
僧弘仁（俗姓江，名韬，又名舫，
　字六奇，号鸥盟；法名弘仁，
　字无智、无执，号渐江，目为
　梅花老衲、梅花古衲，）　106
僧札那巴札尔　507
僧正喦（俗姓郭，字豁堂，号菝
　庵、南屏隐叟、随山）　555
僧印岜　146
僧成鹫　470
僧行策（俗姓蒋，字截流）　239
僧达受（俗姓姚，字六舟，又字
　秋楫，号寒泉，又号际仁，别
　号流浪僧、南屏退叟、万峰退
　叟、小绿天庵僧）　1038,1403,
　1476
僧具德礼（俗姓张，名弘礼，字
　具德）　13,30,126,129
僧函可（字祖心，号剩人，俗姓
　韩，名宗骐）　22,86,863
僧性音（字迦陵，别号吹余）
　529,566
僧性翰　26,224
僧明学　931
僧明鼎（俗姓冯，字调梅，号粟
　庵，自号恬退翁）　224,704

僧格 532
僧格林沁 1456,1490,1593,1690
僧能仁 186
僧通理 375,955
僧通琇（俗姓杨，字玉林，自号潜子、天目老人） 186
僧续法（俗姓沈，一名成法，字柏亭，别号灌顶） 542
僧虚谷（俗姓朱，名怀仁，出家为僧后，名虚白，字虚谷，号紫阳山人） 1744
僧隐元（俗性林，名隆琦，号隐元） 52,172
僧智旭（字素华，俗姓钟，名际明，又名声，字振之，晚称蕅益老人，别号八不道人） 53,60
僧超琦 489
僧道霈（俗姓丁，名为霈，号旅泊、非家叟） 383
僧髡残（俗姓艾，字明明、石昭） 185
僧憨璞聪 63,68
僧澹云 1035
嘉木样协巴 28,490
嘉约翰 1444,1480,1540,1554,1626,1633,1832
嘉纳治五郎 1840
墙鼎 168
察库 165,182,195
寥景文（字古檀） 822
廖士琳 1166
廖大闻 1291
廖元发 97
廖文英 453,656,780
廖文锦（字云初，号邵庵） 1245,1335
廖平（原名登廷，字旭陔，又作勖斋；后改名平，字季平，晚年号六译） 1441,1568,1577,1582,1583,1600,1606,1607,1608,1617,1624,1630,1632,1636,1639,1648,1653,1655,1656,1659,1666,1667,1672,1674,1677,1679,1687,1688,1689,1695,1697,1702,1703,1712,1713,1724,1727,1738,1740,1754,1788,1791,1793,1794,1801,1802,1804,1813,1815,1826,1829,1843,1848,1855,1863,1866,1878,1893,1919,1936,1955,1960,1971,1999

廖必琦 751
廖仲恺 1719,1845,1857,1896,1897
廖名缙 1929,1948
廖廷相（字泽群） 1402,1543,1795
廖有恒 170
廖寿丰（字谷士） 1346,1552,1737,1750,1753,1768,1824,1833,1871
廖寿元 392
廖寿恒（字仲山，号柳斋） 1365,1506,1539,1547,1562,1576,1759,1778,1786,1833,1871
廖抡升 985
廖运芳 504,695
廖连 1285
廖金城 1163
廖恒 739
廖家骕 1277
廖寅 1249
廖理 596
廖鸿荃 408,1246,1342
廖赓谟 385
廖腾煃 327
廖锡蕃 5
廖韵楼 1416
廖燕（初名燕生，字人也、梦醒，号柴舟） 8,98,228,401
廖攀龙 9,13
彰宝 805,849
慕天颜 150,374
慕维廉 1404,1464,1471,1475,1484,1486,1536,1540,1652,1669,1696,1743
慕瑞 1345,1369

暨用其 695
毓俊 1805
漆士昌 184
漆日榛 1296
漆绍文 438
熊一本 1375
熊一洒 150
熊一潇 109,360
熊十力 1651,1803,1812,1825,1864,1879,1897,1915,1951,1995
熊士伯（字西牧） 348,387,420
熊为霖 926
熊天章 775
熊少牧（字书年，号雨胪） 1055,1366,1367,1565,1591
熊开元 11
熊文举 39
熊日华 765
熊占祥 272
熊本 403
熊任 116
熊会贞 1602,1655,1815,1882,1971,2002
熊兆占 1235
熊兆师 78
熊兴麟 37
熊名相 785
熊成基 1945
熊汝霖 11
熊伯龙（字次侯，号塞斋，别号钟陵） 56,61,93,140,199,1139
熊声元 1338
熊希龄 1550,1707,1711,1746,1747,1776,1781,1782,1784,1788,1801,1910,1914,1928
熊应雄（名应英） 1259
熊时干 120
熊苇 334
熊言孔 826
熊远寄 336
熊侪鹤 42
熊国夏 1265

熊学鹏　799,827,839,840,852,
　　858,859,860,861,862
熊枚　1116
熊泽　1802
熊罗宿　1984
熊范舆　1877
熊炳离　1281
熊家振　914
熊晕吉　512
熊载升　1149
熊得山　1979
熊授南　1221
熊梦飞　182
熊维典　780
熊寔（字渭公）　224
熊景星　1225,1282,1555
熊登　319
熊葵向　765
熊赐玛　76,82
熊赐履（字青岳、敬修，号素九、
　　愚斋，谥文端）　30,70,75,76,
　　82,88,103,115,121,124,127,
　　131,141,144,148,149,150,155,
　　163,164,165,180,181,186,187,
　　188,189,234,251,257,263,266,
　　269,271,276,279,284,285,286,
　　294,302,306,308,316,317,331,
　　332,349,361,365,378,383,384,
　　385,386,400,401,403,407,408,
　　415,424,445,449,456,457,486,
　　971
熊赐瓒　189,262,268,276,332,
　　638
熊超　587
熊遇泰　1246
熊锡祺　1283
熊僎　232
熊履青　1285
熙瑛　1862,1890
璗五株　996
端方（字午桥，号匋斋）　34,54,
　　231,502,529,1050,1496,1622,
　　1770,1785,1787,1810,1835,
　　1842,1859,1860,1867,1874,
　　1876,1877,1888,1889,1891,
　　1892,1908,1911,1914,1915,
　　1919,1928,1931,1936,1946,
　　1956,1961,1962,1964,1965,
　　1968,1972,1978,1998,2005
端木国瑚（字子彝、鹤田，号太
　　鹤山人）　848,1073,1087,
　　1096,1124,1148,1164,1171,
　　1176,1203,1234,1248,1256,
　　1294,1313,1325,1343,1352
端木继敏　1346
端木埰（字子畴）　1218,1527,
　　1654,1699
端木缙（字仪标）　411
端华　1489,1490
端绪　1855
管一清　722,724
管干贞　1010
管干珍　1015,1055
管凤苞（字翔高，号桐南，晚号
　　长耐老人）　420
管世宁　459
管世铭（字缄若，号韫山）　619,
　　901,1067,1093
管乐　715
管永叔　120
管礼耕　1794,1969
管兆辛　1563
管同（字异之，号育斋）　927,
　　1050,1140,1208,1275,1291,
　　1315,1316,1376,1434,1440,
　　1465,1466,1528
管庆祺　1508
管廷献　1629
管有度　109
管声骏　84,146
管学宣　649,758
管宗圣　65
管昂发　366
管城　1105
管奏镁　415
管庭芬（字培兰，号芷湘，一作
　　芷香，晚号芷翁）　1086,1223,
　　1357,1399,1521,1610
管恺　83
管施　563
管榆　446,470
管森　1276
管琳　1956
管粤秀　1066
管遐龄　533
管嗣复　1431,1492
管嗣裘　26,224
管筠　1259
管竭忠　341
管灏　334
綦汝楫　58,70,76,124
缪之弼　421
缪日苊　503
缪日藻（字文子，号南有居士）
　　525,571
缪发　319
缪玉铭　1245
缪应晋　327
缪彤（字歌起，号念斋，学者称
　　双泉先生）　120,123,178,353,
　　378
缪沅　421,463
缪尚诰　1140,1378
缪昌期　234,872
缪荃孙　712,1068,1165,1208,
　　1278,1284,1397,1431,1438,
　　1451,1455,1468,1473,1477,
　　1479,1491,1499,1506,1507,
　　1511,1513,1533,1539,1541,
　　1543,1547,1549,1552,1563,
　　1569,1578,1581,1582,1588,
　　1599,1602,1608,1617,1618,
　　1622,1629,1637,1648,1650,
　　1652,1656,1662,1665,1666,
　　1668,1669,1672,1676,1677,
　　1691,1698,1710,1716,1724,
　　1737,1738,1741,1742,1754,
　　1789,1794,1806,1807,1811,
　　1821,1823,1831,1835,1842,
　　1851,1860,1861,1915,1928,
　　1939,1946,1962,1965,1966,
　　1969,1976,1979,1984,1986,2003
缪晋　901,932,943,948,950,959,

960,970,971,979,1023
缪梓 1424,1463,1479
缪焕 532
缪焕章 1506
缪景宣 166
缪琪 896,898,905,908,909,917,918,919,920,928,930,932,933,943,945,948
缪寘 1493,1525
缪燧 460
翟一桀 1247
翟一棠 1247
翟一新 1247
翟乃慎 59
翟中溶 1675
翟云升 1256,1338,1339
翟云鹏 648
翟凤彩 230
翟世琪 83
翟发增 1247
翟师彝 1984
翟廷初 83
翟汝弼 1595
翟均廉（字春沚） 792
翟声焕 1221
翟金生 1247,1395,1409,1469
翟理斯 1745,1831
翟慎行 1314
翟慎典 1314
翟槐 901,920,957,960,968,970,971,972,979,996
翟琼 1258
翟灏（字大川，号晴江） 605,703,720,721,811,984,1014
肇敏 569,1677
臧尔心 445
臧礼堂（字和贵） 877,1078,1145
臧兴祖 170
臧寿恭（原名耀，字眉卿） 1014,1153,1406
臧应桐 702
臧岳 649
臧宪祖 280

臧荣青 1002
臧庸（本名镛堂，字在东、东序，改名庸，字用中、西成，号拜经） 448,805,953,1010,1019,1020,1026,1027,1034,1035,1041,1044,1049,1050,1052,1053,1056,1060,1064,1073,1075,1078,1079,1081,1087,1089,1098,1099,1100,1103,1104,1109,1112,1119,1133,1134,1140,1141,1145,1146,1147,1148,1152,1158,1164,1169,1170,1175,1176,1177,1180,1182,1185,1203,1235,1248,1320
臧琳（字玉林） 34,351,394,397,448,1019,1049,1078,1099,1112,1180
臧辉熙 1949
臧鲁高 1191
臧麟炳 289
舞格寿平 554
蔚荩 1166
蔡上翔（字元凤，别号东墅） 473,1126,1135,1173
蔡士英 48
蔡大武 855
蔡大章 271
蔡小香 1789
蔡书升 716
蔡元陵 1197
蔡元培 1542,1558,1600,1631,1638,1655,1673,1679,1692,1695,1702,1710,1722,1724,1751,1752,1787,1790,1793,1800,1801,1803,1811,1823,1825,1826,1840,1842,1844,1845,1846,1850,1858,1859,1861,1862,1863,1868,1869,1874,1876,1877,1878,1879,1884,1885,1894,1895,1896,1897,1904,1905,1912,1919,1929,1949,1967,1985,1993,1994,1995,1998
蔡元禧 69

蔡升元 231,233,261,262,390,456,458
蔡孔易 1227
蔡孔炘 1291
蔡文鸾 244
蔡文森 1956
蔡方炳（字九霞，号息关，别号息关学者） 200,221,246,255,273,424,656
蔡日逢 474
蔡世远（字闻之，号七材，别号梁村、鳌峰、梁山先生，谥文勤） 239,408,409,420,444,455,458,460,468,477,484,502,503,512,515,520,521,532,541,543,550,563,565,573,598,622,638,689,766,931,1156
蔡世钹 1309
蔡以台 743
蔡以修 1258
蔡尔康 1441,1558,1583,1589,1595,1631,1687,1702,1703,1711,1755,1805,1827
蔡必达 631
蔡本俊 994
蔡正笏 702
蔡永华 169
蔡玉华 763,769
蔡亚高 1160,1183,1197,1213
蔡共武 996
蔡如杞 681
蔡廷干 1496,1561,1563,1615,1639,1647,1674,1712,1821,1965,1990,1992
蔡廷治（字瞻岷） 28,310,350,411
蔡廷衡 893,921,944,948,950,958,959,960,968,970,971,972,979,1023
蔡自申 1314
蔡严兴 1160
蔡冶民 1751
蔡含生 171
蔡启胤 400

蔡启盛　1688,1866
蔡启傅　141,148,156,195
蔡呈韶　1120
蔡孝　1667
蔡宋　756
蔡时田　706
蔡时敏　171
蔡来仪　479
蔡灼　158
蔡侣元　878
蔡季实　615
蔡学洙　403
蔡宗建　1036
蔡宗茂　1332
蔡宝善　1855
蔡尚质（号思达）　1631
蔡所性　162
蔡绍基　1451,1556,1723,1866,
　1931
蔡述谟　784
蔡复午　1214
蔡显　793,799
蔡荫　264
蔡衍诰　457,458
蔡钟铭　1314
蔡钟濬　1747
蔡钧　1775,1900
蔡哲夫　1893
蔡容远　116
蔡振中　1058
蔡泰均　1028
蔡烈先　44
蔡珠　233
蔡珽　350,426,518,523,1040
蔡培　1361
蔡寅斗　596
蔡彬　189,366
蔡淑　271,272
蔡维义　534
蔡善述　979,996
蔡鼐　710,817
蔡嵋青　1607
蔡强　676

蔡朝选　654
蔡登龙　327
蔡登渊　521
蔡赓　1347
蔡嵩　444
蔡新（字次明，号葛山，亦号缉
　斋、辑斋）　411,590,598,607,
　653,796,839,848,849,852,923,
　933,942,943,969,1101,1197
蔡殿齐　1395
蔡照初　1445
蔡锡勇　1702,1742
蔡嘉树　896
蔡毓荣　171,571
蔡銮扬　1096
蔡銮登　1327
蔡锷　1628,1746,1747,1801,
　1812,1825,1844,1877,1878,
　1879,1896,1901,1993,1994,2002
蔡韶清　758
蔡履豫　780
蔡德峻　606
蔡德晋（字宸锡，号敬斋）　253,
　526,592,603,669
蔡澄　1278
蔡澍　616,655
蔡璜　379
蔡镇　896,920,945
蔡璧　408,521
蔡醺　351
蔺完理　43
蔺涛　655
蔺楠然　84
蜀魂　1937
裴义理　1680
裴子周　1639
裴之仙　331,334
裴之亮　97
裴天锡　280
裴令汉　1713
裴希纯　914
裴国桢　220
裴宗锡　827,836,839,840,841,

　851,853,862,870,881,887,894
裴显忠　1348
裴振　1010,1017
裴谦　867,917,920,942,943,950,
　957,968,970,971,972,996
裴鉴　1255
谭一豫　673
谭人凤　1489,1738,1788,1865,
　1879,1896,1914,1930,1933,
　1949,1965,1977,1990,1992
谭子文　1058
谭弘宽　235
谭民三　1865
谭先　559
谭光祜　1214
谭光烈　1439
谭光祥　1183
谭吉璁（字舟石，号筑岩）　142,
　168,224
谭有年　403
谭抡　1149
谭沄　1480,1608
谭纶　1197
谭良治　1214
谭佺　245
谭国枢　244
谭宗浚（字叔裕）　1406,1517,
　1670
谭尚书　869
谭尚忠　944,945,989,999,1024,
　1031,1040,1107
谭波岸　1868
谭绍琬　139,264
谭垣　771
谭钟麟（字崇德）　1260,1462,
　1607,1762,1771,1772,1773,
　1776,1778,1798,1832,1903
谭钧培　1602
谭顺　1511
谭桓　171
谭爱莲（字净方）　1027
谭继洵（字敬甫）　1267,1569,
　1576,1589,1672,1677,1769,
　1776,1832

谭莹 1108,1282,1319,1413,1445,1446,1479,1492,1554
谭崇易 962
谭惟一 127
谭梦骞 1271
谭琼英 70
谭联陛 1256
谭嗣同（字复生,号壮飞,别署东海褰冥氏） 304,317,321,1522,1557,1569,1576,1583,1589,1595,1600,1607,1614,1623,1629,1637,1645,1653,1672,1675,1677,1686,1694,1701,1704,1711,1714,1721,1722,1733,1734,1738,1745,1746,1747,1748,1749,1755,1756,1763,1769,1772,1774,1775,1776,1778,1781,1782,1783,1785,1787,1788,1789,1793,1796,1798,1800,1807,1817,1819,1832,1902,1904,1922,1975,2004
谭嗣贻 1557
谭嗣襄 1557,1569,1672
谭楚颐 146
谭献（名廷献,字涤生,更名后字仲修,号复堂,自号半厂居士） 1116,1324,1341,1380,1418,1451,1462,1471,1481,1491,1502,1504,1521,1533,1534,1541,1547,1569,1586,1588,1596,1597,1608,1620,1626,1644,1649,1656,1665,1677,1678,1679,1698,1748,1782,1819,1827,1832
谭瑀 1326
谭瑄 245
谭熔 212
谭肇基 687
谭篆 76,82
谭震 1149,1249
谭錱 996
谭耀勋 1556,1616,1631
谭鑫振 1605
谭鑫培 1411,1600,1679,1922

噍衿 561
赛克斯 1510
赛尚阿 1212,1437
赛音察克 165
赛弼汉 261
赫士 1714
赫成峨 569
赫达色 758
赫寿 402,409,426,430
赫苍璧（字儒良） 587,662
赫德 1452,1489,1505,1512,1519,1522,1538,1543,1595,1652,1696,1732,1753,1831,1887,1914
阚昌言 655,661
阚祯兆 311

十五画

噶卜喇 124
噶尔丹 287,1376
噶尔图 207,218,270
噶布喇 124
德天赐 1141,1174
德风 810
德生 979,996
德贞 1353,1497,1512,1551,1564,1833
德克碑 1525,1533
德寿 1733,1772
德希寿 580
德庇时 1345,1367,1391
德沛（字济斋） 292,595,609,712
德昌 901,921,941,942,979,1011,1075
德明 1030,1094,1522
德保（字仲容、润亭,号定圃、庞村） 777,810,859,896,910,918,930,931,942,943,945,961,969,971,996,1010,1022
德贵 660,661,665

德音 473
德泰 577
德富芦花 1957
德瑛 776,1125
德新 458,513,517,526,568
德龄 458,504,561,563,570,1325
德赫勒 144
德璀琳 1595
德灏 778
摩尔 1808
敷森布 979
暴珠 421
暴煜 678,695
樊士锋 964
樊孔固 1638
樊少泉 1798,1811,1827,1935
樊司铎 152
樊廷枚 1213
樊尚焕 121
樊泽达 262,278
樊英 57
樊星炜 272
樊炳清 1805,1810
樊庶 410
樊景颜 563
樊腾凤 53,427
樊锥（字一鼎,一字春徐,一作春） 1561,1922
樊增祥 1406,1588,1614,1679,1850,1999
樊翰 336
滕天绥 298
滕永祯 470
潘义 264
潘士仁 716
潘士权（号龙庵） 812,814
潘士瑞 245
潘飞声 1477,1661,1789
潘之彪 80,159
潘仁诚 1286
潘仁越 475
潘从律 309,463
潘允敏 438

潘元懋 157
潘天寿 1759
潘文恭 1256
潘文骆 1227
潘文韬 235
潘月樵 1546,1953
潘世仁 732
潘世标 43
潘世恩（初名世辅，改名世恩，字槐庭，号芝轩，晚号思补老人） 818,1048,1051,1096,1123,1133,1153,1159,1165,1196,1199,1264,1271,1289,1318,1325,1336,1343,1346,1349,1356,1360,1365,1394,1408,1441,1453,1454,1597,1684,1851
潘世嘉 272
潘世璜 1062
潘仕 953
潘仕成 1388,1418
潘仪凤 1265
潘可藻 585
潘平格（字用微） 115,198,470
潘正亨 1297
潘永元 138
潘永因 138
潘永季 606
潘永盛 1265
潘永圜 121
潘玉泉 1547
潘龙士 87
潘任 1936,1954
潘兆熊 1176,1183
潘光旦 1807
潘兴祚 1369
潘华茂 1723
潘如安 166
潘安礼 592,595
潘尽孝 107,108,113,114,136
潘庆澜 1761
潘廷仪 739
潘廷侯 167,280,289

潘廷璋 820
潘有为 867,945,948,949,958,959,960,968,984,996,1023,1557
潘江（字蜀藻，号木崖） 205,228,235,306,393
潘耒（字次耕、稼堂，晚号止止居士） 21,103,105,106,109,120,136,150,172,188,195,200,201,207,208,210,217,225,232,242,251,255,256,265,270,289,296,306,325,339,340,341,350,355,384,418,422,428,440,490,1066,1067
潘驯 171
潘体震 385
潘含章 820
潘均 666
潘应斗 104
潘应星 104
潘应宾 203,210,307
潘时彤 1214,1277
潘沐 189
潘纶恩 1578
潘运皞 170
潘际云 1214
潘国光（号用观） 33,154
潘国诏 1148,1166
潘学敏 1109,1147
潘宗洛 286,317,390,394,413,426,556
潘尚楫 1338
潘承弼 266,1331,1684
潘承焯 964
潘承福 1859,1970
潘昌 453
潘治 98
潘绍经 996,998
潘绍烈 1300
潘茂才 812
潘述祖 444
潘采鼎 493
潘金芝 214
潘亮弼 1362
潘亮彝 1362

潘养纯 1751,1825
潘奕玙 1109
潘奕隽（字守愚，号榕皋，又号三松） 632,896,930,932,939,943,996,1119,1183,1189,1197,1309,1310,1684
潘庭筠 898,918,920,928,930,932,943,945,948,960,970,971,979,996,1109
潘思光 596,707
潘思榘（字补堂） 512,513,552
潘拱辰 368
潘柽章（字力田） 27,36,41,52,59,62,70,88,93,103,105,106,120,1579
潘树枏 391
潘相 856,867,875,1105,1198
潘眉 152,156,238,825,1172,1249,1291,1378
潘祖同（字桐生，号琴谱） 1305,1851
潘祖荫（字在镛，号伯寅） 1311,1408,1437,1438,1463,1518,1547,1551,1559,1578,1596,1621,1630,1633,1646,1647,1652,1667,1684,1715,1743,1818,1939,1974
潘荣陛 751
潘衍桐 1114,1635,1681,1688,1690
潘祥 438
潘继善 746
潘逢禧 1549
潘骏文 1403
潘淳 458
潘维城（字阆如） 1617
潘维新 1263
潘翊清 159
潘鸿 1845,1897
潘鸿焘 1466
潘博 1956
潘曾沂（原名遵祁，改名曾沂，字功甫，自号小浮山人、复生居士） 1047,1212,1246,1265,

1269,1306,1372,1441

潘曾莹(字申甫,别字星斋)
1163,1300,1306,1321,1342,1403,1470,1597

潘曾起　867,928,930,932,933,943,948,950,957,970,971,1023

潘最　363

潘瑛　1136

潘翘生　126

潘葆光　397

潘遇莘　596,746

潘集　677

潘鼎珪　289

潘慎文　1577,1739

潘楷　404

潘瑞奇　272

潘蓉镜　1227

潘锡恩　519,1026,1099,1274,1314,1320,1347,1399,1403

潘锦　398,1618

潘肇丰　1113

潘德舆(字彦辅,号四农)
1188,1336,1344,1357,1360,1364,1418,1459,1482,1509,1626

潘遵祁　451

潘镕　1205

潘曙　665

潘霞客　1726,1825

潘鹭　998

潘瀚　245,474

潘麒生　233

蒯伯赞　1797

豫师　1668

震钧　45,113,117,123,153,154,162,173,185,192,193,197,215,222,256,275,283,300,307,312,321,329,330,337,338,358,364,365,370,382,395,424,425,472,496,497,508,509,573,579,603,626,638,639,645,651,657,664,690,705,718,734,753,760,766,772,776,782,787,794,818,823,831,832,848,857,904,915,916,939,940,956,977,987,993,994,1022,1054,1060,1061,1069,1084,1092,1101,1102,1120,1121,1122,1130,1144,1145,1151,1168,1169,1187,1194,1200,1201,1207,1208,1209,1210,1216,1223,1224,1229,1230,1250,1251,1252,1260,1266,1272,1278,1286,1299,1303,1316,1317,1322,1323,1324,1328,1333,1334,1339,1352,1363,1364,1371,1373,1377,1378,1383,1390,1391,1395,1396,1401,1415,1428,1433,1440,1447,1459,1465,1482,1501,1504,1508,1549,1936,1939,1957

颜元(字浑然,号习斋)　27,48,58,63,71,76,82,88,94,103,109,115,116,132,137,138,144,145,156,202,209,216,228,232,234,241,243,248,251,257,261,279,294,308,312,318,333,334,345,346,347,360,366,385,390,393,394,398,429,451,462,476,482,572,1413,1566,1595,1601,1839,1914

颜尔枢　1240

颜永京　1452,1492,1500,1548,1595,1675

颜光敏(字修来、逊甫,号乐圃)
109,114,120,126,131,174,270,275,359

颜光敩(字学山)　286,317,325,334,359

颜光猷(字秩宗,号憺园)　259,359

颜尧揆　170

颜祁　36

颜伯焘　1376

颜希圣　503,554

颜希深　764,881

颜希源　733,1153,1161

颜时莫　1174

颜季亨　899,900,905,906,907

颜绍绪　2,17,34

颜俊彦　36

颜星　585

颜统　4,179

颜重光　345

颜骏人　1959

颜崇泂　979

颜理伯　326

颜惠庆　1898,1983

颜鼎受　179

颜楷　1568

颜谨　1205

颜懋伦　596

颜璹　1003

额乐春　797

额尔金　1472,1473,1483,1484,1730

额尔登额　552

额伦　617

额色　124

额色黑　38,39,55,61,66,74,76,82,89,551

额库礼　165

额星格　207

额勒布　1124

额勒和布　1635,1652

额鲁礼　1326

额黑纳　492

鹤年　552,1108

黎士弘(字媿曾)　353

黎士华　1338

黎大本　894

黎大均　1964

黎中辅　1308

黎元洪　1991,1992,1993

黎元宽　905

黎日升　271

黎世序(初名承惠,字景和,号湛溪,谥襄勤)　519,552,848,1058,1248,1273,1320

黎民铎　127,280

黎永椿　1564

黎仲实　1845

黎应南　1321

黎季斐　1791

黎学锦　1088,1183,1249

黎承惠 1125
黎经诰 1578
黎恺(字雪楼,一字迪九,晚号拙叟) 987,1508
黎春曦 72
黎致远 420
黎培敬 1483
黎庶昌(字莼斋) 1353,1403,1423,1429,1443,1468,1485,1499,1510,1515,1551,1557,1561,1582,1584,1599,1615,1623,1629,1630,1637,1641,1651,1660,1662,1665,1669,1672,1673,1674,1675,1678,1686,1704,1715,1721,1729,1758,1871
黎惠谦 1624
黎溢海 867
黎简(字简民、未裁,号二樵,又号石鼎道人、百花村夫子) 683,1102
黎骞 207
黎端甫 1734,1790
黎德符 1125
黎曙寅 1052
黎攀桂 976

十六画

儒连 1451
儒烈恩 1383
儒莲 1560
冀兰泰 1227
冀如锡 212
冀栋 458
寰宇义民 1728
懒惰生 1370
燕臣仁 745
璞鼎查 1373,1374,1379,1381,1385,1391
穆丹 397
穆世哈 242

穆尔赛 235
穆尼阁 18,49,65,222
穆成格 38,55
穆成额 165
穆贞元 100
穆克登布 1246
穆和伦 397,430
穆和蔺 1024,1032,1040,1049
穆拉维约夫 1407,1450,1472
穆荫 1456,1478,1483,1489,1490
穆舒 124
穆彰阿(字鹤舫) 956,1255,1261,1274,1342,1403,1423,1440,1465
穆德 1739
穆藕初 1880
穆麟德 1630
缴正经 57
缴应缘 57
缴继祖 1227
缴煜章 350
薄有德 346,385,463,474
薄玫 775
薄海 438
薄履青 503
薛于瑛(字贵之,号仁斋) 1157,1597,1706
薛大可 1877
薛子衡 1378
薛云 42
薛介廷 803
薛允升(字克猷,号云阶) 1244,1754,1831,1882
薛凤祚(字仪甫) 49,105,111,182,222,239,912
薛天培 616
薛宁廷 803
薛田资 1753
薛传均(字子韵) 1014,1250,1289,1295,1300,1305
薛则柯 1499,1506,1512
薛华培 1752
薛廷吉 808

薛有礼 1616
薛有福 1556,1567,1623
薛观光 724
薛体洪 1091
薛寿(字介伯、砎伯) 1187,1322,1561
薛序镛 1859
薛志亮 1154
薛时雨 1354,1412
薛所蕴 11,17,23,39,41,98,1015,1016
薛承恩 1493
薛秉时 739
薛绍元 1728
薛祖顺 470
薛香闻 778
薛桂斗 182
薛莹中 1754
薛起凤 829
薛起蛟 305
薛载德 319
薛淇 998
薛焕 1491
薛琇 220
薛雪(字生白,号一瓢,别号扫叶山人、槐云道人、磨剑山人) 230,596,668,725,786,817,1060
薛湘 1109
薛禄天 453
薛鼎铭 914
薛福成(字叔耘,号庸庵) 1358,1413,1449,1517,1533,1540,1557,1561,1562,1564,1569,1571,1576,1594,1603,1605,1620,1621,1632,1637,1640,1656,1657,1662,1665,1672,1675,1677,1678,1679,1689,1690,1694,1701,1705,1709,1714,1715,1716,1728,1729,1754,1755,1793,1795,1805,1853,1871
薛福保(字季怀,号端季) 1373,1583,1620

薛蜇龙 1884
薛熙 328,1578
薛凝度 1214
薛韫 552,666
霍之琯 159
霍达 55,58,82,89
霍叔瑾 98
霍浚远 310
霍维腾 254
霍维鼎 93
霍燝 289,379

十七画

戴三锡 1185
戴士奇 1332
戴大昌 1220,1257
戴之适 756
戴云章 221
戴元夔 1240
戴凤翔 1296
戴天恩 445
戴天章(字麟郊) 161,494
戴天赐 520
戴天瑞 447
戴心亨 896,972,979,990,996
戴文奎 1185
戴文炽 758
戴日焕 120
戴王缙 168
戴长庚 1327
戴长明 966
戴兰芬 1256
戴本孝(字务旃,号鹰阿山樵) 71,132,133,137,241,245,296,298,303,314
戴永植 595
戴永椿 503
戴兆祚 221
戴光 1606
戴光曾 1148

戴全斌 1189
戴兴 448
戴名世(字田有、南山,号褐夫、忧庵) 50,76,191,204,211,217,223,226,228,233,252,270,278,292,296,303,306,311,334,340,346,350,361,362,379,392,397,398,403,405,409,419,420,421,430,431,436,442,444,448,484,523,589,689,799,915,949,983,1578,1622
戴如煌 962
戴廷抡 724
戴有祺 308,309
戴汝槐 686
戴祁 319
戴亨(字通乾,号遂堂) 755,808,1298
戴体仁 695
戴克敦 1825
戴均元(字修原,号可亭) 669,901,932,950,958,979,1047,1049,1116,1225,1238,1244,1370
戴求仁 810
戴纯 856
戴良 821
戴进贤(字嘉宾) 292,464,516,519,531,607,610,627,651,652,657,664,668,695,706,711
戴季陶 1692,1845,1865,1881,1900,1934,1967,1970,2000
戴宗炬 1309
戴昆 918
戴昌熙 1831
戴明说 57,363
戴易 677
戴治 976
戴绂 309
戴采孙 704
戴姜福 1936
戴庭 63
戴思讷 403
戴恒 1607
戴济川 660

戴祖启(字敬咸) 522,966,985
戴钟岳 448
戴钧衡(字存庄,号蓉州) 1201,1367,1424,1432,1456,1461,1482,1498,1560,1578
戴宽 366
戴恩 1238
戴晋元 75,483
戴莲芬 1603
戴通 242,278
戴彬元 1605
戴惟枟 616
戴望(字子高) 394,1304,1316,1353,1460,1463,1468,1471,1476,1491,1503,1508,1516,1524,1535,1544,1553,1557,1559,1566,1578,1669,1678,1716,1939
戴梓(字文开) 31,528
戴梦熊 235
戴清(字静斋) 777,1293,1432
戴移孝 918
戴笠(字曼公,晚号就庵、天外考人、独立一闲人) 36,41,48,52,156,162,343
戴铭 1338
戴鸿渠 1896
戴鸿慈(字光儒,号少怀,晚号毅庵) 1449,1581,1862,1863,1874,1888,1908,1911,1914,1916,1931,1936,1980,1987
戴敦元(字古旋,号金溪,谥简恪) 809,1027,1097,1153,1197,1333
戴普鹤 1894
戴棠 1418
戴琪 730
戴联奎 901,907,928,932,943,950,958,959,960,970,971,996,1225
戴阑芬 1253
戴殿江 821
戴殿泗 821,875,1088,1197
戴殿海 875,1114

人物索引

戴源　657
戴煦（初名邦棣，字鄂士，号鹤墅，又号仲乙）　1146, 1319, 1401, 1428, 1430, 1470, 1488, 1503, 1516, 1627, 1656
戴瑞　318
戴銮　994, 1002
戴虞皋　378
戴鉴　1136
戴槃　1361
戴熙（字醇士，自号鹿床）　1116, 1318, 1319, 1336, 1346, 1351, 1354, 1399, 1412, 1447, 1462, 1488, 1705, 1757
戴德生　1444, 1519, 1538
戴醇　1534
戴震（字东原、慎修，又字杲溪）　10, 139, 178, 193, 243, 253, 257, 347, 377, 490, 509, 562, 598, 622, 628, 629, 639, 641, 657, 662, 666, 674, 675, 677, 684, 686, 692, 701, 706, 709, 710, 714, 716, 720, 727, 728, 731, 733, 737, 744, 745, 749, 753, 754, 755, 756, 759, 762, 763, 765, 768, 769, 773, 776, 778, 781, 784, 790, 795, 797, 798, 800, 804, 805, 806, 807, 808, 810, 811, 812, 815, 816, 817, 819, 818, 819, 820, 821, 824, 828, 830, 831, 835, 838, 841, 843, 848, 853, 856, 865, 866, 867, 869, 874, 876, 883, 884, 885, 888, 889, 890, 900, 912, 923, 943, 963, 965, 967, 993, 1011, 1017, 1021, 1044, 1061, 1068, 1077, 1079, 1091, 1092, 1093, 1115, 1116, 1145, 1153, 1157, 1164, 1170, 1171, 1181, 1183, 1200, 1208, 1229, 1231, 1266, 1279, 1310, 1315, 1322, 1337, 1419, 1436, 1445, 1535, 1702, 1711, 1839
戴燏孙　1399
戴璐（字敏夫，号菔塘、吟梅居士）　626, 996, 998, 1103, 1114, 1151
戴瀚　503, 513, 581, 583
戴衢亨（字荷之、莲士，谥文端）　552, 736, 875, 893, 901, 909, 912, 921, 930, 931, 932, 938, 943, 944, 962, 970, 971, 974, 1041, 1080, 1105, 1111, 1123, 1124, 1140, 1153, 1165, 1179, 1199, 1370, 1625
檀光熿　101
檀萃（字岂田，号默斋，晚号废翁）　522, 769, 856, 1075, 1107, 1114
濮文暹（初名守照，字青士，晚号瘦梅子）　1311, 1986
濮兰德　1986
濮孟清　191
濮起熊　421
濮瑗　1344
濮鏡　1240
璩之璨　311
霜色　61
魏一鳌（字莲陆）　121, 184, 323, 363
魏大中　1228
魏大名　1161
魏子安　1473
魏小嵩　732
魏山　475
魏之秀　1433
魏之柱　816
魏之琇（字玉璜，号柳州）　497, 817, 832
魏允迪　595
魏元枢　678, 694, 1053
魏友琴　1701
魏天赏　39
魏文汉　451
魏文魁　222
魏方泰　366, 518
魏长生　913
魏兰　1895, 1978, 1985
魏弘谟　758
魏礼（字和公、季子，号吾庐）　134, 199, 230, 273, 344, 1349
魏礼焯　1080, 1166
魏光焘　1750, 1844, 1862, 1876
魏刚己　1525

魏协　456
魏廷珍（字君璧，谥文简）　141, 309, 346, 355, 385, 405, 442, 444, 445, 464, 477, 537, 583, 621, 741
魏成汉　673
魏成宪　998, 1296
魏权　571
魏观颢　352
魏希征　189, 278
魏希范　127
魏男　262
魏秀仁（字子安，一字子敦，又字伯肫，号眠鹤山人、眠鹤主人、咄咄道人、不悔道人）　1237, 1474, 1573, 1669
魏纲帙　1319
魏运嘉　673
魏际瑞（本名祥，字善伯，号东房）　89, 199, 1349
魏周琬　464
魏学诚　282, 397
魏学渠　160
魏宗衡　159, 245
魏尚信　470
魏易　1827, 1831, 1841, 1843, 1870, 1871, 1885, 1921, 1938, 1957
魏枢　578, 596, 601
魏绍芳　71
魏绍源　1126
魏茂林　1376, 1476
魏金榜　845
魏奎光　687
魏宪（字惟度）　152, 153, 172, 221
魏春华　1002
魏洪　758
魏济众　115
魏炳荣　1813
魏荔彤（字赓虞，号念庭、淡庵）　274, 426, 460, 474, 484, 490, 506, 514, 515
魏茛臣　311
魏家枢　18, 182
魏家骅　1855

魏恭允 1902
魏继晋(字善修) 623,634,642,824
魏钿 585
魏崧 1332,1356,1404
魏球 139
魏绾 636
魏象枢(字环极,号庸斋、寒松) 18,23,36,48,58,59,99,100,104,109,149,155,156,175,184,185,186,188,202,206,210,216,248,249,251,269,277,282,313,320,332,338,378,400,425,490,491,551,1179
魏敬中 1338
魏渤 1859,1880,2000
魏湘 1271
魏鈵 702
魏源(原名远达,别号良图;字默深,亦作默生,一字汉士,法名承贯) 243,709,815,1013,1062,1159,1195,1233,1240,1248,1255,1262,1275,1282,1286,1289,1290,1291,1294,1301,1306,1308,1309,1320,1329,1334,1336,1337,1343,1348,1351,1359,1364,1367,1369,1370,1374,1375,1378,1379,1380,1382,1383,1386,1392,1393,1394,1395,1398,1399,1400,1402,1405,1407,1408,1409,1410,1412,1413,1415,1417,1423,1426,1430,1431,1432,1433,1438,1439,1440,1443,1445,1447,1451,1457,1458,1462,1463,1468,1469,1470,1471,1473,1535,1549,1577,1595,1676,1776,1901
魏裔介(字石生,号贞庵、崑林,谥文毅) 18,23,25,26,27,48,49,55,63,65,70,74,88,90,95,96,98,108,109,110,113,115,116,120,124,126,138,141,143,145,150,157,182,183,184,185,191,196,199,212,219,220,225,234,274,338,363,426,484,515,551
魏裔恁 265
魏锡曾 1507
魏塾 918
魏德略 1291
魏禧(字冰叔、叔子,号裕斋、勺庭) 5,6,12,13,23,24,48,54,77,82,99,103,110,115,118,126,128,132,134,146,150,156,157,166,176,196,199,200,202,206,210,212,214,217,221,224,229,230,247,275,300,305,311,314,336,352,417,429,549,586,797,1067,1177,1349
魏襄 694,1191
魏彝宪 1109
魏馥兰 1828
魏勷鉴 368
魏瀚 1575,1756
魏耀 1059

十八画

瞿中溶(字镜涛,一字安槎,号木夫,又号苌生,晚号木居士) 682,814,952,1035,1036,1045,1049,1056,1063,1074,1088,1104,1111,1134,1143,1262,1277,1295,1300,1309,1315,1319,1321,1330,1354,1362,1383
瞿云魁 1044,1106
瞿天潢 322
瞿方梅 1803
瞿世寿 318
瞿世英 393
瞿光缙 1348
瞿安德(一名纱微,字体泰) 38
瞿式耜(字起田,号稼轩) 26,29,32,34,51,224,323,470,1338
瞿兑之 1157

瞿沙 1957
瞿罕 934
瞿学富 934
瞿秉清 1579
瞿秉渊 1485,1579
瞿秉濬 1485
瞿绍基(字厚培、荫棠) 832,1179,1345,1579,1794
瞿亮邦 415
瞿骏 596
瞿鸿禨 1429,1552,1686,1694,1773,1863,1908,1974
瞿敬臣 326
瞿颉 1172
瞿照 996,998,1049
瞿镛(字子雍) 1062,1292,1345,1579,1755,1794
藜床旧主 1730
藤田剑峰 1736,1787,1842
潘克溥 1500
潘蔚(字伟如,号韡园居士) 1633,1700

二十一画

夔赤衷 115
蠡勺居士 1559,1572

二十三画

麟书 964,1671
麟庆(字伯余,一字振祥,又字见) 1038,1259,1361,1375,1405,1406
麟魁 1281,1456

著 作 索 引
(按拼音排)

A

阿芙蓉汇闻　1410
阿弥陀经要解　60
阿迷州志　171,585,1075
阿文成公(阿桂)年谱　1192
阿文勤公年谱　1215
哀感录　346
哀江南赋注　235
哀史(孤儿记)　1921
哀溪文稿　315
哀怨集　1986
埃及金塔剖尸记　1894
蔼云馆诗文集　820
艾陵诗钞　134
艾陵文钞　134
艾陵文集　134
艾千子全稿　19
艾氏易解　1901
爱国二童子传　1929,1938
爱莲堂集　461
爱情长诗集　1377,1414
爱日精庐藏书志　1228,1241,
　1266,1292,1305,1662
爱日精庐诗稿　1305
爱日精庐文稿　1305
爱日精庐续藏书志　1286,1292,
　1305
爱日居笔记　1145
爱日堂集　676,913

爱日堂类稿　1345
爱日堂全集　305
爱日堂诗集　247
爱日堂文集　160,247,602,603
爱日堂吟稿　674
爱日堂自治官书稿　1323
爱日吟庐书画录　1618
爱吾庐遗诗　506
爱竹轩诗稿　908
安定县志　220,554
安东县志　357
安福县志　213,446,953,1265
安甫遗学　1670
安化县志　127,1178
安徽金石略　1328
安徽人物志　1328
安徽通志　1271,1274,1275,
　1276,1299,1301,1573
安吉州志　151,695
安康县志　1205
安乐县志　534
安龙逸史　349
安陆府志　139
安陆旧志刊补　1381
安陆文献考　1381
安南供役纪事　236
安南纪略　1036
安南纪游　289
安宁州志　427,559
安贫录　1663
安平县志　279,1291

安庆府怀宁县志　170
安庆府潜山县志　183
安庆府宿松县志　183
安庆府太湖县志　49,183,289
安庆府志　245,489,1432
安丘乡贤传　441
安仁县志　244,702,1221,1271,
　1285
安塞县志　97
安事斋诗录　1339
安蔬堂集　204
安肃县志　176,903
安亭志　1161
安晚堂集　1069
安我素年谱　1059
安吴四种　1395,1433,1459,
　1559,1687
安溪县志　169,746
安县志　1020,1185
安乡县志　121,280
安序堂文钞　238,298,417
安雅堂集　173
安雅堂诗文集　1069
安雅堂未刻稿诗文　798
安阳县志　327,617,1099
安义县志　170
安邑规模　1410
安邑县志　151
安远县志　44,702,1265
安岳县志　489,992,1344
安州志　220

闇修斋稿 141	八行堂诗文集 238	白鹿汇编 205
岸堂稿 478	八音律 1149	白鹿书院志 453
按吴尺牍 15	八阵发明 161	白马庙志 1476
按吴审录词语 15	八指头陀诗集 1669	白茅堂集 265,283
按吴提奏全稿 15	八砖吟馆刻烛集 1136	白门集 97
按吴檄稿 15	巴东县志 245	白沙陈子年谱 453
按吴详语 15	巴函选译 638	白沙陈子语录 453
按吴政略 15	巴黎茶花女遗事 1751,1805	白沙门人录 453
暗杀时代 1902	巴陵县志 264,1135	白沙要语补 491
暗修集 309	巴县志 771	白沙子论 536
聱牙子存稿 1814	巴歈集 1513	白山诗介 1272,1273
鳌沧来集 1156	巴州志略 1066	白山司志 1308
鳌峰书院讲学录 712	霸州志 176	白石樵真稿 871
袄教折中 1791	白耷山人年谱 214,1509	白石山房诗钞 1288
澳门纪略 703	白耷山人诗集 97,183	白石山房文稿 273
澳门图说 659	白耷山人文集 214	白石山馆遗稿 1288
澳门形势论 659	白凤楼集 373	白石轩杂稿 147
	白芙堂算学丛书 178,1457, 1560,1591,1592,1669,1757	白室杂著 934
		白水县志 24,395,724
B	白鹄山房诗初集 1340	白水县志续稿 914
	白河县志 1113	白田草堂存稿 710
八表停云录 1005	白鹤山房诗钞 1156	白田草堂集 638
八大家文选 65	白鹤堂文集 569	白田风雅 1332
八大剑侠 1957	白湖文稿 1228	白田杂著 367,409,638,670, 1350
八代全文 1278	白虎通阙文 976	
八代文苑 1304	白虎通疏证 1320,1545	白下琐言 1682
八分书辨 471	白虎通校补 1520,1958	白香山年谱 386
八卦观象解 1013	白虎通义考 976	白香亭诗文集 1706
八卦图 439,676	白虎通义校补 1986	白雪阳春集 1670
八纮译史 243	白虎通正伪 657	白雪遗音 1136
八家诗选 89	白虎通注 1305	白盐井志 554,751
八旗满洲氏族通谱辑要 1043	白华后稿 1076,1129,1173	白鱼亭 1383
八旗氏族通谱 219,582	白华绛跗阁诗 1715,1716	白榆堂赋 1528
八旗氏族通谱辑要 1039	白华前稿 965,1129	白榆堂诗 1528
八旗通志 587,697,747,843, 977,988,1025,1077,1082,1131, 1144,1232,1272	白华入蜀诗钞 1129	白雨斋词存 1700
	白华入蜀文钞 1129	白雨斋词话 1690,1699,1700, 1714
	白华堂文集 1167	
八旗通志续集 830	白琉璃史 401	白雨斋诗集 1700
八旗文经 1578	白琉璃释难 401	白云藏书 458
八旗则例 830	白溇集 399	白云草庐居 25
八旗志书 568,664,697,747	白鹿洞规大义 831,875	白云草堂集 300
八千卷楼书目 1805	白鹿洞规条目 626	白云草堂文抄 1127
八史经籍志 1276,1632	白鹿洞学规衍义 391	白云集 338

白云山房集 1302	柏岩文集 985	邦士文集 214
白云山人诗集 1390	拜经楼藏书题跋记 682,1193	襄城县志 888,1314
白云山人文集 1390	拜经楼诗话 1091,1193	襄忠录 1610
白云山人奏议 1390	拜经楼诗集 1120,1127,1193	宝安诗正 1247
白云诗钞 705	拜经日记 1060,1175,1180, 1235,1248	宝贝念珠 1376
白云文集 1156		宝坻县志 168,661
白云言诗 343	拜经堂文集 1158,1175,1176, 1180,1203	宝丰县志 1082,1348
百城楼集 1455		宝翰堂藏书考 399
百城楼文存 1455	拜伦诗选 1973	宝鸡县志 72,785,985
百尺梧桐阁集 205	拜石山房词 1332,1487	宝奎堂文集 1046
百尺梧桐阁遗稿 292	拜石山房诗 1487	宝纶堂集 45,312,370
百萼红词 1251	拜竹诗龛诗存续 1332	宝纶堂诗钞 808
百法百戒 1573	稗贩 682	宝纶堂文钞 808
百家唐诗 1065	稗贩杂录 1871	宝前两溪志略 1155
百苦吟 193	稗畦集 273,395	宝庆府志 168,255,780,1413, 1418,1432,1434,1448
百兰山馆词 1628	班汉史论 197	
百兰山馆古今体诗 1628	班许水道类记 1832	宝庆堂集 1173
百里治略 1453	板桥道情 549,650	宝山十家诗 793
百美新咏 733	板桥全集 794	宝山县志 666
百名家诗选 152,153	板桥杂记 344	宝善堂集 602,662
百衲琴 705	板桥自叙 688	宝韦斋类稿 1692
百年一觉 1714	半厂丛书初编 1521	宝兴县志 1682
百篇序正误 1727	半处士诗集 423	宝训 845,1029
百宋一廛赋注 1280	半村居诗抄 515	宝严斋诗 1029
百宋一廛书录 1128,1921	半舫斋编年诗钞 822	宝研斋诗抄 1428
百一山房诗集 1076	半舫斋古文 822	宝砚堂砚辨 1351
百柱堂全集 1565	半舫斋偶辑 986	宝印集 1315
百子全书(子书百家) 1578	半舫斋诗文集 986	宝应儒林 1634
柏枧山房诗集 1465	半庐文集 134	宝应儒林事略 1634
柏枧山房诗续集 1465	半农春秋说 639	宝应图经 1166,1264,1460,1539
柏枧山房文集 1297,1333,1465	半农人诗 639	宝应文苑事略 1634
柏堂读书笔记 1624	半农小稿 1315	宝云诗集 265
柏堂集 1609,1617	半树斋文 1292	保安州志 158,432,1338
柏堂集次编 1670	半崧集 1215	保昌县志 716
柏堂集后编 1670	半塘词稿 1844,1887	保赤汇编 1603
柏堂集前编 1445,1670	半塘山人自订年谱 1277	保德风土记 987
柏堂集外编 1640	半行庵诗存稿 1509,1526	保德州志 985
柏堂集续编 1499,1670	半岩庐所著书 1313,2002	保定府祁州束鹿县志 151
柏堂集余编 1554,1656	半岩庐遗集 1495	保定府志 220
柏堂经说 1577,1624	半毡斋题跋 1310	保定县志 168
柏堂遗书 1577,1656	半字集 1434,1675	保甲论 712
柏岘山房文集 1458	伴星草 258	
柏乡县志 220,797	邦士集 861,862	保靖县志 560

保厘集览 564
保宁府志 1249
保甓斋文录 1129
保甓斋札记 1298
保全生命论 1853
保素堂稿 1318
保堂诗钞 1322
保闲堂集 927
保县志 667
保彝斋日记 1333
保婴摘要 214
葆淳阁集 1144,1205,1206
葆璞堂集 603
葆璞堂诗集 831
葆璞堂文集 831
报恩论 1852
抱冲斋诗集 1403
抱犊山房集 193
抱经堂丛书 133,976
抱经堂集 1068
抱经堂文集 363,687,750,763,808,886,1054,1065
抱经斋集 388
抱耒堂集 466
抱朴居诗 1192
抱润轩文集 1570,1973
抱山堂集 1129,1136
抱桐轩文集 675
抱膝庐文集 732
抱循堂诗抄 725
抱影楼诗 956
抱真堂诗话 44
抱珠轩诗存 786,817
鲍参军集注 1604
鲍氏汇校医书四种 1297
卑大小释例 1703
卑议 1694,1695,1702
杯湖欸乃 1251
悲惨世界 1500,1870,1885,1921
碑版广例(梁廷枏) 1223
碑版广例(王芑孙) 1223
碑别字 1703
碑传集 45,54,58,65,85,113,118,119,122,129,134,140,141,147,161,162,173,174,178,179,184,185,186,192,193,198,199,205,214,215,222,223,224,229,230,236,237,238,239,247,248,249,256,257,258,267,269,273,274,275,282,283,284,290,291,292,299,300,307,312,313,314,315,320,322,323,329,331,337,338,339,343,344,351,353,358,359,364,365,371,374,375,381,382,387,393,394,395,399,400,406,407,411,417,418,419,423,424,425,429,434,435,448,449,454,455,461,462,472,477,481,484,490,497,507,508,509,521,528,535,536,549,550,560,564,572,573,574,603,604,611,612,618,619,626,632,637,638,645,657,663,668,675,676,683,689,698,704,705,712,718,726,733,734,735,741,742,747,748,753,754,760,766,776,777,782,787,794,804,808,809,813,814,823,828,831,832,847,848,854,857,858,890,904,915,916,927,940,955,956,967,978,986,987,993,994,1005,1014,1022,1029,1037,1044,1046,1047,1054,1061,1068,1069,1077,1084,1093,1101,1102,1108,1115,1122,1129,1137,1138,1144,1145,1150,1151,1156,1163,1168,1179,1180,1194,1200,1201,1207,1208,1209,1216,1217,1223,1224,1229,1231,1242,1243,1264,1267,1284,1297,1304,1334,1425,1427,1617,1703
碑文摘奇 1494
碑幢闻见录 1128
北窗随笔 1242
北窗闲览 639
北词广正谱(一笠庵北词广正谱) 31
北斗考 990
北归纪程 1522
北郭诗帐 1807
北郭园全集 1475
北海集 102
北海经学七录 855
北湖小志 1152,1161,1243
北湖竹枝词 1407
北极探险记 1870
北极星纬度分表 1378
北江诗话 1168,1445,1591,1687
北郊配位议 263
北徼汇编 1474,1478,1486,1520
北京歌唱 1742
北京纪事 1297
北流县志 681
北楼集 1370
北略 1264
北马南船集 1541
北曲六种 299
北曲司南 324
北山集 1370
北山诗草 1224
北上偶录 1163
北史补传 1715
北史识小录 365
北史演义 1053
北墅抱瓮录 305,395
北墅绪言 255
北宋张学二体石经记 1469
北田集 775
北田诗稿 689
北溪诗集 1186
北溪文集 1186
北行酬唱集 1420
北行日记 1816
北行日录 206
北学编 121,184,324
北巡纪行录 331
北燕岩集 85
北黟山人诗集 370
北游草 322
北游后草 1236
北游芥草 1221
北游录 64,79

北游三草 1241	闭门集 1441	辨讹释义录 1206,1220
北征录 980,981	畀山诗文集 369	辨二氏之学 198
贝清江集 480	敝帚斋遗书 1591	辨脉平脉章句 1696
备变集 871	皕宋楼藏书志 1292,1625,1716	辨名小记 1758
备忘录 179,761,1700	辟疆园杜诗注解 104,179,787	辨伪 1815
备修天长县志稿 1235,1322	辟疆园文集 179	辨学 1072,1810,1957
被征集 299	辟疆园遗集 1067	辨学汇言 407
本草备要 337,344	辟刘编 1667	辨学启蒙 1810
本草崇原 128,342,495,804,1743	辟妄救略说 567	辨疑标目 253
	辟邪纪实 1553	辨正图说 1352
本草纲目拾遗 794,1144	辟雍讲义 603	辨志书塾所见帖 1331
本草归一 214	碧城仙馆诗钞 1390	表记集传 20
本草话 817,1144	碧城仙馆摘句图 1259	表简法 1488
本草经解 515	碧花凝唾集 1573	表余堂诗存 174
本草求真 812	碧萝吟馆诗集 1272	表章儒硕录 1337
本草述 117,306	碧落后人诗 918,919	别本尚书大传 588
本草述录 1328	碧山楼古今文稿 504	别本朱子年谱 204
本草图说 1297	碧溪草堂诗文集 1150	别集空中语 199
本草万方针线 44	碧溪丛钞 1150	别下斋丛书 1474,1488
本朝历史讲义 1972	碧溪诗话 1150	别下斋书画录 1521
本朝万年历 907	碧瀣词 1679	别雅 644,847
本国地理 1981	碧血录 1465,1470	邠州大佛寺题刻考 1679
本经逢源 328,329,342	碧云盦词 1487	邠州志 30,953,975
本经疏证 1396	碧云山房集 1224	宾川州志 534
本经序疏要 1396	碧云山房诗 1224	宾萌集 1406
本经续疏 1396	避讳录 1405	宾萌前集 1526
本事诗 13,418	避暑山庄图咏 434	宾萌外集 1526
比例规解 202	璧城仙馆诗抄 1143	宾阳子年谱 816
比雅 1167,1404,1445,1601	璧螺书屋偶存草 1162	滨州志 372,1285
比玉楼传奇 1586	璧山县志 602	豳风广义 632,645,986
比玉楼闲话 1586	璧梧斋文稿 1339	冰蜇文集 320
比玉楼遗稿 1586	边州志 1326	冰雪集 386
笔生花 1250,1469	鞭心录 1700	冰斋文集 328
笔算筹算图 1293	卞氏宗谱 1427	冰脂集 365
笔算数学 1699,1958	弁服释例 253,347,1022,1082	兵法类案 229
笔算说略 1376	汴城筹防备览 1663	兵法新书 1833
笔削希贤录 234	变法经纬理论 1961	兵法要略 429
笔啸轩书画录 1362	变法平议 1830	兵经百言 344
笔云集 375	变雅断章演义 1642	兵镜类编 1632
必有事编 1597	变雅堂诗集 281	兵民经略图 257
必自录 1634	变雅堂文集 281	兵象训实 38
毕坚毅先生文集 586	辨道录 140	兵学经学史学讲义 1953
毕节县志 751	辨定嘉定大礼议 465	兵制论 1675

丙辰会试录 1070	博物新编 1459	补十六国疆域志 1168,1596
丙辰札记 1075	博物志 111,1135	补石仓诗选 152
丙申集 466	博物志疏证 1459	补史记世家 1222
丙午山闲语录 134	博野县志 191,797	补水经注洛水泾水武陵五溪考 1669
丙子论礼 1211,1213	渤海考 1279	
秉臬中州录 804	薄游草 181	补松庐诗录 1655
炳烛编 1559	卜法详考 540,603	补松庐文录 1655
炳烛里谈 1512,2003	卜筮精蕴 603	补宋书食货志 926,1205,1446
炳烛录 1502	卜筮论 978	补宋书刑法志 926,1205,1279,1446
炳烛室杂文 382,423,1310	卜筮正宗 421,690	
病唇十八品 162	卜岁恒言 1251	补唐文粹 1871
病舌三十六品 162	卜子年谱 1922	补天石传奇 1303,1458,1460
病榻梦痕录 1157	补春秋僖公事阙书 1847	补王应麟诗考 974
病余杂著 221	补东晋疆域志 963,1020,1168,1596	补五代史艺文志 926
波兰衰亡史 1879,1884		补希堂文集 311
播雅 1445	补读书斋遗稿 1420	补飨礼 716,813
伯初文存 791	补汉书艺文志 1737	补修英山县志 1265
伯子论文 199	补后汉书食货刑法志 1961	补续汉书艺文志 1011,1193
驳康有为论革命书 1854,1858,1861,1864,1868,1869	补后汉书艺文志 1348,1352,1698,1727	补学轩诗集 1560
		补学轩文集 1485,1560
驳陆桴亭论性书 205	补湖州天文志 1360	补学轩文集外编 1560
驳吕留良四书讲义 557	补寰宇访碑录 1513,1644	补学轩文集续编 1560
驳毛氏大学证文 1209	补寰宇访碑录刊谬 1648	补严铁桥古文存 1690
驳毛西河四书改错 1257	补辑松江府志 227	补遗录 1078
驳五经异义疏证 1804	补辑朱子大学讲义疏 1432	补疑年录 1356
驳阎氏古文尚书疏证 1209	补晋兵志 926	补元史艺文志 926,1036,1137
泊鸥山房集 1114	补晋书艺文志 1668,1887	补韵略 118
泊然庵文集 1743	补经义考 1273	补注东坡编年诗 379,535
泊水斋文钞 14	补句读叙述 1053	补纂仁寿县志 1127
泊舟稿 236	补礼通 300	不得已 85,107,108,117,130,141,237,1095,1096
亳州牡丹述 246	补李鼎祚周易集解 1065	
亳州志 64,244,631,856,1018,1028,1115,1277	补梁疆域志 926,1482	不如归 1957
	补辽金元三史艺文志 704,926	不易居斋集 1286
博白县志 1320	补林氏考工记 967	不远堂诗文集 205
博罗县志 280,666,780	补罗迦室集 1487	布达拉宫志 401
博平县志 110,1314	补罗迦室印谱 1487	布匿第二战记 1871
博山县志 717	补毛诗 1503	布水台集 180
博山志稿 868	补农书 24,78,179	步算释例 1634
博士会典 1815	补三国疆域志 937,1168,1596	步纬简明法 1252
博物典汇 853,859,860,861,862,871,873,987	补三国志艺文志 926,1348,1352	步五星式 782
博物汇编 192	补山堂集 156	
博物通书 1426	补尚史论赞 1248,1362	

著 作 索 引

C

才调集补注 1053
才兹经说 1792
采风札记 1597
采山堂集 283
采菽堂古诗选（采菽堂定本汉魏六朝诗钞） 105,422
采香词 1620
菜根堂集 133
菜根堂札记 682
菜根园慎言录 955
菜园遗书 407
蔡传正讹 577
蔡氏月令章句 1099,1180
蔡忠烈遗集 1309,1345
参读礼志疑 212,493,760,1141
参同契衍义 274
参同契注（李光地） 478
参同契注（刘源长） 184
参伍类存 936
蚕桑谱 1604
蚕尾集 172,340,368
仓颉篇 977,1230
仓颉篇校证 1420
仓田通法 1299,1757
沧来自纪年谱 1179
沧浪题咏 1420
沧浪亭志 1296,1420
沧浪乡志 944
沧浪小志 448
沧湄类稿 454,490
沧田录 519
沧州新志 176
沧州志 649,1886
苍莨文集 1482
苍梧县志 352
苍溪县志 964
苍霞诗草 871
苍霞续草 871
苍霞余草 871
苍岘山人诗集 455
苍岘山人文集 455

苍玉洞宋人题名 1448
苍玉洞题名 1448
藏博记 1972
藏弄集 894
藏密庐文稿 1332
藏密斋集 1228
藏山阁诗存 329
藏山阁文存 329
藏书 893,894
藏书纪要 267
藏俗改良 1936
藏园九种曲 987
藏园诗钞定本 939
藏拙轩珍赏目 1559
操缦卮言 458,781
曹集铨评 1579
曹江孝女庙志 1161
曹县志 169
曹学士遗集 1005
曹杂诗 258
曹州府志 739,740
曹州志 177
漕兑议 161
漕赋说 161
漕议八款 161
漕运全书 1181
漕运议单 125
草草草堂诗选 1392
草窗秘录 313
草圣汇辨 44
草书集成 992
草书千字文 374
草书体势会通 986
草堂外集 1114
草亭诗集 417
草亭文集 417
草亭先生（周篆）年谱 1240
草亭先生集 407,1240
草衣山人集 674
草衣诗集 696
草韵汇编 696
草字汇 1004
测地志要 1526

测杜少陵诗 229
测海集 915,1077
测海山房中西算学丛刻初编 1742
测绘海图 1853
测绘算器图说 1853
测量大意 553
测算刀圭 476,619
测天偶述 423
测天约术 1232,1242
测验纪略 291
测圆海镜细草 1091
策河四略 1172
策略 894
策算 657,668,890
岑构堂易解 630
岑华馆词 1287
岑华居士兰鲸录 1287
岑华居士外集 1287
岑溪县志 655
查初白诗评十二种 889
茶陵州志 116,341,1192,1214
茶山诗文集 832
茶史 184,197
茶史补 184,197,344
茶香室丛钞 1608,1939
茶香室经钞 1939
茶香室经说 1608,1939
茶余客话 382,813,1021
柴庵忆记 871
柴村诗抄 528
柴村文集 528
柴雪年谱 30,140
柴雪诗钞 140
柴雪自订年谱 985
禅海十珍 383
禅障 72
产鹤亭诗集 986
产孕集 1310
阐幽录 185
忏余绮语 1156,1316
昌谷集注 330
昌国典咏 1256

昌化县志 170,245,311	长兴学记驳义 1791	朝邑县志 244,926,975
昌乐县志 158,1166	长阳县志 169,724,1258	潮阳县志 280,1235
昌黎全集录 407	长垣县志 221,1172	潮音 2004
昌黎先生年谱 363	长治县志 167,780	潮州府志 97,255,775
昌黎先生诗集注 363	长洲县志 255,424,717	车书图考 222
昌黎先生诗增注证讹 1315	长子县志 289,903	车隐丛谈 1464
昌黎县志 182	常德府志 975,1041,1115,1191	车制考 253,1151
昌平州志 1602,1656	常华馆经说 1590	掣鲸堂诗集 347
昌邑县志 97,644	常宁县续志 1240	郴州总志 264,479,816,1240
长安宫殿考 509	常宁县志 168,1099	臣鉴录 284
长安获古编 1448	常山县志 244,506	沉疴呓语 1085
长安图志 966,1001	常山贞石志 1171,1382	沉吟楼诗选 98
长安县志 132,1205	常熟县志 245,440	辰溪县志 264,560,1249
长春真人西游记考 1414	常惺惺斋诗集 1316	辰州府志 121,264,793
长短经 1092	常惺惺斋文集 1316	陈沧州集 358
长葛县志 311,673	常语笔存 283	陈检讨四六笺注 336
长河府志 264	常昭合志 1066	陈检讨四六文集 1060
长河史籍考 393	常州府志 341,1175	陈鉴韦集 878
长乐诗话 1420	常州先哲遗书 1730,1795	陈恪勤公年谱 509,775
长乐县志 104,280,780,1544	唱经堂杜诗解 84	陈恪勤公诗集 358
长留集 460	钞币论 1405,1549	陈恪勤公文集 644
长留山人诗集 479	巢经巢集经说 1440	陈琳集 1349
长泖李子(陆陇其)年谱 352	巢经巢诗钞 1440	陈留县志 84,311
长宁县志 169,272,559,687,739,1161	巢经巢诗钞后集 1515	陈墓镇志 514
长清县志 159,1338	巢经巢诗钞前集 1515	陈乾初先生遗集 1090
长沙方歌括 1162	巢经巢诗钞外集 1515	陈清端公文集 793
长沙府志 30,674	巢经巢文集 1515	陈确集 78,198
长沙县志 386,1221	巢林集 656	陈睿谟奏疏 950
长沙县志续集 674	巢林诗集 760	陈士业全集 117
长沙校经堂学程 1634	巢松集 322,357	陈士业先生集 281
长沙药解 717	巢县志 171,554,1296	陈氏礼记集说补正 313
长山县志 391,465,1113	巢穴图略 958	陈氏毛诗五种 1480
长生殿 213,289,296,340,390,395,657,749,1021	朝城县志 169	陈氏易说 1936
	朝代纪元表 1156	陈说岩诗 441
长寿县志 453	朝觐途记 1572	陈司业集 786
长泰县志 280,694	朝爽阁集 315	陈司业诗文集 717
长汀县志 272,954,1309	朝天集 273,359	陈天华集 1905
长武县志 196,953,964,975	朝鲜地记 1960	陈星斋年谱 823,1067
长物志 1446	朝鲜国王世系表 1987	陈修园廿三种 1957
	朝鲜史略 934	陈学士文集 631,645
长兴县志 30,171,687,1110,1126,1142	朝鲜载记备编 1987	陈学士先生初集 73
	朝野佥论 374	陈一斋全集 1206
长兴学记 1685,1689,1746,1750	朝邑县后志 440	陈忠裕公全集 25,1126

著作索引

陈忠裕公自述年谱 1126
陈仲鱼文集 1222
陈州府志 666
陈州志 90
宸垣识略 1011
晨风阁丛书 1974
称谓录 1420
称谓拾遗 1395,1420
柽华馆诗文集 1435
丞相吕穆公遗事 888
成安县志 167,1120
成都府新都县志 709
成都县志 1214
成方切用 772
成吉思汗前四汗本纪 1297
成吉斯汗与蒙古史 760
成均讲义 718
成均课讲学庸 698
成均课讲周易 635,698
成氏先德传 1634
成惟识论注 106
成县新志 636
成县志 279
成祉府君自著年谱 954
呈贡县志 465,520
承德府志 1314
承吉兄字说 1383
诚是录 1085
诚一堂琴谱大全 399
诚斋诗集 369,1107
诚正斋集 246
城北草堂诗钞 1422
城北草堂诗余 1422
城北集 395
城步县志 264,985
城固县志 470
城隍非神论 1806
城守辑略 161
城武县志 146,379,1308
乘方补记 1279
乘桴漫记 1758
程功录 603
程翰伯先生遗集 1670

程继凤自述 869
程门主敬录 229
程墨前选 397,478
程山集 229
程山问答 134
程氏家塾读书分年日程 391
程侍郎遗集 1352
程乡县志 311
程巽隐集 480
程月川先生遗集 1323
程子晰疑 1409
澄城县志 30,963,975,976
澄海县志 272,559,786,1205
澄海训士录 1494
澄怀书屋诗抄 1465
澄怀园全集 682,733
澄怀园诗选 534
澄江集 255
澄迈县志 159,427,1240
橙阳散志 868
潋江府志 480
痴人说梦 1222
池北偶谈 130,311,433,434,1142
池上草堂笔记 1493
池上草堂诗集 1395
池州府志 171,432,914
迟鸿轩诗补遗 1743
迟鸿轩诗弃 1743
迟鸿轩诗续 1743
迟鸿轩所见书画录 509,1564,1743
迟鸿轩文补遗 1743
迟鸿轩文弃 1743
迟鸿轩文续 1743
迟就草 602
茌平县志 427
持静斋书目 1628
持雅堂诗钞 1346
持雅堂文抄 1315,1346
持志塾言 1535,1619
尺牍偶存 1649

尺牍诗存 1649
尺牍新钞 101
尺算用法 290
尺五庄饯春诗荟 1467
尺云轩文集 1272
耻存斋集 424
耻躬堂诗文集 290
耻躬堂文集 128,255
赤道南北两总星图 181
赤十字会救伤第一法 1743
赤水遗珍 458,781
赤雅 34
虫秋词 1887
重编秦淮海先生年谱节要 1348
重订策算证伪 1085
重订李义山年谱 649
重订李义山诗集笺注 649,734,781
重订历代帝王年表 1806
重订三家诗拾遗 1119
重订伤寒论 1499
重订小学纂注 683
重订杨园先生全集 1553
重订张杨园年谱 1334
重订周易二闾记 540,1037
重定续三十五举 986
重卦考 623
重华自述年谱 1205
重辑江氏论语集解 1658
重辑渭南县志 1302
重楼玉钥 1357
重庆府涪州志 453
重庆堂随笔 1200
重校古经解钩沉 1369
重校增补五方元音全书 427
重修安徽通志 1596
重修安平志 1338
重修宝丰县志 649
重修慈利县志 1221
重修电白县志 1285
重修凤山县志 786
重修凤翔府志 427

重修奉化县志 97	重修延安府志 1120	瘳志篇 572
重修奉贤县志 1596	重修扬州府志 1173	畴人传 178,831,1082,1095,
重修福建台湾府志 644	重修伊阳县志 1356	1099,1169,1224,1267,1359,
重修阜志 158	重修宜兴县志 272	1369,1383,1419,1608,1656,
重修富民县志 559	重修英德县志 169	1740,1793
重修固始县志 992	重修颍州志 465	畴人传三编 1099,1656,1670,
重修和顺县志 807	重修镇番县志 1276	1793,1873
重修郃阳县志 49	重修镇平县志 964	畴人传四编 1099,1793
重修畿辅通志 619	重修直隶陕州志 673	畴图体要 1247
重修嘉善县志 196,1106	重纂福建通志 1302,1338	筹办夷务始末记 1887
重修嘉鱼县志 610	重纂靖远卫志 422	筹表开诸乘方捷法 1156,1426
重修江浦县新志 264	崇安县志 146,571,1161	筹海图编 327
重修景宁县志 902	崇百药斋三集 1241	筹河刍言 1161
重修句容县志 72	崇百药斋文集 1090,1241,1334	筹济篇 1271
重修岚县志 554	崇百药斋续集 1241	筹算 139,205,507,657
重修临潼县志 97	崇本山堂诗抄 725	筹算说略 1376
重修临邑县志 446	崇本山堂文集 725	筹算易知 1085
重修灵宝志 673	崇川咫闻录 1309	筹洋刍议 1603,1640,1716
重修六安州志 221	崇德堂稿 667	出塞集 808
重修卢氏县志 673	崇德同心录 1242	出塞纪略 289
重修洛阳志 661	崇明县志 227,534,764	出使公牍 1640,1716,1795
重修名法指掌图 1604	崇宁县志 1214	出使四国日记(出使英法义比日记) 1640,1689,1754
重修蓬莱县志 1361	崇庆州志 272,939,1191	
重修平遥县志 168,405	崇祀三祠志 1218	出使四国日记续刻 1754,1793
重修蒲圻县志 617	崇文总目辑释 1100,1273	出使奏疏 1640,1714
重修蒲台县志 326	崇相集 871	初白庵诗评 535
重修岐山县志 72	崇信县志 90	初代开山主法云顶和尚年谱 470
重修祈泽寺志 751	崇雅堂传文集 1427	
重修清平县志 470	崇雅堂集 487,1395	初等地理教科书 1830
重修曲江县志 280	崇雅堂骈体文钞 1401	初级蒙学修身教科书 1846
重修任丘县志 220	崇雅堂诗钞 1401	初名集 1128
重修瑞金县志 427	崇雅堂文钞 1401	初唐四杰集 1603
重修山阴县志 1563	崇雅堂文集 478	初堂读书记 806
重修陕西乾州志 527	崇阳县志 146,636,708,847	初堂随笔 806
重修上高县志 1291	崇祯长编 217,300,401,442,638	初夏录 318
重修肃州新志 610	崇祯大臣年表 214	初小国文 1884
重修台湾府志 440,504,673	崇祯奏疏汇集 15	初学读念法 1292
重修台湾县志 708	崇正黜邪汇编 200	初学集 111,810,841
重修太原县志 559	崇正黜邪论 1596	初学先言 229
重修桃源县志 617	崇正丛书 1363	初月楼论书随笔 7,1315
重修无极志 100	崇正述略 6	初月楼诗钞 1265,1371
重修武强县志 127	崇正遗稿 1871	初月楼文钞 1223,1265,1371
重修襄垣县志 405,953	崇郑堂诗文集 1447	初月楼文续钞 1344,1371

初月楼闻见录 1272,1371	楚辞叶音 1045	传戒正范 214
樗茧谱 1351	楚辞音义 714,824	传经表 937,1084,1085,1167,
樗茧谱注 1555	楚辞音韵 1107	1475,1601
樗寮诗话 1446	楚辞余论 447,489	传经表补正 1703
樗寮文续稿 1446	楚辞约注 298	传经堂诗文集 978
樗林三笔 274	楚辞韵辨 1242	传经堂文集 1476
樗亭集 292	楚辞韵读 1236,1436	传神秘要 644
樗亭诗文集 1378	楚辞韵解 830,889	传是楼书目 338,353
樗园消夏录 1316	楚辞韵考 1014	传心显义 1247
樗庄诗稿 717	楚辞札记 1376	传雅堂集 1628
樗庄文稿 717	楚辞注疏 534	传雅堂文集 1269
刍狗斋集 223	楚村诗集 122	传音快字 1742
刍荛私语 1453	楚村文集 122	传忠堂古文 1644
滁州志 170	楚汉帝月表 297	传注问 572
锄经文略 966	楚汉诸侯疆域考 1584	船庵集 1441
锄经续草 966	楚汉诸侯疆域志 1454,1455	船机图说 1488
锄经余草 966	楚怀襄二王在位事迹考 352	船山经世文钞 1794
楮园杂志 315	楚疆三文忠公传 1549	船山诗集 1201
楚宝 1302,1434	楚荆公安县志略 101	船山诗选 1221
楚漕工程 1699	楚军营制 1650	船山遗书 115,304,317,320,
楚词会真 1194	楚蒙山房文集 644	321,1363,1383,1520,1672
楚词释文 1433	楚蒙山房易经解 713	船司空雅集录 1604
楚词新志 1987	楚三闾大夫赋 494	遄喜斋集 491
楚辞达 797	楚世家节略 534	串雅内外篇 759
楚辞灯 77,213,352,656	楚颂斋诗集 1441	创经衍葛 1675
楚辞地图 534	楚颂斋试帖诗存 1441	吹廯录 940
楚辞订注 732	楚颂斋文稿搜存 1441	吹万阁集 808
楚辞发蒙 427	楚庭稗珠录 1114	吹网录 1541
楚辞辑解 682	楚香亭集 454	吹香阁诗 1194
楚辞笺注定本 19	楚雄府志 465	吹箫集 307
楚辞节注 798	楚雄县志 1227	炊闻词 174
楚辞九歌解 711	楚游草 248	垂香楼诗稿 1352
楚辞名物考 1377	楚中杂咏 1157	春蔼堂集 353,382,425
楚辞评注 197	处州府志 305,571	春曹题名录 1215,1420
楚辞述芳 1067	揣籥小录 1299,1757	春草楼集 878
楚辞说韵 447,534	川沙抚民厅志 1344	春草堂集 1370,1396
楚辞听直 77,112	川沙厅志 1602	春草堂琴谱 657
楚辞通释 263,422	穿山小识 1362	春草堂诗 1186
楚辞通释解诂 1956	穿山小识补遗 1362	春草堂随笔 1396
楚辞校注 1503	传道篇 229	春草堂遗稿 106
楚辞新解 1919	传古别录 1642	春草闲房诗文集 185
楚辞新注 617,1636	传记不载说文余字 1259	春迟诗稿 619
楚辞新注求确 1215	传记丛书 1869	春帆集 484,535

春风草 357	春秋传习录 622	春秋谷梁传时日月书法释例 1252
春闰集唐百首 257	春秋传义 1648	春秋谷梁传注 1548
春华日览 967	春秋传议 198	春秋谷梁经传补注 1584
春槐集 50	春秋传正谊 1595	春秋管见 318
春晖阁诗钞 1337,1456,1544	春秋传注 526,572,1544	春秋管窥 362
春晖山房诗集 1516	春秋大事表 190,464,469,680,707,749,760,1350	春秋规过考信 1435
春晖堂丛书 1449	春秋大意 654	春秋国都爵姓考补 1290,1455
春晖堂文集 1328	春秋地理考实 190,751,776	春秋国名今释 1475
春及堂诗钞 759	春秋地理义 1259	春秋恒解 1459
春江草堂集 133	春秋地理志 161	春秋衡库 19
春酒堂诗话 215	春秋地名考 1259	春秋毁余 477,478
春酒堂诗集 215	春秋地名考略 263,288,323,395	春秋或辩 121
春酒堂文集 215	春秋地名人名同名录 967	春秋即位改元考 890
春明集 8	春秋地名职官人名考略 1475	春秋集传（李文炤） 587
春明梦余录 192	春秋董氏学 1733,1740,1754	春秋集传（汪绂） 758,760,1727
春农吟稿 707	春秋繁露义证 1205,1984	春秋集传辨异 1534
春秋稗疏 132,321	春秋繁露注 1204,1256,1303,1471	春秋集古传注 660
春秋本义（顾朱） 123	春秋分类考 1695	春秋集解 281,1125
春秋本义（朱文炑） 1364	春秋分年系传表 1229	春秋集说 247,1439
春秋比 1166,1279,1290,1613	春秋复始 1689	春秋集义（邱仰文） 889
春秋比事 639,1713	春秋纲领 1421	春秋集义（郑江） 663
春秋比事集训 1107	春秋稿 378	春秋纪疑 455
春秋比事目录 464,689	春秋公法比义发微 2001	春秋家说 18,132,321
春秋笔削大义微言考 1821,1828	春秋公谷汇义 630,662	春秋简书刊误 261
春秋笔削微旨 964	春秋公羊传笺 1955	春秋讲义 263,304,526,1978
春秋辨义 370	春秋公羊传例 806	春秋解疏 508
春秋卜筮书 361	春秋公羊何氏释例 1141,1184	春秋解义 796
春秋补传 326	春秋公羊经传通义 1184	春秋解属辞比事说 451
春秋参义 662	春秋公羊经何氏释例 1141	春秋经传比事 1444,1494
春秋测义 966,1674	春秋公羊礼疏 1234,1303	春秋经传辨疑 1153
春秋长历 495,967	春秋公羊礼说 1234	春秋经传合编 1153
春秋钞 604	春秋公羊例 1323	春秋经传汇解 1713
春秋程传补 145,192	春秋公羊通义 963,993,1086	春秋经传类求 758
春秋传 145,261,361,362,641,745,754,789,1041,1098,1216,1544	春秋公羊问答 1248	春秋经传旁通目 1475
	春秋公羊议礼 1308	春秋经传日抄 352
春秋传辨 1107	春秋古经说 190,1348,1352,1353	春秋经传朔闰表 1293
春秋传杜氏集解补疏 1243	春秋古经左氏说汉义补证 1674,1679	春秋究遗 623
春秋传考 281		春秋举例 1013,1290
春秋传礼征 1396		春秋决事比 1355,1378
春秋传说汇纂 362,751,766	春秋谷梁传解释 1935	春秋君国考 1127
春秋传说荟要 769		春秋考 655
		春秋考异 1133

春秋揆 20	春秋三传订疑 197	春秋说略 1141,1279,1290,1613
春秋类 352	春秋三传揭要 1058,1129	春秋朔阁考 1649
春秋类考(华学泉) 481	春秋三传经文辨异 1073	春秋朔闰表发露 1341
春秋类考(杨椿) 718	春秋三传考 1013	春秋朔闰考 1758
春秋类义折衷 51	春秋三传评 1085	春秋朔闰异同 190,1295
春秋理辩 1503	春秋三传评注 1310	春秋四传补注 1081
春秋例辨 1254	春秋三传义求 1566	春秋四传存疑 870
春秋例表 1955	春秋三传异文释 1191	春秋四传诂经 1955
春秋列国官名异同考 1061,1648	春秋三传杂案 1107	春秋四传纠正 189,214
春秋列国疆域考 1658	春秋三传注解补正 647	春秋随笔 1409
春秋列国释略 1400	春秋三传注疏说 1453	春秋岁星算例 1096
春秋列国职官 556	春秋三传纂凡表 368	春秋讨论 161
春秋列女表 1475	春秋三家经异文备考 1295	春秋提纲 1444
春秋乱贼考 1475	春秋三家异同考 1279	春秋提要补遗 358
春秋论 1304	春秋三家异文核 1475	春秋天道义 1259
春秋名字解诂 1333	春秋赏罚格 1304	春秋通论(方苞) 464,472,623,689
春秋目论 1378	春秋上律表 1125,1126	
春秋内传古注辑存 1002	春秋深 641	春秋通论(刘绍攽) 964,1936
春秋内外传考证 816,1054	春秋诗话 570	春秋通论(姚际恒) 362
春秋内外传筮辞考证 1658	春秋识小录 648,804	春秋通义 734
春秋女谱 1425	春秋氏族志 161	春秋图表 1697,1829
春秋平义 189,214	春秋世论 132	春秋土地名 967
春秋平议 1680	春秋世系考 1038	春秋外传正义 1353
春秋器物宫室 556	春秋世族辑略 1400	春秋问 331
春秋窃议 60	春秋世族谱(陈厚耀) 469,495,496	春秋五传 247
春秋取义测 986		春秋五传考异 417
春秋去例 1130	春秋世族谱(孔继涵) 967	春秋五十凡例表 1628
春秋阙如编 362,472,586	春秋世族谱拾遗 1634,1669	春秋物类义 1259
春秋阙文考 1475	春秋事义慎考 662	春秋希通 1493
春秋人伦义 1259	春秋释 1502	春秋析疑 1444
春秋人名考 1259	春秋释经 1118	春秋惜阴录 472
春秋日讲 568	春秋释例 469,1134	春秋详说 476
春秋日南至谱 1634	春秋书法比义 1361	春秋小学 1259
春秋日食辨正 1675,1758	春秋疏略 381	春秋心传 549
春秋日食历 22	春秋述传 393	春秋蓄疑 508
春秋日月时例表 1713	春秋述义拾遗 1435	春秋学 1733,1740
春秋闰例日食例 967	春秋说(方坰) 1334	春秋学大全粹语 474
春秋闰朔交食考 474	春秋说(胡彦升) 869	春秋要义 337
春秋三传比 1121	春秋说(华允诚) 28	春秋要旨(成康保) 425
春秋三传驳语 1558	春秋说(惠士奇) 190	春秋要旨(庄存与) 1013
春秋三传补注 1207	春秋说(李因笃) 323	春秋一得 809
	春秋说(陶正靖) 660	春秋一是 697
春秋三传地名考证 1252	春秋说(阎循观) 323,639	春秋疑年录 1758

春秋疑义（高愈） 352	春秋左传读 1740	春蛰吟 1826,1887
春秋疑义（华学泉） 481	春秋左传杜注补辑 648,798	纯常子枝语 1887
春秋疑义录 1608	春秋左传分国土地名 556	纯飞馆词 1827
春秋以来冬至考 489	春秋左传诂 1154,1167,1595	纯翁前后类稿 305,314
春秋义 718	春秋左传汇辑 963	纯斋诗选 223
春秋义补注 609	春秋左传会要 1121	淳安县志 245,739
春秋义存录 618	春秋左传集注 1658	淳化秘阁法帖考证 555,626
春秋义解 1012	春秋左传释人 1119	淳化县志 243,372,953,975,976
春秋义类 370	春秋左传通解 890	淳则斋骈体文 1482
春秋义略 1128	春秋左传土地名 519	淳镇志 72
春秋义疏 303	春秋左传翼疏 875,913,977	词辨 1364
春秋义无忘录 1088	春秋左氏补疏 1243	词话 949,951,1121
春秋异文笺 190,1298	春秋左氏传补注 1248,1323	词集 1250
春秋异文小学 1259	春秋左氏传读本正误 1322	词家辨证 339
春秋舆图解 706,708	春秋左氏传古义 1029	词洁 320
春秋原经 617	春秋左氏传集释 1758	词科掌录 592,595,596,846
春秋摘微 1669	春秋左氏传贾服注辑述 1160	词林典故 598,656,674,1133,1136
春秋占筮术 466	春秋左氏传述义拾遗 1674	
春秋战国岁次考 990	春秋左氏传小疏 712	词林合璧 752
春秋战国异辞 495,496	春秋左氏古经 1177,1208,1248	词林纪事 915
春秋正辞 806,1013,1111,1290	春秋左氏解贾服注辑述 1324	词林正韵 1250
春秋正朔考辨 300	春融堂集 684,828,843,916,1043,1047,1155	词律 178,281,292,460,1585
春秋直解（方苞） 459,469,689		词律补 1250
春秋直解（傅恒） 750,783,896	春融堂诗文集 1150	词律订 1250
春秋咫闻钞 1401	春融堂杂记 1162	词律评 1334
春秋指掌 357,407	春山先生文集 508	词律校勘记 1493,1620
春秋志 42	春树堂文集 455	词名集解 1060
春秋质疑 1584	春水船诗钞 1973	词品 1316
春秋中国夷狄辨 1754	春王正月考 556	词谱 147,460,604,650
春秋衷义 375	春曦堂诗集 1349	词坛纪事 339
春秋主臣录 1128	春雪亭诗话 1143	词统源流 370
春秋属辞比事 462	春宴游昌和诗 1405	词纬 283
春秋属辞比事记 261	春洋子自订年谱 1321	词选 1083,1122
春秋属辞辨例编 1563,1572	春雨楼集 1013	词学 147
春秋注解 1259	春雨楼诗 1101	词学标准 1492
春秋注疏校正 1145	春雨堂集 392	词学丛书 1303,1389
春秋字数义 1259	春雨堂诗选 1676	词学全书 213
春秋字义本 1259	春在堂尺牍 1939	词雅 1304
春秋宗朱辨义 472	春在堂词录 1549,1939	词余丛话 1691
春秋遵经集说 203	春在堂全书 1675,1939	词苑丛话 1316
春秋左传补疏 1220,1226	春在堂诗编 1541,1939	词苑丛谈 172,204,289,418
春秋左传地理征 1355	春在堂随笔 1805,1939	词苑萃编 1143
春秋左传地名录 34	春在堂杂文 1939	词苑英华 85

词媛姓氏录 1603
词韵考略 626
词韵正略 267
词藻 370
词综 147,311,424,528
词综补 1119
词综偶评 889
词综评 1334
茨庵集诗钞 162,489
慈恩集 604
慈溪裘蔗村太史年谱 1362
慈溪县志 554,1730
慈禧外纪 1986
辞通 1729
辞源 528,1729,1827,1950,1956
磁州志 336,386
此菴语录 45
此观堂集 111
此木轩纪年略 453,586
此木轩经说汇编 586
此木轩四六文选 586
此木轩四书说 586,587
此木轩杂著 586,1136
刺字集 1656,1968
赐葛堂文集 1206
赐金园集 508
赐锦堂经进文稿 1597
赐枚集 1269
赐书楼集 848
赐书堂稿 977
赐书堂集钞 1242
赐砚堂丛书新编 1308
赐砚斋集 1224,1345
赐砚斋诗钞 1156
赐砚斋诗集 462
从姑山记 858
从古堂款识学 1454
从古堂吟稿 1454
从化县志 427
从同集 173
从学札记 1364
从宜录 683
从游集 85

从征录 1280
从政观法录 1309,1311
从政录 1076,1415
从政遗规 626,644
聪山集 199
聪山集五种 105
聪山诗集 105
聪山文集 105
聪训斋语 418
丛桂集 1114
丛书辑要 782
丛书举要 1418,1851
丛书楼书目 734
丛书要录 869
崔东壁遗书 1216,1255,1258
催眠术讲义 1895,1920
翠微山房诗文集 1241
翠微山房数学 178,1299,1757
翠微山房自订年谱 1192
翠薇花馆诗集 1250
翠岩偶集 387
存诚堂诗集 418
存诚斋文集 876
存耕堂稿 300
存悔轩文存 1357
存悔斋集 1309,1311
存几希斋印存 1167
存人编 234,393,398,1601
存审轩词 1265
存素堂诗初集 1156,1194
存素堂诗二集 1156,1194
存素堂诗稿 1482
存素堂诗续集 1215
存素堂文稿 1482
存素堂奏疏 1482
存吾草 271
存吾春轩集 1259
存吾春斋诗钞 1596
存吾文集 1093
存性编 138,393,398,1601
存研楼二集 650
存研楼诗集 650

存研楼文集 650
存砚楼集 578
存庄遗集 1461
存拙斋札疏 1640
寸心知集 773
寸心知室存稿 1465
寸阴丛录 1409

D

达化斋日记 1970
达赖七世传 993
达县志 1205
答刘文学问天象说 312
答难 1304
答乔星渚书 559
鞑靼史 915
鞑靼战纪 53,98
大别山志 1683
大藏辑要 2004
大藏经 63,576,617,704,833,955,1951
大藏全咒 1007
大藏圣教解题 1150,1151
大臣法则 229
大成通志 138,146
大城县志 168
大乘玄义 214
大乘止观释要 60
大传疏证(尚书大传笺) 1727
大错遗集 172
大戴礼记补 1958
大戴礼记补注 145,993,1058,1415
大戴礼记笺 1606
大戴礼记笺证 1425
大戴礼记解诂 1154,1159,1160,1165
大戴礼记旧校 1562
大戴礼记校正 1475
大戴礼记绎 1157
大戴礼记正误(陈昌齐) 1241

大戴礼记正误（汪中） 145,
　1061
大戴礼记注　1699
大戴礼记注补　1134
大戴礼考　671
大戴礼删翼　145,662
大戴礼注疏　1114
大定府志　1415,1418,1448
大风集　760
大佛顶玄文　60
大革命家孙逸仙　1863,1869
大共图考　1804
大观本草　1816
大观堂文集　363
大化总归　1572
大还阁琴谱　172
大金国志　978,1082
大觉普济能仁国师年谱　489
大觉玉林通琇国师语录　186
大乐元音　812
大理府志　336
大荔县志　992
大梅山馆集　1465,1515
大美联邦志略　1493
大名府志　158
大名诗存　773
大名文存　773
大宁县志　319,554,667
大彭统记　743
大瓢偶笔　416
大埔县志　655,1135
大潜山房诗稿　1731
大清会典　66,76,92,241,250,
　251,270,277,295,313,388,418,
　490,500,508,510,512,664,669,
　670,677,726,736,747,785,802,
　808,988,1267,1629,1652,1656,
　1677,1681,1692,1804
大清会典图说事例　335
大清畿辅先哲传　324,467,1654
大清律　21,57,75,500
大清律集解附例　21,519,545,
　575,630
大清律例　17,74,177,589,628,

　630,633,677,802,1834
大清律例根源　1553
大清律例通考　902
大清律例新增统纂集成　1728
大清律例刑案新纂集成
大清律续纂条例总类　764
大清全书　246,554
大清儒学案目录　1634
大清通典　600
大清通礼　591,802,969
大清一统舆图　1480,1506,
　1507,1513
大清一统志　155,185,240,251,
　260,261,268,269,270,275,277,
　295,302,307,313,315,332,334,
　338,339,340,344,359,370,373,
　388,394,395,401,403,411,418,
　441,454,462,504,507,518,539,
　549,568,573,583,595,596,615,
　663,689,717,747,771,783,802,
　808,875,878,908,941,944,947,
　956,970,974,975,1004,1130,
　1137,1150,1181,1245,1297,
　1324,1414,1420,1432,1649
大清著作权律　1976
大儒粹语　760
大沙古迹诗　788
大食故宫余载　1938
大受堂札记　1827
大树山房文稿　1107
大司农王公年谱　1192
大唐史纲　760
大田县志　265,326,758
大通法辨　343
大同府志　876
大同县志　1308
大统历推法　22
大统立成注　489
大统平议　1806
大威德密法传承史　490
大西利先生行迹　31
大小雅堂诗抄　1309
大小雅堂文抄　1309
大小宗通释　465

大兴邵氏宗谱　1067
大兴县志　263
大学本文　626
大学辨　49,198
大学辨业　357,360,371,403,
　482,572
大学补遗　1984
大学补注　890
大学参证　1595
大学传注　49,572
大学澹言　320
大学格物说　1169
大学格致辨　143
大学古本　626
大学古本钞　343
大学古本荟参　1444
大学古本释（丁大椿）　1369
大学古本释（郭阶）　1674
大学古本说　478
大学古本叙　1248
大学古义说　1369,1487
大学管窥　282
大学还旧　1955
大学集要　1590
大学讲义（胡宗绪）　553
大学讲义（李文炤）　587,1425
大学讲义（芮城）　1617
大学讲义（杨名时）　603
大学讲语　1661
大学解（雷以諴）　1642
大学解（马国翰）　1661
大学考异　448
大学困学录　626
大学平天下章说　1919
大学圣经讲义　1597
大学士林公年谱　19
大学述　363
大学说　639,1089
大学私衡　1814
大学俗语　1697
大学问答　1464
大学绪言　1593
大学衍义　3,29,49,52,58,62,

155,163,233,234,568,609,623,
1220,1517,1955
大学衍义补 908
大学衍义刍言 1355
大学衍义辑要 600,1499
大学疑思辨断 743
大学翼真 351,454
大学臆说 1493,1550
大学原文集解 1754
大学约言 644
大学约旨 1409
大学章句释义 234
大学正业 451
大学正旨 1273
大学证文 261
大学直解 337
大学指掌 1376,1405
大学质语 1955
大学中庸讲义(阿什垣) 258
大学中庸讲义(许桂林) 1252
大学中庸讲义(朱用纯) 290
大学中庸考义 1566
大学中庸切己录 229
大学中庸述 423
大学注 588,633,735,772,1848
大学注释 1713
大学总论 1601
大雅堂初稿 775
大雅堂诗集 1618
大姚县志书 453
大冶县志 169,245
大义觉迷录 544,582,879,895
大邑县志 687
大易参 224
大易粹言 1364
大易贯解 1355
大易解 185
大易理数观察 611
大易诗经春秋合解 306
大易疏义 51
大易通解 514,515
大易图解 1439
大易蓄疑 508

大易则通 96
大易择言 708,804
大易札记 104
大意尊闻 1434
大英国志 1464,1536
大英天统治 1332
大愚老人集 31
大元勃兴青史演义 1700
大云山房文稿 1206,1223,
1507,1544
大云山房文稿初集 1173
大云山房文稿二集 1215
大中讲义 1700
大中遵注集解 1740
大竹县志 1003,1258
大足县志 695,1227
代北姓谱 740,1207
代数备要 1958
代数难题解法 1603
代数术 1560,1852
代微积拾级 1385,1481,1626,
1904
代宣圣谕广训 981
岱南阁丛书 986,1167
岱南阁集 1083
岱南阁文稿 1090,1230
岱岳记 79
带经堂集 257,313,330,338,
387,427,434
带经堂全集 830
带经堂诗话 765
待焚录 1522
待清书屋杂钞 1610
待致草 639
贷园丛书 1021
逮友篇 98
戴东原先生年谱 622,641,720,
728,795,798,805,853,884,889,
890,1198
戴鸿慈出使九国日记 1987
戴花平安室遗词 1941
戴记绪言 618
戴静斋先生遗书 1432

戴九灵先生年谱 821
戴石堂尺牍 140
戴石堂集 140
戴氏泉谱 1488
戴田有自定时文全集 392
戴重诗集 894
丹棱县志 771
丹麓杂著 370
丹徒县志 235,1142
丹霞初集 223
丹霞二集 223
丹阳县志 695,1648
丹珠尔经 617
单县志 52,470,758
担峰诗 371
担峰友声 371
担峰真面目 371
耽古斋事 1256
儋州志 391
啖蔗轩全集 1559
弹指词 203,455
淡墨录 1068
憺园集 332
憺园文集 337,338,353
澹成居文钞 1267
澹静斋集 1327
澹静斋全集 1286
澹宁集 206
澹宁文稿 875
澹宁斋笔记 246
澹宁斋集 758
澹宁斋史话 246
澹勤室诗 1663
澹亭诗略 95
澹园诗删 717
澹园文集 546
瞫池录 283
当归草堂丛书 1507
当湖文案 1481
当湖文系 1527
当今法会 568
当恕轩随笔 215
当涂县志 221,341,410,695

当阳县志 146,1525	道行究竟 1572	德阳县新志 1348
砀山县志 803	道学编 857	德贻堂家训 1107
荡寇志(续水浒传) 1286,1409, 1422,1445,1469	道学世系 991	德荫堂集 747,1215
荡房丛书 1869	道学渊源录 487,1394,1955, 1987	德音堂琴谱 312
荡南集 1327	道一录 184	德育鉴 1901,1932
导河书 777	道腴堂诗编 683	德州志 168,1012
导河议 923,1322	道腴堂诗续 683	德滋堂歌诗 528
导江三议 1565	道腴堂续杂著 683	德宗实录 1971
道安室杂文 1941	道腴堂杂编 683	登封县志 44,655,975,991,1003
道藏辑要 481,1919	道腴堂杂著 683	登科记考 1361,1668,1669
道藏精华录 1983	道援堂集 871	登州府志 90,336
道德经订注 1003	道州新志 127	等切元声 387
道德经解 375,966	稻孙诗集 890	等韵便览 191
道德经注 765,822	稻香楼词 462	等韵辑略 1234
道福堂诗集 1705,1714	稻香楼集 1076	等韵简明掌图 1344
道古堂初刻 1021	稻香吟馆稿 1223	等韵精要 869
道古堂诗集 534,847,876,1028	稻香吟馆诗文集 1289	等韵一得 1632,1792
道古堂外集 1012,1742	得配本草 772	等韵一得补篇 1792
道古堂文集 734,742,813,846, 876,989,1028	得树楼杂钞 352	邓尉集 91
道古斋识小录 497	得天居士集 664	邓州志 84,336,732
道贯堂文集 347	得一录 1572	邓自轩先生遗集 1250
道光朝筹办夷务始末 1464	得一山房四种 1704	狄道县志 280
道光东华续录 1668	得宜本草 564	狄道州志 780
道光皇帝传 1436	得月簃丛书 1310	迪知录 1247
道光甲辰元赤道恒星图 1573	德安安陆郡县志 121	荻芬书屋文稿 1699
道国元公濂溪周夫子志 265	德安县志 170,191,739	笛松阁集 205
道国元正周濂溪夫子年表 265	德本录 650	笛渔小稿 365
道南讲授 478,740	德风亭初集 1083	砥斋集 381
道南源委 421,521	德风亭集 1085	地底旅行 1870
道南正学编 310	德国合盟纪事本末 1833	地理备考 1382
道齐正轨 1449	德国学校论略 1559	地理末学 1279
道荣堂诗文集 775	德国议院章程 1833	地理全志 1475
道荣堂文集 509	德华字典 824	地理元文注 1352
道授堂集 349	德化县续志稿 1044	地理择言 1353
道书十二种 1236	德化县志 245,280,667,732,926	地球全图 1544,1919
道听途说 1578	德平县志 168,845,1075	地球说略 1413
道统录(刘宗周) 14	德清县续志 1161	地球图说 749,799,1095,1123
道统录(张伯行) 414	德清县志 170	地球万国舆图 1728
道咸同光四朝诗史 1986,2003	德庆州志 171,717	地球新义 1793
道乡先生年谱 1314	德兴县志 171,254,1264	地山初稿 977
	德星堂文集 330,434	地图分编 1902
	德行谱 638	地图综要 871
		地学浅释 1562,1705

地圆说 1073	典制记略 192	订正大戴记 604
地质学原理 1705	电白县志 171	订正家礼 1691
弟子箴言 1480	电术奇谈 1903	订正朱子家礼 1688
弟子职集解 1217	电学全书 1609	订正最新政治地理学
弟子职解诂 1658	垫江县志 667,1296	定安县志 305
弟子职正音 1454,1486	殿阁部院年表 777	定庵全集 1378,1851
弟子职注 199	雕菰楼词集 1220	定庵文集 1265
帝京岁时纪胜 751	雕菰楼文集 1072,1124,1220,	定盦词 1493
帝王庙谥年讳谱 868	1243,1271	定盦文集 1013,1541
帝王世本 1038	雕菰楼易学三书 1189,1190,	定盦文集补 1541
帝王世纪 1180,1435,1618	1204	定盦文集补编 1656
帝王世纪考异 1487	钓滨集 118	定盦续集 1541
帝王世纪续补 1758	钓璜堂存稿 118	定边县志 446
帝王世纪纂要 1184	钓璜堂集 118	定番州志 475
第一楼丛书 1553	钓业 197	定峰乐府 314
禘郊辨 1279	调鼎集(北砚食单、童氏食规)	定海县志 460,549,1590,1648
禘郊或问 1508	1541	定陵注略 6
禘礼 1308	调疾饮食辨 1266	定庐集 1427
禘祫辨误 505	调运斋集 358	定南厅志 914,1277
禘祫考辨 367	飚园经说 1792	定南县志 245
禘祫问答 1421	叠雅 1512	定南县志略 44
滇程日记 370	蝶阶外史 1452,1521	定青海蒙古与番族诸制 1123
滇海虞衡志 1114	蝶阶外史续编 1452,1521	定泉诗话 760
滇还纪程 59	丁亥入都纪程 1759	定山堂词集 173
滇考 100	丁亥诗钞 800	定山堂诗集 173
滇南草堂诗话 1107,1114	丁祭考略 901	定山堂文集 173
滇南风采录 1323	丁景吕诗集 97	定陶县志 59,717
滇南古金石录 1296	丁卯集笺注 555	定乡小识 1504
滇南明诗略 1100	丁氏声鉴 1815	定乡杂著 1401
滇南诗略 1120	丁氏医学丛书 1957,2004	定香亭笔谈 1107,1175,1223
滇南诗前集 1075,1114	丁文诚公遗集 1705,1714	定襄县志 440,534
滇黔纪闻 430,436,449	丁文诚公奏议 1657,1705	定兴县志 168,914
滇黔志略 781	丁辛老屋集 777,869	定宇先生(陈栎)年表 348
滇系 1155,1161,1179	丁野鹤先生诗词稿 140	定远县志 121,298,379,1205,
滇行纪程 370	丁征君遗集 1975	1240,1285,1338
滇行日记 305	丁芝田诗草 631	定州志 158
滇行日录 1150	丁治棠纪行四种 1853	东阿县志 116,460
滇云纪略 1161	鼎霍州志 167	东安县志 159,168,631,687,
滇云历年考 610	鼎修常德府志 146	1277
典礼会通 24,185	鼎修德安府全志 264	东白堂词 205
典礼质疑 1815	鼎修湘阴县志 139	东白堂词选初集 204
典社质疑 1811	订讹类编 667,847	东北边防辑要 1638,1648,1649
典制大文考 966	订讹杂录 626	东壁书庄集 734

东仓书库丛刻初编 1851	东林列传 15,1887	东武刘氏款识 1642
东槎纪略 1318,1441	东林书院续志 234	东武诗存 1241
东槎外记 1303	东流县志 751,1227	东西均 44,154
东昌府志 888,1161	东明县志 169,739	东西林汇考 797
东朝崇养录 1415	东溟文集 917,1186,1208,1245, 1327,1441	东西史记和合 1297
东城小志 1150		东西学书录 1805,1816,1885
东城杂记 542,625,712,1341	东目馆诗集 1149	东西洋地志 1716
东川府志 585,771	东目馆诗见 1149	东乡风土记 1333
东都事略 143,961,1065,1078	东南纪事 352,435	东乡县志 116,470,636,1142, 1205,1264
东都事略跋 157	东南峤外诗话 1420	
东都事略校记 1476	东南峤外诗文钞 1420	东行日记 1494
东方兵事纪略 1755	东南峤外书画录 1107,1420	东轩随录 1150
东方智慧丛书 1955	东南棠荫图咏 1420	东轩吟社画像记传 1585
东冈集 248	东瓯大事记 1831	东巡日记 300
东冈文稿 248	东鸥草堂词 1644	东阳县志 1296,1321
东皋琴谱 345	东平州续志 483	东洋史要 1802,1805
东皋诗存 798	东平州志 821,1276	东游丛录 1841,1861
东谷诗文集 97	东坡全集录 407	东游日报译编 1841
东观存稿 1172,1333	东坡事类 1494	东游日记(黄庆澄) 1702
东光县志 168	东坡先生编年诗补注 772	东游日记(张謇) 1869
东海金石录 1684	东坡先生年表 772	东语正规 1816,1988
东海褰冥氏三十以前旧学四种 1756	东坡先生年谱 363	东原文集 885,890,1044
	东潜文稿 1060	东苑诗钞 291
东海渔歌 1585	东三省交涉要览 1984	东苑文钞 291
东湖丛记 1488	东三省舆图说 1662	东越儒林后传 1172
东湖记 249	东三省政略 2002	东越儒林文苑后传 1333
东湖县志 780	东山国语 197	东越文苑后传 1172
东华录 743,792,1583,1614, 1622,1629,1971,2005	东山书院课集 1699	东征集 494,505,573
	东山谈苑 344	东周列国志 710
东华续录 1923,1971	东山寓声乐府补钞 1695	东洲诗文集 1565
东还纪程 370,1487	东山政教录 1634	东庄读诗记 1597
东江别集 147	东山志 579	东庄遗集 777
东江词韵 147	东塾读书记 1270,1576,1578, 1603,1627	东庄吟稿 248
东江集钞 147		冬花庵烬余稿 1130
东江诗钞 507	东塾集 1539,1627	冬集纪程 1092
东津馆文集 1441	东塾类稿 1418	冬青馆甲集 1433
东晋南北朝舆地表 1020,1041, 1129,1130	东台县志 1214,1687	冬青馆随笔 1433
	东堂书目 1886	冬青馆乙集 1433
东篱中正 1222	东田医补 193	冬心画佛题记 775
东里类稿 858	东莞县续志 1089	冬心先生画竹题记 696
东里生烬余集 1218	东莞县志 554	冬心先生集 571,788
东里一廛文集 1242	东莞学案 654	冬心先生续集 717
东林翰墨 246	东菀县志 298	冬心斋砚铭 571

冬夜笺记 116	读段注说文解字日记 1956	读礼小事记 1494
冬至权度 507,776	读风偶识 1141,1148,1216,1347	读礼知意 1130
董方立遗书 1544	读风臆补 1608	读礼志疑 212,322,703,1753
董若雨诗文集 275	读纲目条记 1119	读例存疑 1831,1882
董子春秋发微 1471	读公羊注记疑 1955	读律佩觿 177
董子九皇五帝二王升降考 1815	读古纪略 966	读律心得 1344,1540
董子求雨考 1014	读管子杂志 1235	读论孟笔记 1519
董子诗说笺 1339	读韩记疑 993	读论孟补记 1519
动忍斋诗稿 416	读红楼梦纲领 1486	读论语记 1526
洞方术图解 1512,1516	读红楼梦杂记 1544	读论语识喜录 1969
洞庭集 667	读画辑略 1730	读论语札记 478
洞箫词 1487	读画纪闻 534	读论语注偶见录 536
洞箫楼词抄 1173	读画录 162,997,1007	读毛诗记经说 1383
洞渊余录 1604	读画诗 1696	读孟居文集 504
都昌县志 272,1264	读画斋丛书 889,1091,1100	读孟质疑 1235,1341
都门纪略 1395	读画斋学语草 1091	读孟子记 1526
都门偶学记 1630	读淮南子杂志 1206	读孟子界说 1753,1792,1799
都匀府南齐以上地理考 1377	读近思录 723,760	读孟子札记(崔纪) 698,1400,1466,1480
豆花庄诗抄 1173	读经 1220	
痘科合璧 197	读经笔记 420,1130	读孟子札记(李光地) 478
痘科键口诀方论 162	读经传杂记 1642	读明史杂著 1142,1362
痘科金镜赋集解 535	读经管见 857	读墨子杂志 1315
痘疹定论 447	读经记疑 638	读内则 675
督捕则例 609	读经款启录 1381	读欧记疑 993
督抚年表 777	读经说 1308	读曲丛刊 1143
督抚奏稿 15	读经说略 461	读三国志书后 1320,1362
督闽奏议 193	读经析疑 1239	读骚列论 711
毒蛇圈 1851	读经小识 504	读骚楼诗初集 1459
读碑小笺 1640	读经校语 1254,1387	读骚楼诗二集 1459
读参同契 752,760	读经余论 1216	读尚书记 1526
读春秋存稿 1107	读经札记 1163,1561	读尚书日记 1954
读春秋管见 952,1163	读经指迷 1791	读尚书隅见 1713
读春秋界说 1746,1753,1756,1792,1799	读经志疑 1971	读诗钞说 1661
	读困知记 745,760	读诗传鸟名 398
读春秋三传札记 1534	读礼丛钞 1688	读诗管见(黄以恭) 1577
读大学中庸记 1526	读礼管窥 1606	读诗管见(罗典) 952,1163
读大学中庸日录 100	读礼记 403	读诗或问 1141,1278
读读书录 752	读礼纪略 182	读诗集传随笔 1727
读杜笔记 725	读礼偶见 314	读诗考字 1400
读杜韩笔记 1323	读礼私记 1807	读诗偶记 622
读杜随笔 564	读礼条考 1418	读诗日录 1608
读杜心解 514,776	读礼通考 253,332,335,338,347,353,715,729,1214	读诗商 1954
		读诗一得 1512,1586

读诗质疑 448,671	读史杂钞 337	读书延年堂骈体文 1591
读史稗语 337	读史杂记 1595	读书延年堂诗集 1591
读史笔记 25	读史杂述 95	读书延年堂诗续集 1591
读史辨惑 378	读史掌录 1157	读书延年堂文集 1591
读史辨误 425	读书笔记（方宗诚） 683	读书延年堂文续集 1591
读史兵略 1481,1485,1495,1496	读书笔记（尹会一） 1670	读书一得 829
读史雠笔 1526	读书彩衣全集 348	读书翼注 659
读史粹言 1284	读书草堂明诗 1724	读书余适 1614
读史大略 314	读书澄怀集 155	读书杂辨 1649
读史法戒录 1699	读书丛录 1258,1329	读书杂记 917,1340,1455
读史方舆纪要 83,176,223, 367,546,694,1051,1153,1177, 1318,1371	读书脞录 1100,1115	读书杂识（劳格） 1516
	读书迻言 748	读书杂识（徐鼒） 1493,1503
读史方舆纪要订 541	读书分月课程 1701	读书杂识（赵佑） 1107
读史纲要 487	读书记疑 638,1539	读书杂志余编 1321
读史管见 1003	读书纪数略 379	读书斋偶存稿 239
读史贯索 239	读书纪闻 675	读书正音 471,759
读史衡说 857	读书录 156,269,408,459,461, 521,1384	读书证疑 1096
读史集论 283		读书止观录 15
读史记十表 493	读书录纂要 49	读书质疑 380
读史记杂志 1219	读书略记 34	读书蠹残 387
读史纪要 1508	读书论世 363	读说文记 1502
读史解颐 1706	读书敏求记（述古堂藏书目录题词） 284,375,527,1336	读说文日记 1956
读史津逮 121		读说文玉篇日记 1956
读史镜古编 1264	读书偶笔 300	读说文杂识 1617
读史纠谬 584,754	读书偶记（雷鋐） 766,1271	读四库全书提要志疑 1400
读史举正 992	读书偶记（赵绍祖） 1328	读四书 1631
读史可兴录 1410	读书偶识 1328,1448,1609	读四书大全说 115,318,321
读史款启录 1381	读书求解 1076	读四书偶见 675
读史论略 553	读书日记 369,1280	读四疏注疏 586
读史漫笔 73	读书日札 977	读宋鉴论 1590
读史蒙拾 174	读书说 228	读陶集札记 1696
读史偶记 179	读书随笔 776,1043,1454,1455, 1727,1831	读通鉴笔记 1114
读史评论 541		读通鉴纲目记 1656
读史随笔（蔡新） 1101	读书琐记 1177	读通鉴纲目札记 1681
读史随笔（陈大章） 536	读书堂杜工部诗文集注解 352	读通鉴论 279,304,320,321, 1520
读史随笔（褚人获） 985	读书堂杜诗注解 172,206	
读史随笔（胡匡宪） 1121	读书堂法帖 364	读通鉴史评 1815
读史随笔（刘庠） 1832	读书堂集 30,399,1724	读通鉴杂记 1597
读史随笔（许绍宗） 1243	读书堂西征笔记 517	读通鉴札记 1753
读史提要录 830,986	读书小记 1073	读王文成经济集书后 1953
读史要录 756	读书小见 1706	读问学录 723,760
读史一得 718	读书延年堂词 1591	读我书塾课本略 1090
	读书延年堂赋 1591	读吴越春秋 132

读相台五经随笔 1092	读易通言 429	笃国策 1006
读孝经记 1526	读易约编 351	笃旧集 1610
读孝经刊误问答 1639	读易札记 1954	笃素堂文集 418
读选杂述 1133	读易质疑 234	笃志斋春秋解 1552
读学庸笔记 1601	读易自考录 671	笃志斋经解 1552
读雪山房唐诗序例 1067,1093	读易纂略 1092	笃志斋周易解 1552
读雪山房唐诗选 1093	读阴符经 752,760	堵文忠公集 31
读雪山房杂著 1093	读瀛录 1596	赌棋山庄集 1871
读雪轩学诗 1243	读有用书斋杂著 1489	杜赋详注 327
读雪轩学文 1243	读战国策随笔 902	杜工部编年诗史谱目 352
读荀子杂志 1302	读周易记 1526,1595	杜工部集 1332
读荀子杂志补遗 1309	读周易日记 1727	杜工部集辑注 19,247
读晏子春秋杂志 1315	读周子札记 698	杜工部集笺注（钱注杜诗、草堂诗小笺） 97,128
读阳明拙语 1585	读朱录要 1706	
读仪礼记 1122	读朱随笔 219,322,703	杜工部集五色评本 1338
读仪礼私记 773	读朱子语类 475	杜工部年谱 146,889
读易笔记 19,179,1590	读诸子札记 1753	杜工部诗集 985
读易别录 735	读诸子诸儒书杂记 1595	杜律陈注（杜工部七言律诗注） 246
读易草 522	读左比事 1815	
读易大旨 90,138,184,487	读左补义 722,807	杜律启蒙 889
读易反身录 1494	读左传余论 1548	杜律诗话 289,416,441
读易寡过 1319	读左漫笔 73	杜律细 172
读易管见 801,952,1163	读左日钞 220,247,287	杜清献年谱 1806
读易管窥 512	读左随笔 1711	杜诗阐 235
读易汉学私记 1488,1954	读左索解 1264	杜诗分类全集 306
读易汇参 1252	读左条辨 1544	杜诗附记 1113
读易近解 42	读左一隅 1220	杜诗会粹 324,399
读易老私记 1046	读左剳记 1628	杜诗集评 1136
读易例言图解 1313	读左卮言 1352	杜诗集说 407
读易录 742,1276,1351	牨山类稿 1222	杜诗笺注 894
读易偶存 811	牨山诗稿 917	杜诗解 374
读易偶记 622	牨山文稿 917	杜诗镜诠 1045,1130
读易谱 451	独抱庐丛刻 1377	杜诗录 1328
读易启蒙私记 1488	独鹿山房诗集 161	杜诗论文 160
读易日钞 267	独漉堂集 370	杜诗偶评 717
读易日识 1290,1334	独山州志 812	杜诗评 1085
读易日札 616,1037	独善堂文集 321,1221	杜诗谱释 817
读易诗钞 343	独赏集 239	杜诗双声叠韵谱括略 1020
读易识 1444	独秀山房四书文 1163	杜诗说 101,273
读易私钞 1092	独学庐初稿 1045,1067	杜诗说肤 1236
读易私说 1092	独学庐诗文集 1352	杜诗说略 382
读易蒐 24	独学斋文集 732	杜诗通解提要 1507
读易随笔 1518	笃初文稿 1670	杜诗详注 27,327,355,368,447,

著作索引　2243

472
杜诗选读　758
杜诗一得　1487
杜诗义法　1012,1130
杜诗直解　542
杜诗注　111
杜诗注驳　359
杜诗注解　1127,1129
杜诗纂注　420
杜史琐证　1277
杜氏左传释例辨正　1697
杜文集注　327
杜文贞诗增注　688
杜溪文稿　369
杜臆　27
度岭集　292
度律　869
度数大全　1569
度算释例　471,507
度予亭集　60
度支辑略　1503
渡江草　395
蠹余四种　1513
端居室集　1206
端临遗书　1145
端木子年表　1321
端绮集　1388,1449
端人集　1526
端文年谱　134
端文要语　134
端溪砚坑考　1199
端溪砚品　248
端溪砚石考　289
端溪砚史　1331
端虚勉一居文集　1159,1370
端忠敏公奏稿　2005
段氏十七部古音　1303
段氏说文注订　1206,1265,1269,1293
段注匡谬　991
堆垛求积术　1250
堆絮园集　292
对驳义　1628

对数比例　1279
对数表　619
对数简法　1488
对数探源　1409,1430,1742
对数详解　1593
对校简法　1401
对雪亭诗抄　1053
对雪亭文集　1053
对岳楼诗录　1467
对岳楼诗续录　1467
惇裕堂文集　1508
敦艮吉斋诗存　1586
敦艮吉斋文钞　1586
敦艮堂诗文集　1093
敦怀堂洋务丛钞　1640
敦煌石室书目　2002
敦煌石室遗书　1935,1972,2005
敦煌石室真迹录　1972
敦煌县志　1314
敦旧集　1585
敦说楼集　1396
敦说楼书目　1396
敦夙好斋诗初编　1482
敦夙好斋诗续编　1482
敦素堂诗集　1832
敦素堂文集　1832
敦行录　520
盾墨留芳　1795
钝叟文钞　683
钝翁年谱　183,314
钝翁前后类稿　177,191
钝翁文钞　327
钝翁续稿　263
钝吟集　133,153,210
钝吟书要　153,410
钝吟杂录　153,228
遁窟谰言　213,1578,1758
遯庵诗集　249
遯庵文集　249
遯翁苦口　1340
多识类编　782
多识录　1296,1522
多闻阙疑　990

咄咄录　1573
咄咄吟　1509
朵云山房文稿　7

E

俄国情义（斯密士玛丽传或花心蝶梦录）　1868
俄国志略　1596
俄罗斯全图杂说　1617
俄罗斯史　1830
俄土战史　1793
俄志　1758
峨眉瓦屋游草　1458
峨眉县志　265,630,1191
鹅湖书田志　1333
鹅湖书院志　483
蛾术编　1075,1084,1302,1454
蛾术编注　1346
蛾术集　1206
蛾术堂集　1355
蛾术堂文集　365
垩室录感　234
鄂尔泰奏折　663
鄂县修城记　1466
鹗亭诗话　1116
噩梦　235
恩福堂笔记　1351
恩福堂年谱　1192
恩福堂诗钞　1371
恩平县志　289,797,1277
恩荣备载　1344
恩施县志　1161
恩县续志　506
恩益堂史学三种　1632
恩余堂经进稿　1129
儿女英雄传（儿女英雄评话、金玉缘）　1596,1699
儿笞录　1501
而庵诗话　122
而庵说唐诗　122
尔尔书屋文钞　1795

焚砚集 98	冯定远集 133	弗堂类稿 1879
焚余草 25,162,1107	冯少墟先生全集 269	伏羌县志 279,868
焚余稿 298	冯氏锦囊秘录 380	伏敌堂诗录 1507,1528
焚余稿诗文 348	冯氏小集 133,153	孚惠全书 1065
粉墨春秋 116	凤巢山樵求是二录 1287	扶风传信录 1155
愤助编 424	凤巢山樵求是录 1287	扶风金石录 1022
丰草庵杂著 65	凤池园文集 433	扶风县志 97,914,1022,1235
丰城文献 364	凤冈诗草 870	扶沟县志 327,363,775,1326
丰城县志 110,708,1161	凤凰厅志 1271	扶荔词 221
丰川全集 466,618	凤山县志 483	扶荔堂集 275
丰川续集 617,696	凤氏经说 1248	扶荔堂诗选 221
丰川易说 617,618	凤双飞 1805	扶荔堂文集选 221
丰都县志 1172	凤台县志 244,845,975,1198,1378	扶桑两月记 1842,1861
丰南人事考 813		扶桑游记 1596,1609,1758
丰润县志 319,732	凤县志 1285	芙蓉港诗词话 1162
丰顺县志 666	凤翔府志 797	芙蓉集 358
丰县志 758	凤翔府志略 771	芙蓉山馆骈体文 1217
风鸥集 1340	凤翔县志 336,803	芙蓉山馆诗钞 1156
风水：中国自然科学的萌芽 1958	凤阳府志 254,1464	芙蓉山馆诗词稿 1217
	凤阳县志 868	芙蓉山馆诗文钞 1143
风俗通姓氏篇 1410	奉常公年谱 1356	芙蓉山馆文集 1217
风俗通逸文 1115	奉化县志 272,845	芙蓉亭乐府 1102
风俗通韵 1286	奉节县志 661	服氏解谊 1355
风宪禁约 274	奉使滇南集 328	服氏左传解义疏证 1189
风雅伦音 229	奉使俄罗斯行程录 289,520	服制备考 1831
风雅蒙求 1665	奉使伦敦记 1584	服制解 901
风雅嗣响 299	奉使英伦记 1758	袚襫赋 213
风雅遗闻 1052,1278	奉贤县志 751	浮家泛宅图诗 441
风雅遗音 755	奉新县志 101,695,1285	浮梁陶政志 526
风雨怀人集 1633	奉辀日记 1684	浮梁县志 171,235,644,964,1264,1321,1406
风雨楼丛书 1986	佛国革命战史 1868	
风雨楼秘笈留真 1972	佛教初学课本 1871	浮眉楼词 1316
沣西草堂集 1691	佛教平等 1712	浮邱子 1397,1520
沣西先生遗集 1691	佛教演讲录 1958	浮山文集前编 154
枫林黄氏家集 1513	佛兰西革命史 1868	浮山县志 167,661
封长白山记 196	佛山忠义乡志 717,1314	浮生六记 1162
封川县志 1338	佛学初阶 1983	浮士德 1548
封泥考略 1466,1642	佛学大辞典 1983	浮溪集 929
封丘县续志 221,352	佛学指南 1983	浮溪精舍丛书 1239
封丘县志 84	夫椒山馆集 1406	浮湘集 292
疯门全书 1345	夫椒山馆骈文 1406	浮云集 122,123
葑江别话 1420	夫椒山馆诗集 1406	桴亭先生遗书 161
鄪都县志 427	鄜州志 121,1326	涪州石鱼题名记 1758

涪州志 985
福安县志 196,964
福鼎县志 1149
福尔摩斯再生案 1885
福尔摩斯侦探案 1742
福建府志 702
福建通志 254,539,610,1372
福建续志 807
福建盐法志 1296
福摩萨的历史 1759
福宁府志 758,774
福清县志 159
福泉山房医案 1151
福山金石志 1818
福山县志 169,781
福雅堂诗钞 1833
福州府志 723
福州支社诗拾 1686
抚本札记郑注考异 1333
抚闽略 804
抚宁县志 212,235,1590
抚吴公牍 1628
抚豫条教 683
抚豫宣化录 534
抚云集 289
抚浙略 804
抚浙奏议 193
抚州府志 116,289,306,579
甫里志 183,793
府谷县志 964
府仁钱三学志 1807
抴掌录 1938
辅仁录 1445,1478,1656,1670
辅仁续录 1464
簠室古甬 1957
簠斋藏古目 1642
簠斋藏陶 1642
簠斋尺牍 1642
簠斋吉金录 1642
簠斋金石文字考释 1642
簠斋印集 1642
妇科良方 788
妇人鞋补救考 344

妇婴新说 1474
负曝闲谈 1941
附鲭轩诗 1591
阜城县志 584
阜平县志 792
阜阳县志 732,1301
复庵诗说 550
复编铁琴铜剑楼藏书目录 1502
复初斋诗集 1199,1229,1272
复初斋文集 866,904,967,977,993,1051,1098,1157,1183,1196,1229,1344
复丁老人草 1137
复古编 465,476,1157
复古堂集 549
复礼 1119,1168
复社纪略 161
复社纪事 152,161
复社姓氏传略 1308
复素堂文初集 1503
复素堂文续集 1503
复堂集 1649
复堂类稿 1832
复堂类集 1521
复堂诗 1481
复性堂遗集 1272
复斋录 337
复斋诗集 718
复斋文集 718
复斋遗集 474
复庄骈俪文榷 1444,1452,1514
复庄骈俪文榷二编 1465,1492,1571
复庄诗问 1405,1514
傅青主女科 256,257
傅天集 787
傅岩诗集 1201
富川县志 746
富蘅斋碑目 1317
富民县志 440
富平县志 630,902
富顺县志 244,765,874,888,1291
富阳县志 170,245
赋抄笺略 798
赋古今体诗 1027
赋话 902,1121
赋汇题注 918
赋役全书 50,178,276,790
赋役详稿 337
覆瓿集 1369,1571,1704

G

陔南山馆文集 1573
陔余丛考 1028,1035,1036,1200
改虫集 307
改设学堂私议 1873
改亭集 328
改亭诗集 193
改亭文集 193
盖平县志 235
溉庵诗选 128
溉堂后集 197,283
溉堂集 255
溉堂前集 197,283
溉堂诗余 197,283
溉堂文集 197,283
溉堂续集 197,283
溉亭诗文集 1029
溉亭述古编 1029
溉余吟草 1185,1278
干常侍易注疏证 1428
干禄字书笺证 1689
甘泉县续志 1172,1449
甘泉县志 649,793,886
甘泉乡人稿 1452,1508
甘泉乡人余稿 1508
甘薯录 876,877,981,987
甘肃通志 539,601,1953
甘棠小志 1699
甘镇志 72
甘州府志 914
甘州明季成仁录 1288

甘珠尔经 617,619	高年县志 78	格物编 756
感旧集 172,177,720	高平县志 856	格物考 705
感旧诗钞 1287	高且园书画扇集 579	格物探原 1563,1683
感深知己录 1405	高山堂诗文抄 1136	格物问答 291
澉浦诗话 1130	高士传图像 1474	格物致知说 118
簳山草堂集 1151	高唐州续志 644	格物中法 1655
赣石城县志 90	高唐州志 169,440,1338	格言类证 1826
赣县志 255,739,1277	高县志 272,775,1185	格致镜原 471,603
赣榆县志 1075	高阳山人文集 428	格致略 986
赣州府志 446,902	高阳县志 554	格致内编 901
刚斋日记 161	高要金石略 1526	格致西学提要 1446
纲鉴汇编 424	高要县志 171,1285	格致新机 1669
纲鉴辑略 743	高邑县志 264,903,1106	格致新学提纲 1474,1903
纲鉴要录 1421	高邮州志 170,514,963,964,1191,1205	蛤仔难纪略 1166,1331
纲鉴易知录 432,481,789	高苑县续志 465	各府县人物志 1475
纲目辨误 386,534,675	高苑县志 158,751	各经传记小学 1259
纲目发明 598	高斋丛刊 1853	各省水道考 964
纲目分注补遗 54	高州府志 159,758,1291,1681	艮山杂志 1014
纲目举要 1092	高子节要 234	艮庭词 1101
纲目举正 992,1004	高宗纯皇帝圣训 1219	艮庭文集 1101
纲目四鉴 681	高宗纯皇帝实录 1094,1152	艮庭小慧 1101
纲目续麟 34,414	高宗圣训 1152	艮斋诗文集 705
纲目要略 986	高宗诗文全集 1131	更生斋诗文集 1167
纲目志疑 605	高宗政要 1724	更生斋文 1508,1591,1596
缸荷谱 1163	膏兰室札记 1686,1704	庚辰大礼记注长编 1239
戆臣诗稿 86	杲溪诗经补注 797	庚辰集 772
皋兰县志 902	藁城县志 357	庚辰杂著 1241
皋兰载笔 425	告君录 1597	庚和录 788
皋轩文编 508,520	割圆八线缀术 1501	庚申君遗事 382
皋园诗文集 206	割圆弧积表 1376	庚午元算考 489
高安县志 152,724,1271	割圜连比例术图解 1236,1267	庚戌集 146
高淳县志 64,244,702	割圜密率 1488	庚子北京事变迹纪略 1830
高厚蒙求 1076,1155,1167,1526,1662	割圜密率捷法 599,782,1366	庚子部门纪事诗(巴里客馀生草) 1830
高弧细草 1250,1757	割症全书 1554	庚子传信录 1905
高季迪先生(高启)年谱 542	歌麻古韵考 1544	庚子东林讲义 161
高兰墅集 1210	歌谣剩稿 1447	庚子国变弹词 1830,1851
高陵县志 563	阁居镜语 1453	庚子国变记 1905
高刘两先生学说略 205	阁中集 425	庚子剿办谋水拳匪始末禀信摘要 1902
高梅厅读书丛抄 1012	革命箴言 1902	
高门马太安人年谱 644	格补术 1545	庚子秋词 1813,1816,1887
高密县志 427,724	格萨尔王传 466	庚子销夏记 44,91,192,410
高明县志 139,305,1106,1277	格务广义 860	庚子雅词 1370

耕话 1410	公羊问答 1234,1248,1256,1303	勾股算术细草 1222,1224
耕烟草堂诗钞 528	公羊义疏 1304,1545	勾股图说 22
耕烟词 364	公羊逸礼考征 1508	勾股衍 993
耕野遗诗 1321	公羊臆 1955	勾股引蒙 494,496
赓和录 775	公余笔记 519	沟洫疆里小记 1076,1200,1309
赓西自叙年谱 610	公余集 985	苟全集 861
赓飏集 1215	公余诗略 330	姑山遗集 185
鬵湖诗选 330	功甫诗集 1441	姑苏名贤续记 6
耿岩诗集 344	功甫文集 1441	姑苏续名贤小纪 248
耿岩文钞 344	功顺堂丛书 1578,1684	姑妄听之 1053
工部工程做法则例 330	攻船水电图说 1388	孤儿编 1176,1370,1415
工部续增则例 758	供冀小言 1410	孤矢算术细草 1224
工部则例 687,782	宫词小纂 1162	孤树裒谈 871
工程营造录 330	宫闱诗史 133	菰芦笔记 1597
公安县志 489	宫史 694	觚賸续编 380
公安县志书 146	宫室考 657	古柏堂传奇 742
公车见闻录 1361,1410	宫同苏馆全集 1795	古柏轩集 608
公车日记 1461	躬耻堂文集 247	古本大学集解 1521
公牍偶存 1384	躬耻斋诗集 1535	古本大学解 185,1571
公法便览 1513,1590	躬耻斋文钞 1535	古本大学质言 1439
公法通义 1987	躬耻斋文钞后编 1535	古本大学注 588
公孙龙子求原记 1794	躬厚堂全集 1488	古本方舆书目 223
公孙龙子注（傅山） 256	躬行实践录 822	古本周易 287
公孙龙子注（辛从益） 1003,1263	龚安节先生年谱 213	古兵符考 1682
公羊补义 1667	龚定盦别集 1986	古钵集 230
公羊补注 1122	龚定盦词定本 1986	古棕山房遗稿 1466,1467
公羊传补注 1507,1669	龚定盦集外未刻词 1986	古春轩词钞 1410
公羊传选 407	龚定盦集外未刻诗 1986	古春轩诗钞 1410
公羊春秋何氏解诂笺 1166	龚定盦诗集定本 1986	古春轩文钞 1410
公羊春秋何氏释例 1304	龚自珍全集 1233,1378	古地志 1984
公羊春秋经传验推补证 1866	巩昌府志 288	古方考 1068
公羊古微 1471	巩县志 661,1020	古访录 1128
公羊古义 754,935	珙县志 272,845,1013	古芬阁书画记 1618
公羊谷梁古义 974,1167	共城从政录 1405	古夫于亭杂录（夫于亭杂录） 336,399
公羊谷梁异同合评 1216	勾股测量 489	古赋识小录 1156
公羊何氏解诂十论 1639	勾股尺测新法 1156,1426	古格言 1272,1420
公羊何氏解诂续十论 1648	勾股割圆记 733,753,867,890	古宫词 1433
公羊何氏释例 1290	勾股广问 1029	古官私印考 1633
公羊解诂商榷 1655	勾股截积和较算术 1321,1388	古官印志 1682
公羊礼说 1248,1303	勾股举隅 489	古红梅阁集 1609
公羊释例 1029,1270	勾股矩测解原 277	古欢集 1128
公羊通义 1290,1304	勾股六术 1321,1428	古欢录 363,377
	勾股述 496	

古欢堂集 357,393
古欢堂杂著 393
古迹考 1638,1648
古今变异论 509
古今词话 265,289,298
古今笃论 374
古今风谣拾遗 1795
古今画家姓名集韵 1186
古今疆域合志 406
古今均考 323
古今乐律考 1649
古今乐通 553
古今乐疑义 990
古今类纂 718
古今历法通考 489
古今庙学记 34
古今名贤年谱 34
古今名医方论 184
古今名医汇粹 184
古今年谱 742
古今钱略 1249,1279,1603
古今人表考 991
古今人表问 1222
古今丧礼通考 251
古今诗话探奇 977
古今石诗斋后集 1130
古今石诗斋前集 1130
古今首服图说 1223
古今水道表 1610
古今说海 942
古今朔闰考 1620
古今岁实考校补 1353
古今谈概 19
古今体诗编年 1549
古今体诗集 1333
古今天象考 1196
古今通史年表 527
古今通韵 255,312
古今通韵辑要 326
古今图书集成(古今图书汇编)
　406,492,502,528,539,542,637,
　703,704,734,849,855,1234,
　1623,1641,1667,1681,1705,
　1714,2004
古今万国纲鉴 1426
古今伪书考 462
古今文辨 33
古今文字通释 1601
古今五服考异 216,219,314
古今小品 1006
古今孝传 1145
古今孝友传 732
古今孝友传补遗 734
古今姓氏书目考证 1411
古今谚拾遗 1795
古今谣谚补注 1795
古今医案按 903
古今医案按选 1445
古今医史 353,354
古今议论参 871,895
古今逸史 1041
古今音韵识余 990
古今隐居录 134
古今韵考 299
古今韵略 348
古今韵准 1475
古今中外音韵通例 1668
古今诸术考 1620
古今自讼录 1247
古经服纬注释 1301
古经解钩沉 754,757,774,810,
　814,904,1065,1350
古经解汇函 1563,1668,1674
古镜庵诗集 343
古剧脚色考 1979,1986
古均阁宝刊录 1325
古均阁宝刻录 1502
古均阁诗 1502
古均阁文 1502
古均阁遗著 1502
古浪县志 687
古乐经传 477,478,534
古乐书 282
古乐章考 1279
古列女传 1277
古林金石表 266,549
古墨斋笔记 1328
古墨斋集 1332
古墨斋金石跋 1328
古女考 1987
古品节录 1100,1339
古器款识 1151
古钱大辞典 1983
古钱待访录 1210
古钱述记 1160
古趣亭易说 814
古泉丛话 1351,1488
古泉汇 1513,1592,1603
古泉汇考 1169
古泉山馆题跋 682,1383
古泉薮 1883
古泉选 1818
古泉学纲要 1983
古泉苑 1448
古圣贤像传略 1284
古诗编略 604
古诗赋删 348
古诗歌读本 1932
古诗纪 105
古诗笺 797
古诗录 1206,1328
古诗评选 305
古诗十九首笺 651
古诗十九首解 542
古诗十九首说 845
古诗十九首注 1194,1873
古诗选 434
古诗源 105,480,520,812,1401
古诗源批注 1565
古史纪年 1239,1348,1494
古史考年异同表 1258,1356,
　1494
古史正 326,374
古事苑 273
古书经眼录 1743
古书拾遗 1444,1494
古书疑义举例 965,1089,1540,
　1939
古汜城志 631,734

古算经细草 1114	古文尚书疏证辨正 1696,1703,	古易汇诠 577
古算术小解 1127	1959	古易序语 52
古唐诗合解 564	古文尚书私议 811	古逸丛书 1615,1630,1641,
古堂诗稿 1241	古文尚书条辨 811,1209	1686,1758,1829
古堂诗集 1241	古文尚书冤词 58,288,325,	古逸民先生集 1176
古堂文稿 1241	355,357,360,462,804,1727	古音备征记 1279
古棠书屋丛书 1419	古文尚书冤词补正 356	古音辑略 1234
古体诗 1502	古文尚书冤词平议 355,1727,	古音类表 1512,1663
古天文说 1147	1739,1959	古音论 1278
古田县志 702	古文尚书冤冤词 804	古音劝学 1410
古铁斋词钞 1373	古文尚书正辞 1703	古音谐 1293
古铁斋印谱 1373	古文尚书撰异 1011,1034,	古音正义 348
古桐书屋六种 1564,1571	1035,1051,1208	古愚丛书 1091
古桐书屋续刻三种 1662	古文析义 77,235	古愚心言 348,395
古铜瓷器考 803	古文孝经荟解 1757	古玉图考 1675,1852
古微堂集 1471,1595	古文孝经述义疏证 1435	古玉图谱 915,957
古微堂诗稿 1395	古文孝经直解 1955	古越藏书楼书目 1853,1883
古微堂诗集 1549	古文叙录 1329	古韵 1503
古微堂文集 1395	古文绪论 1297	古韵标准 759,776,796,819,
古纬汇编补注 1655	古文雅正 502,520,574	821,889,1315,1350,1445
古文笔法 1626	古文野乘 205	古韵表集说 1554
古文病余草 889	古文渊鉴译本 662	古韵类表 1507
古文初编 1826	古文苑拾遗 1111	古韵蠡测 1393
古文辞类纂 914,915,1207,	古文约选(方苞) 689	古韵论 1288
1240,1278,1626,1638,1826	古文约选(刘大櫆) 689	古韵溯原 1362
古文大小篆沿革表 1959	古文载道稿 427	古韵通 147
古文观止 327,342,481	古文旨要 374	古韵通说 1477,1632
古文话 1663	古文指授 831	古韵异同摘要 1076
古文辑略 118	古文周易参同契注 427,563	古政原论 1919
古文精藻 357,478	古歙山川图 747	古志石华 1296
古文练要 1470	古香林丛书 1339	古制佚存 1804
古文眉诠 655,776	古香山馆诗存 1514	古周易尚书定本 717
古文尚书辨 618,678,1696	古香山馆文集 1514	古籀考 1476
古文尚书辨讹 1270	古孝子传 1296,1383	古籀拾遗 1558,1681,1958
古文尚书脞说 1433	古新圣经 1201	古籀余论 1681,1868,1958
古文尚书考 322,648,720,728,	古杏堂集 31	古字释义 1475
729,754,811,844,1042,1350	古学记问录 1521	诂经精舍文集 1119,1147,
古文尚书马郑注 1065,1204,	古学考 1667,1754,1801	1148,1633
1230	古学类解 207	谷梁补注 1507,1592
古文尚书疏证 58,164,243,	古训集汇 654	谷梁传疏证 1122
339,347,355,462,660,678,728,	古谚笺 1410	谷梁传通解 1987
925,1175,1350	古谣谚 1493,1620	谷梁传选 407

谷梁春秋大义述 1609
谷梁春秋经传古义疏 1639
谷梁春秋内外编目录 1648
谷梁大义述 692,1366
谷梁范注阙地释 1866
谷梁废疾申何 1304
谷梁经传章句疏 1648
谷梁考异 1217
谷梁礼证 1348,1352,1353
谷梁起废疾补笺 1873
谷梁申义 1688
谷梁释例 692,1248
谷梁先师遗说考 1608
谷梁异文释 1348
谷梁逸礼考证 1915
谷梁正义 1077
谷梁正义长编 1548
馒飱亭集 1527
馒飱亭后集 1527
谷水文勺 602
谷贻堂全集 140
骨董琐记 1679
瞽言 78,198
固安县志 453
固始县续志 661
固始县志 84,326,903,975,985
故城县志 158,534
顾端文公年谱 341
顾氏列传 283
顾氏推步简法三种 1579
顾氏医镜 476
顾氏族谱 1500
顾亭林集 898
顾亭林先生年谱 237,1361,1388,1422
顾职方年谱 1316
瓜棚避暑录 1085
瓜田词 741
卦本图考 1288
卦气表 1667
卦气解 1013,1355,1369,1487
卦气直日考 1987

卦象大义 306
卦序别臆 1259
挂枝儿 19
怪疾奇方 1596
怪石赞 117,448
关帝年谱 427
关帝文献会要 427
关侯年谱 368
关圣帝君年表 101
关圣帝君年谱考 1240
关圣帝君全集 1240
关学编 167,617,618,1453
关右经籍考 1027
关中风俗考 1259
关中金石记 939,940,952,966
关中胜迹图志 874,924,944
关中诗文钞 1453
关壮缪侯年谱 378
观城县志 159,1356
观古堂书目丛刻 1730
观古堂所刊书 1936
观古堂所著书 1729,1957
观海集 91
观海日记 122
观濠居士集 1619
观河集 1077
观津录 804
观礼编 870
观妙斋金石文考略 549
观其自养斋杂记 1393
观石录 133
观始集 65
观书记 1328
观书杂识 990
观所尚斋诗存 1969
观所尚斋诗存补遗 1969
观所尚斋文存 1969
观所尚斋文存补遗 1969
观堂集林 710,1359,1930,1996
观我生室汇稿 1446
观无量寿佛经 1451

观象居易传笺 647
观易外编 1002,1279
观自得斋印集
官场怪现状 1957
官场现形记 1831,1870,1903,1921,1922,1998
官话课本 1958
官礼经典参同 556
官礼验推补证 1804
官梅集 299
官韵考异 1129
官制议 1857,1869
冠昏丧祭仪考 1410
冠石诗集 206
冠县志 357,1314
冠豸山堂文集 663
馆藏书目录
馆阁丝纶 579
馆课 894
馆课存稿 1144
馆陶县志 182,534
管涔集 7
管城硕记 656,741
管村文集 125,217,401
管窥录 515
管情三义 1395,1459
管色考 1279
管天笔记外编 27
管子传 1973
管子地员篇注 1331
管子今编 1619
管子析疑 1691
管子小匡篇节评 1872
管子校正（管子正误） 1559,1566
管子学 1873
管子义证 1329
盥蒙杂著 831
灌县志 992
灌阳县志 415
光论 1446
光山县志 84,347,992

光绪朝东华录 1723,1859,1971	广近思录 432,512,521	1117,1145,1232,1322,1350,
光绪黄岩县志稿 1915	广经传释词 1731	1515,1601,1814,1947
光绪会典事例 1804	广经室文钞 1610	广雅堂诗集 1973
光绪会计表 1655	广列女传 1273,1402	广雅注 1068
光绪会计录 1905	广灵县志 264,724	广阳杂记 317,344
光绪台州府志稿 1915	广陵从政录 1405	广艺舟双楫 1671,1675,1705,
光绪舆地韵编 1758	广陵诗事 1112,1419	1805
光绪政要 1854,1971	广陵事略 1164,1172,1184,	广印人传 1101
光宣诗坛点将录 1969	1185,1293	广永丰县志 151,245,379
光学揭要 1380,1512,1714	广陵通典 1059,1061,1258,1264	广舆记 656,894
光学图说 1682,1758,1903	广录 172	广韵分母表 1597
光泽县续志 415	广明儒理学备考 253,254,288,	广韵说 1105
光泽县志 245,758	318,335,400	广韵姓氏刊误 1520,1958
光州志 90,319,775,816	广南府志 1205	广治平略 424,656
广爱录 1085	广南府志略 939	广州府志 1492,1602
广安州志 812,1240	广宁县志 319,688,1271	广州土话字汇 1334
广安州志书 571	广平府志 191,610	广宗县志 326,1120
广昌县志 245,310,764	广平县志 191	归安县志 170,1625,1716
广川诗抄 809	广前定录 645	归德府志 91,724
广德直隶州志 624,830	广群芳谱 397,416,417,425	归方评点史记合笔 1586
广德州志 170	广少补遗 497	归宫詹集 1143
广东方言撮要 1377	广事类赋 786	归厚录 179
广东海防汇览 1326,1494	广释名 1199,1305,1445	归化县志 357
广东通志 183,243,359,369,	广说铃 193	归庐晚稿 1157
539,557,559,1153,1225,1226,	广说文答问疏证 1955	归牧集 1904
1233,1241,1242,1258,1310,	广唐书 1337	归求草堂诗集 1005
1316,1419,1434,1625	广唐贤三昧集 494	归求堂诗集 889
广东图 1520	广天籁集 1501	归人集 803
广东图说 1658	广通县志 305	归善县志 183,514,964
广东文献 1221	广瘟疫论 494	归田集 339,1395
广东新语 349,368,369,860,	广西府志 1053	归田琐记 1401,1420
861,862	广西通志 243,539,571,579,	归文辨诬录 160
广东舆图 265,284	1105,1112,1121	归庸斋集 111
广丰县志 975,1264	广信府志 245,446,963	归愚集 685
广复古编 1212	广续方言 912	归愚诗钞余集 797
广古今议论参 871	广雅补疏 1654	归愚诗余 803
广黄帝本行记 1154	广雅补说 1470	归愚文钞 758
广辑词隐先生增定南九宫十三调词谱（南词新谱） 24,59,117	广雅书局丛书 96,1082,1831	归愚文钞余集 700,803
	广雅疏 1054	归州志 1221
	广雅疏义 1193	归州志书 116,159
广济县志 110,708,1053	广雅疏证 965,1004,1011,1017,	圭美堂集 420
广金石韵府 471	1034,1067,1075,1095,1096,	圭斋文集 1405

规规过 1169	国变录 273	国朝隶品 1145
闺秀词钞 1742	国别地理 1661	国朝练音初集 650
闺中宝鉴 372	国策地名考 1275,1308,1352	国朝岭海诗钞 1401
癸亥记事 649	国策选 407	国朝六家诗钞 803
癸甲襄校录 1714	国朝臣工言行记 1356,1420	国朝六科汉给事中题名录 1151
癸巳存稿 537,1371,1388,1409	国朝词雅 1090	国朝闽海人文 1209
癸巳类稿 1326,1371	国朝词综 1119,1127	国朝名臣事略 1153
癸巳治疫记 675	国朝词综补遗 1470	国朝名臣言行录（汪喜孙） 1415
癸酉消夏南苑唱和集 1684	国朝词综续编 1564,1572	国朝名臣言行录（朱次琦） 1443,1618
鬼山狼侠传 1894	国朝大臣谱 7	
贵池县志 1296	国朝二十四家文钞 1067	国朝名人词翰 1265
贵池县志略 319	国朝宫史 643,684,770	国朝名人可法录 1586
贵池县志续编 661	国朝贡举考略 1127	国朝骈体正宗 1149,1316
贵溪县志 159,702,975,1271	国朝古文汇钞 1427,1447	国朝骈体正宗评本 1514
贵州风土记 1435	国朝诂经文钞 1350,1427	国朝耆献类征初编 8,14,27,
贵州水道考 1059,1066	国朝诂经文续钞 1427	34,45,50,54,65,73,79,85,86,
贵州通志 171,319,539,636	国朝闺阁诗钞 1395	98,105,112,113,117,118,119,
贵州志略 771	国朝闺秀摘珠 1487	122,123,128,129,134,140,141,
桂边要塞图说 1901	国朝闺秀摘珠续录 1487	147,148,153,154,161,172,173,
桂东县志 159,227,751,1221	国朝闺秀香咳集 1136	174,178,179,180,185,186,192,
桂林集 460	国朝闺秀正始集 1315	193,197,198,199,205,206,214,
桂林守城日记 1449	国朝闺媛类征 1681,1692	215,222,223,224,228,229,230,
桂门自订初稿 1143,1180	国朝汉学师承记 164,176,497,	237,238,239,246,247,248,249,
桂平县志 807	639,728,776,901,904,941,1029,	256,257,258,267,273,274,275,
桂山堂偶存 211	1075, 1171, 1172, 1177, 1182,	281,282,283,284,290,291,292,
桂堂诗话 847	1219, 1225, 1226, 1227, 1310,	299,300,306,307,312,313,314,
桂亭公余小草 1192	1313,1377,1445	315,318,320,321,322,323,324,
桂馨堂集 1414,1474	国朝汉学师承续记 1518	329,330,331,337,338,339,343,
桂轩先生集 564	国朝杭郡诗辑 1107	344,348,349,353,358,359,364,
桂学答问 1709,1714	国朝湖州府科第表 1151	369,370,371,373,374,375,381,
桂阳县志 169,732,1221	国朝画识 1060,1315	382,383,387,388,393,394,395,
桂阳直隶州志 1535	国朝画征录 586,626,741	400,401,406,407,411,417,418,
桂阳州志 246,548	国朝畿辅诗传 1344,1470	419,423,424,425,428,429,434,
桂宧藏书目 831,977	国朝金陵词征 1756	435,441,448,449,454,455,461,
桂游日记 1482	国朝金陵文征 1742	462,466,472,476,477,478,481,
桂苑笔耕集 1638	国朝经儒经籍考 1715	484,490,491,495,496,497,507,
桂枝乐府 1460	国朝经师经义目录 1177,1310	508,509,520,521,522,528,535,
郭华野疏稿 564	国朝经学名儒记 1500	536,549,550,556,564,565,573,
郭嵩焘日记 1691	国朝理学备考 269, 277, 302,	574,579,586,587,603,604,611,
郭太史历草补注 489	378,400	618,619,626,632,637,638,639,
崞县志 746	国朝丽体金膏 1060	645,650,651,657,658,662,663,
		664,668,669,675,676,682,683,

698,704,705,711,712,717,718,
726,733,734,736,741,742,747,
748,753,754,755,760,761,765,
766,772,776,777,781,782,787,
788,794,798,799,804,805,808,
809,813,814,818,822,823,824,
831,832,847,848,857,858,870,
877,890,904,915,916,917,927,
940,941,955,956,966,967,977,
978,986,987,993,994,1004,
1005,1013,1014,1021,1022,
1029,1037,1046,1047,1054,
1060,1061,1062,1068,1069,
1076,1077,1084,1085,1086,
1092,1093,1101,1102,1107,
1114,1115,1120,1121,1128,
1129,1130,1137,1138,1144,
1145,1150,1151,1156,1157,
1163,1167,1168,1169,1174,
1179,1180,1186,1187,1193,
1194,1200,1201,1207,1208,
1209,1210,1215,1216,1217,
1218,1223,1224,1229,1230,
1231,1242,1243,1251,1252,
1260,1266,1267,1272,1273,
1278,1279,1280,1286,1287,
1288,1292,1293,1297,1303,
1304,1310,1311,1316,1317,
1322,1323,1328,1333,1334,
1339,1340,1341,1345,1352,
1353,1357,1363,1364,1371,
1377,1378,1389,1390,1391,
1396,1397,1401,1405,1406,
1410,1415,1420,1421,1427,
1428,1502,1535,1632,1681,
1692,1958

国朝柔远记（国朝通商始末记、
　　中外通商始末记）　1595,
　　1602,1690
国朝儒学正宗　1443
国朝山左诗钞　721,752
国朝师儒论略　1634
国朝诗别裁　661,722,765
国朝诗钞小传　504
国朝诗萃　1136

国朝诗的　899,906
国朝诗铎　1544,1572
国朝诗话　1228
国朝诗人征略　1101,1309,
　　1393,1482
国朝诗人征略初编　215,343,
　　1129,1151,1383
国朝诗选　688,778
国朝十家四六文钞　1675
国朝试帖详解　890
国朝谥法考　340,777
国朝书画家笔录　1069,2002
国朝书人辑略　45,113,117,
　　123,153,154,162,173,185,192,
　　193,197,215,222,256,275,283,
　　300,307,312,321,330,337,338,
　　358,364,365,370,382,395,424,
　　425,472,496,497,508,509,573,
　　579,603,626,638,639,645,651,
　　657,664,690,705,718,734,753,
　　760,766,772,776,782,787,794,
　　818,823,831,832,848,857,904,
　　915,916,939,940,956,977,987,
　　993,994,1022,1054,1060,1061,
　　1069,1084,1092,1101,1102,
　　1120,1121,1122,1130,1144,
　　1145,1151,1168,1169,1187,
　　1194,1200,1201,1207,1208,
　　1209,1210,1216,1223,1224,
　　1229,1230,1250,1251,1252,
　　1260,1266,1272,1278,1286,
　　1299,1303,1316,1317,1322,
　　1323,1324,1328,1333,1334,
　　1339,1352,1363,1364,1371,
　　1373,1377,1378,1383,1390,
　　1391,1395,1396,1401,1415,
　　1428,1433,1440,1447,1459,
　　1465,1482,1501,1504,1508,
　　1549,1936,1939,1957
国朝四大家诗钞　798
国朝松江诗钞　1167
国朝松陵诗征　803
国朝宋学渊源记　1246,1257,
　　1310
国朝肜史略　1663

国朝文录（李祖陶）　1350,1362,
　　1687,1816
国朝文录（姚椿）　1446
国朝文录续编　1541
国朝文征　1221,1332
国朝先正事略　249,401,669,
　　1091,1122,1201,1352,1377,
　　1494,1513,1525,1663
国朝先正文略　1663
国朝学案　1472,1618
国朝学案备忘录　1634
国朝学案小识（学案小识、清学
　　案小识、清儒学案小识）
　　1387,1394,1404,1494,1640
国朝学略　1658
国朝艺文备志　1987
国朝逸民传　1618
国朝印识　1373
国朝甬上耆旧诗　735
国朝御史题名　724
国朝院画录　1215,1401
国朝正气集　1572
国朝诸家七言长句选　1446
国初十家诗钞　1309
国粹丛编　1939
国粹丛书　1902,1939,1973,1974
国风原指　1566
国富策　1740
国故论衡　759,1985
国家编　1830
国门集　7
国民必读　1896,1907,1945
国民必读经证释义　1945
国民必读课本　1945,1963
国榷　13,22,49,64,79,182,195
国人词综续编　1514
国山碑考　1003,1193
国史河渠志　1358
国史考异　88,106,1007,1579
国寿录　197
国书　894
国文典问答　1884
国文语原辞　1937

国学唱歌集 1902	海昌外志 79	海宁县志 183,244,751,793
国学讲习会略说 1919	海昌学职禾人考 1331	海宁县志略 64
国学讲义 1344	海昌州志 1399	海宁许公名宦乡贤轶事 1502
国学振起社讲义 1919	海潮辑说 939	海宁州志 876
国雅集 140	海澄县志 327,775,936	海秋诗集 1357,1397
国语补韦 1230	海岱日记 348	海曲方域小志 1115
国语补校 1145	海岱史略 1228	海曲诗抄 1143
国语补音订误 816	海岛算经图说 1180	海曲拾遗补 1228
国语补注 1207,1507,1669	海东集 987	海曲拾遗续补 1228
国语存液 1409	海东金石存考 1321,1448	海骚集 1297
国语发正 1106,1341,1400	海东金石文字记 1205	海山存稿 987
国语解订讹 967	海东金石苑 1314,1448,1513	海山仙馆丛书 1286,1418
国语考异 1106,1341,1400	海防述略 254	海上繁华梦 1418,1795
国语三君注辑存 1341,1400	海防图表 1447	海上花列传 1418,1714,1717
国语疏 1353	海防要览 1658	海塘录 792
国语韦解补正 1106,2001	海防总论拟稿 304	海塘通志 702
国语韦昭注疏 1167	海房文稿 536	海天鸿雪记 1922
国语校文 1061,1106	海丰县志 145,694	海天琴趣词 1521
国语校注本三种 1106,1400	海峰诗文集 915	海天琴思录 1499,1501,1585
国语选 407	海国表 1658	海天琴思续录 1585
国语翼解 1096,1106	海国集览 1249	海天秋色谱 1357
国语注补 1377	海国纪闻 1249,1347	海图妙喻 1669
国子监则例 1271	海国四说 1395,1405,1494	海外番夷录 1395
虢季子白盘考 1633	海国图志 1290,1337,1370,	海外通典 1815
果嬴转语记 1309	1374,1375,1382,1398,1400,	海外恸哭记 30
果室诗钞 223	1402,1407,1409,1410,1413,	海外文编 1640,1716
果室文钞 223	1432,1440,1445,1451,1471,	海外轩渠录（即格律佛游记）
果堂集 615,648,688,712	1473,1577,1676,1726	1921
裹塘志略 1155	海国闻见录 553	海西文编 1661
过江集 97	海康陈清端公年谱 1285	海盐县续图经 681
过岭集 299	海康县志 1185	海盐县志补遗 171
过庭录 1369,1445,1487	海口特志 177	海盐张氏涉园丛刻 2004
过庭碎录 1377,1555	海陵从政录 1405	海阳县志 272,554,644
过眼杂录 1157	海陵文征 1388	海隅遗珠录 1610
过云楼书画记 1626	海录 1240	海愚诗钞 1028,1115
过云庐画论 1068	海门家言 555	海虞画苑略 681
	海门厅图志 1987	海虞诗见 1365
	海门厅志 1154	海虞诗苑 752
H	海门县志 64,1314	海源阁丛书 1440,1459,1460
	海鸣小说集 1995	海运刍说 1341
海昌备志 1404,1509	海年集 85	海运纪略后编 1418
海昌讲学集注 314	海年诗内集 85	海运考 1135
海昌经籍著录考 1610	海宁王静安先生遗书 1996	海运南漕丛议 1378

海运议 556	721,759	汉纪述例 1304
海州直隶州志 1178	韩昌黎先生年谱 1258	汉建安弩机考 1633
海州志 90	韩城县续志 386,1227	汉金石例 1005
海㟘冶游录 1758	韩城县志 975	汉金文篇 1383
憨叟诗钞 154	韩川文集 1107	汉隶拾遗 1160,1315,1322
含经堂集 248,315	韩杜合删 348	汉隶字原 305,476
含山县志 37,254,681	韩非子集解 1741	汉隶字原考正 1157
含星集 236	韩非子识误 1142	汉律辑存 1831
邯郸县志 167,554,739	韩桂舲自订年谱 1285	汉律辑证 1754
函海 955,1167,1278,1618	韩集点勘 534,675	汉律决事比 1831
函楼词抄 1921	韩集笺正 1428	汉律疏证 1804
函楼诗抄 1921	韩江集 803	汉律撫遗 1968
函楼文抄 1921	韩江诗钞 455	汉南春柳词 1477
涵芬楼古今文钞 1986	韩柳二先生年谱 549	汉南郡志 298
涵斋楼遗稿 1819	韩柳年谱 734,1445	汉南续修郡志 1198,1287
寒村诗文集 448	韩门缀学 647	汉铙歌句解 1217
寒村诗文选 105	韩诗订讹 1180	汉儒传经记 1134
寒村诗文选十七种 265	韩诗故 1038	汉儒考 1133
寒村杂录 448	韩诗笺 1730	汉儒通义 1270,1452,1474,1627
寒绿堂山姜分体诗 393	韩诗考逸 1433	汉三辅考 1267
寒庖录 1224	韩诗内传考 1077,1350	汉诗评 323
寒山吟漫录 857	韩诗内传征 887	汉诗统笺 1173,1229
寒松阁词 1958	韩诗拾遗 1222	汉诗音注 323
寒松阁骈体文 1958	韩诗外传 784,1026,1027,1068,1586	汉诗总说 347
寒松阁诗集 1958	韩诗外传勘误 1527	汉石存目 1675,1724,1818
寒松阁谈艺琐录 1957,1958	韩诗外传疏证 1227	汉石存佚考 1597
寒松堂诗集 282	韩诗外传校议 1343	汉石记 1959
寒松堂文集 249,282,1179	韩诗遗说 1177,1180	汉石经残字考 1229
寒松斋稿 73	韩诗遗说考 1369,1541,1624	汉石例 1309,1388,1460
寒塘诗话 542	韩诗遗说续考 1703	汉史臆 179
寒厅诗话 392	韩文公文集编年考 956	汉世别本礼记长义 1252
寒香馆诗钞 1406,1413	韩文故 1118	汉书补正 1806
寒香馆文钞 1406	韩文笺注 427	汉书补注 1815,1947
寒秀草堂笔记 1136	韩文考异 409,788,1115	汉书地理考 678
寒夜丛谈 1162,1216	韩子粹言 414,478	汉书地理志补校 1815
寒夜录 117	汉碑隶体举要 1053	汉书地理志补注 1267
寒支初集 273	汉碑引经考 1804,1882	汉书地理志稽疑 735,1135,1445
寒支二集 273	汉碑篆额考异 1477	
韩笔酌蠡 447	汉川县志 845	汉书地理志集释 1151
韩昌黎集补注 1323	汉地理图 1330	汉书地理志考证 1218
韩昌黎年谱 368	汉官差次考 214	汉书地理志水道图说 1413
韩昌黎全集考异 918	汉皇德传 1410	汉书地理志校勘记 1341
韩昌黎诗集编年笺注 422,		汉书地理志校注 1340

汉书地理志音释 1208	汉魏韵读 1436	杭郡选举志 1093
汉书二十四家遗注 1956	汉文佛典纪要 1676	杭氏七种 1433
汉书管见 1716	汉武梁祠堂石刻画像考 1277	杭漱录 1433
汉书隽语 1475	汉西京博士考 1288	杭州城南古迹记 1298
汉书蠡说 1242	汉西域图考 1544	杭州府志 272,573,888,902,
汉书七表校补 1254,1676	汉溪书法通解 696,993	914,976,1476
汉书人表考 797,1237	汉溪偕存集 993	蒿庵集 323
汉书人名表 1479	汉熹平石经遗字 1829	蒿庵类稿 1622
汉书十表注 1151	汉校官碑后记 1493	蒿庵类稿续编 1622
汉书疏证 700,708,1093	汉校官碑考证记 1464	蒿庵论词 1622
汉书疏证补 846	汉学商兑 884,1227,1269,1270,	蒿庵随笔 1622
汉书西域传补注 1300,1301,	1274,1282,1283,1284,1313,	蒿庵文集 846
1414	1394,1425,1434,1553,1554,1688	蒿庵闲话 147,199
汉书校勘记 1609	汉学尚兑赘言 1668	蒿庵遗稿 1597
汉书艺文补志 1014	汉学拾遗 1145	蒿庵奏稿 1622
汉书艺文志考 1218	汉学谐声 1127,1278,1470	蒿叟随笔 1622
汉书艺文志拾补 1689,1921	汉延熹西岳华山碑考 1175,	濠梁集 299
汉书艺文志条理 1698,1921	1177,1192	好古堂藏书目 462
汉书音义 1079	汉阳府志 139,673	好古堂家藏书画记 363,462
汉书引经考 1882	汉阳县志 681,708,1227	好云楼初集 1597
汉书摘咏 1286	汉阴厅志 1227	好云楼二集 1597
汉书正讹 993	汉阴县志 280	郝氏春秋非左辨正 1703
汉书正误 684,705,1063	汉音存正 698	郝氏遗书 1257
汉书注校补 1624,1643,1703	汉英拼音字典 1642	郝文忠公年谱 1296
汉氾胜之遗书 1236	汉英字典 1334	郝文忠公全集 1296
汉太初历考 1669	汉语百科辞典 1503	浩气集 662
汉唐地理书钞 1184,1222,1297	汉语会话教科书 1759	浩然堂集 106
汉唐事笺 1282	汉语语法 1193,1334	喝月楼诗录 1362
汉唐诸儒与闻录 1554	汉昭烈帝年谱 378	禾川书 869
汉铜印丛 710	汉志释地略 1676	禾录 392
汉魏二十一家易注 1097	汉志水道疏证 1135,1329	禾中灾异录 1316
汉魏六朝名家集初刻 1983,	汉志水道图说 1627	合订南唐书 995
2003	汉志志疑 1676	合订删补大易集义粹言 313
汉魏六朝墓铭纂例 1119,1389	汉制考疏证 1218	合肥三家诗录 1656
汉魏六朝唐宋诗选 1871	汉中府志 64,975,1005,1287	合肥县志 213,554,1135
汉魏六朝文选 1871	汉州志 667,1221	合肥学舍札记 1334
汉魏六朝志墓金石例 1184	汉挚室文钞 1644	合肥志 352
汉魏三调乐府诗谱 1904	汗简笺正 1445,1515,1956	合江县志 775,1185
汉魏石经考 1656	汗筠斋丛书 1100	合浦县志 272,489
汉魏遗书钞 1091,1222,1297	翰苑分书释字百韵 1956	合声简字谱 1936
汉魏音 935,954,973,976,1168,	杭城坊巷志 1807	合省国说 1395,1405,1495
1591	杭郡诗辑 1327	合省图志 1382
	杭郡诗三辑 1663	合水县志 771

合校方言 1743	河纪 192	荷衣集 153
合众国说 1494	河间府新志 764	鹤庵遗集 381
合州志 1020	河间府志 204	鹤峰州志 636,1258
合注龙虎上经参同契 675	河间问答 774	鹤皋年谱 1192,1199,1209
何典 1596	河间县志 176,764	鹤静堂集 162,228
何海鸣说集 1995	河津县志 158,964,1205	鹤龄山人集 399
何少詹文钞 1692	河洛古文 166,374	鹤鸣集 1346
何氏公羊解诂三十论 1655	河洛精蕴 758	鹤鸣堂诗集 192
何氏解诂笔 1304	河洛太极辨微 663	鹤鸣堂文集 192
何氏纠缪 1607,1608	河洛通解 484	鹤茗诗钞 1566
何氏学 1153	河洛图说 157,414,1105	鹤栖堂集 393
何太仆集 862	河内县志 78,327,1277,1317	鹤庆府志 453
何文毅集 878	河南府续志 541	鹤泉集杜诗 1278
何文贞公遗书 1461,1640	河南府志 97,341,914	鹤泉文钞 1107,1278
何校元圣武亲征录 1277	河南通志 88,90,146,240,277,	鹤山县志 724,1285
何休注训论语述 1610	291,341,539,570,585	鹤墅诗文草 1488
和林金石考 1731	河曲县志 33,1308	鹤征后录 704,1156,1389,1559
和平县志 781,1235	河渠纪闻 1172	鹤征录 1082,1178,1389,1559
和珅传 1323	河渠考 382	壑云集 861
和顺县志 182	河山氏喻家言 958	壑舟园初稿 1332,1390
和陶 857	河上易注 1248,1273	壑舟园次稿 1390
和陶合笺 1149	河上余闻 788	黑籍冤魂 1973
和陶诗 896,1129	河套志 766	黑龙江述略 1241,1886
和文注琴谱 345	河套志略 650	黑龙江外纪 1172,1710
和州志 171,244,785,842,856,	河图道原 1065	黑龙江驿程日记 1695
1115	河图洛书同异考 476	黑奴吁天录（即汤姆叔叔的小
河北采风录 1334	河图洛书原舛编 361	屋） 1831,1934,2006
河道末议 212	河西县志 440	黑水考 1279
河东君传 113,364	河阳金石录 1151	黑水考证 779
河东全集录 407	河阳县志 310	黑行星 1961
河东盐政志 901	河源纪略承修稿 1174	黑盐井志 427
河防刍议 231	河源述 936	黑衣教士 1938
河防考 491	河源图 959	恨海鹃声谱 1981
河防类要 1378	河源县志 298	恒产琐言 418
河防述言 292,357,981	河中杂韵 704	恒气注历辨 776
河防私议 705	河州景忠录 1288	恒山集 740
河防算法书 669	河州志 279,409	恒星经纬表根 546
河防要略 155	河庄诗抄 1222	恒星经纬度表 706
河防摘要 292	邵阳记略 888	恒星说 1101
河干诗抄 1136	邵阳县全志 812	恒轩吉金录 1852
河工方略 1339	荷花诗 257	恒轩集 173
河工器具图说 1405,1406	荷经堂古文诗稿 1116	恒轩诗钞 772
河工条例 509	荷兰统治下的台湾 1692	恒轩所见所藏吉金录 1648,

华严经衣义 1100	画史汇传 1277	淮海续英灵集 1157
华严经音义 924,1053,1445	画谭 1370	淮海英灵集 1072,1074,1089,
华严念佛三昧论 1077	画图指意识 741	1419
华严疏论纂要 383	画溪草堂集 230	淮海英灵续集 1146
华阳散稿 804,915	画学心法问答 631	淮南北场河运盐走私道路图
华阳诗稿 915	画学心印 1445,1465,1644	1334
华阳县志 1214	画媵诗 1433	淮南鸿烈间诂 1729
华洋脏腑图像约纂 1699	画脂集 904	淮南集 91
华野郭公年谱 564	画麈 98	淮南天文太阳解 1005
华夷译语 677	画庄类稿 822	淮南天文训补注 1029,1296
华阴县志 1003	话山草堂遗集 1446	淮南万毕术 1265,1383,1670
华英初阶 1795	话山先生诗文类稿 380	淮南杂志 690
华英国学文编 1795	怀安县志 636	淮南子补校 1145
华英进阶 1795	怀豳杂俎 1236	淮南子校勘记 1396,1397,1503
华英通商事略 1682,1758	怀舫集 515	淮南子校正 1476
华岳志 509	怀葛堂文集 409,549	淮南子正误 1242
华字原 1936	怀古堂偶存文稿 793	淮宁县志 724,1285
滑稽外史 1938	怀古堂诗选 320	淮上题集 1272
滑县志 53,273,765	怀古田舍梅统 1460	淮阴集 299
化书堂集 1418	怀古田舍诗钞 1460	淮阴金石仅存录 1689
化学鉴原 1554,1643	怀集县志 732	槐窗随笔 1969
化学鉴原补编 1690	怀旧集 24	槐庐丛书 1284,1591
化学鉴原续编 1579	怀旧杂记 1650,1704	槐堂诗稿 992
化学考质 1633,1643	怀来县志 440	槐堂诗文集 977
化学求数 1633,1643	怀陵流寇始终录 343	槐堂文稿 992
化学新编 1903	怀麓堂集 1126	槐厅载笔 1099,1194
化学原鉴 1560	怀宁县志 1277	槐西杂志 1045
化学原理及有机化学 2000	怀清堂集 496,661	槐轩集 116
化州志 146,272,681	怀清斋集 1272,1273	槐轩全书 1459
画跋 307,416	怀庆府志 90,341,975,991	还读庐诗钞 1328
画壁集 193	怀人馆词 1182,1185,1265	还砚斋易汉学拟旨 1954
画传灯 98	怀山遗稿 318	环碧山房书目 1066
画偈 106	怀小编 1452	环渌轩诗草 814
画鉴 221	怀园集 375	环渌轩文集 814
画诀 299,1644	怀远县志 514,673,1220,1227,	环率考真图解 1593
画林新咏 1292	1235	环山楼选 496
画梅题记 1029	淮安府志 184,264,665,681,	环山诗钞 704
画品 1272	1626	环县志 724
画谱 416,656,740	淮安金石仅存录 1640	环游地球新录 1582,1887
画筌 321,1137	淮安艺文志 1579	环隅集 553
画筌评 307	淮北票盐志略 1320	环斋诗集 1503
画筌析览 1137,1447	淮海公年谱(淮海先生年谱)	环斋文集 1503
画人传 162	1251	环中黍尺 369,385,506

环中堂诗文集 60	皇朝经世文编补 1418,1432	皇极经世绪言 666
郇庐诗文集 1879	皇朝经世文编五集 1850	皇极经世易知 779
洹洛访古游记 1996	皇朝经世文编正续 1291	皇极韵谱 375
寰有诠 50	皇朝经世文三编 1292,1756,	皇明表忠记 44
寰宇访碑录 1027,1119,1230,	1794	皇明通识 364
1646	皇朝经世文四编 1292,1850	皇明语林 65
寰宇访碑录校议（寰宇访碑录	皇朝经世文统编 1830	皇清碑版录 1119,1146,1149
刊缪） 1648	皇朝经世文新编 1794	皇清经解 279,351,756,844,
寰宇贞石图 1625	皇朝经世文新编续集 1850	889,925,1075,1076,1080,1089,
宦海 1973	皇朝经世文新增时务洋务续编	1141,1166,1220,1225,1226,
宦海升沉录 1973	（皇朝经世文三编增附时务洋	1235,1245,1257,1264,1274,
宦拾录 1149	务） 1756	1276,1282,1283,1290,1301,
宦游纪略 1508	皇朝经世文新增续编 1291	1306,1323,1419,1480,1493,
宦游日记 1396	皇朝经世文续编（葛士濬）	1520,1609,1623,1668,1688,1959
宦游随笔 1670	1669	皇清经解缩版编目 1276
浣花拜石轩镜明集录 1082	皇朝经世文续编（饶玉成）	皇清经解提要 1276,1348
浣松轩诗集 605	1617	皇清经解提要续编 1276
浣松轩诗外集 605	皇朝经世文续编（盛康） 1291,	皇清经解续编（续皇清经解、南
浣松轩文集 604	1756	菁书院经解、续清经解）
浣玉轩诗文集 1004	皇朝经世文续钞 1425	367,1204,1205,1645,1668,1674,
浣月山房诗别集 1477	皇朝经世文续新编 1850	1683,1696
浣月山房诗内集 1477	皇朝内府一统舆地图 1285	皇清经解续编目录 1276
浣月山房诗外集 1477	皇朝骈文类苑 1514	皇清经解渊源录 1276,1338
浣月山房随笔 1477	皇朝谥法考 1512	皇清经解札记 1758
荒古原人史 2002	皇朝通典 947,956,989,1649	皇清开国方略 844
荒江老屋诗识 1370	皇朝通志 803,989,1625	皇清诗初集 228
荒书 104,310,374	皇朝文典 1206,1259,1378	皇清诗选 205
荒政丛书 305	皇朝武功纪盛 1043,1200	皇清诗选盛集初编 289
荒政辑要 1149,1230	皇朝新政文编 1850	皇清文颖 575,582,583,664,
皇本论语经疏义考 1186	皇朝蓄艾文编 1719,1870	670,674,677,689,733,782,1146,
皇朝词林典故 1139,1142,1163	皇朝直省图 1868	1470
皇朝大臣谥迹录 1077	皇帝大同学革弊兴利百目	皇清文颖续编 1173
皇朝读文献通改 1984	1919	皇言定声录 318,360
皇朝藩部要略 1209,1360	皇帝疆域图 1793	皇舆表 202,208,212,239,269,
皇朝藩属舆地丛书 1662	皇帝三统五瑞表 1815	284,391,802
皇朝纪世文补编 1433	皇帝王伯统辖表 1815	皇舆全览图 408,413,478,555,
皇朝经籍志 1400	皇帝王伯优劣表 1815	663,764,799
皇朝经济文编 1830	皇华纪闻 254	黄安县志 1258
皇朝经济文新编 1830	皇华日记 1421	黄白距度表根 546
皇朝经解 1134	皇极经世考 731,741	黄陂县志 121
皇朝经世文编 25,1275,1286,	皇极经世铃解 875	黄池随笔 1215
1291,1300,1415,1471,1669,	皇极经世书解 487	黄道总星图 668
1756,1794	皇极经世说 229	黄帝魂 1863,1870
		黄帝内经集注 1806

黄帝内经灵枢集注 160,495	黄忠端公年谱 1302	悔余生诗 1655
黄帝内经素问集注 160,495	黄忠节公年谱 1067	悔园存稿 415
黄帝内经素问校义 1561	黄州府志 264,687	悔在先生集 185
黄帝内经素问直解 342	黄琢山房集 889	悔斋集 300
黄帝以来甲子纪元表 1695	黄子大全集 661	悔斋诗 122
黄冈县志 169,758,1020,1610,1625	璜川吴氏经学丛书 1308	汇刻书目 1100
黄公说字 471	璜泾志稿 1309	汇刻书目三种 1668
黄鹄山志 1683	篁村诗钞 1046	汇纂元谱南曲九宫正始（南曲九宫正始、九宫正始） 37
黄海前游集 1904	磺庵集 534,564	会昌县志 1285
黄河七说 1975	晃州厅志 1277	会昌县志稿 695
黄淮安澜先资编 722	辉县志 746,1338,1405	会典经证 1936
黄金胄 1921	微积溯源 1579,1852	会典明史纂辑 338
黄静山所著书 717	徽县志 1166	会稽陆忠烈公自著年谱 869
黄九烟先生杂著 223	徽言秘旨 371	会稽县志 177,244
黄梨洲遗书 1902	徽志补正 1142	会稽新志 1715
黄梨洲年谱 302,1525	徽州府通志 171	会理州志 1066
黄琉璃史 401	徽州府通志续编 244	会宁县志 1314
黄梅县志 90,739	徽州府志 1182,1291	会秋堂诗文集 374
黄湄集 353	徽州志 272	会同县志 169,724,845,1235,1240
黄湄诗选 228	回回历补注 489	
黄平州志 1113	回回历假如 22	会心草堂集 637
黄荛圃年谱（黄荛圃先生年谱） 1807	回疆通志 1135	会心吟 312
	回疆志 830	绘林伐材 1051
黄山纪胜 1378	回礼补录 166	绘事备考 312
黄山纪游 690	回文类聚补遗 934	绘事雕虫 1167
黄山印篆 382	洄溪道情 822	绘事琐言 1083
黄衫客传奇 1941	洄溪医案 822	绘事微言 38
黄少司寇奏疏 1447	悔庵学文 1115,1132,1179,1224	绘图识字实在易 1868
黄氏熟课 1502	悔迟自叙年谱 465	绘影阁诗集 1077
黄氏医书八种 717,1486,1541,1973	悔初录 1487	桧门诗疑 776
	悔存诗钞 965	晦暗斋笔语 1730
黄氏逸书考 1426,1449	悔过斋文稿 1527	晦明轩稿 1606,1815
黄书 64,320,1631,1748	悔过斋文续稿 1527	惠安县续志 1320
黄泰自订年谱 1338	悔庐文钞 811	惠安县志 1126
黄庭二景互注 477	悔生诗抄 1162	惠安县志续补 151
黄溪志 1314	悔生文集 1162	惠来县志 280,559
黄县志 169,739	悔翁笔记 1633,1676	惠民县志 758,953
黄岩县志 235,363,816,1806	悔余庵尺牍 1566	惠氏读说文记 754
黄叶村庄诗集 337,472	悔余庵集 1521	惠州府志 289
黄叶楼初集 1083	悔余庵集事楹联 1566	慧楼诗文集 1242
黄运河口古今图说 1406	悔余庵乐府 1566	慧星考略 1504
黄漳浦遗集 1286	悔余庵全集 1566	蕙风丛书 1742
	悔余庵诗稿 1566	

昏礼辨正　465	积石文稿　1287,1435	吉金贞石志　116,549
昏礼通考　986	积书岩集　455	吉林外纪　1710
昏礼重别论　1628	积学堂诗钞　489	吉石庵丛书　1883
婚礼广义　182	积学斋丛书　1699	吉水县志　169,694,739,1277
浑天图说　978	基督山恩仇记　1938	吉祥居存稿　1293
浑源州志　97,780	绩溪县志　739,1172	吉州志　167,601
浑斋七种　1127	绩溪县志续编　132	汲庵诗存　1597
浑斋全集　1127	嵇留山人集　105,191	汲庵文存　1597
混元点化经　1010	缉古算经考注　1321	汲古阁刊书目　1921
活地狱　1922	缉古算经细草　1333	汲古阁书跋　85
火轮图说　1376	缉斋诗文集　1101	汲古阁说文订　1082
火器考　1422	畿辅安澜志　807	汲古阁说文解字校记　1617
火器说略　1758	畿辅丛书　528,1601,1603,1699	汲古阁珍藏秘本书目　448,1107
火器真诀　1474,1479,1742	畿辅河道水利丛书　1271	汲古堂集　1345
火余草　353	畿辅人物考　27,184,1544	汲县志　341,732
火珠林遗意　986	畿辅水利备览　1494	汲斋剩稿　1488
漷阴志略　1610	畿辅水利书　1432	汲冢纪年存真　1355,1404
或庵评春秋三传　429	畿辅水利议　1356,1585	汲冢周书辑要　1028
货币制度论　1816	畿辅水利志　807,904,1274	级数勾股　1572
获嘉县志　280,739	畿辅通志　158,241,539,584,1553,1580,1640,1691,1795	即墨县志　786
获鹿县志　601,939	稽庵集　1392	极乐世界传奇　1370
霍乱论　668,1536	稽庵诗集　1390	急救探奇　1186
霍邱县志　145,724,1277	稽庵诗续集　1390	急就篇考异（孙星衍）　1090
霍山县志　687,876,1214	稽庵文集　1390	急就篇考异（徐养原）　1279
蠖斋诗话　246,248	稽古稗钞　248	急就章考异　1689
蠖斋杂记　246,248	稽古订讹　43	急就章考证　1293
	稽古录　718	笈云草　556
	稽古录辨讹　1273	棘听草　53,337
J	稽古堂集　25	集程朱格物法　626
	稽古斋全集　674	集杜诗　298
击楫集　1696	稽年录　693	集古宸印改证　1675
机械学　2000	稽瑞楼文钞　1280	集古官印考证　1383
鸡窗丛话　1278	激素飞清阁评碑记　1535	集古文字略　1427
鸡鸣录　1536,2001	吉安府龙泉县重修县志　245	集李诗　337
鸡泽县志　24,167,731	吉安府万安县志　151	集唐　178
鸡足山志　172,319,455	吉安府永丰县志　101,255	集帖目录　1606,1901
积古图识　1371	吉安府志　90,876	集虚斋学古文　403
积古斋钟鼎彝器款识　1117,1136,1278,1371,1807	吉金古文释　1371	集验良方　619
积山先生遗集　846	吉金乐石山房诗文集　1247	集义编　1573
积善诗文集　645	吉金所见录　1236	集义斋咏史诗钞　1573
积石诗存　1435	吉金贞石录　1022	集韵编雅　1592
		集韵考正　1428,1601
		集韵校堪记　1487

集政备考　193
集朱子读书法　626
辑古算经补注　1426
辑古算经细草　1360
辑注蔡邕月令章句　1447
蕺园诗集　775,977
几何补编　320,426,489,507
几何通解　489
几何要法　31
几何原本　303,306,384,385,1469,1470,1518,1626,1627,1663,1664
几亭集　14,862
己庚编　1209
己庚杂记　1083
己亥存稿　85
己亥杂诗　1362,1367,1801
己未词科录　1154
计树园诗存　1059,1156
记传汇纂　1791
记过斋藏书　1541,1543,1550,1609
记过斋文稿　1445
记过斋赠言　1609
记红集　273
纪程　1106
纪恩录编年　1126
纪录边事　894
纪梦编年　1314
纪年草　1136,1155
纪氏家谱　797
纪事本末汇编　1829
纪事本末汇刻　1661
纪事本末五种　1563
纪事诗钞　299
纪文达公遗集　956,1144,1185
纪劾达辞　101
纪效新书　1135
纪行绝句　766
纪要要略　398
纪元编　1314,1678
纪元汇考　127,249

纪元甲子表　1293
纪元通考　1135,1298
纪元要略　675
纪元要略补辑　723,777
季沧苇藏书目　1143
季沧苇书目　180
季汉五志　378
既倦录　645
济荒必备　1541
济急法　1853
济美篇　638
济南府志　271,319,358
济南竹枝词　1251
济宁直隶州志　902,1368,1387
济宁州志　170
济阳县续志　33
济阳县志　199,793
济源县志　803
济州金石志　1387
济州学碑释文　338
继雅堂诗集　1541
寄庵诗文集　1297
寄庵杂著　1572
寄傲轩读书三笔　1216
寄傲轩读书随笔　1216
寄傲轩读书续笔　1216
寄生馆文集　1274
寄亭公自述　1067
寄愿堂文集　477
祭法解　1133
祭礼解　966
蓟州志　391,1314
霁春堂集　1120
霁轩诗钞　359
稷山论书诗　2005
稷山文存　2005
稷山县志　168,792,1205
冀县志　1654
冀州志　182,673
髻山语录　134
骥沙存稿　1242
加减乘除释　1083,1243

加里波的传　1869
夹江县志　265,1191
佳人奇遇　1795,1831,1851
佳想轩诗抄　1335
迦陵词全集　298
迦陵文集　238
迦茵小说（迦因小传）　1903
家藏书目解题　1560
家乘旗谱　441
家乘识小录　248
家法论　223
家范辑要　1247
家祭私议　411
家诫录　1085
家诫要言　7
家居便览　321
家礼辨定　409
家礼经典参同　556
家礼拾遗　587
家礼仪节举要　1092
家礼致宜　275
家礼酌　127
家世节录　78
家塾祀规　282
家训　41,216,229,374,1271,1603
家荫堂尺牍　1405
家荫堂嘉言　1405
家荫堂诗文钞　1405
家语发覆　1014
家语贯珠　1013
家语广注　1222
家语录要　756
家语疏证　1051,1053,1115
家语正义　662
家语证伪　814
葭萌小乘　1127
葭州志　793,1172
嘉定府志　1126
嘉定金石文字记　1193
嘉定县续志　254
嘉定县志　168,610,643,1129,1172
嘉定州志　409

嘉禾八子诗选 758	稼门文抄 1173,1230	见堂诗抄 1278
嘉禾县志 246,797,1221	坚瓠集 985	见闻随笔(冯甦) 323
嘉木样协巴大师全集 490	坚蕉诗稿 551	见闻随笔(瞿中溶) 1045
嘉庆道光魏塘人物记 1361	坚磨生诗钞 726,772	见闻杂记 1938
嘉庆东华续录 1602	兼济堂文集 274	见闻杂录 388
嘉庆会典 1227	兼济堂奏议 274	见闻赘语 1141
嘉庆会典事例 1227	兼山堂集 284	见星庐古文 1340
嘉庆嘉兴府志 1106	兼山堂遗稿 455	见星庐馆赋话 1341
嘉庆江宁府志 1571	兼韵音义 1387	见星庐馆诗话 1265,1341
嘉庆郧阳志补 1166	监利县志 43,379,1559	见星庐馆文话 1341
嘉庆重修一统志 975,1181,1381	笺经堂遗集 1969	见星庐诗稿 1340
	犍为县志 667,1003,1214	见在龛诗文集 1986
嘉善县纂修启祯条款 33	拣魔辨异录 567	见则堂四书讲义语录 205
嘉树山房集 1173,1273	俭德堂读书随笔 1832	建安县志 446
嘉树堂集 224	俭德堂文集 1832	建昌府志 170,739
嘉祥县志 902	俭德堂易说 1832	建昌县志 183,1227
嘉兴府志 235,489,1112,1113	茧窝杂稿 223	建德县志 101,254,724,903,1276,1296
嘉兴金石志 1449	茧园烟墨著录 1092	
嘉兴县志 265,1113	茧斋诗谈 752	建宁府志 121,327
嘉言录 282	茧斋诗选 752	建宁县志 159,758
嘉荫簃论泉截句 1448	检身录 1247	建平县志 363,559
嘉应州志 694	检心堂稿 522	建始县志 1185
嘉鱼县志 151,1028	检验详说 1127	建首字读 1376
郏县续志 644	简庵集 565	建水州志 460,559
郏县志 27,84,336	简明赋役全书 259,288	建阳县志 386,1321
甲丁乡试同年录 1730	简明国文 1938	建元考 1328
甲申传信录 52	简平规总星图 291	建元类聚考 1052,1273
甲申大难录 184	简松草堂诗集 1137	剑川州志 446
甲申集 6	简松草堂文集 1107,1137	剑底鸳鸯 1938
甲申燕都纪变实录 172	简效方 1452	剑虹居诗集 1692
甲申臆议 161	简学斋赋存 1288	剑虹居文集 1692
甲乙篇偏旁条例 1217	简学斋诗存 1288	剑虹居制义续刻 1692
甲乙剩稿 1067	简易识字课本 1945,1963	剑虹斋集 821
甲乙事案 6	简斋集 929	剑溪说诗 703,1012
甲子纪元表 1620	简州志 1053	剑溪文略 1012
贾长沙政事疏考补 1554	简庄疏记 1222	剑侠传图像 1474
贾唐国语注 1180	简庄文抄 1156	剑州志 534
贾谊年表 1120	简庄缀文 1156	荐举名册 1082
假庵诗草 19	简字全谱 1931,1936	健庵集 322
假借表释 1433	謇謇录 1573	健松斋集 281
假数测圆 1488	见庵锦官录 414,1106	健松斋续集 373
稼村偶见 344	见山楼诗集 160	健余尺牍 683
稼门诗抄 1173,1230	见山楼遗诗抄 1292	健余诗草 683

健余先生文集 683,688	江南北大营纪事本末 1620	江右八家诗 1316
健余札记 637,683	江南救荒录 788	江右考古录 1222
健余奏议 683	江南名胜图咏 889	江右庠音选诗 987
涧于集 1873	江南通志 204,244,254,257,	江源考证 779
涧于日记 1873	299,374,394,424,539,557,570,	江浙十二家诗选 798
渐川集 190,214	601,604,1274	江左三大家诗钞 299
渐西村汇刻 1682,1795,1819	江南制造局记 1902	江左十五子诗选 448
渐西村人诗初集 1818	江宁地形考 1826	姜公桥徐氏宗谱 631
鉴古录 623,831	江宁府志 133,245,1176,1676	姜西溟先生文抄 626
鉴语经世编 110,182,191	江宁金石待访目 1135	姜先生全集 1578
鉴止水斋集 1096,1125,1129,	江宁金石记 889,911	姜斋诗话 320
1231,1236	江宁金石志补 1449	姜张词得 1130
鉴止水斋书目 1231	江宁先正言行录 1826	将乐县志 793
荐青集 1440	江宁新志 681	讲习录 683
碉东诗钞 1377	江浦县志 527	讲学纪事 161
江安县志 780,1185,1302	江山风月集 1441	讲学偶话 1341
江北运程 1699	江山风月谱 1461	讲学全规 161
江变纪略 37	江山县志 244,372,446,876	蒋百里全集 1703
江城名迹 117,118	江上诗集 321	蒋氏家训 280,284
江川县志 1099	江上怡云集 725	蒋氏四种 1553
江村山人未定稿 734	江氏丛书 1656	匠门书屋文集 520
江村随笔 734	江氏音学 1182	绛跗阁经说三种 738
江村销夏录 328,410	江氏音学十书 1436	绛跗阁诗 813
江都甘泉续志 1193	江苏碑目纪略 1620	绛跗堂诗集 1332,1333
江都县续志 1178	江苏海运全案 1286,1415	绛县志 83,793
江都县志 470,497,548,649,734	江苏省全舆图 1873	绛雪园古方选注 564
江防述略 520	江苏诗征 548,608,1038,1146,	绛云楼书目注 1426
江防总论拟稿 304	1215,1225,1228,1250,1251	绛云楼题跋 111
江汉书院讲义 617	江苏水利图说 1364	绛州志 145
江汉宣防备考 1334	江苏新字母 1920	交城县志 139
江汉赠言 1420	江田梁氏诗存 1327,1420	交翠轩笔谈 1171
江杭草 338	江湾志稿 1193	交河集 1344
江湖闲吟 674	江西风土赋 1222	交河县志 168
江湖载酒词 1302,1310	江西诗社宗派图录 311	交辉园遗稿 578
江湖载酒集 160,422	江西诗征 1136,1316	交辉园遗稿续刊 578
江华县志 548	江西通志 235,479,483,539,	交芦集 375
江淮河运图 1334	563,982,1588,1608,1617,1730	交涉纪事本末 1755
江津县志 807,1135	江西新城县志 1285	交食举隅 639
江冷阁诗集 428	江夏县志 245,453,493,1053	交食蒙求 385,507
江冷阁文集 348,428	江行日记 1316	交行摘稿 37
江陵县志 110,1059	江阳典录 1222	交游录 65
江陵县志刊误 1106	江阴县志 245,655	郊社考辨 367,572
江陵志余 33	江油县志 534	浇愁集 1591

胶莱河考 553	教育刍言 1922	解州全志 470,785
胶州志 169,708	教育丛书 1849	解州芮城县志 785
椒花吟舫小集 798	教谕语 1242	解州夏县志 785
椒丘诗 60	斠补隅录 1633	解州志 167
椒生缦草 1595	阶州志 279	解字小记 1076,1200
椒生诗草 1595	皆山阁吟稿 737	介庵经说 1196
椒生随笔 1595	揭阳县志 559,914	介白堂诗集 1796
焦山鼎铭考 845,855,1229	揭子兵经 343	介存斋论词杂著 1364
焦山纪游集 682,1445	揭子战书 343	介存斋诗 1265,1364
焦山志 1633	街南文集 116,364	介和堂诗文集 274
焦氏丛书 1189,1220,1235,1585	街南续集 364	介山自订年谱 765,772
焦易说诗 1654	孑遗录 306,346,431,449	介石堂文钞 1277
蛟川备志 1142	节本明儒学案 1901	介寿辞 907
蛟川诗系 1514	节甫老人杂著 1302	介亭笔记 1163
蛟湖诗草 818	节妇传 746	介亭诗钞 1163
蕉窗必读 428	节韵幼仪 161	介亭外集 1163
蕉窗日记 619	讦谟成竹 1554	介亭文集 1163
蕉廊脞录 1655	劫灰录 323	介休县志 347,816,1235
蕉林诗集 205	洁身堂文集 871	岕茶汇钞 246
蕉林诗文集 313	结一宧骈体文 1695	戒庵漫笔 928
蕉畦存稿 556	结一宧诗 1695	戒庵诗集 211
蕉畦字朔 556	捷录 893,894	戒三文存 211
蕉声馆诗文集 1371	睫巢诗钞 756	芥圃诗钞 919
蕉书 172	睫巢诗文集 734	芥岩先生年谱 1185
蕉园集 324	截球解义 1488	芥舟学画编 939
角度衍 993	鲒埼亭集 133,466,505,604,638,647,677,683,697,721,1136,1355,1559	芥子先生集 986
剿寇十策 7		芥子园画传 213,373,428,1228
剿平捻匪方略 1559		芥子园画传二集 429
剿平三省邪匪方略 1169	鲒埼亭集外编 125,325,597,607,614,634,691,734,735,876,1013,1179	芥子园画传三集 429
剿平粤匪方略 1559,1613		借鸽楼小集 358
峤雅集 34		借根方法浅说 1426
教观纲宗 60	鲒埼亭诗集 735	借闲生诗词 1341
教会源流考 1985	鲒埼亭文集 277,735	借闲随笔 1341
教民恒言 274	羯鼓录 1351	借月山房汇钞 759,1162,1266
教女遗规 626,644	解春集 462,1070	巾经纂 803
教时刍言 1660	解春集诗钞 358	今词初集 197
教士迩言 1425	解春集文抄 1045	今词苑 152
教书九章 1439	解梁讲义 901	今词综 283
教务纪略 1885	解弢馆诗集 742	今古奇观 1292,1666
教习堂条约 266	解易 292	今古奇文 1578
教学通议 1657	觧州安邑县志 785	今古文家法考 1458
教养全书 282	觧州安邑运城县志 785	今古学考 1632,1653,1655,1672,1677,1688,1689,1754
教要六端 193	觧州平陆县志 785	

今国语 229
今乐府选 1430,1515
今乐考证 1501,1514
今世说 77,246,370
今水经 110,216,771
今文尚书管见 952,1163
今文尚书经说考 692,1500,
　1541,1542,1624
今文尚书考纪 1715
今文尚书考证 1713,1753,1959
今文尚书说 618
今有古无字 1479
今有堂诗集 734
今雨集 1418
今雨轩诗话 573
今韵津 814
今韵三辨 1362
今韵正义 1479
金鳌退食笔记 256
金箔考 1150
金城唱和集 1788
金川考略 936
金东山文集 704
金风铁雨录 1938
金刚宝筏 1013
金刚经 133,1506,1983
金刚经评注 256
金刚破空论附观心释 60
金刚新眼 955
金管集 711
金光明经 281
金壶七墨 1564,1586
金华丛书 1501,1544
金华府志 244
金华县志 341,1264
金匮本草 374
金匮方歌括 1179
金匮县志 644
金匮要略方论本义 515
金匮要略论注 153
金匮要略浅注 1128,1267
金匮要略心典 549,689
金匮要略直解 172

金匮翼 689
金辽备考 438
金陵兵事汇录 1887
金陵词选 1816
金陵待征录 1370,1395
金陵访碑记 915
金陵旧闻 1256
金陵南朝佛寺志 1815
金陵诗征 1256,1662
金陵私乘 343
金陵通传 1512,1882
金陵通传补遗 1882
金陵通纪 1512,1936
金陵文征小传汇刊 1699
金陵物产风土志 1957
金陵续诗征 1714
金陵志地录 751
金门志 1344
金钱记 344
金荃集 88,448
金雀记 930
金阙攀松集 765
金仁山论孟考证辑要 1328
金沙江考略 1691
金山县志 709
金山姚氏二先生集 1585
金山志 745
金诗选 682
金石跋尾 939
金石补录 221
金石称例 1494
金石萃编 1134,1143,1150,
　1151,1210,1278,1345,1623,1627
金石萃编补正 1296
金石萃编校字记 1648
金石粹编续 1716
金石存 617,847,1121
金石待访录 1138
金石分地编 1698
金石后录 954
金石汇目分编 1468,1485
金石经眼录 602

金石考文提要 1129
金石例补 1178
金石录 284,1210,1220,1226,
　1234
金石录补 284
金石录补续跋 284,1184
金石契 821,1201
金石全例 1698
金石三跋 1102
金石三例 732,808,1595
金石三例续编 1648
金石三例再续编 1577
金石识别 1564,1852
金石识小录 1316
金石史 44,886
金石书画随笔 1420
金石索 1257
金石图 602,661,754
金石文跋尾 822,886,1100,1126
金石文跋尾续 1130
金石文钞 1076,1328
金石文释 940
金石文随笔 267
金石文字跋尾 1005,1256
金石文字辨异 1027,1173
金石文字记 213,237,378,560,
　1134,1175
金石文字目录 1138
金石文字续跋 1076,1102
金石续编 1330,1345
金石续录 427
金石学补录 1716
金石学录 1111,1258,1656
金石学录补 1656
金石学录续补 1656
金石要例 721,733,1178
金石遗文录 172,425
金石原起说补考 1271
金石源流 383
金石苑 1448
金石综例 1290,1372
金史宫词 1465
金史纪事本末 1703,1904

金史详校 1178,1272	近道斋文集 355,579	晋陶靖节年谱 1327
金薯传习录 808,877	近古录 128	晋州志 182,368
金水二星发微 776	近光集 480	缙云县志 152,254,803
金丝录 610	近鉴 179	靳文襄公奏疏 323
金台集 258,938	近鉴斋经说 1696	京笔杂记 887
金太史集 15	近儒名论甲集 127	京邸校书录 1251
金太史全集 704	近世界六十名人 1938	京房易图 214
金坛县志 244,695	近世社会主义 1869	京稿诗集 298
金坛狱案 151	近世灾录 19	京畿金石考 1043,1230
金堂县志 703,1178	近思录补注 1288	京津拳匪纪略 1830
金縢大诰康诰三篇辨 978	近思录发明 407	京山县志 169
金汀拾遗 991	近思录集解（李文炤） 587	京师访巷志 1599,1716
金文通集 31,147,273	近思录集解（尹会一） 681,683	京师乐府 765
金文选 1286,1305	近思录集解（张伯行） 427	京氏易 1154
金文雅 1470	近思录集注（江永） 643,776	京音简字述略 1792
金文最 1082,1286,1305,1578	近思录集注（茅星来） 488,683	泾川丛书 1321
金息斋年谱韵编 146,147	近思录续录 367	泾川金石记 1328
金溪县志 159,702,1264,1285	进步与贫困 1601,1713,1897	泾川诗话 1107
金县志 280	进呈穷理学 291	泾渠志 986
金乡纪事 1251	进奉文钞 1287	泾县续志 1277
金乡县志 170,440,807	进化与伦理 1735	泾县志 64,243,716,732,975, 1149
金消酒醒词 1411,1418	进贤堂集 905	
金消酒醒曲 1411,1418	进贤县志 170,1264,1406	泾阳鲁桥镇志 1249
金屑录 1372	晋乘 1618,1952	泾阳县后志 673
金元明八大家文选 1401	晋初史略 1981	泾阳县志 145,563,902
金元明八家文钞 1338,1362	晋代谢氏世系考 1475	泾野语录 269
金元十五调南北曲谱 1904	晋纪 723	泾州志 724
金源札记 1272	晋江县志 793,1302	经稗 504
金泽小志 1314	晋略 1320,1325,1356,1364,1386	经锄堂诗集 284
金斋先生集 369	晋南随笔 1128	经锄堂文稿 284
津步联吟集 1696	晋宁州志 465,775	经传建立博士表 1703
津逮楼书目 1333	晋起堂遗集 765	经传考证 1254,1257,1294,1332
锦城记 651	晋释法显佛国记地理考证 2001	经传释词 433,891,965,1028, 1088,1232,1234,1235,1312, 1322,1333,1350
锦江志略 159		
锦里新编 1106	晋书补传赞 846,847	
锦县志 235	晋书地理志补注 1879	经传释词补 1089
锦州府志 235	晋书地理志新补正 937,966, 976	经传释词续编 1254,1387
近词丛话 1827		经传释义 1135
近代畴人著述记 1740,1793	晋书校勘记（劳格） 1516	经传通义 1536,1537
近代诗抄 1615	晋书校勘记（周家禄） 1987	经传小记 1145
近代诗派与地域 1969	晋宋书故 1205,1279	经传小记续 1460
近代诗人小传 1969	晋太康三年地记 966,976	经传摭余 1453
近道斋诗集 579	晋泰始笛律匡谬 1168	经词衍释 1534,1590

经词衍释研 1089	经窥续 1866	经说拾余 1474
经德堂文别集 1477	经络全书 128	经笥堂文集 875
经德堂文内集 1477	经师言行录 1415	经通 1408
经德堂文外集 1477	经史百家简编 1560,1571	经玩 548,556
经典集林 1297,1329	经史百家杂钞 1486,1560,1585	经文广异 1427
经典诗文考证 1036	经史避名汇考 1092	经问 325
经典释文附录 1232,1235,1241	经史辨论 1206	经心书院经解 1675
经典释文考证 1028	经史参同 798	经学博采录 1658
经典释文考证札记 1727	经史粹言 1699	经学初程 1655
经典同文 1030	经史答问 1475,1713	经学管窥 1337
经典文字辨证 964,974	经史管窥 1221	经学辑存 1674,1675
经典文字考异 1138	经史镜 882,890	经学辑要 1658
经典异同 1482	经史蠡测 710	经学讲义 1915
经典正字 1436	经史骈枝 1634	经学历史 1918,1936,1959,1978
经典证文 1427	经史诗笺字义疏证 1987	经学明例 1791
经读考异 1052,1102	经史说略 1853	经学史讲义 2001
经郛 1109,1124,1140,1248,1334,1617	经史问答 735,791,1071,1559	经学提要 1291
经诂 1801	经史臆见 798	经学通论（五经通论） 1936
经国美谈 1633,1805,1814,1851	经史余论 1004	经学卮言 993,1191
经国五政纲目 986	经史正伪 535	经训比义 1806
经海一滴 586	经史正音切韵指南 236,273	经训书院自课文 1703
经话甲编 1667	经史质疑 846	经训堂丛书 923,937,940,952,964,965,966,976,983,1001,1084,1662
经话甲集 1740	经史质疑录 1201	
经籍跋文 682,1191,1222	经世辑论 586	经训修身 1846
经籍举要 1409,1477,1617	经世挈要 871,1007	经言拾遗 731,741
经籍逸文 1297	经世文编 987,1164	经筵讲义 1324
经籍籑诂 1078,1082,1089,1098,1103,1122,1124,1145,1146,1185,1210,1217,1419,1563,1608,1632,1668,1713	经世文新编 1721	经冶堂解义 1191
	经书算学天文考 474,1083	经迻 1958
	经书言学指要 584,603	经遗说 1648
	经书源流歌诀 478	经义编 858
经籍籑诂补遗 1112	经书字音辨要 1308	经义辨讹 253
经济编 858	经术公理学 1901	经义存参 1447
经济类杂考约编 133	经述 1696	经义管见 526
经济学教科书 1932	经说（戴震） 890	经义考补正 362,1035,1043,1229,1445
经解补 718	经说（凤应韶） 1177	
经解入门 1310,1320,1667	经说（李塨） 572	经义考异 326
经解续编著录 1696	经说（钱大昭） 1193	经义录 1369
经解指要 1239	经说（吴凌云） 1105	经义旁通 1460
经进稿 1113	经说丛抄 1632	经义骈枝 1634
经进讲义 846	经说弟子记 1474	经义塾钞 1830
经进文稿 395,1060,1101	经说管窥 1792	经义亭疑 2001
经句说 1227	经说偶存 1806	

经义图说 1235	井里算法解 990	敬一录 364
经义悬解 1661	井田出赋考 1233	敬遗堂诗集 954
经义杂记 351,448,1049,1087, 1099,1175,1180,1740	井田贡税法 1475	敬遗堂文集 954
经义斋集 306,424	井田议 1279	敬义堂集 726
经义正衡叙录 1848	井陉县志 554	敬远录 1286
经义证考 1393	井研县志 586	敬斋文稿 696
经义知新记 1061	井研斋印存 1101	靖安县志 327,702,1277
经义质疑 760,1204,1697	井鱼听编 611	靖江县志 139,245
经谊杂识 1727	景德旧事 526	靖远县志 1326
经余必读 1143,1318	景德镇陶录 1207	靖州直隶州志 1291,1348
经苑 219,607,1400,1425,1432, 1540	景定建康志 1112	靖州志 771
	景东府志 563	静庵诗稿 1902
经韵集字析解 1590	景东直隶厅志 771,1012,1240	静庵诗集 1362
经韵简 282	景教碑铨 85	静庵文集 1362,1902
经韵六书述 1130	景教流行中国碑颂正诠 85	静便斋集 781
经韵楼集 692,1120,1170,1188, 1208,1248,1508,1640	景刊宋金元明本词四十种 2003	静悱集 878
经韵楼说文注商 1475	景陵县志 133,319	静观堂诗集 373
经杂考 1435	景宁县志 585	静海县志 168
经正录 273	景文堂诗集 1278	静海乡志 1331
经正民兴说 1852	景詹暗遗文 1516	静乐县志 341
经咫 717,723	景州志 158,661,798	静廉堂诗文集 726
经字辨体 1387	景紫堂全书 1501,1554	静廉斋诗集 955
经字异同 1393,1601	儆居集经说 1502	静宁志 465
经字正蒙 1648	儆居遗书 1669	静宁州志 666
荆门列女纪略 483	警世通言 19	静儒遗诗 690
荆门耆旧纪略 480	净土三经新论 1077	静山集 705
荆门直隶州志 1166	竟庵日记 1133	静思堂稿 180
荆门州志 724	竟山乐录 318,360,1128	静惕堂词 266
荆石山民诗文集 1184	敬孚类稿 1499,1886	静惕堂诗集 265,266
荆驼逸史 2002	敬恕堂纪年述略 422	静香楼医案 689
荆园进语 196	敬恕堂文集 291,422	静厓诗初稿 1138
荆园小语 133,199	敬思堂文集 993	静厓诗后稿 1138
荆州府志 265,746,975,1041	敬亭公自订年谱 781	静厓诗续稿 1138
荆州卫志 169	敬亭集 173,782	静园仅稿 311
荆州右卫志 245	敬亭诗草 725	静远草堂诗话 1460
旌德县续志 1285	敬亭文稿 725	静远草堂诗文集 1460
旌德县志 64,724,1161	敬亭自记年谱 1044	静远草堂麈谈 1460
精禽填海记 1921	敬修堂说外 37	静远堂集 1488
精神降鬼传 1383	敬修堂同学出处偶记 197	静志居琴趣 128,422
井福堂文集 1138	敬业堂集 535	静志居诗话 380
	敬业堂诗集 480	镜花缘 1250,1311

镜镜詅痴　1345,1388
镜谱　1495
镜史　102
镜烟堂十种　775
瀞园賸稿　1743
絅斋札记　1111
駉思室答问　1669
纠幻首集　1806
九柏山房集　1130
九朝列传　553
九峰精舍壬辰集　1754
九峰精舍辛卯集　1754
九峰精舍自课文　1754
九歌解　586
九歌注　478
九宫辨　990
九宫正始　37
九谷集　110
九谷考　1076,1128,1255,1460
九华新谱　1222
九江府志　1227
九经辨字读蒙　611
九经补韵考　1210
九经补韵考证　1099
九经古义　475,671,720,754,814,843,844,973,1324
九经汉注　1464
九经集解　1196,1263
九经笺说　1713
九经三传沿革例　1011
九经说　1074,1166,1207,1507
九经误字　150,237,1134
九经衍义　326
九经字样　607,634,816
九经字样疑　967
九九浅说　553
九灵山房集　821
九命奇冤　1885,1920,1988
九旗古义述人　1958
九十九筹　899,900,905,906,907,908
九十九峰草堂诗钞　1456

九史同姓名略　1003,1157
九史同姓名略补遗　1043
九势碎事　1076
九数比例　1604
九数存古　1503
九数通考（数学精详）　831,846
九数外录　1503
九水山房文存　1153
九思居经说　1807
九畹续集　964
九尾鱼　1418,1921
九溪卫志　264
九锡九命表　1791
九姓志略　1240
九曜石刻录　1301,1316
九曜斋笔记　754
九籥集　908
九斋年谱诗　1331
九章补图　890
九章算术细草图说　1180,1241
九章杂论　993
九章重差补图　1279
九芝仙馆诗文钞　1189
九州山水考　192
旧本未见书经眼录　1555
旧德录　1537
旧德堂医案　281
旧馆坛碑考　1682
旧唐书律历天文　808
旧唐书疏证　1322
旧唐书校勘记　1400,1412,1455,1545
旧唐书疑义勘同　1504
旧唐书逸文　1412,1413
旧闻随笔　1901
旧五代史考异　1077,1133
旧香居文稿　1356
旧学庵笔记　1696
旧学蓄疑　1061
旧雨草堂诗集　1254,1676
旧雨草堂札记　1254
旧雨集　632

旧雨堂集　275
救荒备览　1059,1116
救荒定仪　185
救荒全书　15
救世揭要　1564
救世录撮要略解　1234
就正集　206
居巢集　313
居济一得　406,414,521
居求编　223
居士传　869
居遐迩言　1163
居学录　118
居要录　118
居业堂文集　315,1315
居业斋诗钞　411,480
居业斋文稿　392,411,480
居易居文集　1293
居易居小草　1293
居易录　236,311,367,368,372,434
居易堂残稿　1961
居易堂集　255,337
居诸编　257
掬芷园集　656
睢宁县志　475
睢州志　327,352
菊芳园诗抄　788
菊佳轩诗集　228
菊谱　877
菊有斋文集　85
菊园剩草　206
菊庄词　178,202,204,418
菊庄词二集　178
橘社集　306,535
橘荫轩全集　1591
矩斋筹算六种　1657
莒州志　159,571
句读叙述　1102
句股演代　1669
句容县志　694
句溪杂著　1545
句余土音　735

巨野县志 415	筠心堂诗集 1384	楷法溯源 1590
剧话 1121	筠心堂文集 1384	刊定尚书古今文注 1954
剧品 15	筠轩诗文抄 1329	勘书巢未定稿 1344
剧说 1128,1143,1243	筠轩文抄 1149	堪喜斋集 1526
剧谈录 25	麇园诗钞 1405,1682	看鉴偶评 305
据理质证 1572	俊逸亭新编 683	看山阁集 662
聚学轩丛书 1851	郡县金石遗文录 1022	看山阁集闲笔 662
瞿山诗略 353	郡县农政 1114	衎石斋记事稿 1321,1331,1427
瞿氏印考辨证 1682	郡斋读书志 506,1235	衎石斋记事续稿 1013,1427
瞿忠宣公集 34	捃古录 1466,1468,1485	康济谱 185
卷施阁全集 1067	捃古录金文 1463,1466,1468,	康女郎鱼玄机诗 1804
卷施阁诗文集 1167	1728	康熙帝传 135,352,555
卷施阁诗文甲集 1100	浚县志 213	康熙会典 301
卷施阁诗文乙集 1100		康熙龙游县志 1864
卷施阁文 1066,1591		康熙肖县志 245
卷葹小草 704	**K**	康熙新修翁源县志 177
倦舫碑目 1329		康熙永年历 201,205,291
倦舫书目 1329	开辟传疑 1338,1494	康熙字典 435,463,465,890,
倦圃莳植记 256,266	开方补记 1332,1333	1123,1289,1306,1312,1315,
绝岛飘流记 1795,1851	开方密率法 229	1527,1623
绝妙好词笺 682,690,712,1297	开方释例 1384	康熙字典撮要 1806
绝妙好词笺续钞 1266	开方说 1034,1222,1224	康熙字典考证 1306,1315,1333
觉迷要录 1811	开方通释 1073,1114	康輶纪行 1404,1441
觉生诗钞 1287	开方用表简术 1669	康有为全集 51,1583
觉生诗续钞 1287	开封府志 84,341	康幼博茂才遗稿 1796
觉生自订年谱 1287	开国功臣事略 111	康子内外篇 1657,1659
掘得集 936	开国精忠军师干王洪宝制	考城县志 357
嚼梅吟 1616	1486	考订宋大中祥符广韵 1114
爞火录 680,681	开国实录 906	考订朱子世家 776
军赋说 692	开化府志 758,1302	考定墨子经下篇 1662
军兴本末纪略 1127	开化县志 44,254,548,1066	考定石经大学经传解 377
军兴以来忠节小传 1715	开建县志 171,319,1264	考定檀弓 1060
军中医方备要 1247	开卷偶得 1418,1494	考定竹书纪年 587,588
军佐表 214	开垦水田图说 1341	考工车制考 978
君臣士女四鉴录 683	开煤要法 1554	考工创物小记 253,1076,1200,
君子亭集 8	开平县志 460	1309
均州志 169	开沙志 440	考工发明 477
筠谷诗钞 663	开泰县志 709	考工记辨证 1681
筠廊偶笔 160	开县志 667	考工记车制参解图说 1118
筠连县志 272,793	开有益斋金石文字记	考工记车制图解 1003,1012
筠清馆金石文字 1390	开原县志 204	考工记集评 1085
筠心馆集 1133	开州志 169,926,1149	考工记集说 1259
筠心书屋诗钞 1086	铠龙文集 344	考工记考证 1714

老子衍 59,156,227	类字本意 484	藜黍初集 287
老子约说 1279	楞严经 310,1790,1864	蠡测偶记 1973
老子章义 964,1100,1207	楞严经序释圆谈疏 542	蠡测危言 1649
老子正误 1242	楞严经注 184	蠡勺编 1401
乐安县续志 127	楞严蒙钞 836	蠡县续志 220
乐安县志 254,571,709	楞严文句 60	蠡酌 343
乐昌县志 121,280	楞严玄义 60	礼案 1138
乐会县志 139,280	楞严指掌疏 955	礼备录 374
乐陵县志 90,775	冷庐诗话 1522	礼表 1795
乐平县志 53,158,227,708,717, 888,1291	冷庐医话 1474,1522	礼传本义 526
	冷庐杂识 1464,1522	礼服沿革 214
乐平续志 708	冷语 369	礼耕馆诗文集 1272
乐圃集 275	梨园集成 1596,1609	礼耕堂丛说 1272
乐清集 147	梨庄集 183	礼宫室考 1134
乐清县志 265,1285	离垢集 742	礼衡 161
乐山集 1156	离清直隶州志 985	礼记辨证 1697
乐山县志 1184	离骚本韵 454	礼记补疏 1226,1243
乐山自订年谱 1277	离骚辨 77,405	礼记补注 1121
乐善堂赋注 798	离骚补注 1475,1476	礼记订讹 25
乐善堂集 605,749	离骚草木史 1127	礼记分类 495
乐斯堂诗文集 1210	离骚草木疏辨证 914	礼记古义 753
乐亭县志 731	离骚汇订 494	礼记汇编 617
乐闲斋文集 1247	离骚集注 1233	礼记汇解 1503
乐贤堂诗文钞 1022	离骚节解 454	礼记或问 760
乐县考 1128,1192	离骚解 637,711	礼记集解 638,978
乐游联唱集 954,966	离骚经解 1206	礼记集释 977,1544
乐园诗文集 1287	离骚经注 478	礼记集说 143,732,1259
乐至县志 541,985	离骚论文 342	礼记集说补义 1595
乐志堂诗文集 1554	离骚启蒙 1699	礼记集说参同 556
乐志堂文抄 298	离骚拾遗 1127	礼记集注 663
雷港琐记 1279	离骚正音 454	礼记笺(郝懿行) 1624
雷港源流 1279	离骚注 1346,1654	礼记笺(王闿运) 1740
雷公炮制药性解 60	离忧集 78	礼记解诂 1020
雷刻四种 1640	骊歌集 1380	礼记考 671
雷塘庵主弟子记 1376	骊珠集 300	礼记类编 417,573
雷溪草堂诗 658	鹏砣轩质言 1603	礼记类诠 671
雷州府志 159,1178,1242	黎庵丛稿 1887	礼记鳌编 867
藟谷集 323	黎城县志 235	礼记偶笺 233,249,253,546,750
类林新咏 411	黎里志 1142	礼记浅说 1960
类书考证 477	黎氏家集 1669	礼记审议 1955
类腋 793,798	黎氏家谱 1758	礼记释注 1256,1955
类音 418,440	黎襄勤公奏议 1273	礼记疏略 381
类证治裁 1363	藜庵丛稿 1887	礼记述注 413,508,801

礼记说 1514	礼乐汇编 281	李氏五种 1549,1596,1668,1793
礼记通识 54,475	礼乐全书 474,783	李氏学乐录 572
礼记通义 1353	礼论 253,1226,1256,1257	李氏遗书 178,1224,1265,1682
礼记通政 1107	礼论略钞 1283	李氏易解剩义 1027,1042,1389
礼记问答 25	礼器图说 281	李氏音鉴 1143,1173,1199,1311
礼记析疑 439,689	礼山园诗集 490	李恕谷年谱（李恕谷先生年谱）
礼记详说 476	礼山园文集 490	440,572,1344
礼记训义择言 253,764,776	礼石山房集 1251	李太白年谱 758
礼记训纂 253,1312,1320,1332,	礼书纲目 488,594,614,615,	李太白诗集注 752
1455,1464	1089,1152,1154	李太白诗笺 324
礼记疑义 734	礼书通故 253,347,1595,1703,	李太白文集 758
礼记语小 1410	1806	李坦园诗 258
礼记源流考 990	礼书五功义 555	李文恭公遗集 1435
礼记约选 1955	礼说（程廷祚）804	李文清公诗集 1521
礼记章句（任启运）475,657	礼说（惠士奇）253,639,1089	李文清公遗书 1521,1626
礼记章句（汪绂）599,760	礼说（吴嘉宾）1514	李文清公遗文 1521
礼记章句（王夫之）166,196,	礼堂集议 1339	李文园先生全集 1114
321,1438,1520	礼堂经说 1541,1542,1624	李文贞公年谱 477,478,658,
礼记章义 662	礼闱分校日记 266	740
礼记正义 715,1095,1224,1431	礼文手抄 393	李文贞公全集 602
礼记郑读考 1334,1541,1542,	礼县新志 279	李文正公年谱 1126
1624	礼县志 541,709	李文忠公全集 1831,1902
礼记郑氏注补疏 1243	礼学汇编 281	李义山诗集笺注 781,798
礼记质疑 1438,1439,1681,1691	礼学四际约言 263	李义山诗注 84
礼记注疏长编 1460	礼学要旨 291	李忠定公年谱 454
礼记子思子言郑注补正 1724	礼学卮言 993,1191	李忠武公遗书 1477
礼记纂言 604	礼仪经传考订 800	李忠武奏议 1477
礼笺 253,1058,1089,1115,1666	礼运注 1639	李注补正 1345
礼经本义 526	李长吉歌诗汇解 765	里乘 1603
礼经初编 1826	李杜诗话 1344,1364	里堂道听录 1199
礼经宫室答问 347,1184	李杜诗汇注 123	里堂学算记 178,1094,1100
礼经会元疏解 322	李二曲先生全集 1526,1591	理财百策 1994
礼经集解 1807	李寒支先生岁记 392	理沦骈文（外治医说）1513,
礼经笺 1636,1701,1740	李翰林别集 1127	1657
礼经考 1606	李贺诗注 283	理数宣蕴 1221
礼经考次 112	李鸿章（中国四十年来大事记）	理堂道听录 1243
礼经释例 253,1042,1058,1097,	1821,1829,1892,1899	理堂日记 1092
1124,1134,1160,1166,1168,	李莲英 1922	理堂诗集 1092
1350,1606	李善注文选 1215	理堂外集 1092
礼经释名 1002	李诗录 1328	理堂文集 1092
礼经通论 462,1313,1495	李氏恒星图中星表 1573	理推各国说 291
礼经校释 1697	李氏集解剩义 1045	理象解原 643
礼经学 1697	李氏三忠事迹考证 1224	理学备考 121,254,286,400,401

理学辨　328
理学传心纂要　184
理学逢源　649,760
理学弗措论　417
理学权舆　1345
理学入门　461
理学要旨　291
理学疑问　663
理学渊源　831
理学正传　1381
理学正宗(窦克勤)　418
理学正宗(耿介)　291
理学宗传　24,121,164,184,190,227,1553,1912
理学宗传辨正　1394,1553,1564
理学宗言　237,400
理学宗要　23
澧溪文集　1987
澧州唱和集　1288
醴陵县志　1235
醴泉县续志　702
醴泉县志　362,975
力本文集　710,772
力耕堂诗稿　383
历朝崇经记　1134
历朝赋格　273,364
历朝纪事本末　1668
历朝类贴考　1278
历朝名媛诗词　846
历朝人物氏族汇编　1411
历朝圣训　1577
历朝诗话胲　1215
历朝诗约选　1534,1724
历朝史案　1168
历朝印识　1373
历城县志　845
历代边事汇钞　1608
历代边事续钞　1608
历代兵事表　1597
历代不知姓名录　995,1007
历代茶榷志　221,424
历代长述辑要　1620

历代钞币图考　1210
历代词选集评　1827
历代地理沿革表　127
历代地理引革总图　1596
历代地理志汇纂　1286
历代地理志韵编今释　1259,1349,1549
历代地志疆域　1602
历代帝王表　190,672,808,868,888,1270
历代帝王纪元歌　611
历代帝王庙谥年讳谱　876,1030
历代帝王宅京记　237,238,1079,1161
历代典略　321
历代都江堰功小传　2002
历代发蒙辨道说　6
历代改元考　105
历代贡举合议　374
历代关隘津梁考存　1691
历代官印稿　1315
历代官制考　978
历代画家姓氏便览　1272
历代画家姓氏韵编　358
历代画像传　1756
历代纪年　234,374,1073
历代纪年编　1553
历代纪年经纬考　1044,1083
历代纪事考异　123
历代纪元表　1264
历代纪元汇考　204,378,382
历代纪元年　1046
历代纪元闰朔考　1286
历代纪元韵览　1083
历代甲子纪元表　1127
历代建元表　1052,1273
历代建置表　1597
历代将相谏臣三谱　461
历代疆域表　1221
历代吏治举要　1654
历代略　1074
历代名臣传　604

历代名臣言行录　573,782
历代名人年谱　1390,1440
历代名人生卒录　1758
历代名儒传　604
历代泉币图考　1119
历代声韵流变考　1242
历代圣哲学粹　1901
历代诗话　345,817,1128
历代诗话续编　817,1983
历代诗选　289
历代诗余　397,410,604
历代石经考　1431
历代石经略　1144
历代史表　190,318,371,382,440,902,1194,1214
历代史略　1901
历代史剩　1715
历代世系纪年编　584
历代题画诗　411
历代通鉴辑览　755,756,800,1007,1150
历代统纪表　1221
历代统系表　1264
历代文选　289
历代武功图要　1597
历代刑法考　1968,2002
历代刑官考　1968
历代姓系歌诀　478
历代循吏传　604
历代沿革表　1221
历代沿革图　1559
历代咏物诗　385
历代舆地沿革　1725
历代舆地沿革表　1153
历代舆地沿革图　1356
历代舆地沿革险要图　1602,1794,2002
历代舆地征信编　248
历代月朔考　1030
历代宰辅汇考　382
历代载籍足征录　1217
历代职官表　190,920,981,1130,1144

历代钟官图经 926	利津县新志 168	连文释义 471
历代州域形势 121,223	利津县志补 816	连阳八排风土记 415,490
历法大成 426	利津县志续编 751	连州志 169
历法汇纂 926	励学译编 1831	莲峰志 18
历法记疑 993	励志杂录 536,766	莲花厅志 765,1285
历纪年 214	隶八分辨 1020	莲龛寻梦记 1650
历科墨正 1312	隶辨 476	莲坡诗话 690
历科状元策 871	隶法汇纂 927	莲须阁集 871
历史论赞补正 1715	隶经文 901,1248,1310	莲洋集 656,856
历史研究 1361,1379,1385,1892	隶经杂著甲编 1697	莲洋吴征君年谱 656
历史舆地沿革图 1559	隶篇 1339,1590	莲子居词话 1228
历史哲学 1830	隶释订文 1956	莲子瓶演义传 1501
历仕政略 509	隶书纠缪 1436	联语剩稿 1447
历数 247	隶续补 1449	廉立堂文集 830
历算简存 1045	隶续目次考 1449	廉石居藏书记 1344
历算全书 176,224,474,506,507,1439	俪紫轩诗偶存 1156	廉州府志 171,493,1326
历下笔谈 1233	栎园府君行述 183	濂关三书 487
历下偶谈 1315	荔村草堂诗钞 1670	濂洛风雅 414,521
历象本要 117,428,478	荔浦县志 422	濂洛关闽书 421,444,502
历象合要 117	荔墙词 1620	濂亭文集 1715
历象考成 178,450,458,494,607,610,651,781,788	荔墙丛刻 1614,1620	濂亭遗诗 1715
历象要义 117	荔裳诗抄 798	濂亭遗文 1715
历学补论 507,776	荔水庄诗草 454	镰山堂集 198
历学会通 111	砺岩续文部 265	练川名人画像 1418
历学骈枝 85,101,385,489,507	砺岩续文部二集 265	楝亭藏书 133
历学新说钞 302,308	苙楚学记 221	楝亭词钞 441
历学疑问 312,363,376,506,546	苙政摘要 1361	楝亭诗钞 441
历言大略 137	笠翁诗韵 177,656	楝亭十二种 406,441,442
历阳典录 1036,1534	笠翁一家言 146,160	潋水志林 432
历志 210,216,277,489,781,894,895,896	笠翁一家言全集 152,555	良乡县志 167,368
立经堂集 1304	笠泽丛书 732	梁陈北齐后周隋五史校议 1689,1866
立体几何学 2000	溧水县志 191	梁祠辑略 1420
立宪纲要 1911,1919	溧阳宋柴雪先生遗稿全集 213	梁大义述 1424
吏部则例 643,829	溧阳县志 649,1191	梁鸴林先生全书 118
吏隐斋集 73	奁史 1083,1251	梁山县志 1066,1161
吏治集览 564	连成璧全集 222	梁石记 1555
吏治辑要 1210	连城县志 121,702	梁氏笔记 2003
丽江府志略 649	连江县志 631,1142	梁溪诗钞 1075
丽农词 116	连筠簃丛书 1388,1409,1467	梁溪遗稿 368
丽水志稿 793,1142	连平州志 554	梁园归棹录 1266
	连山书院志 490	两般秋雨庵随笔 1349
	连山绥猺厅志 1348	
	连山县志 326	

两朝纲目备要 921	两浙盐法志 1109	列国政要续编 1919
两当县志 279	两浙輶轩录 1107,1114,1419	列女传补注 1142,1175,1176,
两当轩全集 967	两浙輶轩录补遗 1114	1433
两关日课 1247	两浙輶轩录续录 1114	列女传集解 1941
两广盐法志 1344	两浙輶轩录续录补遗 1114	列仙传校正 1433
两汉碑跋 1373	辽东三老集 1298	列仙酒牌 1445
两汉订误 675	辽金元三史国语解 1596	列子释文 1003
两汉读史论断 1700	辽金元三史同姓名录 1411	列子释文考异 1022
两汉会要补遗 1447	辽金元史艺文志补 283	烈皇勤政记 191
两汉金石记 992,1021,1229	辽金元姓谱 680,1207	烈皇小识 6
两汉蒙拾 846	辽沈游记 1209	邻水县志 405,746,1249,1338
两汉三国姓名记 1046	辽诗话 746,1207	邻苏老人题跋 1606
两汉书辨疑 911,1193,1194	辽史 598,643,649,878,910,938,	林和靖诗集注 1464
两汉书疏证 847,1323	1443	林蕙堂文集 116,337
两汉书质疑 1377	辽史纪年表 1258	林鹿庵先生文集 494
两汉文删 348	辽史纪事本末 1703,1904	林茂之诗选 122
两汉五经博士考 1284,1305	辽史拾遗 643,649,712,1027,	林青山先生文集 846
两汉希姓录 1027	1341	林文忠公遗集 1585,1591
两汉言行录 282	辽史拾遗补 1058,1242	林文忠公政书 1428,1585,1649
两河清汇 222	辽文萃 1742,1794	林屋词 1022
两河治略 231	辽文存 1741,1742,1794	林屋诗稿 129,1067,1236
两湖通志 1026,1371	辽萧皇后十香传奇 1060	林屋文稿 129
两淮盐法志 734,1464	辽阳州志 227	林县志 90,336,708
两疆勉斋诗文集 1683	辽载前集 305	林韵澂选 987
两戒辨 553	辽州志 168,571	临安府志 559,1099
两晋会要 1706	疗马集 1012	临安县志 183,758
两晋南北朝史集珍 191,238	聊城县志 104,118	临城县志 310,465
两晋南北朝史乐府 817	聊斋俚曲 461	临池琐语 1242
两晋通俗演义 1999	聊斋诗集 461	临池心解 1440
两京新记补遗 1305	聊斋文集 461	临川答问 1628
两经要义 472	聊斋志异 213,271,368,461,	临川全集录 407
两罍轩尺牍 1633	703,798,1641,1662,1666	临川县续志 1235
两罍轩彝器图释 1633	廖氏经学丛书百种解题 1815	临川县志 221,631,1264
两理略 6	廖天一阁文 1756	临汾县志 167,177,475,554,914
两粤疏抄 395	蓼村集 846	临高县志 410
两粤水经注 1410	蓼斋集 72	临桂县志 1120
两粤新书 44	了庵诗集 674	临海县志 171
两浙海塘志 1127	了庵文集 674	临淮县志 159
两浙金石志 1072,1111,1133,	列朝诗集 19,30,44,111,139,	临江府志 133
1142,1272,1419	357,358,380,625	临江乡人诗集 940
两浙金石志补遗 1301,1476	列朝诗集小传 357,358	临晋县志 272,845
两浙令长考 1730	列代建元表 1043	临民金镜录 742
	列国政要 1919	临清纪略 856,878,916,944

临清州志 169,687	灵台志 78	刘帘舫先生吏治三书 1540
临朐县志书 158	灵言蠡勺 31	刘门弟子传 435
临洮府志 280	灵岩山人诗集 1028,1085	刘申叔先生遗书 1824
临潼县志 372,876	灵岩山人诗文集 1084	刘氏碎金 1640,1682
临武县志 235,289,1221	灵州志迹 1089	刘文定公集 847
临县志 475	灵洲山人诗录 1604	刘文清公遗集 1144,1286
临湘县志 264	岭海丛编 504	刘向列女传译本 662
临啸阁笔记 1476	岭海集 300	刘向年谱 1609
临啸阁诗余 1476	岭海楼诗文抄 1173	刘向五经通义 1329
临野堂集 306,363,395	岭南丛书 1247,1314	刘炫规杜持平 1215,1669
临漪园稿 504	岭南方物记 235	刘豫事迹 265,266
临邑县志 43,1348	岭南集 313,1323,1516	刘渊亭大帅大事记 1728
临颍县续志 673	岭南诗钞 1122	刘稚川稿 46
临颍县志 90	岭南文选 536	刘中丞奏议 1566
临榆县志 739	岭南遗书 1315,1409,1426,1507,1509,1555	刘忠诚公遗集 1973
临漳县志 310		刘壮肃公奏议 1731
临证指南医案 668,787,798	岭南杂记 380	刘子节要 52,205
临淄县志 158	岭云轩笔记 901	刘子全书遗编 14
琳琅秘室丛书 1446,1579,1669	岭云轩琐记 901	刘宗周遗书 13
麟德术解 1414,1742	玲珑山馆丛书 1404	浏阳谭氏谱 1645
麟后山房七种 1173	陵川县志 177,630,914	浏阳县志 221,392,571,1235
麟游县志 72	陵水县志 289,1044	流览堂残稿 50
灵宝县志 72,310	陵县志 168	流铅集 417
灵璧县志 221	陵阳山人诗钞 794	流沙坠简 1828,1945
灵璧县志略 764	陵阳献征录 708	留春草堂集 1209
灵川县志 797	蛉石斋诗文集 1508	留春草堂诗钞 1199
灵芬馆诗 1136,1156,1265	零川日记 901	留都封事 425
灵芬馆诗初集 1316	零陵县志 255,1172	留书 49
灵芬馆诗话 1215,1228,1316	零志补零 1221	留书种阁集 1805
灵芬馆诗续集 1321	鄞县鼎修县志 146	留溪外传 357,1887
灵芬馆杂著 1241	刘宾客佳话录 25	留与集 765
灵峰先生集 1968	刘大将军平倭战纪 1728	留真谱 1625,1829
灵峰宗论 60	刘大将军台战实记 1728	琉璃居稿 1639
灵谷寺志 1369	刘大帅百战百胜图说 1730	琉球地理志 1632
灵鹣阁丛书 1730,1756,1757,1807	刘端临先生遗书 1093,1149,1332	琉球国志略 745,987
		榴花梦 1376
灵邱县志 90,254	刘端临先生遗书续刊 1158	榴石山房遗稿 1541
灵山县志 159,571,786	刘古愚先生遗书 1873	榴园管测 587
灵石县志 158,1221	刘贵阳遗稿 1495	柳边纪略 383
灵寿县志 271	刘蕺山遗书 688	柳城塾课 321
灵素合钞 314	刘椒云先生遗集 1415	柳村诗文稿 469
灵台仪象志 652,657,695,706,711,802	刘坤一遗集 1723,1851	柳村陶谱 549
	刘礼部集 1304,1309	柳集点勘 675

柳南随笔 530,631	六柳堂集 895,897	六体斋医书 1690
柳南续笔 746	六路财神 1957	六亭文集 1149
柳如是诗 113	六律正 1286	六溪山房文稿 857
柳塘词 265	六律正五音图说 367	六也曲谱 1957
柳下堂文集 460	六壬录要 1293	六一居士全集录 407
柳州府马平县志 786	六如居士全集 1113	六一山房诗集 1730
柳州府志 786	六如亭传奇 1128	六一山房诗集续集 1603
柳州医话 832,1433	六十四卦经解 1295	六艺论 1078,1112,1222,1609
柳州医话注 1536	六世达赖传 401	六艺论疏证 1791,1804,1960
柳州遗集 832	六书辨 1936	六艺堂诗礼札记 1439
六安直隶州志 1135	六书辨通 471	六艺之一录 631
六安州志 363,548,702	六书分类 471	六莹堂二集 399
六部例限图 1036	六书古训 1806	六莹堂集 401
六朝别字记 1644	六书故 965,1279	六莹堂诗集 228
六朝地理考 474	六书广通 1476	六有轩存稿 857
六朝东华录 1021	六书会通 274	六有轩诗漫钞 857
六朝水道疏 1280	六书会原 1113	六有斋札记 726
六朝四家全集 1549	六书假借经征 1475	六月霜 2004
六朝文絜 1149,1278,1578	六书考定 118	六斋卑议 1697,1988
六典通考 1866	六书类纂 1689	六斋无韵文集 1988
六法大观 1662	六书例解 471	六祖坛经 1983
六峰阁诗稿 766	六书论 662,781	龙安府志 830
六观楼北曲六种 936	六书浅说 1101	龙璧山房诗草 1586
六观楼古文选 936	六书述部叙考 847	龙璧山房文集 1586
六观楼诗存 936	六书通 97	龙藏 576
六观楼文存 936	六书统考 1610	龙城札记 1067,1068,1075
六观楼遗文 936	六书痟言 1433	龙川县志 624,775,1227
六国春秋 1258,1448	六书系韵 1956	龙峰先生年谱 1321
六号室 1973	六书音均表 737,759,843,865, 869,888,889,1059,1208,1350	龙冈山人古今体诗 1758
六合内外琐言 1116	六书原始 1512	龙冈山人诗抄 1758
六合县志 19,255,985	六书约言 1956	龙冈山人文抄 1758
六湖先生遗集 656	六书杂说 471	龙岗山人古文尚书四种 1668, 1757
六家词钞 1682	六书正说 1069	龙泓山馆诗钞 794
六经补疏 1243,1283	六书正义 1983	龙湫集 161
六经读 1020	六书指南 178	龙门县志 127,280,440,1432
六经图 648	六书转注录 1149,1168,1404, 1595	龙眠风雅 205
六经正名 1326	六书转注说 1554	龙眠风雅续集 306
六经正名答问 1326	六书准 471	龙南老人自述 520
六经字便 471	六松堂诗集 300	龙南县志 169,422,695,985, 1285
六九轩算书 178,1426	六松堂诗余 300	龙泉县志 59,775,820,1271
六礼或问 533,760,1727	六堂诗存 812	龙泉县志草 422
六醴斋医书十种 1060		
六历甄微 1577,1958		

龙沙纪略 983	庐山纪游 319	陆氏春秋左氏传异文辑 519
龙山县志 1227	庐山小志 1271	陆氏经典异文补 548
龙山乡志 1142	庐山志 319,483	陆氏经典异文辑 548
龙威秘书 769,857,1060	庐州府志 347,1119,1126	陆氏诗草木鸟兽虫鱼疏校正 1107
龙溪县志 470,775	庐州卫志 673	
龙性堂诗话 965	芦山县志 489	陆堂诗集 618
龙性堂诗集 965	芦汀晚笔 788	陆堂诗学 618
龙岩县志 298	芦中集 353	陆堂文集 618,631
龙岩州志 617,1309	泸江草 1059	陆堂易学 599,618
龙阳县志 264,1191	泸溪县志 127,169,559,702,732,1302	陆象山节要 1526,1535
龙游县志 227		陆续周易述 1097
龙州纪略 1127	泸州志 422,758	陆宣公翰苑集注 1054
龙庄四六稿 1157	繐塘诗 455	陆宣公集 1228
隆昌县志 786,869,1264	鲁滨孙飘流记(绝岛飘流记) 1795,1851,1903	陆宣公年谱辑略 1228
隆德县续志 1285		陆子年谱 322,661
隆德县志 104	鲁春秋 110,116,197	陆子全书 322,1682
隆平县志 785	鲁冈或问 306	陆子学谱 563,569,687,697
陇西县志 601	鲁冈通礼 306	菉溪志 856
陇州续志 797	鲁礼禘祫义疏证 1791	鹿皋诗集 101
陇州志 446	鲁论说 804	鹿樵自叙年谱 1356
娄东诗派 1138	鲁齐韩毛四家诗异文考 1541	鹿邑县志 319,716
娄东杂著 1328	鲁山木先生文集 1061	鹿忠节公(鹿继善)年谱 127
娄江集 72	鲁山县全志 649	鹿洲初集 514,573
娄江诗派 1113	鲁山县志 336,1075,1455	鹿洲公案 548,573
娄江图说 161	鲁诗述故 1617	鹿洲诗集 564
娄江议十二法 161	鲁诗遗说考 1355,1541,1624	禄丰县志 440
娄塘镇志 830,1142	鲁氏遗著 1481	禄劝州志 480
娄县志 992,1012	鲁斋述得 1036	路加福音 1177
娄栈汉隶字原校本 338	陆沉丛书 1866	路南州志 440
楼烦集 1004	陆端门自订年谱 821	路史正讹 1251
楼山诗集 238,812	陆放翁年谱 807,1106,1155	潞安府志 84,816
楼山堂集 15	陆丰县志 661	潞城县志 405
楼霞县志 410	陆桴亭先生文集 454	潞河纪程 1522
陋轩集 258	陆桴亭先生遗书 1816	潞河纪闻 743
陋轩诗 213	陆玑疏考证 1243	潞郡旧闻 856
露桐先生年谱 1126	陆稼书文集 415	鹭藤花馆诗钞 751
露西亚之虚无主义史 1866	陆稼书先生年谱 470,520	闾邱辨囿 133,497
卢龙县志 90	陆凉州志 709	吕化县志 1264
卢氏礼记解诂 1027	陆密庵文集 228	吕明德先生年谱 104
卢氏县志 336	陆评王氏医案 1957	吕氏春秋高注补正 1831
卢植礼记解诂 1180	陆评瘟病条辨 1957	吕氏春秋新校正 1020
庐江县志 64,357,559,1126	陆清献公年谱 322,610,1240	吕氏春秋杂记 1565
庐陵县志 939,1277	陆清献公日记 1376	吕氏春秋正误 1242

吕氏古易音训 1119	律吕新书注 514	论孟讲义 644
吕氏四礼翼 604	律吕新义 43	论孟塙解 1475
吕氏县志 681	律吕臆说 1279	论孟拾遗 281
吕晚村驳议 326	律吕正论 186	论孟书法 1631
吕晚村家训 862	律吕正义续编 418	论孟杂说辨 1969
吕晚村四书语录 248	律吕指掌图 870	论孟札记 469
吕晚村先生文集 520	律诗四辨 478	论孟子札记 477
吕映村先生古文 484	律衍数度衍参注 553	论泉绝句 1513
吕用晦文集 248	绿窗读史 417	论史石镜 267
吕语集粹 617,683	绿春词 1038	论世八编 139
吕月沧自订年谱 1356,1363	绿罗山庄文集 650	论世约编 1494
吕忠穆公(颐浩)年谱 888	绿萝山人集 578	论书剩语 808
吕子节录 602	绿秋草堂词 1487	论文偶记 915,1076
吕子校补 1012,1107,1237,1520	绿秋书屋诗抄 1143	论文章本原 1595
侣山堂类辨 495,804,1743	绿溪初稿 856	论形势居 650
侣山堂类辩 147,495	绿溪语 889	论性书 274
邵亭经说 1555	绿野山庄诗文稿 991	论学 572
邵亭诗钞 1555	绿野仙踪 786,1370	论学酬答 27,59,161
邵亭遗诗 1555	绿野斋文集 1421	论学三说 373
邵亭遗文 1043,1555	绿漪草堂诗集 1610	论学外篇 1076
邵亭知见传本书目 1555	绿漪草堂文集 1610	论学小记 1076
旅书 72	栾城全集录 407	论易问答 100
旅行述异 1921	栾城县志 244	论印绝句 1045,1193
旅逸小稿 1427	滦阳续录 1091	论余适济编 1852
履霜杂录 1610	滦志补 212	论语补笺 1233
履园丛话 111,1357,1395	滦州志 1172	论语补疏 1226
履园谭诗 1395	銮山遗集 667	论语补注 1273,1540
律赋类纂 1816	略阳县志 559	论语参注 1681
律话 1327	伦理学教科书 1932	论语戴氏注 1566
律历渊源 450,494,539,550,591,799	伦理学原理 1985	论语读注补义 1242
律例汇考 738	伦理约编 1936	论语发疑 1697
律例偶笺 1968	伦史 196	论语附记 1955
律吕参解 1194	论蚕桑要法 986	论语古解 1263,1494
律吕阐微 746,776,1128	论短篇小说 1938	论语古训 1058,1065,1222,1248
律吕古义 1028,1029,1030	论画编 1272	论语古义 754,1814
律吕古谊 1669	论交食 222	论语古义录 806
律吕津梁 375	论理论学解剖图说 1919	论语古注集笺 1617
律吕通今图说 1493	论理学 1810,1850	论语管窥 1222
律吕图解 229	论理学达旨 1850	论语广注 1105
律吕图说 288,337	论理学纲要 1810,1850	论语后案 1343,1394,1502,1631
律吕新论 812,1128	论理学教科书 1810	论语后录 868,1151
律吕新书浅释 1754	论孟贯义 73	论语皇疏考证 1658
	论孟合参 143	论语汇考 1740

论语集注补正述疏　1724
论语集注旁证　1348,1357,1420
论语辑解　1085
论语辑说　337
论语辑证　1740
论语解　185,382,1814
论语解注合编　1901
论语经说　1427
论语经正录　1713
论语考　1402,1617
论语考古　1133
论语考异　1566
论语考逸　1433
论语孔注辨伪　1171,1248
论语困知录　857
论语困知录补遗　857
论语困知录续编　857
论语类钞　1970
论语类解　1661
论语鲁读考　1263,1279
论语论略　1955
论语论仁释　1634
论语孟子讲蒙　565
论语偶记　1176
论语骈枝　1145,1248
论语浅解　1580
论语时习录　1872
论语事实录　1544
论语疏略　381
论语疏证　1057,1065
论语述何　1184,1304,1566
论语述解　1455
论语述注　1571
论语说　731,745,750,822,1369,1403,1429
论语说义　1369,1487
论语私记　1118
论语竢质　1101
论语随笔　716,731,754,1112
论语通释　1134,1243
论语外传　1396
论语微言集证　1740
论语温知录　698

论语小笺　1427
论语小识　1288
论语序详正　1592
论语学案　14
论语义证　1256,1695
论语异文考证　1330,1372
论语异文疏证　1276
论语异义　1573
论语余说　1216
论语正义　1295,1431,1458,1460,1463,1519,1525,1569,1610
论语正意　122
论语郑注　1098,1239,1369,1487
论语注　1198,1460,1557,1669,1847,1935
论语注疏长编　1460
论中国宗教的若干问题　53
罗次县志　470
罗定直隶州志　559
罗浮蝴蝶诗　766
罗浮山志会编　465
罗江县志　1120,1205
罗罗山遗书　1466
罗马四论　1902
罗平州志　311,476
罗裙草　787
罗山县志　310,666
罗台山文钞　916
罗田县志　116,470
罗源县志　493,1494
罗泽南全集　1481
罗忠节公遗集　1464
萝藦亭文钞　1580
萝藦亭遗诗　1580
萝藦亭札记　1580
螺川草　1059
螺墩草　1059
螺洲近稿诗　1565
洛川县志　1149
洛川志　97
洛范启要　484
洛闽渊源录　121
洛学编(李来章)　490

洛学编(孙奇逢)　184
洛学编(汤斌)　121,166,283,284,386,635
洛阳伽蓝记集证　1326
洛阳县志　78,1191
骆宾王文集　1215
骆临海集笺注　1435
骆文忠公奏稿　1536,1690
落帆楼别集　1372
落帆楼后集　1372
落帆楼外集　1372
落帆楼文集　1372
落帆楼杂著　1372
落花集　97
落花诗刻　1185
雒南县志　104,666
雒容县志　1058
泺阳消夏录　1016

M

麻城县志　146
马边厅志略　1155
马哥王后佚史　1957
马国贤神父在华回忆录　663
马君武集　1895
马龙州志　506
马陆里志　1205
马如飞先生南词小引　1657
马史论　43
马氏文通(文通)　1433,1794,1805,1818
马首农言　1345,1458
马太史匡庵文集　298
马巷厅志　876
马邑县志　379
马征君遗集　1456
马政志　424
玛尼全集　6
玛志尼少年意大利章程　1869
埋忧集　1571
买薇稿　29

迈堂剩稿 1362
迈堂诗存 1362
迈堂文略初编 1362
迈堂文略续编 1362
脉简补义 1696
脉药联珠 1068
脉义简摩 1696
满城县志 220,446
满俄大辞典 1650
满汉辞典 1054
满汉对音字式 830
满汉蒙古西番合璧大藏金咒 846
满汉名臣传 876
满旗和八旗军的起源及情况详述 977
满文无圈点字典 636
满文字典 411
满语语法 1650
满洲祭神祭天典礼 670,672
满洲祭祀书 944
满洲实录 914
满洲御史题名 1349
满洲源流考 802,880,881,888,944,948,957,970
曼殊画谱 1938
曼陀罗华阁丛书 1493,1620
曼陀罗华阁琐记 1620
漫堂墨品 256,448
漫堂书画跋 448
漫堂说诗 448
漫堂续墨品 428
漫游随录图记 1758
漫余草 328
缦雅堂文 1620
盲史斋精华 1280
莽苍苍斋诗 1714,1756
毛诗备考 321
毛诗表 1434
毛诗补疏 1226
毛诗补正 1804
毛诗补注 1431
毛诗草木鸟兽虫鱼疏校正 913

毛诗草木鸟兽鱼虫疏新证 1655
毛诗传假借考 1658
毛诗传笺合义 393
毛诗传笺通释 1318,1338,1447
毛诗传例 1410
毛诗传义类 1480
毛诗地理释 1125,1243
毛诗地理疏证 1004,1005
毛诗订诂 706,723,760
毛诗订韵 570,579
毛诗读记 809
毛诗多识编 1390
毛诗复古录 1402,1713
毛诗纲领 1421
毛诗古义 754
毛诗古音参义 1105
毛诗古音疏证 1610
毛诗古韵 962
毛诗故训传定本 974,1208,1213
毛诗广义 165
毛诗国风绎 455,1571
毛诗后笺 692,1252,1318,1319,1320,1324,1330,1347
毛诗稽古编 115,279,300,301,1190,1318
毛诗集解 1014
毛诗集释 1121
毛诗笺 411,1420
毛诗笺注举要 1624
毛诗经说 1394
毛诗经文定本小序 1455
毛诗精义 1093
毛诗均订 1295,1470
毛诗均谱 1661
毛诗考 526,686
毛诗考证(朱克生) 215
毛诗考证(庄述祖) 1197,1217,1343
毛诗类释 708,760
毛诗类韵 1279
毛诗礼征 1288,1295

毛诗陆疏 1157
毛诗陆疏广要 85
毛诗陆疏校正 1469
毛诗马王征 1148
毛诗名物考 85,1413
毛诗名物略 782
毛诗名物图说 820
毛诗名物志 1323
毛诗明辨录 679
毛诗鸟兽草木虫鱼释 1098,1243
毛诗谱 1199,1304
毛诗奇句韵考 962
毛诗日笺 367,455
毛诗三条辨 978
毛诗申成 1266
毛诗识小 1410
毛诗释地 1658
毛诗授读 1217
毛诗述蕴 1259
毛诗说(陈奂) 1409,1508
毛诗说(孙焘) 1134
毛诗说(孙堂) 1204
毛诗说(诸锦) 813
毛诗说(庄存与) 1013,1290
毛诗说(庄有可) 1259
毛诗天文考 1167
毛诗通考 1410
毛诗通说 875,1011
毛诗通义 403,1318
毛诗详注 1220
毛诗小学 1208
毛诗序录 1288
毛诗序说 1259
毛诗要义 1658
毛诗义 140
毛诗义编 714,824
毛诗异同 1534
毛诗异文笺 1669,1922
毛诗异闻 1259
毛诗异义 1266
毛诗翼文笺 1667
毛诗翼字同声考 1668

毛诗臆评 645	梅村家藏稿 48,161,2003	蒙古氏族略 977
毛诗余义 1691	梅村山水记 1508	蒙古世系谱 1807
毛诗韵订 1376,1432,1470	梅村诗集笺注 786,1199	蒙古王公表传 909,944,947,
毛诗韵考 1014	梅村先生年谱 48,161	957,970,1209
毛诗正韵 796	梅胡问答 553	蒙古闻见 1618
毛诗证读 1141,1278	梅花楼诗钞 742	蒙古游牧记 1404,1422,1480,
毛诗郑读考 1658	梅花楼遗稿 172	1504
毛诗郑笺改字说 1541,1542,	梅花溪诗钞 1395	蒙古源流（宝贝史纲） 100
1624	梅花洲笔记 1548	蒙古札记 1297
毛诗郑氏笺补疏 1243	梅兰佳话 1377	蒙化府志 357
毛诗知意 1130	梅里词辑 1327,1372	蒙泉诗集 809
毛诗质疑 1418	梅里志 1389	蒙谈 1487
毛诗重言 1454,1486	梅麓诗文集 1378	蒙文字姆 1963
毛诗注疏长编 1460	梅氏丛书 1002	蒙兀儿史记 1695
毛诗注疏纠补 1609	梅氏丛书辑要 772,1572,1669	蒙香宝丛书 1662
毛诗注疏考异 1871	梅氏诗略前集 311	蒙学初编 1953
毛诗字义 1259	梅勿庵先生历算全书 1649	蒙学课本 1705,1757
毛西河全集 273	梅溪王忠文公（王十朋）年谱	蒙养弦歌 1812
毛襄懋先生全集 494	541	蒙阴县志 159,264
毛洋溟文稿 954	梅溪文集 255	蒙斋年谱 393,460
毛郑诗诂训考证 1122	梅崖居士文集 753,758,927	蒙自县志 440,1036,1082
毛郑诗考正 890	梅崖居士续集 876	孟郊诗评点 1592
毛郑诗释 1239,1579	梅庄诗钞 1618	孟解 185
毛郑诗校议 1681	梅庄诗文集 324	孟津县志 415,1205
毛朱诗说 360,394,462	梅庄杂著 735,805	孟邻堂集 718
茅山全志 152	郿县志 571,902	孟邻堂文抄 1060
茅亭客话 1124	嵋麓居士稿 506	孟氏八录 1203
茆辑十种古逸书 1380,1383	美国独立战史 1868	孟氏易考证 1695
茂林秋雨词 1586	美国诸名流振兴文学成法	孟叔子史发 60
茂绿轩集 91	1740	孟亭编年诗 754
茂名县志 280,363,1235	美史记事本末 1868	孟亭居士诗文稿 1114
茂园自撰年谱 1291	美术丛书 857,2004	孟亭居士文稿 1113
茂州志 1059,1314	美志 1758	孟塗文集 1273,1286
贸易通志 1370	美州童子万里寻亲记 1894	孟塗遗诗 1273
楸花庵诗 1541	濛池行稿 1149	孟县志 976,1028,1151
枚乘集 1349	猛庵文略 1696	孟学斋古文内外篇 1715
眉山诗案广证 1433,1434	猛庵杂著 1696	孟学斋日记 823,1052,1507
眉心金悔存稿 1559	蒙藏合璧字典 993	孟子班爵禄疏证 1346
眉州属志 470,1106	蒙城县志 44,191	孟子编略 1602,1987
梅庵全集 1259	蒙古道里考 1449	孟子编年略 1185
梅庵自编年谱 1259,1272	蒙古古物图志 1696,1703	孟子辨证 1608
梅边吹笛谱 1107,1168	蒙古黄金史 100	孟子长编 1073,1213
梅村集 91,133,161,810	蒙古律例 633,635	孟子的生平和学说 1757

孟子古事案　1222	孟子札记　1984	秘书三种　637
孟子集注旁证　1348,1420	孟子章句考年　1330	密梅花馆诗文钞　1073
孟子解　248	孟子赵注补正　1239,1369,1487	密县志　44,84,341,694,716,1221
孟子解谊　1273	孟子赵注考证　1658	密斋诗存　1267
孟子考义　1566	孟子正经界疏证　1346	密斋文集　1267
孟子类解　1661	孟子正义　1235,1239,1243,	眠云集　704
孟子列传纂　1284,1494	1276,1381,1460	绵津山人诗集　433,448
孟子刘熙注　1239,1369,1487	孟子自齐至鲁初解　182	绵竹县志　398,489,1192
孟子镏熙注辑补　1731	孟子自齐至鲁后解　196	棉花图　794
孟子论略　1955	梦传文钞　1700	棉谱　1675
孟子论文(陈履中)　766	梦窗集　1802	棉阳学准　548,573
孟子论文(牛运震)　708,754	梦窗呓语　773	沔县志　427
孟子论文(王汝谦)　1459	梦春庐词　1324	沔阳州志　169,631
孟子年略　1248	梦陔堂全集　1433	勉庵说经　144
孟子年谱(蔡孔炘)　1291	梦陔堂诗集　1383	勉勉锄室经说　1901
孟子年谱(曹之升)　1192	梦陔堂文集　1056,1383,1388	勉行堂文集　88,726,729,1241
孟子年谱(管同)　1316	梦陔堂文说　1383	勉斋家传　448
孟子年谱(胡泽顺)　1348	梦痕录余　1157	冕宁县志　1066
孟子年谱(黄玉蟾)　1308	梦幻居画学简明　1526	面诚精舍杂文甲编　1689
孟子年谱(臧庸)　1180	梦兰琐笔　1242	面体比例便览　619
孟子年谱略　1089	梦楼诗集　1067,1120	苗防备览　1099,1287
孟子评　1085	梦衲庵集　1592	苗疆纪年　553
孟子生卒年月考　362,394,1003	梦史　1433	苗民说文四种　1432
孟子师说　132,343	梦因录　1650	苗俗记　393,1509
孟子时事考　657	梦影缘　1387	藐姑射山房诗集　1592
孟子时事考证　1126	梦游二十一世纪　1870	庙制问答　814
孟子时事略　875,1012	梦园书画录　1578	灭国五十考　1494
孟子时事年表　1213	梦月岩诗集　342	民功篇　1657
孟子拾遗　1273	弥勒约翰自由原理　1869	民国通俗演义　1999
孟子释疑　1904	弥勒州志　624	民教相安　1902,1907
孟子疏略　381	米海岳年谱　1228	民权释惑　1922
孟子述义　1077	米山堂诗稿　416	民彝汇　1247
孟子说　1936	米脂县志　227	民约论　1788,1789,1814,1843,
孟子四编　504	弭兵古义　1995	1849
孟子四考　937,1092	泌庵小言　222	民种学　1871
孟子外书补证　1439,1494	泌阳县志　453	岷江集　258
孟子外书集证　1213,1341	泌阳学规　419	岷州志　379
孟子微　1821,1824,1829	秘殿珠林　650,656,848,1049,	闽峤集　732
孟子性善备万物图说　1872	1101,1129,1196,1204,1211,	闽川闺秀诗话　1420
孟子学　962,1213,1601	1212,1311,1401,1420	闽诗钞　1420
孟子要略　1412,1413,1416,1571	秘殿珠林续编　1053	闽诗录　2003
孟子逸语　1038	秘书二十八种　1137,1162	闽文典制钞　1420
孟子游历考　1249,1378	秘书二十一种　132,133	闽文复古编　1420

闽小记 128,162,1007	明代奏议 933	1355,1404,1443,1658
闽行日记 1559	明党祸始末记 1184	明儒言行录 474
闽学志略 740	明典 1396	明儒言行续录 474
闽游草 1305	明纲目 663	明儒源流录 406
闽游集 1427	明画录 197	明三十家诗选 1240,1358
闽游偶记 128	明皇甫录广雅 1009	明善堂集 45
闽粤巡视纪略 254	明会要 1661,1705	明诗别裁集 617,625,812
闽杂记 128	明纪 893,1180,1563	明诗纪事 85,1633,1805
闽中访碑录 1296	明纪本末 235	明诗评选 305
闽中金石志 1296,1301,1372	明纪辑要 861	明诗去浮 116
闽中理学渊源考 740	明纪全载辑略 861	明诗综 380,424,438,625,1687
闽中新乐府 1756	明纪事乐府 1705	明史 6,7,9,10,12,14,15,16,18,
敏庵集 338	明季稗史 1659,1661	19,20,21,24,25,26,27,28,31,
敏果斋七种 1419	明季北略 1,121,151	34,35,38,44,57,59,77
名媛氏族谱 1411	明季稗史汇编 1740	明史案 216,343
名臣言行录 223,227	明季纲目 621	明史辨证 388
名家辑补 1794	明季湖南殉节传略 1434,1435	明史崇祯长编 549
名家文集笔记 1029	明季南都殉难记 349	明史传 359
名理探 50	明季南略 121,151	明史断略 111
名人小传 809	明季遗闻 871	明史稿 61,106,182,209,315,
名儒粹语 421	明季诸臣奏疏 906	362,420,505,1002,1214
名山藏 799,871,892	明季奏疏 906,921,933	明史辑略 59,61
名山集 871	明鉴 1140,1187,1225,1226,	明史记 27,36,52,70,106
名文前选 478	1227,1244,1324,1339,1340,	明史纪事本末(明鉴纪事本末、
名物偶拈举数 1118	1370,1401,1427	明朝纪事本末) 77,78,88,
名溪亭问答 14	明经济文录 871	306,988,1866
名贤遗事录 1663	明李文正公年谱 1135	明史纪事本末补编 77
名学 1729,1815,1842	明律目笺 1968	明史经籍志 704
名学教科书 1810,1849	明伦初集 521	明史举要 217,401,638
名学浅说 1949,1957,1972	明名臣言行录 221,863	明史考证捃逸 623,1743,1744
名原 1681,1902,1958	明名臣奏议 933	明史揽要 758
明稗类钞 138	明明德解义 1634	明史乐府 236
明辨录 192,679,774	明末忠烈纪实 335,434	明史列传人名韵编 845
明诚录 363	明年表 1806	明史拟稿 382
明尺牍墨华 1302	明人事类纂 505	明史食货志 549
明词综 1119,1150	明儒崇正录 25	明史通俗演义 1999
明大诰竣令考 1968	明儒理学备考 203,219,227,	明史艺文志补遗 1503
明大礼驳议 1806	277,294,334,400	明史艺文志稿 298
明代兵食二政录 1458	明儒通考 25	明史杂著 246
明代名人尺牍 1957	明儒性理汇编 25	明氏实录校补 1414
明代人物考 474	明儒学案 121,143,164,190,	明世家考 214
明代食兵二政录 1348	302,319,334,343,474,624,646,	明谥法考 1356,1715
	659,725,1223,1249,1288,1348,	明书 128,129

明四家诗钞 395	茗柯文编 1122,1167,1265,1339	墨子刊误 1535
明算津梁 990	茗柯文补编 1332	墨子随笔 1571
明太祖本纪 663	茗柯文初编 1162	墨子校记 1535
明太祖释迦佛赞解 228	茗柯文三编 1107	墨子校注补正 1662
明唐桂二王本末 944,947,970	茗柯文外编 1332	墨子新释 1875
明堂大道录 253,347,588,754, 757,966	茗香诗论 1090	墨子注 964,1704,1885
明堂考 1230	茗香堂集 1186	墨子注疏 1879
明堂考辨 978	茗斋诗余 172	默庵集 1915
明堂说 1279	瞑庵丛稿 1684	默庵诗序 1915
明堂图说 1984	瞑庵二识 1684	默庵遗稿 31
明通纪统宗 871	瞑庵诗录 1684	默耕斋吟稿 1029
明通纪直解 871	瞑庵学诗 1684	默记 1486
明通纪纂 860,862	瞑庵杂识 1684	默麟古文 632
明通鉴 1563,1580	螟巢集 1372	默麟诗 632
明通鉴纲目 664,666	缪篆分韵 955,1144	默斋先生寿谱图 1075,1114
明文案 133,183	摹印述 1627	牡丹百咏 564
明文存 1578	摩尼教经 1935	牡丹谱 1167
明文海 183,327	秣陵集 1236	木棉谱 1351
明文授读 327	莫愁湖志 1205	木犀轩丛书 1675
明文英华 299	莫儿多群岛记 1961	木厓集 228
明文渊海 1127	墨庵经学 229	木崖诗集 393
明文在 328	墨池绀珠 1107	目耕帖 1471
明五朝史稿 418	墨海金壶 1143,1217,1218, 1222,1318,1388,1397	目治偶钞 869
明贤蒙正录 481	墨花楼集 651	沐阳县志 177
明心鉴(梨园原) 1236	墨华庵吟稿 1427	牧亳政略 804
明修撰杨升庵先生年谱 1215	墨井画跋 476	牧笛余声 1650
明夷待访录 49,97,104,167, 1631,1747,1748	墨井诗钞 133,476	牧令刍言 1658
明遗民录 386,1936	墨澜亭集 586	牧令全书 1540,1564
明志稿 663	墨林今话 1259,1372,1440	牧令书 1356
明治新史 1789	墨论 45	牧令书辑要 1356
明州系年录 1730	墨梅人名录 1003	牧牛村外集 1090
明朱征君集 255	墨农诗草 1045	牧斋集 111
明奏议 871	墨商 1985	幕府古文书牍 1716
鸣鹤堂文集 667	墨香居画识 1036,1101	睦堂先生文集 1339
鸣沙石室古籍丛残 1935	墨余索录 1921	慕良杂著 1259
鸣沙石室佚书 1966	墨缘汇观 644	慕良杂纂 1259
鸣沙石室佚书续编 1935	墨缘小录 1005	慕庐集 283
鸣盛集 752	墨缘小识 1470	慕陶轩古砖图录 1432
鸣原堂论文 1517,1564	墨庄文钞 1224	穆庵遗文 748
茗柯词 734,1122	墨子间诂 1591,1704,1714, 1748,1882,1937,1958,1985	穆勒名学 1810,1902
茗柯全书 1083	墨子经说 1571	穆堂初稿 321,564,594,631
		穆天子传补正 1459
		穆天子传注补正 1314

穆天子传注疏　1114
穆斋经诂　1369
穆宗实录　1577,1602,1705

N

拿破仑本纪　1894
拿破仑失国记　1755
内阁小识　102
内黄县志　624
内江县志　272,1099,1331
内经博义　184
内经难字　1657
内经运气表　1657
内经运气病释　1657
内经知要　60
内科理法　1675,1853
内科全书　1633
内科新说　1474
内邱县志　288,1320
内史集　25
内讼斋随录　1283
内外篇　1278
内乡县志　326,440
内心斋诗稿　774
内则音释　675
那文毅公世系官阶　1331
那文毅公奏议　1331
纳兰词　204
纳书楹曲谱　1045
纳溪县志　1191
乃苏国奇闻　1558
奈何吟　1024
耐庵文集　1415
耐庵奏议存稿　1415
耐歌词　205,555
南阿集　100
南安府大庾县志　681
南安府志　169,425,427,807
南安使事记　133
南安县志　159
南安州志　422

南澳志　964
南白堂诗集　1241
南邦黎献集　518
南北朝存石目　1818
南北朝史识小录补正　1572
南北朝文钞　1100
南北二派秘本琵琶谱真传　1482
南北派十三套大曲琵琶新谱　1730
南北诗撷　704
南北史表　190,953
南北史补志　1676
南北史帝王世系表　1078
南北史合钞　176,224
南北史合注　196,246,300,367,368,995,1007
南北史隽　666,1138
南北史捃华　1078
南北史年表　1078
南北史世系表　1078
南北史通俗演义　1999
南北史系表　937
南北史摘证　1160
南北直隶十三省　223
南部新书　25,1445
南昌府志　702,1020
南昌教案纪略（新出南昌大教案纪略）　1919
南昌郡乘　104
南昌县志　1059,1285
南城县志　170,460,708,1285
南充县志　1191
南川县志书　681
南窗丛记　1156
南词定律　266,460,484
南村草堂诗钞　1434
南村草堂文钞　1243,1434
南村随笔　578,586
南村帖考　1449
南村遗稿　1059
南都事略　819,961,1044,1077,1406

南渡来耕集　283
南渡录　246
南渡事略　1715
南丰年谱　1344
南丰全集录　407
南丰县续志　1296
南丰县志　264,793,1178
南阜集　651
南高平物产记　1448,1449
南宫县志　167,1314
南冠草　25
南归集　1323
南海集　255,368
南海九江乡志　72
南海九江朱氏家谱　1618
南海先生诗集　2003
南海县志　311,636,1338
南海郁林合浦苍梧四郡沿革考　1122
南海最近政见书　1849
南汉纪　1338
南汉书　1301,1494
南汉书丛录　1494
南汉书考异　1301,1494
南汉文字　1301
南汉文字略　1494
南和县志　127,687
南河北河论　553
南华经　1975
南华经解　645
南华经删注　375
南华评注　205
南华山房集　664
南汇县新志　1053
南汇县志　1602
南涧文集　904
南涧先生遗文　904
南江邵氏遗书　1127
南江诗文钞　1077,1269,1370
南江文钞　830,1133,1321
南江县志　1291
南江札记　842,1128,1133
南疆逸史　397,1264,1302

南京纪略 151	南宋古迹考 1129	南音三籁 7
南菁书院丛书 1645,1669	南宋六陵遗事 382	南游草 338
南靖县志 649,888	南宋群贤小集 1113	南游偶吟 936
南康府志 306,780	南宋石经考 1145	南园集 8
南康县志 427,716,1265	南宋书 44,1065	南园遗集 1069
南来志 254	南宋四名臣词 1695	南岳志 1663
南乐县志 432	南宋文鉴 34,1005	南越金石志 1331
南雷诗历 109,110	南宋文录 1476	南越五主传 1494
南雷文案 112,188,220	南宋文苑 1344	南畇老人自订年谱 422
南雷文定前集 289,343	南宋院画录 489,625,712	南畇诗稿 342,422
南雷文约 343,1541	南宋杂事诗 489,506,625	南畇文集 481
南陵县志 64,527,1161	南台旧闻 493,645	南斋集 734,759,1445
南笼厅志 786	南唐书 183,220,1153	南漳县志集抄 1205
南楼诗文集 668	南唐书合订 246	南召县志 666
南略 151,1264	南唐书合刻 1571	南征集 28,656
南满州调查报告 1984	南唐书合注 995,1007	南征纪程 493,645
南明书 1476	南唐书注 326,1198,1239	南征纪略 37,179
南宁府全志 177	南堂诗钞 265	南郑县志 1058
南宁府志 644	南淳诗文集 1076	南枝集 1005
南皮县志 168	南通顾襄敏公年谱 1258	南中集 323
南平县志 479,1173	南翁文集 1504	南中日札 814
南屏山房集 1036	南溪词略 214	南中疏草 893
南屏赘语 1730	南溪文略 214	南忠叙录 140
南圃文稿 804	南溪县志 272,1185	南州草堂集 342,418
南浦诗话 1173,1420	南翔镇志 954,1154	南州草堂续集 399
南齐书校勘记 1609	南行日记 133	南州文抄 889
南迁录 743	南行杂咏 775	南庄类稿 705
南曲正韵 291	南雄府志 716	南宗抉秘 1387
南泉秘旨便览 931	南雪草堂诗抄 1526	难经经释 534,822
南山保甲书 1541	南雪文定前集 2003	难题问答 894
南山集 223,379,430,431,436,	南薰殿图像考 1215,1401	囊露集 740
444,448,449,484,621,689,799,	南巡盛典 816,922,1007,1033	讷庵笔谈 773
983,1578	南浔镇志 275,1480,1500,1619	尼山心法 1161
南山集偶钞 430	南崖集 359	尼徒从政录 1247
南山论画 1322,1323	南雅诗文钞 1323	泥版试印初编 1247,1395
南山堂三订诗 345	南雅堂医书全集 1521	泥封考 1682
南山堂续订诗 345	南阳府志 336,1154	倪氏族约 1279
南山堂自订诗 345	南阳诗抄 1327	倪文贞集 7
南社丛刻 1979	南阳书院学规 490	拟大统春秋条例 1919
南省公余录 1420	南阳县志 326	拟古草堂诗抄 703
南史识小录 364	南野堂笔记 1113	拟乐府 766
南史校义集评 1628	南野堂集 1113	拟两晋南北史乐府 1591
南史演义 1053	南漪遗集 992	拟明代人物志 734

拟明史稿 248	宁海州志 159	女教经传 657
拟明史列传 209,263,314	宁河县志 914	女界风流史 1957
拟山园初集 45	宁化县志 255	女科经论 256
拟山园诗选集 45	宁化志书 273	女科切要 846
拟山园帖 45	宁津县志稿 176	女录 1433
拟山园文选集 45	宁晋县志 212	女权篇 1849
拟山园选集 45	宁陵县志 84,327	女史通纂 657
拟史籍考校例 1403	宁陕厅志 1302	女使韵统 307
拟太平策 534,572	宁寿鉴古 1129	女世说 246,1521
拟篆字石经稿 1212	宁我斋稿 1222	女校 1433
年号分韵录 1264	宁武府志 694	女学 573
年历考 779	宁夏府志 926	女学七种 1549
廿二史纪事提要 37	宁乡县志 78,379,681,1214	女英雄独立传 1942
廿二史考异 723,902,925,1058, 1074,1086,1106,1137,1138	宁阳县志 159,379,649	女子初小国文 1903
廿二史文钞 676	宁洋县志 101,319	女子高小国文 1903
廿二史言行略 1089	宁远县志 246,422,724,1178	女子骗术奇谈 1957
廿二史札记 902,974,1036, 1065,1074,1106,1200,1589	宁远县志续略 774	疟论注 494
	宁远州志 235	暖香楼 1916,1931,1986
廿四史三表 1221	宁志余闻 992	
廿四史姓名录 1066	宁州郡志 341	
廿一部谐声表 1315	宁州志 221,279,610	**O**
廿一史史概 1179	凝翠楼集 416	
廿一史四谱 584,611	凝香室集 1406	欧美政治要义 1916,1919
廿一史约编 347,556	凝园五经说 1163	欧阳亭杂录家谱 1372
甘载繁华梦 1938	凝斋先生遗集 775	欧阳夏侯经说考 1334,1541, 1542
念楼集 1363,1460	牛空山先生全集 1107	欧洲列国战事本末 1848
念宛斋文集 1228	牛鸣双村集 497	欧洲族类源流略 1848
酿蜜集 776	农曹案汇 1655	瓯北初集 744
聂氏经学八种 1239	农具记 364	瓯北集 983,1185
孽海花 1870,1884,1885,1903	农圃便览 733	瓯北全集 1106,1200,1591
宁波范氏天一阁书目 1162	农桑易知录 637	瓯北诗钞 1036
宁波府志 244,571,636	农书 346,1236,1741	瓯北诗话 1106,1120,1200
宁德县志 939	农书辑要 477	瓯北诗集 1106
宁都三魏全集 1401	农政全书 610,1236,1749	瓯钵罗宝书画过目考 1754
宁都县志 636	农宗 1265	瓯宁县志 327
宁都直隶州志 1271	弄丸吟 143	瓯香馆集 307
宁古塔纪略 488	耨经庐诗集初稿 1583	鸥陂渔话 1541
宁国府宣城县志 49	耨经庐诗集续稿 1583	鸥巢诗话 1504
宁国府志 165,177,716,1149, 1154,1205	耨经庐文集 1583	鸥巢闲笔 1504
	女儿经 1549	鸥梦新志 1789
宁国县志 24,446,1276	女范 1163	鸥堂剩稿 1644
宁海县志 177	女范淑烈集 346	偶刻诗文 213
	女将传赞 1464	

偶然云集 238
偶思录 189
偶谈漫记 990
偶谐草 222
偶园读书志 1696
偶斋诗草内集 1684
偶斋诗草外集 1684
藕船题跋 732
藕村词存 915
藕湾诗集 312
藕湾文集 312
藕香零拾七十九种 1986

P

葩经正韵 1076
拍案惊奇 7
排韵氏族合璧 1411
潘澜笔记 954,1252
潘水三春集 631
潘四农先生年谱 1362
攀古楼款识 1408
攀古楼彝器款识 1559
攀古小庐文 1468,1469,1527
攀古小庐文补遗 1527
攀古小庐杂著 1404,1527,1578
桨湖诗录 1566
桨湖文录 1544,1566
盘山新志 723
判春集 375
泮宫雅乐释律 1029
叛臣传 876
滂嘉斋藏书记 1684
滂喜斋丛书 1267,1578,1633,1684
滂喜斋学录 1580
抛物浅说 1479,1481,1852
匏瓜录 54
泡斋集 174
陪猎笔记 387
培庵诗文存 1215
培凤阁藏书书目 1427

培根堂诗钞 1521
培林堂书目 434
培园诗抄 639
培远堂偶存稿 823,1351
培远堂全集 1351
培远堂文集 823
沛县志 631
佩蘅诗钞 1692
佩文韵府 390,392,420,425,428,434,443,463,480,497,509,535,573,849,959,1111,1220
佩文韵府拾遗 463
佩文斋书画谱 397,410,416,461,611,1623
佩文斋题画诗 410
佩文斋咏物诗选(御定佩文斋咏物诗选) 405
佩弦斋诗文存 1716
佩雅堂诗钞 1435
朋旧遗诗合钞 1143
朋寿堂经说 1829
彭城献征录 1536,1537
彭刚直公诗集 1683
彭公案 395
彭湖续编 1320
彭山县志 746
彭水县志 427
彭文敬公全集 1502
彭县志 1191
彭泽县志 245,739,1235
蓬窗灵验方 1452
蓬莱县志 169
蓬庐文钞 1092
蓬溪县志 159,992
澎湖纪略 821
澎湖志略 631
批点春秋左传纲目句解 1639
批评金瓶梅第一奇书 342
批校墨子 1608
邳县志 694
邳州志 327,1185,1432,1509
披褐吟 936

霹雳神策 727
皮氏经学丛书 1740
毗陵科举考 306
毗陵艺文志 1218
郫县志 703,1191
琵琶谱 1228
甓盦诗录 1790
甓湖草堂近集 342
甓湖草堂近诗 342
甓湖草堂文集 342
片石斋烬余草 471
片云集 380
偏行堂集 223
骈体文 1173,1316,1340
骈体文钞 1240,1250,1340,1378
骈体文稿 1447
骈体文续钞 1340
骈体源流 1130
骈文 1644
骈文类纂 1830
骈雅训纂 1376
骈枝别集 20
骈字分笺 1076
甓记 1090,1107,1237
频罗庵论书 1205
频罗庵遗集 1130,1207,1221
品花宝鉴(燕京评花录、怡情佚史) 1418,1549
品级广考 214
品级考 102
平城县志 1277
平定耿逆记 337
平定贵州苗匪纪略 1707,1749
平定海逆方略 240
平定回疆剿擒逆裔方略 1306,1308,1339
平定略 893
平定罗刹古方略 260
平定三逆方略 234,242,269,315,365,418,441
平定陕甘新疆回匪方略 1707,1749
平定朔漠方略 349,365,388,

394,415,418,435,462
平定粤寇纪略 1620
平定云南回匪方略 1707
平定州志 687,1028
平定州志考 1054
平定准噶尔方略 729,753,769,
　814,829,1004
平度州志 121
平番县志 687
平方立方表 990
平谷县志 127
平和县志 235,479
平湖县续志 1149
平湖县志 298,661,926,1028
平江十三君子事略 1663
平江县志 221,649,732,1214,
　1571,1663
平津读碑记 1178,1328
平津读碑续记 1214
平津馆读碑记 1329
平津馆鉴藏记 1162
平津馆金石萃编 1230
平津馆文集 1149
平寇志 97
平乐府志 527,1142
平乐县志 470
平立定三差详说 489
平利县志 739
平陆县志 212
平罗纪略 1302
平面几何学 1950
平南王元功垂范 793
平南县志 740,1338
平泉遗书 1352
平三角举要 489,1872
平山稿 118
平山堂集 330
平山堂小志 734
平山县志 168
平生壮观 320
平书订 572
平顺县志 326
平台纪略 505,573

平望志 1383
平溪卫志书 171
平乡县志 158,702
平阳府志 415,585
平阳顾氏遗书 1591
平阳县志 27,336,764
平夷十六策 1585
平彝县志 398
平阴县志 52,1161
平原拳匪记 1830
平原县志 687
平远县志 146,1120
平远州志 739
评点词坛妙品 205
评点老子道德经钞 1902
评点聊斋志异 1265
评选唐宋八大家文载 870
凭良心录 1521
苹村类稿 448
屏南县志 631,1285
屏山集 555
屏山县志 1012
洴澼百金方 1012
瓶庵居士诗钞 1085
瓶庵居士文钞 903,1085
瓶花书屋医书 1401
瓶庐诗稿 1886
瓶庐文稿 1886
瓶笙馆修箫谱 1210
瓶水斋别集 1210
瓶水斋诗话 1210
瓶水斋诗集 1210
瓶斋书画题跋 664
萍乡县志 245,976,1178,1264,
　1487
萍心集 1507
坡山集 380
鄱阳县志 244,687,1271
破虱录 1433
破睡录 1433
仆射山庄诗集 1187
莆风清籁集 803
莆阳禀牍 15

莆阳谳牍 15
蒲城县续志 453
蒲城县志 953,1832
蒲城新志 167
蒲城志 121
蒲褐山房集 786
蒲江县志 976
蒲圻县志 1344
蒲台县志 780
蒲县志 717
蒲州府志 724
蒲州志 145
璞斋集 1873
濮川诗钞 631
濮川所闻记 1198,1240
濮州续志 440
濮州志 171,732
濮州志略 191
朴庵诗集 246
朴巢诗文集 329
朴村集 528
朴丽子 1332
朴学斋笔记 1345,1363
朴学斋集（林佃） 454
朴学斋集（叶万） 267
朴学斋诗稿 399
朴园迩语 271,424
朴斋文集 1233
圃亭集 393
埔阳志 272
浦城县志 27,649,1178
浦二田尺牍 776
浦江县志 171,914
浦山论画 696
普安州志 751
普法战纪 1549,1553,1564,
　1600,1758
普宁县志 661
普天忠愤集 1729
普通百科全书 1869
曝书亭词 1236
曝书亭词拾遗 422
曝书亭词注 1389

曝书亭集　14,150,315,422,424,454
曝书亭集词注　422,1199
曝书亭集笺注　422,1100,1136
曝书亭集诗注　422
曝书亭集外稿　424,1221
曝书亭删余词　422
曝书亭诗集笺注　1293
曝书亭诗笺注　422
曝书亭著录　363
曝书杂记　682,1357

Q

七国地理考　1503
七国考　275
七国新学备要　1699
七家后汉书　1396,1397,1624,1625
七家文钞　1250
七经读法　1276
七经古文考　1427
七经纪闻　1316
七经楼文钞　1337,1456,1544
七经孟子考文　1074,1082
七经偶记　1320
七经评论　223
七经同异考　315
七经纬韵　1475
七经误字　150
七经异文释　1389,1390
七经余说　1163
七经掌诀　1330
七录斋诗文集　1021
七略别录佚名征　1830
七略别录佚文　1921
七略佚文　1921
七器图说　291
七省沿海全图　1526
七十二候表　1955
七十家赋钞　1045,1122,1250
七十子授受传略　280

七颂堂诗集　199
七颂堂识小录　128
七颂堂文集　199
七纬　1132,1166
七纬补辑　1433
七侠五义　1555,1672
七言歌行　1149
七言绝句偶钞　1446
七言律诗钞　954
七一轩稿　732
七一轩诗抄　732
七音略　460,802,952
七音韵准　72
七政细草补注　489
七政衍　507,776
七子诗选　717
栖迟草　344
栖霞县志　724,1399
栖香阁词　363
栖云阁诗略　353
栖云阁文集　353,793
漆沮通考　1727
漆书古文尚书逸文考　1339
漆园放言　224
祁门县志　244,1291
祁县志　116,405,926
祁阳县志　139,793,1185
祁忠敏公揭帖　15
祁忠敏公日记　15
祁州志　739
齐乘考证　937
齐河县志　168,578,856
齐侯罍铭通释　1476
齐会要　1706
齐家宝要　205
齐家四则　901
齐鲁封泥集存　1860
齐鲁韩诗谱　1251
齐鲁韩诗说考　1334
齐民四术　1395,1459
齐诗遗说考　1381,1541,1624
齐诗翼氏学　1184,1346
齐诗翼氏学疏证　1541,1542,1624

齐物论释　1985
齐物论斋文集　1317
齐云山人诗文集　1482
岐山县志　914
奇觚室吉金文述　1848
奇晋斋丛书　812
奇门行军要略　1454
奇姓编　573
奇药备考　817
奇冤录　934
歧路灯　1028
歧疑韵辨　1045
祈祷文赞神诗　1327
耆旧传　1060
淇县志　91,661
骑射论　1422
旗亭杂剧　1872
綦江县志　1285
蕲水县续志　255
蕲水县志　72,751,1059
蕲州志　110,732
屺思堂诗集　46
屺思堂文集　46,273
屺云楼诗初集　1610
屺云楼诗二集　1610
屺云楼诗话　1610
屺云楼诗三集　1610
芑山诗集　33
芑山文集　33
芑堂印谱　1201
启蒙韵言　1357
启心金鉴　1498
启祯宫词合刻　1179
启祯野乘　871
启祯野乘初集　212
杞纪　405,441
杞田集　441
杞县志　327,666,1011
起事来历真传　1445
气化迁流　222
气穴考略　712
气运算法　22

弃余集　474	钱氏四种　1119	潜斋医学丛书十四种　1536
汽机发轫　1501,1643	钱氏族谱　1284	潜州集　353
泣红亭　1700	钱塘县志　475	黔记　1406
契丹国志　933,944,947,957,	钱塘遗事　1099	黔南识略　688
970,978,1046,1047,1053,1112	乾道临安志札记　1758	黔诗纪略　1555
契圣录　198	乾嘉诗坛点将录　1210,1937	黔书　305,636
契桅录　1396	乾坤格镜　312	黔蜀种鸦片法　1749
契文举例　1681,1883,1958	乾坤正气集　1414,1526	黔西州志　655,1127,1338
千家姓文　105	乾隆东华续录　1602	黔阳县志　121,1020
千鈢斋古鈢选　1852	乾隆府厅州县图志　1003,1126,	黔游集（华湛恩）　1447
千甓亭古砖图释　1689	1168,1601	黔游集（张远览）　1128
千甓亭砖录续录　1668	乾隆会典　669	黔中风士记　535
千顷堂书目　315	乾隆内府皇舆图（皇典全图）	黔中纪闻　1410
千山剩人和尚语录　86	764,799	黔中水道记　1435
千山诗集　86,863	乾隆十三排地图（乾隆内府铜	嵌山诗草　769
千首宋人绝句　781	版地图）　771,858	茜窗小品画谱　1623
千字文萃　1162	乾州志　624	茜泾记　830
迁安县志　1563	潜庵先生年谱　283,610	堑堵测量　385
汧阳志　49	潜庵语录　283,284	羌无集　1698
铅山县志　245,649,975,1198,	潜沧四书解　1601	枪炮操法图说　1628
1271	潜夫论笺　1199	强识编　1247,1501
谦谷集　637	潜江县志　151,336	强识录　1092
谦受堂全集　1194	潜江县志续　1602	强恕斋文钞　734,746
前川楼文集　381	潜垒医书五种　1742	强学录　1092
前汉地图　1882	潜丘札记　1099	强斋日记　1521
前汉书食货志注　1873	潜确类书　871	乔勤恪公全集　1591
前汉书细读　1320,1362	潜山县志　52,939	侨置郡县表　1129
前汉书艺文志注　1873	潜诗　393	桥西杂记　1482
前汉书注校补　1642	潜室札记　140	谯周古史考　1149
前汉通俗演义　1999	潜书　212,386,393	巧对录　1420
前明将略　853	潜索录　710	切近编　817
前明正德白牡丹传　1690	潜心堂文集　1658	切问斋集　890,987,1045
前明忠义列传　505	潜研堂金石文跋尾　1001,1004,	切问斋文钞　869,987
前生录　919	1137,1138,1143	切音便读　1608
前溪碑碣　1340	潜研堂金石文字目录　1143	切音捷诀　1608
前星野语　6	潜研堂全书　1370,1640	切韵表　1634
钱币刍言　1315,1351,1405	潜研堂诗集　817,1137	切韵考　759,1381,1540,1624,
钱币刍言续刻　1351,1390	潜园总集　1705,1716	1627
钱币刍言再续　1351,1390	潜斋简效方　1445	切字肆考　1286
钱牧斋尺牍　862,871	潜斋文集　282	切字图诀　1100
钱谱　697,1102	潜斋医话　1445	且看山人诗集　1411
钱神志　273	潜斋医书三种　1357	且看山人文集　1411
钱氏考古录　1758	潜斋医书五种　1699	且亭诗　113

且住庵诗文稿　1415
箧中词　1596,1626,1832
锲不舍斋诗文集　1620
亲征平定朔北方略　385
亲征朔漠方略（平定朔漠方略）　415
亲属记　1656,1956
钦定八旗满洲氏族通谱　655
钦定八旗通志初集　624
钦定补绘离骚全图　954
钦定春秋左传读本　1257,1268,1415
钦定大清会典　1268,1322
钦定大清会典事例　591
钦定大清通礼　738
钦定大清现行刑律　1971
钦定翻译四书集注　731
钦定翻译五经　731,952
钦定古今储贰金鉴　963
钦定国子监志　902
钦定河源纪略　953
钦定皇朝礼器图式　758
钦定皇朝通典　802
钦定皇朝通志　802
钦定皇朝文献通考　770
钦定皇清职贡图　702,779
钦定皇舆西域图志　738
钦定九宫大成南北词宫谱　668
钦定康济录　624,630
钦定礼部则例　1239
钦定礼记义疏　679,680
钦定历代纪事年表　409,439
钦定吏部处分则例　1178
钦定辽金元三史国语解　937
钦定满洲蒙古汉字三合切音清文鉴　911,914
钦定蒙古王公功绩表传　914,990
钦定明臣奏议　938
钦定平定金川方略　681
钦定平定两金川方略　938
钦定七经纲领　1971
钦定钱录　697

钦定乾隆漕运则例纂　797
钦定胜朝殉节诸臣录　875
钦定盛京通志　254,913
钦定诗经传说汇纂　355,488,533,579,679
钦定诗经乐谱　1011,1039
钦定诗义折中　730,731
钦定四书文　591,600,620,653,719
钦定四言韵文　1493
钦定台湾纪略　1011
钦定通鉴辑览　868
钦定通鉴挈要　176
钦定同文韵统　695,802
钦定王元恽承华事略补图　1743
钦定武英殿聚珍板程式　856
钦定物料价值则例　803
钦定西清砚谱　903
钦定西域同文志　779,780,802
钦定现行刑律按语　1971
钦定校正淳化阁帖释文　812
钦定协纪辨方书　644
钦定新疆识略　1244,1249
钦定续大清会典　1191
钦定续通典　801,810
钦定续通志　801,803
钦定续文献通考　672
钦定训饬州县规条　1342
钦定叶韵汇辑　695
钦定仪礼义疏　679
钦定音韵阐微　460,528,845
钦定音韵述微　845
钦定中枢政考续撰　1320
钦定周官义疏　679
钦定宗室王公功绩表传　938
钦州志　255,506,1331
衾影录　490,491
秦川札记　966
秦汉郡国考　1475
秦汉瓦当文字　1004
秦汉文的　1251
秦汉印存　1644

秦汉印型　1682
秦会要　1882
秦会要订补　1882
秦氏闺训新编　273
秦音　1411
秦斋怨　28
秦州新志　1832
琴川三志补记　1314
琴川三志补记续　1331
琴川续志　1280
琴川志注　1280
琴笛理数考　639
琴东野屋诗集　1372
琴鹤山房集　1548
琴画楼词钞　903
琴律谱　1627
琴谱　555,760,994
琴士诗钞　1328
琴士文钞　1328
琴学八则　256
琴学丛书　2004
琴学内篇　986
琴学内外篇　696
琴学外篇　986
琴学原始　1279
琴学正声　460
琴音记续篇　1162
琴隐园集　1447
琴苑心传全编　147
琴旨　555
琴志楼丛书　1742
琴竹山房乐府　1363
勤学斋笔记　1527
勤有堂文集　1273
沁水县志　352,1113
沁阳县志　1296
沁源县志　446,554
沁州志　559,820
青城县志　758
青灯竹屋诗　365
青埵山人诗　1218
青凤堂诗　147
青华阁帖考异　1273

青楼梦 1418,1596,1644,1669	清爱堂家藏钟鼎彝器款识法帖 1448	清江县志 926,1271
青门集 395	清白士集 1107,1237	清江志 1028
青门簏稿 205,394	清稗类钞 138,1827	清籁阁文 1370
青门旅稿 311,394	清波小志 578	清浪卫志略 255
青门胜稿 394	清漕运全书 1584	清涟文抄 1362
青囊秘诀 257	清朝大典 1887	清凉山志 982,1181
青萍轩诗录 1620	清朝后妃传稿 2002	清邻词 1334
青萍轩文录 1620	清朝开国演义 1957	清流县志 379,1302
青浦诗钞 1059	清朝书画家笔录 1371	清麓文钞 1706
青浦诗传 939	清朝书画家录 1984	清秘史 1882
青浦县志 139,992	清朝通志(皇朝通志) 1625	清秘述闻 1099,1194
青齐政略 23	清朝野史大观 1795	清秘述闻续 1249
青邱高季迪先生诗集辑注 542	清朝掌故 1887	清穆宗圣训 1602
青邱集选 604	清朝著述未刊书目 1668	清平县志 1089,1356
青神县志 786,1205	清词选集评 1827	清绮轩初集 682
青田县志 272,541,1806	清代笔记丛刊 1846	清绮轩词选 682
青桐轩集 564	清代词学概论 1827	清泉县志 780
青桐轩诗集 380	清代闺阁诗人征略 1085,1410	清日战争实纪 1794
青铜自考 909	清代禁毁书目 1625	清儒学案 153,398,401,424,
青乌考原 1150	清道人遗集 1711	449,467,587,675,683,689,718,
青溪集 634,729,1170,1349	清芬阁集 133	728,735,760,770,776,782,809,
青溪旧屋诗 1455	清芬集 1250,1362,1460	820,867,925,936,977,987,994,
青溪旧屋文集 1293,1305,1454	清芬楼遗稿 1222	1004,1013,1034,1166,1168,
青溪诗说 716,804	清芬世守录 1309	1275,1278,1293,1299,1303,
青溪诗文集 804	清芬堂文集 657	1308,1322,1323,1324,1334,
青霞馆论画绝句 1272,1293	清丰县志 191	1364,1372,1381,1389,1415,
青霞集 921,922,928,933	清风室诗钞 1758	1427,1459,1464,1466,1471,
青霞沈公年谱 725	清风室文钞 1758	1482,1500,1522,1525,1561,
青县志 168,1126	清汉对音字式 1341	1565,1566,1569,1570,1592,
青湘楼传奇 1405	清汉文海 1173	1617,1620,1626,1639,1654,
青箱堂诗集 298	清河偶钞 1075,1076	1658,1683,1684,1691,1695,
青箱堂文集 191,205	清河书画舫真迹日录 410	1697,1716,1727,1806,1852,
青嶰堂文集 1405	清河县志 204,694,1452,1509,1626	1872,1873,1955,1956,1960,
青学斋集 1731	清河县志附编 1520	1969,1975,1995
青阳县志 72,954	清华录 705	清圣祖圣训 557
青要集 586	清晖画跋 471	清诗铎 1465
青玉轩诗 44,228	清晖赠言 471,1345	清诗话 1983
青原志略补辑 248	清建阁集 935	清石经 1257
青毡杂志 128	清涧县续志 709	清史 1464,1995
青照楼丛书 1453	清涧县志 97,1296	清史稿 45,53,54,65,79,85,86,
青照堂丛书 1339	清江两浙輶轩录 1609	105,106,111,112,113,117,118,
青州府志 191,422,441		119,122,123,134,137,140,141,
青州乡贤传 441		145,147,148,153,154,156,161,
		162,172,173,174,178,179,184,
		185,186,192,193,197,199,200,

205,206,214,215,222,223,224,
228,229,230,236,237,238,239,
246,247,248,249,256,257,258,
266,267,269,273,274,275,281,
282,283,290,291,292,299,300,
307,312,313,314,315,319,320,
321,322,323,325,329,330,331,
337,338,339,343,344,349,352,
353,358,359,364,365,369,370,
373,374,375,381,382,387,388,
393,394,395,399,400,401,406,
407,418,419,420,424,429,434,
435,441,448,449,451,454,455,
461,462,466,471,476,477,478,
481,484,489,490,491,495,496,
497,508,509,512,520,521,528,
535,536,549,556,564,565,572,
573,574,579,603,604,605,611,
612,618,619,622,626,632,637,
638,639,645,651,657,658,663,
664,668,669,675,676,683,689,
690,697,698,704,705,712,713,
717,718,722,726,733,734,735,
736,741,742,747,748,753,754,
760,761,766,767,772,776,777,
781,782,788,789,794,798,799,
804,808,809,813,817,822,823,
831,832,847,848,857,869,877,
890,904,915,916,927,940,955,
956,966,967,977,978,986,987,
993,994,1005,1013,1014,1022,
1029, 1030, 1037, 1047, 1054,
1055, 1060, 1061, 1062, 1064,
1068, 1069, 1076, 1077, 1084,
1085, 1092, 1093, 1101, 1102,
1108, 1114, 1115, 1116, 1118,
1120, 1121, 1122, 1129, 1130,
1137, 1138, 1144, 1145, 1150,
1151, 1153, 1157, 1167, 1168,
1169, 1180, 1187, 1193, 1194,
1200, 1201, 1207, 1208, 1209,
1210, 1216, 1217, 1218, 1222,
1223, 1224, 1229, 1230, 1231,
1237, 1242, 1243, 1251, 1252,
1259, 1266, 1267, 1272, 1273,
1278, 1279, 1280, 1286, 1287,
1288, 1293, 1297, 1298, 1299,
1303, 1304, 1305, 1311, 1316,
1317, 1319, 1322, 1323, 1324,
1328, 1329, 1332, 1333, 1334,
1339, 1340, 1341, 1345, 1352,
1357, 1358, 1363, 1364, 1371,
1372, 1373, 1377, 1378, 1383,
1384, 1389, 1390, 1391, 1396,
1397, 1401, 1405, 1406, 1408,
1410, 1411, 1414, 1415, 1419,
1420, 1421, 1422, 1427, 1428,
1431, 1433, 1434, 1435, 1436,
1440, 1441, 1446, 1447, 1448,
1454, 1455, 1459, 1460, 1461,
1465, 1466, 1470, 1471, 1472,
1474, 1476, 1477, 1482, 1487,
1488, 1489, 1494, 1495, 1501,
1502, 1503, 1504, 1508, 1509,
1514, 1515, 1516, 1518, 1521,
1522, 1526, 1527, 1535, 1536,
1537, 1541, 1542, 1545, 1546,
1549, 1550, 1552, 1554, 1555,
1560, 1564, 1565, 1566, 1573,
1574, 1579, 1580, 1586, 1592,
1593, 1597, 1604, 1605, 1606,
1609, 1610, 1618, 1619, 1622,
1626, 1627, 1628, 1630, 1634,
1642, 1643, 1644, 1650, 1651,
1654, 1657, 1658, 1663, 1670,
1676, 1677, 1683, 1684, 1691,
1692, 1699, 1706, 1711, 1715,
1716, 1724, 1725, 1726, 1731,
1742, 1743, 1744, 1757, 1759,
1779, 1790, 1794, 1796, 1797,
1806, 1807, 1816, 1817, 1818,
1819, 1820, 1831, 1832, 1833,
1841, 1851, 1852, 1871, 1872,
1873, 1886, 1904, 1905, 1921,
1923, 1939, 1940, 1941, 1958,
1959, 1968, 1974, 1975, 1980,
1987,1996,2002,2003,2005

清史通俗演义　1999
清史演义　1957
清世宗实录　2,62,493,498,499,
500,501,510,511,516,517,518,
522,523,524,529,530,531,537,
538,539,543,544,545,550,551,
557,561,562,565,566,567,575,
576,580,633
清世祖实录　1,3,8,9,11,16,17,
21,22,29,35,38,39,47,50,55,
56,57,58,61,62,66,67,68,69,
73,74,80,81,499,501
清世祖章皇帝圣训　279
清受堂集　1296
清书录　1420
清水县志　279,1066
清素堂文集　1067
清太宗文皇帝圣训　279
清文典要　617
清文汇（国朝文汇）　1973
清文启蒙　554
清溪词钞　1887
清溪李氏世学考　740
清溪诗选　1887
清溪遗稿　192
清献堂全编　1004
清献堂诗文集　1107
清献堂文录　1107
清啸阁诗集　1676
清虚山房集　986
清宣宗圣训　1464,1507
清学部图书馆方志目　1979
清崖集　549
清雅堂诗余　1013
清夜斋史集　1471
清仪阁藏器目　1414
清仪阁古印偶存　1414
清仪阁金石题识　1414
清仪阁所藏古器物文　1414
清仪阁杂咏　1414
清吟堂集　395
清源县志　97
清远县志　101,617
清苑县志　196
清真指南　246,435
清忠谱　153
清尊集　1327
晴韵馆诗文集　1160
请缨日记　1705,1872
庆都县志　204

庆符县志 1198	秋树山房集 1151	求闻过斋文集 1309,1311
庆阳府志 90	秋水词 1433	求孝集 212
庆元县志 158,1113,1321	秋水集 382	求幸福斋丛话 1995
庆远府志 724,1302	秋水堂集 669	求幸福斋随笔 1995
庆云县志 168,1166	秋水堂遗集 658,1215	求一算术 1333
庆芝堂诗集 1298	秋水文丛 1433	求益斋读书记 1795
磬折古义 1076,1200,1309	秋水文丛三编 1433	求志编 567
馨室所藏钤印 1984	秋水文丛四编 1433	求志居集 1401,1504
邛州直隶州志 1227	秋水文丛再编 1433	求志居时文 1504
邛州志 341	秋水轩唱和词 215	求志居外集 1401,1504
穷岛集 29	秋闲二西草 328	求志堂存稾编 1699
琼郡志 191	秋闲三仕草 328	求自得之室文钞 1514,1526
琼曼笔谈 1487	秋闲诗草 328	虹峰集 905
琼山县志 280,415,674	秋雪词 344	虹峰文集 406
琼州府志 405,856,1384	秋崖诗集 215	訄书 1710,1810,1816,1840,
邱邦士文集 480,860	秋谳须知 1968	1849,1884
邱县志 541,954	秋药庵诗集 1060	裘抒楼藏书目 528
秋盦词草 1121	秋吟阁诗 929	裘文达公诗集 848
秋槎杂记 1250	秋雨年华之馆丛脞书 1714,	裘文达公文集 848
秋窗集 1662	1756	裘文达公奏议 848
秋窗随笔 626	秋园杂佩 27,65	区别录 1133
秋灯课诗屋图 1887	求表捷术 1488	曲阜诗钞 1467
秋舫日记 215	求当集 1252	曲阜县志 856
秋风集 380	求道录 19,185	曲海 939
秋谷居士自撰年谱 821	求放心斋诗文集 978	曲话 1121,1265,1495
秋海棠传奇 1461	求福免祸论 1321	曲江集考证 1251
秋槐集 50	求复录 1085	曲江年谱 1251
秋蟪吟馆诗钞 1650	求古精舍金石图 1192	曲礼异义 1806
秋笳集 258	求古录 172,237,1237	曲录 1957,1973
秋锦山房词 339	求古录礼说 1237	曲品 15
秋锦山房集 339,348	求己堂八种 1341	曲谱 460,650
秋瑾集 1941	求阙斋弟子记 1590	曲沃县志 398
秋林琴雅 494,712	求阙斋读书录 1585	曲阳县新志 158
秋梦庵词 1758	求阙斋日记类钞 1375,1585	曲园杂纂 1367,1591
秋女士诗集 1937	求仁编 134	曲周县志 64,673
秋苹印草 1482	求仁录 198,470	屈辞精义 1179,1185,1229
秋泉居士集 509,688	求仁录辑要 470	屈辞洗髓 357
秋声馆遗集 1467	求是山房诗文稿 671	屈赋微 1920
秋室集 1217	求是堂诗集 1327,1350	屈庐诗集 1956
秋室诗钞 1266	求是堂诗文集 1324	屈骚心印 656
秋室诗录 1217,1233	求是堂文集 1350	屈骚指掌 992
秋室遗文 1217	求是斋集 1151	屈原赋注 710,765,890
秋树读书楼遗集 1143	求闻过斋诗集 1309,1311	屈子贯 373

屈子纪略 1012	权衡度量实验考 1714,1852	群经凡例 1667,1679,1801
屈子章句 1012	权衡一书 487	群经宫室图 347,1028,1050,
屈子正音 1291	泉布统志 1326	1243
趋庭录 477	泉南山人存稿 675	群经古音钩沉 1210
朐海诗存 1315	泉南山人诗集 675	群经互解 815
渠丘耳梦录 441	泉谱 1279,1317	群经考略 1901
渠亭山人半部稿 298	泉史 271,1326,1363	群经马官答问 1320
渠县志 630,1185	泉说 1513	群经平议 1106,1474,1534,
鞠录荛读书记 1696	泉漳治法论 1242	1535,1939
蘧堂杂著 896	泉志 697,1054	群经识小 978,1282
臞庵居士年谱 1053	泉志续编 1315	群经释地 1293,1432
衢州府志 432	泉州府志 780	群经索隐 1617
全汉三国晋南北朝诗 1983	拳祸记 1902	群经析疑 1179
全椒县志 170	铨政论 424	群经义证 1097,1102
全金诗 433	罐塾山人词集 1251	群经异义 1609
全闽采风录 977	劝戒近录 1388	群经异字同声考 1815
全闽诗话 504	劝善要言 55,56,1685	群经臆说 1684
全秦艺文志 509,1027	劝世良言 1321,1386	群经音辨 1697
全上古三代秦汉三国晋南北朝文（全上古三代秦汉三国六朝文） 1389	劝学刍言 1610	群经音疏补证 1696
	劝学篇 1769,1770,1782,1783,1786,1791,1803,1841	群经引诗大旨 1713
全史宫词 1795	劝学三十五辑 765	群经舆地表 1658
全史辑略 825	劝谕牧令文 1550	群经韵读 1220,1436
全史日至源流 641	缺斋遗稿 1853	群经韵谱 810,889
全史提要 1012	雀砚斋文集 1265	群经质 1541
全史约编 1004	确庵集 185	群经字诂 1418
全宋诗话 691	确庵文稿 50,337	群经字考 1130
全唐诗 177,180,396,398,446,509,1262,1297	确山楼骈体文 1252	群经字类 1322
	确山所著书 1608	群儒考略 1901
全唐诗录 403,405,448	确斋文集 206	群书备考 871
全唐诗选 267	阙里广志 774	群书答问 1303
全唐文 1140,1158,1162,1165,1194,1195,1196,1199,1212,1231,1293,1297,1327,1339,1371,1389,1401,1420	阙里孔氏诗钞 1345,1467	群书经眼录 1083,1192,1251
	阙里文献考 774	群书举要 237,400
	阙里志 244,617,774	群书十补 1662
	权经斋札记 1106	群书拾补 1003,1004,1026,1068
	碻山县志 666	群书索隐 742
全唐文纪事 1564	群己权界论（自由论） 1729,1801,1815,1869,1899	群书题跋 977
全体新论 1426		群书校补 1716
全五代诗 927,1121	群经百物谱 1448	群书疑辨 382,1214
全孝篇 713	群经笔记 1353	群学肄言 1615,1729,1792,1869
全谢山先生年谱 735,1013,1136	群经补义 776	
全浙诗话 1053,1114	群经补证 1658	**R**
全州志 298,793,1021,1099	群经大义相通论 1894	然后知斋四书五经答问 1213

然犀录 1696	仁怀厅志 1435	日本乞师记 30,743
然脂集 160,174	仁寿县新志 1356	日本师船考 1714
然脂新话 1941	仁寿县志 1020	日本书目志 1728,1755
冉子年表 1321	仁恕斋笔记 353	日本宪法 1876,1884
染香庵画跋 197	仁说三书 1814	日本学制大纲 1840
染香庵集 197	仁孝达天发明 314	日本源流考 1829,1848,1947
染香盦文集 1358	仁学 321,1733,1748,1755,1796, 1800,1863,2004	日本杂事诗 1588,1599,1603, 1645,1677,1794
穰梨馆过眼录 1689,1716	仁斋遗集 1597	日东文宴集 1759
攘书 1867	仁宗睿皇帝圣训 1268,1270	日耳曼之社会主义史 1866
让堂诗抄 1200	仁宗睿皇帝实录 1238,1268, 1270	日晷测算新义 1426
饶干县志 139,1264		日晷画法 1163
饶平县志 280	仁宗实录 1246,1253,1269, 1333,1572	日记杂录 1700
饶阳县后志 19		日讲春秋解义 526
饶阳县志 687	壬癸尺牍 781	日讲礼记解义 600
饶州府志 152,244	壬癸金石跋 1867,1868	日讲书经解义 218,553
热河全志 891	壬癸诗钞 1107	日讲易经解义 67,231,242, 250,253
热河志 737,802,848,878,931, 938,943,958,973,1004,1006, 1144	壬癸志稿 1482	
	壬午东征事略 1625	日清海战史 1868
	壬戌新钞 315	日省格 1092
热河志略 1205	壬寅集 101	日省录 48,550,599
人道大义录 1968	忍庵集 373	日书理学传授表 1127
人海记 273,535	茌平县志 104	日损益斋骈俪文钞 1481
人极图说 639	认理说 257	日损益斋诗钞 1481
人极衍义 1408,1466,1480	任庵语略 379	日损斋笔记考证 1435
人间词话删稿 1937	任丘县志 775	日损斋诗钞 1396
人间词甲稿 1920	任丘县志续编 1348	日下纪游略 1251
人间词乙稿 1937	任氏家礼酌 657	日下旧闻 279,327,424,559, 838,855,967
人间诗话附录 1937	任氏史册备考 657	
人境庐诗草 1511,1582,1690, 1722,1749,1822,1904,2003	任氏述记（三代两汉遗书） 1012	日下旧闻考 838,854,878,879, 894,910,921,931,944,947,957, 970,971,1144
人类公理 1649,1659,1689,1848	任渭长四种 1465,1472	
人谱 14,52,353,435,1283	任县志 167	日下丽泽 536
人谱类记 14	纫兰集 278	日下推星录 1341
人群进化论 1869	纫斋画滕 1585	日新要录 1460
人瑞录 289	日庵野录 312	日用通考 1410
人寿金鉴 1238	日本地理兵要 1632	日照县志 170
人为录 1247	日本法规约字 1937	日知荟说 605
人物志 215,1399	日本访书志 1606,1625,1829	日知录 13,143,146,151,156, 164,188,212,216,237,340,341, 418,546,735,1042,1066,1071, 1100,1118,1326,1331,1350, 1353,1415,1589,1749
仁庵自记年谱 1296	日本风土志 1819	
仁本事韵 1377	日本国志 1590,1645,1652, 1659,1662,1665,1709,1727, 1728,1736,1760,1785,1904	
仁峰年谱 1337		
仁和县志 280		
仁化县志 272,1235		日知录补校 1331

日知录补正 394,1111	榕亭诗存 1423	汝州续志 649
日知录集释 1331,1353	榕园词韵 977	乳源县志 104,280
日知录集释述评 1331	榕园全集 1370	入声便记 1409
日知录记疑 1421	融县志 1314	入声表 1315,1436
日知录刊误合刻 1338	柔桥初稿 1806	入声韵考 1014
日知录小笺 1331,1367	柔桥三集 1806	入吴集 97
日知录校记 1331	柔桥诗集 1806	入燕集 300
日知录校正 1331	柔桥文钞 1487,1806	阮籍咏怀诗注 283
日知录续补正 1331	柔桥续集 1806	阮亭诗选 101
日知录续刊误 1344	如皋县续志 1348	软尘私札 1386
日知续录 167	如皋县志 245,694,1135	蕊云集 291
荣宝续集 1022	如兰集 798,1028	芮长恤传 53
荣昌县志 667	如山于公年谱 257,1356	芮城县志 158
荣河县志 168,812	如是我闻 1036	瑞安县志 280,687,1161,1242
荣木堂集 246,905	儒教辨正 200	瑞昌县志 170,527,732
荣县志 739,1185	儒林传经表 1035	瑞金县志 245,716,1258
荣性堂文集 1222	儒林附记 1684	瑞应图记 1830
容城孙征君年谱 459	儒林谱 584	睿鉴录 627,669
容城县志 168,771	儒林琐记 1684	睿吾楼文话 1327
容城钟元先生文集 203	儒林外史 598,688,726,1127,1578	闰史 1715
容甫先生年谱 913,1061,1240,1415	儒林外史评 1649	闰榻先生集 1179
容经解 1791	儒林五传 1668	闰余稿 734
容台集 871	儒林宗派 382,1214	闰子年表 1321
容台佐议 38	儒门法语 481	若华堂诗稿 248
容斋诗集 1100	儒门医学 1853	弱水集 644
容斋文抄 1100	儒先晤语 745,760	箬园日记 1344
蓉渡词 141	儒先语粹 1353	
蓉镜堂文稿 1005	儒先语录汇参 1141	**S**
榕城课士草 1692	儒行集传 20	
榕城诗话 392,508,564,847	儒学汇纂 1577,1807	撒克逊劫后英雄略 1894,1903
榕村别集 478	儒学宗要 23	塞北小钞 243
榕村讲授 357,478	儒宗理要 23,77	塞外集 667
榕村谱录合考 478,740	儒宗录 59,282	塞外纪行草 420
榕村全集 122,477,478	孺庐全集 1265	三巴子督古志 1448
榕村全书 477,478,1277	蠕范 1127	三百篇诗评 1444
榕村诗选 478	汝东判语 1730	三百篇原声 1154
榕村续集 478	汝麋诗钞 1222	三百堂文集 1508
榕村语录 420,477,478,658	汝麋玉屑 1222	三才藻异 256
榕村韵书 478	汝南集 1128	三长物斋丛书 1409
榕村制义 478	汝宁府志 341,1075	三朝北盟会编 46,442,990,1083
榕村字画辨讹 478	汝阳县志 90,305	
榕坛问业 20,696	汝州全志 104,341	三朝国史 301,302,303,332,

388,490,626
三朝实录　103,575,576,606,645
三朝闻见录　1464
三朝要典　3,7,114,161,462,860
三楚文献录　234
三川别志　229
三传备说　1364
三传事礼例折中表　1697
三传异文录　1413
三传折诸　287
三代礼损益考　1475
三代田制考　1014
三代姓原　1036
三德考　1791
三藩纪事本末　470,859,871,951
三辅故事　1410
三辅黄图　585,856,874,966,976,983,1002,1194
三辅旧事　1410
三辅决录　912,1108,1383,1410
三冈识略　204
三纲制服尊尊述义　1554
三公奏议　1585
三古八代全文　1195
三古人苑　1411
三管诗钞　1420
三管诗话　1420
三国地图　1936
三国画像　1618
三国会要　1656,1815
三国纪年表　190,1078
三国晋南北朝会要　1427
三国郡县表补正　1936
三国史略　1981
三国艺文志　1675,1921
三国职官表　190,1135,1218,1258
三国志辨微　1346
三国志辨疑　1052,1082,1193,1194
三国志补表　1267
三国志补义　1493

三国志补志　1267
三国志补注（杭世骏）　846,847,1576
三国志补注（沈钦韩）　1323,1353
三国志补注续　1348,1352
三国志地理考　1298
三国志考证　1172,1378
三国志裴注述　1681
三国志校勘记　1987
三国志校误　675
三国志选注　1981
三国志证闻　1632,1648
三国志证闻校记　1698
三国志注证遗　1624,1642,1643,1689
三合便览　926
三河县志　168,764
三疾评　1658
三家诗辨正　1815
三家诗补考　1230
三家诗补遗　1791
三家诗话　1346
三家诗辑　1247,1304
三家诗考　1234,1476,1579
三家诗考证　1341
三家诗拾遗　764,814
三家诗遗说　1369
三家诗遗说考　692,1542
三家诗遗说翼证　1372
三家诗异文考证　1190
三家诗异文疏证　1306,1308,1372
三家释要　282
三家文钞　336
三家医案合刻　817,1315
三江渔父集　1309
三角代数　1596
三角法会编　426
三角法举要　385,489,507
三角割圆　1279
三角辑要　788
三角数理　1591,1852

三借庐笔谈　1617
三晋诗选　400
三经草堂诗抄　1592
三经答问　1004
三经际考　315
三径堂诗文稿　1088
三礼便蒙　1243
三礼分释中天　663
三礼合纂　343
三礼会籥　101
三礼精义　1093
三礼目录　1052,1112
三礼三传集解　105
三礼石经辨证　1074
三礼释注　1579
三礼通论　1936
三礼通释　1512,1585
三礼图并图说　966
三礼图考　1377
三礼问　331
三礼仪制歌诀　478
三礼义疏　591,593,594,689,734,846
三礼义疏辨正　1431
三礼义证　1097,1102,1387
三礼臆说　870
三礼札记　1046,1233
三礼折衷　321
三礼郑注考　1076
三礼指要　441
三礼注疏考异　1410
三礼注校字　1145
三礼字义疏证　1987
三礼纂要　420
三流道里表　975
三民物斋丛书　1596
三农纪　765
三千年艳尸记　1986
三秦记　1411
三秦纪闻　509
三山唱和诗　1420
三山论学记　31
三山志　610,1504

三省边防备览 1258,1287	三续疑年录 1602,1716	丧中杂录 161
三省边防考略 1691	三阳点化经 1010	骚屑 363
三省山内风土杂识 1287	三易洞玑 20,188,326	扫垢山房诗钞 1127
三十六字母阴阳辨 990	三易卦位图说 515	扫花庵题跋 461
三十三年落花梦 1884	三易通占 1222	扫落叶斋诗文稿 1293
三十杂星考 489	三影阁筝语 1137	扫叶庄诗稿 817
三史答问 1004	三邕翠墨簃题跋 1696	啬生居诗文集 1193
三史国语解 996	三余笔记 605	森斋杂俎 991
三史拾遗 1137,1138,1154	三余集 424,476	沙河县志 288,745
三史同姓名录 1089	三余堂馆偶存 1090	沙河逸老集 734
三史正统辨 933	三鱼堂剩言 220,322	沙河逸老小稿 752
三水县志 171,196,243,427, 985,1235	三鱼堂四书大全 226,322	沙上集 38
三松堂集 1310	三鱼堂外集 322,373	沙头里志 90
三松自订年谱 1309,1310	三鱼堂文集 249,322,373,1675	沙溪草堂诗集 1396
三颂考 1563	三垣笔记 246	沙溪草堂文集 1396
三所录异 1487	三原县新志 1608,1706	沙溪草堂杂著 1396
三台诗话 992	三原县志 398,797,963	沙县志 372,1331
三台诗录 1278	三韵易知 830	沙州记 1410
三台县志 992,1205	三州纪略 1252	莎士比亚故事集 1870,1885
三唐人集 1389,1589	三洲日记 1817	痧胀玉衡 184
三塘渔唱 1807	三子定论 333	晒书堂笔记 1279
三体石经时代辨误 1711	三字经 223,1297,1791,1813	晒书堂诗文集 1279
三天竺志 1186	桑榆集 147	晒书堂文存 1433
三通考辑要 1994	桑植县志 786	晒书堂文集 1640
三统历术 725,728,733	桑梓见闻录 829	山茨振响集 60
三统术补衍 1669	桑梓述闻 1089	山带阁注楚辞 447
三统术钤 733	桑梓五防 161	山东军兴纪略 1649
三统术详说 1627	丧大礼考 956	山东考古录 97,238
三统术衍 733,874,925,1029, 1103,1109,1114,1123,1138	丧服答问纪实 1415	山东水利略 630
	丧服古今异同考 556	山东通志 198,204,539,548, 1677,1987
三统术衍补 1250,1267	丧服古注辑存 1433	山东运河备览 987
三统算补衍 1634	丧服会通说 1514	山东肇域志 164
三万六千顷湖中画船录 1068	丧服足征记 1200	山海关志 145
三吴游览志 33	丧礼辨误 1435	山海经补毕 1804
三希堂法帖 675,1675	丧礼辨疑 382	山海经存 760,1135
三希堂石渠宝笈法帖 675	丧礼补议 1453	山海经道常 1014
三惜斋诗文 1310	丧礼从宜 1381	山海经广注 300,1135
三侠五义（忠烈侠义传） 1555, 1603,1672,1818	丧礼或问 439,552	山海经笺疏 1126,1135,1166, 1279,1613
	丧礼辑略 1085	
三相类注 1273	丧礼经传约 1267	山海经新校正 923,964,966, 1135
三湘从事录 224	丧礼述 767	
三续寰宇访碑录 1984	丧礼议 584	
	丧气十戒 1521	山海经纂说 1459

山河两戎考 741	删补易经蒙引 290	伤寒悬解 717
山静居画论 927,1068,1091	删后诗文存 760	伤寒一百十三方发明 153
山静居论画 1101	珊瑚网 410	伤寒杂病论补注 1503
山静居遗稿 1101,1127	陕甘味经书院志 1873	伤寒折衷 314
山居咏 6	陕西通志 127,432,539,585,	伤寒指掌 1076
山名今释 1475	1456	伤寒诸论 329
山木居士外集 1061	陕西志辑要 1291	伤寒总病论 1266
山木居文集 1332	陕州志 78	伤寒缵论 329
山木先生周易注 1061	善本书室藏书志 1292,1740,	伤科补要 1162
山南诗选 1287	1805,1807	商城县志 84,305,1126
山栖集 274	善恶报略说 291	商河县志 1320
山清全书 281	善化县志 264,673,1227	商君书新校正 1053
山水画式 1045	善卷堂四六注 657	商南县志 681
山天衣闻 1434	善女人传 1077	商丘县志 398
山闻诗 197	善思斋词 1886	商榷集 787
山西通志 235,539,577,650,	善思斋诗钞 1886	商水县志 84,673
1583,1698	善思斋诗续钞 1886	商阳府志 84
山西直隶沁州志 177	善思斋文钞 1886	商业博物志 1805
山西志辑要 926	善思斋文续钞 1886	商业地理 1830
山香集 564	善俗书 1157	商业经济学 1816
山晓堂集 363	伤寒辨证 205	商业开化史 1830
山阳录 65	伤寒大成 1186	商周金识拾遗 1681
山阳耆旧诗 667	伤寒分经 798	商周文拾遗 1130
山阳诗征 1173,1579	伤寒贯珠集 549,689	赏延素心录 578
山阳县初志 336	伤寒兼证析义 1137	赏雨茅屋词 1433
山阳县志 184,687,1075,1579	伤寒金匮方解 1396	赏雨茅屋诗集 1136,1236,1316
山阳志遗 847	伤寒口义 374	上蔡县志 310
山阴先生语录 59	伤寒类方 759,822	上帝总论 1806
山阴县志 152,1126	伤寒论本义 515	上高县志 171,1178
山右碑目 1418	伤寒论纲目 495,877	上古考信录 1082,1142
山志 235,381	伤寒论集注 495	上海县志 244,694,975,1198,
山中白云词 1660	伤寒论近言 788	1536,1553
山中白云词疏证 775	伤寒论浅注 1241	上海县竹枝词 1887
山左笔谈 15	伤寒论翼 178	上海游骖录 1938
山左集 1323	伤寒论原文浅注 1162	上杭县志 280,717,739
山左金石志 1062,1063,1064,	伤寒论直解 441	上湖分类文编 647
1074,1082,1150,1151,1419	伤寒论注(陈念祖) 1267	上湖纪岁诗编 647,752
山左明诗抄 809	伤寒论注(柯琴) 139	上湖纪岁诗续编 752
山左桑蚕考 1339	伤寒论宗印 91,105,495	上林县志 398
山左游记 1209	伤寒尚论篇 112	上林志稿 1240
彡石自订年谱 1173	伤寒舌鉴 133	上林子虚赋郭注辑存 1433
删补颐生微论 60	伤寒通解 1396	上律篇 343
	伤寒瘟疫条辨 986	上饶县志 655,975,1285

上思州志　1331
上药亭诗余　102
上犹县志　245,352,694,1028,1264
上谕八旗　558
上谕内阁　558,635
上谕旗务议覆　558
上元府志　488
上元县志　702,1271
尚絅庐诗钞　1514
尚论后篇　112
尚诗征名　1955
尚史　553,660,734,867,1007
尚书备解　1791
尚书辨略　300
尚书辨伪　1216
尚书辨疑　623,733
尚书补疏　1226,1243
尚书策取　343
尚书持平　1684
尚书传授同异考　1495,1954
尚书春秋说　809
尚书大传定本　1308
尚书大传定本笺　1333
尚书大传笺（尚书左传疏正）　1661,1727
尚书大传礼证　2001
尚书大传疏证　1739,1959
尚书地理今释　563,564
尚书典谟说　407
尚书读记　809
尚书读异　1987
尚书发微　796
尚书古文辨惑　1882
尚书古文解略　936,977
尚书古文说　978
尚书古文冤词　243
尚书古义　1028
尚书古注便读　1475
尚书古字辨异　1121
尚书顾命解　978
尚书管窥　1459
尚书广义　117

尚书后案　660,692,913,925,1084
尚书后案驳正　1558
尚书后案质疑　1130
尚书汇钞　678
尚书集解（刘以贵）　287
尚书集解（孙承泽）　192
尚书集解（臧琳）　397,448
尚书集解案　1145,1175
尚书集注　769,801
尚书集注述疏　1724
尚书集注音疏　728,729,754,844,925,1101
尚书记传释　1727
尚书既见　1013,1052
尚书家训　138
尚书笺　1866
尚书讲义　215,1727
尚书解　1402
尚书解义　477
尚书今古辑佚　1904
尚书今古文集解　1304,1305
尚书今古文考证　1217,1343
尚书今古文五藏说　1648
尚书今古文义疏　1231
尚书今文释义　801,844,936,977
尚书近指　100,144,184
尚书经文集注　1259
尚书精义　1093
尚书举要　1753
尚书考　779,1279
尚书考辨　678
尚书考异（汪中）　1061
尚书考异（王夫之）　104
尚书考异（庄绶甲）　1298
尚书孔传参正　1882,1947
尚书孔氏传补疏　1243
尚书撲　144
尚书历谱　1634
尚书隶古定释文　1111
尚书马氏家法　1295,1378
尚书偶记　622

尚书埤传　166,216,247
尚书篇第　779
尚书篇目考　1609
尚书骈枝　1696,1954,1958
尚书评　1085
尚书评注　708
尚书谱　1369,1487
尚书七篇解义　478
尚书启蒙疏　1577
尚书日思录　671
尚书商谊　1654
尚书涉传　966
尚书伸孔篇　1073
尚书释天　716,737
尚书述　1503
尚书说（陈乔枞）　1542
尚书说（费密）　233,374
尚书说（宋翔凤）　1369
尚书说（万言）　217,401
尚书说（吴嘉宾）　1514
尚书说（庄存与）　1013
尚书私记　455
尚书私学　660,870
尚书随笔　877
尚书通典略　609
尚书通论　462
尚书通义　403,1313,1495,1954
尚书通议　750,769,804
尚书王鲁考　1727
尚书微　1872
尚书先儒遗论　1029
尚书小识　1288
尚书小疏　712
尚书小札　1727
尚书协异　966
尚书序大义　1295,1378
尚书序录　1288
尚书序说　1259
尚书沿革表　1488
尚书要义　1695
尚书义　370
尚书义粹　1305
尚书义考　890

尚书义疏 303,1170	邵阳县志 255,786,1240	神枢鬼藏录 1938
尚书异读考 1107,1108	邵子湘文集 328	神天圣书 1266
尚书异字同声考 1639	绍兴府志 171,244,311,480,	神州古史考 397
尚书绎闻 1595	1044,1715	沈公遗集 725
尚书谊略 1901	绍兴先正遗书 1705,1904	沈谷成易学 1852
尚书逸汤誓考 1558,1565	奢乱纪略 374	沈归愚全集 717
尚书因文 1688	奢摩他室曲丛 1986	沈归愚诗文全集 703
尚书引义 59,104,297,320,321	奢摩他室曲话 1916,1931	沈归愚自订年谱 703,813
尚书余论 1469,1579	舌辨 1536	沈厚余年谱 656
尚书约旨 609	蛇女士传 1921	沈南苹翎毛走兽画集 767
尚书约注 1954	社会进化 1805	沈丘县志 78,666
尚书杂说 1222	社会进化论 1884	沈氏改正揲蓍法 1852
尚书札记 936	社会通诠 1869,1927	沈氏古今词选 147
尚书质疑（顾栋高） 749,760	社会学 1825,1842,1849	沈氏群峰集 1038
尚书质疑（王心敬） 617	社会主义丛书 1937	沈氏四声考 747,1144
尚书质疑（赵佑） 1107,1108	社会主义神髓 1869	沈氏族谱 611
尚书中侯疏证 1804	射洪县志 440,992,1185,1240	沈氏尊生书 846,877,1572,1973
尚书周礼说集证凡例 1919	射声小谱 1362	沈文肃公政书 1604
尚书注 229,1091,1198	射鹰楼诗话 1387,1433,1585	沈文忠公集 1503
尚书宗要 774	涉世杂谈 1216	沈余诗文集 477
尚书左传疏正 1661	涉闻梓旧 1433,1465,1488	审安斋诗集 1813
尚友记 1415	涉县志 84,453,1099	审视瑶函 6
尚友堂年谱 386,472	摄山游草 740	审岩文集 1179
尚友堂说诗 773	摄生闲览 817	审音 869
尚志馆文述 441	申端愍公年谱 127	审音鉴古录 1332
尚志居读书记 1585	申范 1627	甚德堂文集 1199
尚志居集 1585	申谷梁废疾 1074	慎独轩文集 732
尚志居集补遗 1585	申何难郑 1304	慎独斋日录 100
尚志录 586	申江名胜图说 1640	慎疾刍言 822
韶州府志 169,352	身后编 123	慎其余斋诗集 1421
少广拾遗 320,507	深柳居诗文集 1096	慎其余斋文集 1421
少广正负术内外篇 994	深宁先生（王应麟）年谱 1155	慎思录 1956
少陵编年诗目谱 514	深浅印 1921	慎修数学 178
邵山人诗集 117	深衣考 340,1515,1545,1669	慎宜轩文集
邵氏危言 1669	深衣考误 615,764,776,1350	慎贻堂训蒙日纂 275
邵亭诗钞 1440	深衣释例 347,963,1022	慎余堂集 981
邵亭遗诗 1578	深泽县志 182,584	慎余堂文集 420
邵位西遗文 1520	深州风土记 1815,1872	慎斋诗存 311
邵窝笔录 1092	深州直隶州志 1291	蜃园诗前后集 161
邵窝偶存 1092	深州志 352	蜃园文集 161
邵窝文集 1092	神农本草百种录（神农本草经百种录） 602,822	升降编 223
邵武府续志 146		升降秘要 765
邵武府志 816	神农本草经读 1128,1267	生行谱 1703

生斋日识　1321,1334,1527
生斋日知录　1334
生斋诗稿　1321
生斋诗文稿　1334
生斋文稿　1350
声调谱　617,657,721
声调四谱图说　1592
声鹤诗文稿　38
声类　821,965,1042,1059,1138,1278,1389,1445
声类表　759,781,889,890,1164
声类拾存　1222
声律通考　1128,1469,1474,1486,1627
声律小记　1076,1200
声谱　1697
声诗阐微　1254,1676
声说　1697
声音蠡测　1345
声音谱　1118
声韵丛说　291
声韵考　759,781,798,812,874,876,890,1350
声韵考略　1555
声韵谱　1127
声韵易知　1387
声韵源流考　382,1214
声韵转迻略　1804
声字荟录　1118
昇勤直公年谱　1291
胜朝彤史拾遗记　465
胜朝殉扬录　1460
胜饮编　1445
笙月词　1620
渑池县志　666,1172
绳庵内外集　847
绳轩读经记　1121
绳轩集　1121
省方盛典　473,508
省过斋文集　1459
省克录　726
省愆室续笔记　1280
省身录（陈澧）　1501

省身录（苏源生）　1445
省身日课　1399
省吾斋诗文集　1069
省心录　1405
省心堂家训　521
省轩考古类编　520
省轩文钞　147
省斋自存草　889
圣道元亨颂　461
圣和老人诗集　1464
圣和老人文集　1464
圣讳实录　899,900
圣迹编年　1291
圣迹图　1572
圣济方选　1536
圣教日课　53
圣教要理　193
圣经学规纂　572
圣经要略汇集　6
圣经直解　6,85
圣门戒律　186
圣门名字纂诂　1955
圣门十六子书　1321
圣门学脉中旨录　367,374
圣谟全书　520
圣人家门喻　282
圣师年谱　610
圣体规仪　154
圣武记　1382,1386,1394,1402,1471,1649
圣武记采要　1394,1426
圣贤冢墓图考　1151
圣学发明　314
圣学集成　418
圣学录　96,184
圣学入门书　43,185,1445
圣学疏　43
圣学问答考　314
圣学真语　291
圣学知统录　115,274
圣学知统翼录　116,138,274
圣学宗传　190,227
圣学宗略　5

圣学宗要　14,52,125
圣训　66,118,148,210,231,240,241,242,268,418,575,605,632,633,1183,1268,1281,1525
圣咏续解　824
圣谕广训　227,510,580,659,783,1359,1423,1517,1907
圣谕乐本解说　318,360
圣谕详解　1601
圣谕象解　227
圣谕宣讲乡保条约　490
圣证论补评　1753,1960
圣祖仁皇帝实录　501,517,524,537,539,546,557,558,575,597,733
圣祖仁皇帝御制文全集　580
圣祖实录　492,564,575,613
盛湖志　49
盛京地图　93
盛京推算表　291
盛世危言（易言）　1560,1609,1654,1694,1698,1703,1704,1767,1788
嵊县志　151,644,1296
尸子补遗　1003
师表集览　564
师伏堂笔记　1960
师伏堂词　1960
师伏堂丛书　1740,1955,1960
师伏堂骈文　1729
师伏堂咏史　1960
师华山房文集　966
师门瓣香录　1242
师善堂集　626
师赏春秋讲义　1960,1971
师慎轩印谱　1549
师石山房书录　1625
师优堂咏史　1882
师友集　1401,1402
师友渊源集　1151
师友渊源记　1458,1508
师友札记　1445,1550
师郑堂经说　1688
师竹斋集　1100

师宗州志　470,549
诗本事　1433
诗本音　128,237,1176
诗比兴笺　1288
诗比义述　874
诗辨坻　291
诗补传　714,716
诗补笺　1672
诗巢唱和　1194
诗持　152,221
诗触　1439
诗传补义　1577
诗传阐要　25
诗传笺补　1475
诗传笺考　1502
诗传蒙求分韵　1480
诗传名物辑览　445
诗传叶音考　782
诗传翼　281
诗词拾遗　1578
诗词杂俎　448
诗丛说　1502
诗大小序辨　663
诗地理今释　1475
诗地理考略　1512
诗地理征　1355
诗法指南　759
诗古今文注　1658
诗古微　1301,1369,1392,1451,1471
诗古文词杂著　1716
诗古文辞　901
诗古训　1193
诗古音考　1421
诗古韵表廿二部集说　1327
诗管见　1563
诗贯　738,870
诗广传　151,242,321
诗集传　694,731,1521
诗集传改错　1475
诗集续编　428
诗偶别录　704
诗笺礼注异义考　1658

诗鉴　161
诗经比义述　1042
诗经辨韵　52,99
诗经补笺　1918
诗经补注　700,701,718
诗经测　1402
诗经测义　565
诗经传说取裁　23
诗经传注　572
诗经读本　1904
诗经二南补注　890
诗经发明　598
诗经逢源　991
诗经古义录　806
诗经广大全　233
诗经广诂　1308,1378
诗经恒解　1459
诗经会编　337
诗经集成　304
诗经集诂　663
诗经辑注　756
诗经家训　299
诗经讲义　955
诗经揭要　1020,1129
诗经解义　117
诗经精义　870
诗经考　112
诗经口义　1464,1610
诗经乐谱　998,1002,1039
诗经蒙说　904
诗经名物考　1324
诗经偶录　324
诗经诠义　563,760,1387
诗经拾遗（郝懿行）　1011,1279
诗经拾遗（叶酉）　623
诗经释辨　718
诗经释典　806
诗经书经略解　815
诗经疏略　381
诗经说铃　1500
诗经说略　198
诗经说约　50
诗经四家异文考　1542,1624

诗经提要录　753
诗经通论　362,398,462,1347
诗经通义　115,247,301
诗经晰疑　324
诗经详说　476
诗经小学　1081,1197
诗经小学录　1208
诗经选编译本　662
诗经异文　1580
诗经绎参　1534
诗经音律续编　1616
诗经音韵　423
诗经原始　1347,1633
诗经韵读　1197,1347,1436
诗经韵谱　810,816,828,889
诗经札记　603,753
诗经志余　434
诗经朱传翼　192
诗考补注　1263,1579
诗考异　1180,1324
诗考异字笺余　1074
诗乐存亡谱　1554
诗礼解　123
诗礼堂诗集　765
诗礼堂文集　765,766
诗礼疑义　359
诗礼征文　1289
诗林韶濩　399,497
诗舲诗录　1501
诗舲诗续　1501
诗六义说　477
诗略说附古韵微　1695
诗毛氏传疏　1184,1318,1369,1409,1508
诗毛郑异同辨　1455
诗毛郑异同考　977
诗名物考略　1608
诗名物志　801,985
诗前集　298
诗人存知诗录　1585
诗人考　953
诗深　641

诗沈 814	诗小雅篇什次第表 1160	蓍测 986
诗渖 856	诗序辨正 764	十八家诗钞 1433,1560,1571
诗声辨定阴阳谱 1278	诗序补义 722,774	十八经注疏凡例 1632,1655
诗声类 993,1042	诗序传异同 556	十二河山集 1251
诗声类表 1634	诗序说通 1502	十二经读注 1297
诗声衍 1304,1305	诗序异同汇参 1475	十二楼 78
诗氏族考 1112,1338	诗学女为 824	十二律京腔谱 266
诗书古训 1305,1343,1359, 1376,1445	诗学源流考 1061	十二律昆腔谱 266
诗书讲义 698	诗学指南 758	十二梅花书屋诗集 1743
诗书说 14	诗疑义释 974	十二研斋诗集 375
诗疏补遗 1011	诗义旁通 1439	十二砚斋金石过眼录 1578
诗双声迭韵谱 1405	诗义堂后集 1526	十二砚斋三种 1559
诗说(程廷祚) 323	诗义堂集 1526	十二章图说 1223
诗说(顾镇) 807	诗义无忘录 1088	十峰诗选 122
诗说(管世铭) 1093	诗义择从 1667,1921	十峰诗选二集 139
诗说(郝懿行) 1279,1624	诗义质疑 1435	十国春秋 138,157,158,204, 300,1011
诗说(惠周惕) 243,331	诗音辨 1121	十国宫词 1129,1528
诗说(李因笃) 323	诗音表 1151	十笏草堂集存 174
诗说(刘逢禄) 1304	诗余 228,417,1596,1633	十笏草堂辛甲集 174
诗说(毛奇龄) 952	诗余辨伪 1130	十会语录 529
诗说(陶正靖) 660	诗余小谱 237,400	十家宫词 298
诗说(王心敬) 617	诗娱室诗集 1414	十家易象集说 654
诗说(吴敬梓) 694,726	诗语补亡后订 974	十驾斋养新录 1100,1128, 1132,1137
诗说参同契注 1488	诗语助义 1508	十驾斋养新余录 1149
诗说拾遗 1624	诗玉尺 1507	十经摄提 1107
诗四家故训 647	诗韵便读 1345	十经文字通正书 875,1082, 1151
诗诵 1541,1648	诗韵存古 324	十经斋文集 1171
诗所 478,662,753	诗韵订 1254	十九首解 742
诗图表 1713	诗韵歌诀初步 765	十六长乐堂古器款识考 1076
诗纬古义疏证 1815	诗韵析 505,760	十六国考 1475
诗纬集证 1541,1542,1624	诗韵珠玑 1107	十六国杂事诗 1879
诗纬经证 1815	诗韵字声通证 1703	十六金符斋印存 1852
诗文辞逆志表 1815	诗蕴 662	十年读书室诗存 1425
诗文内外集 1263	诗章句考 1554	十年读书室文存 1425
诗问(郝懿行) 1058,1433,1624	诗箴 1283	十七史经说 1305
诗问(郎廷槐) 889	诗旨述三 1381	十七史考异 1324
诗问(牟应震) 962	施公案 497,1091,1357,1870	十七史猎俎 118
诗问路 25	施南府志 1331	十七史商榷 902,1001,1002, 1084,1106
诗细 1107	施氏家风述略 191	
诗小笺 1128	施愚山先生诗集 416	
诗小序翼 1411	施愚山先生学余文集 416	
诗小学 1553	施注苏诗 363,379,380	十七史正讹 495
	狮窟集 1445	

十如塾杂钞 602	十三州志 1410	石鼓文集释 1012
十三峰书屋全集 1683	十四经日记 1337,1456	石鼓文考 382
十三经笔记 1029	十诵斋集 817	石鼓文考异 1210
十三经订误 206	十万卷楼丛书 1699	石鼓文释存 1201
十三经读本附校刊记 1559	十万卷楼丛书初编 1603	石鼓文音训考证 1373
十三经古今文义汇正 1715	十尾龟 1957	石鼓斋杂识 1151
十三经古注 1519	十五弗斋诗存 1657	石华山人诗集 1179
十三经诘答问 1348,1372	十五弗斋文存 1657	石画记 1321,1332,1336
十三经管见 1141	十五家词 197,205	石话杂记 1987
十三经集解 403,1396	十五家年谱丛书 1632	石黄庵集 650
十三经经郛 1172,1177	十五经丛说 1433	石迹表 1005
十三经举要 1901	十五小豪杰 1870	石经补考 1257,1296
十三经考异 1105	十一经初学读本 1156	石经阁诗略 1107,1206,1221, 1236,1241
十三经客难 722,1404	十一经音训 1313	
十三经区分 256	十翼逸文 1904	石经阁诗文集 1372
十三经拾遗 1105	十愿斋文集 38	石经考(顾炎武) 237
十三经文字同异 940,941	十月之交日食天元草 1654	石经考(万斯同) 378
十三经义疑 792	十忠祠纪略 1663	石经考文提要 1032,1098, 1106,1432
十三经异义 1013	十钟山房印举 1633,1642	
十三经音略 1074,1119,1207	十种唐诗选 434	石经考续 1298
十三经札记 1595	十子全书 1136	石经考异(杭世骏) 378,584, 846
十三经正读定本 1254	十子诗略 275	
十三经证异 1128,1235	十字军英雄记 1938	石经考异(严长明) 1004,1005
十三经注疏锦字 1121	什邡县志 681,1191	石经说 1028,1110,1222
十三经注疏纠缪 138,399,400	石庵樵唱 604	石经详考 1121
十三经注疏考异 1341	石庵诗集 1144	石臼集 50,871
十三经注疏类抄 313	石宝秘录 280	石菊影庐笔识 1645,1756
十三经注疏琐语 548	石仓存稿 526	石匮藏书 182
十三经注疏校勘记 1110,1112, 1131,1140,1141,1148,1159, 1269,1282,1396,1419,1584	石仓笺奏 526	石匮书 52,256
	石仓诗文集 24	石匮书后集 256
	石仓十二代诗选 24	石林诗话拾遗附录 1541
十三经注疏校勘记识语 1396, 1584	石城县志 127,272,280,440, 661,939,1240,1271	石林遗事 2004
		石楼县志 563
十三经注疏姓氏 1002,1229	石村诗文集 192	石门县志 170,196,245,422, 1227
十三经注疏正讹 888	石埭县采访录 1271	
十三经注疏正字(浦镗) 935	石埭县志 183	石屏州续志 926
十三经注疏正字(沈廷芳) 792,831	石峰堡纪略 975,992	石屏州志 171,758
	石冈广福合志 1154	石谱 147
十三经字辨 792	石鼓读 1130	石阡府志 793
十三经字原 1610	石鼓考 939	石渠宝笈 650,662,813,848, 1033,1048,1049,1101,1129, 1204,1211,1212,1311,1419,1420
十三陵纪 191	石鼓然疑 1217	
十三陵图说 386	石鼓文存 1618	
十三日备尝记 1382	石鼓文定本 471	石渠宝笈三编 1215,1401

石渠宝笈续编 1047,1053,1196	时用集 496	史记别录 1566
石渠礼议 1304	识小编 701	史记补笺 121,374
石渠随笔 1383	识小录 297,661	史记补正 1806
石渠五种曲 21	识学斋丛书 1675	史记补注 1038,1089,1151
石渠议逸文考 1340	识字教授书 1945	史记功臣侯表 808
石泉集 1642	识字略 675,1325	史记龟策传解 1130
石泉书屋藏器目 1592	识字续编 1494	史记货殖列传注 1873
石泉书屋类稿 1592	实践录 712	史记辑评 1077
石泉县志 272,807,1331	实事求是斋诗文集 1293	史记纪疑 733
石泉遗集 369	实斋文集 1116	史记笺 374
石首县志 159,602,975,1066	拾慧录 1136	史记菁华录 407
石笥山房诗文集 1090	拾雅 1236	史记考证 846
石笥山房文集 753,1405	拾遗补艺斋遗书 1357	史记蠡测 1290,1410
石汀集 478	拾余诗稿 417	史记论文 160,857
石溪读周官 1400	拾余四种 1296	史记蒙拾 814
石溪舫诗话 1333	食货略 999	史记难字 704
石溪文集 622	食旧德斋杂著 1655	史记评注 723,754,1036
石研斋集 1389	食味杂咏 1321	史记三书释疑 1029,1030
石研斋书目 1140	食物本草会纂 312	史记散笔 1987
石研斋主人年谱 869	食宪鸿秘 358	史记私论 267
石遗室丛书 1615	史案 1284	史记太史公自序注 1873
石遗室诗话 1615	史兵略 1480	史记探源 1984
石遗室诗集 1615,1903	史乘 1537	史记天官书考证 1230
石隐山人自订年谱 1475	史传拟稿 373	史记校勘记 1609
石余录 1372	史传三编 541	史记协异 966
石园诗话 1215	史地丛考 1866	史记引尚书考 1713,1727,1959
石园诗文集 382	史地决疑 1217	史记正讹 774,993
石园文稿 1215	史断 95,704	史记志疑 963,1002,1191,1237
石云居士集 53	史法质疑 226,267	史记注 689
石云山人文集 1251,1376	史复斋文集 703	史见 453
石斋集 20	史馆正字考 1956	史镜 1482
石洲诗话 808,1206,1229,1687	史汉功臣侯第考 808	史纠 45
石砫厅志 869	史汉笺论 1179	史括 53
石柱记笺释 372,556	史汉校勘记 1887	史例义 508
时庵自叙年谱 1012,1013	史汉义法 814	史窝 365
时方歌括 1114	史汉异同是非 733	史略 45,893
时还读我书文钞 1618	史籍考 1008,1009,1010,1017,	史略词话 111
时节气候抄 1020	1025,1026,1057,1063,1071,	史略正误 246
时晴斋法帖 753	1079,1085,1086,1087,1090,	史论 79,110,246,321,449,541,
时事新论 1682	1095,1099,1108,1122,1399,1403	754
时事新闻 1728	史记备选 1871	史论编 858
时务经世分类文编 1756	史记笔记 857	史论五答 1178,1272
	史记辨证 1313,1346	史论五种 1553

史目表 1148,1218,1258	士丧礼说 223	式古堂朱墨书画记 348,441
史评补 1243	世本集证 1341	式敬编 1250
史事 966	世本辑补 1214,1218	式训堂丛书 1649
史事举要 1901	世本识余 1218	事类丛钞 1286
史书纲领 1594	世补斋医书 1641,1657	事亲庸言 419
史说 1668	世德堂集 373,387	事三堂文集 641
史通补释 708	世恩堂集 520	事天实学 6
史通削繁 708,803,1144	世界地理 1981	事物考辨 315
史通训故补 673	世界地理大全 1345,1369	事物类闻 1215
史外丛谈 1286	世界近代史 1830,1868	事物异名录 877
史微 2002	世界末日记 1870	事物原会 1076
史姓韵编 963,1157,1411	世界史 1981	事心录 338,1101
史学辨误 211	世界通史 1868	侍疾要语 1321
史学丛书 1003,1804	世界图书馆小史 1972,1979	试律丛话 1420
史学讲义 1879	世界文明史 1868	试帖剩稿 1447
史学蠡测 1410	世经堂初集 411,484	试院冰渊 248
史学研究法 1901	世经堂诗词钞 484	是程集 1061,1278
史学正藏 599	世经堂诗文集 441	是程堂初集 1136
史义 1364	世美堂诗文奏疏 455	是程堂集 1199
史绎 991	世室重屋明堂考 1501	是程堂诗文集 1299
史赞 331	世树堂稿 91	是亦山房文集 887
史忠正公集 15	世说儿谈 689	柿叶轩笔记 1026,1360
矢音集 782	世说新语补 775	适患草 60
使德日记 1663	世说新语补国字解 775	适可斋记言记行 1817,1818
使滇纪程 1626	世说逸 689	适园丛书 1396
使东述略 1591,1691	世俗清明祭墓论 1806	适园自娱草 1536
使东文牍 1759	世泽堂诗文集 1449	谥法考 214
使东奏议 1759	世忠堂诗文集 1449	释弁 1305
使俄草 1595	世宗宪皇帝圣训 630	释草释虫小记 1076,1200
使琉球记 100	世宗宪皇帝实录 581,733	释草小记 1076
使琉球杂录 235	世宗宪皇帝硃批谕旨 616	释谷 1128,1460
使闽纪程诗草 1295	世祖劝善要言 1690	释官小记 1076
使蜀日记 1085,1324	世祖章皇帝实录 124,125,129,	释龟 1305
使西纪程 1584,1587	135,136,137,138,155,157,163,	释毛诗音 1197,1431
使星集 977	482	释冕 1305
使粤集 339	仕学要言 901	释名补证 1634,1669
使粤日记 1085	仕隐斋丛著 1853	释名补注 1698
使越集 313	仕隐斋文集 1853	释名疏正 1018,1020
始读轩文集 369	示儿录 1522	释名疏证补 1740
始兴县志 732,1235	示儿切语 806	释书名 1298
士礼居藏书题跋 1280	示朴斋文集 1604	释说文读若例 1464
士礼居藏书题跋记 682,1641	式古居汇钞 1318	释文辨证 1254
士礼居丛书 1228,1280,1662	式古堂书画汇考 236,441	嗜退山房稿 454

筮学指要 816	受子谱 1311	书画缘 1083
收庵居士自叙年谱略 1162	授经籐课集 1688	书经稗疏 104
手臂录 343	授时步交食式 782	书经补篇 779
手评通鉴 247	授时历 22	书经蔡传参义 577,662
手札节要 823	授时历故 22	书经传说汇纂 488,550
手治官书 1251	授时历假如 22	书经古注便读 1326
守城日录 1393	授时术解 1377	书经辑注 756
守嘉州纪要 1466	授时术诸应定率表 1620	书经诠义 570,723,760
守柔斋诗钞 1597	授时通考 609,644,675,1749	书经释典 806
守柔斋文钞 1597	授书随笔 343	书经疏略 381
守柔斋行河草 1597	授堂金石跋 1028	书经私言 461
守山阁丛书 367,1089,1318, 1330,1351,1388,1397,1452, 1453,1649,1675	授堂诗钞 1102	书经提要 753
	授堂文钞 1102,1113,1446	书经问答 1936
	授堂遗书 1387	书经详说 476
守山阁剩稿 1397	授堂札记 1102	书经续解 370
守雅堂文集 1027	瘦碧庵诗稿 1616	书经要义 337,553
守约堂诗文集 1288	瘦碧词 1669	书经衷论 234,418
守拙居士自编年谱 1327	瘦松柏斋集 1136	书考辨 964
首楞严经 993	书辨异 1083	书林清话 7,86,219,1625,1666, 1986
寿昌县志 724	书传补商 1461	
寿德堂诗集 1230	书传补义 1519,1584	书林扬觯 1269,1277,1313, 1434,1688
寿观斋诗 1633	书传拾遗 281	
寿光县志 357,1106	书传盐梅 1003	书林藻鉴 1371
寿花庐偶录草 1617	书传纂疑 1461	书墨子经后 1045
寿恺堂诗文集 1987	书带草堂诗文集 663	书目答问 1157,1569,1576, 1578,1585,1602,1630
寿乐园集 258	书筏 221,321	
寿宁县志 272	书法论 525,650,651	书目答问补正 1578
寿山丛录 693	书法约文 374	书目答问笺补 1884
寿山存稿 693	书法正传 410	书启蒙 1502,1667
寿世巢编 1649	书古今文注 1658	书三考 1488
寿世汇编 1579,1730	书古微 1443,1458,1471,1595	书三昧楼丛书 1236
寿世青编 128	书湖州庄氏史狱 1383	书绅语略 490,491
寿阳县志 815,820	书画跋 1494	书诗易解义 315
寿藻堂诗集 1512	书画汇考 236,410	书史辑要 1209
寿藻堂文集 1512	书画记(吴其贞) 410	书史异同 45,46
寿张县志 127,470	书画记(姚际恒) 1007	书说 192,1279,1624
寿州志 59,803,1302	书画记(赵绍祖) 1328	书说拾余 814
受恒受渐斋集 1472	书画鉴影 1554,1592	书校本京房易传后 540
受祜堂集 406	书画经眼录 1555	书序蔡传后说 1141
受经堂汇稿 1265,1269	书画考略 1756	书序镜 1130
受祺堂诗集 183,323	书画说铃 916,1021	书序述闻 1304,1305
受宜堂集 676	书画所见录 1129,1609	书序说义考注 1217
受祐堂集 863	书画题跋记 410	书学汇编 382,1421

书学捷要 1107	蜀中广记 24	双节堂庸训 1060,1157
书学通论 1936	束鹿县志 775,1099	双镜庵诗钞 102
书疑 991	束书后诗 85	双流县志 649,1198
书义丛钞 1243	述庵读书志 1981	双楳景暗丛书 1937,2004
书义拾遗 814	述庵集 752	双佩斋文集 1173
书义无忘录 1088	述庵先生（王昶）年谱 1150	双桥随笔 183
书意旧闻 1128	述本堂集 808	双泉堂文集 353
书院志略 518	述本堂诗集 732	双声叠韵录 935
抒静斋藏书纪要 1555	述古堂书目 139,375	双声古训 1279
叔梁纥年表 1214	述古斋幼科新书 1675,1699	双声诗选 1815
枢言 1565	述闻拾遗 1393	双薇园集 696
枢垣笔记 1887	述先录 549	双梧山馆文集 1522
枢垣纪略 1226,1258,1264, 1338,1420	述学 913,978,1044,1061,1120, 1124,1196,1202,1330	双孝子中嘤血酬恩记 1938
菽原堂初集 1127	述异志 1706	双砚斋词钞 1405
疏影楼词 1327,1514	述韵 1580	双砚斋词话 1405
舒城县志 170,368,1149	述郑斋诗 1447	双砚斋诗钞 1405
舒拂集 343	述朱质疑 635,760,1425,1554	双英记（方正合传） 1458
舒艺室賸稿 1649	树经堂集 1121	双鱼偶存尺牍 856
舒艺室诗存 1618,1649	树经堂诗集 1059	霜红龛集 256,257,320,2003
舒艺室随笔 1571,1649	树萱轩诗文集 359	霜杰斋诗 1620
舒艺室续笔 1603,1649	恕谷后集 528,572	霜磅词录 1981
舒艺室馀笔 1649	庶几堂今乐 1609	霜菉亭易说 1688
舒艺室杂著 1603	数度小记 1076	水曹清暇录 1045
舒艺室杂著甲编 1649	数度衍 82,290,359	水道提纲 771,808,809,875
舒艺室杂著乙编 1649	数度衍约 1475	水道提纲补订 1396
塾学圣理略论 1297	数理精蕴 178,303,447,450, 494,611,621,781,788,831	水道直指 1082
鼠壤余蔬 1649	数学理 1853	水地记 677,890
蜀道吟 987	数学启蒙 1385,1446	水地小记 1076,1200
蜀典 1228,1331,1411	数学拾遗 1433,1592	水东集 1711
蜀龟鉴 1474	潄芳居二集 954	水东翟氏宗谱 1247,1469
蜀汉地志 1714	潄芳居文抄 954	水法要诀 1279
蜀汉书 407	潄华随笔 710	水浒传注略 1060
蜀南纪行略 742	潄兰诗存 1807	水浒后传 36,148,817
蜀难叙略 116	潄六山房全集 1626	水绘园诗文集 329
蜀石经考异 1177	双白燕堂诗文集 1345	水经释地 677,967
蜀石经毛诗考证 1148,1389	双凤里志 50	水经移注 1448
蜀书笺略 1230	双柑草堂诗文集 1293	水经注补正 1251
蜀水经 1058,1127	双桂破山明禅师年谱 146	水经注地名释 1372
蜀雅 939	双桂堂稿 1162,1279	水经注广释 718
蜀游日记 1522	双湖杂录 214	水经注合笺 1698
蜀輶日记 1364		水经注集释订讹 691
		水经注笺 156

水经注笺疏 1696	舜典补亡 465	说文段注驳正 1565
水经注刊误 1565	舜水先生文集 236	说文段注钞案 1144
水经注释 677,724,992,1051	舜水朱氏谈绮(朱氏舜水谈绮) 415	说文段注订补 1206,1340,1668
水经注释地 677,1082	说安堂集 213,382	说文段注撰要 1632
水经注疏 677,1882	说部丛书 1870,1920	说文讹字 1956
水经注疏要删 1901,1971	说部精华 637	说文分韵谱 1436
水经注疏要删补遗 1971	说杜 128,199	说文更定部分 1436
水经注疏证 1323	说郛 19,921	说文古本考 1171,1248
水经注提纲 1627	说郛正讹 1251	说文古语考 1028,1076
水经注图 1480,1602,1606,1676,1901	说解商 1475	说文古语考补正 1648
水经注图说残稿 1267	说经 388	说文古籀补(丁佛言) 1617
水经注西南诸水考 1627	说经堂诗草 1796	说文古籀补(吴大澂) 1617,1727,1852
水经注纂 448	说库 1846	说文古籀三补 1617
水蜜桃谱 1193	说铃 85,133,380,988	说文古籀疏证 1217
水明楼诗集 359	说诗别裁 651	说文管见 1288
水器真诀 1486	说诗解颐 1631	说文贯 1994
水田居存诗 1549	说诗解颐续 1639	说文广义(程德洽) 471
水田居全集 1549	说诗考异 1180	说文广义(王夫之) 235,321
水田居文集 703	说诗琐言 1487	说文后解 1252
水西纪略 373	说诗循序 1425	说文会通 1254
水仙亭词 1341	说诗章义 1624	说文集注 1340
水心斋札记 1322	说诗晬语 560,813	说文假借义证 1427,1727
水云楼词 1542	说书 1133	说文笺证 1427
水云楼词续 1542	说唐演义全传 602	说文检字 1214
水云楼剩稿 1542	说纬 1097	说文建首字说 1432
水竹村人集 1654	说文本经答问 1956	说文建首字义 1654
睡画二答 31	说文辨证 1632	说文楬原 1640
睡余偶笔 1705	说文辨字正俗 1228,1389,1390	说文解字 86,714,811,828,843,855,876,912,940,965,1001,1041,1072,1079,1145,1179,1198,1206,1224,1228,1266,1357,1358,1403,1502,1508,1516,1527,1561,1637,1668,1675,1790,1947
顺安诗草 1414	说文补考 1128,1136,1278	
顺昌县志 422,793,1126	说文补注 1433	
顺德府志 694	说文部目分韵 1206	
顺德李氏遗书 1756	说文部目详考 1807	
顺德县志 177,280,695	说文部首歌 1573	
顺宁府志 368,520	说文部首句读 1658	
顺庆府志 272,410,1154	说文部首考 1604	说文解字读 876,990,991,992,1059,1064,1155,1206
顺时录 536	说文粹三编 1464	
顺天府志 800,1599,1648,1656,1742	说文答问疏证 1305	说文解字段注考证 1573
	说文答问疏证补谊 1743	说文解字诂林 1983
顺义县志 479	说文地名考异 1036	说文解字诂林补遗 1983
顺治大训 55	说文叠韵 1619	说文解字斠诠 1151,1155
顺治缙绅册 1346	说文段注 1849	说文解字旧音 964,965,966
		说文解字句读 1425,1454

说文解字群经正字 1213	说文声类（徐养原） 1279	说文雅厌 1427
说文解字疏 678	说文声类（严可均） 759,1389	说文疑雅 1432
说文解字述谊 1036	说文声律 1476	说文义证 965,1132,1145,1206,
说文解字双声叠韵谱 1362, 1405	说文声系（钱塘） 1029	1387,1431,1467,1527
说文解字通正 939,1310	说文声系（姚文田） 759,1136, 1293,1545	说文佚字考 1668,1958
说文解字统笺 1502	说文声义 1096	说文逸字 1336,1474,1515
说文解字问讹 1619	说文释 1476	说文逸字辨证 1648
说文解字校勘记 1609	说文释例 965,1179,1206,1349,	说文逸字附录 1956
说文解字校录 1293,1595	1354,1358,1413,1425,1454,1520	说文翼 1155,1389
说文解字义证 1144,1289, 1387,1409,1425,1491	说文书转注 1231	说文音韵表 1210
说文解字音韵表 1179,1358	说文疏笺 1325	说文引经互异说 1096
说文解字韵隶 1451	说文述许经义 1956	说文引经考（程际盛） 915
说文解字韵谱补正 1573	说文双声 1619	说文引经考（吴玉搢） 847
说文解字正义 1041	说文索隐 1617	说文引经考（徐鼒） 1503
说文解字注笺 1713	说文通检 1563	说文引经考（臧礼堂） 1145
说文解字注匡谬 991,1206	说文通训定声 965,1206,1327, 1349,1430,1475,1549	说文引经考异 1609
说文经典字释 1632	说文通训定声补遗 1327	说文引经考证（陈诗庭） 1096
说文经诂两汉拾遗 1334	说文通训定声续补遗 1464	说文引经考证（张澍） 1410, 1411
说文经纬 1371	说文统释 1193	说文引经例辨 1624,1640,1705
说文经字本义 1410	说文外编 1640,1705	说文引经异字 1182,1274
说文经字考辨证 1727,1743	说文问答疏证 1250	说文引书分录 1475
说文经字正谊 1714,1743	说文五翼 913,1162	说文引书字异考 978
说文旧音补注改错 1669	说文系传订讹 1436	说文玉篇校录 1293
说文旧音考 1180	说文系传考异（汪宪） 824	说文钥 1983
说文举例 1096,1714	说文系传考异（朱文藻） 1150	说文韵谱校 1327
说文举要（陈衍） 1595	说文系传校勘记 1362	说文杂著长编 1460
说文举要（李慈铭） 1715	说文系传校录 1332,1454,1469	说文正俗 1689
说文句读 965,1206,1425,1454	说文校定本 1247	说文正形表 1618
说文考异 846,1293	说文校议 1228,1389,1571	说文正字 1113
说文蠡笺 1119,1310	说文谐声表 1832	说文职墨 1669
说文理董 940	说文谐声类篇 1323	说文质疑 1436
说文六书录 1436	说文谐声谱 1122,1159,1344, 1346	说文重文管见 1941
说文蒙求 1832		说文重文笺 1464
说文拈字 1113	说文谐声孳生述 1545	说文重文考 1431,1620
说文偏旁考 1043	说文新附考（钮树玉） 1113, 1293	说文注笺 1604
说文浅说 1956		说文转注 1217
说文商义 1956	说文新附考（郑珍） 1327,1336, 1480,1515,1595	说文字辨 1520
说文声表（说文声统） 1370, 1627		说文字通 1357
	说文新坿通谊 1395	说文字系 1296,1364
说文声订 1376,1470	说文形声疏证 1247	说文字义广注 1122
说文声读表 759,1381,1470	说文讄语 1464	说文字原表 992,1597
		说文字原集注 1011

说文字原考略 1043	思古堂集 265,291	四朝七律偶存 1446
说文字原引 1956	思古堂十二种书 273	四朝人物略 192
说学斋诗集 1327	思谷堂诗赋 1580	四朝诗 422
说学斋诗续集 1327	思旧集 1973	四朝诗史 1617
说学斋文集 1327	思居堂集 740	四朝先贤六家年谱 1596
说学斋续稿 1327	思陵典礼记 191	四川保宁府广元县志 746
说雅 1618	思适斋集 1170,1212,1278,1418	四川成都府志 272
说业 1475	思适斋题跋 682	四川通志 539,571,1106,1121, 1204,1214,1217
说岳全传 255	思适斋文集 1340,1405	
说左 769	思亭近稿 1293	四川叙州府志庆符县 272
朔方备乘 1474,1479,1486, 1504,1648,1649	思痛录 1887	四川叙州府志宜宾县 272
	思惟居士存稿 1340	四川总志 171,298
朔方备乘札记 1731	思问录 271,304,320,693	四存编 138,145,204,243,393, 482,1601
朔流史学抄 381	思贤阁集 1323	
朔平府志 571	思贻堂诗草 1618	四寸学 1137
朔食九服里差 1488	思贻堂诗三集 1618	四代无沿革考 1804
朔州志 90,167,584	思贻堂诗续存 1618	四典要会 1572
硕果录 907	思贻堂书简 1618	四妇人集 1173
硕松堂读易记 889	思益堂古诗 1642	四古堂文钞 526
硕园诗稿 215,387	思益堂骈文 1642	四海记 1658
丝竹考异与人歌谱 990	思益堂日札 710,1642	四会县补志 272
司马长卿集 1162	思益堂诗集 1642	四会县志 160,289,1264
司马光年谱 636	思永堂文稿 809	四会语录 704
司马温公年谱 570,760	思州府志 493	四库简明目录标注 1053,1495, 2002
司马文正公传家集 636	斯宾塞尔全集 1795	
司勋五种集 174	斯未信斋文集 1368	四库全书 77,96,133,138,145, 153,219,234,281,304,317,351, 368,428,434,466,553,574,593, 609,679,708,716,743,751,766, 801,826,827,829,833,834,835, 836,837,838,839,840,841,842, 843,847,848,849,850,851,852, 853,854,862,863,864,867,871, 872,874,875,877,878,879,880, 881,882,883,887,890,891,892, 893,894,896,903,906,908,909, 910,911,912,916,918,919,920, 921,922,924,925,926,927,928, 929,930,931,932,933,934,940, 941,942,943,944,945,947,948, 949,950,951,956,957,958,959, 960,961,962,968,969,970,971, 972,973,976,977,978,979,980, 981,982,983,984,985,986,987, 988,989,990,993,994,995,996,
司训公(吴士坚)年谱 1249	斯文精粹 786	
思辨录 49,96,142,354	斯文正统 94,140	
思辨录辑要 96,161,229	斯文正宗 489	
思辨录记疑 1670	巳畦诗文集 387	
思辨录疑义 1566	四本堂文集 1684	
思辨质疑 1969	四本堂自撰编年 298	
思伯子堂诗集 1544	四本堂座右编 111	
思补斋笔记 1454	四砭斋省身日课 1494	
思补斋诗集 1454	四部备要 281,624,1043,1075, 1082,1235,1277,1320,1356,1382	
思补斋奏稿偶存 1454		
思不辱斋诗集 1215	四部别录 1958	
思不辱斋文集 1215	四部寓眼录 985,1092	
思诚录 407	四部寓眼录补遗 1092	
思诚堂说诗 451	四朝别史 1065	
思复堂集 435	四朝成仁录 349	
思复堂文稿 399	四朝国史 502,568,747	
思复堂文集 14,441	四朝列史 1065	

997,998,999,1000,1006,1007,
1009,1016,1017,1021,1022,
1023,1024,1026,1029,1030,
1031,1034,1037,1041,1046,
1047,1057,1060,1061,1062,
1064,1069,1076,1078,1095,
1099,1110,1101,1121,1123,
1130,1144,1146,1150,1151,
1153,1157,1158,1179,1193,
1200,1207,1215,1216,1229,
1230,1241,1251,1266,1278,
1301,1310,1318,1330,1469,
1547,1552,1614,1622,1663,
1671,1672,1738,1845,1915,1962

四库全书荟要　219,836,861,
864,871,874,875,877,880,895,
903,908,910,1016,1023,1039,
1062

四库全书简明目录　940,947,
948,955,962,976

四库全书考证　872,986,988

四库全书未收书百种提要
1259

四库全书总目提要　5,6,7,14,
18,20,24,33,37,42,43,44,45,
52,54,56,58,63,64,65,71,72,
77,78,83,84,90,91,95,96,97,
100,101,104,105,110,111,115,
116,118,121,127,129,132,134,
138,144,145,152,153,157,160,
166,167,172,183,184,189,190,
192,196,199,204,212,213,216,
218,219,220,222,226,227,229,
233,234,236,242,243,254,255,
261,263,264,265,266,267,273,
277,278,279,287,288,289,290,
291,297,303,304,305,310,311,
312,318,323,327,328,333,335,
336,340,341,342,347,348,352,
353,355,361,362,367,368,372,
373,378,379,380,381,382,386,
387,391,392,398,404,405,406,
407,409,410,411,413,414,415,
416,417,418,421,423,428,432,
433,434,439,440,443,445,446,
447,451,452,453,459,460,462,
463,464,465,469,470,471,472,

474,475,476,480,481,483,487,
488,489,493,494,495,496,503,
504,505,506,507,508,512,513,
514,515,519,520,526,527,529,
533,534,535,539,540,541,542,
547,548,549,553,554,555,558,
559,560,563,570,571,574,577,
578,584,585,586,599,600,601,
602,603,604,608,609,610,616,
617,618,620,623,624,625,626,
630,631,636,637,639,643,644,
645,648,650,655,656,660,662,
666,667,670,672,673,674,679,
680,681,682,686,688,694,695,
696,697,702,703,704,708,709,
710,711,712,715,718,723,730,
731,738,740,745,746,747,749,
750,751,752,753,754,757,759,
764,766,770,771,780,785,787,
792,797,801,802,807,811,812,
820,821,829,831,844,845,846,
855,868,874,875,902,903,913,
914,925,929,931,937,938,940,
952,953,954,963,974,984,1011,
1012,1052,1060,1066,1089,
1098,1134,1142,1152,1161,1229

四礼补篇　374
四礼从宜　1472,1552
四礼权疑　1312,1404,1527
四礼慎行　337
四礼要规　407
四礼酌　184
四六初征　152
四六金桴　509
四六文　1663
四录堂类集　1228,1389
四率浅说　1426
四明近体乐府　1639
四明山古迹记　167
四明诗汇　1639
四明诗略　1690
四明书画记　1639
四明文征　1639
四品汇钞　1388
四声等子　460,527

四声切误表补正　1620
四声切韵表　776,781,1012,
  1445,1620,1947
四声切韵表补正　1620
四声易知录　1293
四声韵和表　806
四声综辨　1404
四省表景立成　221,489
四圣年谱　1138
四圣心源　717
四圣悬枢　717
四诗正言　54
四史发伏　1167
四史剿说　764
四史偶谈　1112
四史诠评　1284
四史朔闰考　1078,1137,1138
四史疑年录　1225,1227,1234
四书备检　1507
四书备考　1177
四书本义汇参　660,704
四书参注　487
四书阐要　25
四书阐义　418
四书存参　1447
四书大全　33,59,90,99,107,
  115,226,373,461,704
四书大全辨　33,81
四书大全参补　28
四书大全纂要　90,96,274
四书地理考　1390,1688
四书典故辨正　974
四书典故核　1057,1154,1161
四书典故考辨　1293,1432
四书典林　776
四书订疑　162
四书定本辨正　1432
四书发明　198,598
四书反身录　138,263,384,399,
  472
四书逢源录　321

四书改错　413,438	四书近思续录　369,372	四书说　222,1013,1514
四书改错改　1969	四书近指　83,104,184	四书说略　1425,1454,1486
四书改错平　1577	四书经史摘证　1394	四书说剩　1500
四书贯约　814	四书经义考辨沛存　1404	四书说约（仇兆鳌）　472
四书广义（李元度）　1663	四书经注集证　925,1089	四书说约（顾梦麟）　50
四书广义（徐嘉）　1503	四书精义汇解　145,150,274	四书私谈　1413
四书恒解　1458,1459	四书就正录　635	四书提要　484
四书会通　343	四书句读释义　716	四书题说　1413
四书集益　812	四书考典　403	四书体味录　1535
四书集注补书解正误　333	四书考辑要　811	四书惕中录　671
四书集注管窥　1328	四书考异（武亿）　1102	四书条辨　1544
四书集注笺　1658	四书考异（翟灏）　811,1014	四书通故　1223
四书集注详说　476	四书课儿讲艺　330	四书通叙次　1713
四书记闻　1376	四书口义　403	四书通疑似　1713
四书记悟　1459,1553	四书类考　1286	四书外义　1381
四书记疑　560	四书蠹言　1439	四书为学指南　1092
四书纪闻　1316	四书理话　1590	四书温故录　1107
四书纪疑录　1401,1512	四书联珠　1432	四书文　600,719
四书家训　299	四书录疑　493	四书文稿　831
四书笺解　271	四书论　1791	四书五经讲义　1012
四书笺疑疏证　1740	四书凝道录　964,1713	四书惜阴录　472
四书讲录　25	四书偶录　324	四书晰疑　635
四书讲义（陈瑚）　185	四书偶谈　1020,1278	四书详说　546
四书讲义（崔蔚林）　292	四书评本　1558	四书小笺　1138
四书讲义（方迈）　326	四书窃疑　51	四书心解　189
四书讲义（龚佳育）　267	四书诠义　558,760	四书心悟　375
四书讲义（林模）　315	四书确解　1475	四书新体速成读本　1868
四书讲义（陆陇其）　226	四书人物考　1286	四书惺心编　196
四书讲义（吕留良）　248,271, 557,859	四书认注说　110	四书虚字讲义　1553
四书讲义（邵嗣尧）　335	四书日记　901	四书悬解　1475
四书讲义（孙景烈）　955	四书十一经通考　50	四书学解　815
四书讲义（张伯行）　459	四书拾遗　1330,1494	四书训解参证　1439
四书讲义（朱用纯）　290	四书拾义　1754	四书训蒙　565
四书讲义辑存　161	四书是训　1304	四书训义　121
四书讲义困勉录　322,792	四书释地　302,347,384,394, 462,1175	四书要谛　237,400
四书讲义续编　151	四书释地辨证　1369,1487	四书一得录　1507
四书节记　407	四书释地补　1213	四书疑言　1624
四书解　90	四书释地三续　347	四书义　1069
四书解难　713	四书释地续　347,367	四书异同　1299
四书解细论　779	四书释地又续　347	四书异同商　1480
四书解义　477,478,796	四书说（郝宁愚）　1418	四书益智录　1624
四书近是　869	四书说（吴嘉宾）　1439	四书翊注　140
		四书逸笺　745

四书翼注论文 1601	四养斋诗 1371	松蔼遗书 1207
四书臆说 414,1106	四一居士文抄 1179	松滨琐话 1662
四书因论 1252	四忆堂诗集 54	松翠小苑裘文集 1127
四书约指 657	四益馆经学丛书 1754,1999	松风余韵 602,650
四书择粹 1116	四益馆经学目录 1815	松峰说疫 161
四书择中录 654	四益馆经学四变记 1919	松皋诗选 417
四书札记 603	四益馆史论 1815	松皋文集 191,417
四书章句集注 361,497,736,1351	四益斋诗 1029	松桂读书堂集 631,798
四书章句集注辅 1369	四裔编年表 1663	松桂堂全集 370,650
四书征引录 1955	四音定切 1619	松鹤山房集 637
四书正误偶笔 318	四印斋汇刻宋元三十家词 1669	松壶画忆 1310,1401
四书正义 1237	四印斋所刻词 1669,1887	松壶画赘 1186,1401
四书正字 1076	四余录 1522	松花庵全集 1179
四书正宗 459	四元宝鉴细草 1250	松江府志 104,942,1192,1227
四书直解 766	四元解 1399,1405,1626,1742	松龛先生全集 1565
四书摭余说 1065,1089	四元释例 1742	松陵文集 1805
四书质疑(吴国濂) 1571	四元玉鉴细草 1488	松陵文献 105,106
四书质疑(徐绍桢) 1631	四元玉鉴细草九式 1289,1294,1332	松陵文征 247
四书众解合纠 34	四元玉鉴细节 1303	松陵新女儿传奇 1885
四书朱子大全 398,405,409	四照堂文集 104,246	松露堂诗稿 1004
四书朱子集注古义笺 1955	四诊抉微 507	松梦寮集 1807
四书诸家辨 81	四诊脉鉴大全 337,354	松潘直隶厅志 1185
四书注解 1461	四知堂文集 808	松泉诗集 753,870,903
四书注解撮要 1674	四忠集 1564,1706	松泉文集 753,903
四书字诂 1418	四州文献摘抄 229	松声阁集 214
四书字义 165	四洲志 1369,1374,1376,1382,1428	松石斋集 206
四书字证 52	四子书注 536	松桃厅志 1344
四书自课录补遗 1029	汜水县志 655	松亭行记 227
四书宗法 223	汜志 78	松溪文集 714,819,824
四书宗注录 633	泗水县志 97	松溪县志 368
四书纂言 1404	泗州考古录 936	松下集 214,1458
四书纂义 1508	泗州直隶州志 357	松心日录 1370
四书遵朱会通 1404	泗州志 1011	松心诗集 1426,1482
四书遵注 461	俟解题词 254	松心诗录 1452
四书遵注纲领 51	俟命录 1445,1469,1478,1590,1670	松心十录 1482
四书左国汇纂 816	俟实斋文稿 1620	松心文钞 1469,1482
四思堂文集 128	笥河文集 732,819,827,924,939,1206	松崖笔记 754,1258
四铜鼓斋论画集 1405	肆献祼馈食礼 657	松崖文抄 754
四先生辑略 223		松烟小录 1692
四焉斋诗集 604		松阳钞存 281,322,703,870
四焉斋文集 604		松阳讲义 263,304,322,870
四言史征 368		松阳县志 52,812
		松阴幽室文稿 1789

松圩书屋集　787
松源经说　587
松滋县志　146,348
松子阁集　321
崧圃自订年谱　1265
淞滨琐话　213,1758
淞南续志　687,1192
淞南志　460,1142,1192
淞隐漫录　213,1640,1662,1758
菘耘文钞　1502
嵩洛访碑日记　1075,1121
嵩明州志　483
嵩山集　703
嵩县志　104,319,803
嵩阳石刻集记　172,283
嵩阳书院志　291
嵩游集　283
嵩志　172,283
悚斋日记　1886
宋百家诗存　637,986
宋稗类钞　138,1007
宋本集韵校勘记　1508
宋本十三经注疏并经典释文校勘记　1791
宋词纪事　1053
宋词删　455
宋大夫集笺注　1435
宋代官制杂钞　1715
宋代五十六家诗集　1986
宋东京考　559
宋赋韵读　1236
宋会要　1165,1239,1329,1415,1666,1706
宋会要辑稿　1165
宋季忠义录　382
宋金三家诗选　812
宋金元明四朝诗　397
宋金元诗选　1053
宋辽金元别史　1065
宋辽金元朔闰考　1322
宋辽金元四史朔闰考　1210,1214
宋论　304,320,321,1520

宋七家词选　1250
宋人百家诗存　152
宋人七言绝句诗选　1093
宋儒龟山先生年谱　121
宋儒李盱江先生年谱　807
宋儒李盱江先生全集　807
宋儒理学考　966
宋儒学要语　477
宋三司条例考　1414
宋诗百一钞(宋诗别裁集)　772,798
宋诗钞　152,248,472
宋诗纪事　489,625,667,712
宋诗纪事补遗　1705
宋诗评选　305
宋诗选　85,604
宋十五家诗选　327,471,496
宋史稿　680,731,777
宋史目录　808
宋史评　347
宋史通俗演义　1999
宋史艺文志补　283,926
宋史翼　1716,1919
宋书补表　1314
宋书琐语　1279
宋书州郡志校记　1634
宋四家词选　1321,1364,1578
宋四六话　1129
宋四六选　1129
宋王复斋钟鼎款识　1376
宋文范　1470
宋文鉴　620,746,1082
宋文选　179
宋五子要言　223
宋孝宗论　959
宋杨文靖公龟山先生年谱　234,319
宋元八家　1223
宋元春秋解提要　741
宋元词集现存卷目　1937
宋元旧本书经眼录　1555,1564
宋元举要　214
宋元名家词　1729

宋元三十一家词　1704
宋元戏曲考　2004
宋元行格表　1755
宋元学案　343,659,670,721,725,735,1348,1355,1356,1403,1404,1565,1658,1672
宋元学案补遗　1356
宋元以来画人姓氏录　1310
宋元印志　1315
宋元镇江府志校勘记　1381
宋韵合钞　1286
宋政和体礼器文字考　1689
宋中兴学士年表　1036
宋州郡志校勘记　1669
宋州人物志　766
宋左丞相陆公年表　1338
诵芬室丛刊　1958
诵芬堂诗钞　1459
诵芬堂文钞　1459
苏庐偶笔　1522
苏陆诗评　1130
苏门纪事　183
苏米斋兰亭考　1192
苏米志林　85
苏诗补注(丁杰)　1157
苏诗补注(翁方纲)　845,954,1229
苏诗查注补正　1258,1323
苏诗注集成　1487
苏松田赋备考　315
苏文忠公年谱合注　1053
苏文忠公诗编注集成　380,1236
苏文忠公诗编注集成总案　1236
苏文忠公诗合注　1053,1108
苏文忠诗编注集成　1206
苏文忠诗合注　380
苏啸轩文集　479
苏斋唐碑选　1155
苏州府志　165,451,681,1074,1246,1271,1352,1524,1543,1544,1559,1743
苏州织造局志　160

俗礼解 579	隋书地理志考证 1606,1655,	遂高园主人自叙年谱 1113
俗说 1143,1661	1656,1673,1712,1727,1788	遂宁县志 305,674,1003
夙兴录 536	隋书经籍志补书目 1754,1882	遂平县志 84,758
夙兴语 275	隋书经籍志补遗 1879	遂生集 91,370
肃宁县志 158,739	隋书经籍志考证 1108,1754,	邃雅堂集 1250
肃松录 224	1921	邃雅堂文集 1293
素灵微蕴 717	隋书律历天文 808	邃雅堂文集续编 1250
素女经 1871	隋唐兵符图录 1972	邃雅堂学古录 1293
素问灵枢类纂 344	隋唐佳话 25	孙祠内外书目 1328
素问灵枢直解 105	隋唐经籍志考 1218	孙氏祠堂书目 1173
素问释义 1310,1328	隋唐演义 985	孙氏家藏书目内编 1230
素行室经说 1754	随庵徐氏丛书 1871	孙氏家藏书目外编 1230
素修堂文集 1130	随笔杂记 917	孙氏周易集解 1445
素严文稿 266	随辇集 395,535	孙廷铨集 44
素余堂集 916,1136	随山馆丛稿 1617	孙文定奏议 718
宿迁县志 110,398,1191	随山馆集 1692	孙吴司马兵法 1553
宿壹斋诗文集 1609	随山馆全集 1649	孙炎尔雅正义拾遗 1043
宿州志 475,1277	随山宇方钞 1620	孙宇台集 255
粟布演草 1554,1592	随轩金石文字 1449	孙子世家补订 1330
溯洄集 274	随韶日记 1690	娑罗海滨遁迹记 1957
溯源星海 426	随韶载笔七种 1699	缩本舆地图 1285
算迪 788,1250	随园女弟子诗 1076	缩斋日记 106
算法大成 1360	随园三十八种 1698	缩斋文集 106
算略 815	随园三十种 1028,1501	所知集 798
算剩初编 1570	随园诗话 663,847,1028,1084,	所知录 329
算学便览 1279	1491	索笑词 1513,1618,1649
算学会通正集 222	随园食单 1045	琐记续选 901
算学启蒙 1359	随园随笔 1084	琐蛣杂记 1053
算学三书 1583	随州志 127,1028	琐语 1106
算学十三种 1655	岁差新论 553	锁闱杂咏 490
算学提纲 1604	岁次月建异同辨 990	
算牖 1252	岁寒居答问 184	
睢宁县旧志 245	岁寒居士年谱 160	**T**
睢州志 283	岁寒居文集 184	
绥边征实 1691	岁寒堂集 173	
绥德州直隶州志 976	岁实消长辨 776	他山诗抄 535
绥德州志 97	岁星表 1475	他山诗文集 172
绥服纪略 1339	遂安县志 170,264,716,803	他山易学 172
绥靖屯志 1277	遂昌县志 793,1338	他山字学 172
绥寇纪略 161,176,288	遂初堂类音辨 698	塔尔巴哈台事宜 1043
绥宁县志 159,724	遂初堂诗集 418	塔江楼文抄 289
绥阳县志 758	遂初堂诗文集 428	塔射园遗稿 732
绥瑶厅志 1411	遂初堂文集 177,306,418	塔性说 1292

塔影轩笔谈　1242	太湖县志　771,1309	太原府志　52,963
塔子沟纪略　845	太极集注　278	太原县志　1285
獭祭录　417	太极通书　51	太宗实录　36,38,43,118,122,
台拱厅志略　1044	太极通书拾遗后录　587	147,176,230,258,312,315
台海使槎录　645,1309	太极图集解　337	太宗文皇帝本纪稿　862
台事窃愤录　1758	太极图纪　351,374	太宗文皇帝实录　28,38,39,
台湾府纪略　305	太极图说就正编　586	125,163,165,167,180,194,231
台湾府志　347	太极图说论　211	太祖武皇帝实录　28
台湾考　553	太极图说析疑　857	汰存录　110
台湾私议　477	太极图说遗议　346,361	泰安府志　764
台湾随笔　341	太极图义　291	泰安县志　764,954,1302
台湾通史　1956	太极衍义　1634	泰安州志　151
台湾通志　1694,1710,1728	太极一气流行图说　741	泰和县志　716,1271
台湾县志　483,1249	太极易图合编　1263	泰宁县志　159,812
台湾杂咏合刻　1617	太康县志　352,771,1296	泰然斋诗集　369
台湾郑氏始末　1344	太平典制（太平礼制续编）	泰山集　725
台湾郑氏始末注　1372	1433	泰山图志　856
台湾志略　1338	太平府志　170,527,579,724,746	泰誓答问　1295,1378
台献疑年录　1806	太平府志稿　703	泰顺县志　244,549
台学统一　1806	太平广记引用书目考证　1970	泰西各国采风记　1728
台垣奏议　1495	太平寰宇记补　1156	泰西人物志　2002
台州丛书　1251,1252	太平寰宇记拾遗　1815	泰西五十故事　1885
台州府志　244,493,1725	太平三书　27	泰西新史揽要　1728
台州外书　1099	太平天国　1500	泰西志林　1755
台州文征　1915	太平天国革命亲历记（太平天	泰西学校论略　1564
台州札记　1329	国:太平天国革命的历史.包	泰西政要　1661
苔岑集　803	括作者亲身经历的叙述）	泰西著述考　1682
苔园诗　382	1525	泰兴县志　289,470
苔园文集　382	太平天国革命史　1981	泰州新志刊谬　1309
太白剑　49	太平天国战史　1884	泰州志　541,1291
太白山志　1022	太平县志　116,244,254,520,	酞玉山馆今体诗钞　1544
太仓风俗记　1060	732,868,1066,1166,1178,1276	昙云阁词钞　1447
太仓州名考　1060	太岁考　1215,1333	昙云阁诗集　1447
太仓州志　28,353	太霞新奏　19	昙云阁诗外集　1447
太仓州志稿　373,378	太仙漫稿　1717	昙云阁随笔　1447
太初历谱　1634	太玄别训　666	谈佛乘赘语　586
太公家教　258,1996	太玄阐秘　1220	谈经录　515
太古传宗　101	太玄解　584,586	谈龙录　289,368,422,423,721
太谷县续志　59	太学石鼓补考　1014	谈诗录　647
太谷县志　548,792,1066	太乙神数统宗大全　1065	谈诗札记　1554
太函经　20	太乙舟诗集　1340	谈史　388
太和县志　84,702	太乙舟文集　1216,1287,1339,	谈氏族考　990
太鹤山人诗文集　1352	1340	谈天（天文学纲要）　91,1385,

1475，1481，1572，1600，1626，1705，1743，1904
谈艺录　50,817
谈瀛小录　1558,1559
郯城县志　169,687,780
覃怀志　559
谭嗣同全集　1722,1734,1747,1796
潭西诗集　494,859
檀弓辨诬　1554
檀几丛书　133,342,370
檀园字说　1279
坦园六种曲　1691
坦园全集　1691
汤头歌诀　337
汤文正公年谱定本　283,644,649,718
汤文正公全集　166,1549
汤文正公遗书　166
汤溪县志　244,465,963
汤阴县志　64,617
汤子遗书　65,258,279,283,386,610
唐八大家诗钞　812
唐才常集　1820
唐才子传　1173,1445
唐代官制杂钞　1715
唐登科记考　1414
唐二十家明二十家诗删　348
唐藩镇名氏表　1832
唐风　515
唐风楼藏墓志目录　1936
唐风楼金石文字跋尾　1919
唐句分编　433
唐开元小说六种　2004
唐窥基注因明论　1789
唐两京城坊考　1172,1388,1414
唐两京城坊考校补记　1426,1573
唐六典　191,785,926,1065,1106
唐律六长　1130
唐律疏义　1154,1340
唐明律合编　1831

唐骈体文钞　1240
唐栖志略稿　803
唐求诗集　1124
唐确慎公集　1311,1494
唐人试律说　759,762,1144
唐人说荟　2003
唐人万首绝句选　415,434
唐人五十家小集　1729
唐人小说考证　1969
唐山县志　167
唐尚书省郎官石柱题名考　1516
唐诗百名家全集　379,1626
唐诗辨疑　417
唐诗别裁集　471,812
唐诗成法　649
唐诗鼓吹　298,446,810
唐诗鼓吹注解　85
唐诗观澜集　759
唐诗贯珠笺释　460
唐诗纪事　379,1173
唐诗笺注　793
唐诗金粉　514,611
唐诗可兴集　1634
唐诗品　1287
唐诗品汇　215
唐诗评选　305
唐诗三百首　786,904
唐诗三百首续选　1349
唐诗试帖详解　890,892
唐诗选　1304,1585
唐诗臆解　625,1004
唐诗英华　72,299
唐诗韵汇　178
唐诗摘钞　101
唐石经笺异　1620
唐石经考异　1138
唐石经考异补让　1330
唐石经考正　1028
唐石经误字辨　1213,1257
唐石经校文　1110,1125,1134,1389
唐史通俗演义　1999

唐书方镇表考证　1730
唐书合钞序　570
唐书艺文志校议　1698
唐书宰相世系表订讹　570
唐述山自订年谱　1205
唐墅志　1044,1331
唐四家诗集　1549
唐宋八大家类选　407
唐宋八大家文钞　1544
唐宋八家诗钞　542,798
唐宋八家文选　607,1452
唐宋词科题名录　1372
唐宋考异　197
唐宋明十大家文删　348
唐宋诗选　1293
唐宋十大家全集录　407,1625
唐宋文的　1251
唐宋以来十家诗话　1113
唐文粹　103,379,1082,1286
唐文粹补遗　1236
唐文拾遗　1199,1669,1716
唐文续拾　1199,1669,1716
唐五代二十家词　1957
唐贤三昧集　289,434,696
唐贤三昧集笺注　1004
唐贤小集五十家　1807
唐县新志　158
唐县志　347,1003
唐写本毛诗传笺　754
唐写本说文解字本部笺异　1507
唐写本说文木部笺异　1555
唐选十集　281
唐学　1481
唐学士年表　1036
唐音汇钞　604
唐音审体　392
唐虞考信录　1065,1087,1142,1160
唐御史台精舍题名考　1516
唐韵更定部分　1436
唐韵辑略　1234
唐韵考　787

唐韵四声正 1436
唐韵再正 1436
唐昭陵石迹考略 335
唐折冲府考 1516
唐折冲府考补 1972
唐浙中长官考 1504
堂邑县志 159,427
棠村词 313
棠村随笔 313
弢甫集 822
弢园尺牍 1758
弢园尺牍续钞 1675,1758
弢园诗文集 1758
弢园文录 1758
弢园文录外编 1633,1758
涛浣亭诗 945
涛江集 604
匋斋藏器目 1867,2005
匋斋藏石记 1972,2005
匋斋藏匋 2005
匋斋藏瓦 2005
匋斋藏印 2005
匋斋吉金录 1956,2005
匋斋吉金续录 2005
匋斋集金录 2005
洮州卫志 279
桃花泉棋谱 818
桃花扇 363,366,416,478,749
桃花亭词 1101
桃花园志 1683
桃溪客语 1193
桃源日记 1443
桃源县志 264,280,1249
桃源乡志 289
陶庵集 15
陶庵梦忆 19,256,1445
陶成纪事碑 742
陶嘉书屋钟鼎彝器款识目录 1468
陶楼诗文集 1691
陶庐内集 1654
陶庐骈文 1654
陶庐诗续集 1654

陶庐外篇 1654
陶庐文集 1654
陶庐杂录 1221
陶人新语 742
陶山诗录 1292
陶山文录 1292
陶诗附考 1434
陶诗汇注 398
陶诗析义 112
陶诗真诠 1624
陶说 857
陶堂遗文 1634
陶堂志微录 1634
陶文毅公全集 1292,1328,1364
陶冶图 742
陶冶图说 650
陶渊明集注 1488
陶渊明闲情赋注 1873
陶园全集 1206
陶园诗集 1128
陶园诗文集 248
陶园文集 1128
陶云汀先生奏议 1364
陶斋金石考 1682
陶斋印谱 1682
陶主敬先生年谱 1554
淘河建闸决排诸议 161
腾笑集 255,273
腾语 1625
滕县志 470,1214
滕志 170
藤花亭曲话 1278
藤花亭十七种 1328,1495
藤花亭四梦 1495
藤花吟馆诗抄 1420
藤阴札记 192
剔弊广增分韵五方元音 427
题画诗 358
题画小稿 1373
蹄涔集约钞 1345
体孝录 934
惕庵读书志 1699
惕庵文集 1699

惕甫未定稿 1206
惕元诗稿 1242
惕元文稿 1242
惕元遗稿 1242
惕斋经说 1254,1387
惕斋诗稿 92
天步真原 49,912
天长县志 170
天朝田亩制度 1441,1443,1515
天朝则例 1526
天尺楼古文 549
天道溯源 1453
天洞测 1402
天发神谶碑释文 183
天方典礼 428,555
天方礼经 555
天方蒙引歌 1572
天方三字经解义 555
天方三字经注解 555
天方性理 392,555
天方性理注释 1572
天方夜谭 1816,1870
天方至圣实录 515,555,904
天方字母释义 555
天放楼诗集 1884
天放楼文集 1884
天府广记 192
天父诗 1469
天工开物 91
天官纪略 299
天河县志 1285
天花藏合刻七才子书 804
天鉴堂集 536
天津府志 624,1886
天津卫志 182
天津县志 624
天津徐氏家谱 1654
天镜衡人 1806
天开图画楼文稿 1642
天籁集 1501,1695
天籁轩词谱 1297
天理主敬图 476,477
天禄琳琅书目 869

天禄琳琅书目后编 1083	天学会通 222,546,912	铁保自订年谱 1135
天禄琳琅书目前后编 1640	天学真铨 239	铁函斋书跋 383
天禄识余 395	天延阁集 353	铁画楼诗文集 1817
天傀生诗钞 1981	天演论 1722,1724,1728,1729,	铁画楼诗文续集 1817
天门县志 244,784,785,793,	1733,1735,1741,1747,1784,	铁立文集后编 328
975,1115,1249	1785,1793,1899,1902	铁立文集前编 328
天瓶斋书画题跋 846	天一阁碑目 614,1000	铁岭县志 196,244
天瓶斋帖 664	天一阁藏书记 213	铁瓶东游草 1650
天启实录 871	天益善堂遗集 650	铁瓶诗钞 1650,1651
天情道理书 1467	天佣馆遗稿 732	铁瓶杂存 1651
天球浅说 1378	天佣子 363	铁桥漫稿 1233,1327,1357,1389
天然穷源字韵 471	天佣子集 19	铁桥山人稿 290
天壤阁丛书 1641	天慵庵随笔 1149	铁琴铜剑藏书楼书目（铁琴铜
天壤阁杂记 1818	天游阁集 1585	剑楼藏书目、铁琴铜剑楼藏
天山客话 1106,1168	天游录 645	书目录） 1579
天算或问 1486,1592,1742	天愚山人集 128	铁网珊瑚 328,410,656,959
天算琐记 1475	天元草 1654	铁箫庵文集 1278
天台县志 254	天元释例 990	铁云藏龟 1798,1867,1883,
天体论 137	天元一释 1098	1969,1975
天外老人集 162	天元玉历祥异赋 928,929,930	铁云藏龟零拾 1867
天为州志 170	天圆万善经 778	铁云藏龟拾遗 1867
天文大成管窥辑要 43	天岳山房文钞 1609	铁云藏龟之余 1798,1867
天文分野 223	天岳山馆诗集 1663	铁云藏陶 1883
天文会进 65	天真阁集 1093,1303	铁云泥封 1883
天文考略 741	天真阁诗集 1107	铁斋偶笔 870
天文略论 1419	天镇县志 624,717	铁斋诗文集 870
天文问答 1419	天中景行集 146	汀州府志 708,709
天文须知 1662	天竺山志稿 1610	听古楼声学十书 1703
天问补注 78	天主降生言行纪略 31	听松庐骈体文钞 1388
天问辞 6	天主圣教十诫直诠 85	听松庐诗略 1482,1535
天问笺 1221	天主正教约征 237	听松庐文钞 1482
天问解 477	天柱县志 244	听香馆丛录 1333
天问略 85	添愁集 214	听训斋语 353
天下郡国利病书 100,237,367,	田间诗集 305,317,329,871	听彝堂偶存稿 1174
1019,1041,1064	田间诗学 276,297,329	听莺居文钞 843,1383
天下山河两戒考 505	田间文集 305,329	听雨楼存稿 786
天下书院志 1150	田间易学 96,276,277,329	听雨楼法帖 904
天下书院总志 1113	田居诗稿 572	听雨楼画谱 1657
天显纪事 1405	填词杂说 147	听雨楼集 180
天香阁全集 1192	挑灯诗话 1352	听雨山房文钞 1378
天香录 1111	蜩知集 1887	亭林全集 1673
天学本义 555	铁庵年谱 352	亭林诗集 237,1879
天学大成 1743	铁庵文稿 375	亭林文集 102,146,149,201,

204,208,216,224,237,238
亭林先生全集 1361
亭林先生余集 846
庭训录 154
停云堂诗草 410
淳溪老屋自娱集 1610
通道县志 255
通德遗书所见录 1192,1199,1680
通甫类稿 1509
通甫类稿续编 1364,1509
通甫诗存 1509
通甫诗存之余 1509
通海县志 311,1285
通纪会纂 861,862
通纪纂 871
通鉴补略 1333
通鉴补识误 1333
通鉴长编 868,942
通鉴触绪 1921
通鉴地理今释 644
通鉴地理今释稿 1549
通鉴独观 257
通鉴纲目集义 546
通鉴纲目前编辨误 1955
通鉴纲目三编 808,868,981
通鉴纲目释地补注 694
通鉴纲目释地纠谬 694,741
通鉴胡注举正 673,675,1043
通鉴纪事类聚 59,337
通鉴纪事总论 38
通鉴纪要 870
通鉴揽要 666
通鉴类事抄 275
通鉴论 544
通鉴论断 472
通鉴全书 61,76
通鉴校勘记 1832
通鉴严 43
通鉴正误 1477
通鉴注辨正 992,1043,1138
通鉴注商 1235,1328
通介堂经说 1604

通介堂文集 1604
通经表 937,1167,1601
通礼 253,475,526
通山县志 116
通商约章类纂 1886
通释 765,890
通书测 857
通俗八戒 1127
通俗编 703,1143
通俗文 1100,1113
通渭县志 771
通物电光 1805
通许县志 327,554
通训拾遗 1969
通雅 48,121,154,546
通义堂笔记 1536,1537
通义堂集 1682
通义堂诗集 1536
通义堂文集 1536
通艺阁诗钞 1446
通艺阁诗录 1446
通艺阁诗三录 1446
通艺录 347,1076,1128,1200,1255,1310,1330
通艺堂诗录 2005
通斋全集 1513
通志略 681
通志略刊误 1093
通志堂集 178,267
通志堂经解 218,219,267,338,339,438,962,980,1034,1055,1563
通志堂经解目录 1035,1229,1445
通州直隶州志 723
通州志 177,352
同安县志 446,803,1089
同凡集 555
同风录 478
同官县志 793
同归集 72
同里志 1185
同人集 172,314

同文考异 1597
同文录 138
同姓名考 657
同音字辨 1418
同治东华续录 1681
同州府志 636,939,1455
桐庵文稿 185
桐城耆旧传 393,2002
桐城文录 1463
桐城吴先生点勘诸子七种 1985
桐城吴先生全书 1871,1885
桐城先正事略 1886
桐城县志 170,245,716
桐归集 1463
桐华馆诗钞 1108
桐江集 1441
桐旧集 1378
桐庐县志 171,244,716
桐乡县志 204,1030,1099
桐阴论画 7,1513,1644
桐音馆杂文 990
铜鼓书堂词 955
铜鼓书堂词话 955
铜鼓书堂遗稿 831,955
铜刻小记 1649
铜梁县志 1320
铜陵县志 59,673,746
铜仁府志 1271
铜山县志 661,1309
铜山志 765
铜运考略 1691
铜熨斗斋随笔 1171
铜政全书 1003,1107
童蒙须知 865,1955
童子摭谈 1242
潼川府志 992
潼关卫志 264
潼水阁诗集 740
潼水阁文集 740
痛史 1870,1988
投笔集 111
投绂堂集 1060

投壶考原 1669	托素斋诗文集 353	晚闻居士遗集 1110,1286,
投壶谱 283	托园诗文集 300	1300,1312,1315
投闲草 344	脱影奇观 1564	晚闻录 1085
突星阁诗抄 428	橐中集 1618	晚香词 482
图书馆教育 1972	椭圆求周术 1250,1267,1470	晚香堂集 871
图书拣要 1453	椭圆拾遗 1486,1742	晚笑堂画传 650
图书秘典一隅解 367,381	椭圆新术 1486,1742	晚笑堂竹庄诗集 611
图说 459,526,791,792,1273	椭圆正术 1488	晚学集 1060,1075,1144
图学辨惑 274	椭圆正术解 1486,1742	晚学斋文集 1446
图注脉诀辨真译本 662	椭圜求周术 1488	菀青集 423
衁山集 140	椭圜术 1315,1388	皖省志略 1249
土地问题:中国农民所有权之	箨石斋诗文集 1054	万安县志 298,1271
教训 1833		万法精理 1814,1837,1869
土风录 675		万国大地全图 1432
象传论 1013	**W**	万国公法 1501,1507,1513,
象象论 1013		1519,1738
推步迪蒙记 1634,1669	外国地理备考 1410	万国公法释义 1513
推步法解 776	外国纪 435	万国公政说 1713
推步稿 990	外国竹枝词 236	万国历史 1848
推步交朔 228	外家纪闻 1106	万国宪法比较 1988
推算偶述 423	外科大成 117	万国药方 1657
推易始末 96,361,466	外科十法 587	万国总说 1684
退庵笔记 536,1388	外科证治全生集(外科全生集)	万金备急方两集 290
退庵金石书画跋 1401	632	万卷楼文稿 760
退庵诗存 1420	外切密率 1488	万卷堂书目 1871
退庵随笔 1331,1343,1351,1420	完白山人篆刻偶存 1145	万里行程记 1209
退庵所藏金石书画题跋 1420	完县志 168,563	万年县志 171,702,1291
退庵文存 1420	玩灵集 1618	万青阁全集 406
退补斋集 1683	玩易 1939	万全县志 644,1330
退补斋诗钞 1683	玩注详说 103	万泉县志 415,751
退耕堂集 1654	顽石庐经说 1279	万山纲目 1396
退谷文集 1242	顽潭集 30	万善花堂文稿 1309
退量稿 185	宛舫居文集 781	万胜车阵图 257
退密斋时文 1565	宛邻诗文集 1328	万氏家谱 249
退密斋时文补编 1565	宛委山房集 1005	万世玉衡录 284
退思集类方歌诀 1503	宛西集 395	万寿敷福集 395
退思轩诗集 1940	晚翠轩诗集 1797	万寿衢歌乐章 1129
蜕稿 1107,1192,1237	晚清祸乱稗史 1827	万寿盛典 446,461,843,1019,
蜕私轩诗文集 1901	晚晴轩稿 1076,1093	1077
蜕私轩诗学 1901	晚晴轩诗存 1501	万物原始 239
蜕私轩易说 1901	晚晴簃诗汇 1969	万物真原 31
吞松阁集 824,843,977	晚书订疑 357	万县志 667
屯留县志 182,554	晚树楼诗稿 392	万舆程考 390
托氏宗教小说 1938		

万载县志 244,571,1321	王羌重自订年谱 14	望三益斋存稿 1586
万州志 213,1296	王箬林先生题跋 822	望堂金石二集 1984
汪本隶释刊误 1082,1087, 1214,1280	王深宁年谱 1541	望堂金石集 1606
	王氏经说 1310	望堂金石文字 1559
汪晋三音学十书补订 1475	王氏医案三编 1452	望溪集 667,1461
汪梅村先生文集 1676	王氏渔洋诗抄 342	望溪外集 1186
汪穰卿笔记 2005	王氏源流 890	望溪文集 445,689,1432
汪穰卿遗著 2005	王侍郎奏议 1521	望溪先生集集外文 1170
汪仁峰学案 1337	王苏州遗书 1706	危言 1682,1704,1722,1767, 1850,1994
汪氏文献录 977	王肃礼记注 1180	
汪氏追远录 1157	王文成公年谱 171	威凤堂文集 173
汪双池年谱 1337	王文端公年谱 1144,1205	威海卫志 159
汪双池先生丛书 1756	王文简公文集 1138,1333	威灵吞大事记 1755
汪文摘谬 221	王文靖公集 387,410	威县续志 19
汪子文录 1046	王文靖公年谱 410	威县志 167
汪子遗书 414,1106	王文勤公全集 1958	威远厅志 1348
王陈宗言 237,400	王文韶日记 1958	威远县志 869,1192
王崇简自订年谱 205,298	王梧溪诗集 1322	微波榭丛书 888,889,915,967
王船山年谱 1536,1537	王旭高医书六种 1503	微尚斋诗文集 1536
王船山四种 1794	王学辨 564	微言管窥 1396
王船山遗书 59,1448,1500, 1536,1538	王学质疑 226,234,241,267,279	微云词 455
	王弇洲年谱 992	薇省词钞 1795
王道三统礼制循环表 1804	王阳明先生年谱 171	薇省同声集 1657
王艮斋诗集 717	王艺斋先生行述 1356	为己图解 1597
王艮斋文集 717	王寅旭历书图注 426	为可堂初集 72
王公大臣表传 1008	王隐晋书地道记 976	为学大旨 476
王会篇笺释 1361,1504	王右丞集笺注 542,602,742	韦弦集 1199
王己山文集 704,710	王右丞年谱 602	围城日记 1449
王季重十种 19	王右军帖考注 1218	围炉诗话 228,273,343
王季重先生自叙年谱 19	王于一遗稿 101	惟洛斋诗钞 1406
王杰年谱 1202	王政三大典考 1216	惟清斋帖 1272
王荆公年谱 760	王志 1936	潍县志 159,764
王荆公年谱考略 1173	王制订本要注 1713	纬略 1304
王荆公诗补注 1323	王制集说 1793	纬堂诗略 993
王荆公文补注 1323	王制井里算法解 990	苇间老人题画集 712
王荆国文公年谱 584,1135	王忠文公文集 542	苇间诗集 364,1578
王荆国文公年谱考略 1135	网师园唐巾诗笺 803	苇间书屋词稿 712
王葵园四种 1937	往哲心存补编 1127	洧川县志 319,1227
王菉友九种 1486	罔极草 742	洧盘子集 315
王罗择编 118	妄占辨 291	韡园医学六种 1633,1700
王眉仙遗著 1292	望都县新志 820	卫滨日钞 279
王门弟子传 435	望古集 775	卫藏通志 1339
王孟公诗稿四种 1136	望江县志 170,341,460,807	卫藏图识 1044

卫道编 964	蔚县志 624	文登县志 520,1361
卫辉府志 84,341,1011	蔚州志 84	文端集 418
未成稿 1116	慰托集 1414	文公朱夫子年谱 352
未灰斋诗钞 1481,1503	魏伯子文集 199	文集内篇 6,24
未灰斋外集 1503	魏季子诗集 344	文界之大魔王摆伦 1884
未灰斋文集 1493,1503	魏季子文集 344	文靖公遗集 1692
未理集 1682	魏郡琐谈 773	文卷 1850
未虚室印谱 1489	魏三体石经残字考 1230	文庙从祀弟子赞 1053
未学斋稿 311	魏三体石经遗字考 1148	文庙汇考 1291
位西遗稿 1495	魏石经考异 1177,1257	文庙辑通录 1357
味尘轩乐府 1466	魏石经遗字举正 1295	文庙祀典十四议 333
味尘轩诗集 1466	魏书地形志校录 1343	文明小史 1870,1922
味尘轩诗余 1466	魏书官氏志疏证 1879	文莫室诗集 1654
味尘轩四种曲 1466	魏叔子集 110,230	文莫书屋詹詹言 1541
味尘轩文集 1466	魏塘文陈 637	文木山房集 637,726
味镫斋文集 722	魏文贞公故事拾遗 1633	文瑞楼藏书目录 480
味经山馆尺牍 1461	魏文贞公年谱 1633	文史通义 785,795,806,830,
味经山馆诗钞 1461	魏县志 244,534	854,1001,1008,1009,1018,1020,
味经山馆诗续钞 1461	魏墟杂志 773	1025,1026,1070,1086,1087,
味经山馆文钞 1461	魏郑公谏录校注 1633	1104,1110,1113,1115,1116,
味经山馆文续钞 1461	魏郑公谏续录 1633	1320,1445
味经书屋集 1093	温病条辨 668,1091,1345	文水县志 167
味经窝类稿 788	温飞卿集笺注 352	文颂 772
味经斋文稿 1013	温公家范 604	文坛挥麈录 1981
味经斋遗书 1274,1290	温江县志 1205	文王世子解 477
味经斋制艺 1521	温经楼年谱 1198	文武金镜律例指南 227
味隽斋词 1364	温陵学略 740	文武渊源 542
味梨集 1729,1887	温热经纬 668,1440,1458,1536	文溪集 872
味蓼文稿 1179	温热论 668	文县志 379
味梅斋诗草 1477	温热暑疫全书 214	文献通考随笔 1101
味檗居近稿 1228	温县志 78,667,758	文献通考详节 448
味外轩文稿 344	温虞恭公碑考 1633	文献通考正续汇纂 1258
味无味斋诗钞 1476	温州府志 183,265,739,774	文献征存录 211,1298,1474
味无味斋文集 1252	温州古甓记 1608,1958	文襄公别录 337
畏垒笔记 346	温州经籍志 1544,1590,1958	文襄公奏疏 337
畏垒山人诗文集 346	瘟疫论 161	文心雕龙辑注 560,741
畏庐文集 1978,1986	瘟疫论类编 161	文心雕龙笺注 798
畏天爱人极论 6	文安堤工录 1460	文心雕龙注 560,1328
畏斋文集 722	文安县志 168,386	文选笔记 1479
尉山堂稿 1955	文编补抄 752	文选补注(林茂春) 1331
尉氏县志 78,1314	文昌县志 476	文选补注(吴颢) 756
渭南县志 64,563	文道十书 725	文选补注(叶树藩) 830
渭源县志 280	文道希先生遗诗 1887	

文选古字通 1305	文字通释 1956	瓮天录 1228
文选集评 781,903	文字源流 940	瓮牖余谈 1459,1563,1571,1758
文选集释 1345,1427	文宗实录 1500,1535	倭文端公遗书 1555
文选纪闻 904	文宗御制诗文词集 1507	我的祖国 1941
文选笺证 1662	闻尘偶记 1754,1887	我贵轩集 315
文选考异（彭兆荪） 1167,1252	闻见瓣香录 1020	我师录 1634
文选考异（孙志祖） 1115	闻见异辞 1405	我堂自撰年谱 440
文选课读 1004	闻见杂记 1216	我在中国的童年故事 1662
文选课虚 847	闻妙香室诗集 1406	我注集 1067
文选李注补正 1090,1115	闻妙香室文集 1406	沃史 133
文选理学权舆 647,808	闻妙香轩文集 1295	卧龙山人集 205
文选理学权舆补 1115	闻丧杂录 726	卧象山房集 370
文选楼丛书 1143,1380,1383, 1419	闻喜县志 49,797	卧云洞草 51
文选楼诗存 1236	闻喜县志补 1608	卧云斋诗集 236
文选旁证 1331,1356,1420	闻喜县志续编 158	握奇经注 367,478,546
文选声类 1004	闻知录 248	乌程县志 213,667,1602,1617, 1619
文选小学汉魏音补辑 1832	阌乡县志 53,673	乌澜轩文集 578
文选校正 675	稳卧轩集 565	乌青文献 289
文选异义 1323	问花楼诗抄 1173	乌青镇志 764
文选音义（浦铣） 935	问津草 1315	巫山县志 460
文选音义（余萧客） 752,904	问经堂丛书 1083,1120	无补集 1120
文选杂题 904	问奇集 733	无不宜斋诗文稿 1014
文学兴国策 1740,1755,1940	问奇室集 1580	无耻奴 1936
文学研究法 1901	问山集 958,959	无何集 140
文学正谱 237,400	问世编 193	无悔斋诗集 688
文雅社约 60	问水漫录 737	无极县志 673
文言荟萃 315	问心堂札记 364	无尽庵诗话 2006
文渊阁书目 1100	问学录 157,279,322,703	无量寿经起信论 1077
文渊楼藏书目录 1555	问疑录 237,400	无闷堂集 265
文苑事略 1634	问影楼舆地丛书 1956	无名高士传 275
文苑英华辨证 1065	问园词稿 1461	无圈点老档 859
文苑英华辨证拾遗 1065,1516	问园诗文集 1461	无声戏二集 89
文苑英华选 379	问斋杜意 235	无所往斋随笔 1222
文藻斋诗文集 1663	问字堂集 1060,1067,1071	无为州志 1126
文章鼻祖 608	问字堂文稿 1230	无闻集 1216
文章指南 781	汶志纪略 1142	无闻子 1692
文征君遗诗 1482	翁麟标年谱 1249	无锡金匮县志 1191,1203,1620
文中子考 1316	翁山诗补 1986	无锡县志 702
文字辨讹 1020,1174	翁山诗外 349,860,871	无邪堂答问 1697,1716,1717, 1817
文字存真 1882	翁山文外 349,862	
文字蒙求 1357,1454	翁文恭公日记 1479,1886	无异堂集 330
文字审 471	翁源县新志 1240	无益之言 675
	翁源县志 272,793	

无政府主义（近世无政府主义） 1870
无著词 1265,1426
毋不敬斋全书 1538,1545
毋欺录 78
吴白华自订年谱 1129,1173
吴赤溟文集 106
吴川县志 139,559,1028,1277
吴地记 1041
吴都文粹 493,1035,1079
吴会英才集 1491
吴江沈氏诗集录 631
吴江县志 254,263,264,673,712
吴江县志续编 475
吴郡图经 1041
吴郡图经续记 1041
吴郡五百名贤图传赞 1301
吴康斋学案 1337
吴柳堂奏疏 1604
吴梅村先生编年诗笺补注 1060
吴门补乘 1126
吴门集 1323
吴平赘言 1730
吴桥县志 168
吴日千先生集 344
吴山遗事诗 1129
吴诗集览 869
吴氏丁氏算书十七种 1501,1560
吴氏筠清馆金石记目 1627
吴氏仪礼注订误 199
吴侍读全集 1173
吴下方言考 733,765
吴下汇谈 1522
吴县志 310,608,661
吴兴金石记 1682,1716
吴兴诗话 1151
吴兴石迹表 1005
吴学士集 1251
吴医汇讲 1045
吴友如画宝 1706
吴友如真迹画集 1967

吴越备史注 1022
吴越春秋勘记 132
吴越春秋校文 132
吴越春秋佚文 132
吴越春秋逸文 132
吴越春秋札记 132
吴越古迹考 1129
吴越顺存集 526
吴越所见书画录 876,887,916
吴越杂事诗录 1758
吴樾遗书 1905
吴征士遗集 1456
吴中唱和集 1420
吴中考古录 1644
吴中女士诗钞（吴中十子合集） 1020
吴中水利书 20
吴忠节公年谱 465
吴忠节公遗集 7
吾灵集 111
吾庐存稿 193
吾面斋诗存 1345
吾妻镜补 1383
吾学编 853,859,871
吾学录 1320
吾学录初编 1320,1321,1390
吾以吾鸣集 786,817
吾征录 397
芜湖县志 170,1154
梧村集 336
梧园杂志 417
梧垣奏议 508
梧州府志 816
梧州诗 223
浯溪新志 816
五百四峰草堂诗钞 1102
五百四峰堂文抄 1102
五百四峰堂续集 1102
五朝国史 684,726
五朝名家七律英华 299
五车韵府 1237
五大论广疏 379
五大儒语要 118

五代春秋志疑 1221,1447
五代宫词 1129
五代纪年表 190,1078
五代诗话 434,504,682,1445
五代史补注 388
五代史方镇年表 1608
五代史记补注 1124,1152,1296
五代史记考异 1114
五代史记注 1129,1205
五代史考异 868
五代史通俗演义 1999
五代史志疑 483
五代史注纂注补续 1624,1642
五代史纂误补 902,1114,1115,1126
五代学士年表 1036
五镫摘谬 326
五方元音 53,427
五服释例 1580
五服异同汇考 1011,1216
五更月偈 555
五公山人集 342
五功释义 555
五官表 1279
五河县志 159,245,1126
五花阁诗集 364
五经辨证 1177
五经补纲 1452,1502
五经补义 1242
五经不二字音韵释文 1425
五经大全正误 34
五经大义终始答问 1263
五经大义终始论 1263
五经汇解 1668
五经简咏 906
五经考辨 206
五经考异 1184
五经类编 253
五经类纂 540
五经旁训 953
五经骈语 192
五经释义 1461
五经四书述朱解 234

五经四书字辨 792	五十家诗义裁中 25	武城县志 33,694
五经算术 853,1440,1546,1634	五十自定稿 139	武定府志 298,758
五经算术补正 1005	五石山房全集 290	武冈志 1434
五经堂文集 400	五史实征录 1618	武冈州志 104,739,1220,1434
五经堂野歌 400	五世达赖诗笺 401	武功金石一隅录 1258
五经通义 1369,1487	五松园文稿 1119	武功县后志 577
五经同异 237	五台县志 279,926	武功县续志 100
五经文钞 1312	五台新志 1520,1632	武功县志 771
五经文萃 1312	五纬阵图 189	武功县重校续志 100
五经文字 607,634,816,1034, 1098,1207	五星法象编 546	武阶备志 1161
	五星管见 489	武进县志 254,793
五经文字偏旁考 1058	五星行度解 239	武进张氏家集六种 1162
五经文字疑 967	五行问 364	武经七书 412
五经小学述 1217	五言诗 1149	武康伽蓝记 1340
五经要义 1369,1487	五言诗平仄举隅 1045	武康县志 158,673,1302
五经疑义 1217	五砚斋诗文抄 1216	武林藏书录 526,783,1663
五经异义疏证 1188,1190,1333	五音考 1286	武林金石录 794
五经翼 166,192	五杂俎 199,200	武林耆旧集 526
五经臆 741	五寨县志 702	武林谈数 1129
五经臆说订 407	五柘山房文集 1258	武林往哲遗著 1675,1807
五经渊源 718	五知斋琴谱 494	武林往哲遗著后编 1805
五经衷要 1308	五忠祠续传 1434	武林文献志 526
五经诸解 185	五种遗规 626,823,1387,1729	武林先雅 1230
五经注疏大全 278	五洲城镇表 1960	武林杂志 315
五经字学考 471	五洲地理志略 1972	武林掌故丛编 489,1590,1807, 1815
五经字征 52	五洲疆域汇编 1960	
五军道里表 914	五洲通志 1755	武陵山人遗书 1503,1633
五均论 1362,1448	五洲舆地图考 1755	武宁县志 121,786,953,1271
五礼撮要 1127	五洲总图 1957	武平县志 159,363
五礼通考 253,335,347,708, 715,720,727,729,730,769,779, 784,788,789,803,808,847,1079, 1087,1659,1693,1866,1872	五子见心录 1364	武强县新志 326
	五子近思录 25	武强县志重修 1314
	五子信好录 1706	武清县志 151,644
	五字不损本诗稿 1440	武生立品集 810
五凉旧闻 1411	午风堂丛谈 1083,1278	武王克殷日记 1494
五陵金石志 1005	午风堂集 1278	武威县志 687
五伦说 663	午风堂全集 1100	武乡县志 319
五马先生纪年 1258	午亭集 380	武宣县志 1161
五女传道 676	午亭诗评 441	武义县志 1135
五七言今体诗钞 1090,1207	午亭文编 416,438,441	武邑县志 336,1559
五色石传奇 896	武安县志 432,624	武英殿聚珍板程式 849,874
五省沟洫图说 962,1571	武备指南 214	武英殿聚珍板丛书 856,857, 867,1060
五十凡驳证 1697	武昌府志 245	
五十凡补证 1697	武昌县志 319,780	武缘县志 636

武陟县志 310,1302	西安县志 363,1178	西湖岳庙志 1127
武宗外记 465	西陂类稿 433,448	西湖杂咏 1020
舞阳县志 78,661,1338	西北水利 1405,1423	西湖志 557,558,951,1150,1151
勿庵筹算 489	西北文集 229	西湖志纂 702,707,716,775,812
勿庵历算全书 178,506,507	西伯利东偏纪要 1649	西沪棹歌 1486
勿庵历算书目 380	西藏佛教大事年表 490	西华县补志 352
务民义斋算学 1488	西藏佛教宏传史实述略 490	西华县志 84,724
戊申碑录 1956	西藏赋 1051	西涧草堂古文诗集 809
戊申札记 229	西藏记事 1297	西涧草堂全集 846
戊戌变法榷议 1793	西藏纪述 687	西江诗话 392
戊戌六君子遗集 1902	西藏见闻录 758	西江诗派韩饶二集 1986
戊戌文稿 551	西藏图说 1265	西京职官印录 710
戊戌政变记 1718,1777,1781,1804	西藏图文 1656	西昆发微 53,343
戊戌政变纪事本末 1781	西藏志 1044,1127	西里文钞 549
戊戌奏稿 2002	西昌县志略 1258	西历假如 22
戊寅草 113	西昌志 695	西林县志 476
物竞论 1825,1829,1849	西充县志 489	西林遗稿 663
物理小识 31,111,154	西畴日钞 134	西泠词萃 1649,1657,1807
物理学 1831	西畴易稿 134	西泠闺咏 1390
物理学提要 1459	西陲要略 1155,1185,1209,1344	西泠怀古集 1390
物诠 760	西陲吟略 288,317,335,549	西泠五布衣遗著 1633,1807
物质救国论 1893,1902	西方问答 31	西泠续记 1650
物种原始 1844,1869	西峰先生文集 955	西隆州志 171
悟门先生(法式善)年谱 1214	西国地理志 1853	西楼易说 1954
婺源埤乘 693	西国近事汇编 1564	西庐画跋 222
婺源县志 139,336,746,1003,1154,1285	西国天然学源流 1675	西麓山房存稿 955
	西国天学源流 1682,1758,1903	西铭讲义 1413,1418,1466,1469
婺志粹 1321	西国学校 1559	西铭释文 1130
瘖堂集 601,674,682	西国政闻汇编 1663	西溟补乘 1758
瘖索 1127	西海纪游草 1418	西溟文钞 1578
鹜翁集 1756,1887	西汉文选 407	西南纪事 298,362,435
	西和县志 279,821	西宁府新志 673
	西河合集 301,312,315,817	西宁县志 127,476,1309
X	西河记 1410	西平县志 146,319
	西河旧事 1410	西圃词说 281,482
夕葵书屋集 1251	西河文集 325,484	西圃丛辨 482,644
夕堂永日八代诗评选 305	西河遗教 229	西清备对 1004
夕堂永日八代文评选 305	西湖集览 1633	西清笔记 1067,1132
夕堂永日绪论 305	西湖梦寻 256	西清古鉴 688,782,802,813,848,1129
西阿诗钞 1216	西湖手镜 64	
西安府志 912,914,975,1005,1085	西湖遗事 1465	西清集 7
	西湖遗事诗 1129	西清散记 610,915
	西湖逸志 315	西清琐语 732

西清续鉴甲编 1053	西洋历史讲义 1972	希贤录 219,274
西清札记 1101,1215,1401	西洋切要书 1833	希音堂文集 1054
西山阁笔 200	西洋新法历书 11,14,450	昔者诗 185
西山纪年集 375	西洋杂志 1759	析津日记 283
西山爽气集 380	西药大成 1662,1853	奚囊寸锦 410
西山文集 23	西药大成补编 1853	奚囊集 375
西山真文公年谱 786	西医略说 1554	奚铁生先生印谱 1130
西事凡 1758	西医内科全书 1626	息耕草堂诗集 1414
西算新法直解 1573	西艺知新 1643	息六斋稿 956
西唐诗钞 718	西因集 222	息县续志 326
西堂全集 273,393	西游补 275	息县志 72,1099
西堂杂俎二集 160	西游记金山以东释 1372	息游咏歌 1554
西堂杂俎三集 213	西游漫解 1706	息斋集 122
西堂杂俎一集 59	西游原旨 752	晞发堂诗稿 383
西图新说 1674	西游真诠 348	晞发堂文集 383
西图译略 1960	西域尔雅 1251	惜抱轩集 1250,1408
西魏书 300,1057,1058,1064,1065,1121	西域记 888	惜抱轩全集 1074,1113,1207,1507,1526
西吴韩氏书目 1489	西域南海史考证译丛 1866	惜抱轩诗集 1090
西溪诗集 1807	西域释地 1154,1161,1209,1344	惜抱轩诗文集 804,1084,1155
西溪书屋夜话录 1503	西域水道记 1176,1249,1263,1414	惜抱轩诗训纂 1901
西溪先生文集 369	西域天文书补注 489	惜抱轩书录 1318
西夏国志 1168	西域图志 702,878,879,1086,1144	惜抱轩文集 174,1021,1061,1107,1163
西夏纪事本末 1433,1434,1648	西域闻见录 888	惜抱轩遗书 1603
西夏书 300	西域小记 1372	惜日笔记 1280
西夏书事 1276	西域置行省议 1241	惜阴书舍课艺 1573
西乡县志 244,475,1296	西园瓣香集 831	惜阴轩丛书 1370,1401,1422,1742
西厢记曲谱 1045	西园别集 397	犀崖文集 160
西学东渐记（我在中国和美国的生活） 1505,1581,1972,1973	西园文集 397	溪山卧游录 1259,1363
	西垣集 717	锡金识小录 709
西学凡 31	西原草堂集 726	锡金志外 1388,1447
西学富强丛书 1741	西云诗钞 1476	锡老堂集 587
西学辑存 1682	西云杂记 1476	锡庆堂诗集 1060
西学略说 1470	西斋过眼录 1101	锡山宦贤考略 234,254
西学书目表 1495,1740,1750	西斋集 369,922,928,929	锡山历算书 426,431
西学原始考 1682,1758	西镇志 72	锡山文集 441,1370
西巡大事记 1887	西征纪程 1960	熙朝纪政（石渠纪余） 1681
西巡盛典 1181,1420	西政丛书 1755	熙朝人鉴 1522
西崖经说 1697	西沚居士集 1084,1265	熙朝雅颂集 1131,1136,1143,1272,1273
西洋筹算增删 1085	西庄始存稿 793,798,1084	
西洋法假如 343	希古堂文集 1670	
西洋历史 1846	希腊罗马史 1904	

熙朝宰辅录 1356	下学庵算书三种 1662	夏小正通论 1571
歙县志 305,821,1296	下学录 1021	夏小正通释 1172
歙志 24	下学堂札记 234,266,424	夏小正训解 1191,1571
羲画愤参 19	夏峰集 863,1401	夏小正逸文考 1340
习静轩诗文集 1127	夏峰先生集 363	夏小正音读考 1197,1198
习苦斋画絮 1488,1705	夏逢年谱 324	夏小正正讹 1251
习苦斋诗文集 1488	夏检讨公(夏之蓉)年谱 986	夏小正注 145,657,1087
习是编 798	夏节愍全集 25,1155	夏邑县志 352,1455
习园丛谈 1107	夏津县志 168,636	夏仲子集 1332
习斋记余 346,393,398	夏内史集 1028	厦门音新字典 1692
习斋先生言行录 346	夏商丰镐考信录 1119	厦门志 1321
习之全集录 407	夏时经传笺 1304	仙安县志 168,212,745
嶍峨县志 357,470	夏时考训蒙 1520	仙居县志 221
隰西草堂集 45	夏为堂别集 223	仙屏书屋初集诗录 1409,1447
隰西草堂诗集 1272	夏县志 415	仙屏书屋初集文录 1447
隰西草堂文集 1272	夏小正补传 1270,1475,1476,1624	仙屏书屋后集诗录 1447
隰州志 427	夏小正补注 991,1002	仙游散草 915
洗桐居士集 869	夏小正传笺 1222	仙游县志 204,687,816
洗桐轩诗集 675,1241	夏小正传校正 1230	先拔志始 6
洗桐轩文集 675,1241	夏小正传校注 145	先朝遗事 6
洗心斋稿 1149	夏小正传注 198,741	先大人愧庵先生(许昌国)年谱 740
洗冤集录 1154	夏小正分笺 1230	先大人树公自志年谱 549
洗冤录辨正 1383	夏小正诂 145,813	先大司马(姚镆)事实汇集 405
洗冤录补 1502	夏小正集解 588,1248	先府君(孙宗彝)年谱 305
洗冤录详义 1325,1502	夏小正集说(程鸿诏) 1491	先公年谱 494
洗冤录撷遗 1502	夏小正集说(张鉴) 1433	先桂轩府君年谱 564
徙戎论 918	夏小正辑注 814	先甲集 110
喜逢春传奇 863,864,871	夏小正笺注 1141	先君子蕺山先生(刘宗周)年谱 876
喜闻过斋集 1357	夏小正解 43,145	先考念庵府君(王沛憻)年谱 564
喜闻过斋文集 1357,1362	夏小正经传考 1196	先民易用 451
禧寿堂自订年谱 1362,1363	夏小正经传考释 145,1074,1197,1217	先秦韵读 1240,1436
戏彩亭诗事 1416	夏小正经传通释 1420,1661	先儒辟佛考 564
系辞传论附序卦传论 1013	夏小正考异(孔继涵) 967	先儒粹记 155
瞎堂诗集 223	夏小正考异(王宝仁) 1571	先儒语要 214
侠隐记(三个火枪手) 1938	夏小正考注 145,964,966	先圣年表 146
峡江县志 139,803,1265	夏小正求是 1492,1493,1514	先圣年谱 146
峡流词 370	夏小正诗自注 1471	先圣生卒年月日辨 990
狭血奴 1903	夏小正释义 1695	先太孺人年谱 1240
硖川续志 1185	夏小正疏义 1210,1239	先天易贯 439
霞庵文集 1179	夏小正塾本 1987	先文恭公(陈宏谋)年谱 823
霞举堂集 370	夏小正说 1254	
霞舟语录 38		
下河集思录 300		

先贤道国元公周子年谱 1321	乡学楼学古文 1242	湘绮楼全书 1740
先贤模范 508	芎林草堂文抄 1349	湘绮楼诗集 1937
先正读书诀 1036,1037	相思草 1100	湘绮楼文集 1816
鲜庵遗文 1941	香草词 1487	湘潭县志 110,739,939,1227,
闲道录 127,234,266,361,424	香草随笔 1987	1665,1668
闲居诗话 1130	香草谈文 1987	湘乡 1221
闲居杂录 1494	香草堂集 299,1186	湘乡县志 169,673,1277
闲情偶寄 152,222	香草校春秋左传 1955	湘芗漫录 1370
闲书四种 1987	香草校孟子 1955	湘阴县图志 1608
闲燕斋诗汇存 1215	香草校尚书 1954	湘阴县志 746,1240
闲余笔话 8	香草校诗 1954	湘真阁诸稿 25
闲渔闲闲录 799	香草校书 1866,1987	湘中草 8
闲者轩帖考 24,192	香草校易 1866	襄城文献录 410
闲止书堂集 637	香河县志 204	襄城县志 37,352,666
闲止书堂集钞 327	香湖草堂集 392	襄陵县志 167,563
弦歌古乐谱 965	香山县志 171,695,1296,1602	襄阳府志 43,159,765
贤母录 1500	香石诗话 1173	襄阳耆旧记 1012
贤母年谱 683	香树斋诗集 703,857	祥符县志 84,624
贤首五教仪科注 542	香树斋诗续集 857	翔云野啸 631
咸春堂遗稿 236	香树斋文集 604,786,857	享帚词 1389
咸丰朝筹办夷务始末 1500,	香树斋文续集 857	响泉集 869
1535	香墅漫钞 1215	向果微言 1434
咸丰东华续录 1681	香苏山馆古体诗集 1333	项城县志 84,666
咸宁县志 116,132,992,1235	香苏山馆今体诗集 1333	象山惠明寺木庵禅师语录 257
咸阳县志 702	香苏山馆全集 1388	象山惠明寺志 257
显考望坡府君年谱 1326	香苏山馆文集 1333	象山县志 357,548,758,1314
显相十五端玫瑰经 657	香亭诗稿 1067	象数蠡测 399,400
显志堂稿 1412,1466,1498,1585	香亭文稿 1067	象数一原 1428
显志堂稿外集 1573	香屑集 682	象数易理 143
显志堂集 1573	香雪诗抄 847	象纬考 137,672
显志堂制艺 1573	香雪文抄 847	象形文释 1604
岘樵山房诗集 1592	香雪崦丛书 1730	象言破疑 1177
岘樵山房文集 1592	香岩小乘 352,644	象州志 786
宪法古义 1830	香研居词麈 889	消夏谈诗 344
献县志 168,771	香叶草堂集 1101	萧该汉书音义 1180
献征余录 1004,1005	香叶草堂诗存 1075	萧然吟 312
乡党私记 645	香饮楼宾谈 1591	萧山县志 171,327,687
乡党图考 738,776,1350	香祖笔记 399,434	萧台读史 417
乡党图考补正 1527	湘管斋寓赏编 954	萧台集 417
乡党小笺 1299	湘军记 1675	萧闲堂遗诗 1941
乡党正义 1237,1390	湘军志 1617,1621,1656,1972	萧闲堂札记 1941
乡宁县志 158,975	湘路危言 1970,1972	嘐嘐言 1642
乡射五物考 1168,1420	湘门遗集 1206	

潇湘听雨录 830,870	小鸥波馆词钞 1597	小万卷斋文稿 1357,1360
小安乐窝文集 1315	小鸥波馆画品 1597	小岘山人集 1107
小碧琅玕馆印谱 1392	小鸥波馆诗钞 1597	小岘山人诗文集 1251
小仓山房诗集 812	小鸥波馆题画诗 1597	小香词 358
小仓山房诗文集 812,1084	小鸥波馆文钞 1597	小信天巢诗抄 1149
小仓山房文集 729,742,812	小蓬莱阁词 1121	小序韵语 1577
小沧浪笔谈 1076,1090	小蓬莱阁画鉴 1241	小学盦遗稿 1075
小草集 1216	小蓬莱阁金石目 1121	小学答问 1947,1971
小窗遗稿 1199	小蓬莱阁金石文字 1121	小学发明 407,598
小儿喃 676	小蓬莱阁诗 1121	小学绀珠补 935
小儿推拿广义 1259	小蓬莱剩稿 1121	小学钩沉 1022,1175,1222,
小尔雅补义 1563	小樵日记 1670	1297,1350,1640
小尔雅疏 913,1106	小清华园诗谈 1292	小学钩沉续编 1697
小尔雅疏证(葛其仁) 1361	小泉笔记 857	小学汇函 1507,1563
小尔雅疏证(胡世琦) 1304	小泉集 857	小学稽业 399,572
小尔雅疏证(钱东垣) 1052, 1273	小山画谱 740,831	小学集解 440,521
小尔雅训纂 965,1154,1239, 1369,1487	小山诗钞 831	小学记录 1544
小尔雅义证 965,1289,1324	小山诗文全稿 667	小学家训 375
小尔雅约注 1475,1624	小山文集 831	小学句读记 337
小方壶存稿 410,528	小奢摩词 1265	小学考 1058,1079,1086,1087, 1089,1120,1121,1214,1519
小方壶斋丛书 1657,1730	小石帆亭著录 1045,1053	小学类编 1432,1440,1620
小方壶斋舆地丛钞 1590,1608, 1689,1757	小石渠阁经说 1585	小学骈支 1476
小方壶斋舆地丛钞补编 1714	小石渠阁文集 1585	小学钳珠 1327
小浮山人手订年谱 1265	小说考证 1986	小学浅解 1597
小国春秋 584	小说原理 1870	小学识余 1475
小海场新志 624	小松石斋文集 1365	小学实义 522
小航文存 1711	小遂初堂诗文集 1378	小学疏意大全 455
小倦游阁文稿 1459	小檀栾宝汇录闺秀词 1729	小学述闻 1136
小倦游阁文集 1309	小檀栾室笔谈 1425	小学说 1105
小匡文钞 291	小檀栾室汇刻闺秀词 1742	小学万国地理新编 1850
小嫏嬛馆丛书 1541,1624	小桃源笔记 1464	小学校误 1421
小琅嬛随笔 1093	小题诗 896	小学校新律 1853
小玲珑山馆丛书 1419	小腆纪传 1426,1474,1503, 1544,1662	小学心术条讲义 1597
小绿天庵吟草 1476	小腆纪年 11,1426	小学衍义 452,521
小轮老人年谱 803	小腆纪年附考 1432,1503	小学义疏 860
小罗浮草堂诗钞 1151	小桐溪吴氏家乘 1193	小学余论 1207
小鸣集 1292	小宛集 515	小学约言 237,400
小谟觞馆全集 1571,1920	小万卷楼丛书 391,1433,1452, 1453,1596	小学韵语 1413,1464,1466
小谟觞馆诗文集 1252	小万卷斋经进稿 1357	小学纂注 481,681
小木子诗三刻 1186	小万卷斋诗稿 1357	小训私淑录 461
	小万卷斋诗文集 1427	小西山房文集 1157,1550
		小谪仙馆撷言 1372

小知录 1136	孝经旁训 1955	孝女耐儿传 1938
小钟集 1920	孝经全注 478	孝悌录 1357
小重山房诗初稿 1501	孝经三本管窥 512	孝行庸言 133
小重山房诗续录 1501	孝经十八章辑传 1791	孝义县志 527,816
小庄先生诗抄 1297	孝经述（傅寿彤） 1663	孝友堂家规 184
小自立斋文 1827	孝经述（贺长龄） 1415,1507	孝友堂家训 184
晓庵先生诗集 1250	孝经述注 1469,1579	孝子传 461
晓庵先生文集 1250	孝经说 1254	肖县志 1205
晓庵新法 105,178	孝经通论 1313,1495	肖岩经说 1166
晓庵遗书 239	孝经通释 533,986	校邠庐抗议 1493,1498,1573,
晓读书斋录 1591	孝经通义 577	1632,1640,1698,1741,1767,
晓读书斋杂录 1168	孝经外传 671,1204,1207	1768,1769,1786,1793,1808,1884
孝弟图说 1826	孝经问 261	校邠庐抗议别论 1786,1887
孝丰县志 170	孝经详说 476	校补春秋集解绪余 358
孝感里志 1235	孝经孝翔学 1971	校补海国纪闻 1371
孝经本义 662,1872	孝经衍义 23	校补金石例四种 1321
孝经辨定 281	孝经衍义补删 23	校补王氏诗考 1328
孝经辨异 1502	孝经养正 1674	校补竹书纪年 1328
孝经阐义 418	孝经要义 237,400	校雠通义 913,935,1001,1110,
孝经存解 1639	孝经疑问 1577	1113,1115,1116,1320,1445
孝经存解阐要 1639	孝经义疏 63,1343	校订存疑 1150
孝经存解析疑 1639	孝经义疏补 1301,1592	校定尔雅新义 1090
孝经读本 1639	孝经易知 291,1558	校定皇象本急就章 1186
孝经对问 934	孝经援神契 1828	校汉书八表 1580,1681
孝经发明 198	孝经约义 647	校经顾文稿 1389
孝经古今文传注辑论 1518	孝经章句 609,657,671,760,	校经山房丛书 1885
孝经管窥 726	1566,1727	校经室文集 1987
孝经合本 1247	孝经章义 1624	校经室文集补遗 1987
孝经或问 609,760,1727	孝经征文 1256	校经堂二集 1959
孝经吉义 1713	孝经正解 1413	校经堂诗抄 1122
孝经集传 20,1471	孝经正文 190	校刊史记集解索引正义札记
孝经集解 1316,1452,1658	孝经证坠简 1433	1525,1649
孝经集诠 1415	孝经郑氏注 1204	校刊资治通鉴全书 1668
孝经集义 1552	孝经郑注 953,1223,1955	校礼堂初稿 1067
孝经集证 1658	孝经郑注补证 1328	校礼堂诗集 1168,1192
孝经集注 335,1936	孝经郑注解辑 1222	校礼堂文稿 1158
孝经集注述疏 1724	孝经郑注疏 1727,1960	校礼堂文集 1050,1168,1186,
孝经辑说 1791	孝经直解 1409	1192
孝经辑注 1415	孝经指解说注 1502	校梦龛集 1816,1887
孝经解义 234	孝经质疑 1639	校尚书大传 1217
孝经考异 1180	孝经注 367	校逸周书 1217
孝经考异选注 1116	孝经注义 157	校正古今人表 1338
孝经六艺大道录 1791	孝经纂注 481	校正金石粹编 1461

校正陆机毛诗草木鸟兽虫鱼疏 1469	心目斋词集 1501	新都县志 1214
校正元圣武亲征录 1504	心目斋十六家词录 1501	新法螺先生谭 1902,1961
校正竹书纪年 1119,1328	心铁石斋年谱 1326	新法算书 53,290,610
校郑康成易注 1180	心亭亭居笔记 1560	新繁县志 649,1198
校注五代史记 1078	心亭亭居诗集 1560	新方言 1927,1947,1956
笑史 1377	心亭亭居文存 1560	新淦县志 169,460,1277
啸村近体诗选 735	心图书经知新 731	新工具 1571,1669
啸阁集 178	心学宗续编 359	新河县志 212,1344
啸古堂诗集 1536	心易 445	新花月痕 1973
啸古堂文稿 1541	心易溯源 1954	新化县志 133,758,1320
啸古堂文集 1536	心印正说 318	新会县志 305,636
啸石斋词 211	心狱 2000	新建县续志 1309
啸堂集古录考异 1178	忻州志 673	新建县志 221,695,1271
啸亭杂录 524,1311	辛丑纪闻 151	新疆南北路赋 1415
啸月楼集 183	辛丑销夏记 1376,1390	新疆识略 1244,1249,1293
啸竹堂集 348	辛亥殉难记 1655	新疆事略 1176,1209
些庵集著 156	辛卯集 37	新疆私议 1296,1372
些山集 330	辛斋遗稿 300,1327	新疆图志 1654,2002
些余集 279,424	昕夕闲谈 1559,1572	新疆外藩纪略 888
协律钩玄 1162	欣赏集 183	新斠注地理志集释 1043,1414
斜弧三边求角补术 1250,1267	莘田文集 284	新津县志 272,1302
谐铎 213,1036,1045	莘县志 159	新旧唐书参考 1487
谐声表 1436	莘野先生遗书 411	新旧唐书合钞 600,611,1233
谐声别部 1020	莘斋诗钞 1700	新旧唐书合注魏徵列传 1633
谐声补逸 887,1127	莘斋文钞 1700	新旧唐书互证 1191,1328
谐声谱 1815	新安陈定宇先生文集 348	新旧唐书异同 45,46
携雪堂诗文集 1604	新安纪程 977	新旧约全书 1266
携雪斋诗钞 1251	新安县志 289,336,649,797	新刊元本蔡伯喈琵琶记 177
携雪斋文钞 1251	新安杂咏 1236	新乐县志 746
撷芳集 846	新庵谐译初稿 1816	新柳堂诗集 358
撷芙蓉集 205	新本郑氏周易 452	新明志略 780
写竹简明法 1045	新编宋调全本白蛇传 831	新年梦 1885
谢翱年谱 1331	新编中国装饰纹样集 733	新宁县志 159,221,264,610,617,1265,1338,1361
谢谷堂算书 1319	新蔡县志 1066	新平县志 440,1291
嶰谷词 752	新昌县志 116,151,244,1044,1271	新七侠五义 1973
心白日斋集 1593	新厂丛谈 1986	新三国 1957,1973
心巢困勉记 1634	新城县续志 158	新上海 1957
心巢文录 1669	新城县志 170,171,182,326,702,1264,1356,1654	新石头记 1903,1973,1988
心简斋集录 812	新德府志 631,1003	新市镇续志 1185
心经略解 60	新定鲁论语 1592	新水浒 1957
心经指月 1013	新定鲁论语疏正 1987	新说西游记 688
心灵学 1675		新泰县志 84,975

新唐书刊误 702,777	1685,1686,1688,1689,1707, 1709,1710,1731,1748,1750, 1752,1754,1779,1792,1998	兴平金石志 1022
新唐书世系表考证 1698		兴平县志 83,601,914
新唐书天文志疏证 1322		兴文县志 272,1191
新田县志 146,1185	新学伪经考商正 1757,1758	兴县志 554,780
新闻学 1850	新野县志 440,724	兴业县志 939
新五代史补注 1191	新译红楼梦 1452	兴艺塾答问 1133
新舞台 1903,1961	新译日本法规大全 1936,1937	星伯先生小集 1415
新西游记 1973	新喻县志 170,695,1277	星历考原 447
新乡县续志 327	新元史考证 1548	星烈日记汇要 1633
新乡县志 585,673	新约圣经 1408,1426,1439,1440	星湄诗话 1100
新校水经注 677	新韵谱 319,759	星算补遗 1657
新校注地理志集释 1571	新郑县志 84,310,876	星溪文集 25
新兴县志 159,751	新政应试必读 1850	星象图释 1085
新兴州志 460,695	新政真诠 1660	星余笔记 387
新刑律 1979,1980	新制灵台仪象志 174,178,181	惺諰斋初稿 1725
新修淳安县志 78	新制诸器图说 6	惺园易说 1144
新修东流县志 44	新中国 1957	惺斋论文 993
新修东阳县志 191	新中国唱歌 1884,1920	惺斋杂著 993
新修丰县志 64	薪斋初集 27	刑案汇览 1968
新修广州府志 168,758	薪斋二集 85	刑部比照加减成案 1502
新修怀庆府志 1020	薪斋集 180	刑部比照加减成案续编 1502
新修会昌县志 183	馨安县志 1235	刑法表 814
新修江宁府志 1178	馨山报恩全集 186	行部奏议 223
新修荆溪县志 1082	信丰县志 110	行朝录 243
新修莱芜县志 170	信丰县志续编 1271	行国录 315
新修醴陵县志 264	信及录 1428	行脚诗 44
新修罗源县志 1314	信今录 1314	行军指要 1853
新修孟县志 379	信美堂诗选 275	行水金鉴 519,556,1233
新修南乐县志 152	信平县志 479,702	行素堂金石丛书 1648,1669
新修蒲圻县志 169	信阳州续志 305	行素轩笔谈 1795
新修齐东县志 263	信阳州志 90,687	行素轩算稿 1492,1626,1705, 1742
新修庆阳府志 771	信阳子卓录 466,520	
新修曲江县志 169	信宜县志 177,740	行唐县新志 220,780
新修曲沃县志 751	信征全集 1549	行远集 362
新修上饶县志 254	兴安府志 1012	邢孟贞先生年谱 703
新修寿昌县志 245	兴安州志 341	邢台县志 158,636,1166,1290
新修望江县志 37	兴观录 508	形声辑略 1234
新修武义县志 357	兴国县志 245,695,1271	形声类编 1323
新修宜良县志 465	兴国州志 116,183,585	形学备旨 1649
新修宜兴县志 1082	兴化府莆田县志 398,751	醒迷要道 1572
新续宣府志 176	兴化县志 254,1417	醒世恒言 19
新学书目提要 1870	兴宁县志 146,227,624,751, 1178,1249	醒世述编 454
新学伪经考 1655,1656,1667,		醒世姻缘传 489

醒世箴 1572	性学私谈 813	盱眙县志 159,673
醒书选 371	性学源流 1618	胥浦类稿 602
醒心集 774	性影集 433	胥石诗存 1114
醒园录 955	性原广嗣 312,354	虚谷和尚诗录 1744
杏花村志 265	雄乘 151	虚受堂集 1405
杏殇集 59	休复居集 1378	虚受堂诗集 1851
杏庄府君自叙年谱 1265	休那遗稿 49	虚受堂书札 1937
姓谱日笺 102	休宁戴氏岁实考 1353	虚受堂文集 1816
姓氏辨误 1411	休宁碎事 1178	虚无党 1884
姓氏解纷 1405,1411	休宁县志 327,411,1264	虚斋格致传补注 161
姓氏书 1286	修本堂丛书 1395	虚斋名画录 1972
姓氏五书 1411	修本堂稿 1410	虚直堂文集 307
姓氏寻源 1411	修本堂藁 1410	虚直轩文集 228
姓韵 1411	修本堂骈体文钞 1410	虚舟诗草 1706
幸存录 16,25	修本堂外集 1410	虚舟题跋 626
幸鲁盛典 268,429	修本堂文集 1410	虚字说 427,667,1433
性解 72,188,198	修初堂集 2005	需郊录 799
性理大全 13,48,88,203,304, 487,514,1033	修辞余钞 1076	需时眇言 1852,1954
性理大中 64,281,282	修吉堂文稿 448	徐东痴诗 247,311
性理发明 407	修洁斋闲笔 637	徐沟县志 440
性理格言 224	修齐堂诗抄 1339	徐灵胎十二种全集 1065,1513
性理广义 521	修齐正论 1209	徐灵胎医略六书 787
性理讲义 955	修齐直指 876,986	徐灵胎医学全书 1939
性理精义 355,396,457,469, 477,551,573,579,590,668,1423, 1424,1429	修齐直指评 876,1873	徐氏本支世系谱 1493
	修仁县志 1308	徐氏丛书 1921
	修身讲义 1912	徐氏四易 323
性理通鉴 248	修身教科书 1903,1932	徐氏医书八种 1705
性理析疑 1328	修史试笔 541,573	徐氏医书六种 1564
性理吟 472	修武县志 341,746,1361	徐霞客游记 427,876,1161,1322
性理约言 1410	修竹庐谈诗问答 1215,1340	徐星伯说文段注札记 1414
性理正宗 514,521	秀水县志 265	徐饴庵先生遗书稿本 1279
性理注释 644	秀严诗 19	徐愚斋自叙年谱 2004
性理字训 562,1046	秀野集 497	徐元叹先生残稿 105
性理纂要(陆世仪) 161	绣谷诗钞 611	徐中山王谱系考 1475
性理纂要(舟觐祖) 476,477	绣铗集 464	徐州府志 644
性命古训 1250,1270	绣屏风馆文集 1357	徐州志 52,493
性命宗旨 1572	绣像第六奇书玉瓶梅 1742	许氏诗谱钞 974
性气先生传 893	绣像四游合传 1585	许氏说文解字六书论正 493
性情说 519	袖海楼诗草 1692	许氏说音 1252
性善图说 121,161	袖海楼杂著 1357	许氏幼科七种 1560
性史 256	袖墨集 1654,1682,1887	许书转注说例 1743
性习图 199	袖爽轩文集 1209	许文肃公外集 1818
	袖珍十三经注疏 1563	许文肃公遗稿 1818

许学丛书　1632,1648,1661
许州志　78,121,661,1356
许竹篔先生出使函稿　1818
旭华堂文集　674
序卦分宫图　1648
序要质疑　197
叙永厅志　272
恤谧号　1264
畜德随笔　1242
续安邱县志　101
续碑传集　1251,1252,1259,
　1272,1273,1279,1280,1281,
　1284,1293,1298,1303,1304,
　1310,1316,1317,1323,1324,
　1333,1339,1341,1352,1353,
　1358,1363,1364,1371,1377,
　1378,1389,1390,1391,1397,
　1405,1406,1410,1411,1415,
　1419,1420,1427,1428,1434,
　1435,1441,1446,1447,1448,
　1449,1454,1456,1459,1460,
　1461,1465,1466,1470,1476,
　1477,1482,1488,1495,1502,
　1504,1508,1509,1515,1516,
　1521,1527,1536,1537,1541,
　1542,1545,1550,1554,1555,
　1560,1561,1564,1565,1566,
　1573,1579,1580,1586,1593,
　1597,1598,1604,1609,1617,
　1619,1620,1627,1628,1633,
　1634,1635,1643,1644,1650,
　1651,1657,1658,1663,1676,
　1683,1684,1691,1692,1699,
　1716,1730,1731,1754,1806,
　1807,1817,1819,1832,1851,
　1852,1871,1887,1922,1939,1984
续北学编　649,683
续编绥寇纪略　288
续补高士传　274
续补景州志　220
续补永平志　168
续漕兑议　161
续茶经　578,586
续钞书堂藏书目　133
续畴人传　1099,1359,1366,
　1369,1383,1398,1656
续垂棘编　400
续春秋左氏博议　138
续词选　1083,1309
续词余丛话　1691
续德阳县志　775
续登州府志　644
续东华录　1640
续对数简法　1488
续方言　846,847,912,2003
续方言补　912
续方言补正　1076,1090
续方言新校补　912
续方言又补　912
续富国策　1741,1819
续古泉汇　1592
续古文辞类纂　1240,1625,
　1673,1675,1729,1759
续古文苑　1155,1175,1185,
　1212,1230
续古逸丛书　1641,2001
续广雅　1236,1400,1421
续函海　1114
续汉书刊误　1961
续汉书律历志补注　983,1029
续河南通志　803
续红楼梦稿　1426
续画录　172
续辑汉阳县志　1540
续辑艺海珠尘　1649
续济源县志　1191
续枣轩诗集　1546
续金华丛书　1544
续金瓶梅　140
续金山志　1316
续金石录　172,267
续近思录　512,521,1287
续晋书艺文志　1971
续经籍考　313
续经世文编　1668
续经义考　831
续静乐县志　554
续绝妙好词　1250
续刊补学轩诗集　1560
续刻受祺堂文集　1309
续困勉录　322
续离骚　20,193
续礼记集说　594,642,846,1150,
　1954
续隶经文　1310
续琉球国志略　1224
续滦志补　139
续论学酬答　161
续洛学编　683
续麻阳县志　673
续眉州志略　1185
续名医类案　817,832,1433
续南海志　1492
续孽海花　1957
续黔书　1135,1410,1411
续青田县志　888
续清秘述闻　1341
续泉说　1513
续三十五举　903,986
续山东考古录　1432
续商州志　751
续诗话　1316
续石埭县志　687
续石屏州志　363
续史通　1266
续世说新语　223
续释名　1028
续说郛　921
续宋文鉴　1871
续台州丛书　1795
续太平广记　1224
续唐诗话　691
续唐书　300,1082,1222,1348
续唐县志略　578
续天津县志　1549
续天文略　890
续通鉴纪事本末　1919
续外冈志　1044
续王应麟诗地理考　1609
续文选古字通　1561

续无鬼论 1868,1888	续增新法比例 495	选诗类钞 177
续吴江县志 49	续哲学妖怪百谈 1902	选学胶言 1137,1315
续嘤嘤言 1642	续资治通鉴 936,1025,1043,	选音楼诗拾 904
续小五义 1690	1063,1065,1078,1082,1084,	选玉溪生诗补说 722
续兴安府志 1185	1085,1112,1115,1168,1519,1919	选藻 1137
续行水金鉴 519,1314,1317,	续资治通鉴长编 1112,1235,	选择备用 1353
1320	1239,1305	选择历书（万年历书） 256
续幸存录 23,25	续资治通鉴长编补遗 1632	薛胡语要 875
续修陈州志 183	续奏草 871	薛氏湿热论歌诀 1503
续修东湖县志 1513	续纂淮关统志 1149	薛氏医案二十四种 1167
续修赣州府志 255	续纂建宁县志 405	薛文清公读书录钞 1215,1279
续修河西县志 1012	续纂江宁府志 1571,1608	学庵诗类 549
续修嘉善县志 254	续纂泰宁县志 392	学庵文类 549
续修浪穹县志 305	续纂通礼 1268	学部通辨 25,375,654,697,
续修澧志 255	续纂元明名臣言行录 411	1294,1619
续修蒙化直隶厅志 1028	续佐治药言 986	学餐斋遗书 1596
续修宁羌州志 1320	溆浦县志 139,272,775	学春秋随笔 243,249,546,750
续修曲沃县志 1082	轩岐至理 1476	学道六书 381
续修山丹县志 1314	轩辕黄帝传记 1154	学典 192
续修商志 116	宣城县志 280,624,1161	学杜集 1012
续修台湾府志 856	宣和遗事 1165,1173	学福斋集 823
续修台湾县志 1154	宣化府志 649,746	学福斋诗集 817
续修泰兴县志 1191	宣化县志 432	学福斋文集 817
续修郯城县志 1172	宣炉歌注 329	学古编 903,1004
续修桐柏县志 336	宣平县志 64,716	学古集 1090
续修桐城县志 1291	宣威州志 914	学古录 796
续修潼关厅志 1221	宣西通 1252,1398	学古退斋印存 1085
续修汶上县志 470	宣镇西路志 220	学古斋金石丛书 1596
续修武义县志 171	宣宗实录 1444,1458,1462,1463	学诂斋诗集 1561
续修兴业县志 1198	萱寿堂同怀集 1292	学诂斋文集 1322,1561
续修中部县志 1155	玄恭文钞 173	学规类编 409,521
续徐州志 170	玄学言行纂 1003	学海观沤录 1186
续姚江逸诗 160	玄中记 1704	学海津梁 363
续耀州志 775	悬弓集 173	学海类编 133,266,1315
续掖县志 1154	悬解 1476	学海谈龙 1228
续一乡雅言 732	旋宫四十九谱 1904	学海堂初集 1272
续猗氏志 856	旋宫图 982	学海堂二集 1345
续疑年录 1184,1293	旋宫知义 675	学海堂集 1282,1461
续甬上耆旧诗 735	璇玑述遗 343	学海堂经解 1276,1301,1398,
续云南通志稿 1958	选材录 1207	1491,1654
续增德阳县志 1277	选集汉印分韵 1083	学海堂经解缩本编目 1697
续增靖远县志 869	选集汉印分韵续集 1127	学海堂全集 1272
续增书目 1628	选声集 337	学海堂志 1356,1410

学荟性理论 1453	学易札记 1475	雪堂金石跋尾 1984
学箕初稿 277	学易纂录 481	雪堂墨品 147,312
学记笺证 1654	学吟集 1013	雪堂退思录 1173
学记臆解 1872	学庸本义 281	雪亭梦语 324
学津讨原 1143,1144	学庸定解 718	雪亭诗草 324
学礼管释 1554	学庸古本解 185	雪虚声堂诗钞 1796
学礼录 572	学庸或问 407	雪轩集 359
学礼阙疑 732	学庸集要 623	雪夜丛谈 215
学礼质疑 195,196,249,253,750	学庸讲义 587	雪夜诗谈 569
学山近稿 318	学庸困知录 1387	雪园易义 7
学山堂诗古文辞 1345	学庸识小 1674	雪庄文集 915
学射录 572	学庸述易 1955	血史 1919
学诗偶见录 536	学庸私记 645	血证论 1641,1759
学诗平说 1527,1528	学庸通解 748	勖卿文集 60
学诗阙疑 560,734	学庸文 1046	熏习录 573
学诗识小录 1288	学庸弦诵 1247	寻常小学妖怪学教科书 1848
学诗详说 1312,1590	学庸注疏 588,600	寻畅楼诗稿 221
学诗正诂 1590	学庸总义 1425	寻甸州志 483,1296
学寿堂丛书 1452	学余堂文集 248	寻壑外言 417
学寿堂全书 1805	学御录 106	寻乐集 358
学思录(陈澧) 1465,1512,1603	学园集 229	寻乐堂家乘 291
学思录(王端) 258	学园集续编 229	寻乐堂家规 291,419
学宋斋词韵 794	学源堂诗钞 307	寻乐堂日录 419,489
学统 121,263,294,361,424,599,971	学源堂诗集 307	寻乐堂文集 419
	学源堂文集 307	寻乐堂学规 291,419
学统存 599	学约 1293,1793,1817	寻门余论 274
学文堂集 364	学韵纪要 964	寻亲纪程 59
学文堂诗余 364	学政全书 778,856,1117	巡城条约 274
学务编年纪要 1932	学职禾人考 1508	洵美堂集 20
学务平议 1958	学制统述 1554	洵阳县志 964
学务枝议 1958	学治说赘 1106	浔州府志 740
学校唱歌集 1920	学治续说 1060	荀卿子年表 1265
学校军事教育 1995	学治臆说 1152,1157,1540	荀勖笛律图注 1279
学校考 999	雪岑集 65	荀子补注(郝懿行) 1279
学校问 465	雪窗新语 1578	荀子补注(刘台拱) 1145
学言 14,105,132	雪帆杂著 936	荀子大醇 671
学要八箴 490	雪烦丛识 1504	荀子集解 1690,1947
学易庵诗集 197	雪舫诗钞 704	荀子集解补 1879
学易编 459	雪鸿堂文集 476	荀子经说新解 1794
学易管窥 1166	雪屐寻碑录 1807	荀子评注 256
学易集 864	雪泥鸿爪录 683	荀子校正 1476
学易经济编 315	雪樵经解 1544	荀子议兵篇节评 1872
学易偶见录 536	雪滩钓叟集 300	荀子正误 1242

循化厅志稿 1044	烟霞草堂文集 1873	研见堂闻见记 94
循吏传 541,625,1453,1527,1540	烟霞草堂遗书 1873	研经书院课集 1729
训诂类纂 1459	烟霞岭游记 1298	研六室文钞 1262,1266,1279,
训门人语 179	烟霞万古楼文集 1223	1287,1303,1324,1349,1350,1421
训蒙说 676	烟屿楼笔记 1565	研六室杂著 1421
训士录 1384	烟屿楼读书志 1565	研山堂集 344
训俗浅言 1936	烟屿楼诗集 1565	研山斋墨迹集览 192
训俗遗规 626,644,1907	烟屿楼文集 1565	盐茶厅志备遗 709
训子要言 599	焉文堂集 140	盐城县志 673,1922
训子语 179	鄢陵文献志 1520,1550	盐法备考 125
训子约语 282	鄢陵县志 27,84,830,1161,1326	盐法志 1079,1424
逊敏录 1472	鄢暑杂钞 480	盐山县志 151
逊敏堂丛书 1426	延安府志 220,937,975	盐铁论考证 1155,1333
逊学斋诗抄 1715	延昌地形志 1385,1422	盐亭县志 709,780,992
逊学斋诗续抄 1715	延长县志 774	阎潜邱先生年谱 394,1388,
逊学斋文钞 978,1715	延芬室集 1055	1422
逊学斋文续抄 1715	延津县志 379	揅经室二集 1021,1069,1071,
逊斋易述 1042	延露词 370,650	1096,1103,1157,1180,1200,
殉难录引 6	延绿存稿 710	1201,1230,1231,1419
檠轩孔氏所著书 1221	延绿阁集 644	揅经室集 1265,1419
檠轩骈体文 1060	延平春秋 1480,1503	揅经室集外集 1259
	延平府志 90,793	揅经室三集 1074,1188,1213,
	延平李先生(侗)年谱 661	1419
Y	延秋山馆自订年谱 1277	揅经室诗录 1327
	延绥镇志 168,224	揅经室四集 1419
鸦片史 1904	延禧堂诗抄 1179	揅经室外集 1259,1419
鸦片战争史 1868,2002	严冲诗存 207	揅经室文集 1155
崖州志 732	严冬有诗集 1005	揅经室续集 978,1362,1419
衙斋杂录 1386,1395	严复集 1605,1656,1729	揅经室一集 1181,1211,1219,
雅安书屋诗集 1392	严侯官全集 1656	1419
雅坪词谱 364	严侯官文集 1656	揅经室再续集 1366,1370,
雅坪诗稿 364	严几道诗文抄 1656	1383,1419
雅坪文稿 364	严娘年谱 1221	颜李丛书 1601
雅说集 274	严氏古砖存 1362	颜山杂记 122,179
雅学考 1688	严太仆先生集 448	颜神镇志 145
雅雨堂丛书 133,720,740,808	严州府志 739	颜氏家训节抄 741
雅雨堂集 808	言臣 1433	颜氏学记 1544,1566,1607,1939
雅州府志 624	言近录 274	颜书编年录 1296
亚谷丛书 683	言行汇纂 578	颜习斋先生年谱 393,410,572
亚美利哥合省国志略 1357	言行见闻录 179	颜习斋遗书 1601
迓亭杂说 1060	言行略 1543	颜学辨 1969
烟草谱 1207	岩泉山人词稿 1514	簷曝杂记 1035,1106
烟谱 987	岩镇志草 578	兖州府曹县志 265
		兖州府志 264,816

兖州府志续编 479
弇山毕公年谱 653,677,691,707,729,886,900,912,1004,1063,1078,1082,1084
弇山年谱 1277
弇山诗钞 1277
弇榆山房诗略 1315
弇州三述补 214
弇州山人（王世贞）年谱 1155
偃师金石记 1012,1102
偃师堂石遗文录 1102
偃师县志 84,357,666,1012,1020
眼福编 1649
眼学偶得 1689
郾城县志 84,661
罨庵集 461
罨画楼集 461
罨画楼诗话 822
演炮图说 1376
演元要义 1319
砚北偶钞 775
砚北杂录 703,741
砚畴集 298
砚静斋集 1005
砚林 342
砚林集续拾遗 794
砚林诗集 794,1156
砚林拾遗 111
砚林印存 794
砚录 265
砚史 578,651
砚溪诗文集 331
砚小史 1091
砚云 869,903
晏子春秋音义 1012,1230
艳异新编 1633
验气图说 291
雁楼词 228
雁门集编注 1156
雁门余草 611
雁桥诗钞 766
雁园集 283

燕川集 1167
燕峰集 374
燕京开教略 798
燕乐考原（声律通考） 1128,1136,1168,1179,1469
燕南日征草 257
燕寝考 1421
燕寝考补图 1425
燕台集 299
燕窝谱 1242
燕子春秋 1279
扬州北湖续志 1407
扬州府图经 1112
扬州府志 110,177,264,299,330,571,1164,1165
扬州画舫录 598,720,763,786,1066,1359
扬州十日记 9,1747,1863,1866,1868
扬州水道记 1346,1348,1400,1454,1455
扬州图经 1139,1147,1164
扬州文粹 1147
扬子法言 1031,1236,1340,1389
扬子云集 1162
阳城县志 84,279,731
阳春县志 751,1249
阳高县志 548
阳谷县志 169,465
阳湖县志 793
阳江县志 227,289,667,1185
阳明传习录辨 857
阳明传信录 14
阳明年谱考 1127
阳明释毁录 481
阳明晚年定论辨 564
阳明先生集要 1003
阳明先生年谱 1003
阳明学录 697
阳明疑案 476
阳曲县志 235
阳山县志 78,674,1264
阳朔县志 171,1356

阳武县志 305,661
阳羡名陶录 992
杨昌济文集 1970
杨城殉难录 1452
杨介坪先生自叙年谱 1309
杨名时遗集 1322
杨仁山居士遗著 2004
杨氏全书 603,1059
杨氏文集 603
杨铁斋小学札记 870
杨铁斋中庸讲语 870
杨漪村侍御奏稿 1796
杨园先生年谱（杨园张先生年谱） 179
杨园先生全集 126,179
疡科心得集 632
疡医大全 765
洋防辑要 1287
洋菊谱 740
洋县志 336
印须集 1221
仰视千七百二十九鹤斋丛书 1609
养浩斋诗稿 1508
养浩斋续稿 1508
养和轩笔记 1512,1795
养晦堂诗文集 1566
养吉斋丛录 1549,1553
养利州志 336
养蒙书 1564,1706
养蒙术 1046
养蒙文 282
养气斋稽经文 1936
养生家言 1005
养生四印斋诗集 1503
养生四印斋文集 1503
养生四印斋文三集 1503
养素堂诗集 1410
养素堂诗文集 741
养素堂文集 1206,1259,1349,1410
养素图传信方 725
养小录（食宪） 358

养一斋诗话 1344,1364	药地炮庄 91,104,154	一得录 358
养一斋诗集 1378	药房心语 1114	一得拳膺录 1409
养一斋诗文集 1364,1418	药栏诗话 1514	一镫精舍甲部稿 1504
养一斋文集 1085,1267,1293, 1298,1305,1345,1351,1365, 1378,1440,1596	药品化义 221	一幅集 1028
	药性元解 765	一幅集续编 1156
	药烟阁词钞 1102	一鹤庵诗 373
养一斋札记 1357,1364	药言剩稿 1513	一鹤诗钞 497
养渊堂古文 1521	药洲花农诗略 1401	一笠庵北词广正九宫谱 31, 153
养渊堂骈体文 1521	药洲花农文略续编 1401	
养园随笔 1436	药洲诗话 786	一笠庵四种曲 153,1060
养真堂诗抄 1887	耀州志 1120	一梦漫言 177,214
养真堂诗抄外编 1887	耶律楚材西游录注 1731	一铭斋择中录 654
养真堂文抄 1887	耶苏教难入中国说 1494	一目了然初阶 1697
养正编 229	耶稣会例 349	一瓢诗存 817
养正书屋全集 1268	耶稣会士书信集 966	一瓢诗话 817
养正书屋诗文 1244	耶稣教入中国说 1395	一瓢斋诗存 786,1060
养正图解 1743	也是集 1932	一千零一夜（天方夜谭） 1816, 1870
养正要规 623	也是园书目 375	
养正遗规 626	冶庵文集 221	一切经音义 924,992,1229
养正遗规续编 644	冶金录 1853	一切经音义汇编 1983
养知书屋诗集 1501,1691	野乘 205	一山诗抄 116
养知书屋文集 1691	野鸿诗的 610	一睡七十年 1558,1560
养知书屋遗集 1690	野鸿诗稿 611	一笑录 14
养知书屋奏疏 1691	野叟曝言 915,1004,1617,1631	一行居士集 1077
养志居仅存稿经说 1648	野云轩诗稿 462	一隅集（陆陇其） 176
妖怪百谈 1851	叶案存真 668	一隅集（钟锳） 346
妖怪学讲义总论 1919	叶天寥四种 28	一斋杂著 760
尧典释天 1439	叶梧叟先生集 781	一柱楼诗 896,897,898,900
尧峰诗钞 305	叶县志 310,470,666	伊蒿文集 1067
尧峰文钞 247,305,311,314,438	叶向高奏草 871	伊犁日记 1106,1167
姚伯山先生全集 1414	叶忠节公遗稿 662	伊犁总统事略 1154,1244,1339
姚端恪公诗集 206	邺云文集 1278	伊阙石刻录 1317
姚端恪公文集 206	邺中记补遗 1305	伊婆菩喻言 1871
姚江书院志略 294,435	夜识斋剩稿 1604	伊索寓言 1370,1669,1851,1871
姚江学辨 1394,1466,1481,1553	夜雨秋灯录续录 1609	伊阳县志 84,336,797
姚江逸诗 160	掖乘 1291	衣讔山房诗集 1507
姚镜堂全集 1292	掖县志 751	医案 637,1345
姚氏丛刻 1585	一百二十家谜抄 1920	医碥 788
姚氏家集 602	一本论 477	医彻 1163
姚州志 446,703,1326	一草亭读史漫笔 305	医醇剩义 1596
峣山集 494	一层楼 1700	医方集解 236,344
遥掷集 228,410	一乘决疑论 1077	医方论 1596
瑶华仙馆酒牌 1609	一瓿录 1085	医方明仙人喜宴 401

医方全书　788
医方证治汇编歌诀　1503
医贯砭　637,822
医家指迷　1396
医经书目　1396
医经原旨　725,817
医经杂说　1396
医理摘钞　1396
医林改错　1310,1316
医林集腋　725,1144
医林辑略探源　760
医林指月　804,1743
医林纂要探源　752
医门棒喝　668
医门法律　78,112
医书五十种　1903
医书叙录　1396
医学便览　1541
医学辨症　1422
医学从众录　1241
医学读书记　626,689
医学发蒙　1004
医学汇编　1241
医学汇纂指南　411
医学会通　154
医学集要　321
医学南针　1957
医学切要全集　1409
医学求真录总编　696
医学三书　1795
医学三字经　1137,1267
医学实在易　1162
医学心法　143
医学心悟　564,587
医学原始　290,354,1541
医学源流论　747,822
医学真传　342,804,1743
医学衷中参西录　1973
医医病书　1315
医宗宝笈　1503
医宗必读　60
医宗己任编　1641,1690
医宗金鉴　626,688,689,711

依光集　977
依归草　536
依旧草堂遗稿　1428
猗氏县志　168,470
壹是纪始　1332
壹斋集　1377
壹斋集赋　1377
揖山集　424
黟山人牧甫印集　1959
黟县三志　1553
黟县续志　1276
黟县志　59,244,797,1184
仪典堂文录　234
仪封县志　84,310,786
仪顾堂题跋　682,1682,1716
仪顾堂题跋续跋　1699
仪顾堂文集　1716
仪顾堂续跋　1716
仪经考正　890
仪礼补笺　718
仪礼读　622
仪礼分节句读　745,966
仪礼纲目　370
仪礼宫室提纲　1425
仪礼钩题　1177
仪礼古今考　1121
仪礼古今文疏义　1227,1276,1324
仪礼古今文疏证　1227,1252,1608
仪礼古今异同疏证　1279
仪礼古文今文考　1076
仪礼古义　753
仪礼管见　253,974,1029
仪礼集编　253,672,736,1141
仪礼贾疏订疑　1421
仪礼笺　1198
仪礼节略　604
仪礼节要　479
仪礼经传内编　662
仪礼经传通解　409,475,488,614,671,679,767,1031
仪礼经传外编　662

仪礼经传注疏参义　600
仪礼经注疏正讹　1002
仪礼经注一隅　1475
仪礼抉微　1669
仪礼礼服通释　1303,1954
仪礼丧服答问　481
仪礼丧服或问　352
仪礼丧服经传分释图表　1259
仪礼丧服马王注　1141
仪礼丧服文足征记　1076,1117
仪礼商　219,249,253,750,1214
仪礼十七篇书后　806
仪礼石经校勘记　1042,1065,1445
仪礼识误　865,867
仪礼释宫考辨　1609
仪礼释宫增注　776
仪礼释官　347,1213,1233
仪礼释文校补　1421
仪礼释注　1263
仪礼说　1514
仪礼私笺　1464,1515,1525
仪礼琐辨　1276
仪礼通论　362
仪礼图（王绍兰）　1340
仪礼图（张惠言）　253,1122,1124,1141,1666
仪礼析疑　666,686,689
仪礼惜阴录　472
仪礼先易　1404
仪礼小疏　253,712
仪礼校正　1280
仪礼训解　1254,1306
仪礼疑义　734
仪礼义疏　616
仪礼易读　731
仪礼臆测　1198
仪礼韵言　1114
仪礼章句　253,734,745
仪礼正义　253,1413,1421
仪礼郑注句读　144,145,198,199,253,641,648,1042,1454
仪礼指掌宫室图　760

仪礼制度考文说 271	怡亭文集 1327	倚声杂说 772
仪礼注释详校 1068	怡云楼稿 1436	倚香阁诗钞 1903
仪礼注疏 923,1057,1058,1148	怡志堂诗文集 1495	义利说 199
仪礼注疏详校 1065,1068	饴山堂集 856	义门读书记 497,701,811
仪礼注疏正讹 888,900,1011	饴山堂诗文集 657	义门小集 1339
仪礼纂录 478,658,1306	移华馆骈体文 1372	义宁县志 1249
仪礼纂要 1954	移家集 1100	义宁州志 1271
仪陇集 1853	移芝室集 1725	义圃传家集 1192
仪卫堂文集 1434	遗安堂训语 104	义山诗评 1085
仪卫轩全集 1362	遗谷集 183	义乌县志 319,534,1120
仪卫轩文集 1317,1541	遗箧录 1868	义妖传 1167
仪卫轩文外集 1434	遗山先生年谱略 1161,1266	弋阳县志 170,245,695,975
仪象考成续编 1360,1400	颐采堂集 1130	忆得诗 273
仪象志 291,450	颐巢类稿 1961	忆江南馆词 1627
仪真县续志 1161	颐道堂诗选 1149,1390	忆山堂诗录 1179
仪真县志 132,327,475	颐道堂文钞 1223,1390	忆游偶记 215
仪征县志 1412,1416,1418,1440,1455	颐寿老人年谱 1482	忆云词丁稿 1339
仪郑堂骈俪文 994	颐园题咏 1401	忆云词甲乙丙丁稿 1341
夷氛记闻 1426,1494	颐斋赋稿 1030	艺概 1564,1619,1870
夷务类要 1689,1698	颐志斋丛书 1501,1579	艺海珠尘 1144,1174,1318,1426
沂水县志 158,1291	颐志斋集 1579	艺菊简易 1100
沂州府志 746	颐志斋四谱 1579	艺菊新编 1265
沂州石刻题跋 1394	颐中堂集 105	艺菊须知 1357
沂州志 177	疑年赓录 1958	艺菊志 476
诒谷燕谈 1157	疑年录 1003,1137,1138,1184,1188,1445	艺林汇考 101,123
诒经堂续经解 219,1280,1305	疑狱纪闻 1658	艺文备览 1207
宜宾县志 1185	彝陵州志 151	艺苑捃华 1085,1541
宜昌府志 1525	彝寿轩诗钞 1572	艺苑名言 876
宜城县志 245	乙丙集 985,1310	艺云书舍宋元本书目 1236
宜春县志 244,415,1264	乙丙日记 1676	艺舟双楫 509,1303,1309,1316,1371,1395,1459
宜都县志 352	乙丙之际箸议 1215	议礼决狱 1304
宜黄县志 121	乙卯札记 1067	亦寄斋文存 1436
宜稼堂丛书 1377,1658	蚁园自记年谱 876	亦山草堂南曲 162
宜君县志 563	倚剑诗谭 1487	亦山草堂诗余 162
宜良县志 803,992	倚晴楼七种曲 1514	亦山草堂遗稿 162
宜禄堂金石记 1247	倚晴楼诗集 1514	亦有生斋文集 1108,1229,1266
宜略识字 1494	倚晴楼诗续集 1514	亦园遗集 1283
宜夏轩杂著 508	倚晴楼诗馀 1514	亦在园集 118
宜阳县志 310,673	倚声初集 116	异号类编 1520,1795
宜章县志 264,739,1205	倚声词话 116	异说征西演义全传 985
怡怀集 337	倚声权舆录 1053	异同录 1973
怡亭诗集 1327		异物志 1455

异域录 1251,1347
佚老巢遗稿 1352
佚序丛书 1579
抑快轩文集 1118
抑斋賸稿 1969
抑斋札记 1969
译史补 1548
译书经眼录 1885
邑乘备考 605
邑乘志隅 1332
峄桐集 34
峄县志 168,264,771
易辨 461
易辰 52
易触 1439
易传 96,331,362,594,608,686,866,1080,1216,1335
易传阐要 25
易春秋详解 604
易大象玩易解 474
易大义补 1658
易读 694
易发 275
易范理数 271
易宫 512
易古文 1121
易古兴钞 1540
易卦变图说 1486
易卦发明 598
易卦私笺 635,651
易卦图说 1216,1347
易管 553
易贯 870,1939
易广记 96,1226,1243,1283
易广义略 247
易汉学 96,655,720,753,754,843,901,966,1081,1257,1350
易画轩赠诗文汇编 1536
易话 96,1226,1243,1283
易家要旨 769
易笺 774
易简斋诗钞 1252
易见 277,678

易鉴 1512
易解（韩梦周） 1092
易解（刘荫枢） 508
易解（周上治） 382
易解简要 1213
易解拾遗 372
易解题说选本 894
易经本义发明 324
易经辨疑 212
易经补义 623
易经大传 713
易经大全 212
易经大全会解 226,635
易经订疑 162
易经发蒙 718
易经告蒙大全 855
易经古本 1791
易经卦变解 154
易经卦变解八宫说 150
易经卦名试帖 1361
易经管窥 955
易经贯一 708
易经恒解 1459
易经互卦卮言 1475
易经集解 1127
易经解注传义辩正 1727
易经揆一 699
易经理解 577
易经启蒙订疑 162
易经诠义 577,760
易经铨义定本 738
易经如话 730,760
易经深浅说 359
易经审鹄要解 660
易经释义 1361,1427
易经说义 359
易经提要 484
易经提要录 753
易经体注会解合参 226
易经通解 1427
易经通注 63,67,71,77,118
易经图说辩正 1727
易经详说 476

易经一说 686
易经增注 65,206
易经指掌 1584
易经总旨 555
易镜 1954
易举义别记 889
易君子以录 1554
易刊误 1323
易考 779
易窥 161
易理寻源 1458
易例 96,451,452,720,754,757,867
易例辑略 1234,1667,1669
易林 1052,1140,1166
易林补遗 829
易林释文 1669
易论 189,219
易冒 110
易门县志 453,888
易拇 1270
易粕十笺 143
易穷通变化论 1939
易确 1239,1252
易深 641
易识五翼义阶 1107
易史参录 203
易释 1502
易筮遗占 1330,1381
易守 974,978,1172
易书启蒙约义 51
易书诗礼春秋集说 644
易书诗四书释注 407
易述 843,1113,1141,1434
易水往还稿 1315
易水续志 220
易水志 13
易说（查慎行） 535
易说（陈迁鹤） 455
易说（郝懿行） 1042,1279,1624
易说（惠士奇） 96,630,639,655
易说（李颙） 399,400

易说（王杰） 1206	易心存古 764	易注（郝浴） 248
易说（严衍） 14	易续考 779	易注（黎世序） 1058
易说（曾受一） 796	易学管窥 1954	易准 757,986
易说（庄存与） 1013	易学启蒙 367,1020	易酌 90,140
易说（庄绶甲） 1295	易学三书 1164,1189,1211,1276	易宗集注 218,247
易说便录 1042	易学提纲 1431	绎史 145,174,315,495,496,660, 1191
易说初编 161	易学图说 281	
易说存悔 824	易学图说会通 609	绎志 228,1350
易说要旨 391	易学图说续闻 609	奕载堂古玉图录 1321
易俟 339	易学五书 96,1373	奕载堂诗集 1383
易堂九子文钞 1349	易学象数传心录 857	奕载堂文集 1309,1383
易堂隐德录 1242	易学象数论 90,95,96,132,343, 367	弈理指归 818
易通（程廷祚） 629,630,701, 804		疫疹一得 161
	易学绪言 229	益都县志 158
易通（洪其绅） 1239	易学一得录 1595	益古衍段开方补 1228
易通释 1148,1189,1195,1243	易学赘言 1616	益古演段开方补 1073
易通正 477	易 言 1080,1553,1564,1609, 1654,1694,1698	益青阁诗集 641
易图讲 712		益闻散录 1453
易图解 609	易要诗谱中星考 875	益阳县志 681,1240
易图明辨 95,96,303,351,366, 404,443,454,1071,1350,1445	易义 496	益智录 192
	易义便览 666	益州于役记 425
易图条辨 1081,1248	易义别录 1080,1081,1122,1248	翊翊斋遗书笔记 1351
易图正旨 1364	易义阐 1020	翊翊斋遗书诗抄 1351
易韦 366	易义前选 397,478	翊翊斋遗书文抄 1351
易纬略义 1081,1197	易义识疑 1107	逸德轩文稿 320
易问 1002,1279	易义条折 1259	逸德轩文集 374
易悟 1097	易义无忘录 1088	逸士吟 1969
易象阐微 1439	易义先后卦说 484	逸书补 657
易象传解 54	易义原则 1301	逸文 1204,1230
易象大意 1022	易艺举隅 1361	逸文疏证 1361
易象大意存解 623	易翼贯解 1696	逸野堂文集 1013
易象肤说 1435	易翼述信 694,765,766	逸语 674,986
易象集解 1571	易隐 115	逸云居士年谱 1135
易象举隅 1013	易庸通义 1471	逸云居士诗编 1135
易象释例 1410	易余籥录 1189	逸斋论曲 1904
易象数钩深图 519	易园文集 1357	逸周诗注 1114
易象通义 1290	易原 1293	逸周书补 1958
易象图说 83,154,519	易韵 361	逸周书补志 1459
易象雅训 1410	易斋冯公（冯溥）年谱 493	逸周书补注 1276
易象正 20	易章句异同 1475	逸周书管笺 1308
易消息升降图 1475	易箴 1027	逸周书管见 1296
易小帖 96,361	易郑氏爻辰广义 1475	逸周书集训校释 1355,1381, 1404,1590
	易注（崔致远） 623	
		逸周书校补 1740

逸周书杂志 1283
逸周书注补正 1316
意大利建国三杰传 1836,1869
意大利宪法疏证 1972
意林 480,969
意林补 1832
意林考证 1251
意林翼 1218
意林注 992,1092
意苕山馆古文 1487
意苕山馆诗稿 1487
意拾喻言 1370
意言 1052
意园文略 1807
瘗鹤铭考(汪士鋐) 509
瘗鹤铭考(吴东发) 1130
瘗研斋集 197
翼城县志 610,820
翼乘 167
翼传质疑 1027
翼駉稗编 1414
翼梅 631
懿言日录 266
因寄轩文集 1315,1316
因树屋书影 128,162
阴符经增注 65
阴符经注(李光地) 478
阴符经注(徐大椿) 822
阴符注 459
阴律疑 1042
音调定程 1525
音分古义 1656
音分音义 1488
音乐教育论 1884
音论 128,237,759,1602
音切谱 1127
音同义异辨 964,966,1085
音学辨微 759,776,781
音学秘书 1303
音学全书 1019
音学五书 100,128,156,237,255,323,338,612,744,759,763,823,889,1001,1081,1091,1175,1247,1315,1350,1470,1515,1647,1648,1681
音韵集 1487
音韵切衍 359
音韵讨论 940
音韵指迷 1815
音字古今要略 1715
殷礼在斯堂丛书 113
殷商卜贞文字考 1972
殷顽录 489
殷虚书契后编 1978
殷虚书契菁华 1798
殷墟书契 1984
殷墟书契考释 1972
殷墟书契前编 1984,1995
吟边燕语 1870
吟风阁词稿 1013
吟风阁诗钞 1013
吟风阁杂剧 787,1013,1051
吟坛嘉话 1127
吟香阁丛书 1657
吟香集 822
吟香堂曲谱 1021
寅甫日记 1321
寅甫小稿 1321
寅卯军中集 862
寅清楼文集 662
银川小志 731
银海指南 1156
银纽碑 1938
银行论 1830
鄞县志 272,1003,1011,1571,1730
蟫史 1107,1116
尹楚珍先生年谱 1277
尹健余先生年谱 683,688
尹氏家谱 683
尹太夫人年谱 661
尹文端公诗集 823
饮冰室合集 1638,1646,1686,1721,1734,1740,1741,1745,1746,1747,1780,1781,1822,1836,1838,1839,1990
饮冰室诗话 1850,1893
饮醇堂文集 265
饮食考 1279
饮食谱 1493
隐湖题跋 85
隐蛛盦诗文集 1479
隐拙斋集 831
隐拙斋诗集 746
隐拙斋文抄 725
印典 494
印度灭亡战史 1868
印笺说 1092
印江县志 1348
印欧学政 1675
印人传 162,1007
印山堂行稿 496
印说 45
印心石屋文钞 1364
印学管见 1373
印雪轩诗钞 1406
印雪轩随笔 1406
印雪轩文集 1406
印章考 154
应城县志 152,527
应潜斋文集 433
应山县志 169
应世文稿 1372
应验方一集 290
应制集 339,987
应州续志 812
应州志 527
英法意比志译略 1805
英国大地志 1960
英国诗人吟边燕语集 1885
英国宪法史 1830
英华大辞典 1958
英华字典 1197,1207,1237,1259
英吉利国记 1400
英吉利小记 1367
英巨集 878
英人强卖鸦片记 1794
英山县通志 221
英山县志 255,673

英事撮要 1328	庸庵笔记 1690	永宁州志 64,379,1320
英文汉诂 1885	庸庵海外文编 1729	永平府志 104,432,856,1602
英孝子火山报仇录 1894	庸庵全集十种 1640,1716,1795	永清县志 191,244,886,888,
英译集全 1501,1700	庸庵文编 1662,1716	902,914,1001,1115
英粤字典 1806	庸庵文编续集 1675	永寿县新志 1036
莺花集 375	庸庵子外编 1705	永寿县志 132
罂粟花 1938	庸德录 1634	永寿县志余 1075
樱桃花下银箫谱 1038	庸书 186,205,1649,1704,1722,	永顺府志 780
樱桃轩诗集 1138	1740,1755,1819,1850	永顺县志 661,1053
鹦鹉州小志 1571	庸言 282,904,1573	永绥厅志 702
迎霭笔记 1535	庸言录 462	永宪录 708
荥经县志 661	庸语 467	永新县志 667
荥阳县志 204,673	偏书集 1090	永兴县志 687,775,1235
荥泽县志 84,341,681	雍益集 348,368	永宇溪庄识略 793,986
萤芝集 894	雍正会典 567	永宇溪庄识略正续 986
营平二州史事 83	雍正游侠传 1957	永宇溪庄识阅历 793
营山县志 649	雍州金石记 758	永州府志 146,336
营田辑要内编 1550	永安县三志 1258	甬东集 299,878
营田辑要外编 1550	永安县续志 1326	甬上耆旧诗 177,656
营阵揭要 1643	永安县志 44,578	甬上诗话 1730
楹联丛话 1370,1380,1420	永安州志 1191	甬上宋明诗略 1730
楹联三话 1420	永北府志 793	咏怀堂全集 20
楹联续话 1383,1420	永昌府志 379,985,1285	咏淮诗钞 1579
楹书隅录 1580,1714	永昌县志 687,985,1214	咏史诗钞 1287
楹书隅录续编 1714	永川县志 1066,1427	咏物诗钞 1287
蝇须馆诗话 1433	永春县志 255	俑庐日札 1948,1956
瀛洲道古录 212	永春州志 746,1003	用表推日食三差捷法 1488
瀛环志略 1412,1413,1565,1569	永定卫志 264	用六集 110,140,1388
瀛奎律髓刊误 1144	永定县志 159,352,1265,1309	忧患学易 274
瀛壖杂志 1758	永福县志 687,1296	忧患余生 1938
瀛州赋 161	永和县志 427	忧西夷篇 695
瀛舟笔谈 1157,1241	永怀堂诗文钞 1705	攸县志 90,254,255,673,1221
颍上风物记 1285	永嘉丛书 1584,1626	幽芳录 1083
颍上县志 59,716,1285	永嘉县志 771,792,1625,1806	幽光集 176
颍州府志 708	永康十孝廉诗钞 1683	幽兰山房藏稿 273
颍州志 52	永康县志 158,357	幽人面目谱 986
颍园杂咏 1236	永历实录 204,320,321	悠然草诗集 234
影春园词 1610	永历遗臣录 349	尤太史西堂全集 255
影梅庵忆语 329	永明县志 127,422	尤溪县志 432,876,1314
影山草堂六种 1555,1578	永年县志 158,745	柚堂笔谈 737
影山词 1555	永宁通书 690	柚堂文存 737
影事词 1265	永宁县志 49,245,319,673,694,	柚堂续笔谈 737
映雪楼文稿 1470	1028,1258	游笔 1186

游道堂诗文集 1332	幼学堂诗稿 1192	渔洋评杜诗话 752
游福山记 858	幼学堂文稿 1192	渔洋山人感旧集 710
游寒山记 479	幼幼集成 696	渔洋山人感旧集小传 808
游历日本图经 1675	迂庵改存草 1278	渔洋山人精华录 368,438
游千顶山记 435	迂存遗文 1279	渔洋山人精华录会心偶笔 759
游石公山记 1541	迂言百则 453	渔洋山人精华录训纂 721,746
游侠风云录 1871	迂斋学古编 856,986	渔洋山人诗合集 336
游艺录 1384,1522	渝斋文钞 1586	渔洋山人诗集 139
游艺卮言 2004	于滇集 1670	渔洋山人文略 340,342
輶轩续录 1690	于公德政录 221	渔洋山人续集 255
友柏堂遗诗选 611	于湖画友录 1068	渔洋诗话 427,434
友会丛谈 25	于京集 246	渔洋书籍跋尾 682
友松吟馆诗钞 1805	于麓塾谈 1242	雩都县志 101,415,746,1309
友于集 200	于潜县志 170,1185	愚庵小集 152,998
友渔斋医话六种 1186	于清端公集 328	愚谷文存 1092,1155,1193
友竹山房诗草续钞 1331	于清端公政书 246,257	愚囊稿 291
有不为斋集 1699	于山奏牍 246	愚山先生年谱 674
有恒心斋词 1573	于越先贤像传赞 1474	愚溪诗稿 1162
有恒心斋骈文 1573	于忠肃公(于谦)年谱 470	愚一录 1596
有恒心斋曲 1573	于忠肃公集 470	愚斋图书馆藏书目录 1979
有恒心斋诗集 1573	予宁堂帖 425	榆巢杂识 735,1280
有恒心斋外集 1573	余波词 535	榆次县志 254,681
有恒心斋文集 1573	余杭县新志 116,264	榆敦集 37
有怀堂集 205	余杭县志 170,1142	榆社县志 177,649
有怀堂诗稿 386	余庆县志 476	瑜加师地论 1894
有怀堂诗文集 394	余山遗书 449	瑜珈师地论 1875
有怀堂文稿 323,338,386	余生诗稿 298	瑜珈师地论注 106
有获斋文集 1381	余姚县志 327,903,939	虞城县志 78,617
有深致轩文稿 1447	盂兰新疏 60	虞初新志 369,922
有学集 111,255,810,841	鱼浦草堂诗集 1504	虞初续志 369
有真意斋文集 1454	鱼台县志 311,786	虞初余志 1242
有正味斋集 1162,1230	俞楼杂纂 1603	虞东先生文录 1046,1351
有竹居集 657,1050,1236	俞氏论孟平议重订 1969	虞东学诗 807,1046
有子年表 1321	禹阳山馆诗钞 1410	虞氏五述 1304
酉阳山房藏书记 117	娱景堂集 1363	虞氏消息 1080,1122,1350
酉阳州志 856	娱目醒心编 1045	虞氏易礼 1080,1081,1122,1248
牖景录 1378	娱亲雅言 1076,1164,1224	虞氏易事 1122
黝曜室诗存 1887	俆烬经窥 1688	虞氏易象汇编 1355,1373,1669
右军年谱 1458,1509	渔庵诗选 1005	虞氏易象考 1609
右台仙馆笔记 1682,1939	渔石楼札记 1593	虞氏易言 1081,1122
幼科良方 788	渔谈 1328	虞书命义和章解 1455
幼科释迷 857,877	渔洋精华录笺注 586	虞文靖公年谱 1155
幼科直言 528		

虞文靖公诗集 1155	禹贡解 451,713	语言自迩集 1376,1730
虞乡县志 1020	禹贡今注 2001	语要指要 529
虞乡杂志 84	禹贡九州今地考 1919	语余漫录文集 234
舆地广记 975,1166	禹贡谱 626	语助七字诗 520
舆地纪胜校勘记 1409,1454, 1455	禹贡三江考 1076,1200	庾开府集笺注 856
舆地经纬度里表 1592	禹贡山川考 779	庾子山集注 281,397
舆地韵编 1795	禹贡水道便览 1534	玉池生稿 348
舆图要览 223,1177	禹贡水道考异 1590	玉尺楼画说 1228
与古人书 33	禹贡说(倪文蔚) 1683	玉川子诗集注 588
与稽斋丛稿 786	禹贡说(魏源) 1439,1534	玉钏缘 1311
与精舍诸生论学手书 1585	禹贡说断 716	玉笛楼词学标准 1514
与履祥答问 179	禹贡图说(谭沄) 1480	玉房秘诀 1871
与梅堂遗集 373	禹贡图说(周之翰) 1519	玉光剑气集 343
与弥撒功程 657	禹贡图注 19	玉函山房辑佚书 593,1297, 1471,1554,1633
与我周旋集 1053	禹贡新图说 1534	玉函山房目耕帖 1549
与翼录 1216	禹贡选注 1624	玉函山房全集 1675
屿舫集 274	禹贡义笺 1610	玉函山房诗集 1297,1471
羽南集 140	禹贡易解 1404	玉函山房文集 1297,1471
雨窗漫笔 461	禹贡易知编 1804	玉函山房佚书补编 1297
雨村词话 965	禹贡翼传便蒙 1601	玉函山房佚书续编 1297
雨村剧话 977	禹贡因 1697	玉涵堂诗选 1321
雨村曲话 965	禹贡约义 577	玉壶山房词选 1297,1298
雨村诗话 1067	禹贡章句 1480	玉湖诗综 549
雨湖庄论别录 313	禹贡正解 1791	玉华集 578
雨蕉斋诗集 186	禹贡正诠 1549	玉环外史 1981
雨蕉斋杂录 186	禹贡正义 176	玉环志 563
雨香书屋诗钞 1642	禹贡正字 1418,1454,1486	玉几山房吟卷 753
禹城县志 168,1161	禹贡郑注释 1119,1243	玉几诗集 753
禹贡班义述 1425,1634	禹贡指掌 1413	玉记 1362
禹贡本义 1918	禹贡锥指 5,6,247,351,367, 378,384,454,713,716,741,790, 1157,1233,1579,1660	玉剑尊闻 53,102
禹贡补注 185		玉鉴堂诗集 1620
禹贡长笺 5,247	禹贡锥指会笺 741	玉娇梨 1292
禹贡初辑 742,1351	禹贡锥指节要 1512	玉椒词 1372
禹贡川泽考 1658	禹贡锥指略例 302	玉井搴莲集 869
禹贡读本 1503	禹贡锥指正误 1276,1290	玉井山馆诗余 1545
禹贡古今注通释 1954	禹州志 37,97,327,673,1314, 1338	玉井山馆文略 1545
禹贡黑水说 693		玉井山馆文续 1545
禹贡汇解 1848	语类文集义纂 796	玉垒集 258
禹贡集释 1276,1296,1579	语孟字义 1814	玉玲珑山阁集 650
禹贡集注 1486	语石 1679,1957	玉门县志 1285
禹贡拣注 1577	语石异同评 1957	玉磐山房集 399

玉屏县志 746	预推纪验 291	御制避暑山庄诗 447
玉琴斋词 152	域外丛书 1383	御制诘文初集 1256
玉磬山房文集 1206	域外小说集 1950,1973	御制乐善堂文集定本 752
玉山草堂集 1298	谕行旗务奏议 558	御制历象考成 178
玉山草堂课艺 1332	喻世明言 19	御制律吕正义后编 667
玉山前后集 237,400	寓理集 522	御制满蒙文鉴 471
玉山县志 975,1264	寓意草 112	御制评鉴阐要 820
玉山遗响集 186	寓意录 571	御制人臣儆心录 56,279,538
玉狮堂十种曲 1690	寓园纂集 766	御制日知荟说 600,679
玉枢经 1399	御案七经要说 1330	御制盛京赋 677
玉枢经义 1401	御定分类字锦 494	御制诗初集 684,1012
玉枢经钥 1514	御定历代赋汇 406	御制诗文集 437
玉台书史 712,1303	御定历象考成后编 610,640, 782	御制史诗注 1179
玉台新咏读本 1420		御制味余书事随笔 1155
玉台新咏笺注 856	御定律吕正义 452	御制文初集 1012,1312
玉台新咏删补 1076	御定内则衍义 64	御注道德经 64
玉堂视草 128	御定骈字类编 480	御注孝经 63,279
玉堂书史补 1372	御定清文鉴 821	御纂七经 553,1534,1559,1667
玉堂掌故 509	御定三礼义疏 679,680	御纂孝经集注 533
玉田春水轩杂出 1415	御定孝经衍义 233,499,500	御纂医宗宝鉴 1585
玉田乐府 725	御定星历考原 117	御纂医宗金鉴 1065,1633, 1699,1871
玉田县志 227,739	御定仪象考成 711,782	
玉筒楼丛书 1984	御定月令辑要 117,459	御纂朱子全书 396,445,1260
玉屋书屋十三种传奇 813	御定执中成宪 540	裕后录 1731
玉溪生年谱全笺 2002	御览孤山志 333	裕州志 465
玉溪生诗解 1487	御览集 51,1060	愈妄阙斋所著书 1703
玉溪生诗说 696,1144	御览简平新仪式用法 291	愈愚录 1460,1956
玉溪生诗意 625	御览经史讲义 686	毓芝堂医书四种 1186
玉豀生年谱 926	御览天方至圣实录 904	豫变纪略 743
玉豀生诗笺注 781,1114	御览西方要纪 137	豫养编 1597
玉雪留痕 1894	御批历代通鉴辑览 755,1007	豫章集 987
玉燕楼书法 460	御批通鉴纲目 414	豫章十代文献略 1222
玉燕姻缘全传 1714	御批通鉴纲目续编 950,958, 971,982,983,999,1000	豫章先贤九家年谱 1596
玉雨堂书画记 1433		豫直鲁三省黄河图 1673,1679
玉照亭诗 536	御评通鉴 437	鸳鸯湖札歌 1201
玉遮山人诗稿 72	御选古文 295,437	鸳鸯湖棹歌 224
玉芝堂诗文集 813	御选古文渊鉴 265,338,403, 463	渊鉴类函 334,418,425,426, 428,462,463,509
郁华阁金文 1807		
郁华阁遗集 1807	御选唐诗 446	渊雅堂编年诗稿 1206
郁林州志 1044	御选唐宋诗醇 696	渊雅堂集 1223
郁溪易记 71	御选唐宋文醇 617	渊雅堂全集 1042,1127
郁兹诗抄 1100	御选咏物诗 390	渊颖集 489
昱青堂灌杂集 154	御选语录 566	元秘类钞 1242

元朝典故编年考 100,192	元史氏族表 190,925,1033,1137,1138,1148	原君 1631
元朝秘史 100,1376,1388		原染亏益 123
元朝名臣事略 1016	元史氏族志 716	原善 795,796,797,875,884,890,1017
元朝人物略 100	元史通俗演义 1999	
元城县志 191	元史西北地蠡测 1372	原诗 273,387
元代白话碑 1866	元史新编 1445,1462,1471,1901,1965	原武县志 97,305,681
元代重儒考 1715		原易 734
元党人传 1716	元史艺文志 1033,1104,1106,1112	圆觉新义疏 955
元峰诗抄 1114		圆砚居士集 358
元号略 1107,1237	元史译文证补 1675,1698,1754	圆锥曲线说 1626,1904
元和郡县补志 868	元史译音 1267	袁宏后汉纪补证 1340
元和郡县志补阙 509	元氏县续志 30	袁清悫公年谱 1067
元和郡县志补图 1372	元氏县志 751	袁州府志 145,765
元和县志 631,771	元氏族表 1036	援鹑堂笔记 822,824,1325,1336,1344
元和姓纂校勘记 1698	元书(毛岳生) 1360,1378	
元健斋数学丛书 1973	元书(曾廉) 2002	援鹑堂笔记刊误 1357
元江府志 440	元文选 1162,1242	援鹑堂诗集 824,1186
元江州志 1285	元遗山年谱(翁方纲) 1067,1445	援鹑堂文集 824,1186
元金石偶存 1627		援鹑堂遗集三种 1236
元经世大典 1375	元遗山年谱(凌廷堪) 1074,1168	远安县志 97
元秘史略 680		远春楼读经笔存 1656
元秘史译 1267	元遗山年谱(施国祁) 1272,1291	远西奇器图说 6
元秘史注 1731		远遗堂集外文 1756
元明八大家古文选 786	元遗山诗集笺注 1259,1272	远遗堂集外文续编 1704
元明儒学正宗录 1337	元遗山先生年谱 1291	远遗堂文集 1597
元明事类钞 446	元遗山先生全集 1291	远志斋词衷 116
元谋县志 348,440	元仲集 669	远志斋集 116
元亲征录注 1731	园书悬象 224	愿体医话评注 1536
元丘素话 1332	园艺之研究 869	愿学记 179
元诗百一钞 798	沅槎唱和集 1288	愿学堂讲书 100
元诗纪事 1617	沅江县志 273,1173	愿学堂诗存 1634
元诗选(顾奎光) 703	沅陵县志 264,398	愿学堂文集 173
元诗选(顾嗣立) 327,386,483,497,703,1090	沅湘耆旧集 1362,1386,1388,1434	愿学斋文抄 1149
		愿学斋文集 323,373
元诗选(顾我锜) 604	沅湘耆旧集续编 1434	约亭遗诗 918
元诗选癸集 1065	沅湘耆旧集续集 1413	约言录 49,274
元诗自携 528	沅州府志 746,1028	约斋集 258
元史本证 1112,1119,1157	沅州志 264	约斋文集 49
元史地理今释 1696	垣曲县志 158,793	月沧诗文集 1363
元史地名考 1731	原臣 1631	月川未是稿 1323
元史考订 1919	原道觉世训 1402,1405,1515	月道疏 116,161
元史类编 326,362,1318	原富 1729,1801,1815,1824,1830,1839,1849	月界旅行 1870
元史历经补注 489		月离交均表根 546

月令承应 664	岳麓书院学规 587,659,678	粤游纪程 1626
月令粹编 1184	岳麓书院志 280	粤游日记 139,387
月令广义 459,1006,1007	岳麓续志 1545	粤中疏草 223
月令旧解异同 1503	岳庙志略 1117	越风 804,831
月令明义 20	岳容斋诗集 1250	越画见闻 1068
月令七十二候诗自注 1471	岳雪楼书画录 1493	越缦笔记 1715
月令启蒙 1107	岳阳县志 100	越缦经说 1715
月令杂说 1180	岳忠武王年谱 816	越缦堂词录 1715
月满楼文集 803	岳忠武王文集 816	越缦堂读史札记 1715
月亭诗钞 1410	岳州府志 264,602,666	越缦堂读书记 853,1120,1445
月小山房遗稿 1210	悦亲楼诗抄 914	越缦堂读书录 1715
月中箫谱词 604	悦心集 575	越缦堂日记 1036,1276,1445,
乐本解说 318	阅藏知津 53,60	1675,1710,1715
乐典大意 1903	阅红楼梦随笔 1060	越缦堂诗初集 1715
乐府传声 657,682,822	阅史提要 310	越缦堂诗续集 1715
乐府笺题 123	阅史郄视 572	越缦堂文集 1715
乐府英华 299	阅史郄视续 572	越南考 1632
乐府杂录 1351	阅世编 326	越南亡国史 1901
乐府正声 1250	阅微草堂笔记 1020,1091,1144	越南重塞图说 1901
乐府中声省愆录 474	粤道贡国说 1395,1494	越女表微录 1157
乐记二十三篇注 1180	粤滇纪闻 151	越水詹言 406
乐经补说 1427	粤东皇华集 876	越言释 1037
乐经或问 540,760	粤东记录 1372	越谚 1625
乐经记 713	粤东金石略 822,1229	越游小录 1610
乐经律吕通解 649,716,760,	粤东名儒言行录 1247	越语肯綮录 471
1500	粤氛纪事 1580	越中集 28,656
乐经说 1919	粤风 977,1410	云川阁集 476,604
乐理概论 1957	粤海关志 1356,1494	云坊集 206
乐录跋 357	粤海图说 1675	云古卧余 97
乐律表微 869	粤十三家集 1370,1555	云谷年谱 1135
乐律古义 663,664	粤围唱和集 1477	云和县志 319
乐律考 1604	粤西词见 1742	云间韩氏藏书书目 1489
乐律全书 990,994,998,1011,	粤西风物略 1427	云峤集 324
1022,1054	粤西金石略 1113	云林寺志 655
乐律正俗 1011	粤西金石志 1121	云龙州志 541
乐器三事能言 1118,1310	粤西诗载 528	云梦县志 133
乐曲考 1279	粤西文载 528	云南备征志 1314,1972
乐书 255	粤西游记 1209	云南府志 348
乐纬经证 1815	粤行日记 204	云南勘界筹边记 1687
乐悬考 1310	粤行三志 254	云南水道考 1396
乐志章 282	粤雅堂丛书 740,1184,1206,	云南腾越州志 1028
乐制考 668,966	1258,1404,1426,1445,1509,	云南通志 243,310,539,601,
岳池县志 739	1555,1579	636,1396

云南通志稿 1338	耘圃培林堂代言集 434	韵原表 471
云南铜政全书 1150	筼簹集 50	韵珠 50
云南县志 465,803	筼谷文抄 1339	韵字辨同 793
云起轩词钞 1887	允都名教录 991	韵字急就篇 1432
云山楼稿 228	运规约旨 1554	韵字略 1214
云石诗存初编 1414	运河北行记 1384	韵字探骊 1241
云氏草 962,968	运气定论 275	韵综 1185
云台二十八将图 1405	郓城县志 465	蕴愫阁别集 1363
云台山志 867	恽南田画跋 1315	蕴愫阁诗集 1363
云台新志 1344	恽南田画余 1315	蕴愫阁文集 1363
云塘诗文集 927	韫山堂读书偶得 1093	蕴真居诗集 1662
云翁自订年谱 1362	韫山堂诗集 1093	蕴真居诗馀 1662
云卧山房集 1078	韫山堂文集 1093	
云卧山庄尺牍 1628	韵白 291	
云卧山庄诗集 1628	韵辨附文 1503,1571	**Z**
云仙散录 25	韵补正 70,120,121,237,1388	
云霄厅志 1214	韵府钩沉 1705	杂毒海 529
云墟小稿 680	韵绿堂集 548	宰相列卿年表 190,214
云烟过眼录 183	韵略汇通 1179	宰相世系表订讹 600
云阳县志 667	韵略易通 105,427	宰莘退食录 391
云荫堂奏稿 1406	韵谱 459	宰子年谱 1321
云隐堂集 65,206	韵谱约观 830	载道集 503
云隐堂诗集 172	韵歧 870	载酒园诗话 302,1236
云隐堂文集 172	韵石斋笔谈 31	载年录 1280
云腴山房集 1371	韵书音义考 1100	载云舫集 255
云芝集 8	韵通 375	再生缘 1077,1250,1272,1311,
云中飞艇 1870	韵问 291	1410,1426,1465
云中集 1327	韵学 487	再续㵎水志 359
云中郡志 43	韵学辨中备 1486	再续华州志 1020
云洲草 1059	韵学参考 1328	再续寰宇访碑录 1703
云自在龛丛书 1831	韵学古声 1239	再续名医类案 1522
云左山房诗钞 1428	韵学纪闻 1251	再续三十五举 986
云左山房文钞 1428	韵学考原 814	在官法戒录 626,650
芸圃诗集 249	韵学骊珠 1697	在官法宪录 1670
芸香斋韵法新谱 1332	韵学溯源 1254	在华新教传教士纪念录 1663
芸野集 1327	韵学通指 291	在陆草堂文 306
芸庄易注 1058	韵学要指 312	在陆草堂文集 406,407
郧西县续志 1135	韵学臆说 487	在山堂集 745
郧西县志 227,888	韵学源流 1555	在亭丛稿 662
郧县志略 245	韵雅 1228	在昔篇 1619
郧小纪 1381	韵义便考 1640	赞皇县志 703
郧阳志 1082	韵语 1464,1955	臧氏文献考 1180
耘耕堂古体文稿 1185	韵原 1364	脏腑性鉴 128

葬经笺注 649	增补卢龙县志 220	战国策去毒 318,322
枣林集 79	增补汧阳志 563	战国策释地 1205,1328
枣林诗集 79	增补宋元学案 1284	战国地名备考 1482
枣林外索 53	增城县志 169,272,724,1240	战国纪年 190,1198,1356,1494
枣林杂俎 6,79	增订春秋世族源流图考 1425	湛华轩杂录 977
枣强县志 709,1135	增订广舆记 273,424	湛溪文集 1273
枣强县志补正 1571,1584	增订汉魏丛书 1036	湛园诗稿 1578
枣阳县志 775	增订教稼书 737	湛园题跋 364,1578
澡修堂集 386,424	增订欧阳文忠公年谱 1331	湛园未定稿 364,1578
造船全书 1833	增订四书大全 378	湛园文稿 267
造洋饭书 1526	增订医方歌诀 1503	湛园札记 311,364
则古昔斋算学 178,1511,1533, 1535,1592,1626,1627,1742	增订禹贡注读 1595	张百熙奏议 1940
	增订韵字辨同 1206	张苍水集 113
泽存堂五种 1668	增定史韵(增定二十一史韵) 312	张度西先生年谱 1291
泽古斋重钞 1266		张尔可集 324
泽农要录 1272	增默庵诗集 1324	张亨甫全集 1391
泽雅堂诗集 1684	增默庵文集 1324	张桓侯年谱 378
泽雅堂文集 1684	增默斋诗 611	张亟斋遗集 338
泽州府志 585	增删算法统宗 781	张靖达公奏议 1643
泽州志 405	增修醴陵县志 631	张南山全集 1469
曾国藩全集 1500	增修时宪算书 607	张卿子先生遗集四种 289
曾胡治兵语录 2002	增修万县志 1525	张清恪公年谱 444,521,625
曾惠敏公全集 1684,1705	增修宜兴县旧志 1082	张秋志 146
曾青藜初集 300	增修云林寺志 712	张曲江(张九龄)年谱 1215
曾青藜文集 300	增注字诂、义府合按 1591	张实居萧亭诗选 342
曾氏家训长编 1414	甑峰遗稿 1206	张氏医书七种 1714,1805,1938
曾氏医书四种 1200	赠言合刻 95,98	张氏医通 329
曾文正公家书 1560,1603	赠言集 799	张氏易注 1248,1449
曾文正公年谱 1403,1423, 1429,1443,1510,1551,1557, 1561,1584,1758	乍川文献 746	张恕斋诗文集 741
	乍了日程琐记 1127	张文达公遗集 1757
	乍浦备志 1296	张文厚公赋抄 2005
曾文正公批牍 1585	乍浦九山补志 161	张文厚公文集 2005
曾文正公全集 1375,1560, 1564,1591,1603,1870	乍浦志 746	张文恪公年谱 856
	斋印集 1409	张文襄公全集 1783,1975
曾文正公诗集 1571	詹言 682	张文贞公文录 435
曾文正公手书日记 1972	詹詹集 1433	张文贞集 435,1045
曾文正公书札 1585,1591	霑益州志 816	张文贞外集 435
曾文正公文钞 1564	瞻衮堂集 1639	张杨园先生集 1376,1549
曾文正公杂著 1585	瞻云诗稿 215	张杨园先生年谱 179,1342, 1348,1349
曾文正公奏稿 1585	占察玄疏 60	
曾子十篇注 1090	占易秘解 1674	张杨园先生全集 954
曾子问讲录 386	战国策地理考(管同) 1316	张杨园先生遗集 179
曾子注释 1282	战国策地理考(马宗梿) 1122	张忠敏公遗集 20

张子渊源录　654	诏安县志　311	贞丰拟乘　1173
张子正蒙注　304,320,1519,1520	诏石园稿　323	贞妇屠印姑传　916
章辂年谱　1075	赵城县志　83,764,1291	贞固斋诗集　118
章浦县志　415	赵清献公集　246	贞悔释例　1703
章邱县志　311,739,1326	赵清献公年谱　1361	贞寿堂赠言　1445
章氏丛书　1956,1985	赵氏孟子章指复编　2001	贞一斋集　726
章氏遗书　436,441,642,791, 796,842,854,865,868,900,935, 941,961,1001,1008,1009,1010, 1017,1022,1026,1035,1037, 1046,1057,1063,1070,1071, 1086,1087,1116,1286	赵氏渊源集　1328	贞一斋诗说　726
	赵顺平侯年谱　378	针灸秘传　495
	赵堂日记　1210	针灸图　214
	赵州志　168,602,1338	珍艺宧文抄　1217
	照相略法（色相留真）　1609	珍艺宧遗书　1350
	照相新编　1921	珍珠塔　939,1167
章太炎文钞　1986	肇庆府志　171,765,1262,1326	真道问答浅解　1303
郫麓常谈　693	肇域志　100,156,237	真定县志　19
彰德府志　84	折狱新语　246	真福直指　6
彰化县志　1331	哲学概论　1842	真觉大师年谱　724
漳平县志　264,1309	哲学妖怪百谈　1902	真冷堂诗稿　154
漳浦黄先生年谱　20,1249	哲学要领　1869	真率斋稿　1217
漳浦县志　368	哲学要略　411	真诠要录　1572
漳浦政略　455	蛰夫碎录　756	真如里志　830
漳水图经　1411	谪麟堂遗集　1566,1578	真如室诗　1827
漳州府志　460,515,876	这些从秦国来——中国问题论文集　1831	真山人后集　133
掌故纪闻　1658		真山人前集　133
招远县志　90	柘城县志　368,845	真西山全集　786
昭代词选　803	柘坡居士集　698	真西山心政二经　1743
昭代丛书　133,342,348,360, 903,1068,1251,1328,1419	浙案纪略　1812,1942,1949,1985	真息斋诗钞　1470
	浙东筹防录　1640,1656,1716	真阳县志　347
昭代丛书五编题跋　1242	浙江采集遗书总录　856	真隐奇言　60
昭代丛书续集　1242	浙江藏书楼书目　1936	真有益斋文编　1414
昭代乐章恭纪　435	浙江通志　243,417,539,557, 558,585,601,626,1419,1525	真主灵性理证　98
昭代名人尺牍小传　313,1286, 1293		甄钵罗空书画过目考　1564
	浙江图考　1118,1119,1124	箴膏肓评　1184,1304
昭代武功录　7	浙江砖录　1342,1372	诊家直诀　1696
昭化县志　985	浙闽封事　425	诊宗三昧　306,329
昭觉丈雪年谱　327	浙士解经录　1688	枕江堂诗　172
昭陵碑录　1956	浙西后六家词　1327	枕江堂文　172
昭陵六骏赞辨　338	浙西后六家词选　1372	枕瓢集　98
昭陵石迹考略　454	浙西水利备考　1271,1334	枕上诗　118
昭昧詹言　1362,1434,1690	蔗塘未定稿　690	枕斋葃诗经问答　1955
昭昧詹言续录　1362	蔗尾诗集　504	振绮堂丛书　1714,1986
昭明文选会笺　324	鹝言内篇　1684	振绮堂稿　824
昭平县志　765	鹝言外篇　1684	镇安府志　740
昭文县志　559	贞定先生遗集　1377	镇安县志　527,731
召诰洛诰考　1224		

镇番县志 687	正阳县志 1075	郑州志 326,681
镇海县志 708,1602	正谊书院课艺 1573	郑注拾沭 403
镇江府志 177,264,1455	正谊堂丛书 408,521	郑注禹贡引地理志释 1915
镇平县志 341	正谊堂全书 521,1526,1544	郑子遗书 1525
镇坛大悲法水 931	正谊堂诗集 141	郑子尹遗书 1440
镇雄州志 976	正谊堂文集(董以宁) 141	政典汇编 51
镇洋县志 659,661	正谊堂文集(张伯行) 520,	政和县志 771
镇原县志 460,1126	521,617	政书 14
镇远府志 1036	正音咀华 1445	政艺丛书 1846
征帆集 1435	正音通俗表 1549	政治典训 260,261,269,294,
征刻唐宋秘本书目 183	正志录 1384	332,339,371,418,441,462
征缅纪闻 1150	正字略 1454	政治讲义 1893,1902,1919
征言秘旨 320	正字通 33,425,465,656	政治学 1830
正安州志 1227	正字通补正 417	政治学及比较宪法论 1936
正定府志 771	正字通芟误 553	支更说 161
正弧六术通法图解 1376	证人社约言 14	支那革命实见记 1946
正蒙补训 476,477	证山堂集 255	支溪诗录 1365
正蒙初义 304,487	证俗文 1192,1279,1395	支溪小志 1012
正蒙集解 587	证治汇补 281	支雅 1421
正蒙集说 609	郑庵所藏封泥 1860	芝廛集 299
正蒙解 553	郑本大学中庸说 1409	芝泉集概 1241
正蒙注 304,321,367,478	郑东甫遗书 1819	芝润山房诗词草 1315
正名 1046	郑寒村年谱 1162	芝省斋碑录 1111
正名录 1210	郑记考证 1740,1960	芝坛集 461
正名要论 1806	郑君年纪 985	芝坛日读小记 461
正宁县志 780	郑康成年谱 1164,1205,1222	芝坛史案 461
正气堂集 28	郑氏笺考证 1474,1508	芝坛杂说 461
正气研斋诗集 1953	郑氏礼记笺 1279	芝堂诗集 496
正气研斋文集 1953	郑氏人物传 448	芝田词 344
正气研斋杂录 1953	郑氏尚书古文证讹 1121	芝田随笔 1292
正气犹存 200	郑氏诗谱考正 1239,1579	芝云杂记 1628
正钱录 139	郑氏释经例 1460	芝在堂集 185
正史纲说 314	郑氏爻辰补 1418	枝江县志 146,1296
正俗备用字解 1458	郑氏仪礼目录校正 1233	枝荫阁集 1030
正俗文 1640	郑氏遗书 1081	知白斋金石类笺 1004
正王或问 363	郑氏逸书 1297,1639,1668	知白斋吟草 1670
正信录 1058	郑司农年谱 1166,1326	知本提纲 675,876,986
正续资治通鉴 1675	郑堂读书记 1036,1099,1316	知不足斋丛书 133,857,865,
正学编 1264,1394	郑堂札记 1316	911,986,1065,1170,1189,1200,
正学录 1384	郑许字义异同评 1661	1201,1218,1266
正学堂经解 659	郑学录 1515,1519	知耻斋诗集 1168
正学续 453	郑志考证 1634,1669	知耻斋文集 1168
正学隅见述 381	郑志疏证 1740,1804,1960	知非稿 172

知非集 118,522,1216	直隶绵州德阳县志 655	至圣编年世纪 703
知非录 229	直隶绵州罗江县志 661	至圣实录实训 1572
知非日札 1004	直隶绵州志 602,1198	至圣先师孔子事迹 1338
知非斋易释 1667	直隶秦州新志 785	至文窥测 1247
知非斋易注 1667	直隶商州志 655	至象图辑 1085
知还草 1137	直隶深州志 563	志盦遗稿 1995
知还堂稿 323	直隶深州总志 739	志道编 461
知命说 901	直隶省地质图 1902	志壑堂后集 358
知人编 448	直隶省矿产图 1902	志壑堂集 358
知人鉴 713	直隶太仓州志 1119	志壑堂诗集 221
知圣编 1667	直隶叙永厅志 1185	志壑堂文集 221
知圣道斋读书跋尾 682,1129	直隶易州志 673	志壑堂选集 358
知圣篇 1653,1754,1848	直隶重州志 732	志节编 1521
知是编 33	直隶遵化州志 1058	志铭广例 1074,1107,1237
知畏堂集 28	直木斋全集 1292	志学后录 560
知新录 470,538	直塘里志 1302	志学集 359
知行记 713	直语补证 703,1207	志学录 1478,1590,1670
知言录 104,282	职方外纪 31	志学录续录 1447
知言札记 857	职贡图 1008,1014	志学续录 1625,1670
知鱼堂画录 1806	植物名实图考 1409,1411,1414	志疑 1447
知止堂词录 1372	植物名实图考长编 1411,1414	豸华堂诗文集 1441
知止堂诗集 1372	植物学 1380,1385,1475,1626,1904	制调 869
知止堂文集 1372		制火药法 1633
知止斋诗集 1502	植物学基础 1475	制科议 161
知足斋集 1136,1150	撼遗 495,496,1264	制曲枝语 223
知足斋诗 696	止庵遗书 1831	制义科琐记 902
知足斋诗集 1123,1143	止泉先生后集 564	制艺丛话 1420
织帘居诗集 50	止泉先生文集 564	治病说 185
织帘居文集 50	止溪诗集钞 256	治病要言 1151
脂砚斋重评石头记 759,765	止溪文钞 256	治格会通 406
执丹璆语 1682	止园笔谈 915	治国要务 1683
执虚词钞 1130	止斋尺牍 1156	治禾纪略 104
直积回求 1319	止斋集 154	治河方略 298,518,626,733,1140,1287,1324
直隶达州志 644	只平居士集 1186	
直隶代州志 975	只平居文集 993	治河纪略 887
直隶定州志 571	只麈谈 1114	治河图说 177
直隶桂阳州志 1142,1227	芷江县志 765,1361	治河奏绩书(治河方略) 292,298,323
直隶和州志 1344	咫进斋丛书 1235,1633	
直隶河渠书 805,807,808,890,1164,1170	咫闻录 1251	治家格言 290,1628
	指海 1251,1318,1388,1397,1398,1452,1649	治平宝鉴 1500,1757
直隶霍州志 1285		治平通议 1697,1704,1873
直隶绛州志 793	指南要言 1572	治平新策 714
直隶澧州志林 694	指头画说 822	治平要略 1224

治下河水论 520
治乡三约 161
治心免病法 1380,1733,1743
治心斋琴学练要 626
治学近求 1593
炙砚琐谭 927
质盦经说 1791
质疑录 804,1286,1743
质疑删存 1322
质园诗集 804
致曲术图解 1516
致用初阶 1794
致知格物解 274
置杖录 1811,1815
雉园存稿 969
中庵琐录 50
中部县志 326
中朝制度考 1971
中传正纪 121,362,374
中等地理教科书 1830
中东大战演义 1815
中东战纪本末 1709,1740,1755,1815,1940
中俄交界图 1706
中俄政教志略 1833
中复堂全集 1440,1441,1535
中国兵法考 1054
中国娼妓考 1872
中国瓷器 1958
中国存亡之一大问题 1910
中国的佛教 1676,1704
中国的建筑、家具、服装、器物的设计 747
中国的三教 1657
中国的智慧 102
中国的专制制度 800
中国的宗教 1596,1904
中国的宗教教派和教派迫害问题 1869
中国地图 86
中国法理学发达史论 1919
中国风的农家建筑 697
中国工兵政策 1995

中国姑娘和妇女类型素描 1703
中国古今音乐记 1054
中国古史实证 1054
中国故事 1640,1641,1941
中国国文读本 1929
中国国债史 1884,1893
中国海岸记 1960
中国户口历史概览 1650
中国花卉翎毛图汇 697
中国货币沿革史 2002
中国吉祥花瓶汇品 697
中国纪年论 760
中国教育史 1902
中国教育指南 1730
中国近三百年学术史 50,53,94,95,100,106,154,167,179,184,190,203,207,226,236,238,351,442,449,454,460,462,544,621,635,639,680,725,1026,1042,1043,1074,1080,1089,1105,1112,1116,1177,1184,1216,1290,1297,1310,1318,1510,1575,1595,1639,1647,1704,1728,1804,2004,
中国经典 1492
中国历代帝王纪年表 1054
中国历史 1642,1846,1858,1867
中国历史初编 79,98
中国历史教科书 1884
中国美术 1958
中国蒙古及日本之地质研究 1519
中国灭亡小史 1867
中国民约精义 1919
中国民族权力消长史 1884
中国民族志 1867
中国名相传 1956
中国南洋交通史 1866
中国女史 1972
中国漆考 765
中国乾隆帝和鞑靼权贵的农业观 817

中国人 1345,1367
中国人的快乐 1941
中国人关于鬼神的观念 1757
中国人种考 1919
中国人自画像 1941
中国师船表 1848
中国诗歌史 1970
中国史编年手册 1807,1848
中国史略 1436
中国史学史 368,600
中国史研究法 1984
中国天文学简史 760
中国铁路史 1867
中国铁路现势通论 1867
中国通史 14,79,611,683,966,1836,1840
中国通史讲义 1915
中国图案入门 697
中国文法 72,98
中国文献纪略 1663
中国文献录 1535
中国文学史(林传甲) 1885
中国文学史(英人翟理斯) 1831
中国文学史纲要 1609
中国文字之结构 1806
中国西部疆域记述 1650
中国戏剧 1657,1941
中国现状新志 348
中国新地图册 98
中国新地图集(中华帝国图) 60
中国新学学人姓名表 1848
中国学术史 1915
中国研究录 1663
中国音乐 1641
中国邮政地图 1868
中国游记 1414
中国语文札记 587
中国在国际间地位 1940
中国札记 281
中国哲学家孔子 281
中国箴言 102

中国之武士道 1884,1893	中西经星同异考 290,328,782	中庸原文集解 1754
中国植物志 65,86	中西学门径七种 1794	中庸章段 478,1344
中国宗教学导论 1603,1807	中西医粹（说症治要言合璧） 1618,1714	中庸章句质疑 1681
中国总论 1642	中兴将帅别传 1793	中庸质语 1955
中和解 1688	中兴将帅别传续编 1464	中庸注 1821,1824,1828
中华帝国对外关系史 1971	中兴叙略 1540	中庸注释 1713
中华帝国历史年表 273	中星表 1076,1526	中庸总论 1601
中华帝国史 60	中星谱 139	中原阳九述略 97,236
中华帝国志 571	中岩文介先生文集 703	中旨辨录 203,374
中华教会志 192	中庸本解 1697	中旨定录 374
中华世统说 461	中庸本文 626	中旨申惑 374
中华源流 1806	中庸本旨 421	中旨统剥 288
中江县新志 1361	中庸补释 1655	中旨正录 212,374
中江县志 460,1003	中庸补注 890	中州道学编 291
中牟县志 84,724	中庸参证 1595	中州河渠书 1456
中衢一勺 1395,1459	中庸阐要 1631	中州集 31,146,152,229,433,1305,1323
中日媾兵记 1755	中庸崇礼论 1304	中州金石记 1004
中日战辑 1740	中庸大学驳议 374	中州金石考 636,645
中日战争 1981	中庸澹言 320	中州金石目 1173
中山传信录 488	中庸古本述注 1661	中州景行集 155
中山诗文集 248	中庸集要 1590	中州人物考 72,184
中山史论 248	中庸讲义 600,603	中州诗选 328
中山王徐达传 1464	中庸讲语（李塨） 572	中州文征 1550
中山沿革志 235	中庸讲语（王辂） 1661	中州学案 1550
中书典故汇纪 794	中庸九经衍义 654	中州杂俎 91
中枢政考 636,802	中庸旧文考证 1381	中洲草堂遗集 173
中外大事汇纪 1793	中庸困学录 626	忠介年谱 656
中外和战议 1806	中庸困知录 857	忠介正气堂集 656
中外交涉类要表 1668	中庸理事断 743	忠烈公遗集续编 1345
中外卫生要旨 1705	中庸篇义 1882	忠烈小五义传 1675
中外医书八种合刻 1805	中庸剩语 644,666	忠敏公安抚江南疏抄 15
中外舆地全图 1868	中庸说 1376	忠武志 520
中晚唐诗 101	中庸私解 1257	忠宪公年谱 234
中卫县志 771	中庸四记 478	忠雅堂集 987
中文孝经 1204,1207	中庸俗语 1697	忠雅堂评选四六法海 987
中倭战争始末记 1728	中庸通一解 343	忠雅堂诗文集 1221
中西关系略论 1577,1940	中庸问答 234	忠义录 130
中西合法拟草 507,776	中庸心悟 1595	忠裕堂文集 105
中西汇通医经精义 1310,1699,1759	中庸学思录 320	忠贞堂年谱 357
中西汇通医书五种 1759,1957	中庸臆解 1655	钟鼎款识 1119
中 西 纪 事 1426,1481,1486,1553,1580	中庸臆说 143	钟鼎款识释文 1130
	中庸余论 427,478	钟鼎款识校误 1449

钟鼎字源 466	周官参证 1343,1571	周礼畿内授田考实 1233
钟律陈数 675	周官大统义证 1804	周礼集传 587,594
钟山考 183	周官故书考 1279	周礼辑义 475,662
钟山书院规约 608	周官恒解 1954	周礼笺 1740
钟山书院志 520	周官集说 1259	周礼井田图考 1233
钟山札记 1028,1068	周官集注 464,483,488,689	周礼句读 1606
钟祥县志 636,1066	周官记 1013,1125	周礼句解 737
钟秀录 1333	周官九拜九祭解 1420	周礼军赋说 253,347,820,1084
钟秀山房诗文集 1298	周官礼经注正误 1322	周礼考 671
衷圣斋文集 1796	周官礼郑氏注笺 1298	周礼轮舆私笺 1515,1540
种痘新书 637	周官联事 281	周礼明堂考 1695
种棉法 1351	周官六联表 1795	周礼三家佚注 1713,1958
种书堂遗稿 358	周官禄田考 253,347,643,679,	周礼删刘 1667
种树琐闻 1987	688,694,712	周礼剩义 1324
种松堂诗文集 331	周官孟子异义疏证 1915	周礼释文问答 1177
种瘟奇法详悉 1144	周官偶记 622	周礼释注 1263
种榆仙馆诗集 1260	周官识小 1133	周礼疏义 352
种榆仙馆印谱 1260	周官识小录 1259	周礼述注 508
种芸词 1332	周官述论 991	周礼太史正岁年解 731
种竹轩诗钞 619	周官说 253,1013	周礼通释 1658
踵息居士诗文集 1108	周官五礼表 1279	周礼新义 1829
仲氏易 96,355,361,443,466,	周官析疑 488,689	周礼学 962,1184
616,1080	周官新义 1383,1445	周礼训纂 253,407,508,509
仲子年表 1321	周官义疏 616,633,635,679,680	周礼疑义 734
重学 1318,1385,1439,1481,	周官翼疏 533,548,556	周礼疑义举要 253,629,635,
1526,1626,1904	周官指掌 1027	764,776
重学浅说 1474,1682,1758,1903	周官注论 374	周礼义疏约贯 1069
州乘备采 1060	周季编略 1502,1571	周礼臆测 1198
州乘余闻 809	周甲录 709	周礼音辨 256
州县官规则指南 550	周径说 990	周礼约编 1954
州志考异 936	周礼补注 1418,1420	周礼札记 1954
周髀北极璇玑四游解 731	周礼萃说 1046	周礼摘笺 1121
周髀解 1279	周礼大义 300	周礼郑注商榷 1804
周髀算经补注 489	周礼订释古本 51,351	周礼郑注疏证 1122
周髀算经考 1658	周礼订疑 718	周礼政要 1847,1958
周髀算经浅注 1376	周礼公羊异义 1029	周礼指掌 1013
周髀算经图注 808	周礼古今文义证 1420	周礼质疑 733
周程张朱正脉 274	周礼古义 753	周礼注解 604
周公谥法 1172	周礼故书疏证 1052,1227,	周礼注论 243
周官笔记 253,508,509	1251,1608	周礼注疏献疑 1225
周官辨 445,483,689	周礼汉读考 1052,1088,1097,	周礼注疏小笺 1455
周官辨非 226,249,750	1105,1170,1208	周栎园先生年谱 183
周官辨非解 1141	周礼会要 966	周濂溪集 414

周秦名字解诂 1028,1117,1333	周易粹义 817	周易集粹 1241
周秦名字解诂补 1247	周易存义录 472	周易集解(孙星衍) 1042,1088,
周人经说 1305,1340	周易大传释图二注 1065	1230
周人礼说 1340	周易大象解 189	周易集解(应撝谦) 281
周实烈士遗集 2006	周易大象应大学说 1936	周易集解增释 679
周史 1142	周易大义图说 1148	周易集解纂疏 1381
周书补正 1998	周易得天解 343	周易集说 556,1259
周书考证 1014	周易定本 335	周易集义 1488
周书章段 1107	周易读异 1987	周易集注(彭定求) 481
周颂口义 1217	周易迩言 877	周易集注(王琬) 791
周无专鼎铭考 1382	周易二闾记 1669	周易集注(吴定) 1167
周易稗疏 18	周易发例 59	周易辑说 1593
周易备考 117	周易附说 1452,1466,1480	周易辑说存正 609
周易本义辨证 96,753,1350	周易古文钞 14	周易辑要 630
周易本义辨证补订 1125	周易古义 753	周易辑义初编 1295
周易本义阐旨 1184	周易古义录 806	周易辑义续编 1330
周易本义笺读 1488	周易诂要 1065	周易剿说 214
周易本义拾遗 587	周易故训订上经 1954	周易揭要 1010
周易本义述蕴 662	周易卦变举要 1343,1355,	周易解(贾声槐) 1330
周易本义析疑 287	1373,1669	周易解(李光地) 96
周易本义爻征 253	周易卦气补 1609	周易解(牛运震) 745
周易本义注 536	周易卦钤 519	周易解诂 1234
周易本意 1954	周易卦说 38	周易解说 417
周易辨画 855	周易卦象(刘汉卿) 306	周易解翼 533
周易拨易堂解 666	周易卦象(张丙矗) 1674	周易经传通解 1534
周易补义 1263	周易卦象集证 1355,1373,1669	周易经典证略 1655
周易补注(德沛) 712	周易卦象位义三注 1065	周易经义审 1042
周易补注(李茹旻) 579	周易观象 96,478	周易精义(蒋师爚) 1093
周易补注便读 234	周易观象大指 445,478	周易精义(蒋元益) 1013
周易参断 1097	周易观运 370	周易精蕴汇解 1027
周易参同契正义 1074	周易贯义 1194	周易究 1590
周易参同契注释 1273	周易广义(潘元懋) 157	周易旧疏考证 1536,1667
周易参象 1396	周易广义(郑敷教) 185,253	周易旧注 1361,1503
周易阐理 378	周易函书 547	周易句读读本 372
周易阐微 425	周易函书别集 514,603	周易考 404,655
周易楚辞经传诸子音证 1279	周易函书约存 427,547,603	周易考异 1487
周易传义 599	周易函书约注 547,603	周易考占 1115
周易传义合订 608	周易互体详述 1347,1355,	周易孔义集说 723,782
周易传义疑参 1233	1373,1669	周易揆 44
周易传注 96,443,572	周易汇通 1475	周易揆方 454
周易辞 122	周易汇统 377	周易廓 1431,1504
周易辞考 616,1037	周易会归 439	周易蠡测 713
周易粹钞 1148	周易或问 1648	周易理象浅言 750

周易录疑 493	周易四书讲义 993	周易要义(郑文炳) 521
周易略解 815	周易探旨 375	周易一得 1029
周易明报 1624	周易通论 96,438,477,478	周易义参 222
周易内传(金士升) 77	周易通论月令 1396	周易义例 1163
周易内传(王夫之) 263,271	周易通义(庄棫) 1597,1608	周易义象合纂 936,1052
周易拟像 1052	周易通义(方桑如) 403	周易绎说 1705
周易偶存 352	周易通义(苏秉国) 1213	周易翼学 1213,1503
周易篇第 779	周易图书质疑 635	周易翼义集粹 310
周易评解 369	周易图说 598	周易臆解 1954
周易乾坤谊 1904	周易图说述 381	周易音释 256
周易浅解 310	周易外传 59,320	周易音训句读 1687
周易浅释 513	周易玩辞集解 96,379,513,535	周易引端 1688
周易浅述 232,335,637	周易晚学编 654	周易引经通释 1177
周易铨疑 855	周易王注补疏 1243	周易应氏集释 166
周易人事疏证 1984	周易文稿 226	周易用初 1381
周易审鹄要解 1338	周易析义 655,686	周易虞氏略例 1727
周易剩言 134	周易惜阴录 472	周易虞氏义 96,1080,1122,1125,1350
周易剩义 663	周易惜阴诗集 472	周易虞氏义笺 1282,1455
周易时论 60	周易洗心 547,657	周易原本订正 1259
周易实事 1035	周易显指 694	周易原始 504
周易拾遗 587,741	周易详说 964,1177	周易蕴义图考 662
周易拾遗义便钞 1319	周易象辞 96,274	周易杂卦反对互图 1163
周易史证 1343	周易象考 616,1037	周易葬说 1256,1352
周易释笺 321	周易象理指掌 1295	周易札记 439,603
周易释例 1691	周易象日笺 788	周易章句证异 792
周易释爻例 1634	周易象义串解 1418	周易折中 67,329,396,403,439,456,459,463,477,590,603,730,783,1458
周易释贞 1654	周易象义合参 404	
周易筮考 572	周易象意 577,655	
周易筮述 381,1052	周易小识 1288	周易正解 326
周易疏略 218,381	周易小义 1037	周易正义举正 1488
周易述 96,451,720,721,728,750,753,754,756,757,843,925,1081,1084,1133,1350	周易晓义 679	周易证笺 1037
	周易新解 1655	周易郑荀义 1081,1122,1248
周易述补(江藩) 973,974,1310	周易序卦图 1301	周易郑虞通旨 1456
周易述补(李林松) 96,757	周易选 808	周易郑注后定 1157
周易述传(丁晏) 757,1500,1579	周易学 1213	周易郑注引义 1298
	周易学统 1904,1954	周易知旨编 977
周易述传(丁裕彦) 1319,1381	周易荀氏九家义 1081,1122	周易直解 962
周易述义 730,731,783	周易训诂大谊 1610	周易指 1248,1343,1352
周易说 1514,1918	周易训义 1190	周易中肯 966
周易说略 127,198,199	周易爻征广义 1954	周易衷孔 785
周易说约 1310	周易姚氏学 96,1396	周易衷论 418
周易说宗 829	周易要义(宋书升) 1695	周易朱子本义衍言 1369

周易注 1198	朱阳书院讲习录 418	珠湖草堂诗集 1089
周易注解 604	朱一新论学文存 1716	珠江集 1482
周易注略 1097	朱予斋集 798	珠里小志 1205
周易注释 1544	朱止泉先生年谱 681	珠山集 386
周易注疏剩本 1954	朱止泉先生外集 1265	诸城县续志 1330
周易注疏校纂 1035	朱止泉先生文集 626	诸城县志 169,786
周易注义补象 1566	朱注引用文献考略 1387	诸葛八阵图 257
周易宗印 138	朱子不废古训说 1387	诸葛忠武侯年谱 357,378,1185
周易纂 63	朱子祠记考 1337	诸葛忠武侯文集 1185
周易纂要 756	朱子定本四书集注 1177	诸葛忠武年表 398
周易纂注 1027	朱子格物说辨 483	诸几县志 158
周易尊翼 875	朱子诲人编 564	诸家易象别录 1355,1373,1669
周易遵经像解 1074	朱子或问 796	诸经略说 253
周张精义 118	朱子礼纂 409,478,519	诸经问答 977
周正汇考 382	朱子论学切要语 635	诸经绪说 1453
周忠毅奏议 871	朱子论语集注训诂考 1681	诸经质疑 1477
周子年谱 740	朱子年谱 409,617,635,638,639,709,798,857,1286	诸罗县志 470
周子全书 740,1409		诸史笔记 1029
周子通书讲义 1617,1640,1670	朱子年谱考异 635,1494	诸史简论 1453
周自庵先生诗文集 1669	朱子全集 1444	诸史考略 1218
粥谱说 846	朱子劝学语 1481	诸史考异 1106,1328,1343
轴园不焚草 275	朱子圣学考略 564,709	诸史蠡测 1141
轴园初稿 275	朱子诗集传校勘记 1554	诸史然疑 846,847
轴园稿 275	朱子述郑录 1658	诸史拾遗 359,1137,1138
昼夜仪象说 553	朱子说经引用说文考 1969	诸史同异录 994,995
籀经堂文集 1476	朱子四书汇编 654	诸史异汇 246
朱传异同考 1107	朱子四书纂要 1153	诸天讲 1646
朱泾志 1135	朱子晚年全论 687,697	诸铁庵集 147
朱九江先生文集 1756	朱子为学考 663	诸学精义 1477
朱陆同异辨 320	朱子未发涵养辨 483	诸忠记略 246
朱陆渊源考 663	朱子文集大全类编 554	诸子笔记 1029
朱陆折衷 34	朱子文集注 638	诸子粹言 1284
朱氏传芳集 1618	朱子五经语类 519	诸子凡例 1794
朱氏家谱 1479	朱子五忠祠传略考证 1434	诸子考略 1901
朱氏经学丛书初编 1661	朱子小学注 352	诸子平议 1474,1500,1549,1939
朱氏群书 1626	朱子学归 243	诸子述醇 1409
朱氏世系考 1475	朱子语类辑略 414,521	诸子通考 1985
朱氏支谱 1332	朱子语类日钞 1486	诸子通义 1536,1537
朱笥河集 940	朱子语类四纂 318,340,478	诸子异同得失参断 1141
朱文端公藏书 1756	朱子语类纂 387	诸子杂断 1453
朱文端公集 604	朱子语录注 638	诸子宗旨 1829
朱文端公文集 611	洙泗考信录 1028,1082,1142	铢寸录 1522
朱先生学政记 869	珠丛别录 1318,1397,1649	竹柏山房十五种 190,1494

竹柏山房十种 1458	竹叶亭杂诗稿 1440	篆韵 471
竹垞文类 150,235,422	竹隐庐诗存 1817	篆字汇 471
竹垞小志 1091	竹园类辑 392	庄浪县志略 821
竹冈鸿爪录 1296	竹云题跋 626	庄屈合诂 289,329
竹里耆旧诗 1414	竹镇纪略 1314	庄骚读本 1318
竹邻山馆诗集 1093	竹枝词 1136	庄氏算学 669
竹邻遗稿 1162	主静说 493	庄谐选录 1870
竹林答问 1541	主一斋随笔 1247	庄狱谈 1242
竹林寺女科三种 822	伫泣亭文 1219	庄子大同注 1654
竹人录 1156	助字辨略 432	庄子独见 710
竹山草堂词稿 1851	苎庵二集 60	庄子古义 1902
竹山草堂诗补 1851	注论语 1553	庄子恒解 1459
竹山草堂诗稿 1851	注首楞严 675	庄子集解 1973
竹山草堂文剩 1851	注易日记 1243	庄子集评 1233
竹山县志 235,985	柱下奏议 504	庄子集释 1714,1743
竹书纪年辨证 701	祝天大赞 1572	庄子近读 1619
竹书纪年补证 1356,1369,1494	著道录 115,198	庄子敬 788
竹书纪年集证 1191,1459	著花庵集 1156,1323	庄子内篇顺文 1488
竹书纪年集注 1286	筑益堂集 306	庄子通 213,227
竹书纪年考 657	铸炮说 1376	庄子校勘记 1503
竹书纪年拾遗 1730	铸钱述略 1793	庄子新义 1794
竹书纪年统笺 694,700,741	铸铁砚斋诗 1521	庄子雪 1075
竹书纪年校补 1322	铸铁砚斋诗续编 1521	庄子雅言 282
竹书纪年校正 1161,1279,1525	颛孙师年表 1321	庄子因 77,289
竹书纪年义证 1161,1172,1196	颛顼历考 1448	庄子章义 1178,1207
竹书详证 1230	转世金书 85	庄子注 323,536
竹素斋集 1287	转语 674	壮悔堂文集 42,54,64,307
竹堂类稿 1352	转注本义考 1727	缀白裘 787,817
竹堂文集 1352	转注古音考 1005	缀术补草 1574
竹田乐府 1414	转注释例 1432	缀术释明 1574
竹汀居士年谱续编 1017,1078, 1137,1314	转注绪言 698	缀遗斋器款识考释 1807
	篆刻针度 1167	赘言 504
竹汀先生日记抄 1143	篆隶辨从 359	准噶尔和东土耳其斯坦的远古和现状记述 1297
竹西亭印辑 586	篆隶考异 476	
竹溪县志 221,1291	篆隶源流 1504	准噶尔全部纪略 778
竹香斋文集 1037	篆墨述诂 1627	准提持法 60
竹笑轩集 267	篆体经眼 1167	卓庵心书 34
竹啸轩诗钞 466,812	篆文六经 1623	卓行录 368
竹崦庵传抄书目 1278	篆文六经四书 1631	拙庵丛稿 1742
竹崦庵金石录 1278	篆文诗韵 1853	拙庵韵悟 177
竹崦盦藏器目 1278	篆文释名疏证 1028	拙存堂经质 53
竹叶庵文集 1022	篆文纂要 471	拙存堂临古帖 651
竹叶亭杂记 1440,1704	篆学示斯 1167	拙存堂诗文集 651

拙存堂逸稿 53	子不语 915,1084	紫竹山房诗集 823
拙氏算术缉 1127	子刘子文集 279	紫竹山房文集 823
拙适轩集 497	子刘子行状 132	紫幢轩诗 494
拙守斋集 1112	子刘子遗书 122	字辨 471
拙翁集 467	子史精华 539,1623	字触 162,1445
拙修集 1394,1486,1498,1538, 1553,1564	子史杂识 1259	字典补遗 1504
	子寿诗钞 1565	字诂 101
拙修集补编 1564	子书二十八种 2003	字贯 882,883,890,891,892,894
拙修集续编 1564	子书考 1316	字湖轩读左比事 1703
拙修录 1513	子思子集解 1658,1741	字湖轩左纬 1703
拙宜园词 1332	子思子辑解 1806	字画辨 1128
拙尊园画存录 1759	子田诗集 1022	字汇补 300
拙遵园丛稿 1704	子夏易传（臧庸） 361,1097, 1180	字汇数求声 197
涿州志 196,792		字鉴校注 1428
酌史岩摭谈 1372	子夏易传（张澍） 1410	字考——汉葡及葡汉字汇 79
琢玉小志 1373	子夏易传义疏 1065	字类标韵 740
孜堂文集 267	梓里旧闻 1388	字林考逸 954,1022,1157,1758
咨闻随笔续笔 343	梓潼县志 926	字林异同通考 1083
资本论 1521,1805,1880,1914	紫隩村小志 204	字书正讹 321
资江耆旧集 1362,1370,1434	紫峰集 177,236	字说 1852
资县总志 272	紫荆花下闲钞 1186	字体辨误 1540
资孝集 894	紫棉楼乐府 788	字体辩伪 493
资阳县志 793,1221	紫泥日记 1691	字学津梁 281
资政要览 54,56,112,574,969	紫山集辑 281	字学同文 471
资治通鉴补正 14	紫石泉山房诗集 1167	字学析疑 393
资治通鉴纲目四编合刻 1602, 1661	紫石泉山房诗文集 1046,1115, 1173	字学寻原 1714
		字学正本 471
资治通鉴后编 297,335	紫石泉山房文集 1167	字义镜新 1675
资治通鉴索隐 1555	紫藤书屋丛刻 1045	字义声韵辨异 1956
资治通鉴要历补亡 966	紫文山房诗文稿 1004	字易 1278
资治通鉴音注 673,1215	紫阳大旨 96,97	字韵合璧 471
资治文字 301	紫阳书院志 506	自长吟 536
资治新书 104	紫阳通志录 25,234	自耻录 766
资州直隶州志 1205	紫阳县新志 288	自触 24
淄乘征 271	紫阳学则 1634	自定年谱 1956
淄川县志 271,280,358,649,876	紫阳朱先生年谱 127	自靖录 25
淄砚录 915	紫云木庵禅师止草 257	自强学斋治平十议 1755
缁衣集传 20	紫云书院读史偶谈 490	自然好学斋诗 1358
滋兰堂诗集 573	紫云书院志 490	自然悦斋书画录 1321
滋兰堂文集 573	紫云先生年谱 299,1291	自然哲学的数学原理 1475
滋树堂文集 1315	紫云遗稿 299	自省录 1160
滋阳县志 159	紫芝丹荔山房诗集 1832	

自西徂东 1603,1640	纂修广西府志 453	左传地理补注 1323
自怡轩词 1129	纂修即墨县志 159	左传读本 1871
自怡轩词谱 822,1129	纂注朱子文类 857	左传杜解补正 237,1350
自怡轩词选 1129	晬示录 490	左传杜注辨证 1166,1198,1201
自怡轩古文选 1129	最古园集 111	左传杜注参事 1177
自怡轩乐府 1053	最近上海秘密史 1957	左传分国纪事 212
自怡轩诗 1129	最近社会龌龊史 1973	左传分国纪事本末 462
自怡轩诗续集 1129	最乐堂文集 717	左传风俗 1410
自由结婚 1871	最新初小国文教科书 1884, 1885	左传古义凡例 1655
自由血 1884	最新国文教科书 1705,1938	左传诂 1119,1350
自知集 514,798	最新中国历史教科书 1884	左传规过比辞 1433
自知室文集 1141	最新中学历史教科书 1919	左传国语辑注 395
宗北归音京腔谱 273	最新中学中国历史教科书 1884	左传汉义补证 1674,1679,1712
宗伯诗文集 1731	罪惟录 6,182,197	左传纪事本末 207,304,395
宗法通考 1435	罪言有略 1602	左传济变录 229
宗法小记 253,1076,1200	醉红轩笔话 1644	左传解 425
宗祭礼 127,161	醉红轩诗稿 1644	左传经世 132,230
宗鉴法林 529	尊道集 352	左传旧疏考证 1355,1454
宗镜大纲 580,586	尊道堂诗文 300	左传刊社 1175
宗礼典礼折衷 161	尊经书院讲义 1655	左传论文 292
宗门近录 229	尊孔篇 1971	左传旁通 1475,1476
宗庙考辨 367	尊闻居士集 916,927	左传评 797
宗统一練 529	尊闻录 645,796,1004,1242	左传浅说 1960
宗泽集 882	尊闻堂集 416,441	左传识小录 1475,1476
宗朱子要法 564	尊乡集 722	左传拾遗 391
宗主诗章 1806	尊小学斋诗文集 1572	左传事纬 72,75,174,1142,1320
棕风草堂诗稿 1373	尊疑译书图 1843	左传释地 1284
纵横辑佚 1754	尊朱要旨 318	左传条贯 439
邹鲁求仁绎 1247	遵化志略 132	左传通释 978,1301
邹平县志 90,341,1126,1344	遵义府志 244,1354,1376,1415,1555	左传文选 1078
邹叔子遗书 1448	昨非集 1591,1619	左传姓名考 288
邹县志 170,465	昨梦斋文集 1526	左传姓名同异考 395
邹征君遗书 178,1545,1560	左庵集 1986	左传选 407
奏疏全集 172	左陛纪略 73	左传异辞 1222
奏议稽询 118	左传别疏 1753	左传翼 630
租核 1513	左传补钞 220	左传翼服 1198,1233
祖德述闻 1013	左传补注（惠栋） 475,754,855	左传札记 1469,1476
祖庭数典录 1476	左传补注（姚鼐） 1043,1507,1669	左光斗集 1007
祖砚堂集 1258		左国蒙求 967
祖帐集 1269		左国悉事 1142
纂集仁寿全志 624		左海经辨 1264,1333

左海骈体文 1333
左海全集 1264
左海文集 1124,1165,1188,
　　1203,1292,1307,1332,1333
左氏兵法 128,1453
左氏兵论 1545
左氏补例 1697
左氏春秋杜注集解辨正 1936
左氏春秋服杜补义 1326,1378
左氏春秋古经说 1955
左氏春秋集说 1418
左氏春秋经传义疏 1654

后　　记

在源远流长的中国学术发展史上,清学是继汉学、宋学之后的又一个高峰。《清史稿·文苑传一》曰:"清代学术,超汉越宋。论者至欲特立'清学'之名。"从明清之际实学思潮的兴起,耶稣会士东来传教,到王夫之、黄宗羲、顾炎武等诸多杰出思想家和学者的涌现,拉开了清代学术思想发展进程的序幕,其后的学术发展,可以称得上波澜壮阔、绚烂多彩。概而言之,清代学术既是传统思想文化的总结和集大成时期,又是传统的思想文化向近代思想文化的转折和启蒙时期。清代众多学者、思想家提出的问题及其思想走向,至今仍是摆在学术文化界面前的重要课题。深入研究清代的学术思想,阐述清代学术的发展与演变,分析其有别于其他历史时期学术思想的特色,无疑具有重要的历史意义和现实价值。

对清代学术思想的研究,在清代即已开始。江藩的《国朝汉学师承记》、《国朝宋学渊源记》和《国朝经师经义目录》,方东树的《汉学商兑》,唐鉴的《国朝学案小识》,张星鉴的《国朝经学名儒记》,以及民国徐世昌的《清儒学案》等,就是这方面的代表作。这些著作对于我们了解清代前期和中期的学术面貌不无帮助,但是多蔽于门户之见,所述非当时学术史的真实面目。20世纪以来,清代学术作为古代学术集结的渊薮,近代学术蕴生的基地,吸引了国内众多学者如章炳麟、梁启超、刘师培、柳诒徵、胡适、钱穆、张舜徽、杨向奎等人的眼光和心力,写下了不少著述,取得了卓越成就。尤其是梁启超和钱穆的两部同名著作《中国近三百年学术史》,堪称是清代学术史研究的经典之作。陈祖武、朱彤窗的《乾嘉学术编年》、陈国庆、刘莹的《中国学术思想编年》(明清卷)、严文郁的《清儒传略》、杨向奎的《清儒学案新编》等著作,是近年关于清代学术编年研究的新成果,富有启示意义。本卷即是在吸取前贤今哲的研究成果基础上而编成的一部新的关于清代学术编年史著作,是一部系统反映清代学术发展演变轨迹的大型著作,也是一部全面吸收和综合已有学术成果而又具有自己鲜明特色的集成之作。全书涉及的清代文人学者有一万八千多人,涉及清人的学术著作有一万九千多部,其学术信息量之大,涉及面之广,是前所未有的。它的编纂出版,对于推动中国学术文化研究的深入开展,尤其是清代学术文化的研究,应该有非常重要的意义。

本书分上中下三卷,姚成荣参加了上卷前期部分工作,毛策负责1840年至1911年的初稿工作,全书由俞樟华统一修改定稿。在本书的编撰过程中,恩师常元敬先生一直给予了热情鼓励和精心指导,感激之情,无以言表。梅新林、姚成荣和我三人并肩作战,互相切磋,精益求精,共同完成了一个学术夙愿。书稿初成后,郑丽娜帮忙编制人物索引和专著索引,张继定、钟晨音、金红仙、俞波恩、潘德宝、周昉、张丽珍等亦帮忙做过资料搜集、引文核对等具体工作;妻子毛纯艳为了支持我的科研工作,任劳任怨地包揽了全部家务,谨此一并致以诚挚的谢意!

在本卷的编撰过程中,已充分吸收、借鉴和参考了学术界诸多既有相关研究成果,具体参见卷中正文按语和文后主要参考文献,在此也深表感谢。若有遗漏或引用不当之处,敬请谅解。清代学术成果非常辉煌,现当代的学术研究论著也非常丰富,所以资料搜集汇纂颇为不易,尽管编者作出了极大的努力,历经二十余载,反复修改,数易其稿,但是书中的疏漏与不足仍会存在,欢迎方家同仁提出批评意见。

俞樟华

二〇一二年春

图书在版编目(CIP)数据

中国学术编年·清代卷:全3册/俞樟华,毛策,姚成荣撰;梅新林,俞樟华主编.
——上海:华东师范大学出版社,2013.7
ISBN 978-7-5617-9392-3

I. ①中… II. ①俞…②毛…③姚…④梅…⑤俞… III. ①学术思想－思想史－中国－清代 IV. ①B2

中国版本图书馆 CIP 数据核字(2012)第 041260 号

华东师范大学出版社六点分社

企划人　倪为国

本书著作权、版式和装帧设计受世界版权公约和中华人民共和国著作权法保护

中国学术编年·清代卷

撰　者	俞樟华　毛　策　姚成荣
主　编	梅新林　俞樟华
责任编辑	欧雪勤
封面设计	吴正亚
出版发行	华东师范大学出版社
社　　址	上海市中山北路 3663 号　邮编　200062
网　　址	www.ecnupress.com.cn
电　　话	021－60821666　　　行政传真　021－62572105
客服电话	021－62865537
门市(邮购)电话	021－62869887
地　　址	上海市中山北路 3663 号华东师范大学校内先锋路口
网　　店	http://hdsdcbs.tmall.com
印 刷 者	上海印刷(集团)有限公司
开　　本	890×1240　1/16
插　　页	12
印　　张	153
字　　数	2710 千字
版　　次	2013 年 7 月第 1 版
印　　次	2013 年 7 月第 1 次
书　　号	ISBN 978-7-5617-9392-3/G·5615
定　　价	690.00 元(全三册)
出 版 人	朱杰人

(如发现本版图书有印订质量问题,请寄回本社客服中心调换或者电话 021-62865537 联系)